4 SERVICES EXCLUSIFS INCLUS

SERVIC

Quels sont-ils ?

Mise à jour
en continu

Accessible
depuis Word©

Liens de
jurisprudence

Disponible partout

Plus d'information sur www.activation-dalloz.fr

CLUSIFS

Comment en profiter ?

- Je me rends sur www.activation-dalloz.fr
- J'active mon Code à l'aide de sa clé d'activation (voir sous l'étiquette de couverture)
- Mes services exclusifs sont activés.

PARCE QUE
LA LOI BOUGE,
LE CODE ROUGE !

32e édition

CODE
DE LA
SANTÉ PUBLIQUE

Annoté
Commenté en ligne

Papier & numérique

DALLOZ

32e édition

Annotations de jurisprudence et de bibliographie par

Jean-Paul MARKUS
Professeur à l'Université de Versailles Saint-Quentin
Directeur du M2 Droit public et privé de la santé

Danièle CRISTOL
Maître de conférences à l'Université de Poitiers
Responsable du M2 Droit de la santé

et

Jérôme PEIGNÉ
Professeur à l'Université Paris Descartes
(Institut droit et santé - INSERM UMR-S 1145)

Coordination éditoriale par

Guillaume PAILLER
Rédacteur aux Éditions Dalloz

DALLOZ

ÉDITIONS DALLOZ

31-35, rue Froidevaux, 75685 Paris Cedex 14

ISBN 978-2-247-17730-1

Avant-propos

En publiant, dans la collection de ses codes, un volume spécialement consacré à la législation de la santé publique, **les éditions Dalloz** *avaient répondu au vœu d'un large public, cet ouvrage constituant un recueil à jour et clairement présenté d'un ensemble de textes complexes et difficilement accessibles.*

L'intervention du législateur dans le domaine de la santé publique n'a cessé de s'étendre « en raison notamment de l'évolution des techniques, de l'apparition de nouveaux risques, du développement de la bioéthique, de la sécurité sanitaire et de l'apport du droit communautaire » (rapport au Président de la République, *JO 22 juin 2000, p. 9337 s.). L'ancien code avait, dès lors, reçu, depuis la loi du 3 avril 1958 lui ayant donné valeur législative, de très nombreuses et substantielles modifications qui ne laissaient subsister, dans leur rédaction initiale, que quelques dizaines d'articles.*

Par l'ordonnance n° 2000-548 du 15 juin 2000, le Gouvernement – habilité par la loi n° 99-1071 du 16 décembre 1999 – a publié une nouvelle **partie Législative** *du code de la santé publique. Le projet – préparé par le ministère de l'Emploi et de la Solidarité et approuvé par la Commission supérieure de codification – avait pour objectif essentiel « d'ordonner les textes applicables selon un plan rationnel, de corriger certaines anomalies dans la délimitation des domaines législatif et réglementaire, de donner aux dispositions pénales une rédaction correcte... ». La première partie de l'ouvrage reproduit donc la nouvelle partie Législative du code de la santé publique (à l'exception, toutefois, des dispositions consacrées à l'outre-mer, qui sont uniquement sur la version numérique du code). Les références doctrinales et les annotations qui figuraient sous les anciens articles repris par la codification ont été adaptées et placées sous les textes nouveaux. Des renvois aux textes d'application ont été mentionnés.*

Une nouvelle **partie Réglementaire** *du code a été annexée aux décrets n° 2003-462 du 21 mai 2003, n° 2004-802 du 29 juillet 2004 et n*[os] *2005-839 et 2005-840 du 20 juillet 2005. Ces annexes regroupent les dispositions réglementaires des parties I, II, III, IV, V et VI du code de la santé publique, à l'exception de celles relevant d'un décret déli-*

béré en conseil des ministres (Décr. n° 2003-461 du 21 mai 2003, JO 27 mai). Les articles identifiés par un « R. » correspondent aux dispositions relevant d'un décret en Conseil d'État, ceux identifiés par un « D. » correspondent aux dispositions relevant d'un décret simple. Les références contenues dans les dispositions de nature réglementaire à des dispositions abrogées sont remplacées par les références aux dispositions correspondantes du code de la santé publique. Enfin, les dispositions de la partie Réglementaire du même code qui citent en les reproduisant des articles d'autres codes sont de plein droit modifiées par l'effet des modifications ultérieures de ces articles (Décr. n° 2003-461 du 21 mai 2003, art. 1er, 2 et 3).

Une table analytique figure en tête du code de la santé publique. En fin d'ouvrage, sur pages roses, on trouvera successivement une ***table chronologique*** *et une* ***table alphabétique****.*

Liste des abréviations

- Hyperlien vers la décision intégrale accessible sur les portails et sur les applications mobiles Dalloz
- Hyperlien vers l'article de revue accessible sur les portails et sur les applications mobiles Dalloz
- Hyperlien vers un texte complémentaire accessible sur les portails et sur les applications mobiles Dalloz

Actu JuriSanté	Actualités JuriSanté (revue)
Adde	Ajouter
ADSP	Actualité et dossier en santé publique
AFDI	Annuaire français de droit international
AFDS	Association française de droit de la santé
AFSSAPS	Agence française de sécurité sanitaire des produits de santé
AJDA	Actualité juridique de droit administratif (Dalloz)
AJPI	Actualité juridique de la propriété immobilière (jusqu'en décembre 1997)
Al.	Alinéa
ALD	Actualité législative Dalloz (années 1983-1995)
AMM	Autorisation de mise sur le marché
ANSM	Agence nationale de sécurité du médicament et des produits de santé
Argus	L'Argus
Arr.	Arrêté
ARS	Agence régionale de santé
Art.	Article
Ass.	Assemblée
Ass. plén.	Assemblée plénière de la Cour de cassation
Assoc.	Association
Aut. Conc.	Autorité de la concurrence
BIBL.	Bibliographie
BIBL. GÉN.	Bibliographie générale
BICC	*Bulletin d'information* de la Cour de cassation
BJPH	Bulletin juridique du praticien hospitalier
BLD	Bulletin législatif Dalloz (jusqu'en 1982)
BOCC	Bulletin officiel de la concurrence, de la consommation, de la répression des fraudes
BOMASE	Bulletin officiel du ministère des affaires sociales et de l'emploi
BOMSP	Bulletin officiel du ministère de la santé publique
BOMSS	Bulletin officiel du ministère de la solidarité, de la santé et de la protection sociale

BOSNS	Bulletin officiel du ministère de la solidarité nationale et de la santé
BOSS	Bulletin officiel du ministère de la santé publique et de la sécurité sociale
BS Lefebvre	Bulletin social Francis Lefebvre
Bull. civ.	Bulletin des arrêts des chambres civiles de la Cour de cassation
Bull. crim.	Bulletin des arrêts de la chambre criminelle de la Cour de cassation
Bull. jur. EN	Bulletin juridique de l'Éducation nationale
Bull. jur. FNOSS	Bulletin juridique de la Fédération nationale des organismes de sécurité sociale
Bull. jur. UCANSS	Bulletin juridique de l'Union des caisses nationales de sécurité sociale
Bull. Ordre méd.	Bulletin de l'Ordre des médecins
Bull. Ordre pharm.	Bulletin de l'Ordre des pharmaciens

C.	Code
c/	Contre
CAA	Cour administrative d'appel
CASF	Code de l'action sociale et des familles Dalloz
Cah. dr. eur.	Cahiers de droit européen
Cah. fonct. publ.	Les cahiers de la fonction publique et de l'administration
Cah. hosp.	Cahiers hospitaliers
Cah. Laennec	Cahiers Laennec
Cass.	Cour de cassation
C. assur.	Code des assurances Dalloz
C. baux	Code des baux et de la copropriété Dalloz
CCC	Contrats Concurrence Consommation
CCE	Communication commerce électronique
CCH	Code de la construction et de l'habitation Dalloz
CCNE	Comité consultatif national d'éthique
C. civ.	Code civil Dalloz
C. com.	Code de commerce Dalloz
C. communes	Code des communes
C. consom.	Code de la consommation Dalloz
CDBF	Cour disciplinaire budgétaire et financière
C. de déont. méd.	Code de déontologie médicale
CDCNOP	Chambre de discipline du Conseil national de l'Ordre des pharmaciens
CDNOCD	Chambre disciplinaire nationale de l'Ordre des chirurgiens-dentistes
CDNOM	Chambre disciplinaire nationale de l'Ordre des médecins
CDNONMK	Chambre disciplinaire nationale de l'Ordre national des masseurs-kinésithérapeutes
CE	Conseil d'État
CEDH	Cour européenne des droits de l'homme
C. éduc.	Code de l'éducation Dalloz
C. élect.	Code électoral Dalloz
C. envir.	Code de l'environnement Dalloz
CEPS	Comité économique des produits de santé

C. eur. personnes	Code européen des personnes Dalloz
C. expr.	Code de l'expropriation pour cause d'utilité publique Dalloz
CGCT	Code général des collectivités territoriales Dalloz
CGI	Code général des impôts Dalloz
Ch. réun.	Chambres réunies de la Cour de cassation
Chron.	Chronique
Circ.	Circulaire
Civ.	Chambre civile de la Cour de cassation
CJA	Code de justice administrative Dalloz
CJCE	Cour de justice des Communautés européennes
CJEG	Cahiers juridiques de l'électricité et du gaz
CJUE	Cour de justice de l'Union européenne
C. jur. fin.	Code des juridictions financières
C. mon. fin.	Code monétaire et financier Dalloz
C. mut.	Code de la mutualité
CNAMTS	Caisse nationale de l'assurance maladie des travailleurs salariés
Cne	Commune
CNIL	Comission nationale de l'informatique et des libertés
CNOM	Conseil national de l'Ordre des médecins
CNOP	Conseil national de l'Ordre des pharmaciens
Com.	Chambre commerciale de la Cour de cassation
Com. EDH	Commission européenne des droits de l'homme
Comm.	Commentaire
Comp.	Comparer
Conc. méd.	Concours médical
concl.	Conclusions
Conféd.	Confédération
Cons. conc.	Conseil de la concurrence
Cons. const.	Conseil constitutionnel
Contra	Solution contraire
Conv. EDH	Convention de sauvegarde des droits de l'homme et des libertés fondamentales dite « Convention européenne des droits de l'homme »
C. patr.	Code du patrimoine Dalloz
C. pén.	Code pénal Dalloz
CPI	Code de la propriété intellectuelle Dalloz
CPLD	Conseil de prévention et de lutte contre le dopage
C. pr. civ.	Code de procédure civile Dalloz
C. pr. pén.	Code de procédure pénale Dalloz
Crim.	Chambre criminelle de la Cour de cassation
CRPA	Code des relations entre le public et l'administration Dalloz
C. rur. et for.	Code rural et Code forestier Dalloz
C. sociétés	Code des sociétés Dalloz
CSP	Code de la santé publique Dalloz
CSS	Code de la sécurité sociale Dalloz
C. trav.	Code du travail Dalloz
C. urb.	Code de l'urbanisme Dalloz

D.	Recueil Dalloz
DA	Recueil analytique de jurisprudence et de législation Dalloz *(années 1941 à 1944)*
D. Affaires	Dalloz Affaires
Décis.	Décision
Décr.	Décret
Décr.-L.	Décret-Loi
Defrénois	Répertoire du notariat Defrénois
DGS	Direction générale de la santé
DH	Recueil hebdomadaire de jurisprudence Dalloz *(années antérieures à 1941)*
Dict. perm. Santé, bioéthique et biotechnologies	Dictionnaire permanent Santé, bioéthique et biotechnologies, Éditions législatives
Dir.	Directive
Doc. fr.	La documentation française
Doc. pharm.	Jur., CE, CEE : documentation pharmaceutique
Doctr.	Doctrine
DP	Recueil périodique et critique mensuel Dalloz *(années antérieures à 1941)*
Dr. adm.	Droit administratif
Dr. fisc.	Droit fiscal
Dr. ouvrier	Le droit ouvrier
Dr. pénal	Droit pénal
Dr. soc.	Droit social
Dr. trav.	Droit du travail et de la sécurité sociale
EDCE	Études et documents du Conseil d'État
EFS	Établissement français du sang
*eod. v°, eisd. v^is^*	Même(s) mot(s) que celui (ceux) qui vient (viennent) d'être cité(s)
esp.	Espèce
Évol. pharm.	L'évolution pharmaceutique
FIV	Fécondation *in vitro*
GADS	Grands arrêts du droit de la santé (Dalloz)
GADSS	Grands arrêts du droit de la sécurité sociale (Dalloz)
Gaz. Pal.	Gazette du Palais
Gest. hosp.	Gestions hospitalières
HAS	Haute Autorité de santé
ibid.	Au même endroit
Inf. pharm.	Informations pharmaceutiques
Instr.	Instruction
IR	Informations rapides du Recueil Dalloz
IVG	Interruption volontaire de grossesse

J.-Cl. Adm. Juris-classeur administratif
JCP Juris-classeur périodique (La Semaine juridique)
JCP Adm. Juris-classeur périodique, édition Administration et collectivités territoriales
JCP E Juris-classeur périodique, édition Entreprise
JCP N Juris-classeur périodique, édition notariale
JDI Journal de droit international (Clunet)
JDJ Journal du droit des jeunes
JO Journal officiel
JDSAM Journal du droit de la santé et de l'assurance maladie
JOAN Q Journal officiel, Assemblée nationale (réponses ministérielles à questions écrites)
JOCE Journal officiel des Communautés européennes
JONC Journal officiel, numéro complémentaire
JOUE Journal officiel de l'Union européenne
Juri-soc. Juri-social
Jurispr. soc. UIMM Jurisprudence sociale de l'Union des industries métallurgiques et minières

---

L. Loi
Labo. pharma. Laboratoires pharmaceutiques
Lebon Recueil Lebon des arrêts du Conseil d'État (Dalloz)
Lebon T. Tables du Recueil Lebon des arrêts du Conseil d'État (Dalloz)
LEH Les études hospitalières
Liaisons soc. Liaisons sociales
Liv. Livre
L. org. Loi organique
LPA Les Petites Affiches

Méd. et droit Médecine et droit (revue)
Mod. Modifié
Mon. pharm. Moniteur des pharmaciens

---

n° Numéro
NCPC Nouveau code de procédure civile (devenu code de procédure civile – L. n° 2007-1787 du 20 déc. 2007, art. 26-III)
notam. notamment
Nouv. pharm. *Nouvelles* pharmaceutiques

---

obs. Observations
ONIAM Office national d'indemnisation des accidents médicaux
Ord. Ordonnance

P Arrêt publié au *Bulletin civil ou au Bulletin criminel de la Cour de cassation*
p. Page
Pan. Panorama

Pharm. franç. Le pharmacien de France
PIDCP Pacte international relatif aux droits civils et politiques du 16 décembre 1966
Population Revue Population
Pouvoirs Revue Pouvoirs
préc. Précité
Presse méd. Presse médicale
Projet Revue Projet
PUI Pharmacie à usage intérieur

QPC Question prioritaire de constitutionnalité
Quest. SS Questions de sécurité sociale
Quot. méd. Le Quotidien du médecin

---

rapp. Rapport
Rappr. Rapprocher
RCA Responsabilité civile et assurances
RDC Revue des contrats
RDIP Revue de droit international privé
RD publ. Revue de droit public et de la science politique en France et à l'étranger
RDSS Revue de droit sanitaire et social (Dalloz)
Rec. CJCE Recueil des arrêts de la Cour de justice et du tribunal de première instance des Communautés européennes
Rec. Cons. const. Recueil des décisions du Conseil constitutionnel
Rec. Dijon Recueil des arrêts de la cour d'appel de Dijon
Rect. Rectificatif
Règl. Règlement
Rép. civ. Répertoire de droit civil Dalloz
Rép. min. Réponse ministérielle
Rép. pén. Répertoire de droit pénal et de procédure pénale Dalloz
Req. Chambre des requêtes de la Cour de cassation
Rev. Revue
Rev. adm. Revue administrative
Rev. crit. DIP Revue critique de droit international privé (Dalloz)
Rev. dr. et santé Revue droit et santé
Rev. hosp. France Revue hospitalière de France
RF aff. soc. Revue française des affaires sociales
RFAP Revue française d'administration publique
RFDA Revue française de droit administratif (Dalloz)
RFD const. Revue française de droit constitutionnel
RF fin. publ. Revue française des finances publiques
RGAT Revue générale des assurances terrestres (de 1930 à 1995)
RGDA Revue générale du droit des assurances (depuis 1996)
RGDM Revue générale de droit médical
RID comp. Revue internationale de droit comparé
RID éco. Revue internationale de droit économique
RJ éco. sport Revue juridique de l'économie du sport
RJ Île-de-France Revue de jurisprudence d'Île-de-France
RJPF Revue juridique personnes et famille
RJS Revue de jurisprudence sociale

RPDS	Revue pratique de droit social
RSC	Revue de science criminelle (Dalloz)
RTD eur.	Revue trimestrielle de droit européen (Dalloz)

s.	Et suivants
S.	Recueil Sirey
SEL	Société d'exercice libéral
SELARL	Société d'exercice libéral à responabilité limitée
Semaine soc. Lamy	Semaine sociale Lamy
Soc.	Chambre sociale de la Cour de cassation
Sol. impl.	Solution implicite
Somm.	Sommaires
Somm. SS	Sommaires de sécurité sociale
ss.	Sous

t.	Tome
TA	Tribunal administratif
TASS	Tribunal des affaires de sécurité sociale
T. civ.	Tribunal, chambre civile
T. confl.	Tribunal des conflits
T. corr.	Tribunal, chambre correctionnelle
Tech. hosp.	Techniques hospitalières
TGI	Tribunal de grande instance
TI	Tribunal d'instance
Tit.	Titre
TPS	Travail et protection sociale

URPS	Unions régionales de professionnels de santé

V.	Voir
v° ou v^{is}	Mot ou mots

TABLE DES MATIÈRES

CODE DE LA SANTÉ PUBLIQUE

PREMIÈRE PARTIE

PROTECTION GÉNÉRALE DE LA SANTÉ

L. 1110-1 – L. 1545-4
R. 1110-1 – R. 1545-2

LIVRE PREMIER

PROTECTION DES PERSONNES EN MATIÈRE DE SANTÉ

L. 1110-1 – L. 1181-1
R. 1110-1 – D. 1181-1

LIVRE DEUXIÈME

DON ET UTILISATION DES ÉLÉMENTS ET PRODUITS DU CORPS HUMAIN

LIVRE TROISIÈME

PROTECTION DE LA SANTÉ ET ENVIRONNEMENT

L. 1311-1 – L. 1351-1 *[abrogé]*
R. 1310-1 – R. 1343-2

LIVRE QUATRIÈME

ADMINISTRATION GÉNÉRALE DE LA SANTÉ

LIVRE PREMIER

PROTECTION ET PROMOTION DE LA SANTÉ MATERNELLE ET INFANTILE

LIVRE DEUXIÈME

INTERRUPTION VOLONTAIRE DE GROSSESSE

LIVRE TROISIÈME

ÉTABLISSEMENTS, SERVICES ET ORGANISMES

LIVRE DEUXIÈME

LUTTE CONTRE LES MALADIES MENTALES

L. 3211-1 – L. 3251-6
R. 3211-1 – R. 3225-1

LIVRE DEUXIÈME *BIS*

LUTTE CONTRE LES TROUBLES DU COMPORTEMENT ALIMENTAIRE

L. 3231-1 A – L. 3232-9
D. 3232-1 – R. 3232-7

LIVRE TROISIÈME

LUTTE CONTRE L'ALCOOLISME

L. 3311-1 – L. 3355-8
R. 3311-1 – R. 3355-1

LIVRE QUATRIÈME
LUTTE CONTRE LA TOXICOMANIE

LIVRE CINQUIÈME
LUTTE CONTRE LE TABAGISME ET LUTTE CONTRE LE DOPAGE

L. 3511-1 – L. 3525-1
R. 3511-1 – R. 3521-1

LIVRE SIXIÈME *[Abrogé]*

LUTTE CONTRE LE DOPAGE

Néant

LIVRE SEPTIÈME

PRÉVENTION DE LA DÉLINQUANCE SEXUELLE, INJONCTION DE SOINS ET SUIVI SOCIO-JUDICIAIRE

LIVRE HUITIÈME

MAYOTTE, ÎLES WALLIS-ET-FUTUNA ET TERRES AUSTRALES ET ANTARCTIQUES FRANÇAISES, NOUVELLE-CALÉDONIE ET POLYNÉSIE FRANÇAISE

QUATRIÈME PARTIE

PROFESSIONS DE SANTÉ

L. 4001-1 – L. 4444-3
R. 4002-1 – D. 4443-33

LIVRE PRÉLIMINAIRE

DISPOSITIONS COMMUNES

L. 4001-1 – L. 4061-7
R. 4002-1 – R. 4041-5

LIVRE TROISIÈME

AUXILIAIRES MÉDICAUX, AIDES-SOIGNANTS, AUXILIAIRES DE PUÉRICULTURE, AMBULANCIERS ET ASSISTANTS DENTAIRES

LIVRE QUATRIÈME

MAYOTTE, ÎLES WALLIS-ET-FUTUNA ET TERRES AUSTRALES ET ANTARCTIQUES FRANÇAISES, NOUVELLE-CALÉDONIE ET POLYNÉSIE FRANÇAISE

CINQUIÈME PARTIE

PRODUITS DE SANTÉ

LIVRE PREMIER

PRODUITS PHARMACEUTIQUES

LIVRE QUATRIÈME

SANCTIONS PÉNALES ET FINANCIÈRES

LIVRE CINQUIÈME

MAYOTTE, ÎLES WALLIS-ET-FUTUNA ET TERRES AUSTRALES ET ANTARCTIQUES FRANÇAISES, NOUVELLE-CALÉDONIE ET POLYNÉSIE FRANÇAISE

SIXIÈME PARTIE

ÉTABLISSEMENTS ET SERVICES DE SANTÉ

LIVRE DEUXIÈME

BIOLOGIE MÉDICALE

CODE DE LA SANTÉ PUBLIQUE

PREMIÈRE PARTIE : *LÉGISLATIVE*

(Ord. nº 2000-548 du 15 juin 2000, ratifiée par L. nº 2002-303 du 4 mars 2002, art. 92)

PREMIÈRE PARTIE PROTECTION GÉNÉRALE DE LA SANTÉ

BIBL. ▶ Ouvrages. CALLU, GIRER, ROUSSET, Dictionnaire de droit de la santé, *LexisNexis, 2017.* – MEMETEAU, GIRER, Cours de droit médical, *éd. LEH, 2016.* – MORELLE et TABUTEAU, La santé publique, *PUF, coll. Que sais-je ?, 2e éd., 2016.* – BERGOIGNAN-ESPER et SARGOS, Les grands arrêts du droit de la santé, *2e éd., Dalloz, 2016.* – BROSSET, Droit européen et protection de la santé- Bilan et perspectives, *Bruylant, 2015.* – DE GROVE-VALDEYRON, La sécurité des produits de santé dans l'Union européenne, *Études de l'IRDEC, Presses de l'université de Toulouse 1 Capitole, 2014* ; Droit européen de la santé, *LGDJ, coll. Systèmes, 2013.* – VIALLA (dir.), Les grandes décisions du droit médical, *LGDJ, 2014.* – Assoc. H. Capitant, Le droit de la santé : aspects nouveaux, *Bruylant, t. LIX/2009, 2012.* – DE FORGES, Le droit de la santé, *PUF, coll. Que sais-je ?, 8e éd., 2012.* – LAUDE, MATHIEU et TABUTEAU, Droit de la santé, *PUF, coll. Thémis, 3e éd., 2012.* – TRUCHET, Droit de la santé publique, *Mémento Dalloz, 9e éd., 2017.* – AURENGO, COUTURIER et a., Politique de santé et principe de précaution, *PUF, 2011.* – BÉLANGER (dir.), La mondialisation du droit de la santé, *éd. LEH, 2011.* – DEVREESE, Droit de la santé et réformes hospitalières, *éd. Demos, févr. 2011.* – FRISON-ROCHE (dir.), La régulation des secteurs de la santé, *Presses de Sciences Po et Dalloz, coll. Thèmes et commentaires, 2011.* – BINET, Droit médical, *LGDJ, Montchrestien, coll. Cours, oct. 2010.* – PELLET et SKZRYERBAK, Leçons de droit social et de droit de la santé, *Dalloz Sirey, 2008.* – ROUGER (dir.) La santé malade de la justice, *éd. Larcier, 2008.* – BOURDILLON, BRÜCKER et TABUTEAU, Traité de santé publique, *Flamarion, coll. Médecine-Sciences, 2e éd., 2007.* – MARTIN-PAPINEAU (dir.), La loi du 9 avril 2004 relative à la politique de la santé publique, enjeux, réalisation, perspectives, *éd. Faculté de droit et des sciences sociales de Poitiers, 2007.* – PÉDROT et a., Dictionnaire de droit de la santé et de la biomédecine, *éd. Ellipses, coll. Dict. de droit, 2006.*

▶ Périodiques. Dict. perm. Santé, bioéthique et biotechnologies, *Éd. législatives (mise à jour périodique).* – LAUDE, MOURALIS et PONTIER (dir.), Droit de la santé, *Lamy (mise à jour périodique).* – ESPER (dir.), Traité de droit médical et hospitalier, *Litec (mise à jour périodique).*

▶ A titre historique. LECA, LUNEL et SANCHEZ, Histoire du droit de la santé, *éd. LEH, 2014.* – *DEMICHEL, Droit médical, Berger-Levrault, coll. Manuels, B. L. santé, 1983.* – J.-M. AUBY, Le droit de la santé, *PUF, coll. Thémis, 1981.* – R. SAVATIER, H. PÉQUIGNOT, J. SAVATIER et J.-M. AUBY, Traité de droit médical, *Litec, coll. Librairie technique, 1956.* – APPLETON, Droit médical, *Librairie du monde médical, 1939.* – LECHOPIÉ et FLOQUET, Droit médical ou code des médecins, *éd. O. Doin, Paris, 1890.* – DUBRAC, Traité de jurisprudence médicale et pharmaceutique, *éd. J.-B. Baillières et fils, Paris, 1882.*

COMMENTAIRE

V. Commentaire reproduit sur Dalloz.fr.

LIVRE PREMIER PROTECTION DES PERSONNES EN MATIÈRE DE SANTÉ

TITRE PREMIER DROITS DES PERSONNES MALADES ET DES USAGERS DU SYSTÈME DE SANTÉ

Sur la protection des droits de l'homme et de la dignité de l'être humain à l'égard de la biologie et de la médecine, V. Conv. d'Oviedo (Décr. n° 2012-855 du 5 juill. 2012).

BIBL. ▸ **Généralités.** Chevallier, Démocratie sanitaire et citoyenneté administrative, *RDSS 2016. 487*. – Laude et Tabuteau, Les droits des malades, *PUF Que sais-je ?, 2016*. – C. Kouchner et Delhaye, Le droit des malades, *Dalloz, 2012*. – Tabuteau (dir.), Les nouveaux patients. Rôles et responsabilités des usagers du système de santé en 2025, *Rapport 2011, Presses de Science Po*. – Girer, Contribution à une analyse rénovée de la relation de soins, Essai de remise en cause du contrat médical, *thèse, éd. LEH, 2010*. – Bidaud-Petitbon, La démocratie sanitaire, un concept juridique ambigu ?, *RGDM 2009, n° 32, p. 147*. – Rousset, L'influence du droit de la consommation sur le droit de la santé, *thèse, éd. LEH, 2009*. – Pédrot (dir.), Le sens des mots en droit des personnes et droit de la santé, *RGDM juill. 2008, n° spécial*. – Laude, Le patient, nouvel acteur de santé ?, *D. 2007. 1151*.

▸ **Sur la loi du 26 janvier 2016.** Bras, Brissy, Couty et a., La loi santé, Regard sur la réforme du système de santé, *Presses de l'EHESP, 2016*. – Morlet-Haïdara, L'impact de la loi santé sur les usagers du système de santé, *RDSS 2016. 658*. – Apollis, L'accès aux soins et la loi du 26 janvier 2016, *RDSS 2016. 673*. – Vioujas, De la loi HPST à la loi n° 2016-41 du 26 janvier 2016 : convergences et inflexions dans l'effort de modernisation de notre système de santé, *JCP Adm. 2016, n° 2092*. – Rev. Droit & Santé sept. 2016, n° spéc. Loi de modernisation de notre système de santé : Apports, enjeux et perspectives.

▸ **Sur la loi du 4 mars 2002.** Castaing (dir.), Aouij Mrad, Bloch, Brisson, Chambord, Combeau, Lerique, Moquet-Anger et Truchet, La démocratie sanitaire : mythe ou réalité ?, *LEH, 2014*. – Compagnon et Ghadi, Pour l'an II de la démocratie sanitaire, Rapp. à la ministre de la Santé, 2014. – Bloch (dir.), Dix ans d'application de la loi Kouchner, *RGDM 2013, NS janv. 2013*. – Conseil d'État et Cour de cassation, Santé et Justice : quelles responsabilités ? (colloque 20 et 21 oct. 2011), *La Documentation française, coll. Droits et Débats, 2013*. – Bacache, Laude et Tabuteau (dir.), La loi du 4 mars 2002 relative aux droits des malades : 10 ans après, *Bruylant, 2013*. – Les lois des 2 janvier et 4 mars 2002 : dix ans après, *RDSS 2012. 411 (Dossier)*. – Pain-Masbrenier et Nicoleau, Guide pratique des lois du 2 janvier 2002 et du 4 mars 2002, *éd. LEH, 2009*. – Guillaume-Hofnung (dir.), Droits des malades : vers une démocratie sanitaire ?, *Doc. fr., coll. Problèmes politiques et sociaux, n° 885, févr. 2003*. – Fauré (dir.), La loi du 4 mars 2002 : continuité ou nouveauté en droit médical ?, *(collectif), PUF, 2003*. – Baghestani-Perrey, La recherche d'un équilibre entre la protection des droits fondamentaux et les exigences de santé publique et de sécurité sanction, *RGDM 2002, n° 8, p. 7*. – Bellivier et Rochefeld, Droits des malades, qualité du système de santé, loi n° 2002-303 du 4 mars 2002, *RTD civ. 2002. 574*. – Cormier et Monéger (dir.), La loi n° 2002-303 du 4 mars 2002 relative aux droits des malades et à la qualité du système de santé, *RDSS 2002. 641*, *n° spécial*. – Esper, La nouvelle réparation des conséquences des risques sanitaires, *Méd. et droit juill. 2002, n° 55, p. 3*. – Jourdain, Laude, Penneau et Porchy-Simon, Le nouveau droit des malades, *Litec, Jurisclasseur, coll. Carré Droit, 2002*. – Lambert-Faivre, La loi n° 2002-303 du 4 mars 2002 relative aux droits des malades et à la qualité du système de santé : I. La solidarité envers les personnes handicapées, *D. 2002. Chron. 1217* ; II. Les droits des malades, usagers du système de santé, *D. 2002. Chron. 1291* ; III. L'indemnisation des accidents médicaux, *D. 2002. Chron. 1367*. – Laude (dir.), La loi du 4 mars 2002 relative aux droits des malades et à la qualité du système de santé, *LPA 19 juin 2002, n° spécial*. – Moquet-Anger, Les droits des personnes hospitalisées, *RDSS 2002. 657*. – Pansier et Charbonneau, Commentaire de la loi du 4 mars 2002 relative aux droits des malades, *LPA 13 mars 2002, n° 52 ; ibid. 14 mars 2002, n° 53*. – S. Prieur, Les droits des patients dans la loi du 4 mars 2002, *RGDM 2002, n° 8, p. 119*.

CHAPITRE PRÉLIMINAIRE DROITS DE LA PERSONNE

(L. n° 2002-303 du 4 mars 2002, art. 3)

BIBL. ▸ **Sur le statut du patient.** Vialla, La faute d'humanisme, *RGDM 2013 NS, p. 63*. – Droit des patients, regards croisés (colloque Fac. droit Réunion 24 et 25 nov. 2011), *Rev. jur. de l'Océan indien, 2013, n° 16*. – Pitcho et Depadt-Sebag, Médecine et droits de l'homme, textes fondamentaux depuis 1948, *éd. Vuibert, 2008*. – Moquet-Anger, Le malade à l'hôpital public : client, usager et/ou citoyen ?, *RGDM 2004, n° 12, p. 43.* – Pitcho, Le statut juridique du patient, *thèse, éd. LEH, 2004.* – V. aussi Bibl. ss. art. L. 1111-1.

▸ **Statut du patient et Union européenne.** Dubouis, Le droit de l'Union européenne et les nouvelles perspectives pour les droits du patient, *Mélanges Bélanger, LEH, 2015, p. 155.* – Rial-Sebag et Tabouler, Vers une charte européenne des droits des patients, *in* Blanquet et De Grove-Valdeyron (dir.), Études de droit communautaire de la santé et du médicament, *Presses univ. Toulouse, 2009, p. 204.*

▸ **Sur les aspects de la bioéthique.** Monnier, Les fondements constitutionnels du droit de la biomédecine, *RDSS, n° hors-série, 2013. 67* ; Les États généraux de la bioéthique et le Parlement, *RD publ. 2011. 1557.* – Morange, Les caractères du « Droit bioéthique », *RD publ. 2011. 1521.* – Reynier, L'ambivalence juridique de l'humain. Entre sacralité et disponibilité, *thèse, éd. LEH, 2011.* – Théry, Les ambiguïtés du modèle bioéthique français, *Rev. Esprit, nov. 2010, p. 32.* – Hirsch et Magendie (dir.), Éthique, justice et médecine, *éd. Vuibert, 2005.*

Art. L. 1110-1 Le droit fondamental à la protection de la santé doit être mis en œuvre par tous moyens disponibles au bénéfice de toute personne. Les professionnels, les établissements et réseaux de santé, les organismes d'assurance maladie ou tous autres organismes participant à la prévention et aux soins, et les autorités sanitaires contribuent, avec les usagers, à développer la prévention, garantir l'égal accès de chaque personne aux soins nécessités par son état de santé et assurer la continuité des soins et la meilleure sécurité sanitaire possible.

BIBL. ▸ **Accès aux soins.** Blachèr, Le droit à la protection de la santé dans la jurisprudence du Conseil constitutionnel, *Médecine & droit 2016, n° 141, p. 134.* – Girer, Le droit à la protection de la santé dans l'alinéa 11 du Préambule de 1946 : les impacts en termes de solidarité, *Méd. et droit 2016, n° 141, p. 147.* – Markus, Le Conseil de l'Europe et l'effectivité du principe d'égalité d'accès aux soins, *RDSS 2014. 63*. – Borgetto, La santé dans l'histoire constitutionnelle française, *RDSS 2013. 9*. – Egea, Les formes constitutionnelles de la santé, *RDSS, n° hors-série, 2013. 31.* – Mandy, Les conséquences de la convention du 26 juillet 2011 sur les droits des patients, *RDSS 2013. 623*. – Moquet-Anger, La continuité et l'accès aux services de santé, *RDSS 2013. 21*. – Pellet, L'égalité et « l'accroissement du reste à charge », *RDSS 2013. 38*. – Marié, Financement des dépenses de santé et accès aux soins, *RDSS 2011. 312*. – Lagarde et Arzel, Assurance maladie, vieillissement et inégalités territoriales de santé, *RDSS 2011. 596*. – Poirot-Mazères (dir.), L'accès aux soins : Principes et réalités, *éd. Institut fédératif de recherche, 2011.* – Michelet, La protection de la santé de l'étranger en situation irrégulière : un droit en perte d'effectivité, *RDSS 2011. 1108*. – Martinent, La notion d'accès aux soins en droit, *thèse Lyon-III, 2010.* – Marié, Dépassements d'honoraires et accès aux soins, *RDSS 2010. 511*. – Feuillet, L'accès aux soins, entre promesse et réalité, *RDSS 2008. 713*. – J.-M. Clément, Les grands principes du droit de la santé, *éd. LEH, 2005.*

▸ **Détenus.** Casile-Hugues (dir.), Santé et prison, Dossier *in* Les Cahiers de droit de la santé, *LEH 2015/12.* – Jennequin, La dignité de la personne détenue, *RFDA 2015.1082*. – Dubouis, La protection de la santé des détenus à l'aune de la Conv. EDH, *Mélanges J.-F. Flauss, Paris, Pédone, 2014, p. 303.* – C. comptes, La santé des personnes détenues : des progrès encore indispensables, *Rapport 2014, p. 251.* – Dourneau-Josette, Les conditions de détention et la CEDH : les droits fondamentaux à l'assaut des prisons, *Gaz. Pal. 9 févr. 2013, n° 39-40, p. 4.* – Contrôleur général des lieux de privation de liberté, *Rapport d'activité 2012 (Chap. V : Privation de liberté et accès aux soins).* – Murillo, Le droit à la santé des détenus sous le regard de la CEDH, *Gaz. Pal. 15 janv. 2011, n° 15, p. 30.* – Brahmy, L'accès aux soins dans les établissements pénitentiaires, *AJ pénal 2010. 314*. – Céré, Le détenu malade : le traitement du droit européen, *AJ pénal 2010. 325*. – Crouy-Chanel, Noël et Sannier, Aménagements de peine pour raison médicale. Approche médico-judiciaire pour une meilleure mise en œuvre, *AJ pénal 2010. 318*. – Delarue, La protection de la santé dans les lieux de privation de liberté, *Gaz. Pal. 15-16 janv. 2010, p. 10.*

▸ **Sur un « droit à la santé ».** Bioy, Le traitement contentieux de la santé en droit constitutionnel, *RDSS n° hors-série, 2013. 45.* – Karagiannis, Le droit à la santé dans certains textes internationaux et constitutionnels : entre généreuse utopie et mesquin pragmatisme ?, *JDI 2012. 1137.* – Kissangoula, Constitution et santé, *Gaz. Pal. 5 nov. 2011, n° 309, p. 7.* – Casaux-Labrunée, Le droit à la santé, *in* Cabrillac, Frison-Roche et Revet (dir.), Droits et libertés fondamentaux, *Dalloz, 17e éd., 2011, p. 584.* – Gründler, Le juge et le droit à la protection de la santé, *RDSS 2010. 835*. – Sauvat, Précisions normatives sur le droit à la santé, *RLDC 2006, n° 24, p. 53* ; Réflexions sur le droit à la santé, *PUAM, 2004.* – J. Moreau, Le droit à la santé, *AJDA 1998. 185*, *n° spécial.* – Saint-James, Le droit à la santé dans la jurisprudence du Conseil constitutionnel, *RD publ. 1997. 457.*

I. PORTÉE

1. *Valeur constitutionnelle.* L'objectif de protection de la santé publique (Préamb. de la Const. de 1946, al. 11) constitue un principe de valeur constitutionnelle. • Cons. const. 15 janv. 1975, n° 74-54 DC (décis. dite IVG), consid. 10 : *GDCC, 15e éd., Dalloz, 2009, n° 17 ; GADS, 2e éd., Dalloz, 2016, n° 21* • Cons. const. 22 juill. 1980, n° 80-117 DC, consid. 4. ♦ Le droit à la santé et au repos est au nombre des exigences constitutionnelles. • Soc. 29 juin 2011, n° 09-71.107 : *Bull. civ. V, n° 181 ; D. 2011. 1830 ; ibid. 2012. 901, obs. Lokiec et Porta ; RDT 2011. 474 , Controverse B. Van Craeynest et P. Masson ; ibid. 481, étude Mazars, Laulom et Dejours* • 31 janv. 2012 : *Bull. civ. V, n° 43, n° 10-19.807 ; D. 2012. 445 ; ibid. 901, obs. Lokiec et Porta ; ibid. 1765, chron. Bailly, Wurtz, Fanélie Ducloz, Flores, Pécaut-Rivolier et Contamine ; Dr. soc. 2012. 536, obs. Antonmattei ; RTD eur. 2013. 292-28, obs. Le Baut-Ferrarese* • 24 avr. 2013, n° 11-28.398 • Cons. const. 16 mai 2012, n° 2012-248 QPC, consid. 4. ♦ Il n'en résulte pas pour autant que « le droit à la santé » soit au nombre des libertés fondamentales au sens de l'art. L. 521-2 CJA. • CE, ord., 8 sept. 2005, *Garde des Sceaux*, n° 284803 : *AJDA 2006. 376, note Laudijois ; D. 2006. 124, note Bioy ; Mél. Favoreu 2007. 1577, étude Gay ; AJ pénal 2005. 377, obs. Herzog-Evans ; RSC 2006. 423, obs. Poncela* .

2. *Conv. EDH.* Même si le droit à la santé – qui est reconnu dans de nombreux instruments internationaux – ne fait pas partie en tant que tel des droits garantis par la Convention et ses Protocoles, l'obligation positive de prendre les mesures nécessaires à la protection de la vie (Conv. EDH, art. 2) doit s'interpréter comme valant dans le contexte de toute activité, publique ou non, susceptible de mettre en jeu le droit à la vie, y compris dans le domaine de la santé publique. • CEDH, gr. ch., 19 déc. 2017, *Lopes de Sousa Fernandez c/ Portugal*, n° 56080/13, § 165 : *AJDA 2018. 150, chron. Burgorgue-Larsen* . ♦ Les États ont, parallèlement à leurs obligations positives sous l'art. 2 de la Conv. EDH, une obligation positive sous son art. 8, d'une part, de mettre en place une réglementation obligeant les hôpitaux publics et privés à adopter des mesures appropriées pour protéger l'intégrité physique de leurs patients et, d'autre part, à mettre à la disposition des victimes de négligences médicales une procédure apte à leur procurer, le cas échéant, une indemnisation de leur dommage *corporel...* • CEDH 2 mai 2017, Jurica c Croatie, n° 30373/13, § 84. ♦ ...Mais aussi une sanction pénale ou disciplinaire contre les professionnels de santé négligents. • CEDH 8 juill. 2004, *Vo c France*, n° 53924/00, § 90 : *AJDA 2004. 1809, chron. Flauss ; D. 2004. 2456 , et les obs., note Pradel ; ibid. 2535, obs. Berro-Lefèvre ; ibid. 2754, obs. Roujou de Boubée ; ibid. 2801, chron. Serverin ; RSC 2005. 135, obs. Massias ; RTD civ. 2004. 714, obs. Hauser ; ibid. 799, obs. Marguénaud* . ♦ Il y a atteinte au droit au respect de la vie issu de l'art. 2 Conv. EDH lorsqu'il est prouvé que les autorités d'un État ont mis la vie d'une personne en danger en lui refusant les soins médicaux qu'elles se sont engagées à fournir à l'ensemble de la population. • CEDH, gr. ch., 10 mai 2001, *Chypre c/ Turquie*, n° 25781/94, § 219. • CEDH, gr. ch., 9 avr. 2013, *Turquie*, n° 13423/09, § 88. ♦ Même lorsqu'une négligence médicale a été établie, la Cour ne conclut normalement à la violation du volet matériel de l'art. 2 Conv. EDH que si le cadre réglementaire applicable ne protégeait pas dûment la vie du patient ; dès lors qu'un État a pris les dispositions nécessaires pour assurer un haut niveau de compétence chez les professionnels de la santé et pour garantir la protection de la vie des patients, on ne peut admettre que des questions telles qu'une erreur de jugement de la part d'un professionnel de la santé ou une mauvaise coordination entre des professionnels de la santé dans le cadre du traitement d'un patient en particulier suffisent en elles-mêmes à obliger un État contractant à rendre des comptes en vertu de l'obligation positive de protéger le droit à la vie ; il n'en irait autrement qu'en cas de refus d'accès aux soins, de dysfonctionnement systématique ou structurel des services hospitaliers, d'une négligence mettant consciemment en danger la vie du patient. • CEDH, gr. ch., 19 déc. 2017, *Lopes de Sousa Fernandez c/ Portugal*, n° 56080/13, § 187-194 : *AJDA 2018. 150, chron. Burgorgue-Larsen* .

II. SOINS AUX DÉTENUS

3. *Droit aux soins (Cour EDH).* L'art. 3 Conv. EDH impose à l'État que, eu égard aux exigences pratiques de l'emprisonnement, la santé et le bien-être du prisonnier soient assurés de manière adéquate, notamment par l'administration des soins médicaux. • CEDH 26 oct. 2000, *Kudla c/ Pologne*, n° 30210/96, § 94 : *AJDA 2000. 1006, chron. Flauss ; RFDA 2001. 1250, chron. Labayle et Sudre ; ibid. 2003. 85, étude Andriantsimbazovina ; RSC 2001. 881, obs. Tulkens ; RTD civ. 2001. 442, obs. Marguénaud* . ♦ Pour un exemple de violation de l'art. 3 Conv. EDH par la France. • CEDH 21 déc. 2010, *Raffray Taddei c/ France*, n° 36435/07. ♦ L'appréciation des conditions d'accès aux soins s'effectue au cas par cas. • CEDH 2 sept. 2010, *Iorgov c/ Bulgarie*, n° 36295/02, § 63 s. • CEDH 23 mai 2013, *E. A. c/ Russie*, n° 44187/04, § 50. ♦ Ainsi, lorsque les autorités nationales décident de placer et de maintenir une personne infirme en prison, elles doivent veiller à ce que les conditions de sa détention répondent aux besoins spécifiques découlant de son infirmité. • CEDH 27 juill. 2010,

Rokosz c/ Pologne, n° 15952/09. ♦ Il en va de même d'un détenu souffrant de graves troubles mentaux et présentant des risques suicidaires, qui appelle des mesures particulières. • CEDH 16 oct. 2008, *Renolde c/ France*, n° 5608/05 : *GADS, 2e éd., Dalloz, 2016, n° 97.* ♦ Pour une condamnation de la France : • CEDH 19 févr. 2015, *Helhal c/ France*, n° 10401/12 : *D. 2015. 434 ; ibid. 569, obs. Léna ; ibid. 1122, obs. Céré, Herzog-Evans et Péchillon ; AJ pénal 2015. 219, note Céré ; JCP 2015. 481, note Pastre-Belda.* ♦ Il n'est pas nécessaire d'en arriver au constat d'une urgence médicale ou d'une douleur sévère et prolongée pour qualifier un traitement d'inhumain. • CEDH 15 juin 2010, *Ashot Harutyunyan c/ Armenia*, n° 34334/04, § 114. • CEDH 23 mai 2013, *E. A. c/ Russie*, n° 44187/04, § 46. ♦ De façon générale, la dégradation de la santé du détenu ne joue pas en soi un rôle déterminant quant au respect de l'art. 3. Cette dégradation doit être imputable à des lacunes dans les soins médicaux dispensés. • CEDH 27 nov. 2014, *Koutadilis c/ Grèce*, n° 18785/13, § 69 • 12 juin 2008, *Kotsaftis c/ Grèce*, n° 39780/06, § 53. ♦ V. le cas du suicide d'un détenu schizophrène, sous l'angle du droit à la vie (art. 2) • CEDH 8 oct. 2015, *Sellal c/ France*, n° 32432/13 (absence de condamnation) : *AJDA 2016. 232 ; AJ pénal 2016. 158, obs. Céré.*

4. Droit aux soins en détention (juridictions internes). Comme en dispose l'art. D. 189 C. pr. pén. et comme le rappelle l'art. 22 de la L. n° 2009-1436 du 24 nov. 2009, tout prisonnier a droit à être détenu dans des conditions conformes à la dignité humaine, de sorte que les modalités d'exécution des mesures prises ne le soumettent pas à une épreuve qui excède le niveau inévitable de souffrance inhérent à la détention ; en raison de la situation d'entière dépendance des personnes détenues vis-à-vis de l'administration pénitentiaire, l'appréciation du caractère attentatoire à la dignité des conditions de détention dépend notamment de leur vulnérabilité, appréciée compte tenu de leur âge, de leur état de santé, de leur handicap et de leur personnalité, ainsi que de la nature et de la durée des manquements constatés et des motifs susceptibles de justifier ces manquements eu égard aux exigences qu'impliquent le maintien de la sécurité et du bon ordre dans les établissements pénitentiaires, la prévention de la récidive et la protection de l'intérêt des victimes ; des conditions de détention qui porteraient atteinte à la dignité humaine révéleraient l'existence d'une faute de nature à engager la responsabilité de la puissance publique. • CE 6 déc. 2013, *M. A. B.*, n° 363290 : *AJ pénal 2014. 143, note Péchillon ; AJDA 2014. 237, concl. Hedary ; ibid. 2013. 2461.* ♦ Le changement d'affectation d'un détenu, dont il n'est pas prouvé qu'il aurait pour effet de le priver de l'accès aux soins nécessités par son état de santé, ne constitue pas un traitement inhumain et dégradant au sens de l'art. 3 Conv. EDH. • CE 9 avr. 2008, *André A.*, n° 308221 : *Lebon T. 800 ; ibid. 834 ; AJDA 2008. 1827, note Costa ; RSC 2009. 431, chron. Poncela.*

5. Détention incompatible avec les soins. Le maintien en détention malgré des troubles de santé incompatibles avec celle-ci constitue un traitement inhumain au sens de l'art. 3 Conv. EDH. • CEDH 23 févr. 2012, *G. c/ France*, n° 27244/09 : *RDSS 2012. 678, note Hennion-Jacquet* • CEDH 16 avr. 2015, *Papastavrou c/ Grèce*, n° 63054/13 (§ 87). ♦ Le devoir de soigner la personne malade au cours de sa détention met à la charge de l'État les obligations particulières de veiller à ce que le détenu soit capable de purger sa peine, de lui administrer les soins médicaux nécessaires et d'adapter, le cas échéant, les conditions générales de détention à la situation particulière de son état de santé. • CEDH 9 sept. 2010, *Xiros c/ Grèce*, n° 1033/07, § 73. ♦ On ne saurait en déduire une obligation générale de remettre en liberté ou bien de transférer dans un hôpital civil un détenu, même si ce dernier souffre d'une maladie particulièrement difficile à soigner. • CEDH 10 juill. 2007, *Mouisel c/ France*, n° 67263/01, § 40 et s. : *D. 2003. 303, note Moutouh.* ♦ Mais la Cour ne saurait exclure que, dans des conditions particulièrement graves, une bonne administration de la justice pénale exige des mesures de nature humanitaire... • CEDH 16 juin 2004, *Matencio c/ France*, n° 58749/00, § 76 : *RSC 2005. 630, obs. Massias.* ♦ ... Comme la libération de la personne concernée sous certaines conditions, dans des cas exceptionnels où l'état de santé du détenu est absolument incompatible avec sa détention. • CEDH 7 juin 2001, *Papon c/ France*, n° 64666/01 : *D. 2001. 2335, note Céré ; D. 2002. 683, note Renucci.* • CEDH 19 juill. 2007, *Rojkov c/ Russie*, n° 64140/00, § 104. – V. aussi la jurisprudence ss. l'art. 720-1-1 C. pr. pén.

6. Droit aux soins en garde à vue ou en détention provisoire. Le droit à la vie exige aussi un accès aux soins en garde à vue... • CEDH 27 nov. 2014, *Karsakova c/ Russie*, n° 1157/10, § 46 s. ♦ ... Tout comme en détention provisoire. • CEDH 27 nov. 2014, *Amirov c/ Russie*, n° 51857/13 § 65 s. ♦ En tout état de cause, la détention provisoire est justifiée malgré des problèmes de santé, lorsqu'elle est l'unique moyen d'empêcher une pression sur les victimes ainsi que sur leurs familles, de prévenir le renouvellement de l'infraction, de garantir le maintien du mis en examen à la disposition de la justice, de mettre fin au trouble exceptionnel et persistant à l'ordre public provoqué par la gravité de l'infraction, les circonstances de sa commission ou l'importance du préjudice qu'elle a causé, les obligations d'un contrôle judiciaire ou l'assignation à résidence avec surveillance électronique étant insuffisantes pour parvenir à ces objectifs. • Crim. 3 oct. 2012, n° 12-85.054.

7. Détenus aliénés. Le seul fait qu'un détenu atteint de troubles mentaux ne soit pas intégré dans un établissement approprié n'a pas pour effet automatique de rendre sa détention irrégulière au regard de l'art. 5, § 1 : un équilibre raisonnable doit être ménagé entre les intérêts opposés en cause. • CEDH 27 janv. 2015, *Papillo c/ Suisse*, n° 43368/08 (§ 43).

III. SOINS AUX INTERNÉS PSYCHIATRIQUES

8. Soins durant l'internement. En principe, la « détention » d'une personne considérée comme atteinte de troubles mentaux ne sera « régulière » au regard de l'art. 5, § 1 e) que si elle se déroule dans un hôpital, une clinique ou un autre établissement approprié. • CEDH, gr. ch., 17 janv. 2012, *Stanev c/ Bulgarie*, n° 36760/06 (§ 147) : *RDSS 2011. 863, note Lucas*. ♦ L'art. 3 Conv. EDH s'applique de la même manière à toutes les formes de privation de liberté, sans aucune différence fondée sur le but de la mesure incriminée, qu'il s'agisse d'une détention ordonnée dans le cadre d'une procédure pénale ou d'un internement visant à protéger la vie ou la santé de l'intéressé. • CEDH, gr. ch., 17 janv. 2012, *Stanev c/ Bulgarie*, n° 36760/06 (§ 206) : *RDSS 2011. 863, note Lucas*. ♦ L'absence de ressources financières invoquée par le Gouvernement ne constitue pas un argument pertinent pour justifier le maintien du requérant dans des conditions de vie indignes. • Même arrêt (§ 210).

9. Décès durant l'internement. Au titre de son obligation de protéger le droit à la vie, l'État doit non seulement adopter des mesures raisonnables garantissant la sécurité des individus dans les lieux publics, mais aussi s'assurer qu'il dispose d'un système judiciaire efficace et indépendant offrant des voies de droit permettant à bref délai, dans les cas de blessure grave ou de décès, d'établir les faits, de contraindre les responsables à rendre des comptes et de fournir aux victimes une réparation adéquate. • CEDH, gr. ch., 17 juill. 2014, *Centre de ressources juridiques au nom de Câmpeanu c/ Roumanie*, n° 47848/08, § 132 : *AJDA 2014. 1763, chron. Burgorgue-Larsen ; Journal de médecine légale, févr. 2015, p. 44, note Markus* (V. sur la législation française en matière de recours contre les mesures d'hospitalisation d'office, note 6 ss. art. L. 3211-12). ♦ Une ONG est recevable à agir au nom d'un patient interné, même sans mandat, même après décès de ce patient, dès lors que conclure autrement reviendrait à empêcher que des graves allégations de violation de la Convention puissent être examinées au niveau international, avec le risque que l'État défendeur échappe à sa responsabilité internationale par l'effet même de son droit interne. • Même arrêt (§ 112).

Art. L. 1110-1-1 *(L. n° 2005-102 du 11 févr. 2005, art. 7)* **Les professionnels de santé et du secteur médico-social reçoivent, au cours de leur formation initiale et continue, une formation spécifique concernant l'évolution des connaissances relatives aux pathologies à l'origine des handicaps et les innovations thérapeutiques, technologiques, pédagogiques, éducatives et sociales les concernant, l'accueil et l'accompagnement des personnes handicapées, ainsi que l'annonce du handicap.**

Art. L. 1110-2 La personne malade a droit au respect de sa dignité.

BIBL. ► MOQUET-ANGER, La dignité et le droit de la santé, *RFDA 2015.1075*. – GLÉNARD, La dignité de la personne humaine : un ordre de valeurs ?, *RFDA 2015. 869*. – DUPRAT, Protection de la santé publique et liberté, *RGDM sept. 2005, n° spécial, p. 85*. – GIRARD et VAUCHEZ, La dignité de la personne humaine : Recherche sur un processus de juridicisation, *PUF, 2005*. – PONSEILLE, Le droit de la personne malade au respect de sa dignité, *RGDM 2003, n° 11, p. 159*.

COMMENTAIRE

V. Commentaire reproduit sur Dalloz.fr.

I. VALEUR JURIDIQUE DU PRINCIPE

1. Valeur constitutionnelle. La sauvegarde de la dignité de la personne humaine contre toute forme d'asservissement et de dégradation est un principe à valeur constitutionnelle, découlant du préambule de la Constitution de 1946. • Cons. const. 27 juill. 1994, *n° 94-343/344 DC, consid. n° 2 : GADS, 2e éd., Dalloz, 2016, n° 2*. ♦ L'exigence de respect du principe constitutionnel de sauvegarde de la dignité de la personne humaine fonde le devoir d'information vis-à-vis de son patient. • Civ. 1re, 9 oct. 2001 : *Bull. civ. I, n° 249 ; D. 2001. 3470, rapp. Sargos, note Thouvenin ; JCP 2002. II. 10045, note Cachard ; CCC 2002, n° 22, note Leveneur (1re esp.) ; Gaz. Pal. 2001. 1818, note Guigue ; LPA 6 déc. 2001, note Clément (C.) ; ibid. 13 mars 2002, note Marmoz.*

2. Principe général du droit de l'Union européenne. Le respect des droits fondamentaux s'imposent tant à l'Union européenne qu'à ses États membres ; leur protection constitue un intérêt légitime de nature à justifier, en principe, une restriction aux obligations imposées par le droit de l'Union européenne, même en vertu d'une liberté fondamentale garantie par le traité telle que la libre prestation de services (point 35 : exploitation de jeux de simulation d'actes homicides dits « lasersport »). • CJCE, 14 oct. 2004, *Omega Spielhallen*, n° C-36/02 : *AJDA 2005. 152, note Von Walter ; Dr adm. janv. 2005, n° 11, note Cassia ; Europe 2004, n° 407, note Simon ; JCP 2004. II. 10199, note Zarka*. – Ce principe est désormais repris à l'art. 1er de la Charte des droits fondamentaux de l'UE.

3. ***« Principe déontologique fondamental ».*** Le respect de la personne humaine fait partie des principes déontologiques fondamentaux qui s'imposent au médecin dans ses rapports avec son patient. • CE, ass., 2 juill. 1993, *Milhaud*, n° 124960 : *Lebon 194, concl. Kessler ; RDSS 1994. 52, concl. Kessler ; RFDA 1993. 1002, concl. Kessler ; AJDA 1993. 530, chron. Maugüé et Touvet ; D. 1994. 74, note Peyrical ; JCP 1993. II. 22133, note Gonod ; GADS, 2016, n° 13.*

II. APPLICATIONS

4. Photographies. La prise de photographies pré, per et postopératoires d'un enfant présentant une tumeur, extrait par césarienne à 23 semaines et décédé peu après, ne permet pas de caractériser une atteinte au droit à la dignité malgré le refus de la mère, s'agissant de documents uniquement versés au dossier médical. • CAA Nantes, 23 févr. 2012, *Florence A. c/ CHRU Tours*, n° 10NT01752 : *AJDA 2012. 1510, note Degommier*.

5. Détenus malades. Une circulaire permettant le menottage dans le dos ainsi que l'entrave et la présence de l'escorte à l'occasion de la consultation médicale, qui n'a vocation à être mise en œuvre que dans la mesure où apparaîtraient des risques sérieux d'évasion et de trouble à l'ordre public, ne prévoit aucun traitement excédant par lui-même le niveau de contrainte strictement nécessaire au déroulement d'une consultation médicale dans des conditions de sécurité satisfaisantes, ne porte pas atteinte à la dignité humaine, et n'autorise aucun traitement inhumain et dégradant au sens de l'art. 3 Conv. EDH. • CE 30 mars 2005, *Sect. fr. de l'Observatoire international des prisons*, n° 276017 : *Lebon 126*. ♦ Sur la dignité des détenus malades sous l'angle de l'accès aux soins, V. *supra* jurisprudence ss. l'art. L. 1110-1.

♦ **BIBL.** Fallon, Le prisonnier, l'euthanasie et la convention européenne des droits de l'homme, *AJDA 2015. 437*.

6. Dignité après la mort. Les principes déontologiques fondamentaux relatifs au respect de la personne humaine, qui s'imposent au médecin dans ses rapports avec son patient, ne cessent pas de s'appliquer avec la mort de celui-ci. • CE, ass., 2 juill. 1993, *Milhaud*, n° 124960 : *préc. note 3*. ♦ Pour une application, sur le même fondement, à des prélèvements *post mortem* d'organes sur personne majeure, sans informer les parents de l'ampleur de ces prélèvements, V. • TA Amiens, 14 déc. 2000, *Tesnières : D. 2001. 3310, note Egéa*. ♦ En revanche, la prise de photographies pré, per et postopératoires d'un enfant présentant une tumeur, extrait par césarienne à 23 semaines et décédé peu après, ne permet pas de caractériser une atteinte au droit à la dignité malgré le refus de la mère, dès lors que ces photographies ont uniquement été versées au dossier médical. • CAA Nantes, 23 févr. 2012, *Florence A. c/ CHRU Tours*, n° 10NT01752 : *AJDA 2012. 1510, note Degommier*.

Art. L. 1110-3 Aucune personne ne peut faire l'objet de discriminations dans l'accès à la prévention ou aux soins.

(L. n° 2009-879 du 21 juill. 2009, art. 54) « Un professionnel de santé ne peut refuser de soigner une personne pour l'un des motifs visés au premier alinéa de l'article 225-1 *(L. n° 2012-954 du 6 août 2012, art. 3-IV)* « ou à l'article 225-1-1 » du code pénal ou au motif qu'elle est bénéficiaire de la protection complémentaire ou du droit à l'aide prévus aux articles L. 861-1 et L. 863-1 du code de la sécurité sociale, ou du droit à l'aide prévue *[prévu]* à l'article L. 251-1 du code de l'action sociale et des familles.

« Toute personne qui s'estime victime d'un refus de soins illégitime peut saisir le directeur de l'organisme local d'assurance maladie ou le président du conseil territorialement compétent de l'ordre professionnel concerné des faits qui permettent d'en présumer l'existence. Cette saisine vaut dépôt de plainte. Elle est communiquée à l'autorité qui n'en a pas été destinataire. Le récipiendaire en accuse réception à l'auteur, en informe le professionnel de santé mis en cause et peut le convoquer dans un délai d'un mois à compter de la date d'enregistrement de la plainte.

« Hors cas de récidive, une conciliation est menée dans les trois mois de la réception de la plainte par une commission mixte composée à parité de représentants du conseil territorialement compétent de l'ordre professionnel concerné et de l'organisme local d'assurance maladie.

« En cas d'échec de la conciliation, ou en cas de récidive, le président du conseil territorialement compétent transmet la plainte à la juridiction ordinale compétente avec son avis motivé et en s'y associant le cas échéant.

« En cas de carence du conseil territorialement compétent, dans un délai de trois mois, le directeur de l'organisme local d'assurance maladie peut prononcer à l'encontre du professionnel de santé une sanction dans les conditions prévues à l'article L. 162-1-14-1 du code de la sécurité sociale.

« Hors le cas d'urgence et celui où le professionnel de santé manquerait à ses devoirs d'humanité, le principe énoncé au premier alinéa du présent article ne fait pas obstacle à un refus de soins fondé sur une exigence personnelle ou professionnelle essentielle et déterminante de la qualité, de la sécurité ou de l'efficacité des soins. La continuité des soins doit être assurée quelles que soient les circonstances, dans les conditions prévues par l'article L. 6315-1 du présent code.

« Les modalités d'application du présent article sont fixées par voie réglementaire. »

BIBL. ▶ VIRIOT-BARRIAL, Le rôle des politiques sociales et sanitaires dans la lutte contre les discriminations en matière de santé, *JDSAM 2017 n° 16, p. 37.* – GABRIEL, L'obligation de non-discrimination à l'égard du patient atteint du cancer, *RDSS 2014/11, n° HS, p. 127.* – PFISTER, Le refus de soins opposé aux bénéficiaires de l'AME et de la CMU par la médecine de ville : l'exemple lyonnais, *Droit, déontologie et soin, 2014/4, p. 490.* – BRISSY, LAUDE et TABUTEAU, Refus de soins et actualités sur les droits des malades, *Presses de l'EHESP, 2012.* – VIRIOT-BARRIAL et LECA (dir.), Cahiers de droit de la santé du sud-est, n° 11, Santé et discriminations, *éd. LEH, 2010.* – MORET-BAILLY, La loi HPST et l'accès aux soins, *RDSS 2009. 820.* – VIALLA, Le refus de soins peut-il induire une discrimination ? La réforme annoncée de l'article L. 1110-3 du code de la santé publique, *Méd. et droit janv. 2009, n° 94, p. 2.*

COMMENTAIRE

V. Commentaire reproduit sur Dalloz.fr.

1. Application aux étrangers sans titre de séjour. Dans le cas d'un étranger sans titre, victime d'un accident de la circulation en Guyane et qui en raison de son état souhaitait être évacué vers un centre hospitalier de la métropole, une chambre de l'instruction ne saurait confirmer un non-lieu sans répondre au moyen de la partie civile selon lequel, bien que son évacuation ait été reconnue nécessaire par les médecins, seules les interrogations sur son identité et sa situation administrative y avaient fait obstacle. • Crim. 11 juin 2013, n° 12-85.821. ♦ Pour des refus de soins sanctionnés disciplinairement, V. notes ss. art. R. 4127-9.

2. Pour des refus de soins discriminatoires sanctionnés disciplinairement, V. notes ss. l'art. R. 4127-7.

Art. L. 1110-3-1 *(Ord. n° 2010-331 du 25 mars 2010)* **A Mayotte, un professionnel de santé ne peut refuser de soigner une personne pour l'un des motifs visés au premier alinéa de l'article 225-1** *(L. n° 2012-954 du 6 août 2012, art. 3-IV)* **« ou à l'article 225-1-1 » du code pénal.**

Toute personne qui s'estime victime d'un refus de soins illégitime peut saisir le président du conseil territorialement compétent de l'ordre professionnel concerné des faits qui permettent d'en présumer l'existence. Cette saisine vaut dépôt de plainte. Elle est communiquée à l'autorité qui n'en a pas été destinataire. Le récipiendaire en accuse réception à l'auteur, en informe le professionnel de santé mis en cause et peut le convoquer dans un délai d'un mois à compter de la date d'enregistrement de la plainte.

Hors cas de récidive, une conciliation est menée dans les trois mois de la réception de la plainte par une commission composée de représentants du conseil territorialement compétent de l'ordre professionnel concerné.

En cas d'échec de la conciliation, ou en cas de récidive, le président du conseil territorialement compétent transmet la plainte à la juridiction ordinale compétente avec son avis motivé et en s'y associant le cas échéant.

Hors le cas d'urgence et celui où le professionnel de santé manquerait à ses devoirs d'humanité, le principe énoncé au premier alinéa du présent article ne fait pas obstacle à un refus de soins fondé sur une exigence personnelle ou professionnelle essentielle et déterminante de la qualité, de la sécurité ou de l'efficacité des soins. La continuité des soins doit être assurée quelles que soient les circonstances, dans les conditions prévues par l'article L. 6315-1 du présent code.

Les modalités d'application du présent article sont fixées par décret en Conseil d'État.

Art. L. 1110-4 *(Ord. nº 2017-31 du 12 janv. 2017, art. 5-1º)* « I. — Toute personne prise en charge par un professionnel de santé, un établissement ou service, un professionnel ou organisme concourant à la prévention ou aux soins dont les conditions d'exercice ou les activités sont régies par le présent code, le service de santé des armées, un professionnel du secteur médico-social ou social ou un établissement ou service social et médico-social mentionné au I de l'article L. 312-1 du code de l'action sociale et des familles a droit au respect de sa vie privée et du secret des informations le *[la]* concernant. »

(L. nº 2016-41 du 26 janv. 2016, art. 96-I-1º-a) « Excepté dans les cas de dérogation expressément prévus par la loi, ce secret couvre l'ensemble des informations concernant la personne venues à la connaissance du professionnel, de tout membre du personnel de ces établissements, services ou organismes, et de toute autre personne en relation, de par ses activités, avec ces établissements ou organismes. Il s'impose à tous les professionnels intervenant dans le système de santé.

« II. — Un professionnel peut échanger avec un ou plusieurs professionnels identifiés des informations relatives à une même personne prise en charge, à condition qu'ils participent tous à sa prise en charge et que ces informations soient strictement nécessaires à la coordination ou à la continuité des soins, à la prévention ou à son suivi médico-social et social.

« III. — Lorsque ces professionnels appartiennent à la même équipe de soins, au sens de l'article L. 1110-12, ils peuvent partager les informations concernant une même personne qui sont strictement nécessaires à la coordination ou à la continuité des soins ou à son suivi médico-social et social. Ces informations sont réputées confiées par la personne à l'ensemble de l'équipe.

« Le partage, entre des professionnels ne faisant pas partie de la même équipe de soins, d'informations nécessaires à la prise en charge d'une personne requiert son consentement préalable, recueilli par tout moyen, y compris de façon dématérialisée, dans des conditions définies par décret pris après avis de la Commission nationale de l'informatique et des libertés.

(Ord. nº 2018-20 du 17 janv. 2018, art. 2) « III *bis*. — Un professionnel de santé, exerçant au sein du service de santé des armées ou dans le cadre d'une contribution au soutien sanitaire des forces armées prévue à l'article L. 6147-10, ou un professionnel du secteur médico-social ou social relevant du ministre de la défense peuvent, dans des conditions définies par décret en Conseil d'État, échanger avec une ou plusieurs personnes, relevant du ministre de la défense ou de la tutelle du ministre chargé des anciens combattants, et ayant pour mission exclusive d'aider ou d'accompagner les militaires et anciens militaires blessés, des informations relatives à ce militaire ou à cet ancien militaire pris en charge, à condition que ces informations soient strictement nécessaires à son accompagnement. Le secret prévu au I s'impose à ces personnes. Un décret en Conseil d'État définit la liste des structures dans lesquelles exercent les personnes ayant pour mission exclusive d'aider ou d'accompagner les militaires et anciens militaires blessés. »

« IV. — La personne est dûment informée de son droit d'exercer une opposition à l'échange et au partage d'informations la concernant. Elle peut exercer ce droit à tout moment. »

(L. nº 2016-41 du 26 janv. 2016, art. 96-I-1º-b) « V. — » Le fait d'obtenir ou de tenter d'obtenir la communication de ces informations en violation du présent article est ***puni d'un an d'emprisonnement*** et de 15 000 € d'amende.

En cas de diagnostic ou de pronostic grave, le secret médical ne s'oppose pas à ce que la famille, les proches de la personne malade ou la personne de confiance définie à l'article L. 1111-6 reçoivent les informations nécessaires destinées à leur permettre d'apporter un soutien direct à celle-ci, sauf opposition de sa part. *(L. nº 2004-810 du 13 août 2004, art. 2-II)* « Seul un médecin est habilité à délivrer, ou à faire délivrer sous sa responsabilité, ces informations. »

Le secret médical ne fait pas obstacle à ce que les informations concernant une personne décédée soient délivrées à ses ayants droit *(L. nº 2016-41 du 26 janv. 2016, art. 96-I-1º-c)* « , son concubin ou son partenaire lié par un pacte civil de solidarité », dans la mesure où elles leur sont nécessaires pour leur permettre de connaître les causes de la mort, de défendre la mémoire du défunt ou de faire valoir leurs droits, sauf

volonté contraire exprimée par la personne avant son décès. *(L. nº 2016-41 du 26 janv. 2016, art. 96-I-1º-c)* **« Toutefois, en cas de décès d'une personne mineure, les titulaires de l'autorité parentale conservent leur droit d'accès à la totalité des informations médicales la concernant, à l'exception des éléments relatifs aux décisions médicales pour lesquelles la personne mineure, le cas échéant, s'est opposée à l'obtention de leur consentement dans les conditions définies aux articles L. 1111-5 et L. 1111-5-1. »**

(L. nº 2016-41 du 26 janv. 2016, art. 96-I-1º-d) **« VI. — Les conditions et les modalités de mise en œuvre du présent article pour ce qui concerne l'échange et le partage d'informations entre professionnels de santé** *(Ord. nº 2018-20 du 17 janv. 2018, art. 2)* **« , non-professionnels de santé du champ social et médico-social et personnes ayant pour mission exclusive d'aider ou d'accompagner les militaires et anciens militaires blessés » sont définies par décret en Conseil d'État, pris après avis de la Commission nationale de l'informatique et des libertés. »**

BIBL. ▸ **Généralités.** BURNEL, Les nouvelles règles qui président l'échange et le partage d'information entre professionnels en charge d'un même patient, *JDSAM sept. 2017, nº 27, p. 114*. – MANAOUIL, Le secret partagé entre professionnels depuis la loi santé du 26 janv. 2016, *RGDM 2016, nº 61, p. 53*. – LEGROS et SAISON, Le secret professionnel, un principe assorti de dérogations, *RGDM 2016, nº 61, p. 27*. – GAMBARDELLA, Une lecture de la jurisprudence de la Cour EDH relative aux données de santé, *RDSS 2016. 271*. – TRUCHET, Le secret médical, obligation obsolète ou exigence actuelle ?, *Mél. Bélanger, éd. LEH, 2015, p. 317*. – Ordre national des médecins, Secret médical - Entre droit des patients et obligation déontologique, *Bull. Ordre méd., nº spéc., nov.-déc. 2012*. – Dossier, Le secret médical, *in Les cahiers de droit de la santé du Sud-Est, nº 15, oct. 2012*. – CNIL, Guide des professionnels de santé, *2011*. – CONTIS, Secret médical et évolutions du système de santé, *thèse, éd. LEH, 2010*. – ZORN-MACREZ, Données de santé et secret partagé, *PU Nancy, 2010*. – Dossier, Le secret médical aujourd'hui, *D. 2009. 2619*. – COUTURIER, Secret médical et protection des personnes atteintes de troubles psychiques, *RDSS 2009. 277*. – SARGOS, Les enseignements des secrets trahis de Jules Bastien-Lepage et François Mitterrand, *D. 2009. 2625*. – BACACHE-GIBELLI, Le secret médical partagé, *Gaz. Pal. 30 déc. 2008, nº 365, p. 44*. – Rapport annuel de la Cour de cassation 2007, La santé dans la jurisprudence de la Cour de cassation, *p. 90 et 207*. – SARGOS, Les principes d'immunité et de légitimité en matière de secret professionnel médical, *JCP 2004. I. 187*. – SÉGUR, Confidentialité des données médicales. À propos des enquêtes de santé, *AJDA 2004. 858*. – PENNEAU, Le secret médical et la preuve, *Mél. Holleaux, Litec, 2000, p. 345*. – L. DUBOUIS, Feu le secret médical, *in Mél. Peiser, PU Grenoble, 1995, p. 205*. – THOUVENIN, Le secret médical et l'information du malade, *PU Lyon, 1982*.

▸ **Secret et juge.** Colloque « Secret médical, Justice, Bioéthique », Université de Rouen, *RGDM juin 2012, nº 43*. – MANAOUIL et BENNILLOUCHE, L'accès aux informations médicales par les autorités judiciaires, *Méd. et droit mars-avr. 2012, nº 113, p. 59*. – CRÉDEVILLE, Le secret médical et la preuve judiciaire ou le secret médical mis en perspective, *D. 2009. 2645*. – PIERCHON, À propos du secret médical devant les juridictions du contentieux technique, *JCP S 2007, nº 1564*. – DAVENAS, Le secret médical et la preuve judiciaire, *D. 2009. 2642*. – PENNEAU, De quelques incidences du secret médical sur l'expertise judiciaire, *AJ pénal 2009. 169*. – ARCHER, Les limites structurantes de la relation médecin-magistrat, *AJ pénal 2004. 147*.

▸ **Secret et contrôles administratifs.** BEREYZIAT, Secret médical et contrôle fiscal : radioscopie de la jurisprudence, *RJF 2004, nº 11, p. 798*.

▸ **Secret et assurance.** CERVEAU, Assurances et secret médical : un cadre juridique précis, une jurisprudence bien établie, *Gaz. Pal. 12-13 févr. 2010, p. 15*. – CAUCHY et DIONISI-PEYRUSSE, Le droit au secret médical et son application en matière d'assurances, *D. 2005. 1313*. – BICHOT, Le secret médical : un outil redoutable à la disposition des assurés de mauvaise foi, *RLDC 2005. 485*.

▸ **Secret et nouvelles technologies.** LACOUR, Du secret médical aux dossiers de santé électroniques. Réflexions juridiques sur la protection des données de santé, *Méd. et droit, juin 2016, nº 138, p. 62*. – LUCAS, Secret médical et smartphones, *JDSAM 2014/12, p. 29*. – ÉON, Hôpital public et données personnelles des patients, *RDSS 2015/12*, nº hors-série, p. 85. – KAHN, Le secret médical : d'Hippocrate à internet, *D. 2009. 2623*. – STEFANI, Le secret médical à l'épreuve des nouvelles technologies, *D. 2009. 2636*. – TABUTEAU, Le secret médical et l'évolution du système de santé, *D. 2009. 2629*.

▸ **Secret et danger pour les tiers.** MANAOUIL et DAURY-FAUVEAU, Regards croisés sur le médecin face au partenaire d'un patient séropositif, *Méd. et droit sept. 2008, nº 92, p. 144*.

▶ **Secret et poursuites pénales.** V. C. pén. Dalloz, art. 226-13. – THOUVENIN, Le secret médical, *Droit médical et hospitalier, Fasc. 11, Litec.* – BÉNÉJAT-GUERLIN, Que reste-t-il de la protection pénale du secret médical ?, *AJ pénal sept. 2017, n° 9, p. 368.*

▶ **A titre historique.** BROUARDEL, Le secret médical, *Éd. J.-B. Baillière, Paris, 1887.*

COMMENTAIRE

V. Commentaire reproduit sur Dalloz.fr

I. PORTÉE DU PRINCIPE

1. Caractère absolu en matière pénale. L'obligation de respect du secret médical est générale et absolue ; sont réprimées toutes les révélations hormis les cas où la loi les permet, sans qu'il soit nécessaire d'établir l'intention de nuire • Crim. 19 déc. 1885, *Watelet : Bull. crim. n° 363 ; GADS, 2e éd., Dalloz, 2016, n° 101.* ♦ Il n'appartient à personne d'affranchir le professionnel de santé de cette obligation, qu'il s'agisse : d'un juge… • Crim. 8 mai 1947, *Decraene : Bull. crim. n° 127 ; GADS, 2e éd., Dalloz, 2016, n° 102.* ♦ … Ou du patient lui-même. • Crim. 8 avr. 1998 : *Bull. crim. n° 138 ; Dr. pénal 1998. 113, obs. Véron.* ♦ Un professionnel de santé est cependant fondé à révéler certaines informations médicales indispensables à sa propre défense devant le juge. • Crim. 20 déc. 1967, *Theaux : Bull. crim. n° 338 ; GADS, 2e éd., Dalloz, 2016, n° 103.*

2. Caractère relatif en matière civile. La finalité du secret professionnel étant la protection du non-professionnel qui confie ses secrets, leur révélation peut être faite non seulement à ce dernier, mais également aux personnes ayant un intérêt légitime à faire valoir cette protection. • Civ. 1re, 22 mai 2002, n° 00-16.305 (en l'espèce des héritiers). ♦ Une personne souhaitant souscrire un contrat d'assurance peut accepter par avance la divulgation de certains éléments la concernant, renonçant elle-même au secret médical. • Civ. 1re, 29 oct. 2002 : *Gaz. Pal. 20 juill. 2003, p. 2, note Périer ; RGDA 2003. 340, note Kullmann.* ♦ En contentieux de l'incapacité, les informations couvertes par le secret médical ne peuvent être communiquées à un tiers sans que soit constaté l'accord de la victime ou son absence d'opposition à la levée de ce secret. • Civ. 2e, 19 févr. 2009 : *RDSS 2009. 379, note Tauran ; JCP S 2009, n° 1261, note Asquinazi-Bailleux.*

3. Caractère relatif devant le juge administratif. Les dispositions de l'art. L. 366 CSP [L. 4127-1] autorisent le Premier ministre, agissant par voie de décret en Conseil d'État, à préciser les conditions dans lesquelles le médecin est soumis, conformément aux art. 226-13 et 226-14 C. pén., au respect de la règle du secret professionnel ; est légal le décret prévoyant que les proches d'un patient doivent être prévenus d'un pronostic fatal, sauf exception ou si le malade a préalablement interdit cette révélation ou désigné les tiers auxquels elle doit être faite. • CE 30 avr. 1997, *Synd. des médecins d'Aix et région*, n° 173044.

4. Jurisprudence européenne. La protection des données à caractère personnel, dont celles relatives à la santé, est capitale non seulement pour protéger la vie privée des malades, mais également pour préserver leur confiance dans le corps médical et les services de santé en général ; toute législation interne doit donc ménager des garanties appropriées, pour empêcher toute communication ou divulgation de données à caractère personnel relatives à la santé qui ne serait pas conforme aux garanties prévues à l'art. 8 de la Convention. • CEDH 25 févr. 1997, *Z c/ Finlande, n° 22009/93, § 95 : RSC 1998. 385, obs. Koering-Joulin* . ♦ Par exemple, la communication des seules informations médicales pertinentes à un service administratif peut répondre à un besoin légitime d'un État de vérifier les informations fournies par une personne qui demande à bénéficier de prestations sociales en raison de son état de santé. • CEDH 27 août 1997, *M. S. c/ Suède, n° 20837/92, § 42 : D. 2000. 521, note Laurent-Merle ; GADS, 2e éd., Dalloz, 2016, n° 105.*

II. ÉTENDUE DU SECRET (ART. L. 1110-4, AL. 1ER ET 2)

5. Informations couvertes. Aux termes de l'art. 11 du code de déontologie [art. R. 4127-4 CSP], le secret médical vise tout ce qui est venu à la connaissance du médecin dans l'exercice de sa profession, c'est-à-dire non seulement ce qui lui a été confié, mais aussi ce qu'il a vu, entendu et compris. • CE 7 févr. 1994, *Mme Renson Robveille*, n° 121290 : *Lebon 57 ; D. 1995. Somm. 99, obs. Penneau* . ♦ Cela inclut les informations non médicales, connues à l'occasion de la relation médicale. • Paris, 19 janv. 1996, *n° 5416/95 : Dict. perm. Bioéthique et biotechnologies, étude Secret médical, n° 33.*

6. Informations déjà connues. Il importe peu que le fait divulgué ait déjà été évoqué par la rumeur publique, ou soit même connu dans son ensemble : venant d'un professionnel autorisé, la divulgation transforme en un fait indiscutable ce qui n'était encore que supposition. • TGI Paris, 5 juill. 1996 : *D. 1998. Somm. 86, obs. Massis* (à propos de l'aff. dite du Dr. Gubler). ♦ Aussi, de façon générale, • Crim. 16 mai 2000 : *Bull. crim. n° 192.* ♦ La circonstance que des personnes du cercle de la famille, ainsi que les services de secours, ont été témoins de ce dont le praticien avait eu connaissance ne saurait justifier qu'il soit libéré du secret professionnel qui pèse sur lui. • CE 15 déc. 2010, *Chauvin de Vendomois*, n° 330314.

7. Patient décédé. Le décès du patient n'autorise pas la divulgation du secret. • Paris, 27 mai 1997 : *LPA 9 juill. 1997, p. 26, note Derieux et Gras* (aff. dite du Dr. Gubler).

8. Informations connues hors exercice de la profession. Un médecin peut, sans violer le secret professionnel, témoigner sur des faits médicaux connus en dehors de l'exercice de sa profession, par exemple lors de visites purement amicales. • Civ. 2e, 6 déc. 1978 : *Bull. civ. II, n° 267.*

9. Autres informations. Le registre de police d'une clinique, où ne figurent que les noms, prénoms et adresses des personnes hospitalisées ainsi que les dates d'entrées et de sorties, ne contient aucune indication d'ordre médical et peut donc être communiqué aux services fiscaux. • Crim. 1er févr. 1977 : *Bull. crim. n° 40* • Crim. 21 mai 1979 : *Bull. crim. n° 178 ; RSC 1980. 439, obs. Levasseur.* ♦ En vertu de l'art. L. 1225-61 C. trav., le salarié bénéficie d'un congé non rémunéré en cas de maladie ou d'accident, constatés par un certificat médical, d'un enfant de moins de 16 ans dont il a la charge ; les mentions de l'avis d'arrêt de travail établi par le médecin pour les besoins de l'obtention de ce congé, relatives à la date et à la durée dudit congé, ne sont pas couvertes par le secret médical. • Soc. 12 mai 2010, n° 09-40.997.

10. Secret médical et détenus. Le détenu a, comme tout malade, droit au secret médical et à la confidentialité de son entretien avec son médecin ; une circulaire peut prévoir une surveillance indirecte des détenus par le personnel pénitentiaire ainsi qu'une fouille par palpation à la fin de la consultation ; la surveillance constante du détenu pendant la consultation médicale peut être justifiée par sa personnalité et les dangers de fuite ou d'agression contre lui-même ou des tiers, sans qu'il soit toutefois porté atteinte à la confidentialité de l'entretien médical ; il appartient à l'administration pénitentiaire de définir les modalités de surveillance directe ou indirecte et, si nécessaire, de contrainte proportionnée, conciliant sécurité et confidentialité de l'entretien avec le médecin. • CE 30 mars 2005, *Sect. française de l'Observatoire international des prisons*, n° 276017 : *Lebon 126*.

11. Respect de la vie familiale. Une délibération du conseil d'administration d'un centre hospitalier interdisant à une personne de rendre visite à son neveu hospitalisé constitue une atteinte au respect de la vie familiale. • CAA Paris, 16 oct. 2002, *CH Perray Vaucluse*, n° 98PA01613 : *GADS 2016, n° 77.*

12. Secret des correspondances. Est fautif le contrôle systématique de la correspondance d'un patient, alors que le centre hospitalier qui héberge ce patient n'établit ni n'allègue que des circonstances particulières, tirées des exigences de l'ordre public, justifient ce contrôle. • CAA Bordeaux, 27 nov. 2005, *Philippe X. c/ CHS Cadillac-sur-Garonne*, n° 94BX01716.

III. PERSONNES TENUES AU SECRET

13. Personnels paramédicaux. Viole le secret médical l'infirmier du secteur psychiatrique d'un centre hospitalier spécialisé qui participe à la réalisation d'un court métrage consacré à l'activité artistique comme mode de traitement des malades atteints de troubles psychiques, et fournit au réalisateur des informations qui ont permis à ce dernier d'entrer en contact avec une malade. • CE 1er juin 1994, *CHS Le Valmont*, n° 150870 : *RDSS 1995. 106, obs. De Forges ; ibid. 1996. 348, obs. Mémeteau et Harichaux ; GADS, 1re éd., Dalloz, 2010, n° 51-52.*

14. Personnels non soignants. L'obligation qui est faite au personnel des cabinets médicaux d'observer une discrétion absolue à l'égard des malades et de leur entourage s'applique indistinctement à tous les salariés d'un cabinet médical, qu'ils aient ou non accès aux dossiers des malades. • Soc. 7 oct. 1997 : *Bull. civ. V, n° 303.*

15. Exercice illégal. Le respect du secret médical, institué dans le seul intérêt des patients, ne cesse de s'imposer à un médecin ayant fait l'objet d'une radiation par la juridiction disciplinaire de l'ordre, mais continuant d'exercer. • CE 17 juin 1998, *Min. Budget c/ Chung*, n° 156532.

16. L'établissement de santé. Un établissement public hospitalier ne peut légalement communiquer à un tiers le dossier d'un patient sans l'autorisation de celui-ci ; commet donc une faute l'hôpital qui transmet le dossier d'un patient au médecin expert de la compagnie d'assurances de celui-ci sans son accord ; il en résulte un préjudice moral indemnisable, mais le patient n'est pas fondé à reprocher à l'hôpital le refus de la compagnie d'assurance de le garantir, ce refus tirant son origine non de la faute commise par le centre hospitalier, mais des fausses déclarations de l'intéressé quant à ses antécédents médicaux lors de la souscription du contrat d'assurances. • TA Nice, 9 mars 2007, *Jean-Claude D. c/ CH Antibes : AJDA 2007. 1089, concl. Dieu*. ♦ Lorsqu'un patient, dès son arrivée dans le service, s'oppose à ce que ses parents soient informés de sa séropositivité, et que sa mère parvient malgré cela à s'emparer de sa feuille de soins mentionnant sa séropositivité, déposée sur un chariot laissé dans le couloir sans surveillance, cette accessibilité si aisée à des documents médicaux couverts par le secret médical constitue un défaut d'organisation du service, qui engage la responsabilité de l'établissement. • CAA Nantes, 15 oct. 2009, *Mustapha X.*, n° 09NT00165.

17. Exclusion du patient. Rien n'interdit au patient qui consulte un médecin de faire connaître à autrui le diagnostic qui a été posé par ce médecin ainsi que le traitement préconisé, même en communiquant ou en publiant les ordonnances ou prescriptions. • Crim. 18 nov. 1986 : *Bull. crim. n° 345* (patientes « enquêtant » pour un magazine de consommateurs).

IV. INFORMATION DES TIERS

A. BUT DE SOUTIEN DIRECT DU PATIENT (ART. L. 1110-4, AL. 7)

18. Autres buts interdits. Lorsque la demande d'information émise par les ayants droit d'un patient mourant tend à obtenir un avis médical auprès d'un autre établissement, cette demande ne peut être regardée comme motivée par le souci d'apporter un soutien direct au patient. • CAA Nantes, 30 mars 2007, *Cts X. c/ CHR Orléans*, n° 06NT01154.

B. BUT QUANT AUX CAUSES DE LA MORT, ETC. (ART. L. 1110-4, DERNIER AL.)

19. Champ d'application. Les dispositions de l'art. L. 1110-4 ne sont pas applicables aux demandes de communication du dossier médical d'un enfant mineur décédé formulé par ses représentants légaux, en particulier les titulaires de l'autorité parentale ; le législateur n'a pas entendu priver ces derniers du droit d'accès au dossier médical de leur enfant, droit qui n'est pas limité de leur vivant, hormis le cas où l'enfant aurait exercé le droit d'opposition prévu à l'art. L. 1111-5. • CADA, avis, 10 sept. 2009, n° 20092700. ♦ Le conjoint survivant non divorcé a, au même titre que les enfants du défunt ou leurs descendants, ou, en l'absence de descendance du défunt, que les père et mère de ce dernier, la qualité d'ayant droit, ce qui prive de cette qualité les parents du défunt autres que ses enfants, père et mère, en l'absence de dispositions testamentaires contraires. • CADA, 5 avr. 2012, n° 20121675.

20. Informations communicables. Il résulte des art. L. 1110-4 et L. 1111-7, éclairés par les travaux parlementaires de la loi du 4 mars 2002 dont ils sont issus, que le législateur a entendu autoriser la communication aux ayants droit d'une personne décédée des seules informations nécessaires à la réalisation de l'objectif poursuivi par ces ayants droit, à savoir la connaissance des causes de la mort, la défense de la mémoire du défunt ou la protection de leurs droits ; un arrêté du ministre de la Santé homologuant une recommandation de bonnes pratiques, qui prévoit que la communication aux ayants droit peut porter sur l'ensemble des informations figurant dans le dossier médical, méconnaît ces principes. • CE 26 sept. 2005, *CNOM*, n° 270234 : *Lebon 395* ; *GADS, 2e éd., Dalloz, 2016, n° 72 ; AJDA 2006. 308, note Markus* ; *RDSS 2006. 53, note Cristol* ; *LPA 9 janv. 2007, p. 3, note Mascret ; Rev. dr. et santé 2006, n° 11, p. 297, note Giogetti-de-Saint-Jean.* ♦ Pour une application • CAA Nantes, 20 oct. 2011, n° 10NT00271 : *AJDA 2012. 98, chron. Degommier* .

21. Notion d'ayant droit. La qualité d'ayant droit doit être interprétée comme renvoyant uniquement aux successeurs légaux ou testamentaires définis par les dispositions du titre Ier du livre III du code civil, ce qui exclut le bénéficiaire d'un contrat d'assurance sur la vie souscrit par la personne décédée. • CE 30 déc. 2015, *F.D.*, n° 380409 : *Lebon.* ♦ V. aussi • CADA 17 déc. 2015, n° 20155510. ♦ En invitant les demandeurs à justifier de leur qualité d'ayants droit, un établissement ne méconnaît aucunement l'art. L. 1110-4. • CAA Nantes, 30 mars 2007, *Cts X. c/ CHR Orléans : préc. note 18.*

22. Notion d'ayant droit, exemples. L'époux d'une personne décédée peut, en sa qualité d'ayant droit de celle-ci, avoir directement accès aux informations concernant la santé de son épouse dans la mesure où elles sont nécessaires pour permettre de connaître les causes de la mort et faire valoir ses droits. • TA Nice, 23 sept. 2005, *Mme B.*, n° 0401598 : *Rev. dr. et santé 2006, n° 12, p. 402, concl. Dieu.* ♦ N'ont pas la qualité d'ayant droit les simples bénéficiaires d'une assurance sur la vie ou d'une assurance décès, ou les personnes liées au défunt par un pacte civil de solidarité qui ne seraient pas par ailleurs héritiers légaux ou testamentaires, universels ou à titre universel de la personne décédée. • CADA 27 mars 2014, *AP-HP : avis n° 20140853.*

23. Mandataire. Le législateur n'a pas exclu la possibilité pour la personne concernée d'accéder aux informations médicales relatives à sa santé détenues par des professionnels et établissements de santé en recourant à un mandataire dans les conditions de droit commun, dès lors que ce dernier peut justifier de son identité et dispose d'un mandat exprès. • CE 26 sept. 2005, *CNOM*, n° 270234 : *préc. note 20.* ♦ Le notaire chargé d'une succession n'est pas un ayant droit. • CADA avis, 15 avr. 2004, n° 20041635.

24. Notion de personne décédée. Un patient hors d'état d'exprimer sa volonté n'est pas assimilable à une personne décédée au sens de l'art. L. 1110-4. • CADA avis, 6 nov. 2003, n° 20034269.

25. Refus illégal, responsabilité. En refusant durablement un dossier médical, qu'il était tenu de communiquer, un établissement commet une faute entraînant un préjudice moral (1000 euros). • CAA Nantes, 20 oct. 2011, *Mélanie A. c/ CHS Sarthe*, n° 10NT00271.

26. Injonction. Pour un exemple d'injonction de communiquer le dossier aux ayants droit : • TA Nice, 12 mai 2008, n° 0305874 : *AJDA 2006. 1677, note Dieu* .

V. CAS SPÉCIFIQUES

A. SECRET ET JUSTICE

27. Pouvoirs du juge civil. Le juge civil ne peut, en l'absence de disposition législative spécifique l'y autorisant, ordonner une expertise judiciaire en impartissant à l'expert une mission qui porte atteinte au secret médical, sans subordonner l'exécution de cette mission à l'autorisation préalable du patient concerné, sauf à tirer toutes conséquences du refus illégitime. • Civ. 1re, 11 juin 2009 : *Bull. civ. I, n° 128 ; Dr. fam. 2009, Comm. n° 128, obs. Beigner.* ♦ La circonstance qu'un établissement de santé, dans un contentieux l'opposant à un proche d'un patient, ait produit des pièces de sa propre initiative, en méconnaissance du secret médical qui s'impose à lui, n'est pas par elle-même de nature à affecter la régularité ou le bien-fondé de la décision du juge ; ce dernier doit toutefois, dans la mise en œuvre de ses pouvoirs d'instruction, veiller au respect des droits des parties, assurer l'égalité des armes entre elles, garantir, selon les modalités propres à chacun d'entre eux, les secrets protégés par la loi, en sorte qu'il ne peut régulièrement se fonder sur de telles pièces qu'à la condition d'avoir pu préalablement les soumettre au débat contradictoire. • CE 2 oct. 2017, *M. C.*, n° 399753 : *Lebon ; AJDA 2017. 1863*.

28. Pouvoirs du juge administratif. Le secret médical s'oppose à ce que soient divulguées, sans l'accord du requérant, les raisons médicales de la décision administrative qu'il attaque ; toutefois, ce secret n'est pas opposable au malade et ne saurait empêcher le contrôle du juge administratif sur les motifs de ladite décision ; par suite, sans qu'il appartienne au Conseil d'État de prendre connaissance des documents médicaux concernant le requérant, il y a lieu d'inviter l'administration à communiquer au requérant les motifs d'ordre médical de sa décision, afin de permettre à ce requérant de les révéler lui-même au Conseil d'État, en vue de l'exercice par celui-ci de son pouvoir de contrôle. • CE 12 nov. 1969, *Pasquier*, n° 75863 : *Lebon 495 ; RDSS 1970. 306, obs. Dubouis ; RD publ. 1970. 394, note Waline ; AJDA 1969. 707, chron. Denoix de Saint Marc et Labetoulle.* ♦ Au besoin, le juge prononce une injonction d'instruction ... • CE, sect., 24 oct. 1969, *Gougeon*, n° 77089 : *Lebon 457 ; JCP 1970. II. 16659, note Morand.* ♦ ... pouvant être assortie d'un délai d'exécution. • CE 14 déc. 1988, *Dpt des Hauts-de-Seine*, n° 68209 • CE 3 mars 1995, *Min. Intérieur*, n° 112856 : *Lebon 119* • CE, avis, 6 avr. 2007, *Tiago A., n° 293238 : AJDA 2007. 2049, note Rihal ; RDSS 2007. 1116, obs. Boujeka*.

29. Expert judiciaire. Le secret médical ne saurait être opposé à un médecin-expert appelé à éclairer le juge sur les conditions d'attribution d'une prestation sociale, ce praticien, lui-même tenu au respect de cette règle, ne pouvant communiquer les documents médicaux examinés par lui aux parties, et ayant pour mission d'établir un rapport ne révélant que les éléments de nature à apporter la réponse aux questions posées en excluant, hors de ces limites, ce qu'il a pu connaître à l'occasion de l'expertise. • Civ. 2e, 22 nov. 2007 : *D. 2008. Pan. 510, obs. Penneau*.

30. Droits de la défense. Si les dispositions relatives au secret professionnel font obstacle à ce que l'identité d'un malade soit divulguée sans son consentement, toute partie qui se prétend victime d'un dommage doit pouvoir faire effectivement valoir ses droits en justice ; il appartient alors au juge, lorsque une expertise impliquant l'accès à des informations couvertes par le secret médical est nécessaire à la manifestation de la vérité, de prescrire des mesures propres à éviter la divulgation de l'identité des malades ou consultants ; le principe du droit à un procès équitable (Conv. EDH, art. 6, §1) n'est pas méconnu dès lors que les parties au litige ont la faculté de désigner un médecin qui, au cours des opérations d'expertise, pourra prendre connaissance des documents comportant les renseignements d'ordre médical examinés par l'expert. • Civ. 1re, 18 mars 1997 : *Bull. civ. I, n° 99 ; JCP 1997. II. 22829, rapp. Sargos ; D. 1997. Somm. 315, obs. Penneau*.

31. Avocat se défendant. Si l'avocat (poursuivi en l'espèce par son client) est délié du secret professionnel auquel il est normalement tenu, lorsque les strictes exigences de sa propre défense en justice le justifient, ce fait justificatif ne s'étend pas aux documents couverts par le secret médical qui lui ont été remis par la personne concernée, et qui ne peuvent être produits en justice qu'avec l'accord de celle-ci. • Civ. 1re, 28 juin 2012, n° 11-14.486 : *Bull. à paraître ; Gaz. Pal. 22-24 juill. 2012, n° 204-206, p. 18, note Deharo ; Gaz. Pal. 2012. 4, note Deharo, p. 2109.*

B. SECRET ET CONTRÔLES ADMINISTRATIFS

32. Contrôle fiscal. Bien que les agents des services fiscaux soient eux-mêmes tenus au secret professionnel, il ne saurait être dérogé en leur faveur, sauf disposition législative expresse, à la règle édictée à l'art. 226-13 du C. pén. ; s'il n'appartient qu'au juge répressif de sanctionner les infractions aux dispositions de cet article, il incombe au juge de l'impôt, lorsqu'un contribuable astreint au secret professionnel conteste la régularité de la procédure d'imposition suivie à son égard au motif que celle-ci aurait porté atteinte à ce secret, d'examiner le bien-fondé d'un tel moyen ; la révélation d'une information à caractère secret vicie la procédure d'imposition et entraîne la décharge de l'imposition contestée lorsqu'elle a été demandée par le vérificateur, ou que, alors même qu'elle ne serait imputable qu'au seul contribuable, elle fonde tout ou partie de la rectification. • CE 27 juin 2015, *SNC Pharmacie Réveillon*, n° 367288 : *Dr. fisc. 2015. Comm. 572-575, notes Gibert et Nicolazo.* ♦ Toutefois, les dispositions de l'art. 1649 *quater* G du CGI, en imposant que les documents comptables tenus par les adhérents des associations de gestion agréées mentionnent, quelle que soit la profession exercée par l'adhérent, l'identité du client, ont entendu limiter le secret professionnel dont pouvaient notamment se prévaloir les professions médicales, afin de faciliter le contrôle de leurs revenus dans le cadre de la procédure d'imposition ; il en résulte nécessairement qu'ont accès à ces documents non seulement les agents vérificateurs mais aussi toutes les personnes auxquelles les dispositions légales donnent mission de concourir à la procédure d'imposition, notamment les membres de la commission départementale des impôts directs et des taxes sur le chiffre d'affaires. • CE 7 juill. 2004, *Min. Économie, Finances c/ Wiedemann, n° 253711 : Lebon 320 ; Dr. fisc. 2004. 814, concl. Séners.* ♦ Les agents vérificateurs ont accès aux documents qui mentionnent l'identité du patient, sous réserve toutefois que ces derniers ne comportent aucune indication, même sommaire ou codée, concernant la nature des prestations médicales fournies ; ce droit d'accès inclut le livre-journal faisant figurer les noms des clients. • CE 21 mars 2012, *Gérard A.*, n° 343986.

33. DGCCRF. N'excèdent pas leurs pouvoirs les enquêteurs de la Direction générale de la concurrence, de la consommation et de la répression des fraudes, qui demandent et obtiennent communication de neuf devis de chirurgie esthétique, où les mentions relatives à l'identité des patients étaient cancellées. • Crim. 15 oct. 2002 : *Dr. pénal 2003. 22, obs. Robert.*

34. Organismes sociaux. La simple sollicitation de prestations sociales ne saurait impliquer, à elle-seule, ni l'accord du demandeur, ni son absence d'opposition à la levée du secret médical, lequel continue de s'imposer aux médecins-conseils des caisses ainsi qu'au juge. • Civ. 2e, 13 nov. 2008 : *D. 2009. Somm. 1302, obs. Penneau ; RDSS 2009. 185, note Tauran.* ♦ Les informations relatives à la consommation du Mediator® entre 1999 et 2009, détenues par la CNAMTS dans ses bases de données inter-régimes, *revêtent un caractère médical ; cependant elles* peuvent, après un traitement automatisé d'usage courant, constituer des informations anonymes et globales ne permettant pas, compte tenu de leur niveau d'agrégation, l'identification, même indirecte, des patients ou des médecins concernés ; dans ces conditions, elles sont communicables en vertu de la L. du 17 juill. 1978. • CADA 21 nov. 2013, *CNAMTS de Paris : avis n° 20134348.* ♦ Commet une faute l'employeur qui fait établir et produit en justice une attestation du médecin du travail comportant des éléments tirés du dossier médical du salarié, hormis les informations que le médecin du travail est légalement tenu de communiquer à l'employeur. • Soc. 30 juin 2015, n° 13-28.201 P : *D. 2015. 1493.*

C. SECRET ET ASSURANCE

35. Informations délivrées à l'assureur par un médecin. Engage sa responsabilité civile pour préjudice moral le médecin traitant qui, dans le cadre d'une procédure contractuelle de conciliation entre un assuré et son assureur, communique des informations d'ordre médical, sans l'accord de son patient, au médecin-conseil d'une compagnie d'assurances, est sans incidence le fait que ces informations soient transmises à un médecin. • Metz, 13 mars 2002 : *JCP 2003. IV. 1365.* ♦ De son côté, viole le secret médical le médecin-conseil d'une compagnie d'assurances qui transmet à cette compagnie une lettre que le médecin traitant d'un assuré lui avait adressée à la demande de la veuve de cet assuré, mais sous réserve de confidentialité. • Civ. 1re, 12 janv. 1999 : *D. 1999. Somm. 381, obs. Penneau ; JCP 1999. II. 10025, rapp. Sargos.*

36. Informations délivrées à l'assureur par un hôpital. Un établissement public hospitalier ne peut légalement communiquer à un tiers le dossier d'un patient, sans l'autorisation de celui-ci ; commet une faute l'hôpital qui transmet le dossier médical d'un patient au médecin expert de la compagnie d'assurances de celui-ci sans son accord ; il en résulte un préjudice moral indemnisable, mais le patient n'est pas fondé à reprocher à l'hôpital le refus de la compagnie d'assurance de le garantir, ce refus tirant son origine non de la faute commise par le centre hospitalier, mais des fausses déclarations de l'intéressé quant à ses antécédents médicaux lors de la souscription du contrat d'assurances. • TA Nice, 9 mars 2007, *Jean-Claude D. c/ CH Antibes : AJDA 2007. 1089, concl. Dieu.*

37. Litige entre assureur et assuré. Si le juge civil a le pouvoir d'ordonner à un tiers de communiquer à l'expert les documents nécessaires à l'accomplissement de sa mission, il ne peut, en l'absence de disposition législative spécifique, contraindre un établissement de santé à lui transmettre des informations couvertes par le secret sans l'accord de la personne concernée ou de *ses ayants droit* ; il appartient toutefois au juge d'apprécier, en cas de désaccord de la personne concernée ou de ses ayants droit, si celle-ci tend à faire respecter un intérêt légitime ou à faire écarter un élément de preuve, et d'en tirer toute conséquence quant à l'exécution du contrat d'assurance. • Civ. 1re, 7 déc. 2004 : *Bull. civ. I, n° 306 ; D. 2005. Somm. 403, obs. Penneau* • Civ. 1re, 15 juin 2004 : *Bull. civ. I, n° 171 ; D. 2004. 2682, note Duval-Arnould* – V. aussi • Civ. 1re, 11 juin 2009 : *Bull. civ. I, n° 128 ; Dr. fam. 2009, Comm. n° 128, obs. Beigner.*

38. Documents produits par l'assureur. Un

assureur ne peut produire un document couvert par le secret médical, intéressant un litige avec son assuré, qu'à la condition que cet assuré ait renoncé au bénéfice du secret ; il appartient au juge, en cas de difficulté, d'apprécier, au besoin après une mesure d'instruction, si l'opposition de l'assuré tend à faire respecter un intérêt légitime. • Civ. 2e, 2 juin 2005 : *Bull. civ. II, n° 142 ; D. 2006. Somm. 690, obs. Penneau*.

D. SECRET ET LIBERTÉ D'EXPRESSION

39. « Affaire Gubler ». Les révélations concernant la santé de François Mitterrand par son médecin personnel, dans un ouvrage intitulé *Le Grand Secret*, bien que postérieures au décès de l'ancien président, constituent une violation du secret médical, justifiant quatre mois d'emprisonnement avec sursis et l'interdiction du livre. • TGI Paris, 23 oct. 1996 : *JCP 1997. II. 22844, note Derieux*. – Confirmé en appel : • Paris, 27 mai 1997 : *JCP 1997. II. 22894, note Derieux*. – Puis en cassation : • Civ. 1re, 14 déc. 1999 : *Bull. civ. I, n° 345 ; D. 2000. 372, note Beignier ; JCP 2000. II. 10241, concl. Petit*. – *Adde* G. Mémeteau, L'honneur d'un Président, *Gaz. Pal. 1996. 2, Doctr., p. 754*. – Massis, Le secret du président et le juge des référés, *D. 1997. Chron. 291*. ♦ Toutefois, selon la Cour européenne des droits de l'homme, si l'interdiction de l'ouvrage se justifiait à titre conservatoire en référé, le maintien de cette interdiction au fond ne correspondait plus à un besoin social impérieux et s'avérait disproportionné aux buts poursuivis ; avec le temps, l'intérêt public du débat lié à l'histoire des deux septennats de Mitterrand devait l'emporter sur les impératifs de la protection des droits de celui-ci au regard du secret médical, d'autant que les révélations contenues dans l'ouvrage avaient déjà fait l'objet d'une large diffusion. • CEDH 18 mai 2004, *Éd. Plon c/ France*, n° 58148/00, § 53 s. : *D. 2004. 1838, note Guedj ; ibid. 2539, obs. Fricero ; RDSS 2004. 841, note Dubouis ; RTD civ. 2004. 483, obs. Hauser*.

40. « Affaire Dubec ». La restriction à la liberté d'expression qui résulte de la protection du secret médical n'est pas incompatible avec les stipulations de l'article 10 de la Convention européenne des droits de l'homme ; est sans incidence le fait qu'une partie des informations divulguées, dans un ouvrage intitulé « Le plaisir de tuer », ait déjà fait l'objet d'informations à la disposition du public. • CE 27 janv. 2016, *M. D.*, n° 392033.

41. Reportage. La reproduction d'images représentant des handicapés mentaux dans l'intimité de leur existence quotidienne à l'intérieur des établissements où ils vivent, et ce sans l'autorisation de leurs représentants légaux, constitue, à elle seule, une atteinte illicite à l'intimité de leur vie privée. • Civ. 1re, 24 févr. 1993 : *Bull. civ. I, n° 87 ; D. 1993. 614, note Verheyde ; GADS, 2e éd., Dalloz, 2016, n° 73*.

V. aussi notes ss. C. civ., art. 9.

E. CERTIFICATS

42. Certificat remis à un tiers. Engage sa responsabilité civile pour préjudice moral le médecin qui a remis à l'épouse de son patient un certificat médical contenant des indications sur l'état de santé de ce dernier ; est inopérante la nécessité de protéger la femme et les enfants du patient, en faveur desquels il existe, en cas de danger réel, une obligation distincte de signalement. • Toulouse, 25 oct. 1999 : *JCP 2000. IV. 1763*.

43. Certificat relatif à un tiers. Il n'y a pas violation du secret médical lorsqu'un médecin psychiatre délivre à sa patiente un certificat exposant que celle-ci était soignée pour un état dépressif consécutif à la « personnalité pathologique (de son) mari dont le comportement peut être qualifié de sadisme mental », et indiquant que l'un de ses enfants avait exprimé la terreur que lui inspirait son père, dès lors que ledit mari n'est pas le patient du médecin ; est sans incidence le fait que la patiente ait produit le certificat au cours d'une instance de divorce. • Crim. 23 janv. 1996 : *Dr. pénal juin 1996, n° 136, obs. Véron ; D. 1996. IR 96 ; D. 1997. Somm. 320, obs. Penneau*.

V. aussi jurisprudence, ss. l'art. R. 4127-28, sur l'aspect disciplinaire.

Art. L. 1110-4-1 *(L. n° 2016-41 du 26 janv. 2016, art. 96-I-2°)* **Afin de garantir la qualité et la confidentialité des données de santé à caractère personnel et leur protection, les professionnels de santé, les établissements et services de santé** *(Abrogé par Ord. n° 2018-21 du 17 janv. 2018, art. 8)* « **,** ***les hébergeurs de données de santé à caractère personnel*** » **et tout autre organisme participant à la prévention, aux soins ou au suivi médico-social et social** *(Ord. n° 2018-21 du 17 janv. 2018, art. 8)* « **dont les conditions d'exercice ou les activités sont régies par le présent code,** » **utilisent, pour leur traitement, leur conservation sur support informatique et leur transmission par** ***voie électronique*****, des systèmes d'information conformes aux référentiels d'interopérabilité et de sécurité élaborés par le groupement d'intérêt public mentionné à l'article L. 1111-24. Ces référentiels sont approuvés par arrêté du ministre chargé de la santé, pris après avis de la Commission nationale de l'informatique et des libertés.**

Art. L. 1110-5 **Toute personne a, compte tenu de son état de santé et de l'urgence des interventions que celui-ci requiert, le droit de recevoir** *(L. n° 2016-87 du 2 févr.*

2016, art. 1er-I-1°-a) « , **sur l'ensemble du territoire, les traitements et » les soins les plus appropriés et de bénéficier des thérapeutiques dont l'efficacité est reconnue et qui garantissent la meilleure sécurité sanitaire** *(L. n° 2016-87 du 2 févr. 2016, art. 1er-I-1°-a)* **« et le meilleur apaisement possible de la souffrance » au regard des connaissances médicales avérées. Les actes de prévention, d'investigation ou** *(L. n° 2016-87 du 2 févr. 2016, art. 1er-I-1°-b)* **« de traitements et » de soins ne doivent pas, en l'état des connaissances médicales, lui faire courir de risques disproportionnés par rapport au bénéfice escompté.** *(L. n° 2016-87 du 2 févr. 2016, art. 1er-I-1°-c et 2°)* **« Ces dispositions s'appliquent sans préjudice ni de l'obligation de sécurité à laquelle est tenu tout fournisseur de produits de santé ni de l'application du titre II du présent livre.**

« Toute personne a le droit d'avoir une fin de vie digne et accompagnée du meilleur apaisement possible de la souffrance. Les professionnels de santé mettent en œuvre tous les moyens à leur disposition pour que ce droit soit respecté. »

BIBL. ▸ Données acquises de la science. SARGOS, L'intelligence du droit. À propos des 80 ans de l'arrêt Mercier, *D. 2016. 1024*. – DEBARRE, Sémantique des données acquises de la science comparées aux connaissances médicales avérées, *Méd. et droit janv.-févr. 2012, n° 112, p. 22*. – CANSELIER, Les données acquises de la science, *éd. LEH, 2010*. – DOSDAT, Les normes nouvelles de la décision médicale, *thèse, éd. LEH, 2008*. PAINDAVOINE, Les conférences de consensus dans le domaine de la santé, *Rev. Experts, juin 2007, n° 75, p. 8*.

▸ RBP. Dossier, Les normes en santé : avis, recommandations, guides de bonnes pratiques, *JDSAM 2015, n° 3 p. 36 et n° 4 p. 32*. – Colloque La force des avis et recommandations des autorités de santé, *RGDM mars 2009, n° spécial, p. 15* (Colloque du 19 juin 2008, Faculté de droit, Université Jean-Monnet, Saint-Étienne). – SMALLWOOD, La normalisation des règles de l'art médical : une nouvelle source de responsabilité pour les professionnels de santé ?, *Méd. et droit août 2006, n° 79-80, p. 121*.

▸ Sécurité sanitaire. BACACHE, Loi n° 2011-2012 du 29 décembre 2011 relative au renforcement de la sécurité sanitaire du médicament et des produits de santé, *RTD civ. 2012. 169*. – PEIGNÉ, Du Médiator aux prothèses PIP en passant par la loi du 29 décembre 2011 relative à la sécurité sanitaire des produits de santé, *RDSS 2012. 315*.

▸ Sur la notion de qualité sanitaire. Dossier, Qualité et santé : vers un nouvel ordre public sanitaire ?, *RDSS 2014. 991*.

▸ Sur la vie digne jusqu'à la mort. COUSIN, Du droit du patient de recevoir des soins antalgiques à l'obligation du médecin de prendre en charge la douleur, *Méd. et droit sept. 2012, n° 116, p. 158*. – BYK, La Cour européenne des droits de l'homme et l'obligation de l'État à assurer une mort digne, *Méd. et droit juill. 2011, n° 109, p. 174*. – LEGROS, Le maintien du cap des pouvoirs publics sur l'évolution du droit de la fin de vie, *RGDM 2011, n° 39, p. 125*. – BUIRON, Droits des patients en fin de vie et pouvoir médical, *L'Harmattan, 2010*.

COMMENTAIRE

V. Commentaire reproduit sur Dalloz.fr

I. CONNAISSANCES MÉDICALES AVÉRÉES : NOTIONS

1. Données acquises. Un médecin s'engage à donner des soins attentifs, consciencieux et, sous réserve faite de circonstances exceptionnelles, *conformes aux données acquises de la science*. • Civ. 1re, 20 mai 1936, *Dr. Nicolas c/ Épx. Mercier : D. 1936. 1. 88, concl. Matter, rapp. Josserand ; S. 1937. 1. 321, note Breton ; GADS, 2e éd., Dalloz, 2016, n° 33.* ♦ Ces données peuvent ressortir du rapport des experts faisant état de l'avis unanime exprimé par les auteurs de : manuels, traités ou articles. • Civ. 1re, 13 mai 1997, n° 95-15.303. ♦ ... De publications. • Civ. 1re, 4 janv. 2005, n° 03-14.206 • CAA Marseille, 3 juin 2010, *Cts B. c/ CH Nîmes*, n° 04MA02633 (« littérature médicale »). ♦ ... De sociétés savantes comme la Société française d'ophtalmologie. • Civ. 1re, 15 juill. 1999, n° 98-10.258. ♦ ... Ou encore des consensus de la communauté médicale. • Montpellier, 10 avr. 2008, n° 07/0447 • Dijon, 12 févr. 2008, n° 05/02080 • CAA Bordeaux, 21 avr. 2011, *Russell A. c/ CH Tulle*, n° 10BX02034. ♦ L'obligation, pour le médecin, *de donner au* patient des soins attentifs, consciencieux et conformes aux données acquises de la science comporte le devoir de se renseigner avec précision sur son état de santé. • Civ. 1re, 5 mars 2015, n° 14-13.292 : *D. 2015. 623 ; JCP G 2015. 555, note Bacache.*

2. Données « actuelles ». La notion de données actuelles (au moment où le juge statue) de la science est erronée. • Civ. 1re, 6 juin 2000 : *Bull. civ. I, n° 176 ; JCP 2001. II. 10447, note Mémeteau.* ♦ Il ne peut être reproché à un médecin de ne pas avoir détecté un type de nécrose dont la connaissance en France n'entrait, à la date des soins, aucunement dans les données acquises de la science. • Civ. 1re, 12 nov. 1985, n° 83-17.061. ♦ ... Pas plus qu'il ne peut être reproché à un hôpital de ne pas avoir informé un patient d'une complication possible, qui n'était pas répertoriée dans la littérature médicale. • CAA Nantes, 15 avr. 2010, *Bruno X. c/ CHRU Caen*, n° 08NT02450.

3. « Bonne pratique ». En omettant d'administrer un traitement antibiotique après l'apparition d'une fièvre et de douleurs articulaires chez une parturiente admise en clinique après une rupture prématurée des membranes, le médecin prévenu a contrevenu aux règles de la bonne pratique médicale qui prévalaient à la date des faits, et a ainsi commis une faute caractérisée exposant l'enfant à naître à un risque d'une particulière gravité qu'il ne pouvait ignorer. • Crim. 18 mai 2010, n° 09-84.433. ♦ La stérilisation des instruments dans le respect des méthodes d'asepsie modernes relève d'une notion depuis très longtemps classique ; les juges du fond ne sont pas tenus de rappeler que ces techniques se rattachent à une pratique consacrée ni qu'elle faisait déjà partie des données de la science au moment de l'intervention. • Civ. 1re, 28 févr. 1984 : *Bull. civ. I, n° 77.*

4. Recommandations de bonnes pratiques. Les données acquises de la science résultent notamment des recommandations de bonnes pratiques ; en s'abstenant de prescrire le dépistage systématique du cancer du col utérin chez ses patientes âgées de 25 à 65 ans et le renouvellement tous les trois ans de cet examen, préconisé par une recommandation, un médecin méconnaît les art. 8 [R. 4127-8] et 32 [R. 4127-32] du code de déontologie. • CE 12 janv. 2005, *Kerkerian*, n° 256001 : *AJDA 2005. 1008, note Markus*. ♦ En jugeant qu'un médecin méconnaît les données acquises de la science, telles qu'elles résultent notamment des recommandations de bonnes pratiques, en prescrivant un traitement à des doses ne respectant pas celles de la posologie d'entretien, la section des assurances sociales, qui a pris en compte l'ensemble des données acquises de la science, notamment ces recommandations, et ne s'est pas estimée tenue par elles, ne commet pas d'erreur de droit. • CE 4 oct. 2010, *Pascal A.*, n° 326231. ♦ Si les recommandations de bonnes pratiques doivent être prises en compte dans la détermination des soins à apporter, elles ne s'imposent pas de façon contraignante ; les médecins sont ainsi habilités à recourir à d'autres techniques ou pratiques, dont ils peuvent, en conscience, estimer qu'elles apportent les mêmes résultats ou garanties, dès lors qu'ils maîtrisent ces techniques ou pratiques et qu'ils ne font courir à leurs patients aucun risque injustifié. • CDNOM 27 oct. 2015, *Dr. Josée M.*, n° 12319.

BIBL. Sur le statut juridique et le caractère contraignant des recommandations de bonne pratique : Krzisch, Force normative et efficacité des recommandations de bonne pratique en matière médicale, *RDSS 2014. 1087*. – Savonitto, Les recommandations de bonne pratique de la HAS, *RFDA 2012. 471*. – Mascret, Les données de la science face à leur normalisation par les autorités sanitaires, *Méd. et droit, nov. 2008, n° 93, p. 165*. – Callu, Les recommandations de bonnes pratiques confrontées au droit de la responsabilité médicale, *Rev. dr. et santé 2007, n° 15, p. 29*.

5. Données acquises à l'étranger. La notion de données acquises s'apprécie au regard de l'ensemble des données scientifiques, sans se limiter aux données établies en France. • CE 19 oct. 2001, *Dumas*, n° 210590 : *Lebon 478*.

6. Données acquises de par la loi. Commet une faute le médecin qui lors d'un examen prénuptial s'abstient de prescrire l'examen sérologique de rubéole, qui est obligatoire ; il en résulte une perte d'une chance pour l'enfant d'éviter de supporter les conséquences de la rubéole contractée par sa mère en début de grossesse. • Civ. 1re, 16 juill. 1991 : *Bull. civ. I, n° 248 ; JCP 1992. II. 21947, note Dorsner-Dolivet ; RTD civ. 1992. 109, obs. Jourdain*.

7. Contrat d'amélioration des pratiques individuelles (CAPI). L'adhésion d'un médecin à un contrat d'amélioration des pratiques individuelles [CSS, art. L. 162-12-21] type, comportant des objectifs relatifs à la prescription de médicaments génériques, ne méconnaît aucunement le droit de toute personne de recevoir les soins les plus appropriés à son état, rappelé notamment par l'art. L. 1110-5. • CE 7 avr. 2011, *Conf. synd. méd. fr. et LEEM*, n° 329069.

II. CONNAISSANCES MÉDICALES AVÉRÉES ET ERREUR NON FAUTIVE

8. Erreur de diagnostic non fautive. Aucune faute ne peut être imputée à un établissement hospitalier pour ne pas avoir envisagé d'autres traitements ou investigations que ceux qui ont été entrepris sur une tumeur, dès lors que les troubles apparus sur le patient ne permettaient pas de suspecter une extension de cette tumeur. • CE 28 mars 2008, *Chantal A. c/ APHP*, n° 281252. ♦ Dans le même sens, un médecin ne peut être déclaré fautif pour avoir dans un premier temps diagnostiqué une infection urinaire au lieu d'une péritonite, alors que les symptômes atypiques pouvaient conduire à ce diagnostic, et qu'il a procédé à un examen clinique sérieux de la patiente correspondant aux données acquises de la science à la date des soins. • Civ. 1re, 1er mars 2005, n° 03-19.062.

9. Persistance fautive. En revanche, la persistance dans un diagnostic erroné malgré l'apparition d'éléments contraires est fautive. • Civ. 1re, 8 juill. 1997 : *Bull. civ. I, nos 238 et 239 ; JCP*

1997. II. 22921, rapp. Sargos • Civ. 1re, 13 nov. 2008 : *JCP 2009. II. 10030.*

10. Stratégie thérapeutique non fautive. Ne sont pas fautifs les médecins qui face à une fracture autorisant selon les données acquises de la science le recours soit à une immobilisation plâtrée, soit à une intervention chirurgicale, optent pour l'immobilisation plâtrée, laquelle provoque toutefois une disjonction scapho-lunaire invalidante. • Civ. 1re, 6 juin 2000 : *Bull. civ. I, n° 176 ; JCP 2001. II. 10447, note Mémeteau.* ♦ Compte tenu de l'absence de traitement chirurgical indiqué et de l'échec du traitement médical classique déjà suivi, n'est pas fautif le médecin qui a recours à un traitement alternatif innovant et pratiqué dans les milieux hospitaliers, et dont les effets indésirables n'étaient pas encore connus à la date des soins. • Civ. 1re, 11 déc. 2008, n° 08-10.255.

III. CONNAISSANCES MÉDICALES AVÉRÉES : NON-RESPECT

11. Investigations insuffisantes. Méconnaît les données acquises de la science le médecin qui s'abstient de prescrire le dépistage systématique du cancer du col utérin chez ses patientes âgées de 25 à 65 ans, comme cela découle des données acquises de la science, telles qu'elles résultent notamment des recommandations de bonnes pratiques. • CE 12 janv. 2005, *Kerkerian*, n° 256001 : *préc. note 4.* ♦ Enfreint les données acquises de la science en matière de diagnostic prénatal le médecin qui s'abstient de proposer des investigations par une équipe spécialisée, sur un fœtus dont il avait lui-même constaté le développement insuffisant, et qui en fait était anormal. • Civ. 1re, 29 juin 2004, n° 02-15.918.

12. Traitement inadapté. Est fautif le médecin qui pratique sur son patient une prostatocystectomie totale avec vessie de remplacement aux conséquences gravement invalidantes, alors qu'il n'avait aucune certitude quant au degré de malignité de la tumeur présentée par le patient, et à son évolution ; n'ayant pas pris les précautions préalables qui correspondaient à un protocole connu et appliqué par la majorité de la communauté des urologues à l'époque des faits, il n'a pas apporté à son patient les soins consciencieux, attentifs et conformes aux données acquises de la science. • Civ. 2e, 1er juin 2011, n° 10-15.108.

13. Soins non éprouvés. Si la nucléorthèse à l'Hexatrione pratiquée sur un patient était favorablement commentée dans la littérature médicale et utilisée en milieu hospitalier, cette technique restait selon l'expert un traitement non éprouvé, quasi expérimental, dont l'indication ne figurait pas sur l'autorisation de mise sur le marché, dont les études clairsemées, déjà anciennes, portaient sur un petit nombre de patients traités ; le juge du fond ne pouvait qu'en déduire que les médecins avaient commis une faute dans le choix de leur indication thérapeutique. • Civ. 1re, 11 déc. 2008, n° 08-10.255.

14. Suivi inadapté. La surveillance postopératoire doit être conforme aux données acquises de la science. • CE 3 avr. 2009, *CH Avallon*, n° 301663. ♦ ... De même que le suivi, notamment le nombre de visites et leur espacement. • Civ. 1re, 3 juin 2010 : *D. 2010. 1522, note Sargos ; JCP 2010. 788, note Porchy-Simon ; GADS, 1re éd., Dalloz, 2010, n° 93.*

15. Considérations financières. Manque aux règles de l'art le chirurgien-dentiste qui, après avoir extrait trois incisives, pose une prothèse mobile contre-indiquée, alors qu'il aurait fallu selon l'expert réaliser une prothèse fixe, nonobstant toute considération liée à la très faible prise en charge financière de ce type de prothèse par l'assurance sociale. • Civ. 1re, 19 déc. 2000 : *Bull. civ. I, n° 331.*

16. Sollicitations abusives du patient. Si l'obligation qui s'impose à titre général pour le médecin de respecter la volonté du malade l'empêche, sauf exception, de soumettre ce dernier à un traitement ou des examens contre sa volonté éclairée librement exprimée, il n'appartient en revanche qu'au médecin lui-même de déterminer les mesures qu'appelle l'état d'un malade, sans qu'en aucune façon il ne puisse accepter de se voir imposer la mise en œuvre d'une thérapeutique par la personne malade, quelle que soit la qualité de celle-ci. • CAA Lyon, 15 mai 2007, n° 04LY00116 : *AJDA 2007. 1470, note Kolbert* (patient lui-même médecin). ♦ Par suite, la responsabilité du service hospitalier ne saurait être atténuée au motif qu'un acte médical dommageable, car non conforme aux protocoles admis à l'époque, a été sollicité par le malade lui-même. • Même arrêt. ♦ En acceptant d'apporter à des bridges initialement bien conçus les modifications voulues par la patiente à des fins uniquement esthétiques, sans tenir compte de l'état parodontal de cette patiente, le chirurgien-dentiste n'a pas donné tous les soins attentifs et conformes aux règles de l'art. • Civ. 1re, 30 janv. 1996, n° 93-21.769.

17. Faute médicale et faute professionnelle. Les erreurs reprochées à un praticien salarié, lorsqu'elles procèdent d'une grave négligence mettant en péril la santé des patients, constituent un manquement aux obligations professionnelles et une faute grave rendant impossible le maintien du salarié dans l'entreprise. • Soc. 21 mai 2014, n° 13-14.635.

IV. CONTESTATION DU CHOIX DU TRAITEMENT

18. Irrecevabilité. Si toute personne a le droit de recevoir les traitements et les soins les plus appropriés à son état de santé sous réserve de son consentement libre et éclairé, ni l'art. L. 1111-4, ni l'art. 1110-5, ni aucune autre disposition ne consacrent, au profit du patient, un droit de choisir son traitement. • CE, ord., 26 juill. 2017, n° 412618 : *Lebon ; AJDA 2017. 1591 ; ibid. 1887, chron. Odinet et Roussel ; AJ fam. 2017. 435, obs. Dionisi-Peyrusse ; RGDM 2017/12, p. 93, note Véron, et p. 109, note Bonichot et Weiss.* ♦ Dès lors qu'une prise en charge thérapeutique est assurée par l'hôpital, il n'appartient pas au juge des référés, saisi sur le fondement de l'art. L. 521-2 CJA d'une demande tendant à ce que soit ordonnée une mesure de sauvegarde du droit au respect de la vie garanti par l'art. 2 Conv. EDH, de prescrire à l'équipe médicale que soit administré un autre traitement que celui qu'elle a choisi de pratiquer. • Même arrêt.

V. DROIT À UNE VIE DIGNE JUSQU'À LA MORT (ART. L. 1110-5, AL. 2)

19. Traitement désinvolte. Pour un exemple ou tant les conditions matérielles d'accueil du patient que le comportement de certains personnels à son égard n'ont pas correspondu au fonctionnement normal d'un centre de soins palliatifs, privant ce patient de son droit au respect de sa dignité alors qu'il se trouvait en fin de vie, et révélant une faute dans l'organisation et le fonctionnement du service de nature à engager la responsabilité de l'établissement à l'égard des ayants droit (3 000 euros). • TA Orléans, 28 sept. 2006, *Weyland c/ CHR Orléans : AJDA 2006. 2415* .

20. Absence de traitement de la douleur. Compte tenu de l'état de souffrance et de la pathologie du patient, et en l'absence de contre-indication à l'administration d'antalgiques, l'absence de tout traitement antalgique constitue une faute de nature à aggraver les souffrances physiques subies par le patient avant son décès (préjudice moral : 1 500 €). • CAA Bordeaux, 13 juin 2006, *Marie-Danièle X. c/ CH Gabriel-Martin*, n° 03BX01900.

Art. L. 1110-5-1 *(L. n° 2016-87 du 2 févr. 2016, art. 2)* **Les actes mentionnés à l'article L. 1110-5 ne doivent pas être mis en œuvre ou poursuivis lorsqu'ils résultent d'une obstination déraisonnable. Lorsqu'ils apparaissent inutiles, disproportionnés ou lorsqu'ils n'ont d'autre effet que le seul maintien artificiel de la vie, ils peuvent être suspendus ou ne pas être entrepris, conformément à la volonté du patient et, si ce dernier est hors d'état d'exprimer sa volonté, à l'issue d'une procédure collégiale définie par voie réglementaire.**

La nutrition et l'hydratation artificielles constituent des traitements qui peuvent être arrêtés conformément au premier alinéa du présent article.

Lorsque les actes mentionnés aux deux premiers alinéas du présent article sont suspendus ou ne sont pas entrepris, le médecin sauvegarde la dignité du mourant et assure la qualité de sa vie en dispensant les soins palliatifs mentionnés à l'article L. 1110-10.

BIBL. ► **Fin de vie :** MOQUET-ANGER, Réflexions sur l'affaire Lambert, *JCP Adm. 2016, n° 2340.* – BÉNÉJAT-GUERLIN, Droit pénal et fin de vie, *AJ pénal 2016. 522* . – BELRHOMARI et BÉVIÈRE-BOYER, Les enjeux de la fin de vie dans le domaine de la santé, *éd. LEH, 2015.* – DECOUT-PAOLINI et SAISON (dir.), Les dix ans de la loi Léonetti : doit-on légiférer sur la fin de vie ?, *éd. LEH, 2015.* – CCNE, Rapport sur le débat public concernant la fin de vie, *21 oct. 2014.* – CASTAING, Fin de vie : que disent les avis ?, *RDSS 2014. 684* . – CALLU, GIRER et a. (dir), Fin de vie et mort au XXIe siècle, *Colloque Lyon 3, RGDM sept. 2013, n° 48, p. 19.* – FEUILLET-LIGER (dir.), Les proches et la fin de vie médicalisée – Panorama international, *Bruylant, 2013.* – CHEYNET DE BEAUPRÉ, Quand le vif saisit la mort, *RJFP 2013/04, p. 4.* – CIMAR, Le traitement judiciaire des affaires dites de "fin de vie" : une circulaire attendue, *Dr. pénal 2012. Étude 7.* – DE BROCA, La démarche en éthique clinique. Guide pour la mise en place d'une réunion de concertation pluridisciplinaire en éthique, *Éthique et Santé, mars 2012, vol. 9, n° 1, p. 14.* – FRAGKOU, De l'euthanasie aux soins palliatifs : la nécessité d'une réponse au-delà du strict droit positif, *Méd. et droit mai-juin 2012, n° 114, p. 76.* – SICARD, Commission de réflexion sur la fin de vie en France, *Rapp. au président de la République, 18 févr. 2012.* – BELOUCIF, Questions éthiques et fin de vie, *Méd. et droit janv. 2011, n° 106, p. 84.* – HARDY, Acharnement thérapeutique : de l'éthique au droit, *RGDM mars 2011, n° 38, p. 295.* – LEGROS, Les "Droits" des malades en fin de vie, *éd. LEH, 2011.* – GLASSON, Le mandat de protection future : des dispositions conventionnelles pour la fin de vie, *RDSS 2009. 890* . – LEQUILLERIER, L'arrêt de l'alimentation artificielle des personnes en *fin de vie ou de* maladie incurable, RDSS 2009. 115 . – ROMAN, Vieillesse et droits fondamentaux : l'apport de la construction européenne, *RDSS 2008. 267* . – ALT-MAES, Le respect de la dignité au centre des pratiques et de la loi sur la fin de vie, *Gaz. Pal. 26 mai 2006, n° 146, p. 2.* – CAYOL, La loi sur la fin de vie, *RLDC 2006/3, p. 75.* – PRADEL, La Parque assistée par le Droit. Apports de la loi du 22 avril 2005 relative aux droits des malades et à la fin de vie, *D. 2005. 2106* . – ROMAN, Le respect de la volonté du malade : une obligation limitée ?, *RDSS 2005. 423* .

► **Euthanasie.** Libchaber, Une difficile conciliation : euthanasie et liberté, *D. 2015. 1833*. – Vialla, Vers un acte « médico-létal » ?, *JCP 2011, n° 98 (Libre Propos)*. – Biclet, Puybasset et *alii*, Fin de vie et euthanasie, *Méd. et droit janv-févr. 2011, n° 106, p. 70*. – Legros, Euthanasie, arrêt de traitement, soins palliatifs et sédation, *éd. LEH, 2011*. – Legros, Sur l'opportunité d'instituer une exception d'euthanasie en droit français, *Méd. et droit janv. 2010, p. 26*. – Paricard, Le médicament et la mort, propos comparatistes sur l'euthanasie, *RGDM 2009, n° 33, p. 231*. – Girault, Le droit à l'épreuve des pratiques euthanasiques, *PUAM, 2002*.

► **Loi du 22 avril 2005.** Alt-Maes, *JCP 2006. I. 119*. – Cayol, La loi sur la fin de vie, *RLDC mars 2006, p. 75*. – Alfandari et Pédrot, *RDSS 2005. 751*. – Bailleul, Le droit de mourir au nom de la dignité humaine. À propos de la loi relative aux droits des malades et à la fin de vie, *JCP 2005. I. 142*. – Cheynet de Beaupré, La loi sur la fin de vie, *D. 2005. Point de vue 164*. – Corpart, Nouvelle loi sur la fin de vie : début d'un changement, *Dr. fam. 2005. Étude 14*. – Doublet, La loi du 22 avril 2005 relative aux droits des malades et à la fin de vie, *LPA 23 juin 2005, p. 6*. – Garaud, La question de l'euthanasie traitée à droit presque constant par la loi sur la fin de vie, *RLDC oct. 2005, n° 20, p. 41*. – Pradel, La Parque assistée par le Droit. Apports de la loi du 22 avril 2005 relative aux droits des malades et à la fin de vie, *D. 2005. Chron. 2106*. – de Saint-Affrique, Regard sur la loi relative aux droits des malades et à la fin de vie, *Méd. et droit sept. 2005, n° 74-75, p. 133*. – Vialla, Droits des malades en fin de vie, *D. 2005. Point de vue 1797*.

► **Loi du 2 février 2016.** Aubry, La loi n° 2016-87 du 2 février 2016 créant de nouveaux droits en faveur des malades et des personnes en fin de vie, *Rev. Droit, Santé et société 2017 n° 1, p. 15*. – Dossier « Nouveaux repères pour la loi Claeys-Leonetti », *in Revue Laennec, 2017/4, tome 71, p. 5-74*. – Hilger, Tribulation d'un juriste au royaume de la fin de vie, *RGDM 2017, n° 3, p. 87*. – Denizot, Le nouveau droit de la fin de vie, *RTD civ. 2016. 383*. – Cheynet de Beaupré, Fin de vie : l'éternel mythe d'Asclépios, *D. 2016. 472*. – Vialla, Le regard d'un juriste, Hypnos ou Thanatos ?, *RGDM 2016, n° 59, p. 87*. – Bergoignan-Esper, La loi du 2 février 2016 : quels nouveaux droits pour les personnes malades en fin de vie ?, *RDSS 2016. 296*. – Doublet, La loi du 2 février 2016 créant de nouveaux droits en faveur des malades et des personnes en fin de vie, *LPA 18 mars 2016, n° 56, p. 7*. – Mistretta, De l'art de légiférer avec tact et mesure, *JCP 2016. Doctr. 240*. – Desgorces, La loi n° 2016-87 du 2 février 2016 créant de nouveaux droits en faveur des malades et des personnes en fin de vie, *LPA 13 juin 2016, n° 117, p. 12*. – Véron et Vialla, La loi n° 2016-87 du 2 février 2016 : un nouvel équilibre décisionnel ?, *Méd. et droit 2016, n° 139, p. 85*.

► **Autres approches.** Véran et Claveranne, Les coûts de la fin de vie : méthode et illustration, *RGDM sept. 2013, n° 48, p. 93*.

COMMENTAIRE

V. Commentaire reproduit sur Dalloz.fr.

1. Constitutionnalité, QPC. Les dispositions des art. L. 1110-5-1 s., en ce qu'elles laissent le soin au pouvoir réglementaire de définir la procédure collégiale qu'elles mentionnent sans garantir le caractère collégial de la décision de limitation ou d'arrêt des traitements d'un patient hors d'état d'exprimer sa volonté, ne méconnaissent pas la Constitution. • Cons. const. 2 juin 2017, n° 2017-632 QPC : *AJDA 2017.1908, note Bioy ; RFDA 2017/06, p. 1177, note Roblot-Troizier ; Constitution 2017, n° 2, p. 324, note Vialla ; RGDM 2017/9, n° 64 p. 139, note Maillard ; RDSS 2017.1035, note Thouvenin.* ♦ Décis. rendue sur QPC de • CE 3 mars 2017, *Assoc. UNAFTCC*, n° 403944 : *Lebon ; AJDA 2017. 498 ; AJ fam. 2017. 218, obs. Dionisi-Peyrusse*. ♦ Toutefois, s'agissant d'une décision d'arrêt ou de limitation de traitements de maintien en vie conduisant au décès d'une personne hors d'état d'exprimer sa volonté, le droit à un recours juridictionnel effectif impose que cette décision soit notifiée aux personnes auprès desquelles le médecin s'est enquis de la volonté du patient, dans des conditions leur permettant d'exercer un recours en temps utile. • Même décision, appliquée par • CE 6 déc. 2017, *UNAFTC*, n° 403944 : *Lebon ; AJDA 2017. 2439 ; AJ fam. 2018. 6, obs. Dionisi-Peyrusse*.

I. RÉGIME DE L'ARRÊT DES TRAITEMENTS

2. Notion de « traitement ». Il résulte des art. L. 1110-5 et L. 1111-4, éclairés par les travaux parlementaires préalables à l'adoption de la L. du 22 avr. 2005, que le législateur a entendu inclure au nombre des traitements susceptibles d'être limités ou arrêtés, au motif d'une obstination déraisonnable, l'ensemble des actes qui tendent à assurer de façon artificielle le maintien des fonctions vitales du patient. • CE 24 juin 2014, *Mme F. I. et a.*, n° 375081 : *RFDA 2014. 657, concl. Keller, note Delvolvé ; D. 2014. 1856, note Vigneau ; RDSS 2014. 1101, note Thouvenin ; RGDM 2014, n° 53, p. 131, note Belrhomari. GADS 2016, n° 26.* ♦ Idem sous l'empire de la loi du 2 févr. 2016 : la ventilation mécanique, l'alimentation et l'hydratation artificielles sont au nombre des traitements susceptibles d'être arrêtés lorsque leur poursuite traduirait une obstination déraisonnable. • CE, ord., 8 mars 2017, *Assistance publique-Hôpitaux de Marseille*, n° 408146 : *Lebon ; RDSS 2017. 698, note Thouvenin ; AJDA 2017. 497 ; D. 2017. 574 ; AJ fam. 2017. 218, obs. Dionisi-Peyrusse*.

3. Arrêt des traitements : conditions. La seule circonstance qu'une personne soit dans un état irréversible d'inconscience ou de perte d'autonomie la rendant tributaire d'une alimentation et d'une hydratation artificielle ne saurait caractériser, par elle-même, une situation dans laquelle la poursuite de ce traitement apparaîtrait injustifiée au nom du refus de l'obstination déraisonnable. • CE 24 juin 2014, *Mme F. I. et a.*, n° 375081 : *RFDA 2014. 657, concl. Keller, note Delvolvé ; D. 2014. 1856, note Vigneau ; RDSS 2014. 1101, note Thouvenin ; RGDM 2014/12 n° 53, p. 131, note Belrhomari ; GADS 2016, n° 26* • CE, ord., 8 mars 2017, *Assistance publique-Hôpitaux de Marseille*, n° 408146 : *Lebon ; RDSS 2017. 698, note Thouvenin ; AJDA 2017. 497 ; D. 2017. 574 ; AJ fam. 2017. 218, obs. Dionisi-Peyrusse*. ♦ Pour apprécier si les conditions d'un arrêt sont réunies, le médecin doit se fonder sur un ensemble d'éléments, médicaux et non médicaux, dont le poids respectif ne peut être prédéterminé et dépend des circonstances particulières à chaque patient. • Même décision. ♦ Les éléments médicaux doivent couvrir une période suffisamment longue, être analysés collégialement et porter notamment sur l'état actuel du patient, sur l'évolution de son état depuis la survenance de l'accident ou de la maladie, sur sa souffrance et sur le pronostic clinique ; parmi les éléments non médicaux, le médecin doit accorder une importance toute particulière à la volonté que le patient peut avoir, le cas échéant, antérieurement exprimée, quels qu'en soient la forme et le sens ; si cette volonté demeure inconnue, elle ne peut être présumée comme consistant en un refus du patient d'être maintenu en vie. Le médecin doit également prendre en compte les avis de la personne de confiance (le cas échéant), des membres de sa famille ou, à défaut, de l'un de ses proches, en s'efforçant de dégager une position consensuelle. • Même décision. – V. aussi • CE 5 janv. 2018, *Mme B.*, n° 416689 : *Lebon ; AJDA 2018. 8 ; D. 2018. 71, obs. Vialla ; AJ fam. 2018. 117, obs. Kurek ; ibid. 68, obs. Dionisi-Peyrusse*. ♦ Toutefois, l'existence d'éventuelles menaces pour la sécurité de du patient et de l'équipe soignante n'est pas un motif légal pour justifier l'interruption d'une procédure engagée en vue d'évaluer si la poursuite d'actes délivrés à un patient traduit une obstination déraisonnable. • CAA 16 juin 2016, *Lambert*, n° 15NC02132 : *AJDA 2016. 1263 ; ibid. 1932, note Coussens-Barre ; AJ fam. 2016. 360, obs. Dionisi-Peyrusse*.

4. Procédure : « affaire Vincent Lambert ». Si toute personne doit recevoir les soins les plus appropriés, ces actes ne doivent pas être poursuivis par une obstination déraisonnable ; ils peuvent être suspendus ou ne pas être entrepris lorsqu'ils apparaissent inutiles ou disproportionnés, ou n'ont d'autre effet que le maintien artificiel de la vie ; lorsque la personne est hors d'état d'exprimer sa volonté, la décision de limiter ou d'arrêter un traitement ne peut être prise par le médecin que dans le respect des procédures définies par le code de déontologie médicale et le code de la santé publique ; il appartient au médecin de sauvegarder en tout état de cause la dignité du patient et de lui dispenser des soins palliatifs. • CE, ass., 14 févr. 2014, *Lambert*, n° 375081 : *RFDA 2014. 255, concl. Keller ; AJDA 2014. 790, chron. Bretonneau et Lessi ; ibid. 1293 ; Dr. Fam., 2014, comm. 32, note Binet.*

5. Religion. L'invocation de motifs religieux est inopérante s'agissant de l'arrêt des traitements. • CE 5 janv. 2018, *Mme B.*, n° 416689 : *Lebon ; AJDA 2018. 8 ; D. 2018. 71, obs. Vialla ; AJ fam. 2018. 117, obs. Kurek ; ibid. 68, obs. Dionisi-Peyrusse*.

6. Cas du patient en bas-âge. A défaut de pouvoir rechercher quelle aurait été la volonté de la personne s'agissant d'un enfant de moins d'un an à la date de la décision, l'avis de ses parents, en particulier s'ils s'opposent tous les deux à l'arrêt des traitements, revêt une importance particulière ; face à cette opposition, la circonstance que l'enfant soit dans un état irréversible de perte d'autonomie la rendant tributaire de moyens de suppléance de ses fonctions vitales ne rend pas les traitements qui lui sont prodigués inutiles, disproportionnés ou n'ayant pour d'autre effet que le maintien artificiel de la vie et la poursuite de ces traitements ne peut caractériser une obstination déraisonnable. • CE 8 mars 2017, *Assistance publique-Hôpitaux de Marseille*, n° 408146 : *Lebon ; RDSS 2017. 698, note Thouvenin, AJDA 2017. 497 ; D. 2017. 574 ; AJ fam. 2017. 218, obs. Dionisi-Peyrusse* (annulation, en l'espèce, de la décision d'arrêter les traitements).

7. Cas du patient mineur adolescent. Lorsque, compte tenu de son âge, il était envisageable de s'interroger sur les souhaits de la patiente, mais que les informations contradictoires relevées dans le dossier sur les avis émis par la jeune fille ne permettent pas de déterminer quelle aurait été sa volonté, l'avis des titulaires de l'autorité parentale revêt une importance particulière. • CE 5 janv. 2018, *Mme B.*, n° 416689 : *Lebon ; AJDA 2018. 8 ; D. 2018. 71, obs. Vialla ; AJ fam. 2018. 117, obs. Kurek ; ibid. 68, obs. Dionisi-Peyrusse*. ♦ Statuant sur la même affaire, la CEDH considère que la procédure est conforme aux art. 2, 8, 13 Conv. EDH et 6, §1, Conv. Oviedo. • CEDH 23 janv. 2018, *D. Afiri et M. Biddarri c/ France*, n° 1828/18 : *JCP G 2018, p. 151, note Gonzalez ; D. 2018, p. 245, note Vialla*.

8. Refus d'administrer une chimiothérapie. Le choix de l'équipe médicale d'assurer une prise en charge palliative plutôt que d'entreprendre une chimiothérapie à visée curative n'entre pas dans le champ de l'art. L. 1110-5-1. • CE, ord., 26 juill. 2017, *M. ED*, n° 412618 : *Lebon ; AJDA 2017. 1887, chron. Odinet et Roussel ; JCP G 2017 n° 39, p. 998, note Vialla ; AJ fam. 2017. 435, obs. Dionisi-Peyrusse*.

9. Refus d'accorder une hospitalisation à domicile. La décision d'arrêter les traitements est fondée lorsque le projet des parents de recourir à une hospitalisation à domicile dans l'espoir d'une amélioration de l'état de leur fille paraît irréaliste aux yeux des médecins compte tenu de la gravité de l'état de la patiente, de son caractère irréversible et de la lourdeur des soins qu'il impliquerait de délivrer en permanence. • CE 5 janv. 2018, *Mme B.*, n° 416689 : *Lebon ; AJDA 2018. 8 ; D. 2018. 71, obs. Vialla ; AJ fam. 2018. 117, obs. Kurek ; ibid. 68, obs. Dionisi-Peyrusse*.

10. Réanimation d'un nouveau-né. Face à un enfant présenté à la naissance en état de mort apparente, les médecins ayant conduit les opérations de réanimation, s'ils ont à juste titre entrepris celles-ci dès la naissance de l'enfant, ne pouvaient ignorer les séquelles résultant pour cet enfant de l'anoxie cérébrale de plus d'une demi-heure antérieure à sa naissance et de l'absence d'oxygénation tout au long de ladite réanimation ; ces médecins ont poursuivi les opérations de réanimation pendant plus de 20 minutes, puis même pendant que l'un d'eux allait annoncer aux requérants le décès de leur enfant ; si l'activité cardiaque de l'enfant a finalement repris, en pratiquant ainsi sans tenir compte des conséquences néfastes hautement prévisibles pour l'enfant, les médecins ont montré une obstination déraisonnable, au sens de l'art. R. 4127-37, de nature à engager la responsabilité du centre hospitalier d'Orange. • TA Nîmes, 2 juin 2009, n° 0622251 : *D. 2009. 2874, obs. Cheynet de Beaupré ; ibid. 2010. 419, note Borghetti ; Méd. et droit, janv.-févr. 2012, n° 112, p. 1, note Manaouil.* ♦ Solution infirmée en appel : il appartient au juge de vérifier si la prise en charge de l'enfant a été conforme aux règles de l'art, notamment déontologiques, concernant la prise en charge et la réanimation du nouveau-né en salle de naissance ; une réanimation après un délai réestimé entre 16 et 19 minutes (et non plus de 20 minutes) est parfaitement raisonnable. • CAA Marseille, 12 mars 2015, n° 10MA03054 : *AJDA 2015. 861, chron. Hogedez ; RFDA 2015. 574, concl. Chamot*.

II. CONTRÔLE JURIDICTIONNEL

11. Nature de la décision du médecin. La décision prise par un médecin d'interrompre, en raison du caractère déraisonnable de l'obstination à les poursuivre, les soins donnés à un patient, ne saurait être regardée comme étant d'une nature strictement médicale, qui la ferait, comme telle, échapper au contrôle du juge. • TA Châlons-en-Champagne, 9 oct. 2015, F. Lambert : *Médecine et droit 2016, n° 137, p. 33, note Vialla.* ♦ Sur le principe, de façon implicite. • CE 24 juin 2014, n° 375081 : *préc.*

12. Contrôle juridictionnel de la décision d'un second médecin. Les décisions de limiter ou d'arrêter les traitements dont la poursuite traduirait une obstination déraisonnable sont prises par le médecin en charge du patient, et ne peuvent être mises en œuvre que par ce même médecin ou sous sa responsabilité ; dans le cas où le médecin qui a pris une telle décision n'est plus en charge du patient à la date où cette décision peut commencer à être mise en œuvre, la décision en cause cesse de produire effet et ne peut plus légalement recevoir application ; le principe de continuité des soins ne saurait avoir pour effet de contraindre le médecin qui succède au premier à mettre en œuvre la décision d'interruption de traitement prise par le premier médecin. • CE 19 juill. 2017, *M. I. F.*, n° 402472 : *Lebon ; AJDA 2017. 2012, concl. Domino*, confirmant • TA Châlons-en-Champagne, 9 oct. 2015, *F. Lambert : AJDA 2015. 1887*, et • CAA Nancy, 16 juin 2016, n° 15NC02132. ♦ La décision du second médecin de suspendre la procédure collégiale qu'il avait lui-même amorcée est susceptible de faire l'objet d'un recours contentieux. • Même arrêt. ♦ Sur le fond, l'existence d'éventuelles menaces pour la sécurité des membres de la famille et de l'équipe soignante ne constitue pas un motif légal pour justifier l'interruption d'une procédure engagée. • Même arrêt (annulation). ♦ En enjoignant au centre hospitalier de mettre le médecin concerné ou un autre en mesure de reprendre la procédure collégiale, la cour administrative d'appel ne contraint aucunement ce médecin à agir dans un sens déterminé. • Même arrêt.

13. Conventionalité de l'arrêt du traitement. Les parents d'un patient en coma irréversible, dont l'équipe thérapeutique décide de l'arrêt des soins d'hydratation et d'alimentation artificielles, et dont il est établi qu'il « ne voulait pas avant son accident vivre dans de telles conditions », n'ont pas qualité pour soulever au nom et pour le compte du patient les griefs tirés des art. 2, 3 et 8 Conv. EDH. • CEDH 5 juin 2015, *Lambert c/ France*, n° 46043/14, § 105 : *JCP G 2015. 805, note Sudre ; GADS 2016, n° 27.* ♦ Il en va de même de l'épouse du patient, en tant que tiers intervenante à l'action devant la Cour (§ 110) ; toutefois, les mêmes griefs peuvent être invoqués par les requérants en leur propre nom. • Même arrêt (§ 112). ♦ Sur le fond, la CEDH rappelle l'existence d'une certaine marge d'appréciation dans le contexte des obligations positives de l'État, face à des questions scientifiques, juridiques et éthiques complexes et en l'absence de consensus entre les États membres (§ 144) ; il appartient aux États de ménager un équilibre entre la protection du droit à la vie du patient et celle du droit au respect de sa vie privée et de son autonomie personnelle (§ 148) ; or, en l'espèce, la loi applicable (CSP, art. L. 1110-5), telle qu'interprétée par le Conseil d'État, constitue un cadre législatif suffisamment clair, aux fins de l'art. 2 Conv. EDH, pour encadrer de façon précise la décision du médecin. • Même arrêt (§ 160). ♦ Sur la procédure précédant la prise de décision médicale, et en l'absence de consensus en la matière, l'organisation du processus décisionnel, y compris la désignation de la personne qui prend la décision finale d'arrêt des traitements, s'inscrivent dans la marge d'appréciation de l'État ; en l'espèce, la procédure, longue et méticuleuse, en allant au-delà des conditions posées par la loi, a respecté les exigences découlant de l'art. 2. • Même arrêt (§ 168). ♦ Prises dans leur ensemble, les dispositions des art. L. 1110-5, L. 1111-4 et R. 4127-37, eu égard à leur objet et aux conditions dans lesquelles elles doivent être mises en œuvre, ne peuvent être regardées comme incompatibles avec les art. 2 et 8 Conv. EDH. • CE 24 juin 2014, *Mme F. I. et a.*, n° 375081. ♦ V. aussi • TA Châlons-en-Champagne, 16 janv. 2014, n° 1400029 : *AJDA 2014. 132* ; *LPA 2014, n° 68, p. 7, note Mémeteau.* ♦ V. aussi, à propos du refus médical de maintenir l'alimentation artificielle d'un enfant en fin de vie : • CEDH 27 juin 2017, n° 39793/17, § 85 s : *AJ fam. 2017. 379, obs. Dionisi-Peyrusse*.

14. Contrôle du respect de la procédure collégiale. Est fondée la suspension conservatoire par sa hiérarchie d'un médecin ayant cessé tout traitement sur un patient de 81 ans, victime d'un accident vasculaire cérébral hémorragique massif, au pronostic vital engagé, sans respecter la procédure prévue à l'art. R. 4127-37. • CAA Nantes, 30 juin 2010, *Abdelhafid X. c/ CH Nogent-le-Rotrou*, n° 09NT02723 : *AJFP 2011. 169, note Sautereau*. ♦ Est fondé le licenciement d'un médecin par une clinique, pour avoir administré une importante dose de potassium à une patiente très âgée dont le décès était prévisible dans les jours suivants, sans en référer ni aux médecins qui avaient opéré cette patiente, ni à sa famille. • Civ. 1re, 16 mai 2006, n° 03-16.253 : *RCA 2006 n° 7, note Radé.*

15. Office du juge des référés. Il appartient au juge des référés d'exercer ses pouvoirs de manière particulière, lorsqu'il est saisi en référé (CJA, art. L. 521-2) d'une décision médicale d'arrêter ou ne pas mettre en œuvre un traitement, dans la mesure où l'exécution de cette décision porterait de manière irréversible une atteinte à la vie ; il doit, le cas échéant en formation collégiale (CJA, art. L. 511-2), prendre les mesures de sauvegarde nécessaires pour faire obstacle à son exécution lorsque cette décision pourrait ne pas relever des hypothèses prévues par la loi, en procédant à la conciliation des libertés fondamentales en cause que sont le droit au respect de la vie et le droit du patient de consentir à un traitement médical et de ne pas subir un traitement qui serait le résultat d'une obstination déraisonnable. • CE 8 mars 2017, *Assistance publique-Hôpitaux de Marseille*, n° 408146 : *Lebon* ; *RDSS 2017. 698, note Thouvenin* ; *AJDA 2017. 497* ; *D. 2017. 574* ; *AJ fam. 2017. 218, obs. Dionisi-Peyrusse* (annulation, en l'espèce, de la décision d'arrêter les traitements). – V. aussi • CE 5 janv. 2018, *Mme B.*, n° 416689 (rejet). – V. également jurisprudence ss. l'art. R. 4127-37.

Art. L. 1110-5-2 *(L. n° 2016-87 du 2 févr. 2016, art. 3)* **A la demande du patient d'éviter toute souffrance et de ne pas subir d'obstination déraisonnable, une sédation profonde et continue provoquant une altération de la conscience maintenue jusqu'au décès, associée à une analgésie et à l'arrêt de l'ensemble des traitements de maintien en vie, est mise en œuvre dans les cas suivants :**

1° Lorsque le patient atteint d'une affection grave et incurable et dont le pronostic vital est engagé à court terme présente une souffrance réfractaire aux traitements ;

2° Lorsque la décision du patient atteint d'une affection grave et incurable d'arrêter un traitement engage son pronostic vital à court terme et est susceptible d'entraîner une souffrance insupportable.

Lorsque le patient ne peut pas exprimer sa volonté et, au titre du refus de l'obstination déraisonnable mentionnée à l'article L. 1110-5-1, dans le cas où le médecin arrête un traitement de maintien en vie, celui-ci applique une sédation profonde et continue provoquant une altération de la conscience maintenue jusqu'au décès, associée à une analgésie.

La sédation profonde et continue associée à une analgésie prévue au présent article est mise en œuvre selon la procédure collégiale définie par voie réglementaire qui permet à l'équipe soignante de vérifier préalablement que les conditions d'application prévues aux alinéas précédents sont remplies.

A la demande du patient, la sédation profonde et continue peut être mise en œuvre à son domicile, dans un établissement de santé ou un établissement mentionné au 6° du I de l'article L. 312-1 du code de l'action sociale et des familles.

L'ensemble de la procédure suivie est inscrite au dossier médical du patient.

ABSENCE DE DROIT À MOURIR...

1. ... Ni selon l'art. 2 Conv. EDH. L'art. 2 Conv. EDH – garantissant le droit à la vie – ne saurait, sans distorsion de langage, être interprété comme conférant un droit diamétralement opposé, à savoir un droit à mourir ; il ne saurait davantage créer un droit à l'autodétermination en ce sens qu'il donnerait à tout individu le droit de choisir la mort plutôt que la vie, que ce soit de la main d'un tiers ou avec l'assistance d'une autorité publique (à propos d'une demande préalable d'impunité pour le mari qui assisterait sa femme, invalide, pour mourir). • CEDH 29 avr. 2002, *Pretty c/ Royaume-Uni*, n° 2346/02 (§ 39) : *RSC 2002. 645, note Massias ; RTD civ. 2002. 482, obs. Hauser ; ibid. 858, obs. Marguénaud ; AJDA 2003. 1383, note Le Baut-Ferrarèse ; JCP 2003. II. 10062, note Girault ; Gaz. Pal. 14 et 15 août 2002, p. 2, note Garay ; RDSS 2002. 475, note Pédrot ; GADS, 2e éd., Dalloz, 2016, n° 25.*

2. ... Ni selon l'art. 3 Conv. EDH. L'art. 3 ne fait peser sur l'État aucune obligation positive de prendre l'engagement de ne pas poursuivre le mari de la requérante s'il venait à aider son épouse à se suicider ou de créer un cadre légal pour toute autre forme de suicide assisté. • CEDH 29 avr. 2002, *Pretty c/ Royaume-Uni*, n° 2346/02 (§ 56) : *préc. note 1.*

3. ... Ni selon l'art. 8, § 1, Conv. EDH. La nature générale de l'interdiction du suicide assisté ne constitue pas une ingérence disproportionnée dans la vie privée. • CEDH 29 avr. 2002, *Pretty c/ Royaume-Uni*, n° 2346/02 (§ 76) : *préc. note 1.* ♦ Le droit d'un individu de décider de quelle manière et à quel moment sa vie doit prendre fin, à condition qu'il soit en mesure de forger librement sa propre volonté à ce propos et d'agir en conséquence, est l'un des aspects du droit au respect de sa vie privée au sens de l'art. 8 Conv. EDH. Toutefois, même à supposer que les États aient une obligation positive d'adopter les mesures permettant de faciliter un suicide dans la dignité, l'autorité jouit d'une certaine marge d'appréciation en l'absence de consensus européen en la matière (à propos d'une demande de pentobarbital sodique sans ordonnance médicale, par dérogation à la législation, afin de se suicider sans douleur et sans risque d'échec). • CEDH 20 janv. 2011, *Haas c/ Suisse, n° 31322/07, § 51, 53, 55 et 61 : D. 2011. 925, note Martinent, Reynier et Vialla ; RTD civ. 2011. 311, obs. Marguénaud ; Rev. dr. et santé 2011, n° 40, note Vialla ; Méd. et droit, juill. 2011, n° 109, p. 174, note Byk ; D. 2012. 308, note Galloux et Gaumont-Prat* ♦ Sur le plan procédural, le refus des juridictions internes d'examiner la contestation par le requérant du refus d'autorisation de se procurer une dose létale de médicaments emporte violation de l'art. 8 Conv. EDH. • CEDH 19 juill. 2012, *Koch c/ Allemagne*, n° 419/09 : *Dr. fam. oct. 2012, n° 149, note Bruggeman.*

4. Personnes n'étant pas en fin de vie. S'agissant de personnes dont la mort n'est médicalement pas imminente, un État ne saurait adopter une loi autorisant l'acquisition sur prescription d'une dose létale de pentobarbital de sodium sans fournir de précisions sur les conditions de mise en œuvre du suicide assisté. Une telle législation crée une incertitude telle que, s'agissant d'un aspect si important de sa vie, il en résulte pour la requérante une angoisse considérable constituant une violation de l'art. 8 Conv. EDH. • CEDH 14 mai 2013, *Gross c/ Suisse*, n° 67810/10, § 66-67 : *JCP G 2013, n° 650, note Puppinck ; RJPF 2013. 9/7, p. 14, note Cheynet de Beaupré.*

Art. L. 1110-5-3 *(L. n° 2016-87 du 2 févr. 2016, art. 4)* **Toute personne a le droit de recevoir des traitements et des soins visant à soulager sa souffrance. Celle-ci doit être, en toutes circonstances, prévenue, prise en compte, évaluée et traitée.**

Le médecin met en place l'ensemble des traitements analgésiques et sédatifs pour *répondre à la souffrance réfractaire* du malade en phase avancée ou terminale, même s'ils peuvent avoir comme effet d'abréger la vie. Il doit en informer le malade, sans préjudice du quatrième alinéa de l'article L. 1111-2, la personne de confiance prévue à l'article L. 1111-6, la famille ou, à défaut, un des proches du malade. La procédure suivie est inscrite dans le dossier médical.

Toute personne est informée par les professionnels de santé de la possibilité d'être prise en charge à domicile, dès lors que son état le permet.

Abstention fautive. Compte tenu de l'état de souffrance et de la pathologie du patient, et en l'absence de contre-indication à l'administration d'antalgiques, l'absence de tout traitement antalgique constitue une faute de nature à aggraver les souffrances physiques subies par le patient avant son décès (préjudice moral : 1 500 €). • CAA Bordeaux, 13 juin 2006, *Marie-Danièle X. c/ CH Gabriel-Martin*, n° 03BX01900.

Art. L. 1110-6 Dans la mesure où leurs conditions d'hospitalisation le permettent, les enfants en âge scolaire ont droit à un suivi scolaire adapté au sein des établissements de santé.

Art. L. 1110-7 L'évaluation prévue à l'article L. 6113-2 et *(Ord. n° 2010-177 du 23 févr. 2010, art. 26-1°)* « la certification » prévue à l'article L. 6113-3 prennent en compte les mesures prises par les établissements de santé pour assurer le respect des droits des personnes malades et les résultats obtenus à cet égard. Les établissements de santé rendent compte de ces actions et de leurs résultats dans le cadre des transmissions d'informations aux *(Ord. n° 2010-177 du 23 févr. 2010, art. 9-I-1°)* « agences régionales de santé ».

Art. L. 1110-8 Le droit du malade au libre choix de son praticien et de son établissement de santé *(L. n° 2016-41 du 26 janv. 2016, art. 175-1°)* « et de son mode de prise en charge, sous forme ambulatoire ou à domicile, en particulier lorsqu'il relève de soins palliatifs au sens de l'article L. 1110-10, » est un principe fondamental de la législation sanitaire.

Les limitations apportées à ce principe par les différents régimes de protection sociale ne peuvent être introduites qu'en considération des capacités techniques des établissements, de leur mode de tarification et des critères de l'autorisation à dispenser des soins remboursables aux assurés sociaux.

BIBL. ▸ Desgorces, La résidence de la personne en fin de vie, *RDSS 2017. 294*. – Rebecq, Le choix du médecin traitant et le principe d'exercice exclusif de la spécialité, *RDSS 2005. 602*. – Roman, Le respect de la volonté du malade : une obligation limitée ?, *RDSS 2005. 423*. – Vialla, Les principes fondamentaux de la législation sanitaire à l'épreuve de la laïcité et du service public, *Cah. dr. entr., mars 2004. 26*. – V. Bibl. ss. art. L. 162-2 CSS Dalloz.

▸ **Libre choix et contraintes du système de santé.** Catherine, Les droits du patient à l'épreuve des politiques économiques de santé, *RGDM déc. 2010, n° spécial, p. 101*. – Dupont, Le libre choix du médecin : son évolution depuis la loi du 4 mars 2002, *RDSS 2007. 759*. – Badel, Liberté et système de santé, *RDSS 2005. 951*.

COMMENTAIRE

V. Commentaire reproduit sur Dalloz.fr.

I. VALEUR JURIDIQUE DU PRINCIPE DE LIBRE CHOIX

1. Valeur constitutionnelle. Aucune des dispositions contestées de la loi soumise à l'examen du Conseil constitutionnel relatives à la contre-visite médicale ne porte atteinte à la liberté de choix du praticien et à la liberté de prescription de celui-ci ; il n'y a donc pas lieu d'examiner si ces libertés constituent des principes fondamentaux ayant valeur constitutionnelle. • Cons. const. 18 janv. 1978, décis. n° 77-92 DC : *JO 19 janv. 1978, p. 422.* ♦ Dans le même sens, • Cons. const. 12 août 2004, *n° 2004-504 DC, consid. 11 : JO 17 août 2004, p. 14657.*

2. Principe général du droit. La liberté de choix du médecin par le patient et la liberté de prescription figurent au nombre des principes généraux du droit qui s'imposent à toutes les autorités réglementaires, même en l'absence de dispositions législatives. • CE 18 févr. 1998, *Sect. locale du Pacifique Sud de l'Ordre des médecins*, n° 171851 : *Lebon 710 ; RFDA 1999. 47, note Joyau*. ♦ Le droit du malade au libre choix de son praticien est un principe fondamental de la législation sanitaire ... • Civ. 1re, 6 mai 2003 : *Bull. civ. I, n° 109 ; RDSS 2003. 630, obs. Mémeteau ; JCP 2003. II. 10115, note Sainte-Rose.* ♦ ... auparavant qualifié de « principe d'ordre public ». • Cass., ch. réun., 16 mai 1963 : *Bull. ch. réunies, n° 4 ; D. 1963. 437, obs. Larguier ; GADS, 2e éd., Dalloz, 2016, n° 65.*

3. Compétence du seul législateur. Le libre choix par les assurés sociaux des établissements de soins constitue l'un des principes fondamentaux de la sécurité sociale, au sens de l'art. 34 de la Constitution. • CE 2 déc. 1966, *Féd. hospitalière de France et Féd. intersyndicale des maisons de santé de France et d'Outre-mer, n° 65158 : Lebon 634 ; GADS, 2e éd., Dalloz, 2016, n° 66.*

II. APPLICATIONS

4. Appel à un médecin extérieur à l'établissement. Une polyclinique ne peut refuser l'accès de ses locaux à un pédiatre non attaché à son établissement, lorsqu'une patiente fait appel aux services de ce praticien. • Civ. 1re, 6 mai 2003 : *préc. note 2.* ♦ Est valable la convention par laquelle une maison de retraite concède (à une SCP d'infirmières) à titre onéreux l'exercice privilégié, dans ses locaux, des actes infirmiers sur ses pensionnaires, dès lors que le libre choix de ceux-ci est préservé. • Civ. 1re, 16 janv. 2007 : *Bull. civ. I, n° 24 ; RDSS 2007. 662, note Vialla*.

5. Lettre d'introduction vers un confrère. En vertu du principe d'ordre public du libre choix du médecin par le malade, le client qui reçoit une lettre destinée à lui servir d'introduction auprès d'un autre praticien n'est tenu ni de consulter ce dernier, ni par suite de lui remettre ladite lettre d'introduction ; lorsque le patient remet cette lettre à un autre praticien que celui visé, l'art. 187, al. 2, C. pén. [art. 226-15], réprimant l'atteinte au secret des correspondances, ne saurait s'appliquer. • Cass., ch. réun., 16 mai 1963 : *préc. note 2.*

6. Droit de changer d'établissement. Le droit fondamental de la personne au libre choix de son établissement de santé inclut celui de changer d'établissement au cours de la prise en charge. • Civ. 1re, 13 déc. 2017, n° 17-18.437 : *D. 2018. 333, note Peterka ; AJ fam. 2018. 124, obs. Pecqueur ; ibid. 6, obs. Dionisi-Peyrusse.*

7. Cession de clientèle. Si la cession de la clientèle médicale, à l'occasion de la constitution ou de la cession d'un fonds libéral d'exercice de la profession, n'est pas illicite, c'est à la condition que soit sauvegardée la liberté de choix du patient ; il appartient au juge du fond de déterminer souverainement si cette liberté de choix est respectée (non en l'espèce). • Civ. 1re, 7 nov. 2000 : *Bull. civ. I, n° 283 ; D. 2001. 2400, note Auguet ; RDSS 2001. 317, note Mémeteau ; GADS, 1re éd., Dalloz, 2010, n° 96 ; JCP 2001. II. 10452, note Vialla ; JCP E 2001. 419, note Loiseau ; Defrénois 2001. 431, note Libchaber ; CCC 2001, n° 18, note Leveneur ; ibid. Chron. 7, par Chemtob ; LPA 14 juin 2001, note Koleck-Desautel* • Civ. 1re, 30 juin 2004 : *D. 2005. 409 ; ibid. 403, obs. Penneau.*

8. Contrats d'exercice avec exclusivité. Les clauses d'exclusivité consenties par un établissement hospitalier aux médecins exerçant en son sein doivent se concilier avec le droit du malade au libre choix de son praticien et de son établissement de santé ; aucun détournement de clientèle ou concurrence déloyale n'est avéré lorsque les médecins concernés n'incitent jamais leur clientèle à faire choix de cet établissement, lorsqu'ils ne consultent pas dans l'établissement mais dans leur cabinet de ville, et lorsqu'ils ne font jamais état de leur collaboration avec l'établissement. • Civ. 1re, 19 sept. 2007 : *Bull. civ. I, n° 292 ; GADS, 1re éd., Dalloz, 2010, n° 97 ; RDSS 2007. 1113, obs. Arhab ; D. 2008. Pan. 507, obs. Penneau.* ♦ Une polyclinique ne peut refuser l'accès de ses locaux à un pédiatre non attaché à son établissement lorsqu'une patiente fait appel aux services de ce praticien, la circonstance que l'établissement se soit attaché la collaboration exclusive de deux médecins qualifiés en pédiatrie étant inopérante. • Civ. 1re, 6 mai 2003 : *préc. note 2.*

9. Inopérance en matière d'autorisation sanitaire. Le principe de libre choix ne peut être invoqué par une clinique privée pour contester un refus d'autorisation d'extension dans un secteur géographique où le secteur hospitalier public est dominant, dès lors que ce refus repose sur l'examen des besoins de la population en nombre de lits. • CE 5 mars 1982, *Min. Santé et Séc. soc., n° 23237 : Lebon 104 ; RDSS 1982. 630, concl. Bacquet ; JCP 1983. 20078, note Chaisemartin et Barthélémy.*

10. Libre choix face à un intérêt de la santé publique. Le droit du patient au libre choix de son praticien et de son établissement de santé ne fait nullement obstacle à ce que, sur le fondement de l'art. L. 605-7 CSP [L. 5121-20], un décret crée des catégories de médicaments « réservés à l'usage hospitalier » ou « à prescription initiale hospitalière ». • CE 16 févr. 1996, *Synd. des médecins d'Aix et région, n° 164712 : Lebon 306.*

11. Libre choix et réseaux de santé. Les réseaux de santé ont pour objet de favoriser l'accès aux soins, la coordination, la continuité ou l'interdisciplinarité des prises en charge sanitaires, et peuvent se constituer en association ; celle-ci peut poser des conditions d'adhésion au réseau, notamment destinées à assurer la coordination des soins, dès lors qu'elles ne portent pas atteinte au principe du libre choix du patient en l'obligeant à recourir aux soins d'un professionnel déterminé ; pas d'atteinte en l'espèce lorsque les patients atteints de diabète et les professionnels de santé sont libres d'adhérer à l'association et de la quitter, que les professionnels de santé adhérents ne réservent pas leurs soins aux seuls adhérents du réseau, et que les patients ne sont pas obligés d'adhérer au réseau pour être pris en charge. • Civ. 1re, 22 sept. 2016, n° 15-23.664 P : *D. 2016. 1933.* ♦ Le réseau Santéclair, tant par sa finalité que par ses pratiques, ne contrevient à aucune règle de droit de la concurrence ou du code de déontologie, ni au principe de libre choix du praticien par le patient. • Aut. conc. 24 oct. 2016, n° 16-d-23 relative à des pratiques mises en œuvre dans le secteur des actes prothétiques ou de pose d'implants par les chirurgiens-dentistes. ♦ V. aussi l'avis globalement favorable de l'Autorité de la concurrence sur les réseaux de soins : * Avis n° 09-A-46 du 9 sept. 2009 relatif aux effets sur la concurrence du développement de réseaux de soins agréés.

III. DROIT DE L'UNION EUROPÉENNE

12. Libre choix et libre prestation de services. La liberté de prestation des services inclut la liberté des destinataires des services de se rendre dans un autre État membre pour y bénéficier d'un service, sans être gênés par des restrictions, même en matière de paiements ; les touristes, les bénéficiaires de soins médicaux et ceux qui effectuent des voyages d'études ou des voyages d'affaires sont à considérer comme des destinataires de services. • CJCE 31 janv. 1984, *Luisi et Carbone,* n° 286/82 et 26/83, point 16 : *Rec. CJCE I-377.* ♦ Une prestation médicale ne perd pas sa qualification de prestation de services au motif que le patient, après avoir rétribué le prestataire étranger pour les soins reçus, sollicite ultérieurement la prise en charge de ces soins par un système de sécurité sociale... • CJCE 13 mai 2003, *Müller-Fauré et van Riet,* n° C-385/99, point 103 : *Rec. CJCE I-4509.* ♦ ... sans qu'il y ait lieu de distinguer selon que les soins sont dispensés dans un cadre hospitalier ou en dehors d'un tel cadre. • Même arrêt • CJCE 16 mai 2006, *Watts, C-372/04, point 86 : Rec. CJCE I-4325 ; RDSS 2006. 843, note Azoulai.*

13. Restrictions en principe prohibées. Est contraire au principe de libre prestation de services une réglementation qui décourage les assurés sociaux de s'adresser aux prestataires de services médicaux établis dans un autre État membre (en l'espèce une autorisation préalable pour obtenir la prise en charge par la sécurité sociale). • CJCE 28 avr. 1998, *Kohll,* n° C-158/96 : *Rec. CJCE I-1831 ; JCP 1999. II. 10002, obs. Nourissat ; RDSS 1998. 616, obs. Lhernould ; Dr. soc. 1999. 172, obs. Mavridis (point 35)* • CJCE, 13 mai 2003, *Müller-Fauré,* point 44 : *préc. note 12.* ♦ Le fait qu'une réglementation nationale relève du domaine de la sécurité sociale n'est pas de nature à exclure l'application du principe de libre prestation de services. • CJCE 28 avr. 1998, *Kohll,* n° C-158/96, point 20 : *préc.*

14. Restrictions admises. Un risque d'atteinte grave à l'équilibre financier du système de sécurité sociale peut constituer, en lui-même, une raison impérieuse d'intérêt général susceptible de justifier une entrave au principe de libre prestation des services, en particulier en matière de soins hospitaliers. • CJCE 28 avr. 1998, *Kohll,* n° C-158/96, point 41 : *préc. note 13.* ♦ A cet égard, l'objectif de maintenir, pour des raisons de santé publique, un service médical et hospitalier équilibré et accessible à tous, peut également relever de l'une des dérogations pour des raisons de santé publique, prévues à l'art. 46 CE, dans la mesure où un tel objectif contribue à la réalisation d'un niveau élevé de protection de la santé ... • Même arrêt, point 50. ♦ ... tout comme l'objectif de maintien d'une capacité de soins ou d'une compétence médicale sur le territoire national, essentiel pour la survie de la population. • Même arrêt, point 51. ♦ Ne répond pas à ces conditions une réglementation qui exclut tout remboursement des frais occasionnés par l'hospitalisation des assurés dans les établissements de soins privés situés dans un autre État membre, à l'exception de ceux relatifs aux soins dispensés aux enfants âgés de moins de 14 ans. • CJCE 19 avr. 2007, *Aikaterini Stamatelaki,* n° C-444/05 : *Rec. CJCE I-3185, GADS, 2e éd., Dalloz, 2016, n° 68.* ♦ En tout état de cause, l'autorisation de subir un traitement dans un autre État membre ne peut être refusée que si un traitement identique ou présentant le même degré d'efficacité pour le patient peut être obtenu en temps opportun dans le pays de résidence. • CJCE 12 juill. 2001, *Smits et Peerbooms,* n° C-157/99 : *Rec. CJCE I-5473* (point 103).

Art. L. 1110-9 **Toute personne malade dont l'état le requiert a le droit d'accéder à des soins palliatifs et à un accompagnement.**

V. Décr. n° 2016-5 du 5 janv. 2016 portant création du Centre national des soins palliatifs et de la fin de vie.

COMMENTAIRE

V. Commentaire reproduit sur Dalloz.fr.

1. Absence de soins palliatifs. Face à l'état de souffrance et la pathologie d'un patient, l'absence de tout traitement antalgique a aggravé ses souffrances physiques ; cela constitue une faute de nature à engager la responsabilité de l'établissement à l'égard des ayants droit, pour préjudice moral (1500 euros). • CAA Bordeaux, 13 juin 2006, *Marie X. c/ CH Gabriel Martin,* n° 03BX01900.

2. Soins palliatifs perturbés. Alors qu'une patiente avait commencé à recevoir des soins palliatifs après transfert vers une unité spécialisée, elle a continué d'être transférée, malgré la précarité de son état, trois fois par semaine à l'hôpital de Mâcon, distant d'une vingtaine de kilomètres, pour y subir des dialyses ; l'hôpital, qui n'allègue ni n'établit qu'il n'aurait pu prendre en charge l'intéressée jusqu'à son décès malgré l'absence d'unité de soins palliatifs, a fait subir à l'intéressée des souffrances importantes et inutiles, dans des conditions incompatibles avec les objectifs assignés à de tels soins ; responsabilité à l'égard du mari pour préjudice moral (1000 euros). • CAA Lyon, 17 juin 2008, *CH Mâcon,* n° 05LY01052.

Art. L. 1110-10 **Les soins palliatifs sont des soins actifs et continus pratiqués par une équipe interdisciplinaire en institution ou à domicile. Ils visent à soulager la douleur, à apaiser la souffrance psychique, à sauvegarder la dignité de la personne malade et à soutenir son entourage.**

Art. L. 1110-11 Des bénévoles, formés à l'accompagnement de la fin de vie et appartenant à des associations qui les sélectionnent, peuvent, avec l'accord de la personne malade ou de ses proches et sans interférer avec la pratique des soins médicaux et paramédicaux, apporter leur concours à l'équipe de soins en participant à l'ultime accompagnement du malade et en confortant l'environnement psychologique et social de la personne malade et de son entourage.

Les associations qui organisent l'intervention des bénévoles se dotent d'une charte qui définit les principes qu'ils doivent respecter dans leur action. Ces principes comportent notamment le respect des opinions philosophiques et religieuses de la personne accompagnée, le respect de sa dignité et de son intimité, la discrétion, la confidentialité, l'absence d'interférence dans les soins.

Les associations qui organisent l'intervention des bénévoles dans des établissements de santé publics ou privés et des établissements sociaux et médico-sociaux doivent conclure, avec les établissements concernés, une convention conforme à une convention type définie par décret en Conseil d'État. A défaut d'une telle convention ou lorsqu'il est constaté des manquements au respect des dispositions de la convention, le directeur de l'établissement, ou à défaut le *(Ord. n° 2010-177 du 23 févr. 2010, art. 7-1°)* « directeur général de l'agence régionale de santé », *(Abrogé par Ord. n° 2010-177 du 23 févr. 2010, art. 7-2°)* ***« en accord avec le directeur régional de l'action sanitaire et sociale, »*** interdit l'accès de l'établissement aux membres de cette association.

Seules les associations ayant conclu la convention mentionnée à l'alinéa précédent peuvent organiser l'intervention des bénévoles au domicile des personnes malades.

Sur la convention type mentionnée dans le présent art., V. annexe 11-1 ss. art. R. 1110-4

Art. L. 1110-12 *(L. n° 2016-41 du 26 janv. 2016, art. 96-I-3°)* Pour l'application du présent titre, l'équipe de soins est un ensemble de professionnels qui participent directement au profit d'un même patient à la réalisation d'un acte diagnostique, thérapeutique, de compensation du handicap, de soulagement de la douleur ou de prévention de perte d'autonomie, ou aux actions nécessaires à la coordination de plusieurs de ces actes, et qui :

1° Soit exercent dans le même établissement de santé, au sein du service de santé des armées, dans le même établissement ou service social ou médico-social mentionné au I de l'article L. 312-1 du code de l'action sociale et des familles ou dans le cadre d'une structure de coopération, d'exercice partagé ou de coordination sanitaire ou médico-sociale figurant sur une liste fixée par décret ;

2° Soit se sont vu reconnaître la qualité de membre de l'équipe de soins par le patient qui s'adresse à eux pour la réalisation des consultations et des actes prescrits par un médecin auquel il a confié sa prise en charge ;

3° Soit exercent dans un ensemble, comprenant au moins un professionnel de santé, présentant une organisation formalisée et des pratiques conformes à un cahier des charges fixé par un arrêté du ministre chargé de la santé.

BIBL. ▸ MORLET-HAÏDARA, Le nouveau cadre légal de l'équipe de soins et du partage des données du patient, *RDSS 2016. 1103*.

Art. L. 1110-13 *(L. n° 2016-41 du 26 janv. 2016, art. 90-I)* La médiation sanitaire et l'interprétariat linguistique visent à améliorer l'accès aux droits, à la prévention et aux soins des personnes éloignées des systèmes de prévention et de soins, en prenant en compte leurs spécificités.

Des référentiels de compétences, de formation et de bonnes pratiques définissent et encadrent les modalités d'intervention des acteurs qui mettent en œuvre ou participent à des dispositifs de médiation sanitaire ou d'interprétariat linguistique ainsi que la place de ces acteurs dans le parcours de soins des personnes concernées. Ces référentiels définissent également le cadre dans lequel les personnes éloignées des systèmes de prévention et de soins peuvent avoir accès à des dispositifs de médiation sanitaire et d'interprétariat linguistique. Ils sont élaborés par la Haute Autorité de santé.

Les modalités d'application du présent article sont déterminées par décret.

CHAPITRE PREMIER INFORMATION DES USAGERS DU SYSTÈME DE SANTÉ ET EXPRESSION DE LEUR VOLONTÉ

(L. nº 2002-303 du 4 mars 2002, art. 11)

SECTION PREMIÈRE PRINCIPES GÉNÉRAUX *(L. nº 2005-370 du 22 avr. 2005).*

Art. L. 1111-1 **Les droits reconnus aux usagers s'accompagnent des responsabilités de nature à garantir la pérennité du système de santé et des principes sur lesquels il repose.**

BIBL. ▸ **Généralités.** HUTEAU, La responsabilisation du patient-assuré social face à l'observance thérapeutique : légitimité et nécessité du reste à charge ?, *RDSS 2017, nº HS, p. 149.* – LEGROS, Le paternalisme médical en droit français. Entre maintien et transformation, *in* Mélanges en l'honneur de Jean-Marie Clément, *LEH, 2014, p. 173.* – LAUDE, Le patient entre responsabilité et responsabilisation, *Les Tribunes de la santé, 2013/4, nº 41, p. 79.* – DEVICTOR, L'usager de santé idéal, *Les Tribunes de la santé, 2012. 4, nº 37, p. 51.* – GIRER, La responsabilisation du patient en sa qualité d'assuré social – Un concept vertueux ?, *RGDM 2011, nº 39, p. 45.* – TABUTEAU, Santé et devoirs sociaux, *RDSS 2009. 42.* – HARICHAUX, Les droits du malade à l'épreuve des obligations du malade assuré social, *RDSS 2006. 109.* – BADEL, Liberté et système de santé, *RDSS 2005. 951.* – THOUVENIN, Les droits des malades ne peuvent être transformés en obligations, *RGDM 2004, nº 13, p. 79.* – Les obligations du patient (Actes du colloque de l'Association française de droit de la santé du 13 juin 2003), *RGDM 2003, nº 11, p. 9.*

▸ **Droit de la santé et consumérisme.** C. LEQUILLERIER, L'« ubérisation » de la santé, *D. IP/IT 2017.155.* – SAMSON-PICHEREAU, Une immixtion du droit de la consommation dans le droit médical ?, *RGDM 2015/12, nº 57, p. 135.* – PRIEUR (S.), Retour sur la relation juridique de soins en tant que relation consumériste, *Mélanges Mémeteau, éd. LEH, 2015, vol. 2, p. 73.* – ROUSSET, Et si le droit de la santé cessait d'exister ? Fiction ou anticipation sur l'application subséquente du droit de la consommation aux relations de santé, *Mélanges Callu, Lexis Nexis, 2013, p. 427.* – HAOULIA, L'influence du droit de la santé sur le marché de la consommation, *Thèse, PUAM, 2013.* – KLESTA, Le patient est-il un consommateur ?, *RED consom. 2010, p. 225.* – LAUDE et TABUTEAU (dir.), Sécurité des patients, sécurité des consommateurs, convergences et divergences, *PUF, 2009.* – ROUSSET, L'influence du droit de la consommation sur le droit de la santé, *éd. LEH, 2009.* – LAMBOLEY, PITCHO et VIALLA, Le consumérisme dans le champ sanitaire, un concept dépassé ?, *in* Études de droit de la consommation, *Mélanges Calais-Auloy, Dalloz, 2004, p. 581.*

▸ **Devoir de santé.** BÉLANGER, Devoir de santé et droit international : quelques considérations, *Mélanges Mémeteau, LEH, 2015, vol. 1, p. 37.* – CARRICABURU, Santé publique et liberté individuelles : du droit à la santé au devoir de santé, *Les Cahiers français, nº 354, 2010/01, p. 54.*

Art. L. 1111-1-1 *(L. nº 2016-41 du 26 janv. 2016, art. 88-I)* **Un service public, placé sous la responsabilité du ministre chargé de la santé, a pour mission la diffusion gratuite et la plus large des informations relatives à la santé et aux produits de santé, notamment à l'offre sanitaire, médico-sociale et sociale auprès du public. Les informations diffusées sont adaptées et accessibles aux personnes handicapées.**

Il est constitué avec le concours des caisses nationales d'assurance maladie, de la Caisse nationale de solidarité pour l'autonomie, des agences et des autorités compétentes dans le champ de la santé publique et des agences régionales de santé.

Art. L. 1111-2 **Toute personne a le droit d'être informée sur son état de santé. Cette information porte sur les différentes investigations, traitements ou actions de prévention qui sont proposés, leur utilité, leur urgence éventuelle, leurs conséquences, les risques fréquents ou graves normalement prévisibles qu'ils comportent ainsi que sur les autres solutions possibles et sur les conséquences prévisibles en cas de refus.** *(L. nº 2016-41 du 26 janv. 2016, art. 175-2º)* **« Elle est également informée de la possibilité de recevoir, lorsque son état de santé le permet, notamment lorsqu'elle relève de soins palliatifs au sens de l'article L. 1110-10, les soins sous forme ambulatoire ou à domicile. Il est tenu compte de la volonté de la personne de bénéficier de l'une de ces formes de prise en charge. » Lorsque, postérieurement à l'exécution des investigations, traitements ou actions de prévention, des risques nouveaux sont identifiés, la personne concernée doit en être informée, sauf en cas d'impossibilité de la retrouver.**

Cette information incombe à tout professionnel de santé dans le cadre de ses compétences et dans le respect des règles professionnelles qui lui sont applicables. Seules l'urgence ou l'impossibilité d'informer peuvent l'en dispenser.

Cette information est délivrée au cours d'un entretien individuel.

La volonté d'une personne d'être tenue dans l'ignorance d'un diagnostic ou d'un pronostic doit être respectée, sauf lorsque des tiers sont exposés à un risque de transmission.

Les droits des mineurs ou des majeurs sous tutelle mentionnés au présent article sont exercés, selon les cas, par les titulaires de l'autorité parentale ou par le tuteur. Ceux-ci reçoivent l'information prévue par le présent article, sous réserve *(L. nº 2016-41 du 26 janv. 2016, art. 7-I-3º)* **« des articles L. 1111-5 et L. 1111-5-1 ». Les intéressés ont le droit de recevoir eux-mêmes une information et de participer à la prise de décision les concernant, d'une manière adaptée soit à leur degré de maturité s'agissant des mineurs, soit à leurs facultés de discernement s'agissant des majeurs sous tutelle.**

Des recommandations de bonnes pratiques sur la délivrance de l'information sont établies par *(L. nº 2004-810 du 13 août 2004, art. 36-III)* **« la Haute Autorité de santé » et homologuées par arrêté du ministre chargé de la santé.**

En cas de litige, il appartient au professionnel ou à l'établissement de santé d'apporter la preuve que l'information a été délivrée à l'intéressé dans les conditions prévues au présent article. Cette preuve peut être apportée par tout moyen.

(L. nº 2009-879 du 21 juill. 2009, art. 37) **« L'établissement de santé recueille auprès du patient hospitalisé les coordonnées des professionnels de santé auprès desquels il souhaite que soient recueillies les informations nécessaires à sa prise en charge durant son séjour et que soient transmises celles utiles à la continuité des soins après sa sortie. »**

BIBL. ▶ MINET-LELEU, Le contentieux du défaut d'information médicale, symbole de l'indulgence excessive du juge administratif, *AJDA 2016. 362*. – VIALLA, Comparaison des jurisprudences rendues en matière de responsabilité pour défaut d'information, *Méd. et droit, 2013, nº 120, p. 57*. – VINEY et SARGOS, Le devoir d'information du médecin, *RDC 2012. 1104*. – BACACHE, L'information médicale est-elle encore perfectible ?, *Gaz. Pal. 16 juin 2012, nº 168, p. 9*. – ROUSSET, Le droit à l'information de l'usager et du patient depuis les lois des 2 janvier et 4 mars 2002, *RDSS 2012. 431*. – CRISTOL, Information et consentement en droit de la santé, *in* Sécurité des patients, sécurité des consommateurs, convergences et divergences (dir. LAUDE et TABUTEAU), *PUF, 2009, p. 35*. – LEGENDRE, L'obligation d'information, pierre angulaire du consentement dans les relations de soins, *RGDM 2009, nº 31, p. 227*. – TABUTEAU, L'obligation d'information *a posteriori* en droit de la santé, *in* C. KOUCHNER, Laude et Tabuteau, Rapport sur les droits des malades 2007-2008, *Presses EHESP, 2009, p. 91*. – ALBERT, Obligation d'information et responsabilité, *RFDA 2003. 353*. – BURGELIN, L'obligation d'information expliquée aux médecins : Cour de cassation, Rapport 1999, *Doc. fr., 1999, p. 71*.

▶ **Pour une vision anthropologique.** FAINZANG, Les inégalités au sein du colloque singulier : l'accès à l'information. La relation médecins-malades, *Les Tribunes de la santé, 2014/2 nº 43, p. 47* ; La relation médecins-malades : information et mensonge, *PUF, 2006*.

COMMENTAIRE

V. Commentaire reproduit sur Dalloz.fr.

Sur l'aspect disciplinaire, V. jurisprudence ss. l'art. R. 4127-35.

I. DROIT À L'INFORMATION

1. Valeur constitutionnelle. Le devoir d'information trouve son fondement dans l'exigence de respect du principe constitutionnel de sauvegarde de la dignité de la personne humaine ; c'est pourquoi un médecin ne peut être dispensé de son devoir d'information vis-à-vis de son patient au seul motif qu'un risque grave ne se réalise qu'exceptionnellement. • Civ. 1re, 9 oct. 2001 : *Bull. civ. I, nº 249 ; D. 2001. 3470, rapp. Sargos et note Thouvenin ; RTD civ. 2002. 176, obs. Libchaber*.

2. Information, garantie du consentement éclairé. Sur le principe du devoir d'information quant aux risques d'un traitement comme condition de la validité du consentement aux soins : • Cass. 28 janv. 1942, *Parcelier c/ Teyssier : GADS, 1re éd., Dalloz, 2016, nº 4*. ♦ Un médecin doit informer son patient afin de lui permettre de prendre sa décision après avoir comparé les avantages et les risques qu'il court. • Civ. 1re, 19 avr. 1988 : *Bull. civ. nº 107*. ♦ L'État a l'obligation d'adopter des mesures réglementaires propres à assurer le respect de l'intégrité physique des patients (Conv. EDH, art. 8), ce qui implique aussi des mesures réglementaires nécessaires pour que les médecins s'interrogent sur les conséquences prévisibles que l'intervention médicale projetée peut avoir sur l'intégrité physique de leurs patients, et qu'ils en informent préalablement ceux-ci de manière à ce qu'ils soient en mesure de donner un accord. • CEDH 2 juin 2009, *Codarcea c/ Roumanie,* n° 31675/04, § 104-105.

3. Information, garantie du respect de la vie privée. Entrent dans le champ de l'art. 8 Conv. EDH les questions liées à l'intégrité morale et physique des individus, à leur participation au choix des actes médicaux qui leur sont prodigués ainsi qu'à leur consentement à cet égard, et à l'accès aux informations leur permettant d'évaluer les risques sanitaires auxquels ils sont exposés. • CEDH 2 juin 2009, *Codarcea c/ Roumanie,* n° 31675/04, § 101 : *préc. note 2.*

4. Étendue du devoir d'information : principe. Le patient doit être averti de la nature exacte de l'opération qu'il va subir, des conséquences possibles, et du choix qu'il peut avoir entre deux ou plusieurs méthodes curatives. • Cass. 28 janv. 1942, *Parcelier c/ Teyssier : GADS, 2e éd., Dalloz, 2016, n° 1.* ♦ Sur le devoir d'informer de l'existence d'alternatives thérapeutiques. • Civ. 1re, 3 mars 1998, n° 96-11.054. – V. aussi art. L. 6322-2 en matière de chirurgie esthétique.

II. INFORMATION QUANT AUX RISQUES

A. RISQUES À SIGNALER AVANT LA LOI DU 4 MARS 2002 (FAITS ANTÉRIEURS AU 5 SEPT. 2001)

5. Juge judiciaire. Le médecin doit à son patient une information loyale, claire et appropriée sur les risques graves des investigations ou des soins qu'il lui propose. • Civ. 1re, 27 mai 1998 : *Bull. civ. I, n° 187 ; D. 1998. 530, note Laroche-Gisserot ; RTD civ. 1999. 111, note Jourdain .* ♦ Le seul fait que ces risques ne se réalisent qu'exceptionnellement ne dispense pas le médecin de son obligation d'information. • Civ. 1re, 7 oct. 1998 : *Bull. civ. I, n° 291 ; GADS, 1re éd., Dalloz, 2016, n° 5 ; D. 1999. 145, note Porchy ; JCP 1998. II. 10179, concl. Sainte-Rose et note Sargos.*

6. Juge administratif. Lorsque l'acte médical envisagé comporte des risques connus de décès ou d'invalidité, le patient doit en être informé dans des conditions qui permettent de recueillir son consentement éclairé ; la seule circonstance que les risques ne se réalisent qu'exceptionnellement ne dispense pas les praticiens de leur obligation. • CE, sect., 5 janv. 2000, *Cts Telle et AP-HP,* nos 181899 et 198530 (2 esp.) : *Lebon 5, concl. Chauvaux ; JCP 2000. II. 10271, note Moreau ; AJDA 2000. 137, chron. Guyomar* et *Collin ; RFDA 2000. 641, concl. Chauvaux* et *note Bon ; RDSS 2000. 357, note Dubouis ; LPA 25 févr. 2000, p. 16, note Clément* (C.) ; *Dr. adm. 2000, n° 46, note Esper.* ♦ Pour une application résiduelle : • CE 29 avr. 2015, *Hôp. univ. de Strasbourg,* n° 368621.

B. RISQUES À SIGNALER APRÈS LA LOI DU 4 MARS 2002 (FAITS POSTÉRIEURS AU 5 SEPT. 2001)

7. Risques connus. Les professionnels de santé ne sont tenus d'informer leurs patients que sur les risques dont l'existence est connue au moment où cette information doit être délivrée. • Civ. 1re, 26 sept. 2012, n° 11-22.384. ♦ Selon une formulation plus ancienne, l'information quant aux risques était due « eu égard aux données de la science médicale » à la date des soins. • Civ. 1re, 7 juill. 1998, n° 96-19.927.

8. Risques inhérents à l'acte médical. Un risque qui n'est pas inhérent à l'intervention proposée n'a pas à faire l'objet d'une information préalable (en l'espèce, un fragment osseux découvert dans le canal rachidien et ayant provoqué une déficience neurologique, mais qui provenait d'une affection indépendante de la greffe osseuse réalisée par le chirurgien et critiquée). • Civ. 1re, 18 mars 2003, n° 01-15.196.

9. Caractère grave. « Les risques graves peuvent se définir comme étant ceux qui sont de nature à avoir des conséquences mortelles, invalidantes, ou même esthétiques graves compte tenu de leurs répercussions psychologiques et sociales », selon Sargos, rapport rendu sur : • Civ. 1re, 14 oct. 1997 : *Bull. civ. I, n° 278 ; GADS 2016, n° 7 ; JCP 1997. II. 22942, rapp. Sargos ; ibid. I. 4068, n° 6 s., obs. Viney ; RTD civ. 1998. 100, obs. Mestre ; LPA 13 mars 1998, note Dagorne-Labbe ; RDSS 1998. 68, note Harichaux* (la Cour de cassation résumant cette définition dans l'expression légale « risque grave »). ♦ Selon le juge administratif, il s'agit des « risques connus de décès ou d'invalidité » • CE, sect., 5 janv. 2000, *Cts Telle et AP-HP,* nos 181899 et 198530 (2 esp.) : *préc. note 6.* ♦ Pour un exemple de risque d'invalidité non signalé. • Civ. 1re, 11 mars 2010 : *JCP 2010. 379, note Jourdain ; D. 2010. 1119, note Bacache .* ♦ Le fait que, postérieurement à la réalisation d'un risque, diverses interventions ont permis de remédier à l'invalidité causée par cet accident, ne dispense pas de signaler ce risque. • CE 30 mars 2009, *Joseph A. c/ Hôp. univ. de Strasbourg,* n° 301082.

10. Absence de gravité. Le risque de bris dentaire au cours d'une intubation trachéale durant une anesthésie, qui n'entraîne ni incapacité partielle permanente ni préjudice esthétique mais seulement des douleurs très légères, n'est pas d'une gravité telle qu'il devait être signalé, bien qu'il soit normalement prévisible. • CAA Marseille, 28 févr. 2008, *Monique X. c/ CHU Montpellier,* n° 06MA02059.

11. Caractère fréquent. Le risque de bris dentaire au cours d'une intubation trachéale, durant une anesthésie, ne constitue pas un effet secondaire habituel d'une fréquence telle qu'il devait être signalé. • CAA Marseille, 28 févr. 2008, *Monique X. c/ CHU Montpellier : préc. note 10.* ♦ Pour un autre exemple de risques ni fréquents ni graves : • CAA Bordeaux, 30 déc. 2008, *Mme Sylvie c/ CH Mont-de-Marsan,* n° 07BX02547. ♦ Inversement, si le risque de neuropathie inguinale consécutive à une cure de hernie inguinale, évalué à 1 à 2 %, ne peut être qualifié de grave, il peut être regardé comme fréquent. • CAA Paris, 12 nov. 2012, n° 11PA02031 : *AJDA 2013. 46, chron. Sirinelli*. – Aussi • CAA Grenoble 15 avr. 2013, n° 10/04101 : *JCP 2013. 620, note Bonneau.*

12. Fréquence et/ou gravité. La seule circonstance qu'un risque n'est pas fréquent est sans incidence sur l'obligation d'en informer le patient, compte tenu de sa gravité. • CAA Lyon, 7 avr. 2001, *Olivier A. c/ CHU Saint-Étienne,* n° 09LY01837. • CAA Paris, 12 nov. 2012, *M. H.,* n° 11PA02031 : *AJDA 2013. 46, chron. Sirinelli*.

13. Caractère normalement prévisible. N'avait pas à être signalé un risque d'allergie à l'antibiotique, pourtant connu des praticiens, mais dont la réalisation était, en l'espèce, imprévisible en raison des examens pré-opératoires et pré-anesthésiques pratiqués, et de l'absence d'antécédent allergique du patient. • Civ. 1re, 15 juin 2004, n° 02-12.530. ♦ La prévisibilité d'un risque s'apprécie compte tenu des antécédents de santé du patient. • CAA Nancy, 9 avr. 2009, *Mme X c/ Hôp. univ. Strasbourg,* n° 07NC01468. ♦ Un risque qui, bien qu'exceptionnel, est répertorié comme représentant un cas sur mille, doit être regardé comme normalement prévisible. • CAA Lyon, 23 déc. 2010, *Hadda C. c/ CHU Dijon,* n° 09LY01051. ♦ Sur un autre cas répertorié et devant être signalé • Aix-en-Provence, 18 févr. 2009, n° 07/14922.

14. Caractère exceptionnel, obligation d'informer (oui). En relevant que le risque d'arthrite septique lié à la réalisation d'un arthroscanner constitue un risque exceptionnel, et non un risque fréquent ou grave normalement prévisible, et en en déduisant que le praticien n'avait pas l'obligation d'en informer le patient, une cour d'appel viole les art. L. 1111-2 et L. 1142-1. • Civ. 1re, 12 oct. 2016, n° 15-16.894 : *D. 2016. 2166 ; JDSAM 2017, n° 16, p. 82, note Lequillerier.*

15. Information et faute technique. L'absence de faute du praticien dans la réalisation d'un acte médical est sans influence sur la teneur de son devoir d'information. • Civ. 1re, 8 nov. 2010 : *Bull. civ. I, n° 90 ; D. 2010. 1074, obs. Gallmeister*.

16. Risques résiduels. Le risque résiduel d'une nouvelle grossesse après une ligature de trompes, dont l'existence est connue et qui pouvait être évité, aurait dû être signalé. • Civ. 1re, 9 mai 1983 : *D. 1983, jurispr. 121.*

17. Infections nosocomiales. Un risque d'infection nosocomiale scientifiquement connu comme étant en rapport avec la réalisation d'un acte médical doit être signalé au patient. • Civ. 1re, 8 nov. 2010 : *préc. note 15.*

18. Risques quant à l'étendue de l'acte. L'information porte également sur les caractéristiques et l'étendue de l'acte médical envisagé, et notamment sur l'hypothèse où l'étendue de cet acte devra être révisée en cours de réalisation ; ainsi, la nécessité apparue en cours d'intervention de pratiquer une ablation totale du colon, alors qu'était envisagée une ablation partielle, qui constitue un risque connu et dont les conséquences invalidantes sont plus graves, aurait dû être signalée. • CAA Marseille, 7 avr. 2005, *Francette X. c/ CHU Nice,* n° 01MA01843.

19. Risques nouveaux. Les médecins hospitaliers sont tenus de communiquer aux patients les informations, concernant leur état de santé, dont ils ont eu connaissance après leur sortie de l'établissement, notamment en cas d'identification de risques nouveaux, postérieurement à l'exécution d'une investigation médicale. • CE 2 sept. 2009, *Mme Peignien,* n° 292783 : *RDSS 2010. 104, note Dieu*.

20. Thérapeutique nouvelle. Lorsqu'il est envisagé de recourir à une technique d'investigation, de traitement ou de prévention dont les risques ne peuvent être suffisamment évalués à la date de la consultation, notamment parce que cette technique est récente et n'a été mise en œuvre qu'à l'égard d'un nombre limité de patients, l'information du patient doit porter à la fois sur les risques fréquents ou graves normalement prévisibles déjà identifiés de cette technique et sur le fait que l'absence d'un recul suffisant ne permet pas d'exclure l'existence d'autres risques. • CE 10 mai 2017, *M. B.A.,* n° 397840 : *Lebon ; AJDA 2017. 1025 ; RDSS 2017. 764, obs. Cristol*.

21. Accouchement par voie basse. La circonstance que l'accouchement par voie basse constitue un événement naturel et non un acte médical ne dispense pas les médecins de l'obligation de porter à la connaissance de la femme enceinte les risques qu'il est susceptible de présenter, eu égard notamment à son état de santé, à celui du fœtus ou à ses antécédents médicaux, et les moyens de les prévenir. • CE 27 juin 2016, *M. B. C.,* n° 386165 : *Lebon ; JDSAM 2016, n° 14, p. 67, note Morlet-Haïdara.* V. auparavant • CAA Marseille, 23 mars 2006, n° 04MA00637. ♦ Le juge judiciaire cantonne le devoir d'information aux accouchements posant problème. • Civ. 1re, 9 oct. 2001, n° 00-14.564.

22. Obligation étendue en matière esthétique. En matière de chirurgie esthétique, le praticien est tenu à une obligation d'information particulièrement étendue à l'égard de son client (information sur le risque de cicatrice). • CE

15 mars 1996, *Durand c/ CHRU Nîmes*, n° 136692 : *Lebon 85* ; *LPA 16 sept. 1996, p. 6, note Clément (C.)*. ♦ En matière d'actes médicaux et chirurgicaux à visée esthétique, l'obligation d'information doit porter non seulement sur les risques graves de l'intervention, mais aussi sur tous les inconvénients pouvant en résulter (information sur le risque de cicatrices). • Civ. 1re, 17 févr. 1998 : *RTD civ. 1998. 681, note Jourdain* . ♦ Restent exclus du devoir d'information les risques inconnus au moment de l'acte. • Civ. 1re, 2 oct. 2002, n° 01-03.173. ♦ La circonstance qu'un patient détienne des connaissances médicales ne saurait dispenser le praticien de satisfaire à son obligation de l'informer ; elle est seulement susceptible d'influer sur la nature et les modalités de cette information. • CE 22 déc. 2017, *Mme C.*, n° 390709 : *Lebon* ; *AJDA 2018. 10* .

BIBL. Fabre, Chirurgie esthétique : le patient devient un consommateur averti et responsable, *Gaz. Pal. 24-25 oct. 1997. Doctr. 33*. – V. aussi l'art. L. 6322-2.

III. AUTRES INFORMATIONS À SIGNALER

23. Risques d'un refus de soins. Un médecin ne peut se borner à prendre acte d'un refus de soins sans informer son patient des risques graves encourus du fait de cette opposition au traitement préconisé. • Civ. 1re, 15 nov. 2005 : *Bull. civ. I, n° 418* ; *RDSS 2006. 157, obs. Hennion-Jacquet* ; *JCP 2006. II. 10045, note Mistretta*. ♦ Toutefois, un médecin n'est pas tenu de réussir à convaincre son patient du danger de l'acte médical qu'il demande (refus par le patient d'une anesthésie générale, le médecin acceptant de pratiquer une anesthésie seulement locale mais plus risquée). • Civ. 1re, 18 janv. 2000 : *Bull. civ. I, n° 13* ; *D. 2001. 3559, note Mathieu-Izorche* ; *RDSS 2000. 382, note Harichaux* ; *JCP 2000. II. 10473, note Dorsner-Dolivet*. ♦ V. aussi • Aix-en-Provence, 21 déc. 2006, n° 04/10962 : *D. 2007. 1848, note Vialla* ; *JCP 2007. II. 10126, note Corpart* ; *RCA 2007, n° 128, note Radé*.

24. Prescription hors AMM. Le praticien doit informer son patient du fait que le traitement prescrit, quoique pratiqué couramment et sans risque connu, n'est pas conforme aux indications prévues par l'autorisation de mise sur le marché. • Civ. 1re, 12 juin 2012 : *D. 2012. 1794, note Laude* ; *RDSS 2012. 757, note Arhab-Girardin* ; *Gaz. Pal. 18-19 juill. 2012, p. 11, note Bacache* ; *RCA sept. 2012, n° 9, note Hocquet-Berg* ; *JCP 2012, n° 38, p. 987, note Gout* ; *Médecine & droit 2012, n° 117, p. 170, note Vialla, Périer-Chapeau et Reynier*.

BIBL. Debarre, Prescription de médicament hors AMM : fondements, limites, nécessités et responsabilités, *(thèse) éd. LEH, 2017, et RGDM 2017 n° 64, p. 98*. – Laude, Dans la tourmente du Médiator, prescriptions hors AMM et responsabilités, *D. 2011. 253* . – Maillols-Perroy et Hénin, La prescription hors AAM : une liberté « conditionnelle », *RGDM 2011, n° 41, p. 169*. – Cahen, De la liberté de prescription des médecins à l'hôpital en dehors du cadre des AMM des médicaments, *RDSS 2008. 96* .

25. Nom du praticien devant intervenir. La circonstance qu'une patiente n'ait pas été opérée par le médecin qu'elle avait vu en consultation mais par un autre médecin sans qu'elle en soit informée peut engager la responsabilité du centre hospitalier à condition que soit établie la nature et l'ampleur du risque auquel cette patiente aurait pu échapper si elle avait été informée de l'identité du praticien chargé de l'opérer. • CAA 2 juin 2016, n° 14NT02505 : *Lebon* ; *Méd. & Droit, 2017 n° 145, p. 87, note Memeteau*.

IV. QUALITÉ DE L'INFORMATION

26. Caractéristiques. L'information doit être « loyale, claire et appropriée ». • Civ. 1re, 14 oct. 1997 : *préc. note 9*. ♦ Selon le juge administratif, le patient doit être informé des risques dans des conditions qui permettent de recueillir son consentement éclairé. • CE, sect., 5 janv. 2000, *Cts Telle et AP-HP*, n° 181899 : *préc. note 6*.

27. Caractère loyal. N'informe pas loyalement le médecin déclarant simplement à sa patiente qu'une affection est « tout à fait opérable ». • Civ. 1re, 21 févr. 1961, n° 58-11-654 : *Bull. civ. n° 112* ; *D. 1961. 531* ; *JCP 1961 II. 12129, note Savatier (R.)*.

28. Caractère approprié. L'information, même écrite, doit expliciter les risques précis de l'acte envisagé, sans se borner à des généralités. • Civ. 1re, 6 févr. 2013, n° 12-17.423 : *RCA 2013, comm. 125, note Bloch* ; *LPA 5 juin 2013, n° 112, p. 17, note Vialla*. ♦ La remise de brochures contenant des informations relatives aux substances pharmaceutiques injectées ne saurait remplacer l'information personnalisée que doivent dispenser à chaque patient les praticiens d'un centre hospitalier. • CAA Marseille, 25 janv. 2007, *M. X. c/ CH Gap*, n° 05MA01464. ♦ Un document libellé en termes très généraux, qui ne contient aucune précision quant à la nature des complications et des risques effectivement liés à l'acte envisagé, ne peut constituer une information conforme aux exigences légales et jurisprudentielles. • Toulouse, 25 oct. 2010 : *D. 2011. 292, note Vialla* . ♦ Manque à son obligation d'information le chirurgien qui se borne à remettre à son patient, de nationalité étrangère et illettré, une note écrite, celle-ci ne dispensant pas le praticien de donner une explication verbale appropriée à son patient. • Paris, 20 nov. 1998, n° 1996/88930. ♦ Le terrain anxieux d'un patient renforce d'autant l'obligation de l'éclairer dans sa décision. • Rennes, 1er avr. 1998, n° 9702591.

29. Information conforme aux données acquises. L'information délivrée doit être conforme aux données acquises de la science. • Civ. 1re, 21 janv. 2003, n° 00-18.229.

V. BÉNÉFICIAIRE DE L'OBLIGATION D'INFORMATION

30. Le patient en personne. Il appartient au médecin spécialiste pratiquant une investigation d'informer directement le patient des résultats, à moins que celui-ci n'ait expressément demandé que ces informations ne lui soient délivrées que par l'intermédiaire de son médecin traitant ; le fait d'adresser les résultats au médecin traitant ne dispense pas le praticien de son obligation d'information. • CE 28 juill. 2011, *Mme A. c/ CH Auxerre,* n° 331126 : *Lebon T. ; Gaz. Pal. 2011, n° 309, p. 33, note Guillaume.*

31. Auto-information. L'information qu'un patient peut recueillir par lui-même sur les risques d'une intervention ne saurait pallier l'absence d'information donnée par l'établissement hospitalier. • CAA Nantes, 31 mars 2011, *CHU Nantes,* n° 09NT02420.

32. Ayants droit, proches. Le médecin n'a aucune obligation d'information à l'égard de l'entourage familial lorsque son patient est en mesure de recevoir l'information et de consentir de façon éclairée aux soins proposés. • Civ. 1re, 6 déc. 2007 : *Bull. civ. I, n° 380 ; D. 2008. 192, note Sargos ; D. 2008. 804, note Neyret ; D. 2008. 1908, note Baccache ; LPA 26 mars 2008, p. 7, note Royer ; RTD civ. 2008. 303, obs. Jourdain.* ♦ Inversement, les praticiens qui procèdent à des prélèvements d'organes *post mortem* sur une personne majeure, notamment des cornées, doivent informer les parents ayants droit de l'ampleur réelle de ces prélèvements ; est sans incidence le fait que ces prélèvements soient licites (préjudice moral : 10 000 F). • TA Amiens, 14 déc. 2000, *Tesnières c/ CHR Amiens : D. 2001. 3310, note Egéa.*

33. Personnes de confiance. V. jurisprudence ss. l'art. L. 1111-6.

VI. DÉBITEUR DE L'OBLIGATION D'INFORMATION

34. Le professionnel qui pratique l'acte. Il revient au professionnel de santé, dans le cadre de ses compétences et dans le respect des règles professionnelles qui lui sont applicables, de procéder à l'information de ses patients, sur les différentes investigations, traitements ou actions de prévention qu'il leur propose. • Civ. 1re, 6 mai 2010, n° 09-11.157. ♦ Il ne peut se décharger de cette obligation sur un confrère. • Civ. 1re, 31 mai 2007, n° 06-18.262. ♦ Le médecin radiologiste qui procède à une aortographie prescrite par un autre médecin, fût-il spécialiste, a de par sa qualité l'obligation d'éclairer le malade ou ses représentants des risques de cet examen. • Civ. 1re, 29 mai 1984 : *Bull. civ. I, n° 178 ; D. 1985. 281, note Bouvier (F.).* ♦ La communication du compte rendu de radiographie au médecin prescripteur ne dispense pas le médecin radiologue d'informer le patient sur les résultats de l'examen, d'une manière adaptée à sa personnalité et à son état (visant les art. L. 1111-2 et R. 4127-35). • Civ. 1re, 16 janv. 2013, n° 12-14.097. ♦ L'obligation d'information du patient incombe personnellement à chacun des médecins intervenant au cours d'un même acte ou devant prendre en charge le patient à un titre quelconque. • Reims, 5 juill. 2011, n° 10/00471.

35. Le professionnel qui prescrit l'acte. Le devoir d'information pèse aussi bien sur le médecin prescripteur que sur celui qui réalise la prescription. • Civ. 1re, 14 oct. 1997 : *préc. note 9.* ♦ A nuancer avec l'ancienne formulation : lorsqu'un médecin prescrit un examen à réaliser par un confrère, et que le pourcentage de risques lié à cet examen est suffisant pour que le prescripteur, qui ne les ignore pas, en informe son patient, il manque à son devoir d'information en ne signalant pas ces risques. • Civ. 1re, 29 mai 1984 : *Bull. civ. I, n° 177 ; D. 1985. 281, note Bouvier (F.).*

36. L'établissement. La clinique, liée par un contrat d'hospitalisation et de soins, est tenue à l'égard de ses patients d'une obligation de renseignements concernant les prestations qu'elle est en mesure d'assurer (en l'espèce, clinique ne disposant pas d'obstétricien en permanence, mais seulement d'une sage-femme). • Civ. 1re, 14 oct. 1997 : *Bull. civ. I, n° 276 ; RTD civ. 1998. 120, obs. Jourdain.* ♦ Sur le même fondement, est fautive la clinique qui, faute de trouver un médecin ayant une formation de chirurgien gynécologue, engage un chirurgien généraliste se présentant comme spécialisé en « chirurgie du cancer du sein et gynécologie » sur les papiers à en-tête de la clinique, et le laisse pratiquer des actes de chirurgie plastique, reconstructrice et esthétique, sans vérifier s'il disposait des compétences requises en ce domaine. • Civ. 1re, 11 juin 2009 : *D. 2010. 363, note Mémeteau ; RDSS 2009. 913, concl. Chevalier* ; RCA 2009, n° 258, note Radé.

VII. DISPENSES D'INFORMATION

37. Urgence en cours de soins. La circonstance d'une tumeur décelée en cours d'intervention, rendant nécessaire l'exérèse malgré le risque de séquelles nerveuses, et en l'absence d'éléments en faveur d'une telle tumeur, justifie l'impossibilité pour le praticien de délivrer une information éclairée préalablement à l'acte. • Civ. 1re, 26 oct. 2004 : *Bull. civ. I, n° 236 ;*

D. 2005. Somm. 405, obs. Penneau ; *RDSS 2005. 153, note Pitcho*. ♦ Face à des difficultés imprévisibles en cours d'accouchement, le médecin n'est pas tenu d'informer sa patiente des risques inhérents aux mesures qu'il prend en urgence. • Civ. 1re, 17 déc. 2009, nº 08-21.206.

38. Intérêt du patient. Un médecin psychiatre ne commet pas de faute en laissant son patient, atteint d'une psychose maniaco-dépressive et alternant phases mélancoliques et d'excitation maniaque, dans l'ignorance du diagnostic exact. • Civ. 1re, 23 mai 2000 : *Bull. civ. I, nº 159 ; JCP 2000. II. 10342, Rapp. Sargos* (jurisprudence désormais à confirmer en raison de la modification de l'art. R. 4127-35 par le Décr. nº 2012-694 du 7 mai 2012, art. 2, supprimant la faculté de tenir le patient dans l'ignorance d'un diagnostic ou d'un pronostic grave).

39. Cas de l'accouchement par voie basse. La circonstance que l'accouchement par voie basse constitue un événement naturel et non un acte médical ne dispense pas les médecins de l'obligation de porter à la connaissance de la femme enceinte les risques qu'il est susceptible de présenter eu égard notamment à son état de santé, à celui du fœtus ou à ses antécédents médicaux, et les moyens de les prévenir. • CE 27 juin 2016, *M. B. C.*, nº 386165 : *Lebon, JDSAM 2016 nº 14, p. 67, note Morlet-Haïdara ; AJDA 2016. 1316* (V. auparavant • CAA Lyon, 19 avr. 2012, *Christiane A. c/ Hôp. Croix Rousse*, nº 11LY00850). ♦ Toutefois, le juge judiciaire cantonne le devoir d'information aux accouchements posant problème. • Civ. 1re, 9 oct. 2001, nº 00-14.564 : *D. 2001. 3470, et les obs.*, *rapp. Sargos*, *note Thouvenin* ; *RTD civ. 2002. 176, obs. Libchaber* ; *ibid. 507, obs. Mestre et Fages*.

VIII. PREUVE DE L'INFORMATION

A. CHARGE DE LA PREUVE

40. Charge incombant au professionnel de santé (jurisprudence consacrée par l'art. L. 1111-2 issu de la L. nº 2002-303 du 4 mars 2002). Celui qui est légalement ou contractuellement tenu d'une obligation particulière d'information doit rapporter la preuve de l'exécution de cette obligation ; il en résulte que le médecin, qui est tenu d'une obligation particulière d'information vis-à-vis de son patient, doit prouver qu'il a exécuté cette obligation. • Civ. 1re, 25 févr. 1997, *Hedreul c/ Cousin et a : Bull. civ. I, nº 75 ; GADS, 1re éd., Dalloz, 2016, nº 6 ; D. 1997. Somm. 319, obs. Penneau* ; *JCP 1997. I. 4025, nº 7, obs. Viney ; Gaz. Pal. 1997. 1. 274, rapp. Sargos, note Guigue ; LPA 16 juill. 1997, note Dorsner-Dolivet ; RDSS 1997. 288, note Dubouis* ; *RTD civ. 1997. 434, obs. Jourdain* ; *Méd. et droit, 1997, nº 24, p. 6, note Mémeteau ; LPA, 16 juill. 1997, p. 17, note Dorsner-Dolivet.* ♦ Toutefois, les règles relatives à l'administration de la preuve ne peuvent trouver à s'appliquer en l'absence de toute contestation, par le patient concerné, de la réalité de l'information fournie sur son état de santé. • CE 18 mars 2015, *M. B.*, nº 363985 : *Lebon ; AJDA 2015. 1190* (requérant ayant déposé plainte auprès de l'ordre pour le compte de son ancienne épouse).

41. Alignement du juge administratif. En se bornant à produire une attestation établie par un praticien postérieurement à l'intervention et aux termes de laquelle le patient avait été « informé des risques du traitement envisagé », l'hôpital n'établit pas que ses praticiens se sont acquittés de leur obligation d'information. • CE, sect., 5 janv. 2000, *Cts Telle et AP-HP*, nos 181899 et 198530 (2 esp.) : *préc. note 6.* ♦ Pour une confirmation expresse : si l'AP-HP soutient que le patient avait été informé des risques, elle n'apporte pas la preuve, qui lui incombe, qu'elle lui a donné cette information. • CE 19 mai 2004, *CRAM Île-de-France et a. c/ Truszkowski*, nº 216039 : *Lebon 228* ; *AJDA 2004. 1361, chron. Landais et Lenica* ; *JCP A 2004. 1807, note Moquet-Anger.*

B. MODES DE PREUVE

42. Preuve par tous moyens (jurisprudence consacrée par l'art. L. 1111-2 issu de la L. nº 2002-303 du 4 mars 2002). La preuve de l'information peut être faite par tous moyens. • Civ. 1re, 14 oct. 1997 : *préc. note 9.* ♦ Ces moyens peuvent consister en des éléments permettant de dégager des présomptions, en l'espèce la programmation de plusieurs entretiens avant l'acte de soins, entrecoupés de temps de réflexion. • Même arrêt.

43. Attestation de consentement signée. Une attestation signée antérieurement à l'intervention, faisant état des risques et complications potentielles ainsi que d'un entretien individuel préalable, permet d'établir que le devoir d'information a été rempli. • CE 14 nov. 2011, *Mme Tourres c/ CH Châteauroux*, nº 337715.

44. Délai de réflexion, consultations. Le fait qu'un médecin ait différé la réalisation d'un acte, afin que sa patiente consulte son médecin traitant, permet d'établir la preuve de l'information. • Civ. 1re, 18 nov. 2003, nº 01-15.190. • Civ. 1re, 28 oct. 2010, nº 09-13.990. ♦ V. déjà • Cass., 31 oct. 1933 : *DH 1933. 537.* ♦ Les nombreuses consultations précédant une intervention ne peuvent qu'attester le respect de l'obligation d'information. • Civ. 1re, 12 juin 2012, nº 11-18.928.

45. Information déduite d'un refus de soins. Juge à bon droit la cour d'appel qui déduit du refus de la patiente de subir la pose d'un cathéter central, ayant, notamment pour objet d'éviter le risque d'extravasation, qu'à cette occasion elle a nécessairement été informée de ce risque d'extravasation, qui s'est finalement réalisé. • Civ. 1re, 29 oct. 2002, n° 01-11.521.

46. Appréciation souveraine de la valeur probante. C'est dans l'exercice de leur pouvoir souverain d'appréciation que les juges du fond estiment que les nombreuses consultations précédant l'intervention critiquée ont permis l'information du patient. • Civ. 1re, 12 juin 2012, n° 11-18.928 : *Bull. civ. I, n° 130.* ♦ Une cour d'appel juge souverainement que les attestations produites par la patiente, ses propres déclarations au cours de l'expertise, le dossier médical tenu par la praticienne ainsi qu'une lettre que celle-ci avait adressée à une consœur dans des conditions exclusives de toute collusion, constituent un ensemble de présomptions démontrant que la praticienne avait satisfait à son obligation. • Civ. 1re, 4 janv. 2005 : *RCA n° 3, mars 2005, Comm. 99, obs. Radé ; D. 2006. Somm. 693, obs. Penneau.* ♦ Des déclarations contradictoires du requérant au cours de la procédure constituent des présomptions suffisantes pour établir que les praticiens se sont en l'espèce acquittés de leur obligation d'information. • CAA Paris, 17 févr. 2005, *Haddad c/ AP-HP, n° 01PA02579 : Lebon T. 1092*

47. Aucun écrit exigé. Sauf circonstances particulières, il ne peut être exigé d'un médecin qu'il remplisse par écrit son devoir de conseil. • Civ. 1re, 4 avr. 1995 : *Bull. civ. I, n° 159 ; RDSS 1996. 384, note Mestre*.

IX. RESPONSABILITÉ POUR DÉFAUT D'INFORMATION

BIBL. Sur la sanction du défaut d'information. Bacache, Le défaut d'information sur les risques de l'intervention : quelles sanctions ? Pour une indemnisation au-delà de la perte de chance, *D. 2008. 1908*. – Borghetti, Manquement du médecin à son devoir d'information : quel préjudice réparable ?, *RDC 2008. 769*. – Crédeville, Le défaut d'information sur les risques de l'intervention : quelles sanctions ? Non à la dérive des préjudices, *D. 2008. 1914*. – Hocquet-Berg, Les sanctions du défaut d'information en matière médicale, *Gaz. Pal. 10 sept. 1998, p. 1121*. – Neyret, La Cour de cassation neutralise l'obligation d'information de certains professionnels, *D. 2008. Chron. 804*. – Albert, Obligation d'information médicale et responsabilité, *RFDA 2003. 353*. – Chaltiel, Devoir d'information du patient et responsabilité hospitalière, *RDP 2002. 1163*. – Porchy, Lien causal, préjudices réparables et non-respect de la volonté du patient, *D. 1998. Chron. 379*. **Sur le fondement de cette sanction.** Mémeteau, Le devoir d'information ou les moulins à vent, *LPA 2013 n° 5, p. 4*. – Dreifuss-Netter, Feue la responsabilité civile contractuelle du médecin ?, *RCA 2012. Chron. 17*. – Bacache, Longue vie à l'arrêt Mercier, *RDC 2011. 335*. – Leduc, Pas de requiem prématuré pour l'arrêt Mercier, *RDC 2011. 345*. – Pierre, Feu l'arrêt Mercier ! Feu l'arrêt Mercier ?, *RDC 2011. 357*.

48. Fondement légal : de l'art. 1147 [1231-1] à l'art. 1382 [1241] C. civ. Il résulte des art. 16 et 16-3, al. 2, C. civ., que toute personne a le droit d'être informée, préalablement aux investigations, traitements ou actions de prévention proposés, des risques inhérents à ceux-ci, et de l'art. 1382 [1241] C. civ., que le juge ne peut laisser un défaut d'information sans réparation ; cette dernière disposition se substitue ainsi à l'art. 1147 [1231-1] du même code comme fondement de la responsabilité pour défaut d'information (arrêt de principe). • Civ. 1re, 3 juin 2010 : *Bull. civ. I, n° 128 ; D. 2010. 1453, note Porchy-Simon ; D. 2010. 1522, note Sargos ; ibid. 1801, note Bert ; JCP 2010, n° 788, note Porchy-Simon ; RCA 2010, n° 222, obs. Hocquet-Berg ; RTD civ. 2010. 271, note Jourdain ; AJDA 2010. 2169, note Lantero ; RDSS 2010. 898, obs. Arhab-Girardin ; RDC 2010. 1235, note Borghetti ; ibid. 2011. 345, note Leduc ; RLDC 2010, n° 3958, note Corgas-Bernard ; Méd. et droit janv. 2011, p. 107, note Pierre ; GADS, 2e éd., Dalloz, 2016, n° 61.* • Civ. 1re, 12 juin 2012, n° 11-18.327 : *D. 2012. 1794, obs. Gallmeister, note Laude ; RDSS 2012. 757, note Arhab-Girardin ; Gaz. Pal. 18-19 juill. 2012, p. 11, note Bacache ; Méd. et droit 2012 n° 117, p. 170, note Vialla, Périer-Chapeau et Reynier.* – V. un des (très rares) commentaires critiques de cette jurisprudence : Mémeteau, Le devoir d'information ou les moulins à vent, *LPA 2013 n° 5, p. 4.* ♦ Quant au rattachement du droit à l'information au principe constitutionnel de sauvegarde de la dignité de la personne humaine : • Civ. 1re, 9 oct. 2001 : *Bull. civ. I, n° 249 ; D. 2001. 3470, rapp. Sargos, note Thouvenin ; JCP 2002. II. 10045, note Cachard ; CCC 2002, n° 22, note Leveneur (1re esp.) ; Gaz. Pal. 2001. 1818, note Guigue ; RJPF 2002-1/34, note Chabas ; LPA 6 déc. 2001, note Clément (C.) ; ibid. 13 mars 2002, note Marmoz.* ♦ V. depuis : • Civ. 1re, 9 févr. 2012, n° 10-25.915.

A. PERTE DE CHANCE

49. De la réparation totale à la perte de chance. En manquant à son obligation d'éclairer son patient sur les conséquences éventuelles de son choix d'accepter l'opération qu'il lui proposait, le médecin a seulement privé ce malade d'une chance d'échapper, par une décision peut-être plus judicieuse, au risque qui s'est finalement réalisé, perte qui constitue un préjudice distinct des atteintes corporelles constatées. • Civ. 1re, 7 févr. 1990 : *Bull civ. I, n° 39 ; RTD civ. 1992. 109, note Jourdain ; GADS, 1re éd., Dalloz, 2010, n° 90* (revirement sur • Cass. 28 janv. 1942, *Parcelier c/ Teyssier : GADS, 2e éd., Dalloz, 2016, n° 1*).

50. Alignement du juge administratif. Le défaut d'information n'entraîne pour le patient que la perte d'une chance de se soustraire au risque qui s'est réalisé ; c'est à tort qu'un tribunal administratif, se fondant sur la faute résultant de l'absence d'information, condamne l'établissement à réparer intégralement les conséquences dommageables de l'accident (arrêt de principe). • CE, sect., 5 janv. 2000, *Cts Telle et AP-HP*, n°s 181899 et 198530 (2 esp.) : *préc. note 6*. ♦ Il en résulte que la réparation du dommage résultant de la perte d'une chance de se soustraire au risque qui s'est finalement réalisé doit être fixée à une fraction des différents chefs de préjudice subis. • Même arrêt. • CE, ass., 19 mai 2004, *CRAM Île-de-France et a. c/ Truszkowski*, n° 216039 : *Lebon 228* ; *AJDA 2004. 1361, chron. Landais et Lénica* ; *JCP Adm. 2004. 1807, note Moquet-Anger.*

51. Cas de l'intervention impérieusement requise. C'est seulement dans le cas où l'intervention était impérieusement requise, en sorte que le patient ne disposait d'aucune possibilité raisonnable de refus, que les juges du fond peuvent nier l'existence d'une perte de chance. • CE 24 sept. 2012, *Laurie B.*, n° 339285 : *Lebon T.* ; *AJDA 2012. 2459, note Moquet-Anger*. ♦ Le caractère impérieux s'apprécie aussi en fonction du délai d'évolution vers une aggravation d'une affection susceptible de se produire, si le patient refuse de subir dans l'immédiat l'intervention qui lui est proposée. • CE 3 févr. 2016, *Mme A.C. B.*, n° 376620.

52. Appréciation de la perte de chance. Il appartient au juge, non de déterminer quelle aurait été la décision de l'intéressée si elle avait été informée des risques de l'opération, mais de dire si elle disposait d'une possibilité raisonnable de refus et, dans l'affirmative, d'évaluer cette possibilité et de fixer en conséquence l'étendue de la perte de chance. • CE 24 sept. 2012, *Laurie B.*, n° 339285 : *préc. note 51*. ♦ Selon une formulation plus ancienne, il appartient à la juridiction du fond, pour déterminer si le patient a été privé d'une chance d'éviter le dommage, de vérifier si, eu égard à son état de santé et aux alternatives thérapeutiques existantes, il avait la possibilité de refuser l'intervention qui lui était proposée. • CE 2 juill. 2010, *Mme D.*, n° 323885. ♦ L'office du juge est de rechercher, en prenant en considération l'état de santé du patient ainsi que son évolution prévisible, sa personnalité, les raisons pour lesquelles des investigations ou des soins à risques lui sont proposés, ainsi que les caractéristiques de ces investigations, de ces soins et de ces risques, les effets qu'aurait pu avoir une information exhaustive *quant à son consentement ou à son refus* ; en l'espèce, le patient souhaitait se débarrasser de troubles pénibles et de craintes pour l'avenir (notamment de dégénérescence d'un polype en cancer) ; c'est donc par une appréciation souveraine que le juge en déduit l'absence de préjudice indemnisable. • Civ. 1re, 20 juin 2000 : *Bull. civ. I, n° 193* ; *D. 2000. 471, obs. Jourdain*. ♦ Pour un cas d'indemnisation de l'intégralité des préjudices. • CE 27 févr. 2002, *AP-HM*, n° 184009, 184306 : *Lebon 63*.

53. Pas de perte de chance en l'absence d'alternative moins risquée. Aucune indemnisation n'est due au titre du manquement à l'obligation d'information, quand il n'a entraîné aucune perte de chance de se soustraire au dommage ; ainsi, s'il n'était pas établi que le patient avait été informé avant l'intervention du risque connu qu'elle comportait de cécité, il n'existait aucune alternative thérapeutique moins risquée à cette intervention nécessaire pour prévenir une évolution dont l'issue certaine était aussi la cécité à brève échéance ; le juge a pu en déduire, alors même que le risque auquel exposait l'absence de traitement n'était pas vital, que le défaut d'information n'avait pas privé l'intéressé d'une chance de se soustraire au dommage. • CE 24 juill. 2009, *Pascal A. c/ CHU Nantes*, n° 305372.

54. Perte de chance pour non-information sur un risque exceptionnel. Pour le Conseil d'État, la circonstance qu'un risque de décès ou d'invalidité répertorié ne se réalise qu'exceptionnellement ne dispense pas les médecins de le porter à la connaissance du patient ; toutefois, en cas d'accident, le juge qui constate que le patient n'avait pas été informé du risque grave qui s'est réalisé doit notamment tenir compte, le cas échéant, du caractère exceptionnel de ce risque, ainsi que de l'information relative à des risques de gravité comparable qui a pu être dispensée à l'intéressé, pour déterminer la perte de chance qu'il a subie d'éviter l'accident en refusant l'accomplissement de l'acte. • CE 19 oct. 2016, *M. et Mme A.*, n° 391538 : *Lebon* ; *RTD civ. 2017. 158, obs. Jourdain*.

55. Cause d'exonération. La dissimulation de son état de santé par un patient exonère l'établissement de soins et les praticiens de leur responsabilité liée à un défaut d'information. • Civ. 1re, 20 janv. 2011, n° 09-68.042.

56. Indemnisation ONIAM. Il découle des art. L. 1142-1 et L. 1142-18 que ne peuvent être exclus du bénéfice de la réparation au titre de la solidarité nationale les préjudices, non indemnisés, ayant pour seule origine un accident non fautif ; or en cas de manquement au devoir d'information que l'indemnité allouée au patient par le juge du fond n'a pour objet que de réparer le préjudice né d'une perte de chance d'éviter l'accident médical litigieux ; les conséquences de cet accident, dont la survenance n'est pas imputable à une faute technique du médecin (mais seulement au défaut d'information), entrent donc dans le champ de la réparation au titre de la solidarité nationale (arrêt de principe). • Civ. 1re, 11 mars 2010 : *Bull. civ. I, n° 63* ; *JCP 2010. 379, note Jourdain* ; *Gaz. Pal. 24-25 mars 2010, p. 10, avis Legoux, note Quézel-Ambrunaz* ; *D. 2010.*

1119, note Bacache ; *RCA mai 2010, p. 5, note Hocquet-Berg* ; *RGDM sept. 2010, n° 36, p. 207, note Delcourt* ; *RDC 2010. 855, note Viney.*

57. Perte de chance et solidarité nationale. La réparation pour perte de chance du fait du manquement au devoir d'information et l'indemnisation sur le fondement de la solidarité nationale sont cumulables. • CE 24 sept. 2012, *Laurie B.*, n° 339285 : *Lebon T. 953* ; *ibid. 984* ; *AJDA 2012. 2459, note Moquet-Anger* (défaut d'information sur une complication constitutive d'un accident médical).

58. Appréciation du préjudice. Lorsqu'un risque non signalé se produit, le préjudice s'apprécie par rapport aux risques que le patient, s'il avait été dûment informé, aurait encourus en choisissant un autre traitement ; ainsi, il existe pour toute exérèse d'une hernie discale un risque de complication neurologique, que le choix médical d'une laminectomie (au lieu d'une exérèse que le patient aurait pu choisir) ne fait qu'accroître ; la faute du médecin n'a donc entraîné pour sa patiente qu'une perte de chance d'éviter cette complication. • Civ. 1re, 16 nov. 2016, n° 15-20.611 : *JDSAM 2017 n° 17, p. 66, note Baccache.*

B. DOMMAGE MORAL POUR DÉFAUT D'INFORMATION

BIBL. Minet-Leleu, Le contentieux du défaut d'information médicale, symbole de l'indulgence excessive du juge administratif ?, *AJDA 2016. 362*. – Alt-Maes, La réparation du défaut d'information médicale : métamorphose et effets pervers, *JCP 2013. 547*. – Barella, Le droit à l'information médicale, vers la reconnaissance d'un droit subjectif du patient, *AJDA 2012. 1991*.

59. « Préjudice d'impréparation » [Penneau (M.), D. 1999. 46]. Indépendamment des cas dans lesquels le défaut d'information sur les risques a fait perdre au patient une chance d'éviter le dommage résultant de la réalisation de l'un de ces risques, le non-respect de son devoir d'information par un professionnel de santé cause à celui auquel l'information était due, lorsque ce risque se réalise, un préjudice résultant d'un défaut de préparation aux conséquences d'un tel risque, que le juge ne peut laisser sans réparation. • Civ. 1re, 23 janv. 2014, n° 12-22.123 : *D. 2014. 584*, *avis Bernard de la Gatinais, et p. 590, note Bacache* ; *RDSS 2014. 295, note Arhab-Girardin* ; *CCC n° 4, avr. 2014, comm. 86, note Leveneur* ; *JCP 2014. 553, note Viney* ; *JCP 2014. 446, note Bascoulergue* ; *RTD civ. 2014. 379, note Jourdain* ; *RDC 2014. 3, note Guégan-Lécuyer* ; *Gaz. Pal. 20 mars 2014, n° 79, p. 8, note Parance.* ♦ La perte de chance d'éviter le risque et le préjudice moral résultant du défaut de préparation sont distincts et peuvent, sans méconnaître le principe de réparation intégrale, être l'un et l'autre indemnisés. • Civ. 1re, 25 janv. 2017, n° 15-27.898 : *D. 2017. 555, note Ferrié* ; *RDSS 2017. 716, note Cristol* ; *RTD civ. 2017. 403, obs. Jourdain* ; *RCA 2017/4, p. 115, note Hocquet-Berg.* ♦ Jurisprudence antérieure : le non-respect du devoir d'information cause, à celui auquel l'information était légalement due, un préjudice qu'en vertu des dispositions de l'art. 1382 C. civ. le juge ne peut laisser sans réparation (arrêt de principe). • Civ. 1re, 3 juin 2010 : *préc. note 48.* ♦ V. aussi • Civ. 1re, 12 juin 2012 : *préc. note 24.* ♦ Et auparavant encoure : le seul préjudice indemnisable est la perte de chance d'échapper au risque qui s'est finalement réalisé. • Civ. 1re, 6 déc. 2007 : *Bull. civ. I, n° 380* ; *D. 2008. 192, note Sargos* ; *ibid. 804, chron. Neyret* ; *Rev. dr. et santé, n° 22, mars 2008, p. 213, note Morel* ; *RGDM 2008. 376, note Girer.* ♦ Ce préjudice est caractérisé alors même que le patient, aguerri et bien informé des incidences des actes médicaux et des risques encourus en tant que sportif de haut niveau, n'aurait pas soulevé la question des effets (dopants en l'espèce) du médicament prescrit devant le médecin. • Civ. 1re, 28 nov. 2012, n° 11-26.516.

60. Préjudice d'impréparation admis par le Conseil d'État. Indépendamment de la perte d'une chance de refuser l'intervention, le manquement des médecins à leur obligation d'informer le patient des risques courus ouvre pour l'intéressé, lorsque ces risques se réalisent, le droit d'obtenir réparation des troubles qu'il a pu subir du fait qu'il n'a pas pu se préparer à cette éventualité, notamment en prenant certaines dispositions personnelles. • CE 10 oct. 2012, *Beaupère et Lemaître*, n° 350426 : *Lebon 357* ; *AJDA 2012. 2231, note Lantero* ; *D. 2012. 2518, note Poupineau* ; *RDSS 2013. 92, note Cristol* ; *JCP Adm. 2012. 2369, note Vioujas* ; *Dr. adm. 2012, n° 98, note Moquet-Anger* ; *RCA 2012/12, comm. n° 351, note Bloch.* ♦ Pour un exemple d'indemnisation. • CAA Douai, 3 juill. 2013, *A. c/ CHU Rouen*, n° 12DA01368 (1 000 euros).

61. Nature du préjudice d'impréparation. Le préjudice est constitué par le seul « défaut de préparation aux conséquences d'un risque ». • Civ. 1re, 23 janv. 2014, n° 12-22.123 : *D. 2014. 584*, *avis Bernard de la Gatinais, et p. 590, note Baccache* ; *ibid. 2021, obs. A. Laude* ; *ibid. 2015. 124, obs. P. Brun et O. Gout* ; *RDSS 2014.295, note Arhab-Giradin* ; *JCP 2014, p. 446, note Bascoulergue* ; *Resp. civ. ass., avr. 2014, Comm. 116, note Hoquet-Berg* ; *JCP 2014, n° 553, note Viney* ; *RTD civ. 2014. 379, obs. Jourdain*. ♦ Selon une formulation antérieure, s'agissant d'un droit personnel, détaché des atteintes corporelles, accessoire au droit à l'intégrité physique, la lésion de ce droit subjectif entraîne un préjudice moral, résultant d'un défaut de préparation psychologique aux risques encourus et du ressentiment éprouvé à l'idée de ne pas avoir consenti à une atteinte à son intégrité corporelle. • Civ. 1re, 12 juill. 2012, n° 11-17.510 : *JCP 2012, n° 1036, note Sargos ; D. 2012. 2277, note Bacache ; RTD civ. 2012. 737, note Jourdain*.

62. Condition de la réalisation du risque. Le non-respect, par un professionnel de santé, de son devoir d'information cause à celui auquel l'information était due, lorsque ce risque se réalise, un préjudice résultant d'un défaut de préparation aux conséquences d'un tel risque, que le juge ne peut laisser sans réparation. • Civ. 1re, 23 janv. 2014, n° 12-22.123 : *préc. note 59* (alignement sur la position du Conseil d'État : • CE 10 oct. 2012, *Beaupère et Lemaître*, n° 350426 : *préc. note 60).*

63. Réparation de droit. Le juge judiciaire ne peut laisser sans réparation le préjudice résultant d'un défaut de préparation aux conséquences d'un risque. • Civ. 1re, 23 janv. 2014, n° 12-22.123 : *préc. note 59.* ♦ Selon le juge administratif, s'il appartient au patient d'établir la réalité et l'ampleur des préjudices qui résultent du fait qu'il n'a pas pu prendre certaines dispositions personnelles dans l'éventualité d'un accident, la souffrance morale qu'il a endurée lorsqu'il a découvert, sans y avoir été préparé, les conséquences de l'intervention doit, quant à elle, être présumée. • CE 16 juin 2016, *M. A. B.*, n° 382479 : *Lebon ; Méd. et droit 2017, n° 142, p. 11, note Brunet.* ♦ Jurisprudence antérieure : • CE 10 oct. 2012, *Beaupère et Lemaître*, n° 350426 : *préc. note 60.*

64. Évaluation du préjudice d'impréparation. C'est dans l'exercice de son pouvoir souverain que le juge du fond évalue ce préjudice, en excluant en l'espèce le préjudice moral pour perte de chance en raison du caractère nécessaire de l'opération, mais en évaluant le préjudice de ressentiment à moitié des conséquences dommageables de l'intervention. • Civ. 1re, 12 juill. 2012, *Brèque c/ Mahé*, n° 11-17.510 P : *JCP G 2012 n° 1036, note Sargos ; Dalloz 2012. 2277, note Bacache.*

C. AUTRES PRÉJUDICES

65. Préjudice quant aux conditions de l'information. Le fait qu'une patiente n'ait été informée que tardivement et brutalement de l'ablation presque totale de son colon par un professeur de médecine entouré d'étudiants, qu'elle n'a reçu d'autre information sur son état de santé que par la voie de la communication de son dossier médical et sans explications sur les conséquences de cette ablation et les moyens d'en limiter les effets, constitue une faute de nature à engager la responsabilité du service hospitalier, à l'origine d'un préjudice moral distinct de caractère personnel (2 000 €). • CAA Marseille, 7 avr. 2005, *Francette X. c/ CHU Nice*, n° 01MA01843 : *préc. note 18.*

Art. L. 1111-3 *(L. n° 2016-41 du 26 janv. 2016, art. 217-I-1°)* **Toute personne a droit à une information sur les frais auxquels elle pourrait être exposée à l'occasion d'activités de prévention, de diagnostic et de soins et, le cas échéant, sur les conditions de leur prise en charge et de dispense d'avance des frais.**

Cette information est gratuite.

BIBL. ▶ BAZIN-BEUST, La santé et les droits du consommateur, *RGDM déc. 2010, n° spécial, p. 129*. – V. égal., Exercice de la médecine, note préalable d'information sur les honoraires, V. *www.conseil-national.medecin.fr*.

COMMENTAIRE

V. Commentaire reproduit sur Dalloz.fr.

1. Décret d'application, légalité. Le décret du 10 févr. 2009 (art. R. 1111-21 à R. 1111-25), en faisant porter l'obligation d'affichage sur le montant des tarifs des honoraires ou fourchettes de tarifs des honoraires et non sur les modalités générales de délivrance des informations tarifaires aux patients, n'a pas altéré la portée de l'art. L. 1111-3, al. 3 ; le choix de permettre aux praticiens d'afficher des fourchettes de tarifs d'honoraires n'est pas entaché d'erreur manifeste d'appréciation ; cette obligation d'affichage ne se *substitue pas aux* obligations d'information individualisée du patient. • CE 12 mai 2010, *Synd. des chirurgiens-dentistes de Paris*, n° 326871. ♦ En prévoyant que les chirurgiens-dentistes doivent afficher, outre le tarif des honoraires dus pour la consultation, le tarif des honoraires correspondant à au moins cinq des prestations de soins conservateurs, chirurgicaux et de prévention les plus pratiqués et au moins cinq des traitements prothétiques et d'orthopédie dento-faciale les plus pratiqués, l'art. R. 1111-21 laisse à chaque praticien une marge d'appréciation pour sélectionner les tarifs d'honoraires correspondant à un certain nombre de prestations parmi celles qu'il réalise lui-même le plus couramment, sans donner pour autant une définition insuffisamment claire et précise de l'obligation d'affichage de nature à méconnaître le principe de légalité des délits et des peines. • Même arrêt. ♦ Enfin, ces dispositions n'imposaient pas, avant édiction, la consultation du conseil de l'ordre. • Même arrêt.

2. Responsabilité. S'il n'incombe pas à l'établissement hospitalier de notifier à son patient les décisions des organismes de sécurité sociale quant à ses droits à remboursement, il lui appartient, dans le cas d'un transfert de ce patient vers une unité de long séjour, de l'informer des conséquences de ce transfert en termes de dépenses importantes qui resteront à sa charge ; en cas de carence, l'établissement est fautif (indemnisation à hauteur de la moitié desdites dépenses). • CE, sect., 11 janv. 1991, *Biancale, n° 93348 : Lebon 12 ; AJDA 1991. 479, note Prétot ; RDSS 1991. 269, concl. Hubert*. ♦ Commet une faute le centre hospitalier qui n'informe pas (et en l'espèce n'établit pas avoir informé) un patient des conditions de prise en charge et du coût des prestations offertes dans la résidence pour personnes âgées dépendantes (juge laissant à sa charge 10 % des dépenses). • CAA Nancy, 30 mai 2011, *Philippe A. c/ CH Gérardmer*, n° 10NC01016.

3. Application du droit de la consommation. L'art. L. 113-3 C. consom. s'applique aux prestations à visée esthétique effectuées en dehors de toute considération d'urgence thérapeutique, à l'exclusion notamment des interventions à visée réparatrice, ce qui justifie l'obligation d'établir un devis préalable. • CE 27 avr. 1998, *Cornette de Saint-Cyr*, n° 184473 : *Lebon 177 ; AJDA 1998. 831, concl. Maugüé ; D. 1998. 182 ; RDSS 1999. 507, obs. Dubouis ; CCC 1999, chron. 13, obs. Cathelineau ; ibid. chron. 15.* ♦ Pour un point de vue opposé d'une juridiction judiciaire, jugeant que les art. L. 111-1 et L. 122-3 du C. consom. (information préalable du consommateur par le vendeur et prohibition des « envois forcés »), n'ont pas vocation à régir les relations entre un patient et un professionnel de santé. • Paris, 21 mars 2013, *Florence S. c/ Gérard N : CCC 2013, comm. 195.*

4. Devis type. L'art. L. 1111-3 ne fait pas obstacle à ce que les partenaires conventionnels définissent, sur le fondement de l'art. L. 162-9 CSS, un devis type à établir par les chirurgiens-dentistes ; les dispositions selon lesquelles, à défaut d'accord avant le 1er janvier 2012, ce devis type est établi par décret, n'ont eu ni pour objet ni pour effet de dessaisir les partenaires conventionnels, à compter de cette date, de leur compétence pour définir un devis type, mais seulement de fixer la date à partir de laquelle le Premier ministre pourrait adopter les dispositions nécessaires en cas de carence de leur part. • CE 17 mars 2014, *UJCD-UD*, n° 362132.

Art. L. 1111-3-1 *(L. n° 2016-41 du 26 janv. 2016, art. 94)* **Pour toute prise en charge effectuée par un établissement de santé, le patient reçoit, au moment de sa sortie, un document l'informant, dans des conditions définies par décret, du coût de l'ensemble des prestations reçues avec l'indication de la part couverte par son régime d'assurance maladie obligatoire et, le cas échéant, de celle couverte par son organisme d'assurance complémentaire et du solde qu'il doit acquitter.**

Art. L. 1111-3-2 *(L. n° 2016-41 du 26 janv. 2016, art. 217-I-2°)* **I. — L'information est délivrée par les professionnels de santé exerçant à titre libéral et par les centres de santé :**

1° Par affichage dans les lieux de réception des patients ;

2° Par devis préalable au-delà d'un certain montant.

S'agissant des établissements de santé, l'information est délivrée par affichage dans les lieux de réception des patients ainsi que sur les sites internet de communication au public.

II. — Lorsque l'acte inclut la fourniture d'un dispositif médical sur mesure, le devis normalisé comprend de manière dissociée le prix de vente de chaque produit et de chaque prestation proposés, le tarif de responsabilité correspondant et, le cas échéant, le montant du dépassement facturé et le montant pris en charge par les organismes d'assurance maladie.

Le professionnel de santé remet par ailleurs au patient les documents garantissant la traçabilité et la sécurité des *matériaux utilisés*, en se fondant*[,]* le cas échéant*[,]* sur *les éléments* fournis par un prestataire de services ou un fournisseur.

III. — Les informations mises en ligne par les établissements de santé en application du dernier alinéa du I peuvent être reprises sur le site internet de la Caisse nationale de l'assurance maladie des travailleurs salariés et plus généralement par le service public mentionné à l'article L. 1111-1.

Art. L. 1111-3-3 *(L. n° 2016-41 du 26 janv. 2016, art. 217-I-2°)* **Les modalités particulières d'application de l'article L. 113-3** *[L. 112-1, L. 112-2, L. 141-1, L. 224-100]* **du code de la consommation aux prestations de santé relevant de l'article L. 1111-3, du I et du second alinéa du II de l'article L. 1111-3-2 du présent code en ce qui concerne l'affichage, la présentation, les éléments obligatoires et le montant au-delà duquel un devis est établi ainsi que les informations permettant d'assurer l'identification et la**

traçabilité des dispositifs médicaux délivrés sont fixés par arrêté conjoint des ministres chargés de l'économie, de la santé et de la sécurité sociale.

Le devis normalisé prévu au premier alinéa du II de l'article L. 1111-3-2 est défini par un accord conclu entre l'Union nationale des caisses d'assurance maladie, les organismes professionnels représentant les mutuelles et unions de mutuelles régies par le code de la mutualité, les institutions de prévoyance et unions d'institutions de prévoyance régies par le code de la sécurité sociale, les entreprises mentionnées à l'article L. 310-1 du code des assurances et offrant des garanties portant sur le remboursement et l'indemnisation des frais occasionnés par une maladie, une maternité ou un accident et les organisations représentatives des professionnels de santé concernés. A défaut d'accord, un devis type est défini par arrêté conjoint des ministres chargés de l'économie, de la santé et de la sécurité sociale.

Art. L. 1111-3-4 *(L. nº 2016-41 du 26 janv. 2016, art. 217-I-2º)* Les établissements publics de santé et les établissements de santé mentionnés aux *b*, *c* et *d* de l'article L. 162-22-6 du code de la sécurité sociale ne peuvent facturer au patient que les frais correspondant aux prestations de soins dont il a bénéficié ainsi que, le cas échéant, les frais prévus au 2° des articles L. 162-22-1 et L. 162-22-6 du même code correspondant aux exigences particulières qu'il a formulées.

Les professionnels de santé liés par l'une des conventions mentionnés à l'article L. 162-14-1 dudit code et les services de santé liés par une convention avec un organisme national ou local assurant la gestion des prestations maladie et maternité des régimes obligatoires de base de sécurité sociale ne peuvent facturer que les frais correspondant à la prestation de soins assurée et ne peuvent exiger le paiement d'une prestation qui ne correspond pas directement à une prestation de soins.

Art. L. 1111-3-5 *(L. nº 2016-41 du 26 janv. 2016, art. 217-I-2º)* Les manquements aux obligations prévues aux articles L. 1111-3, L. 1111-3-2, L. 1111-3-3 et L. 1111-3-4 du présent code sont recherchés et constatés par les agents de la concurrence, de la consommation et de la répression des fraudes, dans les conditions définies *(Ord. nº 2016-301 du 14 mars 2016, art. 17-1º)* « à l'article L. 511-7 » du code de la consommation.

Ces manquements sont passibles d'une amende administrative dont le montant ne peut excéder 3 000 € pour une personne physique et 15 000 € pour une personne morale. L'amende est prononcée dans les conditions prévues *(Ord. nº 2016-301 du 14 mars 2016, art. 17-1º)* « au chapitre II du titre II du livre V du code de la consommation ».

Art. L. 1111-3-6 *(L. nº 2016-41 du 26 janv. 2016, art. 217-I-2º)* Lors de sa prise en charge, le patient est informé par le professionnel de santé ou par l'établissement de santé, le service de santé, l'un des organismes mentionnés à l'article L. 1142-1 ou toute autre personne morale, autre que l'État, exerçant des activités de prévention, de diagnostic ou de soins l'employant, que ce professionnel ou cette personne remplit les conditions légales d'exercice définies au présent code.

Le patient est également informé par ces mêmes professionnels ou personnes du respect de l'obligation d'assurance destinée à les garantir pour leur responsabilité civile ou administrative susceptible d'être engagée dans le cadre des activités prévues au même article L. 1142-1.

Art. L. 1111-4 Toute personne prend, avec le professionnel de santé et compte tenu des informations et des préconisations qu'il lui fournit, les décisions concernant sa santé.

(L. nº 2016-87 du 2 févr. 2016, art. 5-I-1º et 2º) « Toute personne a le droit de refuser *ou de ne pas* recevoir un traitement. Le suivi du malade reste cependant assuré par le médecin, notamment son accompagnement palliatif.

« Le médecin a l'obligation de respecter la volonté de la personne après l'avoir informée des conséquences de ses choix et de leur gravité. Si, par sa volonté de refuser ou d'interrompre tout traitement, la personne met sa vie en danger, elle doit réitérer sa décision dans un délai raisonnable. Elle peut faire appel à un autre membre du corps médical. L'ensemble de la procédure est inscrite dans le dossier médical du patient. Le

médecin sauvegarde la dignité du mourant et assure la qualité de sa fin de vie en dispensant les soins palliatifs mentionnés à l'article L. 1110-10. »

Aucun acte médical ni aucun traitement ne peut être pratiqué sans le consentement libre et éclairé de la personne et ce consentement peut être retiré à tout moment.

Lorsque la personne est hors d'état d'exprimer sa volonté, aucune intervention ou investigation ne peut être réalisée, sauf urgence ou impossibilité, sans que la personne de confiance prévue à l'article L. 1111-6, ou la famille, ou à défaut, un de ses proches ait été consulté.

(L. n° 2005-370 du 22 avr. 2005) **« Lorsque la personne est hors d'état d'exprimer sa volonté, la limitation ou l'arrêt de traitement susceptible** *(L. n° 2016-87 du 2 févr. 2016, art. 5-I-3°)* **« d'entraîner son décès ne peut être réalisé sans avoir respecté la procédure collégiale mentionnée à l'article L. 1110-5-1 et les directives anticipées ou, à défaut, sans que la personne de confiance prévue à l'article L. 1111-6 ou, à défaut***[,]* **la famille ou les proches, aient été consultés. La décision motivée de limitation ou d'arrêt de traitement est inscrite dans le dossier médical. »**

Le consentement du mineur ou du majeur sous tutelle doit être systématiquement recherché s'il est apte à exprimer sa volonté et à participer à la décision. Dans le cas où le refus d'un traitement par la personne titulaire de l'autorité parentale ou par le tuteur risque d'entraîner des conséquences graves pour la santé du mineur ou du majeur sous tutelle, le médecin délivre les soins indispensables.

L'examen d'une personne malade dans le cadre d'un enseignement clinique requiert son consentement préalable. Les étudiants qui reçoivent cet enseignement doivent être au préalable informés de la nécessité de respecter les droits des malades énoncés au présent titre.

Les dispositions du présent article s'appliquent sans préjudice des dispositions particulières relatives au consentement de la personne pour certaines catégories de soins ou d'interventions.

BIBL. ► **Consentement aux soins.** DEBARRE, Consentement à l'acte médical en droit. Un état des lieux, *Méd. & Droit, 2017, n° 144, p. 57.* – PARICARD, La médecine saisie par la convenance personnelle, *Mélanges Mémeteau, éd. LEH, 2015, vol. 2, p. 25.* – AFDS, Consentement et santé, *Dalloz, 2014.* – KUHN, L'objet du consentement à l'acte médical, *Rev. jur. Océan indien 2013 n° 16, p. 31.* – CLUZEL-MÉTAYER, Le droit au consentement dans les lois des 2 janvier et 4 mars 2002, *RDSS 2012. 442* ⌀. – BRISSY, LAUDE et TABUTEAU, Refus de soins et actualités sur les droits des malades, *Presses EHESP 2012.* – CAVERNI, GORI et *alii*, Le consentement : Droit nouveau du patient ou imposture ?, *éd. In Press, coll. Champs libres, 2006.* – TERRIER, Obligations de soins, autopsie de conflits juridiques, *RGDM 2010, n° 35, p. 187.* – CCNE, Refus de traitement et autonomie de la personne, *avis n° 87, 14 avr. 2005.* – FRIOURET, Le refus de soins salvateurs ou les limites de la volonté du malade face à l'ordre public de conservation de la vie, *RGDM 2005, n° 15, p. 99.* – GIRER, Le consentement contractuel : mythe et réalité. Pour une autre façon de penser les rapports patients-professionnels, *RGDM 2004, n° 13, p. 41.* – ROUGÉ-MAILLARD, GACHES et a., Le refus de soins des témoins de Jéhovah : une jurisprudence claire, une pratique médicale difficile, *Journal de médecine légale 2004, p. 357.* – HENNETTE-VAUCHEZ, Disposer de soi ? Une analyse du discours juridique sur les droits de la personne sur son corps, *L'Harmattan, 2004.* – MAZEN, Les nouvelles formes d'assentiment à l'acte médical, *RGDM 2003, n° 10, p. 41.*

► **Mineurs et majeurs protégés.** FAVIER, Vulnérabilité et fragilité : réflexions autour du consentement des personnes âgées, *RDSS 2015. 702* ⌀. – BERNHEIM-DESVAUX, La relation de soin, *Méd. et droit nov. 2011, n° 111, p. 221.* – ROUGÉ-MAILLART, Le mineur dans la relation de soin, *Méd. et droit nov. 2011, n° 111, p. 218.* – SAUVAGE, Le consentement à l'acte médical du patient sous protection juridique, *Méd. et droit nov. 2011, n° 111, p. 235.* – RAMEIX, Des patients ? L'exemple du consentement aux soins en réanimation : entre paternalisme et autonomie, une troisième voie ?, *Méd. et droit 2010, n° 100-101, p. 5.* – ARHAB-GIRARDIN, La décision médicale du majeur protégé : une articulation complexe des dispositions du code de la santé publique avec la loi du 5 mars 2007 portant réforme de la protection juridique des majeurs, *RDSS 2009. 875* ⌀. – EDEL, Le refus de soins, *LPA 14 déc. 2007, n° 250, p. 9.* – Actes du colloque CRDP Brest organisé le 10 déc. 2004, Le droit et la santé de l'enfant, *RGDM 2005, n° 17.*

► **Consentement et nécessité médicale.** GRÜNDLER, La nécessité médicale comme condition d'atteinte à l'intégrité corporelle, entre modernité et désuétude, *Mélanges Bélanger, éd. LEH, 2015, p. 483.* – DEGOY, Essai sur la nécessité médicale, *Thèse Toulouse, 2013.*

COMMENTAIRE

V. Commentaire reproduit sur Dalloz.fr

1. Principe du droit au consentement (avant la L. nº 2002-303 du 4 mars 2002). Le respect de la personne humaine impose au médecin, avant de pratiquer une opération, d'obtenir le consentement de son patient. • Cass. 28 janv. 1942, *Parcelier c/ Teyssier : GADS, 1re éd., Dalloz, 2016, nº 4.* ♦ Le contrat qui se forme entre le chirurgien et son client comporte, en principe, l'obligation pour le praticien de ne procéder à telle opération chirurgicale déterminée qu'après avoir au préalable obtenu l'assentiment du malade. • Civ. 29 mai 1951 : *D. 1952. 53, note Savatier.* ♦ Le Conseil d'État vérifie également qu'aucun acte n'a été pratiqué sans le consentement du patient. • CE 9 janv. 1970, nº 73067. ♦ Un juge est sans pouvoir pour imposer à la victime une opération à laquelle celle-ci refuse de se prêter. • Crim 3 juill. 1969, nº 68-93.493 P : *GDAS, 2e éd., Dalloz, 2016, nº 10.*

2. Une liberté fondamentale au sens de l'art. L. 521-2 CJA. Le droit pour le patient majeur de donner, lorsqu'il se trouve en état de l'exprimer, son consentement à un traitement médical, revêt le caractère d'une liberté fondamentale au sens de l'art. L. 521-2 CJA ; l'atteinte grave à une telle liberté est caractérisée dès lors que le traitement imposé sans consentement comporte des effets secondaires vraisemblables, non contestés, et corroborés par la littérature spécialisée ; l'urgence est caractérisée lorsque le traitement est imminent ; étant entendu que la personne est en mesure de formuler une opposition clairement et a manifestement une pleine connaissance des conséquences de son refus du traitement. • TA Rennes, 18 juin 2012, *Madame A c/ CHS Guillaume-Régnier,* nº 1202373 : *JCP Adm. 2012. 2321, note Péchillon.*

3. Fondements du droit au consentement. Entrent dans le champ de l'art. 8 Conv. EDH les questions liées à l'intégrité morale et physique des individus, à leur participation au choix des actes médicaux qui leur sont prodigués ainsi qu'à leur consentement à cet égard. • CEDH 2 juin 2009, *Codarcea c/ Roumanie,* nº 31675/04, § 101. ♦ Il résulte de l'art. 16-3 C. civ., que nul ne peut être contraint, hors les cas prévus par la loi, de subir une intervention chirurgicale. • Civ. 2e, 19 mars 1997 : *Bull. civ. II, nº 86 ; RTD civ. 1997. 675, obs. Jourdain ; GADS, 2e éd., Dalloz, 2016, nº 11.*

V. aussi jurisprudence ss. C. civ., art. 16-3.

V. pour l'aspect disciplinaire, jurisprudence ss. l'art. R. 4127-36.

4. Consentement aux actes de diagnostic ou de prévention. Manque à son devoir d'humanisme le médecin qui fait procéder au test HIV sans recueillir le consentement libre et éclairé du patient. • Paris, 20 févr. 1992 : *D. 1993. Somm. 30, obs. Penneau.*

5. Consentement aux actes rituels. V. Landgericht (TGI) Köln, 7 mai 2012 : *RFDA 2012. 843, note Grossholz ; Méd. et droit 2013, nº 118, p. 12, note Berg et Küchler.*

BIBL. Delage, Circoncision et excision : vers un non-droit de la bioéthique ?, *Journal International de Bioéthique 2/2015 (Vol. 26), p. 63.* – Thiel, La circoncision, un débat impossible ?, *Rev. Esprit, janv. 2014, p. 83.* – Libchaber, Circoncision, pluralisme et droits de l'homme, *D. 2012, p. 2044.* – Schnapper, La sensibilité démocratique et la circoncision, *Rev. Grief, Dalloz, 2014, nº 1, p. 63.* – Vialla, Intégrité corporelle des enfants (circoncision) : résolution du Conseil de l'Europe, *Dalloz 2013. 2702.*

I. REFUS DE CONSENTIR ET PÉRIL IMMÉDIAT

6. Le principe jurisprudentiel (avant la L. nº 2002-303 du 4 mars 2002). L'obligation pour le médecin de sauver la vie ne prévaut pas de manière générale sur celle de respecter la volonté du malade. Toutefois, compte tenu de la situation extrême dans laquelle leur patient se trouve, les médecins qui choisissent, dans le seul but de tenter de le sauver, d'accomplir un acte indispensable à sa survie et proportionné à son état, ne commettent pas de faute professionnelle, quelle que soit par ailleurs leur obligation de respecter sa volonté fondée sur ses convictions religieuses (patient témoin de Jéhovah, nécessitant une transfusion sanguine). • CE 26 oct. 2001, *Mme Senanayaké,* nº 198546 : *RFDA 2002. 146, concl. contr. Chauvaux ; ibid. 156, note de Béchillon ; AJDA 2002. 259, note Deguergue ; RTD civ. 2002. 484, obs. Hauser ; RDSS 2002. 41, note Dubouis ; JCP 2002. II. 10025, note Moreau ; LPA 15 janv. 2002, nº 11, p. 18, note Clément (C.) ; GADS, 1re éd., Dalloz, 2016, nº 8.* ♦ Un médecin ne peut, sans le consentement libre et éclairé de son malade, procéder à une intervention chirurgicale qui n'est pas imposée par une nécessité évidente ou un danger immédiat pour le patient. • Civ. 1re, 11 oct. 1988 : *Bull. civ. I, nº 280 ; JCP 1989. II. 21358, note Dorsner-Dolivet.*

7. Principe conservé après la L. nº 2002-303 du 4 mars 2002. Sur les fondements des art. 16-3 C. civ. et L. 1111-4 CSP, le droit pour le patient majeur de donner, lorsqu'il se trouve en état de l'exprimer, son consentement à un traitement médical revêt le caractère d'une liberté fondamentale au sens de l'art. L. 521-2 CJA. Toutefois, les médecins ne portent pas à cette liberté fondamentale une atteinte grave et manifestement illégale lorsqu'après avoir tout mis en œuvre pour convaincre un patient d'accepter les soins indispensables, ils accomplissent, dans le but de tenter de le sauver, un acte indispensable à sa survie et proportionné à son état. • CE, réf., 16 août 2002, Mme Feuillatey, n° 249552 : *Lebon 309 ; GDAS, 2e éd., Dalloz, 2016, n° 9 ; JCP 2002. II. 10184, note Mistretta ; Dr. adm. 2002, n° 188, note Aubin ; RD publ. 2003. 1419, note Pariente (A.) ; Gaz. Pal. 15-17 sept. 2002, n° 351, p. 19, note Lachaud ; LPA 26 mars 2003, n° 61, p. 4, note Clément (C.).* – Sur des cas semblables • TA Lille, 25 août 2002, *Jérôme G. : D. 2002. 2877, obs. Penneau*. • CAA Nantes, 20 avr. 2006, *Luce X. c/ CH Honfleur*, n° 04NT00534.

BIBL. Canedo-Paris, Le concept d'acte médical « indispensable » dans la jurisprudence administrative, *Mélanges Mémeteau, éd. LEH, 2015, vol. 1, p. 315.*

8. Péril immédiat et droits humains. Les transfusions sanguines administrées pour sauver un patient en péril malgré son refus ne sauraient constituer un traitement inhumain ou dégradant ni une privation du droit à la liberté au sens des art. 3 et 5 Conv. EDH. • CE 26 oct. 2001, *Mme Senanayaké*, n° 198546 : *préc. note 6.* ♦ ... Ni une entrave à la liberté de conscience et de religion au sens de l'art. 9 Conv. EDH. • CE, réf., 16 août 2002, *Mme Feuillatey*, n° 249552 : *préc. note 7.*

9. Refus de consentir et devoir d'information. V. jurisprudence ss. l'art. L. 1111-2.

10. Non-consentement des parents. Face à des signes cliniques de péril vital imminent présentés par un enfant et en l'absence de produits de substitution disponibles dans le département, le recours aux transfusions sanguines étant le seul traitement susceptible de sauvegarder la vie du mineur, les médecins qui choisissent de donner les soins indispensables à l'enfant malgré la volonté opposée des parents ne commettent aucune faute. • CAA Bordeaux, 4 mars 2003, *Pamphile c/ CH Cayenne*, n° 99BX02360 : *JCP Adm. 2003, n° 2144, note Moquet-Anger.* ♦ Est contraire à l'art. 8 Conv. EDH le fait d'administrer de la morphine à un enfant gravement handicapé malgré l'opposition de sa mère, sans mettre en œuvre les voies de droit permettant de contourner ce refus, en l'absence de péril immédiat. • CEDH 9 mars 2004, *Glass c/ Royaume-Uni, n° 61827/00.* ♦ *Concernant des examens non urgents réalisés sur un enfant sans attendre l'autorisation des parents* : • CEDH 23 mars 2010, *M.A.K. et R. K. c/ Royaume-Uni : nos 45901/05 et 40146/06.*

II. SOINS FORCÉS

11. Traitement médical forcé. Il appartient aux autorités médicales de décider, sur la base des règles reconnues de leur science, des moyens thérapeutiques à employer, au besoin de force, pour préserver la santé physique et mentale des détenus. Une mesure dictée par une nécessité thérapeutique, si désagréable soit-elle à l'intéressé, ne saurait, en principe, passer pour inhumaine ou dégradante au sens de l'art. 3 Conv. EDH... • CEDH 10 févr. 2004, *Naoumenko c/ Ukraine*, n° 42023/98, § 112 : *RSC 2005. 630, obs. Massias*. ♦ ... Sous réserve de garanties procédurales. • CEDH 8 juill. 2014, *Ciorap c/ République de Moldova*, n° 14092/06, § 49.

12. Alimentation forcée. L'alimentation forcée d'un détenu qui fait une grève de la faim, en vue de lui sauver la vie, ne saurait être qualifiée de mesure inhumaine et dégradante, si cet acte est médicalement nécessaire et accompagné de garanties procédurales, et si la manière dont le détenu est alimenté de force n'est pas, par elle-même, un traitement contraire à l'art. 3 Conv. EDH. • CEDH 5 avr. 2005, *Nevmerjitsky c/ Ukraine, n° 54825/00, § 94 : JCP 2005. I. 1451, obs. Sudre.*

13. Actes médicaux dans le cadre d'enquêtes. Même lorsqu'il n'est pas motivé par une nécessité thérapeutique, les art. 3 et 8 Conv. EDH n'interdisent pas en tant que tel le recours à une intervention médicale contre la volonté d'un suspect en vue de l'obtention de la preuve de sa participation à une infraction ; la nécessité d'une intervention médicale forcée, en vue de l'obtention de la preuve d'une infraction, doit se justifier de manière convaincante au vu des circonstances de chaque affaire, et en particulier de la gravité de l'infraction supposée ; l'intervention, qui doit se dérouler dans des conditions médicales satisfaisantes, ne saurait faire courir au suspect le risque d'un préjudice durable pour sa santé, ni lui infliger de vives douleurs ou souffrances physiques. • CEDH 11 juill. 2006, *Jalloh c/ Allemagne*, n° 54810/00, § 70-72 (administration d'un émétique aux fins de recueillir des stupéfiants ingérés par le suspect, sans attendre l'élimination par les voies naturelles).

14. Traitement dans le cadre d'une hospitalisation d'office. Une stérilisation ne répondant pas à une nécessité médicale imminente, effectuée sans consentement éclairé de la requérante, constitue un traitement inhumain. • CEDH 8 nov. 2011, *V.C. c/ Slovaquie*, n° 18968/07, § 117 s. ♦ Il en va de même d'un traitement par anti-androgènes. • CEDH 6 nov. 2014, *Dvoracek c/ Rép. tchèque*, n° 12927/13, § 104 (en l'espèce consentement recueilli). ♦ La circonstance qu'une patiente soit hospitalisée sur décision du représentant de l'État et dans le cadre d'un contrôle judiciaire décidé par le juge d'instruction est sans incidence sur la nécessité de recueillir son consentement à un traitement, dès lors qu'il n'est pas contesté que cette patiente est en état de l'accorder ou de le refuser. • TA Rennes, 18 juin 2012, *Madame A c/ CHS Guillaume-Régnier*, n° 1202373 : *JCP Adm. 2012. 2321, note Péchillon.*

III. NON-CONSENTEMENT ET RESPONSABILITÉ

A. RESPONSABILITÉ DU PROFESSIONNEL DE SANTÉ

15. Préjudice moral et conséquences de l'intervention. Hors les cas d'urgence ou d'impossibilité de consentir, la réalisation d'une intervention à laquelle le patient n'a pas consenti oblige l'établissement responsable à réparer tant le préjudice moral subi de ce fait par l'intéressé que, le cas échéant, toute autre conséquence dommageable de l'intervention ; tel est le cas lorsque le patient n'avait pas donné son consentement à l'intervention réalisée par le chirurgien, mais à une intervention substantiellement différente par la technique employée. • CE 24 sept. 2012, ⚖ *Cyril B*, n° 336223 : *Lebon T.* ♦ Pour un autre cas « d'intervention substantiellement différente » de celle envisagée. • CE 16 déc. 2016, ⚖ n° 386998.

16. Acte décidé en cours d'intervention. Est fautif le chirurgien qui, au cours d'un accouchement provoqué par césarienne, décide, au vu des antécédents de la parturiente, de procéder à une ligature des trompes afin d'éviter toute nouvelle grossesse à risques, ce dont il n'avertit l'intéressée qu'à son réveil ; il n'a pas été sollicité pour une telle intervention, laquelle n'était pas destinée à prévenir un danger immédiat pour la vie de la patiente, mais seulement à empêcher un risque futur en cas d'une éventuelle nouvelle grossesse ; cette décision relevait d'un choix strictement personnel de la part de l'intéressée. • Civ. 1re, 11 oct. 1988 : ⚖ *Bull. civ. I, n° 280 ; JCP 1989. II. 21358, note Dorsner-Dolivet.* ♦ V. aussi, à propos d'une hystérectomie pratiquée au cours d'une intervention justifiée par une descente d'organes, • Paris, 12 janv. 1996, n° 94-15.067 : *Gaz. Pal. 14-16 juill. 1996, p. 89, note Bonneau.*

17. Modification des caractéristiques de l'acte en cours d'intervention. Est fautif le chirurgien qui annonce un prélèvement de peau dans l'aine pour procéder à une autogreffe, et qui en cours d'intervention décide de prélever sur la face interne de la cuisse, entraînant une longue cicatrice verticale et une déformation au creux de la partie médiane de la cuisse. • Civ. 1re, 14 janv. 1992 : ⚖ *JCP 1993. II. 21996, note Dorsner-Dolivet.* ♦ Inversement, un patient qui accepte le principe d'une opération donne implicitement son accord pour toute intervention curative qui se révélerait nécessaire au cours de cette opération. • Civ. 1re, 27 oct. 1982 : ⚖ *Bull. civ. I, n° 307.*

18. Refus de soins et non-assistance. Le praticien qui s'abstient d'appliquer une thérapeutique adéquate, en raison du refus obstiné et même agressif de sa patiente, ne commet aucune faute professionnelle de nature à constituer un délit de non-assistance. • Crim. 3 janv. 1973 : ⚖ *Bull. crim. n° 2.* ♦ V. aussi • CE 6 mars 1981, ⚖ *Pech*, n° 25105 : *Lebon 133* ✎.

19. Préjudice moral. Le médecin qui fait procéder à un test HIV sans recueillir le consentement libre et éclairé du patient, ni le rencontrer ou l'informer, et qui se borne à envoyer une lettre explicative à un confrère, lequel doit ensuite révéler sa séropositivité au patient sans préparation ni soutien psychologique, commet une faute de nature à entraîner un préjudice moral. • Paris, 20 févr. 1992 : *préc. note 4.*

B. PART DU NON-CONSENTEMENT DANS LE DOMMAGE

20. Non-consentement causant un retard de soins. Il ne saurait être reproché au médecin, qui doit respecter la volonté du malade, d'avoir éventuellement tardé à pratiquer une intervention vitale, alors qu'il ne pouvait la réaliser sans procéder, contre la volonté du patient, à une transfusion sanguine. • Aix-en-Provence, 21 déc. 2006 : ⚖ *D. 2007. 1848, note Vialla* ✎ ; *JCP 2007. II. 10126, note Corpart ; RCA 2007, n° 128, note Radé.*

21. Faute imposant de nouveaux soins, refusés par le patient. En cas de faute médicale rendant nécessaire une intervention réparatrice, le juge du fond ne peut imputer exclusivement l'aggravation de l'état de l'intéressé à son refus de consentir à cette intervention réparatrice, dès lors que celle-ci n'aurait pas été rendue nécessaire sans la faute initiale. • CE 3 déc. 2010, ⚖ *Manoël G.*, n° 334622 : *AJDA 2010. 2344* ✎. ♦ La victime d'une contamination par le virus de l'hépatite C consécutive à une transfusion sanguine, souffrant d'asthénie, de vertiges, de vomissements et de céphalées, n'est pas tenue de consentir à un traitement au demeurant aléatoire selon l'expert ; ce refus ne peut entraîner ni la perte ou la diminution de son droit à indemnisation, ni la prise en compte (pour le calcul de l'indemnisation) d'une aggravation susceptible de découler d'un tel choix. • Civ. 1re, 3 mai 2006 : ⚖ *RTD civ. 2006. 562, note Jourdain* ✎ ; *RDSS 2006. 745, note Hennion-Jacquet* ✎ ; *Gaz. Pal. 8 déc. 2006, n° 342, p. 39, note Baccache ; RDC 2006. 1228, note Carval.* ♦ Dans le même sens, à propos du refus de soins consécutifs à une infection nosocomiale, • Civ. 1re, 15 janv. 2015, ⚖ n° 13-21.180 P : *D. 2015. 1075, note Gisclard* ✎ ; *RCA 2015. 134, note Hocquet-Berg ; Rev. contrats 2015. 461, note Borghetti.* ♦ Sur le principe, V. • Civ. 2e, 19 mars 1997, ⚖ n° 93-10.914 P : *GDAS 2016, n° 11.* ♦ Aussi, s'agissant d'une demande portant sur des préjudices futurs, • CE 25 oct. 2017, ⚖ *Mme A.*, n° 400950 : *Lebon ; AJDA 2017. 2100* ✎.

22. Effet du non-consentement sur le lien de causalité. Lorsqu'une patiente, invoquant un examen pratiqué en 1992 précisant qu'elle n'était pas conductrice du gène responsable de la myopathie de Duchenne selon les données acquises, refuse tout diagnostic anténatal en 1995 une fois enceinte, malgré ses antécédents familiaux et alors que les connaissances permettaient à cette date de détecter avec exactitude la myopathie de Duchenne, cette attitude s'interpose entre les résultats d'examen pratiqués trois ans auparavant et la naissance de l'enfant handicapé ; rejet de la demande d'indemnisation. • CAA Paris, 6 oct. 2008, *M. et Mme L. et Caisse de prévoyance SNCF c/ AP-HP*, n° 07PA03630 : *AJDA 2009. 214, note Hennette-Vauchez*. ♦ Face à la présence d'un fil métallique nécessitant un cliché d'abdomen, la faute commise par le patient, qui s'est soustrait aux mesures de surveillance s'imposant dans son cas, exonère le centre hospitalier de sa responsabilité (en l'espèce dans la proportion d'un tiers). • CAA Nantes, 6 mars 2008, *Anna X. c/ CH Saint-Malo*, n° 07NT00827.

BIBL. Théron, Les dommages liés à l'activité médicale : le rôle du fait de la victime, *RDSS 2017. 1079*. – Couturier, L'individu est-il juridiquement responsable de sa santé ?, *RGDM déc. 2010, n° spécial, p. 171*. – Gorny, La faute de la victime en droit de la santé : où en est-on en 2008 ?, *Gaz. Pal. 2 oct. 2008, n° 276, p. 5*. – Mariani-Benigni, Le risque accepté dans le contentieux administratif français, *RD publ. 1997. 841*.

23. Non-consentement invoqué par des tiers fautifs. L'auteur d'un accident est tenu d'en réparer toutes les conséquences dommageables ; la victime n'est pas tenue de limiter son préjudice dans l'intérêt du responsable, en l'espèce en consentant à une rééducation orthophonique et psychologique de façon à limiter son incapacité permanente partielle. • Civ. 2e, 19 juin 2003 : *Bull. civ. II, n° 203 (arrêt n° 2) ; D. 2003. 2326, note Chazal ; JCP 2003. II. 10170, note Castets-Renard ; LPA 31 déc. 2003, n° 261, p. 17, note Dagorne-Labbe*. – V. aussi • Civ. 2e, 19 mars 1997, n° 93-10.914 : *GADS, 2e éd., Dalloz, 2016, n° 11*. • Civ. 1re, 15 janv. 2015, n° 13-21.180 P : *préc. note 21*. ♦ Et de façon générale pour tout préjudice corporel indépendamment de la cause : • Crim. 27 sept. 2016, n° 15-83.309 P : *D. 2016. 2000 ; ibid. 2016. 2612, note Bouchet ; RGDM 2016/11, p. 525, note Landel*. ♦ La victime d'un dommage corporel n'est pas tenue, en dehors des cas où la loi le prévoirait, de réduire l'étendue de son préjudice ou d'en éviter l'aggravation. Dès lors, son abstention, qui ne saurait être considérée comme fautive, ne peut faire obstacle à la réparation intégrale de ce dommage, ni à celle de l'aggravation susceptible de naître d'une telle abstention. • CAA Marseille, 14 mai 2012, n° 08MA00671 : *AJDA 2012. 1509, chron. Lopa-Dufrénot*. ♦ Cette solution est à relier à celle selon laquelle en cas de faute médicale rendant nécessaire une intervention réparatrice, le juge du fond ne peut imputer exclusivement l'aggravation de l'état de l'intéressé à son refus de consentir à cette intervention réparatrice, dès lors que celle-ci n'aurait pas été rendue nécessaire sans la faute initiale. • CE 3 déc. 2010, *Gandia*, n° 334622 : *AJDA 2010. 2344* (V. Rapport P. Catala, 22 sept. 2005, portant avant-projet de réforme du droit des obligations, proposition de nouvel article 1373 du code civil, p. 182).

Art. L. 1111-5 **Par dérogation à l'article** *(L. n° 2016-41 du 26 janv. 2016, art. 7-I-1°-a)* **« 371-1 » du code civil, le médecin** *(L. n° 2016-41 du 26 janv. 2016, art. 7-I-1°-b)* **« ou la sage-femme » peut se dispenser d'obtenir le consentement du ou des titulaires de l'autorité parentale sur les décisions médicales à prendre lorsque** *(L. n° 2016-41 du 26 janv. 2016, art. 7-I-1°-c)* **« l'action de prévention, le dépistage, le diagnostic, le traitement » ou l'intervention s'impose pour sauvegarder la santé d'une personne mineure, dans le cas où cette dernière s'oppose expressément à la consultation du ou des titulaires de l'autorité parentale afin de garder le secret sur son état de santé. Toutefois, le médecin** *(L. n° 2016-41 du 26 janv. 2016, art. 7-I-1°-b)* **« ou la sage-femme » doit dans un premier temps s'efforcer d'obtenir le consentement du mineur à cette consultation. Dans le cas où le mineur maintient son opposition, le médecin** *(L. n° 2016-41 du 26 janv. 2016, art. 7-I-1°-b)* **« ou la sage-femme » peut mettre en œuvre** *(L. n° 2016-41 du 26 janv. 2016, art. 7-I-1°-c)* **« l'action de prévention, le dépistage, le diagnostic, le** ***traitement » ou l'intervention.*** **Dans ce cas, le mineur se fait accompagner d'une personne majeure de son choix.**

Lorsqu'une personne mineure, dont les liens de famille sont rompus, bénéficie à titre personnel du remboursement des prestations en nature de l'assurance maladie et maternité et de la couverture complémentaire mise en place par la loi n° 99-641 du 27 juillet 1999 portant création d'une couverture maladie universelle, son seul consentement est requis.

BIBL. ▶ Vialla et a., Mineur et secret médical – Le secret sur son état de santé demandé par le mineur à l'égard de ses parents : de la reconnaissance d'un droit à sa mise en œuvre concrète, *Méd. et droit juill. 2015, n° 133, p. 79*. – Dujardin, La personne mineure, *éd. LEH, 2005*. – Favier, La défaillance parentale en matière de santé : protection judiciaire et protection médicale, *RGDM 2005, n° 17, p. 51*. – Kimmel-Alcover, L'autorité parentale à l'épreuve de la santé des mineurs : chronique d'un déclin annoncé, *RDSS 2005. 265* . – DEKEUWER-DÉFOSSEZ, L'autorité parentale à l'épreuve de la loi Kouchner, *RGDM 2004, n° 12, p. 99*. – FAURE, Vers l'émergence d'une majorité sanitaire ?, *in* La loi du 4 mars 2002 : continuité ou nouveauté en droit médical ?, *PUF, 2003, p. 101*.

COMMENTAIRE

V. Commentaire reproduit sur Dalloz.fr.

Ingérence excessive dans la vie privée. Est contraire à l'art. 8 Conv. EDH le fait d'administrer de la morphine à un enfant gravement handicapé malgré l'opposition de sa mère, sans mettre en œuvre les voies de droit permettant de contourner ce refus, en l'absence de péril immédiat. • CEDH 9 mars 2004, *Glass c/ Royaume-Uni*, n° 61827/00. ♦ ... Et concernant des examens non urgents réalisés sur un enfant sans attendre l'autorisation des parents : • CEDH 23 mars 2010, *M.A.K. et R. K. c/ Royaume-Uni : n°s 45901/05 et 40146/06*.

Art. L. 1111-5-1 *(L. n° 2016-41 du 26 janv. 2016, art. 7-I-2°)* **Par dérogation à l'article 371-1 du code civil, l'infirmier peut se dispenser d'obtenir le consentement du ou des titulaires de l'autorité parentale sur les décisions à prendre lorsque l'action de prévention, le dépistage ou le traitement s'impose pour sauvegarder la santé sexuelle et reproductive d'une personne mineure, dans le cas où cette dernière s'oppose expressément à la consultation du ou des titulaires de l'autorité parentale afin de garder le secret sur son état de santé. Toutefois, l'infirmier doit, dans un premier temps, s'efforcer d'obtenir le consentement du mineur à cette consultation. Dans le cas où le mineur maintient son opposition, l'infirmier peut mettre en œuvre l'action de prévention, le dépistage ou le traitement. Dans ce cas, le mineur se fait accompagner d'une personne majeure de son choix.**

Art. L. 1111-6 *(L. n° 2016-87 du 2 févr. 2016, art. 9)* **Toute personne majeure peut désigner une personne de confiance qui peut être un parent, un proche ou le médecin traitant et qui sera consultée au cas où elle-même serait hors d'état d'exprimer sa volonté et de recevoir l'information nécessaire à cette fin. Elle rend compte de la volonté de la personne. Son témoignage prévaut sur tout autre témoignage. Cette désignation est faite par écrit et cosignée par la personne désignée. Elle est révisable et révocable à tout moment.**

Si le patient le souhaite, la personne de confiance l'accompagne dans ses démarches et assiste aux entretiens médicaux afin de l'aider dans ses décisions.

Lors de toute hospitalisation dans un établissement de santé, *(Ord. n° 2018-20 du 17 janv. 2018, art. 2)* **« ou dans un hôpital des armées ou à l'Institution nationale des invalides, » il est proposé au patient de désigner une personne de confiance dans les conditions prévues au présent article. Cette désignation est valable pour la durée de l'hospitalisation, à moins que le patient n'en dispose autrement.**

Dans le cadre du suivi de son patient, le médecin traitant s'assure que celui-ci est informé de la possibilité de désigner une personne de confiance et, le cas échéant, l'invite à procéder à une telle désignation.

Lorsqu'une personne fait l'objet d'une mesure de tutelle, au sens du chapitre II du titre XI du livre Ier du code civil, elle peut désigner une personne de confiance avec l'autorisation du juge ou du conseil de famille s'il a été constitué. Dans l'hypothèse où la personne de confiance a été désignée antérieurement à la mesure de tutelle, le conseil de famille, le cas échéant, ou le juge peut confirmer la désignation de cette personne ou la révoquer.

BIBL. ▶ CIMAR, Considérations juridiques sur l'expression de la volonté en fin de vie, *Méd. et droit, 2012, juill., n° 115, p. 99*. – FLOCH et BOLES, Effectivité de la personne de confiance et des directives anticipées : évaluation de procédures institutionnelles au CHRU de Brest, *RGDM 2011, n° 39, p. 7*. – MANAOUIL, Vers un rôle de plus en plus croissant de la personne de confiance ?, *Droit, déontologie et soin, 2011-09, n° 3, p. 288*. – BERTHIAU, La personne de confiance : la dérive d'une institution conçue pour de bonnes raisons. Tentative d'explication d'un insuccès, *Méd. et droit mars 2008, n° 89, p. 38*. – Dossier sur la personne de confiance en 2008, *Actu. JuriSanté, nov. 2008, n° 63, p. 3*. – BENSAMOUN, La personne de confiance. Réflexions sur une institution émergente en matière familiale et médicale, *RRJ 2007. 1669*. – LOKIEC, La personne de confiance. Contribution à l'élaboration d'une théorie de la décision en droit médical, *RDSS 2006. 865* . – TAGLIONE, La personne de confiance : facteur de progrès ou source de difficultés à venir ?,

RGDM 2005, n° 17, p. 397. – Gabriel, La personne de confiance de la loi du 4 mars 2002 relative aux droits des malades, *PUAM, 2004.* – Esper, La personne de confiance : obligations légale, morale, juridique ?, *RGDM 2003, n° 11, p. 81.* – Mélin, La personne de confiance de l'article L. 1111-6 du code de la santé publique, *in* La loi du 4 mars 2002 : continuité ou nouveauté en droit médical ?, *PUF, 2003, p. 111.*

COMMENTAIRE

V. Commentaire reproduit sur Dalloz.fr.

Accès au dossier. La personne de confiance désignée par un malade hospitalisé et en mesure d'exprimer sa volonté ne se substitue pas à ce malade dans l'exercice de son droit d'accès au dossier médical ; néanmoins, un élément du dossier peut être ponctuellement communiqué à la personne de confiance afin de lui permettre de comprendre l'état de santé du malade et de jouer son rôle. • CADA, 22 janv. 2004, n° 20040049.

Art. L. 1111-6-1 *(L. n° 2005-102 du 11 févr. 2005, art. 9)* Une personne durablement empêchée, du fait de limitations fonctionnelles des membres supérieurs en lien avec un handicap physique, d'accomplir elle-même des gestes liés à des soins prescrits par un médecin, peut désigner, pour favoriser son autonomie, un aidant naturel ou de son choix pour les réaliser.

La personne handicapée et les personnes désignées reçoivent préalablement, de la part d'un professionnel de santé, une éducation et un apprentissage adaptés leur permettant d'acquérir les connaissances et la capacité nécessaires à la pratique de chacun des gestes pour la personne handicapée concernée. Lorsqu'il s'agit de gestes liés à des soins infirmiers, cette éducation et cet apprentissage sont dispensés par un médecin ou un infirmier.

Les conditions d'application du présent article sont définies, le cas échéant, par décret.

Art. L. 1111-7 Toute personne a accès à l'ensemble des informations concernant sa santé détenues *(L. n° 2007-131 du 31 janv. 2007, art. 6)* « , à quelque titre que ce soit, » par des professionnels et établissements de santé *(Ord. n° 2018-20 du 17 janv. 2018, art. 2 et 35, en vigueur au plus tard le 1er avr. 2018)* « [,] par des centres de santé, par le service de santé des armées ou par l'Institution nationale des invalides », qui sont formalisées *(Abrogé par L. n° 2007-131 du 31 janv. 2007, art. 6)* « ***et ont contribué à l'élaboration et au suivi du diagnostic et du traitement ou d'une action de prévention,*** » ou ont fait l'objet d'échanges écrits entre professionnels de santé, notamment des résultats d'examen, comptes rendus de consultation, d'intervention, d'exploration ou d'hospitalisation, des protocoles et prescriptions thérapeutiques mis en œuvre, feuilles de surveillance, correspondances entre professionnels de santé, à l'exception des informations mentionnant qu'elles ont été recueillies auprès de tiers n'intervenant pas dans la prise en charge thérapeutique ou concernant un tel tiers.

Elle peut accéder à ces informations directement ou par l'intermédiaire d'un médecin qu'elle désigne et en obtenir communication, dans des conditions définies par voie réglementaire au plus tard dans les huit jours suivant sa demande et au plus tôt après qu'un délai de réflexion de quarante-huit heures aura été observé. Ce délai est porté à deux mois lorsque les informations médicales datent de plus de cinq ans ou lorsque la commission départementale des *(L. n° 2011-803 du 5 juill. 2011, art. 9-1°)* « soins » ***psychiatriques est saisie*** en application du quatrième alinéa. *(L. n° 2016-41 du 26 janv. 2016, art. 189-1°-a)* « Lorsque la personne majeure fait l'objet d'une mesure de protection juridique, la personne en charge de l'exercice de la mesure, lorsqu'elle est habilitée à représenter ou à assister l'intéressé dans les conditions prévues à l'article 459 du code civil, a accès à ces informations dans les mêmes conditions. »

La présence d'une tierce personne lors de la consultation de certaines informations peut être recommandée par le médecin les ayant établies ou en étant dépositaire, pour des motifs tenant aux risques que leur connaissance sans accompagnement ferait courir à la personne concernée. Le refus de cette dernière ne fait pas obstacle à la communication de ces informations.

A titre exceptionnel, la consultation des informations recueillies, dans le cadre d'une *(L. n° 2011-803 du 5 juill. 2011, art. 9-1°)* « admission en soins psychiatriques décidée

en application des chapitres II à IV du titre Ier du livre II de la troisième partie du présent code ou ordonnée en application de l'article 706-135 du code de procédure pénale », peut être subordonnée à la présence d'un médecin désigné par le demandeur en cas de risques d'une gravité particulière. En cas de refus du demandeur, la commission départementale des *(L. n° 2011-803 du 5 juill. 2011, art. 9-1°)* **« soins » psychiatriques est saisie. Son avis s'impose au détenteur des informations comme au demandeur.**

Sous réserve de l'opposition prévue *(L. n° 2016-41 du 26 janv. 2016, art. 7-I-4°)* **« aux articles L. 1111-5 et L. 1111-5-1 », dans le cas d'une personne mineure le droit d'accès est exercé par le ou les titulaires de l'autorité parentale. A la demande du mineur, cet accès a lieu par l'intermédiaire d'un médecin.**

En cas de décès du malade, l'accès des ayants droit *(L. n° 2016-41 du 26 janv. 2016, art. 189-1°-b)* **« , du concubin ou du partenaire lié par un pacte civil de solidarité » à son dossier médical s'effectue dans les conditions prévues** *(L. n° 2016-41 du 26 janv. 2016, art. 96-I-4°)* **« au dernier alinéa du V » de l'article L. 1110-4.**

La consultation sur place des informations est gratuite. Lorsque le demandeur souhaite la délivrance de copies, quel qu'en soit le support, les frais laissés à sa charge ne peuvent excéder le coût de la reproduction et, le cas échéant, de l'envoi des documents.

BIBL. ▸ **Généralités.** Leuzzi-Louchart, Des dossiers médicaux au dossier hospitalier : la définition du dossier médical par la réglementation du contenu, *RGDM 2014, n° 53, p. 29.* – Dupont, Dossier médical, généralités, communication, *Droit médical et hospitalier, Lexis Nexis, fasc. 9-2, Litec.* – Marzoug et Ségui-Saulnier, Le dossier médical du patient, *Berger-Levrault, 2010.* – Veillerot, Le dossier hospitalier, *RGDM 2010, n° 37, p. 177.* – Bonneau, L'accès au dossier médical, *Gaz. Pal. 7 mai 2003, n° 127, p. 3.* – Manaouil, Graser et Jarde, L'apport de la loi n° 2002-303 du 4 mars 2002 en matière d'accès au dossier médical, *in* La loi du 4 mars 2002 : continuité ou nouveauté en droit médical ?, *PUF, 2003, p. 135.* – Vignal, L'accès au dossier médical, *LPA 2002, n° 122, p. 19.* – Génot-Pok, L'accès au dossier du patient : la logique juridique de l'accès direct à l'épreuve des pratiques médicales et professionnelles, *Actu. JuriSanté, juin 2002, n° 37, p. 4.*

▸ **Accès des tiers.** Alt-Maes, Les proches du malade à l'épreuve du secret médical, *Mélanges Mémeteau, éd. LEH, 2015, vol. 1, p. 245.* – Mercier, La transmission du dossier au patient ou à ses ayants droit, *RGDM 2014, n° 53, p. 57.* – Nicolas, L'accès au dossier hospitalier par le patient et sa famille : les cas particuliers (patients mineurs, majeurs protégés, patients décédés), *RGDM 2010, n° 37, p. 185.* – Coelho, Dossier médical et rôle de l'avocat dans la procédure d'accès par le patient ou ses ayants droit, *AJ fam. 2007. 472.* – Dupuy, Le droit à l'information des personnes relevant de l'entourage du patient, *Rev. dr. et santé 2006, n° 10, p. 173.*

COMMENTAIRE

V. Commentaire reproduit sur Dalloz.fr.

I. INFORMATIONS COMMUNICABLES

1. Notes manuscrites. Les documents manuscrits qui sont inclus dans un dossier hospitalier sont des documents communicables de plein droit. • CADA, 15 avr. 2004, n° 20041645. Les notes manuscrites du médecin traitant, qui ont contribué à l'élaboration et au suivi du diagnostic et du traitement de l'intéressée et qui ont été conservées par l'hôpital, font partie du dossier médical. • CAA Paris, 30 sept. 2004, *Ulla G. c/ CH Orsay,* n° 03PA01769 : *RGDM juill. 2005, n° 16, p. 195, note Vialla ; AJDA 2005. 323, note Delaunay.*

BIBL. Saison et Boughriet, Les notes personnelles des médecins : un point d'incertitude dans la détermination du contenu transmissible du dossier, *RGDM 2014, n° 53, p. 43.*

2. Échantillons organiques. Les échantillons de matière organique (sous forme de lames d'examens biologiques) prélevés sur le corps d'un patient aux fins d'analyses ne peuvent être regardés comme des informations formalisées au sens de l'art. L. 1111-7 ; c'est donc légalement que l'AP-HP a refusé de remettre de tels échantillons au demandeur. • CAA Paris, 13 févr. 2008, *Mme Continella c/ AP-HP,* nos 07PA01917 et 06PA02800 : *Gaz. Pal. 8 oct. 2008, n° 282, p. 38, note Bigre.*

3. Bandes d'enregistrement. L'enregistrement des échanges téléphoniques entre le médecin régulateur du SAMU et ses interlocuteurs présente le caractère d'une archive publique au sens des art. L. 211-1 et L. 211-2 C. patr. ; lorsqu'une destruction intervient en dehors desdites prescriptions, il y a faute, sans qu'il soit besoin de rechercher si ces documents faisaient ou non partie du dossier médical du patient, ou si cette destruction présentait ou non un caractère intentionnel. • CAA Marseille, 25 juin 2009,

Evelyne X. c/ CHI Toulon-La Seyne-sur-Mer, n° 07MA02024 : *RDSS 2009. 1155, note Vioujas* ✎.

4. Autres éléments communicables. Sont communicables : le rapport d'autopsie… • CADA 22 nov. 2012, n° 20123718. ♦ … Les photographies prises durant une intervention chirurgicale… • CADA 24 janv. 2013, n° 20130176. ♦ … Les moulages réalisés par le personnel du service odontologie. • CADA, avis, 5 mars 2015, n° 20150002.

5. Informations recueillies auprès de tiers. La restriction du droit d'accès relative aux informations recueillies auprès de tiers n'intervenant pas dans la prise en charge thérapeutique, ou concernant un tel tiers, est sans rapport avec l'art. 15 DDH reconnaissant le droit de la société de demander compte à tout agent public, et ne méconnaît pas l'art. 16 DDH : rejet de la demande de QPC. • CE 10 nov. 2010, *Jean-Marie A.*, n° 327337 : *AJDA 2010. 2181* ✎.

6. Médecine de contrôle. Le médecin chargé du contrôle de l'aptitude à la conduite, à la suite d'une injonction préfectorale à un conducteur de se soumettre à ce contrôle, est tenu de porter à connaissance de ce dernier le motif d'inaptitude qu'il retient. • CE 19 juill. 2017, *M. B. A.*, n° 393408 : *Lebon.*

7. Motivation. La décision du directeur de l'établissement de santé imposant à un patient hospitalisé de consulter son dossier en présence d'un médecin n'a pas à être motivée en vertu de la loi du 11 juillet 1979. • CE 10 avr. 2009, *Jean A. c/ CH Bon Sauveur*, n° 289794 : *RDSS 2009. 688, note Dieu* ✎.

II. ACCÈS DES TIERS

8. Titulaires de l'autorité parentale. Le parent qui ne dispose plus de l'exercice de l'autorité parentale sur son enfant mineur demeure titulaire de celle-ci au sens des dispositions de l'art. L. 1111-7, sauf s'il s'est vu retirer cette autorité en application des art. 378 et 378-1 C. civ. • CADA, avis, 18 sept. 2014, *Dir. CH du Val d'Ariège*, n° 20142924. ♦ L'opposition expresse et écrite d'un mineur empêche la communication du dossier au père. • CADA, avis, 25 août 2005, n° 20053225. ♦ Toutefois, le mineur ne peut s'opposer à la communication de son dossier médical aux titulaires de l'autorité parentale que dans le cas où les soins qu'il a reçus ont été dispensés sans leur consentement ou à leur insu. • CADA, avis, 3 juill. 2008, n° 20082236. ♦ Une mère ne peut, même sur le fondement de la loi du 17 juill. 1978 (art. 6), accéder au dossier détenu par un centre médico-psycho-pédagogique de cure ambulatoire, et concernant son fils désormais majeur. • CE 6 déc. 1993, *Mme Laidin*, n° 143493 : *Lebon 783* ✎ ; *RDSS 1994. 470, obs. de Forges* ✎. ♦ Le dossier peut néanmoins être refusé aux parents dans l'intérêt supérieur de l'enfant eu égard au contexte conflictuel entourant la prise en charge de l'enfant. • CADA, avis, 19 mars 2015, n° 20150229.

9. Cas du patient mineur. Sous réserve de l'opposition prévue à l'article L. 1111-5, la Commission juge que le législateur a entendu réserver l'accès au dossier médical du patient mineur aux seuls titulaires de l'autorité parentale, à l'exclusion du mineur lui-même ou d'un autre adulte désigné par ce dernier. Il n'est donc pas possible d'organiser au bénéfice du mineur, dans le silence de la loi, une procédure spécifique. • CADA 22 mars 2012, n° 20121015.

10. Concubin, notion (L. n° 2016-41 du 26 janv. 2016). Comme en droit civil, la preuve de la qualité de concubin doit pouvoir être apportée par tous moyens. • CADA, avis, 14 avr. 2016, n° 20160797.

11. Accès des ayants droit d'une personne décédée. V. jurisprudence ss. l'art. L. 1110-4.

12. Accès de la personne de confiance. V. jurisprudence ss. l'art. L. 1111-6.

III. RESPONSABILITÉS

13. Perte du dossier. La disparition ou la non-communication partielle d'un dossier médical constituent un manquement de l'établissement hospitalier à ses obligations, révélant une faute dans l'organisation et le fonctionnement du service, de nature à engager sa responsabilité pour préjudice moral (3 000 euros). • CAA Paris, 7 févr. 2011, *Danielle A. c/ AP-HP*, n° 10PA02035. ♦ Toutefois, l'établissement hospitalier qui perd un dossier n'est responsable à l'égard du demandeur que si celui-ci répondait aux conditions pour l'obtenir. • CAA Bordeaux, 14 nov. 2008, *Mme X. c/ CHU Bordeaux*, n° 07BX01758. ♦ Sur une perte de dossier rendant l'expertise plus difficile, justifiant un partage des dépens, • CAA Nancy, 27 déc. 2007, *CHU Besançon*, n° 04NC00486.

14. Perte de dossier entraînant une perte de chance. L'incapacité du service des urgences à retrouver les radiographies effectuées le matin même engage la responsabilité de l'établissement pour retard de diagnostic ayant privé l'intéressé de chances réelles de rétablissement ou de récupération. • CE 19 mars 2003, *CHRU Caen*, nos 195007 et 211317 : Lebon 138 ✎. ♦ La perte de ses archives par une clinique prive en l'espèce un patient contaminé par transfusion de la possibilité de démontrer qu'il avait bien bénéficié d'une transfusion sanguine et que les lots transfusés étaient contaminés. Cette situation entraîne directement une perte de chance d'être indemnisé par le centre de transfusion. • Toulouse, 17 avr. 2001, n° 2000/01819. ♦ Sur une perte de chance non reconnue, devant le juge administratif, • CAA Lyon, 23 mars 2010, *Georges A. c/ CH Saint-Etienne*, n° 07LY01554.

15. Sanction administrative. Une tenue des

dossiers médicaux non conforme à la réglementation justifie, ajoutée à d'autres irrégularités, l'arrêté prononçant la fermeture d'une clinique. • CE 26 juill. 2006, *SA Clinique chirurgicale Saint-Bernard*, n° 283156.

16. Sanction par la CNIL. Un cabinet dentaire refusant abusivement la communication de son dossier à un ancien patient, et ne coopérant pas avec la CNIL, s'est vu infliger une sanction pécuniaire de 10 000 euros avec publication. • Délib. CNIL, n° SAN-2017-008 du 18 mai 2017.

Art. L. 1111-8 *(Ord. n° 2017-27 du 12 janv. 2017, art. 1er et 3, mod par Décr. n° 2018-137 du 26 févr. 2018, art. 3, en vigueur au plus tard le 1er avr. 2018)* I. — Toute personne qui héberge des données de santé à caractère personnel recueillies à l'occasion d'activités de prévention, de diagnostic, de soins ou de suivi social et médico-social, pour le compte de personnes physiques ou morales à l'origine de la production ou du recueil de ces données ou pour le compte du patient lui-même, réalise cet hébergement dans les conditions prévues au présent article.

L'hébergement, quel qu'en soit le support, papier ou numérique, est réalisé après que la personne prise en charge en a été dûment informée et sauf opposition pour un motif légitime.

La prestation d'hébergement de données de santé à caractère personnel fait l'objet d'un contrat.

II. — L'hébergeur de données mentionnées au premier alinéa du I sur support numérique est titulaire d'un certificat de conformité. S'il conserve des données dans le cadre d'un service d'archivage électronique, il est soumis aux dispositions du III.

Ce certificat est délivré par des organismes de certification accrédités par l'instance française d'accréditation ou l'instance nationale d'accréditation d'un autre État membre de l'Union européenne mentionnée à l'article 137 de la loi n° 2008-776 du 4 août 2008 de modernisation de l'économie.

Les conditions de délivrance de ce certificat sont fixées par décret en Conseil d'État pris après avis de la Commission nationale de l'informatique et des libertés et des conseils nationaux de l'ordre des professions de santé.

III. — L'hébergeur de données mentionnées au premier alinéa du I est agréé par le ministre chargé de la culture pour la conservation de ces données sur support papier ou sur support numérique dans le cadre d'un service d'archivage électronique.

Les conditions d'agrément sont fixées par décret en Conseil d'État pris après avis de la Commission nationale de l'informatique et des libertés et des conseils nationaux de l'ordre des professions de santé.

L'agrément peut être retiré, dans les conditions prévues par les articles L. 121-1, L. 121-2 et L. 122-1 du code des relations entre le public et l'administration, en cas de violation des prescriptions législatives ou réglementaires relatives à cette activité ou des prescriptions fixées par l'agrément.

IV. — La nature des prestations d'hébergement mentionnées aux II et III, les rôles et responsabilités de l'hébergeur et des personnes physiques ou morales pour le compte desquelles les données de santé à caractère personnel sont conservées, ainsi que les stipulations devant figurer dans le contrat mentionné au I sont précisés par décret en Conseil d'État, pris après avis de la Commission nationale de l'informatique et des libertés et des conseils nationaux de l'ordre des professions de santé.

V. — L'accès aux données ayant fait l'objet d'un hébergement s'effectue selon les modalités fixées dans le contrat dans le respect des articles L. 1110-4 et L. 1111-7.

Les hébergeurs ne peuvent utiliser les données qui leur sont confiées à d'autres fins que l'exécution de la prestation d'hébergement. Lorsqu'il est mis fin à l'hébergement, l'hébergeur restitue les données aux personnes qui les lui ont confiées, sans en garder de copie. Les hébergeurs de données de santé à caractère personnel et les personnes placées sous leur autorité qui ont accès aux données déposées sont astreints au secret professionnel dans les conditions et sous les peines prévues à l'article 226-13 du code pénal.

VI. — Les hébergeurs de données de santé à caractère personnel ou qui proposent cette prestation d'hébergement sont soumis, dans les conditions prévues aux articles L. 1421-2 et L. 1421-3, au contrôle de l'inspection générale des affaires sociales et des agents mentionnés aux articles L. 1421-1 et L. 1435-7, à l'exception des hébergeurs

certifiés dans les conditions définies au II. Les agents chargés du contrôle peuvent être assistés par des experts désignés par le ministre chargé de la santé.

VII. — Tout acte de cession à titre onéreux de données de santé identifiantes directement ou indirectement, y compris avec l'accord de la personne concernée, est interdit sous peine des sanctions prévues à l'article 226-21 du code pénal.

Sur les agréments pour l'hébergement de données de santé sur support électronique, V. Ord. n° 2017-27 du 12 janv. 2017, art. 3 et Décr. n° 2018-137 du 26 févr. 2018, art. 3.

Ordonnance n° 2017-27 du 12 janvier 2017,

Relative à l'hébergement de données de santé à caractère personnel.

Art. 3 [...]

II. — Les agréments pour l'hébergement de données de santé sur support électronique pris sur le fondement de l'article L. 1111-8 avant l'entrée en vigueur de la présente ordonnance continuent à *[de]* produire leurs effets jusqu'à leur terme.

L'hébergeur dont l'agrément mentionné à l'alinéa précédent arrive à échéance dans les douze mois suivant l'entrée en vigueur de l'article L. 1111-8 dans la *[sa]* rédaction issue de la présente ordonnance dispose d'un délai minimum fixé par décret pour se mettre en conformité avec l'obligation de disposer d'un certificat de conformité pour l'hébergement de données de santé à caractère personnel.

III. — Les dossiers de demande d'agrément ou de renouvellement d'agrément pour l'hébergement de données de santé à caractère personnel sur support électronique déposés avant l'entrée en vigueur de la présente ordonnance sont instruits dans les conditions prévues par l'article L. 1111-8 dans sa rédaction applicable à la date du dépôt de la demande. Lorsqu'il est délivré, l'agrément est régi par les dispositions applicables à la date de la demande.

Décret n° 2018-137 du 26 février 2018,

Relatif à l'hébergement de données de santé à caractère personnel.

Art. 3 I. — L'ordonnance du 12 janvier 2017 susvisée et l'article 2 du présent décret entrent en vigueur le 1er avril 2018.

[...]

III. — Les agréments pour l'hébergement de données sur support numérique délivrés avant le 31 mars 2018 ou à la suite de demandes déposées avant cette date restent régis jusqu'à leur terme par les dispositions de :

1° La sous-section 1 du chapitre Ier du titre Ier du livre Ier de la première partie du code de la santé publique dans leur rédaction avant l'entrée en vigueur de l'article 1er du présent décret ;

2° La sous-section 2 du chapitre Ier du titre Ier du livre Ier de la première partie du code de la santé publique dans leur rédaction avant l'entrée en vigueur de l'article 2 du présent décret.

IV. — Lorsque l'agrément pour l'hébergement de données de santé sur support informatique arrive à échéance avant le 31 mars 2019, la durée de l'agrément est prolongée pour une durée de six mois afin de permettre à l'hébergeur d'effectuer les démarches de certification nécessaires à la poursuite de son activité d'hébergement de données de santé.

Ancien art. L. 1111-8 *(L. n° 2016-41 du 26 janv. 2016, art. 96-I-5°-a)* ***« Toute personne qui héberge des données de santé à caractère personnel recueillies à l'occasion d'activités de prévention, de diagnostic, de soins ou de suivi social et médico-social, pour le compte de personnes physiques ou morales à l'origine de la production ou du recueil desdites données ou pour le compte du patient lui-même, doit être agréée à cet effet. Cet hébergement, quel qu'en soit le support, papier ou électronique, est réalisé après que la personne prise en charge en a été dûment informée et sauf opposition pour un motif légitime. »***

Les traitements de données de santé à caractère personnel que nécessite l'hébergement prévu au premier alinéa (L. n° 2009-879 du 21 juill. 2009, art. 21-II) ***« , quel qu'en soit le support, papier ou informatique, » doivent être réalisés dans le respect des dispositions de la loi n° 78-17 du 6 janvier 1978 relative à l'informatique, aux fichiers et aux libertés. La prestation d'hébergement*** (L. n° 2009-879 du 21 juill. 2009, art. 21-II) ***« , quel qu'en soit le support, » fait l'objet d'un contrat.*** (Abrogé par L. n° 2016-41 du 26 janv. 2016, art. 96-I-5°-b) ***« Lorsque cet héber-***

gement est à l'initiative d'un professionnel de santé ou d'un établissement de santé, le contrat prévoit que l'hébergement des données, les modalités d'accès à celles-ci et leurs modalités de transmission sont subordonnées à l'accord de la personne concernée. »

Les conditions d'agrément des hébergeurs (L. n° 2009-879 du 21 juill. 2009, art. 21-II) *« des données, quel qu'en soit le support, » sont fixées par décret en Conseil d'État pris après avis de la Commission nationale de l'informatique et des libertés et des conseils de l'ordre des professions de santé* (Abrogé par L. n° 2005-1579 du 19 déc. 2005, art. 92-IX) *« ainsi que du conseil des professions paramédicales ». Ce décret mentionne les informations qui doivent être fournies à l'appui de la demande d'agrément, notamment les modèles de contrats prévus au deuxième alinéa et les dispositions prises pour garantir la sécurité des données traitées en application de l'article* (L. n° 2004-801 du 6 août 2004, art. 18-IV) *« 34 » de la loi n° 78-17 du 6 janvier 1978 précitée, en particulier les mécanismes de contrôle et de sécurité dans le domaine informatique ainsi que les procédures de contrôle interne. Les dispositions de l'article L. 4113-6 s'appliquent aux contrats prévus à l'alinéa précédent.*

(Abrogé par L. n° 2016-41 du 26 janv. 2016, art. 96-I-5°-c) (L. n° 2007-127 du 30 janv. 2007, art. 25-III) *« La détention et le traitement sur des supports informatiques de données de santé à caractère personnel par des professionnels de santé, des établissements de santé ou des hébergeurs de données de santé à caractère personnel sont subordonnés à l'utilisation de systèmes d'information conformes aux prescriptions adoptées en application de l'article L. 1110-4 et »* (L. n° 2009-879 du 21 juill. 2009, art. 127) *« aux référentiels d'interopérabilité et de sécurité arrêtés par le ministre chargé de la santé après avis du groupement mentionné à l'article L. 1111-24 ».*

« (L. n° 2007-127 du 30 janv. 2007, art. 25-III) *« Les professionnels et établissements de santé peuvent, par dérogation aux dispositions de la dernière phrase des deux premiers alinéas du présent article, utiliser leurs propres systèmes ou des systèmes appartenant à des hébergeurs agréés, sans le consentement exprès de la personne concernée dès lors que l'accès aux données détenues est limité au professionnel de santé ou à l'établissement de santé qui les a déposées, ainsi qu'à la personne concernée dans les conditions prévues par l'article L. 1111-7 ». »*

L'agrément peut être retiré, dans les conditions prévues par l'article 24 de la loi n° 2000-321 du 12 avril 2000 relative aux droits des citoyens dans leurs relations avec les administrations, en cas de violation des prescriptions législatives ou réglementaires relatives à cette activité ou des prescriptions fixées par l'agrément.

Seuls peuvent accéder aux données ayant fait l'objet d'un hébergement les personnes (L. n° 2016-41 du 26 janv. 2016, art. 96-I-5°-d) *« physiques ou morales à l'origine de la production de soins ou de leur recueil et qui sont désignées par les personnes concernées. L'accès aux données ayant fait l'objet d'un hébergement s'effectue selon les modalités fixées dans le contrat, dans le respect des articles L. 1110-4 et L. 1111-7. »*

Les hébergeurs tiennent les données de santé à caractère personnel qui ont été déposées auprès d'eux à la disposition de ceux qui les leur ont confiées. Ils ne peuvent les utiliser à d'autres fins. Ils ne peuvent les transmettre à d'autres personnes que (L. n° 2016-41 du 26 janv. 2016, art. 96-I-5°-e) *« celles qui les leur ont confiées. »*

Lorsqu'il est mis fin à l'hébergement, l'hébergeur restitue les données (L. n° 2016-41 du 26 janv. 2016, art. 96-I-5°-f) *« aux personnes qui les lui ont confiées, sans en garder de copie. »*

Les hébergeurs de données de santé à caractère personnel et les personnes placées sous leur autorité qui ont accès aux données déposées sont astreintes au secret professionnel dans les conditions et sous les peines prévues à l'article 226-13 du code pénal.

Les hébergeurs de données de santé à caractère personnel ou qui proposent cette prestation d'hébergement sont soumis, dans les conditions prévues aux articles L. 1421-2 et L. 1421-3, au contrôle de l'Inspection générale des affaires sociales et (Ord. n° 2010-177 du 23 févr. 2010, art. 19-I-1°) *« des agents mentionnés aux articles L. 1421-1 et L. 1435-7 ». Les agents chargés du contrôle peuvent être assistés par des experts désignés par le ministre chargé de la santé.*

(L. n° 2004-810 du 13 août 2004, art. 4) *« Tout acte de cession à titre onéreux de données de santé identifiantes, directement ou indirectement, y compris avec l'accord de la personne concernée, est interdit sous peine des sanctions prévues à l'article 226-21 du code pénal. »*

BIBL. ▶ ZORN-MACREZ, L'hébergement des données de santé sur support informatique, *Droit médical et hospitalier, Litec, fasc. 10, 2014*. – BRAS, Gouvernance et utilisation des données de santé, *Rapport, Doc. fr., sept. 2013*. – DESMARAIS, Quel régime pour la m-Health ?, *CCE 2013. Étude 5*. – BICLET, L'hébergement des données de santé, *Mélanges Michaud, LEH, 2012, p. 177*. – BALLET, Dématérialisation des données de santé : quels référentiels ?, *Gaz. Pal. 22 janv. 2011, n° 22, p. 22*. – BRAC DE LA PERRIÈRE et FERRÉ, L'hébergement de données de santé : des textes à la pratique..., *Gaz. Pal. 22-23 juill. 2011, p. 21*. – MARZOUG et DE LARD, L'hébergement des données personnelles de santé : principes et limites, *Actu. JuriSanté, juin 2011, n° 74, p. 4*. – BOSSI, Comment organiser aujourd'hui en France la protection des données de santé, *RDSS 2010. 208*. – KULLING et SCIORTINO, L'accès au dossier médical hospitalier par le médecin-conseil de l'assurance maladie, *RGDM 2010, n° 37, p. 227*. – LE COZ, Avis du CCNE à propos des questions soulevées par l'informatisation des données de santé, *RGDM 2010, n° 37, p. 199*. – VULLIET-TAVERNIER, De l'anonymat dans le traitement des données de santé, *Méd. et droit janv. 2010, n° 100, p. 22*. – BERGOIGNAN-ESPER, Le respect du secret médical dans la législation de notre pays : réalité ou illusion ?, *D. 2008. 1918*. – BOSSI, La circulation des données de santé, *RGDM sept. 2004, n° spéc., p. 55*. – DAUBECH, La collecte des données de santé, *RGDM sept. 2004, n° spéc., p. 41*. – DE LAMBERTERIE, Qu'est-ce qu'une donnée de santé ?, *RGDM sept. 2004, n° spéc., p. 11*. – KHODOSS, L'exploitation des données de santé, *RGDM sept. 2004, n° spéc., p. 65*. – MALLET-POUJOL, Droit à et droit sur l'information de santé, *RGDM sept. 2004, n° spéc., p. 77*. – VACARIE, La finalité des traitements de données de santé, *RGDM sept. 2004, n° spéc., p. 27*. – CHEMTOB-CONCÉ, La protection des données de santé à caractère personnel, *RGDM 2003, n° 10, p. 111*. – PANSIER et CHARBONNEAU, La dématérialisation des données médicales et les enjeux de leur hébergement, *Gaz. Pal. 15-17 déc. 2003, p. 23*. – VACARIE, L'hébergement des données de santé : entre contrat et statut, *RDSS 2002. 695*.

▸ **Sur l'« open-data » en santé.** Commission « Open-data en santé », *Rapport, juill. 2014*. – MARTIAL-BRAZ, La liberté d'accès des données de santé en question, *LPA 18 août 2014, n° 164, p. 13*.

COMMENTAIRE

V. Commentaire reproduit sur Dalloz.fr.

A. NOTION DE DONNÉE DE SANTÉ : DÉFINITIONS ADMINISTRATIVES

1. *CNIL.* Les données de santé sont des données individualisées recueillies auprès des professionnels de santé et relatives à leurs prescriptions et à leur pratique médicale. • CNIL 4 févr. 1997, *portant adoption d'une recommandation sur le traitement des données de santé à caractère personnel : délib. n° 97-008.*

2. *Conférence nationale de santé.* Les données de santé sont des informations sur l'état de santé et les maladies d'un individu ou d'une population donnée mais aussi sur des éléments qui peuvent déterminer l'état de santé et les maladies (facteurs de risques médicaux, biologiques ou génétiques ; comportements de santé ; consommation des soins ; positions sociales ; conditions de travail ; conditions de vie ; environnement physique de l'habitat...). * CNS, avis, 19 oct. 2010, sur les données de santé informatisées : *www.sante.gouv.fr.*

3. *Conseil de l'Europe.* L'expression « données médicales » se réfère à toutes les données à caractère personnel relatives à la santé d'une personne, aux données ayant un lien manifeste et étroit avec la santé ainsi qu'aux données génétiques. * Comité des ministres, annexe à la Recommandation n) R(97) 5 du 13 févr. 1997, *relative à la protection des données médicales.*

B. NOTION DE DONNÉE DE SANTÉ : DÉFINITIONS JURISPRUDENTIELLES

4. *Union européenne.* Eu égard à l'objet de la directive 95/46 du 24 oct. 1995, il convient de donner à l'expression « données relatives à la santé » employée à son article 8, paragraphe 1, une interprétation large de sorte qu'elle comprenne des informations concernant tous les aspects, tant physiques que psychiques, de la santé d'une personne. • CJCE 6 nov. 2003, *Bodil Lindqvist*, n° C-101/01, point 50.

C. CONSULTATION DES ORDRES

5. *Champ.* L'art. L. 1111-8, al. 3, ne s'applique que pour l'agrément des hébergeurs de données de santé à caractère personnel, et pas lorsqu'un décret a pour objet d'autoriser la création d'un traitement de données à caractère personnel. • CE 15 oct. 2014, *Union nationale du personnel en retraite de la gendarmerie*, n° 358876 : Lebon T.

Art. L. 1111-8-1 *(L. n° 2016-41 du 26 janv. 2016, art. 193-VII)* **I. — Le numéro d'inscription au répertoire national d'identification des personnes physiques est utilisé comme identifiant de santé des personnes pour leur prise en charge à des fins sanitaires et médico-sociales, dans les conditions prévues à l'article L. 1110-4.**

Un décret en Conseil d'État, pris après avis de la Commission nationale de l'informatique et des libertés, précise les modalités d'utilisation de cet identifiant, notamment afin d'en empêcher l'utilisation à des fins autres que sanitaires et médico-sociales.

Les dispositions de la loi n° 78-17 du 6 janvier 1978 relative à l'informatique, aux fichiers et aux libertés prescrivant une procédure particulière d'autorisation à raison de l'utilisation du numéro d'inscription au répertoire national d'identification des per-

sonnes physiques dans un traitement de données à caractère personnel ne sont pas applicables aux traitements qui utilisent ce numéro exclusivement dans les conditions prévues au présent I.

II. – Par dérogation au I, le traitement de l'identifiant de santé peut être autorisé à des fins de recherche dans le domaine de la santé, dans les conditions prévues au chapitre IX de la loi n° 78-17 du 6 janvier 1978 précitée. La Commission nationale de l'informatique et des libertés peut imposer que le numéro d'inscription au répertoire national d'identification des personnes physiques soit alors confié à un organisme tiers, distinct du responsable de traitement, habilité à détenir cet identifiant et chargé de procéder aux appariements nécessaires. Un arrêté du ministre chargé de la santé, pris après avis de la Commission nationale de l'informatique et des libertés, précise les modalités d'application du présent article.

Art. L. 1111-8-2 *(L. n° 2016-41 du 26 janv. 2016, art. 110)* Les établissements de santé et les organismes et services exerçant des activités de prévention, de diagnostic ou de soins signalent sans délai à l'agence régionale de santé les incidents graves de sécurité des systèmes d'information. Les incidents de sécurité jugés significatifs sont, en outre, transmis sans délai par l'agence régionale de santé aux autorités compétentes de l'État.

(Ord. n° 2018-20 du 17 janv. 2018, art. 2) « Sous réserve du respect des règles relatives à la protection du secret de la défense nationale, le présent article est applicable au service de santé des armées en ce qui concerne les incidents graves de sécurité des systèmes d'information intéressant les activités de prévention, de diagnostic ou de soins des hôpitaux des armées. »

Un décret définit les catégories d'incidents concernées et les conditions dans lesquelles sont traités les incidents de sécurité des systèmes d'information.

Art. L. 1111-9 Un décret en Conseil d'État fixe les conditions d'application *(L. n° 2005-370 du 22 avr. 2005)* « de la présente section ». Les modalités d'accès aux informations concernant la santé d'une personne, et notamment l'accompagnement de cet accès, font l'objet de recommandations de bonnes pratiques établies par *(L. n° 2004-810 du 13 août 2004, art. 36-III)* « la Haute Autorité de santé » et homologuées par arrêté du ministre chargé de la santé.

SECTION II EXPRESSION DE LA VOLONTÉ DES MALADES REFUSANT UN TRAITEMENT ET DES MALADES EN FIN DE VIE *(L. n° 2016-87 du 2 févr. 2016, art. 7)*.

(L. n° 2005-370 du 22 avr. 2005)

BIBL. ▶ V. ss. art. L. 1111-4.

Art. L. 1111-10 *Abrogé par L. n° 2016-87 du 2 févr. 2016, art. 6.*

Art. L. 1111-11 *(L. n° 2016-87 du 2 févr. 2016, art. 8)* Toute personne majeure peut rédiger des directives anticipées pour le cas où elle serait un jour hors d'état d'exprimer sa volonté. Ces directives anticipées expriment la volonté de la personne relative à sa fin de vie en ce qui concerne les conditions de la poursuite, de la limitation, de l'arrêt ou du refus de traitement ou d'acte médicaux.

A tout moment et par tout moyen, elles sont révisables et révocables. Elles peuvent être rédigées conformément à un modèle dont le contenu est fixé par décret en Conseil d'État pris après avis de la Haute Autorité de santé. Ce modèle prévoit la situation de la personne selon qu'elle se sait ou non atteinte d'une affection grave au moment où elle les rédige.

Les directives anticipées s'imposent au médecin pour toute décision d'investigation, d'intervention ou de traitement, sauf en cas d'urgence vitale pendant le temps nécessaire à une évaluation complète de la situation et lorsque les directives anticipées apparaissent manifestement inappropriées ou non conformes à la situation médicale.

La décision de refus d'application des directives anticipées, jugées par le médecin manifestement inappropriées ou non conformes à la situation médicale du patient, est prise à l'issue d'une procédure collégiale définie par voie réglementaire et est inscrite au dossier médical. Elle est portée à la connaissance de la personne de confiance désignée par le patient ou, à défaut, de la famille ou des proches.

Un décret en Conseil d'État, pris après avis de la Commission nationale de l'informatique et des libertés, définit les conditions d'information des patients et les conditions de validité, de confidentialité et de conservation des directives anticipées. Les directives anticipées sont notamment conservées sur un registre national faisant l'objet d'un traitement automatisé dans le respect de la loi n° 78-17 du 6 janvier 1978 relative à l'informatique, aux fichiers et aux libertés. Lorsqu'elles sont conservées dans ce registre, un rappel de leur existence est régulièrement adressé à leur auteur.

Le médecin traitant informe ses patients de la possibilité et des conditions de rédaction de directives anticipées.

Lorsqu'une personne fait l'objet d'une mesure de tutelle, au sens du chapitre II du titre XI du livre Ier du code civil, elle peut rédiger des directives anticipées avec l'autorisation du juge ou du conseil de famille s'il a été constitué. Le tuteur ne peut ni l'assister ni la représenter à cette occasion.

BIBL. ▶ BOULANGER, Les directives anticipées et le désir de maîtrise de sa fin de vie, *Méd. et Droit, 2017, n° 156-147, p. 136.* – LEGROS, La réforme du régime juridique des directives anticipées en droit français, *RGDM mars 2016, n° 58, p. 197.* – CIMAR, Considérations juridiques sur l'expression de la volonté en fin de vie, *Méd. et droit juill.-août 2012, n° 115, p. 99.* – FEUILLET, Les directives anticipées, un indice de consentement à effets limités, *in Mélanges Michaud, LEH, 2012, p. 69.* – SÉRIAUX, Le « testament de vie » à la française : une institution à parachever, *D. 2012. 1195*. – FLOCH et BOLES, Effectivité de la personne de confiance et des directives anticipées : évaluation de procédures institutionnelles au CHRU de Brest, *RGDM 2011, n° 39, p. 7.* – DREIFUSS-NETTER, Les directives anticipées : de l'autonomie de la volonté à l'autonomie de la personne, *Gaz. Pal. 9-10 juin 2006, p. 23.* – SAN JULIAN PUIG, Les directives anticipées en France et en Espagne, *RDSS 2007. 87*.

COMMENTAIRE

V. Commentaire reproduit sur Dalloz.fr.

Art. L. 1111-12 *(L. n° 2016-87 du 2 févr. 2016, art. 10)* Lorsqu'une personne, en phase avancée ou terminale d'une affection grave et incurable, quelle qu'en soit la cause, est hors d'état d'exprimer sa volonté, le médecin a l'obligation de s'enquérir de l'expression de la volonté exprimée par le patient. En l'absence de directives anticipées mentionnées à l'article L. 1111-11, il recueille le témoignage de la personne de confiance ou, à défaut, tout autre témoignage de la famille ou des proches.

Art. L. 1111-13 *Abrogé par L. n° 2016-87 du 2 févr. 2016, art. 11.*

SECTION III **DOSSIER MÉDICAL PARTAGÉ ET DOSSIER PHARMACEUTIQUE** *(L. n° 2016-41 du 26 janv. 2016, art. 96-III).*

(L. n° 2009-879 du 21 juill. 2009, art. 50-I)

Art. L. 1111-14 *(L. n° 2016-41 du 26 janv. 2016, art. 96-I-6°)* « Afin de favoriser la prévention, la coordination, la qualité et la continuité des soins, les bénéficiaires de l'assurance maladie peuvent disposer, dans les conditions et sous les garanties prévues aux articles L. 1110-4 et L. 1110-4-1 et dans le respect du secret médical, d'un dossier médical partagé.

« A cette fin, il est créé un identifiant du dossier médical partagé pour l'ensemble des bénéficiaires de l'assurance maladie.

« Le dossier médical partagé est créé sous réserve du consentement exprès de la personne ou de son représentant légal.

« La Caisse nationale de l'assurance maladie des travailleurs salariés assure la conception, la mise en œuvre et l'administration du dossier médical partagé, dans des conditions prévues par décret en Conseil d'État pris après avis de la Commission nationale de l'informatique et des libertés. Elle participe également à la conception, à la mise en œuvre et à l'administration d'un système de communication sécurisée permettant l'échange d'informations entre les professionnels de santé. »

Ce dossier *(L. n° 2016-41 du 26 janv. 2016, art. 96-III)* « médical partagé » est créé auprès d'un hébergeur de données de santé à caractère personnel *(Ord. n° 2018-21 du 17 janv. 2018, art. 8)* « dans le respect de » l'article L. 1111-8 *(Abrogé par Ord. n° 2010-177 du 23 févr. 2010, art. 26-3°)* « *du même code* ».

L'adhésion aux conventions nationales régissant les rapports entre les organismes d'assurance maladie et les professionnels de santé, prévues à l'article L. 162-5 du *(Ord. nº 2010-177 du 23 févr. 2010, art. 26-3º)* **« code de la sécurité sociale », et son maintien sont subordonnés à la consultation ou à la mise à jour du dossier** *(L. nº 2016-41 du 26 janv. 2016, art. 96-III)* **« médical partagé » de la personne prise en charge par le médecin.**

Les dispositions de l'alinéa précédent sont applicables dès que l'utilisation du dossier *(L. nº 2016-41 du 26 janv. 2016, art. 96-III)* **« médical partagé » est possible sur l'ensemble des territoires auxquels s'applique la présente section.**

BIBL. ▸ **Dossier médical personnel devenu « partagé ».** DUPONT, Les évolutions des dossiers médicaux des établissements de santé, *JDSAM 2017 nº 17, p. 51.* – MESLI, La transmission d'informations *via* le dossier médical personnel : quel partage des données médicales ?, *RGDM 2014, nº 53, p. 65.* – Quelles articulations entre le dossier médical personnel et le dossier médical en santé au travail ?, *RDSS 2014. 266*. – Cour des comptes, Le coût du dossier médical personnel depuis sa mise en place, *Communication à la Commission des finances de l'Assemblée nationale, juill. 2012.* – MONNIER, Le dossier médical personnel : histoire, encadrement juridique et perspectives, *RDSS 2009. 625*. – GIOCANTI, Les différentes acceptions des termes « dossier médical » et, dans ce contexte, situation du dossier hospitalier, *RGDM déc. 2010, p. 161.* – CAYOL, Réflexion sur la responsabilité médicale à la suite de l'introduction du dossier médical personnel, *Méd. et droit mai 2006, nº 78, p. 85.*

▸ **Dossier pharmaceutique.** LE GAL, Le dossier pharmaceutique : un outil technique de santé publique, *RDSS 2009. 301*. – MANAOUIL, Le dossier médical personnel (DMP) : autopsie d'un projet ambitieux ?, *Méd. et droit janv. 2009, nº 94, p. 24.* – ROUSSET, Produits issus du corps humain, produits de santé, produits alimentaires : Le dossier pharmaceutique, une expérience originale d'informatisation en santé, *Gaz. Pal. 22 nov. 2009, nº 326, p. 39.* – CHEMTOB-CONCÉ, Dossier médical personnel et dossier pharmaceutique, la revalorisation du parcours de soins et de l'acte pharmaceutique, *Gaz. Pal. 22 juin 2007, nº 173, p. 2.*

V. aussi Bibl. de l'art. L. 1111-8.

COMMENTAIRE

V. Commentaire reproduit sur Dalloz.fr.

Art. L. 1111-15 *(L. nº 2016-41 du 26 janv. 2016, art. 96-I-7º)* **Dans le respect des règles déontologiques qui lui sont applicables ainsi que des articles L. 1110-4, L. 1110-4-1 et L. 1111-2, chaque professionnel de santé, quels que soient son mode et son lieu d'exercice, reporte dans le dossier médical partagé, à l'occasion de chaque acte ou consultation, les éléments diagnostiques et thérapeutiques nécessaires à la coordination des soins de la personne prise en charge. A l'occasion du séjour d'une personne prise en charge, les professionnels de santé habilités des établissements de santé reportent dans le dossier médical partagé, dans le respect des obligations définies par la Haute Autorité de santé, un résumé des principaux éléments relatifs à ce séjour. Le médecin traitant mentionné à l'article L. 162-5-3 du code de la sécurité sociale verse périodiquement, au moins une fois par an, une synthèse dont le contenu est défini par la Haute Autorité de santé. La responsabilité du professionnel de santé ne peut être engagée en cas de litige portant sur l'ignorance d'une information qui lui était masquée dans le dossier médical partagé et dont il ne pouvait légitimement avoir connaissance par ailleurs.**

Les données nécessaires à la coordination des soins issues des procédures de remboursement ou de prise en charge qui sont détenues par l'organisme dont relève chaque bénéficiaire de l'assurance maladie sont versées dans le dossier médical partagé.

Le dossier médical partagé comporte également des volets relatifs au don d'organes ***ou de tissus,*** **aux directives anticipées mentionnées à l'article L. 1111-11 du présent code et à la personne de confiance mentionnée à l'article L. 1111-6.**

Certaines informations peuvent être rendues inaccessibles par le titulaire du dossier médical partagé.

Art. L. 1111-16 *(L. nº 2006-1640 du 21 déc. 2006, art. 88-IV ; L. nº 2009-879 du 21 juill. 2009, art. 50-I)* **Le médecin coordonnateur** *(L. nº 2015-1776 du 28 déc. 2015,* *art. 58-II-1°)* « mentionné au V » de l'article L. 313-12 du code de l'action sociale et des familles a accès au dossier *(L. n° 2016-41 du 26 janv. 2016, art. 96-III)* « médical partagé » de la personne hébergée dans l'établissement sous réserve de l'accord de celle-ci ou de son représentant légal.

(L. n° 2016-41 du 26 janv. 2016, art. 96-I-8°) « Le médecin traitant mentionné à l'article L. 162-5-3 du code de la sécurité sociale dispose d'un droit d'accès au dossier médical partagé lui permettant d'accéder, par dérogation au dernier alinéa de l'article L. 1111-15 du présent code, à l'ensemble des informations contenues dans ce dossier. »

Art. L. 1111-17 *(L. n° 2007-127 du 30 janv. 2007 ; L. n° 2009-879 du 21 juill. 2009, art. 50-I)* I. — Les professionnels de santé accèdent au dossier *(L. n° 2016-41 du 26 janv. 2016, art. 96-III)* « médical partagé » d'une personne hors d'état d'exprimer sa volonté, en présence d'une situation comportant un risque immédiat pour sa santé, sauf si cette personne avait auparavant manifesté son opposition expresse à ce que son dossier soit consulté ou alimenté dans une telle situation.

Le médecin régulateur du centre de réception et de régulation des appels d'aide médicale urgente mentionné à l'article *(Ord. n° 2010-177 du 23 févr. 2010, art. 1er-1°)* « L. 6311-2 » qui reçoit un appel concernant une personne accède, sauf si cette personne avait auparavant manifesté son opposition expresse à ce que son dossier soit consulté dans une telle situation, au dossier *(L. n° 2016-41 du 26 janv. 2016, art. 96-III)* « médical partagé » de celle-ci.

II. — Le professionnel de santé recueille, après avoir informé la personne concernée, son consentement pour qu'un autre professionnel de santé à qui il serait nécessaire de confier une partie de la prestation accède à son dossier *(L. n° 2016-41 du 26 janv. 2016, art. 96-III)* « médical partagé » et l'alimente.

Art. L. 1111-18 *(L. n° 2004-810 du 13 août 2004, art. 3-I ; L. n° 2006-1640 du 21 déc. 2006, art. 88-V ; L. n° 2009-879 du 21 juill. 2009, art. 50-I)* L'accès au dossier *(L. n° 2016-41 du 26 janv. 2016, art. 96-III)* « médical partagé » ne peut être exigé en dehors des cas prévus aux articles *(Ord. n° 2010-177 du 23 févr. 2010, art. 26-5°)* « L. 1111-15 et L. 1111-16 », même avec l'accord de la personne concernée.

L'accès au dossier *(L. n° 2016-41 du 26 janv. 2016, art. 96-III)* « médical partagé » est notamment interdit lors de la conclusion d'un contrat relatif à une protection complémentaire en matière de couverture des frais de santé et à l'occasion de la conclusion de tout autre contrat exigeant l'évaluation de l'état de santé d'une des parties. L'accès à ce dossier ne peut également être exigé ni préalablement à la conclusion d'un contrat, ni à aucun moment ou à aucune occasion de son application.

Le dossier *(L. n° 2016-41 du 26 janv. 2016, art. 96-III)* « médical partagé » n'est pas accessible dans le cadre de la médecine du travail.

Tout manquement aux présentes dispositions donne lieu à l'application des peines prévues à l'article 226-13 du code pénal.

(L. n° 2007-1786 du 19 déc. 2007, art. 55-I) « Le dossier *(L. n° 2016-41 du 26 janv. 2016, art. 96-III)* « médical partagé » est conservé pendant une durée de dix années à compter de sa clôture.

« En cas de décès du titulaire, les *(L. n° 2016-41 du 26 janv. 2016, art. 189-2°)* « ayants droit, le concubin ou le partenaire lié par un pacte civil de solidarité peuvent solliciter l'accès au dossier conformément au V de l'article L. 1110-4. » L'accès à ce dossier peut également intervenir dans le cadre d'une expertise médicale diligentée aux fins d'administration de la preuve. »

Art. L. 1111-19 *(L. n° 2016-41 du 26 janv. 2016, art. 96-I-9°)* Le titulaire accède directement, par voie électronique, au contenu de son dossier.

Il peut également accéder à la liste des professionnels qui ont accès à son dossier médical partagé. Il peut, à tout moment, la modifier.

Il peut, à tout moment, prendre connaissance des traces d'accès à son dossier.

Art. L. 1111-20 *Abrogé par L. n° 2016-41 du 26 janv. 2016, art. 96-I-10°.*

Art. L. 1111-21 *(L. n° 2016-41 du 26 janv. 2016, art. 96-I-11°)* Un décret en Conseil d'État, pris après avis de la Commission nationale de l'informatique et des libertés et des conseils nationaux des ordres des professions de santé, fixe les conditions d'application des articles de la présente section relatifs au dossier médical partagé.

Il précise les conditions de création et de fermeture du dossier médical partagé prévu au premier alinéa de l'article L. 1111-14, les conditions de recueil du consentement, la nature et le contenu des informations contenues dans le dossier, les modalités d'exercice des droits des titulaires sur les informations figurant dans leur dossier prévues aux I et II de l'article L. 1111-17 ainsi qu'à l'article L. 1111-19, les conditions dans lesquelles certaines informations peuvent être rendues inaccessibles par le titulaire du dossier médical partagé en application du dernier alinéa de l'article L. 1111-15, les conditions d'utilisation par les professionnels de santé et les conditions particulières d'accès au dossier médical partagé prévu aux I et II de l'article L. 1111-17.

Art. L. 1111-22 *Abrogé par L. n° 2016-41 du 26 janv. 2016, art. 96-I-12°.*

Art. L. 1111-23 *(L. n° 2007-127 du 30 janv. 2007 ; L. n° 2009-879 du 21 juill. 2009, art. 50-I)* Afin de favoriser la coordination, la qualité, la continuité des soins et la sécurité de la dispensation des médicaments, produits et objets définis à l'article L. 4211-1 *(Abrogé par Ord. n° 2010-177 du 23 févr. 2010, art. 26-2°)* *« du code de la santé publique »*, il est créé, pour chaque bénéficiaire de l'assurance maladie, avec son consentement, un dossier pharmaceutique *(Abrogé par L. n° 2007-1786 du 19 déc. 2007, art. 56)* *« dont les informations alimentent le dossier médical personnel mentionné à l'article L. 161-36-1 [L. 1111-14 CSP] du présent code, dans des conditions précisées par le décret prévu à l'article L. 161-36-4 [L. 1111-21 CSP] ».*

Sauf opposition du patient quant à l'accès du pharmacien à son dossier pharmaceutique et à l'alimentation de celui-ci, tout pharmacien d'officine est tenu d'alimenter le dossier pharmaceutique à l'occasion de la dispensation. *(L. n° 2011-2012 du 29 déc. 2011, art. 23-II)* « Dans les mêmes conditions, les pharmaciens exerçant dans une pharmacie à usage intérieur peuvent consulter et alimenter ce dossier. » *(L. n° 2007-1786 du 19 déc. 2007, art. 56)* « Les informations de ce dossier utiles à la coordination des soins sont reportées dans le dossier *(L. n° 2016-41 du 26 janv. 2016, art. 96-III)* « médical partagé » dans les conditions prévues à l'article » *(Ord. n° 2010-177 du 23 févr. 2010, art. 26-8°)* « L. 1111-15 ».

(L. n° 2016-41 du 26 janv. 2016, art. 97) « Sauf opposition du patient dûment informé, le médecin qui le prend en charge au sein d'un établissement de santé *(Ord. n° 2018-20 du 17 janv. 2018, art. 2)* « , d'un hôpital des armées ou de l'Institution nationale des invalides, » peut consulter son dossier pharmaceutique dans les conditions mentionnées au deuxième alinéa. »

La mise en œuvre du dossier pharmaceutique est assurée par le Conseil national de l'ordre des pharmaciens mentionné à l'article L. 4231-2 *(Abrogé par Ord. n° 2010-177 du 23 févr. 2010, art. 26-2°)* *« du code de la santé publique »*.

(L. n° 2007-1786 du 19 déc. 2007, art. 56) « Un décret en Conseil d'État, pris après avis de la Commission nationale de l'informatique et des libertés et du Conseil national de l'ordre des pharmaciens, fixe les conditions d'application du présent article. »

Art. L. 1111-24 *(L. n° 2008-1330 du 17 déc. 2008, art. 45-I ; L. n° 2009-879 du 21 juill. 2009, art. 50-I et 126)* Le groupement d'intérêt public chargé du développement des systèmes d'information de santé partagés bénéficie pour son financement d'une participation des régimes obligatoires d'assurance maladie. Le montant de cette dotation est fixé par arrêté du ministre chargé de la sécurité sociale.

Ce groupement peut recruter des agents titulaires de la fonction publique, de même que des agents non titulaires de la fonction publique avec lesquels il conclut des contrats à durée déterminée ou indéterminée. Il peut également employer des agents contractuels de droit privé régis par le code du travail.

Ce groupement peut également attribuer, dans des conditions fixées par arrêté des ministres chargés de la santé et de la sécurité sociale, des financements visant à favoriser le développement des systèmes d'information de santé partagés.

SECTION IV CONDITIONS DE RECONNAISSANCE DE LA FORCE PROBANTE DES DOCUMENTS COMPORTANT DES DONNÉES DE SANTÉ À CARACTÈRE PERSONNEL CRÉÉS OU REPRODUITS SOUS FORME NUMÉRIQUE ET DE DESTRUCTION DES DOCUMENTS CONSERVÉS SOUS UNE AUTRE FORME QUE NUMÉRIQUE

(Ord. n° 2017-29 du 12 janv. 2017)

Art. L. 1111-25 La présente section s'applique aux documents comportant des données de santé à caractère personnel produits, reçus ou conservés, à l'occasion d'activités de prévention, de diagnostic, de soins, de compensation du handicap, de prévention de perte d'autonomie, ou de suivi social et médico-social réalisées dans les conditions de l'article L. 1110-4, par :

1° Un professionnel de santé, un établissement ou service de santé ;

2° Un professionnel ou organisme concourant à la prévention ou aux soins dont les conditions d'exercice ou les activités sont régies par le présent code ;

3° Le service de santé des armées ;

4° Un professionnel du secteur médico-social ou social ou un établissement ou service social et médico-social mentionné au I de l'article L. 312-1 du code de l'action sociale et des familles.

Art. L. 1111-26 La copie numérique d'un document mentionné à l'article L. 1111-25, remplissant les conditions de fiabilité prévues par le deuxième alinéa de l'article 1379 du code civil, a la même force probante que le document original sur support papier.

Lorsque une *[Lorsqu'une]* copie numérique fiable a été réalisée, le document original peut être détruit avant la fin de la durée légale de conservation ou, à défaut, de celle prévue au 5° de l'article 6 de la loi n° 78-17 du 6 janvier 1978 relative à l'informatique, aux fichiers et aux libertés.

Si ce document original relève du champ des archives publiques au sens de l'article L. 211-4 du code du patrimoine, l'autorisation de destruction est soumise au visa de l'administration des archives, conformément aux dispositions de l'article L. 212-3 du code du patrimoine.

Art. L. 1111-27 Un document mentionné à l'article L. 1111-25 du présent code créé sous forme numérique a la même force probante qu'un document sur support papier lorsqu'il a été établi et conservé dans les conditions prévues à l'article 1366 du code civil.

Art. L. 1111-28 La signature apposée sur un document mentionné à l'article L. 1111-25 signifie, selon le cas, que :

1° La personne prise en charge a pris acte du contenu du document et, le cas échéant, y consent ;

2° Le professionnel mentionné à l'article L. 1111-25 valide le contenu du document.

Lorsque le document sur lequel la signature est apposée est créé sur un support numérique, le procédé de signature respecte les conditions du second alinéa de l'article 1367 du code civil.

Art. L. 1111-29 A la demande des personnes directement intéressées par ces documents, les professionnels, services, établissements et organismes mentionnés à l'article L. 1111-25 *peuvent mettre er forme* un document comportant des données de santé à caractère personnel à partir d'un ou *[de]* plusieurs documents numériques existants sans en modifier le sens et le contenu, et dans le respect du secret médical et de la confidentialité des données collectées et traitées.

Le document ainsi créé est présumé fiable jusqu'à preuve du contraire lorsqu'a été utilisé un procédé de production permettant d'insérer les métadonnées nécessaires à la garantie de l'identification de l'émetteur et de l'intégrité des données ainsi matérialisées. Le document créé peut être matérialisé sur support papier.

Lorsque le document ainsi créé fait l'objet d'une obligation légale de signature, celle-ci est réputée satisfaite si le document respecte les conditions du précédent alinéa et s'il est issu d'un ou *[de]* plusieurs documents signés de façon électronique conformément aux dispositions du dernier alinéa de l'article L. 1111-28.

Art. L. 1111-30 La description des modalités de mise en œuvre des dispositions des articles L. 1111-26 à L. 1111-29 ainsi que la documentation afférente sont rendues accessibles aux personnes prises en charge et aux professionnels mentionnés à l'article L. 1111-25. Cette description et cette documentation sont conservées aussi longtemps que les documents qu'elles concernent.

Art. L. 1111-31 Les conditions d'application de la présente section, notamment pour déterminer le procédé de signature adapté à la nature du document, sont précisées par les référentiels définis à l'article L. 1110-4-1.

CHAPITRE II PERSONNES ACCUEILLIES DANS LES ÉTABLISSEMENTS DE SANTÉ

BIBL. ▸ Dossier sur la charte de la personne hospitalisée (collectif), *Rev. Actualités JuriSanté, juill. 2006, n° 54.* – MOQUET-ANGER, Le malade à l'hôpital : client, usager et/ou citoyen ?, *RGDM 2004, n° 12, p. 43.*

V. aussi Bibl. ss. art. L. 1111-7.

COMMENTAIRE

V. Commentaire reproduit sur Dalloz.fr.

Art. L. 1112-1 *(L. n° 2016-41 du 26 janv. 2016, art. 95-1°-a)* « I. – » *(L. n° 2002-303 du 4 mars 2002, art. 14-I)* « Les établissements de santé, publics ou privés, sont tenus de communiquer aux personnes recevant ou ayant reçu des soins, sur leur demande, les informations médicales définies à l'article L. 1111-7. *(Abrogé par L. n° 2016-41 du 26 janv. 2016, art. 95-1°-b) « Les praticiens qui ont prescrit l'hospitalisation ont accès, sur leur demande, à ces informations. »* Cette communication est effectuée, au choix de la personne concernée, directement ou par l'intermédiaire d'un médecin qu'elle désigne.

« Les établissements de santé proposent un accompagnement médical aux personnes qui le souhaitent lorsqu'elles demandent l'accès aux informations les concernant.

« Le refus de cet accompagnement ne fait pas obstacle à la consultation de ces informations. »

Dans le respect des règles déontologiques qui leur sont applicables, les praticiens des établissements assurent l'information des personnes soignées. Les personnels paramédicaux participent à cette information dans leur domaine de compétence et dans le respect de leurs propres règles professionnelles.

(L. n° 2016-41 du 26 janv. 2016, art. 95-2° et 3°) « II. – Le praticien qui adresse un patient à un établissement de santé accompagne sa demande d'une lettre de liaison synthétisant les informations nécessaires à la prise en charge du patient.

« Le praticien qui a adressé le patient à l'établissement de santé en vue de son hospitalisation et le médecin traitant ont accès, sur leur demande, aux informations mentionnées au premier alinéa du I.

« Le praticien qui a adressé le patient à l'établissement de santé en vue de son hospitalisation et le médecin traitant sont destinataires, à la sortie du patient, d'une lettre de liaison comportant les éléments utiles à la continuité des soins, rédigée par le médecin de l'établissement en charge du patient, y compris lorsque le patient est pris en charge en l'absence de la lettre de liaison mentionnée au premier alinéa du présent II.

« La lettre de liaison est, dans le respect des exigences prévues aux quatrième et cinquième alinéas de l'article L. 1111-2, remise, au moment de sa sortie, au patient ou, avec son accord et dans les conditions prévues à l'article L. 1111-6, à la personne de confiance.

« Les lettres de liaison peuvent être dématérialisées. Elles sont alors déposées dans le *dossier* médical partagé du patient et envoyées par messagerie sécurisée au praticien qui a adressé le patient à *l'établissement de santé* en vue de son hospitalisation et au médecin traitant.

« III. – » Les établissements sont tenus de protéger la confidentialité des informations qu'ils détiennent sur les personnes qu'ils accueillent.

Les médecins membres de l'inspection générale des affaires sociales, les médecins inspecteurs de santé publique *(Ord. n° 2010-177 du 23 févr. 2010, art. 19-I-2°)* « , les

inspecteurs de l'agence régionale de santé ayant la qualité de médecin » et les médecins conseils des organismes d'assurance maladie ont accès, dans le respect des règles de déontologie médicale, à ces informations lorsqu'elles sont nécessaires à l'exercice de leurs missions.

Les modalités d'application du présent article *(L. n° 2002-303 du 4 mars 2002, art. 14-I)* **« , notamment en ce qui concerne la procédure d'accès aux informations médicales définies à l'article L. 1111-7, » sont fixées par voie réglementaire, après avis du Conseil national de l'ordre des médecins.**

Tenue du dossier médical. Le fait de ne pas avoir consigné dans le dossier médical une allergie constitue une faute de nature à engager la responsabilité de l'établissement, en cas de choc anaphylactique lié à l'administration d'un médicament contre-indiqué. • TA Marseille, 2 mai 2000, *Mme Strumeyer c/ Assistance publique à Marseille*, n° 97-1095 : *RDSS 2002. 54, obs. Cormier*. ♦ La production *a posteriori* par l'établissement d'un compte rendu d'examen, faute pour le dossier médical de comporter ce compte rendu, ne saurait valablement prouver que la patiente avait bénéficié d'une anesthésie locale préalable à un examen douloureux. • TA Strasbourg, 5 déc. 2000, *Marcadella c/ CPAM de Strasbourg*, n° 99177 : *RDSS 2002. 55, obs. Cormier*. ♦ Est fautif le chirurgien qui conserve par-devers lui les comptes rendus opératoires de ses patients, sans les verser aux dossiers médicaux tenus par l'établissement. • CE 28 avr. 2003, *André X.*, n° 238181 : *RDSS 2003. 396*.

Art. L. 1112-2 La qualité de la prise en charge des patients est un objectif essentiel pour tout établissement de santé. Celui-ci doit procéder à une évaluation régulière de leur satisfaction, portant notamment sur les conditions d'accueil et de séjour. Les résultats de ces évaluations sont pris en compte dans *(Ord. n° 2010-177 du 23 févr. 2010, art. 26-1°)* **« la certification » définie aux articles L. 6113-3 et L. 6113-4.**

Chaque établissement remet aux patients, lors de leur admission, un livret d'accueil auquel est annexée la charte du patient hospitalisé, conforme à un modèle type arrêté par le ministre chargé de la santé.

Modalités de l'enquête. Le directeur général de l'offre de soins du ministère de la Santé, agissant par délégation du ministre chargé de la Santé, a compétence pour rappeler aux établissements de santé l'obligation de mettre en œuvre l'enquête annuelle de satisfaction des patients hospitalisés. • CE 6 mai 2016, *Féd. de l'hospitalisation privée*, n° 384071. ♦ Si la réalisation de l'enquête de satisfaction des patients hospitalisés conduit à traiter des données à caractère personnel relatives à la santé, il incombe aux établissements de santé de recueillir le consentement exprès des intéressés, en application de la loi du 6 janv. 1978 (art. 8-II). • Même arrêt. ♦ La loi de 1978 n'impose pas d'anonymisation préalable par l'établissement de santé avant transmission des données des patients à un institut de sondage pour les besoins de l'enquête. • Même arrêt. ♦ En revanche, en imposant la réalisation de l'enquête de satisfaction par un institut de sondage indépendant de l'établissement de santé et en fixant les règles méthodologiques applicables aux enquêtes, le directeur général de l'offre de soins excède le champ de la compétence dévolue au ministre de la Santé, lequel ne tient d'aucun texte, ni de sa qualité de chef de service, le pouvoir d'imposer aux établissements de santé publics ou privés de telles prescriptions. • Même arrêt.

Art. L. 1112-3 Les règles de fonctionnement des établissements de santé propres à faire assurer le respect des droits et obligations des patients hospitalisés sont définies par voie réglementaire.

(L. n° 2002-303 du 4 mars 2002, art. 16) **« Dans chaque établissement de santé, une commission des** *(L. n° 2016-41 du 26 janv. 2016, art. 183-1°)* **« usagers » a pour mission de veiller au respect des droits des usagers et de contribuer à l'amélioration de la qualité de l'accueil des personnes malades et de leurs proches et de la prise en charge. Cette commission facilite les démarches de ces personnes et veille à ce qu'elles puissent, le cas échéant, exprimer leurs griefs auprès des responsables de l'établissement, entendre les explications de ceux-ci et être informées des suites de leurs demandes. »** *(L. n° 2016-41 du 26 janv. 2016, art. 183-2°)* **« Elle peut être présidée par un représentant des usagers. »**

(L. n° 2011-803 du 5 juill. 2011, art. 9-2°) **« Lorsqu'elle est saisie par une personne faisant l'objet de soins psychiatriques en application des articles L. 3212-1 ou L. 3213-1, la commission peut confier l'instruction de la demande à la commission prévue à l'article L. 3222-5. »**

(L. nº 2016-41 du 26 janv. 2016, art. 183-3º) « La commission des usagers participe à l'élaboration de la politique menée dans l'établissement en ce qui concerne l'accueil, la prise en charge, l'information et les droits des usagers. Elle est associée à l'organisation des parcours de soins ainsi qu'à la politique de qualité et de sécurité élaborée par la commission ou la conférence médicale d'établissement. Elle fait des propositions sur ces sujets et est informée des suites qui leur sont données.

« Elle peut se saisir de tout sujet se rapportant à la politique de qualité et de sécurité élaborée par la commission ou la conférence médicale d'établissement. Elle fait des propositions et est informée des suites qui leur sont données.

« Elle est informée de l'ensemble des plaintes et des réclamations formées par les usagers de l'établissement ainsi que des suites qui leur sont données. En cas de survenue d'événements indésirables graves, elle est informée des actions menées par l'établissement pour y remédier. Elle peut avoir accès aux données médicales relatives à ces plaintes ou à ces réclamations, sous réserve de l'obtention préalable de l'accord écrit de la personne concernée ou de ses ayants droit si elle est décédée. Un décret en Conseil d'État prévoit notamment les modalités de consultation des données et de protection de l'anonymat des patients et des professionnels.

« Les membres de la commission sont astreints au secret professionnel dans les conditions définies aux articles 226-13 et 226-14 du code pénal.

« Le conseil de surveillance des établissements publics de santé ou une instance habilitée à cet effet dans les établissements privés délibère au moins une fois par an sur la politique de l'établissement en ce qui concerne les droits des usagers et la qualité de l'accueil et de la prise en charge, sur la base d'un rapport présenté par la commission des usagers. Ce rapport et les conclusions du débat sont transmis à la conférence régionale de la santé et de l'autonomie et à l'agence régionale de santé, qui est chargée d'élaborer une synthèse de l'ensemble de ces documents.

« La composition et les modalités de fonctionnement de la commission des usagers sont fixées par décret. »

BIBL. ▸ PAULIAT, Évolution de la commission des usagers des établissements de santé, *JCP G 2016, nº 688.*

COMMENTAIRE

V. Commentaire reproduit sur Dalloz.fr

Art. L. 1112-4 Les établissements de santé, publics ou privés, et les établissements médico-sociaux mettent en œuvre les moyens propres à prendre en charge la douleur des patients qu'ils accueillent et à assurer les soins palliatifs que leur état requiert, quelles que soient l'unité et la structure de soins dans laquelle ils sont accueillis. Pour les établissements de santé publics, ces moyens sont définis par le projet d'établissement mentionné à l'article L. 6143-2. Pour les établissements de santé privés, ces moyens sont pris en compte par le contrat d'objectifs et de moyens mentionné aux articles L. 6114-1, L. 6114-2 et L. 6114-3.

Les centres hospitaliers et universitaires assurent, à cet égard, la formation initiale et continue des professionnels de santé et diffusent, en liaison avec les autres établissements de santé publics ou privés *(Abrogé par Ord. nº 2010-177 du 23 févr. 2010, art. 1er-2º)* *« participant au service public hospitalier »*, les connaissances acquises, y compris aux équipes soignantes, en vue de permettre la réalisation de ces objectifs en ville comme dans les établissements. Ils favorisent le développement de la recherche.

Les établissements de santé et les établissements et services sociaux et médico-sociaux peuvent passer convention entre eux pour assurer ces missions.

Les obligations prévues pour les établissements mentionnés au présent article s'appliquent notamment lorsqu'ils accueillent des mineurs, des majeurs protégés par la loi ou des personnes âgées.

Art. L. 1112-5 *(L. nº 2002-303 du 4 mars 2002, art. 17)* Les établissements de santé facilitent l'intervention des associations de bénévoles qui peuvent apporter un soutien à toute personne accueillie dans l'établissement, à sa demande ou avec son accord, ou développer des activités au sein de l'établissement, dans le respect des règles de fonctionnement de l'établissement et des activités médicales et paramédicales et sous réserve des dispositions prévues à l'article L. 1110-11.

Les associations qui organisent l'intervention des bénévoles dans des établissements de santé publics ou privés doivent conclure avec les établissements concernés une convention qui détermine les modalités de cette intervention.

Art. L. 1112-6 *(L. nº 2002-303 du 4 mars 2002, art. 14-I-2º)* **Sont déterminées par décret en Conseil d'État les mesures réglementaires prévues aux articles L. 1112-1 et L. 1112-3 et, en tant que de besoin, les modalités d'application des autres dispositions du présent chapitre.**

CHAPITRE III RESPONSABILITÉ DES ÉTABLISSEMENTS À L'ÉGARD DES BIENS DES PERSONNES ACCUEILLIES

Art. L. 1113-1 Les établissements de santé, ainsi que les établissements sociaux ou médico-sociaux hébergeant des personnes âgées ou des adultes handicapés, sont, qu'ils soient publics ou privés, responsables de plein droit du vol, de la perte ou de la détérioration des objets déposés entre les mains des préposés commis à cet effet ou d'un comptable public, par les personnes qui y sont admises ou hébergées.

L'État est responsable dans les mêmes conditions du vol, de la perte ou de la détérioration des objets déposés par les personnes admises ou hébergées dans les hôpitaux des armées.

Sont responsables dans les mêmes conditions l'Institution nationale des invalides pour les dépôts effectués dans ses services et l'Office national des anciens combattants pour ceux effectués dans ses maisons de retraite.

Le dépôt ne peut avoir pour objet que des choses mobilières dont la nature justifie la détention par la personne admise ou hébergée durant son séjour dans l'établissement. Il ne peut être effectué par les personnes accueillies en consultation externe.

BIBL. ▶ Aubry et Ponchon, Guide du dépôt de biens dans les établissements sanitaires, sociaux et médico-sociaux, *Berger-Levrault, 2010.*

1. Obligation d'information. Constitue une faute dans l'organisation et le fonctionnement du service public hospitalier le fait pour le personnel de s'abstenir de prendre en charge la prothèse auditive d'un patient devant subir une intervention chirurgicale et qui n'a pas été informé, lors de son entrée dans l'établissement, des formalités de dépôt et de déclaration qu'il pouvait accomplir. • TA Paris, 7 sept. 1999, *Martin*, nº 96105176.

2. Obligation d'inventaire. L'absence d'inventaire des objets déposés dans un établissement public de santé constitue une faute engageant la responsabilité de cet établissement, à condition que soit établi un lien de causalité entre cette faute et le préjudice résultant de la perte d'un objet. • CAA Nantes, 18 oct. 2001, *Mme Vincent*, nº 98NT00420 : *RDSS 2002. 59, obs. Cormier*.

3. Responsabilité de plein droit : limites. Le régime de responsabilité de plein droit est soumis à la condition de dépôt auprès de l'établissement. • TA Orléans, 7 nov. 2003, *Sevre*, nº 013846. ♦ Il en résulte qu'en l'absence de dépôt des biens par une personne qui n'était pas hors d'état de le faire la responsabilité de l'établissement n'est pas, en principe, engagée de plein droit. Toutefois, lorsque l'établissement ne satisfait pas à son obligation d'inviter le patient à procéder au dépôt de ses biens, il commet une faute. • CAA Bordeaux, 9 sept. 2014, *Mme Marcelle S.*, nº 13BX00559 : *AJDA 2014. 2510*.

Art. L. 1113-2 Le montant des dommages et intérêts dus à un déposant en application de l'article L. 1113-1 est limité à l'équivalent de deux fois le montant du plafond des rémunérations et gains versés mensuellement retenu pour le calcul des cotisations de sécurité sociale du régime général. Toutefois, cette limitation ne s'applique pas lorsque le vol, la perte ou la détérioration des objets résultent d'une faute de l'établissement ou des personnes dont ce dernier doit répondre.

Art. L. 1113-3 La responsabilité prévue à l'article L. 1113-1 s'étend sans limitation aux objets de toute nature détenus, lors de leur entrée dans l'établissement, par les personnes hors d'état de manifester leur volonté ou devant recevoir des soins d'urgence et qui, de ce fait, se trouvent dans l'incapacité de procéder aux formalités de dépôt dans les conditions prévues à l'article L. 1113-1. Dans ce cas, ces formalités sont accomplies par le personnel de l'établissement.

Dès qu'elles sont en état de le faire, les personnes mentionnées au présent article procèdent au retrait des objets non susceptibles d'être déposés dans les conditions prévues à l'article L. 1113-1.

Preuve. Dès lors qu'un inventaire a été établi lors de l'admission du patient, il appartient à ce dernier d'apporter la preuve qu'il était en possession d'objets qui n'auraient pas été mentionnés sur la feuille d'inventaire. • TA Paris, 24 avr. 2007, n° 0308218 : *Gaz. Pal. 17 nov. 2007, n° 321, p. 51, obs. Ballereau-Boyer.* ♦ Mais en l'absence de formalités de dépôt accomplies par le personnel, l'établissement ne peut contester la perte d'un objet qu'une patiente prétendait détenir lors de son admission. • TA Caen, 12 juin 2001, *Mme Trarieux*, n° 001888.

Art. L. 1113-4 Les établissements mentionnés à l'article L. 1113-1 ou l'État ne sont responsables du vol, de la perte ou de la détérioration des objets non déposés dans les conditions prévues à l'article L. 1113-1 ou non retirés dans celles prévues au second alinéa de l'article L. 1113-3, alors que leurs détenteurs étaient en mesure de le faire, que dans le cas où une faute est établie à l'encontre des établissements ou à l'encontre des personnes dont ils doivent répondre.

Art. L. 1113-5 Les établissements mentionnés à l'article L. 1113-1 ou l'État ne sont pas responsables lorsque la perte ou la détérioration résulte de la nature ou d'un vice de la chose. Il en est de même lorsque le dommage a été rendu nécessaire pour l'exécution d'un acte médical ou d'un acte de soins.

Art. L. 1113-6 Les objets abandonnés à la sortie ou au décès de leurs détenteurs dans un des établissements mentionnés à l'article L. 1113-1 sont déposés entre les mains des préposés commis à cet effet ou d'un comptable public par le personnel de l'établissement. Le régime de responsabilité prévu aux articles L. 1113-1 et L. 1113-2 est alors applicable.

Art. L. 1113-7 Sous réserve des dispositions de l'article L. 6145-12, les objets non réclamés sont remis, un an après la sortie ou le décès de leur détenteur, à la Caisse des dépôts et consignations s'il s'agit de sommes d'argent, titres et valeurs mobilières ou, pour les autres biens mobiliers, *(Ord. n° 2010-420 du 27 avr. 2010, art. 118-1°)* « à l'administration chargée des domaines » aux fins d'être mis en vente.

(Ord. n° 2010-420 du 27 avr. 2010, art. 118-1°) « L'administration chargée des domaines » peut, dans les conditions fixées par voie réglementaire, refuser la remise des objets dont la valeur est inférieure aux frais de vente prévisibles. Dans ce cas, les objets deviennent la propriété de l'établissement détenteur.

Toutefois, les actes sous seing privé qui constatent des créances ou des dettes sont conservés, en qualité de dépositaires, par les établissements où les personnes ont été admises ou hébergées pendant une durée de cinq ans après la sortie ou le décès des intéressés. A l'issue de cette période, les actes peuvent être détruits.

Le montant de la vente ainsi que les sommes d'argent, les titres et les valeurs mobilières et leurs produits sont acquis de plein droit au Trésor public cinq ans après cession par *(Ord. n° 2010-420 du 27 avr. 2010, art. 118-1°)* « l'administration chargée des domaines » ou la remise à la Caisse des dépôts et consignations, s'il n'y a pas eu, dans l'intervalle, réclamation de la part du propriétaire, de ses représentants ou de ses créanciers.

Art. L. 1113-8 Les dispositions de l'article L. 1113-7 sont portées à la connaissance de la personne admise ou hébergée, ou de son représentant légal, au plus tard le jour de sa sortie de l'établissement ou, en cas de décès, à celle de ses héritiers, s'ils sont connus, six mois au moins avant la remise des objets détenus par l'établissement *(Ord. n° 2010-420 du 27 avr. 2010, art. 118-2°)* « à l'administration chargée des domaines » ou à la Caisse des dépôts et consignations.

Art. L. 1113-9 *Toute clause contraire aux dispositions du présent chapitre est réputée non écrite.*

Art. L. 1113-10 Les modalités d'application du présent chapitre sont déterminées par décret en Conseil d'État, et notamment :

1° Les conditions dans lesquelles sont désignés les préposés de l'établissement ou les comptables publics habilités à recevoir les objets en dépôt selon leur nature ;

2° Les modalités selon lesquelles les dépôts doivent être effectués entre les mains des préposés commis à cet effet ou d'un comptable public, particulièrement lorsque ces dépôts portent sur des objets détenus, lors de leur entrée dans l'établissement, par des personnes hors d'état de manifester leur volonté ou devant recevoir des soins d'urgence, ou sur des objets abandonnés à la sortie ou au décès de leurs détenteurs dans cet établissement ;

3° Les conditions dans lesquelles *(Ord. n° 2010-420 du 27 avr. 2010, art. 118-3°)* « l'administration chargée des domaines » peut refuser la remise des objets dont la valeur est inférieure aux frais de vente prévisibles ;

4° Les conditions dans lesquelles les dispositions du présent chapitre et ses textes d'application sont portées à la connaissance des personnes admises ou hébergées dans l'établissement.

CHAPITRE IV PARTICIPATION DES USAGERS AU FONCTIONNEMENT DU SYSTÈME DE SANTÉ

(L. n° 2002-303 du 4 mars 2002, art. 20)

BIBL. ▶ HASSENTEUFEL, La résistible affirmation d'un pouvoir collectif des patients, *RDSS 2012. 477*. – LAUDE, Les droits collectifs des usagers du système de santé, *LPA 19 juin 2002, n° 122, p. 23*.

Art. L. 1114-1 *(L. n° 2016-41 du 26 janv. 2016, art. 176-I-1°)* « I. — » Les associations, régulièrement déclarées, ayant une activité dans le domaine de la qualité de la santé et de la prise en charge des malades peuvent faire l'objet d'un agrément par l'autorité administrative compétente soit au niveau régional, soit au niveau national. *(L. n° 2004-806 du 9 août 2004, art. 5-I)* « L'agrément est prononcé sur avis conforme d'une Commission nationale qui comprend des représentants de l'État, dont un membre du Conseil d'État et un membre de la Cour de cassation en activité ou honoraire, des représentants de l'Assemblée nationale et du Sénat et des personnalités qualifiées en raison de leur compétence ou de leur expérience dans le domaine associatif. » L'agrément est notamment subordonné à l'activité effective et publique de l'association en vue de la défense des droits des personnes malades et des usagers du système de santé ainsi qu'aux actions de formation et d'information qu'elle conduit, *(L. n° 2004-806 du 9 août 2004, art. 5-II)* « à la transparence de sa gestion, » à sa représentativité et à son indépendance. Les conditions d'agrément et du retrait de l'agrément *(L. n° 2004-806 du 9 août 2004, art. 5-III)* « ainsi que la composition et le fonctionnement de la Commission nationale sont déterminés par décret en Conseil d'État ».

(L. n° 2004-806 du 9 août 2004, art. 6) « Seules les associations agréées représentent les usagers du système de santé dans les instances hospitalières ou de santé publique. » *(L. n° 2016-41 du 26 janv. 2016, art. 176-I-2° et II)* « II. — Les représentants des usagers dans les instances mentionnées au I suivent une formation de base délivrée par les associations de représentants d'usagers agréées au titre du même I.

« Cette formation est conforme à un cahier des charges. Le cahier des charges ainsi que la liste des associations délivrant la formation sont arrêtés par le ministre chargé de la santé.

« Cette formation donne droit à une indemnité versée au représentant d'usagers par l'association assurant la formation. Un décret détermine les modalités selon lesquelles une subvention publique est allouée à cet effet à l'association. Un arrêté du ministre chargé de la santé fixe le montant de cette indemnité. »

I. — Lorsque des associations d'usagers du système de santé agréées en application de l'art. L. 1114-1 fusionnent pour s'adapter à la nouvelle délimitation des régions résultant de la L. n° 2015-29 du 16 janv. 2015, l'agrément de chacune d'entre elles vaut agrément de la nouvelle association ainsi créée. Ce nouvel agrément est valable pour la durée de celui des agréments ayant la durée la plus longue restant à courir.

II. — Les statuts, la liste des membres des instances dirigeantes et la liste des associations ayant fusionné sont adressés, dans un délai n'excédant pas quinze jours à compter de la création de la nouvelle association, au directeur général de l'agence régionale de santé, qui en informe la Commission nationale d'agrément mentionnée à l'art. L. 1114-1. L'accusé de réception de ces pièces par le direc-

teur général de l'agence régionale de santé vaut délivrance de l'agrément (Décr. n° 2016-898 du 30 juin 2016, art. 5).

V. L. n° 2016-41 du 26 janv. 2016, art. 92 .

COMMENTAIRE

V. Commentaire reproduit sur Dalloz.fr .

Art. L. 1114-2 **Lorsque l'action publique a été mise en mouvement par le ministère public ou la partie lésée, et sous réserve de l'accord de la victime, les associations agréées au niveau national dans les conditions prévues à l'article L. 1114-1 peuvent exercer les droits reconnus à la partie civile en ce qui concerne les infractions prévues par les articles 221-6, 222-19 et 222-20 du code pénal ainsi que les infractions prévues par des dispositions du présent code, portant un préjudice à l'intérêt collectif des usagers du système de santé.**

Champ. Les dispositions de l'art. L. 1114-2 ne sont pas applicables aux actions en responsabilité engagées devant la juridiction administrative. • CAA Marseille, 15 oct. 2009, *Assoc. St'Halt Tort Tue*, n° 07MA02005.

Art. L. 1114-3 **Les salariés, membres d'une association visée à l'article L. 1114-1, bénéficient du congé de représentation prévu par l'article** *(Ord. n° 2010-177 du 23 févr. 2010, art. 26-9°)* **« L. 3142-51 » du code du travail lorsqu'ils sont appelés à siéger :**

1° Soit au *(Ord. n° 2010-177 du 23 févr. 2010, art. 4-1°)* **« conseil de surveillance », ou à l'instance habilitée à cet effet, d'un établissement de santé public ou privé, ou aux commissions et instances statutaires dudit établissement ;**

2° Soit dans les instances consultatives régionales ou nationales et les établissements publics nationaux prévus par le présent code.

L'indemnité *(Ord. n° 2010-177 du 23 févr. 2010, art. 26-9°)* **« mentionnée à l'article L. 3142-52 » du code du travail est versée par l'établissement de santé public ou privé concerné dans le cas visé au 1° du présent article ; dans les cas visés au 2°, elle est versée par les établissements concernés, ou par l'État lorsqu'il s'agit d'instances instituées auprès de l'État.**

Art. L. 1114-4 **La commission régionale de conciliation et d'indemnisation mentionnée à l'article L. 1142-5, réunie en formation de conciliation, peut être saisie par toute personne de contestations relatives au respect des droits des malades et des usagers du système de santé.**

Art. L. 1114-5 *Abrogé par L. n° 2016-1827 du 23 déc. 2016, art. 70-I-1°.*

Art. L. 1114-6 *(L. n° 2016-41 du 26 janv. 2016, art. 1er-I)* **Il peut être créé une Union nationale des associations agréées d'usagers du système de santé, composée des associations d'usagers du système de santé agréées au plan national qui apportent à l'union leur adhésion.**

Cette union est constituée sous le régime de la loi du 1er juillet 1901 relative au contrat d'association. Ses statuts et son règlement sont soumis à l'agrément du ministre chargé de la santé.

(L. n° 2016-1827 du 23 déc. 2016, art. 70-I-2°-a) **« Cette union est réputée disposer de l'agrément délivré au niveau national en application du I de l'article L. 1114-1. »**

L'Union nationale des associations agréées d'usagers du système de santé est habilitée à :

1° Donner ses avis aux pouvoirs publics sur les questions relatives au fonctionnement du système de santé et leur proposer les mesures qui paraissent conformes aux intérêts matériels et moraux de ses membres ;

2° Animer un **réseau des associations agréées d'usagers aux niveaux national et régional ;**

3° Agir en justice pour la défense de ses propres intérêts moraux et matériels comme de ceux des usagers du système de santé ;

4° Représenter les usagers auprès des pouvoirs publics, notamment en vue de la désignation des délégués dans les conseils, assemblées et organismes institués par les pouvoirs publics ;

(L. nº 2016-1827 du 23 déc. 2016, art. 70-I-2º-b) **« 5º Dispenser des formations aux représentants des usagers du système de santé, notamment la formation de base mentionnée au II de l'article L. 1114-1. »**

Chaque association d'usagers du système de santé, dans la limite de ses statuts, conserve le droit de représenter auprès des pouvoirs publics les intérêts dont elle a la charge.

Art. L. 1114-7 *(L. nº 2016-41 du 26 janv. 2016, art. 1er-I)* **L'Union nationale des associations agréées d'usagers du système de santé est administrée par un conseil dont les membres sont élus selon les conditions définies dans ses statuts.**

Ne peuvent être membres du conseil d'administration les personnes frappées par une mesure d'interdiction des droits civiques, civils et de famille.

Un décret en Conseil d'État détermine les modalités de mise en œuvre des missions et le fonctionnement de l'Union nationale des associations agréées d'usagers du système de santé, notamment son organisation sous forme de délégations territoriales *(L. nº 2016-1827 du 23 déc. 2016, art. 70-I-3º)* **« qui peuvent être composées de représentants régionaux des associations agréées au plan national et de représentants des associations agréées au plan régional ».**

CHAPITRE V DISPOSITIONS PÉNALES

(L. nº 2002-303 du 4 mars 2002, art. 12)

Art. L. 1115-1 La prestation d'hébergement de données de santé à caractère personnel recueillies *(Ord. nº 2017-31 du 12 janv. 2017, art. 5-2º)* **« auprès de personnes physiques ou morales à l'origine de la production ou du recueil de ces données » ou directement auprès des personnes qu'elles concernent sans être titulaire de l'agrément** *(Ord. nº 2017-27 du 12 janv. 2017, art. 1er-II, en vigueur à une date fixée par Décr. et au plus tard le 1er janv. 2019)* **« ou du certificat de conformité » prévu par l'article L. 1111-8 ou de traitement de ces données sans respecter les conditions de l'agrément obtenu est puni de trois ans d'emprisonnement et de 45 000 € d'amende.**

Art. L. 1115-2 *(L. nº 2009-526 du 12 mai 2009, art. 125-XXI-1º)* **Les personnes morales déclarées responsables pénalement, dans les conditions prévues par l'article 121-2 du code pénal, des infractions définies à l'article L. 1115-1 encourent, outre l'amende suivant les modalités prévues par l'article 131-38 du code pénal, les peines prévues par les 2º, 3º, 4º, 5º et 9º de l'article 131-39 du même code. L'interdiction prononcée à ce titre porte sur l'activité dans l'exercice ou à l'occasion de laquelle l'infraction a été commise.**

TITRE DEUXIÈME RECHERCHES IMPLIQUANT LA PERSONNE HUMAINE *(L. nº 2012-300 du 5 mars 2012, art. 1er-I-1º).*

COMMENTAIRE

V. Commentaire reproduit sur Dalloz.fr

CHAPITRE PREMIER PRINCIPES GÉNÉRAUX RELATIFS AUX RECHERCHES IMPLIQUANT LA PERSONNE HUMAINE *(Ord. nº 2016-800 du 16 juin 2016, art. 1er-1º et 8-I).*

RÉP. CIV. vº *Corps humain.*

BIBL. ▸ **Revues :** *Revue Éthique & Santé, éd. Elsevier-Masson.* – Journal international de bioéthique, *éd. Eska.*

▸ **Ouvrages généraux :** CCNE, Éthique et recherche biomédicale, *Rapport annuel.* – Binet, Droit de la bioéthique, *LGDJ, 2015.* – Legros, Droit de la bioéthique, *éd. LEH, 2013.* – Feuillet-Liger, Portier et *alii*, Droit, éthique et religion : de l'âge théologique à l'âge bioéthique, *Bruylant, 2012.* – Pirnay (dir.), L'éthique en médecine bucco-dentaire, *éd. Espace Id, 2012.* – Puigelier, La recherche sur le cerveau : quel droit ?, *in Mélanges Michaud, éd. LEH 2012, p. 299.* – Sebag-Depadt et Teboul, Droit et bioéthique, *éd. Larcier, 2012.* – Pirnay, Bioéthique et droit, interactions, *éd. LEH, 2011.* – Bévière, La protection des personnes dans la recherche biomédicale, *éd.*

LEH, 2010. – Delfosse et Bert, Bioéthique, droits de l'homme et biodroit, *éd. Larcier, 2009.* – Mathieu, La bioéthique, *Dalloz, coll. Connaissance du droit, 2009.* – Hennette-Vauchez, Le droit de la bioéthique, *éd. La Découverte, coll. Repères, 2009.* – Leca (dir.), La Constitution face au défi de la bioéthique, *éd. LEH, 2008.* – Mazen, La démarche d'éthique appliquée, *éd. LEH, 2008.* – Byk (dir.), Bioéthique et droit international : autour de la déclaration universelle sur la bioéthique et les droits de l'homme, *Colloques et débats, LexisNexis, 2007.* – Labrusse-Riou et Fabre-Magnan, Écrits de bioéthique, *Quadrige, PUF, 2007.* – Chemtob-Concé, La recherche biomédicale : le cadre juridique international, européen et national, *éd. LEH, 2006.* – Bioy, Le concept de personne humaine en droit public, *Dalloz, 2003.*

▸ **Articles généraux :** Tilman, Recherche et utilisation des données médicales : un cadre inadéquat ?, *Cah. Dr. sciences et technologies, éd. CNRS, 2015 n° 5, p. 89.* – Supiot, La recherche translationnelle entre recherche et soin : les remises en cause d'un modèle normatif, *Cah. Dr. science et technologies, éd. CNRS, 2015 n° 5, p. 159.* – Bacache, Décret n° 2012-855 du 5 juillet 2012 portant publication de la convention pour la protection des droits de l'homme et de la dignité de l'être humain à l'égard des applications de la biologie et de la médecine, *RTD civ. 2012. 785*. – Byk, Médecine et société : vers de nouvelles frontières du corps ? Le mariage imparfait du corps et du droit, *RRJ 2012. 189* ; De la protection des personnes à la réglementation des recherches, *JCP 2012. 308.* – Laigneau, Sécurité des patients et développement des recherches : de la loi Bertrand à la loi Jardé, *Méd. et droit 2012, n° 117, p. 163.* – Teboul, Ratification de la convention d'Oviedo par la France, *Rev. éthique et santé, mars 2012, n° 1, p. 1.* – Brun-Wauthier, Vergès et Vial, L'éthique scientifique comme outil de régulation : enjeux et dérives du contrôle des protocoles de recherche dans une perspective comparatiste. Droit, sciences et techniques, quelles responsabilités ?, *Réseau Droit Sciences et techniques, Coll. Colloques et débats, LexisNexis, 2011, p. 33.* – Lesaulnier, Lemaire, Hermange et *alii*, Recherche médicale, enjeux nationaux et communautaires, *Méd. et droit janv.-févr. 2011, n° 106, p. 27.* – Mitjavile, Législation, informatique et libertés et recherche médicale, *Méd. et droit janv.-févr. 2011, n° 106, p. 37.* – Amiel et Vialla, La vérité perdue du « Code de Nuremberg » : réception et déformations du « Code de Nuremberg » en France, *RDSS 2009. 673*. – Brissy, Bioéthique et droits des usagers du système de santé, *Gaz. Pal. 11 mars 2009, n° 70-71, p. 27.* – Paricard, La recherche médicale et le droit : une relation ambivalente, *RDSS 2009. 98*. – Goutal, Éthique, bioéthique et droit des brevets *in* Ruptures, mouvements et continuité du droit, *Mél. Gobert, Economica, 2004, p. 170.* – Duprat, Interactions normatives et recherches biomédicales, *RGDM 2000, n° 3, p. 21.* – Conseil d'État, Les lois bioéthiques, cinq ans après ?, *Doc. fr., 1999.* – Edelman, La recherche biomédicale dans l'économie de marché, *D. 1991. Chron. 203*.

▸ **Sur la loi du 9 août 2004 :** Hennette-Vauchez (dir.), Bioéthique, biodroit, biopolitique : réflexions à l'occasion du vote de la loi du 4 août 2004, *coll. Droit et société, LGDJ, 2006.* – Dupin-Spriet et Maillols, Le nouveau cadre juridique de la recherche biomédicale, *Rev. dr. et santé, mars 2005, n° 4.* – Cristol, La révision de la loi « Huriet » par la loi du 9 août 2004 relative à la politique de santé publique, *RDSS 2004. 885*. – Hocquet-Berg et Peton, Le régime juridique de la recherche biomédicale réformé par la loi n° 2004-806 du 9 août 2004 relative à la politique de santé publique, *RCA 2004. Chron. 23.* – Gaumont-Prat, Encadrement législatif des recherches biomédicales chez l'homme, *D. 2004. 533*.

▸ **Sur la loi « Jardé » du 5 mars 2012 :** Chemtob-Concé et Cailleux, L'impact des nouvelles dispositions de la loi relative aux recherches impliquant la personne humaine, *Méd. et droit 2013, n° 119, p. 30.* – Chemtob-Concé, Un cadre juridique unique pour les recherches impliquant la personne humaine, *LPA 21-22 août 2012, n° 168, p. 6.* – Dionisi-Peyrusse, La loi du 5 mars 2012 relative aux recherches impliquant la personne humaine : à la recherche d'une conciliation entre protection de la personne et développement de la recherche en vue de progrès médicaux, *RJPF, juill. 2012, n° 7-8.* – Thouvenin, La loi n° 2012-300 du 5 mars 2012 : des recherches pratiquées sur la personne aux recherches avec la personne, *RDSS 2012. 787*. – Leroyer, Loi n° 2012-300 du 5 mars 2012 relative aux recherches impliquant la personne humaine, *RTD civ. 2012. 384*. – Rochegonde, Point de vue critique sur la proposition de loi « recherches impliquant la personne humaine », *RGDM 2011, n° 38, p. 341.* – Lemaire, Pourquoi faut-il encore réformer la législation de la recherche biomédicale ?, *Méd. et droit, janv. 2011, p. 28.* – Actes du colloque « Avancées biomédicales et protection des libertés », *Méd. et droit, janv. 2011.*

▸ **Sur l'« homme augmenté ».** Lequillerier, Impression 3D et santé, le possible interventionnisme du droit face au transhumanisme, *JDSAM 2016, n° 14, p. 12.* – Delage, « H+, Transhumanisme, eugénisme et droit », *in Mél. Mémeteau, éd. LEH., vol. 1, 2015, p. 76.* – Labbée (dir.), L'homme augmenté face au droit, *PU Septentrion, 2015.* – Mazen et Bévière-Boyer, Éthique et homme « augmenté », *RDGM 2014, n° 53, p. 196.* – Labbée, L'homme augmenté, *D. 2012. 2323*. – Avis CCNE n° 81, 2003.

▸ **Sur l'homme « réparé ».** Lazaro, La prothèse et le droit, Essai sur la fabrication juridique des corps hybrides, *IRJS, éd. 2016.*

▸ **Pour une vision complémentaire au droit :** Ferry, La révolution transhumaniste, *Plon, 2016.* – Jousset-Couturier, Le transhumanisme, *Eyrolles, 2016.* – Sicard, L'éthique médicale et la bioéthique, *PUF Que Sais-je ?, 2015.* – Delassus et Lagrée, De l'« Éthique » de Spinoza à l'éthique médicale, *PU Rennes, 2011.* – Fagot-Largeault, Médecine et philosophie, *PUF, 2010.*

Art. L. 1121-1 *(L. nº 2004-806 du 9 août 2004, art. 88-II)* **Les recherches organisées et pratiquées sur l'être humain en vue du développement des connaissances biologiques ou médicales sont autorisées dans les conditions prévues au présent livre et sont désignées ci-après par les termes "recherche impliquant la personne humaine".**

(L. nº 2012-300 du 5 mars 2012, art. 1er-I-2º) **« Il existe trois catégories de recherches impliquant la personne humaine :**

« 1º Les recherches interventionnelles qui comportent une intervention sur la personne non justifiée par sa prise en charge habituelle ;

« 2º Les recherches interventionnelles qui *(Abrogé par Ord. nº 2016-800 du 16 juin 2016, art. 1er-2º-a)* **« *ne portent pas sur des médicaments et* » ne comportent que des risques et des contraintes minimes, dont la liste est fixée par arrêté du ministre chargé de la santé, après avis du directeur général de l'Agence nationale de sécurité du médicament et des produits de santé ;**

« 3º Les recherches non interventionnelles *(Ord. nº 2016-800 du 16 juin 2016, art. 1er-2º-b)* **« qui ne comportent aucun risque ni contrainte » dans lesquelles tous les actes sont pratiqués et les produits utilisés de manière habituelle** *(Abrogé par Ord. nº 2016-800 du 16 juin 2016, art. 1er-2º-b)* **« *, sans procédure supplémentaire ou inhabituelle de diagnostic, de traitement ou de surveillance* ».**

« La personne physique ou la personne morale qui est responsable d'une recherche impliquant la personne humaine, en assure la gestion et vérifie que son financement est prévu, est dénommée le promoteur. » Celui-ci ou son représentant légal doit être établi dans *(Ord. nº 2010-177 du 23 févr. 2010, art. 26-10º)* **« l'Union européenne ». Lorsque plusieurs personnes prennent l'initiative d'une même recherche impliquant la personne humaine, elles désignent une personne physique ou morale qui aura la qualité de promoteur et assumera les obligations correspondantes en application du présent livre.**

La ou les personnes physiques qui dirigent et surveillent la réalisation de la recherche sur un lieu sont dénommées investigateurs.

Lorsque le promoteur d'une recherche impliquant la personne humaine confie sa réalisation à plusieurs investigateurs *(Abrogé par L. nº 2012-300 du 5 mars 2012, art. 1er-I-2º)* **« *, sur un même lieu ou* » sur plusieurs lieux en France, le promoteur désigne parmi les investigateurs un coordonnateur.**

(L. nº 2012-300 du 5 mars 2012, art. 1er-I-2º) **« Si, sur un lieu, la recherche est réalisée par une équipe, l'investigateur est le responsable de l'équipe et est dénommé investigateur principal. »**

(Ord. nº 2016-800 du 16 juin 2016, art. 1er-2º-c) **« Les dispositions du présent titre, à l'exception de celles mentionnées au chapitre IV, ne sont pas applicables aux essais cliniques de médicaments régis par les dispositions du règlement (UE) nº 536/2014 du Parlement européen et du Conseil du 16 avril 2014***[.]* **»**

1. Constitutionnalité (oui). Les articles L. 1121-1 et L. 1121-4 ne portent aucune atteinte disproportionnée à la liberté d'entreprendre en subordonnant les recherches à l'avis favorable du comité de protection des personnes. • CE 31 mars 2017, *Fédération des entreprises de la beauté (FEBEA)* : º 406904.

2. Décret d'exécution (absence). Le refus d'édicter les dispositions réglementaires mettant en œuvre l'art. L. 1121-1 résultant de la loi du 5 mars 2012 reste illégal sous la loi du 26 janv. 2016, et justifie une injonction de prendre, dans un délai de six mois à compter de la notification de la présente décision, les décrets nécessaires à l'entrée en vigueur des dispositions issues de la loi du 5 mars 2012 telles que modifiées. • CE 8 juin 2016, *Laboratoires Genévrier,* nº 388719.

Art. L. 1121-2 **Aucune recherche impliquant la personne humaine ne peut être effectuée** *(Abrogé par L. nº 2012-300 du 5 mars 2012, art. 1er-III-1º)* **« *sur l'être humain* » :**

– si elle ne se fonde pas sur le dernier état des connaissances scientifiques et sur une expérimentation préclinique suffisante ;

– si le risque prévisible encouru par les personnes qui se prêtent à la recherche est hors de proportion avec le bénéfice escompté pour ces personnes ou l'intérêt de cette recherche ;

– si elle ne vise pas à étendre la connaissance scientifique de l'être humain et les moyens susceptibles d'améliorer sa condition ; – *[Anc. art. L. 209-2].*

(L. n° 2004-806 du 9 août 2004, art. 88-III) **« – si la recherche impliquant la personne humaine n'a pas été conçue de telle façon que soient réduits au minimum la douleur, les désagréments, la peur et tout autre inconvénient prévisible lié à la maladie ou à la recherche, en tenant compte particulièrement du degré de maturité pour les mineurs et de la capacité de compréhension pour les majeurs hors d'état d'exprimer leur consentement.**

« L'intérêt des personnes qui se prêtent à une recherche impliquant la personne humaine prime toujours les seuls intérêts de la science et de la société.

« La recherche impliquant la personne humaine ne peut débuter que si l'ensemble de ces conditions sont remplies. Leur respect doit être constamment maintenu. »

1. Bénéfice escompté. Est conforme à l'art. L. 1121-2 l'étude dont le but est de comparer deux types de chimiothérapie adjuvante et de démontrer que l'association des médicaments proposés au patient est susceptible d'augmenter de 10 % la survie en réduisant le risque de récidive après l'intervention. • Civ. 1re, 14 janv. 2010 : *RCA 2010, n° 86, note Hocquet-Berg ; Gaz. Pal. 25 juin 2010, n° 176-177, p. 22, note Matéi.*

2. Conditions d'inclusion dans un protocole. Les conditions contractuelles d'application d'un protocole doivent être d'interprétation stricte dans l'intérêt même des patients, s'agissant d'essais thérapeutiques de produits n'ayant pas encore reçu l'autorisation de mise sur le marché. • TGI Paris, 4 oct. 1995 : *D. 1996. 28, note Gromb ; JCP 1996. II. 22615, note Laude.* ♦ Un protocole qui réserve le traitement testé aux patients réfractaires aux autres traitements (ou qui ne peuvent les supporter) conduit à n'inclure dans le programme d'essai que les patients qui n'ont pas ou peu réagi aux autres traitements existants, ou qui n'ont pu les supporter, ce qui suppose nécessairement qu'ils les aient essayés ; il s'ensuit que si un malade est libre de refuser l'un des traitements mis sur le marché, il se prive, ce faisant, du bénéfice du programme d'essai soumis contractuellement à des conditions strictes d'accès. • Même jugement.

Art. L. 1121-3 **Les recherches** *(Abrogé par L. n° 2012-300 du 5 mars 2012, art. 1er-III-3°)* **« *biomédicales* » ne peuvent être effectuées que** *(L. n° 2004-806 du 9 août 2004, art. 88-IV)* **« si elles sont réalisées dans les conditions suivantes : »**

– sous la direction et sous la surveillance d'un médecin justifiant d'une expérience appropriée ;

– dans des conditions matérielles et techniques adaptées à *(L. n° 2012-300 du 5 mars 2012, art. 1er-III-2°)* **« la recherche » et compatibles avec les impératifs de rigueur scientifique et de sécurité des personnes qui se prêtent à ces recherches.**

Dans les sciences du comportement humain, une personne qualifiée, conjointement avec l'investigateur, peut exercer la direction de la recherche.

Les recherches *(Abrogé par L. n° 2012-300 du 5 mars 2012, art. 1er-III-3°)* **« *biomédicales* » concernant le domaine de l'odontologie ne peuvent être effectuées que sous la direction et la surveillance d'un chirurgien-dentiste** *(L. n° 2011-814 du 7 juill. 2011, art. 39-I-1°)* **« ou d'un » médecin justifiant d'une expérience appropriée.**

(L. n° 2011-814 du 7 juill. 2011, art. 39-I-2°) **« Les recherches impliquant la personne humaine concernant le domaine de la maïeutique et conformes aux dispositions du dernier alinéa de l'article L. 1121-5 ne peuvent être effectuées que sous la direction et la surveillance d'un médecin ou d'une sage-femme. »**

(L. n° 2016-41 du 26 janv. 2016, art. 157) **« Les recherches mentionnées au 2° de l'article L. 1121-1 concernant le domaine des soins infirmiers ne peuvent être effectuées que sous la direction et la surveillance d'un infirmier ou d'un médecin. »**

(L. n° 2012-300 du 5 mars 2012, art. 1er-I-3°) **« Les recherches mentionnées au 2° de l'article L. 1121-1 et qui n'ont aucune influence sur la prise en charge médicale de la personne qui s'y prête, ainsi que les recherches non interventionnelles, peuvent être effectuées sous la direction et la surveillance d'une personne qualifiée. Le comité de**

protection des personnes s'assure de l'adéquation entre la qualification du ou des investigateurs et les caractéristiques de la recherche. »

(Abrogé par Ord. n° 2016-800 du 16 juin 2016, art. 1er-3° et 8-I) (Ord. n° 2005-1087 du 1er sept. 2005, art. 4-I) ***« Les recherches*** *(L. n° 2012-300 du 5 mars 2012, art. 1er-III-5°)* ***« mentionnées au 1° de l'article L. 1121-1 » portant sur des médicaments sont réalisées dans le respect des règles de bonnes pratiques cliniques fixées par décision de*** *(L. n° 2011-2012 du 29 déc. 2011, art. 5-IV)* ***« l'Agence nationale de sécurité du médicament et des produits de santé »***. Pour les *(Abrogé par Ord. n° 2016-800 du 16 juin 2016, art. 1er-3° et 8-I)* ***« autres »*** recherches *(L. n° 2012-300 du 5 mars 2012, art. 1er-I-3°)* **« mentionnées au 1° de l'article L. 1121-1 », des recommandations de bonnes pratiques sont fixées par décision de** *(L. n° 2011-2012 du 29 déc. 2011, art. 5-IV)* **« l'Agence nationale de sécurité du médicament et des produits de santé ».** *(L. n° 2012-300 du 5 mars 2012, art. 1er-I-3°)* **« Pour les recherches mentionnées au 2° du même article L. 1121-1 et les recherches non interventionnelles, des recommandations de bonnes pratiques sont fixées par voie réglementaire. »**

(L. n° 2004-806 du 9 août 2004, art. 88-IV) **« Les personnes chargées du contrôle de qualité d'une recherche** *(L. n° 2012-300 du 5 mars 2012, art. 1er-I-3°)* **« impliquant la personne humaine » et dûment mandatées à cet effet par le promoteur ont accès, sous réserve de l'***(L. n° 2012-300 du 5 mars 2012, art. 1er-I-3°)* **« absence d'opposition des personnes concernées dûment informées », aux données individuelles strictement nécessaires à ce contrôle ; elles sont soumises au secret professionnel dans les conditions définies par les articles 226-13 et 226-14 du code pénal. »**

Art. L. 1121-4 *(L. n° 2004-806 du 9 août 2004, art. 88-V)* **La recherche** *(L. n° 2012-300 du 5 mars 2012, art. 1er-III-6°)* **« mentionnée au 1° de l'article L. 1121-1 » ne peut être mise en œuvre qu'après avis favorable du comité de protection des personnes mentionné à l'article L. 1123-1 et autorisation de l'autorité compétente mentionnée à l'article L. 1123-12.**

La demande d'avis au comité et la demande d'autorisation à l'autorité compétente peuvent ou non être présentées simultanément au choix du promoteur.

(L. n° 2012-300 du 5 mars 2012, art. 1er-I-4°) **« Les recherches mentionnées au 2° de l'article L. 1121-1 et les recherches non interventionnelles ne peuvent être mises en œuvre qu'après avis favorable du comité de protection des personnes mentionné à l'article L. 1123-1. Le promoteur adresse une copie de cet avis et un résumé de la recherche à l'autorité compétente. Sur demande de celle-ci, le comité de protection des personnes concerné transmet sans délai toutes les informations utiles concernant ces recherches à l'autorité compétente.**

« Lorsque les recherches mentionnées au 2° de l'article L. 1121-1 figurent sur une liste fixée par arrêté du ministre chargé de la santé pris sur proposition du directeur général de l'Agence nationale de sécurité du médicament et des produits de santé, le comité de protection des personnes concerné s'assure auprès de l'Agence nationale de sécurité du médicament et des produits de santé que l'utilisation des produits sur lesquels porte la recherche ne présente que des risques minimes.

« En cas de doute sérieux sur la qualification d'une recherche au regard des trois catégories de recherches impliquant la personne humaine définies à l'article L. 1121-1, le comité de protection des personnes concerné saisit pour avis l'Agence nationale de sécurité du médicament et des produits de santé. »

(Abrogé par Ord. n° 2016-800 du 16 juin 2016, art. 1er-4° et 8-I) ***« A tout moment, le comité de protection des personnes concerné informe sans délai l'Agence nationale de sécurité du médicament et des produits de santé de tout problème de sécurité dont il a connaissance présenté par une recherche mentionnée aux 2° ou 3° de l'article L. 1121-1. »***

BIBL. ▶ DUPRAT, Les comités d'éthique de la recherche : l'exemple français des comités de protection du personnel, *Journal international de bioéthique, 2012, vol. 23, n° 2, p. 177.*

Champ. En tant qu'alternative médicamenteuse à l'avortement chirurgical, l'administration de la Mifégyne (RU 486) n'a pas le caractère d'une expérimentation sur l'être humain ; l'art. L. 209-4 [L. 1121-4] ne peut donc être invoqué à l'appui d'un recours contre l'arrêté ministériel relatif à la distribution et à la dispensation de ce produit. • CE, ass., 21 déc. 1990, *Conféd. nat. des assoc. familiales catholiques,* n° 105743 : *D. 1991. 283, note Sabourin.*

Art. L. 1121-5 *(L. n° 2004-806 du 9 août 2004, art. 88-VI)* **Les femmes enceintes, les parturientes et les mères qui allaitent ne peuvent être sollicitées pour se prêter à des**

recherches *(L. n° 2012-300 du 5 mars 2012, art. 1er-III-7°)* « mentionnées aux 1° ou 2° de l'article L. 1121-1 » que dans les conditions suivantes :

– soit l'importance du bénéfice escompté pour elles-mêmes ou pour l'enfant est de nature à justifier le risque prévisible encouru ;

– soit ces recherches se justifient au regard du bénéfice escompté pour d'autres femmes se trouvant dans la même situation ou pour leur enfant et à la condition que des recherches d'une efficacité comparable ne puissent être effectuées sur une autre catégorie de la population. Dans ce cas, les risques prévisibles et les contraintes que comporte la recherche doivent présenter un caractère minimal.

Art. L. 1121-6 *(L. n° 2004-806 du 9 août 2004, art. 88-VII)* Les personnes privées de liberté par une décision judiciaire ou administrative, les personnes *(L. n° 2011-803 du 5 juill. 2011, art. 9-3°)* « faisant l'objet de soins psychiatriques » en vertu des articles L. 3212-1 et L. 3213-1 qui ne relèvent pas des dispositions de l'article L. 1121-8 et les personnes admises dans un établissement sanitaire ou social à d'autres fins que celle de la recherche ne peuvent être sollicitées pour se prêter à des recherches *(L. n° 2012-300 du 5 mars 2012, art. 1er-III-7°)* « mentionnées aux 1° ou 2° de l'article L. 1121-1 » que dans les conditions suivantes :

– soit l'importance du bénéfice escompté pour ces personnes est de nature à justifier le risque prévisible encouru ;

– soit ces recherches se justifient au regard du bénéfice escompté pour d'autres personnes se trouvant dans la même situation juridique ou administrative à la condition que des recherches d'une efficacité comparable ne puissent être effectuées sur une autre catégorie de la population. Dans ce cas, les risques prévisibles et les contraintes que comporte la recherche doivent présenter un caractère minimal.

Art. L. 1121-7 *(L. n° 2004-806 du 9 août 2004, art. 88-VIII)* Les mineurs ne peuvent être sollicités pour se prêter à des recherches *(L. n° 2012-300 du 5 mars 2012, art. 1er-III-7°)* « mentionnées aux 1° ou 2° de l'article L. 1121-1 » que si des recherches d'une efficacité comparable ne peuvent être effectuées sur des personnes majeures et dans les conditions suivantes :

– soit l'importance du bénéfice escompté pour ces personnes est de nature à justifier le risque prévisible encouru ;

– soit ces recherches se justifient au regard du bénéfice escompté pour d'autres mineurs. Dans ce cas, les risques prévisibles et les contraintes que comporte la recherche doivent présenter un caractère minimal.

Art. L. 1121-8 *(L. n° 2004-806 du 9 août 2004, art. 88-IX)* Les personnes majeures faisant l'objet d'une mesure de protection légale ou hors d'état d'exprimer leur consentement ne peuvent être sollicitées pour des recherches *(L. n° 2012-300 du 5 mars 2012, art. 1er-III-7°)* « mentionnées aux 1° ou 2° de l'article L. 1121-1 » que si des recherches d'une efficacité comparable ne peuvent être effectuées sur une autre catégorie de la population et dans les conditions suivantes :

– soit l'importance du bénéfice escompté pour ces personnes est de nature à justifier le risque prévisible encouru ;

– soit ces recherches se justifient au regard du bénéfice escompté pour d'autres personnes placées dans la même situation. Dans ce cas, les risques prévisibles et les contraintes que comporte la recherche doivent présenter un caractère minimal.

Art. L. 1121-8-1 *(L. n° 2012-300 du 5 mars 2012, art. 1er-I-5°)* Les personnes qui ne sont pas affiliées à un régime de sécurité sociale ou bénéficiaires d'un tel régime peuvent être sollicitées pour se prêter à des recherches non interventionnelles.

A titre dérogatoire, le comité de protection des personnes peut autoriser une personne qui n'est pas affiliée à un régime de sécurité sociale ou bénéficiaire d'un tel *régime à se* prêter à des recherches mentionnées aux 1° ou 2° de l'article L. 1121-1. Cette autorisation est motivée. Elle doit se fonder au moins sur l'une des conditions suivantes :

1° L'importance du bénéfice escompté pour ces personnes est de nature à justifier le risque prévisible encouru ;

2° Ces recherches se justifient au regard du bénéfice escompté pour d'autres personnes se trouvant dans la même situation juridique. Dans ce cas, le risque prévisible

(Abrogé par Ord. n° 2016-800 du 16 juin 2016, art. 1er-5° et 8-I, à compter du 31 déc. 2016) **« *doit être nul* » et les contraintes que comporte la recherche doivent présenter un caractère minime.**

Art. L. 1121-9 *(L. n° 2004-806 du 9 août 2004, art. 88-X)* **Si une personne susceptible de prêter son concours à une recherche** *(L. n° 2012-300 du 5 mars 2012, art. 1er-III-8°)* **« mentionnée aux 1° ou 2° de l'article L. 1121-1 » relève de plusieurs catégories mentionnées aux articles L. 1121-5 à L. 1121-8, lui sont applicables celles de ces dispositions qui assurent à ses intérêts la protection la plus favorable.**

Art. L. 1121-10 *(L. n° 2004-806 du 9 août 2004, art. 88-I et XI)* **« Le promoteur assume l'indemnisation des conséquences dommageables de la recherche impliquant la personne humaine pour la personne qui s'y prête et celle de ses ayants droit, sauf preuve à sa charge que le dommage n'est pas imputable à sa faute ou à celle de tout intervenant sans que puisse être opposé le fait d'un tiers ou le retrait volontaire de la personne qui avait initialement consenti à se prêter à la recherche.**

« Lorsque la responsabilité du promoteur n'est pas engagée, les victimes peuvent être indemnisées dans les conditions prévues à l'article L. 1142-3. »

(L. n° 2012-300 du 5 mars 2012, art. 1er-III-9°) **« Toute recherche mentionnée aux 1° ou 2° de l'article L. 1121-1 » exige la souscription préalable, par son promoteur, d'une assurance garantissant sa responsabilité civile telle qu'elle résulte du présent article et celle de tout intervenant, indépendamment de la nature des liens existant entre les intervenants et le promoteur. Les dispositions du présent article sont d'ordre public.**

(L. n° 2004-806 du 9 août 2004, art. 88-I et XI) **« La garantie d'assurance de responsabilité visée à l'alinéa précédent couvre les conséquences pécuniaires des sinistres trouvant leur cause génératrice dans une recherche** *(L. n° 2012-300 du 5 mars 2012, art. 1er-III-8°)* **« mentionnée aux 1° ou 2° de l'article L. 1121-1 », dès lors que la première réclamation est adressée à l'assuré ou à son assureur entre le début de cette recherche et l'expiration d'un délai qui ne peut être inférieur à dix ans courant à partir de la fin de celle-ci.** *(L. n° 2012-300 du 5 mars 2012, art. 1er-III-9°)* **« Dans le cas où la personne qui s'est prêtée à la recherche est âgée de moins de dix-huit ans au moment de la fin de celle-ci, ce délai minimal court à partir de la date de son dix-huitième anniversaire. »**

« Pour l'application du présent article, l'État, lorsqu'il a la qualité de promoteur, n'est pas tenu de souscrire à l'obligation d'assurance prévue au troisième alinéa du présent article. Il est toutefois soumis aux obligations incombant à l'assureur. »

BIBL. ▸ GRELLIER, Recherche médicale et indemnisation, *Méd. et droit 2011, n° 106, p. 41*. – GROUTEL, Assurance des recherches médicales, *RDSS 2010. 103*. – DUPONT, l'obligation d'assurance de la recherche biomédicale des établissements de santé « promoteurs » : l'expérience de l'AP-HP, *Gaz. Pal. 22 mai 2009, n° 142-143, p. 39*.

1. Compétence juridictionnelle. En cas de recherches effectuées dans un établissement public, la recherche de la responsabilité du promoteur, lorsqu'il s'agit d'une personne privée, relève de la compétence du juge judiciaire. • CAA Marseille, 24 avr. 2008, *Richard X. c/ CHRU Nîmes*, n° 06MA03067. ♦ Inversement, lorsque le requérant engage en réalité la responsabilité du centre hospitalier en raison d'un retard de diagnostic, seul est compétent le juge administratif. • Même arrêt.

2. Charge de la preuve. L'art. L. 1121-7 [L. 1121-10] instaure en faveur du patient une présomption simple de responsabilité contractuelle du promoteur de la recherche biomédicale, sauf pour ce dernier à démontrer que le préjudice subi ne lui est pas imputable ; en l'absence de procédures de vérification mises en place, l'AP-HP, promoteur en l'espèce, ne rapporte pas cette preuve. • Dijon, 23 mars 2004, *Axa France Iard c/ AP-HP*, n° 02/01449. ♦ Toutefois, il appartient au patient de démontrer que les dommages qu'il invoque ont été causés par la recherche à laquelle il a participé. • Paris, 16 sept. 2011, *Axa France Iard c/ CPAM Val-d'Oise*, n° 09/07216.

Art. L. 1121-11 *(L. n° 2004-806 du 9 août 2004, art. 88-I et XII)* **La recherche impliquant la personne humaine ne donne lieu à aucune contrepartie financière directe ou indirecte pour les personnes qui s'y prêtent, hormis le remboursement des frais exposés et, le cas échéant, l'indemnité en compensation des contraintes subies versée par le promoteur. Le montant total des indemnités qu'une personne peut percevoir au cours d'une même année est limité à un maximum fixé par le ministre chargé de la santé.**

Le versement d'une telle indemnité est interdit dans le cas des recherches *(Abrogé par L. n° 2012-300 du 5 mars 2012, art. 1er-III-3°)* **« *biomédicales* » effectuées sur des mineurs, des**

personnes qui font l'objet d'une mesure de protection légale, des personnes majeures hors d'état d'exprimer leur consentement, des personnes privées de liberté, des personnes *(L. n° 2011-803 du 5 juill. 2011, art. 9-4°)* « faisant l'objet de soins psychiatriques en application des chapitres II à IV du titre Ier du livre II de la troisième partie du présent code ou de l'article 706-135 du code de procédure pénale » et des personnes admises dans un établissement sanitaire et social à d'autres fins que la recherche.

Les personnes susceptibles de se prêter à des recherches *(L. n° 2012-300 du 5 mars 2012, art. 1er-III-5°)* « mentionnées au 1° de l'article L. 1121-1 » bénéficient d'un examen médical préalable adapté à la recherche. Les résultats de cet examen leur sont communiqués directement ou par l'intermédiaire du médecin de leur choix.

(L. n° 2011-814 du 7 juill. 2011, art. 39-II-1°) « Lorsque les recherches impliquant la personne humaine concernent le domaine de la maïeutique et répondent aux conditions fixées au dernier alinéa de l'article L. 1121-5, les résultats de cet examen leur sont communiqués directement ou par l'intermédiaire du médecin ou de la sage-femme de leur choix.

« Lorsque les recherches impliquant la personne humaine concernent le domaine de l'odontologie, les résultats de cet examen leur sont communiqués directement ou par l'intermédiaire du médecin ou du chirurgien-dentiste de leur choix. »

(Abrogé par L. n° 2012-300 du 5 mars 2012, art. 1er-I-6° et 1er-III-12°) ***« Par dérogation** (L. n° 2011-814 du 7 juill. 2011, art. 39-II-2°)* ***« au troisième alinéa », les recherches biomédicales autres que celles portant sur des produits mentionnés à l'article L. 5311-1 et figurant sur une liste fixée par décret en Conseil d'État, qui ne comportent que des risques négligeables et n'ont aucune influence sur la prise en charge médicale de la personne qui s'y prête peuvent être réalisées sans examen médical préalable.***

« Toute recherche biomédicale sur une personne qui n'est pas affiliée à un régime de sécurité sociale ou bénéficiaire d'un tel régime est interdite. »

L'organisme de sécurité sociale dispose contre le promoteur d'une action en paiement des prestations versées ou fournies.

Art. L. 1121-12 *(L. n° 2004-806 du 9 août 2004, art. 88-XIII)* Pour chaque recherche *(L. n° 2012-300 du 5 mars 2012, art. 1er-III-8°)* « mentionnée aux 1° ou 2° de l'article L. 1121-1 », le dossier soumis au comité de protection des personnes et *(L. n° 2012-300 du 5 mars 2012, art. 1er-III-13°)* « , le cas échéant, » à l'autorité compétente détermine s'il est nécessaire que la personne ne puisse pas participer simultanément à une autre recherche et fixe, le cas échéant, une période d'exclusion au cours de laquelle la personne qui s'y prête ne peut participer à une autre recherche. La durée de cette période varie en fonction de la nature de la recherche.

Art. L. 1121-13 *(L. n° 2004-806 du 9 août 2004, art. 88-XIII)* Les recherches *(Abrogé par L. n° 2012-300 du 5 mars 2012, art. 1er-III-3°)* ***« biomédicales »*** ne peuvent être réalisées que dans un lieu disposant des moyens humains, matériels et techniques adaptés à la recherche et compatibles avec les impératifs de sécurité des personnes qui s'y prêtent.

Ce lieu doit être autorisé, à cet effet, pour une durée déterminée, lorsqu'il s'agit de recherches *(L. n° 2012-300 du 5 mars 2012, art. 1er-I-7°)* « mentionnées au 1° de l'article L. 1121-1 » réalisées en dehors des lieux de soins, ainsi que dans des services hospitaliers et dans tout autre lieu d'exercice des professionnels de santé lorsque ces recherches nécessitent des actes autres que ceux qu'ils pratiquent usuellement dans le cadre de leur activité ou lorsque ces recherches sont réalisées sur des personnes présentant une condition clinique distincte de celle pour laquelle le service a compétence. Cette autorisation est accordée par le *(Ord. n° 2010-177 du 23 févr. 2010, art. 7-1°)* « directeur général de l'agence régionale de santé » ou par le ministre de la défense, si le lieu relève de son autorité. *(Ord. n° 2018-20 du 17 janv. 2018, art. 3)* « Toutefois l'autorisation est accordée par le ministre chargé des anciens combattants pour les ***lieux situés au sein*** de l'Institution nationale des invalides. »

(L. n° 2012-300 du 5 mars 2012, art. 1er-I-7°) « La première administration d'un médicament à l'homme dans le cadre d'une recherche ne peut être effectuée que dans des lieux ayant obtenu l'autorisation mentionnée au deuxième alinéa du présent article. »

Cette autorisation, à l'exception de celle donnée à des lieux situés dans un établissement mentionné à l'article L. 5126-1, inclut, le cas échéant, la réalisation par un pharmacien des opérations d'approvisionnement, de conditionnement et d'étiquetage des médicaments expérimentaux, ainsi que les opérations de stockage correspondantes, nécessaires aux recherches *(Abrogé par L. n° 2012-300 du 5 mars 2012, art. 1er-III-15°)* « *biomédicales* » menées dans ce lieu. Ces opérations sont réalisées en conformité avec les bonnes pratiques mentionnées à l'article L. 5121-5.

Art. L. 1121-13-1 (Abrogé par Ord. n° 2016-800 du 16 juin 2016, art. 1er-7° et 8-I, à compter du 31 déc. 2016) (L. n° 2016-41 du 26 janv. 2016, art. 155-II) *Lorsqu'une recherche biomédicale à finalité commerciale est réalisée dans des établissements de santé ou des maisons ou des centres de santé, les produits faisant l'objet de cette recherche sont, pendant la durée de celle-ci, fournis gratuitement ou mis gratuitement à disposition par le promoteur.*

Le promoteur prend en charge les frais supplémentaires liés à d'éventuels fournitures ou examens spécifiquement requis par le protocole.

La prise en charge de ces frais supplémentaires fait l'objet d'une convention conclue entre le promoteur, le représentant légal de chacune de ces structures et, le cas échéant, le représentant légal de la structure destinataire des contreparties versées par le promoteur. La convention, conforme à une convention type définie par arrêté du ministre chargé de la santé, comprend les conditions de prise en charge de tous les coûts liés à la recherche, qu'ils soient ou non relatifs à la prise en charge du patient. Cette convention est transmise au Conseil national de l'ordre des médecins. Elle est conforme aux principes et garanties prévus au présent titre. Elle est visée par les investigateurs participant à la recherche.

Les modalités d'application du présent article, notamment les conditions auxquelles se conforment, dans leur fonctionnement et dans l'utilisation des fonds reçus, les structures destinataires des contreparties mentionnées au troisième alinéa, sont précisées par décret.

Art. L. 1121-14 *(L. n° 2004-806 du 9 août 2004, art. 88-XIV)* Aucune recherche *(Abrogé par L. n° 2012-300 du 5 mars 2012, art. 1er-III-4°)* « *biomédicale* » ne peut être effectuée sur une personne décédée, en état de mort cérébrale, sans son consentement exprimé de son vivant ou par le témoignage de sa famille.

Toutefois, lorsque la personne décédée est un mineur, ce consentement est exprimé par chacun des titulaires de l'autorité parentale. En cas d'impossibilité de consulter l'un des titulaires de l'autorité parentale, la recherche peut être effectuée à condition que l'autre titulaire y consente.

Les dispositions de l'article 225-17 du code pénal ne sont pas applicables à ces recherches.

Dignité humaine. Les principes déontologiques fondamentaux relatifs au respect de la personne humaine, qui s'imposent au médecin dans ses rapports avec son patient, ne cessent pas de s'appliquer avec la mort de celui-ci ; spécialement ces principes font obstacle à ce qu'il soit procédé à une expérimentation sur un sujet après sa mort alors que d'une part la mort n'a pas été constatée dans des conditions analogues à celles qui sont définies par les articles 20 à 22 du décret n° 78-501 du 31 mars 1978, que d'autre part cette expérimentation ne répond pas à une nécessité scientifique reconnue, et qu'enfin l'intéressé n'a pas donné son consentement de son vivant, ou que l'accord de ses proches, s'il en existe, n'a pas été obtenu. • CE 2 juill. 1993, *Milhaud : D. 1994. 74, note Peyrical ; JCP 1993. II. 22133, note Gonod ; RDSS 1994. 52, concl. Kessler.*

Art. L. 1121-15 *(Ord. n° 2016-800 du 16 juin 2016, art. 1er-8° et 8-I)* Les recherches impliquant la personne humaine et leurs résultats *(Ord. n° 2018-20 du 17 janv. 2018, art. 3)* « , à l'exception de ceux relevant du secret de la défense nationale, » sont inscrits dans un répertoire d'accès public selon des règles déterminées par décret.

Art. L. 1121-16 *(L. n° 2004-806 du 9 août 2004, art. 88-XVI)* En vue de l'application des dispositions du premier alinéa de l'article L. 1121-11 et de l'article L. 1121-12 et pour les recherches *(L. n° 2012-300 du 5 mars 2012, art. 1er-III-5°)* « mentionnées au 1° de l'article L. 1121-1 » portant sur les produits mentionnés à l'article L. 5311-1, un fichier national recense les personnes qui ne présentent aucune affection et se prêtent volontairement à ces recherches ainsi que les personnes malades lorsque l'objet de la recherche est sans rapport avec leur état pathologique.

Toutefois, le comité de protection des personnes peut décider dans d'autres cas, compte tenu des risques et des contraintes que comporte la recherche impliquant la personne humaine, que les personnes qui y participent doivent être également inscrites dans ce fichier.

Art. L. 1121-16-1 *(L. n° 2012-300 du 5 mars 2012, art. 2 ; Ord. n° 2016-800 du 16 juin 2016, art. 1er-9°-a et 8-I)* « I. – Pendant la durée de la recherche mentionnée au 1° de l'article L. 1121-1, le promoteur fournit gratuitement les médicaments expérimentaux et, le cas échéant, les médicaments auxiliaires, les dispositifs médicaux utilisés pour les administrer, ainsi que, pour les recherches portant sur des produits autres que les médicaments, les produits faisant l'objet de la recherche.

« II. – » On entend par recherches à finalité non commerciale les recherches dont les résultats ne sont pas exploités à des fins lucratives, qui poursuivent un objectif de santé publique et dont le promoteur ou le ou les investigateurs sont indépendants à l'égard des entreprises qui fabriquent ou qui commercialisent les produits faisant l'objet de la recherche.

(Abrogé par Ord. n° 2016-800 du 16 juin 2016, art. 1er-9°-c et 8-I) ***« Pendant la durée de la recherche mentionnée au 1° de l'article L. 1121-1, le promoteur fournit gratuitement les médicaments expérimentaux et, le cas échéant, les dispositifs médicaux utilisés pour les administrer ainsi que, pour les recherches portant sur des produits autres que les médicaments, les produits faisant l'objet de la recherche. »***

(Ord. n° 2016-800 du 16 juin 2016, art. 1er-9°-d et 8-I) « III. – » Les caisses d'assurance maladie prennent en charge les produits faisant l'objet de recherches à finalité non commerciale dans les conditions suivantes :

1° Les médicaments *(Ord. n° 2016-800 du 16 juin 2016, art. 1er-9°-e et 8-I)* « expérimentaux ou auxiliaires autorisés », inscrits sur la liste mentionnée à l'article L. 5123-2 ou sur *(Ord. n° 2016-800 du 16 juin 2016, art. 1er-9°-e et 8-I)* « l'une des listes mentionnées au premier alinéa ou au deuxième alinéa de l'article L. 162-17 du code de la sécurité sociale », ainsi que les produits inscrits sur la liste mentionnée à l'article L. 165-1 du code de la sécurité sociale ou pris en charge au titre des prestations d'hospitalisation mentionnées à l'article L. 162-22-6 du même code, lorsqu'ils sont utilisés dans le cadre d'une recherche à finalité non commerciale autorisée dans les conditions ouvrant droit au remboursement ;

2° A titre dérogatoire, les médicaments *(Ord. n° 2016-800 du 16 juin 2016, art. 1er-9°-f et 8-I)* « expérimentaux ou auxiliaires autorisés, ainsi que les » produits faisant l'objet d'une recherche mentionnée aux 1° ou 2° de l'article L. 1121-1, à finalité non commerciale et ayant reçu l'avis favorable d'un comité de protection des personnes, lorsqu'ils ne sont pas utilisés dans des conditions ouvrant droit au remboursement, sous réserve de l'avis conforme de la Haute Autorité de santé et de l'avis conforme de l'Union nationale des caisses d'assurance maladie. Ces instances s'assurent de l'intérêt de ces recherches pour la santé publique, et notamment pour l'amélioration du bon usage des médicaments et produits de santé, et pour l'amélioration de la qualité des soins et des pratiques. La décision de prise en charge est prise par arrêté des ministres chargés de la santé et de la sécurité sociale.

Dans les cas mentionnés aux 1° et 2° du présent article, *(Ord. n° 2018-20 du 17 janv. 2018, art. 3)* « à l'exception de ceux relevant du secret de la défense nationale, » le promoteur de la recherche s'engage à rendre publics les résultats de sa recherche.

Lorsque la recherche ayant bénéficié d'une prise en charge ne répond plus à la définition d'une recherche à finalité non commerciale, le promoteur reverse les sommes engagées *(Ord. n° 2016-800 du 16 juin 2016, art. 1er-9°-g et 8-I)* « au titre du cinquième alinéa » pour les recherches concernées aux régimes d'assurance maladie selon les règles prévues à l'article L. 162-37 du code de la sécurité sociale. Le reversement dû est fixé par décision des ministres chargés de la santé et de la sécurité sociale après que le promoteur concerné a été mis en mesure de présenter ses observations. Le produit du reversement est recouvré par les organismes mentionnés à l'article L. 213-1 du même code désignés par le directeur de l'Agence centrale des organismes de sécurité sociale. Le recours présenté contre la décision fixant ce reversement est un recours de pleine juridiction.

Si le promoteur ne respecte pas l'obligation de reversement visée à l'avant-dernier alinéa du présent article, il se voit appliquer une pénalité dont le montant ne peut être supérieur à 10 % du chiffre d'affaires réalisé par le promoteur constaté l'année précédente. Les modalités d'application du présent alinéa et du précédent sont fixées par décret.

(Ord. n° 2016-800 du 16 juin 2016, art. 1er-9°-h et 8-I) « IV. — Lorsqu'une recherche mentionnée au 1° et au 2° de l'article L. 1121-1 à finalité commerciale est réalisée *(Ord. n° 2018-20 du 17 janv. 2018, art. 3)* « dans des établissements de santé, dans des hôpitaux des armées ou d'autres éléments du service de santé des armées, à l'Institution nationale des invalides, ou dans des maisons ou des centres de santé », le promoteur prend en charge les frais supplémentaires liés à d'éventuels fournitures ou examens spécifiquement requis par le protocole.

« La prise en charge des frais supplémentaires fait l'objet d'une convention conclue entre le promoteur, le représentant légal de chacun des organismes mentionnés au premier alinéa du IV et, le cas échéant, le représentant légal des structures destinataires des contreparties versées par le promoteur. La convention, conforme à une convention type définie par arrêté du ministre chargé de la santé, comprend les conditions de prise en charge de tous les coûts liés à la recherche, qu'ils soient ou non relatifs à la prise en charge du patient. Cette convention est transmise au Conseil national de l'ordre des médecins. Elle est conforme aux principes et garanties prévus au présent titre. Elle est visée par les investigateurs participant à la recherche.

« Les conditions d'application du présent article, notamment celles auxquelles se conforment, dans leur fonctionnement et dans l'utilisation des fonds reçus, les structures destinataires des contreparties mentionnées au deuxième alinéa du IV*[,]* sont précisées par décret. »

Art. L. 1121-16-2 *(L. n° 2012-300 du 5 mars 2012, art. 1er-XI)* Les articles L. 1121-4 et L. 1121-15 ne sont pas applicables aux recherches non interventionnelles portant sur des produits cosmétiques ou alimentaires lorsque ces recherches figurent sur une liste fixée par arrêté du ministre chargé de la santé pris après avis de l'Agence nationale du médicament et des produits de santé.

Art. L. 1121-16-3 *Abrogé par Ord. n° 2016-800 du 16 juin 2016, art. 1er-10° et 8-I.*

Art. L. 1121-17 *(L. n° 2004-806 du 9 août 2004, art. 88-XVII)* Les modalités d'application des dispositions du présent chapitre sont déterminées par décret en Conseil d'État et notamment :

1° Les minima de garanties pour l'assurance prévue au troisième alinéa de l'article L. 1121-10 ;

2° Les conditions de l'autorisation prévue à l'article L. 1121-13 ;

3° Les conditions d'établissement et de publication des répertoires prévus à l'article L. 1121-15.

CHAPITRE II INFORMATION DE LA PERSONNE QUI SE PRÊTE À UNE RECHERCHE IMPLIQUANT LA PERSONNE HUMAINE ET RECUEIL DE SON CONSENTEMENT *(L. n° 2012-300 du 5 mars 2012, art. 1er-I-14°).*

BIBL. ► Théard-Jallu, La blockchain au service de la santé ? L'exemple de la collecte du consentement du patient dans un essai clinique, *Rev. Lamy Droit des affaires, n° 129, sept. 2017.* – Tabutiaux-Surun, L'information du patient dans la cadre de la recherche clinique : quelles évolutions en 2014 ?, *RGDM, numéro spécial, 2015, p. 155.*

Art. L. 1122-1 *(L. n° 2004-806 du 9 août 2004, art. 89-II ; L. n° 2012-300 du 5 mars 2012, art. 1er-I-15°)* « Préalablement à la réalisation d'une recherche impliquant la personne humaine, une information est délivrée à la personne qui y participe par l'investigateur ou par un médecin qui le représente. Lorsque l'investigateur est une personne qualifiée, cette information est délivrée par celle-ci ou par une autre personne qualifiée qui la représente. L'information porte notamment sur :

« 1° L'objectif, la méthodologie et la durée de la recherche ;

« 2° Les bénéfices attendus et, dans le cas de recherches mentionnées aux 1° ou 2° de l'article L. 1121-1, les contraintes et les risques prévisibles, y compris en cas d'arrêt de la recherche avant son terme ;

« 3° Dans le cas de recherches mentionnées aux 1° ou 2° de l'article L. 1121-1, les éventuelles alternatives médicales ;

« 4° Dans le cas de recherches mentionnées aux 1° ou 2° de l'article L. 1121-1, les modalités de prise en charge médicale prévues en fin de recherche, si une telle prise en charge est nécessaire, en cas d'arrêt prématuré de la recherche, et en cas d'exclusion de la recherche ;

« 5° L'avis du comité mentionné à l'article L. 1123-1 et l'autorisation de l'autorité compétente mentionnée à l'article L. 1123-12 ;

« 6° Le cas échéant, l'interdiction de participer simultanément à une autre recherche ou la période d'exclusion prévues par le protocole et son inscription dans le fichier national prévu à l'article L. 1121-16 ;

(L. n° 2016-41 du 26 janv. 2016, art. 155-I) « 6° *bis* Pour les recherches à finalité commerciale, les modalités de versement de contreparties en sus de la prise en charge des frais supplémentaires liés à la recherche, le cas échéant, dans les conditions prévues à l'article *(Ord. n° 2016-800 du 16 juin 2016, art. 2-1° et 8-I)* « L. 1121-16-1 ». »

« 7° Le cas échéant, la nécessité d'un traitement des données personnelles conformément aux dispositions de l'article 57 de la loi n° 78-17 du 6 janvier 1978 relative à l'informatique, aux fichiers et aux libertés.

« La personne dont la participation est sollicitée est informée de son droit d'avoir communication, au cours ou à l'issue de la recherche, des informations concernant sa santé, détenues par l'investigateur ou, le cas échéant, le médecin ou la personne qualifiée qui le représente.

« La personne dont la participation est sollicitée ou, le cas échéant, les personnes, organes ou autorités chargés de l'assister, de la représenter ou d'autoriser la recherche sont informés de son droit de refuser de participer à la recherche ou de retirer son consentement ou, le cas échéant, son autorisation à tout moment, sans encourir aucune responsabilité ni aucun préjudice de ce fait. »

(L. n° 2011-814 du 7 juill. 2011, art. 39-III ; L. n° 2012-300 du 5 mars 2012, art. 1er-I-15°) « Lorsque la recherche impliquant la personne humaine concerne le domaine de la maïeutique et répond aux conditions fixées au dernier alinéa de l'article L. 1121-5, l'investigateur peut confier à une sage-femme ou à un médecin le soin de communiquer à la personne qui se prête à cette recherche les informations susvisées et de recueillir son consentement.

« Lorsqu'une recherche non interventionnelle porte sur l'observance d'un traitement et que sa réalisation répond à une demande de l'Agence nationale de sécurité du médicament et des produits de santé, de la Haute Autorité de santé ou de l'Agence européenne des médicaments, l'objectif de la recherche, sa méthodologie et sa durée peuvent ne faire l'objet que d'une information préalable succincte dès lors que la recherche ne présente aucun risque sérieux prévisible. Le projet mentionné à l'article L. 1123-6 mentionne la nature des informations préalables transmises aux personnes se prêtant à la recherche.

« Lorsque la recherche impliquant la personne humaine concerne le domaine de l'odontologie, l'investigateur peut confier à un chirurgien-dentiste ou à un médecin le soin de communiquer à la personne qui se prête à cette recherche les informations susvisées et de recueillir son consentement. »

L'objectif d'une recherche en psychologie, ainsi que sa méthodologie et sa durée, peuvent ne faire l'objet que d'une information préalable succincte dès lors que la recherche *(Abrogé par L. n° 2012-300 du 5 mars 2012, art. 1er-I-15°) « ne porte que sur des volontaires sains et »* ne présente aucun risque sérieux prévisible. Une information complète sur cette recherche est fournie à l'issue de celle-ci aux personnes s'y étant prêtées. Le projet mentionné *(L. n° 2004-806 du 9 août 2004, art. 89-II)* « à l'article L. 1123-6 » mentionne la nature des informations préalables transmises aux personnes se prêtant à la recherche.

A titre exceptionnel, lorsque dans l'intérêt d'une personne malade le diagnostic de sa maladie n'a pu lui être révélé, l'investigateur peut, dans le respect de sa confiance, réserver certaines informations liées à ce diagnostic. Dans ce cas, le protocole de la recherche doit mentionner cette éventualité.

Les informations communiquées sont résumées dans un document écrit remis à la personne dont le consentement est sollicité. *(L. n° 2004-806 du 9 août 2004, art. 89-II)* « A l'issue de la recherche, la personne qui s'y est prêtée a le droit d'être informée des résultats globaux de cette recherche, selon des modalités qui lui seront précisées dans le document d'information. »

Art. L. 1122-1-1 *(L. n° 2012-300 du 5 mars 2012, art. 1er-I-16°)* **Aucune recherche mentionnée au 1° de l'article L. 1121-1 ne peut être pratiquée sur une personne sans son consentement libre et éclairé, recueilli par écrit, après que lui a été délivrée l'information prévue à l'article L. 1122-1. Lorsqu'il est impossible à la personne concernée d'exprimer son consentement par écrit, celui-ci peut être attesté par la personne de confiance prévue à l'article L. 1111-6, par un membre de la famille ou, à défaut, par un des proches de la personne concernée, à condition que cette personne de confiance, ce membre ou ce proche soit indépendant de l'investigateur et du promoteur.**

Aucune recherche mentionnée au 2° de l'article L. 1121-1 ne peut être pratiquée sur une personne sans son consentement libre, éclairé et exprès.

Aucune recherche mentionnée au 3° du même article L. 1121-1 ne peut être pratiquée sur une personne lorsqu'elle s'y est opposée.

(Ord. n° 2016-800 du 16 juin 2016, art. 2-2° et 8-I) **« Dans le cas où la personne se prêtant à une recherche a retiré son consentement, ce retrait n'a pas d'incidence sur les activités menées et sur l'utilisation des données obtenues sur la base du consentement éclairé exprimé avant que celui-ci n'ait été retiré. »**

BIBL. ► BELLIVIER, Le droit de retrait en bioéthique, *Revue Droits, 2009, n° 48, p. 129.*

1. Capacité à consentir. Un patient maniaco-dépressif, majeur capable et ne faisant à l'époque des faits l'objet d'aucune mesure de sauvegarde de justice, peut valablement donner son consentement par écrit à un protocole de recherche sur un nouveau médicament antidépresseur. • CAA Nancy, 6 avr. 2006, *Cts X. c/ Hôpital universitaire Strasbourg*, n° 02NC01104.

2. Recherche sans consentement. Tombe sous le coup des dispositions de l'art. 223-8 C. pén. (CSP, art. L. 1126-1) le fait d'entreprendre une recherche biomédicale sur un patient arrivé dans le service depuis une heure environ, très affaibli et manifestement dans l'impossibilité de donner un consentement libre, éclairé et exprès, lequel n'a été recueilli ni par écrit ni d'une autre façon. • Crim. 24 févr. 2009, *Badiaga : Bull. crim. n° 45 ; D. 2009. 2087, note Delage ; RDSS 2009. 561, note Cristol ; JCP 2009. 13, note Mistretta ; LPA 14 oct. 2010, n° 205, p. 4, note Depadt-Sebag ; Gaz. Pal. 19 juin 2009, n° 170-171, p. 31, note Viriot-Barrial ; GADS, 1re éd., Dalloz, 2010, n° 84.* ♦ Une recherche biomédicale commence dès que le placebo est prescrit, sans même qu'il soit nécessaire de s'interroger sur le point de savoir s'il a été ou non ingéré ; le consentement aurait donc dû être recueilli avant. • Paris, 1er mars 1996 : *D. 1999. 603, note Roujou de Boubée.*

3. Préjudice distinct. Le délit commis par le médecin consistant à n'avoir pas recueilli le consentement avant la recherche cause nécessairement un préjudice moral à la partie civile ; ce préjudice est distinct de celui résultant des conditions dans lesquelles la recherche a été effectuée, et dont le promoteur peut aussi avoir à répondre. • Paris, 20 sept. 2011, n° 10/08854.

4. Préjudice des proches. Les proches d'une victime d'une recherche biomédicale non consentie sont recevables à invoquer un dommage dont ils ont personnellement souffert et découlant directement des faits objet de la poursuite. • Crim. 6 nov. 2007, n° 06-85.821.

Art. L. 1122-1-2 *(Ord. n° 2016-800 du 16 juin 2016, art. 2-3° et 8-I)* **Le promoteur peut demander à la personne se prêtant à une recherche au moment où celle-ci donne son consentement éclairé lorsqu'il est requis d'accepter que ses données soient utilisées lors de recherches ultérieures exclusivement à des fins scientifiques. La personne peut retirer son consentement à cette utilisation ultérieure ou exercer sa faculté d'opposition à tout moment.**

Non-consultation des proches. Ne saurait constituer un fait justificatif « l'oubli » de consulter la fille d'un patient hors d'état de consentir avant de l'inclure dans un protocole de recherche, alors que le praticien connaissait celle-ci pour l'avoir vue au chevet de son père. • TGI Paris, 15 sept. 2010, *Min. public c/ Docteur X et AP-HP : Gaz. Pal. 15 janv. 2011, n° 15, p. 23, note Matei.*

Art. L. 1122-1-3 *(L. n° 2004-806 du 9 août 2004, art. 89-III)* **En cas de recherches** *(L. n° 2012-300 du 5 mars 2012, art. 1er-I-17°)* **« impliquant la personne humaine » à mettre en œuvre dans des situations d'urgence qui ne permettent pas de recueillir le consentement préalable de la personne qui y sera soumise,** *(L. n° 2012-300 du 5 mars 2012, art. 1er-I-17°)* **« lorsqu'il est requis, » le protocole présenté à l'avis du comité mentionné à l'article L. 1123-1 peut prévoir que le consentement de cette personne n'est pas recherché et que seul est sollicité celui des membres de sa famille ou celui de la personne de confiance mentionnée à l'article L. 1111-6 dans les conditions prévues**

à l'article L. 1122-1-1, s'ils sont présents. *(L. n° 2012-300 du 5 mars 2012, art. 1er-I-17°)* « Le protocole peut prévoir une dérogation à cette obligation dans le cas d'une urgence vitale immédiate qui est appréciée par ce comité. L'intéressé ou, le cas échéant, les membres de la famille ou la personne de confiance mentionnée à l'article L. 1111-6 sont informés dès que possible et leur consentement, lorsqu'il est requis, leur est demandé pour la poursuite éventuelle de cette recherche. Ils peuvent également s'opposer à l'utilisation des données concernant la personne dans le cadre de cette recherche. »

Art. L. 1122-1-4 *(L. n° 2012-300 du 5 mars 2012, art. 1er-I-18°)* En cas de recherches impliquant la personne humaine mentionnées au 2° de l'article L. 1121-1 dont les exigences méthodologiques ne sont pas compatibles avec le recueil du consentement dans les conditions prévues au deuxième alinéa de l'article L. 1122-1-1, le protocole présenté à l'avis du comité de protection des personnes concerné peut prévoir que ce consentement n'est pas recherché et que l'information prévue à l'article L. 1122-1 est collective.

Aucune recherche mentionnée au premier alinéa ne peut être pratiquée sur une personne lorsqu'elle s'y est opposée.

Art. L. 1122-2 *(L. n° 2004-806 du 9 août 2004, art. 89-IV)* I. — Les mineurs non émancipés, les majeurs protégés ou les majeurs hors d'état d'exprimer leur consentement et qui ne font pas l'objet d'une mesure de protection juridique reçoivent, lorsque leur participation à une recherche impliquant la personne humaine est envisagée, l'information prévue à l'article L. 1122-1 adaptée à leur capacité de compréhension, tant de la part de l'investigateur que des personnes, organes ou autorités chargés de les assister, de les représenter ou d'autoriser la recherche, eux-mêmes informés par l'investigateur.

Ils sont consultés dans la mesure où leur état le permet. Leur adhésion personnelle en vue de leur participation à la recherche impliquant la personne humaine est recherchée. En toute hypothèse, il ne peut être passé outre à leur refus ou à la révocation de leur acceptation.

II. — Lorsqu'une recherche impliquant la personne humaine est effectuée sur un mineur non émancipé, *(L. n° 2012-300 du 5 mars 2012, art. 1er-I-19°)* « le consentement, lorsqu'il est requis, est donné » par les titulaires de l'exercice de l'autorité parentale. Toutefois, *(L. n° 2012-300 du 5 mars 2012, art. 1er-I-19°)* « ce consentement peut être donné » par le seul titulaire de l'exercice de l'autorité parentale présent, sous réserve du respect des conditions suivantes :

(L. n° 2012-300 du 5 mars 2012, art. 1er-I-19°) « — la recherche ne comporte que des risques et des contraintes minimes ;

« — le mineur ne se prête pas à la recherche à titre de volontaire sain ; »

— l'autre titulaire de l'exercice de l'autorité parentale ne peut donner son autorisation dans des délais compatibles avec les exigences méthodologiques propres à la réalisation de la recherche au regard de ses finalités.

(L. n° 2012-300 du 5 mars 2012, art. 1er-I-19°) « Lorsqu'une personne mineure se prêtant à une recherche devient majeure dans le cours de sa participation, la confirmation de son consentement est requise après délivrance d'une information appropriée. »

Lorsqu'une recherche impliquant la personne humaine est effectuée sur une personne mineure ou majeure sous tutelle, l'autorisation est donnée par son représentant légal et, si le comité mentionné à l'article L. 1123-1 considère que la recherche comporte, par l'importance des contraintes ou par la spécificité des interventions auxquelles elle conduit, un risque sérieux d'atteinte à la vie privée ou à l'intégrité du corps humain, par le conseil de famille s'il a été institué, ou par le juge des tutelles.

Une personne faisant l'objet d'une mesure de sauvegarde de justice ne peut être sollicitée aux fins de participer à une recherche impliquant la personne humaine.

Lorsqu'une recherche impliquant la personne humaine est effectuée sur une personne majeure sous curatelle, le consentement est donné par l'intéressé assisté par son curateur. Toutefois, si la personne majeure sous curatelle est sollicitée en vue de sa participation à une recherche dont le comité mentionné à l'article L. 1123-1 considère qu'elle comporte, par l'importance des contraintes ou par la spécificité des interventions auxquelles elle conduit, un risque sérieux d'atteinte à la vie privée ou à l'intégrité du corps humain, le juge des tutelles est saisi aux fins de s'assurer de l'aptitude à consentir du majeur. En cas d'inaptitude, le juge prend la décision d'autoriser ou non la recherche impliquant la personne humaine.

Lorsqu'une recherche impliquant la personne humaine satisfaisant aux conditions édictées par l'article L. 1121-8 est envisagée sur une personne majeure hors d'état d'exprimer son consentement et ne faisant pas l'objet d'une mesure de protection juridique, l'autorisation est donnée par la personne de confiance prévue à l'article L. 1111-6, à défaut de celle-ci, par la famille, ou, à défaut, par une personne entretenant avec l'intéressé des liens étroits et stables. *(L. n° 2012-300 du 5 mars 2012, art. 1er-I-19°)* « L'intéressé est informé dès que possible et son consentement lui est demandé pour la poursuite éventuelle de cette recherche s'il retrouve sa capacité à consentir. » Toutefois, si le comité mentionné à l'article L. 1123-1 considère que la recherche comporte, par l'importance des contraintes ou par la spécificité des interventions auxquelles elle conduit, un risque sérieux d'atteinte à la vie privée ou à l'intégrité du corps humain, l'autorisation est donnée par le juge des tutelles.

(L. n° 2012-300 du 5 mars 2012, art. 1er-I-19°) « Lorsqu'à la date de la fin de la recherche la personne mineure qui s'y est prêtée a acquis la capacité juridique, elle devient personnellement destinataire de toute information communiquée par l'investigateur ou le promoteur.

« III. — Le consentement prévu au huitième alinéa du II est donné selon les formes prévues à l'article L. 1122-1-1. Les autorisations prévues aux premier, sixième et dernier alinéas du même II sont données par écrit. »

BIBL. ▶ Bévière, La protection de la santé de l'enfant dans la recherche biomédicale, *RGDM 2005, n° 17, p. 113.*

Preuve du consentement. Il appartient au promoteur de rapporter la preuve du consentement des parents à la participation de leur enfant à un protocole thérapeutique. • Grenoble, 2 févr. 2009, *Centre Léon-Bérard c/ Caisse prévoyance SNCF,* n° 07/03706.

CHAPITRE III COMITÉS DE PROTECTION DES PERSONNES ET AUTORITÉ COMPÉTENTE *(L. n° 2004-806 du 9 août 2004, art. 90-I).*

Art. L. 1123-1 *(L. n° 2004-806 du 9 août 2004, art. 90-II ; L. n° 2005-1719 du 30 déc. 2005, art. 153-I)* Le ministre chargé de la santé agrée *(Abrogé par Ord. n° 2016-800 du 16 juin 2016, art. 3-1°)* ***« au niveau régional ou interrégional »*** pour une durée déterminée un ou, selon les besoins, plusieurs comités de protection des personnes *(Abrogé par Ord. n° 2016-800 du 16 juin 2016, art. 3-1°)* ***« et détermine leur compétence territoriale »***. Leurs membres sont nommés par le *(Ord. n° 2010-177 du 23 févr. 2010, art. 7-3°)* « directeur général de l'agence régionale de santé de » la région dans laquelle le comité a son siège.

Les comités exercent leur mission en toute indépendance. Ils sont dotés de la personnalité juridique *(L. n° 2012-300 du 5 mars 2012, art. 5)* « de droit public ». *(L. n° 2011-1977 du 28 déc. 2011, art. 59-III)* « Les ressources des comités sont constituées par une dotation de l'État. »

BIBL. ▶ Cahut, Dahan et Coste, Évaluation des comités de protection des personnes (CPP) évaluant les projets de recherche impliquant la personne humaine, après la loi « Jardé » du 5 mars 2012, *IGAS n° 2013-103R, janv. 2014.*

Art. L. 1123-1-1 *(L. n° 2012-300 du 5 mars 2012, art. 8)* I. — Il est institué auprès ***du ministre chargé de la*** santé une Commission nationale des recherches impliquant la personne humaine, chargée de la coordination, de l'harmonisation et de l'évaluation des pratiques des comités de protection des personnes.

(Abrogé par Ord. n° 2016-800 du 16 juin 2016, art. 3-2°-a et 8-I) ***« La Commission nationale désigne les comités chargés d'examiner les projets de recherche et les demandes de modification substantielle dans les conditions prévues aux articles L. 1123-6 et L. 1123-9. »***

Elle remet chaque année au ministre chargé de la santé des recommandations concernant les conséquences, en matière d'organisation des soins, des recherches dont les résultats présentent un intérêt majeur pour la santé publique.

La Commission nationale et l'Agence nationale de sécurité du médicament et des produits de santé sont consultées sur les projets de loi ou de décret concernant les recherches impliquant la personne humaine.

La Commission nationale agit en concertation avec les comités de protection des personnes.

(Abrogé par Ord. nº 2016-800 du 16 juin 2016, art. 3-2º-a et 8-I) ***« II. — La Commission nationale des recherches impliquant la personne humaine comprend vingt et un membres nommés par arrêté du ministre chargé de la santé, parmi lesquels :***

« 1º Sept personnes désignées parmi les membres des comités de protection des personnes, appartenant aux collèges de ces comités composés de professionnels de santé et de personnes ayant une qualification et une expérience approfondie en matière de recherche impliquant la personne humaine ;

« 2º Sept personnes désignées parmi les membres des comités de protection des personnes, appartenant aux collèges de ces comités composés de personnes qualifiées en raison de leurs compétences à l'égard des questions éthiques, sociales, psychologiques et juridiques, ainsi que de représentants des associations agréées de malades ou d'usagers du système de santé ;

« 3º Sept personnes qualifiées.

« Le président de la Commission nationale est élu par les membres de la Commission nationale parmi les personnes mentionnées au 3º. »

III. *[II.]* — Le fait pour un membre de la Commission nationale des recherches impliquant la personne humaine de prendre part aux travaux ou aux délibérations de la Commission nationale alors qu'il a un intérêt, direct ou indirect, à l'affaire examinée est puni de cinq ans d'emprisonnement et de 75 000 € d'amende.

Les membres de la Commission nationale des recherches impliquant la personne humaine sont tenus d'établir et d'actualiser une déclaration d'intérêts dans les conditions fixées à l'article L. 1451-1. Le fait pour eux d'omettre sciemment d'établir une telle déclaration, de la modifier afin d'actualiser les données qui y figurent ou de fournir une information mensongère qui porte atteinte à la sincérité de ladite déclaration est puni de 30 000 € d'amende.

Pour les infractions mentionnées au présent *(Ord. nº 2016-800 du 16 juin 2016, art. 3-2º-b)* « II », les personnes encourent également les peines complémentaires prévues à l'article L. 1454-4.

(Ord. nº 2016-800 du 16 juin 2016, art. 3-2º-c et 8-I) « III. — » Les modalités d'application du présent article *(Ord. nº 2016-800 du 16 juin 2016, art. 3-2º-a et 8-I)* « ainsi que la composition de la Commission nationale » sont fixées par décret.

Art. L. 1123-2 Les comités sont composés de manière à garantir leur indépendance et la diversité des compétences dans le domaine *(L. nº 2012-300 du 5 mars 2012, art. 1er-III-14º)* « de la recherche impliquant la personne humaine » et à l'égard des questions éthiques, sociales, psychologiques et juridiques. *(L. nº 2004-806 du 9 août 2004, art. 90-III)* « Ils comportent, en leur sein, des représentants d'associations de malades ou d'usagers du système de santé agréées et désignés au titre des dispositions de l'article L. 1114-1 ».

Art. L. 1123-3 Les membres des comités, les personnes appelées à collaborer à leurs travaux, et les agents relevant du statut général des fonctionnaires *(Ord. nº 2018-20 du 17 janv. 2018, art. 3)* « ou du statut général des militaires » qui en sont dépositaires sont tenus, dans les conditions et sous les peines prévues aux articles 226-13 et 226-14 du code pénal, de garder secrètes les informations dont ils peuvent avoir connaissance à raison de leurs fonctions et qui sont relatives à la nature des recherches, aux personnes qui les organisent ou qui s'y prêtent ou aux produits, objets ou méthodes expérimentés.

(Abrogé par L. nº 2011-2012 du 29 déc. 2011, art. 1er-II) (L. nº 2004-806 du 9 août 2004, art. 90-IV) ***« Les membres du comité adressent au*** *(Ord. nº 2010-177 du 23 févr. 2010, art. 7-1º)* ***« directeur général de l'agence régionale de santé », à l'occasion de leur nomination, une déclaration mentionnant leurs liens, directs ou indirects, avec les promoteurs et les investigateurs de recherches. Cette déclaration est rendue publique et actualisée à leur initiative dès qu'une modification intervient concernant ces liens ou que de nouveaux liens sont noués. »***

Ne peuvent valablement participer à une délibération les personnes qui ne sont pas indépendantes du promoteur et de l'investigateur de la recherche examinée.

Art. L. 1123-4 *Abrogé par L. nº 2005-1719 du 30 déc. 2005, art. 153-III.*

Art. L. 1123-5 Le ministre chargé de la santé peut retirer l'agrément d'un comité si les conditions d'indépendance, de composition ou de fonctionnement nécessaires pour assurer sa mission dans les meilleures conditions ne sont plus satisfaites.

Art. L. 1123-6 *(L. nº 2012-300 du 5 mars 2012, art. 1er-I-9º) (Ord. nº 2018-20 du 17 janv. 2018, art. 3)* « I. — » Avant de réaliser une recherche impliquant la personne humaine, le promoteur en soumet le projet à l'avis d'un comité de protection des personnes désigné de manière aléatoire *(Ord. nº 2016-800 du 16 juin 2016, art. 3-3º-a et 8-I)* « dans des conditions prévues à l'article L. 1123-14 *[ancienne rédaction : par la Commission nationale mentionnée à l'article L. 1123-1-1]* ». Il ne peut solliciter qu'un avis par projet de recherche.

(Abrogé par Ord. nº 2016-800 du 16 juin 2016, art. 3-3º-b et 8-I) ***« Avant que le comité rende son avis, le promoteur peut demander à la Commission nationale de désigner un autre comité de protection des personnes pour l'examen du projet. La Commission nationale désigne ce second comité de manière aléatoire dans un délai ne pouvant excéder un mois à compter de la demande. »***

En cas d'avis défavorable du comité, le promoteur peut demander *(Ord. nº 2016-800 du 16 juin 2016, art. 3-3º-c et 8-I)* « au ministre chargé de la santé *[ancienne rédaction : à la Commission nationale]* » de soumettre le projet, pour un second examen, à un autre comité de protection des personnes *(Ord. nº 2016-800 du 16 juin 2016, art. 3-3º-c et 8-I)* « selon des modalités prévues à l'article L. 1123-14 ». *(Abrogé par Ord. nº 2016-800 du 16 juin 2016, art. 3-3º-d et 8-I)* ***« La Commission nationale désigne cet autre comité de manière aléatoire dans un délai ne pouvant excéder un mois à compter de la demande. »***

(Ord. nº 2018-20 du 17 janv. 2018, art. 3) « II. — Les dispositions du I ne sont pas applicables au comité de protection des personnes prévu à l'article L. 1123-16 lorsque son avis doit être recueilli pour un projet de recherche relevant du secret de la défense nationale mentionné au chapitre III *bis*. »

Art. L. 1123-7 *(L. nº 2004-806 du 9 août 2004, art. 90-VI ; L. nº 2012-300 du 5 mars 2012, art. 3-I)* Le comité rend son avis sur les conditions de validité de la recherche, notamment au regard de :

— la protection des personnes, notamment la protection des participants ;

— l'adéquation, l'exhaustivité et l'intelligibilité des informations écrites à fournir ainsi que la procédure à suivre pour obtenir le consentement éclairé, et la justification de la recherche sur des personnes incapables de donner leur consentement éclairé ou, le cas échéant, pour vérifier l'absence d'opposition ;

— la nécessité éventuelle d'un délai de réflexion ;

— la nécessité éventuelle de prévoir, dans le protocole, une interdiction de participer simultanément à une autre recherche ou une période d'exclusion ;

— la pertinence de la recherche, le caractère satisfaisant de l'évaluation des bénéfices et des risques attendus et le bien-fondé des conclusions *(Ord. nº 2016-800 du 16 juin 2016, art. 3-4º-a et 8-I)* « pour les recherches mentionnées au 1º de l'article L. 1121-1 et ne portant pas sur un produit mentionné à l'article L. 5311-1 et pour les recherches mentionnées aux 2º et 3º de l'article L. 1121-1 » ;

— l'adéquation entre les objectifs poursuivis et les moyens mis en œuvre ;

— la qualification du ou des investigateurs ;

— les montants et les modalités d'*indemnisation des participants* ;

— *les modalités* de recrutement des participants.

— la pertinence scientifique et éthique des projets de constitution de collections d'échantillons biologiques au cours de recherches impliquant la personne humaine ;

— la méthodologie de la recherche au regard des dispositions de la loi nº 78-17 du 6 janvier 1978 relative à l'informatique, aux fichiers et aux libertés, la nécessité du recours à la collecte et au traitement de données à caractère personnel et la pertinence de celles-ci par rapport à l'objectif de la recherche, préalablement à la saisine de la Commission nationale de l'informatique et des libertés. *(Ord. nº 2016-800 du 16 juin 2016, art. 3-4º-b et c et 8-I)* « La Commission nationale de l'informatique et des libertés peut, pour l'exercice de ses missions définies à l'article 54 de la loi nº 78-17 du 6 janvier 1978 modifiée, saisir pour avis le comité d'expertise pour les recherches, les études et l'évaluation dans le domaine de la santé.

« Pour les recherches impliquant la personne humaine incluant le traitement de données à caractère personnel défini au I de l'article 54 de la loi n° 78-17 du 6 janvier 1978 modifiée, le comité de protection des personnes peut, selon des modalités fixées par le décret prévu à l'article L. 1123-14, saisir le comité d'expertise pour les recherches, les études et les évaluations dans le domaine de la santé. »

Le protocole soumis par le promoteur d'une recherche mentionnée aux 1° ou 2° de l'article L. 1121-1 au comité de protection des personnes et, le cas échéant, à l'autorité compétente indique, de manière motivée, si la constitution d'un comité de surveillance indépendant est ou non prévue.

Le comité s'assure, avant de rendre son avis, que les conditions de l'article L. 1121-13 sont satisfaites. L'autorité compétente est informée des modifications apportées au protocole de recherche introduites à la demande du comité de protection des personnes.

Outre les missions qui leur sont confiées en matière de recherches impliquant la personne humaine, les comités sont également consultés *(Abrogé par Ord. n° 2016-800 du 16 juin 2016, art. 3-4°-d et 8-I)* *« en cas d'utilisation d'éléments et de produits du corps humain à des fins scientifiques relevant d'un changement substantiel de finalité par rapport au consentement initialement donné, »* dans les conditions prévues à l'article L. 1211-2.

Le comité se prononce par avis motivé dans un délai fixé par voie réglementaire.

En cas de faute du comité dans l'exercice de sa mission, la responsabilité de l'État est engagée.

Sur demande auprès du comité de protection des personnes concerné, l'Agence nationale de sécurité du médicament et des produits de santé a accès à toutes informations utiles relatives aux recherches mentionnées aux 2° et 3° de l'article L. 1121-1.

En application des art. L. 231-5 et L. 231-6 CRPA, le silence gardé pendant 35 jours par l'administration vaut décision de rejet pour les demandes d'avis du comité de protection des personnes sur les conditions de validité de la recherche (Décr. n° 2014-1286 du 23 oct. 2014, art. 1er et 2).

Art. L. 1123-7-1 *(L. n° 2012-300 du 5 mars 2012, art. 1er-I-10°)* Tout promoteur ayant son siège en France, envisageant de réaliser une recherche impliquant la personne humaine dans un État non membre de l'Union européenne, peut soumettre son projet à un comité de protection des personnes.

Le comité de protection des personnes rend son avis sur les conditions de validité de la recherche au regard de l'article L. 1121-2 et des deuxième à onzième alinéas de l'article L. 1123-7.

Art. L. 1123-7-2 *(Ord. n° 2016-800 du 16 juin 2016, art. 3-5°-a et 8-I)* Le comité de protection des personnes, lorsqu'il est saisi pour avis d'un projet de recherche non interventionnelle portant sur un médicament ayant obtenu une autorisation de mise sur le marché, par l'Agence nationale de sécurité du médicament et des produits de santé, la Haute Autorité de santé, le ministre chargé de la santé ou l'Agence européenne des médicaments, rend l'avis mentionné à l'article L. 1123-7 au regard des seules exigences mentionnées au troisième alinéa de l'article L. 1124-1.

Art. L. 1123-8 *(L. n° 2004-806 du 9 août 2004, art. 90-VII)* Nul ne peut mettre en œuvre une recherche *(L. n° 2012-300 du 5 mars 2012, art. 1er-III-6°)* « mentionnée au 1° de l'article L. 1121-1 » sans autorisation de l'autorité compétente délivrée dans un délai fixé par voie réglementaire.

Si, dans les délais prévus par voie réglementaire, l'autorité compétente informe le promoteur par lettre motivée qu'elle a des objections à la mise en œuvre de la recherche, le promoteur peut modifier le contenu de son projet de recherche et adresser cette nouvelle demande à l'autorité compétente. Cette procédure ne peut être appliquée qu'une seule fois à chaque projet de recherche. Si le promoteur ne modifie pas le contenu de sa demande, cette dernière est considérée comme rejetée.

Le comité *de protection des personnes* est informé des modifications apportées au protocole de recherche introduites à la demande de l'autorité compétente.

Art. L. 1123-9 *(L. n° 2004-806 du 9 août 2004, art. 90-IX)* Après le commencement de la recherche, toute modification substantielle de celle-ci à l'initiative du promoteur doit obtenir, préalablement à sa mise en œuvre, un avis favorable du comité et *(L. n° 2012-300 du 5 mars 2012, art. 1er-I-11°)* « , dans le cas de recherches mentionnées au 1° de l'article L. 1121-1, » une autorisation de l'autorité compétente. Dans ce cas, le comité s'assure qu'un nouveau consentement des personnes participant à la recherche est bien recueilli si cela est nécessaire.

(L. n° 2012-300 du 5 mars 2012, art. 1er-I-11°) « Lorsque la demande de modification substantielle engendre un doute sérieux sur la qualification d'une recherche au regard des trois catégories de recherches impliquant la personne humaine définies à l'article L. 1121-1, le comité de protection des personnes concerné saisit l'Agence nationale de sécurité du médicament et des produits de santé.

« En cas d'avis défavorable du comité, le promoteur peut demander *(Ord. n° 2016-800 du 16 juin 2016, art. 3-6° et 8-I)* « au ministre chargé de la santé » de soumettre la demande de modification substantielle, pour un second examen, à un autre comité *(Ord. n° 2016-800 du 16 juin 2016, art. 3-6° et 8-I)* « selon des modalités prévues à l'article L. 1123-14 ». »

V. Décr. n° 2014-1286 du 23 oct. 2014 relatif aux exceptions à l'application du principe « silence vaut acceptation ».

Art. L. 1123-10 *(L. n° 2004-806 du 9 août 2004, art. 90-X) (Ord. n° 2016-800 du 16 juin 2016, art. 3-7°-a et 8-I)* « Pour chaque type de recherche impliquant la personne humaine, l'investigateur enregistre les événements indésirables ou les résultats d'analyse anormaux définis dans le protocole comme déterminants pour l'évaluation de la sécurité, en conserve une trace documentaire et les notifie au promoteur. Les modalités de notification sont définies par décret.

« Il informe le promoteur de tous les événements indésirables graves survenus chez les participants, sauf si le protocole en dispose autrement.

« Le promoteur notifie à l'autorité compétente et, pour les recherches portant sur des personnes qui ne présentent aucune affection et se prêtent volontairement à ces recherches, au directeur général de l'Agence régionale de santé, toutes les informations pertinentes relatives à la sécurité de la recherche selon des modalités définies par décret. »

Sans préjudice de l'article L. 1123-9 *(L. n° 2012-300 du 5 mars 2012, art. 1er-III-16°)* « et pour toutes recherches impliquant la personne humaine », lorsqu'un *(Ord. n° 2016-800 du 16 juin 2016, art. 3-7°-b et 8-I)* « effet indésirable grave inattendu ou un » fait nouveau intéressant la recherche ou le produit faisant l'objet de la recherche *(Ord. n° 2016-800 du 16 juin 2016, art. 3-7°-b et 8-I)* « sont susceptibles » de porter atteinte à la sécurité des personnes qui s'y prêtent, le promoteur et l'investigateur prennent les mesures de sécurité urgentes appropriées. *(Abrogé par Ord. n° 2016-800 du 16 juin 2016, art. 3-7°-b et 8-I) « Le promoteur informe sans délai l'autorité compétente et le comité de protection des personnes de ces faits nouveaux et, le cas échéant, des mesures prises. »*

(Ord. n° 2016-800 du 16 juin 2016, art. 3-7°-c et 8-I) « Pour les recherches mentionnées au 2° et au 3° de l'article L. 1121-1, les dispositions du présent article ne s'appliquent qu'en l'absence de dispositions relatives aux vigilances applicables à chaque produit ou pratique faisant l'objet de la recherche. »

Art. L. 1123-11 *(L. n° 2004-806 du 9 août 2004, art. 90-X)* L'autorité compétente peut, à tout moment, demander au promoteur des informations complémentaires sur la recherche.

En cas de risque pour la santé publique ou en cas d'absence de réponse du promoteur ou si l'autorité *(Abrogé par L. n° 2012-300 du 5 mars 2012, art. 1er-III-11°) « administrative »* compétente estime que les conditions dans lesquelles la recherche est mise en œuvre ne correspondent plus aux conditions indiquées dans la demande d'autorisation mentionnée à l'article L. 1123-8 ou ne respectent pas les dispositions du présent titre, elle peut à tout moment demander que des modifications soient apportées aux modalités de réalisation de la recherche, à tout document relatif à la recherche, ainsi que suspendre ou interdire cette recherche.

Sauf en cas de risque imminent, une modification du protocole à la demande de l'autorité compétente ou une décision de suspension ou d'interdiction ne peut intervenir qu'après que le promoteur a été mis à même de présenter ses observations.

(L. n° 2012-300 du 5 mars 2012, art. 1er-III-11°) « Le promoteur informe le comité de protection des personnes compétent et l'autorité compétente mentionnée à l'article L. 1123-12 du début et de la fin de la recherche impliquant la personne humaine et indique les raisons qui motivent l'arrêt de cette recherche quand celui-ci est anticipé. »

Art. L. 1123-12 *(Ord. n° 2016-800 du 16 juin 2016, art. 3-8° et 8-I)* I. – L'autorité compétente pour les recherches impliquant la personne humaine prévues à l'article L. 1121-1 est l'Agence nationale de sécurité du médicament et des produits de santé.

II. – Elle se prononce au regard de la sécurité des personnes qui se prêtent à une recherche mentionnée au 1° de l'article L. 1121-1, en considérant :

1° La sécurité et la qualité des produits utilisés au cours de la recherche conformément, le cas échéant, aux référentiels en vigueur ;

2° Les conditions d'utilisation des produits et la sécurité des personnes au regard des actes pratiqués et des méthodes utilisées ;

3° Les modalités prévues pour le suivi des personnes.

III. – Pour les recherches mentionnées au 1° de l'article L. 1121-1 et portant sur un produit mentionné à l'article L. 5311-1, elle se prononce en outre sur :

1° La pertinence de la recherche ;

2° Le caractère satisfaisant de l'évaluation des bénéfices et des risques attendus ;

3° Le bien-fondé des conclusions.

Art. L. 1123-13 *(L. n° 2004-806 du 9 août 2004, art. 90-VIII)* Lorsque la recherche doit se dérouler dans un ou plusieurs établissements publics ou privés, le promoteur en informe le ou les directeurs de ces établissements avant que cette recherche ne soit mise en œuvre.

Art. L. 1123-14 *(L. n° 2004-806 du 9 août 2004, art. 90-VIII)* Les modalités d'application des dispositions du présent chapitre sont déterminées par décret en Conseil d'État et notamment :

1° *(L. n° 2004-806 du 9 août 2004, art. 90-XII)* « La composition et les conditions d'agrément, de financement, de fonctionnement et de nomination des membres des comités de protection des personnes ainsi que la nature des informations qui doivent leur être communiquées par le promoteur et sur lesquelles ils sont appelés à émettre leur avis ;

« 2° La durée des agréments des comités de protection des personnes mentionnés à l'article L. 1123-1 ;

« 3° La nature des informations qui doivent être communiquées par le promoteur à l'autorité compétente, dans la demande d'autorisation mentionnée à l'article L. 1121-4 ;

« 4° Les modalités de consultation des comités de protection des personnes en ce qui concerne les recherches à caractère militaire ;

« 5° Les modalités de présentation et le contenu de la demande de modification de la recherche prévue par l'article L. 1123-9 ;

« 6° Le délai dans lequel le promoteur fait part de ses observations à l'autorité compétente dans le cas prévu au deuxième alinéa de l'article L. 1123-11 ;

« 7° La nature et le caractère de gravité des événements et des effets indésirables qui sont notifiés selon les dispositions de l'article L. 1123-10 ainsi que les modalités de cette notification ;

« 8° Les modalités selon lesquelles le promoteur informe l'autorité compétente et le comité de protection des personnes de l'arrêt de la recherche ;

« 9° Les modalités d'évaluation prévues sur la base du référentiel d'évaluation des comités de protection des personnes élaboré par *(Ord. n° 2010-177 du 23 févr. 2010, art. 26-11°)* « la Haute Autorité de santé » et publié par arrêté du ministre chargé de la santé ;

« 10° Les conditions dans lesquelles l'autorité compétente procède à l'information *des autorités compétentes* des autres États membres, de la Commission européenne et de l'Agence européenne du médicament, ainsi que le contenu des informations transmises ;

« 11° Les délais dans lesquels le comité rend l'avis mentionné à l'article L. 1123-7 et l'autorité compétente délivre l'autorisation mentionnée à l'article L. 1123-8 ».

CHAPITRE III *BIS* RECHERCHES RELEVANT DU SECRET DE LA DÉFENSE NATIONALE

(Ord. n° 2018-20 du 17 janv. 2018, art. 3)

Art. L. 1123-15 Sous réserve des dispositions du présent chapitre, les dispositions du chapitre III du présent titre s'appliquent aux recherches impliquant la personne humaine présentant un caractère de secret de la défense nationale au sens de l'article 413-9 du code pénal et qui sont menées à des fins de protection. Ces recherches sont dénommées "recherches relevant du secret de la défense nationale".

Art. L. 1123-16 I. – Pour les recherches relevant du secret de la défense nationale, le promoteur soumet le projet à l'avis d'un comité de protection des personnes spécifique, dénommé "comité de protection des personnes – défense et sécurité nationale", agréé par le Premier ministre sur proposition du ministre de la défense et après avis du ministre chargé de la santé.

Le Premier ministre est seul compétent pour retirer l'agrément du comité de protection des personnes – défense et sécurité nationale si les conditions prévues à l'article L. 1123-5 ne sont plus satisfaites.

II. – La composition du comité de protection des personnes – défense et sécurité nationale est fixée par arrêté du Premier ministre et est adaptée si nécessaire, selon les mêmes modalités, en fonction du niveau de classification des dossiers soumis.

Les membres de ce comité sont nommés par le Premier ministre.

Art. L. 1123-17 Lorsque l'autorité désignée à l'article L. 1123-12 ne dispose pas d'agents possédant le niveau d'habilitation requis au titre du secret de la défense nationale compte tenu du niveau de classification de la recherche impliquant la personne humaine qui est envisagée, l'autorité compétente, au sens de cet article, est le Premier ministre.

Art. L. 1123-18 Toute modification substantielle à l'initiative du promoteur d'une recherche relevant du secret de la défense nationale doit obtenir, préalablement à sa mise en œuvre, un avis favorable du comité de protection des personnes – défense et sécurité nationale mentionné au I de l'article L. 1123-16 et, dans le cas de recherches mentionnées au 1° de l'article L. 1121-1, une autorisation de l'autorité compétente. Dans ce cas, le comité s'assure qu'un nouveau consentement des personnes participant à la recherche est recueilli.

Art. L. 1123-19 Pour les recherches relevant du secret de la défense nationale, le promoteur notifie à l'autorité compétente toutes les informations pertinentes relatives à la sécurité de la recherche. Lorsque ces recherches portent sur des personnes qui ne présentent aucune affection et se prêtent volontairement à ces recherches, il les notifie également au ministre de la défense.

Art. L. 1123-20 Les modalités d'application du présent chapitre sont définies, sauf dispositions contraires, par décret en Conseil d'État, notamment :

1° Les conditions d'agrément, de financement, de fonctionnement et de nomination des membres du comité de protection des personnes – défense et sécurité nationale, ainsi que la nature des informations qui doivent lui être communiquées par le promoteur et sur lesquelles il est appelé à émettre son avis ;

2° La durée de l'agrément du comité de protection des personnes – défense et sécurité nationale ;

3° Les modalités de présentation et le contenu de la demande de modification de la recherche prévue par l'article L. 1123-9 ;

4° La nature et le caractère de gravité des événements et des effets indésirables qui sont notifiés selon les dispositions de l'article L. 1123-19 ainsi que les modalités de cette notification ;

5° Les modalités selon lesquelles le promoteur informe l'autorité compétente et le comité de protection des personnes – défense et sécurité nationale de l'arrêt de la recherche ;

6° Les délais dans lesquels le comité rend l'avis mentionné à l'article L. 1123-16.

CHAPITRE IV DISPOSITIONS PARTICULIÈRES APPLICABLES AUX ESSAIS CLINIQUES DE MÉDICAMENTS

(Ord. n° 2016-800 du 16 juin 2016, art. 4 et 8-II)

Art. L. 1124-1 I. – Les essais cliniques de médicaments sont régis par les dispositions du règlement (UE) n° 536/2014 du Parlement européen et du Conseil du 16 avril 2014.

L'autorité compétente pour effectuer l'évaluation de la partie I du rapport d'évaluation prévue à l'article 6 de ce règlement est l'Agence nationale de sécurité du médicament et des produits de santé.

L'évaluation de la partie II prévue à l'article 7 de ce règlement relève de la compétence et de la responsabilité des comités de protection des personnes mentionnés *(Ord. n° 2018-20 du 17 janv. 2018, art. 3)* « aux articles L. 1123-1 et L. 1123-16 ».

L'Agence nationale de sécurité du médicament et des produits de santé notifie au promoteur la décision unique relative à l'essai clinique mentionnée au paragraphe 1er de l'article 8 de ce règlement.

II. – En cas de refus d'autorisation d'un essai prévu au paragraphe 4 de l'article 8 du règlement précité, le promoteur peut saisir d'une demande de réexamen les autorités suivantes :

1° L'Agence nationale de sécurité du médicament et des produits de santé, lorsque cette demande porte sur des éléments relevant de la partie I prévue à l'article 6 du règlement mentionné ci-dessus ;

2° Le ministre chargé de la santé lorsque cette demande porte sur des éléments relevant de la partie II prévue à l'article 7 du règlement mentionné ci-dessus.

La demande de réexamen est présentée et instruite dans des délais et selon des modalités fixées par décret en Conseil d'État.

III. – La première administration d'un médicament à l'homme ne peut être effectuée que dans des lieux ayant été autorisés conformément au deuxième alinéa de l'article L. 1121-13.

Les essais cliniques de médicaments de thérapie innovante tels que définis à l'article 2 du règlement (CE) n° 1394/2007 du Parlement européen et du Conseil, du 13 novembre 2007, concernant les médicaments de thérapie innovante et modifiant la directive 2001/83/CE ainsi que le règlement (CE) n° 726/2004 et les essais cliniques de médicaments de thérapie innovante tels que définis au 17° de l'article L. 5121-1 ne peuvent être réalisés que dans des établissements de santé *(Ord. n° 2018-21 du 17 janv. 2018, art. 4)* « , à l'Établissement français du sang, » *(Ord. n° 2018-20 du 17 janv. 2018, art. 3)* « dans les hôpitaux des armées ou les autres éléments du service de santé des armées mentionnés à l'article L. 6147-7 ou à l'Institution nationale des invalides ».

IV. – Sont applicables aux essais cliniques mentionnés au I les dispositions du présent chapitre ainsi que les dispositions des articles L. 1121-10, L. 1121-11, L. 1121-13, L. 1121-14, L. 1121-16, L. 1121-16-1, L. 1123-10, L. 1126-1 à L. 1126-12, L. 5121-1-1, L. 5125-1 et L. 5126-1. Ces essais sont interdits sur une personne qui n'est pas affiliée à un régime de sécurité sociale ou bénéficiaire d'un tel régime.

Leur sont également applicables les dispositions du 1° du II de l'article 54 de la loi n° 78-17 du 6 janvier 1978 modifiée relative à l'informatique et aux libertés.

CHAPITRE V DISPOSITIONS PARTICULIÈRES À CERTAINES RECHERCHES

Art. L. 1125-1 *(L. n° 2004-806 du 9 août 2004, art. 92)* Ne peuvent être réalisées que dans des établissements de santé *(Ord. n° 2018-21 du 17 janv. 2018, art. 4)* « , à l'Établissement français du sang, » *(Ord. n° 2018-20 du 17 janv. 2018, art. 3)* « dans *les hôpitaux* des armées ou les autres éléments du service de santé des armées mentionnés à l'article L. 6147-7 ou à l'Institution nationale des invalides », la greffe *(Ord. n° 2016-800 du 16 juin 2016, art. 5-1°)* « ou » l'administration *(Abrogé par Ord. n° 2016-800 du 16 juin 2016, art. 5-1°)* « *ou la transfusion* » effectuées dans le cadre d'une recherche *(L. n° 2012-300 du 5 mars 2012, art. 1er-III-6°)* « mentionnée au 1° de l'article L. 1121-1 » portant sur les organes, les tissus, les cellules d'origine humaine, *(Abrogé par Ord. n° 2016-800 du 16 juin 2016, art. 5-1°)* *(L. n° 2011-302 du 29 déc.*

2011, art. 8-I-1°) « les médicaments de thérapie innovante tels que définis au 17° de l'article L. 5121-1 et les médicaments de thérapie innovante tels que définis à l'article 2 du règlement (CE) n° 1394/2007 du Parlement européen et du Conseil, du 13 novembre 2007, concernant les médicaments de thérapie innovante et modifiant la directive 2001/83/ CE ainsi que le règlement (CE) n° 726/2004 », les préparations de thérapie cellulaire mentionnées à l'article L. 1243-1 *(Abrogé par Ord. n° 2016-800 du 16 juin 2016, art. 5-1°) « , les préparations de thérapie génique mentionnées au 12° de l'article L. 5121-1, les préparations de thérapie cellulaire xénogénique mentionnées au 13° de l'article L. 5121-1, ou les produits sanguins labiles »*. L'autorisation prévue à l'article L. 1123-8 vaut, le cas échéant pour la durée de la recherche et pour les produits en cause, autorisation selon les dispositions de l'article L. 1121-13.

Ces recherches *(Abrogé par L. n° 2012-300 du 5 mars 2012, art. 1er-III-15°) « biomédicales »* ne peuvent être mises en œuvre qu'après autorisation expresse de *(L. n° 2011-2012 du 29 déc. 2011, art. 5-IV)* « l'Agence nationale de sécurité du médicament et des produits de santé ».

V. Décr. n° 2014-1288 du 23 oct. 2014 relatif aux exceptions à l'application du principe « silence vaut acceptation » sur le fondement du 4° du I de l'art. 21 de la L. n° 2000-321 du 12 avr. 2000 relative aux droits des citoyens dans leurs relations avec les administrations.

Art. L. 1125-2 *(L. n° 2004-800 du 6 août 2004, art. 2-VI ; L. n° 2004-806 du 9 août 2004, art. 92)* L'utilisation à des fins thérapeutiques d'organes ou de tissus d'origine animale qui ne sont ni des dispositifs médicaux, ni destinés à des médicaments n'est autorisée que dans le cadre de recherches impliquant la personne humaine soumises aux dispositions du présent titre. Les recherches *(L. n° 2012-300 du 5 mars 2012, art. 1er-III-5°)* « mentionnées au 1° de l'article L. 1121-1 » portant sur l'utilisation thérapeutique de tels organes ou tissus chez l'être humain ne peuvent être mises en œuvre qu'après autorisation expresse de *(L. n° 2011-2012 du 29 déc. 2011, art. 5-IV)* « l'Agence nationale de sécurité du médicament et des produits de santé » après avis de l'Agence de la biomédecine. L'autorisation peut être assortie de conditions particulières, portant notamment sur la surveillance à long terme des patients. Le délai applicable à l'autorité compétente pour donner son autorisation et au comité de protection des personnes pour donner son avis est fixé par voie réglementaire.

Des règles de bonne pratique relatives au prélèvement, à la conservation, à la transformation, au transport et à l'utilisation des organes, tissus et cellules animaux sont *(Ord. n° 2005-1087 du 1er sept. 2005, art. 4-II)* « définies par décision de » *(L. n° 2011-2012 du 29 déc. 2011, art. 5-IV)* « l'Agence nationale de sécurité du médicament et des produits de santé » après avis de l'Agence de la biomédecine.

Des décisions de *(L. n° 2011-2012 du 29 déc. 2011, art. 5-IV)* « l'Agence nationale de sécurité du médicament et des produits de santé » prises après avis de l'Agence de la biomédecine et de l' »*(Ord. n° 2010-18 du 7 janv. 2010, art. 3-II)* « Agence nationale chargée de la sécurité sanitaire de l'alimentation, de l'environnement et du travail » fixent :

1° Les règles de bonne pratique relatives à la sélection, à la production et à l'élevage des animaux ;

2° Les conditions sanitaires auxquelles doivent répondre les animaux dont proviennent les organes, tissus et cellules utilisés ;

3° Les règles d'identification de ces animaux, organes, tissus et cellules permettant d'assurer la traçabilité des produits obtenus.

Art. L. 1125-3 *(L. n° 2004-806 du 9 août 2004, art. 92)* Ne peuvent être mises en œuvre qu'après autorisation expresse de l'autorité compétente les recherches *(L. n° 2012-300 du 5 mars 2012, art. 1er-III-5°)* « mentionnées au 1° de l'article L. 1121-1 » portant *(Abrogé par Ord. n° 2016-800 du 16 juin 2016, art. 5-2°-a et 8-I) « sur des médicaments dont le principe actif contient des composants d'origine biologique humaine ou animale ou dans la fabrication duquel entrent de tels composants, sur des médicaments issus de procédés biotechnologiques mentionnés au 1 de l'annexe du règlement CE n° 726/2004 du 31 mars 2004 établissant des procédures communautaires pour l'autorisation et la surveillance en ce qui concerne les médicaments à usage humain et à usage vétérinaire, et instituant une agence européenne pour l'évaluation des médicaments et qui n'ont pas d'autorisation de mise sur le marché au sens de l'article L. 5121-8, »* sur des dispositifs médicaux incorporant des produits d'origine humaine ou animale, ou dans la fabrication desquels interviennent des produits d'origine humaine ou animale, sur des produits cosmétiques contenant des ingrédients d'origine animale dont la liste est fixée par voie réglementaire sur proposition de *(L. nº 2011-2012 du 29 déc. 2011, art. 5-IV)* « l'Agence nationale de sécurité du médicament et des produits de santé » ou sur les produits *(Ord. nº 2016-800 du 16 juin 2016, art. 5-2º-b et 8-I)* « qui ne sont pas des médicaments » *(Abrogé par L. nº 2012-300 du 5 mars 2012, art. 7)* « *mentionnés à l'article L. 5311-1* » contenant des organismes génétiquement modifiés *(L. nº 2012-300 du 5 mars 2012, art. 7)* « ou sur des plantes, substances ou préparations classées comme stupéfiants ou comme psychotropes en application de l'article L. 5132-7 ». *(Abrogé par Ord. nº 2016-800 du 16 juin 2016, art. 5-2º-a et 8-I)* « *Cette autorisation vaut, le cas échéant, autorisation selon les dispositions de l'article L. 533-3 du code de l'environnement.* »

(Ord. nº 2016-800 du 16 juin 2016, art. 5-2º-c et 8-I) « Ne peuvent également être mises en œuvre qu'après autorisation expresse de l'autorité compétente mentionnée à l'article L. 1123-12 les recherches impliquant la personne humaine menées dans le cadre de l'assistance médicale à la procréation mentionnées au V de l'article L. 2151-5. »

Art. L. 1125-4 *(L. nº 2004-806 du 9 août 2004, art. 92)* Les modalités d'application des dispositions du présent chapitre sont déterminées par décret en Conseil d'État.

Art. L. 1125-5 *Abrogé par L. nº 2004-806 du 9 août 2004, art. 92.*

CHAPITRE VI DISPOSITIONS PÉNALES

RÉP. PÉN. vº *Corps humain.*

Art. L. 1126-1 Comme il est dit à l'article 223-8 du code pénal ci-après reproduit :

Art. 223-8 *(L. nº 2012-300 du 5 mars 2012, art. 1er-I-IX)* « Le fait de pratiquer ou de faire pratiquer sur une personne une recherche mentionnée aux 1º ou 2º de l'article L. 1121-1 *(Ord. nº 2016-800 du 16 juin 2016, art. 6-I-1º-a et 8-I)* « ou sur un essai clinique mentionné à l'article L. 1124-1 » du code de la santé publique sans avoir recueilli le consentement libre, éclairé et, le cas échéant, écrit de l'intéressé, des titulaires de l'autorité parentale ou du tuteur ou d'autres personnes, autorités ou organes désignés pour consentir à la recherche ou pour l'autoriser, dans les cas prévus par le code de la santé publique *(Ord. nº 2016-800 du 16 juin 2016, art. 6-I-1º-a et 8-I)* « ou par les articles 28 à 31 du règlement (UE) nº 536/2014 du Parlement européen et du Conseil du 16 avril 2014 relatif aux essais cliniques de médicaments », est puni de trois ans d'emprisonnement et de 45 000 € d'amende.

« Les mêmes peines sont applicables lorsque la recherche *(Abrogé par Ord. nº 2016-800 du 16 juin 2016, art. 6-I-1º-b et 8-I)* « *interventionnelle* » est pratiquée alors que le consentement a été retiré.

« Les mêmes peines sont applicables lorsqu'une recherche non interventionnelle est pratiquée alors que la personne s'y est opposée. »

(L. nº 2004-800 du 6 août 2004, art. 5-IV) « Les dispositions du présent article ne sont pas applicables à l'examen des caractéristiques génétiques d'une personne ou à son identification par ses empreintes génétiques effectués à des fins de recherche scientifique. »

V. notes ss. art. L. 1122-1-1 et L. 1122-1-2.

Art. L. 1126-2 Comme il est dit à l'article 223-9 du code pénal ci-après reproduit :

Art. 223-9 *(L. nº 2009-526 du 12 mai 2009, art. 124-I)* « Les personnes morales déclarées responsables pénalement, dans les conditions prévues par l'article 121-2, des infractions définies à l'article 223-8 encourent, outre l'amende suivant les modalités prévues par *l'article 131-38, les peines prévues par* l'article 131-39. »

L'interdiction mentionnée au 2º de l'article 131-39 porte sur l'activité dans l'exercice ou à l'occasion de l'exercice de laquelle l'infraction a été commise.

Art. L. 1126-3 Le fait de pratiquer ou de faire pratiquer une recherche impliquant la personne humaine en infraction aux dispositions *(L. nº 2004-806 du 9 août 2004, art. 93-I)* « des articles L. 1121-5 à L. 1121-8 et de l'article L. 1122-1-2 » *(Ord.*

n° 2016-800 du 16 juin 2016, art. 6-I-2° et 8-I) « et en infraction avec les articles 31 à 34 du règlement (UE) n° 536/2014 du Parlement européen et du Conseil du 16 avril 2014 relatif aux essais cliniques de médicaments » est puni de trois ans d'emprisonnement et de 45 000 € d'amende.

Les personnes physiques coupables de l'infraction prévue à l'alinéa précédent encourent également les peines suivantes :

1° L'interdiction des droits civiques, civils et de famille, suivant les modalités prévues par l'article 131-26 du code pénal ;

2° L'interdiction, pour une durée de cinq ans au plus, d'exercer l'activité professionnelle ou sociale à l'occasion de laquelle ou dans l'exercice de laquelle l'infraction a été commise ;

3° La confiscation définie à l'article 131-21 du code pénal ;

4° L'exclusion des marchés publics à titre définitif ou pour une durée de cinq ans au plus.

Art. L. 1126-4 *(L. n° 2009-526 du 12 mai 2009, art. 125-XXI-2°)* « Les personnes morales déclarées responsables pénalement, dans les conditions prévues par l'article 121-2 du code pénal, de l'infraction définie à l'article L. 1126-3 encourent, outre l'amende suivant les modalités prévues par l'article 131-38 du code pénal, les peines prévues par l'article 131-39 du même code. »

L'interdiction mentionnée au 2° de l'article 131-39 du code pénal porte sur l'activité dans l'exercice de laquelle ou à l'occasion de laquelle l'infraction a été commise.

Art. L. 1126-5 Est puni d'un an d'emprisonnement et de 15 000 € d'amende le fait de pratiquer ou de faire pratiquer une recherche impliquant la personne humaine :

(L. n° 2004-806 du 9 août 2004, art. 93-II) « 1° Sans avoir obtenu l'avis favorable d'un comité de protection des personnes et *(L. n° 2012-300 du 5 mars 2012, art. 1er-I-12°)* « , dans le cas de recherches mentionnées au 1° de l'article L. 1121-1, » l'autorisation de l'autorité compétente conformément à l'article L. 1121-4 *(Ord. n° 2016-800 du 16 juin 2016, art. 6-I-3° et 8-I)* « ou sans avoir obtenu la décision unique mentionnée au I de l'article L. 1124-1 » ;

« 2° Dans des conditions contraires aux dispositions de l'article L. 1121-12 ;

« 3° Dont la réalisation a été interdite ou suspendue par l'autorité compétente mentionnée à l'article L. 1123-12. »

L'investigateur qui réalise une telle recherche en infraction aux dispositions de l'article L. 1121-13 est puni des mêmes peines.

Art. L. 1126-6 Le promoteur dont la responsabilité civile n'est pas garantie par l'assurance prévue *(L. n° 2004-806 du 9 août 2004, art. 93-III)* « à l'article L. 1121-10 » est puni d'un an d'emprisonnement et de 15 000 € d'amende.

Art. L. 1126-7 Par dérogation à l'article 13 de la loi des 16 et 24 août 1790 sur l'organisation judiciaire, le tribunal de grande instance est seul compétent pour statuer sur toute action en indemnisation des dommages résultant d'une recherche impliquant la personne humaine ; cette action se prescrit dans les conditions prévues à l'article *(L. n° 2008-561 du 17 juin 2008)* « 2226 » du code civil.

Champ d'application. La dérogation aux règles de compétence juridictionnelle ne s'applique que si l'intervention subie par le requérant s'inscrit bien dans le cadre d'une recherche biomédicale. • CAA Paris, 28 mars 2007, *Carla X. c/ CH Sainte-Anne et Poissy*, n° 03PA02197.

Art. L. 1126-8 *(Ord. n° 2008-717 du 17 juill. 2008)* Le fait pour le promoteur de ne pas communiquer aux expérimentateurs des essais chimiques, pharmaceutiques, biologiques, pharmacologiques ou toxicologiques les informations réglementairement prescrites et relatives à l'essai, aux médicaments soumis à l'essai, aux médicaments utilisés comme référence et à la synthèse du dernier état des connaissances scientifiques requises pour la mise en œuvre de la recherche est puni de deux ans d'emprisonnement et de 30 000 € d'amende.

Art. L. 1126-9 *(Ord. n° 2008-717 du 17 juill. 2008)* Le fait pour le promoteur de ne pas communiquer aux investigateurs les informations réglementairement prescrites et

relatives à l'essai et aux médicaments expérimentaux est puni de deux ans d'emprisonnement et de 30 000 € d'amende.

Art. L. 1126-10 *(L. n° 2012-300 du 5 mars 2012, art. 1er-I-13°)* **Dans le cadre d'une recherche mentionnée au 1° de l'article L. 1121-1** *(Ord. n° 2016-800 du 16 juin 2016, art. 6-I-4° et 8-I)* **«** *[et]* **à l'article L. 1124-1 », le fait pour le promoteur de ne pas fournir gratuitement aux investigateurs pendant la durée de la recherche les médicaments expérimentaux et, le cas échéant, les dispositifs utilisés pour les administrer ainsi que, pour les recherches portant sur des produits autres que les médicaments, les produits faisant l'objet de la recherche est puni de 30 000 € d'amende.**

Art. L. 1126-11 *(Ord. n° 2008-717 du 17 juill. 2008)* **Le fait pour le promoteur, lorsqu'une recherche est conduite** *(Ord. n° 2018-20 du 17 janv. 2018, art. 3)* **« à l'Institution nationale des invalides ou dans un établissement de santé ou un hôpital des armées disposant d'une pharmacie à usage intérieur », de ne pas avoir communiqué préalablement au pharmacien assurant la gérance de cette pharmacie les données relatives aux recherches impliquant la personne humaine entrant dans l'une des catégories mentionnées au premier alinéa de l'article** *(Ord. n° 2016-1729 du 15 déc. 2016, art. 2-II-5° et 3-I)* **« L. 5126-7 » est puni de 30 000 € d'amende.**

Art. L. 1126-12 *(Ord. n° 2016-800 du 16 juin 2016, art. 6-I-5° et 8-I)* **Le non-respect des articles 37, 42, 43 et 93 du règlement européen (UE) n° 536/2014 du Parlement européen du 16 avril 2014 relatif aux essais cliniques de médicaments sur la communication d'informations destinées à être mise à la disposition du public dans la base de données de l'union est puni d'un an d'emprisonnement et de 15 000 euros d'amende.**

TITRE TROISIÈME EXAMEN DES CARACTÉRISTIQUES GÉNÉTIQUES, IDENTIFICATION PAR EMPREINTES GÉNÉTIQUES ET PROFESSION DE CONSEILLER EN GÉNÉTIQUE *(L. n° 2011-814 du 7 juill. 2011, art. 5-I).*

CHAPITRE PREMIER PRINCIPES GÉNÉRAUX

BIBL. ▸ **Droits fondamentaux :** PIGEON, Les enjeux de l'utilisation des technologies de séquençage du génome dans le cadre du soin, *Cah. Dr. sciences et technologies, éd. CNRS, 2015, n° 5, p. 75.* – CLAYES et VIALATTE, Les progrès de la génétique : vers une médecine de précision ? les enjeux scientifiques, technologiques, sociaux et éthiques de la médecine personnalisée, *Rapp. au nom de l'OPECST, Sénat (n° 306) et Ass. Nat. (n° 1724), 2014.* – BELRHOMARI, Génome humain, espèce humaine et droit, *Thèse, L'Harmattan, 2013.* – GALLOUX et GAUMONT-PRAT, Droits et libertés corporels, *D. 2013. 663* . – MIRKOVIC, La ratification (enfin !) de la convention d'Oviedo sur les droits de l'homme et la biomédecine, *D. 2012. 110* . – THIERRY, La France enfin liée par la Convention d'Oviedo sur les droits de l'homme et la biomédecine, *RDSS 2012. 839* . – BYK, Traité de bioéthique. Vers une nouvelle utopie civilisatrice ?, *éd. LEH, 2011.* – BAUZON, La personne biojuridique, *PUF, 2006.* – FABRE-MAGNAN et MOULLIER (dir.), La génétique, science humaine, *Belin, 2004.* – DE BÉCHILLON, Porter atteinte aux catégories anthropologiques fondamentales ?, *RTD civ. 2002. 47* .

▸ **Sur la loi du 7 juill. 2011 :** BINEAU, Droit et biologie à la lumière de la loi du 7 juillet 2011 relative à la bioéthique, *RRJ 2012. 1155.* – BINET, La réforme de la loi bioéthique : commentaire et analyse de la loi du 7 juillet 2011, *LexisNexis, 2012.* – GALLOUX et GAUMONT-PRAT, Droits et libertés corporels, *D. 2012. 308* . – DIONISI-PEYRUSSE, La protection de la vie humaine dans la loi relative à la bioéthique du 7 juillet 2011, *RJPF 2011, n° 9, p. 8.* – AUGUSTIN, La loi relative à la bioéthique : commentaire de la loi du 7 juillet 2011, *RGDM 2011, n° 41, p. 7.* – LE GAC-PECH, La troisième version de la loi sur la bioéthique, *LPA 7 déc. 2011, n° 243, p. 3.* – GAUMONT-PRAT, La loi du 7 juillet 2011 relative à la bioéthique et l'encadrement des neurosciences, *LPA 21 nov. 2011, n° 231, p. 10.* – BINET, Éthique et droit du vivant, *RGDM 2011, n° 40, p. 275.* – HERVIEU, Le corps humain : l'heure de la libéralisation ?, *LPA 25-26 août 2011, nos 169 et 170, p. 3.* – LARRIBAU-TERNEYRE et LEMOULAND, Révision des lois de bioéthique ; Loi n° 2011-814 du 7 juillet 2011, *L'Harmattan, 2011.* – MONNIER, Les États généraux de la bioéthique et le Parlement, *RD publ. 2011. 1557.* – CHEYNET DE BEAUPRÉ, La révision de la loi relative à la bioéthique, *D. 2011. 2217* . – BIGOT DE LA TOUANNE, Loi relative à la bioéthique du 7 juillet 2011 : dispositions pénales, *D. 2011. 1901.* – BYK, La révision de la loi de bioéthique : une quête de légitimité sociale pour les détenteurs du pouvoir biomédical, *RGDM 2009, n° 32, p. 175*. – Conseil d'État, Étude, La révision des lois de bioéthique, *Doc. fr., 2009*.

▸ **Tests génétiques :** Accès aux tests génétiques en Europe : droit et protection des utilisateurs (Actes, Colloque Paris-VIII), *RGDM 2012, n° 42*. – ANASTASOVA et RIAL-SEBBAG, Les tests génétiques en accès libre : quelle protection pour le consommateur européen ?, *RDSS 2012. 817*. – SUPIOT, Le consommateur de tests génétiques, un patient avisé ou berné ?, *RDC 2009. 1573*. – DORSNER-DOLIVET, La divulgation des résultats des tests génétiques, *RGDM 2002, n° 8, p. 47*.

Art. L. 1131-1 *(L. n° 2004-800 du 6 août 2004, art. 5-II)* **L'examen des caractéristiques génétiques d'une personne ou son identification par empreintes génétiques sont régis par les dispositions du chapitre III du titre Ier du livre Ier du code civil et par les dispositions du présent titre, sans préjudice des dispositions du titre II du présent livre.**

Toutefois, lorsqu'il est impossible de recueillir le consentement de cette personne ou, le cas échéant, de consulter la personne de confiance mentionnée à l'article L. 1111-6, la famille ou, à défaut, un de ses proches, l'examen ou l'identification peuvent être entrepris à des fins médicales, dans l'intérêt de la personne.

1. Entrée en vigueur de la loi du 6 août 2004. L'art. 11 C. civ., dans sa réaction issue de la loi n° 2004-800 du 6 août 2004, selon lequel sauf accord exprès de la personne manifesté de son vivant aucune identification par empreintes génétiques ne peut être réalisée après sa mort, est immédiatement applicable aux situations en cours. • Civ. 1re, 2 avr. 2008, n° 06-10.256 : *D. 2008. AJ 1145, obs. Gallmeister ; D. 2008. 2121 ; JCP 2008, Actu. 252 ; JCP 2008. II. 10132, note Binet.*

2. Expertise ADN post mortem. Le refus d'autoriser une expertise *post mortem* constitue, au regard de l'intérêt prépondérant du requérant à connaître son ascendance, une violation de l'art. 8 Conv. EDH, le respect de la vie privée du défunt ne pouvant être atteint par un prélèvement *post mortem*. • CEDH 13 juill. 2006, *Jäggi c/ Suisse*, n° 58757/00 : *RTD civ. 2006. 727, obs. Marguénaud ; ibid. 2007. 99, obs. J. Hauser.*

Art. L. 1131-1-1 *(L. n° 2012-300 du 5 mars 2012, art. 4)* **Par dérogation à l'article 16-10 du code civil et au premier alinéa de l'article L. 1131-1 du présent code, l'examen des caractéristiques génétiques d'une personne à des fins de recherche scientifique peut être réalisé à partir d'éléments du corps de cette personne prélevés à d'autres fins lorsque cette personne, dûment informée de ce projet de recherche, n'a pas exprimé son opposition. Lorsque la personne est un mineur ou un majeur en tutelle, l'opposition est exprimée par les titulaires de l'autorité parentale ou le tuteur. Lorsque la personne est un majeur hors d'état d'exprimer son consentement et ne faisant pas l'objet d'une tutelle, l'opposition est exprimée par la personne de confiance prévue à l'article L. 1111-6, à défaut de celle-ci, par la famille ou, à défaut, par une personne entretenant avec l'intéressé des liens étroits et stables.**

Il peut être dérogé à l'obligation d'information prévue au premier alinéa lorsque la personne concernée ne peut pas être retrouvée. Dans ce cas, le responsable de la recherche doit consulter, avant le début des travaux de recherche, un comité de protection des personnes qui s'assure que la personne ne s'était pas opposée à l'examen de ses caractéristiques génétiques et émet un avis sur l'intérêt scientifique de la recherche.

Lorsque la personne concernée a pu être retrouvée, il lui est demandé, au moment *où elle est informée du projet* de recherche, si elle souhaite être informée en cas de diagnostic d'une anomalie génétique grave.

Le présent article n'est pas applicable aux recherches dont les résultats sont susceptibles de permettre la levée de l'anonymat des personnes concernées.

COMMENTAIRE

V. Commentaire reproduit sur Dalloz.fr.

Art. L. 1131-1-2 *(L. n° 2011-814 du 7 juill. 2011, art. 2-2°)* **Préalablement à la réalisation d'un examen des caractéristiques génétiques d'une personne, le médecin prescripteur informe celle-ci des risques qu'un silence ferait courir aux membres de sa famille potentiellement concernés si une anomalie génétique grave dont les consé-**

quences sont susceptibles de mesures de prévention, y compris de conseil génétique, ou de soins était diagnostiquée. Il prévoit avec elle, dans un document écrit qui peut, le cas échéant, être complété après le diagnostic, les modalités de l'information destinée aux membres de la famille potentiellement concernés afin d'en préparer l'éventuelle transmission. Si la personne a exprimé par écrit sa volonté d'être tenue dans l'ignorance du diagnostic, elle peut autoriser le médecin prescripteur à procéder à l'information des intéressés dans les conditions prévues au quatrième alinéa.

En cas de diagnostic d'une anomalie génétique grave, sauf si la personne a exprimé par écrit sa volonté d'être tenue dans l'ignorance du diagnostic, l'information médicale communiquée est résumée dans un document rédigé de manière loyale, claire et appropriée, signé et remis par le médecin. La personne atteste de cette remise. Lors de l'annonce de ce diagnostic, le médecin informe la personne de l'existence d'une ou plusieurs associations de malades susceptibles d'apporter des renseignements complémentaires sur l'anomalie génétique diagnostiquée. Si la personne le demande, il lui remet la liste des associations agréées en application de l'article L. 1114-1.

La personne est tenue d'informer les membres de sa famille potentiellement concernés dont elle ou, le cas échéant, son représentant légal possède ou peut obtenir les coordonnées, dès lors que des mesures de prévention ou de soins peuvent leur être proposées.

Si la personne ne souhaite pas informer elle-même les membres de sa famille potentiellement concernés, elle peut demander par un document écrit au médecin prescripteur, qui atteste de cette demande, de procéder à cette information. Elle lui communique à cette fin les coordonnées des intéressés dont elle dispose. Le médecin porte alors à leur connaissance l'existence d'une information médicale à caractère familial susceptible de les concerner et les invite à se rendre à une consultation de génétique, sans dévoiler ni le nom de la personne ayant fait l'objet de l'examen, ni l'anomalie génétique, ni les risques qui lui sont associés.

Le médecin consulté par la personne apparentée est informé par le médecin prescripteur de l'anomalie génétique en cause.

Lorsqu'est *[Lorsque est]* diagnostiquée une anomalie génétique grave dont les conséquences sont susceptibles de mesures de prévention, y compris de conseil génétique, ou de soins chez une personne qui a fait un don de gamètes ayant abouti à la conception d'un ou plusieurs enfants ou chez l'un des membres d'un couple ayant effectué un don d'embryon, cette personne peut autoriser le médecin prescripteur à saisir le responsable du centre d'assistance médicale à la procréation afin qu'il procède à l'information des enfants issus du don dans les conditions prévues au quatrième alinéa.

COMMENTAIRE

V. Commentaire reproduit sur Dalloz.fr.

Art. L. 1131-1-3 *(L. nº 2011-814 du 7 juill. 2011, art. 2-2º)* Par dérogation au deuxième alinéa de l'article L. 1111-2 et à l'article L. 1111-7, seul le médecin prescripteur de l'examen des caractéristiques génétiques est habilité à communiquer les résultats de cet examen à la personne concernée ou, le cas échéant, aux personnes mentionnées au second alinéa de l'article L. 1131-1.

Art. L. 1131-2 *(L. nº 2011-814 du 7 juill. 2011, art. 3)* Un arrêté du ministre chargé de la santé, pris sur proposition de l'Agence de la biomédecine et de la Haute Autorité de santé, définit les règles de bonnes pratiques applicables à la prescription et *[à]* la réalisation de l'examen des caractéristiques génétiques d'une personne et de son identification par empreintes génétiques à des fins médicales. Cet arrêté définit également les règles de bonnes pratiques applicables, le cas échéant, au suivi médical de la personne. — *V. Arr. du 27 mai 2013 définissant les règles de bonne conduite applicables à l'examen des caractéristiques génétiques d'une personne à des fins médicales (JO 7 juin).*

Art. L. 1131-2-1 *(L. nº 2011-814 du 7 juill. 2011, art. 4-I)* L'examen des caractéristiques génétiques d'une personne ou son identification par empreintes génétiques à des fins médicales ne peuvent être pratiqués que dans des laboratoires de biologie médicale autorisés à cet effet dans les conditions prévues au chapitre II du titre II du livre Ier de la sixième partie et accrédités dans les conditions prévues au chapitre Ier du titre II du livre II de la même partie.

Lorsque le laboratoire dépend d'un établissement de santé, l'autorisation est délivrée à cet établissement.

Un laboratoire de biologie médicale établi dans un autre État membre de l'Union européenne ou partie à l'accord sur l'Espace économique européen peut réaliser la phase analytique de l'examen des caractéristiques génétiques ou de l'identification par empreintes génétiques s'il est autorisé dans cet État à pratiquer cette activité, sous réserve qu'il ait adressé une déclaration si les conditions d'autorisation dans cet État ont été préalablement reconnues comme équivalentes à celles qui résultent du premier alinéa ou, à défaut, qu'il ait obtenu une autorisation après vérification que ses normes de fonctionnement sont équivalentes à celles qui résultent du premier alinéa.

Les autorisations et accréditations prévues aux trois premiers alinéas peuvent être retirées ou suspendues, respectivement dans les conditions prévues aux articles L. 6122-13 et L. 6221-2 ou en cas de manquement aux prescriptions législatives et réglementaires applicables à l'examen des caractéristiques génétiques d'une personne ou à son identification par empreintes génétiques.

Art. L. 1131-3 *(L. n° 2011-814 du 7 juill. 2011, art. 4-II)* « Sous réserve des dispositions du troisième alinéa de l'article L. 1131-2-1, » *(L. n° 2004-800 du 6 août 2004, art. 5-III)* « sont seuls habilités à procéder à des examens des caractéristiques génétiques d'une personne ou à son identification par empreintes génétiques à des fins médicales les praticiens agréés à cet effet par l'Agence de la biomédecine mentionnée à l'article L. 1418-1 dans des conditions fixées par voie réglementaire.

« Les personnes qui procèdent à des examens des caractéristiques génétiques d'une personne ou à son identification par empreintes génétiques à des fins de recherche scientifique sont agréées dans des conditions fixées par voie réglementaire. »

En application des art. L. 231-5 et L. 231-6 CRPA, le silence gardé pendant deux mois par l'administration vaut décision de rejet pour les demandes d'agrément des praticiens seuls habilités à procéder à des examens des caractéristiques génétiques d'une personne ou de son identification par empreintes génétiques à des fins médicales (Décr. n° 2014-1286 du 23 oct. 2014, art. 1er).

Art. L. 1131-4 *(L. n° 2004-800 du 6 août 2004, art. 6)* La conservation et la transformation d'éléments et produits du corps humain, incluant la constitution et l'utilisation de collections d'échantillons biologiques humains à des fins de recherche génétique, sont régies par les dispositions des articles L. 1243-3 et L. 1243-4.

Art. L. 1131-5 Les analyses permettant l'identification par empreintes génétiques dans le cadre des procédures judiciaires mentionnées à l'article 16-11 du code civil doivent faire l'objet d'un contrôle de qualité organisé, selon des modalités fixées par le décret prévu par l'article 16-12 du code civil, par *(L. n° 2011-2012 du 29 déc. 2011, art. 5-IV)* « l'Agence nationale de sécurité du médicament et des produits de santé ».

Art. L. 1131-6 Sont déterminées par décret en Conseil d'État :

1° Les conditions dans lesquelles peuvent être réalisées, dans l'intérêt des patients, la prescription et la réalisation de l'examen des caractéristiques génétiques d'une personne *(L. n° 2011-814 du 7 juill. 2011, art. 5-II-1°)* « ou son identification par empreintes génétiques » à des fins médicales ;

2° *(L. n° 2004-800 du 6 août 2004, art. 6)* « Les *conditions* d'agrément des praticiens *et personnes mentionnés* à l'article L. 1131-3 ; »

(L. n° 2011-814 du 7 juill. 2011, art. 5-II-2°) « 3° Les conditions d'application de l'article L. 1131-1-2, après avis de l'Agence de la biomédecine ;

« 4° Les conditions que doivent remplir les laboratoires de biologie médicale mentionnés à l'article L. 1131-2-1 pour être autorisés à pratiquer l'examen des caractéristiques génétiques d'une personne ou son identification par empreintes génétiques à des fins médicales. »

Art. L. 1131-7 *(L. n° 2004-800 du 6 août 2004, art. 6)* Les dispositions du présent chapitre ne s'appliquent pas aux examens ayant pour objet de vérifier la compatibilité tissulaire ou sanguine, effectués dans le contexte du don d'éléments et de produits du corps humain, qui sont soumis aux dispositions du livre II de la première partie.

CHAPITRE II PROFESSION DE CONSEILLER EN GÉNÉTIQUE

(L. n° 2004-806 du 9 août 2004, art. 111-II)

BIBL. ▶ LANTRÈS, Fonctions et responsabilités des conseillers en génétique, *RGDM 2017, n° 3, p. 103.*

Art. L. 1132-1 Le conseiller en génétique, sur prescription médicale et sous la responsabilité d'un médecin qualifié en génétique, participe au sein d'une équipe pluridisciplinaire :

1° A la délivrance des informations et conseils aux personnes et à leurs familles susceptibles de faire l'objet ou ayant fait l'objet d'un examen des caractéristiques génétiques à des fins médicales défini à l'article L. 1131-1, ou d'une analyse aux fins du diagnostic prénatal défini à l'article L. 2131-1 ;

2° A la prise en charge médico-sociale, psychologique et au suivi des personnes pour lesquelles cet examen ou cette analyse est préconisé ou réalisé.

La profession de conseiller en génétique est exercée dans les établissements de santé publics et privés *(Abrogé par Ord. n° 2010-177 du 23 févr. 2010, art. 1er-2°)* *« participant au service public hospitalier »* autorisés à pratiquer des examens des caractéristiques génétiques à des fins médicales ou des activités de diagnostic prénatal, ainsi que dans les centres pluridisciplinaires de diagnostic prénatal.

Art. L. 1132-2 *(Ord. n° 2009-1585 du 17 déc. 2009, art. 1er-I)* Peuvent exercer la profession de conseiller en génétique et en porter le titre les personnes titulaires d'un titre de formation figurant sur une liste fixée par arrêté du ministre chargé de la santé.

Par dérogation au premier alinéa, peuvent également exercer la profession de conseiller en génétique et en porter le titre les personnes qui, à la date du 6 octobre 2007, ont exercé ou exerçaient des fonctions dévolues aux conseillers en génétique et ont obtenu l'autorisation d'exercer en cette qualité dans des conditions fixées par arrêté du ministre chargé de la santé.

Art. L. 1132-3 *(Ord. n° 2009-1585 du 17 déc. 2009, art. 1er-II)* L'autorité compétente peut, après avis d'une commission composée notamment de professionnels, autoriser individuellement à exercer la profession de conseiller en génétique les ressortissants d'un État membre de l'Union européenne ou d'un autre État partie à l'accord sur l'Espace économique européen *(Abrogé par Ord. n° 2017-50 du 19 janv. 2017, art. 6-I)* *« qui ont suivi avec succès un cycle d'études postsecondaires et »* qui, sans posséder l'un des diplômes mentionnés à l'article L. 1132-2, sont titulaires :

(Ord. n° 2017-50 du 19 janv. 2017, art. 7-I-1°) « 1° De titres de formation délivrés par un ou plusieurs États, membres ou parties, et requis par l'autorité compétente de ces États, membres ou parties, qui réglementent l'accès à cette profession ou son exercice, et permettant d'exercer légalement ces fonctions dans ces États ;

« 2° Ou, lorsque les intéressés ont exercé dans un ou plusieurs États, membres ou parties, qui ne réglementent ni la formation, ni l'accès à cette profession ou son exercice, de titres de formation délivrés par un ou plusieurs États, membres ou parties, attestant de la préparation à l'exercice de la profession, accompagnés d'une attestation justifiant, dans ces États, de son exercice à temps plein pendant un an ou à temps partiel pendant une durée totale équivalente au cours des dix dernières années ; »

3° Ou d'un titre de formation délivré par un État tiers et reconnu dans un État, membre ou partie, autre que la France, permettant d'y exercer légalement la profession. *(Ord. n° 2017-50 du 19 janv. 2017, art. 7-I-2°)* « L'intéressé justifie avoir exercé la profession pendant trois ans à temps plein ou à temps partiel pendant une durée totale équivalente dans cet État, membre ou partie. »

Dans ces cas, lorsque l'examen des qualifications professionnelles attestées par l'ensemble des titres de *(Ord. n° 2017-50 du 19 janv. 2017, art. 8-I-1°)* « formation initiale, » de l'expérience professionnelle pertinente *(Ord. n° 2017-50 du 19 janv. 2017, art. 8-I-2°)* « et de la formation tout au long de la vie ayant fait l'objet d'une validation par un organisme compétent » fait apparaître des différences substantielles au regard des qualifications requises pour l'accès et l'exercice de la profession en France, l'autorité compétente exige que l'intéressé se soumette à une mesure de compensation

(Abrogé par Ord. n° 2017-50 du 19 janv. 2017, art. 8-I-3°) « qui consiste, au choix du demandeur, en une épreuve d'aptitude ou en un stage d'adaptation ».

(Ord. n° 2017-50 du 19 janv. 2017, art. 8-II) « Selon le niveau de qualification exigé en France et celui détenu par l'intéressé, l'autorité compétente peut soit proposer au demandeur de choisir entre un stage d'adaptation ou une épreuve d'aptitude, soit imposer un stage d'adaptation ou une épreuve d'aptitude, soit imposer un stage d'adaptation et une épreuve d'aptitude.

« La nature des mesures de compensation selon les niveaux de qualification en France et dans les autres États, membres ou parties, est fixée par arrêté du ministre chargé de la santé. »

La délivrance de l'autorisation d'exercice permet au bénéficiaire d'exercer la profession dans les mêmes conditions que les personnes titulaires de l'un des diplômes mentionnés à l'article L. 1132-2.

En application des art. L. 231-5 et L. 231-6 CRPA, le silence gardé pendant quatre mois par l'administration vaut décision de rejet pour les demandes d'autorisation d'exercer la profession de conseiller génétique accordée individuellement aux ressortissants d'un État membre de l'Union européenne ou d'un autre État partie à l'accord sur l'Espace économique européen (Décr. n° 2014-1286 du 23 oct. 2014, art. 1er et 2).

Art. L. 1132-4 *(Ord. n° 2009-1585 du 17 déc. 2009, art. 1er-II)* Le conseiller en génétique peut faire usage de son titre de formation dans la langue de l'État qui le lui a délivré. Il est tenu de faire figurer le lieu et l'établissement où il a été obtenu.

Dans le cas où le titre de formation de l'État d'origine, membre ou partie, est susceptible d'être confondu avec un titre exigeant en France une formation complémentaire, l'autorité compétente peut décider que le conseiller en génétique fera état du titre de formation de l'État d'origine, membre ou partie, dans une forme appropriée qu'elle lui indique.

L'intéressé porte le titre professionnel de conseiller en génétique.

Art. L. 1132-5 *(Ord. n° 2009-1585 du 17 déc. 2009, art. 1er-II)* Le conseiller en génétique, ressortissant d'un État membre de l'Union européenne ou d'un autre État partie à l'accord sur l'Espace économique européen, qui est établi et exerce légalement les activités de conseiller en génétique dans un État, membre ou partie, peut exécuter en France des actes professionnels de manière temporaire et occasionnelle.

(Ord. n° 2017-50 du 19 janv. 2017, art. 2) « Lorsque l'exercice ou la formation conduisant à la profession n'est pas réglementé dans l'État où il est établi, le prestataire de services doit justifier avoir exercé dans un ou plusieurs États, membres ou parties, pendant un an au moins à temps plein ou à temps partiel pendant une durée totale équivalente au cours des dix années précédentes. »

L'exécution de ces actes est subordonnée à une déclaration préalable, qui est accompagnée de pièces justificatives dont la liste est fixée par arrêté du ministre chargé de la santé. *(Ord. n° 2017-50 du 19 janv. 2017, art. 3-I)* « Le prestataire joint une déclaration concernant les connaissances linguistiques nécessaires à la réalisation de la prestation. »

Le prestataire de services est soumis aux conditions d'exercice de la profession ainsi qu'aux règles professionnelles applicables en France.

Les qualifications professionnelles du prestataire sont vérifiées par l'autorité compétente, après avis d'une commission composée notamment de professionnels, avant la première prestation de services. *(Ord. n° 2017-50 du 19 janv. 2017, art. 4-I)* « En cas de différence substantielle entre les qualifications du prestataire et la formation exigée en France, de nature à nuire à la santé publique, l'autorité compétente soumet le professionnel à une épreuve d'aptitude. »

Le prestataire de services peut faire usage de son titre de formation dans la langue de l'État qui le lui a délivré. Il est tenu de faire figurer le lieu et l'établissement où il l'a obtenu.

Dans le cas où le titre de formation de l'État d'origine, membre ou partie, est susceptible d'être confondu avec un titre exigeant en France une formation complémentaire, l'autorité compétente peut décider que l'intéressé fera état du titre de formation de l'État d'origine, membre ou partie, dans une forme appropriée qu'elle lui indique.

La prestation de services est réalisée sous le titre professionnel de l'État d'établissement, de manière à éviter toute confusion avec le titre professionnel français. Toutefois, dans le cas où les qualifications ont été vérifiées, la prestation de services est réalisée sous le titre professionnel français.

Art. L. 1132-6 *(Ord. nº 2009-1585 du 17 déc. 2009, art. 1er-II)* Le conseiller en génétique, lors de la délivrance de l'autorisation d'exercice ou de la déclaration de prestation de services, doit posséder les connaissances linguistiques nécessaires à l'exercice de la profession et celles relatives aux systèmes de poids et de mesures utilisés en France.

(Ord. nº 2017-50 du 19 janv. 2017, art. 3-II) « Le contrôle de la maîtrise de la langue doit être proportionné à l'activité à exercer et réalisé une fois la qualification professionnelle reconnue. »

Art. L. 1132-6-1 *(Ord. nº 2017-50 du 19 janv. 2017, art. 12)* Les dispositions de l'article L. 4002-1 et des articles L. 4002-3 à L. 4002-7 sont applicables au conseiller en génétique.

Art. L. 1132-7 *(Ord. nº 2009-1585 du 17 déc. 2009, art. 1er-II)* Sont déterminés par décret en Conseil d'État :

1° En tant que de besoin, les modalités d'exercice et les règles professionnelles ;

2° La composition et le fonctionnement de la commission mentionnée à l'article L. 1132-3 et les conditions dans lesquelles l'intéressé est soumis à une mesure de compensation ;

3° Les modalités de vérification des qualifications professionnelles mentionnées à l'article L. 1132-5.

CHAPITRE III DISPOSITIONS PÉNALES

Art. L. 1133-1 *(L. nº 2004-806 du 9 août 2004, art. 111-I)* Comme il est dit à l'article 226-25 du code pénal ci-après reproduit :

Art. 226-25 *(L. nº 2004-800 du 6 août 2004, art. 4-III)* Le fait de procéder à l'examen des caractéristiques génétiques d'une personne à des fins autres que médicales ou de recherche scientifique, ou à des fins médicales ou de recherche scientifique, sans avoir recueilli préalablement son consentement dans les conditions prévues par l'article 16-10 du code civil, est puni d'un an d'emprisonnement et de 15 000 euros d'amende.

Art. L. 1133-2 *(L. nº 2004-806 du 9 août 2004, art. 111-I)* Comme il est dit à l'article 226-26 du code pénal ci-après reproduit :

Art. 226-26 *(L. nº 2004-800 du 6 août 2004, art. 4-III)* Le fait de détourner de leurs finalités médicales ou de recherche scientifique les informations recueillies sur une personne au moyen de l'examen de ses caractéristiques génétiques est puni d'un an d'emprisonnement et de 15 000 € d'amende.

Art. L. 1133-3 *(L. nº 2004-806 du 9 août 2004, art. 111-I)* Comme il est dit à l'article 226-27 du code pénal ci-après reproduit :

Art. 226-27 *(L. nº 2011-267 du 14 mars 2011, art. 8)* Le fait de procéder, sans avoir recueilli le consentement de la personne dans les conditions prévues par l'article 16-11 du code civil, à son identification par ses empreintes génétiques à des fins médicales ou de recherche scientifique ou au prélèvement de ses traces biologiques à titre d'ascendant, descendant ou collatéral aux fins de l'établissement, par ses empreintes génétiques, de l'identité d'une personne mentionnée au 3° du même article, est penu d'un an d'emprisonnement et de 15 000 € d'amende.

Art. L. 1133-4 *(L. nº 2004-806 du 9 août 2004, art. 111-I)* Comme il est dit à l'article 226-28 du code pénal ci-après reproduit :

Art. 226-28 *(L. nº 2005-270 du 24 mars 2005, art. 93-II)* « Le fait de rechercher l'identification par ses empreintes génétiques d'une personne, *(L. nº 2011-267 du 14 mars 2011, art. 8)* « en dehors des cas prévus à l'article 16-11 du code civil ou en dehors d'une mesure d'enquête ou d'instruction diligentée lors d'une procédure » *(L.*

nº 2007-1631 du 20 nov. 2007, art. 13-II) « de vérification d'un acte de l'état civil entreprise par les autorités diplomatiques ou consulaires dans le cadre des dispositions de l'article L. 111-6 du code de l'entrée et du séjour des étrangers et du droit d'asile » est puni d'un an d'emprisonnement et de *(L. nº 2011-267 du 14 mars 2011, art. 8)* « 15 000 euros » d'amende. »

Est puni des mêmes peines le fait de divulguer des informations relatives à l'identification d'une personne par ses empreintes génétiques ou de procéder *(L. nº 2011-814 du 7 juill. 2011, art. 4-III-1º)* « à l'examen des caractéristiques génétiques d'une personne ou » à l'identification d'une personne par ses empreintes génétiques sans être titulaire de l'agrément prévu à l'article L. 1131-3 du code de la santé publique *(L. nº 2011-814 du 7 juill. 2011, art. 4-III-2º)* « et de l'autorisation prévue à l'article L. 1131-2-1 du même code ».

Art. L. 1133-4-1 *(L. nº 2011-814 du 7 juill. 2011, art. 6-II)* **Le fait, pour une personne, de solliciter l'examen de ses caractéristiques génétiques ou de celles d'un tiers ou l'identification d'une personne par ses empreintes génétiques en dehors des conditions prévues par la loi est puni de la peine prévue à l'article 226-28-1 du code pénal.**

Art. L. 1133-5 *(L. nº 2004-806 du 9 août 2004, art. 111-I)* **Comme il est dit à l'article 226-29 du code pénal ci-après reproduit :**

Art. 226-29 La tentative des infractions prévues aux articles 226-25, 226-26, 226-27 et 226-28 est punie des mêmes peines.

Art. L. 1133-6 *(L. nº 2004-800 du 6 août 2004, art. 6 ; L. nº 2004-806 du 9 août 2004, art. 111-IV)* **Comme il est dit à l'article 226-30 du code pénal ci-après reproduit :**

Art. 226-30 *(L. nº 2009-526 du 12 mai 2009, art. 124-I)* « Les personnes morales déclarées responsables pénalement, dans les conditions prévues par l'article 121-2, des infractions définies à la présente section encourent, outre l'amende suivant les modalités prévues par l'article 131-38, les peines prévues par les 2º à 5º et 7º à 9º de l'article 131-39. »

L'interdiction mentionnée au 2º de l'article 131-39 porte sur l'activité dans l'exercice ou à l'occasion de l'exercice de laquelle l'infraction a été commise.

Art. L. 1133-7 *(L. nº 2004-806 du 9 août 2004, art. 111-III)* **Les conseillers en génétique et les étudiants se préparant à la profession sont tenus au secret professionnel dans les conditions et sous les peines énoncées aux articles 226-13 et 226-14 du code pénal.**

Art. L. 1133-8 *(Ord. nº 2005-1040 du 26 août 2005)* **L'exercice illégal de la profession de conseiller en génétique est puni d'un an d'emprisonnement et de 15 000 euros d'amende.**

Les personnes physiques encourent également les peines complémentaires suivantes :

a) **L'affichage ou la diffusion de la décision prononcée, dans les conditions prévues par l'article 131-35 du code pénal ;**

b) **La confiscation de la chose qui a servi ou était destinée à commettre l'infraction ou de la chose qui en est le produit, conformément à l'article 131-21 du code pénal ;**

c) **L'interdiction *définitive ou pour une durée* de cinq ans au plus d'exercer une ou *plusieurs* professions régies par le présent code ou toute autre activité professionnelle ou sociale à l'occasion de l'exercice de laquelle l'infraction a été commise, suivant les modalités prévues par l'article 131-27 du code pénal.**

Le fait d'exercer cette activité malgré une décision judiciaire d'interdiction définitive ou temporaire est puni des mêmes peines.

Art. L. 1133-9 *(L. nº 2009-526 du 12 mai 2009, art. 125-XXI-3º)* **Les personnes morales déclarées responsables pénalement, dans les conditions prévues par l'article 121-2 du code pénal, de l'infraction définie à l'article L. 1133-8 encourent, outre l'amende suivant les modalités prévues par l'article 131-38 du code pénal, les peines prévues par les 2º à 9º de l'article 131-39 du même code, dans les conditions prévues aux articles 131-46 à 131-48 du même code.**

L'interdiction mentionnée au 2° de l'article 131-39 du même code porte sur une ou plusieurs professions régies par le présent code ou toute autre activité professionnelle ou sociale à l'occasion de l'exercice de laquelle l'infraction a été commise.

Art. L. 1133-10 *(Ord. nº 2005-1040 du 26 août 2005)* **L'usage sans droit de la qualité de conseiller en génétique médicale ou d'un diplôme, certificat ou autre titre légalement requis pour l'exercice de cette profession est puni comme le délit d'usurpation de titre prévu à l'article 433-17 du code pénal.**

(L. nº 2009-526 du 12 mai 2009, art. 125-XXI-4°) **« Les personnes morales déclarées responsables pénalement, dans les conditions prévues par l'article 121-2 du code pénal, de l'infraction définie au présent article encourent l'amende prévue à l'article 433-17 du code pénal suivant les modalités prévues par l'article 131-38 du même code, ainsi que les peines prévues aux 2° à 4° de l'article 433-25 du même code. »**

Art. L. 1133-11 *Abrogé par Ord. nº 2005-1040 du 26 août 2005.*

TITRE TROISIÈME *BIS* NEUROSCIENCES ET IMAGERIE CÉRÉBRALE

(L. nº 2011-814 du 7 juill. 2011, art. 45-II)

CHAPITRE UNIQUE

Art. L. 1134-1 Un arrêté du ministre chargé de la santé définit les règles de bonnes pratiques applicables à la prescription et à la réalisation des examens d'imagerie cérébrale à des fins médicales. Ces règles tiennent compte des recommandations de la Haute Autorité de santé.

BIBL. ▸ GAUMONT-PRAT et PRAT, Bioéthique et droit : les neurosciences et l'encadrement de l'imagerie médicale, *éd. LEH, 2015.*

TITRE QUATRIÈME RÉPARATION DES CONSÉQUENCES DES RISQUES SANITAIRES

(L. nº 2002-303 du 4 mars 2002, art. 98)

CHAPITRE PREMIER ACCÈS À L'ASSURANCE CONTRE LES RISQUES D'INVALIDITÉ OU DE DÉCÈS

SECTION PREMIÈRE TESTS GÉNÉTIQUES

Art. L. 1141-1 Les entreprises et organismes qui proposent une garantie des risques d'invalidité ou de décès ne doivent pas tenir compte des résultats de l'examen des caractéristiques génétiques d'une personne demandant à bénéficier de cette garantie, même si ceux-ci leur sont transmis par la personne concernée ou avec son accord. En outre, ils ne peuvent poser aucune question relative aux tests génétiques et à leurs résultats, ni demander à une personne de se soumettre à des tests génétiques avant que ne soit conclu le contrat et pendant toute la durée de celui-ci.

BIBL. ▸ CCNE, 21 janv. 2016, avis nº 124. – PERBAL, Pour une liberté surveillée des tests génétiques, *LPA 2015 nº 179, p. 10.* – SUPIOT (E.), Les tests génétiques, contribution à une étude juridique, *Thèse, PUAM, 2014.* – Accès aux tests génétiques en Europe : droit et protection des utilisateurs (Actes, Colloque Paris-8), *RGDM 2012, nº 42.* – ANASTASOVA et RIAL-SEBBAG, Les tests génétiques en accès libre : quelle protection pour le consommateur européen ?, *RDSS 2012. 817* . – FALL, Assurance et tests génétiques : les lois bioéthiques face aux campagnes de dépistage, *RGDM 2011. 223.* – SUPIOT (E.), Le consommateur de tests génétiques, un patient avisé ou berné ?, *RDC 2009. 1573.* – PIGACHE, L'utilisation des empreintes génétiques à des fins probatoires, *RGDM 2008. 75.* – BELLIVIER, BRUNET et HERMITTE, Les limitations légales de la recherche génétique et de la commercialisation de ses résultats : le droit français, *RIDC 2006. 275.* – VACARIE, Du bon et du mauvais usage des caractéristiques génétiques, *RDSS 2005.195.* – MATHIEU, Des dangers et du bon usage des tests génétiques prédictifs, *LPA 2003, nº 71, p. 3.* – DEMEESTER, L'assurance des risques de santé et la loi numéro 2002-303 du 4 mars 2002, *RDSS 2002. 783* . – DORSNER-DOLIVET, La divulgation des résultats des tests génétiques, *RGDM 2002. 47.* –

EWALD, A quelles conditions la sélection d'un risque constitue-t-elle une discrimination ?, *Mélanges Lambert, Dalloz, 2002, p. 167.*

SECTION II RISQUES AGGRAVÉS

Art. L. 1141-2 *(L. nº 2007-131 du 31 janv. 2007, art. 1er)* **Une convention nationale relative à l'accès au crédit des personnes présentant, du fait de leur état de santé ou de leur handicap, un risque aggravé est conclue entre l'État, les organisations professionnelles représentant les établissements de crédit** *(Ord. nº 2013-544 du 27 juin 2013, art. 14-1º-a)* **« , les sociétés de financement », les entreprises d'assurance, les mutuelles et les institutions de prévoyance ainsi que des organisations nationales représentant les malades et les usagers du système de santé agréées en vertu de l'article L. 1114-1 ou représentant les personnes handicapées. Cette convention a pour objet :**

— de faciliter l'assurance des prêts demandés par les personnes présentant un risque aggravé en raison de leur état de santé ou d'un handicap ;

— d'assurer la prise en compte complète par les établissements de crédit *(Ord. nº 2013-544 du 27 juin 2013, art. 14-1º-b)* **« ou les sociétés de financement » des garanties alternatives à l'assurance ;**

— de définir des modalités particulières d'information des demandeurs, d'instruction de leur dossier et de médiation.

Toute personne présentant, du fait de son état de santé ou de son handicap, un risque aggravé bénéficie de plein droit de cette convention.

COMMENTAIRE

V. Commentaire reproduit sur Dalloz.fr.

Art. L. 1141-2-1 *(L. nº 2007-131 du 31 janv. 2007, art. 2)* **La convention prévue à l'article L. 1141-2 définit notamment :**

1º Les conditions d'âge des emprunteurs, l'objet, le montant et la durée des prêts ;

2º Les modalités d'information des demandeurs d'emprunt sur les dispositions relatives à l'accès au crédit et à l'assurance emprunteur ;

3º Les conditions dans lesquelles un demandeur d'emprunt peut se prévaloir, pendant un délai déterminé, d'une offre d'assurance, y compris pour un bien différent de celui visé par cette offre ;

4º La couverture des risques décès et invalidité, dans les cas où elle est requise ;

5º Les garanties de confidentialité des données à caractère personnel et de nature médicale ;

6º Un mécanisme de mutualisation, mis en œuvre par les entreprises d'assurance, les mutuelles *(Ord. nº 2013-544 du 27 juin 2013, art. 14-2º-a)* **« , les institutions de prévoyance, les établissements de crédit et les sociétés de financement », permettant, sous condition de ressources des demandeurs d'emprunt, de limiter le coût additionnel résultant du risque aggravé pour l'assurance décès et invalidité des crédits professionnels et des crédits destinés à l'acquisition de la résidence principale ;**

7º Les dispositifs d'études et de recherche permettant de recueillir, d'analyser et de publier les données disponibles sur la mortalité et la morbidité résultant des principales pathologies, en vue de fournir les éléments statistiques nécessaires à la tarification du risque ;

8º La procédure d'instruction **des demandes d'emprunt et les modalités selon lesquelles la personne est informée des motifs des refus d'assurance ;**

9º Un dispositif de médiation entre, d'une part, les personnes présentant un risque aggravé de santé et, d'autre part, les organismes d'assurance *(Ord. nº 2013-544 du 27 juin 2013, art. 14-2º-b)* **« , les établissements de crédit et les sociétés de financement » ;**

10º La composition et les modalités de fonctionnement d'une instance de suivi et de propositions associant les parties et chargée d'évaluer régulièrement la réalisation des objectifs et engagements de la convention.

Art. L. 1141-3 *(L. nº 2007-131 du 31 janv. 2007, art. 3)* **La convention prévue à l'article L. 1141-2 est conclue pour une durée de trois ans.**

La convention et ses avenants sont publiés au *Journal officiel*.

Pour celles de ses dispositions qui prévoient les conditions de collecte et d'utilisation ainsi que les garanties de confidentialité des données à caractère personnel de nature médicale, la convention fait l'objet, préalablement à sa conclusion, d'une consultation de la Commission nationale de l'informatique et des libertés, qui donne un avis sur sa conformité à la loi nº 78-17 du 6 janvier 1978 relative à l'informatique, aux fichiers et aux libertés.

A défaut d'accord, ou en cas de dénonciation, compromettant la mise en œuvre ou la pérennité du dispositif conventionnel, les conditions de collecte et d'utilisation et les garanties de confidentialité des données à caractère personnel de nature médicale sont fixées dans les six mois par décret en Conseil d'État, après avis de la Commission nationale de l'informatique et des libertés.

Au cas où la convention ne serait pas signée par l'une des organisations professionnelles mentionnées à l'article L. 1141-2, un décret peut, après consultation des signataires de la convention et de l'organisation professionnelle non signataire, étendre son application aux entreprises et organismes représentés par l'organisation non signataire.

A défaut de prorogation ou de renouvellement de la convention ou en cas de dénonciation de la convention, les dispositions énumérées à l'article L. 1141-2-1 sont fixées dans les six mois par décret en Conseil d'État. Ce décret prend effet à la date d'expiration de la convention.

Art. L. 1141-4 *(L. nº 2007-131 du 31 janv. 2007, art. 4)* L'instance de suivi et de propositions mentionnée au 10º de l'article L. 1141-2-1 adresse un rapport d'évaluation au Gouvernement et au Parlement au plus tard trois mois avant l'échéance de la convention.

Art. L. 1141-5 *(L. nº 2016-41 du 26 janv. 2016, art. 190-I)* La convention nationale mentionnée à l'article L. 1141-2 détermine les modalités et les délais au-delà desquels les personnes ayant souffert d'une pathologie cancéreuse ne peuvent, de ce fait, se voir appliquer une majoration de tarifs ou une exclusion de garanties pour leurs contrats d'assurance ayant pour objet de garantir le remboursement d'un crédit relevant de ladite convention. La convention prévoit également les délais au-delà desquels aucune information médicale relative aux pathologies cancéreuses ne peut être recueillie par les organismes assureurs dans ce cadre.

Sur la base des propositions établies et rendues publiques par l'institut mentionné à l'article L. 1415-2, la liste des pathologies et les délais mentionnés au premier alinéa du présent article sont fixés conformément à une grille de référence, définie par ladite convention, permettant de fixer, pour chacune des pathologies, les délais au-delà desquels aucune majoration de tarifs ou d'exclusion de garantie ne sera appliquée ou aucune information médicale ne sera recueillie pour les pathologies concernées.

Cette grille de référence est rendue publique.

Dans tous les cas, le délai au-delà duquel aucune information médicale relative aux pathologies cancéreuses ne peut être recueillie par les organismes assureurs ne peut excéder dix ans après la date de fin du protocole thérapeutique ou, pour les pathologies cancéreuses survenues avant l'âge de dix-huit ans, cinq ans à compter de la fin du protocole thérapeutique.

Ces modalités et ces délais sont mis à jour régulièrement en fonction des progrès thérapeutiques et des données de la science.

Un décret en Conseil d'État définit les sanctions applicables en cas de manquement à la présente obligation.

Les candidats à l'assurance sont informés, dans des conditions prévues par décret, de l'interdiction prévue au présent article.

La convention prévoit l'extension des dispositifs prévus aux deux premiers alinéas aux pathologies autres que cancéreuses, notamment les pathologies chroniques, dès *lors que les* progrès thérapeutiques et les données de la science attestent de la capacité des traitements concernés à circonscrire significativement et durablement leurs effets.

Sur la mise en œuvre du 1er al., V. L. nº 2016-41 du 26 janv. 2016, art. 190 🏛.

Bibl. ▸ LANGLOFF et WORMS, Le droit à l'oubli en matière assurantielle, *JDSAM 2017 nº 7, p. 63.* – DE FALLOIS, Assurance et « droit à l'oubli » en matière de santé, *RDSS 2017.132.* – FAURÉ, Le « droit à l'oubli » : consécration ou illusion d'un nouveau droit ?, *LPA 29 févr. 2016, nº 42, p. 7.*

Art. L. 1141-6 *(L. n° 2016-41 du 26 janv. 2016, art. 190-I)* **Les personnes atteintes ou ayant été atteintes d'une pathologie pour laquelle l'existence d'un risque aggravé de santé a été établi ne peuvent se voir appliquer conjointement une majoration de tarifs et une exclusion de garantie au titre de cette même pathologie pour leurs contrats d'assurance ayant pour objet de garantir le remboursement d'un crédit relevant de la convention nationale mentionnée à l'article L. 1141-2.**

CHAPITRE II RISQUES SANITAIRES RÉSULTANT DU FONCTIONNEMENT DU SYSTÈME DE SANTÉ

BIBL. ▶ **Ouvrages généraux :** GARAY, La gestion juridique du risque médical, *Berger-Levrault, 2013.* – WELSCH, Responsabilité du médecin, *Litec, Jurisclasseur, coll. Pratique professionnelle, 2012.* – LANTERO, Le droit de la responsabilité hospitalière : principes généraux et jurisprudences, *éd. du Papyrus, 2012.* – LAMBERT-FAIVRE et PORCHY-SIMON, Droit du dommage corporel : Systèmes d'indemnisation, *Dalloz, 7e éd., 2011.* – GIBERT, Guide de responsabilité médicale et hospitalière : quelle indemnisation du risque médical aujourd'hui ?, *Berger-Levrault, 2011.* – MAUGÜÉ et THIELLAY, La responsabilité du service hospitalier, *LGDJ, 2010.* – LANTRÈS, La responsabilité des établissements de santé privés, *thèse, éd. LEH, 2010.* – DUGUET, Évolution récente des actions en responsabilité médicale en France : comparaison avec l'étranger, *éd. LEH, 2008.* – DORSNER-DOLIVET, La responsabilité du médecin, *Economica, 2006.* – SUREAU, LECOURT et DAVID, L'erreur médicale, *PUF, 2006.* – HOCQUET-BERG et PY, La responsabilité du médecin, *éd. HDF, 2006.* – PENNEAU, La responsabilité du médecin, *Dalloz, 2004.* – LAMBERT (Mél.), Droit et économie de l'assurance et de la santé, *Dalloz, 2002.* – SAISON, Le risque médical. Évolution de la responsabilité sans faute du service public hospitalier, *L'Harmattan, 1999.* – PENNEAU, Faute et erreur en matière de responsabilité médicale, *LGDJ, 1973.*

▶ **Études :** HOCQUET-BERG, Responsabilités et accouchement, *RGDM 2017/9, n° 64, p. 49.* – LOISEAU, Intelligence artificielle et santé : responsabilité, *JDSAM 2017, n° 7, p. 21.* – BACACHE, Responsabilité médicale, *Litec, Droit médical et hospitalier, fasc. 18 à 18-2, 19-1 à 19-2.* – MARKUS, Responsabilité des établissements publics de santé, *J.-Cl. Adm., fasc. nos 906-10 et 906-20.* – MAUGÜÉ et THIELLAY, Responsabilité des établissements publics de santé, *Litec, Droit médical et hospitalier, fasc. 19-3.* – PORCHY-SIMON, Responsabilité médicale, *J.-Cl. Resp. civ. assurances, fasc. 440-20 s.* – TRUCHET, Hôpitaux (Responsabilité des services hospitaliers), *Rép. resp. puiss. publ.* ; La faute et la loi du 4 mars 2002 en matière de responsabilité des établissements publics de santé, *RDSS 2015. 14* . – DUVAL-ARNOULD, La convergence des jurisprudences administrative et judiciaire, *AJDA 2016. 355* . – ROUYÈRE, Dualité des juridictions, dualité des droits ?, *RGDM 2013, numéro spécial, p. 39.* – BELRHALI-BERNARD, Responsabilité hospitalière, quelques développements récents, *AJDA 2012. 1665* . – SARGOS, Le centenaire jurisprudentiel de la chirurgie esthétique : permanence de fond, dissonances factuelles et prospectives, *D. 2012. 2903* .

▶ **Colloques :** Assurance, responsabilité et santé : réflexions sur une trilogie en devenir, Colloque du 11 mars 2010 de l'AFDS, *RDSS 2010, n° hors-série.* – Les réparations du dommage médical : rupture ou continuité depuis la loi du 4 mars 2002, Colloque du 31 mars 2010, Université de Rouen, *RGDM 2010, n° 37.* – PELLET (dir.), Responsabilité, assurance et expertise médicale. Bilan d'application des lois Kouchner et About (2002-2008). Propositions de réformes, *Dalloz, 2008.*

▶ **Sur le régime de solidarité :** C. Comptes, *Rapp. public 2017, p. 67* : L'indemnisation amiable des victimes d'accidents médicaux : une mise en œuvre dévoyée, une remise en ordre impérative. – LANTERO, Le contentieux de la solidarité, *AJDA 2016. 368* . – BOURGEONNIER, L'indemnisation des victimes des activités médicales publiques : de la responsabilité à la solidarité, *RDSS 2015. 60* . – PORCHY-SIMON, Les infections nosocomiales, *RGDM 2013, numéro spécial, p. 83.* – GIBERT, Le champ de la solidarité nationale en matière d'accidents médicaux, *Méd. et droit févr. 2013, n° 118, p. 16.* – HOCQUET-BERG, Responsabilité civile et solidarité nationale en matière d'indemnisation des accidents médicaux : d'un rapport de subsidiarité à une logique de substitution... : Leçons du Droit civil *in* Mélanges en l'honneur de François Chabas, *Bruylant, 2011, p. 411.* – DANG VU, L'indemnisation des victimes d'accidents médicaux, *Journal de médecine légale, avr. 2012, p. 523.* – ALONSO, La responsabilité du fait des infections nosocomiales : état des lieux d'un régime en devenir, *RFDA 2011. 329* . – GIBERT, Le dispositif public d'indemnisation des accidents médicaux, *RGDM 2010, n° 37, p. 107* ; Les frontières de l'indemnisation du risque sanitaire par la solidarité nationale, *RDSS 2010. 29* , *n° hors-série, Assurance, responsabilité et santé.* – SAISON-DEMARS, Le droit de la réparation des accidents médicaux, laboratoire de l'évolution de la responsabilité administrative, *RGDM 2010, n° 36, p. 151.* – LAURENT, La responsabilité médicale sans faute et les systèmes d'indemnisation, *RGDM 2009, n° 30, p. 191.* – RADÉ, Responsabilité et solidarité : propositions pour une nouvelle architecture, *RCA mars 2009,* *n° 3, dossier n° 5.* – Martin, L'indemnisation des victimes d'accidents médicaux comme politique publique, *D. 2006. 3021*. – Olson et Argente, Responsabilité, assurance et solidarité en matière sanitaire, *AJDA 2005. 2226*. – Coelho, La nouvelle configuration de l'indemnisation des conséquences des risques sanitaires : distinction entre responsabilité et solidarité, *RGDM 2003, n° 9, p. 31.* – Dorsner-Dolivet, L'indemnisation des dommages médicaux après la loi Kouchner, *RGDM 2003, n° 9, p. 47.* – Dubouis, La réparation des conséquences des risques sanitaires, *RDSS 2002. 803*.

▸ **Sur les produits défectueux :** Bouquet et Fouassier, Le projet de réforme de la responsabilité civile et les produits de santé, *D. 2017.834.* – Dossier, La responsabilité du fait des produits défectueux, trente ans après la directive, *Rev. Responsabilité civile et assurances n° 1, janv. 2016.* – Desmarais, Responsabilités et smartphones, *JDSAM n° spécial 2014, p. 43.* – Bloch, Produits de santé défectueux : désordre au sommet des ordres, *RCA 2014. Étude 1.* – Poirot-Mazères, Robotique et médecine : quelle(s) responsabilité(s) ?, *Journal international de Bioéthique, 2013/4, vol. 33, p. 99.* – Radé, Dix ans d'application de la loi Kouchner : le sort des produits de santé, *RGDM 2013 numéro spécial, p. 105.* – Gorny et Lerolle, La responsabilité des fabricants de dispositifs médicaux utilisés ou fournis à l'hôpital, *Méd. et droit mai 2012, n° 114, p. 67.* – Peigné, Les tribulations de la responsabilité hospitalière du fait des produits de santé défectueux, *RDSS 2011. 95*. – Viney, La responsabilité des fabricants de médicaments et de vaccins : les affres de la preuve, *D. 2010. Chron. 391*. – Gout, Regard particulier sur la responsabilité du fait des produits de santé, *RDSS 2010. 111*, *n° hors-série, Assurance, responsabilité et santé.* – Sargos, Les effets indésirables du droit des produits défectueux en matière de dommages causés par des médicaments, et notamment des vaccins, *JCP 2009. II. 308.* – Fouassier, La responsabilité du fait des produits défectueux, *Méd. et droit avr. 1999, n° 36, p. 2.* – Mansart, Le risque de développement des produits issus du corps humain, *Méd. et droit mai 1999, n° 36, p. 11.*

▸ **Sur la « judiciarisation » de la santé :** Laude, Pariente et Tabuteau, La judiciarisation de la santé, *Éd. de Santé, 2012.* – Rouger (dir.), La santé, malade de la justice ?, *Éd. Larcier, 2008.* – Desplats, Favrolt et a., L'influence de la judiciarisation sur les pratiques médicales. Quand Esculape craint Thémis, *RGDM 2008, n° 28, p. 136.*

SECTION PREMIÈRE PRINCIPES GÉNÉRAUX

Art. L. 1142-1 **I. – Hors le cas où leur responsabilité est encourue en raison d'un défaut d'un produit de santé, les professionnels de santé mentionnés à la quatrième partie du présent code, ainsi que tout établissement, service ou organisme dans lesquels sont réalisés des actes individuels de prévention, de diagnostic ou de soins ne sont responsables des conséquences dommageables d'actes de prévention, de diagnostic ou de soins qu'en cas de faute.**

Les établissements, services et organismes susmentionnés sont responsables des dommages résultant d'infections nosocomiales, sauf s'ils rapportent la preuve d'une cause étrangère.

II. – Lorsque la responsabilité d'un professionnel, d'un établissement, service ou organisme mentionné au I ou d'un producteur de produits n'est pas engagée, un accident médical, une affection iatrogène ou une infection nosocomiale ouvre droit à la réparation des préjudices du patient, *(L. n° 2004-806 du 9 août 2004, art. 114)* **« et, en cas de décès, de ses ayants droit » au titre de la solidarité nationale, lorsqu'ils sont directement imputables à des actes de prévention, de diagnostic ou de soins et qu'ils ont eu pour le patient des conséquences anormales au regard de son état de santé comme de l'évolution prévisible de celui-ci et présentent un caractère de gravité, fixé par décret, apprécié au regard de la perte de capacités fonctionnelles et des conséquences sur la vie privée et professionnelle mesurées en tenant notamment compte du taux** *(L. n° 2009-526 du 12 mai 2009, art. 112)* **« d'atteinte permanente à l'intégrité physique ou psychique, de la durée de l'arrêt temporaire des activités professionnelles ou de celle du déficit fonctionnel temporaire ».**

Ouvre droit à réparation des préjudices au titre de la solidarité nationale un taux *(L. n° 2009-526 du 12 mai 2009, art. 112)* **« d'atteinte permanente à l'intégrité physique ou psychique » supérieur à un pourcentage d'un barème spécifique fixé par décret ; ce pourcentage, au plus égal à 25 %, est déterminé par ledit décret.**

COMMENTAIRE

V. Commentaire reproduit sur Dalloz.fr.

I. PRINCIPE DE RESPONSABILITÉ POUR FAUTE

A. FONDEMENTS DE LA RESPONSABILITÉ

1. Praticiens : de l'art. 1147 C. civ. [1231-1] à l'art. L. 1142-1 CSP. En vertu de l'art. L. 1142-1-I, le médecin répond, en cas de faute, des conséquences dommageables des actes de prévention, de diagnostic ou de soins qu'il accomplit ; cette disposition se substitue ainsi à l'art. 1147 C. civ. [1231-1] comme fondement de la responsabilité médicale en droit privé (faits postérieurs à L. n° 2002-303 du 4 mars 2002). • Civ. 1re, 28 janv. 2010 : *D. 2010. 1522, note Sargos ; ibid. 1801, point de vue par Bert ; RDSS 2010. 375, obs. Arhab-Girardin ; RCA 2010. Comm. 85, note Radé ; GADS, 2e éd., Dalloz, 2016, n° 12.* – V. aussi • Civ. 1re, 14 oct. 2010 : *Bull. civ. I, n° 200 ; D. 2010. 2682, note Sargos ; RTD civ. 2011. 128, note Jourdain.* ♦ Il s'agit d'un revirement quant à la base légale de la responsabilité des professionnels de santé en raison de leurs activités de soins, sur : • Civ. 1re, 20 mai 1936, *Dr Nicolas c/ Épx Mercier : D. 1936. 1. 88, concl. Matter, rapp. Josserand ; S. 1937. 1. 321, note Breton ; GADS, 2e éd., Dalloz, 2016, n° 30.* ♦ S'agissant de faits antérieurs à la loi du 4 mars 2002, l'art. 1147 C. civ. demeure la base légale. • Civ. 1re, 13 nov. 2014, n° 13-22.702 • 5 mars 2015, n° 14-13292 : *D. 2015. 623.*

BIBL. Girer, Chronique de la mort annoncée du contrat médical ?, *Mélanges Callu, LexisNexis, 2013, p. 387.*

2. Établissements de santé privés. En s'appuyant sur les art. L. 1142-1 CSP et 1147 C. civ. [art. 1231-1] mentionnés dans les seuls moyens repris, la Cour de cassation juge qu'en vertu du contrat d'hospitalisation et de soins le liant à son patient, un établissement de santé privé est tenu de procurer au patient des soins qualifiés en mettant notamment à son service des médecins pouvant intervenir dans les délais imposés par son état ; un règlement intérieur insuffisamment contraignant et trop imprécis quant aux horaires a conduit à une vacance totale de la permanence pendant une heure et demie au moins, ce dont il résulte une faute dans l'organisation des soins (faits datant du 3 juin 2002). • *Civ. 1re, 13 nov. 2008,* n° 07-15.049. ♦ Pour les faits antérieurs à la loi du 4 mars 2002, les obligations incombant à une clinique à l'égard du patient en vertu du contrat d'hospitalisation continuent de relever de l'art. 1147 C. civ. [art. 1231-1]. • Civ. 1re, 9 juin 2011, n° 10-18.002 (patient très agité ayant fini par se défenestrer : défaut de surveillance adaptée, faits datant de déc. 2001).

3. Art. L. 1142-1 CSP, ensemble art. 1382 C. civ [art. 1240]. Viole les art. L. 1142-1 CSP et 1382 C. civ. [art. 1240] la cour d'appel qui indemnise en tant que « préjudice extra-patrimonial permanent atypique » la réticence ou l'« impossibilité psychologique » alléguée par une patiente de subir dans le futur une intervention chirurgicale, en raison du caractère exceptionnel des circonstances dans lesquelles la faute a été commise, l'intéressée étant ressortie de la clinique où elle devait recevoir des soins non seulement sans les avoir reçus, mais dans un état aggravé par une erreur quant à la partie du corps à opérer ; cette réticence ne constitue en effet qu'une simple éventualité (faits postérieurs à la loi du 4 mars 2002). • Civ. 1re, 28 juin 2012, n° 11-19.265.

4. Établissements de santé publics. Les personnes admises dans les services des hôpitaux et hospices publics ne sont pas placées dans une situation contractuelle vis-à-vis de ces établissements. • CE, sect., 11 janv. 1991, *Biancale,* n° 93348 : *Lebon 12 ; AJDA 1991. 479, note Prétot ; RDSS 1991. 269, concl. Hubert.* ♦ Auparavant : • T. confl. 25 mars 1957, *Hospices civils du Puy : Lebon 817 ; AJDA 1957. 284, obs. Pinto ; Rev. adm. 1957. 247, note Liet-Veaux.* ♦ Il en résulte que la responsabilité du fait des actes de prévention, de diagnostic et de soins pratiqués au sein des établissements publics de santé est en principe une responsabilité administrative extracontractuelle, pour faute simple (revirement, abandon de l'exigence d'une faute lourde). • CE, ass., 10 avr. 1992, *Épx V.,* n° 79027 : *Lebon 171, concl. Legal ; JCP 1992. II. 21881, note Moreau ; AJDA 1992. 355, concl. ; RFDA 1992. 571, concl. ; Rev. adm. 1993. 561, note Fraisseix ; LPA 3 juill. 1992, p. 23, note Haïm.*

B. CHAMP D'APPLICATION

5. Accouchement par voie basse. L'accouchement par voie basse constitue un événement naturel et non un acte médical. • CE 27 juin 2016, *M. B. C.,* n° 386165 : *Lebon ; JDSAM 2016, n° 14, p. 67, note Morlet-Haïdara.* ♦ Il en résulte qu'une rupture utérine à l'occasion d'un quatrième accouchement ne peut être considérée comme étant directement imputable à un acte de soins, ce qui exclut l'indemnisation sur le fondement de la solidarité nationale. • CAA Marseille, 4 juin 2015, n° 13MA01401 : *rapp. Chamot Céline ; Gaz. Pal. 14 oct. 2015, n° 287-288, p. 15.*

6. Soins dentaires. En dehors des cas où leur responsabilité est encourue en raison du défaut d'un produit de santé, sur le fondement des art. 1386-1 s. C. civ. [art. 1245 s.] ou de la garantie des vices cachés, sur celui des art. 1641 à 1649 du même code, les chirurgiens-dentistes ne sont responsables qu'en cas de faute par application de l'art. L. 1142-1, I. • Civ. 1re, 13 juill. 2016, n° 15-19.871. ♦ Toutefois, relève de l'art. 1147 C. civ. [art. 1231-1] la conception et la délivrance d'une prothèse dentaire. • Civ. 1re, 20 mars 2013, n° 12-12.300 : *Bull. à paraître ; RTD civ. 2013.*

616, note Jourdain ; *Gaz. Pal. 25 avr. 2013, n° 115, p. 13, avis Legoux ; LPA 5 juin 2013, n° 112, p. 10, note Le Gac-Pech.*

7. Chirurgie esthétique. V. note ss. art. L. 1142-3-1.

BIBL. Sargos, Le centenaire jurisprudentiel de la chirurgie esthétique : permanences de fond, dissonances factuelles et prospective, *D. 2012. Chron. 2903* . – V note de jurisprudence ss. art. L. 1142-3-1.

8. Circoncision. L'opération de circoncision est considérée comme un acte médical alors même qu'elle est pratiquée lors d'une intervention dépourvue de fin thérapeutique. • CE 3 nov. 1997, *Hôpital Joseph-Imbert d'Arles*, n° 153686 : *Lebon 412 ; Dr. adm. 1998. 32, obs. Esper ; AJDA 1997. 1016, chron. Girardot et Raynaud ; ibid. 959 ; RFDA 1998. 90, concl. Pécresse ; D. 1998. 146, note Chrestia ; ibid. 1999. 45, obs. Bon et de Béchillon ; RDSS 1998. 519, note Clément .*

C. NATURE DE L'OBLIGATION

1° PRINCIPE D'UNE OBLIGATION DE MOYENS

9. Soins consciencieux et attentifs. Il se forme entre le médecin et son client un véritable contrat comportant, pour le praticien, l'engagement, sinon, bien évidemment, de guérir le malade, du moins de lui donner des soins, non pas quelconques, mais consciencieux, attentifs et conformes aux données acquises de la science. • Civ. 1re, 20 mai 1936, *Dr Nicolas c/ Épx Mercier : préc. note 1.* ♦ Cette obligation de moyens ne peut être transformée en obligation de résultat par le pouvoir réglementaire. • CE 27 avr. 1998, *Cornette de Saint-Cyr*, n° 184473 : *AJDA 1998. 831, concl. Maugüé .*

10. Rejet de l'obligation de résultat. La réparation des conséquences de l'aléa thérapeutique n'entre pas dans le champ des obligations dont un médecin est contractuellement tenu à l'égard de son patient (principe). • Civ. 1re, 8 nov. 2000 : *Bull. civ. I, n° 287 ; JCP 2001. II. 10493, rapp. Sargos, note Chabas ; RTD civ. 2001. 154, obs. Jourdain ; D. 2001. 570, note Lambert-Faivre ; Méd. et droit 2001, n° 47, p. 2, note Mazière ; GADS, 2e éd., Dalloz, 2016, n° 78* • Civ. 1re, 27 mars 2001 : *Bull. civ. I, n° 86 ; RCA 2001. Chron. 13, note Radé.* ♦ Pour un rejet explicite devant le juge administratif, • CAA Bordeaux, 16 déc. 2008, *Xavier X. c/ CHU Bordeaux*, n° 07BX01902. ♦ Il en résulte que la responsabilité du médecin est subordonnée à la *preuve d'une faute* commise dans l'accomplissement de l'acte médical. • *Civ. 1re, 4 janv. 2005 : Bull. civ. I, n° 5 ; RDSS 2005. 332, obs. Pitcho .*

11. Cas de présomption de faute. L'atteinte, par un chirurgien, à un organe ou une partie du corps du patient que son intervention n'impliquait pas est fautive, en l'absence de preuve, qui lui incombe, d'une anomalie rendant l'atteinte inévitable ou de la survenance d'un risque inhérent à cette intervention qui, ne pouvant être maîtrisé, relèverait de l'aléa thérapeutique. • Civ. 1re, 20 mars 2013, n° 12-13.900 : *D. 2013. 1063, obs. Raja* • Civ. 1re, 20 janv. 2011, n° 10-17.357 : *Bull. civ. I, n° 14.*

2° IMPUTABILITÉ DE LA FAUTE

12. Imputabilité indéterminable. La preuve d'une faute incombant au demandeur, et s'agissant d'une responsabilité personnelle, il faut que soit identifié le professionnel de santé ou l'établissement de santé auquel la faute imputable ou qui répond de ses conséquences ; ainsi, une négligence fautive liée à l'oubli d'une compresse dans le corps d'un patient, qu'aucune donnée ne permet de rattacher à l'une des interventions qu'il a subies, lesquelles ont été pratiquées par des chirurgiens différents dans des cliniques distinctes, et alors qu'aucun comportement fautif de tel ou tel praticien exerçant à titre libéral ou auxiliaire n'a pu être démontré, ne permet pas d'engager la responsabilité de ces praticiens. • Civ. 1re, 3 nov. 2016, n° 15-25.348 P : *D. 2017. 337, note Bernard-Roujou de Boubée ; JCP 2016, n° 12305, note Sargos ; RTD civ. 2017.163, obs. Jourdain.* ♦ V. aussi : • Civ. 1re, 3 nov. 2016, n° 15-25.196. ♦ Lorsqu'une faute ne peut être établie à l'encontre d'aucune des personnes responsables d'un même dommage, la contribution à la dette se fait entre elles à parts égales. • Civ. 1re, 10 avr. 2013, n° 12-14.219 : *D. 2013. 995, note Véron .*

3° CAS D'OBLIGATION DE CONFORMITÉ OU DE RÉSULTAT

13. Fourniture, conception, confection d'une prothèse dentaire. En tant que fournisseur d'une prothèse dentaire, le chirurgien-dentiste doit délivrer un appareil apte à rendre le service que la patiente peut légitimement en attendre, c'est-à-dire un appareil sans défaut. • Civ. 1re, 29 oct. 1985, *Bismuth c/ Djabbour*, n° 83-17.091 P : *D. 1986, jurispr. p. 417, note Penneau* • Civ. 1re, 20 mars 2013, n° 12-12.300 : *RTD Civ. 2013. 616, note Jourdain ; Gaz. Pal. 25 avr. 2013, p. 13, avis Legoux ; LPA 2013, n° 112, p. 10, note Le Gac-Pech ; Rev. des contrats 2013. 928, note Viney.* ♦ Arrêt de principe : • Civ. 1re, 15 nov. 1972, *Perreux*, n° 70-14.430 P. ♦ Cette obligation inclut la conception et la confection de l'appareillage, lequel doit rendre au patient le service qu'il peut légitimement en attendre. • Civ. 1re, 9 déc. 2010, *Chambertin c/ Foucher*, n° 09-70.407. ♦ Cette obligation est expressément qualifiée de résultat : le chirurgien-dentiste est, en vertu du contrat le liant à son patient, tenu de lui fournir un appareillage apte à rendre le service qu'il peut légitimement en attendre, une telle obligation, incluant la conception et la confection de cet appareillage, étant de résultat (prothèse présentant par sa conception même une fragilité intrinsèque en raison des données physiologiques de la patiente). • Civ. 1re, 23 nov. 2004, *Le Sou médical c/ Maki-Gilles*, n° 03-12.146 P : *RTD civ. 2005. 139, obs. Jourdain* ; *RDSS 2005. 151, obs. Pitcho* ; *ibid. 2006. 86, obs. Jacotot* ; *D. 2005. 17* ; *ibid. 403, obs. Penneau* ; *RTD civ. 2005. 139, obs. Jourdain* • Civ. 1re, 20 mars 2013, n° 12-12.300 : *préc.* ♦ A propos d'un bridge présentant une certaine mobilité et se descellant spontanément. • Civ. 1re, 30 mars 1994, n° 91-21.725. ♦ S'agissant toutefois de la préconisation et de la pose même, l'obligation est de moyens. • Civ. 1re, 13 juill. 2016, n° 15-19.871.

14. *Revirement.* En constatant que les prestations réalisées par un chirurgien-dentiste, qui comprenaient la conception et la délivrance d'un appareillage, étaient opportunes, adaptées et nécessaires eu égard à la pathologie de la patiente, que les soins ont été dispensés dans les règles de l'art en fonction de la difficulté particulière du cas de la patiente et que les résultats obtenus correspondaient au pronostic qu'il était raisonnable d'envisager, la cour d'appel, par ces motifs exclusifs d'une faute quelconque imputable au chirurgien-dentiste, justifie légalement sa décision. • Civ. 1re, 20 mars 2013, n° 12-12.300 : *RTD civ. 2013. 616, note Jourdain* ; *Gaz. Pal. 25 avr. 2013, n° 115, p. 13, avis Legoux* ; *LPA 5 juin 2013, n° 112, p. 10, note crit. Le Gac-Pech* ; *RDC 2013. 928, note Viney* (dans le sens d'une absence de revirement).

15. *Autres cas.* A propos du résultat erroné dans le titrage des anticorps anti-VIH, examen désormais courant. • TGI Colmar, 25 oct. 1989 : *RDSS 1991. 29, obs. Dubouis* . ♦ V. aussi, *a contrario*, à propos d'analyses de tissus, • Civ. 1re, 4 janv. 1974, *Claisse c/ Cauchoix* : *RTD civ. 1974. 822, obs. Durry.*

4° OBLIGATION QUANT AUX PRODUITS ET MATÉRIELS UTILISÉS « DANS LE CADRE D'UNE PRESTATION DE SOINS PRODIGUÉE À UN PATIENT »

16. *Jurisprudence européenne.* La responsabilité susceptible d'incomber à un utilisateur qui, tel un CHU, fait usage, dans le cadre d'une prestation de soins prodiguée à un patient, d'un produit ou d'un appareil dont il n'est pas le producteur et qu'il a préalablement acquis, tel qu'un matelas chauffant, échappe au champ d'application de la Dir. CE n° 85/374 du 25 juill. 1985 (point 27) ; un tel prestataire, utilisateur du produit, ne peut en effet être considéré comme un participant à la chaîne de fabrication et de commercialisation du produit, car il ne fournit pas au patient un produit destiné à être utilisé par ce dernier (point 28) ; la Dir. n° 85/374 ne s'oppose dès lors pas à ce qu'un État membre institue un régime prévoyant la responsabilité du prestataire non producteur même en l'absence de toute faute, à condition, toutefois, que soit préservée la faculté pour la victime et/ou ledit prestataire de mettre en cause la responsabilité du producteur sur le fondement de ladite directive (point 39). • CJUE 21 déc. 2011, *CHU Besançon*, n° C-495/10 : *GDAS, 2e éd., Dalloz, 2016* ; *D. 2012. 926, note Borghetti* ; *JCP Adm. 2012. 2078, note Oberdorf* ; *Dr. adm. 2012. Comm. 42, note Lantero.* – Arrêt rendu sur question préjudicielle... • CE 4 oct. 2010, *CHU Besançon*, n° 327449 : *RDSS 2016. 716, note Peigné* ; *D. 2011. 213, note Borghetti* . ♦ ... Puis mis en application. • CE 12 mars 2012, *CHU Besançon*, n° 327449 : *RDSS 2016. 716, note Peigné* ; *JCP 2012. 623, note Tifine* ; *RTD eur. 2012. 925, note Ritleng* .

17. *Établissements publics (responsabilité sans faute).* Il résulte de l'interprétation donnée par la CJUE (21 déc. 2011, n° C-495/10, *CHU Besançon : préc. note 16*) que la directive du 25 juill. 1985 ne fait pas obstacle à l'application du principe selon lequel, sans préjudice des actions susceptibles d'être exercées à l'encontre du producteur, le service public hospitalier est responsable, même en l'absence de faute de sa part, des conséquences dommageables pour les usagers de la défaillance des produits et appareils de santé qu'il utilise ; ce principe trouve à s'appliquer lorsque le service public hospitalier implante, au cours de la prestation de soins, un produit défectueux dans le corps d'un patient. • CE 25 juill. 2013, *A. c/ CH Chambéry*, n° 339922 : *AJDA 2013. 1972, chron. Domino et Bretonneau* ; *D. 2013. 2438, note Bacache* (défectuosité d'une prothèse totale du genou). ♦ L'arrêt précédent confirme, au vu de la jurisprudence européenne, le principe adopté en 2003 selon lequel le service public hospitalier est responsable, même en l'absence de faute de sa part, des conséquences dommageables pour les usagers de la défaillance des produits et appareils de santé qu'il utilise, sans préjudice d'éventuels recours en garantie (défaillance d'un respirateur artificiel). • CE 9 juill. 2003, *AP-HP c/ Marzouk*, n° 220437 : *Lebon 338, concl. Olson* ; *GADS, 2e éd., Dalloz, 2016, n° 47* ; *AJDA 2003. 1946, note Deguergue* . ♦ Dans la lignée de la jurisprudence *Marzouk* déclarée compatible avec le droit de l'Union européenne, avec référence expresse à l'arrêt de la CJUE du 21 déc. 2011 (préc. note 16), V., à propos d'un appareil de mesure de la saturation artérielle en oxygène qui aurait mal fonctionné. • CE 24 avr. 2012, *CH Mantes-la-Jolie*, n° 331967. ♦ Cette jurisprudence trouve à s'appliquer lorsque le service public hospitalier implante, au cours de la prestation de soins, un produit défectueux dans le corps d'un patient, en l'espèce une prothèse du genou. • CE 25 juill. 2013, *A. c/ CH Chambéry*, n° 339922 : *préc.* ♦ La circonstance que le fabricant du matériel en cause peut être identifié ne saurait faire obstacle à l'engagement de la responsabilité du centre hospitalier (rupture d'une mèche utilisée au cours d'une ostéotomie). • CAA Bordeaux, 25 nov. 2008, *CHU Bordeaux,* n° 07BX01082. ♦ Pour une application de la jurisprudence *Marzouk* au cas d'un praticien hospitalier exerçant en hôpital au titre de son activité libérale, à propos d'une brûlure rétinienne provoquée par un microscope. • CAA Bordeaux, 18 mars 2008, *Gérard,* n° 06BX01825 : *AJDA 2008. 1839, concl. Vié*. ♦ Une fois la défectuosité du matériel reconnue, encore faut-il prouver son lien de causalité avec le dommage dont il est demandé réparation. • CAA Marseille, 13 avr. 2006, *CPAM de Montpellier-Lodève,* n° 04MA02183. ♦ Sur la compatibilité de la jurisprudence *Marzouk* avec la Dir. n° 58/375/CEE du 25 juill. 1958, V. • CJUE 21 déc. 2011, *CHU Besançon,* n° C-495/10 : *préc. note 16.* ♦ En tout état de cause, l'existence de brûlures chez un nouveau-né opéré, qui n'ont pu être occasionnées que par le matériel du centre hospitalier, révèle d'elle-même une faute dans le fonctionnement du service hospitalier. • CE 1er mars 1989, *Épx Peyres,* n° 67255. ♦ Pour un cas où l'hôpital obtient réparation du fabricant. • CAA 12 juin 2014, *CH Saint-Étienne,* n° 13LY01045. ♦ Toutefois, même en cas de vice affectant un produit de santé, le service hospitalier doit avoir pris toutes les précautions quant à l'origine et à la fiabilité du matériel qu'il utilise ; en recourant à un modèle de cathéter de type nouveau dont les caractéristiques n'étaient pas conformes à son étiquetage et qui, ayant été fourni directement au chirurgien par le fabricant, n'avait pas été vérifié par la pharmacie centrale, l'établissement commet une faute (rupture d'un cathéter provoquant une hémiplégie). • CE 9 juill. 2003, *Mehnert c/ Hospices civils de Lyon,* n° 222670.

BIBL. Bacache, Prothèses défectueuses, quelle responsabilité ?, *D. 2013. 2438*. – Duval-Arnould, Quelles responsabilités pour les professionnels et les établissements de santé en cas de défectuosité d'un produit de santé ?, *JCP 2013, n° 1151.*

18. Établissements publics : action en garantie, compétence. L'établissement hospitalier public, lorsqu'il implante un produit défectueux dans le corps d'un patient, peut, lorsque sa responsabilité sans faute est recherchée, exercer un recours en garantie à l'encontre du producteur ; ce recours, à l'encontre d'un producteur auquel l'établissement est lié par un contrat administratif portant sur la fourniture de produits, relève du juge administratif. • T. confl., 11 avr. 2016, *Centre hospitalier de Chambéry,* n° 4044 : *RDSS 2016. 571, note Peigné ; JCP Adm. 2016 n° 2305, note Martin ; Contrats Marchés publ., 2016, n° 166, note Devillers.* ♦ Inversement, si le service public hospitalier qui a dû indemniser un patient ayant subi un dommage causé par la défaillance d'un produit et ou appareil de santé n'est pas lié par un contrat administratif au fabricant de ce produit ou appareil (en l'espèce, une prothèse défectueuse), l'action en garantie contre le fabricant relève de la compétence de la juridiction judiciaire. • CE 15 nov. 2017, *CH Lannion,* n° 403317 : *Lebon ; AJDA 2017. 2281 ; JCP Adm. 2017, n° 47, p. 577, note Erstein.*

19. Établissements publics : action en garantie, délai. Un centre hospitalier, qui utilise une prothèse défectueuse dans le cadre d'une prestation de soins, n'a pas la qualité de fournisseur de cette prothèse au sens de l'art. 1386-7 C. civ. (devenu C. civ., art. 1245-6) ; dès lors, cette disposition, en tant qu'elle prévoit la faculté pour le fournisseur de former un recours contre le producteur dans un délai d'un an à compter de sa citation en justice, n'est pas applicable. • CE 30 déc. 2016, *CH Chambéry,* n° 375406 : *Lebon ; AJDA 2017. 10 ; RDSS 2017. 379, obs. Peigné ; JCP 2017. 223, note Véron et Vialla* (faisant suite à T. confl. 11 avr. 2016, n° 4044 : *préc.* note 18). ♦ Le seul délai opposable au centre hospitalier est celui de prescription de trois ans prévu à l'art. 1386-17 C. civ. (devenu C. civ., art. 1245-16) à compter de la date à laquelle l'établissement a, à la fois, vu sa responsabilité engagée par la victime et eu connaissance du dommage, du défaut de la prothèse et de l'identité du producteur. • Même arrêt.

20. Professionnels de santé privés (responsabilité pour faute). En considération des objectifs et de l'économie de la Dir. CE 85/374 du 25 juill. 1985 et de l'interprétation qu'en a donné la CJUE, la responsabilité des prestataires de services de soins, qui ne peuvent être assimilés à des distributeurs de produits ou dispositifs médicaux et dont les prestations visent essentiellement à faire bénéficier les patients des traitements et techniques les plus appropriés à l'amélioration de leur état, ne relève pas, hormis le cas où ils en sont eux-mêmes les producteurs, du champ d'application de cette directive et ne peut dès lors être recherchée que pour faute (C. civ., art. 1147) lorsqu'ils ont recours aux produits, matériels et dispositifs médicaux nécessaires à l'exercice de leur art ou à l'accomplissement d'un acte médical, pourvu que soit préservée leur faculté et/ou celle de la victime de mettre en cause la responsabilité du producteur sur le fondement de ladite directive. • Civ. 1re, 12 juill. 2012, n° 11-17.510 : *Bull. civ. I, n° 165 ; D. 2012. 2277, note Bacache ; RTD civ. 2012. 737, note Jourdain ; JCP 2012, n° 1036, note Sargos ; RDC* 2013. 111, note Viney ; RGDM *déc. 2012, n° 45, p. 201, note Véron.* ♦ En vertu de l'art. 1147 du C. civ. [art. 1231-1], le médecin est tenu envers ses patients d'une obligation contractuelle de sécurité qui est une obligation de moyens, qui consiste à assurer la sécurité du patient, à prodiguer des soins selon les données acquises de la science et qui s'étend aux matériels qu'il utilise pour l'exécution d'un acte médical d'investigations ou de soins, ainsi qu'aux produits médicaux qu'il fournit ; responsabilité du médecin qui laisse une patiente de 78 ans descendre seule d'une table d'examen avec pour conséquence une chute. • CA Aix-en-Provence, 21 janv. 2016, nº 14/21192. ♦ Jurisprudence antérieure : le contrat formé entre le patient et son médecin met à la charge de ce dernier une obligation de sécurité de résultat en ce qui concerne les matériels qu'il utilise pour l'exécution d'un acte médical d'investigation ou de soins (table d'examen radiographique). • Civ. 1re, 9 nov. 1999 : *Bull. civ. I, nº 300 ; D. 2000. 117, note Jourdain ; JCP 2000. II. 10251, note Brun.*

21. Établissements privés (obligation de sécurité de résultat). L'établissement doit fournir un matériel présentant une « sécurité totale ». • Civ. 1re, 28 nov. 1961 : *Bull. civ. I, nº 558 ; GADS, 2e éd., Dalloz, 2016, nº 45* (arrêt de principe).

5º OBLIGATIONS QUANT AUX PRODUITS DE SANTÉ FOURNIS AU PATIENT

Rép. de droit civil, Responsabilité du fait des produits défectueux, par C. Caillé.

V. C. civ., art. 1386-1 à 1386-18 portant transposition de la Dir. 85/374/CEE du 25 juill. 1985 modifiée.

22. Établissements publics (exclusion de la responsabilité sans faute). Si, sans préjudice d'éventuels recours en garantie, le service public hospitalier est responsable, même en l'absence de faute de sa part, des conséquences dommageables pour les usagers de la défaillance des produits et appareils de santé qu'il utilise dans le cadre d'une prestation de services de soins, il n'en va pas de même lorsqu'il n'est que le fournisseur d'un produit fabriqué par un tiers et destiné à être utilisé par le patient, tel qu'une prothèse de hanche. • TA Lyon, 13 nov. 2012, *Durante*, nº 100293 : *JCP Adm. 2013. 2121, note Stillmunkes.* ♦ Il en résulte que la responsabilité du service public ne peut être recherchée que sur la base d'une faute lors de la pose. • Même jugement.

23. Établissements et professionnels privés (responsabilité pour faute). En considération des objectifs et de l'économie de la Dir. CE 85/374 et de l'interprétation qu'en a donné la CJUE, la responsabilité des prestataires de services de soins, qui ne peuvent être assimilés à des distributeurs de produits ou dispositifs médicaux et dont les prestations visent essentiellement à faire bénéficier les patients des traitements et techniques les plus appropriés à l'amélioration de leur état, ne relève pas, hormis le cas où ils en sont eux-mêmes les producteurs, du champ d'application de la directive ; cette responsabilité ne peut dès lors être recherchée que pour faute lorsque les prestataires ont recours aux produits, matériels et dispositifs médicaux nécessaires à l'exercice de leur art ou à l'accomplissement d'un acte médical, pourvu que soit préservée leur faculté et/ou celle de la victime de mettre en cause la responsabilité du producteur sur le fondement de ladite directive lorsque se trouvent remplies les conditions prévues par celle-ci (à propos d'une prothèse de testicule). • Civ. 1re, 12 juill. 2012, nº 11-17.510 (l'arrêt de la CJUE auquel il est fait référence serait, faute de précision : • CJUE 21 déc. 2011, *CHU Besançon*, nº C-495/10 : *préc. note 16).* ♦ Il en résulte qu'une cour d'appel est fondée à exclure toute obligation de sécurité de résultat à l'encontre d'un chirurgien procédant à la mise en place de ligaments synthétiques de substitution s'étant par la suite révélés défectueux, dès lors que celui-ci doit être regardé comme le fournisseur du produit et non comme son utilisateur. • Civ. 1re, 22 oct. 2009, *Assahoré c/ Walch et a.*, nº 08-18.601.

24. Établissements et professionnels privés (suite). Avant l'application de la Dir. CE nº 85/374 : le contrat d'hospitalisation et de soins liant un patient à un établissement de santé privé mettait à la charge de ce dernier, sans préjudice de son recours en garantie, une obligation de sécurité de résultat en ce qui concerne les produits, tels les médicaments, qu'il fournissait (désinfectant ayant causé des brûlures). • Civ. 1re, 7 nov. 2000, *AGF c/ X. : Bull. civ. I, nº 279 ; D. 2001. 570, note Lambert-Faivre.* ♦ En tout état de cause, si le praticien était tenu d'une obligation de sécurité de résultat en ce qui concerne les matériels utilisés pour l'exécution d'un acte médical d'investigation ou de soins, sous réserve que le patient prouve qu'ils sont à l'origine de son dommage, il ne reste tenu que d'une obligation de moyens lorsqu'il procède à la pose d'un appareil sur la personne du patient (en l'espèce une sonde sous-clavière). • Civ. 1re, 4 févr. 2003 : *Bull. civ. I, nº 40.*

25. Étendue de la responsabilité du producteur. Les art. 1er et 9, al. 1er, sous a), de la Dir. nº 85/374/CEE doivent être interprétés en ce sens que le dommage causé par une opération chirurgicale de remplacement d'un produit défectueux, tel qu'un stimulateur cardiaque ou un défibrillateur automatique implantable, constitue un dommage, dont le producteur est responsable, lorsque cette opération est nécessaire pour éliminer le défaut du produit considéré. • CJUE 5 mars 2015, *Boston Scientific Medizintechnik GmbH c/ AOK Sachsen-Anhalt – Die Gesundheitskasse*, nº C-503/13, points 55 : *D. 2015. 1247, note Borghetti ; ibid. 2283, obs. Bacache, Guégan-Lécuyer et Porchy-Simon ; RTD civ. 2015. 406, obs. P. Jourdain.*

6º CAS PARTICULIERS

26. Médicament défectueux. Sur la responsabilité des fabricants de médicaments, V. jurisprudence ss. l'art. L. 5121-9.

27. Vaccins défectueux. V. jurisprudence ss. les art. L. 3111-4, L. 3111-9 et L. 5124-1.

28. Producteurs de produits sanguins. Les centres de transfusion sanguine sont tenus de fournir aux receveurs des produits exempts de vices ; ils ne peuvent s'exonérer de cette obligation de sécurité que par la preuve d'une cause étrangère qui ne puisse leur être imputée. • Civ. 1re, 12 avr. 1995, *X. c/ Centre de transfusion sanguine de Toulouse-Purpan : Bull. civ. I, n° 179 ; JCP 1995. II. 22467, note Jourdain.* ♦ Le vice interne du sang (contaminé au VIH), même indécelable, pas plus que des fautes imputées aux pouvoirs publics en raison d'une information insuffisante, ne constituent une cause exonératoire. • Civ. 1re, 9 juill. 1996, *X. c/ Assoc. gestion du poste de transfusion sanguine du Havre : Bull. civ. I, n° 303 ; D. 1996. 610, note Lambert-Faivre ; RTD civ. 1997. 146, obs. Jourdain.* ♦ Selon le juge administratif, les centres de transfusion sont responsables, même en l'absence de faute, des conséquences dommageables de la mauvaise qualité des produits fournis. • CE, ass., 26 mai 1995, *Cts N'Guyen,* n° 143238 : *Lebon 221 ; AJDA 1995. 577, chron. Stahl et Chauvaux ; RFDA 1995. 748, concl. Daël ; JCP 1995. II. 22468, note Moreau ; RD publ. 1995. 6, note de Lajartre.* ♦ Eu égard tant à la mission confiée aux centres de transfusion par la loi qu'aux risques que présente la fourniture de produits sanguins, ces centres de transfusion sont responsables, même en l'absence de faute, des conséquences dommageables de la mauvaise qualité des produits fournis (erreur de rhésus). • T. confl. 14 févr. 2000, *Ratinet,* n° 02929 : *Lebon T. 749 ; Dr. adm. 2000, n° 121, obs. Esper ; RFDA 2000. 1232, note Pouyaud ; JCP 2001. II. 10584, note Hardy.* ♦ Sur la responsabilité de l'État en tant qu'autorité de tutelle des établissements de transfusion : • CE, ass., 9 avr. 1993, *M. D.,* n° 138653 : *Lebon 110, concl. Legal ; GDAS, 2e éd., Dalloz, 2016, n° 81.*

29. Utilisateurs de produits sanguins. Selon la première chambre civile, le juge du fond doit rechercher si la clinique, tenue d'une simple obligation de prudence et de diligence dans la fourniture de produits sanguins livrés par un centre de transfusion, avait la possibilité de contrôler la qualité du sang transfusé. • Civ. 1re, 12 avr. 1995, *X. c/ Centre dptal de transfusion sanguine de l'Essonne : Bull. civ. I, n° 180 ; RDSS 1995. 766, note Leroy ; JCP 1995. II. 22467, obs. Jourdain.* ♦ Mais, selon la deuxième chambre civile, il appartient aux établissements de soins, tenus *d'une obligation de sécurité* de résultat, de prendre toutes dispositions utiles pour s'assurer de l'innocuité des produits sanguins fournis et transfusés. • Civ. 2e, 21 avr. 2005, *Axa c/ EFS : Bull. civ. II, n° 108.* ♦ Selon le juge administratif, eu égard tant à la mission qui leur est confiée par la loi qu'aux risques que présente la fourniture de produits sanguins, les centres de transfusion sont responsables, même en l'absence de faute, de la mauvaise qualité des produits fournis ; aucune responsabilité pour faute ne peut être retenue contre l'hôpital pour ne pas avoir contrôlé la qualité médicale des produits sanguins qui lui avaient été fournis par le centre départemental de transfusion sanguine, une telle mission de contrôle ne lui incombant pas. • CE 30 juill. 1997, *Cts Beaumer,* n° 160773 : *Lebon T. 1064.* ♦ Lorsque la transfusion a été effectuée dans un hôpital qui ne relève pas du centre de transfusion sanguine, cet hôpital ne peut être tenu responsable des conséquences dommageables de la transfusion. • CE, ass., 26 mai 1995, *Cts Pavan,* n° 151798 : *Lebon 222 ; AJDA 1995. 577, chron. Stahl et Chauvaux ; RFDA 1995. 748, concl. Daël ; JCP 1995. II. 22468, note Moreau ; RD publ. 1995. 6, note de Lajartre.*

30. Organes, tissus humains. En cas d'infection due à une transplantation d'un greffon contaminé par un germe qui soit était déjà présent dans l'organisme du donneur avant le prélèvement, soit s'est développé, en raison d'un défaut d'asepsie, dans le liquide de conservation de l'organe prélevé, le juge du fond retient à bon droit qu'il s'agit d'une infection nosocomiale dont l'indemnisation incombe à l'ONIAM. • CE 30 juin 2017, *ONIAM,* n° 401497 : *Lebon ; AJDA 2017. 1358.* ♦ Pour les transplantations avant l'entrée en vigueur de la loi du 4 mars 2002 : en cas de contamination du bénéficiaire d'une greffe par un agent pathogène dont le donneur était porteur, la responsabilité des établissements qui ont prélevé l'organe et procédé à la transplantation peut être engagée s'ils ont manqué aux obligations, notamment réglementaires, qui leur incombaient, afin d'éviter un tel accident (non-application de la Dir. CE n° 85-374 du 25 juill. 1985, ni de la jurisprudence *Marzouk*). • CE 27 janv. 2010, *Hospices civils de Lyon et CHU Besançon,* n° 313568 : *JCP Adm. 2010, n° 2189, note Albert ; RDSS 2010. 501, note Peigné.* ♦ Les organes transplantés ne constituent pas en tant que tels des « produits de santé » au sens de l'art. L. 1142-1 § 1er. • CE 30 juin 2017, *ONIAM,* n° 401497 : *Lebon ; AJDA 2017. 1358.* ♦ En revanche, s'agissant d'hormones de croissance tirées d'hypophyses humaines, la Cour de cassation juge que les faits antérieurs à la Dir. CE n° 85-374 du 25 juill. 1985 relative à la responsabilité du fait des produits défectueux ne sont pas concernés par cette directive ; les faits postérieurs le seraient donc. • Civ. 1re, 24 janv. 2006, *Institut Pasteur : Bull. civ. I, n° 34.*

31. Dangereux et défectueux, distinction. Il ne suffit pas, pour caractériser la défectuosité d'un médicament, de constater que certains de ses principes actifs sont dangereux ; le juge doit rechercher si, au regard des circonstances et notamment de la présentation du produit, de l'usage que le public pouvait raisonnablement en attendre, du moment de sa mise en circulation et de la gravité des effets nocifs constatés, le produit était défectueux. • Civ. 1re, 5 avr. 2005, *Sté GlaxoSmithKline : Bull. civ. I, n° 173 ; D. 2005. 2256, note Gorny ; RTD civ. 2005. 607, obs. Jourdain ; JCP 2005. II. 10085, note Grynbaum et Job ; RCA 2005. Comm. 189, obs. Radé* • Civ. 1re, 19 mai 2009, n° 08-10.143.

32. Défectuosité et ancienneté, distinction. Le fait qu'un appareil (en l'espèce un microscope), de conception ancienne, n'avait pu de ce fait être équipé d'un dispositif protecteur recommandé, notamment par une circulaire ministérielle, n'implique pas que son utilisation soit contraire aux normes en vigueur et aux données avérées de la science ; ainsi, nonobstant la disponibilité sur le marché de l'équipement médical de matériels plus perfectionnés, l'appareil en cause ne saurait être regardé comme présentant un défaut. • CAA Bordeaux, 18 mars 2008, *Gérard*, n° 06BX01825 : *AJDA 2008. 1839, concl. Vié* .

33. Défectuosité présumée. S'agissant de dispositifs médicaux, tels que les stimulateurs cardiaques et les défibrillateurs automatiques implantables, eu égard à leur fonction et à la situation de particulière vulnérabilité des patients qui les utilisent, les exigences de sécurité sont particulièrement élevées ; il en résulte que le constat d'un défaut potentiel de produits appartenant au même groupe ou relevant de la même série de production permet de qualifier de défectueux tous les produits de ce groupe ou de cette série, sans qu'il soit besoin de démontrer le défaut du produit concerné. • CJUE 5 mars 2015, *Boston Scientific Medizintechnik GmbH c/ AOK Sachsen-Anhalt-Die Gesundheitskasse*, n° C-503/13, points 55 : *D. 2015. 1247, note Borghetti ; ibid. 2283, obs. Bacache, Guégan-Lécuyer et Porchy-Simon ; RTD civ. 2015. 406, obs. Jourdain* .

D. CAS DE PLURALITÉ DE FAUTES

34. Solidarité entre personnes publiques collaborant. Eu égard à la collaboration étroite que les textes organisent entre le SAMU, les SMUR et les services d'accueil et de traitement des urgences, la victime d'une faute commise à l'occasion du transfert d'un patient d'un établissement de santé vers un autre peut, lorsque les services impliqués dépendent d'établissements de santé différents, rechercher la responsabilité de l'un seulement de ces établissements ou leur responsabilité solidaire, sans préjudice des appels en garantie que peuvent former l'un contre l'autre les établissements ayant participé à la prise en charge du patient. • CE 18 févr. 2010, *Cne de Pertuis*, n° 318891. ♦ Autre exemple de collaboration étroite, le prélèvement d'un greffon par un établissement et son implantation par un autre. • CE 27 janv. 2010, *Hospices civils de Lyon*, n° 313568 : *JCP Adm. 2010, n° 2189, note Albert ; RDSS 2010. 501, note Peigné* .

35. Solidarité entre personnes publiques indépendantes. En principe, une personne publique ne peut être condamnée à payer une somme qu'elle ne doit pas. • CE, sect., 19 mars 1971, *Mergui : Lebon 235.* ♦ Toutefois, lorsqu'un dommage trouve sa cause dans plusieurs fautes qui, commises par des personnes différentes ayant agi de façon indépendante, portaient chacune en elle normalement ce dommage au moment où elles se sont produites, la victime peut rechercher la réparation de son préjudice en demandant la condamnation de l'une de ces personnes ou de celles-ci conjointement, sans préjudice des actions récursoires que les coauteurs du dommage pourraient former entre eux (services de médecine préventive et université de Bordeaux II). • CE 2 juill. 2010, *Madranges*, n° 323890 : *AJDA 2011. 116, note Belrhali-Bernard ; Dr. adm. 2010, n° 135, note Melleray* (arrêt de principe). ♦ Solution valant également lorsque sont en cause un établissement de santé (à travers ses services de médecine ambulatoire) et les services pénitentiaires, à propos de soins prodigués à un détenu. • CE 24 avr. 2012, *Abdeslam M.*, n° 342104 : *Lebon 174 ; AJDA 2012. 1665, étude Belrhali-Bernard ; JCP Adm. 2012, n° 2304, note H. Arbousset.* ♦ Évolution jurisprudentielle tendant à éliminer l'exigence causale pour condamner solidairement : le juge administratif, saisi d'un dommage imputé à une carence fautive dans le suivi médical du requérant à l'intérieur d'un établissement pénitentiaire, ne peut sans erreur de droit rejeter ses conclusions comme au motif qu'elles sont dirigées contre l'établissement pénitentiaire (c'est-à-dire l'État) ; il appartient à l'État, s'il s'y croit fondé, d'appeler en garantie l'établissement public hospitalier dont relève l'unité de consultations et de soins ambulatoires dont la faute a pu causer le dommage ou y concourir. • CE 4 juin 2014, n° 359244 : *Lebon ; AJDA 2014. 1184 ; ibid. 2377, note Pouillaude* .

36. Solidarité entre personnes publiques et personnes privées. La jurisprudence *Madranges* s'applique également entre un hôpital et le médecin traitant de la victime, les deux ayant provoqué un retard de diagnostic dommageable. • CE 26 juill. 2011, *Centre hospitalier d'Aunay-sur-Odon*, n° 314870 : *D. 2016. 2000* . • CAA Marseille, 2e ch., 7 janv. 2016, *ONIAM c/ CHU Montpellier*, n° 4MA00428 : *Gaz. Pal. 8 mars 2016, n° 10, note Chamot.* ♦ ... Ou entre un hôpital et une clinique. • CAA Bordeaux, 3 mai 2011, *Caisse générale de sécurité sociale de La Réunion*, n° 10BX00583.

37. Cumul perte de chance/dommage corporel. Le dommage consécutif à une perte de chance correspond à une fraction des différents chefs de préjudice subis qui est déterminée en mesurant la chance perdue et ne peut être égale aux atteintes corporelles résultant de l'acte médical ; en présence de coresponsables dont l'un répond du dommage corporel et l'autre d'une perte de chance, il ne peut être prononcé une condamnation *in solidum* qu'à concurrence de la partie du préjudice total de la victime à la réalisation duquel les coresponsables ont l'un et l'autre contribué. • Civ. 1re, 8 févr. 2017, n° 15-21.528 P : *D. 2017. 407*.

E. SOINS EN ÉQUIPE

BIBL. Hilger et Poinsot, Responsabilité(s) civile(s) et faute du personnel paramédical salarié d'un établissement privé de santé, *RGDM 2017/12, p. 151*.

38. Équipe de médecins et auxiliaires. En vertu de l'indépendance professionnelle dont il bénéficie dans l'exercice de son art, un médecin répond des fautes commises au préjudice des patients par les personnes qui l'assistent lors d'un acte médical d'investigation ou de soins, alors même que ces personnes seraient les préposées de l'établissement de santé où il exerce. • Civ. 1re, 13 mars 2001, n° 99-16.093 : *D. 2001. 3084, obs. Penneau ; RDSS 2001. 528, obs. Mémeteau ; RTD civ. 2001. 599, obs. Jourdain*. ♦ Sur le principe d'un rapport de commettant à commis, • Civ. 1re, 15 nov. 1955 : *D. 1956. 113, note Savatier* (religieuse préposée du médecin). ♦ Il n'en va autrement que lorsque la victime est le praticien lui-même : il peut, en ce cas, rechercher la responsabilité de la clinique pour les fautes commises à son préjudice par un préposé de cette dernière. • Même arrêt (panseuse écrasant le pied du médecin avec la table mobile qu'elle manipulait).

39. Cas de l'auxiliaire aux compétences propres. Si un médecin anesthésiste se montre imprudent en autorisant le transfert d'un enfant en salle de surveillance post-interventionnelle avant son réveil complet, l'infirmière présente dans cette salle doit, compte tenu des risques, prendre toutes les précautions nécessaires pour assurer une surveillance maximale, selon ses missions découlant de l'art. D. 712-49 [D. 6124-101], à charge pour elle de prévenir, en cas de besoin, le médecin anesthésiste-réanimateur. • Civ. 1re, 10 déc. 2014, n° 13-21.607 : *D. 2015. 8 ; RTD civ. 2015. 145, obs. Jourdain ; JDSAM 2015, n° 1, p. 75, note Baccache*. ♦ Dans un tel cas, la clinique est responsable des fautes commises par l'infirmière, lorsqu'elle lui est liée par un contrat de travail, le lien de préposition n'étant pas transféré au médecin. • Même arrêt.

40. Information mutuelle entre médecins. L'obligation de tout médecin de donner à son patient des soins attentifs, consciencieux et conformes aux données acquises de la science emporte, lorsque plusieurs médecins collaborent à l'examen ou au traitement de ce patient, l'obligation pour chacun d'eux d'assurer un suivi de ses prescriptions afin d'assumer ses responsabilités personnelles au regard de ses compétences ; en conséquence, le non-respect de l'art. R. 4127-64 obligeant chaque praticien d'une équipe médicale à se tenir mutuellement informé et à assumer ses responsabilités personnelles relève de l'art. 1147 C. civ. • Civ. 1re, 16 mai 2013, n° 12-21.338 P : *RTD civ. 2013. 619, note Jourdain ; JCP 2013, n° 762, note Sargos ; D. 2013. 1271 ; ibid. 2014. 47, obs. Brun et Gout ; RDSS 2013. 741, obs. Arhab-Girardin*. ♦ V. aussi : • Civ. 1re, 28 oct. 1997, n° 95-17.274 : *D. 1999. 383, obs. Penneau ; RTD civ. 1998. 123, obs. Jourdain*. NB : la notion d'équipe de soins, définie par la loi du 26 janv. 2016 (art. L. 1110-12) et les facultés de partage des informations médicales qui en découlent pourraient remettre en cause cette jurisprudence.

F. ATTITUDE DU PATIENT

BIBL. Théron, Les dommages liés à l'activité médicale : le rôle du fait de la victime, *RDSS 2017.1079*. – Véron, Les incidences de la faute du patient en droit de la responsabilité médicale, *Mélanges Mémeteau, éd. LEH, 2015, vol. 2, p. 183*.

41. Refus d'investigation. Lorsqu'une patiente, invoquant un examen pratiqué en 1992 précisant qu'elle n'était pas conductrice du gène responsable de la myopathie de Duchenne selon les données acquises à cette époque, refuse tout diagnostic anténatal en 1995, malgré ses antécédents familiaux et alors que les connaissances permettaient à cette date de détecter avec exactitude la myopathie de Duchenne, cette attitude s'interpose entre les résultats de l'examen pratiqué trois ans auparavant et la naissance de l'enfant handicapé ; rejet de la demande d'indemnisation : • CAA Paris, 6 oct. 2008, *M. et Mme L. et Caisse de prévoyance SNCF c/ AP-HP*, n° 07PA03630 : *AJDA 2009. 214, note Hennette-Vauchez*.

42. Non-respect des préconisations. Une faute du patient exonère totalement ou partiellement le praticien de sa responsabilité (patient prenant l'avion malgré l'état de sa dentition). • Civ. 1re, 17 janv. 2008 : *Bull. civ. I, n° 14 ; D. 2008. 1258, note Dumery*. ♦ Est responsable de son propre dommage la patiente opérée du genou qui, malgré les recommandations de son chirurgien, reprend trop tôt une vie normale, pratique le golf et l'équitation. • Civ. 1re, 26 oct. 2004, n° 02-20.747. ♦ Face à la présence d'un fil métallique nécessitant un cliché d'abdomen, la faute commise par le patient, qui s'est soustrait aux mesures de surveillance s'imposant dans son cas, exonère le centre hospitalier de sa responsabilité (en l'espèce dans la proportion d'un tiers). • CAA Nantes, 6 mars 2008, *Anna X. c/ CH Saint-Malo*, n° 07NT00827. ♦ Sur une carence des parents dans la surveillance de leur enfant malgré les instructions du médecin après une visite à l'hôpital, en lien causal direct avec le décès de cet enfant. • CAA Versailles, 21 juill. 2011, *CH Rainçy-Montfermeil*, n° 10VE00955.

43. Fautes. Le mari d'une parturiente qui s'oppose violemment pour des raisons religieuses à ce que des médecins hommes examinent sa femme en cours d'accouchement, et dont l'enfant né avec retard après des souffrances fœtales excessives gardera des séquelles irréversibles, n'est pas fondé à invoquer une faute de l'établissement consistant à ne pas avoir immédiatement fait appel aux forces de l'ordre pour le maîtriser. • CAA Lyon, 10 juin 2008, *Epx. X. c/ CH Bourg-en-Bresse*, n° 05LY01218.

G. RÉPARATION

44. Influence de l'état antérieur. L'état de « faiblesse manifeste », voire « précaire », du patient n'empêche pas que la faute commise ait pu jouer un rôle dans la survenance du dommage ; il en résulte un lien partiel de causalité entre faute et dommage, qui se traduit en perte de chance (patient qui fait une chute dans un escalier, tombe dans le coma puis décède). • Civ. 2e, 10 déc. 2009, n° 08-70.034. ♦ Viole l'art. 1147 C. civ. le juge du fond qui fixe à 45 % seulement le taux d'incapacité permanente partielle dont se trouve atteint un patient devenu presque aveugle par suite d'un accident opératoire, en énonçant que si le taux d'incapacité réel peut être évalué à 70 %, compte tenu toutefois de la cécité antérieure de l'œil droit et de la grande myopie antérieure de l'œil gauche, le taux d'incapacité résultant directement de l'accident opératoire doit être diminué ; l'accident n'a pas eu seulement pour effet d'aggraver une incapacité antérieure, il a également transformé radicalement la nature de l'invalidité de sorte que la victime qui, malgré son état antérieur, exerçait régulièrement une activité professionnelle, se trouve atteinte d'une incapacité totale de travail et doit recourir à l'assistance d'une tierce personne à mi-temps. • Civ. 1re, 28 oct. 1997 : *Bull. civ. I, n° 298 ; JCP 1998. I. 144, n° 15, obs. Viney ; RTD civ. 1998. 123, obs. Jourdain*. ♦ Le juge du fond tient compte à bon droit d'une « involution en grande partie naturelle » de l'état du patient, sur laquelle l'échec thérapeutique d'une intervention n'a pas eu d'incidence significative. • Civ. 1re, 1er juill. 2010, n° 09-15.404.

BIBL. Pierre, Le passé de la victime : l'influence de l'état antérieur, *Gaz. Pal. 9 avr. 2011, n° 99, p. 15*. – États généraux du dommage corporel – Le dommage corporel conjugué à tous les temps, actes, *ibid., p. 30*.

45. Aggravation postérieure au jugement. Indemnisation complémentaire possible dès lors que l'imputabilité à l'acte médical en cause est reconnue. • CE 22 avr. 2013, *Mme A.*, n° 347883.

46. Indemnité et prestations sociales, cumul. En vertu des principes qui régissent l'indemnisation par une personne publique des victimes d'un dommage dont elle doit répondre, il y a lieu de déduire d'une rente allouée à la victime du dommage dont un établissement public hospitalier est responsable, au titre de l'assistance par tierce personne, les prestations versées par ailleurs à cette victime et ayant le même objet (en l'espèce, allocation de l'art. L. 245-4 CASF pour les personnes dont l'état nécessite l'aide effective d'une tierce personne pour les actes essentiels de l'existence). • CE 23 sept. 2013, *CHU Saint-Étienne*, n° 350799. ♦ Cette déduction n'a toutefois pas lieu d'être lorsqu'une disposition particulière permet à l'organisme qui a versé la prestation d'en réclamer le remboursement si le bénéficiaire revient à meilleure fortune (cas en l'espèce). • Même arrêt.

47. Indemnisation des proches. Si l'indemnisation des frais d'assistance par une tierce personne ne peut intervenir qu'au profit de la victime, les proches de la victime, qui lui apportent une assistance, peuvent prétendre à être indemnisés par le responsable du dommage au titre des préjudices qu'ils subissent de ce fait. • CE 10 déc. 2015, *Mme D. C. et a.*, n° 374038 : *Lebon T. ; RDSS 2016. 189, note Cristol*.

48. Réparation, droit fondamental. L'art. 2 Conv. EDH implique la mise en place d'un cadre réglementaire imposant aux hôpitaux, qu'ils soient publics ou privés, l'adoption de mesures propres à assurer la protection de la vie de leurs malades ; il implique également l'obligation d'instaurer un système judiciaire efficace et indépendant permettant d'établir la cause du décès d'un individu se trouvant sous la responsabilité de professionnels de la santé, tant ceux agissant dans le cadre du secteur public que ceux travaillant dans des structures privées, et le cas échéant d'obliger ceux-ci à répondre de leurs actes. • CEDH 9 avr. 2013, *Şentürk c/ Turquie*, n° 13423/09 (§ 81) • CEDH 17 janv. 2002, *Calvelli Ciglio c/ Italie*, n° 32967/96 (§ 49) ♦ Une exigence de promptitude et de diligence raisonnable est également implicite dans ce contexte, pour la sécurité des usagers de l'ensemble des services de santé. • CEDH 27 juin 2006, *Byrzykowski c/ Pologne*, n° 11562/05 (§ 117) • CEDH 9 avr. 2013, *Şentürk c/ Turquie : préc. (§ 81)* • CEDH 15 déc. 2015, *Lopes de Sousa Fernandes c/ Portugal*, n° 56080/13, § 133 s. ♦ L'obligation de protection de la santé peut inclure un accès à des traitements non autorisés dans l'État concerné, pour les patients en phase terminale, mais cette possibilité demeure de la seule compétence des États. • CEDH, 13 nov. 2012, *Hristozov et a. c/ Bulgarie*, n° 47039/11, § 108. ♦ Toutefois, même lorsqu'une négligence médicale a été établie, la Cour ne conclut normalement à la violation du volet matériel de l'art. 2 Conv. EDH que si le cadre réglementaire applicable ne protégeait pas dûment la vie du patient ; dès lors qu'un État contractant a pris les dispositions nécessaires pour assurer un haut niveau de compétence chez les professionnels de la santé et pour garantir la protection de la vie des patients, on ne peut admettre que des questions telles qu'une erreur de jugement de la part d'un professionnel de la santé ou une mauvaise coordination entre des professionnels de la santé dans le cadre du traitement d'un patient en particulier suffisent en elles-mêmes à obliger un État contractant à rendre des comptes en vertu de l'obligation positive de protéger le droit à la vie ; il n'en irait autrement qu'en cas de refus d'accès aux soins, de dysfonctionnement systématique ou structurel des services hospitaliers, d'une négligence mettant consciemment en danger la vie du patient. • CEDH, gr. ch., 19 déc. 2017, *Lopes de Sousa Fernandez c/ Portugal*, n° 56080/13, § 187-194 : *AJDA 2018. 150, chron. Burgorgue-Larsen*.

H. COMPÉTENCE JURIDICTIONNELLE

49. *Praticien hospitalier en établissement public.* Les fautes commises par un praticien hospitalier à l'occasion d'actes accomplis dans le cadre du service public hospitalier engagent en principe la seule responsabilité du centre hospitalier dont relève ce praticien, devant la juridiction administrative. • T. confl. 7 juill. 2014, *Mme A. B.*, n° C3951 : *JCP Adm. 2014, n° 2137, note Vioujas* • T. confl. 25 mars 1957, *Chilloux*, nos 1.624 et 1.626 : *Lebon 816 ; D. 1957.196, concl. Chardeau* • 25 mars 1957, *Isaad Slimane*, n° 1.624 : *Lebon 816 ; D. 1957. 395, concl. ; AJDA 1957. 187, chron. Fournier et Braibant ; JCP G. 1957. II. 10004, note Savatier.*

50. *Secteur libéral en établissement public.* Les actes accomplis par les praticiens au profit des malades hospitalisés dans le service privé d'un hôpital public le sont en dehors de l'exercice des fonctions hospitalières ; les rapports qui s'établissent entre les malades admis dans ces conditions et ces praticiens relèvent du droit privé ; si l'hôpital peut être rendu responsable des dommages ayant pour cause un mauvais fonctionnement ou une faute commise par un membre du personnel auxiliaire mis à la disposition des praticiens, ceux-ci doivent répondre des dommages causés par leurs propres manquements dans les conditions du droit privé. • T. confl. 31 mars 2008, *Mme Guillot c/ CHU de Voiron, n° C3616.*

51. *Praticien en établissement privé.* Le contrat de soins et d'hospitalisation entre l'établissement privé et le patient inclut, en l'absence d'activité libérale du praticien qui les prodigue, les soins médicaux ; en cas de préjudice, le patient est donc en droit de rechercher devant le juge judiciaire la responsabilité de cet établissement. • T. confl.7 juill. 2014, *Mme A. B.*, n° C3951 : *JCP Adm. 2014, n° 2137, note Vioujas.* • T. confl. 25 janv. 1988, *Bunelier*, n° 02.502 : *Lebon 483.*

52. *Praticien hospitalier en établissement privé.* Lorsqu'un praticien relevant d'un établissement public accomplit des actes médicaux dans un établissement de soins privé au sein duquel il est mis à disposition en application d'une convention entre les deux établissements (en l'espèce un groupement de coopération sanitaire), il doit être regardé comme exerçant en qualité d'agent du service public hospitalier ; en conséquence, en cas de préjudice lié aux soins prodigués par ce praticien, le patient peut : 1/ soit poursuivre le centre hospitalier dont le praticien dépend devant la juridiction administrative ; 2/ soit rechercher devant la juridiction judiciaire la responsabilité de l'établissement de soins privé avec lequel il a conclu un contrat de soins et d'hospitalisation de droit privé. • T. confl. 7 juill. 2014, *Mme A. B.*, n° C3951 : *JCP Adm. 2014, n° 2137, note Vioujas.* ♦ Dans le cadre d'une action du patient contre l'établissement privé, ce dernier peut, sans préjudice de l'action qu'il peut lui-même engager contre le centre hospitalier public, être déclaré responsable aussi bien des fautes commises par lui-même et par ses préposés, que par le praticien. • Même arrêt.

53. *Référé.* Lorsqu'une demande ne tend qu'à voir ordonner une mesure d'instruction et que le litige est susceptible de relever, fût-ce pour partie, de l'ordre de juridiction devant lequel cette demande a été présentée, le juge des référés se trouve valablement saisi. • T. confl. 7 juill. 2014, *Mme A. B.*, n° C3951.

II. RESPONSABILITÉ SANS FAUTE

A. ACCIDENT MÉDICAL NON FAUTIF (OU ALÉA THÉRAPEUTIQUE)

1° NOTION (JUGE JUDICIAIRE)

54. *Définition.* L'aléa thérapeutique (avant la loi du 4 mars 2002) se caractérise par la survenance, en dehors de toute faute du praticien, d'un risque accidentel inhérent à l'acte médical et qui ne peut être maîtrisé. • Civ. 1re, 8 nov. 2000 : *Bull. civ. I, n° 287 ; D. 2001. Chron. 570, note Lambert-Faivre ; RDSS 2001. 54, note Dubouis ; JCP 2001. II. 10493, rapp. Sargos, note Chabas ; LPA 4 déc. 2000, n° 241, p. 14, note Prieur ; GADS, 2e éd., Dalloz, 2016, n° 78.*

55. *Inhérence à l'acte pratiqué.* En cas de lésion dentaire consécutive à une intubation en vue d'une intervention chirurgicale sous anesthésie, le juge ne peut exclure toute faute du praticien au seul motif qu'il aurait agi conformément aux règles de bonne pratique clinique et que le préjudice relèverait en conséquence d'un aléa thérapeutique, sans rechercher un risque accidentel inhérent à l'acte médical, qui ne pouvait être maîtrisé. • Civ. 1re, 20 janv. 2011 : *RTD civ. 2011. 354, note Jourdain*. ♦ *Idem* en cas de ligamentoplastie n'impliquant pas le sectionnement de l'artère poplitée, de sorte que la cour d'appel ne pouvait exclure la faute du chirurgien sans constater que cette artère présentait chez la patiente une anomalie rendant son atteinte inévitable. • Civ. 1re, 23 mai 2000 : *Bull. civ. I, n° 153 ; RTD civ. 2000. 840, obs. Jourdain*.

56. Distinction faute/aléa. La survenance d'une allergie aux gants chirurgicaux en latex, non connue à l'époque des faits, relève, en l'absence de fautes du praticien ou de vice des gants utilisés, d'un risque accidentel inhérent à l'acte médical ne pouvant être maîtrisé. • Civ. 1re, 22 nov. 2007 : *Bull. civ. I, n° 336 ; D. 2008. 816, note Bacache ; RCA 2008. Comm. 31, obs. Hocquet-Berg ; JCP 2008. II. 10069, note Copart.*

57. Distinction aléa/maladresse. Toute maladresse d'un praticien engage sa responsabilité et est, par là même, exclusive de la notion de risque inhérent à un acte médical. • Civ. 1re, 30 sept. 1997 : *Bull. civ. I, n° 259.* ♦ En conséquence, l'atteinte, par un chirurgien, à un organe ou une partie du corps du patient que son intervention n'impliquait pas, est fautive, en l'absence de preuve, qui lui incombe, d'une anomalie rendant l'atteinte inévitable ou de la survenance d'un risque inhérent à cette intervention et qui, ne pouvant être maîtrisé, relèverait de l'aléa thérapeutique. • Civ. 1re, 20 mars 2013, n° 12-13.900 • 20 janv. 2011, n° 10-17.357. ♦ A propos d'une avulsion de dent de sagesse suivie de troubles de dysfonctionnement de l'appareil manducateur et d'acouphènes, en l'absence d'une lésion d'un organe ou d'un tissu non impliqué par l'intervention, aucune faute ne peut être reprochée à un chirurgien-dentiste. • Civ. 1re, 24 avr. 2013, n° 12-17.751. ♦ A propos d'une adénomectomie suivie d'une incontinence urinaire, V. : • Civ. 1re, 24 avr. 2013, n° 12-17.975.

BIBL. Jourdain, Responsabilité médicale : quel critère distinctif de la faute et de l'aléa thérapeutique en cas de lésion consécutive à une intervention chirurgicale ?, *RTD civ. 2009. 123*.

58. Faute sans lien avec le dommage. Ayant relevé que l'imperfection technique du geste médical (une injection antalgique) pratiqué ne pouvait expliquer le décès du patient, que l'origine de l'évolution péjorative de son état présentait un caractère imprévisible et restait inconnue, le juge du fond déduit exactement de ces constatations souveraines que la faute commise était dépourvue de lien de causalité avec le décès, lequel était la conséquence d'un aléa thérapeutique, de sorte que la responsabilité du médecin n'était pas engagée. • Civ. 1re, 26 mai 2011, n° 10-16.794.

2° NOTION (JUGE ADMINISTRATIF)

59. Jurisprudence Bianchi, 1993. Lorsqu'un acte médical nécessaire au diagnostic ou au traitement du malade présente un risque dont l'existence est connue mais dont la réalisation est exceptionnelle et dont aucune raison ne permet de penser que le patient y soit particulièrement exposé, la responsabilité du service public hospitalier est engagée si l'exécution de cet acte est la cause directe de dommages sans rapport avec l'état initial du patient comme avec l'évolution prévisible de cet état, et présentant un caractère d'extrême gravité. • CE, ass., 9 avr. 1993, *Bianchi*, n° 69336 : *Lebon 127, concl. Daël ; D. 1993. Somm. 65, obs. Bon et Terneyre ; JCP 1993. II. 22061, note Moreau ; RD publ. 1993. 1099, note Paillet ; AJDA 1993. 344, chron. Maugüé et Touvet ; RFDA 1993. 573, concl. Daël ; Rev. adm. 1993. 561, note Fraisseix ; LPA 19 mai 1993, p. 15, note Thiriez ; GADS, 2e éd., Dalloz, 2016, n° 49.* ♦ Est sans incidence le fait que l'acte médical ait été pratiqué lors d'une intervention dépourvue de fin thérapeutique (décès au cours d'une anesthésie générale en vue d'une circoncision rituelle). • CE 3 nov. 1997, *Hôpital Joseph-Imbert d'Arles*, n° 153686 : *Lebon 412 ; Dr. adm. 1998. Comm. 32, obs. Esper ; AJDA 1997. 1016, chron. Girardot et Raynaud ; RFDA 1998. 90, concl. Pécresse*. ♦ Est sans incidence sur la responsabilité sans faute du service le fait que l'accident survenu ne soit pas lié au choix des thérapies mises en œuvre, et qu'il puisse se produire à l'occasion de toute intervention, constituant ainsi un risque commun à une large catégorie d'actes médicaux. • CE 19 mars 2010, *Ancey*, n° 313457 : *JCP Adm. 2010, n° 2316, note Lantero.*

BIBL. Lantero, Que reste-t-il des fondements de la responsabilité sans faute des établissements publics de santé ?, *RDSS 2015. 37*. – Thiriez, Responsabilité hospitalière : la jurisprudence Bianchi : symbole ou réalité ?, *Dr. adm. 2001. Chron. 2.* – Ondoua, L'indemnisation de l'aléa thérapeutique devant les juridictions administratives et judiciaires, *Dr. adm. 2001. Chron. 13.*

60. Application résiduelle aux faits antérieurs à la loi du 4 mars 2002. Le caractère exceptionnel du risque s'apprécie au vu de statistiques mesurant l'occurrence de risques de la même gravité que la victime et dans des conditions comparables. • CE 17 janv. 2011, *Paul. A. c/ AP-HP*, n° 317670. ♦ Pour estimer qu'un accident vasculaire cérébral survenu à la suite d'un examen coronarien n'était pas sans rapport avec l'état initial du patient, le juge ne peut se borner à relever que ce patient présentait de nombreux risques coronariens, sans rechercher si les dommages qu'il a subis étaient, par leur gravité, hors de proportion avec son état initial (le patient menait avant une « vie normale ». • CE 25 juill. 2007, *Stéphane A. c/ AP Marseille,* n° 293793. ♦ Une caractéristique physiologique du patient, vraisemblablement à l'origine de la lésion survenue, empêche de regarder les séquelles de l'intervention comme sans rapport avec son état initial. • CE 14 janv. 2009, *CPAM Ardennes c/ AP-HP*, n° 284434. ♦ Sur l'extrême gravité des conséquences reconnue, V. : • CE 3 nov. 1997, *Hôpital Joseph-Imbert d'Arles*, n° 153686 : *préc. note 59*. ♦ Inversement, des troubles visuels consécutifs à une intervention sur un strabisme, s'ils entraînent des perturbations importantes dans la vie du patient, ne présentent pas le caractère d'extrême gravité. • CE 25 juill. 2007, *Érik A. c/ CHRU Limoges*, n° 285061.

61. Jurisprudence Gomez, 1990 (thérapeutique nouvelle). La mise en œuvre d'une thérapeutique nouvelle crée, lorsque ses conséquences ne sont pas encore entièrement connues, un risque spécial pour les malades qui en sont l'objet ; si cette thérapeutique ne s'impose pas pour des raisons vitales, les complications exceptionnelles et anormalement graves qui en sont la conséquence directe engagent, même en l'absence de faute, la responsabilité du service public hospitalier. • CAA Lyon, 21 déc. 1990, *Cts Gomez*, n° 89LY01742 : *Lebon 498 ; JCP 1991. II. 21968, note Moreau ; AJDA 1991. 126, note Jouguelet et Loloum*. ♦ V. aussi, concernant une opération de réimplantation hépato-rénale de description relativement récente et de réalisation peu fréquente, • CAA Bordeaux, 14 déc. 1998, n° 96BX00151. ♦ Ne constituent pas des complications exceptionnelles et anormalement graves une diminution importante de la vision accompagnée de migraines et entraînant un déficit fonctionnel permanent de 15 %. • CAA Bordeaux, 10 nov. 2010, *Jacqueline X. c/ CHU Toulouse*, n° 09BX02946.

62. Exclusion des actes à finalité esthétique. V. art. L. 1142-3-1.

3° RÉGIME (LOI DU 4 MARS 2002)

63. Exclusion du champ des obligations du médecin. La réparation des conséquences de l'aléa thérapeutique n'entre pas dans le champ des obligations dont un médecin est contractuellement tenu à l'égard de son patient (arrêt de principe). • Civ. 1re, 8 nov. 2000, n° 99-11.735 P : *D. 2001. Chron. 570, note Lambert-Faivre ; RDSS 2001. 54, note Dubouis ; JCP 2001. II. 10493, rapp. Sargos, note Chabas ; LPA 4 déc. 2000, n° 241, p. 14, note Prieur ; GADS, 1re éd., Dalloz, 2010, n° 41* • 4 mai 2012, n° 11-17.022. ♦ Toutefois, en rejetant une demande d'indemnisation en raison d'un aléa thérapeutique, sans constater la survenance d'un risque accidentel inhérent à l'acte médical pratiqué et qui n'aurait pu être maîtrisé, le juge du fond viole l'art. L. 1142-1-I. • Civ. 1re, 20 janv. 2011, n° 10-17.357 P : *D. 2011. 379, note Gallmeister*. ♦ Le recours à un matériel inadapté et la maladresse commise dans son utilisation peuvent augmenter le risque de survenance d'un aléa, ce qui ouvre à l'ONIAM les recours subrogatoires des art. 1142-15 et 1142-17. • Civ. 1re, 10 sept. 2014, n° 13-22.535 P : *D. 2014. 2221, note Bacache ; Gaz. Pal. 2014. 3853, note Noguero.*

64. Conséquences anormales, qualification. La condition d'anormalité du dommage doit toujours être regardée comme remplie lorsque l'acte médical a entraîné des conséquences notablement plus graves que celles auxquelles le patient était exposé de manière suffisamment probable en l'absence de traitement ; lorsque les conséquences de l'acte médical ne sont pas notablement plus graves que celles auxquelles le patient était exposé par sa pathologie en l'absence de traitement, elles ne peuvent être regardées comme anormales sauf si, dans les conditions où l'acte a été accompli, la survenance du dommage présentait une probabilité faible ; ainsi, les conséquences ne peuvent être regardées comme anormales lorsque la gravité de l'état du patient a conduit à pratiquer un acte comportant des risques élevés dont la réalisation est à l'origine du dommage. • CE 29 avr. 2015, *AP-HP et a.*, n° 369473 : *Lebon ; AJDA 2015. 901 ; RDSS 2015. 548, obs. Cristol*. • CE 12 déc. 2014, *ONIAM*, n° 365211 : *Lebon ; AJDA 2014. 2449*. ♦ Pour un cas d'anormalité reconnue : • CE 12 déc. 2014, *ONIAM*, n° 355052 : *Lebon 385 ; AJDA 2015.769, note Lantero ; RDSS 2015. 179, note Cristol ; JCP 2015, n° 193, note Bacache ; JCP Adm. 2014, n° 2136, note Vioulas*. ♦ Selon le juge judiciaire, dans le même sillage : la condition d'anormalité du dommage doit être regardée comme remplie lorsque l'acte médical a entraîné des conséquences notablement plus graves que celles auxquelles le patient était exposé par sa pathologie de manière suffisamment probable en l'absence de traitement dans le cas contraire, les conséquences de l'acte médical ne peuvent être considérées comme anormales sauf si la survenance du dommage présentait une probabilité faible ; ainsi, elles ne peuvent être regardées comme anormales au regard de l'état de santé du patient lorsque la gravité de cet état a conduit à pratiquer un acte comportant des risques élevés dont la réalisation est à l'origine du dommage. • Civ. 1re, 15 juin 2016, n° 15-16.824 P • 29 juin 2016, n° 15-18.275. ♦ Pour un cas d'antécédents exposant particulièrement le patient à une complication, excluant la mise en œuvre de la solidarité nationale, • Civ. 1re, 31 mars 2011 : *D. 2011. 1075, obs. Gallmeister ; RDSS 2011. 761, obs. Arhab-Girardin ; RCA 2011, n° 5, note Radé* • Civ. 1re, 2 juill. 2014, n° 13-15.750 P : *RTD civ. 2014. 899, note Jourdain ; JDSAM, 2014 n° 4, p. 55, note Morlet-Haïdara*. ♦ Pour un cas où un traitement n'a pas entraîné des conséquences notablement plus graves que celles auxquelles la patiente était exposée de manière suffisamment probable en l'absence de traitement. • Civ. 1re, 22 sept. 2016, n° 15-22.409.

BIBL. Fauré, Anormalité et seuil de gravité : deux concepts à maîtriser en responsabilité médicale, *LPA 1er mars 2016, n° 43 p. 6*. – Canedo-Paris, Le concept d'acte médical « indispensable » dans la jurisprudence administrative, *Mélanges Mémeteau, éd. LEH, 2015, vol. 1, p. 315* (à propos de l'indispensable en tant qu'écartant l'anormal). – Mahmouti, L'anormalité des conséquences d'un acte médical, *RFDA 2015. 656*. – Langrognet, L'errance diagnostique du juge administratif, l'anormalité au sens de l'article L. 1142-1 du code de la santé publique, *RFDA 2012. 319*.

65. Taux d'invalidité inférieur à 24 %. Lorsqu'une invalidité permanente partielle est évaluée à 20 % seulement, la solidarité nationale peut jouer lorsque la victime est rendue définitivement inapte à exercer sa profession, eu égard à l'anormalité et à la gravité des conséquences de l'aléa survenu, et alors même qu'elle a pu reprendre une activité en qualité d'agent administratif. • CE 24 sept. 2012, *Laurie B.*, n° 339285 : *Lebon T ; AJDA 2012. 2459, note Moquet-Anger*.

B. INFECTIONS NOSOCOMIALES

BIBL. Bloch, Infection nosocomiale : domaine d'application de l'article L. 1142-1, I, du CSP, Obligation d'information : domaine d'application, *RCA n° 12, décembre 2016, comm. 347*. – Porchy-Simon, Les infections nosocomiales, *RGDM 2013 NS, p. 83*. – Jousset et Rougé-Maillart, Infections nosocomiales en médecine de ville : inéquité pour les victimes, *Méd. et droit 2012, n° 8, p. 121*. – Alonso, La responsabilité du fait des infections nosocomiales : état des lieux d'un régime en devenir, *RFDA 2011. 329*. – La responsabilité du fait des infections nosocomiales, Cour de cassation, *Rapp. annuel 2007, p. 233*.

66. Constitutionnalité de l'art. L. 1142-1, § I, al. 2. La différence de traitement dans l'engagement de la responsabilité en raison d'une infection nosocomiale, selon que cette infection a été contractée dans un établissement, service ou organisme de santé (droit à réparation au titre de la solidarité nationale), ou auprès d'un professionnel de santé exerçant en ville (absence *de droit au titre de la solidarité nationale*), repose sur une différence de situation en rapport avec l'objet de la loi ; cette différence consiste en une prévalence des infections nosocomiales supérieure à celle constatée chez les professionnels de santé exerçant en ville, et une obligation (art. L. 6111-2 s.) de mettre en œuvre une politique de lutte contre les infections associées aux soins et l'iatrogénie. • Cons. const. 1er avr. 2016, *M. Carlos C.*, n° 2016-531 QPC : *Gaz. Pal. 24 mai 2016, p. 23, note Mémeteau*, appliquée par • Civ. 1re, 12 oct. 2016, n° 15-12.894 P : *RTD civ. 2016. 643, obs. Jourdain*.

1° INFECTIONS ANTÉRIEURES AU 5 SEPT. 2001

67. Jurisprudence administrative (faute présumée). Alors même qu'aucune faute lourde médicale, notamment en matière d'asepsie, ne peut être reprochée aux praticiens qui ont exécuté l'examen et l'intervention, le fait qu'une infection ait pu néanmoins se produire révèle une faute dans l'organisation ou le fonctionnement du service hospitalier à qui il incombe de fournir au personnel médical un matériel et des produits stériles (arrêt de principe). • CE 9 déc. 1988, *Cohen*, n° 65087 : *Lebon 431 ; AJDA 1089. 405, note Moreau ; D. 1990. 487, note Thouroude et Touchard ; GADS, 2e éd., 2016, n° 82*.

68. Infection endogène, cause exonératoire. L'introduction accidentelle d'un germe microbien dans l'organisme d'un patient lors d'une hospitalisation antérieure à l'entrée en vigueur de la L. du 4 mars 2002 révèle une faute dans l'organisation ou le fonctionnement du service hospitalier ; il en va toutefois autrement lorsqu'il est certain que l'infection, si elle s'est déclarée à la suite d'une intervention chirurgicale, a été causée par des germes déjà présents dans l'organisme du patient avant l'hospitalisation, ou encore lorsque la preuve d'une cause étrangère est rapportée par l'établissement de santé. • CE 12 mars 2014, *M. et Mme A. B.*, n° 358111 : *RDSS 2014. 383, note Cristol*. • CE 16 juill. 2014, n° 368960 : *AJDA 2014. 1874, étude Lombard, Nicinski et Glaser*. • CE 11 févr. 2015, *CPAM de Haute-Corse*, n° 368990 : *AJDA 2014. 1874, étude Lombard, Nicinski et Glaser*. ♦ Ainsi, aucune certitude n'existe lorsque l'expert conclut à une infection d'origine « vraisemblablement » endogène. • CE 2 févr. 2011, *Arnaud A. c/ CHRU Orléans*, n° 320052 : *RDSS 2011. 553, note Cristol*. • CE 26 nov. 2012, *Christian A. c/ CH Grenoble*, n° 346973. ♦ En cas de germe pouvant être aussi bien endogène qu'exogène, la responsabilité de l'établissement est engagée dès lors qu'il n'est pas établi que la patiente ait été porteuse du germe lors de son admission à l'hôpital. • CE 10 avr. 2009, *Hospices civils de Lyon*, n° 301443. ♦ La détermination du caractère exogène ou endogène du germe infectieux relève de l'appréciation souveraine des juges du fond. • CE 16 avr. 2008, *AP-HM*, n° 298639.

69. Maladie contractée par un visiteur (juge administratif). Une personne visitant fréquemment son père hospitalisé, passant notamment les nuits sur place en accompagnement, et qui se plaint d'avoir contracté une maladie nosocomiale à cette occasion, ne peut se prévaloir du régime de responsabilité spécifique aux infections nosocomiales, car ce régime s'applique aux seuls patients et agents des centres hospitaliers, à l'exclusion des visiteurs ; il lui appartient donc d'établir que l'infection dont elle souffre serait imputable au service hospitalier. • CAA Bordeaux, 3 mai 2007, *Marie-José X. c/ CH Tarbes*, n° 03BX00868 : *AJDA 2007. 1615*.

70. Jurisprudence judiciaire (obligation de sécurité de résultat). Le contrat d'hospitalisation et de soins conclu entre un patient et un établissement de santé met à la charge de ce dernier, en matière d'infection nosocomiale, une obligation de sécurité de résultat dont il ne peut se libérer qu'en rapportant la preuve d'une cause étrangère, obligation également opposable au médecin (arrêt de principe). • Civ. 1re, 29 juin 1999 : *Bull. civ. I, n° 220 ; D. 1999. 559, note Thouvenin ; RTD civ. 1999. 841, obs. Jourdain ; JCP 1999. II. 10138, note Sargos ; GADS, 2e éd., Dalloz, 2016, n° 83.* ♦ Cette solution jurisprudentielle nouvelle s'appliquait immédiatement aux faits antérieurs, sans que la sécurité juridique, invoquée sur le fondement du droit à un procès équitable, ne puisse consacrer un droit acquis à une jurisprudence figée. • Civ. 1re, 11 juin 2009 : *D. 2009. AJ 1757, note Gallmeister*. ♦ La cause étrangère ne peut résulter d'un risque connu de complication, lié à l'intervention, fût-elle non fautive, du praticien. • Civ. 1re, 18 févr. 2009 : *Bull. civ. I, n° 37 ; RDSS 2009. 359, obs. Vignon-Barrault ; RTD civ. 2009. 543, obs. Jourdain*.

71. Obligation étendue aux praticiens. Un médecin en clinique est tenu vis-à-vis de son patient, en matière d'infection nosocomiale, d'une obligation de sécurité de résultat, dont il ne peut se libérer qu'en rapportant la preuve d'une cause étrangère (arrêt de principe). • Civ. 1re, 29 juin 1999 : *D. 1999. 559, note Thouvenin*. ♦ Jurisprudence étendue au praticien libéral dans son cabinet. • Civ. 1re, 13 févr. 2001 : *Bull. civ. I, n° 32.* ♦ Cette jurisprudence est rétroactive... • Civ. 1re, 11 juin 2009 : *Bull. civ. I, n° 124 ; D. 2009. 2567, note Molfessis ; JCP 2009. Doctr. 237, note Lagarde ; Gaz. Pal. 26-27 août 2009, p. 18, avis Domingo.* ♦ ... Et continue de s'appliquer aux faits antérieurs à l'entrée en application de la loi du 4 mars 2002. • Civ. 1re, 21 juin 2005 : *Bull. civ. I, n° 276 ; RDSS 2001. 870, note Arhab* • 11 déc. 2008, n° 08-10.105.

72. Infection endogène, non exonératoire. La responsabilité de plein droit pesant sur le médecin et l'établissement de santé en matière d'infection nosocomiale n'est pas limitée aux infections d'origine exogène. • Civ. 1re, 4 avr. 2006, *Lévy c/ Rault : Bul. civ. I, n° 191 ; RTD civ. 2006. 567, obs. Jourdain ; RDSS 2009. 749, note Hennion-Jacquet*.

73. Responsabilité partagée entre médecin et clinique. Lorsqu'une faute ne peut être établie à l'encontre d'aucune des personnes responsables d'un même dommage, la contribution à la dette se fait entre elles à parts égales ; en cas d'infection nosocomiale contractée dans les locaux d'une clinique, cette circonstance ne constitue pas à elle seule la preuve de ce que les mesures d'asepsie qui incombaient à cette clinique n'ont pas été prises, ce qui permet un partage à parts égales de responsabilité avec le médecin qui a opéré. • Civ. 1re, 10 avr. 2013, n° 12-14.219 P : *D. 2013. 995, obs. Véron ; Gaz. Pal. 29 mai 2013, nos 149-150, p. 12, note Guerrero ; RDSS 2013. 551, note Cristol*.

2° INFECTIONS POSTÉRIEURES AU 5 SEPT. 2001

74. Infection nosocomiale, notion. Seule une infection survenant au cours ou au décours d'une prise en charge et qui n'était ni présente, ni en incubation au début de la prise en charge peut être qualifiée de nosocomiale ; ainsi, commet une erreur de droit le juge du fond qui, se bornant à constater une multi-infection résultant de la dissémination de nombreuses colonies microbiennes, retient la qualification d'infection nosocomiale sans rechercher si les complications survenues étaient soit consécutives au développement de l'infection préexistante, soit distinctes et liées à une nouvelle infection survenue au cours des soins prodigués. • CE 21 juin 2013, *CH Émile-Roux du Puy-en-Velay*, n° 347450 : *AJDA 2013. 2171, note Lantero ; GADS, 2e éd., Dalloz, 2016, n° 84* • 15 avr. 2015, *CH Haguenau*, n° 367276 : *Lebon T.* • CE 29 déc. 2014, *M. B. A.*, n° 367312.

75. Notion d'établissement responsable. Une SCM de radiologie ayant pour seul objet de faciliter l'exercice de sa profession par chacun de ses membres ne constitue pas l'une des structures auxquelles s'applique, en vertu de l'art. L. 1142-1, I, al. 2, une responsabilité de plein droit pour les infections nosocomiales qui y sont survenues. • Civ. 1re, 11 juill. 2012 : *RCA 2012. Comm. 276, note Hocquet-Berg ; RTD civ. 2012. 733, note Jourdain*. ♦ Toutefois, lorsque cette SCM assure tous les besoins d'une clinique en matière de radiologie courante et bénéficie de l'exclusivité de l'installation et de l'usage de tout appareil radiologique dans la clinique, de sorte que cette SCM peut être considérée comme le service de radiologie de l'établissement de santé, ce dernier est responsable de plein droit. • Même arrêt.

76. Indifférence du caractère exogène ou endogène. Les dispositions du I de l'art. L. 1142-1 font peser sur l'établissement de santé la responsabilité des infections nosocomiales, qu'elles soient exogènes ou endogènes, à moins que la preuve d'une cause étrangère ne soit apportée ; la circonstance qu'une patiente ait été porteuse d'un germe microbien lors de son admission à l'hôpital, même établie, n'est donc pas de nature à faire regarder l'infection comme ne présentant pas un caractère nosocomial, dès lors qu'il ressort de l'expertise que c'est à l'occasion de l'intervention chirurgicale que ce germe a pénétré dans l'organisme et est devenu pathogène. • CE 10 oct. 2011, *CH Angers*, n° 328500 : *RDSS 2011. 1158, note Cristol ; AJDA 2011. 2536, note Lantero ; Dr. adm. 2012. Comm. 11, note Boussard.* ♦ Toutefois, seule une infection survenant au cours ou au décours d'une prise en charge et qui n'était ni présente, ni en incubation au début de la prise en charge peut être qualifiée de nosocomiale ; ainsi, commet une erreur de droit le juge du fond qui, se bornant à constater une multi-infection résultant de la dissémination de nombreuses colonies microbiennes, retient la qualification d'infection nosocomiale sans rechercher si les complications survenues étaient soit consécutives au développement de l'infection préexistante, soit distinctes et liées à une nouvelle infection survenue au cours des soins prodigués. • CE 21 juin 2013, *CH Émile-Roux du Puy-en-Velay*, n° 347450 : *Lebon ; AJDA 2013. 1305*.

77. Responsabilité des praticiens. L'art. L. 1142-1-I étant devenu applicable (faits datant du 2 oct. 2001), le juge du fond ne peut condamner un médecin *in solidum* avec un hôpital privé à réparer les dommages causés par une infection nosocomiale, sur le fondement d'une obligation de sécurité de résultat. • Civ. 1re, 28 janv. 2010, *ONIAM : Gaz. Pal. 2010, n° 222, p. 137, note Lelièvre-Boucharat.* ♦ Toutefois, il appartient toujours au médecin d'informer son patient du risque d'infection nosocomiale en lien avec l'intervention pratiquée. • Civ. 1re, 8 nov. 2010 : *Bull. civ. I, n° 90 ; D. 2010. 1074, obs. Gallmeister*. ♦ Une infection nosocomiale peut avoir pour origine exclusive une faute technique ou une négligence du praticien ; celui-ci doit alors garantir la clinique des condamnations prononcées contre elle au titre de sa responsabilité de plein droit envers les victimes d'infections nosocomiales. • Civ. 1re, 7 juill. 2011, n° 10-19.137.

78. Cause étrangère, caractérisation. Lorsque l'infection nosocomiale est provoquée par l'intervention et constitue un risque connu de ce type d'intervention, seul son caractère d'imprévisibilité et d'irrésistibilité permet de la regarder comme relevant d'une cause étrangère. • CE 10 oct. 2011, *CH Angers*, n° 328500 : *préc. note 76.* ♦ La circonstance qu'il était très difficile de prévenir l'infection survenue est inopérante, et il *appartient à l'établissement d'apporter la* preuve du caractère imprévisible et irrésistible. • Même arrêt. ♦ Le caractère nosocomial d'une infection étant établi, la circonstance qu'une faute commise antérieurement dans un autre établissement ait rendu nécessaire l'intervention au cours de laquelle l'infection a été contractée est susceptible, le cas échéant, de faire retenir la responsabilité de son auteur à l'égard de la victime ; mais cette circonstance ne saurait constituer une cause étrangère, dès lors qu'il n'est pas allégué qu'elle aurait rendu l'infection inévitable. • Civ. 1re, 1er juill. 2010, *Clinique Jouvenet et a. c/ d'Almeras : Bull. civ. I, n° 155.* ♦ Même lorsqu'une infection est provoquée par la pathologie d'une patiente, elle-même liée à un aléa thérapeutique, cette infection demeure consécutive aux soins dispensés au sein de la clinique, et ne procède pas d'une circonstance extérieure à l'activité de cet établissement ; absence de cause étrangère. • Civ. 1re, 14 avr. 2016, n° 14-23.909 P.

79. Condition de la cause étrangère, constitutionnalité. L'article L. 1142-1, al. 1er et 2, impose aux patients ayant contracté une infection nosocomiale à l'occasion de soins dispensés par des professionnels de santé, exerçant leur activité à titre libéral, de prouver l'existence d'une faute de ces derniers, alors que, sauf s'ils rapportent la preuve d'une cause étrangère, les établissements, services et organismes de santé sont responsables de plein droit des dommages subis par leurs patients, victimes d'une telle infection. Renvoi au Conseil constitutionnel sur le fondement d'une possible violation du principe d'égalité. • Civ. 1re, 6 janv. 2016, n° 15-16.984 P.

80. Patient affaibli, cause étrangère (non). Les lésions subies par un patient au cours d'un accident, bien qu'elles diminuent ses défenses immunitaires et augmentent les risques d'infection nosocomiale en cas de réanimation respiratoire prolongée avec intubation et ventilation, ne sauraient constituer une cause étrangère, car la réanimation respiratoire ne peut être regardée comme une circonstance extérieure à l'activité hospitalière. • CE 17 févr. 2012, *Cts Mau*, n° 342366. ♦ S'agissant d'une infection survenue à l'occasion du traitement d'une pneumopathie sévère, commet une erreur de droit le juge du fond qui considère qu'eu égard à l'état général de l'intéressé dont les défenses immunitaires étaient particulièrement amoindries, l'infection présentait un caractère imprévisible et irrésistible, et qui en déduit la preuve d'une cause étrangère, alors même que l'infection était consécutive aux soins dispensés au patient et ne résultait donc pas d'une circonstance extérieure à l'activité du centre hospitalier. • CE 12 mars 2014, *M. et Mme A. B.*, n° 35811 : *RDSS 2014. 383, note Cristol*. ♦ Sont ainsi remises en cause des décisions antérieures tenant compte de l'état de vulnérabilité du patient et du respect par l'hôpital de ses obligations en matière d'hygiène et d'aseptie, pour admettre l'existence d'une cause étrangère. • CAA Lyo[illegible], 29 juin 2010, *M. A. et a.*, n° 08LY00653 : *AJD[illegible] 2010. 2334*.

81. Faute du patient. Une cour d'appel retient à bon droit qu'un [illegible]atient qui a contribué, par la poursuite de son tabagisme, à la réalisation de son dommage, commet une faute ; elle peut en déduire que seuls 90 % de son dommage doivent être mis [illegible] la charge de l'ONIAM, et que le recours de la caisse à l'encontre du praticien ne peut s'exercer que dans cette limite. • Civ. 1re, 8 févr. 201[illegible], n° 15-19.716 P :

D. 2017. 406 ; *RTD civ. 2017. 412, obs. P. Jourdain* ; *RCA 2017/4, p. 114, note Bloch.*

82. Prédispositions. Le droit de la victime à obtenir l'indemnisation de son préjudice corporel ne saurait être réduit en raison d'une prédisposition pathologique, lorsque l'affection qui est issue de cette prédisposition n'a été provoquée ou révélée que par le fait dommageable. • Civ. 1re, 28 janv. 2010, *ONIAM : Gaz. Pal. 2010, n° 222, p. 137, note Lelièvre-Boucharat* • Civ. 2e, 19 mai 2016, n° 15-18.784 P. ♦

BIBL. Théron, Les dommages liés à l'activité médicale : le rôle du fait de la victime, *RDSS 2017.1079.* – Pierre, Le passé de la victime : l'influence de l'état antérieur, *Gaz. Pal. 9 avr. 2011, n° 99, p. 15.*

83. Preuve du caractère nosocomial. Il appartient au patient de démontrer que l'infection dont il est atteint présente un caractère nosocomial, auquel cas le médecin est tenu d'une obligation de sécurité de résultat. • Civ. 1re, 27 mars 2001 : *Bull. civ. I, n° 87 ; RTD civ. 2001. 596, obs. Jourdain* . ♦ Cette preuve peut être rapportée à l'aide de « présomptions graves, précises et concordantes ». • Civ. 1re, 30 oct. 2008 : *Bull. civ. I, n° 245 ; RDSS 2008. 1159, note Cristol* .

84. Preuve et pluralité d'établissements soignants. Lorsque la preuve d'une infection nosocomiale est apportée mais que celle-ci est susceptible d'avoir été contractée dans plusieurs établissements de santé, il appartient à chacun de ceux dont la responsabilité est recherchée d'établir qu'il n'est pas à l'origine de cette infection. • Civ. 1re, 17 juin 2010 : *RTD civ. 2010. 567, note Jourdain* ; *D. 2010. 283, note Bonnin* ; *ibid. 2011. 35, obs. Brun et Gout* .

85. Notion d'« établissement » (art. L. 1142-1-II). Une société civile de moyens ayant pour objet exclusif de faciliter à chacun de ses membres l'exercice de sa profession, sans possibilité de l'exercer elle-même, ne constitue pas l'une des structures auxquelles s'applique un régime de responsabilité de plein droit pour les infections nosocomiales qui y sont survenues. • Civ. 1re, 12 oct. 2016, n° 15-16.894 : *D. 2016. 2166* .

86. Information. Il appartient au médecin d'informer son patient du risque d'infection nosocomiale en lien avec l'intervention pratiquée. • Civ. 1re, 8 nov. 2010 : *Bull. civ. I, n° 90 ; D. 2010. 1074, obs. Gallmeister* .

C. RÉPARATION

87. Exclusion des victimes par ricochet d'accidents thérapeutiques. L'art. L. 1142-1-II ne prévoit d'indemnisation par l'ONIAM que pour les préjudices du patient et, en cas de décès seulement, de ses ayants droit, ce qui exclut l'indemnisation du préjudice propre d'une requérante en raison des séquelles dont reste atteint son époux. • CE 30 mars 2011, *ONIAM c/ Épx Hautreux,* n° 327669 : *RFDA 2011. 329, étude Alonso* ; *JCP Adm. 2011, n° 2275, note Paillard ; RTD civ. 2011. 550, note Jourdain* . ♦ Cette exclusion ne soulève aucun doute sérieux sur la constitutionnalité de l'art. L. 1142-1-II, dont l'objet n'était pas de consacrer un droit à indemnisation de tous les préjudices résultant d'accidents médicaux non fautifs, mais de permettre, sous certaines conditions, la prise en charge, par la solidarité nationale, de certains d'entre eux, en conciliant, d'une part l'exigence d'une indemnisation des patients victimes et de leurs proches, et d'autre part l'équilibre des finances publiques et la pérennité du système ; la loi a donc pu réserver le droit à indemnisation des proches à la seule hypothèse du décès de la victime principale sans méconnaître le principe d'égalité ; la différence de traitement ainsi instituée est conforme à l'intérêt général et en rapport direct avec l'objet de la loi. • Civ. 1re, 13 sept. 2011, n° 11-12.536 (non-lieu à QPC). ♦ V. par comparaison l'indemnisation des proches d'une victime de vaccination contre la grippe H1N1 sur le fondement de l'art. L. 3131-4 du CSP. • CE 27 mai 2016, *M. A. B.,* n° 391149 : *Lebon ; AJDA 2016. 1096* . ♦ V. aussi, admettant l'indemnisation des proches s'agissant des infections nosocomiales sur le fondement de l'article L. 1142-1-1 (V. ss. cet art.).

88. Exclusion des actes à finalité esthétique. V. art. L. 1142-3-1.

89. Séquelles du traitement de l'infection. Les dommages indemnisables résultant d'infections nosocomiales au sens de l'art. L. 1142-1-1 recouvrent les séquelles imputables au traitement de ces infections. • CAA Marseille, 16 mars 2017, *ONIAM,* n° 14MA04987.

90. Calcul. Commet une erreur de droit la cour qui, constatant que les conséquences dommageables d'une intervention ne résultent pas d'une faute du service hospitalier mais d'une complication technique imprévisible, et que ces conséquences remplissent les conditions d'anormalité et de gravité ouvrant droit à réparation au titre de la solidarité nationale, limite ce droit à réparation à une fraction seulement du dommage. • CE 6 nov. 2013, *M. A. B., n° 352492 : Lebon T.* ♦ Lorsque des soins provoquent à dires d'expert des effets iatrogènes qui s'étendent sur une période allant en l'espèce de 1979 à 2006, l'ONIAM n'est tenu d'indemniser que la période postérieure au 5 sept. 2001 (entrée en vigueur de l'art. L. 1142-1 selon l'art. 101 de la loi n° 2002-303 du 4 mars 2002). • CE 1er oct. 2014, *ONIAM,* n° 362696 : *AJDA 2014. 2510* .

91. Ralliement du juge administratif à la nomenclature Dintilhac. Par deux arrêts se référant aux préjudices identifiés par la nomenclature Dintilhac, le Conseil d'État a consacré l'utilisation de cette nomenclature par le juge administratif. • CE 7 oct. 2013, *P., Min. Défense c/ H.,* n° 337851 : *Lebon ; AJDA 2014. 295, note Leleu*

; *RTD civ. 2014. 131, obs. Jourdain* • 16 déc. 2013, *Mme de Moraes*, n° 346575 : *Lebon ; AJDA 2014. 524, concl. Lambolez ; RFDA 2014. 317, note Lantero*. ♦ Ainsi, à propos du préjudice d'accompagnement : si l'indemnisation des frais d'assistance par une tierce personne ne peut intervenir qu'au profit de la victime, les proches de la victime qui lui apportent une assistance peuvent prétendre à être indemnisés par le responsable du dommage au titre des préjudices qu'ils subissent de ce fait. • CE 10 déc. 2015, *Mme C.*, n° 374038 : *AJDA 2016. 500, concl. Marion ; RDSS 2016. 189, note Cristol*.

92. Relativité de la nomenclature Dintilhac. Si un rapport d'expertise ne respecte pas la nomenclature Dintilhac, ce rapport peut être retenu pour autant il a été dressé contradictoirement. • Crim. 27 sept. 2016, n° 15-83.309 P : *D. 2016. 2612, note Bouchet ; RGDM 2016. 525, note Landel.*

93. Préjudice d'IVG après échec de contraception. Les préjudices consécutifs à une interruption volontaire de grossesse, qui résultent de la décision de l'intéressée de ne pas poursuivre sa grossesse, ne peuvent être regardés comme découlant directement d'une faute commise par un centre hospitalier dans la pose d'un dispositif contraceptif ; toutefois, lorsqu'une telle faute a pour conséquence que la grossesse n'est découverte qu'au-delà de la douzième semaine et prive par suite l'intéressée du droit de recourir à une interruption volontaire de grossesse en France, les préjudices résultant directement de la privation d'une telle possibilité sont susceptibles d'ouvrir droit à réparation. • CE 5 mai 2014, *Mme A. B.*, n° 357802.

94. Préjudice de naissance d'un enfant après échec d'une IVG. L'existence de l'enfant qu'elle a conçu ne peut, à elle seule, constituer pour sa mère un préjudice juridiquement réparable ; seul un dommage particulier, ajouté aux charges normales de la maternité, serait réparable ; or ce n'est pas le cas d'une « souffrance morale » et de « difficultés probables dans la vie de jeune fille (de la mère) et ses perspectives d'avenir ». • Civ. 1re, 25 juin 1991, n° 89-18.617 : *Bull. civ. I, n° 213 ; D. 1991. 566, note Le Tourneau ; RTD civ. 1991. 753, obs. Jourdain ; JCP 1992. II. 21784, note Barbièri.* ♦ *La naissance d'un enfant, même si elle survient* après échec d'une IVG, n'est pas génératrice d'un préjudice de nature à ouvrir à la mère un droit à réparation, à moins qu'existent des circonstances ou une situation particulières susceptibles d'être invoquées par l'intéressée. • CE, ass., 2 juill. 1982, *Mlle R.*, n° 23141 : *Lebon 260 ; D. 1984. Jur. 425, note D'Onorio.*

D. PROCÉDURE

95. Procédure, demande. Une cour administrative d'appel n'est pas tenue de se prononcer expressément sur l'indemnisation des préjudices par l'ONIAM sur le fondement de l'art. L. 1142-1, II, dès lors que le requérant n'en a pas établi la demande. • CE 14 nov. 2011, *Mme Tourres*, n° 337715.

96. Responsabilité sans faute, moyen d'ordre public. Eu égard à l'objet des dispositions du second al. du I de l'art. L. 1142-1, il appartient au juge, lorsqu'il ressort des pièces du dossier qui lui est soumis que les conditions en sont remplies, de relever d'office le moyen tiré de la responsabilité de plein droit qu'elles instituent. • CE 6 mars 2015, *CH de Roanne*, n° 368520 : *Lebon ; AJDA 2015. 477 ; ibid. 1379, note Lantero*. ♦ Toutefois, il faut distinguer le cas où le requérant n'a pas invoqué devant les juges du fond la responsabilité d'un établissement hospitalier au titre d'un accident médical : si une cour d'appel n'a pas condamné l'établissement à ce titre, elle doit être regardée comme ayant rejeté implicitement l'existence d'une telle responsabilité, et en l'absence de moyen en ce sens, elle n'est pas tenue de motiver son arrêt sur ce point. • CE 3 févr. 2016, *CHRU de Lille*, n° 376620 : *Lebon T.*

97. Recours contre l'établissement ou le professionnel responsable (oui). Même lorsque les dommages résultant d'une infection nosocomiale ouvrent droit, en raison de leur gravité, à une indemnisation au titre de la solidarité nationale, sur le fondement de l'art. L. 1142-1-1, 1°, la responsabilité de l'établissement où a été contractée cette infection comme celle du professionnel de santé demeurent engagées en cas de faute ; tant les victimes du dommage que les tiers payeurs (CSS, art. L. 376-1) gardent la possibilité d'agir à l'encontre de l'établissement et de ce professionnel de santé, conformément à l'art. L. 1142-1, I, al. 1er, sur le fondement notamment d'un manquement caractérisé aux obligations posées par la réglementation en matière de lutte contre les infections nosocomiales. • Civ. 1re, 28 sept. 2016, n° 15-16.117 P : *D. 2016. 2437, obs. Gallmeister, note Bacache ; ibid. 2187, obs. Bacache, Guégan-Lécuyer et Porchy-Simon ; RGDM 2016, n° 11, p. 553, note Maleville ; RTD civ. 2016. 875, obs. Jourdain*.

III. EXPERTISE

98. Impartialité de l'expert. Eu égard, d'une part, aux obligations déontologiques et aux garanties qui s'attachent tant à la qualité de médecin qu'à celle d'expert désigné par une juridiction et, d'autre part, à la circonstance que l'AP-HP gère 37 hôpitaux et emploie plus de 20 000 médecins, l'appartenance d'un médecin aux cadres de cet établissement public ne peut être regardée comme suscitant par elle-même un doute sur son impartialité, faisant obstacle à sa désignation comme expert dans un litige où l'AP-HP est partie. • CE 15 déc. 2014, *M. B. A.*, n° 358287.

Art. L. 1142-1-1 *(L. n° 2002-1577 du 30 déc. 2002, art. 1er-I)* **Sans préjudice des dispositions du septième alinéa de l'article L. 1142-17, ouvrent droit à réparation au titre de la solidarité nationale :**

1° Les dommages résultant d'infections nosocomiales dans les établissements, services ou organismes mentionnés au premier alinéa du I de l'article L. 1142-1 correspondant à un taux *(L. n° 2009-526 du 12 mai 2009, art. 112)* **« d'atteinte permanente à l'intégrité physique ou psychique » supérieur à 25 % déterminé par référence au barème mentionné au II du même article, ainsi que les décès provoqués par ces infections nosocomiales ;**

2° Les dommages résultant de l'intervention, en cas de circonstances exceptionnelles, d'un professionnel, d'un établissement, service ou organisme en dehors du champ de son activité de prévention, de diagnostic ou de soins.

BIBL. ▸ MORLET-HAÏDARA, L'influence de l'assurance sur le droit de la santé, *JDSAM 2017 n° 15, p. 18.* – PELLET, Pour une nouvelle réforme de la responsabilité civile professionnelle des médecins libéraux et de l'expertise médicale, *in* PELLET (dir.), Responsabilité, assurance et expertise médicales, *Dalloz, coll. thèmes et commentaires, 2008, p. 3.* – MAINGUY et VIALLA, Commentaire de la loi du 30 déc. 2002 sur la responsabilité civile médicale, *JCP E, suppl. au JCP E n° 5, 10 avr. 2003, n° spécial Droit des entreprises de santé, p. 26.*

COMMENTAIRE

V. Commentaire reproduit sur Dalloz.fr.

I. ENTRÉE EN VIGUEUR, CHAMP D'APPLICATION

1. Entrée en vigueur. Il ne résulte ni des termes de la loi du 30 déc. 2002 ni de ses travaux préparatoires que le législateur ait entendu conférer à l'art. 1142-1-1, issu de la loi du 30 déc. 2002, une portée rétroactive, en sorte que ce nouveau régime n'est entré en vigueur qu'à la publication de cette loi au *Journal officiel*, le 1er janv. 2003. • CE 13 juill. 2007, *ONIAM*, n° 293196 : *RFDA 2008. 337, concl. Olson ; RDSS 2007. 847, note Cristol*. ♦ Même solution devant le juge judiciaire : • Civ. 1re, 16 oct. 2008 : *Bull. civ. I, n° 231 ; D. 2008. AJ 2719, obs. Gallmeister*. ♦ Ce régime ne s'applique qu'aux infections nosocomiales consécutives à des activités de prévention, de diagnostic ou de soins réalisées à compter du 1er janv. 2003. • CE 13 juill. 2007, *ONIAM*, n° 293196 : *préc.* ♦ Ainsi, les dispositions de la loi du 30 déc. 2002, distinctes de celles qui résultaient de la loi du 4 mars 2002, ont créé un nouveau régime de prise en charge par la solidarité nationale des dommages résultant des infections nosocomiales, à la seule condition qu'elles aient entraîné un taux d'incapacité permanente supérieur à 25 % ou le décès du patient. • Même arrêt.

2. Conséquences de l'entrée en vigueur pour l'ONIAM. S'agissant des infections nosocomiales contractées à partir du 1er janv. 2003, ouvrent droit à réparation au titre de la solidarité nationale les dommages correspondant à un taux d'incapacité permanente ou d'atteinte permanente à l'intégrité physique ou psychique supérieur à 25 %, ainsi que les décès provoqués par ces infections, de sorte que l'ONIAM est seul tenu d'assurer la réparation de ces dommages ; l'établissement de santé dans lequel l'infection a été contractée peut uniquement, en cas de faute, être appelé à indemniser l'ONIAM, au titre d'une action récursoire ou subrogatoire, de tout ou partie des sommes ainsi mises à sa charge. • Civ. 1re, 19 juin 2013, n° 12-20.433 : *D. 2013. 1620, obs. Gallmeister ; ibid. 2658, obs. Bacache, Guégan-Lécuyer et Porchy-Simon ; RDSS 2013. 1131, obs. Arhab-Girardin*.

3. Champ d'application. L'application de l'art. L. 1142-1-1, 1° exclut celle du régime de responsabilité de plein droit prévu à l'art. L. 1142-1, I, al. 2. • Civ. 1re, 28 sept. 2016, n° 15-16.117 P : *D. 2016. 2437, obs. Gallmeister, note Bacache ; ibid. 2187, obs. Bacache, Guégan-Lécuyer et Porchy-Simon ; RGDM 2016. 553, note Maleville.* ♦ Une infection materno-fœtale à l'origine de la septicémie du nouveau-né fait partie des infections qui sont susceptibles, sous réserve de la condition relative à l'ampleur du dommage, d'ouvrir droit à réparation au titre de la solidarité nationale, dès lors qu'il n'est pas établi que la contamination de la mère aurait été antérieure à son admission à l'hôpital. • CE 12 mars 2014, *ONIAM*, n° 359473 : *Lebon T. à mentionner.* ♦ L'art. L. 1142-1-1 s'applique également lorsque l'infection nosocomiale a entraîné la perte d'une chance d'éviter que l'enfant ne décède d'une maladie congénitale. • Même arrêt.

II. ARTICULATION ENTRE LES DIFFÉRENTS RÉGIMES

4. Articulation entre les régimes de solidarité nationale et de responsabilité pour faute. Il ressort des art. L. 1142-1, I, al. 2, et L. 1142-1-1, 1°, que, sauf s'ils rapportent la preuve d'une cause étrangère, les établissements, services et organismes mentionnés à l'art.

L. 1142-1, I, al. 1er, sont tenus, sur le fondement de leur responsabilité de plein droit, de réparer l'ensemble des dommages résultant d'infections nosocomiales, qu'ils aient été subis par les victimes directes ou indirectes ; et lorsque les dommages résultant de telles infections atteignent le seuil de gravité fixé par l'art. L. 1142-1-1, 1°, leur réparation incombe, dans les mêmes conditions, à l'ONIAM en leur lieu et place. • Civ. 1re, 8 févr. 2017, n° 15-19.716 P : *D. 2017. 406 ; RTD civ. 2017. 412, obs. Jourdain*. ♦ Ce régime spécifique de prise en charge des dommages au titre de la solidarité nationale est distinct de celui prévu par l'art. L. 1142-1, II, de sorte que ne sont alors pas applicables les dispositions de ce texte qui, en cas de survenue d'un accident médical, d'une affection iatrogène ou d'une infection nosocomiale n'engageant pas la responsabilité d'un professionnel, d'un établissement, service ou organisme mentionné au I, et répondant à certaines conditions d'imputabilité, d'anormalité et de gravité, limitent la réparation aux préjudices du patient et, en cas de décès, de ses ayants droit. • Même arrêt.

5. Responsabilité sans faute et défaut d'information. Dans l'hypothèse où une infection nosocomiale est à l'origine de conséquences dommageables ou a compromis les chances d'un patient d'obtenir une amélioration de son état de santé ou d'échapper à son aggravation, mais où une faute (en l'espèce, défaut d'information) a fait perdre à la victime une chance d'échapper à l'accident ou de se soustraire à ses conséquences, le préjudice en lien direct avec cette faute est la perte de chance d'éviter le dommage corporel survenu, et non le dommage corporel lui-même, lequel demeure, tout entier ou à proportion de la perte de chance initiale, en lien direct avec l'accident non fautif (ce qui implique l'application du régime de solidarité nationale). • CAA Versailles, 19 nov. 2013, *AP-HP*, n° 12VE4186 : *AJDA 2014. 751, concl. Rollet-Perraud*.

III. PROCÉDURE, RÉPARATION

6. Provision (CJA, art. R. 541-1). L'obligation de réparer un dommage remplissant les conditions définies à l'art. L. 1142-1-1 constitue pour l'ONIAM une obligation non sérieusement contestable de nature à justifier la mise à sa charge d'une provision par le juge des référés, sans que puisse être opposée l'éventualité d'une faute imputable à l'établissement de santé au sens de l'art. L. 1142-2. • CE 21 mars 2011, *CH Saintes*, n° 334501 : *JCP Adm. 2011, n° 2275, note Paillard ; Dr. adm. 2011. Comm. 75, note Dubreuil ; RFDA 2011. 329, note Alonso ; Gaz. Pal. 3-4 août 2011, n° 215, p. 11, note Lantero.* ♦ L'ONIAM peut, en revanche, obtenir à son tour de l'établissement fautif, y compris dans le cadre de l'instance en référé relative à la réparation du dommage, le versement d'une provision au titre de l'action récursoire prévue au deuxième alinéa de l'art. L. 1142-21, couvrant tout ou partie de la provision devant être mise à sa propre charge, à condition que l'obligation de l'établissement à l'indemniser sur ce fondement ne soit elle-même pas sérieusement contestable. • Même arrêt.

7. Prise en compte des victimes par ricochet. Le point 3 de l'art. L. 1142-1-1 CSP institue un régime spécifique de prise en charge par la solidarité nationale des dommages résultant des infections nosocomiales les plus graves qui a vocation à réparer l'ensemble de ces dommages, qu'ils aient été subis par les patients victimes de telles infections ou par leurs proches (en l'espèce, les parents). • CE 9 déc. 2016, *M. C.A.B.*, n° 390892 : *Lebon ; AJDA 2016. 2411*.

Art. L. 1142-2 Les professionnels de santé exerçant à titre libéral, les établissements de santé, services de santé et organismes mentionnés à l'article L. 1142-1, et toute autre personne morale, autre que l'État, exerçant des activités de prévention, de diagnostic ou de soins ainsi que les producteurs, exploitants et fournisseurs de produits de santé, à l'état de produits finis, mentionnés à l'article L. 5311-1 *(L. n° 2002-1577 du 30 déc. 2002, art. 1er-II)* « à l'exclusion du 5°, sous réserve des dispositions de l'article L. 1222-9, et des 11°, 14° et 15°, utilisés à l'occasion de ces activités, sont tenus de souscrire une assurance destinée à les garantir pour leur responsabilité civile ou administrative susceptible d'être engagée en raison de dommages subis par des tiers et résultant d'atteintes à la personne, survenant dans le cadre de l'ensemble de cette activité. »

(L. n° 2011-1977 du 28 déc. 2011, art. 146-III-1°) « Les professionnels de santé exerçant à titre libéral sont également tenus au paiement de la contribution mentionnée à l'article L. 426-1 du code des assurances ».

(L. n° 2002-1577 du 30 déc. 2002, art. 1er-II) « Une dérogation à l'obligation d'assurance prévue au premier alinéa peut être accordée par arrêté du ministre chargé de la santé aux établissements publics de santé disposant des ressources financières leur permettant d'indemniser les dommages dans des conditions équivalentes à celles qui résulteraient d'un contrat d'assurance ».

Les contrats d'assurance souscrits en application du premier alinéa peuvent prévoir des plafonds de garantie. Les conditions dans lesquelles le montant de la garantie peut

être plafonné pour les professionnels de santé exerçant à titre libéral *(L. n° 2011-1977 du 28 déc. 2011, art. 146-III-2°)* **« , notamment le montant minimal de ce plafond, » sont fixées par décret en Conseil d'État.**

(L. n° 2009-879 du 21 juill. 2009, art. 75) **« L'assurance des professionnels de santé, des établissements, services et organismes mentionnés au premier alinéa couvre leurs salariés agissant dans la limite de la mission qui leur est impartie, même si ceux-ci disposent d'une indépendance dans l'exercice de l'art médical. »**

Le crédit-bailleur de produits de santé ou le loueur assimilable au crédit-bailleur ne sont pas tenus à l'obligation d'assurance prévue au premier alinéa.

En cas de manquement à l'obligation d'assurance prévue au présent article, l'instance disciplinaire compétente peut prononcer des sanctions disciplinaires.

En application des art. L. 231-5 et L. 231-6 CRPA, le silence gardé pendant deux mois par l'administration vaut décision de rejet pour les demandes de dérogation à l'obligation d'assurance prévue au premier alinéa de l'art. L. 1142-2 accordée aux établissements publics de santé disposant des ressources financières leur permettant d'indemniser les dommages dans des conditions équivalentes à celles qui résulteraient d'un contrat d'assurance (Décr. n° 2014-1286 du 23 oct. 2014, art. 1er).

BIBL. ▶ COURTIEUX, Assurance obligatoire de la responsabilité médicale, Dictionnaire de droit médical et hospitalier, *Litec, Fasc. 25.* – MORLET-HAÏDARA, L'influence de l'assurance sur le droit de la santé, *JDSAM 2017 n° 15, p. 18.* – CORGAS-BERNARD, L'assurance de responsabilité civile des professionnels libéraux de la santé, *RDSS 2010. 75, n° hors-série, Assurance, responsabilité et santé.* – DUPONT, Un établissement de santé « propre assureur » : l'expérience de l'Assistance publique-hôpitaux de Paris, *RDSS 2010. 91, n° hors-série, Assurance, responsabilité et santé.* – GOMBAULT, La situation de l'assurance de responsabilité médicale, *RDSS 2010. 51, n° hors-série, Assurance, responsabilité et santé.* – LEVENEUR, L'intervention du Bureau central de tarification en matière d'assurance de responsabilité civile médicale, *RDSS 2010. 59, n° hors-série, Assurance, responsabilité et santé.* – PELLET, La décision QPC du 11 juin 2010 du Conseil constitutionnel et l'assurance des praticiens et établissements de santé, *RDSS 2010. 127, n° hors-série, Assurance, responsabilité et santé*; L'assurance des obstétriciens et l'impéritie des pouvoirs publics, *ibid. 2010. 94.* – VILLENEUVE, Les vicissitudes de l'assurance de responsabilité civile des professionnels de santé, *LPA 17 déc. 2004, n° 252, p. 5.* – LAMBERT-FAIVRE, La crise de la responsabilité civile médicale, *D. 2003. 142*; La loi du 30 décembre 2002 modifiant la loi du 4 mars 2002, *D. 2003. Chron. 361.* – DEMEESTER, L'assurance des risques de santé et la loi n° 2002-303 du 4 mars 2002, *RDSS 2002. 783.* – PANSIER, L'obligation d'assurance des professionnels et des établissements, *LPA 19 juin 2002, n° 122, p. 93.* – LAMBERT, Droit et économie de l'assurance et de la santé, *Mél., Dalloz, 2002.*

1. Recours subrogatoire entre assureurs. L'immunité édictée par l'art. L. 121-12, al. 3, C. assur. n'emportant pas l'irresponsabilité de son bénéficiaire, l'assureur d'un établissement de soins privé commettant, déclaré responsable du fait d'un médecin préposé, peut exercer un recours subrogatoire à l'encontre de l'assureur de ce préposé, qui sera tenu de prendre en charge les conséquences dommageables des fautes commises par son assuré. • Civ. 1re, 12 juill. 2007 : *Bull. civ. I, n° 270 ; JCP 2007. II. 10162, note crit. Hocquet-Berg ; Gaz. Pal. 2008. 1820, note Leducq ; RCA 2007. Comm. 334, note Groutel.*

2. Contrats successifs d'assurance. En application de l'art. L. 252-2, al. 7, C. assur., rendu applicable aux contrats conclus ou renouvelés à compter du 31 déc. 2002 par l'art. 5, al. 1er, de la L. n° 2002-1577 du 30 déc. 2002 relative à la responsabilité médicale, lorsqu'un même sinistre est susceptible de mettre en jeu la garantie apportée par plusieurs contrats successifs, ce sinistre est couvert en priorité par le contrat en vigueur au moment de la première réclamation, sans qu'il soit fait application des dispositions des 4e et 5e al. de l'art. L. 121-4 du même code. • Civ. 2e, 2 oct. 2008 : *Bull. civ. II, n° 203 ; JCP 2009. II. 10001, note Mayaux ; RGDA 2009. 225, note Bigot.*

3. Étendue de la couverture. Le praticien n'est couvert que pour les dommages résultant d'une activité légale. • Civ. 1re, 5 mai 1993, n° 91-15.401 • 6 déc. 1994, n° 92-17.767 : *Bull. civ. I, n° 363.* ♦ ... Et/ou pour laquelle le praticien est dûment qualifié. • Civ. 1re, 4 déc. 2001, n° 98-13.002.

4. Sanction disciplinaire pour non-assurance. Un médecin non assuré, laissant un patient auquel il a causé un dommage sans aucune indemnnisation, manque gravement à ses obligations professionnelles. • CDNOM 28 févr. 2013, *Dr Gerhard B.*, n° cdn11480 (interdiction de 2 ans dont 18 mois avec sursis).

5. Assurance du remplaçant. Un médecin remplaçant dans une clinique, qui y exerce à titre libéral, répond seul des actes médicaux accomplis par lui, sans pouvoir rechercher la garantie de la clinique, ni du médecin qu'il remplace. • Civ. 1re, 18 juin 2014, n° 13-13.349.

Art. L. 1142-3 *(L. n° 2004-806 du 9 août 2004, art. 95)* **Les dispositions de la présente section ne sont pas applicables au promoteur de recherche impliquant la personne humaine, dont la responsabilité peut être engagée conformément au premier alinéa de l'article L. 1121-10 et qui est soumis à l'obligation d'assurance prévue au troisième alinéa du même article.**

Les personnes qui subissent des dommages dans le cadre de la recherche impliquant la personne humaine peuvent faire valoir leurs droits en application des deux premiers alinéas de l'article L. 1121-10 auprès des commissions régionales mentionnées aux sections II, III et IV du présent chapitre. Lorsque la responsabilité du promoteur n'est pas engagée, les victimes peuvent être indemnisées par l'office institué à l'article L. 1142-22, conformément aux dispositions du II de l'article L. 1142-1. Toutefois l'indemnisation n'est pas dans ce cas subordonnée au caractère de gravité prévu par ces dispositions.

Art. L. 1142-3-1 *(L. n° 2014-1554 du 22 déc. 2014, art. 70-I)* **I. — Le dispositif de réparation des préjudices subis par les patients au titre de la solidarité nationale mentionné au II de l'article L. 1142-1 et aux articles L. 1142-1-1 et L. 1142-15 n'est pas applicable aux demandes d'indemnisation de dommages imputables à des actes dépourvus de finalité** *(L. n° 2016-41 du 26 janv. 2016, art. 185-I)* **« contraceptive, abortive, » préventive, diagnostique, thérapeutique ou reconstructrice, y compris dans leur phase préparatoire ou de suivi.**

II. — Toutefois, le recours aux commissions mentionnées à l'article L. 1142-5 exerçant dans le cadre de leur mission de conciliation reste ouvert aux patients ayant subi des dommages résultant des actes mentionnés au I du présent article.

BIBL. ▶ DEKEUWER-DÉFOSSEZ, Réflexions sur l'acte médical non thérapeutique, *Mélanges Mémeteau, éd. LEH, 2015, vol. 1, p. 399.* – BACACHE, Victimes d'actes à finalité esthétique : la porte fermée de la solidarité nationale, *RTD civ. 2015.212*. – BLOCH, Quand l'ONIAM guide la plume du législateur pour briser une jurisprudence..., *RCA 2014. Alerte 33.* – HOCQUET-BERG, Sois belle et tais-toi !, *RCA 2014. Repère 11.*

COMMENTAIRE

V. Commentaire reproduit sur Dalloz.fr.

Position de la CJUE. Saisie au sujet de l'applicabilité de la TVA, la CJUE juge que seules les prestations de nature médicale effectuées dans un but de protéger, y compris de maintenir ou de rétablir la santé des personnes, répondent à la définition des « soins médicaux » et bénéficient de l'exonération de la TVA. • CJUE, 3e ch., 21 mars 2013, *Skatteverket c/ PFC Clinic AB*, C-91/12, point 27 : *D. 2013. 912, obs. Sargos* • CJUE 10 juin 2010, *Future Health Technologies*, C-86/09, points 41 et 42 : *Rec. CJCE I-05215.* ♦ En conséquence, lorsque l'intervention répond à des fins purement cosmétiques, elle ne saurait relever de cette notion. • Même arrêt, point 29. ♦ Est sans incidence la simple conception subjective de la personne qui se soumet à une intervention esthétique. • Même arrêt, point 34. ♦ Toutefois, la circonstance que ces actes soient effectués par un membre du corps médical, ou que le but en soit déterminé par un tel professionnel, est de nature à influer sur la qualification. • Même arrêt, point 36. **Bibl.** Sargos, Le centenaire jurisprudentiel de la chirurgie esthétique : permanences de fond, dissonances factuelles et prospective, *D. 2013. Chron. 2903*.

SECTION II PROCÉDURE DE RÈGLEMENT AMIABLE EN CAS D'ACCIDENTS MÉDICAUX, D'AFFECTIONS IATROGÈNES OU D'INFECTIONS NOSOCOMIALES

BIBL. ▶ BERGOIGNAN-ESPER, Responsabilité médicale, *Litec, Droit médical et hospitalier, fasc. 18-05.* – BLANCO, Les vicissitudes de la conciliation médicale, *in* Mélanges Jean-Marie Clément, *LEH, 2014, p. 27.* – ARHAB-GIRADIN, L'effectivité de la procédure de règlement amiable des accidents médicaux, *RDSS 2011. 1093*. – LECOCQ, BOUILLART et *alii*, L'indemnisation amiable des accidents médicaux. Bilan du traitement de 15 000 dossiers par les CRCI et l'ONIAM et perspectives d'avenir, *RGDM 2009, n° 32, p. 3.* – AVRAM, Choix entre CRCI et juge, *Gaz. Pal. 17 avr. 2009, n° 107, p. 45.* – MISTRETTA, Les commissions régionales de conciliation et d'indemnisation (CRCI) ou les désillusions du règlement amiable des litiges médicaux, *JCP 2006. I. 198.* – MÉMETEAU, Le tango des CRCI : deux pas ici, un pas par-là ! : un guichet ou une commission ; une juridiction !, *Méd. et droit janv. 2006, n° 76, p. 17.* – HELMLINGER, Les commissions régionales de conciliation et d'indemnisation des accidents médicaux : ni excès d'honneur, ni indignité, *AJDA 2005. 1975.*

▸ **Colloques :** Les mutations du droit de la responsabilité suscitées par la procédure de règlement amiable des accidents médicaux, 19 et 20 nov. 2009, *Université Lille-Nord de France, RGDM 2010, n° 36.* – L'indemnisation, par voie amiable, des victimes d'accidents médicaux : faut-il réformer la loi Kouchner ? (collectif), *RGDM 2009, n° 33, p. 101 s.*

Art. L. 1142-4 Toute personne victime ou s'estimant victime d'un dommage imputable à une activité de prévention, de diagnostic ou de soins ou ses ayants droit, si la personne est décédée, ou, le cas échéant, son représentant légal, doit être informée par le professionnel, l'établissement de santé, les services de santé ou l'organisme concerné sur les circonstances et les causes de ce dommage.

Cette information lui est délivrée au plus tard dans les quinze jours suivant la découverte du dommage ou sa demande expresse, lors d'un entretien au cours duquel la personne peut se faire assister par un médecin ou une autre personne de son choix.

BIBL. ▸ Garay, Sur les déclarations professionnelles des risques, des dommages, des anomalies survenues et des évenements indésirables graves associés aux soins, *RGDM 2017/6 n° 63, p. 123.*

Délai contentieux. Les dispositions de l'art. L. 1142-4, qui concernent la procédure de règlement amiable, sont sans incidence sur le délai de recours contentieux contre le rejet d'une demande indemnitaire. • CAA Lyon, 12 mai 2011, *Dagmar A. c/ CHRU Dijon,* n° 10LY01169.

Art. L. 1142-5 Dans chaque région, une *(L. n° 2009-526 du 12 mai 2009, art. 112)* **« ou plusieurs commissions de conciliation et d'indemnisation sont chargées » de faciliter le règlement amiable des litiges relatifs aux accidents médicaux, aux affections iatrogènes et aux infections nosocomiales, ainsi que des autres litiges entre usagers et professionnels de santé, établissements de santé, services de santé ou organismes ou producteurs de produits de santé mentionnés aux articles L. 1142-1 et L. 1142-2.**

(L. n° 2002-1577 du 30 déc. 2002, art. 1er-X) **« Toutefois, un arrêté du ministre chargé de la santé et du ministre chargé de la sécurité sociale peut instituer une commission interrégionale de conciliation et d'indemnisation des accidents médicaux, des affections iatrogènes et des infections nosocomiales compétente pour deux ou plusieurs régions. »**

La commission siège en formation de règlement amiable des accidents médicaux, des affections iatrogènes et des infections nosocomiales et en formation de conciliation.

Dans le cadre de sa mission de conciliation, la commission peut déléguer tout ou partie de ses compétences *(Ord. n° 2003-850 du 4 sept. 2003, art. 31)* **« à l'un de ses membres ou à un ou plusieurs médiateurs extérieurs à la commission » qui, dans la limite des compétences dévolues, disposent des mêmes prérogatives et sont soumis aux mêmes obligations que les membres de la commission.**

BIBL. ▸ Bloch, Aujourd'hui les CCIAM, demain les CIVAM ?, *Mélanges Mémeteau, éd. LEH, 2015, vol. 1, p. 271.* – Matagrin, La CRCI, gardienne de son « pré-carré », *Mélanges Callu, LexisNexis, 2013 p. 565.* – Federbusch, L'originalité du système institué par la loi Kouchner : le président de CRCI, pilote des mécanismes du règlement amiable, *RGDM 2010, n° 36, p. 43.* – Mistretta, Les commissions régionales de conciliation et d'indemnisation (CRCI) ou les désillusions du règlement amiable des litiges médicaux, *JCP 2006. I. 198.* – Blanco, La loi du 4 mars 2002 et les commissions régionales de conciliation et d'indemnisation, *PUAM 2005.*

Art. L. 1142-6 Les commissions régionales de conciliation et d'indemnisation des accidents médicaux, des affections iatrogènes et des infections nosocomiales sont présidées par un magistrat de l'ordre administratif ou un magistrat de l'ordre judiciaire, en activité ou honoraire. Elles comprennent notamment des représentants des personnes malades et des usagers du système de santé, des professionnels de santé et des responsables d'établissements et services de santé, ainsi que des membres représentant l'office institué à l'article L. 1142-22 et les entreprises d'assurance.

La composition des commissions régionales et leurs règles de fonctionnement, propres à garantir leur indépendance et leur impartialité, ainsi que la procédure suivie devant ces commissions sont déterminées par décret en Conseil d'État.

Les frais de fonctionnement des commissions sont assurés par l'office institué à l'article L. 1142-22. Celui-ci leur apporte également un soutien technique et administratif, notamment en mettant à leur disposition le personnel nécessaire.

Les membres des commissions et les personnes qui ont à connaître des documents et informations détenus par celles-ci sont tenus au secret professionnel, dans les conditions et sous les peines prévues aux articles 226-13 et 226-14 du code pénal.

Art. L. 1142-7 **La commission régionale peut être saisie par toute personne s'estimant victime d'un dommage imputable à une activité de prévention, de diagnostic ou de soins, ou, le cas échéant, par son représentant légal. Elle peut également être saisie par les ayants droit d'une personne décédée à la suite d'un acte de prévention, de diagnostic ou de soins.**

La personne indique sa qualité d'assuré social ainsi que les organismes de sécurité sociale auxquels elle est affiliée pour les divers risques. Elle indique également à la commission les prestations reçues ou à recevoir des autres tiers payeurs du chef du dommage qu'elle a subi.

La personne informe la commission régionale des procédures juridictionnelles relatives aux mêmes faits éventuellement en cours. Si une action en justice est intentée, la personne informe le juge de la saisine de la commission.

La saisine de la commission suspend les délais de prescription et de recours contentieux jusqu'au terme de la procédure prévue par le présent chapitre.

1. Saisine non obligatoire. La saisine des CRCI est dépourvue de caractère obligatoire ; ce sont des commissions administratives dont la mission est de faciliter, par des mesures préparatoires, un éventuel règlement amiable des litiges relatifs à des accidents médicaux, des affections iatrogènes ou des infections nosocomiales ; il en résulte que le recours à cette procédure par la victime n'est pas exclusif de la saisine du juge compétent d'une action en indemnisation, saisine qui peut intervenir à l'initiative de la victime avant l'engagement de la procédure, pendant celle-ci ou après l'échec de la tentative de règlement amiable. • CE, avis, 10 oct. 2007, *Sachot*, n° 306590 : *AJDA 2007. 2328, concl. Thiellay ; RFDA 2008. 343, concl. ; JCP 2008. II. 10007, note Apollis et Vialla ; RDSS 2008. 85, note Cristol ; GADS, 1re éd., Dalloz, 2010, n° 108.*

2. Recours devant le tribunal administratif, délais. Eu égard à l'objectif poursuivi par le législateur en instituant une procédure de règlement amiable des litiges, la notification par un établissement public de santé d'une décision rejetant une demande d'indemnisation doit indiquer non seulement que le tribunal administratif peut être saisi dans le délai de deux mois, mais aussi que ce délai est suspendu en cas de saisine de la CRCI ; la notification ne fait pas courir le délai si elle ne comporte pas cette double indication. • CE, avis, 17 sept. 2012, *ONIAM, n° 360280 : Dr. adm. 2012, n° 97, note Baldovini ; AJDA 2012. 2167, chron. Domino et Bretonneau.* ♦ En outre, l'information donnée à l'intéressé doit préciser les conditions de cette suspension, soit lorsque à la date à laquelle l'établissement lui notifie sa décision l'intéressé n'a pas encore saisi la CRCI, soit lorsque à cette même date l'intéressé a saisi la CRCI mais n'a pas encore reçu notification d'un avis. • CE, avis, 17 juill. 2013, *Mme A.*, n° 368260 : *Lebon ; AJDA 2013. 1544.* ♦ En revanche, si à la date de la notification de la décision de l'établissement, l'intéressé a déjà reçu notification d'un avis de la CCI, aucune mention relative à la suspension du délai de recours contentieux n'est requise. • Même avis (NB : le même avis comporte un modèle type d'information à l'intention des établissements de santé).

3. Saisines concomittantes de l'établissement public et de la CCI. S'agissant d'une décision expresse de refus d'indemnité par un établissement public, les dispositions du dernier al. de l'art. L. 1142-7 sont sans application si à la date de notification de cette décision, la CRCI a déjà notifié un avis à l'intéressé sur sa demande. Une seconde saisine de la commission par l'intéressé ne saurait suspendre le délai de recours contre le refus de l'établissement. • CE, avis, 17 juill. 2013, *Mme A.*, n° 368260 : *préc. note 2.* ♦ Toutefois, ces mêmes dispositions trouvent à s'appliquer dans deux cas : 1/ lorsque, dans les deux mois de la date à laquelle l'établissement public lui a notifié le refus, l'intéressé saisit pour la première fois la CRCI d'une demande de règlement amiable ; 2/ lorsque, à la date de notification du refus, la commission est déjà saisie d'une telle demande mais n'a pas encore notifié son avis à l'intéressé. Dans ces deux hypothèses, le délai de saisine du tribunal administratif est de deux mois à compter de la date à laquelle l'avis de la CRCI est notifié. • Même avis.

4. Mention des délais. La notification de la décision expresse d'un établissement de santé rejetant une demande d'indemnité doit indiquer, à peine d'inopposabilité du délai de recours contentieux, non seulement que le tribunal administratif peut être saisi dans le délai de deux mois mais aussi que ce délai est suspendu en cas de saisine de la commission régionale de conciliation et d'indemnisation ; toutefois, l'administration n'a pas à faire figurer cette dernière mention dans la notification de la décision lorsque, les actes de soins auxquels le dommage est imputable étant antérieurs au 5 sept. 2001, les dispositions de l'art. L. 1142-7, qui prévoient la saisine de la commission régionale de conciliation et d'indemnisation et précisent que cette saisine interrompt le délai de recours contentieux, ne sont pas applicables. • CE 2 mai 2016, Mme B., n° 383777.

Art. L. 1142-8 **Lorsque les dommages subis présentent le caractère de gravité prévu au II de l'article L. 1142-1, la commission émet un avis sur les circonstances, les causes, la nature et l'étendue des dommages, ainsi que sur le régime d'indemnisation applicable.**

L'avis de la commission régionale est émis dans un délai de six mois à compter de sa saisine. Il est transmis à la personne qui l'a saisie, à toutes les personnes intéressées par le litige et à l'office institué à l'article L. 1142-22.

Cet avis ne peut être contesté qu'à l'occasion de l'action en indemnisation introduite devant la juridiction compétente par la victime, ou des actions subrogatoires prévues aux articles L. 1142-14, L. 1142-15 et L. 1142-17.

La commission saisit l'autorité compétente si elle constate des manquements susceptibles de donner lieu à des poursuites disciplinaires.

(L. n° 2002-1577 du 30 déc. 2002, art. 1er-III) **« Lorsque les dommages résultent d'une infection nosocomiale présentant le caractère de gravité prévu à l'article L. 1142-1-1, la commission signale sans délai cette infection nosocomiale** *(Ord. n° 2010-177 du 23 févr. 2010, art. 9-I-3°)* **« au directeur général de l'agence régionale de santé » ainsi qu'à l'office institué à l'article L. 1142-22 ».**

BIBL. ▶ Lecocq, L'influence des préoccupations d'éthique sur l'élaboration des avis de CRCI, *Mélanges Mémeteau, LEH, 2015, vol. 1, p. 137.* – Mémeteau, Regard actuel sur les expertises de CCI (CRCI) et référé civil, *Méd. et droit 2013, n° 119, p. 44* ; Le tango des CRCI : deux pas ici, un pas par-là ! : un guichet ou une commission ; une juridiction !, *Méd. et droit janv. 2006, n° 76, p. 17.* – Cadeau et Mémeteau, Les avis des commissions régionales de conciliation et d'indemnisation, *RGDM 2004, n° 13, p. 331.*

1. Portée vis-à-vis de l'ONIAM. Les avis des CRCI statuant au fond sur la demande d'indemnisation ne lient pas l'ONIAM. • CE, avis, 10 oct. 2007, *Sachot*, n° 306590 : *GADS, 2e éd., Dalloz, 2016, n° 93 ; AJDA 2007. 2328, concl. Thiellay ; RFDA 2008. 343, concl. ; JCP 2008. II. 10007, note Apollis et Vialla ; RDSS 2008. 85, note Cristol.* ♦ Les CRCI étant des commissions administratives dont la mission est de faciliter, par des mesures préparatoires, un éventuel règlement amiable des litiges relatifs à des accidents médicaux, des affections iatrogènes ou des infections nosocomiales, l'ONIAM n'est pas lié par leur avis. • Civ. 1re, 6 mai 2010 : *GADS, 2e éd., Dalloz, 2016, n° 94.*

2. Portée vis-à-vis du juge. L'expertise diligentée par la CRCI a pour finalité la recherche d'une solution amiable ; elle n'est qu'une base de discussion permettant la recherche d'une solution négociée, et n'offre pas les garanties d'impartialité et de contradiction d'une expertise judiciaire. • Lyon, 26 nov. 2013, n° 12/04924 : *RDSS 2014. 897, note Thouvenin.*

3. Déclaration d'irrecevabilité. La déclaration par laquelle une commission s'estime incompétente pour connaître de la demande ou estime celle-ci irrecevable, quand bien même elle fait obstacle à l'ouverture d'une procédure de règlement amiable, ne fait pas grief et n'est pas susceptible d'être contestée devant le juge de l'excès de pouvoir, dès lors que la victime conserve la faculté de saisir, si elle s'y croit fondée, le juge compétent d'une action en indemnisation et de faire valoir devant celui-ci tous éléments de nature à établir, selon elle, la consistance, l'étendue, les causes et les modalités de son préjudice, quelles qu'aient été les appréciations portées sur ces questions par la commission lorsqu'elle a été saisie. • CE, avis, 10 oct. 2007, *Sachot : préc. note 1.*

SECTION III PROCÉDURE D'EXPERTISE EN MATIÈRE D'ACCIDENTS MÉDICAUX

BIBL. ▶ Biclet, Réflexions sur les qualités requises des experts et propositions d'amélioration, *Méd. et droit 2013, n° 120, p. 96.* – Bloch, Le règlement amiable. Point de vue d'un juriste, *Méd. et droit 2013, n° 120, p. 89.* – Manaouil, Expertises en responsabilité médicale : comparaison entre les dispositifs judiciaire et amiable, *Méd. et droit 2013, n° 120, p. 47.* – Girard, Papin et Thouvenin, Statut et mission de l'expert, *Gaz. Pal. 15 juin 2012, n° 167, p. 36.* – Arhab-Girardin, *L'effectivité de la procédure* de règlement amiable des accidents médicaux, RDSS 2011. *1093.* – Bartoli, L'accès au dossier hospitalier par l'expert d'une CRCI, *RGDM 2010, n° 37, p. 239.* – Poitout, Hureau et Sargos, L'expertise médicale en responsabilité médicale et en réparation du préjudice corporel, *Masson, 2010.* – M. Penneau, Indépendance et expertise médicale, *in* Droit et économie de l'assurance et de la santé, *Mél. Lambert, Dalloz, 2002, p. 347.* – Penneau, L'expertise des accidents médicaux, *RDSS 2002. 797.* – Rapport annuel de la CNAMED, au Parlement et au Gouvernement, *Site du Ministère de la Santé.*

Art. L. 1142-9 Avant d'émettre l'avis prévu à l'article L. 1142-8, la commission régionale diligente une expertise dans les conditions prévues à l'article L. 1142-12.

La commission régionale peut obtenir communication de tout document, y compris d'ordre médical. Elle peut demander au président du tribunal de grande instance ou à son délégué d'autoriser un ou plusieurs des experts mentionnés à l'article L. 1142-12 à procéder à une autopsie ayant pour but de rechercher les causes du décès.

Chaque partie concernée reçoit copie des demandes de documents formulées par la commission régionale et de tous les documents communiqués à cette dernière.

Le rapport d'expertise est joint à l'avis transmis dans les conditions prévues à l'article L. 1142-8.

Art. L. 1142-10 Une Commission nationale des accidents médicaux, placée auprès des ministres chargés de la justice et de la santé, composée de professionnels de santé, de représentants d'usagers et de personnes qualifiées et dont le président est désigné par le ministre de la justice et le ministre chargé de la santé, prononce l'inscription des experts sur une liste nationale des experts en accidents médicaux après avoir procédé à une évaluation de leurs connaissances. Elle *(L. n° 2009-526 du 12 mai 2009, art. 112)* « contribue à » la formation de ces experts en matière de responsabilité médicale, dans des conditions définies par décret.

La Commission nationale des accidents médicaux est également chargée d'établir des recommandations sur la conduite des expertises, de veiller à une application homogène du présent chapitre par les commissions régionales instituées à l'article L. 1142-5 et d'évaluer l'ensemble du dispositif dans le cadre d'un rapport remis chaque année avant le 15 octobre au Gouvernement et au Parlement. *(L. n° 2009-526 du 12 mai 2009, art. 112)* « Pour l'exercice de ces missions, la commission accède, à sa demande, aux informations couvertes par le secret médical dans des conditions déterminées par décret en Conseil d'État permettant de préserver la confidentialité de ces données à l'égard des tiers. »

La composition et les règles de fonctionnement de la Commission nationale des accidents médicaux sont fixées par décret en Conseil d'État.

En application des art. L. 231-5 et L. 231-6 CRPA, et par exception à l'application du délai de deux mois prévu à l'art. L. 231-1 du même code, le délai à l'expiration duquel le silence gardé par l'administration vaut acceptation est de quatre mois pour les demandes d'inscription sur la liste nationale des experts en accidents médicaux (Décr. n° 2014-1287 du 23 oct. 2014, art. 1er).

Art. L. 1142-11 *(Ord. n° 2016-967 du 15 juill. 2016, art. 1er-1°)* « I. — Les experts peuvent demander à être inscrits sur la liste nationale des experts en accidents médicaux s'ils justifient d'une qualification comportant une évaluation des connaissances et des pratiques professionnelles.

« Cette inscription vaut pour cinq ans et peut être renouvelée. Le renouvellement est subordonné à une nouvelle évaluation des connaissances et des pratiques professionnelles.

« Il peut toutefois être préalablement procédé à une inscription probatoire pour une durée limitée. »

La liste nationale actualisée est adressée chaque année, d'une part, au Conseil d'État, aux cours administratives d'appel et aux tribunaux administratifs, d'autre part, à la Cour de cassation, aux cours d'appel et aux tribunaux de grande instance. Elle est tenue à la disposition du public dans les secrétariats-greffes des juridictions.

Les personnes inscrites sur la liste nationale des experts en accidents médicaux ne peuvent faire état de leur qualité que sous la dénomination d'expert agréé par la Commission nationale des accidents médicaux, et pendant le temps où elles figurent sur la liste.

(Ord. n° 2016-967 du 15 juill. 2016, art. 1er-2°) « Les experts inscrits sur la liste nationale des experts en accidents médicaux sont soumis, dans le cadre de leur mission, aux mêmes obligations d'indépendance et d'impartialité que les experts inscrits sur une des listes instituées par l'article 2 de la loi n° 71-498 du 29 juin 1971 relative aux experts judiciaires. »

(Ord. n° 2016-967 du 15 juill. 2016, art. 1er-3°) « II. — » La Commission nationale des accidents médicaux peut, de sa propre initiative, sur demande ou après avis d'une commission régionale de conciliation et d'indemnisation, radier de la liste un expert en

cas de manquement caractérisé à ses obligations, de faits contraires à l'honneur ou à la probité, ou s'il n'est plus en mesure d'exercer normalement ses activités. Cette radiation ne peut être prononcée qu'après que l'intéressé, qui peut se faire assister par un avocat, a été appelé à formuler ses observations. *(Abrogé par Ord. nº 2016-967 du 15 juill. 2016, art. 1er-3º)* « ***La radiation d'un expert d'une des listes instituées par l'article 2 de la loi nº 71-498 du 29 juin 1971 précitée entraîne de plein droit sa radiation de la liste nationale des experts en accidents médicaux.*** » Un expert peut également être radié à sa demande.

(Ord. nº 2016-967 du 15 juill. 2016, art. 1er-4º) « Un décret en Conseil d'État fixe les modalités d'application du présent article, notamment les cas dans lesquels les experts sont soumis à une inscription probatoire. »

Art. L. 1142-12 La commission régionale désigne aux fins d'expertise un collège d'experts choisis sur la liste nationale des experts en accidents médicaux, en s'assurant que ces experts remplissent toutes les conditions propres à garantir leur indépendance vis-à-vis des parties en présence. Elle peut toutefois, lorsqu'elle l'estime suffisant, désigner un seul expert choisi sur la même liste.

(L. nº 2004-806 du 9 août 2004, art. 113-III) « A défaut d'expert inscrit sur la liste des experts en accidents médicaux compétent dans le domaine correspondant à la nature du préjudice, elle peut nommer en qualité de membre du collège d'experts un expert figurant sur une des listes instituées par l'article 2 de la loi nº 71-498 du 29 juin 1971 précitée ou, à titre exceptionnel, un expert choisi en dehors de ces listes. »

La commission régionale fixe la mission du collège d'experts ou de l'expert, s'assure de leur acceptation et détermine le délai dans lequel le rapport doit être déposé. Lorsque l'expertise est collégiale, le rapport est établi conjointement par les membres du collège d'experts.

Elle informe sans délai l'Office national d'indemnisation institué à l'article L. 1142-22 de cette mission.

Dans le cadre de sa mission, le collège d'experts ou l'expert peut effectuer toute investigation et demander aux parties et aux tiers la communication de tout document sans que puisse lui être opposé le secret médical ou professionnel, s'agissant de professionnels de santé ou de personnels d'établissements, de services de santé ou d'autres organismes visés à l'article L. 1142-1. Les experts qui ont à connaître ces documents sont tenus au secret professionnel, dans les conditions et sous les peines prévues aux articles 226-13 et 226-14 du code pénal.

En cas de carence des parties dans la transmission des documents demandés, la commission régionale peut autoriser le collège d'experts ou l'expert à déposer son rapport en l'état. La commission peut tirer toute conséquence du défaut de communication des documents.

Le collège d'experts ou l'expert s'assure du caractère contradictoire des opérations d'expertise, qui se déroulent en présence des parties ou celles-ci dûment appelées. Ces dernières peuvent se faire assister d'une ou des personnes de leur choix. Le collège d'experts ou l'expert prend en considération les observations des parties et joint, sur leur demande, à son rapport tous documents et afférents. Il peut prendre l'initiative de recueillir l'avis d'un autre professionnel.

L'Office national d'indemnisation prend en charge le coût des missions d'expertise, sous réserve du remboursement prévu aux articles L. 1142-14 et L. 1142-15.

BIBL. ▸ LATOURNERIE, Le rôle de la CNAMED, *RGDM mars 2013, NS, p. 21.*

1. Opposabilité de l'expertise. L'expertise ordonnée par la CRCI dans la phase d'indemnisation amiable n'est pas opposable à l'ONIAM. • *Civ. 1re, 4 mai* 2012, nº 11-12.775.

2. Nouvelle expertise. *Si* l'expertise diligentée sur demande de la commission régionale ne permet pas d'éclairer la juridiction administrative sur certains des critères du régime de responsabilité applicable, il y a lieu pour le juge du fond d'en prescrire une nouvelle sur le fondement du code de justive administrative. • CE 18 déc. 2015, *M. B. A.*, nº 288772.

Art. L. 1142-13 *(L. nº 2002-303 du 4 mars 2002, art. 119)* Pour leur application à la collectivité territoriale de Saint-Pierre-et-Miquelon, les compétences dévolues par l'article L. 1142-5 à la commission régionale de conciliation et d'indemnisation des accidents médicaux, des affections iatrogènes et des infections nosocomiales sont exercées par la commission régionale de Basse-Normandie.

SECTION IV INDEMNISATION DES VICTIMES

BIBL. ▶ **Sur les recours des tiers payeurs.** BRIMO, Droits de la victime et droits des tiers payeurs, *AJDA 2016. 375*. – PORCHY-SIMON, Le recours des tiers payeurs à l'épreuve de la politique jurisprudentielle de la Cour de cassation, *D. 2010. 593*.

Art. L. 1142-14 Lorsque la commission régionale de conciliation et d'indemnisation des accidents médicaux, des affections iatrogènes et des infections nosocomiales estime qu'un dommage relevant du premier alinéa de l'article L. 1142-8 engage la responsabilité d'un professionnel de santé, d'un établissement de santé, d'un service de santé ou d'un organisme mentionné à l'article L. 1142-1 ou d'un producteur d'un produit de santé mentionné à l'article L. 1142-2, l'assureur qui garantit la responsabilité civile ou administrative de la personne considérée comme responsable par la commission adresse à la victime ou à ses ayants droit, dans un délai de quatre mois suivant la réception de l'avis, une offre d'indemnisation visant à la réparation intégrale des préjudices subis dans la limite des plafonds de garantie des contrats d'assurance.

Cette offre indique l'évaluation retenue, le cas échéant à titre provisionnel, pour chaque chef de préjudice ainsi que le montant des indemnités qui reviennent à la victime, ou à ses ayants droit, déduction faite des prestations énumérées à l'article 29 de la loi n° 85-677 du 5 juillet 1985 tendant à l'amélioration de la situation des victimes d'accidents de la circulation et à l'accélération des procédures d'indemnisation, et plus généralement des indemnités de toute nature reçues ou à recevoir d'autres débiteurs du chef du même préjudice. Les prestations et indemnités qui font l'objet d'une déduction du montant de l'offre sont remboursées directement par l'assureur du responsable du dommage aux débiteurs concernés.

Lorsque l'offre prévoit le versement d'une rente à la victime, cette rente est revalorisée dans les conditions prévues à l'article L. 351-11 du code de la sécurité sociale.

L'offre a un caractère provisionnel si l'assureur n'a pas été informé de la consolidation de l'état de la victime. L'offre définitive doit être faite dans un délai de deux mois à compter de la date à laquelle l'assureur a été informé de cette consolidation.

L'assureur qui fait une offre à la victime est tenu de rembourser à l'office les frais d'expertise que celui-ci a supportés.

L'acceptation de l'offre de l'assureur vaut transaction au sens de l'article 2044 du code civil.

Le paiement doit intervenir dans un délai d'un mois à compter de la réception par l'assureur de l'acceptation de son offre par la victime, que cette offre ait un caractère provisionnel ou définitif. Dans le cas contraire, les sommes non versées produisent de plein droit intérêt au double du taux légal à compter de l'expiration de ce délai et jusqu'au jour du paiement effectif ou, le cas échéant, du jugement devenu définitif.

Si l'assureur qui a transigé avec la victime estime que le dommage n'engage pas la responsabilité de la personne qu'il assure, il dispose d'une action subrogatoire soit contre le tiers responsable, soit contre l'Office national d'indemnisation si les dispositions du II de l'article L. 1142-1 trouvent à s'appliquer.

Si le juge compétent, saisi par la victime qui refuse l'offre de l'assureur, estime que cette offre était manifestement insuffisante, il condamne l'assureur à verser à l'office une somme au plus égale à 15 % de l'indemnité qu'il alloue, sans préjudice des dommages et intérêts dus de ce fait à la victime.

Dans le cas où les plafonds de garantie des contrats d'assurance de la personne considérée comme responsable par la commission seraient atteints, l'assureur avise sans délai cette personne *(L. n° 2011-1977 du 28 déc. 2011, art. 146-III-3°)* « , l'office institué à l'article L. 1142-22 du présent code et, si la personne considérée comme responsable est un professionnel de santé exerçant à titre libéral, le fonds institué à l'article L. 426-1 du code des assurances ».

Pour l'application du présent article, l'État, au titre des activités de prévention, de diagnostic ou de soins qu'il exerce, est soumis aux obligations incombant à l'assureur.

Pénalité, constitutionnalité. La pénalité de 15 % en cas de refus d'offre ou d'offre manifestement insuffisante ne porte pas d'atteinte excessive ou disproportionnée au droit à un recours juridictionnel effectif (DDH, art. 16), dès lors que l'assureur d'un professionnel de santé dont la CRCI a estimé la responsabilité engagée : 1/ dispose de la possibilité de contester devant un juge soit l'avis de la CRCI, soit les prétentions de l'ONIAM subrogé ; 2/ est en mesure d'obtenir du juge, selon le cas, soit le recouvrement des sommes qu'il aura dû verser, soit l'exonération de tout paiement, et, en tout cas, la modulation, voire l'exonération, de la pénalité de 15 % de l'indemnité allouée à la victime, en fonction des circonstances de l'espèce. • Civ. 1re, 31 mars 2011 : *RDSS 2011. 757, note Arhab-Girardin* (non-lieu à QPC).

Art. L. 1142-15 **En cas de silence ou de refus explicite de la part de l'assureur de faire une offre, ou lorsque le responsable des dommages n'est pas assuré ou la couverture d'assurance prévue à l'article L. 1142-2 est épuisée** *(L. n° 2011-1977 du 28 déc. 2011, art. 146-III-4°)* **« ou expirée », l'office institué à l'article L. 1142-22 est substitué à l'assureur.**

Dans ce cas, les dispositions de l'article L. 1142-14, relatives notamment à l'offre d'indemnisation et au paiement des indemnités, s'appliquent à l'office, selon des modalités déterminées par décret en Conseil d'État.

L'acceptation de l'offre de l'office vaut transaction au sens de l'article 2044 du code civil. La transaction est portée à la connaissance du responsable et, le cas échéant, de son assureur *(L. n° 2011-1977 du 28 déc. 2011, art. 146-III-4°)* **« ou du fonds institué à l'article L. 426-1 du code des assurances ».**

(Abrogé par L. n° 2011-1977 du 28 déc. 2011, art. 146-III-4°) (L. n° 2002-1577 du 30 déc. 2002, art. 1er-XI) ***« Sauf dans le cas où le délai de validité de la couverture d'assurance garantie par les dispositions du cinquième alinéa de l'article L. 251-2 du code des assurances est expiré, »*** **L'office est subrogé, à concurrence des sommes versées, dans les droits de la victime contre la personne responsable du dommage ou, le cas échéant, son assureur** *(L. n° 2011-1977 du 28 déc. 2011, art. 146-III-4°)* **« ou le fonds institué à l'article L. 426-1 du même code ». Il peut en outre obtenir remboursement des frais d'expertise.**

En cas de silence ou de refus explicite de la part de l'assureur de faire une offre, ou lorsque le responsable des dommages n'est pas assuré, le juge, saisi dans le cadre de la subrogation, condamne, le cas échéant, l'assureur ou le responsable à verser à l'office une somme au plus égale à 15 % de l'indemnité qu'il alloue.

Lorsque l'office transige avec la victime, ou ses ayants droit, en application du présent article, cette transaction est opposable à l'assureur ou, le cas échéant, *(L. n° 2011-1977 du 28 déc. 2011, art. 146-III-4°)* **« au fonds institué au même article L. 426-1 du code des assurances ou » au responsable des dommages sauf le droit pour ceux-ci de contester devant le juge le principe de la responsabilité ou le montant des sommes réclamées. Quelle que soit la décision du juge, le montant des indemnités allouées à la victime lui reste acquis.**

I. REFUS DE L'ASSUREUR DE FAIRE UNE OFFRE

1. Cas d'une offre dérisoire. Juge à bon droit une cour d'appel qui décide que le caractère dérisoire d'une offre d'un assureur équivaut à une absence d'offre, de sorte que l'ONIAM peut régulièrement se substituer à l'assureur, lequel encourt dès lors la pénalité de 15 %. • Civ. 1re, 7 juill. 2011, *Le Sou médical c/ ONIAM : D. 2011. 1968, obs. Gallmeister ; RTD civ. 2011. 768, obs. Jourdain ; RCA 2011. Comm. 366, obs. Groutel ; RDSS 2011. 1155, obs. Cristol ; Méd. et droit mars-avr. 2012, n° 113, p. 61, note Véron et Vialla.*

2. Débiteur. Le législateur a entendu sanctionner l'assureur qui s'abstient, par négligence ou délibérément, d'exécuter les obligations auxquelles il est tenu envers l'assuré ; c'est donc par erreur qu'un juge du fond condamne l'assuré *in solidum* avec son assureur, à verser une indemnité à l'ONIAM. • Civ. 1re, 10 sept. 2014, n° 13-22.535 : *Bull.*

II. TRANSACTION ONIAM/VICTIME

3. Opposabilité. Si l'offre de l'ONIAM acceptée par la victime vaut transaction opposable au responsable du dommage ou à son assureur, ces derniers conservent la faculté de contester devant le juge tant le principe que le montant des indemnités allouées à la victime. • CE 25 juill. 2013, *ONIAM*, n° 357703 • 23 déc. 2015, *ONIAM*, n° 375286. ♦ Dans l'hypothèse d'une telle contestation, il incombe au juge, saisi d'une action de l'ONIAM subrogé, à l'issue d'une transaction, dans les droits d'une victime à concurrence des sommes qu'il lui a versées, de déterminer si la responsabilité du professionnel ou de l'établissement de santé est engagée et, dans l'affirmative, d'évaluer les préjudices subis afin de fixer le montant des indemnités dues à l'office ; lorsqu'il procède à cette évaluation, le juge n'est pas lié par le contenu de la transaction intervenue entre l'ONIAM et la victime. • Même arrêt.

4. Refus de l'offre ONIAM par la victime. Sur la base de l'art. L. 3122-5 CSP concernant l'indemnisation des dommages liés aux contaminations par transfusion sanguine, il a été jugé que le refus de l'offre par la victime rend cette offre caduque, de sorte que l'ONIAM s'en trouve délié. • Civ. 1re, 6 janv. 2011, *ONIAM : Bull. civ. I, n° 4 ; D. 2011. 238, obs. Gallmeister.*

III. SUBROGATION DE L'ONIAM

5. Droit à une expertise judiciaire. L'ONIAM, auquel l'expertise de la CRCI n'est pas opposable et qui n'est pas tenu par l'avis de la CRCI, a un intérêt légitime à obtenir en référé une expertise judiciaire afin d'établir la preuve des éléments de fait lui permettant d'intenter un recours subrogatoire. • Civ. 1re, 4 mai 2012, n° 11-12.775.

6. Expiration du délai de recours et subrogation. Si la saisine de la CRCI par le patient suspend le délai de recours contentieux devant le tribunal administratif contre la décision d'un établissement public de santé rejetant une demande d'indemnisation, ce délai n'est pas rouvert par cette saisine postérieure à son expiration. • CE, avis, 17 sept. 2012, *ONIAM,* n° 360280 : *Dr. adm. 2012, n° 97, note Baldovini ; AJDA 2012. 2167.* ♦ Si cette saisine tardive débouche sur un avis selon lequel l'établissement public de santé est responsable alors que l'ONIAM a dû parallèlement indemniser la victime faute d'offre faite par l'assureur de l'établissement, l'ONIAM ne peut plus exercer le recours subrogatoire prévu à l'art. L. 1142-15 contre l'assureur de l'établissement public, car le caractère définitif de la décision rejetant la demande d'indemnité de la victime peut utilement lui être opposé par l'établissement public ; en effet, l'art. L. 1142-15 n'a pas dérogé au principe selon lequel le subrogé, qui ne saurait avoir plus de droits que le subrogeant, ne peut engager l'action que pour autant que la victime le pourrait encore. • Même avis. ♦ Toutefois, le législateur n'a pas entendu que la charge définitive de l'indemnisation incombe à l'ONIAM en dehors des cas prévus aux art. L. 1142-1-II et L. 1142-1-1 (solidarité nationale) ; c'est pourquoi l'office est fondé à refuser de verser l'indemnité en lieu et place de l'assureur de l'établissement, dès lors que la demande initiale d'indemnité avait été rejetée par une décision devenue définitive ; mais il ne peut le faire qu'au vu de cette décision, que l'établissement doit communiquer à l'ONIAM ou devant la CRCI, avec la copie de sa notification régulière faite au patient ; faute d'avoir procédé à cette communication avant que l'office n'ait fait une offre d'indemnité à la victime, l'établissement perd la possibilité d'opposer le caractère définitif de la décision pour faire échec à un recours subrogatoire. • Même avis.

7. Sécurité sociale. Il résulte de l'art. L. 376-1 CSS qu'il incombe au juge administratif, saisi d'un recours indemnitaire de la victime contre une personne publique regardée comme responsable de l'accident, de mettre en cause les caisses auxquelles la victime est ou était affiliée ; symétriquement, lorsque le juge est saisi d'un recours indemnitaire introduit contre la personne publique par une caisse agissant dans le cadre de la subrogation légale, il lui incombe de mettre en cause la victime ; tout défaut de mise en cause entache la procédure d'irrégularité. • CE 30 déc. 2013, *ONIAM,* n° 361188 : *Lebon,* revirement sur : • CE, avis, 7 oct. 2013, *ONIAM,* n° 369121 : *Lebon ; AJDA 2014. 172, concl. Polge ; ibid. 2013. 2002.* ♦ Dès lors que l'ONIAM, substitué à l'assureur d'un hôpital pour indemniser la victime d'un dommage corporel, se trouve subrogé dans les droits de la victime, le juge administratif saisi d'un recours indemnitaire de la caisse dirigé contre l'hôpital doit appeler l'ONIAM en la cause. • Même arrêt.

IV. PÉNALITÉ DE 15 %

8. Constitutionnalité. V. note ss. art. L. 1142-14.

9. Débiteur. Le législateur a entendu sanctionner l'assureur qui s'abstient, par négligence ou délibérément, d'exécuter les obligations auxquelles il est tenu envers l'assuré ; c'est donc par erreur qu'un juge du fond condamne l'assuré *in solidum,* avec son assureur, à verser une indemnité à l'ONIAM. • Civ. 1re, 10 sept. 2014, n° 13-22.535 P : *D. 2014. 2221, note Bacache ; Gaz. Pal. 2014. 19, note Noguero.*

10. Caractère facultatif. L'expression « le cas échéant » de l'art. L. 1142-15, al. 5, ouvre la possibilité pour le juge d'écarter la pénalité en cas de motif légitime pour l'assureur de passer outre à l'avis de la CRCI en refusant de faire une offre d'indemnisation. • Civ. 2e, 6 oct. 2011, *MASCF,* n° 10-21.212.

11. Critères d'infliction. Dès lors qu'une cour d'appel retient que la responsabilité du praticien était établie, de sorte que son assureur n'allègue aucun motif légitime de passer outre l'avis de la CRCI en refusant de faire une offre, elle peut condamner cet assureur à verser la pénalité, évaluée en l'espèce à son taux maximal. • Civ. 1re, 6 oct. 2011, *MACSF : préc. note 10.* ♦ L'évidence du retard apporté dans les soins et l'absence de toute offre d'indemnisation justifient d'accorder à l'ONIAM subrogé dans les droits de la victime une somme égale à 15 % de l'indemnité allouée. • CAA Douai, 17 juin 2008, *ONIAM*, n° 06DA01770. ♦ Pour un cas où l'hôpital, mis en cause par la CCI, ne fait pas d'offre. • CAA Douai, 25 mai 2015, *ONIAM*, n° 13DA01066. ♦ Pour un cas de pénalité à 5 %. • CAA Nancy, 9 avr. 2015, *ONIAM*, n° 14NC00167. ♦ Sur le caractère dérisoire de l'offre faisant encourir la pénalité. • Civ. 1re, 7 juill. 2011, *Le Sou médical c/ ONIAM : préc. note 1.*

V. ÉCHEC DE LA PROCÉDURE AMIABLE

12. *Médecin non assuré.* Lorsque la procédure de règlement amiable n'a pu aboutir, en l'absence d'avis d'indemnisation, d'offre présentée à la victime ou d'acceptation par celle-ci de l'offre présentée, ou lorsque la victime n'a pas souhaité y recourir, celle-ci peut agir en justice contre le professionnel de santé, l'établissement, service ou organisme auquel elle impute la responsabilité de son dommage, et son assureur, sur le fondement de l'art. L. 1142-1, I, ou encore contre l'ONIAM, si elle estime que son dommage est indemnisable au titre de la solidarité nationale, sur le fondement des art. L. 1142-1, II, et L. 1142-20 ; il s'en déduit que les art. L. 1142-15 et L. 1142-22 n'ont ni pour objet ni pour effet d'instituer un droit d'agir en justice contre l'ONIAM au titre de dommages engageant la responsabilité d'un professionnel de santé, du seul fait que ce dernier n'était pas assuré. • Civ. 1re, 29 mars 2017, n° 16-13.247 P : *D. 2017. 822 ; JDSAM 2017 n° 17, p. 69, note Morlet-Haïdara.* ♦ En effet, la faculté de substitution de l'ONIAM prévue à l'art. L. 1142-15 relève de la procédure spécifique de règlement amiable, et ne saurait étendre le champ de la solidarité nationale au-delà des dispositions fixées par l'art. L. 1142-1, II, qui n'appréhendent pas l'intervention de l'ONIAM au titre de la solidarité nationale dans le cas où la responsabilité du professionnel de santé est engagée. • Même arrêt.

Art. L. 1142-16 Lorsque la victime n'a pas informé la commission régionale des prestations reçues ou à recevoir des tiers payeurs autres que les caisses de sécurité sociale, les tiers payeurs ont un recours contre la victime, à concurrence de l'indemnité qu'elle a perçue de l'assureur, *(L. n° 2011-1977 du 28 déc. 2011, art. 146-III-5°)* « du fonds institué à l'article L. 426-1 du code des assurances » ou de l'office qui est substitué à celui-ci, au titre du même chef de préjudice et dans les limites prévues à l'article 31 de la loi n° 85-677 du 5 juillet 1985 précitée. Ils doivent agir dans un délai de deux ans à compter de la demande de versement des prestations.

Art. L. 1142-17 Lorsque la commission régionale estime que le dommage est indemnisable au titre du II de l'article L. 1142-1, *(L. n° 2002-1577 du 30 déc. 2002, art. 1er-IV)* « ou au titre de l'article L. 1142-1-1 » l'office adresse à la victime ou à ses ayants droit, dans un délai de quatre mois suivant la réception de l'avis, une offre d'indemnisation visant à la réparation intégrale des préjudices subis.

Cette offre indique l'évaluation retenue, le cas échéant à titre provisionnel, pour chaque chef de préjudice ainsi que le montant des indemnités qui reviennent à la victime, ou à ses ayants droit, déduction faite des prestations énumérées à l'article 29 de la loi n° 85-677 du 5 juillet 1985 précitée, et plus généralement des indemnités de toute nature reçues ou à recevoir d'autres débiteurs du chef du même préjudice.

Lorsque l'offre prévoit le versement d'une rente à la victime, cette rente est revalorisée dans les conditions prévues à l'article L. 351-11 du code de la sécurité sociale.

L'offre a un caractère provisionnel si l'office n'a pas été informé de la consolidation de l'état de la victime. L'offre définitive doit être faite dans un délai de deux mois à compter de la date à laquelle l'office a été informé de cette consolidation.

L'acceptation de l'offre de l'office vaut transaction au sens de l'article 2044 du code civil.

Le paiement doit intervenir dans un délai d'un mois à compter de la réception par l'office de l'acceptation de son offre par la victime, que cette offre ait un caractère provisionnel ou définitif.

Si l'office qui a transigé avec la victime estime que la responsabilité d'un professionnel, établissement, service, organisme ou producteur de produits de santé mentionnés au premier alinéa de l'article L. 1142-14 est engagée, il dispose d'une action subrogatoire contre celui-ci. *(L. n° 2002-1577 du 30 déc. 2002, art. 1er-IV)* « Cette action subrogatoire ne peut être exercée par l'office lorsque les dommages sont indemnisés au titre de l'article L. 1142-1-1, sauf en cas de faute établie de l'assuré à l'origine du dommage, notamment le manquement caractérisé aux obligations posées par la réglementation en matière de lutte contre les infections nosocomiales. »

I. L'OFFRE DE L'ONIAM

1. Offre équivoque. Un protocole portant offre d'indemnisation rédigé en des termes équivoques ne vaut pas transaction, même s'il a été signé par la victime ; et même conclu en cours d'instance, il ne rend pas sans objet les conclusions tendant à ce qu'il soit statué sur le litige auquel ce protocole avait pour objet de mettre fin. • CAA Lyon, 11 févr. 2010, *Mme A.*, n° 07LY01194 : *AJDA 2010. 787, note Vinet*.

2. Montant, principe de réparation intégrale. En application de l'art. L. 1142-17, al. 2, le juge appelé à évaluer le montant des indemnités qui reviennent à la victime ou à ses ayants droit doit en déduire le montant des prestations et indemnités de toute nature reçues ou à recevoir d'autres débiteurs du chef du même préjudice. • CE, avis, 22 janv. 2010, *Coppola*, n° 332716 : *AJDA 2010. 237 ; ibid. 1138, chron. Liéber et Botteghi ; RDSS 2010. 576, obs. Cristol*. ♦ Il appartient en conséquence au juge de demander à la victime (ou à ses ayants droit) d'indiquer sa qualité d'assuré social ou d'agent public, ainsi que la nature et le montant des prestations et indemnités qu'elle a, le cas échéant, perçues ; au besoin, il diligentera des mesures d'instruction auprès des tiers payeurs, sans toutefois pouvoir les appeler en la cause. • Même avis.

3. Déduction des autres indemnités. Par application du principe de la réparation intégrale du préjudice sans perte ni profit pour la victime, le juge du fond est fondé à déduire de l'indemnité : Une rente d'accident du travail. • Civ. 2e, 14 juin 2007, n° 06-15.829. ♦ ... L'allocation de solidarité spécifique. • Civ. 2e, 29 mars 2006, n° 04-06.063. ♦ ... L'allocation de retour à l'emploi. • Civ. 2e, 3 juin 2010 : *Bull. civ. II, n° 105 ; RDSS 2010. 967, obs. Cristol*. ♦ ... L'allocation aux adultes handicapés. • Civ. 2e, 10 juill. 2008 : *Bull. civ. II, n° 186.* ♦ L'allocation d'éducation d'enfant handicapé, et le complément à cette allocation accordé en cas de handicap exigeant des dépenses coûteuses ou le recours fréquent à une tierce personne. • Civ. 1re, 18 juin 2014, n° 12-35.252 : *D. 2015. 124 ; RTD civ. 2015. 148, note Jourdain*. ♦ ... Et de façon générale toute indemnité reçue ou à recevoir d'autres débiteurs du chef du même préjudice, indépendamment de l'existence d'un recours subrogatoire des tiers payeurs, le juge devant préciser la nature et l'objet de chacune des allocations versées afin d'apprécier leur caractère indemnitaire ou non. • Civ. 2e, 1er juin 2011, n° 10-11.599. ♦ Inversement, les allocations chômage ou l'allocation de solidarité spécifique ne constituent pas des revenus de remplacement à caractère indemnitaire, mais sont versées en raison de l'insuffisance des ressources de la personne à la recherche d'un emploi ; elles ne donnent pas lieu à un recours subrogatoire du tiers payeur contre la personne tenue à réparation. • Même arrêt.

II. L'ONIAM ESTIMANT QU'IL Y A FAUTE

4. Subrogation. En cas de faute au sens de l'art. L. 1142-17, al. 7, l'ONIAM peut uniquement demander au professionnel ou à l'établissement fautif de l'indemniser de tout ou partie des sommes versées à la victime (par transaction ou en raison d'une décision de justice), en exerçant à l'encontre de ce professionnel ou de cet établissement soit l'action subrogatoire prévue au même article, soit l'action récursoire de l'art. L. 1142-21, al. 2. • CE 21 mars 2011, *CH de Saintes*, n° 334501 : *JCP Adm. 2011, n° 2275, note Paillard ; RTD civ. 2011. 555, note Jourdain ; Dr. adm. 2011. Comm. 75, note Dubreuil ; RFDA 2011. 329, étude Alonso*.

5. Preuve. La responsabilité du professionnel ou de l'établissement n'est engagée qu'en cas de faute établie à l'origine du dommage, notamment le manquement caractérisé aux obligations posées par la réglementation en matière de lutte contre les infections nosocomiales. • CE 21 mars 2011, *CH de Saintes*, n° 334501 : *préc. note 4.* ♦ Toutefois, la circonstance qu'un centre hospitalier ne puisse démontrer, par la production des protocoles de préparation et de désinfection préopératoire et d'entretien des dispositifs médicaux utilisés, avoir respecté les règles d'hygiène et d'asepsie ne suffit pas à établir, comme le requièrent les dispositions du deuxième al. de l'art. L. 1142-21, l'existence d'une faute en lien direct avec l'infection nosocomiale. • Même arrêt. ♦ Il appartient à l'ONIAM, subrogé dans les droits et actions de la victime, de démontrer la faute, le préjudice et le lien de causalité entre la faute imputée aux praticiens et le préjudice en résultant. • Versailles, 30 avr. 2009, n° 07/06053.

6. Faute favorisant l'accident non fautif. Le recours à un matériel inadapté et la maladresse commise dans son utilisation peuvent augmenter le risque de survenance d'un aléa, ce qui ouvre à l'ONIAM les recours subrogatoires des art. L. 1142-15 et L. 1142-17. • Civ. 1re, 10 sept. 2014, n° 13-22.535 P : *D. 2014. 2221, note Bacache ; Gaz. Pal. 2014, nos 341-343, p. 19, note Noguero.* ♦ Lorsque le dommage est dû à un accident non fautif, mais que l'origine de cet accident réside dans une infection nosocomiale qui a rendu nécessaire l'intervention à l'origine du dommage, l'ONIAM est fondé à engager une action récursoire. • Civ. 1re, 18 déc. 2014, n° 13-24.377 P : *D. 2015. 606, note Bacache ; RTD civ. 2015. 150, obs. Jourdain ; JCP 2015, n° 217, note Knetsch.*

Art. L. 1142-17-1 *(L. n° 2002-1577 du 30 déc. 2002, art. 1er-V)* **Lorsque la commission régionale estime que l'aggravation de dommages résultant d'une infection nosocomiale**

entraîne pour la victime un taux *(L. n° 2009-526 du 12 mai 2009, art. 112)* **« d'atteinte permanente à l'intégrité physique ou psychique » supérieure au pourcentage mentionné au 1° de l'article L. 1142-1-1 ou son décès, l'office adresse à la victime ou à ses ayants droit une offre d'indemnisation dans les conditions prévues à l'article L. 1142-17 et rembourse à l'assureur les indemnités initialement versées à la victime.**

Art. L. 1142-18 **Lorsque la commission estime qu'un accident médical n'est que pour partie la conséquence d'actes de prévention, de diagnostic ou de soins engageant la responsabilité d'un professionnel ou d'un établissement de santé, elle détermine la part de préjudice imputable à la responsabilité et celle relevant d'une indemnisation au titre de l'office.**

1. Cumul accident/faute technique. Lorsqu'un accident médical non fautif survient, et qu'une faute (retard à intervenir) fait perdre à la victime une chance d'y échapper ou de se soustraire à ses conséquences, le professionnel ou l'établissement fautifs doivent réparer le préjudice en lien direct avec cette faute, c'est-à-dire la perte de chance d'éviter le dommage, et non le dommage corporel lui-même, lequel demeure tout entier en lien direct avec l'accident non fautif ouvrant droit à réparation au titre de la solidarité nationale. • CE 30 mars 2011, *ONIAM c/ Épx Hautreux*, n° 327669 : *RFDA 2011. 329, étude Alonso ; JCP Adm. 2011, n° 2275, note Paillard ; RTD civ. 2011. 550, note Jourdain*.

2. Cumul accident/défaut d'information. En cas de manquement au devoir d'information sur les risques, le praticien n'est redevable d'une indemnité qu'au titre de son manquement (perte de chance), l'ONIAM conservant la charge d'indemniser les conséquences de l'accident même ; ainsi, le juge du fond ne peut mettre l'ONIAM hors de cause et laisser l'entière indemnisation à la charge du praticien, au seul motif que ce dernier a commis une faute quelle qu'elle soit, et que l'obligation d'indemnisation au titre de la solidarité nationale ne serait que subsidiaire. • Civ. 1re, 11 mars 2010, *Sté Medical Insurance Company Ltd c/ ONIAM : JCP 2010. 703, n° 379, note Jourdain ; Gaz. Pal. 24-25 mars 2010, p. 10, avis Legoux, note Quézel-Ambrunaz ; D. 2010. 1119, note Bacache ; RCA mai 2010, p. 5, note Hocquet-Berg.* ♦ Il résulte de la combinaison des art. L. 1142-1-I et II et L. 1142-18 que la réparation par l'établissement responsable du dommage résultant de la perte de chance liée à un défaut d'information n'est pas exclusive de l'indemnisation, au titre de la solidarité nationale, des conséquences dommageables liées à la survenance d'un aléa thérapeutique, lesquelles sont restées non indemnisées par application du pourcentage de perte de chance. • CAA Nantes, 30 déc. 2010, *M. X. c/ CH Nogent-le-Rotrou*, n° 09NT01646.

Art. L. 1142-19 **La victime informe l'office des procédures juridictionnelles relatives aux mêmes faits éventuellement en cours. Si une action en justice est intentée, la victime informe le juge de la saisine de l'office.**

Non-respect. Pour une décision rattachant le devoir d'information de l'art. L. 1142-19 à un « devoir de probité intellectuelle » ou, en cas de non-respect, à de la « mauvaise foi », voire à une « intention de nuire » : • Versailles, 12 nov. 2009, n° 08/06728.

Art. L. 1142-20 **La victime, ou ses ayants droit, dispose du droit d'action en justice contre l'office si aucune offre ne lui a été présentée ou si elle n'a pas accepté l'offre qui lui a été faite.**

L'action en indemnisation est intentée devant la juridiction compétente selon la nature du fait générateur du dommage.

1. Champ d'application. Les dispositions de l'art. L. 1142-20 concernent l'hypothèse où le dommage ouvre droit à réparation au titre de la solidarité nationale et n'ont ni pour objet ni pour effet d'instituer un droit d'agir en justice contre l'ONIAM au titre de dommages engageant la responsabilité d'un établissement public de santé, si l'office n'a pas fait d'offre d'indemnisation ou s'il a fait une offre qui n'a pas été acceptée. • CE 6 nov. 2013, *ONIAM*, n° 355030 : *Lebon ; AJDA 2013. 2233*.

2. Transaction équivoque. Eu égard aux termes équivoques dans lesquels le protocole que l'ONIAM a soumis à la signature du requérant était rédigé, et à l'existence de courriers montrant que ce dernier n'avait jamais renoncé au poste de préjudice économique subi par son fils mineur du fait du décès de sa mère, ce point ne peut être regardé comme ayant été réglé par ledit protocole. • CAA Marseille, 17 oct. 2011, ONIAM, n° 10MA00099. ♦ Inversement, dès lors qu'un préjudice est réglé par protocole, le requérant n'est plus recevable à saisir le juge. • Même arrêt.

Art. L. 1142-21 *(L. n° 2011-1977 du 28 déc. 2011, art. 146-III-6°)* **« I. — » Lorsque la juridiction compétente, saisie d'une demande d'indemnisation des conséquences dom-**

mageables d'actes de prévention, de diagnostic ou de soins dans un établissement de santé, estime que les dommages subis sont indemnisables au titre du II de l'article L. 1142-1 *(L. n° 2002-1577 du 30 déc. 2002, art. 1er-VI)* **« ou au titre de l'article L. 1142-1-1 », l'office est appelé en la cause s'il ne l'avait pas été initialement. Il devient défendeur en la procédure.**

(L. n° 2002-1577 du 30 déc. 2002, art. 1er-VI) **« Lorsqu'il résulte de la décision du juge que l'office indemnise la victime ou ses ayants droit au titre de l'article L. 1142-1-1, celui-ci ne peut exercer une action récursoire contre le professionnel, l'établissement de santé, le service ou l'organisme concerné ou son assureur, sauf en cas de faute établie à l'origine du dommage, notamment le manquement caractérisé aux obligations posées par la réglementation en matière de lutte contre les infections nosocomiales. L'office signale sans délai l'infection nosocomiale »** *(Ord. n° 2010-177 du 23 févr. 2010, art. 9-I-3°)* **« au directeur général de l'agence régionale de santé ».**

(L. n° 2002-1577 du 30 déc. 2002, art. 1er-VI ; L. n° 2011-1977 du 28 déc. 2011, art. 146-III-6°) **« II. — Lorsque la juridiction compétente, saisie d'une demande d'indemnisation des conséquences dommageables de l'aggravation d'une infection nosocomiale, estime que les dommages subis sont indemnisables au titre du 1° de l'article L. 1142-1-1, l'office est appelé en la cause et rembourse à l'assureur, le cas échéant, les indemnités initialement versées à la victime. »**

(L. n° 2011-1977 du 28 déc. 2011, art. 146-III-6°) **« III. — Lorsque la juridiction compétente, saisie d'une demande d'indemnisation des conséquences dommageables d'actes de prévention, de diagnostic ou de soins dans un établissement de santé, estime que les dommages sont imputables à un professionnel de santé libéral au titre du I de l'article L. 1142-1 du présent code et que l'indemnisation dépasse les plafonds de garantie des contrats d'assurance de ce professionnel ou que le délai de validité de la couverture du contrat d'assurance mentionné au cinquième alinéa de l'article L. 251-2 du code des assurances est expiré, le fonds institué à l'article L. 426-1 du même code est appelé en la cause s'il ne l'avait pas été initialement. Il devient défendeur en la procédure. »**

A. PROCÉDURE

1. Appel en la cause de l'ONIAM. Le juge du fond, saisi de conclusions contre un professionnel ou un établissement de santé, est tenu, lorsque le dommage remplit les conditions pour être indemnisé par l'ONIAM, d'appeler ce dernier en la cause, au besoin d'office, et de mettre à sa charge la réparation qui lui incombe, même en l'absence de conclusions contre cet établissement, sans préjudice de l'éventuelle condamnation de la personne initialement poursuivie à réparer la part du dommage dont elle serait responsable. • CE 30 mars 2011, *Mme Joncour c/ APHP*, n° 320581 : *Lebon 145*.

2. Appel en cause de l'établissement fautif. Lorsque la CRCI émet l'avis que le dommage engagea la responsabilité d'un établissement public de santé et que l'ONIAM, substitué à l'assureur de cet établissement, s'est abstenu de faire une offre à la victime ou lui a fait une offre qu'elle a refusée, les conclusions de la victime dirigées contre l'ONIAM et fondées sur la responsabilité de l'établissement public de santé doivent être regardées par le juge comme dirigées contre cet établissement. Il appartient dès lors au juge de mettre en cause l'établissement. • CE 6 nov. 2013, *ONIAM*, n° 355030 : *Lebon ; AJDA 2013. 2233*.

3. Provision. En cas de référé, l'obligation de réparer un dommage remplissant les conditions définies à l'art. L. 1142-1-1 constitue pour l'ONIAM une obligation non sérieusement contestable de nature à justifier la mise à sa charge d'une provision, sans que puisse y faire obstacle l'existence de fautes qui seraient imputables à l'établissement ou au professionnel de santé. • CE 21 mars 2011, *CH de Saintes*, n° 334501 : *JCP Adm. 2011, n° 2275, note Paillard ; RTD civ. 2011. 555, note Jourdain ; Dr. adm. 2011. Comm. 75, note Dubreuil ; RFDA 2011. 329, étude Alonso*.

B. SUBROGATIONS

4. Tiers payeurs légalement subrogés (CSS, art. L. 376-1). Le recours des tiers payeurs, subrogés dans les droits d'une victime d'un dommage, s'exerce à l'encontre des auteurs responsables ; or la réparation qui incombe sous certaines conditions à l'ONIAM ne confère pas à cet établissement public la qualité d'auteur responsable du dommage, ce qui rend irrecevables les recours subrogatoires des tiers payeurs ayant versé des prestations à la victime d'un dommage corporel au titre des art. L. 376-1 CSS, 1er de l'Ord. du 7 janv. 1959, et 29 de la loi du 5 juill. 1985. • CE, avis, 22 janv. 2010, *Coppola*, n° 332716 : *AJDA 2010. 237 ; ibid. 1138, chron. Liéber et Botteghi ; RDSS 2010. 576, obs. Cristol* • 18 mai 2011, *EFS*, n° 343823 : *JCP Adm. 2011* *n° 2274, note Arbousset ; Dr. adm. 2011. Comm. 72, note Brimo ; JCP 2011, n° 1028, note Muscat.* ♦ V., concernant l'inapplicabilité de l'art. 29 de la loi du 5 juill. 1985 : • CE 17 févr. 2016, *CPAM de l'Artois,* n° 384349 : *Lebon T.* ♦ Toutefois, il appartient au juge de déduire les sommes versées par les tiers payeurs de la réparation due par l'ONIAM, au besoin en diligentant des mesures d'instruction auprès des tiers payeurs, sans toutefois pouvoir appeler ces derniers en la cause. • CE, avis, 22 janv. 2010, *Coppola : préc.* – V. aussi bibl. et jurisprudence ss. art. L. 376-1 CSS.

5. Tiers payeurs légalement subrogés contre l'établissement fautif (CSS, art. L. 376-1). Lorsque l'art. L. 1142-1-1 s'applique, la victime n'est titulaire d'aucune action à l'encontre de l'établissement de santé où l'infection a été contractée ; il en résulte que les caisses d'assurance maladie ne disposent d'aucune action subrogatoire à l'encontre de cet établissement, ni d'aucune action récursoire au titre des sommes qu'elles ont versées à leur assuré. • Civ. 1re, 9 avr. 2014, n° 13-16.165 P : *D. 2014. 928 ; RDSS 2014. 720, note Tauran ; JDSAM 2014, n° 3, p. 63, note Welsch.* ♦ En revanche, il résulte des art. L. 1142-17, al. 7, et L. 1142-21-I, al. 2, que la responsabilité de l'établissement où a été contractée une infection nosocomiale dont les conséquences présentent le caractère de gravité défini à l'art. L. 1142-1-1 ne peut être engagée qu'en cas de faute établie à l'origine du dommage, notamment un manquement caractérisé aux obligations posées par la réglementation en matière de lutte contre les infections nosocomiales ; lorsque le degré de gravité des dommages résultant de l'infection nosocomiale excède le seuil prévu à l'art. L. 1142-1-1, c'est seulement au titre d'une telle faute qu'une caisse de sécurité sociale ayant versé des prestations à la victime peut exercer une action subrogatoire contre l'établissement où l'infection a été contractée. • Civ. 1re, 1er juin 2016, n° 15-17.472 : *RTD civ. 2016. 878, obs. Jourdain.* ♦ Dans le même sens, • CE 17 févr. 2016, *CPAM de l'Artois,* n° 384349.

C. CHAMP DE L'ACTION RÉCURSOIRE

6. Action récursoire appliquée aux pertes de chance (possible). Le législateur n'a pas entendu exclure l'exercice de l'action récursoire de l'ONIAM lorsqu'une faute établie a entraîné la perte d'une chance d'éviter l'infection nosocomiale ou d'en limiter les conséquences. • CE 28 nov. 2014, *ONIAM,* n° 366154 : *Lebon ; AJDA 2014. 2333 ; D. 2014. 2462, obs. J.-M. Pastor.*

7. Action récursoire pour défaut d'information (impossible). Le législateur n'a pas entendu permettre à l'ONIAM, dans le cadre de son action récursoire (et non subrogatoire), de se prévaloir de la méconnaissance du droit à l'information de l'art. L. 1111-2. • CE 28 nov. 2014, n° 366154 : *préc. note 6.* ♦ Il n'appartient pas à l'ONIAM de se prévaloir, lorsqu'il exerce son action récursoire, de la méconnaissance du droit reconnu aux patients par l'art. L. 1111-2. • Civ. 1re, 18 déc. 2014, n° 13-21.019 P : *D. 2015. 606, note Bacache ; RTD civ. 2015. 154, obs. Jourdain ; RCA 2015. 60, obs. Bloch ; Contrats conc., Cons. 2015/3, comm. Leveneur ; LPA 27 févr. 2015, n° 42, p. 9, note Prieur ; Gaz. Pal. 26 au 28 avr. 2015, nos 116 à 118, p. 15, note Noguéro.*

8. « Faute établie ». L'action récursoire de l'ONIAM se fonde sur une responsabilité pour faute prouvée : la circonstance qu'un centre hospitalier ne puisse démontrer, par la production des protocoles de préparation et de désinfection pré-opératoire et d'entretien des dispositifs médicaux utilisés, avoir respecté les règles d'hygiène et d'asepsie ne suffit pas à établir l'existence d'une faute en lien direct avec l'infection nosocomiale. • CE 21 mars 2011, *CH de Saintes,* n° 334501 : *préc. note 3.* ♦ L'ONIAM qui entend exercer son action récursoire doit rapporter la preuve d'une faute commise par l'établissement ou ses préposés, ou d'un manquement caractérisé aux obligations posées par la réglementation en matière de lutte contre les infections nosocomiales. • Limoges, 22 févr. 2012, n° 08/00289.

Art. L. 1142-21-1 *Abrogé par L. n° 2011-1977 du 28 déc. 2011, art. 146-III-7°.*

Art. L. 1142-22 **L'Office national d'indemnisation des accidents médicaux, des affections iatrogènes et des infections nosocomiales est un établissement public à caractère administratif de l'État, placé sous la tutelle du ministre chargé de la santé. Il est chargé de l'indemnisation au titre de la solidarité nationale, dans les conditions définies au II de l'article L. 1142-1** *(L. n° 2002-1577 du 30 déc. 2002, art. 1er-VII)* **« , à l'article L. 1142-1-1 » et à l'article L. 1142-17, des dommages occasionnés par la survenue d'un accident médical, d'une affection iatrogène ou d'une infection nosocomiale ainsi que des indemnisations qui lui incombent, le cas échéant, en application des articles L. 1142-15** *(L. n° 2011-900 du 29 juill. 2011, art. 57-I-1°)* **« , L. 1142-18 »** *(L. n° 2016-1917 du 29 déc. 2016, art. 150-I-1° et II)* **« , L. 1142-24-7 et L. 1142-24-16 ».**

(L. n° 2004-806 du 9 août 2004, art. 115-I) **« L'office est également chargé de la réparation des dommages directement imputables à une vaccination obligatoire en**

application de l'article L. 3111-9, de l'indemnisation des victimes de préjudices résultant de la contamination par le virus d'immunodéficience humaine en application de l'article L. 3122-1 *(L. n° 2008-1330 du 17 déc. 2008, art. 67-II)* « , de l'indemnisation des victimes de préjudices résultant de la contamination par le virus de l' *(L. n° 2012-1404 du 17 déc. 2012, art. 72-I-1°)* « hépatite B ou C ou le virus T-lymphotropique humain » causée par une transfusion de produits sanguins ou une injection de médicaments dérivés du sang en application de l'article L. 1221-14 » et de la réparation des dommages imputables directement à une activité de prévention, de diagnostic ou de soins réalisée en application de mesures prises conformément » *(Ord. n° 2018-20 du 17 janv. 2018, art. 4)* « aux articles L. 3131-1, L. 3134-1 et L. 3135-1 ».

(L. n° 2016-1917 du 29 déc. 2016, art. 150-I-1° et II) « L'office est en outre chargé, dans les conditions définies aux sections IV *bis* et IV *ter* du présent chapitre, de faciliter et, s'il y a lieu, de procéder au règlement amiable des litiges relatifs aux dommages causés par le benfluorex et par la prescription de valproate de sodium ou de l'un de ses dérivés pendant une grossesse. »

(L. n° 2002-1577 du 30 déc. 2002, art. 1er-XII) « Les obligations de l'Association France-Hypophyse nées de son rôle dans l'organisation du traitement des patients par l'hormone de croissance extractive entre 1973 et 1988 sont transférées à l'Office national d'indemnisation des accidents médicaux, des affections iatrogènes et des infections nosocomiales. »

L'office est administré par un conseil d'administration dont la composition est fixée par un décret en Conseil d'État. Il comprend, outre son président, pour moitié des représentants de l'État et pour moitié des personnalités qualifiées ainsi que *(L. n° 2016-41 du 26 janv. 2016, art. 177-I-1°)* « des représentants d'associations d'usagers du système de santé agréées au titre de l'article L. 1114-1 *[ancienne rédaction : des représentants des usagers]* », des professionnels et établissements de santé, des organismes d'assurance maladie et du personnel de l'office. — *V. art. R. 1142-42 à R. 1142-58.*

Le président du conseil d'administration et le directeur de l'office sont nommés par décret.

Les agents de l'office sont régis par les dispositions des articles L. 5323-1 à L. 5323-4.

Les membres du conseil d'administration, le personnel de l'office ainsi que les personnes ayant à connaître des informations détenues par celui-ci sont tenus au secret professionnel, dans les conditions et sous les peines prévues aux articles 226-13 et 226-14 du code pénal.

Art. L. 1142-22-1 *(L. n° 2003-1199 du 18 déc. 2003, art. 49)* L'office adresse au Gouvernement, au Parlement et à la Commission nationale des accidents médicaux un rapport d'activité semestriel. Ce rapport comporte notamment une partie spécifique sur les infections nosocomiales dont l'office a eu connaissance en application des articles L. 1142-8 et L. 1142-21. Il est rendu public.

Art. L. 1142-23 L'office est soumis à un régime administratif, budgétaire, financier et comptable défini par décret.

Les charges de l'office sont constituées par :

1° Le versement d'indemnités aux victimes d'accidents médicaux, d'affections iatrogènes et d'infections nosocomiales en application des dispositions du présent chapitre ;

(L. n° 2004-806 du 9 août 2004, art. 115-II) « 2° Le versement d'indemnités en réparation des dommages directement imputables à une vaccination obligatoire en application de l'article L. 3111-9 ;

« 3° Le versement d'indemnités aux victimes de préjudices résultant de la contamination par le virus d'immunodéficience humaine en application de l'article L. 3122-1 ; »

(L. n° 2008-1330 du 17 déc. 2008, art. 67-III) « 3° *bis* Le versement d'indemnités en application de l'article L. 1221-14 ; »

(L. n° 2011-900 du 29 juill. 2011, art. 57-II-1°) « 3° *ter* Le versement d'indemnités en application » *(L. n° 2016-1917 du 29 déc. 2016, art. 150-I-2° et II)* « des articles L. 1142-24-7, L. 1142-24-16 et L. 1142-24-17 » ;

(L. n° 2004-806 du 9 août 2004, art. 115-II) « 4° Le versement des indemnités prévues à l'article *(L. n° 2007-294 du 5 mars 2007, art. 1er-III)* « **L. 3131-4** » aux victimes de dommages imputables directement à une activité de prévention, de diagnostic ou de soins réalisée en application de mesures prises conformément *(L. n° 2007-294 du 5 mars 2007, art. 4)* « aux articles **L. 3131-1** et **L. 3134-1** » ;

(Ord. n° 2018-20 du 17 janv. 2018, art. 4) « 4° *bis* Le versement des indemnités prévues à l'article **L. 3135-3** aux victimes de dommages imputables directement à une activité de prévention, de diagnostic ou de soins réalisée en application des dispositions de l'article **L. 3135-1** ; »

« 5° Les frais de gestion administrative de l'office et des commissions régionales et interrégionales ;

« 6° Les frais résultant des expertises diligentées par les commissions régionales et interrégionales ainsi que des expertises prévues pour l'application des articles *(L. n° 2011-900 du 29 juill. 2011, art. 57-II-2°)* « **L. 1142-24-4**, » *(L. n° 2016-1917 du 29 déc. 2016, art. 150-I-2° et II)* « **L. 1142-24-11**, » *(L. n° 2010-1594 du 20 déc. 2010, art. 65-I-1°)* « **L. 1221-14**, » *(L. n° 2007-294 du 5 mars 2007, art. 1er-III)* « **L. 3131-4** », **L. 3111-9** » *(Ord. n° 2018-20 du 17 janv. 2018, art. 4)* « , **L. 3122-2** et **L. 3135-1** ».

Les recettes de l'office sont constituées par :

(L. n° 2012-1404 du 17 déc. 2012, art. 73-VIII-B) « 1° Une dotation des régimes obligatoires d'assurance maladie versée et répartie dans des conditions fixées par décret ; »

2° Le produit des remboursements des frais d'expertise prévus aux articles *(L. n° 2011-900 du 29 juill. 2011, art. 57-II-3°)* « **L. 1142-24-4**, » *(L. n° 2016-1917 du 29 déc. 2016, art. 150-I-2° et II)* « **L. 1142-24-11**, » *(L. n° 2010-1594 du 20 déc. 2010, art. 65-I-1°)* « **L. 1221-14**, » **L. 1142-14** et **L. 1142-15** ;

3° Le produit des pénalités prévues *(L. n° 2010-1594 du 20 déc. 2010, art. 65-I-2°)* « aux articles **L. 1142-14** » *(L. n° 2011-900 du 29 juill. 2011, art. 57-II-4°)* « , **L. 1142-15**, **L. 1142-24-6** » *(L. n° 2016-1917 du 29 déc. 2016, art. 150-I-2°)* « , **L. 1142-24-7**, **L. 1142-24-16** et **L. 1142-24-17** » ;

4° *(L. n° 2004-806 du 9 août 2004, art. 115-II)* « Le produit des recours subrogatoires mentionnés aux articles *(L. n° 2010-1594 du 20 déc. 2010, art. 65-I-1°)* « **L. 1221-14**, » **L. 1142-15**, **L. 1142-17**, *(L. n° 2011-900 du 29 juill. 2011, art. 57-II-5°)* « **L. 1142-24-7**, » *(L. n° 2016-1917 du 29 déc. 2016, art. 150-I-2° et II)* « **L. 1142-24-16**, **L. 1142-24-17**, » *(L. n° 2007-294 du 5 mars 2007, art. 1er-III)* « **L. 3131-4** », **L. 3111-9** et **L. 3122-4** » ;

5° *(L. n° 2002-1577 du 30 déc. 2002, art. 1er-IX)* « Une dotation versée par l'État en application de l'article **L. 3111-9** » ;

(L. n° 2004-806 du 9 août 2004, art. 115-II ; L. n° 2005-1579 du 19 déc. 2005, art. 52 ; L. n° 2007-294 du 5 mars 2007, art. 1er-III ; L. n° 2010-1657 du 29 déc. 2010, art. 189-I) « 6° Une dotation versée par l'État en application » *(Ord. n° 2018-20 du 17 janv. 2018, art. 4)* « des articles **L. 3131-4** et **L. 3135-1** » ;

(Abrogé par L. n° 2012-1404 du 17 déc. 2012, art. 72-I-2°) (L. n° 2008-1330 du 17 déc. 2008, art. 67-III) « *7° Une dotation versée par l'Établissement français du sang couvrant l'ensemble des dépenses exposées en application de l'article* ***L. 1221-14****. Un décret fixe les modalités de versement de cette dotation* » ; »

7° *(L. n° 2011-900 du 29 juill. 2011, art. 57-II-6°)* « Une dotation versée par l'État en application *(L. n° 2016-1917 du 29 déc. 2016, art. 150-I-2° et II)* « des sections IV *bis* et IV *ter* » du présent chapitre. »

Art. L. 1142-24 Les indemnisations accordées en application du présent chapitre ne peuvent se cumuler avec celles accordées, le cas échéant, en application des articles L. 3122-1 à L. 3122-6, pour les mêmes préjudices.

SECTION IV *BIS* INDEMNISATION DES VICTIMES DU BENFLUOREX

(L. nº 2011-900 du 29 juill. 2011, art. 57-III)

Art. L. 1142-24-1 **Sans préjudice des actions qui peuvent être exercées conformément au droit commun, la réparation intégrale des préjudices imputables au benfluorex est assurée dans les conditions prévues par la présente section.**

BIBL. ▶ BERGOIGNAN-ESPER, La réparation pour les victimes du benfluorex : innovations, limites et incertitudes, *RDSS 2012. 302*. – DELEVAY, Le dispositif d'indemnisation des victimes du Médiator : l'ombre d'un doute, *RLDC mars 2012, nº 92*. – BACACHE, Décret nº 2011-932 du 1er août 2011 relatif à l'indemnisation des victimes du benfluorex, *RTD civ. 2011. 805*. – KNETSCH, Le nouveau dispositif d'indemnisation des victimes du Médiator issu de la loi du 29 juillet 2011, *RCA 2011, nº 12*. – PONTIER, Le Fonds Médiator, *AJDA 2011. 2005*.

COMMENTAIRE

V. Commentaire reproduit sur Dalloz.fr.

Art. L. 1142-24-2 **Toute personne s'estimant victime d'un déficit fonctionnel imputable au benfluorex ou, le cas échéant, son représentant légal ou ses ayants droit peut saisir l'Office national d'indemnisation des accidents médicaux, des affections iatrogènes et des infections nosocomiales en vue d'obtenir la réparation des préjudices en résultant.**

La demande comporte les informations mentionnées aux deuxième et troisième alinéas de l'article L. 1142-7. Elle précise en outre le nom des médicaments qui ont été administrés et les éléments de nature à établir l'administration de benfluorex. L'auteur de la demande apporte tous éléments d'information utiles, notamment sur toute personne, autre que les exploitants du médicament, mentionnée à l'article L. 1142-2 à qui il souhaite rendre la procédure opposable. Il en va de même des exploitants du médicament concernés, informés de la demande dès sa réception par l'office.

Dès qu'il reçoit une demande, l'office en informe les organismes de sécurité sociale auxquels l'auteur de la demande est affilié.

Le dernier alinéa de l'article L. 1142-7 est applicable à la saisine de l'office dans les conditions prévues au présent article.

Art. L. 1142-24-3 **Le conseil d'orientation mentionné aux articles L. 3111-9 et L. 3122-1 exerce auprès du conseil d'administration de l'office, s'agissant des dommages mentionnés au troisième alinéa de l'article L. 1142-22, les mêmes attributions que pour les questions relatives à l'indemnisation des préjudices résultant de la contamination par le virus de l'** *(L. nº 2012-1404 du 17 déc. 2012, art. 72-I-3º)* **« hépatite B ou C, par le virus T-lymphotropique humain » ou par le virus d'immunodéficience humaine causée par une transfusion de produits sanguins ou une injection de médicaments dérivés du sang, des préjudices directement imputables à une vaccination obligatoire réalisée en application de l'article L. 3111-4 et des préjudices imputables à une activité de prévention, de diagnostic ou de soins réalisée en application de mesures prises conformément aux articles L. 3131-1 ou L. 3134-1.**

Lorsque le conseil d'orientation est saisi de questions relatives à l'indemnisation des dommages mentionnés au troisième alinéa de l'article L. 1142-22, sa composition est adaptée à ces questions, dans des conditions déterminées par décret en Conseil d'État.

Art. L. 1142-24-4 **Un collège d'experts placé auprès de l'office procède à toute investigation utile à l'instruction de la demande, dans le respect du principe du contradictoire, et diligente, le cas échéant, une expertise, sans que puisse lui être opposé le secret professionnel ou industriel.**

Le collège est présidé par un magistrat de l'ordre administratif ou un magistrat de l'ordre judiciaire, en activité ou honoraire, et comprend notamment une personne compétente dans le domaine de la réparation du dommage corporel ainsi que des médecins proposés par le Conseil national de l'ordre des médecins, par des associations de personnes malades et d'usagers du système de santé ayant fait l'objet d'un agrément au niveau national dans les conditions prévues à l'article L. 1114-1, par les exploitants concernés ou leurs assureurs et par l'office.

La composition du collège d'experts et ses règles de fonctionnement, propres à garantir son indépendance et son impartialité, ainsi que la procédure suivie devant lui et les

modalités d'information des organismes de sécurité sociale auxquels la victime est affiliée sont déterminées par décret en Conseil d'État.

Les membres du collège et les personnes qui ont à connaître des documents et informations détenus par celui-ci sont tenus au secret professionnel, dans les conditions et sous les peines prévues aux articles 226-13 et 226-14 du code pénal.

Art. L. 1142-24-5 S'il constate l'existence d'un déficit fonctionnel imputable au benfluorex, le collège d'experts émet un avis sur les circonstances, les causes, la nature et l'étendue des dommages ainsi que sur la responsabilité du ou des exploitants du médicament et, le cas échéant, des autres personnes mentionnées au deuxième alinéa de l'article L. 1142-24-2.

L'avis du collège d'experts est émis dans un délai de six mois à compter de la saisine de l'office. Il est transmis à la personne qui l'a saisi et à toutes les personnes intéressées par le litige, notamment les organismes de sécurité sociale auxquels est affiliée la victime.

Cet avis ne peut être contesté qu'à l'occasion de l'action en indemnisation introduite devant la juridiction compétente par la victime ou des actions subrogatoires prévues aux articles L. 1142-14 et L. 1142-24-7.

(L. n° 2016-41 du 26 janv. 2016, art. 187) « Sous réserve que le premier avis de rejet n'ait pas donné lieu à une décision juridictionnelle irrévocable dans le cadre des procédures mentionnées au troisième alinéa, un nouvel avis peut être rendu par le collège dans les cas suivants :

« 1° Si des éléments nouveaux sont susceptibles de justifier une modification du précédent avis ;

« 2° Si les dommages constatés sont susceptibles, au regard de l'évolution des connaissances scientifiques, d'être imputés au benfluorex. »

Nouvel avis. L'art. 109 de la loi de finances rectificative pour 2014 devait modifier l'art. L. 1142-24-5, en ouvrant la faculté pour le collège d'experts placé auprès de l'ONIAM de rendre un nouvel avis relatif à l'existence d'un déficit fonctionnel imputable au benfluorex ; cette disposition a été censurée en tant que cavalier budgétaire. • Cons. const. 29 déc. 2014, n° 2014-708 DC : *AJDA 2015. 6*.

Art. L. 1142-24-6 Les personnes considérées comme responsables par le collège d'experts ou les assureurs qui garantissent la responsabilité civile ou administrative de ces personnes adressent à la victime ou à ses ayants droit, dans un délai de trois mois suivant la réception de l'avis du collège d'experts, une offre d'indemnisation visant à la réparation intégrale des préjudices subis. Sont applicables à cette offre les deuxième à huitième alinéas de l'article L. 1142-14.

Si le juge compétent, saisi par la victime qui refuse l'offre de la personne responsable ou de l'assureur, estime que cette offre est manifestement insuffisante, il condamne la personne responsable ou l'assureur à verser à l'office une somme au plus égale à 30 % de l'indemnité qu'il alloue, sans préjudice des dommages et intérêts dus de ce fait à la victime.

Art. L. 1142-24-7 En cas de silence ou de refus explicite de la part de l'assureur ou de la personne responsable mentionnés à l'article L. 1142-24-6 de faire une offre ou en cas d'offre manifestement insuffisante, l'office est substitué à l'assureur ou à la personne responsable.

Dans un délai de trois mois suivant l'échéance du délai mentionné à l'article L. 1142-24-6 ou, le cas échéant, suivant le refus explicite ou l'offre manifestement insuffisante mentionnés au premier alinéa du présent article, l'office adresse à la victime ou à ses ayants droit une offre d'indemnisation visant à la réparation intégrale des préjudices subis. Dans ce cas, les troisième, quatrième et dernier alinéas de l'article L. 1142-15 *s'appliquent* à l'offre de l'office, de même que les deuxième à quatrième et sixième alinéas de l'article L. 1142-17, l'article L. 1142-19 et le second alinéa de l'article L. 1142-20.

Lorsque la victime n'a pas informé l'office des prestations reçues ou à recevoir des tiers payeurs autres que les caisses de sécurité sociale, l'article L. 1142-16 s'applique.

Dans le cas prévu au premier alinéa du présent article, le juge, saisi à la demande de l'office subrogé dans les droits de la victime, condamne, le cas échéant, l'assureur ou la personne responsable à verser à l'office une somme au plus égale à 30 % de l'indemnité qu'il alloue.

Art. L. 1142-24-8 Les indemnisations accordées en application de la présente section ne peuvent se cumuler avec celles accordées, le cas échéant, en application des articles L. 1142-14, L. 1142-15, L. 1142-17, L. 1142-20 et L. 1142-21, ni avec les indemnités de toute nature reçues ou à recevoir d'autres débiteurs du chef des mêmes préjudices.

SECTION IV *TER* INDEMNISATION DES VICTIMES DU VALPROATE DE SODIUM OU DE SES DÉRIVÉS

(L. nº 2016-1917 du 29 déc. 2016, art. 150-I-3º et II)

Art. L. 1142-24-9 Sans préjudice des actions qui peuvent être exercées conformément au droit commun, la réparation intégrale des préjudices imputables au valproate de sodium ou à l'un de ses dérivés est assurée dans les conditions prévues à la présente section.

Art. L. 1142-24-10 Toute personne s'estimant victime d'un préjudice en raison d'une ou de plusieurs malformations ou de troubles du développement imputables à la prescription, avant le 31 décembre 2015, de valproate de sodium ou de l'un de ses dérivés pendant une grossesse, ou le cas échéant, son représentant légal ou ses ayants droit, peut saisir l'Office national d'indemnisation des accidents médicaux, des affections iatrogènes et des infections nosocomiales en vue d'obtenir la reconnaissance de l'imputabilité de ces dommages à cette prescription.

La demande précise le nom des médicaments qui ont été administrés et les éléments de nature à établir l'administration de valproate de sodium ou de l'un de ses dérivés.

La saisine de l'office suspend les délais de prescription et de recours contentieux jusqu'au terme de la procédure prévue à la présente section.

Art. L. 1142-24-11 Un collège d'experts placé auprès de l'office procède à toute investigation utile à l'instruction de la demande et diligente, le cas échéant, une expertise, sans que puisse lui être opposé le secret professionnel ou industriel.

La composition du collège d'experts, qui comprend notamment des médecins désignés par une ou plusieurs associations d'usagers du système de santé agréées en application de l'article L. 1114-1, par le Conseil national de l'ordre des médecins, par les exploitants concernés et par l'État, et ses règles de fonctionnement, propres à garantir son indépendance et son impartialité, ainsi que la procédure suivie devant lui sont déterminées par décret en Conseil d'État.

Les membres du collège et les personnes qui ont à connaître des documents et informations détenus par celui-ci sont tenus au secret professionnel, dans les conditions et sous les peines prévues aux articles 226-13 et 226-14 du code pénal.

L'appréciation du collège est émise dans un délai de quatre mois à compter de sa saisine. Cette appréciation ne peut être contestée qu'à l'occasion de l'action en indemnisation, introduite devant la juridiction compétente selon la nature du fait générateur du dommage par la victime, ou des actions subrogatoires prévues aux articles L. 1142-14, L. 1142-15 et L. 1142-17 du présent code.

Art. L. 1142-24-12 S'il constate l'imputabilité des dommages mentionnés à l'article L. 1142-24-10 à la prescription de valproate de sodium ou de l'un de ses dérivés pendant une grossesse, le collège d'experts transmet la demande au comité d'indemnisation placé auprès de l'office.

Il en informe le demandeur, qui fournit à l'office les informations mentionnées aux deuxième et avant-dernier alinéas de l'article L. 1142-7.

Dès qu'il reçoit ces éléments, l'office en informe les organismes de sécurité sociale auxquels l'auteur de la demande est affilié.

Art. L. 1142-24-13 L'article L. 1142-24-3 est applicable à l'indemnisation des préjudices régis par la présente section.

Art. L. 1142-24-14 Un comité d'indemnisation placé auprès de l'office procède à toute investigation utile à l'instruction de la demande.

Le comité est présidé par un membre du Conseil d'État, un magistrat de l'ordre administratif ou un magistrat de l'ordre judiciaire, en activité ou honoraire, et comprend des personnalités qualifiées proposées par le ministre chargé de la santé, par le Conseil national de l'ordre des médecins, par des associations d'usagers du système de santé agréées en application de l'article L. 1114-1, par les exploitants concernés ou leurs assureurs et par l'État.

La composition du comité d'indemnisation et ses règles de fonctionnement, propres à garantir son indépendance et son impartialité, ainsi que la procédure suivie devant lui et les modalités d'information des organismes de sécurité sociale auxquels la victime est affiliée sont déterminées par décret en Conseil d'État.

Les membres du comité et les personnes qui ont à connaître des documents et informations détenus par celui-ci sont tenus au secret professionnel, dans les conditions et sous les peines prévues aux articles 226-13 et 226-14 du code pénal.

Art. L. 1142-24-15 Au vu de l'appréciation du collège d'experts, le comité d'indemnisation se prononce sur les circonstances, les causes, la nature et l'étendue de ces dommages ainsi que sur la responsabilité de l'une ou de plusieurs des personnes mentionnées au premier alinéa de l'article L. 1142-5 ou de l'État, au titre de ses pouvoirs de sécurité sanitaire.

L'avis du comité d'indemnisation est émis dans un délai de trois mois à compter de sa saisine par le collège d'experts. Il est transmis à la personne qui l'a saisi et à toutes les personnes intéressées par le litige, notamment les organismes de sécurité sociale auxquels la victime est affiliée.

Cet avis ne peut être contesté qu'à l'occasion de l'action en indemnisation, introduite devant la juridiction compétente par la victime, ou des actions subrogatoires prévues aux articles L. 1142-14 et L. 1142-24-17.

Art. L. 1142-24-16 I. – Les personnes considérées comme responsables par le comité d'indemnisation ou les assureurs qui garantissent la responsabilité civile ou administrative de ces personnes adressent à la victime ou à ses ayants droit, dans un délai d'un mois à compter de la réception de l'avis du comité d'indemnisation, une offre d'indemnisation visant à la réparation intégrale des préjudices subis. Les deuxième à huitième alinéas de l'article L. 1142-14 sont applicables à cette offre.

Lorsque le responsable désigné est l'État, l'offre est adressée par l'office.

Si le juge compétent, saisi par la victime qui refuse l'offre de la personne responsable ou de l'assureur, estime que cette offre est manifestement insuffisante, il condamne la personne responsable ou l'assureur à verser à l'office une somme au plus égale à 30 % de l'indemnité qu'il alloue, sans préjudice des dommages et intérêts dus de ce fait à la victime.

II. – Lorsque le comité d'indemnisation s'est prononcé sur l'imputabilité des dommages à un manque d'information de la mère sur les effets indésirables du médicament prescrit au regard des obligations légales et réglementaires s'imposant au produit, sans avoir pu identifier une personne tenue à indemniser, l'office adresse à la victime ou à ses ayants droit, dans un délai d'un mois à compter de la réception de l'avis du comité d'indemnisation, une offre d'indemnisation visant à la réparation intégrale des préjudices subis. Les troisième, quatrième et dernier alinéas de l'article L. 1142-15, les deuxième à quatrième et avant-dernier alinéas de l'article L. 1142-17, l'article L. 1142-19 et l'article L. 1142-20 sont applicables à cette offre.

Lorsque la victime n'a pas informé l'office des prestations reçues ou à recevoir des tiers payeurs autres que les caisses de sécurité sociale, l'article L. 1142-16 s'applique.

Art. L. 1142-24-17 En cas de silence ou de refus explicite de la part de l'assureur ou des personnes responsables mentionnées à l'article L. 1142-24-16 de faire une offre dans le délai d'un mois ou en cas d'offre manifestement insuffisante, l'office est substitué à l'assureur ou à la personne responsable.

Dans un délai de trois mois à compter de l'échéance du délai mentionné à l'article *L. 1142-24-16 ou*, le cas échéant, à compter du refus explicite ou de l'offre manifestement insuffisante mentionnés au premier alinéa du présent article, l'office adresse à la victime ou à ses ayants droit une offre d'indemnisation visant à la réparation intégrale des préjudices subis. Dans ce cas, les troisième, quatrième et dernier alinéas de l'article L. 1142-15, les deuxième à quatrième et avant-dernier alinéas de l'article L. 1142-17, l'article L. 1142-19 et le second alinéa de l'article L. 1142-20 s'appliquent à l'offre de l'office.

Lorsque la victime n'a pas informé l'office des prestations reçues ou à recevoir des tiers payeurs autres que les caisses de sécurité sociale, l'article L. 1142-16 s'applique.

Dans le cas prévu au premier alinéa du présent article, le juge, saisi à la demande de l'office subrogé dans les droits de la victime, condamne, le cas échéant, l'assureur ou la personne responsable à verser à l'office une somme au plus égale à 30 % de l'indemnité qu'il alloue.

Art. L. 1142-24-18 Les indemnisations accordées en application de la présente section ne peuvent se cumuler avec celles accordées, le cas échéant, en application des articles L. 1142-14, L. 1142-15, L. 1142-17, L. 1142-20 et L. 1142-21, ni avec les indemnités de toute nature reçues ou à recevoir d'autres débiteurs du chef des mêmes préjudices.

SECTION V DISPOSITIONS PÉNALES

Art. L. 1142-25 Le manquement à l'obligation d'assurance prévue à l'article L. 1142-2 est puni de 45 000 € d'amende.

Les personnes physiques coupables de l'infraction mentionnée au présent article encourent également la peine complémentaire d'interdiction, selon les modalités prévues par l'article 131-27 du code pénal, d'exercer l'activité professionnelle ou sociale dans l'exercice de laquelle ou à l'occasion de l'exercice de laquelle l'infraction a été commise. Cette interdiction est portée à la connaissance du *(Ord. nº 2010-177 du 23 févr. 2010, art. 7-1º)* « directeur général de l'agence régionale de santé » qui en informe les organismes d'assurance maladie.

Art. L. 1142-26 *(L. nº 2009-526 du 12 mai 2009, art. 125-XXI-5º)* Les personnes morales déclarées responsables pénalement, dans les conditions prévues par l'article 121-2 du code pénal, de l'infraction définie à l'article L. 1142-25 encourent, outre l'amende suivant les modalités prévues par l'article 131-38 du code pénal, la peine prévue par le 2º de l'article 131-39 du même code. L'interdiction prononcée à ce titre porte sur l'activité dans l'exercice ou à l'occasion de laquelle l'infraction a été commise. Cette interdiction est portée à la connaissance du *(Ord. nº 2010-177 du 23 févr. 2010, art. 7-1º)* « directeur général de l'agence régionale de santé », qui en informe les organismes d'assurance maladie.

Art. L. 1142-27 Le fait, pour une personne qui n'est pas inscrite sur la liste des experts en accidents médicaux prévue aux articles L. 1142-10 et L. 1142-11, de faire usage de la dénomination mentionnée à l'avant-dernier alinéa de l'article L. 1142-11, ou d'une dénomination présentant une ressemblance de nature à causer dans l'esprit du public une méprise avec cette même dénomination, est puni des peines prévues à l'article 433-17 du code pénal.

SECTION VI PRESCRIPTION EN MATIÈRE DE RESPONSABILITÉ MÉDICALE

Art. L. 1142-28 *(L. nº 2016-41 du 26 janv. 2016, art. 188)* Les actions tendant à mettre en cause la responsabilité des professionnels de santé ou des établissements de santé publics ou privés à l'occasion d'actes de prévention, de diagnostic ou de soins et les demandes d'indemnisation formées devant l'Office national d'indemnisation des *accidents médicaux, des affections* iatrogènes et des infections nosocomiales en application du II de l'article L. 1142-1 et des articles *(L. nº 2016-1917 du 29 déc. 2016, art. 150-I-4º et II)* « L. 1142-24-9, » L. 1221-14, L. 3111-9, L. 3122-1 et L. 3131-4 se prescrivent par dix ans à compter de la consolidation du dommage.

Le titre XX du livre III du code civil est applicable, à l'exclusion de son chapitre II.

BIBL. ► Lefeuvre, De la prescription décennale en matière de responsabilité médicale, *AJDA 2003. 270*. – Landros-Fournalès, La prescription décennale des actions en responsabilité des établissements publics de santé depuis la loi du 4 mars 2002, *RD publ. 2003. 833.*

COMMENTAIRE

V. Commentaire reproduit sur Dalloz.fr.

I. ENTRÉE EN VIGUEUR DU NOUVEAU DÉLAI

1. Substitution à l'ancien délai de quatre ans. Il résulte des termes de l'art. L. 1142-28 que la loi a substitué une prescription décennale à la prescription quadriennale en ce qui concerne les créances sur l'État, les départements, les communes et les établissements publics en matière de responsabilité médicale ; il s'ensuit que ces créances sont prescrites à l'issue d'un délai de dix ans à compter de la date de consolidation du dommage. • CE, avis, 19 mars 2003, *Haddad et a.*, n° 251980 : *Lebon 133*.

2. ... Sans revenir sur les créances déjà prescrites. L'art. 101 de la loi du 4 mars 2002 rend les dispositions de l'art. L. 1142-28 immédiatement applicables, en tant qu'elles sont favorables à la victime ou à ses ayants droit, aux actions en responsabilité, y compris aux instances en cours n'ayant pas donné lieu à une décision irrévocable ; ainsi, est porté à dix ans le délai de prescription des créances en matière de responsabilité médicale, qui n'étaient pas déjà prescrites à la date d'entrée en vigueur de la loi et qui n'avaient pas donné lieu à une décision de justice irrévocable ; cependant, l'art. 101 préc. n'a pas eu pour effet, en l'absence de dispositions le prévoyant expressément, de relever de la prescription celles de ces créances qui étaient prescrites en application de la loi du 31 déc. 1968 à la date d'entrée en vigueur de la loi du 4 mars 2002. • CE, avis, 19 mars 2003, *Haddad et a.*, n° 251980 : *préc. note 1.*

3. Actions contre l'ONIAM (L. 26 janv. 2016). Il résulte de l'art. L. 1142-28 issu de l'art. 188-I de la loi du 26 janv. 2016 qu'en l'absence d'une décision de justice irrévocable à la date de publication de cette loi, le délai de prescription applicable à une action intentée à compter du 1er janv. 2006 n'est pas le délai de quatre ans prévu par la loi du 31 déc. 1968 mais celui de dix ans prévu par les dispositions précitées. • CE 1er juin 2016, *M.A.D.*, n° 382490. • CE 16 nov. 2016, *M. GF*, n° 390067 : *Lebon T.* ♦ Jurisprudence antérieure écartée par la loi du 26 janv. 2016 : • CE 23 juill. 2014, *Mme B. A.*, n° 375829.

4. Créances déjà prescrites et Constitution. Le délai de quatre ans fixé par la loi du 31 déc. 1968 n'emporte aucune restriction des droits des créanciers et n'apparaît pas manifestement inadapté, eu égard notamment à ses règles de déclenchement et d'interruption ; il ne porte atteinte ni aux conditions d'exercice du droit de propriété des créanciers (DDH, art. 2 et 4), *ni au principe de sauvegarde de la dignité* de la personne humaine résultant du préambule de la Constitution de 1946, ni aux principes résultant du dixième alinéa du même préambule. • CE 15 nov. 2010, *Cts Collet et a.*, n° 342947 : *AJDA 2010. 2241, obs. Grand*. ♦ En ne prévoyant pas d'application rétroactive du nouveau régime de prescription, le législateur n'a pas méconnu le principe d'égalité, dès lors que les titulaires des créances dont la prescription était légalement acquise à la date de l'entrée en vigueur de la loi du 4 mars 2002 ne se trouvaient pas dans la même situation que les titulaires des créances qui n'étaient pas encore prescrites. • Même arrêt.

5. Créances déjà prescrites et Conv. EDH. La Cour EDH ne considère pas que la nouvelle réglementation instaurant un délai de prescription de dix ans puisse faire regarder l'ancien délai de quatre ans comme trop bref. • CEDH 8 juill. 2004, *Vo c/ France*, n° 53924/00, § 93 : *D. 2004. 2456, obs. Pradel ; JCP 2004. II. 10158, note Lévinet.*

6. Nouvelle-Calédonie. Tandis que l'art. 11 de la loi du 31 déc. 1968 a étendu l'application de la prescription quadriennale prévue par cette loi en Nouvelle-Calédonie, l'art. 98 de la loi du 4 mars 2002, prévoyant un régime de prescription spécifique de dix ans en matière de responsabilité médicale se substituant à la prescription quadriennale, n'a pas été rendu applicable en Nouvelle-Calédonie et n'a pas le caractère d'une loi de souveraineté. • CE 26 nov. 2012, *Jean-Louis B.*, n° 335643 : *Lebon T.*

II. DÉLAI DE PRESCRIPTION

1° DÉCLENCHEMENT

7. Date de consolidation. Le point de départ du délai de la prescription quadriennale est le premier jour de l'année suivant celle au cours de laquelle les infirmités liées à ce dommage ont été consolidées ; il en est ainsi pour tous les postes de préjudice, aussi bien temporaires que permanents, qu'ils soient demeurés à la charge de la victime ou aient été réparés par un tiers, tel qu'un organisme de sécurité sociale, qui se trouve subrogé dans les droits de la victime. • CE 5 déc. 2014, *Consorts D. c/ CH de Semur-en-Auxois*, n° 354211 : *Lebon 364 ; AJDA 2014. 2389 ; ibid. 2015. 215, chron. Lessi et Dutheillet de Lamothe ; ibid. 2014. 2389 ; RDSS 2015. 144, note Dekeister*. ♦ Des troubles consécutifs à diverses interventions chirurgicales au cours des années 1990, mais consolidés seulement au 31 déc. 2002 à dire d'expert, ne sont pas atteints par la prescription. • CE 30 nov. 2011, *Eugène A. c/ CH Félix-Guyon*, n° 327658. ♦ S'agissant d'une patiente contaminée par le virus de l'hépatite C, il ne saurait y avoir consolidation même si ses troubles se sont stabilisés à la suite d'un traitement, dès lors que l'intéressée est encore porteuse du virus et demeure par suite atteinte d'une pathologie évolutive ; seule la disparition du virus permet de constater la consolidation. • CE 25 oct. 2017, *Mme A.*, n° 404998 : *Lebon ; AJDA 2017. 2104*.

8. Prescription quadriennale. Quel que soit le régime de responsabilité applicable, le point de départ du délai de prescription quadriennale est le premier jour de l'année suivant celle de la consolidation des infirmités liées au dommage, tant pour la victime que pour ses parents. • CE 1er juin 2011, *CH Ariège-Couserans*, n° 331225.

9. Ignorance du lien de causalité. Le délai de prescription ne se déclenche pas tant que la victime ignore le lien de causalité entre son état et les soins qui lui ont été prodigués. • CE 30 déc. 1998, *Épx Zehar*, n° 189286 : *Dr. adm. 1999, n° 106, note Esper* (décision relative à la prescription quadriennale).

2° CAUSES INTERRUPTIVES

10. Application du droit commun. Le législateur n'ayant pas précisé les causes interruptives inhérentes au nouveau régime de prescription, les dispositions de la loi doivent s'entendre comme ne modifiant pas, pour les créances publiques, les causes interruptives prévues par la loi du 31 déc. 1968. • CE, avis, 19 mars 2003, *Haddad et a.*, n° 251980 : *préc. note 1.* • CE 27 juin 2005, *Consorts Rougier*, n° 261574 : *Lebon T. 1091 ; AJDA 2005. 2301, concl. Chauvaux*. NB : jurisprudence écartée par L. n° 2016-41 du 26 janv. 2016.

11. Action devant un juge incompétent. L'action directe exercée par la victime, en vertu de l'art. L. 124-3 C. assur. contre l'assureur du responsable de son dommage, interrompt le cours de la prescription de la créance de la victime sur le responsable du dommage ; est sans incidence le fait que la juridiction judiciaire ainsi saisie ne soit pas compétente pour connaître du fait générateur du dommage, ou que le responsable de ce dommage (un hôpital) ne soit pas partie à cette instance civile. • CE 26 mai 2010, *Cts Birien*, n° 306617 : *AJDA 2010. 1061, obs. Brondel* (décision rendue en matière de prescription quadriennale sur des faits antérieurs à la loi du 4 mars 2002 : application désormais de la prescription décennale et de C. civ., art. 2241).

12. Plainte contre X. Une plainte contre X avec constitution de partie civile interrompt le cours de la prescription quadriennale, dès lors qu'elle porte sur le fait générateur, l'existence, le montant ou le paiement d'une créance sur une collectivité publique. • CE, sect., 27 oct. 2006, *Dpt du Morbihan et a.*, n° 246931 : *AJDA 2006. 2389, chron. Landais et Lénica ; RFDA 2007. 835, concl. Dieu* • CE 11 avr. 2008, *Chatelin et a.*, n° 294767 (revirement sur • 10 oct. 2005, *Épx Haudry*, n° 264588 : *Lebon T. 816*).

13. Nécessité d'une action portant sur la créance. L'action de la victime d'un accident de VTT contre la société lui ayant vendu un vélo défectueux n'interrompt pas la prescription de l'action, pour faute médicale, contre l'hôpital ayant traité cette personne ; cette action engagée devant le juge civil n'est en effet pas relative au fait générateur, à l'existence, au montant ou au paiement de la créance invoquée contre le centre hospitalier. • CE 11 juill. 2012, *Macke*, n° 345365.

III. PRESCRIPTION QUADRIENNALE RESTANT EN VIGUEUR (JURISPRUDENCE ÉCARTÉE PAR L. 26 JANV. 2016)

14. Vaccinations obligatoires. L'art. L. 1142-28 n'a eu ni pour objet ni pour effet de modifier le régime de prescription des actions tendant à obtenir réparation des conséquences dommageables de vaccinations obligatoires ; en l'absence de dispositions législatives expresses contraires, le régime de prescription applicable aux actions en matière de vaccinations obligatoires est demeuré celui, de droit commun, prévu par la loi du 31 déc. 1968. • CE 13 juill. 2011, *ONIAM*, n° 345756 : *Lebon 363*. ♦ Peu importe que l'article L. 3111-9 prévoit que les victimes sont indemnisées par l'ONIAM au titre de la solidarité nationale. • CE 23 juill. 2014, *Mme B. A.*, n° 375829 : *Lebon ; AJDA 2014. 2204, concl. Lambolez ; JCP Adm. 2014, n° 2291, note Dekeister.* – NB : jurisprudence écartée par L. n° 2016-41 du 26 janv. 2016.

15. Contaminations par transfusion. La prescription décennale n'est pas applicable aux actions par lesquelles les victimes de contaminations d'origine transfusionnelle recherchaient la responsabilité du centre de transfusion sanguine ayant élaboré les produits sanguins transfusés, sous réserve du cas où ce centre n'aurait pas eu une personnalité morale distincte de celle d'un établissement de santé. • CE 23 juill. 2014, *Mme B. A.*, n° 375829 : *préc. note 14.* ♦ Dans le même sens • Civ. 1re, 11 mars 2014, n° 13-10.697 : *JCP 2014. 612, note Bacache ; D. 2014. 720*. ♦ Les actions en réparation des dommages résultant d'une contamination transfusionnelle ne tendent pas à mettre en cause la responsabilité d'établissements ou de professionnels de santé à l'occasion d'actes de soins, mais à obtenir l'indemnisation des préjudices liés au vice du produit sanguin administré, lequel trouve sa source dans les activités de collecte, de traitement et de fourniture des produits sanguins ; or, les dispositions de l'art. L. 1142-28 n'ont eu ni pour objet ni pour effet de modifier le régime de prescription des actions tendant à obtenir réparation des conséquences dommageables des contaminations transfusionnelles. • CAA Marseille, 17 oct. 2013, *Mme B. A.*, n° 12MA02740 : *AJDA 2014. 53, chron. Lopa Dufrenot*. ♦ Peu importe que l'ONIAM soit chargé d'indemniser, puisque cet office n'intervient pas en lieu et place du professionnel ou de l'établissement de santé qui a procédé à l'administration des produits sanguins. • CE 23 juill. 2014, *Mme B. A.*, n° 375829 : *préc. note 14.* ♦ Cette exception au principe de prescription décennale n'est pas contraire au principe d'égalité. • Même arrêt (refus de question prioritaire de constitutionnalité). NB : jurisprudence écartée par L. n° 2016-41 du 26 janv. 2016.

SECTION VII OBSERVATOIRE DES RISQUES MÉDICAUX ET RISQUES LIÉS AUX SOINS *(Ord. nº 2016-967 du 15 juill. 2016, art. 2-1º).*

(L. nº 2004-810 du 13 août 2004, art. 15)

Art. L. 1142-29 *(L. nº 2007-127 du 30 janv. 2007, art. 22-I)* **Il est créé un observatoire des risques médicaux rattaché à l'Office national d'indemnisation des accidents médicaux, des affections iatrogènes et des infections nosocomiales dont l'objet est d'analyser les données relatives aux accidents médicaux, affections iatrogènes et infections nosocomiales, à leur indemnisation et à l'ensemble des conséquences, notamment financières, qui en découlent.**

Ces données sont notamment communiquées par les assureurs des professionnels et organismes de santé mentionnés à l'article L. 1142-2, par les établissements chargés de leur propre assurance, par les commissions régionales prévues à l'article L. 1142-5, par l'Office national d'indemnisation des accidents médicaux et par l'Autorité de contrôle prudentiel et de résolution en application de l'article L. 4135-2.

Les modalités d'application du présent article, notamment celles relatives à la transmission de ces données et aux obligations de l'observatoire en termes de recueil et d'analyse, sont fixées par décret.

Art. L. 1142-30 *(Ord. nº 2016-967 du 15 juill. 2016, art. 2-2º)* **En vue d'étudier dans le cadre de leurs missions les risques liés aux soins, les autorités, établissements et organismes figurant sur une liste fixée par décret ont accès, à leur demande, aux dossiers des expertises médicales diligentées par les commissions de conciliation et d'indemnisation ou par l'Office national d'indemnisation des accidents médicaux, des affections iatrogènes et des infections nosocomiales.**

Les conditions d'utilisation des données issues de ces dossiers garantissant la préservation de la confidentialité de ces données à l'égard des tiers sont déterminées par décret en Conseil d'État.

CHAPITRE III ACTION DE GROUPE

(L. nº 2016-41 du 26 janv. 2016, art. 184-I-2º et II)

BIBL. ▶ RANOUIL, Action de groupe, assurance et fonds d'indemnisation, *JCP G 2017, nº 747*. – AMRANI-MEKKI, Action de groupe santé. Un nouveau modèle pour de nouveaux préjudices, *JCP G 2016, nº 146*. – BACACHE, Action de groupe et responsabilité du fait des produits défectueux, *Responsabilité civile et assurances nº 1, janv. 2016, nº 16* ; Les spécificités de l'action de groupe en droit de la santé, *D. 2016. 64*. – HAERI et JAVAUX, L'action de groupe en matière de produits de santé : une procédure complexe à l'efficience incertaine, *D. 2016. 330*. – DERYCKE et PRUNIER, Action de groupe en santé : la défense sera judiciaire et médiatique, *JCP E 2016, nº 1346*.

COMMENTAIRE

V. Commentaire reproduit sur Dalloz.fr.

SECTION PREMIÈRE PRINCIPES, CHAMP D'APPLICATION ET QUALITÉ POUR AGIR *(L. nº 2016-1547 du 18 nov. 2016, art. 90-I-1º-a).*

Art. L. 1143-1 *(L. nº 2016-1547 du 18 nov. 2016, art. 90-I-1º-c)* **Sous réserve du présent chapitre, le chapitre Ier du titre V de la loi nº 2016-1547 du 18 novembre 2016 de modernisation de la justice du XXIe siècle et le chapitre X du titre VII du livre VII du code de justice administrative s'appliquent à l'action ouverte sur le fondement du présent chapitre.**

Art. L. 1143-2 Une association d'usagers du système de santé agréée en application *de l'article* **L. 1114-1 peut agir en justice afin d'obtenir la réparation des préjudices individuels subis par des usagers du système de santé placés dans une situation similaire ou identique et ayant pour cause commune un manquement d'un producteur ou d'un fournisseur de l'un des produits mentionnés au II de l'article L. 5311-1 ou d'un prestataire utilisant l'un de ces produits à leurs obligations légales ou contractuelles.**

L'action n'est pas ouverte aux associations ayant pour activité annexe la commercialisation de l'un des produits mentionnés au même II.

L'action ne peut porter que sur la réparation des préjudices résultant de dommages corporels subis par des usagers du système de santé.

(*L. nº 2016-1547 du 18 nov. 2016, art. 90-I-1º-b*) « L'engagement de l'action n'est soumis ni à l'article 64 de la loi nº 2016-1547 du 18 novembre 2016 de modernisation de la justice du XXIe siècle ni à l'article L. 77-10-5 du code de justice administrative. »

Constitutionnalité. Si le législateur, abrogeant ou modifiant des textes antérieurs, ne saurait sans motif d'intérêt général suffisant porter atteinte aux situations légalement acquises, les dispositions des art. L. 1143-1 s. sont relatives à la procédure par laquelle la responsabilité d'un professionnel à l'égard des usagers du système de santé peut être judiciairement constatée ; elles ne modifient pas les règles de fond qui définissent les conditions de cette responsabilité, et n'ont donc pas de caractère rétroactif. • Cons. const. 21 janv. 2016, nº 2016-727.

SECTION II JUGEMENT SUR LA RESPONSABILITÉ

Art. L. 1143-3 Dans la même décision, le juge constate que les conditions mentionnées à l'article (*L. nº 2016-1547 du 18 nov. 2016, art. 90-I-2º-b*) « L. 1143-2 » sont réunies et statue sur la responsabilité du défendeur au vu des cas individuels présentés par l'association requérante. Il définit le groupe des usagers du système de santé à l'égard desquels la responsabilité du défendeur est engagée et fixe les critères de rattachement au groupe.

Le juge détermine les dommages corporels susceptibles d'être réparés pour les usagers constituant le groupe qu'il définit.

Le juge saisi de la demande peut ordonner toute mesure d'instruction, y compris une expertise médicale.

Art. L. 1143-4 Dans la décision mentionnée au premier alinéa de l'article (*L. nº 2016-1547 du 18 nov. 2016, art. 90-I-2º-c*) « L. 1143-3 », le juge fixe le délai dont disposent les usagers du système de santé remplissant les critères de rattachement et souhaitant se prévaloir du jugement prévu à l'article (*L. nº 2016-1547 du 18 nov. 2016, art. 90-I-2º-c*) « L. 1143-3 » pour adhérer au groupe afin d'obtenir la réparation de leurs préjudices. Ce délai, qui ne peut être inférieur à six mois ni supérieur à cinq ans, commence à courir à compter de l'achèvement des mesures de publicité ordonnées.

Au choix de l'usager, la demande de réparation est adressée à la personne reconnue responsable soit directement par lui, soit par l'association requérante, qui reçoit ainsi mandat aux fins d'indemnisation.

(*Abrogé par L. nº 2016-1547 du 18 nov. 2016, art. 90-I-2º-c*) « *Le mandat donné à l'association requérante ne vaut ni n'implique adhésion à cette association.* »

L'usager donnant mandat à l'association lui indique, le cas échéant, sa qualité d'assuré social ainsi que les organismes de sécurité sociale auxquels il est affilié pour les divers risques. Il lui indique également les prestations reçues ou à recevoir de ces organismes et des autres tiers payeurs du chef du dommage qu'il a subi, afin que ceux-ci puissent faire valoir leurs créances contre le responsable. L'association informe du mandat reçu les organismes de sécurité sociale et les tiers payeurs concernés.

Art. L. 1143-5 Lorsqu'il statue sur la responsabilité, le juge peut condamner le défendeur au paiement d'une provision à valoir sur les frais non compris dans les dépens exposés par l'association, y compris ceux afférents à la mise en œuvre de l'article (*L. nº 2016-1547 du 18 nov. 2016, art. 90-I-2º-d*) « L. 1143-12 ».

Il peut ordonner, lorsqu'il la juge nécessaire et compatible avec la nature de l'affaire, la consignation à la Caisse des dépôts et consignations d'une partie des sommes dues par le défendeur.

SECTION III MÉDIATION

Art. L. 1143-6 Le juge saisi de l'action mentionnée à l'article (*L. nº 2016-1547 du 18 nov. 2016, art. 90-I-3º*) « L. 1143-2 » peut, avec l'accord des parties, donner mission à un médiateur, dans les conditions fixées à la section Ire du chapitre Ier du titre II de la loi nº 95-125 du 8 février 1995 relative à l'organisation des juridictions et à la procédure civile, pénale et administrative, de proposer aux parties une convention réglant les conditions de l'indemnisation amiable des dommages qui font l'objet de l'action.

Le juge fixe la durée de la mission du médiateur dans la limite de trois mois. Il peut la prolonger une fois, dans la même limite, à la demande du médiateur.

Art. L. 1143-7 Le médiateur est choisi par le juge sur une liste établie par arrêté du ministre chargé de la santé. Le juge peut décider que le médiateur est assisté d'une commission de médiation composée, sous la présidence du médiateur, dans des conditions déterminées par le décret prévu à l'article L. 1144-1.

Le médiateur et les membres de la commission sont tenus au secret professionnel concernant les documents et informations reçus et les discussions tenues dans le cadre des travaux de la commission, dans les conditions et sous les peines prévues aux articles 226-13 et 226-14 du code pénal.

Art. L. 1143-8 Qu'elle comporte ou non la détermination des responsabilités, la convention d'indemnisation amiable fixe les conditions dans lesquelles les personnes mises en cause assurent aux personnes ayant subi un dommage corporel en raison d'un ou de plusieurs faits qu'elle identifie la réparation de leur préjudice.

Elle précise notamment :

1° Si les éléments à la disposition des parties et la nature des préjudices le permettent, le type de dommages corporels susceptibles de résulter du ou des faits mentionnés au premier alinéa ;

2° Les modalités d'expertise individuelle contradictoire ;

3° Les conditions dans lesquelles la charge des expertises mentionnées au 2° est supportée par les personnes mises en cause ;

4° Les conditions dans lesquelles les offres transactionnelles individuelles sont présentées aux personnes intéressées ainsi qu'aux tiers payeurs ayant supporté des frais du fait des dommages subis par ces personnes ;

5° Le délai dans lequel doivent intervenir les demandes de réparation pour bénéficier des conditions qu'elle prévoit ;

6° Les modalités de suivi du dispositif ;

7° Les mesures de publicité mises en œuvre par les personnes mises en cause pour informer les usagers du système de santé concernés de l'existence de la convention, de la possibilité de demander réparation aux conditions qu'elle fixe ainsi que du délai et des modalités applicables.

Art. L. 1143-9 La convention d'indemnisation amiable est proposée aux parties par le médiateur.

Elle doit être acceptée par l'association requérante et l'une au moins des personnes mises en cause dans l'action engagée en application de l'article *(L. n° 2016-1547 du 18 nov. 2016, art. 90-I-3°)* « L. 1143-2 » et être homologuée par le juge saisi de cette action.

Art. L. 1143-10 L'homologation met fin à l'action entre les parties signataires de la convention.

Les décisions prises par le juge en application des articles L. 1143-6 et L. 1143-7 ne sont pas susceptibles de recours.

SECTION IV MISE EN ŒUVRE DU JUGEMENT ET RÉPARATION INDIVIDUELLE DES PRÉJUDICES

BIBL. ▶ **Sur les recours des tiers payeurs.** BRIMO, Droits de la victime et droits des tiers payeurs, *AJDA 2016. 375*. – PORCHY-SIMON, Le recours des tiers payeurs à l'épreuve de la politique jurisprudentielle de la Cour de cassation, *D. 2010. 593*.

Art. L. 1143-11 *(L. n° 2016-1547 du 18 nov. 2016, art. 90-I-4°-a)* La mise en œuvre du jugement mentionné à l'article L. 1143-2 et la réparation des préjudices s'exercent *dans le cadre de la procédure individuelle prévue aux articles 69 à 71 de la loi n° 2016-1547 du 18 novembre 2016 de modernisation de la justice du XXIe siècle et aux articles L. 77-10-10 à L. 77-10-12 du code de justice administrative.*

Art. L. 1143-12 L'association peut s'adjoindre, avec l'autorisation du juge, toute personne appartenant à une profession judiciaire réglementée, dont la liste est fixée par décret en Conseil d'État, pour l'assister.

Art. L. 1143-13 Le règlement amiable qui intervient entre le responsable et le demandeur ou ses ayants droit, y compris en application de la convention mentionnée à l'article L. 1143-9 du présent code, et le jugement statuant sur les droits à indemnisation du demandeur ou de ses ayants droit sont soumis, selon le cas, au chapitre VI du titre VII du livre III du code de la sécurité sociale, au chapitre IV du titre V du livre IV du même code, à l'article L. 752-23 du code rural et de la pêche maritime, à l'ordonnance n° 59-76 du 7 janvier 1959 relative aux actions en réparation civile de l'État et de certaines autres personnes publiques ou au chapitre II et à l'article 44 de la loi n° 85-677 du 5 juillet 1985 tendant à l'amélioration de la situation des victimes d'accidents de la circulation et à l'accélération des procédures d'indemnisation.

SECTION V *[ABROGÉE]* DISPOSITIONS DIVERSES

(Abrogée par L. n° 2016-1547 du 18 nov. 2016, art. 90-I-5°)

Art. L. 1143-16 à L. 1143-21 *Abrogés par L. n° 2016-1547 du 18 nov. 2016, art. 90-I-5°.*

SECTION VI *[ABROGÉE]* DISPOSITIONS DIVERSES

(Abrogée par L. n° 2016-1547 du 18 nov. 2016, art. 90-I-5°)

Art. L. 1143-22 *Abrogé par L. n° 2016-1547 du 18 nov. 2016, art. 90-I-5°.*

CHAPITRE IV DISPOSITIONS COMMUNES *(L. n° 2016-41 du 26 janv. 2016, art. 184-1°).*

Art. L. 1144-1 *(L. n° 2016-41 du 26 janv. 2016, art. 184-1°)* Les modalités d'application du présent titre sont déterminées, sauf dispositions contraires, par décret en Conseil d'État.

TITRE CINQUIÈME PRÉVENTION DES RISQUES LIÉS À CERTAINES ACTIVITÉS DIAGNOSTIQUES, THÉRAPEUTIQUES OU ESTHÉTIQUES *(L. n° 2009-879 du 21 juill. 2009, art. 61-1°).*

CHAPITRE PREMIER MESURES DE PROTECTION

(L. n° 2009-879 du 21 juill. 2009, art. 61-2°)

Art. L. 1151-1 *(L. n° 2002-73 du 17 janv. 2002, art. 59-I ; L. n° 2002-303 du 4 mars 2002, art. 107 ; L. n° 2009-879 du 21 juill. 2009, art. 5-IX)* La pratique des actes, procédés, techniques et méthodes à visée diagnostique ou thérapeutique, ainsi que la prescription de certains dispositifs médicaux nécessitant un encadrement spécifique pour des raisons de santé publique ou susceptibles d'entraîner des dépenses injustifiées peuvent être soumises à des règles relatives :

– à la formation et la qualification des professionnels pouvant les prescrire ou les mettre en œuvre conformément au code de déontologie médicale ;

– aux conditions techniques de leur réalisation.

Elles peuvent également être soumises à des règles de bonne pratique.

Ces règles sont fixées par arrêté *conjoint* des ministres chargés de la santé et de la *sécurité sociale*, après avis de la Haute Autorité de santé.

L'utilisation de ces dispositifs médicaux et la pratique de ces actes, procédés, techniques et méthodes à visée diagnostique ou thérapeutique peuvent être limitées pendant une période donnée à certains établissements de santé. Les ministres chargés de la santé et de la sécurité sociale arrêtent, après avis de la Haute Autorité de santé, la liste de ces établissements ou précisent les critères au vu desquels les agences régionales de santé fixent cette liste.

Les dispositions du présent article s'entendent sans préjudice des dispositions relatives aux recherches impliquant la personne humaine définies au titre II du présent livre et de celles relatives aux autorisations, aux conditions d'implantation de certaines activités de soins et aux conditions techniques de fonctionnement définies aux chapitres II, III et IV du titre II du livre Ier de la sixième partie.

Art. L. 1151-2 *(L. n° 2009-879 du 21 juill. 2009, art. 61-3°)* **La pratique des actes, procédés, techniques et méthodes à visée esthétique autres que ceux relevant de l'article L. 6322-1 peut, si elle présente des risques sérieux pour la santé des personnes, être soumise à des règles, définies par décret, relatives à la formation et la qualification des professionnels pouvant les mettre en œuvre, à la déclaration des activités exercées et à des conditions techniques de réalisation.**

Elle peut également être soumise à des règles de bonnes pratiques de sécurité fixées par arrêté du ministre chargé de la santé.

BIBL. ▶ CINTRAT, La médecine esthétique saisie par le droit : un régime juridique perfectible, *Méd. et droit juill. 2015, n° 133, p. 99.* – MASCRET, État des lieux de la réglementation française en matière d'actes à visée esthétique, *LPA 11 avr. 2012, n° 73, p. 5.*

COMMENTAIRE

V. Commentaire reproduit sur Dalloz.fr.

Art. L. 1151-3 *(L. n° 2009-879 du 21 juill. 2009, art. 61-3°)* **Les actes à visée esthétique dont la mise en œuvre présente un danger grave ou une suspicion de danger grave pour la santé humaine peuvent être interdits par décret après avis de la Haute Autorité de santé. Toute décision de levée de l'interdiction est prise en la même forme.**

1. Contrôle du juge. Illégalité partielle du Décr. n° 2011-382 du 11 avr. 2011 relatif à l'interdiction de la pratique d'actes de lyse adipocytaire à visée esthétique pris sur le fondement de l'art. L. 1151-3, en tant qu'il englobe certaines techniques d'amaigrissement par lipolyse non invasive, alors que la HAS n'avait rapporté aucun danger grave ni suspicion de danger grave (erreur manifeste d'appréciation) : • CE 17 févr. 2012, *Valérie E. et a.*, n° 349431 : *Lebon.* ♦ L'absence de mesures transitoires et l'entrée en vigueur immédiate du décret dans sa partie non illégale, justifiées par des impératifs de santé publique, ne méconnaissent pas le principe de sécurité juridique. • Même arrêt. ♦ Ce décret avait été suspendu auparavant : • CE, ord., 17 juin 2001, *SARL Cellusonic Group et a.*, n° 349435.

2. Avis de la HAS : portée, impartialité. L'avis rendu par la HAS sur le fondement de l'art. L. 1151-3 ne lie pas le pouvoir réglementaire, ce qui rend inopérants les moyens portant critique de cet avis. • CE 17 févr. 2012, *Valérie E. et a.*, n° 349431 : *préc. note 1.* ♦ Il appartient à la HAS de verser au dossier l'ensemble des éléments permettant au juge de s'assurer de l'absence ou de l'existence de liens d'intérêts et d'apprécier si ces liens sont de nature à révéler des conflits d'intérêts ; le fait qu'un des médecins ayant participé à l'élaboration de l'avis travaille dans le même établissement hospitalier qu'un autre médecin ayant pris publiquement position contre les techniques visées par l'interdiction et que les deux praticiens ont cosigné des études médicales n'est pas de nature à révéler un conflit d'intérêt, en l'absence de lien de subordination. • Même arrêt.

3. Demande d'interdiction par décret. Le rejet par le Premier ministre d'une demande d'interdire par décret la lipoaspiration n'est entachée d'aucune erreur manifeste d'appréciation compte tenu des normes entourant cette pratique, et n'est pas contraire aux principes européens de liberté d'établissement et de prestation de services. • CE 20 oct. 2017, n° 398615 : *Lebon.* ♦ V. également • CE 8 nov. 2017, n° 398746.

CHAPITRE II SANCTIONS ADMINISTRATIVES

(L. n° 2009-879 du 21 juill. 2009, art. 61-4°)

Art. L. 1152-1 **En cas d'exercice d'une activité à visée esthétique en méconnaissance des dispositions de l'article L. 1151-2,** *(Ord. n° 2010-177 du 23 févr. 2010, art. 7-4°)* **« le directeur général de l'agence régionale de santé » peut suspendre le droit d'exercer l'activité concernée pour une durée maximale de six mois.**

Si, au terme de la durée de suspension, l'intéressé ne s'est pas mis en conformité avec les règles applicables, *(Ord. n° 2010-177 du 23 févr. 2010, art. 7-4°)* **« le directeur général de l'agence régionale de santé » prononce l'interdiction d'exercer l'activité concernée pour une durée maximale de cinq ans. L'activité ne peut être reprise à la fin de la période d'interdiction que si l'intéressé justifie s'être mis en conformité avec les règles en vigueur.**

Art. L. 1152-2 *(Ord. n° 2010-177 du 23 févr. 2010, art. 7-4°)* **« Le directeur général de l'agence régionale de santé » peut prononcer une sanction financière à l'encontre du professionnel ayant exercé une activité à visée esthétique en méconnaissance des dispositions des articles L. 1151-2 ou L. 1151-3 et, le cas échéant, de la personne**

morale qui a admis la pratique d'une telle activité dans un organisme ou un établissement dont elle est responsable. Le montant maximum de la sanction est fixé à 37 500 € pour les personnes physiques et à 150 000 € pour les personnes morales.

TITRE SIXIÈME ÉDUCATION THÉRAPEUTIQUE DU PATIENT

(L. nº 2009-879 du 21 juill. 2009, art. 84-I)

CHAPITRE PREMIER DISPOSITIONS GÉNÉRALES

(L. nº 2009-879 du 21 juill. 2009, art. 84-I)

BIBL. ▶ HUTEAU, La responsabilisation du patient-assuré social face à l'observance thérapeutique : légitimité et nécessité du reste à charge ?, *RDSS 2017, nº H.-S., p. 149*. – RAMBAUD, La révolution numérique et l'éducation thérapeutique du patient, *JDSAM déc. 2014, nº spécial, p. 13*. – Le GAL-FONTÈS et RAGE-ANDRIEU, L'éducation thérapeutique à la croisée des chemins professionnels, *RDSS 2011. 907* ✎. – GIRER, La responsabilisation du patient en sa qualité d'assuré social. Un concept vertueux ?, *RGDM 2011, nº 39, p. 45*.

Art. L. 1161-1 **L'éducation thérapeutique s'inscrit dans le parcours de soins du patient. Elle a pour objectif de rendre le patient plus autonome en facilitant son adhésion aux traitements prescrits et en améliorant sa qualité de vie. Elle n'est pas opposable au malade et ne peut conditionner le taux de remboursement de ses actes et des médicaments afférents à sa maladie.**

Les compétences nécessaires pour dispenser l'éducation thérapeutique du patient sont déterminées par décret.

Dans le cadre des programmes ou actions définis aux articles L. 1161-2 et L. 1161-3, tout contact direct entre un malade et son entourage et une entreprise se livrant à l'exploitation d'un médicament ou une personne responsable de la mise sur le marché d'un dispositif médical ou d'un dispositif médical de diagnostic *in vitro* est interdit.

Art. L. 1161-2 **Les programmes d'éducation thérapeutique du patient sont conformes à un cahier des charges national dont les modalités d'élaboration et le contenu sont définis par arrêté du ministre chargé de la santé. Ces programmes sont mis en œuvre au niveau local, après autorisation des agences régionales de santé. Ils sont proposés au malade par le médecin prescripteur et donnent lieu à l'élaboration d'un programme personnalisé.**

Ces programmes sont évalués par la Haute Autorité de santé.

Art. L. 1161-3 **Les actions d'accompagnement font partie de l'éducation thérapeutique. Elles ont pour objet d'apporter une assistance et un soutien aux malades, ou à leur entourage, dans la prise en charge de la maladie. Elles sont conformes à un cahier des charges national dont les modalités d'élaboration et le contenu sont définis par arrêté du ministre chargé de la santé.**

Art. L. 1161-4 **Les programmes ou actions définis aux articles L. 1161-2 et L. 1161-3 ne peuvent être ni élaborés ni mis en œuvre par des entreprises se livrant à l'exploitation d'un médicament, des personnes responsables de la mise sur le marché d'un dispositif médical ou d'un dispositif médical de diagnostic *in vitro* ou des entreprises proposant des prestations en lien avec la santé. Toutefois, ces entreprises et ces personnes peuvent prendre part aux actions ou programmes mentionnés aux articles L. 1161-2 et L. 1161-3, notamment pour leur financement, dès lors que des professionnels de santé et des associations mentionnées à l'article L. 1114-1 élaborent et mettent en œuvre ces programmes ou actions.**

Art. L. 1161-5 **Les programmes d'apprentissage ont pour objet l'appropriation par les patients des gestes techniques permettant l'utilisation d'un médicament le nécessitant.**

Ils sont mis en œuvre par des professionnels de santé intervenant pour le compte d'un opérateur pouvant être financé par l'entreprise se livrant à l'exploitation du médicament.

Il ne peut y avoir de contact direct entre l'entreprise et le patient ou, le cas échéant, ses proches ou ses représentants légaux.

Le programme d'apprentissage est proposé par le médecin prescripteur à son patient ; il ne peut donner lieu à des avantages financiers ou en nature.

La mise en œuvre du programme d'apprentissage est subordonnée au consentement écrit du patient ou de ses représentants légaux.

Il peut être mis fin à cette participation, à tout moment et sans condition, à l'initiative du patient ou du médecin prescripteur.

Ces programmes d'apprentissage ainsi que les documents et autres supports relatifs à ces programmes sont soumis à une autorisation délivrée par *(L. n° 2011-2012 du 29 déc. 2011, art. 5-IV)* « l'Agence nationale de sécurité du médicament et des produits de santé », après avis des associations mentionnées à l'article L. 1114-1 et pour une durée limitée.

Si les programmes d'apprentissage ou les supports relatifs à ces programmes ne respectent pas les dispositions de l'autorisation délivrée en application du présent article, l'agence retire l'autorisation et, le cas échéant, ordonne l'arrêt immédiat des actions mises en place et le retrait des documents diffusés.

Art. L. 1161-6 Sauf disposition contraire, les modalités d'application du présent chapitre sont définies par décret en Conseil d'État.

CHAPITRE II DISPOSITIONS PÉNALES

(L. n° 2009-879 du 21 juill. 2009, art. 84-I)

Art. L. 1162-1 Est puni de 30 000 € d'amende le fait de mettre en œuvre un programme sans une autorisation prévue aux articles L. 1161-2 et L. 1161-5.

TITRE SEPTIÈME PRÉVENTION DES FACTEURS DE RISQUES POUR LA SANTÉ

(L. n° 2009-879 du 21 juill. 2009, art. 81)

CHAPITRE PREMIER FONDATION *(L. n° 2016-41 du 26 janv. 2016, art. 144-1°).*

Art. L. 1171-1 Une fondation contribue à la mobilisation des moyens nécessaires pour soutenir des actions individuelles ou collectives destinées à développer des comportements favorables à la santé. Ces actions contribuent notamment à la promotion d'une alimentation équilibrée et de l'activité physique et sportive ainsi qu'à la lutte contre les addictions.

Art. L. 1171-2 *(L. n° 2016-41 du 26 janv. 2016, art. 63)* Les accidents de la vie courante se définissent comme l'ensemble des traumatismes non intentionnels, à l'exception des accidents de circulation et des accidents du travail.

COMMENTAIRE

V. Commentaire reproduit sur Dalloz.fr.

CHAPITRE II PRESCRIPTION D'ACTIVITÉ PHYSIQUE

(L. n° 2016-41 du 26 janv. 2016, art. 144-2°)

Art. L. 1172-1 Dans le cadre du parcours de soins des patients atteints d'une affection de longue durée, le médecin traitant peut prescrire une activité physique adaptée à la pathologie, aux capacités physiques et au risque médical du patient.

Les activités physiques adaptées sont dispensées dans des conditions prévues par décret.

TITRE HUITIÈME RÉDUCTION DES RISQUES RELATIFS À LA PROSTITUTION

(L. n° 2016-444 du 13 avr. 2016, art. 17)

Art. L. 1181-1 La politique de réduction des risques en direction des personnes prostituées consiste à prévenir les infections sexuellement transmissibles ainsi que les autres risques sanitaires, les risques sociaux et psychologiques liés à la prostitution.

Les actions de réduction des risques sont conduites selon des orientations définies par un document national de référence approuvé par décret.

LIVRE DEUXIÈME DON ET UTILISATION DES ÉLÉMENTS ET PRODUITS DU CORPS HUMAIN

TITRE PREMIER PRINCIPES GÉNÉRAUX

BIBL. ▸ **Ouvrages** : Byk, Les nouvelles frontières du corps, *RGDM 2017/6, n° 63, p. 33.* – Galloux et Gaumont-Prat, Droits et libertés corporels, *D. 2012. Pan. 308.* – Méningaud et Pirnay, La greffe du visage, *Bréal, 2011.* – Labrusse-Riou, Écrits de bioéthique, *PUF, 2007.* – Bellivier et Noiville, Contrats et vivant : Le droit de la circulation des ressources biologiques, *LGDJ, 2006* ; Nouvelles frontières de la santé, nouveaux rôles et responsabilités du médecin, *Dalloz, 2006.*

▸ **Études** : Dict. perm. Santé, bioéthique et biotechnologies, études « Tissus, cellules et produits d'origine humaine », *Éditions Législatives* et « Statut du corps humain, de ses éléments et produits ». – Saison, Le donneur vivant, *AJDA 2015. 563.* – Boyer-Bévière, Le respect de la personne à travers le don d'éléments et de produits du corps humain, *Mélanges J. Michaud, éd. LEH, 2012, p. 161.* – Legros, La loi du 7 juillet 2011 ou le fragile maintien de la substance des principes fondamentaux du droit de la bioéthique, *Mélanges Dekeuwer-Défossez, Montchrestien, 2012, p. 269.* – Terré, De l'esprit des lois de bioéthique, *Mélanges J. Michaud, éd. LEH, 2012, p. 343.* – Bioy, Vers une politique publique des « biobanques », *RDSS 2010. 885.* – Pessina-Dassonville, L'utilisation du corps, de ses éléments et produits à des fins patrimoniales, *RGDM 2008, n° 27, p. 101.* – Dreifuss-Netter, Les donneurs vivants, ou la protection des personnes en état de vulnérabilité, *D. 2005. Chron. 1808.* – Koubi, Réflexions sur la gratuité dans le droit de la santé, *RDSS 1999. 1.*

▸ **Sur la loi n° 2004-800 du 6 août 2004** : Mirkovic, Loi de bioéthique : deviens ce que tu es !, *RGDM 2011, n° 38, p. 329.* – Thouvenin, La loi relative à la bioéthique ou comment accroître l'accès aux éléments biologiques d'origine humaine, *D. 2005. Chron. 116.* – Prieur, La conciliation de la protection de la personne et de l'intérêt thérapeutique d'autrui à travers le don et l'utilisation des éléments et produits du corps humain, *RGDM 2005, n° 17, p. 229.* – Binet, La loi relative à la bioéthique, *Dr. fam. oct. 2004, p. 6 ; ibid. nov. 2004, p. 7 ; ibid. déc. 2004, p. 7.* – Chemtob-Concé, La révision des lois de bioéthique, *Méd. et droit mai 2004, n° 66-67, p. 71.* – Duprat, Les aspects de droit public de la loi bioéthique, *AJDA 2004. 2328.* – Galloux, La loi n° 2004-800 du 6 août 2004 sur la bioéthique, *D. 2004. Chron. 2379.* – Révision des lois bioéthiques, *LPA 18 févr. 2005, n° spécial, n° 35.*

CHAPITRE UNIQUE

Art. L. 1211-1 La cession et l'utilisation des éléments et produits du corps humain sont régies par les dispositions du chapitre II du titre Ier du livre Ier du code civil et par les dispositions du présent livre.

(L. n° 2004-800 du 6 août 2004, art. 7-1°) **« Les activités afférentes à ces éléments et produits, mentionnées au présent livre, y compris l'importation et l'exportation de ceux-ci, doivent poursuivre une fin médicale ou scientifique, ou être menées dans le cadre de procédures judiciaires conformément aux dispositions applicables à celles-ci. »**

BIBL. ▸ Caire, Le corps gratuit : réflexions sur le principe de gratuité en matière d'utilisation de *produits et d'éléments du corps humain, RDSS 2015. 865.* – Loiseau, Le contrat de don d'éléments et produits du corps humain. Un autre regard sur les contrats réels, *D. 2014. 2252.*

1. Collecte et conservation pour soi-même ou son enfant. Tant le placenta que les cellules qui en sont extraites relèvent des dispositions des art. L. 1211-1 et L. 1211-5 ; il en résulte que l'activité de collecte au moment de l'accouchement, puis la conservation de cellules souches issues du sang placentaire et du cordon ombilical pour une utilisation future à des fins thérapeutiques notamment au bénéfice de l'enfant né de cet accouchement, repose en réalité sur un système de don dédié de la mère à son enfant ; cette activité a pour contrepartie le paiement d'un prix par les parents de l'enfant né lors de l'accouchement, ce qui empêche d'y voir une « fin médicale ou scientifique » conforme à l'art. L. 1211-1 ; de plus, le principe de l'anonymat du donneur n'est pas respecté. • CE 4 mai 2011, *Sté Cryo Save France*, n° 342640 : *RDC 2011. 1343, note Bellivier et Noiville ; Gaz. Pal. 1er-4 juin 2011, n° 152, p. 44, note Chiocarello.* ♦ Cette interdiction ne saurait non plus être regardée comme portant atteinte à la protection de la santé telle qu'elle est garantie par le Préambule de 1946. • Cons. const. 16 mai 2012, *Sté Cryo-Save France*, n° 2012-249 QPC.

2. Prélèvement à des fins autologues esthétiques. L'injection de concentrés plaquettaires autologues à visée esthétique est interdite en vertu de l'art. L. 1211-1. • CE 4 nov. 2015, *Sté Regen Lab*, n° 375056.

BIBL. Marais, Conserver, aujourd'hui, le sang du cordon ombilical d'un enfant, en vue de le soigner, demain, *D. 2017. 496*.

Art. L. 1211-2 **Le prélèvement d'éléments du corps humain et la collecte de ses produits ne peuvent être pratiqués sans le consentement préalable du donneur. Ce consentement est révocable à tout moment.**

(L. n° 2004-800 du 6 août 2004, art. 7-2°) **« L'utilisation d'éléments et de produits du corps humain à une fin médicale ou scientifique autre que celle pour laquelle ils ont été prélevés ou collectés est possible, sauf opposition exprimée par la personne sur laquelle a été opéré ce prélèvement ou cette collecte, dûment informée au préalable de cette autre fin. Lorsque cette personne est un mineur ou un majeur sous tutelle, l'opposition est exercée par les titulaires de l'autorité parentale ou le tuteur. Il peut être dérogé à l'obligation d'information lorsque celle-ci se heurte à l'impossibilité de retrouver la personne concernée, ou lorsqu'un des comités consultatifs de protection des personnes mentionnés à l'article L. 1123-1, consulté par le responsable de la recherche, n'estime pas cette information nécessaire. Toutefois, ces dérogations ne sont pas admises lorsque les éléments initialement prélevés consistent en des tissus ou cellules germinaux. Dans ce dernier cas, toute utilisation pour une fin autre que celle du prélèvement initial est interdite en cas de décès de l'intéressé.**

« Les autopsies sont dites médicales lorsqu'elles sont pratiquées, en dehors du cadre de mesures d'enquête ou d'instruction diligentées lors d'une procédure judiciaire, dans le but d'obtenir un diagnostic sur les causes du décès. Elles doivent être pratiquées conformément aux exigences de recherche du consentement ainsi qu'aux autres conditions prévues au chapitre II du titre III du présent livre. Toutefois, à titre exceptionnel, elles peuvent être réalisées malgré l'opposition de la personne décédée, en cas de nécessité impérieuse pour la santé publique et en l'absence d'autres procédés permettant d'obtenir une certitude diagnostique sur les causes de la mort. Un arrêté du ministre chargé de la santé précise les pathologies et les situations justifiant la réalisation des autopsies médicales dans ces conditions. »

1. Défaut de consentement. Le prélèvement de tissus sur un défunt sans le consentement des ayants droit constitue une atteinte à la vie privée et à la dignité (Conv. EDH, art. 3 et 8). • CEDH 13 janv. 2015, *Elberte c/ Lettonie*, n° 61243/08 : *D. 2015. 755, obs. Galloux et Gaumont-Prat* ; *AJ fam. 2015. 77, obs. Dionisi-Peyrusse*.

2. Information sur l'étendue du prélèvement. Des praticiens qui procèdent à des prélèvements d'organes *post mortem* sur une personne majeure, notamment des cornées, sans informer les parents ayants droit de l'ampleur réelle de ces prélèvements malgré la promesse de « prélèvements limités » commettent à leur égard une faute de nature à engager la responsabilité du service hospitalier ; est sans incidence le fait que ces prélèvements soient licites (préjudice moral : 10 000 F.). • TA Amiens, 14 déc. 2000, *Tesnières c/ CHR Amiens : D. 2001. 3310, note Égéa*.

3. Autopsie et consentement. Il découle des art. L. 1211-2, L. 1232-1 et L. 1232-4 éclairés par les travaux parlementaires de la loi du 6 août 2004 relative à la bioéthique : 1/ que l'autopsie médicale constitue un acte médical soumis à la règle du consentement présumé, sur lequel les proches de la personne décédée sont interrogés si le défunt n'avait pas fait explicitement part de sa volonté ; 2/ que le médecin responsable n'est pas tenu de faire droit à la demande des proches de pratiquer une telle autopsie, même lorsque la cause du décès est incertaine. • CE 31 mars 2017, *CH Grasse*, n° 393155 : *Lebon, AJDA 2017. 716*.

Art. L. 1211-3 **La publicité en faveur d'un don d'éléments ou de produits du corps humain au profit d'une personne déterminée ou au profit d'un établissement ou organisme déterminé est interdite. Cette interdiction ne fait pas obstacle à l'information du public en faveur du don d'éléments et produits du corps humain.**

Cette information est réalisée sous la responsabilité du ministre chargé de la santé *(L. n° 2004-800 du 6 août 2004, art. 7-3°)* **« , en collaboration avec le ministre chargé de l'éducation nationale.**

« Les médecins s'assurent que leurs patients âgés de seize à vingt-cinq ans sont informés des modalités de consentement au don d'organes à fins de greffe et, à défaut, leur délivrent individuellement cette information dès que possible. »

Art. L. 1211-4 *(L. n° 2004-800 du 6 août 2004, art. 7-4°)* **Aucun paiement, quelle qu'en soit la forme, ne peut être alloué à celui qui se prête au prélèvement d'éléments de son corps ou à la collecte de ses produits.**

Les frais afférents au prélèvement ou à la collecte sont intégralement pris en charge par l'établissement de santé chargé d'effectuer le prélèvement ou la collecte.

Pour l'application des dispositions du chapitre II du titre IV du livre Ier de la première partie du présent code, le prélèvement d'organes, de tissus ou de cellules sur une personne vivante qui en fait le don dans l'intérêt thérapeutique d'un receveur est assimilé à un acte de soins.

BIBL. ▶ GALLOUX, L'indemnisation du donneur vivant de matériels biologiques, *RDSS 1998. 1*. – REVET, L'argent et la personne, *Mélanges Mouly, tome 1, p. 141.*

Art. L. 1211-5 **Le donneur ne peut connaître l'identité du receveur, ni le receveur celle du donneur. Aucune information permettant d'identifier à la fois celui qui a fait don d'un élément ou d'un produit de son corps et celui qui l'a reçu ne peut être divulguée.**

Il ne peut être dérogé à ce principe d'anonymat qu'en cas de nécessité thérapeutique.

BIBL. ▶ LE BONNIEC, L'anonymat du don de gamètes en France : un possible terrain d'inconventionnalité ?, *RDSS 2017.281.* – MARLIAC, Le droit à la connaissance des origines biologiques versus l'anonymat du don, *RRJ 2012. 1659.* – FEUILLET, La levée de l'anonymat, une question complexe, *Méd. et droit janv. 2011, n° 106, p. 17.*

▶ **Pour une vision philosophique :** LANGE *et al.*, Regards croisés sur l'anonymat du don de gamètes : entre droit et philosophie, *Revue d'éthique et de théologie morale 2013/4, n° 277, p. 75.*

1. *Droits de l'enfant conçu.* La règle de l'anonymat, qui s'applique à tous les dons d'un élément ou d'un produit du corps, n'implique par elle-même aucune atteinte à la vie privée et familiale de la personne ainsi conçue (Conv. EDH, art. 8), d'autant qu'il appartient au demeurant aux seuls parents de décider de lever ou non le secret sur la conception de cette personne. • CE, avis, 13 juin 2013, *M. M.*, n° 362981 : *Lebon ; RFDA 2013. 1051, concl. Crépey ; JCP G 2013. 744, note Mirkovic ; JCP Famille, 2013, comm. 113, note Binet* (question de droit nouvelle soulevée par • TA Paris, 21 sept. 2012, *M. c/ AP-HP*, n° 1121183/7-1 : *AJDA 2012. 2115, note Hénette-Vauchez ; LPA 15-16 août 2013, nos 163-164, p. 4, note Pomart*). ♦ Cette règle tend à la sauvegarde de l'équilibre des familles en évitant de remettre en cause le caractère social et affectif de la filiation, et à écarter le risque d'une baisse substantielle des dons de gamètes ; il en résulte qu'en interdisant la divulgation de toute information sur les données personnelles d'un donneur de gamètes, le législateur a établi un juste équilibre entre les intérêts en présence et que, dès lors, cette interdiction n'est pas incompatible avec la Conv. EDH. • Même avis. • CE 12 nov. 2015, *Mme B.*, n° 372121 : *Lebon ; AJDA 2015. 2175 ; D. 2015. 2382 ; ibid. 2016. 752, obs. Galloux et Gaumont-Prat, AJ fam. 2015, p. 639, note Dionisi-Peyrusse ; Gaz. Pal. 25-26 nov. 2015, p. 26, note Guyomar ; JCP 2016, n° 62, note Mirkovic.* ♦ V. auparavant • TA Montreuil, 14 juin 2012, *G. c/ AP-HP et a.*, n° 1009924 : *AJDA 2012. 2115, note Hénette-Vauchez ; RTD civ. 2012. 520, note Hauser ; JCP Adm. 2012, n° 2253, concl. Billandon.* ♦ Sur la même affaire, • CAA Versailles, 2 juill. 2013, *Mlle C. c/ CECOS et CHU Jean-Verdier*, n° 12VE02857 • TA Paris, 21 sept. 2012, *M. c/ AP-HP*, n° 1121183/7-1 : *JCP Adm. 2012, n° 2253, concl. Billandon.* ♦ Toutefois, la compatibilité de la loi avec les stipulations de la Conv. EDH ne fait pas obstacle à ce que, dans certaines circonstances particulières, l'application de dispositions législatives puisse constituer une ingérence disproportionnée dans les droits garantis par cette convention ; il appartient par conséquent au juge, lorsque le requérant fait état de telles circonstances particulières, d'apprécier concrètement si, au regard des finalités des dispositions législatives en cause, l'atteinte aux droits et libertés protégés par la convention qui résulte de la mise en œuvre de dispositions, par elles-mêmes compatibles avec celle-ci, n'est pas excessive. • CE 28 déc. 2017, *M. A. B.*, n° 396571 : *Lebon ; AJDA 2018. 5 ; AJ fam. 2018. 68, obs. Dionisi-Peyrusse.* ♦ Ni l'accord de la famille légale de l'enfant conçu ni l'absence de vérification préalable du consentement du donneur à la divulgation de son identité ne constituent de telles circonstances particulières. • Même arrêt.

V. aussi note ss. l'art. L. 1244-6.

2. *Jurisprudence européenne.* Les personnes essayant d'établir leur ascendance ont un intérêt vital, protégé par la Conv. EDH (art. 8), à obtenir les informations qui leur sont indispensables pour découvrir la vérité sur un aspect important de leur identité personnelle, tout en gardant à l'esprit que la nécessité de protéger les tiers peut exclure la possibilité de contraindre ceux-ci à se soumettre à quelque analyse médicale que ce soit, notamment à des tests ADN. • CEDH 13 juill. 2006, *Jäggi c/ Suisse*, n° 58757/00 : *RTD civ. 2006. 727, obs. Marguénaud, §. 38* (Décis. concernant une recherche de paternité). • CEDH 14 avr. 2016, *Mandet c/ France*, n° 30955/12 (idem). ♦ Sur le principe, • CEDH 7 juill. 1989, *Gaskin c/ Royaume-Uni*, n° 10454/83, § 49.

3. Droits du donneur et du receveur. La règle de l'anonymat répond à l'objectif de préservation de la vie privée du donneur et de sa famille ; elle répond à l'objectif de respect de la vie familiale au sein de la famille légale de l'enfant conçu à partir du don ; s'agissant du receveur même, la règle de l'anonymat ne saurait, en tout état de cause, être constitutive d'une atteinte à sa vie privée (Conv. EDH, art. 8). • CE, avis, 13 juin 2013, *M. M.*, n° 362981 : *Lebon ; AJDA 2013. 1246 ; D. 2013. 1626, obs. Grand ; AJ fam. 2013. 405, obs. Dionisi-Peyrusse ; ibid. 2013. 1051 , Conc. Crépey.*

Art. L. 1211-6 *(L. n° 2004-800 du 6 août 2004, art. 7-5°)* **Les éléments et produits du corps humain ne peuvent être utilisés à des fins thérapeutiques si le risque mesurable en l'état des connaissances scientifiques et médicales couru par le receveur potentiel est supérieur à l'avantage escompté pour celui-ci.**

Le prélèvement d'éléments et la collecte de produits du corps humain à des fins thérapeutiques, ainsi que les activités ayant les mêmes fins, mentionnées dans le présent livre et relatives à ces éléments et produits, sont soumis aux règles de sécurité sanitaire en vigueur, concernant notamment les tests de dépistage des maladies transmissibles.

Art. L. 1211-6-1 *(L. n° 2011-814 du 7 juill. 2011, art. 11)* **Nul ne peut être exclu du don de sang en dehors de contre-indications médicales.**

(L. n° 2016-41 du 26 janv. 2016, art. 40) **« Nul ne peut être exclu du don de sang en raison de son orientation sexuelle. »**

Art. L. 1211-7 *(L. n° 2004-800 du 6 août 2004, art. 7-6°) (Ord. n° 2017-51 du 19 janv. 2017, art. 3-I)* **« Sont » mis en œuvre des systèmes de vigilance portant sur les éléments et produits du corps humain, les produits, autres que les médicaments, qui en dérivent** *(L. n° 2016-41 du 26 janv. 2016, art. 165-I-2°)* **« et les dispositifs médicaux les incorporant ».**

Art. L. 1211-7-1 *(Ord. n° 2017-51 du 19 janv. 2017, art. 3-II)* **Les professionnels de santé, les établissements, personnes ou organismes figurant sur une liste fixée par décret en Conseil d'État signalent et déclarent les informations relevant de la biovigilance et du dispositif de vigilance relatif à l'assistance médicale à la procréation.**

Art. L. 1211-8 *(Ord. n° 2007-613 du 26 avr. 2007, art. 7-I)* **Ne sont soumis aux dispositions du présent livre ni les produits du corps humain pour lesquels il est d'usage de ne pas appliquer l'ensemble des principes qu'énoncent les articles L. 1211-1 à L. 1211-7, ni les éléments et produits du corps humain prélevés et utilisés à des fins thérapeutiques autologues dans le cadre d'une seule et même intervention médicale, sans être conservés ou préparés à aucun moment au sein d'un organisme ou d'un établissement autorisé en application de l'article L. 1243-2.**

Art. L. 1211-9 *(L. n° 2004-800 du 6 août 2004, art. 7-8°)* **Sont déterminées par décret en Conseil d'État :**

1° Les conditions dans lesquelles les médecins assurent l'information prévue à l'article L. 1211-3 ;

2° Les modalités de la prise en charge prévue à l'article L. 1211-4 ;

3° Les règles de sécurité sanitaire prévues à l'article L. 1211-6 ;

(Ord. n° 2017-51 du 19 janv. 2017, art. 3-III) **« 4° Les conditions dans lesquelles sont mis en œuvre les dispositifs de vigilance mentionnés à l'article L. 1211-7-1 ; »**

5° La liste des produits du corps humain mentionnés à l'article L. 1211-8.

TITRE DEUXIÈME SANG HUMAIN

BIBL. ► Dict. perm. Santé, bioéthique et biotechnologies, études « Sang : généralités » et « Sang : responsabilité et indemnisation », *Éd. législatives*. – PELLET, Le prix du sang, *Mélanges Mémeteau, éd. LEH, 2015, vol. 2, p. 47*. – AULOIS-GRIOT, Les produits dérivés du sang et de ses composants, *Droit médical et hospitalier, Litec, fasc. 35-1*. – R. SAVATIER, « De sanguine jus », *D. 1954. Chron. 141*.

COMMENTAIRE

V. Commentaire reproduit sur Dalloz.fr

Art. L. 1220-1 *(L. n° 2011-814 du 7 juill. 2011, art. 17-I)* **Le présent titre s'applique au sang, à ses composants et aux produits sanguins labiles, à l'exception des cellules hématopoïétiques et des cellules mononucléées sanguines qui relèvent du titre IV du présent livre.**

CHAPITRE PREMIER COLLECTE, PRÉPARATION ET CONSERVATION DU SANG, DE SES COMPOSANTS ET DES PRODUITS SANGUINS LABILES

Art. L. 1221-1 **La transfusion sanguine s'effectue dans l'intérêt du receveur et relève des principes éthiques du bénévolat et de l'anonymat du don, et de l'absence de profit, dans les conditions définies par le présent livre.**

Procédure, enquête transfusionnelle. En cas de contamination transfusionnelle, le principe d'anonymat du don de sang fait obstacle à ce que les enquêtes transfusionnelles ascendantes puissent être discutées de manière contradictoire pour ce qui concerne l'identité des donneurs et leur statut sérologique ; il appartient au seul Établissement français du sang, auquel le monopole du service public transfusionnel a été confié, de procéder à de telles enquêtes. • CAA Lyon, 10 juill. 2008, *Mme X. c/ EFS*, n° 06LY02603. ♦ L'organisation de l'EFS, qui impose notamment l'anonymat des donneurs, oblige à tenir pour acquis les éléments résultant des enquêtes effectuées par lui, dont il convient d'observer qu'elles le sont sous la responsabilité d'un médecin, ce qui est de nature à leur conférer fiabilité ; il en résulte que, bien que procédant lui-même aux enquêtes transfusionnelles sur demande du juge afin de vérifier si un donneur est séropositif, l'EFS ne peut être regardé comme juge et partie. • Limoges, 29 mars 2010, n° 06/01327.

Art. L. 1221-2 **La collecte du sang humain ou de ses composants en vue d'une utilisation thérapeutique ne peut être faite que par** *(Ord. n° 2016-1406 du 20 oct. 2016, art. 1er-1°-a et b)* **« l'Établissement français du sang mentionné au chapitre II du présent titre »** *(Ord. n° 2018-20 du 17 janv. 2018, art. 5)* **« et par le centre de transfusion sanguine des armées, agréés dans les conditions prévues au chapitre II du présent titre ».**

Art. L. 1221-3 **Le prélèvement ne peut être fait qu'avec le consentement du donneur par un médecin ou sous sa direction et sa responsabilité.**

(Ord. n° 2016-1406 du 20 oct. 2016, art. 1er-2°) **« Par dérogation au premier alinéa, un décret en Conseil d'État prévoit les conditions dans lesquelles les étudiants en médecine ayant validé la deuxième année du deuxième cycle des études médicales peuvent effectuer un tel prélèvement. »**

Aucune rémunération ne peut être allouée au donneur, sans préjudice du remboursement des frais exposés, dans des conditions fixées par décret.

Frais exposés. L'art. 28 CE [34 TFUE], lu en combinaison avec l'art. 30 CE [36 TFUE], s'oppose à une réglementation nationale qui prévoit que l'importation de sang ou de composants sanguins en provenance d'un autre État membre n'est licite qu'à la condition, également applicable aux produits nationaux, que les dons de sang qui sont à la base de ces produits aient été effectués non seulement sans que les donneurs aient bénéficié d'une rémunération, mais également sans que ces derniers aient obtenu un remboursement des frais qu'ils ont exposés pour effectuer ces dons. • CJCE 9 déc. 2010, *Humanplasma GmbH c/ Autriche*, n° C-421/09 : *D. 2012. Pan. 308, obs. Galloux et Gaumont-Prat*.

Art. L. 1221-4 *(L. n° 2004-800 du 6 août 2004, art. 8-1°)* **Le sang, ses composants et leurs dérivés** *(Ord. n° 2007-613 du 26 avr. 2007, art. 16)* **« ne peuvent pas être distribués, délivrés, utilisés » sans qu'aient été faits des examens biologiques et des tests de dépistage de maladies transmissibles.**

Le sang, ses composants et leurs dérivés peuvent être distribués et utilisés à des fins de recherche, de contrôle des examens de biologie médicale ou de contrôle des dispositifs médicaux de diagnostic *in vitro*, à l'exclusion de toute administration à l'homme,

avant l'obtention des résultats des examens biologiques et des tests de dépistage prévus au premier alinéa.

Les conditions d'application du présent article sont fixées par décret.

1. Obligation de sécurité de résultat (producteur). Les centres de transfusion sanguine sont tenus de fournir aux receveurs des produits exempts de vices ; ils ne peuvent s'exonérer de cette obligation de sécurité que par la preuve d'une cause étrangère qui ne puisse leur être imputée. • Civ. 1re, 12 avr. 1995 : *Bull. civ. I, n° 179 ; JCP 1995. II. 22467, note Jourdain.* ♦ Le vice interne du sang (contaminé au VIH), même indécelable, pas plus que des fautes imputées aux pouvoirs publics en raison d'une information insuffisante, ne constituent une cause exonératoire. • Civ. 1re, 9 juill. 1996 : *Bull. civ. I, n° 303 ; D. 1996. 610, note Lambert-Faivre ; RTD civ. 1997. 146, obs. Jourdain.* ♦ Le manquement à cette obligation de sécurité de résultat peut être invoqué aussi bien par la victime immédiate que par le tiers victime d'un dommage par ricochet (en l'espèce, la fille d'un transfusé contaminé au VIH, puis décédé). • Civ. 1re, 13 févr. 2001 : *Bull. civ. I, n° 35 ; JCP 2002. II. 10099, note Lisanti-Kalczynski ; CCC 2001, n° 86, note Leveneur.* ♦ Selon le juge administratif, les centres de transfusion sont responsables, même en l'absence de faute, des conséquences dommageables de la mauvaise qualité des produits fournis. • CE, ass., 26 mai 1995, *Cts N'Guyen*, n° 143238 : *Lebon 221 ; JCP 1995. II. 22468, note Moreau ; RD publ. 1995. 6, note de Lajartre ; AJDA 1995. 577, chron. Stahl et Chauvaux ; RFDA 1995. 748, concl. Daël.*

2. Obligations des établissements utilisateurs de produits sanguins. Selon la première chambre civile, le juge du fond doit rechercher si la clinique, tenue d'une simple obligation de prudence et de diligence dans la fourniture de produits sanguins livrés par un centre de transfusion, avait la possibilité de contrôler la qualité du sang transfusé. • Civ. 1re, 12 avr. 1995 : *Bull. civ. I, n° 180 ; RDSS 1995. 766, note Leroy ; JCP 1995. II. 22467, obs. Jourdain.* ♦ Mais, selon la deuxième chambre civile, il appartient aux établissements de soins, tenus d'une obligation de sécurité de résultat, de prendre toutes dispositions utiles pour s'assurer de l'innocuité des produits sanguins fournis et transfusés. • Civ. 2e, 21 avr. 2005 : *Bull. civ. II, n° 108.* ♦ Selon le juge administratif, lorsque la transfusion a été effectuée dans un hôpital qui ne relève pas du centre de transfusion sanguine, cet hôpital ne peut être tenu responsable des conséquences dommageables de la transfusion. • CE, ass., 26 mai 1995, *Cts Pavan*, n° 151798 : *Lebon 222 ; JCP 1995. II. 22468, note Moreau ; RD publ. 1995. 6, note de Lajartre ; AJDA 1995. 577, chron. Stahl et Chauvaux ; RFDA 1995. 748, concl. Daël.* ♦ Un hôpital ne commet pas de faute en ne contrôlant pas la qualité médicale des produits sanguins qui lui ont été fournis par un centre départemental de transfusion sanguine. • CE 30 juill. 1997, *Cts Beaumer*, n° 160773 : *Lebon T. 1064.* ♦ Il n'incombe pas à un hôpital, en tant que dispensateur de soins médicaux, de contrôler la qualité des produits sanguins qu'il utilise. • TA Nantes, 10 nov. 1999, *CHRU Nantes*, n° 96.1278 : *D. 2000. 31.*

3. Établissement utilisateur et producteur. Lorsqu'un établissement hospitalier gérait lui-même une structure transfusionnelle sans personnalité juridique distincte, la responsabilité encourue du fait d'un vice affectant le produit administré devait être recherchée non sur le fondement des principes qui gouvernent la responsabilité des hôpitaux en tant que dispensateurs de prestations médicales mais, même en l'absence de faute, sur la base des règles propres à son activité de gestionnaire d'un centre de transfusion sanguine. • CAA Paris, 21 mars 2000, *AP-HP*, n° 98PA00797. ♦ Inversement, la circonstance qu'un centre hospitalier n'ait jamais géré de centre de transfusion sanguine fait obstacle à ce que sa responsabilité soit recherchée à raison d'une contamination imputable aux produits sanguins transfusés. • CE 9 juill. 2010, *CHU Bordeaux*, n° 318137.

Art. L. 1221-5 Aucun prélèvement de sang ou de ses composants en vue d'une utilisation thérapeutique pour autrui ne peut avoir lieu sur une personne mineure ou sur une personne majeure faisant l'objet d'une mesure de protection légale.

Toutefois, s'agissant des mineurs, un prélèvement peut être effectué à titre exceptionnel, lorsque des motifs tirés de l'urgence thérapeutique *(L. n° 2004-800 du 6 août 2004, art. 8-2°)* « l'exigent ou lorsqu'il n'a pu être trouvé de donneur majeur immunologiquement compatible ».

Le prélèvement ne peut alors être opéré qu'à la condition que chacun des titulaires de l'autorité parentale y consente expressément par écrit.

Le refus de la personne mineure fait obstacle au prélèvement.

Art. L. 1221-6 Les caractéristiques du sang ne peuvent être modifiées avant le prélèvement en vue d'une utilisation thérapeutique pour autrui que par un médecin et *(Ord. n° 2016-1406 du 20 oct. 2016, art. 1er-3°)* « au sein de l'Établissement français du sang » *(Ord. n° 2018-20 du 17 janv. 2018, art. 5)* « ou du centre de transfusion sanguine des armées ».

Cette modification ne peut intervenir qu'avec le consentement écrit du donneur, ce dernier ayant été préalablement averti par écrit des risques qu'il encourt et des conséquences éventuelles du prélèvement.

Elle ne peut pas être réalisée sur les personnes mentionnées à l'article L. 1221-5.

Exclusion des donneurs hommes homosexuels. L'exclusion permanente du don du sang des hommes homosexuels, prévue par arrêté du 12 janvier 2009, vise à réduire au minimum le risque de transmission d'une maladie infectieuse aux receveurs, et par conséquent poursuit l'objectif général d'assurer un niveau élevé de protection de la santé humaine (art. 152 CE et art. 35 Charte). • CJUE, 29 avr. 2015, *Léger/ Min. Aff. soc., Santé et EFS*, C-528/13 : *D. 2015. 1470 ; AJDA 2015. 837 ; ibid. 1093, chron. Broussy, Cassagnabère et Gänser, note Debet ; AJ fam. 2015. 251, obs. Dionisi-Peyrusse ; JCP Adm. 2015. 2259, note Markus ; JCP G. 2015, p. 1215, note Dubout.* ♦ Toutefois, il appartient au juge national de vérifier si, dans le respect du principe de proportionnalité, les progrès de la science ou de la technique sanitaire permettent d'assurer un niveau élevé de protection de la santé des receveurs sans exclure les donneurs hommes homosexuels, en prenant notamment en compte le coût d'une mise en quarantaine systématique des dons émanant des hommes ayant eu des rapports sexuels avec des hommes ou celui d'une détection systématique du VIH pour tous les dons de sang, et sans que la charge qui en résulte soit démesurée par rapport aux objectifs de protection de la santé. • Même arrêt (pts 63-64). ♦ Au regard tant de la gravité du risque que des mesures pouvant être raisonnablement mises en œuvre et de l'absence de données permettant d'apprécier l'incidence d'une contre-indication d'une durée plus courte sur le risque transfusionnel lié au VIH comme à d'autres infections sexuellement transmissibles, le ministre de la Santé, qui s'est fondé non sur l'orientation sexuelle mais sur le comportement sexuel ainsi que le prévoit la Dir. 2004/33/CE, n'a pas adopté une mesure discriminatoire illégale en substituant à la contre-indication permanente existant antérieurement pour tout homme ayant eu des rapports homosexuels une contre-indication de 12 mois après le dernier rapport sexuel avec un autre homme ; pas de méconnaissance des articles 8 et 14 Conv. EDH., ni des objectifs de la Dir. 2004/33/CE de la Commission du 22 mars 2004, ni des principes d'égalité et de respect de la dignité de la personne humaine. • CE 28 déc. 2017, *M. B. A.*, n° 400580 : *Lebon ; AJDA 2018. 14 ; AJ fam. 2018. 68, obs. Dionisi-Peyrusse*.

Sur le plan pénal (C. pén., art. 226-19, et art. 8 de L. n° 78-17 du 6 janv. 1978), l'exception à l'exigence d'un consentement de la personne à l'enregistrement et à la conservation de données personnelles relatives à sa santé ou à son orientation sexuelle constitue une mesure légitime, nécessaire à la protection de la santé, définie par la loi avec suffisamment de précision pour éviter l'arbitraire, et de nature à assurer, en l'état, entre le respect de la vie privée et la sauvegarde de la santé publique, une conciliation qui n'est pas déséquilibrée. • Crim. 8 juill. 2015, n° 13-86.267 P : *D. 2015. 1541*. ♦ Bibl. : Avis CCNE n° 123, 31 mars 2015, *Questionnement éthique et observations concernant la contre-indication permanente du don de sang pour tout homme déclarant avoir eu une ou des relation(s) sexuelle(s) avec un ou plusieurs homme(s).*

Art. L. 1221-7 Le receveur ne peut connaître l'identité du donneur, ni le donneur celle du receveur. Aucune information permettant d'identifier à la fois celui qui a fait don de son sang et celui qui l'a reçu ne peut être divulguée.

Il ne peut être dérogé à ce principe d'anonymat qu'en cas de nécessité thérapeutique.

Art. L. 1221-8 Peuvent être préparés à partir du sang ou de ses composants :

1° *(Ord. n° 2005-1087 du 1er sept. 2005, art. 8-I)* « Des produits sanguins labiles, comprenant notamment le sang total, le plasma *(L. n° 2014-1554 du 22 déc. 2014, art. 71-1°-a)* « dans la production duquel n'intervient pas un processus industriel, quelle que soit sa finalité, » et les cellules sanguines d'origine humaine. A l'exception des produits sanguins labiles destinés à des recherches impliquant la personne humaine, seuls peuvent être distribués ou délivrés à des fins thérapeutiques, les produits sanguins labiles dont la liste et les caractéristiques sont fixées par décision de *(L. n° 2011-2012 du 29 déc. 2011, art. 5-IV)* « l'Agence nationale de sécurité du médicament et des produits de santé », après avis *(Ord. n° 2016-1406 du 20 oct. 2016, art. 1er-4°-a)* « du président » de l'Établissement français du sang *(Ord. n° 2016-1406 du 20 oct. 2016, art. 1er-4°-a)* « et du directeur du Centre de transfusion sanguine des armées », et publiée au *Journal officiel* de la République française. »

2° *(L. n° 2004-800 du 6 août 2004, art. 8-3°)* **« Des pâtes plasmatiques ; »**

(L. n° 2014-1554 du 22 déc. 2014, art. 71-1°-b et c) **« 2° *bis* Du plasma à finalité transfusionnelle dans la production duquel intervient un processus industriel, régi par le livre Ier de la cinquième partie ;**

« 3° Des médicaments issus du fractionnement du plasma régis par le même livre Ier ; »

(L. n° 2004-800 du 6 août 2004, art. 8-3°) **« 4° »** *(Ord. n° 2001-198 du 1er mars 2001, art. 12)* **« Des** *(Ord. n° 2016-1406 du 20 oct. 2016, art. 1er-4°-b)* **« dispositifs médicaux de diagnostic *in vitro* » dont les conditions de mise sur le marché sont fixées par le titre II du livre II de la cinquième partie » ;**

5° *(L. n° 2004-800 du 6 août 2004, art. 8-3°)* **« Des produits cellulaires à finalité thérapeutique mentionnés à l'article L. 1243-1 ;**

(Abrogé par L. n° 2016-41 du 26 janv. 2016, art. 165-I-3°) « 6° Des produits thérapeutiques annexes tels que définis à l'article L. 1261-1 ; »

« 7° Des excipients à usage pharmaceutique et des substances utilisées lors de la fabrication d'un médicament mais n'entrant pas dans sa composition.

« Le sang et ses composants, qu'ils aient ou non été prélevés *(Ord. n° 2016-1406 du 20 oct. 2016, art. 1er-4°-c)* **« au sein de l'Établissement français du sang », peuvent également être utilisés pour effectuer les contrôles de qualité des examens de biologie médicale ainsi que pour la réalisation et le contrôle des dispositifs médicaux de diagnostic *in vitro*, ou pour effectuer sur les produits préparés à partir du sang ou de ses composants les expertises et les contrôles techniques réalisés par** *(L. n° 2011-2012 du 29 déc. 2011, art. 5-IV)* **« l'Agence nationale de sécurité du médicament et des produits de santé » en application du 1° de l'article L. 5311-2. Les principes mentionnés aux articles L. 1221-3, L. 1221-4 et L. 1221-6 sont également applicables dans ce cas. »**

BIBL. ► BERGÈS, La sécurité des produits sanguins labiles, *Gaz. Pal. 10 juin 2006, n° 161, p. 14.*

Conformité UE (art. L. 1221-8-1°). La Dir. 2001/83 instituant un code communautaire relatif aux médicaments à usage humain se fonde sur l'art. 114 TFUE ayant pour objet l'établissement et le fonctionnement du marché intérieur, tandis que la Dir. 2002/98 établissant des normes de qualité et de sécurité pour la collecte, le contrôle, la transformation, la conservation et la distribution du sang humain se fonde sur l'art. 168 TFUE qui prévoit un niveau élevé de protection de la santé humaine. Le plasma dans la production duquel intervient un processus industriel relève de la Dir. 2002/98 uniquement en ce qui concerne sa collecte et son contrôle, et relève de la Dir. 2001/83 pour ce qui concerne sa transformation, sa conservation et sa distribution. Par conséquent, la Dir. 2002/98 (art. 4, § 2), lue à la lumière de l'art. 168 TFUE, doit être interprétée comme permettant le maintien ou l'introduction de dispositions nationales soumettant le plasma dans la production duquel intervient un processus industriel à un régime plus rigoureux que celui auquel sont soumis les médicaments, uniquement en ce qui concerne sa collecte et son contrôle. • CJUE 13 mars 2014, *Octopharma France SAS,* n° C-512/12 : *JCP 2014, n° 13, note Picod.*

Art. L. 1221-8-1 *(L. n° 2004-800 du 6 août 2004, art. 8-4°)* **Le sang et ses composants peuvent être utilisés dans le cadre d'une activité de recherche, qu'ils aient été ou non prélevés** *(Ord. n° 2016-1406 du 20 oct. 2016, art. 1er-5°)* **« au sein de l'Établissement français du sang ».** *(L. n° 2012-300 du 5 mars 2012, art. 1er-IV)* **« Dans ce cas, la recherche est menée à partir de prélèvements réalisés soit dans une finalité médicale, soit dans le cadre d'une recherche impliquant la personne humaine. » Dans tous les cas, les principes mentionnés aux articles L. 1221-3, L. 1221-4 et L. 1221-6 sont applicables, sans préjudice des dispositions du titre II du livre Ier de la présente partie** *(L. n° 2012-300 du 5 mars 2012, art. 1er-IV)* **« relatives aux recherches impliquant la personne humaine. »**

Art. L. 1221-8-2 *(Ord. n° 2005-1087 du 1er sept. 2005, art. 8-II)* **Les produits sanguins labiles proposés en vue de leur inscription sur la liste mentionnée au 1° de l'article L. 1221-8 font l'objet d'une évaluation par** *(L. n° 2011-2012 du 29 déc. 2011, art. 5-IV)* **« l'Agence nationale de sécurité du médicament et des produits de santé », au vu d'un dossier dont le contenu est fixé par décision de l'Agence et qui peut être fourni par l'Établissement français du sang, le Centre de transfusion sanguine des**

armées, tout établissement de transfusion sanguine des États membres de l'Union européenne ou tout fabricant de dispositifs médicaux.

L'Agence procède en tant que de besoin à la réévaluation des produits inscrits sur la liste. Elle peut demander à cet effet des informations à l'Établissement français du sang, au Centre de transfusion sanguine des armées, à tout établissement de transfusion sanguine des États membres de l'Union européenne ou aux fabricants de dispositifs médicaux concernés.

Art. L. 1221-9 *(L. nº 2016-41 du 26 janv. 2016, art. 170-1º)* « Un arrêté des ministres chargés de la santé et de la sécurité sociale fixe les tarifs de cession des produits sanguins labiles, à l'exception des plasmas à finalité transfusionnelle relevant du 1º de l'article L. 1221-8. »

Pour *(Ord. nº 2013-1208 du 24 déc. 2013, art. 1er)* « la Guadeloupe, la Guyane, la Martinique, Mayotte et La Réunion » *(Décr. nº 2010-331 du 25 mars 2010, art. 43)* « et pour Saint-Barthélemy et Saint-Martin, » un arrêté des ministres chargés de l'outre-mer, de la santé et de la sécurité sociale peut déterminer des majorations aux tarifs fixés en application de l'alinéa précédent. Ces majorations prennent en compte les frais particuliers qui, dans chacun de ces départements, grèvent le coût des produits sanguins labiles par rapport à leur coût en métropole.

Art. L. 1221-10 *(Ord. nº 2018-20 du 17 janv. 2018, art. 5)* « Les produits sanguins labiles destinés à une utilisation thérapeutique directe sont conservés, en vue de leur distribution et de leur délivrance, à l'Établissement français du sang ainsi qu'au centre de transfusion sanguine des armées. Peuvent également conserver ces produits en vue de leur délivrance les établissements de santé et les hôpitaux des armées autorisés à cet effet par l'autorité administrative après avis de l'Établissement français du sang ou, le cas échéant, du centre de transfusion sanguine des armées, dans des conditions définies par décret, et les groupements de coopération sanitaire mentionnés à l'article L. 6133-1 autorisés selon la même procédure et dans des conditions définies par décret. Les produits sanguins labiles restent sous la surveillance d'un médecin ou d'un pharmacien. Un décret précise la section de l'Ordre national des pharmaciens dont ce pharmacien doit relever, à l'exception de ceux relevant des dispositions de l'article L. 4138-2 du code de la défense. »

La délivrance de produits sanguins labiles ne peut être faite que sur ordonnance médicale.

En application des art. L. 231-5 et L. 231-6 CRPA, le délai à l'expiration duquel le silence gardé par l'administration vaut décision de rejet est de quatre mois pour les demandes d'autorisation de conservation des produits sanguins labiles destinés à une utilisation thérapeutique directe délivrée aux établissements de santé et groupements de coopération sanitaire (Décr. nº 2014-1286 du 23 oct. 2014, art. 1er et 2).

Art. L. 1221-10-1 *(Ord. nº 2005-1087 du 1er sept. 2005, art. 10-II ; L. nº 2011-2012 du 29 déc. 2011, art. 5-IV ; Ord. nº 2018-20 du 17 janv. 2018, art. 5)* L'Agence nationale de sécurité du médicament et des produits de santé peut, après avis de l'Établissement français du sang « et du centre de transfusion sanguine des armées », réglementer l'utilisation des produits sanguins labiles. L'Agence peut soumettre à des conditions particulières, restreindre, suspendre ou interdire leur utilisation dans l'intérêt de la santé publique.

Art. L. 1221-10-2 *(Ord. nº 2007-613 du 26 avr. 2007, art. 18)* Toute violation dans un établissement de santé *(Ord. nº 2018-20 du 17 janv. 2018, art. 5)* « ou dans un hôpital des armées » et du fait de celui-ci des prescriptions législatives et réglementaires relatives à la conservation des produits sanguins labiles *(Abrogé par L. nº 2016-41 du 26 janv. 2016, art. 170-3º) (L. nº 2014-1554 du 22 déc. 2014, art. 71-4º) « et les plasmas mentionnés au 2º bis de l'article L. 1221-8 »* en vue de leur délivrance ainsi que des termes de l'autorisation mentionnée au premier alinéa de l'article L. 1221-10 entraîne la suspension ou le retrait par l'autorité administrative de cette autorisation. Cette suspension ou ce retrait ne peut intervenir qu'après une mise en demeure adressée au directeur de l'établissement de santé de prendre toutes mesures propres à remédier à la violation ou au manquement constaté, ou de fournir toutes explications nécessaires. Cette mise en demeure est faite par écrit par l'autorité compétente et fixe un délai d'exécution ou de réponse qui ne peut excéder un mois.

En cas d'urgence tenant à la sécurité des personnes, une suspension de l'autorisation peut être prononcée à titre conservatoire par l'autorité compétente.

Art. L. 1221-11 *(Ord. n° 2016-1406 du 20 oct. 2016, art. 1er-7°)* La publicité en faveur des substances mentionnées à l'article L. 1221-2 est interdite.

L'information médicale et celle destinée à signaler l'emplacement des dépôts ne constituent pas de la publicité.

Par dérogation au premier alinéa, la communication à caractère promotionnel à destination des professionnels de santé relative aux plasmas dans la production desquels n'intervient pas un processus industriel, mentionnés au 1° de l'article L. 1221-8, est autorisée dans les conditions définies au chapitre III du présent titre.

Art. L. 1221-12 L'importation, par quelque organisme que ce soit, d'un produit sanguin labile ou d'une pâte plasmatique *(L. n° 2004-800 du 6 août 2004, art. 8-5°)* « , à usage thérapeutique direct ou destiné à la préparation de produits de santé, » est subordonnée à une autorisation délivrée par *(L. n° 2011-2012 du 29 déc. 2011, art. 5-IV)* « l'Agence nationale de sécurité du médicament et des produits de santé » dans des conditions définies par décret.

(L. n° 2004-800 du 6 août 2004, art. 8-5°) « L'importation ou l'exportation de sang, de ses composants ou de ses produits dérivés à des fins scientifiques est soumise à l'autorisation du ministre chargé de la recherche prévue à l'article *(L. n° 2017-220 du 23 févr. 2017, art. 3-I-3°)* « L. 1245-5-1 ». »

En application des art. L. 231-5 et L. 231-6 CRPA, le silence gardé pendant deux mois par l'administration vaut décision de rejet pour les demandes d'autorisation d'importation, par quelque organisme que ce soit, d'un produit sanguin labile ou d'une pâte plasmatique, à usage thérapeutique direct ou destiné à la préparation de produits de santé (Décr. n° 2014-1286 du 23 oct. 2014, art. 1er et 2).

Art. L. 1221-13 *(Ord. n° 2005-1087 du 1er sept. 2005, art. 10-III)* « L'hémovigilance a pour objet l'ensemble des procédures de surveillance et d'évaluation des incidents, ainsi que des effets indésirables survenant chez les donneurs ou les receveurs de produits sanguins labiles *(Abrogé par L. n° 2016-41 du 26 janv. 2016, art. 170-4°-a) (L. n° 2014-1554 du 22 déc. 2014, art. 71-5°-a)* ***« et de [du] plasma mentionné au 2° bis de l'article L. 1221-8, ce dernier produit demeurant également soumis au chapitre Ier bis du titre II du livre Ier de la cinquième partie »***. Elle porte sur l'ensemble de la chaîne transfusionnelle allant de la collecte des produits sanguins labiles jusqu'au suivi des receveurs. L'hémovigilance comprend également le suivi épidémiologique des donneurs. »

(Ord. n° 2017-51 du 19 janv. 2017, art. 1er) « Les professionnels de santé, les établissements de transfusion sanguine et les établissements de santé signalent et déclarent les informations relevant de l'hémovigilance. Un décret en Conseil d'État détermine les conditions d'application du présent article, notamment les modalités d'organisation du système d'hémovigilance. »

Sanction pénale. Les règles d'hémovigilance constituent une « obligation particulière de sécurité ou de prudence » au sens de l'art. 223-1 C. pén. relatif au délit de mise en danger d'autrui, dont le non-respect par des médecins justifie une condamnation pénale. • Crim. 5 janv. 2005 : *RDSS 2005. 492, note Hennion-Jacquet.*

Art. L. 1221-14 *(L. n° 2008-1330 du 17 déc. 2008, art. 67-I)* Les victimes de préjudices résultant de la contamination par le virus de l' *(L. n° 2012-1404 du 17 déc. 2012, art. 72-I-4°)* « hépatite B ou C ou le virus T-lymphotropique humain » causée par une transfusion de produits sanguins ou une injection de médicaments dérivés du sang réalisée sur les territoires auxquels s'applique le présent chapitre sont indemnisées *(L. n° 2012-1404 du 17 déc. 2012, art. 72-I-4°)* « au titre de la solidarité nationale » par l'office mentionné à l'article L. 1142-22 dans les conditions prévues à la seconde phrase du troisième alinéa de l'article L. 3122-1, aux deuxième et troisième alinéas de l'article L. 3122-2, au premier alinéa de l'article L. 3122-3 et à l'article L. 3122-4 *(L. n° 2012-1404 du 17 déc. 2012, art. 72-I-4°)* « , à l'exception de la seconde phrase du premier alinéa ».

Dans leur demande d'indemnisation, les victimes ou leurs ayants droit justifient de l'atteinte par le virus de l' *(L. n° 2012-1404 du 17 déc. 2012, art. 72-I-4°)* « hépatite B ou C

ou le virus T-lymphotropique humain » et des transfusions de produits sanguins ou des injections de médicaments dérivés du sang. *(L. n° 2012-1404 du 17 déc. 2012, art. 72-I-4°)* **« L'office recherche les circonstances de la contamination. S'agissant des contaminations par le virus de l'hépatite C, cette recherche est réalisée notamment dans les conditions prévues à l'article 102 de la loi n° 2002-303 du 4 mars 2002 relative aux droits des malades et à la qualité du système de santé. »** *(L. n° 2010-1594 du 20 déc. 2010, art. 65-II-1°)* **« Il procède à toute investigation sans que puisse lui être opposé le secret professionnel. »**

L'offre d'indemnisation visant à la réparation intégrale des préjudices subis du fait de la contamination est faite à la victime dans les conditions fixées aux deuxième, troisième et cinquième alinéas de l'article L. 1142-17.

La victime dispose du droit d'action en justice contre l'office si sa demande d'indemnisation a été rejetée, si aucune offre ne lui a été présentée dans un délai de six mois à compter du jour où l'office reçoit la justification complète des préjudices ou si elle juge cette offre insuffisante.

La transaction à caractère définitif ou la décision juridictionnelle rendue sur l'action en justice prévue au précédent alinéa vaut désistement de toute action juridictionnelle en cours et rend irrecevable toute autre action juridictionnelle visant à la réparation des mêmes préjudices.

(L. n° 2010-1594 du 20 déc. 2010, art. 65-II-2°) **« La transaction intervenue entre l'office et la victime, ou ses ayants droit, en application du présent article est opposable à l'assureur, sans que celui-ci puisse mettre en œuvre la clause de direction du procès éventuellement contenue dans les contrats d'assurance applicables, ou, le cas échéant, au responsable des dommages, sauf le droit pour ceux-ci de contester devant le juge le principe de la responsabilité ou le montant des sommes réclamées. L'office et l'Établissement français du sang peuvent en outre obtenir le remboursement des frais d'expertise. Quelle que soit la décision du juge, le montant des indemnités allouées à la victime ou à ses ayants droit leur reste acquis. »**

(L. n° 2012-1404 du 17 déc. 2012, art. 72-I-4°) **« Lorsque l'office a indemnisé une victime, il peut directement demander à être garanti des sommes qu'il a versées par les assureurs des structures reprises par l'Établissement français du sang en vertu du B de l'article 18 de la loi n° 98-535 du 1er juillet 1998 relative au renforcement de la veille sanitaire et du contrôle de la sécurité sanitaire de produits destinés à l'homme, de l'article 60 de la loi de finances rectificative pour 2000 (n° 2000-1353 du 30 décembre 2000) et de l'article 14 de l'ordonnance n° 2005-1087 du 1er septembre 2005 relative aux établissements publics nationaux à caractère sanitaire et aux contentieux en matière de transfusion sanguine, que le dommage subi par la victime soit ou non imputable à une faute.**

« L'office et les tiers payeurs ne peuvent exercer d'action subrogatoire contre l'Établissement français du sang, venu aux droits et obligations des structures mentionnées à l'avant-dernier alinéa, si l'établissement de transfusion sanguine n'est pas assuré, si sa couverture d'assurance est épuisée ou encore dans le cas où le délai de validité de sa couverture est expiré. »

Les modalités d'application du présent article sont fixées par décret en Conseil d'État.

Sur la contestation relative à l'imputabilité d'une contamination par le virus de l'hépatite C antérieure à la date d'entrée en vigueur de la L. n° 2002-303 du 4 mars 2002, V. L. préc., art. 102.

Sur la compétence de l'ONIAM, V. L. n° 2008-1330 du 17 déc. 2008, art. 67-IV.

BIBL. ► DEKEISTER, Contentieux des contaminations post-transfusionnelles par le VHC et substitution *de l'assurance privée* à la solidarité nationale, RCA 2014. Étude 8.

COMMENTAIRE

V. Commentaire reproduit sur Dalloz.fr.

I. PROCÉDURE AMIABLE

1. Entrée en vigueur, dispositions transitoires. La personne ayant, avant le 1er juin 2010, engagé une action en justice contre l'EFS dispose d'une option lui permettant soit de poursuivre la procédure en cours contre l'ONIAM, substitué à l'EFS, soit de suivre la procédure de règlement amiable devant l'Office et demander à cet effet à la juridiction saisie de surseoir à statuer dans l'attente de l'issue de cette procédure ; dans le second cas, la juridiction saisie est tenue de faire droit à la demande. • CE 30 avr. 2012, *M. Christophe A. c/ ONIAM*, n° 345254. ♦ Avant la parution des décrets d'application de la L. n° 2008-1330 du 17 déc. 2008, il était déjà jugé que, si la personne concernée choisit de solliciter un sursis à statuer, l'ONIAM, substitué à l'EFS dans le contentieux en cours conformément à l'art. 67-IV, al. 1er, de la même loi, se trouvera saisi, dès que lui aura été notifiée la décision de sursis à statuer, de la demande d'indemnisation telle qu'elle a été soumise à la juridiction administrative. • CE, avis, 7 déc. 2009, *Lacroix et a.,* n° 329466 : *Lebon 490*.

2. *Contradiction.* Lorsqu'il statue sur les demandes d'indemnisation par la voie de la procédure amiable prévue par les dispositions des art. L. 1221-14, L. 3122-1 et L. 3111-9, l'ONIAM ne présente ni le caractère d'une juridiction, ni celui d'un tribunal au sens de l'art. 6, § 1, Conv. EDH ; le moyen tiré de la méconnaissance de cette stipulation ne peut donc qu'être écarté. • CE 1er juin 2011, *Assoc. nat. des avocats de victimes de dommages corporels,* n° 339453.

3. *Impartialité.* La circonstance que la prise en charge financière de l'expertise soit assurée par l'ONIAM, afin de ne pas en faire supporter le coût aux victimes, n'est pas par elle-même de nature à affecter l'impartialité de l'expert. • CE 1er juin 2011, *Assoc. nat. des avocats de victimes de dommages corporels,* n° 339453 : *préc. note 2.*

II. PROCÉDURE JURIDICTIONNELLE

4. *Appel en la cause (EFS).* Avant la substitution de l'ONIAM à l'EFS, dans le cadre d'une procédure en responsabilité du fait d'une transfusion, le juge était tenu de mettre en cause l'EFS, qui était lui-même substitué aux centres de transfusion sanguine du fait de la L. n° 98-535 du 1er juill. 1998. • CE 30 nov. 2007, *CHU Clermont-Ferrand,* n° 282986 : *AJDA 2008. 311, concl. Thiellay*.

5. *Appel en la cause (ONIAM).* Postérieurement à l'entrée en vigueur de l'art. L. 1221-14, seul l'ONIAM, substitué à l'EFS, a qualité pour former appel d'un jugement d'un tribunal administratif condamnant l'EFS à indemniser la victime d'une contamination ; il en résulte que, si l'EFS a déjà formé appel, la cour administrative d'appel devra appeler l'ONIAM dans la cause. • CE, avis, 7 déc. 2009, *Lacroix et a.,* n° 329466 : *AJDA 2009. 2372*. ♦ Tout appel formé à titre conservatoire par l'EFS devra être régularisé par l'ONIAM avant la clôture de l'instruction. • Même avis. ♦ L'ONIAM vient en lieu et place du débiteur, sans pouvoir opposer à quiconque le fait qu'il n'est pas l'auteur de la contamination. • Civ. 1re, 28 nov. 2012, nos 11-24.022 et 12-11.819 : *Bull. à paraître ; D. 2012. 2888, note Gallmeister* ; *Dr. adm. 2013, n° 15, note Brimo ; RTD Civ. 2013. 393, note Jourdain*. ♦ Quelles que soient ses clauses, un contrat d'assurance, conclu par une structure substituée à l'EFS, ne saurait faire obstacle à cette substitution de l'ONIAM à l'EFS, tant à l'égard des victimes que des tiers payeurs. • CE 20 mars 2013, *CPAM du Havre,* n° 345776 : *Lebon T.*

6. *Délais de recours juridictionnel et recours administratif.* Si les dispositions de l'art. L. 1221-14 organisent une procédure spécifique d'indemnisation excluant toute saisine des commissions de conciliation et d'indemnisation, elles n'ont nour objet ni pour effet d'écarter, s'agissant du recours qu'elles prévoient, l'application de la règle générale de procédure selon laquelle le délai de recours contentieux est prorogé par l'exercice d'un recours administratif. • CE 10 mai 2017, *Mme A. C.,* n° 392312 : *Lebon ; AJDA 2017. 1022*.

III. PREUVE DE LA TRANSFUSION

7. *Charge de la preuve.* Il appartient à la victime d'établir la réalité de la transfusion qu'elle prétend avoir subie ; la présomption prévue à l'art. 102 de la L. n° 2002-303 du 4 mars 2002 ne s'applique pas à la démonstration de la réalité de la transfusion sanguine ; est sans incidence le fait que le centre de transfusion sanguine en cause ne dispose pas d'archives remontant à l'époque des faits. • CE 25 juill. 2007, *EFS,* n° 271247 : *Lebon T. 1063*.

8. *Moyens de la preuve.* La preuve de la transfusion peut être apportée par tout moyen et notamment, dans l'hypothèse où les archives de l'hôpital ou du centre de transfusion sanguine ont disparu, à l'aide de témoignages et d'indices concordants dont les juges du fond apprécient souverainement la valeur. • CE 20 févr. 2008, *Le Hello et a. c/ EFS,* n° 286505. ♦ En l'absence d'archives relatives à l'acte de transfusion, la victime peut établir que son état nécessitait, selon les comptes-rendus opératoires ou les données de la science de l'époque, une transfusion. • CE 21 oct. 2009, *Gérard A. c/ AP-HP et EFS,* n° 309022 • CAA Bordeaux, 29 oct. 2009, *Sarah. X. c/ EFS,* n° 08BX01499. ♦ Le juge du fond apprécie souverainement la réalité de la transfusion. • CE 6 janv. 2006, *Deconninck,* n° 261711 • CE 24 mars 2010, *André A.,* n° 320294.

9. *Données transfusionnelles, archives.* Il résulte de l'art. 102 de la L. n° 2002-303 du 4 mars 2002 et des art. L. 211-1 et L. 211-2 C. patr. (régime des archives) que les données transfusionnelles, établies par un centre hospitalier lors de la transfusion d'un patient, et comprenant notamment les numéros des produits sanguins qui ont été transfusés, sont des archives ; en conséquence, il appartient au centre hospitalier de conserver les numéros des flacons de sang transfusés, sauf pour le centre hospitalier à commettre une faute de nature à faire perdre à l'EFS une chance d'établir que la transfusion réalisée n'est pas à l'origine de la contamination au VHC (indemnisation à hauteur de 30% par l'hôpital). • CAA Marseille, 4 juill. 2013, *EFS,* n° 10MA04548.

IV. PRÉSOMPTION DE CAUSALITÉ : LOI DU 4 MARS 2002, ART. 102

BIBL. Deliancourt, La contamination post-transfusionnelle par le virus de l'hépatite C : avancée jurisprudentielle et confirmation législative, *in* Pontier, Budet et Mozol (dir.), La responsabilité hospitalière et la loi du 4 mars 2002, *PUAM, 2005*. – Guettier, Le contentieux administratif des contaminations transfusionnelles par le virus de l'hépatite C, *AJDA 2004. 1283*.

A. JURISPRUDENCE ANTÉRIEURE

10. Présomption jurisprudentielle (juge administratif). Dans le cas où les produits sanguins à l'origine d'une contamination ont été élaborés par plusieurs centres de transfusion ayant des personnalités juridiques distinctes, la personne publique mise en cause devant le juge administratif doit être tenue pour responsable de l'ensemble des dommages subis par la victime, et condamnée à les réparer si elle n'établit pas l'innocuité des produits qu'elles a elle-même élaborés ; elle conserve ce faisant la possibilité d'appeler en garantie les autres centres de transfusion. • CE 15 janv. 2001, *AP Paris c/ Mme Shames*, n° 208958 : *Lebon 15* ; *RFDA 2002. 139, concl. Chauvaux* (à propos d'une contamination au VIH). ♦ Cette présomption a été étendue aux contaminations par le VHC. • CAA Paris, 12 févr. 1998, *X. et Y. c/ AP-HP*, n° 95PA02814 : *Dr. adm. 1998, n° 293, note Esper.*

11. Présomption jurisprudentielle (juge judiciaire). Lorsqu'une personne démontre, d'une part, que la contamination virale dont elle est atteinte est survenue à la suite de transfusions sanguines et, d'autre part, qu'elle ne présente aucun mode de contamination qui lui soit propre, il appartient au centre de transfusion sanguine dont la responsabilité est recherchée de prouver que les produits sanguins qu'il a fournis étaient exempts de tout vice. • Civ. 1re, 9 mai 2001 (2 arrêts) : *Bull. civ. I, n° 130 ; D. 2001. 2149, rapp. Sargos*. ♦ Cette présomption s'appuie notamment sur l'absence de facteur de contamination propre à la personne transfusée, ou d'antécédent hépatique. • Civ. 1re, 17 juill. 2001 (2 arrêts) : *Bull. civ. I, n° 234.* ♦ En tout état de cause, le *demandeur* doit prouver qu'il n'a pu être contaminé autrement que par transfusion : interventions ou soins invasifs dans d'autres établissements, séjour dans un pays endémique, contacts répétés avec des personnes infectées. • Civ. 1re, 18 juin 2002 : *Bull. civ. I, n° 169.*

B. JURISPRUDENCE POSTÉRIEURE : TRANSFUSIONS ANTÉRIEURES AU 5 SEPTEMBRE 2001

1° JURISPRUDENCE ADMINISTRATIVE

12. Faisceau d'éléments. Il appartient au demandeur, non pas seulement de faire état d'une éventualité selon laquelle sa contamination par le virus de l'hépatite C provient d'une transfusion, mais d'apporter un faisceau d'éléments conférant à cette hypothèse, compte tenu de toutes les données disponibles, un degré suffisamment élevé de vraisemblance ; si tel est le cas, la charge de la preuve contraire repose sur le défendeur. • CE 10 oct. 2003, *Tato et a.*, n° 249416 : *Lebon 393* ; *AJDA 2004. 228, concl. Chauvaux*. ♦ Ce n'est qu'au stade où le juge, au vu des éléments produits par les parties, forme sa conviction que le doute profite au demandeur ; l'appréciation de l'existence d'un doute relève de l'appréciation souveraine des juges du fond. • Même arrêt. ♦ La question de savoir si les éléments avancés par le demandeur suffisent pour créer une présomption, si la preuve contraire est apportée par le défenseur et s'il existe un doute devant conduire à accueillir la demande relève de l'appréciation souveraine, qui ne peut être censurée qu'en cas de dénaturation. • Même arrêt.

13. Caractérisation. Les nombreuses et importantes interventions nécessitant normalement des transfusions sanguines, les 48 unités de produits sanguins destinées au patient et une contamination par deux virus de l'hépatite C suffisent à établir un faisceau d'indices concordants. • CE 24 mars 2010, *André A. c/ EFS*, n° 320294. ♦ Sont également pris en compte : l'absence de comportement à risque... • CAA Bordeaux, 29 oct. 2009, *France A. c/ EFS*, n° 08BX01861. ♦ ... Ainsi que le délai écoulé entre la transfusion et la date supposée de déclenchement de l'hépatite C. • CE 19 oct. 2007, *Mme C. c/ EFS*, n° 288224. ♦ Pour un délai trop long : • CE 10 oct. 2003, *Tato et a.*, n° 249416 : *préc. note 12.*

14. Absence de doute. La présomption de l'art. 102 ne peut opérer s'il résulte de l'instruction que la probabilité d'une origine transfusionnelle est « manifestement » moins élevée que celle d'une origine étrangère aux transfusions, comme l'intervention d'actes médicaux invasifs ou l'existence d'un comportement à risque. • CE 19 oct. 2011, *Vidal*, n° 339670 : *AJDA 2011. 2037, obs. Brondel*. ♦ *A contrario* : • CE 19 oct. 2011, *Cruau*, n° 338571. ♦ Il en va ainsi lorsque la patiente a été exposée à de multiples facteurs de risque de contamination étrangers aux transfusions, notamment par toxicomanie. • CAA Versailles, 12 juin 2012, *Danièle A.*, n° 10VE03637.

15. Présomption opérant en référé. Le doute profitant au demandeur permet d'affirmer le caractère non sérieusement contestable exigé par les dispositions de l'art. R. 541-1 CJA (référé-provision). • CE 7 déc. 2009, *Martineau*, n° 313807.

16. Origine transfusionnelle et/ou nosocomiale. Lorsque le requérant demande réparation en raison de sa contamination lors de transfusions réalisées par un hôpital dont relevait le centre de transfusion, le juge ne peut écarter la responsabilité du service au motif que la contamination aurait pu provenir d'autres actes invasifs pratiqués dans le même hôpital : la contamination aurait en tout état de cause engagé la responsabilité du même établissement du fait de l'introduction d'un germe pathogène dans le corps du patient à l'occasion d'un acte invasif révélant une faute dans l'organisation du service ; le juge ne peut donc se fonder, pour rejeter la demande d'indemnité, sur une hypothèse qui, à la supposer exacte, aurait engagé la responsabilité de la même collectivité à laquelle le requérant imputait l'origine de son dommage. • CE 29 juin 2009, *Penven c/ AP-HP*, n° 285383 • CE 16 mars 2011, *Sanchez c/ EFS*, n° 320734.

2° JURISPRUDENCE JUDICIAIRE

17. *Dérogation aux règles de preuve.* Les règles de preuve résultant de l'art. 1315 C. civ. sont écartées en tant qu'elles sont contraires à celles instaurées par l'art. 102 de la loi du 4 mars 2002. • Civ. 1re, 3 avr. 2007 : *Bull. civ. I, n° 154.* ♦ L'appréciation du juge du fond est souveraine. • Civ. 1re, 5 juin 2008, n° 07-17.771.

18. *Caractérisation.* Lorsqu'un des donneurs est positif en anticorps VHC d'une souche similaire à celle présentée par le transfusé, que l'expert attribue à la contamination au VHC un pourcentage de probabilité de deux tiers contre un tiers pour les autres sources de contamination, l'origine transfusionnelle de la contamination doit être présumée. • Civ. 1re, 14 juin 2007 : *Bull. civ. I, n° 237.* ♦ Une transfusion en 1982 à partir de dons non sécurisés permet aussi de présumer avec un degré suffisant de vraisemblance une contamination d'origine transfusionnelle • Civ. 1re, 17 janv. 2008, n° 06-20.346. ♦ ... Tout comme le fait que les donneurs n'aient pu être retrouvés. • Civ. 1re, 5 mars 2009 : *Bull. 2009 civ. I, n° 47 ; RDSS 2009. 356, note Arhab-Girardin*. ♦ ... Ou comme l'absence d'antécédents ou d'autres facteurs de risques de contamination. • Civ. 1re, 29 avr. 2003, n° 00-20.371. ♦ ... Ou l'absence de fiche transfusionnelle identifiant avec certitude les produits transfusés. • Civ. 1re, 31 mai 2007, n° 06-19.019. ♦ ... Ou encore le fait que la provenance de l'ensemble des produits sanguins reçus durant la période probable de contamination n'a pas été établie. • Civ. 1re, 7 févr. 2006 : *Bull. civ. I, n° 61.*

19. *Présomption simple.* Lorsque, par une *appréciation ne laissant pas de place au doute* des éléments de preuve qui lui sont soumis, une cour d'appel constate que le culot de sang provient d'un seul donneur identifié et que des tests négatifs ont été pratiqués par l'EFS à plusieurs reprises sur ce donneur postérieurement au don, elle peut en déduire que la transfusion litigieuse n'est pas l'origine de la contamination. • Civ. 1re, 1er déc. 2011, n° 10-25.883 • 24 févr. 2004 : *Bull. civ. I, n° 63.* ♦ La preuve n'incombe au défendeur que dans la mesure où il est établi qu'il a bien fourni des produits sanguins en vue de leur administration à la victime. • Civ. 1re, 29 mars 2017, n° 16-12.815 P : *D. 2017. 821 ; ibid. 1213, obs. Bacache, Grynbaum, Noguéro et Pierre*.

3° EXTENSION DU CHAMP D'APPLICATION DE L'ART. 102

20. *Contentieux de l'invalidité.* Selon le juge administratif, les dispositions de l'art. 102, qui ne prévoient aucune exception en ce qui concerne leur champ d'application, sont applicables au contentieux des pensions militaires d'invalidité ; elles régissent la charge de la preuve de l'imputabilité de la contamination au VHC au service, et s'imposent à l'administration sans demande particulière autre que la demande de pension. • CE 10 sept. 2007, *Min. Défense c/ Lugan,* n° 281267. ♦ Elles s'imposent également aux juridictions des pensions qui doivent en faire application, même d'office. • Même arrêt.

21. *Tiers subrogés.* Selon le juge administratif, une CPAM, en tant qu'elle est subrogée aux droits du patient victime d'une contamination transfusionnelle consécutive à un accident de la circulation, peut rechercher la responsabilité de l'ONIAM par application de l'art. 102 de la loi du 4 mars 2002. • CAA Lyon, 21 juin 2012, *CPAM de l'Yonne*, n° 11LY02745. ♦ Il en allait de même d'un assureur contre l'EFS, en tant qu'il était subrogé aux droits de son assuré victime d'une contamination transfusionnelle consécutive à un accident de la circulation. • CAA Marseille, 9 mars 2006, *EFS*, n° 04MA02106. ♦ Mais selon le juge judiciaire, la présomption simple d'imputabilité édictée par l'art. 102 l'est au seul bénéfice des victimes. • Civ. 2e, 17 juin 2010 (2 arrêts) : *Bull. civ. II, nos 117 et 118 ; RTD civ. 2010. 570, obs. Jourdain*. ♦ Ce qui englobe les tiers payeurs subrogés dans les droits de la victime. • Civ. 1re, 29 mars 2017, n° 16-12.815 P : *D. 2017. 821 ; ibid. 1213, obs. Bacache, Grynbaum, Noguéro et Pierre*. ♦ En revanche, les recours entre cofournisseurs de produits sanguins obéissent aux règles de preuve du droit commun. • Civ. 2e, 17 juin 2010 : *préc.* (revirement sur • Civ. 2e, 24 mai 2006 : *Bull. civ. II, n° 134 ; RDSS 2006. 742, note Arhab* : action récursoire de l'EFS qui avait dû transfuser la victime d'un accident, contre l'assureur du responsable de l'accident). ♦ Il en résulte aussi que l'assureur d'un centre de transfusion sanguine à l'origine d'une contamination transfusionnelle, appelé en garantie par l'EFS venant aux droits dudit centre, ne peut invoquer la présomption de l'art. 102. • Paris, 15 mars 2011, n° 08/15924.

C. JURISPRUDENCE POSTÉRIEURE : TRANSFUSIONS POSTÉRIEURES AU 5 SEPT. 2001

22. Présomption opposable à l'ONIAM. Il revient à l'ONIAM de rechercher les circonstances de la contamination selon les règles posées à l'art. 102 de la loi du 4 mars 2002. • CE, avis, 7 déc. 2009, *Lacroix et a.*, n° 329466 : *Lebon 490*.

23. Recours de l'ONIAM contre les assureurs. Si le législateur a confié à l'ONIAM et non plus à l'EFS, venant aux droits et obligations des établissements de transfusion sanguine, la mission d'indemniser les victimes de contaminations transfusionnelles, il n'a pas modifié le régime de responsabilité auquel ces derniers ont été soumis et a donné à l'ONIAM la possibilité de demander à être garanti des sommes versées aux victimes de dommages par les assureurs de ces structures ; il s'ensuit que, hors les hypothèses dans lesquelles la couverture d'assurances est épuisée, le délai de validité de la couverture est expiré ou les assureurs peuvent se prévaloir de la prescription, leur garantie est due à l'ONIAM, lorsque l'origine transfusionnelle d'une contamination est admise, que l'établissement de transfusion sanguine qu'ils assurent a fourni au moins un produit administré à la victime et que la preuve que ce produit n'était pas contaminé n'a pu être rapportée. • Civ. 1re, 20 sept. 2017, n° 16-23.451 : *D. 2017. 1976 ; ibid. 2224, obs. M. Bacache, A. Guégan-Lécuyer et S. Porchy-Simon*.

V. PRÉJUDICE, RÉPARATION

BIBL. Lambert-Faivre et Porchy-Simon, Droit du dommage corporel, *Dalloz, 2011, nos 703 s.* – Boyer, Pour une harmonisation des jurisprudences administrative et judiciaire en matière d'indemnisation des victimes de contamination VHC post-transfusionnelle, *Gaz. Pal. 8-9 juill. 2009, p. 41.* – Gibert, L'indemnisation par la solidarité nationale des dommages imputables à des contaminations d'origine transfusionnelle, *Méd. et droit juill. 2009, n° 97, p. 120.*

24. Préjudice spécifique de contamination (Jurisprudence judiciaire). Le préjudice spécifique de contamination par le virus de l'hépatite C comprend l'ensemble des préjudices de caractère personnel tant physiques que psychiques résultant du seul fait de la contamination virale ; il inclut notamment : 1° les perturbations et craintes éprouvées, toujours latentes, concernant l'espérance de vie ainsi que la crainte des souffrances ; 2° le risque de toutes les affections opportunistes consécutives à la découverte de la contamination ; 3° les perturbations de la vie sociale, familiale et sexuelle ; 4° les souffrances, le préjudice esthétique et le préjudice d'agrément provoqués par les soins et traitements subis pour combattre la contamination ou en réduire les effets ; toutefois, il n'inclut pas le préjudice à caractère personnel constitué par le déficit fonctionnel. • Civ. 2e, 12 déc. 2013, n° 12-27.292. ♦ Le préjudice spécifique de contamination par le virus de l'hépatite C, fondé notamment sur l'incertitude et l'inquiétude devant l'avenir, ne se confond pas avec le préjudice à caractère personnel du déficit fonctionnel. • Civ. 1re, 19 nov. 2009 (2 arrêts) : *Bull. civ. II, nos 279 et 280 ; RDSS 2010. 156, note Cristol ; ibid. 117, obs. Jourdain*. ♦ Pour l'arrêt de principe étendant le préjudice spécifique de contamination aux contaminations par le VHC : • Civ. 1re, 1er avr. 2003, n° 01-00.575 : *Bull. civ. I, n° 95 ; RTD civ. 2003. 506, obs. Jourdain*. ♦ Pour un exemple d'indemnisation (70 000 euros) : • Poitiers, 29 juin 2011, n° 06/03243. ♦ Le préjudice spécifique de contamination peut être caractérisé même dans le cas d'une guérison après traitement ; il s'apprécie alors pendant la durée de la période au cours de laquelle la victime a subi les angoisses et perturbations liées à la maladie. • Civ. 2e, 4 juill. 2013, n° 12-23.915 : *D. 2013. 1745 ; ibid. 2658, obs. Bacache, Guégan-Lécuyer et Porchy-Simon ; RTD civ. 2013. 846, obs. Jourdain* (en l'espèce, indemnisation sur dix ans avant guérison : 30 000 euros). ♦ Toutefois, lorsque les proches de la victime (décédée) ont fait le choix de ne pas informer celle-ci de la nature exacte de la pathologie (VHC et VIH) dont elle a souffert pendant vingt-cinq ans, le préjudice spécifique de contamination, qui est intrinsèquement associé à la prise de conscience des effets de la contamination, ne saurait être caractérisé. • Civ. 2e, 22 nov. 2012, n° 11-21.031 : *D. 2013. 604, note Bouvier et Adida-Canac*.

25. Troubles dans les conditions d'existence. La contamination transfusionnelle au VHC oblige l'intéressé à un suivi médical régulier et le fait vivre dans la crainte d'une évolution subite et grave de son état, ce qui entraîne des troubles dans les conditions d'existence et un préjudice moral (150 000 euros). • CE 19 déc. 2007, *M. Tourancheau et a.*, n° 289922 : *Lebon 512*. ♦ Mais en l'absence, au jour du jugement, de symptômes cliniques, ou de manifestations physiques, aucun dédommagement n'est dû au titre de la maladie même. • Même arrêt.

26. Préjudice d'inquiétude (jurisprudence administrative). Au titre des préjudices, la victime peut légitimement éprouver des inquiétudes du fait de sa contamination par la maladie qui avait été diagnostiquée et des conséquences graves qui pouvaient en résulter. • CE 27 mai 2015, *ONIAM*, n° 371697 : *Lebon ; AJDA 2015. 1072 ; ibid. 2340, note H.-B. Pouillaude ; D. 2016. 35, obs. Brun et. Gout ; RDSS 2015. 734, obs. Cristol*.

27. EFS coauteur du dommage. En cas de concours de responsabilités entre celui qui par sa faute a rendu nécessaire une transfusion sanguine à l'origine d'une contamination (VIH en l'espèce) et le centre de transfusion qui a fourni les produits sanguins défectueux, ce dernier est, comme dans l'hypothèse d'une pluralité de coauteurs, tenu de contribuer pour moitié à la réparation du dommage. • Civ. 1re, 5 juill. 2006 : *Bull. civ. I, n° 363 ; RCA 2005, n° 13, obs. Groutel ; RTD civ. 2006. 783, obs. Jourdain*. ♦ ... Ce qui rend possibles les actions récursoires entre coobligés. • Civ. 1re, 14 févr. 2008 : *JCP 2008. II. 10080, note Radé ; RCA 2008, n° 137, obs. Groutel.*

28. Constitutionnalité de l'art. 72-II de la L. n° 2012-1404 du 17 déc. 2012. Le législateur a eu pour seul but de permettre à l'ONIAM de bénéficier des garanties prévues par les contrats d'assurance que les structures reprises par l'EFS avaient souscrits et qui sont toujours en vigueur ; l'art. 72-II ne modifie donc pas les conventions légalement conclues entre l'EFS et ses assureurs ; il n'y a pas non plus d'atteinte au principe d'égalité devant la loi, car les assureurs dont la garantie est engagée à raison de contaminations par le virus de l'hépatite B ou C ou le virus T-lymphotropique humain, et ceux qui couvrent un autre risque médical, ne sont pas placés dans la même situation au regard de l'objet de la loi. • Cons. const. 18 déc. 2012, n° 2012-659 DC.

29. Conventionnalité de l'art. 72-II de la L. du 17 déc. 2012. L'art. 67, IV, L. n° 2008-1330 du 17 déc. 2008, complété par la L. n° 2012-1404 du 17 déc. 2012, a pour but de faire bénéficier l'Office national d'indemnisation des accidents médicaux (ONIAM) des contrats d'assurance que les structures reprises par l'Établissement français du sang (EFS), demeuré responsable de la contamination, avaient légalement souscrits et qui sont toujours en vigueur ; l'arrêt énonce à bon droit que son application aux instances en cours répond à d'impérieux motifs d'intérêt général au sens de l'art. 6, § 1, Conv. EDH ; ce texte ne porte pas une atteinte disproportionnée au droit au respect des biens (Conv. EDH, art. 1er, 1er protocole), dès lors qu'il tend, d'une part, à combattre l'enrichissement sans cause des assureurs des centres de transfusion sanguine repris par l'EFS, qui ont perçu des primes d'assurance en contrepartie desquelles ils se sont engagés à verser des indemnités, d'autre part, à établir un équilibre entre la solidarité nationale due aux victimes et le droit de propriété invoqué au nom des assureurs. • Civ. 1re 17 févr. 2016, n° 15-12.805 : *D. 2016. 479 ; ibid. 1779, obs. Neyret et Reboul-Maupin ; ibid. 2187, obs. Bacache, Guégan-Lécuyer et Porchy-Simon, JCP G 2016, n° 14, p. 396, note Knetsch.* • Civ. 1re, *18 juin 2014,* n° 13-13.471 : *D. 2014. 1375 ; RCA 2014/10, comm. 300, obs. Dekeister.*

VI. TIERS PAYEURS

30. Action de l'ONIAM contre l'assureur. Si l'Office national d'indemnisation des accidents médicaux (ONIAM) bénéficie d'une action directe contre les assureurs, celle-ci s'exerce en lieu et place de l'Établissement français du sang (EFS), venant lui-même aux droits et obligations des assurés, qu'il substitue dans les procédures en cours ; dès lors, l'ONIAM dispose des mêmes droits que les assurés et son action se trouve soumise à la prescription biennale prévue par l'art. L. 114-1 C. assur. • Civ. 1re, 29 juin 2016, n° 15-19.751 : *D. 2016. 1498 ; ibid. 2017. 1213, obs. Bacache, Grynbaum, Noguéro et Pierre , RTD Civ. 2016. 383, note Jourdain*. ♦ V. également • Civ. 1re, 16 nov. 2016, n° 15-26.932 : *D. 2016. 2397 ; ibid. 2017. 1213, obs. Bacache, Grynbaum, Noguéro et Pierre ; RTD civ. 2017. 168, obs. Jourdain*. ♦ Les victimes de contamination dont l'origine transfusionnelle est considérée comme établie sont indemnisées par l'ONIAM au titre de la solidarité nationale, même lorsqu'il est substitué à l'EFS, sans avoir à prouver la provenance des produits sanguins administrés ; en revanche, l'incertitude sur le centre de transfusion sanguine ayant fourni les produits sanguins contaminés fait obstacle à l'action en garantie de l'ONIAM. • Civ. 1re, 3 févr. 2016, n° 14-22.351 : *D. 2016. 377 ; ibid. 2187, obs. M. Bacache, A. Guégan-Lécuyer et S. Porchy-Simon ; RDSS 2016. 375, note Cristol ; RTD civ. 2016. 383, obs. P. Jourdain*.

31. Litiges en cours au 1er juin 2010 : tiers payeurs contre ONIAM. L'ONIAM est substitué en toute hypothèse à l'EFS à l'égard tant des victimes que des tiers payeurs, ces derniers ne pouvant toutefois engager une action subrogatoire à l'égard de l'office que si l'établissement de transfusion sanguine à l'origine du dommage est assuré et que sa couverture d'assurance n'est pas épuisée ou venue à expiration. • CE 24 mai 2017, *MACSF*, n° 395490 : *Lebon.*

32. Litiges engagés après le 1er juin 2010 : ONIAM et tiers payeurs contre l'EFS. L'ONIAM et les tiers payeurs peuvent engager une action subrogatoire contre l'EFS, après avoir indemnisé la victime, à la condition que l'établissement de transfusion sanguine à l'origine du dommage ait été assuré et que sa couverture d'assurance ne soit pas épuisée ou venue à expiration. • CE 24 mai 2017, *MACSF*, n° 395490 : *Lebon.* ♦ V. également, • Civ. 1re, 14 avr. 2016, n° 15-16.592 : *D. 2016. 894 ; ibid. 2187, obs. Bacache, Guégan-Lécuyer et Porchy-Simon ; ibid. 2017. 1213, obs. Bacache, Grynbaum, Noguéro et Pierre*. ♦ Aucune disposition ne subordonne l'exercice du recours subrogatoire à l'existence d'une faute du fournisseur des produits sanguins ; la responsabilité de ce fournisseur se trouve engagée du seul fait que les produits transfusés étaient porteurs d'un agent infectieux. • CE 17 févr. 2016, *EFS*, n° 383479 : *Lebon ; AJDA 2016. 344*. ♦ V. également, • CE 24 mai 2017, *M. B.A.*, n° 395915 : *Lebon.*

33. Tiers payeur, notion. La notion de « tiers payeur » vise les débiteurs des prestations énumérées à l'art. 29 de la L. n° 85-677 du 5 juill. 1985 ; il en résulte que le recours subrogatoire exercé en application de l'art. L. 121-12 C. assur. contre l'ONIAM ou l'EFS par un assureur de responsabilité civile, lorsque celui-ci est subrogé à la fois dans les droits de la victime et dans ceux d'un tiers payeur, n'est subordonné à la condition de l'existence d'une couverture assurantielle de l'EFS qu'en tant qu'il vise au remboursement des sommes versées au tiers payeur mais non en tant qu'il vise au remboursement des sommes versées à la victime. • CE 24 mai 2017, *MACSF*, n° 395490 : *Lebon*.

CHAPITRE II ÉTABLISSEMENT FRANÇAIS DU SANG ET CENTRE DE TRANSFUSION SANGUINE DES ARMÉES *(Ord. n° 2018-20 du 17 janv. 2018, art. 5).*

BIBL. ▶ Dict. perm. Santé, Bioéthique et Biotechnologies, études « Sang : généralités » et « Sang : responsabilité et indemnisation », *Éd. législatives.*

Art. L. 1222-1 L'Établissement français du sang est un établissement public de l'État, placé sous la tutelle du ministre chargé de la santé. Cet établissement veille à la satisfaction des besoins en matière de produits sanguins labiles et à l'adaptation de l'activité transfusionnelle aux évolutions médicales, scientifiques et technologiques dans le respect des principes éthiques. *(Ord. n° 2005-1087 du 1er sept. 2005, art. 10-IV)* « Il organise sur l'ensemble du territoire national, dans le cadre *(Ord. n° 2016-1406 du 20 oct. 2016, art. 2-1°-a)* « du schéma directeur national de la transfusion sanguine », les activités de collecte du sang, de qualification biologique du don, de préparation, de distribution et de délivrance des produits sanguins labiles *(Ord. n° 2016-1406 du 20 oct. 2016, art. 2-1°-b)* « et de leur contrôle de qualité ». »

Il est notamment chargé :

1° De gérer le service public transfusionnel et ses activités annexes, dans le respect des conditions de sécurité définies par le présent code ;

2° De promouvoir le don du sang, les conditions de sa bonne utilisation et de veiller au strict respect des principes éthiques par l'ensemble de la chaîne transfusionnelle ;

3° D'assurer la qualité *(Ord. n° 2016-1406 du 20 oct. 2016, art. 2-1°-c)* « des produits et des pratiques en son sein », et notamment de mettre en œuvre les bonnes pratiques mentionnées à l'article *(Ord. n° 2016-1406 du 20 oct. 2016, art. 2-1°-c)* « L. 1222-12 », en conformité avec les dispositions législatives et réglementaires relatives aux activités transfusionnelles ;

4° Dans le cadre du réseau d'hémovigilance, d'assurer la transmission des données relatives à la sécurité sanitaire des produits sanguins à *(L. n° 2011-2012 du 29 déc. 2011, art. 5-IV)* « l'Agence nationale de sécurité du médicament et des produits de santé » et des données épidémiologiques à l'*(Ord. n° 2016-462 du 14 avr. 2016, art. 3-I-3°)* « Agence nationale de santé publique » ;

5° D'élaborer, d'actualiser et de mettre en œuvre *(Ord. n° 2016-1406 du 20 oct. 2016, art. 2-1°-d)* « le schéma directeur national de la transfusion sanguine » ;

(L. n° 2011-302 du 22 mars 2011, art. 8-I-2°) « 6° En liaison avec les organismes de recherche et d'évaluation, d'encourager, d'entreprendre des recherches ou d'y participer dans les domaines portant sur la transfusion sanguine, les activités qui lui sont liées ou les activités exercées à titre accessoire et de promouvoir dans ces domaines la diffusion des connaissances scientifiques et techniques ; »

7° De tenir un fichier national des donneurs et des receveurs de groupes rares et une banque de sangs rares, et de coordonner l'activité des laboratoires liés à ces activités ;

8° De participer à l'organisation et à l'acheminement des secours en cas de catastrophe nationale ou internationale nécessitant de recourir aux moyens de transfusion sanguine, dans le cadre des lois et règlements applicables à ces événements ;

9° De participer à la coopération scientifique et technique européenne et internationale de la France.

L'Établissement français du sang établit chaque année un rapport d'activité qui est remis au Gouvernement. Ce rapport est rendu public.

I. EFS : MISSION ET NATURE

1. Service public administratif. Le monopole du service public transfusionnel confié à l'EFS est destiné à assurer la meilleure sécurité sanitaire possible lors de la collecte du sang, la préparation des produits sanguins et leur distribution aux établissements de santé ; cette mission se rattache par son objet au service public administratif, alors même qu'une part importante des ressources de l'établissement français du sang est constituée par la cession de produits sanguins labiles et que le régime administratif, budgétaire, financier et comptable de cet établissement fait application de règles adaptées à la nature particulière de ses missions et qui peuvent être semblables à celles généralement appliquées aux établissements publics industriels et commerciaux. • CE, avis, 27 oct. 2000, *Torrent*, n° 222672 : *Lebon. 470 ; AJDA 2007. 394, concl. Chauvaux ; D. 2002. 448, obs. Bon et Béchillon*.

2. Étendue du monopole de l'EFS : exclusion des plasmas tranformés. Si le plasma, quel que soit son mode de préparation, constitue un « produit sanguin labile », en vertu du 1° de l'art. L. 1221-8 et non un médicament (CE 26 oct. 2012, *Sté Octoplasma France*, n° 349717), la Dir. modifiée 2001/83/CE du 6 novembre 2001 instituant un code communautaire relatif aux médicaments à usage humain (art. 3) s'applique à tout plasma dans la production duquel intervient un processus industriel (CJUE 13 mars 2014, *Octopharma*, C-512/12). Or, le plasma frais congelé déleucocyté viro-atténué par solvant-détergent est destiné à être administré à l'homme en vue de restaurer des fonctions physiologiques, ce qui en fait un médicament exclu du monopole de l'EFS. • CE 23 juill. 2014, *Sté Octopharma France*, n° 349717 : *RDSS 2014.1110, note Peigné ; AJDA 2014. 1581 ; ibid. 2315, note Mamoudy ; D. 2015. 755, obs. Galloux et Gaumont-Prat*.

II. COMPÉTENCE JURIDICTIONNELLE

3. Transfert aux juridictions administratives. En vertu de l'Ord. n° 2005-1087 du 1er sept. 2005 (art. 15), les demandes tendant à l'indemnisation des dommages résultant de la fourniture de produits sanguins labiles ou de médicaments dérivés du sang élaborés par les personnes morales de droit public ou par des organismes dont les droits et obligations ont été transférés à l'EFS par convention relèvent de la compétence des juridictions administratives, *quelle que soit la date du fait générateur*, sauf lorsqu'une juridiction judiciaire est saisie antérieurement à l'entrée en vigueur de ladite ordonnance de demandes pour lesquelles elle était compétente. • T. confl. 28 févr. 2011, *Cts Laugeais c/ EFS*, n° 3750 : *Lebon T. 683.* ♦ Mais les demandes tendant à la condamnation des établissements de santé privés, au titre de l'administration de produits sanguins contaminés, demeurent de la compétence des juridictions judiciaires, appréciant seules la responsabilité de ces établissements, qui ne peut être engagée qu'en cas de faute. • Civ. 1re, 12 nov. 2015, n° 14-25.889 P : *D. 2015. 2374 ; RCA 2016 n° 58, note Bloch ; JCP Adm. 2017, n° 2033, note Renard-Payen.* ♦ Avant la substitution de l'ONIAM à l'EFS, les litiges relatifs à la réparation des conséquences dommageables des transfusions sanguines réalisées depuis le 1er janv. 2000 relevaient, eu égard à la nature administrative du service public transfusionnel assuré depuis cette date par l'EFS, de la compétence de la juridiction administrative. • CE, avis, 27 oct. 2000, *Torrent*, n° 222672 : *préc. note 1.* ♦ S'agissant des contaminations antérieures au 1er janvier 2000, la nature juridique de l'établissement de transfusion détermine la compétence juridictionnelle. • Civ. 1re, 3 févr. 2016, n° 14-22.351 : *RDSS 2016. 375, note Cristol*.

4. Référés civils antérieurs. Lorsque, à la date de l'entrée en vigueur de l'Ord. du 1er sept. 2005, le juge judiciaire s'est déjà prononcé par deux ordonnances de référé désignant un expert et rejetant une demande de provision, mais n'est saisi d'aucune demande tendant à l'indemnisation des dommages résultant de la fourniture de produits sanguins contaminés, la juridiction de l'ordre administratif est seule compétente pour se prononcer sur l'action de fond. • T. confl. 28 févr. 2011, *Cts Laugeais c/ EFS*, n° 3750 : *préc. note 3.* ♦ En conséquence, commet une erreur de droit la cour administrative d'appel qui déduit de la circonstance que la victime avait saisi le tribunal de grande instance d'une demande en référé tendant à la désignation d'un expert avant l'entrée en vigueur de l'Ord. du 1er sept. 2005 (art. 15) que la juridiction judiciaire demeurait compétente pour connaître de la demande indemnitaire au principal. • CE 29 avr. 2011, *Cts Di Paolo*, n° 320899.

5. Actions récursoires. Si les dispositions de la dernière phrase de l'art. 15 de l'Ord. du 1er sept. 2005 maintiennent la compétence des juridictions de l'ordre judiciaire pour connaître des demandes pendantes devant ces juridictions à la date d'entrée en vigueur de ce texte, ce maintien ne concerne que les affaires pendantes entre les victimes et les centres de transfusion ; ainsi, une clinique privée et son assureur ayant déjà exécuté une condamnation judiciaire à indemniser une victime de contamination transfusionnelle doit saisir le juge administratif, pour son action récursoire contre l'EFS. • CE 12 mars 2012, *Cie Allianz*, n° 337192.

III. SUBSTITUTION DE L'EFS AUX ANCIENS CENTRES DE TRANSFUSION

6. Conditions du transfert. Si la loi du 30 déc. 2000 (art. 60-I) transfère à l'EFS les obligations nées de la fourniture de produits sanguins par les anciens centres de transfusion privés agréés, c'est à la condition, s'agissant des centres associatifs, qu'ils transfèrent aussi à l'EFS leurs biens par convention ; mais cette condition ne trouve à s'appliquer que dans l'hypothèse où les associations concernées étaient en mesure d'effectuer ce transfert à la date de l'entrée en vigueur de la loi précitée. • CE 7 déc. 2009, *Martineau*, n° 313807. ♦ Or, dans le cas où les biens du centre de transfusion associatif ont été transférés à un centre hospitalier public par jugement à la suite d'une procédure de redressement judiciaire, la condition du transfert des biens à l'EFS ne peut s'appliquer ; les obligations du centre sont tout de même transférées à l'EFS. • Même arrêt.

Art. L. 1222-1-1 *(Ord. n° 2016-1406 du 20 oct. 2016, art. 2-2°)* **I. — Sous réserve des dispositions de l'article L. 5124-14, l'Établissement français du sang a vocation à développer toute activité liée à la transfusion sanguine, au conseil et au suivi des actes de transfusion. Il peut à ce titre être autorisé à fabriquer, importer et exploiter les médicaments dérivés du sang définis au *b* du 18° de l'article L. 5121-1.**

Ces activités sont exercées sous la responsabilité d'un pharmacien responsable participant à la direction générale de l'établissement et menées sous réserve des dispositions du présent chapitre.

Pour l'exercice de ces activités, l'Établissement français du sang est soumis aux articles L. 5124-2, à l'exception de son premier alinéa, L. 5124-3, L. 5124-4, à l'exception de son dernier alinéa, L. 5124-5, L. 5124-6, L. 5124-11 et L. 5124-18.

II. — L'Établissement français du sang peut, en outre, à titre accessoire, être autorisé à exercer d'autres activités de santé, notamment les activités prévues aux articles L. 1243-2 et L. 5124-9-1 et des activités de soins et de laboratoire de biologie médicale, conformément aux règles applicables à ces activités.

III. — Par dérogation à l'article L. 6222-5, l'Établissement français du sang qui, au titre des activités de laboratoire de biologie médicale prévues au présent article, effectue des examens d'immuno-hématologie "receveur" et des examens complexes d'immuno-hématologie peut disposer de laboratoires comportant plusieurs sites localisés sur plus de trois *(Ord. n° 2018-21 du 17 janv. 2018, art. 1er)* **« zones mentionnées au *b* du 2° de l'article L. 1434-9 », dans les champs géographiques d'activité déterminés en application du schéma directeur national mentionné à l'article L. 1222-11.**

Le deuxième alinéa du I de l'article L. 6211-19 n'est pas applicable aux transmissions d'échantillons biologiques faites par les laboratoires de biologie médicale des établissements de santé à l'Établissement français du sang en vue des examens d'immuno-hématologie mentionnés au précédent alinéa.

L'Établissement français du sang est autorisé à s'approvisionner, à conserver, à dispenser et à administrer les médicaments nécessaires à l'exercice de ses activités liées à la transfusion sanguine et, le cas échéant, de ses activités de soins.

Art. L. 1222-2 *(Ord. n° 2005-1087 du 1er sept. 2005, art. 10-VI)* **Le respect,** *(Ord. n° 2016-1406 du 20 oct. 2016, art. 2-3°)* **« à l'Établissement français du sang », des dispositions législatives et réglementaires relatives à la qualité et la sécurité des produits sanguins labiles est garanti par une personne responsable désignée à cet effet par le président de l'Établissement français du sang dans des conditions prévues par décret en Conseil d'État.** *(Abrogé par Ord. n° 2016-1406 du 20 oct. 2016, art. 2-3°)* ***« La personne responsable a autorité sur les directeurs des établissements de transfusion sanguine pour l'exercice de cette mission. »***

Art. L. 1222-3 **L'Établissement français du sang ne peut recourir à des produits sanguins labiles issus de collectes faites en dehors du territoire français qu'avec l'autorisation de** *(L. n° 2011-2012 du 29 déc. 2011, art. 5-IV)* **« l'Agence nationale de sécurité du médicament et des produits de santé ».**

Cette autorisation ne peut être accordée que si les besoins de la transfusion sanguine l'exigent et à la condition que le sang ou les produits dérivés en cause présentent des garanties suffisantes au regard de la sécurité de la transfusion sanguine, notamment qu'il soit justifié de l'accomplissement des obligations édictées à l'article L. 1221-4.

Les exportations de produits sanguins labiles ne peuvent être effectuées, après vérification que les besoins nationaux sont satisfaits, que par l'Établissement français du sang qui en informe *(L. n° 2011-2012 du 29 déc. 2011, art. 5-IV)* **« l'Agence nationale de sécurité du médicament et des produits de santé »** *(L. n° 2016-41 du 26 janv. 2016,* *art. 170-5°)* « , ou par le Centre de transfusion sanguine des armées. Les conditions dans lesquelles le Centre de transfusion sanguine des armées réalise ces exportations sont précisées par décret. »

Art. L. 1222-4 L'Établissement français du sang est soumis à un régime administratif, budgétaire, financier et comptable et à un contrôle de l'État adaptés à la nature particulière de ses missions, définies par le présent chapitre et précisées par voie réglementaire. – *[Anc. art. L. 667-12, dernier al.]*

Art. L. 1222-5 L'Établissement français du sang est administré par un conseil d'administration composé, outre son président, pour moitié de représentants de l'État et, pour l'autre moitié, de représentants des organismes d'assurance maladie, *(L. n° 2016-41 du 26 janv. 2016, art. 177-I-2°)* « de représentants d'associations d'usagers du système de santé agréées au titre de l'article L. 1114-1 et d'associations de donneurs de sang *[ancienne rédaction : des associations de patients et de donneurs]* », des établissements de santé, de deux représentants du personnel de l'établissement et de personnalités qualifiées, notamment des praticiens. Le conseil d'administration de l'établissement comprend en outre le président du conseil scientifique, siégeant avec voix consultative.

Le président et les autres membres du conseil d'administration sont nommés par décret.

Le président du conseil d'administration assure la direction de l'*(Ord. n° 2005-1087 du 1er sept. 2005, art. 10-IX)* « Établissement français du sang », dans le cadre des orientations définies par le conseil d'administration, dont il exécute les délibérations.

L'établissement comprend un conseil scientifique chargé de donner des avis sur les questions médicales, scientifiques et techniques dont les membres sont nommés par arrêté du ministre chargé de la santé.

Art. L. 1222-6 Les décisions relatives aux nominations, agréments et autorisations prévues par le présent code et à leur retrait sont prises, en tant qu'elles relèvent des attributions de l'Établissement français du sang, par le président de l'établissement, après avis du conseil d'administration, à l'exception de celles prévues à l'article L. 1222-3, pour lesquelles le président de l'Établissement français du sang informe le conseil d'administration. – *[Anc. art. L. 667-7].*

Art. L. 1222-7 Le personnel de l'Établissement français du sang comprend :

1° Des agents régis par les titres II, III ou IV du statut général des fonctionnaires, des personnels mentionnés aux 1° et 2° de l'article L. 6152-1, ou des agents publics régis par des statuts particuliers, en position de détachement ou de mise à disposition ;

2° Des personnels régis par le code du travail.

Les conditions d'emploi des personnels de l'Établissement français du sang mentionnés au 2° ci-dessus sont déterminées par une convention collective de travail. Cette convention collective de travail, ses annexes et avenants n'entrent en application qu'après approbation par le ministre chargé de la santé.

(Abrogé par L. n° 2011-2012 du 29 déc. 2011, art. 1er-II) « *Les personnels de l'Établissement français du sang sont soumis aux dispositions de l'article L. 5323-4.* »

(L. n° 2000-1353 du 30 déc. 2000, art. 60-II) « Pour l'application du code du travail, l'Établissement français du sang est considéré comme un établissement public industriel et commercial. *(Ord. n° 2010-177 du 23 févr. 2010, art. 26-12°)* « Le livre Ier et les titres Ier et II du livre III de la deuxième partie » du code du travail s'appliquent aux personnels visés au 1° du présent article. Ces personnels bénéficient des mesures de protection sociale prévues par le code du travail pour les représentants du personnel ».

Compétence juridictionnelle. *La convention* collective conclue entre l'EFS, expressément considéré par le législateur comme un établissement public industriel et commercial pour l'application du C. trav., et les organisations syndicales représentatives a eu pour objet la détermination des conditions d'emploi des personnels régis par le C. trav. et relevant du droit privé, et non l'organisation du service public ; dès lors, toute contestation portant sur la légalité, l'application ou la dénonciation de cette convention relève de la compétence de la juridiction judiciaire. • T. confl. 15 déc. 2008, *Kim c/ EFS*, n° 3652.

Art. L. 1222-8 Les recettes de l'Établissement français du sang sont constituées par :

1° Les produits *(L. n° 2014-1554 du 22 déc. 2014, art. 71-6°-a)* « des activités liées aux » produits sanguins labiles ;

(L. n° 2016-41 du 26 janv. 2016, art. 170-6°) « 1° *bis* Les produits des activités de délivrance des plasmas à finalité transfusionnelle relevant du 1° de l'article L. 1221-8, dont les modalités sont prévues par décret en Conseil d'État ; »

2° Les produits des activités annexes ;

3° Des redevances pour services rendus établies par décret dans les conditions fixées par l'article 5 de l'ordonnance n° 59-2 du 2 janvier 1959 portant loi organique relative aux lois de finances ;

4° Des produits divers, des dons et legs ainsi que des subventions de l'État, des collectivités publiques, de leurs établissements publics et des organismes d'assurance maladie. *(L. n° 2012-1404 du 17 déc. 2012, art. 73-VIII-B)* « La participation des organismes d'assurance maladie est versée et répartie entre les régimes dans des conditions fixées par décret ; » — *Arr. du 29 nov. 2012 (JO 19 déc.).*

5° Des emprunts.

Art. L. 1222-9 L'Établissement français du sang assume, même sans faute, la responsabilité des risques encourus par les donneurs à raison des opérations de prélèvement.

Il doit contracter une assurance couvrant sa responsabilité du fait de ces risques. — *[Anc. art. L. 668-10].*

Information sur la séropositivité. Le fait que la séropositivité au VHC d'un donneur, connue dès 1990, n'ait été portée à sa connaissance qu'en 2001 en dépit de la régularité de ses visites au poste de transfusion sanguine pour effectuer des prélèvements révèle des dysfonctionnements graves dans l'organisation du service. • CAA Douai, 13 mars 2007, *CH Dr. Schaffner de Lens*, n° 06DA00400.

Art. L. 1222-10 Les modalités d'application des dispositions du présent chapitre sont déterminées, en tant que de besoin, et sauf dispositions contraires, par décret en Conseil d'État, et notamment :

1° Les modalités d'organisation et de fonctionnement de l'Établissement français du sang ainsi que les conditions d'exercice de la tutelle et du contrôle financier de l'État ;

2° Les qualifications des personnels de l'établissement pour les catégories qu'il détermine *(Ord. n° 2005-1087 du 1er sept. 2005, art. 10-VII)* «, et de la personne responsable mentionnée à l'article L. 1222-2 » ;

(Ord. n° 2017-45 du 19 janv. 2017, art. 3-I-2°) « 3° Les modalités selon lesquelles un ou plusieurs services d'appui et de soutien de l'établissement peuvent être mutualisés avec un ou plusieurs services d'autres organismes en application de l'article L. 1411-5-3. »

Art. L. 1222-11 *(Ord. n° 2016-1406 du 20 oct. 2016, art. 2-4°)* I. — Les champs géographiques et techniques d'activité de l'Établissement français du sang sont déterminés par celui-ci, conformément aux dispositions relatives au schéma directeur national de la transfusion sanguine.

II. — Outre la collecte du sang ou de ses composants mentionnée à l'article L. 1221-2, la qualification biologique du don, la préparation des produits sanguins labiles et leur distribution ne peuvent être réalisées *(Ord. n° 2018-20 du 17 janv. 2018, art. 5)* «, sous réserve du VI, » qu'au sein de l'Établissement français du sang, sous l'autorité d'un médecin ou d'un pharmacien, et conformément aux champs géographiques et techniques d'activité ainsi que des modalités d'exercice de ces activités déterminées par son conseil d'administration.

III. — L'Établissement français du sang doit être agréé, au titre de ses différentes activités transfusionnelles, par l'Agence nationale de sécurité du médicament et des produits de santé.

(Ord. n° 2018-20 du 17 janv. 2018, art. 5) « IV. — L'activité de délivrance des produits sanguins labiles est exercée, sous l'autorité d'un médecin ou d'un pharmacien, par l'Établissement français du sang et par les établissements de santé ou les hôpitaux des armées. »

V. – L'agrément mentionné au III est délivré pour une durée illimitée. Il est subordonné à des conditions géographiques, techniques, médicales et sanitaires définies par décret en Conseil d'État.

(Ord. nº 2018-20 du 17 janv. 2018, art. 5) « VI. – Le centre de transfusion sanguine des armées peut, après agrément de l'Agence nationale de sécurité du médicament et des produits de santé, réaliser la collecte, la qualification biologique du don et la préparation de produits sanguins labiles, leur distribution et leur délivrance. Cet agrément est délivré pour une durée illimitée. Un décret en Conseil d'État précise les conditions géographiques, techniques, médicales et sanitaires en prenant en compte les particularités du centre de transfusion sanguine des armées. »

Art. L. 1222-12 *(Ord. nº 2016-1406 du 20 oct. 2016, art. 2-4º)* L'Établissement français du sang, le Centre de transfusion sanguine des armées, pour les activités de collecte, de qualification biologique du don, de préparation, de distribution, de délivrance des produits sanguins labiles et leur contrôle de qualité, ainsi que les établissements de santé autorisés à conserver et délivrer des produits sanguins labiles doivent se doter de bonnes pratiques dont les principes sont définis par décision de l'Agence nationale de sécurité du médicament et des produits de santé après avis du président de l'Établissement français du sang et du directeur du Centre de transfusion sanguine des armées.

Art. L. 1222-13 *(Ord. nº 2016-1406 du 20 oct. 2016, art. 2-4º)* Toute violation constatée au sein de l'Établissement français du sang, et du fait de celui-ci, des prescriptions législatives ou réglementaires qui lui sont applicables ainsi que des éléments mentionnés à l'article L. 1222-11 ou des termes de toute décision d'agrément ou d'autorisation prévue par le présent code peut entraîner la modification ou le retrait temporaire ou définitif de l'agrément ou de l'autorisation.

La modification ou le retrait par le directeur général de l'Agence nationale de sécurité du médicament et des produits de santé ne peut intervenir qu'après mise en demeure adressée au président de l'Établissement français du sang de prendre toute mesure propre à remédier à la violation ou au manquement constaté ou de fournir toutes explications nécessaires.

En cas d'urgence tenant à la sécurité des personnes, une suspension de l'agrément ou de l'autorisation peut être prononcée à titre conservatoire par le directeur général de l'Agence nationale de sécurité du médicament et des produits de santé.

Art. L. 1222-14 *(Ord. nº 2016-1406 du 20 oct. 2016, art. 2-4º)* Le schéma directeur national de la transfusion sanguine détermine les principes régissant l'organisation de la transfusion sanguine de nature à garantir l'autosuffisance nationale et la sécurité sanitaire, notamment les principes relatifs :

1º A la collecte de sang et de ses composants ;

2º A la préparation des produits sanguins labiles, à leur contrôle de qualité, à leur répartition sur le territoire ainsi qu'à la qualification biologique du don ;

3º A la réalisation des examens d'immuno-hématologie "receveurs", au conseil transfusionnel et à la délivrance des produits sanguins labiles ;

4º A l'hémovigilance et à la sécurité transfusionnelle ainsi qu'au management des risques et de la qualité et du contrôle qualité.

Art. L. 1222-15 *(Ord. nº 2016-1406 du 20 oct. 2016, art. 2-4º)* Le schéma directeur national de la transfusion sanguine est arrêté par le ministre chargé de la santé, après avis du ministre de la défense, sur la base du projet préparé par l'Établissement français du sang.

Art. L. 1222-16 *(Ord. nº 2016-1406 du 20 oct. 2016, art. 2-4º)* Sont déterminés par décret en Conseil d'État :

1º Le statut du Centre de transfusion sanguine des armées, *(Ord. nº 2018-20 du 17 janv. 2018, art. 5)* « ainsi que les conditions d'octroi, de modification et de retrait de l'agrément du centre de transfusion sanguine des armées mentionné à l'article L. 1222-11 » ;

2º Après avis du président de l'Établissement français du sang dans les conditions prévues à l'article L. 1222-6 et du directeur général de l'Agence nationale de sécurité du médicament et des produits de santé :

a) Les conditions géographiques, techniques, sanitaires et médicales auxquelles est subordonné l'agrément prévu *(Ord. n° 2018-20 du 17 janv. 2018, art. 5)* « au III de l'article L. 1222-11 » ;

b) Les conditions dans lesquelles peuvent intervenir la modification ou le retrait des agréments ou autorisations prévus à l'article L. 1222-13 ;

3° Les conditions dans lesquelles est élaboré le schéma directeur national de la transfusion sanguine ;

4° Les modalités de déclinaison du schéma directeur national de la transfusion sanguine qui sont prises par décision du président de l'Établissement français du sang.

CHAPITRE III COMMUNICATION À CARACTÈRE PROMOTIONNEL

(Ord. n° 2016-1406 du 20 oct. 2016, art. 3)

Art. L. 1223-1 On entend par communication à caractère promotionnel relative aux plasmas toute forme d'information, y compris le démarchage, de prospection ou d'incitation qui vise à promouvoir la prescription, la délivrance, la vente ou la consommation de ces produits.

Ne sont pas inclus dans le champ de cette définition :

1° L'information dispensée, dans le cadre de leurs fonctions, par les personnels relevant de l'Établissement français du sang et du centre de transfusion sanguine des armées, des dépôts de sang des établissements de santé *(Ord. n° 2018-20 du 17 janv. 2018, art. 5)* « et des hôpitaux des armées » ainsi que par les correspondants d'hémovigilance et de sécurité transfusionnelle ;

2° Les informations et éléments fournis à l'occasion du conseil transfusionnel prévu à l'article R. 1222-24 ;

3° La correspondance, accompagnée le cas échéant de tout document non publicitaire, nécessaire pour répondre à une question précise sur un plasma mentionné à l'article L. 1223-3 ;

4° Les informations concrètes et les documents de référence relatifs, notamment, aux changements d'emballages, aux mises en garde concernant les effets indésirables dans le cadre de l'hémovigilance, ainsi qu'aux catalogues de vente et listes de prix s'il n'y figure aucune information sur le produit ;

5° Les informations relatives à la santé humaine ou à des maladies humaines, pour autant qu'il n'y ait pas de référence même indirecte à un plasma mentionné à l'article L. 1223-3.

Art. L. 1223-2 La communication à caractère promotionnel définie à l'article L. 1223-1 ne doit pas être trompeuse ni porter atteinte à la protection de la santé publique. Elle présente le produit de façon objective et favorise son bon usage.

Elle respecte les mentions figurant dans la décision de l'Agence nationale de sécurité du médicament et des produits de santé fixant la liste et les caractéristiques des produits sanguins labiles mentionnée au 1° de l'article L. 1221-8 ainsi que les recommandations émises par la Haute Autorité de santé.

Art. L. 1223-3 Seuls peuvent faire l'objet d'une communication à caractère promotionnel les plasmas dans la production desquels n'intervient pas un processus industriel, mentionnés au deuxième alinéa de l'article L. 1221-8, s'ils figurent dans la décision fixant la liste et les caractéristiques des produits sanguins labiles mentionnée au même article, et s'ils ne font pas l'objet d'une mesure prévue à l'article L. 1221-10-1.

La communication à caractère promotionnel est interdite lorsque les plasmas mentionnés à l'alinéa précédent font l'objet d'une réévaluation prévue au deuxième alinéa de l'article L. 1221-8-2.

Art. L. 1223-4 La communication à caractère promotionnel pour les plasmas mentionnés à l'article L. 1223-3 auprès des membres des professions de santé habilités à prescrire ou à délivrer ces produits sanguins labiles ou à les utiliser dans l'exercice de leur art est soumise à une autorisation préalable de l'Agence nationale de sécurité du médicament et des produits de santé.

Cette autorisation est valable sous réserve de l'inscription de ces plasmas sur la liste des produits sanguins labiles mentionnée au 1° de l'article L. 1221-8.

En cas de méconnaissance des dispositions des articles L. 1223-2 ou L. 1223-3, l'autorisation peut être suspendue en cas d'urgence ou retirée par décision motivée de l'agence.

Art. L. 1223-5 Les demandes d'autorisation prévues à l'article L. 1223-4 sont effectuées selon un calendrier et durant une période déterminée par décision du directeur général de l'Agence nationale de sécurité du médicament et des produits de santé.

Art. L. 1223-6 La remise d'échantillons gratuits de produits sanguins labiles est interdite.

Elle est toutefois autorisée pour les plasmas mentionnés à l'article L. 1223-3, en dehors des enceintes accessibles au public à l'occasion de congrès médicaux ou pharmaceutiques, lorsqu'elle est effectuée auprès des seules personnes habilitées à prescrire ou à acheter ces produits, uniquement à leur demande, et lorsque le produit ou son emballage comporte la mention "échantillon gratuit".

La communication à caractère promotionnel des plasmas mentionnés à l'article L. 1223-3 auprès des personnes habilitées à les prescrire, à les délivrer ou à les utiliser dans l'exercice de leur art ne peut pas donner lieu à la remise ou à la promesse d'une prime, d'un avantage pécuniaire ou d'un avantage en nature, sauf si ceux-ci sont d'une valeur négligeable et relatifs à l'exercice de la médecine ou de la pharmacie.

Art. L. 1223-7 Les personnes qui font de l'information par démarchage ou de la prospection pour des plasmas mentionnés à l'article L. 1223-3, doivent posséder des connaissances scientifiques attestées par un diplôme d'État de docteur en pharmacie ou de pharmacien au sens de l'article L. 4221-2 ou par un diplôme d'État de docteur en médecine au sens de l'article L. 4131-1.

L'Établissement français du sang et le Centre de transfusion sanguine des armées veillent à l'actualisation des connaissances des personnels mentionnés au premier alinéa.

Ils leur donnent instruction de rapporter à l'Établissement français du sang ou au Centre de transfusion sanguine des armées toutes les informations relatives à l'utilisation des produits dont ils assurent la communication à caractère promotionnel, en particulier en ce qui concerne les effets indésirables qui sont portés à leur connaissance par les personnes visitées.

Art. L. 1223-8 Les modalités d'application du présent chapitre et notamment les conditions de délivrance, de suspension et de retrait de l'autorisation de communication à caractère promotionnel prévue à l'article L. 1223-4 sont définies par décret en Conseil d'État.

CHAPITRE IV *[ABROGÉ]* SCHÉMAS D'ORGANISATION DE LA TRANSFUSION SANGUINE

(Abrogé par Ord. n° 2016-1406 du 20 oct. 2016, art. 4)

Art. L. 1224-1 à L. 1224-3 *Abrogés par Ord. n° 2016-1406 du 20 oct. 2016, art. 4.*

TITRE TROISIÈME ORGANES

BIBL. ▶ Dict. perm. Santé Bioéthique et Biotechnologies, étude « Organes humains », *Éd. législatives.* – CAIRE, La greffe d'utérus : pour un encadrement juridique prospectif, *RDSS 2017. 269* . – LEGROS, La greffe... jusqu'où ? Juristes et médecins : regards croisés, *RGDM 2015 n° 55, p. 23.* – BOYER-BÉVIÈRE, Le respect de la personne à travers le don d'éléments et de produits du corps humain, *in Mélanges Michaud, LEH 2012, p. 161.* – CCNE, Questions d'éthique relatives au prélèvement et au don d'organes à des fins de transplantation, *avis n° 115, 7 avr. 2011.* – DIONISI-PEYRUSSE, La protection de la vie humaine dans la loi relative à la bioéthique du 7 juillet *2011, RJPF 2011, n° 9, p. 8.* – HERVIEU, Le corps humain : l'heure de la libéralisation ?, LPA 25-26 *août 2011, n°s 169 et 170, p. 3.* – S. PRIEUR, L'assouplissement des règles relatives au don et à l'utilisation des organes et produits du corps humain (loi n° 2011-814 du 7 juillet 2011 relative à la bioéthique), *RGDM 2011, n° 41, p. 213.* – BERTHIAU, Redéfinir la place du principe d'autonomie dans le prélèvement d'organes. Propositions de révision de certains aspects de la loi bioéthique du 6 août 2004 en la matière, *Méd. et droit sept.-oct. 2010, n° 104, p. 150.* – MORET-BAILLY, Transplantation d'organes et responsabilité : texte (juridique) et contexte (social),

RDSS 2008. 524. – Duguet, Bévière et *al.*, Les droits des patients et les bio sources : l'utilisation des éléments du corps humain, *Journal de médecine légale, janv. 2007, nos 1-2, p. 55.* – Labbée, La gueule de l'autre, *D. 2006. 801*. – Caillavet, Prélèvements et greffes, *RTDH 2003. 567.*

▶ **Sur la loi n° 2004-800 du 6 août 2004** : Hennette-Vauchez, La loi n° 2004-800 du 6 août 2004 : vers la fin de « l'exception bioéthique » ?, *RDSS 2005. 185*. – Thouvenin, La loi relative à la bioéthique ou comment accroître l'accès aux éléments biologiques d'origine humaine. I et II, *D. 2005. 116 et 172.* – Manaouil, La nouvelle législation concernant les prélèvements d'organes à visée thérapeutique et à visée scientifique, *LPA 18 févr. 2005, n° 35, p. 43.* – S. Prieur, La conciliation de la protection de la personne et de l'intérêt thérapeutique d'autrui à travers le don et l'utilisation des éléments et produits du corps humain, *RGDM 2005, n° 17, p. 229.*

COMMENTAIRE

V. Commentaire reproduit sur Dalloz.fr.

Art. L. 1231-1 A *(L. n° 2004-800 du 6 août 2004, art. 9-B-I)* **Le prélèvement et la greffe d'organes constituent une priorité nationale.**

Art. L. 1231-1 B *(L. n° 2004-800 du 6 août 2004, art. 9-B-I)* **Les règles de répartition et d'attribution des greffons doivent respecter le principe d'équité.**

BIBL. ▶ Bellivier et Noiville, La bioéquité : Batailles autour du partage du vivant, *éd. Autrement, 2009.*

CHAPITRE PREMIER PRÉLÈVEMENT SUR UNE PERSONNE VIVANTE

BIBL. ▶ Saison-Demars, L'extension continue du cercle des donneurs vivants, *RGDM 2015, n° 55, p. 35.* – Bernard-Xémard, Donner et recevoir, *Dr. fam. 2014, n° 10, Dossier 14.* – Markus, L'information du donneur d'organe, *Dr. fam. 2014, n° 10, Dossier 16.* – Dreifuss-Netter, Les donneurs vivants, ou la protection des personnes en situation de vulnérabilité, *D. 2005. 1808*.

Art. L. 1231-1 *(L. n° 2004-800 du 6 août 2004, art. 9-B-II)* **Le prélèvement d'organes sur une personne vivante, qui en fait le don, ne peut être opéré que dans l'intérêt thérapeutique direct d'un receveur. Le donneur doit avoir la qualité de père ou mère du receveur.**

Par dérogation au premier alinéa, peuvent être autorisés à se prêter à un prélèvement d'organe dans l'intérêt thérapeutique direct d'un receveur son conjoint, ses frères ou sœurs, ses fils ou filles, ses grands-parents, ses oncles ou tantes, ses cousins germains et cousines germaines ainsi que le conjoint de son père ou de sa mère. Le donneur peut également être toute personne apportant la preuve d'une vie commune d'au moins deux ans avec le receveur *(L. n° 2011-814 du 7 juill. 2011, art. 7-I-1°)* **« ainsi que toute personne pouvant apporter la preuve d'un lien affectif étroit et stable depuis au moins deux ans avec le receveur.**

« En cas d'incompatibilité entre la personne ayant exprimé l'intention de don et la personne dans l'intérêt de laquelle le prélèvement peut être opéré en vertu des premier ou deuxième alinéas, rendant impossible la greffe, le donneur et le receveur potentiels peuvent se voir proposer le recours à un don croisé d'organes. Celui-ci consiste pour le receveur potentiel à bénéficier du don d'une autre personne ayant ***exprimé*** **l'intention de don et également placée dans une situation d'incompatibilité à l'égard de la personne dans l'intérêt de laquelle le prélèvement peut être opéré en vertu des premier ou deuxième alinéas, tandis que cette dernière bénéficie du don du premier donneur. En cas de mise en œuvre d'un don croisé, les actes de prélèvement et de greffe sont engagés de façon simultanée respectivement sur les deux donneurs et sur les deux receveurs. L'anonymat entre donneur et receveur est respecté. »**

Le donneur, préalablement informé par le comité d'experts mentionné à l'article L. 1231-3 des risques qu'il encourt *(L. n° 2011-814 du 7 juill. 2011, art. 7-I-1°)* **« , des conséquences éventuelles du prélèvement et, le cas échéant, des modalités du don croisé, doit exprimer son consentement au don et, le cas échéant, au don croisé » devant le président du tribunal de grande instance ou le magistrat désigné par lui, qui s'assure au préalable que le consentement est libre et éclairé et que le don est conforme aux conditions prévues aux** *(L. n° 2011-814 du 7 juill. 2011, art. 7-I-1°)*

« premier, deuxième et, le cas échéant, troisième alinéas ». En cas d'urgence vitale, le consentement est recueilli, par tout moyen, par le procureur de la République. Le consentement est révocable sans forme et à tout moment.

L'autorisation *(L. n° 2011-814 du 7 juill. 2011, art. 7-I-1°)* « de prélèvement sur une personne mentionnée » au deuxième alinéa est délivrée, postérieurement à l'expression du consentement, par le comité d'experts mentionné à l'article L. 1231-3.

Les prélèvements sur les personnes mentionnées au premier alinéa peuvent également, sauf en cas d'urgence vitale, être soumis à l'autorisation de ce comité lorsque le magistrat chargé de recueillir le consentement l'estime nécessaire.

L'Agence de la biomédecine est informée, préalablement à sa réalisation, de tout prélèvement d'organes à fins thérapeutiques sur une personne vivante.

Le Gouvernement remet au Parlement tous les quatre ans un rapport sur l'application du présent article, et notamment les dérogations autorisées au titre de son deuxième alinéa.

V. Décr. n° 2014-1288 du 23 oct. 2014 relatif aux exceptions à l'application du principe « silence vaut acceptation » sur le fondement du 4° du I de l'art. 21 de la L. n° 2000-321 du 12 avr. 2000 relative au droit des citoyens dans leurs relations avec les administrations.

BIBL. ▶ Cheynet de Beaupré, Le don croisé d'organes anticipé : une créance sur l'avenir, *Rev. Jur. Personnes et Famille, nov. 2017, n° 11.* – Leroyer, Dons croisés d'organes, *RTD civ. 2012. 778*. – Mazeaud et Bellivier, La protection du vivant à travers le contrat, *RDC 2012. 266.* – Prieur, L'assouplissement des règles relatives au don et à l'utilisation des organes et produits du corps humain, *RGDM 2011. 213.*

1. Responsabilité à l'égard du donneur. Par application de la jurisprudence du Conseil d'État *Bianchi*, la responsabilité sans faute d'un établissement hospitalier est susceptible d'être engagée en raison d'un décès consécutif à une intervention en vue d'un don d'organe, même si l'acte médical a été pratiqué au bénéfice d'un tiers et non à celui du patient lui-même (faits antérieurs à la loi du 4 mars 2002). • TA Lyon, 26 sept. 2006, *Astier*, n° 0503570 : *AJDA 2007. 319, note Chaussard*.

2. Faculté de rétractation. Un donneur consentant qui, dans la nuit précédant le prélèvement, marque son intention de quitter l'établissement hospitalier et de renoncer à ce don d'organe, doit être regardé comme s'étant rétracté ; responsabilité engagée du centre hospitalier qui n'a pas respecté cette rétractation. • CAA 29 sept. 2017, *CHU d'Angers*, n° 15NT03537 : *Lebon*.

Art. L. 1231-2 Aucun prélèvement d'organes, en vue d'un don, ne peut avoir lieu sur une personne vivante mineure ou sur une personne vivante majeure faisant l'objet d'une mesure de protection légale. — *[Anc. art. L. 671-4].*

BIBL. ▶ Dreifuss-Netter, Les donneurs vivants, ou la protection des personnes en situation de vulnérabilité, *D. 2005. 1808*. – Fresnel, L'incapable et la loi bioéthique du 6 août 2004, *LPA 10 mars 2005, n° 49, p. 3.*

Art. L. 1231-3 *(L. n° 2004-800 du 6 août 2004, art. 9-B-II)* Le comité d'experts dont l'intervention est prévue aux articles L. 1231-1, L. 1241-3 et L. 1241-4 siège en deux formations de cinq membres désignés pour trois ans par arrêté du ministre chargé de la santé. Trois de ces membres, dont deux médecins et une personne qualifiée dans le domaine des sciences humaines et sociales, sont communs aux deux formations. Lorsque le comité se prononce sur les prélèvements sur personne majeure mentionnés aux articles L. 1231-1 et L. 1241-4, il comporte un psychologue et un médecin. Lorsqu'il se prononce sur les prélèvements sur personne mineure mentionnés à l'article L. 1241-3, il comporte une personne qualifiée dans le domaine de la psychologie de l'enfant et un pédiatre. En cas d'urgence vitale, les membres du comité d'experts sont désignés par l'Agence de la biomédecine parmi les membres disponibles figurant sur l'arrêté susmentionné. Le comité ainsi constitué délivre son autorisation par tout moyen. Dans ce cas d'urgence, l'information prévue par le *(L. n° 2011-814 du 7 juill. 2011, art. 7-I-2°)* « quatrième » alinéa de l'article L. 1231-1 est délivrée par le praticien qui a posé l'indication de greffe ou par tout autre praticien du choix du donneur.

Le comité se prononce dans le respect des principes généraux énoncés au titre Ier du présent livre.

Afin d'apprécier la justification médicale *(L. n° 2011-814 du 7 juill. 2011, art. 7-I-2°)* « d'un prélèvement et d'une greffe d'organe, les risques que le prélèvement » est sus-

ceptible d'entraîner pour le donneur ainsi que ses conséquences prévisibles sur les plans physique et psychologique, le comité peut avoir accès aux informations médicales concernant le donneur et le receveur *(L. n° 2011-814 du 7 juill. 2011, art. 7-I-2°)* **« potentiels ». Ses membres sont tenus de garder secrètes les informations dont ils ont connaissance en raison de leurs fonctions.**

Les décisions prises par le comité ne sont pas motivées.

BIBL. ▶ THOUVENIN, Le prélèvement d'organes sur une personne vivante : les rôles respectifs du comité d'experts et du juge, *in Mélanges Michaud, LEH 2012, p. 349.*

Art. L. 1231-4 *(L. n° 2004-800 du 6 août 2004, art. 9-B-II)* **Les modalités d'application des dispositions du présent chapitre sont déterminées par décret en Conseil d'État, et notamment** *(L. n° 2011-814 du 7 juill. 2011, art. 7-I-3°)* **« les dispositions applicables aux dons croisés d'organes, » le nombre des comités mentionnés à l'article L. 1231-3, leur compétence territoriale, leur composition, les conditions de désignation et de rémunération de leurs membres ainsi que leurs modalités de fonctionnement, y compris en cas d'urgence vitale.**

Art. L. 1231-5 *Abrogé par L. n° 2004-800 du 6 août 2004, art. 9-B-II.*

CHAPITRE II PRÉLÈVEMENT SUR UNE PERSONNE DÉCÉDÉE

Art. L. 1232-1 *(L. n° 2004-800 du 6 août 2004, art. 9-B-III)* **Le prélèvement d'organes sur une personne dont la mort a été dûment constatée ne peut être effectué qu'à des fins thérapeutiques ou scientifiques.**

(L. n° 2016-41 du 26 janv. 2016, art. 192-I) **« Le médecin informe les proches du défunt, préalablement au prélèvement envisagé, de sa nature et de sa finalité, conformément aux bonnes pratiques arrêtées par le ministre chargé de la santé sur proposition de l'Agence de la biomédecine.**

« Ce prélèvement peut être pratiqué sur une personne majeure dès lors qu'elle n'a pas fait connaître, de son vivant, son refus d'un tel prélèvement, principalement par l'inscription sur un registre national automatisé prévu à cet effet. Ce refus est révocable à tout moment. »

L'Agence de la biomédecine est avisée, préalablement à sa réalisation, de tout prélèvement à fins thérapeutiques ou à fins scientifiques.

BIBL. ▶ LEGROS, L'extension continue des donneurs décédés pouvant être prélevés, *RGDM 2015, n° 55, p. 59.* – LEGROS et CREMER, La volonté de supprimer l'influence des proches lors des prélèvements *post mortem* : regards croisés, *RGDM 2015, n° 56, p. 99.* – Colloque La greffe... jusqu'où ? Juristes et médecins : regards croisés, *RGDM 2015, n° 55, p. 7-207.* – BINET, Le prélèvement d'organes *post mortem* en droit français : un équilibre incertain, *Dr. fam. 2014, n° 10, Dossier 15.* – DE PESQUIDOUX, De la fin de vie au prélèvement d'organes : reconnaître les soins translatifs, *RDSS 2012. 280* – GRIDEL, L'individu juridiquement mort, *D. 2000. Chron. 266-6*.

1. Constat de mort. Les modalités réglementaires de constat de la mort par les médecins ne s'imposent qu'au cas où un prélèvement d'organes est envisagé. • Civ. 1re, 19 oct. 1999 : *Bull. civ. I, n° 283* (arrêt rendu sous l'empire des textes antérieurs, transposable).

2. Dignité. Les principes déontologiques fondamentaux relatifs au respect de la personne humaine, qui s'imposent au médecin dans ses rapports avec son patient, ne cessent pas de s'appliquer avec la mort de celui-ci. • CE, ass., 2 juill. 1993, *Milhaud*, n° 124960 : *Lebon 194, concl. Kessler ; RDSS 1994. 52, concl. Kessler ; RFDA 1993. 1002, concl. Kessler ; AJDA 1993. 530, chron. Maugüé et Touvet ; D. 1994. 74, note Peyrical ; JCP 1993. II. 22133, note Gonod ; GADS, 2e éd., Dalloz, 2016, n° 13.*

3. Consentement, information. Une législation nationale qui par manque de clarté rend possible un prélèvement d'organes dans un hôpital public sans le consentement de la famille enfreint l'art. 8 Conv. EDH (droit au respect de la vie privée). • CEDH 26 juin 2014, *Petrova c/ Lettonie*, n° 4605/05, § 94 : *RTD civ. 2014. 840, note Marguénaud*. ♦ Faute d'opposition connue d'un enfant majeur quant à un prélèvement d'organes sur sa personne en cas de décès, les parents, qui n'allèguent d'ailleurs pas que leur fils aurait manifesté un tel refus, ne peuvent utilement se prévaloir d'un droit à consentir au prélèvement ; toutefois, les principes déontologiques relatifs au respect de la personne humaine qui s'imposent au médecin dans ses rapports avec son patient ne cessent pas de s'appliquer avec la mort de celui-ci ; il en résulte qu'alors même que les prélèvements effectués étaient licites, le centre hospitalier n'était pas dispensé du devoir d'information envers les parents sur l'ampleur réelle de ces prélèvements (promesse de « prélèvements limités », puis prélèvement des cornées ; carence fautive constitutive d'un préjudice moral). • TA Amiens, 14 déc. 2000, *Tesnières c/ CHR Amiens : D. 2001. 3310, note Egéa* (jugement rendu sous l'empire des textes antérieurs).

4. Violation du refus. Est fautif le prélèvement des reins, du foie et du cœur sur une personne décédée dont l'entourage avait informé l'établissement de sa volonté de s'opposer à tout prélèvement, refus qui ne figure même pas dans le registre prévu à cet effet (préjudice moral). • TA Lyon, 19 mai 1993, *de Sousa, n° 91-02.455 : Lebon 511* (jugement rendu sous l'empire des textes antérieurs).

Art. L. 1232-2 *(L. n° 2004-800 du 6 août 2004, art. 9-B-III)* **Si la personne décédée était un mineur ou un majeur sous tutelle, le prélèvement à l'une ou plusieurs des fins mentionnées à l'article L. 1232-1 ne peut avoir lieu qu'à la condition que chacun des titulaires de l'autorité parentale ou le tuteur y consente par écrit.**

Toutefois, en cas d'impossibilité de consulter l'un des titulaires de l'autorité parentale, le prélèvement peut avoir lieu à condition que l'autre titulaire y consente par écrit.

BIBL. ▸ BERNARD-XÉMARD, Prélèvements d'organes *post mortem* et incapacité juridique, *Dr. fam. juill. 2012. Étude 14.*

Registre, consultation. Si l'art. L. 1232-1 (sous son ancienne rédaction) subordonne le prélèvement d'organe sur une personne mineure au consentement exprès des titulaires de l'autorité parentale, il ne dispense pas pour autant les praticiens de s'assurer, en outre, que la personne concernée, même mineure, n'a pas fait connaître, de son vivant, son refus d'un tel prélèvement, notamment en vérifiant qu'elle ne s'est pas inscrite sur le registre national automatisé si elle est âgée de treize ans au moins, ou en recueillant le témoignage de sa famille. • CAA Lyon, 3 nov. 2009, *M. et Mme A. c/ Hospices civils de Lyon*, n° 06LY02462.

Art. L. 1232-3 *(L. n° 2004-800 du 6 août 2004, art. 9-B-III)* **Les prélèvements à des fins scientifiques ne peuvent être pratiqués que dans le cadre de protocoles transmis, préalablement à leur mise en œuvre, à l'Agence de la biomédecine. Le ministre chargé de la recherche peut suspendre ou interdire la mise en œuvre de tels protocoles, lorsque la nécessité du prélèvement ou la pertinence de la recherche n'est pas établie.**

Art. L. 1232-4 **Les médecins qui établissent le constat de la mort, d'une part, et ceux qui effectuent le prélèvement ou la** *(L. n° 2004-800 du 6 août 2004, art. 9-B-III)* **« greffe », d'autre part, doivent faire partie d'unités fonctionnelles ou de services distincts.**

Art. L. 1232-5 *(L. n° 2004-800 du 6 août 2004, art. 9-B-III)* **Les médecins ayant procédé à un prélèvement ou à une autopsie médicale sur une personne décédée sont tenus de s'assurer de la meilleure restauration possible du corps.**

Dignité. L'autopsie pratiquée dans le respect des règles de l'art. L. 671-9 (actuel art. L. 1232-5) ne saurait être regardée comme une atteinte à l'intégrité du cadavre. • TA Nantes, 6 janv. 2000 : *JCP 2000. II. 10396, note Prieur.*

Art. L. 1232-6 **Les modalités d'application des dispositions du présent chapitre sont déterminées par décret en Conseil d'État et notamment :**

1° *(L. n° 2004-800 du 6 août 2004, art. 9-B-III)* **« Les conditions dans lesquelles est établi le constat de la mort prévu au premier alinéa de l'article L. 1232-1 » ;**

(L. n° 2016-41 du 26 janv. 2016, art. 192-II) **« 2° Les modalités selon lesquelles le refus prévu au dernier alinéa du même article peut être exprimé et révoqué ainsi que les conditions dans lesquelles le public et les usagers du système de santé sont informés de ces modalités ; »**

3° *(L. n° 2004-800 du 6 août 2004, art. 9-B-III)* **« Les modalités d'interdiction ou de suspension des protocoles mentionnés à l'article L. 1232-3 par le ministre chargé de la recherche ainsi que les modalités de transmission, par l'Agence de la biomédecine, des informations dont elle dispose sur lesdits protocoles. »**

CHAPITRE III ÉTABLISSEMENTS AUTORISÉS À PRÉLEVER DES ORGANES

Art. L. 1233-1 *(L. n° 2004-800 du 6 août 2004, art. 9-B-IV)* **« Les prélèvements d'organes en vue de don à des fins thérapeutiques ne peuvent être pratiqués que dans**

des établissements de santé autorisés à cet effet par l'autorité administrative après avis de l'Agence de la biomédecine. »

L'autorisation est délivrée pour une durée de cinq ans. Elle est renouvelable.

(L. nº 2004-800 du 6 août 2004, art. 11) **« Tous les établissements de santé, qu'ils soient autorisés ou non, participent à l'activité de prélèvement d'organes et de tissus en s'intégrant dans des réseaux de prélèvement. »**

En application des art. L. 231-5 et L. 231-6 du CRPA, le délai à l'expiration duquel le silence gardé par l'administration vaut décision de rejet est de six mois pour les demandes d'autorisation des établissements de santé pour les prélèvements d'organes en vue d'un don (Décr. nº 2014-1286 du 23 oct. 2014, art. 1er et 2).

Art. L. 1233-2 **Aucune rémunération à l'acte ne peut être perçue par les praticiens effectuant des prélèvements d'organes** *(L. nº 2004-800 du 6 août 2004, art. 9-B-IV)* **« en vue de don » au titre de cette activité.**

Art. L. 1233-3 *(L. nº 2004-800 du 6 août 2004, art. 9-B-IV)* **Dans les établissements de santé titulaires de l'autorisation mentionnée à l'article L. 1233-1, il est créé un lieu de mémoire destiné à l'expression de la reconnaissance aux donneurs d'éléments de leur corps en vue de greffe.**

Art. L. 1233-4 *(L. nº 2004-800 du 6 août 2004, art. 9-B-IV)* **Les modalités d'application des dispositions du présent chapitre sont déterminées par décret en Conseil d'État et notamment les conditions techniques, sanitaires et médicales et les conditions propres à garantir un fonctionnement conforme aux principes généraux énoncés au titre Ier du présent livre, que doivent remplir les établissements de santé pour pouvoir être autorisés à effectuer des prélèvements d'organes** *(L. nº 2004-800 du 6 août 2004, art. 9-B-IV)* **« à fins de greffe ».**

CHAPITRE IV GREFFES D'ORGANES *(L. nº 2004-800 du 6 août 2004, art. 9-B-V).*

Art. L. 1234-1 *(L. nº 2004-800 du 6 août 2004, art. 9-B-V)* **Les dispositions de l'article L. 1243-2 sont applicables aux organes lorsqu'ils peuvent être conservés. La liste de ces organes est fixée par décret.**

Pour l'application aux organes de ces dispositions, la délivrance de l'autorisation mentionnée à l'article L. 1243-2 est subordonnée aux conditions prévues à l'article L. 1243-7.

Art. L. 1234-2 **Les** *(L. nº 2004-800 du 6 août 2004, art. 9-B-V)* **« greffes » d'organes sont effectuées dans les établissements de santé autorisés à cet effet dans des conditions prévues par les dispositions des chapitres Ier et II du titre II du livre Ier de la partie VI du présent code** *(L. nº 2004-800 du 6 août 2004, art. 9-B-V)* **« , après avis de l'Agence de la biomédecine ».**

Peuvent recevoir l'autorisation d'effectuer des *(L. nº 2004-800 du 6 août 2004, art. 9-B-V)* **« greffes » d'organes les établissements qui sont autorisés à effectuer des prélèvements d'organes en application de l'article L. 1233-1, et qui assurent, en outre, des activités d'enseignement médical et de recherche médicale selon les dispositions du chapitre II du titre IV du livre Ier de la partie VI du présent code, ainsi que les établissements de santé liés** *(Ord. nº 2010-177 du 23 févr. 2010, art. 1er-4º)* **« aux précédents par la convention mentionnée à l'article L. 6142-5 ».**

Art. L. 1234-3 **Aucune rémunération à l'acte ne peut être perçue par les praticiens effectuant des** *(L. nº 2004-800 du 6 août 2004, art. 9-B-V)* **« greffes » d'organes au titre de ces activités.**

Art. L. 1234-3-1 *(Ord. nº 2010-177 du 23 févr. 2010, art. 17-1º)* **« Le »** *(Ord. nº 2018-21 du 17 janv. 2018, art. 1er)* **« schéma régional ou interrégional de santé »** *(L. nº 2004-800 du 6 août 2004, art. 9-B-V)* **« est arrêté par l'autorité compétente après avis de l'Agence de la biomédecine lorsqu'il concerne l'activité de greffes d'organes. »**

Art. L. 1234-4 **Les modalités d'application des dispositions du présent chapitre sont déterminées par décret en Conseil d'État.**

CHAPITRE V DISPOSITIONS COMMUNES

Art. L. 1235-1 *(L. nº 2004-800 du 6 août 2004, art. 9-B-VI)* Seuls les établissements de santé autorisés à prélever des organes en application de l'article L. 1233-1 peuvent les exporter à des fins thérapeutiques.

Seuls les établissements de santé autorisés à greffer des organes en application des dispositions de l'article L. 1234-2 peuvent les importer à des fins thérapeutiques.

Seuls peuvent importer ou exporter des organes à des fins scientifiques les organismes autorisés par le ministre chargé de la recherche après avis de l'Agence de la biomédecine.

Art. L. 1235-2 *(L. nº 2004-800 du 6 août 2004, art. 9-B-VI)* Les organes prélevés à l'occasion d'une intervention chirurgicale, pratiquée dans l'intérêt de la personne opérée, peuvent être utilisés à des fins thérapeutiques ou scientifiques, sauf opposition exprimée par elle après qu'elle a été informée de l'objet de cette utilisation.

Lorsque cette personne est un mineur ou un majeur sous tutelle, l'utilisation ultérieure des organes ainsi prélevés est en outre subordonnée à l'absence d'opposition des titulaires de l'autorité parentale ou du tuteur, dûment informés de l'objet de cette utilisation. Le refus du mineur ou du majeur sous tutelle fait obstacle à cette utilisation.

Les organes ainsi prélevés sont soumis aux dispositions du titre Ier, à l'exception du premier alinéa de l'article L. 1211-2, et à celles des chapitres III et IV du présent titre.

Art. L. 1235-3 *(L. nº 2004-800 du 6 août 2004, art. 9-B-VI)* Tout prélèvement d'organes effectué dans les conditions prévues par le chapitre III du présent titre est une activité médicale.

Art. L. 1235-4 *(L. nº 2004-800 du 6 août 2004, art. 9-B-VI)* Pour l'application du présent titre, les prélèvements opérés dans le cadre des recherches impliquant la personne humaine au sens de l'article L. 1121-1 sont regardés comme des prélèvements à des fins thérapeutiques, sans préjudice des dispositions du titre II du livre Ier de la présente partie relatives à la protection des personnes qui se prêtent à des recherches impliquant la personne humaine.

Art. L. 1235-5 *(L. nº 2004-800 du 6 août 2004, art. 9-B-VI)* Les règles de bonnes pratiques qui s'appliquent au prélèvement, à la préparation, à la conservation, au transport et à l'utilisation des organes du corps humain sont élaborées par l'Agence de la biomédecine après avis de *(L. nº 2011-2012 du 29 déc. 2011, art. 5-IV)* « l'Agence nationale de sécurité du médicament et des produits de santé ». Ces règles sont approuvées par arrêté du ministre chargé de la santé.

Art. L. 1235-6 *(L. nº 2004-800 du 6 août 2004, art. 9-B-VI)* Les modalités d'application des dispositions du présent chapitre sont déterminées par décret en Conseil d'État.

Art. L. 1235-7 *(L. nº 2002-73 du 17 janv. 2002, art. 11-III-2º ; L. nº 2004-800 du 6 août 2004, art. 9-B-VI)* Les dispositions du présent titre s'appliquent aux hôpitaux des armées. Un décret en Conseil d'État détermine les adaptations qui peuvent être apportées, en ce qui concerne ces hôpitaux, aux procédures d'autorisation applicables aux établissements de santé.

TITRE QUATRIÈME TISSUS, CELLULES, PRODUITS DU CORPS HUMAIN ET LEURS DÉRIVÉS *(L. nº 2004-800 du 6 août 2004, art. 12-A-I)*.

COMMENTAIRE

V. Commentaire reproduit sur Dalloz.fr.

CHAPITRE PREMIER PRÉLÈVEMENT ET COLLECTE

BIBL. ▸ Dict. perm. Santé, bioéthique et biotechnologies, étude « Tissus, cellules et produits d'origine humaine », *Éd. législatives*. – MAILLOLS, Cellules souches, l'humain médicament, *RGDM juill. 2006, nº hors-série, p. 181*.

Art. L. 1241-1 *(L. nº 2004-800 du 6 août 2004, art. 12-A-II)* Le prélèvement de tissus ou de cellules ou la collecte de produits du corps humain sur une personne vivante en

vue de don ne peut être opéré que dans un but thérapeutique ou scientifique ou de réalisation ou de contrôle des dispositifs médicaux de diagnostic *in vitro* ou de contrôle de qualité des examens de biologie médicale ou dans le cadre des expertises et des contrôles techniques réalisés sur les tissus ou sur les cellules ou sur les produits du corps humain par *(L. n° 2011-2012 du 29 déc. 2011, art. 5-IV)* **« l'Agence nationale de sécurité du médicament et des produits de santé » en application du 1° de l'article L. 5311-2. Seuls peuvent être prélevés en vue de don à des fins thérapeutiques les tissus figurant sur une liste prévue à cet effet, à l'exception des tissus prélevés dans le cadre d'une recherche impliquant la personne humaine.**

Le prélèvement de tissus ou de cellules autres que les cellules hématopoïétiques *(Abrogé par L. n° 2011-814 du 7 juill. 2011, art. 17-II-1°) « issues de la moelle osseuse »*, **ou la collecte de produits du corps humain en vue de don à des fins thérapeutiques ou en vue de réalisation ou de contrôle des dispositifs médicaux de diagnostic *in vitro* ou en vue du contrôle de qualité des examens de biologie médicale ou dans le cadre des expertises et des contrôles techniques réalisés sur les tissus ou sur les cellules ou sur les produits du corps humain par** *(L. n° 2011-2012 du 29 déc. 2011, art. 5-IV)* **« l'Agence nationale de sécurité du médicament et des produits de santé » en application du 1° de l'article L. 5311-2 ne peut avoir lieu qu'à la condition que le donneur, dûment informé de l'objet du prélèvement ou de la collecte et de leurs conséquences et des risques qui y sont attachés, ait donné son consentement par écrit. Ce consentement est révocable sans forme et à tout moment. Toutefois, les conditions d'expression du consentement et d'obtention d'une autorisation prévues à l'article L. 1231-1 s'appliquent, lorsque la nature du prélèvement et ses conséquences pour le donneur le justifient.**

(L. n° 2011-814 du 7 juill. 2011, art. 17-II-1°) **« Le prélèvement, en vue de don à des fins thérapeutiques, de cellules hématopoïétiques recueillies par prélèvement dans la moelle osseuse ou dans le sang périphérique » ne peut avoir lieu qu'à la condition que le donneur, préalablement informé des risques qu'il encourt et des conséquences éventuelles du prélèvement, ait exprimé son consentement devant le président du tribunal de grande instance ou le magistrat désigné par lui, qui s'assure au préalable que le consentement est libre et éclairé. En cas d'urgence vitale, le consentement est recueilli, par tout moyen, par le procureur de la République. Le consentement est révocable sans forme et à tout moment.**

(L. n° 2011-814 du 7 juill. 2011, art. 18-1°) **« Le prélèvement de cellules hématopoïétiques du sang de cordon et du sang placentaire ainsi que de cellules du cordon et du placenta ne peut être effectué qu'à des fins scientifiques ou thérapeutiques, en vue d'un don anonyme et gratuit, et à la condition que la femme, durant sa grossesse, ait donné son consentement par écrit au prélèvement et à l'utilisation de ces cellules, après avoir reçu une information sur les finalités de cette utilisation. Ce consentement est révocable sans forme et à tout moment tant que le prélèvement n'est pas intervenu. Par dérogation, le don peut être dédié à l'enfant né ou aux frères ou sœurs de cet enfant en cas de nécessité thérapeutique avérée et dûment justifiée lors du prélèvement. »**

1. Conservation des cellules placentaires pour usage ultérieur. Le législateur a estimé que les greffes, dans le cadre familial, des cellules hématopoïétiques ne présentaient pas d'avantage thérapeutique avéré par rapport aux autres greffes ; il n'appartient pas au Conseil constitutionnel de remettre en cause ces dispositions. • Cons. const. 16 mai 2012, *Sté Cryo-Save France, n° 2012-249 QPC : RLDC juill. 2012, n° 95, p. 62, note Roche ; RFDC 2012. 874, note Nicolas ; Constitutions 2012. 474, chron. X. Bioy et E. Rial-Sebbag ; RDSS 2012. 851, note Lohéac-Derboulle*. ♦ De même, il n'appartient pas au Conseil constitutionnel de substituer son appréciation à celle du législateur sur les conditions dans lesquelles de telles cellules peuvent être prélevées et les utilisations auxquelles elles sont destinées. • Même décision. ♦ Cette décision a été rendue sur question du Conseil d'État, à propos de l'art. L. 1241-1, al. 3, issu de la L. n° 2011-814 du 7 juill. 2011, en tant que cette disposition limite le prélèvement de cellules hématopoïétiques du sang de cordon et du sang placentaire ainsi que de cellules du cordon et du placenta à des fins scientifiques ou thérapeutiques en vue d'un don anonyme et gratuit, et ne prévoit pas de dérogation au caractère anonyme du don au bénéfice de l'enfant né ou des frères ou sœurs de cet enfant, sauf nécessité thérapeutique avérée lors du prélèvement. • CE 19 mars 2012, *Sté Cryo-Save France*, n° 348764 : *Lebon*.

2. Prélèvement à des fins autologues. L'art. L. 1241-1 ne s'applique qu'au prélèvement sur une personne vivante en vue de don et non aux prélèvements de produits du corps humain à finalité autologue, lesquels restent toutefois interdits en vertu de l'art. L. 1211-1. • CE 4 nov. 2015, *Sté Regen Lab*, n° 375056.

3. Avis du CCNE. Il n'y a pas de raisons d'envisager l'autorisation et le développement de biobanques à visée exclusive de substitution de moelle autologue, de nature privée à but lucratif, dans la seule indication de l'autogreffe de moelle éventuelle ; elles ne sont pas souhaitées par l'immense majorité des futures mères interrogées ; de plus, les biobanques à caractère familial ne sauraient être exclusivement privées, compte tenu, notamment, de la pauvreté habituelle de la population majoritairement concernée par ces cas (principes éthiques de justice et de solidarité). * CCNE, avis n° 117, 23 févr. 2012.

Art. L. 1241-2 Aucun prélèvement de tissus ou de cellules, aucune collecte de produits du corps humain *(L. n° 2004-800 du 6 août 2004, art. 12-A-II)* « en vue de don » ne peut avoir lieu sur une personne vivante mineure ou sur une personne vivante majeure faisant l'objet d'une mesure de protection légale.

Art. L. 1241-3 *(L. n° 2004-800 du 6 août 2004, art. 12-A-II)* Par dérogation aux dispositions de l'article L. 1241-2, en l'absence d'autre solution thérapeutique, un prélèvement de cellules hématopoïétiques *(L. n° 2011-814 du 7 juill. 2011, art. 17-II-2°)* « recueillies par prélèvement dans la moelle osseuse ou dans le sang périphérique » peut être fait sur un mineur au bénéfice de son frère ou de sa sœur.

Lorsqu'un tel prélèvement n'est pas possible et en l'absence d'autre solution thérapeutique *(L. n° 2011-814 du 7 juill. 2011, art. 17-II-2°)* « appropriée », le prélèvement de cellules hématopoïétiques issues de la mœlle osseuse peut, à titre exceptionnel, être fait sur un mineur au bénéfice de son cousin germain ou de sa cousine germaine, de son oncle ou de sa tante, de son neveu ou de sa nièce.

Dans tous les cas, ce prélèvement ne peut être pratiqué que sous réserve du consentement de chacun des titulaires de l'autorité parentale ou du représentant légal du mineur informés des risques encourus par le mineur et des conséquences éventuelles du prélèvement par le praticien qui a posé l'indication de greffe ou par tout autre praticien de leur choix. Le consentement est exprimé devant le président du tribunal de grande instance ou le magistrat désigné par lui, qui s'assure au préalable que le consentement est libre et éclairé. En cas d'urgence vitale, le consentement est recueilli, par tout moyen, par le procureur de la République. Le consentement est révocable sans forme et à tout moment.

L'autorisation d'effectuer le prélèvement est accordée par le comité d'experts mentionné à l'article L. 1231-3 qui s'assure au préalable *(L. n° 2011-814 du 7 juill. 2011, art. 17-II-2°)* « que, notamment au regard des règles de bonnes pratiques mentionnées à l'article L. 1245-6, les conditions de réalisation du prélèvement ne comportent aucun risque pour le mineur compte tenu de son âge ou de son développement, » que tous les moyens ont été mis en œuvre pour trouver un donneur majeur *(L. n° 2011-814 du 7 juill. 2011, art. 17-II-2°)* « suffisamment » compatible pour le receveur et que le mineur a été informé du prélèvement envisagé en vue d'exprimer sa volonté, s'il y est apte. En ce cas, le refus du mineur fait obstacle au prélèvement.

En application des art. L. 231-5 et L. 231-6 du CRPA, le silence gardé pendant deux mois par l'administration vaut décision de rejet pour les demandes d'autorisation d'effectuer le prélèvement de cellules hématopoïétiques accordée par le comité d'experts mentionné à l'article L. 1231-3, sur un mineur au bénéfice de son frère ou de sa sœur (Décr. n° 2014-1286 du 23 oct. 2014, art. 1er et 2).

Art. L. 1241-4 *(L. n° 2004-800 du 6 août 2004, art. 12-A-II)* Par dérogation aux dispositions de l'article L. 1241-2, en l'absence d'autre solution thérapeutique, un prélèvement de cellules hématopoïétiques *(L. n° 2011-814 du 7 juill. 2011, art. 17-II-3°)* « recueillies par prélèvement dans la moelle osseuse ou dans le sang périphérique » peut être fait sur une personne vivante majeure faisant l'objet d'une mesure de protection légale au bénéfice de son frère ou de sa sœur.

Si la personne protégée fait l'objet d'une mesure de tutelle, ce prélèvement est subordonné à une décision du juge des tutelles compétent qui se prononce après avoir recueilli l'avis de la personne concernée lorsque cela est possible, du tuteur et du comité d'experts mentionné à l'article L. 1231-3.

Si la personne protégée fait l'objet d'une mesure de curatelle ou de sauvegarde de justice et si le juge des tutelles compétent estime, après l'avoir entendue, que la personne protégée a la faculté de consentir au prélèvement, celui-ci est subordonné à une autorisation du comité d'experts mentionné à l'article L. 1231-3, après recueil du consentement de l'intéressé dans les conditions prévues à l'article L. 1241-3. Hors les cas où la personne protégée a la faculté de consentir au prélèvement, celui-ci ne peut être pratiqué que dans les conditions prévues au deuxième alinéa du présent article.

En l'absence d'autre solution thérapeutique *(L. nº 2011-814 du 7 juill. 2011, art. 17-II-3º)* « appropriée », le prélèvement de cellules hématopoïétiques issues de la mœlle osseuse peut, à titre exceptionnel, être effectué sur une personne protégée au bénéfice de son cousin germain ou de sa cousine germaine, de son oncle ou de sa tante, de son neveu ou de sa nièce. Toutefois, seules peuvent faire l'objet d'un prélèvement les personnes protégées qui font l'objet d'une mesure de curatelle ou de sauvegarde de justice et qui ont été reconnues comme ayant la faculté de consentir au prélèvement par le juge des tutelles compétent après avoir été entendues par celui-ci. Le consentement est recueilli et l'autorisation de prélèvement est délivrée par le comité d'experts dans les conditions prévues au troisième alinéa.

Avant de formuler l'avis mentionné au deuxième alinéa ou de délivrer les autorisations prévues aux troisième et quatrième alinéas, le comité d'experts mentionné à l'article L. 1231-3 s'assure que tous les moyens ont été mis en œuvre pour trouver un donneur majeur *(L. nº 2011-814 du 7 juill. 2011, art. 17-II-3º)* « suffisamment » compatible pour le receveur.

Le refus de la personne protégée fait obstacle au prélèvement. — *V. art. R. 1241-1 et R. 1241-2.*

En application des art. L. 231-5 et L. 231-6 du CRPA, le silence gardé pendant deux mois par l'administration vaut décision de rejet pour les demandes d'autorisation d'effectuer le prélèvement de cellules hématopoïétiques accordée par le comité d'experts mentionné à l'article L. 1231-3, sur un majeur faisant l'objet d'une mesure de protection légale, au bénéfice de son frère ou de sa sœur (Décr. nº 2014-1286 du 23 oct. 2014, art. 1er et 2).

Art. L. 1241-5 *(L. nº 2004-800 du 6 août 2004, art. 27)* Des tissus ou cellules embryonnaires ou fœtaux ne peuvent être prélevés, conservés et utilisés à l'issue d'une interruption de grossesse qu'à des fins diagnostiques, thérapeutiques ou scientifiques. La femme ayant subi une interruption de grossesse donne son consentement écrit après avoir reçu une information appropriée sur les finalités d'un tel prélèvement. Cette information doit être postérieure à la décision prise par la femme d'interrompre sa grossesse.

Un tel prélèvement ne peut avoir lieu si la femme ayant subi l'interruption de grossesse est mineure ou fait l'objet d'une mesure de protection légale, sauf s'il s'agit de rechercher les causes de l'interruption de grossesse. Dans ce cas, la femme ayant subi cette interruption de grossesse doit avoir reçu auparavant une information sur son droit de s'opposer à un tel prélèvement.

Les tissus et cellules embryonnaires ou fœtaux prélevés à l'occasion d'une interruption de grossesse, lorsqu'ils sont conservés en vue d'une utilisation ultérieure, sont soumis aux seules dispositions des articles L. 1211-1, L. 1211-3 à L. 1211-7 et du chapitre III du présent titre.

Les prélèvements à des fins scientifiques autres que ceux ayant pour but de rechercher les causes de l'interruption de grossesse ne peuvent être pratiqués que dans le cadre de protocoles transmis, préalablement à leur mise en œuvre, à l'Agence de la biomédecine. L'agence communique la liste de ces protocoles, accompagnée le cas échéant de son avis sur ces derniers, au ministre chargé de la recherche. Celui-ci peut suspendre ou interdire la réalisation de ces protocoles, lorsque leur pertinence scientifique ou la nécessité du prélèvement n'est pas établie, ou lorsque le respect des principes éthiques n'est pas assuré.

Art. L. 1241-6 *(L. nº 2004-800 du 6 août 2004, art. 12-A-II)* Le prélèvement de tissus et de cellules et la collecte de produits du corps humain sur une personne dont la mort a été dûment constatée ne peuvent être effectués qu'à des fins thérapeutiques ou scientifiques et dans les conditions prévues au chapitre II du titre III.

Art. L. 1241-7 *(L. nº 2004-800 du 6 août 2004, art. 12-A-II)* Les modalités d'application du présent chapitre sont déterminées par décret en Conseil d'État, et notamment :

1º La liste des tissus mentionnés au premier alinéa de l'article L. 1241-1 pouvant être prélevés, en vue de don à des fins thérapeutiques, sur une personne vivante ;

2° Les tissus et les cellules mentionnés au deuxième alinéa de l'article L. 1241-1 dont le prélèvement est soumis à l'une ou plusieurs des conditions prévues à l'article L. 1231-1 ;

3° Les situations médicales et les conditions dans lesquelles le prélèvement prévu à l'article L. 1241-6 est autorisé.

CHAPITRE II AUTORISATION DES ÉTABLISSEMENTS EFFECTUANT DES PRÉLÈVEMENTS

Art. L. 1242-1 *(L. n° 2004-800 du 6 août 2004, art. 12-A-III)* Les tissus du corps humain ne peuvent être prélevés en vue de don à des fins thérapeutiques que dans des établissements de santé autorisés à cet effet par l'autorité administrative après avis de l'Agence de la biomédecine.

(L. n° 2011-814 du 7 juill. 2011, art. 19-I) « Les cellules à fins d'administration autologue ou allogénique ne peuvent être prélevées que dans des établissements de santé autorisés à cet effet par le directeur général de l'agence régionale de santé après avis de l'Agence de la biomédecine. Les cellules du sang destinées à la préparation de produits cellulaires à finalité thérapeutique mentionnés à l'article L. 1243-1 peuvent également être prélevées par l'Établissement français du sang soit dans ses établissements de transfusion sanguine, s'ils ont été autorisés dans les conditions applicables aux établissements de santé, soit dans des établissements de santé autorisés. »

Par dérogation à l'alinéa précédent, peuvent être prélevées à fins d'administration autologue dans tous les établissements de santé et par les médecins et les chirurgiens-dentistes exerçant en dehors des établissements de santé les catégories de cellules figurant sur une liste arrêtée par le ministre chargé de la santé, sur proposition de *(L. n° 2011-2012 du 29 déc. 2011, art. 5-IV)* « l'Agence nationale de sécurité du médicament et des produits de santé » et après avis de l'Agence de la biomédecine, à condition que les prélèvements soient faits dans le respect des règles de bonnes pratiques arrêtées selon les mêmes modalités.

Les autorisations prévues aux premier et deuxième alinéas sont délivrées pour une durée de cinq ans. Elles sont renouvelables.

(Ord. n° 2007-613 du 26 avr. 2007, art. 7-II) « Cet article ne s'applique pas aux éléments et produits du corps humain mentionnés à l'article L. 1211-8. »

En application des art. L. 231-5 et L. 231-6 du CRPA, le silence gardé pendant deux mois par l'administration vaut décision de rejet pour les demandes d'autorisation de prélèvement de tissus du corps humain en vue de don à des fins thérapeutiques accordée aux établissements de santé. Il en est de même pour les demandes d'autorisation accordée aux établissements de santé de prélèvement de cellules à des fins d'administration autologue ou allogénique et à l'Établissement français du sang, ses établissements de transfusion sanguine ou aux établissements de santé de prélèvement de cellules du sang destinées à la préparation de produits cellulaires à finalité thérapeutique (Décr. n° 2014-1286 du 23 oct. 2014, art. 1er et 2).

Art. L. 1242-2 Aucune rémunération à l'acte ne peut être perçue par les praticiens effectuant des prélèvements de tissus *(L. n° 2004-800 du 6 août 2004, art. 12-A-III)* « et de cellules en vue de don » au titre de cette activité.

Art. L. 1242-3 Les modalités d'application du présent chapitre sont déterminées par décret en Conseil d'État, et notamment les conditions techniques, sanitaires et médicales et les conditions propres à garantir un fonctionnement conforme aux principes généraux énoncés au titre Ier du présent livre, que doivent remplir les établissements de santé pour pouvoir être autorisés à effectuer des prélèvements de tissus ou de cellules *(L. n° 2004-800 du 6 août 2004, art. 12-A-III)* « mentionnés aux deux premiers alinéas de l'article L. 1242-1 ».

CHAPITRE III PRÉPARATION, CONSERVATION ET UTILISATION DES TISSUS, DES CELLULES ET DE LEURS DÉRIVÉS

(L. n° 2004-800 du 6 août 2004, art. 12-A-IV)

BIBL. ► DUPONT, Conservation d'éléments du corps humain et banques biologiques, *Droit médical et hospitalier, Litec, fasc. 34-2.* – BIOY, Vers une politique publique des « biobanques », *RDSS 2010. 885.* – MARVILLE, HAYE et KATZ, Quel statut pour les banques de sang de cordon ombilical ?, *Méd. et droit mai-juin 2010, n° 102, p. 81.* – Bellivier et Noiville, Les biobanques, *Que sais-je ?, PUF, 2009.* – Thouvenin, Les banques de tissus et d'organes : les mots pour les dire, les règles pour les organiser, *LPA 18 févr. 2005, n° 35, p. 31.*

Art. L. 1243-1 **A l'exception des produits sanguins labiles, sont des produits cellulaires à finalité thérapeutique les cellules humaines utilisées à des fins thérapeutiques autologues ou allogéniques, quel que soit leur niveau de transformation, y compris leurs dérivés.**

Lorsque ces produits cellulaires à finalité thérapeutique sont des spécialités pharmaceutiques ou d'autres médicaments fabriqués industriellement, ils sont régis par les dispositions du titre II du livre Ier de la cinquième partie. Dans les autres cas, ce sont des préparations de thérapie cellulaire régies par les dispositions du présent chapitre, y compris lorsque les cellules humaines servent à transférer du matériel génétique.

Art. L. 1243-2 **Peuvent assurer la préparation, la conservation, la distribution et la cession, à des fins thérapeutiques autologues ou allogéniques, des tissus et de leurs dérivés et des préparations de thérapie cellulaire, les établissements et les organismes autorisés à cet effet, après avis de l'Agence de la biomédecine, par** *(L. n° 2011-2012 du 29 déc. 2011, art. 5-IV)* **« l'Agence nationale de sécurité du médicament et des produits de santé » qui s'assure du respect des dispositions du titre Ier du présent livre.**

(L. n° 2012-387 du 22 mars 2012, art. 122-I) **« L'autorisation délivrée par l'Agence nationale de sécurité du médicament et des produits de santé, conformément à l'article 6 de la directive 2004/23/CE du Parlement européen et du Conseil du 31 mars 2004 relative à l'établissement de normes de qualité et de sécurité pour le don, l'obtention, le contrôle, la transformation, la conservation, le stockage et la distribution des tissus et cellules humains, précise la catégorie de tissus et leurs dérivés ou de préparations de thérapie cellulaire et mentionne les accords passés entre un établissement et des tiers pour la réalisation de ces activités, les procédés de préparation et de conservation mis en œuvre ainsi que les indications thérapeutiques reconnues.**

« Toute modification substantielle des éléments figurant dans l'autorisation initiale qui affecte une ou plusieurs des activités exercées par l'établissement ou l'organisme autorisé doit faire l'objet d'une nouvelle autorisation. » *(Ord. n° 2007-613 du 26 avr. 2007, art. 8-I)* **« Les autres modifications sont soumises à une déclaration auprès du directeur général de** *(L. n° 2011-2012 du 29 déc. 2011, art. 5-IV)* **« l'Agence nationale de sécurité du médicament et des produits de santé ». »**

(L. n° 2011-814 du 7 juill. 2011, art. 18-2°) **« Seules peuvent être préparées, conservées, distribuées ou cédées les cellules du sang de cordon et du sang placentaire ainsi que les cellules du cordon et du placenta prélevées dans les conditions mentionnées au dernier alinéa de l'article L. 1241-1. Chacun de ces établissements consacre une part de son stockage au don dédié mentionné à ce même dernier alinéa. »**

(L. n° 2012-387 du 22 mars 2012, art. 122-I) **« L'Agence de la biomédecine est informée des autorisations délivrées en application du présent article. »**

En application des art. L. 231-5 et L. 231-6 du CRPA, le silence gardé pendant six mois par l'administration vaut décision de rejet pour les demandes d'autorisation accordée aux établissements et organismes pour assurer la préparation, la conservation, la distribution et la cession, à des fins thérapeutiques autologues ou allogéniques, des tissus et de leurs dérivés et des préparations de thérapie cellulaire (Décr. n° 2014-1286 du 23 oct. 2014, art. 1er et 2).

En application des art. L. 231-5 et L. 231-6 du CRPA, le silence gardé pendant quatre mois par l'administration vaut décision de rejet pour les demandes d'autorisation de modification substantielle des éléments figurant sur la demande initiale d'autorisation, qui affecte une ou plusieurs des activités exercées par l'établissement ou l'organisme autorisé (Décr. n° 2014-1286 du 23 oct. 2014, art. 1er et 2).

1. Applicabilité. Si les arrêtés fixant le contenu des dossiers de demande doivent être regardés comme ayant été implicitement abrogés sans qu'aucun nouvel arrêté ne soit intervenu, les dispositions de l'art. L. 1243-2 ne sont pas pour autant manifestement inapplicables, dès lors que l'art. R. 1243-4 fixe de façon exhaustive et précise le contenu du dossier de demande d'autorisation, et ne renvoie à un arrêté ministériel que la fixation du modèle de ce dossier : rejet du recours pour excès de pouvoir contre le refus implicite d'édicter cet arrêté. • CE 29 juin 2011, *Sté Cryo Save France*, n° 343188 : *Lebon ; Gaz. Pal. 1er-4 juin 2011, p. 44, note Chiocarello.*

2. Conditions de l'autorisation. L'autorisation prévue à l'art. L. 1243-2, al. 3, est soumise au respect par le demandeur des dispositions des art. L. 1211-1 et L. 1211-5. • CE 4 mai 2011, *Sté Cryo Save France*, n° 342640 : *Gaz. Pal. 1er-4 juin 2011, p. 44, note Chiocarello* (V. aussi note ss. l'art. L. 1211-1).

3. Conservation pour usage autologue. Le législateur, en adoptant les art. L. 1243-2 et L. 1245-5, n'a pas entendu autoriser les activités de préparation, de conservation, de distribution, de cession des tissus et de leurs dérivés et des préparations de thérapie cellulaire ni celles d'importation et d'exportation de ces éléments en dehors d'une finalité thérapeutique avérée ; or des activités, d'une part, de conservation et de distribution de suspensions tissulaires extraites à partir de pulpes dentaires pour un usage autologue ultérieur et, d'autre part, d'exportation de suspensions tissulaires issues de pulpes dentaires vers une banque de conservation, le tout moyennant rémunération, n'apparaissent pas comme exercées dans une finalité thérapeutique avérée ; il s'ensuit qu'un tel projet économique ne pouvait être autorisé. • CAA Lyon, 4 juill. 2013, *Institut Clinident Biopharma*, n° 12LY01194 : *D. 2013. 2452, note Égéa*. ♦ Il ne saurait être sérieusement soutenu que l'art. 6 de la directive 2004/23/CE du Parlement et du Conseil du 31 mars 2004 fait obstacle à ce que la législation d'un État membre limite la délivrance d'une autorisation aux seuls établissements de tissus pour lesquels il existe une finalité thérapeutique avérée de l'utilisation des tissus et cellules au moment de la délivrance de l'autorisation. • Même arrêt.

Art. L. 1243-2-1 *(Ord. n° 2007-613 du 26 avr. 2007, art. 8-II)* Le respect, dans les établissements autorisés au titre de l'article L. 1243-2, des dispositions législatives et réglementaires relatives à la qualité et la sécurité des tissus et de leurs dérivés et des préparations de thérapie cellulaire, est garanti par une personne responsable désignée dans des conditions prévues par décret en Conseil d'État.

Au sein de l'Établissement français du sang, la personne responsable a autorité sur les directeurs des établissements de transfusion sanguine pour l'exercice de cette mission.

Art. L. 1243-3 Tout organisme qui en a fait la déclaration préalable auprès du ministre chargé de la recherche peut, pour les besoins de ses propres programmes de recherche, assurer la conservation et la préparation à des fins scientifiques de tissus et de cellules issus du corps humain ainsi que la préparation et la conservation des organes, du sang, de ses composants et de ses produits dérivés. Ces activités incluent la constitution et l'utilisation de collections d'échantillons biologiques humains. Lorsque l'organisme est un établissement de santé, la déclaration est faite conjointement au ministre chargé de la recherche et au *(Ord. n° 2010-177 du 23 févr. 2010, art. 9-I-4°)* « directeur général de l'agence régionale de santé » territorialement compétent.

Les termes "collections d'échantillons biologiques humains" désignent la réunion, à des fins scientifiques, de prélèvements biologiques effectués sur un groupe de personnes identifiées et sélectionnées en fonction des caractéristiques cliniques ou biologiques d'un ou plusieurs membres du groupe, ainsi que des dérivés de ces prélèvements.

(Abrogé par L. n° 2012-300 du 5 mars 2012, art. 3-II-1°) *« Les organismes mentionnés au premier alinéa soumettent leur projet de déclaration à l'avis préalable d'un comité (Abrogé par L. n° 2004-806 du 9 août 2004, art. 97-IV) « consultatif de protection des personnes », défini au chapitre III du titre II du livre Ier de la présente partie, qui a pour mission d'évaluer la qualité de l'information des participants, les modalités de recueil du consentement et la pertinence éthique et scientifique du projet. La déclaration est adressée au ministre chargé de la recherche et, le cas échéant, au (Ord. n° 2010-177 du 23 févr. 2010, art. 9-I-4°) « directeur général de l'agence régionale de santé » territorialement compétent, concomitamment à la soumission pour avis au comité (Abrogé par L. n° 2004-806 du 9 août 2004, art. 97-IV) « consultatif de protection des personnes ». L'avis de ce dernier leur est transmis sans délai. »*

Le ministre chargé de la recherche et, le cas échéant, le *(Ord. n° 2010-177 du 23 févr. 2010, art. 9-I-4°)* « directeur général de l'agence régionale de santé » territorialement compétent peuvent s'opposer, dans un délai fixé par voie réglementaire, à l'exercice des activités ainsi déclarées si *(L. n° 2012-300 du 5 mars 2012, art. 3-II-2°)* « la finalité scientifique de l'activité n'est pas établie, si » les conditions d'approvisionnement, de conservation et d'utilisation des tissus et cellules issus du corps humain ne présentent pas les garanties suffisantes pour assurer le respect soit des dispositions du titre Ier du présent livre, soit des règles en vigueur en matière de sécurité des personnes exerçant une activité professionnelle sur le site, soit des dispositions applicables en matière de protection de l'environnement. *(Abrogé par L. n° 2012-300 du 5 mars 2012, art. 3-II-2°)* ***« Ils peuvent également s'opposer à l'exercice des activités ainsi déclarées au regard de la qualité de l'information des participants, des modalités de recueil du consentement et de la pertinence éthique et scientifique du projet. »***

Le ministre chargé de la recherche et, le cas échéant, le *(Ord. n° 2010-177 du 23 févr. 2010, art. 9-I-4°)* « directeur général de l'agence régionale de santé » territorialement compétent peuvent à tout moment suspendre ou interdire les activités qui ne répondent plus à ces exigences.

(Abrogé par L. n° 2012-300 du 5 mars 2012, art. 3-II-3°) ***« Préalablement à la décision d'opposition, de suspension ou d'interdiction, le ministre chargé de la recherche recueille l'avis du comité consultatif sur le traitement de l'information en matière de recherche dans le domaine de la santé, prévu à l'article 40-2 de la loi n° 78-17 du 6 janvier 1978 relative à l'informatique, aux fichiers et aux libertés. »***

(L. n° 2012-300 du 5 mars 2012, art. 3-II-4°) « Les activités prévues au premier alinéa exercées dans le cadre d'une recherche impliquant la personne humaine sont régies par les dispositions spécifiques à ces recherches. »

(L. n° 2011-2012 du 29 déc. 2011, art. 5-IV) « L'Agence nationale de sécurité du médicament et des produits de santé » est informée des activités de conservation ou de préparation à des fins scientifiques de tissus et cellules du corps humain réalisées sur le même site que des activités de même nature exercées à des fins thérapeutiques. Dans ce cas, la suspension ou l'interdiction de l'exercice des activités déclarées est de droit quand elle est demandée par *(L. n° 2011-2012 du 29 déc. 2011, art. 5-IV)* « l'Agence nationale de sécurité du médicament et des produits de santé » pour des raisons de sécurité sanitaire.

Conservation aux fins de recherche de paternité. Il résulte des dispositions combinées des art. L. 1243-3 et L. 1245-2 que les tissus, cellules et produits du corps humain prélevés lors d'examens médicaux et d'interventions chirurgicales ne peuvent, sous réserve des dispositions de l'art. 16-11 C. civ. (enquêtes judiciaires), être remis, à titre gratuit ou onéreux, qu'à l'un des organismes prévus par l'art. L. 1243-3, à des seules fins thérapeutiques ou scientifiques ; n'entre pas dans ce cadre une demande de restitution définitive ou de prêt par l'AP-HP de produits du corps d'un patient décédé, prélevés quelques années auparavant sur lui à des fins thérapeutiques et conservés par la suite, dans le seul objectif d'y relever des empreintes génétiques pour les besoins d'une action en recherche de paternité. • CAA Paris, 13 févr. 2008, *Mme X. c/ AP-HP*, n° 06PA02800 : *Lebon.*

Art. L. 1243-4 Tout organisme qui assure la conservation et la préparation de tissus et cellules *(L. n° 2012-300 du 5 mars 2012, art. 3-III-1°)* « , d'organes, de sang, de ses composants et de ses produits dérivés, issus » du corps humain en vue de leur cession *(Abrogé par L. n° 2012-300 du 5 mars 2012, art. 3-III-1°)* ***« dans le cadre d'une activité commerciale, »*** pour un usage scientifique *(Abrogé par L. n° 2012-300 du 5 mars 2012, art. 3-III-1°)* ***« , y compris à des fins de recherche génétique, »*** doit être titulaire d'une autorisation délivrée par le ministre chargé de la recherche *(Abrogé par L. n° 2012-300 du 5 mars 2012, art. 3-III-1°)* ***« , après avis du comité consultatif sur le traitement de l'information en matière de recherche dans le domaine de la santé, prévu à l'article 40-2 de la loi n° 78-17 du 6 janvier 1978 précitée. Une autorisation doit être obtenue dans les mêmes conditions par tout organisme qui assure la conservation et la préparation de tissus et cellules du corps humain en vue de leur cession à titre gratuit pour un usage scientifique ».*** Lorsque l'organisme est un établissement de santé, l'autorisation est délivrée de manière conjointe par le ministre chargé de la recherche et le *(Ord. n° 2010-177 du 23 févr. 2010, art. 9-I-4°)* « directeur général de l'agence régionale de santé » territorialement compétent.

(L. n° 2012-300 du 5 mars 2012, art. 3-III-2°) « Par dérogation, les activités prévues au premier alinéa exercées dans le cadre d'une recherche impliquant la personne humaine sont régies par le titre II du livre Ier de la première partie du présent code. »

Art. L. 1243-5 *Abrogé par L. n° 2012-387 du 22 mars 2012, art. 122-II.*

Art. L. 1243-6 Les greffes de tissus et les administrations de préparations de thérapie cellulaire ne peuvent être pratiquées que dans des établissements de santé. Lorsque ces activités sont d'un coût élevé ou nécessitent des dispositions particulières dans l'intérêt de la santé publique, elles ne peuvent être pratiquées que dans des établissements de santé autorisés à cet effet, après avis de l'Agence de la biomédecine, dans les conditions prévues au chapitre Ier du titre II du livre Ier de la sixième partie.

Toutefois, peuvent être utilisés par les médecins et les chirurgiens-dentistes en dehors des établissements de santé les tissus et les préparations de thérapie cellulaire figurant sur une liste arrêtée par le ministre chargé de la santé sur proposition de *(L. no 2011-2012 du 29 déc. 2011, art. 5-IV)* « l'Agence nationale de sécurité du médicament et des produits de santé » et après avis de l'Agence de la biomédecine, à condition qu'ils soient utilisés dans le respect de règles de bonnes pratiques arrêtées selon les mêmes modalités.

Peuvent être autorisés à pratiquer des allogreffes de cellules hématopoïétiques, selon les dispositions du chapitre II du titre IV du livre Ier de la sixième partie, les établissements de santé qui assurent des activités d'enseignement médical et de recherche médicale, ainsi que les établissements de santé liés par convention aux précédents *(Abrogé par Ord. no 2010-177 du 23 févr. 2010, art. 1er-5o) « dans le cadre du service public hospitalier »*. L'autorité administrative compétente délivre l'autorisation après avis de l'Agence de la biomédecine.

Les greffes composites de tissus vascularisés sont assimilées aux greffes d'organes et relèvent des mêmes dispositions.

(Ord. no 2007-613 du 26 avr. 2007, art. 7-III) « Cet article ne s'applique pas aux greffes et administration d'éléments et produits du corps humain mentionnés à l'article L. 1211-8. »

Art. L. 1243-7 La délivrance des autorisations prévues aux articles L. 1243-2 *(Abrogé par L. no 2012-387 du 22 mars 2012, art. 122-VI) « , L. 1243-5 »* et L. 1243-6 est subordonnée à des conditions techniques, sanitaires ou médicales et, en tant que de besoin, financières, ainsi qu'à des conditions propres à garantir un fonctionnement conforme aux principes généraux énoncés par le titre Ier du présent livre.

Art. L. 1243-8 *(Ord. no 2010-177 du 23 févr. 2010, art. 17-I-1o)* « Le » *(Ord. no 2018-21 du 17 janv. 2018, art. 1er)* « schéma régional ou interrégional de santé » est arrêté par l'autorité compétente après avis de l'Agence de la biomédecine lorsqu'il concerne l'activité d'allogreffes de cellules hématopoïétiques.

Art. L. 1243-9 Les modalités d'application du présent chapitre sont déterminées par décret en Conseil d'État, et notamment :

1o Les activités d'un coût élevé ou nécessitant des dispositions particulières dans l'intérêt de la santé publique prévues à l'article L. 1243-6 ;

2o Les conditions et les modalités de délivrance des autorisations prévues aux articles L. 1243-2 *(Abrogé par L. no 2012-387 du 22 mars 2012, art. 122-VI) « , L. 1243-5 »* et L. 1243-6, ainsi que les conditions de modification *(Ord. no 2007-613 du 26 avr. 2007, art. 11)* « de ces autorisations par l'autorité administrative compétente, notamment la liste des modifications devant faire l'objet de l'autorisation prévue au troisième alinéa de l'article L. 1243-2, ainsi que les conditions », de suspension ou de retrait de ces autorisations par l'autorité administrative compétente ;

3o En tant que de besoin, les règles, notamment financières et économiques, propres à assurer le respect des dispositions du titre Ier du présent livre applicables à la préparation, la conservation, la transformation, la distribution et la cession des tissus et des préparations de thérapie cellulaire.

CHAPITRE IV DON ET UTILISATION DE GAMÈTES

BIBL. ▶ V. Bibl. ss. le titre IV « Assistance médicale à la procréation » du livre Ier de la deuxième partie.

Art. L. 1244-1 Le don de gamètes consiste en l'apport par un tiers de spermatozoïdes ou d'ovocytes en vue d'une assistance médicale à la procréation. — [*Anc. art. L. 673-1*].

Art. L. 1244-1-1 *(L. no 2011-814 du 7 juill. 2011, art. 29-I)* Les médecins gynécologues informent régulièrement leurs patientes sur le don d'ovocytes.

Art. L. 1244-1-2 *(L. no 2011-814 du 7 juill. 2011, art. 29-I)* Les médecins traitants informent régulièrement leurs patients sur le don de gamètes.

Art. L. 1244-2 *(L. n° 2004-800 du 6 août 2004, art. 12-A-V)* **Le donneur doit avoir procréé.** *(L. n° 2011-814 du 7 juill. 2011, art. 29-II-1°)* **« Le consentement des donneurs et, s'ils font partie d'un couple, » celui de l'autre membre du couple sont recueillis par écrit et peuvent être révoqués à tout moment jusqu'à l'utilisation des gamètes.**

Il en est de même du consentement des deux membres du couple receveur.

(L. n° 2011-814 du 7 juill. 2011, art. 29-II-2°) **« Lorsqu'il est majeur, le donneur peut ne pas avoir procréé. Il se voit alors proposer le recueil et la conservation d'une partie de ses gamètes ou de ses tissus germinaux en vue d'une éventuelle réalisation ultérieure, à son bénéfice, d'une assistance médicale à la procréation, dans les conditions prévues au titre IV du livre Ier de la deuxième partie. Ce recueil et cette conservation sont subordonnés au consentement du donneur. »**

Art. L. 1244-3 **L'insémination artificielle par sperme frais provenant d'un don et le mélange de spermes sont interdits.** – *[Anc. art. L. 673-3].*

Portée de l'interdiction. S'il est loisible au ministre de lancer une campagne d'information relative à la lutte contre l'homophobie en milieu scolaire, il lui incombe au préalable de s'assurer que cette campagne soit adaptée aux élèves auxquels elle est destinée, notamment à leur âge, et qu'elle soit délivrée dans le respect du principe de neutralité du service public de l'Éducation nationale et de la liberté de conscience des élèves. Or, tel n'est pas le cas d'une campagne 1/ présentant l'usage de drogues comme susceptible de « faire tomber les inhibitions » et comme « purement associé à des moments festifs » sans mentionner l'illégalité de cette pratique ; 2/ définissant la pédophilie comme une « attirance sexuelle pour les enfants », sans faire état du caractère pénalement répréhensible des atteintes ou agressions sexuelles sur mineurs ; 3/ incitant à la pratique de l'insémination artificielle par sperme frais, interdite par l'art. L. 1244-3 CSP et l'art. 511-12 C. pén. • CE 14 oct. 2014, *Confédération nationale des associations familiales catholiques,* n° 369965 : *AJDA 2015. 100, note J.-B. Chevalier ; ibid. 2014. 2032 ; D. 2014. 2451, note A. de Dieuleveult.*

Art. L. 1244-4 **Le recours aux gamètes d'un même donneur ne peut délibérément conduire à la naissance de plus de** *(L. n° 2004-800 du 6 août 2004, art. 12-A-V)* **« dix enfants ».**

Art. L. 1244-5 *(L. n° 2011-814 du 7 juill. 2011, art. 29-III)* **La donneuse bénéficie d'une autorisation d'absence de son employeur pour se rendre aux examens et se soumettre aux interventions nécessaires à la stimulation ovarienne et au prélèvement ovocytaire. Lorsque la donneuse est salariée, l'autorisation est accordée dans les conditions prévues au** *(L. n° 2016-41 du 26 janv. 2016, art. 87-II)* **« dernier » alinéa de l'article L. 1225-16 du code du travail.**

Art. L. 1244-6 **Les organismes** *(Ord. n° 2017-28 du 12 janv. 2017, art. 2-1°)* **« , établissements et groupements de coopération sanitaire » autorisés dans les conditions prévues à l'article** *(Ord. n° 2008-480 du 22 mai 2008, art. 1er)* **« L. 2142-1 » fournissent aux autorités sanitaires les informations utiles relatives aux donneurs. Un médecin peut accéder aux informations médicales non identifiantes en cas de nécessité thérapeutique concernant un enfant conçu** *(Ord. n° 2008-480 du 22 mai 2008, art. 1er)* **« à partir de gamètes issus de don ».**

(L. n° 2011-814 du 7 juill. 2011, art. 27) **« En application de la loi n° 78-17 du 6 janvier 1978 relative à l'informatique, aux fichiers et aux libertés, toute personne, autorité publique, service ou organisme, et notamment les centres d'études et de conservation des œufs et du sperme humains, qui recueille et conserve des données à caractère personnel relatives aux donneurs de gamètes ou d'embryons, aux couples receveurs ou aux personnes issues des techniques d'assistance médicale à la procréation avec tiers donneur est soumis au contrôle de la Commission nationale de l'informatique et des libertés.**

« Celle-ci contrôle les conditions dans lesquelles est effectué le recueil des données à caractère personnel à l'occasion des procréations médicalement assistées. La mise en place de tout traitement automatisé concernant ces données est soumise au respect des modalités de déclarations et d'autorisations préalables selon le type de données conservées, en application de la loi n° 78-17 du 6 janvier 1978 précitée. La commission peut

réaliser des contrôles sur place afin de s'assurer de la bonne conservation de ces données, quel qu'en soit le support.

« En cas de non-respect de cette même loi, elle peut mettre en œuvre les mesures prévues aux articles 45 à 52 de ladite loi. »

Anonymat. L'art. L. 1244-6 ne fait pas obstacle à ce que des données génétiques non identifiantes soient transmises à un médecin à des fins de prévention, en particulier dans le cas d'un couple de personnes issues l'une et l'autre de dons de gamètes. Mais ces données ne sont accessibles qu'au médecin et non aux personnes elles-mêmes, et cette restriction, eu égard notamment aux inconvénients que présenterait la transmission de ces données aux intéressés eux-mêmes par rapport aux objectifs de protection de la santé, de préservation de la vie privée et de secret médical, n'est pas contraire à l'art. 8 Conv. EDH. • CE 12 nov. 2015, *CECOS J. Verdier et a.*, n° 372121 : *Lebon ; AJDA 2015. 2175 ; D. 2015. 2382 ; ibid. 2016. 752, obs. Galloux et Gaumont-Prat ; AJ fam. 2015, p. 639, note Dionisi-Peyrusse ; Gaz. Pal. 25-26 nov. 2015, p. 26, note Guyomar ; JCP 2016 n° 62, note Mirkovic.* – V. Bibl. et notes ss. art. L. 1211-5.

Art. L. 1244-7 **Le bénéfice d'un don de gamètes ne peut en aucune manière être subordonné à la désignation par le couple receveur d'une personne ayant volontairement accepté de procéder à un tel don en faveur d'un couple tiers anonyme.**

(L. n° 2004-800 du 6 août 2004, art. 12-A-V) **« La donneuse d'ovocytes doit être particulièrement informée des conditions de la stimulation ovarienne et du prélèvement ovocytaire, des risques et des contraintes liés à cette technique, lors des entretiens avec l'équipe médicale pluridisciplinaire. Elle est informée des conditions légales du don, notamment du principe d'anonymat et du principe de gratuité. Elle bénéficie du remboursement des frais engagés pour le don. »**

Art. L. 1244-8 *Abrogé par Ord. n° 2008-480 du 22 mai 2008, art. 1er.*

Art. L. 1244-9 **Les modalités d'application du présent chapitre sont déterminées par décret en Conseil d'État.**

CHAPITRE V **DISPOSITIONS COMMUNES**

(L. n° 2004-800 du 6 août 2004, art. 12-A-VI)

RÉP. PÉN. DALLOZ v° *Corps humain.*

RÉP. CIV. DALLOZ v° *Corps humain.*

Art. L. 1245-1 **Toute violation constatée dans un établissement ou un organisme, et du fait de celui-ci, des prescriptions législatives et réglementaires relatives aux prélèvements et aux greffes d'organes, aux prélèvements de tissus et de cellules, à la conservation et à la préparation des tissus ou des préparations de thérapie cellulaire, ainsi qu'à la greffe de ces tissus ou à l'administration de ces préparations, entraîne la suspension ou le retrait des autorisations prévues aux articles L. 1233-1, L. 1234-2, L. 1242-1, L. 1243-2, L. 1243-4** *(Abrogé par L. n° 2012-387 du 22 mars 2012, art. 122-VI)* **«** *, L. 1243-5* **»** *(Ord. n° 2008-480 du 22 mai 2008, art. 1er)* **« et L. 1243-6 ».**

Le retrait ne peut intervenir qu'après un délai d'un mois suivant une mise en demeure adressée par l'autorité administrative à l'établissement ou l'organisme et précisant les griefs formulés à son encontre. En cas d'urgence tenant à la sécurité des personnes en cause, une suspension provisoire peut être prononcée à titre conservatoire.

La décision de retrait est publiée au *Journal officiel* de la République française.

Le retrait temporaire ou définitif des autorisations mentionnées aux articles L. 1233-1, L. 1242-1 et L. 1243-4 est de droit lorsqu'il est demandé par *(L. n° 2011-2012 du 29 déc. 2011, art. 5-IV)* **« l'Agence nationale de sécurité du médicament et des produits de santé ».**

Art. L. 1245-2 **Les tissus, les cellules et les produits du corps humain, prélevés à l'occasion d'une intervention chirurgicale pratiquée dans l'intérêt de la personne opérée,** *(L. n° 2011-814 du 7 juill. 2011, art. 18-3°)* **« à l'exception des cellules du sang de cordon et du sang placentaire ainsi que des cellules du cordon et du placenta », peuvent être utilisés à des fins thérapeutiques ou scientifiques, sauf opposition exprimée par elle après qu'elle a été informée des finalités de cette utilisation.**

Lorsque cette personne est un mineur ou un majeur sous tutelle, l'utilisation ultérieure des éléments ou des produits ainsi prélevés est subordonnée à l'absence d'opposition qui peut être exprimée par tous moyens par les titulaires de l'autorité parentale ou du tuteur, dûment informés des finalités de cette utilisation. Le refus du mineur ou du majeur sous tutelle fait obstacle à cette utilisation.

Les tissus, les cellules, les produits du corps humain et le placenta ainsi prélevés sont soumis aux dispositions du titre Ier, à l'exception du premier alinéa de l'article L. 1211-2, et à celles du chapitre III du présent titre.

V. jurisprudence ss. art. L. 1211-1.

Art. L. 1245-3 Tout prélèvement de tissus et de cellules en vue de don effectué dans les conditions prévues par le chapitre II du présent titre est une activité médicale.

Art. L. 1245-4 Pour l'application du présent titre, les prélèvements pratiqués à fins de greffe ou d'administration dans le cadre des recherches impliquant la personne humaine au sens de l'article L. 1121-1 sont regardés comme des prélèvements à des fins thérapeutiques, sans préjudice des dispositions du titre II du livre Ier de la présente partie relatives à la protection des personnes qui se prêtent à des recherches impliquant la personne humaine.

Dans le cas des recherches impliquant la personne humaine portant sur les préparations de thérapie cellulaire mentionnées à l'article L. 1243-1 *(L. nº 2012-300 du 5 mars 2012, art. 10 ; L. nº 2012-387 du 22 mars 2012, art. 122)* « et sur les tissus et leurs dérivés », l'autorisation de mener la recherche vaut également autorisation, pour cette recherche, des lieux de prélèvement, de conservation, de préparation et d'administration *(L. nº 2012-300 du 5 mars 2012, art. 10)* « ou de greffe » mentionnés aux articles L. 1242-1, L. 1243-2 et L. 1243-6 et elle vaut autorisation d'importation et d'exportation mentionnée à l'article L. 1245-5.

Art. L. 1245-5 *(L. nº 2017-220 du 23 févr. 2017, art. 3-I-1º)* I. — Les établissements ou les organismes autorisés par l'Agence nationale de sécurité du médicament et des produits de santé, en application de l'article L. 1243-2, peuvent se procurer, à des fins thérapeutiques, des tissus, leurs dérivés et des cellules issus du corps humain, quel que soit leur niveau de préparation, ainsi que des préparations de thérapie cellulaire, préparés et conservés dans un État membre de l'Union européenne ou partie à l'accord sur l'Espace économique européen.

Tout élément ou produit du corps humain mentionné au premier alinéa du présent I qui a été préparé et conservé dans un État membre de l'Union européenne ou partie à l'accord sur l'Espace économique européen et qui n'a pas fait l'objet de l'autorisation de procédé de préparation prévue au 2 de l'article 6 de la directive 2004/23/CE du Parlement européen et du Conseil du 31 mars 2004 relative à l'établissement de normes de qualité et de sécurité pour le don, l'obtention, le contrôle, la transformation, la conservation, le stockage et la distribution des tissus et cellules humains fait l'objet, préalablement à son entrée sur le territoire douanier, de l'autorisation du procédé de préparation ainsi que de l'évaluation de ses indications thérapeutiques prévues à l'article L. 1243-2. Cette autorisation est délivrée par l'Agence nationale de sécurité du médicament et des produits de santé, après avis de l'Agence de la biomédecine, aux établissements ou aux organismes mentionnés au premier alinéa du présent I.

Peuvent fournir, à des fins thérapeutiques, à un établissement agréé dans un État membre de l'Union européenne ou partie à l'accord sur l'Espace économique européen les éléments et produits du corps humain mentionnés au premier alinéa du présent I, les établissements ou les organismes autorisés par l'Agence nationale de sécurité du médicament et des produits de santé en application de l'article L. 1243-2 qui disposent pour ces éléments ou produits de l'autorisation de procédé de préparation et de conservation prévue au même article L. 1243-2.

Lorsque ces établissements ou ces organismes ne disposent pas de cette autorisation de procédé, ils communiquent à l'Agence nationale de sécurité du médicament et des produits de santé les motifs pour lesquels cette autorisation ne leur a pas été délivrée ainsi que, le cas échéant, les informations relatives à ce procédé. L'agence communique, sur leur demande, aux autorités de santé compétentes du pays destinataire les motifs pour lesquels un établissement ou un organisme ne dispose pas de l'autorisation de procédé.

Lorsque l'agence a refusé de délivrer l'autorisation de procédé mentionnée audit article L. 1243-2 ou lorsqu'elle estime, au vu des informations transmises, qu'il y a un risque lié à la qualité ou à la sécurité du produit ou que les données transmises sont insuffisantes, elle peut interdire aux établissements ou aux organismes de fournir ces produits.

II. — Seuls les établissements ou les organismes mentionnés au premier alinéa du I du présent article, les établissements de santé effectuant les activités mentionnées au premier alinéa de l'article L. 1243-6 ainsi que les médecins et les chirurgiens-dentistes mentionnés au deuxième alinéa du même article L. 1243-6 peuvent importer, à des fins thérapeutiques, en provenance d'un État non membre de l'Union européenne ou n'étant pas partie à l'accord sur l'Espace économique européen, les éléments et produits du corps humain mentionnés au premier alinéa du I du présent article. Ces établissements, organismes ou personnes physiques sont soumis à une autorisation d'importation délivrée par l'Agence nationale de sécurité du médicament et des produits de santé, après avis de l'Agence de la biomédecine.

Seuls les établissements ou les organismes autorisés par l'Agence nationale de sécurité du médicament et des produits de santé en application de l'article L. 1243-2 peuvent, à titre exceptionnel, être autorisés par cette agence à importer les éléments ou produits mentionnés au premier alinéa du I du présent article, à l'usage personnel d'un ou de plusieurs receveurs connus de ces établissements ou de ces organismes et du fournisseur établi dans un État non membre de l'Union européenne ou n'étant pas partie à l'accord sur l'Espace économique européen. Ce type d'importation ne peut avoir lieu qu'une fois pour un même receveur.

Seuls les établissements ou les organismes autorisés par l'Agence nationale de sécurité du médicament et des produits de santé en application de l'article L. 1243-2 peuvent exporter, à des fins thérapeutiques, les éléments ou produits mentionnés au premier alinéa du I du présent article, vers un État non membre de l'Union européenne ou n'étant pas partie à l'accord sur l'Espace économique européen. Ces établissements ou ces organismes sont soumis à une autorisation d'exportation délivrée par l'Agence nationale de sécurité du médicament et des produits de santé, après avis de l'Agence de la biomédecine.

Les autorisations mentionnées aux premier et avant-dernier alinéas du présent II précisent notamment l'activité des établissements, organismes ou personnes physiques mentionnés au premier alinéa du présent II et la catégorie des tissus et de leurs dérivés ou des préparations de thérapie cellulaire importés ou exportés ainsi que, le cas échéant, les indications thérapeutiques reconnues. L'Agence de la biomédecine est informée des autorisations délivrées.

III. — Par dérogation aux premier et avant-dernier alinéas du II, des établissements ou des organismes ne bénéficiant pas de l'autorisation d'exercer les activités d'importation ou d'exportation peuvent, dans des situations d'urgence, être autorisés par l'Agence nationale de sécurité du médicament et des produits de santé, après avis de l'Agence de la biomédecine, à importer ou à exporter, à des fins thérapeutiques, des tissus, leurs dérivés et des préparations de thérapie cellulaire destinés à un patient. L'Agence de la biomédecine est informée des autorisations délivrées en application du présent III.

En application des art. L. 231-5 et L. 231-6 du CRPA, le silence gardé pendant trois mois par l'administration vaut décision de rejet pour les demandes d'autorisation d'importer ou d'exporter à des fins thérapeutiques des tissus, cellules, quel que soit le niveau de préparation, et des préparations de thérapie cellulaires destinés aux patients, accordée, dans des situations d'urgence, aux établissements ou organismes ne bénéficiant pas de l'autorisation d'exercer les activités d'importation et d'exportation des trois premiers al. de l'art. L. 1245-5 (Décr. n° 2014-1286 du 23 oct. 2014, *art. 1er et 2).*

Art. L. 1245-5-1 *(L. n° 2017-220 du 23 févr. 2017, art. 3-I-2°)* I. — Les établissements pharmaceutiques et les établissements autorisés en application des articles L. 4211-9-1 et L. 4211-9-2 peuvent se procurer des tissus, leurs dérivés ou des cellules issus du corps humain auprès d'un État membre de l'Union européenne ou partie à l'accord sur l'Espace économique européen lorsque ces éléments ou produits sont destinés à la fabrication de spécialités pharmaceutiques, de médicaments fabriqués industriellement ou de médicaments de thérapie innovante définis au 17° de l'article L. 5121-1, y compris lorsque ces éléments ou produits sont destinés à être utilisés dans le cadre de recherches mentionnées à l'article L. 1121-1. Ces mêmes établissements peuvent, aux mêmes fins, fournir des tissus, leurs dérivés ou des cellules issus du corps humain à un établissement agréé dans un État membre de l'Union européenne ou partie à l'accord sur l'Espace économique européen.

Les fabricants de dispositifs médicaux de diagnostic *in vitro* peuvent se procurer des tissus, leurs dérivés ou des cellules issus du corps humain auprès d'un État membre de l'Union européenne ou partie à l'accord sur l'Espace économique européen, destinés à la fabrication de ces dispositifs. Ils peuvent, aux mêmes fins, fournir ces tissus, leurs dérivés ou cellules issus du corps humain à un établissement agréé dans un État membre de l'Union européenne ou partie à l'accord sur l'Espace économique européen.

Seules peuvent se procurer des échantillons biologiques auprès d'un État membre de l'Union européenne ou partie à l'accord sur l'Espace économique européen les personnes dont l'activité comporte des examens de biologie médicale, des examens d'anatomo-cytopathologie, des expertises judiciaires ou des contrôles de qualité ou d'évaluation, notamment de dispositifs médicaux de diagnostic *in vitro*. De même, seules ces personnes peuvent fournir ces échantillons à un établissement agréé dans un État membre de l'Union européenne ou partie à l'accord sur l'Espace économique européen.

Seuls les organismes autorisés par le ministre chargé de la recherche peuvent se procurer auprès d'un État membre de l'Union européenne ou partie à l'accord sur l'Espace économique européen à des fins scientifiques, des tissus ou des cellules. De même, seuls ces organismes peuvent fournir, aux mêmes fins, ces tissus ou cellules à un État membre de l'Union européenne ou partie à l'accord sur l'Espace économique européen.

II. — Les établissements pharmaceutiques et les établissements autorisés en application des articles L. 4211-9-1 et L. 4211-9-2 qui importent des tissus, leurs dérivés ou des cellules issus du corps humain, en provenance d'un État non membre de l'Union européenne ou n'étant pas partie à l'accord sur l'Espace économique européen, destinés à la fabrication de spécialités pharmaceutiques, de médicaments fabriqués industriellement ou de médicaments de thérapie innovante définis au 17° de l'article L. 5121-1, y compris lorsque ces éléments ou produits sont destinés à être utilisés dans le cadre de recherches mentionnées à l'article L. 1121-1, sont soumis à une autorisation d'importation délivrée par l'Agence nationale de sécurité du médicament et des produits de santé. Ces mêmes établissements peuvent, aux mêmes fins, exporter ces tissus, leurs dérivés ou cellules issus du corps humain vers un État non membre de l'Union européenne ou n'étant pas partie à l'accord sur l'Espace économique européen.

Les fabricants de dispositifs médicaux de diagnostic *in vitro* peuvent importer d'un État non membre de l'Union européenne ou n'étant pas partie à l'accord sur l'Espace économique européen des tissus, leurs dérivés ou des cellules issus du corps humain destinés à la fabrication de dispositifs médicaux de diagnostic *in vitro*. Ces mêmes fabricants peuvent, aux mêmes fins, exporter ces tissus, leurs dérivés ou cellules issus du corps humain vers un État non membre de l'Union européenne ou n'étant pas partie à l'accord sur l'Espace économique européen.

Seules peuvent importer des échantillons biologiques d'un État non membre de l'Union européenne ou n'étant pas partie à l'accord sur l'Espace économique européen les personnes dont l'activité comporte des examens de biologie médicale, des examens d'anatomo-cytopathologie, des expertises judiciaires ou des contrôles de qualité ou d'évaluation, notamment de dispositifs médicaux de diagnostic *in vitro*. De même, seules ces personnes peuvent exporter ces échantillons vers un État non membre de l'Union européenne ou n'étant pas partie à l'accord sur l'Espace économique européen.

Seuls peuvent importer des tissus et cellules, à des fins scientifiques, d'un État non membre de l'Union européenne ou n'étant pas partie à l'accord sur l'Espace économique européen les organismes autorisés par le ministre chargé de la recherche. De même, seuls ces organismes peuvent, aux mêmes fins, exporter ces tissus, leurs dérivés ou cellules vers un État non membre de l'Union européenne ou n'étant pas partie à l'accord sur l'Espace économique européen.

Art. L. 1245-6 *(Ord. nº 2005-1087 du 1er sept. 2005, art. 4-IV)* **Les règles de bonnes pratiques qui s'appliquent au prélèvement, à la préparation, à la conservation,** *(Ord. nº 2007-613 du 26 avr. 2007, art. 14)* **« à la distribution, »** *(L. nº 2012-387 du 22 mars 2012, art. 122-V)* **« à la cession », au transport et à l'utilisation des tissus, des cellules et des préparations de thérapie cellulaire ainsi que des produits du corps humain utilisés à des fins thérapeutiques sont définies par décision de** *(L. nº 2011-2012 du 29 déc. 2011, art. 5-IV)* **« l'Agence nationale de sécurité du médicament et des produits de santé » après avis de l'Agence de la biomédecine.**

Art. L. 1245-7 **Les modalités d'application du présent chapitre sont déterminées par décret en Conseil d'État.**

Art. L. 1245-8 *(Ord. nº 2018-20 du 17 janv. 2018, art. 6)* **Les dispositions du présent titre s'appliquent aux hôpitaux des armées, au centre de transfusion sanguine des armées ainsi qu'aux autres éléments du service de santé des armées. Elles s'appliquent, le cas échéant, à d'autres éléments du ministère de la défense ayant des missions de prélèvement, collecte, préparation, conservation et utilisation des tissus, des cellules ou de leurs dérivés.**

Un décret en Conseil d'État détermine les adaptations qui peuvent être apportées :

1º En ce qui concerne les hôpitaux des armées et le centre de transfusion sanguine des armées, aux procédures de déclaration et d'autorisation applicables aux établissements de santé, aux établissements de transfusion sanguine et aux établissements ou organismes autorisés au titre des articles L. 1243-2 et L. 1245-5 ;

2º En ce qui concerne les autres éléments du service de santé des armées et les autres éléments du ministère de la défense ayant des missions de prélèvement, collecte, préparation, conservation et utilisation des tissus, des cellules ou de leurs dérivés, soumis aux procédures de déclaration et d'autorisation du présent titre relatives à la conservation et la préparation à des fins scientifiques de tissus et cellules issus du corps humain.

TITRE CINQUIÈME DISPOSITIONS COMMUNES AUX ORGANES, TISSUS ET CELLULES

(L. nº 2004-800 du 6 août 2004, art. 2-IV)

CHAPITRE UNIQUE MISSIONS

Art. L. 1251-1 *(L. nº 2004-800 du 6 août 2004, art. 2-IV)* **Peuvent seules bénéficier d'une greffe d'organes, de cornée ou d'autres tissus dont la liste est fixée par arrêté, après avis de l'Agence de la biomédecine, les personnes, quel que soit leur lieu de résidence, qui sont inscrites sur une liste nationale.**

TITRE SIXIÈME DISPOSITIONS RELATIVES AUX PRODUITS THÉRAPEUTIQUES ANNEXES

(L. nº 2004-800 du 6 août 2004, art. 14-1º)

CHAPITRE UNIQUE

Art. L. 1261-1 à L. 1261-3 *Abrogés par L. nº 2016-41 du 26 janv. 2016, art. 165-I-1º.*

TITRE SEPTIÈME DISPOSITIONS PÉNALES

RÉP. PÉN. DALLOZ vº *Corps humain.*

BIBL. ▶ DE LA TOUANNE, Loi relative à la bioéthique du 7 juillet 2011 : dispositions pénales, *D. 2011. 1901*. – BYK, *Infractions* en matière d'éthique biomédicale, Droit médical et hospitalier, *Litec, nº 35.*

CHAPITRE PREMIER SANG

Art. L. 1271-1 **Le fait de procéder aux activités mentionnées à l'article** *(Ord. nº 2016-1406 du 20 oct. 2016, art. 5-1º)* **« L. 1222-1-1 » ou à toute autre activité liée à la**

transfusion sanguine, sans être titulaire de l'agrément prévu à l'article *(Ord. n° 2016-1406 du 20 oct. 2016, art. 5-1°)* « L. 1222-11 » ou, le cas échéant, des autorisations prévues aux articles *(Ord. n° 2007-613 du 26 avr. 2007, art. 19)* « L. 1221-10, » L. 1221-12, L. 1222-3 et *(Ord. n° 2016-1406 du 20 oct. 2016, art. 5-1°)* « L. 1222-1-1 » ou en violation des prescriptions fixées par ces agréments ou autorisations, est puni de deux ans d'emprisonnement et de 75 000 € d'amende.

Art. L. 1271-1-1 *(Ord. n° 2007-613 du 26 avr. 2007, art. 19)* Est puni de deux ans d'emprisonnement et de 75 000 € d'amende le fait de contrevenir à une décision de retrait ou de suspension d'agrément ou d'autorisation prise en application des articles *(Ord. n° 2016-1406 du 20 oct. 2016, art. 5-2°)* « L. 1222-13 » et L. 1221-10-2.

Art. L. 1271-2 Le fait de prélever ou de tenter de prélever du sang sur une personne vivante sans qu'elle ait exprimé son consentement est puni de cinq ans d'emprisonnement et de 150 000 € d'amende.

Est puni des mêmes peines le fait de prélever ou de tenter de prélever du sang en violation des dispositions de l'article L. 1221-5 sur une personne mineure ou sur une personne majeure faisant l'objet d'une mesure de protection légale. – *[Anc. art. L. 675-2].*

Art. L. 1271-3 Le fait d'obtenir ou de tenter d'obtenir d'une personne le prélèvement de son sang contre un paiement, quelle qu'en soit la forme, est puni de cinq ans d'emprisonnement et de 150 000 € d'amende.

Est puni des mêmes peines le fait d'apporter ou de tenter d'apporter son entremise pour favoriser l'obtention du sang contre un paiement, quelle qu'en soit la forme. – *[Anc. art. L. 675-3].*

Art. L. 1271-4 *(Ord. n° 2007-613 du 26 avr. 2007, art. 20)* Est punie de deux ans d'emprisonnement et de 75 000 € d'amende la distribution, la délivrance ou l'utilisation du sang, de ses composants ou de leurs dérivés, sans qu'il ait été procédé aux analyses biologiques et aux tests de dépistage de maladies transmissibles requis en application de l'article L. 1221-4.

Art. L. 1271-5 La modification ou la tentative de modification des caractéristiques du sang d'une personne avant prélèvement en infraction aux dispositions de l'article L. 1221-6 est punie de 45 000 € d'amende *(L. n° 2009-526 du 12 mai 2009, art. 123-V)* « . En cas de récidive, une peine d'emprisonnement de six mois peut en outre être prononcée. »

Est puni des mêmes peines le fait de contrevenir ou de tenter de contrevenir à l'obligation prescrite par l'article L. 1222-9 à l'Établissement français du sang de contracter une assurance couvrant sa responsabilité du fait des risques encourus par les donneurs à raison des opérations de prélèvement.

Art. L. 1271-6 La divulgation d'informations permettant d'identifier à la fois le donneur et le receveur de sang, en violation de l'article L. 1221-7, est punie d'un an d'emprisonnement et de 7 500 € d'amende. – *[Anc. art. L. 675-6].*

Art. L. 1271-7 Le fait de céder du sang ou des produits labiles dérivés du sang à un tarif différent de celui qui résulte de l'arrêté pris pour l'application de l'article L. 1221-9 est puni d'un an d'emprisonnement et de 7 500 € d'amende. – *[Anc. art. L. 675-7].*

Art. L. 1271-8 Les dispositions prévues par les articles L. 213-1 *[L. 441-1, L. 454-1]*, L. 213-2 *[L. 441-1, L. 454-1]* et L. 213-3 *[L. 413-1, L. 413-3, L. 451-1, L. 451-2, L. 451-5]* du code de la consommation en ce qui concerne la falsification des substances médicamenteuses, l'exposition, la mise en vente ou la vente de substances médicamenteuses falsifiées sont applicables au sang humain, à ses composants, ainsi qu'aux produits labiles qui en sont dérivés.

(Ord. n° 2007-613 du 26 avr. 2007, art. 21) « Est puni des mêmes peines prévues aux mêmes articles le fait :

« – de distribuer ou de délivrer à des fins thérapeutiques un produit sanguin labile ne figurant pas sur la liste prévue à l'article L. 1221-8, à moins qu'il ne soit destiné à des recherches impliquant la personne humaine ;

« – d'utiliser un produit sanguin labile en violation d'une disposition ou d'une décision édictée par *(L. nº 2011-2012 du 29 déc. 2011, art. 5-IV)* **« l'Agence nationale de sécurité du médicament et des produits de santé » en application de l'article L. 1221-10-1. »**

CHAPITRE II ORGANES, TISSUS, CELLULES ET PRODUITS

Art. L. 1272-1 **Comme il est dit à l'article 511-2 du code pénal ci-après reproduit :**

Art. 511-2 Le fait d'obtenir d'une personne l'un de ses organes contre un paiement, quelle qu'en soit la forme, est puni de sept ans d'emprisonnement et de 100 000 € d'amende.

Est puni des mêmes peines le fait d'apporter son entremise pour favoriser l'obtention d'un organe contre le paiement de celui-ci, ou de céder à titre onéreux un tel organe du corps d'autrui.

Les mêmes peines sont applicables dans le cas où l'organe obtenu dans les conditions prévues au premier alinéa provient d'un pays étranger.

Art. L. 1272-2 **Comme il est dit à l'article 511-3 du code pénal ci-après reproduit :**

Art. 511-3 *(L. nº 2004-800 du 6 août 2004, art. 15)* Le fait de prélever un organe sur une personne vivante majeure, y compris dans une finalité thérapeutique, sans que le consentement de celle-ci ait été recueilli dans les conditions prévues au *(L. nº 2011-814 du 7 juill. 2011, art. 7-II)* « quatrième » alinéa de l'article L. 1231-1 du code de la santé publique ou sans que l'autorisation prévue aux deuxième et *(L. nº 2011-814 du 7 juill. 2011, art. 7-II)* « sixième » alinéas du même article ait été délivrée est puni de sept ans d'emprisonnement et de 100 000 euros d'amende.

Est puni des mêmes peines le fait de prélever un organe, un tissu ou des cellules ou de collecter un produit en vue de don sur une personne vivante mineure ou sur une personne vivante mineure ou sur une personne vivante majeure faisant l'objet d'une mesure de protection légale, hormis les cas prévus aux articles L. 1241-3 et L. 1241-4 du code de la santé publique.

Art. L. 1272-3 **Comme il est dit à l'article 511-4 du code pénal ci-après reproduit :**

Art. 511-4 Le fait d'obtenir d'une personne le prélèvement de tissus, de cellules ou de produits de son corps contre un paiement, quelle qu'en soit la forme, est puni de cinq ans d'emprisonnement et de 75 000 € d'amende.

Est puni des mêmes peines le fait d'apporter son entremise pour favoriser l'obtention de tissus, de cellules ou de produits humains contre un paiement, quelle qu'en soit la forme, ou de céder à titre onéreux des tissus, des cellules ou des produits du corps d'autrui.

Art. L. 1272-4 **Comme il est dit à l'article 511-5 du code pénal ci-après reproduit :**

Art. 511-5 *(L. nº 2004-800 du 6 août 2004, art. 15)* Le fait de prélever un tissu ou des cellules ou de collecter un produit sur une personne vivante majeure sans qu'elle ait exprimé son consentement dans les conditions prévues aux *(L. nº 2011-814 du 7 juill. 2011, art. 19-III-1º)* « trois derniers » alinéas de l'article L. 1241-1 du code de la santé publique est puni de cinq ans d'emprisonnement et de 75 000 € d'amende.

Le fait de prélever sur une personne vivante mineure ou sur une personne vivante majeure faisant l'objet d'une mesure de protection légale des cellules hématopoïétiques issues de la mœlle osseuse *(L. nº 2011-814 du 7 juill. 2011, art. 19-III-2º)* « , qu'elles soient recueillies par prélèvement osseux ou dans le sang périphérique, » sans avoir respecté les conditions prévues, selon le cas, aux articles L. 1241-3 ou L. 1241-4 du code de la santé publique est puni de sept ans d'emprisonnement et de 100 000 € d'amende.

Art. L. 1272-4-1 *(L. nº 2004-800 du 6 août 2004, art. 16)* **Comme il est dit à l'article 511-5-1 du code pénal ci-après reproduit :**

Art. 511-5-1 Le fait de procéder à des prélèvements à des fins scientifiques sur une personne décédée sans avoir transmis le protocole prévu à l'article L. 1232-3 du code de la santé publique est puni de deux ans d'emprisonnement et de 30 000 € d'amende.

Est puni des mêmes peines le fait de mettre en œuvre un protocole suspendu ou interdit par le ministre chargé de la recherche.

Art. L. 1272-4-2 *(L. n° 2004-800 du 6 août 2004, art. 16)* **Comme il est dit à l'article 511-5-2 du code pénal ci-après reproduit :**

Art. 511-5-2 I. — Est puni de cinq ans d'emprisonnement et de 75 000 € d'amende le fait de conserver et transformer à des fins scientifiques, y compris à des fins de recherche génétique, des organes, des tissus, des cellules ou du sang, ses composants et ses produits dérivés :

1° Sans en avoir fait la déclaration préalable prévue à l'article L. 1243-3 du code de la santé publique ;

2° Alors que le ministre chargé de la recherche s'est opposé à l'exercice de ces activités ou les a suspendues ou interdites.

II. — Est puni des mêmes peines le fait de conserver et transformer, en vue de leur cession pour un usage scientifique, y compris à des fins de recherche génétique, des organes, des tissus, des cellules ou du sang, ses composants et ses produits dérivés sans avoir préalablement obtenu l'autorisation prévue à l'article L. 1243-4 du code de la santé publique ou alors que cette autorisation est suspendue ou retirée.

Art. L. 1272-5 **Comme il est dit à l'article 511-7 du code pénal ci-après reproduit :**

Art. 511-7 *(L. n° 2004-800 du 6 août 2004, art. 15-4°)* Le fait de procéder à des prélèvements d'organes ou des greffes d'organes, à des prélèvements de tissus ou de cellules, à des greffes de tissus ou à des administrations de préparations de thérapie cellulaire, à la conservation ou à la transformation de tissus ou de préparations de thérapie cellulaire dans un établissement n'ayant pas obtenu l'autorisation prévue par les articles L. 1233-1, L. 1234-2, L. 1242-1, L. 1243-2 ou L. 1243-6 du code de la santé publique, ou après le retrait ou la suspension de cette autorisation, est puni de deux ans d'emprisonnement et de 30 000 € d'amende.

Art. L. 1272-6 **Comme il est dit à l'article 511-8 du code pénal ci-après reproduit :**

Art. 511-8 *(L. n° 2004-800 du 6 août 2004, art. 15-5°)* Le fait de procéder à la distribution ou à la cession d'organes, de tissus, de produits cellulaires à finalité thérapeutique ou de produits humains en vue d'un don sans qu'aient été respectées les règles de sécurité sanitaire exigées en application des dispositions de l'article L. 1211-6 du code de la santé publique est puni de deux ans d'emprisonnement et de 30 000 € d'amende.

Art. L. 1272-7 **Comme il est dit à l'article 511-8-1 du code pénal ci-après reproduit :**

Art. 511-8-1 *(L. n° 2004-800 du 6 août 2004, art. 15-6°)* Le fait de procéder à la distribution ou à la cession en vue d'un usage thérapeutique de tissus ou de préparations de thérapie cellulaire en violation des dispositions de l'article *(L. n° 2012-387 du 22 mars 2012, art. 122-IX)* « L. 1243-2 » du code de la santé publique est puni de deux ans d'emprisonnement et de 30 000 € d'amende.

Art. L. 1272-8 *(L. n° 2017-220 du 23 févr. 2017, art. 3-I-4°)* **Les sanctions relatives au fait d'importer ou d'exporter des organes, tissus, cellules et produits cellulaires à finalité thérapeutique en violation des dispositions prises pour l'application des articles L. 1235-1, L. 1245-5 et L. 1245-5-1 du présent code sont fixées à l'article 511-8-2 du code pénal.**

Art. L. 1272-9 *(L. n° 2004-800 du 6 août 2004, art. 32-B)* **Comme il est dit à l'article 511-19-1 du code pénal ci-après reproduit :**

Art. 511-19-1 Le fait, à l'issue d'une interruption de grossesse, de prélever, conserver ou utiliser des tissus ou cellules embryonnaires ou fœtaux dans des conditions non conformes à celles prévues par les premier, deuxième et quatrième alinéas de l'article L. 1241-5 du code de la santé publique ou pour des finalités autres que diagnostiques, thérapeutiques ou scientifiques est puni de deux ans d'emprisonnement et de 30 000 € d'amende.

CHAPITRE III **GAMÈTES**

Art. L. 1273-1 Comme il est dit à l'article 511-6 du code pénal ci-après reproduit :

Art. 511-6 Le fait de recueillir ou de prélever des gamètes sur une personne vivante sans son consentement écrit est puni de cinq ans d'emprisonnement et de 75 000 € d'amende.

Art. L. 1273-2 Comme il est dit à l'article 511-9 du code pénal ci-après reproduit :

Art. 511-9 Le fait d'obtenir des gamètes contre un paiement, quelle qu'en soit la forme, à l'exception du paiement des prestations assurées par les établissements effectuant la préparation et la conservation de ces gamètes, est puni de cinq ans d'emprisonnement et de 75 000 € d'amende.

Est puni des mêmes peines le fait d'apporter son entremise pour favoriser l'obtention de gamètes contre un paiement, quelle qu'en soit la forme, ou de remettre à des tiers, à titre onéreux, des gamètes provenant de dons.

Art. L. 1273-3 Comme il est dit à l'article 511-10 du code pénal ci-après reproduit :

Art. 511-10 Le fait de divulguer une information permettant à la fois d'identifier une personne ou un couple qui a fait don de gamètes et le couple qui les a reçus est puni de deux ans d'emprisonnement et de 30 000 € d'amende.

Art. L. 1273-4 Comme il est dit à l'article 511-11 du code pénal ci-après reproduit :

Art. 511-11 Le fait de recueillir ou de prélever des gamètes sur une personne vivante en vue d'une assistance médicale à la procréation sans procéder aux tests de dépistage des maladies transmissibles exigés en application de l'article L. 1211-6 du code de la santé publique est puni de deux ans d'emprisonnement et de 30 000 € d'amende.

Art. L. 1273-5 Comme il est dit à l'article 511-12 du code pénal ci-après reproduit :

Art. 511-12 Le fait de procéder à une insémination artificielle par sperme frais ou mélange de sperme provenant de dons en violation de l'article L. 1244-3 du code de la santé publique est puni de deux ans d'emprisonnement et de 30 000 € d'amende.

Art. L. 1273-6 Comme il est dit à l'article 511-13 du code pénal ci-après reproduit :

Art. 511-13 Le fait de subordonner le bénéfice d'un don de gamètes à la désignation par le couple receveur d'une personne ayant volontairement accepté de procéder à un tel don en faveur d'un couple tiers en violation de l'article L. 1244-7 du code de la santé publique est puni de deux ans d'emprisonnement et de 30 000 € d'amende.

Art. L. 1273-7 *Abrogé par Ord. n° 2008-480 du 22 mai 2008, art. 1er.*

CHAPITRE IV **DISPOSITIONS COMMUNES**

Art. L. 1274-1 Les personnes physiques coupables des infractions prévues au présent titre encourent également la peine complémentaire d'interdiction, pour une durée de dix ans au plus, d'exercer l'activité professionnelle ou sociale dans l'exercice de laquelle ou à l'occasion de laquelle l'infraction a été commise. — *[Anc. art. L. 675-15].*

Art. L. 1274-2 *(L. n° 2009-526 du 12 mai 2009, art. 125-XXI-6°)* « Les personnes morales déclarées responsables pénalement, dans les conditions prévues par l'article 121-2 du code pénal, des infractions définies au présent titre encourent, outre l'amende suivant les modalités prévues par l'article 131-38 du code pénal, les peines prévues par l'article 131-39 du même code. »

L'interdiction mentionnée au 2° de l'article 131-39 porte sur l'activité dans l'exercice ou à l'occasion de l'exercice de laquelle l'infraction a été commise.

Art. L. 1274-3 Comme il est dit à l'article 511-26 du code pénal ci-après reproduit :

Art. 511-26 (L. n° 2004-800 du 6 août 2004, art. 28-II) La tentative des délits prévus par les articles 511-2, 511-3, 511-4, 511-5, 511-5-1, 511-5-2, 511-6, 511-9, 511-15, 511-16 et 511-19 est punie des mêmes peines.

LIVRE TROISIÈME PROTECTION DE LA SANTÉ ET ENVIRONNEMENT

TITRE PREMIER DISPOSITIONS GÉNÉRALES

BIBL. ▶ Mémeteau, Environnement et droit de la santé, *J.-Cl. Envir. et dévelop. durable, fasc 2310*. – Cadeau, Protection générale de la santé publique, *J.-Cl. Adm., fasc. 220*. – Bourdillon (dir.), Traité de santé publique, *Lavoisier, 2016*. – Parance (dir.), Santé et environnement – Expertises et régulation des risques, *éd. CNRS, 2017*. – Tabuteau et Morelle, La santé publique, *Que sais-je ?, PUF, 2015*. – Parance, Santé et principe de précaution, *in Mélanges Michaud, LEH 2012, p. 109*. – Truchet, Droit de la santé publique, *Dalloz, Mémento, 9e éd., 2017*. – Misonne, Droit européen de l'environnement et de la santé : L'ambition d'un niveau élevé de protection, *Anthémis, 2011*. – Billet, Durousseau et a., Droit de l'environnement et protection de la santé, *L'Harmattan, 2009*. – Truchet, Droit de l'environnement et droit de la santé, *in* Confluences (Mél. Morand-Deviller), *Montchrestien 2007, p. 939*. – Laille, Hygiène et sécurité dans les collectivités territoriales, *Le Moniteur, coll. « Guides juridiques », 1re éd., 2006*. – Dossier Santé et environnement, *RDSS 2006. 189* ✎ *s.* – Foucher, Principe de précaution et risque sanitaire. Recherche sur l'encadrement juridique de l'incertitude scientifique, *L'Harmattan, 2003*.

CHAPITRE PREMIER RÈGLES GÉNÉRALES

Art. L. 1311-1 **Sans préjudice de l'application de législations spéciales et des pouvoirs reconnus aux autorités locales, des décrets en Conseil d'État, pris après consultation du** *(L. n° 2004-806 du 9 août 2004, art. 54)* **« Haut Conseil de la santé publique et, le cas échéant, du Conseil supérieur de la prévention des risques professionnels », fixent les règles générales d'hygiène et toutes autres mesures propres à préserver la santé de l'homme, notamment en matière :**

— de prévention des maladies transmissibles ;

— de salubrité des habitations, des agglomérations et de tous les milieux de vie de l'homme ;

— d'alimentation en eau destinée à la consommation humaine ;

— d'exercice d'activités non soumises à la législation sur les installations classées pour la protection de l'environnement ;

— d'évacuation, de traitement, d'élimination et d'utilisation des eaux usées et des déchets ;

(L. n° 2016-41 du 26 janv. 2016, art. 62) **« — de lutte contre les nuisances sonores et la pollution atmosphérique ; »**

— de préparation, de distribution, de transport et de conservation des denrées alimentaires.

En application des art. L. 231-5 et L. 231-6 du CRPA, le silence gardé pendant six mois par l'administration vaut décision de rejet pour les demandes d'autorisation d'utilisation d'eaux issues du traitement d'épuration des eaux résiduaires urbaines pour l'irrigation de culture ou d'espaces verts (Décr. n° 2014-1273 du 30 oct. 2014, art. 1er et 2).

COMMENTAIRE

V. Commentaire reproduit sur Dalloz.fr.

I. RÈGLEMENT SANITAIRE

1. Maintien en vigueur. Les lois de décentralisation ont eu pour effet de faire disparaître les règlements sanitaires départementaux que les préfets étaient tenus d'établir en vertu de l'ancien art. L. 1er CSP [L. 1311-1] ; toutefois, en l'absence des décrets en Conseil d'État prévus pour l'application de l'art. L. 1er nouveau [L. 1311-1], sont applicables les textes antérieurement en vigueur et notamment les règlements sanitaires départementaux. • Crim. 15 nov. 1990, *Plancke : Bull. crim. n° 389* • Crim. 28 juin 2005, n° 05-80.551 • CAA Lyon, 11 mai 1999, n° 98LY01435.

2. Champ d'application. Le règlement sanitaire départemental s'applique aux habitations et locaux assimilés, à l'exclusion des établissements pénitentiaires. • CAA Nantes, 5 juill. 2012, *Garde des Sceaux,* n° 11NT00495. ♦ Ce règlement peut fonder la qualification de locaux impropres à l'habitation. • CE 5 juin 1991, *Épx X.*, n° 105048 : *Lebon T. 1036 ; ibid. 1222.*

3. Contenu. Le règlement sanitaire départemental peut légalement inclure des règles relatives à l'implantation de bâtiments d'élevage et à leur éloignement par rapport aux habitations. • CE 16 janv. 2002, *Épx Wernert,* n° 210340 : *Lebon T. 929 ; BJDU 2002. 261, concl. Chauvaux, note Touvet.* ♦ En revanche, il ne peut comporter des conditions de procédure relatives à l'octroi du permis de construire... • CE 31 juill. 1996, *Cne de Saint-Mathurin-sur-Loire,* n°s 126120 et 126684 : *Lebon 340* . ♦ ... Comme l'exigence de l'avis préalable du directeur départemental des affaires sanitaires et sociales ... • Même arrêt. ♦ ... Ou une déclaration préalable. • CAA Marseille, 17 mai 2001, *Voglimacci,* n° 98MA01000. ♦ Il ne peut non plus imposer de formalités supplémentaires pour l'octroi, comme une notice explicative • CAA Nantes, 12 avr. 2000, *Cne de Rieux, Hamon : n°s 98NT01453 et 98NT01850.*

4. Proportionnalité. Un règlement sanitaire qui interdit la possession simultanée de plus de trois chiens dans l'ensemble du département est, en raison du caractère général et absolu de cette interdiction, entaché d'excès de pouvoir. • CE 22 févr. 1995, *Cne de Caluire-et-Cuire,* n° 107860.

5. But de salubrité. Le préfet de police ne peut ordonner la fermeture d'un établissement de restauration dans le seul but de protéger le voisinage immédiat des nuisances olfactives. • CAA Paris, 6 mars 1997, *Janvier,* n° 95PA03747 : *Lebon T. 976* .

6. Opposabilité. Le règlement sanitaire départemental est opposable aux demandes de permis de construire... • CE 8 avr. 1994, *Benferhat,* n° 109434 : *Lebon 188 ; BJDU 1994. 47, concl. Daël.* ♦ ... Ainsi qu'aux demandes d'autorisation de lotir. • CE 31 juill. 2009, *SARL Centre d'équitation de Soisy-Val-de-Seine,* n° 296197 : *LPA 16 nov. 2009, n° 228, p. 16, note Dutrieux* • CE 19 mai 1993, *Min. Urbanisme, logement et transports c/ Bénard,* n° 71899. ♦ ... Aux demandes de permis tendant à la reconstruction après sinistre. • CE 30 déc. 2002, *Boissard,* n° 214850 : *BJDU 2003. 83, concl. Chauvaux.* ♦ ... Aux déclarations de travaux exemptés de permis de construire. • CE 3 déc. 1993, *Lhernault,* n° 115423.

7. Inopposabilité au POS (PLU). S'il résulte de l'art. L. 421-3 C. urb. qu'un permis de construire doit être conforme tant aux dispositions du plan d'occupation des sols de la commune qu'à celles du règlement sanitaire départemental qui portent sur les projets de construction, en revanche le règlement sanitaire départemental n'est pas au nombre des règles dont le respect s'impose aux auteurs d'un plan d'occupation des sols en vertu des dispositions législatives et réglementaires applicables. • CE 7 janv. 2004, *Nouqué,* n° 229101 : *BJDU 2003. 408, concl. Glaser ; AJDA 2004. 1099, note Chauvin ; JCP Adm. 2004. 1327, note Billet.*

II. POLICE SANITAIRE

8. Compétence de plein droit du ministre. Il appartient au ministre chargé de la santé, même en l'absence de texte l'y autorisant expressément, de prendre les mesures permettant de mettre en garde le public contre des produits dont la consommation présente un risque grave pour la santé (en l'espèce, face à un cas d'intoxication alimentaire grave, communiqué du ministre indiquant les lots de terrine comportant des traces de toxine botulique) • CE 30 juill. 1997, *Boudin,* n° 118521 : *Lebon 312* . ♦ Ces mesures, eu égard à l'objectif de protection de la santé publique qu'elles poursuivent, n'ouvrent droit à indemnisation que si elles sont constitutives d'une faute. • Même arrêt. ♦ Pour autant, le ministre ne tire d'aucune disposition législative ou réglementaire le pouvoir de créer un régime spécifique d'agrément d'une activité (en l'espèce, des abattoirs recevant des animaux importés). • CE 28 déc. 1992, *Féd. nat. des exploitants d'abattoirs,* n° 129900.

9. Proportionnalité. Aucune disposition législative ne permet au préfet d'interdire de façon générale et absolue, en portant atteinte à la liberté du commerce et de l'industrie, la vente de glace en vrac par colportage sur la totalité du domaine public et des plages du département, en l'absence d'atteinte ou de risque d'atteinte à la salubrité, à la sûreté et à la tranquillité publiques. • CE 16 janv. 1987, *Auclair,* n° 61525 : *Lebon T. 847* .

Art. L. 1311-2 Les décrets mentionnés à l'article L. 1311-1 peuvent être complétés par des arrêtés du représentant de l'État dans le département ou par des arrêtés du maire ayant pour objet d'édicter des dispositions particulières en vue d'assurer la protection de la santé publique dans le département ou la commune.

(L. n° 2014-366 du 24 mars 2014, art. 78) « Pour les infractions aux arrêtés mentionnés au premier alinéa, l'action publique est éteinte par le paiement d'une amende forfaitaire, qui est exclusive de l'application des règles de la récidive. Toutefois, la procédure de l'amende forfaitaire n'est pas applicable si plusieurs infractions, dont l'une au moins ne peut donner lieu à une amende forfaitaire, ont été constatées simultanément ou lorsque la loi prévoit que la récidive de la contravention constitue un délit. Le montant de l'amende forfaitaire peut être acquitté soit entre les mains de l'agent verbalisateur au moment de la constatation de l'infraction, soit auprès du service indiqué dans l'avis de contravention, dans les quarante-cinq jours qui suivent la constata-

tion de l'infraction ou, si cet avis est ultérieurement envoyé à l'intéressé, dans les quarante-cinq jours qui suivent cet envoi. »

V. note ss. art. L. 1311-1.

COMMENTAIRE

V. Commentaire reproduit sur Dalloz.fr.

1. Une police municipale d'exécution. Il appartient au maire, en vue de faire disparaître une cause d'insalubrité, tant de faire respecter les dispositions du règlement sanitaire départemental que de prendre, en application de l'art. L. 131-2 C. communes [CGCT, art. L. 2212-2], les mesures rendues nécessaires par la situation à laquelle il s'agit de remédier. • CE 27 juill. 1990, *Cne d'Azille c/ Andorra*, n° 85741. ♦ Ainsi, il doit prendre les mesures appropriées pour empêcher les bruits excessifs de nature à troubler le repos et la tranquillité des habitants, afin d'assurer l'observation de la réglementation départementale édictée à cet effet ; la carence du maire entraîne la responsabilité de la commune. • CE 25 sept. 1987, *Cne de Lège-Cap-Ferret*, n° 68501 : *Lebon 296*. ♦ Il peut également ordonner la fermeture d'un magasin d'alimentation. • CE 7 juill. 1997, *Cne de Porcheville*, n° 156456. ♦ Inversement, les désagréments visuels de certaines installations n'entrent pas dans les buts de la police de la salubrité. • CAA Nancy, 2 mars 2009, n° 07NC00643. ♦ Le maire ne peut édicter un arrêté de police contraire au règlement sanitaire. • CAA Nancy, 1er févr. 2001, n° 96NC01976.

2. Aggravations possibles. L'autorité de police (en l'espèce le préfet de police de Paris) peut aggraver les restrictions résultant du règlement sanitaire et portant sur les activités musicales et les attractions de toute nature, en cas de nécessité, dans l'intérêt du bon ordre, de la tranquillité et de la sécurité publique, dans les voies et zones réservées aux piétons ; mais elle ne peut édicter une mesure d'interdiction générale et permanente applicable sous la seule réserve de dérogations trop limitatives, à la presque totalité des voies et zones dont il s'agit. • CE 4 mai 1984, *Préfet de police de Paris c/ Guez*, n° 49153 : *Lebon 164* ; *AJDA 1984. 393, concl. Dutheillet de Lamothe*. ♦ Pour des cas où des circonstances locales justifient l'aggravation : • CE 11 avr. 1972, *Ville de Caen : Lebon 302* • CE 28 avr. 1950, *Vve Millou : Lebon 245*.

3. Dérogations possibles. Un règlement sanitaire départemental qui interdit sur les lieux et dans les locaux accessibles au public les bruits gênants par leur intensité ou par leur forte charge informative, tels que l'usage des armes à feu, peut cependant permettre à l'autorité locale d'accorder, lors de circonstances particulières, des dérogations spéciales ; mais celles-ci ne doivent pas aboutir à des bruits excessifs, en méconnaissance du règlement sanitaire départemental (autorisation d'un ball-trap). • CE 26 juin 1996, *Cne de Méjannes-lès-Alès*, n° 132043. ♦ Un permis de construire fondé sur une dérogation illégale est lui-même illégal. • CE 31 juill. 1996, *Cne de Saint-Mathurin-sur-Loire*, nos 126120 et 126684 : *Lebon 340*.

4. Contrôle juridictionnel. Le juge exerce un contrôle restreint sur les dérogations accordées par le préfet aux dispositions du règlement sanitaire. • CAA Lyon, 11 mai 1999, n° 98LY01435.

5. Procédure. Le maire, dans l'exercice de la police municipale, n'est pas tenu de respecter les procédures prévues par le règlement sanitaire (en l'espèce, une mise en demeure). • CE 27 juill. 1990, *Cne d'Azille c/ Andorra*, n° 85741.

Art. L. 1311-3 **Dans le cas où plusieurs communes font connaître leur volonté de s'associer, conformément aux dispositions du titre Ier du livre II de la partie V du code général des collectivités territoriales, pour l'exécution des mesures sanitaires, elles peuvent adopter les mêmes règlements qui leur seront rendus applicables suivant les formes prévues par ce code.**

Art. L. 1311-4 *(L. n° 2004-806 du 9 août 2004, art. 18-II)* **En cas d'urgence, notamment de danger ponctuel imminent pour la santé publique, le représentant de l'État dans le département peut ordonner l'exécution immédiate, tous droits réservés, des mesures prescrites par les règles d'hygiène prévues au présent chapitre.**

(Ord. n° 2005-1566 du 15 déc. 2005) **« Lorsque les mesures ordonnées ont pour objet d'assurer le respect des règles d'hygiène en matière d'habitat et faute d'exécution par la personne qui y est tenue, le maire** *(L. n° 2017-86 du 27 janv. 2017, art. 104-II)* **« ou, le cas échéant, le président de l'établissement public de coopération intercommunale » ou à défaut le représentant de l'État dans le département y procède d'office aux frais de celle-ci.**

« La créance de la collectivité publique qui a fait l'avance des frais est alors recouvrée comme en matière de contributions directes. Toutefois, si la personne tenue à l'exécution des mesures ne peut être identifiée, les frais exposés sont à la charge de l'État. »

1. Danger imminent. Il résulte des termes mêmes de l'art. L. 17 [L. 1311-4] dans sa rédaction antérieure à la loi de 2004 que les pouvoirs exceptionnels qu'il confère à l'autorité administrative peuvent être mis en œuvre soit en cas d'épidémie, soit lorsque se présente « un autre danger imminent pour la santé publique » : légalité en conséquence de l'injonction du préfet au gérant d'un foyer pour travailleurs migrants de rétablir l'alimentation en eau potable, qu'il avait supprimée à l'occasion d'un conflit avec les occupants. • CE 23 juin 2000, *Agence des foyers et résidences hôtelières privées,* n° 167258 : *Lebon 244*.

2. Police de l'exécution des règlements sanitaires. L'art. L. 17 [L. 1311-4] permet au préfet d'ordonner l'exécution immédiate des mesures prescrites par les règlements sanitaires, mais ne prévoit pas la possibilité pour l'autorité administrative d'ordonner la fermeture d'un établissement ; toutefois, aux termes de l'art. L. 131-13 C. communes [CGCT, art. L. 2215-1], le préfet peut prendre toutes mesures relatives au maintien de la salubrité publique, dans tous les cas où il n'y aurait pas été pourvu par les autorités municipales, après une mise en demeure au maire restée sans résultat. • CE 25 nov. 1994, *Min. Intérieur c/ Grégoire,* n°s 148962 et 149018 : *Lebon T. 832* (fermeture d'une boucherie).

3. Concours de polices. L'existence de pouvoirs de police spéciale, reconnus au préfet en application de l'art. L. 17 [L. 1311-4], ne fait pas obstacle à ce que le maire, en présence d'un péril grave et imminent, use de ses pouvoirs de police générale pour assurer le maintien de la sécurité publique, sauf si cet usage, hors du cas d'urgence susmentionné, a eu pour objet ou pour effet de ne pas respecter la procédure prévue par la police spéciale. • CAA Bordeaux, 17 oct. 2006, n° 03BX01503.

Art. L. 1311-5 *Abrogé par L. n° 2004-806 du 9 août 2004, art. 54-II.*

CHAPITRE PREMIER *BIS* PLAN NATIONAL DE PRÉVENTION DES RISQUES POUR LA SANTÉ LIÉS À L'ENVIRONNEMENT

(L. n° 2004-806 du 9 août 2004, art. 53)

BIBL. ▶ Truchet, Droit de l'environnement et droit de la santé, *in Confluences* (Mél. Morand-Deviller), *Montchrestien 2007, p. 939.* – Santé et environnement, *dossier RDSS 2006. 189 s.*

Art. L. 1311-6 Un plan national de prévention des risques pour la santé liés à l'environnement est élaboré tous les cinq ans. Ce plan prend notamment en compte les effets sur la santé des agents chimiques, biologiques et physiques présents dans les différents milieux de vie, y compris le milieu de travail, ainsi que ceux des événements météorologiques extrêmes.

Art. L. 1311-7 *(Ord. n° 2010-177 du 23 févr. 2010, art. 7-5°)* Le projet régional de santé mentionné à l'article L. 1434-1 prévoit les dispositions nécessaires à la mise en œuvre du plan national de prévention des risques pour la santé liés à l'environnement qui relèvent de la compétence des agences régionales de santé.

(L. n° 2016-41 du 26 janv. 2016, art. 54) « Le plan national de prévention des risques pour la santé liés à l'environnement est décliné au niveau régional sous forme de plans régionaux "santé environnement". Ces plans ont pour objectif la territorialisation des politiques définies dans les domaines de la santé et de l'environnement. Ces plans régionaux s'appuient sur les enjeux prioritaires définis dans le plan national tout en veillant à prendre en compte les facteurs de risques spécifiques aux régions. Ils sont mis en œuvre par les services déconcentrés de l'État, les agences régionales de santé et les conseils régionaux, en association avec les autres collectivités territoriales, notamment par le biais des contrats locaux de santé. »

CHAPITRE II DISPOSITIONS PÉNALES

Art. L. 1312-1 Sous réserve des dispositions des articles L. 1324-1, *(Ord. n° 2005-1087 du 1er sept. 2005, art. 1er-II)* « L. 1337-1 » *(L. n° 2004-806 du 9 août 2004, art. 82-8°)* « , L. 1336-1-1 *[L. 1337-1-1]* » *(L. n° 2016-41 du 26 janv. 2016, art. 57-1°)* « , L. 1338-4 » et L. 1343-1, les infractions aux prescriptions des articles du présent livre, ou des règlements pris pour leur application, sont *(L. n° 2009-879 du 21 juill. 2009, art. 94-V)* « recherchées et » constatées par des officiers et agents de police judiciaire, conformément aux dispositions du code de procédure pénale, ainsi que par les *(Ord. n° 2010-177 du 23 févr. 2010, art. 19-I-3°)* « agents mentionnés aux articles L. 1421-1 et L. 1435-7 ou les agents des collectivités territoriales » habilités et assermentés dans des conditions fixées par décret en Conseil d'État. *(L. n° 2009-879 du*

21 juill. 2009, art. 94-V) « A cet effet, ces fonctionnaires et agents disposent des pouvoirs et prérogatives prévus aux articles L. 1421-2 et L. 1421-3. »

Les procès-verbaux dressés par les *(Ord. n° 2010-177 du 23 févr. 2010, art. 19-I-3°)* « agents mentionnés aux articles L. 1421-1 et L. 1435-7 ou les agents des collectivités territoriales » mentionnés à l'alinéa précédent en ce domaine font foi jusqu'à preuve contraire.

Les contraventions aux dispositions des règlements sanitaires relatives à la propreté des voies et espaces publics peuvent être également relevées par les agents spécialement habilités à constater par procès-verbaux les contraventions aux dispositions du code de la route concernant l'arrêt ou le stationnement des véhicules.

Art. L. 1312-2 Le fait de faire obstacle à l'accomplissement des fonctions des *(Ord. n° 2010-177 du 23 févr. 2010, art. 19-I-4°)* « agents mentionnés aux articles L. 1421-1 et L. 1435-7 ou des agents des collectivités territoriales » mentionnés à l'article L. 1312-1 est puni de *(L. n° 2011-525 du 17 mai 2011, art. 168-1°)* « six » mois d'emprisonnement et de *(L. n° 2011-525 du 17 mai 2011, art. 168-1°)* « 7 500 € » d'amende.

Art. L. 1312-3 *(Ord. n° 2010-18 du 7 janv. 2010, art. 2-II)* Est puni comme l'infraction mentionnée au premier alinéa de l'article L. 4163-2 et dans les mêmes conditions que celles prévues aux deuxième et cinquième alinéas de cet article le fait, pour les personnes collaborant occasionnellement aux travaux de l'Agence nationale chargée de la sécurité sanitaire de l'alimentation, de l'environnement et du travail, pour les membres des comités, conseils et commissions siégeant auprès d'elle ou pour les personnes qui leur apportent leur concours, de recevoir des avantages en nature ou en espèces, sous quelque forme que ce soit, d'une façon directe ou indirecte, procurés par les entreprises assurant des prestations ou fabriquant ou commercialisant des produits pris en charge par les régimes obligatoires de sécurité sociale, ainsi que par les entreprises intervenant dans le champ de compétence de l'agence mentionnée à l'article L. 1313-1.

A des dates fixées par Décr. et au plus tard le 1er juill. 2018, les mots : « au premier alinéa de l'article L. 4163-2 et dans les mêmes conditions que celles prévues aux deuxième et cinquième alinéas de cet article » sont remplacés par les mots : « à l'article L. 1454-7 et dans les mêmes conditions que celles prévues aux articles L. 1454-9 et L. 1454-10 » (Ord. n° 2017-49 du 19 janv. 2017, art. 3-1° et 5).

Art. L. 1312-4 *(Ord. n° 2010-18 du 7 janv. 2010, art. 2-II)* Est puni comme l'infraction mentionnée au quatrième alinéa de l'article L. 4163-2 et dans les mêmes conditions que celles prévues au cinquième alinéa de cet article le fait, pour les entreprises assurant des prestations ou fabriquant ou commercialisant des produits pris en charge par les régimes obligatoires de sécurité sociale, ainsi que pour les entreprises intervenant dans le champ de compétence de l'agence mentionnée à l'article L. 1313-1, de proposer ou procurer des avantages aux personnes collaborant occasionnellement aux travaux de l'agence, aux membres ou aux personnes qui apportent leur concours, aux comités, conseils et commissions siégeant auprès d'elle.

A des dates fixées par Décr. et au plus tard le 1er juill. 2018, les mots : « au quatrième alinéa de l'article L. 4163-2 et dans les mêmes conditions que celles prévues au cinquième alinéa de cet article » sont remplacés par les mots : « à l'article L. 1454-8 » (Ord. n° 2017-49 du 19 janv. 2017, art. 3-2° et 5).

Art. L. 1312-5 *Abrogé par L. n° 2011-2012 du 29 déc. 2011, art. 1er-II.*

CHAPITRE III AGENCE NATIONALE CHARGÉE DE LA SÉCURITÉ SANITAIRE DE L'ALIMENTATION, DE L'ENVIRONNEMENT ET DU TRAVAIL

(Ord. n° 2010-18 du 7 janv. 2010, art. 2-I)

L'Agence française de sécurité sanitaire des aliments et l'Agence française de sécurité sanitaire de l'environnement et du travail sont fusionnées dans une Agence nationale chargée de la sécurité sanitaire de l'alimentation, de l'environnement et du travail à laquelle sont transférés leurs biens, droits et obligations, nonobstant toute disposition ou stipulation contraire. La création de cette agence ne donne lieu à la perception d'aucun droit ou taxe au profit de l'État.

Art. L. 1313-1 L'Agence nationale chargée de la sécurité sanitaire de l'alimentation, de l'environnement et du travail est un établissement public de l'État à caractère administratif.

Elle met en œuvre une expertise scientifique indépendante et pluraliste.

Elle contribue principalement à assurer la sécurité sanitaire humaine dans les domaines de l'environnement, du travail et de l'alimentation.

Elle contribue également à assurer :

– la protection de la santé et du bien-être des animaux ;

– la protection de la santé des végétaux ;

– l'évaluation des propriétés nutritionnelles et fonctionnelles des aliments ;

(L. nº 2015-1567 du 2 déc. 2015, art. 16-1º) « – la protection de l'environnement, en évaluant l'impact des produits réglementés sur les milieux, la faune et la flore. »

Elle exerce des missions relatives aux médicaments vétérinaires dans les conditions prévues au titre IV du livre Ier de la cinquième partie.

(L. nº 2015-1567 du 2 déc. 2015, art. 16-1º) « Elle exerce, pour les produits phytopharmaceutiques et les adjuvants mentionnés à l'article L. 253-1 du code rural et de la pêche maritime, ainsi que pour les matières fertilisantes, adjuvants pour matières fertilisantes et supports de culture mentionnés à l'article L. 255-1 du même code, des missions relatives à la délivrance, à la modification et au retrait des différentes autorisations préalables à la mise sur le marché et à l'expérimentation.

« Elle exerce également des missions relatives à la délivrance, à la modification et au retrait des autorisations préalables à la mise sur le marché et à l'expérimentation pour les produits biocides mentionnés à l'article L. 522-1 du code de l'environnement. »

Dans son champ de compétence, l'agence a pour mission de réaliser l'évaluation des risques, de fournir aux autorités compétentes toutes les informations sur ces risques ainsi que l'expertise et l'appui scientifique et technique nécessaires à l'élaboration des dispositions législatives et réglementaires et à la mise en œuvre des mesures de gestion des risques. Elle assure des missions de veille, de vigilance et de référence. Elle définit, met en œuvre et finance en tant que de besoin des programmes de recherche scientifique et technique. *(Ord. nº 2017-51 du 19 janv. 2017, art. 2-I-1º)* « Elle assure la mise en œuvre du système de toxicovigilance et des autres systèmes de vigilance sur les médicaments vétérinaires, les denrées alimentaires mentionnées à l'article L. 1323-1 et les produits phytopharmaceutiques. »

Elle propose aux autorités compétentes toute mesure de nature à préserver la santé publique. Lorsque celle-ci est menacée par un danger grave, elle recommande à ces autorités les mesures de police sanitaire nécessaires.

Elle participe aux travaux des instances européennes et internationales, et y représente la France à la demande du Gouvernement.

Art. L. 1313-2 L'agence accède, à sa demande et dans des conditions préservant la confidentialité des données à l'égard des tiers, aux informations nécessaires à l'exercice de ses missions qui sont détenues par toute personne physique ou morale sans que puisse lui être opposé le secret médical, le secret professionnel ou le secret en matière industrielle et commerciale. *(L. nº 2014-1170 du 13 oct. 2014, art. 51-2º)* « Lui sont communiquées, à sa demande, les données, les synthèses et les statistiques qui en sont tirées mais aussi toute information utile à leur interprétation. »

Art. L. 1313-3 En vue de l'accomplissement de ses missions, l'agence peut se saisir de toute question. Elle peut être saisie par l'autorité compétente de l'État, les autres établissements publics de l'État et les organismes représentés à son conseil d'administration.

Elle peut également être saisie par les associations de défense des consommateurs agréées en application de l'article L. 411-1 du code de la consommation, par les associations de protection de l'environnement agréées en application de l'article L. 141-1 du code de l'environnement *(Décr. nº 2015-1242 du 7 oct. 2015, art. 6-1º)* « , » par les associations ayant une activité dans le domaine de la qualité de la santé et de la prise en charge des malades agréées en application de l'article L. 1114-1, *(Abrogé par Décr. nº 2015-1242 du 7 oct. 2015, art. 6-2º) « ainsi que »* par les associations d'aide aux victimes d'accidents du travail ou de maladies professionnelles représentées au conseil d'administration du Fonds d'indemnisation des victimes de l'amiante *(Décr. n° 2015-1242 du 7 oct. 2015, art. 6-3°)* « ainsi que, après avis favorable du ministre chargé de l'agriculture, par les réseaux sanitaires reconnus en application de l'article L. 201-10 du code rural et de la pêche maritime ».

Sous réserve du respect des secrets protégés par la loi, et notamment des informations couvertes par le secret industriel et commercial, les avis et recommandations de l'agence sont rendus publics.

Art. L. 1313-3-1 *(L. n° 2014-1170 du 13 oct. 2014, art. 51-3°)* L'Agence nationale de sécurité sanitaire de l'alimentation, de l'environnement et du travail établit chaque année un rapport d'activité, adressé au Parlement, qui rend compte de son activité :

1° Dans le cadre de ses missions relatives aux produits phytopharmaceutiques, aux adjuvants et aux matières fertilisantes et supports de culture, prévues au *(L. n° 2015-1567 du 2 déc. 2015, art. 16-2°)* « dixième » alinéa de l'article L. 1313-1 ;

2° Dans le cadre de ses missions de suivi des risques, notamment dans le cadre du dispositif de phytopharmacovigilance prévu à l'article L. 253-8-1 du code rural et de la pêche maritime ;

(L. n° 2015-1567 du 2 déc. 2015, art. 16-2°) « 3° Dans le cadre de ses missions relatives aux produits biocides prévues au onzième alinéa de l'article L. 1313-1 du présent code. »

Art. L. 1313-4 L'agence est administrée par un conseil d'administration composé, outre du président, nommé par décret, et de représentants du personnel, de cinq collèges comprenant respectivement :

1° Des représentants de l'État ;

2° Des représentants d'associations agréées de protection de l'environnement, d'associations *(L. n° 2016-41 du 26 janv. 2016, art. 177-I-3°)* « d'usagers du système de santé agréées au titre de l'article L. 1114-1 » et d'associations agréées de défense des consommateurs ainsi que d'associations nationales de victimes d'accidents du travail et de maladies professionnelles mentionnées à l'article L. 1313-3 ;

3° Des représentants d'organisations professionnelles intéressées ;

4° Des représentants des organisations interprofessionnelles d'employeurs et des organisations syndicales représentatives des salariés au niveau national ;

5° Des élus et des personnalités qualifiées choisies en raison de leur compétence dans les domaines relevant des missions de l'agence.

Les droits de vote sont répartis pour moitié entre les membres du collège mentionné au 1° et pour moitié entre les autres membres du conseil d'administration. Le président a voix prépondérante en cas de partage égal des voix.

Art. L. 1313-5 L'établissement est dirigé par un directeur général nommé par décret.

Le directeur général émet les avis et recommandations relevant de la compétence de l'agence et prend, au nom de l'État, les décisions qui relèvent de celle-ci en application du titre IV du livre Ier de la cinquième partie *(L. n° 2014-1170 du 13 oct. 2014, art. 51-4°-a)* « et *(L. n° 2015-1567 du 2 déc. 2015, art. 16-3°)* « des dixième et onzième alinéas » de l'article L. 1313-1 ».

(L. n° 2014-1170 du 13 oct. 2014, art. 51-4°-b) « Les décisions prises par le directeur général en application du présent article ne sont susceptibles d'aucun recours hiérarchique. Toutefois, le ministre chargé de l'agriculture peut s'opposer, par arrêté motivé, à une décision du directeur général *(L. n° 2015-1567 du 2 déc. 2015, art. 16-3°)* « prise en application du dixième alinéa de l'article L. 1313-1 » et lui demander de procéder, dans un délai de trente jours, à un nouvel examen du dossier ayant servi de fondement à ladite décision. Cette opposition suspend l'application de cette décision. » *(L. n° 2015-1567 du 2 déc. 2015, art. 16-3°)* « Les ministres chargés de la santé et de l'agriculture peuvent s'opposer, dans les mêmes conditions, aux décisions prises en application du neuvième alinéa du même article L. 1313-1. Le ministre chargé de l'environnement ou le ministre chargé du travail peuvent s'opposer, dans les mêmes conditions, aux décisions prises en application du onzième alinéa dudit article L. 1313-1. »

Art. L. 1313-6 Un conseil scientifique veille à la qualité et à la cohérence des travaux scientifiques de l'agence.

L'agence crée les comités d'experts spécialisés nécessaires à la conduite de ses missions.

Art. L. 1313-6-1 *(L. n° 2014-1170 du 13 oct. 2014, art. 51-5°)* Un comité de suivi des autorisations de mise sur le marché, composé dans des conditions fixées par décret, est constitué au sein de l'agence.

Le directeur général de l'agence peut, avant toute décision, consulter le comité de suivi des autorisations de mise sur le marché sur les conditions de mise en œuvre des autorisations de mise sur le marché des produits phytopharmaceutiques et adjuvants mentionnés à l'article L. 253-1 du code rural et de la pêche maritime, *(L. n° 2015-1567 du 2 déc. 2015, art. 16-4°)* « des produits biocides mentionnés à l'article L. 522-1 du code de l'environnement » et des matières fertilisantes et supports de culture en application du *(L. n° 2015-1567 du 2 déc. 2015, art. 16-4°)* « dixième » alinéa de l'article L. 1313-1 du présent code.

Les procès-verbaux des réunions du comité de suivi des autorisations de mise sur le marché sont rendus publics.

Art. L. 1313-7 Les ressources de l'agence sont constituées notamment par :

1° Des subventions des collectivités publiques, de leurs établissements publics, de l'Union européenne ou des organisations internationales ;

2° Le produit de taxes et versements institués à son bénéfice ;

3° Le produit de redevances pour services rendus ;

4° Des produits divers, dons et legs ;

5° Des emprunts.

Art. L. 1313-8 L'agence emploie des agents régis par les titres II, III ou IV du statut général des fonctionnaires ainsi que des personnels mentionnés aux 1° et 2° de l'article L. 6152-1, des enseignants des écoles nationales vétérinaires ou des vétérinaires qui y sont attachés, des vétérinaires employés par d'autres établissements publics, et *(Ord. n° 2015-616 du 4 juin 2015, art. 10)* « des vétérinaires et préposés sanitaires contractuels de l'État *(Abrogé par Ord. n° 2018-20 du 17 janv. 2018, art. 7)* « *et des vétérinaires des armées* », en position d'activité, de détachement ou de mise à disposition.

Les dispositions de l'article L. 421-1 du code de la recherche sont applicables aux chercheurs et aux ingénieurs et personnels techniques de l'agence concourant directement à des missions de recherche.

L'agence emploie également des contractuels de droit public, avec lesquels elle peut conclure des contrats à durée déterminée ou indéterminée.

L'agence peut faire appel à des agents contractuels de droit privé pour occuper des fonctions de caractère scientifique ou technique. Ces fonctions peuvent être exercées par des agents exerçant par ailleurs à titre principal une activité professionnelle libérale.

(Ord. n° 2018-20 du 17 janv. 2018, art. 7) « Les vétérinaires des armées, les militaires, les fonctionnaires et les agents non titulaires de l'État, relevant de l'autorité du service de santé des armées, dans l'exercice de ses compétences en matière vétérinaire peuvent, avec l'accord du ministre de la défense, réaliser des missions ponctuelles au profit de l'agence, dans les conditions prévues par leurs statuts. »

Art. L. 1313-9 *(Abrogé par L. n° 2011-2012 du 29 déc. 2011, art. 1er-II)* « ***Les règles de déontologie applicables aux agents, collaborateurs, membres des structures et cocontractants de l'agence et garantissant le respect des obligations de secret professionnel, d'indépendance et de réserve sont adoptées par le conseil d'administration. Ces règles prévoient notamment les conditions dans lesquelles les déclarations d'intérêts sont rendues publiques.*** »

Un comité de déontologie et de prévention des conflits d'intérêts se prononce sur le respect des principes déontologiques applicables à l'agence, à ses personnels et à ses collaborateurs occasionnels.

COMMENTAIRE

V. Commentaire reproduit sur Dalloz.fr.

Art. L. 1313-10 I. — Les agents contractuels mentionnés à l'article L. 1313-8 :

1° Sont tenus au secret et à la discrétion professionnels dans les mêmes conditions que celles qui sont définies à l'article 26 du titre Ier du statut général des fonctionnaires ;

2° Ne peuvent, par eux-mêmes ou par personne interposée, avoir, dans les entreprises ou établissements en relation avec l'agence, aucun intérêt de nature à compromettre leur indépendance ;

3° Sont soumis aux *(L. nº 2016-483 du 20 avr. 2016, art. 10-II-H)* « articles 25 à 25 *octies* de la loi nº 83-634 du 13 juillet 1983 relative aux droits et obligations des fonctionnaires, à l'exception de l'article 25 *septies* de la même loi ».

(Abrogé par L. nº 2011-2012 du 29 déc. 2011, art. 1er-II) *« II. — Les personnes collaborant occasionnellement aux travaux de l'agence et les autres personnes qui apportent leur concours aux comités, conseils et commissions siégeant auprès d'elle, à l'exception des membres de ces comités, conseils et commissions, ne peuvent traiter une question dans laquelle elles auraient un intérêt direct ou indirect et sont soumises aux obligations énoncées au 1° du I.*

« Les membres des comités, commissions et conseils siégeant auprès de l'agence ne peuvent prendre part ni aux délibérations ni aux votes de ces instances s'ils ont un intérêt direct ou indirect à l'affaire examinée et sont soumis aux mêmes obligations énoncées au 1° du I.

« Les personnes mentionnées aux deux alinéas précédents :

« 1° Adressent au directeur général de l'agence, à l'occasion de leur nomination ou de leur entrée en fonctions, une déclaration mentionnant leurs liens, directs ou indirects, avec les entreprises ou établissements dont les produits ou prestations entrent dans son champ de compétence, ainsi qu'avec les sociétés ou organismes de conseil intervenant dans ces secteurs. Cette déclaration est rendue publique et actualisée à leur initiative dès qu'une modification intervient dans ces liens ;

« 2° Ne peuvent recevoir des avantages en nature ou en espèces, sous quelque forme que ce soit, d'une façon directe ou indirecte, procurés par les entreprises assurant des prestations ou produisant ou commercialisant des produits pris en charge par les régimes obligatoires de sécurité sociale, ainsi que par les entreprises intervenant dans le champ de compétence de l'agence tel que précisé à l'article L. 1313-1.

« Est également interdit le fait, pour ces entreprises, de proposer ou de procurer à ces personnes de tels avantages.

« III. — L'obligation prévue au premier alinéa de l'article L. 4113-13 s'applique également aux personnes mentionnées aux cinquième et sixième alinéas ci-dessus et est étendue aux entreprises intervenant dans le domaine de compétence de l'agence. En cas de manquement à ces dispositions, l'autorité administrative peut mettre fin à leurs fonctions. »

IV. — Les agents de l'agence, les membres des comités, conseils et commissions et les personnes qui apportent occasionnellement leur concours à l'agence ou à ces instances sont astreints au secret professionnel pour les informations dont ils ont pu avoir connaissance en raison de leurs fonctions, dans les conditions et sous les peines prévues aux articles 226-13 et 226-14 du code pénal.

Principe d'impartialité. L'AFSSA, à laquelle a succédé l'ANSES, ne pouvait rendre régulièrement un avis sur une demande d'autorisation de mise sur le marché sur la base de travaux et délibérations d'un comité d'experts spécialisés dont un des membres entretient avec une entreprise intéressée par les résultats des liens, directs ou indirects, mêmes déclarés par lui, suffisamment étroits pour être de nature à affecter son impartialité ; cette obligation d'impartialité vaut notamment pour le rapporteur désigné pour instruire la demande, ainsi que pour le président de ce comité, auquel il incombe de désigner les rapporteurs, de conduire les débats du comité et d'en signer les avis • CE 11 févr. 2011, *Soc. Aquatrium*, nº 319828 : *Gaz. Pal. 20 et 21 mai 2011, p. 38, note Pissaloux ; ibid. 1er-4 juin 2011, p. 21, note Menuel ; RJEP 2011, nº 689, comm. 37, note Friboulet.*

Art. L. 1313-11 Un décret en Conseil d'État précise les conditions d'application du présent chapitre.

TITRE DEUXIÈME SÉCURITÉ SANITAIRE DES EAUX ET DES ALIMENTS

CHAPITRE PREMIER EAUX POTABLES

BIBL. ▸ **Ouvrages anciens classiques :** Fabreguettes, Traité des eaux publiques et des eaux privées, *Pichon et Durand-Auzias, 1911, 2 vol.* – Wodon, Le droit des eaux et des cours d'eau, *Bruylant-Christophe, 1874, rééd. Kessinger Publishing, 2010.* – Picard, Traité des eaux, *éd. Rothschild 1870-1890, 5 vol.*

▸ **Ouvrages :** Bénézit, Delacour, Rathouis, Raymond et a., Pour une meilleure efficacité et une simplification des dispositions relatives à la protection des captages d'eau potable, *Rapp. Min des aff. Sociales, n° 2013-132, juin 2014.* – Ourliac, Gazzaniga, Marc et Larrouy-Castéra, Le droit de l'eau, *Litec, 2011.* – L'eau et son droit, *EDCE, n° 61, Doc. fr., 2010.* – Falque et Massenet (dir.), Les ressources en eau : droits de propriété, économie, et environnement, *Thèmes et commentaires, Dalloz, 1999.*

▸ **Études, articles :** Dict. perm. Environnement et nuisances, Étude « Eau potable », *Éd. législatives.* – Martin-Bidou, Protection des eaux, *J.-Cl. Adm., fasc. 363.* – Billet, Les rapports juridiques entre déchets et santé, l'exemple de la protection des eaux souterraines, *RDSS 2006. 229.* – Mondielli, Le droit de l'eau dans le code de la santé publique, *Envir. 2005. Étude 20.*

COMMENTAIRE

V. Commentaire reproduit sur Dalloz.fr.

Art. L. 1321-1 Toute personne qui offre au public de l'eau en vue de l'alimentation humaine, à titre onéreux ou à titre gratuit et sous quelque forme que ce soit, y compris la glace alimentaire, est tenue de s'assurer que cette eau est propre à la consommation.

(Ord. n° 2017-9 du 5 janv. 2017, art. 2-1°) **« L'utilisation d'eau impropre à la consommation pour la préparation et la conservation de toutes denrées et marchandises destinées à l'alimentation humaine ainsi que l'utilisation d'eau impropre pour les usages domestiques sont interdites, à l'exception des cas prévus en application de l'article** *(Ord. n° 2018-21 du 17 janv. 2018, art. 3)* **« L. 1322-14 ». »**

COMMENTAIRE

V. Commentaire reproduit sur Dalloz.fr.

1. Responsabilité de droit commun. Le service de distribution de l'eau est un service public industriel et commercial, alors même qu'il est assuré par une collectivité territoriale ; les liens existant entre un tel service et ses usagers sont des liens de droit privé ; il s'ensuit que sont applicables à la ville exploitante de ce service les dispositions du code civil (art. 1147) relatives à l'obligation faite au vendeur de délivrer une chose conforme à l'usage auquel elle est destinée. • Civ. 1re, 26 mai 1994 : *Bull. civ. I, n° 190* • 4 oct. 2017, n° 16-18.416. ♦ Sur ce fondement, l'usager peut exiger une eau non seulement potable, mais propre aux divers usages auxquels elle est habituellement employée, lesquels sont « incompatibles avec une coloration répugnante quelle qu'en soit la cause, aussi bien pour la boisson que pour la cuisine ». • Civ. 1re, 26 oct. 1964 : *Bull. civ. I, n° 468.*

2. Force majeure. L'inertie des collectivités dirigeant un établissement public industriel et commercial, en tant qu'elle empêche ce dernier de prendre les mesures propres à exécuter sa mission d'assurer la distribution d'une eau propre à la consommation, peut constituer un cas de force majeure l'exonérant de sa responsabilité, à condition que la dégradation de la qualité de l'eau ne puisse être imputée à sa propre défaillance. • Civ. 1re, 4 oct. 2017, n° 16-18.416.

3. Obligation de résultat. La commune est tenue de fournir une eau propre à la consommation et ne peut s'exonérer de cette obligation contractuelle de résultat : totalement, par la preuve d'un événement constitutif d'un cas de force majeure, ou, partiellement, par la preuve de la faute de la victime. • Civ. 1re, 28 nov. 2012, n° 11-26.814 : *AJDA 2013. 697, note Pouillaude ; RJEP 2013, n° 706, comm. 12, rapp. Darret-Gourgeon, note Sargos.* ♦ La pollution de l'eau aux nitrates et aux pesticides résultant d'une agriculture intensive ne constitue pas, pour un syndicat d'adduction d'eau, tenu d'une obligation de résultat, un événement imprévisible et irrésistible constitutif d'un cas de force majeure pouvant l'exonérer de sa responsabilité. • Civ. 1re, 30 mai 2006 : *Bull. civ. I, n° 279 ; RDI 2006. 364, obs. Trébulle ; RTD civ. 2007. 574, obs. Jourdain.* ♦ Pour une condamnation de l'entreprise en affermage, déclarée responsable pour avoir livré une eau dont la teneur en nitrates était bien supérieure à ce qui est acceptable. • TI Saint-Brieuc, 18 juill. 1994, *Usagers c/ Cie générale des eaux : RDSS 1995. 35, obs. Cayla*. ♦ Obligation de résultat confirmée par la CJCE (devenue CJUE), sur le fondement de la Dir. n° 75/440/CEE du Conseil du 16 juin 1975 (points 26-27), avec la condamnation de la France pour manquement dans la mise en œuvre de cette directive : • CJCE 8 mars 2001, *Commission c/ France*, n° C-266/99 : *Rec. CJCE I-2013*. ♦ Condamnation réitérée faute de mesures suffisantes, sur le fondement de la nouvelle Dir. n° 98/83/CE du Conseil du 3 nov. 1998 : • CJCE 31 janv. 2008, *Commission c/ France*, n° C-147/07. ♦ Une nouvelle condamnation est internenue, sur le fondement de la Dir. 91/676/CEE du Conseil, du 12 déc. 1991, concernant la protection des eaux contre la pollution par les nitrates à partir de sources agricoles. • CJUE 13 juin 2013, *Commission c/ France*, n° C-193/12 : *AJDA 2013. 1253 ; RMCUE 2013. 558, chron. Cudennec, Boillet, Curtil, De Cet-Bertin, Guéguen-Hallouët et Labrot*. ♦ Pour une nouvelle condamnation de la réglementation française. • CJUE 4 sept. 2014, *Commission c/ France*, n° C-237-12.

4. Pollution/responsabilité de l'État. La Lyonnaise des Eaux ayant été condamnée au civil à indemniser ses abonnés pour avoir distribué une eau polluée en nitrates, l'État doit lui rembourser le montant total des indemnités qu'elle a versées aux usagers, en raison de la carence fautive qu'il a manifestée dans le contrôle des installations classées agricoles. • TA Rennes, 2 mai 2001, *Sté Suez-Lyonnaise des Eaux : JCP 2002. II. 10066, note Nicoud ; AJDA 2001. 593, concl. Coënt ; RDSS 2001. 472, obs. Cayla* (l'État n'a pas fait appel).

5. Pollution/responsabilité de la commune. Un délégataire fermier, condamné au civil à indemniser ses usagers en raison d'une eau polluée en nitrates, est fondé à se retourner contre la commune délégante lorsque la pollution tient à la négligence de celle-ci ; en l'espèce, le fermier avait proposé à la commune des travaux urgents nécessaires à la préservation de la qualité de l'eau distribuée, mais celle-ci a préféré passer un marché, retardant les travaux. • CAA Bordeaux, 26 déc. 2006, *Cne de Finhan*, n° 04BX00443. ♦ Autre exemple d'une commune refusant d'investir dans le réseau, condamnée à rembourser les frais occasionnés pour le délégataire (livraison de bouteilles d'eau aux usagers, utilisation de citernes). • CAA Nancy, 11 mai 2006, *Cie des eaux de l'ozone*, n° 04NC00570.

6. Responsabilité du tiers pollueur. Une entreprise de travaux publics est responsable d'une pollution des réservoirs d'eau causée par ses travaux, et ayant donné lieu à indemnisation des usagers par le syndicat intercommunal de distribution d'eau ; toutefois, ce dernier est tenu de s'assurer que l'eau qu'il livre est propre à la consommation et d'en vérifier la qualité, ce qui est de nature à atténuer la responsabilité de l'entreprise à hauteur d'un tiers. • CE 4 nov. 1987, *Cie des travaux hydrauliques SADE*, n° 48007.

7. Liens avec la police générale. Le préfet peut légalement se fonder sur le droit commun de l'art. L. 2215-1 CGCT pour interdire, en cas de sécheresse, l'arrosage des pelouses d'agrément et des golfs, le remplissage des piscines et le lavage des voitures ; ces mesures ont pour objectif de contribuer, par la limitation des utilisations non essentielles de l'eau, à la préservation de la salubrité publique. • CE 23 sept. 1991, *Cne de Narbonne*, n° 117118 : *Lebon T. 1083*.

Art. L. 1321-2 **En vue d'assurer la protection de la qualité des eaux, l'acte portant déclaration d'utilité publique des travaux de prélèvement d'eau destinée à l'alimentation des collectivités humaines** *(L. n° 2004-806 du 9 août 2004, art. 57)* **« mentionné à l'article L. 215-13 du code de l'environnement » détermine autour du point de prélèvement un périmètre de protection immédiate dont les terrains sont à acquérir en pleine propriété, un périmètre de protection rapprochée à l'intérieur duquel peuvent être interdits ou réglementés** *(L. n° 2004-806 du 9 août 2004, art. 57)* **« toutes sortes d'installations, travaux, activités, dépôts, ouvrages, aménagement ou occupation des sols » de nature à nuire directement ou indirectement à la qualité des eaux et, le cas échéant, un périmètre de protection éloignée à l'intérieur duquel peuvent être réglementés** *(L. n° 2004-806 du 9 août 2004, art. 57)* **« les installations, travaux, activités, dépôts, ouvrages, aménagement ou occupation des sols » ci-dessus mentionnés.**

(L. n° 2004-806 du 9 août 2004, art. 57) **« Lorsque les conditions hydrologiques et hydrogéologiques permettent d'assurer efficacement la préservation de la qualité de l'eau par des mesures de protection limitées au voisinage immédiat du captage, l'acte portant déclaration d'utilité publique peut n'instaurer qu'un périmètre de protection immédiate. »**

(L. n° 2006-1772 du 30 déc. 2006, art. 23) **« Lorsque des terrains situés dans un périmètre de protection immédiate appartiennent à une collectivité publique, il peut être dérogé à l'obligation d'acquérir les terrains visée au premier alinéa par l'établissement d'une convention de gestion entre la ou les collectivités publiques propriétaires et**

l'établissement public de coopération intercommunale ou la collectivité publique responsable du captage. »

(L. n° 2004-806 du 9 août 2004, art. 57) « Toutefois, pour les points de prélèvement existant à la date du 18 décembre 1964 et bénéficiant d'une protection naturelle permettant d'assurer efficacement la préservation de la qualité des eaux, l'autorité administrative dispose d'un délai de cinq ans à compter de la publication de la loi n° 2004-806 du 9 août 2004 relative à la politique de santé publique pour instituer les périmètres de protection immédiate. »

L'acte portant déclaration d'utilité publique des travaux de prélèvement d'eau destinée à l'alimentation des collectivités humaines détermine, en ce qui concerne *(L. n° 2004-806 du 9 août 2004, art. 57)* « les installations, travaux, activités, dépôts, ouvrages, aménagement ou occupation des sols » existant à la date de sa publication, les délais dans lesquels il doit être satisfait aux conditions prévues par le présent article et ses règlements d'application.

(L. n° 2004-806 du 9 août 2004, art. 57) « Les servitudes afférentes aux périmètres de protection ne font pas l'objet d'une publication aux hypothèques. Un décret en Conseil d'État précise les mesures de publicité de l'acte portant déclaration d'utilité publique prévu au premier alinéa, et notamment les conditions dans lesquelles les propriétaires sont individuellement informés des servitudes portant sur leurs terrains.

« Des actes déclaratifs d'utilité publique déterminent, dans les mêmes conditions, les périmètres de protection autour des points de prélèvement existants et peuvent déterminer des périmètres de protection autour des ouvrages d'adduction à écoulement libre et des réservoirs enterrés. »

(L. n° 2004-806 du 9 août 2004, art. 59) « Nonobstant toutes dispositions contraires, les collectivités publiques qui ont acquis des terrains situés à l'intérieur des périmètres de protection rapprochée de prélèvement d'eau destinée à l'alimentation des collectivités humaines peuvent, lors de l'instauration ou du renouvellement des baux ruraux visés au titre Ier du livre IV du code rural et de la pêche maritime portant sur ces terrains, prescrire au preneur des modes d'utilisation du sol afin de préserver la qualité de la ressource en eau.

« Par dérogation au titre Ier du livre IV du code rural et de la pêche maritime, le tribunal administratif est seul compétent pour régler les litiges concernant les baux renouvelés en application de l'alinéa précédent.

« Dans les périmètres de protection rapprochée de prélèvement d'eau destinée à l'alimentation des collectivités humaines, les communes ou les établissements publics de coopération intercommunale compétents peuvent instaurer le droit de préemption urbain dans les conditions définies à l'article L. 211-1 du code de l'urbanisme. Ce droit peut être délégué à la commune ou à l'établissement public de coopération intercommunale responsable de la production d'eau destinée à la consommation humaine dans les conditions prévues à l'article L. 213-3 du code de l'urbanisme. »

(L. n° 2010-788 du 12 juill. 2010, art. 164-I) « Le département ou un syndicat mixte constitué en application de l'article L. 5721-2 du code général des collectivités territoriales peut, à la demande du service bénéficiaire du captage, assurer la réalisation des mesures nécessaires à l'institution des périmètres de protection mentionnés au premier alinéa. »

I. PÉRIMÈTRE ET RESTRICTIONS

1. Obligation d'instaurer un périmètre. Sauf lorsque le captage bénéficie d'une protection naturelle permettant de préserver efficacement la qualité des eaux (auquel cas s'applique le délai dérogatoire de cinq ans prévu par l'art. L. 1321-2, al. 4), le préfet est tenu, en vertu de l'art. L. 1324-1 A, de mettre en demeure l'exploitant de déposer un dossier en vue de l'établissement d'un périmètre de protection autour du captage. • CAA Lyon, 17 juin 2008, *Assoc. Eaux et rivières de Bourgogne*, n° 06LY01475.

2. Étendue du périmètre. Le juge fait porter son contrôle sur le caractère suffisant du périmètre de protection rapprochée pour assurer une protection efficace du captage. • CE 4 janv. 1995, *Min. Intérieur c/ Rossi*, n° 94967 : *CJEG 1995. 232, note Sachs.* ♦ L'autorité peut légalement instituer un périmètre de protection rapprochée comportant deux zones soumises chacune à des prescriptions distinctes, selon les risques de pollution encourus. • CAA Versailles, 25 janv. 2007, *Cne d'Étampes*, n° 04VE02465.

3. Mesures de protection. Le préfet ne peut établir une réglementation autorisant de façon générale l'ensemble des activités de service dans la zone de protection immédiate, où seules peuvent être autorisées à titre dérogatoire des activités expressément désignées ; il ne peut, dans le périmètre de protection rapprochée, autoriser certaines activités, installations ou dépôts seulement, mais doit se borner à réglementer les activités autres que celles interdites comme susceptibles d'entraîner une pollution ; enfin, il ne peut, dans le périmètre de protection éloignée, édicter des interdictions, mais seulement réglementer les activités, installations, et dépôts présentant un danger de pollution. • CE 12 mars 1999, *Cne d'Artemarre et a.*, n° 159791. ♦ Pour une interdiction générale et absolue de toutes nouvelles constructions au sein du périmètre de protection rapprochée jugée illégale : • CAA Douai, 10 mai 2007, n° 06DA01332.

II. EXPROPRIATION

4. *Composition du dossier d'expropriation.* V. • CAA Nancy, 15 mars 2012, n° 11NC00599 • CAA Lyon, 7 oct. 2010, n° 09LY00200. ♦ Sur le contenu de l'avis du commissaire enquêteur, • CAA Lyon, 8 avr. 2003, n° 98LY01409.

5. *Contrôle de l'utilité publique.* De façon générale, les inconvénients qui résulteraient des restrictions de l'activité agricole liées à l'instauration d'un périmètre ne doivent pas être excessifs eu égard à l'intérêt général tendant à la préservation de la qualité des eaux. • CE 8 déc. 1992, *Grimaud et a.*, n° 66152. ♦ Ainsi, le renforcement d'un périmètre de protection, justifié par les besoins d'eau en cas de sécheresse, présente un caractère d'utilité publique malgré les servitudes et interdictions de constructions instaurées. • CE 15 janv. 1999, n° 149550. ♦ L'augmentation continue de la teneur en nitrates justifie l'instauration d'un périmètre de protection... • CAA Nantes, 30 déc. 2005, n° 05NT00289 • CAA Lyon, 27 août 2015, *Asrel*, n° 14LY00411. ♦ ... De même que des pollutions en phénols. • CAA Nancy, 15 mars 2012, n° 11NC00599. ♦ ... Le classement d'une commune en zone vulnérable aux nitrates. • CAA Bordeaux, 18 juin 2007, n° 05BX01632. ♦ ... Ou une forte progression démographique accroissant les besoins. • CAA Lyon, 16 mars 2010, n° 07LY02957. ♦ ... Notamment en période estivale. • CAA Marseille, 25 avr. 2016, n° 15MA01075. ♦ *Inversement, si la protection* d'une source peut justifier l'établissement d'un périmètre immédiat de protection du captage, lorsque le périmètre retenu excède très largement ce que recommandent les experts, il présente des inconvénients excessifs. • CE 31 oct. 1990, *Merger*, n° 73624. ♦ Aussi, à propos d'un périmètre englobant des surfaces se trouvant en aval des captages à protéger. • CAA Lyon, 8 juill. 2004, *Groupement forestier de Murat*, n° 01LY01676. ♦ Est d'utilité publique la réalisation d'un captage supplémentaire d'eau souterraine, destiné à l'alimentation en eau potable d'une commune qui disposera ainsi d'un approvisionnement couvrant les besoins actuels habituels et lui permettant de préserver une marge de sécurité en vue tant des pics de consommation en période estivale et de fréquentation touristique, que des perspectives de développement de la commune à moyen terme. • CAA Nancy, 1er août 2013, *Groupement forestier de la Serva*, n° 12NC00123.

6. *Délai de cinq ans (art. L. 1321-2, al. 4).* La circonstance qu'un arrêté ait été pris au-delà du délai de cinq ans n'est pas de nature à l'entacher d'illégalité. • CAA Lyon, 27 août 2015, *Asrel*, n° 14LY00411.

7. *Choix entre servitude et expropriation.* La circonstance que la Ville de Paris pouvait, en vertu des dispositions de l'art. L. 20 [L. 1321-2] demander l'application de certaines servitudes sur les terrains situés autour des puits, ne faisait pas obstacle à ce qu'elle soit autorisée à procéder à l'expropriation de ces terrains en vue d'assurer notamment une protection plus efficace des puits. • CE 13 déc. 1967, *Ville de Dreux*, n° 66138 : *Lebon 487*. ♦ L'appréciation à laquelle la ville s'est livrée en demandant cette autorisation plutôt que l'application desdites servitudes ne saurait être discutée devant le Conseil d'État statuant au contentieux. • Même arrêt.

8. *Textes applicables.* En l'absence de dispositions spécifiques définissant la procédure qui leur est applicable, les actes portant déclaration d'utilité publique des travaux de prélèvement d'eau destinée à l'alimentation des collectivités humaines pris sur le fondement des dispositions de l'art. L. 1321-2 sont régis par les dispositions du code de l'expropriation pour cause d'utilité publique. • CAA Lyon, 31 janv. 2017, *Sté Granulats Vicat*, n° 15LY01650.

III. POLICE

9. *Concours de polices.* Dès lors qu'un lien direct est établi entre la modification de l'utilisation du sol à des fins agricoles dans le périmètre de protection rapprochée d'un captage et l'élévation notable de la teneur en nitrates des eaux destinées à l'alimentation de la commune, et eu égard en l'espèce au caractère grave et continu de cette pollution, le maire est compétent pour faire usage de ses pouvoirs de police générale en interdisant la culture de certaines parcelles situées dans le périmètre de protection. • CE 2 déc. 2009, *Cne de Rochecourt-sur-Marne*, n° 309684 : *Envir. 2010, n° 13, note Trouilly ; RD rur. 2011, n° 390, note Billet.*

10. *Compétences respectives maire/préfet.* Le préfet peut interdire l'exploitation d'un système d'alimentation en eau qui n'offre pas toutes les garanties exigées par les textes – et quand bien même l'eau initialement polluée serait-elle redevenue potable. • CE 29 janv. 1988, *Assoc. synd. libre des propriétaires du lotissement privé* de *Piraillon-Forêt*, n° 58021 : *Lebon T. 800* ✎. ♦ Mais aucune disposition législative ou réglementaire n'a eu pour effet de transférer au préfet, en dehors de toute carence de l'autorité municipale, les pouvoirs que celle-ci tient des art. L. 131-1 s. C. communes [L. 2212-1 s. CGCT] pour assurer le bon ordre, la sûreté, la sécurité et la salubrité publiques ; dès lors, le préfet excède ses pouvoirs en ordonnant par le même arrêté que le réseau privé d'adduction en cause soit raccordé à la distribution publique d'eau de la commune. • Même arrêt.

11. Police des déchets. L'art. L. 541-3 C. envir. sur la police des déchets abandonnés permet également au maire, et au préfet en cas de carence, de prescrire des mesures de nature à garantir la protection des eaux souterraines. • CAA Lyon, 22 févr. 2011, ⚖ *SCI Marquet*, n° 09LY01887.

IV. URBANISME

12. PLU/POS et périmètre. Les dispositions de l'art. L. 20 [L. 1321-2] n'ont ni pour objet, ni pour effet d'interdire aux communes où est établi un plan d'occupation des sols (devenu PLU) de prévoir dans ce plan des prescriptions destinées à assurer, avant l'intervention de la déclaration d'utilité publique prévue au même article, la protection des sources les alimentant en eau potable ; par suite, le POS pouvait, légalement et sans erreur manifeste d'appréciation, comporter une zone naturelle dite « de protection renforcée », en vue d'assurer la protection des eaux du forage communal. • CE 29 nov. 1999, ⚖ *Braunschweig*, n° 156643 : *Lebon T. 1024* ✎ ; *BJDU 1999. 420, concl. Boissard ; Constr.-Urb. 2000, n° 43, note Larralde.* ♦ La délimitation d'un périmètre de protection dans un plan d'urbanisme n'interdit pas aux communes de prévoir, dans ce même plan, des mesures de protection des sources hors de ce périmètre. • CE 2 nov. 1966, *Sté champenoise des carburants : Lebon 581.* ♦ N'est entaché d'aucune erreur manifeste d'appréciation le classement en zone naturelle inconstructible de parcelles comprises dans un périmètre de captage d'eau potable. • CAA Nancy, 8 oct. 2009, ⚖ *SCI La Saulaie*, n° 08NC01588 : *Envir. 2009, n° 143, note Sousse.*

13. Carrières. Le renouvellement de l'autorisation d'exploitation d'une carrière ne peut légalement être accordé dès lors qu'est intervenu un arrêté instaurant un périmètre de protection. • CE 11 févr. 2011, ⚖ *Sté Alfonsi Frères*, n° 317432.

Art. L. 1321-2-1 *(L. n° 2004-806 du 9 août 2004, art. 58-I)* **Lorsqu'une ou des collectivités territoriales sont alimentées en eau destinée à la consommation humaine par des ouvrages de prélèvement, propriétés de personnes privées et ne relevant pas d'une délégation de service public,** *(Ord. n° 2010-177 du 23 févr. 2010, art. 7-6°)* **« le représentant de l'État dans le département » peut déclarer d'utilité publique à la demande de la personne privée, et après avis conforme de la majorité des collectivités alimentées en eau au regard des populations desservies, la détermination des périmètres de protection rapprochée autour du point de prélèvement dans les conditions qui sont définies au premier alinéa de l'article L. 1321-2. Ces dispositions ne sont applicables qu'aux prélèvements existants au 1er janvier 2004.**

Les interdictions, les réglementations et autres effets des dispositions des précédents alinéas cessent de s'appliquer de plein droit dès lors que le point de prélèvement n'alimente plus en totalité le service public de distribution d'eau destinée à la consommation humaine.

Art. L. 1321-3 **Les indemnités qui peuvent être dues aux propriétaires ou occupants de terrains compris dans un périmètre de protection de prélèvement d'eau destinée à l'alimentation des collectivités humaines, à la suite de mesures prises pour assurer la protection de cette eau, sont fixées selon les règles applicables en matière d'expropriation pour cause d'utilité publique.**

(L. n° 2004-806 du 9 août 2004, art. 58-II) **« Lorsque les indemnités visées au premier alinéa sont dues à raison de l'instauration d'un périmètre de protection rapprochée visé à l'article L. 1321-2-1, celles-ci sont à la charge du propriétaire du captage. »**

1. Indemnité, montant. L'arrêté instaurant un périmètre n'a pas à prévoir les conditions de l'indemnisation à laquelle les propriétaires ou occupants des terrains concernés peuvent éventuellement prétendre. • CE 8 déc. 1992, *Grimaud et a.*, n° 66152. ♦ Aucun régime spécifique d'indemnisation des propriétaires privés inclus dans un périmètre n'est prévu en raison de la seule présence d'une source qu'eux-mêmes exploitaient dans le fonds exproprié ; toutefois, il peut être tenu compte de cette circonstance dans le calcul de l'indemnité, lorsque l'usage de la source résulte de droits antérieurement établis. • Civ. 3e, 12 févr. 2003 : ⚖ *Bull. civ. III, n° 33.*

2. Compétence juridictionnelle. Il n'appartient qu'à la juridiction de l'ordre judiciaire de connaître des litiges relatifs aux indemnités susceptibles d'être dues au propriétaire d'un terrain compris dans un périmètre de protection d'un captage d'eau potable. • CAA Nantes, 18 avr. 2014, n° 12NT02232.

Art. L. 1321-4 *(L. n° 2004-806 du 9 août 2004, art. 60)* **I. — Toute personne publique ou privée responsable d'une production ou d'une distribution d'eau au public, en vue de l'alimentation humaine sous quelque forme que ce soit, qu'il s'agisse de réseaux publics ou de réseaux intérieurs, ainsi que toute personne privée responsable d'une distribution privée autorisée en application de l'article L. 1321-7 est tenue de :**

1° Surveiller la qualité de l'eau qui fait l'objet de cette production ou de cette distribution *(Abrogé par L. n° 2016-41 du 26 janv. 2016, art. 50-1°-a)* **« *, notamment au point de pompage en ce qui concerne les dérivés mercuriels* » ;**

2° Se soumettre au contrôle sanitaire ;

3° Prendre toutes mesures correctives nécessaires en vue d'assurer la qualité de l'eau, et en informer les consommateurs en cas de risque sanitaire ;

4° N'employer que des produits et procédés de traitement de l'eau, de nettoyage et de désinfection des installations qui ne sont pas susceptibles d'altérer la qualité de l'eau distribuée ;

5° Respecter les règles de conception et d'hygiène applicables aux installations de production et de distribution ;

6° Se soumettre aux règles de restriction ou d'interruption, en cas de risque sanitaire, et assurer l'information et les conseils aux consommateurs dans des délais proportionnés au risque sanitaire.

II. — En cas de risque grave pour la santé publique ayant pour origine une installation intérieure ne distribuant pas d'eau au public, l'occupant ou le propriétaire de cette installation doit, sur injonction du représentant de l'État, prendre toute mesure pour faire cesser le risque constaté et notamment rendre l'installation conforme aux règles d'hygiène dans le délai qui lui est imparti.

(L. n° 2016-41 du 26 janv. 2016, art. 50-1°-b) **« III. — Le 2° du I ne s'applique pas aux eaux destinées à la consommation humaine provenant d'une source individuelle fournissant moins de 10 mètres cubes par jour en moyenne ou approvisionnant moins de cinquante personnes, sauf si ces eaux sont fournies dans le cadre d'une activité commerciale ou publique. »**

Frais de contrôle, charge. La charge des frais de prélèvement et d'analyse revient à l'exploitant, qu'il s'agisse : d'une commune, auquel cas la dépense est obligatoire… • CAA Lyon, 7 juill. 2004, *Cne de Saint-Victor-la-Rivière*, n° 00LY02199. ♦ … Ou d'un délégataire. • CE 30 nov. 1992, *Cie générale des eaux*, n° 94260 : *Lebon 431*. ♦ Avant même la loi du 9 août 2004 modifiant l'art. L. 1321-4, le préfet pouvait, sur la base des art. L. 1321-1 et L. 1321-8, mettre à la charge des exploitants le coût des analyses, cette compétence n'ayant pas été transférée au maire par les lois de décentralisation. • CE 30 nov. 1992, *Cie générale des eaux*, n° 94260 : *préc.*

Art. L. 1321-5 *(L. n° 2006-1772 du 30 déc. 2006, art. 52)* **Le contrôle sanitaire des eaux destinées à la consommation humaine, qui relève de la compétence de l'État, comprend notamment des prélèvements et des analyses d'eau réalisés par** *(Ord. n° 2010-177 du 23 févr. 2010, art. 7-7°)* **« l'agence régionale de santé » ou un laboratoire agréé par le ministre chargé de la santé.** *(L. n° 2010-853 du 23 juill. 2010, art. 38-II-6°)* **« Un laboratoire établi dans un autre État membre de la Communauté européenne ou partie à l'accord sur l'Espace *économique* européen peut réaliser ces prélèvements et analyses, s'il justifie de moyens, de qualité de pratiques et de méthodes de contrôle équivalents, vérifiés par le ministre chargé de la santé. Le laboratoire est choisi par le directeur général de l'agence régionale de la santé. »** *(Ord. n° 2010-177 du 23 févr. 2010, art. 7-7°)* **« Ces analyses sont effectuées soit dans le cadre du programme de contrôle mentionné au *c* du 1° de l'article L. 1431-2, soit à la demande du représentant de l'État dans le département, soit à l'initiative du directeur général de l'agence.**

« Le directeur général de l'agence régionale de santé » est chargé de l'organisation du contrôle sanitaire des eaux. Il passe à cet effet, avec un ou des laboratoires *(L. n° 2010-853 du 23 juill. 2010, art. 38-II-6°)* **« répondant aux conditions du premier alinéa », le marché nécessaire. Il est** *(L. n° 2010-853 du 23 juill. 2010, art. 38-II-6°)* **« le pouvoir adjudicateur » du marché.**

Le laboratoire *(Abrogé par L. nº 2010-853 du 23 juill. 2010, art. 38-II-6º)* « agréé, » titulaire du marché, est chargé de recouvrer les sommes relatives aux prélèvements et analyses du contrôle sanitaire des eaux auprès de la personne publique ou privée responsable de la production ou de la distribution d'eau.

En application des art. L. 231-5 et L. 231-6 CRPA, et par exception à l'application du délai de deux mois prévu à l'art. L. 231-1 du même code, le délai à l'expiration duquel le silence gardé par l'administration vaut acceptation est de six mois pour les demandes d'agrément des laboratoires chargés de réaliser les analyses d'échantillons d'eau mentionnés à l'art. R. 1321-21 (Décr. nº 2014-1287 du 23 oct. 2014, art. 1er).

Art. L. 1321-6 *(L. nº 2004-806 du 9 août 2004, art. 62)* **En cas de condamnation du délégataire par application des dispositions de l'article L. 1324-3, le ministre chargé de la santé peut, après avoir entendu le délégataire et demandé l'avis de la collectivité territoriale intéressée, et après avis du Haut Conseil de la santé publique, prononcer la déchéance de la délégation, sauf recours devant la juridiction administrative.**

Art. L. 1321-7 *(L. nº 2004-806 du 9 août 2004, art. 63)* **I. — Sans préjudice des dispositions de l'article L. 214-1 du code de l'environnement, est soumise à autorisation** *(Ord. nº 2010-177 du 23 févr. 2010, art. 7-8º)* **« du représentant de l'État dans le département » l'utilisation de l'eau en vue de la consommation humaine, à l'exception de l'eau minérale naturelle, pour :**

1º La production ;

2º *(L. nº 2006-1772 du 30 déc. 2006, art. 55)* **« La distribution par un réseau public ou privé, à l'exception de la distribution à l'usage d'une famille mentionnée au** *(L. nº 2016-41 du 26 janv. 2016, art. 50-2º-a)* **« III » et de la distribution par des réseaux particuliers alimentés par un réseau de distribution public ; »**

3º Le conditionnement.

II. — Sont soumises à déclaration auprès *(Ord. nº 2010-177 du 23 févr. 2010, art. 7-8º)* **« du représentant de l'État dans le département » :**

1º L'extension ou la modification d'installations collectives de distribution qui ne modifient pas de façon notable les conditions de l'autorisation prévue au I ;

2º La distribution par des réseaux particuliers alimentés par un réseau de distribution public qui peuvent présenter un risque pour la santé publique.

(Abrogé par Ord. nº 2010-177 du 23 févr. 2010, art. 7-8º) (L. nº 2006-1772 du 30 déc. 2006, art. 55) ***« 3º L'utilisation d'eau en vue de la consommation humaine à l'usage d'une famille, dans les conditions prévues à l'article L. 2224-9 du code général des collectivités territoriales. »***

(Ord. nº 2010-177 du 23 févr. 2010, art. 7-8º) **« III. — Est soumise à déclaration auprès du maire l'utilisation d'eau en vue de la consommation humaine à l'usage d'une famille, dans les conditions prévues à l'article L. 2224-9 du code général des collectivités territoriales. »**

(L. nº 2010-788 du 12 juill. 2010, art. 164-II ; L. nº 2016-41 du 26 janv. 2016, art. 50-2º-b) **« IV. — Tout dispositif d'utilisation de l'eau de pluie pour les usages domestiques intérieurs fait l'objet d'une déclaration auprès du maire de la commune concernée, dans les conditions prévues à l'article L. 2224-9 du code général des collectivités territoriales. »**

1. Permis de construire et autorisation de captage. Lorsqu'un plan d'urbanisme subordonne l'occupation du sol à la nécessité de disposer d'un captage privé d'eau potable, cela implique nécessairement, s'agissant des raccordements à des réseaux privés collectifs, que ceux-ci aient été régulièrement autorisés au titre de l'art. L. 1321-7 ; ainsi, est illégal *le permis de construire accordé alors* que les demandeurs ne pouvaient se prévaloir d'une possibilité de raccordement à un réseau privé d'eau potable régulièrement autorisé. • CAA Lyon, 13 mars 2012, nº 11LY00030.

2. Notion d'eau. Une boisson constituée par de l'eau ayant subi un traitement « électrovibratoire » et présentée comme un produit diététique n'en est pas moins de l'eau et ne peut être mise en bouteille qu'après autorisation préfectorale. • Crim. 9 févr. 1966 : *Bull. crim. nº 38.*

3. Obligation de raccordement au réseau public (non). Aucune obligation générale de se raccorder au réseau public de distribution d'eau ne pèse sur les riverains sauf textes particuliers ; toutefois, un règlement sanitaire départemental peut prévoir qu'en l'absence de distribution publique d'eau potable, l'usage de l'eau des puits publics ou particuliers n'est autorisé, pour l'alimentation humaine, que si elle est potable et si toutes les précautions sont prises pour la mettre à l'abri de toutes contaminations ; il en résulte qu'un riverain ne peut se prévaloir de l'absence de souscription volontaire de contrat d'abonnement pour échapper à l'obligation de régler les factures résultant de la consommation enregistrée, selon une grille de répartition proposée par la commune. • Civ. 3e, 19 janv. 2017, n° 15-26.889 : *AJDA 2017. 144*.

Art. L. 1321-8 **Sont interdites les amenées par canaux à ciel ouvert d'eau destinée à l'alimentation humaine à l'exception de celles qui, existant au 30 octobre 1935, ont fait l'objet de travaux d'aménagement garantissant que l'eau livrée est propre à la consommation.** – *[Anc. art. L. 25].*

Art. L. 1321-9 **Les données sur la qualité de l'eau destinée à l'alimentation humaine** *(Ord. n° 2010-177 du 23 févr. 2010, art. 7-9°)* **« , notamment les résultats des analyses réalisées dans le cadre du contrôle sanitaire et chez les particuliers, sont transmises par le directeur général de l'agence régionale de santé au représentant de l'État dans le département. Elles » sont publiques et communicables aux tiers.**

Le représentant de l'État dans le département est tenu de communiquer régulièrement aux maires les données relatives à la qualité de l'eau distribuée, en des termes simples et compréhensibles pour tous les usagers.

Les données relatives à la qualité de l'eau distribuée font l'objet d'un affichage en mairie et de toutes autres mesures de publicité appropriées dans des conditions fixées par décret.

Art. L. 1321-10 *(L. n° 2004-806 du 9 août 2004, art. 64)* **Un décret en Conseil d'État détermine les modalités d'application des dispositions du présent chapitre à l'exception de l'article L. 1321-9, et notamment celles relatives au contrôle de leur exécution et les conditions dans lesquelles les dépenses du contrôle sanitaire sont à la charge de la personne publique ou privée responsable de la production ou de la distribution ou de l'entreprise alimentaire ou de conditionnement concernée.**

CHAPITRE II **EAUX MINÉRALES NATURELLES** *(L. n° 2004-806 du 9 août 2004, art. 65-I).*

BIBL. ► Dict. perm. Environnement et nuisances, Étude « Eaux minérales naturelles », *Éd. législatives.*

Art. L. 1322-1 *(L. n° 2004-806 du 9 août 2004, art. 65-II)* **I. – Sans préjudice des dispositions de l'article L. 214-1 du code de l'environnement, l'eau minérale naturelle fait l'objet d'une reconnaissance et d'une autorisation par** *(Ord. n° 2010-177 du 23 févr. 2010, art. 7-10°)* **« le représentant de l'État dans le département » pour :**

1° L'exploitation de la source ;

2° Le conditionnement de l'eau ;

3° L'utilisation à des fins thérapeutiques dans un établissement thermal ;

4° La distribution en buvette publique.

II. – Toute modification notable des caractéristiques de l'eau minérale naturelle ou tout changement notable des conditions d'exploitation de la source doit faire l'objet d'une demande de révision de la reconnaissance ou de l'autorisation d'exploitation.

V. Décr. n° 2014-1288 du 23 oct. 2014 relatif aux exceptions à l'application du principe « silence vaut acceptation » sur le fondement des art. L. 231-5 *et* L. 231-6 CRPA.

Allégations de santé relatives au sodium. Le règlement (CE) n° 1924/2006 du 20 déc. 2006 interdit d'utiliser l'allégation « très pauvre en sodium ou en sel » et toute autre allégation susceptible d'avoir le même sens pour le consommateur en ce qui concerne les eaux minérales naturelles et les autres eaux (art. 8 § 1), et s'oppose à ce que les emballages, les étiquettes ou la publicité des eaux minérales naturelles contiennent des allégations ou des mentions tendant à faire croire au consommateur que les eaux en question sont pauvres en sodium ou en sel ou conviennent *pour un* régime pauvre en sodium lorsque la teneur totale en sodium, sous toutes ses formes chimiques présentes, est égale ou supérieure à 20 mg/l (art. 9 § 2). • CJUE 17 déc. 2015, *Neptune Distribution SNC,* n° 157/14. ♦ Sont concernées les allégations relatives au sodium quelle que soit sa forme chimique, y compris lorsqu'il est combiné à des substances autres que des ions chlorure ; par suite, une eau riche en bicarbonate de sodium ne peut être regardée comme pauvre en sodium ou en sel, quand bien même elle serait pauvre en chlorure de sodium ;

l'allégation doit être regardée comme incomplète et susceptible d'induire le consommateur en erreur, quand bien même elle serait matériellement exacte. • CE 15 févr. 2016, *Sté Neptune Distribution*, n° 351618.

Art. L. 1322-2 *(L. n° 2004-806 du 9 août 2004, art. 66)* **I. — Toute personne qui offre au public de l'eau minérale, à titre onéreux ou à titre gratuit et sous quelque forme que ce soit, est tenue de s'assurer que cette eau est propre à l'usage qui en est fait.**

II. — Toute personne publique ou privée titulaire d'une autorisation mentionnée à l'article L. 1322-1 est tenue de :

1° Surveiller la qualité de l'eau minérale naturelle ;

2° Se soumettre au contrôle sanitaire ;

3° N'employer que des produits et procédés de nettoyage et de désinfection des installations qui ne sont pas susceptibles d'altérer la qualité de l'eau minérale naturelle distribuée ;

4° N'employer que des produits et procédés de traitement qui ne modifient pas la composition de cette eau dans ses constituants essentiels et n'ont pas pour but d'en modifier les caractéristiques microbiologiques, à l'exception du traitement de l'eau utilisée dans les établissements thermaux visant à prévenir les risques sanitaires spécifiques à certains soins ;

5° Respecter les règles de conception et d'hygiène applicables aux installations de production et de distribution ;

6° Se soumettre aux règles de restriction ou d'interruption de la distribution au public en cas de risque sanitaire et assurer, en ce cas, l'information des consommateurs.

Art. L. 1322-3 Une source d'eau minérale naturelle peut être déclarée d'intérêt public. Dans ce cas, un périmètre de protection qui peut porter sur des terrains disjoints, peut lui être assignée. A l'intérieur de ce périmètre, peuvent être interdits ou réglementés toutes activités, dépôts ou installations de nature à nuire directement ou indirectement à la qualité des eaux.

Ce périmètre peut être modifié si de nouvelles circonstances en font reconnaître la nécessité. — *[Anc. art. L. 736].*

Art. L. 1322-4 Aucun sondage, aucun travail souterrain ne peuvent être pratiqués dans le périmètre de protection d'une source d'eau minérale naturelle déclarée d'intérêt public, sans autorisation préalable *(Ord. n° 2010-177 du 23 févr. 2010, art. 7-11°)* **« délivrée par le représentant de l'État dans le département ».**

A l'égard des fouilles, tranchées pour extraction de matériaux ou tout autre objet, fondations de maisons, caves ou autres travaux à ciel ouvert, le décret mentionné à l'article L. 1322-13 qui fixe le périmètre de protection peut exceptionnellement imposer aux propriétaires l'obligation de faire, au moins un mois à l'avance, une déclaration au représentant de l'État dans le département qui en délivre récépissé.

Les autres activités, dépôts ou installations de nature à nuire directement ou indirectement à la qualité des eaux peuvent également être soumis à autorisation ou à déclaration par le décret mentionné à l'article L. 1322-13 instituant le périmètre de protection.

En application des art. L. 231-5 et L. 231-6 du CRPA, le silence gardé pendant quatre mois, ou six mois en cas d'expertise d'un organisme compétent à l'échelon national par l'administration vaut décision de rejet pour les demandes d'autorisation préalable de sondage, travail souterrain, et des autres activités, dépôts ou installations de nature à nuire directement ou indirectement à la qualité des eaux, dans le périmètre de protection d'une source d'eau minérale naturelle (Décr. n° 2014-1286 du 23 oct. 2014, art. 1er et 2).

1. Pollution, responsabilités. *Sont fautifs la commune* qui ne met pas en place les ouvrages publics propres à prévenir la pollution d'un champ de captage autorisé, mais aussi l'État qui délivre des permis de construire des maisons d'habitation, sans les assortir de prescriptions spéciales quant au mode d'assainissement afin de protéger la nappe phréatique alimentant la source. • CE 19 févr. 1988, *de Talhouet*, n° 78978.

2. Forage voisin. Un forage effectué par un propriétaire sur son fonds avec l'autorisation de l'administration, mené dans les règles de l'art, sans intention de nuire à l'exploitant d'une source d'eaux minérales naturelles située à proximité et sans lui causer de dommage, ne constitue pas un abus du droit de propriété. • Civ. 3e, 3 mars 2010 : *Bull. civ. III, n° 53 ; JCP 2010, n° 658, note Tapinos ; D. 2010. 2419, note Bouchet-Le Mappian ; RJ envir. 2010. 689, note Nadaud.* ♦ Dès lors qu'aucun risque de pollution de la source n'existe du fait du forage, le principe de précaution ne s'applique pas. • Même arrêt.

Art. L. 1322-5 **Les travaux, activités, dépôts ou installations mentionnés à l'article L. 1322-4 et entrepris, soit en vertu d'une autorisation régulière, soit après une déclaration préalable, peuvent, sur la demande du propriétaire de la source, être interdits par le représentant de l'État dans le département, si leur résultat constaté est d'altérer ou de diminuer la source.**

Le propriétaire du terrain est préalablement entendu.

L'arrêté du représentant de l'État dans le département est exécutoire par provision, sauf recours au juge administratif.

En application des art. L. 231-5 et L. 231-6 du CRPA, le silence gardé pendant deux mois par l'administration vaut décision de rejet pour les demandes d'interdiction prise par le préfet, sur demande du propriétaire de la source, de travaux, dépôts ou installation mentionnés à l'art. L. 1322-4 et entrepris, soit en vertu d'une autorisation régulière, soit après une déclaration préalable, si leur résultat constaté est d'altérer ou de diminuer la source d'eau minérale naturelle (Décr. n° 2014-1286 du 23 oct. 2014, art. 1er et 2).

Art. L. 1322-6 **Lorsque, à raison de sondages ou de travaux souterrains ou à raison d'autres activités, dépôts ou installations entrepris en dehors du périmètre et jugés de nature à altérer ou diminuer une source minérale naturelle déclarée d'intérêt public, l'extension du périmètre paraît nécessaire, le représentant de l'État dans le département peut, sur la demande du propriétaire de la source, ordonner provisoirement la suspension des travaux ou activités.**

Les travaux ou activités peuvent être repris si, dans le délai de six mois, il n'a pas été statué sur l'extension du périmètre.

En application des art. L. 231-5 et L. 231-6 du CRPA, le silence gardé pendant deux mois par l'administration vaut décision de rejet pour les demandes de suspension provisoire des travaux ou activité sur demande du propriétaire de la source, lorsque, à raison de sondage ou de travaux souterrains ou à raison d'autres activités, dépôts ou installation entrepris en dehors du périmètre jugé de nature à altérer ou à diminuer une source d'eau minérale naturelle d'intérêt public, l'extension de celui-ci paraît nécessaire (Décr. n° 2014-1286 du 23 oct. 2014, art. 1er et 2).

Art. L. 1322-7 **Les dispositions de l'article L. 1322-6 s'appliquent à une source d'eau minérale naturelle déclarée d'intérêt public, à laquelle aucun périmètre n'a été assigné.** — *[Anc. art. L. 740].*

Pollution accidentelle. En l'absence de déclaration d'utilité publique et donc de périmètre de protection, il appartient à l'exploitant d'une source thermale de veiller à l'entretien du site et de surveiller la qualité des eaux livrées ; en revanche, il ne lui incombe pas de se protéger contre les agressions résultant d'un défaut d'entretien d'un ouvrage public extérieur au site ; responsabilité de l'exploitant d'un réseau d'égouts devenu défectueux et ayant entraîné la contamination de la source. • CAA Bordeaux, 10 févr. 1994, *SIVOM du Conflent*, n° 93BX00448 : *Lebon 614*.

Art. L. 1322-8 **Dans l'intérieur du périmètre de protection, le propriétaire d'une source déclarée d'intérêt public a le droit de faire dans le terrain d'autrui, à l'exception des maisons d'habitation et des cours attenantes, tous les travaux de captage et d'aménagement nécessaires pour la conservation, la conduite et la distribution de cette source, lorsque ces travaux ont été autorisés.**

Le propriétaire du terrain est entendu dans l'instruction. — *[Anc. art. L. 741.]*

Art. L. 1322-9 *Abrogé par L. n° 2004-806 du 9 août 2004, art. 67-I.*

Art. L. 1322-10 **L'occupation d'un terrain compris dans le périmètre de protection pour l'exécution des travaux prévus par l'article L. 1322-8 ne peut avoir lieu qu'en vertu d'un arrêté du représentant de l'État dans le département qui en fixe la durée.**

Lorsque l'occupation d'un terrain compris dans le périmètre ou l'application des articles L. 1322-3 à L. 1322-7 prive le propriétaire de la jouissance du revenu au-delà du temps d'une année ou lorsque après les travaux le terrain n'est plus propre à l'usage

auquel il était employé, le propriétaire de ce terrain peut exiger du propriétaire de la source l'acquisition du terrain occupé ou dénaturé.

(Ord. nº 2014-1345 du 6 nov. 2014, art. 5-XIV) « Dans ce cas, l'indemnité est fixée conformément aux dispositions en vigueur en matière d'expropriation pour cause d'utilité publique ».

Dans aucun cas, l'expropriation ne peut être provoquée par le propriétaire de la source.

En application des art. L. 231-5 et L. 231-6 du CRPA, le silence gardé pendant deux mois par l'administration vaut décision de rejet pour les demandes d'autorisation d'occupation d'un terrain compris dans le périmètre de protection d'une source d'eau minérale naturelle déclarée d'intérêt public pour l'exécution de travaux (Décr. nº 2014-1286 du 23 oct. 2014, art. 1er et 2).

Art. L. 1322-11 La réparation des dommages dus par suite des mesures imposées en application des articles L. 1322-3 à L. 1322-7, ainsi que ceux dus à raison de travaux exécutés en vertu des articles L. 1322-8 et L. 1322-10, sont à la charge du propriétaire de la source.

Dans les cas prévus par les articles L. 1322-3 à L. 1322-7, l'indemnité due par le propriétaire de la source ne peut excéder le montant des pertes matérielles qu'a éprouvées le propriétaire du terrain et le prix des travaux devenus inutiles, augmenté de la somme nécessaire pour le rétablissement des lieux dans leur état primitif. – *[Anc. art. L. 744.]*

Indemnisation, limites. Le seul fait d'établir un périmètre de protection n'ouvre pas droit à indemnité. • Req. 30 janv. 1878 : *DP 78. 2. 222 ; DP 79. 1. 75.*

Art. L. 1322-12 Les décisions concernant l'exécution ou la destruction des travaux sur le terrain d'autrui ne peuvent être exécutées qu'après le dépôt d'un cautionnement dont l'importance est fixée par le tribunal et qui sert de garantie au paiement de l'indemnité dans les cas énumérés à l'article L. 1322-11.

L'État, pour les sources dont il est propriétaire, est dispensé du cautionnement. – *[Anc. art. L. 745.]*

Art. L. 1322-13 *(L. nº 2004-806 du 9 août 2004, art. 67-II)* Sont déterminés par décret en Conseil d'État :

1º Les modalités d'application des dispositions du présent chapitre et notamment celles du contrôle de leur exécution ainsi que les conditions dans lesquelles les dépenses du contrôle de la qualité de l'eau sont à la charge de l'exploitant *(L. nº 2006-1772 du 30 déc. 2006, art. 52)* « dans les conditions définies à l'article L. 1321-5 » ;

2º Après enquête publique *(L. nº 2010-788 du 12 juill. 2010, art. 240-XII)* « réalisée conformément au chapitre III du titre II du livre Ier du code de l'environnement », la déclaration d'intérêt public et le périmètre de protection des sources d'eau minérale naturelle.

CHAPITRE II *BIS* EAUX NON POTABLES *(Ord. nº 2018-21 du 17 janv. 2018, art. 3).*

(Ord. nº 2017-9 du 5 janv. 2017, art. 2-2º)

Le chapitre III, intitulé « Eaux non potables » et son article L. 1323-1, créés par l'art. 2 de l'Ord. nº 2017-9 du 5 janv. 2017 relative à la sécurité sanitaire, deviennent respectivement le chapitre II bis et l'article L. 1322-14 (Ord. nº 2018-21 du 17 janv. 2018, art. 3).

Art. L. 1322-14 L'utilisation d'eaux telles que mentionnées au deuxième alinéa de l'article L. 1321-1 est possible pour certains usages, domestiques ou dans les entreprises alimentaires, lorsque la qualité de ces eaux n'a aucune influence, directe ou indirecte, sur la santé de l'usager et sur la salubrité de la denrée alimentaire finale.

Un décret en Conseil d'État détermine les modalités d'application des dispositions du présent chapitre *et notamment, pour chaque* type d'eau concerné :

1º Les catégories d'usage *[usages]* possibles et les conditions auxquelles chacune d'elles est soumise ;

2º Les cas dans lesquels l'utilisation des eaux est subordonnée à une autorisation délivrée, à l'utilisateur ou au producteur, par l'autorité compétente de l'État ou à une déclaration préalable effectuée, par l'utilisateur ou le producteur, auprès de cette autorité ;

3° Les modalités selon lesquelles l'utilisateur ou le producteur sont tenus de mettre en œuvre des mesures de surveillance et de se soumettre à des mesures de contrôle ainsi que les conditions dans lesquelles les dépenses liées au contrôle peuvent être mises à leur charge. — *[Anc. art. L. 1323-1.]*

CHAPITRE III VIGILANCE ALIMENTAIRE

(Ord. nº 2017-51 du 19 janv. 2017, art. 2-I-2º)

Art. L. 1323-1 Le système de vigilance alimentaire s'exerce sur les denrées alimentaires dont la liste est fixée par décret en Conseil d'État.

Ce décret détermine notamment les modalités d'organisation du système de vigilance alimentaire.

CHAPITRE IV DISPOSITIONS PÉNALES ET ADMINISTRATIVES *(L. nº 2004-806 du 9 août 2004, art. 70-I).*

SECTION PREMIÈRE SANCTIONS ADMINISTRATIVES

(L. nº 2004-806 du 9 août 2004, art. 70-II)

Art. L. 1324-1 A I. — Indépendamment des poursuites pénales, en cas d'inobservation des dispositions prévues par les articles L. 1321-1, L. 1321-2, L. 1321-4, L. 1321-8, L. 1322-2, L. 1322-3 et L. 1322-4 ou des règlements et décisions individuelles pris pour leur application, l'autorité administrative compétente met en demeure la personne responsable de la production ou de la distribution de l'eau au public ou, à défaut, le propriétaire de l'installation de production, de distribution ou de l'établissement thermal concerné d'y satisfaire dans un délai déterminé.

II. — Si, à l'expiration du délai fixé, l'intéressé n'a pas obtempéré à cette injonction, l'autorité administrative compétente peut :

1° L'obliger à consigner entre les mains d'un comptable public une somme correspondant à l'estimation du montant des travaux à réaliser, laquelle sera restituée au fur et à mesure de leur exécution ; il est, le cas échéant, procédé au recouvrement de cette somme comme en matière de créances de l'État étrangères à l'impôt et au domaine ;

2° Faire procéder d'office, aux frais de l'intéressé, à l'exécution des mesures prescrites. Les sommes consignées en application des dispositions ci-dessus peuvent être utilisées pour régler les dépenses entraînées par l'exécution d'office ;

3° Suspendre, s'il y a lieu, la production ou la distribution jusqu'à exécution des conditions imposées.

1. Carence administrative. Sauf lorsque le captage bénéficie d'une protection naturelle permettant de préserver efficacement la qualité des eaux (auquel cas s'applique le délai dérogatoire de cinq ans prévu par l'art. L. 1321-2, al. 4), le préfet est tenu, en vertu de l'art. 1324-1 A, de mettre en demeure l'exploitant de déposer un dossier en vue de l'établissement d'un périmètre de protection autour du captage. • CAA Lyon, *17 juin 2008, Assoc. Eaux et rivières de Bourgogne,* nº 06LY01475.

2. Exécution d'office, responsabilité (jurisprudence transposable). Lorsque le préfet confie à une société privée l'exécution de tâches matérielles se rapportant à des mesures de police sanitaire qu'il avait prescrites dans le cadre de sa mission de lutte contre les épizooties, il appartient à l'État de réparer les dommages liés aux fautes commises par les préposés de cette société, sans subordonner cette responsabilité à l'impossibilité pour la victime d'obtenir de cette même société la réparation de ces dommages ; cela résulte de l'objet du contrat administratif passé entre l'État et la société, contrat qui, associant une personne privée à la mise en œuvre d'une opération décidée dans le cadre de pouvoirs de police, ne peut être exécuté que sous le contrôle et la responsabilité de l'administration. • CE 10 oct. 2011, *Min. Alimentation, Agriculture et Pêche c/ Jonnet,* nº 337062 : *RFDA 2012. 481, note Delaunay* .

Art. L. 1324-1 B Lorsqu'une installation de production, de distribution d'eau au public ou un établissement thermal est exploité sans l'autorisation ou la déclaration prévue aux articles L. 1321-7 ou L. 1322-1, l'autorité administrative compétente met en demeure la personne responsable de la production ou de la distribution de l'eau au public ou, à défaut, le propriétaire de l'installation de production, de distribution d'eau ou de l'établissement thermal en cause de régulariser sa situation dans un délai déterminé, en déposant une déclaration ou une demande d'autorisation. Elle peut, par arrêté motivé, suspendre la production ou la distribution jusqu'à la décision relative à la demande d'autorisation.

Si la personne responsable de la production ou de la distribution de l'eau au public ou, à défaut, le propriétaire de l'installation de production, de distribution d'eau ou de l'établissement thermal concerné ne défère pas à la mise en demeure de régulariser sa situation, si sa demande d'autorisation est rejetée ou si l'autorisation a été annulée par le juge administratif, l'autorité administrative compétente peut, en cas de nécessité, ordonner la fermeture ou la suppression de l'installation ou de l'établissement en cause.

Le représentant de l'État peut faire procéder par un agent de la force publique à l'apposition des scellés sur une installation de production, de distribution d'eau au public ou un établissement thermal maintenu en fonctionnement soit en infraction à une mesure de suppression, de fermeture ou de suspension prise en application du présent article, soit en dépit d'un arrêté de refus d'autorisation.

SECTION II **SANCTIONS PÉNALES** *(L. nº 2004-806 du 9 août 2004, art. 70-III).*

Art. L. 1324-1 *(L. nº 2004-806 du 9 août 2004, art. 68)* Outre les officiers de police judiciaire, sont compétents pour rechercher et constater les infractions aux dispositions des chapitres Ier et II du présent titre ainsi qu'aux règlements pris pour leur application :

1º Les agents mentionnés à l'article L. 1312-1, habilités et assermentés à cet effet ;

2º Les agents mentionnés *(Ord. nº 2012-34 du 11 janv. 2012, art. 22)* « à l'article L. 172-4 du code de l'environnement », *(Abrogé par L. nº 2006-1772 du 30 déc. 2006, art. 44)* *« ainsi que les agents des services déconcentrés du ministère chargé de l'industrie, habilités et assermentés à cet effet, »* pour les infractions relatives aux périmètres de protection prévus aux articles L. 1321-2 et L. 1322-3 à L. 1322-7.

Art. L. 1324-2 *(L. nº 2004-806 du 9 août 2004, art. 69)* Les infractions aux dispositions des chapitres Ier et II du présent titre ainsi qu'aux règlements pris pour leur application sont constatées par des procès-verbaux qui font foi jusqu'à preuve du contraire.

Les procès-verbaux sont dressés en double exemplaire, dont l'un est adressé au *(Ord. nº 2010-177 du 23 févr. 2010, art. 26-13º)* « représentant de l'État dans le département » et l'autre au procureur de la République. Une copie en est également remise à l'intéressé.

Art. L. 1324-3 *(L. nº 2004-806 du 9 août 2004, art. 71)* I. — Est puni d'un an d'emprisonnement et de 15 000 € d'amende le fait :

1º D'offrir ou de vendre au public de l'eau en vue de l'alimentation humaine, y compris la glace alimentaire, sans s'être assuré que cette eau ou cette glace est propre à la consommation ou à l'usage qui en est fait ;

2º D'utiliser de l'eau impropre à la consommation pour la préparation et la conservation de toutes denrées et marchandises destinées à l'alimentation humaine *(Ord. nº 2017-9 du 5 janv. 2017, art. 2-3º)* « , à l'exception des cas prévus en application de l'article » *(Ord. nº 2018-21 du 17 janv. 2018, art. 3)* « L. 1322-14 » ;

3º D'exercer les activités énumérées au I de l'article L. 1321-7 et au I de l'article L. 1322-1 sans les autorisations qu'ils prévoient ;

4º De ne pas se conformer aux dispositions des actes portant déclaration d'utilité publique ou des actes déclaratifs d'utilité publique mentionnés à l'article L. 1321-2 ;

5º De ne pas se conformer aux dispositions relatives à l'interdiction et à la réglementation des activités, travaux, dépôts et installations, dans les périmètres de protection mentionnés aux articles L. 1322-3 *à* L. 1322-7 ;

6º De ne pas se conformer aux dispositions prévues au I de l'article L. 1321-4 ou, concernant les eaux minérales, à l'article L. 1322-2 ;

7º De refuser de prendre toute mesure prévue au II de l'article L. 1321-4 pour faire cesser un risque grave pour la santé publique ;

8º D'amener par canaux à ciel ouvert de l'eau destinée à l'alimentation humaine en violation des dispositions de l'article L. 1321-8.

Art. L. 1324-4 Le fait de dégrader des ouvrages publics destinés à recevoir ou à conduire des eaux d'alimentation ou de laisser introduire des matières susceptibles de nuire à la salubrité, dans l'eau de source, des fontaines, des puits, des citernes, conduites, aqueducs, réservoirs d'eau servant à l'alimentation publique, est puni de trois ans d'emprisonnement et de 45 000 € d'amende.

Le fait d'abandonner, par négligence ou incurie, des cadavres d'animaux, des débris de boucherie, fumier, matières fécales et, en général, des résidus d'animaux putrescibles dans les failles, gouffres, bétoires ou excavations de toute nature, autres que les fosses nécessaires au fonctionnement d'établissements classés est puni des mêmes peines. – *[Anc. art. L. 47, al. 3].*

Art. L. 1324-5 *Abrogé par Ord. n° 2010-18 du 7 janv. 2010, art. 3-I.*

TITRE TROISIÈME PRÉVENTION DES RISQUES SANITAIRES LIÉS À L'ENVIRONNEMENT ET AU TRAVAIL *(Ord. n° 2005-1087 du 1er sept. 2005, art. 2-I).*

CHAPITRE PREMIER SALUBRITÉ DES IMMEUBLES ET DES AGGLOMÉRATIONS

BIBL. ▸ Dict. perm. Environnement et nuisances, Étude « Assainissement collectif », *Éd. législatives.* – PROHASZKA et DUBOIS-SALLON, Les obligations du propriétaire en matière d'assainissement, *Dr. et patr. mars 2008. 34.* – PAUL, L'étendue des obligations de raccordement des propriétaires d'immeubles pour le rejet des eaux usées domestiques, *Envir. 2006, n° 8-9.* – DEMAYE-SIMONI, Les interventions des communes et des intercommunalités dans le domaine de l'assainissement, *Coll. terr., déc. 2004, p. 6.*

COMMENTAIRE

V. Commentaire reproduit sur Dalloz.fr.

Art. L. 1331-1 Le raccordement des immeubles aux *(L. n° 2006-1772 du 30 déc. 2006, art. 46)* « réseaux publics de collecte » disposés pour recevoir les eaux usées domestiques et établis sous la voie publique à laquelle ces immeubles ont accès soit directement, soit par l'intermédiaire de voies privées ou de servitudes de passage, est obligatoire dans le délai de deux ans à compter de la mise en service *(L. n° 2006-1772 du 30 déc. 2006, art. 46)* « du réseau public de collecte ».

Un arrêté interministériel détermine les catégories d'immeubles pour lesquelles un arrêté du maire, approuvé par le représentant de l'État dans le département, peut accorder soit des prolongations de délais qui ne peuvent excéder une durée de dix ans, soit des exonérations de l'obligation prévue au premier alinéa.

Il peut être décidé par la commune qu'entre la mise en service *(L. n° 2006-1772 du 30 déc. 2006, art. 46)* « du réseau public de collecte » et le raccordement de l'immeuble ou l'expiration du délai accordé pour le raccordement, elle perçoit auprès des propriétaires des immeubles raccordables une somme équivalente à la redevance instituée en application de l'article *(L. n° 2007-1824 du 25 déc. 2007, art. 71-III)* « L. 2224-12-2 » du code général des collectivités territoriales.

(L. n° 2006-1772 du 30 déc. 2006, art. 46) « La commune peut fixer des prescriptions techniques pour la réalisation des raccordements des immeubles au réseau public de collecte des eaux usées et des eaux pluviales. »

1. Notion d'eaux usées. Les eaux usées ne peuvent s'entendre des seules eaux usées domestiques ; il y a également l'obligation de raccordement et redevance d'assainissement pour le rejet d'eaux thermales. • Civ. 1re, 17 nov. 1999, n° 98-11.454.

2. Activité domestique. Un établissement exerçant une activité industrielle n'est pas soumis à l'obligation de raccordement. • CE 7 mai 1982, *Cne de Bruille-lez-Marchiennes,* n° 22613 : *Lebon T. 615* • CE 26 nov. 1984, *Ville d'Orly c/ Cie nationale Air France,* n° 36358 : *Lebon T. 613 ; Dr. fisc. 1985. 171, concl. Chahid-Nouraï.*

3. Installation individuelle préexistante. Le fait qu'une propriété ait été dotée d'installations propres à recevoir les eaux usées (fosses septiques) avant la construction du réseau ne la dispense pas de l'obligation de raccorder ses immeubles à l'égout… • CE 2 avr. 1971, *Cne de Saint-Fargeau-Ponthierry,* n° 78519 : *Lebon*

276. ♦ … Ni du paiement de la participation de l'art. L. 34 [L. 1331-7] • CE 15 janv. 1992, *Ville de Truchtersheim*, n° 62671.

4. Division d'un immeuble. La division d'un immeuble en deux lots d'un seul tenant est sans incidence sur l'obligation d'établir pour chacun d'eux un branchement particulier d'égout. • CE 23 avr. 1997, *SCI Jade*, n° 155586 : *Lebon T. 1077*.

5. Compétence juridictionnelle. La mise en œuvre des dispositions des art. L. 1331-1 s. se rattachant à l'exercice de prérogatives de puissance publique, le contentieux auquel elle donne lieu relève de la compétence des juridictions de l'ordre administratif. • Civ. 3e, 24 sept. 2014, n° 14-40.033 : *Bull. ; D. 2014. 2117 ; AJDI 2015. 56*.

Art. L. 1331-1-1 *(L. n° 2006-1772 du 30 déc. 2006, art. 46)* **I. — Les immeubles non raccordés au réseau public de collecte des eaux usées sont équipés d'une installation d'assainissement non collectif dont le propriétaire** *(L. n° 2010-788 du 12 juill. 2010, art. 159-III-1°)* **« assure l'entretien régulier et qu'il fait périodiquement vidanger » par une personne agréée par le représentant de l'État dans le département, afin d'en garantir le bon fonctionnement.**

Cette obligation ne s'applique ni aux immeubles abandonnés, ni aux immeubles qui, en application de la réglementation, doivent être démolis ou doivent cesser d'être utilisés, ni aux immeubles qui sont raccordés à une installation d'épuration industrielle ou agricole, sous réserve d'une convention entre la commune et le propriétaire définissant les conditions, notamment financières, de raccordement de ces effluents privés.

II. — *(L. n° 2010-788 du 12 juill. 2010, art. 159-III-1°)* **« Le propriétaire fait procéder aux travaux prescrits par le document établi à l'issue du contrôle prévu au III de l'article L. 2224-8 du code général des collectivités territoriales, dans un délai de quatre ans suivant la notification de ce document. »**

Les modalités d'agrément des personnes qui réalisent les vidanges et prennent en charge le transport et l'élimination des matières extraites, les modalités d'entretien des installations d'assainissement non collectif et les modalités de *(L. n° 2010-788 du 12 juill. 2010, art. 159-III-1°)* **« l'exécution de la mission de contrôle ainsi que les critères d'évaluation des dangers pour la santé et des risques de pollution de l'environnement présentés par les installations existantes » sont définies par un arrêté des ministres chargés de l'intérieur, de la santé, de l'environnement et du logement.**

BIBL. ▸ Dict. perm. Environnement et nuisances, Étude « Assainissement non collectif », *Éd. législatives*. – DESALLE et SEGUIN, Le diagnostic des installations d'assainissement non collectif, *JCP N 7 janv. 2011, p. 25*.

Concours de polices. L'octroi au maire, à compter du 31 décembre 2006, de pouvoirs de police spéciale en matière de contrôle des installations d'assainissement non collectif n'a pas privé celui-ci des pouvoirs de police générale qu'il tient des art. L. 2212-1 et L. 2212-2 CGCT, notamment en vue de faire cesser les pollutions de toute nature. • CE 27 juill. 2015, *Cne d'Hébuterne*, n° 367484 : *Lebon ; AJDA 2015. 2227, note Perrin*. ♦ L'existence d'une police spéciale ne libère pas le maire en tant qu'autorité de police générale, qui engage la responsabilité de la commune, en cas de carence face à une pollution provoquée par une installation d'assainissement non collectif ; le juge administratif peut enjoindre à la commune d'agir. • Même arrêt.

Art. L. 1331-2 **Lors de la construction d'un** *(L. n° 2006-1772 du 30 déc. 2006, art. 46)* **« nouveau réseau public de collecte » ou de l'incorporation d'un** *(L. n° 2006-1772 du 30 déc. 2006, art. 46)* **« réseau public de collecte » pluvial à un réseau disposé pour recevoir les eaux usées d'origine domestique, la commune peut exécuter d'office les parties des branchements situées sous la voie publique, jusque et y compris le regard le plus proche des limites du domaine public.**

Pour les immeubles édifiés postérieurement à la mise en service *(L. n° 2006-1772 du 30 déc. 2006, art. 46)* **« du réseau public de collecte », la commune peut se charger, à** ***la demande des propriétaires,*** **de l'exécution de la partie des branchements mentionnés à l'alinéa précédent.**

Ces parties de branchements sont incorporées au réseau public, propriété de la commune qui en assure désormais l'entretien et en contrôle la conformité.

La commune est autorisée à se faire rembourser par les propriétaires intéressés tout ou partie des dépenses entraînées par ces travaux, diminuées des subventions éventuel-

lement obtenues et majorées de 10 % pour frais généraux, suivant des modalités à fixer par délibération du conseil municipal.

(Ord. nº 2014-1335 du 6 nov. 2014, art. 19-I-A) **« La métropole de Lyon est substituée aux communes situées dans son périmètre pour l'application des dispositions du présent article. »**

A. CHAMP D'APPLICATION

1. Réseau à usage restreint. Lorsque, en l'absence d'égout conçu et réalisé pour recevoir directement les eaux usées, un propriétaire ne peut déverser ses eaux usées dans le réseau existant sans les avoir fait passer préalablement par une station individuelle d'épuration, il ne peut être regardé comme bénéficiant d'un raccordement ; aucune somme ne peut lui être réclamée à ce titre. • CE, sect., 11 mars 1977, *Cne d'Achen*, nº 99052 : *Lebon 134*.

2. Repiquage. Les travaux de modernisation d'un réseau d'assainissement, en tant qu'ils nécessitent le repiquage des branchements déjà existants, ne peuvent être regardés comme ayant eu pour objet la construction d'un nouvel égout, ni donc donner lieu à l'établissement de la participation. • CAA Nancy, 20 oct. 1994, *SIVOM du Coin de Barr*, nº 93NC00088.

B. TRAVAUX ET OUVRAGES DE RACCORDEMENT : NATURE

3. Travaux publics. Les travaux de raccordement particulier, exécutés pour le compte de la commune, revêtent le caractère de travaux publics. • CE, sect., 22 déc. 1967, *Sté coopérative ouvrière « Les terrassiers paveurs versaillais »*, nº 66907 : *Lebon 533 ; AJDA 1968. II, nº 178, p. 652, note Moreau.* ♦ Leur contentieux relève du juge administratif. • CE 28 mai 1971, *Ville de Saint-Jean-de-Maurienne*, nº 72369 : *Lebon 403 ; AJDA 1971. I. 530, chron. Labetoulle et Cabanes ; JCP 1971. II. 16874, note Moderne.*

4. Travaux privés. Ces travaux sont privés s'ils sont exécutés par le propriétaire riverain bénéficiant d'une permission de voirie. • T. confl. 10 juin 1963, *Cauvin c/ Sté Rémy et Meunier : Lebon 785 ; JCP 1964. II. 13540, note Dufau ; CJEG 1964. I. 119* • CE, sect., 11 mai 1962, *Dame Ymain : Lebon 316 ; D. 1962. 556, concl. Combarnous ; AJDA 1962. I. 424, chron. Galabert et Gentot.*

5. Ouvrage public. L'incorporation au réseau public des parties de branchement réalisées sous la voie publique empêche les personnes qui ont financé les travaux de se prétendre propriétaires de ces ouvrages, et de s'opposer en cette qualité au raccordement d'un autre immeuble à ce branchement. • CE 25 sept. 1987, *Épx Goret*, nº 67677. ♦ Toutefois, l'incorporation par classement d'une rue d'un lotissement dans le domaine public communal n'implique pas que les canalisations situées sous des propriétés privées riveraines soient incorporées au réseau public d'assainissement, et que la charge de leur entretien revienne à la commune. • CE 8 févr. 2012, *SIARV*, nº 333904.

C. REMBOURSEMENT PAR LE PROPRIÉTAIRE

6. Champ d'application. Le remboursement par les propriétaires intéressés des dépenses entraînées par les travaux de branchement à l'égout est au nombre des participations pour le financement des branchements qui peuvent être obtenues des constructeurs, même dans les communes où la taxe locale d'équipement a été instituée. • CE 5 juin 1987, *Synd. intercommunal de l'assainissement de la vallée supérieure de l'École*, nº 47237 : *Lebon 204 ; RJF 1987, nº 898, p. 479.* ♦ Ce remboursement est applicable aux lotisseurs, sauf lorsqu'ils ont cédé à des tiers leurs lots avant toute construction des pavillons qui devaient y être édifiés. • CE 30 mars 1994, *Sté Loficoop*, nº 139019.

7. Nature juridique. Les sommes mises à la charge des propriétaires constituent des remboursements de frais avancés par la commune, et non des « impositions de toutes natures » dont l'art. 34 de la Constitution réserverait à la loi le soin de fixer les règles, notamment de recouvrement. • CE 27 juin 1973, *Ville de Marseille*, nº 85510 : *Lebon 444 ; Dr. fisc. 1974, nº 267, concl. Mehl.*

8. Instauration d'un prélèvement illégal. Ne correspond à aucun des régimes prévus aux art. L. 33 s. [L. 1331-2] la taxe municipale : 1/ calculée en tenant compte du coût prévisionnel des investissements nécessaires « à la poursuite de la réalisation du réseau » et non de l'économie réalisée par les propriétaires des immeubles raccordés à l'égout en évitant une installation individuelle d'évacuation ; 2/ qui n'a pas pour objet de permettre à la commune d'être remboursée du seul coût de la partie des branchements située sous la voie publique ; 3/ qui vise les « usagers du réseau », et non les propriétaires des immeubles nouvellement raccordés à un égout. • CE 9 nov. 1977, *Cne de Sierentz*, nº 04291. ♦ Il en va de même d'un « droit de branchement » au réseau d'eau potable imposé aux habitants d'un lieu-dit, et qui s'ajoute au droit d'accès au réseau. • CE 6 oct. 1999, *Cne de Coin-lès-Cuvry*, nº 170998.

9. Propriétés dotées d'installations autonomes. L'art. 34 [L. 1331-2] permet aux communes de se faire rembourser par les propriétaires intéressés les dépenses entraînées par l'exécution des travaux relatifs à la partie publique des branchements, alors même que les immeubles desservis auraient été dotés d'installations propres à recevoir les eaux usées (fosses septiques) lorsque le réseau public d'évacuation n'existait pas. • CE 2 avr. 1971, *Cne de Saint-Fargeau-Ponthierry*, n° 78519 : *Lebon 276*. ♦ Peu importe que le propriétaire n'ait pas demandé le raccordement. • CAA Bordeaux, 25 janv. 1996, n° 93BX01410.

10. Montant. Lorsque la commune construit un raccordement excédant sensiblement les seuls besoins du propriétaire qui l'a demandé, en prévision d'autres besoins futurs dans le quartier, ledit propriétaire est fondé à solliciter une indemnisation en raison d'un enrichissement sans cause de la commune. • CE 18 juin 1980, *Duparc*, n° 05771 : *Lebon 279*. ♦ Une commune peut fixer forfaitairement le montant du remboursement lorsqu'il lui est impossible de chiffrer exactement le coût du raccordement ; ce montant forfaitaire doit cependant être en adéquation avec le coût exposé de ces travaux qu'il appartient à la commune de justifier. • CAA Bordeaux, 21 janv. 2016, *Cne de Rignac*, n° 15BX01390. ♦ Un montant différent peut être réclamé en fonction du nombre de logements existant dans chaque construction. • CAA Versailles, 4 févr. 2016, n° 13VE02903.

11. TVA. Les travaux de raccordement menés par un syndicat de communes à la demande d'une commune, puis facturés par elle au coût réel aux usagers, puis remboursés au syndicat, sont assujettis à la TVA en tant que prestation distincte de l'exploitation du service, ne pouvant bénéficier du taux réduit de 5,5 % (devenu 7%). • CAA Douai, 28 févr. 2006, *Min. Économie c/ Cté de l'agglom. rouennaise*, n° 04DA00549.

Art. L. 1331-3 **Dans le cas où le raccordement se fait par l'intermédiaire d'une voie privée, et sans préjudice des dispositions des articles L. 171-12 et L. 171-13 du code de la voirie relatives à l'assainissement d'office et au classement d'office des voies privées de Paris, les dépenses des travaux entrepris par la commune pour l'exécution de la partie publique des branchements, telle qu'elle est définie à l'article L. 1331-2, sont remboursées par les propriétaires, soit de la voie privée, soit des immeubles riverains de cette voie, à raison de l'intérêt de chacun à l'exécution des travaux, dans les conditions fixées au dernier alinéa de l'article L. 1331-2.**

(Ord. n° 2014-1335 du 6 nov. 2014, art. 19-I-B et 19-I-C) **« La métropole de Lyon est substituée aux communes situées dans son périmètre pour l'application des dispositions du présent article. »**

Travaux publics. Les travaux de construction et d'entretien des conduites d'évacuation des eaux usées exécutés d'office par la Ville de Paris sous des voies privées ont le caractère de travaux publics (sol. impl.). • CE 6 mars 1970, *Ville de Paris et Assoc. syndic. des copropriétaires de la rue André-Antoine*, n° 73035 : *Lebon 165*.

Art. L. 1331-4 **Les ouvrages nécessaires pour amener les eaux usées à la partie publique du branchement sont à la charge exclusive des propriétaires et doivent être réalisés dans les conditions fixées à l'article L. 1331-1.** *(L. n° 2006-1772 du 30 déc. 2006, art. 46)* **« Ils doivent être maintenus en bon état de fonctionnement par les propriétaires. La commune en contrôle la qualité d'exécution et peut également contrôler leur maintien en bon état de fonctionnement. »**

1. Notion d'ouvrages nécessaires. Une canalisation qui constitue un complément du réseau d'égout indispensable pour le raccordement au réseau de plusieurs immeubles particuliers est un élément du réseau public, et non un branchement privé. • CE 12 janv. 1983, *Cne d'Homps*, n° 17469. ♦ Dès lors, les frais correspondants incombent à la commune et non aux propriétaires raccordés. • Même arrêt.

2. Pompe de relevage. Si les travaux de réalisation d'une installation de relevage des eaux usées destinée à permettre le raccordement d'une propriété au réseau d'égout ont été exécutés par le SIVOM, l'ouvrage ainsi réalisé ne présente pas le caractère d'un ouvrage public. • CAA Bordeaux, 31 août 2006, n° 03BX01102. ♦ L'entretien de cette installation incombe donc aux seuls propriétaires de l'immeuble raccordé. • Même arrêt.

Art. L. 1331-5 **Dès l'établissement du branchement, les fosses et autres installations de même nature sont mises hors d'état de servir ou de créer des nuisances à venir, par les soins et aux frais du propriétaire.** — [*Anc. art. L. 35-2*].

Applicabilité. L'art. L. 35-2 [L. 1331-5] ne s'applique que si l'égout est conçu et réalisé pour recevoir directement les eaux usées, et ne peut donc s'appliquer à un propriétaire ne pouvant déverser ses eaux usées dans le réseau existant sans les avoir fait passer préalablement par une station individuelle d'épuration. • CE, sect., 11 mars 1977, *Cne d'Achen*, n° 99052 : *Lebon 134*.

Art. L. 1331-6 Faute par le propriétaire de respecter les obligations édictées aux articles *(L. nº 2006-1772 du 30 déc. 2006, art. 46 ; L. nº 2010-788 du 12 juill. 2010, art. 159-III-2º)* « L. 1331-1, L. 1331-1-1, » L. 1331-4 et L. 1331-5, la commune peut, après mise en demeure, procéder d'office et aux frais de l'intéressé aux travaux indispensables.

(Ord. nº 2014-1335 du 6 nov. 2014, art. 19-I-D) « La métropole de Lyon est substituée aux communes situées dans son périmètre pour l'application des dispositions du présent article. »

1. Champ d'application. L'art. L. 1331-6 ne peut être mis en œuvre pour une canalisation nouvelle exécutée par la commune, qui constitue en réalité un complément du réseau d'égout communal indispensable pour permettre plusieurs branchements privés, et non le seul branchement du propriétaire mis en demeure. • CE 12 janv. 1983, *Cne d'Homps,* nº 17469. ♦ Mais il peut être mis en œuvre contre un propriétaire ayant réalisé un raccordement non conforme aux règles de l'art. • CAA Marseille, 6 mars 1998, nº 96MA10658.

2. Compétence, procédure. Le directeur d'un bureau d'hygiène n'est pas compétent pour ordonner des travaux d'assainissement. • CE 14 janv. 1981, *Dame Barthez,* nº 04206 : *Lebon T. 914*. ♦ La commune n'est pas tenue d'adresser un devis préalable au propriétaire. • CAA Nancy, 9 déc. 1999, nº 96NC03105.

3. Nature des travaux. Les travaux exécutés d'office aux frais du propriétaire doivent être regardés comme des travaux publics. • CE 30 mai 1962, *Poplin,* nº 50018 : *Lebon 359.*

4. Nature des ouvrages réalisés d'office. L'installation de relevage des eaux usées destinée à permettre le raccordement d'une propriété au réseau d'égout ne présente pas le caractère d'un ouvrage public ; son entretien revient aux seuls propriétaires de l'immeuble raccordé ; tout contentieux lié au fonctionnement relève du juge judiciaire. • CAA Bordeaux, 31 août 2006, nº 03BX01102.

5. Carence de la commune. Est fautif le retard d'une commune à contraindre un propriétaire à se raccorder au réseau, alors que ses eaux usées débordent vers le fonds voisin. • CAA Bordeaux, 16 avr. 1992, nº 90BX00586.

6. Exécution d'office, responsabilité (jurisprudence transposable). V. note 2 ss. art. L. 1324-1 A.

Art. L. 1331-7 *(L. nº 2012-354 du 14 mars 2012, art. 30-I)* Les propriétaires des immeubles soumis à l'obligation de raccordement au réseau public de collecte des eaux usées en application de l'article L. 1331-1 peuvent être astreints par la commune, *(Ord. nº 2014-1335 du 6 nov. 2014, art. 19-I-E-1º)* « la métropole de Lyon, » l'établissement public de coopération intercommunale ou le syndicat mixte compétent en matière d'assainissement collectif, pour tenir compte de l'économie par eux réalisée en évitant une installation d'évacuation ou d'épuration individuelle réglementaire ou la mise aux normes d'une telle installation, à verser une participation pour le financement de l'assainissement collectif.

(L. nº 2014-366 du 24 mars 2014, art. 161-III) « Toutefois, lorsque dans une zone d'aménagement concerté créée en application de l'article L. 311-1 du code de l'urbanisme, l'aménageur supporte tout ou partie du coût de construction du réseau public de collecte des eaux usées compris dans le programme des équipements publics de la zone, la participation pour le financement de l'assainissement collectif est diminuée à proportion du coût ainsi pris en charge. »

Cette participation s'élève au maximum à 80 % du coût de fourniture et de pose de l'installation mentionnée au premier alinéa du présent article, diminué, le cas échéant, du montant du remboursement dû par le même propriétaire en application de l'article L. 1331-2.

La participation prévue au présent article est exigible à compter de la date du raccordement au réseau public de collecte des eaux usées de l'immeuble, de l'extension de l'immeuble ou de la partie réaménagée de l'immeuble, dès lors que ce raccordement génère des eaux usées supplémentaires.

Une délibération du conseil municipal *(Ord. nº 2014-1335 du 6 nov. 2014, art. 19-I-E-2º)* « , du conseil de la métropole de Lyon » ou de l'organe délibérant de l'établissement public détermine les modalités de calcul de cette participation.

(L. nº 2016-1500 du 8 nov. 2016, art. 14) « En cas de création d'une commune nouvelle, les délibérations concernant les modalités de calcul de cette participation qui étaient en vigueur sur le territoire de chaque ancienne commune sont maintenues au titre de l'année de création de la commune nouvelle. »

A. CHAMP D'APPLICATION

1. Transition. La participation pour le financement de l'assainissement collectif, instituée par le I de l'art. 30 de la L. n° 2012-354 du 14 mars 2012, n'est pas applicable aux immeubles pour lesquels leurs propriétaires ont été astreints, par une prescription figurant dans un permis de construire afférant à ces immeubles délivré à la suite d'une demande déposée avant le 1er juill. 2012, à verser la participation pour raccordement à l'égout. • CE 11 oct. 2017, n° 402981 : *Lebon.*

2. Reconstructions. L'art. L. 35-4 [L. 1331-7] ne fait aucune distinction entre les immeubles édifiés sur des terrains non bâtis et les immeubles élevés en remplacement de constructions démolies. • CE 3 mars 1986, *Ville de Grenoble,* n° 39798 : *Lebon T. 1028.* ♦ Inversement, le propriétaire qui se borne à faire aménager des locaux à l'intérieur d'un bâtiment existant ne peut être assujetti. • CE 21 avr. 1997, *SCI Les maisons traditionnelles,* n° 141954 : *Lebon T. 1126 ; Dr. fisc. 1997. 1154, concl. Arrighi de Casanova.* ♦ Dans le même sens, à propos d'une division d'un logement en deux. • CAA Bordeaux, 16 sept. 2010, n° 09DA01244.

3. Extensions. Peuvent être assujettis les propriétaires d'immeubles déjà raccordés à l'égout qui réalisent des travaux d'extension ou de réaménagement de nature à induire un supplément d'évacuation d'eaux usées. • CE 24 sept. 2003, *Secrétariat d'État au logement c/ Cne de Clermont-Ferrand,* n° 242065 : *Lebon T. 1028 ; RDI 2003. 593, obs. Soler-Couteaux.*

4. Tout immeuble raccordé. La participation est exigible de tous les propriétaires d'immeubles qui, du fait de leur raccordement au réseau d'assainissement, y rejettent des eaux usées, qu'elles soient ou non d'origine domestique (en l'espèce, absence de rejet). • CE 26 nov. 1984, *Ville d'Orly c/ Cie nationale Air France,* n° 36358 : *Lebon T. 613 ; Dr. fisc. 1985. 171, concl. Chahid-Nouraï.*

B. NATURE DE LA PARTICIPATION

5. Remboursement de frais avancés. Les sommes mises à la charge des propriétaires constituent des remboursements de frais avancés par la commune, et non des « impositions de toutes natures » dont l'art. 34 de la Constitution réserverait à la loi le soin de fixer les règles, notamment de recouvrement. • CE 27 juin 1973, *Ville de Marseille,* n° 85510 : *Lebon 444 ; Dr. fisc. 1974, n° 267, concl. Mehl* • 24 juin 1985, *Cne de Marseillan, nos 33855, 33889 et 33890 : Lebon T. 575.*

C. EXIGIBILITÉ DE LA PARTICIPATION

6. Exigibilité. Si cette participation est destinée à couvrir tout ou partie des frais exposés par les communes pour l'établissement ou l'extension du réseau, sa perception n'est pas subordonnée à la preuve que, dans chaque cas, le raccordement de l'immeuble à l'égout rendra nécessaire l'engagement de tels frais. • CE 3 mars 1986, *Ville de Grenoble,* n° 39798 : *préc. note 2.*

7. Propriétaires ayant déjà financé le collecteur public. La participation prévue par l'art. L. 1331-7 ne saurait, sans double emploi, être imposée au propriétaire ou au constructeur de l'immeuble lorsque celui-ci a déjà contribué, en vertu d'obligations mises à sa charge par l'autorité publique, au financement d'installations collectives d'évacuation ou d'épuration pour un montant égal ou supérieur au maximum légal prévu par le même article. • CE 21 janv. 2016, *Cté d'agglomération du Sud-est toulousain,* n° 372112 • CE 22 oct. 1990, *Bigot,* n° 54540 : *Lebon T. 693 ; DF 1990, n° 50, comm. 2330, concl. Chahid-Nouraï* • CE 25 sept. 1989, *Cne de Pange,* n° 69058 • CE 23 oct. 1974, *SCI Sainte-Anne,* n° 86234 : *Lebon 502.* ♦ En revanche, la participation reste due lorsque le propriétaire ou le constructeur de l'immeuble a seulement contribué à l'exécution, même sous la voie publique, d'ouvrages qui, étant destinés à la conduite des eaux usées de l'immeuble vers l'égout public existant, lui évitent d'avoir à procéder à une installation individuelle. • Même arrêt. ♦ La circonstance que des équipements réalisés au sein d'une zone d'aménagement concerté puissent être qualifiés d'équipements publics, au sens de l'art. L. 311-4 C. urb., ne conduit pas, par elle-même, à les regarder comme des installations collectives d'évacuation ou d'épuration, pour l'application de l'art. L. 1331-7. • Même arrêt. ♦ Comp. : la redevance de l'art. L. 35-4 [L. 1331-7] ne saurait être exigée des propriétaires qui ont déjà participé financièrement à la construction d'installations d'évacuation ou d'épuration collectives dans le cadre d'une zone d'aménagement concertée, à la suite d'une convention entre l'association syndicale de propriétaires et la ville. • CE 14 févr. 1979, *Sté Rhonalcop,* n° 04603 : *Lebon T. 728.*

8. Propriétaires n'ayant financé qu'un collecteur privé. La participation reste due lorsque le propriétaire, le constructeur ou le lotisseur a seulement contribué à l'exécution, même sous la voie publique, d'ouvrages qui, étant destinés à la conduite des eaux usées de l'immeuble vers l'égout public existant, lui évitent d'avoir à procéder à une installation d'évacuation ou d'épuration individuelle ; il en va ainsi du financement de canalisations d'égout sous l'axe des voies nouvelles d'un lotissement, dès lors que leur fonction était limitée à la conduite des eaux usées vers un ouvrage collectif d'évacuation. • CE 7 janv. 1985, *Sté immobilière Les Champs-Élysées de Grenoble,* n° 36101 : *Lebon 6 ; Dr. fisc. 1985. 185, concl. Chahid-Nouraï* • CAA Marseille, 29 juin 2015, *Synd. copr. « Antibes les Pins résidence »*, n° 13MA03054. ♦ Est sans incidence le fait que les voies privées sous l'axe desquelles cette canalisation avait été construite aient par la suite été incorporées à la voirie communale. • CE 7 janv. 1985, *Sté immobilière Les Champs-Élysées de Grenoble : préc.*

9. *Exonération.* Seuls peuvent être regardés comme étant soumis à l'obligation de raccordement les immeubles dont, compte tenu de leur implantation par rapport au réseau public des égouts, le raccordement ne comporte pas de difficultés excessives. • CE 24 sept. 2003, *Cie générale des eaux*, n° 238483 : *Coll. terr. 2003, n° 235, note Erstein.* ♦ Si la situation d'un immeuble en contrebas du hameau desservi par le réseau public peut faire obstacle à son raccordement, la commune peut remédier à cette difficulté par la fourniture d'une pompe de refoulement individuelle, supprimant tout obstacle audit raccordement. • CE 16 déc. 2010, *SCP Les Audes*, n° 328006. ♦ Pour un cas d'exonération justifiée par les difficultés de raccordement. • CAA Bordeaux, 30 nov. 2010, n° 10BX00718.

10. *Cumul.* En cas d'immeuble édifié postérieurement à la mise en service de l'égout, la participation de l'art. L. 35-4 [L. 1331-7] peut se cumuler avec le remboursement prévu à l'art. L. 34 [L. 1331-2], dont elle est distincte. • CE 20 mars 1996, *Diet*, n° 157773.

D. MONTANT DE LA PARTICIPATION

11. *Forfait.* L'art. L. 1331-7 ne fait pas obstacle à ce que le montant de la participation exigée soit établi selon une méthode forfaitaire, dès lors qu'il n'est pas demandé au propriétaire de verser plus de 80 % du coût de la fourniture et de la pose de l'installation du dispositif individuel d'assainissement qui aurait été nécessaire en l'absence de raccordement. • CE 24 sept. 2003, *Secrétaire d'État au Logement c/ Cne de Clermont-Ferrand : préc. note 3* • CE 27 févr. 1974, *SCI « Les Genêts » : Lebon 150.* ♦ En cas d'extension, la participation peut être calculée forfaitairement en fonction des mètres carrés de surface hors œuvre nette créés. • CE 24 oct. 2003, *Min. Équipement*, n° 247779. ♦ L'appréciation du montant de la participation doit être faite pour *chaque permis de construire*. • CE 29 juin 2001, *Dpt du Val-de-Marne*, n° 216908 : *Lebon 300 ; Dr. fisc. 2001. 985, concl. Austry.*

12. *Critères de calcul.* Le montant de la participation doit être calculé en fonction des données de fait qui existent à la date du raccordement de l'immeuble, et ne peut prendre en compte des critères tirés de l'occupation potentielle (commune touristique) ou de la situation financière des propriétaires, critères qui sont sans influence sur l'économie que les propriétaires ont réalisée en évitant une installation d'évacuation ou d'épuration individuelle réglementaire. • CAA Bordeaux, 17 sept. 1996, *Cne de Saint-Cyprien*, n° 94BX00313. ♦ En prévoyant l'adaptation automatique des montants de la base de la participation aux variations d'un indice de référence départemental, le conseil municipal détermine suffisamment les éléments nécessaires à sa perception. • CE 9 déc. 1985, *SCI Bellevue*, n° 39523 : *Lebon 367*. ♦ L'art. L. 35-4 [L. 1331-7] ne permet pas au conseil municipal de tenir compte du montant des dépenses d'entretien ultérieures de l'installation pour le calcul de la participation. • CE 26 avr. 1978, *SCI « Les Genêts »*, n° 83655 : *Lebon T. 804*.

13. *Critère du volume rejeté.* Lorsqu'il est possible de déterminer le volume de rejet d'eaux usées d'un immeuble, la participation peut être calculée en proportion du volume d'eaux usées effectivement rejeté ; les autres établissements se voient appliquer un mode de calcul forfaitaire. • CE 27 juin 2001, *SCI Vélizy Plus*, n° 39798.

14. *Contestation.* Il appartient aux habitants de la commune de contester la validité de la délibération du conseil municipal fixant le taux de la participation. • CE 28 avr. 1976, *Synd. intercommunal d'assainissement Évian-Neuvecelle-Publier*, n° 94809 : *Lebon T. 912*. ♦ L'illégalité de la délibération peut être invoquée à l'occasion de recours contre les décisions individuelles d'application. • CE 7 janv. 1976, *Cne de Bischheim*, n° 95800 : *Lebon 8 ; Dr. fisc. 1976. 679, concl. Latournerie.*

E. BÉNÉFICIAIRES ET CONTRIBUTEURS

15. *Maître de l'ouvrage bénéficiaire.* Seule la collectivité qui est le maître de l'ouvrage constitué par le collecteur d'égout auquel est directement raccordé l'immeuble à construire est légalement fondée à percevoir la participation. • CE 29 juin 2001, *Dpt du Val-de-Marne*, n° 216908 : *Lebon 300 ; Dr. fisc. 2001. 985, concl. Austry.* ♦ Lorsque l'immeuble est situé dans une commune limitrophe de celle qui assure la maîtrise de l'ouvrage public constitué par un réseau d'égouts auquel cet immeuble est raccordé, la participation de l'art. L. 35-4 [L. 1331-7] doit être perçue par le maître de l'ouvrage. • CE 4 nov. 1983, *Lepetit*, n° 28571 : *Lebon T. 713* • CE 29 juin 2001, Dpt du Val-de-Marne, n° 216908 : *préc.*

16. *Propriétaires.* La participation ne peut être légalement demandée qu'aux propriétaires des immeubles édifiés. • CE, sect., 12 janv. 1973, *Ville du Cannet*, n° 78730 : *Lebon 36*. ♦ Ne peut donc être assujetti le lotisseur qui a cédé à des tiers ses lots avant toute construction des pavillons qui devaient y être édifiés. • CE 30 mars 1994, *Sté Loficoop*, n° 139019 • CE 11 févr. 1972, *Sté Caillot*, n° 80350. ♦ Toutefois, le vendeur-constructeur de logements en état futur d'achèvement a qualité pour représenter les copropriétaires en attendant la constitution d'un syndicat de copropriété. • CE 9 déc. 1985, *SCI Bellevue*, n° 39523 : *Lebon 367*. ♦ V. aussi, concernant l'exigibilité de la participation, *supra*, notes 6 s.

Art. L. 1331-7-1 *(L. n° 2011-525 du 17 mai 2011, art. 37-I-1°)* **Le propriétaire d'un immeuble ou d'un établissement dont les eaux usées résultent d'utilisations de l'eau assimilables à un usage domestique en application de l'article L. 213-10-2 du code de l'environnement a droit, à sa demande, au raccordement au réseau public de collecte dans la limite des capacités de transport et d'épuration des installations existantes ou en cours de réalisation.**

Le propriétaire peut être astreint à verser à la collectivité organisatrice du service ou au groupement auquel elle appartient, dans les conditions fixées par délibération de l'organe délibérant, une participation dont le montant tient compte de l'économie qu'il réalise en évitant le coût d'une installation d'évacuation ou d'épuration individuelle réglementaire.

Cette participation s'ajoute, le cas échéant, aux redevances mentionnées à l'article L. 2224-12-2 du code général des collectivités territoriales et aux sommes pouvant être dues par les intéressés au titre des articles L. 1331-2, L. 1331-3 et L. 1331-6 du présent code.

La collectivité organisatrice du service ou le groupement auquel elle appartient peut fixer des prescriptions techniques applicables au raccordement d'immeubles ou d'établissements mentionnés au premier alinéa du présent article en fonction des risques résultant des activités exercées dans ces immeubles et établissements, ainsi que de la nature des eaux usées qu'ils produisent. Ces prescriptions techniques sont regroupées en annexes au règlement de service d'assainissement qui, par exception aux dispositions de l'article L. 2224-12 du code général des collectivités territoriales, ne sont notifiées qu'aux usagers concernés.

(Ord. n° 2014-1335 du 6 nov. 2014, art. 19-I-F) **« La métropole de Lyon est substituée aux communes situées dans son périmètre pour l'application des dispositions du présent article. »**

Art. L. 1331-8 **Tant que le propriétaire ne s'est pas conformé aux obligations prévues aux articles L. 1331-1 à** *(L. n° 2011-525 du 17 mai 2011, art. 37-I-2°)* **« L. 1331-7-1 », il est astreint au paiement d'une somme au moins équivalente à la redevance qu'il aurait payée au service public d'assainissement si son immeuble avait été raccordé au réseau ou équipé d'une installation d'assainissement autonome réglementaire, et qui peut être majorée dans une proportion fixée par le conseil municipal** *(Ord. n° 2014-1335 du 6 nov. 2014, art. 19-I-G)* **« ou le conseil de la métropole de Lyon » dans la limite de 100 %.**

BIBL. ▸ TEXIDOR, Nature juridique de la redevance : une classification bienvenue, *RJF 1988. 379.*

1. Nature, compétence juridictionnelle. Le paiement prévu, loin d'être le prix du service rendu par le service industriel et commercial que constitue l'exploitation d'un réseau d'assainissement, a le caractère d'une contribution imposée dans l'intérêt de la salubrité publique à quiconque ayant la possibilité de relier son immeuble à un tel réseau et qui néglige de le faire, ou qui, si son immeuble n'est pas raccordable au réseau, néglige de se doter d'une installation autonome. • T. confl. 1er juill. 2002, *Amodio c/ SIAAL*, n° 3316 • T. confl. 13 déc. 2004, *Cts Tiberghien c/ SA des eaux du Nord et de la Cté de Lille : Lebon T. 626 ; JCP Adm. 2005. 1065, note Moreau* • T. confl. 4 juill. 2011, *Vaché c/ Cne d'Étrochey*, n° 3811. ♦ Ainsi, la mise en œuvre des dispositions de *l'art. L. 35-5 [L. 1331-8] se rattache à l'exercice de prérogatives* de puissance publique, dont le contentieux relève du juge administratif. • Mêmes arrêts. ♦ Pour une application. • Civ. 1re, 31 oct. 2012, n° 11-24.339 : *JCP Adm. 2013. 2138, note Renard-Payen.*

2. Champ d'application. La contribution est exigible en cas d'installation comme non conforme aux prescriptions réglementaires (déversement des eaux pluviales dans le réseau d'eaux usées). • CAA Bordeaux, 20 mai 1997, n° 95BX00683.

3. Procédure. La somme que le propriétaire doit verser en vertu de l'art. L. 1331-8 constitue un « impôt local » au sens de l'art. R. 222-13 CJA ; le tribunal administratif, saisi par le propriétaire, statue donc en premier et dernier ressort. • CE 5 févr. 2009, *SMATUV*, n° 306045 : *Lebon 676*. • 12 juin 2013, *Cne de Beaumont-Monteux*, n° 346278.

4. Exonération. Dès lors que seuls sont soumis à l'obligation de raccordement les immeubles dont le raccordement ne comporte pas de difficultés excessives, le propriétaire qui prouve l'existence de difficultés excessives doit être exonéré de la contribution de l'art. L. 35-5 [L. 1331-8]. • CE 24 sept. 2003, *Cie générale des eaux*, n° 238483 : *Coll. terr. 2003, n° 235, note Erstein.* ♦ Sur l'appréciation souveraine de ces difficultés par le juge du fond. • CE 23 mars 2011, n° 335517. ♦ Pour un cas de difficultés excessives reconnu par le juge. • CE 12 juin 2013, *Cne de Beaumont-Monteux : préc. note 3.*

Art. L. 1331-9 **Les sommes dues par le propriétaire en vertu des articles L. 1331-2, L. 1331-3** *(L. n° 2006-1772 du 30 déc. 2006, art. 46)* **« et L. 1331-6 à L. 1331-8 » sont recouvrées comme en matière de contributions directes.**

Les réclamations sont présentées et jugées comme en matière de contributions directes.

Nature non fiscale. Les participations ne revêtant pas une nature fiscale, il ne peut être exigé du débiteur une réclamation préalable auprès du directeur des services fiscaux à peine d'irrecevabilité. • CE, sect., 12 janv. 1973, *Ville du Cannet*, n° 78730 : *Lebon 36* • CAA Marseille, 29 janv. 2010, n° 07MA04646.

Art. L. 1331-10 *(L. n° 2006-1772 du 30 déc. 2006, art. 46)* **Tout déversement d'eaux usées autres que domestiques dans le réseau public de collecte doit être préalablement autorisé par le maire ou** *(L. n° 2010-1563 du 16 déc. 2010, art. 64)* **« , lorsque la compétence en matière de collecte à l'endroit du déversement a été transférée à un établissement public de coopération intercommunale ou à un syndicat mixte, par le président de l'établissement public ou du syndicat mixte », après avis délivré par la personne publique en charge du transport et de l'épuration des eaux usées ainsi que du traitement des boues en aval, si cette collectivité est différente. Pour formuler un avis, celle-ci dispose d'un délai de deux mois, prorogé d'un mois si elle sollicite des informations complémentaires. A défaut d'avis rendu dans le délai imparti, celui-ci est réputé favorable.**

L'absence de réponse à la demande d'autorisation plus de quatre mois après la date de réception de cette demande vaut rejet de celle-ci.

L'autorisation prévue au premier alinéa fixe notamment sa durée, les caractéristiques que doivent présenter les eaux usées pour être déversées et les conditions de surveillance du déversement.

Toute modification ultérieure dans la nature ou la quantité des eaux usées déversées dans le réseau est autorisée dans les mêmes conditions que celles prévues au premier alinéa.

L'autorisation peut être subordonnée à la participation de l'auteur du déversement aux dépenses d'investissement entraînées par la réception de ces eaux.

Cette participation s'ajoute, le cas échéant, aux redevances mentionnées à l'article L. 2224-12-2 du code général des collectivités territoriales et aux sommes pouvant être dues par les intéressés au titre des articles L. 1331-2, L. 1331-3, L. 1331-6, L. 1331-7 et L. 1331-8 du présent code.

1. *Caractère de redevance.* La « participation » prévue par l'art. L. 1331-10 a le caractère d'une redevance pour service rendu, et non celui d'une taxe fiscale. • CE 6 janv. 1967, *Ville d'Elbeuf*, n° 63433 : *Lebon 1 ; JCP 1967. II. 15109, concl. Galmot.* ♦ En conséquence, le principe d'égalité entre les usagers doit être respecté. • Même arrêt.

2. *Proportionnalité.* Dès lors que la contribution financière *prévue par* l'art. L. 35-8 [L. 1331-10] a le caractère d'une redevance pour service rendu, son montant doit être proportionnel audit service ; il ne doit pas être supérieur au coût supplémentaire qu'entraîne, pour la collectivité publique, l'utilisation du réseau public par le bénéficiaire de l'autorisation. • CE 26 févr. 1990, *SA Automobiles Citroën*, n° 30492 • CAA Paris, 8 avr. 2010, *Sté Vinci Park France*, n° 08PA04819.

3. *Régularité de l'arrêté.* Le fait que les art. L. 33, L. 34, L. 35 [L. 1331-1, L. 1331-2, L. 1331-3] soient visés par l'arrêté mettant à la charge de la société requérante le versement d'une participation est sans influence sur la légalité de cet arrêté, dès lors qu'il a été pris en application de l'art. L. 35-8 [L. 1331-10]. • CE 26 févr. 1990, *SA Automobiles Citroën*, n° 30492.

4. *Délégataire de service public.* Lorsque le contributeur est un délégataire de service public (exploitant de parc de stationnement), le contrat de délégation, qui ne porte pas sur le rejet des eaux usées, ne fait pas obstacle à ce que le délégant (Ville de Paris) autorise le rejet des eaux usées dans le réseau public tout en mettant à la charge du délégataire la redevance d'assainissement. • CAA Paris, 8 avr. 2010, *Sté Vinci Park France*, n° 08PA04819 : *préc. note 2.*

Art. L. 1331-11 *(L. n° 2006-1772 du 30 déc. 2006, art. 46)* **Les agents du service d'assainissement ont accès aux propriétés privées :**

1° Pour l'application des articles L. 1331-4 et L. 1331-6 ;

(L. n° 2010-788 du 12 juill. 2010, art. 160-II) « 2° Pour procéder à la mission de contrôle des installations d'assainissement non collectif prévue au III de l'article L. 2224-8 du code général des collectivités territoriales ;

« 3° Pour procéder à l'entretien et aux travaux de réhabilitation et de réalisation des installations d'assainissement non collectif en application du même III ; »

(L. n° 2011-525 du 17 mai 2011, art. 37-I-3°) « 4° Pour assurer le contrôle des déversements d'eaux usées autres que domestiques et des utilisations de l'eau assimilables à un usage domestique. »

En cas d'obstacle mis à l'accomplissement des missions visées aux 1°, 2° et 3° du présent article, l'occupant est astreint au paiement de la somme définie à l'article L. 1331-8, dans les conditions prévues par cet article.

Art. L. 1331-11-1 *(L. n° 2006-1772 du 30 déc. 2006, art. 46-12°)* Lors de la vente de tout ou partie d'un immeuble à usage d'habitation non raccordé au réseau public de collecte des eaux usées, le document établi à l'issue du contrôle des installations d'assainissement non collectif effectué dans les conditions prévues au II de l'article L. 1331-1-1 du présent code *(L. n° 2010-788 du 12 juill. 2010, art. 160-III)* « et daté de moins de trois ans au moment de la signature de l'acte de vente » est joint au dossier de diagnostic technique prévu aux articles L. 271-4 et L. 271-5 du code de la construction et de l'habitation.

(L. n° 2010-788 du 12 juill. 2010, art. 160-III) « Si le contrôle des installations d'assainissement non collectif effectué dans les conditions prévues au II de l'article L. 1331-1-1 du présent code est daté de plus de trois ans ou inexistant, sa réalisation est à la charge du vendeur. »

BIBL. ▸ SAGAUT, L'assainissement dans la vente d'immeuble, un problème nauséabond ?, *RDC 2006. 561.*

Non-respect de la réglementation et obligation de délivrance. Un immeuble vendu comme étant raccordé au réseau public d'assainissement, mais dont le raccordement n'est pas conforme aux stipulations contractuelles, ne satisfait pas à l'obligation de délivrance des vendeurs (C. civ., art. 1604). • Civ. 3e, 28 janv. 2015, nos 13-19.945 et 13-27.050 P : *D. 2015. 319* ; *JCP 2015, n° 469, note Boffa ; LPA 21 avr. 2015, n° 79, p. 10, note Bargue.* ♦ V. jurisprudence antérieure, fondée sur le vice caché (C. civ., art. 1641) au motif que le vendeur ne pouvait ignorer que le raccordement système n'était pas conforme à la réglementation. • Civ. 3e, 13 mars 2012, n° 11-13.121 : *AJDI 2012. 381* .

Art. L. 1331-12 Les dispositions des articles L. 1331-1 à L. 1331-11 sont applicables aux collectivités territoriales et à leurs établissements publics soumis à une législation spéciale ayant le même objet.

Toutefois, l'assemblée compétente suivant le cas a pu décider, par délibération intervenue avant le 31 décembre 1958, que ces dispositions n'étaient pas applicables à la collectivité intéressée. Cette décision peut être abrogée à toute époque. — *[Anc. art. L. 35-9].*

Art. L. 1331-13 *(Ord. n° 2000-914 du 18 sept. 2000, art. 10)* « Dans les communes mentionnées à l'article L. 321-2 du code de l'environnement, les zones d'urbanisation future ne peuvent être urbanisées que sous réserve de l'existence ou du début de réalisation d'un équipement de traitement et d'évacuation des effluents des futurs constructions, installations et aménagements, conformément au chapitre Ier du titre Ier du livre II du code de l'environnement ».

A défaut, elles ne peuvent être urbanisées que si le règlement de la zone précise que les autorisations d'occupation du sol ne pourront être délivrées pour les constructions, installations ou aménagements susceptibles d'être à l'origine d'effluents que sous réserve de la mise en place d'un dispositif d'assainissement autonome adapté au milieu et à la quantité des effluents.

Les dispositions des alinéas précédents sont applicables à la délivrance des autorisations relatives à l'ouverture de terrains au camping et au stationnement des caravanes.

Opposabilité. L'art. L. 1331-13 est relatif à la délivrance des autorisations d'occupation du sol, et demeure sans incidence sur la légalité des décisions qui approuvent le règlement d'un plan d'urbanisme. • CAA Nantes, 25 mars 2011, *Cne de La Trinité-sur-Mer,* n° 10NT00154.

Art. L. 1331-14 *Abrogé par L. n° 2006-1772 du 30 déc. 2006, art. 101-I.*

Art. L. 1331-15 Les immeubles et installations existants destinés à un usage autre que l'habitat et qui ne sont pas soumis à autorisation ou à déclaration au titre *(L. n° 2006-1772 du 30 déc. 2006, art. 46)* « des articles L. 214-1 à L. 214-4, L. 512-1 et L. 512-8 du code de l'environnement » doivent être dotés d'un dispositif de traitement des effluents autres que domestiques, adapté à l'importance et à la nature de l'activité et assurant une protection satisfaisante du milieu naturel.

Art. L. 1331-16 *Abrogé par L. n° 2006-1772 du 30 déc. 2006, art. 101-III-4°.*

Art. L. 1331-17 *(Ord. n° 2005-1566 du 15 déc. 2005, art. 2)* Lorsque pendant trois années consécutives le nombre des décès dans une commune a dépassé le chiffre de la mortalité moyenne de la France, le *(Ord. n° 2010-177 du 23 févr. 2010, art. 7-12°)* « directeur général de l'agence régionale de santé procède » à une enquête sur les conditions sanitaires de la commune *(Ord. n° 2010-177 du 23 févr. 2010, art. 7-12°)* « et en communique les résultats au représentant de l'État dans le département ».

Si cette enquête établit que l'état sanitaire de la commune nécessite des travaux d'assainissement, notamment qu'elle n'est pas pourvue d'eau potable de bonne qualité ou en quantité suffisante, ou bien que les eaux usées y restent stagnantes, le représentant de l'État dans le département, après une mise en demeure à la commune, non suivie d'effet, invite *(Ord. n° 2004-637 du 1er juill. 2004, art. 23-I)* « la commission départementale compétente en matière d'environnement, de risques sanitaires et technologiques » à délibérer sur l'utilité et la nature des travaux jugés nécessaires. Le maire est mis en demeure de présenter ses observations devant *(Ord. n° 2004-637 du 1er juill. 2004, art. 23-I)* « la commission départementale compétente en matière d'environnement, de risques sanitaires et technologiques ».

En cas d'avis *(Ord. n° 2004-637 du 1er juill. 2004, art. 23-I)* « de la commission départementale compétente en matière d'environnement, de risques sanitaires et technologiques » contraire à l'exécution des travaux ou de réclamation de la part de la commune, le représentant de l'État dans le département transmet la délibération du conseil au ministre chargé de la santé qui, s'il le juge à propos, soumet la question au *(L. n° 2004-806 du 9 août 2004, art. 4-I)* « Haut Conseil de la santé publique ». Celui-ci procède à une enquête dont les résultats sont affichés dans la commune. Sur les avis *(Ord. n° 2004-637 du 1er juill. 2004, art. 23-I)* « de la commission départementale compétente en matière d'environnement, de risques sanitaires et technologiques » et du *(L. n° 2004-806 du 9 août 2004, art. 4-I)* « Haut Conseil de la santé publique », le représentant de l'État dans le département met la commune en demeure de dresser le projet et de procéder aux travaux. Si dans le mois qui suit cette mise en demeure, le conseil municipal ne s'est pas engagé à y déférer, ou si, dans les trois mois, il n'a pris aucune mesure en vue de l'exécution des travaux, un décret en Conseil d'État ordonne ces travaux et détermine les conditions d'exécution.

Le conseil départemental statue, dans les conditions prévues par les articles L. 3215-1 et L. 3215-2 du code général des collectivités territoriales, sur la participation du département aux dépenses des travaux ci-dessus spécifiés.

COMMENTAIRE

V. Commentaire reproduit sur Dalloz.fr.

1. Pas d'obligation de construction.. Si la construction d'une voie publique n'entraîne pas par elle-même l'obligation de construire un égout le long de son tracé. • CE 14 nov. 1973, *Cne de Saint-Brice*, n° 84836 : *Lebon 647*. ♦ Il est constant que la collectivité propriétaire peut être responsable en cas de dommages dus à l'insuffisance des égouts existants. • CE 11 oct. 1944, *Saint-Milori : Lebon 647.*

2. ... Mais obligation d'entretien. Le défaut d'entretien entraîne la responsabilité de la commune (débordement). • CE 11 mars 1983, *Ville de Saint-Étienne*, n° 28737 : Lebon T. 805 • CE 11 févr. 1981, *Synd. intercommunal d'assainissement du sud-ouest de Lille*, n° 12869 : *Lebon T. 953* (débordement). ♦ Pour un défaut d'entretien entraînant la pollution d'une rivière et un préjudice pour des associations de pêcheurs : • CE 25 oct. 1978, *Assoc. « Ablette d'Arnage »*, n° 99608. ♦ Cette responsabilité incombe au fermier lorsque le défaut d'entretien lui est imputable. • CE 30 mars 1979, *X. c/ Sté des eaux de la ville d'Épernay*, n° 02559.

Art. L. 1331-18 à L. 1331-21 *Abrogés par L. nº 2000-1208 du 13 déc. 2000, art. 177-1º.*

Art. L. 1331-22 *(Ord. nº 2005-1566 du 15 déc. 2005)* **Les caves, sous-sols, combles, pièces dépourvues d'ouverture sur l'extérieur et autres locaux par nature impropres à l'habitation ne peuvent être mis à disposition aux fins d'habitation, à titre gratuit ou onéreux. Le** *(Ord. nº 2010-177 du 23 févr. 2010, art. 26-13º)* **« représentant de l'État dans le département » met en demeure la personne qui a mis les locaux à disposition de faire cesser cette situation dans un délai qu'il fixe.** *(L. nº 2009-323 du 25 mars 2009, art. 94)* **« Il peut prescrire, le cas échéant, toutes mesures nécessaires pour empêcher l'accès ou l'usage des locaux aux fins d'habitation, au fur et à mesure de leur évacuation. Les mêmes mesures peuvent être décidées à tout moment par le maire au nom de l'État. Ces mesures peuvent faire l'objet d'une exécution d'office. »**

Les dispositions de l'article L. 521-2 du code de la construction et de l'habitation sont applicables aux locaux visés par la mise en demeure. La personne qui a mis les locaux à disposition est tenue d'assurer le relogement des occupants dans les conditions prévues par l'article L. 521-3-1 du même code ; à défaut, les dispositions de l'article L. 521-3-2 sont applicables.

BIBL. ▸ Dict. perm. Construction et urbanisme, étude « Habitat insalubre », *Éd. législatives.*

COMMENTAIRE

V. Commentaire reproduit sur Dalloz.fr.

1. Conformité à la DDH sous réserve. Justifiées par l'intérêt général qui s'attache à la protection de la santé et de la sécurité des occupants de locaux impropres à l'habitation, les restrictions apportées à l'exercice du droit de propriété ne concernent que l'interdiction d'un mode d'occupation des locaux et n'ont pour effet ni d'empêcher d'autres usages du bien, ni d'en interdire l'accès à d'autres fins que l'habitation ; elles sont proportionnées à l'objectif poursuivi. • CE 9 mai 2011, *Magalhaes Gomes*, nº 346785 (non-lieu à QPC). – V. aussi : • CE 12 déc. 2013, *SCP Égu-Hardy et a.*, nº 372156 : *Lebon ; AJDA 2013. 2518*. ♦ Présentant le caractère de mesures de police, ces restrictions doivent toutefois être précédées d'une information préalable du propriétaire, lequel doit être mis à même de présenter des observations sur les mesures que l'administration envisage de prendre (L. du 11 juill. 1979, art. 1er, et du 12 avr. 2000, art. 24) ; ces mesures sont susceptibles d'être déférées au juge administratif, notamment par les voies du référé-liberté ou du référé-suspension, autant de garanties de procédure et de fond qui assurent la conformité du dispositif aux art. 2 et 4 DDH. • Même arrêt.

I. NOTION DE LOCAUX IMPROPRES À L'HABITATION

2. Combles, notion. Tout local situé dans l'espace compris sous la charpente d'un immeuble, pourvu ou non d'un faux plafond, qui ne possède pas une hauteur suffisante et n'est pas convenablement aménagé pour l'habitation, constitue un comble, sans que la circonstance qu'il soit pourvu d'ouvertures sur l'extérieur puisse le faire échapper à cette définition. • CE 22 avr. 1983, *Sté Chantiers de l'Atlantique*, nº 30633 • CE 5 juin 1991, *Épx Montador*, nº 105048. ♦ La hauteur suffisante ne saurait être calculée par application de la loi du 10 juill. 1965 dans sa rédaction issue de la loi du 18 déc. 1996 dite loi Carrez (art. 46 : 1.80 m), dont l'objet est étranger à la détermination des locaux impropres à l'habitation. • CE 4 mars 2011, *Min. Santé et Sports c/ Cts Carrier*, nº 336243 : *Lebon ; AJCT 2011. 307, obs. Untermaier*. ♦ Une hauteur insuffisante n'est pas compensée par un aménagement convenable pour l'habitation. • CE 5 juin 1991, *Épx Montador*, nº 105048 : *préc.*

3. Sous-sols. Des locaux situés au niveau inférieur d'une résidence présentent le caractère de sous-sols bien qu'ils comportent une ouverture sur l'extérieur et qu'une partie importante de leur hauteur se trouve au-dessus du niveau du sol. • CE 27 nov. 1985, *Min. Aff. sociales*, nº 55220. ♦ Exemple de locaux enterrés sur une hauteur de 53 cm par rapport au niveau du sol naturel : • CAA Nancy, 25 févr. 2014, nº 13NC00744. ♦ L'existence d'ouvertures ne fait pas perdre le caractère de sous-sol. • CE 27 juill. 2005, *Min. Santé*, nº 259111.

4. Pièces sans ouvertures. Des locaux qui comportent uniquement des portes vitrées donnant sur des terrasses donnant elles-mêmes sur des puits de jour ne peuvent être regardés comme comportant des ouvrants sur l'extérieur permettant un éclairement naturel suffisant. • CAA Marseille, 13 déc. 2010, *Min. Santé*, nº 08MA04930. ♦ A propos de toits ouvrants jugés insuffisants : • CAA Lyon, 2 mai 2012, nº 11LY02082. ♦ Inversement, à propos de deux puits de jour ouverts à l'air libre jugés suffisants. • CE, 7 oct. 2013, *Min. Trav.*, nº 352812 : *Lebon ; AJDA 2013. 2005*.

5. Autres causes d'impropriété. La seule circonstance que des logements ne sont pas alimentés en électricité suffit à les rendre impropres à l'habitation. • CAA Versailles, 5 juill. 2011, n° 10VE02897. ♦ *Idem* pour des hauteurs sous plafond de 2, 05 m. • CAA Marseille, 30 mai 2016, n° 15MA01384. ♦ ... Ou un logement de 7, 72 m² mal éclairé et aéré. • CAA Paris, 29 avr. 2016, n° 14PA04988. ♦ ... Ou un ancien abri de jardin au toit bâché, mal éclairé et non étanche, aménagé en logement. • CAA Paris, 28 févr. 2017, n° 15PA03532. ♦ En revanche, la circonstance qu'un logement ait une surface inférieure à celle prévue par le règlement sanitaire départemental n'est pas de nature à elle seule à le faire qualifier d'impropre à l'habitation. • CE 12 déc. 2013, *SCP Égu-Hardy et a.*, n° 372156 : *Lebon ; AJDA 2013. 2518*, confirmant : • TA Rennes, 20 déc. 2012, *SCP Égu-Hardy et M. et Mme Galesne*, nos 1200221 et 1100376 : *AJDA 2013. 871, concl. Bonneville*.

II. LES POUVOIRS DE L'AUTORITÉ

6. Interdiction d'habiter. Dans sa version issue de la loi du 25 mars 2009, l'art. L. 1331-22 permet au préfet de prononcer une interdiction d'habiter. • TA Rennes, 20 déc. 2012 : *préc. note 5*.

7. Mise en demeure, légalité. Le préfet est légalement tenu, lorsqu'il constate qu'une personne met à disposition des locaux impropres à l'habitation, de mettre l'intéressé en demeure de faire cesser cette situation ; si le fait de ne pas y déférer dans le délai d'un mois est constitutif de l'infraction passible des sanctions pénales prévues par l'art. L. 45 [L. 1337-4-III], la légalité de cette mise en demeure, adressée par le préfet préalablement à la survenance éventuelle d'une infraction pénale, ne peut pas être subordonnée à la condition que les faits sur lesquels elle est fondée forment ensuite l'un des éléments constitutifs d'une telle infraction. • CE 27 juill. 2005, *Min. Santé*, n° 259111.

8. Mise en demeure, destinataire. La « personne » au sens de l'art. L. 1331-22 s'entend aussi d'une association cultuelle, locataire d'un immeuble dont elle sous-loue ensuite les logements. • CAA Versailles, 5 juill. 2011, n° 10VE02897.

9. Mise en demeure, contentieux. Le recours dirigé contre une mise en demeure du préfet est un recours en pleine juridiction et non en excès de pouvoir : il appartient par suite au juge de se prononcer sur le caractère impropre à l'habitation des locaux en cause en tenant compte de la situation existant à la date à laquelle il statue. • CE 11 déc. 2015, *SCI Solar Côte d'azur*, n° 381772. ♦ Ainsi le préfet peut-il, en cours d'instance, apporter des éléments nouveaux, en l'espèce l'absence de chauffage fixe. • CAA Versailles, 21 nov. 2017, n° 15VE04028.

10. Exécution d'office, responsabilité (jurisprudence transposable). V. note 2 ss. art. L. 1324-1 A.

III. OBLIGATIONS DU BAILLEUR

11. Relogement. Il résulte du second alinéa de l'art. L. 1331-22, ainsi que des art. L. 521-3-1 et L. 521-3-2 CCH, qu'une obligation de relogement pèse sur les propriétaires faisant l'objet d'une mise en demeure ; à cet égard, les dispositions de l'art. 1724 C. civ. se bornent à prévoir le maintien de cette obligation en cas de résiliation prononcée sur le fondement de son dernier alinéa, sans pour autant en dispenser les propriétaires concernés en l'absence de résiliation effective du bail d'habitation éventuellement consenti sur le local concerné, ni en cas de maintien dans les lieux du locataire en dépit d'une telle résiliation. • CAA Marseille, 13 mars 2017, n°16MA02119.

Art. L. 1331-23 *(Ord. n° 2005-1566 du 15 déc. 2005)* **Des locaux ne peuvent être mis à disposition aux fins d'habitation, à titre gratuit ou onéreux, dans des conditions qui conduisent manifestement à leur suroccupation. Le** *(Ord. n° 2010-177 du 23 févr. 2010, art. 26-13°)* **« représentant de l'État dans le département » met en demeure la personne qui a mis les locaux à disposition dans de telles conditions de faire cesser cette situation dans un délai qu'il fixe.**

Les dispositions de l'article L. 521-2 du code de la construction et de l'habitation sont applicables aux locaux visés par la mise en demeure. La personne qui a mis les locaux à disposition est tenue d'assurer le relogement des occupants affectés par l'exécution de cette mise en demeure dans les conditions prévues au II de l'article L. 521-3-1 du même code ; à défaut, les dispositions de l'article L. 521-3-2 sont applicables.

Champ d'application. L'art. L. 1331-23 ne s'applique pas aux établissements pénitentiaires. • CAA Nantes, 5 juill. 2012, *Garde des Sceaux*, n° 11NT00495. ♦ Mais cela ne dispense pas l'administration pénitentiaire du respect des normes d'hygiène et de dignité prescrites en milieu carcéral. • CAA Lyon, 8 avr. 2010, n° 09LY02918.

Art. L. 1331-24 *(Ord. n° 2005-1566 du 15 déc. 2005)* **Lorsque l'utilisation qui est faite de locaux ou installations présente un danger pour la santé ou la sécurité de leurs**

occupants, le *(Ord. n° 2010-177 du 23 févr. 2010, art. 26-13°)* « représentant de l'État dans le département », après avis de la commission départementale compétente en matière d'environnement, de risques sanitaires ou technologiques, peut enjoindre à la personne qui a mis ces locaux ou installations à disposition ou à celle qui en a l'usage de rendre leur utilisation conforme aux prescriptions qu'il édicte dans le délai qu'il fixe.

Les dispositions de l'article L. 521-2 du code de la construction et de l'habitation sont applicables aux locaux visés par l'injonction.

Si l'injonction est assortie d'une interdiction temporaire ou définitive d'habiter, la personne ayant mis ces locaux à disposition est tenue d'assurer l'hébergement ou le relogement des occupants dans les conditions prévues par l'article L. 521-3-1 du même code ; à défaut, les dispositions de l'article L. 521-3-2 sont applicables.

S'il n'est pas satisfait à l'injonction dans le délai fixé, le *(Ord. n° 2010-177 du 23 févr. 2010, art. 26-13°)* « représentant de l'État dans le département » prend, aux frais de la personne à laquelle elle a été faite, toutes mesures nécessaires pour ce faire. La créance de la collectivité publique est recouvrée comme en matière de contributions directes.

Champ. Les pouvoirs conférés au représentant de l'État par l'art. L. 1331-24 s'appliquent aussi aux bâtiments industriels aménagés pour l'habitation, dès lors qu'il existe un danger pour la santé des occupants. • CE 8 juin 2017, *SCI SICAM*, n° 398677 : *Lebon.*

Art. L. 1331-25 *(Ord. n° 2005-1566 du 15 déc. 2005)* A l'intérieur d'un périmètre qu'il définit, le *(Ord. n° 2010-177 du 23 févr. 2010, art. 26-13°)* « représentant de l'État dans le département » peut déclarer l'insalubrité des locaux et installations utilisés aux fins d'habitation, mais impropres à cet objet pour des raisons d'hygiène, de salubrité ou de sécurité.

L'arrêté du *(Ord. n° 2010-177 du 23 févr. 2010, art. 26-13°)* « représentant de l'État dans le département » est pris après avis de la commission départementale compétente en matière d'environnement, de risques sanitaires ou technologiques à laquelle le maire ou, le cas échéant, le président de l'établissement public de coopération intercommunale compétent en matière d'habitat est invité à présenter ses observations, et après délibération du conseil municipal ou, le cas échéant, de l'organe délibérant de l'établissement public.

Cet arrêté vaut interdiction définitive d'habiter et d'utiliser les locaux et installations qu'il désigne.

Les dispositions des I et *(L. n° 2014-366 du 24 mars 2014, art. 79-II)* « IV » de l'article L. 1331-28, des articles L. 1331-28-1 et L. 1331-28-2, du I de l'article L. 1331-29 et de l'article L. 1331-30 sont applicables.

1. Champ d'application. L'art. L. 42 [L. 1331-25] n'exclut pas de son champ d'application les hôtels meublés. • CE 1er juill. 1991, *Min. Santé*, n° 103623. ♦ Les locaux et installations exclusivement destinés à un usage commercial ne peuvent être inclus dans le périmètre d'insalubrité prévu à l'art. L. 42 [L. 1331-25], ce texte ne visant que les locaux et installations à usage d'habitation. • CE 9 oct. 1996, *Poupart et a.*, n° 90748 : *Lebon T. 1059.*

I. PÉRIMÈTRE

2. Étendue. L'inclusion dans le périmètre d'insalubrité d'immeubles salubres et propres à l'habitation n'est légalement *possible que si, compte tenu de l'emplacement* de ces immeubles, cette inclusion est nécessaire à l'exécution de l'opération destinée à supprimer l'insalubrité de l'habitat. • CE, sect., 26 juill. 1982, *Min. Santé*, nos 18297 et 33348 : *Lebon 310 ; AJDA 1982, n° 98, p. 729, concl. Robineau.* ♦ Est légal le périmètre englobant un ensemble d'immeubles ainsi que les terrains qui en constituent l'assiette, alors même qu'une partie de ces terrains comportait des emplacements de stationnement. • CE 11 juill. 1986, *Assoc. des copropriétaires du terrain des Peupliers et Évrard*, n° 47264 : *Lebon 205* ♦ Toutefois, l'affectation pour partie d'un immeuble à des activités commerciales empêche en principe que cette partie soit déclarée insalubre. • CE 20 févr. 1987, *Min. Aff. sociales et Solidarité nationale*, n° 70467.

3. Inclusions injustifiées. L'inclusion dans un périmètre d'insalubrité d'îlots ne comportant aucun immeuble insalubre, mais dont l'objet était d'assurer le relogement des habitants d'autres îlots et non pas de permettre la suppression de l'habitat insalubre, est illégale. • CE, sect., 26 juill. 1982, *Min. Santé*, n° 18297 : *Lebon 310 ; AJDA 1982, n° 98, p. 729, concl. Robineau.* ♦ Il en va de même de l'inclusion d'un immeuble pour permettre son expropriation puis la construction d'un nouveau local pour les sapeurs-pompiers. • CE, sect., 26 juill. 1982, *Min. Santé c/ Copin*, n° 33348 : *Lebon 310* ; *AJDA 1982, n° 98, p. 729, concl. Robineau.*

4. Divergence préfet/commune. Le préfet n'est pas tenu de limiter le périmètre d'insalubrité qu'il fixe à celui fixé par la délibération municipale établissant une demande de déclaration d'insalubrité. • CE 8 oct. 1975, *Epx Podeur et a.*, n° 96237 : *Lebon 500* .

II. RECOURS

5. Classification contentieuse. La contestation de l'inclusion d'un immeuble dans un périmètre d'insalubrité relève du contentieux de l'excès de pouvoir. • CE, sect., 26 juill. 1982, *Min. Santé*, nos 18297 et 33348 : *préc. note 2.* ♦ En revanche, le recours dont dispose le propriétaire ou le locataire d'un immeuble contre la décision par laquelle l'autorité préfectorale déclare cet immeuble insalubre est un recours de plein contentieux. • CE 29 déc. 2000, *Min. Emploi et Solidarité c/ Delerue*, n° 198220 : *Lebon 674* • CE 13 mai 1966, *Vandaele*, n° 64379 : *Lebon 321* . ♦ Il en va de même du recours dont dispose le locataire d'un immeuble déclaré insalubre. • CE 30 juill. 1997, *Mazouz*, n° 150846.

6. Intérêt à agir. Le requérant a intérêt à contester la totalité ou une partie du périmètre d'insalubrité et non la seule partie qui correspond à son immeuble. • CE, sect., 26 juill. 1982, *Min. Santé c/ Vigné*, n° 18297 : *Lebon 310* ; *AJDA 1982, n° 98, p. 729, concl. Robineau.* ♦ Les propriétaires de terrains sis au voisinage direct d'un périmètre d'insalubrité et destinés à recevoir des constructions devant permettre le relogement des habitants de ce périmètre justifient d'un intérêt leur donnant qualité pour attaquer, par la voie du recours pour excès de pouvoir, l'arrêté déclarant d'utilité publique le projet d'acquisition des immeubles figurant dans ce périmètre. • CE 21 févr. 1986, *Vanderschelden et a.*, n° 37531 : *Lebon T. 724* .

7. Motivation. Aucune disposition législative ou réglementaire n'impose que les arrêtés préfectoraux délimitant un périmètre d'insalubrité sur le fondement de l'art. L. 42 [L. 1331-25] soient motivés. • CE 15 févr. 1989, *Carbon*, n° 81045.

8. Référé-suspension. Pour l'application de l'art. L. 521-1, al. 1er, CJA, eu égard à la gravité des conséquences qu'emporte par sa nature même un arrêté préfectoral prescrivant la démolition d'un bâtiment, la condition d'urgence doit en principe être présumée lorsque le propriétaire de l'immeuble qui en est l'objet en demande la suspension ; il ne peut en aller autrement que dans le cas où l'autorité administrative justifie de circonstances particulières faisant apparaître soit que l'exécution de la mesure de démolition n'affecterait pas gravement la situation du propriétaire, soit qu'un intérêt public s'attache à l'exécution rapide de cette mesure. • CE 18 nov. 2009, *Min. Santé et Sports*, n° 327909 : *Lebon T. 893* ; *JCP Adm. 2010. 2044, note Rouault.*

III. DE LA DÉCLARATION D'INSALUBRITÉ À L'EXPROPRIATION

9. Opération complexe. Il existe un lien d'opération complexe entre un arrêté préfectoral déclarant l'insalubrité d'immeubles et la déclaration d'utilité publique prise afin de les exproprier. • CE 15 févr. 2006, *Muratori*, n° 290030. ♦ L'illégalité de la déclaration d'insalubrité entraîne, par voie de conséquence, l'illégalité de l'arrêté préfectoral déclarant d'utilité publique l'acquisition des locaux litigieux et déclarant cessibles lesdits locaux. • CE 9 oct. 1996, *Poupart et a.*, n° 90748 : *préc. note 1.*

10. Déclaration sans expropriation. La procédure de l'art. L. 42 [L. 1331-25] n'est pas nécessairement destinée à préparer l'expropriation des immeubles insalubres concernés ; en recourant à cette disposition dans le seul but de déclarer insalubre un ensemble d'immeubles situés dans un même périmètre et non dans un but d'expropriation, le préfet n'entache pas sa décision de détournement de procédure. • CE 6 mai 1996, *Kaddour et a.*, n° 153113.

11. Constitutionnalité. Le tempérament apporté à la règle du caractère préalable de l'indemnisation dans le cadre de la procédure dérogatoire d'expropriation pour cause d'utilité publique instaurée par les art. 13, 14, 17 et 18 de la L. n° 70-612 du 10 juill. 1970 tendant à faciliter la suppression de l'habitat insalubre n'est pas contraire à l'art. 17 DDH : 1/ ces dispositions permettent au préfet de poursuivre l'expropriation notamment des immeubles déclarés insalubres à titre irrémédiable en application des art. L. 1331-25 et L. 1331-28 ; 2/ l'expropriation ne peut être mise en œuvre que lorsque la commission départementale compétente en matière d'environnement et de risques sanitaires et technologiques a conclu au caractère irrémédiable de l'insalubrité de l'immeuble ; 3/ cette qualification est strictement limitée par l'art. L. 1331-26 aux cas dans lesquels il n'existe aucun moyen technique d'y mettre fin, ou lorsque les travaux nécessaires à sa résorption seraient plus coûteux que la reconstruction ; 4/ ces dispositions ont pour objet de mettre fin dans les meilleurs délais à l'utilisation de locaux ou d'habitations présentant un danger pour la santé ou la sécurité des occupants, répondant ainsi à des motifs impérieux d'intérêt général (consid. 8). • Cons. const. 17 sept. 2010, n° 2010-26 QPC, *SARL l'Office central d'accession au logement : Dr. adm. déc. 2010, n° 156, note Pissaloux.* ♦ En outre, l'art. L. 1331-27 garantit l'information du propriétaire quant à la poursuite de la procédure relative à la déclaration d'insalubrité de l'immeuble, et lui offre la faculté d'être entendu à l'occasion des différentes étapes de celle-ci ; il conserve la possibilité de contester devant le juge administratif les actes de la phase administrative de la procédure d'expropriation ; si le préfet fixe l'indemnité provisionnelle d'expropriation, il revient, à défaut d'accord amiable, au juge de l'expropriation d'arrêter le montant de l'indemnité définitive ; et si ce dernier fixe l'indemnité « compte tenu du caractère impropre à l'habitation des locaux et installations expropriés, à la valeur du terrain nu », c'est en conséquence de la déclaration d'insalubrité irrémédiable. • Même décision.

Art. L. 1331-26 *(L. nº 2000-1208 du 13 déc. 2000, art. 168-I)* **Lorsqu'un immeuble, bâti ou non, vacant ou non, attenant ou non à la voie publique, un groupe d'immeubles, un îlot ou un groupe d'îlots constitue, soit par lui-même, soit par les conditions dans lesquelles il est occupé ou exploité, un danger pour la santé des occupants ou des voisins, le** *(Ord. nº 2010-177 du 23 févr. 2010, art. 26-13º)* **« représentant de l'État dans le département », saisi d'un rapport motivé du** *(Ord. nº 2010-177 du 23 févr. 2010, art. 7-13º)* **« directeur général de l'agence régionale de santé » ou, par application du troisième alinéa de l'article L. 1422-1, du directeur du service communal d'hygiène et de santé concluant à l'insalubrité de l'immeuble concerné, invite** *(Ord. nº 2004-637 du 1er juill. 2004, art. 23-I)* **« la commission départementale compétente en matière d'environnement, de risques sanitaires et technologiques » à donner son avis dans le délai de deux mois :**

1º Sur la réalité et les causes de l'insalubrité ;

2º Sur les mesures propres à y remédier.

(Ord. nº 2005-1566 du 15 déc. 2005) **« L'insalubrité d'un bâtiment doit être qualifiée d'irrémédiable lorsqu'il n'existe aucun moyen technique d'y mettre fin, ou lorsque les travaux nécessaires à sa résorption seraient plus coûteux que la reconstruction. »**

Le *(Ord. nº 2010-177 du 23 févr. 2010, art. 7-13º)* **« directeur général de l'agence régionale de santé » établit le rapport prévu au premier alinéa soit de sa propre initiative, soit sur saisine du maire, du président de l'établissement public de coopération intercommunale compétent en matière de logement et d'urbanisme, soit encore à la demande de tout locataire ou occupant de l'immeuble ou de l'un des immeubles concernés.**

Le maire de la commune ou le président de l'établissement public de coopération intercommunale, à l'initiative duquel la procédure a été engagée, doit fournir un plan parcellaire de l'immeuble avec l'indication des noms des propriétaires tels qu'ils figurent au fichier immobilier *(Abrogé par Ord. nº 2010-638 du 10 juin 2010, art. 13-XII) « de la conservation des hypothèques »*. **Lorsque cette initiative a pour objet de faciliter l'assainissement ou l'aménagement d'un îlot ou d'un groupe d'îlots, le projet d'assainissement ou d'aménagement correspondant est également fourni.**

I. COMPÉTENCES

1. Concurrences entre polices. L'existence de pouvoirs de police spéciale reconnus au préfet en application de l'art. L. 1331-26 ne fait pas obstacle à ce que le maire use de ses pouvoirs de police générale pour assurer le maintien de la sécurité et de la salubrité publiques, dès lors qu'est respectée la procédure propre à ces pouvoirs (en l'espèce la L. du 12 avr. 2000, art. 24). • CAA Nantes, 4 mai 2010, *Cne de Gorron*, nº 09NT01153. ♦ Sur le principe • CE 21 févr. 1947, *Varlet (1re esp.) et Barsi (2e esp.) : Lebon 75* • CE 10 mars 1954, *Vve Picard*, nº 4853 : *Lebon 151*. ♦ Légalité par suite d'un arrêté municipal enjoignant au propriétaire de *supprimer l'humidité des murs*. • *CAA Nantes*, 4 mai 2010, *Cne de Gorron : préc.* ♦ Toutefois, dès lors que le législateur a organisé une police spéciale de la lutte contre l'habitat insalubre confiée à l'État, et s'il appartient au maire de prendre les mesures de police générale nécessaires au bon ordre, à la sûreté, à la sécurité et à la salubrité publiques, celui-ci ne saurait prononcer une interdiction temporaire d'habitation à l'encontre d'un locataire d'un logement insalubre, sauf à établir l'existence d'un danger immédiat. • CAA Nancy, 6 mai 2013, nº 12NC01517.

2. Visite des locaux. S'il appartient au maire, en vertu des pouvoirs généraux de police qu'il tient de l'art. L. 2212-2 CGCT et des pouvoirs de contrôle administratif et technique des règles générales d'hygiène applicables aux habitations et à leurs abords qui lui sont désormais conférés par l'art. L. 1421-4 CSP, de veiller au respect des règles de salubrité sur le territoire de la commune, la prescription de mesures adéquates de nature à faire cesser l'insalubrité dans un logement relève, en application des art. L. 1331-26 et L. 1331-28 CSP, de la compétence des services de l'État. • CE 14 nov. 2011, *Min. Travail, Emploi et Santé c/ Cne de Rodez*, nº 341956 : *AJCT 2012. 267, obs. Péchillon*. ♦ La procédure débute par l'établissement d'un rapport motivé sur l'état de l'immeuble, par le directeur départemental des affaires sanitaires et sociales ou par le directeur du service communal d'hygiène et de sécurité, si un tel service existe, soit sur initiative de ces services, soit sur saisine du maire, soit à la demande du locataire ou de l'occupant de l'immeuble ; un préfet ne peut donc refuser de donner suite à la demande de visite formulée par le locataire d'un logement transmise par le maire de la commune, au motif qu'il appartiendrait à cette commune d'y procéder elle-même, alors qu'elle ne dispose pas d'un service communal d'hygiène et de sécurité. • Même arrêt.

II. INSALUBRITÉ IRRÉMÉDIABLE

A. FAITS ANTÉRIEURS À LA LOI DU 15 DÉCEMBRE 2005

3. Caractérisation. Lorsque les travaux nécessaires pour mettre fin à l'insalubrité, dont le coût est très supérieur à la valeur de l'immeuble, doivent être regardés comme une réfection complète de l'immeuble, le conseil départemental d'hygiène peut à bon droit estimer l'immeuble insalubre non remédiable, alors même que le propriétaire s'est dit prêt à engager des travaux de rénovation. • CE 5 juin 2002, *Min. Emploi et Solidarité c/ SCI Les Fougères*, n° 209753. ♦ Est illégal l'arrêté préfectoral d'insalubrité irrémédiable dès lors qu'il ne ressort pas des pièces du dossier que les désordres allégués exigeaient des travaux qui auraient été techniquement irréalisables ou qui auraient pu être regardés comme équivalant à une reconstruction de l'immeuble, ou dont le coût aurait été disproportionné par rapport à la valeur vénale de celui-ci. • CAA Paris, 10 mars 2011, n° 08PA02970.

4. Exemples. Un local dont la seule fenêtre existante donne dans le hall d'entrée de l'immeuble, sans ouverture donnant à l'air libre, sans aération suffisante et anormalement humide, dont la chambre de 7 m² n'a pas d'ouverture autre que la porte d'entrée, et dont l'évacuation des eaux usées est mal assurée, peut être déclaré irrémédiablement insalubre... • CAA Bordeaux, 12 févr. 2008, *Min. Santé*, n° 06BX00090. ♦ ... Tout comme un local d'une *clarté naturelle quasiment nulle* obligeant le recours permanent et obligatoire à une lumière artificielle, et d'une aération insuffisante malgré l'ouverture des fenêtres. • Même arrêt. ♦ De même, pour un immeuble qui n'a fait l'objet d'aucun entretien depuis des années, dont la toiture n'est pas étanche, dont des fissures profondes affectent la façade, dont les canalisations extérieures de collecte des eaux usées sont fuyardes, et dont l'état intérieur de la majorité des logements est en infraction avec le règlement sanitaire départemental. • CAA Versailles, 15 avr. 2010, n° 07VE02395.

B. FAITS POSTÉRIEURS À LA LOI DU 15 DÉCEMBRE 2005

5. Caractérisation. Un logement situé au premier étage d'un bâtiment dont le rez-de-chaussée est écroulé, mais dont l'expertise conclut que l'immeuble reste réparable en l'état ne peut être déclaré irrémédiablement insalubre. • CAA Marseille, 15 nov. 2010, n° 07MA04966. ♦ Les conditions d'occupation d'un logement ne sauraient constituer par elles-mêmes une cause irrémédiable d'insalubrité ; en particulier, l'humidité, causée pour l'essentiel par le surpeuplement des lieux, ne saurait être regardée comme une cause d'insalubrité irrémédiable. • CAA Versailles, 1er mars 2012, n° 11VE00965.

6. Appréciation. Le caractère remédiable ou non relève d'une appréciation souveraine du juge du fond qui ne peut être discutée devant le juge de cassation. • CE 29 déc. 2000, *Min. Emploi c/ Delerue*, n° 198220 : *Lebon 674*. • CE 15 janv. 2015, *M. B.*, n° 369548 : *Lebon ; AJDA 2015. 783 ; AJDI 2015. 512, obs. Otero*.

C. CONSÉQUENCES DU CARACTÈRE IRRÉMÉDIABLE

7. Démolition. Le préfet n'est pas tenu d'ordonner la démolition d'un immeuble, alors même qu'il serait frappé d'une interdiction définitive d'habiter par suite de son insalubrité jugée irrémédiable. • CAA Paris, 23 févr. 1999, n° 97PA00042. ♦ En s'estimant lié par l'avis du conseil départemental d'hygiène, le préfet méconnaît sa compétence. • Même arrêt.

8. Réfection. Est illégal l'arrêté qui prescrit au propriétaire d'effectuer des travaux entraînant des charges excessives par rapport à la valeur de l'immeuble et aux revenus qu'une saine gestion lui procurerait. • CE 4 juill. 1986, *Min. Aff. sociales et Solidarité nationale c/ Reichman*, n° 72147.

9. Locaux inoccupés à la date du jugement. Les art. L. 1331-26 et L. 1331-28 n'ont ni pour objet, ni pour effet de permettre à l'autorité administrative de prescrire la réalisation de travaux par le propriétaire de locaux à la fois inoccupés et libres de location et dont l'état ne constitue pas un danger pour la santé des voisins. • CE 15 janv. 2015, *M. B.*, n° 369548 : *AJDA 2015. 783 ; AJDI 2015. 512, obs. Otero*. ♦ Le juge administratif, saisi d'un recours de plein contentieux contre un arrêté d'insalubrité, doit tenir compte de la situation existant à la date à laquelle il se prononce et peut, au besoin, modifier les mesures ordonnées par l'autorité administrative ; lorsqu'il constate que, postérieurement à l'intervention de l'arrêté qui lui est déféré, le bail a été résilié et que les locaux sont inoccupés et libres de location, il lui appartient d'annuler l'arrêté en tant qu'il ordonne la réalisation de travaux par le propriétaire et de ne le laisser subsister qu'en tant qu'il interdit l'habitation. • Même arrêt. ♦ Il en résulte que le propriétaire ne peut se borner à produire devant le juge un procès-verbal de gendarmerie attestant que les lieux sont inoccupés depuis plusieurs mois ; il doit prouver que les lieux en question sont libres de location. • CAA Nancy, 24 oct. 2017, n° 16NC00463 : *Lebon*.

III. PROCÉDURE

10. Saisine du préfet. La saisine du préfet par un rapport motivé du directeur départemental de la santé [directeur général ARS ou directeur du service communal d'hygiène] constitue une formalité substantielle dont la méconnaissance entache de nullité la décision prise au titre de l'art. L. 28 [L. 1331-28] CSP. • CAA Lyon, 23 févr. 1990, *Min. Aff. sociales et Emploi c/ M. Soubeyrand*, n° 89LY00972. ♦ Le refus du directeur de saisir le préfet d'un rapport motivé concluant à l'insalubrité de l'immeuble concerné constitue une décision faisant grief et, comme telle, susceptible de faire l'objet d'un recours pour excès de pouvoir. • CAA Nantes, 26 janv. 2012, n° 10NT02263.

11. Rapport. Le rapport de l'inspecteur de salubrité sur lequel le conseil départemental d'hygiène [conseil départemental de l'environnement et des risques sanitaires et technologiques] se fonde pour rendre son avis n'avait pas à être établi contradictoirement, dès lors que son appréciation sur les faits de l'espèce pouvait être contestée devant ledit conseil. • CE 5 juin 2002, *Min. Emploi et Solidarité*, n° 209753.

12. Avis du CODERST, régularité. L'avis par lequel le conseil départemental d'hygiène [conseil départemental de l'environnement et des risques sanitaires et technologiques] se borne à énoncer qu'il émet un avis favorable à la majorité, sans se prononcer expressément ni sur la réalité et les causes de l'insalubrité, ni sur les mesures propres à y remédier, ni même sur le caractère irrémédiable de l'insalubrité invoquée, ne comporte pas les précisions exigées par l'art. L. 1331-26 ; l'arrêté du préfet en découlant est donc entaché d'un vice de procédure. • CAA Douai, 15 juin 2010, *Min. Trav.*, n° 09DA00518. ♦ Sur ce vice comme constituant un moyen sérieux de nature à faire naître un doute sur la légalité de l'arrêté préfectoral. • CE 19 déc. 2008, *SCI de La Tour de Nesle : Lebon T. 836 ; AJDA 2008. 2428, obs. de Montecler*.

13. Indépendance des législations. Une lettre du préfet *invitant un propriétaire à effectuer des travaux* pour remédier à l'insalubrité d'un immeuble sous peine de tomber sous le coup de l'art. L. 26 [L. 1331-26] ne dispense pas l'intéressé de l'autorisation spéciale prévue en matière de secteurs sauvegardés par l'art. L. 313-2 C. urb. • CE 6 mars 1981, *Mandel*, n° 16521 : *Lebon T. 965*. ♦ Si l'art. L. 521-1 CCH crée une obligation de reloger les occupants de bonne foi d'immeubles insalubres, il n'exclut pas du champ d'application de l'art. L. 1331-28 les immeubles insalubres occupés sans droit ni titre. • CAA Versailles, 6 mai 2014, *SCI Gagny Immo*, n° 13VE01098.

IV. RECOURS

14. Plein contentieux. Le recours dont dispose le propriétaire ou le locataire d'un immeuble contre la décision par laquelle l'autorité préfectorale déclare cet immeuble insalubre est un recours de plein contentieux. • CE 29 déc. 2000, *Min. Emploi c/ Delerue*, n° 198220 : *Lebon 674*. ♦ Il appartient dès lors au juge de se prononcer sur le caractère impropre à l'habitation du logement en cause, en prenant en compte l'ensemble des circonstances de droit et de fait à la date à laquelle il se prononce, et notamment les réparations éventuelles intervenues depuis l'arrêté. • CAA Versailles, 1er mars 2012, n° 11VE00569 • CAA Nancy, 24 oct. 2017, n° 16NC00463 : *Lebon*.

15. Recevabilité du moyen fondé sur le caractère excessif des travaux. Saisi d'un recours de plein contentieux contre un arrêté d'insalubrité, le juge administratif doit tenir compte de la situation existante à la date à laquelle il se prononce et peut, au besoin, modifier les mesures ordonnées par l'autorité administrative. • CE 15 avr. 2015, *M. C.*, n° 369548 : *Lebon ; AJDA 2015. 783 ; AJDI 2015. 512, obs. Otero*.

16. Référé-suspension. Dès lors que les travaux prescrits par l'arrêté préfectoral impliquent une importante restructuration intérieure du bâtiment, présentent un caractère difficilement réversible et sont d'un montant élevé, et alors même que le préfet invoque une lente dégradation du bâtiment, ni l'état du logement ni l'intérêt de la santé publique ne s'opposent à la suspension de cet arrêté. • CE 19 févr. 2010, *Pinel et a.*, n° 329748. ♦ La suspension est prononcée lorsque la déclaration d'insalubrité, par ses effets, emporte pour conséquence de placer à bref délai la société propriétaire en situation de cessation de paiement, et lorsqu'il n'est pas démontré par l'administration que les intérêts de la santé publique s'y opposent. • CE 19 déc. 2008, *SCI de La Tour de Nesle : préc. note 12*. ♦ Sur l'insuffisante motivation de l'avis du CODERST. • Même arrêt.

Art. L. 1331-26-1 *(Ord. n° 2005-1566 du 15 déc. 2005)* **Lorsque le rapport prévu par l'article L. 1331-26 fait apparaître un danger imminent pour la santé ou la sécurité des occupants lié à la situation d'insalubrité de l'immeuble, le** *(Ord. n° 2010-177 du 23 févr. 2010, art. 26-13°)* **« représentant de l'État dans le département » met en**

demeure le propriétaire, ou l'exploitant s'il s'agit de locaux d'hébergement, de prendre les mesures propres à faire cesser ce danger dans un délai qu'il fixe. *(L. n° 2009-323 du 25 mars 2009, art. 94)* « Il peut prononcer une interdiction temporaire d'habiter. » *(L. n° 2009-323 du 25 mars 2009, art. 94)* « Dans ce cas, ou si l'exécution » des mesures prescrites par cette mise en demeure rend les locaux temporairement inhabitables, les dispositions des articles L. 521-1 et suivants du code de la construction et de l'habitation sont applicables.

Le *(Ord. n° 2010-177 du 23 févr. 2010, art. 26-13°)* « représentant de l'État dans le département » procède au constat des mesures prises en exécution de la mise en demeure.

Si les mesures prescrites n'ont pas été exécutées dans le délai imparti, le *(Ord. n° 2010-177 du 23 févr. 2010, art. 26-13°)* « représentant de l'État dans le département » procède à leur exécution d'office.

Si le propriétaire ou l'exploitant, en sus des *(L. n° 2006-872 du 13 juill. 2006, art. 44-II)* « mesures lui ayant été prescrites » pour mettre fin au danger imminent, a réalisé des travaux permettant de mettre fin à toute insalubrité, le *(Ord. n° 2010-177 du 23 févr. 2010, art. 26-13°)* « représentant de l'État dans le département » en prend acte.

Exécution d'office, responsabilité (jurisprudence transposable). V. note 2 ss. art. L. 1324-1 A.

Art. L. 1331-27 *(L. n° 2000-1208 du 13 déc. 2000, art. 169)* Le *(Ord. n° 2010-177 du 23 févr. 2010, art. 26-13°)* « représentant de l'État dans le département » avise les propriétaires, tels qu'ils figurent au fichier immobilier *(Abrogé par Ord. n° 2010-638 du 10 juin 2010, art. 13-XII)* ***« de la conservation des hypothèques »***, au moins trente jours à l'avance de la tenue de la réunion *(Ord. n° 2004-637 du 1er juill. 2004, art. 23-I)* « de la commission départementale compétente en matière d'environnement, de risques sanitaires et technologiques » et de la faculté qu'ils ont de produire dans ce délai leurs observations. Il avise également, dans la mesure où ils sont connus, les titulaires de droits réels immobiliers sur les locaux, les titulaires de parts donnant droit à l'attribution ou à la jouissance en propriété des locaux, les occupants et, en cas d'immeuble d'hébergement, l'exploitant.

A défaut de connaître l'adresse actuelle des personnes mentionnées au premier alinéa ou de pouvoir les identifier, la notification les concernant est valablement effectuée par affichage à la mairie de la commune ou, à Paris, Marseille et Lyon, de l'arrondissement où est situé l'immeuble ainsi que par affichage sur la façade de l'immeuble, au moins trente jours avant la réunion *(Ord. n° 2004-637 du 1er juill. 2004, art. 23-I)* « de la commission départementale compétente en matière d'environnement, de risques sanitaires et technologiques ». Si l'insalubrité ne concerne que les parties communes d'un immeuble en copropriété, l'invitation à la réunion *(Ord. n° 2004-637 du 1er juill. 2004, art. 23-I)* « de la commission départementale compétente en matière d'environnement, de risques sanitaires et technologiques » est valablement faite au seul syndicat des copropriétaires.

Le rapport motivé prévu à l'article L. 1331-26 est tenu à la disposition des intéressés dans les bureaux de la préfecture. Une copie est déposée à la mairie de la commune ou, à Paris, Marseille et Lyon, de l'arrondissement où est situé l'immeuble.

Toute personne justifiant de l'une des qualités mentionnées au premier alinéa est, sur sa demande, entendue par *(Ord. n° 2004-637 du 1er juill. 2004, art. 23-I)* « la commission départementale compétente en matière d'environnement, de risques sanitaires et technologiques » et appelée aux visites et constatations des lieux. Elle peut se faire représenter par un mandataire.

Au cas où *(Ord. n° 2004-637 du 1er juill. 2004, art. 23-I)* « la commission départementale compétente en matière d'environnement, de risques sanitaires et technologiques » émet un avis contraire aux conclusions du rapport motivé prévu à l'article L. 1331-26, le *(Ord. n° 2010-177 du 23 févr. 2010, art. 26-13°)* « représentant de l'État dans le département » peut transmettre le dossier au ministre chargé de la santé. Celui-ci saisit le *(L. n° 2004-806 du 9 août 2004, art. 4-I)* « Haut Conseil de la santé publique » qui émet son avis dans les deux mois de sa saisine, lequel se substitue à celui *(Ord. n° 2004-637 du 1er juill. 2004, art. 23-I)* « de la commission départementale compétente en matière d'environnement, de risques sanitaires et technologiques ».

1. Constitutionnalité. L'art. L. 1331-27 garantit l'information du propriétaire quant à la poursuite de la procédure relative à la déclaration d'insalubrité de l'immeuble et lui offre la faculté d'être entendu à l'occasion des différentes étapes de celle-ci ; il conserve la possibilité de contester devant le juge administratif les actes de la phase administrative de la procédure d'expropriation ; la prise de possession du bien est subordonnée au paiement ou, en cas d'obstacle au paiement, à la consignation de l'indemnité provisionnelle au moins égale au montant de son évaluation par le service des domaines ; si le préfet fixe l'indemnité provisionnelle d'expropriation, il revient, à défaut d'accord amiable, au juge de l'expropriation d'arrêter le montant de l'indemnité définitive ; si le juge judiciaire détermine le montant de l'indemnité principale compte tenu du caractère impropre à l'habitation des locaux et installations expropriés et donc de la valeur du terrain nu, il n'en résulte pas d'atteinte à la garantie des droits des propriétaires intéressés. • Cons. const. 17 sept. 2010, nº 2010-26 QPC. ♦ Pour une application, • CAA Nancy, 24 oct. 2017, nº 16NC00463.

2. Avis aux « propriétaires ». Les propriétaires doivent être personnellement avisés de la poursuite de la procédure relative à la déclaration d'insalubrité de l'immeuble. • CAA Lyon, 28 oct. 2014, nº 14LY00182.

3. Réunion. Lorsque le propriétaire convoqué à la séance du conseil départemental de l'environnement et des risques sanitaires et technologiques (CODERST) décède avant la date de réunion et que ce conseil en avait eu connaissance, le fait de ne pas adresser de convocation à la succession, lorsqu'elle est connue, constitue un vice substantiel de procédure. • CAA Marseille, 12 mai 2011, nº 09MA04833.

4. Avis du CODERST. Lorsque l'avis du conseil départemental d'hygiène [CODERST] conclut à la réalité de l'insalubrité et à l'impossibilité d'y remédier, le préfet a l'obligation de prononcer l'interdiction d'habiter, quelle que soit la cause de l'insalubrité. • CE 3 mars 1976, *Min. Santé c/ Bidegain*, nº 98265 : *Lebon T. 1141*. ♦ Aucun texte n'impose la notification au propriétaire de l'avis rendu par le conseil départemental d'hygiène [CODERST]. • CE 22 mai 1996, *Bernard*, nº 122688 : *Lebon T. 1164* • CAA Marseille, 5 déc. 2001, nº 09MA01050.

5. Occupants. La personne qui n'habite l'immeuble déclaré insalubre que pendant les vacances est un occupant au sens de l'art. L. 27 [L. 1331-27], même si elle n'acquitte plus la taxe d'habitation ; elle doit donc être avisée de la réunion du conseil départemental d'hygiène [CODERST]. • CAA Bordeaux, 1er juill. 1993, *Min. Santé c/ Sarrazy*, nº 92BX00371 : *Lebon T. 1038*.

Art. L. 1331-28 *(Ord. nº 2005-1566 du 15 déc. 2005)* I. — Lorsque la commission ou le Haut Conseil conclut à l'impossibilité de remédier à l'insalubrité, le *(Ord. nº 2010-177 du 23 févr. 2010, art. 26-13º)* « représentant de l'État dans le département » déclare l'immeuble insalubre à titre irrémédiable, prononce l'interdiction définitive d'habiter et *(L. nº 2006-872 du 13 juill. 2006, art. 44-II)* « , le cas échéant, » d'utiliser les lieux et précise, sur avis de la commission, la date d'effet de cette interdiction, qui ne peut être fixée au-delà d'un an. Il peut également ordonner la démolition de l'immeuble.

(Abrogé par L. nº 2017-86 du 27 janv. 2017, art. 107-1º) (L. nº 2016-41 du 26 janv. 2016, art. 47-1º) ***« Un immeuble ou un logement inoccupé et libre de location ne constituant pas de danger pour la santé et la sécurité des voisins peut être interdit à l'habitation par arrêté du représentant de l'État dans le département. L'arrêté, le cas échéant, précise les mesures nécessaires pour empêcher tout accès ou toute occupation des lieux aux fins d'habitation. Il précise également les travaux à réaliser pour que puisse être levée cette interdiction. L'arrêté de mainlevée est pris dans les formes précisées à l'article L. 1331-28-3. »***

Le *(Ord. nº 2010-177 du 23 févr. 2010, art. 26-13º)* « représentant de l'État dans le département » prescrit toutes mesures nécessaires pour empêcher l'accès et l'usage de l'immeuble au fur et à mesure de son évacuation. Les mêmes mesures peuvent être décidées à tout moment par le maire au nom de l'État. Ces mesures peuvent faire l'objet d'une exécution d'office.

II. — Lorsque la commission ou le Haut Conseil conclut à la possibilité de remédier à l'insalubrité, le *(Ord. nº 2010-177 du 23 févr. 2010, art. 26-13º)* « représentant de l'État dans le département » prescrit *(L. nº 2014-366 du 24 mars 2014, art. 79-I-1º)* « par arrêté » les mesures adéquates ainsi que le délai imparti pour leur réalisation sur avis de la commission ou du Haut Conseil et prononce, s'il y a lieu, l'interdiction temporaire d'habiter et *(L. nº 2006-872 du 13 juill. 2006, art. 44-II)* « , le cas échéant, » d'utiliser les lieux.

Ces mesures peuvent comprendre, le cas échéant, les travaux nécessaires pour supprimer le risque d'intoxication par le plomb prévus par l'article L. 1334-2 ainsi que l'installation des éléments d'équipement nécessaires *(L. nº 2009-323 du 25 mars 2009, art. 85)* « à » un local à usage d'habitation, définis par référence aux caractéristiques du logement décent.

(L. n° 2017-86 du 27 janv. 2017, art. 107-2°) « Un immeuble ou un logement inoccupé et libre de location ne constituant pas de danger pour la santé et la sécurité des voisins peut être interdit à l'habitation par arrêté du représentant de l'État dans le département. L'arrêté précise, le cas échéant, les mesures nécessaires pour empêcher tout accès ou toute occupation des lieux aux fins d'habitation. Il précise également les travaux à réaliser pour que puisse être levée cette interdiction. L'arrêté de mainlevée est pris dans les formes précisées à l'article L. 1331-28-3. »

(L. n° 2014-366 du 24 mars 2014, art. 79-I-2° et 3°) « L'arrêté prévu au premier alinéa du présent II précise que la non-exécution des mesures et travaux dans le délai qu'il prescrit expose le propriétaire au paiement d'une astreinte par jour de retard dans les conditions prévues à l'article L. 1331-29.

(L. n° 2016-41 du 26 janv. 2016, art. 47-2°) « Lorsque l'immeuble *(L. n° 2017-86 du 27 janv. 2017, art. 107-2°)* « ou le logement » devient inoccupé et libre de location après la date de l'arrêté prévu au premier alinéa du présent II, dès lors qu'il est sécurisé et ne constitue pas un danger pour la santé ou la sécurité des voisins, le propriétaire n'est plus tenu de réaliser les mesures prescrites dans le délai fixé par l'arrêté. L'autorité administrative peut prescrire ou faire exécuter d'office toutes mesures nécessaires pour empêcher l'accès et l'usage du logement, faute pour le propriétaire d'y avoir procédé. Les mesures prescrites pour remédier à l'insalubrité doivent, en tout état de cause, être exécutées avant toute nouvelle occupation, remise à disposition ou remise en location, sous peine des sanctions prévues au III de l'article L. 1337-4, et la mainlevée de l'arrêté est prononcée selon la procédure prévue à l'article L. 1331-28-3. »

« III. — » La personne tenue d'exécuter *(L. n° 2014-366 du 24 mars 2014, art. 79-I-3°)* « les mesures mentionnées au II » peut se libérer de son obligation par la conclusion d'un bail à réhabilitation. Elle peut également conclure un bail emphytéotique ou un contrat de vente moyennant paiement d'une rente viagère, à charge pour les preneurs ou débirentiers d'exécuter les travaux prescrits et d'assurer, le cas échéant, l'hébergement des occupants. Les parties peuvent convenir que l'occupant restera dans les lieux lorsqu'il les occupait à la date de l'arrêté d'insalubrité.

(L. n° 2014-366 du 24 mars 2014, art. 79-I-4°) « IV. — » Lorsque le *(Ord. n° 2010-177 du 23 févr. 2010, art. 26-13°)* « représentant de l'État dans le département » prononce une interdiction définitive ou temporaire d'habiter ou d'utiliser les lieux, son arrêté précise la date à laquelle le propriétaire ou l'exploitant de locaux d'hébergement doit l'avoir informé de l'offre de relogement ou d'hébergement qu'il a faite pour se conformer à l'obligation prévue par l'article L. 521-1 du code de la construction et de l'habitation.

A. INSALUBRITÉ IRRÉMÉDIABLE, CONDITION DE L'INTERDICTION D'HABITER

1. Pouvoir du préfet conditionné. Il ressort des dispositions combinées des art. L. 1331-25 et L. 1331-28 que la possibilité pour le préfet de prendre une décision prononçant l'interdiction *définitive* d'habiter et ordonnant la démolition est conditionnée par un avis de la commission départementale compétente en matière d'environnement, de risques sanitaires ou technologiques concluant expressément à l'impossibilité de remédier à l'insalubrité. • CAA Marseille, 5 avr. 2012, n° 10MA02764. ♦ Et lorsque la commission conclut à l'impossibilité de remédier à l'insalubrité d'un immeuble, le préfet est tenu de le déclarer insalubre à titre irrémédiable ... • CAA Marseille, 5 déc. 2011, n° 09MA01050. ♦ ... Ce qui rend le moyen du défaut de motivation de l'arrêté préfectoral inopérant. • Même arrêt. ♦ Toutefois, le préfet n'est pas tenu de suivre la préconisation du CODERST en ce qui concerne l'interdiction d'habiter le logement en litige ; il méconnaîtrait l'étendue de sa compétence en renonçant à son pouvoir d'appréciation. • CAA Bordeaux, 16 mars 2010, n° 08BX01387.

B. INSALUBRITÉ REMÉDIABLE

2. Mesures appropriées (texte antérieur). L'art. L. 28 [L. 1331-28] ne permettait pas d'imposer au propriétaire des travaux ou des transformations entraînant des « charges excessives »... • CE 25 nov. 1988, *Min. Aff. sociales et Emploi c/ Mme Reichman*, n° 84554. ♦ ... Ou affectant « le gros œuvre ou l'économie de l'immeuble ». • CE 25 mai 1966, *Brulet*, n° 59341 : *Lebon 365*. ♦ ... Ou encore une démolition partielle alors que des travaux d'assainissement sont possibles. • TA Paris, 12 janv. 1972, *Nicolici et Baumgartner : Lebon 844.*

3. Mesures adéquates. Lorsque les travaux prescrits impliquent notamment une importante restructuration intérieure du bâtiment, présentent un caractère difficilement réversible et sont d'un montant élevé, ils ne peuvent être regardés comme des mesures adéquates ; la suspension est prononcée en raison d'un doute sérieux sur la légalité de l'arrêté et dans la mesure où l'état du logement n'est pas tel que l'intérêt de la santé publique s'y opposerait. • CE 19 févr. 2010, *Pinel et a.,* n° 329748. ♦ Le préfet est tenu de prescrire les seules mesures fixées par le conseil départemental d'hygiène [CODERST]. • CAA Bordeaux, 16 mars 2010, n° 08BX01387.

4. Dégradation par le locataire. La circonstance, même établie, que l'insalubrité résulterait du comportement des locataires est sans incidence sur la possibilité pour le préfet de déclarer l'insalubrité de l'immeuble et de prendre les mesures prescrites par l'art. L. 1331-28. • CAA Lyon, 11 févr. 2016, n° 15LY1480 • CAA Nancy, 24 oct. 2017, n° 16NC00463 : *Lebon.*

5. Fin du bail. Les art. L. 1331-26 et L. 1331-28 n'ont ni pour objet, ni pour effet de permettre à l'autorité administrative de prescrire la réalisation de travaux par le propriétaire de locaux à la fois inoccupés et libres de location et dont l'état ne constitue pas un danger pour la santé des voisins ; si le juge, qui doit tenir compte de la situation existant à la date à laquelle il se prononce, constate que, postérieurement à l'intervention de l'arrêté qui lui est déféré, le bail a été résilié et que les locaux, qui ne menacent pas la santé des voisins, se trouvent désormais à la fois inoccupés et libres de location, il lui appartient d'annuler l'arrêté en tant qu'il ordonne la réalisation de travaux, et de ne le laisser subsister qu'en tant qu'il interdit l'habitation et, le cas échéant, l'utilisation des lieux. • CAA Lyon, 11 févr. 2016, n° 15LY1480.

6. Coût. Lorsque l'insalubrité ne peut être regardée comme présentant un caractère irrémédiable, il appartient à l'autorité administrative de prescrire des mesures strictement nécessaires pour y mettre fin, sans que l'intéressé puisse faire valoir utilement que le coût des mesures ordonnées est disproportionné par rapport à la valeur vénale de l'immeuble ou aux revenus qu'il en retire. • CAA Lyon, 11 févr. 2016, n° 15LY1480.

C. PROCÉDURE

7. Classification contentieuse. Le recours dont dispose le propriétaire d'un immeuble contre les décisions administratives prises pour l'application de l'art. L. 28 [L. 1331-28] est un recours de pleine juridiction qui n'est pas dispensé du ministère d'avocat. • CE 6 avr. 1992, *Brault.,* n° 87482 • CE 29 déc. 2000, *Min. Emploi et Solidarité c/ Delerue,* n° 198220 : *Lebon 674*. ♦ Inversement, les recours formés contre les arrêtés municipaux pris dans le cadre des pouvoirs de police du maire sont des recours pour excès de pouvoir. • CE 31 mai 1967, *Bichot,* n° 66650 : *Lebon 720*.

8. Motivation. Il résulte des art. L. 1331-26 et L. 1422-1 combinés que la commission départementale compétente en matière d'environnement et de risques sanitaires et technologiques, lorsqu'elle est saisie, doit se prononcer expressément tant sur la réalité de l'insalubrité que sur le caractère irrémédiable ou non de celle-ci, et, dans ce dernier cas, indiquer les mesures propres à y remédier. • CAA Lyon, 1er oct. 2013, *Min. Aff. soc.,* n° 13LY00278.

9. Responsabilité. L'illégalité d'un arrêté d'insalubrité irrémédiable est constitutive d'une faute de nature à entraîner la seule responsabilité de l'État. • CAA Marseille, 10 oct. 2011, n° 09MA00764.

10. Voie de fait. L'exécution d'office de travaux illégalement ordonnés peut constituer une voie de fait. • CE 15 mars 1957, *Dame Vve Soupeaux,* n° 15290 : *Lebon 176.* ♦ ... Mais non l'exécution de travaux de démolition, dès lors que l'arrêté préfectoral est jugé légal et après référé ordonnant l'expulsion des occupants. • Civ. 3e, 27 janv. 1982 : *Gaz. Pal. 1982. 2. Pan. 197.*

Art. L. 1331-28-1 *(L. n° 2000-1208 du 13 déc. 2000, art. 172)* **Le** *(Ord. n° 2010-177 du 23 févr. 2010, art. 26-13°)* **« représentant de l'État dans le département » notifie l'arrêté d'insalubrité aux personnes visées au premier alinéa de l'article L. 1331-27. Lorsque les travaux prescrits ne concernent que les parties communes d'un immeuble en copropriété, la notification aux copropriétaires est valablement faite au seul syndicat des copropriétaires qui doit en informer dans les plus brefs délais l'ensemble des copropriétaires.**

A défaut de connaître l'adresse actuelle ou de pouvoir identifier les personnes visées au premier alinéa de l'article L. 1331-27, cette notification est valablement effectuée par l'affichage de l'arrêté à la mairie de la commune ou, à Paris, Marseille ou Lyon, de l'arrondissement où est situé l'immeuble ainsi que sur la façade de l'immeuble.

L'arrêté d'insalubrité est transmis au maire de la commune, au président de l'établissement public de coopération intercommunale compétent en matière de logement ou d'urbanisme, au procureur de la République, aux organismes payeurs des allocations de logement et de l'aide personnalisée au logement du lieu de situation de l'immeuble, ainsi qu'aux gestionnaires du fonds de solidarité pour le logement du département.

A la diligence du *(Ord. n° 2010-177 du 23 févr. 2010, art. 26-13°)* « représentant de l'État dans le département » et aux frais du propriétaire, l'arrêté d'insalubrité est publié *(Ord. n° 2010-638 du 10 juin 2010, art. 13-XII)* « au fichier immobilier » *(Ord. n° 2005-1566 du 15 déc. 2005)* « ou au livre foncier » dont dépend l'immeuble pour chacun des locaux concernés.

Art. L. 1331-28-2 *(Ord. n° 2005-1566 du 15 déc. 2005)* I. — Lorsque les locaux sont frappés d'une interdiction définitive ou temporaire d'habiter ou d'utiliser ou lorsque les travaux nécessaires pour remédier à l'insalubrité les rendent temporairement inhabitables, le propriétaire est tenu d'assurer le relogement ou l'hébergement des occupants dans les conditions prévues par l'article L. 521-3-1 du code de la construction et de l'habitation.

II. — Les contrats à usage d'habitation en cours à la date de l'arrêté d'insalubrité ou à la date de la mise en demeure prévue par l'article L. 1331-26-1 sont soumis aux règles définies à l'article L. 521-2 du code de la construction et de l'habitation.

A compter de la notification de l'arrêté d'insalubrité, les locaux vacants ne peuvent être ni loués ni mis à disposition pour quelque usage que ce soit.

III. — Si, à l'expiration du délai imparti par l'arrêté pour le départ des occupants, les locaux ne sont pas libérés, faute pour le propriétaire ou l'exploitant qui a satisfait à l'obligation de présenter l'offre de relogement prévue par le II de l'article L. 521-3-1 du code de la construction et de l'habitation d'avoir engagé une action aux fins d'expulsion, le *(Ord. n° 2010-177 du 23 févr. 2010, art. 26-13°)* « représentant de l'État dans le département » peut exercer cette action aux frais du propriétaire.

Pouvoirs du préfet. Dans le cas où il peut être remédié à l'insalubrité du logement, le préfet doit prescrire les mesures adéquates indiquées, ainsi que leur délai d'exécution, conformément à l'avis de la commission départementale consultée ; en revanche, il demeure libre de prononcer ou non l'interdiction d'habiter. • CAA Nantes, 2 juin 2015, *Mme D. E.*, n° 13NT01431.

Art. L. 1331-28-3 *(Ord. n° 2005-1566 du 15 déc. 2005 ; L. n° 2006-872 du 13 juill. 2006, art. 44-II)* L'exécution des mesures destinées à remédier à l'insalubrité ainsi que leur conformité aux prescriptions de l'arrêté pris sur le fondement du II de l'article L. 1331-28 sont constatées par le *(Ord. n° 2010-177 du 23 févr. 2010, art. 26-13°)* « représentant de l'État dans le département », qui prononce la mainlevée de l'arrêté d'insalubrité et, le cas échéant, de l'interdiction d'habiter et d'utiliser les lieux.

Lorsque des travaux justifiant la levée de l'interdiction d'habiter et d'utiliser les lieux sont réalisés sur un immeuble dont l'insalubrité avait été déclarée irrémédiable, le *(Ord. n° 2010-177 du 23 févr. 2010, art. 26-13°)* « représentant de l'État dans le département » prononce par arrêté la fin de l'état d'insalubrité de l'immeuble et la mainlevée de l'interdiction d'habiter et d'utiliser les lieux.

Ces arrêtés sont publiés, à la diligence du propriétaire, *(Ord. n° 2010-638 du 10 juin 2010, art. 13-XII)* « au fichier immobilier » ou au livre foncier.

Art. L. 1331-29 *(Ord. n° 2005-1566 du 15 déc. 2005)* I. — Si un immeuble a fait l'objet d'une déclaration d'insalubrité irrémédiable, l'autorité administrative peut réaliser d'office les mesures destinées à écarter les dangers immédiats pour la santé et la sécurité des occupants ou des voisins.

Elle peut également faire procéder à la démolition prescrite sur ordonnance du juge statuant en la forme des référés rendue à sa demande.

II. — Si les *(L. n° 2006-872 du 13 juill. 2006, art. 44-II)* « mesures prescrites » par l'arrêté prévu au II de l'article L. 1331-28 pour remédier à l'insalubrité d'un immeuble n'ont pas été *(L. n° 2006-872 du 13 juill. 2006, art. 44-II)* « exécutées » dans le délai imparti, le propriétaire est mis en demeure dans les conditions prévues par l'article L. 1331-28-1 de les réaliser dans le délai d'un mois. Si cette mise en demeure s'avère infructueuse, *(L. n° 2006-872 du 13 juill. 2006, art. 44-II)* « les mesures peuvent être exécutées » d'office *(L. n° 2009-323 du 25 mars 2009, art. 85)* « , y compris sur des locaux devenus vacants ».

(L. n° 2014-366 du 24 mars 2014, art. 79-III-2°) « III. — Si les mesures prescrites par l'arrêté prévu au II de l'article L. 1331-28 n'ont pas été exécutées dans le délai imparti, l'autorité administrative peut également, sans attendre l'expiration du délai fixé par la mise en demeure, appliquer par arrêté une astreinte d'un montant maximal

de 1 000 € par jour de retard à l'encontre du propriétaire défaillant. Son montant peut être progressif dans le temps et modulé dans des conditions fixées par voie réglementaire, tenant compte de l'ampleur des mesures et travaux prescrits et des conséquences de la non-exécution.

« Si les mesures prescrites concernent un établissement recevant du public aux fins d'hébergement, l'arrêté appliquant l'astreinte est notifié au propriétaire de l'immeuble et à l'exploitant, lesquels sont alors solidairement tenus au paiement de l'astreinte.

« Lorsque l'arrêté d'insalubrité concerne tout ou partie des parties communes d'un immeuble soumis à la loi n° 65-557 du 10 juillet 1965 fixant le statut de la copropriété des immeubles bâtis, l'astreinte est appliquée dans les conditions fixées à l'article L. 543-1 du code de la construction et de l'habitation.

« Lorsque l'arrêté concerne un immeuble en indivision, l'astreinte est appliquée dans les conditions fixées à l'article L. 541-2-1 du même code.

« L'astreinte court à compter de la notification de l'arrêté la prononçant et jusqu'à la complète exécution des mesures prescrites. Le recouvrement des sommes est engagé par trimestre échu.

« L'autorité administrative peut, lors de la liquidation du dernier terme échu, consentir une remise de son produit si les mesures ou travaux prescrits par l'arrêté d'insalubrité ont été exécutés et si le redevable établit que le non-respect du délai imposé pour l'exécution totale de ses obligations est exclusivement dû à des circonstances indépendantes de sa volonté. Le total des sommes demandées ne peut être supérieur au montant de l'amende prévue au I de l'article L. 1337-4.

« L'astreinte est liquidée et recouvrée par l'État. Après prélèvement de 4 % pour frais de recouvrement *(L. n° 2015-1785 du 29 déc. 2015, art. 141-II)* « , les sommes perçues » sont versées au budget de l'Agence nationale de l'habitat.

« L'application de l'astreinte et sa liquidation ne font pas obstacle à l'exécution d'office par l'autorité administrative des mesures et travaux prescrits par l'arrêté prévu au II de l'article L. 1331-28. Dans ce cas, le montant de l'astreinte, qui s'ajoute à celui du coût des mesures et des travaux exécutés d'office, est garanti par les dispositions prévues au 8° de l'article 2374 du code civil. Les articles L. 541-1 et suivants du code de la construction et de l'habitation sont applicables. »

(L. n° 2014-366 du 24 mars 2014, art. 79-III-1°) « IV. — » *(L. n° 2006-872 du 13 juill. 2006, art. 44-II)* « Si l'inexécution de mesures prescrites portant sur les parties communes d'un immeuble en copropriété résulte de la défaillance de certains copropriétaires, la commune *(L. n° 2017-86 du 27 janv. 2017, art. 106-1°)* « , le cas échéant, l'établissement public de coopération intercommunale » ou l'État peut se substituer à ceux-ci pour les sommes exigibles à la date votée par l'assemblée générale des copropriétaires. La collectivité publique est alors subrogée dans les droits et actions du syndicat à concurrence des sommes qu'elle a versées. »

(L. n° 2014-366 du 24 mars 2014, art. 79-III-1°) « V. — » *(L. n° 2006-872 du 13 juill. 2006, art. 44-II)* « Le maire *(L. n° 2017-86 du 27 janv. 2017, art. 106-2°)* « ou, le cas échéant, le président de l'établissement public de coopération intercommunale » agissant au nom de l'État ou, à défaut, le *(Ord. n° 2010-177 du 23 févr. 2010, art. 26-13°)* « représentant de l'État dans le département » est l'autorité administrative compétente pour réaliser d'office les mesures prescrites dans les cas visés aux I, II *(L. n° 2014-366 du 24 mars 2014, art. 79-III-3°)* « , III et IV ». Dans ce cas, la commune *(L. n° 2017-86 du 27 janv. 2017, art. 106-2°)* « ou, le cas échéant, l'établissement public de coopération intercommunale » assure l'avance des frais si le maire *(L. n° 2017-86 du 27 janv. 2017, art. 106-2°)* « ou, le cas échéant, le président de l'établissement public de coopération intercommunale » réalise d'office ces mesures. Les créances qui n'ont pu être recouvrées par la commune *(L. n° 2017-86 du 27 janv. 2017, art. 106-2°)* « ou, le cas échéant, l'établissement public de coopération intercommunale » sont mises à la charge de l'État ou d'une personne publique s'y substituant, alors subrogée dans les obligations et droits de celui-ci. »

1. Nature des travaux. Les travaux exécutés d'office sur un immeuble insalubre aux frais du propriétaire présentent le caractère de travaux publics. • CE 30 mai 1962, *Poplin*, n° 50018 : *Lebon 359.*

2. Exécution d'office, responsabilité (jurisprudence transposable). V. note 2 ss. art. L. 1324-1 A.

Art. L. 1331-30 *(Ord. nº 2005-1566 du 15 déc. 2005)* **I. — Lorsque l'autorité administrative se substitue au propriétaire défaillant et fait usage des pouvoirs d'exécution d'office qui lui sont reconnus par les articles** *(L. nº 2009-323 du 25 mars 2009, art. 94)* **« L. 1331-22, » L. 1331-24, L. 1331-26-1, L. 1331-28 et L. 1331-29, elle agit en lieu et place des propriétaires, pour leur compte et à leurs frais.**

Les dispositions du quatrième alinéa de l'article L. 1334-4 sont applicables.

II. — La créance de la collectivité publique résultant des frais d'exécution d'office, *(Ord. nº 2007-42 du 11 janv. 2007, art. 3-I)* **« du paiement des sommes avancées en lieu et place d'un copropriétaire défaillant, d'expulsion et de publicité » ainsi que des frais qui ont, le cas échéant, été exposés pour le relogement ou l'hébergement des occupants est recouvrée comme en matière de contributions directes.**

(L. nº 2009-323 du 25 mars 2009, art. 91) **« Lorsqu'une collectivité publique s'est substituée à certains copropriétaires défaillants, le montant de la créance due par ceux-ci est majoré de celui des intérêts moratoires calculés au taux d'intérêt légal, à compter de la date de notification par l'autorité administrative de la décision de substitution aux copropriétaires défaillants. »**

(Ord. nº 2007-42 du 11 janv. 2007, art. 3-I) **« Si l'immeuble relève du statut de la copropriété, le titre de recouvrement est adressé à chaque copropriétaire pour la fraction de créance dont il est redevable. »**

1. Contestation. La circonstance que le comportement des locataires de l'immeuble serait à l'origine de l'insalubrité constatée ne peut être utilement invoquée par le propriétaire pour demander à être déchargé de tout ou partie de ses obligations. • CE 16 oct. 1992, *Leroux*, nº 88067. ♦ L'administration n'est pas tenue de communiquer d'elle-même les devis des travaux et les factures de l'entreprise au propriétaire. • Même arrêt.

2. Exécution d'office, responsabilité (jurisprudence transposable). V. note 2 ss. art. L. 1324-1 A.

Art. L. 1331-31 *(Ord. nº 2005-1566 du 15 déc. 2005)* **Sont déterminées par décret en Conseil d'État :**

1º Les conditions dans lesquelles sont instituées, recouvrées et affectées les sommes mentionnées à l'article L. 1331-8 ;

2º En tant que de besoin, les conditions d'application des articles L. 1331-22 à L. 1331-30.

Art. L. 1331-32 *Abrogé par Ord. nº 2005-1566 du 15 déc. 2005.*

CHAPITRE II PISCINES ET BAIGNADES

BIBL. ▶ Groud, Quel régime juridique pour les sites de baignade ?, *Juristourisme 2016/4, p. 37.* – Ellouet-Breton, Qualité des eaux de baignade : le nouveau dispositif réglementaire, *Dr. envir., 2009, nº 167, p. 28.* – Rozenblum, Hygiène et sécurité des piscines d'hôtels et de campings, *Tourisme et Droit 2008, nº 99, p. 22*. – Verly, Se baigner et nager : deux activités, deux réglementations, *Tourisme et Droit 2008, nº 99, p. 17*. – Betsch, Contrôle des eaux de baignade. Les communes poussées à l'eau, *Tourisme et Droit 2007, nº 90, p. 28*.

COMMENTAIRE

V. Commentaire reproduit sur Dalloz.fr.

Art. L. 1332-1 *(L. nº 2006-1772 du 30 déc. 2006, art. 42)* **« Toute personne qui procède à l'installation d'une piscine, d'une baignade artificielle ou à l'aménagement d'une baignade, publique ou privée à usage collectif, doit en faire, avant l'ouverture, la déclaration à la mairie du lieu de son implantation. »**

Cette déclaration, accompagnée d'un dossier justificatif, comporte l'engagement que l'installation de la piscine ou l'aménagement de la baignade satisfait aux normes d'hygiène et de sécurité fixées par *(L. nº 2006-1772 du 30 déc. 2006, art. 42)* **« les décrets mentionnés aux articles L. 1332-7 et L. 1332-8.**

« La commune recense, chaque année, toutes les eaux de baignade au sens des dispositions de l'article L. 1332-2, qu'elles soient aménagées ou non, et cela pour la première fois avant le début de la première saison balnéaire qui suit une date fixée par décret. La commune encourage la participation du public à ce recensement. » — *[Anc. art. L. 25-2.]*

Art. L. 1332-2 *(L. n° 2006-1772 du 30 déc. 2006, art. 42)* Au titre du présent chapitre, est définie comme eau de baignade toute partie des eaux de surface dans laquelle la commune s'attend à ce qu'un grand nombre de personnes se baignent et dans laquelle l'autorité compétente n'a pas interdit la baignade de façon permanente. Ne sont pas considérés comme eau de baignade :

– les bassins de natation et de cure ;

– les eaux captives qui sont soumises à un traitement ou sont utilisées à des fins thérapeutiques ;

– les eaux captives artificielles séparées des eaux de surface et des eaux souterraines.

Art. L. 1332-3 *(L. n° 2006-1772 du 30 déc. 2006, art. 42)* Est considéré comme personne responsable d'une eau de baignade le déclarant de la baignade selon les dispositions de l'article L. 1332-1, ou, à défaut de déclarant, la commune ou le groupement de collectivités territoriales compétent sur le territoire duquel se situe l'eau de baignade.

La personne responsable d'une eau de baignade, sous le contrôle du représentant de l'État dans le département :

– définit la durée de la saison balnéaire ;

– élabore, révise et actualise le profil de l'eau de baignade qui comporte notamment un recensement et une évaluation des sources possibles de pollution de l'eau de baignade susceptibles d'affecter la santé des baigneurs, et précise les actions visant à prévenir l'exposition des baigneurs aux risques de pollution ;

– établit un programme de surveillance portant sur la qualité, pour chaque eau de baignade, avant le début de chaque saison balnéaire ;

– prend les mesures réalistes et proportionnées qu'elle considère comme appropriées, en vue d'améliorer la qualité de l'eau de baignade *(L. n° 2011-302 du 22 mars 2011, art. 9)* « , de prévenir l'exposition des baigneurs à la pollution, de réduire le risque de pollution et d'améliorer le classement de l'eau de baignade » ;

– analyse la qualité de l'eau de baignade ;

– assure la fourniture d'informations au public, régulièrement mises à jour, sur la qualité de l'eau de baignade et sa gestion, et encourage la participation du public à la mise en œuvre des dispositions précédentes ;

– informe le maire de la durée de saison balnéaire de l'eau de baignade, de son profil et des modalités de l'information et de la participation du public.

(Ord. n° 2010-177 du 23 févr. 2010, art. 7-14°) « Elle est tenue de se soumettre au contrôle sanitaire organisé par l'agence régionale de santé dans les conditions prévues au présent chapitre et selon les modalités définies à l'article L. 1321-5. »

Art. L. 1332-4 Sans préjudice de l'exercice des pouvoirs de police appartenant aux diverses autorités administratives, l'utilisation d'une piscine ou d'une *(L. n° 2006-1772 du 30 déc. 2006, art. 42)* « eau de baignade » peut être interdite par les autorités administratives si les conditions matérielles d'aménagement ou de fonctionnement portent atteinte à la santé ou à la sécurité des utilisateurs ainsi qu'à l'hygiène ou à la salubrité publique, ou si l'installation n'est pas conforme aux normes prévues ou n'a pas été mise en conformité avec celles-ci dans le délai déterminé par les autorités administratives.

(L. n° 2006-1772 du 30 déc. 2006, art. 42) « Le responsable de l'eau de baignade et le maire par avis motivé peuvent décider de la fermeture préventive et temporaire du site de baignade en cas de danger susceptible d'affecter la santé des baigneurs, sous réserve d'informer le public des causes et de la durée de la fermeture.

« En cas d'inobservation des dispositions prévues par les articles L. 1332-1, L. 1332-3, le présent article et les articles L. 1332-7 et L. 1332-8 ou des règlements et décisions individuelles pris pour leur application, *(Ord. n° 2010-177 du 23 févr. 2010, art. 7-15°)* « *le représentant de l'État* dans le département sur le rapport du directeur général de l'agence régionale de santé » met en demeure la personne responsable de la piscine, de la baignade artificielle ou de l'eau de baignade concernée d'y satisfaire dans un délai déterminé. »

Compétence. Il résulte de l'art. L. 25-3 [L. 1332-4] que, lorsqu'une baignade n'est pas conforme aux normes fixées par décret, il n'appartient pas au maire, mais au préfet, d'en prononcer l'interdiction. • CE 30 juill. 1997, *Assoc. « Nos enfants et leur sécurité »*, n° 150740. ♦ Toutefois, l'existence d'une police spéciale des baignades dévolue au préfet n'a pas pour effet de dispenser le maire de l'obligation qui lui est faite par l'art. L. 131-2-6 C. communes [CGCT, art. L. 2212-2] de prendre les mesures nécessaires pour prévenir les atteintes à la sécurité publique qui pourraient résulter des « pollutions de toute nature », par exemple en cas de risque de pollution à l'occasion de précipitations importantes. • Même arrêt.

Art. L. 1332-5 Le contrôle des dispositions applicables aux piscines et aux baignades aménagées est assuré par *(Ord. n° 2010-177 du 23 févr. 2010, art. 7-16° et 19-I-5°)* « les agents mentionnés aux articles **L. 1421-1** et **L. 1435-7** ainsi que par les agents du ministère chargé des sports.

« L'évaluation de la qualité et le classement de l'eau de baignade sont effectués par le directeur général de l'agence régionale de santé à partir des analyses réalisées en application du présent chapitre, notamment au titre du contrôle sanitaire. Le directeur général de l'agence transmet les résultats du classement au représentant de l'État dans le département, qui les notifie à la personne responsable de l'eau et au maire. »

(Ord. n° 2018-20 du 17 janv. 2018, art. 9) « Sans préjudice des dispositions des articles L. 1421-3-1 et L. 1435-7-3, les piscines relevant de l'autorité ou de la tutelle du ministre de la défense sont contrôlées par les agents d'inspection et de contrôle relevant de l'autorité du service de santé des armées. Les agents du ministère des sports peuvent également effectuer ces contrôles dans les conditions prévues à l'article L. 1421-3-1. »

Art. L. 1332-6 *(L. n° 2006-1772 du 30 déc. 2006, art. 42)* Les frais correspondant aux obligations de la personne responsable de l'eau de baignade prévues par l'article L. 1332-3 et au contrôle sanitaire dans les conditions définies à l'article L. 1321-5 sont à la charge de cette personne.

Les départements peuvent participer financièrement aux opérations de gestion des eaux de baignade, comportant l'élaboration des profils des eaux de baignade, du programme de surveillance et d'information et de participation du public, réalisées par la commune ou le groupement de collectivités territoriales compétent.

Art. L. 1332-7 *(L. n° 2006-1772 du 30 déc. 2006, art. 42)* Sont déterminées par décret les modalités d'application du présent chapitre relatives aux eaux de baignade, et notamment :

1° Les règles sanitaires auxquelles doivent satisfaire les eaux de baignade en fonction notamment de la nature, de l'usage et de la fréquentation des installations, et suivant qu'il s'agit d'installations existantes ou à créer ;

2° Les modalités relatives à la définition de la saison balnéaire, à l'élaboration, la révision et l'actualisation des profils des eaux de baignade, au programme de surveillance, à l'information et à la participation du public, aux normes, méthodes et pratiques d'analyse harmonisées relatives à la qualité des eaux de baignade, au classement des eaux de baignade ainsi qu'au contrôle *(Ord. n° 2010-177 du 23 févr. 2010, art. 7-17°)* « sanitaire exercé par l'agence régionale de santé » ;

3° La nature, l'objet et les modalités de transmission des renseignements que fournit la personne responsable de l'eau de baignade au *(Ord. n° 2010-177 du 23 févr. 2010, art. 7-17°)* « directeur général de l'agence régionale de santé et les modalités selon lesquelles celui-ci les transmet au représentant de l'État dans le département ».

Art. L. 1332-8 *(L. n° 2006-1772 du 30 déc. 2006, art. 42)* La personne responsable d'une piscine ou d'une baignade artificielle est tenue de surveiller la qualité de l'eau et d'informer le public sur les résultats de cette surveillance, de se soumettre à un contrôle sanitaire, de respecter les règles et les limites de qualité fixées par décret, et de n'employer que des produits et procédés de traitement de l'eau, de nettoyage et de désinfection efficaces et qui ne constituent pas un danger pour la santé des baigneurs et du personnel chargé de l'entretien et du fonctionnement de la piscine ou de la baignade artificielle.

Sont déterminées par décret les modalités d'application du présent chapitre relatives aux piscines et aux baignades artificielles, et notamment les règles sanitaires, de conception et d'hygiène, auxquelles doivent satisfaire les piscines et les baignades artificielles.

Baignade artificielle, notion. A propos d'un ancien bassin d'arrosage. • CAA Marseille, 5 oct. 2015, n° 13MA04597 : *AJDA 2016. 39, chron. Revert*.

Art. L. 1332-9 *(L. nº 2006-1772 du 30 déc. 2006, art. 42)* **Les frais correspondant aux obligations de la personne responsable d'une piscine ou d'une baignade artificielle prévues au présent chapitre sont à la charge de cette personne.**

Les conditions relatives aux dépenses du contrôle sanitaire sont définies à l'article L. 1321-5.

CHAPITRE III RAYONNEMENTS IONISANTS

(Ord. nº 2016-128 du 10 févr. 2016, art. 38)

SECTION PREMIÈRE PRINCIPES GÉNÉRAUX

Art. L. 1333-1 **Les dispositions du présent chapitre s'appliquent :**

1° Aux activités comportant un risque d'exposition des personnes aux rayonnements ionisants lié à la mise en œuvre soit d'une source artificielle, qu'il s'agisse de substances ou de dispositifs, soit d'une source naturelle, qu'il s'agisse de substances radioactives naturelles ou de matériaux contenant des radionucléides naturels, ci-après dénommées activités nucléaires ;

2° Aux actions nécessaires pour prévenir ou réduire les risques dans les situations d'exposition définies à l'article L. 1333-3. Seules les actions mises en œuvre dans le cadre des décisions mentionnées au 2° de l'article L. 1333-3 sont considérées comme des activités nucléaires.

Les modalités d'application du présent chapitre sont définies par voie réglementaire.

COMMENTAIRE

V. Commentaire reproduit sur Dalloz.fr.

Art. L. 1333-2 **Les activités nucléaires satisfont aux principes suivants :**

1° Le principe de justification, selon lequel une activité nucléaire ne peut être entreprise ou exercée que si elle est justifiée par les avantages qu'elle procure sur le plan individuel ou collectif, notamment en matière sanitaire, sociale, économique ou scientifique, rapportés aux risques inhérents à l'exposition aux rayonnements ionisants auxquels elle est susceptible de soumettre les personnes ;

2° Le principe d'optimisation, selon lequel le niveau de l'exposition des personnes aux rayonnements ionisants résultant d'une de ces activités, la probabilité de la survenue de cette exposition et le nombre de personnes exposées doivent être maintenus au niveau le plus faible qu'il est raisonnablement possible d'atteindre, compte tenu de l'état des connaissances techniques, des facteurs économiques et sociétaux et, le cas échéant, de l'objectif médical recherché ;

3° Le principe de limitation, selon lequel l'exposition d'une personne aux rayonnements ionisants résultant d'une de ces activités ne peut porter la somme des doses reçues au-delà des limites fixées par voie réglementaire, sauf lorsque cette personne est l'objet d'une exposition à des fins médicales ou de recherche biomédicale.

Art. L. 1333-3 **Doivent être justifiées, en ce sens qu'elles doivent présenter plus d'avantages que d'inconvénients, les décisions d'engager les actions destinées à :**

1° Prévenir ou réduire un risque lié à une exposition en situation d'urgence radiologique ;

2° Protéger les personnes vis-à-vis d'un risque consécutif à une contamination radioactive de l'environnement ou de produits provenant de zones contaminées ou fabriqués à partir de matériaux contaminés ;

3° Prévenir ou réduire un risque lié **à une exposition à une source naturelle de rayonnements ionisants.**

On entend par situation d'urgence radiologique toute situation impliquant une source de rayonnements ionisants et nécessitant une réaction rapide pour atténuer des conséquences négatives graves pour la santé, l'environnement ou les biens, ou un risque qui pourrait entraîner de telles conséquences négatives graves.

Le principe d'optimisation est appliqué à ces décisions prioritairement lorsque l'exposition de la population est supérieure aux niveaux de référence définis par voie réglementaire, et continue à être appliqué en dessous de ces niveaux.

Il s'applique de la même manière lors de la mise en œuvre des actions engagées par les personnes intervenant dans les situations définies au *[aux]* 1° et 3°.

Sont exclues des expositions à des sources naturelles de rayonnements ionisants mentionnées au 3° celles résultant de la présence de radionucléides naturels dans le corps humain, des rayonnements cosmiques au niveau du sol, et des rayonnements provenant de radionucléides, autres que le radon, présents dans la croûte terrestre non perturbée.

Art. L. 1333-4 En application du principe de justification, certaines des activités nucléaires ainsi que certains procédés, dispositifs ou substances exposant des personnes à des rayonnements ionisants peuvent être, en raison du peu d'avantages qu'ils procurent ou de l'importance de leur effet nocif, réglementés ou interdits par voie réglementaire.

Les interdictions ou réglementations prises en application de l'alinéa précédent peuvent être révisées compte tenu d'éléments nouveaux et significatifs permettant de réévaluer la justification des activités, procédés, dispositifs ou substances concernés.

Art. L. 1333-5 Les sources de rayonnements ionisants font l'objet d'un inventaire national, comportant notamment la tenue à jour d'un fichier national des sources radioactives. Le champ et les modalités de gestion, de mise à jour et d'accès de cet inventaire sont précisés par voie réglementaire.

Art. L. 1333-6 Les estimations de doses dues aux rayonnements ionisants auxquelles la population est exposée ou susceptible de l'être sont mises à disposition du public.

SECTION II RÉGIMES ADMINISTRATIFS

Art. L. 1333-7 Le responsable d'une activité nucléaire met en œuvre, dans le respect des principes énoncés à la section I, des moyens et mesures permettant d'assurer la protection de la santé publique, de la salubrité et de la sécurité publiques, ainsi que de l'environnement, contre les risques ou inconvénients résultant des rayonnements ionisants liés à l'exercice de cette activité ou à des actes de malveillance, et ce dès la mise en place de l'activité à la phase postérieure à sa cessation.

Art. L. 1333-8 I. — Sous réserve des dispositions de l'article L. 1333-9, les activités nucléaires sont soumises à un régime d'autorisation, d'enregistrement ou de déclaration selon les caractéristiques et conditions de mise en œuvre de ces activités, en raison des risques ou inconvénients qu'elles peuvent présenter pour les intérêts mentionnés à l'article L. 1333-7 et de l'adéquation du régime de contrôle réglementaire avec la protection de ces intérêts.

Sont soumises à autorisation les activités nucléaires qui présentent des risques ou inconvénients graves pour les intérêts mentionnés à l'article L. 1333-7. La demande d'autorisation est accompagnée d'un dossier démontrant la protection des intérêts mentionnés à l'article L. 1333-7.

Sont soumises à autorisation simplifiée, sous la dénomination d'enregistrement, les activités nucléaires qui présentent des risques ou inconvénients graves pour les intérêts mentionnés à l'article L. 1333-7, lorsque ces risques et inconvénients peuvent, en principe, eu égard aux caractéristiques de ces activités et aux conditions de leur mise en œuvre, être prévenus par le respect de prescriptions générales. La demande d'enregistrement est accompagnée d'un dossier permettant à l'Autorité de sûreté nucléaire d'apprécier la conformité de l'activité à ces prescriptions générales.

Sont soumises à déclaration les activités nucléaires qui présentent des risques ou inconvénients modérés pour les intérêts mentionnés à l'article L. 1333-7, ainsi que des activités nucléaires soumises à des prescriptions générales après examen générique, par l'Autorité de sûreté nucléaire, de leurs conditions de mise en œuvre.

II. — L'Autorité de sûreté nucléaire reçoit les déclarations, procède aux enregistrements et accorde les autorisations.

Le déclarant ou le titulaire d'un enregistrement ou d'une autorisation est le responsable de l'activité nucléaire.

L'Autorité de sûreté nucléaire s'assure que les moyens et mesures prévus par le responsable de l'activité nucléaire permettent le respect des obligations qui lui incombent en vertu du présent chapitre et du chapitre Ier du titre V du livre IV de la quatrième partie du code du travail, le cas échéant après édiction de prescriptions comme prévu au III. A défaut, elle s'oppose à l'enregistrement ou refuse l'autorisation.

III. – En vue d'assurer la protection des intérêts mentionnés à l'article L. 1333-7, l'Autorité de sûreté nucléaire peut, à l'occasion de la déclaration, de l'enregistrement, de la délivrance de l'autorisation ou ultérieurement, fixer des prescriptions particulières complétant ou renforçant les prescriptions générales applicables à l'activité, ou y apportant des aménagements, compte tenu de la situation particulière.

IV. – L'Autorité de sûreté nucléaire peut décider qu'une activité soumise à enregistrement est soumise à autorisation, si ses particularités ou celles de son environnement le justifient. Dans ce cas, l'autorité notifie sa décision motivée au responsable de l'activité, en l'invitant à déposer une demande d'autorisation si cette décision intervient à l'occasion de l'instruction d'une demande d'enregistrement.

V. – Les autorisations ou enregistrements peuvent être délivrés pour une durée limitée, auquel cas ils peuvent être renouvelés. La durée de l'autorisation ou de l'enregistrement est adaptée aux risques ou inconvénients que présente l'activité nucléaire pour les intérêts mentionnés à l'article L. 1333-7.

A l'occasion d'une demande de renouvellement, ou sur demande de l'Autorité de sûreté nucléaire, le responsable de l'activité nucléaire procède à une évaluation actualisée de la justification de son activité, des risques ou inconvénients que celle-ci présente pour les intérêts mentionnés à l'article L. 1333-7, et des améliorations qu'il propose pour la protection de ces intérêts. Le renouvellement de l'autorisation est accordé au vu de ces éléments.

VI. – Une nouvelle déclaration, un nouvel enregistrement ou une nouvelle autorisation est requis en cas de changement de responsable de l'activité nucléaire, ou en cas de modification substantielle des conditions ayant conduit à la déclaration, l'enregistrement ou l'autorisation.

VII. – Le responsable de l'activité nucléaire informe l'Autorité de sûreté nucléaire de la cessation définitive d'une activité nucléaire soumise à déclaration, à enregistrement ou à autorisation.

Art. L. 1333-9 I. – Les activités nucléaires susceptibles d'occasionner une faible exposition aux rayonnements ionisants, et répondant à des caractéristiques fixées par voie réglementaire, sont exemptées de l'obligation de déclaration, d'enregistrement ou d'autorisation prévue à l'article L. 1333-8.

II. – Les activités nucléaires exercées dans une installation nucléaire de base relevant du régime prévu à l'article L. 593-1 du code de l'environnement ne sont pas soumises aux dispositions de l'article L. 1333-8.

Ces activités nucléaires sont toutefois soumises, sauf disposition contraire, à la réglementation générale applicable aux activités nucléaires pour la protection des intérêts mentionnés à l'article L. 1333-7.

Les actes réglementaires ou individuels pris en application du régime des installations nucléaires de base assurent la prise en compte des obligations prévues par le présent chapitre. Ils tiennent compte de l'autorisation délivrée au titre de l'article L. 1333-2 du code de la défense, lorsque l'activité nucléaire bénéficie de moyens et mesures de protection pris en application de la section I du chapitre III du titre III du livre III de la première partie du code de la défense, auquel cas le contrôle de ces moyens et mesures ne relève pas du présent chapitre.

Toutefois, les actes réglementaires et individuels mentionnés ci-dessus ne concernent pas la protection contre les actes de malveillance :

1° Dans les emprises placées sous l'autorité du ministre de la défense ;

2° Dans certains établissements, installations ou ouvrages relevant de l'article L. 1332-1 du code de la défense déterminés par voie réglementaire ;

3° Pour les sources de rayonnements ionisants qui sont également des matières nucléaires soumises à autorisation en application de l'article L. 1333-2 du code de la défense.

Dans les cas relevant du 2° et du 3° ne relevant pas également du 1°, la prise en compte des obligations en matière de protection contre les actes de malveillance est assurée par le régime d'autorisation prévu au L. 1333-2 du code de la défense.

III. – Les activités nucléaires définies dans la nomenclature prévue à l'article L. 511-2 du code de l'environnement ou relevant en elles-mêmes de l'application de l'article L. 162-1 du code minier ne sont pas soumises aux dispositions de l'article L. 1333-8.

Ces activités nucléaires sont toutefois soumises, sauf disposition contraire, à la réglementation générale applicable aux activités nucléaires pour la protection des intérêts mentionnés à l'article L. 1333-7.

Les actes réglementaires ou individuels pris en application des régimes mentionnés au premier alinéa du présent III assurent la prise en compte des obligations prévues par le présent chapitre, à l'exception de celles relatives à la protection contre les actes de malveillance.

Au titre de la protection contre les actes de malveillance, certaines de ces activités nucléaires sont soumises à une autorisation délivrée par l'Autorité de sûreté nucléaire dans les conditions prévues à l'article L. 1333-8. Cette autorisation tient compte de celle délivrée au titre de l'article L. 1333-2 du code de la défense, lorsque l'activité nucléaire bénéficie de moyens et mesures de protection pris en application de la section I du chapitre III du titre III du livre III de la première partie du code de la défense, auquel cas le contrôle de ces moyens et mesures ne relève pas du présent chapitre.

Toutefois, l'alinéa précédent ne s'applique pas :

1° Dans les emprises placées sous l'autorité du ministre de la défense ;

2° Dans certains établissements, installations ou ouvrages relevant de l'article L. 1332-1 du code de la défense définis par voie réglementaire ;

3° Pour les sources de rayonnements ionisants qui sont également des matières nucléaires soumises à autorisation en application de l'article L. 1333-2 du code de la défense.

Dans les cas *[des]* 2° et 3° ne relevant pas également du 1°, la prise en compte des obligations en matière de protection contre les actes de malveillance est assurée par le régime d'autorisation prévu au *[à l'article]* L. 1333-2 du code de la défense.

IV. – Les activités nucléaires exercées dans les installations et activités nucléaires intéressant la défense mentionnées à l'article L. 1333-15 du code de la défense ne sont pas soumises aux dispositions de l'article L. 1333-8.

Ces activités nucléaires peuvent faire l'objet de dispositions réglementaires particulières adaptant la réglementation générale applicable aux activités nucléaires pour la protection des intérêts mentionnés à l'article L. 1333-7.

Les actes réglementaires ou individuels pris en application des régimes applicables à ces installations et activités assurent la prise en compte des obligations prévues par le présent chapitre.

V. – L'autorisation mentionnée à l'article L. 1333-8 tient compte de celle délivrée au titre de l'article L. 1333-2 du code de la défense, lorsque l'activité nucléaire bénéficie de moyens et mesures de protection pris en application de la section I du chapitre III du titre III du livre III de la première partie du code de la défense, auquel cas le contrôle de ces moyens et mesures ne relève pas du présent chapitre.

VI. – Le régime mentionné à l'article L. 1333-8 ne porte pas sur les obligations en matière de protection contre les actes de malveillance dans les cas suivants :

1° Dans les emprises et pour les transports de substances radioactives placés sous l'autorité du ministre de la défense à destination ou en provenance de ces emprises ;

2° Dans certains établissements, installations ou ouvrages relevant de l'article L. 1332-1 du code de la défense définis par voie réglementaire ;

3° Pour les sources de rayonnements ionisants qui sont également des matières nucléaires soumises à autorisation en application de l'article L. 1333-2 du code de la défense ;

4° Pour les transports de substances radioactives soumis au régime défini à l'article L. 1333-2 du code de la défense.

Ces activités nucléaires peuvent faire l'objet de dispositions réglementaires particulières adaptant la réglementation générale applicable aux activités nucléaires en matière de protection contre les actes de malveillance.

Dans les cas *[des]* 2°, 3° et 4° ne relevant pas également du 1°, la prise en compte des obligations en matière de protection contre les actes de malveillance est assurée par le régime d'autorisation prévu au *[à l'article]* L. 1333-2 du code de la défense.

Art. L. 1333-10 Lorsqu'une activité nucléaire exercée légalement devient soumise à l'un des régimes mentionnés à l'article L. 1333-8 du fait d'une modification des conditions d'application de celui-ci et sans que l'activité n'ait été modifiée, elle peut continuer à être exercée sans la déclaration, l'enregistrement ou l'autorisation prévus à l'article L. 1333-8 à la condition que leur responsable se soit déjà fait connaître de l'Autorité de sûreté nucléaire ou se fasse connaître de cette autorité dans l'année suivant la date de la naissance de l'obligation de déclaration, d'enregistrement ou d'autorisation.

L'Autorité de sûreté nucléaire peut fixer, lorsque l'activité nucléaire est portée à sa connaissance ou ultérieurement, des prescriptions dans les conditions mentionnées au III de l'article L. 1333-8.

Art. L. 1333-11 L'accès à certaines catégories de sources mentionnées au 1° de l'article L. 1333-1, le convoyage de celles-ci ou l'accès aux informations portant sur les moyens et mesures de protection mise en œuvre contre les actes de malveillance sont autorisés par le responsable de l'activité nucléaire, qui peut demander un avis de sécurité à l'autorité administrative.

L'avis est rendu à la suite d'une enquête administrative, qui peut donner lieu à la consultation du bulletin n° 2 du casier judiciaire et des traitements automatisés de données à caractère personnel relevant de l'article 26 de la loi n° 78-17 du 6 janvier 1978 relative à l'informatique, aux fichiers et aux libertés, à l'exception des fichiers d'identification.

La personne concernée est informée de l'enquête administrative dont elle fait l'objet.

Art. L. 1333-12 Le responsable d'une activité nucléaire de gestion de déchets radioactifs ou rejetant des effluents radioactifs établit et met en œuvre un système de gestion intégré de ces déchets et effluents, comportant une garantie de la qualité et assurant la protection des intérêts mentionnés à l'article L. 1333-7, lorsque l'activité est susceptible de présenter des risques ou inconvénients significatifs pour ces intérêts.

Art. L. 1333-13 I. – Le responsable d'une activité nucléaire met en place un système d'enregistrement et d'analyse des événements pouvant conduire à une exposition accidentelle ou non intentionnelle des personnes aux rayonnements ionisants. Ce système est proportionné à la nature et à l'importance des risques encourus.

Ces événements, lorsqu'ils sont susceptibles de porter une atteinte significative aux intérêts mentionnés à l'article L. 1333-7, sont déclarés au représentant de l'État dans le département et à l'Autorité de sûreté nucléaire.

Les événements susceptibles de conduire à une situation d'urgence radiologique sont déclarés sans délai par le responsable d'une activité nucléaire au représentant de l'État dans le département et à l'Autorité de sûreté nucléaire.

Les professionnels de santé participant à la prise en charge thérapeutique ou au suivi de patients exposés à des fins médicales à des rayonnements ionisants, ayant connaissance d'un événement susceptible de porter atteinte à la santé des personnes lié à cette exposition, en font la déclaration dans les meilleurs délais à l'Autorité de sûreté nucléaire et au directeur général de l'agence régionale de santé, sans préjudice de l'application de l'article L. 5212-2. Le directeur général de l'agence régionale de santé *informe le représentant de l'État* territorialement compétent dans les conditions prévues à l'article L. 1435-1.

II. – L'autorisation d'une activité susceptible de provoquer une situation d'urgence radiologique peut être subordonnée à l'établissement d'un plan d'urgence interne prévoyant l'organisation et les moyens destinés à faire face aux différents types de situations.

COMMENTAIRE

V. Commentaire reproduit sur Dalloz.fr.

Art. L. 1333-14 **Les personnes qui participent à l'exercice ou au contrôle d'une activité nucléaire ou à la préparation, à la mise en œuvre et au contrôle d'une action destinée à protéger les personnes vis-à-vis d'un risque radiologique dans les situations énoncées à l'article L. 1333-3, bénéficient dans leur domaine de compétence d'une information et d'une formation, initiale et continue, relative à la radioprotection.**

Art. L. 1333-15 **Le fournisseur de sources radioactives scellées est tenu de récupérer, sur demande du détenteur, toute source qu'il a distribuée.**

Avant toute distribution d'une source, il est tenu de constituer une garantie financière destinée à couvrir, en cas de défaillance, les coûts de la récupération et de l'élimination de la source en fin d'utilisation.

Les modalités et limites de ces obligations sont définies par voie réglementaire.

Art. L. 1333-16 **Le responsable d'une activité nucléaire transmet à l'organisme chargé de l'inventaire des sources de rayonnements ionisants mentionné à l'article L. 1333-5 des informations portant sur les caractéristiques des sources, l'identification des lieux où elles sont détenues ou utilisées, ainsi que les références de leurs fournisseurs et acquéreurs.**

Art. L. 1333-17 **Le responsable d'une activité nucléaire met en œuvre les mesures d'information des personnes susceptibles d'être exposées aux rayonnements ionisants rendues nécessaires par la nature et l'importance du risque encouru. Ces mesures comprennent l'estimation des quantités de rayonnement** *[rayonnements]* **émis ou des doses reçues, leur contrôle ainsi que leur évaluation périodique.**

SECTION III **APPLICATIONS MÉDICALES**

Art. L. 1333-18 Sans préjudice des dispositions prises en application de l'article L. 4111-6 du code du travail et de l'article 60 *bis* du code des douanes, ni des dispositions prévues aux articles du présent chapitre, les rayonnements ionisants ne peuvent être utilisés sur le corps humain qu'à des fins de diagnostic médical, de prise en charge thérapeutique, de dépistage, de prévention ou de recherches biomédicales menées dans les conditions définies au titre II du livre Ier de la présente partie.

Art. L. 1333-19 **I. – Les actes utilisant des rayonnements ionisants réalisés à des fins de diagnostic médical, de prise en charge thérapeutique, de dépistage, de prévention ou de recherche biomédicale sont soumis à une obligation d'assurance de la qualité depuis la justification du choix de l'acte, l'optimisation des doses délivrées aux patients et jusqu'au rendu du résultat de cet acte.**

II. – Les professionnels pratiquant des actes de radiodiagnostic, de radiothérapie ou de médecine nucléaire à des fins de diagnostic médical, de prise en charge thérapeutique, de dépistage, de prévention ou de recherche biomédicale exposant les personnes à des rayonnements ionisants et les professionnels participant à la réalisation de ces actes et au contrôle de réception et de performances des dispositifs médicaux doivent bénéficier, dans leur domaine de compétence, d'une formation théorique et pratique relative à l'exercice pratique et à la protection des personnes exposées à des fins médicales relevant, s'il y a lieu, des articles L. 6313-1 à L. 6313-11 du code du travail.

Les professionnels de santé, demandeurs d'actes de diagnostic médical utilisant les rayonnements ionisants, doivent bénéficier d'une formation initiale et continue portant sur les risques liés aux rayonnements ionisants et sur l'application à ces actes du principe de justification mentionné à l'article L. 1333-2.

III. – Les *(Ord. no 2017-48 du 19 janv. 2017, art. 2-I)* **« physiciens médicaux » employés par des établissements publics de santé sont des agents non titulaires de ces établissements. Les dispositions particulières qui leur sont applicables compte tenu du caractère spécifique de leur activité sont fixées par voie réglementaire.**

Art. L. 1333-20 **Toute publicité relative à l'emploi de rayonnements ionisants dans la médecine humaine ou vétérinaire est interdite, sauf auprès des médecins, des vétérinaires et des pharmaciens.**

L'autorisation de mise sur le marché des spécialités pharmaceutiques contenant des radionucléides ne peut être donnée que sous le nom commun ou la dénomination scientifique du ou des radionucléides entrant dans la composition desdites spécialités.

Art. L. 1333-21 Les bénéficiaires des enregistrements effectués ou autorisations accordées en application de l'article L. 1333-8 restent soumis, le cas échéant, à la réglementation spéciale aux substances vénéneuses.

SECTION IV RÉDUCTION DE L'EXPOSITION DE LA POPULATION AU RADON

Art. L. 1333-22 Les propriétaires ou exploitants de certaines catégories d'immeubles bâtis situés dans les zones à potentiel radon où l'exposition au radon est susceptible de porter atteinte à la santé mettent en œuvre une surveillance de cette exposition.

Au-dessus de certains niveaux d'activité volumique en radon, les propriétaires ou à défaut les exploitants sont tenus de mettre en œuvre les mesures nécessaires pour réduire l'exposition et préserver la santé des personnes.

Les catégories d'immeubles bâtis, les modalités de surveillance et les niveaux d'activité volumique susmentionnés sont définis par voie réglementaire. Les zones à potentiel radon sont définies par arrêté des ministres chargés de la radioprotection, du travail et de la construction.

Art. L. 1333-23 Les organismes intervenant dans la surveillance du radon sont habilités :

1° A réaliser les mesures d'activité volumique du radon dans les immeubles bâtis ;

2° A procéder à l'analyse des mesures d'activité volumique du radon.

Ces organismes transmettent les résultats de mesure pouvant être utiles à la surveillance nationale de l'exposition de la population au radon, dans les cas et conditions prévus par voie réglementaire, à un organisme désigné par les ministres chargés de la radioprotection et du travail.

Les conditions d'habilitation des organismes et de transmission des résultats de mesure sont définies par voie réglementaire.

Art. L. 1333-24 Sans préjudice des dispositions prévues à la section VI, les agents mentionnés à l'article L. 1421-1 qui n'ont pas la qualité d'inspecteur de la radioprotection et les agents mentionnés à l'article L. 1435-7 peuvent procéder, dans les conditions fixées au chapitre Ier du titre II du livre IV de la présente partie, au contrôle de l'application des dispositions de l'article L. 1333-22. Ils informent l'Autorité de sûreté nucléaire des résultats de leurs contrôles.

SECTION V DISPOSITIONS DIVERSES

Art. L. 1333-25 Lors de la mise à disposition sur le marché de dispositifs contenant des sources radioactives ou de générateurs de rayonnements ionisants, les fournisseurs transmettent à l'acquéreur des informations adéquates sur les risques radiologiques potentiels associés à leur utilisation et sur les conditions d'utilisation, d'essai et de maintenance, ainsi qu'une démonstration que la conception permet de réduire les expositions aux rayonnements ionisants à un niveau aussi bas que raisonnablement possible.

En outre, dans le cas des dispositifs médicaux émettant des rayonnements ionisants, ces informations sont complétées par des informations adéquates sur l'évaluation des risques pour les patients et sur les éléments disponibles de l'évaluation des données cliniques mentionnées à l'article L. 5211-3-2, suivant des modalités précisées par voie réglementaire.

Art. L. 1333-26 I. – Lorsque, sur ou dans des terrains, constructions ou ouvrages, la présence d'origine anthropique de substances radioactives est susceptible d'occasionner des expositions des personnes à des rayonnements ionisants ou des émissions de substances radioactives justifiant un contrôle de radioprotection, ou lorsque des raisons sérieuses existent de le suspecter, des servitudes d'utilités *[utilité]* publiques *[publique]* peuvent être instituées et comporter, afin de prévenir ou de limiter ces risques et inconvénients :

1° L'interdiction, la limitation de certains usages, ou leur subordination au respect de prescriptions techniques ;

2° L'interdiction, la limitation du droit d'implanter des constructions ou ouvrages, de démolir, de défricher, de réaliser des travaux, d'aménager les terrains ou d'y procéder à des fouilles, ou leur subordination au respect de prescriptions techniques ;

3° La prescription de mesures de surveillance radiologique.

Ces servitudes d'utilité publique ne peuvent contraindre à la démolition ou à l'abandon de constructions ou ouvrages existants édifiés en conformité avec les dispositions législatives et réglementaires en vigueur avant l'institution desdites servitudes.

II. – Les servitudes d'utilité publique sont arrêtées par le représentant de l'État dans le département après avis de l'Autorité de sûreté nucléaire et des communes sur lesquelles les terrains, constructions ou ouvrages sont implantés.

Les propriétaires des terrains, constructions ou ouvrages concernés, les titulaires de droits réels ou leurs ayants droit sont consultés sur le projet d'arrêté. Ils sont informés des motifs conduisant au projet de servitudes *[servitude]*. Ils peuvent faire connaître leurs observations dans un délai ne pouvant être inférieur à un mois. Ce délai n'est pas applicable en cas d'urgence justifiée par des motifs de sécurité, de santé ou de salubrités *[salubrité]* publiques.

Toutefois, lorsque l'importance des surfaces ou le nombre élevé des propriétaires concernés le justifient, le projet définissant les servitudes d'utilité publique n'est pas soumis aux dispositions de l'alinéa précédent, mais est soumis à enquête publique conformément aux dispositions du chapitre III du titre II du livre Ier du code de l'environnement, et à l'avis des conseils municipaux des communes sur lesquelles les terrains, constructions ou ouvrages sont implantés.

III. – Les servitudes d'utilité publique sont annexées au plan local d'urbanisme ou à la carte communale dans les conditions prévues à l'article L. 126-1 du code de l'urbanisme.

Les bailleurs informent les locataires et fermiers de ces servitudes d'utilité publique.

IV. – Lorsque l'institution des servitudes d'utilité publique prévues au présent article entraîne un préjudice direct, matériel et certain, elle ouvre droit à une indemnité au profit des propriétaires, des titulaires de droits réels ou de leurs ayants droit, à la charge des responsables de la présence des substances radioactives.

La demande d'indemnisation doit être adressée au responsable de la présence des substances radioactives dans un délai de trois ans à dater de la notification de la décision instituant la servitude. A défaut d'accord amiable, l'indemnité est fixée par le juge de l'expropriation.

Le préjudice est estimé à la date de la décision de première instance. Toutefois, est seul pris en considération l'usage possible des immeubles et droits immobiliers un an avant la consultation écrite ou l'ouverture de l'enquête publique prévue au II. La qualification éventuelle de terrain à bâtir est appréciée conformément aux dispositions de l'article L. 322-3 du code de l'expropriation pour cause d'utilité publique.

Le juge limite ou refuse l'indemnité si une acquisition de droits sur un terrain a, en raison de l'époque à laquelle elle a eu lieu ou de toute autre circonstance, été faite dans le but d'obtenir une indemnité.

Art. L. 1333-27 Les prescriptions, moyens et mesures visant la protection de la santé des travailleurs vis-à-vis des rayonnements ionisants pris en application du présent chapitre ainsi que du chapitre VII du présent titre portent sur les mesures de protection collective qui incombent au responsable d'une activité nucléaire et de nature à assurer le respect des principes de radioprotection définis à l'article L. 1333-2.

Elles concernent les phases de conception, d'exploitation et de démantèlement de l'installation et sont sans préjudice des obligations incombant à l'employeur en application des articles L. 4121-1 et suivants du code du travail.

Art. L. 1333-28 Le responsable ou son ayant droit d'une activité nucléaire ou d'une activité professionnelle, passée ou ancienne, susceptible d'occasionner, de manière directe ou indirecte*[,]* des expositions de personnes à des rayonnements ionisants ou à des émissions de substances radioactives, qui ne peuvent être négligées du point de vue de la radioprotection, prend toutes les mesures nécessaires pour réduire ces expositions conformément aux dispositions de l'article L. 1333-3. Les obligations financières liées à l'application de ces dispositions se prescrivent par trente ans à compter de la connaissance des impacts sur la santé par l'autorité administrative compétente dudit cas d'exposition.

SECTION VI CONTRÔLE ET SANCTIONS

Art. L. 1333-29 L'Autorité de sûreté nucléaire désigne les inspecteurs de la radioprotection parmi ses agents et les agents mentionnés à l'article L. 1421-1.

En outre, le ministre de la défense *(Décr. n° 2017-539 du 13 avr. 2017, art. 15-1°)* « peut » désigner des inspecteurs de la radioprotection pour le contrôle des installations et activités intéressant la défense nationale *(Abrogé par Décr. n° 2017-539 du 13 avr. 2017, art. 15-2°)* « *relevant de leurs compétences respectives* ».

Les inspecteurs de la radioprotection sont désignés et assermentés dans des conditions définies par décret en Conseil d'État. Ils sont astreints au secret professionnel conformément aux dispositions des articles 226-13 et 226-14 du code pénal. Ils disposent, pour l'exercice de leur mission de contrôle, des pouvoirs prévus à la section I du chapitre Ier du titre VII du livre Ier du code de l'environnement, ainsi qu' *(Ord. n° 2017-45 du 19 janv. 2017, art. 2-I-1°)* « à l'article L. 1421-2 et aux deux premiers alinéas de l'article L. 1421-3 » du présent code.

(Ord. n° 2017-45 du 19 janv. 2017, art. 2-I-2° et 3°) « Lorsque les inspecteurs de la radioprotection mettent en œuvre les pouvoirs prévus à l'article L. 1421-2 et aux deux premiers alinéas de l'article L. 1421-3, ils accèdent à leur demande et dans des conditions préservant la confidentialité des données à l'égard des tiers, aux informations détenues par les personnes physiques ou morales qui leur sont strictement nécessaires, sans que puisse leur être opposé le secret médical ou le secret en matière industrielle ou commerciale.

« Les experts mentionnés à l'article L. 171-5-1 du code de l'environnement, lorsqu'ils ont la qualité de médecin, peuvent accéder aux données médicales individuelles des personnes susceptibles d'avoir été exposées à des rayonnements ionisants en milieu médical qui sont nécessaires à l'accomplissement de leur mission, dans le respect des dispositions de l'article 226-13 du code pénal. »

Art. L. 1333-30 L'Autorité de sûreté nucléaire et les inspecteurs de la radioprotection assurent le contrôle du respect des dispositions du présent chapitre, des articles L. 5212-1 et L. 5212-2 relatives à l'utilisation des dispositifs médicaux dans les applications médicales des rayonnements ionisants, et des mesures de radioprotection prévues par le chapitre Ier du titre V du livre IV de la quatrième partie du code du travail, ainsi que des règlements et prescriptions pris pour leur application.

Toutefois, dans les cas prévus aux II, III, IV et VI de l'article L. 1333-9, les autorités administratives et les agents compétents au titre des régimes mentionnées *[mentionnés]* audit article assurent le contrôle, chacun en ce qui le concerne, du respect des dispositions des actes réglementaires ou individuels pris en application de ces régimes assurant la prise en compte des obligations mentionnées au premier alinéa.

Art. L. 1333-31 Le contrôle mentionné à l'article L. 1333-30 est exercé dans les mêmes conditions que celles prévues au chapitre Ier du titre VII du livre Ier du code de l'environnement.

Lorsque l'autorité compétente est l'Autorité de sûreté nucléaire, les amendes sont prononcées par la commission des sanctions de cette autorité dans les conditions prévues à la section III du chapitre VI du titre IX du livre V du code de l'environnement.

Outre les dispositions prévues au II de l'article L. 171-8 du code de l'environnement, l'Autorité de sûreté nucléaire peut procéder au retrait temporaire ou définitif de l'enregistrement ou de l'autorisation mentionnés à l'article L. 1333-8, et prescrire la remise en état des lieux.

En cas d'urgence tenant à la sécurité des personnes, la suspension d'une activité nucléaire régulièrement déclarée, enregistrée ou autorisée en application de l'article L. 1333-8 *peut être ordonnée à titre* conservatoire par l'Autorité de sûreté nucléaire.

CHAPITRE III *BIS* RAYONNEMENTS NON IONISANTS

(L. n° 2004-806 du 9 août 2004, art. 80-I)

BIBL. ► CACHARD, Le droit face aux ondes électromagnétiques, *LexisNexis, 2016.* – PAULIAT, Linky et les collectivités territoriales : chronique de contentieux annoncés, *JCP Adm. 2016, n° 472.*

Art. L. 1333-32 *(Ord. n° 2016-128 du 10 févr. 2016, art. 37) (L. n° 2004-806 du 9 août 2004, art. 80-I)* **Le** *(Ord. n° 2010-177 du 23 févr. 2010, art. 26-13°)* **« représentant de l'État dans le département » peut prescrire, en tant que de besoin, la réalisation de mesures des champs électromagnétiques, en vue de contrôler le respect des valeurs limites fixées, en application du 12° de l'article L. 32 du code des postes et des communications électroniques, afin de protéger la population exposée. Les modalités de réalisation de ces mesures sont définies par arrêté des ministres chargés des télécommunications, de la communication et de la santé. Le coût de ces mesures est à la charge du ou des exploitants concernés.**

CHAPITRE IV LUTTE CONTRE LA PRÉSENCE DE PLOMB OU D'AMIANTE

BIBL. ▶ Dict. perm. Construction et urbanisme, Étude « Plomb », *Éd. législatives*. – Dict. perm. Environnement et nuisances, Étude « Amiante », *Éd. législatives*. – Guettier, L'amiante : une affaire d'État, *RDSS 2006. 202*.

COMMENTAIRE

V. Commentaire reproduit sur Dalloz.fr.

SECTION PREMIÈRE LUTTE CONTRE LA PRÉSENCE DE PLOMB *(L. n° 2016-41 du 26 janv. 2016, art. 48-I-1°).*

Art. L. 1334-1 *(Ord. n° 2010-177 du 23 févr. 2010, art. 7-18°)* **Le médecin qui dépiste un cas de saturnisme chez une personne mineure doit, après information de la personne exerçant l'autorité parentale, le porter à la connaissance, sous pli confidentiel, du médecin de l'agence régionale de santé désigné par le directeur général de l'agence. Le médecin de l'agence en informe le médecin responsable du service départemental de la protection maternelle et infantile. Par convention entre le directeur général de l'agence régionale de santé et le président du conseil départemental, le médecin responsable du service départemental de la protection maternelle et infantile peut être chargé de recueillir la déclaration du médecin dépistant.**

Le médecin recevant la déclaration informe le directeur général de l'agence régionale de santé de l'existence d'un cas de saturnisme dans les immeubles ou parties d'immeubles habités ou fréquentés régulièrement par ce mineur. Le directeur général de l'agence en avertit le représentant de l'État dans le département.

Le directeur général de l'agence régionale de santé ou, à la demande du représentant de l'État dans le département, le directeur du service communal d'hygiène et de santé si ce service est compétent en application de l'article L. 1422-1 procède immédiatement à une enquête sur l'environnement du mineur, afin de déterminer l'origine de l'intoxication. Dans le cadre de cette enquête, le directeur général de l'agence régionale de santé ou le directeur du service communal d'hygiène et de santé peut faire réaliser un diagnostic portant sur les revêtements des immeubles ou parties d'immeubles habités ou fréquentés régulièrement par ce mineur. Les résultats de l'enquête sont communiqués au représentant de l'État dans le département ainsi qu'au directeur général de l'agence régionale de santé lorsque cette enquête a été réalisée par le directeur du service communal d'hygiène et de santé.

Dans le cas où l'enquête sur l'environnement du mineur met en évidence la présence d'une source d'exposition au plomb susceptible d'être à l'origine de l'intoxication du mineur, le directeur général de l'agence régionale de santé prend toutes mesures nécessaires à l'information des professionnels de santé concernés *(L. n° 2016-41 du 26 janv. 2016, art. 48-I-2°)* **« , des familles et, le cas échéant, des femmes enceintes. Il incite les parents ou les titulaires de l'autorité parentale d'enfants mineurs à adresser ces derniers en consultation auprès d'un médecin. » Il invite la personne dont dépend la source d'exposition au plomb identifiée par l'enquête à prendre les mesures appropriées pour réduire ce risque.**

Lorsqu'un risque d'exposition au plomb pour un mineur est porté à sa connaissance en l'absence de déclaration d'un cas de saturnisme, le représentant de l'État dans le département peut également prescrire au directeur général de l'agence régionale de santé ou au directeur du service communal d'hygiène et de santé de faire réaliser le

diagnostic mentionné au troisième alinéa. Le directeur général de l'agence régionale de santé ou le directeur du service communal d'hygiène et de santé peut également faire réaliser ce diagnostic lorsqu'il a été directement informé du risque d'exposition. Les résultats du diagnostic sont communiqués au représentant de l'État dans le département ainsi qu'au directeur général de l'agence régionale de santé lorsque le diagnostic a été réalisé par le directeur du service communal d'hygiène et de santé.

Art. L. 1334-1-1 *(L. n° 2011-525 du 17 mai 2011, art. 38-I-2°)* Le diagnostic prévu à l'article L. 1334-1 et le contrôle prévu à l'article L. 1334-3 sont réalisés par des opérateurs répondant aux conditions fixées à l'article L. 271-6 du code de la construction et de l'habitation.

Art. L. 1334-2 *(L. n° 2004-806 du 9 août 2004, art. 73) (Abrogé par Ord. n° 2010-177 du 23 févr. 2010, art. 7-19°)* ***« Dans le cas où l'enquête sur l'environnement du mineur mentionnée à l'article L. 1334-1 met en évidence la présence d'une source d'exposition au plomb susceptible d'être à l'origine de l'intoxication du mineur, le représentant de l'État dans le département prend toutes mesures nécessaires à l'information des familles, qu'il incite à adresser leurs enfants mineurs en consultation à leur médecin traitant, à un médecin hospitalier ou à un médecin de prévention, et des professionnels de santé concernés. Il invite la personne responsable, en particulier le propriétaire, le syndicat des copropriétaires, l'exploitant du local d'hébergement, l'entreprise ou la collectivité territoriale dont dépend la source d'exposition au plomb identifiée par l'enquête, à prendre les mesures appropriées pour réduire ce risque. »***

« Si des revêtements dégradés contenant du plomb à des concentrations supérieures aux seuils définis par arrêté des ministres chargés de la santé et de la construction sont susceptibles d'être à l'origine de l'intoxication du mineur, le représentant de l'État dans le département notifie au propriétaire ou au syndicat des copropriétaires ou à l'exploitant du local d'hébergement son intention de faire exécuter sur l'immeuble incriminé, à leurs frais, pour supprimer le risque constaté, les travaux nécessaires, dont il précise, après avis des services ou de l'opérateur mentionné à l'article L. 1334-4, la nature, le délai dans lesquels ils doivent être réalisés, ainsi que les modalités d'occupation pendant leur durée et, si nécessaire, les exigences en matière d'hébergement. Le délai dans lequel doivent être réalisés les travaux est limité à un mois, sauf au cas où, dans ce même délai, est assuré l'hébergement de tout ou partie des occupants hors des locaux concernés. Le délai de réalisation des travaux est alors porté à trois mois maximum.

« Les travaux nécessaires pour supprimer le risque constaté comprennent, d'une part, les travaux visant les sources de plomb elles-mêmes et, d'autre part, ceux visant à assurer la pérennité de la protection.

« A défaut de connaître l'adresse actuelle du propriétaire, du syndicat des copropriétaires ou de l'exploitant du local d'hébergement ou de pouvoir l'identifier, la notification le concernant est valablement effectuée par affichage à la mairie de la commune ou, à Paris, Marseille et Lyon, de l'arrondissement où est situé l'immeuble, ainsi que par affichage sur la façade de l'immeuble.

« Le représentant de l'État procède de même lorsque le diagnostic mentionné à l'article précédent *(L. n° 2009-323 du 25 mars 2009, art. 85)* « ou, sous réserve de validation par l'autorité sanitaire, le constat de risque d'exposition au plomb mentionné à l'article L. 1334-5 » met en évidence la présence de revêtements dégradés contenant du plomb à des concentrations supérieures aux seuils définis par arrêté des ministres chargés de la santé et de la construction et constituant un risque d'exposition au plomb pour un mineur. »

Dans le délai de dix jours à compter de la notification de la décision du représentant de l'État dans le département, le propriétaire ou le syndicat des copropriétaires *(L. n° 2004-806 du 9 août 2004, art. 73-II)* « ou l'exploitant du local d'hébergement » peut soit contester la nature des travaux envisagés soit faire connaître au représentant de l'État dans le département son engagement de procéder à ceux-ci *(L. n° 2004-806 du 9 août 2004, art. 73-III)* « dans le délai figurant dans la notification du représentant de l'État. Il précise en outre les conditions dans lesquelles il assurera l'hébergement des occupants, le cas échéant. »

Dans le premier cas, le président du tribunal de grande instance ou son délégué statue en la forme du référé. Sa décision est, de droit, exécutoire à titre provisoire.

A défaut soit de contestation, soit d'engagement du propriétaire ou du syndicat des copropriétaires *(L. n° 2004-806 du 9 août 2004, art. 73-II)* « ou de l'exploitant du local d'hébergement » dans un délai de dix jours à compter de la notification, le représentant de l'État dans le département fait exécuter les travaux nécessaires à leurs frais. – *[Anc. art. L. 32-2].*

1. Champ d'application. La procédure prévue par l'art. L. 1334-2 concerne les immeubles ou parties d'immeubles habités ou fréquentés régulièrement par un mineur, et pas seulement le domicile d'un mineur ; sont ainsi concernées les parties communes d'un immeuble. • CAA Versailles, 24 janv. 2012, *Raab,* n° 11VE00611.

2. Contradiction. Dès lors que les art. L. 1334-1 et L. 1334-2 déterminent l'ensemble des règles de procédure administrative et contentieuse auxquelles sont soumises l'intervention et l'exécution des décisions par lesquelles l'autorité administrative décide de faire exécuter les travaux envisagés pour supprimer le risque d'exposition au plomb aux frais des propriétaires, la loi du 12 avr. 2000 relative aux droits des citoyens dans leurs relations avec l'administration (art. 24) ne saurait être utilement invoquée. • CAA Versailles, 24 janv. 2012, *Raab : préc. note 1.*

Art. L. 1334-3 *(L. n° 2010-853 du 23 juill. 2010, art. 38-II-1°)* « A l'issue des travaux ou au terme du délai indiqué dans la notification de sa décision, le représentant de l'État procède ou fait procéder au contrôle des locaux, afin de vérifier que le risque d'exposition au plomb est supprimé. » *(L. n° 2011-525 du 17 mai 2011, art. 38-I-1°)* « Dans le cas où le représentant de l'État a fait réaliser les travaux nécessaires en application du dernier alinéa de l'article L. 1334-2, ce contrôle est aux frais du propriétaire, du syndicat des copropriétaires ou de l'exploitant du local d'hébergement. » *(L. n° 2004-806 du 9 août 2004, art. 74)* « Ce contrôle peut notamment être confié, en application du troisième alinéa de l'article L. 1422-1, au directeur du service communal d'hygiène et de santé de la commune concernée. »

Art. L. 1334-4 *(L. n° 2004-806 du 9 août 2004, art. 75)* Si la réalisation des travaux mentionnés aux articles L. 1334-2 et L. 1334-3 nécessite la libération temporaire des locaux, le propriétaire ou l'exploitant du local d'hébergement est tenu d'assurer l'hébergement des occupants visés à l'article L. 521-1 du code de la construction et de l'habitation. A défaut, et dans les autres cas, le représentant de l'État prend les dispositions nécessaires pour assurer un hébergement provisoire.

Le coût de réalisation des travaux et, le cas échéant, le coût de l'hébergement provisoire des occupants visés à l'alinéa précédent sont mis à la charge du propriétaire ou de l'exploitant du local d'hébergement. La créance est recouvrée comme en matière de contributions directes.

En cas de refus d'accès aux locaux opposé par le locataire ou le propriétaire, le syndicat des copropriétaires ou l'exploitant du local d'hébergement aux personnes chargées de procéder à l'enquête, au diagnostic, au contrôle des lieux ou à la réalisation des travaux, le représentant de l'État dans le département saisit le président du tribunal de grande instance qui, statuant en la forme du référé, fixe les modalités d'entrée dans les lieux.

Lorsque les locaux sont occupés par des personnes entrées par voie de fait ayant fait l'objet d'un jugement d'expulsion devenu définitif et que le propriétaire ou l'exploitant du local d'hébergement s'est vu refuser le concours de la force publique pour que ce jugement soit mis à exécution, le propriétaire ou l'exploitant du local d'hébergement peut demander au tribunal administratif que tout ou partie de la créance dont il est redevable soit mis à la charge de l'État ; cette somme vient en déduction de l'indemnité à laquelle peut prétendre le propriétaire en application de l'article 16 de la loi n° 91-650 du 9 juillet 1991 portant réforme des procédures civiles d'exécution.

Le représentant de l'État dans le département peut agréer des opérateurs *(Abrogé par Ord. n° 2010-177 du 23 févr. 2010, art. 7-20°)* ***« pour réaliser les diagnostics et contrôles prévus au présent chapitre et »*** pour faire réaliser les travaux.

1. Locaux occupés par voie de fait. Eu égard à son objet et en l'absence de dispositions prévoyant une application différée, l'art. 1334-4, al. 4, est d'application immédiate, y compris aux instances en cours n'ayant pas fait l'objet d'une décision passée en force de chose jugée ; cette disposition peut donc être invoquée lors de toute instance en cours au moment de sa publication. • CE 7 déc. 2011, *Sté Cofinfo*, n° 343128 : *JCP N 2011. Actu. 1012, obs. Erstein* • CE 30 janv. 2012, *Sté Cofinfo : n°s 343130 à 343132* • CE 22 févr. 2012, *Sté Cofinfo : n°s 343129, 343133 à 343135.*

2. Recouvrement, compétence. Les contestations en la forme des actes de recouvrement (art. L. 1334-4, al. 2) relèvent de la compétence du juge judiciaire. • CAA Paris, 26 juin 2015, *Sté Cofinfo*, n° 14PA03631.

Art. L. 1334-5 *(L. n° 2004-806 du 9 août 2004, art. 76-II)* **Un constat de risque d'exposition au plomb présente un repérage des revêtements contenant du plomb et, le cas échéant, dresse un relevé sommaire des facteurs de dégradation du bâti. Est annexée à ce constat une notice d'information dont le contenu est précisé par arrêté des ministres chargés de la santé et de la construction.**

Art. L. 1334-6 *(Ord. n° 2005-655 du 8 juin 2005, art. 19)* **Le constat mentionné à l'article L. 1334-5 est produit, lors de la vente de tout ou partie** *(L. n° 2006-872 du 13 juill. 2006, art. 79-V)* **« d'un immeuble » à usage d'habitation construit avant le 1er janvier 1949, dans les conditions et selon les modalités prévues aux articles L. 271-4 à L. 271-6 du code de la construction et de l'habitation.**

Art. L. 1334-7 *(L. n° 2004-806 du 9 août 2004, art. 76-III)* **A l'expiration d'un délai de quatre ans à compter de la date d'entrée en vigueur de la loi n° 2004-806 du 9 août 2004 relative à la politique de santé publique, le constat mentionné à l'article L. 1334-5 est annexé à tout nouveau contrat de location d'un immeuble affecté en tout ou partie à l'habitation construit avant le 1er janvier 1949.** *(Abrogé par Ord. n° 2005-655 du 8 juin 2005, art. 19) « Ce constat doit avoir été établi depuis moins de six ans à la date de la signature du contrat. »* **Si un tel constat établit l'absence de revêtements contenant du plomb ou la présence de revêtements contenant du plomb à des concentrations inférieures aux seuils définis par arrêté des ministres chargés de la santé et de la construction, il n'y a pas lieu de faire établir un nouveau constat à chaque nouveau contrat de location. Le constat initial sera joint à chaque contrat de location.**

Lorsque le contrat de location concerne un logement situé dans un immeuble ou dans un ensemble immobilier relevant des dispositions de la loi n° 65-557 du 10 juillet 1965 précitée, ou appartenant à des titulaires de droits réels immobiliers sur les locaux, ou à des titulaires de parts donnant droit ou non à l'attribution ou à la jouissance en propriété des locaux, l'obligation mentionnée au premier alinéa ne vise que les parties privatives dudit immeuble affectées au logement.

L'absence dans le contrat de location du constat susmentionné constitue un manquement aux obligations particulières de sécurité et de prudence susceptible d'engager la responsabilité pénale du bailleur.

Le constat mentionné ci-dessus est à la charge du bailleur, nonobstant toute convention contraire.

Préjudice de non-détection. Lorsqu'une société spécialisée dans la détection d'amiante n'a pas détecté la présence d'amiante dans un immeuble le préjudice du propriétaire de l'immeuble, correspond au coût total du désamiantage. • Civ. 3e, 19 mai 2016, n° 15-12.408 P.

Art. L. 1334-8 *(L. n° 2004-806 du 9 août 2004, art. 76-III)* **Tous travaux portant sur les parties à usage commun d'un immeuble collectif affecté en tout ou partie à l'habitation, construit avant le 1er janvier 1949, et de nature à provoquer une altération substantielle des revêtements, définie par arrêté des ministres chargés de la santé et de la construction, doivent être précédés d'un constat de risque d'exposition au plomb mentionné à l'article L. 1334-5.**

Si un tel constat établit l'absence de revêtements contenant du plomb ou la présence de revêtements contenant du plomb à des concentrations inférieures aux seuils définis par arrêté des ministres chargés de la santé et de la construction, il n'y a pas lieu de faire établir un nouveau constat à l'occasion de nouveaux travaux sur les mêmes parties.

En tout état de cause, les parties à usage commun d'un immeuble collectif affecté en tout ou partie à l'habitation, construit avant le 1er janvier 1949, devront avoir fait

l'objet d'un constat de risque d'exposition au plomb à l'expiration d'un délai de quatre ans à compter de la date d'entrée en vigueur de la loi n° 2004-806 du 9 août 2004 relative à la politique de santé publique.

Notion de partie à usage commun. Ne sont pas des parties à usage commun des murs entourant une courette dépourvue de toute voie d'accès depuis les autres parties de l'immeuble utilisées par ses occupants, et ne présentant donc aucun risque d'exposition au plomb. • Civ. 3e, 28 janv. 2016, ☎ n° 14-29.751 P.

Art. L. 1334-8-1 *(L. n° 2009-879 du 21 juill. 2009, art. 104)* **Dans les zones délimitées pour la réalisation d'une opération d'amélioration de l'habitat,** *(Ord. n° 2010-177 du 23 févr. 2010, art. 7-21°)* **« le représentant de l'État dans le département » prescrit aux propriétaires bénéficiant de subventions de travaux pour sortie d'insalubrité la réalisation** *(Abrogé par Ord. n° 2010-177 du 23 févr. 2010, art. 7-21°)* ***« et la communication »*** **d'un constat de risque d'exposition au plomb mentionné à l'article L. 1334-5 dans les immeubles affectés à l'usage d'habitation construits avant le 1er janvier 1949.** *(Abrogé par Ord. n° 2010-177 du 23 févr. 2010, art. 7-21°)* ***« Les constats établis dans les conditions de l'article L. 1334-8 lui sont communiqués à sa demande. »***

Art. L. 1334-9 *(L. n° 2004-806 du 9 août 2004, art. 76-III)* **Si le constat, établi dans les conditions mentionnées aux articles L. 1334-6 à** *(L. n° 2009-879 du 21 juill. 2009, art. 104)* **« L. 1334-8-1 », met en évidence la présence de revêtements dégradés contenant du plomb à des concentrations supérieures aux seuils définis par l'arrêté mentionné à l'article L. 1334-2, le propriétaire ou l'exploitant du local d'hébergement doit en informer les occupants et les personnes amenées à faire des travaux dans l'immeuble ou la partie d'immeuble concerné. Il procède aux travaux appropriés pour supprimer le risque d'exposition au plomb, tout en garantissant la sécurité des occupants. En cas de location, lesdits travaux incombent au propriétaire bailleur. La non-réalisation desdits travaux par le propriétaire bailleur, avant la mise en location du logement, constitue un manquement aux obligations particulières de sécurité et de prudence susceptible d'engager sa responsabilité pénale.**

Art. L. 1334-10 *(Ord. n° 2010-177 du 23 févr. 2010, art. 7-22°)* **« Les constats établis en application des articles L. 1334-8 et L. 1334-8-1 sont communiqués, à leur demande, au représentant de l'État dans le département, au directeur général de l'agence régionale de santé et, dans les communes disposant d'un service communal d'hygiène et de santé mentionné au dernier alinéa de l'article L. 1422-1, au directeur de ce service. »**

(L. n° 2004-806 du 9 août 2004, art. 76-III) **Si le constat de risque d'exposition au plomb établi dans les conditions mentionnées aux articles L. 1334-6** *(L. n° 2009-879 du 21 juill. 2009, art. 104)* **« à L. 1334-8-1 » fait apparaître la présence de facteurs de dégradation précisés par arrêté des ministres chargés de la santé et de la construction, l'auteur du constat transmet immédiatement une copie de ce document au** *(Ord. n° 2010-177 du 23 févr. 2010, art. 7-22°)* **« directeur général de l'agence régionale de santé qui en informe le » représentant de l'État dans le département.**

Art. L. 1334-11 *(L. n° 2004-806 du 9 août 2004, art. 76-III)* **Sur proposition** *(Ord. n° 2010-177 du 23 févr. 2010, art. 7-23°)* **« du directeur général de l'agence régionale** ***de santé*** **» ou, par application du troisième alinéa de l'article L. 1422-1, du directeur du service communal d'hygiène et de santé de la commune concernée, le représentant de l'État dans le département peut prescrire toutes mesures conservatoires, y compris l'arrêt du chantier, si des travaux entraînent un risque d'exposition au plomb pour les occupants d'un immeuble ou la population environnante.**

Le coût des mesures conservatoires prises est mis à la charge du propriétaire, du syndicat de copropriétaires, ou de l'exploitant du local d'hébergement.

Art. L. 1334-12 *(L. n° 2004-806 du 9 août 2004, art. 76-I et 77-I)* **« Sont déterminées par décret en Conseil d'État les modalités d'application** *(L. n° 2016-41 du 26 janv. 2016, art. 48-I-3°)* **« de la présente section », et notamment :**

« 1° Les modalités de transmission des données prévues à l'article L. 1334-1 et en particulier la manière dont l'anonymat est protégé ;

« 2° Les modalités de détermination du risque d'exposition au plomb et les conditions auxquelles doivent satisfaire les travaux prescrits pour supprimer ce risque ; »

3° *(L. n° 2004-806 du 9 août 2004, art. 77-I)* « Le contenu et les modalités de réalisation du constat de risque d'exposition au plomb, ainsi que les conditions auxquelles doivent satisfaire leurs auteurs ; »

(L. n° 2004-806 du 9 août 2004, art. 77-II) « 4° Les modalités d'établissement du relevé mentionné à l'article L. 1334-5 ».

Diagnostics : légalité des normes réglementaires. Le décret du 25 avr. 2006 (CSP, art. R. 1334-1 s.), qui détermine les modalités générales de réalisation du constat de risque d'exposition au plomb et impose à cet effet aux opérateurs un certain type d'appareil permettant d'effectuer des mesures de plomb, n'est entaché d'aucune erreur manifeste d'appréciation ; s'il limite la liberté du commerce et de l'industrie et fausse la concurrence du fait de l'homologation d'un seul type d'appareil de détection, ces atteintes sont justifiées par l'objectif de prévention du saturnisme découlant de la loi du 9 août 2004, et restent proportionnées au risque encouru. • CE 6 juill. 2007, *Assoc. Aster'X et a.*, n° 294599.

SECTION II LUTTE CONTRE LA PRÉSENCE D'AMIANTE *(L. n° 2016-41 du 26 janv. 2016, art. 48-I-4°).*

Art. L. 1334-12-1 *(L. n° 2009-879 du 21 juill. 2009, art. 105)* Les propriétaires, ou à défaut les exploitants, des immeubles bâtis y font rechercher la présence d'amiante ; en cas de présence d'amiante, ils font établir un diagnostic de l'état de conservation de l'amiante dans les matériaux et produits repérés et mettent en œuvre, le cas échéant, les mesures nécessaires pour contrôler et réduire l'exposition.

COMMENTAIRE

V. Commentaire reproduit sur Dalloz.fr.

Art. L. 1334-13 *(Ord. n° 2005-655 du 8 juin 2005, art. 20)* « Un état mentionnant la présence ou, le cas échéant, l'absence de matériaux ou produits de la construction contenant de l'amiante est produit, lors de la vente d'un immeuble bâti, dans les conditions et selon les modalités prévues aux articles L. 271-4 à L. 271-6 du code de la construction et de l'habitation. »

1. *Signalement trop laconique.* La présence de plaques de ciment-amiante sur la façade d'une maison, signalée lors d'une vente de façon trop laconique, n'est pas fautive dès lors que les plaques d'amiante en question sont inaccessibles, insusceptibles de libérer des fibres, et ne présentent ainsi aucun danger pour la santé. • Civ. 3e 26 juin 2013, n° 12-13.277.

2. *Responsabilité du diagnostiqueur.* Le contrôle auquel doit procéder le diagnostiqueur n'est pas purement visuel ; il lui appartient d'effectuer les vérifications n'impliquant pas de travaux destructifs, comme tester la résistance des plaques, vérifier les combles. • Civ. 3e, 21 mai 2014, n° 13-14.891 : *Bull. I, n° 70 ; D. 2014. 1201*. ♦ Le diagnostiqueur ne peut pas limiter son intervention à un simple contrôle visuel, mais doit mettre en œuvre les moyens nécessaires à la bonne exécution de sa mission ; s'il n'effectue de repérage que dans les parties visibles, il ne peut conclure à l'absence d'amiante dans les autres parties sans émettre de réserves. • Civ. 3e, 14 sept. 2017, n° 16-21.942 : *D. 2017. 1833*. ♦ Pour un cas d'amiante non repéré engageant la responsabilité du diagnostiqueur : • Civ. 2e, 12 nov. 2015, n° 14-12.125.

Art. L. 1334-14 *(L. n° 2016-41 du 26 janv. 2016, art. 48-I-5°)* Les organismes réalisant les repérages et les opérations de contrôle communiquent aux ministres chargés de la santé et de la construction et au représentant de l'État dans le département les informations nécessaires à l'observation de l'état du parc immobilier et les informations nécessaires à la gestion des risques.

Les résultats de l'exploitation des données recueillies en vue de l'observation du parc immobilier sont mis à la disposition du public, par le ministre chargé de la santé, sous format dématérialisé.

Les informations recueillies en vue de la gestion des risques sont mises à la disposition des maires concernés.

Art. L. 1334-15 *(L. n° 2009-879 du 21 juill. 2009, art. 105)* Le représentant de l'État dans le département peut *(L. n° 2016-41 du 26 janv. 2016, art. 48-I-6°-a)* « mettre en demeure le » propriétaire ou, à défaut, *(Abrogé par L. n° 2016-41 du 26 janv. 2016, art. 48-I-6°-a)* « *à* » l'exploitant d'un immeuble bâti :

1° *(L. n° 2016-41 du 26 janv. 2016, art. 48-I-6°-b)* « De mettre » en œuvre *(L. n° 2016-41 du 26 janv. 2016, art. 48-I-6°-b)* « , dans un délai qu'il fixe, » des mesures nécessaires en cas d'inobservation des obligations prévues à l'article L. 1334-12-1 ;

2° *(L. n° 2016-41 du 26 janv. 2016, art. 48-I-6°-c)* « De faire réaliser, dans un délai qu'il fixe, une » expertise visant à déterminer les mesures nécessaires ou à vérifier que les mesures mises en œuvre ou envisagées au titre de ces obligations sont adaptées.

Art. L. 1334-16 *(L. n° 2009-879 du 21 juill. 2009, art. 105)* En cas d'urgence, le représentant de l'État peut :

1° Faire réaliser, aux frais du propriétaire ou, à défaut, de l'exploitant de l'immeuble concerné, les repérages et diagnostics mentionnés à l'article L. 1334-12-1 ou l'expertise mentionnée au 2° de l'article L. 1334-15 ;

2° Fixer un délai pour la réalisation des mesures conservatoires nécessaires pour faire cesser l'exposition à l'amiante. Si ces mesures n'ont pas été exécutées à l'expiration du délai, il fait procéder d'office à leur exécution aux frais du propriétaire ou de l'exploitant.

La créance publique est recouvrée comme en matière de contributions directes.

Exécution d'office, responsabilité (jurisprudence transposable). V. note 2 ss. art. L. 1324-1 A.

Art. L. 1334-16-1 *(L. n° 2016-41 du 26 janv. 2016, art. 48-I-7°)* Si, à l'expiration du délai fixé dans la mise en demeure en application de l'article L. 1334-15, le propriétaire ou l'exploitant de l'immeuble bâti n'a pas mis en œuvre les mesures prescrites ou n'a pas fait réaliser l'expertise visant à déterminer les mesures nécessaires ou à les vérifier, le représentant de l'État dans le département peut, en cas de danger grave pour la santé, suspendre l'accès et l'exercice de toute activité dans les locaux concernés et prendre toutes mesures pour limiter l'accès aux locaux dans l'attente de leur mise en conformité.

Art. L. 1334-16-2 *(L. n° 2016-41 du 26 janv. 2016, art. 48-I-7°)* Si la population est exposée à des fibres d'amiante résultant d'une activité humaine, le représentant de l'État dans le département peut, en cas de danger grave pour la santé, ordonner, dans des délais qu'il fixe, la mise en œuvre des mesures propres à évaluer et à faire cesser l'exposition. Faute d'exécution par la personne responsable de l'activité émettrice, le représentant de l'État dans le département y procède d'office aux frais de celle-ci.

La créance publique est recouvrée comme en matière de contributions directes.

Art. L. 1334-17 *(L. n° 2009-879 du 21 juill. 2009, art. 105)* Les conditions d'application *(L. n° 2016-41 du 26 janv. 2016, art. 48-I-8°-a)* « de la présente section » sont déterminées par décret en Conseil d'État, et en particulier :

1° Les immeubles bâtis et les produits et matériaux concernés ;

2° Les modalités de réalisation des repérages ;

3° Les conditions auxquelles doivent répondre les organismes réalisant les repérages et les opérations de contrôle ainsi que les modalités de contrôle de leur respect ;

4° La nature des mesures à prendre en cas de présence d'amiante ;

(L. n° 2016-41 du 26 janv. 2016, art. 48-I-8°-b) « 5° Les conditions dans lesquelles les organismes réalisant les repérages et les opérations de contrôle communiquent :

« *a)* Aux ministres chargés de la santé et de la construction et au représentant de l'État dans le département les informations nécessaires à l'observation de l'état du parc immobilier et les informations nécessaires à la gestion des risques mentionnées à l'article L. 1334-14 ;

« *b)* Au directeur général de l'agence régionale de santé, sur sa demande, les informations nécessaires à l'exercice des missions prévues au 1° de l'article L. 1431-2 et à l'article L. 1435-7. »

Décret d'application. Légalité du Décr. n° 2011-629 du 3 juin 2011. • CE 26 févr. 2014, *Assoc. Ban Asbestos France*, n° 351514 : *AJDA 2014. 476 ; ibid. 1566, note Deharbe ; RDI 2014. 331, obs. Van Lang.*

CHAPITRE V AIR ET DÉCHETS *(L. nº 2016-41 du 26 janv. 2016, art. 51-1º-a).*

Art. L. 1335-1 Les dispositions relatives à la lutte contre les pollutions atmosphériques et les odeurs, prises dans l'intérêt de la santé publique, sont celles *(L. nº 2006-686 du 13 juin 2006, art. 62-II)* « prévues au titre II du livre II du code de l'environnement ».

COMMENTAIRE

V. Commentaire reproduit sur Dalloz.fr.

Art. L. 1335-2 Les dispositions relatives à la gestion des déchets, prises dans l'intérêt de la santé publique, sont celles *(Ord. nº 2016-967 du 15 juill. 2016, art. 3)* « du chapitre Ier du titre IV du livre V du code de l'environnement ».

Art. L. 1335-2-1 à L. 1335-2-3 *Abrogés par L. nº 2011-525 du 17 mai 2011, art. 140-II-1º.*

Art. L. 1335-3 *(Ord. nº 2017-31 du 12 janv. 2017, art. 5-3º)* Tout exploitant d'une installation générant des aérosols d'eau ne relevant pas d'une réglementation établie au titre de la nomenclature des installations classées pour la protection de l'environnement mentionnée à l'article L. 511-2 du code de l'environnement est tenu de mettre à la disposition du public des installations satisfaisant aux règles d'hygiène et de conception fixées par le décret mentionné à l'article L. 1335-5 du présent code.

Art. L. 1335-4 *(L. nº 2016-41 du 26 janv. 2016, art. 51-1º-b)* L'utilisation d'une installation mentionnée à l'article L. 1335-3 peut être interdite par le représentant de l'État dans le département, sur proposition du directeur général de l'agence régionale de santé, si les conditions d'aménagement ou de fonctionnement sont susceptibles d'entraîner un risque pour la santé publique ou si l'installation n'est pas conforme aux normes prévues ou n'a pas été mise en conformité dans le délai fixé par l'autorité administrative compétente.

Art. L. 1335-5 *(L. nº 2016-41 du 26 janv. 2016, art. 51-1º-b)* Sont déterminées par décret en Conseil d'État les modalités d'application des articles L. 1335-3 et L. 1335-4, notamment :

1º Les règles d'hygiène et de conception auxquelles doivent se conformer les installations mentionnées à l'article L. 1335-3 ;

2º Les modalités de contrôle et de surveillance, les conditions d'interdiction d'utilisation des installations mentionnées à l'article L. 1335-4, ainsi que les conditions dans lesquelles les dépenses de contrôle sont mises à la charge *(Ord. nº 2017-31 du 12 janv. 2017, art. 5-4º)* « de l'exploitant » de ces installations.

CHAPITRE VI PRÉVENTION DES RISQUES LIÉS AU BRUIT

(L. nº 2016-41 du 26 janv. 2016, art. 56-I)

Art. L. 1336-1 Les activités impliquant la diffusion de sons à un niveau sonore élevé, dans tout lieu public ou recevant du public, clos ou ouvert, sont exercées de façon à protéger l'audition du public et la santé des riverains.

Les modalités d'application du présent article sont fixées par décret en Conseil d'État.

CHAPITRE VII SANCTIONS *(L. nº 2016-41 du 26 janv. 2016, art. 52-1º).*

SECTION PREMIÈRE SANCTIONS ADMINISTRATIVES

(L. nº 2016-41 du 26 janv. 2016, art. 52-2º)

Art. L. 1337-1 A En cas d'inobservation des articles L. 1332-1 à L. 1332-4 et des *articles L. 1332-6 à L. 1332-9*, l'autorité administrative met en demeure l'exploitant ou, à défaut, le propriétaire d'y satisfaire dans un délai déterminé. Elle peut prescrire tous contrôles, expertises ou analyses nécessaires, les dépenses étant à la charge de l'exploitant ou du propriétaire.

Si, à l'expiration du délai fixé, l'intéressé n'a pas obtempéré à cette injonction, l'autorité administrative peut :

1° L'obliger à consigner, entre les mains d'un comptable public, une somme correspondant à l'estimation du montant des travaux à réaliser, laquelle est restituée au fur et à mesure de leur exécution. A défaut de réalisation des travaux avant l'échéance fixée par l'autorité administrative, la somme consignée est définitivement acquise à l'État afin de régler les dépenses entraînées par l'exécution des travaux en lieu et place de l'intéressé. Il est procédé à son recouvrement comme en matière de créances de l'État étrangères à l'impôt et au domaine ;

2° Faire procéder d'office, en lieu et place de l'exploitant ou, à défaut, du propriétaire et à ses frais, à l'exécution des mesures prescrites ;

3° Suspendre, s'il y a lieu, l'exploitation des installations ou des ouvrages, l'exercice des activités jusqu'à exécution des conditions imposées.

SECTION II SANCTIONS PÉNALES

(L. n° 2016-41 du 26 janv. 2016, art. 52-3°)

Art. L. 1337-1 La constatation des infractions relatives aux piscines et aux baignades est assurée *(Ord. n° 2010-177 du 23 févr. 2010, art. 19-I-7°)* « par les agents mentionnés à l'article L. 1332-5 », habilités et assermentés dans des conditions fixées par décret en Conseil d'État.

Art. L. 1337-1-1 *(L. n° 2004-806 du 9 août 2004, art. 82-4°)* Sans préjudice des pouvoirs reconnus aux officiers ou agents de police judiciaire, aux agents chargés de l'inspection du travail et à ceux chargés de la police des mines, les infractions prévues au présent chapitre, celles prévues par les règlements pris en application du chapitre III du présent titre, ainsi que les infractions *(Ord. n° 2010-177 du 23 févr. 2010, art. 26-19°)* « aux articles L. 4451-1 et L. 4451-2 » du code du travail et celles concernant la radioprotection prévues *(Ord. n° 2011-91 du 20 janv. 2011, art. 10-3°)* « aux 2° et 9° du I de l'article L. 512-1 du code minier ainsi qu'à l'article 141 du code minier dans sa rédaction issue du décret n° 56-838 du 16 août 1956 portant code minier et des textes qui l'ont complété ou modifié » sont recherchées et constatées par les agents mentionnés aux articles *(Ord. n° 2016-128 du 10 févr. 2016, art. 39-I-1°)* « L. 1333-29 et L. 1333-30 », habilités et assermentés dans les conditions fixées par décret en Conseil d'État.

(Ord. n° 2016-128 du 10 févr. 2016, art. 39-I-2°) « Ils exercent cette compétence dans les mêmes conditions que celles prévues aux articles L. 172-2 et L. 172-3 et à la section II du chapitre II du titre VII du livre Ier du code de l'environnement.

« Ils disposent des mêmes droits et prérogatives et ont les mêmes devoirs que ceux conférés par ladite section aux fonctionnaires et agents mentionnés à l'article L. 172-4 de ce code.

« En outre, lorsqu'ils ont la qualité de médecin, les documents, logiciels et données mentionnés à l'article L. 172-11 du code de l'environnement sont étendus à ceux comprenant des données médicales individuelles. »

Art. L. 1337-2 *(L. n° 2006-1772 du 30 déc. 2006, art. 46)* Est puni de 10 000 € d'amende le fait de déverser des eaux usées autres que domestiques dans le réseau public de collecte des eaux usées sans l'autorisation visée à l'article L. 1331-10 ou en violation des prescriptions de cette autorisation.

Eaux usées, notion. Les eaux usées, qui stagnent *plusieurs mois dans des fosses* septiques, deviennent un concentré de produits, certes d'origine exclusivement humaine mais s'apparentant à des boues, suite au pré-traitement dans la fosse septique ; elles perdent donc leur caractère *d'eaux usées domestiques.* • Crim. 22 nov. 2016, n° 16-80.025 P.

Art. L. 1337-3 *Abrogé par Ord. n° 2005-1566 du 15 déc. 2005.*

Art. L. 1337-4 *(Ord. n° 2005-1566 du 15 déc. 2005)* I. — Est puni d'un emprisonnement d'un an et d'une amende de 50 000 € :

— le fait de ne pas déférer à une injonction prise sur le fondement du premier alinéa de l'article L. 1331-24 ;

— le fait de refuser, sans motif légitime et après une mise en demeure, d'exécuter les mesures prescrites en application du II de l'article L. 1331-28.

II. — Est puni de deux ans d'emprisonnement et d'une amende de 75 000 € :

– le fait de ne pas déférer à une mise en demeure du *(Ord. n° 2010-177 du 23 févr. 2010, art. 26-13°)* « représentant de l'État dans le département » prise sur le fondement de l'article L. 1331-23.

III. – Est puni d'un emprisonnement de trois ans et d'une amende de 100 000 € :

– le fait de ne pas déférer, dans le délai fixé, à une mise en demeure du *(Ord. n° 2010-177 du 23 févr. 2010, art. 26-13°)* « représentant de l'État dans le département » prise sur le fondement de l'article L. 1331-22 ;

– le fait, à compter de la notification de la réunion de la commission départementale compétente en matière d'environnement, de risques sanitaires ou technologiques prévue par l'article L. 1331-27 ou à compter de la notification de la mise en demeure lorsque ces locaux sont visés par des mesures prises sur le fondement des articles L. 1331-22, L. 1331-23, L. 1331-24, L. 1331-25 et L. 1331-26-1, de dégrader, détériorer, détruire des locaux ou de les rendre impropres à l'habitation de quelque façon que ce soit dans le but d'en faire partir les occupants ;

– le fait, de mauvaise foi, de ne pas respecter une interdiction d'habiter et le cas échéant d'utiliser des locaux prise en application des articles L. 1331-22, L. 1331-23, L. 1331-24, L. 1331-25 et L. 1331-28 ;

– le fait de remettre à disposition des locaux vacants ayant fait l'objet de mesures prises en application des articles L. 1331-22, L. 1331-23 et L. 1331-24 ou déclarés insalubres en application des articles L. 1331-25 et L. 1331-28.

IV. – Les personnes physiques encourent également les peines complémentaires suivantes :

1° La confiscation du fonds de commerce ou de l'immeuble destiné à l'hébergement des personnes et ayant servi à commettre l'infraction ;

(L. n° 2014-366 du 24 mars 2014, art. 81-II) « 1° *bis* La confiscation au profit de l'État de l'usufruit de tout ou partie de leurs biens, quelle qu'en soit la nature, meubles ou immeubles, *divis* ou *indivis*, ayant servi à commettre l'infraction, les personnes physiques coupables gardant la nue-propriété de leurs biens.

« Le produit de l'usufruit confisqué est liquidé et recouvré par l'État. Les sommes sont versées au budget de l'Agence nationale de l'habitat ; »

2° L'interdiction pour une durée de cinq ans au plus d'exercer une activité professionnelle ou sociale dès lors que les facilités que procure cette activité ont été sciemment utilisées pour préparer ou commettre l'infraction. Cette interdiction n'est toutefois pas applicable à l'exercice d'un mandat électif ou de responsabilités syndicales ;

(L. n° 2014-366 du 24 mars 2014, art. 77-II) « 3° L'interdiction d'acheter pour une durée de cinq ans au plus soit à titre personnel, soit en tant qu'associé ou mandataire social de la société civile immobilière ou en nom collectif se portant acquéreur, soit sous forme de parts immobilières un bien immobilier à usage d'habitation, à d'autres fins que son occupation à titre personnel, ou un fonds de commerce d'un établissement recevant du public à usage total ou partiel d'hébergement. »

(L. n° 2009-526 du 12 mai 2009, art. 125-XXI-8°) « V. – Les personnes morales déclarées responsables pénalement, dans les conditions prévues par l'article 121-2 du code pénal, des infractions définies au présent article encourent, outre l'amende suivant les modalités prévues par l'article 131-38 du code pénal, les peines prévues par les 2°, 4°, 8° et 9° de l'article 131-39 du même code. La confiscation mentionnée au 8° de l'article 131-39 du même code porte sur le fonds de commerce ou l'immeuble destiné à l'hébergement des personnes et ayant servi à commettre l'infraction. »

VI. – Lorsque les poursuites sont engagées à l'encontre d'exploitants de fonds de commerce aux fins d'hébergement, il est fait application des dispositions de l'article L. 651-10 du code de la construction et de l'habitation.

1. Inopérance de l'ignorance. *La responsabilité pénale* du prévenu est engagée sans qu'il puisse exciper de sa propre carence à vérifier l'état de son propre bien, son occupation réelle et les conditions dans lesquelles vivaient ses locataires. • Crim. 27 mai 2014, ☎ n° 13-83.088, inédit (18 mois de prison dont 9 avec sursis, 20 000 euros d'amende).

2. Condamnation. Pour une condamnation en raison d'un refus sans motif légitime d'exécuter les mesures prescrites, avec en outre réparation du préjudice moral : • Crim. 16 déc. 2015, ☎ n° 14-86.318.

Art. L. 1337-5 *(Ord. nº 2001-270 du 28 mars 2001, art. 7)* **Est puni d'un an d'emprisonnement et d'une amende de 15 000 € le fait :**

1º D'exercer une activité ou d'utiliser un procédé, un dispositif ou une substance interdits en application de l'article *(Ord. nº 2016-128 du 10 févr. 2016, art. 39-II-1º)* **« L. 1333-4 » ;**

2º D'exposer des personnes au-delà des valeurs limites fixées par les décrets pris pour l'application du 3º de l'article *(Ord. nº 2016-128 du 10 févr. 2016, art. 39-II-2º)* **« L. 1333-2 » ;**

3º D'entreprendre ou d'exercer une activité mentionnée à l'article L. 1333-1 sans être titulaire de l'autorisation *(Ord. nº 2016-128 du 10 févr. 2016, art. 39-II-3º)* **« , sans qu'ait été procédé à l'enregistrement » ou sans avoir effectué la déclaration prévue à l'article** *(Ord. nº 2016-128 du 10 févr. 2016, art. 39-II-3º)* **« L. 1333-8 » ;**

4º De ne pas assurer, en violation de l'article *(Ord. nº 2016-128 du 10 févr. 2016, art. 39-II-4º)* **« L. 1333-15 », la reprise des sources radioactives scellées destinées à des activités soumises à déclaration** *(Ord. nº 2016-128 du 10 févr. 2016, art. 39-II-4º)* **« , enregistrement » ou autorisation préalable, ou de ne pas constituer la garantie financière prévue audit article ;**

5º D'utiliser les radiations ionisantes sur le corps humain à des fins et dans des conditions autres que celles prévues par le premier alinéa de l'article *(Ord. nº 2016-128 du 10 févr. 2016, art. 39-II-5º)* **« L. 1333-18 » ;**

(Ord. nº 2016-128 du 10 févr. 2016, art. 39-II-6º) **« 6º De poursuivre l'exercice d'une activité nucléaire en violation d'une mesure de cessation définitive, de retrait ou de suspension d'une activité prise en application de l'article L. 1333-31. »**

Art. L. 1337-6 *(Ord. nº 2016-128 du 10 févr. 2016, art. 39-III)* **Est puni de six mois d'emprisonnement et d'une amende de 7 500 € le fait :**

1º De ne pas se conformer à une mise en demeure prise en application de l'article L. 1333-31 ;

2º De ne pas communiquer en application de l'article L. 1333-16 les informations nécessaires à la mise à jour du fichier national des sources radioactives mentionné à l'article L. 1333-5.

Art. L. 1337-7 *(L. nº 2011-525 du 17 mai 2011, art. 168-3º)* **Le fait de faire obstacle aux fonctions des agents mentionnés aux articles** *(Ord. nº 2016-128 du 10 févr. 2016, art. 39-IV)* **« L. 1333-29 et L. 1333-30 » est puni de six mois d'emprisonnement et de 7 500 € d'amende.**

Art. L. 1337-8 *(Ord. nº 2016-128 du 10 févr. 2016, art. 39-V)* **Est puni de 3 750 € d'amende toute publicité relative à l'utilisation de rayonnements ionisants en médecine humaine ou vétérinaire, lorsque cette publicité est dirigée vers d'autres personnes que des médecins, vétérinaires ou pharmaciens.**

Art. L. 1337-9 *(Ord. nº 2016-128 du 10 févr. 2016, art. 39-VI)* **« Les dispositions des articles L. 173-5 à L. 173-12 du code de l'environnement s'appliquent aux infractions prévues par le présent chapitre. »**

(L. nº 2009-526 du 12 mai 2009, art. 125-XXI-10º) **Les personnes morales déclarées responsables pénalement, dans les conditions prévues par l'article 121-2 du code pénal, des infractions définies à l'article L. 1337-8 encourent, outre l'amende suivant les *modalités* prévues par l'article 131-38 du code pénal, la peine d'interdiction de vente du produit dont la *publicité a été faite* en violation de l'article L. 1337-8.**

Art. L. 1337-10 *(L. nº 2016-41 du 26 janv. 2016, art. 51-2º)* **Est puni de 15 000 € d'amende le fait de ne pas se conformer aux mesures d'interdiction mentionnées à l'article L. 1335-4.**

CHAPITRE VIII **LUTTE CONTRE LES ESPÈCES VÉGÉTALES ET ANIMALES NUISIBLES À LA SANTÉ HUMAINE**

(L. nº 2016-41 du 26 janv. 2016, art. 57-2º)

Art. L. 1338-1 **Sous réserve des articles L. 3114-5 et L. 3114-7, un décret, pris après avis du Haut Conseil de la santé publique, du Conseil national de la protection de la**

nature et du Conseil national d'orientation de la politique sanitaire animale et végétale, fixe la liste des espèces végétales et animales dont la prolifération constitue une menace pour la santé humaine et définit les mesures susceptibles d'être prises pour prévenir leur apparition ou lutter contre leur prolifération.

Art. L. 1338-2 Un arrêté des ministres chargés de la santé, de l'environnement et de l'agriculture peut limiter ou interdire l'introduction, le transport, l'utilisation, la mise en vente, la vente ou l'achat, sous quelque forme que ce soit, d'une espèce figurant dans la liste fixée par le décret mentionné à l'article L. 1338-1.

Art. L. 1338-3 Tout distributeur ou vendeur de végétaux susceptibles de porter atteinte à la santé humaine est tenu d'informer, préalablement à la conclusion de la vente, l'acquéreur des risques pour la santé humaine et, le cas échéant, des moyens de s'en prémunir. Un arrêté des ministres chargés de la santé et de la consommation, pris après avis du Haut Conseil de la santé publique et du Conseil national de la consommation, fixe la liste des végétaux concernés par ces dispositions et détermine, pour chacun d'eux, la nature de ces informations, le contenu et le format des mentions devant figurer sur les documents d'accompagnement des végétaux concernés.

Art. L. 1338-4 I. – Les infractions aux règlements pris en application des articles L. 1338-1 et L. 1338-2 sont recherchées et constatées par les officiers et les agents de police judiciaire conformément au code de procédure pénale et par les agents mentionnés aux articles L. 1421-1 et L. 1435-7, les agents de l'État agréés et commissionnés par le ministre chargé de l'agriculture, les *(L. n° 2016-1087 du 8 août 2016, art. 164-V-1°)* « inspecteurs de l'environnement » mentionnés à l'article L. 172-1 du code de l'environnement et les agents des collectivités territoriales habilités et assermentés dans des conditions fixées par décret en Conseil d'État. Les procès-verbaux dressés par ces officiers et ces agents font foi jusqu'à preuve du contraire. *(L. n° 2016-1087 du 8 août 2016, art. 164-V-2°)* « A l'exception des inspecteurs de l'environnement qui agissent selon les conditions définies aux articles L. 172-1 à L. 172-17 du code de l'environnement, ces agents » disposent des pouvoirs définis au livre II du code de la consommation.

(Ord. n° 2016-301 du 14 mars 2016, art. 17-2°-a) « II. – Les agents mentionnés à l'article L. 511-3 et aux 1° et 2° du I de l'article L. 511-22 du code de la consommation sont habilités à rechercher et constater les infractions aux règlements pris en application des articles L. 1338-2 et L. 1338-3, dans les conditions prévues au I de l'article L. 511-22 du même code. »

III. – Les agents mentionnés aux 1° à 6° et au dernier alinéa du I de l'article L. 205-1 du code rural et de la pêche maritime ont qualité pour rechercher et constater les infractions aux règlements pris en application du présent chapitre. A cet effet, ils disposent des pouvoirs *(Ord. n° 2016-301 du 14 mars 2016, art. 17-2°-b)* « prévus au I de l'article L. 511-22 » *[du code de la consommation]*.

Art. L. 1338-5 En tant que de besoin, les conditions d'application du présent chapitre sont déterminées par décret en Conseil d'État.

TITRE QUATRIÈME TOXICOVIGILANCE *(L. n° 2009-879 du 21 juill. 2009, art. 106-I)*.

BIBL. ▶ Tabuteau, Réorganisation d'une vigilance cruciale : la toxicovigilance, *JDSAM 2014/2, p. 27* (sur le Décr. n° 2014-128 du 14 févr. 2014).

CHAPITRE PRÉLIMINAIRE DISPOSITIONS GÉNÉRALES *(L. n° 2016-41 du 26 janv. 2016, art. 171-1°-a)*.

(Ord. n° 2011-1922 du 22 déc. 2011, art. 2-1°)

SECTION PREMIÈRE DÉFINITIONS

Art. L. 1340-1 Pour l'application du présent titre, les définitions des termes employées *[employés]* sont celles figurant à l'article 2 du règlement (CE) n° 1272/2008 du Parlement européen et du Conseil du 16 décembre 2008 relatif à la classification, à l'étiquetage et à l'emballage des substances et des mélanges.

Art. L. 1340-2 *(L. n° 2016-41 du 26 janv. 2016, art. 171-1°-b)* La toxicovigilance a pour objet la surveillance et l'évaluation des effets toxiques pour l'homme, aigus ou chroniques, de l'exposition à un article, à un mélange ou à une substance, naturelle ou de synthèse, disponibles sur le marché ou présents dans l'environnement, aux fins de mener des actions d'alerte et de prévention.

Le présent chapitre s'applique sous réserve des dispositions relatives aux autres systèmes de vigilance réglementés par le présent code.

Art. L. 1340-3 *Abrogé par Ord. n° 2017-51 du 19 janv. 2017, art. 2-I-3°.*

SECTION II DÉCLARATION DES CAS D'INTOXICATION *(L. n° 2016-41 du 26 janv. 2016, art. 171-1°-c).*

(Ord. n° 2017-51 du 19 janv. 2017, art. 2-I-4°)

Art. L. 1340-4 Les professionnels de santé déclarent aux organismes chargés de la toxicovigilance les cas d'intoxication humaine induits par toute substance, tout mélange ou tout article dont ils ont connaissance.

Art. L. 1340-5 Les fabricants, les importateurs, les utilisateurs en aval ou les distributeurs déclarent aux organismes chargés de la toxicovigilance les cas d'intoxication humaine dont ils ont connaissance et induits par une substance ou un mélange pour lesquels ils ont transmis des informations en application des articles L. 1341-1 et L. 1342-1 et conservent les informations dont ils disposent.

Art. L. 1340-6 Les conditions d'application du présent chapitre sont déterminées par décret en Conseil d'État, notamment :

1° L'organisation du système de toxicovigilance ;

2° Les conditions dans lesquelles est préservée la confidentialité à l'égard des tiers des informations couvertes par le secret médical ou le secret industriel transmises en application des articles L. 1340-4 et L. 1340-5 ;

3° Les conditions de partage des informations entre les organismes responsables des systèmes de vigilance ou de surveillance de l'état de santé de la population pour l'exercice de ces missions.

CHAPITRE PREMIER INFORMATIONS SUR LES SUBSTANCES ET LES MÉLANGES *(L. n° 2016-41 du 26 janv. 2016, art. 171-2°-a).*

Art. L. 1341-1 *(Ord. n° 2011-1922 du 22 déc. 2011, art. 2-3°)* Les fabricants, importateurs ou utilisateurs en aval de toute substance ou tout mélange communiquent, dès qu'ils en reçoivent la demande, aux organismes chargés de la toxicovigilance et à l'organisme mentionné à l'article L. 4411-4 du code du travail les informations *(Abrogé par L. n° 2016-41 du 26 janv. 2016, art. 171-2°-b) « , définies par décret en Conseil d'État, »* nécessaires à la prescription de mesures préventives et curatives, en particulier en cas d'urgence sanitaire.

Art. L. 1341-2 *(L. n° 2016-41 du 26 janv. 2016, art. 171-2°-c)* Les conditions d'application du présent chapitre sont déterminées par décret en Conseil d'État, notamment :

1° La définition des informations à transmettre aux organismes mentionnés à l'article L. 1341-1 ;

2° Les conditions dans lesquelles est préservée la confidentialité à l'égard des tiers des informations couvertes par le secret industriel transmises en application du même article L. 1341-1.

Art. L. 1341-3 *Abrogé par L. n° 2016-41 du 26 janv. 2016, art. 171-2°-d.*

CHAPITRE II DISPOSITIONS PROPRES AUX SUBSTANCES ET MÉLANGES DANGEREUX *(Ord. n° 2011-1922 du 22 déc. 2011, art. 2-5°).*

Art. L. 1342-1 *(Ord. n° 2011-1922 du 22 déc. 2011, art. 2-6°)* « Les importateurs ou utilisateurs en aval qui mettent sur le marché des mélanges classés comme dangereux en raison de leurs effets sur la santé ou de leurs effets physiques établissent une déclaration unique comportant toutes les informations pertinentes sur ces mélanges, notamment leur composition chimique, y compris l'identité chimique des substances contenues dans des mélanges pour lesquelles une demande d'utilisation d'un nom chimique de remplacement a été acceptée par l'Agence européenne des produits chimiques conformément à l'article 24 du règlement (CE) n° 1272/2008 du Parlement européen et du Conseil du 16 décembre 2008 relatif à la classification, à l'étiquetage et à l'emballage des substances et des mélanges, modifiant et abrogeant les directives 67/548/CEE et 1999/45/CE et modifiant le règlement (CE) n° 1907/2006. Cette déclaration est adressée aux organismes mentionnés à l'article L. 1341-1, aux fins de mesures préventives et curatives, en particulier en cas d'urgence sanitaire. »

Les dispositions précédentes ne s'appliquent pas *(L. n° 2009-879 du 21 juill. 2009, art. 106-I ; Ord. n° 2011-1922 du 22 déc. 2011, art. 2-6°)* « aux importateurs ou utilisateurs en aval » de certaines catégories de *(Ord. n° 2011-1922 du 22 déc. 2011, art. 2-6°)* « mélanges », définies par décret *(Abrogé par L. n° 2009-879 du 21 juill. 2009, art. 106-I) « en Conseil d'État »* et soumises à d'autres procédures de déclaration ou d'autorisation lorsque ces procédures prennent en compte les risques encourus par l'homme, l'animal ou l'environnement.

Obligation peut être faite aux *(Ord. n° 2011-1922 du 22 déc. 2011, art. 2-6°)* « importateurs ou utilisateurs en aval mentionnés » au premier alinéa de participer à la conservation et à l'exploitation des informations et de contribuer à la couverture des dépenses qui en résultent.

Art. L. 1342-2 *(Ord. n° 2011-1922 du 22 déc. 2011, art. 2-7°)* Jusqu'au 31 mai 2015, les substances dangereuses sont classées dans les catégories de danger *[dangers]* définies par le règlement (CE) n° 1272/2008 du Parlement et du Conseil du 16 décembre 2008 et dans les catégories de danger *[dangers]* définies du 1° au 15° du présent article.

Jusqu'au 31 mai 2015, les mélanges sont classés dans les catégories de danger *[dangers]* définies du 1° au 15° du présent article. Ils peuvent être classés en outre dans les catégories de danger *[dangers]* définies par le règlement (CE) n° 1272/2008 du Parlement et du Conseil du 16 décembre 2008.

1° Explosibles : substances et mélanges solides, liquides, pâteux ou gélatineux qui, même sans intervention d'oxygène atmosphérique, peuvent présenter une réaction exothermique avec développement rapide de gaz et qui, dans des conditions d'essais déterminées, détonent, déflagrent rapidement ou, sous l'effet de la chaleur, explosent en cas de confinement partiel ;

2° Comburants : substances et mélanges qui, au contact d'autres substances, notamment inflammables, présentent une réaction fortement exothermique ;

3° Extrêmement inflammables : substances et mélanges liquides dont le point d'éclair est extrêmement bas et le point d'ébullition bas, ainsi que substances et mélanges gazeux qui, à température et pression ambiantes, sont inflammables à l'air ;

4° Facilement inflammables : substances et mélanges :

a) Qui peuvent s'échauffer au point de s'enflammer à l'air à température ambiante sans apport d'énergie ;

b) A l'état solide, qui peuvent s'enflammer facilement par une brève action d'une source d'inflammation et continuer à brûler ou à se consumer après l'éloignement de cette source ;

c) A l'état liquide, dont le point d'éclair est très bas ;

d) Ou qui, au contact de l'eau ou de l'air humide, produisent des gaz extrêmement inflammables en quantités dangereuses ;

5° Inflammables : substances et mélanges liquides, dont le point d'éclair est bas ;

6° Très toxiques : substances et mélanges qui, par inhalation, ingestion ou pénétration cutanée en très petites quantités, entraînent la mort ou nuisent à la santé de manière aiguë ou chronique ;

7° Toxiques : substances et mélanges qui, par inhalation, ingestion ou pénétration cutanée en petites quantités, entraînent la mort ou nuisent à la santé de manière aiguë ou chronique ;

8° Nocifs : substances et mélanges qui, par inhalation, ingestion ou pénétration cutanée, peuvent entraîner la mort ou nuire à la santé de manière aiguë ou chronique ;

9° Corrosifs : substances et mélanges qui, en contact avec des tissus vivants, peuvent exercer une action destructrice sur ces derniers ;

10° Irritants : substances et mélanges non corrosifs qui, par contact immédiat, prolongé ou répété avec la peau ou les muqueuses, peuvent provoquer une réaction inflammatoire ;

11° Sensibilisants : substances et mélanges qui, par inhalation ou pénétration cutanée, peuvent donner lieu à une réaction d'hypersensibilisation telle qu'une exposition ultérieure à la substance ou au mélange produise des effets néfastes caractéristiques ;

12° Cancérogènes : substances et mélanges qui, par inhalation, ingestion ou pénétration cutanée, peuvent provoquer un cancer ou en augmenter la fréquence :

a) Cancérogènes de catégorie 1 : substances et mélanges que l'on sait être cancérogènes pour l'homme ;

b) Cancérogènes de catégorie 2 : substances et mélanges pour lesquels il existe une forte présomption que l'exposition de l'homme à de tels substances et mélanges puisse provoquer un cancer ou en augmenter la fréquence ;

c) Cancérogènes de catégorie 3 : substances et mélanges préoccupants pour l'homme en raison d'effets cancérogènes possibles, mais pour lesquels les informations disponibles sont insuffisantes pour classer ces substances et mélanges dans la catégorie 2 ;

13° Mutagènes : substances et mélanges qui, par inhalation, ingestion ou pénétration cutanée, peuvent produire des défauts génétiques héréditaires ou en augmenter la fréquence :

a) Mutagènes de catégorie 1 : substances et mélanges que l'on sait être mutagènes pour l'homme ;

b) Mutagènes de catégorie 2 : substances et mélanges pour lesquels il existe une forte présomption que l'exposition de l'homme à de tels substances et mélanges puisse produire des défauts génétiques héréditaires ou en augmenter la fréquence ;

c) Mutagènes de catégorie 3 : substances et mélanges préoccupants pour l'homme en raison d'effets mutagènes possibles, mais pour lesquels les informations disponibles sont insuffisantes pour classer ces substances et mélanges dans la catégorie 2 ;

14° Toxiques pour la reproduction : substances et mélanges qui, par inhalation, ingestion ou pénétration cutanée, peuvent produire ou augmenter la fréquence d'effets nocifs non héréditaires dans la progéniture ou porter atteinte aux fonctions ou capacités reproductives :

a) Toxiques pour la reproduction de catégorie 1 : substances et mélanges que l'on sait être toxiques pour la reproduction de l'homme ;

b) Toxiques pour la reproduction de catégorie 2 : substances et mélanges pour lesquels il existe une forte présomption que l'exposition de l'homme à de tels substances et mélanges puisse produire ou augmenter la fréquence d'effets nocifs non héréditaires dans la progéniture ou porter atteinte aux fonctions ou capacités reproductives ;

c) Toxiques pour la reproduction de catégorie 3 : substances et mélanges préoccupants en raison d'effets toxiques possibles pour la reproduction, mais pour lesquels les informations disponibles sont insuffisantes pour classer ces substances et mélanges dans la catégorie 2 ;

15° Dangereuses *[Dangereux]* pour l'environnement : substances et mélanges qui, s'ils entraient dans l'environnement, présenteraient ou pourraient présenter un risque immédiat ou différé pour une ou plusieurs de ses composantes.

Les règles de classement, d'emballage et d'étiquetage des substances et mélanges sont définies par le règlement *(CE)* n° 1272/2008 du Parlement et du Conseil du 16 décembre 2008 ou, en tant que de besoin, par des décrets en Conseil d'État pris pour l'application des directives communautaires.

Art. L. 1342-3 *(Ord. n° 2011-1922 du 22 déc. 2011, art. 2-8°)* Sont déterminées par décret en Conseil d'État les modalités d'application des dispositions du présent chapitre, notamment le contenu de la déclaration mentionnée à l'article L. 1342-1, les personnes qui y ont accès, les conditions dans lesquelles est préservée la confidentialité à l'égard des tiers des informations couvertes par le secret industriel qu'elle comporte ainsi que les conditions dans lesquelles la mise sur le marché, la publicité et l'emploi des substances et des mélanges dangereux peuvent, pour des raisons de santé publique, faire l'objet de mesures d'interdiction, de restriction ou de prescriptions particulières proportionnées à la nature du danger ou du risque qu'ils comportent pour la santé humaine.

Art. L. 1342-4 *(Ord. n° 2011-1922 du 22 déc. 2011, art. 2-9°)* Un arrêté des ministres chargés de l'agriculture, de la consommation, de l'environnement, de l'industrie et de la santé classe les substances dangereuses dans les catégories mentionnées à l'article L. 1342-2 et fixe la référence des phrases types devant figurer sur l'emballage.

Art. L. 1342-5 *(Ord. n° 2011-1922 du 22 déc. 2011, art. 2-9°)* Des arrêtés des ministres chargés de l'agriculture, de la consommation, de l'environnement, de l'industrie et de la santé, pris après consultation du Haut Conseil de la santé publique, fixent les modalités du classement des mélanges dans les catégories mentionnées à l'article L. 1342-2 et les phrases types devant figurer sur l'emballage.

Le classement des mélanges dangereux résulte :

1° Du classement des substances dangereuses qu'ils contiennent et de la concentration de celles-ci ;

2° Du type de mélange.

CHAPITRE III DISPOSITIONS PÉNALES

Art. L. 1343-1 Les agents mentionnés au 1° de l'article L. 215-1 du code de la consommation ont qualité pour rechercher et constater les infractions aux dispositions de l'article L. 1343-4 en ce qu'elles concernent les substances *(Ord. n° 2011-1922 du 22 déc. 2011, art. 2-10°)* « ou les mélanges dangereux utilisés » à des fins autres que médicales, ainsi qu'aux mesures réglementaires prises pour l'application de ces dispositions. A cet effet, ils disposent des pouvoirs prévus aux chapitres II à VI du titre Ier du livre II du code de la consommation.

Art. L. 1343-2 *(Ord. n° 2016-967 du 15 juill. 2016, art. 4-1°)* Est puni de trois mois d'emprisonnement et de 20 000 € d'amende le fait pour un fabricant, un importateur ou un utilisateur en aval de toute substance ou de tout mélange de ne pas s'acquitter des obligations prévues :

1° A l'article L. 1341-1 relatives aux informations nécessaires à la prescription de mesures préventives et curatives ;

2° A l'article L. 1342-1 relatives, en matière de mélange dangereux, aux informations nécessaires devant être fournies sur ce mélange, ou à sa participation à la conservation et à l'exploitation des informations et à sa contribution à la couverture des dépenses en résultant ;

3° A l'article L. 1340-5 en matière d'intoxication humaine.

Art. L. 1343-3 Les personnes ayant accès aux informations prévues *(L. n° 2016-41 du 26 janv. 2016, art. 171-3°)* « aux articles L. 1340-5 et L. 1341-1 » sont tenues au secret professionnel dans les conditions et sous les peines prévues aux articles 226-13 et 226-14 du code pénal.

Le secret professionnel ne peut toutefois être opposé à l'autorité judiciaire agissant dans le cadre d'une procédure pénale.

Art. L. 1343-4 *(Ord. n° 2011-1922 du 22 déc. 2011, art. 2-12°)* 1° Est puni *(Ord. n° 2016-967 du 15 juill. 2016, art. 4-2°-a)* « de deux ans d'emprisonnement et de 75 000 € d'amende » le fait d'importer, détenir en vue de la vente ou de la distribution à titre gratuit, mettre en vente, vendre ou distribuer à titre gratuit une substance ou un mélange sans classification préalable, conformément aux exigences prévues à l'article L. 1342-2 ;

2° Est puni *(Ord. n° 2016-967 du 15 juill. 2016, art. 4-2°-a)* « de deux ans d'emprisonnement et de 75 000 € d'amende » le fait d'importer, détenir en vue de la vente ou de la distribution à titre gratuit, mettre en vente, vendre ou distribuer à titre gratuit un mélange classé comme dangereux sans étiquetage et emballage préalable, *conformément aux exigences prévues* à l'article L. 1342-2.

TITRE CINQUIÈME PROTECTION DES LANCEURS D'ALERTE

(L. n° 2013-316 du 16 avr. 2013, art. 11)

BIBL. ▸ Dossier « Les lanceurs d'alerte », *AJDA 2014. 2228 s.* – LOCHAK, L'alerte éthique, entre dénonciation et désobéissance, *AJDA 2014. 2236*. – SLAMA, Le lanceur d'alerte, une nouvelle figure du droit public ?, *AJDA 2014. 2229*. – Alt, Lanceurs d'alerte : un droit en tension, *JCP G 2014, n° 1092.* – Bacache, Loi n° 2013-316 du 16 avril 2013 relative à l'indépendance de l'expertise en matière de santé et d'environnement et à la protection des lanceurs d'alerte, *RTD civ. 2013. 689*. – Laude, Science et démocratie : garantir un juste équilibre, *JCP 2013, n° 690.* – Véricel, Institution d'un droit d'alerte en matière de santé publique et d'environnement, *RDT 2013. 415*. – Poirmeur et Markus, La protection de l'information détenue par l'entreprise de communication à l'égard de ses concurrents. La liberté de l'information médicale, *Légicom 2013, n° 49, p. 79.*

Art. L. 1351-1 (Abrogé par L. n° 2016-1691 du 9 déc. 2016, art. 15-II) ***Aucune personne ne peut être écartée d'une procédure de recrutement ou de l'accès à un stage ou à une période de formation professionnelle, ni être sanctionnée ou faire l'objet d'une mesure discriminatoire, directe ou indirecte, notamment en matière de rémunération, de traitement, de formation, de reclassement, d'affectation, de qualification, de classification, de promotion professionnelle, de mutation ou de renouvellement de contrat, pour avoir relaté ou témoigné, de bonne foi, soit à son employeur, soit aux autorités judiciaires ou administratives*** (L. n° 2016-1524 du 14 nov. 2016, art. 5-I) ***« , soit, en dernier ressort, à un journaliste, au sens de l'article 2 de la loi du 29 juillet 1881 sur la liberté de la presse » de faits relatifs à un risque grave pour la santé publique ou l'environnement dont elle aurait eu connaissance dans l'exercice de ses fonctions.***

Toute disposition ou tout acte contraire est nul de plein droit.

En cas de litige relatif à l'application des deux premiers alinéas, dès lors que la personne établit des faits qui permettent de présumer qu'elle a relaté ou témoigné, de bonne foi, de faits relatifs à un danger pour la santé publique ou l'environnement, il incombe à la partie défenderesse, au vu des éléments, de prouver que sa décision est justifiée par des éléments objectifs étrangers à la déclaration ou au témoignage de l'intéressé. Le juge forme sa conviction après avoir ordonné, en cas de besoin, toutes les mesures d'instruction qu'il estime utiles.

V. aussi art. L. 5312-4-2.

Sur l'indépendance de l'expertise en matière de santé et d'environnement et la protection des lanceurs d'alerte, V. L. n° 2013-316 du 16 avr. 2013.

Sur la définition du lanceur d'alerte, V. L. n° 2016-1691 du 9 déc. 2016, art. 6.

Les dispositions issues de la L. n° 2016-1524 du 14 nov. 2016 sont applicables en Nouvelle-Calédonie, en Polynésie française, dans les îles Wallis-et-Futuna et dans les Terres australes et antarctiques françaises (L. préc., art. 30-I).

Les dispositions issues de la L. n° 2016-1691 du 9 déc. 2016 sont applicables en Nouvelle-Calédonie, en Polynésie française et dans les îles Wallis-et-Futuna (L. préc., art. 167-I).

COMMENTAIRE

V. Commentaire reproduit sur Dalloz.fr

LIVRE QUATRIÈME ADMINISTRATION GÉNÉRALE DE LA SANTÉ

TITRE PREMIER INSTITUTIONS

BIBL. ▸ Villeneuve, Institutions de santé publique, Droit médical et hospitalier, *Litec, fasc.* 118. – Laude, Mathieu et Tabuteau, Droit de la Santé, *PUF, 3e éd., 2012.* – Moquet-Anger, Droit hospitalier, *LGDJ, 2e éd., 2012.* – Tabuteau et Morelle, La santé publique, *Que sais-je ?, PUF, 2010.* – Truchet, Droit de la santé publique, *Mémento, Dalloz, 9e éd., 2017.* – Marrot, L'Administration de la santé en France, *L'Harmattan, 2000.*

▸ **Sur le plan international :** Bélanger, Éléments de doctrine en droit international de la santé (écrits : 1981-2011), *Les études hospitalières, coll. Les cahiers du CERDES, 2012.* – Kastler, La mutation des institutions internationales en matière de santé, *Les Tribunes de la santé 2016, n° 2, p. 65.*

▸ **Études.** Tabuteau, Les pouvoirs de la santé ? la complexité d'un système en quête de régulation, *Les Tribunes de la santé 2013/4, n° 41, p. 37.*

CHAPITRE PREMIER **POLITIQUE DE SANTÉ** *(L. n° 2016-41 du 26 janv. 2016, art. 1er-II-1°).*

BIBL. ▸ **Ouvrages :** Bonnici, La politique de santé en France, *Que sais-je ?, PUF, 2016.* – Haut Conseil de la santé publique, Pour une politique globale et intégrée de sécurité des patients, *HCSP, coll. Avis et Rapports, 2011.* – OCDE, Systèmes de santé : Efficacité et politiques, *éd. OCDE, 2011.* – Frison-Roche (dir.), La régulation des secteurs de la santé, *Thèmes et commentaires, Dalloz-Sciences Po, 2011.* – Martin-Papineau (dir.), La loi du 9 août 2004 relative à la politique de santé publique : Enjeux, réalisations, perspectives, *LGDJ, 2007.* – Tabuteau, Les contes de Ségur : Les coulisses de la politique de santé (1988-2006), *éd. Ophrys, 2006.* – AFDS, La protection de la santé publique, *RGDM 2005, n° spécial.* – École nationale d'administration, Dossier sur les métamorphoses des politiques de santé, *RFAP juill. 2005, n° 113.*

▸ **Études :** Tabuteau, La stratégie nationale de santé, un défi pour la démocratie sanitaire, *JDSAM 2018/18, p. 40.* – Bras, Politique économique et politique de santé, *Les tribunes de la santé 2016, n° 53, p. 73.* – Cambon et *a.*, Pour une nouvelle loi de santé publique en France au service d'une politique nationale de santé plus égalitaire et plus efficiente, *Santé publique 2012, n° 3, p. 253.* – Tabuteau, Politique d'assurance maladie et politique de santé publique : cohérence et incohérences des lois des 9 et 13 août 2004, *Dr. soc. 2006. 200* ✎. – Duprat, Protection de la santé publique et liberté, *RGDM sept. 2005, n° spécial, p. 85.* – Cormier, La régulation de la concurrence par les agences régionales de l'hospitalisation, *ibid., p. 21.*

▸ **A titre historique :** Lélut, Petits traités publiés par l'Académie des sciences morales et politiques : de la santé du peuple, *éd. Pagnerre, Paulin et Firmin, 1849, rééd. Kessinger Publishing, 2010.*

COMMENTAIRE

V. Commentaire reproduit sur Dalloz.fr.

Art. L. 1411-1 *(L. n° 2016-41 du 26 janv. 2016, art. 1er-II-2°)* **La Nation définit sa politique de santé afin de garantir le droit à la protection de la santé de chacun.**

La politique de santé relève de la responsabilité de l'État.

Elle tend à assurer la promotion de conditions de vie favorables à la santé, l'amélioration de l'état de santé de la population, la réduction des inégalités sociales et territoriales et l'égalité entre les femmes et les hommes et à garantir la meilleure sécurité sanitaire possible et l'accès effectif de la population à la prévention et aux soins.

La politique de santé comprend :

1° La surveillance et l'observation de l'état de santé de la population et l'identification de ses principaux déterminants, notamment ceux liés à l'éducation et aux conditions de vie et de travail. L'identification de ces déterminants s'appuie sur le concept d'exposome, entendu comme l'intégration sur la vie entière de l'ensemble des expositions qui peuvent influencer la santé humaine ;

2° La promotion de la santé dans tous les milieux de vie, notamment dans les établissements d'enseignement et sur le lieu de travail, et la réduction des risques pour la santé liés à l'alimentation, à des facteurs environnementaux et aux conditions de vie susceptibles de l'altérer ;

3° La prévention collective et individuelle, tout au long de la vie, des maladies et de la douleur, des traumatismes et des pertes d'autonomie, notamment par la définition d'un parcours éducatif de santé de l'enfant, par l'éducation pour la santé, par la lutte contre la sédentarité et par le développement de la pratique régulière d'activités physiques et sportives à tous les âges ;

4° L'animation nationale des actions conduites dans le cadre de la protection et de la promotion de la santé maternelle et infantile mentionnée à l'article L. 2111-1 ;

5° L'organisation des parcours de santé. Ces parcours visent, par la coordination des acteurs sanitaires, sociaux et médico-sociaux, en lien avec les usagers et les collectivités territoriales, à garantir la continuité, l'accessibilité, la qualité, la sécurité et l'efficience *de la prise en charge de la* population, en tenant compte des spécificités géographiques, démographiques et saisonnières de chaque territoire, afin de concourir à l'équité territoriale ;

6° La prise en charge collective et solidaire des conséquences financières et sociales de la maladie, de l'accident et du handicap par le système de protection sociale ;

7° La préparation et la réponse aux alertes et aux crises sanitaires ;

8° La production, l'utilisation et la diffusion des connaissances utiles à son élaboration et à sa mise en œuvre ;

9° La promotion des activités de formation, de recherche et d'innovation dans le domaine de la santé ;

10° L'adéquation entre la formation initiale des professionnels de santé et l'exercice ultérieur de leurs responsabilités ;

11° L'information de la population et sa participation, directe ou par l'intermédiaire d'associations, aux débats publics sur les questions de santé et sur les risques sanitaires et aux processus d'élaboration et de mise en œuvre de la politique de santé.

La politique de santé est adaptée aux besoins des personnes en situation de handicap et de leurs aidants familiaux.

Tout projet de loi portant sur la politique de santé, à l'exclusion des projets de loi de financement de la sécurité sociale et de loi de finances, fait l'objet d'une concertation préalable avec l'Union nationale des caisses d'assurance maladie, les organismes professionnels représentant les mutuelles et unions de mutuelles régies par le code de la mutualité, les institutions de prévoyance et unions d'institutions de prévoyance régies par le code de la sécurité sociale, les entreprises mentionnées à l'article L. 310-1 du code des assurances et offrant des garanties portant sur le remboursement et l'indemnisation des frais occasionnés par une maladie, une maternité ou un accident, l'Union nationale des professionnels de santé, les représentants des collectivités territoriales et *(Ord. n° 2017-31 du 12 janv. 2017, art. 5-5°)* « l'Union nationale des associations agréées d'usagers du système de santé ».

Art. L. 1411-1-1 *(L. n° 2016-41 du 26 janv. 2016, art. 1er-II-3°)* La politique de santé est conduite dans le cadre d'une stratégie nationale de santé définie par le Gouvernement, dans des conditions fixées par décret en Conseil d'État. La stratégie nationale de santé détermine, de manière pluriannuelle, des domaines d'action prioritaires et des objectifs d'amélioration de la santé et de la protection sociale contre la maladie. Un volet de la stratégie nationale de santé détermine les priorités de la politique de santé de l'enfant. *(Ord. n° 2018-20 du 17 janv. 2018, art. 8)* « La stratégie nationale de santé comporte également un volet propre aux besoins spécifiques de la défense. »

Préalablement à son adoption ou à sa révision, le Gouvernement procède à une consultation publique sur les objectifs et les priorités du projet de stratégie nationale de santé.

La mise en œuvre de la stratégie nationale de santé fait l'objet d'un suivi annuel et d'une évaluation pluriannuelle, dont les résultats sont rendus publics.

Un décret en Conseil d'État définit les conditions d'application du présent article.

Art. L. 1411-1-2 *(L. n° 2016-41 du 26 janv. 2016, art. 1er-II-4°)* Les actions de promotion de la santé reposent sur la concertation et la coordination de l'ensemble des politiques publiques pour favoriser à la fois le développement des compétences individuelles et la création d'environnements physiques, sociaux et économiques favorables à la santé. Des actions tendant à rendre les publics cibles acteurs de leur propre santé sont favorisées. Elles visent, dans une démarche de responsabilisation, à permettre l'appropriation des outils de prévention et d'éducation à la santé.

Art. L. 1411-2 *(L. n° 2016-41 du 26 janv. 2016, art. 1er-II-5°)* Dans le cadre de leurs compétences et dans le respect des conventions les liant à l'État, les organismes gestionnaires des régimes d'assurance maladie concourent à la mise en œuvre de la politique de santé et des plans et programmes de santé qui en résultent.

Ils poursuivent les objectifs, définis par l'État et déclinés par les agences régionales de santé, visant à garantir la continuité, la coordination et la qualité des soins offerts aux assurés, ainsi qu'une répartition territoriale homogène de l'offre de services de prévention et de soins.

Art. L. 1411-3 *(L. n° 2004-806 du 9 août 2004, art. 2-IV)* La Conférence nationale de santé, organisme consultatif placé auprès du ministre chargé de la santé, a pour objet de permettre la concertation sur les questions de santé. Elle est consultée par le Gouvernement lors *(L. n° 2016-41 du 26 janv. 2016, art. 1er-II-6°)* « de l'élaboration de la stratégie nationale de santé ». Elle élabore notamment, sur la base des rapports établis par les conférences régionales *(Ord. n° 2010-177 du 23 févr. 2010, art. 12-2°)* « de la santé et de l'autonomie », un rapport annuel adressé au ministre chargé de la santé et rendu public, sur le respect des droits des usagers du système de santé. Elle formule des avis et propositions au Gouvernement sur les plans et programmes qu'il entend mettre en œuvre. Elle formule également des avis ou propositions en vue d'améliorer le système de santé publique. Elle contribue à l'organisation de débats publics sur ces mêmes questions. Ses avis sont rendus publics.

La Conférence nationale de santé, dont la composition et les modalités de fonctionnement sont fixées par décret, comprend notamment des représentants des malades et des usagers du système de santé, des représentants des professionnels de santé et des établissements de santé ou d'autres structures de soins *(L. n° 2009-879 du 21 juill. 2009, art. 27)* « , dont au moins un représentant d'un établissement assurant une activité de soins à domicile, » ou de prévention, des représentants des industries des produits de santé, des représentants des organismes d'assurance maladie obligatoire et complémentaire, des représentants des conférences régionales *(Ord. n° 2010-177 du 23 févr. 2010, art. 12-2°)* « de la santé et de l'autonomie », des représentants d'organismes de recherche ainsi que des personnalités qualifiées.

Consultation. Sur le caractère non obligatoire de la consultation de la Conférence nationale de santé, V. • CE 26 oct. 2012, *Collectif inter-associatif sur la santé et a.*, n° 352210 : *Lebon T. ; RDSS 2013. 111, concl. Lallet*.

Art. L. 1411-3-1 à L. 1411-3-3 *Abrogés par L. n° 2004-806 du 9 août 2004, art. 4-XII.*

Art. L. 1411-4 *(L. n° 2004-806 du 9 août 2004, art. 2-V)* Le Haut Conseil de la santé publique a pour missions :

(L. n° 2016-41 du 26 janv. 2016, art. 1er-II-7°-a) « 1° De contribuer à l'élaboration, au suivi annuel et à l'évaluation pluriannuelle de la stratégie nationale de santé ; »

2° De fournir aux pouvoirs publics, en liaison avec les agences sanitaires *(L. n° 2017-220 du 23 févr. 2017, art. 4-II)* « et la Haute Autorité de santé », l'expertise nécessaire à la gestion des risques sanitaires ainsi qu'à la conception et à l'évaluation des politiques et stratégies de prévention et de sécurité sanitaire ;

3° De fournir aux pouvoirs publics des réflexions prospectives et des conseils sur les questions de santé publique ;

(L. n° 2016-41 du 26 janv. 2016, art. 1er-II-7°-b) « 4° De contribuer à l'élaboration d'une politique de santé de l'enfant globale et concertée. »

Il peut être consulté par les ministres intéressés, par les présidents des commissions compétentes du Parlement et par le président de l'Office parlementaire d'évaluation des politiques de santé sur toute question relative à la prévention, à la sécurité sanitaire ou à la performance du système de santé.

Consultation. V. notes ss. art. L. 1411-3.

Art. L. 1411-5 *(L. n° 2004-806 du 9 août 2004, art. 2-VI)* Le Haut Conseil de la santé publique comprend des membres de droit et des personnalités qualifiées.

Le président du Haut Conseil de la santé publique est élu par ses membres.

Art. L. 1411-5-1 *(Ord. n° 2016-967 du 15 juill. 2016, art. 5)* L'État assure la coordination de l'exercice des missions des autorités, établissements et organismes mentionnés aux articles L. 1222-1, L. 1313-1, L. 1413-1, L. 1415-2, L. 1418-1 et L. 5311-1 du présent code, à l'article L. 161-37 du code de la sécurité sociale et à l'article L. 592-1 du code de l'environnement ainsi qu'à l'article L. 592-45 du même code.

Cette coordination porte, dans le respect des compétences déléguées aux institutions mentionnées au premier alinéa, sur les domaines dans lesquels il est nécessaire d'assurer le bon fonctionnement de leurs interactions ou l'harmonisation de leurs pratiques, dans l'intérêt de la santé publique et de la sécurité sanitaire.

Elle est exercée dans le cadre d'une instance placée auprès du ministre chargé de la santé.

Un décret en Conseil d'État précise et complète la composition de cette instance et définit ses modalités de fonctionnement.

Art. L. 1411-5-2 *(Ord. n° 2017-30 du 12 janv. 2017, art. 1er)* I. – L'écart entre le nombre de femmes et le nombre d'hommes parmi les membres, autres que le président, de chacun des conseils d'administration des établissements mentionnés aux articles L. 1142-22, L. 1222-1, L. 1413-1, L. 1418-1 et L. 5311-1 ne peut être supérieur à un.

Parmi les membres désignés par une même personne investie du pouvoir de nomination ou de désignation, l'écart entre le nombre de femmes et le nombre d'hommes ne peut être supérieur à un.

Aux fins d'assurer le respect de la règle définie au premier alinéa, un décret en Conseil d'État détermine les conditions dans lesquelles sont organisées les élections des représentants des personnels de manière à ce que l'écart entre les femmes et les hommes au sein de ces représentants n'excède pas un. Il détermine également les cas dans lesquels, au regard de l'insuffisance de personnes éligibles de chaque sexe constatée lors du scrutin, et par dérogation au premier alinéa, les représentants du personnel ne sont pas pris en compte pour l'application de la règle définie à cet alinéa.

II. — Un tirage au sort est réalisé, le cas échéant, afin de déterminer, parmi les personnes appelées à prendre part à la désignation ou au renouvellement des membres de ces conseils d'administration et qui désignent, respectivement, un membre ou un nombre impair de membres, celles qui désignent, respectivement, une femme ou un homme, ou un nombre supérieur de femmes ou un nombre supérieur d'hommes.

Toutefois, dans le cas où une personne investie du pouvoir de nomination ou de désignation souhaite renouveler le mandat d'un membre sortant, elle le désigne au préalable. Il est alors procédé à la désignation des autres membres après application, compte tenu des membres dont le mandat a été renouvelé, du tirage au sort mentionné à l'alinéa précédent.

III. — Les modalités du tirage au sort mentionné au II ainsi que le délai dans lequel il est organisé sont fixés par décret.

Art. L. 1411-5-3 *(Ord. nº 2017-45 du 19 janv. 2017, art. 3-I-1º)* Les organismes mentionnés aux articles L. 1222-1, L. 1411-4, L. 1418-1 et L. 5311-1 du présent code et à l'article L. 161-37 du code de la sécurité sociale mutualisent tout ou partie de leurs fonctions d'appui et de soutien, comprenant les fonctions comptables, logistiques, informatiques, immobilières ainsi que les fonctions de paiement ou de commande, d'expertise juridique, de communication ou de relations internationales.

Les organismes et les fonctions faisant l'objet de la mutualisation sont déterminés par un décret en Conseil d'État, pris après avis de l'instance mentionnée à l'article L. 1411-5-1. Ce décret précise également les conditions dans lesquelles une convention, conclue entre les organismes intéressés, précise le périmètre des fonctions concernées, les modalités selon lesquelles chacun des organismes contribue et recourt aux services mutualisés et la répartition entre les organismes de la prise en charge des coûts correspondants.

Art. L. 1411-6 *(L. nº 2004-806 du 9 août 2004, art. 10-I)* Sans préjudice des compétences des départements prévues à l'article L. 2111-2, des programmes de santé destinés à éviter l'apparition, le développement ou l'aggravation de maladies ou incapacités sont déterminés par arrêté du ministre chargé de la santé et de la sécurité sociale et, en tant que de besoin, des ministres intéressés.

Dans le cadre de ce programme sont prévus des consultations médicales périodiques de prévention et des examens de dépistage, dont la liste est fixée *(L. nº 2006-1640 du 21 déc. 2006, art. 60-IV)* « , après avis de la Haute Autorité de santé, » par arrêté du ministre chargé de la santé, ainsi que des actions d'information et d'éducation pour la santé.

(L. nº 2005-102 du 11 févr. 2005, art. 8) « Les personnes handicapées bénéficient de consultations médicales de prévention supplémentaires spécifiques. Elles y reçoivent une expertise médicale qui leur permet de s'assurer qu'elles bénéficient de l'évolution des innovations thérapeutiques et technologiques pour la réduction de leur incapacité. La périodicité et la forme des consultations sont définies par arrêté du ministre chargé de la santé.

« Les équipes médicales expertes responsables de ces consultations peuvent être consultées par les équipes pluridisciplinaires mentionnées à l'article L. 146-8 du code de l'action sociale et des familles, dans le cadre de l'élaboration des plans personnalisés de compensation prévus à l'article L. 114-1-1 du même code. »

Art. L. 1411-7 *(L. n° 2004-806 du 9 août 2004, art. 10-III)* Des arrêtés des ministres chargés de la santé et de la protection sociale précisent, en tant que de besoin, notamment :

1° L'objet des consultations de prévention et des examens de dépistage mentionnés à l'article L. 1411-6 ;

2° Le cas échéant, l'équipement requis pour procéder à certains de ces examens et les modalités techniques de leur réalisation ;

3° Les conditions de mise en œuvre de ces consultations, de ces examens et de l'information du patient ;

4° Les conditions de transmission des informations nécessaires à l'évaluation du dispositif ;

(Ord. n° 2010-177 du 23 févr. 2010, art. 7-26°) « 5° Les missions confiées à l'agence régionale de santé ou à des organismes habilités par son directeur général pour la mise en œuvre des programmes de santé mentionnés à l'article L. 1411-6. »

Art. L. 1411-8 *(L. n° 2004-806 du 9 août 2004, art. 10-III)* Tout professionnel de santé, quel que soit son mode d'exercice, les établissements de santé et les établissements médico-sociaux *(Ord. n° 2018-20 du 17 janv. 2018, art. 8)* « , le service de santé des armées » et tous autres organismes de soins ou de prévention peuvent, dans les limites fixées par les dispositions législatives et réglementaires, concourir à la réalisation de tout ou partie des programmes de santé mentionnés à l'article L. 1411-6. Les services de santé au travail, de santé scolaire et universitaire et de protection maternelle et infantile concourent, en tant que de besoin, à la réalisation de ces programmes.

Les modalités de participation des professionnels de santé libéraux à la mise en œuvre de ces programmes sont régies par *(Ord. n° 2010-177 du 23 févr. 2010, art. 23-I-2°)* « des contrats d'amélioration de la qualité et de la coordination des soins mentionnés à l'article L. 1435-4 ».

A des fins de suivi statistique et épidémiologique de la santé de la population, les médecins qui réalisent les consultations médicales périodiques de prévention et les examens de dépistage prévus à l'article L. 1411-6 transmettent au ministre chargé de la santé *(Ord. n° 2010-177 du 23 févr. 2010, art. 7-27°)* « , à l'agence régionale de santé ou aux organismes désignés à cet effet par le directeur général de l'agence », dans des conditions fixées par arrêté pris après avis du Conseil national de l'information statistique et de la Commission nationale de l'informatique et des libertés :

1° Des données agrégées ;

2° Des données personnelles, dont certaines de santé, ne comportant ni le nom, ni le prénom, ni l'adresse détaillée. Pour ces données, l'arrêté précise les modalités de fixation des échantillons ainsi que les garanties de confidentialité apportées lors de la transmission des données. La transmission de ces données se fait dans le respect des règles relatives au secret professionnel.

Les informations transmises en application du présent article et permettant l'identification des personnes physiques auxquelles elles s'appliquent ne peuvent faire l'objet d'aucune communication de la part du *(Abrogé par Ord. n° 2010-177 du 23 févr. 2010, art. 7-27°)* *« service »* bénéficiaire de la transmission et sont détruites après utilisation.

Art. L. 1411-9 *(L. n° 2016-41 du 26 janv. 2016, art. 1er-II-8°)* Les services de santé mentionnés à l'article L. 1411-8 contribuent, chacun dans le cadre des missions qui lui sont imparties, à la politique de santé définie aux articles L. 1411-1 et L. 1411-1-1.

Art. L. 1411-10 *(L. n° 2016-41 du 26 janv. 2016, art. 2)* La stratégie nationale de santé mentionnée à l'article L. 1411-1-1 fixe des objectifs propres aux outre-mer à partir d'une évaluation des données épidémiologiques et des risques sanitaires spécifiques aux collectivités mentionnées à l'article 73 de la Constitution ainsi qu'aux collectivités de Saint-Barthélemy, de *Saint-Martin*, de Saint-Pierre-et-Miquelon et des îles *Wallis-et-Futuna*.

Elle prend en compte le développement de la coopération régionale en outre-mer dans le domaine de la santé.

L'État peut proposer à la Polynésie française et à la Nouvelle-Calédonie de s'associer par convention, dans le respect de leurs compétences, à la mise en œuvre des plans et des programmes qui résultent de la mise en œuvre de la stratégie nationale de santé.

CHAPITRE PREMIER *BIS* ORGANISATION DES SOINS

(L. n° 2009-879 du 21 juill. 2009, art. 36)

BIBL. ▶ GINON, La réorganisation de l'offre de soins en niveaux de recours : dits et non-dits d'une réforme d'ampleur, *in* COUTY, C. KOUCHNER, LAUDE et TABUTEAU, La loi HPST : regards sur la réforme du système de santé, *Presses de l'EHESP, 2009, p. 183.* – MORET-BAILLY, La loi HPST et l'accès aux soins, *RDSS 2009. 820*. – SEGOVIA-KUENY, Soins de premier et de second recours, *RDSS 2009, n° Hors-série, p. 35.*

Art. L. 1411-11 *(L. n° 2009-879 du 21 juill. 2009, art. 36-I)* **L'accès aux soins de premier recours ainsi que la prise en charge continue des malades sont définis dans le respect des exigences de proximité, qui s'apprécie en termes de distance et de temps de parcours, de qualité et de sécurité. Ils sont organisés par l'agence régionale de santé** *(L. n° 2016-41 du 26 janv. 2016, art. 158-I-2°)* **« conformément au schéma régional de santé prévu à l'article L. 1434-2. » Ces soins comprennent :**

1° La prévention, le dépistage, le diagnostic, le traitement et le suivi des patients ;

2° La dispensation et l'administration des médicaments, produits et dispositifs médicaux, ainsi que le conseil pharmaceutique ;

3° L'orientation dans le système de soins et le secteur médico-social ;

4° L'éducation pour la santé.

Les professionnels de santé, dont les médecins traitants cités à l'article L. 162-5-3 du code de la sécurité sociale, ainsi que les centres de santé concourent à l'offre de soins de premier recours en collaboration et, le cas échéant, dans le cadre de coopérations organisées avec les établissements et services de santé, sociaux et médico-sociaux.

Art. L. 1411-11-1 *(L. n° 2016-41 du 26 janv. 2016, art. 64)* **Une équipe de soins primaires est un ensemble de professionnels de santé constitué autour de médecins généralistes de premier recours, choisissant d'assurer leurs activités de soins de premier recours définis à l'article L. 1411-11 sur la base d'un projet de santé qu'ils élaborent. Elle peut prendre la forme d'un centre de santé ou d'une maison de santé.**

L'équipe de soins primaires contribue à la structuration des parcours de santé. Son projet de santé a pour objet, par une meilleure coordination des acteurs, la prévention, l'amélioration et la protection de l'état de santé de la population, ainsi que la réduction des inégalités sociales et territoriales de santé.

Art. L. 1411-12 *(L. n° 2009-879 du 21 juill. 2009, art. 36-I)* **Les soins de** *(L. n° 2016-41 du 26 janv. 2016, art. 66-I)* **« deuxième » recours, non couverts par l'offre de premier recours, sont organisés dans les mêmes conditions que celles prévues au premier alinéa de l'article L. 1411-11.**

Art. L. 1411-13 *(L. n° 2004-806 du 9 août 2004, art. 8 ; L. n° 2009-879 du 21 juill. 2009, art. 36-II)* **Les modalités d'application du chapitre Ier et du présent chapitre sont fixées par décret en Conseil d'État.**

CHAPITRE II ÉTHIQUE

(L. n° 2004-800 du 6 août 2004, art. 1er)

BIBL. ▶ Les Cahiers du CCNE, *éd. CCNE.* – Avis et rapport annuels du CCNE sur le site http ://www.ccne-ethique.fr. – Dict. perm. Santé, Bioéthique et Biotechnologies, Étude « CCNE », *Éd. Législatives.* – MÉMETEAU, La normativité des avis et recommandations des comités d'éthique, *RGDM 2017/12, p. 31.* – TRUCHET, La fabrication des avis du comité national d'éthique, *Mélanges Mémeteau, LEH 2015, vol. 1, p. 235.* – MARTINENT, Autour de « l'éthique humaniste » comme « institution » en droit de la santé, *in* Mélanges en l'honneur de Jean-Marie Clément, *LEH, 2014, p. 331.* – MARTINEZ et VIALLA, Les grands avis du CCNE, *LGDJ, 2013.* – BÉVIÈRE, L'évolution du CCNE pour les sciences de la vie et de la santé : quels changements, quelles perspectives ?, *RGDM 2005, n° 17, p. 205.* – FORTIER, Qui décide en matière de bioéthique ?, *RGDM 2005, n° 17, p. 181.* – DUPRAT, Les aspects de droit public de la loi bioéthique, *AJDA 2004. 2328*. – MARTINEZ, Les comités nationaux et européens d'éthique et l'émergence d'un droit européen de la bioéthique, *RGDM 2004, n° 13, p. 199.*

Art. L. 1412-1 **Le Comité consultatif national d'éthique pour les sciences de la vie et de la santé a pour mission de donner des avis sur les problèmes éthiques et les questions de société soulevés par les progrès de la connaissance dans les domaines de la biologie, de la médecine et de la santé.**

(L. nº 2017-55 du 20 janv. 2017, art. 24-II-1º) « Le comité exerce sa mission en toute indépendance. »

Art. L. 1412-1-1 *(L. nº 2011-814 du 7 juill. 2011, art. 46-1º)* Tout projet de réforme sur les problèmes éthiques et les questions de société soulevés par les progrès de la connaissance dans les domaines de la biologie, de la médecine et de la santé doit être précédé d'un débat public sous forme d'états généraux. Ceux-ci sont organisés à l'initiative du Comité consultatif national d'éthique pour les sciences de la vie et de la santé, après consultation des commissions parlementaires permanentes compétentes et de l'Office parlementaire d'évaluation des choix scientifiques et technologiques. *(L. nº 2016-87 du 2 févr. 2016, art. 12-1º)* « L'avis des commissions compétentes et de l'Office parlementaire d'évaluation des choix scientifiques et technologiques inclut une appréciation sur l'opportunité, pour le Gouvernement, de mobiliser, dans les conditions prévues à l'article L. 121-10 du code de l'environnement, le concours de la Commission nationale du débat public. »

A la suite du débat public, le comité établit un rapport qu'il présente devant l'Office parlementaire d'évaluation des choix scientifiques et technologiques, qui procède à son évaluation *(L. nº 2016-87 du 2 févr. 2016, art. 12-2º)* « , en faisant ressortir les éléments scientifiques indispensables à la bonne compréhension des enjeux de la réforme envisagée ».

En l'absence de projet de réforme, le comité est tenu d'organiser des états généraux de la bioéthique au moins une fois tous les cinq ans.

Art. L. 1412-2 *(Ord. nº 2015-948 du 31 juill. 2015, art. 9-I-1º)* « I. – Le comité est une *(L. nº 2017-55 du 20 janv. 2017, art. 24-II-2º)* « institution » indépendante qui comprend, outre son président nommé par le Président de la République, trente-neuf membres : »

1º Cinq personnalités désignées par le Président de la République et appartenant aux principales familles philosophiques et spirituelles ;

2º Dix-neuf personnalités qualifiées choisies en raison de leur compétence et de leur intérêt pour les problèmes d'éthique, soit :

– un député et un sénateur désignés par les présidents de leurs assemblées respectives ;
– un membre du Conseil d'État désigné par le vice-président de ce conseil ;
– un conseiller à la Cour de cassation désigné par le premier président de cette cour ;
– une personnalité désignée par le Premier ministre ;
– une personnalité désignée par le garde des sceaux, ministre de la justice ;
– deux personnalités désignées par le ministre chargé de la recherche ;
– une personnalité désignée par le ministre chargé de l'industrie ;
– une personnalité désignée par le ministre chargé des affaires sociales ;
– une personnalité désignée par le ministre chargé de l'éducation ;
– une personnalité désignée par le ministre chargé du travail ;
– quatre personnalités désignées par le ministre chargé de la santé ;
– une personnalité désignée par le ministre chargé de la communication ;
– une personnalité désignée par le ministre chargé de la famille ;
– une personnalité désignée par le ministre chargé des droits de la femme ;

3º Quinze personnalités appartenant au secteur de la recherche, soit :

– un membre de l'Académie des sciences, désigné par son président ;
– un membre de l'Académie nationale de médecine, désigné par son président ;
– un représentant du Collège de France, désigné par son administrateur ;
– un représentant de l'Institut Pasteur, désigné par son directeur ;
– quatre chercheurs appartenant aux corps de chercheurs titulaires de l'institut national de la santé et de la recherche *médicale ou du Centre national de la recherche scientifique et deux ingénieurs*, techniciens ou administratifs dudit institut ou dudit centre relevant des statuts de personnels de ces établissements, désignés pour moitié par le directeur général de cet institut et pour moitié par le directeur général de ce centre ;
– deux enseignants-chercheurs ou membres du personnel enseignant et hospitalier des centres hospitaliers et universitaires figurant sur les listes électorales de l'Institut

national de la santé et de la recherche médicale, désignés par le directeur général de cet institut ;

— deux enseignants-chercheurs ou membres du personnel enseignant et hospitalier des centres hospitaliers et universitaires, désignés par la Conférence des présidents d'université ;

— un chercheur appartenant aux corps des chercheurs titulaires de l'Institut national de la recherche agronomique, désigné par le président-directeur général de cet institut.

(Ord. n° 2015-948 du 31 juill. 2015, art. 9-I-2°) « II. — Le président du comité est nommé pour une durée de deux ans renouvelable. Les autres membres du comité sont nommés pour une durée de quatre ans renouvelable une fois sous réserve des dispositions du III.

« III. — Parmi les membres du comité autres que son président, l'écart entre le nombre de femmes et le nombre d'hommes ne peut être supérieur à un.

« A cette fin, à chaque renouvellement intervenant à compter du 13 avril 2016 :

« 1° Chaque autorité amenée à désigner un nombre pair de membres désigne autant de femmes que d'hommes ;

« 2° Chaque autorité amenée à désigner un seul membre désigne alternativement une femme et un homme ;

« 3° Chaque autorité amenée à désigner un nombre impair de membres supérieur à un désigne alternativement un nombre supérieur de femmes et un nombre supérieur d'hommes, l'écart entre le nombre de femmes et le nombre d'hommes désignés par chaque autorité ne pouvant être supérieur à un.

« IV. — En cas de décès, de démission ou de cessation de fonctions pour toute autre cause, le membre désigné à la suite d'une vacance de poste pour la durée du mandat restant à courir est de même sexe que celui qu'il remplace. »

Art. L. 1412-3 Le comité établit un rapport annuel d'activité qui est remis au Président de la République et au Parlement et rendu public. *(L. n° 2011-814 du 7 juill. 2011, art. 48)* « Ce rapport comporte une analyse des problèmes éthiques soulevés dans les domaines de compétence de l'Agence de la biomédecine et dans le domaine des neurosciences. »

Il peut publier des recommandations sur les sujets relevant de sa compétence.

Art. L. 1412-3-1 *(L. n° 2011-814 du 7 juill. 2011, art. 46-2°)* Les états généraux mentionnés à l'article L. 1412-1-1 réunissent des conférences de citoyens choisis de manière à représenter la société dans sa diversité. Après avoir reçu une formation préalable, ceux-ci débattent et rédigent un avis ainsi que des recommandations qui sont rendus publics. Les experts participant à la formation des citoyens et aux états généraux sont choisis en fonction de critères d'indépendance, de pluralisme et de pluridisciplinarité.

Art. L. 1412-4 Les crédits nécessaires à l'accomplissement des missions du Comité consultatif national d'éthique pour les sciences de la vie et de la santé sont inscrits au *(L. n° 2008-1425 du 27 déc. 2008, art. 152)* « programme de la mission "Direction de l'action du Gouvernement" relatif à la protection des droits et des libertés fondamentales ».

Les dispositions de la loi du 10 août 1922 relative à l'organisation du contrôle des dépenses engagées ne sont pas applicables à leur gestion.

Le comité présente ses comptes au contrôle de la Cour des comptes.

Art. L. 1412-5 Un décret en Conseil d'État précise les conditions de désignation des membres du comité et définit ses modalités de saisine, d'organisation et de fonctionnement.

Art. L. 1412-6 Des espaces de réflexion éthique sont créés au niveau régional ou interrégional ; ils constituent, en lien avec des centres hospitalo-universitaires, des lieux de formation, de documentation, de rencontre et d'échanges interdisciplinaires sur les questions d'éthique dans le domaine de la santé. Ils font également fonction d'observatoires régionaux ou interrégionaux des pratiques au regard de l'éthique. Ces espaces participent à l'organisation de débats publics afin de promouvoir l'information et la consultation des citoyens sur les questions de bioéthique.

(L. nº 2011-814 du 7 juill. 2011, art. 49) « Ils établissent chaque année un rapport d'activité qui est communiqué au Comité consultatif national d'éthique pour les sciences de la vie et de la santé ; celui-ci en fait la synthèse dans le rapport annuel mentionné à l'article L. 1412-3. »

Les règles de constitution, de composition et de fonctionnement des espaces de réflexion éthique sont définies par arrêté du ministre chargé de la santé après avis du Comité consultatif national d'éthique pour les sciences de la vie et de la santé.

CHAPITRE III VEILLE SANITAIRE, URGENCE SANITAIRE ET PROMOTION DE LA SANTÉ *(Ord. nº 2016-462 du 14 avr. 2016, art. 1er-1º).*

SECTION PREMIÈRE AGENCE NATIONALE DE SANTÉ PUBLIQUE

(Ord. nº 2016-462 du 14 avr. 2016, art. 1er-2º)

Art. L. 1413-1 L'Agence nationale de santé publique est un établissement public de l'État à caractère administratif, placé sous la tutelle du ministre chargé de la santé.

L'agence a pour missions :

1º L'observation épidémiologique et la surveillance de l'état de santé des populations ;

2º La veille sur les risques sanitaires menaçant les populations ;

3º La promotion de la santé et la réduction des risques pour la santé ;

4º Le développement de la prévention et de l'éducation pour la santé ;

5º La préparation et la réponse aux menaces, alertes et crises sanitaires ;

6º Le lancement de l'alerte sanitaire.

L'agence assure la mise en œuvre d'un système national de veille et de surveillance sanitaire, dont elle définit les orientations, anime et coordonne les actions, dans le respect des missions dévolues aux agences régionales de santé.

Elle met en œuvre, en lien avec les régimes obligatoires d'assurance maladie et les services statistiques des départements ministériels concernés, un outil permettant la centralisation et l'analyse des statistiques sur les accidents du travail, les maladies professionnelles, les maladies présumées d'origine professionnelle et de toutes les autres données relatives aux risques sanitaires en milieu du travail, collectées conformément à l'article L. 1413-7.

Elle assure, pour le compte de l'État, la gestion administrative, financière et logistique de la réserve sanitaire et de stocks de produits, équipements et matériels ainsi que de services nécessaires à la protection des populations face aux menaces sanitaires graves. Elle assure la gestion des réservistes sanitaires et l'animation de leur réseau.

BIBL. ▸ **Organisation.** KASTLER, La création de l'Agence nationale de santé publique : les réformes cachées d'une fusion administrative, *RDSS 2017. 119*. – BRÉCHAT, GROSSET et TABUTEAU, L'organisation pentagonale de la sécurité sanitaire, *JDSAM 2016, nº 14, p. 31.* – PAULIAT, ANSP : une organisation et des missions précisées, *JCP Adm. 2016. 400.*

▸ **Urgences sanitaires.** ROUSSEAU et FOUCHER (dir.), Les réponses du droit aux crises sanitaires : anticiper, réagir, *L'Harmattan, 2016.*

Art. L. 1413-2 Pour assurer la mise en œuvre du système national de veille et de surveillance sanitaire et pour améliorer la pertinence de ses actions, l'agence dispose, sous son autorité, de cellules d'intervention en région, placées auprès des directeurs généraux des agences régionales de santé.

Elle conclut avec les agences régionales de santé des conventions visant à la mise en œuvre de ses missions et précisant les modalités de fonctionnement des cellules d'intervention en région.

Art. L. 1413-3 *Pour l'exercice* de ses missions, l'agence s'appuie :

1º Sur un réseau national de santé publique qu'elle organise et anime. Ce réseau est constitué de toute personne publique ou privée, française ou étrangère, qui apporte son concours aux missions de l'agence et coopère avec elle, en particulier par voie de convention ou de participation à des groupements d'intérêt public ou scientifique dont l'agence est membre. Un décret précise les modalités d'organisation de ce réseau ;

2° Sur un réseau de centres nationaux de référence pour la lutte contre les maladies transmissibles, dont les modalités de désignation ainsi que les missions sont fixées par décret.

Art. L. 1413-4 A la demande du ministre chargé de la santé, l'agence procède à l'acquisition, la fabrication, l'importation, le stockage, le transport, la distribution et l'exportation des produits et services nécessaires à la protection de la population face aux menaces sanitaires graves. Elle assure, dans les mêmes conditions, leur renouvellement et leur éventuelle destruction.

L'agence peut également mener, à la demande du ministre chargé de la santé, les mêmes actions pour des médicaments, des dispositifs médicaux ou des dispositifs médicaux de diagnostic *in vitro* répondant à des besoins de santé publique, thérapeutiques ou diagnostiques, non couverts par ailleurs, qui font l'objet notamment d'une rupture ou d'une cessation de commercialisation, d'une production en quantité insuffisante ou lorsque toutes les formes nécessaires ne sont pas disponibles. Elle peut être titulaire d'une licence d'office mentionnée à l'article L. 613-16 du code de la propriété intellectuelle.

Les actions de l'agence concernant des médicaments, produits et objets mentionnés à l'article L. 4211-1 sont réalisées par un ou plusieurs établissements pharmaceutiques qui en assurent, le cas échéant, l'exploitation. Ces établissements sont ouverts par l'agence et sont soumis aux dispositions des articles L. 5124-2, L. 5124-3, L. 5124-4, à l'exception du dernier alinéa, L. 5124-5, L. 5124-6 et L. 5124-11.

Art. L. 1413-5 L'agence peut être saisie de toute question relevant de ses missions par le ministre chargé de la santé, le cas échéant, à la demande des autres ministres ou des autres établissements publics de l'État, et par tout organisme représenté à son conseil d'administration.

Elle peut se saisir de toute question relevant de ses missions définies aux 1°, 2°, 3°, 4° et 6° de l'article L. 1413-1.

Dans son champ de compétence et pour réaliser ses missions, l'agence met en œuvre une expertise répondant aux principes énoncés à l'article L. 1452-1. Ses avis et recommandations sont rendus dans le respect des dispositions de l'article L. 1452-2.

Sous réserve du respect de la vie privée et des secrets protégés par la loi, notamment des règles relatives à la protection des secrets de la défense nationale, ses avis et recommandations sont rendus publics.

Art. L. 1413-6 L'agence met à disposition du ministre chargé de la santé, des agences sanitaires et de la Conférence nationale de santé les informations et données issues de l'observation et de la surveillance de la santé des populations, nécessaires à l'élaboration et à la conduite de la politique de santé. Elle met en outre à disposition des autres ministres, dans les mêmes conditions, celles de ces informations et données qui les concernent.

Lorsque la transmission d'informations ou de données est indispensable aux membres du réseau national de santé publique pour apporter leur concours à l'agence dans l'exercice de ses missions mentionnées aux 1°, 2° et 6° de l'article L. 1413-1, les personnes physiques ou morales concernées tenues de transmettre des informations à l'agence sur le fondement des articles L. 1413-7 ou L. 1413-8 font parvenir ces informations ou données aux membres du réseau désignés par le directeur général de l'agence, selon des modalités définies par décret en Conseil d'État et dans les conditions prévues par la *loi du 6 janvier* 1978 relative à l'informatique, aux fichiers et aux libertés.

Art. L. 1413-7 Les services de l'État ainsi que les organismes placés sous sa tutelle apportent leur concours à l'agence, dans l'exercice de ses missions.

Les informations nécessaires à l'exercice de ses missions prévues aux 1°, 2° et 6° de l'article L. 1413-1 sont transmises à l'agence par :

1° Les professionnels de santé ;

2° L'État et les collectivités territoriales, leurs établissements publics, les services de protection civile ou d'urgence, le service de santé des armées, les observatoires régionaux de la santé et les organismes de sécurité sociale ainsi que les services de promotion de la santé en faveur des élèves, les services universitaires ou interuniversitaires de médecine préventive et de promotion de la santé et les autres correspondants, publics et privés, du réseau national de santé publique mentionnés à l'article L. 1413-3 ;

3° Les services de santé au travail ou, pour les données personnelles de santé, les médecins du travail ;

4° Les entreprises publiques et privées, afin d'améliorer la connaissance et la prévention des risques sanitaires en milieu de travail. L'agence contribue à la mise en place, dans ces entreprises, de surveillances épidémiologiques en lien notamment avec les services de santé au travail.

A la demande de l'agence, les personnes assurant le service extérieur des pompes funèbres mentionné à l'article L. 2223-19 du code général des collectivités territoriales lui transmettent toutes informations nécessaires à l'exercice de ses missions.

L'agence est destinataire des expertises et des rapports d'évaluation, de contrôle et d'inspection relatifs à la veille sanitaire et à la sécurité sanitaire, réalisés par l'Agence nationale de sécurité du médicament et des produits de santé, l'Agence nationale chargée de la sécurité sanitaire de l'alimentation, de l'environnement et du travail et par les services de l'État ou par les établissements publics qui lui sont rattachés.

Art. L. 1413-8 Lorsqu'il s'avère nécessaire de prévenir ou de maîtriser des risques graves pour la santé humaine :

1° Toute personne physique et toute personne morale est tenue, à la demande de l'agence, de lui communiquer toute information *(L. n° 2016-1087 du 8 août 2016, art. 42-I-1°)* « qu'elle détient » relative à de tels risques ;

2° Tout laboratoire de biologie médicale public ou privé, ainsi que tout laboratoire agréé ou reconnu en application des articles *(L. n° 2016-1087 du 8 août 2016, art. 42-I-2°)* « L. 202-1 à L. 202-3 » du code rural et de la pêche maritime, tout laboratoire réalisant des expertises en application des articles L. 215-9 *[L. 512-23, L. 512-24, L. 512-39]* à L. 215-17 *[L. 512-49]* du code de la consommation, tout laboratoire procédant aux contrôles sanitaires ou à l'auto-surveillance prévus par les titres II et III du livre III de la première partie du présent code est tenu de transmettre aux centres nationaux de référence ou aux laboratoires désignés, les souches d'agent infectieux ou le matériel biologique de toute origine en sa possession en rapport avec de tels risques. Un arrêté du ministre chargé de la santé et, le cas échéant, des autres ministres intéressés fixe les conditions de cette transmission ;

(L. n° 2016-1087 du 8 août 2016, art. 42-I-3°) « 3° Les ressources biologiques collectées par les laboratoires chargés de la surveillance microbiologique dans les conditions mentionnées au 2° du présent article sont conservées dans une collection nationale de ressources biologiques d'intérêt pour la santé publique. Un arrêté du ministre chargé de la santé fixe la liste des établissements chargés de la conservation de ces ressources. Un décret en Conseil d'État détermine les conditions de leur conservation, de leur mise à disposition et de partage des avantages liés à l'utilisation des ressources génétiques qui en sont issues. »

Art. L. 1413-9 I. – L'agence est administrée par un conseil d'administration, composé, outre son président, nommé par décret, des membres suivants :

1° Des représentants :

a) De l'État ;

b) Des régimes obligatoires d'assurance maladie ;

c) De partenaires institutionnels de l'agence ;

d) Des professionnels de santé ;

e) D'associations d'usagers du système de santé agréées en application de l'article L. 1114-1, d'associations agréées ayant une activité dans le domaine de la défense des consommateurs, de la défense des familles, de la protection de l'environnement et de la défense des victimes d'accidents du travail *et de maladies* professionnelles ;

(L. n° 2017-228 du 24 févr. 2017, art. 2) « 1° *bis* Deux députés et deux sénateurs ; »

2° Des élus représentant les collectivités territoriales ;

3° Des personnalités qualifiées choisies en raison de leur compétence dans les domaines relevant des missions de l'agence ;

4° Des représentants du personnel.

Le président a voix prépondérante en cas de partage égal des voix.

Le conseil d'administration fixe les orientations de la politique de l'agence. Il délibère, en outre, sur les règles de déontologie mentionnées à l'article L. 1413-12-2 ainsi que sur des sujets définis par voie réglementaire.

II. – Le conseil d'administration siège en formation restreinte, lorsque la confidentialité est requise par son président ou par le ministre chargé de la santé afin de protéger des secrets de la défense nationale, de la sécurité civile ou des secrets industriels ou commerciaux, pour les délibérations relatives à la mission prévue au 5° de l'article L. 1413-1 et au onzième alinéa du même article. En formation restreinte, le conseil d'administration est composé de son président, de représentants de l'État et des régimes obligatoires d'assurance maladie.

Art. L. 1413-10 L'agence est dirigée par un directeur général, nommé par décret. Le directeur général émet les avis et recommandations relevant de la compétence de l'agence et prend, au nom de l'État, les décisions intervenant à la demande du ministre chargé de la santé en application de l'article L. 1413-4.

Sous réserve des attributions du conseil d'administration, le directeur général de l'agence exerce les compétences mentionnées aux articles L. 1413-1 à L. 1413-8.

Art. L. 1413-11 Un conseil scientifique veille à la qualité et à la cohérence de la politique scientifique de l'agence.

Un comité d'éthique et de déontologie veille, en lien avec le déontologue mentionné à l'article L. 1451-4, au respect des règles éthiques et déontologiques applicables à l'agence, aux membres de ses instances, à ses personnels et à ses collaborateurs occasionnels.

Un comité d'orientation et de dialogue contribue au développement des débats publics et des réflexions collectives sur les problématiques de santé publique.

Art. L. 1413-12 L'agence est soumise à un régime administratif, budgétaire, financier et comptable et à un contrôle de l'État adaptés à la nature particulière de sa mission et définis au présent chapitre.

Les ressources de l'agence sont constituées notamment :

1° Par des subventions de l'État, de collectivités publiques, de leurs établissements publics, de l'Union européenne ou des organisations internationales ;

(Abrogé par L. n° 2016-1917 du 29 déc. 2016, art. 48-II-1°) « 2° Par une dotation des régimes obligatoires d'assurance maladie pour le financement des missions mentionnées au 3° et au 4° de l'article L. 1413-1. Les conditions de versement et les modalités de répartition entre les régimes obligatoires d'assurance maladie sont fixées par décret ; »

3° *[Par]* Le produit des ventes de produits et services mentionnés à l'article L. 1413-4 ;

4° *[Par]* Les reversements et remboursements mentionnés à l'article L. 162-1-16 du code de la sécurité sociale ;

5° Par des taxes prévues à son bénéfice ;

6° Par des redevances pour services rendus ;

7° Par des produits divers, dons et legs ;

8° Par des emprunts.

Art. L. 1413-12-1 L'agence emploie les agents mentionnés aux articles L. 5323-1 à L. 5323-3.

Ces agents sont régis par les dispositions de l'article L. 5323-4.

Art. L. 1413-12-2 I. – Les règles de déontologie *applicables aux* membres des conseils et des comités de l'agence, à ses agents, aux réservistes sanitaires et aux personnes qui apportent occasionnellement leur concours à l'agence ou à ses instances, et garantissant le respect des obligations de réserve, de secret professionnel et d'impartialité sont précisées par le conseil d'administration, après consultation du comité d'éthique et de déontologie, dans le respect des dispositions prévues aux articles L. 1451-1 à L. 1452-3. Ces règles prévoient notamment les conditions dans lesquelles les déclarations d'intérêts sont rendues publiques.

Les personnes mentionnées à l'alinéa précédent sont tenues au secret professionnel dans les conditions et sous les peines prévues aux articles 226-13 et 226-14 du code pénal.

II. – Le conseil d'administration de l'agence précise, après consultation du comité d'éthique et de déontologie, les règles applicables aux cocontractants de l'agence et visant à garantir le respect des principes de transparence, d'objectivité, d'impartialité et de non-discrimination dans leurs relations avec l'établissement.

Art. L. 1413-12-3 Les modalités d'application de la présente section sont fixées par décret en Conseil d'État qui précise notamment :

1° Les conditions dans lesquelles l'Agence nationale de santé publique, ou, le cas échéant, d'autres membres du réseau national de santé publique accèdent aux informations couvertes par le secret médical, le secret professionnel ou le secret en matière commerciale et industrielle. Ce décret précise les conditions dans lesquelles est préservée la confidentialité à l'égard des tiers des données individuelles et des informations couvertes par ces secrets et transmises à l'Agence nationale de santé publique en application des articles L. 1413-6, L. 1413-7 et L. 1413-8 ou, le cas échéant, à d'autres membres du réseau national de santé publique en application des articles L. 1413-6 ou L. 1413-8, dans les conditions prévues par la loi du 6 janvier 1978 relative à l'informatique, aux fichiers et aux libertés ;

2° Le régime de l'agence et le contrôle de l'État auquel elle est soumise, prévu à l'article L. 1413-12.

SECTION II **VEILLE SANITAIRE** *(Ord. n° 2016-462 du 14 avr. 2016, art. 1er-3°).*

BIBL. ▸ Garay, Sur les déclarations professionnelles des risques, des dommages, des anomalies survenues et des évènements indésirables graves associés aux soins, *RGDM 2017/6, n° 63, p. 123.*

Art. L. 1413-13 *(L. n° 2002-303 du 4 mars 2002, art. 23)* En cas de risques pour la santé publique ou pour la santé d'une personne dus à une anomalie survenue lors d'investigations, de traitements ou d'actions de prévention, l'autorité administrative peut mettre en demeure les professionnels, organismes ou établissements qui ont effectué ces investigations, traitements ou actions de prévention de procéder à l'information des personnes concernées s'il apparaît que cette information n'a pas été délivrée conformément à l'article L. 1111-2.

Art. L. 1413-14 *(L. n° 2002-303 du 4 mars 2002, art. 23) (Ord. n° 2017-51 du 19 janv. 2017, art. 4-1°)* « Tout professionnel de santé, établissement de santé ou établissement et service médico-social ayant constaté soit une infection associée aux soins, dont une infection nosocomiale, soit tout événement indésirable grave associé à des soins, dans le cadre de soins réalisés lors d'investigations, de traitements, d'actes médicaux y compris à visée esthétique ou d'actions de prévention en fait la déclaration au directeur général de l'agence régionale de santé. »

(L. n° 2016-41 du 26 janv. 2016, art. 161-I-2°) « Les professionnels de santé concernés analysent les causes de ces infections et événements indésirables. »

(Ord. n° 2017-51 du 19 janv. 2017, art. 4-2°) « Les conditions dans lesquelles le respect de cette obligation satisfait d'autres obligations déclaratives portant sur les mêmes faits sont précisées par voie réglementaire. »

Sanction disciplinaire. Le non-respect d'une obligation de signalement entraîne une sanction disciplinaire. • CDNOM 19 avr. 2016, *Dr. Dieudonné B.*, n° 12528 (interdiction de 6 mois dont 3 avec sursis).

Art. L. 1413-15 *(L. n° 2004-806 du 9 août 2004, art. 17)* Les services de l'État et les collectivités territoriales, leurs établissements publics, les établissements de santé publics et privés, le service de santé des armées, les établissements et services sociaux et médico-sociaux, les services de secours *ainsi que* tout professionnel de santé sont *tenus de signaler sans délai au (Ord. n° 2010-177* du 23 *févr.* 2010, *art. 7-30°)* « directeur général de l'agence régionale de santé » les menaces imminentes pour la santé de la population dont ils ont connaissance ainsi que les situations dans lesquelles une présomption sérieuse de menace sanitaire grave leur paraît constituée. Le *(Ord. n° 2010-177 du 23 févr. 2010, art. 7-30°)* « directeur général de l'agence » porte immédiatement ce signalement à la connaissance de l'*(Ord. n° 2016-462 du 14 avr. 2016, art. 3-I-3°)*

« Agence nationale de santé publique » *(Ord. n° 2010-177 du 23 févr. 2010, art. 7-30°)* « et au représentant de l'État dans le département ».

Art. L. 1413-16 *(Ord. n° 2016-462 du 14 avr. 2016, art. 1er-4°)* Les modalités d'application de la présente section sont déterminées par décret en Conseil d'État, notamment la nature et la gravité des événements mentionnés à l'article L. 1413-14 qui doivent être déclarés, les modalités selon lesquelles ces informations ou données sont recueillies, les modalités d'analyse de ces événements et les règles garantissant le respect du secret médical.

CHAPITRE IV CERTIFICATION ET ÉVALUATION EN SANTÉ

BIBL. ▸ CIAUDO et ORTHORISQ, Un organisme agréé par la Haute Autorité de santé pour l'accréditation des praticiens de santé, *RDSS 2011. 665*. – GHERARDI, L'accréditation : instrument ou critère de concurrence ?, *RGDM sept. 2005, n° spéc., p. 53.*

Art. L. 1414-1 à L. 1414-3-2 *Abrogés par L. n° 2004-810 du 13 août 2004, art. 36-III.*

Art. L. 1414-3-3 *(L. n° 2004-810 du 13 août 2004, art. 16-I)* Au titre de sa mission d'accréditation des médecins exerçant en établissements de santé, la Haute Autorité de santé est chargée :

1° De recueillir auprès des médecins ou des équipes médicales qui demandent à être accrédités les déclarations des événements considérés comme porteurs de risques médicaux et de procéder à leur analyse ;

2° D'élaborer avec les professionnels et les organismes concernés, selon des méthodes scientifiquement reconnues, ou de valider des référentiels de qualité des soins et des pratiques professionnelles fondés sur des critères multiples ;

3° De diffuser ces référentiels et de favoriser leur utilisation par tous moyens appropriés ;

4° D'organiser la procédure d'accréditation des médecins ou des équipes médicales au regard des référentiels de qualité des soins et des pratiques professionnelles ;

5° De veiller, par tout moyen approprié, à la validation des méthodes et à la cohérence des initiatives relatives à l'amélioration de la qualité dans le domaine de la prise en charge des patients.

Conflit d'intérêts (jurisprudence transposable). Est irrégulière une recommandation de bonnes pratiques prise en vertu de l'art. L. 161-37 CSS, en raison de la présence, au sein du groupe de travail chargé de sa rédaction, d'experts qui entretiennent par ailleurs avec des entreprises pharmaceutiques des liens de nature à caractériser des situations prohibées de conflit d'intérêts. • CE 27 avr. 2011, *Assoc. FORMINDEP*, n° 334396 : *AJDA 2011. 1326, concl. Landais ; RDSS 2011. 483, note Peigné ; JCP Adm. 2011. 2244, note Villeneuve ; Gaz. Pal. 1er-4 juin 2011, p. 21, note Menuel ; Méd. et droit, janv.-févr. 2012, n° 112, p. 103, note Duguet.* ♦ *Même en l'absence de texte,* lorsqu'un membre d'une commission administrative à caractère consultatif est en situation de devoir s'abstenir de siéger pour l'examen d'une question, il est de bonne pratique qu'il quitte la salle où se tient la séance pendant la durée de cet examen ; toutefois, la circonstance que l'intéressé soit resté dans la salle n'entraîne l'irrégularité de l'avis rendu par la commission que si, en raison notamment de son rôle dans celle-ci, de l'autorité hiérarchique, scientifique ou morale qui est la sienne ou de la nature de ses liens d'intérêt, sa simple présence pendant les délibérations a pu influencer les positions prises par d'autres membres de l'instance. • CE 22 juill. 2015, *Sté Zambon*, n° 361962 : *Lebon ; AJDA 2015. 1447 ; ibid. 1626, chron. Lessi et Dutheillet de Lamothe.* ♦ Par comparaison, les évaluations auxquelles la HAS procède et les avis qu'elle rend en application de l'art. L. 161-37 CSS sont des éléments de la procédure d'élaboration de la décision qu'il appartient à l'autorité administrative compétente de prendre concernant l'inscription, le remboursement et la prise en charge par l'assurance maladie des produits, actes ou prestations de santé ; ils ne constituent pas par eux-mêmes des décisions susceptibles de faire l'objet d'un recours pour excès de pouvoir. • CE 28 déc. 2017, *M. B. A.*, n° 404155 : *Lebon.*

Art. L. 1414-4 Pour développer l'évaluation des soins et des pratiques professionnelles et mettre en œuvre la procédure de *(L. n° 2004-810 du 13 août 2004, art. 36-III)* « certification, la Haute Autorité de santé » s'assure de la collaboration des professionnels par la constitution et l'animation d'un réseau national et local d'experts.

Les personnes collaborant, même occasionnellement, aux travaux de *(L. n° 2004-810 du 13 août 2004, art. 36-III)* **« la Haute Autorité de santé » ne peuvent, sous les peines prévues à l'article 432-12 du code pénal, prêter leur concours à une mission relative à une affaire dans laquelle elles auraient un intérêt direct ou indirect.**

Elles sont tenues au secret et à la discrétion professionnels dans les mêmes conditions que celles définies à l'article 26 du titre Ier du statut général des fonctionnaires.

(L. n° 2002-303 du 4 mars 2002, art. 30-I) **« Elles sont soumises à l'interdiction prévue au premier alinéa de l'article L. 4113-6. Est interdit le fait, pour les entreprises mentionnées au premier alinéa de l'article L. 4113-6, de proposer ou de procurer à ces personnes les avantages cités dans cet alinéa.**

« Elles sont également soumises aux dispositions *(L. n° 2016-41 du 26 janv. 2016, art. 115-2°)* **« du premier alinéa » de l'article L. 4113-13. En cas de manquement à ces dispositions, l'autorité administrative peut mettre fin à leurs fonctions ».**

(L. n° 2002-303 du 4 mars 2002, art. 7) **« Les médecins experts de l'agence n'ont accès aux données de santé à caractère personnel que si elles sont strictement nécessaires à l'exercice de leur mission de** *(L. n° 2004-810 du 13 août 2004, art. 36-III)* **« certification » lors de leur visite sur les lieux, dans le respect du secret médical ».**

A des dates fixées par Décr. et au plus tard le 1er juill. 2018, le 4e al. est remplacé par les dispositions suivantes : « Elles sont soumises à l'interdiction prévue à l'article L. 1453-3. Est interdit le fait, pour les personnes mentionnées à l'article L. 1453-5, de proposer ou d'offrir à ces personnes les avantages cités dans cet article, sous les réserves prévues aux articles L. 1453-6 à L. 1453-9. » (Ord. n° 2017-49 du 19 janv. 2017, art. 3-3° et 5).

Conflit d'intérêts. Si l'absence de souscription et de publication des déclarations d'intérêts ne révèle pas, par elle-même, malgré le caractère impératif de ces formalités, une méconnaissance du principe d'impartialité, il appartient à la HAS, pour celles des personnes dont la déclaration obligatoire d'intérêts n'a pas été établie ou produite, de verser au dossier l'ensemble des éléments permettant au juge de s'assurer, après transmission aux parties, de l'absence ou de l'existence de liens d'intérêts et d'apprécier, le cas échéant, si ces liens sont de nature à révéler des conflits d'intérêts. • CE 17 févr. 2012, *Centre laser international de la peau de Paris (CLIPP)*, n° 349431 : *Lebon.* ♦ Aucune règle ni aucun principe général n'imposent à la HAS d'associer à ses travaux d'évaluation l'ensemble des professionnels concernés ni de procéder à leur consultation ou à leur audition. • Même arrêt.

Art. L. 1414-5 *(Ord. n° 2010-49 du 13 janv. 2010, art. 3)* **En vue de l'amélioration de la qualité de la prise en charge des patients, la Haute Autorité de santé émet un avis adressé aux ministres chargé de la santé et chargé de l'industrie sur les références aux normes harmonisées en vigueur applicables aux laboratoires de biologie médicale, au sens de l'article 137 de la loi n° 2008-776 du 4 août 2008 de modernisation de l'économie.**

Art. L. 1414-6 à L. 1414-12-1 *Abrogés par L. n° 2004-810 du 13 août 2004, art. 36-III.*

CHAPITRE V ENSEIGNEMENT ET RECHERCHE

Art. L. 1415-1 *(L. n° 2004-806 du 9 août 2004, art. 85)* **La mission et le statut de l'École des hautes études en santé publique sont définis à l'article L. 756-2 du code de l'éducation ci-après reproduit :**

Art. L. 756-2 L'École des hautes études en santé publique, établissement public de l'État à caractère scientifique, culturel et professionnel, est placée sous la tutelle des ministres chargés de la santé, des affaires sociales, *(Décr. n° 2013-756 du 19 août 2013, art. 3)* « de l'enseignement supérieur » et de la recherche. Elle a pour mission :

1° D'assurer la formation des personnes ayant à exercer des fonctions de direction, de gestion, d'inspection ou de contrôle dans les domaines sanitaires, sociaux ou médico-sociaux et notamment de celles relevant du ministre chargé de la santé et du ministre chargé des affaires sociales ;

2° D'assurer un enseignement supérieur en matière de santé publique ; à cette fin, elle anime un réseau national favorisant la mise en commun des ressources et des activités des différents organismes publics et privés compétents ;

3° De contribuer aux activités de recherche en santé publique ;

4° De développer des relations internationales dans les domaines cités aux 1°, 2° et 3°, notamment par des échanges avec les établissements dispensant des enseignements comparables.

Les modalités d'exercice de ses missions par l'École des hautes études en santé publique et ses règles particulières d'organisation et de fonctionnement sont fixées par décret en Conseil d'État dans les conditions prévues à l'article L. 717-1.

CHAPITRE V-1 LUTTE CONTRE LE CANCER

(L. n° 2004-806 du 9 août 2004, art. 33)

BIBL. ▶ Sénat, *Rapport sur l'INCa*, par Delattre, 13 juill. 2016, n° 799. – RDSS 2014, hors-série, *Dossier Cancer et droit*. – MORIN, L'institut national du cancer, un modèle original unique en France, *RDSS 2014. 23* ⌀, *n° Hors-série*. – ESPER et DUPONT, Lutte contre le cancer, institutions spécialisées : centres de lutte contre le cancer, *Dict. de droit médical et hospitalier, Litec, fasc. 167.*

Art. L. 1415-2 L'Institut national du cancer est chargé de coordonner les actions de lutte contre le cancer. A ce titre, il exerce notamment les missions suivantes :

1° Observation et évaluation du dispositif de lutte contre le cancer, en s'appuyant notamment sur les professionnels et les industriels de santé ainsi que sur les représentants des usagers ;

2° Définition de référentiels de bonnes pratiques et de prise en charge en cancérologie ainsi que de critères d'agrément des établissements et des professionnels de santé pratiquant la cancérologie ;

3° Information des professionnels et du public sur l'ensemble des problèmes relatifs au cancer ;

4° Participation à la mise en place et à la validation d'actions de formation médicale et paramédicale continue des professions et personnes intervenant dans le domaine de la lutte contre le cancer ;

5° Mise en œuvre, financement, coordination d'actions particulières de recherche et de développement, et désignation d'entités et d'organisations de recherche en cancérologie répondant à des critères de qualité, en liaison avec les organismes publics de recherche concernés ;

6° Développement et suivi d'actions communes entre opérateurs publics et privés en cancérologie dans les domaines de la prévention, de l'épidémiologie, du dépistage, de la recherche, de l'enseignement, des soins et de l'évaluation ;

7° Participation au développement d'actions européennes et internationales ;

8° Réalisation, à la demande des ministres intéressés, de toute expertise sur les questions relatives à la cancérologie et à la lutte contre le cancer.

L'Institut national du cancer établit un rapport d'activité annuel qui est transmis au Gouvernement et au Parlement.

Art. L. 1415-3 L'Institut national du cancer est constitué, sans limitation de durée, sous la forme d'un groupement d'intérêt public constitué entre l'État et des personnes morales publiques et privées intervenant dans le domaine de la santé et de la recherche sur le cancer.

(L. n° 2011-525 du 17 mai 2011, art. 119-IX) « Sous réserve des dispositions du présent chapitre, ce groupement est régi par le chapitre II de la loi n° 2011-525 du 17 mai 2011 de simplification et d'amélioration de la qualité du droit. » Un décret *précise les modalités* de mise en œuvre du présent article.

Art. L. 1415-4 Le directeur général, le président du conseil d'administration et le président du conseil scientifique de l'Institut national du cancer sont nommés pour une durée de cinq ans par décret.

Il n'est pas nommé de commissaire du Gouvernement auprès de l'institut.

Art. L. 1415-5 L'Institut national du cancer peut bénéficier de dons et de legs.

Art. L. 1415-6 Le personnel de l'Institut national du cancer comprend :

1° Des agents régis par les titres II, III et IV du statut général des fonctionnaires ou des agents publics régis par des statuts particuliers ;

2° Des agents contractuels de droit public mis à disposition par les parties selon les conditions fixées par la convention constitutive ;

3° Des personnels régis par le code du travail.

Art. L. 1415-7 *(L. nº 2008-1425 du 27 déc. 2008, art. 178)* L'Institut national du cancer peut lancer des appels à projet en matière de recherche d'une durée de cinq ans.

CHAPITRE VI HYGIÈNE PUBLIQUE

Art. L. 1416-1 *(Ord. nº 2004-637 du 1er juill. 2004, art. 23)* La commission départementale compétente en matière d'environnement, de risques sanitaires et technologiques donne l'avis prévu par les articles L. 1331-23, L. 1331-24, L. 1331-25, L. 1331-26, L. 1331-27, L. 1331-28 et L. 1336-4. Elle siège alors dans une formation comprenant des représentants de l'État, *(Ord. nº 2010-177 du 23 févr. 2010, art. 7-31º)* « de l'agence régionale de santé, » des collectivités territoriales, des usagers et des personnalités compétentes.

Elle est présidée par le représentant de l'État dans le département.

Sa composition et ses règles de fonctionnement sont fixées par décret en Conseil d'État.

Art. L. 1416-2 *Abrogé par Ord. nº 2004-637 du 1er juill. 2004, art. 23-I.*

CHAPITRE VII *[ABROGÉ]* PRÉVENTION ET ÉDUCATION POUR LA SANTÉ *(L. nº 2004-806 du 9 août 2004, art. 7-I).*

(Abrogé par Ord. nº 2016-462 du 14 avr. 2016, art. 3-I-1º)

BIBL. ▸ BOURDILLON, Loi HPST et prévention, *in* COUTY, KOUCHNER, LAUDE et TABUTEAU (dir.), La loi HPST : regards sur la réforme du système de santé, *Presses de l'EHESP, 2009, p. 285.* – CRISTOL, Prévention et santé publique dans la loi HPST, *RDSS 2009. 832* . – DE FORGES, La prévention dans la loi du 4 mars 2002 : organisation ou politique ?, *RDSS 2002. 745* . – TRUCHET, La loi du 4 mars 2002 et la prévention ; une double lecture, *LPA 19 juin 2002, p. 43.*

Art. L. 1417-1 *Abrogé par Ord. nº 2016-462 du 14 avr. 2016, art. 3-I-1º.*

Art. L. 1417-2 à L. 1417-4 *Abrogés par L. nº 2004-806 du 9 août 2004, art. 7-II.*

Art. L. 1417-5 à L. 1417-9 *Abrogés par Ord. nº 2016-462 du 14 avr. 2016, art. 3-I-1º.*

CHAPITRE VIII BIOMÉDECINE

(L. nº 2004-800 du 6 août 2004, art. 2)

BIBL. ▸ LEDOUX et TEISSÈDRE, L'agence de biomédecine : veille et police sanitaire, *LPA 30 juill. 2008, nº 152, p. 15.* – NICOLAS, L'agence de la biomédecine : un nouveau modèle de sécurité sanitaire ?, *LPA 18 févr. 2005, nº 35, p. 15.*

Art. L. 1418-1 L'Agence de la biomédecine est un établissement public administratif de l'État, placé sous la tutelle du ministre chargé de la santé.

Elle est compétente dans les domaines de la greffe, de la reproduction, de l'embryologie et de la génétique humaines. Elle a notamment pour missions :

1° De participer à l'élaboration et, le cas échéant, à l'application de la réglementation et de règles de bonnes pratiques et de formuler des recommandations pour les activités relevant de sa compétence ;

2° D'assurer une information permanente du Parlement et du Gouvernement sur le développement des connaissances et des techniques pour les activités relevant de sa compétence et de leur proposer les orientations et mesures qu'elles appellent ;

3° De promouvoir la qualité et la sécurité sanitaires, ainsi que la recherche médicale et scientifique, pour les activités relevant de sa compétence ;

4° De suivre, d'évaluer et, le cas échéant, de contrôler les activités médicales et biologiques, et notamment celles liées aux *nanobiotechnologies*, relevant de sa compétence et de veiller à la transparence de ces activités ; à ce titre, elle est destinataire des rapports annuels d'activité des établissements et organismes relevant de ses domaines de compétence *(Abrogé par Ord. nº 2017-51 du 19 janv. 2017, art. 3-IV)* *(L. nº 2016-41 du 26 janv. 2016, art. 173-I-1º)* *« et elle met en œuvre le dispositif de biovigilance pour le lait maternel, les organes, les tissus, les cellules et les préparations de thérapie cellulaire »* ; elle évalue notamment les conséquences éventuelles de l'assistance médicale à la procréation sur la santé des personnes qui y ont recours et sur celle des enfants qui en sont issus *(Abrogé par Ord. n° 2017-51 du 19 janv. 2017, art. 3-IV)* « ***; elle met également en œuvre, dans ce domaine, un dispositif de vigilance en matière d'activités cliniques et biologiques* ». *(L. n° 2011-814 du 7 juill. 2011, art. 37)* « Elle prévoit la publication régulière des résultats de chaque centre d'assistance médicale à la procréation selon une méthodologie prenant en compte notamment les caractéristiques de leur patientèle et en particulier l'âge des femmes ; au vu de ces données, elle diligente des missions d'appui et de conseil dans certains centres, voire propose des recommandations d'indicateurs chiffrés à certains centres » ;

(Ord. n° 2017-51 du 19 janv. 2017, art. 3-IV) « 4° *bis* D'assurer la mise en œuvre des dispositifs de biovigilance et d'assistance médicale à la procréation ; »

5° De promouvoir le don d'organes, de tissus et de cellules issus du corps humain, ainsi que le don de gamètes ;

6° De mettre en œuvre un suivi de l'état de santé des donneurs d'organes et d'ovocytes, afin d'évaluer les conséquences du prélèvement sur la santé des donneurs ;

7° D'enregistrer l'inscription des patients en attente de greffe sur la liste mentionnée à l'article L. 1251-1, d'assurer la gestion de celle-ci et *(L. n° 2011-814 du 7 juill. 2011, art. 7-III)* « de celle du registre des paires associant donneurs vivants et receveurs potentiels ayant consenti à un don croisé d'organes ainsi que » l'attribution des greffons, qu'ils aient été prélevés en France ou hors du territoire national, ainsi que d'élaborer les règles de répartition et d'attribution des greffons en tenant compte du caractère d'urgence que peuvent revêtir certaines indications, lesquelles règles sont approuvées par arrêté du ministre chargé de la santé ;

8° De gérer le fichier des donneurs volontaires de cellules hématopoïétiques ou de cellules mononucléées périphériques pour les malades qui ne peuvent recevoir une greffe apparentée ; elle assure, en outre, l'interrogation des registres internationaux et organise la mise à disposition des greffons ;

9° *(L. n° 2011-814 du 7 juill. 2011, art. 50-I-1°)* « De mettre à disposition du public une information sur l'utilisation des tests génétiques en accès libre et d'élaborer un référentiel permettant d'en évaluer la qualité » ;

10° De délivrer les autorisations prévues :

a) *(Ord. n° 2008-480 du 22 mai 2008, art. 2)* « Aux articles L. 2141-9 et L. 2141-11-1 ; »

b) Aux articles L. 2131-4-1, L. 2151-5 à L. 2151-7 et au dernier alinéa des articles L. 2131-1 et L. 2131-4 ;

11° D'agréer les praticiens mentionnés aux articles L. 1131-3 *(L. n° 2011-814 du 7 juill. 2011, art. 30-I)* « et L. 2131-4-2 » ;

12° De délivrer des avis aux autorités administratives pour les activités relevant de sa compétence ;

(L. n° 2011-814 du 7 juill. 2011, art. 50-I-2°) « 13° D'assurer une information permanente du Parlement et du Gouvernement sur le développement des connaissances et des techniques dans le domaine des neurosciences. »

Elle peut être saisie par les académies ou les sociétés savantes médicales ou scientifiques, par les associations mentionnées à l'article L. 1114-1, dans des conditions définies par décret, et par les commissions chargées des affaires sociales de l'Assemblée nationale et du Sénat.

(L. n° 2011-814 du 7 juill. 2011, art. 50-I-3°) « Le directeur général et le président du conseil d'orientation de l'Agence de la biomédecine peuvent demander à être entendus par l'Office parlementaire d'évaluation des choix scientifiques et technologiques si le développement des connaissances et des techniques dans les activités relevant de la compétence de l'agence ou dans le domaine des neurosciences est susceptible de poser des problèmes éthiques nouveaux. »

Contamination d'un greffon, responsabilité. S'agissant de complications dues à une transplantation d'un greffon contaminé par un germe infectieux qui soit était déjà présent dans l'organisme du donneur avant le prélèvement, soit s'est développé, en raison d'un défaut d'asepsie, dans le liquide de conservation de l'organe prélevé, le juge du fond retient à bon droit qu'il s'agit d'une infection nosocomiale dont l'indemnisation incombe à l'ONIAM. • CE 30 juin 2017, *ONIAM*, n° 401497 : *Lebon* ; AJDA 2017. 1358. ♦ Pour les transplantations avant l'entrée en vigueur de la loi du 4 mars 2002 : l'Agence de la biomédecine vient aux droits de l'Établissement français des greffes dans les litiges en cours ; mais, compte tenu des missions qui incombaient à cet établissement en vertu de l'art. L. 1251-1 [art. L. 1418-8], qui étaient exclusives de tout contrôle de l'état des organes prélevés à des fins de greffe, sa responsabilité ne saurait, dès lors, être engagée en conséquence de la présence de bactéries sur un organe greffé. • CAA Marseille, 25 mai 2010, *Cts A c/ AP-HP et Agence de la biomédecine*, n° 08VE02901. – V. aussi, implicitement • CE 27 janv. 2010, *Hospices civils de Lyon*, n° 313568.

Art. L. 1418-1-1 *(L. nº 2011-814 du 7 juill. 2011, art. 50-II)* **L'Agence de la biomédecine établit un rapport annuel d'activité qui est rendu public et qu'elle adresse au Parlement, qui en saisit l'Office parlementaire d'évaluation des choix scientifiques et technologiques, au Gouvernement et au Comité consultatif national d'éthique pour les sciences de la vie et de la santé.**

Ce rapport expose les principaux développements des connaissances et des techniques pour les activités relevant de sa compétence ainsi que dans le domaine des neurosciences.

Il comporte également :

1° Une analyse des autorisations et agréments accordés au titre des 10° et 11° de l'article L. 1418-1 ainsi que les avis du conseil d'orientation ;

2° Une évaluation de l'état d'avancement des recherches sur l'embryon et les cellules souches embryonnaires, incluant un comparatif avec les recherches concernant les cellules souches adultes, les cellules pluripotentes induites et les cellules issues du sang de cordon, du cordon ombilical et du placenta, ainsi qu'un comparatif avec la recherche internationale ;

3° Un bilan sur la mise en œuvre des diagnostics préimplantatoire et prénatal ;

4° Un état des lieux d'éventuels trafics d'organes ou de gamètes et des mesures de lutte contre ces trafics.

Sous réserve de l'application des deuxième et troisième alinéas de l'article 48 de la Constitution, ce rapport fait l'objet d'un débat devant chaque assemblée parlementaire dans le cadre d'une semaine de séance réservée au contrôle de l'action du Gouvernement et à l'évaluation des politiques publiques.

Art. L. 1418-2 **Pour l'accomplissement des missions prévues aux 4°, 10° et 11° de l'article L. 1418-1, l'agence désigne parmi ses agents des inspecteurs chargés des contrôles et investigations y afférents et peut demander aux autorités administratives compétentes de l'État ou aux établissements publics concernés de faire intervenir leurs agents habilités à contrôler l'application des dispositions législatives et réglementaires visant à préserver la santé humaine.**

Ces inspecteurs peuvent être assistés par des experts désignés par le directeur général de l'agence.

Les dispositions des articles L. 1421-2, L. 1421-3 et *(Ord. nº 2013-1183 du 19 déc. 2013, art. 18-I)* **« L. 1427-1 » sont applicables aux inspecteurs de l'agence.**

L'agence est destinataire des rapports de contrôle et d'inspection concernant les activités relevant de sa compétence.

Art. L. 1418-3 **L'agence est administrée par un conseil d'administration et dirigée par un directeur général.**

Le conseil d'administration de l'agence est composé, outre de son président, pour moitié de représentants de l'État, de la Caisse nationale de l'assurance maladie des travailleurs salariés, des établissements publics administratifs nationaux à caractère sanitaire et des établissements publics de recherche concernés par les activités de l'agence, et pour moitié de personnalités qualifiées choisies en raison de leurs compétences dans les domaines relevant des missions de l'agence *(L. nº 2016-41 du 26 janv. 2016, art. 177-I-6º)* **« , de représentants d'associations d'usagers du système de santé agréées au titre de l'article L. 1114-1 » et de représentants du personnel.**

Le président du conseil d'administration et le directeur général sont nommés par ***décret. Les autres membres du conseil*** **d'administration sont nommés par arrêté du** ***ministre*** **chargé de la santé.**

Le conseil d'administration délibère sur les orientations générales, le programme d'investissements, le rapport annuel d'activité, le budget et les comptes de l'agence, les subventions éventuellement attribuées par l'agence ainsi que sur l'acceptation et le refus de dons et legs.

Le directeur général prend au nom de l'État les décisions mentionnées aux 10° et 11° de l'article L. 1418-1. Celles-ci ne sont susceptibles d'aucun recours hiérarchique ; les ministres chargés de la santé et de la recherche peuvent néanmoins, dans les conditions fixées à l'article L. 2151-5, interdire ou suspendre la réalisation d'un protocole de recherche autorisé, ainsi que demander un nouvel examen dudit protocole.

Le directeur général émet les avis et recommandations qui relèvent de la compétence de l'agence.

Sur le renouvellement du conseil d'administration, les délais mentionnés aux art. D. 1411-58-6, R. 1411-58-11 et R. 1411-58-13 du même code sont ramenés respectivement à 2 mois, 3 mois et 3 mois (Décr. nº 2017-1781 du 27 déc. 2017, art. 8).

Art. L. 1418-4 L'agence est dotée d'un conseil d'orientation qui veille à la qualité de son expertise médicale et scientifique en prenant en considération des questions éthiques susceptibles d'être soulevées. Ce conseil est obligatoirement consulté par le directeur général sur les demandes d'autorisation mentionnées au *b* du 10° de l'article L. 1418-1 ainsi que sur les questions intéressant la recherche médicale ou scientifique et relevant de la compétence de l'agence. Il définit également les critères d'appréciation de la formation et de l'expérience nécessaires à l'agrément des praticiens mentionnés au 11° du même article.

Outre son président *(L. nº 2011-814 du 7 juill. 2011, art. 55)* « , trois députés et trois sénateurs », le conseil d'orientation comprend à parts égales :

1° Des représentants du Parlement, du Conseil d'État, de la Cour de cassation, du Comité consultatif national d'éthique pour les sciences de la vie et de la santé, de la Commission nationale consultative des droits de l'homme ;

2° Des experts scientifiques qualifiés dans les domaines d'activité de l'agence ;

3° Des personnes qualifiées ayant une expérience dans les domaines d'activité de l'agence et des personnes qualifiées dans le domaine des sciences humaines et sociales ;

4° Des représentants d'associations de personnes malades et d'usagers du système de santé, d'associations de personnes handicapées, d'associations familiales et d'associations œuvrant dans le domaine de la protection des droits des personnes.

Le président et les membres du conseil d'orientation sont nommés par arrêté des ministres chargés de la santé et de la recherche.

Art. L. 1418-5 Le directeur général et le conseil d'orientation peuvent saisir le Comité consultatif national d'éthique pour les sciences de la vie et de la santé de toute question soulevant un problème éthique. Ils peuvent être consultés par ce comité sur toute question relevant de leurs compétences respectives.

Art. L. 1418-6 Les personnels de l'agence sont régis par les dispositions des articles L. 5323-1 à L. 5323-4.

Les membres du conseil d'administration de l'agence ainsi que les personnes ayant à connaître des informations détenues par celle-ci sont tenus au secret professionnel dans les conditions et sous les peines prévues aux articles 226-13 et 226-14 du code pénal.

En outre, les membres du conseil d'orientation, des groupes d'experts ou de toute autre commission siégeant auprès de l'agence ne peuvent, sous réserve des peines prévues à l'article 432-12 du code pénal, prendre part ni aux délibérations ni aux votes de ces instances s'ils ont un intérêt direct ou indirect à l'affaire examinée. *(Abrogé par L. nº 2011-2012 du 29 déc. 2011, art. 1er-II) « Ils adressent au directeur général, à l'occasion de leur nomination ou de leur entrée en fonctions, puis annuellement, une déclaration mentionnant leurs liens, directs ou indirects, avec les entreprises ou établissements dont les activités entrent dans le champ de compétence de l'agence ainsi qu'avec les sociétés ou organismes de conseil intervenant dans les secteurs correspondants. » (L. nº 2011-814 du 7 juill. 2011, art. 52)* « Cette déclaration est actualisée à leur initiative dès qu'une modification intervient concernant ces liens ou que de nouveaux liens sont noués. Elle est rendue publique. » Les règles de fonctionnement de ces instances garantissant l'indépendance de leurs membres et l'absence de conflits d'intérêts sont fixées par voie réglementaire.

Les ministres chargés de la santé et de la recherche et le directeur général de l'agence peuvent mettre fin aux fonctions respectivement des membres du conseil d'orientation mentionnés aux 2° à 4° de l'article L. 1418-4 et des membres des groupes et des commissions mentionnés à l'alinéa précédent, en cas de manquement de leur part aux dispositions du présent article.

Art. L. 1418-7 Les ressources de l'agence comprennent :

1° Des subventions *(Abrogé par L. n° 2017-1837 du 30 déc. 2017, art. 55) « de l'État, »* de *(Ord. n° 2010-177 du 23 févr. 2010, art. 26-10°)* « l'Union européenne » ou d'organisations internationales ;

(L. n° 2012-1404 du 17 déc. 2012, art. 73-VIII-B) « 2° Une dotation des régimes obligatoires d'assurance maladie versée et répartie dans des conditions fixées par décret ; »

3° Des taxes et redevances créées à son bénéfice ;

4° Des produits divers, dons et legs ;

5° Des emprunts.

Art. L. 1418-8 Les modalités d'application des dispositions du présent chapitre sont déterminées par décret en Conseil d'État ; celui-ci fixe notamment :

1° Le régime administratif, budgétaire, financier et comptable de l'agence et le contrôle de l'État auquel celle-ci est soumise ;

2° Les règles applicables aux agents contractuels de l'agence ;

3° Les activités privées qu'en raison de leur nature les agents contractuels de l'agence ayant cessé leurs fonctions ne peuvent exercer ; cette interdiction peut être limitée dans le temps ;

4° Les modalités de fixation et de révision de la dotation globale prévue au 2° de l'article L. 1418-7 ;

(Ord. n° 2017-45 du 19 janv. 2017, art. 3-I-3°) « 5° Les modalités selon lesquelles un ou plusieurs services d'appui et de soutien de l'agence peuvent être mutualisés avec un ou plusieurs services d'autres organismes en application de l'article L. 1411-5-3. »

CHAPITRE IX DISPOSITIONS PÉNALES

Art. L. 1419-1 *(L. n° 2004-800 du 6 août 2004, art. 2)* Les dispositions des trois premiers alinéas de l'article L. 4163-2 sont applicables aux personnes mentionnées au deuxième alinéa de l'article L. 1414-4. Les dispositions des alinéas suivants de ce même article sont applicables aux personnes physiques et morales qui proposent ou procurent des avantages à ces personnes.

A des dates fixées par décret et au plus tard le 1er juill. 2018, les mots : « des trois premiers alinéas de l'article L. 4163-2 » sont remplacés par les mots : « des articles L. 1454-7, L. 1454-9 et L. 1454-10 » (Ord. n° 2017-49 du 19 janv. 2017, art. 3-4° et 5).

TITRE DEUXIÈME ADMINISTRATIONS

BIBL. ▶ V. Bibl. ss. le titre IV.

CHAPITRE PREMIER SERVICES CENTRAUX ET INSPECTION *(Ord. n° 2010-177 du 23 févr. 2010, art. 19-I-8°)*.

Art. L. 1421-1 Les pharmaciens inspecteurs de santé publique, les médecins inspecteurs de santé publique, les *(Ord. n° 2010-177 du 23 févr. 2010, art. 19-I-9°)* « inspecteurs de l'action sanitaire et sociale », les ingénieurs du génie sanitaire, les ingénieurs d'études sanitaires et les techniciens sanitaires contrôlent, dans le cadre de leurs compétences respectives, *(Ord. n° 2010-177 du 23 févr. 2010, art. 19-I-9°)* « l'application des dispositions du présent code et, sauf dispositions spéciales contraires, des autres dispositions législatives et réglementaires relatives à la santé publique ».

(Ord. n° 2013-1183 du 19 déc. 2013, art. 17-I-1°) « Ils peuvent recourir à toute personne qualifiée, désignée par l'autorité administrative dont ils dépendent. Cette personne peut les accompagner lors de leurs contrôles. Elle peut prendre connaissance de tout document *ou élément* nécessaires à la réalisation de sa mission ou de son expertise, y compris les données de nature médicale si ladite personne a la qualité de médecin ou de pharmacien, dans les conditions prévues à l'article L. 1421-3. »

Ils peuvent *(Abrogé par Ord. n° 2013-1183 du 19 déc. 2013, art. 17-I-2°) « être assistés par des experts désignés par l'autorité compétente et »* procéder à des inspections conjointes avec des agents appartenant à d'autres services de l'État et de ses établissements publics. *(Ord. n° 2010-49 du 13 janv. 2010, art. 3)* « Lorsque *(Ord. n° 2013-1183 du 19 déc. 2013, art. 17-I-2°)* « ces personnes qualifiées » ou ces agents sont des professionnels de santé, ils ne peuvent être traduits, pour des faits relevant de leur contribution à ces missions d'inspection, devant la juridiction disciplinaire de l'ordre dont ils relèvent, que par le ministre chargé de la santé, le procureur de la République ou le directeur général de l'agence régionale de santé. »

(L. n° 2009-879 du 21 juill. 2009, art. 65-II) « Pour l'accomplissement de missions confiées par le ministre chargé de la santé, les membres de l'inspection générale des affaires sociales peuvent effectuer des contrôles en application du présent article. »

Droits fondamentaux. Si les articles L. 1421-1 et L. 1421-3 reconnaissent aux inspecteurs de santé publique un très large pouvoir de visite et de contrôle des locaux professionnels ainsi qu'un pouvoir d'accès aux documents et produits de toute nature qui s'y trouvent, l'ingérence que constitue la mise en œuvre de ces pouvoirs doit s'apprécier au vu de leur finalité légitime, qui est notamment d'assurer la santé publique et la sécurité sanitaire des particuliers ; cette finalité, ainsi que les garanties statutaires apportées par l'appartenance des agents de contrôle au corps des pharmaciens inspecteurs de santé publique assermentés, justifient que ces visites ne soient pas soumises à l'autorisation préalable du juge, au contrôle duquel elles peuvent toujours être ultérieurement déférées ; compatibilité avec Conv. EDH, art. 8. • CE 21 nov. 2016, *M. C.*, n° 386249 : *Lebon*.

Art. L. 1421-2 *(Ord. n° 2013-1183 du 19 déc. 2013, art. 17-II)* Pour l'exercice de leurs missions, les agents mentionnés à l'article L. 1421-1 peuvent opérer sur la voie publique et pénétrer entre 8 heures et 20 heures dans les locaux, lieux, installations et moyens de transport dans lesquels ont vocation à s'appliquer les dispositions qu'ils contrôlent. Ils peuvent également y pénétrer en dehors de ces heures lorsque l'accès au public est autorisé ou lorsqu'une activité est en cours. Lorsque l'occupant refuse l'accès, celui-ci peut être autorisé par l'autorité judiciaire dans les conditions prévues à l'article L. 1421-2-1, sans préjudice de la mise en œuvre des sanctions prévues à l'article L. 1427-1.

Lorsque les locaux, lieux, installations et moyens de transport précités sont également à usage d'habitation, ces contrôles ne peuvent être effectués qu'entre 8 heures et 20 heures, et après autorisation par l'autorité judiciaire dans les conditions prévues à l'article L. 1421-2-1.

Art. L. 1421-2-1 *(Ord. n° 2009-375 du 1er avr. 2009, art. 2)* I. — La visite est autorisée par ordonnance du juge des libertés et de la détention du tribunal de grande instance dans le ressort duquel sont situés les lieux à visiter.

L'ordonnance comporte l'adresse des lieux à visiter, le nom et la qualité du ou des agents habilités à procéder aux opérations de visite ainsi que les heures auxquelles ils sont autorisés à se présenter.

L'ordonnance est exécutoire au seul vu de la minute.

II. — L'ordonnance est notifiée sur place au moment de la visite, à l'occupant des lieux ou à son représentant qui en reçoit copie intégrale contre récépissé ou émargement au procès-verbal de visite. En l'absence de l'occupant des lieux ou de son représentant, l'ordonnance est notifiée, après la visite, par lettre recommandée avec demande d'avis de réception. La notification est réputée faite à la date de réception figurant sur l'avis. A défaut de réception, il est procédé à la signification de l'ordonnance par acte d'huissier de justice.

L'acte de notification comporte mention des voies et délais de recours contre l'ordonnance ayant autorisé la visite et contre le déroulement des opérations de visite. Il mentionne également que le juge ayant autorisé la visite peut être saisi d'une demande de suspension ou d'arrêt de cette visite.

III. — La visite s'effectue sous l'autorité et le contrôle du juge des libertés et de la détention qui l'a autorisée. Le juge des libertés et de la détention peut, s'il l'estime utile, se rendre dans les locaux pendant l'intervention. A tout moment, il peut décider la suspension ou l'arrêt de la visite. La saisine du juge des libertés et de la détention aux fins de suspension ou d'arrêt des opérations de visite n'a pas d'effet suspensif.

IV. — La visite est effectuée en présence de l'occupant des lieux ou de son représentant, qui peut se faire assister d'un conseil de son choix. En l'absence de l'occupant des lieux, les agents chargés de la visite ne peuvent procéder à celle-ci qu'en présence de deux témoins *(Ord. nº 2013-1183 du 19 déc. 2013, art. 17-III)* « requis à cet effet par eux, » qui ne sont pas placés sous leur autorité.

Un procès-verbal relatant les modalités et le déroulement de l'opération et consignant les constatations effectuées est dressé sur-le-champ par les agents qui ont procédé à la visite. Le procès-verbal est signé par ces agents et par l'occupant des lieux ou, le cas échéant, son représentant et les témoins. En cas de refus de signer, mention en est faite au procès-verbal.

L'original du procès-verbal est, dès qu'il a été établi, adressé au juge qui a autorisé la visite. Une copie de ce même document est remise ou adressée par lettre recommandée avec demande d'avis de réception à l'occupant des lieux ou à son représentant.

Le procès-verbal mentionne le délai et les voies de recours.

V. — L'ordonnance autorisant la visite peut faire l'objet d'un appel devant le premier président de la cour d'appel suivant les règles prévues par le code de procédure civile. Les parties ne sont pas tenues de constituer *(L. nº 2011-94 du 25 janv. 2011, art. 31-I-10º)* « avocat ».

Cet appel est formé par déclaration remise ou adressée par pli recommandé au greffe de la cour dans un délai de quinze jours. Ce délai court à compter de la notification de l'ordonnance. Cet appel n'est pas suspensif.

Le greffe du tribunal de grande instance transmet sans délai le dossier de l'affaire au greffe de la cour d'appel où les parties peuvent le consulter.

L'ordonnance du premier président de la cour d'appel est susceptible d'un pourvoi en cassation, selon les règles prévues par le code de procédure civile. Le délai du pourvoi en cassation est de quinze jours.

VI. — Le premier président de la cour d'appel connaît des recours contre le déroulement des opérations de visite autorisées par le juge des libertés et de la détention suivant les règles prévues par le code de procédure civile. Les parties ne sont pas tenues de constituer *(L. nº 2011-94 du 25 janv. 2011, art. 31-I-10º)* « avocat ».

Le recours est formé par déclaration remise ou adressée par pli recommandé au greffe de la cour dans un délai de quinze jours. Ce délai court à compter de la remise ou de la réception du procès-verbal, mentionné au premier alinéa. Ce recours n'est pas suspensif.

L'ordonnance du premier président de la cour d'appel est susceptible d'un pourvoi en cassation selon les règles prévues par le code de procédure civile. Le délai du pourvoi en cassation est de quinze jours.

VII. — Le présent article est reproduit dans l'acte de notification de l'ordonnance du juge des libertés et de la détention autorisant la visite.

Art. L. 1421-3 *(Ord. nº 2013-1183 du 19 déc. 2013, art. 17-IV)* Les agents mentionnés à l'article L. 1421-1 peuvent recueillir, sur place ou sur convocation, tout renseignement, toute justification ou tout document nécessaires aux contrôles. Ils peuvent exiger la communication et obtenir ou prendre copie, par tout moyen et sur tout support, ou procéder à la saisie des documents de toute nature, entre quelques mains qu'ils se trouvent, propres à faciliter l'accomplissement de leur mission et la mise à leur disposition des moyens indispensables pour effectuer leurs vérifications. Pour le contrôle des opérations faisant appel à l'informatique, ils ont accès aux logiciels et aux données stockées, ainsi qu'à la restitution en clair des informations propres à faciliter l'accomplissement de leurs missions. Ils peuvent en demander la transcription par tout traitement approprié dans des documents directement utilisables pour les besoins du contrôle.

Ils peuvent prélever des échantillons. Les échantillons sont analysés par un laboratoire de l'État, de l'Agence nationale de sécurité du médicament et des produits de santé ou par un laboratoire désigné par le directeur général de l'agence régionale de santé ou, lorsque le contrôle a été effectué pour le compte de l'Agence nationale de la sécurité du médicament et des produits de santé, de l'Agence de la biomédecine ou de l'Agence nationale de sécurité sanitaire de l'alimentation, de l'environnement et du travail, par le directeur général de cette agence.

Les agents ayant la qualité de médecin ont accès à toutes données médicales individuelles nécessaires à l'accomplissement de leurs missions dans le respect des dispositions de l'article 226-13 du code pénal.

Les agents ayant la qualité de pharmacien ont accès à toutes données médicales individuelles nécessaires à l'accomplissement de leurs missions relatives à l'exercice de la pharmacie et aux produits mentionnés à l'article L. 5311-1 dans le respect de l'article 226-13 du code pénal.

Écoute de bandes magnétiques. Les médecins-inspecteurs sont habilités à écouter les enregistrements magnétiques correspondant à des incidents signalés dans un pôle de réanimation-déchocage du SAMU-SMUR, dans la salle même de régulation, et à les retranscrire ; eu égard au caractère professionnel des paroles enregistrées, cette audition ne constitue pas une écoute téléphonique au sens de l'art. 226-1 C. pén. • CAA Nantes, 1er août 2008, n° 07NT01844. ♦ L'art. L. 1421-3 prévoyant expressément que les agents ont la qualité de médecin et ont accès à toutes données médicales individuelles nécessaires à l'accomplissement de leurs missions, la présence d'un membre du conseil de l'ordre des médecins lors de l'écoute et de la retranscription des bandes magnétiques n'a pas lieu d'être. • Même arrêt.

Art. L. 1421-3-1 *(Ord. n° 2018-20 du 17 janv. 2018, art. 9)* I. — Les agents mentionnés à l'article L. 1421-1 peuvent être habilités par le Premier ministre, le ministre chargé de la santé et, le cas échéant, le ou les ministres exerçant la direction ou la tutelle de l'autorité dont ils relèvent, dans des conditions prévues par décret, pour procéder à des contrôles et à des inspections au sein des formations militaires et des établissements placés sous la tutelle du ministre de la défense. L'autorité militaire est en droit de leur refuser la transmission d'informations susceptibles de porter atteinte aux intérêts de la défense et de la sécurité nationale.

L'autorité dont ils relèvent informe au préalable le ministre de la défense et, en tant que de besoin, le ministre de l'intérieur ou le ministre chargé de l'outre-mer de ces contrôles et de ces inspections qui peuvent être réalisés conjointement avec des agents d'inspection et de contrôle relevant de l'autorité du service de santé des armées.

Elle transmet les rapports de contrôle et d'inspection au ministre de la défense et, le cas échéant, aux autres ministres intéressés. Lorsque des manquements aux dispositions du présent code ou à d'autres dispositions législatives et réglementaires relatives à la santé publique sont constatés, le ministre de la défense et, le cas échéant, le ou les ministres intéressés prennent les mesures correctrices appropriées et en informent l'autorité qui les a saisis.

II. — Les contrôles et inspections des agents mentionnés à l'article L. 1421-1 qui portent sur les activités des acteurs du système de santé mentionnés au I de l'article L. 6147-10 peuvent être réalisés conjointement avec des agents d'inspection et de contrôle relevant de l'autorité du service de santé des armées. L'autorité dont relèvent les agents qui effectuent les contrôles ou inspections transmet les rapports de contrôle et d'inspection au ministre de la défense.

Art. L. 1421-4 *(L. n° 2004-806 du 9 août 2004, art. 83)* Le contrôle administratif et technique des règles d'hygiène relève :

1° De la compétence du maire pour les règles générales d'hygiène fixées, en application du chapitre Ier du titre Ier du livre III, pour les habitations, leurs abords et dépendances ;

2° De la compétence de l'État dans les autres domaines sous réserve des compétences reconnues aux autorités municipales par des dispositions spécifiques du présent code ou du code général des collectivités territoriales.

Partage des compétences. Il appartient au maire, en vertu des pouvoirs généraux de police qu'il tient de l'art. L. 2212-2 CGCT et des pouvoirs de contrôle administratif et technique des règles générales d'hygiène applicables aux habitations et à leurs abords qui lui sont désormais conférés par l'art. L. 1421-4 CSP, de veiller au respect des règles de salubrité sur le territoire de la commune ; toutefois, la prescription de mesures adéquates de nature à faire cesser l'insalubrité dans un logement relève, en application des art. L. 1331-26 et L. 1331-28 CSP, de la compétence des services de l'État. • CE 14 nov. 2011, *Min. Travail, Emploi et Santé c/ Cne de Rodez, n° 341956 : AJCT 2012. 267, obs. Péchillon*. ♦ La procédure débute par l'établissement d'un rapport motivé sur l'état de l'immeuble, par le directeur départemental des affaires sanitaires et sociales ou par le directeur du service communal d'hygiène et de sécurité si un tel service existe, soit sur initiative de ces services, soit sur saisine du maire, soit à la demande du locataire ou de l'occupant de l'immeuble ; un préfet ne peut donc refuser de donner suite à la demande de visite formulée par le locataire d'un logement transmise par le maire de la commune, au motif qu'il appartiendrait à cette commune d'y procéder elle-même, alors qu'elle ne dispose pas de service communal d'hygiène et de sécurité. • Même arrêt.

Art. L. 1421-5 *Abrogé par Ord. n° 2010-331 du 25 mars 2010, art. 1er-II.*

Art. L. 1421-6 Les modalités d'application des dispositions du présent chapitre sont déterminées par décret en Conseil d'État.

CHAPITRE II SERVICES COMMUNAUX D'HYGIÈNE ET DE SANTÉ

Art. L. 1422-1 Les services municipaux de désinfection et les services communaux d'hygiène et de santé relèvent de la compétence des communes ou, le cas échéant, des groupements de communes, qui en assurent l'organisation et le financement, sous l'autorité du maire ou, le cas échéant, du président de l'établissement public de coopération intercommunale.

Les services communaux d'hygiène et de santé sont chargés, sous l'autorité du maire, de l'application des dispositions relatives à la protection générale de la santé publique énumérées, notamment, au titre Ier du livre III de la présente partie et relevant des autorités municipales.

Les services communaux d'hygiène et de santé qui, à la date d'entrée en vigueur de la section 4 du titre II de la loi n° 83-663 du 22 juillet 1983 complétant la loi n° 83-8 du 7 janvier 1983 relative à la répartition de compétences entre les communes, les départements, les régions et l'État, exercent effectivement des attributions en matière de vaccination ou de désinfection ainsi qu'en matière de contrôle administratif et technique des règles d'hygiène continuent d'exercer ces attributions par dérogation aux articles 38 et 49 de ladite loi. A ce titre, les communes dont relèvent ces services communaux d'hygiène et de santé reçoivent la dotation générale de décentralisation correspondante dans les conditions prévues par le code général des collectivités territoriales. – *[Anc. art. L. 772].*

V. CGCT, art. L. 5217-12-1.

Responsabilité. Lorsqu'une commune exploite un centre municipal de santé, sa responsabilité peut être engagée en raison des soins pratiqués, selon les règles de la responsabilité hospitalière. • CE 16 oct. 1987, *Mlle Richard,* n° 54732 : *Lebon 317 ; AJDA 1988. 300, note Moreau.*

Art. L. 1422-2 Les modalités d'application de l'article L. 1422-1 et notamment les conditions requises pour exercer les fonctions de directeur d'un service d'hygiène et de santé communal ou intercommunal sont déterminées par décret en Conseil d'État. – *[Anc. art. L. 775].*

CHAPITRE III DÉPARTEMENTS

Art. L. 1423-1 *(L. n° 2004-809 du 13 août 2004, art. 71)* Le département est responsable de la protection sanitaire de la famille et de l'enfance dans les conditions prévues au livre Ier de la deuxième partie.

Art. L. 1423-2 *(L. n° 2004-809 du 13 août 2004, art. 71)* Le département peut, dans le cadre de conventions conclues avec l'État, participer à la mise en œuvre des programmes de santé définis, en application du titre Ier du livre IV de la première partie, notamment des programmes de dépistage des cancers.

Art. L. 1423-3 *Abrogé par L. n° 2004-809 du 13 août 2004, art. 71.*

CHAPITRE IV RÉGIONS

Art. L. 1424-1 *(L. n° 2004-806 du 9 août 2004, art. 3-IV)* Dans le cadre des compétences qui lui sont reconnues par l'article L. 4221-1 du code général des collectivités territoriales, le conseil régional peut définir des objectifs particuliers à la région en matière de santé. Il élabore et met en œuvre les actions régionales correspondantes. Il informe le représentant de l'État dans la région *(Ord. n° 2010-177 du 23 févr. 2010, art. 7-33°)* « et le directeur général de l'agence régionale de santé » sur le contenu de ces actions et les moyens qu'il y consacre.

CHAPITRE V SAINT-PIERRE-ET-MIQUELON

(L. nº 2009-879 du 21 juill. 2009, art. 94-VII)

V. Dalloz.fr 🏛.

CHAPITRE VI SAINT-BARTHÉLEMY ET SAINT-MARTIN

(Ord. nº 2010-331 du 25 mars 2010)

V. Dalloz.fr 🏛.

CHAPITRE VII DISPOSITIONS PÉNALES

(L. nº 2009-879 du 21 juill. 2009, art. 94-VII)

Art. L. 1427-1 Le fait de faire obstacle aux fonctions des agents mentionnés *(Ord. nº 2010-177 du 23 févr. 2010, art. 19-I-12º)* **« aux articles L. 1421-1, L. 1435-7 »** *(L. nº 2004-800 du 6 août 2004, art. 12-B)* **« et L. 5313-1 » est puni d'** *(Ord. nº 2013-1183 du 19 déc. 2013, art. 18-II)* **« un an d'emprisonnement et de 75 000 € d'amende ».**

TITRE TROISIÈME AGENCES RÉGIONALES DE SANTÉ

(L. nº 2009-879 du 21 juill. 2009, art. 118)

BIBL. ▸ **Études.** TABUTEAU, Les ARS : cadres et limites juridiques d'une nouvelle autorité sanitaire, *RDSS 2017. 1056* ✎. – BRÉCHAT et LOPEZ, Pour des ARS dotées de plus de moyens de régulation, *Les Tribunes de la santé 2017/2 (nº 55), p. 75.* – DONIER, Les partenariats entre ARS et départements, *RDSS 2016. 451* ✎. – LAFORCADE, Les partenariats entre ARS et régions, *RDSS 2016. 443* ✎. – CHAUVET, La nature juridique de l'Agence régionale de santé, *RDSS 2016. 405* ✎. – ROLLAND et PIERRU, Les agences régionales de santé deux ans après : une autonomie de façade, *Rev. Santé publ., vol. 25, nº 4, juill.-août 2013, p. 411.* – IGF, L'État et ses agences : le cas des agences de la santé et du secteur médico-social, *Rapp. particulier nº 2011-M-044-03, févr. 2012.* – VIDANA, Les agences régionales de santé : de l'usage du mythe du préfet sanitaire, *RDSS 2012. 267* ✎. – Les agences régionales de santé, un an après (dossier), *Actualité et dossier en santé publique (ADSP), 2011/3, nº 74.* – BARLET, L'inspection et le contrôle dans la loi HPST, *RGDM juin 2011, nº spéc., p. 157.* – BROUDIC, Les agences régionales de santé, *RGDM juin 2011, nº spéc., p. 45.* – COURRÈGES et LOPEZ, Les agences régionales de santé [ARS], un an après. L'espoir, l'ambition et les vicissitudes de l'action, *Dr. soc. 2011. 1112* ✎. – DOUMIN, La gouvernance « Canada dry » ou la reprise en main de l'hôpital par une nouvelle bureaucratie gestionnaire, *in* MAS, PIERRU, SMOLSKI, TORRIELLI (dir.), L'hôpital en réanimation, *éd. du Croquant, 2011, p. 103.* – J.-M. CLÉMENT, La loi HPST : l'État maître du jeu hospitalier, *Rev. dr. et santé 2010, nº 33, p. 39.* – BERTRAND, COURRÈGES et LOPEZ, Nouvelle gouvernance régionale pour une meilleure régulation en faveur de la santé, *in* COUTY, KOUCHNER, LAUDE et TABUTEAU (dir.), La loi HPST : regards sur la réforme du système de santé, *Presses de l'EHESP, 2009, p. 341.* – ECKERT-MALÉCOT, Agence régionale de santé et préfet, *in* COUTY, KOUCHNER, LAUDE et TABUTEAU (dir.), *préc., p. 363.* – BRAS, La création des agences régionales de santé : notre système de santé sera-t-il encore mieux gouverné ?, *Dr. soc. 2009. 1126* ✎. – CASTAING, Les agences régionales de santé : outil d'une gestion rénovée ou simple relais du pouvoir central ?, *AJDA 2009. 2212* ✎. – CHAUVIN, De l'agence régionale de l'hospitalisation à l'agence régionale de santé, *in* « Territoire et santé », *RDSS 2009. 65* ✎, *hors-série.* – DE LARD et TANGUY, Le nouveau pilotage régional du système de santé par les agences régionales de santé, *RDSS 2009. 845* ✎. – MOQUET-ANGER, Les aspects de la nouvelle organisation territoriale de la santé, *JCP A 2009, nº 2224.*

▸ **Colloques.** Les pouvoirs de sanction des agences régionales de santé, Colloque AFDS, *Les Cahiers hospitaliers, nº 286, févr. 2012.*

COMMENTAIRE

V. Commentaire reproduit sur Dalloz.fr 🏛.

CHAPITRE PREMIER MISSIONS ET COMPÉTENCES DES AGENCES RÉGIONALES DE SANTÉ

(L. nº 2009-879 du 21 juill. 2009, art. 118)

Sur la mission de l'agence régionale de santé, V. L. nº 2016-41 du 26 janv. 2016, art. 98 🏛.

Art. L. 1431-1 Dans chaque région et dans la collectivité territoriale de Corse, une agence régionale de santé a pour mission de définir et de mettre en œuvre un ensemble coordonné de programmes et d'actions concourant à la réalisation, à l'échelon régional et infrarégional :

– des objectifs de la politique nationale de santé définie à l'article L. 1411-1 du présent code ;

– des principes de l'action sociale et médico-sociale énoncés aux articles L. 116-1 et L. 116-2 du code de l'action sociale et des familles ;

– des principes fondamentaux affirmés *(L. n° 2014-40 du 20 janv. 2014, art. 1er-III)* « au I de » l'article L. 111-2-1 du code de la sécurité sociale.

Les agences régionales de santé contribuent au respect de l'objectif national de dépenses d'assurance maladie.

Leurs compétences s'exercent sans préjudice et dans le respect de celles *(Ord. n° 2018-20 du 17 janv. 2018, art. 10)* « du ministre de la défense, » des collectivités territoriales et des établissements et agences mentionnés aux articles L. 1222-1, *(Ord. n° 2010-18 du 7 janv. 2010, art. 3-IV)* « L. 1313-1 », *(Ord. n° 2016-462 du 14 avr. 2016, art. 3-I-4°)* « L. 1413-1 », L. 1418-1 et L. 5311-1 du présent code ainsi qu'aux articles L. 312-8 du code de l'action sociale et des familles et L. 161-37 du code de la sécurité sociale.

Constitution, art. 37, al. 2. Les mots « délégations territoriales dans les départements » figurant au dernier al. de l'art. L. 1432-1 ont le caractère réglementaire. • Cons. const. 19 nov. 2015, n° 2015-260 L.

Art. L. 1431-2 Les agences régionales de santé sont chargées, en tenant compte *(Ord. n° 2018-20 du 17 janv. 2018, art. 10)* « des particularités de chaque région et des besoins spécifiques de la défense » :

1° De mettre en œuvre au niveau régional la politique de santé *(L. n° 2016-41 du 26 janv. 2016, art. 1er-II-9°)* « définie en application des articles L. 1411-1 et L. 1411-1-1 », en liaison avec les autorités compétentes dans les domaines de la santé au travail, de la santé scolaire et universitaire et de la protection maternelle et infantile *(Ord. n° 2018-20 du 17 janv. 2018, art. 10)* « , et le protocole prévu à l'article L. 6147-11 ».

A ce titre :

(L. n° 2016-41 du 26 janv. 2016, art. 160-I-1°) « *a)* Elles organisent l'observation de la santé dans la région, en s'appuyant, en tant que de besoin, sur les observatoires régionaux de la santé, ainsi que la veille sanitaire, en particulier le recueil, la transmission et le traitement des signalements d'événements sanitaires ; »

b) Elles contribuent, dans le respect des attributions du représentant de l'État territorialement compétent *(Ord. n° 2018-20 du 17 janv. 2018, art. 10)* « et, le cas échéant, en relation avec le ministre de la défense », à l'organisation de la réponse aux urgences sanitaires et à la gestion des situations de crise sanitaire ;

c) Sans préjudice de l'article L. 1435-1, elles établissent un programme annuel de contrôle du respect des règles d'hygiène, en particulier celles prévues au 2° de l'article L. 1421-4, en fonction des orientations retenues par le document visé à l'article L. 1434-1 et des priorités définies par le représentant de l'État territorialement compétent. Elles réalisent ou font réaliser les prélèvements, analyses et vérifications prévus dans ce programme et procèdent aux inspections nécessaires ;

(L. n° 2016-41 du 26 janv. 2016, art. 88-II) « *d)* Elles définissent et financent des actions visant à promouvoir la santé, à informer et à éduquer la population à la santé et à prévenir les maladies, les handicaps et la perte d'autonomie, en veillant à leur évaluation ; »

2° De réguler, d'orienter et d'organiser, notamment en concertation avec les professionnels de santé *(L. n° 2016-41 du 26 janv. 2016, art. 158-I-3°-a)* « et les acteurs de la promotion de la santé, l'offre de services de santé, de manière à répondre aux besoins en matière de prévention, de promotion de la santé, » de soins et de services médico-sociaux, *(Ord. n° 2018-20 du 17 janv. 2018, art. 10)* « aux besoins spécifiques de la défense » et à garantir l'efficacité du système de santé.

A ce titre :

(L. n° 2010-1594 du 20 déc. 2010, art. 78-III-1°) « *a)* Elles contribuent à évaluer et à promouvoir les formations des professionnels de santé *(L. n° 2016-41 du 26 janv. 2016, art. 158-I-3°-b)* « et des acteurs de la prévention et de la promotion de la santé », des personnels qui apportent au domicile des personnes âgées dépendantes et des personnes handicapées ou dans les établissements mentionnés aux 1° et 3° de l'article **L. 314-3-1** du code de l'action sociale et des familles une assistance dans les actes quotidiens de la vie, ainsi que les formations des aidants et des accueillants familiaux mentionnés aux articles **L. 441-1** et **L. 444-1** du même code. » *(L. n° 2015-1776 du 28 déc. 2015, art. 80-1°)* « Elles contribuent également à évaluer et à promouvoir les actions d'accompagnement des proches aidants, les actions de formation et de soutien des bénévoles qui contribuent au maintien du lien social des personnes âgées et des personnes handicapées et les actions de modernisation de l'aide à domicile ; »

b) Elles autorisent la création et les activités *(Ord. n° 2010-177 du 23 févr. 2010, art. 17-I-2°)* « des établissements de santé et des installations mentionnées aux articles **L. 6322-1** à **L. 6322-3** » ainsi que des établissements et services médico-sociaux mentionnés *(Ord. n° 2010-177 du 23 févr. 2010, art. 18-II)* « au *b* de l'article **L. 313-3** du code de l'action sociale et des familles » ; elles contrôlent leur fonctionnement et leur allouent les ressources qui relèvent de leur compétence *(L. n° 2010-1594 du 20 déc. 2010, art. 78-III-2°)* « ; elles attribuent également les financements aux *(L. n° 2015-1776 du 28 déc. 2015, art. 80-2°)* « porteurs de la méthode d'action pour l'intégration des services d'aide et de soins dans le champ de l'autonomie mentionnés » à l'article **L. 113-3** du même code ainsi qu'aux groupes d'entraide mutuelle mentionnés aux articles **L. 114-1-1** et **L. 114-3** du même code et s'assurent du respect des cahiers des charges mentionnés respectivement à l'article **L. 113-3** et au I de l'article **L. 14-10-5** du même code » ;

c) Elles veillent à ce que la répartition territoriale de l'offre de *(L. n° 2016-41 du 26 janv. 2016, art. 158-I-3°-c)* « prévention, de promotion de la santé, de soins et médico-sociale » permette de satisfaire les besoins de santé de la population *(L. n° 2016-41 du 26 janv. 2016, art. 65-I-1°-a et 69-I-1°)* « ; elles contribuent à la constitution de communautés professionnelles territoriales de santé mentionnées à l'article **L. 1434-12** et assurent la mise en place du projet territorial de santé mentale mentionné à l'article **L. 3221-2** ». A ce titre, elles mettent en œuvre les mesures mentionnées à l'article *(L. n° 2016-41 du 26 janv. 2016, art. 158-I-3°-c)* « **L. 1434-2** » et en évaluent l'efficacité ;

d) Elles contribuent à mettre en œuvre un service unique d'aide à l'installation des professionnels de santé ;

e) Elles veillent *(L. n° 2016-41 du 26 janv. 2016, art. 158-I-3°-d)* « à la qualité des interventions en matière de prévention, de promotion de la santé, » à la qualité et à la sécurité des actes médicaux, de la dispensation et de l'utilisation des produits de santé ainsi que des prises en charge et accompagnements médico-sociaux et elles procèdent à des contrôles à cette fin ; elles contribuent, avec les services de l'État compétents et les collectivités territoriales concernées, à la lutte contre la maltraitance et au développement de la bientraitance dans les établissements et services de santé et médico-sociaux ;

f) Elles veillent à assurer l'accès *(L. n° 2016-41 du 26 janv. 2016, art. 158-I-3°-e)* « à la prévention, à la promotion de la santé, » aux soins de santé et aux services psychosociaux des personnes en situation de précarité ou d'exclusion ;

g) *(L. n° 2016-41 du 26 janv. 2016, art. 162-II-1°)* « Dans les conditions prévues à l'article **L. 182-2-1-1** du code de la sécurité sociale, elles définissent et mettent en œuvre, avec les organismes d'assurance maladie et avec la Caisse nationale de solidarité pour l'autonomie, les actions régionales déclinant le plan national de gestion du risque et d'efficience du système de soins ou le complétant. » Ces actions portent sur le contrôle et l'amélioration des modalités de recours aux soins et des pratiques des professionnels de santé en médecine ambulatoire et dans les établissements et services de santé et médico-sociaux. *(L. n° 2011-940 du 10 août 2011, art. 21)* « A ce titre, elles publient un bilan annuel, quantitatif et qualitatif, des séjours et de l'activité des établissements de santé, portant notamment sur les actes et interventions chirurgicales, sur la base des informations mentionnées à l'article **L. 6113-8**. La personne publique désignée par l'État et mentionnée au premier alinéa du même article L. 6113-8 en publie, chaque année, une analyse nationale et comparative par région » ;

h) En relation avec les *(Ord. nº 2010-177 du 23 févr. 2010, art. 26-21º)* « autorités compétentes de l'État et » les collectivités territoriales qui le souhaitent, elles encouragent et favorisent, au sein des établissements, l'élaboration et la mise en œuvre d'un volet culturel ;

(L. nº 2009-1436 du 24 nov. 2009, art. 55) « *i)* Elles évaluent et identifient les besoins sanitaires des personnes en détention. Elles définissent et régulent l'offre de soins en milieu pénitentiaire ; »

(L. nº 2016-41 du 26 janv. 2016, art. 74-2º) « *j)* Elles sont chargées d'organiser les fonctions d'appui aux professionnels pour la coordination des parcours de santé complexes, dans les conditions prévues aux articles L. 6327-1 et L. 6327-2 ; »

(L. nº 2016-41 du 26 janv. 2016, art. 158-I-3º-f) « *k)* Elles favorisent des actions tendant à rendre les publics cibles acteurs de leur propre santé. Elles visent, dans une démarche de responsabilisation, à permettre l'appropriation des outils de prévention et d'éducation à la santé ;

« *l)* Elles participent, en lien avec les universités et les collectivités territoriales concernées, à l'analyse des besoins et de l'offre en matière de formation pour les professionnels des secteurs sanitaire et médico-social ;

« *m)* Elles s'associent avec l'ensemble des acteurs de santé, les universités, les établissements publics à caractère scientifique et technologique ou tout autre organisme de recherche pour participer à l'organisation territoriale de la recherche en santé ;

« *n)* Dans le respect des engagements internationaux de la France et en accord avec les autorités compétentes de l'État, elles sont autorisées à développer des actions de coopération internationale en vue de promouvoir les échanges de bonnes pratiques avec leurs partenaires étrangers. »

Art. L. 1431-3 Un décret peut créer des agences interrégionales de santé et confier des compétences interrégionales à une ou plusieurs agences régionales de santé.

Art. L. 1431-4 Les modalités d'application du présent titre sont déterminées par un décret en Conseil d'État, sauf disposition contraire.

CHAPITRE II ORGANISATION ET FONCTIONNEMENT DES AGENCES RÉGIONALES DE SANTÉ

(L. nº 2009-879 du 21 juill. 2009, art. 118)

SECTION PREMIÈRE ORGANISATION DES AGENCES

Art. L. 1432-1 Les agences régionales de santé sont des établissements publics de l'État à caractère administratif. Elles sont placées sous la tutelle des ministres chargés de la santé, de l'assurance maladie, des personnes âgées et des personnes handicapées.

Les agences régionales de santé sont dotées d'un conseil de surveillance et dirigées par un directeur général.

Auprès de chaque agence régionale de santé sont constituées :

1º Une conférence régionale de la santé et de l'autonomie, chargée de participer par ses avis à la définition des objectifs et des actions de l'agence dans ses domaines de compétences ;

2º Deux commissions de coordination des politiques publiques de santé, associant les services de l'État, les collectivités territoriales et leurs groupements et les organismes de sécurité sociale. Ces commissions, dont la composition et les modalités de fonctionnement sont fixées par décret, sont compétentes pour *(L. nº 2016-41 du 26 janv. 2016, art. 158-I-4º-a)* « coordonner les » actions déterminées et conduites par leurs membres, respectivement :

– dans les domaines de la prévention *(L. nº 2016-41 du 26 janv. 2016, art. 158-I-4º-a)* « et de la promotion de la santé », de la santé scolaire, de la santé au travail et de la protection maternelle et infantile ;

– dans le domaine des prises en charge et des accompagnements médico-sociaux.

(L. nº 2016-41 du 26 janv. 2016, art. 158-I-4º-a) « L'agence régionale de santé veille à ce que la lutte contre les inégalités sociales et territoriales de santé soit prise en

compte au sein de ces commissions, lesquelles rendent compte d'actions précises de lutte contre ces inégalités, notamment à l'égard des personnes en situation de vulnérabilité ou de précarité sociale, dans le cadre du programme mentionné au 3° de l'article L. 1434-2 du présent code. »

Les agences régionales de santé mettent en place *(Décr. n° 2015-1689 du 17 déc. 2015, art. 7)* **« des délégations départementales ».**

Les mots « délégations territoriales dans les départements » figurant au dernier al. de l'art. L. 1432-1 ont un caractère réglementaire (Cons. const. 19 nov. 2015, Décis. n° 2015-260L).

SOUS-SECTION 1 DIRECTEUR GÉNÉRAL

Art. L. 1432-2 Le directeur général de l'agence régionale de santé exerce, au nom de l'État, les compétences mentionnées à l'article L. 1431-2 qui ne sont pas attribuées à une autre autorité.

Au moins deux fois par an, il rend compte au conseil de surveillance, dont une fois après la clôture de chaque exercice, de la mise en œuvre de la politique régionale de santé et de la gestion de l'agence. Cette communication est rendue publique.

Au moins une fois par an, il rend compte à la conférence régionale de la santé et de l'autonomie de la mise en œuvre de la politique régionale de santé et l'informe des suites qui ont été données à ses avis. Cette communication est rendue publique.

Il prépare et exécute, en tant qu'ordonnateur, le budget de l'agence. Il arrête le compte financier.

Il arrête le projet régional de santé mentionné à l'article L. 1434-1.

(L. n° 2016-41 du 26 janv. 2016, art. 164-IV) **« Il arrête, après concertation avec les caisses locales d'assurance maladie et avec les organismes complémentaires d'assurance maladie, le plan pluriannuel régional de gestion du risque prévu à l'article L. 182-2-1-1 du code de la sécurité sociale.**

« Il arrête les contrats types régionaux prévus à l'article L. 162-14-4 du même code et peut conclure, avec le représentant des régimes d'assurance maladie mentionné au II du même article L. 162-14-4 et chaque professionnel de santé ou centre de santé établi dans le ressort de l'agence, des contrats conformes à ces contrats types. »

Il conclut avec les collectivités territoriales, pour le compte de l'État, les conventions prévues aux articles L. 1423-2, L. 3111-11 *(L. n° 2014-1554 du 22 déc. 2014, art. 47-I-1°)* **« et L. 3112-2 » et procède à l'habilitation des organismes mentionnés aux articles L. 3111-11, L. 3112-3 et L. 3121-1 ; l'agence verse aux organismes et collectivités concernés les subventions afférentes, sous réserve de l'article 199-1 de la loi n° 2004-809 du 13 août 2004 relative aux libertés et responsabilités locales.**

Le directeur général délivre les autorisations mentionnées au chapitre II du titre II du livre Ier de la sixième partie du présent code, ainsi que la licence mentionnée à l'article L. 5125-4 *[nouvelle rédaction issue de l'Ord. n° 2018-3 du 3 janv. 2018, art. 4 et 5, en vigueur au plus tard le 31 juill. 2018 : « L. 5125-18 »].*

Il peut recruter, sur des contrats à durée déterminée ou indéterminée, des agents contractuels de droit public ou des agents de droit privé régis par les conventions collectives applicables au personnel des organismes de sécurité sociale.

Il désigne la personne chargée d'assurer l'intérim des fonctions de directeur et de secrétaire général dans les établissements publics de santé, à l'exception des établissements mentionnés aux articles L. 6147-1 et L. 6141-5.

Il peut ester en justice. Il représente l'agence en justice et dans tous les actes de la vie civile.

Il peut déléguer sa signature.

1. Soumission à l'État. Si les agences régionales de santé sont des établissements publics distincts de l'État, les compétences qui leur sont confiées par l'art. L. 1431-2 sont, en vertu de l'art. L. 1432-2, exercées par leurs directeurs généraux au nom de l'État, sauf lorsqu'elles ont été attribuées à une autre autorité au sein de ces agences ; par suite, en l'absence de dispositions contraires, les directeurs généraux des agences régionales de santé sont, en tant qu'autorités agissant au nom de l'État, soumis au pouvoir hiérarchique des ministres compétents, lesquels peuvent à ce titre et dans ce cadre leur adresser des instructions. • CE 12 déc. 2012, *Synd. nat. des éts et résidences privés pour les personnes âgées (SYNERPA)*, n° 350479 : *Lebon ; AJDA 2013. 481, concl. Vialettes ; JCP Adm. 2013, n° 2022, note Vioujas ; RDSS 2013. 275, note Leleu ; Dr. Adm.*

2013, comm. 32, note Guignard ; Rev. dr. et santé 2013, n° 53, p. 377, note Apollis. ♦ Ces instructions peuvent légalement émaner du directeur général de l'offre de soins, sous forme de message électronique. • CE 3 févr. 2016, *Conseil national de l'ordre des infirmiers,* n° 381203 : *Lebon T.* ♦ Toutefois, il ne résulte d'aucun texte que les ministres détiennent un pouvoir d'organisation des services des agences régionales de santé, lequel relève, au sein de chaque agence, du seul directeur général, en tant que chef de service, sans qu'il puisse, à ce titre, recevoir d'instructions de la part des ministres ; est donc annulée pour incompétence la circulaire ministérielle qui fixe les règles d'organisation des astreintes au sein des agences régionales de santé. • CE 12 déc. 2012, *Synd. des médecins inspecteurs de santé publique (SMISP),* n° 354635 : *AJDA 2012. 2406.* ♦ Il en résulte que le ministre des Affaires sociales et de la Santé n'a pas qualité pour se substituer à l'autorité compétente de l'ARS afin de régulariser en se l'appropriant une requête de l'ARS déclarée irrecevable par le juge. • CAA 25 janv. 2013, *ARS Pays de la Loire,* n° 12NT01379.

2. Pouvoirs exercés au nom de l'État. Si les ARS sont des établissements publics de l'État dotés de la personnalité morale, qui disposent à ce titre du droit d'ester en justice, le ministre des Affaires sociales et de la santé est seul compétent, en application des art. L. 1432-2 CSP et R. 811-10 CJA, pour faire appel d'un jugement annulant l'arrêté par lequel le directeur général d'une ARS rejette une demande de transfert d'officine. • CE 4 juin 2014, *ARS des Pays-de-la-Loire,* n° 367298 : *Lebon.*

SOUS-SECTION 2 CONSEIL DE SURVEILLANCE

Art. L. 1432-3 I. – Le conseil de surveillance de l'agence régionale de santé est composé :

1° De représentants de l'État ;

2° De membres des conseils et conseils d'administration des organismes locaux d'assurance maladie de son ressort dont la caisse nationale désigne les membres du conseil de l'Union nationale des caisses d'assurance maladie. Pour les organismes relevant du régime général, ces membres sont désignés par des organisations syndicales de salariés et des organisations professionnelles d'employeurs reconnues représentatives au niveau national et interprofessionnel au sens de l'article L. 2122-9 du code du travail ;

3° De représentants des collectivités territoriales ;

4° De représentants des patients, des personnes âgées et des personnes handicapées, ainsi qu'au moins d'une personnalité choisie à raison de sa qualification dans les domaines de compétence de l'agence.

Des membres du conseil peuvent disposer de plusieurs voix.

Des représentants des personnels de l'agence, ainsi que le directeur général de l'agence, siègent au conseil de surveillance avec voix consultative.

Le conseil de surveillance est présidé par le représentant de l'État dans la région. *[Dispositions déclarées non conformes à la Constitution par la décision du Conseil constitutionnel n° 2009-584 DC du 16 juillet 2009.]*

Le conseil de surveillance approuve *(L. n° 2014-1554 du 22 déc. 2014, art. 56-I-1°)* « le budget et le budget annexe » de l'agence, sur proposition du directeur général ; il peut *(L. n° 2014-1554 du 22 déc. 2014, art. 56-I-1°)* « les rejeter » par une majorité qualifiée, selon des modalités déterminées par voie réglementaire.

Il émet un avis sur le *(L. n° 2016-41 du 26 janv. 2016, art. 158-I-4°-b)* « projet » régional de santé, le contrat pluriannuel d'objectifs et de moyens de l'agence, ainsi qu'au moins une fois par an, sur les résultats de l'action de l'agence.

Il approuve le compte financier.

Chaque année, le directeur général de l'agence transmet au conseil de surveillance un état financier retraçant, pour l'exercice, l'ensemble des charges de l'État, des régimes d'assurance maladie et de la Caisse nationale de solidarité pour l'autonomie relatives à la politique de santé et aux services de soins et médico-sociaux dans le ressort de l'agence régionale de santé concernée.

Il lui transmet également un rapport sur la situation financière des établissements publics de santé placés sous administration provisoire.

II. – Nul ne peut être membre du conseil de surveillance :

1° A plus d'un titre ;

2° S'il encourt l'une des incapacités prévues par les articles L. 5 et L. 6 du code électoral ;

3° S'il est salarié de l'agence ;

4° S'il a, personnellement ou par l'intermédiaire de son conjoint, des liens ou intérêts directs ou indirects dans une personne morale relevant de la compétence de l'agence ;

5° S'il exerce des responsabilités dans une entreprise qui bénéficie d'un concours financier de la part de l'agence ou qui participe à la prestation de travaux, de fournitures ou de services ou à l'exécution de contrats d'assurance, de bail ou de location ;

6° S'il perçoit, à quelque titre que ce soit, des honoraires de la part de l'agence.

Toutefois, l'incompatibilité visée au 3° du présent II ne peut être opposée aux personnes mentionnées au septième alinéa du I siégeant au conseil de surveillance avec voix consultative.

Les incompatibilités visées au 4° du présent II ne sont pas opposables aux représentants des usagers.

(Ord. n° 2017-30 du 12 janv. 2017, art. 2-1°) « III. — L'écart entre le nombre de femmes et le nombre d'hommes parmi les membres du conseil de surveillance mentionnés aux 1° à 4° du I et les représentants des personnels mentionnés au septième alinéa du I ne peut être supérieur à un. Parmi les membres désignés par une même personne, l'écart entre le nombre de femmes et le nombre d'hommes ne peut être supérieur à un.

« Aux fins d'assurer le respect de la règle définie à l'alinéa précédent, un décret détermine les conditions dans lesquelles est organisée l'élection des représentants des personnels de manière à ce que l'écart entre les femmes et les hommes au sein de ces représentants n'excède pas un. Il détermine également les cas dans lesquels, au regard de l'insuffisance de personnes éligibles de chaque sexe constatée lors du scrutin, et par dérogation au premier alinéa, les représentants du personnel ne sont pas pris en compte pour l'application de la règle définie à cet alinéa.

« Un tirage au sort est réalisé, le cas échéant, afin de déterminer, parmi les personnes appelées à prendre part à la désignation ou au renouvellement des membres du conseil de surveillance et ne désignant qu'un membre ou un nombre impair de membres, celles qui désignent une femme et celles qui désignent un homme.

« Toutefois, dans le cas où une personne investie du pouvoir de nomination ou de désignation souhaite renouveler le mandat d'un membre sortant, elle le désigne au préalable. Il est alors procédé à la désignation des autres membres après application, compte tenu des membres dont le mandat a été renouvelé, du tirage au sort mentionné à l'alinéa précédent.

« Les modalités du tirage au sort mentionné au troisième alinéa du présent III ainsi que le délai dans lequel il est organisé sont fixés par décret.

« IV. — » Les modalités d'application du présent article sont fixées par décret.

Sur l'adaptation des agences régionales de santé et des unions régionales de professionnels de santé à la nouvelle délimitation des régions, V. Ord. n° 2015-1620 du 10 déc. 2015 🏛.

Décret d'application, illégalité. Annulation du décret d'application n° 2010-337 du 31 mars 2010 relatif au conseil de surveillance de l'agence régionale de santé, en tant qu'il a été adopté sans consultation préalable du comité technique paritaire ministériel, en méconnaissance du principe de participation des travailleurs à la détermination collective des conditions de travail consacré par le huitième al. du préambule de la Constitution de 1946. • CE 15 mai 2012, *Féd. nat. interco CFDT,* n° 339834 (effet différé au 30 nov. 2012).

SOUS-SECTION 3 CONFÉRENCE RÉGIONALE DE LA SANTÉ ET DE L'AUTONOMIE

Art. L. 1432-4 La conférence régionale de la santé et de l'autonomie est un organisme consultatif composé de plusieurs collèges qui concourt, par ses avis, à la politique régionale de santé. Sont notamment représentés au sein de ces collèges les collectivités territoriales, les usagers et associations œuvrant dans les domaines de compétence de l'agence régionale de santé, les *(L. n° 2016-41 du 26 janv. 2016, art. 158-I-4°-c)* « conseils territoriaux de santé », les organisations représentatives des salariés *(Abrogé par L. n° 2016-41 du 26 janv. 2016, art. 158-I-4°-c)* « ***, des employeurs*** » et des professions indépendantes, *(L. n° 2016-41 du 26 janv. 2016, art. 158-I-4°-c)* « les organisations professionnelles d'employeurs représentatives au niveau national et interprofessionnel, » les professionnels du système de santé, les organismes gestionnaires des établissements et services de santé et médico-sociaux, les organismes de protection sociale.

L'agence régionale de santé met à la disposition de la conférence régionale de la santé et de l'autonomie des moyens de fonctionnement.

La conférence régionale de la santé et de l'autonomie peut faire toute proposition au directeur général de l'agence régionale de santé sur l'élaboration, la mise en œuvre et l'évaluation de la politique de santé dans la région *(L. n° 2016-41 du 26 janv. 2016, art. 158-I-4°-c)* « et sur les territoires ». Elle émet un avis sur le *(L. n° 2016-41 du 26 janv. 2016, art. 158-I-4°-c)* « projet » régional de santé. Elle organise en son sein l'expression des représentants des usagers du système de santé. *(L. n° 2016-41 du 26 janv. 2016, art. 158-I-4°-c)* « Elle procède, en lien notamment avec les conseils territoriaux de santé, à l'évaluation, d'une part, des conditions dans lesquelles sont appliqués et respectés les droits des personnes malades et des usagers du système de santé et, d'autre part, de la qualité des prises en charge et des accompagnements. »

Elle organise le débat public sur les questions de santé de son choix.

Les avis de la conférence régionale de la santé et de l'autonomie sont rendus publics.

Un décret détermine les modalités d'application du présent article.

1. Composition. Compte tenu de la large marge d'appréciation dont disposait le pouvoir réglementaire, s'agissant au demeurant d'organismes aux missions purement consultatives, l'art. D. 1432-28 n'est pas contraire à l'art. L. 1432-4, en tant qu'il prévoit que les conférences régionales de santé et de l'autonomie ne comportent qu'un seul représentant des organisations syndicales représentatives de médecins des établissements publics de santé. • CE 25 nov. 2011, *Conféd. des praticiens des hôpitaux et a.*, n° 340042 : *Lebon T.* ♦ Il en va de même de l'art. D. 1432-39 en tant qu'il fixe la composition de la commission spécialisée de l'organisation des soins. • Même arrêt.

2. Applications locales. En l'absence de dispositions spécifiques, la représentativité doit s'apprécier dans l'objectif d'assurer une cohérence entre la finalité et le champ de compétence de l'institution et sa composition, au niveau territorial ou professionnel auquel il siège ; dans le cas d'un organisme régional, il appartient aux autorités administratives de mesurer la représentativité des organisations appelées à y siéger au niveau régional, sans pouvoir interdire à une organisation qui ne serait pas représentative au niveau national de participer directement ou indirectement à la composition de cet organe régional. • CAA Nantes, 7 mars 2014, *UNIFED*, n° 12NT01136. ♦ Ainsi, en excluant par principe qu'une organisation professionnelle d'employeurs non représentative au niveau national et interprofessionnel puisse avoir vocation, en raison du nombre des entreprises qu'elle regroupe au niveau d'une région et de leur rôle dans les domaines de la santé et de l'action sociale et médico-sociale, à siéger au sein du collège des partenaires sociaux au titre des employeurs, le directeur de l'ARS commet une erreur de droit. • CAA Bordeaux, 6 mai 2014, *ARS Limousin*, n° 12BX02477.

SECTION II RÉGIME FINANCIER DES AGENCES

Art. L. 1432-5 Le budget de l'agence régionale de santé doit être établi en équilibre. Il est exécutoire dans un délai de quinze jours à compter de sa réception par les ministres chargés de la santé, des personnes âgées, des personnes handicapées et de l'assurance maladie, sauf opposition de l'un d'entre eux.

(L. n° 2014-1554 du 22 déc. 2014, art. 56-I-2°, en vigueur le 1er janv. 2016) « Un budget annexe, soumis aux règles prévues au premier alinéa du présent article, est établi pour la gestion des crédits du fonds d'intervention régional mentionné à l'article L. 1435-8 qui sont délégués à l'agence » *(L. n° 2017-1836 du 30 déc. 2017, art. 69)* « , ainsi que pour la gestion de tout crédit versé à l'agence et destiné à financer une action entrant dans le champ des missions définies au même article L. 1435-8 ».

Art. L. 1432-6 Les ressources de l'agence sont constituées par :

1° Une subvention de l'État ;

2° Des contributions des régimes d'assurance maladie *(L. n° 2013-1203 du 23 déc. 2013, art. 63-V-2)* « dont le montant et la répartition entre les régimes sont fixés chaque année par arrêté des ministres chargés de la santé, de la sécurité sociale et de l'agriculture » ;

3° Des contributions de la Caisse nationale de solidarité pour l'autonomie pour des actions concernant les établissements et services médico-sociaux *(L. n° 2010-1594 du*

20 déc. 2010, art. 78-IV) « ou les prises en charge et accompagnements en direction des personnes âgées ou handicapées » ;

4° Des ressources propres, dons et legs ;

5° Sur une base volontaire, des versements de collectivités territoriales ou d'autres établissements publics ;

(L. n° 2014-1554 du 22 déc. 2014, art. 56-I-3°) « 6° Des crédits délégués par le fonds d'intervention régional mentionné à l'article L. 1435-8. »

(L. n° 2013-1203 du 23 déc. 2013, art. 63-V-2) « La contribution prévue au 3° est déterminée » par la loi de financement de la sécurité sociale.

Art. L. 1432-7 L'agence est dotée d'un comptable public.

Art. L. 1432-7-1 *(Ord. n° 2010-177 du 23 févr. 2010, art. 7-34°)* L'agence verse, pour le compte de l'État, aux salariés, membres d'une association siégeant dans les instances placées au sein ou auprès d'elle et bénéficiaires du congé de représentation prévu à l'article L. 3142-51 du code du travail, l'indemnité prévue à l'article L. 3142-52 du même code.

Art. L. 1432-8 L'État peut passer pour le compte des agences régionales de santé des marchés ou des accords-cadres. Les marchés subséquents aux accords-cadres sont passés par l'État ou les agences régionales de santé.

SECTION III PERSONNEL DES AGENCES

Art. L. 1432-9 Le personnel de l'agence comprend :

1° Des fonctionnaires ;

2° Des personnels mentionnés au 1° de l'article L. 6152-1 ;

3° Des agents contractuels de droit public ;

4° Des agents de droit privé régis par les conventions collectives applicables au personnel des organismes de sécurité sociale.

Le directeur de l'agence a autorité sur l'ensemble des personnels de l'agence. Il gère les personnels mentionnés aux 3° et 4°. Il est associé à la gestion des personnels mentionnés aux 1° et 2°.

Les personnes employées par l'agence ne peuvent détenir un intérêt direct ou indirect dans une personne morale relevant de sa compétence.

Art. L. 1432-10 Les emplois de direction des agences régionales de santé ouvrent droit à pension au titre du code des pensions civiles et militaires de retraite lorsqu'ils sont occupés par des fonctionnaires.

Art. L. 1432-11 *(L. n° 2010-751 du 5 juill. 2010, art. 27-I)* I. — Il est institué dans chaque agence régionale de santé un comité d'agence et un comité d'hygiène, de sécurité et des conditions de travail, compétents pour l'ensemble du personnel de l'agence.

1. Le comité d'agence exerce les compétences prévues au II de l'article 15 de la loi n° 84-16 du 11 janvier 1984 portant dispositions statutaires relatives à la fonction publique de l'État et celles prévues au chapitre III du titre II du livre III de la deuxième partie du code du travail, sous réserve des adaptations prévues par décret en Conseil d'État en application de l'article L. 2321-1 du même code. Il est doté de la personnalité civile et gère son patrimoine.

Ce comité comprend le directeur général de l'agence ou son représentant, qui le préside, et des représentants du personnel. Seuls les représentants du personnel sont appelés à prendre part aux votes lorsqu'ils sont consultés.

Les représentants du personnel siégeant au comité d'agence sont élus au scrutin de liste avec représentation proportionnelle. L'élection a lieu par collèges dans des conditions fixées par décret en Conseil d'État.

Les candidatures sont présentées par les organisations syndicales qui remplissent les conditions suivantes :

1° Pour le collège des agents de droit privé régis par les conventions collectives applicables au personnel des organismes de sécurité sociale, celles prévues par l'article L. 2324-4 du code du travail ;

2° Pour le collège des fonctionnaires, des agents de droit public et des agents contractuels de droit public, celles prévues par l'article 9 *bis* de la loi n° 83-634 du 13 juillet 1983 portant droits et obligations des fonctionnaires.

2. Le comité d'hygiène, de sécurité et des conditions de travail est institué dans les conditions prévues par l'article 16 de la loi n° 84-16 du 11 janvier 1984 précitée. Il exerce les compétences du comité institué par ce même article et celles prévues au chapitre II du titre Ier du livre VI de la quatrième partie du code du travail, sous réserve des adaptations fixées par décret en Conseil d'État. Sa composition et son fonctionnement sont fixés par décret en Conseil d'État en application de l'article L. 4111-2 du même code.

II. – Le chapitre III du titre IV du livre Ier de la deuxième partie du code du travail est applicable à l'ensemble des personnels de l'agence régionale de santé. Les délégués syndicaux sont désignés par les organisations syndicales représentatives dans l'agence, qui y constituent une section syndicale, parmi les candidats qui ont recueilli au moins 10 % des suffrages exprimés aux dernières élections du comité d'agence.

La validité des accords collectifs de travail, prévus au livre II de la deuxième partie du même code, est subordonnée à leur signature par une ou plusieurs organisations syndicales représentatives ayant recueilli *(L. n° 2016-1088 du 8 août 2016, art. 21-VIII-1°-a)* « plus de 50% » des suffrages exprimés aux dernières élections du comité d'agence *(Abrogé par L. n° 2016-1088 du 8 août 2016, art. 21-VIII-1°-b et c)* « *et à l'absence d'opposition d'une ou plusieurs organisations syndicales représentatives ayant recueilli au moins la majorité des suffrages exprimés à ces mêmes élections. L'opposition est exprimée dans un délai de huit jours à compter de la date de notification de l'accord, dans les conditions prévues à l'article L. 2231-8 du même code.* »

(L. n° 2016-1088 du 8 août 2016, art. 21-VIII-2°) « Les règles de validité de ces accords sont celles prévues à l'article L. 2232-12 du même code. Les taux de 30 % et de 50 % mentionnés au même article sont appréciés à l'échelle des deux collèges de personnel mentionnés aux 1° et 2° du 1 du I du présent article. »

Pour l'application des *(L. n° 2016-1088 du 8 août 2016, art. 21-VIII-3°)* « quatre premiers alinéas du présent II » et pour l'appréciation de la représentativité prévue à l'article L. 2122-1 du code du travail, les modalités de prise en compte des résultats électoraux sont fixées, par décret en Conseil d'État, de façon à garantir la représentation des agents de chacun des deux collèges de personnel mentionnés *(L. n° 2016-1088 du 8 août 2016, art. 21-VIII-3°)* « au troisième alinéa du présent II ».

Chaque syndicat qui constitue, conformément à l'article L. 2142-1 du code du travail, une section syndicale au sein de l'agence peut, s'il n'est pas représentatif dans l'agence, désigner un représentant de la section pour le représenter au sein de l'agence.

III. – Un comité national de concertation des agences régionales de santé est institué auprès des ministres chargés de la santé, de l'assurance maladie, des personnes âgées et des personnes handicapées.

Il est composé de représentants des personnels des agences régionales de santé, de représentants de l'administration des ministères chargés de la santé, de l'assurance maladie, des personnes âgées et des personnes handicapées, de représentants des régimes d'assurance maladie et de directeurs généraux d'agences régionales de santé ou leurs représentants. Il est présidé par les ministres chargés de la santé, de l'assurance maladie, des personnes âgées et des personnes handicapées, ou leur représentant.

Les représentants du personnel au sein du comité national de concertation sont désignés par les organisations syndicales représentées au sein des comités d'agence des agences régionales de santé, selon des modalités fixées par décret en Conseil d'État tenant compte des résultats aux élections des représentants du personnel à ces comités.

Le comité national de concertation connaît des questions communes aux agences régionales de santé et relatives à leur organisation, à leurs activités, ainsi qu'aux conditions de travail, d'hygiène, de sécurité et d'emploi de leurs personnels.

IV. – Les membres des instances mentionnées aux I et III, les délégués du personnel, les délégués syndicaux et les représentants des sections syndicales bénéficient des garanties prévues par leurs statuts respectifs et, pour ce qui concerne les salariés placés sous le régime des conventions collectives, de la protection prévue par le livre IV de la deuxième partie du code du travail.

1. Constitutionnalité. Le principe de participation à la détermination des conditions de travail (préambule de la Constitution de 1946, al. 8) n'imposait pas au législateur de créer des collèges électoraux distincts selon le statut de droit public ou de droit privé des personnels des ARS pour la désignation de leurs représentants, pas plus que de prévoir que les représentants des salariés de droit public et de droit privé ne seront pas consultés de manière séparée lorsque les questions posées les concernent de manière exclusive. • Cons. const. 28 janv. 2011, n° 2010-91 QPC, *Féd. nat. CGT des personnels des organismes sociaux : AJDA 2011. 192*. ♦ Dans la même affaire, la suite devant le Conseil d'État. • CE 15 mai 2012, *Féd. nat. CGT des personnels des organismes sociaux*, n° 340106.

2. Consultation du comité d'agence. Le directeur général d'une ARS ne peut en principe fixer les modalités d'organisation des astreintes des agents qu'après consultation du comité d'agence, sauf en cas d'urgence, dans le cadre de son pouvoir d'organisation du service, afin de garantir la continuité du service public. • CE 19 nov. 2013, *Mme B.*, n° 353691 : *Lebon à paraître ; AJDA 2013. 2345*.

3. Comité d'agence, consultation obligatoire sauf urgence. Le directeur général d'une ARS ne peut en principe fixer les modalités d'organisation des astreintes qu'après consultation du comité d'agence ; en cas d'urgence toutefois, il peut, dans le cadre de son pouvoir d'organisation du service, prendre toute mesure destinée à garantir la continuité du service public, dès lors que le nombre de volontaires s'avère insuffisant pour assurer la continuité du dispositif d'astreintes. • CE 19 nov. 2013, *Mme A.*, n° 353691 : *JCP Adm. 2014. 2123, note Piaulat* (jurisprudence *CE 7 févr. 1936, n° 43321, Jamart : Lebon 172*).

Art. L. 1432-12 **Les modalités d'application de la présente section, notamment les mesures d'adaptation prévues à l'article L. 1432-11, sont déterminées par décret en Conseil d'État.**

CHAPITRE III COORDINATION DES AGENCES RÉGIONALES DE SANTÉ

(L. n° 2009-879 du 21 juill. 2009, art. 118)

Art. L. 1433-1 **Un Conseil national de pilotage des agences régionales de santé réunit des représentants de l'État et de ses établissements publics, dont la Caisse nationale de solidarité pour l'autonomie, ainsi que des représentants des organismes nationaux d'assurance maladie membres de l'Union nationale des caisses d'assurance maladie. Les ministres chargés de la santé, de l'assurance maladie, des personnes âgées et des personnes handicapées, ou leur représentant, le président ; les ministres chargés du budget et de la sécurité sociale en sont membres.** *(Ord. n° 2018-20 du 17 janv. 2018, art. 10)* **« Le ministre de la défense, ou son représentant, y est invité lorsqu'il est traité de la participation du service de santé des armées à la mise en œuvre de la politique nationale de santé et de la prise en compte des besoins spécifiques de la défense. »**

Le Conseil national de pilotage des agences régionales de santé donne aux agences régionales de santé les directives pour la mise en œuvre de la politique nationale de santé sur le territoire. Il veille à la cohérence des politiques qu'elles ont à mettre en œuvre en termes de santé publique, d'organisation de l'offre de soins et de prise en charge médico-sociale et de gestion du risque et il valide leurs objectifs.

(L. n° 2016-41 du 26 janv. 2016, art. 162-II-2°-a) **« Il définit le contrat type prévu à l'article L. 182-2-1-1 du code de la sécurité sociale, régissant les modalités de mise en œuvre des plans régionaux de gestion du risque et d'efficience du système de soins.**

« Il valide toutes les instructions qui sont données aux agences. Il conduit l'animation du réseau des agences. »

Il évalue périodiquement les résultats de l'action des agences et de leurs directeurs généraux *(L. n° 2016-41 du 26 janv. 2016, art. 162-II-2°-b)* **« , notamment sur la base des contrats définis à l'article L. 1433-2 ».**

(L. n° 2011-1906 du 21 déc. 2011, art. 65-I-3°) **« Il détermine les orientations nationales du fonds mentionné à l'article L. 1435-8. »**

Le Conseil national de pilotage veille à ce que la répartition entre les agences régionales de santé des financements qui leur sont attribués prenne en compte l'objectif de réduction des inégalités de santé mentionné à l'article L. 1411-1.

(Abrogé par L. n° 2017-1836 du 30 déc. 2017, art. 51) (L. n° 2013-1203 du 23 déc. 2013, art. 40-II) ***« Il définit les orientations stratégiques relatives aux actions et expérimentations nationales concourant à l'amélioration de la qualité et de la coordination des soins dispensés en ville. Les aides attribuées aux actions et expérimentations ainsi qu'à leur évaluation sont financées par une dotation des régimes d'assurance maladie, fixée par arrêté des ministres chargés de la sécurité sociale et de la santé. »***

Art. L. 1433-2 Les ministres chargés de la santé, de l'assurance maladie, des personnes âgées et des personnes handicapées signent avec le directeur général de chaque agence régionale de santé un contrat pluriannuel d'objectifs et de moyens de l'agence. *(L. nº 2016-41 du 26 janv. 2016, art. 158-I-5º)* « Ce contrat définit les objectifs et priorités d'action de l'agence régionale de santé pour la mise en œuvre de la stratégie nationale de santé et des plans ou programmes nationaux de santé, déclinés dans le projet régional de santé prévu à l'article L. 1434-1. Il comporte un volet consacré à la maîtrise des dépenses de santé, qui fixe des objectifs chiffrés d'économies. Il est conclu pour une durée de cinq ans et est révisable chaque année. Il fait l'objet d'un suivi et d'une évaluation permettant de mesurer l'atteinte de ces objectifs. »

Art. L. 1433-3 Les modalités d'application du présent chapitre sont déterminées par décret.

CHAPITRE IV TERRITORIALISATION DE LA POLITIQUE DE SANTÉ

(L. nº 2016-41 du 26 janv. 2016, art. 158, en vigueur au plus tard le 1er janv. 2018)

Sur la planification régionale de la politique de santé, V. le chap. IV ancien « Planification régionale de la politique de santé » .

SECTION PREMIÈRE PROJET RÉGIONAL DE SANTÉ

BIBL. ▶ **Territorialisation :** Vioujas, La loi « Montagne » et l'accès aux soins, *JCP Adm. 2017. Actu. 37*. – De Lard, Planification hospitalière, *Droit médical et hospitalier, fasc. 120, Litec*. – Évin, Les nouveaux outils d'une politique territoriale de santé : un mille-feuille qui a besoin d'une mise en cohérence, *RDSS 2017. 107* . – Bréchat et Lopez, Pour une planification en santé adaptée à notre temps, *RDSS 2016. 612* . – Blanc, La compatibilité de la planification sanitaire avec le droit de l'Union européenne, *in* Calmette (dir.), La santé publique à l'épreuve de la rareté, *PUAM, 2013, p. 71*. – Pierru, Planifier la santé, une illusion technocratique ?, *Les Tribunes de la santé 2012, nº 37, p. 83*. – Couty et Dupont, De la planification hospitalière à l'organisation des soins, *Gaz. Pal. 7 juin 2007, p. 10*. – Apollis et Terrier, La réforme de la planification hospitalière, *AJDA 2006. 422* .

▶ **Décentralisation sanitaire :** Castaing (dir.), La territorialisation des politiques de santé, *Éd. hospitalières, 2012*. – Frayssinet, La spécialisation des compétences ou la difficile articulation de l'intervention des acteurs : la place des collectivités territoriales dans le secteur de la santé, *RRJ 2011. 1975*. – Levoyer, Nouvelle gouvernance de la santé : quelle place pour les collectivités territoriales ?, *AJDA 2009. 2219* ; La participation des collectivités territoriales au financement des politiques locales de santé, *JCP Adm. 2009, nº 2225*. – Villeneuve, Les compétences sanitaires des collectivités territoriales, *in* « Territoire et santé », *RDSS, hors-série, 2009. 86*. – M. Cormier, La décentralisation en matière sanitaire, sociale et médico-sociale : une étape transitoire ?, *JCP Adm. 10 janv. 2005, nº 1-2, p. 28*. – Rihal, Les transferts de compétences, solidarité et santé, *AJDA 2004. 1979* . – Lemoyne de Forges, Collectivités territoriales et protection de la santé publique, *Mél. Moreau, Economica, 2003, p. 253*.

▶ **Région :** Marié, Quel avenir pour les conseils régionaux en matière de politique de santé ?, *Dr. soc. 2012. 188* . – Michelet, La déclinaison régionale des politiques de santé : une démarche corrigée par la loi du 9 août 2004, *in* Martin-Papineau (dir.), La loi du 9 août 2004 relative à la politique de santé publique : Enjeux, réalisations, perspectives, *LGDJ, 2007, p. 99*. – Martin-Papineau, La déclinaison régionale des politiques de santé : ambivalences et incertitudes du dispositif issu de la loi du 9 août 2006, *in* Martin-Papineau (dir.), La loi du 9 août 2004 relative à la politique de santé publique : Enjeux, réalisations, perspectives, *LGDJ, 2007, p. 99*. – Chicot, La régionalisation des politiques sanitaires et sociales : l'émergence du « département-région providence » ?, *Dr. adm. déc. 2006, nº 12, p. 4*. – Martin-Papineau, Entre confirmation et réorientation : la régionalisation de la santé en France, *RDSS 2005. 253* . – Moquet-Anger, La régionalisation du système de santé, *Mél. Moreau, Economica, 2003, p. 313*.

Art. L. 1434-1 Le projet régional de santé définit, en cohérence avec la stratégie nationale de santé et dans le respect des lois de financement de la sécurité sociale, les objectifs pluriannuels de l'agence régionale de santé dans ses domaines de compétences, ainsi que les mesures tendant à les atteindre.

Pour les mesures transitoires, V. L. nº 2016-41 du 26 janv. 2016, art. 158-VIII et IX et 196 .

Art. L. 1434-2 Le projet régional de santé est constitué :

1° D'un cadre d'orientation stratégique, qui détermine des objectifs généraux et les résultats attendus à dix ans ;

2° D'un schéma régional de santé, établi pour cinq ans sur la base d'une évaluation des besoins sanitaires, sociaux et médico-sociaux et qui détermine, pour l'ensemble de l'offre de soins et de services de santé, y compris en matière de prévention, de promotion de la santé et d'accompagnement médico-social, des prévisions d'évolution et des objectifs opérationnels.

Ces objectifs portent notamment sur la réduction des inégalités sociales et territoriales en matière de santé, sur l'amélioration de l'accès des personnes les plus démunies à la prévention et aux soins, sur le renforcement de la coordination, de la qualité, de la sécurité, de la continuité et de la pertinence des prises en charge sanitaires et médico-sociales ainsi que sur l'organisation des parcours de santé, notamment pour les personnes atteintes de maladies chroniques et les personnes en situation de handicap ou de perte d'autonomie. Ils visent également à organiser la préparation du système de santé aux situations sanitaires exceptionnelles dans le cadre du dispositif d'organisation de la réponse du système de santé en cas de situation sanitaire exceptionnelle "ORSAN" mentionné à l'article L. 3131-11.

Ils peuvent être mis en œuvre par les contrats territoriaux de santé définis à l'article L. 1434-12, par les contrats territoriaux de santé mentale définis à l'article L. 3221-2 ou par les contrats locaux de santé définis à l'article L. 1434-10 ;

3° D'un programme régional relatif à l'accès à la prévention et aux soins des personnes les plus démunies.

Dans les territoires frontaliers et les collectivités régies par l'article 73 de la Constitution, le projet régional de santé organise, lorsqu'un accord cadre international le permet, la coopération sanitaire et médico-sociale avec les autorités du pays voisin.

Art. L. 1434-3 I. — Le schéma régional de santé :

1° Indique, dans le respect de la liberté d'installation, les besoins en implantations pour l'exercice des soins de premier recours mentionnés à l'article L. 1411-11 et des soins de second recours mentionnés à l'article L. 1411-12. Les dispositions qu'il comporte à cet égard ne sont pas opposables aux professionnels de santé libéraux ;

2° Fixe, pour chaque zone définie au *a* du 2° de l'article L. 1434-9 :

a) Les objectifs quantitatifs et qualitatifs de l'offre de soins, précisés par activité de soins et par équipement matériel lourd, selon des modalités définies par décret ;

b) Les créations et suppressions d'activités de soins et d'équipements matériels lourds ;

c) Les transformations, les regroupements et les coopérations entre les établissements de santé ;

3° Fixe les objectifs quantitatifs et qualitatifs de l'offre des établissements et des services médico-sociaux mentionnés aux *b, d* et *f* de l'article L. 313-3 du code de l'action sociale et des familles, sur la base d'une évaluation des besoins sociaux et médico-sociaux, prévue au 2° de l'article L. 1434-2 du présent code ;

4° Définit l'offre d'examens de biologie médicale mentionnée à l'article L. 6222-2, en fonction des besoins de la population ;

5° Comporte, le cas échéant, un volet consacré à la mise en œuvre d'actions de sensibilisation de la population et de formation des professionnels de santé visant à limiter d'éventuelles contaminations par des maladies vectorielles ;

(L. n° 2016-1888 du 28 déc. 2016, art. 18-I) « 6° Comporte, le cas échéant, un volet consacré aux besoins de santé spécifiques des populations des zones de montagne, notamment en termes d'accès aux soins urgents et d'évacuation des blessés, et tenant compte des spécificités géographiques, démographiques et saisonnières de ces territoires. »

II. — Les autorisations accordées par le directeur général de l'agence régionale de santé sont compatibles avec les objectifs fixés en application des 2° et 3° du I du présent article. Ce principe est mis en œuvre, s'agissant des établissements et services mentionnés au 3° du même I, conformément à l'article L. 312-4 du code de l'action sociale et des familles et dans le respect des conditions prévues aux articles L. 313-4, L. 313-8 et L. 313-9 du même code.

III. – Pour les établissements et services mentionnés aux 6°, 7° et 12° du I de l'article L. 312-1 du code de l'action sociale et des familles, ce schéma régional de santé est établi et actualisé en cohérence avec les schémas départementaux d'organisation sociale et médico-sociale relatifs aux personnes handicapées ou en perte d'autonomie arrêtés par les présidents de conseil départemental de la région et mentionnés à l'article L. 312-5 du même code.

(Ord. n° 2018-20 du 17 janv. 2018, art. 10) « IV. – Les installations et activités mentionnées dans l'arrêté prévu au II de l'article L. 6147-7 sont inscrites dans les schémas régionaux de santé concernés. La modification de cet arrêté entraîne celle du schéma régional de santé concerné.

« Le schéma régional de santé est établi et actualisé en cohérence avec le protocole prévu à l'article L. 6147-11.

« Il prend en compte, lorsqu'ils existent :

« 1° Les besoins spécifiques de la défense ;

« 2° Les autres contributions du service de santé des armées à la politique de santé, notamment celles de ses centres médicaux mentionnés à l'article L. 6326-1 ;

« 3° Sous réserve de la satisfaction de sa mission prioritaire mentionnée à l'article L. 6147-7 et de l'accord du ministre de la défense, les moyens pouvant être mis en œuvre par le service de santé des armées dans le cadre de la préparation du système de santé aux situations sanitaires exceptionnelles et du dispositif d'organisation de la réponse du système de santé en cas de situation sanitaire exceptionnelle ;

« 4° Les coopérations entre les éléments du service de santé des armées et les acteurs du système de santé mentionnés au I de l'article L. 6147-10. »

BIBL. ▶ **Sur les SROS :** Dupont, Projets, schémas et contrats : outils nouveaux et renouvelés, ambitions nouvelles de la planification sanitaire, *RGDM 2011. 117.* – Rousset, Entre incitation et coercition, vers la mise en place de nouveaux dispositifs de régulation de la démographie médicale, *in* Couty, C. Kouchner, Laude et Tabuteau, La loi HPST, regards sur la réforme du système de santé, *Presses de l'EHESP, 2009, p. 197.*

Jurisprudence antérieure à la L. n° 2016-41 du 26 janv. 2016.

Opposabilité aux établissements de santé privés. Sur le fondement de l'ancien art. L. 1434-9, en vertu duquel le schéma régional d'organisation fixe les objectifs de l'offre de soins, le pouvoir réglementaire pouvait légalement prévoir que la première partie relative à l'offre de soins de ce schéma serait opposable aux établissements de santé, aux autres titulaires d'autorisations d'activités de soins et d'équipements matériels lourds ainsi qu'aux établissements et services qui sollicitent de telles autorisations. • CE 4 avr. 2012, *Féd. hospitalière privée,* n° 344387. ♦ Toutefois, l'art. R. 1434-4 n'a pas pour effet de remettre en cause les autorisations délivrées précédemment et ne trouvera à s'appliquer aux établissements de santé déjà titulaires d'une autorisation d'activités de soins ou d'équipements matériels lourds qu'en cas de demande de renouvellement d'une autorisation. • Même arrêt.

Art. L. 1434-4 Le directeur général de l'agence régionale de santé détermine par arrêté, après concertation avec les représentants des professionnels de santé concernés :

1° Les zones caractérisées par une offre de soins insuffisante ou par des difficultés dans l'accès aux soins ;

2° Les zones dans lesquelles le niveau de l'offre de soins est particulièrement élevé, s'agissant des professions de santé pour lesquelles les conventions mentionnées à l'article L. 162-14-1 du code de la sécurité sociale ont prévu des mesures de limitation d'accès au conventionnement. Elles sont arrêtées dans le respect de la méthodologie déterminée dans ces conventions.

Dans les zones mentionnées aux 1° et 2° du présent article, sont mises en œuvre les mesures destinées à réduire les inégalités en matière de santé et à favoriser une meilleure répartition géographique des professionnels de santé, des maisons de santé, des pôles de santé et des centres de santé prévues notamment aux articles L. 1435-4-2 *et L. 1435-5-1 à L. 1435-5-4* du présent code, à l'article L. 1511-8 du code général des collectivités territoriales, à l'article 151 *ter* du code général des impôts, à l'article L. 632-6 du code de l'éducation et par les conventions mentionnées au chapitre II du titre VI du livre Ier du code de la sécurité sociale.

Art. L. 1434-5 L'illégalité pour vice de forme ou de procédure du projet régional de santé et de ses composantes prévues à l'article L. 1434-2 ne peut être invoquée par

voie d'exception après l'expiration d'un délai de six mois à compter de la prise d'effet du document concerné.

Droit au recours. La restriction apportée au droit au recours par l'art. L. 1434-3-1 *[L. 1434-5]* est limitée aux seuls plans régionaux de santé et à leurs composantes, notamment les schémas régionaux d'organisation de soins et d'organisation médico-sociale ; le législateur a entendu, eu égard à la complexité de la procédure d'adoption des documents en cause et aux multiples contestations auxquelles pourraient donner lieu les nombreuses consultations qu'elle comporte, limiter le risque d'insécurité juridique, particulièrement préjudiciable pour des décisions qui ont des incidences financières de long terme, tant pour les opérateurs privés que pour les collectivités et l'assurance maladie, et dont les enjeux sont importants pour la santé publique ; ce faisant, la loi n'a pas limité la possibilité ouverte à tout requérant y ayant un intérêt de demander l'abrogation d'un plan régional de santé illégal ou devenu illégal. • CE 29 avr. 2015, *ARS Midi-Pyrénées,* n° 387773 (QPC rejetée).

Art. L. 1434-6 **Un décret en Conseil d'État précise les conditions d'application de la présente section, notamment :**

1° Les consultations préalables à l'adoption et les règles d'adoption du projet régional de santé, notamment en tant qu'elles permettent son articulation avec les autres documents de planification des politiques publiques ;

2° Les conditions dans lesquelles des activités et des équipements particuliers peuvent faire l'objet d'un schéma interrégional de santé ou d'un schéma régional de santé spécifique ;

3° Les modalités selon lesquelles sont prévues, par convention, la participation des organismes et des services d'assurance maladie à la définition et à la mise en œuvre du projet régional de santé ainsi que la coordination des actions prévues par les conventions d'objectifs et de gestion mentionnées à l'article L. 227-1 du code de la sécurité sociale ;

4° Les conditions dans lesquelles les directeurs généraux des agences régionales de santé déterminent les zones prévues aux 1° et 2° de l'article L. 1434-4 du présent code, notamment les modalités de consultation préalable.

Art. L. 1434-7 **Dans chaque région, un plan d'action pour l'accès à l'interruption volontaire de grossesse est élaboré par l'agence régionale de santé, en prenant en compte les orientations nationales définies par le ministre chargé de la santé.**

SECTION II CONDITIONS DE FONGIBILITÉ DES CRÉDITS

Art. L. 1434-8 **I. — Les moyens alloués à l'agence régionale de santé pour le financement des actions tendant à la promotion de la santé, à l'éducation à la santé et à la prévention des maladies, des handicaps et de la perte d'autonomie ne peuvent être affectés au financement d'activités de soins ou de prises en charge et d'accompagnements médico-sociaux.**

II. — Les moyens financiers dont l'attribution relève des agences régionales de santé et qui correspondent aux objectifs de dépenses définis aux articles L. 314-3 et L. 314-3-2 du code de l'action sociale et des familles ne peuvent être affectés au financement d'établissements, de services ou de prestations autres que ceux mentionnés, selon le cas, aux articles L. 314-3-1 ou L. 314-3-3 du même code.

En cas de conversion **d'activités entraînant une diminution des dépenses financées par l'assurance maladie, et dont le financement s'impute sur l'un des objectifs de dépenses mentionnés aux articles L. 162-22-2, L. 162-22-9 et L. 174-1-1 du code de la sécurité sociale, en activités dont le financement s'impute sur l'un des objectifs de dépenses définis aux articles L. 314-3 et L. 314-3-2 du code de l'action sociale et des familles, les dotations régionales mentionnées à ces mêmes articles L. 314-3 et L. 314-3-2 sont abondées des crédits correspondant à ces activités médico-sociales.**

SECTION III TERRITOIRES ET CONSEILS TERRITORIAUX DE SANTÉ

BIBL. ► **Ouvrages.** VIGNERON, Les inégalités de santé sur les territoires français, *Elsevier-Masson, 2011.* – MARTIN-PAPINEAU (dir.), Les territoires de la santé, *éd. Faculté de droit et des sciences sociales de Poitiers, 2010.*

▸ **Dossiers, colloques.** Santé publique et territoires, *Revue Hérodote, 2011, n° spéc. 143.* - Santé, environnement et territoires, *Revue Pouvoirs locaux, Cahiers de la décentralisation, sept. 2011, n° 90.* - AFDS, Territoire et santé, colloque, *RDSS 2009, hors-série.*

▸ **Études.** TRUCHET, La ville dans le droit de la santé, *Les Tribunes de la santé 2017/3, n° 56, p. 43.* - Dossier, Lutte contre les inégalités territoriales de santé, *RGDM mars 2016, n° 58, p. 3.* - TABUTEAU, « Déserts médicaux » : un révélateur des contradictions des politiques de santé, *JDSAM 2015/2, p. 46.* - AUBY (J.-B.), Territorialisation : le cas de la santé, *Dr. adm. janv. 2012, p. 1.* - LAFORE, Les « territoires » de l'action sociale : l'effacement du modèle « départementaliste » ?, *RDSS 2011. 5* . - LAGEOT, Le « nouveau localisme » : identification à travers les territoires de la santé en Angleterre, *RFDA 2009. 375* . - MOQUET-ANGER, Les aspects de la nouvelle organisation territoriale de la santé, *JCP A 2009, n° 39, p. 25* ; Territoires de santé et égalité des citoyens, *RDSS 2009. 116* . - TABUTEAU, Politiques de santé et territoires, *RDSS 2009. 7* . - VILLENEUVE, Une nouvelle approche territoriale de l'offre de soins, à propos de la loi HPST du 21 juillet 2009, *JCP 2009, n° 210.*

Art. L. 1434-9 **L'agence régionale de santé délimite :**

1° Les territoires de démocratie sanitaire à l'échelle infrarégionale, de manière à couvrir l'intégralité du territoire de la région ;

2° Les zones donnant lieu :

a) A la répartition des activités et des équipements mentionnés à l'article L. 1434-3 ;

b) A l'application aux laboratoires de biologie médicale des règles de territorialité définies aux articles L. 6211-16, L. 6212-3, L. 6212-6, L. 6222-2, L. 6222-3, L. 6222-5 et L. 6223-4.

Lorsque certaines actions à entreprendre dans le cadre des territoires de démocratie sanitaire ou des zones mentionnées au 2° du présent article le nécessitent, le directeur général de l'agence régionale de santé peut conclure, à titre dérogatoire, avec un ou plusieurs directeurs généraux d'agence de santé un contrat interrégional.

Art. L. 1434-10 **I. – Le directeur général de l'agence régionale de santé constitue un conseil territorial de santé sur chacun des territoires définis au 1° de l'article L. 1434-9.**

Le conseil territorial de santé est notamment composé de représentants des élus des collectivités territoriales, des services départementaux de protection maternelle et infantile mentionnés à l'article L. 2112-1 *(L. n° 2016-1888 du 28 déc. 2016, art. 19-1°-a)* **« , » des différentes catégories d'acteurs du système de santé du territoire concerné** *(L. n° 2016-1888 du 28 déc. 2016, art. 19-1°-b)* **« ainsi que d'un membre du comité de massif concerné ». Il veille à conserver la spécificité des dispositifs et des démarches locales de santé fondées sur la participation des habitants. Il organise au sein d'une formation spécifique l'expression des usagers, en intégrant celle des personnes en situation de pauvreté ou de précarité. Il comprend également une commission spécialisée en santé mentale.**

II. – Sans préjudice de l'article L. 3221-2, le conseil territorial de santé participe à la réalisation du diagnostic territorial partagé mentionné au III du présent article en s'appuyant notamment sur les projets des équipes de soins primaires définies à l'article L. 1411-11-1 et des communautés professionnelles territoriales de santé définies à l'article L. 1434-12.

Il contribue à l'élaboration, à la mise en œuvre, au suivi et à l'évaluation du projet régional de santé, en particulier sur les dispositions concernant l'organisation des parcours de santé.

Il est informé des créations de plates-formes territoriales d'appui à la coordination des parcours de santé complexes mentionnées à l'article L. 6327-2 ainsi que de la signature des contrats territoriaux et locaux de santé. Il contribue à leur suivi, en lien avec l'union régionale des professionnels de santé.

L'agence régionale de santé informe les équipes de soins primaires et les communautés professionnelles de territoire de l'ensemble de ces travaux.

III. – Le diagnostic territorial partagé a pour objet d'identifier les besoins sanitaires, sociaux et médico-sociaux de la population concernée en s'appuyant sur des données d'observation. Il tient compte des caractéristiques géographiques et saisonnières du territoire concerné et des besoins des personnes exerçant une activité saisonnière. Il identifie les insuffisances en termes d'offre, d'accessibilité, de coordination et de continuité des services sanitaires, sociaux et médico-sociaux, notamment en matière de soins pal-

liatifs, en portant une attention particulière aux modes de prise en charge sans hébergement. *(Ord. n° 2018-20 du 17 janv. 2018, art. 10)* **« Il identifie, lorsqu'ils existent, les hôpitaux des armées et les autres éléments du service de santé des armées contribuant au projet régional de santé. » Il s'appuie, lorsqu'ils existent, sur les travaux et propositions des conseils locaux de santé ou de toute autre commission créée par les collectivités territoriales pour traiter des questions de santé. Il porte une attention particulière aux quartiers prioritaires de la politique de la ville** *(L. n° 2016-1888 du 28 déc. 2016, art. 19-2°)* **« , aux zones de montagne » et aux zones de revitalisation rurale.**

En santé mentale, le diagnostic territorial est établi conformément au II de l'article L. 3221-2.

IV. – La mise en œuvre du projet régional de santé peut faire l'objet de contrats locaux de santé conclus par l'agence, notamment avec les collectivités territoriales et leurs groupements, portant sur la promotion de la santé, la prévention, les politiques de soins et l'accompagnement médico-social et social.

Sur l'expérimentation permettant à des conseils territoriaux de santé d'être saisis par les usagers, V. L. n° 2016-41 du 26 janv. 2016, art. 158-IX 🏛.

BIBL. ▸ Ouvrages. VIGNERON, Les inégalités de santé dans les territoires français, *Elsevier-Masson, 2011.* – MARTIN-PAPINEAU (dir.), Les territoires de la santé, *éd. Faculté de droit et des sciences sociales de Poitiers, 2010.*

▸ Dossiers, colloques. Santé publique et territoires, *Revue Hérodote, 2011, n° spéc. 143.* – Santé, environnement et territoires, *Pouvoirs locaux 2011, n° 90.* – AFDS, Territoire et santé, *colloque, RDSS 2009, hors-série.*

▸ Études. TRUCHET, La ville dans le droit de la santé, *Les Tribunes de la santé 2017/3, n° 56, p. 43.* – Dossier, Lutte contre les inégalités territoriales de santé, *RGDM mars 2016, n° 58, p. 3.* – TABUTEAU, « Déserts médicaux » : un révélateur des contradictions des politiques de santé, *JDSAM 2015/2, p. 46.* – AUBY (J.B.), Territorialisation : le cas de la santé, *Dr. adm. janv. 2012, p. 1.* – LAFORE, Les « territoires » de l'action sociale : l'effacement du modèle « départementaliste » ?, *RDSS 2011. 5* ✎. – LAGEOT, Le « nouveau localisme » : identification à travers les territoires de la santé en Angleterre, *RFDA 2009. 375* ✎. – MOQUET-ANGER, Les aspects de la nouvelle organisation territoriale de la santé, *JCP A 2009, n° 39, p. 25* ; Territoires de santé et égalité des citoyens, *RDSS 2009. 116* ✎. – TABUTEAU, Politiques de santé et territoires, *RDSS 2009. 7* ✎. – VILLENEUVE, Une nouvelle approche territoriale de l'offre de soins, à propos de la loi HPST du 21 juill. 2009, *JCP 2009, n° 210.*

COMMENTAIRE

V. Commentaire reproduit sur Dalloz.fr 🏛. ❑

Art. L. 1434-11 **Un décret en Conseil d'État détermine :**

1° Les conditions dans lesquelles les directeurs généraux des agences régionales de santé déterminent les territoires et les zones prévus à l'article L. 1434-9 ;

2° La composition et les modalités de fonctionnement et de désignation des membres des conseils territoriaux de santé.

SECTION IV COMMUNAUTÉS PROFESSIONNELLES TERRITORIALES DE SANTÉ

(L. n° 2016-41 du 26 janv. 2016, art. 65)

Art. L. 1434-12 **Afin d'assurer une meilleure coordination de leur action et ainsi concourir à la structuration des parcours de santé mentionnés à l'article L. 1411-1 et à la réalisation des objectifs du projet régional de santé mentionné à l'article L. 1434-1, des professionnels de santé peuvent décider de se constituer en communauté professionnelle territoriale de santé** *(Ord. n° 2018-20 du 17 janv. 2018, art. 10)* **« , sous réserve pour les professionnels du service de santé des armées de l'autorisation du ministre de la défense ».**

La communauté professionnelle territoriale de santé est composée de professionnels de santé regroupés, le cas échéant, sous la forme d'une ou de plusieurs équipes de soins primaires, d'acteurs assurant des soins de premier ou de deuxième recours, définis, respectivement, aux articles L. 1411-11 et L. 1411-12 et d'acteurs médico-sociaux et sociaux concourant à la réalisation des objectifs du projet régional de santé.

Les membres de la communauté professionnelle territoriale de santé formalisent, à cet effet, un projet de santé, qu'ils transmettent à l'agence régionale de santé.

Le projet de santé précise en particulier le territoire d'action de la communauté professionnelle territoriale de santé.

A défaut d'initiative des professionnels, l'agence régionale de santé prend, en concertation avec les unions régionales des professionnels de santé et les représentants des centres de santé, les initiatives nécessaires à la constitution de communautés professionnelles territoriales de santé.

COMMENTAIRE

V. Commentaire reproduit sur Dalloz.fr.

Art. L. 1434-13 Pour répondre aux besoins identifiés dans le cadre des diagnostics territoriaux mentionnés au III de l'article L. 1434-10 et sur la base des projets de santé des équipes de soins primaires et des communautés professionnelles territoriales de santé, l'agence régionale de santé peut conclure des contrats territoriaux de santé.

Le contrat territorial de santé définit l'action assurée par ses signataires, leurs missions et leurs engagements, les moyens qu'ils y consacrent et les modalités de financement, de suivi et d'évaluation. A cet effet, le directeur général de l'agence régionale de santé peut attribuer des crédits du fonds d'intervention régional mentionné à l'article L. 1435-8.

Le contrat territorial de santé est publié sur le site internet de l'agence régionale de santé afin de permettre aux établissements de santé publics et privés, aux structures médico-sociales, aux professions libérales de la santé et aux représentants d'associations d'usagers agréées de prendre connaissance des actions et des moyens financiers du projet.

Les équipes de soins primaires et les acteurs des communautés professionnelles territoriales de santé peuvent bénéficier des fonctions des plates-formes territoriales d'appui à la coordination des parcours de santé complexes prévues à l'article L. 6327-2.

(Ord. nº 2018-20 du 17 janv. 2018, art. 10) « Lorsqu'il concerne un élément du service de santé des armées, le contrat territorial de santé est subordonné à l'accord du ministre de la défense et vaut avenant au contrat spécifique prévu à l'article L. 6147-12. »

SECTION V PACTE TERRITOIRE-SANTÉ

(L. nº 2016-41 du 26 janv. 2016, art. 67)

Art. L. 1434-14 Le pacte territoire-santé a pour objet d'améliorer l'accès aux soins de proximité, en tout point du territoire.

Ce pacte comporte des dispositions visant notamment à :

1º Promouvoir la formation et l'installation des professionnels de santé et des centres de santé en fonction des besoins des territoires ;

2º Accompagner l'évolution des conditions d'exercice des professionnels de santé, notamment dans le cadre des équipes de soins primaires mentionnées à l'article L. 1411-11-1 et des communautés professionnelles mentionnées à l'article L. 1434-12.

Le pacte peut prévoir des actions spécifiquement destinées aux territoires particulièrement isolés et aux quartiers prioritaires de la politique de la ville ainsi que des dispositions particulières pour les collectivités d'outre-mer.

Ce pacte est arrêté par le ministre chargé de la santé. Les agences régionales de santé le mettent en œuvre après concertation avec les acteurs concernés et associent les conseils territoriaux de santé mentionnés à l'article L. 1434-10.

Un comité national est chargé d'élaborer et d'assurer le suivi de la mise en œuvre de ce pacte et d'établir un bilan annuel des actions engagées. Il est composé, notamment, de représentants des professionnels de santé et d'élus, selon des modalités définies par décret.

BIBL. ► **Sur les anciens contrats locaux de santé :** LERIQUE, La santé saisie par le social : les contrats locaux de santé, *RDSS 2013. 859*.

CHAPITRE V MODALITÉS ET MOYENS D'INTERVENTION DES AGENCES RÉGIONALES DE SANTÉ

(L. n° 2009-879 du 21 juill. 2009, art. 118)

SECTION PREMIÈRE VEILLE, SÉCURITÉ ET POLICE SANITAIRES

Art. L. 1435-1 Le directeur général de l'agence régionale de santé informe sans délai le représentant de l'État territorialement compétent ainsi que les élus territoriaux concernés de tout événement sanitaire présentant un risque pour la santé de la population ou susceptible de présenter un risque de trouble à l'ordre public.

Pour l'exercice de ses compétences dans les domaines sanitaire et de la salubrité et de l'hygiène publiques, le représentant de l'État territorialement compétent dispose à tout moment des moyens de l'agence.

Les services de l'agence et les services de l'État mettent en œuvre les actions coordonnées nécessaires à la réduction des facteurs, notamment environnementaux et sociaux, d'atteinte à la santé.

Ces actions font également appel aux services communaux d'hygiène et de santé, dans le respect de l'article L. 1422-1.

Les services de l'agence sont placés pour emploi sous l'autorité du représentant de l'État territorialement compétent lorsqu'un événement porteur d'un risque sanitaire peut constituer un trouble à l'ordre public.

L'agence participe, sous l'autorité du représentant de l'État territorialement compétent, à l'élaboration et à la mise en œuvre du volet sanitaire des plans de secours et de défense.

(L. n° 2014-173 du 21 févr. 2014, art. 21) « L'agence contribue à la réalisation des objectifs de la politique de la ville définis à l'article 1er de la loi n° 2014-173 du 21 février 2014 de programmation pour la ville et la cohésion urbaine. A ce titre, elle est associée à l'élaboration, à la mise en œuvre et à l'évaluation des contrats de ville prévus à l'article 6 de la même loi et en est signataire. »

Elle fournit aux autorités compétentes les avis sanitaires nécessaires à l'élaboration des plans et programmes ou de toute décision impliquant une évaluation des effets sur la santé humaine.

Pour les matières relevant de ses attributions au titre du présent code, le représentant de l'État dans le département peut déléguer sa signature au directeur général de l'agence régionale de santé et, en cas d'absence ou d'empêchement, à des agents placés sous son autorité.

Un décret en Conseil d'État détermine les modalités d'application du présent article.

Art. L. 1435-2 Dans les zones de défense, le préfet de zone dispose, pour l'exercice de ses compétences, des moyens de l'ensemble des agences régionales de santé de la zone de défense. Leurs services sont placés pour emploi sous son autorité lorsqu'un événement porteur d'un risque sanitaire peut constituer un trouble à l'ordre public au sein de la zone.

Le directeur général de l'agence régionale de santé du chef-lieu de la zone assiste le préfet de zone dans l'exercice de ses compétences. Dans ce cadre, il anime et coordonne l'action de l'ensemble des agences régionales de santé de la zone de défense. L'agence régionale de santé du chef-lieu de zone est, en conséquence, qualifiée d'agence régionale de santé de zone.

SECTION II CONTRACTUALISATION AVEC LES OFFREURS DE SERVICES DE SANTÉ

BIBL. ► MARIÉ, Une régionalisation des conventions de santé profitable aux ARS, *Tribunes de la santé 2015/3, n° 48, p. 99.*

Art. L. 1435-3 L'agence régionale de santé conclut les contrats pluriannuels d'objectifs et de moyens prévus à l'article L. 6114-1. Elle peut, avec la participation des collectivités territoriales, conclure les contrats pluriannuels d'objectifs et de moyens prévus à l'article L. 313-11 du code de l'action sociale et des familles ainsi que, dans des conditions définies par décret, des contrats pluriannuels d'objectifs et de moyens avec les réseaux de santé, les centres de santé, les pôles de santé et les maisons de santé. Le versement d'aides financières ou de subventions à ces services de santé par les agences régionales de santé est subordonné à la conclusion d'un contrat pluriannuel d'objectifs et de moyens.

L'agence veille au suivi et au respect des engagements définis dans ces contrats.

Art. L. 1435-3-1 *(Ord. n° 2018-20 du 17 janv. 2018, art. 10)* L'agence régionale de santé conclut le contrat spécifique prévu à l'article L. 6147-12.

Dans le cadre de ses missions prévues à l'article L. 1431-2, elle peut, après accord du ministre de la défense, inclure dans les contrats pluriannuels d'objectifs et de moyens prévus à l'article L. 1435-3 des engagements relatifs à une contribution au soutien sanitaire des forces armées.

Le ministre de la défense est consulté préalablement à la modification ou à la résiliation des contrats comprenant des engagements relatifs à une contribution au soutien sanitaire des forces armées. Lorsque le ministre de la défense fait valoir que cette modification ou cette résiliation serait susceptible de compromettre la mission prioritaire de soutien sanitaire des forces armées mentionnée à l'article L. 6147-7, celle-ci ne peut intervenir qu'après expiration d'un délai suffisant pour permettre d'assurer la continuité de cette mission.

Un décret en Conseil d'État précise les conditions d'application du présent article.

Art. L. 1435-4 L'agence régionale de santé peut proposer aux professionnels de santé conventionnés, aux centres de santé, aux pôles de santé, aux établissements de santé, aux établissements d'hébergement pour personnes âgées et dépendantes, aux maisons de santé, aux services médico-sociaux, ainsi qu'aux réseaux de santé de son ressort, d'adhérer à des contrats ayant pour objet d'améliorer la qualité et la coordination des soins.

Ces contrats fixent les engagements des professionnels, centres, établissements, maisons, services, pôles ou réseaux concernés et la contrepartie financière qui peut leur être associée. Le versement de la contrepartie financière éventuelle est fonction de l'atteinte des objectifs par le professionnel, le centre, l'établissement, la maison, le service, le pôle ou le réseau concerné. Les contrats visés au premier alinéa sont conformes à des contrats-types nationaux. Ces contrats-types sont adoptés, pour les professionnels de santé libéraux, les centres de santé et les maisons de santé, par les parties aux conventions mentionnées aux articles L. 162-5, L. 162-9, L. 162-12-2, L. 162-12-9, L. 162-14 et L. 162-32-1 du code de la sécurité sociale ; ils sont adoptés, dans les autres cas, par l'Union nationale des caisses d'assurance maladie et par les ministres chargés de la santé, des personnes âgées, des personnes handicapées et de l'assurance maladie. En l'absence d'un contrat-type national, l'agence régionale de santé établit un contrat-type régional qui est réputé approuvé quarante-cinq jours après sa réception par l'Union nationale des caisses d'assurance maladie, par les parties aux conventions précitées et les ministres chargés de la santé, des personnes âgées, des personnes handicapées et de l'assurance maladie.

(L. n° 2011-1906 du 21 déc. 2011, art. 65-I-5°, en vigueur le 1er janv. 2013) « La contrepartie financière est financée par le fonds d'intervention régional mentionné à l'article L. 1435-8 du présent code et la dotation mentionnée à l'article L. 162-22-13 du code de la sécurité sociale. »

L'agence régionale de santé veille au suivi et au respect des engagements définis dans ces contrats.

Art. L. 1435-4-1 *(Ord. n° 2010-177 du 23 févr. 2010, art. 23-I-1°)* Les agences régionales de santé concluent avec chaque enseignant des universités titulaire ou non titulaire de médecine générale relevant de l'article L. 952-23-1 du code de l'éducation un contrat sur la base duquel il perçoit une rémunération complémentaire aux revenus issus de l'exercice de ses fonctions de soins en médecine générale. Ce contrat est conforme à un contrat type élaboré par l'Union nationale des caisses d'assurance maladie et les ministres chargés de la santé et de l'assurance maladie.

Ces contrats prévoient des engagements individualisés qui peuvent porter sur les modalités d'exercice, la prescription, la participation à toute action d'amélioration des pratiques, la participation à des actions de dépistage et de prévention et à des actions destinées à favoriser la continuité et la coordination des soins, ainsi que la participation à la permanence de soins.

Art. L. 1435-4-2 *(L. nº 2012-1404 du 17 déc. 2012, art. 46-I)* I. — Les agences régionales de santé peuvent conclure avec un médecin spécialisé en médecine générale, à la condition qu'il n'exerce pas d'activité médicale libérale ou que son installation en cabinet libéral date de moins d'un an, ou avec un assistant spécialiste à temps partiel au sein d'un établissement public de santé un contrat de praticien territorial de médecine générale sur la base duquel il perçoit une rémunération complémentaire aux revenus de ses activités de soins exercées en qualité de praticien territorial de médecine générale. Le praticien territorial de médecine générale s'engage à exercer, pendant une durée fixée par le contrat, la médecine générale dans une zone *(L. nº 2016-41 du 26 janv. 2016, art. 158-I-6º)* « caractérisée par une offre de soins insuffisante ou des difficultés dans l'accès aux soins, mentionnée à l'article L. 1434-4 ».

(L. nº 2016-1827 du 23 déc. 2016, art. 72-II-1º) « La conclusion de ce contrat n'est pas cumulable avec la perception de l'aide financière prévue au 25º de l'article L. 162-5 du code de la sécurité sociale. »

II. — Le contrat prévoit des engagements individualisés qui peuvent porter sur les modalités d'exercice, le respect des tarifs opposables, la prescription, des actions d'amélioration des pratiques, des actions de dépistage, de prévention et d'éducation à la santé, des actions destinées à favoriser la continuité de la coordination des soins, la permanence des soins ainsi que sur des actions de collaboration auprès d'autres médecins.

III. — Un décret en Conseil d'État précise les conditions d'application du présent article.

Art. L. 1435-4-3 *(L. nº 2014-1554 du 22 déc. 2014, art. 54-I)* I. — Les agences régionales de santé peuvent conclure avec un médecin conventionné, régi par les articles L. 162-5 et L. 162-14-1 du code de la sécurité sociale, un contrat de praticien territorial de médecine ambulatoire en application duquel il perçoit une rémunération forfaitaire lorsqu'il interrompt son activité médicale pour cause *(L. nº 2016-1827 du 23 déc. 2016, art. 72-II-2º-a)* « de maladie, » de maternité ou de paternité sans bénéficier de la prestation partagée d'éducation de l'enfant prévue à l'article L. 531-4 du même code.

Le praticien territorial de médecine ambulatoire s'engage pendant une durée fixée par le contrat, qui ne peut être inférieure à trente-six mois et *[ni]* supérieure à soixante-douze mois :

1º A respecter les tarifs opposables ou, lorsqu'il est autorisé à pratiquer des honoraires différents des tarifs conventionnels, à limiter ses dépassements d'honoraires ;

2º A exercer une activité médicale libérale dans une zone définie par l'agence régionale de santé et caractérisée, pour la spécialité qu'il exerce, par une offre médicale insuffisante ou des difficultés dans l'accès aux soins *(Ord. nº 2018-21 du 17 janv. 2018, art. 6)* « mentionnées au 1º de l'article L. 1434-4 » ;

3º A se faire remplacer pendant toute la période de cessation de son activité en cas d'interruption pour cause de maternité ou de paternité ;

4º A ne pas être lié par un contrat de praticien territorial de médecine générale mentionné à l'article L. 1435-4-2 du présent code.

(L. nº 2016-1827 du 23 déc. 2016, art. 72-II-2º-b) « La rémunération complémentaire perçue lors de l'interruption d'activité pour cause de maternité ou de paternité, au titre du présent contrat, n'est pas cumulable avec l'aide financière prévue au 25º de l'article L. 162-5 du code de la sécurité sociale. »

II. — Le contrat prévoit des engagements individualisés qui peuvent porter sur les modalités d'exercice, des actions d'amélioration des pratiques, des actions de dépistage, de prévention et d'éducation à la santé et des actions destinées à favoriser la continuité de la coordination des soins et la permanence des soins.

III. — Un décret en Conseil d'État précise les conditions d'application du présent article, notamment les règles limitant les dépassements d'honoraires des médecins autorisés à pratiquer des honoraires différents *[différant]* des tarifs conventionnels.

Art. L. 1435-4-4 *(L. nº 2014-1554 du 22 déc. 2014, art. 55-I)* I. — Les agences régionales de santé peuvent conclure avec un médecin conventionné, régi par les articles

L. 162-5 et L. 162-14-1 du code de la sécurité sociale et spécialisé en médecine générale, un contrat en application duquel il perçoit une rémunération complémentaire aux revenus de ses activités de soins exercées en qualité de médecin généraliste. La durée du contrat, qui est fixée par ce dernier, ne peut être inférieure à trente-six mois et *[ni]* supérieure à soixante-douze mois.

Le médecin bénéficie de cette rémunération s'il satisfait à l'ensemble des conditions suivantes :

1° Exercer dans un territoire isolé ;

2° Avoir une activité marquée par une forte saisonnalité ;

3° Avoir un revenu tiré de son activité régie par les mêmes articles L. 162-5 et L. 162-14-1 inférieur à un seuil fixé par rapport au revenu moyen pour la même spécialité ;

4° Respecter les tarifs opposables ;

5° Ne pas bénéficier du dispositif mentionné à l'article L. 1435-4-2 du présent code.

II. — Le contrat prévoit des engagements individualisés qui peuvent porter sur des actions de prévention, des actions destinées à favoriser l'accès aux soins, la continuité de la coordination des soins ou la permanence des soins ainsi que sur des actions de collaboration auprès d'autres médecins et de formation en faveur d'étudiants ou d'internes en médecine comme de professionnels non médicaux.

III. — Un décret en Conseil d'État précise les conditions d'application du présent article, notamment les critères caractérisant le territoire isolé, liés à sa situation géographique et à la densité de population des zones dans lesquelles exercent les médecins qui y sont installés, les modalités de cumul avec les mesures prévues au 20° de l'article L. 162-5 du code de la sécurité sociale ainsi que le seuil de revenu mentionné au 3° du I du présent article.

Art. L. 1435-4-5 *(L. n° 2016-1827 du 23 déc. 2016, art. 73)* Les agences régionales de santé mettent en place une organisation destinée à faciliter l'intervention des médecins remplaçants dans les zones définies au 1° de l'article L. 1434-4.

Elles peuvent, dans le cadre de cette organisation, conclure avec un médecin spécialisé en médecine générale, un étudiant remplissant les conditions prévues à l'article L. 4131-2 ou un assistant spécialiste à temps partiel au sein d'un établissement public de santé un contrat de praticien territorial médical de remplacement.

Le praticien territorial médical de remplacement s'engage, pendant une durée fixée par le contrat, à exercer une activité de remplacement dans un ou plusieurs cabinets médicaux implantés dans les zones concernées. Pour toute la durée de son contrat, il bénéficie d'un service d'appui concernant la gestion de ses remplacements et d'une garantie minimale de rémunération pouvant couvrir des périodes d'interruption d'activité, sous forme de rémunérations complémentaires ou forfaitaires.

Ces rémunérations sont financées par le fonds d'intervention régional mentionné à l'article L. 1435-8.

Un décret en Conseil d'État détermine les conditions d'application du présent article. Ce décret précise également les conditions dans lesquelles les professionnels concernés peuvent s'installer en activité libérale dans les zones définies au 1° de l'article L. 1434-4 concomitamment ou à l'issue des remplacements qu'ils y effectuent.

Art. L. 1435-5 *(L. n° 2015-1702 du 21 déc. 2015, art. 69-II-1°)* « I. — » L'agence régionale de santé organise, dans des conditions définies par décret en Conseil d'État, la mission de service public de permanence des soins mentionnée par l'article L. 6314-1. Ses modalités, élaborées en association avec les représentants des professionnels de santé, dont l'ordre des médecins, *(L. n° 2016-41 du 26 janv. 2016, art. 207)* « et des centres de santé, » sont définies après avis du représentant de l'État territorialement compétent.

(Ord. n° 2018-20 du 17 janv. 2018, art. 10) « Les praticiens des armées peuvent participer à la permanence des soins selon des modalités élaborées en association avec le service de santé des armées, et définies par décret en Conseil d'État. »

L'agence détermine la rémunération *(L. n° 2015-1702 du 21 déc. 2015, art. 69-II-2°)* « forfaitaire » des professionnels de santé pour leur participation à la permanence des soins, selon des modalités définies par décret en Conseil d'État.

(L. nº 2015-1702 du 21 déc. 2015, art. 69-II-3º) « II. — Des agences régionales de santé se portant volontaires peuvent être autorisées, par arrêté des ministres chargés de la santé et de la sécurité sociale, à financer, dans tout ou partie des secteurs de la permanence des soins ambulatoires, la rémunération forfaitaire mentionnée au I du présent article et la rémunération des actes mentionnés à l'article L. 162-5-14 du code de la sécurité sociale par des crédits du fonds d'intervention régional mentionné à l'article L. 1435-8 du présent code qui leur sont délégués à cet effet. Dans ce cas, la rémunération des actes prévus à l'article L. 162-5-14 du code de la sécurité sociale ne peut être mise à la charge de l'ensemble des régimes obligatoires de base d'assurance maladie.

« L'autorisation ministérielle est accordée pour une durée qui ne peut dépasser trois ans. Elle peut être renouvelée à l'issue de ce délai, en fonction des réalisations de l'agence présentées dans le cadre du bilan mentionné à l'article L. 1435-10 du présent code. »

Art. L. 1435-5-1 *(L. nº 2012-1404 du 17 déc. 2012, art. 46-III)* Les agences régionales de santé peuvent conclure avec un établissement public de santé et des praticiens mentionnés au 1º de l'article L. 6152-1 exerçant à temps plein dans ces établissements un contrat sur la base duquel ces médecins peuvent pratiquer une activité ambulatoire dans le cadre de leurs obligations de service dans une zone *(L. nº 2016-41 du 26 janv. 2016, art. 158-I-6º)* « caractérisée par une offre de soins insuffisante ou des difficultés dans l'accès aux soins, mentionnée à l'article L. 1434-4 ». Ce contrat peut préciser les conditions d'indemnisation des sujétions des praticiens des établissements concernés.

Les conditions d'exercice de ces praticiens sont précisées dans le cadre d'une convention signée entre l'agence régionale de santé, l'établissement public de santé et la structure ou le professionnel de santé qui les accueille.

Art. L. 1435-5-2 *(L. nº 2012-1404 du 17 déc. 2012, art. 46-III)* Les agences régionales de santé peuvent conclure avec un établissement de santé privé d'intérêt collectif mentionné au 2º de l'article L. 6161-5 et des médecins salariés à temps plein de ces établissements un contrat sur la base duquel ces médecins peuvent pratiquer une activité ambulatoire dans le cadre de leurs obligations de service dans une zone *(L. nº 2016-41 du 26 janv. 2016, art. 158-I-6º)* « caractérisée par une offre de soins insuffisante ou des difficultés dans l'accès aux soins, mentionnée à l'article L. 1434-4 ». Ce contrat peut préciser les conditions d'indemnisation des sujétions des praticiens des établissements concernés.

Les conditions d'exercice de ces médecins sont précisées dans le cadre d'une convention signée entre l'agence régionale de santé, l'établissement de santé et la structure ou le professionnel de santé qui les accueille.

Art. L. 1435-5-3 *(L. nº 2012-1404 du 17 déc. 2012, art. 46-III)* Les agences régionales de santé peuvent conclure avec un centre de santé et des médecins salariés de ce centre un contrat sur la base duquel ces médecins peuvent exercer tout ou partie de leur activité dans une zone *(L. nº 2016-41 du 26 janv. 2016, art. 158-I-6º)* « caractérisée par une offre de soins insuffisante ou des difficultés dans l'accès aux soins, mentionnée à l'article L. 1434-4 ». Ce contrat peut préciser les conditions d'indemnisation des sujétions des praticiens des établissements concernés.

Les conditions d'exercice de ces médecins sont précisées dans le cadre d'une convention signée entre l'agence régionale de santé, le centre de santé et la structure ou le professionnel de santé qui les accueille.

Art. L. 1435-5-4 *(L. nº 2012-1404 du 17 déc. 2012, art. 46-III)* Les agences régionales de santé peuvent conclure avec les organismes mentionnés à l'article L. 111-1 du code de la mutualité et des médecins salariés par ces organismes un contrat sur la base duquel ces médecins peuvent exercer tout ou partie de leur activité dans une zone *(L. nº 2016-41 du 26 janv. 2016, art. 158-I-6º)* « caractérisée par une offre de soins insuffisante ou des difficultés dans l'accès aux soins, mentionnée à l'article L. 1434-4 ». Ce contrat peut préciser les conditions d'indemnisation des sujétions des praticiens des établissements concernés.

Les conditions d'exercice de ces médecins sont précisées dans le cadre d'une convention signée entre l'agence régionale de santé, l'organisme mutualiste et la structure ou le professionnel de santé qui les accueille.

Art. L. 1435-5-5 *(L. nº 2012-1404 du 17 déc. 2012, art. 46-III)* Un décret en Conseil d'État précise les conditions d'application des articles L. 1435-5-1 à L. 1435-5-4, et notamment les modalités de facturation des actes réalisés dans le cadre de l'activité ambulatoire.

SECTION III ACCÈS AUX DONNÉES DE SANTÉ

Art. L. 1435-6 *(L. nº 2016-41 du 26 janv. 2016, art. 193-VI)* L'agence régionale de santé a accès aux données nécessaires à l'exercice de ses missions contenues dans les systèmes d'information des établissements de santé et des établissements et services médico-sociaux ainsi que, dans les conditions prévues à l'article L. 1461-2, aux données des organismes d'assurance maladie et de la Caisse nationale de solidarité pour l'autonomie. Elle a également accès, dans les conditions définies au III de l'article L. 1461-3, aux données du système national des données de santé.

L'agence régionale de santé est tenue informée par les organismes situés dans son ressort de tout projet concernant l'organisation et le fonctionnement de leurs systèmes d'information. Le directeur général de l'agence détermine, en fonction de la situation sanitaire, pour chaque établissement, service et organisme, les données utiles que celui-ci doit transmettre de façon régulière, notamment les disponibilités en lits et places. Le directeur général de l'agence décide également de la fréquence de mise à jour et de transmission des données issues des établissements de soins et des établissements et services médico-sociaux.

Les agents de l'agence régionale de santé n'ont accès aux données de santé à caractère personnel que si elles sont strictement nécessaires à l'accomplissement de leurs missions. Ils sont tenus au secret professionnel. Lorsque ces données sont utilisées à des fins d'étude, elles ne comportent ni le nom, ni le numéro d'inscription au répertoire national d'identification des personnes physiques et des précautions sont prises pour assurer la traçabilité des accès, dans le respect de la loi nº 78-17 du 6 janvier 1978 relative à l'informatique, aux fichiers et aux libertés.

SECTION IV INSPECTIONS ET CONTRÔLES

Art. L. 1435-7 Le directeur général de l'agence régionale de santé peut désigner, parmi les personnels de l'agence respectant des conditions d'aptitude technique et juridique définies par décret en Conseil d'État, des inspecteurs et des contrôleurs pour remplir, au même titre que les agents mentionnés à l'article L. 1421-1, les missions prévues à cet article *(Ord. nº 2010-177 du 23 févr. 2010, art. 19-I-13º)* « ; il peut également désigner des experts pour les assister ». Il peut, dans les mêmes conditions, leur confier les missions prévues à l'article L. 313-13 du code de l'action sociale et des familles. Les inspecteurs et contrôleurs de l'agence disposent des prérogatives prévues aux articles L. 1421-2 et L. 1421-3 du présent code. *(Ord. nº 2013-1183 du 19 déc. 2013, art. 19-I-1º)* « Les deuxième et troisième alinéas de l'article L. 1421-1 sont applicables, le cas échéant, aux personnes qualifiées qui les assistent. »

Le directeur général de l'agence, sur le rapport d'un agent mentionné au premier alinéa du présent article ou à l'article L. 1421-1, est tenu de signaler au représentant de l'État territorialement compétent ainsi qu'aux directeurs généraux de *(L. nº 2011-2012 du 29 déc. 2011, art. 5-IV)* « l'Agence nationale de sécurité du médicament et des produits de santé », de l'*(Ord. nº 2013-1183 du 19 déc. 2013, art. 19-I-2º)* « Agence nationale de sécurité sanitaire de l'alimentation, de l'environnement et du travail » et de l'Agence de la biomédecine toute situation susceptible d'entraîner la mise en œuvre des mesures de police administrative qui relèvent de leur compétence.

Le représentant de l'État dans le département dispose, en tant que de besoin, pour l'exercice de ses compétences, des services de l'agence régionale de santé chargés de missions d'inspection.

Constitutionnalité. Ni l'art. 12 de la DDH du 26 août 1789, ni aucun autre principe constitutionnel, n'exige que les missions de police administrative comportant l'exercice de prérogatives de puissance publique ne soient confiées par des personnes publiques qu'à des fonctionnaires ou à des agents liés à elles par des contrats de droit public. • CE 4 avr. 2012, *SNIASS*, n° 350952 : *AJDA 2012. 1367*.

Art. L. 1435-7-1 *(Ord. n° 2013-1183 du 19 déc. 2013, art. 19-II)* **Le directeur général de l'agence régionale de santé territorialement compétente peut prononcer, à l'encontre des personnes physiques ou morales, des sanctions financières qui peuvent être assorties d'astreintes journalières, dans les cas prévus par la loi et, le cas échéant, par décret en Conseil d'État.**

Il peut, le cas échéant, mettre en demeure ces mêmes personnes de régulariser la situation.

Le directeur général de l'agence met préalablement à même la personne physique ou morale concernée de présenter ses observations, avec l'indication de la possibilité de se faire assister d'un conseil.

Les montants de la sanction financière et de l'astreinte sont proportionnés à la gravité des manquements constatés. Ils tiennent compte, le cas échéant, de la réitération des manquements sanctionnés dans un délai de deux ans à compter de la date à laquelle la première décision de sanction est devenue définitive.

Les sanctions financières et les astreintes mentionnées au présent article sont versées au Trésor public et sont recouvrées comme les créances de l'État étrangères à l'impôt et au domaine.

Les modalités d'application du présent article sont prévues par décret en Conseil d'État.

Art. L. 1435-7-2 *(Ord. n° 2013-1183 du 19 déc. 2013, art. 19-II)* **Aux seules fins de constater les infractions prévues aux articles L. 5421-2, L. 5421-3, L. 5421-13, L. 5432-1, L. 5432-2, L. 5438-4, L. 5461-3 et L. 5462-3 du code de la santé publique, lorsque celles-ci sont commises en ayant recours à un moyen de communication électronique, les inspecteurs de l'agence régionale de santé habilités dans des conditions précisées par arrêté des ministres de la justice, de l'intérieur et chargé de la santé peuvent, sans être pénalement responsables de ces actes :**

1° Participer sous un pseudonyme aux échanges électroniques ;

2° Être en contact par ce moyen avec les personnes susceptibles d'être les auteurs de ces infractions ;

3° Acquérir des produits ou substances.

A peine de nullité, ces actes ne peuvent avoir pour effet d'inciter autrui à commettre une infraction.

Art. L. 1435-7-3 *(Ord. n° 2018-20 du 17 janv. 2018, art. 10)* **Les inspecteurs et contrôleurs de l'agence régionale de santé peuvent réaliser au sein des hôpitaux des armées, selon les modalités définies à l'article L. 1421-3-1, les contrôles et inspections prévus dans le cadre de leurs missions mentionnées à l'article L. 1435-7.**

SECTION V **FONDS D'INTERVENTION RÉGIONAL**

(L. n° 2011-1906 du 21 déc. 2011, art. 65-I-1°)

Art. L. 1435-8 *(L. n° 2014-1554 du 22 déc. 2014, art. 56-II-1°)* **« Un fonds d'intervention régional finance, sur décision des agences régionales de santé, des actions, des** ***expérimen*****tations et, le cas échéant, des structures concourant :**

« 1° A la promotion ***de la santé*** **et à la prévention des maladies, des traumatismes, du handicap et de la perte d'autonomie ;**

« 2° A l'organisation et à la promotion de parcours de santé coordonnés ainsi qu'à la qualité et à la sécurité de l'offre sanitaire et médico-sociale ;

« 3° A la permanence des soins et à la répartition des professionnels et des structures de santé sur le territoire ;

« 4° A l'efficience des structures sanitaires et médico-sociales et à l'amélioration des conditions de travail de leurs personnels ;

« 5° Au développement de la démocratie sanitaire. »

(L. n° 2011-1906 du 21 déc. 2011, art. 65-I-1°) **« Les financements alloués aux établissements de santé et aux établissements médico-sociaux au titre du fonds d'intervention régional ainsi que les engagements pris en contrepartie sont inscrits et font l'objet**

d'une évaluation dans le cadre des contrats pluriannuels d'objectifs et de moyens mentionnés, respectivement, à l'article L. 6114-2 du présent code et à l'article L. 313-11 du code de l'action sociale et des familles. »

(Ord. nº 2018-20 du 17 janv. 2018, art. 10) « Les financements alloués au service de santé des armées au titre du fonds d'intervention régional ainsi que les engagements régionaux pris en contrepartie sont inscrits et font l'objet d'une évaluation dans le cadre du contrat spécifique prévu à l'article L. 6147-12. »

Sur l'administration par les pharmaciens du vaccin contre la grippe saisonnière aux personnes adultes, V. L. nº 2016-1827 du 23 déc. 2016, art. 66.

Sur le financement par le fonds d'intervention régional des parcours de soins et de la prise en charge des personnes souffrant de douleurs chroniques dans le cadre de projets pilotes, V. L. nº 2016-1827 du 23 déc. 2016, art. 94.

Art. L. 1435-9 Les ressources du fonds sont constituées par :

1º Une dotation des régimes obligatoires de base d'assurance maladie dont le montant est fixé chaque année par arrêté *(L. nº 2017-1836 du 30 déc. 2017, art. 69)* « du ministre chargé » de la sécurité sociale, *(Abrogé par L. nº 2017-1836 du 30 déc. 2017, art. 69) « des personnes âgées et des personnes handicapées »* en fonction de l'objectif national de dépenses d'assurance maladie. *(L. nº 2017-1836 du 30 déc. 2017, art. 69)* « Le montant de cette dotation prend en compte les évolutions de toute nature à la suite desquelles des établissements, des services ou des activités sanitaires ou médico-sociaux se trouvent placés pour tout ou partie sous un régime juridique ou de financement différent de celui sous lequel ils étaient placés auparavant, notamment les évolutions relatives aux conversions d'activité. Il peut être révisé en fin d'année pour prendre en compte les évolutions réalisées en cours d'année ainsi que les transferts décidés en application de l'article L. 174-1-2 du code de la sécurité sociale ; »

(Abrogé par L. nº 2016-1917 du 29 déc. 2016, art. 48-II-2º) « 2º Une dotation de l'État ; »

3º Le cas échéant, une dotation de la Caisse nationale de solidarité pour l'autonomie ;

4º Le cas échéant, toute autre dotation ou subvention prévue par des dispositions législatives ou réglementaires.

Au sein des ressources du fonds, sont identifiés :

a) Les crédits destinés au financement des actions tendant à la promotion de la santé, à l'éducation à la santé, à la prévention des maladies *(L. nº 2014-1554 du 22 déc. 2014, art. 56-II-2º)* « , des traumatismes » et à la sécurité sanitaire, qui ne peuvent être affectés au financement d'activités de soins ou de prises en charge et d'accompagnements médico-sociaux ;

b) Les crédits destinés au financement de la prévention des handicaps et de la perte d'autonomie ainsi qu'au financement des prises en charge et accompagnements des personnes handicapées ou âgées dépendantes, qui ne peuvent être affectés au financement d'activités de soins.

Art. L. 1435-9-1 *(L. nº 2017-1836 du 30 déc. 2017, art. 69)* Par dérogation au *b* de l'article L. 1435-9 et à l'article 48 de la loi nº 2012-1404 du 17 décembre 2012 de financement de la sécurité sociale pour 2013, les crédits relevant du fonds d'intervention régional destinés au financement des dispositifs prévus au même article 48 et à l'article L. 113-3 du code de l'action sociale et des familles peuvent être affectés par l'agence régionale de santé à tout autre dispositif d'appui à la coordination des parcours de santé complexes intéressant en tout ou partie les personnes âgées et handicapées.

Art. L. 1435-10 Les orientations nationales du fonds sont déterminées par le Conseil national de pilotage des agences régionales de santé.

La répartition régionale des crédits est fixée chaque année par arrêté des ministres chargés de la santé, du budget, de la sécurité sociale, des personnes âgées et des personnes handicapées, après avis du Conseil national de pilotage des agences régionales de santé.

(L. nº 2014-1554 du 22 déc. 2014, art. 56-II-3º) « Les crédits du fonds, délégués aux agences régionales de santé, sont gérés dans le cadre du budget annexe mentionné à l'article L. 1432-5. Le paiement des dépenses des budgets annexes des agences régio-

nales de santé peut être confié, par arrêté des ministres chargés de la santé, du budget et de la sécurité sociale, à un organisme chargé de la gestion d'un régime obligatoire de l'assurance maladie lorsque les sommes sont directement versées aux professionnels de santé. »

(L. nº 2017-1836 du 30 déc. 2017, art. 69) **« Les crédits des budgets annexes non consommés en fin d'exercice peuvent être reportés sur l'exercice suivant, dans la limite d'un plafond fixé par arrêté des ministres chargés de la sécurité sociale et de la santé. Les sommes notifiées par les agences régionales de santé au titre d'un exercice pour des actions, expérimentations et structures financées par les crédits du fonds sont prescrites au 31 décembre du troisième exercice suivant celui de leur notification. Les crédits non consommés qui ne sont pas reportés sur l'exercice suivant et les crédits correspondant aux sommes notifiées prescrites sont pris en compte pour le calcul du montant des crédits attribués l'année suivante au titre du fonds d'intervention régional fixé par l'arrêté mentionné au deuxième alinéa du présent article. »**

(L. nº 2014-1554 du 22 déc. 2014, art. 56-II-3º) **« En vue d'assurer un suivi de l'utilisation des dotations affectées au fonds d'intervention régional, le ministre chargé de la santé est informé de l'exécution des budgets annexes, dans des conditions fixées par décret. Un bilan de l'exécution des budgets et des comptes de l'année précédente, élaboré sur la base des données transmises par chaque agence régionale de santé, est adressé au Parlement avant le 15 octobre de chaque année. Ce bilan contient notamment une analyse du bien-fondé du périmètre des actions mentionnées à l'article L. 1435-8, de l'évolution du montant des dotations régionales annuelles affectées au fonds ainsi qu'une explicitation des critères de répartition régionale. »**

Art. L. 1435-11 **Les modalités d'application de la présente section sont fixées par décret en Conseil d'État.**

SECTION VI ORGANISATION RÉGIONALE DES VIGILANCES SANITAIRES

(L. nº 2016-41 du 26 janv. 2016, art. 160-I-2º)

Art. L. 1435-12 **Les agences régionales de santé sont responsables, en lien** *[avec] (Abrogé par Ord. nº 2017-51 du 19 janv. 2017, art. 5)* ***« l'institut et »*** **les agences mentionnés aux articles L. 1313-1,** *(Ord. nº 2016-462 du 14 avr. 2016, art. 3-I-4º)* **« L. 1413-1 », L. 1418-1 et L. 5311-1, de l'organisation et de la couverture territoriale des vigilances sanitaires. A cet effet, elles constituent un réseau régional de vigilances et d'appui, selon des modalités définies par décret en Conseil d'État.**

TITRE QUATRIÈME DISPOSITIONS PARTICULIÈRES À CERTAINES COLLECTIVITÉS D'OUTRE-MER

V. Dalloz.fr 🏛.

TITRE CINQUIÈME RÈGLES DÉONTOLOGIQUES ET EXPERTISE SANITAIRE *(L. nº 2011-2012 du 29 déc. 2011, art. 1er-I).*

COMMENTAIRE

V. Commentaire reproduit sur Dalloz.fr 🏛.

CHAPITRE PREMIER LIENS D'INTÉRÊTS ET TRANSPARENCE *(L. nº 2011-2012 du 29 déc. 2011, art. 1er-I).*

BIBL. ▶ Debaets, Publicité des processus décisionnels : l'exemple de la prévention des conflits d'intérêts en matière sanitaire, *RDSS 2017. 1065*. – Moret-Bailly et Thouvenin, Les conflits d'intérêts à l'hôpital public : le débat, *Presses EHESP, 2015*. – Taillefait, Le développement contemporain des régimes juridiques des conflits d'intérêts : l'exemple du secteur de la santé, *Méd. et droit 2014/1, nº 124, p. 3*. – Rodwin, Les conflits d'intérêts en médecine : quel avenir pour la santé ? France, États-Unis, Japon, *Presses EHESP, 2014*. – Hermitte et Le Coz, La notion de conflit d'intérêts dans les champs de la santé et de l'environnement : regards philosophique et juridique, *Journal international de Bioéthique, 2014/2 vol. 25, p. 15*. – Markus, Conflits d'intérêts et déontologie : l'échec des autorégulations et l'improbable (?) succès de la loi, *Méd. et* *droit, janv. 2014, p. 9.* – Benaiche et Lassalle, Conflits d'intérêts et sphère sanitaire, *Les Tribunes de la santé 2013, n° 39, p. 29.* – Laude, Les conflits d'intérêts en santé au lendemain des décisions du Conseil constitutionnel du 9 octobre 2013, *D. 2013. 2483*. – Dondero, Le traitement juridique des conflits d'intérêts : entre droit commun et dispositifs spéciaux, *D. 2012. 1686*. – Moret-Bailly et Rodwin, La qualification de conflits d'intérêts des médecins en France et aux États-Unis, *RDSS 2012. 501*. – Sauvé, Rapp. de la Commission de réflexion pour la prévention des conflits d'intérêts dans la vie publique, *2011.* – Moret-Bailly, Définir les conflits d'intérêts, *D. 2011. 1100*. – M. Hirsch, Pour en finir avec les conflits d'intérêts, *Stock, 2010.*

▸ **Sur la loi du 29 déc. 2011 :** Bacache, Loi n° 2011-2012 du 29 décembre 2011 relative au renforcement de la sécurité sanitaire du médicament et des produits de santé, *RTD civ. 2012. 169*. – Laude, La nouvelle régulation des produits de santé, *JCP 2012. Actu. 123.* – Rajot, Renforcement de la sécurité sanitaire du médicament et des produits de santé, *RCA janv. 2012, n° 1, p. 2.* – Peigné, Du Mediator aux prothèses PIP en passant par la loi du 29 décembre 2011 relative à la sécurité sanitaire des produits de santé, *RDSS 2012. 315*.

▸ **Sur les liens d'intérêts au sein de l'OMS :** Poulain, Les négociations du droit de la santé : l'OMS à la croisée de chemins, *Mélanges M. Bélanger, LEH, 2015, p. 101.* – Benkimoun, L'Organisation mondiale de la santé et les lobbies, *Les Tribunes de la santé, 2013, n° 39, p. 49.* – Corti-Varela, Quelles responsabilités pour les décisions des organisations scientifiques internationales ? Le cas de la grippe porcine (A-H1N1) et l'OMS, *in* Droit, sciences et techniques, quelles responsabilités ?, *Réseau Droit Sciences et techniques, Coll. Colloques et débats, Lexis-Nexis, 2011, p. 33.* – Sénat, Rapp. Autain et Milon, Commission d'enquête sur le rôle des firmes pharmaceutiques dans la gestion par le Gouvernement de la grippe A (H1N1), *n° 685, t. 1, p. 42 à 66.*

Art. L. 1451-1 *(L. n° 2011-2012 du 29 déc. 2011, art. 1er-I)* **I. — Les membres des commissions et conseils siégeant auprès des ministres chargés de la santé et de la sécurité sociale, les membres des cabinets des ministres ainsi que les dirigeants, personnels de direction et d'encadrement et les membres des instances collégiales, des commissions, des groupes de travail et conseils des autorités et organismes mentionnés aux articles L. 1123-1, L. 1142-5, L. 1142-22, L. 1222-1, L. 1313-1,** *(Ord. n° 2016-462 du 14 avr. 2016, art. 3-I-5°)* **« L. 1413-1 », L. 1415-2,** *(Abrogé par Ord. n° 2016-462 du 14 avr. 2016, art. 3-I-5°) « L. 1417-1, »* **L. 1418-1, L. 1431-1,** *(L. n° 2016-41 du 26 janv. 2016, art. 193-II)* **« L. 1462-1 »** *(Abrogé par Ord. n° 2016-462 du 14 avr. 2016, art. 3-I-5°) « , L. 3135-1 »* **et L. 5311-1 du présent code, à l'article L. 161-37 du code de la sécurité sociale,** *(L. n° 2015-992 du 17 août 2015, art. 186-III-1° et IV)* **« à l'article L. 592-41 du code de l'environnement » et à l'article L. 592-2 du code de l'environnement sont tenus, lors de leur prise de fonctions, d'établir une déclaration d'intérêts.**

Cette déclaration est remise à l'autorité compétente *(L. n° 2016-41 du 26 janv. 2016, art. 179-II)* **« ainsi que, le cas échéant, au déontologue mentionné au II de l'article L. 1451-4 ».**

Elle mentionne les liens d'intérêts de toute nature, directs ou par personne interposée, que le déclarant a, ou qu'il a eus pendant les cinq années précédant sa prise de fonctions, avec des entreprises, des établissements ou des organismes dont les activités, les techniques et les produits entrent dans le champ de compétence de l'autorité sanitaire au sein de laquelle il exerce ses fonctions ou de l'organe consultatif dont il est membre ainsi qu'avec les sociétés ou organismes de conseil intervenant dans les mêmes secteurs.

Elle est rendue publique *(L. n° 2016-41 du 26 janv. 2016, art. 178-3°)* **« , y compris en ce qui concerne les rémunérations reçues par le déclarant de la part d'entreprises, d'établissements ou d'organismes mentionnés au troisième alinéa ainsi que les participations financières qu'il y détient ». Elle est actualisée à l'initiative de l'intéressé.**

Les présidents, les directeurs et les directeurs généraux des instances *[mentionnées]* **aux articles L. 1142-22, L. 1222-1, L. 1313-1, L. 1415-2,** *(Abrogé par Ord. n° 2016-462 du 14 avr. 2016, art. 3) « L. 1417-1 »,* **L. 1418-1,** *(Abrogé par Ord. n° 2016-462 du 14 avr. 2016, art. 3) « L. 3135-1 »* **et L. 5311-1 du présent code, à l'article L. 161-37 du code de la sécurité sociale, à l'article L. 592-41 du code de l'environnement et à l'article L. 592-2 du code de l'environnement sont auditionnés par le Parlement avant leur nomination.**

Les personnes mentionnées au présent article ne peuvent prendre part aux travaux, aux délibérations et aux votes des instances au sein desquelles elles siègent qu'une fois

la déclaration souscrite ou actualisée. Elles ne peuvent, sous les peines prévues à l'article 432-12 du code pénal, prendre part ni aux travaux, ni aux délibérations, ni aux votes de ces instances si elles ont un intérêt, direct ou indirect, à l'affaire examinée. Elles sont tenues au secret et à la discrétion professionnels dans les mêmes conditions que celles définies à l'article 26 de la loi n° 83-634 du 13 juillet 1983 portant droits et obligations des fonctionnaires.

II. — Sont également tenus d'établir la déclaration prévue au I, lors de leur prise de fonctions, les agents des autorités et des organismes mentionnés au même I dont les missions ou la nature des fonctions le justifient et qui sont mentionnés sur une liste établie par décret en Conseil d'État.

1. Absence de déclaration d'intérêts. Le retard dans la souscription ou l'absence de publication de certaines déclarations d'intérêts ne révèlent pas, par eux-mêmes, une méconnaissance du principe d'impartialité ; il appartient, en revanche, à l'administration, pour celles des personnes dont la déclaration obligatoire d'intérêts échapperait ainsi au débat contradictoire de verser au dossier l'ensemble des éléments permettant au juge de s'assurer, après transmission aux parties, de l'absence ou de l'existence de liens d'intérêts et d'apprécier, le cas échéant, si ces liens sont de nature à révéler des conflits d'intérêts. • CE 20 mai 2016, 🏛 *Sté Laboratoires Alcon,* n° 386122. ♦ V. aussi • CE 9 nov. 2016, 🏛 n° 391307.

2. Date des déclarations d'intérêts. Le fait que les déclarations d'intérêts portent des dates postérieures de quelques mois à la date de la réunion du conseil de l'hospitalisation ayant abouti à la décision contestée n'est par lui-même pas susceptible de révéler l'existence de conflits d'intérêts. • CE 20 mai 2016, 🏛 *Sté Laboratoires Alcon,* n° 386122 : *préc. note 1.*

Art. L. 1451-1-1 *(L. n° 2011-2012 du 29 déc. 2011, art. 1er-I)* **La publicité des séances des commissions, conseils et instances collégiales d'expertise mentionnés au I de l'article L. 1451-1 et qui sont consultés dans le cadre de procédures de décision administrative est organisée, selon le cas, par le ministère de la santé ou par l'autorité, l'établissement ou l'organisme dont ils relèvent ou auprès duquel ils sont placés.**

A cette fin sont prévus :

1° L'enregistrement des débats et la conservation de ces enregistrements ;

2° Sans préjudice, le cas échéant, de la diffusion en ligne de l'enregistrement audiovisuel des débats, l'établissement de procès-verbaux comportant l'ordre du jour, le compte rendu des débats, le détail et les explications des votes, y compris les opinions minoritaires, et la diffusion gratuite en ligne de ces procès-verbaux sur les sites internet du ministère de la santé ou des autorités, établissements ou organismes mentionnés au premier alinéa.

Accès aux procès-verbaux et contenu. Le procès-verbal des séances doit permettre de connaître les opinions exprimées individuellement par les membres des commissions ainsi que l'identité de leurs auteurs. • CADA, Conseil, 26 juill. 2012, *Dir. de la HAS,* n° 20122578. ♦ Il en résulte que doit figurer au procès-verbal le détail nominatif des votes, sans que cela constitue une atteinte à la vie privée des agents intéressés. • CADA, avis, 18 sept. 2014, *Laboratoires Genévrier,* n° 20142412.

Bibl. Debaets, Publicité des processus décisionnels : l'exemple de la prévention des conflits d'intérêts en matière sanitaire, *RDSS 2017. 1065.*

Art. L. 1451-2 *(L. n° 2002-303 du 4 mars 2002, art. 28)* **L'interdiction prévue par le premier alinéa de l'article L. 4113-6 est applicable aux** (L. n° 2011-2012 du 29 déc. 2011, art. 1er-I) **« personnes mentionnées à l'article L. 1451-1 » ainsi qu'aux personnes qui collaborent occasionnellement aux travaux de ces commissions. Est interdit le fait, pour les entreprises mentionnées au premier alinéa de l'article L. 4113-6, de proposer ou de procurer les avantages cités dans cet alinéa à ces membres et à ces personnes.**

Les membres des commissions et les personnes mentionnés à l'alinéa précédent sont soumis aux dispositions du premier alinéa de l'article L. 4113-13. *(L. n° 2011-2012 du 29 déc. 2011, art. 1er-I)* **« L'obligation prévue au premier alinéa de l'article L. 4113-13 est étendue aux liens avec les entreprises intervenant dans le domaine de compétence des autorités et organismes mentionnés au I de l'article L. 1451-1. » En cas de manquement à ces dispositions, l'autorité administrative peut mettre fin à leurs fonctions.**

A compter des dates fixées par Décr. et au plus tard le 1er juill. 2018, le 1er al. est remplacé par les dispositions suivantes : « L'interdiction prévue à l'article L. 1453-3, sous les réserves prévues aux articles L. 1453-6 à L. 1453-9, est applicable aux personnes mentionnées à l'article L. 1451-1 ainsi qu'aux personnes qui collaborent occasionnellement aux travaux de ces commissions. Est interdit le fait, pour les personnes mentionnées à l'article L. 1453-5, de proposer ou d'offrir à ces personnes les avantages cités dans cet article, sous les réserves prévues aux articles L. 1453-6 à L. 1453-9. » (Ord. nº 2017-49 du 19 janv. 2017, art. 3-5º et 5).

Art. L. 1451-3 *(L. nº 2011-2012 du 29 déc. 2011, art. 1er-I)* **Les conditions d'application du présent chapitre, et notamment le modèle et le contenu de la déclaration d'intérêts, les conditions dans lesquelles elle est rendue publique** *(L. nº 2016-41 du 26 janv. 2016, art. 178-3º)* **« , notamment en ce qui concerne les rémunérations reçues et les participations financières détenues au titre des liens d'intérêts directs déclarés, » ainsi que ses modalités de dépôt, d'actualisation et de conservation, sont fixées par décret en Conseil d'État.**

Art. L. 1451-4 *(L. nº 2016-41 du 26 janv. 2016, art. 179-I)* **I. — Chaque autorité compétente veille, pour les personnes relevant d'elle et mentionnées aux articles L. 1451-1 et L. 1452-3, au respect des obligations de déclaration des liens d'intérêts et de prévention des conflits d'intérêts définies au présent chapitre.**

II. — Les autorités et les organismes mentionnés aux articles L. 1142-22, L. 1222-1, L. 1313-1, *(Ord. nº 2016-462 du 14 avr. 2016, art. 3-I-5º)* **« L. 1413-1 », L. 1415-2,** *(Abrogé par Ord. nº 2016-462 du 14 avr. 2016, art. 3-I-5º) « L. 1417-1, »* **L. 1418-1** *(Abrogé par Ord. nº 2016-462 du 14 avr. 2016, art. 3-I-5º) « , L. 3135-1 »* **et L. 5311-1 du présent code et à l'article L. 161-37 du code de la sécurité sociale désignent, en outre, chacun un déontologue chargé de cette mission et notamment de s'assurer au moins annuellement, auprès des services de l'autorité ou de l'organisme***[,]* **que les déclarations des personnes mentionnées au I du présent article ont été déposées et sont à jour.**

Le déontologue remet chaque année, au plus tard le 31 mars, un rapport sur les conditions d'application des dispositions relatives à la transparence et aux liens d'intérêts. Ce rapport est publié sur le site internet de l'autorité ou de l'organisme concerné.

Les personnes mentionnées à l'article L. 1451-1 du présent code sont tenues de répondre aux demandes d'informations que leur adresse, dans l'exercice de sa mission, le déontologue de l'autorité ou de l'organisme dont elles relèvent.

Les conditions de désignation et d'exercice des fonctions du déontologue sont précisées par décret en Conseil d'État.

CHAPITRE II EXPERTISE SANITAIRE

(L. nº 2011-2012 du 29 déc. 2011, art. 1er-I)

Art. L. 1452-1 L'expertise sanitaire répond aux principes d'impartialité, de transparence, de pluralité et du contradictoire.

BIBL. ▶ GHOZIA, Le droit de l'expertise médicale et sanitaire, *LEH éd., coll. thèses, 2017*. – FAVRO, LOBÉ-LOBAS et MARKUS, L'expert dans tous ses états, à la recherche d'une déontologie de l'expert, *Dalloz, coll. Thèmes et commentaires, 2016*. – ROUSSEL, Le contentieux des obligations de l'expert, *Méd. et droit 2015/1, nº 130, p. 8*. – HÉRAIL, De l'organisation de l'expertise relative aux médicaments, retour d'expérience, *RDSS 2013. 788*. – VISSEAUX et CLÉMENT, Expertises judiciaires et conflits d'intérêts, *Méd. et droit mars 2013, nº 119, p. 36*. – BOUVET et LE GUEUT, La portée normative des avis d'expert dans l'élaboration de la décision administrative en matière de sécurité sanitaire, *Méd. et droit déc. 2012, nº 117, p. 182* ; Expertise et sécurité du médicament, *RGDM juin 2012 nº 42, p. 349*. – BAS-THÉRON et *alii*, Expertise sanitaire, *Rapport de synthèse IGAS, avr. 2011*. – MORET-BAILLY, Le rôle des experts au sein des agences de sécurité sanitaire. *Annales de la régulation, LGDJ-Bibl. de l'Institut A. Tunc, vol. 2, 2009, p. 327*. – TABUTEAU, L'expert en santé publique et les conflits d'intérêts, *in* LAUDE et TABUTEAU (dir.), Essais cliniques, quels risques ?, *PUF, 2007, p. 87*. – MORET-BAILLY, Les conflits d'intérêts des experts dans les procédures d'autorisation de mise sur le marché, un exemple de publicisation du rôle du médecin ?, *in* Nouvelles frontières de la santé, nouveaux rôles et responsabilités du médecin, Bellivier et Noiville (dir.), *Dalloz, coll. Actes, 2006, p. 41*. – GOT, L'expertise en santé publique, *Que sais-je ?, PUF, 2005*. – MORET-BAILLY, Les conflits d'intérêts des experts consultés par l'administration dans le domaine sanitaire, *RDSS 2004, p. 855*. – PENNEAU, L'expertise, l'impartialité et le conflit d'intérêts, *D. 2003. 2260*.

Art. L. 1452-2 Une charte de l'expertise sanitaire, approuvée par décret en Conseil d'État, s'applique aux expertises réalisées dans les domaines de la santé et de la sécurité sanitaire à la demande du ministre chargé de la santé ou à la demande des autorités et des organismes mentionnés au I de l'article L. 1451-1. Elle précise les modalités de choix des experts, le processus d'expertise et ses rapports avec le pouvoir de décision, la notion de lien d'intérêts, les cas de conflit d'intérêts, les modalités de gestion d'éventuels conflits et les cas exceptionnels dans lesquels il peut être tenu compte des travaux réalisés par des experts présentant un conflit d'intérêts.

Art. L. 1452-3 Les personnes invitées à apporter leur expertise dans les domaines de la santé et de la sécurité sanitaire au ministre chargé de la santé, aux commissions et conseils siégeant auprès des ministres chargés de la santé et de la sécurité sociale, aux instances collégiales des autorités et des organismes mentionnés au I de l'article L. 1451-1 sans être membres de ces commissions, conseils ou instances déposent au préalable une déclaration d'intérêts. *(L. nº 2016-41 du 26 janv. 2016, art. 179-IV)* « Ils la remettent également, le cas échéant, au déontologue mentionné au II de l'article L. 1451-4. »

Le modèle et le contenu de cette déclaration, les conditions dans lesquelles elle est rendue publique ainsi que ses modalités de dépôt, d'actualisation et de conservation sont fixés par le décret en Conseil d'État prévu à l'article L. 1451-3.

CHAPITRE III AVANTAGES CONSENTIS PAR LES ENTREPRISES

(L. nº 2011-2012 du 29 déc. 2011, art. 2-I)

BIBL. ▶ C. Mascret, Analyse critique de l'obligation de publication des conventions et avantages unissant les professionnels ayant un lien avec la santé et l'industrie pharmaceutique à l'épreuve du droit communautaire, *LPA 29 mars 2012, nº 64, p. 3.* – D. Mascret, Le jour où les journalistes ont (presque) guéri le cancer... Ou l'art délicat du traitement de l'information médicale, *RDSS 2010. 257*.

COMMENTAIRE

V. Commentaire reproduit sur Dalloz.fr.

SECTION PREMIÈRE PRODUITS DE SANTÉ À USAGE HUMAIN

(L. nº 2016-41 du 26 janv. 2016, art. 178-4º)

Art. L. 1453-1 I. – Les entreprises produisant ou commercialisant des produits mentionnés au II de l'article L. 5311-1 *(L. nº 2016-41 du 26 janv. 2016, art. 178-5º-a)* « à l'exception de ceux mentionnés aux 14º, 15º et 17º » ou assurant des prestations associées à ces produits sont tenues de rendre *(L. nº 2016-41 du 26 janv. 2016, art. 178-5º-a)* « publics, sur un site internet public unique, l'objet précis, la date, le bénéficiaire direct et le bénéficiaire final, et le montant » des conventions qu'elles concluent avec :

1º Les professionnels de santé relevant de la quatrième partie du présent code ;

2º Les associations de professionnels de santé ;

3º Les étudiants se destinant aux professions relevant de la quatrième partie du présent code ainsi que les associations et groupements les représentant ;

4º Les associations d'usagers du système de santé ;

5º Les établissements de santé relevant de la sixième partie du présent code ;

6º *(L. nº 2016-41 du 26 janv. 2016, art. 178-5º-a)* « Les académies, » les fondations, les sociétés savantes et les sociétés ou organismes de coneil intervenant dans le secteur des produits ou prestations mentionnés au premier alnéa ;

7º Les *(L. nº 2016-41 du 26 janv. 2016, art. 178-5º-a)* « personnes morales » éditrices de presse, *(Abrogé par L. nº 2016-41 du 26 janv. 2016, art. 178-5º-a)* « *les éditeurs* » de services de radio ou de télévision et *(Abrogé par L. nº 2016-41 du 26 janv. 2016, art. 178-5º-a)* « *les éditeurs* » de services de communication au public en ligne ;

8º Les éditeurs de logiciels d'aide à la prescription et à la délivrance ;

9º Les personnes morales assurant la formation initiale *(L. nº 2016-41 du 26 janv. 2016, art. 178-5º-a)* « ou continue » des professionnels de sané mentionnés au 1º ou participant à cette formation.

(L. n° 2016-41 du 26 janv. 2016, art. 178-5°-a et b) « Les entreprises produisant ou commercialisant des produits mentionnés aux 14°, 15° et 17° du II de l'article L. 5311-1 ou assurant des prestations associées à ces produits sont tenues de rendre publique l'existence des conventions relatives à la conduite de travaux d'évaluation de la sécurité, de vigilance ou de recherche biomédicale qu'elles concluent avec les bénéficiaires mentionnés aux 1° à 9° du présent I.

« Cette obligation ne s'applique pas aux conventions régies par les articles L. 441-3 et L. 441-7 du code de commerce et qui ont pour objet l'achat de biens ou de services par les personnes physiques ou morales mentionnées aux 1° à 9° du présent I auprès des entreprises produisant ou commercialisant des produits mentionnés au II de l'article L. 5311-1 du présent code ou assurant des prestations associées à ces produits.

« I *bis*. — Les entreprises produisant ou commercialisant des produits mentionnés au II de l'article L. 5311-1 ou assurant des prestations associées à ces produits sont tenues de rendre publiques, au-delà d'un seuil fixé par décret, sur le site mentionné au I du présent article, les rémunérations versées à des personnes physiques ou morales dans le cadre des conventions mentionnées au même I. »

II. — La même obligation s'applique, au-delà d'un seuil fixé par décret, à tous les avantages en nature ou en espèces *(L. n° 2016-41 du 26 janv. 2016, art. 178-5°-c)* « autres que les rémunérations mentionnées au I *bis* » que les mêmes entreprises procurent, directement ou indirectement, aux personnes, associations, établissements, fondations, sociétés, organismes et organes mentionnés au I.

(L. n° 2016-41 du 26 janv. 2016, art. 178-5°-d) « II *bis*. — Les informations publiées sur le site internet public unique mentionné au I du présent article sont réutilisables, à titre gratuit, dans le respect de la finalité de transparence des liens d'intérêts et dans les conditions prévues *(L. n° 2016-1321 du 7 oct. 2016, art. 6-VIII)* « à l'article L. 322-1 » du code des relations entre le public et l'administration et, lorsque cette réutilisation donne lieu à un traitement de données, dans les conditions prévues par la loi n° 78-17 du 6 janvier 1978 relative à l'informatique, aux fichiers et aux libertés, notamment à ses articles 7, 38 et 40. »

III. — Un décret en Conseil d'État *(L. n° 2016-41 du 26 janv. 2016, art. 178-5°-e)* « , pris après avis de la Commission nationale de l'informatique et des libertés, » fixe les conditions d'application du présent article, la nature des informations qui doivent être rendues publiques *(L. n° 2016-41 du 26 janv. 2016, art. 178-5°-e)* « sur le site internet public unique », notamment l'objet *(L. n° 2016-41 du 26 janv. 2016, art. 178-5°-e)* « précis » et la date des conventions mentionnées au I, ainsi que les délais et modalités de publication et d'actualisation de ces informations. Il précise également les modalités suivant lesquelles les ordres des professions de santé sont associés à cette publication.

1. Constitutionnalité. L'obligation de rendre publics, sur un site internet public unique, l'objet précis, la date, l'identité du bénéficiaire direct, l'identité du bénéficiaire final, le montant, y compris les rémunérations et les avantages en nature ou en espèces, des conventions conclues par les entreprises produisant ou commercialisant des produits à finalité sanitaire, porte une atteinte au droit au respect de la vie privée, qui est justifiée par l'exigence constitutionnelle de protection de la santé et par l'objectif d'intérêt général de prévention des conflts d'intérêt ; eu égard à la gravité des conséquences des conflits d'intérêt dans ce secteur, le législateur a opéré une conciliation qui n'est pas manifestement déséquilibrée entre les principes constitutionnels en cause. • Cons. const. 21 janv 2016, n° 2015-727 DC, consid. 92 : *AJDA* 2016. 126. ♦ Pour les mêmes raisons, l'obligation de l'art. L. 1453-1, étendue aux entreprises produisant ou commercialisant des produits à finalité cosmétique, ne porte pas une atteinte manifestement disproportionnée à la liberté d'entreprendre, dès lors aussi qu'elle exclut de son champ d'application les conventions ayant pour objet l'achat de biens ou services.

2. Décret d'application du 21 mai 2013 (illégalité partielle). Illégalité de l'art. R. 1453-8 en tant qu'il limite l'obligation de publication, pour les entreprises produisant ou commercialisant des lentilles oculaires non correctrices, des produits cosmétiques et des produits de tatouage, aux « conventions relatives à la conduite de travaux d'évaluation de la sécurité, de vigilance ou de recherches biomédicales portant sur ces produits ». • CE 24 févr. 2015, *CNOM et FORMINDEP*, n° 369074 : *Lebon*.

3. Avantages, notion (circulaire d'application). Le législateur a entendu soumettre à une obligation de transparence les avantages procurés directement ou indirectement, en nature ou en espèces, à des professionnels de santé et à d'autres acteurs du domaine sanitaire par des entreprises produisant ou commercialisant des produits de santé à finalité sanitaire ou cosmétique destinés à l'homme ; en mentionnant les avantages en espèces, il a entendu inclure dans le champ de l'obligation qu'il instituait les rémunérations accordées par ces entreprises à des professionnels de santé et à d'autres acteurs du domaine sanitaire, à l'exception des rémunérations des professionnels de santé exerçant leur activité principale en qualité de salarié de l'une de ces entreprises. • CE 24 févr. 2015, *CNOM et a.*, n° 369074 : *Lebon.* ♦ En conséquence, si le décret d'application n'avait pas à définir la notion d'avantage, la Circ. du 29 mai 2013 est illégale en ce qu'elle exclut du champ de la loi l'ensemble des rémunérations, salaires et honoraires versés par une entreprise lorsqu'ils constituent la contrepartie d'un travail ou d'une prestation. • Même arrêt.

SECTION II MÉDICAMENTS VÉTÉRINAIRES

(L. n° 2016-41 du 26 janv. 2016, art. 178-4°)

Art. L. 1453-2 *(L. n° 2014-1170 du 13 oct. 2014, art. 48-I-1° ; L. n° 2016-41 du 26 janv. 2016, art. 178-4°)* I. — Les entreprises produisant ou commercialisant des médicaments vétérinaires ou assurant des prestations associées à ces produits sont tenues de rendre publique l'existence des conventions qu'elles concluent avec :

1° Les professionnels mentionnés à l'article L. 5143-2 et les groupements mentionnés à l'article L. 5143-6, ainsi que les associations les représentant ;

2° Les étudiants se destinant à la profession de vétérinaire ou à la profession de pharmacien, ainsi que les associations les représentant ;

3° Les établissements d'enseignement supérieur assurant la formation de vétérinaires ;

4° Les établissements d'enseignement supérieur assurant la formation de pharmaciens ;

5° *(L. n° 2016-41 du 26 janv. 2016, art. 178-6°-a)* « Les académies, » les fondations, les sociétés savantes et les sociétés ou organismes de conseil intervenant dans le secteur des produits ou prestations mentionnés au premier alinéa du présent I ;

6° Les entreprises éditrices de presse, les éditeurs de services de radio ou de télévision et les éditeurs de services de communication au public en ligne ;

7° Les personnes morales autres que celles mentionnées aux 3° et 4° du présent I assurant la formation initiale ou continue des professionnels mentionnés à l'article L. 5143-2 et des groupements mentionnés à l'article L. 5143-6 ou participant à cette formation ;

8° Les éditeurs de logiciels d'aide à la prescription et à la délivrance du médicament. *(L. n° 2016-41 du 26 janv. 2016, art. 178-6°-b et c)* « L'obligation mentionnée au premier alinéa du présent I ne s'applique pas aux conventions régies par les articles L. 441-3 et L. 441-7 du code de commerce et qui ont pour objet l'achat de biens ou de services par les personnes physiques ou morales mentionnées aux 1° à 8° du présent I auprès des entreprises mentionnées au premier alinéa.

« I *bis*. — Les entreprises produisant ou commercialisant des médicaments vétérinaires ou assurant des prestations associées à ces produits sont tenues de rendre publiques, au-delà d'un seuil fixé par décret, les rémunérations versées à des personnes physiques ou morales dans le cadre des conventions mentionnées au I. »

II. — Les entreprises mentionnées au I informent de l'existence de l'une de ces conventions le public bénéficiaire d'une formation ou d'un support de formation en application de cette convention.

III. — Elles rendent publics, au-delà d'un seuil fixé par décret, tous les avantages en nature ou en espèces *(L. n° 2016-41 du 26 janv. 2016, art. 178-6°-d)* « autres que les rémunérations mentionnées au I *bis* » qu'elles procurent, directement ou indirectement, aux personnes physiques et morales mentionnées au I.

IV. — Un décret en Conseil d'État fixe les conditions d'application du présent article, la nature des informations qui doivent être rendues publiques, notamment l'objet et la date des conventions mentionnées au I, les conditions permettant de garantir le respect du secret des affaires et la confidentialité des travaux de recherche ou d'évaluation scientifique, ainsi que les délais et modalités de publication et d'actualisation de ces informations.

SECTION III INTERDICTION D'OFFRE D'AVANTAGES

(Ord. n° 2017-49 du 19 janv. 2017, art. 1er et 5, en vigueur au plus tard le 1er juill. 2018)

Art. L. 1453-3 Est interdit le fait, pour les personnes mentionnées à l'article L. 1453-4, de recevoir des avantages en espèces ou en nature, sous quelque forme que ce soit, d'une façon directe ou indirecte, proposés ou procurés par les personnes mentionnées à l'article L. 1453-5.

Art. L. 1453-4 L'interdiction prévue à l'article L. 1453-3 est applicable :

1° Aux personnes exerçant une profession de santé réglementée par le présent code, aux ostéopathes et aux chiropracteurs mentionnés à l'article 75 de la loi n° 2002-303 du 4 mars 2002 relative aux droits des malades et à la qualité du système de santé et aux psychothérapeutes mentionnés à l'article 52 de la loi n° 2004-806 du 9 août 2004 relative à la politique de santé publique ;

2° Aux étudiants en formation initiale se destinant à l'exercice de l'une des professions mentionnées au 1° et aux personnes en formation continue ou suivant une action de développement professionnel continu dans ce champ ;

3° Aux associations qui regroupent des personnes mentionnées aux 1° et 2°, dont celles intervenant dans le champ de la formation de ces personnes, et notamment aux sociétés savantes et aux conseils nationaux professionnels mentionnés à l'article L. 4021-3 ;

4° Aux fonctionnaires et agents des administrations de l'État, des collectivités territoriales et de leurs établissements publics ou de toute autre autorité administrative qui élaborent ou participent à l'élaboration d'une politique publique en matière de santé ou de sécurité sociale ou sont titulaires de pouvoirs de police administrative à caractère sanitaire.

Art. L. 1453-5 Le fait d'offrir ou de promettre des avantages en espèces ou en nature, sous quelque forme que ce soit, d'une façon directe ou indirecte, à des personnes mentionnées à l'article L. 1453-4 est interdit à toute personne produisant ou commercialisant des produits mentionnés au II de l'article L. 5311-1, à l'exception de ceux mentionnés aux 14°, 15° et 17°, ou qui assure des prestations de santé.

Art. L. 1453-6 Ne sont pas constitutifs d'avantages au sens du présent chapitre :

1° La rémunération, l'indemnisation et le défraiement d'activité prévues par un contrat de travail ou un contrat d'exercice, dès lors que ce contrat a pour objet l'exercice direct et exclusif de l'une des professions prévues à l'article L. 1453-4 ;

2° Les produits de l'exploitation ou de la cession des droits de propriété intellectuelle relatifs à un produit de santé ;

3° Les avantages commerciaux offerts dans le cadre des conventions régies par les articles L. 441-3 et L. 441-7 du code de commerce et qui ont pour objet l'achat de biens ou de services par les personnes mentionnées à l'article L. 1453-4 auprès des personnes mentionnées à l'article L. 1453-5, et ceux conformes aux articles L. 138-9 et L. 138-9-1 du code de la sécurité sociale ;

4° Les avantages en espèces ou en nature qui ont trait à l'exercice de la profession du bénéficiaire et d'une valeur négligeable ne pouvant excéder les montants prévus, par nature d'avantage, par arrêté des ministres chargés de l'économie et de la santé.

SECTION IV DÉROGATIONS À L'INTERDICTION D'OFFRE D'AVANTAGES

(Ord. n° 2017-49 du 19 janv. 2017, art. 1er et 5, en vigueur au plus tard le 1er juill. 2018)

SOUS-SECTION 1 NATURE ET CONDITIONS DES DÉROGATIONS

Art. L. 1453-7 Est possible, par dérogation aux dispositions de la section 3 et dans les conditions de déclaration ou d'autorisation prévues par la présente section, l'offre des avantages en nature ou en espèces suivants :

1° La rémunération, l'indemnisation et le défraiement d'activités de recherche, de valorisation de la recherche, d'évaluation scientifique, de conseil, de prestation de services ou de promotion commerciale, dès lors que la rémunération est proportionnée au service rendu *et que l'indemnisation ou le* défraiement n'excède pas les coûts effec*tivement supportés* par les personnes mentionnées à l'article L. 1453-4 ;

2° Les dons et libéralités, en espèces ou en nature, destinés à financer exclusivement des activités de recherche, de valorisation de la recherche ou d'évaluation scientifique ;

3° Les dons et libéralités destinés aux personnes mentionnées au 3° de l'article L. 1453-4, à l'exception des associations dont l'objet est sans rapport avec leur activité professionnelle ;

4° L'hospitalité offerte, de manière directe ou indirecte, lors de manifestations à caractère exclusivement professionnel ou scientifique, ou lors de manifestations de promotion des produits ou prestations mentionnés à l'article L. 1453-5, dès lors que cette hospitalité est d'un niveau raisonnable, strictement limitée à l'objectif principal de la manifestation et qu'elle n'est pas étendue à des personnes autres que celles mentionnées à l'article L. 1453-4 ;

5° Le financement ou la participation au financement d'actions de formation professionnelle ou de développement professionnel continu.

Art. L. 1453-8 L'offre d'un avantage relevant de l'article L. 1453-7 est conditionnée à la conclusion d'une convention entre le bénéficiaire et la personne mentionnée à l'article L. 1453-5. Cette convention est soumise aux régimes de déclaration ou d'autorisation prévus aux sous-sections 2 et 3.

Lorsque la convention relève du champ de l'article L. 1121-16-1, les dispositions des sous-sections 2 et 3 ne sont pas applicables.

Art. L. 1453-9 Les dérogations prévues à la présente sous-section ne sont pas applicables aux personnes relevant exclusivement du 4° de l'article L. 1453-4, sans préjudice des dispositions des articles L. 531-1 à L. 531-16 du code de la recherche.

SOUS-SECTION 2 DÉCLARATION DES DÉROGATIONS

Art. L. 1453-10 La convention qui stipule l'offre d'avantages dont la valeur est inférieure aux montants prévus à l'article L. 1453-11 est soumise à déclaration par la personne mentionnée à l'article L. 1453-5 qui transmet celle-ci par téléprocédure à l'autorité administrative compétente ou à l'ordre professionnel concerné.

L'autorité administrative compétente ou l'ordre professionnel concerné peut émettre, sur la base d'une analyse de la déclaration concernée ou de l'ensemble des déclarations, des recommandations aux parties à la convention.

SOUS-SECTION 3 AUTORISATION DES DÉROGATIONS

Art. L. 1453-11 Est soumise à autorisation la conclusion d'une convention prévue à l'article L. 1453-8 qui stipule l'offre d'avantages dont le montant individuel ou cumulé par convention est supérieur à des montants fixés, selon la profession et la nature de la dérogation, par arrêté des ministres chargés de l'économie et de la santé, pris après avis des ordres professionnels concernés.

Art. L. 1453-12 La personne mentionnée à l'article L. 1453-5 transmet, par téléprocédure, la demande d'autorisation à l'autorité administrative compétente ou à l'ordre professionnel concerné.

SECTION V DISPOSITIONS COMMUNES

Art. L. 1453-13 Un décret en Conseil d'État détermine les modalités d'application des sections 3 et 4 du présent chapitre et notamment :

1° La définition des prestations de santé mentionnées à l'article L. 1453-5 ;

2° Le contenu de la convention prévue à l'article L. 1453-8 notamment lorsqu'elle est conclue par le représentant légal d'une structure signataire ou bénéficiaire directe de l'avantage qui bénéficie à un professionnel de santé non signataire ;

3° Les procédures de déclaration et d'autorisation, notamment l'autorité administrative compétente mentionnée aux articles L. 1453-10, L. 1453-12 et L. 1453-14, le délai au terme duquel le défaut de réponse à une demande d'autorisation vaut acceptation et les conditions dans lesquelles les refus sont notifiés ainsi que les modalités selon lesquelles sont effectuées les recommandations mentionnées à l'article L. 1453-10 ;

4° Lorsque le destinataire de la déclaration ou de la demande d'autorisation est un ordre professionnel, les conditions selon lesquelles celui-ci transmet à l'autorité administrative compétente les informations recueillies à l'occasion de l'examen de la déclaration ou de la demande d'autorisation.

Art. L. 1453-14 Les conseils nationaux des ordres des professions de santé ainsi que l'autorité administrative compétente publient tous les deux ans un rapport comportant le nombre de conventions soumises à autorisation ou à déclaration, le sens des décisions prises, ainsi que les données issues de ces dossiers, de nature à faciliter la mise en œuvre du dispositif et à en permettre l'évaluation.

CHAPITRE IV **DISPOSITIONS PÉNALES** *(Ord. n° 2010-177 du 23 févr. 2010, art. 19-I-14°).*

Art. L. 1454-1 *(L. n° 2009-879 du 21 juill. 2009, art. 94-VIII ; L. n° 2002-303 du 4 mars 2002, art. 28-II)* Les dispositions des trois premiers alinéas de l'article L. 4163-2 sont applicables aux membres des commissions consultatives placées auprès des ministres chargés de la santé et de la sécurité sociale ainsi qu'aux personnes qui collaborent occasionnellement aux travaux de ces commissions. Les dispositions des alinéas suivants de ce même article sont applicables aux personnes physiques et morales qui proposent ou procurent des avantages à ces membres ou à ces personnes.

A des dates fixées par Décr. et au plus tard le 1er juill. 2018, La référence : « trois premiers alinéas de l'article L. 4163-2 » est remplacée par la référence : « articles L. 1454-6 et L. 1454-7 » et la 2e phrase est supprimée (Ord. n° 2017-49 du 19 janv. 2017, art. 2-1° et 5).

Art. L. 1454-2 *(L. n° 2011-2012 du 29 déc. 2011, art. 4-I)* Est puni de 30 000 € d'amende le fait pour les personnes mentionnées aux I et II de l'article L. 1451-1 et à l'article L. 1452-3 d'omettre sciemment, dans les conditions fixées par ce même article, d'établir ou de modifier une déclaration d'intérêts afin d'actualiser les données qui y figurent ou de fournir une information mensongère qui porte atteinte à la sincérité de la déclaration.

Art. L. 1454-3 *(L. n° 2011-2012 du 29 déc. 2011, art. 4-I)* Est puni de 45 000 € d'amende le fait pour les entreprises produisant ou commercialisant des produits mentionnés à l'article L. 5311-1 ou assurant les prestations associées à ces produits d'omettre sciemment de rendre publics *(L. n° 2016-41 du 26 janv. 2016, art. 178-7°)* « l'objet précis, la date, le bénéficiaire direct et le bénéficiaire final, et le montant » des conventions mentionnées à l'article L. 1453-1, conclues avec les personnes, associations, établissements, fondations, sociétés, organismes et organes mentionnés aux 1° à *(L. n° 2016-41 du 26 janv. 2016, art. 178-8°)* « 9° du I du même article, les rémunérations mentionnées au I *bis* dudit article, ainsi que les avantages mentionnés au II du même article qu'elles leur procurent ».

Art. L. 1454-3-1 *(L. n° 2016-41 du 26 janv. 2016, art. 178-10°)* Est puni de 45 000 € d'amende le fait pour les entreprises produisant ou commercialisant des médicaments vétérinaires ou assurant des prestations associées à ces produits de ne pas rendre publics l'objet précis, la date, le bénéficiaire direct et le bénéficiaire final, et le montant des conventions mentionnées au I de l'article L. 1453-2 conclues avec les personnes physiques et morales mentionnées au même I, les rémunérations mentionnées au I *bis* du même article, ainsi que les avantages mentionnés au III dudit article qu'elles leur procurent.

Art. L. 1454-4 *(L. n° 2011-2012 du 29 déc. 2011, art. 4-I)* Pour les infractions mentionnées au présent chapitre, les personnes physiques encourent également les peines complémentaires suivantes :

1° La diffusion de la décision de condamnation et celle d'un ou plusieurs communiqués informant le public de cette décision, dans les conditions prévues à l'article 131-35 du code pénal ;

2° L'affichage de la décision prononcée, dans les conditions et sous les peines prévues au même article 131-35 ;

3° L'interdiction des *droits civiques, selon les modalités* prévues à l'article 131-26 du *même code* ;

4° L'interdiction d'exercer une fonction publique ou une profession commerciale ou industrielle, selon les modalités prévues à l'article 131-27 du même code ;

5° L'interdiction de fabriquer, de conditionner, d'importer et de mettre sur le marché les produits mentionnés à l'article L. 5311-1 du présent code pour une durée maximale de cinq ans.

A à des dates fixées par Décr. et au plus tard le 1er juill. 2018, les 4° et 5° sont remplacés par les dispositions suivantes : « 4° L'interdiction temporaire ou définitive d'exercer une ou plusieurs professions de santé réglementées dans le champ de la santé, une profession commerciale ou industrielle, de diriger, d'administrer, de gérer ou de contrôler à un titre quelconque, directement ou indirectement, pour son propre compte ou pour le compte d'autrui, une entreprise commerciale ou industrielle ou une société commerciale ou toute autre activité professionnelle ou sociale à l'occasion de l'exercice de laquelle l'infraction a été commise, suivant les modalités prévues à l'article 131-27 du même code. Ces interdictions d'exercice peuvent être prononcées cumulativement ;

« 5° La confiscation de la chose qui a servi ou était destinée à commettre l'infraction ou de la chose qui en est l'objet ou le produit, en application de l'article 131-21 du même code. » (Ord. n° 2017-49 du 19 janv. 2017, art. 2-2° et 5).

Art. L. 1454-5 *(L. n° 2011-2012 du 29 déc. 2011, art. 4-I)* **Les personnes morales déclarées pénalement responsables, dans les conditions prévues à l'article 121-2 du code pénal, des infractions prévues au présent chapitre encourent, outre l'amende suivant les modalités prévues à l'article 131-38 du même code, les peines prévues aux 2° à 9° de l'article 131-39 dudit code.**

Art. L. 1454-6 *(Ord. n° 2017-49 du 19 janv. 2017, art. 2-3° et 5, en vigueur au plus tard le 1er juill. 2018)* **Outre les officiers et agents de police judiciaire, sont habilités à rechercher et à constater, dans l'exercice de leurs missions, les infractions aux dispositions des sections III et IV du présent chapitre ainsi qu'aux règlements pris pour leur application :**

1° Les agents de la concurrence, de la consommation et de la répression des fraudes, qui disposent à cet effet des pouvoirs prévus au I de l'article L. 511-22 du code de la consommation ;

2° Les agents mentionnés aux articles L. 1421-1 et L. 1435-7 et les agents des collectivités territoriales qui disposent à cet effet des pouvoirs prévus aux articles L. 1421-2 à L. 1421-3 ;

3° Les inspecteurs de l'Agence nationale de sécurité du médicament et des produits de santé mentionnés à l'article L. 5313-1 qui disposent à cet effet des pouvoirs prévus aux articles L. 5127-2 et L. 5313-2.

Art. L. 1454-7 *(Ord. n° 2017-49 du 19 janv. 2017, art. 2-3° et 5, en vigueur au plus tard le 1er juill. 2018)* **Le fait, pour les personnes mentionnées à l'article L. 1453-4, de recevoir des avantages en espèces ou en nature, sous quelque forme que ce soit, d'une façon directe ou indirecte, proposés ou procurés par les personnes mentionnées à l'article L. 1453-5, sous les réserves prévues aux articles L. 1453-6 à L. 1453-9, est puni d'un an d'emprisonnement et de 75 000 € d'amende.**

Art. L. 1454-8 *(Ord. n° 2017-49 du 19 janv. 2017, art. 2-3° et 5, en vigueur au plus tard le 1er juill. 2018)* **Le fait, pour les personnes mentionnées à l'article L. 1453-5, de proposer ou de procurer des avantages en espèces ou en nature, sous quelque forme que ce soit, d'une façon directe ou indirecte, aux personnes mentionnées à l'article L. 1453-4, sous les réserves prévues aux articles L. 1453-6 à L. 1453-9, est puni de deux ans d'emprisonnement et de 150 000 € d'amende. Le montant de l'amende peut être porté à 50 % des dépenses engagées pour la pratique constituant le délit.**

Art. L. 1454-9 *(Ord. n° 2017-49 du 19 janv. 2017, art. 2-3° et 5, en vigueur au plus tard le 1er juill. 2018)* **Les procédures établies par les agents mentionnés à l'article L. 1454-6 à l'encontre d'une personne mentionnée à l'article L. 1453-4, sur le fondement de l'infraction définie à l'article L. 1454-7, font l'objet d'un signalement, dès leur clôture, à l'autorité administrative compétente ou à l'ordre professionnel concerné pour saisine éventuelle de son organe disciplinaire. Les décisions prises, le cas échéant, par ces organes disciplinaires dans ce cadre sont ensuite transmises au procureur de la République près le tribunal de grande instance dans le ressort duquel le professionnel est inscrit au tableau de l'ordre.**

Art. L. 1454-10 *(Ord. n° 2017-49 du 19 janv. 2017, art. 2-3° et 5, en vigueur au plus tard le 1er juill. 2018)* **Les sanctions prononcées en application du présent chapitre à l'encontre d'une personne qui produit, exploite ou commercialise un produit ou une prestation prise en charge par les régimes obligatoires de base de sécurité sociale sont**

portées à la connaissance du comité économique des produits de santé prévu à l'article L. 162-17-3 du code de la sécurité sociale.

TITRE SIXIÈME MISE À DISPOSITION DES DONNÉES DE SANTÉ

(L. nº 2016-41 du 26 janv. 2016, art. 193-I)

CHAPITRE PRÉLIMINAIRE PRINCIPES RELATIFS À LA MISE À DISPOSITION DES DONNÉES DE SANTÉ

Art. L. 1460-1 Les données de santé à caractère personnel recueillies à titre obligatoire et destinées aux services ou aux établissements publics de l'État ou des collectivités territoriales ou aux organismes de sécurité sociale peuvent faire l'objet de traitements à des fins de recherche, d'étude ou d'évaluation présentant un caractère d'intérêt public, dans le respect de la loi nº 78-17 du 6 janvier 1978 relative à l'informatique, aux fichiers et aux libertés. Les traitements réalisés à cette fin ne peuvent avoir ni pour objet ni pour effet de porter atteinte à la vie privée des personnes concernées. Sauf disposition législative contraire, ils ne doivent en aucun cas avoir pour fin l'identification directe ou indirecte de ces personnes.

Les citoyens, les usagers du système de santé, les professionnels de santé, les établissements de santé et leurs organisations représentatives ainsi que les organismes participant au financement de la couverture contre le risque maladie ou réalisant des recherches, des études ou des évaluations à des fins de santé publique, les services de l'État, les institutions publiques compétentes en matière de santé et les organismes de presse ont accès aux données mentionnées au premier alinéa dans les conditions définies par la loi nº 78-17 du 6 janvier 1978 précitée et, le cas échéant, par les dispositions propres à ces traitements.

CHAPITRE PREMIER SYSTÈME NATIONAL DES DONNÉES DE SANTÉ

Art. L. 1461-1 I. – Le système national des données de santé rassemble et met à disposition :

1º Les données issues des systèmes d'information mentionnés à l'article L. 6113-7 du présent code ;

2º Les données du système national d'information interrégimes de l'assurance maladie mentionné à l'article L. 161-28-1 du code de la sécurité sociale ;

3º Les données sur les causes de décès mentionnées à l'article L. 2223-42 du code général des collectivités territoriales ;

4º Les données médico-sociales du système d'information mentionné à l'article L. 247-2 du code de l'action sociale et des familles ;

5º Un échantillon représentatif des données de remboursement par bénéficiaire transmises par des organismes d'assurance maladie complémentaire et défini en concertation avec leurs représentants.

II. – Dans le cadre d'orientations générales définies par l'État, en concertation avec les organismes responsables des systèmes d'information et des données mentionnés au I, la Caisse nationale de l'assurance maladie des travailleurs salariés réunit et organise l'ensemble des données qui constituent le système national des données de santé mentionné au même I. Elle est responsable du traitement.

La méthode d'appariement des données mentionnées au 5º dudit I avec les données correspondantes du système national des données de santé est élaborée en concertation avec les représentants des organismes qui transmettent les données concernées.

III. – Le système national des données de santé a pour finalité la mise à disposition des données, dans les conditions définies aux articles L. 1461-2 et L. 1461-3, pour contribuer :

1º A l'information sur la santé ainsi que sur l'offre de soins, la prise en charge médico-sociale et leur qualité ;

2º A la définition, à la mise en œuvre et à l'évaluation des politiques de santé et de protection sociale ;

3º A la connaissance des dépenses de santé, des dépenses d'assurance maladie et des dépenses médico-sociales ;

4° A l'information des professionnels, des structures et des établissements de santé ou médico-sociaux sur leur activité ;

5° A la surveillance, à la veille et à la sécurité sanitaires ;

6° A la recherche, aux études, à l'évaluation et à l'innovation dans les domaines de la santé et de la prise en charge médico-sociale.

IV. — Pour le système national des données de santé et pour les traitements utilisant des données à caractère personnel issues de ce système :

1° Aucune décision ne peut être prise à l'encontre d'une personne physique identifiée sur le fondement des données la concernant et figurant dans l'un de ces traitements ;

2° Les personnes responsables de ces traitements, ainsi que celles les mettant en œuvre ou autorisées à accéder aux données à caractère personnel qui en sont issues, sont soumises au secret professionnel dans les conditions et sous les peines prévues à l'article 226-13 du code pénal ;

3° L'accès aux données s'effectue dans des conditions assurant la confidentialité et l'intégrité des données et la traçabilité des accès et des autres traitements, conformément à un référentiel défini par arrêté des ministres chargés de la santé, de la sécurité sociale et du numérique, pris après avis de la Commission nationale de l'informatique et des libertés ;

4° Les données individuelles du système national des données de santé sont conservées pour une durée maximale de vingt ans, sans préjudice de l'application du deuxième alinéa de l'article 36 de la loi n° 78-17 du 6 janvier 1978 relative à l'informatique, aux fichiers et aux libertés.

V. — Les données du système national des données de santé ne peuvent être traitées pour l'une des finalités suivantes :

1° La promotion des produits mentionnés au II de l'article L. 5311-1 en direction des professionnels de santé ou d'établissements de santé ;

2° L'exclusion de garanties des contrats d'assurance et la modification de cotisations ou de primes d'assurance d'un individu ou d'un groupe d'individus présentant un même risque.

BIBL. ▶ DEBET, Objets connectés et santé, *JDSAM 2017 n° 15, p. 33*. - LACOUR, Du secret médical aux dossiers de santé électroniques. Réflexions juridiques sur la protection des données de santé, *Méd. et droit, 2016, n° 138, p. 62*. - CATTAN, La mise à disposition des données de santé, *Dr. adm. 2016/5. Étude 9*. - LAVENUE, Sur un pont aux ânes : le dossier médical personnel et la protection des données de santé, *RRJ-Droit prospectif, sept. 2014, p. 1735*.

▶ **Sur l'« *open-data* » en santé.** THIÉRACHE, L'agrégation des données ouvertes dans le cadre de plates-formes : les objets connectés dans le domaine de la santé, *Légicom mars 2016, n° 56, p. 101*. - CATTAN, La mise à disposition des données de santé, *Dr. adm. 2016/5, n° 9*. - BURNEL et VON LENNEP, Rapp. Commission « *Open data* en santé », *Doc. fr., juill. 2014*. - MARTIAL-BRAZ, La liberté d'accès des données de santé en question, *LPA 18 août 2014, n° 164, p. 13*. - LAUDE, Démocratie sanitaire, *open data* et Médiator, *JDSAM janv. 2014, n° 1, p. 58* ; De quelques problématiques relatives à l'ouverture des bases de données en santé, *JDSAM juill. 2014, n° 3, p. 30*. - HERVÉ, STANTON-JEAN et MARTINENT, Les nouveaux paradigmes de la médecine personnalisée ou médecine de précision, enjeux juridiques, médicaux et éthiques, *Dalloz, 2013*.

COMMENTAIRE

V. Commentaire reproduit sur Dalloz.fr.

Art. L. 1461-2 **Les données du système national des données de santé qui font l'objet d'une mise à la disposition du public sont traitées pour prendre la forme de statistiques agrégées ou de données individuelles constituées de telle sorte que l'identification, directe ou indirecte, des personnes concernées y est impossible. Ces données sont mises à disposition gratuitement. La réutilisation de ces données ne peut avoir ni pour objet ni pour effet d'identifier les personnes concernées.**

Par dérogation au premier alinéa du présent article, les données relatives à l'activité des professionnels de santé publiées par les organismes gestionnaires des régimes obligatoires de base d'assurance maladie, en application de l'article L. 162-1-11 du code de la sécurité sociale, sont réutilisées dans les conditions mentionnées aux articles L. 322-1 et L. 322-2 du code des relations entre le public et l'administration.

Art. L. 1461-3 I. – Un accès aux données à caractère personnel du système national des données de santé ne peut être autorisé que pour permettre des traitements :

1° Soit à des fins de recherche, d'étude ou d'évaluation contribuant à une finalité mentionnée au III de l'article L. 1461-1 et répondant à un motif d'intérêt public ;

2° Soit nécessaires à l'accomplissement des missions des services de l'État, des établissements publics ou des organismes chargés d'une mission de service public compétents, dans les conditions définies au III du présent article.

Le responsable de tels traitements n'est autorisé à accéder aux données du système national des données de santé et à procéder à des appariements avec ces données que dans la mesure où ces actions sont rendues strictement nécessaires par les finalités de la recherche, de l'étude ou de l'évaluation ou par les missions de l'organisme concerné.

Seules les personnes nommément désignées et habilitées à cet effet par le responsable du traitement, dans les conditions précisées par le décret en Conseil d'État mentionné à l'article L. 1461-7, sont autorisées à accéder aux données du système national des données de santé.

II. – Les traitements à des fins de recherche, d'étude ou d'évaluation mentionnés au 1° du I du présent article sont autorisés selon la procédure définie au chapitre IX de la loi n° 78-17 du 6 janvier 1978 précitée.

Les personnes produisant ou commercialisant des produits mentionnés au II de l'article L. 5311-1 du présent code ou les organismes mentionnés au 1° du A et aux 1°, 2°, 3°, 5° et 6° du B du I de l'article L. 612-2 du code monétaire et financier ainsi que les intermédiaires d'assurance mentionnés à l'article L. 511-1 du code des assurances sont tenus :

1° Soit de démontrer que les modalités de mise en œuvre du traitement rendent impossible toute utilisation des données pour l'une des finalités mentionnées au V de l'article L. 1461-1 ;

2° Soit de recourir à un laboratoire de recherche ou à un bureau d'études, publics ou privés, pour réaliser le traitement.

Les responsables des laboratoires de recherche et des bureaux d'études présentent à la Commission nationale de l'informatique et des libertés un engagement de conformité à un référentiel incluant les critères de confidentialité, d'expertise et d'indépendance, arrêté par le ministre chargé de la santé, pris après avis de la même commission.

L'accès aux données est subordonné :

a) Avant le début de la recherche, à la communication, par le demandeur, au groupement d'intérêt public mentionné à l'article L. 1462-1 de l'étude ou de l'évaluation de l'autorisation de la Commission nationale de l'informatique et des libertés, d'une déclaration des intérêts du demandeur en rapport avec l'objet du traitement et du protocole d'analyse, précisant notamment les moyens d'en évaluer la validité et les résultats ;

b) A l'engagement du demandeur de communiquer au groupement d'intérêt public mentionné au même article L. 1462-1, dans un délai raisonnable après la fin de la recherche, de l'étude ou de l'évaluation, la méthode, les résultats de l'analyse et les moyens d'en évaluer la validité.

Le groupement d'intérêt public mentionné audit article L. 1462-1 publie sans délai l'autorisation de la Commission nationale de l'informatique et des libertés, la déclaration des intérêts, puis les résultats et la méthode.

III. – Le décret en Conseil d'État mentionné à l'article L. 1461-7 fixe la liste des services de l'État, des établissements publics ou des organismes chargés d'une mission de service public autorisés à traiter des données à caractère personnel du système national des données de santé pour les besoins de leurs missions. Ce décret précise, pour chacun de ces services, établissements ou organismes, l'étendue de cette autorisation, les conditions d'accès aux données et celles de la gestion des accès.

Art. L. 1461-4 I. – Le système national des données de santé ne contient ni les noms et prénoms des personnes, ni leur numéro d'inscription au répertoire national d'identification des personnes physiques, ni leur adresse. Les numéros d'identification des professionnels de santé sont conservés et gérés séparément des autres données.

II. – Un décret en Conseil d'État, pris après avis de la Commission nationale de l'informatique et des libertés, détermine les données à caractère personnel qui, en raison du risque d'identification directe des personnes concernées, sont confiées à un organisme distinct du responsable du système national des données de santé et des responsables des traitements.

Cet organisme est seul habilité à détenir le dispositif de correspondance permettant de réidentifier les personnes à partir des données du système national des données de santé. Il assure la sécurité de ce dispositif.

III. – La Commission nationale de l'informatique et des libertés peut autoriser l'accès aux données détenues par l'organisme mentionné au II du présent article, dans les conditions prévues par la loi n° 78-17 du 6 janvier 1978 précitée, quand il est nécessaire :

1° Pour avertir une personne d'un risque sanitaire grave auquel elle est exposée ou pour lui proposer de participer à une recherche ;

2° Pour la réalisation d'un traitement à des fins de recherche, d'étude ou d'évaluation si le recours à ces données est nécessaire, sans solution alternative, à la finalité du traitement et proportionné aux résultats attendus.

Art. L. 1461-5 L'accès aux données de santé autres que celles mentionnées à l'article L. 1461-2 est gratuit pour :

1° Les recherches, les études ou les évaluations demandées par l'autorité publique ;

2° Les recherches réalisées exclusivement pour les besoins de services publics administratifs.

Art. L. 1461-6 Pour les finalités de recherche, d'étude ou d'évaluation, la mise à disposition des données des composantes du système national des données de santé mentionnées aux 1° à 5° du I de l'article L. 1461-1 est régie par le présent chapitre.

Art. L. 1461-7 Un décret en Conseil d'État, pris après avis de la Commission nationale de l'informatique et des libertés :

1° Désigne les organismes chargés de gérer la mise à disposition effective des données du système national des données de santé et détermine leurs responsabilités respectives ;

2° Dresse la liste des catégories de données réunies au sein du système national des données de santé et des modalités d'alimentation du système national des données de santé, y compris par les organismes d'assurance maladie complémentaire ;

3° Fixe, dans les limites prévues au III de l'article L. 1461-3, la liste des services, des établissements ou des organismes bénéficiant de l'autorisation mentionnée au même III ;

4° Fixe les conditions de désignation et d'habilitation des personnes autorisées à accéder au système national des données de santé ;

5° Fixe les conditions de gestion et de conservation séparées des données permettant une identification directe des personnes en application de l'article L. 1461-4 et détermine l'organisme à qui sont confiées ces données ;

6° Détermine les modalités selon lesquelles les organismes mentionnés au 1° du présent article garantissent à toute personne qui leur en fait la demande, en application de l'article 56 de la loi n° 78-17 du 6 janvier 1978 relative à l'informatique, aux fichiers et aux libertés, que ses données de santé à caractère personnel ne seront pas mises à disposition dans le cadre du 1° du I de l'article L. 1461-3 du présent code.

CHAPITRE II INSTITUT NATIONAL DES DONNÉES DE SANTÉ

Art. L. 1462-1 Un groupement d'intérêt public, dénommé : "Institut national des données de santé", est constitué entre l'État, des organismes assurant une représentation des malades et des usagers du système de santé, des producteurs de données de santé et des utilisateurs publics et privés de données de santé, y compris des organismes de recherche en santé.

Il est notamment chargé :

1° De veiller à la qualité des données de santé et aux conditions générales de leur mise à disposition, garantissant leur sécurité et facilitant leur utilisation dans le respect de la loi n° 78-17 du 6 janvier 1978 relative à l'informatique, aux fichiers et aux libertés ;

2° D'assurer le secrétariat unique mentionné à l'article 54 de la même loi ;

3° D'émettre un avis sur le caractère d'intérêt public que présente une recherche, une étude ou une évaluation, dans les conditions prévues au même article 54 ;

4° De faciliter la mise à disposition d'échantillons ou de jeux de données agrégées mentionnées au V dudit article 54, dans des conditions préalablement homologuées par la Commission nationale de l'informatique et des libertés ;

5° De contribuer à l'expression des besoins en matière de données anonymes et de résultats statistiques, en vue de leur mise à la disposition du public.

Il publie chaque année un rapport transmis au Parlement.

Le groupement d'intérêt public « Institut des données de santé », mentionné à l'art. L. 161-36-5 CSS, dans sa rédaction antérieure à la L. n° 2016-41 du 26 janv. 2016, devient le groupement d'intérêt public « Institut national des données de santé », mentionné à l'art. L. 1462-1, à la date d'approbation de la convention constitutive de celui-ci. L'Institut national des données de santé se substitue à l'Institut des données de santé dans l'ensemble des droits et obligations de ce dernier. Les organismes bénéficiant, à la date de la publication de cette même loi, d'un accès à tout ou partie du système national d'information interrégimes de l'assurance maladie mentionné à l'art. L. 161-28-1 CSS conservent cet accès, dans les mêmes conditions, pendant une durée de trois ans à compter de cette publication (L. préc., art. 193-X et XI).

BIBL. ▶ POLTON, Présidente de l'INDS, Interview, *JDSAM n° 17, 2017, p. 4.*

LIVRE CINQUIÈME MAYOTTE, ÎLES WALLIS-ET-FUTUNA, TERRES AUSTRALES ET ANTARCTIQUES FRANÇAISES, NOUVELLE-CALÉDONIE ET POLYNÉSIE FRANÇAISE

V. Dalloz.fr.

DEUXIÈME PARTIE SANTÉ SEXUELLE ET REPRODUCTIVE, DROITS DE LA FEMME ET PROTECTION DE LA SANTÉ DE L'ENFANT, DE L'ADOLESCENT ET DU JEUNE ADULTE *(L. n° 2014-873 du 4 août 2014, art. 23 ; L. n° 2016-41 du 26 janv. 2016, art. 10-I ; L. n° 2016-1827 du 23 déc. 2016, art. 75-II-1°).*

LIVRE PREMIER PROTECTION ET PROMOTION DE LA SANTÉ MATERNELLE ET INFANTILE

RÉP. SOCIAL v° *Protection de l'enfance, n°s 1 s.*

RÉP. PÉN. v° *Santé et salubrité publiques, n°s 29 s.*

BIBL. ▶ ROMAN, Les violences obstétricales, une question politique aux enjeux juridiques, *RDSS 2017. 867.* – BORGETTO et LAFORE, Droit de l'aide et de l'action sociale, *Montchrestien, 8e éd., 2012.* – BOUVIER, Maternités et libertés : avortement, contraception, statut de l'embryon, *L'Harmattan, 2012.*

TITRE PREMIER ORGANISATION ET MISSIONS

CHAPITRE PREMIER DISPOSITIONS GÉNÉRALES

Art. L. 2111-1 **L'État, les collectivités** *territoriales* **et les organismes de sécurité sociale** *participent, dans les conditions* **prévues par le présent livre, à la protection et à la promotion de la santé maternelle et infantile qui comprend notamment :**

1° Des mesures de prévention médicales, psychologiques, sociales et d'éducation pour la santé en faveur des futurs parents et des enfants ;

2° Des actions d'accompagnement psychologique et social des femmes enceintes et des jeunes mères de famille, particulièrement les plus démunies ;

3° Des actions de prévention et de dépistage des handicaps des enfants de moins de six ans ainsi que de conseil aux familles pour la prise en charge de ces handicaps ;

4° La surveillance et le contrôle des établissements et services d'accueil des enfants de moins de six ans ainsi que *(L. n° 2005-706 du 27 juin 2005, art. 13)* « le contrôle, la surveillance et l'accompagnement des assistants maternels mentionnés à l'article L. 421-1 du code de l'action sociale et des familles » ;

(L. n° 2016-41 du 26 janv. 2016, art. 1er-III) « 5° Des actions de prévention et d'information sur les risques pour la santé liés à des facteurs environnementaux, sur la base du concept d'exposome. »

Art. L. 2111-2 Les services et consultations de santé maternelle et infantile, les activités de protection de la santé maternelle et infantile à domicile, l'agrément *(L. n° 2005-706 du 27 juin 2005, art. 13)* « des assistants familiaux ainsi que l'agrément, le contrôle, la formation mentionnée à l'article L. 421-14 du code de l'action sociale et des familles et la surveillance des assistants maternels », relèvent de la compétence du département qui en assure l'organisation et le financement sous réserve des dispositions des articles L. 2112-7, L. 2112-8, L. 2214-1, L. 2322-6 et L. 2323-2.

Art. L. 2111-3 Les conditions dans lesquelles se poursuit une politique active de prévention contre les handicaps de l'enfance, tant dans le cadre de la périnatalité que dans celui de la pathologie cérébrale et de la pathologie génétique, sont déterminées par voie réglementaire. – *[Anc. art. 2, L. n° 75-534 du 30 juin 1975].*

Art. L. 2111-4 Sauf disposition contraire, les conditions d'application du présent chapitre sont déterminées par décret en Conseil d'État. – *V. art. R. 2112-1 à R. 2112-8.*

CHAPITRE II SERVICE DÉPARTEMENTAL DE PROTECTION MATERNELLE ET INFANTILE

Art. L. 2112-1 Les compétences dévolues au département par *(Abrogé par L. n° 2004-809 du 13 août 2004, art. 71)* « *le 1° de* » l'article L. 1423-1 et par l'article L. 2111-2 sont exercées, sous l'autorité *(L. n° 2007-293 du 5 mars 2007, art. 1er-III)* « et la responsabilité » du président du conseil *(Ord. n° 2018-21 du 17 janv. 2018, art. 1er)* « départemental », par le service départemental de protection maternelle et infantile qui est un service non personnalisé du département.

Ce service est *(L. n° 2007-293 du 5 mars 2007, art. 1er-III)* « dirigé par un » médecin et comprend des personnels qualifiés notamment dans les domaines médical, paramédical, social et psychologique. Les exigences de qualification professionnelle de ces personnels sont fixées par voie réglementaire.

Compétence pour déterminer les normes et exigences destinées aux services de PMI. Les art. L. 2111-2 et L. 2112-1 [anc. art. L. 148] doivent être regardés comme réservant à l'État le soin de fixer les normes minimales d'activité des services de PMI, celles relatives à leur encadrement et les exigences de qualification du personnel. • CE 1er avr. 1996, *Dpt de la Loire*, n° 141958 : *Lebon 109* ; *RDSS 1996. 508, obs. J.-S. C.*

Art. L. 2112-2 *(L. n° 2007-293 du 5 mars 2007, art. 1er-IV)* « Le président du conseil départemental a pour mission d'organiser : »

1° Des consultations prénuptiales, prénatales et postnatales et des actions de prévention *médico-sociale en* faveur des femmes enceintes ;

2° *(L. n° 2007-293 du 5 mars 2007, art. 1er-IV)* « Des consultations et des actions de prévention médico-sociale en faveur des enfants de moins de six ans ainsi que l'établissement d'un bilan de santé pour les enfants âgés de trois à quatre ans, notamment en école maternelle » *(L. n° 2016-41 du 26 janv. 2016, art. 76-II)* « , en tenant compte des missions particulières des médecins traitants mentionnés au deuxième alinéa de l'article L. 162-5-3 du code de la sécurité sociale et sans préjudice des compétences des médecins du service de protection maternelle et infantile » ;

3° Des activités de planification familiale et d'éducation familiale *(L. n° 2007-1786 du 19 déc. 2007, art. 71-I)* « ainsi que la pratique d'interruptions volontaires de grossesse par voie médicamenteuse » dans les conditions définies par le chapitre Ier du titre Ier du livre III de la présente partie ;

4° Des actions médico-sociales préventives à domicile pour les femmes enceintes *(L. n° 2007-293 du 5 mars 2007, art. 1er-IV)* « notamment des actions d'accompagnement si celles-ci apparaissent nécessaires lors d'un entretien *(L. n° 2016-297 du 14 mars 2016, art. 31-1°)* « prénatal précoce proposé systématiquement et réalisé à partir du quatrième mois de grossesse, prévu au dernier alinéa de l'article L. 2122-1 », et pour » les enfants de moins de six ans requérant une attention particulière, assurées à la demande ou avec l'accord des intéressés, en liaison avec le médecin traitant et les services hospitaliers concernés ;

(L. n° 2007-293 du 5 mars 2007, art. 1er-IV) « 4° *bis* Des actions médico-sociales préventives et de suivi assurées, à la demande ou avec l'accord des intéressées et en liaison avec le médecin traitant ou les services hospitaliers, pour les parents en période post-natale, à la maternité, à domicile, notamment dans les jours qui suivent le retour à domicile ou lors de consultations ; »

5° Le recueil d'informations en épidémiologie et en santé publique, ainsi que le traitement de ces informations et en particulier de celles qui figurent sur les documents mentionnés par l'article L. 2132-2 ;

6° L'édition et la diffusion *(L. n° 2007-1787 du 20 déc. 2007, art. 8-III)* « des supports d'information sanitaire destinés aux futurs conjoints et » des documents mentionnés par les articles *(Abrogé par L. n° 2007-1787 du 20 déc. 2007, art. 8-III)* « *L. 2121-1,* » L. 2122-2, L. 2132-1 et L. 2132-2 ;

7° *(L. n° 2005-706 du 27 juin 2005, art. 13)* « Des actions d'information sur la profession d'assistant maternel et des actions de formation initiale destinées à aider les assistants maternels dans leurs tâches éducatives, sans préjudice des dispositions du code du travail relatives à la formation professionnelle continue. »

En outre, le *(L. n° 2007-293 du 5 mars 2007, art. 1er-IV)* « conseil départemental » doit participer aux actions de prévention *(L. n° 2007-293 du 5 mars 2007, art. 1er-IV)* « et de prise en charge des mineurs en danger ou qui risquent de l'être » dans les conditions prévues au sixième alinéa (5°) de l'article L. 221-1 et aux articles L. 226-1 à L. 226-11, L. 523-1 et L. 523-2 du code de l'action sociale et des familles.

(L. n° 2007-293 du 5 mars 2007, art. 1er-IV) « Le service contribue également, à l'occasion des consultations et actions de prévention médico-sociale mentionnées aux 2° et 4°, aux actions de prévention et de dépistage des troubles d'ordre physique, psychologique, sensoriel et de l'apprentissage. Il oriente, le cas échéant, l'enfant vers les professionnels de santé et les structures spécialisées. »

Art. L. 2112-3 *(L. n° 2005-706 du 27 juin 2005, art. 13)* Tout assistant maternel agréé doit suivre une formation dans les conditions prévues à l'article L. 421-14 du code de l'action sociale et des familles.

Art. L. 2112-3-1 *(L. n° 2005-706 du 27 juin 2005, art. 14)* Pour l'application de l'article L. 2111-2, les services du département en charge de la protection maternelle et infantile peuvent demander, en cas de présomption d'accueil par l'assistant maternel d'un nombre d'enfants supérieur à celui autorisé par l'agrément prévu à l'article L. 421-4 du code de l'action sociale et des familles, les informations nécessaires *(Ord. n° 2015-682 du 18 juin 2015, art. 4-IV-1°)* « à l'exercice de leurs missions » à l'organisme de recouvrement des cotisations sociales mentionné à l'article L. 531-8 du code de la sécurité sociale, qui est tenu de les leur communiquer.

(Ord. n° 2015-682 du 18 juin 2015, art. 4-IV-2°) « L'organisme de recouvrement des cotisations sociales mentionné à l'article L. 531-8 du code de la sécurité sociale transmet également aux services du département en charge de la protection maternelle et infantile toute information utile lorsqu'il a connaissance d'informations ou de faits pouvant être de nature à révéler l'existence d'une fraude dans l'exercice de la profession d'assistant maternel.

« Les modalités de transmission de ces informations sont précisées par arrêté du ministre *chargé de la sécurité sociale.* »

Art. L. 2112-4 Les activités mentionnées aux articles L. 2112-2 et L. 2112-3 sont gérées soit directement, soit par voie de convention avec d'autres collectivités publiques ou des personnes morales de droit privé à but non lucratif ; elles sont organisées sur une base territoriale en fonction des besoins sanitaires et sociaux de la population et selon des normes minimales fixées par voie réglementaire. Elles sont menées en liaison avec le service départemental d'action sociale et le service départemental de l'aide sociale à l'enfance.

Art. L. 2112-5 Le service départemental de protection maternelle et infantile établit une liaison avec le service de santé scolaire, notamment en transmettant au médecin de santé scolaire les dossiers médicaux des enfants suivis à l'école maternelle. Les modalités de cette transmission doivent garantir le respect du secret professionnel. Ces dossiers médicaux sont établis conformément à un modèle fixé par arrêté interministériel et transmis avant l'examen médical pratiqué en application de l'article L. 2325-1.

Art. L. 2112-6 En toute circonstance et particulièrement lors des consultations ou des visites à domicile, chaque fois qu'il est constaté que l'état de santé de l'enfant requiert des soins appropriés, il incombe au service départemental de protection maternelle et infantile d'engager la famille ou la personne à laquelle l'enfant a été confié à faire appel au médecin de son choix et, le cas échéant, d'aider la famille ayant en charge l'enfant à prendre toutes autres dispositions utiles.

Chaque fois que le personnel du service départemental de protection maternelle et infantile constate que la santé ou le développement de l'enfant sont compromis ou menacés par des mauvais traitements, et sans préjudice des compétences et de la saisine de l'autorité judiciaire, le personnel en rend compte sans délai au médecin responsable du service qui provoque d'urgence toutes mesures appropriées.

Lorsqu'un médecin du service départemental de protection maternelle et infantile estime que les circonstances font obstacle à ce que l'enfant reçoive les soins nécessaires, il lui appartient de prendre toutes mesures relevant de sa compétence propres à faire face à la situation. Il en rend compte au médecin responsable du service.

Art. L. 2112-7 Lorsque *(L. n° 2007-1787 du 20 déc. 2007, art. 8-III)* « des examens prénuptiaux et » les examens institués par les articles *(Abrogé par L. n° 2007-1787 du 20 déc. 2007, art. 8-III)* « L. 2121-1, » L. 2122-1, deuxième alinéa, L. 2122-3 et L. 2132-2, deuxième alinéa, sont pratiqués dans une consultation du service départemental de protection maternelle et infantile et concernent des assurés sociaux ou leurs ayants droit, les frais y afférents sont remboursés au département par les organismes d'assurance maladie dont relèvent les intéressés selon le mode de tarification prévu à l'article L. 162-32 du code de la sécurité sociale.

Les organismes d'assurance maladie peuvent également, par voie de convention, participer sur leurs fonds d'action sanitaire et sociale aux autres actions de prévention médico-sociale menées par le département.

Dans les départements où, à la date d'entrée en vigueur de la loi n° 89-899 du 18 décembre 1989 relative à la protection et à la promotion de la santé, de la famille et de l'enfance et adaptant la législation sanitaire et sociale aux transferts de compétence en matière d'aide sociale et de santé, une convention fixe les conditions de la participation des organismes d'assurance maladie au fonctionnement du service départemental de protection maternelle et infantile, celle-ci demeure en vigueur, sauf dénonciation dans les conditions prévues par ladite convention. En cas de dénonciation, les dispositions du premier alinéa et éventuellement du deuxième alinéa du présent article sont applicables.

Art. L. 2112-8 *Le finan*cement des centres d'action médico-sociale précoce mentionnés à l'article L. 2132-4 est assuré par une dotation globale annuelle à la charge des régimes d'assurance maladie pour 80 % de son montant et du département pour le solde.

Art. L. 2112-9 Les articles 226-13 et 226-14 du code pénal relatifs au secret professionnel sont applicables à toute personne appelée à collaborer au service départemental de protection maternelle et infantile.

BIBL. ▶ LAFORE, Travail social et secret professionnel, *RDSS 2010. 938* ✎.

Art. L. 2112-10 Sauf disposition contraire, les conditions d'application du présent chapitre sont déterminées par décret en Conseil d'État.

CHAPITRE III *[ABROGÉ]* COMMISSION NATIONALE DE MÉDECINE ET DE BIOLOGIE DE LA REPRODUCTION ET DU DIAGNOSTIC PRÉNATAL

(Abrogé par L. nº 2004-800 du 6 août 2004)

Art. L. 2113-1 à L. 2113-5 *Abrogés par L. nº 2004-800 du 6 août 2004.*

TITRE DEUXIÈME ACTIONS DE PRÉVENTION CONCERNANT LES FUTURS CONJOINTS ET PARENTS

CHAPITRE PREMIER *[ABROGÉ]* EXAMEN MÉDICAL PRÉNUPTIAL

(Abrogé par L. nº 2007-1787 du 20 déc. 2007, art. 8-III)

Art. L. 2121-1 et L. 2121-2 *Abrogés par L. nº 2007-1787 du 20 déc. 2007, art. 8-III.*

CHAPITRE II EXAMENS DE PRÉVENTION DURANT ET APRÈS LA GROSSESSE

Art. L. 2122-1 Toute femme enceinte bénéficie d'une surveillance médicale de la grossesse et des suites de l'accouchement qui comporte, en particulier, des examens prénataux et postnataux obligatoires pratiqués ou prescrits par un médecin ou une sage-femme. *(L. nº 2004-806 du 9 août 2004, art. 101-I)* « La déclaration de grossesse peut être effectuée par une sage-femme. Lorsque, à l'issue du premier examen prénatal, la sage-femme constate une situation ou des antécédents pathologiques, elle adresse la femme enceinte à un médecin. »

Le nombre et la nature des examens obligatoires ainsi que les périodes au cours desquelles ils doivent intervenir sont déterminés par voie réglementaire.

A l'occasion du premier examen prénatal, après information sur les risques de contamination, un test de dépistage de l'infection par le virus de l'immuno-déficience humaine est proposé à la femme enceinte. *(L. nº 2009-879 du 21 juill. 2009, art. 86-I)* « Le médecin ou la sage-femme propose également un frottis cervico-utérin, dans les conditions fixées par arrêté du ministre chargé de la santé. » *(L. nº 2016-297 du 14 mars 2016, art. 31-2º)* « Lors de cet examen, le médecin ou la sage-femme propose à la femme enceinte un entretien prénatal précoce dont l'objet est de permettre au professionnel d'évaluer avec elle ses besoins en termes d'accompagnement au cours de la grossesse. »

Sur l'expérimentation des maisons de naissance, V. L. nº 2013-1118 du 6 déc. 2013 et Décr. nº 2015-937 du 30 juill. 2015.

COMMENTAIRE

V. Commentaire reproduit sur Dalloz.fr.

1. Refus de délivrance de certificats, attestations ou documents. Un médecin ne peut refuser de délivrer à sa patiente un certificat prévu par les textes réglementaires (en l'espèce, un certificat d'accouchement), une telle remise ne constituant pas une violation du secret professionnel. • CE, ass., 12 avr. 1957, *Dévé*, nº 21759 : *Lebon 266 ; D. 1957. 336, concl. Gazier ; S. 1957. 241, concl. Gazier ; JCP 1957. II. 10146.*

2. Grossesse et dépistage du VIH. *L'absence de réalisation* durant la grossesse d'un test de dépistage du virus du SIDA ne constitue pas un manquement fautif de l'établissement de soins où la patiente a accouché, dans la mesure où cette dernière, suivie régulièrement par son médecin généraliste en raison de sa séropositivité dans les six années précédant sa grossesse, disposait de toutes les informations nécessaires sur les risques de transmission du virus à l'enfant et, dissimulant son état, a adopté une attitude de *déni* par rapport à sa séropositivité. • Civ. 1re, 20 janv. 2011, nº 09-68.042.

Art. L. 2122-2 Toute femme enceinte est pourvue gratuitement, lors du premier examen prénatal, d'un carnet de grossesse. Un arrêté interministériel détermine le modèle et le mode d'utilisation de ce carnet où sont mentionnés obligatoirement les résultats des examens prescrits en application de l'article L. 2122-1 et où sont également notées,

au fur et à mesure, toutes les constatations importantes concernant le déroulement de la grossesse et la santé de la future mère.

Le carnet appartient à la future mère. Celle-ci doit être informée que nul ne peut en exiger la communication et que toute personne appelée, de par sa fonction, à prendre connaissance des renseignements qui y sont inscrits est soumise au secret professionnel.

A la demande du père putatif, le médecin peut rendre compte à celui-ci de l'état de santé de la future mère, dans le respect des règles de la déontologie médicale. — *[Anc. art. L. 155].*

Art. L. 2122-3 **Chaque fois que l'examen de la future mère ou les antécédents familiaux le rendent nécessaire, il est également procédé à un examen médical du futur père accompagné, le cas échéant, des analyses et examens complémentaires appropriés.** — *[Anc. art. L. 156].*

Art. L. 2122-4 **Les organismes et services chargés du versement des prestations familiales sont tenus de transmettre sous huitaine au médecin responsable du service départemental de protection maternelle et infantile l'attestation de passation de premier examen médical prénatal de leurs allocataires.**

La transmission de cette information se fait dans le respect du secret professionnel. — *[Anc. art. L. 157].*

Art. L. 2122-5 **Sauf disposition contraire, les conditions d'application du présent chapitre sont déterminées par décret en Conseil d'État.**

CHAPITRE III **STÉRILISATION À VISÉE CONTRACEPTIVE**

BIBL. ▶ Dict. perm. Bioéthique et biotechnologies, étude « Stérilisation », *p. 2381 s.* – GAUMONT-PRAT, « Stérilisation et contraception », *in Droit de la santé Lamy, étude 334.* – Haute Autorité de santé, Évaluation des techniques de stérilisation chez la femme et l'homme, *Document de synthèse des travaux de l'ANAES, mai 2005.*

Art. L. 2123-1 *(L. nº 2001-588 du 4 juill. 2001, art. 26)* **La ligature des trompes ou des canaux déférents à visée contraceptive ne peut être pratiquée sur une personne mineure. Elle ne peut être pratiquée que si la personne majeure intéressée a exprimé une volonté libre, motivée et délibérée en considération d'une information claire et complète sur ses conséquences.**

Cet acte chirurgical ne peut être pratiqué que dans un établissement de santé et après une consultation auprès d'un médecin.

Ce médecin doit au cours de la première consultation :

— informer la personne des risques médicaux qu'elle encourt et des conséquences de l'intervention ;

— lui remettre un dossier d'information écrit.

Il ne peut être procédé à l'intervention qu'à l'issue d'un délai de réflexion de quatre mois après la première consultation médicale et après une confirmation écrite par la personne concernée de sa volonté de subir une intervention.

Un médecin n'est jamais tenu de pratiquer cet acte à visée contraceptive mais il doit informer l'intéressée de son refus dès la première consultation.

COMMENTAIRE

V. Commentaire reproduit sur Dalloz.fr.

1. Nécessité thérapeutique et consentement. Aucune loi spécifique ne régissait, avant 2001, la pratique de la stérilisation. Cette dernière, en application des règles générales régissant l'administration des soins, était interdite sauf en cas de nécessité thérapeutique, l'intervention ne pouvant avoir lieu, dans cette hypothèse, qu'après avoir recueilli le consentement de la personne. ♦ Sur l'illégalité de la stérilisation sans motif thérapeutique au regard de l'art. 16-3 C. civ., V. • Cass., avis, 6 juill. 1998 : *JCP 1998. IV. 3005 ; RTD civ. 1998. 881, obs. Hauser ; Gaz. Pal. 1998. 1. Doctr. 2, chron. Darrieux et Fossier.* ♦ Sur l'engagement de la responsabilité d'un hôpital du fait d'une stérilisation pratiquée, à l'occasion d'une césarienne, sans motif thérapeutique et sans consentement de l'intéressée, V. • CE 29 janv. 1988, *Labidi*, nº 65135 : *JCP 1989. 21222, obs. Mémeteau ; RDSS 1988. 509, obs. Vareille.* ♦ Sur la répression pénale de la stérilsation en l'absence de motif thérapeutique, le consentement de l'intéressé ne pouvant constituer un fait justificatif, V. l'affaire dite des « stérilisés de Bordeaux », • Crim. 1er juill. 1937 : *S. 1938. 1. 193, note Tortat ; Gaz. Pal. 1937. 2. 358.*

2. De la nécessité thérapeutique à la nécessité médicale. La L. n° 99-641 du 27 juill. 1999, portant création d'une couverture maladie universelle, a modifié l'art. 16-3 C. civ. qui pose les conditions relatives à l'atteinte à l'intégrité du corps humain : la « nécessité médicale » a été substituée à la « nécessité thérapeutique », le consentement préalable de l'intéressé demeurant, en principe, indispensable. Cette modification, qui permet de pratiquer un acte médical en dehors de toute nécessité thérapeutique, a été interprétée comme rendant licite la stérilisation à visée contraceptive, dans la mesure où l'intéressé y avait consenti.

3. De la nécessité médicale à l'encadrement légal de la stérilisation. Un encadrement légal précis de la stérilisation est intervenu avec la L. n° 2001-588 du 4 juill. 2001, relative à l'interruption volontaire de grossesse et à la contraception. La prévention est au centre des préoccupations du législateur qui souhaite faciliter l'accès à la contraception dans son sens large, cette dernière incluant la stérilisation volontaire. La stérilisation à visée contraceptive repose sur le principe de consentement éclairé, dans la lignée de la jurisprudence antérieure. V. • CE 29 janv. 1988, *Labidi,* n° 65135 : *préc. note 1* • Crim. 6 févr. 2001 : *RSC 2001. 580, obs. Mayaud.*

4. Appréciation souveraine des juges du fond de la valeur et de la portée des preuves produites. Statuant sur une action en responsabilité formée par une patiente contre un médecin gynécologue qui, à l'occasion d'une césarienne pratiquée en urgence en vue de la naissance de son quatrième enfant, a procédé à une stérilisation par ligature des trompes de Fallope, c'est dans l'exercice de son pouvoir souverain que la cour d'appel, après avoir apprécié la valeur et la portée des preuves produites devant elle, a estimé que le consentement de la patiente avait été donné de manière libre et éclairée. • Civ. 1re, 22 mars 2012, n° 10-27.102.

5. Responsabilité du fait de l'échec d'une stérilisation à visée contraceptive. Le juge administratif, alors même que la pratique de la stérilisation à visée contraceptive n'était pas encore légalement encadrée, a considéré que la situation juridique dans laquelle se trouvait la patiente ne faisait pas obstacle, *a priori*, à une éventuelle réparation en cas d'échec de la stérilisation lié à une faute médicale. Toutefois, le préjudice ne peut être réparé que s'il est certain. Or, la naissance d'un enfant, même lorsqu'elle intervient après l'échec d'une intervention destinée à interrompre la fécondité de la mère, n'est pas, par elle-même, génératrice d'un préjudice de nature à ouvrir droit à réparation par l'établissement hospitalier où cette intervention a eu lieu. Il n'en va autrement que si cette naissance a entraîné un préjudice particulier, distinct des frais d'éducation et d'entretien de l'enfant qui sont normalement à la charge des parents. • TA Strasbourg, 21 avr. 1994, *Mme M. c/ Hospices civils de Colmar : RFDA 1995. 1222, concl. Martinez.* ♦ Le juge judiciaire considère que les parents ne justifient ni d'un préjudice moral, ni d'un préjudice matériel à la suite de la venue au monde d'un enfant malgré une opération médicale de stérilisation réalisée sur la mère (section et ligature des trompes). • TGI Le Mans, 22 nov. 1983 : *Gaz. Pal. 1984. 1. Somm. 121.* ♦ A supposer même de tels dommages établis, ils ne seraient pas susceptibles d'indemnisation, dès lors que la réalisation imparfaite d'une stérilité féminine ne peut être considérée comme la cause efficiente et génératrice de la naissance. • Même arrêt.

6. Stérilisation forcée et CEDH. La Slovaquie a été condamnée par CEDH pour mauvais traitement (violation de l'art. 3 Conv. EDH), à raison de stérilisations sans consentement plein et éclairé pratiquées sur des femmes d'origine ROM. • CEDH 8 nov. 2011, *V. C. c/ Slovaquie,* n° 18968/07 : *Dr. fam. 2012. Étude 4, note Garcia ; JCP 2011. 1363, obs. Grabarczyk ; ibid. 2012. 87, obs. Sudre* • 13 nov. 2012, *I.G. et al. c/ Slovaquie,* n° 15966/04.

7. Stérilisation sans respect du délai de réflexion prévu par la loi. Un établissement public de santé n'est pas fautif lorsqu'il procède à la ligature des trompes d'une patiente sans attendre l'expiration du délai de réflexion de 4 mois, dès lors que cette stérilisation a été pratiquée dans la continuité d'une césarienne permettant ainsi de lui épargner une nouvelle intervention. • CAA Bordeaux, 6 oct. 2015, *Mme A.,* n° 13BX03265 : *Dict. perm. Santé, bioéthique et biotechnologies, Bull. n° 266, janv. 2016, p. 4, note Binet.*

Art. L. 2123-2 *(L. n° 2001-588 du 4 juill. 2001, art. 26)* La ligature des trompes ou des canaux déférents à visée contraceptive ne peut être pratiquée sur une personne mineure. Elle ne peut être pratiquée sur une personne majeure dont l'altération des facultés mentales constitue un handicap et a justifié son placement sous tutelle ou sous curatelle que lorsqu'il existe une contre-indication médicale absolue aux méthodes de contraception ou une impossibilité avérée de les mettre en œuvre efficacement.

L'intervention est subordonnée à une décision du juge des tutelles saisi par la personne concernée, les père et mère ou le représentant légal de la personne concernée.

Le juge se prononce après avoir entendu la personne concernée. Si elle est apte à exprimer sa volonté, son consentement doit être systématiquement recherché et pris en compte après que lui a été donnée une information adaptée à son degré de compréhension. Il ne peut être passé outre à son refus ou à la révocation de son consentement.

Le juge entend les père et mère de la personne concernée ou son représentant légal ainsi que toute personne dont l'audition lui paraît utile.

Il recueille l'avis d'un comité d'experts composé de personnes qualifiées sur le plan médical et de représentants d'associations de personnes handicapées. Ce comité apprécie la justification médicale de l'intervention, ses risques ainsi que ses conséquences normalement prévisibles sur les plans physique et psychologique.

Un décret en Conseil d'État fixe les conditions d'application du présent article.

BIBL. ▶ Boumaza, La stérilisation contraceptive et le « handicap mental » après la loi du 4 juillet 2001, *RDSS 2002. 233*. – Fossier et Verheyde, La stérilisation à des fins contraceptives des incapables majeurs, *JCP 2001, p. 1477*. – Fresnel, *D. 2001. Entretien 2045*.

COMMENTAIRE

V. Commentaire reproduit sur Dalloz.fr

1. Légalité du décret d'application de l'art. L. 2123-2. Le Décr. n° 2002-779 du 3 mai 2002, pris pour application de l'art. L. 2123-2, n'a eu ni pour objet ni pour effet de favoriser la stérilisation non volontaire des personnes handicapées. Il ne viole ni les stipulations de la Convention européenne de sauvegarde des droits de l'homme ni celles du Pacte international relatif aux droits économiques, sociaux et culturels du 19 déc. 1966, qu'il s'agisse du droit de se marier et de fonder une famille (art. 12 de la Convention et 23 du Pacte), du droit à une vie privée et familiale (art. 8 de la Convention), de la prohibition des traitements inhumains et dégradants (art. 3 de la Convention et 7 du Pacte) ainsi que de l'interdiction des discriminations (art. 14 de la Convention et 26 du Pacte). • CE 26 sept. 2005, *Assoc. « Collectif contre l'handiphobie »*, n° 248357 : *Lebon 391 ; AJDA 2005. 1874, obs. Brondel ; D. 2005. IR 2550 ; JCP 2005. IV. 3299 ; RDSS 2005. 1060, obs. Cristol*.

2. Stérilisation forcée sur mineure et CEDH. La Slovaquie a été condamnée par CEDH pour violation de l'art. 3 Conv. EDH, à raison d'une stérilisation sans consentement plein et éclairé pratiquée sur une femme mineure d'origine Rom à l'occasion de son accouchement. • CEDH 12 juin 2012, *N.B. c/ Slovaquie*, n° 29518/10 : *Dr. fam. sept. 2012. Comm. 138, obs. Garcia.*

TITRE TROISIÈME ACTIONS DE PRÉVENTION CONCERNANT L'ENFANT, L'ADOLESCENT ET LE JEUNE ADULTE *(L. n° 2016-1827 du 23 déc. 2016, art. 75-II-2°).*

BIBL. ▶ Le droit et la santé de l'enfant, *RGDM, n° 17, 3-2005, p. 9 s.*

CHAPITRE PREMIER DIAGNOSTICS ANTÉNATAUX *[ANTÉNATALS]* : DIAGNOSTIC PRÉNATAL ET DIAGNOSTIC PRÉIMPLANTATOIRE *(L. n° 2011-814 du 7 juill. 2011, art. 20-I).*

BIBL. ▶ Leblanc, La nouvelle loi bioéthique du 7 juillet 2011 relative au diagnostic prénatal peut-elle prévenir tout risque de dérive eugénique ?, Éthique et santé, juin *2012, vol. 9, n° 2, p. 60*. – CCNE, Sur les problèmes éthiques liés aux diagnostics anténatals : le diagnostic prénatal et le diagnostic préimplantatoire, *avis n° 107, 15 oct. 2009*.

Art. L. 2131-1 *(L. n° 2011-814 du 7 juill. 2011, art. 20-II)* I. — Le diagnostic prénatal s'entend des pratiques médicales, y compris l'échographie obstétricale et fœtale, ayant pour but de détecter *in utero* chez l'embryon ou le fœtus une affection d'une particulière gravité.

II. — Toute femme enceinte reçoit, lors d'une consultation médicale, une information loyale, claire et adaptée à sa situation sur la possibilité de recourir, à sa demande, à des examens de biologie médicale et d'imagerie permettant d'évaluer le risque que l'embryon ou le fœtus présente une affection susceptible de modifier le déroulement ou le suivi de sa grossesse.

III. — Le prescripteur, médecin ou sage-femme, communique les résultats de ces examens à la femme enceinte et lui donne toute l'information nécessaire à leur compréhension.

En cas de risque avéré, la femme enceinte et, si elle le souhaite, l'autre membre du couple sont pris en charge par un médecin et, le cas échéant ou à sa demande, orientés vers un centre pluridisciplinaire de diagnostic prénatal. Ils reçoivent, sauf opposition de leur part, des informations sur les caractéristiques de l'affection suspectée, les moyens de la détecter et les possibilités de prévention, de soin ou de prise en charge adaptée du fœtus ou de l'enfant né. Une liste des associations spécialisées et agréées dans l'accompagnement des patients atteints de l'affection suspectée et de leur famille leur est proposée.

IV. — En cas de risque avéré, de nouveaux examens de biologie médicale et d'imagerie à visée diagnostique peuvent être proposés par un médecin, le cas échéant membre d'un centre pluridisciplinaire de diagnostic prénatal, au cours d'une consultation adaptée à l'affection recherchée.

V. — Préalablement à certains examens mentionnés au II et aux examens mentionnés au IV du présent article, le consentement prévu au *(L. n° 2016-87 du 2 févr. 2016, art. 5-II)* « quatrième » alinéa de l'article L. 1111-4 est recueilli par écrit auprès de la femme enceinte par le médecin ou la sage-femme qui prescrit ou, le cas échéant, qui effectue les examens. La liste de ces examens est déterminée par arrêté du ministre chargé de la santé au regard notamment de leurs risques pour la femme enceinte, l'embryon ou le fœtus et de la possibilité de détecter une affection d'une particulière gravité chez l'embryon ou le fœtus.

VI. — Préalablement au recueil du consentement mentionné au V et à la réalisation des examens mentionnés aux II et IV, la femme enceinte reçoit, sauf opposition de sa part dûment mentionnée par le médecin ou la sage-femme dans le dossier médical, une information portant notamment sur les objectifs, les modalités, les risques, les limites et le caractère non obligatoire de ces examens.

En cas d'échographie obstétricale et fœtale, il lui est précisé en particulier que l'absence d'anomalie détectée ne permet pas d'affirmer que le fœtus soit indemne de toute affection et qu'une suspicion d'anomalie peut ne pas être confirmée ultérieurement.

VII. — Les examens de biologie médicale destinés à établir un diagnostic prénatal sont pratiqués dans des laboratoires de biologie médicale faisant appel à des praticiens en mesure de prouver leur compétence, autorisés selon les modalités prévues au titre II du livre Ier de la sixième partie et accrédités selon les modalités prévues au chapitre Ier du titre II du livre II de la même partie. Lorsque le laboratoire dépend d'un établissement de santé, l'autorisation est délivrée à cet établissement.

VIII. — La création de centres pluridisciplinaires de diagnostic prénatal, mentionnés au III, dans des organismes et établissements de santé publics et privés d'intérêt collectif est autorisée par l'Agence de la biomédecine. — *En application des art. L. 231-5 et L. 231-6 CRPA, le silence gardé pendant deux mois par l'administration vaut décision de rejet pour les demandes d'autorisation de création de centres pluridisciplinaires de diagnostics prénatals, dans des établissements et organismes de santé publics et privés d'intérêt collectif (Décr. n° 2014-1286 du 23 oct. 2014, art. 1er).*

BIBL. ▶ DREIFUSS-NETTER, Diagnostics anténataux, *in* Traité de droit médical et hospitalier, *LexisNexis, fasc. 33-2.* - MALAUZAT, Diagnostic prénatal, *in* Droit de la santé, *Lamy, t. 2, étude 328.* - PARENT, Possibilités de repérage en anténatal de pathologies fœtales, *RGDM 2003, n° 17, p. 29.* - PÉCHA, Possibilités de repérages anténatals de l'état de santé. État du droit positif en matière de diagnostics, *RGDM 2003, n° 17, p. 13.*

COMMENTAIRE

V. Commentaire reproduit sur Dalloz.fr.

I. RESPONSABILITÉS LIÉES AU DIAGNOSTIC PRÉNATAL AVANT LA LOI DU 4 MARS 2002

1. Responsabilité envers les parents de l'enfant né handicapé. Pour le Conseil d'État et la Cour de cassation, la faute commise par un médecin, un laboratoire ou un établissement de santé, qui n'a pas diagnostiqué *in utero* les très graves affections dont est atteint l'enfant – empêchant la mère de recourir à une interruption de grossesse [V. art. L. 2211-1 s. CSP] –, alors qu'il est établi qu'elle l'aurait demandée si elle avait connu le handicap de l'enfant, engage la responsabilité de son auteur envers les parents du fait de l'état de l'enfant. • CE, sect., 14 févr. 1997, *CHR Nice c/ Épx Quarez*, n° 133238 : *Lebon 44 ; AJDA 1997. 480 ; ibid. 430, chron. Chauvaux et Girardot ; D. 1997. 322, obs. Penneau ; ibid. 1998. 294, obs. Henneron ; ibid. 1999. 60, obs. Bon et de Béchillon ; RFDA 1997. 374, concl. Pécresse ; ibid. 382, note Mathieu ; RDSS 1997. 255, obs. Cayla ; ibid. 1998. 94, note Mallol ; JCP 1997. I. 4072, obs. J. Petit ; ibid. 4025, obs. Viney* • Cass., ass. plén., 17 nov. 2000, *Perruche : Bull. ass. plén., n° 9 ; D. 2001. 332, note Jourdain ; ibid. 316, concl. Sainte-Rose et note Mazeaud ; ibid. 489, chron. Aubert ; ibid. 492, chron. Aynès ; ibid. 1263, chron. Saint-Jours ; ibid. 1889, chron. Kayser ; ibid. 2796, obs. Vasseur-Lambry ; ibid. 2002. 196, chron. Sériaux ; ibid. 2349, chron. Edelman ; GAJC, 12e éd., 2008, n° 187 ; GADS, 1re éd., 2010, n° 25 ; RDSS 2001. 1, note Terrasson de Fougères ; RTD civ. 2001. 77, obs. Markesinis ; ibid. 103, obs. Hauser ; ibid. 149, obs. Jourdain ; ibid. 226, obs. Libchaber ; ibid. 547, obs. Jestaz ; JCP 2000. II. 10438, concl. Sainte-Rose, rapp. Sargos, note Chabas.*

2. Responsabilité envers l'enfant né handicapé. Pour la Cour de cassation, un enfant né handicapé est en droit de demander réparation de son préjudice dès lors qu'une faute médicale a empêché sa mère d'avorter (principe de l'indemnisation pour « préjudice de vie »). • Cass., ass. plén., 17 nov. 2000, *Perruche : préc. note 1.* ♦ Le Conseil d'État refuse de son côté d'admettre l'existence d'un « préjudice de vie » et dénie toute possibilité d'indemnisation à l'enfant. Mais il compense ce refus en acceptant d'allouer aux parents de l'enfant une réparation au titre des charges particulières découlant, tout au long de la vie de l'enfant, de ce handicap. • CE, sect., 14 févr. 1997, *CHR Nice c/ Épx Quarez*, n° 133238 : *préc. note 1.*

II. RESPONSABILITÉS LIÉES AU DIAGNOSTIC PRÉNATAL AVEC LA LOI DU 4 MARS 2002

A. DISPOSITIF « ANTI-PERRUCHE »

3. Remise en cause par le législateur des jurisprudences Quarez et Perruche. Devant l'émotion suscitée par l'arrêt Perruche, le législateur est intervenu : l'art. 1er de la L. n° 2002-303 du 4 mars 2002, relative aux droits des malades et à la qualité du système de santé, remet en cause tant la jurisprudence judiciaire que la jurisprudence administrative. Le législateur pose d'abord le principe que nul ne peut se prévaloir d'un préjudice du fait de sa naissance. Il affirme ensuite qu'une personne née avec un handicap du fait d'une faute médicale (qui n'a pas besoin d'être caractérisée) ne peut recevoir réparation que s'il existe une causalité directe entre la faute et le préjudice : l'acte fautif doit avoir directement provoqué le handicap, ou l'avoir aggravé, ou n'avoir pas permis de prendre des mesures susceptibles de l'atténuer. La loi précise en troisième lieu que les parents, qui demandent réparation du préjudice lié à la naissance d'un enfant handicapé dont l'état n'a pas été décelé pendant la grossesse, obtiendront réparation uniquement si la faute à l'origine du dommage est une faute caractérisée. Enfin, le législateur limite l'indemnisation des parents à leur seul préjudice, à l'exclusion des charges particulières découlant du handicap de l'enfant (dont la compensation relève de la solidarité nationale). L'art. 1er de la loi du 4 mars 2002 est devenu l'art. L. 114-5 CASF (L. n° 2005-102 du 11 févr. 2005 pour l'égalité des droits et des chances, la participation et la citoyenneté des personnes handicapées).

BIBL. Boquillon, Fin de la jurisprudence Perruche ?, *RDSS 2002. 358*. – Boursier, La revanche de la jurisprudence Perruche ou l'inconventionnalité de la loi anti-Perruche ?, *LPA 30 mai 2002, n° 108, p. 4*. – Choux, La loi anti-Perruche, *D. 2002. 1212*. – Dreifuss-Netter, L'amendement « Perruche » ou la solidarité envers les personnes handicapées, *LPA 19 juin 2002, n° 122, p. 101*. – Edelman, L'arrêt « Perruche » : une liberté pour la mort ?, *D. 2002. 2349*. – Lambert-Faivre, La loi n° 2002-303 du 4 mars 2002 relative aux droits des malades et à la qualité du système de santé, *D. 2002. 1217*. – Deguergue, Droit des malades et qualité du système de santé, *AJDA 2002. 508*. – Jourdain, La loi anti-Perruche : une loi démagogique, *D. 2002. 891*. – Lemoyne de Forges, Handicap congénital : le dispositif « anti-Perruche », *RDSS 2002. 645*. – Mistretta, La loi n° 2002-303 du 4 mars 2002, relative aux droits des malades et à la qualité du système de santé, *JCP 2002. I. 141*. – Ravelet, La jurisprudence Quarez sous le coup de la loi Perruche, *RD publ. 2002. 1389*. – Truchet, La jurisprudence Perruche n'est plus, *AJDA 2002. 273*.

4. Loi « anti-Perruche » et Constitution. La loi du 4 mars 2002 n'avait pas été soumise au Conseil constitutionnel. Mais appliquant la procédure de l'art. 61-1 de la Const., le Conseil d'État a renvoyé au Conseil constitutionnel la question prioritaire de constitutionnalité des al. 1er et 3 de l'art. L. 114-5 CASF. • CE 14 avr. 2010, *Lazare*, n° 329290 : *D. 2010. 1061, note Levade ; ibid. 2086, chron. Sainte-Rose et Pédrot ; RFDA 2010. 696, concl. de Salins*. ♦ Le Conseil constitutionnel les a jugés conformes à la Constitution. • Cons. const. 11 juin 2010, n° 2010-2 QPC : *JO 12 juin, p. 10847 ; AJDA 2010. 1178 ; Contitutions 2010. 391, obs. Levade ; ibid. 403, obs. de Baecke ; ibid. 427, obs. Bioy ; D. 2010. 1976, obs. Gallmeister et note Vigneau ; ibid. 1980, note Bernaud et Goy ; ibid. 2986, note Sainte-Rose et Pédrot ; ibid. 2001. 2565, obs. Laude ; ibid. 2012. 297, chron. Maziau ; LPA 11 janv. 2011, n° 7, p. 7, note Janicot ; RTD civ. 2010. 517, obs. Puig*. ♦ En revanche, il a jugé contraire à la Constitution le 2 du § II de l'art. 2 de la loi du 11 févr. 2005 pour l'égalité des droits et des chances, la participation et la citoyenneté des personnes handicapées, dont le Conseil d'État l'avait également saisi. Cette disposition rendait l'art. L. 114-5 CASF applicable aux instances en cours à la date d'entrée en vigueur de la loi du 4 mars 2002. • Même décision.

BIBL. Hamon, Le « droit de ne pas naître » devant le Conseil constitutionnel, *LPA 29 juill. 2010, n° 150, p. 4*. – Pellet, La décision QPC du 11 juin 2010 du Conseil constitutionnel et l'assurance des praticiens, *RDSS 2010. 127*. – Robert et Mahé, Le Conseil constitutionnel face au dispositif « anti-Perruche », *Gaz. Pal. 14 oct. 2010, n° 287, p. 12*.

5. Loi « anti-Perruche » et Conv. EDH. Le Conseil d'État avait estimé que la « loi anti-Perruche » n'était pas contraire à la Conv. EDH. • CE, avis, 6 déc. 2002, *M. et Mme Draon*, n° 250167 : *Lebon 423 ; AJDA 2002. 1416, obs. de Montecler ; ibid. 2003. 283, chron. Donnat et Casas ; D. 2002. 3276 ; ibid. 2003. 108 ; JCP 2003. I. 110, chron. Malaurie ; RFDA 2003. 339*. ♦ La CEDH a jugé qu'elle n'est pas contraire à l'art. 8 [Droit au respect de la vie privée et familiale] Conv. EDH, mais que son application rétroactive aux instances en cours à la date de son entrée en vigueur est contraire à l'art. 1er du Protocole n° 1 de la Convention [Droit au respect des biens]. • CEDH 6 oct. 2005, *Draon c/ France*, n° 1513/03, *et Maurice c/ France*, n° 11810/03 : *AJDA 2005. 1924, obs. de Montecler ; D. 2006. IR 1915, obs. de Montecler ; ibid. 2006. Pan. 1200, obs. Galloux et Gaumont-Prat ; JCP 2006. II. 10061, note Zollinger ; Dr. adm. déc. 2005, n° 177 ; RTD civ. 2005. 743, obs. Marguénaud ; ibid. 798, obs. Revet ; RDSS 2006. 149, obs. Hennion-Jacquet*. ♦ Informée des transactions intervenues dans les affaires Draon et Maurice, la CEDH les a estimées conformes à la Convention et a rayé ces affaires de son rôle. • CEDH 21 juin 2006, *Draon c/ France*, n° 1513/03 : *JCP 2006. II. 10162, note Zollinger*. ♦ Le Conseil d'État a par ailleurs estimé que, faute d'avoir engagé une instance avant le 7 mars 2002, il est impossible de se prévaloir d'un droit de créance indemnitaire qui aurait été constitutif d'un bien au sens des stipulations de l'article 1er du premier protocole additionnel à la Convention européenne des droits de l'homme. • CE 31 mars 2014, *CH de Senlis, M. et Mme A.*, n° 345812 : *Lebon T. à mentionner ; JCP 2014. 665, note Zollinger ; RDSS 2014. 542, note Cristol ; AJDA 2014. 771 ; D. 2014. 1578, note Bucher*.

B. APPLICATION DES RÈGLES DE FOND INSTAURÉES PAR LE DISPOSITIF « ANTI-PERRUCHE »

6. Diagnostic effectué avant la conception. Le régime de responsabilité défini à l'art. L. 114-5 CASF s'applique à l'ensemble des actes tendant au diagnostic de malformation fœtale et, notamment, aux tests et études génétiques effectués avant même la conception, sur la foi desquels une grossesse ayant conduit à la naissance d'un enfant porteur d'un handicap non détecté pendant la grossesse a été engagée. • CE, ass., 13 mai 2011, *Mme Viviane A. et al.*, n° 329290 : *AJDA 2011. 991 ; ibid. 1136, chron. Domino et Bretonneau ; D. 2011. 1432, obs. Brondel ; RFDA 2011. 772, concl. Thiellay ; ibid. 806, note Verpeaux ; RDSS 2011. 749, note Cristol ; JCP 2011. Actu. 654, obs. Sorbara*.

7. Notion de faute caractérisée. Absence de définition. Aucune définition de la faute caractérisée n'est donnée dans la loi du 4 mars 2002. Dans sa décision n° 2010-2 QPC du 11 juin 2010 (préc. note 4), le Conseil constitutionnel a précisé que la « faute caractérisée », à laquelle est subordonnée la responsabilité du professionnel ou de l'établissement de santé envers les parents d'un enfant né avec un handicap non décelé pendant la grossesse, exclut la faute présumée ou déduite de simples présomptions mais ne se confond pas avec la faute lourde. ♦ Devant les juridictions ordinaires, l'appréciation de la faute caractérisée se fait au fil des espèces (V. ci-dessous, note 8 et 9). Si les critères d'intensité et d'évidence ont largement été employés par les deux ordres de juridiction pour appréhender la faute caractérisée, le Conseil d'État a utilisé en 2014 une autre formulation, se référant à l'intensité et à la gravité de la faute. • CE 31 mars 2014, *CH de Senlis, M. et Mme A.*, n° 345812 : *préc. note 5*.

BIBL. Sousse, La notion de faute caractérisée, *RD publ. 2004. 1377*.

8. Reconnaissance d'une faute caractérisée. Ont été considérées comme des fautes caractérisées : une erreur de diagnostic prénatal consécutive à l'inversion des résultats d'analyses pratiquées sur deux patientes. • CE 19 févr. 2003 *M. et Mme Maurice, AP-HP*, nos 247908 et 249524 : *AJDA 2003. 854, note Deguergue ; D. 2004. 530, note Douchy-Oudot ; RCA 2003. Comm. 208, Guettier ; RFDA 2003. 349, concl. Chauvaux*. ♦ ... Une succession de négligences telles qu'un prélèvement en quantité insuffisante et l'absence d'information sur la marge d'erreur ou sur le fait que l'échantillon n'était pas fiable. • CAA Marseille, 19 févr. 2004, *Monnier*, n° 99MA01790 : *JCP Adm. 2005. 1045 Cormier*. ♦ ... L'omission de faire procéder à un nouvel examen du fœtus par un spécialiste reconnu. • Paris, 1re ch., 3 avr. 2009, n° 07/05930 : *GADS, 1re éd., 2010, n° 147, § 35*. ♦ ... Le manquement du médecin à son devoir d'information quant à la possibilité d'effectuer le test non obligatoire de dépistage prénatal par marqueurs sériques. • CAA Marseille, 18 janv. 2011, *Mme Sylvie A. et al.*, n° 08MA01704. ♦ ... L'affirmation, inscrite dans le compte rendu écrit de l'échographie, selon laquelle les membres étaient « visibles avec leurs extrémités », ainsi que celle faisant état de « la présence des deux mains », l'enfant présentant à la naissance une agénésie de l'avant-bras. • Civ. 1re, 16 janv. 2013 : *D. 2013. 598, note Darret-Courgeon ; ibid. 681, note Porchy-Simon ; JCP 2013. 375, note Mistretta ; RDSS 2013. 325, note Cristol*. ♦ ... Le fait de donner aux parents des assurances manifestement erronées, sans laisser place à aucun doute ni aucune réserve, sur l'absence de malformation de l'enfant à naître et ce, alors même que l'échographie constituerait un examen difficile comportant une marge d'erreur dans la détection des malformations du fœtus et l'établissement du diagnostic anténatal. • CAA Bordeaux, 25 mars 2014, *Mme H. et M. D.*, no 12BX02507. ♦ ... L'absence de vérification de la conformité des quatre membres du fœtus alors que les comptes rendus échographiques affirmaient que le fœtus disposait de quatre membres, de mobilité et de segmentation satisfaisante et que l'enfant est né atteint du syndrome de Vaterl. • CE 31 mars 2014, *CH de Senlis, M. et Mme A.*, no 345812 : *préc. note 5*. ♦ ... Le défaut d'information sur un risque de pathologie grave du fœtus. • CE 7 avr. 2016, *M. et Mme F.*, no 376080 : *RDSS 2016. 574, obs. Cristol ; AJDA 2016. 1583, note Lantéro*.

9. Absence de faute caractérisée. La faute caractérisée n'a pas été reconnue dans les cas suivants : l'absence d'information sur la marge d'erreur habituelle d'une échographie anténatale réalisée dans des conditions normales. • CE 9 févr. 2005, *CH Émile-Roux du Puy-en-Velay*, no 255990 : *AJDA 2005. 743*. ♦ ... Le refus du médecin de procéder à une amniocentèse, refus opposé à une patiente qui n'appartenait pas à un groupe à risque et pour laquelle aucun indice d'anormalité de l'embryon n'avait été détecté. • CAA Paris, 28 avr. 2008, *Mme D.*, no 06PA00762 : *AJDA 2008. 2053, note Bachini*. ♦ ... L'absence d'information sur le recours possible à l'amniocentèse (examen recommandé au-delà d'un certain âge, mais pas obligatoire) alors que la patiente ne présentait pas de risque connu de donner naissance à un enfant trisomique, autre que celui lié à l'âge, le code de déontologie n'imposant pas l'obligation d'informer dans un tel cas. • Bordeaux, 8 févr. 2005, no 01BX00914 : *Dict. perm. Bioéthique et biotechnologies : Bull. no 148, p. 9971*. ♦ ... L'émission d'un avis par un généticien sans information explicite sur la marge d'erreur qui pouvait en affecter la fiabilité, dans la mesure où l'avis, formulé avec précaution, n'avait pas été donné à l'occasion d'une grossesse et avait simplement vocation à éclairer, le cas échéant, l'équipe médicale chargée du suivi d'une future grossesse. • CE, ass., 13 mai 2011, *Mme Viviane A. et al.*, no 329290 : *préc. note 6*. ♦ ... Le fait de ne pas avoir diagnostiqué le handicap d'un enfant (trisomie 18), en dépit d'un suivi et de soins attentifs, consciencieux et conformes aux données acquises de la science médicale. • CAA Nantes, 7 juin 2012, *M. et Mme X.*, no 10NT02748. ♦ ... L'omission par le médecin d'informer la mère du retard de croissance intra-utérin, dans la mesure où rien n'avait conduit pendant la grossesse à redouter une malformation de l'enfant (ce dernier atteint du syndrome dit de « Wolf-Hirschlom », étant né avec un très grave handicap physique et mental). • Civ. 1re, 14 nov. 2013 : *D. 2013. 2694, comm. Delouvée ; ibid. 2014. 47, obs. Brun et Gout ; JCP 2013. 1334, note Sargos ; RCA, no 2, févr. 2014, Étude 2, note Hocquet-Berg ; LPA, no 81, 23 avr. 2014, p. 11, note Cayol*. ♦ ... Le fait pour les praticiens de ne pas être parvenus à diagnostiquer le handicap dont un enfant était atteint, dans la mesure où ils ont déféré à leur obligation de moyens et permis à la patiente de bénéficier d'examens conformes aux données acquises de la science médicale. • CAA Nancy, 9 janv. 2014, *Mme B. K.-G. et al.*, no 12NC02068. ♦ ... Le fait pour un praticien d'avoir manqué à son obligation d'information sur les résultats de l'examen (en l'occurrence, un prélèvement sanguin en vue de l'analyse des marqueurs sériques maternels et de l'évaluation du risque d'une anomalie chromosomique) en se bornant à indiquer à la patiente qu'ils étaient bons, ne permet pas, à lui seul, la qualification de faute caractérisée, dès lors que les conditions d'intensité et d'évidence ne sont pas démontrées. • Civ. 1re, 5 juill. 2017, no 16-21.147 : *RCA nov. 2017, no 11, Comm. 281*.

10. Créanciers de l'indemnité. L'art. 1er de la loi du 4 mars 2002, qui vise les seuls parents, n'exclut pas l'indemnisation des victimes par ricochet que sont les frères et sœurs de l'enfant né handicapé. Ainsi, les père, mère et frère d'un enfant né handicapé peuvent obtenir réparation de leur préjudice moral et des troubles dans leurs conditions d'existence nés de la perte de chance de pouvoir recourir à une interruption de grossesse. • CAA Marseille, 18 janv. 2011, *Mme Sylvie A. et al.*, no 08MA01704 : *préc. note 8*. ♦ Même solution pour le juge judiciaire. • TGI Reims, 19 juill. 2005 : *Dict. perm. Bioéthique et biotechnologies, bull. no 154, p. 6561*.

C. APPLICATION DANS LE TEMPS DU DISPOSITIF « ANTI-PERRUCHE »

11. Rétroactivité du dispositif « anti-Perruche ». Le législateur souhaitant mettre rapidement en œuvre le dispositif « anti-Perruche » lui a donné une portée rétroactive, en considérant qu'il s'appliquait aux instances en cours, sous réserve des décisions ayant irrévocablement statué sur le principe de l'indemnisation. Dans un avis contentieux, le Conseil d'État a considéré que des motifs d'intérêt général, liés à des considérations éthiques (peut-il exister un préjudice de vie ?), à la bonne organisation du système de santé (ce dernier avait été perturbé, à la suite de la jurisprudence Perruche, par des grèves et des refus de pratiquer des échographies) et au traitement équitable de l'ensemble des personnes handicapées, justifiaient l'application rétroactive de l'art. 1er de la loi du 4 mars 2002. • CE, avis, 6 déc. 2002, *M. et Mme Draon*, n° 250167 : *préc. note 5.* ♦ Il a toutefois été contredit sur ce point par la Cour européenne des droits de l'homme (V. note 12). ♦ En 2010, le Conseil constitutionnel a censuré l'application rétroactive du dispositif « anti-Perruche », en conséquence de quoi les règles déclarées inconstitutionnelles ont été abrogées (V. note 13).

BIBL. Chavrier, « Ne pas ranimer les passions » ou la validation contestable de l'article « anti-Perruche », *JCP Adm. 2003, n° 1104.* – Malaurie, L'handicap de l'enfant : un droit désemparé, *JCP 2003. I. 110.*

12. Position de la CEDH sur la rétroactivité et répercussions en interne. La Cour européenne des droits de l'homme a considéré que les considérations mentionnées par le Conseil d'État dans son avis contentieux ne pouvaient justifier la rétroactivité du dispositif, laquelle viole le droit au respect des biens et porte une atteinte disproportionnée aux créances en réparation que les parents d'un enfant porteur d'un handicap non décelé pendant la grossesse pouvaient légitimement espérer détenir sur le responsable avant l'entrée en vigueur de la loi. • CEDH 6 oct. 2005, *Draon c/France*, n° 1513/03, *et Maurice c/ France*, n° 11810/03 : *préc. note 5.* ♦ A la suite des arrêts de la CEDH, les juridictions nationales ont écarté l'application du dispositif « anti-Perruche » aux instances en cours. • Civ. 1re, 24 janv. 2006, nos 01-16.684, 02-12.260 et 02-13.775 : *Bull. civ. I, n° 31 ; D. 2006. IR 325, obs. Gallmeister ; RTD civ. 2006. 263, obs. Marguénaud ; JCP 2006. II. 10062, note Gouttenoire et Porchy-Simon ; JCP S 2006. 1502, obs. Morvan ; Gaz. Pal. 2006. 475, concl. Sainte-Rose ; RCA 2006, n° 94, note Radé ; CCC 2006, n° 76, note Leveneur ; Dr. fam. 2006, n° 105, note Beignier ; RLDC 2006/28, n° 2085, note Coulon ; LPA 31 mars 2006, note Prigent ; RDC 2006. 885, obs. Maraid* • CE 24 févr. 2006, *M. et Mme Levenez*, n° 250704 : *Lebon 83 ; D. 2006. IR 812 ; JCP 2006. IV. 1605 ; AJDA 2006. 1272, note Hennette-Vauchez ; RDSS 2006. 360, obs. Hennion-Jacquet .* ♦ Au-delà du refus d'appliquer le dispositif « anti-Perruche » aux instances en cours, la Cour de cassation a, plus largement, écarté toute *rétroactivité (au visa des stipulations de la* Convention européenne des droits de l'homme) en continuant d'appliquer la jurisprudence Perruche à tous les dommages survenus avant le 7 mars 2002, quand bien même l'instance aurait été introduite après l'entrée en vigueur de la loi. • Cass., ass. plén., 8 juill. 2008 : *D. 2008. 1995, obs. Gallmeister ; ibid. 2765, note Porchy-Simon ; JCP 2008. II. 10166, avis Mellottée, note Sargos.* ♦ En conséquence, la Cour de cassation censure l'erreur de droit commise par une cour d'appel qui avait entériné la renonciation des parents d'un enfant né, avant l'entrée en vigueur de la loi de 2002, avec un handicap non décelé pendant la grossesse à demander la réparation du préjudice de l'enfant et de leur préjudice matériel autre que professionnel car ils croyaient que la loi nouvelle leur était applicable. • Civ. 2e, 15 oct. 2009 : *RCA déc. 2009, n° 12, note Radé.*

13. Censure constitutionnelle de la rétroactivité et conséquences tirées par les juridictions ordinaires. Le Conseil constitutionnel a jugé contraire à la Constitution la disposition rendant l'art. L. 114-5 CASF applicable aux instances en cours à la date d'entrée en vigueur de la loi du 4 mars 2002 : les motifs d'intérêt général poursuivis par le législateur ne pouvaient justifier « des modifications aussi importantes aux droits des personnes qui avaient, antérieurement à cette date, engagé une procédure en vue d'obtenir la réparation de leur préjudice ». • Cons. const. 11 juin 2010, n° 2010-2 QPC : *préc. note 4.* ♦ Sur cette base, le Conseil d'État a autorisé une rétroactivité limitée du dispositif « anti-Perruche » : le législateur, en prévoyant l'application des dispositions de l'art. L. 114-5 aux instances en cours lors de l'entrée en vigueur de la loi du 4 mars 2002, a nécessairement entendu que ces dispositions s'appliquent également à la réparation de dommages dont le fait générateur est antérieur à la date d'entrée en vigueur de cette loi mais qui, à cette date, n'ont pas encore donné lieu à une action indemnitaire. • CE, ass., 13 mai 2011, *Mme Viviane A. et al.*, n° 329290 : *préc. note 6* (confirmation de • CAA Paris, 6 oct. 2008, *M. et Mme L. et Caisse de prévoyance SNCF c/ AP-HP*, n° 07PA03630 : *AJDA 2009. 214, note Hennette-Vauchez*) • CE, ass., 13 mai 2011, *Mme Anne A. et al.*, n° 317808 : *JCP Adm. 18 juill. 2011, n° 2257, note Pacteau ; JCP 2012. Doctr. 530, n° 9, obs. Bloch ; RDSS 2011. 749, note Cristol .* • CE 31 mars 2014, *CH de Senlis, M. et Mme A.*, n° 345812 : *préc. note 5.* ♦ La Cour de cassation n'a pas tiré les mêmes conséquences que le Conseil d'État de la décision n° 2010-2 QPC rendue par le Conseil constitutionnel : elle fait jouer pleinement le principe de non-rétroactivité de la loi et refuse d'appliquer le dispositif « anti-Perruche » à des naissances antérieures à l'entrée en vigueur du texte, même si l'instance a été introduite postérieurement à cette entrée en vigueur. • Civ. 1re, 15 déc. 2011 : *D. 2012. 323, note Vigneau ; ibid. 297, note Maziau ; JCP 2012, n° 4, p. 72 ; RDSS 2012. 366, note Cristol ; RFDA 2012. 364, avis Chevalier ; RTD civ. 2012. 71, note Deumier* • Civ. 1re, 31 oct. 2012, n° 11-22.756.

Art. L. 2131-2 *(L. nº 2004-800 du 6 août 2004, art. 23-2º)* **Tout établissement ou laboratoire autorisé à pratiquer des** *(L. nº 2011-814 du 7 juill. 2011, art. 23-1º)* **« examens de biologie médicale destinés à établir un » diagnostic prénatal, tout centre pluridisciplinaire de diagnostic prénatal est tenu de présenter à l'***(Ord. nº 2010-177 du 23 févr. 2010, art. 9-I-2º)* **« agence régionale de santé » et à l'Agence de la biomédecine instituée à l'article L. 1418-1 un rapport annuel d'activité suivant des modalités déterminées par arrêté du ministre chargé de la santé.**

Art. L. 2131-3 **Toute violation constatée dans un établissement ou un laboratoire, et du fait de celui-ci, des prescriptions législatives et réglementaires applicables au diagnostic prénatal entraîne le retrait temporaire ou définitif des autorisations prévues à l'article L. 2131-1.**

(L. nº 2004-800 du 6 août 2004, art. 23-3º) **« Le retrait de l'autorisation** *(L. nº 2011-814 du 7 juill. 2011, art. 23-2º)* **« d'un établissement ou d'un laboratoire » est également encouru en cas de violation des prescriptions fixées par l'autorisation ou si le volume d'activité ou la qualité des résultats est insuffisant. »**

Le retrait ne peut intervenir qu'après un délai d'un mois suivant une mise en demeure adressée par l'autorité administrative à l'établissement ou au laboratoire concerné et précisant les griefs. En cas de violation grave des dispositions du présent titre, l'autorisation peut être suspendue sans délai à titre conservatoire.

Art. L. 2131-4 *(L. nº 2011-814 du 7 juill. 2011, art. 21-I-1º)* **« On entend par diagnostic préimplantatoire le diagnostic biologique réalisé à partir de cellules prélevées sur l'embryon *in vitro*. »**

Le diagnostic *(L. nº 2011-814 du 7 juill. 2011, art. 21-II)* **« préimplantatoire » n'est autorisé qu'à titre exceptionnel dans les conditions suivantes :**

Un médecin exerçant son activité dans un *(L. nº 2011-814 du 7 juill. 2011, art. 21-I-2º)* **« centre pluridisciplinaire de diagnostic prénatal » tel que défini par l'article L. 2131-1 doit attester que le couple, du fait de sa situation familiale, a une forte probabilité de donner naissance à un enfant atteint d'une maladie génétique d'une particulière gravité reconnue comme incurable au moment du diagnostic.**

Le diagnostic ne peut être effectué que lorsqu'a été préalablement et précisément identifiée, chez l'un des parents *(L. nº 2004-800 du 6 août 2004, art. 23-4º)* **« ou l'un de ses ascendants immédiats dans le cas d'une maladie gravement invalidante, à révélation tardive et mettant prématurément en jeu le pronostic vital », l'anomalie ou les anomalies responsables d'une telle maladie.**

Les deux membres du couple expriment par écrit leur consentement à la réalisation du diagnostic.

Le diagnostic ne peut avoir d'autre objet que de rechercher cette affection ainsi que les moyens de la prévenir et de la traiter.

Il ne peut être réalisé, à certaines conditions, que dans un établissement spécifiquement autorisé à cet effet *(L. nº 2004-800 du 6 août 2004, art. 23-5º)* **« par l'Agence de la biomédecine instituée à l'article L. 1418-1 ».**

(L. nº 2004-800 du 6 août 2004, art. 23-5º) **« En cas de diagnostic sur un embryon de l'anomalie ou des anomalies responsables d'une des maladies mentionnées au deuxième alinéa, les deux membres du couple, s'ils confirment leur intention de ne pas poursuivre leur projet parental en ce qui concerne cet embryon, peuvent consentir à ce que celui-ci fasse l'objet d'une recherche dans les conditions prévues à l'article L. 2151-5. Par dérogation au *deuxième alinéa* de l'article L. 1111-2 et à l'article L. 1111-7, seul le médecin prescripteur des** *(L. nº 2011-814 du 7 juill. 2011, art. 23-3º)* **« examens de biologie médicale destinés à établir » un diagnostic prénatal est habilité à en communiquer les résultats à la femme enceinte. »**

En application des art. L. 231-5 et L. 231-6 du CRPA, le silence gardé pendant deux mois par l'administration vaut décision de rejet pour les demandes d'autorisation spécifique accordée aux établissements réalisant le diagnostic préimplantatoire à titre dérogatoire (Décr. nº 2014-1286 du 23 oct. 2014, art. 1er et 2).

COMMENTAIRE

V. Commentaire reproduit sur Dalloz.fr.

CEDH et interdiction du diagnostic préimplantatoire en Italie. L'interdiction faite à un couple porteur d'une maladie génétique de recourir au diagnostic préimplantatoire dans le cadre d'une fécondation *in vitro* est contraire à l'art. 8 de la Conv. EDH. La CEDH a relevé l'incohérence du système législatif italien, qui, d'un côté, prive les requérants de l'accès au diagnostic génétique préimplantatoire et, de l'autre, les autorise à effectuer une interruption médicale de grossesse lorsque le fœtus est affecté d'une grave maladie génétique incurable. Elle en a conclu que l'ingérence dans le droit des requérants au respect de leur vie privée et familiale est disproportionnée. • CEDH 28 août 2012, *Costa et Pavan c/ Italie*, n° 54270/10 : *AJ fam. 2012. 552, comm. Dionisi-Peyrusse ; Dict. perm. Bioéthique et biotechnologies, sept. 2012, bull. n° 229, p. 4, note Vigneau ; Dr. fam. nov. 2012. Comm. 170, obs. Puppink ; JCP 2012, n° 43, p. 1148, note Picheral ; Méd. et droit 2014, n° 125, p. 34, note Bévière-Boyer et Bouffard ; RTD civ. 2012. 697, note Marguénaud ; RDSS 2013. 67, note Bénos.*

Art. L. 2131-4-1 *(L. n° 2011-814 du 7 juill. 2011, art. 22)* **« Par dérogation au sixième alinéa de l'article L. 2131-4, et sous réserve d'avoir épuisé toutes les possibilités offertes par les articles L. 1241-1 à L. 1241-7, le diagnostic préimplantatoire peut également être autorisé lorsque les conditions suivantes sont réunies : »**

(L. n° 2004-800 du 6 août 2004, art. 23-6°) **— le couple a donné naissance à un enfant atteint d'une maladie génétique entraînant la mort dès les premières années de la vie et reconnue comme incurable au moment du diagnostic ;**

— le pronostic vital de cet enfant peut être amélioré, de façon décisive, par l'application sur celui-ci d'une thérapeutique ne portant pas atteinte à l'intégrité du corps de l'enfant né du transfert de l'embryon *in utero*, conformément à l'article 16-3 du code civil ;

— le diagnostic mentionné au premier alinéa a pour seuls objets de rechercher la maladie génétique ainsi que les moyens de la prévenir et de la traiter, d'une part, et de permettre l'application de la thérapeutique mentionnée au troisième alinéa, d'autre part.

Les deux membres du couple expriment par écrit leur consentement à la réalisation du diagnostic.

La réalisation du diagnostic est soumise à la délivrance d'une autorisation par l'Agence de la biomédecine, qui en rend compte dans son rapport public conformément à l'article L. 1418-1. Cette autorisation est subordonnée au respect des dispositions prévues au dernier alinéa de l'article L. 2141-3.

En application des art. L. 231-5 et L. 231-6 du CRPA, le silence gardé pendant deux mois par l'administration vaut décision de rejet pour les demandes d'autorisation d'un diagnostic préimplantatoire à titre dérogatoire (Décr. n° 2014-1286 du 23 oct. 2014, art. 1er et 2).

BIBL. ▸ BINET, Le double DPI pérennisé par l'Assemblée nationale, *JCP 21 févr. 2011, n° 8, p. 203*. – CHEYNET DE BEAUPRÉ, Le bébé du double espoir, *D. 2011. 603*. – GUIGUI, Révision des lois de bioéthique : le DPI-HLA en question, *Dr. adm. 2010. 7*. – CCNE, Réflexions sur l'extension du diagnostic préimplantatoire, *avis n° 72, 4 juill. 2002*.

COMMENTAIRE

V. Commentaire reproduit sur Dalloz.fr.

Art. L. 2131-4-2 *(L. n° 2004-800 du 6 août 2004, art. 23-7°)* **Sont seuls habilités à procéder** *(Abrogé par L. n° 2011-814 du 7 juill. 2011, art. 30-II-1°)* ***« au diagnostic prénatal et »*** **au diagnostic biologique effectué à partir de cellules prélevées sur l'embryon *in vitro* les praticiens ayant été agréés à cet effet par l'Agence de la biomédecine mentionnée à l'article L. 1418-1 dans des conditions fixées par voie réglementaire.**

En application des art. L. 231-5 et L. 231-6 du CRPA, le silence gardé pendant deux mois par l'administration vaut décision de rejet pour les demandes d'agrément des praticiens seuls habilités à procéder au diagnostic biologique effectué à partir de cellules prélevées sur l'embryon in vitro (Décr. n° 2014-1286 du 23 oct. 2014, art. 1er et 2).

Art. L. 2131-5 ***Sauf disposition*** **contraire, les modalités d'application du présent chapitre *sont* déterminées par décret en Conseil d'État et notamment :**

1° Les missions, le rôle auprès des autres intervenants en matière de diagnostic prénatal et *(L. n° 2004-800 du 6 août 2004, art. 23-8°)* **« les conditions de création et d'autorisation des centres pluridisciplinaires de diagnostic prénatal » prévus à l'article L. 2131-1 ;**

2° *(L. n° 2004-800 du 6 août 2004, art. 23-9°)* **« La nature des** *(L. n° 2011-814 du 7 juill. 2011, art. 23-3°)* **« examens de biologie médicale destinés à établir » un diagnostic prénatal et les conditions dans lesquelles** *(L. n° 2011-814 du 7 juill. 2011, art. 23-4°)* **« ils » peuvent être pratiqués dans les établissements publics de santé et les laboratoires de biologie médicale autorisés ; »**

3° Les conditions dans lesquelles le diagnostic *(L. n° 2011-814 du 7 juill. 2011, art. 21-II)* **« préimplantatoire » peut être réalisé dans un établissement spécifiquement autorisé à cet effet.**

1. Diagnostic prénatal et règles de bonnes pratiques. Si l'art. R. 2131-1-1 prévoit que les pratiques médicales concourant au diagnostic prénatal sont soumises à des règles de bonnes pratiques définies par arrêté du ministre chargé de la santé, les règles relatives à la transmission et l'évaluation des données issues du dépistage prénatal ne se rapportent pas aux pratiques médicales concourant au diagnostic prénatal. • CE 25 nov. 2015, *Fondation Jérôme Lejeune*, n° 370610 : *Lebon T. ; Dict. perm. Santé, bioéthique et biotechnologies, Bull. n° 266, janv. 2016, p. 4, obs. Vigneau.*

2. Fichage des femmes enceintes dépistées des marqueurs sériques de la trisomie 21. Les dispositions critiquées du Décr. n° 2016-545 du 3 mai 2016 relatif à l'évaluation et au contrôle de qualité des examens de diagnostic prénatal mentionnés au II de l'art. R. 2131-2-1 CSP, ainsi que l'Arr. du 11 mai 2016 modifiant l'Arr. du 23 juin 2009 modifié, fixant les règles de bonnes pratiques en matière de dépistage et de diagnostic prénatals avec utilisation des marqueurs sériques maternels de la trisomie 21, se bornent à prévoir la transmission de données aux fins du contrôle de qualité et de l'évaluation des résultats d'examens de dépistage utilisant les marqueurs sériques maternels. De telles dispositions, qui répondent à l'objectif d'intérêt général tenant à l'amélioration des pratiques des professionnels concernés et à la recherche d'une plus grande fiabilité des tests de dépistage, en vue notamment du moindre recours aux méthodes invasives de diagnostic telles que les amniocentèses, ne portent, par elles-mêmes, aucune atteinte au principe constitutionnel du respect de la dignité de la personne humaine ni aux principes de droit à la vie ou de non-discrimination protégés notamment par les stipulations des art. 2 et 14 Conv. EDH. • CE 17 nov. 2017, *Fondation Jérôme Lejeune*, n° 401212 : *Gaz. Pal. 5 déc. 2017, n° 42, p. 49, obs. Gravelleau.* ♦ En revanche, le ministre chargé de la santé n'a apporté aucun élément mettant le Conseil d'État en mesure de vérifier que la mise à disposition, au profit de la Fédération française des réseaux de périnatalité et de tous les organismes agréés par la Haute Autorité de santé, de l'ensemble des données à caractère personnel recueillies sur le territoire et transmises par les biologistes médicaux serait nécessaire à la réalisation de l'objectif poursuivi, et, partant, que les obligations découlant du droit des personnes au respect de leur vie privée auraient été respectées. L'Arr. du 11 mai 2016 est donc annulé sur ce point. • Même décision.

CHAPITRE II CARNET DE SANTÉ ET EXAMENS OBLIGATOIRES

Art. L. 2132-1 **Lors de la déclaration de naissance, il est délivré gratuitement pour tout enfant un carnet de santé. Ce carnet est remis par l'officier d'état civil ; à défaut, il peut être demandé au service départemental de protection maternelle et infantile.**

Un arrêté ministériel détermine le modèle et le mode d'utilisation de ce carnet où sont mentionnés obligatoirement les résultats des examens médicaux prévus *(L. n° 2001-1246 du 21 déc. 2001, art. 34-II)* **« aux articles L. 2132-2 et L. 2132-2-1 » et où doivent être notées, au fur et à mesure, toutes les constatations importantes concernant la santé de l'enfant.**

Le carnet est établi au nom de l'enfant. Il est remis aux parents ou aux personnes titulaires de l'exercice de l'autorité parentale ou aux personnes ou aux services à qui l'enfant a été confié. Ils doivent être informés que nul ne peut en exiger la communication et que toute personne appelée, de par sa fonction, à prendre connaissance des renseignements qui y sont inscrits est soumise au secret professionnel. – *[Anc. art. L. 163].*

Art. L. 2132-2 **Tous les enfants de moins de six ans bénéficient de mesures de prévention sanitaire et sociale qui comportent notamment des examens obligatoires.**

Le nombre et le contenu de ces examens, l'âge auquel ils doivent intervenir et la détermination de ceux qui donnent lieu à l'établissement d'un certificat de santé sont fixés par voie réglementaire.

Le contenu des certificats de santé, et notamment la liste des maladies ou déficiences qui doivent y être mentionnées, est établi par arrêté interministériel. – *[Anc. art. L. 164].*

Légalité de l'arrêté du 2 mars 1995. Les dispositions de l'arrêté relatif à la forme et au mode d'utilisation du carnet de santé de l'enfant ne méconnaissent pas l'habilitation donnée par la loi à l'autorité ministérielle. • CE 2 févr. 1996, *Synd. des médecins d'Aix-en-Provence et région,* n° 169426 : *RDSS 1996. 510, obs. J.-S. C. ; Inf. pharm. oct. 1996, n° 352, p. 351.*

Art. L. 2132-2-1 *(L. n° 2001-1246 du 21 déc. 2001, art. 34)* Dans l'année qui suit leur sixième et leur douzième anniversaire, les enfants sont obligatoirement soumis à un examen bucco-dentaire de prévention réalisé par un chirurgien-dentiste ou un médecin qualifié en stomatologie. *(Abrogé par L. n° 2005-1579 du 19 déc. 2005, art. 38-I)* « ***La nature et les modalités de cet examen sont définies par arrêté interministériel.*** » Cet examen ne donne pas lieu à contribution financière de la part des familles. Cette obligation est réputée remplie lorsque le chirurgien-dentiste ou un médecin qualifié en stomatologie atteste sur le carnet de santé mentionné à l'article L. 2132-1 de la réalisation des examens dispensés. – *Alinéa applicable à Mayotte.*

(L. n° 2005-1579 du 19 déc. 2005, art. 38-I) « Un accord conventionnel interprofessionnel mentionné à l'article L. 162-14-1 du code de la sécurité sociale ou les conventions mentionnées aux articles L. 162-5 et L. 162-9 du même code déterminent pour les médecins qualifiés en stomatologie et pour les chirurgiens-dentistes la nature, les modalités et les conditions de mise en œuvre de cet examen. » Celles-ci concernent notamment l'information des personnes concernées, la qualité des examens, le suivi des personnes et la transmission des informations nécessaires à l'évaluation du programme de prévention dans le respect des dispositions de la loi n° 78-17 du 6 janvier 1978 relative à l'informatique, aux fichiers et aux libertés.

Art. L. 2132-3 Dans un délai de huit jours, le médecin qui a effectué un examen donnant lieu à l'établissement d'un certificat de santé adresse ce certificat au médecin responsable du service départemental de protection maternelle et infantile. La transmission de cette information se fait dans le respect du secret professionnel. – *[Anc. art. L. 165].*

(L. n° 2004-806 du 9 août 2004, art. 24-II) « A des fins de suivi statistique et épidémiologique de la santé des enfants, chaque service public départemental de protection maternelle et infantile transmet au ministre chargé de la santé ou aux services désignés à cet effet par le *(Ord. n° 2010-177 du 23 févr. 2010, art. 7-35°)* « directeur général de l'agence régionale de santé », dans des conditions fixées par arrêté pris après avis du Conseil national de l'information statistique et de la Commission nationale de l'informatique et des libertés :

« 1° Des données agrégées ;

« 2° Des données personnelles, dont certaines de santé, ne comportant pas les données suivantes : nom, prénom, jour de naissance et adresse détaillée. L'arrêté précise les modalités de fixation des échantillons ainsi que les garanties de confidentialité apportées lors de la transmission des données. La transmission de ces données se fait dans le respect des règles relatives au secret professionnel.

« Les informations transmises en application du présent article et permettant l'identification des personnes physiques auxquelles elles s'appliquent ne peuvent faire l'objet d'aucune communication de la part du service bénéficiaire de la transmission et sont détruites après utilisation. »

Art. L. 2132-4 Les personnes titulaires de l'exercice de l'autorité parentale ou celles à qui un enfant a été confié sont informées, dans le respect des règles déontologiques, lorsqu'un handicap a été suspecté, décelé ou signalé chez ce dernier, notamment au cours des examens médicaux *prévus à l'article L. 2132-2*, de la nature du handicap et *de la possibilité pour l*'enfant d'être accueilli dans des centres spécialisés, notamment, dans des centres d'action médico-sociale précoce, en vue de prévenir ou de réduire l'aggravation de ce handicap.

Dans les centres d'action médico-sociale précoce, la prise en charge s'effectue sous forme de cure ambulatoire comportant l'intervention d'une équipe pluridisciplinaire. Elle comporte une action de conseil et de soutien de la famille ou des personnes auxquelles l'enfant a été confié. Elle est assurée, s'il y a lieu, en liaison avec les institutions d'éducation préscolaires et les établissements et services mentionnés à l'article L. 2324-1.

Le financement de ces centres est assuré dans les conditions définies à l'article L. 2112-8. – *[Anc. art. L. 166].*

Art. L. 2132-5 Sauf disposition contraire, les conditions d'application du présent chapitre sont déterminées par décret en Conseil d'État.

CHAPITRE III ALIMENTATION, PUBLICITÉ ET PROMOTION

(L. n° 2004-806 du 9 août 2004, art. 29)

Art. L. 2133-1 *(L. n° 2005-1579 du 19 déc. 2005, art. 57-1° et 2°)* « Les messages publicitaires en faveur de boissons avec ajouts de sucres, de sel ou d'édulcorants de synthèse ou de produits alimentaires manufacturés doivent contenir une information à caractère sanitaire. Dans le cas des messages publicitaires *(L. n° 2016-41 du 26 janv. 2016, art. 17-1°)* « sur internet, » télévisés ou radiodiffusés, cette obligation ne s'applique qu'aux messages émis et diffusés à partir du territoire français et reçus sur ce territoire. La même obligation d'information s'impose à toute promotion, destinée au public, par voie d'imprimés et de publications périodiques édités par les producteurs ou distributeurs de ces produits.

« Les annonceurs et les promoteurs » peuvent déroger à cette obligation sous réserve du versement d'une contribution *(L. n° 2004-1485 du 30 déc. 2004, art. 133-A)* « dont le produit est affecté à » l'*(Ord. n° 2016-462 du 14 avr. 2016, art. 3-I-6°)* « Agence nationale de santé publique ». Cette contribution est destinée à financer la réalisation et la diffusion d'actions d'information et d'éducation nutritionnelles, notamment dans les médias concernés ainsi qu'au travers d'actions locales.

(L. n° 2005-1579 du 19 déc. 2005, art. 57-3°) « La contribution prévue à l'alinéa précédent est assise, s'agissant des messages publicitaires, sur le montant annuel des sommes destinées à l'émission et à la diffusion de ces messages, hors remise, rabais, ristourne et taxe sur la valeur ajoutée, payées par les annonceurs. Le montant de cette contribution est égal à *(L. n° 2016-41 du 26 janv. 2016, art. 17-2°)* « 5 % » du montant de ces sommes.

« La contribution prévue au deuxième alinéa est assise, s'agissant des autres types de promotion de ces produits, sur la valeur hors taxe sur la valeur ajoutée des dépenses de réalisation et de distribution qui ont été engagées au titre de l'année civile précédente, diminuée des réductions de prix obtenues des fournisseurs qui se rapportent expressément à ces dépenses. La base d'imposition des promoteurs qui effectuent tout ou partie des opérations de réalisation et de distribution avec leurs propres moyens d'exploitation est constituée par le prix de revient hors taxe sur la valeur ajoutée de toutes les dépenses ayant concouru à la réalisation desdites opérations. Le taux de la contribution est fixé à 1,5 % du montant hors taxe sur la valeur ajoutée de ces dépenses.

« Le fait générateur est constitué par la diffusion des messages publicitaires ou la mise à disposition des documents visés au premier alinéa. La contribution est exigible au moment du paiement par l'annonceur aux régies ou au moment de la première mise à disposition des documents visés. La contribution est déclarée, liquidée, recouvrée et contrôlée selon les procédures et sous les mêmes sanctions, garanties et privilèges que la taxe sur la valeur ajoutée. Les réclamations sont présentées, instruites et jugées selon les règles applicables à cette même taxe. Il est opéré un prélèvement de *(L. n° 2016-41 du 26 janv. 2016, art. 17-2°)* « 5 % » effectué par l'État sur le montant de cette contribution pour frais d'assiette et de recouvrement. »

Les modalités d'application du présent article, et notamment les conditions *(L. n° 2016-41 du 26 janv. 2016, art. 14-I)* « de révision régulière de l'information à caractère sanitaire et » de consultation des annonceurs sur les actions de l'*(Ord. n° 2016-462 du 14 avr. 2016, art. 3-I-6°)* « Agence nationale de santé publique », sont déterminées par décret en Conseil d'État pris après avis de l'*(Ord. n° 2010-18 du 7 janv. 2010, art. 3-II)* « Agence nationale chargée de la sécurité sanitaire de l'alimentation, de l'environnement et du travail » et de l'*(Ord. n° 2016-462 du 14 avr. 2016, art. 3-I-6°)* « Agence nationale de santé publique » et après consultation du Bureau de vérification de la publicité.

(L. n° 2004-1485 du 30 déc. 2004, art. 133-C) « Les dispositions du présent article entrent en vigueur à la date de publication du décret mentionné au précédent alinéa, et au plus tard le 1er janvier 2006. »

Art. L. 2133-2 *(L. n° 2016-41 du 26 janv. 2016, art. 19)* Les photographies à usage commercial de mannequins, définis à l'article L. 7123-2 du code du travail, dont l'apparence corporelle a été modifiée par un logiciel de traitement d'image afin d'affiner ou d'épaissir la silhouette du mannequin doivent être accompagnées de la mention : "Photographie retouchée".

Les modalités d'application et de contrôle permettant la mise en œuvre du premier alinéa du présent article sont déterminées par décret en Conseil d'État, pris après consultation de l'autorité de régulation professionnelle de la publicité et de l'*(Ord. n° 2016-462 du 14 avr. 2016, art. 3-I-6°)* « Agence nationale de santé publique ».

Le présent article entre en vigueur à la date de publication du décret mentionné au deuxième alinéa, et au plus tard le 1er janvier 2017.

Le non-respect du présent article est puni de 37 500 € d'amende, le montant de cette amende pouvant être porté à 30 % des dépenses consacrées à la publicité.

CHAPITRE IV EXAMENS ET PRÉVENTION

(L. n° 2016-1827 du 23 déc. 2016, art. 75-II-3°)

Art. L. 2134-1 Dans l'année qui suit leur neuvième, leur quinzième, leur dix-huitième, leur vingt et unième et leur vingt-quatrième anniversaires, les assurés bénéficient d'un examen bucco-dentaire de prévention réalisé par un chirurgien-dentiste ou un médecin qualifié en stomatologie. Ces examens, ainsi que les soins consécutifs, ne donnent pas lieu à contribution financière de la part des assurés.

Les conventions mentionnées aux articles L. 162-5 et L. 162-9 du code de la sécurité sociale déterminent, pour les médecins qualifiés en stomatologie et pour les chirurgiens-dentistes, la nature, les modalités et les conditions de mise en œuvre de cet examen. A défaut de convention, ou si la convention ne prévoit pas de disposition sur la nature, les modalités et les conditions de mise en œuvre de cet examen et sur la prise en charge des soins consécutifs, ces dernières sont définies par arrêté interministériel.

TITRE QUATRIÈME ASSISTANCE MÉDICALE À LA PROCRÉATION

BIBL. ► **Études, ouvrages et rapports :** DREIFUSS-NETTER, Assistance médicale à la procréation, *in* Traité de droit médical et hospitalier, *Litec, fasc. 33*. – PÉDROT, Assistance médicale à la procréation, *in* Droit de la santé, *Lamy, étude n° 332*. – THÉRY et LEROYER, Filiation, origines et parentalité : le droit face aux nouvelles valeurs de responsabilité générationnelle, *Rapport au ministre des Affaires sociales et de la santé et au ministre délégué chargé de la famille, 2014*. – ABALLEA, BURSTIN et GUEDJ, État des lieux et perspectives du don d'ovocytes en France, *Rapport IGAS, Doc. fr., févr. 2011*. – FEUILLET-LE MINTIER (dir.), L'embryon humain, approche pluridisciplinaire, *Économica, 2000*. – Conseil d'État, Les lois de bioéthique, cinq ans après, *Doc. fr., 1999*.

► **Articles :** BINET, Demandes sociétales de recours à l'AMP : vers la grande rupture ?, *Dr. fam. 2017, n° 9, p. 196* ; L'Académie nationale de médecine favorable à un droit acquis à l'autoconservation des ovocytes, *Dr. fam. 2017, n° 9, p. 199*. – CHALTIEL, Donner la vie, de quel(s) droit(s) ? Nouvelles réflexions après l'avis du CCNE, *LPA 2017, nos 187-188, p. 7*. – VIALLA, Assistance médicale à la procréation, avis du CCNE, *D. 2017. 1365*. – VIGNEAU, Une AMP de convenance en marche ?, *Dict. perm. santé, bioéthique, biotechnologies, sept. 2017, Bull. n° 284, p. 1*. – TABOULET, Interrogations éthiques relatives au don d'ovocytes dans le contexte français, *Méd. et droit 2014, n° 129, p. 144*. – GAUMONT-PRAT, La réflexion du CCNE sur la procréation médicalement assistée, *Méd. et droit 2014, n° 125, p. 29*. –BERTRAND, La place du tiers géniteur, *Dr. fam. 2013. 26*. – CHÉNEDÉ, ... Et demain, la gestation pour autrui ?, *Dr. fam. 2013. 27*. – DIONISI-PEYRUSSE, Brèves remarques sur la question de l'ouverture de l'assistance médicale à la procréation aux couples de même sexe, *AJ fam. 2013. 127*. – MIRKOVIC, Le don de gamètes, entre espoirs et impasses, *Dr. fam. 2013. Étude 2*. – BRUNET, Assistance médicale à la procréation et nouvelles familles : boîte de Pandore ou corne d'abondance ?, *RDSS 2012. 828*. – HAUSER,

Les géniteurs anonymes : des donneurs de gamètes et des parturientes inconnues, *RTD civ. 2012. 520*. – Lamarche, Ne confondons pas pluri-parenté biologique et pluri-parenté juridique, *Dr. fam. 2012. Alerte 15.* – Byk, La levée de l'anonymat du don de gamètes. Une mesure modeste et équilibrée, *JCP 2010. 1135.* – Feuillet et Portier, Éthique et religion dans la décision de recourir à l'assistance médicale à la procréation. Une première approche de la situation française, *Méd. et droit 2010, n° 104, p. 142.* – Guigui, Liberté, dignité et assistance médicale à la procréation : quelques réflexions sur la révision des lois de bioéthique, *RGDM 2010, n° 37, p. 335.* – Chabault-Marx, La frilosité du juge français face à l'insémination *post mortem*, *D. 2009. 2758*. – Sériaux, Maternités pour le compte autrui : la mainlevée de l'interdit, *D. 2009. Chron. 1215*. – Bandrac, Delaisi de Parceval et Depadt-Sebag, Repenser la prohibition de la gestation pour autrui ?, *D. 2008. Chron. 434*. – Neirinck, L'embryon humain : une catégorie juridique à dimension variable ?, *D. 2003. Chron. 841*. – Byk, Jurisprudence et tribunaux français, insémination artificielle et changements dans l'éthique sociale de la reproduction, *RGDM 2003, n° 10, p. 5.* – Martin, Les premiers jours de l'embryon, *JCP 2002. I. 9.* – Neirinck, L'embryon ou la question en apparence sans réponse de la bioéthique, *LPA 9 mars 1998, n° 29, p. 4.*

▸ **Sur la loi n° 2011-814 du 7 juill. 2011 relative à la bioéthique :** Neirinck, Réforme de la procréation médicalement assistée : la création de la famille par convenance personnelle, *Dr. fam. 2013. Repère 2.* – Galloux et Gaumont-Prat, Droits et libertés corporels, *D. 2012. 308*. – Dossier « Éthique et soins », *ADSP, déc. 2011, n° 77, p. 11.* – Binet, La loi bioéthique à l'épreuve du temps, *JCP 18 juill. 2011, n° 29, p. 846.* – Dionisi-Peyrusse, L'assistance médicale à la procréation dans la loi du 7 juillet 2011, *AJ fam. 2011. 492*. – Leroyer, La loi n° 2011-814 du 7 juillet 2011 relative à la bioéthique, *RTD civ. 2011. 603*.

▸ **Sur la loi n° 2004-800 du 6 août 2004 relative à la bioéthique :** Belliouche, Les crimes contre l'espèce humaine et la loi du 6 août 2004 : *LPA 18 févr. 2005, p. 82.* – Cahiers de droit de la santé du Sud-Est, 2005, n° 3 (Nicolas, dir.). – *LPA 18 févr. 2005, n° spéc.* (Faure, dir.). – Dossier : La révision des lois bioéthiques, *RDSS 2005. 185*. – *RGDM 2005, n° 17, p. 145.* – Thouvenin, *D. 2005. Chron. 116*. – Binet, La loi relative à la bioéthique, *Dr. fam. 2004. Étude 22 (1re partie) ; Étude 26 (2e partie) ; Étude 28 (3e partie).* – Byk, Bioéthique : législation, jurisprudence et avis des instances d'éthique, *JCP 2004. I. 139.* – Chemtob-Concé, La révision des lois de bioéthique, *Méd. et droit 2004, n° 66-67, p. 71.* – Duprat, Les aspects de droit public de la loi bioéthique, *AJDA 2004. 2328*.

CHAPITRE PREMIER **DISPOSITIONS GÉNÉRALES**

Art. L. 2141-1 *(L. n° 2011-814 du 7 juill. 2011, art. 31-1°)* **« L'assistance médicale à la procréation s'entend des pratiques cliniques et biologiques permettant la conception *in vitro*, la conservation des gamètes, des tissus germinaux et des embryons, le transfert d'embryons et l'insémination artificielle. La liste des procédés biologiques utilisés en assistance médicale à la procréation est fixée par arrêté du ministre chargé de la santé après avis de l'Agence de la biomédecine. Un décret en Conseil d'État précise les modalités et les critères d'inscription des procédés sur cette liste. Les critères portent notamment sur le respect des principes fondamentaux de la bioéthique prévus en particulier aux articles 16 à 16-8 du code civil, l'efficacité, la reproductibilité du procédé ainsi que la sécurité de son utilisation pour la femme et l'enfant à naître. L'Agence de la biomédecine remet au ministre chargé de la santé, dans les trois mois après la promulgation de la loi n° 2011-814 du 7 juillet 2011 relative à la bioéthique, un rapport précisant la liste des procédés biologiques utilisés en assistance médicale à la procréation ainsi que les modalités et les critères d'inscription des procédés sur cette liste.**

« Toute technique visant à améliorer l'efficacité, la reproductibilité et la sécurité des procédés figurant sur la liste mentionnée au premier alinéa du présent article fait l'objet, avant sa mise en œuvre, d'une autorisation délivrée par le directeur général de l'Agence de la biomédecine après avis motivé de son conseil d'orientation.

« Lorsque le conseil d'orientation considère que la modification proposée est susceptible de constituer un nouveau procédé, sa mise en œuvre est subordonnée à son inscription sur la liste mentionnée au même premier alinéa.

« La technique de congélation ultra-rapide des ovocytes est autorisée.

« La mise en œuvre de l'assistance médicale à la procréation privilégie les pratiques et procédés qui permettent de limiter le nombre des embryons conservés. L'Agence de la biomédecine rend compte, dans son rapport annuel, des méthodes utilisées et des résultats obtenus. »

(L. n° 2004-800 du 6 août 2004, art. 24-I-1°) **La stimulation ovarienne, y compris lorsqu'elle est mise en œuvre indépendamment d'une technique d'assistance médicale à la procréation, est soumise à des** *(L. n° 2011-814 du 7 juill. 2011, art. 31-2°)* **« règles » de bonnes pratiques** *(L. n° 2011-814 du 7 juill. 2011, art. 31-2°)* **« fixées par arrêté du ministre chargé de la santé ».**

(L. n° 2011-814 du 7 juill. 2011, art. 28) **« Un arrêté du ministre chargé de la santé, pris sur proposition de l'Agence de la biomédecine, définit les règles de bonnes pratiques applicables à l'assistance médicale à la procréation avec tiers donneur. »**

En application des art. L. 231-5 et L. 231-6 du CRPA, le silence gardé pendant deux mois par l'administration vaut décision de rejet pour les demandes d'autorisation délivrée avant la mise en œuvre de toute nouvelle technique visant à améliorer l'efficacité, la reproductibilité et la sécurité des procédés biologiques utilisés en assistance médicale à la procréation (Décr. n° 2014-1286 du 23 oct. 2014, art. 1er et 2).

BIBL. ▸ BINET, Demandes sociétales de recours à l'AMP : vers la grande rupture ?, *Dr. fam. 2017, n° 9, p. 196* ; L'Académie nationale de médecine favorable à un droit acquis à l'autoconservation des ovocytes, *Dr. fam. 2017, n° 9, p. 199*. – CHALTIEL, Donner la vie, de quel(s) droit(s) ? Nouvelles réflexions après l'avis du CCNE, *LPA 2017, nos 187-188, p. 7*. – VIALLA, Assistance médicale à la procréation, avis du CCNE, *D. 2017. 1365*. – VIGNEAU, Une AMP de convenance en marche ?, *Dict. perm. santé, bioéthique, biotechnologies, Bull. n° 284, sept. 2017, p. 1*. – CCNE, Les demandes sociétales de recours à l'assistance médicale à la procréation, *avis n° 126, 15 juin 2017*. – CAIRE, Greffe d'utérus : pour un encadrement juridique prospectif, *RDSS 2017. 269*. – VIGNEAU, Modalités d'inscription sur la liste des procédés biotechnologiques utilisés en AMP, *Dict. perm. Bioéthique et biotechnologies, avr. 2012, Bull. n° 225, p. 7*.

COMMENTAIRE

V. commentaire reproduit sur Dalloz.fr.

1. Mise en danger d'autrui du fait du non-respect de l'art. L. 2141-1 et des règles de bonnes pratiques. Dès lors que, en méconnaissance de l'art. L. 2141-1 et de l'arrêté relatif aux règles de bonnes pratiques, la réalisation d'actes d'assistance médicale à la procréation est intervenue sans évaluation préalable d'une équipe pluridisciplinaire, sans bilan clinique complet des deux partenaires et sans bilan sanitaire et diagnostic, la violation manifestement délibérée d'une obligation particulière de sécurité ou de prudence imposée par la loi ou le règlement a exposé la patiente à un risque immédiat de mort ou de blessures de nature à entraîner une mutilation ou une infirmité permanente et l'infraction de mise en danger de la vie d'autrui est constituée. • Crim. 29 juin 2010 : *Bull. crim. n° 120 ; AJ pénal 2010. 551, obs. Lasserre Capdeville ; RSC 2010. 856, obs. Mayaud*.

2. Interdiction de lever l'anonymat en cas d'insémination avec tiers donneur. La loi interdisant à un enfant né d'une insémination artificielle avec tiers donneur d'avoir accès à ses origines personnelles est conforme aux engagements internationaux de la France garantissant la protection des droits fondamentaux. • TA Montreuil, 14 juin 2012, n° 1009924 : *AJDA 2012. 1188 ; AJ fam. 2012. 408, obs. Xémard ; D. 2012. 1618, obs. Mirkovic ; Dict. perm. Bioéthique et biotechnologies, bull. n° 228, juin 2012, p. 4, note Vigneau ; JCP 2 juill. 2012, n° 27, p. 802, obs. Binet ; RTD civ. 2012. 520, note Hauser*. ♦ Les règles législatives interdisant la divulgation de toute information permettant d'identifier l'auteur d'un don de gamètes traduisent un juste équilibre entre les intérêts du donneur, ceux du couple receveur et ceux de la personne issue du don et, partant, ne sont pas incompatibles avec les stipulations de l'art. 8 de la Conv. EDH. • CE, avis, 13 juin 2013, *M. A.*, n° 362981 : *AJDA 2013. 1246 ; D. 2013. 1626, obs. Grand ; AJ fam. 2013. 416, obs. Dionisi-Peyrusse ; ibid. comm. 113, note Binet ; RFDA 2013. 1051, concl. Crépay*. ♦ Les dispositions de l'art. L. 1244-6 CSP selon lesquelles un médecin peut accéder aux informations médicales non identifiantes relatives à l'auteur d'un don de gamètes en cas de nécessité thérapeutique doivent s'entendre comme ne faisant pas obstacle à ce que de telles informations soient obtenues à des fins de prévention, en particulier dans le cas d'un couple de personnes issues l'une et l'autre de dons de gamètes. • CE 12 nov. 2015, *Mme B.*, n° 372121 : *Lebon ; JCP n° 48, 23 nov. 2015, p. 1299 ; ibid. n° 3, 20 janv. 2016, p. 14 ; AJDA 2015. 2175 ; Dict. perm. Santé, bioéthique et biotechnologies, Bull. n° 266, janv. 2016, p. 1, note Vigneau ; JCP 2016. 62, note Mirkovic*. ♦ Si ces données ne sont accessibles qu'au médecin et non à la personne elle-même, la conciliation des intérêts en cause ainsi opérée et la différence de traitement entre le médecin et toute autre personne relèvent de la marge d'appréciation que les stipulations de l'art. 8 Conv. EDH réservent au législateur national, eu égard notamment aux inconvénients que présenterait la transmission de ces données aux intéressés eux-mêmes par rapport aux objectifs de protection de la santé, de préservation de la vie privée et de secret médical. • Même décision.

3. Règles d'accès aux données médicales non identifiantes du donneur de gamètes. En restreignant la possibilité pour les receveurs d'un don de gamètes d'avoir accès, en particulier à titre préventif, aux données non identifiantes de nature médicale, les dispositions de l'art. 16-8 C. civ. (auxquelles se réfère l'art. L. 2141-1) et de l'art. L. 1211-5 CSP d'une part, ne portent pas une atteinte excessive aux droits des receveurs, dans la mesure où elles ne sont pas, en l'état des connaissances médicales et des nécessités thérapeutiques, incompatibles avec les stipulations de l'art. 8 de la Conv. EDH, et, d'autre part, ne créent aucune discrimination entre les enfants issus d'un don de gamètes et les autres enfants, de nature à les rendre incompatibles avec les stipulations de l'art. 8 de la Conv. • CE, avis, 13 juin 2013, *M. A*, n° 362981 : *préc. note 2.*

Art. L. 2141-2 *(L. n° 2011-814 du 7 juill. 2011, art. 33-1°)* **« L'assistance médicale à la procréation a pour objet de remédier à l'infertilité d'un couple ou d'éviter la transmission à l'enfant ou à un membre du couple d'une maladie d'une particulière gravité. Le caractère pathologique de l'infertilité doit être médicalement diagnostiqué. »**

(L. n° 2004-800 du 6 août 2004, art. 24-I-1°) **L'homme et la femme formant le couple doivent être vivants, en âge de procréer** *(L. n° 2011-814 du 7 juill. 2011, art. 33-2°)* **« et consentir » préalablement au transfert des embryons ou à l'insémination. Font obstacle à l'insémination ou au transfert des embryons le décès d'un des membres du couple, le dépôt d'une requête en divorce ou en séparation de corps ou la cessation de la communauté de vie, ainsi que la révocation par écrit du consentement par l'homme ou la femme auprès du médecin chargé de mettre en œuvre l'assistance médicale à la procréation.**

BIBL. ▶ MONZIOLS, Conditions d'accès à l'assistance médicale à la procréation postmortem : l'appel des juges à la révision des lois de bioéthique ?, *Méd. et droit, mars-avr. 2017, n° 143, p. 37.* – RAMBIER, Insémination *post-mortem* : de la mise à mal à la mise à mort de l'autonomie de la volonté du donneur, *LPA 15 oct. 2014, n° 206, p. 6.* – CCNE, La demande d'AMP après le décès de l'homme faisant partie du couple, *avis n° 113, 10 févr. 2011.* – RAOUL-CORMEIL, Le sort des embryons *in vitro, post mortem patris, JCP 2011. 608.* – DESGARDIN-BOURDEAU, La loi de bioéthique, un pas en avant, trois pas en arrière..., *D. 2011. 1085.* – MIRKOVIC, Première lecture du projet de loi bioéthique : l'intérêt de l'enfant sacrifié à l'impatience des adultes ?, *D. 2011. 892.* – MORICEAU, La Cour européenne des droits de l'homme et le droit à l'insémination artificielle de l'épouse d'un détenu, *RJ Ouest, 2008. 103.* – CHABAULT, À propos de l'autorisation du transfert d'embryon *post mortem, D. 2001. Chron. 1399.*

COMMENTAIRE

V. Commentaire reproduit sur Dalloz.fr.

1. Dissolution du couple et interdiction d'implanter l'embryon. En l'état du droit antérieur à la loi de 1994, la jurisprudence considérait déjà que la dissolution du couple (en l'espèce, le décès du conjoint) interdisait l'implantation de l'embryon. • Civ. 1re, 9 janv. 1996 : *D. 1996. 376, note Dreifuss-Netter ; JCP 1996. II. 22666, note Neirinck ; RDSS 1996. 628, note Terrasson de Fougères.*

2. CEDH et principe du consentement à l'implantation. L'art. 8 de la Conv. EDH recouvre le droit au respect des décisions de devenir ou ne pas devenir parent. La décision du législateur anglais d'adopter des dispositions ne permettant aucune exception au principe du consentement par l'homme et la femme à l'implantation de l'embryon est légitime et compatible avec l'art. 8 de la Convention, le caractère absolu de la règle en cause visant à promouvoir la sécurité juridique et à éviter les problèmes d'arbitraire et d'incohérences inhérents à la mise en balance au cas par cas des intérêts de chacun. L'État dispose donc d'une ample marge d'appréciation pour trancher les conflits entre les parents portant sur le devenir de l'embryon qui leur est commun, sous réserve de préserver un équilibre suffisant entre les intérêts en présence. Par ailleurs, l'art. 2 de la Convention (droit à la vie) ne protège pas l'embryon. • CEDH, gr. ch., 10 avr. 2007, *Evans c/ Royaume-Uni*, n° 6339/05 : *D. 2007. 1202, obs. Delaporte-Carré ; D. 2008. Pan. 1371, obs.* Granet-Lambrecht, *et 1443, obs. Galloux et Gaumont-Prat ; JCP 2007. II. 10097, note Mathieu ; RDSS 2007. 810, note Roman ; RTD civ. 2007. 295, obs. Marguénaud.* – V. dans la même affaire, • CEDH, 4e sect., 7 mars 2006, *Evans c/ Royaume-Uni*, n° 44362/04 : *RTD civ. 2006. 255, obs. Marguénaud.*

3. CEDH et refus d'insémination opposé à l'épouse d'un détenu. Le refus d'insémination artificielle à l'épouse d'un détenu constitue une violation de l'art. 8 Conv. EDH sur le respect de la vie privée et familiale qui inclut le droit, pour les membres du couple, de devenir parents génétiques. • CEDH 4 déc. 2007, *Dickinson c/ Royaume-Uni : D. 2008. Pan. 1446, obs. Galloux et Gaumont-Prat ; RTD civ. 2008. 272, obs. Hauser ; RSC 2008. 140, obs. Marguénaud*. – V., dans la même affaire, la décision antérieure • CEDH 18 avr. 2006 : *JCP 2006. I. 164, obs. Sudre*.

4. CEDH et prohibition de l'insémination post mortem et de l'exportation de gamètes à cette fin. V. note ss. art. L. 2141-11-1.

5. Décès d'un des membres formant le couple. La demande d'une veuve de la remise des paillettes de sperme congelé déposées par son époux décédé auprès d'un CECOS, après qu'il eut été informé du cancer dont il était décédé, en vue d'une insémination, doit être rejetée. • TGI Rennes, 15 oct. 2009 : *D. 2009. Point de vue 2758, obs. Chabault-Marx ; ibid. Pan. 619, obs. Galloux ; Gaz. Pal. 15-16 janv. 2010, p. 27, obs. Matei*. – Confirmé par • Rennes, 22 juin 2010 : *JCP 2010, n° 897, note Mirkovic*.

6. Condition de limite d'âge pour l'assistance médicale à la procréation. Dès lors qu'aucune disposition législative ou réglementaire ne fixe un âge au-delà duquel un homme n'est plus en âge de procréer, il appartient à l'autorité administrative, lorsqu'elle examine la demande d'exportation de gamètes, de prendre en considération l'ensemble des éléments propres à la situation personnelle du bénéficiaire potentiel de l'autorisation, sans limiter son appréciation à son année de naissance. • TA Montreuil, 8e ch., 14 févr. 2017, nos 1606644 et 1606724 : *AJ fam. 2017. 161, obs. Dionisi-Peyrusse ; JCP 2017, n° 10, p. 244, obs. Binet*. ♦ Commet une erreur de droit le CHU qui refuse à un couple le bénéfice d'une assistance médicale à la procréation aux motifs de l'âge des membres de ce couple (36 ans pour la femme et 70 ans pour l'homme) et des risques encourus par l'enfant du seul fait de l'âge de la femme. • CAA Nancy, 15 juin 2017, n° 15NC01779 : *AJ fam. 2017. 435, obs. Dionisi-Peyrusse ; Dr. fam. 2017, n° 9, p. 195, note Binet*.

7. Condition d'infertilité pour l'assistance médicale à la procréation. Il est impossible pour un couple d'accéder à l'AMP, dès lors que son infertilité n'est pas d'origine pathologique, comme le prévoit l'art. L. 2141-2, mais résulte de la vasectomie pratiquée par l'homme plusieurs années auparavant. • CAA Nancy, 15 juin 2017, n° 15NC01779 : *préc. note 6*.

Art. L. 2141-3 *(L. n° 2004-800 du 6 août 2004, art. 24-I-3°)* Un embryon ne peut être conçu *in vitro* que dans le cadre et selon les objectifs d'une assistance médicale à la procréation telle que définie à l'article *(L. n° 2011-814 du 7 juill. 2011, art. 36-1°)* « L. 2141-1 ». Il ne peut être conçu avec des gamètes ne provenant pas d'un au moins des membres du couple.

Compte tenu de l'état des techniques médicales, les membres du couple peuvent consentir par écrit à ce que soit tentée la fécondation d'un nombre d'ovocytes pouvant rendre nécessaire la conservation d'embryons, dans l'intention de réaliser ultérieurement leur projet parental. *(L. n° 2011-814 du 7 juill. 2011, art. 36-1°)* « Dans ce cas, ce nombre est limité à ce qui est strictement nécessaire à la réussite de l'assistance médicale à la procréation, compte tenu du procédé mis en œuvre. » Une information détaillée est remise aux membres du couple sur les possibilités de devenir de leurs embryons conservés qui ne feraient plus l'objet d'un projet parental.

Les membres du couple peuvent consentir par écrit à ce que les embryons, non susceptibles d'être transférés ou conservés, fassent l'objet d'une recherche dans les conditions prévues à l'article L. 2151-5.

Un couple dont des embryons ont été conservés ne peut bénéficier d'une nouvelle tentative de fécondation *in vitro* avant le transfert de ceux-ci sauf si un problème de qualité affecte ces embryons.

COMMENTAIRE

V. Commentaire reproduit sur Dalloz.fr.

1. Non-lieu à renvoi au Conseil constitutionnel. La Cour de cassation a refusé de transmettre une QPC relative à l'interdiction du double don de gamètes formulée à l'al. 1er de l'art. L. 2141-3, dans la mesure où le Conseil constitutionnel avait déjà déclaré cette disposition conforme à la Constitution et qu'aucun changement de circonstance ne justifiait son réexamen. • Civ. 1re, 19 janv. 2012 : *Dict. perm. Bioéthique et biotechnologies, févr. 2012, bull. n° 223, p. 1, comm. Vigneau ; RTD civ. 2012. 303, note Hauser*.

2. CEDH et refus de recourir à la procréation médicalement assistée avec tiers donneur. Le droit des couples à concevoir un enfant et à recourir, pour ce faire, à la procréation médicalement assistée relève de la protection inscrite à l'art. 8 de la Conv. EDH, un tel choix constituant une forme d'expression de la vie privée et familiale. L'État autrichien ne commet cependant pas une ingérence violant l'art. 8 de la Conv. EDH en ne légalisant pas la procréation artificielle avec don de gamètes. • CEDH, gr. ch.,

3 nov. 2011, *S. H. et a. c/ Autriche*, n° 57813/00 : *JCP 2011. Actu. 1291, obs. Picheral ; RTD civ. 2012. 283, note Marguénaud*. ♦ Dans cette même affaire, V. la décision antérieure • CEDH, 1re sect., 1er avr. 2010, *S. H. et a.c/ Autriche : RTD civ. 2010. 291, obs. Marguénaud*.

3. Défaillance des appareils utilisés pour la conservation des embryons. Le service public hospitalier est responsable, même en l'absence de faute de sa part, des conséquences dommageables pour les usagers de la défaillance des produits et appareils qu'il utilise dans le cadre de l'assistance médicale à la procréation. Toutefois, la perte d'embryons du fait de la défaillance d'un appareil n'est source de préjudice indemnisable que dans la mesure où le couple apporte la preuve qu'il poursuit un projet de procréation auquel cette perte porte atteinte. Ainsi, en l'absence de tout projet parental, un couple n'est pas fondé à soutenir que l'incident ayant conduit à la perte des 9 embryons *in vitro* est à l'origine pour eux tant d'une perte de chance d'être parent que d'un préjudice lié à la difficulté de mener une nouvelle procréation médicalement assistée. • CAA Douai, 6 déc. 2005, *M. et Mme T.*, n° 04DA00376 : *D. 2006. IR 180 ; AJDA 2006. 442, concl. Le Goff ; RFDA 2006. 178 ; RTD civ. 2006. 87, obs. Hauser*. ♦ En premier ressort, le tribunal administratif avait considéré que les troubles dans les conditions d'existence subis du fait de la défaillance de l'appareil devaient être indemnisés. • TA Amiens, 9 mars 2004, *Épx Tellier : AJDA 2004. 1546, note Hennette-Vauchez ; D. 2004. 1051, note Labbée ; RFDA 2004. 786, concl. Boutou ; JCP 2005. II. 10003, note Corpart ; RTD civ. 2004. 482, obs. Hauser*.

Art. L. 2141-4 *(L. n° 2011-814 du 7 juill. 2011, art. 34-1°)* **« I. — »** *(L. n° 2004-800 du 6 août 2004, art. 24-I-4°)* **Les deux membres du couple dont des embryons sont conservés sont consultés chaque année par écrit sur le point de savoir s'ils maintiennent leur projet parental.**

(L. n° 2011-814 du 7 juill. 2011, art. 34-2° et 3°) **« II. — S'ils n'ont plus de projet parental ou en cas de décès de l'un d'entre eux, les deux membres d'un couple, ou le membre survivant, peuvent consentir à ce que :**

« 1° Leurs embryons soient accueillis par un autre couple dans les conditions fixées aux articles L. 2141-5 et L. 2141-6 ;

« 2° Leurs embryons fassent l'objet d'une recherche dans les conditions prévues à l'article L. 2151-5 ou, dans les conditions fixées par cet article et *(Ord. n° 2016-800 du 16 juin 2016, art. 7-1°)* **« les articles L. 1121-4 et L. 1125-1 », à ce que les cellules dérivées à partir de ceux-ci entrent dans une préparation de thérapie cellulaire à des fins exclusivement thérapeutiques ;**

« 3° Il soit mis fin à la conservation de leurs embryons.

« Dans tous les cas, le consentement ou la demande est exprimé par écrit et fait l'objet d'une confirmation par écrit après un délai de réflexion de trois mois. En cas de décès de l'un des membres du couple, le membre survivant ne peut être consulté avant l'expiration d'un délai d'un an à compter du décès, sauf initiative anticipée de sa part.

« III. — » Dans le cas où l'un des deux membres du couple consultés à plusieurs reprises ne répond pas sur le point de savoir s'il maintient ou non son projet parental, il est mis fin à la conservation des embryons si la durée de celle-ci est au moins égale à cinq ans. Il en est de même en cas de désaccord des membres du couple sur le maintien du projet parental ou sur le devenir des embryons.

(L. n° 2011-814 du 7 juill. 2011, art. 34-3°) **« IV. — » Lorsque les deux membres d'un couple, ou le membre survivant, ont consenti, dans les conditions prévues aux articles L. 2141-5 et L. 2141-6, à l'accueil de leurs embryons et que ceux-ci n'ont pas été *accueillis dans un délai de* cinq ans à compter du jour où ce consentement a été exprimé par écrit, il est mis fin à la conservation de ces embryons.**

Sur les dispositions transitoires, V. Ord. n° 2016-800 du 16 juin 2016, art. 8, reproduit ss. art. L. 1121-1.

BIBL. ► DENIZOT, Don de gamètes : enfin le décret ?, *RTD civ. 2016. 197*.

COMMENTAIRE

V. Commentaire reproduit sur Dalloz.fr.

Recherche sur les embryons conçus in vitro et CEDH. La législation italienne, qui interdit de donner à la recherche des embryons conçus par FIV après le décès d'un des époux, ne viole pas l'art. 8 Conv. EDH. • CEDH, gr ch., 27 août 2015, *Parrillo c/ Italie*, n° 46470/11 : *LPA 20 nov. 2015,* *n° 232, p. 7, comm. Prieur ; Dict. perm. Santé, bioéthique et biotechnologies, Bull. n° 263, oct. 2015, p. 1, note Vigneau ; D. 2015. 1700 ; ibid. 2016. 756, obs. Galloux et Gaumont-Prat ; AJ fam. 2015. 433, obs. Dionisi-Peyrusse ; RTD civ. 2015. 830, note Marguénaud ; ibid. 2016. 76, obs. Hauser.*

Art. L. 2141-5 *(Abrogé par L. n° 2011-814 du 7 juill. 2011, art. 35-I)* « *A titre exceptionnel,* » **Les deux membres du couple peuvent consentir par écrit à ce que les embryons conservés soient accueillis par un autre couple dans les conditions prévues à l'article L. 2141-6.**

En cas de décès d'un membre du couple, le membre survivant est consulté par écrit sur le point de savoir s'il consent à ce que les embryons conservés soient accueillis par un autre couple dans les conditions prévues à l'article L. 2141-6.

COMMENTAIRE

V. Commentaire reproduit sur Dalloz.fr.

Art. L. 2141-6 *(L. n° 2011-814 du 7 juill. 2011, art. 35-II)* « **Un couple répondant aux conditions prévues à l'article L. 2141-2 peut accueillir un embryon lorsque les techniques d'assistance médicale à la procréation au sein du couple ne peuvent aboutir ou lorsque le couple, dûment informé dans les conditions prévues à l'article L. 2141-10, y renonce.** »

L'accueil de l'embryon est subordonné à une décision de l'autorité judiciaire, qui reçoit préalablement le consentement écrit du couple à l'origine de sa conception. Le juge s'assure que le couple demandeur remplit les conditions prévues à l'article L. 2141-2 et fait procéder à toutes investigations permettant d'apprécier les conditions d'accueil que ce couple est susceptible d'offrir à l'enfant à naître sur les plans familial, éducatif et psychologique. *(L. n° 2004-800 du 6 août 2004, art. 24-I-6°)* « **L'autorisation d'accueil est délivrée pour une durée de trois ans renouvelable.** »

Le couple accueillant l'embryon et celui y ayant renoncé ne peuvent connaître leurs identités respectives.

Toutefois, en cas de nécessité thérapeutique, un médecin pourra accéder aux informations médicales non identifiantes concernant le couple ayant renoncé à l'embryon.

Aucun paiement, quelle qu'en soit la forme, ne peut être alloué au couple ayant renoncé à l'embryon.

L'accueil de l'embryon est subordonné à des règles de sécurité sanitaire. Ces règles comprennent notamment des tests de dépistage des maladies infectieuses.

(L. n° 2004-800 du 6 août 2004, art. 24-I-6°) « **Seuls les établissements publics ou privés à but non lucratif autorisés à cet effet peuvent conserver les embryons destinés à être accueillis et mettre en œuvre la procédure d'accueil.** »

BIBL. ▶ Le Bonniec, L'anonymat du don de gamètes en France : un possible terrain d'inconventionnalité ?, *RDSS 2017. 281*. – Depadt-Sebag, Le don de gamètes ou d'embryon dans les procréations médicalement assistées : d'un anonymat imposé à une transparence autorisée, *D. 2004. 891*.

COMMENTAIRE

V. Commentaire reproduit sur Dalloz.fr.

Art. L. 2141-7 *(L. n° 2004-800 du 6 août 2004, art. 24-I-7°)* **L'assistance médicale à la procréation avec tiers donneur peut être mise en œuvre lorsqu'il existe un risque de transmission d'une maladie d'une particulière gravité à l'enfant ou à un membre du couple, lorsque les techniques d'assistance médicale à la procréation au sein du couple ne peuvent aboutir ou lorsque le couple, dûment informé dans les conditions prévues à l'article L. 2141-10,** *(L. n° 2011-814 du 7 juill. 2011, art. 36-2°)* « **renonce à une** *assistance médicale à la procréation au sein du couple* ».

COMMENTAIRE

V. Commentaire reproduit sur Dalloz.fr.

CEDH et refus du recours à la procréation médicalement assistée avec tiers donneur. V. note 2 ss. art. L. 2141-3.

Art. L. 2141-8 *(L. n° 2004-800 du 6 août 2004, art. 24-I-2°)* Un embryon humain ne peut être conçu ni utilisé à des fins commerciales ou industrielles.

Art. L. 2141-9 *(L. n° 2004-800 du 6 août 2004, art. 24-I-8°)* Seuls les embryons conçus avec les gamètes de l'un au moins des membres d'un couple et dans le respect des principes fondamentaux prévus par les articles 16 à 16-8 du code civil peuvent entrer sur le territoire où s'applique le présent code ou en sortir. Ces déplacements d'embryons sont exclusivement destinés à permettre la poursuite du projet parental de ce couple ; ils sont soumis à l'autorisation de l'Agence de la biomédecine.

En application des art. L. 231-5 et L. 231-6 du CRPA, le silence gardé pendant deux mois par l'administration vaut décision de rejet pour les demandes d'autorisation de déplacement d'embryons conçus avec les gamètes de l'un au moins des membres d'un couple et dans le respect des principes fondamentaux prévus par les art. 16 à 16-8 C. civ. et exclusivement destinés à permettre la poursuite du projet parental de ce couple (Décr. n° 2014-1286 du 23 oct. 2014, art. 1er et 2).

COMMENTAIRE

V. Commentaire reproduit sur Dalloz.fr.

Art. L. 2141-10 La mise en œuvre de l'assistance médicale à la procréation doit être précédée d'entretiens particuliers des demandeurs avec les membres de l'équipe médicale *(L. n° 2004-800 du 6 août 2004, art. 24-I-9°)* « clinicobiologique » pluridisciplinaire du centre, qui peut faire appel, en tant que de besoin, au service social institué au titre VI du code de la famille et de l'aide sociale.

Ils doivent notamment :

1° Vérifier la motivation de l'homme et de la femme formant le couple et leur rappeler les possibilités ouvertes par la loi en matière d'adoption ;

2° Informer ceux-ci des possibilités de réussite et d'échec des techniques d'assistance médicale à la procréation, *(L. n° 2004-800 du 6 août 2004, art. 24-I-9°)* « de leurs effets secondaires et de leurs risques à court et à long terme, ainsi que de leur pénibilité et des contraintes qu'elles peuvent entraîner » ;

(L. n° 2004-800 du 6 août 2004, art. 24-I-9°) « 2° *bis* Informer ceux-ci de l'impossibilité de réaliser un transfert des embryons conservés en cas de rupture du couple ou de décès d'un de ses membres ; »

3° Leur remettre un dossier-guide comportant notamment :

a) Le rappel des dispositions législatives et réglementaires relatives à l'assistance médicale à la procréation ;

b) Un descriptif de ces techniques ;

c) Le rappel des dispositions législatives et réglementaires relatives à l'adoption, ainsi que l'adresse des associations et organismes susceptibles de compléter leur information à ce sujet.

La demande ne peut être confirmée qu'à l'expiration d'un délai de réflexion d'un mois à l'issue du dernier entretien.

La confirmation de la demande est faite par écrit.

L'assistance médicale à la procréation est subordonnée à des règles de sécurité sanitaire.

Elle ne peut être mise en œuvre par le médecin lorsque les demandeurs ne remplissent pas les conditions prévues par le présent titre ou lorsque le médecin, après concertation au sein de l'équipe *(L. n° 2004-800 du 6 août 2004, art. 24-I-9°)* « clinicobiologique » pluridisciplinaire, estime qu'un délai de réflexion supplémentaire est nécessaire aux demandeurs dans l'intérêt de l'enfant à naître.

Les époux *(L. n° 2011-814 du 7 juill. 2011, art. 36-3°)* « , les partenaires liés par un pacte civil de solidarité » ou les concubins qui, pour procréer, recourent à une assistance médicale nécessitant l'intervention d'un tiers donneur doivent préalablement donner, dans les conditions prévues par le code civil, leur consentement au juge ou au notaire.

COMMENTAIRE

V. Commentaire reproduit sur Dalloz.fr.

Responsabilité d'un établissement hospitalier du fait de la destruction accidentelle d'ovocytes fécondés cryoconservés. V. note 3 ss. art. L. 2141-3.

Art. L. 2141-11 *(Ord. n° 2008-480 du 22 mai 2008, art. 3)* **Toute personne dont la prise en charge médicale est susceptible d'altérer la fertilité, ou dont la fertilité risque d'être prématurément altérée, peut bénéficier du recueil et de la conservation de ses gamètes ou de ses tissus germinaux, en vue de la réalisation ultérieure, à son bénéfice, d'une assistance médicale à la procréation, ou en vue de la préservation et de la restauration de sa fertilité. Ce recueil et cette conservation sont subordonnés au consentement de l'intéressé et, le cas échéant, de celui de l'un des titulaires de l'autorité parentale, ou du tuteur, lorsque l'intéressé, mineur ou majeur, fait l'objet d'une mesure de tutelle.**

(L. n° 2011-814 du 7 juill. 2011, art. 32) **« Les procédés biologiques utilisés pour la conservation des gamètes et des tissus germinaux sont inclus dans la liste prévue à l'article L. 2141-1, selon les conditions déterminées par cet article. »**

COMMENTAIRE

V. Commentaire reproduit sur Dalloz.fr.

Refus de restitution des paillettes par un CECOS. Une femme veuve ne peut exiger d'un CECOS la restitution du sperme congelé de son mari défunt car, que le contrat ait ou non prévu cette possibilité, la loi exige que les deux parents soient vivants au moment de la conception de l'enfant par insémination artificielle. • Rennes, 22 juin 2010 : *JCP 2010, n° 897, note Mirkovic.*

Art. L. 2141-11-1 *(Ord. n° 2008-480 du 22 mai 2008, art. 3)* **L'importation et l'exportation de gamètes ou de tissus germinaux issus du corps humain sont soumises à une autorisation délivrée par l'Agence de la biomédecine.**

Seul un établissement, un organisme *(Ord. n° 2017-28 du 12 janv. 2017, art. 2-2°)* **« , un groupement de coopération sanitaire » ou un laboratoire titulaire de l'autorisation prévue à l'article L. 2142-1 pour exercer une activité biologique d'assistance médicale à la procréation peut obtenir l'autorisation prévue au présent article.**

Seuls les gamètes et les tissus germinaux recueillis et destinés à être utilisés conformément aux normes de qualité et de sécurité en vigueur, ainsi qu'aux principes mentionnés aux articles L. 1244-3, L. 1244-4, L. 2141-2, L. 2141-3, L. 2141-7 et L. 2141-11 du présent code et aux articles 16 à 16-8 du code civil, peuvent faire l'objet d'une autorisation d'importation ou d'exportation.

Toute violation des prescriptions fixées par l'autorisation d'importation ou d'exportation de gamètes ou de tissus germinaux entraîne la suspension ou le retrait de cette autorisation par l'Agence de la biomédecine.

En application des art. L. 231-5 et L. 231-6 du CRPA, le silence gardé pendant deux mois par l'administration vaut décision de rejet pour les demandes d'autorisation délivrée aux établissements, organismes ou laboratoires titulaires de l'autorisation prévue à l'art. L. 2142-1 d'exercer une activité d'assistance médicale à la procréation leur permettant d'importer ou d'exporter des gamètes ou tissus germinaux issus du corps humain (Décr. n° 2014-1286 du 23 oct. 2014, art. 1er et 2).

COMMENTAIRE

V. Commentaire reproduit sur Dalloz.fr.

1. CEDH et prohibition de l'insémination post mortem et de l'exportation de gamètes à cette fin. Ni la législation française prohibant l'insémination *post mortem* (art. L. 2141-2 CSP), qui relève de la marge d'appréciation dont chaque État dispose, ni celle prohibant l'exportation de gamètes conservés en France à cette fin (art. L. 2141-11-1), qui vise à faire obstacle à tout contournement de l'art. L. 2141-2, ne méconnaissent le droit au respect de la vie privée et familiale, tel qu'il est garanti par les stipulations de l'art. 8 de la CEDH. • CE, ass., 31 mai 2016, Mme A., n° 396848 : *Lebon 208, concl. Bretonneau ; AJDA 2016. 1398, chron. Dutheillet de la Motte et Odinet ; AJ fam. 2016. 439, note Siffrein-Blanc ; D. 2016. 1472, note Fulchiron ; ibid. 1477, note Haftel ; JCP 2016, n° 864,* note Vauthier et Vialla ; RFDA 2016. 754, note *Delvolvé ; ibid. 2017. 855, note Prévost-Gella ; RTD civ. 2016. 600, note Hauser.* ♦ Toutefois, la compatibilité de la loi avec les stipulations de la CEDH ne fait pas obstacle à ce que, dans certaines circonstances particulières, l'application de dispositions législatives puisse constituer une ingérence disproportionnée dans les droits garantis par cette convention et il appartient au juge d'apprécier concrètement si, au regard des finalités des dispositions législatives en cause, l'atteinte aux droits et libertés protégés par la convention qui résulte de la mise en œuvre de dispositions, par elles-mêmes compatibles avec celle-ci, n'est pas excessive. • Même arrêt. ♦ En l'espèce, le refus d'exportation des gamètes conservés en France qui a été opposé à une femme dont le mari est décédé sur le fondement des dispositions de l'art. L. 2141-11-1 CSP porte, eu égard à l'ensemble des circonstances de la présente affaire, une atteinte manifestement excessive à son droit au respect de la vie privée et familiale protégé par les stipulations de l'art. 8 de la CEDH. • Même arrêt.

2. Refus d'autorisation d'exploitation de gamètes et condition de limite d'âge. V. note 6, ss. art. L. 2141-2.

Art. L. 2141-12 *(L. n° 2004-800 du 6 août 2004, art. 24-I-11°)* Les modalités d'application du présent chapitre sont déterminées par décret en Conseil d'État, et notamment :

1° Les modalités d'application de l'article L. 2141-6 et notamment les activités soumises à l'autorisation prévue par le dernier alinéa de cet article ;

2° Les règles de sécurité sanitaire auxquelles est subordonnée la mise en œuvre de l'assistance médicale à la procréation ;

(Ord. n° 2008-480 du 22 mai 2008, art. 3) « 3° Les conditions d'autorisation des activités d'importation et d'exportation de gamètes et de tissus germinaux mentionnées à l'article L. 2141-11-1. »

CHAPITRE II CONDITIONS D'AUTORISATION ET DE FONCTIONNEMENT DES ÉTABLISSEMENTS DE SANTÉ, DES LABORATOIRES D'ANALYSES DE BIOLOGIE MÉDICALE ET DES AUTRES ORGANISMES *(Ord. n° 2008-480 du 22 mai 2008, art. 4)*.

Art. L. 2142-1 Les activités cliniques d'assistance médicale à la procréation, à l'exception de l'insémination artificielle *(L. n° 2004-800 du 6 août 2004, art. 24-II-1°)* « et de la stimulation ovarienne », ne peuvent être pratiquées que dans des établissements de santé.

(Ord. n° 2010-49 du 13 janv. 2010, art. 3) « Sous réserve de l'alinéa suivant, les activités biologiques d'assistance médicale à la procréation ne peuvent être pratiquées que dans les laboratoires de biologie médicale accrédités selon les modalités prévues par les dispositions du chapitre Ier du titre II du livre II de la sixième partie. »

(Ord. n° 2008-480 du 22 mai 2008, art. 4-2°-b) « Les activités cliniques et biologiques d'assistance médicale à la procréation relatives aux gamètes en vue de don ne peuvent être pratiquées que dans des organismes et établissements de santé publics, ou dans des organismes et établissements de santé privés à but non lucratif. Aucune rémunération à l'acte ne peut être perçue par les praticiens au titre de ces activités. »

A l'exception de l'insémination artificielle *(L. n° 2004-800 du 6 août 2004, art. 24-II-1°)* « et de la stimulation ovarienne », les activités, tant cliniques que biologiques, d'assistance médicale à la procréation doivent être autorisées suivant les modalités prévues par les dispositions du chapitre II du titre II du livre Ier de la partie VI du présent code. *(Abrogé par Ord. n° 2010-49 du 13 janv. 2010, art. 3)* ***« Cette autorisation vaut dérogation, au sens des dispositions du septième alinéa de l'article L. 6221-9 pour*** *(Ord. n° 2008-480 du 22 mai 2008, art. 4-2°-c)* ***« les laboratoires d'analyses de biologie médicale ». »***

Pour être autorisés à exercer ces activités, *(Ord. n° 2008-480 du 22 mai 2008, art. 4-2°-d)* « les établissements, les laboratoires et les organismes mentionnés aux premier, deuxième et troisième alinéas » *(Ord. n° 2017-28 du 12 janv. 2017, art. 2-3°)* « ainsi que, le cas échéant, les groupements de coopération sanitaire » doivent *(L. n° 2011-814 du 7 juill. 2011, art. 30-III-1°)* « faire appel à des praticiens en mesure de prouver leur compétence et » remplir les conditions déterminées en application des dispositions susmentionnées de la partie VI du présent code et des conditions de fonctionnement déterminées par voie réglementaire.

(L. n° 2004-800 du 6 août 2004, art. 24-II-2° et 3°) « L'autorisation porte sur une ou plusieurs des activités d'assistance médicale à la procréation, avec ou sans tiers don-

neur. Elle est délivrée pour une durée de *(Ord. nº 2018-4 du 3 janv. 2018, art. 2)* « sept ans ».

« La mise en œuvre de la fécondation *in vitro* est subordonnée à la réunion des autorisations clinique et biologique mentionnées au *(Ord. nº 2008-480 du 22 mai 2008, art. 4)* « quatrième » alinéa. »

COMMENTAIRE

V. Commentaire reproduit sur Dalloz.fr.

Art. L. 2142-1-1 *Abrogé par L. nº 2011-814 du 7 juill. 2011, art. 30-III-2º.*

Art. L. 2142-2 *(Ord. nº 2008-480 du 22 mai 2008, art. 4)* « Tout établissement, organisme *(Ord. nº 2017-28 du 12 janv. 2017, art. 2-4º)* « , groupement de coopération sanitaire » ou laboratoire » *(L. nº 2004-800 du 6 août 2004, art. 24-II-5º)* « autorisé à pratiquer des activités d'assistance médicale à la procréation est tenu de présenter à l'*(Ord. nº 2010-177 du 23 févr. 2010, art. 9-I-2º)* « agence régionale de santé » et à l'Agence de la biomédecine un rapport annuel d'activité suivant des modalités déterminées par arrêté du ministre chargé de la santé. »

Il est également tenu d'établir et de conserver des registres relatifs aux gamètes *(L. nº 2004-800 du 6 août 2004, art. 24-II-6º)* « , aux tissus germinaux » et aux embryons qu'il conserve.

Art. L. 2142-3 *(Ord. nº 2008-480 du 22 mai 2008, art. 4)* « Toute violation constatée dans un établissement, un organisme *(Ord. nº 2017-28 du 12 janv. 2017, art. 2-2º)* « , un groupement de coopération sanitaire » ou un laboratoire, et du fait de celui-ci, des prescriptions législatives et réglementaires applicables à l'assistance médicale à la procréation, entraîne le retrait temporaire ou définitif des autorisations prévues à l'article L. 2142-1, dans les conditions fixées à l'article L. 6122-13. »

(L. nº 2004-800 du 6 août 2004, art. 24-II-7º) « Le retrait de l'autorisation est également encouru en cas de violation des prescriptions fixées par l'autorisation ou si le volume d'activité ou la qualité des résultats sont insuffisants. »

COMMENTAIRE

V. Commentaire reproduit sur Dalloz.fr.

Art. L. 2142-3-1 *(Ord. nº 2008-480 du 22 mai 2008, art. 4)* Dans chaque établissement, organisme *(Ord. nº 2017-28 du 12 janv. 2017, art. 2-4º)* « , groupement de coopération sanitaire » ou laboratoire autorisé à pratiquer des activités biologiques d'assistance médicale à la procréation, il est désigné une personne responsable, chargée de veiller au respect des dispositions législatives et réglementaires relatives à la qualité et à la sécurité des gamètes, des tissus germinaux et des embryons. *(Abrogé par L. nº 2011-814 du 7 juill. 2011, art. 30-III-3º)* « ***La personne responsable est titulaire de l'agrément mentionné à l'article L. 2142-1-1.*** »

Dans les laboratoires d'examens de biologie médicale, la personne responsable est le directeur ou un directeur adjoint du laboratoire.

COMMENTAIRE

V. Commentaire reproduit sur Dalloz.fr.

Art. L. 2142-4 *(L. nº 2004-800 du 6 août 2004, art. 24-II-9º)* Les modalités d'application du présent chapitre sont déterminées par décret en Conseil d'État, et notamment :

1º Les *(Ord. nº 2008-480 du 22 mai 2008, art. 4)* « activités » cliniques et biologiques d'assistance médicale à la procréation ;

2º *(Ord. nº 2008-480 du 22 mai 2008, art. 4)* « Les conditions de fonctionnement que doivent remplir les établissements, les organismes *(Ord. nº 2017-28 du 12 janv. 2017, art. 2-5º)* « , les groupements de coopération sanitaire » et les laboratoires mentionnés aux premier, deuxième et troisième alinéas de l'article L. 2142-1 pour être autorisés à exercer des activités d'assistance médicale à la procréation » ;

(Abrogé par L. nº 2011-814 du 7 juill. 2011, art. 30-III-4º) « ***3º Les conditions de formation et d'expérience requises des praticiens pour qu'ils soient agréés pour pratiquer des activités d'assistance médicale à la procréation*** » ;

4° Les conditions d'exercice et d'organisation de l'ensemble des activités d'assistance médicale à la procréation définies à l'article L. 2141-1 ;

5° Les conditions dans lesquelles *(Ord. n° 2008-480 du 22 mai 2008, art. 4)* **« les établissements, organismes** *(Ord. n° 2017-28 du 12 janv. 2017, art. 2-5°)* **« , groupements de coopération sanitaire » et laboratoires » sont tenus d'établir et de conserver des registres relatifs aux gamètes, aux tissus germinaux et aux embryons qu'ils conservent et les obligations auxquelles ils sont tenus au regard de la conservation des gamètes, des tissus germinaux et des embryons, notamment lorsqu'ils cessent leur activité ;**

6° Les dispositions précisant les modalités pratiques de la mise en œuvre des déplacements d'embryons prévus à l'article L. 2141-9 ;

(Ord. n° 2008-480 du 22 mai 2008, art. 4) **« 7° Les conditions de formation et d'expérience ainsi que les missions de la personne responsable mentionnée à l'article L. 2142-3-1. »**

TITRE CINQUIÈME RECHERCHE SUR L'EMBRYON ET LES CELLULES SOUCHES EMBRYONNAIRES *(L. n° 2011-814 du 7 juill. 2011, art. 43-1°).*

BIBL. : ▸ **Sur la loi n° 2013-715 du 6 août 2013, tendant à modifier la loi n° 2011-814 du 7 juill. 2011 relative à la bioéthique :** THOUVENIN, La recherche sur l'embryon et les cellules souches embryonnaires : interdiction avec dérogation ou autorisation sous conditions, *RDSS 2014. 283*. – BIOY et RIAL-SEBBAG, L'autorisation de la recherche sur l'embryon : évolution ou révolution, *AJDA 2013. 2204* ; L'évolution de la recherche sur l'embryon, une question de principes ?, *LPA 17 déc. 2013, n° 251, p. 4*. – CAYOL, La loi du 6 août 2013 : un pas de plus vers la requalification des embryons *in vitro*, *LPA 23 oct. 2013, n° 212, p. 4*. – LEROYER, Embryon, recherche, cellules souches, *RTD civ. 2013. 895*.

▸ **Sur les dispositions antérieures à la loi du 6 août 2013 :** VIGNEAU, Les dispositions de la loi « bioéthique » du 7 juillet 2011 relatives à l'embryon et au fœtus humain, *D. 2011. 2224*. – DEPADT-SEBAG, La recherche embryonnaire à la lumière du projet de réforme de la loi relative à la bioéthique, *LPA 21 janv. 2011, n° 15, p. 5*. – MIRKOVIC, Statut de l'embryon ; la question interdite !, *JCP 2010. 177, n° 99*. – PARICARD, La recherche médicale et le droit : une relation ambivalente, *RDSS 2009. 98*. – CLERCKX, L'embryon humain. Le législateur, le début de la vie et la loi relative à la bioéthique, *RD publ. 2006. 737*. – GAUMONT-PRAT, La brevetabilité des inventions impliquant des cellules souches, *D. 2005. 3087*. – PÉDROT et PAUVERT, La législation applicable aux cellules souches embryonnaires, *LPA 18 févr. 2005, p. 77*. – BRUSSORIO, La loi du 16 août 2004 relative à la bioéthique : la recherche sur l'embryon enfin autorisée, *Gaz. Pal. 12 août 2004, p. 2*. – ALTAVILLA, L'Europe face à la recherche sur les cellules souches : enjeux éthiques et juridiques, *RGDM 2004, n° 14, p. 159*. – BINET, *JCP 2004. Actu. 540* ; La recherche sur l'embryon humain *in vitro*. Variation sur le thème de l'interdit, *RGDM 2004, n° 14, p. 225*. – CAYLA, Interdiction du clonage humain par le Conseil de l'Europe, *RDSS 1998. 283*. – MATHIEU, La recherche sur l'embryon au regard des droits fondamentaux constitutionnels, *D. 1999. Chron. 451*.

▸ **Sur l'embryon et la ratification de la convention d'Oviedo :** BACACHE, Décret n° 2012-855 du 5 juillet 2012 portant publication de la Convention pour la protection des droits de l'homme et de la dignité de l'être humain à l'égard des applications de la biologie et de la médecine, *RTD civ. 2012. 785*. – BINET, Ratification de la convention d'Oviedo : la fin d'une longue attente, *JCP 2012, n° 1, p. 3*. – MIRKOVIC, La ratification (enfin !) de la convention d'Oviedo sur les droits de l'homme et la biomédecine, *D. 2012. 110*. – TEBOUL, Ratification de la convention d'Oviedo par la France, *Éthique et santé mars 2012, n° 1, p. 1*. – THIERRY, La France enfin liée par la convention d'Oviedo sur les droits de l'homme et la biomédecine, *RDSS 2012. 839*.

CHAPITRE UNIQUE

Art. L. 2151-1 *(L. n° 2004-800 du 6 août 2004, art. 25)* **Comme il est dit au troisième alinéa de l'article 16-4 du code civil ci-après reproduit :**

Art. 16-4 (troisième alinéa) Est interdite toute intervention ayant pour but de faire naître un enfant génétiquement identique à une autre personne vivante ou décédée.

COMMENTAIRE

V. Commentaire reproduit sur Dalloz.fr.

Art. L. 2151-2 *(L. nº 2004-800 du 6 août 2004, art. 25)* **La conception *in vitro* d'embryon ou la constitution par clonage d'embryon humain à des fins de recherche est interdite.**

(L. nº 2011-814 du 7 juill. 2011, art. 40) **« La création d'embryons transgéniques ou chimériques est interdite. »**

COMMENTAIRE

V. Commentaire reproduit sur Dalloz.fr.

Art. L. 2151-3 *(L. nº 2004-800 du 6 août 2004, art. 25)* **Un embryon humain ne peut être ni conçu, ni constitué par clonage, ni utilisé, à des fins commerciales ou industrielles.**

BIBL. ▶ GALLOUX, Non à l'embryon industriel : le droit européen des brevets au secours de la bioéthique ?, *D. 2009. 578*. – DORSNER-DOLIVET, De l'interdiction du clonage à la réification de l'être humain, *JCP 2004. I. 172.*

COMMENTAIRE

V. Commentaire reproduit sur Dalloz.fr.

1. Exclusion de la brevetabilité des embryons à des fins de recherche scientifique. Les cellules souches obtenues par destruction d'embryons humains ne peuvent constituer des inventions brevetables au sens de la Dir. 98/44/CE du 6 juill. 1998, relative à la protection juridique des inventions biotechnologiques. • CJUE, gr. ch., 18 oct. 2011, *Brüstle c/ Greenpeace,* nº C-34/10 : *D. 2012. 40, note Galloux ; Gaz. Pal. 15-16 avr. 2012, p. 14, chron. Marino ; JCP 2012, p. 146, note Martial-Braz et Binet ; Propr. ind. janv. 2012. Comm. 2, obs. Chemtob-Concé ; ibid sept. 2012. Étude 15, note Malherbe et Galloux ; RDC 2012. 593, note Noiville et Brunet ; RTD civ. 2012. 85, note Hauser ; RTD eur. 2012, nº 2, p. 396, note Benoit-Rohmer.* ♦ Dans le même sens, • oeb. ch. rec. jur., 4 févr. 2014, *Technion research and Development Foundation LTD, T. 2221/10 : RDSS 2014. 699, note Mahalatchimy.*

2. Définition de l'embryon humain. Sur la définition de l'embryon humain au regard de la Dir. nº 98/44 du 6 juill. 1998, V. • CJUE, gr. ch., 18 oct. 2011, *Brüstle c/ Greenpeace,* nº C-34/10 : *préc. note 1.* ♦ V. également, sur le point de savoir si les parthénotes constituent des embryons humains, les conclusions de l'avocat général sur • CJUE 17 juill. 2014, *International Stem Celle Corporation,* nº C-364/13 : *Gaz. Pal. 6 nov. 2014, nº 310, p. 16, chron. Marino.* ♦ ... Ainsi que l'arrêt subséquent • CJUE 18 déc. 2014, nº C-364/13 : *Gaz. Pal. nºs 63 et 64, 4 et 5 mars 2015, p. 17, note Marino ; JCP 2 févr. 2015, nº 5, p. 135, note Byk ; JCP E 23 avr. 2015, nº 17, p. 1209, note Mendoza-Caminade ; RTD civ. 2015. 97, obs. Hauser ; AJ fam. 2015. 11, obs. Dionisi-Peyrusse.*

Art. L. 2151-4 *(L. nº 2004-800 du 6 août 2004, art. 25)* **Est également interdite toute constitution par clonage d'un embryon humain à des fins thérapeutiques.**

COMMENTAIRE

V. Commentaire reproduit sur Dalloz.fr.

Art. L. 2151-5 *(L. nº 2013-715 du 6 août 2013)* I. – Aucune recherche sur l'embryon humain ni sur les cellules souches embryonnaires ne peut être entreprise sans autorisation. Un protocole de recherche conduit sur un embryon humain ou sur des cellules souches embryonnaires issues d'un embryon humain ne peut être autorisé que si :

1º La pertinence scientifique de la recherche est établie ;

2º La recherche, fondamentale ou appliquée, s'inscrit dans une finalité médicale ;

3º *En l'état des connaissances scientifiques,* cette recherche ne peut être menée sans recourir à ces embryons ou ces cellules souches embryonnaires ;

4º Le projet et les conditions de mise en œuvre du protocole respectent les principes éthiques relatifs à la recherche sur l'embryon et les cellules souches embryonnaires.

II. – Une recherche ne peut être menée qu'à partir d'embryons conçus *in vitro* dans le cadre d'une assistance médicale à la procréation et qui ne font plus l'objet d'un projet parental. La recherche ne peut être effectuée qu'avec le consentement écrit préa-

lable du couple dont les embryons sont issus, ou du membre survivant de ce couple, par ailleurs dûment informés *[informé]* **des possibilités d'accueil des embryons par un autre couple ou d'arrêt de leur conservation. A l'exception des situations mentionnées au dernier alinéa de l'article L. 2131-4 et au troisième alinéa de l'article L. 2141-3, le consentement doit être confirmé à l'issue d'un délai de réflexion de trois mois. Le consentement des deux membres du couple ou du membre survivant du couple est révocable sans motif tant que les recherches n'ont pas débuté.**

III. — Les protocoles de recherche sont autorisés par l'Agence de la biomédecine après vérification que les conditions posées au I du présent article sont satisfaites. La décision de l'agence, assortie de l'avis du conseil d'orientation, est communiquée aux ministres chargés de la santé et de la recherche qui peuvent, dans un délai d'un mois et conjointement, demander un nouvel examen du dossier ayant servi de fondement à la décision :

1° En cas de doute sur le respect des principes éthiques ou sur la pertinence scientifique d'un protocole autorisé. L'agence procède à ce nouvel examen dans un délai de trente jours. En cas de confirmation de la décision, la validation du protocole est réputée acquise ;

2° Dans l'intérêt de la santé publique ou de la recherche scientifique, lorsque le protocole a été refusé. L'agence procède à ce nouvel examen dans un délai de trente jours. En cas de confirmation de la décision, le refus du protocole est réputé acquis.

En cas de violation des prescriptions législatives et réglementaires ou de celles fixées par l'autorisation, l'agence suspend l'autorisation de la recherche ou la retire. L'agence diligente des inspections comprenant un ou des experts n'ayant aucun lien avec l'équipe de recherche, dans les conditions fixées à l'article L. 1418-2.

IV. — Les embryons sur lesquels une recherche a été conduite ne peuvent être transférés à des fins de gestation.

(L. n° 2016-41 du 26 janv. 2016, art. 155-III) **« V. — Sans préjudice du titre IV du présent livre Ier, des recherches biomédicales menées dans le cadre de l'assistance médicale à la procréation peuvent être réalisées sur des gamètes destinés à constituer un embryon ou sur l'embryon** ***in vitro*** **avant ou après son transfert à des fins de gestation, si chaque membre du couple y consent. Ces recherches sont conduites dans les conditions fixées au titre II du livre Ier de la première partie. »**

En application des art. L. 231-5 et L. 231-6 du CRPA, le silence gardé pendant deux mois par l'administration vaut décision de rejet pour les demandes d'autorisation accordée pour la recherche sur l'embryon humain et les cellules souches embryonnaires (Décr. n° 2014-1286 du 23 oct. 2014, art. 1er et 2).

BIBL. ▶ Sorin, Recherches sur des cellules souches : consentement du couple donneur, *AJDA 2016. 843*. – Vigneau, L'AMP dans l'éprouvette des pouvoirs publics, *Dict. perm. Santé, bioéthique et biotechnologies, Bull. n° 269, avr. 2016. 1* ; La recherche sur l'embryon humain... dans les starting-blocks !, *Dict. perm. Bioéthique et biotechnologies, mai 2012, Bull. n° 226, p. 1.*

COMMENTAIRE

V. Commentaire reproduit sur Dalloz.fr.

1. Autorisation de recherche sur des cellules souches embryonnaires importées. Le CE a ordonné la suspension pour quatre mois de la décision du ministre autorisant un laboratoire à procéder à des recherches sur des cellules souches humaines d'origine embryonnaire importées, en raison du doute sérieux pesant sur la légalité de cette décision au regard de l'art. L. 2141-8 et de l'urgence. • CE 13 nov. 2002, *Assoc. Alliance pour les droits de la vie*, n° 248310 : *Lebon 393* ; *AJDA 2002. 1507, concl. Chauvaux* ; *D. 2003. 89, note Moutouh* ; *Gaz. Pal. 24 avr. 2003, p. 37, note Beslay.* ♦ Mais le tribunal administratif de Paris a rejeté la requête au fond : dans la mesure où les cellules souches ne sont pas des embryons, la décision ministérielle n'entre pas en contradiction avec les dispositions interdisant la conception *in vitro* d'embryons humains à des fins d'étude, de recherche ou d'expérimentation. • TA Paris, 21 janv. 2003, *Assoc. Alliance pour les droits de la vie* : *AJDA 2003. 1563, note Hennette-Vauchez* ; *LPA 2003, n° 196, p. 7, note Pauvert* ; *RFDA 2003. 763, concl. Guedj* ; *D. 2003. IR 532*. ♦ La cour administrative d'appel de Paris a confirmé le jugement du tribunal administratif. • CAA Paris, 9 mai 2005, *Assoc. Alliance pour les droits de la vie*, n° 03PA00950.

2. Obligation de motivation d'une autorisation de recherche. La décision par laquelle l'Agence de la Biomédecine autorise un protocole de recherche sur les cellules embryonnaires déroge à la règle d'interdiction de la recherche sur l'embryon humain fixée à l'art. L. 2151-5 CSP, dans sa rédaction antérieure aux lois des 7 juill. 2011 et 6 août 2013, et doit ainsi être motivée, en vertu de la loi n° 79-587 du 11 juill. 1979. • CE 23 déc. 2014, *Agence de la Biomédecine*, n° 360958 : *Lebon T. 496, ibid. 872, ibid. 874 ; Dict. perm. Santé, bioéthique, biotechnologies, n° 256, févr. 2015, p. 1, obs. Vigneau.*

3. Constitutionnalité des dispositions relatives à la recherche sur l'embryon dans leur rédaction issue de la loi n° 2011-814 du 7 juill. 2011. Les conditions fixées par la loi à l'autorisation de recherche sur l'embryon ne sont ni imprécises ni équivoques et, partant, ne sont pas contraires à l'objectif constitutionnel d'accessibilité et d'intelligibilité de la loi. En outre, la délivrance des autorisations de recherche, qui obéit à des conditions fixées par le législateur, étant entourée de garanties effectives, ces dispositions ne méconnaissent pas le principe de sauvegarde de dignité de la personne humaine. • Cons. const. 1er août 2013, n° 2013-674 DC : *Constitutions 2013. 443, chron. Bioy ; JCP 2013. 904, note Mathieu.*

4. Règles applicables en matière de consentement du couple donneur. La situation juridique, qui résulte du consentement formulé par un couple donneur à des recherches sur leur embryon, est constituée à la date à laquelle ce consentement est délivré et ne peut être remise en cause par une modification ultérieure des dispositions législatives et réglementaires applicables à la délivrance du consentement. • CE 28 juill. 2017, n° 397419 : *Lebon.* ♦ Ceci ne fait pas obstacle à la possibilité pour le couple de révoquer son consentement dans les conditions prévues en ce domaine par la loi. • Même arrêt.

Art. L. 2151-6 *(L. n° 2004-800 du 6 août 2004, art. 25 ; L. n° 2011-814 du 7 juill. 2011, art. 43-2°)* **L'importation de cellules souches embryonnaires aux fins de recherche est soumise à l'autorisation préalable de l'Agence de la biomédecine. Cette autorisation ne peut être accordée que si ces cellules souches ont été obtenues dans le respect des principes fondamentaux prévus par les articles 16 à 16-8 du code civil.**

L'exportation de cellules souches embryonnaires aux fins de recherche est soumise aux mêmes conditions que l'importation définie au précédent alinéa.

En application des art. L. 231-5 et L. 231-6 du CRPA, le silence gardé pendant deux mois par l'administration vaut décision de rejet pour les demandes d'autorisation préalable accordée par l'Agence de la biomédecine pour l'importation et l'exportation de cellules souches embryonnaires aux fins de recherche (Décr. n° 2014-1286 du 23 oct. 2014, art. 1er et 2).

COMMENTAIRE

V. Commentaire reproduit sur Dalloz.fr.

Art. L. 2151-7 *(L. n° 2004-800 du 6 août 2004, art. 25)* **Tout organisme qui assure, à des fins** *(L. n° 2011-814 du 7 juill. 2011, art. 43-3°)* **« de recherche, la conservation d'embryons ou » de cellules souches embryonnaires doit être titulaire d'une autorisation délivrée par l'Agence de la biomédecine.**

La délivrance de l'autorisation est subordonnée au respect des dispositions du titre Ier du livre II de la première partie du présent code, des règles en vigueur en matière de sécurité des personnes exerçant une activité professionnelle sur le site et des dispositions applicables en matière de protection de l'environnement, ainsi qu'au respect des règles de sécurité sanitaire.

En cas de non-respect des dispositions mentionnées au deuxième alinéa, l'Agence de la biomédecine peut, à tout moment, suspendre ou retirer l'autorisation.

(L. n° 2011-2012 du 29 déc. 2011, art. 5-IV) **« L'Agence nationale de sécurité du médicament et des produits de santé » est informée des activités de conservation** *(L. n° 2011-814 du 7 juill. 2011, art. 43-3°)* **« d'embryons ou de cellules souches embryonnaires à des fins de recherche » réalisées sur le même site que des activités autorisées par elle en application** *(L. n° 2012-387 du 22 mars 2012, art. 122-VII)* **« de l'article L. 1243-2 ».**

Les organismes mentionnés au premier alinéa ne peuvent céder *(L. n° 2011-814 du 7 juill. 2011, art. 43-3°)* **« des embryons ou » des cellules souches embryonnaires qu'à un organisme titulaire d'une autorisation délivrée en application du présent article ou de l'article L. 2151-5. L'Agence de la biomédecine est informée préalablement de toute cession.**

En application des art. L. 231-5 et L. 231-6 du CRPA, le silence gardé pendant deux mois par l'administration vaut décision de rejet pour les demandes d'autorisation délivrée à tout organisme qui assure, à des fins scientifiques, la conservation de cellules souches embryonnaires (Décr. n° 2014-1286 du 23 oct. 2014, art. 1er et 2).

COMMENTAIRE

V. Commentaire reproduit sur Dalloz.fr.

Art. L. 2151-7-1 *(L. n° 2011-814 du 7 juill. 2011, art. 53)* **Aucun chercheur, aucun ingénieur, technicien ou auxiliaire de recherche quel qu'il soit, aucun médecin ou auxiliaire médical n'est tenu de participer à quelque titre que ce soit aux recherches sur des embryons humains ou sur des cellules souches embryonnaires autorisées en application de l'article L. 2151-5.**

COMMENTAIRE

V. Commentaire reproduit sur Dalloz.fr.

Art. L. 2151-8 *(L. n° 2004-800 du 6 août 2004, art. 25)* **Les modalités d'application du présent chapitre sont fixées par décret en Conseil d'État, notamment les conditions d'autorisation et de mise en œuvre des recherches menées** *(L. n° 2011-814 du 7 juill. 2011, art. 43-4°)* **« sur des embryons et sur des cellules souches embryonnaires ».**

TITRE SIXIÈME DISPOSITIONS PÉNALES

BIBL. ▶ Bénéjat, Les relations du droit pénal et de la bioéthique, *AJ pénal 2012. 392*.

CHAPITRE PREMIER DIAGNOSTIC PRÉNATAL

Art. L. 2161-1 **Comme il est dit à l'article 511-20 du code pénal ci-après reproduit :**

Art. 511-20 Le fait de procéder au diagnostic prénatal sans avoir reçu l'autorisation mentionnée à l'article L. 2131-1 du code de la santé publique est puni de deux ans d'emprisonnement et de 30 000 € d'amende.

Art. L. 2161-2 **Comme il est dit à l'article 511-21 du code pénal ci-après reproduit :**

Art. 511-21 (L. n° 2004-800 du 6 août 2004, art. 28-II) Le fait de méconnaître les dispositions de l'article L. 2131-4 et L. 2134-4-1 relatifs au diagnostic préimplantatoire est puni de deux ans d'emprisonnement et de 30 000 € d'amende.

CHAPITRE II ASSISTANCE MÉDICALE À LA PROCRÉATION

Art. L. 2162-1 **Comme il est dit à l'article 511-15 du code pénal ci-après reproduit :**

Art. 511-15 Le fait d'obtenir des embryons humains contre un paiement, quelle qu'en soit la forme, est puni de sept ans d'emprisonnement et de 100 000 € d'amende.

Est puni des mêmes peines le fait d'apporter son entremise pour favoriser l'obtention d'embryons humains contre un paiement, quelle qu'en soit la forme, ou de remettre à des tiers, à titre onéreux, des embryons humains.

Art. L. 2162-2 **Comme il est dit à l'article 511-16 du code pénal ci-après reproduit :**

Art. 511-16 (L. n° 2004-800 du 6 août 2004, art. 28-II-3°) Le fait d'obtenir des embryons *humains sans* respecter les conditions prévues aux articles L. 2141-5 et L. 2141-6 du code de la santé publique est puni de sept ans d'emprisonnement et de 100 000 € d'amende.

Art. L. 2162-3 **Comme il est dit à l'article 511-22 du code pénal ci-après reproduit :**

Art. 511-22 (L. n° 2004-800 du 6 août 2004, art. 28-II-12°) Le fait de mettre en œuvre des activités d'assistance médicale à la procréation sans avoir recueilli l'autorisation prévue par le *(Ord. n° 2008-480 du 22 mai 2008, art. 5)* « quatrième » alinéa de l'article L. 2142-1 du code de la santé publique ou sans se conformer aux prescriptions de cette dernière est puni de deux ans d'emprisonnement et de 30 000 euros d'amende.

Art. L. 2162-4 **Comme il est dit à l'article 511-23 du code pénal ci-après reproduit :**

Art. 511-23 (*L. n° 2004-800 du 6 août 2004, art. 28-II-12°*) Le fait d'introduire des embryons humains sur le territoire où s'applique le code de la santé publique ou de les sortir de ce territoire sans l'autorisation prévue à l'article L. 2141-9 du code de la santé publique est puni de trois ans d'emprisonnement et de 45 000 euros d'amende.

Art. L. 2162-5 **Comme il est dit à l'article 511-24 du code pénal ci-après reproduit :**

Art. 511-24 Le fait de procéder à des activités d'assistance médicale à la procréation à des fins autres que celles définies à l'article L. 2141-2 du code de la santé publique est puni de cinq ans d'emprisonnement et de 75 000 € d'amende.

Art. L. 2162-6 (*L. n° 2004-800 du 6 août 2004, art. 25-I-28-II-14° et 32-A*) **Comme il est dit à l'article 511-25 du code pénal ci-après reproduit :**

Art. 511-25 I. — Le fait d'exercer les activités nécessaires à l'accueil d'un embryon humain dans des conditions fixées à l'article L. 2141-6 du code de la santé publique :

1° Sans s'être préalablement assuré qu'a été obtenue l'autorisation judiciaire prévue au deuxième alinéa dudit article ;

2° Ou sans avoir pris connaissance des résultats des tests de dépistage des maladies infectieuses exigés au sixième alinéa du même article ;

3° Ou en dehors d'un établissement autorisé conformément aux dispositions du septième alinéa du même article,

est puni de deux ans d'emprisonnement et de 30 000 euros d'amende.

II. — Est puni des mêmes peines le fait de divulguer une information nominative permettant d'identifier à la fois le couple qui a renoncé à l'embryon et le couple qui l'a accueilli.

Art. L. 2162-7 (*L. n° 2004-800 du 6 août 2004, art. 25-I et 32-A-II-1° et 2°*) **Comme il est dit à l'article 511-26 du code pénal, la tentative des délits prévus par les articles L. 2162-1, L. 2162-2 et L. 2163-6 est punie des mêmes peines.**

Art. L. 2162-8 (*Ord. n° 2008-480 du 22 mai 2008, art. 5*) **Comme il est dit à l'article 511-25-1 du code pénal ci-après reproduit :**

Art. 511-25-1 Est puni de deux ans d'emprisonnement et de 30 000 € d'amende :

1° Le fait d'importer ou d'exporter des gamètes ou des tissus germinaux sans avoir recueilli l'autorisation prévue à l'article L. 2141-11-1 du code de la santé publique ;

2° Le fait d'importer ou d'exporter des gamètes ou des tissus germinaux pour des finalités autres que celles prévues dans l'autorisation mentionnée à l'article L. 2141-11-1 du code de la santé publique.

CHAPITRE III RECHERCHE SUR L'EMBRYON ET LES CELLULES EMBRYONNAIRES

(*L. n° 2004-800 du 6 août 2004, art. 32-III*)

Art. L. 2163-1 (*L. n° 2004-800 du 6 août 2004, art. 25-I et 32-A*) **Comme il est dit à l'article 214-2 du code pénal ci-après reproduit :**

Art. 214-2 Le fait de procéder à une intervention ayant pour but de faire naître un enfant génétiquement identique à une autre personne vivante ou décédée est puni de trente ans de réclusion criminelle et de 7 500 000 € d'amende.

Art. L. 2163-2 (*L. n° 2004-800 du 6 août 2004, art. 25-I et 32-A*) **Comme il est dit aux articles 511-1 et 511-1-1 du code pénal ci-après reproduits :**

Art. 511-1 Est puni de dix ans d'emprisonnement et de 150 000 € d'amende le fait de se prêter à un prélèvement de cellules ou de gamètes, dans le but de faire naître un enfant génétiquement identique à une autre personne, vivante ou décédée.

Art. 511-1-1 Dans le cas où le délit prévu à l'article 511-1 est commis à l'étranger par un Français ou par une personne résidant habituellement sur le territoire français, la loi française est applicable par dérogation au deuxième alinéa de l'article 113-6 et les dispositions de la seconde phrase de l'article 113-8 ne sont pas applicables.

Art. L. 2163-3 *(L. nº 2004-800 du 6 août 2004, art. 25-I et 32-A)* **Comme il est dit à l'article 511-17 du code pénal ci-après reproduit :**

Art. 511-17 Le fait de procéder à la conception *in vitro* ou à la constitution par clonage d'embryons humains à des fins industrielles ou commerciales est puni de sept ans d'emprisonnement et de 100 000 € d'amende.

Est puni des mêmes peines le fait d'utiliser des embryons humains à des fins industrielles ou commerciales.

Art. L. 2163-4 *(L. nº 2004-800 du 6 août 2004, art. 25-I et 32-A)* **Comme il est dit à l'article 511-18 du code pénal ci-après reproduit :**

Art. 511-18 Le fait de procéder à la conception *in vitro* ou à la constitution par clonage d'embryons humains à des fins de recherche est puni de sept ans d'emprisonnement et de 100 000 € d'amende.

Art. L. 2163-5 *(L. nº 2004-800 du 6 août 2004, art. 25-I et 32-A)* **Comme il est dit à l'article 511-18-1 du code pénal ci-après reproduit :**

Art. 511-18-1 Le fait de procéder à la constitution par clonage d'embryons humains à des fins thérapeutiques est puni de sept ans d'emprisonnement et de 100 000 € d'amende.

Art. L. 2163-6 *(L. nº 2004-800 du 6 août 2004, art. 25-I et 32-A)* **Comme il est dit à l'article 511-19 du code pénal ci-après reproduit :**

Art. 511-19 I. — Le fait de procéder à une étude ou une recherche sur l'embryon humain :

1º Sans avoir préalablement obtenu le consentement écrit et l'autorisation visés à l'article L. 2151-5 du code de la santé publique, ou alors que cette autorisation est retirée, suspendue, ou que le consentement est révoqué ;

2º Sans se conformer aux prescriptions législatives et réglementaires ou à celles fixées par cette autorisation,

est puni de sept ans d'emprisonnement et de 100 000 € d'amende.

II. — Le fait de procéder à une étude ou une recherche sur des cellules souches embryonnaires :

1º Sans avoir préalablement obtenu le consentement écrit et l'autorisation visés à l'article L. 2151-5 du code de la santé publique, ou alors que cette autorisation est retirée, suspendue, ou que le consentement est révoqué ;

2º Sans se conformer aux prescriptions législatives et réglementaires ou à celles fixées par cette autorisation,

est puni de deux ans d'emprisonnement et de 30 000 € d'amende.

Art. L. 2163-7 *(L. nº 2004-800 du 6 août 2004, art. 25-I et 32-A)* **Comme il est dit à l'article 511-19-2 du code pénal ci-après reproduit :**

Art. 511-19-2 Est puni de deux ans d'emprisonnement et de 30 000 € d'amende :

1º Le fait de conserver des cellules souches embryonnaires sans avoir obtenu l'autorisation mentionnée à l'article L. 2151-7 du code de la santé publique ou *alors que* cette autorisation est retirée ou suspendue ;

2º Le fait de conserver des *cellules* souches embryonnaires sans se conformer aux règles mentionnées au deuxième alinéa de l'article L. 2151-7 du même code ;

3º Le fait de céder des cellules souches embryonnaires à des organismes non titulaires de l'autorisation délivrée en application de l'article L. 2151-5 ou de l'article L. 2151-7 du même code ;

4º Le fait d'avoir cédé des cellules souches embryonnaires sans en avoir informé préalablement l'Agence de la biomédecine.

Art. L. 2163-8 *(L. nº 2004-800 du 6 août 2004, art. 25-I et 32-A)* **Comme il est dit à l'article 511-19-3 du code pénal ci-après reproduit :**

Art. 511-19-3 Est puni de deux ans d'emprisonnement et de 30 000 € d'amende le fait d'importer ou d'exporter, à des fins de recherche, des tissus ou des cellules embryonnaires ou fœtaux sans avoir obtenu l'autorisation mentionnée à l'article L. 2151-6 du code de la santé publique.

CHAPITRE IV DISPOSITIONS COMMUNES

Art. L. 2164-1 *(L. n° 2004-800 du 6 août 2004, art. 25-I et 32-A-I)* **Les personnes physiques coupables des infractions prévues au présent titre encourent également la peine complémentaire d'interdiction, pour une durée de dix ans au plus, d'exercer l'activité professionnelle ou sociale dans l'exercice de laquelle ou à l'occasion de laquelle l'infraction a été commise.**

Art. L. 2164-2 *(L. n° 2009-526 du 12 mai 2009, art. 125-XXI-11°)* **« Les personnes morales déclarées responsables pénalement, dans les conditions prévues par l'article 121-2 du code pénal, des infractions définies au présent titre encourent, outre l'amende suivant les modalités prévues par l'article 131-38 du code pénal, les peines prévues par l'article 131-39 du même code. »**

L'interdiction mentionnée au 2° de l'article 131-39 du code pénal porte sur l'activité dans l'exercice ou à l'occasion de l'exercice de laquelle l'infraction a été commise.

LIVRE DEUXIÈME INTERRUPTION VOLONTAIRE DE GROSSESSE

RÉP. PÉN. v° *Interruption volontaire de grossesse.*

BIBL. ▸ DREIFUSS-NETTER, Interruption volontaire de grossesse, Droit de la santé Lamy, *étude 326.* – LAMARCHE, Simone Veil : une femme, une loi pour l'histoire des femmes, *Dr. fam. 2017, n° 9, p. 55.* – THOMAS-TAILLANDIER, Le régime de responsabilité des professionnels de santé en cas de privation du droit d'avorter, *Gaz. Pal. 9-11 août 2015, n°s 221 à 223, p. 17.* – ROMAN, L'avortement devant la Cour européenne des droits de l'homme : l'Europe contre les femmes et au mépris de son histoire, *RDSS 2011. 293* – IGAS, Évaluation des politiques de prévention des grossesses non désirées et de prise en charge des interruptions volontaires de grossesse à la suite de la loi du 4 juillet 2001, *Rapport RM 2009-112P, oct. 2009.* – Les trente ans de la loi sur l'IVG. Bilan et perspectives, *RGDM 2006, n° 19, p. 13 s.* – MEMMI, Faire parler : une nouvelle technique de contrôle des corps ? L'exemple de l'avortement, *D. Justices, n° hors-série, mai 2001, p. 78.* – DENOIX DE SAINT-MARC et LABETOULLE, Biologie, secret médical et interruption volontaire de grossesse, *Inf. pharm. 1990. 105.* – SOUTOUL et PIERRE, La responsabilité médicale et les problèmes médico-légaux en obstétrique, *Maloine, 1991.* – MEYER, La protection de la vie anténatale, *RDSS 1987. 571.* – D'ONORIO, Loi Veil : réflexions sur un premier bilan, *JCP 1986. I. 3246.* – LABBÉE, La condition juridique du corps humain avant la naissance et après la mort, *thèse Lille 1986. 135.* – DRAPIER, La loi relative à l'interruption volontaire de grossesse dix ans après : histoire d'un compromis, *RD publ. 1985. 443.* – DORSNER-DOLIVET et SCEMAMA, De quelques difficultés d'application de la législation relative à l'interruption de grossesse, VIe Congrès mondial de droit médical, *Gand, août 1982, Actes II, p. 172 s.* – CAYLA, La loi du 31 décembre 1979 relative à l'interruption volontaire de la grossesse : aspects médicaux et biologiques, *RDSS 1980. 308.* – SERVERIN, La loi du 31 décembre 1979 relative à l'interruption volontaire de la grossesse : aspects juridiques et sociologiques, *RDSS 1980. 291.* – HARDOUIN, Grossesse et liberté de la femme, *Dr. soc. 1977. 287.* – VOUIN, L'avortement voulu, *D. 1976. Chron. 1.* – ROUJOU DE BOUBÉE, L'interruption volontaire de la grossesse, *D. 1975. Chron. 210.*

▸ **Sur la constitutionnalité de la loi du 17 janv. 1975 relative à l'interruption volontaire de grossesse :** ROBERT, La décision du Conseil constitutionnel du 15 janvier 1975 sur l'interruption volontaire de la grossesse, *RID comp. 1975. 873.* – TURPIN, La décision de libéraliser l'avortement en France, *Ann. Fac. Droit de Clermont-Ferrand 1975. 3.* – V. Cons. const. 15 janv. 1975, *JO 16 janv. ; AJDA 1975. II, n° 19, p. 134, note Rivero ; D. 1975. 529, note Hamon ; JCP 1975. II. 18030, note Bey ; Gaz. Pal. 1976. 1. 25, note Pellet ;* GDCC, *n° 23, p. 295, obs. Favoreu et Philip ; Cah. dr. eur. 1975. 873, note Rideau ; Rev. Marché commun 1975. 69, note Druesne ; RGDIP 1975. 1070, note Franck ; Clunet 1975. 249, note Ruzié* ; AFDI *1975. 859, note Nguyen Quoc Dinh ; RDIP 1975. 606,* note P. L.

▸ **Sur la constitutionnalité de la loi du 4 juill. 2001 relative à l'interruption volontaire de grossesse et à la contraception :** V. Cons. const. 27 juin 2001, n° 2001-446 DC : *JO 7 juill. ; D. 2001. 2533, note Mathieu ; D. 2001. 3374, note Mathieu et Verpeaux ; ibid. 2002. 1948, obs. Nicolas ; JCP 2001. II. 10635, note Franck ; RD publ. 2001. 1483, note Gimeno ; Dr. envir. oct. 2001, p. 232, note Eoche-Duval.*

1. Compatibilité de la législation française relative à l'IVG avec l'art. 6 du Pacte international sur les droits civils et publics. V. • CE, ass., 21 déc. 1990, *Conféd. nat. des assoc. familiales catholiques et a.*, n°s 105743, 105810, 105811 et 105812 : *Lebon 368, concl. Stirn ; D. 1991. 283, note Sabourin ; RD publ. 1991. 525, obs. Auby ; AJDA 1991. 157 ; RFDA 1990. 1065, concl. Stirn*. – V. aussi Auby, *RDSS 1991. 228 ; Delvolvé, RFDA 1991. 316 ; AJDA 1991. 91.*

2. Compatibilité de la législation française relative à l'IVG avec l'art. 2, § 4, de la Conv. EDH. V. • CE, ass., 21 déc. 1990, *Conféd. nat. des assoc. familiales catholiques et a.*, n°s 105743, 105810, 105811 et 105812 : *préc. note 1.* ♦ – V. aussi • TGI Montpellier, 15 déc. 1989 : *JCP 1990. II. 21556, note Gridel.* ♦ La Déclaration universelle des droits de l'homme (1948) ne peut être rangée parmi les traités ou accords ayant une autorité supérieure aux lois. • Même arrêt. ♦ Pour les cas étrangers, V. • CEDH 29 oct. 1992, *Open Door et Dublin WellWomen c/ République d'Irlande : RDSS 1993. 32, obs. Dubouis* • 20 mars 2007, *Tysiac c/ Pologne : D. 2007. 2648, note Hennion-Jacquet ; JCP 2007. II. 10071, note Mathieu ; RDSS 2007. 643, note Roman* • 30 oct. 2012, *P. et S. c/ Pologne*, n° 57375/08.

3. Interruption volontaire de grossesse et droit communautaire. L'interruption volontaire de grossesse, réalisée conformément au droit de l'État où elle a lieu, est un service au sens de l'art. 60 du Traité de Rome, mais l'État membre dispose de larges pouvoirs à son égard. • CJCE 4 oct. 1991, *The society for the protection of unborn children Ireland Ltd et Grogon etc. : RDSS 1992. 48, note Dubouis ; RTD eur. 1992. 163, note Gaudemet-Tallon ; D. 1992. IR 255.*

4. Régime des produits interrompant la grossesse. L'emploi des produits destinés à interrompre la grossesse est soumis, de plein droit, aux règles posées en la matière par les dispositions du code de la santé publique relatives à l'interruption volontaire de grossesse. • CE 17 oct. 1990, *Assoc. pour l'objection de conscience à toute participation à l'avortement et a.*, n° 105224 : *RD publ. 1991. 525, obs. Auby ; Nouv. pharm. janv.-mars 1991, p. 97* • CE, ass., 21 déc. 1990, *Conféd. nat. des assoc. familiales catholiques et a.*, n°s 105743, 105810, 105811 et 105812 : *préc. note 1.* • CE, sect., 25 janv. 1991, *Conféd. nat. des assoc. familiales catholiques et a.*, n°s 103143, 107100 et 107101 : *Lebon 30 ; RD publ. 1991. 525, note Auby ; AJDA 1991. 407 ; ibid. Chron. 362 ; RFDA 1991. 285, concl. Stirn ; D. 1991. IR 61*. – V. également, Auby, *RDSS 1991. 228 ; Delvolvé, RFDA 1991. 316 ; AJDA 1991. 91.*

5. Contrôle juridictionnel des dispositions de l'arrêté ministériel du 22 févr. 1983 modifiant la nomenclature générale des actes de biologie médicale. V. • CE 8 févr. 1989, *Conseil nat. de l'ordre des médecins*, n°s 54494, 54678, 54812 et 54813 : *RDSS 1990. 308, obs. Dubouis*.

TITRE PREMIER DISPOSITIONS GÉNÉRALES

CHAPITRE PREMIER PRINCIPE GÉNÉRAL

Art. L. 2211-1 Comme il est dit à l'article 16 du code civil ci-après reproduit :

Art. 16 La loi assure la primauté de la personne, interdit toute atteinte à la dignité de celle-ci et garantit le respect de l'être humain dès le commencement de sa vie.

Art. L. 2211-2 Il ne saurait être porté atteinte au principe mentionné à l'article L. 2211-1 qu'en cas de nécessité et selon les conditions définies par le présent titre.

L'enseignement de ce principe et de ses conséquences, l'information sur les problèmes de la vie et de la démographie nationale et internationale, l'éducation à la responsabilité, l'accueil de l'enfant dans la société et la politique familiale sont des obligations nationales. L'État, avec le concours des collectivités territoriales, exécute ces obligations et soutient les initiatives qui y contribuent.

COMMENTAIRE

V. Commentaire reproduit sur Dalloz.fr.

CHAPITRE II INTERRUPTION PRATIQUÉE AVANT LA FIN DE LA DOUZIÈME SEMAINE DE GROSSESSE

Art. L. 2212-1 La femme enceinte *(L. n° 2014-873 du 4 août 2014, art. 24)* « qui ne veut pas poursuivre une grossesse » peut demander à un médecin *(L. n° 2016-41 du 26 janv. 2016, art. 127-I-1°)* « ou à une sage-femme » l'interruption de sa grossesse. Cette interruption ne peut être pratiquée qu' *(L. n° 2001-588 du 4 juill. 2001, art. 2)* « avant la fin de la douzième semaine de grossesse ».

(L. n° 2016-41 du 26 janv. 2016, art. 127-V) **« Toute personne a le droit d'être informée sur les méthodes abortives et d'en choisir une librement.**

« Cette information incombe à tout professionnel de santé dans le cadre de ses compétences et dans le respect des règles professionnelles qui lui sont applicables. »

BIBL. ► DREES, Les interruptions volontaires de grossesse en 2010, *Études et résultats, n° 804, juin 2012.*

COMMENTAIRE

V. Commentaire reproduit sur Dalloz.fr.

1. Situation de détresse. La « situation de détresse » de l'art. L. 162-1 n'est pas assimilable à l'état de péril de l'art. 63, al. 2, ancien C. pén. • T. corr. Rouen, 9 juill. 1975 : *D. 1976. 531, note Roujou de Boubée ; JCP 1976. II. 18258, note R. Savatier ; Gaz. Pal. 1975. 2. 798, étude Zaki ; Presse méd. 27 déc. 1975, p. 3204, note Mémeteau.* ♦ N'encourt pas les sanctions pénales de l'art. 62, al. 2, ancien C. pén. le médecin qui refuse de procéder à une interruption de grossesse dans le cadre de l'art. L. 162-1 CSP. • Même arrêt. ♦ La femme majeure dispose du droit d'apprécier elle-même si sa situation justifie l'interruption d'une grossesse, sans que son époux ait à être consulté. • CE, ass., 31 oct. 1980, *Lahache*, n° 13028 : *D. 1981. 36, concl. Genevoix ; ibid. IR 167, obs. Moderne et Bon ; JCP 1982. II. 19732, note Dekeuwer-Défossez ; Quot. jur. 28 févr. 1981, p. 5, note Moderne ; RD Publ. 1981. 216, note Robert ; RDSS 1981. 247, obs. Dubouis ; ibid. 81, obs. de Forges.* ♦ La référence à la notion de détresse a été supprimée par la L. n° 2014-873 du 4 août 2014.

2. Nullité d'un contrat conclu en dehors des dispositions légales relatives à l'IVG. L'action en réparation intentée par une femme à la suite de l'échec d'une IVG et qui invoquait l'inexécution du contrat, en se référant expressément à l'art. 1147 C. civ., ne saurait être accueillie, dans la mesure où le contrat médical était nul, pour inobservation des conditions légales posées pour l'IVG. • TGI Bobigny, 15 déc. 1976 : *D. 1977. 245, note le Tourneau ; RDSS 1977. 34, obs. Dubouis ; Concours méd. 1977, p. 127, obs. Gombeault.*

3. Conventionnalité de la limitation des motifs de recours à l'IVG. Selon la Cour européenne des droits de l'homme, un État peut ne pas consacrer un droit à l'avortement pour tous motifs afin de protéger l'enfant à naître. L'État dispose d'une importante marge d'appréciation pour déterminer si un juste équilibre a été ménagé entre le droit des femmes au respect de leur vie privée, garanti par l'art. 8 de la Conv. EDH, et la protection de l'enfant à naître. • CEDH, gr. ch., 16 déc. 2010, *A, B et C c/ Irlande*, n° 25579/05 : *Constitutions 2011. 213, obs. Dubout ; D. 2011. 1360, chron. Hennette-Vauchez ; RDSS 2011. 293, note Roman ; RTD civ. 2011. 303, obs. Marguénaud.*

4. Conventionnalité de l'interdiction de l'avortement pour motifs de santé ou de bien-être. L'interdiction de l'avortement pour motif de santé ou de bien-être de la femme ne contrevient pas à l'art. 3 de la Conv. EDH prohibant les traitements inhumains ou dégradants. • CEDH, gr. ch., 16 déc. 2010, *A, B et C c/ Irlande*, n° 25579/05 : *préc. note 3.*

5. Constitutionnalité de l'art. L. 2212-1, al. 1er, dans sa rédaction issue de la L. n° 2014-873 du 4 août 2014. La modification, par l'art. 24 de la L. n° 2014-873 du 4 août 2014 pour l'égalité réelle entre hommes et femmes, de la rédaction des dispositions de la première phrase de l'art. L. 2212-1, qui, sans référence à la notion de détresse, prévoit désormais que la femme enceinte désireuse de ne pas poursuivre sa grossesse peut en demander l'interruption à un médecin, ne méconnaît aucune exigence constitutionnelle. • Cons. const. 31 juill. 2014, n° 2014-700 DC, *Loi pour l'égalité réelle entre les femmes et les hommes : JCP n° 37, sept. 2014. 917, note Mathieu.*

Art. L. 2212-2 *(Ord. n° 2003-850 du 4 sept. 2003, art. 9-I)* **L'interruption volontaire d'une grossesse ne peut être pratiquée que par un médecin** *(L. n° 2016-41 du 26 janv. 2016, art. 127-I-2°-a)* **« ou, pour les seuls cas où elle est réalisée par voie médicamenteuse, par une sage-femme ».**

Elle ne peut avoir lieu que dans un établissement de santé, public ou privé, ou dans le cadre d'une convention conclue entre *(L. n° 2007-1786 du 19 déc. 2007, art. 71-II)* **« le praticien** *(L. n° 2016-41 du 26 janv. 2016, art. 127-I-2°-b)* **« ou la sage-femme » ou un centre de planification ou d'éducation familiale ou un centre de santé » et un tel établissement, dans des conditions fixées par décret en Conseil d'État.**

COMMENTAIRE

V. Commentaire reproduit sur Dalloz.fr.

1. Limitation à certains médecins de l'usage de médicaments abortifs. Il n'existe pas une catégorie juridique de « médecins pratiquant les interruptions volontaires de grossesse » mais le ministre peut réserver l'usage de médicaments abortifs aux médecins ayant les qualifications professionnelles requises et travaillant dans un établissement ayant reçu l'autorisation prévue par l'art. L. 176 [L. 2322-1]. • CE, ass., 21 déc. 1990, *Conféd. nat. des assoc. familiales catholiques et a.*, n°s 105743, 105810, 105811 et 105812 : *Lebon 368, concl. Stirn ; D. 1991. 283, note Sabourin ; RD publ. 1991. 525, obs. Auby ; AJDA 1991. 157 ; RFDA 1990. 1065, concl. Stirn*. – V. aussi Auby, *RDSS 1991. 228 ; Delvolvé, RFDA 1991. 316 ; AJDA 1991. 91*.

2. Interruption volontaire de grossesse pratiquée dans un cabinet médical. Un médecin qui procède à une interruption volontaire de grossesse en son cabinet commet une faute justifiant légalement une sanction disciplinaire. • CE 4 nov. 1983, *Catrin*, n° 26143 : *Lebon. T. 848 ; RDSS 1984. 163, obs. Dubouis*.

3. Couverture des frais afférents à l'interruption volontaire de grossesse non thérapeutique. V. L. n° 82-1172 du 31 déc. 1982 (JO 1er janv. 1983). Avant cette loi, il était déjà loisible à une mutuelle de rembourser les frais d'IVG. • CE 3 déc. 1980, *Piettre et a.*, n° 09938 : *Lebon 458 ; RDSS 1981. 485, concl. Hagelsteen.* ♦ Un assuré ne peut pas, au nom de ses convictions personnelles, soustraire de ses cotisations sociales la part afférente, selon lui, à la prise en charge de l'IVG par la sécurité sociale. • Soc. 9 déc. 1993 : *Bull. civ. V, n° 309 ; RDSS 1994. 279, concl. Chauvy*.

4. Responsabilité du médecin du fait de l'échec d'une interruption volontaire de grossesse en droit privé. L'obligation qui pèse sur le médecin est une obligation de moyens. • TGI Bobigny, 15 déc. 1976 : *D. 1977. 245, note le Tourneau ; RDSS 1977. 34, obs. Dubouis ; Concours méd. 1977. 127, obs. Gombeault* • TGI Bobigny, 6 févr. 1983 : *JCP 1984. II. 20149, note Dorsner-Dolivet ; RDSS 1983. 701, obs. Dubouis.* ♦ La jurisprudence inclut dans l'obligation contractuelle de moyens qui pèse sur le médecin ayant pratiqué une interruption volontaire de grossesse la nécessité de vérifier le succès de son intervention. • TGI Évreux, 21 déc. 1979 : *D. 1981. 185, note Penneau* • Riom, 6 juill. 1989 : *D. 1990. 284, note le Tourneau*. ♦ Toutefois, la naissance d'un enfant après l'échec d'une tentative d'IVG n'est pas, à elle seule, constitutive d'un préjudice juridiquement réparable pour la mère. • Civ. 1re, 25 juin 1991 : *D. 1991. 566, note le Tourneau ; JCP 1992. II. 21784, note Barbièri ; LPA 27 mai 1992, n° 64, p. 10, note Massip.* ♦ Est également fautif le médecin qui n'a pas informé la mère du risque de poursuite de la grossesse, le praticien étant en matière d'information tenu à une obligation de résultat et devant prouver qu'il a satisfait à son obligation pour se dégager de sa responsabilité. • Paris, 29 nov. 2001 : *D. 2003. 661, obs. Pomart*. ♦ Le préjudice de la mère lié au défaut d'information sur le risque d'échec de l'IVG réside dans la perte de chance de pratiquer l'interruption de grossesse. • Même arrêt.

BIBL. Fabre-Magnan, Avortement et responsabilité médicale, *RTD civ. 2001. 285*.

5. Responsabilité de l'hôpital du fait de l'échec d'une interruption volontaire de grossesse, en droit administratif. La naissance d'un enfant après l'échec d'une IVG n'est pas génératrice d'un préjudice de nature à engager la responsabilité de l'établissement hospitalier, sauf circonstances ou situation particulières susceptibles d'être invoquées par la mère. • CE, sect., 2 juill. 1982, *Dlle Riou*, n° 23141 : *Lebon 266 ; Gaz. Pal. 1983. 1. 193, note Moderne ; D. 1984. IR 21, obs. Moderne et Bon ; AJDA 1983. 206, obs. J. C. ; RDSS 1983. 95, concl. Pinault.* ♦ Constitue une circonstance particulière de nature à engager la responsabilité de l'établissement hospitalier le fait qu'un enfant naisse avec une malformation résultant directement de la tentative d'IVG. • CE 27 sept. 1989, *Mme Karl*, n° 76105 : *Lebon 176 ; D. 1989. Somm. 122, obs. Moderne et Bon ; D. 1990. IR 298, obs. Bon et Terneyre ; D. 1991. 80, note Verpeaux ; Gaz. Pal. 10-11 août 1990, p. 19, concl. Fornacciari ; AJDA 1989. 807 ; ibid. Chron. 776 ; RFDA 1991. 325, note Deswartes*. ♦ – V. aussi jurisprudence citée ss. art. L. 2213-1.

BIBL. Deguergue, Les préjudices liés à la naissance, *RCA mai 1998, n° spéc., p. 14*. – Cabot, La responsabilité du service public hospitalier et l'interruption volontaire de grossesse, *Gaz. Pal. 1985. 2. Doctr. 108*.

6. Responsabilité de l'hôpital du fait d'un dommage causé à la mère à l'occasion d'une IVG. L'hôpital est responsable des dommages subis par la mère (perforation de l'utérus) résultant d'une faute médicale commise à l'occasion d'une interruption volontaire de grossesse. • CE 4 mars 1988, *Mme P.*, n° 80273 : *Lebon 109 ; D. 1989. Somm. 122, obs. Moderne et Bon.*

7. Handicap et diagnostic prénatal. Pour un enfant né handicapé, après un diagnostic prénatal rassurant qui a dissuadé la mère de demander une IVG : V. notes ss. art. L. 2131-1.

8. Inscription des examens de détection du risque de trisomie 21 sur la nomenclature des actes de biologie médicale. Un moyen tiré de la violation de l'art. L. 162-2 [L. 2212-2] est inopérant à l'encontre de l'arrêté du 23 juill. 1997 inscrivant les examens de détection du risque de trisomie 21 sur la nomenclature des actes de biologie médicale, car cet arrêté, qui n'a d'effet que sur les conditions de réalisation du diagnostic prénatal, ne porte aucune atteinte au droit à la vie de l'enfant. • CE 10 juin 1998, *Assoc. « Choisir la vie »*, n° 186479 : *Inf. pharm. déc. 1998, n° 361, p. 445.*

Art. L. 2212-3 *(L. n° 2001-588 du 4 juill. 2001, art. 4)* **Le médecin** *(L. n° 2016-41 du 26 janv. 2016, art. 127-I-3°-a)* **« ou la sage-femme » sollicité par une femme en vue de l'interruption de sa grossesse doit, dès la première visite, informer celle-ci des méthodes médicales et chirurgicales d'interruption de grossesse et des risques et des effets secondaires potentiels.**

(L. n° 2016-41 du 26 janv. 2016, art. 127-I-3°-b) **« Le médecin ou la sage-femme » doit lui remettre un dossier-guide, mis à jour au moins une fois par an, comportant notamment le rappel des dispositions des articles L. 2212-1 et L. 2212-2, la liste et les adresses des organismes mentionnés à l'article L. 2212-4 et des établissements où sont effectuées des interruptions volontaires de la grossesse.**

Les *(Ord. n° 2010-177 du 23 févr. 2010, art. 7-36°)* **« agences régionales de santé » assurent la réalisation et la diffusion des dossiers-guides destinés aux médecins** *(L. n° 2016-41 du 26 janv. 2016, art. 127-I-3°-c)* **« et aux sages-femmes ».**

COMMENTAIRE

V. Commentaire reproduit sur Dalloz.fr.

1. Sanction des avortements ne répondant pas aux conditions expressément énumérées par le législateur. La tentative d'avortement pratiquée par les membres du Mouvement pour la liberté de l'avortement et de la contraception, hors de toute présence médicale et en dehors du milieu hospitalier, ne répond pas aux conditions posées par les art. L. 162-3 s. [L. 2212-3 s.] et tombe sous le coup des dispositions pénales (art. 317 ancien C. pén.) sanctionnant le délit d'avortement illicite. • TGI Aix-en-Provence, 10 mars 1977 : *D. 1978. 16, note Roujou de Boubée ; JCP 1978. II. 18831, note Remplon.*

2. Conformité de l'arrêté relatif aux conditions d'emploi du RU 486 avec la loi relative à l'IVG. Les dispositions de l'arrêté ministériel relatif aux conditions d'emploi de la Mifégyne (RU 486) satisfaisaient aux exigences de l'art. L. 162-3 dans sa rédaction de l'époque. • CE, ass., 21 déc. 1990, *Conféd. nat. des assoc. familiales catholiques et a.*, n°s 105743, 105810, 105811 et 105812 : *préc. note 1 ss. art. L. 2212-2.*

Art. L. 2212-4 *(L. n° 2001-588 du 4 juill. 2001, art. 5)* **« Il est systématiquement proposé, avant et après l'interruption volontaire de grossesse, à la femme majeure une consultation avec une personne ayant satisfait à une formation qualifiante en conseil conjugal ou toute autre personne qualifiée dans un établissement d'information, de consultation ou de conseil familial, un centre de planification ou d'éducation familiale, un service social ou un autre organisme agréé. Cette consultation préalable comporte un entretien particulier au cours duquel une assistance ou des conseils appropriés à la situation de l'intéressée lui sont apportés.**

« Pour la femme mineure non émancipée, cette consultation préalable est obligatoire et l'organisme concerné doit lui délivrer une attestation de consultation. Si elle exprime le désir de garder le secret à l'égard des titulaires de l'autorité parentale ou de son représentant légal, elle doit être conseillée sur le choix de la personne majeure mentionnée à l'article L. 2212-7 susceptible de l'accompagner dans sa démarche. »

Al. 3 abrogé par L. n° 2001-588 du 4 juill. 2001, art. 5-II.

Les personnels des organismes mentionnés au premier alinéa sont soumis aux dispositions des articles 226-13 et 226-14 du code pénal.

Chaque fois que cela est possible, le couple participe à la consultation et à la décision à prendre.

COMMENTAIRE

V. Commentaire reproduit sur Dalloz.fr.

1. Participation du couple à la consultation et à la décision. La participation du couple à la consultation et à la décision n'est pas obligatoire, la femme majeure disposant du droit d'apprécier elle-même si sa situation justifie l'interruption d'une grossesse, sans que son époux ait à être consulté. • CE, ass., 31 oct. 1980, *Lahache*, n° 13028 : *Lebon 403 ; D. 1981. 38, concl. Genevois ; D. 1981. IR 167, obs. Moderne et Bon ; JCP 1982. II. 19732, note Dekeuwer-Défossez ; Quot. jur. 28 févr. 1981, p. 5, note Moderne ;* RD publ. 1981. 216, note Robert ; *RDSS 1981. 247, obs. Dubouis ; ibid. 81, obs. de Forges.* ♦ Et un hôpital n'engage pas sa responsabilité de ce chef. • Même arrêt.

2. Tutelle et décision de procéder à une interruption de grossesse. Une femme majeure et célibataire placée sous le régime de la tutelle ne peut se voir imposer une interruption de grossesse, bien que sa mère, administratrice légale, en ait fait la demande. • Poitiers, j. tutelles, 9 avr. 1982 : *RDSS 1983. 525, note Mémeteau.*

Art. L. 2212-5 **Si la femme renouvelle, après les consultations prévues aux articles L. 2212-3 et L. 2212-4, sa demande d'interruption de grossesse, le médecin** *(L. n° 2016-41 du 26 janv. 2016, art. 127-I-4°)* **« ou la sage-femme » doit lui demander une confirmation écrite** *(Abrogé par L. n° 2016-41 du 26 janv. 2016, art. 82-1°)* ***« ; il ne peut accepter cette confirmation qu'après l'expiration d'un délai d'une semaine suivant la première demande de la femme,*** *(L. n° 2001-588 du 4 juill. 2001, art. 6)* ***« sauf dans le cas où le terme des douze semaines risquerait d'être dépassé »*****. Cette confirmation ne peut intervenir qu'après l'expiration d'un délai de deux jours suivant l'entretien prévu à l'article L. 2212-4** *(Abrogé par L. n° 2016-41 du 26 janv. 2016, art. 82-2°)* ***« , ce délai pouvant être inclus dans celui d'une semaine prévu ci-dessus »*****.**

COMMENTAIRE

V. Commentaire reproduit sur Dalloz.fr.

1. Non-respect des dispositions de l'art. L. 2212-5 par le médecin. Un médecin gynécologue qui administre à une patiente enceinte un médicament destiné à préparer une IVG, sans avoir attendu que le délai de réflexion d'une semaine soit écoulé et sans avoir recueilli le consentement écrit de la patiente, est civilement responsable et doit réparer le préjudice qu'il a causé, lié à la perte de chance pour la patiente de prendre sa décision dans la sérénité après mûre réflexion. • Civ. 1re, 26 mai 2011, n° 10-15.550. ♦ Pour le juge administratif, le non-respect du délai de réflexion prévu après l'entretien social pour pratiquer l'IVG engage la responsabilité de la collectivité gestionnaire du centre dans lequel l'interruption de grossesse s'est déroulée. • CAA Bordeaux, 17 mars 2005, *Dpt de la Réunion c/ Loredana S.*, n° 01BX01480 : *JCP Adm. 6 juin 2005, n° 1237, concl. Chemin.* ♦ La victime doit fournir les éléments permettant d'établir que si cette formalité avait été respectée, sa décision aurait été différente et, en l'espèce, les troubles psychologiques dont se plaint la femme ayant avorté, sans exprimer aucune hésitation à l'égard de cette intervention, ne peuvent être regardés comme la conséquence de cette formalité méconnue. • Même arrêt.

2. Non-respect des conditions de forme liées à l'IVG. Sur l'éventualité du délit d'avortement illicite en cas d'inobservation des conditions de forme (visite médicale préalable avec remise d'un dossier-guide, consultation auprès d'un établissement d'information ou de conseil familial, nouvelle visite médicale à l'issue d'un délai de réflexion d'une semaine) posées par les art. L. 162-3 s. [L. 2212-3 s.] CSP, V. • TGI Aix-en-Provence, 10 mars 1977 : *D. 1978. 16, note Roujou de Boubée ; JCP 1978. II. 18831, note Remplon.*

Art. L. 2212-6 *(L. n° 2016-41 du 26 janv. 2016, art. 127-I-5°)* **« En cas de confirmation, le médecin ou la sage-femme peuvent pratiquer personnellement l'interruption de grossesse dans les conditions fixées au second alinéa de l'article L. 2212-2. S'ils ne pratiquent pas eux-mêmes l'intervention, ils restituent à la femme sa demande pour que celle-ci soit remise au médecin ou à la sage-femme choisis par elle et lui délivrent un certificat attestant qu'ils se sont conformés aux articles L. 2212-3 et L. 2212-5. »**

Le directeur de l'établissement de santé dans lequel une femme demande son admission en vue d'une interruption volontaire de la grossesse doit se faire remettre et conserver pendant au moins un an les attestations justifiant qu'elle a satisfait aux consultations prescrites aux articles L. 2212-3 à L. 2212-5.

COMMENTAIRE

V. Commentaire reproduit sur Dalloz.fr.

Art. L. 2212-7 *(L. n° 2001-588 du 4 juill. 2001, art. 7)* **Si la femme est mineure non émancipée, le consentement de l'un des titulaires de l'autorité parentale ou, le cas échéant, du représentant légal est recueilli. Ce consentement est joint à la demande qu'elle présente au médecin** *(L. n° 2016-41 du 26 janv. 2016, art. 127-I-6°-a)* **« ou à la sage-femme » en dehors de la présence de toute autre personne.**

Si la femme mineure non émancipée désire garder le secret, le médecin *(L. n° 2016-41 du 26 janv. 2016, art. 127-I-6°-b)* **« ou la sage-femme » doit s'efforcer, dans l'intérêt de celle-ci, d'obtenir son consentement pour que le ou les titulaires de l'auto-**

rité parentale ou, le cas échéant, le représentant légal soient consultés ou doit vérifier que cette démarche a été faite lors de l'entretien mentionné à l'article L. 2212-4.

Si la mineure ne veut pas effectuer cette démarche ou si le consentement n'est pas obtenu, l'interruption volontaire de grossesse ainsi que les actes médicaux et les soins qui lui sont liés peuvent être pratiqués à la demande de l'intéressée, présentée dans les conditions prévues au premier alinéa. Dans ce cas, la mineure se fait accompagner dans sa démarche par la personne majeure de son choix.

Après l'intervention, une deuxième consultation, ayant notamment pour but une nouvelle information sur la contraception, est obligatoirement proposée aux mineures.

COMMENTAIRE

V. Commentaire reproduit sur Dalloz.fr

Jurisprudence antérieure à la loi de 2001. Dans le silence du législateur, le juge de l'assistance éducative, face aux mineures célibataires enceintes désireuses d'interrompre leur grossesse sans ou contre l'avis de leurs parents, pouvait soit se déclarer incompétent pour autoriser l'IVG, soit reconnaître sa compétence et prendre les mesures propres à permettre l'IVG. Les solutions du juge étaient contrastées. Dans certains cas, le juge a directement donné l'autorisation à la mineure de procéder à l'IVG, en se fondant expressément ou non sur les dispositions des art. 375 s. C. civ. relatives à l'assistance éducative. • T. enfants Évry, 8 nov. 1982 : *D. 1983. 218, note Raynaud ; RDSS 1983. 525, étude Mémeteau*. – V. également • Colmar, 22 sept. 1995 : *JDJ oct. 1996, nº 158, p. 46.* ♦ Dans d'autres cas, le juge a fondé son intervention sur l'abus de droit de l'autorité parentale, lorsque le refus des parents de consentir à l'IVG n'était pas dicté par le seul intérêt de l'enfant. Cependant, pour permettre au juge des enfants d'autoriser directement ou indirectement l'IVG d'une mineure, il fallait que l'état de grossesse résultant de l'abus de droit soit de nature à mettre en danger celle-ci. • Bordeaux, 4 déc. 1991 : *D. 1991. 129, note Dubaele*.

BIBL. Redon, L'interruption volontaire de la grossesse de la mineure ou l'exercice interposé du droit parental, *D. 2001. 1194*. – Duval-Arnould, Minorité et IVG, *D. 1999. Chron. 471*. – Eschylle, Le juge de l'assistance éducative et l'IVG des mineures célibataires, *RDSS 1997. 639*.

Art. L. 2212-8 *(L. nº 2001-588 du 4 juill. 2001, art. 8)* **« Un médecin** *(L. nº 2016-41 du 26 janv. 2016, art. 127-I-7º)* **« ou une sage-femme » n'est jamais tenu de pratiquer une interruption volontaire de grossesse mais il doit informer, sans délai, l'intéressée de son refus et lui communiquer immédiatement le nom de praticiens** *(L. nº 2016-41 du 26 janv. 2016, art. 127-I-7º)* **« ou de sages-femmes » susceptibles de réaliser cette intervention selon les modalités prévues à l'article L. 2212-2. »**

Aucune sage-femme, aucun infirmier ou infirmière, aucun auxiliaire médical, quel qu'il soit, n'est tenu de concourir à une interruption de grossesse.

Un établissement de santé privé peut refuser que des interruptions volontaires de grossesse soient pratiquées dans ses locaux.

(Ord. nº 2010-177 du 23 févr. 2010, art. 1er-6º) **« Toutefois ce refus ne peut être opposé par un établissement** *(Ord. nº 2017-31 du 12 janv. 2017, art. 1er-2º)* **« de santé privé habilité à assurer le service public hospitalier » que si d'autres établissements sont en mesure de répondre aux besoins locaux. »**

Les catégories d'établissements publics qui sont tenus de disposer des moyens permettant la pratique des interruptions volontaires de la grossesse sont fixées par décret.

BIBL. ▶ Clavel, Considérations sur la clause de conscience du médecin après la loi du 31 décembre 1979, *JCP 1985. I. 3192* ; Le décret du 27 septembre 1982 est-il compatible avec l'exercice de la clause de conscience du médecin en matière d'avortement ?, *JCP 1983. I. 3128* ; La clause de conscience du médecin dans la loi du 17 janvier 1975 relative à l'interruption volontaire de grossesse, *JCP 1978. I. 2915*. – Grenouilleau, Déontologie médicale et loi du 17 janvier 1975, *Gaz. Pal. 1976. 2. 701*.

COMMENTAIRE

V. Commentaire reproduit sur Dalloz.fr

1. Pratique de l'IVG à l'hôpital public. Tous les hôpitaux publics disposant d'un service de maternité ou de chirurgie doivent se doter de moyens permettant la pratique correcte des interruptions volontaires de grossesse : Décr. nº 82-826 du 27 sept. 1982 (*JO 29 sept.*) ; Circ. DGS nº 82/12 du 12 oct. 1982 (*BOSS 82-45, nº 23947*) et du 26 juin 1991 (*BOMASI 91-30,* *n° 1227).* ♦ Sur la légalité de ce décret, V. • CE 29 mai 1985, *Union syndicale des professions de santé respectant la vie humaine,* n° 46946 : *Lebon T. 464 ; RFDA 1986. 94, concl. Stirn ; Quot. jur. 11 janv. 1986, n° 15, note Moussa.*

2. Clause de conscience et hôpital public. La « clause de conscience » du médecin hospitalier, chef de service, ne peut faire obstacle à la création d'un service autonome d'interruption de grossesse. • CE, sect., 8 janv. 1982, *Lambert,* n° 18237 : *Lebon 17 ; RDSS 1982. 450, concl. Genevois ; ibid. 280, obs. de Forges ; RD publ. 1982. 457, note Robert.*

3. Clause de conscience et omission de porter secours. L'obligation légale du médecin d'informer l'intéressée de son refus de pratiquer l'IVG n'est assortie d'aucune sanction pénale. Le tribunal correctionnel de Rouen a jugé que la détresse de la femme ne constitue pas le péril qui est l'élément nécessaire pour constituer l'infraction pénale. • T. corr. Rouen, 9 juill. 1975 : *D. 1976. 531, note Roujou de Boubée ; JCP 1976. II. 18258, note R. Savatier ; Gaz. Pal. 1975. 2. 798, étude Zaki.*

4. Impossibilité pour un pharmacien de se prévaloir d'une clause de conscience. Un pharmacien ne peut se prévaloir d'une « clause de conscience » pour refuser de délivrer des produits contraceptifs. • Besançon, 8 juill. 1980 : *Inf. pharm. 1980. 1461, obs. G. V.* • Bordeaux, 14 janv. 1997 : *Nouv. pharm. avr. 1997, n° 354, p. 139, obs. G. V* • Crim. 21 oct. 1998 : *JCP 1999. II. 10163, note Freund ; Inf. pharm. juill. 1999, n° 363, p. 299.* ♦ **Bibl.** V. Mémeteau, Avortement et clause de conscience du pharmacien, *JCP 1990. I. 3443.*

Art. L. 2212-9 Tout établissement dans lequel est pratiquée une interruption de grossesse doit assurer, après l'intervention, l'information de la femme en matière de régulation des naissances.

COMMENTAIRE

V. Commentaire reproduit sur Dalloz.fr.

Absence de sanction pénale du défaut d'information. L'obligation d'information prévue par l'art. L. 162-9 [L. 2212-9] n'est assortie d'aucune sanction pénale. • T. corr. Rouen, 9 juill. 1975 : *préc. note 3 ss. art. L. 2212-8.*

Art. L. 2212-10 Toute interruption de grossesse doit faire l'objet d'une déclaration établie par le médecin *(L. n° 2016-41 du 26 janv. 2016, art. 127-I-8°)* « ou la sage-femme » et adressée par l'établissement où elle est pratiquée au médecin *(Ord. n° 2010-177 du 23 févr. 2010, art. 7-37°)* « de l'agence régionale de santé désigné par le directeur général de l'agence » ; cette déclaration ne fait aucune mention de l'identité de la femme.

COMMENTAIRE

V. Commentaire reproduit sur Dalloz.fr.

Art. L. 2212-11 Les conditions d'application du présent chapitre sont déterminées par décret en Conseil d'État.

CHAPITRE III INTERRUPTION DE GROSSESSE PRATIQUÉE POUR MOTIF MÉDICAL

BIBL. ▶ SARGOS, Réflexions « médico-légales » sur l'interruption volontaire de grossesse pour motif thérapeutique, *JCP 2001. I. 322.*

Art. L. 2213-1 *(L. n° 2001-588 du 4 juill. 2001, art. 11)* L'interruption volontaire *d'une grossesse* peut, à toute époque, être pratiquée si deux médecins membres d'une équipe pluridisciplinaire attestent, après *que cette équipe* a rendu son avis consultatif, soit que la poursuite de la grossesse met en péril grave la santé de la femme, soit qu'il existe une forte probabilité que l'enfant à naître soit atteint d'une affection d'une particulière gravité reconnue comme incurable au moment du diagnostic.

(Ord. n° 2003-850 du 4 sept. 2003, art. 9-II) « Lorsque l'interruption de grossesse est envisagée au motif que la poursuite de la grossesse met en péril grave la santé de la femme, l'équipe pluridisciplinaire chargée d'examiner la demande de la femme comprend au moins *(L. n° 2011-814 du 7 juill. 2011, art. 25-1°)* « quatre personnes qui sont un médecin qualifié en gynécologie-obstétrique, membre d'un centre pluridisciplinaire de diagnostic prénatal, un praticien spécialiste de l'affection dont la femme est atteinte », un médecin choisi par la femme et une personne qualifiée tenue au secret professionnel qui peut être un assistant social ou un psychologue. *(L. n° 2011-814 du*

7 juill. 2011, art. 25-2°) **« Le médecin qualifié en gynécologie-obstétrique et le médecin qualifié dans le traitement de l'affection dont la femme est atteinte » doivent exercer leur activité dans un établissement de santé. »**

Lorsque l'interruption de grossesse est envisagée au motif qu'il existe une forte probabilité que l'enfant à naître soit atteint d'une affection d'une particulière gravité reconnue comme incurable au moment du diagnostic, l'équipe pluridisciplinaire chargée d'examiner la demande de la femme est celle d'un centre pluridisciplinaire de diagnostic prénatal. Lorsque l'équipe du centre précité se réunit, un médecin choisi par la femme peut, à la demande de celle-ci, être associé à la concertation. *(L. n° 2011-814 du 7 juill. 2011, art. 26)* **« Hors urgence médicale, la femme se voit proposer un délai de réflexion d'au moins une semaine avant de décider d'interrompre ou de poursuivre sa grossesse. »**

Dans les deux cas, préalablement à la réunion de l'équipe pluridisciplinaire compétente, la femme concernée ou le couple peut, à sa demande, être entendu par tout ou partie des membres de ladite équipe.

BIBL. ▶ Souplet, Interruption médicale de grossesse abusive et perte de chance, *AJDA 2006. 602*.

COMMENTAIRE

V. Commentaire reproduit sur Dalloz.fr.

1. Absence de sanctions pénales en cas de manquement aux dispositions de la loi de 1975. La loi du 17 janv. 1975 n'avait prévu aucune sanction pénale en cas d'inobservation ou de manquement à l'une de ses dispositions et notamment de l'art. L. 162-12 [L. 2213-1]. • T. corr. Rouen, 9 juill. 1975 : *D. 1976. 531, note Roujou de Boubée ; JCP 1976. II. 18258, note Savatier ; Gaz. Pal. 1975. 2. 798, étude Zaki.*

2. Faute disciplinaire liée au non-respect des dispositions de l'art. L. 2213-1. L'absence de concertation avec un médecin et l'absence de rédaction d'une consultation remise à l'intéressée constituent une faute disciplinaire. • CE 8 févr. 1980, *Maugard*, n° 13957 : *Lebon 75 ; RDSS 1980. 484, obs. Dubouis ; D. 1981. IR 254, obs. Penneau.*

3. Diagnostic prénatal, handicap et interruption de grossesse. Sur un enfant né handicapé, après un diagnostic prénatal rassurant qui a dissuadé la mère de demander une interruption de grossesse, V. notes ss. art. L. 2131-1. ♦ Par ailleurs, les affirmations erronées d'un médecin (qui mentionne dans son compte-rendu échographique la présence de quatre membres, ce qu'il n'avait pu observer) ont privé les parents de l'enfant de la possibilité de faire examiner le dossier par un centre de diagnostic prénatal pluridisciplinaire et leur a fait perdre toute chance de prendre, avec l'équipe du centre, une décision éclairée quant à une possible interruption de grossesse pour motif médical. • Civ. 1re, 5 avr. 2012, n° 11-14.856.

4. Non-respect de l'obligation d'information sur les risques liés à l'interruption de grossesse. Les règles de droit commun de la responsabilité s'appliquent en cas d'interruption de grossesse pour motif thérapeutique. Par conséquent, le défaut d'information du praticien sur le risque hémorragique lié à l'interruption de grossesse engage la responsabilité de l'établissement hospitalier. • CE 15 oct. 2004, *M. et Mme X.*, n° 253002.

5. CEDH et législation polonaise relative à l'avortement thérapeutique. La loi polonaise relative à l'avortement thérapeutique viole le droit au respect de la vie privée inscrit à l'art. 8 de la Conv. EDH, dans la mesure où l'État polonais méconnaît son obligation de fournir un cadre juridique complet permettant de régir les éventuels conflits entre une femme et un médecin sur la nécessité, liée à une menace pour la santé de la femme, d'interrompre une grossesse. • CEDH 20 mars 2007, n° 5410/03, *Tysiac c/ Pologne : D. 2007. 2648, note Hennion-Jacquet ; JCP 2007. II. 10071, note Mathieu ; RDSS 2007. 643, obs. Roman.*

Art. L. 2213-2 *(L. n° 2001-588 du 4 juill. 2001, art. 12)* **Les dispositions des articles L. 2212-2 et L. 2212-8 à L. 2212-10 sont applicables à l'interruption volontaire de la grossesse pratiquée pour motif médical.** *(L. n° 2016-41 du 26 janv. 2016, art. 127-9°)* **« Toutefois, l'interruption volontaire de grossesse pour motif médical ne peut être pratiquée que par un médecin. »**

COMMENTAIRE

V. Commentaire reproduit sur Dalloz.fr.

Art. L. 2213-3 **Les conditions d'application du présent chapitre sont déterminées par décret en Conseil d'État.**

Mesures à prendre par décret en Conseil d'État. En précisant les moyens des unités d'interruption volontaire de la grossesse dans les établissements hospitaliers, en organisant une procédure d'information sur l'activité de ces unités et en leur imposant de demander leur agrément comme centres de planification et d'éducation familiale, le Décr. n° 82-826 du 27 sept. 1982 aurait dû être précédé de la consultation du Conseil d'État. • CE 29 mai 1985, *Union syndicale des professions de santé respectant la vie humaine, n° 46946 : Lebon T. 464 ; RFDA 1986. 94, concl. Stirn ; Quot. jur. 11 janv. 1986, p. 15, note Moussa.*

CHAPITRE IV DISPOSITIONS COMMUNES

Art. L. 2214-1 Les frais occasionnés par le contrôle de l'application des dispositions des chapitres II et III du présent titre sont supportés par l'État. – *[Anc. art. L. 185].*

Art. L. 2214-2 En aucun cas l'interruption volontaire de grossesse ne doit constituer un moyen de régulation des naissances. A cet effet, le Gouvernement prend toutes les mesures nécessaires pour développer l'information la plus large possible sur la régulation des naissances, notamment par la création généralisée, dans les centres de planification maternelle et infantile, de centres de planification ou d'éducation familiale et par l'utilisation de tous les moyens d'information.

La formation initiale et la formation permanente des médecins, des sages-femmes, ainsi que des infirmiers et des infirmières, comprennent un enseignement sur la contraception. – *[Anc. art. 13, L. n° 75-17 du 17 janv. 1975].*

Art. L. 2214-3 Chaque année, à l'occasion de la discussion du projet de loi de finances, le ministre chargé de la santé publie un rapport rendant compte de l'évolution démographique du pays, ainsi que de l'application des dispositions du présent titre.

Ce rapport comporte des développements sur les aspects socio-démographiques de l'interruption de grossesse.

L'Institut national d'études démographiques analyse et publie, en liaison avec l'Institut national de la santé et de la recherche médicale, les statistiques établies à partir des déclarations prévues à l'article L. 2212-10. – *[Anc. art. 8, L. 67-1176 du 28 déc. 1967 ; art. 16, L. n° 75-17 du 17 janv. 1975].*

Art. L. 2214-4 et L. 2214-5 *Abrogés par L. n° 2009-689 du 15 juin 2009, art. 4.*

TITRE DEUXIÈME DISPOSITIONS PÉNALES

BIBL. ▶ Mistretta, Pour un droit pénal de l'avortement lisible et intelligible, *Gaz. Pal. 9-11 août 2015, nos 221 à 223, p. 11.*

CHAPITRE PREMIER PROVOCATION À L'INTERRUPTION DE GROSSESSE

Art. L. 2221-1 *Abrogé par L. n° 2001-588 du 4 juill. 2001, art. 13-II.*

CHAPITRE II INTERRUPTION ILLÉGALE DE GROSSESSE

Art. L. 2222-1 Comme il est dit à l'article 223-10 du code pénal ci-après reproduit :

Art. 223-10 L'interruption de la grossesse sans le consentement de l'intéressée est punie de cinq ans d'emprisonnement et de 75 000 € d'amende.

COMMENTAIRE

V. Commentaire reproduit sur Dalloz.fr

1. Interruption de la grossesse sans le consentement de l'intéressée. L'infraction d'interruption illégale de grossesse n'est pas retenue à l'encontre d'un professionnel de santé qui provoque involontairement, par maladresse ou négligence, l'expulsion d'un fœtus. • Crim. 30 juin 1999 : *D. 1999. 710, note Vigneau ; Dr. fam. 1999. Chron. 20, note Rebut ; JCP 1999. II. 10231, obs. Fauré ; Méd. et droit 2000, n° 41, p. 10.* ♦ La portée de cette jurisprudence a été précisée par l'assemblée plénière, à propos du cas d'une femme enceinte de six mois qui, à la suite d'un accident de voiture, avait accouché prématurément d'un enfant mort-né : l'incrimination prévue par l'art. 221-6 C. pén., réprimant l'homicide involontaire d'autrui, ne peut être étendue au cas d'un enfant à naître, dont le régime juridique relève de textes particuliers sur l'embryon ou le fœtus. • Cass., ass. plén., 29 juin 2001 : *JCP 2001. II. 10569, rapp. Sargos, concl. Sainte-Rose, note Rassat ; Méd. et droit 2002, n° 52, p. 5, note Lamboley.* ♦ Dans le même sens, à propos d'un fœtus décédé *in utero* par anoxie en raison de la négligence d'une sage-femme et d'un gynécologue, alors que l'enfant était viable puisque le terme de la grossesse avait été dépassé, V. • Crim. 25 juin 2002 : *Dr. fam. 2001. Chron. 21, note Vigneau ; Dr. pénal 2002. Comm. 93, obs. Véron ; ibid. Chron. 31, concl. Commaret.* ♦ En revanche, ces solutions ne s'appliquent pas et le délit d'homicide involontaire est constitué, dès lors que l'enfant, né vivant, décède, une heure après son extraction par césarienne, des suites des lésions vitales irréversibles subies au moment d'un accident de la circulation. • Crim. 2 déc. 2003 : *Bull. crim. n° 230 ; D. 2004. 449, note Pradel ; Méd. et droit 2004, n° 66, p. 67, note Corpart.* ♦ Sur la qualification d'interruption de grossesse pratiquée sur autrui sans consentement, s'agissant d'un prévenu qui a administré à sa concubine une substance abortive en mélangeant les comprimés à un smoothie, V. • Amiens, 1er sept. 2014, n° 2014-026669 : *AJ pénal 2015. 89, note Benillouche.*

BIBL. Mouly, Du prétendu homicide de l'enfant à naître, défense et illustration de la position de la Cour de cassation : *RSC 2005, n° 1, p. 47.* – Roujou de Boubée et Lamy, Contribution supplémentaire à l'étude de la protection pénale du fœtus, *D. 2000. Chron. 18.*

2. Interruption accidentelle de grossesse et CEDH. La CEDH considère que le point de départ de la protection pénale du fœtus relève de l'appréciation de chaque État. Le fait que l'incrimination d'homicide involontaire n'ait pas été retenue à l'encontre d'un médecin responsable de la mort de son enfant, *in utero*, à six mois de grossesse ne constitue pas une violation de l'art. 2 de la Convention qui garantit le droit de toute personne à la vie. • CEDH 8 juill. 2004, *Vo c/ France, n° 53924/00 : D. 2004. 2456, note Pradel ; ibid. 2535, obs. Berro-Lefèvre ; ibid. 2754, obs. Roujou de Boubée ; ibid. 2801, note Serverin ; Dr. fam. 2004. Alerte 42, obs. Gouttenoire ; RTD civ. 2004. 714, obs. Hauser ; ibid. 799, obs. Marguénaud ; JCP 2004. II. 10158, note Levinet.*

Art. L. 2222-2 *(L. n° 2001-588 du 4 juill. 2001, art. 14-II)* **L'interruption de la grossesse d'autrui est punie de deux ans d'emprisonnement et de 30 000 € d'amende lorsqu'elle est pratiquée, en connaissance de cause, dans l'une des circonstances suivantes :**

1° Après l'expiration du délai dans lequel elle est autorisée par la loi, sauf si elle est pratiquée pour un motif médical ;

2° Par une personne n'ayant pas la qualité de médecin *(L. n° 2016-41 du 26 janv. 2016, art. 127-II)* **« ou de sage-femme » ;**

3° Dans un lieu autre qu'un établissement d'hospitalisation public ou qu'un établissement d'hospitalisation privé satisfaisant aux conditions prévues par la loi, ou en dehors du cadre d'une convention conclue selon les modalités prévues à l'article L. 2212-2.

Cette infraction est punie de cinq ans d'emprisonnement et de 75 000 € d'amende si le coupable la pratique habituellement.

La tentative des délits prévus au présent article est punie des mêmes peines.

COMMENTAIRE

V. Commentaire reproduit sur Dalloz.fr.

IVG pratiquée hors du cadre prévu. Un médecin qui pratique une interruption volontaire de grossesse hors du cadre hospitalier est passible de sanctions pénales. • TGI Aix-en-Provence, 10 mars 1977 : *D. 1978. 16, note Roujou de Boubée ; JCP 1978. II. 18831, note Remplon.*

Art. L. 2222-3 Le fait de procéder à une interruption de grossesse après diagnostic prénatal sans avoir respecté les modalités prévues par la loi est puni de deux ans d'emprisonnement et de 30 000 € d'amende. – *[Anc. art. L. 162-19].*

Art. L. 2222-4 *(L. n° 2001-588 du 4 juill. 2001, art. 15-II)* **Le fait de fournir à la femme les moyens matériels de pratiquer une interruption de grossesse sur elle-même est puni de trois ans d'emprisonnement et de 45 000 € d'amende. Ces peines sont portées à cinq ans d'emprisonnement et à 75 000 € d'amende si l'infraction est commise de manière habituelle. En aucun cas, la femme ne peut être considérée comme complice de cet acte.**

La prescription ou la délivrance de médicaments autorisés ayant pour but de provoquer une interruption volontaire de grossesse ne peut être assimilée au délit susmentionné.

COMMENTAIRE

V. Commentaire reproduit sur Dalloz.fr.

CHAPITRE III ENTRAVE À L'INTERRUPTION LÉGALE DE GROSSESSE

BIBL. ▶ LEPAGE, Réflexions sur la nouvelle extension du délit d'entrave à l'IVG, *Dr. pénal, juin 2017, n° 6, p. 15.* – BEAUSSONIE, À propos de l'entrave à l'IVG, *Gaz. Pal. 9-11 août 2015, n°s 221 à 223, p. 9.* – DHAVERNAS, Entrave à l'interruption volontaire de grossesse. Esquisse d'un bilan, *RSC 1997. 821*. – PRIEUR, La répression judiciaire du délit d'entrave à l'IVG, *LPA 5 nov. 1997, n° 133, p. 12.*

Art. L. 2223-1 Toute association régulièrement déclarée depuis au moins cinq ans à la date des faits, dont l'objet statutaire comporte la défense des droits des femmes à accéder à la contraception et à l'interruption de grossesse, peut exercer les droits reconnus à la partie civile en ce qui concerne les infractions prévues par l'article L. 2223-2 lorsque les faits ont été commis en vue d'empêcher ou de tenter d'empêcher une interruption volontaire de grossesse ou les actes préalables prévus par les articles L. 2212-3 à L. 2212-8. – *[Anc. art. L. 162-15-1].*

Objet statutaire de l'association. L'objet social d'une association tendant à la défense des droits de la femme inclut nécessairement la défense des droits des femmes à accéder à la contraception et à l'avortement, ce qui l'autorise à exercer des poursuites pour entrave à l'IVG. • Crim. 22 oct. 1997, n° 96-85.822.

Art. L. 2223-2 *(L. n° 2017-347 du 20 mars 2017, art. unique-1°)* **Est puni de deux ans d'emprisonnement et de 30 000 euros d'amende le fait d'empêcher ou de tenter d'empêcher de pratiquer ou de s'informer sur une interruption volontaire de grossesse ou les actes préalables prévus par les articles L. 2212-3 à L. 2212-8 par tout moyen, y compris par voie électronique ou en ligne, notamment par la diffusion ou la transmission d'allégations ou d'indications de nature à induire intentionnellement en erreur, dans un but dissuasif, sur les caractéristiques ou les conséquences médicales d'une interruption volontaire de grossesse :**

1° Soit en perturbant l'accès aux établissements mentionnés à l'article L. 2212-2, la libre circulation des personnes à l'intérieur de ces établissements ou les conditions de travail des personnels médicaux et non médicaux ;

2° Soit en exerçant des pressions morales et psychologiques, des menaces ou tout acte d'intimidation à l'encontre des personnes cherchant à s'informer sur une interruption volontaire de grossesse, des personnels médicaux et non médicaux travaillant dans les établissements mentionnés au même article L. 2212-2, des femmes venues recourir à une interruption volontaire de grossesse ou de l'entourage de ces dernières.

COMMENTAIRE

V. Commentaire reproduit sur Dalloz.fr

1. Délit d'entrave et preuve de l'irrégularité de l'IVG. Les personnes poursuivies pour délit d'entrave à l'IVG sont irrecevables à offrir la preuve de l'irrégularité des IVG du fait du non-respect par les hôpitaux ou les cliniques agréées des conditions de forme ou de fond prévues dans la loi, la chambre criminelle ayant énoncé que la preuve du respect des exigences inscrites dans la législation sur l'IVG n'est pas une condition du délit d'entrave à l'IVG. • Crim. 5 mai 1997, n°s 96-83.085, 96-81.889 et 96-81.842 : *Bull. crim. n° 158 ; RDSS 1997. 254, obs. Cayla ; RSC 1998. 117, obs. Delmas Saint-Hilaire* • 2 sept. 1997 : *Dr. pénal 1997, n° 156* • 7 avr. 1999 : *D. 1999. IR 138 ; Dr. pénal 1999, n° 102 ; JCP 1999. I. 1207, note Robert.*

2. Délit d'entrave et état de nécessité. L'état de nécessité, au sens de l'art. 122-7 C. pén., ne saurait être invoqué pour justifier le délit d'entrave à l'IVG, dès lors que celle-ci est autorisée sous certaines conditions par la loi du 17 janvier 1975 et que l'avortement, dans les limites autorisées par la loi, ne relève ni de l'incrimination de génocide ni de celle de provocation à l'abandon d'enfant. • Crim. 31 janv. 1996 : *D. 1996. IR 64 ; JCP 1996. II. 22713, note Dorsner-Dolivet ; RDSS 1996. 511, obs. Cayla.*

3. Délit d'entrave et libertés d'opinion et de manifester des convictions. Les dispositions du code de la santé publique relatives au délit d'entrave ne violent pas les art. 9 et 10 de la Conv. EDH, dès lors que la liberté d'opinion et la liberté de manifester des convictions peuvent être restreintes par des mesures nécessaires à la protection de la santé ou des droits d'autrui. • Crim. 31 janv. 1996 : *préc. note 2.*

4. Délit d'entrave et droit à une vie familiale normale. L'argument, selon lequel les dispositions relatives au délit d'entrave à l'IVG seraient incompatibles avec les stipulations de l'art. 8 de la Conv. EDH (droit à une vie familiale normale) et les art. 8 (droit de l'enfant de préserver ses relations familiales) et 9 (principe selon lequel l'enfant ne doit pas être séparé des ses parents contre leur gré) de la convention relative aux droits de l'enfant et seraient donc, de ce fait, inapplicables, ne saurait être accueilli. • Crim. 27 nov. 1996, n° 95-85.118.

5. ***Absence de finalité politique de l'organisation d'une manifestation anti-IVG.*** Le débat démocratique sur la question de l'IVG ayant eu lieu en son temps, une manifestation anti-IVG ne peut avoir pour motif aujourd'hui d'exprimer autre chose qu'une position morale, dénuée de finalité politique véritable et, partant, ne saurait être considérée comme une infraction politique. • Paris, 27 juin 2000 : *D. 2000. IR 249*.

6. ***Incrimination d'actes non violents.*** Les pressions psychologiques et la violence morale exercées sur une femme se renseignant pour se faire avorter par un individu venu prier et lui apporter des chaussons de bébé ainsi qu'une médaille de la vierge constituent une entrave à l'IVG punissable. • Crim. 1er sept. 2015, n° 14-87.441 : *Dr. Pén. n° 10, oct. 2015, comm. 125, obs. J.-H. Robert ; Dict. perm. Santé, bioéthique et biotechnologies, Bull. n° 363, oct. 2015, p. 7, obs. Paricard.*

7. ***Entrave à l'IVG et planning familial.*** L'entrave à l'IVG est punissable même si elle vise les femmes venues s'informer auprès, non d'un médecin, mais de travailleurs sociaux affectés à un centre de planning familial, dès lors que sont pratiquées des IVG médicamenteuses dans ce lieu. • Crim. 1er sept. 2015, n° 14-87.441 : *préc. note 6.*

8. ***Constitutionnalité de la loi relative à l'extension du délit d'entrave à l'IVG.*** La L. n° 2017-347 du 20 mars 2017 est conforme à la Const., sous deux réserves : d'une part, la seule diffusion d'informations à destination d'un public indéterminé sur tout support ne saurait être regardée comme constitutive de pressions, menaces ou actes d'intimidation au sens de l'art. L. 2223-2 ; d'autre part, le délit d'entrave, lorsqu'il réprime des pressions morales et psychologiques, des menaces ou tout acte d'intimidation à l'encontre de personnes cherchant à s'informer sur une IVG n'est constitué qu'à la double condition que soit sollicitée une information, et non une opinion, et que cette information, qui porte sur les conditions dans lesquelles une IVG est pratiquée ou sur ses conséquences, soit donnée par une personne détenant ou prétendant détenir une compétence en la matière. • Cons. const. 16 mars 2017, n° 2017-747 DC : *Constitutions 2017. 285, chron. Cottereau ; Dict. perm. santé, bioéthique, biotechnologies, avr. 2017, Bull. n° 280, note Paricard ; Dr. Pén., juin 2017, n° 6, note Lepage.*

LIVRE TROISIÈME ÉTABLISSEMENTS, SERVICES ET ORGANISMES

TITRE PREMIER ORGANISMES DE PLANIFICATION, D'ÉDUCATION ET DE CONSEIL FAMILIAL

CHAPITRE PREMIER CENTRES ET ÉTABLISSEMENTS

Art. L. 2311-1 Les établissements d'information, de consultation ou de conseil familial et les centres de planification ou d'éducation familiale ne doivent poursuivre aucun but lucratif.

Art. L. 2311-2 Le président du conseil départemental agrée les centres de planification ou d'éducation familiale, à l'exception des centres de planification relevant d'une collectivité publique.

Dans ce cas, la création ou l'extension de ces centres est décidée par la collectivité concernée, après avis du président du conseil départemental.

Art. L. 2311-3 Chaque centre de planification ou d'éducation familiale constitué dans les centres de protection maternelle et infantile est doté des moyens nécessaires pour informer, conseiller et aider la femme qui demande une interruption volontaire de grossesse. *(L. n° 2007-1786 du 19 déc. 2007, art. 71-III)* « En outre, il est autorisé à pratiquer des interruptions volontaires de grossesse par voie médicamenteuse dans le cadre d'une convention conclue selon les modalités prévues à l'article L. 2212-2, dans les conditions prévues aux articles L. 2212-1 à L. 2212-10. »

Art. L. 2311-4 *(L. n° 2001-588 du 4 juill. 2001, art. 21)* Les centres de planification ou d'éducation familiale sont autorisés à délivrer, à titre gratuit, des médicaments, produits ou objets contraceptifs, aux mineurs désirant garder le secret ainsi qu'aux personnes ne bénéficiant pas de prestations maladie, assurées par un régime légal ou réglementaire. Dans ces cas, les frais d'examens de biologie médicale ordonnés en vue de prescriptions contraceptives sont supportés par les centres de planification ou d'éducation familiale.

Les modalités d'application du présent article sont précisées par décret.

1. Mise à l'écart de la thèse du médicament abortif pour la pilule du lendemain. Pour le Conseil d'État, les spécialités « Norlevo » et « Tétragynon » constituent un contraceptif hormonal et non un produit abortif, ce qui interdit, par conséquent, aux associations contestant l'autorisation de mise sur le marché de ces médicaments d'invoquer la violation des dispositions de l'art. 16 C. civ. ou de celles de la loi du 17 janv. 1975 relative à l'IVG. • CE, sect., 25 avr. 2001, *Assoc. Choisir la vie et a.*, nº 216521 : *Lebon 190 ; JCP 2002. II. 10017, note Peigné.*

2. Délivrance d'une contraception d'urgence aux mineures. Le Conseil d'État a annulé une décision ministérielle qui autorisait les infirmières scolaires à prescrire et à délivrer aux adolescentes inscrites dans l'établissement un contraceptif hormonal, le Norlevo. • CE, ass., 30 juin 2000, *Assoc. Choisir la vie et a.*, nº 216130 : *Lebon 248 ; AJDA 2000. 729, concl. Boissard ; D. 2000. IR 203 ; ibid. 545, chron. Radé et Dubois ; ibid. 2001. 2224, note Legrand ; JCP 2000. II. 10423, note Peigné ; RDSS 2000. 723, obs. Dubouis ; ibid. 711, obs. Cayla.* ♦ A la suite de cette annulation, les dispositions de la décision ministérielle contestée ont été reprises par la L. nº 2001-588 du 4 juill. 2001 : V. nouvel art. L. 5134-1 CSP.

Art. L. 2311-5 Les centres de planification ou d'éducation familiale peuvent, dans le cadre de leurs activités de prescription contraceptive et sous la responsabilité d'un médecin, assurer *(L. nº 2016-41 du 26 janv. 2016, art. 79-1º-a)* « la prévention, » le dépistage et le traitement de maladies transmises par la voie sexuelle. Ils assurent de manière anonyme le dépistage et le traitement de ces maladies. Ils interviennent à titre gratuit en faveur des mineurs qui en font la demande et des personnes qui ne relèvent pas d'un régime de base d'assurance maladie ou qui n'ont pas de droits ouverts dans un tel régime. Dans ces cas, les dépenses relatives *(L. nº 2016-41 du 26 janv. 2016, art. 79-1º-b)* « à la prévention, » au dépistage et au traitement sont prises en charge par les régimes d'assurance maladie, sans qu'il soit fait application des dispositions du code de la sécurité sociale et du code rural et de la pêche maritime relatives à l'ouverture du droit aux prestations couvertes par les régimes de base, au remboursement de la part garantie par l'assurance maladie et à la participation de l'assuré aux tarifs servant de base aux remboursements.

(L. nº 2016-41 du 26 janv. 2016, art. 79-2º) « Au titre de leur mission de prévention, les centres de planification ou d'éducation familiale réalisent les vaccinations prévues par le calendrier des vaccinations. Les dispositions relatives au respect de l'anonymat ne s'appliquent pas. »

Un décret pris après avis du *(L. nº 2004-806 du 9 août 2004, art. 4-I)* « Haut Conseil de la santé publique » fixe les modalités d'application du présent article. Ce décret fixe également les conditions dans lesquelles les dépenses afférentes *(L. nº 2016-41 du 26 janv. 2016, art. 79-3º)* « à cette prévention, » à ce dépistage et à ce traitement sont prises en charge par les organismes d'assurance maladie sur la base des tarifs déterminés dans les conditions prévues au chapitre II du titre VI du livre Ier du code de la sécurité sociale.

Art. L. 2311-6 Sont déterminées par décret en Conseil d'État :

1º Les conditions de fonctionnement des établissements d'information, de consultation ou de conseil familial ;

2º Les conditions de fonctionnement et de contrôle des centres de planification ou d'éducation familiale, ainsi que les conditions d'agrément des centres de planification ou d'éducation familiale ne relevant pas d'une collectivité publique.

CHAPITRE II CONSEIL SUPÉRIEUR DE L'INFORMATION SEXUELLE, DE LA RÉGULATION DES NAISSANCES ET DE L'ÉDUCATION FAMILIALE

Art. L. 2312-1 L'information de la population sur les problèmes de la vie est une responsabilité nationale.

L'État y participe notamment par l'aide qu'il apporte, dans le respect des convictions de chacun, aux associations et organismes qui contribuent à cette mission d'information conformément aux lois de la République. – *[Anc. art. 1er, L. nº 73-639 du 11 juill. 1973].*

Information sur la contraception et éducation sexuelle face au principe de laïcité. L'information des élèves des lycées et collèges sur la contraception n'est pas contraire au principe de laïcité. • CE 6 oct. 2000, Assoc. *Promouvoir,* nos 216901, 217800, 217801 et 218213 : *Lebon 391 ; D. 2000. IR 268.* ♦ Il en va de même de l'organisation de séquences obligatoires d'éducation à la sexualité. • CE 18 oct. 2000, *Assoc. Promouvoir,* no 213303 : *Lebon 424 ; D. 2000. IR 291 ; AJDA 2000. 1060, concl. Boissard.*

Art. L. 2312-2 et L. 2312-3 *Abrogés par Décr. no 2014-132 du 17 févr. 2014, art. 29.*

Art. L. 2312-4 **Les modalités d'application du présent chapitre sont prévues par décret.** — *[Anc. art. 6, L. no 73-639 du 11 juill. 1973].*

TITRE DEUXIÈME AUTRES ÉTABLISSEMENTS ET SERVICES

CHAPITRE PREMIER MAISONS D'ENFANTS À CARACTÈRE SANITAIRE

Art. L. 2321-1 *(Ord. no 2003-850 du 4 sept. 2003, art. 10)* **Les établissements mentionnés par le présent chapitre sont des établissements de santé et sont soumis à ce titre aux dispositions prévues au livre Ier de la sixième partie du présent code.**

Art. L. 2321-2 *(Ord. no 2003-850 du 4 sept. 2003, art. 10)* **Les maisons d'enfants à caractère sanitaire sont des établissements permanents ou temporaires, destinés à recevoir, sur certificat médical, des enfants ou adolescents de trois à dix-sept ans révolus, en vue de leur assurer des soins de suite ou de réadaptation.**

Ne sont pas considérés comme maisons d'enfants à caractère sanitaire les établissements climatiques de l'enseignement public ou privé où le séjour des enfants peut donner lieu à une prise en charge par les organismes d'assurance maladie.

Art. L. 2321-3 *(Ord. no 2003-850 du 4 sept. 2003, art. 10)* **Ne peuvent être admis dans les maisons d'enfants à caractère sanitaire les enfants relevant d'établissements recevant habituellement pour leur éducation des mineurs délinquants ou en danger ou présentant des troubles sensoriels, moteurs, intellectuels, du caractère ou du comportement.**

Art. L. 2321-4 *(Ord. no 2003-850 du 4 sept. 2003, art. 10)* **Les conditions relatives au personnel, ainsi que, en tant que de besoin, les modalités d'application des dispositions du présent chapitre sont déterminées par décret en Conseil d'État.**

Art. L. 2321-5 à L. 2321-8 *Abrogés par Ord. no 2003-850 du 4 sept. 2003.*

CHAPITRE II ÉTABLISSEMENTS DE SANTÉ RECEVANT DES FEMMES ENCEINTES

Art. L. 2322-1 *(Ord. no 2003-850 du 4 sept. 2003, art. 9-III)* **Les dispositions du livre Ier de la sixième partie sont applicables aux établissements de santé recevant des femmes enceintes.**

Notion d'établissement privé d'hospitalisation recevant des femmes enceintes. Le fait qu'un praticien ait été conduit à pratiquer en urgence à son cabinet quelques accouchements de parturientes ne saurait conférer au centre médical où exerce ce praticien la qualité d'établissement privé d'hospitalisation recevant des femmes enceintes. • CE 28 avr. 1989, *Mme Rouhault,* no 66130.

Art. L. 2322-2 *(Ord. no 2003-850 du 4 sept. 2003, art. 9-III)* **Les installations autorisées dont les établissements de santé privés sont tenus de disposer pour pratiquer des interruptions volontaires de grossesse sont fixées par décret.**

Art. L. 2322-3 *Abrogé par Ord. no 2003-850 du 4 sept. 2003.*

Art. L. 2322-4 *Abrogé par L. no 2001-588 du 4 juill. 2001, art. 9-I.*

Art. L. 2322-5 à L. 2322-7 *Abrogés par Ord. no 2003-850 du 4 sept. 2003.*

CHAPITRE III LACTARIUMS

BIBL. ▶ HERZOG-EVANS, Aspects juridiques de l'allaitement maternel de France, *RDSS 2001. 223.*

Art. L. 2323-1 *(Ord. no 2005-1087 du 1er sept. 2005 ; L. no 2009-879 du 21 juill. 2009, art. 52-I)* **La collecte, la préparation, la qualification, le traitement, la conservation, la**

distribution et la délivrance sur prescription médicale du lait maternel mentionné au 8° de l'article L. 5311-1 sont assurés par des lactariums gérés par des établissements publics de santé, des collectivités publiques ou des organismes sans but lucratif et autorisés à fonctionner par le directeur général de l'agence régionale de santé de la région siège de l'implantation du lactarium.

Les activités réalisées par les lactariums à partir du lait maternel mentionné au 8° de l'article L. 5311-1 doivent être réalisées en conformité avec des règles de bonnes pratiques définies par décision de *(L. n° 2011-2012 du 29 déc. 2011, art. 5-IV)* **« l'Agence nationale de sécurité du médicament et des produits de santé ».**

Les dispositions de l'article L. 164-1 du code de la sécurité sociale sont applicables au lait humain.

En application des art. L. 231-5 et L. 231-6 du CRPA, le silence gardé pendant deux mois par l'administration vaut décision de rejet pour les demandes d'autorisation de fonctionnement des lactariums gérés, par des établissements publics de santé, des collectivités publiques ou des organismes sans but lucratif assurant la collecte, la préparation, la qualification, le traitement, la conservation, la distribution et la délivrance, sur prescription médicale du lait maternel mentionné au 8° de l'art. L. 5311-1 (Décr. n° 2014-1286 du 23 oct. 2014, art. 1er).

Art. L. 2323-2 **Les frais occasionnés par le contrôle de l'application des dispositions du présent chapitre sont supportés par l'État.** – *[Anc. art. L. 185].*

Art. L. 2323-3 *(L. n° 2009-879 du 21 juill. 2009, art. 52-II)* **Les modalités d'application du présent chapitre, et notamment les conditions techniques d'organisation et de fonctionnement des lactariums, sont déterminées par décret.**

CHAPITRE IV ÉTABLISSEMENTS D'ACCUEIL DES ENFANTS DE MOINS DE SIX ANS

Dans les établissements mentionnés au présent chapitre, l'installation d'un équipement terminal fixe équipé d'un accès sans fil à internet est interdite dans les espaces dédiés à l'accueil, au repos et aux activités des enfants de moins de trois ans (L. n° 2015-136 du 9 févr. 2015, art. 7-I).

Art. L. 2324-1 **Si elles ne sont pas soumises à un régime d'autorisation en vertu d'une autre disposition législative, la création, l'extension et la transformation des établissements et services gérés par une personne physique ou morale de droit privé accueillant des enfants de moins de six ans sont subordonnées à une autorisation délivrée par le président du conseil départemental, après avis du maire de la commune d'implantation.**

Sous la même réserve, la création, l'extension et la transformation des établissements et services publics accueillant des enfants de moins de six ans sont décidées par la collectivité publique intéressée, après avis du président du conseil départemental.

(Ord. n° 2005-1092 du 1er sept. 2005, art. 10) **« L'organisation d'un accueil collectif à caractère éducatif hors du domicile parental, à l'occasion des vacances scolaires, des congés professionnels ou des loisirs, public ou privé, ouvert à des enfants scolarisés de moins de six ans » est subordonnée à une autorisation délivrée par le représentant de l'État dans le département, après avis du médecin responsable du service départemental de protection maternelle et infantile.**

Les *(L. n° 2010-625 du 9 juin 2010, art. 7-I)* **« seules conditions exigibles » de qualification ou d'expérience professionnelle, de moralité et d'aptitude physique requises des personnes exerçant leur activité dans les établissements ou services mentionnés aux alinéas précédents ainsi que les** *(L. n° 2010-625 du 9 juin 2010, art. 7-I)* **« seules conditions exigibles » d'installation et de fonctionnement de ces établissements ou services sont fixées** *(L. n° 2010-625 du 9 juin 2010, art. 7-I)* **« par décret ».**

(Ord. n° 2005-1477 du 1er déc. 2005, art. 15-V) **« Les dispositions de l'article L. 133-6 du code de l'action sociale et des familles s'appliquent aux établissements, services et lieux de vie et d'accueil mentionnés au présent chapitre. »**

En application des art. L. 231-5 et L. 231-6 du CRPA, le silence gardé pendant trois mois par l'administration vaut décision de rejet pour les demandes d'organisation d'un accueil collectif à caractère éducatif hors du domicile parental, à l'occasion des vacances scolaires, des congés professionnels ou des loisirs, public ou privé, ouvert à des enfants scolarisés de moins de six ans (Décr. n° 2014-1306 du 23 oct. 2014, art. 1er et 2).

BIBL. ▶ THÉVENET, Les travailleurs sociaux, statut et responsabilité, *RDSS, n° spéc., 4-1993* ; Les travailleurs sociaux et sanitaires dans la fonction publique territoriale, *RDSS 1992. 143*.

1. Pouvoirs du président du conseil général sur les crèches et refus d'y admettre un enfant non vacciné. Le non-respect des obligations vaccinales constitue un motif légitime d'exclusion d'un enfant en crèche. Mais le président du conseil général ne peut imposer d'autres vaccinations aux enfants gardés dans les crèches de son département, il peut seulement les recommander. • CE 29 juill. 1994, *M. Courty*, n° 102334 : *Lebon 369* ; *RDSS 1995. 283, obs. Cayla* ; *JCP 1994. IV. 2335, obs. Rouault* ; *RFDA 1994. 1069*.

2. Conditions d'accueil des enfants de moins de six ans. Le Décr. n° 2010-613 du 7 juin 2010, relatif aux établissements et services d'accueil des enfants de moins de six ans, pris en application de l'art. L. 2324-1 CSP est légal. • CE 25 janv. 2012, *Assoc. nat. des psychologues de la petite enfance et al.*, n° 342210.

Art. L. 2324-2 *(L. n° 2010-625 du 9 juin 2010, art. 7-I)* **Le médecin responsable du service départemental de protection maternelle et infantile vérifie que les conditions mentionnées au quatrième alinéa de l'article L. 2324-1 sont respectées par les établissements et services mentionnés au même article.**

Art. L. 2324-2-1 *(L. n° 2010-625 du 9 juin 2010, art. 11)* **L'autorisation mentionnée au premier alinéa de l'article L. 2324-1 prévoit, à la demande du responsable d'établissement ou de service, des capacités d'accueil différentes suivant les périodes de l'année, de la semaine ou de la journée, compte tenu des variations prévisibles des besoins d'accueil.**

Art. L. 2324-3 **Lorsqu'il estime que la santé physique ou mentale ou l'éducation des enfants sont compromises ou menacées :**

1° Le représentant de l'État dans le département ou le président du conseil départemental peut adresser des injonctions aux établissements et services mentionnés au premier alinéa de l'article L. 2324-1 ;

2° Le représentant de l'État dans le département peut adresser des injonctions aux établissements et services mentionnés aux alinéas 2 et 3 de l'article L. 2324-1.

Dans le cas où il n'a pas été satisfait aux injonctions, le représentant de l'État dans le département peut prononcer la fermeture totale ou partielle, provisoire ou définitive, des établissements ou services mentionnés à l'article L. 2324-1, après avis du président du conseil départemental en ce qui concerne les établissements et services mentionnés aux deux premiers alinéas de cet article.

La fermeture définitive vaut retrait des autorisations instituées aux alinéas 1 et 3 de l'article L. 2324-1.

En cas d'urgence, le représentant de l'État dans le département peut prononcer, par arrêté motivé, la fermeture immédiate, à titre provisoire, des établissements mentionnés à l'article L. 2324-1. Il en informe le président du conseil départemental. – *[Anc. art. L. 182].*

Retraits d'autorisation et décisions de fermeture d'établissements sous l'empire de la législation antérieure. Sur les pouvoirs du préfet, V. • CE 2 juin 1954, *Assoc. « La maison des enfants »*, n° 20709 : *Lebon 330*. ♦ Pour des conditions de fonctionnement créant une menace pour la sécurité des enfants, V. • CE 29 avr. 1983, *Assoc. « Œuvre hospitalière Christine Garnier »*, n° 28979 : *Lebon 172*.

Art. L. 2324-4 **Sauf disposition contraire, les modalités d'application du présent chapitre sont déterminées par décret en Conseil d'État.** – *[Anc. art. L. 190-2].*

CHAPITRE V SERVICES DE SANTÉ SCOLAIRE ET UNIVERSITAIRE

BIBL. ▶ La médecine scolaire et la santé à l'école, *Étude de législation comparée du Sénat, n° 219, 31 déc. 2011.*

Art. L. 2325-1 Comme il est dit à l'article L. 541-1 du code de l'éducation, ci-après reproduit :

Art. L. 541-1 *(L. n° 2013-595 du 8 juill. 2013, art. 6-II-1° et 2°)* « Les actions de promotion de la santé des élèves font partie des missions de l'éducation nationale. Elles sont en priorité assurées par les médecins et infirmiers de l'éducation nationale. A ce titre, les élèves bénéficient, au cours de leur scolarité, d'actions de prévention et d'information, de visites médicales et de dépistage obligatoires, qui constituent leur parcours de santé dans le système scolaire. *(L. n° 2016-41 du 26 janv. 2016, art. 3-II)* « Les élèves bénéficient également d'actions de promotion de la santé constituant un parcours éducatif de santé conduit dans les conditions prévues à l'avant-dernier alinéa du II de l'article L. 121-4-1 du code de l'éducation. » Ces actions favorisent notamment leur réussite scolaire et la réduction des inégalités en matière de santé.

« Les visites médicales et de dépistage obligatoires ne donnent pas lieu à contribution pécuniaire de la part des familles. »

Les parents ou tuteurs sont tenus, sur convocation administrative, de présenter les enfants à ces visites, sauf s'ils sont en mesure de fournir un certificat médical attestant *(L. n° 2013-595 du 8 juill. 2013, art. 6-II-3°)* « qu'un bilan de leur état de santé physique et psychologique » a été assuré par un professionnel de santé de leur choix.

(L. n° 2013-595 du 8 juill. 2013, art. 6-II-4°) « Au cours de la sixième année, une visite comprenant un dépistage des troubles spécifiques du langage et de l'apprentissage est organisée. » Les médecins de l'éducation nationale travaillent en lien avec l'équipe éducative, les professionnels de santé et les parents, afin que, pour chaque enfant, une prise en charge et un suivi adaptés soient réalisés suite à ces visites.

(L. n° 2013-595 du 8 juill. 2013, art. 6-II-5°) « Les ministres chargés de l'éducation nationale et de la santé déterminent conjointement, par voie réglementaire, pour les visites médicales et les dépistages obligatoires, la périodicité, le contenu de l'examen médical de prévention et de dépistage ainsi que les éventuelles populations prioritaires. »

Des examens médicaux périodiques sont également effectués pendant tout le cours de la scolarité et le suivi sanitaire des élèves est exercé avec le concours *(L. n° 2013-595 du 8 juill. 2013, art. 6-II-6°)* « de l'infirmier et, dans les établissements du second degré, d'un assistant de service social. »

Art. L. 2325-2 Comme il est dit à l'article L. 541-2 du code de l'éducation, ci-après reproduit :

Art. L. 541-2 Tous les membres du personnel des établissements d'enseignement et d'éducation, publics ou privés et toutes les personnes se trouvant en contact habituel avec les élèves dans l'enceinte desdits établissements, sont obligatoirement soumis, périodiquement, et au moins tous les deux ans, à un examen médical de dépistage des maladies contagieuses.

Ils reçoivent à cette occasion par le médecin scolaire une information concernant les causes, les conséquences et les moyens de traitement et de lutte contre le tabagisme, l'alcoolisme et la toxicomanie.

Art. L. 2325-3 Comme il est dit à l'article L. 541-3 du code de l'éducation, ci-après reproduit :

Art. L. 541-3 Dans chaque chef-lieu de département et d'arrondissement, dans chaque commune de plus de 5 000 habitants et dans les communes désignées par arrêté ministériel, un ou plusieurs centres médico-sociaux scolaires sont organisés pour les visites et examens prescrits aux articles L. 541-1 et L. 541-2.

Ils concourent à la mise en œuvre des actions coordonnées de prévention et *d'éducation à la santé* que comporte le programme régional pour l'accès à la prévention et aux soins des personnes les plus démunies prévues à l'article *(Ord. n° 2010-177 du 23 févr. 2010, art. 8-II)* « L. 1434-2 » du code de la santé publique.

Art. L. 2325-4 Comme il est dit à l'article L. 541-4 du code de l'éducation ci-après reproduit :

Art. L. 541-4 Le contrôle médical des activités physiques et sportives scolaires est assuré dans les conditions définies aux articles L. 541-1 et L. 541-3.

Art. L. 2325-5 Comme il est dit à l'article L. 831-2 du code de l'éducation, ci-après reproduit :

Art. L. 831-2 Le contrôle médical des activités physiques et sportives universitaires est assuré dans les conditions définies aux articles L. 541-1 et L. 541-3.

Art. L. 2325-6 Comme il est dit à l'article L. 542-2 du code de l'éducation, ci-après reproduit :

Art. L. 542-2 Les visites médicales effectuées en application du troisième alinéa (2°) de l'article L. 2112-2 du code de la santé publique et *(L. n° 2007-293 du 5 mars 2007, art. 2-I)* « de l'avant-dernier » alinéa de l'article L. 541-1 du présent code ont notamment pour objet de prévenir et de détecter les cas d'enfants maltraités.

Art. L. 2325-7 Comme il est dit à l'article L. 542-3 du code de l'éducation, ci-après reproduit :

Art. L. 542-3 Au moins une séance annuelle d'information et de sensibilisation sur l'enfance maltraitée *(L. n° 2010-121 du 8 févr. 2010, art. 3-II)* « , notamment sur les violences intrafamiliales à caractère sexuel, » est inscrite dans l'emploi du temps des élèves des écoles, des collèges et des lycées.

Ces séances, organisées à l'initiative des chefs d'établissement, associent les familles et l'ensemble des personnels, ainsi que les services publics de l'État, les collectivités locales et les associations intéressées à la protection de l'enfance.

CHAPITRE VI DISPOSITIONS PÉNALES

Art. L. 2326-1 Est puni de trois mois d'emprisonnement et de 3 750 € d'amende le fait :

1° D'ouvrir ou de diriger sans autorisation l'un des établissements mentionnés à l'article L. 2321-1 ou de faire une déclaration inexacte ou incomplète ;

2° De continuer l'exploitation d'un tel établissement malgré une décision de fermeture ;

3° Pour ceux qui en assument la direction, de mettre ou de tenter de faire obstacle au contrôle prévu à l'article L. 2321-5.

*(Abrogé par L. n° 2009-526 du 12 mai 2009, art. 123-V) « **La récidive est punie d'un an d'emprisonnement et de 7 500 € d'amende.** »*

Les personnes physiques coupables d'une infraction mentionnée au présent article, encourent également les peines complémentaires suivantes :

1° L'interdiction, temporaire ou définitive, d'exercer les fonctions de directeur d'un établissement mentionné à l'article L. 2321-1 ;

2° La fermeture, temporaire ou définitive, de l'établissement.

Art. L. 2326-2 Le fait d'ouvrir ou de diriger sans autorisation un des établissements mentionnés à l'article L. 2322-1 ou de négliger de se conformer aux conditions de l'autorisation est puni de 4 500 € d'amende.

L'établissement peut, en outre, être fermé.

La récidive dans les trois ans, est punie de deux ans d'emprisonnement et de 9 000 € d'amende sans préjudice des peines plus fortes encourues notamment du fait des crimes et délits par l'article L. 2221-1 du présent code et les articles 223-3, 223-4, 223-10 à 223-12, 227-1, 227-2 et 227-13 du code pénal.

Art. L. 2326-3 Le fait de faire obstacle aux inspections prévues à l'article L. 2322-2 est puni de six mois d'emprisonnement et de 3 750 € d'amende.

La fermeture de l'établissement peut être prononcée. — *[Anc. art. L. 177, al. 2].*

Art. L. 2326-4 La création, l'extension ou la transformation des établissements et services privés mentionnés à l'article L. 2324-1 sans l'autorisation mentionnée aux alinéas premier et troisième de l'article L. 2324-1 est punie de trois mois d'emprisonnement et de 3 750 € *d'amende.*

Les personnes physiques coupables de l'infraction mentionnée à l'alinéa précédent encourent également les peines complémentaires suivantes :

1° L'interdiction, temporaire ou définitive, de diriger tout établissement ou service mentionnés à l'article L. 2324-1 ;

2° La fermeture, temporaire ou définitive, des établissements ou services. — *[Anc. art. L. 183].*

LIVRE QUATRIÈME MAYOTTE, ÎLES WALLIS-ET-FUTUNA ET TERRES AUSTRALES ET ANTARCTIQUES FRANÇAISES, NOUVELLE-CALÉDONIE ET POLYNÉSIE FRANÇAISE

V. Dalloz.fr .

TROISIÈME PARTIE LUTTE CONTRE LES MALADIES ET DÉPENDANCES

LIVRE PREMIER LUTTE CONTRE LES MALADIES TRANSMISSIBLES

TITRE PREMIER LUTTE CONTRE LES ÉPIDÉMIES ET CERTAINES MALADIES TRANSMISSIBLES

CHAPITRE PRÉLIMINAIRE MENACE SANITAIRE GRAVE

CHAPITRE PREMIER VACCINATIONS

BIBL. ▶ VIALLA, Vaccinations obligatoires, sêptikos ou skeptikos ?, *D. 2017, nº 44, p. 2584*. – TRUCHET, L'avenir de l'obligation vaccinale : aspects juridiques, *Bull. Académie Nat. de Médecine 2010, vol. 194, nºs 4 et 5, p. 733-740*. – BÉLANGER (dir.), Droit, éthique et vaccination. L'obligation vaccinale en question, *LEH 2006*. – BÉVIÈRE, L'obligation vaccinale, *RGDM 2005, nº spéc., p. 53*. – La vaccination, *RGDM 2005, nº 16, p. 7 s.* – CAYLA, *RDSS 2002. 471* ; Droit de réponse, *RDSS 2003. 18*.

Art. L. 3111-1 *(L. nº 2004-806 du 9 août 2004, art. 11-I)* **La politique de vaccination est élaborée par le ministre chargé de la santé qui fixe les conditions d'immunisation, énonce les recommandations nécessaires et rend public le calendrier des vaccinations après avis** *(L. nº 2017-220 du 23 févr. 2017, art. 4-III)* **« de la Haute Autorité de santé ».**

Un décret peut, compte tenu de l'évolution de la situation épidémiologique et des connaissances médicales et scientifiques, suspendre, pour tout ou partie de la population, les obligations prévues aux articles L. 3111-2 à L. 3111-4 *(L. nº 2017-1836 du 30 déc. 2017, art. 49-I)* **« , L. 3111-6 » et L. 3112-1.**

Dans le cadre de leurs missions, les médecins du travail, les médecins des infirmeries des établissements publics locaux d'enseignement et des services de médecine préventive et de promotion de la santé dans les établissements d'enseignement supérieur, les médecins des services de protection maternelle et infantile et des autres services de santé dépendant des conseils départementaux ou des communes *(L. nº 2016-41 du 26 janv. 2016, art. 80)* **« et les médecins des centres pratiquant les examens de santé gratuits prévus à l'article L. 321-3 du code de la sécurité sociale » participent à la mise en œuvre de la politique vaccinale.**

Conformité à la Constitution des art. L. 3111-1 à L. 3111-3. Les art. L. 3111-1 à *L. 3111-3 CSP, qui fixent* le cadre général de la politique de vaccination, réglementent les vaccinations obligatoires à destination des mineurs et définissent les obligations corrélatives pesant sur les personnes titulaires de l'autorité parentale, ne méconnaissent pas le droit à la protection de la santé garanti par l'al. 11 du Préambule de la Constitution de 1946. • Cons. const. 20 mars 2015, nº 2015-458 QPC: RDSS 2015. 364, obs. *Cristol* ; *AJDA 2015. 611* ; *D. 2015. 687* ; *AJ fam. 2015. 222, obs. H. Daïmallah* ; *ibid. 192, obs. Dionisi-Peyrusse* ; *JCP 2015, nº 22, p. 634, note Foucher et Rachet-Darfeuille.*

Art. L. 3111-2 *(L. nº 2017-1836 du 30 déc. 2017, art. 49-I)* **I. — Les vaccinations suivantes sont obligatoires, sauf contre-indication médicale reconnue, dans des conditions d'âge déterminées par décret en Conseil d'État, pris après avis de la Haute Autorité de santé :**

1º Antidiphtérique ;

2º Antitétanique ;

3° Antipoliomyélitique ;
4° Contre la coqueluche ;
5° Contre les infections invasives à *Haemophilus influenzae* de type b ;
6° Contre le virus de l'hépatite B ;
7° Contre les infections invasives à pneumocoque ;
8° Contre le méningocoque de sérogroupe C ;
9° Contre la rougeole ;
10° Contre les oreillons ;
11° Contre la rubéole.

II. — Les personnes titulaires de l'autorité parentale ou qui assurent la tutelle des mineurs sont tenues personnellement responsables de l'exécution de l'obligation prévue au I. La preuve que cette obligation a été exécutée doit être fournie, selon des modalités définies par décret, pour l'admission ou le maintien dans toute école, garderie, colonie de vacances ou autre collectivité d'enfants.

Le II du présent art. est applicable, en ce qui concerne les vaccinations mentionnées aux 4° à 11° du I, à compter du 1er juin 2018 et aux personnes titulaires de l'autorité parentale ou qui assurent la tutelle des enfants nés à compter du 1er janv. 2018 (L. préc., art. 49-III).

Ancien art. L. 3111-2 (Abrogé par L. n° 2017-1836 du 30 déc. 2017, art. 49-I) (L. n° 2004-806 du 9 août 2004, art. 11-II) ***Les vaccinations antidiphtérique et antitétanique par l'anatoxine sont obligatoires*** (L. n° 2007-293 du 5 mars 2007, art. 37-II) « ***, sauf contre-indication médicale reconnue*** » ***; elles doivent être pratiquées simultanément. Les personnes titulaires de l'autorité parentale ou qui ont la charge de la tutelle des mineurs sont tenues personnellement responsables de l'exécution de cette mesure, dont la justification doit être fournie lors de l'admission dans toute école, garderie, colonie de vacances ou autre collectivité d'enfants.***

Un décret détermine les conditions dans lesquelles sont pratiquées la vaccination antidiphtérique et la vaccination antitétanique.

1. Conséquence du refus de vaccination. Le refus de vaccination peut justifier un refus d'inscription dans un établissement d'enseignement scolaire ou d'éducation public ou privé. • CE, ass., 4 juill. 1958, *Graff et Épx Reyes*, n° 41841 (2 esp.) : *Lebon 414 ; D. 1959. Somm. 13 ; JCP 1959. II. 11117, concl. Long ; RD publ. 1959. 314, concl. Long ; AJDA 1958. II, n° 290, p. 314, Chron. Fournier et Combarnous (2 arrêts)* • 16 nov. 1960, *Épx Gachet*, n° 43439 : *Lebon T. 1137 ; RPDA 1960, n° 366, p. 175* • TA Strasbourg, 4 févr. 1959, *Graff : AJDA 1959. II. 216.*

2. Conformité à la Constitution de l'article L. 3111-2. V. note ss. l'art. L. 3111-1.

3. Injection de sérum antitétanique sans association de vaccin. Ne constitue pas une faute (lourde) d'un service médical hospitalier le fait de ne pas associer un vaccin antitétanique à un sérum antitétanique, une telle association n'étant pas tenue pour une exigence thérapeutique à l'époque des faits. • CE 17 mars 1976, *Sté Carbonisation, entreprise et céramique, n° 81960 : Lebon T. 1148.*

4. Évaluation du préjudice lié à une vaccination antidiphtérique-antitétanique. Le juge alloue une indemnité en capital en réparation des troubles dans les conditions d'existence subis par une personne atteinte d'une incapacité permanente de 100%, la réparation ne pouvant exclure, *a priori*, l'attribution éventuelle de l'allocation adulte handicapé. • CE 4 mars 1988, *Cts Pierdet*, n° 55612 : *D. 1989. Somm. 122, obs. Moderne et Bon.*

5. Obligation vaccinale et contre-indication médicale. Si l'autorité réglementaire peut, en cas de contre-indication médicale, dispenser de la vaccination antitétanique un enfant pour son admission dans un établissement scolaire, cette dispense doit être limitée lorsque ne sont pas en cause les principes qui l'ont justifiée (caractère obligatoire de l'enseignement, exercice d'une liberté publique). • CE, sect., 1er avr. 1977, *Épx Deleersnyder*, n° 00941 : *Lebon 173 ; AJDA 1977. II, n° 73, p. 506, concl. Galabert ; Quot. jur. 15 avr. 1978, p. 2, note Castagné ; D. 1979. 466, note Plouvin.* ♦ ... En l'absence de dispositions réglementaires particulières relatives à l'obligation vaccinale pour l'envoi dans les classes de neige, il appartient aux chefs d'établissement et aux autorités académiques de prendre éventuellement des dispositions plus restrictives que celles imposées pour le seul accès à l'école. • Même arrêt.

6. Nécessaire démonstration de l'existence d'une contre-indication médicale. Le médecin départemental responsable de la PMI peut légalement refuser l'accès à une crèche d'un enfant qui, sans que soit démontrée l'existence d'une contre-indication, ne satisfait pas à l'obligation vaccinale. • CE 29 juill. 1994, *Courty*, n° 102334 : *Lebon 369 ; JCP 1995. IV. 489, obs. Rouault ; RDSS 1995.* 283, note Cayla. ♦ Toutefois, le président du conseil général ne tient d'aucune disposition législative le pouvoir d'édicter une réglementation subordonnant l'admission des enfants dans les crèches à des vaccinations que le législateur n'a pas rendues obligatoires. • Même arrêt.

7. Causalité. Sur l'admission d'un lien de causalité entre le vaccin « Tétracoq » et une histiocytose langerhansienne, V. note 4 ss. art. L. 3111-9.

8. Mise à disposition de vaccins permettant de satisfaire aux seules vaccinations obligatoires. Les art. L. 3111-2 et L. 3111-3 CSP impliquent nécessairement que les personnes tenues à l'exécution des trois obligations vaccinales prévues par ces dispositions (antidiphtérique, antitétanique et antipoliomyélitique) soient mises à même d'y satisfaire sans être contraintes, de ce seul fait, de soumettre leur enfant à d'autres vaccinations que celles imposées par le législateur et auxquelles elles n'auraient pas consenti librement. • CE 8 févr. 2017, *M. A. et al.*, n° 397151 : *Lebon ; AJDA 2017. 320 ; ibid. 898, note Vialla ; D. 2017. 356, obs. conseil de presse ; RDSS 2017. 479, note Minet-Leleu*. ♦ Par conséquent, le ministre des affaires sociales et de la santé doit, en l'état de la législation, prendre des mesures ou saisir les autorités compétentes en vue de l'adoption de mesures destinées à permettre la disponibilité de vaccins correspondant aux seules obligations de vaccination prévues aux art. L. 3111-2 et L. 3111-3 CSP, dans un délai de 6 mois à compter de la notification de la présente décision. • Même arrêt.

Art. L. 3111-3 *(L. n° 2016-41 du 26 janv. 2016, art. 214-II)* **Les thanatopracteurs en formation pratique et en exercice doivent, en l'absence d'infection en cours ou antérieure, être vaccinés contre l'hépatite B. La preuve de la vaccination ou de la contre-indication est jointe à l'inscription en formation ou à la demande d'habilitation à exercer, dans des conditions garantissant la confidentialité des informations transmises, définies par décret en Conseil d'État. Le médecin du travail s'assure que les thanatopracteurs salariés vérifient les conditions mentionnées à la première phrase.** – *Anc. art. L. 3111-4-1 (L. n° 2017-1836 du 30 déc. 2017, art. 49-I).*

Ancien art. L. 3111-3 (Abrogé par L. n° 2017-1836 du 30 déc. 2017, art. 49) *La vaccination antipoliomyélitique est obligatoire, sauf contre-indication médicale reconnue, à l'âge et dans les conditions déterminées par décret en Conseil d'État, pris après avis de l'Académie nationale de médecine et* (L. n° 2017-220 du 23 févr. 2017, art. 4-III) *« de la Haute Autorité de santé ». Les personnes titulaires de l'autorité parentale ou qui ont la charge de la tutelle des mineurs sont tenues personnellement de l'exécution de cette obligation.*

1. Admission d'enfants en collectivité et obligation vaccinale. En édictant par décret les vérifications nécessaires lors de l'admission des enfants dans les établissements scolaires et en prévoyant des délais pour satisfaire à cette obligation, le gouvernement n'a pas excédé ses pouvoirs, ni porté illégalement atteinte à la liberté d'enseignement. • CE, sect., 16 juin 1967, *Ligue nat. pour la liberté des vaccinations*, n° 66840 : *Lebon 258 ; JCP 1967. II. 15303, concl. Galmot ; RDSS 1968. 69, note Moderne ; AJDA 1968. II. 166, note Peiser.*

2. Conformité à la Constitution de l'article L. 3111-2. V. note ss. l'art. L. 3111-1.

3. Responsabilité du fait de la vaccination antipoliomyélitique. Vaccination pratiquée en clientèle privée. Sauf faute dans le fonctionnement du service public de la vaccination, la responsabilité de l'État ne peut être engagée du fait d'un accident consécutif à une vaccination obligatoire pratiquée par un médecin privé. • CE 13 nov. 1981, *Épx Chénot*, n° 23456.

4. Vaccination pratiquée dans un dispensaire municipal avant l'instauration de l'obligation vaccinale. Le dommage lié à une vaccination pratiquée dans un dispensaire municipal avant la loi du 1er juill. 1964 instituant l'obligation vaccinale n'engage la responsabilité de l'État qu'à raison d'une faute de service. En l'absence de faute, l'État n'est pas responsable du dommage résultant d'une vaccination non obligatoire. • CE 28 janv. 1983, *Dlle Amblard*, n° 24447 : *Lebon 32 ; D. 1984. IR 153, obs. Moderne et Bon.*

5. Lien de causalité. Sur le lien de causalité entre une vaccination antipoliomyélitique et une poliomyélite déclarée trois mois plus tard, V. • CE 1er juill. 1988, *Épx Guebli : Gaz. Pal. 1989. 1. Pan. dr. adm. 156 ; RDSS 1988. 689, obs. Dubouis.* ♦ Sur l'admission d'un lien de causalité entre le vaccin « Tétracoq » et une histiocytose langerhansienne, V. note 4 ss. art. L. 3111-9.

6. Point de départ de la prescription. Une simple attestation médicale de poliomyélite, qui ne comporte aucune indication sur l'origine de la maladie, n'étant pas suffisante pour permettre au requérant d'affirmer que la pathologie est imputable à la vaccination, elle ne peut faire courir le délai de prescription de l'action indemnitaire. • CE 21 oct. 2013, *M. B.*, n° 348249.

7. Mise à disposition de vaccins permettant de satisfaire aux seules vaccinations obligatoires. V. note 8 ss. art. L. 3111-2.

Art. L. 3111-4 **Une personne qui, dans un établissement ou organisme public ou privé de prévention** *(L. n° 2005-1579 du 19 déc. 2005, art. 62)* **« de soins ou hébergeant des personnes âgées », exerce une activité professionnelle l'exposant** *(L. n° 2016-41 du 26 janv. 2016, art. 129)* **« ou exposant les personnes dont elle est chargée » à des risques de**

contamination doit être immunisée contre l'hépatite B, la diphtérie, le tétanos *(L. n° 2005-1579 du 19 déc. 2005, art. 63)* **« , la poliomyélite et la grippe ».**

Les personnes qui exercent une activité professionnelle dans un laboratoire de biologie médicale doivent être immunisées contre la fièvre typhoïde.

Un arrêté des ministres chargés de la santé et du travail, pris après avis *(L. n° 2017-220 du 23 févr. 2017, art. 4-III)* **« de la Haute Autorité de santé », détermine les catégories d'établissements et organismes concernés.**

Tout élève ou étudiant d'un établissement préparant à l'exercice des professions médicales et des autres professions de santé dont la liste est déterminée par arrêté du ministre chargé de la santé, qui est soumis à l'obligation d'effectuer une part de ses études dans un établissement ou organisme public ou privé de prévention ou de soins, doit être immunisé contre les maladies mentionnées à l'alinéa premier du présent article.

Les établissements ou organismes employeurs ou, pour les élèves et étudiants, les établissements ayant reçu leur inscription, prennent à leur charge les dépenses entraînées par ces vaccinations.

Les conditions de l'immunisation prévue au présent article sont fixées par arrêté du ministre chargé de la santé pris après avis *(L. n° 2017-220 du 23 févr. 2017, art. 4-III)* **« de la Haute Autorité de santé » et compte tenu, en particulier, des contre-indications médicales.**

L'obligation vaccinale contre la grippe prévue à l'art. L. 3111-4 est suspendue (Décr. n° 2006-1260 du 14 oct. 2006, JO 15 oct.).

I. AUTORITÉS COMPÉTENTES

1. Compétence législative pour instaurer l'obligation vaccinale. La loi seule peut donner à une vaccination un caractère obligatoire ; le Conseil d'État a en conséquence annulé l'arrêté du ministre de l'Agriculture en date du 10 déc. 1994 imposant la vaccination contre la typhoïde et l'hépatite B aux jeunes gens et aux volontaires féminines candidats pour accomplir le service national en qualité de forestier auxiliaire dans le service de sécurité civile. • CE 15 nov. 1996, *Assoc. Liberté, Information, Santé, n° 172806 : Lebon 454 ; RDSS 1997. 247, comm. Cayla .*

2. Autorités compétentes pour déterminer les catégories d'établissements et structures concernés par l'obligation vaccinale. Seuls les ministres chargés de la santé et du travail peuvent déterminer les catégories d'établissement et organismes concernés par l'obligation vaccinale ; le ministre de la Défense n'est pas compétent pour le faire à l'égard des établissements de prévention et de soins relevant de son administration. • CE, ass., 3 mars 2004, *Assoc. Liberté, Information, Santé, n° 222918 : Lebon 112 ; D. 2004. 1257, note Ritleng ; AJDA 2004. 971, chron. Donnat et Casas ; RFDA 2004. 581, concl. Le Chatelier ; RDSS 2004. 608, note Deguergue .* ♦ V. aussi note ss. art. L. 3111-6.

II. REFUS DE VACCINATION

3. Licenciement. Dès lors que la réglementation applicable à l'entreprise des *pompes funèbres impose la vaccination* contre l'hépatite B des salariés exerçant des fonctions les exposant au risque de contracter cette maladie, la cour d'appel, qui constate la prescription de ladite vaccination à un salarié par le médecin du travail et l'absence de contre-indication médicale de nature à justifier le refus de l'intéressé, en déduit exactement que ce dernier ne pouvait s'opposer à cette vaccination. Un tel refus constitue une cause réelle et sérieuse de licenciement. • Soc. 11 juill. 2012 : *RDT 2012. 637, note Pontif .*

III. RESPONSABILITÉ

A. RESPONSABILITÉ DU FABRICANT DU VACCIN

4. V. notes ss. art. L. 5121-9.

B. RESPONSABILITÉ DE L'ÉTAT

5. Responsabilité de l'État du fait des dommages dus à une vaccination obligatoire contre l'hépatite B. Sclérose en plaques. Le juge administratif se livre à une appréciation au cas par cas et admet l'imputabilité à une vaccination obligatoire d'une pathologie identifiée comportant des atteintes démyélinisantes, eu égard, d'une part, au bref délai ayant séparé l'injection des premiers symptômes et, d'autre part, à la bonne santé de l'intéressé et à l'absence d'antécédent à cette pathologie avant la vaccination. • CE 4 juill. 2008, *Capocci,* n° 299832 • 11 juill. 2008, *Min. Santé et Solidarités c/ Augustin,* n° 289763 • 24 oct. 2008, *Mercier,* n° 305622 • 10 avr. 2009, *Zislin,* n° 296630 • 5 mai 2010, *Min. Santé et Sports c/ Brun,* n° 324895 • 30 avr. 2014, *Mme A.,* n° 357696. ♦ Lorsque ces critères ne sont pas réunis, la pathologie ne peut être imputée à la vaccination. • CE 9 mars 2007, *Mme Poulard, n° 283067 : D. 2007. 2204, note Neyret ; AJDA 2007. 861, concl. Olson ; JCP 2007. II. 10142, note Laude ; JCP Adm. 2007, n° 19, p. 33, note Jean-Pierre ; Gaz. Pal. 7 juin 2007, n° 158, p. 47, note Hocquet-Berg ; RD publ. 2008-4. 1193, note Dieu ; RDSS 2007. 544, obs. Cristol ; RFDA 2008-3. 549, note Defoort* • 9 févr. 2011, *Min. Santé, Jeunesse et Sports c/ Delgado,* n° 319497 (les premiers symptômes de la maladie sont apparus plusieurs années après la vaccination initiale) • 13 févr. 2012, *Tourand*, n° 331348 (les premiers symptômes se sont manifestés huit mois après la première injection vaccinale et quatre mois après la dernière) • 5 nov. 2014, *ONIAM*, n° 363036 : *Lebon* (les premiers symptômes sont apparus près de 10 mois après la troisième injection vaccinale). ♦ V. aussi ss. art. L. 3111-9, note 9.

6. Aggravation d'une sclérose en plaques à la suite d'une injection vaccinale. L'aggravation d'une sclérose en plaques peut être imputable à la vaccination contre le virus de l'hépatite B, même si la maladie s'était déclarée antérieurement à la vaccination, à la condition que les signes cliniques de l'aggravation apparaissent dans un bref délai après l'injection vaccinale. • CE 17 févr. 2012, *André*, n° 331277 : *AJDA 2012. 1244, note Lantéro*. ♦ C'est la date d'apparition des symptômes, et non celle de leur constatation médicale, qui permet d'établir si la condition de bref délai est remplie • CE 27 mai 2015, *Mme B. et a.*, n° 369142. ♦ A la condition de bref délai s'ajoute une nouvelle condition, selon laquelle la pathologie s'est, à la suite de la vaccination, développée avec une ampleur et à un rythme qui n'étaient pas normalement prévisibles au vu des atteintes que la personne présentait antérieurement à celle-ci. • CE 13 déc. 2013, *X. c/ CPAM des Alpes-Maritimes*, n° 352460 : *JCP E, n° 20, 15 mai 2014. 1266, comm. Gorny et Aunos.*

7. Polyradiculonévrite. A été admise l'imputabilité d'une polyradiculonévrite à la vaccination obligatoire contre le virus de l'hépatite B. • CE 24 juill. 2009, *Gauvin*, n° 304325 : *AJDA 2009. 1791* ; *RDSS 2009. 959, obs. Cristol*. ♦ S'agissant, non du vaccin contre le virus de l'hépatite B, mais de la vaccination contre la grippe A (H1N1), le juge, tout en relevant que ce vaccin constitue un facteur de risque scientifiquement reconnu de la polyradiculonévrite (ou syndrome de Guillain-Barré), écarte, au cas par cas, la présomption d'imputabilité à la vaccination, lorsque la probabilité d'une origine vaccinale est manifestement moins élevée que celle d'une origine étrangère à la vaccination. • TA Cergy-Pontoise, 4 nov. 2014, *M. M. c/ Oniam*, n° 1201770 : *Gaz. Pal. 22 janv. 2015, n° 22, p. 4, concl. Mérenne.*

8. Fibromyalgie. Compte tenu du caractère atypique et non identifié de la pathologie en cause, dont le diagnostic est toujours discuté, le juge administratif n'a pas admis l'imputabilité à la vaccination obligatoire contre le virus de l'hépatite B d'une fibromyalgie. • CE 11 juill. 2008, *Mme Drausin et MGEN*, n° 305685 : *Lebon T. 927* • 2 févr. 2009, *Fourmi-Pardon*, n° 306335.

9. Myofasciite à macrophages. La certitude du lien de causalité entre l'apparition d'une myofasciite à macrophages au lieu de la vaccination et l'injection du vaccin contre le virus de l'hépatite B n'est pas établie. • CE 21 mars 2008, *Royer*, n° 288345. ♦ Mais dans le contentieux lié à la prise en charge au titre des maladies professionnelle, le Conseil d'État a admis en 2012 l'existence d'un lien de causalité, et donc l'imputabilité au service de cette affection (V. note 19). ♦ En outre, le juge a admis que dans le dernier état des connaissances scientifiques, l'existence d'un lien de causalité entre une vaccination contenant un adjuvant aluminique (il ne s'agit pas seulement du vaccin contre le virus de l'hépatite B) et la combinaison de symptômes constitués notamment par une fatigue chronique, des douleurs articulaires et musculaires et des troubles cognitifs, n'est pas exclue et revêt une probabilité suffisante pour que ce lien puisse, sous certaines conditions, être établi. Tel est le cas lorsque la personne vaccinée, présentant des lésions musculaires de myofasciite à macrophages à l'emplacement des injections, est atteinte de tels symptômes, soit que ces symptômes sont apparus postérieurement à la vaccination, dans un délai normal pour ce type d'affection, soit, si certains symptômes préexistaient, qu'ils se sont aggravés, à un rythme et avec une ampleur qui n'étaient pas prévisibles au vu de l'état de santé antérieur à la vaccination, et qu'il ne ressort pas des expertises versées au dossier que les symptômes pourraient résulter d'une autre cause que la vaccination. • CE 30 déc. 2013, *Cts G.*, n° 362488 (vaccin contre le virus de l'hépatite B contenant des adjuvants aluminiques) • 30 déc. 2013, *Cts A.*, n° 347459 (vaccin DTPolio contenant des adjuvants aluminiques). ♦ V. égal., s'agissant du vaccin contre le virus de l'hépatite B, • CE 22 juill. 2015, 2e esp., *Mme A.*, nos 369478 et 369479.

10. Recherche de la causalité par les juges du fond. Les juridictions du fond doivent rechercher l'existence d'un lien de causalité entre la pathologie démyélinisante et la vaccination au regard des critères posés par le Conseil d'État, sous peine d'être censurés pour erreur de droit. • CE 25 févr. 2011, *Mme A.*, n° 324051.

11. Responsabilité de l'État limitée aux personnes assujetties à l'obligation vaccinale. Le Conseil d'État a censuré l'arrêt d'une cour administrative d'appel qui, pour étendre le régime d'indemnisation étatique aux personnels des services départementaux d'incendie et de secours, avait considéré que les fortes recommandations relatives à la vaccination contre le virus de l'hépatite B devaient être interprétées comme une obligation de fait. Pour le Conseil d'État, seules les personnes assujetties à l'obligation vaccinale contre le virus de l'hépatite B peuvent bénéficier du régime d'indemnisation prévu à l'art. L. 3111-9, ce qui n'était pas le cas des sapeurs-pompiers à la date à laquelle la cour administrative d'appel a statué. • CE 1er juin 2011, *ONIAM*, n° 340096. ♦ De même, ne peut bénéficier du régime d'indemnisation prévu à l'art. L. 3111-9 une aide préparatrice en pharmacie atteinte d'une sclérose en plaques qu'elle impute à sa vaccination contre l'hépatite B, pratiquée à titre professionnel, dans la mesure où elle n'était pas assujettie à l'obligation vaccinale. • TA Besançon, 30 sept. 2010, *Mme P. : AJDA 2010. 2272, concl. Pernot*. ♦ ... Tout comme une auxiliaire de vie, salariée d'une association d'aide à domicile. • CE 19 févr. 2016, *Mme C.*, n° 386502 : *Dict. perm. Santé, bioéthique et biotechnologies, Bull. n° 269, avr. 2016. 13, obs. Peigné.* ♦ En revanche, un stagiaire n'occupant pas un emploi permanent dans un établissement de santé, mais temporairement conduit à exercer une activité l'exposant à des risques de contamination relève bien de l'obligation vaccinale visée à l'art. L. 3111-4, cette dernière ayant « pour objet de prévenir la contamination par certains virus de toute personne qui exerce, au sein d'un établissement ou d'un organisme public ou privé de soins ou de prévention, des fonctions comportant un risque d'exposition directe ou indirecte à des agents biologiques, quel que soit le cadre juridique dans lequel ces fonctions sont exercées ». • CE 30 juill. 2014, *Mme B. A.*, n° 362162 : *Lebon T. ; AJDA 2014. 1630*.

12. *Étendue de l'autorité de la chose jugée liée à un jugement d'annulation reconnaissant l'imputabilité au service d'une sclérose en plaques.* L'autorité de la chose jugée dont sont revêtus les motifs d'un jugement qui avait reconnu une sclérose en plaques imputable à l'administration du vaccin contre l'hépatite B subie dans le cadre du service, ne fait pas obstacle à ce que la cause de cette affection soit à nouveau discutée devant la juridiction saisie d'une demande tendant à l'indemnisation par un tiers (État, ONIAM), sur un autre fondement juridique (art. L. 3111-9), des préjudices qui en résultent. • CE 5 nov. 2014, *ONIAM*, n° 363036 : *préc. note 5.*

13. *Preuve de la vaccination.* La seule méconnaissance des formalités imposées aux professionnels concernés par l'Arr. du 6 févr. 1991 pour faire la preuve de la vaccination contre l'hépatite B ne suffit pas à établir que cette preuve n'est pas rapportée et à priver la victime de son droit éventuel à indemnisation. • CE 24 juill. 2009, *Gauvin*, n° 304325 : *AJDA 2009. 1791 ; RDSS 2009. 959, obs. Cristol*.

14. *Preuve de l'imputabilité de la maladie à la vaccination.* La preuve des circonstances prises en compte pour établir la présomption de lien de causalité entre la vaccination contre le virus de l'hépatite B et l'apparition d'une sclérose en plaques (à savoir, le bref délai ayant séparé l'injection des premiers symptômes, la bonne santé de l'intéressé et l'absence d'antécédent à cette pathologie avant la vaccination) pouvant être rapportée par tout moyen, commet, par suite, une erreur de droit le tribunal administratif qui a estimé que la seule production de pièces médicales était susceptible d'établir la date d'apparition des symptômes. • CE 6 nov. 2013, *Mme A.*, n° 345696 : *Lebon ; AJDA 2014. 141 ; JCP Adm. 2013. 1209, note Erstein ; JCP Adm. 2014. 2161, note Vioujas.*

IV. PRISE EN CHARGE AU TITRE D'UNE MALADIE PROFESSIONNELLE

A. IMPUTABILITÉ AU SERVICE DE LA MALADIE AU TITRE DE LA LÉGISLATION DES PENSIONS

15. *Reconnaissance de l'imputabilité au service.* Si la réparation d'un dommage imputable directement à une vaccination obligatoire relève de la responsabilité de l'État au titre de l'art. L. 3111-9 CSP, cette indemnisation n'est pas exclusive d'une action engagée contre l'employeur du fonctionnaire, destinée à faire reconnaître son affection comme maladie professionnelle, afin de bénéficier de l'intégralité de son traitement jusqu'à la reprise de son service ou sa mise à la retraite. • CE 9 mars 2007, *Cne de Grenoble*, n° 278665 : *AJDA 2007. 861, concl. Olson ; JCP Adm. 2007. 19, note Jean-Pierre.* ♦ Les juges du fond dénaturent les pièce du dossier en estimant que le rappel de vaccination contre l'hépatite B subi par une aide-soignante avant son intégration dans les effectifs d'un centre médical n'avait pas été réalisé en vue de son recrutement, alors que ce recrutement la soumettait à une obligation vaccinale à laquelle elle devait satisfaire avant son entrée en fonction. • CE 23 juill. 2014, *Mme A.*, n° 366470 : *AJDA 2014. 2227*. ♦ Ainsi, la requérante a bien été victime d'un accident de service, dans la mesure où, d'une part, le rappel a été effectué en vue de son entrée en fonction et pour satisfaire à l'obligation vaccinale et, d'autre part, que la pathologie dont elle souffre doit être regardée comme la conséquence directe de cette vaccination. • Même arrêt.

16. *Critères de l'imputabilité au service.* L'imputabilité au service d'une sclérose en plaques doit, « dans les circonstances particulières de l'espèce » être regardée comme établie eu égard, d'une part, au bref délai ayant séparé l'injection des premiers symptômes et, d'autre part, à la bonne santé de l'intéressé et à l'absence d'antécédent à cette pathologie avant la vaccination. • CE 9 mars 2007, *Mme Schwartz*, n° 267635 : *Lebon 118 ; D. 2007. 2204, note Neyret ; AJDA 2007. 861, concl. Olson ; JCP 2007. II. 10142, note Laude ; JCP Adm. 2007, n° 19, p. 33, note Jean-Pierre ; Gaz. Pal. 7 juin 2007, n° 158, p. 47, note Hocquet-Berg ; RD publ. 2008-4. 1193, note Dieu ; RDSS 2007. 544, obs. Cristol*. ♦ Lorsque ces critères ne sont pas réunis, la pathologie ne peut être imputée au service. • CE 9 mars 2007, (2 esp.), *Mme Thomas*, n° 285288, *Cne de Grenoble*, n° 278665 : *AJDA 2007. 861, concl. Olson ; JCP 2007. II. 10142, note Laude ; JCP Adm. 2007, n° 19, p. 33, note Jean-Pierre ; Gaz. Pal. 7 juin 2007, n° 158, p. 47, note Hocquet-Berg ; RD publ. 2008-4. 1193, note Dieu* ; RDSS 2007. 544, obs. Cristol ; RFDA 2008-3. 549, *note Defoort* • 4 mars 2011, *Mlle A.*, n° 313369 (délai de six mois entre la manifestation des premiers symptômes d'une sclérose en plaques et la dernière injection vaccinale) • 28 juill. 2011, *Min. Défense c/ Melin*, n° 318466 (délai de trois ans entre l'injection vaccinale et l'apparition des premiers symptômes) • 8 nov. 2012, *M. B.*, n° 350886 (délai de quatre mois entre le rappel vaccinal et l'apparition des premiers symptômes).

17. *Admission de l'imputabilité au service en l'absence d'obligation vaccinale.* Pour prétendre à la reconnaissance de l'imputabilité d'une sclérose en plaques au service, il suffit que la vaccination contre le virus de l'hépatite B ait été pratiquée dans le cadre du service, peu importe qu'elle soit dépourvue de caractère obligatoire. • CE 4 mars 2011, *Mlle A.*, n° 313369.

18. *Prédisposition génétique à une affection démyélinisante.* Une prédisposition génétique à une affection démyélinisante n'est pas de nature, par elle-même, à exclure l'imputabilité d'une telle pathologie à la vaccination contre le virus de l'hépatite B. • CE 24 juill. 2009, *Hospices civils de Lyon*, n° 308876 : *AJDA 2009. 1466* ; *JCP 2009. 223.* ♦ Mais l'imputabilité au service ne saurait être établie lorsque la survenue des premiers symptômes n'est pas séparée de l'injection vaccinale par un bref délai. • Même arrêt.

19. *Myofasciite à macrophages.* Après avoir jugé en 2008 que la certitude du lien de causalité entre l'apparition d'une myofasciite à macrophages au lieu de la vaccination et l'injection du vaccin contre le virus de l'hépatite B n'étant, en l'état actuel des connaissances scientifiques, pas établie, l'imputabilité au service de la maladie est exclue (• CE 14 mai 2008, *Cne de Limeil-Bévannes*, n° 277494), le Conseil d'État a admis l'existence d'un lien de causalité, et donc l'imputabilité au service de cette affection, au regard de deux éléments : d'une part, des études scientifiques récentes n'ont ni exclu ni estimé comme très faiblement probable l'existence d'un lien entre les injections d'un vaccin contenant de l'aluminium, la présence de lésions musculaires caractéristiques à l'emplacement des injections et la combinaison de fatigue chronique, douleurs articulaires et musculaires, troubles du sommeil et troubles cognitifs, symptômes de la myofasciite à macrophages ; d'autre part, les symptômes présentés par le patient sont apparus dans un délai pouvant être considéré comme normal eu égard au délai d'apparition des premiers signes de la maladie. • CE 21 nov. 2012, *Ville de Paris et M. Bernard B.*, n° 344561 : *Lebon* ; *AJDA 2013. 185, note Leleu* ; *Dr. adm. 2013, n° 2, comm. 16, note Éveillard* ; *JCP Adm. 2013, n° 2042, note Jean-Pierre* ; *RDSS 2013. 160, note Peigné*. ♦ V. également, • CE 11 mai 2016, *Mme A.*, n° 387694.

B. RECONNAISSANCE DU RISQUE PROFESSIONNEL

20. *Myofasciite à macrophages.* Une personne salariée d'un établissement de santé est vaccinée contre l'hépatite B et développe une myofasciite à macrophages dont les premiers signes sont apparus très peu de temps après les injections mais qui a été diagnostiquée plusieurs années après l'arrêt de son activité professionnelle. Même si le lien de causalité entre la vaccination et la maladie n'est pas établi avec certitude, la Cour de cassation estime que la présomption d'imputabilité au travail édictée par l'art. L. 411-1 CSS n'est pas détruite et que la maladie doit être prise en charge au titre du risque professionnel. • Civ. 2e, 15 avr. 2010, n° 08-21.721.

Bibl. Radé, Causalité juridique et causalité scientifique : de la distinction à la dialectique, *D. 2012. 112*. – Brun, Raffinements ou faux-fuyants ? Pour sortir de l'ambiguïté dans le contentieux du vaccin contre l'hépatite B, *D. 2011. 316*. – Joly, Indemnisation des conséquences de la vaccination contre l'hépatite B : le point sur la jurisprudence administrative et judiciaire, *RGDM mars 2010, n° 34, p. 137*. – Rouyère, Variations jurisprudentielles à propos du lien de causalité entre vaccination contre l'hépatite B et sclérose en plaques – Questions de méthode, *RFDA 2008. 1011*. – Sargos, Les effets indésirables du droit des produits défectueux en matière de dommages causés par des médicaments et notamment des vaccins, *JCP 5 oct. 2009, n° 308, p. 13*. – Manaouil et Callies, Les différentes voies de recours après un accident vaccinal, étude juridique de la vaccination contre l'hépatite B, *LPA 23 févr. 2006, n° 39, p. 14*.

21. *Sclérose en plaques.* Le lien de causalité entre la vaccination contre l'hépatite B et l'apparition d'une sclérose en plaques, et partant, l'imputabilité de l'accident au travail, peut être démontré au moyen d'un faisceau d'indices constituant des présomptions suffisamment graves, précises et concordantes, tel le bref délai écoulé entre l'administration du vaccin et la survenance de la maladie ainsi que l'absence d'antécédents familiaux ou personnels. • Civ. 2e, 5 nov. 2015, n° 14-10.131 : *Dict. perm. Santé, bioéthique et biotechnologies, Bull. n° 266, janv. 2016, p. 13, obs. Peigné.* ♦ Sur un contentieux analogue, la chambre civile a opéré un renvoi préjudiciel à la CJUE, relatif au mode de preuve de la défectuosité des vaccins. • Civ. 1re, 12 nov. 2015, n° 14-18.118 : *Dict. perm. santé, bioéthique et biotechnologies, janv. 2016, Bull. n° 266, p. 13, note Peigné* ; *D. 2015. 2602, note Borghetti* ; *RCA févr. 2016, n° 2, comm. 60, note Hocquet-Berg.* ♦ La CJUE considère que le juge peut avoir recours à un faisceau d'indices graves, précis et concordants, afin de pallier l'absence de consensus scientifique sur la question litigieuse, sous deux réserves : d'une part, il incombe aux juridictions nationales de veiller à ce que les indices produits soient effectivement suffisamment graves, précis et concordants pour autoriser la conclusion selon laquelle l'existence d'un défaut du produit apparaît comme étant l'explication la plus plausible de la survenue du dommage, de sorte que de tels défauts et le lien de causalité peuvent raisonnablement être considérés comme avérés ; d'autre part, il importe que ces mêmes juridictions fassent en sorte que demeure inaffecté le principe selon lequel c'est à la victime qu'il incombe de démontrer par tous les moyens de preuve généralement admis par le droit national et, comme en l'occurrence, notamment, par la production d'indices graves, précis et concordants, l'existence d'un défaut du vaccin et d'un lien de causalité. • CJUE 21 juin 2017, *N.W. e.a. c/ Sanofi Pasteur e.a.*, n° C-621/15 : *D. 2017. 1302 ; ibid. 1807, note Borghetti ; Europe 2017, nos 8-9, 324, note Roset ; Gaz. Pal. 2017, n° 31, p. 21, note Cormier ; JCP 4 sept. 2017, n° 36, p. 908, note Viney ; LPA nov. 2017, n° 218-219, p. 10, note Niel et Morin ; ibid. janv. 2018, n° 5, p. 11, note Jeauneau ; RGDM déc. 2017, n° 65, p. 223, note Veron et Vialla.* ♦ A la suite de l'arrêt de la CJUE, la Cour de cassation a confirmé l'appréciation souveraine par les juges du fond du lien de causalité entre l'injection vaccinale et le développement d'une sclérose en plaques, cette appréciation devant s'effectuer *in concreto*, au regard de la situation de la victime et non uniquement en référence à des considérations générales découlant de la littérature scientifique relative au médicament. • Civ. 1re, 18 oct. 2017, n° 14-18.118 P : *D. 2017. 2097 ; RDSS 2017. 1140, note Peigné ; Gaz. Pal. 21 nov. 2017, n° 40, p. 23, note Prieur ; Dict. perm. Santé, bioéthique et biotechnologies, n° 288, janv. 2018, p. 1.* ♦ Par suite, la Cour de cassation confirme le rejet par les juges du fond d'une demande d'indemnisation introduite par une personne souffrant d'une sclérose en plaques qu'elle imputait à l'injection vaccinale contre le virus de l'hépatite B. • Même arrêt. ♦ V. également, • Civ. 1re, 18 oct. 2017, n° 15-20.791.

Art. L. 3111-5 **Toute vaccination obligatoire pratiquée dans les conditions définies au présent chapitre doit faire l'objet, de la part du médecin ou de la sage-femme qui l'a effectuée, d'une déclaration dont les modalités et le contenu sont fixés par décret.** *(L. n° 2004-806 du 9 août 2004, art. 11-III)* **« Ce décret fixe également les modalités de transmission à l'***(Ord. n° 2016-462 du 14 avr. 2016, art. 3-I-3°)* **« Agence nationale de santé publique » des informations nécessaires à l'évaluation de la politique vaccinale. »**

Si la personne vaccinée dispose d'un carnet de santé, mention de la vaccination doit y être portée.

Art. L. 3111-6 *(Ord. n° 2017-9 du 5 janv. 2017, art. 1er-1°)* **La vaccination contre la fièvre jaune est obligatoire, sauf contre-indication médicale, pour toute personne âgée de plus d'un an et résidant ou séjournant en Guyane.**

Autorité compétente. Le ministre de la Défense est compétent pour rendre la vaccination contre la typhoïde (et contre la méningite et les hépatites A et B) obligatoire pour certains militaires particulièrement exposés du fait de leurs missions. • CE, ass., 3 mars 2004, *Assoc. Liberté, Information, Santé*, n° 222918 : *Lebon 112 ; D. 2004. 1257, note Ritleng ; AJDA 2004. 971, chron. Donnat et Casas ; RFDA 2004. 581, concl. Le Chatelier ; RDSS 2004. 608, note Deguergue.*

Art. L. 3111-7 *Abrogé par Ord. n° 2017-9 du 5 janv. 2017, art. 1er-2°.*

Art. L. 3111-8 (Abrogé par Ord. n° 2017-9 du 5 janv. 2017, art. 1er-2°) ***En cas de guerre, de calamité publique, d'épidémie ou de menace d'épidémie, la vaccination ou la revaccination antivariolique peut être rendue obligatoire par décret ou par arrêtés préfectoraux pour toute personne, quel que soit son âge.***

1. Conséquence du refus de vaccination. L'accès de tout établissement scolaire ou d'éducation public ou privé peut être interdit aux enfants n'ayant pas satisfait aux prescriptions légales. • CE, ass., 4 juill. 1958, *Graff et Épx Reyes*, n° 41841 (2 esp.) : *Lebon 414 ; D. 1959. Somm. 13 ; JCP 1959. II. 11117, concl. Long ; RD publ. 1959. 314, concl. Long ; AJDA 1958. II, n° 290, p. 314, obs. Fournier et Combarnous* • 16 nov. 1960, *Épx Gachet*, n° 43439 : *Lebon T. 1137 ; RPDA 1960, n° 366, p. 175* • TA Strasbourg, 4 févr. 1959, *Graff : AJDA 1959. II. 216* • CE, sect., 16 juin 1967, *Ligue nat. pour la liberté des vaccinations*, n° 66840 : *Lebon 258 ; JCP 1967. II. 15303, concl. Galmot ; RDSS 1968. 69, note Moderne ; AJDA 1968. II. 166, note Peiser* • TA Lyon, 6 mai 1992, *Épx Pouvaret : RDSS 1993. 242, obs. Cayla.*

2. Certificat médical de contre-indication. Si l'accès à un établissement scolaire peut être refusé aux enfants non vaccinés, la production de certificats de contre-indication médicale est possible et l'administration ne peut refuser l'admission d'un enfant dans une école sans avoir fait procéder à un examen de contrôle. • TA Grenoble, 20 janv. 1965, *Dubois : Lebon 719.* ♦ Les chefs d'établissement et les autorités académiques peuvent prendre, pour l'envoi d'élèves en classe de neige, des dispositions plus restrictives que celles imposées pour le seul accès à l'école. En effet, alors que, s'agissant de l'accès à l'école, la dispense des vaccinations obligatoires en cas de contre-indication médicale est justifiée, tant par le caractère obligatoire de l'enseignement que par la nécessité de permettre l'exercice d'une liberté publique, elle doit être limitée lorsque ne sont pas en cause les principes qui la justifient. Est donc légale la décision d'un inspecteur d'académie refusant l'envoi en classe de neige d'une écolière qui n'avait pas subi la vaccination antitétanique. • CE, sect., 1er avr. 1977, *Épx Deleersnyder*, n° 00941 : *Lebon 173 ; AJDA 1977. II, n° 73, p. 506, concl. Galabert ; Quot. jur. 15 avr. 1978, p. 2, note Castagné ; D. 1979. 466, note Plouvin.*

3. Dommages imputables à une vaccination antivariolique obligatoire. Les dispositions de l'art. L. 10-1 [L. 3111-9], aux termes desquelles l'État supporte tout dommage imputable directement à une vaccination obligatoire, ne sont applicables qu'aux vaccinations pratiquées postérieurement à l'entrée en vigueur de la loi. Pour une vaccination obligatoire pratiquée antérieurement à l'entrée en vigueur du texte, la responsabilité de l'État ne pouvait être engagée, en cas d'accident vaccinal, que si une faute avait été commise par le service public des vaccinations, ce qui n'était pas le cas en l'espèce, l'enfant ayant été vacciné contre la variole par un médecin exerçant dans son cabinet à titre libéral. • CE 14 déc. 1984, *Gauchon*, n° 37382 : *Lebon T. 735 ; D. 1986. Somm. 261, obs. Moderne et Bon* • 26 nov. 1986, *Cts Grandmaison : RDSS 1987. 334, obs. Cayla* • 15 juin 1988, *Cts Grandmaison*, n° 45397 : *Lebon 242 ; D. 1989. Somm. 126, obs Moderne et Bon.*

4. Détermination du préjudice indemnisable. La victime, atteinte d'une encéphalite post-vaccinale et souffrant d'une IPP de 100 % sans espoir d'amélioration, reçoit une indemnité au titre de cette invalidité ; en revanche, elle n'a subi ni préjudice esthétique ni souffrance physique pouvant donner lieu à indemnité. • CE 15 juin 1988, *Cts Grandmaison*, n° 45397 : *préc. note 3.* ♦ Les parents de la victime se voient allouer une indemnité au titre de la douleur morale et des troubles dans les conditions d'existence. • Même arrêt. ♦ Le Conseil d'État alloue un capital, déduction faite des provisions déjà accordées et des arrérages déjà versés de la rente accordée par les premiers juges. • Même arrêt.

5. Mesure d'instruction non frustratoire. L'expertise médicale, ordonnée par le tribunal, portant sur la date de consolidation de l'état de santé d'une personne ayant subi un préjudice à la suite d'une vaccination antivariolique, ne présente pas un caractère frustratoire à l'égard de l'administration, dans la mesure où elle réserve les droits et moyens des parties. • CE 8 juill. 1988, *Min. Aff. soc. et Emploi c/ Cts Giustiniani*, n° 86219.

6. Décision faisant grief : courrier demandant au directeur de l'école de respecter un avis médical. Une lettre de l'Inspecteur d'Académie du Rhône demandant à un directeur d'école de faire respecter le certificat de contre-indication à des activités sportives concernant une élève non vaccinée (certificat établi par le médecin scolaire qui exerçait un contrôle médical préalable à la pratique des activités physiques et sportives) constitue bien une décision faisant grief. Toutefois, compte tenu des risques que peut présenter la pratique de sports, et notamment la natation, chez un enfant dépourvu de vaccin, l'inspecteur d'académie n'a pas commis d'erreur manifeste d'appréciation en demandant au directeur de l'école de respecter l'avis médical. • TA Lyon, 6 mai 1992, *Épx Pouvaret : RDSS 1993. 242, obs. Cayla.*

7. Absence d'atteinte aux libertés fondamentales. Les mesures édictées par le pouvoir réglementaire, destinées à faire respecter par les particuliers, dans l'intérêt de la santé publique, l'obligation vaccinale, notamment lors de l'admission dans un établissement sanitaire ou scolaire, ne portent pas une atteinte illégale aux libertés publiques en matière d'enseignement. • CE 16 juin 1967, *Ligue nat. pour la liberté de vaccination*, n° 66840 : *Lebon 258 ; JCP 1967. II. 15503, concl. Galmot ; AJDA 1968. 166, note Peiser ; RDSS 1968. 69, note Moderne.*

Art. L. 3111-9 *(L. n° 2004-806 du 9 août 2004, art. 118)* **Sans préjudice des actions qui pourraient être exercées conformément au droit commun, la réparation intégrale des préjudices directement imputables à une vaccination obligatoire pratiquée dans les conditions mentionnées au présent** *(L. n° 2017-1836 du 30 déc. 2017, art. 49-I)* **« titre », est assurée par l'Office national d'indemnisation des accidents médicaux, des affections iatrogènes et des infections nosocomiales institué à l'article L. 1142-22, au titre de la solidarité nationale.**

L'office diligente une expertise et procède à toute investigation sans que puisse lui être opposé ***le secret professionnel.***

(L. n° 2008-1330 du 17 déc. 2008, art. 67-V) **« L'offre d'indemnisation adressée à la victime ou, en cas de décès, à ses ayants droit est présentée par le directeur de l'office. Un conseil d'orientation, composé notamment de représentants des associations concernées, est placé auprès du conseil d'administration de l'office. »**

L'offre indique l'évaluation retenue pour chaque chef de préjudice, nonobstant l'absence de consolidation ainsi que le montant des indemnités qui reviennent à la victime ou à ses ayants droit, déduction faite des prestations énumérées à l'article 29 de la loi n° 85-677 du 5 juillet 1985 tendant à l'amélioration de la situation des victimes d'accidents de la circulation et à l'accélération des procédures d'indemnisation, et plus généralement des prestations et indemnités de toute nature reçues ou à recevoir d'autres débiteurs du chef du même préjudice.

L'acceptation de l'offre de l'office par la victime vaut transaction au sens de l'article 2044 du code civil.

Jusqu'à concurrence de l'indemnité qu'il a payée, l'Office est, s'il y a lieu, subrogé dans les droits et actions de la victime contre les responsables du dommage.

Un décret en Conseil d'État fixe les modalités d'application du présent article.

I. RÉGIME ANTÉRIEUR À LA LOI DU 1ER JUILLET 1964

1. De la faute lourde à la faute simple. En 1958, le juge administratif a abandonné l'exigence de la faute lourde pour engager la responsabilité de l'État à l'occasion d'une vaccination obligatoire. • CE, ass., 7 mars 1958, *Secrétaire d'État à la santé publ. c/ Dejous : Lebon 153 ; RD publ. 1958. 1087, concl. Jouvin ; AJDA 1958. II. 225, chron. Fournier et Combarnous ; S. 1958. 182, note Golléty.* ♦ Prenant en considération la collaboration étroite à l'exécution d'un même service public, qui existait entre l'État (définition des règles d'organisation du service) et les départements (organisation matérielle du service et exécution), le juge a considéré que la victime est recevable à demander à l'une quelconque de ces collectivités la réparation intégrale de son préjudice. • CE, ass., 13 juill. 1962, *Min. Santé publ. et Population c/ Lastrajoli : Lebon 507.* ♦ La faute du service peut être présumée. • CE 22 mars 1967, *Min. Aff. soc. c/ Dame Kergemorel : RD publ. 1967. 1048.* ♦ La responsabilité personnelle du médecin vaccinateur peut être recherchée devant le juge judiciaire, le médecin ayant ensuite la possibilité de se retourner contre le département. • Civ. 1re, 15 févr. 1957 : *D. 1957. 146.*

2. Impossibilité de faire réparer par l'ONIAM les conséquences d'une vaccination survenue en 1955. Les dispositions de la loi du 1er juill. 1964, modifiées par celle du 26 mai 1975 et codifiées à l'art. L. 10-1 CSP, puis à l'art. L. 3111-9 par l'Ord. du 15 juin 2000, aux termes desquelles l'État supporte tout dommage imputable directement à une vaccination obligatoire pratiquée dans les conditions visées à ce code, ne sont applicables qu'aux vaccinations pratiquées postérieurement à l'entrée en vigueur de cette loi de même que les modifications successives apportées à l'art. L. 3111-9 (notamment celle selon laquelle « Sans préjudice des actions qui pourraient être exercées conformément au droit commun, la réparation intégrale des préjudices directement imputables à une vaccination obligatoire pratiquée dans les conditions mentionnées au présent chapitre, est assurée par l'Office national d'indemnisation des accidents médicaux, des affections iatrogènes et des infections nosocomiales institué à l'article L. 1142-22, au titre de la solidarité nationale »), n'ont pas eu pour effet de rendre celui-ci applicable aux vaccinations obligatoires pratiquées antérieurement à l'entrée en vigueur de la loi du 1er juill. 1964 ; par suite, ces dispositions ne peuvent être utilement invoquées par la requérante pour demander, sur leur fondement, la condamnation de l'ONIAM à réparer les conséquences dommageables d'une vaccination effectuée en 1955. • CAA Marseille, 9 nov. 2017, *ONIAM c/ Mme G.*, no 15MA02499 : *Gaz. Pal. 19 déc. 2017, no 44, p. 29, concl. Chamot.*

II. RÉGIME POSTÉRIEUR À LA LOI DU 1ER JUILLET 1964

3. Responsabilité sans faute. La L. no 64-643 du 1er juill. 1964, modifiée par la L. no 75-401 du 26 mai 1975, a institué un régime favorable aux victimes d'accidents vaccinaux liés à une vaccination obligatoire, en les faisant bénéficier d'un régime de responsabilité sans faute de l'État, pour tout dommage directement imputable à la vaccination. Depuis la L. no 2004-806 du 9 août 2004, la réparation des préjudices directement imputables à une vaccination obligatoire est assurée par l'ONIAM.

4. Lien de causalité. La jurisprudence, dans la lignée du législateur, estime qu'une relation directe et causale entre la vaccination et le dommage doit être établie. • CE 29 nov. 1967, *Min. Aff. soc. c/ Blanchard : RD publ. 1968. 680* • 1er juill. 1988, *Épx Guebli*, no 2683 : *Gaz. Pal. 1989. 1. Pan. dr. adm. 156 ; RDSS 1988. 689.* ♦ Toutefois, si le dommage doit être directement imputable à une vaccination obligatoire, il ne doit pas nécessairement l'être exclusivement. Dès lors, la responsabilité de l'État peut être recherchée si la vaccination obligatoire a accéléré l'évolution d'une maladie préexistant à la vaccination. • CE 23 févr. 1972, *Min. Santé publ. c/ Épx Boghossian*, no 80560 : *Lebon 166*. ♦ Sur l'absence de causalité directe entre l'apparition d'une épilepsie sévère et les trois valences obligatoires du vaccin Tétracoq administré à une fillette, V. • CAA Marseille, 14 déc. 2010, *Mlle A. et al.*, no 08MA01111. ♦ Sur l'absence de causalité directe entre des troubles de nature allergique et une vaccination obligatoire, V. • CE 20 mars 1981, *Dame Denier*, no 19121. ♦ Sur le cas particulier de la vaccination contre le virus de l'hépatite B : pour établir l'existence d'un lien de causalité entre une sclérose en plaques et l'injection du vaccin contre le virus de l'hépatite B, le juge administratif utilise les critères chrono-symptomatologiques qu'il a posés pour admettre ou refuser l'imputabilité au service (V. ss. art. L. 3111-4, notes 10 et 11 et, également, note 7). Pour admettre l'existence d'un lien de causalité entre une sclérose en plaques et l'injection du vaccin contre le virus de l'hépatite B, les juges du fond ne peuvent se fonder sur le fait que l'expertise n'a pu établir, sans toutefois l'exclure, le lien entre la vaccination et l'affection dont souffre une infirmière. • CE 25 févr. 2011, *Mme A.*, n° 324051. ♦ Sur la causalité entre l'aggravation de la sclérose en plaques et la vaccination contre le virus de l'hépatite B, V. note 6 ss. art. L. 3111-4. ♦ Sur la causalité entre le vaccin « Tétracoq » et une histiocytose langerhansienne : même si, en l'état des connaissances scientifiques, il n'existe pas de certitude quant à l'existence d'un lien de causalité direct et certain entre la vaccination « Tétracoq » et l'histiocytose langerhansienne, l'imputabilité à cette vaccination obligatoire de la pathologie dont souffre la victime doit, dans les circonstances particulières de l'espèce, être regardée comme établie, en raison du fait que, d'une part, la victime était en bonne santé et ne présentait aucune pathologie avant sa vaccination, et que, d'autre part, un bref délai (15 jours, en l'espèce) s'est écoulé entre la dernière injection du vaccin et les premières manifestations de la maladie. • CAA Lyon, 14 févr. 2013, *Mme B.*, n° 12LY00954.

5. Causalité entre une vaccination contenant des adjuvants aluminiques et une myofasciite à macrophages. Dans le dernier état des connaissances scientifiques, l'existence d'un lien de causalité entre une vaccination contenant un adjuvant aluminique et la combinaison de symptômes constitués notamment par une fatigue chronique, des douleurs articulaires et musculaires et des troubles cognitifs, n'est pas exclue et revêt une probabilité suffisante pour que ce lien puisse, sous certaines conditions, être établi. Tel est le cas lorsque la personne vaccinée, présentant des lésions musculaires de myofasciite à macrophages à l'emplacement des injections, est atteinte de tels symptômes, soit que ces symptômes sont apparus postérieurement à la vaccination, dans un délai normal pour ce type d'affection, soit, si certains symptômes préexistaient, qu'ils se sont aggravés, à un rythme et avec une ampleur qui n'étaient pas prévisibles au vu de l'état de santé antérieur à la vaccination, et qu'il ne ressort pas des expertises versées au dossier que les symptômes pourraient résulter d'une autre cause que la vaccination. • CE 30 déc. 2013, *Cts A.*, n° 347459 (vaccin DTPolio contenant des adjuvants aluminiques) • 30 déc. 2013, *Cts G., n° 362488 (vaccin con*tre le virus de l'hépatite B contenant des adjuvants aluminiques). ♦ V. égal., s'agissant du vaccin contre le virus de l'hépatite B, • CE 22 juill. 2015, 2e esp., *Mme A.*, n°s 369478 et 369479.

6. Application dans le temps de la loi du 1er juill. 1964. La loi de 1964 ne s'applique qu'aux dommages liés à des vaccinations obligatoires survenues postérieurement à l'entrée en vigueur de ce texte. Par conséquent, pour les vaccinations obligatoires effectuées antérieurement à l'entrée en vigueur de la loi de 1964, la responsabilité de l'État ne peut être engagée que s'il est établi qu'une faute a été commise dans le fonctionnement du service public des vaccinations. • CE 29 avr. 1966, *Pénel*, n° 63373 : *Lebon 296* • 5 déc. 1969, *Épx Mouton*, n° 74499 : *Lebon T. 952* ; *RDSS 1970. 308, obs. Dubouis* • 14 déc. 1984, *Gauchon*, n° 37382 : *Lebon T. 735* ; *D. 1986. IR 261, obs. Moderne et Bon.* ♦ Les modifications successives apportées à l'art. L. 3111-9 n'ayant pas eu pour effet de rendre celui-ci applicable aux vaccinations obligatoires pratiquées antérieurement à l'entrée en vigueur de la loi du 1er juill. 1964, ces dispositions ne peuvent dès lors être utilement invoquées par la requérante pour demander, sur leur fondement, la condamnation de l'ONIAM à réparer les conséquences dommageables d'une vaccination effectuée en 1955 • CAA Marseille, 9 nov. 2017, *ONIAM c/ Mme G.*, n° 15MA02499 : *préc. note 2.*

7. Application dans le temps de la loi du 26 mai 1975. Avant la loi de 1975, pour que la responsabilité sans faute de l'État puisse jouer, la vaccination devait être pratiquée dans un centre agréé. Par conséquent, la responsabilité sans faute de l'État ne pouvait être recherchée lorsque la vaccination obligatoire était pratiquée en clientèle privée. • CE 24 oct. 1973, *Ruelle*, n° 86183 : *Lebon 593* ; *RDSS 1974. 650, note Moderne.* ♦ Depuis la loi du 26 mai 1975, cette restriction a disparu et les vaccinations pratiquées en clientèle privée engagent la responsabilité de l'État. Le Conseil d'État avait toutefois jugé que la loi du 26 mai 1975 s'appliquait uniquement au cas des dommages résultant d'une vaccination postérieure à l'entrée en vigueur de ce texte. • CE 3 avr. 1981, *Burmann*, n° 19435 • 13 nov. 1981, *Épx Chénot*, n° 23456 • 28 mai 1982, *Dame Reney*, n° 23762 • 14 déc. 1984, *Gauchon : Lebon T. 735 ; D. 1986. IR 261, obs. Moderne et Bon.* ♦ Cette position a été infirmée par l'art. 90 de la L. n° 85-10 du 3 janv. 1985 (*JO 4 janv.*) qui considère que la loi du 26 mai 1975 s'applique à compter de l'entrée en vigueur de la loi du 1er juill. 1964.

8. Limitation de la responsabilité sans faute aux vaccinations obligatoires. La liste des vaccinations obligatoires est limitative : le régime de responsabilité institué par l'art. L. 10-1 [L. 3111-9] ne peut être étendu à d'autres formes de vaccination, par exemple à une vaccination antirabique. • TA Strasbourg, 9 nov. 1976, *Engel c/ Faculté de médecine de Strasbourg (1re esp.) et De Gail c/ Faculté de médecine de Strasbourg et a. (2e esp.) : D. 1977. 660, note Auby.* ♦ ... Ou à une vaccination contre la coqueluche. • TA Rennes, 24 avr. 2002 : *Joris Collin : RDSS 2002. 465, obs. Cayla*. ♦ ... Ou à une vaccination contre le virus de l'hépatite B, même lorsque celle-ci est présentée, de fait, comme obligatoire. • CE 1er juin 2011 : *ONIAM : n° 340096.* ♦ Toutefois, le Conseil d'État a jugé qu'en application de l'art. L. 3111-9, l'État est responsable d'une pathologie développée à la suite de l'administration d'un vaccin, à partir du moment où ce dernier comporte au moins une valence correspondant à une vaccination obligatoire et que les troubles ne sont pas exclusivement imputables à l'une des valences facultatives. • CE 24 avr. 2012, *Min. Santé et Sports,* n° 327915 : *RDSS 2012. 573, note Peigné*. ♦ Le juge a ultérieurement précisé que dès lors qu'un vaccin comporte au moins une valence correspondant à une vaccination obligatoire, la responsabilité de l'État peut être écartée uniquement s'il est démontré que les troubles sont exclusivement imputables à une valence facultative et si cette valence n'était pas systématiquement associée aux valences obligatoires dans les vaccins disponibles. • CE 25 juill. 2013, *Cts. B.,* n° 347777 : *Lebon ; AJDA 2013. 1602*.

9. Vaccination d'un sapeur-pompier contre l'hépatite B à une époque où elle n'était pas obligatoire en droit mais l'était en fait pour lui. La cour administrative d'appel de Marseille avait étendu le régime d'indemnisation des personnes assujetties à l'obligation vaccinale inscrit à l'art. L. 3111-9 aux personnels des services départementaux d'incendie et de secours (sapeurs-pompiers), estimant que l'intention du législateur en 2002 avait été d'appliquer ce dispositif aux personnes auxquelles la vaccination contre le virus de l'hépatite B était présentée de fait comme obligatoire. • CAA Marseille, 2 avr. 2010, *Coppola : AJDA 2010. 1551*. ♦ L'arrêt a cependant été annulé par le Conseil d'État, la cour ne pouvant pas faire bénéficier, à la date à laquelle elle a statué, le sapeur-pompier vacciné contre l'hépatite B, du régime d'indemnisation prévu à l'art. L. 3111-9 pour les personnes assujetties à une obligation vaccinale. • CE 1er juin 2011, *ONIAM,* n° 340096. ♦ Ce n'est en effet qu'avec l'art. 193 de la L. n° 2010-1657 du 29 déc. 2010 de finances pour 2011 que le champ d'application de l'art. L. 3111-9 a été étendu aux personnes exerçant ou ayant exercé une activité professionnelle ou volontaire au sein de services d'incendie et de secours, et qui ont été vaccinées contre l'hépatite B depuis la date d'entrée en vigueur de la L. n° 91-73 du 18 janv. 1991. ♦ Concernant cette même affaire, le CE a affirmé que l'autorité de la chose jugée dont sont revêtus les motifs d'un jugement qui avait reconnu la sclérose en plaques imputable à l'administration du vaccin contre l'hépatite B subie dans le cadre du service, ne fait pas obstacle à ce que la cause de cette affection soit à nouveau discutée devant la juridiction saisie d'une demande tendant à l'indemnisation par un tiers (État, ONIAM), sur *un autre fondement juridique (art. L. 3111-9),* des *préjudices qui en résultent.* • CE 5 nov. 2014, *ONIAM,* n° 363036 : *Lebon.* ♦ ... Ce qui a conduit le juge à rejeter la demande d'indemnisation : les premiers symptômes de la sclérose en plaques étant apparus près de dix mois après la troisième injection vaccinale, le délai ne peut être regardé comme bref et l'affection dont le sapeur-pompier est atteint ne peut être considérée comme directement imputable à la vaccination. • Même arrêt.

10. Réparation des dommages imputés à une vaccination non obligatoire. Le régime applicable est celui de la responsabilité pour faute. Ainsi, en ne modifiant pas, après la survenance d'un nombre anormalement élevé d'accidents, ses instructions relatives à l'utilisation d'un nouveau vaccin antirabique dont elle avait imposé l'emploi, l'administration commet une faute de nature à engager la responsabilité de l'État. • CE, sect., 4 mai 1979, *Min. Santé c/ De Gail,* n° 06014 : *Lebon 190*. ♦ En revanche, lorsqu'un dommage ne peut être imputé ni à un vice originel du vaccin ni aux conditions dans lesquelles il a été administré, le vaccin injecté n'ayant pas été vicié en raison, notamment, de son mode de conservation par un dispensaire, aucune faute ne peut être reprochée à l'État. • CE 28 janv. 1983, *Dlle Amblard,* n° 24447 : *Lebon 32 ; D. 1984. IR 153, obs. Moderne et Bon.*

11. Administration, imposée à titre prophylactique, d'un médicament. L'administration, imposée à titre prophylactique, d'un médicament anticholérique ne constitue pas une vaccination obligatoire au sens de l'art. L. 10 [L. 3111-9] CSP. • TA Marseille, 22 avr. 1980, *Dame Bouchagour et a. : Lebon 532.* ♦ Mais la responsabilité de l'État peut être engagée au titre du risque spécial créé pour les personnes dont l'état pathologique interdisait l'ingestion du produit, contre-indiqué. • Même arrêt.

12. Appelé du contingent décédé à la suite d'une vaccination. Les ayants droit d'un appelé du contingent, décédé en service à la suite d'une vaccination au TABDT pratiquée par le service de santé des armées, ne peuvent se prévaloir ni des dispositions de l'art. L. 10 [L. 3111-9] ni d'une éventuelle faute commise par le service public mais seulement des règles relatives à la législation des pensions militaires. • CE 27 avr. 1984, *Épx Beorchia,* n° 43259 : *Lebon T. 686 ; D. 1986. IR 33, obs. Moderne et Bon.*

13. Prescription de l'action. Le délai de prescription de l'action diligentée contre l'État courait à compter du 1er janvier de l'année qui suit celle de la consolidation du dommage, quand bien même la victime était encore mineure à la date d'acquisition de la prescription par l'État. • CAA Bordeaux, 8 févr. 2011, *M. Dimitry X.,* n° 10BX00351. ♦ Le régime de prescription applicable aux actions tendant à obtenir réparation des conséquences dommageables de vaccinations obligatoires demeurait celui de droit commun (4 ans à compter de l'année qui suit celle de la consolidation du dommage), institué par la loi du 31 déc. 1968 : les dispositions de l'art. L. 1142-28 CSP (prescription décennale) ne s'appliquaient pas à une action engagée sur le fondement de l'art.

L. 3111-9 CSP. • CE 13 juill. 2011, *ONIAM*, n° 345756. ♦ Il résultait des dispositions de la loi du 31 déc. 1968 que la connaissance par la victime de l'existence du dommage ne suffisait pas à faire courir le délai de prescription quadriennale, ce dernier ne pouvant être déclenché que si la victime était en mesure de connaître l'origine du dommage ou, du moins, disposait d'indications suffisantes selon lesquelles il pourrait être imputable au fait de l'administration. • CE 21 oct. 2013, *M. B.*, n° 348249. ♦ Une simple attestation médicale de poliomyélite, qui ne comporte aucune indication sur l'origine de la maladie, n'étant pas suffisante pour permettre au requérant d'affirmer que la pathologie est imputable à la vaccination, elle ne pouvait faire courir le délai de prescription. • Même décision. ♦ Le I de l'art. 188 de la L. du 26 janv. 2016 de modernisation de notre système de santé prévoit désormais une prescription par dix ans à compter de la consolidation du dommage ; il s'applique lorsque le délai de prescription n'était pas expiré à la date de publication de la présente loi ou lorsque aucune décision de justice irrévocable n'a été rendue, l'ONIAM devant, dans ce dernier cas, faire jouer la prescription décennale pour les demandes d'indemnisation présentées devant lui à compter du 1er janv. 2006. Pour une application de ces règles, V. • CE 1er juin 2016, *Mme B.*, n° 382490 : *Lebon T.*

14. Point de départ du délai de prescription décennale. La consolidation de l'état de santé de la victime d'un dommage corporel fait courir le délai de prescription pour l'ensemble des préjudices directement liés au fait générateur qui, à la date à laquelle la consolidation s'est trouvée acquise, présentent un caractère certain permettant de les évaluer et de les réparer, y compris pour l'avenir. • CE 1er juin 2016, *Mme B.*, n° 382490 : *préc. note 13.* ♦ L'expiration du délai de prescription est sans incidence sur la possibilité d'obtenir réparation de préjudices nouveaux résultant d'une aggravation directement liée au fait générateur du dommage et postérieure à la date de consolidation, le délai de prescription de l'action destinée à la réparation d'une telle aggravation courant à compter de la date à laquelle elle s'est elle-même trouvée consolidée. • Même arrêt.

15. Recours subrogatoires des tiers payeurs. Les recours subrogatoires des tiers payeurs ayant versé des prestations à la victime ne peuvent s'exercer contre l'ONIAM lorsque ce dernier a pris en charge, au titre de la solidarité nationale, la réparation du préjudice imputable à une vaccination obligatoire. Ils ne peuvent s'exercer qu'à l'encontre des auteurs responsables de l'accident survenu à la victime. • CE, avis, 22 janv. 2010, *Coppola*, n° 332716 : *AJDA 2010. 237 ; ibid. 1138, chron. Liéber et Botteghi ; RDSS 2010. 576, obs. Cristol.*

16. Invocation pour la première fois en appel de nouveaux chefs de préjudice. La personne qui a demandé en première instance la réparation des conséquences dommageables d'un fait qu'elle impute à une administration est recevable à détailler ces conséquences devant le juge d'appel, en invoquant le cas échéant des chefs de préjudice dont elle n'avait pas fait état devant les premiers juges, dès lors que ces chefs de préjudice se rattachent au même fait générateur. • CE 18 déc. 2017, *M. A.*, n° 401314 : *Lebon ; AJDA 2017. 2496.* ♦ Cette personne n'est toutefois recevable à majorer ses prétentions en appel que si le dommage s'est aggravé ou s'est révélé dans toute son ampleur postérieurement au jugement qu'elle attaque. Il suit de là qu'il appartient au juge d'appel d'évaluer, à la date à laquelle il se prononce, les préjudices invoqués, qu'ils l'aient été dès la première instance ou le soient pour la première fois en appel, et de les réparer dans la limite du montant total demandé devant les premiers juges. Il ne peut mettre à la charge du responsable une indemnité excédant ce montant que si le dommage s'est aggravé ou révélé dans toute son ampleur postérieurement au jugement attaqué. • Même arrêt.

Art. L. 3111-10 *Abrogé par Ord. n° 2017-9 du 5 janv. 2017, art. 1er-2°.*

Art. L. 3111-11 *(L. n° 2004-809 du 13 août 2004, art. 71-4°)* **Les vaccinations réalisées par les établissements et organismes habilités dans des conditions définies par décret sont gratuites.**

Les collectivités territoriales peuvent exercer des activités en matière de vaccination dans le cadre d'une convention conclue avec l'État. Cette convention précise les objectifs poursuivis, les catégories de bénéficiaires, les moyens mis en œuvre, le montant de la subvention accordée par l'État, les données dont la transmission à l'État est obligatoire, les modalités d'évaluation des actions entreprises ainsi que, le cas échéant, les relations avec les autres organismes intervenant dans le même domaine. Les vaccinations réalisées en application de cette convention sont gratuites.

(L. n° 2014-1554 du 22 déc. 2014, art. 49-I) **« Les dépenses afférentes aux vaccins sont prises en charge, pour les assurés sociaux ou leurs ayants droit, par les organismes d'assurance maladie dont ils relèvent et, pour les bénéficiaires de l'aide médicale de l'État, dans les conditions prévues au titre V du livre II du code de l'action sociale et des familles et selon les modalités prévues à l'article L. 182-1 du code de la sécurité sociale.**

« La facturation dématérialisée de ces dépenses est opérée dans les conditions prévues à l'article L. 161-35 du même code. — *Cet al. entre en vigueur le 1er janv. 2018, conformément à l'art. 2 du Décr. no 2017-336 du 14 mars 2017. Jusqu'à la date fixée par ce décret, une convention conclue entre, d'une part, chaque établissement ou organisme habilité ou chaque collectivité territoriale exerçant des activités en matière de vaccination et, d'autre part, la caisse primaire d'assurance maladie du département auquel il ou elle se rattache établit les modalités de facturation de ces vaccins. Le collège des directeurs de l'Union nationale des caisses d'assurance maladie, mentionné à l'art. L. 182-2-4 CSS, fixe le modèle type de la convention (L. no 2014-1554 du 22 déc. 2014, art. 49-II).*

« Selon des modalités définies par décret, la Caisse nationale d'assurance maladie des travailleurs salariés peut négocier, pour le compte des établissements ou organismes habilités et des collectivités territoriales exerçant des activités en matière de vaccination, les conditions d'acquisition des vaccins destinés à y être administrés et qui sont inscrits sur la liste prévue au premier alinéa de l'article L. 162-17 dudit code. »

En application des art. L. 231-5 et L. 231-6 CRPA, et par exception à l'application du délai de deux mois prévu à l'art. L. 231-1 du même code, le délai à l'expiration duquel le silence gardé par l'administration vaut acceptation est de quatre mois pour les demandes d'habilitation des établissements chargés de réaliser les vaccinations gratuites (Décr. no 2014-1287 du 23 oct. 2014, art. 1er).

CHAPITRE II LUTTE CONTRE LA TUBERCULOSE ET LA LÈPRE

Art. L. 3112-1 La vaccination par le vaccin antituberculeux BCG est obligatoire, sauf contre-indications médicales reconnues, à des âges déterminés et en fonction du milieu de vie ou des risques que font encourir certaines activités.

Les personnes titulaires de l'autorité parentale ou qui ont la charge de la tutelle de mineurs sont tenues personnellement à l'exécution de cette obligation.

Les modalités d'application du présent article sont définies par décret en Conseil d'État pris après avis *(L. no 2017-220 du 23 févr. 2017, art. 4-III)* **« de la Haute Autorité de santé ».**

Jurisprudence relative à l'ancien art. L. 215

1. *Tests tuberculiniques au titre de la médecine préventive.* Sur l'application de l'art. L. 215 (4° *bis*) aux étudiants de l'enseignement supérieur, V. • CE 12 févr. 1969, *Guyader*, no 73995 : *Lebon 93*.

2. *Utilisation d'un traitement nouveau insuffisamment éprouvé.* L'utilisation par un médecin d'un vaccin antituberculeux nouveau et insuffisamment éprouvé constitue une faute disciplinaire. • CE 6 juill. 1951, *Rouanet : Lebon 397.*

Jurisprudence sur le texte actuel

3. *Réparation du préjudice lié à une erreur de diagnostic.* Condamnation d'une université dont le service de médecine préventive n'a pas prescrit en 1995 les examens complémentaires qu'imposaient les résultats d'une radio pulmonaire pratiquée sur un étudiant en médecine qui développera une maladie tuberculeuse diagnostiquée quinze ans plus tard : « L'erreur de diagnostic commise par le service de médecine préventive, qui avait alors privé l'intéressé de la possibilité d'être informé de la maladie dont il était porteur et de la traiter, portait normalement en elle le dommage au moment où elle s'est produite ». Cette décision présente l'intérêt supplémentaire de juger que « lorsqu'un dommage trouve sa cause dans plusieurs fautes qui, commises par des personnes différentes ayant agi de façon indépendante, portaient chacune en elle normalement ce dommage au moment où elles se sont produites, la victime peut rechercher la réparation de son préjudice en demandant la condamnation de l'une de ces personnes ou de celles-ci conjointement, sans préjudice des actions récursoires que les coauteurs du dommage pourraient former entre eux ». En effet, en l'espèce, la maladie n'avait pas été davantage diagnostiquée en 1998 lors de l'examen obligatoire d'aptitude physique à des fonctions hospitalières pratiqué sur la victime. L'université est condamnée à une réparation intégrale, quitte pour elle à se retourner contre l'hôpital pour la part de responsabilité qui lui incombe. • CE 2 juill. 2010, *A.*, no 323890 : *Lebon 236* ; *AJDA 2010. 1344* ; *Dr. adm. oct. 2010, no 135, obs. Melleray.*

Art. L. 3112-2 *(L. no 2004-809 du 13 août 2004, art. 71-6°)* **La lutte contre la tuberculose et la lèpre relève de l'État.**

Les collectivités territoriales peuvent exercer des activités en ces domaines dans le cadre d'une convention conclue avec l'État. Cette convention précise les objectifs poursuivis, les catégories de bénéficiaires, les moyens mis en œuvre, le montant de la subvention accordée par l'État, les données dont la transmission à l'État est obligatoire,

les modalités d'évaluation des actions entreprises ainsi que, le cas échéant, les relations avec les autres organismes intervenant dans le même domaine.

Jurisprudence relative à l'ancien art. L. 216

1. Conséquences du refus de subir la réaction tuberculinique. Le refus de subir la réaction tuberculinique destinée à déceler les possibilités d'infection tuberculeuse, même accompagné de certificats médicaux, peut justifier un contre-examen de l'intéressé et, en cas de besoin, une expertise contradictoire. • CE 12 févr. 1969, Guyader, n° 73995 : *Lebon 93*.

2. Certificat médical de contre-indication. Doit être annulée la décision d'un inspecteur d'académie excluant des enfants d'une école maternelle dès lors qu'un certificat de contre-indication générale a été présenté par les parents, l'administration ne pouvant opposer un refus d'admission sans avoir fait procéder à un examen de contrôle. • TA Grenoble, 20 janv. 1965, *Dubois : Lebon 719 ; D. 1965. Somm. 85 ; JCP 1965. II. 14239, note Ravat.*

Art. L. 3112-3 *(L. n° 2004-809 du 13 août 2004, art. 71-7°)* **La vaccination, le suivi médical et la délivrance des médicaments sont gratuits lorsque ces actes sont réalisés par un établissement ou organisme habilité dans des conditions définies par décret ou par un organisme relevant d'une collectivité territoriale ayant conclu une convention en application des articles L. 3111-11 ou L. 3112-2.**

Les dépenses afférentes au suivi médical *(L. n° 2014-1554 du 22 déc. 2014, art. 49-I)* **« , au vaccin » et à la délivrance des médicaments sont prises en charge, pour les assurés sociaux** *(L. n° 2014-1554 du 22 déc. 2014, art. 49-I)* **« ou leurs ayants droit », par les organismes d'assurance maladie dont ils relèvent et, pour les bénéficiaires de l'aide médicale, dans les conditions fixées par l'article L. 111-2 et le chapitre Ier du titre Ier du livre Ier du code de l'action sociale et des familles et, le cas échéant, selon les modalités prévues à l'article L. 182-1 du code de la sécurité sociale.**

(L. n° 2014-1554 du 22 déc. 2014, art. 49-I) **« La facturation dématérialisée de ces dépenses est opérée dans les conditions prévues à l'article L. 161-35 du même code.** — *Cet al. entre en vigueur le 1er janv. 2018, conformément à l'art. 2 du Décr. n° 2017-336 du 14 mars 2017. Jusqu'à la date fixée par ce décret, une convention conclue entre, d'une part, chaque établissement ou organisme habilité ou chaque collectivité territoriale exerçant des activités en matière de vaccination et, d'autre part, la caisse primaire d'assurance maladie du département auquel il ou elle se rattache établit les modalités de facturation de ces vaccins. Le collège des directeurs de l'Union nationale des caisses d'assurance maladie, mentionné à l'art. L. 182-2-4 CSS, fixe le modèle type de la convention (L. n° 2014-1554 du 22 déc. 2014, art. 49-II).*

« Selon des modalités définies par décret, la Caisse nationale d'assurance maladie des travailleurs salariés peut négocier, pour le compte des établissements ou organismes habilités et des collectivités territoriales exerçant des activités en matière de vaccination, les conditions d'acquisition des vaccins destinés à y être administrés et qui sont inscrits sur la liste prévue au premier alinéa de l'article L. 162-17 dudit code. »

En application des art. L. 231-5 et L. 231-6 CRPA, et par exception à l'application du délai de deux mois prévu à l'art. L. 231-1 du même code, le délai à l'expiration duquel le silence gardé par l'administration vaut acceptation est de quatre mois pour les demandes d'habilitation des établissements ou organismes chargés de réaliser la vaccination, le suivi médical et la délivrance de médicaments de lutte contre la tuberculose et la lèpre (Décr. n° 2014-1287 du 23 oct. 2014, art. 1er).

Art. L. 3112-4 et L. 3112-5 *Abrogés par L. n° 2004-809 du 13 août 2004, art. 71-8°.*

CHAPITRE III TRANSMISSION OBLIGATOIRE DE DONNÉES INDIVIDUELLES À L'AUTORITÉ SANITAIRE

BIBL. ► Le droit des données de santé, *RGDM 2004, n° spéc. (Actes colloques Assoc. fr. dr. santé 25 mars 2004).* – CAYLA, Déclaration aux autorités sanitaires des malades atteints de certaines maladies transmissibles, *RDSS 2003. 391* ; Veille sanitaire et transmission à l'autorité sanitaire des données individuelles de certains malades, *RDSS 1999. 718*.

Art. L. 3113-1 **Font l'objet d'une transmission obligatoire de données individuelles à l'autorité sanitaire par les médecins et les responsables des services et laboratoires de biologie médicale publics et privés :**

1° Les maladies qui nécessitent une intervention urgente locale, nationale ou internationale ;

2° Les maladies dont la surveillance est nécessaire à la conduite et à l'évaluation de la politique de santé publique.

Un décret pris après avis du *(L. n° 2004-806 du 9 août 2004, art. 4-I)* « Haut Conseil de la santé publique » définit la liste des maladies correspondant aux 1° et 2°. Les modalités de la transmission des données à l'autorité sanitaire dans les deux cas, en particulier la manière dont l'anonymat est protégé, sont fixées par décret en Conseil d'État.

Objet de l'art. L. 3113-1. L'art. L. 11 [L. 3113-1] a pour seul objet d'établir les conditions de déclaration de certaines maladies et ne concerne pas les mesures prises par les autorités sanitaires pour prévenir les risques en matière de santé publique. • CE 30 juill. 1997, *Boudin*, n° 118521 : *Lebon 312* ; *D. 1999. Somm. 59, obs. Bon*.

CHAPITRE IV AUTRES MESURES DE LUTTE

Art. L. 3114-1 *(L. n° 2004-806 du 9 août 2004, art. 22-III)* « Lorsqu'elle est nécessaire en raison soit du caractère transmissible des infections des personnes hébergées, soignées ou transportées, soit des facteurs de risque d'acquisition des infections par les personnes admises dans ces locaux ou transportées dans ces véhicules, il doit être procédé à la désinfection par des produits biocides :

« 1° Des locaux ayant reçu ou hébergé des malades et de ceux où sont donnés des soins médicaux, paramédicaux ou vétérinaires ;

« 2° Des véhicules de transport sanitaire ou de transport de corps ;

« 3° Des locaux et véhicules exposés aux micro-organismes et toxines mentionnés à l'article L. 5139-1. »

(Ord. n° 2005-1087 du 1er sept. 2005, art. 7) « Cette désinfection est réalisée avec des appareils agréés par des organismes dont la liste est établie par décision de *(L. n° 2011-2012 du 29 déc. 2011, art. 5-IV)* « l'Agence nationale de sécurité du médicament et des produits de santé ». »

Les mesures de désinfection sont mises à exécution, dans les villes de 20 000 habitants et au-dessus, par les soins de l'autorité municipale suivant des arrêtés du maire et, dans les communes de moins de 20 000 habitants, par les soins d'un service départemental.

(L. n° 2004-806 du 9 août 2004, art. 4-I) « Les communes de moins de vingt mille habitants qui, facultativement, ont créé un service communal d'hygiène et de santé, peuvent être exceptionnellement autorisées par le ministre chargé de la santé à avoir un service autonome de désinfection ».

A défaut par les villes et les départements d'organiser les services de la désinfection et d'en assurer le fonctionnement, il y est pourvu par des décrets en Conseil d'État.

En application des art. L. 231-5 et L. 231-6 du CRPA, le silence gardé pendant quatre mois par l'administration vaut décision de rejet pour les demandes d'agrément des appareils de désinfection obligatoire (Décr. n° 2014-1286 du 23 oct. 2014, art. 1er, 2 et 5, applicable pour les demandes présentées à compter du 12 nov. 2014).

Le Décr. n° 2014-1286 du 23 oct. 2014 est applicable en Nouvelle-Calédonie, en Polynésie française, dans les îles Wallis-et-Futuna et dans les Terres australes et antarctiques françaises pour les demandes, mentionnées à l'alinéa précédent, qui s'inscrivent dans les procédures qui sont applicables en Nouvelle-Calédonie ou dans ces collectivités (Décr. préc., art. 4).

Art. L. 3114-2 Les dispositions *(L. n° 2013-619 du 16 juill. 2013, art. 46-IV)* « du chapitre VII du titre V du livre V du code de l'environnement relatives aux appareils à pression » sont applicables aux appareils de désinfection.

Art. L. 3114-3 *Abrogé par Ord. n° 2001-321 du 11 avr. 2001, art. 7.*

Art. L. 3114-4 *Abrogé par L. n° 2004-806 du 9 août 2004, art. 18-II.*

Art. L. 3114-5 (*L. n° 2004-809 du 13 août 2004*, art. 72-I) Un arrêté du ministre chargé de la santé établit et tient à jour la liste des départements où est constatée l'existence de conditions entraînant un risque de développement de maladies humaines transmises par l'intermédiaire d'insectes et constituant une menace pour la santé de la population. Dans ces départements, la définition des mesures de lutte nécessaires relève de la compétence de l'État.

Un décret, pris après avis du *(L. n° 2009-526 du 12 mai 2009, art. 94-II)* « Haut conseil de la santé publique », détermine la nature des mesures susceptibles d'être prises pour faire obstacle à ce risque.

Art. L. 3114-6 *(L. n° 2004-806 du 9 août 2004, art. 13-II)* Les professionnels de santé ainsi que les biologiste-responsable et biologistes coresponsables de biologie médicale mentionnés au livre II de la sixième partie du présent code, exerçant en dehors des établissements de santé, veillent à prévenir toutes infections liées à leurs activités de prévention, de diagnostic et de soins. Des arrêtés fixent, en tant que de besoin, les règles qu'ils doivent respecter.

Art. L. 3114-7 *(L. n° 2004-806 du 9 août 2004, art. 13-I)* Sont déterminées par décret en Conseil d'État :

1° Les conditions d'organisation et de fonctionnement du service de désinfection prévu à l'article L. 3114-1 ;

2° *(L. n° 2004-806 du 9 août 2004, art. 22-IV)* « Dans les départements où est constatée l'existence de conditions entraînant le développement de maladies humaines transmises par l'intermédiaire d'insectes et constituant une menace pour la santé de la population, la nature des mesures susceptibles d'être prises conformément à l'article L. 3114-5 ».

Un arrêté fixe la liste des départements concernés.

CHAPITRE V LUTTE CONTRE LA PROPAGATION INTERNATIONALE DES MALADIES *(L. n° 2009-879 du 21 juill. 2009, art. 107-I)*.

RÉP. ADM. v° *Santé et salubrité publiques, n°s 136 s.*

RÉP. PÉN. v° *Santé et salubrité publiques, n°s 15 s.*

BIBL. ▶ THIERRY, La communauté internationale face à l'épidémie liée au virus Ebola : les difficultés à tirer les leçons de l'histoire, *RDSS 2015. 471* ; Le nouveau règlement sanitaire international : vers plus d'efficacité pour combattre les épidémies, *RDSS 2007. 447*. – MEHDI et MALJEAN-DUBOIS, La société internationale et les grandes pandémies, *Pédone, 2007*.

Art. L. 3115-1 Le contrôle sanitaire aux frontières est régi, sur le territoire de la République française, par les dispositions des règlements sanitaires pris par l'Organisation mondiale de la santé conformément aux articles 21 et 22 de sa constitution, des arrangements internationaux et des lois et règlements nationaux intervenus ou à intervenir en cette matière en vue de prévenir la propagation par voie terrestre, maritime ou aérienne des maladies transmissibles.

(L. n° 2016-41 du 26 janv. 2016, art. 159-1°-a) « Pour effectuer ce contrôle, le représentant de l'État dans le département peut habiliter les agents mentionnés aux articles L. 1421-1 et L. 1435-7 et les agents des ministres chargés de l'agriculture, des douanes, de la police aux frontières, de la mer et des transports. Les points d'entrée militaires, les moyens de transport militaires et les moyens de transport spécifiquement affrétés par l'autorité militaire sont contrôlés par des agents habilités par le ministre de la défense. »

(L. n° 2009-879 du 21 juill. 2009, art. 107-I-2°) « Ces agents disposent à cet effet des prérogatives mentionnées aux articles L. 1421-2 et L. 1421-3.

(L. n° 2016-41 du 26 janv. 2016, art. 159-1°-b) « Le représentant de l'État dans le département peut également habiliter les agents des gestionnaires de points d'entrée. »

« En outre, le représentant de l'État peut confier la réalisation des contrôles techniques et la délivrance des certificats correspondants à des personnes ou organismes agréés. »

1. Incompétence de l'autorité de police. En l'absence de toute disposition législative ou réglementaire l'y habilitant expressément et de tout péril imminent, il n'appartient pas à l'autorité de police d'interdire le trafic maritime ou aérien avec des pays où sévissent des maladies épidémiques. • CE, sect., 20 mai 1955, *Sté Lucien, Joseph et Cie*, n° 2399 : *Lebon 276.*

2. Impossibilité de percevoir une redevance au titre de l'examen médical obligatoire passé par les étrangers. Illégalité de l'Arr. du 17 mars 1997 fixant le montant de la redevance à verser à l'Office des migrations internationales à l'occasion de l'examen médical que doivent passer les étrangers demandant un titre de séjour en vertu de l'art. L. 341-2 C. trav. ayant

« essentiellement pour objet la protection de la santé publique ». Cet examen ne constitue pas « un service rendu pouvant donner lieu à perception d'une redevance ». • CE 20 mars 2000, *GISTI*, n° 205266 : *Lebon 122 ; AJDA 2001. 188, note Hennette-Vauchez*.

Art. L. 3115-2 *(L. n° 2011-940 du 10 août 2011, art. 26-1°)* Les frais résultant de l'application des mesures sanitaires prescrites pour un moyen de transport en application de l'article L. 3115-1 sont à la charge de l'exploitant du moyen de transport concerné, et notamment les frais d'immobilisation. Si le moyen de transport est un navire, l'ensemble des frais est à la charge de l'armateur, du propriétaire ou de l'exploitant.

Art. L. 3115-3 *(Ord. n° 2017-44 du 19 janv. 2017, art. 1er-2°)* Les contrôles techniques mentionnés à l'article L. 3115-1 sont soumis à une tarification, déterminée par décret.

Art. L. 3115-4 *(Ord. n° 2017-44 du 19 janv. 2017, art. 1er-2°)* En cas de risque pour la santé publique, au sens de l'article 1er du Règlement sanitaire international de 2005, identifié à bord d'un moyen de transport, au sens du même article, le représentant de l'État dans le département prend les mesures nécessaires à la lutte contre la propagation internationale des maladies. Il peut notamment :

1° Interdire la libre pratique ou faire procéder à l'immobilisation du moyen de transport dans l'attente de la réalisation d'une inspection et de la réalisation des mesures sanitaires nécessaires ;

2° Mettre à l'isolement ou faire procéder à la désinfection de bagages, moyens de transport, conteneurs, marchandises, cargaisons ou colis postaux affectés.

Art. L. 3115-5 *(Ord. n° 2017-44 du 19 janv. 2017, art. 1er-2°)* En cas de risque pour la santé publique, au sens de l'article 1er du Règlement sanitaire international de 2005, le représentant de l'État dans le département peut décider de dérouter un aéronef ou de l'orienter vers un point d'entrée qu'il désigne avec l'accord du représentant de l'État territorialement compétent pour ce point d'entrée du territoire.

Art. L. 3115-6 *(Ord. n° 2017-44 du 19 janv. 2017, art. 1er-2°)* Si le risque pour la santé publique, au sens de l'article 1er du Règlement sanitaire international de 2005, émane d'un navire battant pavillon français où qu'il se trouve, ou d'un navire battant pavillon étranger qui navigue dans les eaux territoriales ou intérieures françaises à destination d'un port français, le représentant de l'État en mer peut décider, après avis du représentant de l'État dans la zone de défense et de sécurité dont le territoire est exposé aux conséquences à terre et des représentants de l'État concernés, de dérouter ce navire ou de l'orienter vers un point d'entrée du territoire qu'il désigne.

Art. L. 3115-7 *(L. n° 2009-879 du 21 juill. 2009, art. 107-I)* En cas de voyage international, les exploitants de moyens de transport, d'infrastructures de transport et d'agences de voyages sont tenus d'informer leurs passagers ou leurs clients des risques pour la santé publique constatés par les autorités sanitaires dans les lieux de destination ou de transit. Ils les informent également des recommandations à suivre et des mesures sanitaires mises en place contre ces risques.

En cas d'identification d'un risque sanitaire grave postérieurement à un voyage et pour permettre la mise en place des mesures d'information et de protection nécessaires, les exploitants mentionnés au premier alinéa sont tenus de communiquer aux autorités sanitaires les données permettant l'identification des passagers exposés ou susceptibles d'avoir été exposés au risque.

Art. L. 3115-8 *(Ord. n° 2017-44 du 19 janv. 2017, art. 1er-3°)* Le représentant de l'État territorialement compétent organise au sein des points d'entrée du territoire *mentionnés à l'article L.* 3115-11 un contrôle sanitaire des voyageurs et des moyens de transport maritimes et aériens en provenance d'une zone affectée, au sens de l'article 1er du Règlement sanitaire international de 2005, à leur arrivée sur le territoire national. Ce contrôle sanitaire est mis en œuvre selon les modalités techniques définies par arrêté du ministre chargé de la santé. Dans le cas des navires, ce contrôle est effectué à bord des navires.

Les ressortissants d'un État non membre de l'Union européenne qui refusent de se soumettre aux contrôles se voient refuser l'entrée sur le territoire national avant d'être remis aux autorités compétentes.

Les ressortissants d'un État membre de l'Union européenne ou d'un État partie à l'accord sur l'Espace économique européen qui refusent de se soumettre aux contrôles sont conduits par les autorités compétentes vers le service médical compétent du point d'entrée afin de faire l'objet d'examens médicaux appropriés.

Au regard des résultats des examens, si l'état de santé de la personne nécessite une prise en charge dans une structure médicale adaptée, dans l'attente de son transfert vers cette structure, le représentant de l'État prend les mesures nécessaires pour s'assurer qu'elle reste confinée dans le service médical compétent du point d'entrée.

Art. L. 3115-9 *(Ord. n° 2017-44 du 19 janv. 2017, art. 1er-3°)* En cas d'épidémie survenant sur le territoire national, le représentant de l'État territorialement compétent organise au sein des points d'entrée du territoire mentionnés à l'article L. 3115-11 un contrôle sanitaire des voyageurs et des moyens de transport maritimes et aériens avant leur départ, pour lutter contre la propagation internationale des maladies. Ce contrôle sanitaire est mis en œuvre selon les modalités techniques définies par arrêté du ministre chargé de la santé.

Les voyageurs qui refusent de se soumettre à ce contrôle sont conduits par les autorités compétentes vers le service médical compétent du point d'entrée afin de faire l'objet d'examens médicaux et ne sont pas autorisés à monter à bord du moyen de transport. Le représentant de l'État territorialement compétent prend toutes les mesures appropriées pour empêcher un voyageur ou un moyen de transport affecté, au sens de l'article 1er du Règlement sanitaire international de 2005, de quitter le territoire national.

Les dispositions du dernier alinéa de l'article L. 3115-8 sont applicables.

Art. L. 3115-10 *(Ord. n° 2017-44 du 19 janv. 2017, art. 1er-3°)* Le représentant de l'État peut prendre, par arrêté motivé, toute mesure individuelle permettant de lutter contre la propagation internationale des maladies, notamment l'isolement ou la mise en quarantaine de personnes atteintes d'une infection contagieuse ou susceptibles d'être atteintes d'une telle infection, sur proposition du directeur général de l'agence régionale de santé. Il en informe sans délai le procureur de la République. Un décret en Conseil d'État détermine les conditions dans lesquelles le représentant de l'État peut recourir à de telles mesures, notamment au regard de la gravité de l'infection et des risques de sa transmission.

Art. L. 3115-11 *(L. n° 2009-879 du 21 juill. 2009, art. 107-I)* Sont déterminés par décret en Conseil d'État :

1° En application du Règlement sanitaire international de 2005 :

a) Les critères de désignation des points d'entrée du territoire, notamment en ce qui concerne l'importance de leur trafic international et leur répartition homogène sur le territoire ;

b) Les critères de définition des événements sanitaires graves ou inhabituels devant être déclarés aux autorités sanitaires et les modalités de déclaration de ces événements ;

c) Les critères de désignation des centres de vaccination antiamarile, les conditions de validité des certificats de vaccination antiamarile et les modalités de contrôle de ces certificats lors de l'entrée sur le territoire ;

(L. n° 2016-41 du 26 janv. 2016, art. 159-2°-a) « *d)* Les critères et les conditions d'habilitation des agents mentionnés au quatrième alinéa de l'article L. 3115-1 ; »

2° Les conditions d'agrément des personnes ou organismes pouvant réaliser les contrôles techniques mentionnés au deuxième alinéa de l'article L. 3115-1 et les modalités de délivrance des certificats correspondants ;

3° Les conditions d'application de l'article *(Ord. n° 2017-44 du 19 janv. 2017, art. 1er-4°)* « L. 3115-7 », notamment les modalités de communication des informations relatives aux risques pour la santé publique constatés aux passagers ou aux clients, les critères de définition du risque sanitaire grave et les conditions de communication des données permettant l'identification des passagers ;

(L. n° 2016-41 du 26 janv. 2016, art. 159-2°-b) « 4° Les conditions dans lesquelles le service médical d'un point d'entrée peut réaliser des activités de soins et dans les-

quelles s'appliquent les articles L. 162-32 à L. 162-32-3 du code de la sécurité sociale. »

Art. L. 3115-12 *(L. n° 2009-879 du 21 juill. 2009, art. 107-I)* Sont déterminées par décret les capacités techniques que doivent acquérir les points d'entrée du territoire, notamment en matière de mise à disposition d'installations, de matériel et de personnel appropriés, ainsi que la liste des points d'entrée désignés.

Art. L. 3115-13 *(L. n° 2016-1087 du 8 août 2016, art. 42-II)* Un arrêté du ministre chargé de la santé détermine les modalités d'accès rapide aux ressources biologiques utiles pour lutter contre la propagation internationale des maladies, afin de transmettre ces ressources à des laboratoires de référence des pays tiers ou désignés par l'Organisation mondiale de la santé.

CHAPITRE VI DISPOSITIONS PÉNALES

Art. L. 3116-1 *(L. n° 2004-806 du 9 août 2004, art. 11-IV)* Les dispositions du chapitre II du titre Ier du livre III de la première partie du présent code sont applicables à la constatation des infractions aux articles *(L. n° 2017-1836 du 30 déc. 2017, art. 49-II)* « L. 3111-4 » et L. 3114-1 à L. 3114-6 ou aux règlements pris pour leur application.

Méconnaissance de l'habilitation législative à raison de l'extension du champ d'application des règles de procédure pénale. L'art. L. 3116-1 (disposition à l'époque réglementaire, en tant que prise par une ordonnance non encore ratifiée) est annulé, dans la mesure où l'extension qu'il prévoit du domaine d'intervention des agents compétents à l'ensemble des manquements aux obligations vaccinales ne saurait être regardée comme une harmonisation de l'état du droit. L'ordonnance a ainsi été au-delà de ce que permettait la loi d'habilitation du 16 déc. 1999. Était en cause la constatation des infractions aux obligations vaccinales. • CE 26 nov. 2001, *Assoc. Liberté, Information, Santé et a.*, n° 222741 : *Lebon 578 ; RFDA 2002. 65, concl. Boissard ; RDSS 2002. 471, obs. Cayla.*

Art. L. 3116-2 (Abrogé par L. n° 2017-1836 du 30 déc. 2017, art. 49-II) *L'action publique pour la poursuite des infractions aux dispositions des articles L. 3111-1 à L. 3111-3 peut être exercée tant que l'intéressé n'a pas atteint un âge fixé par décret pour chaque catégorie de vaccination.* — [Anc. art. L. 48, al. 5].

Art. L. 3116-3 Ont qualité pour *(L. n° 2009-879 du 21 juill. 2009, art. 107-II)* « rechercher et » constater les infractions en matière de contrôle sanitaire aux frontières, les *(L. n° 2009-879 du 21 juill. 2009, art. 107-II)* « agents mentionnés au deuxième alinéa de l'article L. 3115-1 », chargés du contrôle sanitaire aux frontières, habilités et assermentés dans les conditions fixées par décret en Conseil d'État. *(L. n° 2009-879 du 21 juill. 2009, art. 107-II)* « Ces agents disposent à cet effet des prérogatives mentionnées aux articles L. 1421-2 et L. 1421-3. »

Les procès-verbaux dressés par ces agents font foi jusqu'à preuve contraire.

Régime de responsabilité lié aux contrôles phytosanitaires aux frontières. La responsabilité de l'État peut être engagée, sur la base de la faute lourde, si les personnels chargés du contrôle n'ont pas détecté une maladie transmise par des produits alimentaires importés. • CAA Paris, 17 oct. 1991, *SA Hellot*, n° 90PA00292 : *Lebon 570*.

Art. L. 3116-4 (Abrogé par L. n° 2017-1836 du 30 déc. 2017, art. 49-II) *Le refus de se soumettre ou de soumettre ceux sur lesquels on exerce l'autorité parentale ou dont on assure la tutelle* (L. n° 2007-293 du 5 mars 2007, art. 37-I) *« aux obligations de vaccination prévues aux articles L. 3111-2, L. 3111-3 et L. 3112-1 ou la volonté d'en entraver l'exécution sont punis de six mois d'emprisonnement et de 3 750 € d'amende. »*

Art. L. 3116-5 *Le fait, pour un fonctionnaire ou agent public, un commandant ou officier d'un navire ou d'un aéronef, un médecin, dans un document ou une déclaration, d'altérer, de dissimuler, ou de négliger de faire connaître à l'autorité sanitaire, des faits qu'il est dans l'obligation de révéler en application* (L. n° 2011-940 du 10 août 2011, art. 26-2°) *« du second alinéa de l'article* (Ord. n° 2017-44 du 19 janv. 2017, art. 2) *« L. 3115-7 » et du b du 1° de l'article* (Ord. n° 2017-44 du 19 janv. 2017, *art. 2)* « L. 3115-11 » », **est puni de deux ans d'emprisonnement et de 3 750 € d'amende.**

Art. L. 3116-6 *(L. n° 2009-879 du 21 juill. 2009, art. 107-II)* **Le fait de faire obstacle aux fonctions des agents mentionnés au deuxième alinéa de l'article L. 3115-1 ou à la réalisation de contrôles techniques par un organisme agréé mentionné au quatrième alinéa du même article est puni de six mois d'emprisonnement et de 7 500 € d'amende.**

TITRE DEUXIÈME INFECTION PAR LES VIRUS DE L'IMMUNODÉFICIENCE HUMAINE ET INFECTIONS SEXUELLEMENT TRANSMISSIBLES *(L. n° 2016-41 du 26 janv. 2016, art. 39-III-1°).*

BIBL. ► **Ouvrages - Rapports :** Chauveau, L'affaire du sang contaminé (1983-2003), *Les Belles lettres, 2011.* – Haut Conseil de la santé publique, Prévention de la transmission soignant-soignés des virus hématogènes. VHB, VHC, VIH, *Avis et rapports, juin 2011.* – Jourdain-Menninger et Lecoq, Évaluation de la mise en œuvre de la recentralisation de la lutte contre les infections sexuellement transmissibles, *Rapport IGAS, Doc. fr., 2010.* – Fillion, À l'épreuve du sang contaminé. Pour une sociologie des affaires médicales, *éd. de l'EHESS, 2009.* – Conseil d'État, Responsabilité et socialisation du risque, Rapport public, *Doc. fr., 2005.* – Beaud, Le sang contaminé. Essai critique sur la criminalisation de la responsabilité des gouvernants, *PUF, 1999.* – Feuillet-Le Mintier (dir.), Le SIDA : aspects juridiques, *Economica, 1995.* – Cassuto, Pesce et Quaranta, Le SIDA, *PUF, Que sais-je ?, 1994.* – Greilsamer, Le procès du sang contaminé, *éd. Le Monde, 1994.* – Foyer et Khaïat (dir.), Droit et SIDA. Comparaison internationale, *éd. CNRS, 1994.* – Montagnier, Le SIDA et la société française (rapport au Premier ministre), *Doc. fr., 1994.* – Pradel (dir.), Sang et droit pénal. À propos du sang contaminé, *Cujas, 1994.* – Casteret, L'affaire du sang, *La Découverte, 1992.* – Sourdille et Huriet, La crise du système transfusionnel français (rapport de la commission d'enquête du Sénat), *Economica, 1992.* – Conseil national du SIDA, La lutte contre le SIDA en France, *Doc. fr., 1992.*

► **Articles :** Paricard, Le dépistage systématique du VIH : une évolution majeure proposée par la Haute Autorité de Santé : *RDSS 2010. 299.* – Prothais, Le SIDA par complaisance rattrapé par le droit pénal, *D. 2006. Doctr. 1068.* – Savatier, Le principe indemnitaire à l'épreuve des jurisprudences civile et administrative : à propos de l'indemnisation des victimes de transfusion sanguine, *JCP 1999. I. 125.* – Moniolle, Responsabilité et indemnisation à l'égard des personnes contaminées par le virus du SIDA lors de transfusion sanguine, *RDSS 1999. 91.* – Beaud, La Cour de justice de la République est-elle vraiment compétente pour juger les ministres dans l'affaire du sang contaminé ?, *D. 1999. Chron. 75.* – Welsch, Contaminations virales post-transfusionnelles et responsabilité des centres de transfusion sanguine, *LPA 16 avr. 1997, p. 10.* – Beaud, Le traitement constitutionnel de l'affaire du sang contaminé, *RD publ. 1997. 995.* – Dreifuss, L'indemnisation des victimes du SIDA à l'épreuve du dualisme juridictionnel, *RFDA 1996. 561.* – Dorsner-Dolivet, SIDA et responsabilité des cliniques, *JCP 1995. I. 3824.* – Breen, Responsabilité pénale des agents publics : l'exemple de l'affaire du sang contaminé, *AJDA 1995. 781.* – Gannac, Information et responsabilité des autorités publiques dans la contamination des hémophiles, *RFDA 1994. 541.* – Lambert-Faivre, Principes d'indemnisation des victimes post-transfusionnelles du SIDA, *D. 1993. Chron. 67.* – Memmi, SIDA et responsabilité civile, *Gaz. Pal. 1993. 1. Doctr. 533.* – Neirinck, SIDA et adolescents mineurs, *LPA 4 déc. 1992, p. 8.* – Delpoux, Contamination par transfusion sanguine : jurisprudence, loi et assurance, *RGAT 1992. 25.* – De Forges, SIDA : responsabilité et indemnisation des préjudices résultant de contamination par transfusion sanguine, *RDSS 1992. 555.* – Pontier, SIDA et responsabilité : problèmes de droit public, *RFDA 1992. 533.* – Mouly, La vente de sang contaminé par le SIDA est une décision administrative normale, *Gaz. Pal. 1992. 2. Doctr. 705.* – Morançais-Demeester, Contamination par transfusion du virus du SIDA : responsabilité et indemnisation, *D. 1992. Chron. 189.* – Byk, Le SIDA, mesures de santé publique et protection des droits individuels, *JCP 1991. I. 3541.* – Dubouis, SIDA et transfusion sanguine : l'assouplissement des conditions classiques de mise en jeu de la responsabilité des professions de santé, *RDSS 1991. 574.* – Byk, Les années SIDA, *RF aff. soc. 1990, n° hors-série.* – Cayla, Organisation et fonctionnement des consultations de dépistage de l'infection par le virus de l'immuno-déficience humaine, *RDSS 1988. 226.* – Fialaire, La politique de prévention contre le SIDA dans le système éducatif, *Rev. adm. 1988. 411.* – Harichaux, La prise en charge du SIDA par des organismes sociaux, *RDSS 1988. 356.* – Prothais, Dialogue de pénalistes sur le SIDA, *D. 1988. Chron. 25.* – Cayla, L'infection par le virus de l'immunodéficience humaine (SIDA), fléau social, *RDSS 1987. 596.*

CHAPITRE PREMIER **DISPOSITIONS GÉNÉRALES**

Art. L. 3121-1 *(L. n° 2004-809 du 13 août 2004, art. 71-10°)* La lutte contre *(L. n° 2016-41 du 26 janv. 2016, art. 39-III-2°)* « les » virus de l'immunodéficience humaine et contre les infections sexuellement transmissibles relève de l'État.

Interdiction d'une campagne de prévention par un maire. Le caractère immoral des affiches de la campagne de prévention orchestrée par Santé Publique France sur le VIH et les infections sexuellement transmissibles ne peut justifier légalement l'interdiction totale de l'affichage prise par le maire d'une commune, pas plus que la campagne d'affichage n'est de nature à provoquer un trouble à l'ordre public. • TA Montreuil, 9 nov. 2017, n° 1609168 : *JCP Adm. nov. 2017, n° 47, p. 585.*

Art. L. 3121-2 *(Ord. n° 2018-21 du 17 janv. 2018, art. 1er)* « I. – Le directeur général de l'agence régionale de santé habilite en fonction des besoins identifiés au niveau régional un ou plusieurs centres gratuits d'information, de dépistage et de diagnostic qui assurent, dans leurs locaux ou hors les murs, notamment auprès des populations les plus concernées : »

1° La prévention, le dépistage et le diagnostic de l'infection par les virus de l'immunodéficience humaine et des hépatites *(L. n° 2016-41 du 26 janv. 2016, art. 39-III-3°)* « virales, leurs traitements préventifs figurant sur une liste fixée par arrêté du ministre chargé de la santé » ainsi que l'accompagnement dans la recherche de soins appropriés ;

2° La prévention, le dépistage, le diagnostic et le traitement ambulatoire des infections sexuellement transmissibles ;

3° La prévention des autres risques liés à la sexualité dans une approche globale de santé sexuelle, notamment par la prescription de contraception.

Le centre peut mener ces activités, dans ou hors les murs, en coordination avec les autres organismes, notamment les associations, œuvrant sur le territoire de santé avec lesquels il conclut des conventions de partenariat.

II. – Le centre assure une prise en charge anonyme ou non, selon le choix exprimé par l'usager au moment de son accueil. En cas de nécessité thérapeutique ou à la demande de l'usager, le médecin peut procéder à la levée de l'anonymat initialement choisi par l'usager, avec le consentement exprès, libre et éclairé de ce dernier.

Les activités de vaccination et de prescription de contraception exercées par le centre ne font pas l'objet d'une prise en charge anonyme.

III. – La gestion d'un centre peut être confiée à une collectivité territoriale, dans le cadre d'une convention conclue avec le directeur général de l'agence régionale de santé.

IV. – Les dépenses afférentes aux activités mentionnées au I du présent article sont prises en charge par le fonds d'intervention régional sans qu'il soit fait application des dispositions du code de la sécurité sociale et du code rural et de la pêche maritime relatives à l'ouverture du droit aux prestations couvertes par les régimes de base, au remboursement de la part garantie par l'assurance maladie, à la participation de l'assuré aux tarifs servant de base aux remboursements ainsi qu'au forfait mentionné à l'article L. 174-4 du code de la sécurité sociale.

Un décret fixe les modalités d'application du présent article.

Art. L. 3121-2-1 *Abrogé par L. n° 2014-1554 du 22 déc. 2014, art. 47-I-4°.*

Art. L. 3121-2-2 *(L. n° 2016-41 du 26 janv. 2016, art. 39-III-4°)* Par dérogation au 8° de l'article L. 4211-1, les dispositifs médicaux de diagnostic *in vitro* destinés à réaliser des autotests de détection de maladies infectieuses transmissibles mis sur le marché conformément au titre II du livre II de la cinquième partie du présent code et à la directive 98/79/CE du Parlement européen et du Conseil du 27 octobre 1988 relative aux dispositifs médicaux de diagnostic *in vitro* et dont la liste est fixée par arrêté du ministre chargé de la santé pris après avis de l'Agence nationale de sécurité du médicament et des produits de santé peuvent être délivrés par :

1° Les centres gratuits d'information, de dépistage et de diagnostic habilités en application de l'article L. 3121-2 ;

2° Les organismes de prévention sanitaire habilités, dans des conditions fixées par arrêté du ministre chargé de la santé, à réaliser des tests rapides d'orientation diagnostique détectant l'infection aux virus de l'immunodéficience humaine ;
3° Les centres de soins, d'accompagnement et de prévention en addictologie, les centres d'accueil et d'accompagnement à la réduction des risques pour usagers de drogue et les appartements de coordination thérapeutique mentionnés au 9° du I de l'article L. 312-1 du code de l'action sociale et des familles.

Cet arrêté précise également les conditions particulières de la délivrance de ces autotests ainsi que les modalités selon lesquelles la personne est conseillée, accompagnée et informée des conditions de réalisation du test et de ses conséquences et prise en charge.

Art. L. 3121-3 *Devenu art. L. 3411-7 (L. n° 2016-41 du 26 janv. 2016, art. 41-1°).*

Art. L. 3121-4 *Abrogé par L. n° 2016-41 du 26 janv. 2016, art. 41-2°.*

Art. L. 3121-5 *Devenu art. L. 3411-9 (L. n° 2016-41 du 26 janv. 2016, art. 41-4°).*

CHAPITRE II INDEMNISATION DES VICTIMES CONTAMINÉES

Art. L. 3122-1 Les victimes de préjudices résultant de la contamination par le virus d'immunodéficience humaine causée par une transfusion de produits sanguins ou une injection de produits dérivés du sang réalisée sur le territoire de la République française sont indemnisées dans les conditions définies ci-après.

Une clause de quittance pour solde valant renonciation à toute instance et action contre un tiers au titre de sa contamination ne fait pas obstacle à la présente procédure.

(L. n° 2004-806 du 9 août 2004, art. 119 ; L. n° 2008-1330 du 17 déc. 2008, art. 67-V) « La réparation intégrale des préjudices définis au premier alinéa est assurée par l'Office national d'indemnisation des accidents médicaux, des affections iatrogènes et des infections nosocomiales mentionné à l'article L. 1142-22. Un conseil d'orientation, composé notamment de représentants des associations concernées, est placé auprès du conseil d'administration de l'office. »

Les personnes qui ont à connaître des documents et informations fournis à l'office sont tenues au secret professionnel, dans les conditions et sous les peines prévues aux articles 226-13 et 226-14 du code pénal. – *[Anc. art. 47, I, II, III et VII, L. n° 91-1406 du 31 déc. 1991].*

I. RESPONSABILITÉ PÉNALE

1. *Volet correctionnel de l'affaire du « sang contaminé ».* Sur la condamnation de deux anciens responsables du Centre national de la transfusion sanguine (CNTS) pour tromperie aggravée et de deux anciens responsables administratifs du ministère de la Santé pour non-obstacle à la commission du délit précité, V. • TGI Paris, 23 oct. 1992 : *D. 1993. 222, note Prothais* ; *Gaz. Pal. 1993. 1. Doctr. 257, note Delmas Saint-Hilaire.* ♦ Confirmation partielle. • Paris, 13 juill. 1993 : *D. 1994. 118, note Prothais* ; *Gaz. Pal. 1994. 1. Doctr. 173, note Delmas Saint-Hilaire.* ♦ Confirmation définitive. • Crim. 22 juin 1994 : *Bull. crim. n° 248 ; D. 1995. 65, concl. contr. Perfetti* ; *ibid. 85, note Prothais* ; *JCP 1994. II. 22310, note Rassat ; Gaz. Pal. 1994. 2. 284, note Delmas Saint-Hilaire* (la qualification criminelle d'empoisonnement comportant des éléments constitutifs distincts, notamment au regard de l'intention coupable essentiellement différente de la prévention de tromperie, les faits restent susceptibles de poursuites séparées).

2. *Volet criminel de l'affaire du « sang contaminé ».* Sur le non-lieu général dans l'information suivie des chefs d'empoisonnement et de complicité d'empoisonnement, la preuve n'étant pas rapportée que les accusés aient eu connaissance du caractère nécessairement mortifère des lots viciés fournis par le CNTS, étant entendu que des incertitudes régnaient encore, à l'époque, dans les milieux médicaux, quant aux conséquences mortelles du SIDA. • Paris, ch. instr., 4 juill. 2002 : *D. 2003. 164, note Prothais* . – Arrêt confirmé. • Crim. 18 juin 2003 : *Bull. crim. n° 127 ; JCP 2003. II. 10122, note Rassat ; D. 2004. 1620, note Rebut* ; *ibid. 2005. 195, note Prothais*. ♦ Jugé précédemment que ne donne pas de base légale à sa décision la chambre d'accusation qui, pour renvoyer une personne devant la cour d'assises du chef d'empoisonnement, énonce que la seule connaissance du pouvoir mortifère de la substance administrée suffit à caractériser l'intention homicide. • Crim. 2 juill. 1998 : *Bull. crim. n° 211 ; JCP 1998. II. 10132, note Rassat ; D. 1998. 457, note Pradel* .

3. *Responsabilité pénale des membres du gouvernement.* Sur la condamnation (avec dispense de peine) de l'ancien secrétaire d'État à la

Santé pour atteintes involontaires à la vie et à l'intégrité physique ainsi que la relaxe de l'ancien Premier ministre et du ministre des Affaires sociales, poursuivis pour le même chef de prévention, V. • C. just. républ. 9 mars 1999 : *D. 1999. IR 86.* ♦ Sur l'exclusion de toute constitution de partie civile devant la C. just. Républ., V. • Cass., ass. plén., 21 juin 1999 : *Bull. ass. plén., n° 6.*

4. Transmission virale à l'occasion de rapports sexuels. Sur la constitution du délit d'administration de substances nuisibles aggravé par la transmission, en connaissance de cause, du VIH lors de relations sexuelles non protégées avec plusieurs femmes, V. • Crim. 10 janv. 2006 : *Bull. crim. n° 11.* ♦ Jugé également responsable du même délit le prévenu ayant contaminé sa compagne à la suite de rapports non protégés, en dissimulant volontairement son état pathologique pour lequel il devait suivre un traitement. • Crim. 5 oct. 2010 : *Bull. crim. n° 147 ; D. 2010. 2519, obs. Bombled ; RGDM 2011, n° 38, p. 29, comm. Benillouche.*

BIBL. Benillouche, Les incertitudes juridiques entourant la contamination volontaire par le VIH, *AJ pénal 2012. 388.*

II. CONTENTIEUX DE L'INDEMNISATION

5. Responsabilité de l'État. L'État a été reconnu responsable de la contamination par le VIH de personnes hémophiles à l'occasion de perfusion de produits sanguins non chauffés, pendant la période s'étalant du 12 mars 1985 au 1er oct. 1985. • TA Paris, 20 déc. 1991, *B., D. et G. : RFDA 1992. 561, concl. Stahlberger.* ♦ Confirmation partielle, sur le fondement de la faute lourde, sur une période étendue au 20 oct. 1985. • CAA Paris, 16 juin 1992, *X., Y. et Z. : D. 1992. IR 204 ; AJDA 1992. 663, note Richer ; LPA 24 juill. 1992, p. 8, concl. Dacre-Wright.* ♦ Cassation. • CE, ass., 9 avr. 1993, *D., G. et B. (3 esp.)*, nos 138653, 138652 et 138663 : *Lebon 110, concl. Legal ; RFDA 1993. 583, concl. Legal ; D. 1993. 312, concl. Legal ; D. 1994. Somm. 63, obs. Bon et Terneyre ; JCP 1993. II. 22110, note Debouy ; AJDA 1993. 344, chron. Maugüé et Touvet ; Quot. Jur. 1993, n° 56, note Deguergue* (la responsabilité de l'État peut être engagée sur le fondement d'une faute simple dans l'organisation et la réglementation du service public de la transfusion sanguine, ainsi que du contrôle des établissements qui sont chargés de son exécution, l'État ne pouvant s'exonérer en invoquant les fautes commises par ces établissements [responsabilité de l'État engagée en raison des *conséquences dommageables de l'administration* de produits anti-hémophiliques non chauffés durant la période du 22 nov. 1984 au 20 oct. 1985]).

6. Responsabilité des établissements publics de transfusion sanguine. Eu égard, tant à la mission qui leur a été confiée qu'aux risques que présente la fourniture des produits sanguins, les centres de transfusion sont responsables, même en l'absence de faute, des conséquences dommageables de la mauvaise qualité des produits fournis : la responsabilité encourue par un établissement de santé (en l'espèce l'AP-HP), du fait du vice affectant les produits sanguins administrés, devant être recherchée non sur le fondement des principes qui gouvernent la responsabilité des hôpitaux en tant que dispensateurs de prestations médicales, mais sur la base des règles propres à son activité de gestionnaire d'un centre de transfusion sanguine. • CE, ass., 26 mai 1995, *N'Guyen, Jouan, Pavan (3 esp.)*, nos 143673, 143238 et 151798 : *Lebon 221 ; D. 1995. IR 154 ; RD publ. 1995. 1603, note de Lajartre ; RFDA 1995. 748, concl. Daël ; AJDA 1995. 577, chron. Stahl et Chauvaux ; JCP 1995. II. 22468, note Moreau.* ♦ Un hôpital ne commet pas de faute en ne contrôlant pas la qualité des produits sanguins qui lui ont été fournis par un centre de transfusion sanguine. • CE 30 juill. 1997, *Beaumer*, n° 160773 : *Lebon T. 1064 ; D. 1999. Somm. 57, obs. Bon et de Béchillon ; JCP 1997. IV. 2247, obs. Rouault.* ♦ Toutefois, lorsqu'un patient a subi une transfusion qui n'était pas indispensable, la responsabilité de l'hôpital peut être engagée à raison du dommage résultant de la perte de chance de se soustraire au risque qui s'est réalisé et dont il n'a pas été informé. • CE 27 févr. 2002, *AP de Marseille et Lebigre*, nos 184009 et 184306 : *Lebon 63.* ♦ Sur l'indemnisation des victimes d'une contamination post-transfusionnelle par VIH lorsque les produits sanguins ont été élaborés par plusieurs centres de transfusion, les victimes pouvant demander réparation à l'hôpital gestionnaire de l'un des centres, V. • CE 15 janv. 2001, *AP-HP c/ Shames*, n° 208958 : *Lebon 15 ; D. 2001. IR 597 ; LPA 15 juin 2001, p. 18, note Laquièze ; RFDA 2002. 139, concl. Chauvaux.* ♦ Jugé également que si la victime d'une contamination par VIH décède avant d'avoir elle-même introduit une action en réparation, son droit, entré dans son patrimoine avant son décès, est transmis à ses héritiers. • CE 10 déc. 2001, *AP-HP*, n° 216090 : *Dr. adm. 2002, n° 72, note Esper.*

7. Responsabilité des établissements privés de transfusion sanguine. Les centres de transfusion sanguine sont tenus de fournir aux receveurs des produits exempts de vices et ils ne peuvent s'exonérer de cette obligation de sécurité de résultat que par la preuve d'une cause étrangère qui ne puisse leur être imputée, le vice interne du sang, même indécelable, ne constituant pas, pour le centre fournisseur, une cause qui lui est étrangère. • Civ. 1re, 12 avr. 1995, *Martial c/ CTS de Toulouse Purpan : Bull. civ. I, n° 179 ; JCP 1995. II. 22467, note Jourdain.* – V. également • Civ. 1re, 14 nov. 1995 : *Bull. civ. I, n° 414 ; D. 1995. IR 269 ; RDSS 1995. 766, note Leroy.* ♦ Jugé, en revanche, que les cliniques ne sont tenues qu'à une simple obligation de moyens dans la fourniture des produits sanguins qu'elles utilisent à l'occasion de soins. • Civ. 1re, 12 avr. 1995, *Clinique de l'Essonne*, nos 92-11.950 et 92-11.975 : *Bull. civ. I, n° 180 ; LPA 19 juill. 1995, p. 26, note Feverbach-Steinle ; Gaz. Pal. 1995. 2. 344, note Guigue.* ♦ Sur la réparation des dommages causés tant à l'égard des victimes immédiates que des victimes par ricochet, sans qu'il y ait lieu de distinguer selon qu'elles ont la qualité de cocontractant ou de tiers, V. • Civ. 1re, 28 avr. 1998, *Cappus c/ CRTS Bordeaux : Bull. civ. I, n° 158 ; JCP 1998. II. 10088, rapp. Sargos ; LPA 13 janv. 1999, p. 17, note Fouassier.* ♦ En cas de concours de responsabilité entre celui qui, par sa faute (accident de la circulation), a rendu nécessaire une transfusion sanguine à l'origine d'une contamination par VIH et le centre de transfusion ayant fourni les produits sanguins défectueux, ce dernier est, comme dans l'hypothèse d'une pluralité de co-auteurs, tenu de contribuer pour moitié à la réparation du dommage. • Civ. 1re, 5 juill. 2006 : *Bull. civ. I, n° 363 ; JCP 2007. II. 10031, note Vial.*

8. Position du Conseil d'État sur la combinaison de l'indemnisation par la solidarité nationale et de la responsabilité de droit commun. Si le juge a l'obligation de déduire des condamnations prononcées à l'encontre de personnes publiques les sommes déjà versées par le fonds d'indemnisation, il n'en demeure pas moins tenu, lorsqu'il est saisi d'une action en responsabilité sur le fondement du droit commun par une victime ayant accepté l'offre du fonds, de réparer intégralement le dommage subi, dès lors que le montant des indemnités n'est pas fixé de manière définitive par le fonds (cas de l'indemnisation conditionnelle accordée aux personnes séropositives et devant être versée lors de la déclaration du SIDA). • CE, avis, 15 oct. 1993, *Jézéquel et Vallée*, nos 148888 et 148889 : *Lebon 280 ; D. 1994. Somm. 359, obs. Bon et Terneyre ; RFDA 1994. 553, concl. Frydman ; RDSS 1994. 420, obs. Cayla* • CE 24 mars 1995, *Rabotin*, n° 155234 : *Lebon 140 ; D. 1995. IR 104 ; JCP 1995. IV. 1580, obs. Rouault* • 16 juin 1997, *AP-HP*, n° 158969 : *Lebon 242 ; D. 1999. Somm. 57, obs. Bon et de Béchillon ; JCP 1997. IV. 2133, obs. Rouault ; RFDA 1997. 899* • *28 juill. 1999, Fonds d'indemnisation des transfusés et hémophiles*, nos 179656 et 190500 : *Lebon T. 1025*. ♦ Sur la possibilité de subrogation pour des sommes non encore versées. • CE 23 sept. 1998, *AP-HP c/ N'Guyen*, n° 184162 : *Lebon 338 ; D. 2000. Somm. 244, obs. Bon et de Béchillon ; JCP 1998. IV. 3491, obs. Rouault ; LPA 8 déc. 1998, n° 98, note Pélissier.*

9. Position de la Cour de cassation sur la combinaison de l'indemnisation par la solidarité nationale et de la responsabilité de droit commun. La Cour de cassation a, en revanche, considéré que la victime ayant accepté l'offre du fonds est irrecevable à agir devant la juridiction civile, l'acceptation d'une indemnisation du préjudice de contamination valant renonciation à toute action ultérieure en dommages-intérêts pour le même chef. • Civ. 2e, 26 janv. 1994, *Bellet : Bull. civ. II, n° 41 ; RFDA 1994. 572 ; RDSS 1994. 420, note Cayla*. ♦ Solution adoptée par la première chambre civile. • Civ. 1re, 9 juill. 1996 : *Bull. civ. I, n° 303 ; D. 1996. 610, note Lambert-Faivre ; RDSS 1997. 43, obs. Cayla.* ♦ Étant entendu que les victimes n'ayant pas accepté l'offre du fonds sont recevables à poursuivre la procédure engagée devant les juridictions de droit commun. • Civ. 1re, 9 juill. 1996 : *Bull. civ. I, n° 305.* ♦ Devant la résistance des juridictions d'appel, l'assemblée plénière est venue rappeler le principe suivant lequel, en vertu de la réparation intégrale du préjudice subi par les victimes d'une transfusion sanguine, celles-ci, en cas de désaccord avec la proposition du fonds, ne peuvent obtenir indemnisation devant les juridictions de droit commun que des chefs de préjudice dont elles n'ont pas déjà été indemnisées par le fonds. • Cass., ass. plén., 6 juin 1997, *Fondation Saint-Marc : Bull. ass. plén., n° 8 ; D. 1998. 255, concl. Tatu ; D. 1998. Somm. 204, obs. Mazeaud*.

10. Condamnations de la France par la CEDH. La France a été condamnée à de nombreuses reprises pour la lenteur avec laquelle les juridictions nationales ont statué sur la demande d'indemnisation d'une victime contaminée par le VIH, en méconnaissance de l'exigence d'un délai raisonnable au sens de l'art. 6, §1, de la Conv. EDH. • CEDH 31 mars 1992, *X. c/ France*, n° 18020/91 : *JCP 1992. II. 21896, note Apostolidis ; D. 1992. Somm. 334, obs. Renucci ; AJDA 1992. 420, chron. Flauss* • 26 avr. 1994, *Vallée c/ France*, n° 22121/93 : *RFDA 1994. 565 ; D. 1995. Somm. 103, obs. Renucci* • 26 août 1994, *Karakaya c/ France*, n° 22800/93 : *série A, n° 289 B* • 28 oct. 1994, *Demai c/ France : série A, n° 289 C* • 22 avr. 1998, *Pailot c/ France*, n° 32217/96 et • 22 avr. 1998, *Richard c/ France*, n° 33441/96 • 29 avr. 1998, *Henra c/ France*, n° 36313/97 et • 29 avr. 1998, *Leterme c/ France*, n° 36317/97. ♦ La position de la Cour de cassation dans l'affaire *Bellet* a été considérée comme violant le droit à l'accès effectif à un tribunal garanti par l'art. 6, §1, de la Conv. EDH. • CEDH 4 déc. 1995, *Bellet c/ France*, n° 23805/94 : *D. 1996. 357, note Collin-Demumieux ; JCP 1996. II. 22648, note Harichaux ; D. 1997. Somm. 205, obs. Perez*. ♦ Dans le même sens pour l'affaire jugée par l'assemblée plénière, V. • CEDH 30 oct. 1998, *F. E. c/ France*, n° 38212/97 : *D. 1998. IR 254 ; D. 1999. Somm. 269, obs. Fricero et Pérez ; RDSS 1999. 500, obs. Cayla ; RTD civ. 1999. 490, obs. Marguénaud*. ♦ La Cour de cassation a nuancé sa position pour tenir compte de l'opinion de la CEDH ayant estimé que le système français d'indemnisation n'était pas suffisamment clair et ne présentait pas les garanties suffisantes pour éviter un malentendu quant aux modalités d'exercice de recours : ainsi, pour les victimes d'une contamination ayant accepté l'offre du fonds avant le 26 janv. 1994 (date de l'arrêt *Bellet*), elle admet la recevabilité à agir contre le tiers responsable de la contamination afin d'obtenir une indemnisation complémentaire de celle perçue du fonds. • Civ. 1re, 6 juin 2000 : *Bull. civ. I, n° 179 ; D. 2000. IR 185 ; JCP 2000. I. 280, chron. Viney.* ♦ La France a de nouveau été condamnée pour défaut d'accès à un tribunal dans une affaire impliquant les ayants droit d'un hémophile contaminé par le VIH qui avaient accepté une offre d'indemnisation avant le 26 janv. 1994. • CEDH 10 oct. 2000, *Lagrange c/ France*, n° 394485/98. ♦ Et sur une nouvelle condamnation pour défaut de délai raisonnable, V. • CEDH 8 juin 2004, *Beaumer c/ France*, n° 54618/00.

11. Portée territoriale. Le régime législatif d'indemnisation ne concerne pas les transfusions ou injections réalisées hors de France, même lorsque les produits sanguins ou dérivés du sang ont été recueillis ou conditionnés en France. • Civ. 2e, 3 févr. 2005, nos 04-06.001 et 04-06.002 : *Bull. civ. II, n° 24 ; D. 2005. 1981, note Bodénès* .

12. Contamination par le VIH de l'épouse d'une victime d'une contamination transfusionnelle. Il existe un lien de causalité direct et certain entre la contamination par le VIH de l'épouse d'un homme, devenu séropositif à la suite de transfusions sanguines pratiquées sur le territoire français pour traiter son hémophilie, et les transfusions de sang contaminées reçues par cet homme. La circonstance que l'époux ait commis une faute en ne révélant pas sa séropositivité à son épouse n'a aucune incidence sur le droit à réparation de cette dernière par l'ONIAM, dans la mesure où l'indemnisation de la contamination par le VIH obéit uniquement à la condition que le préjudice soit causé directement par la transfusion. • Civ. 2e, 28 juin 2012 : *Dict. perm. Bioéthique et biotechnologies, juin 2012, bull. n° 228, p. 7, note Byk.* ♦ En revanche, l'époux séropositif ne peut prétendre à la réparation de son préjudice moral du fait de la contamination de son épouse et de sa fille, situation dont il a été sciemment la cause : « l'ONIAM, chargé de l'indemnisation des victimes de préjudices résultant de la contamination par le virus du SIDA causée par une transfusion de produits sanguins, ne saurait être tenu, fût-ce partiellement, des préjudices propres invoqués par la personne contaminée du fait de la contamination de ses proches, lorsque cette contamination a été causée par des relations sexuelles non protégées auxquelles cette personne, qui s'était ainsi affranchie de la contrainte qu'elle prétendait avoir subie, a eu sciemment recours ». • Civ. 1re, 22 janv. 2014, n° 12-35.023 : *RCA n° 4, avr. 2014, comm. 117, Hocquet-Berg ; Méd. et droit 2014, n° 128, p. 116, note Véron.*

13. Étendue de l'autorité de la chose jugée liée à un jugement d'annulation reconnaissant l'imputabilité au service d'une sclérose en plaques. V. note 12 ss. art. L. 3111-4.

14. Publicisation du contentieux. Depuis le 1er janv. 2000, les litiges relatifs à la réparation des conséquences dommageables dues à une transfusion sanguine relèvent des juridictions administratives, compte tenu du caractère administratif de l'activité de service public dévolue à l'Établissement français du sang (EFS) par la L. n° 98-535 du 1er juill. 1998. • CE, avis, 20 oct. 2000, *Torrent*, req n° 222672 : *Lebon 470 ; D. 2000. IR 285 ; JCP 2001. IV. 2232, obs. Rouault ; RFDA 2000. 1374 ; Dr. adm. 2000. 354 ; AJDA 2001. 394, concl. Chauvaux* . ♦ Les art. 14 et 15 de l'Ord. n° 2005-1087 du 1er sept. 2005 ont parachevé le transfert de l'ensemble du contentieux lié à l'élaboration et à la fourniture de produits sanguins par les personnes de droit public et unifié la compétence juridictionnelle sur les contentieux transfusionnels nés antérieurement à la création de l'EFS : ainsi, sous réserve des actions introduites devant la juridiction judiciaire antérieurement à l'entrée en vigueur de l'ordonnance, la juridiction administrative est compétente pour condamner l'EFS à réparer les conséquences dommageables de l'administration avant l'année 1994 des médicaments dérivés du sang, alors même que les centres de fractionnement qui les avaient élaborés étaient des personnes morales de droit privé. ♦ Les actions introduites devant le juge judiciaire avant l'entrée en vigueur de l'ordonnance doivent s'entendre comme des actions au fond, tendant à l'indemnisation des dommages résultant d'une administration de produits sanguins et ne visent pas les procédures de référé-expertise ou de référé-provision. • T. confl. 28 févr. 2011, *Laugeais c/ EFS*, n° 3750. ♦ V. notes ss. art. L. 1222-1.

15. Application de la prescription quadriennale aux victimes d'une contamination transfusionnelle. Les actions en indemnisation par l'ONIAM des victimes d'une contamination transfusionnelle par le virus de l'immunodéficience humaine se voient appliquer, en l'absence de dispositions y faisant exception, la règle issue de l'art. 1er de la L. n° 68-1250 du 31 déc. 1968, selon laquelle sont prescrites les créances sur les établissements publics dotés d'un comptable public qui n'ont pas été payées dans un délai de quatre ans à compter du 1er janvier de l'année suivant celle au cours de laquelle les droits ont été acquis. • Civ. 1re, 11 mars 2014, n° 13-10.697 : *JCP, n° 21-22, 26 mai 2014. 612, note Bacache ; D. 2014. 720* .

Art. L. 3122-2 *(L. nº 2004-806 du 9 août 2004, art. 119)* Dans leur demande d'indemnisation, les victimes ou leurs ayants droit justifient de l'atteinte par le virus d'immunodéficience humaine et des transfusions de produits sanguins ou des injections de produits dérivés du sang.

La demande fait l'objet d'un accusé de réception.

Les victimes ou leurs ayants droit font connaître à l'office tous les éléments d'information dont elles disposent.

Dans un délai de trois mois à compter de la réception de la demande, qui peut être prolongé à la demande de la victime ou de ses ayants droit, l'office examine si les conditions d'indemnisation sont réunies ; il recherche les circonstances de la contamination et procède à toute investigation sans que puisse lui être opposé le secret professionnel.

Lorsque les justifications mentionnées à l'alinéa premier du présent article ont été admises par l'office, celui-ci est tenu de verser dans un délai d'un mois une ou plusieurs provisions si la demande lui en a été faite.

1. Appréciation souveraine. Sur l'appréciation souveraine par les juges du fond de la valeur et de la portée des éléments de preuve d'une contamination transfusionnelle par VIH, V. • Civ. 2e, 15 déc. 2005, nº 05-06.005.

2. Application de la présomption. Sur l'application de la présomption établie à l'art. L. 3122-2, V. • Civ. 2e, 19 oct. 2006 : *Bull. civ. II, nº 278.* ♦ La présomption édictée à l'art. L. 3122-2 en faveur de la personne transfusée n'est pas détruite par la seule constatation de la conduite à risque de celle-ci, dès lors que l'enquête transfusionnelle ne permet pas de contrôler la sérologie de tous les donneurs de sang. • Civ. 1re, 20 déc. 2007 : *Bull. civ. I, nº 397.* ♦ V. également • Civ. 1re, 30 sept. 2008, nº 07-20.607.

3. Absence de préjudice spécifique de contamination d'un malade laissé dans l'ignorance de sa pathologie. Un patient tenu dans l'ignorance de sa contamination par le VIH n'a pu subir de préjudice spécifique de contamination, le caractère exceptionnel de ce préjudice étant intrinsèquement associé à la prise en compte des effets spécifiques de la contamination. • Civ. 2e, 22 nov. 2012 : *D. 2013. 604, note Bouvier et Adida-Canac ; Gaz. Pal. 13-14 févr. 2013, nº 44-45, p. 19, note Mekki.*

Art. L. 3122-3 *(L. nº 2004-806 du 9 août 2004, art. 119)* La victime informe l'office des procédures juridictionnelles éventuellement en cours. Si une action en justice est intentée, la victime informe le juge de la saisine de l'office.

La victime ne dispose du droit d'action en justice contre l'office que si sa demande d'indemnisation a été rejetée, si aucune offre ne lui a été présentée dans le délai mentionné à l'article L. 3122-5 ou si elle n'a pas accepté l'offre qui lui a été faite. Cette action est intentée devant la cour d'appel de Paris.

L'acceptation de l'offre de l'office par la victime vaut transaction au sens de l'article 2044 du code civil.

La décision juridictionnelle rendue dans l'action en justice prévue au deuxième alinéa vaut désistement de toute action juridictionnelle en cours et rend irrecevable toute autre action juridictionnelle visant à la réparation de mêmes préjudices.

1. Limitation de la saisine du juge. Dans le cadre de l'instance contentieuse produite devant elle, la cour d'appel ne peut statuer que sur les préjudices sur lesquels l'ONIAM a été préalablement mis en mesure de notifier une décision à la victime. • *Civ. 2e, 28 avr. 2011, nº 10-13.776.*

2. Règle légale de compétence au profit de la juridiction judiciaire. Il résulte des dispositions combinées des art. L. 1142-22 et L. 3122-3 CSP que la cour administrative d'appel de Paris est seule compétente pour se prononcer sur les actions intentées contre l'ONIAM en vue d'obtenir la réparation de préjudices résultant de la contamination par le VIH causée par une transfusion sanguine ou une injection de produits dérivés du sang. • CAA Nancy, 2 mai 2013, *M. A.*, nº 12NC01109. ♦ Le requérant ne peut faire valoir qu'il entend exercer un recours de droit commun contre l'Établissement français du sang (EFS), l'art. 67 de la L. du 17 déc. 2008, selon lequel l'ONIAM se substitue à l'EFS dans les contentieux en cours, étant inapplicable à l'indemnisation, sur le fondement de l'art. L. 3122-1, des victimes de préjudice résultant d'une contamination par le VIH ; ainsi, l'ONIAM n'est pas substitué à l'EFS pour l'indemnisation de ces préjudices et la demande du requérant, dirigée exclusivement contre l'ONIAM, est portée devant une juridiction incompétente. • Même arrêt.

Art. L. 3122-4 *(L. nº 2004-806 du 9 août 2004, art. 119)* L'office est subrogé, à due concurrence des sommes versées dans les droits que possède la victime contre la personne responsable du dommage ainsi que contre les personnes tenues à un titre quelconque d'en assurer la réparation totale ou partielle dans la limite du montant des prestations à la charge desdites personnes. Toutefois, l'office ne peut engager d'action au titre de cette subrogation que lorsque le dommage est imputable à une faute.

L'office peut intervenir devant les juridictions de jugement en matière répressive même pour la première fois en cause d'appel en cas de constitution de partie civile de la victime ou de ses ayants droit contre le ou les responsables des préjudices définis à l'alinéa premier de l'article L. 3122-1. Il intervient alors à titre principal et peut user de toutes les voies de recours ouvertes par la loi.

Si les faits générateurs du dommage ont donné lieu à des poursuites pénales, le juge civil n'est pas tenu de surseoir à statuer jusqu'à décision définitive de la juridiction répressive.

Art. L. 3122-5 *(L. n° 2004-806 du 9 août 2004, art. 119)* L'office est tenu de présenter à toute victime mentionnée à l'article L. 3122-1 une offre d'indemnisation dans un délai dont la durée est fixée par décret et ne peut excéder six mois à compter du jour où l'office reçoit la justification complète des préjudices. Cette disposition est également applicable en cas d'aggravation d'un préjudice déjà couvert au titre du premier alinéa de l'article L. 3122-1.

L'offre indique l'évaluation retenue par l'office pour chaque chef de préjudice, nonobstant l'absence de consolidation, et notamment du fait de la séropositivité, ainsi que le montant des indemnités qui reviennent à la victime compte tenu, d'une part, des prestations énumérées à l'article 29 de la loi n° 85-677 du 5 juillet 1985 tendant à l'amélioration de la situation des victimes d'accident de la circulation et à l'accélération des procédures d'indemnisation et, d'autre part, des indemnités de toute nature reçues ou à recevoir d'autres débiteurs du chef du même préjudice.

L'offre d'indemnisation adressée à la victime en application du premier alinéa est présentée par le directeur de l'Office national d'indemnisation des accidents médicaux, des affections iatrogènes et des infections nosocomiales *(Abrogé par L. n° 2008-1330 du 17 déc. 2008, art. 67-V)* « *, sur avis conforme de la commission d'indemnisation mentionnée à l'article L. 3122-1* ».

1. Allocations servies à la victime par les tiers payeurs. L'allocation aux adultes handicapés perçue par la victime ne doit pas être déduite de son préjudice économique. • Civ. 2e, 10 juill. 2008 : *Bull. civ. II, n° 186 ; D. 2008. 2226*. ♦ En revanche, l'ONIAM peut déduire le montant de l'allocation d'aide au retour à l'emploi de l'offre d'indemnisation faite à la victime au titre du préjudice économique. • Civ. 2e, 3 juin 2010 : *Bull. civ. II, n° 105 ; RDSS 2010. 967, obs. Cristol*. ♦ Les juges du fond doivent préciser la nature et l'objet de chacune des allocations servies à la victime par les tiers payeurs, afin d'apprécier leur caractère indemnitaire ou non, dans la mesure où seules les prestations à caractère indemnitaire peuvent être déduites par l'ONIAM de l'offre qu'il fait à la victime. • Civ. 2e, 1er juin 2011 : *D. 2011. 2150, chron. Sommer, Leroy-Gissinger, Adida-Canac et Bouvier ; RTD civ. 2012. 124, note Jourdain*.

2. Caducité de l'offre faite par l'ONIAM. Le refus de l'offre faite par l'ONIAM à la victime rend cette offre caduque, de sorte que l'ONIAM s'en trouve délié. • Civ. 1re, 6 janv. 2011 : *Bull. civ. I, n° 4 ; Gaz. Pal. 12-13 janv. 2011, p. 25, chron. Berlaud.*

Art. L. 3122-6 Sauf disposition contraire, les modalités d'application du présent chapitre sont fixées par décret en Conseil d'État.

TITRE TROISIÈME MENACES SANITAIRES GRAVES

(L. n° 2007-294 du 5 mars 2007, art. 1er)

BIBL. ▶ MEHDI et MALJEAN-DUBOIS (dir.), La société internationale et les grandes pandémies, *Pédone 2007*. – TRUCHET, L'urgence sanitaire, *RDSS 2007. 399*. – Droit et santé, *Gaz. Pal. n° spécial, 6-7 juin 2007*.

CHAPITRE PREMIER MESURES D'URGENCES

(L. n° 2007-294 du 5 mars 2007, art. 1er)

Art. L. 3131-1 *(L. n° 2004-806 du 9 août 2004, art. 18-I)* En cas de menace sanitaire grave appelant des mesures d'urgence, notamment en cas de menace d'épidémie, le

ministre chargé de la santé peut, par arrêté motivé, prescrire dans l'intérêt de la santé publique toute mesure proportionnée aux risques courus et appropriée aux circonstances de temps et de lieu afin de prévenir et de limiter les conséquences des menaces possibles sur la santé de la population.

Le ministre peut habiliter le représentant de l'État territorialement compétent à prendre toutes les mesures d'application de ces dispositions, y compris des mesures individuelles. Ces dernières mesures font immédiatement l'objet d'une information du procureur de la République.

Le représentant de l'État dans le département et les personnes placées sous son autorité sont tenus de préserver la confidentialité des données recueillies à l'égard des tiers.

Le représentant de l'État rend compte au ministre chargé de la santé des actions entreprises et des résultats obtenus en application du présent article.

BIBL. ▶ CORPART, L'intensification de la lutte contre la canicule, *RDSS 2005. 943* ✐. – HOUSSIN, Se préparer à une pandémie. L'exemple de la grippe aviaire, *Nouv. pharm. n° 389, déc. 2005, p. 437.*

1. Vaccination au titre des mesures sanitaires urgentes. Sur la question de la causalité entre une pathologie (le syndrome de Guillain-Barré) et la vaccination contre la grippe A (H1N1) entreprise dans le cadre de mesures sanitaires urgentes, V. • TA Cergy-Pontoise, 4 nov. 2014, *M.M. c/ ONIAM*, n° 1201770 : *Gaz. Pal. 22 janv. 2015, n° 22, p. 4, concl. Mérenne.*

2. Indemnisation de la victime par ricochet. Il résulte des termes mêmes de l'art. L. 3131-4 CSP, (prévoyant la réparation intégrale par l'ONIAM, en lieu et place de l'État, des accidents médicaux, des affections iatrogènes et des infections nosocomiales imputables à des activités de prévention ou de soins réalisées en application de mesures ministérielles prises conformément aux art. L. 3131-1 ou L. 3134-1, sans qu'il soit besoin d'établir l'existence d'une faute ni la gravité particulière des préjudices subis), que la réparation incombant à l'ONIAM bénéficie à toute victime, c'est-à-dire tant à la personne qui a subi un dommage corporel du fait de l'une de ces mesures qu'à ceux de ses proches qui en subissent directement les conséquences. • CE 27 mai 2016, ⚖ *M. B. et Mme D.*, n° 391149. ♦ Erreur de droit de la Cour à juger qu'une telle indemnisation ne bénéficie qu'à la victime directe (atteinte, en l'espèce, de narcolepsie-cataplexie à la suite d'une vaccination contre la grippe A H1N1) et n'est permise, pour les préjudices propres subis par ses proches, qu'en cas de décès de la victime directe. • Même arrêt. ♦ Dans le même sens, V. • CE 4 nov. 2016, ⚖ n° 397729 : *Dict. perm. Santé, bioéthique et biotechnologies, Bull. n° 277, janv. 2017, p. 15, obs. Malleville.*

Art. L. 3131-2 *(L. n° 2004-806 du 9 août 2004, art. 18-I)* **Le bien-fondé des mesures prises en application de l'article** *(L. n° 2007-294 du 5 mars 2007, art. 1er-III)* **« L. 3131-1 » fait l'objet d'un examen périodique par le Haut Conseil de la santé publique** *(Abrogé par L. n° 2011-940 du 10 août 2011, art. 25-I-A)* ***« selon des modalités définies par décret en Conseil d'État ».*** **Il est mis fin sans délai à ces mesures dès lors qu'elles ne sont plus nécessaires.**

Art. L. 3131-3 *(L. n° 2004-806 du 9 août 2004, art. 18-I)* **Nonobstant les dispositions de l'article L. 1142-1, les professionnels de santé ne peuvent être tenus pour responsables des dommages résultant de la prescription ou de l'administration d'un médicament** *(L. n° 2007-248 du 26 févr. 2007, art. 1er)* **« en dehors des indications thérapeutiques ou des conditions normales d'utilisation prévues par son autorisation de mise sur le marché ou son autorisation temporaire d'utilisation, ou bien d'un médicament ne faisant l'objet d'aucune de ces autorisations, » lorsque leur intervention était rendue nécessaire par l'existence d'une menace sanitaire grave et que la prescription ou l'administration du médicament** *(L. n° 2007-248 du 26 févr. 2007, art. 1er)* **« a été recommandée ou exigée » par le ministre chargé de la santé en application des dispositions de l'article** *(L. n° 2007-294 du 5 mars 2007, art. 1er-III)* **« L. 3131-1 ».**

(L. n° 2007-248 du 26 févr. 2007, art. 1er) **« Le fabricant d'un médicament ne peut davantage être tenu pour responsable des dommages résultant de l'utilisation d'un médicament en dehors des indications thérapeutiques ou des conditions normales d'utilisation prévues par son autorisation de mise sur le marché ou son autorisation temporaire d'utilisation, ou bien de celle d'un médicament ne faisant l'objet d'aucune de ces autorisations, lorsque cette utilisation a été recommandée ou exigée par le ministre chargé de la santé en application de l'article** *(L. n° 2007-294 du 5 mars 2007, art. 1er-*

III) « L. 3131-1 ». Il en va de même pour le titulaire de l'autorisation de mise sur le marché, de l'autorisation temporaire d'utilisation ou de l'autorisation d'importation du médicament en cause. Les dispositions du présent alinéa ne les exonèrent pas de l'engagement de leur responsabilité dans les conditions de droit commun en raison de la fabrication ou de la mise sur le marché du médicament. »

Art. L. 3131-4 *(L. n° 2004-806 du 9 août 2004, art. 18-I)* Sans préjudice des actions qui pourraient être exercées conformément au droit commun, la réparation intégrale des accidents médicaux, des affections iatrogènes et des infections nosocomiales imputables à des activités de prévention, de diagnostic ou de soins réalisées en application de mesures prises conformément *(L. n° 2007-294 du 5 mars 2007, art. 3)* « aux articles L. 3131-1 ou L. 3134-1 » est assurée par l'Office national d'indemnisation des accidents médicaux, des affections iatrogènes et des infections nosocomiales mentionné à l'article L. 1142-22.

L'offre d'indemnisation adressée par l'office à la victime ou, en cas de décès, à ses ayants droit indique l'évaluation retenue pour chaque chef de préjudice, nonobstant l'absence de consolidation, ainsi que le montant des indemnités qui reviennent à la victime ou à ses ayants droit, déduction faite des prestations énumérées à l'article 29 de la loi n° 85-677 du 5 juillet 1985 tendant à l'amélioration de la situation des victimes d'accidents de la circulation et à l'accélération des procédures d'indemnisation, et, plus généralement, des prestations et indemnités de toute nature reçues ou à recevoir d'autres débiteurs du même chef de préjudice.

L'acceptation de l'offre d'indemnisation de l'office par la victime vaut transaction au sens de l'article 2044 du code civil.

L'office est subrogé, s'il y a lieu et à due concurrence des sommes qu'il a versées, dans les droits que possède le demandeur contre la personne responsable du dommage ou, le cas échéant, son assureur.

Les conditions d'application du présent article sont fixées par décret en Conseil d'État.

Réparation des dommages causés par une vaccination au titre des mesures sanitaires urgentes. V. notes 1 et 2 ss. art. L. 3131-1.

Art. L. 3131-5 *(L. n° 2004-806 du 9 août 2004, art. 18-I)* Un fonds finance les actions nécessaires à la préservation de la santé de la population en cas de menace sanitaire grave *(Abrogé par L. n° 2011-940 du 10 août 2011, art. 25-I-A) « ou d'alerte épidémique »*, notamment celles prescrites à l'article *(L. n° 2007-294 du 5 mars 2007, art. 1er-III)* « L. 3131-1 » ainsi que les compensations financières auxquelles elles peuvent donner lieu à l'exclusion de celles prévues par d'autres dispositions législatives et réglementaires. *(Abrogé par L. n° 2010-1657 du 29 déc. 2010, art. 189-II) « Il finance également la réparation instituée par l'article (L. n° 2007-294 du 5 mars 2007, art. 1er-III) « L. 3131-4 ». »* Les conditions de constitution du fonds sont fixées par la loi de finances ou la loi de financement de la sécurité sociale.

Art. L. 3131-6 *Abrogé par L. n° 2011-940 du 10 août 2011, art. 25-I-A.*

Art. L. 3131-7 *(L. n° 2004-806 du 9 août 2004, art. 20-I)* Chaque établissement de santé est doté d'un dispositif de crise dénommé plan blanc d'établissement, qui lui permet de mobiliser immédiatement les moyens de toute nature dont il dispose en cas d'afflux de patients ou de victimes ou pour faire face à une situation sanitaire exceptionnelle.

(Ord. n° 2018-20 du 17 janv. 2018, art. 11) « Les dispositions du présent article sont applicables aux hôpitaux des armées. »

Art. L. 3131-8 *(L. n° 2004-806 du 9 août 2004, art. 20-I)* Si l'afflux de patients ou de victimes *(Ord. n° 2018-20 du 17 janv. 2018, art. 11)* « ou la situation sanitaire le justifie », le représentant de l'État dans le département peut procéder aux réquisitions nécessaires de tous biens et services, et notamment requérir le service de tout professionnel de santé, quel que soit son mode d'exercice, et de tout établissement de santé ou établissement médico-social dans le cadre d'un dispositif dénommé plan *(L. n° 2016-41 du 26 janv. 2016, art. 158-I-8°-b)* « départemental de mobilisation ». Il informe sans délai le *(Ord. n° 2010-177 du 23 févr. 2010, art. 9-I-4°)* « directeur général de l'agence régionale de santé », le service d'aide médicale urgente et les services d'urgences territorialement compétents et les représentants des collectivités territoriales concernées du déclenchement de ce plan.

Art. L. 3131-9 *(L. nº 2004-806 du 9 août 2004, art. 20-I)* La compétence attribuée au représentant de l'État dans le département par l'article *(L. nº 2007-294 du 5 mars 2007, art. 1er-III)* « L. 3131-8 » peut être exercée, dans les mêmes conditions, par les préfets de zone de défense et par le Premier ministre si la nature de la situation sanitaire ou l'ampleur de l'afflux de patients ou de victimes le justifient. Les réquisitions prévues au deuxième alinéa de l'article *(L. nº 2007-294 du 5 mars 2007, art. 1er-III)* « L. 3131-8 » sont alors prononcées par arrêté du préfet de zone de défense ou par décret du Premier ministre.

Dans chaque zone de défense, des établissements de santé de référence ont un rôle permanent de conseil et de formation et, en cas de situation sanitaire exceptionnelle, ils peuvent assurer une mission de coordination ou d'accueil spécifique.

Art. L. 3131-9-1 *(L. nº 2016-1827 du 23 déc. 2016, art. 60-III)* Lorsque le dispositif d'organisation de la réponse du système de santé en cas de situation sanitaire exceptionnelle "ORSAN" mentionné à l'article L. 3131-11 est mis en œuvre, les informations strictement nécessaires à l'identification des victimes et à leur suivi, notamment pour la prise en charge de leurs frais de santé, sont recueillies dans un système d'identification unique des victimes.

Les établissements de santé qui les ont prises en charge ou accueillies, y compris dans le cadre des services d'aide médicale urgente ou de premier secours et des cellules d'urgence médico-psychologiques, et les services de premier secours enregistrent les données à caractère personnel relatives aux victimes dans le système d'information mentionné au premier alinéa et les transmettent, dans le but d'assurer la gestion de la crise et le suivi des victimes, aux agents désignés au sein des agences régionales de santé et des ministères compétents.

Un décret en Conseil d'État, pris après avis de la Commission nationale de l'informatique et des libertés, précise la nature des données recueillies et fixe les modalités de cette transmission dans le respect des règles garantissant la protection de la vie privée.

Art. L. 3131-10 *(L. nº 2007-294 du 5 mars 2007, art. 3-III ; L. nº 2011-940 du 10 août 2011, art. 25-I-A)* Les professionnels de santé qui sont amenés à exercer leur activité auprès des patients ou des personnes exposées à une catastrophe, une urgence ou une menace sanitaire grave, dans des conditions d'exercice exceptionnelles décidées par le ministre chargé de la santé dans le cadre des mesures prévues à l'article L. 3131-1, bénéficient des dispositions de l'article L. 3133-6.

Art. L. 3131-11 *(L. nº 2006-1640 du 21 déc. 2006, art. 97-I)* « Sauf disposition contraire, les modalités d'application du présent chapitre sont fixées par décret en Conseil d'État, notamment : »

(L. nº 2016-41 du 26 janv. 2016, art. 158-I-8º-c) « *a)* Le contenu et les modalités d'élaboration du dispositif d'organisation de la réponse du système de santé en cas de situation sanitaire exceptionnelle, dénommé "ORSAN" ;

« *b)* Le contenu et les procédures d'élaboration du plan zonal de mobilisation, du plan départemental de mobilisation et des plans blancs des établissements pour faire face aux *situations sanitaires exceptionnelles* ; »

(L. nº 2007-294 du 5 mars 2007, art. 1er-III et 3-IV) « *c)* Le rôle et le mode de désignation des établissements de référence mentionnés à l'article L. 3131-9 ».

CHAPITRE II CONSTITUTION ET ORGANISATION DE LA RÉSERVE SANITAIRE *(L. nº 2011-940 du 10 août 2011, art. 25-I-B).*

(L. nº 2007-294 du 5 mars 2007, art. 2)

Art. L. 3132-1 *(Ord. nº 2018-20 du 17 janv. 2018, art. 11)* « I. – » En vue de répondre aux situations de catastrophe, d'urgence ou de menace sanitaires graves sur le territoire national, il est institué *(L. nº 2011-940 du 10 août 2011, art. 25-I-B)* « une » réserve sanitaire ayant pour objet de compléter, en cas d'événements excédant leurs moyens habituels, ceux mis en œuvre dans le cadre de leurs missions par les services de l'État, *(L. n° 2016-41 du 26 janv. 2016, art. 174-1°-a)* « des établissements mentionnés au titre Ier du livre IV de la première partie », des collectivités territoriales *(L. n° 2011-940 du 10 août 2011, art. 25-I-B)* « , des agences régionales de santé, des établissements de santé » et des autres personnes *(L. n° 2016-41 du 26 janv. 2016, art. 174-1°-a)* « et des organisations, nationales ou internationales, concourant à la sécurité sanitaire. La réserve sanitaire peut également compléter les moyens habituels des centres et maisons de santé, des professionnels de santé conventionnés ainsi que des établissements d'hébergement pour personnes âgées dépendantes ou des établissements qui accueillent des personnes en situation de handicap lorsqu'une situation sanitaire exceptionnelle nécessite de compléter l'offre de soins et que ces structures ou ces professionnels ne peuvent pas pourvoir eux-mêmes à leurs besoins. » *(Abrogé par L. n° 2011-940 du 10 août 2011, art. 25-I-B)* « *Ce corps de réserve est constitué de professionnels et anciens professionnels de santé et d'autres personnes répondant à des conditions d'activité, d'expérience professionnelle ou de niveau de formation fixées, en tant que besoin, par arrêté des ministres chargés de la santé et de la sécurité civile.*

« *La réserve sanitaire comprend une réserve d'intervention et une réserve de renfort.*

« *Les réservistes souscrivent auprès de l'autorité compétente mentionnée à l'article L. 3135-2 un contrat d'engagement à servir dans la réserve sanitaire d'intervention ou de renfort.* »

(Ord. n° 2018-20 du 17 janv. 2018, art. 11) « II. – » *(L. n° 2016-41 du 26 janv. 2016, art. 174-1°-b)* « Un contrat d'engagement à servir dans la réserve sanitaire est conclu entre le réserviste et l'*(Ord. n° 2016-462 du 14 avr. 2016, art. 3-I-7°)* « Agence nationale de santé publique ». Ce contrat n'est pas soumis à l'accord de l'employeur. »

(Ord. n° 2018-20 du 17 janv. 2018, art. 11) « III. – Le personnel du service de santé des armées peut contribuer aux actions prévues au I après accord du ministre de la défense et du ministre chargé de la santé. Dans les mêmes conditions, les réservistes sanitaires peuvent contribuer au soutien sanitaire des forces armées dès lors que ce soutien est compatible avec les missions mentionnées au I et s'effectue en dehors des zones de guerre ou de conflit. Une convention est établie entre le service de santé des armées et l'Agence nationale de santé publique. »

Art. L. 3132-2 Les réservistes doivent remplir les conditions d'immunisation prévues à l'article L. 3111-4.

Art. L. 3132-3 Sauf disposition contraire, les conditions d'application du présent chapitre sont fixées par décret *(Abrogé par L. n° 2016-41 du 26 janv. 2016, art. 174-2°)* « *en Conseil d'État* », et notamment :

(L. n° 2011-940 du 10 août 2011, art. 25-I-B) « 1° Les catégories de personnes pouvant entrer dans la réserve sanitaire mentionnée à l'article L. 3132-1 » ;

2° Le délai maximum entre la date de cessation d'activité des anciens professionnels de santé et la date de début d'activité dans la réserve ;

3° Les conditions de vérification de l'aptitude médicale des réservistes ;

4° En tant que de besoin, les conditions de formation ou de perfectionnement auxquelles sont subordonnés l'entrée et le maintien dans la réserve *(L. n° 2011-940 du 10 août 2011, art. 25-I-B)* « sanitaire », et notamment pour l'accomplissement de missions internationales ;

5° La durée et les clauses obligatoires du contrat d'engagement *(L. n° 2011-940 du 10 août 2011, art. 25-I-B)* « à servir dans la réserve » ;

6° La durée maximale annuelle des missions accomplies au titre de la réserve.

CHAPITRE III DISPOSITIONS APPLICABLES AUX RÉSERVISTES SANITAIRES

(L. n° 2007-294 du 5 mars 2007, art. 2)

Art. L. 3133-1 Lorsqu'ils accomplissent les périodes d'emploi ou de formation pour lesquelles ils ont été appelés, les réservistes salariés ou agents publics, à l'exception de ceux qui sont régis par les lois n° 84-16 du 11 janvier 1984 portant dispositions statutaires relatives à la fonction publique de l'État, n° 84-53 du 26 janvier 1984 portant dispositions statutaires relatives à la fonction publique territoriale et n° 86-33 du

9 janvier 1986 portant dispositions statutaires relatives à la fonction publique hospitalière, sont mis à la disposition de l'*(Ord. n° 2016-462 du 14 avr. 2016, art. 3-I-8°)* « Agence nationale de santé publique » par leur employeur. Ils ont droit au maintien de leur rémunération.

Lorsqu'ils accomplissent, sur leur temps de travail, les périodes d'emploi ou de formation pour lesquelles ils ont été appelés, les réservistes fonctionnaires sont placés en *(L. n° 2016-483 du 20 avr. 2016, art. 31-IX)* « congé pour accomplir une période d'activité » dans la réserve sanitaire *(L. n° 2011-525 du 17 mai 2011, art. 189-I-1°)* « pendant toute la durée des périodes considérées ».

(L. n° 2016-41 du 26 janv. 2016, art. 174-3°-a) « L'*(Ord. n° 2016-462 du 14 avr. 2016, art. 3-I-8°)* « Agence nationale de santé publique » indemnise chaque employeur pour les absences au titre des périodes d'emploi ou de formation accomplies par le réserviste sanitaire ainsi que, le cas échéant, pour les absences en cas d'accident ou de maladie imputables au service dans la réserve sanitaire. »

(Abrogé par L. n° 2016-41 du 26 janv. 2016, art. 174-3°-b) *« Les périodes d'emploi ou de formation dans la réserve des personnes exerçant habituellement leur activité à titre libéral sont rémunérées.*

« Les périodes d'emploi ou de formation dans la réserve des personnes retraitées sont indemnisées. »

Les étudiants réservistes non rémunérés pour l'accomplissement de leurs études et les personnes réservistes sans emploi *(Abrogé par L. n° 2016-41 du 26 janv. 2016, art. 174-3°-c)* *« sont rémunérés pour les périodes d'emploi ou de formation dans la réserve pour lesquelles ils ont été appelés. Ils »* bénéficient en matière de protection sociale des dispositions applicables aux agents non titulaires de l'État.

Art. L. 3133-2 L'*(Ord. n° 2016-462 du 14 avr. 2016, art. 3-I-7°)* « Agence nationale de santé publique » conclut avec le réserviste mentionné au premier alinéa de l'article L. 3133-1 et avec *(L. n° 2016-41 du 26 janv. 2016, art. 174-4°-a)* « chacun de ses employeurs » une convention écrite de mise à disposition. *(Abrogé par L. n° 2016-41 du 26 janv. 2016, art. 174-4°-b)* *« Celle-ci rend effective l'entrée de l'intéressé dans la réserve et définit les conditions de disponibilité du réserviste. »* Lorsque le réserviste est salarié par l'effet d'un contrat de travail, *(L. n° 2011-525 du 17 mai 2011, art. 189-I-2°)* « la convention tripartite vaut avenant à ce contrat pour » chaque période d'emploi ou de formation dans la réserve.

Art. L. 3133-3 *(L. n° 2016-41 du 26 janv. 2016, art. 174-5°-a)* « Le réserviste est tenu de requérir l'accord de son employeur avant toute absence. »

(Abrogé par L. n° 2016-41 du 26 janv. 2016, art. 174-5°-b) *« Lorsque son accord préalable est requis, »* L'employeur ne peut s'opposer à l'absence du réserviste qu'en cas de nécessité inhérente à la poursuite de la production de biens et de services ou à la continuité du service public.

Aucun licenciement ou déclassement professionnel, aucune sanction disciplinaire ne peuvent être prononcés à l'encontre du réserviste en raison des absences résultant de l'application du chapitre II du présent titre.

Art. L. 3133-4 Les périodes d'emploi et de formation dans la réserve sont considérées comme une période de travail effectif pour les avantages légaux et conventionnels en matière d'ancienneté, d'avancement, de congés payés et de droit aux prestations sociales.

(L. n° 2016-41 du 26 janv. 2016, art. 174-6°) « Les périodes de formation accomplies dans le cadre de la réserve sanitaire relèvent du développement professionnel continu des professionnels de santé mentionné à l'article L. 4021-1. »

Art. L. 3133-5 La participation d'un étudiant à la réserve sanitaire ne saurait avoir pour effet d'altérer son cursus de formation.

Art. L. 3133-6 Les articles 11 et 11 *bis* A de la loi n° 83-634 du 13 juillet 1983 portant droits et obligations des fonctionnaires sont applicables aux réservistes pendant les périodes d'emploi ou de formation pour lesquelles ils ont été appelés.

Le réserviste victime de dommages subis pendant les périodes d'emploi ou de formation dans la réserve et, en cas de décès, ses ayants droit ont droit, à la charge de l'État, à la réparation intégrale du préjudice subi, sauf en cas de dommage imputable à un fait personnel détachable du service.

Art. L. 3133-7 Les conditions d'application du présent chapitre sont fixées par décret *(Abrogé par L. nº 2016-41 du 26 janv. 2016, art. 174-7º-a) « en Conseil d'État »* et notamment :

1º Les modalités *(L. nº 2016-41 du 26 janv. 2016, art. 174-7º-b)* « de l'indemnisation mentionnée » au troisième alinéa de l'article L. 3133-1 ;

(L. nº 2016-41 du 26 janv. 2016, art. 174-7º-c) « 2º Les modalités d'indemnisation des périodes d'emploi ou de formation dans la réserve des professionnels libéraux ;

« 3º Les modalités d'indemnisation des périodes d'emploi ou de formation dans la réserve des personnes retraitées ;

« 4º Les modalités d'indemnisation des périodes d'emploi ou de formation dans la réserve des étudiants non rémunérés pour l'accomplissement de leurs études et des réservistes sans emploi ; »

(Abrogé par L. nº 2011-940 du 10 août 2011, art. 25-I-C et par L. nº 2016-41 du 26 janv. 2016, art. 174-7º-d) « 5º Les modalités d'indemnisation des sujétions particulières mentionnées dans le dernier alinéa du même article ; »

6º Le contenu, les conditions et modalités de rupture anticipée et les conditions de renouvellement de la convention mentionnée à l'article L. 3133-2 ;

(Abrogé par L. nº 2016-41 du 26 janv. 2016, art. 174-7º-d) « 7º Les règles applicables au préavis mentionné au premier alinéa de l'article L. 3133-3 ; »

8º Les modalités d'opposition de l'employeur à l'absence du réserviste mentionnée au deuxième alinéa de l'article L. 3133-3.

CHAPITRE IV RÈGLES D'EMPLOI DE LA RÉSERVE

(L. nº 2007-294 du 5 mars 2007, art. 2)

Art. L. 3134-1 *(L. nº 2016-41 du 26 janv. 2016, art. 174-8º)* I. — Il est fait appel à la réserve sanitaire par arrêté motivé du ministre chargé de la santé. L'arrêté détermine la durée de la mobilisation des réservistes ainsi que l'autorité auprès de laquelle ils sont affectés pour effectuer des missions locales, nationales ou internationales.

II. — Sans préjudice des articles L. 1435-1 et L. 1435-2 du présent code, lorsqu'il est nécessaire de renforcer l'offre de soins sur le territoire d'une région ou d'une zone de défense et de sécurité en cas de situation sanitaire exceptionnelle, il peut être fait appel à des réservistes sanitaires, à l'exclusion des professionnels de santé en activité, par décision motivée, respectivement, du directeur général de l'agence régionale de santé ou du directeur général de l'agence régionale de la zone de défense et de sécurité.

Art. L. 3134-2 *Abrogé par L. nº 2016-41 du 26 janv. 2016, art. 174-9º.*

Art. L. 3134-2-1 *(L. nº 2011-940 du 10 août 2011, art. 25-I-D)* Lorsque les ressources de la réserve sanitaire ne sont pas adaptées ou suffisantes pour constituer des équipes de professionnels de santé permettant de répondre aux situations mentionnées à l'article L. 3132-1, l'*(Ord. nº 2016-462 du 14 avr. 2016, art. 3-I-9º)* « Agence nationale de santé publique » peut, à la demande du ministre chargé de la santé, passer avec un ou plusieurs établissements de santé des conventions de mise à disposition des professionnels de santé nécessaires.

Ces professionnels de santé mis à disposition bénéficient des dispositions de l'article L. 3133-6.

Art. L. 3134-3 Les conditions d'application du présent chapitre *(L. nº 2016-41 du 26 janv. 2016, art. 174-10º)* « , notamment les conditions d'affectation des réservistes sanitaires et les modalités de financement de leur mobilisation, » sont fixées par décret *(Abrogé par L. nº 2016-41 du 26 janv. 2016, art. 174-10º) « en Conseil d'État »*.

CHAPITRE V MESURES DE LUTTE CONTRE DES RISQUES SPÉCIFIQUES

(Ord. nº 2018-20 du 17 janv. 2018, art. 11)

Art. L. 3135-1 I. — Lorsqu'ils sont inscrits sur la liste mentionnée à l'arrêté prévu au II, les médicaments non soumis aux dispositions de l'article L. 5121-8, mentionnés aux II et III de l'article L. 5124-8 et à l'article L. 5124-8-2, peuvent être distribués par les établissements de ravitaillement sanitaire du service de santé des armées aux pharmaciens ou aux médecins des départements ministériels ou des organismes publics ou privés chargés de mission de service public en prévision d'une utilisation :

1° En cas de menace pour la défense et la sécurité nationales, notamment en cas de risque d'accident ou d'attaque nucléaire, radiologique, biologique ou chimique ;

2° En cas de contamination ou d'exposition d'une population ou d'une personne à un agent nucléaire, radiologique, biologique ou chimique.

II. — Un arrêté conjoint du ministre de la défense et du ministre chargé de la santé, pris après avis de l'Agence nationale de sécurité du médicament et des produits de santé, fixe :

1° La liste des médicaments concernés et les raisons pour lesquelles ils y sont inscrits ;

2° Les départements ministériels et organismes auxquels chaque médicament peut être distribué ;

3° Les conditions selon lesquelles les médicaments concernés peuvent être prescrits, dispensés, administrés ou utilisés ;

4° Les conditions de renouvellement de la dotation des médicaments ;

5° Les modalités selon lesquelles le ministre chargé de la santé est associé à la définition des conditions de distribution, d'administration et d'utilisation des médicaments et est informé de leur mise en œuvre.

III. — Les I et II sont applicables aux dispositifs médicaux non soumis à certification de conformité, mentionnés au II de l'article L. 5211-3.

Art. L. 3135-2 Nonobstant les dispositions de l'article L. 1142-1, les professionnels de santé ne peuvent être tenus pour responsables des dommages résultant de la prescription ou de l'administration d'un médicament ou de l'utilisation d'un dispositif médical dans les conditions fixées à l'article L. 3135-1.

Le fabricant d'un médicament ou d'un dispositif médical et les établissements de ravitaillement sanitaire du service de santé des armées ne peuvent davantage être tenus pour responsables des dommages résultant de l'utilisation d'un médicament ou d'un dispositif médical dans les conditions prévues à l'article L. 3135-1. Il en va de même pour le titulaire de l'autorisation de mise sur le marché du médicament en cause dans un autre État membre de l'Union européenne ou un État partie à l'accord sur l'Espace économique européen. Les dispositions du présent alinéa ne les exonèrent pas de l'engagement de leur responsabilité dans les conditions de droit commun en raison de la fabrication ou de la mise sur le marché du médicament ou du dispositif médical.

Art. L. 3135-3 I. — Sans préjudice des actions qui pourraient être exercées conformément au droit commun, la réparation intégrale des accidents médicaux, des affections iatrogènes et des infections nosocomiales imputables à des activités de prévention, de diagnostic ou de soins réalisées dans le cadre des dispositions de l'article L. 3135-1 est assurée par l'Office national d'indemnisation des accidents médicaux, des affections iatrogènes et des infections nosocomiales mentionné à l'article L. 1142-22.

L'offre d'indemnisation adressée par l'Office à la victime ou, en cas de décès, à ses ayants droit indique l'évaluation retenue pour chaque chef de préjudice, nonobstant *l'absence de consolidation*, ainsi que le montant des indemnités qui reviennent à la victime ou à ses ayants droit, déduction faite des prestations énumérées à l'article 29 de la loi n° 85-677 du 5 juillet 1985 tendant à l'amélioration de la situation des victimes d'accidents de la circulation et à l'accélération des procédures d'indemnisation, et, plus généralement, des prestations et indemnités de toute nature reçues ou à recevoir d'autres débiteurs du même chef de préjudice.

L'acceptation de l'offre d'indemnisation de l'Office par la victime vaut transaction au sens de l'article 2044 du code civil.

L'Office est subrogé, s'il y a lieu et à due concurrence des sommes qu'il a versées, dans les droits que possède le demandeur contre la personne responsable du dommage ou, le cas échéant, son assureur.

II. — Les conditions d'application du présent article sont fixées par décret en Conseil d'État.

CHAPITRE V *[ABROGÉ]* GESTION DES MOYENS DE LUTTE CONTRE LES MENACES SANITAIRES GRAVES

(Abrogé par Ord. nº 2016-462 du 14 avr. 2016, art. 3-I-2º) (L. nº 2007-294 du 5 mars 2007, art. 2)

Art. L. 3135-1 à L. 3135-5 *Abrogés par Ord. nº 2016-462 du 14 avr. 2016, art. 3-I-2º.*

CHAPITRE VI DISPOSITIONS PÉNALES

(L. nº 2007-294 du 5 mars 2007, art. 3-V)

Art. L. 3136-1 *(L. nº 2004-806 du 9 août 2004, art. 20-II)* **Le fait de ne pas respecter les mesures prescrites par l'autorité requérante prévues aux articles** *(L. nº 2007-294 du 5 mars 2007, art. 1er-III)* **« L. 3131-8 et L. 3131-9 » est puni de six mois d'emprisonnement et de 10 000 € d'amende.**

LIVRE DEUXIÈME LUTTE CONTRE LES MALADIES MENTALES

RÉP. CIV. vº *Malades mentaux*, par TRUCHET.

BIBL. ▸ MALHER, Droit médical et hospitalier, *Litec, fasc. 153, 154 et 155.* – TRUCHET, Organisation et planification des établissements psychiatriques, *in* Droit médical et hospitalier, *Litec, fasc. 120-10.* – COUTURIER, La santé mentale dans la loi du 26 janvier 2016, une évolution des cadres sans révolution des pratiques, *RDSS 2016. 683* . – Hospitalisation sans consentement, dossier, *AJ fam., nº 1, 20 janv. 2016. 14.* – Santé mentale et liberté d'aller et venir, dossier, *RDSS 2015. 949* .

▸ **Sur la loi nº 2013-869 du 27 sept. 2013 et ses décrets d'application :** MONTOURCY, Hospitalisation sans consentement, *AJ fam. 2016. 129* . – THÉRON, La loi du 27 septembre 2013 : une révision partielle du régime des soins psychiatriques, *RDSS 2014. 133* . – BUISSON, La prise en charge des personnes détenues atteintes de troubles mentaux, *Procédures 2013, comm. 320.* – PRIMEVERT, Les soins psychiatriques sans consentement, la nouvelle réforme : à propos de la loi du 27 septembre 2013, *JCP 2013. 1065.*

▸ **Sur la loi nº 2011-803 du 5 juill. 2011 :** PRIMEVERT, Le contrôle du juge sur les soins psychiatriques sans consentement, *JCP 2013. 625.* – BLAY-GRABARCZYK, Le régime de l'hospitalisation sous contrainte, *RFDA 2012. 629* . – COUTURIER, La réforme des soins psychiatriques sans consentement : de la psychiatrie disciplinaire à la psychiatrie de contrôle, *RDSS 2012. 97* . – DOUMENG, De l'hospitalisation sans consentement à l'admission en soins psychiatriques, la fin de la contrainte ?, *RGDM juin 2012, nº 43.* – FARINETTI, L'unification du contentieux des soins psychiatriques sans consentement par la loi du 5 juillet 2011, *RDSS 2012. 111* . – GICQUEL, Santé publique et ordre public, *LPA 5 juin 2012, nº 112, p. 11.* – MILLEVILLE, Hospitalisation sous contrainte. L'accès aux documents administratifs : principes et limites, *Droit, déontologie et soin, vol. 12, nº 2, juin 2012.* – CASTAING, Pouvoir administratif versus pouvoir médical ?, *AJDA 2011. 2055* . – JONAS, Sécurité ou liberté : que nous annonce la nouvelle loi de soins sans consentement pour les malades mentaux ?, *Responsabilité, vol. 11, déc. 2011, nº 44, p. 4.* – PÉCHILLON, Le nouveau cadre juridique des soins sous contrainte psychiatrique, *JCP Adm., 12 sept. 2011, nº 37, p. 2295.*

▸ **Sur le régime antérieur à la loi nº 2011-803 du 5 juill. 2011 :** ROCHE, L'organisation administrative de la psychiatrie en France, *thèse Montpellier 2011.* – CASTAING, Le droit fou des soins psychiatriques sans consentement, *LPA 26 nov. 2010, nº 236, p. 6.* – LUCAS, L'initiative de l'hospitalisation d'office : un pouvoir partagé au service d'un contrôle sanitaire et social renforcé, *RDSS 2010. 1077* . – THÉRON, Quelques remarques sur une évolution attendue de la prise en charge de la maladie mentale : l'instauration de soins ambulatoires sans consentement, *RDSS 2010. 1088* . – STARK et MAUGEYN, Droit et hospitalisation psychiatrique sous contrainte, *L'Harmattan, 2009.* – COELHO, Hospitalisations psychiatriques sous contrainte : plaidoyer pour *une réforme, RDSS 2006. 249* . – LECA, GONGGRYP et SAINT-PIERRE, La psychiatrie est-elle soluble dans le droit médical ?, *Les cahiers de droit de la santé du Sud-Est, nº 6, PUAM 2006.* – STARK, L'hospitalisation psychiatrique sous contrainte dans la jurisprudence contemporaine, *JCP 2005. I. 155.* – GRABOY-GROBESCO, Les séjours sous contrainte et l'évolution des droits des malades, *AJDA 2004. 65* . – DAUCHY, Le contrôle par la Cour européenne des droits de l'homme des décisions administratives d'internement psychiatrique, *RDSS 2001. 474* . – GRABARCZYK, L'hospitalisation sans consentement sous les feux des juges européens et constitutionnels, *JCP 2001.*

189. – Godfryd, Le droit de la santé mentale par les textes, *Heures de France 2000.* – Senon, Réglementation et structure de l'intervention psychiatrique en milieu pénitentiaire depuis la loi du 18 janvier 1994, *RSC 1998. 509*. – Michaud, Protection éthique du malade atteint de troubles mentaux, *La Gazette de l'hôpital, sept. 1998, n° 15, p. 10.* – Dubois, La loi du 27 juin 1990 assure-t-elle une protection des personnes hospitalisées en raison de troubles mentaux conforme au droit européen ?, *Mél. Auby, Dalloz 1992, p. 727.* – Mordelet, L'intégration du malade mental dans la société. Prise en charge sanitaire et statut juridique, *thèse Rennes, 1991.*

Dans ce livre II, relatif à la lutte contre les maladies mentales, figurent des références jurisprudentielles qui, portant sur les dispositions antérieures à la loi du 5 juill. 2011, ont paru conserver un intérêt.

TITRE PREMIER **MODALITÉS DE SOINS PSYCHIATRIQUES** *(L. n° 2011-803 du 5 juill. 2011, art. 1er-I-1°)*

CHAPITRE PREMIER **DROITS DES PERSONNES FAISANT L'OBJET DE SOINS PSYCHIATRIQUES** *(L. n° 2011-803 du 5 juill. 2011, art. 1er-I-2°)*

Art. L. 3211-1 **Une personne ne peut sans son consentement ou, le cas échéant, sans celui de son représentant légal,** *(L. n° 2011-803 du 5 juill. 2011, art. 1er-I-3°)* **« faire l'objet de soins psychiatriques », hormis les cas prévus par** *(L. n° 2011-803 du 5 juill. 2011, art. 1er-I-3°)* **« les chapitres II à IV du présent titre et ceux prévus à l'article 706-135 du code de procédure pénale ».**

Toute personne *(L. n° 2011-803 du 5 juill. 2011, art. 1er-I-3°)* **« faisant l'objet de soins psychiatriques » ou sa famille dispose du droit de s'adresser au praticien ou à l'équipe de santé mentale, publique ou privée, de son choix tant à l'intérieur qu'à l'extérieur du secteur psychiatrique correspondant à son lieu de résidence.**

COMMENTAIRE

V. Commentaire reproduit sur Dalloz.fr.

1. Pouvoir du juge des enfants. Le juge des enfants tient de l'art. 375-3 C. civ. le pouvoir de confier un enfant à un établissement de soins spécialisé, la procédure administrative prévue pour l'hospitalisation d'office n'étant pas la seule applicable. • Civ. 1re, 29 mai 1996 : *Bull. civ. I, n° 226 ; Dr. adm. oct. 1996, n° 469 ; D. 1996. IR 150 ; Defrénois 1996. 1351, obs. Massip ; Dr. fam. 1996, n° 9, note Murat ; Gaz. Pal. 1997. 1. 377, note Harel-Dutirou.*

2. Atteinte au principe du libre choix en cas d'urgence. L'admission d'un patient dans un service ou une unité de traitement des urgences au sein de laquelle il n'a pas le choix du psychiatre, appelé par l'équipe de service, ainsi que son transfert éventuel vers un établissement psychiatrique, ne portent pas une atteinte illégale au principe du *libre choix du médecin* et de l'établissement de santé par le patient, dès lors que l'urgence le justifie et que le patient conserve, à partir du moment où la situation d'urgence n'y fait plus obstacle, la liberté de choisir un autre psychiatre ou un autre établissement. • CE 21 oct. 1998, *Union nat. des éts psychiatriques d'hospitalisation privée*, n° 189285.

3. Maintien contre son gré d'une personne dans un service psychiatrique. Une personne majeure présentant des signes de maladie mentale ne pouvant être retenue contre son gré dans un établissement d'hospitalisation que pendant le temps strictement nécessaire à la mise en œuvre des mesures d'hospitalisation sous contrainte prévues dans le code de la santé publique, la voie de fait est caractérisée, dès lors qu'en l'absence de tout titre l'autorisant légalement, cette personne est maintenue contre sa volonté dans le service psychiatrique d'un hôpital. • CE 18 oct. 1989, *Mme B.*, n° 75096.

4. Nature de l'hospitalisation d'office des personnes déclarées irresponsables pénalement. L'hospitalisation d'office prononcée à l'encontre des personnes déclarées irresponsables pénalement en raison de troubles mentaux n'étant pas ordonnée après la condamnation pour une infraction, elle ne constitue donc pas une peine au sens de la Conv. EDH. • CEDH 3 sept. 2015, *Berland c/ France*, n° 42875/10 : *Dict. perm. Santé, bioéthique et biotechnologies, Bull. n° 363, oct. 2015, p. 4, obs. Merger.*

Art. L. 3211-2 **Une personne** *(L. n° 2011-803 du 5 juill. 2011, art. 1er-I-4°)* **« faisant l'objet de soins psychiatriques » avec son consentement pour des troubles mentaux est dite en** *(L. n° 2011-803 du 5 juill. 2011, art. 1er-I-4°)* **« soins psychiatriques libres ». Elle dispose des mêmes droits liés à l'exercice des libertés individuelles que ceux qui**

sont reconnus aux malades *(L. n° 2011-803 du 5 juill. 2011, art. 1er-I-4°)* **« soignés » pour une autre cause.**

(L. n° 2011-803 du 5 juill. 2011, art. 1er-I-4°) **« Cette modalité de soins est privilégiée lorsque l'état de la personne le permet. »**

COMMENTAIRE

V. Commentaire reproduit sur Dalloz.fr.

1. Interdiction de rendre visite à un patient en hospitalisation libre. Le refus du droit de visite, opposé pendant huit ans par un centre hospitalier à l'oncle d'un patient qui se trouvait en hospitalisation libre, constitue une ingérence dans l'exercice du droit au respect de la vie familiale, au sens de l'art. 8 de la Conv. EDH, cette faute étant de nature à engager la responsabilité du centre hospitalier. • TA Versailles, 12 mars 1998, *Seidel,* n° 96-1195 : *RDSS 1998. 831, obs. de Forges.*

2. Surveillance d'un patient en placement libre. Si un établissement de santé mentale n'est pas tenu à une obligation de surveillance spéciale à l'égard d'une patiente bénéficiant d'un régime de placement libre et ne présentant pas de symptômes particuliers, il lui appartient néanmoins de s'assurer du retour de la patiente, qui reste sous sa responsabilité lors des sorties qu'elle effectue pour suivre, dans le cadre du traitement, des activités hors de l'établissement. • CAA Douai, 10 avr. 2007, *Assurances Crédit mutuel et Sté IARD venant aux droits de la Sté CIC Assurances Serenis,* n° 06DA01158 : *AJDA 2007. 1727.* ♦ Une cour ne commet pas une erreur de droit en prenant en compte, pour juger qu'un centre hospitalier n'a pas commis de faute en n'adoptant pas des méthodes coercitives de surveillance, la circonstance que l'intéressé, qui avait demandé son hospitalisation, relevait du régime de l'hospitalisation libre. • CE 12 mars 2012, *CPAM du Puy-de-Dôme,* n° 342774 : *AJDA 2012. 574, obs. Brondel.* ♦ En outre, la cour ne qualifie pas inexactement les faits en écartant l'existence d'une faute du centre hospitalier, après avoir relevé que le rapport d'expertise concluait à une prise en charge adaptée du patient et que l'établissement, à la suite de l'aggravation de l'état de l'intéressé, avait renforcé sa surveillance, dans la limite des pouvoirs dont il disposait dans le cadre d'une hospitalisation libre, l'entourage s'étant opposé à la mise en œuvre d'une mesure d'hospitalisation à la demande d'un tiers préconisée à plusieurs reprises par le service. • Même arrêt. ♦ S'agissant du suicide (à la suite d'une fugue) d'un patient hospitalisé sous le régime de l'hospitalisation libre, il *a été jugé que la faute ayant consisté à s'abste*nir de procéder dans les délais utiles à une évaluation clinique, médicale et infirmière de l'état du patient, susceptible de rendre une prise en charge adaptée et, le cas échéant, une adaptation de son régime d'hospitalisation, a entraîné un préjudice constitué seulement par une perte de chance, dès lors que le patient, souffrant de très lourds antécédents, avait tenté à plusieurs reprises de mettre fin à ses jours et était déjà, à son entrée dans le centre hospitalier, sous un traitement médicamenteux associant plusieurs types de psychotrope. • CAA Marseille, 17 juin 2013, *CH de Digne-les-Bains,* n° 11MA00769 : *AJDA 2013. 2156, note Lopa-Dufrénot.* ♦ Une personne hospitalisée sous le régime de l'hospitalisation libre pour troubles mentaux disposant des mêmes droits liés à l'exercice des libertés individuelles que ceux reconnus aux malades hospitalisés pour d'autres causes, le principe applicable est donc celui de la liberté d'aller et venir et il ne peut être porté atteinte à cette liberté de manière contraignante, par voie de « protocolisation » des règles de sortie de l'établissement ; partant, aucune faute de surveillance, liée à l'absence de « protocolisation » des règles de sortie, ne peut être reconnue à l'encontre d'une clinique à la suite du suicide d'un malade par l'absorption de médicaments qu'il s'était procurés à l'occasion d'une sortie non autorisée. • Civ. 1re, 29 mai 2013, n° 12-21.194 : *D. 2013. 1415, obs. Véron et Vialla ; RTDC 2013. 578, obs. Hauser.*

3. Détention d'un aliéné et Conv. EDH. Pour être conforme à la Convention, la détention d'un aliéné doit respecter les critères suivants : une expertise médicale objective doit établir que le patient souffre d'un trouble mental réel ; le trouble doit revêtir un caractère ou une ampleur légitimant l'internement, lequel ne peut se prolonger valablement sans la persistance du trouble. • CEDH 24 oct. 1979, *Winterwerp,* n° 6301/73 : *AFDI 1980. 324, note Pelloux ; ibid. 1982. 512 ; Cah. dr. eur. 1980. 464, note Cohen-Jonathan.* – V. Berger, Jurisprudence de la Cour européenne des droits de l'homme, *Sirey, 12e éd., 2011.*

4. Dommages causés aux tiers par des malades placés en service libre. Le régime de responsabilité sans faute de l'hôpital ne s'applique pas au cas des dommages causés aux tiers par des malades placés en « service libre » ou « ouvert », ce mode de prise en charge ne créant aucun risque spécial pour les tiers. • CE, sect., 30 juin 1978, Hôpital psychiatrique *dptal de Rennes c/ Dame Clotault,* nos 99514 et 01582 : *Lebon 289 ; D. 1979. IR 112, obs. Moderne ; AJDA 1978. 590 ; ibid. Chron. 556 ; RDSS 1979. 379, note Moderne* • 17 févr. 2012, *Sté MAAF Assurances,* n° 334766 : *RDSS 2012. 563, note Marliac.* ♦ Par ailleurs, l'admission d'un patient mineur en hôpital de jour n'ayant pas pour effet de transférer à l'établissement la responsabilité d'organiser, de diriger et de contrôler la vie de ce mineur, on ne peut retenir l'existence d'une responsabilité sans faute de l'hôpital, fondée sur la garde. • CE 17 févr. 2012, *Sté MAAF Assurances,* n° 334766 : *préc.*

Art. L. 3211-2-1 *(L. n° 2013-869 du 27 sept. 2013, art. 1er-1°)* **I. — Une personne faisant l'objet de soins psychiatriques en application des chapitres II et III du présent titre ou de l'article 706-135 du code de procédure pénale est dite en soins psychiatriques sans consentement.**

La personne est prise en charge :

1° Soit sous la forme d'une hospitalisation complète dans un établissement mentionné à l'article L. 3222-1 du présent code ;

2° Soit sous toute autre forme, pouvant comporter des soins ambulatoires, des soins à domicile dispensés par un établissement mentionné au même article L. 3222-1 et, le cas échéant, une hospitalisation à domicile, des séjours à temps partiel ou des séjours de courte durée à temps complet effectués dans un établissement mentionné audit article L. 3222-1.

II. — Lorsque les soins prennent la forme prévue au 2° du I, un programme de soins est établi par un psychiatre de l'établissement d'accueil et ne peut être modifié, afin de tenir compte de l'évolution de l'état de santé du patient, que dans les mêmes conditions. Le programme de soins définit les types de soins, leur périodicité et les lieux de leur réalisation, dans des conditions déterminées par décret en Conseil d'État.

Pour l'établissement et la modification du programme de soins, le psychiatre de l'établissement d'accueil recueille l'avis du patient lors d'un entretien au cours duquel il donne au patient l'information prévue à l'article L. 3211-3 et l'avise des dispositions du III du présent article et de celles de l'article L. 3211-11.

III. — Aucune mesure de contrainte ne peut être mise en œuvre à l'égard d'un patient pris en charge sous la forme prévue au 2° du I.

COMMENTAIRE

V. Commentaire reproduit sur Dalloz.fr

1. Conformité à la Constitution de l'art. L. 3211-2-1. Le Conseil d'État a transmis au Conseil constitutionnel une QPC relative aux dispositions de l'art. L. 3211-2-1, lesquelles, selon l'association requérante, méconnaîtraient la protection constitutionnelle de la liberté individuelle. • CE 8 févr. 2012, *Assoc. Cercle de réflexion et de proposition d'action sur la psychiatrie,* n° 352667 : *JCP Adm. 2012. Actu. 106, note Péchillon.* ♦ Cette disposition a été jugée conforme à la Constitution. • Cons. const. 20 avr. 2012, n° 2012-235 QPC : *JCP Adm. 2012, n° 2230, note Péchillon.*

2. Prise en charge psychiatrique sous contrainte et consentement aux soins. V. note 12 ss. art. L. 3213-1.

3. Mesures prévues par le programme de soins. S'il n'appartient pas au juge des libertés et de la détention d'apprécier le contenu des mesures de soins psychiatriques dispensées, il lui incombe de vérifier que ces mesures figurent bien parmi celles prévues par l'art. R. 3211-1 et, notamment, de vérifier si l'hospitalisation mise en place constitue ou non une hospitalisation à temps partiel. • Civ. 1re, 4 mars 2015, n° 14-17.824 P : *Dict. perm. Santé, bioéthique et biotechnologies, n° 258, avr. 2015, p. 13, obs. Jonas.*

4. Distinction entre hospitalisation complète assortie de sorties et hospitalisation à temps partiel. Un programme de soins limitant les sorties d'une patiente à une à deux fois par semaine et une nuit par semaine au domicile de sa mère caractérise-t-il une hospitalisation complète assortie de sorties de courte durée ou de sorties non accompagnées d'une durée maximale de 48 heures, telles que prévues à l'art. L. 3211-11-1, et non une hospitalisation à temps partiel. • Civ. 1re, 4 mars 2015, n° 14-17.824 P : *préc. note 3.*

5. Modification des modalités de la prise en charge. Il résulte de la combinaison des art. L. 3213-1, L. 3211-2-1 (dans sa rédaction antérieure à la L. du 27 sept. 2013) et L. 3211-11 que, si une personne ne peut être admise ni maintenue en soins psychiatriques sur décision du représentant de l'État, sous la forme d'une hospitalisation complète ou sous une autre forme, qu'à la condition qu'il soit constaté qu'elle souffre de troubles mentaux compromettant la sécurité des personnes ou portant gravement atteinte à l'ordre public, les modalités de sa prise en charge peuvent être modifiées, sur proposition du psychiatre qui y participe, pour tenir compte de l'évolution de son état, notamment dans l'hypothèse où la mesure, décidée sous une autre forme que l'hospitalisation complète, ne permet plus, du fait du comportement du patient, de lui dispenser les soins adaptés, sans qu'il soit nécessaire de constater qu'il a commis de nouveaux actes de nature à compromettre la sécurité des personnes ou à porter atteinte à l'ordre public. • Civ. 1re, 15 oct. 2014, n° 13-12.220 P : *Dr. fam. janv. 2015, n° 1, comm. 20, note Maria.* ♦ Dans le même sens, V. • Civ. 1re, 10 févr. 2016, n° 14-29.521 : *Dict. perm. Santé, bioéthique et biotechnologies, Bull. n° 269, avr. 2016. 5, obs. Couturier.*

6. Sortie de courte durée dans le cadre du programme de soins. Lorsque le patient, initialement admis en soins sans consentement sous la forme d'une hospitalisation complète, bénéficie d'une autorisation de sortie de courte durée mise en place par programme de soins, son retour à l'hôpital ne constitue pas une nouvelle admission en hospitalisation complète et ne requiert donc pas le contrôle obligatoire du JLD avant 12 jours (15 jours, lors des faits applicables à l'espèce). • Civ. 1re, 18 nov. 2015, n° 14-26.725 : *Dict. perm. Santé, bioéthique et biotechnologies, Bull. n° 266, janv. 2016, p. 4, obs. Couturier*(l'adoption de l'art. L. 3211-11-1, relatif aux sorties courtes non accompagnées, par la L. n° 2013-869 du 27 sept. 2013 vient résoudre cette difficulté dans des situations identiques survenues à compter du 1er sept. 2014).

Art. L. 3211-2-2 *(L. n° 2011-803 du 5 juill. 2011, art. 1er-I-5°)* **Lorsqu'une personne est admise en soins psychiatriques en application des chapitres II ou III du présent titre, elle fait l'objet d'une période d'observation et de soins initiale sous la forme d'une hospitalisation complète.**

Dans les vingt-quatre heures suivant l'admission, un médecin réalise un examen somatique complet de la personne et un psychiatre de l'établissement d'accueil établit un certificat médical constatant son état mental et confirmant ou non la nécessité de maintenir les soins psychiatriques au regard des conditions d'admission définies aux articles L. 3212-1 ou L. 3213-1. Ce psychiatre ne peut être l'auteur du certificat médical ou d'un des deux certificats médicaux sur la base desquels la décision d'admission a été prononcée.

Dans les soixante-douze heures suivant l'admission, un nouveau certificat médical est établi dans les mêmes conditions que celles prévues au deuxième alinéa du présent article.

(L. n° 2013-869 du 27 sept. 2013, art. 1er-2°) **« Lorsque les deux certificats médicaux ont conclu à la nécessité de maintenir les soins psychiatriques, le psychiatre propose dans le certificat mentionné au troisième alinéa du présent article la forme de la prise en charge mentionnée aux 1° et 2° du I de l'article L. 3211-2-1 et, le cas échéant, le programme de soins. Cette proposition est motivée au regard de l'état de santé du patient et de l'expression de ses troubles mentaux. »**

COMMENTAIRE

V. Commentaire reproduit sur Dalloz.fr.

Art. L. 3211-2-3 *(L. n° 2011-803 du 5 juill. 2011, art. 1er-I-5°)* **Lorsqu'une personne remplissant les conditions pour être admise en soins psychiatriques prévues aux chapitres II et III du présent titre est prise en charge en urgence par un établissement de santé qui** *(L. n° 2016-41 du 26 janv. 2016, art. 69-I-2°)* **« n'assure pas, en application de l'article L. 3222-1, la prise en charge des personnes faisant l'objet de soins psychiatriques au titre des chapitres II à IV du présent titre ou de l'article 706-135 du code de procédure pénale », son transfert vers un établissement exerçant cette mission est organisé, selon des modalités prévues par convention, dans des délais adaptés à son état de santé et au plus tard sous quarante-huit heures. La période d'observation et de soins initiale mentionnée à l'article L. 3211-2-2 prend effet dès le début de la prise en charge.**

Art. L. 3211-3 **Lorsqu'une personne atteinte de troubles mentaux** *(L. n° 2011-803 du 5 juill. 2011, art. 1er-I-6°)* **« fait l'objet de soins psychiatriques » en application des dispositions des chapitres** ***II et III du présent titre*** *(L. n° 2004-806 du 9 août 2004, art. 120 ; L. n° 2011-803 du 5 juill. 2011, art. 1er-I-6°)* **« ou est transportée en vue de ces soins », les restrictions à l'exercice de ses libertés individuelles doivent être** *(L. n° 2011-803 du 5 juill. 2011, art. 1er-I-6°)* **« adaptées, nécessaires et proportionnées à son état mental et à la mise en œuvre du traitement requis ». En toutes circonstances, la dignité de la personne** *(Abrogé par L. n° 2011-803 du 5 juill. 2011, art. 1er-I-6°)* ***« hospitalisée »*** **doit être respectée et sa réinsertion recherchée.**

(L. n° 2011-803 du 5 juill. 2011, art. 1er-I-6°) « Avant chaque décision prononçant le maintien des soins en application des articles L. 3212-4, L. 3212-7 » *(Abrogé par L. n° 2013-869 du 27 sept. 2013, art. 1er-3°)* « *, L. 3213-1* » et L. 3213-4 ou définissant la forme de la prise en charge en application des articles L. 3211-12-5, L. 3212-4, L. 3213-1 et L. 3213-3, la personne faisant l'objet de soins psychiatriques est, dans la mesure où son état le permet, informée de ce projet de décision et mise à même de faire valoir ses observations, par tout moyen et de manière appropriée à cet état.

« En outre, toute personne faisant l'objet de soins psychiatriques en application des chapitres II et III du présent titre ou de l'article 706-135 du code de procédure pénale est informée :

« *a)* Le plus rapidement possible et d'une manière appropriée à son état, de la décision d'admission et de chacune des décisions mentionnées au deuxième alinéa du présent article, ainsi que des raisons qui les motivent ;

« *b)* Dès l'admission ou aussitôt que son état le permet et, par la suite, à sa demande et après chacune des décisions mentionnées au même deuxième alinéa, de sa situation juridique, de ses droits, des voies de recours qui lui sont ouvertes et des garanties qui lui sont offertes en application de l'article L. 3211-12-1.

« L'avis de cette personne sur les modalités des soins doit être recherché et pris en considération dans toute la mesure du possible. »

En tout état de cause, elle dispose du droit :

1° De communiquer avec les autorités mentionnées à l'article L. 3222-4 ;

2° De saisir la commission prévue à l'article L. 3222-5 *(L. n° 2011-803 du 5 juill. 2011, art. 1er-I-6°)* « et, lorsqu'elle est hospitalisée, la commission mentionnée à l'article L. 1112-3 ;

« 3° De porter à la connaissance du Contrôleur général des lieux de privation de liberté des faits ou situations susceptibles de relever de sa compétence ; »

4° De prendre conseil d'un médecin ou d'un avocat de son choix ;

5° D'émettre ou de recevoir des courriers ;

6° De consulter le règlement intérieur de l'établissement *(Abrogé par Ord. n° 2010-177 du 23 févr. 2010, art. 26-22°)* « ***tel que défini à l'article L. 3222-3*** » et de recevoir les explications qui s'y rapportent ;

7° D'exercer son droit de vote ;

8° De se livrer aux activités religieuses ou philosophiques de son choix.

Ces droits, à l'exception de ceux mentionnés aux *(L. n° 2011-803 du 5 juill. 2011, art. 1er-I-6°)* « 5°, 7° et 8° », peuvent être exercés à leur demande par les parents ou les personnes susceptibles d'agir dans l'intérêt du malade.

BIBL. ► DE LA TAILLE, Le cadre légal des refus de visite opposés aux proches d'une personne hospitalisée, *RDSS 2016. 322*.

COMMENTAIRE

V. Commentaire reproduit sur Dalloz.fr.

1. Liberté individuelle et surveillance des patients. L'art. L. 326-3 [L. 3211-3] n'interdit pas au directeur de l'établissement d'ordonner, en vertu de ses pouvoirs de police générale, la présence (derrière une porte vitrée) d'un surveillant *lors de la visite d'un* médecin généraliste extérieur à un malade hospitalisé *d'office*. • CE 17 nov. 1997, *CHS Rennes*, n° 168606 : *Lebon 433 ; JCP 1998. IV. 1504 ; RFDA 1998. 211.*

2. Infirmerie psychiatrique de la préfecture de police de Paris. Bien que ce service ne soit pas un établissement de santé, « l'admission et la rétention dans cette structure doivent être regardées comme une hospitalisation sans consentement de la personne intéressée au sens de l'art. L. 3211-3, de sorte que toute personne concernée doit être informée, dès son admission, de son droit de prendre le conseil d'un avocat de son choix ». • CE 20 nov. 2009, *Préfet de police*, n° 313598 : *AJDA 2009. 2202 ; RDSS 2010. 160, obs. Renaudie*. – **Bibl.** V. Théron, Réflexions autour d'une institution singulière : l'infirmerie psychiatrique de la préfecture de police de Paris, RDSS 2009. 160. ♦ V. aussi notes ss. art. L. 3213-2.

3. Émission ou réception de courrier par les personnes hospitalisées d'office. En décidant qu'une personne placée d'office ne pouvait émettre des courriers qu'à la condition qu'ils soient adressés à leurs destinataires par l'intermédiaire d'un avocat, un centre hospitalier a illégalement restreint le droit de ce patient d'émettre des courriers, l'art. L. 3211-3 CSP ayant entendu assurer le plein exercice du droit des personnes placées d'office d'émettre ou de recevoir du courrier. • CE 6 avr. 2007, *Bernardet c/ CHS de*

Cadillac-sur-Garonne, n° 280494 : *AJDA 2007. 833* .

4. Interdiction générale et absolue faite aux patients d'une unité de soins psychiatriques d'avoir des relations sexuelles. Il résulte de l'art. 8 de la Conv. EDH et de l'art. L. 326-3 [L. 3211-3] que l'ingérence dans l'exercice du droit d'une personne atteinte de troubles mentaux, hospitalisée sans son consentement, au respect de sa vie privée, qui constitue une liberté individuelle et dont le respect de la vie sexuelle est une composante, par une autorité publique, ne peut être légale que si elle répond à des finalités légitimes et qu'elle est adéquate et proportionnée au regard de ses finalités. • CAA Bordeaux, 6 nov. 2012, *M. Claude X.*, n° 11BX01790 : *AJDA 2013. 115, concl. Katz* ; *Dr. fam. 2013. Alerte 5, note Lamarche.* ♦ Constitue une sujétion excessive, au regard de l'art. 8 de la Conv. EDH et de l'art. L. 326-3 [L. 3211-3], une interdiction faite à tous les patients d'avoir entre eux des relations sexuelles, inscrite dans le règlement de fonctionnement d'un centre hospitalier spécialisé, qui s'impose à tous les patients d'une unité, quelle que soit la pathologie dont ils souffrent, son degré de gravité, et pendant toute la durée de l'hospitalisation, dans la mesure où l'établissement ne justifie pas l'édiction de cette interdiction générale et absolue par des éléments relatifs à l'état de santé des patients. • Même arrêt.

5. Contestation relative aux contraintes thérapeutiques et restrictions de visite. Il n'appartient qu'au juge judiciaire (juge des libertés et de la détention) de connaître de la contestation relative au bien-fondé du régime auquel est soumis un patient (en l'occurrence, contraintes thérapeutiques et restrictions de visite), au regard de son état mental, à la suite de son hospitalisation d'office. • CE, ord., 3 mars 2003, n° 254625. ♦ En matière d'hospitalisation d'office, la compétence du juge administratif ne porte que sur la régularité des mesures administratives et il appartient, en revanche, à la seule autorité judiciaire de se prononcer sur le bien-fondé des mesures qui ne sont pas détachables des soins donnés dans ce cadre (not. le refus de visite). • CE, ord., 16 juin 2010, n° 340453 • CAA Bordeaux, 11 févr. 2014, n° 12BX02532 : *AJDA 2014. 1052, concl. (contr.) Katz* . ♦ Il résulte des dispositions du premier alinéa de l'art. L. 3211-3 et de l'art. R. 1112-47 qu'il peut être interdit au proche d'un patient, hospitalisé sans son consentement, de rendre visite à celui-ci, au motif, notamment, qu'une telle visite n'est pas compatible avec l'état de santé du patient ou la mise en œuvre de son traitement. • CE 2 oct. 2017, n° 399753 : Lebon ; *AJDA 2017. 1863* ; *Dict. perm. santé, bioéthique et biotechnologies, nov.-déc. 2017, Bull. n°s 286/287, p. 1, note Couturier.*

6. Absence de formalisme et de motivation de la décision d'admission. La décision d'admission, prise par le directeur de l'établissement auquel est présentée une demande de placement volontaire (hospitalisation sur demande d'un tiers), n'a pas à être formalisée par écrit et, par suite, à être motivée. • CE 25 mai 1994, *Waksman*, n° 132281 : *Lebon T. 748* • 26 juill. 1996, *CHS Ste-Marie-de-Cayssiol*, n° 158030 : *Lebon T. 794 ; Dr. adm. 1995, n° 545, note Esper.*

7. Accès aux documents administratifs composant le dossier d'hospitalisation. Les documents administratifs composant le dossier d'hospitalisation d'une personne ayant fait l'objet d'un placement volontaire (hospitalisation sur demande d'un tiers) présentent un caractère nominatif, en ce qu'ils comportent le nom de l'auteur de la demande de placement et concernent ainsi une personne autre que la personne hospitalisée. En conséquence, l'administration est tenue de refuser à la personne hospitalisée la communication de tout élément permettant l'identification de l'auteur de la demande de placement volontaire. • CAA Nantes, 7 oct. 1999, *Mlle C.*, n° 96NT01287 : *Lebon T. 1025* ; *D. 2001. 275, note Joyau* .

8. Constitutionnalité de l'art. L. 3211-3 dans sa rédaction antérieure à la loi du 5 juill. 2011. Saisi par le Conseil d'État (• CE 24 sept. 2010, *Mlle Danielle S.*, n° 339110) d'une question prioritaire de constitutionnalité, le Conseil constitutionnel a jugé l'art. L. 3211-3, dans sa rédaction antérieure à la L. n° 2011-803 du 5 juill. 2011, conforme à la Constitution sous la réserve suivante : « S'agissant d'une mesure privative de liberté, le droit à un recours juridictionnel effectif impose que le juge judiciaire soit tenu de statuer sur la demande de sortie immédiate dans les plus brefs délais compte tenu de la nécessité éventuelle de recueillir des éléments d'information complémentaire sur l'état de santé de la personne hospitalisée » (consid. 39). • Cons. const. 26 nov. 2010, n° 2010-71-QPC : *JO 27 nov., p. 21119 ; D. 2010. 284 ; AJDA 2010. 2284, obs. Brondel* ; *ibid. 2011. 174, note Bioy* ; *Constitutions 2011. 108, note Bioy* ; *JCP 2010, n° 1216, note Dubreuil ; JCP Adm. 2010, n° 49, p. 7, note Albert ; LPA 23 déc. 2010, n° 255, p. 5, note Castaing ; RDSS 2011. 304, note Renaudie* ; *RTD civ. 2011. 101, note Hauser* .

9. Pouvoir du juge des enfants. V. note 1 ss. art. L. 3211-1.

10. Caractère obligatoire de la procédure contradictoire. Les dispositions de l'art. L. 3211-3, dans leur rédaction antérieure à la loi n° 2013-869 du 27 sept. 2013, prévoient que la personne faisant l'objet de soins psychiatriques est, dans la mesure où son état le permet, mise à même de faire valoir ses observations avant chaque décision prise, notamment en application de l'art. L. 3213-1, prononçant le maintien dans les soins ou définissant la forme de prise en charge ; le renvoi à l'art. L. 3213-1 (dans sa rédaction issue de la loi du 5 juill. 2011) visant nécessairement tout autant la décision préfectorale d'admission aux soins psychiatriques (objet du I de l'art. L. 3213-1) que celle relative à la forme de prise en charge devant intervenir dans un délai de trois jours suivant la réception du certificat médical de 72 heures (objet du II de l'art. L. 3213-1). • CAA Lyon, 17 oct. 2013, *Préfet de la Drôme*, n° 13LY00455. ♦ Ce n'est que si l'état de santé du patient ne permet pas de faire jouer la procédure contradictoire que l'on peut déroger à cette obligation. • Même arrêt.

11. Défaut d'information du patient sur ses droits. Si l'art. L. 3211-3 exige qu'une personne hospitalisée sans consentement soit informée, dès son admission ou aussitôt que son état le permet, sur ses droits, le défaut d'accomplissement de cette obligation, qui se rapporte à l'exécution de la mesure d'hospitalisation sans consentement, est sans influence sur sa légalité et, partant, ne peut justifier la mainlevée de cette mesure par le juge des libertés et de la détention. • Civ. 1re, 15 janv. 2015, n° 13-24.361 P : *Dict. perm. santé, bioéthique et biotechnologies, févr. 2015, n° 256, p. 13, obs. Jonas ; AJDA 2015. 77*.

12. Non-rétroactivité de la décision d'admission en soins psychiatriques sans consentement. La décision du préfet d'admission en soins psychiatriques sans consentement n'étant pas rétroactive, elle doit précéder l'admission effective du patient. • Cass., avis, 11 juill. 2016, n° 16-70.006 : *Dict. perm. Santé, bioéthique et biotechnologies, Bull. n° 275/276, nov.-déc. 2016, p. 6, obs. Couturier.* ♦ Toutefois, la prise de décision effective peut être décalée chronologiquement par rapport à l'admission réelle du patient, pour le temps strictement nécessaire à la transmission des pièces requises et à l'élaboration matérielle de l'acte, qui ne saurait excéder quelques heures. • Même avis.

Art. L. 3211-4 **Un protocole thérapeutique pratiqué en psychiatrie ne peut être mis en œuvre que dans le strict respect des règles déontologiques et éthiques en vigueur.** — *[Anc. art. L. 326-4].*

COMMENTAIRE

V. Commentaire reproduit sur Dalloz.fr.

Art. L. 3211-5 *(L. n° 2011-803 du 5 juill. 2011, art. 1er-I-7°)* **Une personne faisant, en raison de troubles mentaux, l'objet de soins psychiatriques prenant ou non la forme d'une hospitalisation complète conserve, à l'issue de ces soins, la totalité de ses droits et devoirs de citoyen, sous réserve des dispositions relatives aux mesures de protection des majeurs prévues aux sections I à IV du chapitre II du titre XI du livre Ier du code civil, sans que ses antécédents psychiatriques puissent lui être opposés.**

COMMENTAIRE

V. Commentaire reproduit sur Dalloz.fr.

Art. L. 3211-5-1 *(Ord. n° 2016-131 du 10 févr. 2016, art. 6-XVI)* **Sauf autorisation de justice, il est interdit, à peine de nullité, à quiconque exerce une fonction ou occupe un emploi dans un établissement dispensant des soins psychiatriques de se rendre acquéreur d'un bien ou cessionnaire d'un droit appartenant à une personne admise dans l'établissement ou de prendre à bail le logement occupé par cette personne avant son admission dans l'établissement.**

Pour l'application du présent article, sont réputées personnes interposées,*[:]* **le conjoint, le partenaire d'un pacte civil de solidarité, le concubin, les ascendants et les descendants des personnes auxquelles s'appliquent les interdictions ci-dessus édictées.**

Art. L. 3211-6 ***Le médecin qui*** **constate que la personne à laquelle il donne ses soins a besoin, pour l'une des causes prévues à l'article** *(L. n° 2007-308 du 5 mars 2007, art. 22)* **« 425 » du code civil, d'être protégée dans les actes de la vie civile peut en faire la déclaration au procureur de la République du lieu de traitement. Cette déclaration a pour effet de placer le malade sous sauvegarde de justice si elle est accompagnée de l'avis conforme d'un psychiatre.**

Lorsqu'une personne est soignée dans *(Ord. n° 2010-177 du 23 févr. 2010, art. 1er-7°)* **« un établissement de santé »** *(Ord. n° 2018-20 du 17 janv. 2018, art. 11)* **« ou un hôpital des armées »** *(L. n° 2015-1776 du 28 déc. 2015, art. 37)* **« ou hébergée dans un établissement social ou médico-social », le médecin est tenu, s'il constate que cette personne se trouve dans la situation prévue à l'alinéa précédent, d'en faire la déclaration au procureur de la République du lieu de traitement. Cette déclaration a pour**

effet de placer le malade sous sauvegarde de justice. Le représentant de l'État dans le département doit être informé par le procureur de la mise sous sauvegarde.

BIBL. ▶ COUTURIER, Secret médical et protection des personnes atteintes de troubles psychiques, *RDSS 2009. 277*.

COMMENTAIRE

V. Commentaire reproduit sur Dalloz.fr.

Art. L. 3211-7 **La personne hospitalisée** *(L. n° 2011-803 du 5 juill. 2011, art. 1er-I-8°)* **« en application des chapitres II et III du présent code ou de l'article 706-135 du code de procédure pénale » dans un établissement de soins conserve le domicile qui était le sien avant l'hospitalisation aussi longtemps que ce domicile reste à sa disposition. Néanmoins, les significations qui y auront été faites pourront, suivant les circonstances, être annulées par les tribunaux.**

COMMENTAIRE

V. Commentaire reproduit sur Dalloz.fr.

Art. L. 3211-8 *(L. n° 2011-803 du 5 juill. 2011, art. 1er-I-9°)* **La personne faisant l'objet de soins psychiatriques en application des chapitres II et III du présent titre ou de l'article 706-135 du code de procédure pénale peut être placée en curatelle ou en tutelle dans les conditions et selon les modalités prévues aux articles 425 et 440 du code civil.**

BIBL. ▶ FOSSIER et HARICHAUX, La tutelle à la personne des incapables majeurs, *RDSS 1991. 1*.

1. Mandataire spécial exerçant les fonctions de gérant de tutelle. Rien ne s'oppose à ce que le préposé de l'établissement de traitement exerçant les fonctions de gérant de tutelle soit désigné en qualité de mandataire spécial d'une personne placée sous la sauvegarde de justice. • Civ. 1re, 11 juin 1991 : *JCP 1992. II. 21879, note Fossier.*

2. Compétence judiciaire en matière de responsabilité à raison de la négligence d'un gérant de tutelle. Si les directeurs des établissements d'hospitalisation choisissent, parmi leurs préposés, les personnes qu'ils estiment les plus qualifiées pour être désignées, le cas échéant, comme gérant de tutelle, les actes accomplis par ces dernières en leur qualité de gérant de tutelle ou de mandataire de personnes placées sous sauvegarde de justice relèvent essentiellement du code civil et sont placés sous le contrôle exclusif du juge des tutelles. Il s'ensuit que le litige tendant à la réparation du préjudice qui résulterait de la faute commise par le préposé d'un centre hospitalier spécialisé, mandataire spécial d'une patiente placée sous sauvegarde de justice, dans l'exécution de la mission qui lui a été impartie en cette qualité, ressortit aux juridictions de l'ordre judiciaire. • T. confl. 13 janv. 1992, *Mme Richaud,* n° 02684 : *Lebon 475 ; D. 1992. IR 98 ; RFDA 1992. 764, obs. Terneyre ; LPA 20 mai 1992, n° 65, p. 17.*

Art. L. 3211-9 *(L. n° 2011-803 du 5 juill. 2011, art. 1er-I-10°)* **Pour l'application du II des articles L. 3211-12 et L. 3211-12-1 et des articles L. 3212-7, L. 3213-1, L. 3213-3 et L. 3213-8, le directeur de l'établissement d'accueil du patient convoque un collège composé de trois membres appartenant au personnel de l'établissement :**

1° Un psychiatre participant à la prise en charge du patient ;

2° Un psychiatre ne participant pas à la prise en charge du patient ;

3° Un représentant de l'équipe pluridisciplinaire participant à la prise en charge du patient.

Les modalités de désignation des membres et les règles de fonctionnement du collège sont fixées par décret en Conseil d'État. — *V. art. R. 3211-2 s.*

Art. L. 3211-10 *(L. n° 2011-803 du 5 juill. 2011, art. 1er-I-11°)* **« Hormis les cas prévus au chapitre III du présent titre, la décision d'admission en soins psychiatriques d'un mineur ou la levée de cette mesure sont demandées, selon les situations, par les personnes titulaires de l'exercice de l'autorité parentale ou par le tuteur. » En cas de désaccord entre les titulaires de l'exercice de l'autorité parentale, le juge aux affaires familiales statue.**

COMMENTAIRE

V. Commentaire reproduit sur Dalloz.fr.

Pouvoir du juge des enfants. V. note 1 ss. art. L. 3211-1.

Art. L. 3211-11 *(L. n° 2011-803 du 5 juill. 2011, art. 1er-I-12°)* **Le psychiatre qui participe à la prise en charge du patient peut proposer à tout moment de modifier la forme de la prise en charge mentionnée à l'article L. 3211-2-1 pour tenir compte de l'évolution de l'état de la personne. Il établit en ce sens un certificat médical circonstancié.**

Le psychiatre qui participe à la prise en charge du patient transmet immédiatement au directeur de l'établissement d'accueil un certificat médical circonstancié proposant une hospitalisation complète lorsqu'il constate que la prise en charge de la personne décidée sous une autre forme ne permet plus, notamment du fait du comportement de la personne, de dispenser les soins nécessaires à son état. Lorsqu'il ne peut être procédé à l'examen du patient, il transmet un avis établi sur la base du dossier médical de la personne.

COMMENTAIRE

V. Commentaire reproduit sur Dalloz.fr.

Art. L. 3211-11-1 *(L. n° 2013-869 du 27 sept. 2013, art. 2)* **Afin de favoriser leur guérison, leur réadaptation ou leur réinsertion sociale ou si des démarches extérieures sont nécessaires, les personnes faisant l'objet de soins psychiatriques en application des chapitres II et III du présent titre ou de l'article 706-135 du code de procédure pénale sous la forme d'une hospitalisation complète peuvent bénéficier d'autorisations de sortie de courte durée :**

1° Sous la forme de sorties accompagnées n'excédant pas douze heures. Les personnes malades sont accompagnées par un ou plusieurs membres du personnel de l'établissement d'accueil, par un membre de leur famille ou par la personne de confiance qu'elles ont désignée en application de l'article L. 1111-6 du présent code, pendant toute la durée de la sortie ;

2° Sous la forme de sorties non accompagnées d'une durée maximale de quarante-huit heures.

L'autorisation de sortie de courte durée est accordée par le directeur de l'établissement d'accueil, après avis favorable d'un psychiatre de cet établissement.

Dans le cas où la mesure de soins psychiatriques a été prise en application du chapitre III du présent titre, le directeur de l'établissement d'accueil transmet au représentant de l'État dans le département les éléments d'information relatifs à la demande d'autorisation, comportant notamment l'avis favorable du psychiatre mentionné au quatrième alinéa du présent article, au plus tard quarante-huit heures avant la date prévue pour la sortie. Sauf opposition écrite *(L. n° 2016-41 du 26 janv. 2016, art. 69-I-3°)* **« et motivée » du représentant de l'État dans le département, notifiée au plus tard douze heures avant la date prévue, la sortie peut avoir lieu. Le représentant de l'État ne peut imposer aucune mesure complémentaire.**

Lorsque la mesure de soins psychiatriques fait suite à la demande d'un tiers, le directeur de l'établissement d'accueil informe celui-ci, préalablement, de l'autorisation de sortie non accompagnée et de sa durée.

COMMENTAIRE

V. Commentaire reproduit sur Dalloz.fr.

Art. L. 3211-12 *(L. n° 2011-803 du 5 juill. 2011, art. 1er-I-14°)* **I. — Le juge des libertés et de la détention dans le ressort duquel se situe l'établissement d'accueil peut être saisi, à tout moment, aux fins d'ordonner, à bref délai, la mainlevée immédiate d'une mesure de soins psychiatriques prononcée en application des chapitres II à IV du présent titre ou de l'article 706-135 du code de procédure pénale, quelle qu'en soit la forme.**

La saisine peut être formée par :

1° La personne faisant l'objet des soins ;

2° Les titulaires de l'autorité parentale ou le tuteur si la personne est mineure ;

3° La personne chargée de sa protection si, majeure, elle a été placée en tutelle ou en curatelle ;

4° Son conjoint, son concubin, la personne avec laquelle elle est liée par un pacte civil de solidarité ;

5° La personne qui a formulé la demande de soins ;

6° Un parent ou une personne susceptible d'agir dans l'intérêt de la personne faisant l'objet des soins ;

7° Le procureur de la République.

Le juge des libertés et de la détention peut également se saisir d'office, à tout moment. A cette fin, toute personne intéressée peut porter à sa connaissance les informations qu'elle estime utiles sur la situation d'une personne faisant l'objet d'une telle mesure.

(L. n° 2013-869 du 27 sept. 2013, art. 4) « II. — Le juge des libertés et de la détention ne peut statuer qu'après avoir recueilli l'avis du collège mentionné à l'article L. 3211-9 du présent code lorsque la personne fait l'objet d'une mesure de soins ordonnée en application de l'article L. 3213-7 du même code ou de l'article 706-135 du code de procédure pénale à la suite d'un classement sans suite, d'une décision d'irresponsabilité pénale ou d'un jugement ou arrêt de déclaration d'irresponsabilité pénale prononcés sur le fondement du premier alinéa de l'article 122-1 du code pénal et concernant des faits punis d'au moins cinq ans d'emprisonnement en cas d'atteinte aux personnes ou d'au moins dix ans d'emprisonnement en cas d'atteinte aux biens.

« Le juge ne peut, en outre, décider la mainlevée de la mesure qu'après avoir recueilli deux expertises établies par les psychiatres inscrits sur les listes mentionnées à l'article L. 3213-5-1 du présent code.

« Le juge fixe les délais dans lesquels l'avis du collège et les deux expertises prévus au présent II doivent être produits, dans une limite maximale fixée par décret en Conseil d'État. Passés *[Passé]* ces délais, il statue immédiatement. »

III. — Le juge des libertés et de la détention ordonne, s'il y a lieu, la mainlevée de la mesure d'hospitalisation complète.

Lorsqu'il ordonne cette mainlevée, il peut, au vu des éléments du dossier et par décision motivée, décider que la mainlevée prend effet dans un délai maximal de vingt-quatre heures afin qu'un programme de soins puisse, le cas échéant, être établi en application de l'article L. 3211-2-1. Dès l'établissement de ce programme ou à l'issue du délai mentionné à la phrase précédente, la mesure d'hospitalisation complète prend fin.

BIBL. ▶ LOUVEL, Le régime procédural de l'article L. 351 [L. 3211-12] du code de la santé publique, *Gaz. Pal. 1998. 1. Doctr. 312.*

COMMENTAIRE

V. Commentaire reproduit sur Dalloz.fr

Jurisprudence sur le texte antérieur à la loi du 27 juin 1990

1. V. références ss. art. L. 3213-1.

2. Publicité des débats et des jugements. La personne qui, ayant présenté une requête en vue d'obtenir sa sortie immédiate de l'hôpital psychiatrique dans lequel elle a été placée d'office, n'a demandé ni devant le TGI ni devant la cour d'appel, que sa cause soit débattue publiquement et que la décision soit rendue en audience publique, n'est pas recevable à prétendre qu'auraient été violées les règles relatives à la publicité des débats et des jugements et, notamment, l'art. 6, §1, de la Conv. EDH. • Civ. 1re, 21 déc. 1987 : *Bull. civ. I, n° 346.*

3. Ministère d'avocat. Les pourvois en cassation contre les décisions statuant sur les demandes de sortie d'un établissement psychiatrique ne sont pas dispensés du ministère d'un avocat à la Cour de cassation. • Civ. 1re, 21 janv. 1992 : *Bull. civ. I, n° 17 ; D. 1992. 498, note Massip.*

Jurisprudence sur le texte issu de la loi du 27 juin 1990

4. Détournement de la finalité de l'hospitalisation d'office. Il est d'autres moyens et mesures, qui sont à l'appréciation du juge des enfants, pour assurer la guidance de parentalité d'un enfant, que celui, très lourd, de l'hospitalisation d'office de sa mère en vue de faciliter le placement de l'enfant dans une structure de l'aide sociale à l'enfance. • TGI Créteil, ord., 6 janv. 2005 : *JCP 2005. II. 10074, note Bernardet.*

5. Constitutionnalité de l'art. L. 3211-12. Saisi par le Conseil d'État (• CE 24 sept. 2010, *Mlle Danielle S.*, n° 339110) d'une question prioritaire de constitutionnalité, le Conseil constitutionnel a jugé l'art. L. 3211-12, dans sa rédaction antérieure à la L. n° 2011-803 du 5 juill. 2011, conforme à la Constitution sous la réserve suivante : « S'agissant d'une mesure privative de liberté, le droit à un recours juridictionnel effectif impose que le juge judiciaire soit tenu de statuer sur la demande de sortie immédiate dans les plus brefs délais compte tenu de la nécessité éventuelle de recueillir des éléments d'information complémentaire sur l'état de santé de la personne hospitalisée » (consid. 39). • Cons. const. 26 nov. 2010, n° 2010-71-QPC : *JO 27 nov., p. 21119 ; D. 2010. 284 ; AJDA 2010. 2284, obs. Brondel ; ibid. 2011. 174, note Bioy ; Constitutions 2011. 108, note Bioy ; JCP 2010, n° 1216, note Dubreuil ; JCP A 2010, n° 49, p. 7, note Albert ; LPA 23 déc. 2010, n° 255, p. 5, note Castaing ; RDSS 2011. 304, note Renaudie ; RTD civ. 2011. 101, note Hauser*.

6. Exigence du contrôle à bref délai selon la CEDH. Une durée de 46 jours entre la demande de sortie immédiate, formulée par une femme hospitalisée d'office, et l'ordonnance de rejet de sa demande rendue par le juge des libertés et de la détention excède le « bref délai » imparti à un juge par l'art. 5, § 4, de la Convention européenne de sauvegarde des droits de l'homme pour statuer sur la légalité d'une détention. • CEDH 14 avr. 2011, *Patoux c/ France*, n° 35079/06 : *JCP Adm. 2011. Actu. 307, aperçu rapide Albert.* ♦ Si la complexité des questions médicales en jeu dans une procédure de contrôle d'un internement psychiatrique est un facteur pouvant entrer en ligne de compte lorsqu'il s'agit d'apprécier le respect de l'exigence du contrôle à bref délai, il n'en demeure pas moins que lorsque l'autorité judiciaire exerce son contrôle de la validité de l'internement psychiatrique au bout de onze mois, le bref délai prévu par l'art. 5, § 4, de la Conv. EDH n'est pas respecté. • CEDH 16 janv. 2007, *Menvielle c/ France*, n° 97/03.

7. Mainlevée d'une hospitalisation d'office. Les médecins consultés ayant tous conclu que l'état de santé d'une personne hospitalisée ne relève plus du régime d'hospitalisation d'office et qu'elle peut « sortir », la mainlevée immédiate de la mesure d'hospitalisation d'office est ordonnée par le juge, en application de l'art. L. 3211-12, le préfet ne pouvant, pour s'y opposer, invoquer le principe de précaution, lequel ne peut s'appliquer en matière de liberté individuelle. • Paris, 17 juin 2004, n° 04/06710 : *JCP 2004. II. 10139, note Fossier.* ♦ Une mesure d'hospitalisation d'office ne peut être maintenue que *si, au* jour où le juge statue, les troubles mentaux de la personne *qui* en *fait l'objet* nécessitent des soins psychiatriques et compromettent la sûreté des personnes ou portent atteinte de façon grave à l'ordre public. Ainsi, prive sa décision de base légale, le juge qui, pour refuser la mainlevée d'une mesure d'hospitalisation d'office, se borne à énoncer qu'il convient de garantir le suivi par la patiente de son traitement, sans lequel elle rencontre rapidement des difficultés de nature à créer un danger pour elle-même ou pour autrui, et ne caractérise pas, comme il y était invité, le danger que pourrait représenter la patiente. • Civ. 1re, 4 mai 2012, n° 11-13.894.

8. Pouvoir du juge des enfants. V. note 1 ss art. L. 3211-1.

Jurisprudence sur le texte issu de la L. n° 2011-803 du 5 juill. 2011

9. Inconstitutionnalité de l'art. L. 3211-12-II. Saisi par le Conseil d'État d'une QPC relative aux dispositions de l'art. L. 3211-12, II (• CE 8 févr. 2012, *Assoc. Cercle de réflexion et de proposition d'action sur la psychiatrie*, n° 352667 : *JCP Adm. 2012. Actu. 106, note Péchillon*), le Conseil constitutionnel a déclaré contraire à la Constitution le paragraphe II de l'art. L. 3211-12, le législateur n'ayant pas adopté de garanties contre le risque d'arbitraire dans la mise en œuvre du régime particulier institué pour les personnes déclarées pénalement irresponsables ou ayant séjourné dans des unités pour malades difficiles. • Cons. const. 20 avr. 2012, n° 2012-235 QPC : *JO 21 avr. 2012, p. 7194 ; JCP Adm. 2012, n° 2230, note Péchillon.* (Cette déclaration d'inconstitutionnalité prend effet le 1er oct. 2013). ♦ Les décisions prises avant cette date en application de ce paragraphe ne peuvent être contestées sur le fondement de son inconstitutionnalité. • Même décision.

10. Incompétence du juge administratif pour apprécier le bien-fondé des mesures de soins psychiatriques sans consentement. Le législateur a entendu donner compétence à l'autorité judiciaire pour apprécier le bien-fondé de toutes les mesures de soins psychiatriques sans consentement, qu'elles portent atteinte à la liberté individuelle ou non, ce qui inclut, dans la mesure où elles sont étroitement liées à l'appréciation du bien-fondé des mesures elles-mêmes, l'appréciation de la nécessité des décisions prises par les médecins participant à la prise en charge des personnes qui font l'objet de tels soins, pour autant qu'elle relève du contrôle du juge, de même que, le cas échéant, celle de la capacité des personnes à y consentir. Le juge administratif des référés n'est donc manifestement pas compétent pour connaître du bien-fondé des décisions prises par les médecins qui participent à la prise en charge de patients faisant l'objet d'une mesure d'admission en soins psychiatriques sans leur consentement. • CE 16 juill. 2012, *CH spécialisé Guillaume-Régnier*, n° 360793 : *LPA 9 avr. 2013, n° 71, p. 8, note Chopplet.*

11. Motivation de la mainlevée différée d'une hospitalisation. Lorsque le juge des libertés et de la détention décide, en vertu de l'art. L. 3211-12-III, de différer de 24 heures la mainlevée de l'hospitalisation complète d'une personne, il doit énoncer les motifs assortis à cette décision, faute de quoi la partie de l'ordonnance relative à l'effet différé de la décision de mainlevée encourt l'annulation. • Civ. 1re, 15 janv. 2015, n° 13-26.758 P : *Dict. perm. santé, bioéthique et biotechnologies, févr. 2015, n° 256, p. 13, obs. Jonas.*

12. Absence d'avocat à l'audience de mainlevée. L'absence d'avocat à l'audience relative à une demande de mainlevée d'une mesure d'hospitalisation sans consentement ne peut fonder un recours contre l'ordonnance de rejet rendue par le juge, dès lors, d'une part, que la demande de désignation d'un avocat commis d'office n'avait pu être suivie d'effet en raison d'un mouvement de grève du barreau de Paris, le premier président en ayant justement déduit que cette circonstance constituait un obstacle insurmontable à l'assistance d'un conseil, et, d'autre part, qu'il ne résulte ni de l'ordonnance ni des productions que le patient ait demandé le renvoi de l'affaire du fait de l'absence d'un avocat. • Civ. 1re, 13 sept. 2017, n° 16-22.819 P : *D. 2017. 1837 ; D. avocats 2017. 364, obs. Royer ; Dict. perm. santé, bioéthique et biotechnologies, nov.-déc. 2017, Bull. n° 286/287, p. 6, obs. Couturier.*

13. Fermeture aux tiers du pourvoi en cassation. S'il résulte des art. L. 3211-12 et R. 3211-13 que le tiers qui a formulé la demande de soins psychiatriques sans consentement peut saisir le juge des libertés et de la détention aux fins d'obtenir la mainlevée de cette mesure, lorsque la saisine du juge n'émane pas de ce tiers, celui-ci est avisé de l'audience de première instance ou d'appel, peut faire parvenir ses observations par écrit, auquel cas il en est donné connaissance aux parties présentes à l'audience, et demander à être entendu, mais n'a pas la qualité de partie à l'instance. • Civ. 1re, 15 nov. 2017, n° 16-24.629 : *Dict. perm. santé, bioéthique et biotechnologies janv. 2018, Bull. n° 288, p. 13, obs. Couturier.*

Art. L. 3211-12-1 *(L. n° 2013-869 du 27 sept. 2013, art. 5 et 14-I)* **I. — L'hospitalisation complète d'un patient ne peut se poursuivre sans que le juge des libertés et de la détention, préalablement saisi par le directeur de l'établissement lorsque l'hospitalisation a été prononcée en application du chapitre II du présent titre ou par le représentant de l'État dans le département lorsqu'elle a été prononcée en application du chapitre III du présent titre, de l'article L. 3214-3 du présent code ou de l'article 706-135 du code de procédure pénale, ait statué sur cette mesure :**

1° Avant l'expiration d'un délai de douze jours à compter de l'admission prononcée en application des chapitres II ou III du présent titre ou de l'article L. 3214-3 du même code. Le juge des libertés et de la détention est alors saisi dans un délai de huit jours à compter de cette admission ;

2° Avant l'expiration d'un délai de douze jours à compter de la décision modifiant la forme de la prise en charge du patient et procédant à son hospitalisation complète en application, respectivement, du dernier alinéa de l'article L. 3212-4 ou du III de l'article L. 3213-3. Le juge des libertés et de la détention est alors saisi dans un délai de huit jours à compter de cette décision ;

3° Avant l'expiration d'un délai de six mois à compter soit de toute décision judiciaire prononçant l'hospitalisation en application de l'article 706-135 du code de procédure pénale, soit de toute décision prise par le juge des libertés et de la détention en application du présent I ou des articles L. 3211-12 *(L. n° 2016-41 du 26 janv. 2016, art. 70)* **« , L. 3213-3, L. 3213-8 » ou L. 3213-9-1 du présent code, lorsque le patient a été maintenu en hospitalisation complète de manière continue depuis cette décision. Toute décision du juge des libertés et de la détention prise avant l'expiration de ce délai en application du 2° du présent I ou de l'un des mêmes articles L. 3211-12** *(L. n° 2016-41 du 26 janv. 2016, art. 70)* **« , L. 3213-3, L. 3213-8 » ou L. 3213-9-1, ou toute nouvelle décision judiciaire prononçant l'hospitalisation en application de l'article 706-135 du code de procédure pénale fait courir à nouveau ce délai. Le juge des libertés et de la détention est alors saisi quinze jours au moins avant l'expiration du délai de six mois prévu au présent 3°.**

Toutefois, lorsque le juge des libertés et de la détention a ordonné, avant l'expiration de l'un des délais mentionnés aux 1° à 3° du présent I, une expertise soit en application du III du présent article, soit, à titre exceptionnel, en considération de l'avis mentionné au II, ce délai est prolongé d'une durée qui ne peut excéder quatorze jours à compter de la date de cette ordonnance. L'hospitalisation complète du patient est alors maintenue jusqu'à la décision du juge, sauf s'il y est mis fin en application des chapitres II ou III du présent titre. L'ordonnance mentionnée au présent alinéa peut être prise sans audience préalable.

Le juge fixe les délais dans lesquels l'expertise mentionnée à l'avant-dernier alinéa du présent I doit être produite, dans une limite maximale fixée par décret en Conseil d'État. Passés *[Passé]* **ces délais, il statue immédiatement.**

II. — La saisine mentionnée au I du présent article est accompagnée de l'avis motivé d'un psychiatre de l'établissement d'accueil se prononçant sur la nécessité de poursuivre l'hospitalisation complète.

Lorsque le patient relève de l'un des cas mentionnés au II de l'article L. 3211-12, l'avis prévu au premier alinéa du présent II est rendu par le collège mentionné à l'article L. 3211-9.

III. – Le juge des libertés et de la détention ordonne, s'il y a lieu, la mainlevée de la mesure d'hospitalisation complète.

Lorsqu'il ordonne cette mainlevée, il peut, au vu des éléments du dossier et par décision motivée, décider que la mainlevée prend effet dans un délai maximal de vingt-quatre heures, afin qu'un programme de soins puisse, le cas échéant, être établi en application du II de l'article L. 3211-2-1. Dès l'établissement de ce programme ou à l'issue du délai mentionné à la première phrase du présent alinéa, la mesure d'hospitalisation complète prend fin.

Toutefois, lorsque le patient relève de l'un des cas mentionnés au II de l'article L. 3211-12, le juge ne peut décider la mainlevée de la mesure qu'après avoir recueilli deux expertises établies par les psychiatres inscrits sur les listes mentionnées à l'article L. 3213-5-1.

IV. – Lorsque le juge des libertés et de la détention n'a pas statué avant l'expiration du délai de douze jours prévu aux 1° et 2° du I ou du délai de six mois prévu au 3° du même I, la mainlevée de la mesure d'hospitalisation complète est acquise à l'issue de chacun de ces délais.

Si le juge des libertés et de la détention est saisi après l'expiration du délai de huit jours prévu aux 1° et 2° du I ou du délai de quinze jours prévu au 3° du même I, il constate sans débat que la mainlevée de l'hospitalisation complète est acquise, à moins qu'il ne soit justifié de circonstances exceptionnelles à l'origine de la saisine tardive et que le débat puisse avoir lieu dans le respect des droits de la défense.

COMMENTAIRE

V. Commentaire reproduit sur Dalloz.fr.

1. Préfet compétent pour saisir le juge des libertés et de la détention. Dans l'hypothèse où le représentant de l'État qui a prononcé une mesure de soins psychiatriques sans consentement décide du transfert de la personne dans un établissement situé dans un autre département, seul le représentant de l'État dans le département où est situé l'établissement d'accueil a qualité, après le transfert, pour saisir le juge des libertés et de la détention en application de l'art. L. 3211-12-1 CSP. • Cass., 19 janv. 2015, n° 14-70.010 P: *Dict. perm. Santé, bioéthique et biotechnologies, Bull. n° 256, févr. 2015, p. 13, obs. Jonas.*

2. Saisine systématique du juge des libertés et de la détention. L'art. L. 3211-12-1 impose au juge des libertés et de la détention de statuer sur toute décision d'admission en soins psychiatriques sans consentement sous la forme d'une hospitalisation complète décidée par le préfet de département, sur le fondement de l'art. L. 3213-1 CSP, intervenant dans la continuité d'une précédente admission décidée par le directeur d'un établissement de soins (à la demande d'un tiers ou pour péril imminent) au regard de l'art. L. 3212-1, alors que cette dernière a, elle-même, déjà été contrôlée par le juge des libertés et de la détention. • Cass., 19 janv. 2015, n° 14-70.010 P: *préc. note 1.*

3. Transformation d'une mesure de soins sur demande d'un tiers en mesure de soins pour péril imminent. La transformation d'une mesure de soins sur demande d'un tiers en mesure de soins pour péril imminent ne requiert pas un nouveau contrôle du juge des libertés et de la détention sur saisine obligatoire du directeur de l'établissement, même lorsque les soins se déroulent sous la forme d'une hospitalisation complète, aucun texte ne l'imposant. • Civ. 1re, 24 févr. 2016, n° 15-11.427: *Dict. perm. Santé, bioéthique et biotechnologies, Bull. n° 269, avr. 2016, p. 4, obs. Couturier; JCP Adm. 2016, n° 2286, note Péchillon.*

4. Irrégularités antérieures à l'audience du JLD. A peine d'irrecevabilité prononcée d'office, aucune irrégularité de la procédure de soins psychiatriques sans consentement, antérieure à une audience à l'issue de laquelle le JLD se prononce sur le maintien de la mesure, ne peut être soulevée lors d'une instance ultérieure devant ce même juge. • Civ. 1re, 19 oct. 2016, n° 16-18.849: *D. 2016-2170; JCP 2016. 1212, obs. Douchy-Oudot.*

5. Maintien de l'hospitalisation sans consentement d'un majeur protégé. Il résulte, notamment de l'art. R. 3211-13, que le maintien de l'hospitalisation sans consentement d'un majeur sous curatelle ne peut intervenir sans convocation à l'audience du curateur, le défaut de convocation entraînant la nullité de la procédure. • Civ. 1re, 11 oct. 2017, n° 16-24.869 P: *D. 2017. 2102; AJ fam. 2017. 593, obs. Montourcy; Dict. perm santé, bioéthique et biotechnologies, nov.-déc 2017, Bull. n° 286/287, p. 4, obs. Baudet-Caille.*

6. Interdiction pour le juge de substituer son avis à l'évaluation des médecins. Le juge qui se prononce sur le maintien de l'hospitalisation complète doit apprécier le bien-fondé de la mesure au regard des certificats médicaux qui lui sont communiqués et ne peut substituer son avis à l'évaluation, par les médecins, des troubles psychiques du patient et de son consentement aux soins. • Civ. 1re, 27 sept. 2017, n° 16-22.544 P : *D. 2017. 1914 ; Dict. perm. santé, bioéthique et biotechnologies, nov.-déc 2017, n° 286/287, p. 5, obs. Couturier.*

Art. L. 3211-12-2 *(L. n° 2013-869 du 27 sept. 2013, art. 6 et 14-I)* I. – Lorsqu'il est saisi en application des articles L. 3211-12 ou L. 3211-12-1, le juge, après débat contradictoire, statue publiquement. Il peut décider que les débats ont lieu ou se poursuivent en chambre du conseil s'il doit résulter de leur publicité une atteinte à l'intimité de la vie privée, s'il survient des désordres de nature à troubler la sérénité de la justice ou si l'une des parties le demande. Il est fait droit à cette demande lorsqu'elle émane de la personne faisant l'objet de soins psychiatriques.

A l'audience, la personne faisant l'objet de soins psychiatriques est entendue, assistée ou représentée par un avocat choisi, désigné au titre de l'aide juridictionnelle ou commis d'office. Si, au vu d'un avis médical motivé, des motifs médicaux font obstacle, dans son intérêt, à son audition, la personne est représentée par un avocat dans les conditions prévues au présent alinéa.

Le juge des libertés et de la détention statue dans une salle d'audience attribuée au ministère de la justice, spécialement aménagée sur l'emprise de l'établissement d'accueil ou, en cas de nécessité, sur l'emprise d'un autre établissement de santé situé dans le ressort du tribunal de grande instance, dans les circonstances et selon les modalités prévues par une convention conclue entre le tribunal de grande instance et l'agence régionale de santé. Cette salle doit permettre d'assurer la clarté, la sécurité et la sincérité des débats ainsi que l'accès du public. Lorsque ces conditions ne sont pas satisfaites, le juge, soit d'office, soit sur demande de l'une des parties, statue au siège du tribunal de grande instance. *(L. n° 2016-41 du 26 janv. 2016, art. 71)* « En cas de transfert de la personne faisant l'objet de soins psychiatriques dans un autre établissement de santé, après que la saisine du juge des libertés et de la détention a été effectuée, l'établissement d'accueil est celui dans lequel la prise en charge du patient était assurée au moment de la saisine. »

II. – Lorsque le juge des libertés et de la détention statue dans la salle mentionnée au dernier alinéa du I, le président du tribunal de grande instance peut, en cas de nécessité, autoriser qu'une seconde audience soit tenue le même jour au siège du tribunal de grande instance.

COMMENTAIRE

V. Commentaire reproduit sur Dalloz.fr.

Absence d'audition du patient admis en soins psychiatriques sans consentement. Viole les art. L. 3211-12-1, L. 3211-12-4 et R. 3211-8, la prolongation d'une mesure d'hospitalisation sans consentement sans que le patient ait été entendu, au motif qu'il n'a pu être présent à l'audience du fait de son éloignement géographique : seuls un motif médical constaté dans l'avis motivé d'un médecin ou une circonstance insurmontable, empêchant l'audition de la personne admise en soins sans consentement, peuvent justifier la non-audition. • Civ. 1re, 12 oct. 2017, n° 17-18.040 P : *D. 2017. 2102 ; Dict. perm santé, bioéthique et biotechnologies, nov.-déc 2017, Bull. n° 286/287, p. 4, obs. Haroun.*

Art. L. 3211-12-3 *(L. n° 2011-803 du 5 juill. 2011, art. 1er-I-15°)* Le juge des libertés et de la détention saisi en application de l'article L. 3211-12-1 peut, si un recours a été formé sur le fondement de l'article L. 3211-12, statuer par une même décision suivant la procédure prévue au même article L. 3211-12-1.

Art. L. 3211-12-4 *(L. n° 2011-803 du 5 juill. 2011, art. 1er-I-15°)* L'ordonnance du juge des libertés et de la détention prise en application des articles L. 3211-12 ou L. 3211-12-1 est susceptible d'appel devant le premier président de la cour d'appel ou son délégué. Le débat est tenu selon les modalités prévues à l'article L. 3211-12-2 *(L. n° 2013-869 du 27 sept. 2013, art. 7-1°)* « , à l'exception du dernier alinéa du I ».

L'appel formé à l'encontre de l'ordonnance mentionnée au premier alinéa n'est pas suspensif. Le premier président de la cour d'appel ou son délégué statue alors à bref délai dans des conditions définies par décret en Conseil d'État. *(L. nº 2013-869 du 27 sept. 2013, art. 7-2º)* « Lorsque l'ordonnance mentionnée au même premier alinéa a été prise en application de l'article L. 3211-12-1, un avis rendu par un psychiatre de l'établissement d'accueil de la personne admise en soins psychiatriques sans consentement se prononçant sur la nécessité de poursuivre l'hospitalisation complète est adressé au greffe de la cour d'appel au plus tard quarante-huit heures avant l'audience. »

Toutefois, lorsque le juge des libertés et de la détention ordonne la mainlevée d'une mesure de soins psychiatriques sous la forme d'une hospitalisation complète ou constate la mainlevée de cette mesure, le procureur de la République peut demander au premier président de la cour d'appel ou à son délégué de déclarer le recours suspensif en cas de risque grave d'atteinte à l'intégrité du malade ou d'autrui. Dans ce cas, l'appel, accompagné de la demande faisant état du risque grave d'atteinte à l'intégrité du malade ou d'autrui, est formé dans un délai de six heures à compter de la notification de l'ordonnance à l'auteur de la saisine et transmis au premier président de la cour d'appel ou à son délégué. Celui-ci décide, sans délai, s'il y a lieu de donner à cet appel un effet suspensif en fonction du risque grave d'atteinte à l'intégrité du malade ou d'autrui. Il statue par une ordonnance motivée qui n'est pas susceptible de recours. Le patient est maintenu en hospitalisation complète jusqu'à ce que cette ordonnance soit rendue et, si elle donne un effet suspensif à l'appel, jusqu'à ce qu'il soit statué sur le fond, sauf s'il est mis fin à l'hospitalisation complète en application des chapitres II ou III du présent titre.

Lorsqu'il a été donné un effet suspensif à l'appel, le premier président de la cour d'appel ou son délégué se prononce sur la demande en appel dans un délai de trois jours à compter de la déclaration d'appel. Toutefois, par une ordonnance qui peut être prise sans audience préalable, il peut, avant l'expiration de ce délai, ordonner une expertise. Il se prononce alors dans un délai de quatorze jours à compter de la date de cette ordonnance. En l'absence de décision à l'issue de l'un ou l'autre de ces délais, la mainlevée est acquise.

COMMENTAIRE

V. Commentaire reproduit sur Dalloz.fr.

Art. L. 3211-12-5 *(L. nº 2011-803 du 5 juill. 2011, art. 1er-I-15º)* Lorsque la mainlevée d'une mesure d'hospitalisation complète est acquise en application du IV de l'article L. 3211-12-1, le patient peut, dès cette mainlevée, faire l'objet de soins psychiatriques sous la forme mentionnée au 2º *(L. nº 2013-869 du 27 sept. 2013, art. 1er-4º)* « du I » de l'article L. 3211-2-1 si les conditions prévues au I des articles L. 3212-1 ou L. 3213-1 sont toujours réunies et selon les modalités prévues, respectivement, aux chapitres II ou III du présent titre.

Dans ce cas, un programme de soins est établi en application de l'article L. 3211-2-1. La période d'observation et de soins initiale mentionnée à l'article L. 3211-2-2 n'est pas applicable.

COMMENTAIRE

V. Commentaire reproduit sur Dalloz.fr.

Art. L. 3211-12-6 *(L. nº 2011-803 du 5 juill. 2011, art. 1er-I-15º)* Lorsque la mesure de soins psychiatriques dont une personne fait l'objet est levée en application du présent chapitre ou des chapitres II ou III du présent titre, un psychiatre de l'établissement d'accueil l'informe, en tant que de besoin, de la nécessité de poursuivre son traitement en soins libres et lui indique les modalités de soins qu'il estime les plus appropriées à son état.

Art. L. 3211-13 Les modalités d'application du présent chapitre sont déterminées en tant que de besoin par décret en Conseil d'État.

CHAPITRE II ADMISSION EN SOINS PSYCHIATRIQUES À LA DEMANDE D'UN TIERS OU EN CAS DE PÉRIL IMMINENT *(L. nº 2011-803 du 5 juill. 2011, art. 2-1º)*.

Art. L. 3212-1 *(L. nº 2011-803 du 5 juill. 2011, art. 2-2º)* I. — Une personne atteinte de troubles mentaux ne peut faire l'objet de soins psychiatriques sur la décision du directeur d'un établissement mentionné à l'article L. 3222-1 que lorsque les deux conditions suivantes sont réunies :

1° Ses troubles mentaux rendent impossible son consentement ;

2° Son état mental impose des soins immédiats assortis soit d'une surveillance médicale constante justifiant une hospitalisation complète, soit d'une surveillance médicale régulière justifiant une prise en charge sous la forme mentionnée au 2° *(L. n° 2013-869 du 27 sept. 2013, art. 1er-4°)* « du I » de l'article L. 3211-2-1.

II. — Le directeur de l'établissement prononce la décision d'admission :

1° Soit lorsqu'il a été saisi d'une demande présentée par un membre de la famille du malade ou par une personne justifiant de l'existence de relations avec le malade antérieures à la demande de soins et lui donnant qualité pour agir dans l'intérêt de celuici, à l'exclusion des personnels soignants exerçant dans l'établissement prenant en charge la personne malade. Lorsqu'il remplit les conditions prévues au présent alinéa, le tuteur ou le curateur d'un majeur protégé peut faire une demande de soins pour celui-ci.

La forme et le contenu de cette demande sont fixés par décret en Conseil d'État.

La décision d'admission est accompagnée de deux certificats médicaux circonstanciés datant de moins de quinze jours, attestant que les conditions prévues aux 1° et 2° du I du présent article sont réunies.

Le premier certificat médical ne peut être établi que par un médecin n'exerçant pas dans l'établissement accueillant le malade ; il constate l'état mental de la personne malade, indique les caractéristiques de sa maladie et la nécessité de recevoir des soins. Il doit être confirmé par un certificat d'un second médecin qui peut exercer dans l'établissement accueillant le malade. Les deux médecins ne peuvent être parents ou alliés, au quatrième degré inclusivement, ni entre eux, ni du directeur de l'établissement mentionné à l'article L. 3222-1 qui prononce la décision d'admission, ni de la personne ayant demandé les soins ou de la personne faisant l'objet de ces soins ;

2° Soit lorsqu'il s'avère impossible d'obtenir une demande dans les conditions prévues au 1° du présent II et qu'il existe, à la date d'admission, un péril imminent pour la santé de la personne, dûment constaté par un certificat médical établi dans les conditions prévues au troisième alinéa du même 1°. Ce certificat constate l'état mental de la personne malade, indique les caractéristiques de sa maladie et la nécessité de recevoir des soins. Le médecin qui établit ce certificat ne peut exercer dans l'établissement accueillant la personne malade ; il ne peut en outre être parent ou allié, jusqu'au quatrième degré inclusivement, ni avec le directeur de cet établissement ni avec la personne malade.

Dans ce cas, le directeur de l'établissement d'accueil informe, dans un délai de vingt-quatre heures sauf difficultés particulières, la famille de la personne qui fait l'objet de soins et, le cas échéant, la personne chargée de la protection juridique de l'intéressé ou, à défaut, toute personne justifiant de l'existence de relations avec la personne malade antérieures à l'admission en soins et lui donnant qualité pour agir dans l'intérêt de celle-ci.

Lorsque l'admission a été prononcée en application du présent 2°, les certificats médicaux mentionnés aux deuxième et troisième alinéas de l'article L. 3211-2-2 sont établis par deux psychiatres distincts.

COMMENTAIRE

V. Commentaire reproduit sur Dalloz.fr.

Jurisprudence sur le texte antérieur à la loi du 27 juin 1990

1. *Affirmation abusive dans un certificat médical.* *Le médecin qui, dans le certificat joint à une demande d'internement, déclare que « parmi les collatéraux du malade, on trouve un frère et un fils présentant des signes de dégénération mentale » fait une affirmation abusive (en désignant des tiers dont l'état mental n'est pas en question) qui l'expose à une condamnation à des dommages-intérêts.* • Req. 13 mai 1908 : *DP 1908. 1. 366.*

2. *Responsabilité du médecin du fait de certificats imprécis, inexacts ou peu rigoureux.* Le médecin peut engager sa responsabilité contractuelle à raison des inexactitudes contenues dans un certificat médical, s'il a accordé foi à des récits intéressés. • Caen, 16 janv. 1901 : *DP 1904. 2. 370 ; S. 1904. 2. 172.* ♦ ... S'il ne s'est pas assuré de la véracité des faits. • Nîmes, 3 juill.

1911 : *S. 1913. 2. 177, note Perrau, DP 1914. 2. 85, note Legris.* ♦ ... S'il ordonne l'internement d'une personne qu'il ne connaît que de vue. • Grenoble, 13 mars 1931 : *Gaz. Pal. 1931. 2. 776.* ♦ ... S'il fait preuve de légèreté et d'imprudence. • Nîmes, 6 juin 1955 : *D. 1956. 473, note Prévault ; JCP 1956. II. 9038 ; Inf. psycho. 1956. 225.* ♦ Mais la condamnation du médecin est liée à l'existence d'un préjudice : est rejetée la demande de dommages et intérêts formée contre un médecin auquel il est reproché d'avoir établi, sans examen préalable, un certificat en vue du placement d'un malade dans un établissement d'aliéné dans la mesure où ce dernier, n'ayant pas contesté avoir manifesté des intentions de suicide et ayant repris tous ses moyens après les soins reçus, ne justifie pas d'un préjudice. • Civ. 1re, 10 avr. 1964 : *Bull. civ. I, n° 173.*

3. Certificat médical d'internement et secret médical. La délivrance d'un certificat médical d'internement déroge légalement au principe du secret médical. • Civ. 1re, 26 mai 1964 : *D. 1965. 109, note Le Bris.* ♦ Mais le secret médical doit être respecté pour les procédures étrangères à l'internement proprement dit. • Aix-en-Provence, 19 mars 1902 : *DP 1903. 2. 451* • Grenoble, 22 mai 1957 : *JCP 1957. II. 10246, note Savatier.*

4. Responsabilité de l'auteur de la demande d'internement vis-à-vis des tiers. Le fait illicite, qui atteint directement une personne, n'autorise les tiers à agir en leur propre nom contre l'auteur de ce fait qu'autant qu'ils ont été eux-mêmes personnellement lésés. Ainsi, le fils et le frère d'une femme, internée dans un asile d'aliénés à la demande de son époux, n'ayant subi de ce fait aucun préjudice matériel, ne peuvent agir en dommages et intérêts contre ledit époux. Et lorsque l'internement injustifié a cessé au bout de quelques jours, ils ne peuvent non plus se prévaloir d'une atteinte à leur affection assez grave pour être appréciée en argent. • Chambéry, 25 juin 1907 : *DP 1907. 2. 379.*

5. Formalités d'admission en l'absence de placement volontaire. La procédure de l'art. L. 333 [L. 3212-1] n'a pas à être suivie si le malade ne fait pas l'objet d'un « placement volontaire » (hospitalisation à la demande d'un tiers). • Civ. 1re, 23 nov. 1983 : *Bull. civ. I, n° 278 ; RDSS 1984. 371, obs. de Forges ; JCP 1985. II. 20383, note Dorsner-Dolivet.*

6. Absence d'indication du degré de parenté ou de la nature des relations patient-auteur de la demande. La demande d'admission d'un malade en placement volontaire (hospitalisation à la demande d'un tiers) n'indiquant pas le degré de parenté ou, à défaut, la nature des relations existant entre le malade et l'auteur de la demande, elle ne satisfait pas aux exigences des dispositions de l'art. L. 333 [L. 3212-1], ce qui entache d'illégalité la décision d'admission prise au vu d'une telle demande. • CE 31 juill. 1996, *Mme M. L. et CHS de Ville-Évrard : nos 120736 et 121848.*

7. Absence de formalisme et de motivation de la décision d'admission. La décision d'admission, prise par le directeur de l'établissement auquel est présentée une demande de placement volontaire (hospitalisation sur demande d'un tiers), n'a pas à être formalisée par écrit et, par suite, à être motivée. • CE 25 mai 1994, *Waksman,* n° 132281 : *Lebon T. 748* • 26 juill. 1996, *CHS Ste-Marie-de-Cayssiol,* n° 158030 : *Lebon T. 794 ; Dr. adm. 1995, n° 545, note Esper.*

8. Compétence des tribunaux de l'ordre judicaire. Il n'appartient qu'aux tribunaux judiciaires d'apprécier le bien-fondé d'une hospitalisation sur demande d'un tiers. • CAA Lyon, 14 oct. 1999, *Mme D.,* n° 99LY01645 : *Lebon T. 1025.*

Jurisprudence sur le texte issu de la loi du 27 juin 1990

9. Notion de « tiers » demandant l'hospitalisation. « L'hospitalisation, sans son consentement, d'une personne atteinte de troubles mentaux ne peut être décidée sur demande d'un tiers que si celui-ci, à défaut de pouvoir faire état d'un lien de parenté avec le malade, est en mesure de justifier de l'existence de relations antérieures à la demande lui donnant qualité pour agir dans l'intérêt de celui-ci » ; ce n'était pas le cas, en l'espèce, de l'auteur de la demande qui indiquait seulement sa qualité de cadre infirmier d'un établissement hospitalier (autre que celui dans lequel l'hospitalisation sans consentement a été effectuée). • CE 11 déc. 2009, *CH Montperrin,* n° 323483 : *Lebon T. 885.* ♦ V. aussi • CAA Nantes, 30 déc. 1999, *CHS de Pontorson,* n° 97NT01930 : *Lebon T. 1025 ; AJDA 2000. 274 ; ibid. Chron. 230* • CE 3 déc. 2003, *CHS de Caen,* n° 244867 : *Lebon 488, concl. Stahl ; AJDA 2004. 614 ; RFDA 2004. 195.*

10. Nécessaire preuve de la demande d'un tiers. Le juge administratif annule la décision d'hospitalisation à la demande d'un tiers, lorsque, malgré la demande du tribunal qui précisait que la production ne serait pas communiquée à la requérante, le directeur de l'établissement ne peut produire aucune demande d'hospitalisation émanant d'un tiers. • TA Toulouse, 16 févr. 2010, *Mme P.,* n° 0805091 : *AJDA 2010. 1103.*

11. Notion de « surveillance constante ». La notion de surveillance constante au sens de l'art. L. 333 [L. 3212-1] relatif à l'hospitalisation à la demande d'un tiers de personnes atteintes de troubles mentaux, signifie qu'une équipe soignante, engagée dans un projet thérapeutique, doit pouvoir intervenir à tout moment auprès du patient, en cas de besoin. • Civ. 1re, 13 oct. 1999 : *Bull. civ. I, n° 274 ; D. 1999. IR 245.* ♦ La circonstance qu'une personne toxicomane, hospitalisée à la demande d'un tiers, ait tiré profit d'un déplacement autorisé à l'intérieur de l'établissement pour faire une fugue (à l'occasion de laquelle elle va décéder d'une surdose d'héroïne) n'est pas de nature à engager la responsabilité de l'hôpital pour manquement à son obligation spécifique de surveillance. • Même arrêt.

12. Défaut de mise en œuvre d'une hospitalisation sous contrainte. « Lorsque le pronostic vital d'un patient est en jeu [du fait de ses pulsions suicidaires] et que celui-ci n'est pas en mesure d'exprimer son consentement libre et éclairé, l'abstention du médecin du centre hospitalier de mettre à même la famille d'un patient de solliciter son hospitalisation sous contrainte engage la responsabilité dudit centre hospitalier pour faute ». Cependant, pas de faute en l'espèce. • TA Toulouse, 23 mars 2010, *G.*, n° 0504879 : *D. 2010. 2562, concl. Truilhé*.

13. Conformité à la Constitution de l'art. L. 3212-1. Saisi par le Conseil d'État (• CE 24 sept. 2010, *Mlle Danielle S.*, n° 339110) d'une question prioritaire de constitutionnalité, le Conseil constitutionnel a jugé l'art. L. 3212-1, dans sa rédaction antérieure à la L. n° 2011-803 du 5 juill. 2011, conforme à la Constitution. • Cons. const. 26 nov. 2010, n° 2010-71 QPC : *JO 27 nov., p. 21119 ; D. 2010. 284 ; AJDA 2010. 2284, obs. Brondel ; ibid. 2011. 174, note Bioy ; Constitutions 2011. 108, note Bioy ; JCP 2010, n° 1216, note Dubreuil ; JCP Adm. 2010, n° 49, p. 7, note Albert ; LPA 23 déc. 2010, n° 255, p. 5, note Castaing ; RDSS 2011. 304, note Renaudie ; RTD civ. 2011. 101, note Hauser*.

14. Répartition des compétences entre les deux ordres de juridiction. L'autorité judiciaire est seule compétente pour statuer sur l'ensemble des conséquences dommageables d'une mesure d'hospitalisation à la demande d'un tiers, sous la seule réserve, dans le régime antérieur à l'entrée en vigueur de l'art. 7 de la loi n° 2011-803 du 5 juill. 2011, d'une appréciation préalable de la régularité de cette décision par la juridiction administrative. • CE 20 déc. 2013, *Mme D.-B.*, n° 352747 : *Lebon*. ♦ La juridiction administrative n'est pas compétente pour connaître de la responsabilité d'un établissement privé d'hospitalisation au titre des soins psychiatriques qu'il dispense, dès lors qu'il n'exerce aucune prérogative de puissance publique, même lorsque ces soins concernent une personne hospitalisée à la demande d'un tiers. • Même arrêt.

Jurisprudence sur le texte issu de la loi n° 2011-803 du 5 juill. 2011

15. Certificat médical circonstancié en cas de soins sans consentement pour péril imminent. Le fait que le médecin signataire du certificat ait simplement coché sur un formulaire préimprimé le critère du péril imminent pour la santé du patient nécessitant une hospitalisation complète n'affecte pas la légalité de la décision d'hospitalisation d'office, dans la mesure où, préalablement, ce médecin a procédé de façon manuscrite, individualisée et circonstanciée, à la description des symptômes présentés par le patient et justifiant la mise en œuvre d'une telle procédure. • Civ. 1re, 18 déc. 2014, n° 13-24.924 : *Dict. perm. Santé, bioéthique et biotechnologies, Bull. n° 256, févr. 2015, p. 12, obs. Jonas*.

16. Information de la famille en cas de soins sans consentement pour péril imminent. C'est à bon droit que le premier président du TGI a ordonné la mainlevée immédiate de la mesure de soins sans consentement fondée sur un péril imminent, le directeur de l'établissement ayant, en l'absence de toute information de la famille de la patiente, manqué à ses obligations. • Civ. 1re, 18 déc. 2014, n° 13-26.816 P.

17. Transformation d'une mesure de soins sur demande d'un tiers en mesure de soins pour péril imminent. La transformation d'une mesure de soins sur demande d'un tiers en mesure de soins pour péril imminent ne requiert pas un nouveau contrôle du juge des libertés et de la détention sur saisine obligatoire du directeur de l'établissement, même lorsque les soins se déroulent sous la forme d'une hospitalisation complète, aucun texte ne l'imposant. • Civ. 1re, 24 févr. 2016, n° 15-11.427 : *Dict. perm. Santé, bioéthique et biotechnologies, Bull. n° 269, avr. 2016, p. 4, obs. Couturier ; JCP Adm. 2016, n° 2286, note Péchillon.*

Art. L. 3212-2 *(L. n° 2011-803 du 5 juill. 2011, art. 2-2°)* **Avant d'admettre une personne en soins psychiatriques en application de l'article L. 3212-1, le directeur de l'établissement d'accueil s'assure de son identité. Lorsque la personne est admise en application du 1° du II du même article L. 3212-1, le directeur de l'établissement vérifie également que la demande de soins a été établie conformément au même 1° et s'assure de l'identité de la personne qui formule la demande de soins. Si la demande est formulée pour un majeur protégé par son tuteur ou curateur, celui-ci doit fournir à l'appui de sa demande un extrait du jugement de mise sous tutelle ou curatelle.**

COMMENTAIRE

V. Commentaire reproduit sur Dalloz.fr.

Jurisprudence sur le texte antérieur à la loi du 27 juin 1990

1. Accès aux documents administratifs composant le dossier d'hospitalisation. Les documents administratifs composant le dossier d'hospitalisation d'une personne ayant fait l'objet d'un placement volontaire (hospitalisation sur demande d'un tiers) présentent un caractère nominatif, en ce qu'ils comportent le nom de l'auteur de la demande de placement et concernent ainsi une personne autre que la personne hospitalisée. En conséquence, l'administration est tenue de refuser à la personne hospitalisée la communication de tout élément permettant l'identification de l'auteur de la demande de placement volontaire. • CAA Nantes, 7 oct. 1999, *Mlle C.*, n° 96NT01287 : *Lebon T. 1025 ; D. 2001. 275, note Joyau*.

Jurisprudence sur le texte issu de la loi du 27 juin 1990

2. Conformité à la Constitution de l'art. L. 3212-2. Saisi par le Conseil d'État (• CE 24 sept. 2010, *Mlle Danielle S.*, n° 339110) d'une question prioritaire de constitutionnalité, le Conseil constitutionnel a jugé l'art. L. 3212-2, dans sa rédaction antérieure à la L. n° 2011-803 du 5 juill. 2011, conforme à la Constitution. • Cons. const. 26 nov. 2010, n° 2010-71 QPC : *préc. note 13 ss. art. L. 3212-1.*

3. Vérifications opérées par le directeur. Les dispositions de l'art. L. 3212-2, concernant le contrôle de la demande de soins et de l'identité de son auteur, n'obligent pas le directeur de l'établissement à recevoir personnellement le tiers à l'origine de la demande. • CE 13 mars 2013, *M. A.*, n° 348165.

Art. L. 3212-3 *(L. n° 2011-803 du 5 juill. 2011, art. 2-2°)* **En cas d'urgence, lorsqu'il existe un risque grave d'atteinte à l'intégrité du malade, le directeur d'un établissement mentionné à l'article L. 3222-1 peut, à titre exceptionnel, prononcer à la demande d'un tiers l'admission en soins psychiatriques d'une personne malade au vu d'un seul certificat médical émanant, le cas échéant, d'un médecin exerçant dans l'établissement. Dans ce cas, les certificats médicaux mentionnés aux deuxième et troisième alinéas de l'article L. 3211-2-2 sont établis par deux psychiatres distincts.**

Préalablement à l'admission, le directeur de l'établissement d'accueil vérifie que la demande de soins a été établie conformément au 1° du II de l'article L. 3212-1 et s'assure de l'identité de la personne malade et de celle qui demande les soins. Si la demande est formulée pour un majeur protégé par son tuteur ou curateur, celui-ci doit fournir à l'appui de sa demande un extrait de jugement de mise sous tutelle ou curatelle.

COMMENTAIRE

V. Commentaire reproduit sur Dalloz.fr.

Jurisprudence sur le texte issu de la loi du 27 juin 1990

1. Conformité à la Constitution de l'art. L. 3212-3. Saisi par le Conseil d'État (• CE 24 sept. 2010, *Mlle Danielle S.*, n° 339110) d'une question prioritaire de constitutionnalité, le Conseil constitutionnel a jugé l'art. L. 3212-3, dans sa rédaction antérieure à la L. n° 2011-803 du 5 juill. 2011, conforme à la Constitution. • Cons. const. 26 nov. 2010, n° 2010-71 QPC : *préc. note 13 ss. art. L. 3212-1.*

Jurisprudence sur le texte issu de la L. du 5 juill. 2011

2. Obligation pour le juge de ne pas dénaturer le certificat médical. Le juge des libertés et de la détention ne peut dénaturer dans sa décision la teneur des éléments médicaux constatés par les psychiatres ayant établi les certificats nécessaires à l'admission sans consentement d'un patient en hospitalisation complète. • Civ. 1re, 27 sept. 2017, n° 16-22.544 P : *D. 2017. 1914 ; Dict. perm. santé, bioéthique et biotechnologies, nov.-déc 2017, Bull. n°s 286/287, p. 5, obs. Couturier.*

Art. L. 3212-4 *(L. n° 2011-803 du 5 juill. 2011, art. 2-2°)* **Lorsque l'un des deux certificats médicaux mentionnés aux deuxième et troisième alinéas de l'article L. 3211-2-2 conclut que l'état de la personne ne justifie plus la mesure de soins, le directeur de l'établissement d'accueil prononce immédiatement la levée de cette mesure.**

Lorsque les deux certificats médicaux ont conclu à la nécessité de prolonger les soins, le directeur de l'établissement prononce le maintien des soins *(L. n° 2013-869 du 27 sept. 2013, art. 8-1°)* **« pour une durée d'un mois, » en retenant la forme de la prise en charge proposée par le psychiatre en application du même article L. 3211-2-2. Il joint à sa décision, le cas échéant, le programme de soins établi par le psychiatre.**

Dans l'attente de la décision du directeur de l'établissement, la personne malade est prise en charge sous la forme d'une hospitalisation complète.

Lorsque le psychiatre qui participe à la prise en charge de la personne malade propose de modifier la forme de prise en charge de celle-ci, le directeur de l'établissement est tenu de la modifier sur la base du certificat médical ou de l'avis mentionnés à l'article L. 3211-11.

COMMENTAIRE

V. Commentaire reproduit sur Dalloz.fr.

Jurisprudence sur le texte antérieur à la loi du 27 juin 1990

1. Certificat médical d'internement et secret médical. V. note ss. art. L. 3212-1.

Jurisprudence sur le texte issu de la loi du 27 juin 1990

2. Conformité à la Constitution de l'art. L. 3212-4. Saisi par le Conseil d'État (• CE 24 sept. 2010, *Mlle Danielle S.*, n° 339110) d'une question prioritaire de constitutionnalité, le Conseil constitutionnel a jugé l'art. L. 3212-4, dans sa rédaction antérieure à la L. n° 2011-803 du 5 juill. 2011, conforme à la Constitution. • Cons. const. 26 nov. 2010, n° 2010-71 QPC : *préc. note 13 ss. art. L. 3212-1.*

3. Décision de maintien en hospitalisation. Les dispositions de l'art. L. 3212-4, dans leur rédaction en vigueur en 2003, n'impliquent pas que, dans les vingt-quatre heures suivant l'admission, le directeur de l'établissement réitère sa décision initiale si le nouveau certificat médical conclut à la nécessité de prolonger l'hospitalisation. • CE 26 mai 2014, *Mme D.-B.*, n° 352746. ♦ Il en va de même dans le cas d'une prolongation de l'hospitalisation au-delà de quinze jours. • Même décision.

Art. L. 3212-5 *(L. n° 2016-41 du 26 janv. 2016, art. 69-I-4°-a)* **« I. — Le directeur de l'établissement d'accueil transmet sans délai au représentant de l'État dans le département ou, à Paris, au préfet de police, et à la commission départementale des soins psychiatriques mentionnée à l'article L. 3222-5 toute décision d'admission d'une personne en soins psychiatriques en application du présent chapitre. Il transmet également sans délai à cette commission une copie du certificat médical d'admission, du bulletin d'entrée et de chacun des certificats médicaux mentionnés aux deuxième et troisième alinéas de l'article L. 3211-2-2. »**

(Abrogé par L. n° 2016-41 du 26 janv. 2016, art. 69-I-4°-b) ***« II. — Le directeur de l'établissement d'accueil notifie sans délai les nom, prénoms, profession et résidence habituelle ou lieu de séjour tant de la personne faisant l'objet des soins que, lorsque l'admission a été prononcée en application du 1° du II de l'article L. 3212-1 ou de l'article L. 3212-3, de celle les ayant demandés :***

« 1° Au procureur de la République près le tribunal de grande instance dans le ressort duquel se trouve la résidence habituelle ou le lieu de séjour de la personne faisant l'objet de soins ;

« 2° Au procureur de la République près le tribunal de grande instance dans le ressort duquel est situé l'établissement. »

III. — Dans le cas où la personne malade a été admise en application du 1° du II de l'article L. 3212-1 ou de l'article L. 3212-3 et fait l'objet d'une prise en charge sous la forme d'une hospitalisation complète, le directeur de l'établissement d'accueil informe la personne ayant demandé les soins de toute décision modifiant la forme de la prise en charge.

COMMENTAIRE

V. Commentaire reproduit sur Dalloz.fr.

Jurisprudence sur le texte antérieur à la loi du 27 juin 1990

Information tardive du parquet. Le fait que le procureur de la République n'ait pas été informé dans le délai prescrit de l'intervention d'un arrêté préfectoral de placement d'office n'affecte pas la régularité de l'arrêté d'internement. • CE 18 mars 1970, *Bila*, n° 77946 : *Lebon 195 ; AJDA 1971. II. 57.*

Art. L. 3212-6 *Abrogé par L. n° 2011-803 du 5 juill. 2011, art. 2-3°.*

Art. L. 3212-7 *(L. n° 2011-803 du 5 juill. 2011, art. 2-4°) (L. n° 2013-869 du 27 sept. 2013, art. 8-2°-a et b)* **« A l'issue de la première période de soins psychiatriques prononcée en application du deuxième alinéa de l'article L. 3212-4, les soins peuvent être**

maintenus par le directeur de l'établissement pour des périodes d'un mois, renouvelables selon les modalités prévues au présent article.

« Dans les trois derniers jours de chacune des périodes mentionnées au premier alinéa, un psychiatre » de l'établissement d'accueil établit un certificat médical circonstancié indiquant si les soins sont toujours nécessaires. Ce certificat médical précise si la forme de la prise en charge de la personne malade décidée en application de l'article L. 3211-2-2 demeure adaptée et, le cas échéant, en propose une nouvelle. Lorsqu'il ne peut être procédé à l'examen de la personne malade, le psychiatre de l'établissement d'accueil établit un avis médical sur la base du dossier médical.

(Abrogé par L. n° 2013-869 du 27 sept. 2013, art. 8-2°-c) ***« Au vu du certificat médical ou de l'avis médical mentionné au premier alinéa du présent article, les soins peuvent être maintenus par le directeur de l'établissement pour une durée maximale d'un mois. Au-delà de cette durée, les soins peuvent être maintenus par le directeur de l'établissement pour des périodes maximales d'un mois, renouvelables selon les modalités prévues au présent article ; le certificat est établi dans les trois derniers jours de la période en cause. »***

Lorsque la durée des soins excède une période continue d'un an à compter de l'admission en soins, le maintien de ces soins est subordonné à une évaluation *(L. n° 2013-869 du 27 sept. 2013, art. 8-2°-d)* **« médicale » approfondie de l'état mental de la personne réalisée par le collège mentionné à l'article L. 3211-9.** *(L. n° 2013-869 du 27 sept. 2013, art. 8-2°-d)* **« Cette évaluation est renouvelée tous les ans. » Ce collège recueille l'avis du patient. En cas d'impossibilité d'examiner le patient à l'échéance prévue en raison de son absence, attestée par le collège, l'évaluation et le recueil de son avis sont réalisés dès que possible.**

Le défaut de production d'un des certificats médicaux, des avis médicaux ou des attestations mentionnés au présent article entraîne la levée de la mesure de soins.

Les copies des certificats médicaux, des avis médicaux ou des attestations prévus au présent article et à l'article L. 3211-11 sont adressées sans délai par le directeur de l'établissement d'accueil *(Abrogé par L. n° 2016-41 du 26 janv. 2016, art. 69-I-5°)* ***« au représentant de l'État dans le département ou, à Paris, au préfet de police, et »*** **à la commission départementale des soins psychiatriques mentionnée à l'article L. 3222-5.**

COMMENTAIRE

V. Commentaire reproduit sur Dalloz.fr.

Jurisprudence sur le texte antérieur à la loi du 27 juin 1990

1. *Certificat médical d'internement et secret médical.* V. note ss. art. L. 3212-1.

2. *Inconstitutionnalité de l'art. L. 337 [devenu art. L. 3212-7].* Le Conseil constitutionnel a considéré que les dispositions des art. L. 337 à L. 340 du CSP (dans leur rédaction antérieure à l'entrée en vigueur de la loi du 27 juin 1990), permettant que l'hospitalisation d'une personne atteinte de maladie mentale soit maintenue au-delà de 15 jours dans un établissement de soins sans l'intervention d'une juridiction de l'ordre judiciaire, méconnaissent les exigences de l'art. 66 de la Constitution. Cette déclaration d'inconstitutionnalité prend effet à compter du 3 déc. 2011 et elle est applicable à toutes les instances portant sur des situations soumises à ces dispositions qui, à cette date, n'ont pas été jugées définitivement. • Cons. const. 2 déc. 2011, n° 2011-202 QPC : *JO 3 déc., p. 20498.*

Jurisprudence sur le texte issu de la loi du 27 juin 1990

3. *Inconstitutionnalité de l'art. L. 337 [devenu art. L. 3212-7].* Saisi par le Conseil d'État (• CE 24 sept. 2010, *Mlle Danielle S.,* n° 339110) d'une question prioritaire de constitutionnalité, le Conseil constitutionnel a jugé l'art. L. 3212-7, dans sa rédaction antérieure à la L. n° 2011-803 du 5 juill. 2011, contraire à la Constitution : « Aucune disposition législative ne soumet le maintien de l'hospitalisation d'une personne sans son consentement en application de l'art. L. 337 CSP à une juridiction judiciaire dans des conditions répondant aux exigences de l'art. 66 de la Constitution ; il s'ensuit que cet article doit être déclaré contraire à la Constitution » (consid. 26). La déclaration d'inconstitutionnalité a pris effet le 1er août 2011. • Cons. const. 26 nov. 2010, n° 2010-71 QPC : *JO 27 nov., p. 21119 ; D. 2010. 284 ; AJDA 2010. 2284, obs. Brondel ; ibid. 2011. 174, note Bioy ; Constitutions 2011. 108, note Bioy ; JCP 2010, n° 1216, note Dubreuil ; JCP Adm. 2010, n° 49, p. 7, note Albert ; LPA 23 déc. 2010, n° 255, p. 5, note Castaing ; RDSS 2011. 304, note Renaudie ; RTD civ. 2011. 101, note Hauser.*

4. *Effets de la déclaration d'inconstitutionnalité.* Pour contester les mesures d'hospitalisation sans consentement prises à son encontre, une requérante ne peut se prévaloir de la déclaration d'inconstitutionnalité de l'art. L. 337

[devenu art. L. 3212-7] par la décision du Conseil constitutionnel n° 2010-71 QPC du 26 nov. 2010, dès lors que les mesures sont intervenues avant la date de la décision QPC. • CE 22 avr. 2012, *Mme Danielle A.*, n° 339110.

Art. L. 3212-8 Sans préjudice des dispositions mentionnées à l'article L. 3212-7, il est mis fin à la mesure *(L. n° 2011-803 du 5 juill. 2011, art. 2-5°)* « de soins » prise en application de l'article L. 3212-1 ou de l'article L. 3212-3 dès qu'un psychiatre de l'établissement certifie que les conditions *(L. n° 2011-803 du 5 juill. 2011, art. 2-5°)* « ayant motivé cette mesure » ne sont plus réunies et en fait mention sur le registre prévu à l'article L. 3212-11. Ce certificat circonstancié doit mentionner l'évolution ou la disparition des troubles ayant justifié *(L. n° 2011-803 du 5 juill. 2011, art. 2-5°)* « les soins ».

Dans les vingt-quatre heures qui suivent la fin de *(L. n° 2011-803 du 5 juill. 2011, art. 2-5°)* « la mesure de soins », le directeur de l'établissement en informe le représentant de l'État dans le département *(L. n° 2011-803 du 5 juill. 2011, art. 2-5°)* « ou, à Paris, le préfet de police », la commission mentionnée à l'article L. 3222-5, *(Abrogé par L. n° 2016-41 du 26 janv. 2016, art. 69-I-6°-a) « les procureurs de la République mentionnés (L. n° 2011-803 du 5 juill. 2011, art. 2-5°) « au II de » l'article L. 3212-5 »* et la personne qui a demandé *(L. n° 2011-803 du 5 juill. 2011, art. 2-5°)* « les soins ».

COMMENTAIRE

V. Commentaire reproduit sur Dalloz.fr.

Inconstitutionnalité de l'art. L. 338 [L. 3212-8]. Sur l'inconstitutionnalité de l'art. L. 338 [devenu art. L. 3212-8], dans sa rédaction antérieure à l'entrée en vigueur de la loi du 27 juin 1990, et les effets de la déclaration d'inconstitutionnalité, V. note 2 ss. l'art. L. 3212-7. • Cons. const. 2 déc. 2011, n° 2011-202 QPC : *JO 3 déc., p. 20498.*

Art. L. 3212-9 *(L. n° 2011-803 du 5 juill. 2011, art. 2-6°)* Le directeur de l'établissement prononce la levée de la mesure de soins psychiatriques lorsque celle-ci est demandée :

1° Par la commission départementale des soins psychiatriques mentionnée à l'article L. 3222-5 ;

2° Par une des personnes mentionnées au deuxième alinéa du 2° du II de l'article L. 3212-1.

Dans le cas mentionné au 2° du présent article, le directeur de l'établissement n'est pas tenu de faire droit à cette demande lorsqu'un certificat médical ou, en cas d'impossibilité d'examiner le patient, un avis médical établi par un psychiatre de l'établissement et datant de moins de vingt-quatre heures atteste que l'arrêt des soins entraînerait un péril imminent pour la santé du patient. Le directeur de l'établissement informe alors par écrit le demandeur de son refus en lui indiquant les voies de recours prévues à l'article L. 3211-12.

Dans ce même cas, lorsqu'un certificat *(L. n° 2013-869 du 27 sept. 2013, art. 8-3°)* « médical ou, en cas d'impossibilité d'examiner le patient, un avis médical » établi par un psychiatre de l'établissement datant de moins de vingt-quatre heures atteste que l'état mental du patient nécessite des soins et compromet la sûreté des personnes ou porte atteinte, de façon grave, à l'ordre public, le directeur de l'établissement informe préalablement à la levée de la mesure de soins le représentant de l'État dans le département ou, à Paris, le préfet de police, qui peut prendre la mesure prévue à l'article L. 3213-6.

COMMENTAIRE

V. Commentaire reproduit sur Dalloz.fr.

Art. L. 3212-10 *Abrogé par L. n° 2011-803 du 5 juill. 2011, art. 2-7°.*

Art. L. 3212-11 Dans chaque établissement *(L. n° 2011-803 du 5 juill. 2011, art. 2-8°)* « mentionné à l'article L. 3222-1 » est tenu un registre sur lequel sont transcrits *(L. n° 2011-803 du 5 juill. 2011, art. 2-8°)* « ou reproduits » dans les vingt-quatre heures :

1° Les nom, prénoms, profession, âge et domicile des personnes *(L. n° 2011-803 du 5 juill. 2011, art. 2-8°)* « faisant l'objet de soins en application du présent chapitre » ;

2° La date de *(L. n° 2011-803 du 5 juill. 2011, art. 2-8°)* « l'admission en soins psychiatriques » ;

3° Les nom, prénoms, profession et domicile de la personne ayant demandé *(L. n° 2011-803 du 5 juill. 2011, art. 2-8°)* « les soins ou une mention précisant que l'admission en soins a été prononcée en application du 2° du II de l'article L. 3212-1 ou de l'article L. 3212-3 ;

« 4° Les dates de délivrance des informations mentionnées aux *a* et *b* de l'article L. 3211-3 ; »

5° Le cas échéant, la mention de la décision de mise sous tutelle, curatelle ou sauvegarde de justice ;

(L. n° 2011-803 du 5 juill. 2011, art. 2-8°) « 6° Les avis et les certificats médicaux ainsi que les attestations mentionnés au présent chapitre ;

« 7° La date et le dispositif des décisions rendues par le juge des libertés et de la détention en application des articles L. 3211-12 et L. 3211-12-1 ;

« 8° Les levées des mesures de soins psychiatriques autres que celles mentionnées au 7° ; »

9° Les décès.

Ce registre est soumis aux personnes qui, en application des articles L. 3222-4 et L. 3223-1 visitent l'établissement ; ces dernières apposent, à l'issue de la visite, leur visa, leur signature et s'il y a lieu, leurs observations.

(L. n° 2011-803 du 5 juill. 2011, art. 2-8°) « Le présent article est applicable aux personnes admises en soins psychiatriques en application des chapitres III et IV du présent titre. »

Art. L. 3212-12 Les modalités d'application du présent chapitre sont déterminées en tant que de besoin par décret en Conseil d'État. – *[Anc. art. L. 355].*

CHAPITRE III ADMISSION EN SOINS PSYCHIATRIQUES SUR DÉCISION DU REPRÉSENTANT DE L'ÉTAT *(L. n° 2011-803 du 5 juill. 2011, art. 3-1°).*

Art. L. 3213-1 *(L. n° 2013-869 du 27 sept. 2013, art. 10-1°)* I. – Le représentant de l'État dans le département prononce par arrêté, au vu d'un certificat médical circonstancié ne pouvant émaner d'un psychiatre exerçant dans l'établissement d'accueil, l'admission en soins psychiatriques des personnes dont les troubles mentaux nécessitent des soins et compromettent la sûreté des personnes ou portent atteinte, de façon grave, à l'ordre public. Les arrêtés préfectoraux sont motivés et énoncent avec précision les circonstances qui ont rendu l'admission en soins nécessaire. Ils désignent l'établissement mentionné à l'article L. 3222-1 qui assure la prise en charge de la personne malade.

Le directeur de l'établissement d'accueil transmet sans délai au représentant de l'État dans le département et à la commission départementale des soins psychiatriques mentionnée à l'article L. 3222-5 :

1° Le certificat médical mentionné au deuxième alinéa de l'article L. 3211-2-2 ;

2° Le certificat médical et, le cas échéant, la proposition mentionnés aux deux *derniers alinéas* du même article L. 3211-2-2.

II. – Dans un *délai de trois jours* francs suivant la réception du certificat médical mentionné à l'avant-dernier alinéa de l'article L. 3211-2-2, le représentant de l'État dans le département décide de la forme de prise en charge prévue à l'article L. 3211-2-1, en tenant compte de la proposition établie, le cas échéant, par le psychiatre en application du dernier alinéa de l'article L. 3211-2-2 et des exigences liées à la sûreté des personnes et à l'ordre public. Il joint à sa décision, le cas échéant, le programme de soins établi par le psychiatre.

Dans l'attente de la décision du représentant de l'État, la personne malade est prise en charge sous la forme d'une hospitalisation complète.

III. – Lorsque la proposition établie par le psychiatre en application de l'article L. 3211-2-2 recommande une prise en charge sous une autre forme que l'hospitalisation complète, le représentant de l'État ne peut modifier la forme de prise en charge

des personnes mentionnées au II de l'article L. 3211-12 qu'après avoir recueilli l'avis du collège mentionné à l'article L. 3211-9.

IV. – Les mesures provisoires, les décisions, les avis et les certificats médicaux mentionnés au présent chapitre figurent sur le registre mentionné à l'article L. 3212-11.

BIBL. ▶ FRIOURET, Le contradictoire en matière d'hospitalisation d'office, *RGDM mars 2011, n° 38, p. 255*. – LUCAS, L'initiative de l'hospitalisation d'office : un pouvoir partagé au service d'un contrôle social et sanitaire renforcé, *RDSS 2010. 1077* ✎. – COELHO, Hospitalisations psychiatriques sous contrainte : plaidoyer pour une réforme, *RDSS 2006. 249* ✎.

COMMENTAIRE

V. Commentaire reproduit sur Dalloz.fr.

Jurisprudence sur le texte antérieur à la loi du 5 juill. 2011

1. *Compétence juridictionnelle relative aux arrêtés d'hospitalisation d'office.* Le caractère abusif d'un internement dans un hôpital psychiatrique doit être apprécié par l'autorité judiciaire et non par la juridiction administrative. • Paris, 31 mai 1996, n° XP310596X : *D. 1996. IR 165* ✎ ; *ibid. 1997. 554, note Prévault* ✎. ♦ Le Tribunal des conflits considère que l'autorité judiciaire est seule compétente pour statuer sur les conséquences dommageables de l'irrégularité de la décision de placement d'office constatée par le juge administratif. • T. confl. 17 févr. 1997, *Préfet d'Île-de-France*, n° 03045 : *Lebon 525* ✎ ; *JCP 1997. II. 22885, concl. Sainte-Rose ; Dr. adm. 1997, n° 138, note Paillet* • 22 mars 2004, *Deshoyes c/ CHS de la Sarthe*, n° C3341 : *RFDA 2004. 1030* • CE, sect., 1er avr. 2005, *Mme Laporte*, n° 264627 : *Lebon 134* ✎ ; *D. 2005. AJ 1246* ✎ ; *JCP 2005. IV. 2141 ; AJDA 2005. 1231* ✎ ; *RFDA 2005. 683 ; RDSS 2005. 450, note Fossier* ✎. ♦ Un malade avait obtenu du juge administratif l'annulation pour des raisons de forme de certaines des décisions l'hospitalisant d'office sans obtenir pour autant que le juge judiciaire ordonne sa sortie immédiate ; la Cour européenne des droits de l'homme a condamné le France pour violation du droit de ce malade à un recours effectif. • CEDH 18 nov. 2010, *M. B. c/ France*, n° 35935/03 : *AJDA 2010. 2239, obs. Grand* ✎. Il n'est pas certain que cette décision de la CEDH vaille condamnation du partage des compétences entre les juridictions judiciaire et administrative présenté ci-dessus, car la Cour souligne « les circonstances très particulières de l'affaire ». ♦ Le Conseil constitutionnel, quant à lui, admet ce partage, mais en l'assortissant d'une réserve d'interprétation : V. Décis. n° 2010-71 QPC du 26 nov. 2010 à la note 8 ss. art. L. 3211-3 et à la note 5 ss. art. L. 3211-12. ♦ Lorsque la juridiction administrative a été saisie d'un recours antérieurement *à l'entrée en vigueur, le 1er janvier 2013*, des dispositions de la loi du 5 juillet 2011, il lui appartient d'apprécier la régularité de la décision administrative ordonnant l'hospitalisation d'office, en application de l'art. L. 3213-1 CSP, tandis que l'autorité judiciaire est seule compétente tant pour apprécier la nécessité d'une mesure d'hospitalisation d'office en hôpital psychiatrique que, lorsque la juridiction administrative s'est prononcée sur la régularité de la décision administrative d'hospitalisation, pour statuer sur l'ensemble des conséquences dommageables de cette décision, y compris celles qui découlent de son irrégularité. Toutefois, la décision par laquelle un établissement public de santé refuse à un tiers le droit de rendre visite à une personne hospitalisée sans son consentement a le caractère d'une mesure prise pour l'exécution du service public hospitalier qui ne porte pas atteinte à la liberté individuelle. Par suite, le juge administratif est compétent pour en connaître. • CE 26 juin 2015, *M. B.*, n° 381648.

2. *Contrôle des irrégularités de la mesure de placement par le juge administratif des référés.* Le juge administratif, saisi en référé (référé-liberté) d'une demande de suspension d'un arrêté d'hospitalisation d'office (ou de la décision qui prononce le maintien de celle-ci en application de l'art. L. 3213-4), n'est pas compétent pour apprécier la nécessité de l'hospitalisation (seul le juge judiciaire peut se prononcer sur ce point) mais il l'est pour « apprécier, eu égard aux seules irrégularités dont elles seraient entachées, si ces décisions portent une atteinte grave et manifestement illégale à une liberté fondamentale » (ce qui n'était pas le cas en l'espèce). • CE 1er avr. 2010, *Charles A.*, n° 335753 : *Constitutions 2010. 429, obs. Bioy* ✎.

3. *Motivation des arrêtés préfectoraux.* L'arrêté qui ordonne le placement d'office d'une personne dans un établissement d'aliénés, dès lors qu'il énonce que l'intéressé constitue un danger pour l'ordre public et la sûreté des personnes et qu'il se réfère à un certificat médical annexé qui décrit avec précision l'état mental de l'intéressé au moment des faits, satisfait aux exigences de motivation. • CE 3 nov. 1997, *Min. Intérieur c/ G.*, n° 146447 : *Lebon 409* ✎ ; *D. 1997. IR 253* ✎ ; *JCP 1999. IV. 1107, obs. Rouault* • CAA Lyon, plén., 4 févr. 1998, Prévost, n° 96LY00550 : *Dr. adm. 1998, n° 222 ; Note du 24 déc. 1997, BOMES 1998/4. 97*. – **Bibl.** Bernard et Bernardet, La motivation par référence des décisions d'hospitalisation d'office ou le juge aliéné par son fou, *RDSS 1997. 487*. ♦ Faisant preuve d'une rigueur nouvelle, la CAA de Marseille annule deux arrêtés prescrivant l'hospitalisation d'office pour motivation insuffisante : les arrêtés étaient insuffisamment motivés et les certificats médicaux, au vu desquels les mesures avaient été prises, n'étaient pas suffisamment circonstanciés et n'avaient pas été notifiés aux personnes intéressées. • CAA Marseille, 6 juill. 2000, *M. et Mme S.*, n°s 99MA05523 et 99MA05524 : *AJDA 2000. 958* ; *ibid. Chron. 897* . ♦ Dans le même sens, V. • CAA Paris, 4 nov. 2004, *Min. Intérieur c/ Mme P.*, n° 03PA03424 : *AJDA 2005. 225* • TA Versailles, 23 juin 2004, *M. D. c/ Préfet des Yvelines*, n° 042912 : *JCP 2005. II. 10015, note Stark et Bernardet* • TGI Versailles, 25 juin 2004, n° 04/00069 : *ibid.* ♦ Si la motivation par référence exige que le certificat médical auquel l'autorité se réfère pour procéder à l'hospitalisation soit joint, il n'en va pas de même lorsque l'arrêté reprend le contenu du certificat médical et comporte ainsi lui-même les considérations de fait et de droit exigées par l'art. L. 3213-1. Ainsi, une cour administrative d'appel a pu, sans erreur de droit, estimer que la circonstance que l'arrêté d'hospitalisation ne comportait pas, en annexe, le certificat médical dont il reprenait les motifs n'entachait pas cet arrêté d'irrégularité. • CE 27 mai 2011, *Mme Catherine A.*, n° 330267 : *AJDA 2011. 1116* ; *ibid. 1786, concl. Landais* ; *LPA 23 sept. 2011, n° 190, p. 8, comm. Bonnefont.*

4. Présentation de ses observations par l'interné d'office. « Les arrêtés préfectoraux d'hospitalisation d'office, bien que soumis à l'obligation de motivation prévue par l'art. L. 3213-1, n'en demeurent pas moins compris dans le champ d'application de l'art. 24 de la loi du 12 avr. 2000 [relative aux droits des citoyens dans leurs relations avec les administrations] relevant de l'obligation générale de motivation de l'art. 1er de la loi du 11 juill. 1979 [relative à la motivation des actes administratifs] instituée pour les mesures de police. Ils ne peuvent intervenir, en l'absence de dispositions du CSP organisant une procédure particulière, sauf urgence ou circonstances exceptionnelles, qu'après que l'intéressé a été mis à même de présenter ses observations, ou qu'a été constatée l'impossibilité de les recueillir ». • CAA Lyon, 9 juill. 2009, *M. André G.*, n° 07LY2624 : *AJDA 2009. 1734* .

5. Autorité compétente pour établir le certificat médical circonstancié. Un médecin de l'établissement d'accueil peut signer le certificat médical circonstancié dès lors qu'il n'exerce pas la spécialité de psychiatre. • CAA Nancy, 7 janv. 2008, *Préfet de la Meuse*, n° 06NC01639 : *AJDA 2008. 951* . ♦ Confirmé par • CE, sect., 9 juin 2010, *M. Lavalle*, n° 321506 : *AJDA 2010. 1175* ; *RFDA 2010. 845.*

6. Pouvoir du juge des enfants. V. note 1 ss. art. L. 3211-1.

7. Rétention dans un centre hospitalier pendant le temps strictement nécessaire à la mise en œuvre des mesures de placement. Une personne majeure présentant des signes de maladie mentale et dont le comportement paraît présenter un danger imminent pour sa propre sécurité ou pour celle d'autrui peut être retenue contre son gré dans un établissement d'hospitalisation général ou spécialisé, pendant le temps strictement nécessaire à la mise en œuvre des mesures d'internement d'office ou de placement volontaire prévues par le code de la santé publique. • CE 17 nov. 1997, *M. G.*, n° 155196 : *D. 1998. IR 9* ; *Dr adm. 1998, n° 139, note D. G.*

8. Indemnisation de l'internement abusif : point de départ du délai de prescription. Le point de départ de la déchéance quadriennale pour voir indemniser un internement abusif est fixé à la fin de cet internement. • Cass., ass. plén., 6 juill. 2001 : *Bull. ass. plén., n° 9* ; *JCP 2002. II. 10105, note Fossier.* ♦ Cependant, lorsque le juge administratif a annulé la décision de placement d'office, c'est la décision d'annulation (et non la décision d'hospitalisation) qui constitue le fait générateur de l'obligation d'indemnisation du patient et qui fait courir le délai de la prescription quadriennale. • Civ 1re, 31 mars 2010 : *Bull. civ. I, n° 77* ; *D. 2010. 1259, avis Sarcelet* ; *AJDA 2010. 1447* ; *RTD civ. 2010. 301, obs. Hauser* .

9. Réparation du préjudice né de l'atteinte portée à la liberté par une mesure d'hospitalisation d'office irrégulière. Au visa de l'art. 1382 C. civ., la Cour de cassation juge que l'hospitalisation d'un patient annulée par le juge administratif « cause à ses parents un préjudice direct dont ils sont bien fondés à demander réparation ». Par ailleurs, la cour d'appel avait limité le montant des dommages-intérêts attribués au patient lui-même car son état pathologique justifiait son hospitalisation, celle-ci n'ayant été annulée que pour des irrégularités formelles ; cassation car le patient « pouvait prétendre à l'indemnisation de l'entier préjudice né de l'atteinte portée à sa liberté par son hospitalisation d'office irrégulièrement ordonnée ». • Civ. 1re, 23 juin 2010, n° 09-66.026 P : *D. 2010. 1781* ; *JCP 2010, p. 1891.* ♦ Dès lors qu'une décision administrative d'hospitalisation est annulée, le préjudice du patient n'est pas sérieusement contestable, l'illégalité formelle créant à elle seule ce préjudice et justifiant l'octroi d'une provision. • Civ. 1re, 26 janv. 2011, n° 09-14.905 : *RTD civ. 2011. 323, note Hauser* . ♦ V. aussi, • Civ. 1re, 5 déc. 2012, n° 11-24.527. ♦ L'État doit réparer le préjudice né de l'atteinte à la liberté portée par une mesure d'hospitalisation d'office irrégulière, mais seul l'établissement d'accueil doit être tenu pour responsable des fautes commises à l'occasion de la mise en œuvre de la mesure. • TGI Paris, 12 juin 2017, n° 15/15417 : *Dict. perm. santé, bioéthique* *et biotechnologies, sept. 2017, n° 284, p. 7, obs. Couturier.*

10. Homicide et blessures involontaires : nécessaire constat de l'existence certaine d'un lien de causalité entre la faute du prévenu et le décès de la victime. Encourt la cassation l'arrêt qui, pour les besoins de l'action civile, qualifie d'homicide involontaire le fait, pour un directeur adjoint et un médecin inspecteur de la DDASS, de ne pas avoir désigné un médecin psychiatre afin d'établir un certificat médical circonstancié qui aurait permis au préfet d'hospitaliser d'office, avant qu'il commette un meurtre, un individu dont ils savaient qu'il souffrait de troubles mentaux compromettant l'ordre public et la sûreté des personnes, sans rechercher si la saisine du médecin psychiatre aurait nécessairement conduit à l'hospitalisation d'office de cet individu. • Crim. 4 mars 2008 : *Bull. crim. n° 55 ; JCP 2008. II. 10098, note Benillouche ; RSC 2008. 901, obs. Mayaud ; AJ pénal 2008. 237, obs. Charbonnier ; Rev. dr. et santé juill. 2008, n° 24, p. 491, obs. Guigue.*

11. Inconstitutionnalité de l'art. L. 3213-1, dans sa rédaction antérieure à la loi du 5 juill. 2011. Le moyen tiré de ce que les dispositions des art. L. 3213-1 et L. 3213-4 portent atteinte au droit à la protection de la liberté individuelle garantie par l'art. 66 de la Constitution soulève une question présentant un caractère sérieux justifiant le renvoi au Conseil constitutionnel de la QPC invoquée. • CE 6 avr. 2011, *M. A.*, n° 346207. ♦ Le Conseil constitutionnel a jugé l'art. L. 3213-1 contraire à la Constitution : en ne prévoyant pas le réexamen « à bref délai » de la situation de la personne hospitalisée lorsque le certificat médical établi par le médecin de l'établissement après l'admission ne confirme pas que l'intéressé doit faire l'objet de soins en hospitalisation, le texte n'apporte pas la garantie que l'hospitalisation est bien réservée aux cas dans lesquels elle est adaptée, nécessaire et proportionnée à l'état du malade ainsi qu'à la sûreté des personnes ou à la préservation de l'ordre public. Afin de permettre au législateur de remédier à cette inconstitutionnalité, la date d'abrogation de cet article est fixée au 1er août 2011. • Cons. const. 9 juin 2011, n° 2011-135/140 QPC : *JO 10 juin ; JCP 2011. Actu. 455, note Péchillon.*

Jurisprudence sur le texte issu de la loi du 5 juill. 2011

12. Prise en charge psychiatrique sous contrainte et consentement aux soins. Une prescription médicamenteuse lourde et non vitale, qui n'a pas été consentie par un patient hospitalisé sous contrainte mais en état de manifester sa volonté, porte directement atteinte à ses droits fondamentaux. Cette illégalité manifeste conduit le juge administratif des référés à enjoindre à l'équipe soignante de ne pas administrer le traitement auquel le patient n'a pas consenti, dans la mesure où l'équipe médicale ne démontre pas l'existence d'une situation extrême, mettant en jeu le pronostic vital, et que la suppression des permissions de sortie accordées au patient exclut qu'il puisse présenter un risque quelconque pour d'autres personnes. • TA Rennes, réf., 18 juin 2012, *Mme A. c/ CHS Guillaume-Régnier,* n° 1202373 : *JCP Adm. 2012, n° 2321, note Péchillon.*

13. Contrôle de l'arrêté préfectoral d'hospitalisation. Sur le contrôle de l'actualité et de la réalité de l'atteinte grave à l'ordre public ou du risque pour la sûreté des personnes, présidant à l'hospitalisation sur arrêté préfectoral. • Douai, 7 mars 2013 : *Gaz. Pal. 7 nov. 2013, n° 310-311, p. 10, note Benhamou.*

14. Conditions du maintien d'un patient en hospitalisation complète. Le maintien en hospitalisation complète devant être justifié par le constat que le patient souffre de troubles mentaux compromettant la sûreté des personnes ou portant gravement atteinte à l'ordre public, doit être cassée l'ordonnance du premier président de la cour d'appel qui indique simplement que les certificats sont circonstanciés et que l'état psychique du patient n'a pas évolué. • Civ. 1re, 18 mars 2015, n° 14-15.613 P : *Dict. perm. Santé, bioéthique et biotechnologies, n° 258, avr. 2015, p. 13, obs. Jonas.*

Jurisprudence sur le texte issu de la loi du 27 sept. 2013

15. Contrôle de validité du certificat médical circonstancié. Les art. L. 3213-1, L. 3213-3 et R. 3213-3 n'exigent pas la mention, dans le certificat médical circonstancié qu'ils prévoient, que les troubles nécessitant les soins « compromettent la sûreté des personnes ou portent atteinte, de façon grave, à l'ordre public », une telle qualification relevant, sous le contrôle du juge, des seuls pouvoirs du préfet, sauf à prévoir, lorsqu'un certificat conclut à la nécessité de lever une mesure d'hospitalisation complète, les incidences éventuelles de ces troubles sur la sûreté des personnes. • Civ. 1re, 28 mai 2015, n° 14-15.686 P : *D. 2015. 1276 ; ibid. 1783, chron. Guyon-Renard .*

16. Certificat initial préalable à une hospitalisation sans consentement. S'il ne peut émaner d'un psychiatre exerçant dans l'établissement d'accueil, le certificat initial préalable à l'arrêté du représentant de l'État dans le département peut être établi par un médecin non psychiatre de cet établissement ou par un médecin extérieur à celui-ci, qu'il soit ou non psychiatre. • Civ. 1re, 15 juin 2017, n° 17-50.006.

Art. L. 3213-2 En cas de danger imminent pour la sûreté des personnes, attesté par un avis médical *(Abrogé par Cons. const. n° 2011-174 QPC du 6 oct. 2011)* *« ou, à défaut, par la notoriété publique »*, le maire et, à Paris, les commissaires de police arrê-

tent, à l'égard des personnes dont le comportement révèle des troubles mentaux manifestes, toutes les mesures provisoires nécessaires, à charge d'en référer dans les vingt-quatre heures au représentant de l'État dans le département qui statue sans délai et prononce, s'il y a lieu, un arrêté *(L. n° 2011-803 du 5 juill. 2011, art. 3-3°)* **« d'admission en soins psychiatriques » dans les formes prévues à l'article L. 3213-1. Faute de décision du représentant de l'État, ces mesures provisoires sont caduques au terme d'une durée de quarante-huit heures.**

(L. n° 2011-803 du 5 juill. 2011, art. 3-3°) **« La période d'observation et de soins initiale mentionnée à l'article L. 3211-2-2 prend effet dès l'entrée en vigueur des mesures provisoires prévues au premier alinéa. »**

COMMENTAIRE

V. Commentaire reproduit sur Dalloz.fr.

Jurisprudence sur le texte antérieur à la loi du 27 juin 1990

1. Rétention dans un centre hospitalier. Une personne majeure présentant des signes de maladie mentale et dont le comportement paraît présenter un danger imminent pour sa propre sécurité ou pour celle d'autrui peut être retenue contre son gré dans un établissement d'hospitalisation général ou spécialisé, pendant le temps strictement nécessaire à la mise en œuvre des mesures d'internement d'office ou de placement volontaire prévues par le code de la santé publique. • CE 17 nov. 1997, *M. G.*, n° 155196 : *D. 1998. IR 9 ; Dr. adm. 1998, n° 139, note D. G.* ♦ En l'absence de demande de placement volontaire, il appartient à l'administration hospitalière, dans les cas où les médecins de l'hôpital estiment que le maintien d'un patient en milieu psychiatrique s'impose, dans son intérêt ou celui des tiers, de demander à l'autorité compétente d'user des pouvoirs qu'elle tient des dispositions du code de la santé publique, pour procéder au placement d'office. A défaut de titre l'autorisant légalement, le maintien contre son gré d'un patient dans le service psychiatrique d'un hôpital constitue une voie de fait. • CE 18 oct. 1989, *Mme Brousse*, n° 75096 : *Lebon T. 591 ; D. 1989. IR 309 ; AJDA 1990. 54, concl. Stirn*.

2. Motivation de la décision de placement et information de l'intéressé. Il résulte de la combinaison de l'ancien art. L. 343 [devenu art. L. 3213-2] et de l'art. 5 de la Conv. EDH « que l'autorité administrative, lorsqu'elle prend à l'égard d'un aliéné une mesure de placement d'office, doit, d'une part, indiquer dans sa décision les considérations de droit et les circonstances de fait qui justifient cette mesure, d'autre part, une fois la décision prise, [...] informer le plus rapidement possible de ces motifs l'intéressé d'une manière appropriée à son état ». • CE, sect., 28 juill. 2000, *M. E. A.*, n° 151068 : *Lebon 347 ; RFDA 2000. 1148 ; ibid. 2001. 1239, concl. Boissard*. ♦ V. également • CAA Paris, plén., 7 juill. 1998, *M. B.*, n° 96PA01545 : *AJDA 1998. 947 ; ibid. Chron. 891 ; RDSS 1999. 1, concl. Heers* • 24 sept. 1998, *Mme L.*, n° 95PA03798 : *ibid.*

Jurisprudence sur le texte issu de la loi du 27 juin 1990

3. Caducité d'une mesure provisoire prise par le maire. L'arrêté du maire n'est valide que pendant la période de quarante-huit heures. Il devient caduc, faute de mesure préfectorale dans les quarante-huit heures : • TA Lyon, 6 oct. 1992, *Mlle Fayard*, n° 91-01.651.

4. Régime de l'arrêté municipal. L'arrêté d'un maire ordonnant d'urgence le placement en observation dans un centre hospitalier doit être motivé par l'énoncé des conditions de droit et de fait qui constituent le fondement de la décision. • CE 25 mai 1994, *Cne de Saint-Chamond et a.*, nos 143702 et 143949 : *D. 1994. IR 199.* ♦ La mesure d'hospitalisation d'office provisoire prise par le maire en cas de danger imminent, en application de l'art. L. 3213-2, ne constituant pas un préalable nécessaire à l'intervention de l'arrêté préfectoral, il s'ensuit que l'annulation par le juge de l'arrêté du maire est sans incidence sur la légalité de l'arrêté préfectoral ultérieur. • CE 9 juin 2010, *M. A.*, n° 321506 : *Lebon 196 ; AJDA 2010. 1175 ; JCP Adm. 2011, n° 2045, p. 20, note Péchillon.*

5. Cas particulier de l'infirmerie psychiatrique de la préfecture de police de Paris. Le préfet de police de Paris a pu légalement créer, en vertu des pouvoirs d'organisation du service dont il dispose, une structure particulière destinée à assurer la rétention temporaire des personnes dont le comportement révèle des troubles mentaux. Les décisions de rétention selon la procédure prévue à l'art. L. 343 [devenu art. L. 3213-2] CSP étant susceptibles de recours pour excès de pouvoir, elles ne contreviennent pas aux stipulations de l'art. 5 de la Conv. EDH. • TA Paris, 30 oct. 2002, *Groupe Information Asiles*, n° 006413 : *AJDA 2003. 254*. ♦ Le responsable de l'infirmerie psychiatrique de la préfecture de police de Paris, qui, en admettant une patiente à l'infirmerie et en l'y maintenant vingt-quatre heures, se borne à exécuter la décision du commissaire de police, ne prend pas de décision faisant grief. • CAA Paris, 24 sept. 1998, *Mme L.*, n° 95PA03798. ♦ Alors même que la conduite à l'infirmerie psychiatrique de la préfecture de police est une mesure de police administrative à caractère provisoire de très courte durée et que ce service ne relève pas des établissements de soins mentionnés aux art. L. 3214-1 et L. 3222-1 CSP, l'admission dans cette structure doit être regardée comme une hospitalisation sans consentement, au sens et pour l'application des dispositions de l'art. L. 3211-3 CSP. • CE 13 mars 2013, *Préfet de police de la ville de Paris*, n° 354976 : *Lebon ; AJDA 2013. 60*. ♦ Les mesures provisoires prises sur le fondement de l'art. L. 3213-2, qui sont au nombre des mesures de police devant être motivées en application de l'art. 1er de la loi du 11 juill. 1979, entrent dans le champ d'application de l'art. 24 de la L. du 12 avr. 2000. Par conséquent, seule l'urgence s'attachant à ce que soit prise la décision de conduire une personne à l'infirmerie psychiatrique de la préfecture de police est de nature à exonérer l'administration du respect de la procédure prévue par l'art. 24 de la L. du 12 avr. 2000. • Même arrêt.

6. *Inconstitutionnalité de la notion de notoriété publique.* La privation de liberté prévue par l'art. L. 3213-2 est fondée sur l'existence de troubles mentaux. Or en permettant que cette mesure d'hospitalisation d'urgence puisse être prononcée sur le fondement de la seule notoriété publique, les dispositions de l'art. L. 3213-2 n'assurent pas qu'une telle mesure est réservée aux cas dans lesquels elle est adaptée, nécessaire et proportionnée à l'état du malade ainsi qu'à la sûreté des personnes ou la préservation de l'ordre public. Par conséquent, les mots « ou, à défaut, par la notoriété publique » sont déclarés contraires à la Constitution. La déclaration d'inconstitutionnalité prend effet à compter de la publication de la décision et est applicable à toutes les instances non jugées définitivement à cette date. • Cons. const. 6 oct. 2011, n° 2011-174 QPC : *JO 8 oct., p. 17017 ; JCP Adm. 2012, n° 5, note Péchillon.*

BIBL. Hauser, Hospitalisation d'office : la rafale des annulations, *RTD civ. 2012. 92*.

Art. L. 3213-3 *(L. n° 2011-803 du 5 juill. 2011, art. 3-4°)* **I. — *(L. n° 2013-869 du 27 sept. 2013, art. 10-2°-a)* « Dans le mois qui suit l'admission en soins psychiatriques décidée en application du présent chapitre ou résultant de la décision mentionnée à l'article 706-135 du code de procédure pénale et ensuite » au moins tous les mois, la personne malade est examinée par un psychiatre de l'établissement d'accueil qui établit un certificat médical circonstancié confirmant ou infirmant, s'il y a lieu, les observations contenues dans les précédents certificats et précisant les caractéristiques de l'évolution des troubles ayant justifié les soins ou leur disparition. Ce certificat précise si la forme de la prise en charge du malade décidée en application de l'article L. 3211-2-1 *(L. n° 2013-869 du 27 sept. 2013, art. 10-2°-a)* « du présent code » demeure adaptée et, le cas échéant, en propose une nouvelle. Lorsqu'il ne peut être procédé à l'examen du patient, le psychiatre de l'établissement établit un avis médical sur la base du dossier médical du patient.**

II. — Les copies des certificats et avis médicaux prévus au présent article et à l'article L. 3211-11 sont adressées sans délai par le directeur de l'établissement d'accueil au représentant de l'État dans le département et à la commission départementale des soins psychiatriques mentionnée à l'article L. 3222-5. *(Abrogé par L. n° 2013-869 du 27 sept. 2013, art. 10-2°-b)* ***« Lorsque la personne malade est prise en charge sous la forme d'une hospitalisation complète, une copie du certificat médical ou de l'avis médical établi, en application du I du présent article, après le cinquième jour et au plus tard le huitième jour qui suit la décision mentionnée au I de l'article L. 3213-1 est également adressée sans délai au juge des libertés et de la détention compétent dans le ressort duquel se trouve l'établissement d'accueil. »***

III. — Après réception des certificats ou avis médicaux mentionnés aux I et II du présent article et, le cas échéant, de l'avis du collège mentionné à l'article L. 3211-9 et de l'expertise psychiatrique mentionnée à l'article L. 3213-5-1, et compte tenu des exigences liées à la sûreté des personnes et à l'ordre public, le représentant de l'État dans le département peut décider de modifier la forme de la prise en charge de la personne malade. *(Abrogé par L. n° 2013-869 du 27 sept. 2013, art. 10-2°-c)* ***« Le représentant de l'État dans le département fixe les délais dans lesquels l'avis du collège et l'expertise psychiatrique doivent être produits, dans une limite maximale fixée par décret en Conseil d'État. Passés ces délais, le représentant de l'État prend immédiatement sa décision. »***

(L. n° 2013-869 du 27 sept. 2013, art. 10-2°-d) **« IV. — Lorsque le représentant de l'État décide de ne pas suivre l'avis du collège mentionné à l'article L. 3211-9 recommandant la prise en charge d'une personne mentionnée au II de l'article L. 3211-12 sous une autre forme que l'hospitalisation complète, il ordonne une expertise dans les conditions prévues à l'article L. 3213-5-1.**

« Lorsque l'expertise confirme la recommandation de prise en charge sous une autre forme que l'hospitalisation complète, le représentant de l'État décide d'une prise en

charge sous la forme mentionnée au 2° du I de l'article L. 3211-2-1, conformément à la proposition mentionnée au premier alinéa du I du présent article.

« Lorsque l'expertise préconise le maintien de l'hospitalisation complète et que le représentant de l'État maintient l'hospitalisation complète, il en informe le directeur de l'établissement d'accueil, qui saisit le juge des libertés et de la détention afin que ce dernier statue à bref délai sur cette mesure dans les conditions prévues à l'article L. 3211-12. Le présent alinéa n'est pas applicable lorsque la décision du représentant de l'État intervient dans les délais mentionnés aux 1° et 2° du I de l'article L. 3211-12-1. »

BIBL. ▶ Overney, L'« expert », coauteur des décisions d'hospitalisation d'office des malades mentaux, *Dr. adm. juin 2002, n° 12.*

COMMENTAIRE

V. Commentaire reproduit sur Dalloz.fr.

Jurisprudence sur le texte antérieur à la loi du 27 juin 1990

1. Régularité de la mesure, procédure et responsabilité pouvant en résulter. V. notamment, • TGI Paris, 5 déc. 1988, n° XTGIP051288X : *D. 1990. 268, note Prévault* • CE 22 déc. 1982, *Bissery,* n° 26557 : *Lebon 438 ; D. 1984. IR 105, obs. Moderne et Bon ; Quot. jur. 1er mars 1983, n° 26, p. 5, note M. D.* • 10 févr. 1984, *Mme Dufour,* nos 32794 et 39790 : *Lebon 59 ; AJDA 1984. 403, note Moreau ; RDSS 1984. 214, note Moderne ; Rev. adm. 1984. 268, note Pacteau* • Paris, 13 avr. 1999, n° XP130499X : *D. 2000. 499, note Prévault.*

2. Rétention dans un centre hospitalier. V. note 1 ss art. L. 3213-2.

3. Motivation de la décision de placement et information de l'intéressé. V. note 2 ss. art. L. 3213-2.

Jurisprudence sur le texte issu de la loi du 27 juin 1990

4. Cas particulier de l'infirmerie psychiatrique de la préfecture de police de Paris. V. note 5 ss. art. L. 3213-2.

Jurisprudence sur le texte issu de la loi du 27 sept. 2013

5. Contrôle de validité du certificat médical circonstancié. V. note 15 ss. art. L. 3213-1.

Art. L. 3213-4 *(L. n° 2011-803 du 5 juill. 2011, art. 3-4°)* **Dans les trois derniers jours du premier mois suivant la décision d'admission en soins psychiatriques mentionnée au I de l'article L. 3213-1 ou, le cas échéant, suivant la mesure provisoire prévue à l'article L. 3213-2, le représentant de l'État dans le département peut prononcer, au vu du certificat médical ou de l'avis médical mentionné à l'article L. 3213-3, le maintien de la mesure de soins pour une nouvelle durée de trois mois. Il se prononce, le cas échéant, sur la forme de la prise en charge du patient dans les conditions prévues au même article L. 3213-3. Au-delà de cette durée, la mesure de soins peut être maintenue par le représentant de l'État dans le département pour des périodes maximales de six mois renouvelables selon les mêmes modalités.**

Faute de décision du représentant de l'État à l'issue de chacun des délais prévus au premier alinéa, la levée de la mesure de soins est acquise.

En outre, le représentant de l'État dans le département peut à tout moment mettre fin à la mesure de soins prise en application de l'article L. 3213-1 après avis d'un psychiatre participant à la prise en charge du patient attestant que les conditions ayant justifié la mesure de soins en application du même article L. 3213-1 ne sont plus réunies, ou sur proposition de la commission départementale des soins psychiatriques mentionnée à l'article L. 3222-5.

Le présent article n'est pas applicable aux personnes mentionnées (L. n° 2013-869 du *27 sept. 2013, art. 10-3°)* **« au II de l'article L. 3211-12. »**

COMMENTAIRE

V. Commentaire reproduit sur Dalloz.fr.

Jurisprudence sur le texte antérieur à la loi du 5 juill. 2011

1. Compétence du juge administratif pour apprécier la décision préfectorale mettant fin à l'hospitalisation d'office. Le juge administratif est seul compétent pour apprécier la régularité et le bien-fondé de l'arrêté préfectoral mettant fin à une hospitalisation d'office. • T. confl. 26 juin 2006, *Président du Conseil de Paris,* n° C3513 : *AJDA 2006. 1916 ; RFDA 2006. 1079.*

2. Irrecevabilité des conclusions contre les

mesures d'exécution de la décision préfectorale. Le directeur de l'établissement, qui exécute les décisions du préfet, ne prend, ce faisant, aucune décision susceptible de recours pour excès de pouvoir. • CE 5 juin 1996, *M. P. c/ CH de Lehon : RDSS 1997. 39, obs. Cayla.* ♦ V. aussi • CE 17 juin 1991, *Mlle Marlouiset et CHS d'Yzeure*, nos 101792 et 102446 : *Lebon T. 1084* • 17 nov. 1997, *G.*, n° 155196 : *Lebon 427* ; *JCP 1998. IV. 1505, obs. Rouault.*

3. Absence de circonstance faisant obstacle au maintien de l'hospitalisation d'office. La circonstance que la décision initiale d'hospitalisation d'office n'a été prononcée que pour une durée de quinze jours, inférieure à la durée minimale d'un mois prévue par les dispositions de l'art. L. 3213-4, ne fait pas obstacle à ce que le préfet puisse prononcer, à l'issue de cette période de quinze jours, le maintien de l'hospitalisation d'office pour une durée de trois mois. • CE 21 déc. 1994, *M. G. R.*, n° 136351 : *Lebon T. 1190.*

4. Délai pour prononcer le maintien de l'hospitalisation d'office. Le délai prévu à l'art. L. 3213-4, qui dispose que le préfet peut décider du maintien d'une mesure d'hospitalisation d'office dans les trois jours précédant l'expiration du premier mois d'hospitalisation puis de la période d'hospitalisation en cours, revêt un caractère substantiel. Par conséquent, doit être annulée une décision de maintien du placement intervenue prématurément. • CE 27 mai 2011, *Mme Catherine A.*, n° 330266 : *AJDA 2011. 1116* ; *ibid. 1786, concl. Landais* ; *LPA 23 sept. 2011, n° 190, p. 8, comm. Bonnefont.*

5. Conséquence de l'absence d'arrêté préfectoral dans les délais prévus. Mainlevée d'une hospitalisation d'office, l'arrêté préfectoral n'étant pas intervenu dans les trois jours précédant l'expiration du premier mois d'hospitalisation, mais le jour même de son expiration. • Versailles, 28 juin 2000 : *RDSS 2001. 37, obs. Cayla*.

6. Mainlevée, l'état du malade ne justifiant plus une hospitalisation d'office. Les médecins consultés ayant tous conclu que l'état de santé d'une personne hospitalisée ne relève plus du régime d'hospitalisation d'office et qu'elle peut « sortir », la mainlevée immédiate de la mesure d'hospitalisation d'office est ordonnée par le juge, en application de l'art. L. 3211-12, le préfet ne pouvant, pour s'y opposer, invoquer le principe de précaution, lequel ne peut s'appliquer en matière de liberté individuelle. • Paris, 17 juin 2004, n° 04/06710 : *JCP 2004. II. 10139, note Fossier.*

7. Motivation de l'arrêté prolongeant l'hospitalisation d'office. Si l'autorité administrative, lorsqu'elle prononce ou maintient l'hospitalisation d'office d'un aliéné, peut satisfaire à l'exigence de motivation en se référant au certificat médical circonstancié qui doit nécessairement être établi avant la décision préfectorale, c'est à la condition de s'en approprier le contenu et de joindre ce certificat à la décision. • CE 9 nov. 2001, *Deslandes*, n° 235247 : *D. 2002. IR 452* ; *LPA 3 avr. 2002, n° 67, p. 4, concl. Boissard.* ♦ Les décisions de maintien d'une mesure d'hospitalisation prises sur le fondement de l'art. L. 3213-4 sont au nombre des mesures de police qui doivent être motivées en application de l'art. 1er de la loi du 11 juill. 1979. • CE 27 mai 2011, *Mme Catherine A.*, n° 330267 : *AJDA 2011. 1116* ; *ibid. 1786, concl. Landais* ; *LPA 23 sept. 2011, n° 190, p. 8, comm. Bonnefont.*

8. Nécessaire respect d'une procédure contradictoire préalablement au maintien de l'hospitalisation d'office. L'arrêté de renouvellement de l'hospitalisation d'office est une mesure de police qui doit être motivée et pour laquelle l'intéressé doit pouvoir, sauf urgence ou circonstances exceptionnelles, présenter ses observations écrites ou orales. • CE 27 mai 2011, *Mme Catherine A.*, n° 330267 : *préc. note 7.*

9. Réparation du préjudice subi du fait du délai à statuer sur la mainlevée de la mesure d'internement. Ouvre droit à réparation le préjudice moral subi par une personne hospitalisée d'office du fait du délai, incompatible avec le bref délai prescrit par l'art. 5, § 4, Conv. EDH, au bout duquel le juge des libertés et de la détention a statué sur sa requête en mainlevée de la mesure d'internement (en l'espèce, trois mois). • Paris, 14 févr. 2006 : *JCP 2006. IV. 1788.*

10. Référé-suspension devant le juge administratif contre la prolongation de l'hospitalisation d'office. L'arrêté de prolongation de l'hospitalisation d'office peut faire l'objet d'un référé-suspension devant le juge administratif sur le fondement de l'art. L. 521-1 CJA, nonobstant l'existence du référé spécial devant le juge judiciaire prévu par l'art. L. 3211-12 CSP. • CE 9 nov. 2001, *Deslandes : D. 2002. IR 452 ; RFDA 2002. 178 ; Dr. adm. 2002, n° 74, note S. B. ; LPA 3 avr. 2002, n° 67, p. 4, concl. Boissard.*

11. Référé-liberté devant le juge administratif contre la prolongation de l'hospitalisation d'office. Le juge administratif, saisi en référé d'une demande de suspension (art. L. 521-2 CJA) d'un arrêté d'hospitalisation d'office (ou de la décision qui prononce le maintien de celle-ci en application de l'art. L. 3213-4), n'est pas compétent pour apprécier la nécessité de l'hospitalisation (seul le juge judiciaire peut se prononcer sur ce point) mais il l'est pour « apprécier, eu égard aux seules irrégularités dont elles seraient entachées, si ces décisions portent une atteinte grave et manifestement illégale à une liberté fondamentale » (ce qui n'était pas le cas en l'espèce). • CE 1er avr. 2010, *Charles A.*, n° 335753 : *Constitutions 2010. 429, obs. Bioy*.

12. Inconstitutionnalité de l'art. L. 3213-4, dans sa rédaction antérieure à la loi du 5 juill. 2011. Le Conseil constitutionnel a jugé l'art. L. 3213-4 contraire à l'art. 66 de la Constitution : le texte permettant que l'hospitalisation d'office soit maintenue au-delà de quinze jours sans l'intervention d'une juridiction de l'ordre judiciaire, la liberté individuelle ne peut être tenue pour sauvegardée. Afin de permettre au législateur de remédier à cette inconstitutionnalité, la date d'abrogation de cet article est fixée au 1er août 2011. • Cons. const. 9 juin 2011, n° 2011-135/140 QPC : *JO 10 juin, p. 9892 ; JCP Adm. 2011. Actu. 455 ; ibid. n° 2295.*

13. Responsabilités respectives de l'État et de l'établissement de santé dans la levée d'une hospitalisation. Le préfet de police ne commet pas de faute en décidant de la levée d'une hospitalisation d'office, dès lors qu'il a été induit en erreur par les conclusions médicales de l'établissement public de santé et c'est à tort que le tribunal administratif a jugé que la levée de l'hospitalisation du patient ne révélait aucune faute de la part de cet établissement. • CAA Paris, 22 sept. 2014, *Cts. A.*, n° 10PA01714.

Jurisprudence sur le texte issu de la loi n° 2011-803 du 5 juill. 2011

14. Maintien des soins contraints motivé par un risque de rechute. Doit être annulée, pour défaut de base légale, l'ordonnance d'appel du premier président qui, pour confirmer l'ordonnance du JLD refusant la mainlevée complète d'une mesure de soins psychiatriques sans consentement, s'était référée à « un risque de rechute médicale, sans constater que les troubles mentaux compromettaient la sûreté des personnes ou portaient gravement atteinte à l'ordre public ». • Civ. 1re, 8 juill. 2015, n° 14-21.150. ♦ Sur renvoi, la cour d'appel de Versailles affirme que « la mesure de soins contraints ne peut être prolongée au motif d'un risque de rechute pour lequel il n'existe aucun signe et qui ne peut, quelle que soit l'évolution de la science et de la médecine, jamais être totalement exclu et alors que ne sont plus caractérisés des troubles mentaux compromettant la sûreté des personnes ou portant gravement atteinte à l'ordre public ». • Versailles, ord., 18 mars 2016, n° 16/01187 : *Dict. perm. Santé, bioéthique et biotechnologies, Bull. n° 269, avr. 2016, p. 4, obs. Couturier.*

Art. L. 3213-5 *Abrogé par L. n° 2013-869 du 27 sept. 2013, art. 10-4°.*

Art. L. 3213-5-1 *(L. n° 2011-803 du 5 juill. 2011, art. 3-5°)* Le représentant de l'État dans le département peut à tout moment ordonner l'expertise psychiatrique des personnes faisant l'objet d'une mesure de soins psychiatriques prononcée en application du présent chapitre ou du chapitre IV du présent titre ou ordonnée en application de l'article 706-135 du code de procédure pénale. Cette expertise est conduite par un psychiatre n'appartenant pas à l'établissement d'accueil de la personne malade, choisi par le représentant de l'État dans le département sur une liste établie par le procureur de la République, après avis du directeur général de l'agence régionale de santé de la région dans laquelle est situé l'établissement ou, à défaut, sur la liste des experts inscrits près la cour d'appel du ressort de l'établissement.

Le représentant de l'État dans le département fixe les délais dans lesquels l'expertise mentionnée au premier alinéa doit être produite, dans une limite maximale fixée par décret en Conseil d'État.

Art. L. 3213-6 *(L. n° 2011-803 du 5 juill. 2011, art. 3-6°)* Lorsqu'un psychiatre de l'établissement d'accueil d'une personne faisant l'objet de soins psychiatriques en application de l'article L. 3212-1 atteste par un certificat médical ou, lorsqu'il ne peut être procédé à l'examen de l'intéressé, par un avis médical sur la base de son dossier médical que l'état mental de cette personne nécessite des soins et compromet la sûreté des personnes ou porte atteinte de façon grave à l'ordre public, le directeur de l'établissement d'accueil en donne aussitôt connaissance au représentant de l'État dans le département qui peut prendre une mesure d'admission en soins psychiatriques en application de l'article L. 3213-1, sur la base de ce certificat ou de cet avis médical. Les certificats médicaux mentionnés aux deuxième et troisième alinéas de l'article L. 3211-2-2 sont alors établis par deux psychiatres distincts. Lorsque ceux-ci ne peuvent procéder à l'examen de la personne malade, ils établissent un avis médical sur la base de son dossier médical.

COMMENTAIRE

V. Commentaire reproduit sur Dalloz.fr.

Jurisprudence sur le régime antérieur à la loi du 5 juill. 2011

1. Contrôle de l'état du malade et responsabilité de l'État pour une conversion injustifiée. Est injustifiée la conversion d'un placement volontaire (hospitalisation à la demande d'un tiers) en placement d'office d'un psychopathe qui jouissait d'une semi-liberté, les incidents constatés dans son comportement ne manifestant nullement que ce malade pût constituer une menace sérieuse pour l'ordre et la sécurité publiques. • TGI Seine, 23 oct. 1963, *X. c/ Agent judiciaire du Trésor public : D. 1964. 380, note Prévault.* ♦ Le préjudice causé par la décision de placement d'office injustifiée, maintenue pendant douze années, doit être réparé. • Même arrêt.

2. Procédure applicable dans les circonstances visées à l'art. L. 3213-6. La procédure définie à l'art. L. 347 [devenu art. L. 3213-6], permettant au préfet de prendre un arrêté provisoire d'hospitalisation d'office à l'égard d'une personne hospitalisée sur demande d'un tiers, est distincte de la procédure d'hospitalisation d'office prévue à l'art. L. 342 [devenu art. L. 3213-1]. Par suite, un arrêté provisoire pris sur le fondement de l'art. L. 347 [devenu art. L. 3213-6] ne doit pas obligatoirement intervenir au vu d'un certificat médical circonstancié établi par un psychiatre n'exerçant pas dans l'établissement, mentionné à l'art. L. 342 [devenu art. L. 3213-1]. En revanche, la décision confirmant le placement d'office, à défaut de laquelle la mesure provisoire devient caduque au terme d'une durée de quinze jours, ne peut intervenir qu'au vu d'un certificat médical circonstancié. • CE 26 juill. 1996, *Min. Aff. soc. c/ M. S.*, n° 133093 : *D. 1996. IR 225 ; RFDA 1996. 1048.*

Art. L. 3213-7 *(L. n° 2011-803 du 5 juill. 2011, art. 3-7°)* **« Lorsque les autorités judiciaires estiment que l'état mental d'une personne qui a bénéficié, sur le fondement du premier alinéa de l'article 122-1 du code pénal, d'un classement sans suite, d'une décision d'irresponsabilité pénale ou d'un jugement ou arrêt de déclaration d'irresponsabilité pénale nécessite des soins et compromet la sûreté des personnes ou porte atteinte de façon grave à l'ordre public, elles avisent immédiatement la commission mentionnée à l'article L. 3222-5 du présent code ainsi que le représentant de l'État dans le département qui ordonne sans délai la production d'un certificat médical circonstancié portant sur l'état actuel du malade. Au vu de ce certificat, il peut prononcer une mesure d'admission en soins psychiatriques dans les conditions définies à l'article L. 3213-1. »** *(L. n° 2013-869 du 27 sept. 2013, art. 10-5°-a)* **« Toutefois, si la personne concernée fait déjà l'objet d'une mesure de soins psychiatriques en application du même article L. 3213-1, la production de ce certificat n'est pas requise pour modifier le fondement de la mesure en cours. »**

(L. n° 2005-1549 du 12 déc. 2005, art. 34) **« A toutes fins utiles, le procureur de la République informe le représentant de l'État dans le département de ses réquisitions ainsi que des dates d'audience et des décisions rendues. »**

(L. n° 2013-869 du 27 sept. 2013, art. 10-5°-b) **« Si l'état de la personne mentionnée au premier alinéa le permet, celle-ci est informée par les autorités judiciaires de l'avis dont elle fait l'objet ainsi que des suites que peut y donner le représentant de l'État dans le département. Cette information lui est transmise par tout moyen et de manière appropriée à son état.**

« L'avis mentionné au premier alinéa indique si la procédure concerne des faits punis d'au moins cinq ans d'emprisonnement en cas d'atteinte aux personnes ou d'au moins dix ans d'emprisonnement en cas d'atteinte aux biens. Dans ce cas, la personne est également informée des conditions dans lesquelles il peut être mis fin à la mesure de soins psychiatriques en application des articles L. 3211-12, L. 3211-12-1 et L. 3213-8. »

BIBL. ► De Benalcazar, L'hospitalisation d'office prononcée par un juge, regards critiques sur la loi du 25 février 2008, *Gaz. Pal. avr. 2009, p. 9.*

COMMENTAIRE

V. Commentaire reproduit sur Dalloz.fr.

Voies de recours en matière pénale. L'ordonnance d'hospitalisation d'office prise sur le fondement de l'art. 706-135 C. pr. pén. et dans les formes de l'art. D. 47-29 de ce code, par un tribunal correctionnel envers un prévenu qu'il déclare irresponsable pénalement, est susceptible d'appel dans les conditions de droit commun de l'art. 496 C. pr. pén. auquel la loi du 25 févr. 2008 n'apporte aucune dérogation expresse. • Crim. 3 févr. 2010 : *D. 2010. 585, obs. Léna ; ibid. 942, note Detraz.*

Art. L. 3213-8 *(L. n° 2013-869 du 27 sept. 2013, art. 10-6°)* **I. — Si le collège mentionné à l'article L. 3211-9 émet un avis selon lequel la mesure de soins psychiatriques sous la forme d'une hospitalisation complète dont fait l'objet une personne mentionnée au II de l'article L. 3211-12 n'est plus nécessaire et que la mesure de soins sans**

consentement peut être levée, le représentant de l'État dans le département ordonne une expertise de l'état mental de la personne par deux psychiatres choisis dans les conditions fixées à l'article L. 3213-5-1. Ces derniers se prononcent, dans un délai maximal de soixante-douze heures à compter de leur désignation, sur la nécessité du maintien de la mesure de soins psychiatriques.

II. — Lorsque les deux avis des psychiatres prévus au I confirment l'absence de nécessité de l'hospitalisation complète, le représentant de l'État ordonne la levée de la mesure de soins psychiatriques.

Lorsque ces avis divergent ou préconisent le maintien de la mesure de soins psychiatriques et que le représentant de l'État la maintient, il en informe le directeur de l'établissement d'accueil, qui saisit le juge des libertés et de la détention afin que ce dernier statue à bref délai sur cette mesure dans les conditions prévues à l'article L. 3211-12. Le présent alinéa n'est pas applicable lorsque la décision du représentant de l'État intervient dans les délais mentionnés aux 1° et 2° du I de l'article L. 3211-12-1.

COMMENTAIRE

V. Commentaire reproduit sur Dalloz.fr.

Jurisprudence sur la loi n° 90-527 du 27 juin 1990

1. Vérifications préalables opérées par le juge saisi d'une demande de sortie. Lorsque le juge est saisi par une personne hospitalisée d'office aux fins de voir ordonner sa sortie immédiate, le président du tribunal de grande instance ne peut pas statuer, au titre de l'art. L. 3211-12, au vu des conclusions d'un seul expert, car l'art. L. 348-1 [devenu art. L. 3213-8] en impose deux. • Paris, 24 avr. 1992 : *D. 1992. IR 197*.

2. Inconstitutionnalité de l'art. L. 3213-8. L'art. L. 3213-8, dans sa rédaction issue de la loi du 27 juin 1990, est inconstitutionnel en ce que le juge judiciaire, indépendant, ne peut pas être subordonné dans sa décision à l'avis des experts qu'il désigne. • Cons. const. 21 oct. 2011, n° 2011-185 QPC : *JO 22 oct., p. 17968.*

3. Inconstitutionnalité de l'art. L. 3213-8. Saisi par le Conseil d'État d'une QPC relative aux dispositions de l'art. L. 3213-8 (• CE 8 févr. 2012, *Assoc. Cercle de réflexion et de proposition d'action sur la psychiatrie*, n° 352667 : *JCP Adm. 2012. Actu. 106, note Péchillon*), le Conseil constitutionnel a jugé l'art. L. 3213-8 contraire à la Constitution, le législateur n'ayant pas adopté de garanties légales contre le risque d'arbitraire encadrant la mise en œuvre du régime particulier instauré pour les malades « dangereux » et « difficiles ». • Cons. const. 20 avr. 2012, n° 2012-235 QPC : *JO 21 avr. 2012, p. 7194 ; JCP Adm. 2012, n° 2230, note Péchillon.* ♦ Cette déclaration d'inconstitutionnalité prend effet le 1er oct. 2013. Les décisions prises avant cette date en application de cet article ne peuvent être contestées sur le fondement de son inconstitutionnalité. • Même décision.

Jurisprudence sur la loi n° 2011-803 du 5 juill. 2011

BIBL. Hauser, Hospitalisation d'office : la rafale des annulations, *RTD civ. 2012. 92*.

Art. L. 3213-9 *(L. n° 2011-803 du 5 juill. 2011, art. 3-8°)* Le représentant de l'État dans le département avise dans les vingt-quatre heures de toute admission en soins psychiatriques prise en application du présent chapitre ou du chapitre IV du présent titre ou sur décision de justice, de toute décision de maintien et de toute levée de cette mesure :

1° Le procureur de la République près le tribunal de grande instance dans le ressort duquel est situé l'établissement d'accueil de la personne malade et le procureur de la République près le tribunal de grande instance dans le ressort duquel celle-ci a sa résidence habituelle ou son lieu de séjour ;

2° Le maire de la commune où est implanté l'établissement et le maire de la commune où la personne malade a sa résidence habituelle ou son lieu de séjour ;

3° La commission départementale des soins psychiatriques mentionnée à l'article L. 3222-5 ;

4° La famille de la personne qui fait l'objet de soins ;

5° Le cas échéant, la personne chargée de la protection juridique de l'intéressé.

Le représentant de l'État dans le département informe sans délai les autorités et les personnes mentionnées aux 1° à 5° de toute décision de prise en charge du patient sous une autre forme que celle d'une hospitalisation complète.

COMMENTAIRE

V. Commentaire reproduit sur Dalloz.fr.

Art. L. 3213-9-1 *(L. n° 2013-869 du 27 sept. 2013, art. 10-7°)* I. — Si un psychiatre participant à la prise en charge du patient atteste par un certificat médical qu'une mesure de soins psychiatriques sous la forme d'une hospitalisation complète n'est plus nécessaire et que la mesure de soins sans consentement peut être levée ou que le patient peut être pris en charge sous la forme mentionnée au 2° du I de l'article L. 3211-2-1, le directeur de l'établissement d'accueil en réfère dans les vingt-quatre heures au représentant de l'État dans le département, qui statue dans un délai de trois jours francs après la réception du certificat médical.

II. — Lorsque le représentant de l'État décide de ne pas suivre l'avis du psychiatre participant à la prise en charge du patient, il en informe sans délai le directeur de l'établissement d'accueil, qui demande immédiatement l'examen du patient par un deuxième psychiatre. Celui-ci rend, dans un délai maximal de soixante-douze heures à compter de la décision du représentant de l'État, un avis sur la nécessité de l'hospitalisation complète.

III. — Lorsque l'avis du deuxième psychiatre prévu au II du présent article confirme l'absence de nécessité de l'hospitalisation complète, le représentant de l'État ordonne la levée de la mesure de soins sans consentement ou décide d'une prise en charge sous la forme mentionnée au 2° du I de l'article L. 3211-2-1, conformément à la proposition figurant dans le certificat médical mentionné au I du présent article.

Lorsque l'avis du deuxième psychiatre prévu au II préconise le maintien de l'hospitalisation complète et que le représentant de l'État maintient l'hospitalisation complète, il en informe le directeur de l'établissement d'accueil, qui saisit le juge des libertés et de la détention afin que ce dernier statue à bref délai sur cette mesure dans les conditions prévues à l'article L. 3211-12. Le présent alinéa n'est pas applicable lorsque la décision du représentant de l'État intervient dans les délais mentionnés aux 1° et 2° du I de l'article L. 3211-12-1.

COMMENTAIRE

V. Commentaire reproduit sur Dalloz.fr.

Art. L. 3213-10 *(L. n° 2011-803 du 5 juill. 2011, art. 3-10°)* Pour l'application à Paris du présent chapitre, le représentant de l'État dans le département est le préfet de police.

Art. L. 3213-11 Les modalités d'application du présent chapitre sont déterminées en tant que de besoin par décret en Conseil d'État.

CHAPITRE IV ADMISSION EN SOINS PSYCHIATRIQUES DES PERSONNES DÉTENUES ATTEINTES DE TROUBLES MENTAUX *(L. n° 2011-803 du 5 juill. 2011, art. 5-1°).*

Art. L. 3214-1 *(L. n° 2013-869 du 27 sept. 2013, art. 12-1°)* I. — Les personnes détenues souffrant de troubles mentaux font l'objet de soins psychiatriques avec leur consentement. Lorsque les personnes détenues en soins psychiatriques libres requièrent une hospitalisation à temps complet, celle-ci est réalisée dans un établissement de santé mentionné à l'article L. 3222-1 au sein d'une unité hospitalière spécialement aménagée.

II. — Lorsque leurs troubles mentaux rendent impossible leur consentement, les personnes détenues peuvent faire l'objet de soins psychiatriques sans consentement en application de l'article L. 3214-3. Les personnes détenues admises en soins psychiatriques sans consentement sont uniquement prises en charge sous la forme mentionnée au 1° du *(L. n° 2016-41 du 26 janv. 2016, art. 69-I-7°)* « I » de l'article L. 3211-2-1. Leur hospitalisation est réalisée dans un établissement de santé mentionné à l'article L. 3222-1 au sein d'une unité hospitalière spécialement aménagée ou, sur la base d'un certificat médical, au sein d'une unité adaptée.

III. — Lorsque leur intérêt le justifie, les personnes mineures détenues peuvent être hospitalisées au sein d'un service adapté dans un établissement mentionné à l'article L. 3222-1 en dehors des unités prévues aux I et II du présent article.

BIBL. ▶ VIOUJAS, Les soins psychiatriques aux détenus : des modifications mineures pour une problématique de santé publique majeure, *RDSS 2011. 1071*.

COMMENTAIRE

V. Commentaire reproduit sur Dalloz.fr

1. Maintien en détention de personnes souffrant de pathologies mentales graves. La CEDH constate la violation par la France de l'art. 3 de la Conv. EDH, qui prohibe les peines ou les traitements inhumains ou dégradants, en raison du maintien en détention de personnes souffrant de pathologies mentales graves. • CEDH 11 juill. 2006, *Rivière c/ France*, n° 33834/03 : *D. 2007. 1229, obs. Céré* • 23 févr. 2012, *G. c/ France*, n° 27244/09 : *D. 2012. 742, obs. Bachelet ; Dr. et fam. avr. 2012. Comm. 73, obs. Bruggeman ; RDSS 2012. 678, note Hennion-Jacquet*.

2. Suicide en prison d'un détenu toxicomane souffrant de troubles psychiatriques. Le placement en cellule disciplinaire pendant quinze jours d'un détenu n'étant pas compatible avec le niveau de traitement exigé à l'égard des troubles mentaux dont il souffrait, la France a violé l'art. 3 de la Conv. EDH, prohibant les traitements inhumains et dégradants. • CEDH 19 juill. 2012, *Ketreb c/ France*, n° 38447/09. ♦ Les autorités françaises ont également manqué à leur obligation positive de protéger le droit à la vie de ce détenu. • Même arrêt.

Art. L. 3214-2 **Sous réserve des restrictions rendues nécessaires par leur qualité de détenu ou, s'agissant des personnes** *(L. n° 2011-803 du 5 juill. 2011, art. 5-3°)* **« faisant l'objet de soins en application de l'article L. 3214-3 », par leur état de santé, les articles L. 3211-3, L. 3211-4, L. 3211-6, L. 3211-8, L. 3211-9** *(L. n° 2013-869 du 27 sept. 2013, art. 12-2°-a)* **« , L. 3211-12 à L. 3211-12-4 et L. 3211-12-6 » sont applicables aux détenus hospitalisés en raison de leurs troubles mentaux. »**

(Abrogé par L. n° 2013-869 du 27 sept. 2013, art. 12-2°-b) (L. n° 2011-803 du 5 juill. 2011, art. 5-3°) ***« L'avis conjoint mentionné au II de l'article*** **L. 3211-12-1** ***est rendu par un psychiatre de l'établissement d'accueil, désigné par le directeur et participant à la prise en charge du patient, ainsi que par un psychiatre, consulté par tout moyen, intervenant dans l'établissement pénitentiaire dans lequel la personne détenue était incarcérée avant son hospitalisation. »***

(L. n° 2011-803 du 5 juill. 2011, art. 5-3°) **« Lorsque le juge des libertés et de la détention ordonne, en application des articles L. 3211-12 ou L. 3211-12-1, la mainlevée de la mesure d'hospitalisation complète d'une personne détenue faisant l'objet de soins en application de l'article L. 3214-3, cette décision est notifiée sans délai à l'établissement pénitentiaire par le procureur de la République. Le retour en détention est organisé dans les conditions prévues par le décret en Conseil d'État mentionné à l'article L. 3214-5 »** *(L. n° 2013-869 du 27 sept. 2013, art. 12-2°-c)* **« , sauf si la personne détenue est hospitalisée au sein d'une unité hospitalière spécialement aménagée en consentant à ses soins ».**

Art. L. 3214-3 **Lorsqu'une personne détenue nécessite des soins immédiats assortis d'une surveillance constante en milieu hospitalier en raison de troubles mentaux rendant impossible son consentement et constituant un danger pour elle-même ou pour autrui, le préfet de police à Paris ou le représentant de l'État** *(L. n° 2011-803 du 5 juill. 2011, art. 5-4°)* **« dans le département » dans lequel se trouve l'établissement pénitentiaire d'affectation du détenu prononce par arrêté, au vu d'un certificat médical circonstancié,** *(L. n° 2011-803 du 5 juill. 2011, art. 5-4°)* **« son admission en soins psychiatriques sous la forme d'une hospitalisation complète dans les conditions prévues au II de » l'article L. 3214-1.** *(L. n° 2011-803 du 5 juill. 2011, art. 5-4°)* **« Le certificat médical ne peut émaner d'un psychiatre exerçant dans l'établissement d'accueil.**

« Le régime de cette hospitalisation est celui prévu pour les hospitalisations ordonnées en application de l'article L. 3213-1.

« Les arrêtés préfectoraux sont motivés et énoncent avec précision les circonstances qui ont rendu la mesure de soins psychiatriques nécessaire. Ils désignent l'établisse-

ment mentionné à l'article L. 3222-1 qui assure la prise en charge de la personne malade et sont inscrits sur le registre mentionné à l'article L. 3212-11. »

COMMENTAIRE

V. Commentaire reproduit sur Dalloz.fr.

Art. L. 3214-4 *Abrogé par L. n° 2011-803 du 5 juill. 2011, art. 5-5°.*

Art. L. 3214-5 Les modalités de garde, d'escorte et de transport des détenus hospitalisés en raison de leurs troubles mentaux sont fixées par décret en Conseil d'État.

CHAPITRE V DISPOSITIONS PÉNALES

Art. L. 3215-1 *(L. n° 2011-803 du 5 juill. 2011, art. 6-1°)* Est puni d'un an d'emprisonnement et de 15 000 € d'amende :

1° Le fait pour le directeur d'un établissement mentionné à l'article L. 3222-1 de maintenir la mesure de soins psychiatriques dont une personne fait l'objet, quelle qu'en soit la forme, lorsque la levée de la mesure est ordonnée par le représentant de l'État dans le département ou, à Paris, le préfet de police en application *(Abrogé par L. n° 2016-41 du 26 janv. 2016, art. 69-I-8°) « du dernier alinéa de l'article L. 3212-8 ou »* de l'article L. 3213-4, ou par le juge des libertés et de la détention en application des articles L. 3211-12 ou L. 3211-12-1, ou lorsque la mesure de soins doit être levée en application des articles L. 3212-4, L. 3212-7, L. 3212-8, L. 3212-9 ou L. 3213-4 ;

2° Le fait pour le directeur ou pour tout médecin d'un établissement mentionné à l'article L. 3222-1 de supprimer ou de retenir une requête ou une réclamation adressée à l'autorité judiciaire ou administrative par une personne faisant l'objet de soins psychiatriques en application des chapitres II à IV du présent titre.

Art. L. 3215-2 *(L. n° 2011-803 du 5 juill. 2011, art. 6-2°)* Est puni de six mois d'emprisonnement et de 7 500 € d'amende le fait pour le directeur d'un établissement mentionné à l'article L. 3222-1 :

1° D'admettre une personne en soins psychiatriques en application du 1° du II de l'article L. 3212-1 sans avoir obtenu la demande d'admission en soins et les certificats médicaux prévus par le même 1° ;

2° D'admettre une personne en soins psychiatriques en application du 2° du même II sans disposer du certificat médical prévu par le même 2° ;

3° D'omettre d'adresser au représentant de l'État dans le département ou, à Paris, au préfet de police dans les délais prescrits la décision d'admission, les certificats médicaux et le bulletin d'entrée établis en application du I de l'article L. 3212-5 ;

4° D'omettre d'adresser au représentant de l'État dans le département ou, à Paris, au préfet de police dans les délais prescrits les certificats médicaux établis en application *(Abrogé par L. n° 2016-41 du 26 janv. 2016, art. 69-I-9°) « de l'article L. 3212-7, »* des 1° et 2° du I de l'article L. 3213-1 et de l'article L. 3213-3 ;

5° D'omettre de se conformer dans le délai indiqué aux prescriptions de l'article L. 3212-11 et du IV de l'article L. 3213-1 relatives à la tenue et à la présentation des registres ;

6° D'omettre d'aviser dans le délai prescrit par l'article *(L. n° 2013-869 du 27 sept. 2013, art. 13-I)* « L. 3213-9-1 » le représentant de l'État dans le département ou, à Paris, le préfet de police du certificat médical prévu à cet article.

Art. L. 3215-3 *Abrogé par L. n° 2011-803 du 5 juill. 2011, art. 6-3°.*

Art. L. 3215-4 *(L. n° 2011-803 du 5 juill. 2011, art. 6-4°)* Est puni de six mois d'emprisonnement et de 7 500 € d'amende le fait pour un médecin d'un établissement mentionné à l'article L. 3222-1 de refuser ou d'omettre d'établir dans les délais prescrits les certificats médicaux relevant de sa responsabilité en application des articles L. *3211-2-2, L. 3212-7, L. 3213-1* et L. 3213-3.

CHAPITRE VI CONTENTIEUX

(L. n° 2011-803 du 5 juill. 2011, art. 7)

Art. L. 3216-1 La régularité des décisions administratives prises en application des chapitres II à IV du présent titre ne peut être contestée que devant le juge judiciaire.

Le juge des libertés et de la détention connaît des contestations mentionnées au premier alinéa du présent article dans le cadre des instances introduites en application des articles L. 3211-12 et L. 3211-12-1. Dans ce cas, l'irrégularité affectant une décision administrative mentionnée au premier alinéa du présent article n'entraîne la mainlevée de la mesure que s'il en est résulté une atteinte aux droits de la personne qui en faisait l'objet.

Lorsque le tribunal de grande instance statue sur les demandes en réparation des conséquences dommageables résultant pour l'intéressé des décisions administratives mentionnées au premier alinéa, il peut, à cette fin, connaître des irrégularités dont ces dernières seraient entachées.

BIBL. ▸ Couturier, La contrainte et le consentement dans les soins ordonnés par l'autorité publique : vers une aporie juridique ?, *RDSS 2014. 120*. – Vioujas, Le contrôle des soins psychiatriques sans consentement : aperçu d'un droit jurisprudentiel en construction, *LPA 19 juin 2014, nº 122, p. 4*. – Castaing, La volonté des personnes admises en soins psychiatriques sans consentement : quel droit pour quel juge ?, *AJDA 2013. 153*. – Vialettes et Grosset, L'unification du contentieux de l'hospitalisation sans consentement. De quelques questions posées par sa mise en œuvre au 1er janvier 2013, *JCP 2013. Étude 157*. – Douchy-Oudot, Soins psychiatriques et droit de la personne, *Procédures oct. 2011, nº 10, p. 310*. – Diemer, La réforme de l'hospitalisation sans consentement et le contrôle des arrêtés préfectoraux : retour sur un mécanisme d'éviction du juge administratif, *LPA 12 juin 2015, nº 117, p. 4*.

COMMENTAIRE

V. Commentaire reproduit sur Dalloz.fr.

1. Identification par le juge de l'auteur de la décision d'admission ou de maintien en hôpital psychiatrique. Quand l'absence de la mention légalement requise des nom, prénom et qualité du signataire d'une décision administrative (exigence dont la finalité est l'identification par le citoyen de l'auteur d'un acte qui le concerne) peut être suppléée par des éléments extrinsèques portés à la connaissance de l'intéressé, le juge méconnaît son pouvoir d'identifier le signataire en ne comparant pas les décisions d'admission et de maintien d'un patient en hospitalisation psychiatrique aux diverses pièces produites devant lui avant de statuer. Par conséquent, il viole l'art. 4 de la L. nº 2000-321 du 12 avr. 2000 et l'art. L. 3216-1 CSP en retenant que les irrégularités constatées caractérisent l'atteinte aux droits du patient. • Civ. 1re, 18 juin 2014, nº 13-16.363.

2. Étendue des pouvoirs du juge judiciaire. Si le juge judiciaire connaît des contestations portant sur la régularité des décisions administratives de soins sans consentement, il ne peut que prononcer la mainlevée de la mesure, s'il est résulté de l'irrégularité qu'il constate une atteinte aux droits de la personne qui en faisait l'objet. • Civ. 1re, 11 mai 2016, nº 15-16.233. ♦ Par conséquent, excède ses pouvoirs et viole l'art. L. 3216-1 le juge judiciaire qui, par une ordonnance, annule la décision administrative d'admission en soins sans consentement sous la forme d'un programme de soins. • Même arrêt.

TITRE DEUXIÈME ORGANISATION

BIBL. ▸ Dupont et Volpe, Que reste-t-il de la sectorisation psychiatrique ?, *RDSS 2017. 890*. – Théron, Les urgences psychiatriques en établissement, *RDSS 2014. 707*.

CHAPITRE PREMIER POLITIQUE DE SANTÉ MENTALE ET ORGANISATION DE LA PSYCHIATRIE (*L. nº 2016-41 du 26 janv. 2016, art. 69-I-10º-a*).

Art. L. 3221-1 (*L. nº 2016-41 du 26 janv. 2016, art. 69-I-10º-b*) **La politique de santé mentale comprend des actions de prévention, de diagnostic, de soins, de réadaptation et de réinsertion sociale. Elle est mise en œuvre par des acteurs diversifiés intervenant dans ces domaines, notamment les établissements de santé autorisés en psychiatrie, des médecins libéraux, des psychologues et l'ensemble des acteurs de la prévention, du logement, de l'hébergement et de l'insertion.**

COMMENTAIRE

V. commentaire reproduit sur Dalloz.fr.

Prise en charge des frais d'hospitalisation. Les dépenses afférentes au traitement des maladies mentales, y compris les frais d'hospitalisation des personnes placées d'office, sont prises en charge par l'assurance maladie. • CE 30 juin 1999, G., n° 177129 : *Lebon T. 1026*.

Art. L. 3221-2 *(L. n° 2016-41 du 26 janv. 2016, art. 69-I-10°-b)* **I. — Un projet territorial de santé mentale, dont l'objet est l'amélioration continue de l'accès des personnes concernées à des parcours de santé et de vie de qualité, sécurisés et sans rupture, est élaboré et mis en œuvre à l'initiative des professionnels et établissements travaillant dans le champ de la santé mentale à un niveau territorial suffisant pour permettre l'association de l'ensemble des acteurs mentionnés à l'article L. 3221-1 et l'accès à des modalités et techniques de prise en charge diversifiées.**

Il tient compte des caractéristiques socio-démographiques de la population, des caractéristiques géographiques des territoires et de l'offre de soins et de services contribuant à la réponse aux besoins des personnes souffrant de troubles psychiques.

En l'absence d'initiative des professionnels, le directeur général de l'agence régionale de santé prend les dispositions nécessaires pour que l'ensemble du territoire de la région bénéficie d'un projet territorial de santé mentale.

II. — Le projet territorial est défini sur la base d'un diagnostic territorial partagé en santé mentale établi par les acteurs de santé du territoire. Le projet territorial associe notamment les représentants des usagers, les professionnels et les établissements de santé, les établissements et les services sociaux et médico-sociaux, les organismes locaux d'assurance maladie et les services et les établissements publics de l'État concernés, les collectivités territoriales, ainsi que les conseils locaux de santé, les conseils locaux de santé mentale ou toute autre commission créée par les collectivités territoriales pour traiter des sujets de santé mentale, dès lors qu'ils comprennent en leur sein les représentants des usagers et les professionnels de santé, sociaux et médico-sociaux.

Les diagnostics et les projets territoriaux tiennent compte des projets des équipes de soins primaires mentionnées à l'article L. 1411-11-1 et des communautés professionnelles territoriales de santé mentionnées à l'article L. 1434-12.

Le diagnostic, qui comprend un état des ressources disponibles, a pour objet d'identifier les insuffisances dans l'offre de prévention et de services sanitaires, sociaux et médico-sociaux et dans l'accessibilité, la coordination et la continuité de ces services, et de préconiser des actions pour y remédier.

III. — Le projet territorial de santé mentale organise la coordination territoriale de second niveau. Il définit les actions à entreprendre afin de répondre aux besoins identifiés par le diagnostic territorial partagé.

Il organise les conditions d'accès de la population :

1° A la prévention et en particulier au repérage, au diagnostic et à l'intervention précoce sur les troubles ;

2° A l'ensemble des modalités et techniques de soins et de prises en charge spécifiques ;

3° Aux modalités d'accompagnement et d'insertion sociale.

A cet effet, il organise l'accès de la population à un ensemble de dispositifs et de services répondant à des priorités définies par voie réglementaire.

Il précise les objectifs poursuivis, les évolutions de l'offre de soins et de services et des organisations nécessaires ainsi que les indicateurs de suivi du projet. Il s'appuie sur la transmission et le partage des savoirs acquis et des bonnes pratiques professionnelles, sur le développement professionnel continu et sur le développement de la recherche clinique.

Un programme relatif au maintien dans le logement et d'accès au logement et à l'hébergement accompagné est développé pour les personnes en souffrance psychique qui en ont besoin.

La coordination *territoriale de second niveau* est déclinée dans l'organisation des *parcours de* proximité pour assurer à chaque patient, notamment aux patients pris en charge dans le cadre de la mission de psychiatrie de secteur, l'accès à cet ensemble de dispositifs et de services.

IV. — Le diagnostic territorial partagé et le projet territorial de santé mentale sont arrêtés par le directeur général de l'agence régionale de santé après avis des conseils locaux de santé ou des conseils locaux de santé mentale et du conseil territorial de santé mentionné à l'article L. 1434-10. Le diagnostic et le projet territorial de santé mentale peuvent être révisés ou complétés à tout moment.

Le directeur général de l'agence régionale de santé informe des diagnostics et des projets territoriaux de santé la conférence régionale de la santé et de l'autonomie et assure leur publication.

V. — Les actions tendant à mettre en œuvre le projet territorial de santé mentale font l'objet d'un contrat territorial de santé mentale conclu entre l'agence régionale de santé et les acteurs du territoire participant à la mise en œuvre de ces actions.

Le contrat territorial de santé mentale définit l'action assurée par ses signataires, leurs missions et engagements, les moyens qu'ils y consacrent et les modalités de financement, de suivi et d'évaluation.

Selon leur territoire d'application, ces actions peuvent être déclinées au sein de conseils locaux de santé mentale. Le conseil territorial de santé mentionné à l'article L. 1434-10 comprend une commission spécialisée en santé mentale.

VI. — Les établissements *(Ord. nº 2017-31 du 12 janv. 2017, art. 1er-3º)* « assurant le service public hospitalier » signataires d'un même contrat territorial de santé mentale peuvent constituer entre eux une communauté psychiatrique de territoire pour la définition et la mise en œuvre de leur projet médical d'établissement, selon des modalités définies par décret.

BIBL. ▸ COUTURIER, La nouvelle politique de santé mentale finalisée, *Dict. perm. santé, bioéthique et biotechnologies, Bull. nº 285, oct. 2017, p. 7.*

COMMENTAIRE

V. commentaire reproduit sur Dalloz.fr

Art. L. 3221-2-1 *(Ord. nº 2018-20 du 17 janv. 2018, art. 11)* I. — Lorsqu'un hôpital des armées ou un autre élément du service de santé des armées participe à la mise en œuvre de la politique de santé mentale conduite en application du présent chapitre :

1º Le service de santé des armées participe à l'établissement du diagnostic territorial partagé en santé mentale, qui tient alors compte de ses moyens ;

2º Les hôpitaux des armées et les autres éléments du service de santé des armées du territoire sont associés à l'élaboration et, après autorisation du ministre de la défense, à la mise en œuvre du projet territorial de santé mentale ;

Lorsqu'un contrat territorial de santé mentale est signé par un hôpital des armées ou par un élément du service de santé des armées mentionné au 2º du I de l'article L. 6147-12, cette signature est subordonnée à l'accord du ministre de la défense. Dans le cas où il s'agit d'un élément du service de santé des armées mentionné au 3º du I de l'article L. 6147-12, le contrat est signé par le ministre de la défense. Le contrat territorial ainsi conclu constitue une annexe du contrat spécifique prévu à l'article L. 6147-12.

Les hôpitaux des armées et les autres éléments du service de santé des armées pour lesquels a été conclu un contrat territorial de santé mentale peuvent, après autorisation du ministre de la défense, participer aux communautés psychiatriques du territoire.

II. — Lorsque des besoins spécifiques de la défense existent sur le territoire concerné, le service de santé des armées participe à l'élaboration du projet territorial partagé.

Art. L. 3221-3 *(L. nº 2016-41 du 26 janv. 2016, art. 69-I-10º-b)* I. — L'activité de psychiatrie peut être exercée par l'ensemble des établissements de santé, universitaires ou non, indépendamment de leur statut juridique *(Ord. nº 2018-20 du 17 janv. 2018, art. 11)* « , et par les hôpitaux des armées ». Au sein de cette activité, la mission de psychiatrie de secteur, qui concourt à la politique de santé mentale définie à l'article L. 3221-1, consiste à garantir à l'ensemble de la population :

1º Un recours de proximité en soins psychiatriques, notamment par l'organisation de soins ambulatoires de proximité, y compris sous forme d'intervention à domicile, assuré par des équipes pluriprofessionnelles, en coopération avec les équipes de soins primaires mentionnées à l'article L. 1411-11-1 et les communautés professionnelles territoriales de santé mentionnées à l'article L. 1434-12 ;

2º L'accessibilité territoriale et financière des soins psychiatriques ;

3° La continuité des soins psychiatriques, notamment pour les patients dont les parcours de santé sont particulièrement complexes, y compris par recours à l'hospitalisation, avec ou sans consentement, en assurant si nécessaire l'orientation vers d'autres acteurs afin de garantir l'accès à des prises en charge non disponibles au sein des établissements assurant la mission de psychiatrie de secteur.

La mission de psychiatrie de secteur se décline de façon spécifique pour les enfants et les adolescents.

II. — Les établissements de santé assurant la mission de psychiatrie de secteur participent aux actions menées en matière de prévention, de soins et d'insertion dans le cadre du projet territorial de santé mentale et par les équipes de soins primaires et communautés professionnelles territoriales de santé mentionnées à l'article L. 1434-12.

COMMENTAIRE

V. Commentaire reproduit sur Dalloz.fr.

Art. L. 3221-4 *(L. n° 2016-41 du 26 janv. 2016, art. 69-I-10°-b)* **Le directeur général de l'agence régionale de santé désigne, parmi les établissements de santé autorisés en psychiatrie et assurant le service public hospitalier défini à l'article L. 6112-1, les établissements de santé assurant la mission de psychiatrie de secteur et sa déclinaison pour les enfants et les adolescents. Afin que l'ensemble de la région soit couvert, il affecte à chaque établissement ainsi désigné une zone d'intervention. Sur cette zone, l'établissement s'engage à travailler en partenariat avec les autres acteurs.**

Le directeur général de l'agence régionale de santé organise également avec ces établissements les modalités de réponse aux besoins des personnes en situation de précarité ne disposant pas d'une domiciliation stable dans la zone d'intervention considérée.

Chaque établissement détermine, dans le projet d'établissement mentionné à l'article L. 6143-2 ou dans les documents définissant la politique médicale mentionnée à l'article L. 6161-2-2, les modalités d'organisation et de fonctionnement de cette activité dans la zone qui lui a été affectée et sa déclinaison pour les enfants et les adolescents, qu'il décline en territoires de proximité appelés secteurs de psychiatrie.

BIBL. ▶ CAYLA, L'organisation administrative de la sectorisation psychiatrique ; commentaire des circulaires des 22 janv. et 23 juill. 1986, *RDSS 1987. 28.* – TRUCHET, Organisation et planification des établissements psychiatriques, *Traité de droit médical et hospitalier, Litec, fasc. n° 120-10.*

COMMENTAIRE

V. Commentaire reproduit sur Dalloz.fr.

Art. L. 3221-4-1 A *(L. n° 2016-41 du 26 janv. 2016, art. 69-I-11°)* **L'établissement peut conclure avec une association de soins, de prévention, de réadaptation et de réhabilitation une convention pour la mise en œuvre d'une démarche thérapeutique qu'elle définit.**

La convention précise notamment les modalités de mise à disposition par l'établissement d'équipements et de moyens matériels et financiers et les conditions de leur utilisation par l'association. Elle indique les conditions dans lesquelles le personnel hospitalier peut contribuer au fonctionnement et aux activités de l'association. Elle détermine les modalités de contrôle médical de son exécution.

L'association rend annuellement compte par écrit à l'établissement de sa gestion et de l'utilisation des moyens mis à sa disposition.

COMMENTAIRE

V. Commentaire reproduit sur Dalloz.fr.

Art. L. 3221-4-1 *(L. n° 2011-803 du 5 juill. 2011, art. 8-1°)* **L'agence régionale de santé veille à la qualité et à la coordination des actions de soutien et d'accompagnement des familles et des aidants des personnes faisant l'objet de soins psychiatriques menées par les établissements de santé mentionnés** *(L. n° 2016-41 du 26 janv. 2016, art. 69-I-12°)* **« à l'article L. 3221-1 » et par les associations ayant une activité dans le domaine de la santé et de la prise en charge des malades agréées en application de l'article L. 1114-1.**

Art. L. 3221-5 Les biens, meubles et immeubles affectés aux services publics de lutte contre les maladies mentales et nécessaires à l'exercice de leurs activités sont mis à la disposition des établissements mentionnés à l'article L. 3221-4 *(Abrogé par Ord. nº 2010-177 du 23 févr. 2010, art. 1er-11º)* « *, assurant le service public hospitalier et* » désignés par le *(Ord. nº 2010-177 du 23 févr. 2010, art. 9-I-4º)* « directeur général de l'agence régionale de santé ».

Art. L. 3221-5-1 *(L. nº 2011-803 du 5 juill. 2011, art. 8-3º)* Dans chaque territoire de santé, l'agence régionale de santé organise un dispositif de réponse aux urgences psychiatriques en relation avec les services d'aide médicale urgente, les services départementaux d'incendie et de secours, les services de la police nationale, les unités de la gendarmerie nationale, les établissements mentionnés à l'article L. 3222-1, les groupements de psychiatres libéraux et les personnes mentionnées à l'article L. 6312-2.

Ce dispositif a pour objet de faire assurer aux personnes atteintes de troubles mentaux, en quelque endroit qu'elles se trouvent, les soins d'urgence appropriés à leur état et, le cas échéant, de faire assurer leur transport vers un établissement de santé mentionné à l'article L. 3222-1 *(L. nº 2013-869 du 27 sept. 2013, art. 3-1º)* « , notamment en cas de nécessité de retour en hospitalisation complète dans les conditions prévues au second alinéa de l'article L. 3211-11. »

COMMENTAIRE

V. Commentaire reproduit sur Dalloz.fr.

Art. L. 3221-6 Les modalités d'application du présent chapitre sont déterminées en tant que de besoin par décret en Conseil d'État. — *V. art. R. 3221-1 à R. 3221-17.*

CHAPITRE II ÉTABLISSEMENTS DE SANTÉ CHARGÉS D'ASSURER LES SOINS PSYCHIATRIQUES SANS CONSENTEMENT *(L. nº 2016-41 du 26 janv. 2016, art. 69-I-13º-a).*

Bibl. ▶ VIOUJAS, Les unités pour malades difficiles : de l'ombre au clair-obscur, *RDSS 2016. 499*.

Art. L. 3222-1 *(L. nº 2016-41 du 26 janv. 2016, art. 69-I-13º-b)* I. — Le directeur général de l'agence régionale de santé désigne, après avis du représentant de l'État dans le département concerné, un ou plusieurs établissements autorisés en psychiatrie chargés d'assurer les soins psychiatriques sans consentement, en application des chapitres II à IV du titre Ier du présent livre ou de l'article 706-135 du code de procédure pénale.

II. — La zone géographique dans laquelle l'établissement de santé ainsi désigné exerce ces missions est définie, en tenant compte des modalités d'organisation en secteurs de psychiatrie mentionnés à l'article L. 3221-4 dans le contrat pluriannuel d'objectifs et de moyens mentionné à l'article L. 6114-1.

III. — Les moyens mis en œuvre pour l'exercice de ces missions et les modalités de coordination avec l'activité de psychiatrie de secteur mentionnée à l'article L. 3221-3 sont précisés dans le projet d'établissement mentionné à l'article L. 6143-2 ou dans les documents fixant la politique médicale mentionnée à l'article L. 6161-2-2.

Lorsque l'établissement de santé désigné en application du I du présent article n'est pas chargé de la mission de psychiatrie de secteur dans la même zone géographique, les modalités de coordination font l'objet d'une convention tripartite entre l'établissement de santé désigné en application du même I, l'établissement de santé désigné au titre de l'article L. 3221-4 et le directeur général de l'agence régionale de santé.

IV. — Dans les établissements n'assurant pas le service public hospitalier, tout patient faisant l'objet de soins psychiatriques en application des chapitres II à IV du titre Ier du présent livre ou de l'article 706-135 du code de procédure pénale bénéficie des garanties prévues au I de l'article L. 6112-2 du présent code.

COMMENTAIRE

V. Commentaire reproduit sur Dalloz.fr.

Jurisprudence sur le texte antérieur à la loi du 5 juill. 2011

1. *Répartition des compétences entre les deux ordres de juridiction.* Les soins aux aliénés constituent un service public dont les conditions d'organisation et de fonctionnement doivent être appréciées par le juge administratif. • T. confl. 29 févr. 1908, *Feutry : Lebon 208, concl. Teissier ; DP 1908. 3. 49, concl. Teissier ; S. 1908. 3. 97, concl. Teissier, note Hauriou ; RD publ. 1908. 206, note Jèze.* ♦ Cependant, les conventions passées (à l'époque) par un département avec une clinique privée ne confèrent à cette dernière aucune prérogative de puissance publique pour la gestion du service public : la compétence contentieuse est alors judiciaire. • T. confl. 6 nov. 1978, *Bernardi : Lebon 652 ; AJDA 1979, n° 2, p. 35 ; ibid. Chron. p. 22 ; RDSS 1979. 91, note Moderne ; CJEG 1979. 40* • 28 avr. 1980, *Mme Girinon : Lebon T. 641 ; D. 1980. IR 560, obs. Delvolvé ; AJDA 1981. 158, obs. Brard.*

2. *Application du forfait journalier aux malades hospitalisés sans leur consentement.* Le forfait journalier, institué par la loi du 19 janv. 1983, s'applique aux patients hospitalisés sous le régime des placements sous contrainte, les situations de placement sous contrainte ne figurant pas dans la liste limitative des cas d'exonération prévus par la loi. • CAA Bordeaux, 17 nov. 1992, *B. c/ CHS de Bordeaux,* n° 91BX00576 : *RDSS 1994. 153, note Marin et Guillemoteau.* ♦ Le recours contre un refus de décharger le malade du forfait relève du plein contentieux. • CE 9 déc. 1994, *Min. Solidarité c/ Mlle B.,* n° 117872.

3. *Refus de transférer un patient vers un établissement situé dans un autre département.* L'arrêté par lequel le préfet refuse de transférer le malade placé d'office dans un établissement psychiatrique du département vers un établissement psychiatrique d'un autre département est une décision faisant grief qui relève de la compétence du juge administratif (sol. impl.). • CE 25 mai 1994, *M. G.,* n° 135677.

4. *Autorité compétente pour décider du transfert.* Le préfet du département dans lequel une personne est hospitalisée d'office est compétent pour décider seul, en vertu de ses pouvoirs de police spéciale, du transfert de cette personne vers un autre établissement, même si ce dernier est situé dans un autre département. • CE 13 mars 2013, *M. et Mme L. et Mlle L.,* n° 342704 : *Lebon ; AJDA 2013. 604.*

5. *Constitutionnalité de l'art. L. 3222-1 dans sa rédaction antérieure à la loi du 5 juill. 2011.* Saisi par le Conseil d'État (• CE 24 sept. 2010, *Mlle Danielle S.,* n° 339110) d'une question prioritaire de constitutionnalité, le Conseil constitutionnel a jugé l'art. L. 331 [devenu art. L. 3222-1], dans sa rédaction antérieure à la L. n° 2011-803 du 5 juill. 2011, conforme à la Constitution. • Cons. const. 26 nov. 2010, n° 2010-71 QPC : *JO 27 nov., p. 21119 ; D. 2010. 284 ; AJDA 2010. 2284, obs. Brondel ; ibid. 2011. 174, note Bioy ; Constitutions 2011. 108, note Bioy ; JCP 2010, n° 1216, note Dubreuil ; JCP Adm. 2010, n° 49, p. 7, note Albert ; LPA 23 déc. 2010, n° 255, p. 5, note Castaing ; RDSS 2011. 304, note Renaudie ; RTD civ. 2011. 101, note Hauser.*

Art. L. 3222-1-1 *(L. n° 2013-869 du 27 sept. 2013, art. 3-2°)* « Les personnes admises en soins psychiatriques sans consentement sous la forme d'une hospitalisation complète, en application des chapitres II et III du titre Ier du présent livre, peuvent être prises en charge et transportées dans un établissement de santé mentionné à l'article L. 3222-1 sans leur consentement lorsque cela est strictement nécessaire et par des moyens adaptés à leur état. »

(L. n° 2011-803 du 5 juill. 2011, art. 8-4°) « Pour les personnes nécessitant des soins psychiatriques en application de l'article L. 3212-1, s'agissant des mesures prises en application du 1° du II de ce même article, le transport ne peut avoir lieu qu'après l'établissement du premier des deux certificats médicaux et la rédaction de la demande de soins prévus à ce même 1° et, s'agissant des mesures prises en application du 2° du même II, il ne peut avoir lieu qu'après l'établissement du certificat médical prévu à ce même 2°. »

COMMENTAIRE

V. Commentaire reproduit sur Dalloz.fr.

Art. L. 3222-1-2 *(L. n° 2011-803 du 5 juill. 2011, art. 8-5°)* Le directeur de chaque établissement de santé mentionné à l'article L. 3222-1 conclut des conventions avec :

1° Le représentant de l'État dans le département ou, à Paris, le préfet de police ;

2° Les collectivités territoriales et leurs groupements compétents *(Abrogé par Ord. n° 2018-21 du 17 janv. 2018, art. 1er)* « *sur les territoires de santé correspondants* » ;

3° Le directeur général de l'agence régionale de santé.

Les conventions mentionnées au premier alinéa du présent article fixent les modalités selon lesquelles leurs signataires collaborent en vue d'assurer le suivi et de favo-

riser la réinsertion sociale des personnes faisant l'objet de soins psychiatriques sous la forme mentionnée au 2° *(L. n° 2013-869 du 27 sept. 2013, art. 1er-4°)* **« du I » de l'article L. 3211-2-1. Ces conventions prévoient également les conditions dans lesquelles sont mises en œuvre les décisions par lesquelles le directeur de l'établissement d'accueil ou le représentant de l'État modifie la forme de la prise en charge de ces personnes en procédant à leur hospitalisation complète en application, respectivement, de l'article L. 3212-4 ou du III de l'article L. 3213-3.**

COMMENTAIRE

V. Commentaire reproduit sur Dalloz.fr.

Art. L. 3222-2 **Lorsqu'un malade hospitalisé dans un établissement autre que ceux mentionnés à l'article L. 3222-1 est atteint de troubles mentaux tels que définis soit** *(L. n° 2011-803 du 5 juill. 2011, art. 8-6°)* **« au I » de l'article L. 3212-1, soit à l'article L. 3213-1, le directeur de l'établissement doit prendre, dans les quarante-huit heures, toutes les mesures nécessaires à la mise en œuvre de l'une des procédures prévues aux articles L. 3212-1, L. 3212-3, L. 3213-1 ou L. 3213-2.**

Limitation au principe du libre choix. L'urgence justifie que le patient n'ait pas, lors de son admission, le libre choix du psychiatre qui le soigne, ni celui de l'établissement psychiatrique dans lequel il est éventuellement transféré. • CE 21 oct. 1998, *Union nat. des éts psychiatriques d'hospitalisation privée*, n° 189285 : *Lebon 358 ; D. 1998. IR 255 ; JCP 1999. IV. 1552, obs. Rouault ; RFDA 1998. 1283.*

Art. L. 3222-3 (Abrogé par L. n° 2013-869 du 27 sept. 2013, art. 11) (L. n° 2011-803 du 5 juill. 2011, art. 8-7°) ***Les personnes faisant l'objet de soins psychiatriques sous la forme d'une hospitalisation complète en application des chapitres III ou IV du titre Ier du présent livre ou de l'article 706-135 du code de procédure pénale peuvent être prises en charge dans une unité pour malades difficiles lorsqu'elles présentent pour autrui un danger tel que les soins, la surveillance et les mesures de sûreté nécessaires ne peuvent être mis en œuvre que dans une unité spécifique.***

Les modalités d'admission dans une unité pour malades difficiles sont prévues par décret en Conseil d'État.

1. Constitutionnalité de l'art. L. 3222-3. La disposition de l'art. L. 3222-3, prévoyant que les personnes soumises par le représentant de l'État à des soins psychiatriques sous la forme d'hospitalisation complète peuvent être prises en charge dans une unité pour malades difficiles lorsqu'elles « présentent pour autrui un danger tel que les soins, la surveillance et les mesures de sûreté nécessaires ne peuvent être mis en œuvre que dans une unité spécifique », étant susceptible de porter atteinte à la liberté d'aller et venir et de méconnaître les art. 66 et 34 de la Constitution en imposant aux personnes placées en unité pour malades difficiles, sans garanties légales suffisantes, des règles plus rigoureuses que celles applicables aux autres personnes admises en hospitalisation complète, notamment en ce qui concerne la levée de ces soins, il y a lieu de soumettre une question prioritaire de constitutionnalité au Conseil constitutionnel. • Civ. 1re, 4 déc. 2013, n° 13-17.984 : *AJDA 2013. 2467.* ♦ Pour le Conseil constitutionnel, le régime juridique de privation de liberté auquel sont soumises les personnes prises en charge dans une unité pour malades difficiles n'est pas différent de celui applicable aux autres personnes faisant l'objet de soins sans leur consentement sous la forme d'une hospitalisation complète et les dispositions de l'art. L. 3222-3 sont conformes à la Constitution. • Cons. const. 14 févr. 2014 : *Décis. n° 2013-367 QPC.*

2. Légalité des dispositions réglementaires relatives à l'admission en unité pour malades difficiles. La circonstance que l'art. L. 3222-3 ait été abrogé par la L. n° 2013-869 du 27 sept. 2013 est sans incidence sur la légalité du Décr. n° 2011-847 du 18 juill. 2011, laquelle doit être appréciée à la date de son adoption. • CE 30 juin 2014, *CERPA*, n° 352668. ♦ V. également • CE 20 déc. 2013, *CERPA*, n° 352668.

Art. L. 3222-4 *(L. n° 2011-803 du 5 juill. 2011, art. 8-8°)* **« Les établissements mentionnés à l'article L. 3222-1 sont visités sans publicité préalable au moins une fois par an par le représentant de l'État dans le département ou son représentant, par le président du tribunal de grande instance ou son délégué, par le procureur de la République dans le ressort duquel est situé l'établissement et par le maire de la commune ou son représentant. »**

Ces autorités reçoivent les réclamations des personnes *(L. n° 2011-803 du 5 juill. 2011, art. 8-8°)* « admises en soins psychiatriques » *(Ord. n° 2010-177 du 23 févr. 2010, art. 26-24°)* « sans leur consentement » ou de leur conseil et procèdent, le cas échéant, à toutes vérifications utiles. Elles contrôlent notamment la bonne application des dispositions des articles L. 3211-1, L. 3211-2 *(L. n° 2011-803 du 5 juill. 2011, art. 8-8°)* « , L. 3211-2-1 » et L. 3211-3 et signent le registre de l'établissement dans les conditions prévues à l'article L. 3212-11.

Art. L. 3222-4-1 *(L. n° 2013-869 du 27 sept. 2013, art. 3-4°)* Les députés et les sénateurs ainsi que les représentants au Parlement européen élus en France sont autorisés à visiter à tout moment les établissements de santé mentionnés à l'article L. 3222-1.

Art. L. 3222-5 Sans préjudice des dispositions de l'article L. 3222-4, dans chaque département une commission départementale des *(L. n° 2011-803 du 5 juill. 2011, art. 8-9°)* « soins » psychiatriques est chargée d'examiner la situation des personnes *(L. n° 2011-803 du 5 juill. 2011, art. 8-9°)* « admises en soins psychiatriques en application des chapitres II à IV du titre Ier du présent livre ou de l'article 706-135 du code de procédure pénale » au regard du respect des libertés individuelles et de la dignité des personnes.

COMMENTAIRE

V. Commentaire reproduit sur Dalloz.fr.

Art. L. 3222-5-1 *(L. n° 2016-41 du 26 janv. 2016, art. 72)* L'isolement et la contention sont des pratiques de dernier recours. Il ne peut y être procédé que pour prévenir un dommage immédiat ou imminent pour le patient ou autrui, sur décision d'un psychiatre, prise pour une durée limitée. Leur mise en œuvre doit faire l'objet d'une surveillance stricte confiée par l'établissement à des professionnels de santé désignés à cette fin.

Un registre est tenu dans chaque établissement de santé autorisé en psychiatrie et désigné par le directeur général de l'agence régionale de santé pour assurer des soins psychiatriques sans consentement en application du I de l'article L. 3222-1. Pour chaque mesure d'isolement ou de contention, ce registre mentionne le nom du psychiatre ayant décidé cette mesure, sa date et son heure, sa durée et le nom des professionnels de santé l'ayant surveillée. Le registre, qui peut être établi sous forme numérique, doit être présenté, sur leur demande, à la commission départementale des soins psychiatriques, au Contrôleur général des lieux de privation de liberté ou à ses délégués et aux parlementaires.

L'établissement établit annuellement un rapport rendant compte des pratiques d'admission en chambre d'isolement et de contention, la politique définie pour limiter le recours à ces pratiques et l'évaluation de sa mise en œuvre. Ce rapport est transmis pour avis à la commission des usagers prévue à l'article L. 1112-3 et au conseil de surveillance prévu à l'article L. 6143-1.

COMMENTAIRE

V. Commentaire reproduit sur Dalloz.fr.

Contrôle du juge sur les atteintes à la liberté des patients. Il résulte des dispositions de l'art. L. 3222-5-1 que le législateur a entendu encadrer strictement les pratiques d'isolement et de contention, qu'il qualifie de dernier recours, en les assortissant de garanties portant sur la vérification de leur nécessité et de leur durée et en instaurant une traçabilité de ces mesures exceptionnelles par la création d'un registre. • Versailles, 24 oct. 2016, n° 16/07393 : *JCP 2016. 1211, note Vialla ; Dict. perm. Santé, bioéthique et biotechnologies, Bull. n° 277, janv. 2017, p. 8, obs. Couturier.* ♦ ... Aussi l'établissement hospitalier doit-il justifier du respect des dispositions de l'art. L. 3222-5-1 et fournir au juge les éléments lui permettant d'opérer le contrôle qui lui incombe sur les atteintes à la liberté du patient. • Même arrêt. ♦ ... Par conséquent, dès lors qu'aucun élément n'est produit permettant de déterminer si la mise à l'isolement résulte bien d'une décision d'un psychiatre et si elle était nécessaire pour prévenir un dommage, la mainlevée de la mesure doit être prononcée. • Même arrêt.

Art. L. 3222-6 Les modalités d'application du présent chapitre sont déterminées en tant que de besoin par décret en Conseil d'État. – *[Anc. art. L. 355].*

CHAPITRE III COMMISSION DÉPARTEMENTALE DES SOINS PSYCHIATRIQUES *(L. n° 2011-803 du 5 juill. 2011, art. 8-10°).*

Art. L. 3223-1 *(L. n° 2011-803 du 5 juill. 2011, art. 8-11°)* La commission prévue à l'article L. 3222-5 :

1° Est informée, dans les conditions prévues aux chapitres II et III du titre Ier du présent livre, de toute décision d'admission en soins psychiatriques, de tout renouvellement de cette décision et de toute décision mettant fin à ces soins ;

2° Reçoit les réclamations des personnes faisant l'objet de soins psychiatriques en application des chapitres II à IV du titre Ier du présent livre ou de l'article 706-135 du code de procédure pénale ou celles de leur conseil et examine leur situation ;

3° Examine, en tant que de besoin, la situation des personnes faisant l'objet de soins psychiatriques en application des chapitres II à IV du titre Ier du présent livre ou de l'article 706-135 du code de procédure pénale et, obligatoirement, dans des conditions fixées par décret en Conseil d'État :

a) Celle de toutes les personnes dont l'admission a été prononcée en application du 2° du II de l'article L. 3212-1 ;

b) Celle de toutes les personnes dont les soins se prolongent au-delà d'une durée d'un an ;

4° Saisit, en tant que de besoin, le représentant de l'État dans le département ou, à Paris, le préfet de police, ou le procureur de la République de la situation des personnes qui font l'objet de soins psychiatriques en application des chapitres II à IV du titre Ier du présent livre ou de l'article 706-135 du code de procédure pénale ;

5° Visite les établissements mentionnés à l'article L. 3222-1, vérifie les informations figurant sur le registre prévu à l'article L. 3212-11 et au IV de l'article L. 3213-1 et s'assure que toutes les mentions prescrites par la loi y sont portées ;

6° Adresse, chaque année, son rapport d'activité, dont le contenu est fixé par décret en Conseil d'État, au juge des libertés et de la détention compétent dans son ressort, au représentant de l'État dans le département ou, à Paris, au préfet de police, au directeur général de l'agence régionale de santé, au procureur de la République et au Contrôleur général des lieux de privation de liberté ;

7° Peut proposer au juge des libertés et de la détention du tribunal de grande instance dans le ressort duquel se situe l'établissement d'accueil d'une personne admise en soins psychiatriques en application des chapitres II à IV du titre Ier du présent livre ou de l'article 706-135 du code de procédure pénale d'ordonner, dans les conditions définies à l'article L. 3211-12 du présent code, la levée de la mesure de soins psychiatriques dont cette personne fait l'objet ;

8° Statue sur les modalités d'accès aux informations mentionnées à l'article L. 1111-7 de toute personne admise en soins psychiatriques en application des chapitres II à IV du titre Ier du présent livre ou de l'article 706-135 du code de procédure pénale.

Les personnels des établissements de santé sont tenus de répondre à toutes les demandes d'information formulées par la commission. Les médecins membres de la commission ont accès à toutes les données médicales relatives aux personnes dont la situation est examinée.

Art. L. 3223-2 La commission prévue à l'article L. 3222-5 se compose :

(L. n° 2002-303 du 4 mars 2002, art. 19-II) « 1° De deux psychiatres, l'un désigné par le procureur général près la Cour d'appel, l'autre par le représentant de l'État dans le département ;

« 2° D'un magistrat désigné par le premier président de la Cour d'appel ;

« 3° De deux représentants d'associations agréées respectivement de personnes malades et de familles de personnes atteintes de troubles mentaux, désignés par le représentant de l'État dans le département ;

« 4° D'un médecin généraliste désigné par le représentant de l'État dans le département.

« En cas d'impossibilité de désigner un ou plusieurs membres de la commission mentionnée dans le présent article, des personnalités *(L. n° 2011-803 du 5 juill. 2011, art. 8-12°)* « d'autres départements » peuvent être nommées ».

Seul l'un des deux psychiatres mentionnés au 1° peut exercer dans un établissement mentionné à l'article L. 3222-1.

Les membres de la commission ne peuvent être membres du *(Ord. n° 2010-177 du 23 févr. 2010, art. 4-3°)* « conseil de surveillance, ou d'une instance habilitée à cet effet, » d'un établissement de santé accueillant des malades atteints de troubles mentaux dans le département du ressort de la commission.

Ils ne peuvent, en dehors du cadre des attributions de la commission, faire état des informations qu'ils ont pu recueillir sur les personnes dont la situation leur a été présentée. Sous réserve des dispositions des 4° et 6° de l'article L. 3223-1, ils sont soumis au secret professionnel dans les conditions prévues par les articles 226-13 et 226-14 du code pénal.

La commission désigne, en son sein, son président, dans des conditions fixées par voie réglementaire.

Renouvellement des membres de la commission. S'agissant de la composition de la commission, les dispositions issues de la loi du 27 juin 1990 demeurent en vigueur en l'absence du décret pris pour l'application de la loi du 4 mars 2002. • CE 13 oct. 2003, *Min. Santé c/ Assoc. française de lutte contre l'abus psychiatrique*, n° 258020 : *AJDA 2004. 166*.

Art. L. 3223-3 Les modalités d'application du présent chapitre sont déterminées en tant que de besoin par décret en Conseil d'État.

CHAPITRE IV SAINT-MARTIN

V. Dalloz.fr.

CHAPITRE V SAINT-BARTHÉLEMY

V. Dalloz.fr.

LIVRE DEUXIÈME *BIS* LUTTE CONTRE LES TROUBLES DU COMPORTEMENT ALIMENTAIRE

(L. n° 2009-879 du 21 juill. 2009, art. 112)

TITRE UNIQUE NUTRITION ET SANTÉ *(L. n° 2010-874 du 27 juill. 2010, art. 1er-III).*

CHAPITRE PREMIER DISPOSITIONS GÉNÉRALES

(L. n° 2010-874 du 27 juill. 2010, art. 1er-III)

Art. L. 3231-1 A *(L. n° 2016-41 du 26 janv. 2016, art. 18)* La politique de santé contribue à la prévention et au diagnostic précoce des troubles du comportement alimentaire.

Art. L. 3231-1 Un programme national relatif à la nutrition et à la santé est élaboré tous les cinq ans par le Gouvernement.

Ce programme définit les objectifs de la politique nutritionnelle du Gouvernement et prévoit les actions à mettre en œuvre afin de favoriser :

– l'éducation, l'information et l'orientation de la population, notamment par le biais de recommandations en matière nutritionnelle, y compris portant sur l'activité physique ;

– la création d'un environnement favorable au respect des recommandations nutritionnelles ;

– la prévention, le dépistage et la prise en charge des troubles nutritionnels dans le système de santé ;

– la mise en place d'un système de surveillance de l'état nutritionnel de la population et de ses déterminants ;

— le développement de la formation et de la recherche en nutrition humaine.

Les actions arrêtées dans le domaine de l'alimentation sont également inscrites dans le programme national pour l'alimentation défini *(L. nº 2014-1170 du 13 oct. 2014, art. 39-V)* « au III de l'article L. 1 » du code rural et de la pêche maritime.

CHAPITRE II *(L. nº 2010-874 du 27 juill. 2010, art. 1er-III).*

Art. L. 3232-1 *(L. nº 2009-879 du 21 juill. 2009, art. 112)* La prévention de l'obésité et du surpoids est une priorité de la politique de santé publique.

Art. L. 3232-2 *(L. nº 2009-879 du 21 juill. 2009, art. 112)* L'État organise et coordonne la prévention, le traitement et la lutte contre l'obésité et le surpoids.

Art. L. 3232-3 *(L. nº 2009-879 du 21 juill. 2009, art. 112)* Les campagnes d'information menées dans le cadre de la prévention de l'obésité et du surpoids sont validées par l'*(Ord. nº 2016-462 du 14 avr. 2016, art. 3-I-6º)* « Agence nationale de santé publique ».

Art. L. 3232-4 *(L. nº 2009-879 du 21 juill. 2009, art. 112)* Ces campagnes doivent également porter sur l'acceptation des personnes obèses ou en surpoids et la lutte contre les discriminations qui leur sont faites.

Art. L. 3232-5 *(L. nº 2013-453 du 3 juin 2013, art. 1er)* Aucune denrée alimentaire de consommation courante destinée au consommateur final distribuée dans les collectivités mentionnées à l'article 73 de la Constitution ainsi que dans les collectivités de Saint-Barthélemy, Saint-Martin et Saint-Pierre-et-Miquelon ne peut avoir une teneur en sucres ajoutés supérieure à celle d'une denrée similaire de la même marque distribuée en France hexagonale.

Lorsque la teneur en sucres ajoutés d'une denrée alimentaire de consommation courante distribuée en France hexagonale diminue, les responsables de la mise sur le marché des denrées similaires de la même marque distribuées dans les collectivités mentionnées au premier alinéa sont autorisés à poursuivre leur commercialisation jusqu'à épuisement des stocks et dans un délai maximal de six mois.

Art. L. 3232-6 *(L. nº 2013-453 du 3 juin 2013, art. 1er)* La teneur en sucres ajoutés des denrées alimentaires de consommation courante destinées au consommateur final distribuées dans les collectivités mentionnées à l'article 73 de la Constitution ainsi que dans les collectivités de Saint-Barthélemy, Saint-Martin et Saint-Pierre-et-Miquelon, mais non distribuées par les mêmes enseignes en France hexagonale, ne peut être supérieure à la teneur en sucres ajoutés la plus élevée constatée dans les denrées alimentaires assimilables de la même famille les plus distribuées en France hexagonale.

Un arrêté des ministres chargés de la santé, de l'agriculture, de la consommation et des outre-mer détermine la liste des denrées alimentaires soumises aux dispositions du premier alinéa.

Lorsque la teneur en sucres ajoutés la plus élevée mentionnée au premier alinéa diminue au sein d'une famille de denrées alimentaires distribuées en France hexagonale, les responsables de la mise sur le marché des denrées alimentaires assimilables de la même famille distribuées outre-mer soumises aux dispositions du même premier alinéa sont autorisés à poursuivre leur commercialisation jusqu'à épuisement des stocks et dans un délai maximal de six mois.

Art. L. 3232-7 *(L. nº 2013-453 du 3 juin 2013, art. 1er)* Les manquements aux articles L. 3232-5 et L. 3232-6 sont constatés par les agents mentionnés *(Ord. nº 2016-301 du 14 mars 2016, art. 17-3º)* « à l'article L. 511-3 et aux 1º et 2º du I de l'article L. 511-22 du code de la consommation, dans les conditions prévues au I de l'article L. 511-22 du même code ».

Art. L. 3232-7-1 *(L. nº 2017-256 du 28 févr. 2017, art. 52)* Dans les collectivités régies par l'article 73 de la Constitution ainsi qu'à Saint-Barthélemy, Saint-Martin et Saint-Pierre-et-Miquelon, les établissements scolaires du premier degré organisent une sensibilisation des élèves sur les questions nutritionnelles, notamment sur les liens entre une alimentation trop riche en sucre et la survenance éventuelle du diabète.

Art. L. 3232-8 *(L. nº 2016-41 du 26 janv. 2016, art. 14-II)* **Afin de faciliter le choix du consommateur au regard de l'apport en énergie et en nutriments à son régime alimentaire, sans préjudice des articles 9, 16 et 30 du règlement (UE) nº 1169/2011 du Parlement européen et du Conseil du 25 octobre 2011 concernant l'information des consommateurs sur les denrées alimentaires, modifiant les règlements (CE) nº 1924/2006 et (CE) nº 1925/2006 du Parlement européen et du Conseil et abrogeant la directive 87/250/CEE de la Commission, la directive 90/496/CEE du Conseil, la directive 1999/10/CE de la Commission, la directive 2000/13/CE du Parlement européen et du Conseil, les directives 2002/67/CE et 2008/5/CE de la Commission et le règlement (CE) nº 608/2004 de la Commission, la déclaration nutritionnelle obligatoire prévue par le même règlement peut être accompagnée d'une présentation ou d'une expression complémentaire au moyen de graphiques ou de symboles, dans les conditions prévues à l'article 35 dudit règlement.**

Les modalités selon lesquelles les recommandations de l'autorité administrative prévues au 2 du même article 35 sont établies et font l'objet d'une évaluation sont définies, après avis de l'Agence nationale de sécurité sanitaire de l'alimentation, de l'environnement et du travail, par décret en Conseil d'État.

Art. L. 3232-9 *(L. nº 2016-41 du 26 janv. 2016, art. 16-I)* **La mise à disposition, en accès libre, sous forme d'offre à volonté gratuite ou pour un prix forfaitaire, de boissons avec ajout de sucres ou d'édulcorants de synthèse est interdite dans tous les lieux de restauration ouverts au public, les établissements scolaires et les établissements destinés à l'accueil, à la formation et à l'hébergement des mineurs.**

Un arrêté des ministres chargés de la santé, de l'agriculture et de la consommation fixe la liste des catégories de boissons mentionnées au premier alinéa.

LIVRE TROISIÈME **LUTTE CONTRE L'ALCOOLISME**

BIBL. ▶ LE HENAFF et SPACH, La réglementation française de l'alcool en milieu sportif entre enjeux économiques, sanitaires et sociaux, *Les Tribunes de la santé, automne 2017, nº 56, p. 71.* – ANDRIEU et GRAS, Publicité pour l'alcool et le tabac, Glissements progressifs vers la censure, *Légicom 2007/5, nº 38, p. 68.* – BENAROSCH, Une articulation sanction prévention : les stages de sensibilisation alcool conduite, *Gaz. Pal. 24 juill. 1994, nº 205, p. 7.* – TEDESCHI, Lutte contre le tabagisme et l'alcoolisme : L. nº 91-32 du 10 janv. 1991, *ALD 1992. 197.* – CAYLA, La lutte contre le tabagisme et l'alcoolisme (commentaire de la loi du 10 janv. 1991 et de la décision du Conseil constitutionnel du 8 janv. 1991), *RDSS 1991. 137* ✐. – BRASSEUR, La prévention des problèmes liés à la consommation d'alcool : une politique de la corde raide, *RDSS 1983. 335.* – MODERNE, La lutte contre les fléaux sociaux, les problèmes juridiques existants, *RDSS 1983. 363.*

COMMENTAIRE

V. Commentaire reproduit sur Dalloz.fr.

TITRE PREMIER **PRÉVENTION DE L'ALCOOLISME**

RÉP. PÉN. vis *Boissons,* par LE MEN ; *Débits de boissons,* par DE SOTO ; *Ivresse publique,* par LE MEN.

CHAPITRE UNIQUE

Art. L. 3311-1 **L'État organise et coordonne la prévention et le traitement de l'alcoolisme** *(Abrogé par L. nº 2016-41 du 26 janv. 2016, art. 69-I-14º)* ***« , sans préjudice du dispositif prévu à l'article L. 3221-1 ».***

Les dépenses entraînées par l'application du présent article sont à la charge de l'État, sans préjudice de la participation des régimes d'assurance maladie aux dépenses de soins de ville et d'hospitalisation, et aux dépenses médico-sociales des centres mention-*nés à l'article L. 3311-2.*

COMMENTAIRE

V. Commentaire reproduit sur Dalloz.fr.

Mise à l'écart de la responsabilité de l'État en cas de syndrome d'alcoolisation fœtale. L'État n'est pas responsable du fait du handicap d'un enfant que sa mère impute, sans en apporter la preuve, à une carence de l'information publique sur les risques de la consommation d'alcool pendant la grossesse. • TA Lille, 23 mai 2006, *Mlle Sandrine M.*, n° 0300297 : *AJDA 2006. 1569, note Lemaire*. – Confirmation en appel. • CAA Douai, 10 janv. 2008, *Mme H. et a.*, n° 06DA011012 : *Lebon 506 ; AJDA 2008. 766, concl. Lepers*.

Art. L. 3311-2 Les centres de *(L. n° 2006-1640 du 21 déc. 2006, art. 92-II)* « soins, d'accompagnement et de prévention en addictologie » mentionnés à l'article L. 312-1 du code de l'action sociale et des familles assurent *(L. n° 2006-1640 du 21 déc. 2006, art. 92-II)* « notamment » des soins ambulatoires et des actions d'accompagnement social et de réinsertion en faveur des personnes présentant une consommation d'alcool à risque ou atteintes de dépendance alcoolique ainsi qu'en faveur de leur famille.

Art. L. 3311-3 Les campagnes d'information menées dans le cadre de la lutte antialcoolique doivent comporter des messages de prévention et d'éducation. Ces messages ne doivent pas présenter de caractères discriminatoires entre les différents produits.

(L. n° 2004-806 du 9 août 2004, art. 45) « Ces campagnes doivent également porter sur la prévention du syndrome d'alcoolisation fœtale et inciter en particulier les femmes enceintes à ne pas consommer d'alcool. »

(L. n° 2016-41 du 26 janv. 2016, art. 12-II-1°) « Ces campagnes doivent aussi porter sur la prévention de l'alcoolisme des jeunes afin de lutter contre leur consommation excessive d'alcool. »

Absence de caractère discriminatoire d'une campagne. Le fait qu'une campagne, destinée à alerter les conducteurs sur la diminution de l'acuité visuelle liée à une consommation d'alcool, comporte un message illustré par des symboles susceptibles d'évoquer le vin ne suffit pas à établir qu'elle présente un caractère discriminatoire entre les différents produits alcoolisés. • CE 11 juin 2003, *Conféd. des caves coopératives de France et a. : Lebon T. 997.*

Art. L. 3311-4 Les modalités d'application des dispositions du présent chapitre sont déterminées par décret en Conseil d'État. – *[Anc. art. L. 355-12].*

TITRE DEUXIÈME BOISSONS

CHAPITRE PREMIER CLASSIFICATION DES BOISSONS

Art. L. 3321-1 Les boissons sont, en vue de la réglementation de leur fabrication, de leur mise en vente et de leur consommation, réparties en *(Ord. n° 2015-1682 du 17 déc. 2015, art. 12-1°-a)* « quatre » groupes :

1° Boissons sans alcool : eaux minérales ou gazéifiées, jus de fruits ou de légumes non fermentés ou ne comportant pas, à la suite d'un début de fermentation, de traces d'alcool supérieures à 1,2 degré, limonades, sirops, infusions, lait, café, thé, chocolat ;

(Abrogé par Ord. n° 2015-1682 du 17 déc. 2015, art. 12-1°-b) ***« 2° Boissons fermentées non distillées : vin, bière, cidre, poiré, hydromel, auxquelles sont joints les vins doux naturels bénéficiant du régime fiscal des vins, ainsi que les crèmes de cassis et les jus de fruits ou de légumes fermentés comportant de 1,2 à 3 degrés d'alcool ; »***

(Ord. n° 2015-1682 du 17 déc. 2015, art. 12-1°-c) « 3° Boissons fermentées non distillées et vins doux naturels : vin, bière, cidre, poiré, hydromel, auxquelles sont joints les vins doux naturels, ainsi que les crèmes de cassis et les jus de fruits ou de légumes fermentés comportant de *1, 2 à 3 degrés* d'alcool, vins de liqueur, apéritifs à base de vin et liqueurs de fraises, framboises, cassis ou cerises, ne titrant pas plus de 18 degrés d'alcool pur ; »

4° Rhums, tafias, alcools provenant de la distillation des vins, cidres, poirés ou fruits, et ne supportant aucune addition d'essence ainsi que liqueurs édulcorées au moyen de sucre, de glucose ou de miel à raison de 400 grammes minimum par litre pour les liqueurs anisées et de 200 grammes minimum par litre pour les autres liqueurs et ne contenant pas plus d'un demi-gramme d'essence par litre ;

5° Toutes les autres boissons alcooliques.

COMMENTAIRE

V. Commentaire reproduit sur Dalloz.fr.

Suspension de la mise sur le marché d'une boisson. La décision de suspension de la mise sur le marché, prononcée par le ministre compétent sur le fondement de l'art. L. 221-3 C. consom. à l'encontre d'une boisson sans alcool, au motif qu'elle était présentée comme susceptible de diminuer le degré d'imprégnation alcoolique du consommateur, alors que cette allégation n'était pas scientifiquement établie, est annulée, dans la mesure où elle est excessive et disproportionnée au regard du risque que présente la commercialisation du produit pour la santé et la sécurité des consommateurs. • CE 7 févr. 2007, *Sté PPN SA, n° 292615 : Lebon 50 ; LPA 17 juill. 2007, n° 142, p. 13, note Alonso.*

CHAPITRE II **FABRICATION ET COMMERCE DES BOISSONS**

Art. L. 3322-1 Une personne ou une entreprise, se livrant à la fabrication ou à l'importation d'une boisson alcoolique du troisième, du quatrième ou du cinquième groupe doit, préalablement à la mise en vente ou à l'offre à titre gratuit de cette boisson, effectuer en double exemplaire, à l'administration des contributions indirectes, une déclaration indiquant, avec son nom et son adresse, le nom de la boisson, sa composition et l'usage, apéritif ou digestif, auquel elle est destinée. L'un des exemplaires de cette déclaration est transmis par l'administration des contributions indirectes au ministre chargé de la santé.

Aucune modification ne peut être apportée à la composition d'une boisson déclarée ou à son mode de fabrication si elle n'a fait préalablement l'objet d'une déclaration dans les mêmes formes.

La même boisson ne peut être déclarée à la fois comme apéritif et comme digestif. – *[C. déb. boiss., art. L. 2].*

COMMENTAIRE

V. Commentaire reproduit sur Dalloz.fr.

Art. L. 3322-2 Aucune des boissons mentionnées à l'article L. 3322-1 ne peut, en France, et sur tous les territoires relevant de l'autorité française, être livrée par le fabricant ou l'importateur, détenue, transportée, mise en vente, vendue ou offerte à titre gratuit, si elle ne porte sur l'étiquette avec sa dénomination, le nom et l'adresse du fabricant ou de l'importateur, ainsi que le qualificatif de digestif ou celui d'apéritif.

Ce qualificatif doit être reproduit sur les factures et circulaires, sur les tableaux apposés dans les débits pour annoncer le prix des consommations et sur les affiches intérieures.

Il est interdit d'y joindre aucune qualification ni aucun commentaire tendant à présenter la boisson comme possédant une valeur hygiénique ou médicale.

(L. n° 2005-102 du 11 févr. 2005, art. 5) « Toutes les unités de conditionnement des boissons alcoolisées portent, dans les conditions fixées par arrêté du ministre chargé de la santé, un message à caractère sanitaire préconisant l'absence de consommation d'alcool par les femmes enceintes. »

COMMENTAIRE

V. Commentaire reproduit sur Dalloz.fr.

Art. L. 3322-3 Sont interdites en France, sauf en vue de l'exportation à l'étranger, la fabrication, la détention et la circulation en vue de la vente, la mise en vente, la vente et l'offre à titre gratuit :

1° Des boissons apéritives à base de vin titrant plus de 18 degrés d'alcool acquis ;

2° Des spiritueux anisés titrant plus de 45 degrés d'alcool ;

3° Des bitters, amers, goudrons, gentianes et tous produits similaires d'une teneur en sucre inférieure à 200 grammes par litre et titrant plus de 30 degrés d'alcool. – *[C. déb. boiss., art. L. 5].*

COMMENTAIRE

V. Commentaire reproduit sur Dalloz.fr.

Art. L. 3322-4 Comme il est dit à l'article 347 du code général des impôts, ci-après reproduit :

Art. 347 Sont prohibées la fabrication, la circulation, la détention en vue de la vente et la vente de l'absinthe et des liqueurs similaires dont les caractères sont déterminés par décret. – *[C. déb. boiss., art. L. 9].*

COMMENTAIRE

V. Commentaire reproduit sur Dalloz.fr.

Art. L. 3322-5 **Il est interdit à un producteur ou fabricant d'essences pouvant servir à la fabrication des boissons alcooliques, telles que les essences d'anis, de badiane, de fenouil, d'hysope, ainsi qu'aux producteurs ou fabricants d'anéthol, de procéder à la vente ou à l'offre, à titre gratuit desdits produits à toutes personnes autres que les fabricants de boissons ayant qualité d'entrepositaires vis-à-vis de l'administration des contributions indirectes, les pharmaciens, les parfumeurs, les fabricants de produits alimentaires ou industriels et les négociants exportateurs directs.**

La revente de ces produits en nature sur le marché intérieur est interdite à toutes ces catégories à l'exception des pharmaciens qui ne peuvent les délivrer que sur ordonnance médicale et doivent inscrire les prescriptions qui les concernent sur leur registre d'ordonnances.

Sans préjudice des interdictions mentionnées au 2° de l'article 1812 du code général des impôts, sont fixées par décret pris en conseil des ministres les conditions dans lesquelles les essences mentionnées à l'alinéa premier du présent article ainsi que les essences d'absinthe et produits assimilés ou susceptibles de les suppléer, peuvent, sous quelque forme que ce soit, être importées, fabriquées, mises en circulation, détenues ou vendues. – *[Anc. art. L. 641, al. 1er, 2 et 3 (partie) et C. déb. boiss., art. L. 9].*

COMMENTAIRE

V. Commentaire reproduit sur Dalloz.fr.

Art. L. 3322-6 **Il est interdit aux marchands ambulants de vendre au détail, soit pour consommer sur place, soit pour emporter, des boissons des quatrième et cinquième groupes.** – *[C. déb. boiss., art. L. 10].*

COMMENTAIRE

V. Commentaire reproduit sur Dalloz.fr.

Art. L. 3322-7 *(Abrogé par Ord. nº 2010-177 du 23 févr. 2010, art. 26-25°)* **« *Sans préjudice des dispositions de l'article L. 232-2 du code du travail,* » Les coopératives fonctionnant sur les lieux de travail ne peuvent vendre ni à crédit, ni à un prix inférieur à celui du commerce local, les boissons comprises dans les troisième, quatrième et cinquième groupes définis par l'article L. 3321-1.**

Ces coopératives ne peuvent être assorties d'une licence de débits de boissons à consommer sur place de *(Abrogé par Ord. nº 2015-1682 du 17 déc. 2015, art. 12-2°)* **« *deuxième,* » troisième ou quatrième catégorie.**

Toute infraction dûment constatée aux dispositions du premier alinéa du présent article est sanctionnée par le retrait immédiat de la licence à emporter accordée à la coopérative en cause.

COMMENTAIRE

V. Commentaire reproduit sur Dalloz.fr.

Art. L. 3322-8 **La délivrance de boissons alcooliques au moyen de distributeurs automatiques est interdite.** – *[C. déb. boiss., art. L. 13].*

COMMENTAIRE

V. Commentaire reproduit sur Dalloz.fr.

Art. L. 3322-9 **Il est interdit de vendre au détail à crédit, soit au verre, soit en bouteilles, des boissons des troisième, quatrième et cinquième groupes à consommer sur place ou à emporter.**

(Abrogé par Ord. n° 2015-1682 du 17 déc. 2015, art. 12-3°) **« *Il est interdit de vendre au détail à crédit, soit au verre, soit en bouteilles, des boissons du deuxième groupe à consommer sur place.* »**

(L. n° 2009-879 du 21 juill. 2009, art. 94-I) **« Sauf dans le cadre de fêtes et foires traditionnelles déclarées, ou de celles, nouvelles, autorisées par le représentant de l'État dans le département dans des conditions définies par décret en Conseil d'État, ou lorsqu'il s'agit de dégustations en vue de la vente au sens de l'article 1587 du code civil, il est interdit d'offrir gratuitement à volonté des boissons alcooliques dans un but commercial ou de les vendre à titre principal contre une somme forfaitaire.**

« Il est interdit de vendre des boissons alcooliques à emporter, entre 18 heures et 8 heures, dans les points de vente de carburant.

« Il est interdit de vendre des boissons alcooliques réfrigérées dans les points de vente de carburant. »

L'action en paiement de boissons vendues en infraction des dispositions du présent article n'est pas recevable.

COMMENTAIRE

V. Commentaire reproduit sur Dalloz.fr.

1. Interdiction permanente de vente de boissons alcooliques réfrigérées dans les stations-service. En interdisant de manière permanente la vente dans les points de vente de carburant des boissons alcooliques réfrigérées, qui sont normalement acquises en vue d'une consommation immédiate, et en y interdisant entre 18 heures et 8 heures la vente de toute boissons alcoolique, le législateur a entendu améliorer, notamment la nuit, la prévention des accidents liés à la consommation d'alcool par les conducteurs, laquelle constitue le premier facteur d'accidents de la route. Ces mesures, édictées dans l'intérêt général, ne portent pas une atteinte disproportionnée à la liberté d'entreprendre. • CE 28 nov. 2014, *Syndicat réunionnais des exploitants de stations-service*, n° 384324. ♦ Par ailleurs, la différence de traitement qui en résulte au détriment des exploitants de points de vente de carburant, visant à la protection de la vie et de la santé des personnes (objectif de valeur constitutionnelle découlant du 11e al. du Préambule de la Constitution de 1946) et étant en rapport direct avec l'objet ainsi poursuivi, la mesure que le législateur a édictée dans l'intérêt général ne méconnaît pas le principe d'égalité. • Même arrêt.

2. Prohibition de la vente de boissons alcoolisées dans les stations-service entre 18 h et 8 h. V. note 1.

Art. L. 3322-10 **Un décret détermine les conditions dans lesquelles sont réglementées les modalités de la mise en vente des spiritueux titrant plus de 30 degrés d'alcool.** – *[C. déb. boiss., art. L. 6].*

Art. L. 3322-11 **Sont déterminées par décrets en Conseil d'État, après avis** *(L. n° 2004-806 du 9 août 2004, art. 4-I)* **« de l' »** *(Ord. n° 2010-18 du 7 janv. 2010, art. 3-II)* **« Agence nationale chargée de la sécurité sanitaire de l'alimentation, de l'environnement et du travail » et de l'Académie nationale de médecine :**

1° Les modalités de fabrication, de détention en vue de la vente, de mise en vente et de vente de toute boisson mentionnée à l'article L. 3321-1, dans la préparation de laquelle interviennent des plantes, parties de plantes, extraits végétaux ou un autre produit d'origine végétale ;

2° La liste des substances mentionnées au 1°, les conditions de leur emploi et leur teneur maximum en produits actifs.

Il ne peut être en rien dérogé par ces textes aux dispositions établies par les décrets en Conseil d'État pris en application des articles L. 214-1, L. 215-1 et L. 215-4 du code de la consommation.

RÉP. PÉN. *v° Boissons.*

BIBL. ▸ RIBIÈRE, Débits de boissons, *J.-Cl. Adm., fasc. 262.* – BIHL, Le droit des débits de boissons, *Litec, 4e éd. 1992* ; Une réglementation archaïque : le code des débits de boissons, *Gaz. Pal. 1986. 1. Doctr. 279.* – FRÉMONT, La réglementation des débits de boissons, *Administrer juin 1986, p. 51.* – HINFRAY, La réglementation administrative des débits de boissons, *AJPI nov. 1986. 688 s.* – ROSSIGNOL, La réglementation administrative des débits de boissons, *LPA 1979, n° 70.*

CHAPITRE III PUBLICITÉ DES BOISSONS

Art. L. 3323-1 Dans tous les débits de boissons, un étalage des boissons non alcooliques mises en vente dans l'établissement est obligatoire.

L'étalage doit comprendre au moins dix bouteilles ou récipients et présenter, dans la mesure où le débit est approvisionné, un échantillon au moins de chaque catégorie des boissons suivantes :

a) Jus de fruits, jus de légumes ;
b) Boissons au jus de fruits gazéifiées ;
c) Sodas ;
d) Limonades ;
e) Sirops ;
f) Eaux ordinaires gazéifiées artificiellement ou non ;
g) Eaux minérales gazeuses ou non.

Cet étalage, séparé de celui des autres boissons, doit être installé en évidence dans les lieux où sont servis les consommateurs.

(L. n° 2009-879 du 21 juill. 2009, art. 96) « Si le débitant propose des boissons alcooliques à prix réduits pendant une période restreinte, il doit également proposer à prix réduit les boissons non alcooliques susmentionnées. »

COMMENTAIRE

V. Commentaire reproduit sur Dalloz.fr.

Art. L. 3323-2 La propagande ou la publicité, directe ou indirecte, en faveur des boissons alcooliques dont la fabrication et la vente ne sont pas interdites sont autorisées exclusivement :

1° Dans la presse écrite à l'exclusion des publications destinées à la jeunesse, définies au premier alinéa de l'article 1er de la loi n° 49-956 du 16 juillet 1949 sur les publications destinées à la jeunesse ;

2° Par voie de radiodiffusion sonore pour les catégories de radios et dans les tranches horaires déterminées par décret en Conseil d'État ;

3° Sous forme d'affiches et d'enseignes *(L. n° 2017-256 du 28 févr. 2017, art. 53-1°)* « , sous réserve de l'article L. 3323-5-1 » ; sous forme d'affichettes et d'objets à l'intérieur des lieux de vente à caractère spécialisé, dans des conditions définies par décret en Conseil d'État ;

4° Sous forme d'envoi par les producteurs, les fabricants, les importateurs, les négociants, les concessionnaires ou les entrepositaires, de messages, de circulaires commerciales, de catalogues et de brochures, dès lors que ces documents ne comportent que les mentions prévues à l'article L. 3323-4 et les conditions de vente des produits qu'ils proposent ;

5° Par inscription sur les véhicules utilisés pour les opérations normales de livraison des boissons, dès lors que cette inscription ne comporte que la désignation des produits ainsi que le nom et l'adresse du fabricant, des agents ou dépositaires, à l'exclusion de toute autre indication ;

6° En faveur des fêtes et foires traditionnelles consacrées à des boissons alcooliques locales et à l'intérieur de celles-ci, dans des conditions définies par décret ;

7° En faveur des musées, universités, confréries ou stages d'initiation œnologique à caractère traditionnel ainsi qu'en faveur de présentations et de dégustations, dans des conditions définies par décret ;

8° Sous forme d'offre, à titre gratuit ou onéreux, d'objets strictement réservés à la consommation de boissons contenant de l'alcool, marqués à leurs noms, par les producteurs et les fabricants de ces boissons, à l'occasion de la vente directe de leurs produits aux consommateurs et aux distributeurs ou à l'occasion de la visite touristique des lieux de fabrication ;

(L. n° 2009-879 du 21 juill. 2009, art. 97) « 9° Sur les services de communications en ligne à l'exclusion de ceux qui, par leur caractère, leur présentation ou leur objet, apparaissent comme principalement destinés à la jeunesse, ainsi que ceux édités par des associations, sociétés et fédérations sportives ou des ligues professionnelles au sens du code du sport, sous réserve que la propagande ou la publicité ne soit ni intrusive ni interstitielle. »

Toute opération de parrainage est interdite lorsqu'elle a pour objet ou pour effet la propagande ou la publicité, directe ou indirecte, en faveur des boissons alcooliques.

BIBL. ▸ Bourdillon, Une loi sur la santé autorise la publicité pour l'alcool, *Rev. Santé publique, juill.-août 2009, n° 4, p. 353.* – Bahans, L'évolution française du droit de la publicité du vin, *RLDA 2008, n° 26, p. 75.* – Bahans, Luby et Menjucq, Publicité des vins : les voies d'une libéralisation nécessaire, *D. 2004. Chron. 1290* . – Gautier, La loi Évin sauvée des eaux, *JCP Adm. 2004, n° 52, p. 1833.* – Attal, Les déboires de la publicité en faveur de l'alcool, *RGDM 2001, n° 5, p. 35.* – Gras, Sport et parrainage par les marques d'alcool et de tabac, *Légicom, 1er juill. 2000, n° 23, p. 97.* – Renault et Cousi, Loi Évin : application controversée aux retransmissions sportives télévisuelles, *Légicom, 1er janv. 1998, n° 16, p. 63.* – Franceschini, Les secteurs interdits de publicité télévisée, *Légicom, 1er janv. 1998, n° 16, p. 47.* – Lambert, De quelques interrogations sur la publicité en faveur des boissons alcooliques, ou l'ombre d'un doute, *RJ com. 1998, n° 7, p. 253.* – Verdun et Avocat, La publicité en faveur du tabac et de l'alcool sous l'empire de la loi du 10 janvier 1991, *Rapport de la Cour de cassation 1996, Doc. fr., p. 217.* – Grelon, La publicité sur le territoire des boissons alcooliques : les incertitudes de la loi Évin, *Légicom, 18 mai 1994, n° 138, p. 2.* – Andrieu, La publicité en faveur des alcools, analyse des trois années de jurisprudence, *Légicom, 1er juin 1994, n° 4, p. 20.* – Le Diascom, Publicité des alcools et libre circulation des marchandises en Europe, *Légicom, 1er juin 1994, n° 4, p. 43.* – Binder et La Grange, Publicité pour l'alcool : mécénat et parrainage, *Légicom, 1er juin 1994, n° 4, p. 36.* – Jouandet, La loi Évin, *Légicom, 1er juill. 1993, n° 22, p. 7.* – Cayla, La lutte contre le tabagisme et l'alcoolisme, *RDSS 1991. 204* . – Decocq, Nouvelles restrictions à la publicité en faveur des boissons alcooliques, *JCP 1991. I. 3501.* – Robert, Cachez ce vin que je ne saurais boire, *Dr. pénal 1991. Chron. 2.*

▸ **Sur la décision du Conseil constitutionnel relative à la loi Évin :** Cons. const. 8 janv. 1991, n° 90-283 DC : *AJDA 1991. 382, obs. Wachsmann* ; *RFDC 1991. 293, obs. Favoreu ; RDSS 1991. 204, comm. Cayla* .

COMMENTAIRE

V. Commentaire reproduit sur Dalloz.fr.

1. Définition de la publicité. La loi n'ayant pas défini la publicité, la Cour de cassation (à propos de la photographie d'un célèbre pilote de course automobile laissant apparaître le nom et le logo d'une marque de boisson alcoolique) a donné la définition suivante : « On entend par publicité illicite au sens des articles L. 3323-2, L. 3323-3 et L. 3351-7 du code de la santé publique, tout acte ayant pour effet, quelle qu'en soit la finalité, de rappeler une boisson alcoolique sans satisfaire aux exigences de l'article L. 3323-4 du même code ». • Crim. 3 nov. 2004 : *Bull. crim. n° 268 ; Dr. pénal 2005. Comm. 26, obs. Robert ; JCP 2005. IV. 1052.*

2. Droit communautaire et limitation de la publicité pour l'alcool. Même si elle constitue une mesure d'effet équivalent au sens de l'art. 30 du Traité CE, une limitation de publicité pour les boissons alcooliques peut être justifiée, au titre de l'art. 36 du Traité, par des raisons de protection de la santé publique. • CJCE 25 juill. 1991, *Aragonesa de Publicidad Exterior c/ Departamento de Sanidad y Seguridad social de la Generalitat de Catalunya*, n° C-1/90 et C-176/90 : *D. 1991. IR 211* . ♦ *Dans le même sens*, la Cour a jugé que le principe de la libre prestation de services établi dans le Traité CE ne s'oppose pas à une interdiction telle que celle prévue par le régime français concernant la publicité télévisée indirecte en faveur des boissons alcoolisées, les mesures adoptées répondant à des préoccupations de santé publique. • CJCE 13 juill. 2004, *Comm. CE c/ République française*, n° C-262/02 : *D. 2004. 3060, note Zarka* ; *JCP Adm. 2004, n° 1833, note Gautier.* ♦ Par ailleurs, la législation française relative à la publicité indirecte pour les boissons alcoolisées est hors du champ d'application de la directive communautaire « télévision sans frontière » et ne peut donc entrer en contradiction avec elle. • CJCE 13 juill. 2004, *Bacardi France SAS c/ TF1, Groupe Jean-Claude Darmont SA et Girosport SARL*, n° C-429/02 : *D. 2004. IR 2475* ; *Europe 2004. Comm. 293, note Idot ; JCP Adm. 2004, n° 1833, note Gautier.* ♦ Pour une application, en droit interne, de ces solutions, V. • Com. 5 avr. 2005 : *CCC 2005. Comm. 159, obs. Raymond ; D. 2005. IR 1082* . ♦ V. note 9 ss. art. L. 3323-4.

3. Diffusion à la télévision d'un programme thématique consacré au vin. L'art. L. 3323-2 CSP, qui énumère limitativement les moyens de communication autorisés à accueillir la propagande ou la publicité, directe ou indirecte, en faveur des boissons alcooliques, ne mentionne pas les services de télévision. Il en résulte qu'une telle propagande ou publicité est interdite à la télévision. Par conséquent, la diffusion d'un programme thématique intégralement consacré au vin et à la viticulture, visant à en présenter les mérites et les attraits, impliquerait, par sa nature même, une violation de l'interdiction prévue par la loi de toute propagande, directe ou indirecte, en faveur des boissons alcooliques. • CE 11 juill. 2012, *SARL Media Place Partners,* n° 351253.

4. Diffusion en France d'images filmées à l'étranger comportant des messages publicitaires. Apparition d'images publicitaires à l'occasion de retransmission. La jurisprudence a hésité sur la question de la publicité en faveur des boissons alcoolique à l'occasion de la retransmission de manifestations sportives se déroulant à l'étranger. Ainsi, le TGI de Paris avait considéré que l'apparition à la télévision, au cours de la retransmission de la coupe du monde de football, d'images comportant des noms de marque de boissons alcoolisées, ne constituait pas un message publicitaire condamnable en vertu des art. L. 17 s. C. déb. boiss. [CSP, art. L. 3323-2 s.]. • TGI Paris, 27 févr. 1991 : *CCC 1992, n° 88, obs. Raymond ; JCP 1992. II. 21809, note Le Tourneau.* ♦ La cour d'appel de Paris a, de son côté, considéré que l'art. L. 17 C. déb. boiss. [CSP, art. L. 3323-2] régit la diffusion des messages publicitaires reçus sur un écran de télévision en France à l'occasion de manifestations sportives, peu important que l'apposition des panneaux filmés soit effectuée sur un stade étranger. ♦ Un code de bonne conduite, établi à l'initiative du ministre de la Jeunesse et des sports, distingue deux régimes selon qu'il s'agit de manifestations multinationales, auquel cas aucune obligation particulière n'est instituée à la charge des diffuseurs français, ou d'autres manifestations se déroulant à l'étranger, auquel cas, le public français étant spécialement visé, le diffuseur doit prévenir l'apparition à l'écran de marques commerciales de boissons alcooliques. Ainsi, la réglementation française, qui n'opère aucune distinction selon l'origine nationale des publicités, s'applique aux rencontres du deuxième tour de coupe d'Europe de football, qui n'entrent pas dans la catégorie des manifestations multinationales, dans la mesure où il s'agit d'un tour préliminaire intéressant uniquement les publics nationaux des deux équipes concernées. • Paris, 23 sept. 1997 : *D. 1998. Somm. 125, note Hassler et Lapp* . ♦ L'arrêt de la cour d'appel a été confirmé par • Com. 5 avr. 2005 : *CCC 2005. Comm. 159, obs. Raymond ; D. 2005. IR 1082* .

5. Demande de non-diffusion de certaines compétitions par le président du CSA. N'a pas le caractère d'une décision faisant grief susceptible de faire l'objet d'un recours pour excès de pouvoir par les organisations professionnelles de producteurs de boissons alcoolisées requérantes la lettre du président du Conseil supérieur de l'audiovisuel au président d'une société audiovisuelle lui demandant de ne plus diffuser des émissions sportives se déroulant à l'étranger, lorsqu'elles sont accompagnées de pratiques publicitaires concernant des boissons alcoolisées, en méconnaissance de l'art. L. 17 C. déb. boiss. [CSP, art. L. 3323-2]. • CE 4 oct. 1996, *Cons. interprofessionnel du vin de Bordeaux et al.,* n°s 168131, 168225, 168451 et 168994 : *Lebon 381* ; *D. 1997. Somm. 195, obs. Lachaume* .

6. Publicité pour les boissons alcoolisées et internet. Situation avant la loi « HPST ». Avant la loi « HPST » du 21 juill. 2009, il a été jugé qu'un site électronique n'entre pas dans la liste des supports sur lesquels la publicité en faveur des produits alcooliques est autorisée. • TGI Paris, réf., 2 avr. 2007 : *Dr. pénal 2008. Chron. 4, n° 40, obs. Lepage* • 8 janv. 2008 : *D. 2008. 220, note Manara* • Paris, 13 févr. 2008 : *D. 2008. 1736, note Agostini* ; *Dr. pénal 2008. Comm. 49.* ♦ Cette jurisprudence a été remise en cause par la modification de l'art. L. 3323-2 issue de la loi « HPST ».

BIBL. Bruguière et Deprez, Publicité des alcools sur internet, une interprétation nouvelle de l'article L. 3323-2 est souhaitable, *CCC, n° 5, mai 2008, Étude 6.*

7. Situation depuis la loi « HPST ». La loi du 21 juill. 2009 autorise la publicité en faveur des boissons alcooliques sur internet, tout en prévoyant des garde-fous pour les populations vulnérables, en particulier les jeunes, par l'interdiction de toute publicité pour ces produits dans les sites destinés à la jeunesse ou dédiés au sport. ♦ Le juge judiciaire a retenu le caractère intrusif d'une publicité, au regard des modalités de téléchargement de l'application pour smartphones *via* le site *Facebook*, en relevant que son téléchargement, comme les actions *via* l'application d'un utilisateur, sont relayées à tout son réseau de connaissances. • Paris, 23 mai 2012, n° 11/15591 : *CCE juill. 2012, n° 7, Chron. 7, § 18, comm. Boulet de Frossard.* ♦ En revanche, le juge des référés a considéré qu'un jeu organisé sur le réseau social *Facebook* ne constitue pas un mode de publicité intrusif, dans la mesure où l'utilisateur télécharge lui-même l'application, ni interstitiel, puisque le jeu n'apparaît pas de manière intempestive. • TGI Paris, réf., 6 janv. 2012, n° 11/59895 : *CCE juill. 2012, n° 7, Chron. 7, § 18, comm. Boulet de Frossard.* ♦ Dans cette même affaire, le juge a considéré que la publicité étant autorisée sur un service de communication en ligne, elle ne peut être interdite sur les réseaux tels que Facebook, dès lors que la société limite officiellement sa cible aux personnes âgées de plus de 21 ans. • Même arrêt.

8. Publicité pour des boissons alcoolisées dans un débit temporaire de boissons de catégorie II. Dans un débit de boissons où ne peuvent être offertes que celles des deux premières catégories, la publicité par objets ou affichettes ne peut concerner les boissons des trois groupes supérieurs. • Crim. 19 déc. 2006 : *AJ pénal 2007. 87* ; *Dr. pénal 2007. Comm. 24, note Robert ; RSC 2007. 557, note Francillon* .

9. Illicéité du mode d'affichage. La bâche d'un échafaudage n'étant pas expressément visée à l'art. L. 3323-2 CSP comme forme sous laquelle la publicité pour les boissons alcooliques est autorisée, cette publicité est interdite et doit être déclarée illicite. • TGI Paris, 14 sept. 2017, *Assoc. nat. de prévention en addictologie c/ Heineken et Athem*, n° 14/16592.

Art. L. 3323-3 **Est considérée comme propagande ou publicité indirecte la propagande ou publicité en faveur d'un organisme, d'un service, d'une activité, d'un produit ou d'un article autre qu'une boisson alcoolique qui, par son graphisme, sa présentation, l'utilisation d'une dénomination, d'une marque, d'un emblème publicitaire ou d'un autre signe distinctif, rappelle une boisson alcoolique.**

Toutefois, ces dispositions ne sont pas applicables à la propagande ou à la publicité en faveur d'un produit autre qu'une boisson alcoolique qui a été mis sur le marché avant le 1er janvier 1990 par une entreprise juridiquement ou financièrement distincte de toute entreprise qui fabrique, importe ou commercialise une boisson alcoolique. — *[C. déb. boiss., art. L. 17-1].*

COMMENTAIRE

V. Commentaire reproduit sur Dalloz.fr.

Art. L. 3323-3-1 *(L. n° 2016-41 du 26 janv. 2016, art. 13)* **Ne sont pas considérés comme une publicité ou une propagande, au sens du présent chapitre, les contenus, images, représentations, descriptions, commentaires ou références relatifs à une région de production, à une toponymie, à une référence ou à une indication géographique, à un terroir, à un itinéraire, à une zone de production, au savoir-faire, à l'histoire ou au patrimoine culturel, gastronomique ou paysager liés à une boisson alcoolique disposant d'une identification de la qualité ou de l'origine, ou protégée au titre de l'article L. 665-6 du code rural et de la pêche maritime.**

COMMENTAIRE

V. Commentaire reproduit sur Dalloz.fr.

Délivrance d'un message qui outrepasse les indications autorisées par la loi. Un visuel représentant un verre de bière Heineken, entouré d'une lumière éclatante à prédominance jaune, qui jaillit et relie le verre de bière jusqu'à la ville d'Amsterdam, en reprenant les courbes et le design du pont Enneus Heerma, même s'il reprend une version stylisée du pont d'Amsterdam, ville d'origine de la marque Heineken, constitue une incitation excessive à la consommation d'alcool, en évoquant le caractère festif lié à la consommation de boissons alcoolisées par l'utilisation de couleurs chatoyantes et d'une lumière qui fait le lien entre le verre de bière Heineken et la vie nocturne d'Amsterdam. Ainsi, ce visuel délivre un message qui ne se limite pas aux indications autorisées par la loi. • TGI Paris, 14 sept. 2017, *Assoc. nat. de prévention en addictologie c/ Heineken et Athem*, n° 14/16592.

Art. L. 3323-4 **La publicité autorisée pour les boissons alcooliques est limitée à l'indication du degré volumique d'alcool, de l'origine, de la dénomination, de la composition du produit, du nom et de l'adresse du fabricant, des agents et des dépositaires ainsi que du mode d'élaboration, des modalités de vente et du mode de consommation du produit.**

(L. n° 2005-157 du 23 févr. 2005, art. 21) **« Cette publicité peut comporter des références relatives aux terroirs de production, aux distinctions obtenues, aux appellations d'origine telles que définies à l'article L. 115-1** *[L. 431-1]* **du code de la consommation ou aux indications géographiques telles que définies dans les conventions et traités internationaux régulièrement ratifiés. Elle peut également comporter des références objectives relatives à la couleur et aux caractéristiques olfactives et gustatives du produit. »**

Le conditionnement ne peut être reproduit que s'il est conforme aux dispositions précédentes.

Toute **publicité en faveur de boissons alcooliques, à l'exception des circulaires commerciales destinées aux personnes agissant à titre professionnel ou faisant l'objet d'envois nominatifs ainsi que les affichettes, tarifs, menus ou objets à l'intérieur des lieux de vente à caractère spécialisé, doit être assortie d'un message de caractère sanitaire précisant que l'abus d'alcool est dangereux pour la santé.** — *[C. déb. boiss., art. L. 18].*

COMMENTAIRE

V. Commentaire reproduit sur Dalloz.fr.

1. Limitation des indications contenues dans les publicités. La propagande ou la publicité, directe ou indirecte, en faveur des boissons alcoolisées, lorsqu'elle est autorisée, est limitée aux indications prévues par l'art. L. 3323-4 CSP (ancien art. L. 18 C. déb. boiss.).

2. Whisky. Une illustration publiée dans la presse écrite représentant le conditionnement d'une bouteille de whisky avec, à côté, deux livres aux reliures anciennes (sur lesquels est posée une paire de lunettes rondes cerclées d'une monture métallique, un ruban défait ainsi qu'une enveloppe ouverte), cet ensemble étant accompagné de la mention « le présent n'est rien sans l'héritage du passé », constitue une publicité illicite, dans la mesure où ces éléments ne se rapportent pas aux seules mentions autorisées par la loi. • Civ. 2e, 28 juin 1995 : *Bull. civ. II, no 223 ; D. 1995. IR 182 ; CCC 1995, no 196, note Raymond.* ♦ En incluant dans une affiche publicitaire en faveur d'une marque de whisky un barman et un comptoir, les sociétés incriminées ont enfreint les dispositions de l'art. L. 18 C. déb. boiss. (art. L. 3323-4 CSP), lesquelles énumèrent de manière limitative les éléments dont peut être composée une publicité. • Civ. 2e, 25 juin 1998 : *Bull. civ. II, no 228 ; Gaz. Pal. 25-26 nov. 1998, p. 21, note Veyssière.* ♦ Constitue une publicité illicite une affiche publicitaire dont l'image et le slogan font expressément référence à la virilité de l'Écossais, en relation avec l'alcool, éléments qui ne se rattachent pas à l'une des informations limitativement énumérées par l'art. L. 3323-4 CSP. • Crim. 29 nov. 2005 : *Bull. crim. no 312 ; AJ pénal 2006. 123, obs. Saas ; Dr. pénal 2006. Comm. 40, obs. Robert ; RTD com. 2006. 501, obs. Bouloc.* ♦ L'organisation sur un site internet d'un jeu-concours, à l'occasion duquel la consommation d'une marque de whisky se trouve magnifiée, constitue une incitation à consommer une boisson alcoolisée qui dépasse les limites de la publicité autorisée par l'art. L. 3323-4 ; doit également être considérée comme une publicité illicite en faveur de l'alcool l'utilisation, sur le même site, de certains visuels et expressions, dans la mesure où ils ne constituent pas une simple indication et dépassent les limites de l'objectivité. • Civ. 1re, 20 oct. 2011 : *CCC févr. 2012, no 2, comm. 55, obs. Raymond.* ♦ La Cour de cassation semble toutefois assouplir la position adoptée jusqu'alors, en approuvant un arrêt de cour d'appel qui considère que la publicité, réglementée par l'art. L. 3323-4 CSP, n'interdit pas le recours, sur une affiche, à un fond attrayant et que les trois affiches litigieuses, dessinées par le célèbre illustrateur de la bande dessinée Blake et Mortimer, si elles comportent une part de fiction, ne contiennent cependant pas d'éléments illicites, évoquant seulement le monde artisanal dans lequel est né le produit et les soins qui ont été apportés à sa fabrication, dès sa création. • Crim. 15 mai 2012 : *Dr. pénal 2012. Comm. 103, note Robert.* ♦ L'Agence nationale de prévention de l'alcoolisme (ANPA), à l'origine du pourvoi, est déboutée alors que, sur la même affaire, la Cour de cassation avait déjà rendu deux arrêts et avait cassé les décisions par lesquelles les juges du fond avaient débouté l'ANPA de son action civile. • Crim. 19 déc. 2006 : *Bull. crim. no 321 ; Dr. pénal 2007. Comm. 40, obs. Robert* • 26 janv. 2010 : *Dr. pénal 2010. Comm. 49, obs. Robert ; Légipresse 2010, no 272, p. 33, note Gras.*

3. Vodka. La Cour de cassation annule un arrêt ayant prononcé la relaxe du chef de délit de publicité illicite en faveur de l'alcool car les éléments décorant des affiches publicitaires, destinés à donner à la boisson concernée l'image de la séduction exercée par les établissements de nuit où elle peut être consommée, sont étrangers à la stricte indication des noms des dépositaires de ladite boisson. • Crim. 29 nov. 2005 : *Dr. pénal 2006. Comm. 40, note Robert.* ♦ V. également • Crim. 14 mai 2008 : *D. 2008. 1688, obs. Rondey ; Dr. pénal 2008. Comm. 128, note Robert.*

4. Bière. Les commentaires accompagnant une publicité parue dans deux hebdomadaires, tels que « ...une mousse fine et onctueuse. Harmonie subtile. Attente ultime... », ne peuvent pas être considérés comme des indications du mode de consommation du produit et l'expression « trois siècles d'amour de la bière » est étrangère à l'origine historique ou géographique de la boisson considérée et ne constitue pas une indication de la dénomination du produit. • Crim. 31 mai 1995 : *Bull. crim. no 201 ; D. 1995. IR 229 ; Dr. pénal 1995. Comm. 260.* ♦ Une image sans rapport avec les modalités de vente ou de consommation de la boisson (trois verres à pied inclinés contenant de la bière surmontée d'une mousse blanche, chacun des verres portant le « logo » de la marque) ne correspond à aucune des représentations limitativement prévues par la loi. • Civ. 2e, 18 déc. 1996 : *Bull. civ. II, no 304 ; D. Affaires* 1997. 218 ; CCC 1997, no 7, *note Raymond ; RJDA 1997, no 726.* ♦ Le délit de publicité illicite est également constitué lorsque ni les images (jeunes femmes et jeunes hommes souriants, vêtus de tee-shirts, avec des accessoires tels que plateaux et ouvre-bouteilles) ni les textes qui les accompagnent (« distribution de [nom d'une marque de bière] fraîche » avec l'enseigne et l'adresse d'un débit de boissons) n'ont de rapport avec les modalités de vente ou de consommation du produit concerné. • Crim. 23 mars 1999, no 98-81.967. ♦ Le slogan « pour un monde plus frais », en ce qu'il associe la consommation d'une boisson alcoolisée à l'amélioration de l'état du monde, excède, par son caractère incitatif, les prévisions de l'art. L. 3323-4. • Paris, 13 févr. 2008, n° 08/00245 : *D. 2008. 1736, note Agostini ; Dr. pénal 2008. Comm. 49.* ♦ Enfin, les termes « saveur », « onctuosité » et « bulles légères » ne constituent pas des caractéristiques objectives de nature à identifier le produit et à le distinguer des autres et l'expression « instant unique » évoque un moment d'exception incitant à une consommation abusive. • Paris, 4 mars 2011, n° 10/04783. ♦ De même, le slogan « open your world », en ce qu'il associe la consommation d'une boisson alcoolisée à la convivialité et à l'extension du réseau social, excède, par son caractère incitatif, les limitations autorisées par les dispositions de l'art. L. 3323-4 CSP. • TGI Paris, 14 sept. 2017, *Assoc. nat. de prévention en addictologie c/ Heineken et Athem*, n° 14/16592.

5. Vin. Est contraire aux dispositions de l'art. L. 3323-4 le message publicitaire qui ne se borne pas à la reprise des caractéristiques objectives et techniques du produit, mais renvoie, sans ambiguïté, au comportement humain, selon une technique de « manipulation des affects » constituant à l'évidence une incitation à la consommation de cette boisson alcoolique. • Civ. 1re, 22 mai 2008 : *D. 2008. 1620, obs. Rondey ; Dr. pénal 2008. Comm. 128, note Robert.* ♦ La Cour de cassation considère également que des affiches mettant en scène des personnages ne respectent pas les dispositions de l'art. L. 3323-4, dans la mesure où elles comportent des références visuelles étrangères aux seules indications énumérées dans ces dispositions et visent à promouvoir une image de convivialité associée aux vins de bordeaux de nature à inciter le consommateur à absorber les produits vantés. • Civ. 1re, 23 févr. 2012 : *Dr. pénal 2012. Comm. 54, obs. Robert ; JCP 2012, n° 18, p. 542, note Lebel.* ♦ Les juges du fond ont néanmoins résisté à cette position de la chambre civile en confirmant les précédents jugements au fond sur cette affaire : la seule représentation de professionnels de la filière viticole ayant un verre à demi plein à la main ne dépasse pas les limites fixées par l'art. L. 3323-4, qui exige une représentation objective du produit, et constitue une promotion légale des produits viticoles. • Versailles, 3 avr. 2014, n° 12/02102 : *LPA n° 129, 30 juin 2014. 12, note Chabot.* ♦ La chambre civile a assoupli sa position et avalisé l'arrêt de la cour d'appel de Versailles concluant à la licéité de la publicité : les personnages figurant sur les affiches, expressément désignés comme des membres de la filière de production ou de commercialisation des vins de Bordeaux, ne sont pas assimilables au consommateur et se rattachent, comme ayant participé à cette production ou à cette commercialisation, au facteur humain visé par l'art. L. 115-1 C. consom., auquel fait référence l'art. L. 3323-4 CSP ; la seule représentation de personnages ayant un verre à demi plein à la main ne dépasse pas les limites fixées par le texte susvisé qui exige une représentation objective du produit, telle que sa couleur ou son mode de consommation ; l'impression de plaisir qui se dégage de l'ensemble des visuels ne dépasse pas ce qui est nécessaire à la promotion des produits et inhérent à la démarche publicitaire proprement dite, laquelle demeure licite, et l'image donnée de professions investies par des jeunes, ouvertes aux femmes et en recherche de modernité, est pleinement en accord avec les dispositions légales autorisant une référence aux facteurs humains liés à une appellation d'origine. • Civ. 1re, 1er juill. 2015, n° 14-17.368 P : *D. 2015.1492.*

6. Champagne. La composition d'ensemble de la publicité litigieuse, avec son slogan destiné à attirer prioritairement l'attention, lui-même renforcé par un visuel, est incitative à la consommation de ce produit alcoolisé et ne répond pas aux exigences de l'art. L. 3323-4 CSP. • Paris, 16 janv. 2008 : *Gaz. Pal. 5-6 déc. 2008, n° 341, p. 41, note Pelaud-Pautrot.*

7. Faits justificatifs. L'enregistrement d'une marque à l'Institut national de la propriété industrielle n'autorise pas par lui-même son utilisation publicitaire. • Crim. 31 mai 1995 : *Bull. crim. n° 201 ; D. 1995. IR 229 ; Dr. pénal 1995. Comm. 260.*

8. Pouvoir du juge des référés. Il n'appartient pas au juge des référés d'apprécier la portée du message sanitaire contenu dans une publicité pour une boisson alcoolique « Sachez apprécier et consommer avec modération » au regard de l'art. L. 18 C. déb. boiss. [CSP, art. L. 3323-4] ; il s'agit là d'une contestation sérieuse échappant à la compétence du juge des référés. • TGI Paris, réf., 15 févr. 1991 : *JCP E 1991. Pan. 670.*

9. Restrictions à la publicité et droit communautaire. Les restrictions apportées par l'art. L. 18 C. déb. boiss. [CSP, art. L. 3323-4] à la publicité en faveur des boissons alcooliques, frappant aussi bien les produits nationaux que les produits importés, sans aucune distinction d'origine, ne sont pas contraires aux dispositions du Traité CEE, car elles répondent à des préoccupations de santé publique, telles que visées à l'art. 36 dudit Traité. • Crim. 18 mai 1994 : *Bull. crim. n° 190 ; D. 1994. IR 184* ; JCP E 1994. Pan. 987. ♦ V. note 2 ss. art. L. 3323-2.

Art. L. 3323-5 **Il est interdit de remettre, distribuer ou envoyer à des mineurs des prospectus, buvards, protège-cahiers ou objets quelconques nommant une boisson alcoolique, ou en vantant les mérites ou portant la marque ou le nom du fabricant d'une telle boisson.** — *[C. déb. boiss., art. L. 20].*

COMMENTAIRE

V. Commentaire reproduit sur Dalloz.fr.

1. Définition de la remise. La seule remise à un mineur d'un objet quelconque nommant une boisson alcoolique caractérise le délit de l'art. L. 20 [CSP, art. L. 3323-5], sans qu'il soit nécessaire que ledit objet ait été, en outre, donné au mineur à titre définitif. • Crim. 28 nov. 1973 : *Bull. crim. nº 441 ; D. 1974. 170 ; Gaz. Pal. 1974. 1. 236, note Rabinovitch.*

2. Éléments constitutifs de l'infraction. La mauvaise foi n'est pas un élément constitutif du délit prévu par l'art. L. 20 C. déb. boiss. [CSP, art. L. 3323-5]. Doit donc être cassé l'arrêt déclarant, au motif que le prévenu aurait agi de bonne foi, que l'élément intentionnel de cette infraction n'est pas établi. • Crim. 16 mars 1972 : *Bull. crim. nº 110.*

3. Fait justificatif. L'ignorance alléguée du caractère punissable du fait délictueux ne saurait être une cause de justification. • Crim. 16 mars 1972 : *préc. note 2.*

Art. L. 3323-5-1 *(L. nº 2017-256 du 28 févr. 2017, art. 53-2º)* **Dans les collectivités mentionnées à l'article L. 751-1 du code de la sécurité sociale, le représentant de l'État détermine, dans les conditions prévues au dixième alinéa de l'article L. 3335-1 du présent code, le périmètre autour des établissements mentionnés au 4º du même article L. 3335-1 dans lequel la publicité ou la propagande, directe ou indirecte, en faveur d'une boisson alcoolique est interdite.**

Art. L. 3323-6 *(L. nº 2003-709 du 1er août 2003, art. 23)* **Le ou les initiateurs d'une opération de mécénat peuvent faire connaître leur participation par la voie exclusive de mentions écrites dans les documents diffusés à l'occasion de cette opération ou libellées sur des supports disposés à titre commémoratif à l'occasion d'opérations d'enrichissement ou de restauration du patrimoine naturel ou culturel.**

COMMENTAIRE

V. Commentaire reproduit sur Dalloz.fr.

TITRE TROISIÈME DÉBITS DE BOISSONS

CHAPITRE PREMIER LIMITATION DU NOMBRE DES DÉBITS DE BOISSONS

RÉP. PÉN. vº *Boissons.*

BIBL. ▸ RIBIÈRE, Débits de boissons, *J.-Cl. Adm., fasc. 262.* – *J.-Cl. Pénal*, Annexes, vº Débits de boissons. – BIHL, Le droit des débits de boissons, *Litec, 4e éd., 1992.* – FRÉMONT, La réglementation des débits de boissons, *Administrer juin 1986. 51.* – HINFRAY, La réglementation administrative des débits de boissons, *AJPI nov. 1986. 688.*

Art. L. 3331-1 **Les débits de boissons à consommer sur place sont répartis en** *(Ord. nº 2015-1682 du 17 déc. 2015, art. 12-4º)* **« deux » catégories selon l'étendue de la licence dont ils sont assortis :**

(Abrogé par L. nº 2011-302 du 22 mars 2011, art. 1er-I) ***« 1º La licence de 1re catégorie, dite "licence de boissons sans alcool", ne comporte l'autorisation de vente à consommer sur place que pour les boissons du premier groupe ; »***

(Abrogé par Ord. nº 2015-1682 du 17 déc. 2015, art. 12-4º) ***« 2º La licence de 2e catégorie, dite "licence de boissons fermentées", comporte l'autorisation de vendre pour consommer sur place les boissons des deux premiers groupes ; »***

3º La licence de 3e catégorie, dite "licence restreinte", comporte l'autorisation de vendre pour consommer sur place les boissons *(Ord. nº 2015-1682 du 17 déc. 2015, art. 12-4º)* **« des groupes un et trois » ;**

4º La licence de 4e catégorie dite "grande licence" ou "licence de plein exercice", comporte l'autorisation de vendre pour consommer sur place toutes les boissons dont la consommation à l'intérieur demeure autorisée, y compris celles du quatrième et du cinquième groupe.

COMMENTAIRE

V. Commentaire reproduit sur Dalloz.fr.

Art. L. 3331-1-1 *Abrogé par L. nº 2011-302 du 22 mars 2011, art. 1er.*

Art. L. 3331-2 Les restaurants qui ne sont pas titulaires d'une licence de débit de boissons à consommer sur place doivent *(L. nº 2011-302 du 22 mars 2011, art. 1er-I)* « , pour vendre des boissons alcooliques, » être pourvus de l'une des deux catégories de licence *[licences]* ci-après :

1º La "petite licence restaurant" qui permet de vendre les boissons *(L. nº 2011-302 du 22 mars 2011, art. 1er-I)* « du *(Ord. nº 2015-1682 du 17 déc. 2015, art. 12-5º)* « troisième » groupe » pour les consommer sur place, mais seulement à l'occasion des principaux repas et comme accessoires de la nourriture ;

2º La "licence restaurant" proprement dite qui permet de vendre pour consommer sur place toutes les boissons dont la consommation est autorisée, mais seulement à l'occasion des principaux repas et comme accessoires de la nourriture.

Les établissements dont il s'agit ne sont soumis ni aux interdictions mentionnées aux articles L. 3332-1 et L. 3332-2, ni à la réglementation établie en application des articles L. 3335-1, L. 3335-2 *(Ord. nº 2010-177 du 23 févr. 2010, art. 7-41º)* « et L. 3335-8 ».

COMMENTAIRE

V. Commentaire reproduit sur Dalloz.fr.

Restaurateur non titulaire de la licence de plein exercice. Commet le délit d'ouverture illicite de débit de boissons le restaurateur non titulaire de la « licence de plein exercice » qui sert des boissons non autorisées en dehors du service des repas, et pas seulement à l'occasion et comme accessoire de la nourriture. • Crim. 15 nov. 1966 : *Bull. crim. nº 257.*

Art. L. 3331-3 Les établissements titulaires d'une licence à consommer sur place ou d'une licence de restaurant peuvent vendre pour emporter les boissons correspondant à la catégorie de leur licence.

Les autres débits de boissons à emporter *(L. nº 2011-302 du 22 mars 2011, art. 1er-I)* « doivent, pour vendre des boissons alcooliques, être pourvus de l'une des deux catégories de licences ci-après : »

1º La "petite licence à emporter" comporte l'autorisation de vendre pour emporter les boissons *(L. nº 2011-302 du 22 mars 2011, art. 1er-I)* « du *(Ord. nº 2015-1682 du 17 déc. 2015, art. 12-5º)* « troisième » groupe » ;

2º La "licence à emporter" proprement dite comporte l'autorisation de vendre pour emporter toutes les boissons dont la vente est autorisée.

COMMENTAIRE

V. Commentaire reproduit sur Dalloz.fr.

Art. L. 3331-4 La distribution de boissons par le moyen d'appareils automatiques permettant la consommation immédiate est considérée comme une vente à consommer sur place.

(L. nº 2009-879 du 21 juill. 2009, art. 94-II) « Dans tous les commerces autres que les débits de boissons à consommer sur place, toute personne qui veut vendre des boissons alcooliques entre 22 heures et 8 heures doit au préalable suivre la formation prévue à l'article L. 3332-1-1.

« La vente à distance est considérée comme une vente à emporter. »

COMMENTAIRE

V. Commentaire reproduit sur Dalloz.fr.

Art. L. 3331-5 *Abrogé par L. nº 2011-302 du 22 mars 2011, art. 1er-I.*

Art. L. 3331-6 Le propriétaire d'un local donné à bail ne peut, nonobstant toute convention *contraire, même antérieurement* conclue, s'opposer à la transformation, *réalisée* par le locataire *ou le* cessionnaire du droit au bail, d'un débit de boissons de 3e ou 4e catégorie *(Abrogé par Ord. nº 2015-1682 du 17 déc. 2015, art. 12-6º)* « *, soit en un débit* *(Abrogé par L. nº 2011-302 du 22 mars 2011, art. 1er-I)* « *de 1re ou* » *de 2e catégorie, soit* » en un autre commerce, à la condition toutefois qu'il ne puisse en résulter, pour l'immeuble, ses habitants ou le voisinage, des inconvénients supérieurs à ceux découlant de l'exploitation du fonds supprimé.

L'occupant doit, avant de procéder aux modifications envisagées, informer le propriétaire, par lettre recommandée, avec demande d'avis de réception.

L'adaptation du contrat de bail aux conditions d'exploitation nouvelles est, à défaut d'accord entre les parties, effectuée dans les conditions prévues pour les baux de locaux à usage commercial. – *[C. déb. boiss., art. L. 26-1].*

COMMENTAIRE

V. Commentaire reproduit sur Dalloz.fr.

CHAPITRE II **OUVERTURES, MUTATIONS ET TRANSFERTS**

Art. L. 3332-1 Un débit de boissons à consommer sur place *(Abrogé par Ord. nº 2015-1682 du 17 déc. 2015, art. 12-7º-a) « de 2e ou »* de 3e catégorie ne peut être ouvert dans les communes où le total des établissements de cette nature et des établissements de 4e catégorie atteint ou dépasse la proportion d'un débit pour 450 habitants, ou fraction de ce nombre. La population prise pour base de cette estimation est la population municipale totale, non comprise la population comptée à part, telle qu'elle résulte du dernier recensement. *(Ord. nº 2015-1682 du 17 déc. 2015, art. 12-7º-b)* « Pour les communes touristiques au sens de l'article L. 133-11 du code du tourisme, les modalités de détermination de la population prise pour base de cette estimation sont déterminées par décret en Conseil d'État. »

Toutefois, cette interdiction ne s'applique pas aux établissements dont l'ouverture intervient à la suite d'un transfert réalisé dans les conditions fixées par l'article L. 3332-11.

COMMENTAIRE

V. Commentaire reproduit sur Dalloz.fr.

Art. L. 3332-1-1 *(L. nº 2006-396 du 31 mars 2006, art. 23-I ; L. nº 2010-853 du 23 juill. 2010, art. 36)* Toute personne déclarant l'ouverture, la mutation, la translation ou le transfert d'un débit de boissons à consommer sur place de *(Abrogé par Ord. nº 2015-1682 du 17 déc. 2015, art. 12-8º) « deuxième, »* troisième et quatrième catégorie *[catégories]* ou toute personne déclarant un établissement pourvu de la "petite licence restaurant" ou de la "licence restaurant" doit suivre une formation spécifique sur les droits et obligations attachés à l'exploitation d'un débit de boissons ou d'un établissement pourvu de la "petite licence restaurant" ou de la "licence restaurant".

Toute personne visée à l'article L. 3331-4 doit suivre une formation spécifique sur les droits et obligations attachés à la vente à emporter de boissons alcooliques entre 22 heures et 8 heures.

A l'issue de cette formation, les personnes visées à l'alinéa précédent doivent avoir une connaissance notamment des dispositions du présent code relatives à la prévention et la lutte contre l'alcoolisme, la protection des mineurs et la répression de l'ivresse publique mais aussi de la législation sur les stupéfiants, la revente de tabac, la lutte contre le bruit, les faits susceptibles d'entraîner une fermeture administrative, les principes généraux de la responsabilité civile et pénale des personnes physiques et des personnes morales et la lutte contre la discrimination.

(L. nº 2012-387 du 22 mars 2012, art. 97) « Toutefois, pour les personnes mentionnées à l'article L. 324-4 du code du tourisme, la formation prévue au présent article est adaptée aux conditions spécifiques de l'activité de ces personnes. »

Tout organisme de formation établi sur le territoire national qui dispense les formations visées aux alinéas précédents doit être agréé par arrêté du ministre de l'intérieur.

Les organismes de formation légalement établis dans un autre État membre de la Communauté européenne ou dans un autre État partie à l'accord sur l'Espace économique européen souhaitant dispenser ces formations à titre temporaire et occasionnel sur le territoire national sont présumés détenir cet agrément dès lors que le programme de la formation qu'ils dispensent est conforme au présent article.

Cette formation est obligatoire.

Elle donne lieu à la délivrance d'un permis d'exploitation valable dix années. A l'issue de cette période, la participation à une formation de mise à jour des connais-

sances permet de prolonger la validité du permis d'exploitation pour une nouvelle période de dix années.

Les modalités d'application du présent article sont fixées par décret en Conseil d'État.

COMMENTAIRE

V. Commentaire reproduit sur Dalloz.fr.

Art. L. 3332-2 **L'ouverture d'un nouvel établissement de 4e catégorie est interdite en dehors des cas prévus par l'article L. 3334-1.** – *[C. déb. boiss., art. L. 28].*

COMMENTAIRE

V. Commentaire reproduit sur Dalloz.fr.

Dédoublement du fonds initial. Constitue le délit d'ouverture illicite d'un débit de boissons le fait de diviser un fonds en deux établissements constituant le dédoublement du fonds initial. • Paris, 9 oct. 1974 : *D. 1975. 198, note Bihl.*

Art. L. 3332-3 **Une personne qui veut ouvrir un café, un cabaret, un débit de boissons à consommer sur place** *(L. n° 2011-302 du 22 mars 2011, art. 1er-I)* **« et y vendre de l'alcool » est tenue de faire, quinze jours au moins à l'avance et par écrit, une déclaration indiquant :**

1° Ses nom, prénoms, lieu de naissance, profession et domicile ;

2° La situation du débit ;

3° A quel titre elle doit gérer le débit et les nom, prénoms, profession et domicile du propriétaire s'il y a lieu ;

4° La catégorie du débit qu'elle se propose d'ouvrir.

(L. n° 2006-396 du 31 mars 2006, art. 23) **« 5° Le permis d'exploitation attestant de sa participation à la formation visée à l'article L. 3332-1-1. »**

La déclaration est faite à Paris à la préfecture de police et, dans les autres communes, à la mairie ; il en est donné immédiatement récépissé.

(Abrogé par L. n° 2017-86 du 27 janv. 2017, art. 196) ***« Le déclarant doit justifier qu'il est français ou ressortissant d'un autre État de*** *(Ord. n° 2010-177 du 23 févr. 2010, art. 26-10°)* ***« l'Union européenne » ou d'un autre État partie à l'accord sur l'Espace économique européen, les personnes d'une autre nationalité ne pouvant, en aucun cas, exercer la profession de débitant de boissons. »***

Dans les trois jours de la déclaration, le maire de la commune où elle a été faite en transmet copie intégrale au procureur de la République ainsi qu'au représentant de l'État dans le département.

(Abrogé par L. n° 2011-302 du 22 mars 2011, art. 1er-I) ***« La délivrance du récépissé est passible d'une taxe dont le taux est fixé par l'article 960 du code général des impôts. »***

COMMENTAIRE

V. Commentaire reproduit sur Dalloz.fr.

1. Infraction successive. Le délit d'ouverture de débit de boissons sans déclaration préalable présente le caractère d'une infraction successive aussi longtemps que dure l'exploitation illicite. • Crim. 23 janv. 1979 : *Bull. crim. n° 30.*

2. Ouverture illicite de débit. Établissements distincts. Constitue le délit d'ouverture illicite d'un débit de boissons le fait par un prévenu d'installer, dans un immeuble où il exploitait déjà une licence, une nouvelle salle distincte du fonds primitif sans communication intérieure de l'une à l'autre et destinée en fait à une clientèle différente. • Crim. 27 mars 1974 : *Bull. crim. n° 132.* ♦ Si le fait d'agrandir un débit de boissons préexistant en aménageant une nouvelle salle communiquant avec l'ancienne ne peut, en soi, être considéré comme l'ouverture d'un nouveau débit, il n'en va pas de même lorsque l'agrandissement comporte l'aménagement de nouvelles voies d'accès situées dans une zone protégée n'incluant pas les ouvertures anciennes et pour lesquelles aucun droit acquis ne peut être invoqué. • Crim. 19 mars 1969 : *Bull. crim. n° 124.* ♦ L'ouverture illicite d'un débit de boissons est caractérisée lorsque le prévenu, loin d'avoir seulement aménagé le fonds initial, a au contraire créé un établissement nouveau qui, bien que communiquant avec le premier, s'en distingue par un certain nombre de particularités (en l'espèce les enseignes, la décoration, les horaires, les tarifs de consommations, les clientèles et les modes d'exploitation). • Crim. 22 janv. 1976 : *Bull. crim. n° 27.* ♦ Nonobstant l'Arr. du

23 déc. 1959 définissant le casino comme un établissement indivisible, commet le délit des art. L. 31 et L. 42 C. déb. boiss. [CSP, art. L. 3332-3 et L. 3352-2] le directeur d'un casino qui a créé un cabaret présentant, par rapport au bar déjà exploité dans le même bâtiment, le caractère d'un débit distinct. • Crim. 4 avr. 1978 : *Bull. crim. n° 124.*

3. Lieux distincts. Sont coupables du délit d'ouverture illicite de débits de boissons les organisateurs de « raves parties » qui ont installé des débits de boissons au cours de chacune de leurs soirées, dans des lieux différents et au seul profit de personnes privées. En effet, ils n'ont pas respecté l'obligation de déclaration qui résulte de l'art. L. 31 C. déb. boiss. [CSP, art. L. 3332-3]. • Toulouse, 16 mars 2000 : *JCP 2001. IV. 1134.* ♦ En outre, la procédure particulière et d'application restrictive de l'art. L. 48 du même code [CSP, art. L. 3334-2], prévue pour les fêtes publiques, n'était, en l'occurrence, pas applicable. • Même arrêt.

4. Autorisation municipale. L'existence d'une autorisation de l'autorité municipale ne saurait exonérer de sa responsabilité pénale l'auteur d'une infraction à l'art. L. 31 C. déb. boiss. [CSP, art. L. 3332-3], dès lors que le fait matériel constitutif du délit a été constaté. • Crim. 24 oct. 1983 : *Bull. crim. n° 260.*

5. Obligation de déclaration préalable. Fonctionnement temporaire du débit. Si tout débit qui a cessé d'exister depuis plus d'un an (trois ans) est considéré comme supprimé, en vertu de l'art. L. 44 C. déb. boiss. [CSP, art. L. 3333-1], il n'en est pas ainsi si le débit a été ouvert et a fonctionné même temporairement pendant ce délai. L'exploitant n'est dès lors pas tenu de faire la déclaration prévue par l'art. L. 31 du même code [CSP, art. L. 3332-3]. • Crim. 13 oct. 1970 : *Bull. crim. n° 262.*

6. Étrangers. Caractérise le délit prévu et réprimé par les art. L. 31 et L. 43 C. déb. boiss. [CSP, art. L. 3332-3 et L. 3352-3] le fait pour un étranger, non ressortissant d'un État membre de la CEE, de vendre des boissons sans avoir effectué la déclaration préalable prescrite par l'art. L. 31 préc. [CSP, art. L. 3332-3], peu important que cette activité s'exerce dans un établissement nouvellement créé ou dans un établissement déjà existant. • Crim. 25 sept. 1987 : *Bull. crim. n° 315.*

7. « Raves parties ». Dès lors que les organisateurs de « raves parties » ont fait commerce de boissons à leur seul profit, sans autorisation ni déclaration, le délit d'ouverture illicite de débit de boissons est caractérisé. • Toulouse, 16 mars 2000 : *JCP 2001. IV. 1134.*

Art. L. 3332-4 **Une mutation dans la personne du propriétaire ou du gérant d'un café ou débit de boissons vendant** *(L. n° 2011-302 du 22 mars 2011, art. 1er-I)* **« de l'alcool » à consommer sur place doit faire, quinze jours au moins à l'avance et par écrit, l'objet d'une déclaration identique à celle qui est requise pour l'ouverture d'un débit nouveau. Toutefois, dans le cas de mutation par décès, la déclaration est valablement souscrite dans le délai d'un mois à compter du décès.**

Cette déclaration est reçue et transmise dans les mêmes conditions.

Une translation d'un lieu à un autre doit être déclarée *(L. n° 2011-302 du 22 mars 2011, art. 1er-I)* **« quinze jours au moins à l'avance, dans les mêmes conditions ».**

COMMENTAIRE

V. Commentaire reproduit sur Dalloz.fr.

1. Obligation de déclaration de la mutation. Les dispositions de l'art. L. 32 C. déb. boiss. [CSP, art. L. 3332-4] prescrivant l'obligation de déclaration préalable à la préfecture de police ou à la mairie s'appliquent au nouveau propriétaire ou gérant, que le titre en vertu duquel il exploite l'établissement résulte d'un nouveau contrat ou de la résiliation du précédent. • Crim. 17 déc. 1990 : *Bull. crim. n° 438 ; D. 1991. IR 83*

2. Auteur de la déclaration. Il résulte des dispositions combinées des art. L. 31 et L. 32 C. déb. boiss. [CSP, art. L. 3332-3 et L. 3332-4], que la déclaration prescrite en cas de mutation dans la personne du gérant d'un débit de boissons doit être faite, non par l'ancien gérant, mais par celui qui doit gérer le débit. • Crim. 25 mai 1988 : *Bull. crim. n° 222.* ♦ ... A savoir soit le propriétaire, soit le gérant de l'établissement, suivant la qualité de la personne en qui la mutation a été opérée. • Crim. 22 mai 1968 : *Bull. crim. n° 167.* ♦ ... A savoir celui qui, sous couvert d'une procuration générale, exploite personnellement le débit. • Crim. 13 mai 1958 : *Bull. crim. n° 376.* ♦ ... A savoir le propriétaire qui décide de se substituer au gérant du fonds et d'exploiter directement celui-ci. • Crim. 17 juill. 1958 : *Bull. crim. n° 553.* ♦ ... A savoir, si le propriétaire du débit est une société, la personne physique qui doit gérer le débit. • Crim. 11 févr. 1958 : *Bull. crim. n° 143.*

3. Prescription de l'action publique. Il résulte de l'art. L. 32 C. déb. boiss. [CSP, art. L. 3332-4] que le défaut de déclaration de mutation constitue un délit instantané et que le délai de prescription de l'action publique court, à l'égard de ce délit, à compter du jour où ses éléments constitutifs sont réunis. • Crim. 14 mars

1974 : *Bull. crim. n° 113* • 4 févr. 1981 : *Bull. crim. n° 46.*

4. Nature de la licence. La licence ayant la même nature de meuble incorporel que le fonds d'un commerce, dont elle est l'un des éléments, et ne se transmettant pas par simple tradition manuelle, l'art. 2279 C. civ. (« en fait de meubles, la possession vaut titre ») ne lui est pas applicable. • Com. 7 mars 2006 : *Bull. civ. IV, n° 62 ; JCP 2006. II. 10143, note Loiseau.*

Art. L. 3332-4-1 *(L. n° 2011-302 du 22 mars 2011, art. 1er-I)* Une personne qui veut ouvrir un débit de boissons mentionné aux articles L. 3331-2 ou L. 3331-3 est tenue de faire, dans les conditions prévues aux premier à septième alinéas de l'article L. 3332-3, une déclaration qui est transmise au procureur de la République ainsi qu'au représentant de l'État dans le département conformément au dernier alinéa du même article. Les services de la préfecture de police ou de la mairie lui en délivrent immédiatement un récépissé qui justifie de la possession de la licence de la catégorie sollicitée.

Le permis d'exploitation mentionné au 5° de l'article L. 3332-3 n'est pas exigé lorsque la déclaration est faite par une personne qui veut ouvrir un débit de boissons mentionné à l'article L. 3331-3 sans vendre des boissons alcooliques entre 22 heures et 8 heures au sens de l'article L. 3331-4.

Une mutation dans la personne du propriétaire ou du gérant ou une modification de la situation du débit de boissons doit faire l'objet d'une déclaration identique, qui est reçue et transmise dans les mêmes conditions. Toutefois, en cas de mutation par décès, la déclaration est valablement souscrite dans le délai d'un mois à compter du décès.

COMMENTAIRE

V. Commentaire reproduit sur Dalloz.fr.

Art. L. 3332-5 Les articles L. 3332-3 *(L. n° 2011-302 du 22 mars 2011, art. 1er-I)* « à L. 3332-4-1 » ne sont pas applicables dans les départements du Haut-Rhin, du Bas-Rhin et de la Moselle.

Dans ces départements, l'article 33 du code local des professions du 26 juillet 1900 reste en vigueur :

a) Pour les débits de boissons dont l'ouverture n'est pas interdite par les articles L. 3332-1 et L. 3332-2, pour les hôtelleries et pour le commerce de détail des eaux-de-vie et spiritueux ;

b) Pour le transfert ou le retrait d'autorisation des débits de boissons dont l'ouverture est interdite.

Les autorisations délivrées en vertu de l'article 33 ne peuvent l'être qu'à des personnes justifiant qu'elles sont françaises ou ressortissantes d'un État de *(Ord. n° 2010-177 du 23 févr. 2010, art. 26-10°)* « l'Union européenne » ou partie à l'accord sur l'Espace économique européen.

COMMENTAIRE

V. Commentaire reproduit sur Dalloz.fr.

1. Catégories de débits concernées. Toutes les catégories de débits sont concernées, y compris ceux de première catégorie, par le régime d'autorisation applicable dans les départements du Haut-Rhin, du Bas-Rhin et de la Moselle. • CE 6 déc. 1985, *Mme Schmitt,* n° 56863 : *Lebon T. 712.*

2. Juridiction compétente. Le tribunal administratif est compétent pour connaître des litiges relatifs à l'autorisation d'exploitation d'un débit de boissons. • CE 5 févr. 1935, *Romboli,* n° 39753 : *Lebon 209* • TA Strasbourg, 5 mars 1985, *Stengel : Gaz. Pal. 1985. 2. Somm. 278.* ♦ Le tribunal administratif est également compétent pour apprécier la validité de la licence. • CE 10 juill. 1995, *SA Brasserie Fischer,* n° 161652.

Art. L. 3332-6 Est considéré comme ouverture d'un nouveau débit de boissons, le fait de vendre des boissons *(L. n° 2011-302 du 22 mars 2011, art. 1er-I)* « alcooliques » sans avoir effectué la déclaration prescrite par *(L. n° 2011-302 du 22 mars 2011, art. 1er-I)* « les articles L. 3332-3 ou L. 3332-4-1 », ou la détention ou la vente des boissons d'un groupe ne correspondant pas à la catégorie de débit *[débits]* pour laquelle la déclaration a été faite.

Art. L. 3332-7 N'est pas considérée comme ouverture d'un nouveau débit la translation sur le territoire d'une commune d'un débit déjà existant :

1° Si elle est effectuée par le propriétaire du fonds de commerce ou ses ayants droit et si elle n'augmente pas le nombre des débits existant dans ladite commune ;

2° Si elle n'est pas opérée dans une zone établie par application des articles L. 3335-1, L. 3335-2, L. 3335-8. – *[C. déb. boiss., art. L. 34].*

COMMENTAIRE

V. Commentaire reproduit sur Dalloz.fr.

Transfert d'un débit et zone protégée. Le transfert d'un débit de boissons dépourvu d'accès direct sur une voie ouverte à la circulation publique à l'intérieur d'une galerie marchande, considérée comme un même immeuble, ne peut être assimilé à l'ouverture prohibée d'un nouveau débit dans une zone protégée au sens de l'art. L. 34 (2°) C. déb. boiss. [CSP, art. L. 3332-7 (2°)]. • Crim. 15 oct. 1996 : *Bull. crim. n° 363 ; D. 1997. IR 12 ; Gaz. Pal. 1998. 1. 321.*

Art. L. 3332-8 Lorsqu'un immeuble où est installé un débit de boissons a été supprimé ou affecté à une destination nouvelle, à la suite d'une expropriation pour cause d'utilité publique, ou lorsque cet immeuble a été démoli par le propriétaire, il peut être transféré sur n'importe quel point du territoire de la même commune, sous réserve des zones protégées, à savoir :

1° Dans un immeuble déjà existant, au plus tard dans les douze mois de la fermeture qui doit être spécialement déclarée à la mairie de la commune dans les départements et à la préfecture de police à Paris ;

2° Dans un immeuble nouveau, dans les trois mois de la reconstruction de cet immeuble, et au plus tard dans les deux ans de la fermeture déclarée comme il vient d'être dit. – *[C. déb. boiss., art. L. 35].*

COMMENTAIRE

V. Commentaire reproduit sur Dalloz.fr.

Art. L. 3332-9 et L. 3332-10 *Abrogés par L. n° 2007-1787 du 20 déc. 2007, art. 24.*

Art. L. 3332-11 *(L. n° 2007-1787 du 20 déc. 2007, art. 24)* Un débit de boissons à consommer sur place exploité peut être transféré dans *(Ord. n° 2015-1682 du 17 déc. 2015, art. 12-9°)* « la région » où il se situe. Les demandes d'autorisation de transfert sont soumises au représentant de l'État dans le département *(Ord. n° 2015-1682 du 17 déc. 2015, art. 12-9°)* « où doit être transféré le débit de boissons ». Le maire de la commune où est installé le débit de boissons et le maire de la commune où celui-ci est transféré sont obligatoirement consultés. Lorsqu'une commune ne comporte qu'un débit de boissons de 4e catégorie, ce débit ne peut faire l'objet d'un transfert *(L. n° 2015-990 du 6 août 2015, art. 49)* « qu'avec l'avis favorable du maire de la commune ».

(L. n° 2009-888 du 22 juill. 2009, art. 25-IV) « Par dérogation au premier alinéa et aux articles L. 3335-1 et L. 3335-8 concernant les zones de protection, les débits de boissons à consommer sur place peuvent être transférés au-delà des limites *(Ord. n° 2015-1682 du 17 déc. 2015, art. 12-9°)* « de la région » où ils se situent au profit d'établissements, notamment touristiques, répondant à des critères fixés par décret. »

COMMENTAIRE

V. Commentaire reproduit sur Dalloz.fr.

Contrôle du juge sur l'appréciation des nécessités touristiques. Le juge administratif exerce un contrôle normal sur les décisions relatives au transfert de débit de boissons prises en application de l'art. L. 3332-11 CSP. Ainsi, un centre commercial n'est pas, en lui-même, un lieu de caractère touristique. Le fait qu'il soit situé à proximité d'une voie routière permettant d'accéder à des stations touristiques ne permet pas de le considérer comme répondant à des nécessités touristiques dûment constatées. • CE 21 juill. 1995, *Min. Éco., Finances et Budget c/ SARL Le Candide, n° 119803 : D. 1995. IR 235.* ♦ De même, en l'absence de toute circonstance particulière conférant à un marché d'intérêt national un caractère touristique, l'autorisation de transfert sur le périmètre de ce marché ne répond pas à des nécessités touristiques et est illégale. • CE 15 déc. 1978, *Min. État, Min. Intérieur, n° 05031 : Lebon 510*. ♦ En revanche, le fait qu'existe sur le territoire d'une commune de nombreuses activités à caractère touristique ainsi qu'un *bowling* attirant une importante clientèle atteste d'une nécessité touristique justifiant l'autorisation de transfert de débit de boissons. • CE 20 oct. 1995, *Min. Éco., Finances et Budget*, n° 122293. ♦ Par ailleurs, le fait que le débit de boissons ne soit pas implanté au centre d'une agglomération ou à proximité du rivage de la mer, mais dans un lieu dont les équipements n'ont pas une vocation touristique, n'enlève pas à l'opération sa finalité touristique, eu égard aux habitudes des clientèles des discothèques. • CE 10 févr. 1992, *Min. délégué en charge du budget*, n° 123734 : *Lebon T. 1181*.

Art. L. 3332-12 **Nonobstant les dispositions de l'article L. 3332-1 et sous réserve des zones protégées,** *(Ord. n° 2015-1682 du 17 déc. 2015, art. 13)* **« le représentant de l'État dans le département où se situe l'aérodrome peut » autoriser le transfert, sur les aérodromes civils dépourvus de débit de boissons à consommer sur place, d'un débit existant dans un rayon de 100 kilomètres, quelle que soit sa catégorie.**

Il peut, dans les mêmes conditions, autoriser un transfert ayant pour objet l'exploitation d'un débit de catégorie supérieure au lieu du débit déjà exploité sur l'aérodrome.

Les débits mentionnés au présent article ne peuvent faire l'objet d'un nouveau transfert hors de l'aérodrome.

COMMENTAIRE

V. Commentaire reproduit sur Dalloz.fr.

Art. L. 3332-13 *Abrogé par L. n° 2004-806 du 9 août 2004, art. 46-II.*

Art. L. 3332-14 *Abrogé par L. n° 2007-1787 du 20 déc. 2007, art. 24.*

Art. L. 3332-15 *(L. n° 2003-239 du 18 mars 2003, art. 114)* **1. La fermeture des débits de boissons et des restaurants peut être ordonnée par le représentant de l'État dans le département pour une durée n'excédant pas six mois, à la suite d'infractions aux lois et règlements relatifs à ces établissements.**

Cette fermeture doit être précédée d'un avertissement qui peut, le cas échéant, s'y substituer, lorsque les faits susceptibles de justifier cette fermeture résultent d'une défaillance exceptionnelle de l'exploitant ou à laquelle il lui est aisé de remédier.

2. En cas d'atteinte à l'ordre public, à la santé, à la tranquillité ou à la moralité publiques, la fermeture peut être ordonnée par le représentant de l'État dans le département pour une durée n'excédant pas deux mois. *(L. n° 2006-396 du 31 mars 2006, art. 23-IV-1°)* **« Le représentant de l'État dans le département peut réduire la durée de cette fermeture lorsque l'exploitant s'engage à suivre la formation donnant lieu à la délivrance d'un permis d'exploitation visé à l'article L. 3332-1-1. »**

3. Lorsque la fermeture est motivée par des actes criminels ou délictueux prévus par les dispositions pénales en vigueur, à l'exception des infractions visées au 1, la fermeture peut être prononcée pour six mois. *(L. n° 2006-396 du 31 mars 2006, art. 23-IV-2°)* **« Dans ce cas, la fermeture entraîne l'annulation du permis d'exploitation visé à l'article L. 3332-1-1. »**

4. Les crimes et délits ou les atteintes à l'ordre public pouvant justifier les fermetures prévues au 2 et au 3 doivent être en relation avec la fréquentation de l'établissement ou ses conditions d'exploitation.

5. Les mesures prises en application du présent article sont soumises aux dispositions du code des relations entre le public et l'administration.

6. A Paris, les compétences dévolues au représentant de l'État dans le département par le présent article sont exercées par le préfet de police.

BIBL. ▶ Quastana, L'accroissement des garanties. L'exemple des débits de boissons et du retrait d'agrément, *AJDA 2001, n° spéc. 95*.

COMMENTAIRE

V. Commentaire reproduit sur Dalloz.fr.

1. Mesure de police. La fermeture administrative est une mesure de police, exécutoire dès sa notification, qui n'est pas subordonnée à l'existence d'une infraction consacrée par une décision pénale. • Crim. 17 mai 1993 : *Bull. crim. n° 178.*

2. Faits justifiant la fermeture provisoire. Trafic de drogue occasionnel par un employé. La fermeture administrative, qui a pour objet de prévenir la continuation ou le retour de désordres liés à la fréquentation même du débit de boissons, concerne donc l'établissement et non la personne de l'exploitant. N'a dès lors pas excédé ses pouvoirs le préfet qui a estimé qu'un trafic de drogue occasionnel opéré par un employé justifiait la fermeture provisoire de l'établissement. Que le fait délictueux ait été commis à l'insu de l'exploitant est sans influence sur la légalité de sa décision. • CE 28 févr. 1996, *Min. Intérieur c/ Baudry,* n° 150878 : *Lebon T. 1060 ; D. 1996. IR 132*.

3. Fermeture administrative d'un établissement à raison de l'imprégnation alcoolique de ses clients. Une discothèque offrait une entrée gratuite à tout client achetant une bouteille d'alcool (pratique, semble-t-il, fréquente). Des consommateurs qui n'étaient pas en état d'ébriété à leur arrivée bénéficient de cette offre, s'enivrent et sont victimes d'un grave accident de la circulation peu après leur départ. Ces faits « doivent être regardés comme ayant un lien avec les conditions de fonctionnement de l'établissement » et justifient légalement la fermeture de ce dernier pour une durée de quatre mois. • CAA Bordeaux, 5 févr. 2008, *SARL Le Gibus,* n° 06BX00427 : *AJDA 2009. 38, obs. Vié*. ♦ Justifie une mesure de fermeture d'un établissement de boissons le fait d'avoir servi une quantité excessive de boisson alcoolisée à un consommateur, alors même qu'il n'a manifesté aucun trouble du comportement et qu'il n'a pas lui-même perturbé l'ordre public. • CAA Lyon, 12 avr. 2007, *Sté Dinecitta,* n° 05LY00123 : *AJDA 2007. 1885, concl. Besle*. ♦ Mais si l'état d'ébriété du client, avancé pour justifier l'arrêté de fermeture, n'est pas matériellement établi, la décision préfectorale est illégale. • CAA Douai, 30 nov. 2006, *Préfet de la Seine-Maritime,* n° 06DA00398 : *AJDA 2007. 446*.

4. Faits criminels survenus sur le parking d'un établissement. Des faits criminels commis sur le parking de l'établissement (mais prolongeant des faits commis à l'intérieur ou impliquant un dirigeant de fait de l'établissement connu pour appartenir au « milieu » aixois) fondent légalement une fermeture de l'établissement pour six mois. Justifiée par les nécessités de l'ordre public, cette mesure ne porte pas une atteinte illégale à la Conv. EDH. • CE 21 mars 2008, *Min. Intérieur c/ SARL Le Nymphéa,* n° 298100 : *JCP Adm. 2008, n° 2198, note Pontier.*

5. Accidents de la circulation à proximité de l'établissement. En estimant que le nombre d'accidents de la circulation à proximité d'une discothèque ainsi que le nombre de procédures de conduite sous l'emprise d'un état alcoolique établies par la gendarmerie révélaient une atteinte à l'ordre public en relation avec la fréquentation de la discothèque et motivant sa fermeture pour une durée d'un mois en vertu de l'art. L. 3332-15, le préfet n'a pas porté une atteinte manifestement illégale aux libertés d'entreprendre et du commerce et de l'industrie. • CE, réf., 28 oct. 2011, *SARL PCRL Exploitation,* n° 353553 : *JCP Adm. 2011. Actu. 711 ; ibid. 2012, n° 2012, comm. Pontier.*

6. Autorité incompétente. Émane d'une autorité incompétente un arrêté ordonnant la fermeture d'un débit de boissons pour une durée de vingt et un jours pris, par délégation de signature du préfet, par le secrétaire général de la préfecture dès lors que, à cette même date, le nouveau préfet, nommé peu avant, ayant donné délégation de signature au secrétaire général, la délégation antérieurement consentie à celui-ci par le précédent préfet était devenue caduque du fait de la nomination du nouveau préfet. Cependant, cette faute est atténuée par celle du propriétaire du débit de boissons dont, s'il n'est pas établi que son établissement était habituellement fréquenté par des toxicomanes, il résulte de l'instruction qu'il a servi des boissons alcoolisées à une personne dont l'état d'ébriété était apparent et a ainsi méconnu la législation sur les débits de boissons l'exposant à une sanction administrative. • CE 1er oct. 1993, *M. André Y.,* n° 117808 : *D. 1994. Somm. 360, obs. Bon et Terneyre*.

7. Procédure contradictoire. L'arrêté procédant à la fermeture administrative temporaire d'un débit de boissons ne peut être pris, à peine de nullité, sans que le principe du contradictoire préalable ait été respecté, le gérant devant avoir été valablement mis en mesure de présenter ses observations sur les faits qui lui sont reprochés. • CAA Marseille, 18 nov. 2010, *Préfet de la région Languedoc-Roussillon, préfet de l'Hérault,* n° 08MA03382. ♦ Toutefois, l'urgence justifie le non-respect du principe du contradictoire, les nécessités de l'ordre public commandant de mettre fin, dans les meilleurs délais, à de graves incidents. • CE 13 juin 1990, *SARL Pub 90,* n° 92523 : *Lebon 162*.

8. Contrôle du juge. S'agissant de la durée de fermeture de l'établissement, le juge administratif limite son contrôle à l'erreur manifeste d'appréciation. • CE 13 juin 1990, *SARL Pub 90,* n° 92523 : *préc. note 7*. ♦ En revanche, le bien-fondé du recours par un préfet à une mesure de fermeture fait l'objet d'un contrôle de qualification juridique. • CE 21 mars 2008, *Min. Intérieur c/ SARL Le Nymphéa,* n° 298100 : *préc. note 4.*

9. Mesure de fermeture et normes supérieures. Une mesure de fermeture, justifiée par les nécessités de l'ordre public, ne porte une atteinte illégale à aucun principe ni à aucune stipulation de la Convention européenne de sauvegarde des droits de l'homme et des libertés fondamentales. • CE 21 mars 2008, *Min. Inté-*

rieur c/ SARL Le Nymphéa, n° 298100 : *préc. note 4.* ♦ Précédemment, le juge administratif avait précisé que les mesures de fermeture, prises sur le fondement de l'art. L. 62 C. déb. boiss. [L. 3322-15 CSP] étant des mesures de police administrative, le moyen tiré de la violation des dispositions de l'art. 6, § 1, de la Conv. EDH, de l'art. 14 du PIDCP et des art. 7, 9 et 16 de la DDH, ne peut être retenu. • CE 2 déc. 1992, *Min. Intérieur c/ Mme X.*, n° 115806.

Art. L. 3332-16 *(L. n° 2003-239 du 18 mars 2003, art. 114)* **Le ministre de l'intérieur peut, dans les cas prévus au 1 et au 3 de l'article L. 3332-15, prononcer la fermeture de ces établissements pour une durée allant de trois mois à un an.**

Le cas échéant, la durée de la fermeture prononcée par le représentant de l'État dans le département s'impute sur celle de la fermeture prononcée par le ministre.

Art. L. 3332-17 **Les pouvoirs dévolus au ministre de l'intérieur par l'article L. 3332-16 sont exercés par le ministre chargé de l'outre-mer dans la collectivité territoriale de Saint-Pierre-et-Miquelon.** — *[L. n° 96-609 du 5 juill. 1996, art. 58].*

CHAPITRE III PÉREMPTION DES LICENCES

Art. L. 3333-1 **Un débit de boissons** *(Abrogé par Ord. n° 2015-1682 du 17 déc. 2015, art. 14-1°) « de 2e, »* **de 3e et de 4e catégorie qui a cessé d'exister depuis plus de** *(Ord. n° 2015-1682 du 17 déc. 2015, art. 14-2°)* **« cinq ans » est considéré comme supprimé et ne peut plus être transmis.**

Toutefois, en cas de liquidation judiciaire, le délai de *(Ord. n° 2015-1682 du 17 déc. 2015, art. 14-2°)* **« cinq ans » est étendu, s'il y a lieu, jusqu'à clôture des opérations.**

De même le délai de *(Ord. n° 2015-1682 du 17 déc. 2015, art. 14-2°)* **« cinq ans » est suspendu pendant la durée d'une fermeture provisoire prononcée par l'autorité judiciaire ou administrative.**

Lorsqu'une décision de justice a prononcé la fermeture définitive d'un débit de boissons, la licence de l'établissement est annulée.

COMMENTAIRE

V. Commentaire reproduit sur Dalloz.fr.

1. Définition de la cessation d'existence. La cessation d'existence d'un débit de boissons doit s'entendre, au sens de l'art. L. 44 C. déb. boiss. [CSP, art. L. 3333-1], de la cessation d'une exploitation qui, pour être régulière, doit être effective. • Crim. 2 nov. 1960 : *Bull. crim. n° 495.*

2. Ouverture temporaire du débit. Si tout débit qui a cessé d'exister depuis plus d'un an (de trois ans) est considéré comme supprimé, il n'en est pas ainsi si le débit a été ouvert et a fonctionné même temporairement pendant ce délai. • Crim. 13 oct. 1970 : *Bull. crim. n° 262.*

3. Fermeture liée à une circonstance assimilable à une force majeure. Si tout débit qui a cessé d'exister depuis plus d'un an (de trois ans) est considéré comme supprimé, il n'en est pas ainsi lorsque sa fermeture a eu pour cause l'exécution de travaux nécessitant préalablement une autorisation administrative, dès lors que la prolongation au-delà d'un an (de trois ans) de la cessation d'exploitation est due au retard de l'administration à délivrer l'autorisation de travaux, cette circonstance étant assimilable à une force majeure. • Crim. 18 juin 1958 : *Bull. crim. n° 469.*

4. Caractère réel de la fermeture définitive. La fermeture définitive visée à l'art. L. 44, al. 4, C. déb. boiss. [CSP, art. L. 3333-1, al. 4] est une mesure réelle frappant le fonds même, quel que soit son propriétaire ou le titulaire de la licence. • Crim. 4 sept. 1976 : *Bull. crim. n° 273.*

Art. L. 3333-2 **Un établissement ayant cessé d'être exploité par suite :**

1° De l'appel ou de la mobilisation de son propriétaire dans les armées françaises ou alliées, de son départ à destination d'un pays allié ;

2° De sa réquisition ;

3° D'une impossibilité absolue d'exploiter résultant des mesures générales d'interdiction ou d'évacuation, peut être rouvert dans le délai d'un an à compter de la cessation de l'état de droit ou de fait ayant entraîné la suspension de l'exploitation. — *[C. déb. boiss., art. L. 45].*

COMMENTAIRE

V. Commentaire reproduit sur Dalloz.fr.

Art. L. 3333-3 Les débits de boissons détruits par les événements de guerre peuvent, à l'intérieur de la même commune et sous réserve des zones protégées, être rouverts ou transférés sur un emplacement autre que celui de l'immeuble primitif ou de substitution, dans les six mois qui suivent la réédification définitive de l'immeuble primitif quel que soit son emplacement.

Les mêmes débits de boissons réinstallés provisoirement, notamment dans des immeubles susceptibles d'être soumis aux obligations du remembrement ou de la reconstruction, peuvent être déplacés à l'intérieur de la même commune tant que l'immeuble dans lequel doit s'effectuer le transfert n'est pas édifié. — *[C. déb. boiss., art. L. 46]*.

COMMENTAIRE

V. Commentaire reproduit sur Dalloz.fr.

CHAPITRE IV DÉBITS TEMPORAIRES

Art. L. 3334-1 Par dérogation aux dispositions des articles L. 3332-2 et L. 3332-3, l'ouverture, par des personnes ou sociétés de nationalité française ou étrangère, de débits de boissons de toute nature à consommer sur place est autorisée dans l'enceinte des expositions ou des foires organisées par l'État, les collectivités publiques ou les associations reconnues comme établissements d'utilité publique pendant la durée des manifestations.

Chaque ouverture est subordonnée à l'avis conforme du commissaire général de l'exposition ou de la foire ou de toute personne ayant même qualité. L'avis est annexé à la déclaration souscrite à la mairie ou à la préfecture de police à Paris, et à la recette buraliste des contributions indirectes. — *[C. déb. boiss., art. L. 47]*.

COMMENTAIRE

V. Commentaire reproduit sur Dalloz.fr.

1. Établissements distincts. Dans l'enceinte des expositions ou manifestations visées à l'art. L. 47 C. déb. boiss. [CSP, art. L. 3334-1], chaque ouverture d'établissement est soumise à la double déclaration. Sont des établissements distincts astreints à une déclaration particulière les différents points de vente de boissons ne possédant aucune communication particulière entre eux, peu important qu'ils soient situés dans une enceinte où le public n'est admis qu'après avoir acquitté un seul droit d'entrée. • Crim. 6 juill. 1976 : *Bull. crim. n° 250 ; D. 1976. IR 245.*

2. Unité d'établissement. Les divers points de vente d'un même établissement sont soumis à une seule et même déclaration. • Pau 15 sept. 1993 : *JCP N 1994. Prat. 658.*

Art. L. 3334-2 *(L. n° 2000-1352 du 30 déc. 2000, art. 18)* Les personnes qui, à l'occasion d'une foire, d'une vente ou d'une fête publique, établissent des cafés ou débits de boissons, ne sont pas tenues à la déclaration prescrite par l'article L. 3332-3, mais doivent obtenir l'autorisation de l'autorité municipale.

Les associations qui établissent des cafés ou débits de boissons pour la durée des manifestations publiques qu'elles organisent ne sont pas tenues à la déclaration prescrite par l'article L. 3332-3 mais doivent obtenir l'autorisation de l'autorité municipale dans la limite de cinq autorisations annuelles pour chaque association.

Dans les débits et cafés ouverts dans de telles conditions, il ne peut être vendu ou offert, sous quelque forme que ce soit, que des boissons des *(Ord. n° 2015-1682 du 17 déc. 2015, art. 12-10°)* « groupes un et trois » définis à l'article L. 3321-1.

Dans les départements de la Guadeloupe, de la Guyane et de la Martinique, le représentant de l'État dans le département peut autoriser, par voie d'arrêté, la vente des boissons de quatrième groupe, dont la consommation y est traditionnelle dans la limite maximum de quatre jours par an.

COMMENTAIRE

V. Commentaire reproduit sur Dalloz.fr.

1. Exclusion de la qualification de « débit temporaire ». L'art. L. 48 [CSP, art. L. 3334-2], qui déroge au principe posé par l'art. L. 31 [CSP, art. L. 3332-3], est d'interprétation restrictive et ne s'applique qu'à des débits temporaires par leur nature même, ouverts à l'occasion des manifestations publiques exceptionnelles prévues par le texte. • Crim. 24 oct. 1983 : *Bull. crim. n° 260.* ♦ Tel n'est pas le cas de buvettes aménagées à son profit par un entrepreneur de bals publics, à l'entrée des chapiteaux itinérants qu'il exploite. • Même arrêt.

2. Assimilation d'un bal à une « fête publique ». Les bals donnés dans la salle des fêtes de la ville, qui est un lieu public, bals auxquels toute personne peut participer, soit gratuitement, soit en payant un droit d'entrée, peuvent être assimilés à une fête publique. • Crim. 20 juin 1957 : *Bull. crim. n° 514.* ♦ Mais l'aspect purement lucratif des débits ouverts régulièrement lors de ces bals conduit à exclure la qualification de débit temporaire (V. note 1).

3. Limitation des horaires d'ouverture du débit temporaire. L'autorisation de débit temporaire de boissons délivrée au titre de l'art. L. 3334-2 n'a ni pour objet ni pour effet d'interdire au maire de prendre des mesures de police propres à la sauvegarde de l'ordre public, en l'espèce la limitation des horaires d'ouverture du débit temporaire de boissons. • CAA Lyon, 17 févr. 2011, *Sté Chamjam Productions Limited,* n° 09LY01358.

CHAPITRE V ZONES PROTÉGÉES

Art. L. 3335-1 Le représentant de l'État dans le département peut prendre des arrêtés pour déterminer sans préjudice des droits acquis, les distances auxquelles les débits de boissons à consommer sur place ne peuvent être établis autour des édifices et établissements suivants dont l'énumération est limitative :

1° Édifices consacrés à un culte quelconque ;

2° Cimetières ;

3° Établissements de santé, maisons de retraite et tous établissements publics ou privés de prévention, de cure et de soins comportant hospitalisation ainsi que les dispensaires départementaux ;

4° Établissements d'instruction publique et établissements scolaires privés ainsi que tous établissements de formation ou de loisirs de la jeunesse ;

5° Stades, piscines, terrains de sport publics ou privés ;

6° Établissements pénitentiaires ;

7° Casernes, camps, arsenaux et tous bâtiments occupés par le personnel des armées de terre, de mer et de l'air ;

8° Bâtiments affectés au fonctionnement des entreprises publiques de transport.

Ces distances sont calculées *(L. n° 2007-1787 du 20 déc. 2007, art. 24)* « selon la ligne droite au sol reliant les accès les plus rapprochés de l'établissement protégé et du débit de boissons ». Dans ce calcul, la dénivellation en dessus et au-dessous du sol, selon que le débit est installé dans un édifice en hauteur ou dans une infrastructure en sous-sol, doit être prise en ligne de compte.

L'intérieur des édifices et établissements en cause est compris dans les zones de protection ainsi déterminées.

Les arrêtés du représentant de l'État dans le département prévus par le présent article interviennent obligatoirement pour les édifices mentionnés aux 3° et 5°.

(L. n° 2007-1787 du 20 déc. 2007, art. 24) « L'existence de débits de boissons à consommer sur place régulièrement installés ne peut être remise en cause pour des motifs tirés du présent article.

« Dans les communes où il existe au plus un débit de boissons à consommer sur place, le représentant de l'État dans le département peut autoriser, après avis du maire, l'installation d'un débit de boissons à consommer sur place dans les zones faisant l'objet des dispositions du présent article lorsque les nécessités touristiques ou d'animation locale le justifient. »

V. Décr. n° 2014-1288 du 23 oct. 2014 relatif aux exceptions à l'application du principe « silence vaut acceptation » sur le fondement du 4° du I de l'art. 21 de la L. n° 2000-321 du 12 avr. 2000 relative aux droits des citoyens dans leurs relations avec les administrations.

COMMENTAIRE

V. Commentaire reproduit sur Dalloz.fr.

I. ÉDIFICES ET ÉTABLISSEMENTS PROTÉGÉS

1. *Édifices dédiés à l'exercice d'un culte.* Les édifices doivent être consacrés aux cultes dans les termes de la loi du 9 déc. 1905, ce qui exclut les chapelles privées • Montpellier, 30 oct. 1951 : *Gaz. Pal. 1952. 1. 117.* ♦ ... Et les lieux de pèlerinage exceptionnels • Nancy, 4 janv. 1928 : *Gaz. Pal. 1928. 1. 517.* ♦ Néanmoins, une chapelle provisoire affectée au culte catholique, en dépit du fait qu'elle est construite en matériaux légers et qu'elle n'a pas été consacrée solennellement, constitue un édifice du culte au sens de l'art. L. 49 C. déb. boissons [L. 3335-1 CSP]. • CE 26 janv. 1962, *Vve Freling et Sieur Weiler,* n° 49414 : *Lebon 66*. ♦ Pour les édifices du culte, V. également • Crim. 8 janv. 1976 : *Bull. crim. n° 6.*

2. *Cimetières.* Les cimetières constituent une zone protégée, sous réserve qu'ils ne soient ni désaffectés ni supprimés. • CE 2 juin 1938, *Moffre : Lebon 508.*

3. *Établissements de santé, maisons de retraite et autres.* La protection joue même si l'établissement ne dispose pas de la personnalité morale. • CE 21 nov. 1969, *Amos,* n° 76135 : *Lebon 521*. ♦ Elle concerne tous les établissements, publics ou privés. • Crim. 25 sept. 1924 : *S. 1924. 1. 375* • 25 sept. 1929 : *Bull. crim. n° 353.* ♦ ... Y compris ceux qui sont momentanément fermés en raison de la maladie du directeur. • Paris, 13 déc. 1972 : *Gaz. Pal. 1973. 2. 490, note D. S.* ♦ Pour cette catégorie d'établissements, V. également • Crim. 4 mars 1969 : *Bull. crim. n° 106* • 5 janv. 1977 : *Bull. crim. n° 7.*

4. *Établissements d'enseignement et autres.* Constituent des établissements protégés : les facultés : • Crim. 4 nov. 1971 : *Bull. crim. n° 299.* ♦ ... Les établissements d'enseignement technique • Crim. 30 oct. 1962 : *Bull. crim. n° 295.* ♦ ... Les établissements privés d'art et d'agrément • Paris, 1er févr. 1973 : *Gaz. Pal. 1973. 1. 326, note Doll.* ♦ ... Un cours de danse classique, considéré comme un établissement de formation ou de loisir de la jeunesse dès lors qu'il est habituellement fréquenté par des mineurs et indépendamment du fait qu'il soit également fréquenté par des adultes, dans quelque proportion que ce soit • Crim. 13 janv. 1981 : *Bull. crim. n° 17.* ♦ ... Un établissement où sont dispensés des cours de judo et de culture physique, même s'il est indifféremment ouvert à des mineurs et à des adultes. • Crim. 20 juin 1973 : *Bull. crim. n° 288.*

5. *Stades, piscines et terrains de sport.* Pour les stades, V. à propos d'un stade vélodrome • Aix-en-Provence, 5 avr. 1993 : *JCP N 1994. Prat. 658.* ♦ Pour les piscines, V. • Crim. 17 oct. 1989 : *Bull. crim. n° 364.* ♦ S'agissant des terrains de sport, entrent dans cette catégorie : les cours de tennis privés • Crim. 17 oct. 1978 : *D. 1979. IR 131.* ♦ ... Les pistes de ski • Paris, 9 janv. 1971 : *D. 1971. 136, note Rabinovitch.* ♦ ... Les golfs • Poitiers, 18 sept. 1992 : *JCP N 1994. Prat. 658.*

6. *Casernes et autres.* Sont considérés comme des établissements protégés : une gendarmerie • Crim. 10 nov. 1954 : *Bull. crim. n° 327.* ♦ ... Tous les bâtiments occupés, sans distinction, par le personnel des armées de terre, de mer et de l'air • Crim. 27 févr. 1968 : *Bull. crim. n° 64.* ♦ ... Une école militaire • CE 20 févr. 1987, *Min. Budget c/ Carraze,* n° 41934 : *Lebon T. 856*.

7. *Entreprises publiques de transport.* Constituent des établissements protégés : les gares • Crim. 25 juill. 1972 : *Bull. crim. n° 255* • 19 mars 1975 : *Bull. crim. n° 83.* ♦ ... Une station de métro, y compris sa bouche. • Crim. 8 janv. 1976 : *Bull. crim. n° 6 ; D. 1976. 336, note Bihl* • 18 avr. 1989 : *Bull. crim. n° 158* • 15 déc. 1993 : *Bull. crim. n° 391* • CE 6 mars 1992, *SARL Sté du spectacle de la place Blanche,* n° 99614 : *Lebon 105 ; D. 1992. IR 109 ; Dr. adm. 1992. Comm. 237 ; Gaz. Pal. 1992. 2. Pan. dr. adm. 146 ; RFDA 1992. 237.*

8. *Caractère limitatif de la liste.* Un préfet ne peut créer des établissements protégés qui ne figureraient pas dans la liste établie à l'art. L. 49 C. déb. boiss. [CSP, L. 3335-1]. • Montpellier, 30 oct. 1951 : *Gaz. Pal. 1952. 1. 117.*

II. DÉLIMITATION DES ZONES PROTÉGÉES

9. *Calcul de la distance entre l'établissement protégé et le débit de boissons.* La distance entre l'établissement protégé et le débit de boissons doit être calculée en suivant l'axe des voies ouvertes à la circulation publique entre et à l'aplomb des portes d'accès et de sortie les plus rapprochées de l'établissement protégé d'une part, et du débit de boissons d'autre part, sans qu'il soit tenu compte de la distance entre l'axe et les portes. • Crim. 19 mars 1975 : *Bull. crim. n° 83* • 17 oct. 1989 : *Bull. crim. n° 364.* ♦ ... Ce calcul incluant, s'il y a lieu, la dénivellation au-dessus et au-dessous du sol. • Crim. 15 déc. 1993 : *Bull. crim. n° 391 ; D. 1994. IR 59*. ♦ ... Et sans faire aucune distinction selon la fréquence ou le mode d'utilisation de ces voies d'entrée ou d'issue. • Crim. 24 oct. 1967 : *Bull. crim. n° 261* • 5 janv. 1977 : *Bull. crim. n° 7.* ♦ ... Notamment sans égard au règlement intérieur de l'établissement protégé prescrivant l'usage exclusif d'une porte située hors du périmètre de protection. • Crim. 4 mars 1969 : *Bull. crim. n° 106.* ♦ ... Ni à la distance que doit effectivement parcourir un piéton empruntant les trottoirs et les passages protégés pour aller d'une église à un débit de boissons. • Aix-en-Provence, 5 sept. 2007 : *JCP 2008. IV. 1386.*

10. *Voies ouvertes à la circulation publique.* Les portes à partir desquelles est calculée la distance réglementaire de protection sont uniquement celles donnant sur une voie ouverte à la circulation publique. • Crim. 15 déc. 1993 : *Bull. crim. n° 391 ; D. 1994. IR 59*. ♦ Ne constituent pas de telles voies les allées de circulation piétonnière desservant un centre commercial. • Même arrêt. ♦ La distance entre la porte d'un ensemble immobilier ouvrant sur la voie publique et l'emplacement d'un débit de boissons ne saurait entrer en ligne de compte. • Crim. 19 mars 1975 : *Bull. crim. n° 83.*

11. Point de départ pour le calcul de la distance. La distance à laquelle un débit de boissons à consommer sur place ne peut être établi autour d'une station souterraine du métro se calcule à partir du sommet de l'escalier de cette station donnant sur la voie publique. • Crim. 18 avr. 1989 : *Bull. crim. n° 158.*

12. Respect des droits acquis. Si l'interdiction édictée par le préfet d'établir un débit de boissons à une distance de moins de 100 mètres des édifices de culte a été édictée sans préjudice des droits acquis, un tel droit ne saurait être invoqué au profit de la personne demandant le transfert d'un débit de boissons à l'intérieur de la zone protégée sur l'emplacement d'un débit existant antérieurement à l'édiction de l'arrêté préfectoral, dans la mesure où ce transfert doit être regardé comme l'ouverture d'un nouveau débit. • CE 12 janv. 2005, *SARL Bar brasserie du Parvis et SCI du Parvis,* n° 252408 : *Lebon 11 ; AJDA 2005. 1077 ; RFDA 2005. 443.*

Art. L. 3335-2 et L. 3335-3 *Abrogés par L. n° 2007-1787 du 20 déc. 2007, art. 24.*

Art. L. 3335-4 La vente et la distribution de boissons des groupes *(Ord. n° 2015-1682 du 17 déc. 2015, art. 12-11°)* « 3 » à 5 définis à l'article L. 3321-1 est interdite *[sont interdites]* dans les stades, dans les salles d'éducation physique, les gymnases et d'une manière générale, dans tous les établissements d'activités physiques et sportives.

Des dérogations peuvent être accordées par arrêté des ministres chargés de la santé et du tourisme pour des installations qui sont situées dans des établissements classés hôtels *(L. n° 2009-888 du 22 juill. 2009, art. 21-III)* « de tourisme ou dans des restaurants ».

(L. n° 2000-1352 du 30 déc. 2000, art. 18 ; L. n° 2009-888 du 22 juill. 2009, art. 26) « Sous réserve des décisions de justice passées en force de chose jugée, le maire peut, par arrêté, et dans les conditions fixées par décret, accorder des autorisations dérogatoires temporaires, d'une durée de quarante-huit heures au plus, à l'interdiction de vente à consommer sur place ou à emporter et de distribution des boissons *(Ord. n° 2015-1682 du 17 déc. 2015, art. 12-11°)* « du troisième groupe » sur les stades, dans les salles d'éducation physique, les gymnases et les établissements d'activités physiques et sportives définies par la loi n° 84-610 du 16 juillet 1984 relative à l'organisation et à la promotion des activités physiques et sportives, en faveur :

« *a*) Des *(Ord. n° 2006-596 du 23 mai 2006, art. 5-2°)* « associations sportives agréées conformément à l'article L. 121-4 du code du sport et dans la limite des dix autorisations annuelles pour chacune desdites associations » qui en fait la demande ;

« *b*) Des organisateurs de manifestations à caractère agricole dans la limite de deux autorisations annuelles par commune ;

« *c*) Des organisateurs de manifestations à caractère touristique dans la limite de quatre autorisations annuelles, au bénéfice des stations classées et des communes touristiques relevant de la section II du chapitre III du titre III du livre Ier du code du tourisme. »

COMMENTAIRE

V. Commentaire reproduit sur Dalloz.fr.

Nombre de dérogations temporaires pouvant être accordées. Annulation des dispositions du Décr. n° 96-704 du 8 août 1996 modifiant le Décr. n° 92-880 du 26 août 1992 relatif aux dérogations temporaires d'ouverture de débits de boissons dans les installations sportives, en tant qu'il portait de un à dix le nombre des dérogations temporaires pouvant être accordées chaque année à un groupement sportif agréé en faisant la demande. • CE, sect., 30 nov. 1998, *Féd. nat. de l'industrie hôtelière,* n° 182925 : *Lebon 450 ; RDSS* 1999. 716, obs. Cayla.

Art. L. 3335-5 à L. 3335-7 *Abrogés par L. n° 2007-1787 du 20 déc. 2007, art. 24.*

Art. L. 3335-8 Le représentant de l'État dans le département peut prendre des arrêtés pour déterminer, sans préjudice des droits acquis, des zones de protection de même nature que celles définies à l'article L. 3335-1 pour des entreprises industrielles

ou commerciales, en raison notamment de l'importance de l'effectif des salariés, ou des conditions de travail de ces derniers.

Ces arrêtés interviennent obligatoirement en ce qui concerne les entreprises groupant habituellement plus de mille salariés. – *[C. déb. boiss., art. L. 50].*

COMMENTAIRE

V. Commentaire reproduit sur Dalloz.fr.

Art. L. 3335-9 *Abrogé par Ord. nº 2010-177 du 23 févr. 2010, art. 7-28º.*

Art. L. 3335-10 *Abrogé par L. nº 2011-302 du 22 mars 2011, art. 1er-I.*

Art. L. 3335-11 Les personnes qui, sous le couvert d'associations, vendent des boissons à consommer sur place, sont soumises à la réglementation administrative des débits de boissons dans les conditions fixées par l'article 1655 du code général des impôts. – *[C. déb. boiss., art. L. 53].*

Association exploitant une buvette. Commet un excès de pouvoir le préfet qui ordonne une mesure de fermeture prévue par l'art. L. 62 C. déb. boiss. [CSP, art. L. 3332-15] de la buvette d'une association, dès lors que ce cercle, dont l'exploitation ne revêt pas un caractère commercial, n'est pas soumis à la réglementation administrative des débits de boissons, alors surtout qu'il n'est pas prouvé que des personnes autres que les adhérents de l'association auraient été admises à y consommer. • CE 10 févr. 1992, *Préfet du Maine-et-Loire,* nº 106770 : *D. 1992. IR 91.*

CHAPITRE VI **EXPLOITATION**

Art. L. 3336-1 Les mineurs non émancipés et les majeurs sous tutelle ne peuvent exercer par eux-mêmes la profession de débitant de boissons. – *[C. déb. boiss., art. L. 54].*

COMMENTAIRE

V. Commentaire reproduit sur Dalloz.fr.

Art. L. 3336-2 Ne peuvent exploiter des débits de boissons à consommer sur place :

1º Les personnes condamnées pour crime de droit commun ou l'un des délits prévu aux articles 225-5, 225-6, 225-7 et 225-10 du code pénal ;

2º Ceux qui ont été condamnés à un mois au moins d'emprisonnement pour vol, escroquerie, abus de confiance, recel, filouterie, recel de malfaiteurs, outrage public à la pudeur, tenue d'une maison de jeux, prise de paris clandestins sur les courses de chevaux, vente de marchandises falsifiées ou nuisibles à la santé, infraction aux dispositions législatives ou réglementaires en matière de stupéfiants ou pour récidive de coups et blessures et d'ivresse publique.

L'incapacité est perpétuelle à l'égard de toutes les personnes mentionnées au 1º. Elle cesse cinq ans après leur condamnation à l'égard de ceux mentionnés au 2º, si pendant ces cinq années elles n'ont encouru aucune condamnation correctionnelle à l'emprisonnement. L'incapacité cesse en cas de réhabilitation.

L'incapacité prévue au présent article peut être prononcée contre les personnes condamnées pour le délit prévu à l'article 227-22 du code pénal. – *[C. déb. boiss., art. L. 55].*

COMMENTAIRE

V. Commentaire reproduit sur Dalloz.fr.

1. Condamnation définitive. L'infraction que constitue le fait, pour un individu qui a encouru l'une des condamnations visées par les art. L. 55 et L. 56 C. déb. boiss [CSP, art. L. 3336-2 et L. 3336-3] d'exploiter ou de continuer à exploiter un débit de boissons à consommer sur place exige comme condition de son existence légale que cette condamnation ait préalablement acquis le caractère définitif. • Crim. 1er févr. 1961 : *Bull. crim. nº 67.* ♦ Fait une exacte application des art. L. 56 et L. 57 C. déb. boiss. [CSP, art. L. 3336-3] l'arrêt qui, pour déclarer un prévenu coupable de tenue illicite d'un débit de boissons à consommer sur place, constate qu'il a encouru une condamnation pour proxénétisme et que, propriétaire de cet établissement, il en a continué l'exploitation après que cette condamnation est devenue définitive. • Crim. 6 juill. 1965 : *Bull. crim. n° 171.* ♦ ... Ou une condamnation à dix-huit mois d'emprisonnement pour vol, et qu'il a donné la gérance libre du débit à sa femme et a continué avec elle l'exploitation après que cette condamnation est devenue définitive. • Crim. 2 févr. 1956 : *Bull. crim. n° 124.*

2. Moyen insusceptible d'être invoqué pour la première fois en cassation. Il appartient au prévenu, condamné par un jugement qui fait état de la condamnation antérieure sans en préciser le caractère définitif, de contester celui-ci devant la cour d'appel, faute de quoi ce moyen ne pourra être invoqué pour la première fois devant la Cour de cassation. • Crim. 7 juin 1968 : *Bull. crim. n° 185.*

3. Condamnation avec sursis. L'art. 55 C. déb. boiss. [CSP, art. L. 3336-2] ne fait aucune distinction selon que la condamnation a été prononcée avec ou sans sursis. • Crim. 26 nov. 1964 : *Bull. crim. n° 313* • 2 mars 1992 : *Bull. crim. n° 94 ; D. 1992. IR 201.*

4. Incapacité de cinq ans. En ce qui concerne les condamnés à l'emprisonnement pour les délits visés à l'art. L. 55 C. déb. boiss. [CSP, art. L. 3336-2], la durée de l'incapacité d'exploiter un débit de boissons est de cinq ans à dater de l'expiration de la peine, la survenance d'une nouvelle condamnation correctionnelle à l'emprisonnement au cours de ce délai ayant pour seul effet de faire courir, à dater de la nouvelle peine prononcée, un nouveau délai de cinq ans. • Crim. 28 nov. 1957 : *Bull. crim. n° 781.*

5. Conformité à la Constitution de l'art. L. 3336-2. Eu égard aux objectifs qu'il s'est assignés, à savoir empêcher que l'exploitation d'un débit de boissons soit confiée à des personnes qui ne présentent pas les garanties de moralité suffisantes requises pour exercer cette profession, le législateur a adopté des mesures propres à assurer une conciliation qui n'est pas manifestement déséquilibrée entre le principe de la liberté d'entreprendre et l'objectif de valeur constitutionnelle de sauvegarde de l'ordre public. • Cons. const. 20 mai 2011, n° 2011-132 QPC : *JO 21 mai, p. 8891.*

Art. L. 3336-3 Les mêmes condamnations, lorsqu'elles sont prononcées contre un débitant de boissons à consommer sur place, entraînent de plein droit contre lui et pendant le même délai, l'interdiction d'exploiter un débit, à partir du jour où lesdites condamnations sont devenues définitives. Ce débitant ne peut être employé, à quelque titre que ce soit, dans l'établissement qu'il exploitait, comme au service de celui auquel il a vendu ou loué, ou par qui il fait gérer ledit établissement, ni dans l'établissement qui est exploité par son conjoint même séparé. – *[C. déb. boiss., art. L. 56].*

COMMENTAIRE

V. Commentaire reproduit sur Dalloz.fr.

Conformité à la Constitution de l'art. L. 3336-3. V. note 5 ss. art. L. 3336-2.

Art. L. 3336-4 Il est interdit d'employer ou de recevoir en stage des mineurs dans les débits de boissons à consommer sur place, à l'exception du conjoint du débitant et de ses parents ou alliés jusqu'au quatrième degré inclusivement.

Dans les débits de boissons ayant fait l'objet d'un agrément, cette interdiction ne s'applique pas aux mineurs de plus de seize ans bénéficiaires d'une formation comportant une ou plusieurs périodes accomplies en entreprise leur permettant d'acquérir une qualification professionnelle sanctionnée par un diplôme ou un titre homologué dans les conditions prévues aux articles L. 335-5 et L. 335-6 du code de l'éducation.

L'agrément est accordé, refusé, non renouvelé ou retiré dans des conditions fixées par décret en Conseil d'État. – *[C. déb. boiss., art. L. 58].*

COMMENTAIRE

V. Commentaire reproduit sur Dalloz.fr.

TITRE QUATRIÈME RÉPRESSION DE L'IVRESSE PUBLIQUE ET PROTECTION DES MINEURS

CHAPITRE PREMIER RÉPRESSION DE L'IVRESSE PUBLIQUE

Art. L. 3341-1 *(L. n° 2011-392 du 14 avr. 2011, art. 20)* Une personne trouvée en état d'ivresse dans les lieux publics est, par mesure de police, conduite à ses frais dans le local de police ou de gendarmerie le plus voisin ou dans une chambre de sûreté, pour y être retenue jusqu'à ce qu'elle ait recouvré la raison.

Lorsqu'il n'est pas nécessaire de procéder à l'audition de la personne mentionnée au premier alinéa immédiatement après qu'elle a recouvré la raison, elle peut, par dérogation au même premier alinéa, être placée par un officier ou un agent de police judiciaire sous la responsabilité d'une personne qui se porte garante d'elle.

COMMENTAIRE

V. Commentaire reproduit sur Dalloz.fr.

1. Constitutionnalité de la mesure et du régime de placement en cellule de dégrisement. L'art. L. 3341-1, qui autorise le placement d'une personne en cellule de dégrisement, ne méconnaît pas l'exigence selon laquelle toute privation de liberté doit être nécessaire, adaptée et proportionnée aux objectifs de préservation de l'ordre public et de protection de la santé qu'elles poursuivent. • Cons. const. 8 juin 2012, n° 2012-253 QPC : *Gaz. Pal. 5 juill. 2012, n° 187, p. 11, note Detraz ; Dr. pénal 2012, n° 9, comm. 121, obs. Robert.* ♦ Par ailleurs, le Conseil constitutionnel considère, qu'eu égard à la brièveté de la privation de liberté engendrée par le placement en cellule de dégrisement, privation organisée à des fins de police administrative, l'absence d'intervention de l'autorité judiciaire ne méconnaît pas les exigences de l'art. 66 de la Constitution. • Même décision. ♦ Le Conseil constitutionnel pose toutefois une réserve d'interprétation : lorsque la personne est placée en garde à vue après avoir fait l'objet d'une mesure de privation de liberté en application de l'art. L. 3341-1, al. 1er, CSP, la protection constitutionnelle de la liberté individuelle par l'autorité judiciaire exige que la durée du placement en chambre de sûreté soit prise en compte dans la durée de la garde à vue. • Même décision.

2. Mode de déplacement indifférent. L'art. L. 76 C. déb. boiss. [CSP, art. L. 3341-1] ne distingue pas selon que l'individu circule à pied ou à l'aide d'un véhicule. • Crim. 28 juin 1995 : *Dr. pénal 1996. Chron. 21, par Lesclous et Marsat.*

3. Placement en chambre de sûreté : absence d'application des règles de la garde à vue. Les individus retenus en chambre de sûreté en application de l'art. L. 76 C. déb. boiss. [CSP, art. L. 3341-1] ne disposent pas des droits accordés par les art. 63 s. C. pr. pén. aux personnes placées en garde à vue. • Crim. 9 sept. 1998 : *Bull. crim. n° 229 ; D. 1998. IR 239 ; Dr. pénal 1999. Comm. 16, note Maron.*

4. Rétention sans constat préalable de l'état d'ivresse publique. Le fait de retenir au commissariat, pendant plusieurs heures, un automobiliste interpellé alors qu'il circulait au volant de son véhicule sous l'emprise d'un état alcoolique, sans qu'il soit placé en garde à vue, n'est pas justifié, dès lors qu'il n'a pas été constaté qu'il se trouvait en état d'ivresse publique et manifeste rendant applicables les dispositions de l'art. L. 76 C. déb. boiss. [CSP, art. L. 3341-1], et que le cadre juridique susceptible de justifier sa retenue n'a pas été précisé. • Crim. 11 janv. 2001 : *Bull. crim. n° 7.*

5. Prise en charge des honoraires du médecin réquisitionné. « Lorsque l'autorité administrative décide [...] de requérir un médecin aux fins d'examiner l'intéressé, l'intervention du praticien se rattache à la mission de préservation de l'ordre public ». Le paiement du médecin incombe donc à l'administration, et non à l'intéressé. • CE 25 oct. 2002, *Cons. nat. de l'Ordre des médecins*, n° 233551 : *Lebon 360 ; AJDA 2002. 1153, obs. Aubert.*

6. Facturation des frais de conduite dans le local de police ou de gendarmerie. Sur l'interdiction, *contra legem*, de facturer le coût de la mesure de police tendant au transport en cellule de dégrisement, V. • TA Orléans, 8 déc. 2015, n° 1500159 : *JCP A 2016. 2066, comm. Barrassé et Sanchez.*

Art. L. 3341-2 *(L. n° 2011-392 du 14 avr. 2011, art. 15)* **Lorsqu'il est mis fin à la rétention en chambre de sûreté de la personne, son placement en garde à vue, si les** ***conditions*** **de cette mesure prévues par le code de procédure pénale sont réunies, n'est pas obligatoire dès lors qu'*elle* n'est pas tenue sous la contrainte de demeurer à la disposition des enquêteurs et qu'elle a été informée** *(L. n° 2016-731 du 3 juin 2016, art. 83-VII)* **« des droits mentionnés à l'article 61-1 du code de procédure pénale ».**

Art. L. 3341-3 **Les affiches sont revêtues d'une marque extérieure et mises à la disposition des débitants de boissons.**

Art. L. 3341-4 *(L. n° 2011-267 du 14 mars 2011, art. 85)* **Dans les débits de boissons à consommer sur place dont la fermeture intervient entre 2 heures et 7 heures, un ou plusieurs dispositifs permettant le dépistage de l'imprégnation alcoolique doivent être mis à la disposition du public.**

Les modalités d'application du présent article en ce qui concerne notamment le délai de mise à disposition, le nombre des dispositifs et leurs caractéristiques techniques sont fixées par arrêté conjoint des ministres chargés des transports, de l'intérieur et de la santé.

CHAPITRE II PROTECTION DES MINEURS

Art. L. 3342-1 *(L. n° 2009-879 du 21 juill. 2009, art. 93-I)* La vente des boissons alcooliques à des mineurs est interdite. L'offre de ces boissons à titre gratuit à des mineurs est également interdite dans les débits de boissons et tous commerces ou lieux publics. La personne qui délivre la boisson *(L. n° 2016-41 du 26 janv. 2016, art. 12-II-2°-a)* « exige » du client qu'il établisse la preuve de sa majorité.

(L. n° 2016-41 du 26 janv. 2016, art. 12-II-2°-b) « L'offre, à titre gratuit ou onéreux, à un mineur de tout objet incitant directement à la consommation excessive d'alcool est également interdite. Un décret en Conseil d'État fixe les types et les caractéristiques de ces objets. »

COMMENTAIRE

V. Commentaire reproduit sur Dalloz.fr.

Art. L. 3342-2 *Abrogé par L. n° 2009-879 du 21 juill. 2009, art. 93-I.*

Art. L. 3342-3 Il est interdit de recevoir dans les débits de boissons des mineurs de moins de seize ans qui ne sont pas accompagnés de leur père, mère, tuteur ou toute autre personne de plus de dix-huit ans en ayant la charge ou la surveillance.

Toutefois, les mineurs de plus de treize ans, même non accompagnés, peuvent être reçus dans les débits de boissons assortis d'une licence de 1re catégorie.

COMMENTAIRE

V. Commentaire reproduit sur Dalloz.fr.

Art. L. 3342-4 *(L. n° 2009-879 du 21 juill. 2009, art. 93-I)* Une affiche rappelant les dispositions du présent titre est apposée dans les débits de boissons à consommer sur place. Un modèle spécifique doit être apposé dans les débits de boissons à emporter. Les modèles et les lieux d'apposition de ces affiches sont déterminés par arrêté du ministre chargé de la santé.

COMMENTAIRE

V. Commentaire reproduit sur Dalloz.fr.

TITRE CINQUIÈME DISPOSITIONS PÉNALES

CHAPITRE PREMIER BOISSONS

Art. L. 3351-1 La mise en circulation ou la vente, pour un fabricant ou importateur de boissons alcooliques, en France ou sur un territoire soumis à l'autorité française, des boissons de troisième, quatrième ou cinquième groupe sans avoir fait la déclaration prévue à l'article L. 3322-1, est punie de 6 000 € d'amende.

La même peine est applicable aux importateurs et fabricants qui livrent lesdites boissons à la circulation ou à la vente sous des conditionnements non revêtus des indications imposées par l'article L. 3322-2 ou qui font figurer sur ces conditionnements les qualifications interdites par ledit article.

Art. L. 3351-2 *L'importation ou la fabrication*, l'achat, la détention ou la mise en *circulation* en vue de la vente, la mise en vente, la vente ou l'offre à titre gratuit des boissons interdites par l'article L. 3322-3 (1° et 3°) est punie de 9 000 € d'amende.

Toutefois, la vente ou l'offre au détail n'est punie que de 3 750 € d'amende.

Dans tous les cas, la confiscation des produits interdits ou illicites est prononcée.

Les dispositions des alinéas précédents ne s'appliquent pas aux opérations mentionnées, lorsqu'elles sont effectuées en vue de l'exportation. – *[C. déb. boiss., art. L. 5-1].*

Art. L. 3351-3 L'offre à titre gratuit ou la vente par un producteur ou un fabricant, à toute autre personne que celles autorisées par l'article L. 3322-5, d'anéthol ou d'essences pouvant servir à la fabrication de boissons alcooliques, est punie de 3 750 € d'amende.

Le fait pour toute personne autorisée par l'article L. 3322-5 à acheter ces produits, de les revendre sur le marché intérieur, contrairement aux dispositions de cet article, est puni de 3 750 € d'amende.

Le fait pour un pharmacien de délivrer ces produits sans ordonnance médicale, est puni de 3 750 € d'amende. – *[Anc. art. L. 642, al. 1er à 4].*

Art. L. 3351-4 *(Abrogé par Ord. n° 2005-1512 du 7 déc. 2005, art. 24-VI) « Sans préjudice des interdictions mentionnées à l'article 1768 du code général des impôts, »* Le fait de passer outre les interdictions énoncées à l'article L. 3322-5 est puni de six mois d'emprisonnement et de 3 750 € d'amende.

En outre, le tribunal prononce la confiscation des marchandises et des moyens de transport et la fermeture définitive de l'établissement.

Les infractions sont poursuivies et constatées comme en matière de contributions indirectes.

Art. L. 3351-5 La vente au détail par un marchand ambulant de boissons des quatrième et cinquième groupes est punie de 3 750 € d'amende. – *[C. déb. boiss., art. L. 10 et L. 11].*

Art. L. 3351-6 La mise à disposition du public d'un appareil automatique distribuant des boissons alcooliques est punie de 3 750 € d'amende.

L'appareil ayant servi à commettre l'infraction est saisi et le tribunal en prononce la confiscation.

(L. n° 2009-526 du 12 mai 2009, art. 123-V) « En cas de récidive, un emprisonnement de six mois peut en outre être prononcé. »

(L. n° 2009-879 du 21 juill. 2009, art. 94-III) « Le fait de vendre des boissons alcooliques entre 22 heures et 8 heures sans avoir suivi la formation prévue à l'article L. 3332-1-1 est puni de 3 750 € d'amende. »

Art. L. 3351-6-1 *(L. n° 2009-879 du 21 juill. 2009, art. 94-III)* Le fait de vendre des boissons alcooliques dans un point de vente de carburant en dehors des horaires prévus au quatrième alinéa de l'article L. 3322-9 ou d'y vendre des boissons alcooliques réfrigérées est puni de 7 500 € d'amende. La récidive est punie d'un an d'emprisonnement et de 15 000 € d'amende.

Les personnes morales coupables de l'infraction mentionnée au premier alinéa du présent article encourent les peines complémentaires prévues aux 2°, 4°, 8° et 9° de l'article 131-39 du code pénal.

Art. L. 3351-6-2 *(L. n° 2009-879 du 21 juill. 2009, art. 94-III)* Sauf lorsqu'elles sont déclarées ou autorisées dans les conditions prévues à l'article L. 3322-9, ou lorsqu'il s'agit de dégustations en vue de la vente au sens de l'article 1587 du code civil, l'offre à titre gratuit à volonté, dans un but commercial, de boissons alcooliques ainsi que leur vente à titre principal contre une somme forfaitaire sont punies de 7 500 € d'amende. La récidive est punie d'un an d'emprisonnement et de 15 000 € d'amende.

Les personnes physiques coupables de l'infraction mentionnée au premier alinéa du présent article encourent également la peine complémentaire d'interdiction à titre temporaire d'exercer les droits attachés à une licence de débit de boissons à consommer sur place ou à emporter pour une durée d'un an au plus.

Les personnes morales coupables de l'infraction mentionnée au premier alinéa du présent article encourent les peines complémentaires prévues aux 2°, 4°, 8° et 9° de l'article 131-39 du code pénal.

Art. L. 3351-7 Les infractions aux dispositions des articles L. 3323-2, L. 3323-4 à L. 3323-6, relatifs à la publicité des boissons alcooliques, sont punies de 75 000 € d'amende. Le maximum de l'amende peut être porté à 50 % du montant des dépenses consacrées à l'opération illégale.

En cas de récidive, les personnes physiques reconnues coupables de l'infraction mentionnée à l'alinéa précédent peuvent encourir la peine complémentaire d'interdiction, pendant une durée de cinq ans, de vente de la boisson alcoolique qui a fait l'objet de l'opération illégale.

Le tribunal peut, compte tenu des circonstances de fait, décider que les personnes morales sont en totalité ou en partie solidairement responsables du paiement des amendes mises à la charge de leurs dirigeants ou de leurs préposés.

Le tribunal ordonne, s'il y a lieu, la suppression, l'enlèvement ou la confiscation de la publicité interdite aux frais des délinquants.

La cessation de la publicité peut être ordonnée soit sur réquisition du ministère public, soit d'office par le juge d'instruction ou le tribunal saisi des poursuites. La mesure ainsi prise est exécutoire nonobstant toutes voies de recours. Mainlevée peut en être donnée par la juridiction qui l'a ordonnée ou qui est saisie du dossier. La mesure cesse d'avoir effet en cas de décision de non-lieu ou de relaxe.

Les décisions statuant sur les demandes de mainlevée peuvent faire l'objet d'un recours devant la chambre de l'instruction ou devant la cour d'appel selon qu'elles ont été prononcées par un juge d'instruction ou par le tribunal saisi des poursuites.

La chambre de l'instruction ou la cour d'appel statue dans un délai de dix jours à compter de la réception des pièces. – *[C. déb. boiss., art. L. 21].*

1. Participation intentionnelle à la réalisation de la publicité. Le délit de l'art. L. 21 C. déb. boiss. [CSP, art. L. 3351-7] n'exige pas nécessairement une participation à l'élaboration de la publicité illicite, mais seulement une participation intentionnelle à sa réalisation. • Crim. 15 janv. 1980 : *Bull. crim. n° 23 ; D. 1980. IR 337, obs. Puech.*

2. Participation à une campagne publicitaire. A personnellement commis le délit de publicité illicite l'entrepreneur d'affichages qui a participé à une campagne publicitaire en louant les emplacements sur lesquels ont été apposées des affiches non conformes aux exigences de la législation sur la publicité des boissons alcooliques. • Crim. 23 juin 1983 : *Bull. crim. n° 196.*

3. Auteur principal du délit. L'art. L. 3351-7, qui réprime la publicité illicite en faveur de l'alcool, ne désigne aucun responsable. Ainsi, toute personne qui a participé à l'affaire peut être recherchée comme auteur principal, y compris les tenanciers d'établissements nocturnes qui ont autorisé l'utilisation de leurs noms, marques, logos ou enseignes sur des affiches publicitaires en faveur d'une boisson alcoolisée. • Crim. 14 mai 2008 : *D. 2008. 1688, obs. Rondey ; Dr. pénal oct. 2008. Comm. 128, note Robert.*

Art. L. 3351-8 *(L. n° 2007-1774 du 17 déc. 2007, art. 13-II)* **Les agents habilités de la** *(L. n° 2011-525 du 17 mai 2011, art. 94-XIII-3°)* **« concurrence », de la consommation et de la répression des fraudes veillent au respect** *(L. n° 2009-879 du 21 juill. 2009, art. 94-III)* **« des articles L. 3322-2, L. 3323-2, L. 3323-4 et L. 3323-6 ainsi que des règlements pris pour leur application ». Ils procèdent à la recherche et à la constatation des infractions ou manquements prévus par ces textes dans les conditions** *(Ord. n° 2016-301 du 14 mars 2016, art. 17-4°)* **« prévues à l'article L. 511-5 » du code de la consommation.**

CHAPITRE II DÉBITS DE BOISSONS

Art. L. 3352-1 Est puni de 3 750 € d'amende le fait d'ouvrir :

1° Sous réserve des dispositions prévues à l'article L. 3335-11, un débit de boissons à consommer sur place *(Abrogé par Ord. n° 2015-1682 du 17 déc. 2015, art. 12-12°) « de 2e ou »* **de 3e catégorie dans les communes où le total des établissements de cette nature et des établissements de 4e catégorie atteint ou dépasse la proportion d'un débit pour 450 habitants, ou fraction de ce nombre, selon les modalités de calcul prévues à l'article L. 3332-1.**

Toutefois, ceci ne s'applique pas aux établissements dont l'ouverture intervient à la suite d'un transfert réalisé dans les conditions fixées par l'article L. 3332-11 ;

2° Un nouvel établissement de 4e catégorie, en dehors des cas prévus par l'article L. 3334-1.

1. Mauvaise foi. *La mauvaise foi n'est* pas un *élément* constitutif nécessaire des infractions réprimées par l'art. L. 30 C. déb. boiss. [CSP, art. L. 3352-1]. • Crim. 8 juin 1980 : *D. 1981. IR 140, obs. Roujou de Boubée.*

2. Droit européen. Le droit d'exploiter ou de faire exploiter un débit de boissons ne relève pas de la Conv. EDH, alors au surplus que la réglementation institue en faveur du propriétaire menacé de fermeture des règles de procédure et des recours protecteurs de ses intérêts. • Crim. 12 janv. 1988 : *Bull. crim. n° 10.*

Art. L. 3352-2 **L'ouverture d'un débit de boissons à consommer sur place de 3ᵉ ou de 4ᵉ catégorie, en dehors des conditions prévues par le présent titre, est punie de 3 750 € d'amende.**

La fermeture du débit est prononcée par le jugement. – *[C. déb. boiss., art. L. 42].*

1. Domaine d'application. Le délit que sanctionne l'art. L. 42 C. déb. boiss. [CSP, art. L. 3352-2] ne consiste pas uniquement dans le fait matériel de l'ouverture ou de la réouverture, mais peut aussi être caractérisé par le maintien en activité, en connaissance de cause, d'un débit qui a été illégalement ouvert ou rouvert. • Crim. 2 nov. 1960 : *Bull. crim. n° 495.*

2. Chose jugée. L'exception de chose jugée, fondée sur une décision définitive de relaxe du chef d'ouverture illicite d'un débit de boissons de la 4ᵉ catégorie dans une zone de protection, ne saurait être invoquée dans des poursuites ultérieures pour exploitation illicite dudit débit, infraction distincte entrant également dans les prévisions de l'art. L. 42 C. déb. boiss. [CSP, art. L. 3352-2], dès lors que le caractère illicite de l'ouverture de l'établissement a été consacré par un autre arrêt intervenu dans la première procédure, après renvoi de cassation sur les intérêts civils. • Crim. 5 oct. 1972 : *Bull. crim. n° 270.*

3. Caractère réel de la fermeture. Les dispositions du code des débits de boissons prévoyant la fermeture du débit irrégulièrement ouvert ou maintenu étant impératives et absolues, la mesure de fermeture définitive est nécessairement encourue, pour l'établissement même, trouvé en infraction, en quelques mains qu'il soit, par le seul fait qu'une infraction visée par le texte a été commise, y compris lorsque l'irrégularité a effectivement pris fin au moment où les juges statuent. • Crim. 27 mars 1974 : *Bull. crim. n° 132.* ♦ C'est le débit irrégulièrement exploité qui doit être fermé, et non, au cas d'exploitation simultanée de plusieurs débits, indifféremment l'un ou l'autre, au choix du juge. • Crim. 5 mai 1965 : *Bull. crim. n° 129.* ♦ Une cession du fonds survenue postérieurement à la constatation de l'infraction ne saurait mettre en échec l'application de ces dispositions. • Crim. 9 mars 1971 : *Bull. crim. n° 79.*

4. Relèvement. Le relèvement prévu par l'art. 55 C. pén. (nouv. C. pén., art. 132-21, et C. pr. pén., art. 702-1) ne s'applique pas aux mesures de caractère réel, comme la fermeture obligatoire d'un débit de boissons. • Crim. 16 oct. 1973 : *Bull. crim. n° 357.*

5. Exécution provisoire de la fermeture. En dehors des exceptions édictées par la loi, l'exécution d'une condamnation pénale ne peut avoir lieu que lorsque la décision est devenue définitive ; dès lors, viole le principe énoncé l'arrêt qui ordonne l'exécution provisoire, non prévue par la loi, de la fermeture définitive d'un débit, prononcée en application de l'article L. 30 C. déb. boiss. • Crim. 3 oct. 1978 : *Bull. crim. n° 255.* ♦ Il convient d'attendre que la décision soit définitive pour la faire exécuter. • Crim. 17 janv. 1961 : *Bull. crim. n° 25* • 28 oct. 1975 : *Bull. crim. n° 229.*

6. Amnistie. La fermeture définitive d'un débit de boissons est une peine complémentaire qui, constituant une mesure de police et de sécurité publique, échappe, à ce titre, à l'amnistie par voie de conséquence prévue par l'art. 19, al. 1ᵉʳ, de la loi du 20 juill. 1988. • Crim. 10 mai 1989 : *Bull. crim. n° 183.*

Art. L. 3352-3 **Est punie de 3 750 € d'amende l'ouverture d'un café, d'un cabaret, d'un débit de boissons à consommer sur place** *(L. n° 2011-302 du 22 mars 2011, art. 1ᵉʳ-I)* **« , vendant de l'alcool » :**

1° Sans faire quinze jours au moins à l'avance et par écrit la déclaration prévue à l'article L. 3332-3 ;

2° Sans justifier de la nationalité française ou de celle d'un autre État membre de *(Ord. n° 2010-177 du 23 févr. 2010, art. 26-10°)* **« l'Union européenne » ou d'un autre État partie à l'accord sur l'Espace économique européen.**

Art. L. 3352-4 ***Est puni*** **de 3 750 € d'amende le fait :**

1° De procéder à une mutation dans la personne du propriétaire ou du gérant d'un café ou d'un débit de boissons vendant à consommer sur place *(L. n° 2011-302 du 22 mars 2011, art. 1ᵉʳ-I)* **« , mentionné à l'article L. 3332-1, » sans que celle-ci ne soit, quinze jours au moins à l'avance et par écrit, l'objet d'une déclaration identique à celle requise pour l'ouverture d'un débit nouveau selon les dispositions de l'article L. 3332-4 ;**

2° De ne pas déclarer *(L. n° 2011-302 du 22 mars 2011, art. 1ᵉʳ-I)* **« quinze jours au moins à l'avance, dans les mêmes conditions qu'au 1°, » toute translation.**

Art. L. 3352-4-1 *(L. n° 2011-302 du 22 mars 2011, art. 1ᵉʳ-I)* **Est punie de 3 750 € d'amende :**

1° L'ouverture d'un débit de boissons mentionné aux articles L. 3331-2 ou L. 3331-3 sans faire quinze jours au moins à l'avance et par écrit la déclaration prévue au premier alinéa de l'article L. 3332-4-1 ;

2° La mutation dans la personne du propriétaire ou du gérant ou la modification de la situation du débit de boissons mentionné aux articles L. 3331-2 ou L. 3331-3 sans faire dans le délai prévu et par écrit la déclaration prévue au dernier alinéa de l'article L. 3332-4-1.

Art. L. 3352-5 L'offre ou la vente, sous quelque forme que ce soit, dans les débits et cafés ouverts à l'occasion d'une foire, d'une vente ou d'une fête publique et autorisée par l'autorité municipale, de boissons autres que celles des *(Ord. nº 2015-1682 du 17 déc. 2015, art. 12-13º)* « groupes 1 et 3 » définis à l'article L. 3321-1, est punie de 3 750 € d'amende.

Art. L. 3352-6 Le fait de ne pas se conformer à une mesure de fermeture d'établissement ordonnée ou prononcée en application des articles L. 3332-15 ou L. 3332-16 est puni de deux mois d'emprisonnement et de 3 750 € d'amende. – *[C. déb. boiss., art. L. 64].*

Art. L. 3352-7 Le fait d'établir dans les zones faisant l'objet des dispositions de l'article L. 3335-2, un débit de boissons à emporter est puni de 3 750 € d'amende. – *[C. déb. boiss., art. L. 49-4, al. 2].*

Art. L. 3352-8 L'exercice de la profession de débitant de boissons par un mineur non émancipé ou par un majeur sous tutelle est puni de 3 750 € d'amende.

En outre, le tribunal peut prononcer la fermeture de l'établissement pour une durée de cinq ans au plus. – *[C. déb. boiss., art. L. 54 et L. 57].*

Art. L. 3352-9 Est puni de 3 750 € d'amende le fait pour une personne frappée d'une ou plusieurs incapacités prévues à l'article L. 3336-2 :

1° D'exploiter un débit de boissons ;

2° D'être employé dans un établissement dans les conditions prévues à l'article L. 3336-3.

En outre, le tribunal prononce la fermeture définitive de l'établissement. – *[C. déb. boiss., art. L. 55, L. 56 et L. 57].*

Changement de gérant. Le propriétaire du débit de boissons ne saurait se prévaloir d'un changement de gérant survenu postérieurement à l'infraction. • Crim. 7 oct. 2003 : *JCP 2004. I. 157, chron. Maron, Robert et Véron.*

Art. L. 3352-10 La récidive des infractions prévues aux articles L. 3352-3, L. 3352-4, L. 3352-8 et L. 3352-9 est punie de six mois d'emprisonnement et de 7 500 € d'amende.

En cas de récidive de l'infraction prévue à l'article L. 3352-8, le tribunal prononce la fermeture définitive de l'établissement. – *[C. déb. boiss., art. L. 55, L. 56, récidive, et L. 57].*

1. Peine complémentaire obligatoire ou facultative. La fermeture d'un débit de boissons, peine complémentaire, s'impose aux juges en vertu de l'art. L. 57 C. déb. boiss. [CSP, art. L. 3352-8] lorsque cet établissement est exploité en infraction aux dispositions des art. L. 55 ou L. 56 [CSP, art. L. 3352-9 ou L. 3352-10] dudit code et n'est, au contraire, que facultative et temporaire, sauf en cas de récidive, si l'infraction est celle prévue par l'art. L. 54 [CSP, art. L. 3813-43]. • Crim. 27 juin 1967 : *Bull. crim. nº 191* • 3 févr. 1982 : *Bull. crim. nº 39.*

2. Caractère réel de la fermeture définitive. Les dispositions de l'art. L. 57 C. déb. boiss. [CSP, art. L. 3352-8] qui ordonnent la fermeture définitive du débit irrégulièrement exploité, trouvent application par le seul fait que l'infraction a été commise. Cette mesure présente un caractère réel qui atteint l'entreprise trouvée en défaut, en quelques mains qu'elle soit, alors même que la situation irrégulière aurait effectivement cessé. • Crim. 6 juill. 1976 : *Bull. crim. nº 251.*

CHAPITRE III RÉPRESSION DE L'IVRESSE PUBLIQUE ET PROTECTION DES MINEURS

Art. L. 3353-1 Les officiers de police judiciaire et les agents de la force publique sont chargés de rechercher et de constater, chacun sur le territoire dans lequel il exerce des fonctions, les infractions prévues à l'article L. 3336-4 et au présent chapitre ; ils dressent des procès-verbaux pour établir ces infractions. — *[C. déb. boiss., art. L. 79].*

Art. L. 3353-2 Les procès-verbaux constatant les infractions prévues à l'article L. 3336-4 et au présent chapitre sont transmis au procureur de la République dans les trois jours au plus tard, y compris celui où a été reconnu le fait sur lequel ils sont dressés. — *[C. déb. boiss., art. L. 75].*

Art. L. 3353-3 *(L. nº 2009-879 du 21 juill. 2009, art. 93-II)* La vente à des mineurs de boissons alcooliques est punie de 7 500 € d'amende. L'offre de ces boissons à titre gratuit à des mineurs, dans les débits de boissons et tous commerces ou lieux publics, *(L. nº 2016-41 du 26 janv. 2016, art. 12-II-3º-a)* « ou l'offre, à titre gratuit ou onéreux, à un mineur de tout objet incitant directement à la consommation excessive d'alcool dans les conditions fixées à l'article L. 3342-1 sont punies de la même peine ».

Le fait de se rendre coupable de l'une des infractions prévues au présent article en ayant été condamné depuis moins de cinq ans pour un délit prévu au présent chapitre *(L. nº 2016-41 du 26 janv. 2016, art. 12-II-3º-b)* « porte au double le maximum des peines encourues ».

Les personnes physiques coupables de l'une des infractions mentionnées au premier alinéa encourent également la peine complémentaire d'interdiction à titre temporaire d'exercer les droits attachés à une licence de débit de boissons à consommer sur place ou à emporter pour une durée d'un an au plus, et celle de l'obligation d'accomplir un stage de responsabilité parentale, selon les modalités fixées à l'article 131-35-1 du code pénal.

Les personnes morales coupables de l'une des infractions mentionnées au premier alinéa encourent les peines complémentaires prévues aux 2º, 4º, 8º et 9º de l'article 131-39 du code pénal.

Responsabilité pénale. C'est celui qui exploite personnellement un débit de boissons qui est chargé d'assurer, dans son établissement, le respect des dispositions du code des débits de boissons et qui est pénalement responsable des infractions qui y sont constatées. • Crim. 30 mai 1996 : *Bull. crim. nº 227 ; Dr. pénal 1996. 221, note Robert ; RSC 1997. 101, obs. Bouloc.*

Art. L. 3353-4 *(L. nº 2016-41 du 26 janv. 2016, art. 12-II-4º)* Le fait de provoquer directement un mineur à la consommation excessive d'alcool et le fait de provoquer directement un mineur à la consommation habituelle d'alcool sont réprimés par l'article 227-19 du code pénal.

COMMENTAIRE

V. Commentaire reproduit sur Dalloz.fr.

Art. L. 3353-5 Dans les cas prévus au présent chapitre, le prévenu peut prouver qu'il a été induit en erreur sur l'âge du mineur, sur la qualité ou l'âge de la personne l'accompagnant ou encore sur l'état du malade. S'il fait cette preuve, aucune peine ne lui sera applicable de ce chef. — *[C. déb. boiss., art. L. 87].*

Art. L. 3353-6 En cas de condamnation aux infractions prévues dans le présent chapitre, le tribunal correctionnel peut ordonner que son jugement soit affiché à tel nombre d'exemplaires et dans les lieux qu'il indique.

CHAPITRE IV MESURES CONSERVATOIRES

Art. L. 3354-1 Les officiers ou agents de la police judiciaire doivent, lors de la constatation d'un crime, d'un délit ou d'un accident de la circulation, faire procéder, sur la personne de l'auteur présumé, aux vérifications prévues au I de l'article L. 234-1 du code de la route destinées à établir la preuve de la présence d'alcool dans son organisme lorsqu'il semble que le crime, le délit ou l'accident a été commis ou causé sous l'empire d'un état alcoolique. Ces vérifications sont obligatoires dans tous les cas de crimes, délits ou accidents suivis de mort. Dans tous les cas où elles peuvent être utiles, elles sont également effectuées sur la victime. — *[C. déb. boiss., art. L. 88].*

COMMENTAIRE

V. Commentaire reproduit sur Dalloz.fr.

1. Dépistage préalable par l'air expiré. Il n'est pas nécessaire que les vérifications médicales, cliniques et biologiques de l'état alcoolique soient précédées de l'épreuve de dépistage par l'air expiré. • Crim. 8 nov. 1988 : *Bull. crim. n° 380.*

2. Nécessité d'un état alcoolique. Les dispositions exceptionnelles de l'art. L. 88 C. déb. boiss. [CSP, art. L. 3354-1] sont d'interprétation stricte ; il ne peut être procédé aux vérifications qu'il prévoit qu'à la condition que, lors de la constatation, le crime, le délit ou l'accident de la circulation semble avoir été commis ou causé sous l'empire d'un état alcoolique. • Crim. 29 juin 1961 : *Bull. crim. n° 314 ; D. 1961. 537.* ♦ Il résulte de la lettre même du texte que ces vérifications ne sont pas autorisées à l'encontre d'un conducteur, quel que soit son comportement, au seul effet de rechercher si ce comportement n'est pas dû à l'influence d'un état alcoolique et d'établir ainsi à son encontre la preuve d'une infraction à l'art. L. 1er C. route. • Même arrêt. ♦ V. aussi, en faveur d'une interprétation stricte, • Paris, 31 mai 1960 : *D. 1960. 660, note Lecourtier* • Douai, 2 déc. 1961 : *D. 1962. 537, note Larguier* • TGI Grasse, 26 juin 1974 : *D. 1975. 735, note Chambon.*

3. Preuve de la conduite en état alcoolique. Les juges peuvent recourir à tout autre moyen de preuve pour décider, d'après leur intime conviction, si le prévenu était en état d'ivresse. • Crim. 25 févr. 1960 : *Bull. crim. n° 117 ; D. 1960. 561* • 23 janv. 1962 : *D. 1962. Somm. 99.* ♦ ... En particulier aux constatations des témoins. • Crim. 23 janv. 1962 : *préc.* ♦ ... Aux énonciations d'un procès-verbal de gendarmerie. • Crim. 28 mai 1962 : *D. 1962. 506.* ♦ ... A un ensemble de circonstances. • Crim. 19 juill. 1961 : *D. 1962. Somm. 35.* ♦ ... A la fiche de comportement et aux résultats de l'analyse de sang, même si l'examen clinique médical, pratiqué six heures après les faits, n'a pas confirmé la présence d'alcool dans l'organisme. • Crim. 1er avr. 1963 : *Bull. crim. n° 141.*

Art. L. 3354-2 Le refus de se soumettre aux vérifications prescrites par l'article L. 3354-1 est puni d'un an d'emprisonnement et de 3 750 € d'amende. – *[C. déb. boiss., art. L. 89].*

1. Contrôle du caractère utile des vérifications. Les art. L. 88 et 89 C. déb. boiss. [CSP, art. L. 3354-1 et L. 3354-2] n'abandonnent pas aux officiers ou agents de la force publique le soin de déterminer si est ou non utile une mesure qui porte atteinte à l'intégrité de la personne ; il appartient aux juges, au cas où la victime a refusé de se soumettre au prélèvement, de vérifier si cette injonction était justement faite eu égard aux circonstances de la cause et répondait à un caractère d'utilité certain. • Crim. 31 oct. 1961 : *Bull. crim. n° 433 ; D. 1962. 161, note Savatier.*

2. Refus de la victime de se soumettre aux vérifications. L'art. L. 88 C. déb. boiss. [CSP, art. L. 3354-1] ne fait pas de distinction entre l'auteur présumé et la victime, laquelle ne peut refuser de se soumettre aux vérifications biologiques. • Paris, 23 déc. 1960 : *D. 1961. 315.* ♦ ... Si du moins elles peuvent être utiles. • Crim. 31 oct. 1961 : *préc. note 1.*

3. Refus de l'auteur de l'accident de se soumettre aux vérifications. Dès lors que l'accident de la circulation a été causé sous l'empire d'un état alcoolique, il n'importe que ses conséquences se soient limitées à des dégâts matériels ; le conducteur qui refuse de se soumettre au prélèvement est à bon droit condamné. • Crim. 28 mars 1962 : *D. 1962. 646.*

4. Refus opposé à un technicien chargé du prélèvement sanguin. Encourt la cassation l'arrêt qui décide qu'il n'y a infraction que si le refus est opposé au technicien qui est chargé d'effectuer le prélèvement sanguin. • Crim. 24 nov. 1970 : *Bull. crim. n° 307.*

Art. L. 3354-3 Lorsque le fait qui a motivé des poursuites en matière pénale peut être attribué à un état alcoolique, la juridiction répressive saisie de la poursuite peut interdire, à titre temporaire, à l'individu condamné, l'exercice des emplois des services publics ou concédés, où la sécurité est directement en cause, ainsi que l'obtention ou la détention du permis de chasser.

En cas de récidive, l'interdiction peut être prononcée à titre définitif. – *[C. déb. boiss., art. L. 90].*

Art. L. 3354-4 Le fait de ne pas se conformer aux interdictions prévues à l'article L. 3354-3 est puni en cas de récidive d'un an d'emprisonnement et de 3 750 € d'amende. – *[C. déb. boiss., art. L. 91].*

Art. L. 3354-5 Un décret en Conseil d'État détermine les mesures qui doivent être prises pour faciliter la pratique des examens prévus à l'article L. 3354-1 en vue d'établir les diagnostics concernant l'alcoolisme. – *[C. déb. boiss., art. L. 89-1].*

CHAPITRE V DISPOSITIONS COMMUNES

Art. L. 3355-1 Les associations dont l'objet statutaire comporte la lutte contre l'alcoolisme, régulièrement déclarées depuis au moins cinq ans à la date des faits, peuvent exercer les droits reconnus à la partie civile pour les infractions prévues au présent titre.

(L. n° 2004-806 du 9 août 2004, art. 43) « Peuvent exercer les mêmes droits les associations de consommateurs mentionnées à l'article L. 421-1 du code de la consommation pour les infractions prévues au chapitre Ier du présent titre ainsi que les associations familiales mentionnées aux articles L. 211-1 et L. 211-2 du code de l'action sociale et des familles pour les infractions prévues aux chapitres Ier et III du présent titre. »

COMMENTAIRE

V. Commentaire reproduit sur Dalloz.fr.

1. Préjudice personnel et direct. Le fait que l'organisation d'une campagne publicitaire illicite pour une boisson alcoolique aux vertus prétendument apéritives a contrarié l'action du comité de défense contre l'alcoolisme, qui tend à mettre en garde le public contre les abus de l'alcool et lui a ainsi causé un préjudice distinct du préjudice social dont le ministère public poursuit la réparation, justifie l'allocation de dommages-intérêts à ce comité constitué partie civile. • Crim. 23 juin 1983 : *Bull. crim. n° 196.* ♦ Il en va de même pour une ligue anti-alcoolique en cas d'ouverture illicite d'un débit de boissons. • Crim. 19 mars 1975 : *Bull. crim. n° 83.* ♦ Toutefois, les demandes tendant à la réparation du préjudice causé par ces infractions à ces associations ne sauraient être accueillies que lorsqu'il est justifié d'un préjudice direct. • Crim. 8 janv. 1976 : *Bull. crim. n° 6.* ♦ ... Et si les juges précisent la nature du dommage qui leur est causé. • Crim. 23 juin 1983 : *Bull. crim. n° 195.*

2. Action en réparation devant le juge civil. En raison de la spécificité de son but et l'objet de sa mission, une association de lutte contre l'alcoolisme, qui tient de l'art. L. 96 C. déb. boiss. [CSP, art. L. 3355-1] le pouvoir d'exercer les droits reconnus à la partie civile, peut exercer son action devant la juridiction civile, dès lors qu'elle subit, du seul fait d'une publicité illicite en faveur de l'alcool, un préjudice direct et personnel. Ainsi en est-il d'une association, ayant pour but la prévention de l'alcoolisation, l'amélioration et l'application de la législation en la matière, pour un préjudice occasionné par un affichage publicitaire contrevenant, selon elle, aux dispositions du code des débits de boissons et contraire à son objet statutaire. • Civ. 2e, 25 juin 1998 : *Bull. civ. II, n° 228 ; D. 1998. IR 181 ; D. Affaires 1998. 1479, obs. V. A.-R. ; JCP 1998. II. 10204, note Boré ; Gaz. Pal. 25 nov. 1998, p. 21, obs. Vayssière ; RDSS 1999. 33, obs. Cayla.*

Art. L. 3355-2 Les droits prévus à l'article L. 3355-1 sont également reconnus aux syndicats formés conformément à la loi du 31 mars 1884 pour la défense des intérêts généraux du commerce des boissons. – *[C. déb. boiss., art. L. 97].*

Art. L. 3355-3 Les personnes reconnues coupables de l'une des infractions prévues aux articles L. 3351-1, L. 3351-3, L. 3352-1, L. 3352-5 et au premier alinéa de l'article L. 3353-3 encourent la peine complémentaire d'interdiction des droits civiques, civils et de famille mentionnés à l'article 131-26 du code pénal pour une durée d'un an au moins et de cinq ans au plus. – *[Anc. art. L. 642, al. 5 et C. déb. boiss., art. L. 4, al. 3, L. 48, al. 3 (partie), et L. 81, al. 2].*

Art. L. 3355-4 Les personnes physiques coupables d'une infraction prévue au présent titre encourent également la fermeture temporaire ou définitive de l'établissement. – *[C. déb. boiss., art. L. 59 (partie), L. 72].*

Art. L. 3355-5 En cas de poursuites pour une infraction pouvant entraîner la fermeture temporaire ou définitive d'un débit de boissons, le ministère public effectue les diligences prévues au dernier alinéa de l'article 706-37 du code de procédure pénale.

Lorsque la personne titulaire de la licence ou propriétaire du débit de boissons n'est pas poursuivie, les mesures de fermeture temporaire ou définitive ne peuvent être prononcées que s'il est établi que cette personne a été citée à la diligence du ministère public avec indication de la nature des poursuites exercées et de la possibilité pour le tribunal de prononcer lesdites mesures.

La personne mentionnée à l'alinéa précédent peut présenter ou faire présenter par un avocat ses observations à l'audience. Si elle use de cette faculté, elle peut interjeter appel de la décision prononçant la fermeture temporaire ou définitive du débit de boissons. – *[C. déb. boiss., art. L. 59-1].*

1. Défaut de citation. Doit être cassé l'arrêt qui prononce une fermeture de débit de boissons alors que le titulaire de la licence n'a pas été cité devant le tribunal correctionnel, et que, au surplus, son intervention volontaire en appel a été, à tort, déclarée irrecevable. • Crim. 7 avr. 1993 : *Bull. crim. n° 153.* ♦ ... Ou alors que le propriétaire du fonds, non cité devant le tribunal correctionnel, n'a été mis en cause que devant la juridiction du second degré. • Crim. 19 déc. 1983 : *Bull. crim. n° 345.* ♦ En revanche, n'est pas fondée à se prévaloir de la méconnaissance de l'obligation de citer le titulaire de la licence ou le propriétaire non pénalement poursuivi la personne qui, n'ayant pas souscrit préalablement la déclaration prévue par l'art. L. 32 C. déb. boiss. [CSP, art. L. 3332-4], n'acquiert la qualité de propriétaire de l'établissement que postérieurement à l'engagement des poursuites. • Crim. 17 déc. 1990 : *Bull. crim. n° 438.* ♦ De même, les prévenus ne sauraient se prévaloir d'un défaut de citation du nouveau titulaire de la licence ou propriétaire du débit de boissons lorsque la cession du fonds de commerce, qu'ils allèguent, est postérieure à la constatation de l'infraction. • Crim. 2 mars 1992 : *Bull. crim. n° 94.*

2. Intervention. Est dépourvue de qualité pour intervenir dans les poursuites la personne bénéficiaire d'un nouveau bail conclu avec les propriétaires des murs et qui a obtenu une licence de nature différente pour exploiter dans les lieux. • Crim. 13 avr. 1992 : *Bull. crim. n° 159.*

3. Contestation de la réalité de l'infraction par le propriétaire cité. Le propriétaire du débit, cité en vertu de l'art. L. 59-1, al. 2, C. déb. boiss. [CSP, art. L. 3355-5, al. 2], a le droit de contester, tant devant le tribunal correctionnel qu'en cause d'appel s'il a usé de cette voie de recours conformément à l'al. 3 du même article, et même si le prévenu n'a pas lui-même fait appel, la réalité de l'infraction de nature à entraîner la fermeture de l'établissement. • Crim. 19 mai 1987 : *Bull. crim. n° 201.*

4. Qualité pour former une opposition. Le propriétaire cité en vertu de l'art. L. 59-1 C. déb. boiss. [CSP, art. L. 3355-5], qui n'a pas lui-même interjeté appel du jugement ayant condamné l'auteur de l'infraction et ordonné la fermeture de l'établissement, est sans qualité pour critiquer par la voie de l'opposition cette décision devant la cour d'appel. • Crim. 19 mai 1987 : *Bull. crim. n° 201.*

Art. L. 3355-6 Les personnes physiques coupables d'une infraction prévue au présent titre encourent la peine complémentaire d'interdiction d'exercice de la profession de débitant à titre temporaire ou définitif.

En cas d'interdiction d'exercice de la profession prévue à l'alinéa précédent *(L. n° 2011-525 du 17 mai 2011, art. 165-4°)* « ou en cas de fermeture d'établissement prévue par l'article L. 3355-4 », la durée pendant laquelle les personnes condamnées doivent continuer à payer à leur personnel les salaires, indemnités et rémunération de toute nature auxquels il avait droit jusqu'alors, est fixée par le tribunal.

Pour le personnel rémunéré en tout ou partie par des pourboires, le tribunal évalue le montant des pourboires en se référant notamment aux règles fixées pour le calcul des cotisations d'assurances sociales.

Art. L. 3355-7 L'infraction aux dispositions d'un jugement ou de la loi portant interdiction d'exercer la profession de débitant de boissons est punie de deux ans d'emprisonnement et de 4 500 € d'amende.

Pendant la durée de cette interdiction, la personne condamnée ne peut, sous les mêmes peines, être employée à quelque titre que ce soit dans l'établissement qu'elle exploitait, même si elle l'a vendu ou mis en gérance. Elle ne peut non plus être employée dans l'établissement qui serait exploité par son conjoint même séparé. – *[C. déb. boiss., art. L. 60].*

Art. L. 3355-8 Lorsque l'interdiction d'exercer la profession de débitant de boissons est d'une durée supérieure à deux ans, le tribunal ordonne la vente du fonds aux enchères publiques si le fonds est la propriété de la personne interdite.

Si celle-ci l'exploitait *pour le compte du propriétaire*, le tribunal en autorise la reprise *par ce dernier*, nonobstant toutes conventions contraires et quelle que soit la durée de l'interdiction prononcée.

Lorsqu'il ordonne la vente, le tribunal nomme un administrateur provisoire du fonds et désigne le notaire chargé de procéder à la vente suivant les règles ordinaires en matière de vente de fonds de commerce.

En cas de difficultés, il est statué par le juge des référés. – *[C. déb. boiss., art. L. 61].*

LIVRE QUATRIÈME LUTTE CONTRE LA TOXICOMANIE

RÉP. PÉN. v° *Stupéfiants.*

BIBL. ▶ CAMBILLAU, L'usage de cannabis : entre répression excessive et dépénalisation problématique, *Méd. et droit 2003, n° 58, p. 3.* – MAUREL, Comparaison des systèmes de réglementation du cannabis dans le monde : éléments pour un débat public, *Méd. et droit 2003, n° 58, p. 17.* – MAUREL, Cannabis sans frontière : invitation à un tour du monde juridique, *RGDM 2002, n° 8, p. 79.* – MOURIER, La répression de la consommation de stupéfiants en Europe, *RDSS 1998. 51*. – CABALLERO et BISIOU, Droit de la drogue, *Précis Dalloz, 2000.* – Le dispositif de lutte contre la toxicomanie, *Rapport C. comptes, JO 1998, Brochure, n° 4367.* – BISIOU, D'un produit à l'autre : à propos de deux siècles de contrôle des drogues en Europe, *RSC 1991. 279*. – VAILLE, Légalisation de l'usage de certaines drogues, *Inf. pharm. 1990. 600* ; La prévention des toxicomanies aux drogues : rôle de la réglementation internationale, *Inf. pharm. 1990. 862.*

TITRE PREMIER ORGANISATION DE LA PRISE EN CHARGE SANITAIRE DES TOXICOMANES

CHAPITRE PREMIER DISPOSITIONS GÉNÉRALES

Art. L. 3411-1 **Une personne usant d'une façon illicite de substances ou plantes classées comme stupéfiants** *(Ord. n° 2010-177 du 23 févr. 2010, art. 7-42°)* **« bénéficie d'une prise en charge sanitaire organisée par l'agence régionale de santé ».**

COMMENTAIRE

V. Commentaire reproduit sur Dalloz.fr.

Art. L. 3411-2 **Les dépenses de prévention résultant du présent livre, les dépenses de soins entraînées par l'application des articles L. 3414-1 et L. 3423-1 à** *(L. n° 2007-297 du 5 mars 2007, art. 49)* **« L. 3425-2 », ainsi que les dépenses d'aménagement des** *(L. n° 2007-297 du 5 mars 2007, art. 49)* **« centres spécialisés » sont prises en charge par l'État,** *(L. n° 2002-1487 du 20 déc. 2002, art. 38-II ; L. n° 2006-1640 du 21 déc. 2006, art. 92-II)* **« à l'exclusion des dépenses médico-sociales des centres de soins, d'accompagnement et de prévention en addictologie mentionnées à l'article L. 314-8 du code de l'action sociale et des familles ».**

Toutefois, *(L. n° 2007-297 du 5 mars 2007, art. 49)* **« lorsque le traitement est réalisé » avec hébergement dans un établissement de santé, les dépenses afférentes** *(L. n° 2007-297 du 5 mars 2007, art. 49)* **« au traitement » sont prises en charge par les régimes d'assurance maladie, sans qu'il soit fait application des dispositions du code de la sécurité sociale et du code rural et de la pêche maritime relatives à l'ouverture du droit aux prestations couvertes par les régimes de base, au remboursement de la part garantie par l'assurance maladie, à la participation de l'assuré aux tarifs servant de base au remboursement ainsi qu'au forfait mentionné à l'article L. 174-4 du code de la sécurité sociale.**

Un décret en Conseil d'État fixe les modalités d'application des dispositions des deux alinéas précédents.

COMMENTAIRE

V. Commentaire reproduit sur Dalloz.fr.

Art. L. 3411-3 **Un Institut national de l'enseignement, de la recherche, de l'information et de la prévention sur les toxicomanies a pour mission de coordonner toutes les actions relevant de l'État et de poursuivre toutes recherches utiles, tant fondamentales que cliniques, dans le domaine de la pharmacodépendance et de la toxicomanie.**

La mission de coordination de l'État assurée par l'institut concerne :

— la formation des personnels mis en contact, selon des modalités diverses, avec les toxicomanes ;

— la recherche scientifique selon les différents éléments qui constituent les facteurs profonds en jeu dans les causes, la prévention ou le traitement des toxicomanies ;

— l'information en exploitant tous les moyens nécessaires de réponses adéquates aux préoccupations des particuliers, des collectivités et des organismes publics ou privés

portant sur tout ce qui se trouve impliqué au niveau théorique ou pratique dans le phénomène "toxicomanie" ;

– l'étude des conditions d'application de la législation relative aux stupéfiants et la définition de toutes propositions à cet égard.

La mission de recherche assurée par l'institut a pour objectif de définir :

– les mécanismes d'action des drogues entraînant une dépendance, c'est-à-dire un comportement orienté vers la recherche et la consommation d'une drogue en quantité nuisible à la santé du consommateur et à la société ;

– les antidotes aux effets nocifs des drogues entraînant la dépendance ainsi que les meilleures méthodes pour traiter et réhabiliter les toxicomanes et les pharmacodépendants ;

(L. nº 2016-41 du 26 janv. 2016, art. 41-5º-a) « – la politique de réduction des risques et des dommages en direction des usagers de drogue mentionnée à l'article L. 3411-8 ; »

– à l'aide d'enquêtes épidémiologiques, la distribution de la consommation des principales drogues entraînant la dépendance, suivant les modes statistiques de l'épidémiologie contemporaine ;

– sur les bases de ces données scientifiques, un enseignement destiné à la formation des personnels chargés de la prévention, du traitement et de la réhabilitation des sujets pharmacodépendants et toxicomanes.

Art. L. 3411-4 *(L. nº 2007-1786 du 19 déc. 2007, art. 72)* Le dépistage des hépatites virales et la vaccination contre ces virus sont gratuits et anonymes lorsqu'ils sont effectués dans un centre de soins, d'accompagnement et de prévention en addictologie.

Les dépenses afférentes à ces activités sont prises en charge par l'assurance maladie, sans qu'il soit fait application des dispositions du code de la sécurité sociale et du code rural et de la pêche maritime relatives à l'ouverture du droit aux prestations couvertes par les régimes de base, au remboursement de la part garantie par l'assurance maladie, à la participation de l'assuré aux tarifs servant de base aux remboursements ainsi qu'au forfait mentionné à l'article L. 174-4 du code de la sécurité sociale.

Art. L. 3411-5 Les centres *(L. nº 2006-1640 du 21 déc. 2006, art. 92-II)* « de soins, d'accompagnement et de prévention en addictologie » peuvent délivrer les médicaments correspondant strictement à leurs missions, dans les conditions fixées par décret.

COMMENTAIRE

V. Commentaire reproduit sur Dalloz.fr.

Art. L. 3411-6 *(L. nº 2016-41 du 26 janv. 2016, art. 42)* Les centres de soins, d'accompagnement et de prévention en addictologie assurent obligatoirement des missions d'accompagnement médico-psycho-social, de soins, de réduction des risques et des dommages et de prévention individuelle et collective.

COMMENTAIRE

V. Commentaire reproduit sur Dalloz.fr.

CHAPITRE PREMIER *BIS* RÉDUCTION DES RISQUES ET DES DOMMAGES *(L. nº 2016-41 du 26 janv. 2016, art. 41-5º).*

Art. L. 3411-7 *(L. nº 2004-806 du 9 août 2004, art. 12)* La définition de la politique de réduction des risques *(L. nº 2016-41 du 26 janv. 2016, art. 41-1º)* « et des dommages » en direction des usagers de drogue relève de l'État.

COMMENTAIRE

V. Commentaire reproduit sur Dalloz.fr.

Art. L. 3411-8 *(L. nº 2016-41 du 26 janv. 2016, art. 41-3º)* I. – La politique de réduction des risques et des dommages en direction des usagers de drogue vise à prévenir les dommages sanitaires, psychologiques et sociaux, la transmission des infections et la mortalité par surdose liés à la consommation de substances psychoactives ou classées comme stupéfiants.

II. – Sa mise en œuvre comprend et permet les actions visant à :

1° Délivrer des informations sur les risques et les dommages associés à la consommation de substances psychoactives ou classées comme stupéfiants ;

2° Orienter les usagers de drogue vers les services sociaux et les services de soins généraux ou de soins spécialisés, afin de mettre en œuvre un parcours de santé adapté à leur situation spécifique et d'améliorer leur état de santé physique et psychique et leur insertion sociale ;

3° Promouvoir et distribuer des matériels et produits de santé destinés à la réduction des risques ;

4° Promouvoir et superviser les comportements, les gestes et les procédures de prévention des risques. La supervision consiste à mettre en garde les usagers contre les pratiques à risques, à les accompagner et à leur prodiguer des conseils relatifs aux modalités de consommation des substances mentionnées au I afin de prévenir ou de réduire les risques de transmission des infections et les autres complications sanitaires. Elle ne comporte aucune participation active aux gestes de consommation ;

5° Participer à l'analyse, à la veille et à l'information, à destination des pouvoirs publics et des usagers, sur la composition, sur les usages en matière de transformation et de consommation et sur la dangerosité des substances consommées.

III. – L'intervenant agissant conformément à sa mission de réduction des risques et des dommages bénéficie, à ce titre, de la protection mentionnée à l'article 122-4 du code pénal.

IV. – La politique de réduction des risques et des dommages s'applique également aux personnes détenues, selon des modalités adaptées au milieu carcéral.

COMMENTAIRE

V. Commentaire reproduit sur Dalloz.fr.

Art. L. 3411-9 *(L. n° 2004-806 du 9 août 2004, art. 12)* Les centres d'accueil et d'accompagnement à la réduction des risques pour usagers de drogue relèvent du 9° du I de l'article L. 312-1 du code de l'action sociale et des familles et concourent, avec les autres dispositifs, à la politique de réduction des risques *(L. n° 2016-41 du 26 janv. 2016, art. 41-4°)* « et des dommages ». Leurs missions sont définies par décret en Conseil d'État.

(L. n° 2016-1827 du 23 déc. 2016, art. 69) « Par dérogation à l'article L. 4211-1, les intervenants des centres d'accueil et d'accompagnement à la réduction des risques pour usagers de drogue peuvent délivrer les médicaments correspondant strictement à leur mission de réduction des risques et des dommages et dont la liste est fixée par arrêté du ministre chargé de la santé. Un décret précise les modalités d'application du présent alinéa. »

(L. n° 2005-1579 du 19 déc. 2005, art. 50-I) « Les dépenses afférentes aux missions des centres mentionnés par le présent article sont prises en charge par l'assurance maladie, sans préjudice d'autres participations, notamment des collectivités territoriales. Pour le financement de ces dépenses, il n'est pas fait application des dispositions du code de la sécurité sociale et du code rural et de la pêche maritime relatives à l'ouverture du droit aux prestations couvertes par les régimes de base, au remboursement de la part garantie par l'assurance maladie, à la participation de l'assuré aux tarifs servant de base aux remboursements, ainsi qu'au forfait mentionné à l'article L. 174-4 du code de la sécurité sociale. »

Les actions de réduction des risques *(L. n° 2016-41 du 26 janv. 2016, art. 41-4°)* « et des dommages » sont conduites selon les orientations définies par un document national de référence approuvé par décret. – *V. l'annexe 31-2*

Les personnes accueillies dans les centres d'accueil et d'accompagnement à la réduction des risques pour usagers de drogue bénéficient d'une prise en charge anonyme et gratuite.

Sur les centres d'accueil et d'accompagnement à la réduction des risques et des dommages pour usagers de drogue, V. L. n° 2016-41 du 26 janv. 2016, art. 43,.

COMMENTAIRE

V. Commentaire reproduit sur Dalloz.fr.

Art. L. 3411-10 *(L. nº 2016-41 du 26 janv. 2016, art. 41-15º)* **Sauf dispositions contraires, les modalités d'application du présent chapitre sont déterminées par décret en Conseil d'État.**

CHAPITRE II PERSONNES SIGNALÉES PAR LES SERVICES MÉDICAUX ET SOCIAUX

Art. L. 3412-1 *(Ord. nº 2010-177 du 23 févr. 2010, art. 7-43º)* **« Le directeur général de l'agence régionale de santé peut être saisi » du cas d'une personne usant d'une façon illicite de stupéfiants soit par le certificat d'un médecin, soit par le rapport d'une assistante sociale.** *(Ord. nº 2010-177 du 23 févr. 2010, art. 7-43º)* **« Il » fait alors procéder à un examen médical et à une enquête sur la vie familiale, professionnelle et sociale de l'intéressé.**

COMMENTAIRE

V. Commentaire reproduit sur Dalloz.fr.

Art. L. 3412-2 **Si, après examen médical, il apparaît que la personne est intoxiquée,** *(Ord. nº 2010-177 du 23 févr. 2010, art. 7-44º)* **« le directeur général de l'agence régionale de santé » lui enjoint d'avoir à se présenter dans un établissement agréé, choisi par l'intéressé, ou à défaut désigné d'office, pour suivre une cure de désintoxication et d'en apporter la preuve.**

COMMENTAIRE

V. Commentaire reproduit sur Dalloz.fr.

Art. L. 3412-3 **Si, après examen médical, il apparaît que l'état de la personne ne nécessite pas une cure de désintoxication,** *(Ord. nº 2010-177 du 23 févr. 2010, art. 7-44º)* **« le directeur général de l'agence régionale de santé » lui enjoint de se placer, le temps nécessaire, sous surveillance médicale, soit du médecin choisi par** *(Ord. nº 2010-177 du 23 févr. 2010, art. 7-45º)* **« le directeur général de l'agence », soit d'un dispensaire d'hygiène sociale ou d'un établissement agréé, public ou privé.**

COMMENTAIRE

V. Commentaire reproduit sur Dalloz.fr.

CHAPITRE III PERSONNES SIGNALÉES PAR L'AUTORITÉ JUDICIAIRE

(L. nº 2007-297 du 5 mars 2007, art. 47)

Art. L. 3413-1 *(L. nº 2011-1862 du 13 déc. 2011, art. 67-1º)* **Chaque fois que l'autorité judiciaire enjoint à une personne ayant fait un usage illicite de stupéfiants ou une consommation habituelle et excessive d'alcool de se soumettre à une mesure d'injonction thérapeutique qui consiste en une mesure de soins ou de surveillance médicale, elle en informe le directeur général de l'agence régionale de santé.**

Celui-ci fait procéder dans les meilleurs délais à l'examen médical de l'intéressé par un médecin désigné en qualité de médecin relais ou, le cas échéant, à une évaluation socio-psychologique par un psychologue habilité ou tout professionnel de santé également habilité par le directeur général de l'agence régionale de santé. Cette habilitation doit notamment résulter de la justification d'une formation ou d'une expérience professionnelle dans le domaine de la prise en charge des addictions. Le directeur général de l'agence régionale de santé fait également procéder, s'il y a lieu, à une enquête sur la vie familiale, professionnelle et sociale de l'intéressé, le cas échéant à la demande du professionnel de santé désigné. S'il n'est pas donné suite à cette demande, le professionnel de santé désigné peut en aviser l'autorité judiciaire afin qu'elle se prononce sur l'opportunité de cette enquête.

A l'issue de cette phase d'évaluation, le professionnel de santé désigné fait connaître sans délai à l'autorité judiciaire son avis motivé sur l'opportunité de la mesure d'injonction thérapeutique.

COMMENTAIRE

V. Commentaire reproduit sur Dalloz.fr.

Art. L. 3413-2 *(L. nº 2011-1862 du 13 déc. 2011, art. 67-1º)* **Si l'examen médical ou l'évaluation prévu à l'article L. 3413-1 confirme l'opportunité d'une mesure d'injonction thérapeutique, le professionnel de santé désigné invite l'intéressé à se présenter auprès d'un centre de soins, d'accompagnement et de prévention en addictologie ou d'un médecin de son choix ou, à défaut, désigné d'office pour suivre un traitement médical ou faire l'objet d'une prise en charge socio-psychologique adaptée.**

Art. L. 3413-3 *(L. nº 2011-1862 du 13 déc. 2011, art. 67-1º)* **Le médecin relais, le psychologue habilité ou le professionnel de santé habilité est chargé de la mise en œuvre de la mesure d'injonction thérapeutique, d'en proposer les modalités et d'en contrôler le suivi.**

Il informe l'autorité judiciaire de l'évolution de la situation de dépendance de l'intéressé.

En cas d'interruption du suivi à l'initiative de l'intéressé ou de tout autre incident survenant au cours de la mesure, le professionnel de santé désigné en informe sans délai l'autorité judiciaire.

Art. L. 3413-4 **Les modalités d'application du présent chapitre sont précisées par décret en Conseil d'État.**

CHAPITRE IV PERSONNES SE PRÉSENTANT SPONTANÉMENT

Art. L. 3414-1 **Les toxicomanes qui se présentent spontanément dans un dispensaire ou dans un établissement de santé, afin d'y être traités, ne sont pas soumis aux dispositions indiquées aux chapitres II et III du présent titre.**

Ils peuvent, s'ils le demandent expressément, bénéficier de l'anonymat au moment de l'admission. Cet anonymat ne peut être levé que pour des causes autres que la répression de l'usage illicite de stupéfiants.

Les personnes ayant bénéficié d'un traitement dans les conditions prévues à l'alinéa précédent peuvent demander au médecin qui les a traitées un certificat nominatif mentionnant les dates, la durée et l'objet du traitement. — *[Anc. art. L. 355-21].*

COMMENTAIRE

V. Commentaire reproduit sur Dalloz.fr.

TITRE DEUXIÈME DISPOSITIONS PÉNALES ET MESURES D'ACCOMPAGNEMENT

BIBL. ▶ COLSON, Soixante-huit euros d'amende pour le premier usage des drogues ?, *D. 2012. 32*. – J.-P. JEAN, Les transformations de la politique criminelle envers les usagers de stupéfiants depuis la loi du 5 mars 2007, *AJ pénal 2010. 182*.

CHAPITRE PREMIER PEINES APPLICABLES

Art. L. 3421-1 **L'usage illicite de l'une des substances ou plantes classées comme stupéfiants est *puni d'un an d'emprisonnement* et de 3 750 € d'amende.** — [Anc. art. L. 628].

(L. nº 2007-297 du 5 mars 2007, art. 48) **« Les personnes coupables de ce délit encourent également, à titre de peine complémentaire, l'obligation d'accomplir un stage de sensibilisation aux dangers de l'usage de produits stupéfiants, selon les modalités fixées à l'article 131-35-1 du code pénal.**

« Si l'infraction est commise dans l'exercice ou à l'occasion de l'exercice de ses fonctions par une personne dépositaire de l'autorité publique ou chargée d'une mission de service public, ou par le personnel d'une entreprise de transport terrestre, maritime ou aérien, de marchandises ou de voyageurs exerçant des fonctions mettant en cause la sécurité du transport dont la liste est fixée par décret en Conseil d'État, les peines sont portées à cinq ans d'emprisonnement et à 75 000 € d'amende. Pour l'application du présent alinéa, sont

assimilés au personnel d'une entreprise de transport les travailleurs mis à la disposition de l'entreprise de transport par une entreprise extérieure. »

COMMENTAIRE

V. Commentaire reproduit sur Dalloz.fr.

Art. L. 3421-2 **Dans le cas prévu par l'article L. 3421-1, les tribunaux ordonnent la confiscation des substances ou plantes saisies.**

Cette confiscation ne peut toutefois être prononcée lorsque le délit a été constaté dans une officine pharmaceutique si le délinquant n'est que le gérant responsable, à moins que le propriétaire de l'officine n'ait fait acte de complicité ou que la détention de ces substances ou plantes ne soit illicite. – *[Anc. art. L. 629].*

Art. L. 3421-3 **Les dispositions de l'article 706-33 du code de procédure pénale et du premier alinéa de l'article 222-49 du code pénal sont applicables en cas de poursuites pour le délit prévu par l'article L. 3421-1.** – *[Anc. art. L. 629-1].*

Art. L. 3421-4 **La provocation au délit prévu par l'article L. 3421-1 ou à l'une des infractions prévues par les articles 222-34 à 222-39 du code pénal, alors même que cette provocation n'a pas été suivie d'effet, ou le fait de présenter ces infractions sous un jour favorable est puni de cinq ans d'emprisonnement et de 75 000 € d'amende.**

Est punie des mêmes peines la provocation, même non suivie d'effet, à l'usage de substances présentées comme ayant les effets de substances ou plantes classées comme stupéfiants.

(L. n° 2007-297 du 5 mars 2007, art. 48) **« Lorsque le délit prévu par le présent article constitue une provocation directe et est commis dans des établissements d'enseignement ou d'éducation ou dans les locaux de l'administration, ainsi que, lors des entrées ou sorties des élèves ou du public ou dans un temps très voisin de celles-ci, aux abords de ces établissements ou locaux, les peines sont portées à sept ans d'emprisonnement et à 100 000 € d'amende. »**

Lorsque le délit prévu par le présent article est commis par voie de la presse écrite ou audiovisuelle, les dispositions particulières des lois qui régissent ces matières sont applicables en ce qui concerne la détermination des personnes responsables.

(L. n° 2007-297 du 5 mars 2007, art. 48) **« Les personnes coupables des délits prévus par le présent article encourent également la peine complémentaire d'obligation d'accomplir, le cas échéant à leurs frais, un stage de sensibilisation aux dangers de l'usage de produits stupéfiants. »**

COMMENTAIRE

V. Commentaire reproduit sur Dalloz.fr.

1. Incitation à la consommation de stupéfiants. Le délit d'incitation à l'usage de stupéfiants n'exige pas que l'auteur de l'infraction ait un intérêt personnel dans les opérations concourant à l'usage de stupéfiants, mais vise à interdire toute incitation à la consommation, quelle qu'en soit sa forme, y compris par voie de presse. • Crim. 7 avr. 1998 : *D. 1998. IR 168 ; Gaz Pal. 8 sept. 1998, p. 11.* ♦ A rapprocher de • Crim. 9 janv. 1974 : *Bull. crim. n° 15 ; Gaz. Pal. 1974. 201.*

2. Organisation et tenue d'une manifestation interdite. Le préfet de police a pu légalement interdire une manifestation sur la voie publique, au motif qu'elle était contraire aux dispositions de l'art. L. 630 [L. 3421-4] CSP, en ce qu'elle constituait une incitation à braver l'interdiction de l'usage de stupéfiants. En outre, la cour d'appel a légalement justifié sa décision en déclarant les prévenus, qui n'ont pris aucune initiative pour informer les participants de l'interdiction de la réunion et qui ne se sont pas opposés à la vente de tee-shirts ornés de feuille de cannabis et à la consommation de cette drogue par des groupes composés en partie de mineurs, coupables d'organisation et de tenue de manifestation interdite. • Crim. 2 avr. 1998 : *Bull. crim. 1998, n° 130 ; D. 1998. IR 1567.*

3. Détermination des auteurs du délit. La « responsabilité en cascade » de la loi sur la presse, à laquelle renvoie l'art. L. 3421-4, s'appliquant uniquement aux journaux imprimés et publiés en France, ceux qui ont distribué en France un journal publié à l'étranger, vantant les bienfaits du cannabis, peuvent être poursuivis et condamnés comme auteurs principaux du délit. • Crim. 25 oct. 2005 : *Bull. crim. n° 266 ; D. 2005. IR 2970 ; RSC 2006. 596, comm. Fortis.*

Art. L. 3421-5 *(L. n° 2007-297 du 5 mars 2007, art. 48)* Sur réquisitions du procureur de la République, les officiers de police judiciaire et, sur l'ordre ou sous la responsabilité de ceux-ci, les agents de police judiciaire et agents de police judiciaire adjoints mentionnés à l'article 20 et au 1° de l'article 21 du code de procédure pénale sont habilités, aux fins de rechercher et de constater le délit prévu au troisième alinéa de l'article L. 3421-1 du présent code, à entrer dans les lieux où s'exerce le transport public de voyageurs, terrestre, maritime ou aérien, ainsi que dans leurs annexes et dépendances, sauf s'ils constituent un domicile, en vue de :

1° Contrôler l'identité des personnes présentes, pour déterminer celles relevant des dispositions du troisième alinéa de l'article L. 3421-1 ;

2° Procéder auprès de ces personnes, s'il existe à leur encontre une ou plusieurs raisons plausibles de soupçonner qu'elles ont fait usage de stupéfiants, à des épreuves de dépistage en vue d'établir la commission du délit recherché.

Lorsque ces épreuves de dépistage se révèlent positives ou lorsque la personne refuse ou est dans l'impossibilité de les subir, les officiers ou agents de police judiciaire et agents de police judiciaire adjoints font procéder aux vérifications destinées à établir la preuve de l'usage de produits stupéfiants.

Les vérifications visées au quatrième alinéa sont faites au moyen d'analyses *(L. n° 2016-41 du 26 janv. 2016, art. 45-III)* « ou examens » médicaux, cliniques et biologiques. *(L. n° 2011-525 du 17 mai 2011, art. 166)* « Les échantillons prélevés sont conservés dans les conditions fixées par un arrêté du ministre chargé de la santé, pris après avis du directeur général de *(L. n° 2011-2012 du 29 déc. 2011, art. 5-IV)* « l'Agence nationale de sécurité du médicament et des produits de santé ». »

Les réquisitions du procureur de la République sont écrites, présentées aux personnes intéressées à leur demande et précisent qu'elles ont pour but la recherche de l'infraction prévue au troisième alinéa de l'article L. 3421-1. Ces réquisitions sont prises pour une durée maximum d'un mois et précisent les locaux où se déroulera l'opération de contrôle ainsi que les dates et heures de chaque intervention.

Les mesures prises en application du présent article font l'objet d'un procès-verbal remis à l'intéressé.

Art. L. 3421-6 *(L. n° 2007-297 du 5 mars 2007, art. 48)* Le fait de refuser de se soumettre aux vérifications prévues par l'article L. 3421-5 est puni de deux ans d'emprisonnement et de 30 000 € d'amende.

Art. L. 3421-7 *(L. n° 2007-297 du 5 mars 2007, art. 48)* Les personnes physiques coupables des délits prévus au troisième alinéa de l'article L. 3421-1 et à l'article L. 3421-6 encourent également les peines complémentaires suivantes :

1° La suspension pour une durée de trois ans au plus du permis de conduire ou du titre de conduite des bateaux de plaisance français à moteur en mer et en eaux intérieures ; cette suspension ne peut pas être limitée à la conduite en dehors de l'activité professionnelle ; elle ne peut être assortie du sursis, même partiellement ;

2° L'annulation du permis de conduire ou du titre de conduite des bateaux de plaisance français à moteur en mer et en eaux intérieures avec interdiction de solliciter la délivrance d'un nouveau permis ou d'un nouveau titre de conduite pendant trois ans au plus ;

3° La peine de travail d'intérêt général selon les modalités prévues à l'article 131-8 *du code* pénal et selon les conditions prévues aux articles 131-22 à 131-24 du même code ;

4° La peine de jours-amende dans les conditions fixées aux articles 131-5 et 131-25 du code pénal ;

5° L'interdiction, soit définitive, soit pour une durée de cinq ans au plus, d'exercer une profession ayant trait au transport ;

6° L'interdiction de conduire certains véhicules terrestres à moteur, y compris ceux pour la conduite desquels le permis de conduire n'est pas exigé, pour une durée de cinq ans au plus ;

7° L'obligation d'accomplir, à ses frais, un stage de sensibilisation à la sécurité routière ;

8° L'obligation d'accomplir, à ses frais, un stage de sensibilisation aux dangers de l'usage de produits stupéfiants.

CHAPITRE II MESURES D'ACCOMPAGNEMENT

Art. L. 3422-1 En cas d'infraction à l'article L. 3421-1 et aux articles 222-34 à 222-39 du code pénal, le représentant de l'État dans le département peut ordonner, pour une durée n'excédant pas trois mois, la fermeture de tout hôtel, maison meublée, pension, débit de boissons, restaurant, club, cercle, dancing, lieu de spectacle ou leurs annexes ou lieu quelconque ouvert au public ou utilisé par le public où l'infraction a été commise.

Le ministre de l'intérieur peut, dans les mêmes conditions, ordonner la fermeture de ces mêmes lieux pour une durée pouvant aller jusqu'à un an ; dans ce cas, la durée de la fermeture prononcée par le représentant de l'État dans le département s'impute sur celle de la fermeture prononcée par le ministre.

Les mesures prévues par les deux alinéas qui précèdent cessent de plein droit de produire effet en cas de décision de non-lieu, de relaxe ou d'acquittement. La durée de la fermeture par l'autorité administrative s'impute sur celle de la fermeture prononcée par la juridiction d'instruction. – *[Anc. art. L. 629-2, al. 1er, 2 et 3].*

COMMENTAIRE

V. Commentaire reproduit sur Dalloz.fr.

Art. L. 3422-2 Le fait de contrevenir à la décision de fermeture prononcée en application de l'article L. 3422-1 est puni de six mois d'emprisonnement et de 7 500 € d'amende. – *[Anc. art. L. 629-2, al. 4].*

CHAPITRE III INJONCTION THÉRAPEUTIQUE PAR LE PROCUREUR DE LA RÉPUBLIQUE

(L. n° 2007-297 du 5 mars 2007, art. 49)

Art. L. 3423-1 *(L. n° 2011-1862 du 13 déc. 2011, art. 67-2°)* Le procureur de la République peut enjoindre à la personne ayant fait un usage illicite de stupéfiants ou une consommation habituelle et excessive d'alcool de se soumettre à une mesure d'injonction thérapeutique prenant la forme d'une mesure de soins ou de surveillance médicale dans des conditions prévues aux articles L. 3413-1 à L. 3413-4.

La durée de la mesure est de six mois, renouvelable trois fois selon les mêmes modalités.

L'action publique n'est pas exercée à l'encontre des personnes qui se soumettent à la mesure d'injonction thérapeutique qui leur est ordonnée et la suivent jusqu'à son terme.

De même, l'action publique n'est pas exercée à l'égard des personnes ayant fait un usage illicite de stupéfiants lorsqu'il est établi qu'elles se sont soumises, depuis les faits qui leur sont reprochés, à une mesure de soins ou à une surveillance médicale adaptées dans les conditions prévues aux chapitres II et IV du titre Ier du présent livre.

COMMENTAIRE

V. Commentaire reproduit sur Dalloz.fr.

Cause d'extinction de l'action publique. La cause d'extinction de l'action publique peut être valablement invoquée par les personnes qui, ayant fait un usage illicite de stupéfiants, se sont spontanément soumises à une cure de désintoxication, même commencée après les poursuites et subie à l'étranger ; dans ce dernier cas, il appartient aux juges de rechercher si ladite cure peut être considérée comme équivalente, quant aux garanties présentées, à celle que le prévenu aurait pu suivre dans un dispensaire ou un établissement hospitalier sis sur le territoire français. • Crim. 16 oct. 1975 : *Bull. crim. n° 218 ; D. 1976. 206, note Doll ; Gaz. Pal. 11 janv. 1976 ; JCP 1976. II. 18291, note Caleb.* ♦ Par ailleurs, il incombe à l'intéressé qui se soumet spontanément à une cure de désintoxication de faire état, devant le tribunal, de cette cause d'extinction de l'action publique. • Crim. 4 mai 1972 : *Bull. crim. n° 156.* ♦ Sur une application des dispositions de l'art. L. 628-1 [L. 3423-1] CSP, V. • T. corr. Paris, 8 oct. 1986 : *Inf. pharm. 1987, n° 299, p. 203.*

Art. L. 3423-2 Dans tous les cas prévus à l'article L. 3423-1, lorsque la conservation des plantes et substances saisies n'apparaît pas nécessaire, il est procédé à leur destruction par un officier de police judiciaire, sur la réquisition du procureur de la République.

CHAPITRE IV INJONCTION THÉRAPEUTIQUE PAR LE JUGE D'INSTRUCTION, LE JUGE DES ENFANTS OU LE JUGE DES LIBERTÉS ET DE LA DÉTENTION

(L. nº 2007-297 du 5 mars 2007, art. 49)

Art. L. 3424-1 Les personnes mises en examen pour les délits prévus par les articles L. 3421-1 et L. 3425-2 peuvent se voir notifier, par ordonnance du juge d'instruction, du juge des enfants ou du juge des libertés et de la détention, une mesure d'injonction thérapeutique selon les modalités définies aux articles L. 3413-1 à L. 3413-4. *(L. nº 2011-525 du 17 mai 2011, art. 167)* « La durée de la mesure est de vingt-quatre mois au plus. »

L'exécution de cette ordonnance se poursuit, s'il y a lieu, après la clôture de l'information, les règles fixées par les deuxième à quatrième alinéas de l'article 148-1 du code de procédure pénale étant, le cas échéant, applicables.

COMMENTAIRE

V. Commentaire reproduit sur Dalloz.fr.

CHAPITRE V INJONCTION THÉRAPEUTIQUE PAR LA JURIDICTION DE JUGEMENT

(L. nº 2007-297 du 5 mars 2007, art. 49)

Art. L. 3425-1 La juridiction de jugement peut, à titre de peine complémentaire, astreindre les personnes ayant commis le délit prévu par l'article L. 3421-1 à se soumettre à une mesure d'injonction thérapeutique, selon les modalités définies aux articles L. 3413-1 à L. 3413-4. *(L. nº 2011-525 du 17 mai 2011, art. 167)* « La durée de la mesure est de vingt-quatre mois au plus. »

COMMENTAIRE

V. Commentaire reproduit sur Dalloz.fr.

Art. L. 3425-2 Le fait de se soustraire à l'exécution de la décision ayant ordonné une injonction thérapeutique est puni des peines prévues aux articles L. 3421-1 et L. 3425-1.

Toutefois, ces sanctions ne sont pas applicables lorsque l'injonction thérapeutique constitue une obligation particulière imposée à une personne qui a été condamnée à une peine d'emprisonnement assortie du sursis avec mise à l'épreuve ou du sursis assorti de l'obligation d'accomplir un travail d'intérêt général.

LIVRE CINQUIÈME LUTTE CONTRE LE TABAGISME ET LUTTE CONTRE LE DOPAGE *(Ord. nº 2006-596 du 23 mai 2006, art. 5-3º).*

BIBL. ► FABIANI, Paquets de cigarettes neutres : propriété intellectuelle et intérêt général, *Gaz. Pal. 9 oct. 2014, nº 282, p. 5.* – Dossier ADSP, Lutte contre le tabagisme : toujours une priorité, *ADSP, nº 81, déc. 2012, p. 9.* – BUR, Propositions pour une nouvelle politique de lutte contre le tabac, Rapport au ministre du Travail, de l'Emploi et de la Santé, *Doc. fr., mars 2012.* – ÉVIN, La lutte contre le tabagisme : la nécessité de renforcer le dispositif législatif, *RDSS 2006. 189.* – DEVILLIER, La convention cadre pour la lutte anti-tabac de l'organisation mondiale de la santé, *Rev. belge de droit international 2005/1-2, p. 701.* – GUÉDON, Lutte contre le tabagisme. La répression au service de la prévention. Loi nº 2003-715 du 31 juillet 2003, *JCP 2004. I. 104.* – ATTAL, Bilan de la législation française - La loi Évin est-elle partie en fumée ?, *Méd. et droit 1999, p. 38.* – DESBARATS, Le droit à réparation des victimes directes du tabagisme, *D. 1998. Chron. 167.* – DAILLE-DUCLOS, La législation anti-tabac et le droit européen, *CCC déc. 1997. Chron. 9.* – GRAS, Les marques de tabac : un statut juridique d'intouchable, *Légicom, juill.-sept. 1997, p. 81.* – BUIS, Publicité en faveur du tabac et des produits du tabac, *Légipresse 1995. III. 69.* – Communication et santé publique : réglementation de la publicité alcool/tabac : la loi

Évin, *Légicom, n° 4, 1994, p. 10 s.* - TEDESCHI, Lutte contre le tabagisme et l'alcoolisme : L. n° 91-32 du 10 janv. 1991, *ALD 1992. 197.* - CAYLA, La lutte contre le tabagisme et l'alcoolisme (commentaire de la loi du 10 janv. 1991 et de la décision du Conseil constitutionnel du 8 janv. 1991, *RDSS 1991. 204*).

COMMENTAIRE

V. Commentaire reproduit sur Dalloz.fr

TITRE PREMIER LUTTE CONTRE LE TABAGISME

(*Ord. n° 2016-623 du 19 mai 2016, art. 1er*)

CHAPITRE PREMIER INFORMATION ET PRÉVENTION

Art. L. 3511-1 Le Gouvernement fixe par décret la date d'une manifestation annuelle intitulée : "Jour sans tabac".

Art. L. 3511-2 Une information de nature sanitaire*[,]* prophylactique et psychologique est dispensée dans les établissements scolaires et à l'armée.

Dans le cadre de l'éducation à la santé, une sensibilisation au risque tabagique est organisée, sous forme obligatoire, dans les classes de l'enseignement primaire et secondaire.

Art. L. 3511-3 Les substituts nicotiniques peuvent être prescrits par :

1° Les médecins, y compris les médecins du travail aux travailleurs ;
2° Les chirurgiens-dentistes, en application de l'article L. 4141-2 ;
3° Les sages-femmes, en application de l'article L. 4151-4 ;
4° Les infirmiers ou les infirmières, en application de l'article L. 4311-1 ;
5° Les masseurs-kinésithérapeutes, en application de l'article L. 4321-1.

COMMENTAIRE

V. Commentaire reproduit sur Dalloz.fr

CHAPITRE II PRODUITS DU TABAC

SECTION PREMIÈRE DISPOSITIONS GÉNÉRALES

Art. L. 3512-1 Sont considérés comme produits du tabac les produits pouvant être consommés et composés, même partiellement, de tabac, qu'il soit ou non génétiquement modifié.

Les produits du tabac comprennent les cigarettes, le tabac à rouler, le tabac à pipe, le tabac à pipe à eau, les cigares, les cigarillos, le tabac à mâcher, le tabac à priser et le tabac à usage oral.

Sont également des produits du tabac*[,]* au sens du premier alinéa, les nouveaux produits du tabac qui sont les produits autres que ceux mentionnés au deuxième alinéa et qui sont mis sur le marché après le 19 mai 2014.

Art. L. 3512-2 Est considéré comme ingrédient, le tabac, un additif, ainsi que toute autre substance ou tout autre élément présent dans un produit fini du tabac, y compris le papier, le filtre, l'encre, les capsules et les colles.

Art. L. 3512-3 Est considéré comme du tabac à rouler, le produit du tabac destiné à être utilisé par les consommateurs ou les détaillants pour confectionner des cigarettes. Si un produit peut être utilisé à la fois dans une pipe à eau et comme tabac à rouler, il est réputé être du tabac à rouler.

Art. L. 3512-4 La propagande ou la publicité, directe ou indirecte, en faveur du tabac, des produits du tabac, des ingrédients définis à l'article L. 3512-2, ainsi que toute distribution gratuite ou vente d'un produit du tabac à un prix inférieur à celui qui a été homologué conformément à l'article 572 du code général des impôts sont interdites.

Ces dispositions ne s'appliquent pas aux enseignes des débits de tabac, à condition que ces enseignes soient conformes à des caractéristiques définies par arrêté interministériel.

Elles ne s'appliquent pas non plus :

1° Aux publications et services de communication en ligne édités par les organisations professionnelles de producteurs, fabricants et distributeurs des produits du tabac, réservés à leurs adhérents, ni aux publications professionnelles spécialisées dont la liste est établie par arrêté signé par les ministres chargés de la santé et de la communication, ni aux services de communication en ligne édités à titre professionnel qui ne sont accessibles qu'aux professionnels de la production, de la fabrication et de la distribution des produits du tabac ;

2° Aux publications imprimées et éditées et aux services de communication en ligne mis à disposition du public par des personnes établies dans un pays n'appartenant pas à l'Union européenne ou à l'Espace économique européen, lorsque ces publications et services de communication en ligne ne sont pas principalement destinés au marché communautaire.

Toute opération de parrainage ou de mécénat est interdite lorsqu'elle est effectuée par les fabricants, les importateurs ou les distributeurs de produits du tabac ou lorsqu'elle a pour objet ou pour effet la propagande ou la publicité directe ou indirecte en faveur du tabac, des produits du tabac et des ingrédients définis à l'article L. 3512-2.

BIBL. ▸ GAUTIER, Exercices de doctrine engagée : au sujet des limites de l'intervention normative anti-tabac, *D. 2009. 1105*.

COMMENTAIRE

V. Commentaire reproduit sur Dalloz.fr

I. INTERDICTION DE LA PUBLICITÉ ILLICITE EN FAVEUR DU TABAC

Jurisprudence rendue sous l'empire de l'ancien art. L. 3511-3 recodifié à l'art. L. 3512-4

1. *Définition de la publicité illicite en faveur du tabac.* Toute diffusion d'écrit, d'image ou de photographie participant à la promotion du tabac ou des produits du tabac pour inciter à l'achat constitue, quel qu'en soit l'auteur, une publicité ou propagande interdite par les dispositions du code de la santé publique. • Crim. 21 févr. 1996, n° 95-81.605 P : *JCP 2003. IV. 1909.* ♦ La Cour de cassation a ultérieurement précisé que sont prohibées toutes formes de communication commerciale, quel qu'en soit le support, ayant pour but ou pour effet de promouvoir directement ou indirectement le tabac ou un produit du tabac. • Crim. 3 mai 2006, n° 05-85.089 P. ♦ Dans le même sens, V. • Crim. 18 mai 2016, n° 15-80.922 : *JCP 2016. 714, note Brigant* (mentions, photographies, pictogrammes et interviews dans une revue spécialisée en vente sur le territoire français) ; *RD pén. crim. juill. 2016. Comm. 113, note Robert ; Legipresse, n° 342, oct. 2016. 549, note François.* ♦ De même, est prohibée toute diffusion d'objets ayant pour but ou pour effet de promouvoir le tabac ou un produit du tabac. • Crim. 9 mars 2010, n° 08-88.501. ♦ En outre, il est indifférent que certaines des inscriptions figurent à l'intérieur des paquets, la publicité illicite ne visant pas seulement l'incitation au premier achat, mais aussi l'incitation à consommer toujours plus une fois le paquet acheté et ouvert. • Crim. 3 nov. 2010, n° 09-88.599. ♦ ... Et si les informations pratiques sur les produits du tabac n'entrent pas dans la catégorie des mentions prohibées par la loi et ne sont pas de nature à constituer un message publicitaire, sont, en revanche, prohibées les mentions laudatives et les expressions incitant à la consommation du tabac, qui figurent à l'intérieur et à l'extérieur des paquets. • Crim. 21 janv. 2014, n° 12-87.689 : *Dr. pénal n° 3, mars 2014, comm. 42, obs. Robert ; D. 2014. 285 ; AJ pénal 2014. 303, obs. Lasserre Capdeville ; RSC 2014. 71, obs. Mascala ; RTD com. 2014. 437, obs. Bouloc.* ♦ Enfin, si la publicité et la propagande d'une marque de tabac sont illégales, il n'en va pas de même de la seule existence d'une telle marque comme signe de représentation graphique servant à distinguer les produits ou services. • Crim. 7 janv. 2014, n° 13-80.073 : *Dr. pénal n° 3, mars 2014, comm. 41, obs. Robert.* ♦ D'où il s'ensuit que le dépôt à l'Institut national de la propriété industrielle d'une marque de tabac n'est pas illicite et que cet établissement n'est pas coupable du délit de complicité de publicité illicite en faveur du tabac. • Même arrêt. ♦ Le dépôt de la marque « Gauloises 100 ans de liberté » ne pouvant autoriser par lui-même son utilisation publicitaire, c'est à bon droit qu'une cour d'appel admet que le délit de publicité illicite est constitué par la célébration du centenaire de la marque sur les paquets de cigarettes. • Crim. 16 juin 2015, n° 14-84.391 : *Dr. pénal oct. 2015, n° 10, comm. 126, obs. Robert.* ♦ Il résulte de l'art. L. 3511-3 que ne peut être considérée comme une publicité en faveur du tabac la diffusion d'une émission ne comportant aucune image ou aucun propos ayant pour but ou pour effet de promouvoir directement ou indirectement le tabac ou un produit du tabac : le seul fait de montrer une personne dans une émission en train de fumer ne constitue pas une publicité prohibée en faveur du tabac (à propos d'une émission de télévision ayant pour concept un dîner réunissant plusieurs invités autour d'un animateur et au cours de laquelle trois convives ont été filmés alors qu'ils fumaient). • Crim. 21 févr. 2017, n° 15-87.688 : *D. 2017. 510* ; *Dr. pénal, n° 4 2017, note Robert ; RTD com. nov. 2017, n° 3, p. 729, note Bouloc* ; *JDSAM, sept. 2017, n° 27, p. 99, note Guillo et Jaafar.* ♦ L'exécution d'un contrat de prestations de services de relations publiques, portant sur la location, pendant la durée d'une compétition sportive, d'une loge au nom d'une société (respectivement, Philip Morris France, British American Tobaco France et Davidoff) selon une signalétique commune à toutes les loges et ne comportant pas de signe distinctif lié à l'identité du locataire, ainsi que sur un accès privilégié à certains services, ne constitue pas une opération de parrainage ayant pour objet ou pour effet la propagande ou la publicité directe ou indirecte en faveur du tabac ou des produits du tabac. • Crim., 11 juill. 2017, n°s 16-84.647, 16-84.648 et 16-84.655.

2. Interdiction de la publicité et Conv. EDH. Position de la Cour de cassation. La Cour de cassation considère que si la publicité commerciale constitue une forme de liberté d'expression bénéficiant, à ce titre, de la protection de l'art. 10, § 1, Conv. EDH, en revanche, les restrictions à la promotion du tabac contenues dans la législation sont nécessaires à la protection de la santé, laquelle constitue un des motifs de restriction à la liberté d'expression au sens de l'art. 10, § 2, de la Convention. • Crim. 19 nov. 1997, n° 96-82.625 P : *D. 1998. IR 59* ; *ibid. 613, note Galloux* ; *JCP 1998. IV. 1706.* ♦ La jurisprudence en la matière est constante : les règles édictées par le législateur ne méconnaissent ni l'art. 10 Conv. EDH, ni l'art. 1er du protocole additionnel, dès lors qu'elles constituent une mesure nécessaire à la protection de la santé et proportionnée à cet objectif d'intérêt général, justifiant une restriction à la liberté d'expression et au droit de propriété des marques. • Crim. 18 mars 2003, n° 02-83.015 P : *JCP 2003. IV. 1907 ; RDSS 2003. 577, obs. Cayla* • 7 mars 2006, n° 05-82.842 • 19 juin 2007, n° 06-88.014 P • 3 nov. 2010, n° 09-88.599.

3. Position de la CEDH. Pour la CEDH, « compte tenu de l'importance de la protection de la santé publique, de la nécessité de lutter contre le fléau social que constitue, dans nos sociétés, le tabagisme, du besoin impératif d'agir dans ce domaine et de l'existence d'un consensus européen sur la question, [...] les restrictions apportées [...] à la liberté d'expression des requérants répondent à un tel besoin et ne sont pas disproportionnées au but légitime poursuivi ». • CEDH 5 juin 2009, *Sté de conception de presse et d'édition et Ponson c/ France,* n° 26935/05 • 5 juin 2009, *Hachette Filipacchi Presse Automobile et Dupuy c/ France,* n° 13353/05 : *Dr. pénal juin 2009, n° 6, p. 80, note Robert.*

4. Interdiction de la publicité et garanties inscrites dans la Constitution. La chambre criminelle a refusé de transmettre une QPC relative aux dispositions interdisant la publicité en faveur du tabac, dans la mesure où l'art. L. 3511-3 ne méconnaît pas, à l'évidence, le principe d'égalité et le droit d'expression que la Constitution garantit et où ce même article répond, sans disproportion, à des raisons d'intérêt général tenant à l'objectif de protection de la santé publique. • Crim. 24 janv. 2012, n° 11-90.119.

II. RÉPRESSION DE LA PUBLICITÉ ILLICITE EN FAVEUR DU TABAC

A. FORMES DE PUBLICITÉ RÉPRIMÉES

5. Transformation des emballages en objets publicitaires. Constituent une publicité illicite en faveur du tabac les décorations figurant sur des paquets de cigarettes qui associent le tabac aux voyages, aux loisirs et à la jeunesse et qui suscitent le désir d'acquérir une marque particulière de cigarettes de manière à compléter une série d'images différentes. • Crim. 3 mai 2006, n° 05-85.089 P. ♦ ... Ou les illustrations de paquets de cigarettes par la représentation d'une mascotte ailée évoquant les thèmes du voyage, de la musique ou des animaux, les paquets étant conçus pour être amusants et attrayants, notamment vis-à-vis des jeunes consommateurs, et inciter à la collection par leur diversité. • Crim. 26 sept. 2006, n° 05-87.681 P. ♦ ... Ou la vente en série limitée de paquets de cigarettes emballés dans des films de cellophane illustrés par des artistes et invitant à l'achat des divers exemplaires de la série dans le but de constituer une collection. • Crim. 5 déc. 2006, n° 06-84.050. ♦ ... La vente de paquets de cigarettes dont l'emballage met en scène le chameau « Joe Camel » dans diverses situations, le dessin étant accompagné de commentaires destinés à amuser les lecteurs, incitant ces derniers à la collection. • Crim. 13 févr. 2007, n° 04-87.155. ♦ ... Ou encore une présentation du paquet qui facilite l'identification du produit ainsi que l'apposition de différentes mentions rappelant l'histoire de la marque et favorisant la consommation par des procédés ludiques ou particulièrement attrayants. • Crim. 3 nov. 2010, n° 09-88.599.

6. Distribution de cadeaux à l'occasion de l'achat ou d'une loterie. Caractérise une publicité illicite l'offre de cadeaux publicitaires aux acheteurs de paquets de cigarettes d'une marque donnée. • Crim. 15 déc. 1999, n° 98-81.067 • 9 mars 2010, n° 08-88.501. ♦ ... Ou encore la remise d'un objet à prix réduit pour l'achat d'un certain nombre de paquets de cigarettes d'une marque donnée. • Crim. 7 déc. 1999, n° 98-86.821. ♦ ... Ou encore l'insertion dans un paquet de cigarettes d'une marque donnée d'un bulletin de jeu dit « ticket magique » permettant de participer à une loterie et, éventuellement, de gagner un lot. • Crim. 23 févr. 1999, n° 97-86.508. ♦ ...Ou l'organisation d'une loterie dont le prix est un téléviseur sur l'écran duquel apparaît une voiture de course de couleur jaune portant l'inscription d'une marque de cigarettes. • Crim. 11 févr. 1998 : *Bull. crim. n° 58.* ♦ ... Ou le fait de proposer un cadeau à tout acheteur d'un paquet de cigarettes, la circonstance que le cadeau soit sans rapport de corrélation avec ledit paquet et qu'il soit proposé postérieurement à l'achat étant indifférente. • Crim. 20 nov. 2012, n° 12-80.530 : *Dr. pénal 2013, n° 26.*

7. Opérations de parrainage ou de mécénat scientifique. Caractérise une publicité illicite la promotion d'un prix scientifique décerné par une association dont la dénomination rappelle le nom d'une marque de cigarettes. • Crim. 29 juin 1999, n° 98-83.106 P : *Dr. pénal 1999. Comm. 43 ; JCP E 1999, n° 50, p. 2018, note Robert.* ♦ ...Ou l'organisation d'animations et d'activités, à l'occasion d'un festival musical, sous l'enseigne d'un logo distinctif d'une marque de cigarettes et avec l'emploi des couleurs utilisées sur les paquets. • Crim. 30 oct. 2007, n° 06-88.481.

8. Allégations à caractère publicitaire. Au-delà d'une simple information sur la composition du produit, la mention « fabriqué à partir de feuilles entières de tabac et dépourvu d'agents de saveur », apposée sur un cartonnage rustique, d'aspect mat, uniformément beige, accentue le caractère naturel du produit à une époque où le label « écologique » ou « naturel » attire le consommateur et est destinée à favoriser les ventes en donnant à penser que ces cigarettes sont moins nocives que les autres. Elle constitue donc une publicité illicite. • Crim. 21 sept. 2010, n° 09-87.957. ♦ Il en va de même de l'utilisation de termes renforçant l'envie du consommateur d'acquérir le produit, en suscitant chez lui un sentiment d'attente à travers le partage d'un secret et en faisant de lui « une personne différente » associée à une histoire. • Crim. *3 nov. 2010,* *n° 09-88.598.* ♦ Le délit de publicité illicite est également constitué par des mentions faisant référence à la qualité (aromatisé et fabriqué à partir des meilleurs tabacs sélectionnés), au caractère gustatif du produit (« arôme intense ») et informant le consommateur de l'existence d'autres arômes. • Crim. 15 juin 2011, n° 10-86.995. ♦ ... Ou par l'apposition des mentions « filtration minérale exclusive », « filtration minérale » et « innovation filtre », les deux premières références induisant indiscutablement, par les qualités naturelles qu'elles suggèrent dans l'esprit du consommateur, la notion de moindre nocivité par rapport aux autres filtres de cigarettes, tandis que la troisième doit être considérée comme incitative à la consommation de produits du tabac, dans la mesure où elle valorise un procédé qui est inévitablement perçu par les consommateurs comme plus performant et, compte tenu de la nature du produit, comme moins nocif. • Crim. 23 avr. 2013, n° 12-83.244 : *Dr. pénal 2013, n° 98 ; RTD com. 2013. 824, note Bouloc* ♦ ... Ou par des expressions faisant référence au plaisir (« une expérience inoubliable » ou encore « se détendre entre amis et passer du bon temps »), la société de distribution coupable du délit de complicité de publicité en faveur du tabac ne pouvant prétendre s'exonérer de sa responsabilité pénale en invoquant des mesures prises postérieurement à la commission du délit (en l'occurrence, la mise en œuvre immédiate de moyens adéquats pour satisfaire les demandes du Comité national contre le tabagisme). • Crim. 21 janv. 2014, n° 12-87.689 : *préc. note 1.* ♦ La célébration du centenaire de la marque Gauloises sur les paquets de cigarettes s'analysant comme une campagne de promotion d'un produit du tabac, soumis à une réglementation restrictive, sans que le dépôt de la marque « Gauloises 100 ans de liberté » puisse autoriser par lui-même son utilisation publicitaire, le délit de publicité illicite en faveur du tabac est constitué. • Crim. 16 juin 2015, n° 14-84.391 : *préc. note 1.* ♦ Les mentions figurant sur les paquets de tabac, qui associent ce dernier à une conscience écologique, à une société ancienne utilisant des produits sélectionnés selon une certaine méthode de fabrication et s'engageant à apporter au consommateur une entière satisfaction, constituent une publicité illicite. • Crim. 15 déc. 2015, n° 14-87.439 : *CCC n° 3, mars 2016, comm. 79, note Berheim-Desvaux.*

B. PRESCRIPTION DU DÉLIT DE PUBLICITÉ

9. Point de départ du délai de prescription sur internet. Le point de départ du délai de prescription du délit n'est pas la date de la première diffusion du message litigieux sur internet, mais la date à laquelle le message cesse d'être accessible au public, la violation de l'interdiction édictée à l'art. L. 3511-3 étant, quel qu'en soit le support, une infraction continue qui se poursuit tant que le message litigieux reste accessible au public. • Crim. 17 janv. 2006, n° 05-86.451 P : *D. 2006. 1437, note Courtin ; JCP 2006. II. 10120, note Bouloc.* ♦ Cette position semble en contradiction avec celle du Conseil constitutionnel qui s'est prononcé sur le point de départ de la prescription des délits commis sur l'internet à l'occasion du vote de la loi sur la confiance dans l'économie numérique. • Cons. const. 10 juin 2004, *n° 2004-496 DC : JO 22 juin, p. 11182.*

III. RÉGIME DU PRIX DU TABAC

10. Incompatibilité du régime français du prix du tabac avec le droit communautaire. En tant qu'il interdit les prix de nature promotionnelle, l'art. L. 3511-3 est incompatible avec les objectifs de l'art. 9, § 1er, de la Dir. 85/59/CE du 27 nov. 1995 concernant le prix de vente des cigarettes et des autres tabacs manufacturés car il revient à interdire toute concurrence par les prix entre produits concurrents. La Cour relève que l'objectif de protection de la santé publique invoqué par la France sur le fondement de l'art. 36 TFUE n'était pas pertinent en l'espèce, cet objectif pouvant être atteint par d'autres moyens, notamment fiscaux. • CJUE 4 mars 2010, *Commission c/ France*, no C-197/08 : *JCP 22 mars 2010, no 12, p. 602, obs. Picod ; AJDA 2010. 943 ; Europe mai 2010, no 146, note Mosbrucker.*

Art. L. 3512-5 Est considérée comme propagande ou publicité indirecte la propagande ou la publicité en faveur d'un organisme, d'un service, d'une activité, d'un produit ou d'un article autre que le tabac, un produit du tabac ou un ingrédient défini à l'article L. 3512-2 lorsque, par son graphisme, sa présentation, l'utilisation d'une marque, d'un emblème publicitaire ou un autre signe distinctif, elle rappelle le tabac, un produit du tabac ou un ingrédient défini à l'article L. 3512-2.

Toutefois, ces dispositions ne sont pas applicables à la propagande ou à la publicité en faveur d'un produit autre que le tabac, un produit du tabac ou un ingrédient défini à l'article L. 3512-2 qui a été mis sur le marché avant le 1er janvier 1990 par une entreprise juridiquement et financièrement distincte de toute entreprise qui fabrique, importe ou commercialise du tabac*[,]* un produit du tabac ou un ingrédient défini à l'article L. 3512-2. La création d'un lien juridique ou financier entre ces entreprises rend caduque cette dérogation.

COMMENTAIRE

V. Commentaire reproduit sur Dalloz.fr

Art. L. 3512-6 La retransmission des compétitions de sport mécanique, contenant de la publicité directe ou indirecte en faveur des produits mentionnés à l'article L. 3512-5 et qui se déroulent dans des pays où la publicité pour le tabac est autorisée, peut être assurée par les chaînes de télévision.

COMMENTAIRE

V. Commentaire reproduit sur Dalloz.fr

Jurisprudence rendue sous l'empire de l'ancien art. L. 3511-5 recodifié à l'art. L. 3512-6.

1. Différence de traitement entre la presse écrite et les chaînes de télévision. L'introduction, par l'art. L. 3511-5, d'une différence de traitement entre la presse écrite et les chaînes de télévision, ces dernières étant autorisées à retransmettre des compétitions de sport mécanique qui se déroulent dans des pays où la publicité pour le tabac est autorisée, procède d'une distinction objective et proportionnée aux buts légitimes poursuivis par la loi. • Crim. 19 juin 2007, no 06-88.014 P.

2. Portée de l'exception de retransmission. La dérogation apportée à la loi générale portant interdiction de la publicité pour le tabac se limite à la possibilité de retransmettre les compétitions de sport mécanique pour satisfaire aux *nécessités de l'information*, en temps réel ou dans des situations proches de celui-ci ; elle ne s'étend pas aux diverses rediffusions d'images intervenant plusieurs jours après l'épreuve. • Crim. 14 mai 2008, no 07-87.128 P.

3. CEDH et diffusion d'images de compétition de sports mécaniques. Pour la Cour européenne des droits de l'homme, l'interdiction pour la presse écrite de publier des images de la Formule 1 avec de la publicité en faveur du tabac prises à l'occasion de compétitions organisées dans des pays où cette publicité est autorisée constitue une ingérence dans le droit à la liberté d'expression ; cette ingérence poursuit un but légitime (la protection de la santé publique) et n'est pas contraire à l'art. 10 Conv. EDH. Il n'y pas non plus de violation de l'art. 14 (non-discrimination) dans le fait que les médias audiovisuels (qui ne sont pas dans la même situation que la presse écrite) peuvent retransmettre la course sans « flouter » les logos publicitaires. • CEDH 5 juin 2009, *Sté de conception de presse et d'édition et Ponson c/ France*, no 26935/05 • 5 juin 2009, *Hachette Filipacchi Presse Automobile et Dupuy c/ France*, no 13353/05 : *Dr. pénal juin 2009, no 6, p. 80, note Robert.*

Art. L. 3512-7 I. — Les fabricants, les importateurs et les distributeurs de produits du tabac ainsi que les entreprises, les organisations professionnelles ou les associations les représentant adressent chaque année au ministre chargé de la santé un rapport détaillant l'ensemble des dépenses liées à des activités d'influence ou de représentation d'intérêts.

II. — Sont considérées comme des dépenses liées à des activités d'influence ou de représentation d'intérêts :

1° Les rémunérations de personnels employés en totalité ou en partie pour exercer des activités d'influence ou de représentation d'intérêts ;

2° Les achats de prestations auprès de sociétés de conseil en activités d'influence ou de représentation d'intérêts ;

3° Les avantages en nature ou en espèces, sous quelque forme que ce soit, d'une façon directe ou indirecte, dont la valeur dépasse 10 €, procurés à :

a) Des membres du Gouvernement ;

b) Des membres des cabinets ministériels ou à des collaborateurs du Président de la République ;

c) Des collaborateurs du Président de l'Assemblée nationale ou du Président du Sénat ;

d) Des parlementaires ;

e) Des personnes chargées d'une mission de service public que leur mission ou la nature de leur fonction appelle à prendre ou à préparer les décisions et les avis des autorités publiques relatifs aux produits du tabac ;

f) Des experts, personnes physiques ou morales, chargés, par convention avec une personne publique, d'une mission de conseil pour le compte d'une personne publique qui a pour mission de prendre ou de préparer les décisions et les avis des autorités publiques relatifs aux produits du tabac.

III. — Le rapport mentionné au I indique, pour chaque entreprise tenue de l'établir :

1° Le montant total des rémunérations mentionnées au 1° du II et le nombre des personnes concernées ;

2° Le montant total et l'identité des bénéficiaires des dépenses mentionnées au 2° du II ;

3° La nature et l'identité du bénéficiaire de chaque dépense mentionnée au 3° du II.

COMMENTAIRE

V. Commentaire reproduit sur Dalloz.fr

Art. L. 3512-8 Il est interdit de fumer dans les lieux affectés à un usage collectif, notamment scolaire, et dans les moyens de transport collectif, sauf dans les emplacements expressément réservés aux fumeurs.

COMMENTAIRE

V. Commentaire reproduit sur Dalloz.fr

Jurisprudence rendue sous l'empire de l'ancien art. L. 3511-7 recodifié à l'art. L. 3512-8

1. *Tabagisme parental et intérêt de l'enfant.* Prenant en compte le tabagisme d'un parent pour apprécier l'intérêt de l'enfant, le juge fixe la résidence de l'enfant chez le père, au vu du rapport d'enquête sociale établissant que le tabagisme de la mère était de nature à mettre en danger la santé de l'enfant. • TGI Marseille, ord., 9 mars 2000 : *JCP 2001. II. 10590, note Bugada.*

2. *Tabagisme passif en prison.* Contrairement au TA de Nantes (• Ord. du 25 août 2005 : *AJDA 2005. 1653* ; *D. 2005. IR 2340*), le CE considère que le maintien d'un détenu dans une cellule où il est exposé à un risque de tabagisme passif ne porte pas, dans les circonstances de l'espèce, une atteinte grave et manifestement illégale à une liberté fondamentale, au sens de l'art. L. 521-2 CJA. • CE, ord., 8 sept. 2005, *Garde des Sceaux, min. Justice*, n° 284803 : *Lebon 388* ; *D. 2006. 124, note Bioy* ; *AJDA 2006. 377, note Laudijois* ; *AJ pénal 2005. 377, obs. Herzog-Evans* ; *JCP 2005. IV. 3194* ; *Dr. adm. 2005, n° 159* ; *LPA 16 nov. 2005, n° 228, p. 6, note Clément.* ♦ V. aussi • TA Caen, 21 déc. 2004, X., n° 0301698 : *D. 2005. 2134, note Fournié et Massat* .

3. *Lutte et protection contre le tabagisme sur les lieux de travail.* Aucune disposition non plus qu'aucun principe général ne fait obstacle à ce que soient édictées, par la voie du règlement intérieur d'une entreprise, des mesures faisant application de textes qui, tout en poursuivant un objectif qui dépasse l'entreprise, n'en visent pas moins les lieux de travail et répondent à un impératif d'hygiène. Par suite, peuvent légalement figurer dans le règlement intérieur, les mesures réglementaires d'application de la législation relative à l'interdiction de fumer dans les lieux collectifs. • CE 18 mars 1998, *Min. Travail, Emploi et Formation professionnelle*, n° 162055 : *Lebon 99 ; Dr. soc. 1998. 1012, note Chaumette*. ♦ L'employeur, qui est tenu à une obligation de sécurité de résultat vis-à-vis de ses salariés en ce qui concerne la protection contre le tabagisme en entreprise, ne satisfait pas aux exigences imposées par les textes (notamment aux art. R. 3511-1 s. CSP fixant les conditions d'application de l'interdiction de fumer dans les lieux affectés à un usage collectif) en se contentant d'interdire à ses salariés de fumer en présence d'une employée non fumeuse et d'apposer des panneaux d'interdiction de fumer dans le bureau à usage collectif que cette employée occupait. • Soc. 29 juin 2005, n° 03-44.412 : *D. 2005. 2565, note Bugada ; JCP 2005. II. 10144, note Carsin-Korignan ; JCP S 2005, n° 1154, note Favennec-Héry.* ♦ L'obligation de sécurité de résultat à laquelle l'employeur est tenu à l'égard de son personnel lui impose de respecter les dispositions du code de la santé publique relatives à l'interdiction de fumer dans les lieux publics. • Soc. 6 oct. 2010, n° 09-65.103 P : *D. 2010. 2439, obs. Ines ; ibid. 2011. Pan. 1246, obs. Borenfreund, Dockès, Leclerc et al. ; RDT 2011. 322, obs. Véricel*. ♦ Lorsque l'employeur est une collectivité publique, les autorités administratives ont l'obligation de prendre toutes les mesures nécessaires pour assurer la sécurité et protéger la santé physique et morale de leurs agents et il leur appartient, sauf à commettre une faute de service susceptible d'engager la responsabilité civile de la collectivité, d'assurer la bonne exécution des dispositions législatives et réglementaires qui ont cet objet, notamment celles inscrites à l'art. R. 3511-1 CSP fixant les conditions d'application de l'interdiction de fumer dans les lieux affectés à un usage collectif. • CE 30 déc. 2011, n° 330959 : *AJDA 2012. 891, note Baruchel*. ♦ Toutefois, sauf à bénéficier d'une délégation du pouvoir de contrôle ou de surveillance en matière d'hygiène et de sécurité, le président du conseil d'administration d'un centre communal d'action sociale ne peut pas être considéré comme pénalement responsable de l'absence de signalisation de l'interdiction de fumer dans un foyer d'accueil géré par ce centre. • Crim. 22 févr. 2005, n° 04-82.966.

4. Réparation de la perte de chance d'éviter un cancer. Le préjudice causé à un enseignant, résultant directement de la faute commise par un établissement scolaire qui s'est abstenu de faire respecter le dispositif antitabac, n'est pas le dommage *corporel issu du cancer survenu du fait de l'exposition au tabac, mais la perte de chance* d'éviter ce dommage du fait de la continuité de l'exposition. • CAA Bordeaux, 18 déc. 2012, *École nationale supérieure d'architecture de Toulouse*, n° 11BX01213.

5. Licenciement pour tabagisme. Fumer dans les locaux d'une cartonnerie affectés aux pauses, en violation d'une interdiction générale justifiée par la sécurité des personnes et des biens, imposée par l'autorisation d'établissement classé, figurant au règlement intérieur et rappelée par de nombreux panneaux, constitue une faute grave justifiant un licenciement. • Soc. 1er juill. 2008, n° 06-46.421 : *JCP 2008. II. 10144, note Carsin-Corrignan ; RDT 2008. 750, obs. Véricel*.

6. Contentieux lié au décret pris pour application de l'art. L. 3511-7. Le décret du 15 nov. 2006, relatif aux conditions d'application de l'interdiction de fumer dans les lieux collectifs (art. R. 3511-1 s.), pris pour application de l'art. L. 3511-7 par le Premier ministre en vertu de ses pouvoirs de police générale, est légal. • CE 19 mars 2007, *Mme Le Gac et a.*, nos 300467, 300500, 300680, 300682, 300683 et 300898 : *Lebon 124 ; JCP Adm. 2007. 2225, note Maillard Desgrées du Loû ; JCP S 2007, n° 1314, note Prétot ; RFDA 2007. 770, concl. Derepas*. ♦ Est également légale la décision du ministre de la Santé de ne pas proposer au premier ministre l'abrogation du décret du 15 nov. 2006. • CE 10 juin 2009, nos 318066 et 318068.

7. Manque à gagner et dépréciation du fonds de commerce imputés à l'interdiction de fumer. Les dispositions, prises en vue de protéger la santé publique, qui ont posé le principe d'une interdiction générale de fumer dans les lieux à usages collectifs, réservant la possibilité d'emplacements dédiés aux fumeurs, ne conduisent pas à l'interdiction générale et absolue de la vente de cendriers publicitaires. Par suite, les exploitants d'un établissement fabriquant ce type d'objets n'établissent pas que la baisse de leur chiffre d'affaires et la dépréciation de leur fonds de commerce, dont ils demandent réparation, seraient directement liés à l'entrée en vigueur de la législation relative à l'interdiction de fumer. • CAA Versailles, 26 juin 2012, n° 11VE02892.

8. Respect de l'interdiction de fumer dans la terrasse fermée d'un café. La terrasse d'un établissement accueillant du public ne constitue pas un lieu fermé et couvert où s'impose l'interdiction totale de fumer, dès lors que, close des trois côtés, elle n'a ni toit ni auvent, ou bien si, disposant d'un toit ou auvent, elle est intégralement ouverte en façade frontale. En l'espèce, une terrasse de café librement accessible à l'usage collectif des consommateurs et du personnel de l'établissement, mais également fermée par ses trois côtés principaux et munie simplement d'une aération partielle sous toiture, comme telle impropre à protéger les consommateurs contre l'exposition tabagique, est bien un lieu fermé et couvert accueillant du public et constituant un lieu de travail. D'où il suit que l'interdiction de fumer doit s'appliquer. • Civ. 2e, 13 juin 2013, n° 12-22.170 : *D. 2013. 1554, obs. Fontana ; JCP 2013. 1170, comm. Robert.*

9. Interdiction de fumer et cigarette électronique. Les textes de répression étant d'interprétation stricte et l'interdiction de fumer ayant été prévue alors, d'une part, que la cigarette électronique n'était pas encore utilisée et, d'autre part, que cette dernière ne saurait être assimilée à une cigarette traditionnelle, le liquide, mélangé à l'air, étant diffusé sous forme de vapeur, la décision de relaxe prise par le juge de proximité à l'encontre d'une personne en train de « vapoter », verbalisée pour infraction à l'interdiction de fumer dans l'enceinte d'une gare, est justifiée. • Crim. 26 nov. 2014, n° 14-81.888 : *Dr. pénal 2015. Comm. 21, note J. H. Robert.* ♦ La cigarette électronique ne reposant pas sur un processus de combustion et pouvant, en outre, être composée ou non de nicotine, il n'est pas possible, en l'état actuel de la législation, de considérer, sans risque juridique, que les textes relatifs à l'interdiction de fumer peuvent s'appliquer à elle. • CE, avis, 17 oct. 2014, n° 377797. ♦ Aucun des fondements (atteinte directe ou indirecte à la santé publique ou risque de trouble à l'ordre public) susceptibles de justifier l'alignement de l'interdiction de « vapoter » sur celle de fumer ne suffit, en l'état des données scientifiques disponibles, à envisager une extension sans adaptation des dispositions de l'art. L. 3511-7 relatives à l'interdiction de fumer dans les lieux à usage collectif. • Même avis.

10. Restrictions au « vapotage » sur les lieux de travail. V. note 2 ss. art. L. 3513-6.

11. Restrictions au « vapotage » dans les cafés, restaurants ou établissements de loisir. V. note 5 ss. art. L. 3513-6.

12. Restrictions au « vapotage » dans les moyens de transport collectif. V. note 3 ss. art. L. 3513-6.

13. Interdiction du « vapotage » dans les établissements accueillant des mineurs. V. note 4 ss. art. L. 3513-6.

Art. L. 3512-9 Il est interdit à tous les occupants d'un véhicule de fumer en présence d'un enfant de moins de dix-huit ans.

COMMENTAIRE

V. Commentaire reproduit sur Dalloz.fr

SECTION II MODALITÉS DE VENTE

Art. L. 3512-10 L'article L. 3335-1 est applicable aux lieux de vente de tabac manufacturé, sans préjudice des droits acquis.

Par dérogation à l'article L. 3335-1 et sans préjudice des droits acquis, un débit de tabac ne peut être établi autour d'un établissement d'instruction publique, d'un établissement scolaire privé ou d'un établissement de formation ou de loisirs de la jeunesse à une distance inférieure à un seuil fixé par arrêté du représentant de l'État dans le département.

COMMENTAIRE

V. Commentaire reproduit sur Dalloz.fr

Art. L. 3512-11 Est interdite la vente de produits du tabac en distributeurs automatiques.

Art. L. 3512-12 Il est interdit de vendre ou d'offrir gratuitement, dans les débits de tabac et tous commerces ou lieux publics, à des mineurs de moins de dix-huit ans des produits du tabac définis à l'article L. 3512-1 ou des ingrédients définis à l'article L. 3512-2.

La personne *qui délivre* l'un de ces produits exige du client qu'il établisse la preuve de sa majorité.

COMMENTAIRE

V. Commentaire reproduit sur Dalloz.fr

Art. L. 3512-13 Sont interdites la fabrication, la vente, la distribution ou l'offre à titre gratuit des produits destinés à *[l']* usage oral, à l'exception de ceux qui sont destinés à être fumés ou chiqués, constitués totalement ou partiellement de tabac, sous forme de poudre, de particules fines ou toutes combinaisons de ces formes, notamment ceux qui sont présentés en sachets portions ou en sachets poreux, ou sous une forme évoquant une denrée comestible.

COMMENTAIRE

V. Commentaire reproduit sur Dalloz.fr

Art. L. 3512-14 Sont interdites la vente, la distribution ou l'offre à titre gratuit de paquets de moins de vingt cigarettes et de paquets de plus de vingt *[cigarettes]* qui ne sont pas composés d'un nombre de cigarettes multiple de cinq ainsi que des contenants de moins de trente grammes de tabacs *[tabac]* fine coupe destinés à rouler des cigarettes, *(L. n° 2017-1775 du 28 déc. 2017, art. 35-II, en vigueur le 1er oct. 2018)* « et que des contenants de plus de trente grammes de tabacs *[tabac]* fine coupe destinés à rouler des cigarettes dont le poids en grammes n'est pas un multiple de cinq. »

COMMENTAIRE

V. Commentaire reproduit sur Dalloz.fr

Jurisprudence rendue sous l'empire de l'ancien art. L. 3511-2 recodifié à l'art. L. 3512-14

Interdiction de vendre des paquets de moins de 20 cigarettes. En raison de sa faible incidence sur l'équilibre de la sécurité sociale, la modification de l'al. 2 (vingt cigarettes au lieu de dix-neuf) n'avait pas sa place dans la loi de financement de la sécurité sociale pour 2005. • Cons. const. 16 déc. 2004, n° 2004-508 DC : *JO 21 déc., p. 21663.*

SECTION III INGRÉDIENTS ET ÉMISSIONS

Art. L. 3512-15 I. — Sont interdites la vente, la distribution ou l'offre à titre gratuit de cigarettes dont les teneurs maximales en goudron, en nicotine et en monoxyde de carbone des émissions sont supérieures à des teneurs fixées par arrêté du ministre chargé de la santé.

II. — Cet arrêté fixe en outre :

1° Les méthodes d'analyse permettant de mesurer la teneur en goudron, en nicotine et en monoxyde de carbone des cigarettes ;

2° Les méthodes de vérification de l'exactitude des teneurs déclarées.

(Ord. n° 2016-1812 du 22 déc. 2016, art. 7-I) « III. — Les mesures des émissions mentionnées au I sont vérifiées par des laboratoires agréés par le ministre chargé de la santé, sur avis d'un établissement public, désigné par arrêté du même ministre, qui évalue et contrôle les éléments relevant de son champ de compétence. Ces laboratoires n'appartiennent pas à l'industrie du tabac et ne sont pas contrôlés, directement ou indirectement, par celle-ci. »

Un décret prévoit les conditions d'agrément et de contrôle des laboratoires mentionnés ci-dessus.

COMMENTAIRE

V. Commentaire reproduit sur Dalloz.fr

Art. L. 3512-16 I. — Sont interdites la vente, la distribution ou l'offre à titre gratuit de cigarettes et de tabac à rouler :

1° Aromatisés ayant une odeur ou un goût clairement identifiable avant ou pendant la consommation, autre que ceux du tabac ;

2° Dont les filtres, le papier, les capsules, le conditionnement ou tout autre composant contiennent du tabac, de la nicotine ou des arômes ;

3° Contenant tout dispositif technique permettant de modifier l'odeur ou le goût des produits du tabac ou leur intensité de combustion ;

4° Contenant des vitamines ou d'autres additifs laissant entendre qu'un produit du tabac a des effets bénéfiques sur la santé ou que les risques qu'il présente pour la santé ont été réduits ;

5° Contenant de la caféine, *de la taurine* ou d'autres additifs et stimulants associés à *l'énergie et à la vitalité ;*

6° Contenant des additifs qui confèrent des propriétés colorantes aux émissions de fumée ;

7° Contenant des additifs qui facilitent l'inhalation ou l'absorption de nicotine ;

8° Contenant des additifs qui, sans combustion, ont des propriétés cancérogènes, mutagènes ou toxiques pour la reproduction humaine ;

9° Contenant des additifs dans des quantités qui augmentent, lors de la consommation, de manière significative ou mesurable, leurs effets toxiques ou l'effet de dépendance qu'ils engendrent.

II. – Les 4° à 6° et le 8° du I s'appliquent aux autres produits du tabac.

Le 7° du I s'applique aux autres produits du tabac à fumer.

Les 2° et 3° du I s'appliquent également aux papiers et aux filtres vendus, distribués ou offerts séparément.

III. – Le *(Ord. n° 2016-967 du 15 juill. 2016, art. 6)* « 1° du I » entre en vigueur le 20 mai 2020 pour les produits du tabac contenant un arôme clairement identifiable dont le volume des ventes représente, au sein de l'Union européenne, à la date du 20 mai 2016, 3 % ou plus d'une catégorie de produits du tabac déterminée.

COMMENTAIRE

V. Commentaire reproduit sur Dalloz.fr

Art. L. 3512-17 I. – Avant la mise sur le marché de tout produit du tabac, les fabricants et importateurs de produits du tabac transmettent, par marque et par type, à l'établissement public désigné par arrêté la liste de tous les ingrédients utilisés dans la fabrication des produits du tabac et leurs émissions.

Cette déclaration comporte des informations portant notamment sur le statut des ingrédients au regard du règlement (CE) n° 1907/2006 du 18 décembre 2006 et du règlement (CE) n° 1272/2008 du 16 décembre 2008, les données toxicologiques et les effets sur la santé du produit, la raison de l'utilisation des ingrédients, ainsi qu'une description générale des additifs utilisés et leurs propriétés.

II. – Au plus tard dix-huit mois après qu'un additif a été inscrit sur la liste prioritaire établie par décision européenne mentionnée à l'article 6 de la directive 2014/40/UE, les fabricants et les importateurs soumettent les études approfondies qu'ils ont réalisées le concernant.

III. – Pour les nouveaux produits du tabac définis au troisième alinéa de l'article L. 3512-1, une notification complémentaire est transmise six mois avant la mise sur le marché. Cette notification comporte des études portant notamment sur la toxicité, les effets de dépendance, l'attractivité et le marché du produit.

Art. L. 3512-18 Les fabricants et importateurs de produits du tabac communiquent à l'établissement public désigné par arrêté les études internes et externes concernant le marché et les préférences des groupes de consommateurs en matière d'ingrédients et d'émissions et des synthèses d'études en vue du lancement de nouveaux produits. Ils déclarent annuellement à cet établissement le volume de leurs ventes pour l'année écoulée, par marque et par type.

Art. L. 3512-19 Toute déclaration *(Ord. n° 2016-1812 du 22 déc. 2016, art. 7-II)* « ou notification » mentionnée aux articles L. 3512-17 et L. 3512-18*[,]* ou toute modification de *(Ord. n° 2016-1812 du 22 déc. 2016, art. 7-II)* « cette déclaration », donne lieu au versement par le fabricant ou l'importateur de produits du tabac, au profit de l'établissement public mentionné à l'article L. 3512-17, d'un droit pour la réception, le stockage, le traitement, l'analyse et la publication des informations, ainsi que pour la vérification des mesures visées à l'article L. 3512-16 et des études visées à l'article *L. 3512-17.*

Le montant de ces droits est fixé par décret dans la limite de 7 600 €.

Ces droits sont recouvrés selon les modalités prévues pour le recouvrement des créances des établissements publics administratifs de l'État.

SECTION IV **CARACTÉRISTIQUES DES CONDITIONNEMENTS**

Art. L. 3512-20 Sans préjudice des dispositions de l'article 575 D du code général des impôts, les unités de conditionnement, les emballages extérieurs et les suremballages des cigarettes et du tabac à rouler, le papier à cigarette et le papier à rouler les cigarettes sont neutres et uniformisés.

BIBL. ▶ AZÉMA, Emballages et conditionnements des produits du tabac, *RTD com. 2016. 292*.

COMMENTAIRE

V. Commentaire reproduit sur Dalloz.fr

Art. L. 3512-21 I. — L'étiquetage des unités de conditionnement, tout emballage extérieur ainsi que le produit du tabac proprement dit ne peuvent comprendre aucun élément ou dispositif qui :

1° Contribue à la promotion d'un produit du tabac ou incite à sa consommation en donnant une impression erronée quant aux caractéristiques, effets sur la santé, risques ou émissions de ce produit ;

2° Ressemble à un produit alimentaire ou cosmétique.

II. — Les éléments et dispositifs qui sont interdits en vertu du I comprennent notamment les messages, symboles, noms, marques commerciales, signes figuratifs ou autres.

COMMENTAIRE

V. Commentaire reproduit sur Dalloz.fr

Art. L. 3512-22 I. — Les unités de conditionnement et les emballages extérieurs portent, dans les conditions fixées par un arrêté du ministre chargé de la santé :

1° Pour les produits du tabac à fumer :

a) Un avertissement sanitaire apposé deux fois, comportant notamment les informations relatives au sevrage tabagique, combiné avec une photographie ;

(Ord. n° 2016-1812 du 22 déc. 2016, art. 7-III) « *b)* Un avertissement général. Ce message est apposé deux fois lorsque ces produits sont conditionnés dans des boîtes pliantes à couvercle basculant ; »

c) Un message d'information ;

2° Pour les produits du tabac sans combustion, un avertissement sanitaire apposé deux fois.

II. — Les unités de conditionnement du papier à rouler les cigarettes portent, dans les conditions fixées par un arrêté du ministre chargé de la santé, un avertissement général et un avertissement comportant notamment les informations relatives au sevrage tabagique.

COMMENTAIRE

V. Commentaire reproduit sur Dalloz.fr

Jurisprudence rendue sous l'empire de l'ancien art. L. 3511-6 recodifié à l'art. L. 3512-22

1. Légalité de l'arrêté du 26 avr. 1991. Le ministre a pu légalement, par l'arrêté attaqué, prévoir que le message sanitaire « fumer provoque des maladies graves » devait assortir la publicité ou la propagande indirecte en faveur du tabac ou des produits du tabac. • CE 10 mai 1996, *Sté CGM-MBH de Cologne*, n° 127125 : *RDSS 1997. 44, obs. Cayla.*

2. Absence de responsabilité des fabricants de tabac envers un fumeur. La SEITA n'est pas responsable, au titre d'une obligation d'information des fumeurs sur les dangers du tabac, du décès d'un fumeur consécutif à sa consommation de tabac. • Orléans, 10 sept. 2001 : *D. 2001. IR 3172* ; *JCP 2002. II. 10133, note Daille-Duclos* ; *RDSS 2002. 28, note Saillard* ; *RCA nov. 2001, chron. Grynbaum, n° 23, p. 8.* – Confirmé par • Civ. 2e, 20 nov. 2003, n° 01-17.977 P : *D. 2003. 2902, concl. Kessous, note Grynbaum* ; *ibid. 2004. 1346, obs. Mazeaud* ; *JCP 2004. II. 10004, note Daille-Duclos* ; *ibid. 2004. I. 163, obs. Viney.* ♦ Dans le même sens, • Montpellier, 22 mars 2006 : *JCP 2006. II. 10158, note Daille-Duclos.* – Confirmé par • Civ. 1re, 8 nov. 2007, n° 06-15.873 : *D. 2008. 50, note Revel* ; *JCP 2008. II. 10033, note Sauvat.* – Bibl. Neyret, La Cour de cassation neutralise l'obligation d'information de certains professionnels, *D. 2008. 804.*

3. Absence de responsabilité de l'État envers un fumeur. Si l'art. 2 Conv. EDH impose la protection du droit à la vie, notamment en matière de santé publique et que les manquements à cette obligation, s'agissant entre autres de l'organisation d'une prévention contre un risque sanitaire, peuvent engager la responsabilité des autorités publiques à l'égard des victimes de ce risque, l'État français ne peut être déclaré responsable du risque pris par un fumeur atteint d'un cancer dû à sa consommation de tabac, dans la mesure où il n'a pas manqué à son obligation d'information sur la nocivité de cette consommation et que le législateur a instauré un dispositif suffisamment sévère pour assurer la lutte contre le tabagisme. • TA Bordeaux, 5 nov. 2008, n° 0701796 : *AJDA 2009. 1110, concl. Bayle*. ♦ Confirmé par • CAA Bordeaux, 8 févr. 2011, n° 08BX03161.

4. Modification de l'avertissement sanitaire imposé par la loi. Toute modification du contenu de l'avertissement sanitaire imposé par le législateur constituant une infraction, doit être condamné le fabricant qui ajoute sur les paquets de cigarettes les termes « selon la loi n° ... » à la mention « nuit gravement à la santé ». • Crim. 15 févr. 2000, n° 98-87.282 P : *D. 2000. AJ 238, obs. Rondey* ; *RDSS 2000. 509, obs. Cayla* • T. corr. Paris, 4 mars 2002 : *RDSS 2002. 474, obs. Cayla.* ♦ V. aussi • Crim. 13 mai 2003, n° 02-84.028 P : *D. 2003. 1736* ; *JCP 2003. IV. 2228.*

Jurisprudence rendue sous l'empire de l'art. L. 3512-22

5. Obligation d'apposer deux fois le message d'information sur certains conditionnements. Eu égard à la confusion qu'elles opèrent entre l'avertissement général et le message d'information, ainsi d'ailleurs qu'à leur champ d'application plus large que celui de la disposition qu'elles visent à transposer, les dispositions du *c)* du 1° du I de l'art. L. 3512-22 selon lesquelles « Ce message est apposé deux fois lorsque ces produits sont conditionnés dans des boîtes pliantes à couvercle basculant » sont contraires à l'art. 9 de la Dir. 2014/40/UE sur la fabrication, la présentation et la vente des produits du tabac et des produits connexes. Il y a lieu, en conséquence, d'annuler cette phrase. • CE 10 mai 2017, *Féd. des fabricants de cigares et a.*, n° 401536 : *Lebon.*

SECTION V **TRAÇABILITÉ**

Art. L. 3512-23 I. — Les unités de conditionnement de produits du tabac fabriqués en France, importés d'un État non membre de l'Union européenne ou provenant d'un État membre de l'Union européenne, sont revêtus d'un identifiant unique, imprimé ou apposé de façon inamovible et indélébile. Cet identifiant n'est ni dissimulé, ni interrompu et permet d'accéder à des données relatives à la fabrication et aux mouvements de ces produits du tabac.

II. — Les personnes concernées par le commerce des produits du tabac, du fabricant au dernier opérateur avant le premier détaillant, enregistrent l'entrée de toutes les unités de conditionnement en leur possession, ainsi que tous les mouvements intermédiaires et la sortie définitive des unités de conditionnement.

Les personnes qui interviennent dans la chaîne d'approvisionnement des produits du tabac conservent un relevé complet et précis de toutes les opérations concernées.

III. — Les fabricants de produits du tabac fournissent à toutes les personnes concernées par le commerce de ces produits, du fabricant au dernier opérateur avant le premier détaillant, y compris les importateurs, entrepôts et sociétés de transport, l'équipement nécessaire pour enregistrer les produits du tabac achetés, vendus, stockés, transportés ou soumis à toute autre manipulation. Cet équipement permet de lire les données enregistrées et de les transmettre sous forme électronique à une installation de stockage de données.

Les dispositions issues de l'Ord. n° 2016-623 du 19 mai 2016 sont applicables à partir du 20 mai 2019 pour les cigarettes et le tabac à rouler, et à partir du 20 mai 2024 pour les autres produits du tabac (Ord. préc., art. 6-III).

Art. L. 3512-24 I. — Les fabricants et les importateurs de produits du tabac concluent un contrat de stockage des données accessibles grâce à l'identifiant unique avec un tiers indépendant, dans le but d'héberger l'installation de stockage des données mentionnée au III de l'article L. 3512-23.

Ce tiers indépendant est agréé par la Commission européenne, au regard notamment *de son* indépendance et ses capacités techniques. Il en va de même pour le contrat de stockage de données.

II. — Les informations mentionnées au I sont enregistrées dans des traitements automatisés de données à caractère personnel dans les conditions de la loi n° 78-17 du 6 janvier 1978 modifiée relative à l'informatique, aux fichiers et aux libertés. Elles ne peuvent pas être modifiées ou effacées par une personne concernée par le commerce des produits du tabac.

III. — L'installation de stockage de données est physiquement située sur le territoire de l'Union européenne. La Commission européenne a pleinement accès à cette installation. Les agents habilités des ministères chargés de la santé et chargés des douanes ont pleinement accès aux composantes de cette installation situées sur le territoire français. Ils ont accès électroniquement aux informations mentionnées au I, au moyen d'un lien vers l'identifiant unique.

IV. – Les activités du tiers indépendant sont contrôlées par un auditeur externe, proposé et rémunéré par le fabricant ou l'importateur, et agréé par la Commission européenne. L'auditeur externe soumet au ministre chargé de la santé, au ministre chargé des douanes et à la Commission européenne un rapport annuel dans lequel sont en particulier évaluées les irrégularités éventuelles liées à l'accès aux données stockées par le tiers indépendant.

V. note ss. art. L. 3512-23.

Art. L. 3512-25 Outre l'identifiant unique mentionné à l'article L. 3512-23, les unités de conditionnements de produits du tabac fabriqués, importés d'un État non membre de l'Union européenne ou provenant d'un État membre de l'Union européenne, comportent un dispositif de sécurité infalsifiable, composé d'éléments visibles et invisibles.

Le dispositif de sécurité est imprimé ou apposé de façon inamovible et indélébile. Il n'est ni dissimulé, ni interrompu.

V. note ss. art. L. 3512-23.

Art. L. 3512-26 Un décret en Conseil d'État détermine les conditions d'application du présent chapitre, notamment :

1° Le modèle de rapport mentionné à l'article L. 3512-7 ;

2° Les conditions d'application de l'article L. 3512-16 ;

3° Le contenu des déclarations mentionnées aux articles L. 3512-17 et L. 3512-18, leurs modalités de transmission et d'actualisation, la nature des informations qui sont rendues publiques et les modalités de cette publication ;

4° Les conditions de neutralité et d'uniformisation des conditionnements des produits du tabac prévues à l'article L. 3512-20, notamment de forme, de taille, de texture et de couleur, et les modalités d'inscription des marques et des dénominations commerciales sur ces supports ;

5° Les principales catégories d'éléments ou dispositifs contribuant à la promotion d'un produit du tabac qui sont interdits par application du 1° de l'article L. 3512-21 ;

6° Après avis de la Commission nationale de l'informatique et des libertés, les modalités de mise en œuvre de la traçabilité prévue par les articles L. 3512-23 à L. 3512-25.

SECTION VI DISPOSITIONS APPLICABLES À CERTAINES COLLECTIVITÉS D'OUTRE-MER

V. Dalloz.fr.

CHAPITRE III PRODUITS DU VAPOTAGE

SECTION PREMIÈRE DISPOSITIONS COMMUNES

Art. L. 3513-1 Sont considérés comme produits du vapotage :

1° Les dispositifs électroniques de vapotage, c'est-à-dire des produits, ou tout composant de ces produits, y compris les cartouches, les réservoirs et les dispositifs dépourvus de cartouche ou de réservoir, qui peuvent être utilisés, au moyen d'un embout buccal, pour la consommation de vapeur contenant le cas échéant de la nicotine. Les dispositifs électroniques de vapotage peuvent être jetables ou rechargeables au moyen d'un flacon de recharge et d'un réservoir ou au moyen de cartouches à usage unique ;

2° Les flacons de recharge, c'est-à-dire les récipients renfermant un liquide contenant le cas échéant de la nicotine, qui peuvent être utilisés pour recharger un dispositif électronique de vapotage.

Art. L. 3513-2 Ne constituent pas des produits du vapotage les produits qui sont des médicaments ou des dispositifs médicaux au sens des articles L. 5111-1 et L. 5211-1.

Art. L. 3513-3 Est considéré comme ingrédient, un additif ainsi que toute autre substance ou tout autre élément présent dans un produit du vapotage.

Art. L. 3513-4 La propagande ou la publicité, directe ou indirecte, en faveur des produits du vapotage est interdite.

Ces dispositions ne s'appliquent pas :

1° Aux publications et services de communication en ligne édités par les organisations professionnelles de producteurs, fabricants et distributeurs des produits du vapotage, réservés à leurs adhérents, ni aux publications professionnelles spécialisées dont la liste est établie par arrêté ministériel signé par les ministres chargés de la santé et de la communication ; ni aux services de communication en ligne édités à titre professionnel qui ne sont accessibles qu'aux professionnels de la production, de la fabrication et de la distribution des produits du vapotage ;

2° Aux publications imprimées et éditées et aux services de communication en ligne mis à disposition du public par des personnes établies dans un pays n'appartenant pas à l'Union européenne ou à l'Espace économique européen, lorsque ces publications et services de communication en ligne ne sont pas principalement destinés au marché communautaire ;

3° Aux affichettes relatives aux produits du vapotage, disposées à l'intérieur des établissements les commercialisant et non visibles de l'extérieur.

Toute opération de parrainage ou de mécénat est interdite lorsqu'elle a pour objet ou pour effet la propagande ou la publicité directe ou indirecte en faveur de produits du vapotage.

(Ord. n° 2016-1812 du 22 déc. 2016, art. 3-I) « Le 2° n'est pas applicable à Saint-Pierre-et-Miquelon et à Saint-Barthélemy. »

COMMENTAIRE

V. Commentaire reproduit sur Dalloz.fr

1. Interdiction de disposer des affichettes visibles de l'extérieur du lieu de vente. Si, par exception, à l'interdiction de la propagande ou la publicité, directe ou indirecte, en faveur du vapotage, il est, notamment, possible de disposer des affichettes relatives aux produits du vapotage, « à l'intérieur des établissements les commercialisant et non visibles de l'extérieur », cette disposition doit être interprétée comme ayant pour effet d'interdire, dans les lieux de vente, les affichettes relatives aux produits de vapotage qui seraient visibles de l'extérieur des établissements. • CE 10 mai 2017, *Féd. des fabricants de cigares et a.*, n° 401536 : *Lebon.*

2. Portée de l'interdiction de la propagande et la publicité. L'interdiction définie par l'art. L. 3513-4 ne portant que sur la propagande et la publicité, elle ne saurait être interprétée comme faisant obstacle à ce que les établissements commercialisant des produits du vapotage puissent signaler la nature de leur activité par l'enseigne du lieu de vente. • CE 10 mai 2017, *Féd. des fabricants de cigarettes et a.*, n° 401536 : *préc. note 1.*

Art. L. 3513-5 Il est interdit de vendre ou d'offrir gratuitement, dans les débits de tabac et tous commerces ou lieux publics, à des mineurs de moins de dix-huit ans des produits du vapotage.

La personne qui délivre l'un de ces produits exige du client qu'il établisse la preuve de sa majorité.

(Ord. n° 2016-1812 du 22 déc. 2016, art. 3-II) « Pour l'application du présent article, dans les collectivités régies par l'article 73 de la Constitution, à Saint-Martin, à Saint-Barthélemy et à Saint-Pierre-et-Miquelon, les mots : "les débits de tabac et" sont supprimés. »

COMMENTAIRE

V. Commentaire reproduit sur Dalloz.fr

Art. L. 3513-6 Il est interdit de vapoter dans :

1° Les établissements scolaires et les établissements destinés à l'accueil, à la formation et à l'hébergement des mineurs ;

2° Les moyens de transport collectif fermés ;

3° Les lieux de travail fermés et couverts à usage collectif.

COMMENTAIRE

V. Commentaire reproduit sur Dalloz.fr

Jurisprudence rendue sous l'empire de l'ancien art. L. 3511-7 recodifié à l'art. L. 3513-6

1. *Interdiction de fumer et cigarette électronique.* Les textes de répression étant d'interprétation stricte et l'interdiction de fumer ayant été prévue alors, d'une part, que la cigarette électronique n'était pas encore utilisée et, d'autre part, que cette dernière ne saurait être assimilée à une cigarette traditionnelle, le liquide, mélangé à l'air, étant diffusé sous forme de vapeur, la décision de relaxe prise par le juge de proximité à l'encontre d'une personne en train de « vapoter », verbalisée pour infraction à l'interdiction de fumer dans l'enceinte d'une gare, est justifiée. • Crim. 26 nov. 2014, ⚖ n° 14-81.888 : *Dr. pénal 2015. Comm. 21, note J. H. Robert.* ♦ La cigarette électronique ne reposant pas sur un processus de combustion et pouvant, en outre, être composée ou non de nicotine, il n'est pas possible, en l'état actuel de la législation, de considérer, sans risque juridique, que les textes relatifs à l'interdiction de fumer peuvent s'appliquer à elle. • CE, avis, 17 oct. 2014, n° 377797. ♦ Aucun des fondements (atteinte directe ou indirecte à la santé publique ou risque de trouble à l'ordre public) susceptibles de justifier l'alignement de l'interdiction de « vapoter » sur celle de fumer ne suffit, en l'état des données scientifiques disponibles, à envisager une extension sans adaptation des dispositions de l'art. L. 3511-7 relatives à l'interdiction de fumer dans les lieux à usage collectif. • Même avis.

2. *Restrictions au « vapotage » sur les lieux de travail.* L'employeur peut toujours, dans le cadre du règlement intérieur, justifier des mesures particulières de restriction lorsque le « vapotage » est incompatible avec les activités de l'entreprise. • CE, avis, 17 oct. 2014, n° 377797. ♦ En outre, la limitation de l'usage de la cigarette électronique appelant une intervention du législateur, ce dernier pourrait, en raison de la promiscuité, de la longueur du temps partagé dans le même espace et du confinement dans un espace réduit, et afin de garantir à l'ensemble des personnels d'une entreprise la possibilité de travailler dans de bonnes conditions, restreindre la possibilité de « vapoter » dans tous les espaces clos et collectifs. • Même avis. ♦ Une telle restriction législative, afin de ne pas risquer d'être disproportionnée, devrait prévoir l'aménagement d'espaces réservés à l'usage de la cigarette électronique, comme c'est déjà le cas pour la cigarette traditionnelle. • Même avis.

3. *Restrictions au « vapotage » dans les moyens de transport collectif.* La promiscuité, la longueur du temps partagé dans le même espace et le confinement dans un espace réduit pourraient justifier une restriction du « vapotage » par le législateur, pour permettre aux voyageurs des déplacements dans de bonnes conditions. • CE, avis, 17 oct. 2014, n° 377797.

4. *Interdiction du « vapotage » dans les établissements accueillant des mineurs.* L'exemplarité nécessaire à une protection efficace de la santé des mineurs et la nécessité de fixer au sein des établissements des interdictions claires permettant leur respect par le plus grand nombre pourraient justifier une interdiction générale du « vapotage » au sein de ces lieux. • CE, avis, 17 oct. 2014, n° 377797. ♦ Pour autant, il peut être loisible au législateur de réserver des lieux spécifiques pour les personnels encadrant des mineurs. • Même avis.

5. *Restrictions au « vapotage » dans les cafés, restaurants ou établissements de loisir.* Une interdiction générale paraît, en l'état des connaissances scientifiques, disproportionnée, mais le législateur pourrait apporter des restrictions à la liberté de « vapoter », sans que toutefois, en l'état des connaissances scientifiques disponibles, cette interdiction puisse être aussi générale que celle qui s'applique à la cigarette traditionnelle. • CE, avis, 17 oct. 2014, n° 377797.

SECTION II DISPOSITIONS PROPRES AUX PRODUITS DU VAPOTAGE CONTENANT DE LA NICOTINE

SOUS-SECTION 1 INGRÉDIENTS ET ÉMISSIONS

Art. L. 3513-7 Les dispositifs électroniques de vapotage jetables, les flacons de recharge et les cartouches à usage unique contenant de la nicotine ne contiennent que des ingrédients de haute pureté, sauf traces techniquement inévitables dans le processus de fabrication.

Sont interdites la vente, la distribution ou l'offre à titre gratuit de dispositifs électroniques de vapotage jetables, de flacons de recharge et les cartouches à usage unique contenant de la nicotine qui comportent les additifs suivants :

1° Des *additifs créant l'impression* que le produit a des effets bénéfiques sur la santé ou que les risques qu'il présente pour la santé ont été réduits ;

2° Des additifs et stimulants associés à l'énergie et à la vitalité ;

3° Des additifs qui confèrent des propriétés colorantes aux émissions ;

4° Des additifs qui facilitent l'inhalation ou l'absorption de nicotine ;

5° Des additifs qui, sans combustion, ont des propriétés cancérogènes, mutagènes ou toxiques pour la reproduction humaine.

Art. L. 3513-8 Dans les produits du vapotage contenant de la nicotine, seuls sont utilisés, à l'exception de la nicotine, des ingrédients qui, chauffés ou non, ne présentent pas de risques pour la santé humaine.

Les teneurs maximales en nicotine de ces produits sont fixées par arrêté du ministre chargé de la santé.

Les dispositifs électroniques de vapotage diffusent, dans des conditions d'utilisation normales, la nicotine de manière constante.

Art. L. 3513-9 Les produits du vapotage contenant de la nicotine comportent un dispositif de sûreté dont les caractéristiques sont déterminées par arrêté du ministre chargé de la santé.

Art. L. 3513-10 Six mois avant la mise sur le marché de produits du vapotage contenant de la nicotine, les fabricants et importateurs soumettent à l'établissement public*[,]* désigné par arrêté, un dossier de notification par marque et par type de produit.

Ce dossier porte notamment sur les responsables de cette mise sur le marché, sur la composition, les émissions, les données toxicologiques des ingrédients et des émissions, les composants et le processus de fabrication du produit.

COMMENTAIRE

V. Commentaire reproduit sur Dalloz.fr

Art. L. 3513-11 Les fabricants et importateurs de produits du vapotage contenant de la nicotine déclarent annuellement pour l'année écoulée à l'établissement public mentionné à l'article L. 3513-10 les données de leurs ventes par marque et par type ainsi que des synthèses des études de marché qu'ils réalisent.

Art. L. 3513-12 Toute notification mentionnée à l'article L. 3513-10 donne lieu au versement, au profit de l'établissement public mentionné par cet article, d'un droit pour la réception, le stockage, le traitement, et l'analyse des informations, dont le montant est fixé par décret, dans la limite de 7 600 €.

Ces droits sont recouvrés selon les modalités prévues pour le recouvrement des créances des établissements publics administratifs de l'État.

Art. L. 3513-13 Les fabricants, les importateurs et les distributeurs de produits du vapotage contenant de la nicotine mettent en place et tiennent à jour un système de collecte d'informations sur tous les effets indésirables présumés de ces produits sur la santé humaine.

Si l'un de ces opérateurs économiques considère ou a des raisons de croire que les produits qui sont en sa possession et sont destinés à être mis sur le marché ou sont mis sur le marché ne sont pas sûrs, ne sont pas de bonne qualité ou ne sont pas conformes au présent chapitre, cet opérateur économique prend immédiatement les mesures correctives nécessaires pour mettre le produit concerné en conformité, le retirer ou le rappeler, le cas échéant.

Dans ces cas, l'opérateur économique informe immédiatement l'établissement public mentionné à l'article L. 3513-10, en précisant en particulier les risques pour la santé humaine et la sécurité, toute mesure corrective prise, ainsi que les résultats de ces mesures correctives.

Des informations supplémentaires peuvent être demandées aux opérateurs économiques par l'établissement public mentionné à l'article L. 3513-10, par exemple sur les aspects touchant à la sécurité et à la qualité ou à tout effet indésirable éventuel desdits produits.

Art. L. 3513-14 Lorsque l'établissement public mentionné à l'article L. 3513-10 constate ou a des motifs raisonnables de croire qu'un produit du vapotage contenant de la nicotine ou qu'un type de produits donnés pourrait présenter un risque grave pour la santé humaine, il en informe immédiatement le ministère chargé de la santé, en lui proposant les mesures provisoires appropriées.

SOUS-SECTION 2 PRÉSENTATION DU PRODUIT

Art. L. 3513-15 Un arrêté du ministre chargé de la santé définit le volume maximal pour le réservoir des dispositifs électroniques de vapotage jetables et des cartouches à usage unique et pour les flacons de recharge contenant de la nicotine.

Art. L. 3513-16 Toutes les unités de conditionnement et tous les emballages extérieurs de produits du vapotage contenant de la nicotine mentionnent :

1° La composition intégrale du liquide contenant de la nicotine ;
2° La teneur moyenne en nicotine et de la quantité diffusée par dose ;
3° Le numéro de lot ;
4° Une recommandation selon laquelle le produit doit être tenu hors de portée des enfants ;
5° Un avertissement sanitaire apposé deux fois.

Un arrêté du ministre chargé de la santé fixe les caractéristiques et les modalités d'inscription de ces mentions obligatoires, les méthodes d'analyse permettant de mesurer la teneur en nicotine et les méthodes de vérification de l'exactitude des mentions portées sur les unités de conditionnement.

COMMENTAIRE

V. Commentaire reproduit sur Dalloz.fr

Art. L. 3513-17 Toutes les unités de conditionnement des produits du vapotage contenant de la nicotine comprennent une notice dont les caractéristiques sont définies par arrêté du ministre chargé de la santé.

Art. L. 3513-18 I. – L'étiquetage des unités de conditionnement, tout emballage extérieur ainsi que le produit du vapotage contenant de la nicotine proprement dit ne peuvent comprendre aucun élément ou dispositif qui :

1° Contribue à la promotion des produits du vapotage ou incite à leur consommation en donnant une impression erronée quant aux caractéristiques, effets sur la santé, risques ou émissions du produit ;
2° Suggère que le produit est moins nocif que d'autres ou vise à réduire l'effet de certains composants nocifs de la fumée ou présente des propriétés vitalisantes, énergisantes, curatives, rajeunissantes, naturelles, biologiques ou a des effets bénéfiques sur la santé ou le mode de vie ;
3° Ressemble à un produit alimentaire ou cosmétique ;
4° Suggère que le produit est plus facilement biodégradable ou présente d'autres avantages pour l'environnement ;
5° Suggère un avantage économique au moyen de bons imprimés, d'offres de réduction, de distribution gratuite, de promotion de type "deux pour le prix d'un" ou d'autres offres similaires.

II. – Les éléments et dispositifs qui sont interdits en vertu du I comprennent notamment les messages, symboles, noms, marques commerciales, signes figuratifs ou autres.

Art. L. 3513-19 Sauf dispositions contraires, un décret en Conseil d'État détermine les conditions d'application du présent chapitre, notamment celles relatives aux articles L. 3513-6 et L. 3513-7, ainsi que le contenu de la notification et de la déclaration mentionnées aux articles L. 3513-10 et L. 3513-11, leurs modalités de transmission et d'actualisation, la nature des informations qui sont rendues publiques et les modalités prévues à cet effet.

CHAPITRE IV PRODUITS À FUMER À BASE DE PLANTES AUTRES QUE LE TABAC

Art. L. 3514-1 Sont considérés comme des produits à fumer à base de plantes autres *que le tabac des produits* à base de végétaux, de plantes aromatiques ou de fruits, ne contenant pas de tabac et pouvant être consommés au moyen d'un processus de combustion.

Art. L. 3514-2 Est considéré comme ingrédient un additif ainsi que toute autre substance ou tout autre élément présent dans un produit à fumer à base de plantes autres que le tabac, y compris le papier, le filtre, l'encre, les capsules et les colles.

Art. L. 3514-3 I. — L'étiquetage des unités de conditionnement, tout emballage extérieur ainsi que le produit à fumer à base de plantes autres que le tabac proprement dit ne peuvent comprendre aucun élément ou dispositif qui :

1° Contribue à la promotion du produit ou incite à sa consommation en donnant une impression erronée quant aux caractéristiques, effets sur la santé, risques ou émissions du produit ; les étiquettes ne comprennent aucune information sur la teneur en nicotine, en goudron ou en monoxyde de carbone du produit ;

2° Suggère qu'un produit est moins nocif que d'autres ou vise à réduire l'effet de certains composants nocifs de la fumée ou présente des propriétés vitalisantes, énergisantes, curatives, rajeunissantes, naturelles, biologiques ou a des effets bénéfiques sur la santé ou le mode de vie ;

3° Indique que le produit est exempt d'additifs ou d'arômes ;

4° Ressemble à un produit alimentaire ou cosmétique.

II. — Les éléments et dispositifs qui sont interdits en vertu du I comprennent notamment les messages, symboles, noms, marques commerciales, signes figuratifs ou autres.

Art. L. 3514-4 Toutes les unités de conditionnement et tous les emballages extérieurs de produits à fumer à base de plantes autres que le tabac portent, dans les conditions fixées par un arrêté du ministre chargé de la santé, un avertissement sanitaire.

Art. L. 3514-5 Avant la mise sur le marché de tout produit à fumer à base de plantes autres que le tabac, les fabricants et importateurs de tels produits transmettent à l'établissement public désigné par arrêté une déclaration des ingrédients utilisés par marque et par type de produit.

Art. L. 3514-6 Un décret en Conseil d'État détermine les conditions d'application du présent chapitre, notamment le contenu de la déclaration, ses modalités de transmission et d'actualisation, la nature des informations qui sont rendues publiques et les modalités selon lesquelles elles le sont.

CHAPITRE V DISPOSITIONS PÉNALES

SECTION PREMIÈRE CONTRÔLES

Art. L. 3515-1 Les agents mentionnés à l'article L. 1312-1 du présent code, *(L. n° 2016-1088 du 8 août 2016, art. 116-II)* « à l'article L. 8112-1 » du code du travail veillent au respect des articles L. 3512-8, L. 3512-12, L. 3513-5 et L. 3513-6 du présent code et des règlements pris pour son application et procèdent à la recherche et à la constatation des infractions à ces dispositions.

Ils disposent à cet effet, chacun pour ce qui le concerne, des prérogatives qui leur sont reconnues par les articles L. 1312-1 du présent code, L. 8113-1 à L. 8113-5 et L. 8113-7 du code du travail et par les textes pris pour leur application.

Ces agents peuvent, pour constater une infraction aux articles L. 3512-12 et L. 3513-5, exiger que le client établisse la preuve de sa majorité, par la production de tout document officiel muni d'une photographie.

Jurisprudence rendue sous l'empire de l'ancien art. L. 3512-4 recodifié à l'art. L. 3515-1

Portée de l'obligation statutaire des agents chargés du contrôle. Les agents du ministère de la Santé habilités et assermentés tiennent de la loi leur mission de recherche et de constatation des infractions à l'interdiction de fumer dans les lieux à usage collectif. Elle constitue pour eux une obligation statutaire qu'ils n'ont pas le droit d'éluder en refusant de prêter serment. Si une nouvelle habilitation est nécessaire à chaque extension de leurs compétences, il n'en est pas de même pour l'assermentation, qui traduit seulement leur engagement à remplir loyalement leurs fonctions et à observer leurs devoirs. • CE 8 oct. 2008, *Synd. nat. des personnels de santé environnementale,* n° 303937 : *Lebon 355 ; JCP 2008. IV. 2763, obs. Rouault.*

Art. L. 3515-2 Les agents de police municipale, les gardes champêtres, les agents de surveillance de Paris ainsi que les agents de la ville de Paris chargés d'un service de police mentionnés, respectivement, aux articles L. 511-1, L. 521-1, L. 523-1 et L. 531-1 du code de la sécurité intérieure peuvent constater par procès-verbaux les infractions aux articles L. 3512-8, L. 3512-12, L. 3513-5 et L. 3513-6 du présent code et aux règlements pris pour leur application, lorsqu'elles sont commises sur le territoire communal, sur le territoire de la ville de Paris ou sur le territoire pour lequel ils sont assermentés et lorsqu'elles ne nécessitent pas de leur part d'actes d'enquête.

Ces agents peuvent, pour constater une infraction aux articles L. 3512-12 et L. 3513-5, exiger que le client établisse la preuve de sa majorité, par la production de tout document officiel muni d'une photographie.

SECTION II SANCTIONS ET RESPONSABILITÉ PÉNALE

Art. L. 3515-3 I. – Est punie de 100 000 euros d'amende :

1° Toute propagande ou publicité, directe ou indirecte, du tabac, d'un produit du tabac ou des ingrédients définis à l'article L. 3512-1 en méconnaissance de l'interdiction prévue à l'article L. 3512-4 ;

2° Le fait de retransmettre une compétition de sport mécanique contenant de la publicité directe ou indirecte pour le tabac et se déroulant dans un pays où la publicité pour le tabac est interdite, ainsi que la retransmission, par un moyen autre qu'une chaîne de télévision, d'une compétition de sport mécanique contenant de la publicité directe ou indirecte pour le tabac et se déroulant dans un pays où la publicité pour le tabac est autorisée, en méconnaissance des dispositions de l'article L. 3512-6 ;

3° Le fait de vendre, distribuer ou offrir à titre gratuit des paquets de moins de vingt cigarettes, des paquets de plus de vingt cigarettes qui ne sont pas composés d'un nombre de cigarettes multiple de cinq ou des contenants de moins de trente grammes de tabacs fine coupe destinés à rouler des cigarettes, quel que soit leur conditionnement *[nouvelle rédaction issue de la L. n° 2017-1775 du 28 déc. 2017, art. 35-II et III, en vigueur le 1er oct. 2018 : « 3° Le fait de méconnaître les dispositions de l'article L. 3512-14 »]* ;

4° Le fait de vendre, distribuer ou offrir à titre gratuit des cigarettes dont les teneurs en goudron, en nicotine et en monoxyde de carbone des émissions dépassent les teneurs maximales fixées dans les conditions du I de l'article L. 3512-15 ;

5° Le fait de vendre, distribuer ou offrir à titre gratuit des cigarettes ou du tabac à rouler :

a) Aromatisés ayant une odeur ou un goût clairement identifiable avant ou pendant la consommation, autre que ceux du tabac ;

b) Dont les filtres, le papier, les capsules, le conditionnement ou tout autre composant contiennent du tabac, de la nicotine ou des arômes ;

c) Contenant tout dispositif technique permettant de modifier l'odeur ou le goût des produits du tabac ou leur intensité de combustion ;

d) Contenant des vitamines ou d'autres additifs laissant entendre qu'un produit du tabac a des effets bénéfiques sur la santé ou que les risques qu'il présente pour la santé ont été réduits ;

e) Contenant de la caféine, de la taurine ou d'autres additifs et stimulants associés à l'énergie et à la vitalité ;

f) Contenant des additifs qui confèrent des propriétés colorantes aux émissions de fumée ;

g) Contenant des additifs qui facilitent l'inhalation ou l'absorption de nicotine ;

h) Contenant des additifs qui, sans combustion, ont des propriétés cancérogènes, mutagènes ou toxiques pour la reproduction humaine ;

i) Contenant des additifs dans des quantités qui augmentent, lors de la consommation, de manière significative ou mesurable, leurs effets toxiques ou l'effet de dépendance qu'ils engendrent ;

6° Le fait de vendre, distribuer ou offrir à titre gratuit du papier et des filtres :

a) Contenant du tabac, de la nicotine ou des arômes ;

b) Contenant tout dispositif technique permettant de modifier leur odeur ou leur goût ou l'intensité de la combustion de la cigarette ;

7° Le fait de vendre, distribuer ou offrir à titre gratuit des cigarettes, du tabac à rouler, du papier à cigarette et du papier à rouler les cigarettes en méconnaissance des dispositions de l'article L. 3512-20 imposant une neutralité et une uniformisation des unités de conditionnement, des emballages extérieurs et des suremballages ;

8° Le fait d'utiliser sur l'étiquetage des unités de conditionnement, sur tout emballage extérieur, ainsi que sur les produits du tabac proprement dit, un message, un symbole, une marque, une dénomination commerciale, un signe figuratif ou tout autre élément ou dispositif qui :

a) Contribue à la promotion d'un produit du tabac ;

b) Ressemble à un produit alimentaire ou cosmétique ;

9° Le fait d'utiliser une marque ou une dénomination sur l'étiquetage des unités de conditionnement, sur tout emballage extérieur, ainsi que sur les produits du tabac proprement dit, en méconnaissance des dispositions de l'article L. 3512-21 du code de la santé publique ;

10° Le fait de vendre, distribuer ou offrir à titre gratuit des produits du tabac ou du papier à rouler les cigarettes dans des unités de conditionnement et des emballages extérieurs méconnaissent les obligations fixées en matière d'avertissements sanitaires prévues à l'article L. 3512-22 ;

11° Toute propagande ou publicité, directe ou indirecte, en faveur des produits du vapotage en méconnaissance de l'interdiction prévue à l'article L. 3513-4 ;

12° Le fait de vendre, distribuer ou offrir à titre gratuit des dispositifs électroniques de vapotage jetables, des flacons de recharge ou des cartouches à usage unique contenant de la nicotine qui comportent les additifs suivants :

a) Des additifs créant l'impression que le produit a des effets bénéfiques sur la santé ou que les risques qu'il présente pour la santé ont été réduits ;

b) Des additifs et stimulants associés à l'énergie et à la vitalité ;

c) Des additifs qui confèrent des propriétés colorantes aux émissions ;

d) Des additifs qui facilitent l'inhalation ou l'absorption de nicotine ;

e) Des additifs qui, sans combustion, ont des propriétés cancérogènes, mutagènes ou toxiques pour la reproduction humaine ;

13° Le fait de vendre, distribuer ou offrir à titre gratuit des produits du vapotage dont les teneurs en nicotine dépassent les teneurs maximales fixées dans les conditions du second alinéa de l'article L. 3513-8 ;

14° Le fait de vendre, distribuer ou offrir à titre gratuit des produits du vapotage contenant de la nicotine sans dispositif de sûreté ou dont le dispositif de sûreté méconnaît les dispositions de l'article L. 3513-9 ;

15° Le fait de vendre, distribuer ou offrir à titre gratuit un dispositif électronique de vapotage jetable dont le réservoir dépasse le volume maximal fixé dans les conditions de l'article L. 3513-15 ;

16° Le fait de vendre, distribuer ou offrir à titre gratuit des cartouches à usage unique dont le réservoir dépasse le volume maximal fixé dans les conditions de l'article L. 3513-15 ;

17° Le fait de vendre, distribuer ou offrir à titre gratuit un flacon de recharge contenant de la nicotine dont le volume maximal méconnaît les dispositions de l'article L. 3513-15 ;

18° Le fait de vendre, distribuer ou offrir à titre gratuit un produit du vapotage contenant de la nicotine dont l'unité de conditionnement ou l'emballage extérieur ne mentionne pas l'un ou plusieurs des éléments suivants :

a) La composition intégrale du liquide contenant de la nicotine ;

b) La teneur moyenne en nicotine et de la quantité diffusée par dose ;

c) Le numéro de lot ;

d) Une recommandation selon laquelle le produit doit être tenu hors de portée des enfants ;

e) Un avertissement sanitaire apposé deux fois ;

19° Le fait de vendre, distribuer ou offrir à titre gratuit un produit du vapotage contenant de la nicotine dont l'unité de conditionnement ne comprend pas la notice en méconnaissance des dispositions de l'article L. 3513-17 ;

20° *Le fait d'utiliser*, sur les unités de conditionnement ainsi que sur tout emballage extérieur de produits du vapotage contenant de la nicotine, un message, un symbole, une marque, une dénomination commerciale, un signe figuratif ou tout autre élément ou dispositif qui :

a) Contribue à la promotion des produits du vapotage ou incite à leur consommation en donnant une impression erronée quant aux caractéristiques, effets sur la santé, risques ou émissions du produit ;

b) Suggère que le produit est moins nocif que d'autres ou vise à réduire l'effet de certains composants nocifs de la fumée ou présente des propriétés vitalisantes, énergisantes, curatives, rajeunissantes, naturelles, biologiques ou a des effets bénéfiques sur la santé ou le mode de vie ;

c) Ressemble à un produit alimentaire ou cosmétique ;

d) Suggère que le produit est plus facilement biodégradable ou présente d'autres avantages pour l'environnement ;

e) Suggère un avantage économique au moyen de bons imprimés, d'offres de réduction, de distribution gratuite, de promotion de type "deux pour le prix d'un" ou d'autres offres similaires ;

21° Le fait d'utiliser, sur les unités de conditionnement ainsi que sur tout emballage extérieur de produits à fumer à base de plantes autres que le tabac, un message, un symbole, une marque, une dénomination commerciale, un signe figuratif ou tout autre élément ou dispositif qui :

a) Contribue à la promotion du produit ou incite à sa consommation en donnant une impression erronée quant aux caractéristiques, effets sur la santé, risques ou émissions du produit ; les étiquettes ne comprennent aucune information sur la teneur en nicotine, en goudron ou en monoxyde de carbone du produit ;

b) Suggère qu'un produit est moins nocif que d'autres ou vise à réduire l'effet de certains composants nocifs de la fumée ou présente des propriétés vitalisantes, énergisantes, curatives, rajeunissantes, naturelles, biologiques ou a des effets bénéfiques sur la santé ou le mode de vie ;

c) Indique que le produit est exempt d'additifs ou d'arômes ;

d) Ressemble à un produit alimentaire ou cosmétique ;

22° Le fait de vendre, distribuer ou offrir à titre gratuit un produit à fumer à base de plantes autres que le tabac dont l'unité de conditionnement et l'emballage extérieur méconnaît les dispositions de l'article L. 3514-4 sur l'avertissement sanitaire.

II. — Pour les infractions pénales mentionnées au I, est encourue la peine complémentaire de confiscation de la chose qui a servi ou était destinée à commettre l'infraction ou de la chose qui en est le produit, en application de l'article 131-21 du code pénal.

III. — La récidive est punie d'une amende de 200 000 €. En cas de récidive, le tribunal peut, en outre, prononcer l'interdiction pendant une durée inférieure ou égale à cinq ans, de la vente des produits qui ont fait l'objet de l'opération illégale.

Le tribunal ordonne, s'il y a lieu, la suppression, l'enlèvement ou la confiscation de la publicité interdite aux frais des délinquants.

La cessation de la publicité peut être ordonnée soit sur réquisition du ministère public, soit d'office par le juge d'instruction ou le tribunal saisi des poursuites. La mesure ainsi prise est exécutoire nonobstant toutes voies de recours. Mainlevée peut en être donnée par la juridiction qui l'a ordonnée ou qui est saisie du dossier. La mesure cesse d'avoir effet en cas de décision de non-lieu ou de relaxe.

Les décisions statuant sur les demandes de mainlevée peuvent faire l'objet d'un recours devant la chambre de l'instruction ou devant la cour d'appel selon qu'elles ont été prononcées par un juge d'instruction ou par le tribunal saisi des poursuites.

La chambre de l'instruction ou la cour d'appel statue dans un délai de dix jours à compter de la réception des pièces.

Jurisprudence rendue sous l'empire de l'ancien art. L. 3512-2 recodifié à l'art. L. 3515-3

1. *Amnistie du délit de publicité illicite.* Le délit de publicité illicite n'est pas amnistiable de plein droit par l'art. 2 de la loi du 3 août 1995 portant amnistie car l'existence d'une mesure complémentaire à la peine d'amende, inscrite à l'art. L. 355-31 [L. 3512-2] CSP, suffit à écarter l'amnistie de plein droit. • Crim. 6 mai 1998 : *Dr. pénal 1998. Comm. 147 ; JCP E 1999. 36, note Robert.*

Jurisprudence rendue sous l'empire de l'art. L. 3515-3

2. *Dispositions pénales relatives aux produits de vapotage.* Le Gouvernement n'a pas méconnu les objectifs de la Dir. du 3 avr. 2014 en punissant d'amendes de même montant les infractions aux dispositions applicables aux produits du tabac et les infractions de même nature aux dispositions applicables aux produits du vapotage. • CE 10 mai 2017, *Féd. des fabricants de cigares et a*, n° 401536 : Lebon.

Art. L. 3515-4 Est punie de 45 000 euros d'amende :

1° Le fait pour un fabricant ou un importateur de produit du tabac de mettre sur le marché un produit du tabac sans avoir transmis la déclaration définie à l'article L. 3512-17 ;

2° Le fait pour un fabricant ou un importateur de produit du tabac de ne pas avoir communiqué une étude de marché en méconnaissance des dispositions de l'article L. 3512-18 ;

3° Le fait d'importer, en vue de les vendre, distribuer ou offrir à titre gratuit, des produits du tabac fabriqués dans un État non membre de l'Union européenne ou provenant d'un État membre de l'Union européenne dont l'unité de conditionnement n'est pas revêtue de l'identifiant unique en méconnaissance des dispositions de l'article L. 3512-23 ;

4° Le fait d'importer, en vue de les vendre, distribuer ou offrir à titre gratuit, des produits du tabac fabriqués dans un État non membre de l'Union européenne ou provenant d'un État membre de l'Union européenne, dont l'unité de conditionnement ne comporte pas le dispositif de sécurité infalsifiable en méconnaissance des dispositions de l'article L. 3512-25 ;

5° Toute modification ou altération, par toute personne concernée par le commerce des produits du tabac, du fabricant au dernier opérateur avant le premier détaillant, des informations contenues dans le traitement des données géré par le tiers-indépendant prévu à l'article L. 3512-24 ;

6° Le fait pour un fabricant ou un importateur de mettre sur le marché un produit du vapotage contenant de la nicotine sans avoir procédé à la notification dans les conditions et délais définies à l'article L. 3513-10 ;

7° Le fait pour un fabricant ou un importateur d'un produit du vapotage de ne pas avoir adressé la déclaration annuelle pour l'année écoulée en méconnaissance des dispositions de l'article L. 3513-11 ;

8° Le fait pour un fabricant, un distributeur ou un importateur d'un produit du vapotage de ne pas mettre en place ou mettre à jour un système de collecte d'informations mentionné à l'article L. 3513-13, sur tous les effets indésirables présumés de ces produits sur la santé humaine ;

9° Le fait pour un fabricant, un distributeur ou un importateur d'un produit du vapotage de ne pas informer immédiatement l'établissement public mentionné à l'article L. 3513-10 de risques pour la santé humaine et la sécurité que présentent un produit du vapotage qu'il met sur le marché ou commercialise, en violation des dispositions du troisième alinéa de l'article L. 3513-13 ;

10° Le fait pour un fabricant, un distributeur ou un importateur d'un produit du vapotage de ne pas communiquer à l'établissement public mentionné à l'article L. 3513-10 les informations supplémentaires qu'il lui demande conformément à l'article L. 3513-13 ;

11° Le fait pour un fabricant ou un importateur de produit à fumer à base de plantes autres que le tabac de mettre sur le marché un tel produit en méconnaissance de l'obligation de déclaration des ingrédients utilisés définie à l'article L. 3514-5.

Art. L. 3515-5 Est puni de 45 000 € d'amende le fait pour les fabricants, les importateurs et les distributeurs de produits du tabac, ainsi que les entreprises, les organisations professionnelles ou les associations les représentant de ne pas adresser au ministre chargé de la santé le rapport annuel prévu à l'article L. 3512-7 ou d'omettre sciemment de rendre publiques les dépenses qui doivent y être incluses en application du même article.

Art. L. 3515-6 Les personnes morales déclarées responsables pénalement, dans les *conditions prévues par l'article* 121-2 du code pénal, des infractions définies aux articles L. 3515-3 et L. 3515-4, encourent, outre l'amende dont le taux maximum est défini suivant les modalités prévues par l'article 131-38 du code pénal :

1° La suppression, l'enlèvement ou la confiscation de la publicité interdite aux frais des délinquants ;

2° En cas de récidive, l'interdiction, pendant une durée inférieure ou égale à cinq ans, de la vente des produits qui ont fait l'objet de l'opération illégale.

En cas de poursuites, la cessation de la publicité peut être ordonnée soit sur réquisition du ministère public, soit d'office par le juge d'instruction ou le tribunal saisi des poursuites. La mesure ainsi prise est exécutoire nonobstant toutes voies de recours. Mainlevée peut en être donnée par la juridiction qui l'a ordonnée ou qui est saisie du dossier. La mesure cesse d'avoir effet en cas de décision de non-lieu ou de relaxe.

Les décisions statuant sur les demandes de mainlevée peuvent faire l'objet d'un recours devant la chambre de l'instruction ou devant la cour d'appel selon qu'elles ont été prononcées par un juge d'instruction ou par le tribunal saisi des poursuites.

SECTION III PARTIES CIVILES

Art. L. 3515-7 **Les associations dont l'objet statutaire comporte la lutte contre le tabagisme, régulièrement déclarées depuis au moins cinq ans à la date des faits, peuvent exercer les droits reconnus à la partie civile pour les infractions aux dispositions du présent titre.**

Peuvent exercer les mêmes droits les associations de consommateurs mentionnées à l'article L. 421-1 du code de la consommation ainsi que les associations familiales mentionnées aux articles L. 211-1 et L. 211-2 du code de l'action sociale et des familles.

COMMENTAIRE

V. Commentaire reproduit sur Dalloz.fr

Jurisprudence rendue sous l'empire de l'ancien art. L. 3512-1 recodifié à l'art. L. 3515-7

Associations et constitution de partie civile. Le Comité national de lutte contre le tabagisme est recevable à introduire une action civile, eu égard à la spécificité de son but et l'objet de sa mission, afin d'exercer les droits reconnus à la partie civile pour les infractions aux dispositions de la législation relative à la publicité en faveur du tabac ; il subit un préjudice direct et personnel du fait de la publicité illicite en faveur du tabac. • Crim. 30 oct. 1995, n° 94-83.386 P : *JCP 1996. IV. 395.* ♦ V. également • Crim. 29 juin 1994 : *Bull. crim. n° 261.* ♦ La Ligue nationale contre le cancer est recevable à exercer les droits reconnus à la partie civile pour les infractions aux dispositions relatives à la lutte contre le tabagisme, dans la mesure où, d'une part, son objet statutaire explicite l'engagement d'actions diverses visant à lutter contre le cancer, actions qui doivent être entendues comme pouvant être préventives et curatives, et, d'autre part, la consommation de tabac constitue un facteur majeur de risque de certains cancers. • Crim. 23 avr. 2013, n° 12-83.244 : *Dr. pénal 2013, n° 98.*

TITRE DEUXIÈME LUTTE CONTRE LE DOPAGE

(Ord. n° 2006-596 du 23 mai 2006, art. 5-5°)

CHAPITRE UNIQUE

Art. L. 3525-1 **Les dispositions relatives à la lutte contre le dopage, prises dans l'intérêt de la santé des sportifs, figurent au titre III du livre II du code du sport.**

LIVRE SIXIÈME *[ABROGÉ]* LUTTE CONTRE LE DOPAGE

(Abrogé par Ord. n° 2006-596 du 23 mai 2006, art. 5-1°-a)

V. désormais C. sport, art. L. 230-1 s. (santé des sportifs et lutte contre le dopage) et L. 241-1 s. (lutte contre le dopage animal). — ***C. sport.***

LIVRE SEPTIÈME PRÉVENTION DE LA DÉLINQUANCE SEXUELLE, INJONCTION DE SOINS ET SUIVI SOCIO-JUDICIAIRE

TITRE UNIQUE

CHAPITRE UNIQUE

BIBL. ▸ Bouvet, Abondo et Le Gueut, *Mission et statut* du médecin coordonnateur dans *l'injonction de soins : bilan* et perspectives quinze ans après la loi du 17 juin 1998, *AJ pénal 2014. 275*. – Couturier, La contrainte et le consentement dans les soins ordonnés par l'autorité publique : vers une aporie juridique ?, *RDSS 2014. 120*. – Grubin, L'utilisation des médicaments pour traiter la délinquance sexuelle, *AJ pénal 2012. 622*. – Viriot-Barrial, L'injonction de soins dans la loi du 10 mars 2010 : suite et fin ?, *Gaz. Pal. 14 et 15 janv. 2011, nos 14-15, p. 20.* – du Mesnil du Buisson, Le juge de l'application des peines, entre le coupable et sa victime dans le cadre du suivi socio-judiciaire des délinquants sexuels, *D. 1999. Chron. 496* ∅. – Castaignède, Le suivi socio-judiciaire applicable aux délinquants sexuels ou la dialectique sanction-traitement, *D. 1999. Chron. 23* ∅. – Cayla, L'injonction de soins dans le suivi socio-judiciaire, *RDSS 1998. 751* ∅.

Art. L. 3711-1 *(L. n° 2008-174 du 25 févr. 2008, art. 6)* **« Pour la mise en œuvre de l'injonction de soins prévue par** *(L. n° 2010-242 du 10 mars 2010, art. 10-II)* **« l'article 131-36-4 » du code pénal et les articles 723-30 et 731-1 du code de procédure pénale, le juge de l'application des peines désigne, sur une liste de psychiatres ou de médecins ayant suivi une formation appropriée établie par le procureur de la République, un médecin coordonnateur qui est chargé : »**

1° D'inviter le condamné, au vu des expertises réalisées au cours de la procédure ainsi que, le cas échéant, au cours de l'exécution de la peine privative de liberté, à choisir un médecin traitant. En cas de désaccord persistant sur le choix effectué, le médecin est désigné par le juge de l'application des peines, après avis du médecin coordonnateur ;

2° De conseiller le médecin traitant si celui-ci en fait la demande ;

3° De transmettre au juge de l'application des peines ou à l'agent de probation les éléments nécessaires au contrôle de l'injonction de soins ;

4° D'informer, en liaison avec le médecin traitant, le condamné dont le suivi socio-judiciaire *(L. n° 2008-174 du 25 févr. 2008, art. 6)* **« , le sursis avec mise à l'épreuve ou la surveillance judiciaire est arrivé à son terme, ou le condamné qui a bénéficié d'une libération conditionnelle, » de la possibilité de poursuivre son traitement en l'absence de contrôle de l'autorité judiciaire et de lui indiquer les modalités et la durée qu'il estime nécessaires et raisonnables à raison notamment de l'évolution des soins en cours ;**

(L. n° 2008-174 du 25 févr. 2008, art. 6) **« 5° De coopérer à la réalisation d'évaluations périodiques du dispositif de l'injonction de soins ainsi qu'à des actions de formation et d'étude. »**

Art. L. 3711-2 *(L. n° 2012-409 du 27 mars 2012, art. 5-III)* **« Le juge de l'application des peines communique au médecin traitant, par l'intermédiaire du médecin coordonnateur, copie de la décision ayant ordonné l'injonction de soins. Le juge communique également au médecin traitant, à la demande de ce dernier ou à son initiative, par l'intermédiaire du médecin coordonnateur, copie des rapports des expertises médicales réalisées pendant l'enquête ou l'instruction, du réquisitoire définitif, de la décision de renvoi devant la juridiction de jugement, de la décision de condamnation ainsi que des rapports des expertises qu'il a ordonnées en cours d'exécution de la peine. Le juge peut, en outre, adresser au médecin traitant toute autre pièce utile du dossier. »**

(L. n° 2008-174 du 25 févr. 2008, art. 6) **« Sans que leur soient opposables les dispositions de l'article 226-13 du code pénal, les praticiens chargés de dispenser des soins en milieu pénitentiaire communiquent les informations médicales qu'ils détiennent sur le condamné au médecin coordonnateur afin qu'il les transmette au médecin traitant. »**

Le médecin traitant délivre des attestations de suivi du traitement à intervalles réguliers, afin de permettre au condamné de justifier auprès du juge de l'application des peines de l'accomplissement de son injonction de soins.

Art. L. 3711-3 **Le médecin traitant est habilité, sans que puissent lui être opposées les dispositions de l'article 226-13 du code pénal, à informer le juge de l'application des peines ou l'agent de probation de l'interruption du traitement. Lorsque le médecin traitant informe le juge ou l'agent de probation, il en avise immédiatement le médecin coordonnateur.**

(L. n° 2010-242 du 10 mars 2010, art. 10-II) **« Lorsque le refus ou l'interruption du traitement intervient contre l'avis du médecin traitant, celui-ci le signale sans délai au médecin coordonnateur qui en informe immédiatement, dans le respect des dispositions relatives au secret médical, le juge de l'application des peines. En cas d'indisponibilité du médecin coordonnateur, le médecin traitant peut informer directement le juge de l'application des peines du refus ou de l'interruption du traitement intervenu contre son avis. »**

Le médecin traitant peut également informer de toutes difficultés survenues dans l'exécution du traitement le médecin coordonnateur qui est habilité, dans les mêmes

conditions qu'à l'alinéa précédent, à prévenir le juge de l'application des peines ou l'agent de probation.

Le médecin traitant peut également proposer au juge de l'application des peines d'ordonner une expertise médicale.

(L. nº 2010-242 du 10 mars 2010, art. 10-II) « Le médecin traitant peut prescrire tout traitement indiqué pour le soin du condamné y compris des médicaments inhibiteurs de libido. »

Art. L. 3711-4 *(L. nº 2011-940 du 10 août 2011, art. 47-I-12º)* « Les agences régionales de santé prennent » en charge les dépenses afférentes aux interventions des médecins coordonnateurs.

Art. L. 3711-4-1 *(L. nº 2005-1549 du 12 déc. 2005, art. 26)* Si la personnalité du condamné le justifie, le médecin coordonnateur peut inviter celui-ci à choisir, soit en plus du médecin traitant, soit à la place de ce dernier, un psychologue traitant *(L. nº 2008-174 du 25 févr. 2008, art. 6)* « ayant exercé pendant au moins cinq ans. »

Les dispositions des articles L. 3711-1 à L. 3711-3 applicables au médecin traitant sont applicables à ce psychologue à l'exception de celles prévues au dernier alinéa de l'article L. 3711-3.

Art. L. 3711-5 Les modalités d'application du présent chapitre sont fixées par décret en Conseil d'État.

LIVRE HUITIÈME MAYOTTE, ÎLES WALLIS-ET-FUTUNA ET TERRES AUSTRALES ET ANTARCTIQUES FRANÇAISES, NOUVELLE-CALÉDONIE ET POLYNÉSIE FRANÇAISE

V. Dalloz.fr

QUATRIÈME PARTIE PROFESSIONS DE SANTÉ

LIVRE PRÉLIMINAIRE DISPOSITIONS COMMUNES

(L. nº 2009-879 du 21 juill. 2009, art. 51-I)

BIBL. ▶ Dossier, Intelligence artificielle et santé, *JDSAM 2017, nº 17, p. 8.* – Brissy, 2006-2026, La réorganisation des professions de santé, *JDSAM 2017 nº 15, p. 14.*

TITRE PRÉLIMINAIRE MISSIONS DES PROFESSIONNELS DE SANTÉ

(L. nº 2016-41 du 26 janv. 2016, art. 160-II)

COMMENTAIRE

V. Commentaire reproduit sur les portails et applications mobiles Dalloz.

CHAPITRE PREMIER DISPOSITIONS GÉNÉRALES

(Ord. nº 2017-50 du 19 janv. 2017, art. 1er-1º)

Art. L. 4001-1 L'exercice d'une profession de santé comprend des missions de santé publique qui comportent :

1º Les obligations déclaratives prévues au présent code, notamment aux articles *(Ord. nº 2016-462 du 14 avr. 2016, art. 3-I-10º)* « L. 1413-7 », L. 1413-14, L. 1413-15 et L. 3113-1 ;

2º La participation, le cas échéant, à des actions de prévention, de dépistage et de soins nécessitées *par un contexte d'urgence* sanitaire, mises en œuvre par les agences *régionales* de santé en application de l'article L. 1431-2 ;

3º Sur la base du volontariat, la participation à des actions de veille, de surveillance et de sécurité sanitaire.

Art. L. 4001-2 A l'occasion de l'inscription au tableau de l'ordre, les professionnels de santé déclarent auprès du conseil de l'ordre compétent une adresse électronique leur permettant d'être informés des messages de sécurité diffusés par les autorités sanitaires. Cette information est régulièrement mise à jour et transmise aux autorités sanitaires à leur demande.

CHAPITRE II DISPOSITIONS COMMUNES RELATIVES À LA RECONNAISSANCE DES QUALIFICATIONS PROFESSIONNELLES

(Ord. nº 2017-50 du 19 janv. 2017, art. 1er-2º)

SECTION PREMIÈRE ALERTE

Art. L. 4002-1 Un professionnel relevant de la présente partie peut faire l'objet d'une alerte dans les conditions prévues aux articles 7 et 8 de l'ordonnance nº 2016-1809 du 22 décembre 2016 relative à la reconnaissance des qualifications professionnelles de professions réglementées.

SECTION II CARTE PROFESSIONNELLE

Art. L. 4002-2 La carte professionnelle européenne est applicable aux professions de pharmacien, d'infirmier et de masseur-kinésithérapeute dans les conditions prévues aux articles 1er à 4 de l'ordonnance nº 2016-1809 du 22 décembre 2016 relative à la reconnaissance des qualifications professionnelles de professions réglementées.

En application des art. L. 231-5 et L. 231-6 CRPA, les délais à l'expiration desquels le silence gardé par l'administration vaut acceptation pour une demande d'obtention de la carte professionnelle européenne par un pharmacien, un infirmier ou un masseur-kinésithérapeute sont de : un mois à compter de la réception de la déclaration, ou deux mois à compter de la réussite de l'épreuve d'adptitude éventuelle, ou deux mois à compter de la mesure de compensation éventuelle, délais prolongeables de quinze jours ou trente jours pour des raisons de santé publique (Décr. nº 2014-1287 du 23 oct. 2014, art. 1er).

SECTION III ACCÈS PARTIEL

Art. L. 4002-3 I. — Un accès partiel à une activité professionnelle relevant de la présente partie peut être accordé au cas par cas lorsque les trois conditions suivantes sont remplies :

1º Le professionnel est pleinement qualifié pour exercer, dans l'État d'origine membre de l'Union européenne ou partie à l'accord sur l'Espace économique européen, l'activité professionnelle pour laquelle il sollicite un accès en France ;

2º Les différences entre l'activité professionnelle légalement exercée dans l'État d'origine et la profession correspondante en France sont si importantes que l'application de mesures de compensation reviendrait à imposer au demandeur de suivre le programme complet d'enseignement et de formation requis pour avoir pleinement accès à la profession en France ;

3º L'activité professionnelle pour laquelle l'intéressé sollicite un accès peut objectivement être séparée d'autres activités relevant de la profession en France ; l'autorité compétente française tient compte du fait que l'activité professionnelle peut ou ne peut pas être exercée de manière autonome dans l'État membre d'origine.

II. — L'accès partiel peut en outre être refusé si ce refus est justifié par des raisons impérieuses d'intérêt général, s'il est propre à garantir la réalisation de l'objectif poursuivi et s'il ne va pas au-delà de ce qui est nécessaire pour atteindre cet objectif.

Art. L. 4002-4 La demande d'accès partiel de l'intéressé est examinée, selon le cas, *comme une demande* à fin d'établissement ou de libre prestation de services de la profession concernée. L'autorité compétente se prononce sur les demandes à fin d'établissement après avis de l'ordre le cas échéant concerné.

Art. L. 4002-5 Dans l'exercice des activités auxquelles un accès partiel lui a été accordé, le professionnel dispose des mêmes droits, est soumis aux mêmes obligations et encourt les mêmes responsabilités civiles, disciplinaires et pénales que les professionnels relevant, selon le cas, des dispositions relatives à l'établissement ou de celles relatives à la libre prestation de services, sous réserve des dispositions du présent article.

L'intéressé exerce sous le titre professionnel de l'État d'origine rédigé dans la langue de cet État. L'autorité compétente peut exiger une traduction en français de ce titre professionnel.

L'intéressé informe clairement les patients et les autres destinataires de ses services des actes qu'il est habilité à effectuer dans le champ de son activité professionnelle.

Le tableau de l'ordre concerné comporte une liste distincte mentionnant les actes que les intéressés sont habilités à effectuer dans le champ de la profession, le cas échéant dans la spécialité au titre de laquelle ils sont inscrits. Les intéressés sont électeurs aux conseils de l'ordre mais n'y sont pas éligibles.

Art. L. 4002-6 La présente section n'est pas applicable aux professionnels qui remplissent les conditions requises pour bénéficier de la reconnaissance automatique de leurs qualifications professionnelles au sens de la directive 2005/36/CE du Parlement européen et du Conseil du 7 septembre 2005 relative à la reconnaissance des qualifications professionnelles.

SECTION IV DISPOSITIONS COMMUNES

Art. L. 4002-7 Les conditions et modalités d'application du présent chapitre sont définies par décret en Conseil d'État.

TITRE PREMIER COOPÉRATION ENTRE PROFESSIONNELS DE SANTÉ

BIBL. ▶ Poirot-Mazères, Nouveaux métiers et pratiques renouvelées en santé, autre réponse aux déserts médicaux, *RGDM mars 2016, nº 58, p. 77*. – Haut Conseil pour l'avenir de l'assurance maladie, avis, La coopération entre professionnels de santé, *10 juill. 2014*. – Génisson et Milon, Coopération entre professionnels de santé, *Rapp. Sénat, nº 218, 2014*. – Brissy, Les évolutions dans l'exercice groupé des professions de santé, *RDSS 2013. 583*. – Desmarais, Les protocoles de coopération entre professionnels de santé : un dispositif à peaufiner, *RDSS 2012. 513*.

CHAPITRE UNIQUE

Art. L. 4011-1 Par dérogation aux articles L. 1132-1, L. 4111-1, L. 4161-1, L. 4161-3, L. 4161-5, L. 4221-1, *(L. nº 2011-940 du 10 août 2011, art. 60-1º)* « L. 4241-1, L. 4241-13, » L. 4311-1, L. 4321-1, L. 4322-1, L. 4331-1, L. 4332-1, L. 4341-1, L. 4342-1, L. 4351-1, *(L. nº 2011-940 du 10 août 2011, art. 60-1º)* « L. 4352-2, » L. 4361-1, L. 4362-1, L. 4364-1 *(L. nº 2011-940 du 10 août 2011, art. 60-1º)* « , L. 4371-1, L. 4391-1, L. 4392-1 et L. 4394-1 », les professionnels de santé peuvent s'engager, à leur initiative, dans une démarche de coopération ayant pour objet d'opérer entre eux des transferts d'activités ou d'actes de soins ou de réorganiser leurs modes d'intervention auprès du patient. Ils interviennent dans les limites de leurs connaissances et de leur expérience ainsi que dans le cadre des protocoles définis aux articles L. 4011-2 *(L. nº 2013-1203 du 23 déc. 2013, art. 35-I-1º)* « à » L. 4011-3.

Le patient est informé, par les professionnels de santé, de cet engagement dans un protocole impliquant d'autres professionnels de santé dans une démarche de coopération interdisciplinaire impliquant des transferts d'activités ou d'actes de soins ou de réorganisation de leurs modes d'intervention auprès de lui.

COMMENTAIRE

V. Commentaire reproduit sur Dalloz.fr.

Art. L. 4011-2 *(L. nº 2013-1203 du 23 déc. 2013, art. 35-I-2º)* Les professionnels de santé peuvent soumettre à l'agence régionale de santé des protocoles de coopération. Ces derniers précisent l'objet et la nature de la coopération, notamment les disciplines ou les pathologies, le lieu et le champ d'intervention des professionnels de santé concernés.

(L. nº 2017-1836 du 30 déc. 2017, art. 55) « Lorsque leur mise en œuvre implique un financement dérogatoire, » ces protocoles sont accompagnés d'un modèle économique précisant notamment les modalités de financement et de rémunération des actes et prestations réalisés. Ce modèle économique est établi avec l'appui de l'agence régionale de santé. Son contenu est précisé par arrêté du ministre chargé de la santé.

Après avoir vérifié que les protocoles répondent à un besoin de santé constaté au niveau régional, le directeur général de l'agence régionale de santé en autorise la mise en œuvre par arrêté pris après avis conforme de la Haute Autorité de santé et *(L. nº 2017-1836 du 30 déc. 2017, art. 55)* « , pour les protocoles impliquant un financement dérogatoire, » après avis du collège des financeurs prévu à l'article L. 4011-2-1. Cet arrêté précise la durée du protocole.

(L. nº 2017-1836 du 30 déc. 2017, art. 55) « Les ministres chargés de la santé et de la sécurité sociale arrêtent les priorités nationales en matière de protocoles de coopéra-

tion. Pour les projets de protocoles relevant de ces priorités, les avis de la Haute Autorité de santé et, le cas échéant, du collège des financeurs sont rendus dans un délai de six mois à compter de leur transmission par l'agence régionale de santé. »

En application des art. L. 231-5 et L. 231-6 du CRPA, le silence gardé pendant quatre mois par l'administration vaut décision de rejet pour les demandes d'autorisation de mise en œuvre des protocoles de coopération et des adhésions des professionnels de santé à ces protocoles (Décr. n° 2014-1286 du 23 oct. 2014, art. 1er et 2).

1. Protocole type réglementaire : illégalité. Ni l'article L. 4011-2 ni aucun autre texte n'habilite le ministre de la santé à imposer un modèle type pour la présentation, par des professionnels de santé, d'un protocole de coopération à une ARS, en vue de son autorisation. • CE 20 mars 2013, *Féd. nat. des infirmiers*, n° 337577. ♦ Incompétence également du ministre pour rendre obligatoire la transmission des protocoles autorisés par l'ARS aux ordres et aux unions régionales des professions de santé concernés. • Même arrêt.

2. Critères d'autorisation fixés par le ministre. Le ministre de la Santé est compétent pour fixer les conditions dans lesquelles l'ARS vérifie que sont remplies les conditions fixées par le code de la santé publique pour l'adhésion des professionnels de santé à un protocole de coopération. • CE 20 mars 2013, *Féd. nat. des infirmiers*, n° 337577.

Art. L. 4011-2-1 *(L. n° 2013-1203 du 23 déc. 2013, art. 35-I-3°)* **Un collège des financeurs, composé, selon des modalités précisées par décret, de représentants de l'assurance maladie** *(L. n° 2017-1836 du 30 déc. 2017, art. 55)* **« , de la Haute Autorité de santé, » du ministre chargé de la sécurité sociale et du ministre chargé de la santé, émet, pour chacun des protocoles de coopération transmis par l'agence régionale de santé, un avis portant sur le modèle économique mentionné au deuxième alinéa de l'article L. 4011-2 ainsi que sur l'opportunité d'une prise en charge financière dérogatoire et la durée de celle-ci.**

Cet avis est transmis à l'agence régionale de santé *(Abrogé par L. n° 2017-1836 du 30 déc. 2017, art. 55)* ***« et à la Haute Autorité de santé »*.**

Art. L. 4011-2-2 *(L. n° 2013-1203 du 23 déc. 2013, art. 35-I-3°)* **I. — Le financement dérogatoire des protocoles de coopération pour lesquels le collège des financeurs mentionné à l'article L. 4011-2-1 a donné un avis favorable peut être autorisé par les ministres chargés de la santé et de la sécurité sociale pour une durée n'excédant pas trois ans, renouvelable une fois.**

En tant que de besoin, ce financement peut déroger aux dispositions suivantes :

***a)* Articles L. 162-5, L. 162-9, L. 162-11, L. 162-12-2, L. 162-12-9, L. 162-14, L. 162-14-1 et L. 162-32-1 du code de la sécurité sociale, en tant qu'ils concernent les tarifs, honoraires, rémunérations et frais accessoires dus aux professionnels de santé par les assurés sociaux et par l'assurance maladie ;**

***b)* 1°, 2°, 6° et 9° de l'article L. 321-1 du même code, en tant qu'ils concernent les frais couverts par l'assurance maladie ;**

***c)* Article L. 162-2 dudit code, en tant qu'il concerne le paiement direct des honoraires par le malade ;**

***d)* Articles L. 160-13 et L. 160-14 du même code, relatifs à la participation de l'assuré aux tarifs servant de base au calcul des prestations.**

II. — Les dépenses mises à la charge de l'ensemble des régimes obligatoires de base d'assurance maladie qui résultent de l'autorisation mentionnée au premier alinéa du I du présent article sont prises en compte dans l'objectif national de dépenses d'assurance maladie mentionné au 3° du D du I de l'article L.O. 111-3 du code de la sécurité sociale.

Art. L. 4011-2-3 *(L. n° 2013-1203 du 23 déc. 2013, art. 35-I-3°)* **I. — Six mois avant le terme d'un protocole de coopération, les professionnels de santé transmettent à l'agence régionale de santé les éléments, prévus par arrêté du ministre chargé de la santé, nécessaires à son évaluation.**

L'agence transmet ces éléments, accompagnés de son avis sur la pérennisation de ce protocole, à la Haute Autorité de santé et au collège des financeurs. *(L. n° 2017-1836 du 30 déc. 2017, art. 55)* **« La Haute Autorité de santé rend un avis sur l'efficacité et la sécurité du protocole en termes de santé publique. »**

II. – Sur la base des éléments transmis par l'agence et de l'avis de la Haute Autorité de santé, le collège des financeurs rend un avis sur le maintien et, le cas échéant, sur la prise en charge financière du protocole soit à titre dérogatoire pour une durée limitée, soit à titre définitif par une inscription des actes concernés sur la liste prévue à l'article L. 162-1-7 du code de la sécurité sociale. *(Abrogé par L. n° 2015-1702 du 21 déc. 2015, art. 71-I-2°) « Dans le cas d'un avis favorable du collège des financeurs, le directeur général de l'agence régionale de santé peut maintenir le protocole pour une durée qu'il fixe. »*

(L. n° 2015-1702 du 21 déc. 2015, art. 71-I-3° et 4°) « III. – Lorsque le collège des financeurs rend un avis favorable *(L. n° 2017-1836 du 30 déc. 2017, art. 55)* « à la prise en charge financière définitive d'un protocole de coopération » :

« 1° L'Académie de médecine, saisie pour avis de projets de texte réglementaire portant sur des actes professionnels mentionnés au 1° et au dernier alinéa de l'article L. 4161-1 du présent code aux fins d'étendre ou de pérenniser tout ou partie du protocole, se prononce dans un délai de deux mois à compter de la date à laquelle elle a été saisie ;

« 2° Les dérogations prévues à l'article L. 4011-1 demeurent applicables jusqu'à l'entrée en vigueur des textes réglementaires mentionnés au 1° du présent III ;

« 3° Les actes prévus par les protocoles sont intégrés à la formation initiale ou au développement professionnel continu des professionnels de santé, selon des modalités définies par voie réglementaire ; »

(L. n° 2017-1836 du 30 déc. 2017, art. 55) « 4° Le collège des financeurs détermine les modalités de financement et de rémunération définitives des actes et prestations réalisés, sous réserve de leur inscription sur la liste mentionnée à l'article L. 162-1-7 du code de la sécurité sociale selon la procédure prévue au cinquième alinéa de l'article L. 162-1-7-4 du même code. Dans ce cas, les ministres chargés de la santé et de la sécurité sociale peuvent proroger la durée du financement prévu à l'article L. 4011-2-2 du présent code jusqu'à l'inscription des actes et prestations sur la liste susmentionnée. »

(Abrogé par L. n° 2017-1836 du 30 déc. 2017, art. 55) « IV. – Lorsque le collège des financeurs rend un avis favorable à la prise en charge financière définitive d'un protocole de coopération, les ministres chargés de la santé et de la sécurité sociale peuvent proroger la durée du financement prévu à l'article L. 4011-2-2 du présent code jusqu'à l'inscription des actes du protocole sur la liste mentionnée à l'article L. 162-1-7 du code de la sécurité sociale. »

Art. L. 4011-3 Les professionnels de santé qui s'engagent mutuellement à appliquer ces protocoles sont tenus de faire enregistrer, sans frais, leur demande d'adhésion auprès de l'agence régionale de santé.

L'agence vérifie, dans des conditions fixées par arrêté du ministre chargé de la santé, que la volonté de l'ensemble des parties prenantes de coopérer est avérée, que le demandeur dispose d'une garantie assurantielle portant sur le champ défini par le protocole et qu'il a fourni la preuve de son expérience dans le domaine considéré et de sa formation. L'enregistrement de la demande vaut autorisation.

Les professionnels s'engagent à procéder, pendant une durée de douze mois, au suivi de la mise en œuvre du protocole selon des modalités fixées par arrêté du ministre chargé de la santé et à transmettre les informations relatives à ce suivi à l'agence régionale de santé et à la Haute Autorité de santé.

L'agence régionale de santé peut décider de mettre fin à l'application d'un protocole, pour des motifs et selon des modalités définies par arrêté. Elle en informe les professionnels de santé concernés et la Haute Autorité de santé.

Art. L. 4011-4 *(Ord. n° 2018-20 du 17 janv. 2018, art. 12)* I. – Le présent chapitre s'applique au service de santé des armées dans les conditions suivantes :

1° Le ministre de la défense peut autoriser par arrêté la mise en œuvre pour l'ensemble des professionnels de santé relevant du service de santé des armées et sur tout le territoire national des protocoles de coopération mentionnés à l'article L. 4011-2 autorisés par au moins une agence régionale de santé.

2° Le ministre de la défense peut également autoriser, par arrêté pris après avis conforme de la Haute Autorité de santé, la mise en œuvre pour l'ensemble du service de santé des armées et sur tout le territoire national de protocoles de coopération. Il y met fin après en avoir informé la Haute Autorité de santé.

II. — Sont déterminées par décret les modalités selon lesquelles :

1° Les professionnels de santé du service de santé des armées peuvent être autorisés à adhérer aux protocoles mentionnés à l'article L. 4011-2 ;

2° Le ministre de la défense exerce, pour les protocoles prévus aux 1° et 2° du I, les attributions de l'agence régionale de santé prévues au présent chapitre ;

3° Est réalisé, pour les protocoles prévus aux 1° et 2° du I, le suivi de la mise en œuvre de ces protocoles, prévu au troisième alinéa de l'article L. 4011-3.

TITRE DEUXIÈME DÉVELOPPEMENT PROFESSIONNEL CONTINU DES PROFESSIONNELS DE SANTÉ *(L. n° 2016-41 du 26 janv. 2016, art. 114-I-1°-a).*

(L. n° 2009-879 du 21 juill. 2009, art. 59-III)

BIBL. ► Deumie, Georges et Natali, Contrôle de l'Organisme gestionnaire du développement professionnel continu et évaluation du développement professionnel continu des professions de santé, *IGAS, rapp. n° 2013-126R, avr. 2014.*

CHAPITRE UNIQUE

(L. n° 2016-41 du 26 janv. 2016, art. 114-I-1°-b)

Art. L. 4021-1 Le développement professionnel continu a pour objectifs le maintien et l'actualisation des connaissances et des compétences ainsi que l'amélioration des pratiques. Il constitue une obligation pour les professionnels de santé. Chaque professionnel de santé doit justifier, sur une période de trois ans, de son engagement dans une démarche de développement professionnel continu comportant des actions de formation continue, d'analyse, d'évaluation et d'amélioration de ses pratiques et de gestion des risques. L'engagement dans une démarche d'accréditation vaut engagement dans une démarche de développement professionnel continu.

La première période de trois ans prévue au présent art. débute le 1er janv. 2017 (Décr. n° 2016-942 du 8 juill. 2016, art. 3-I).

COMMENTAIRE

V. Commentaire reproduit sur Dalloz.fr.

Jurisprudence antérieure

Différence de traitement illégale. Illégalité de l'art. R. 4021-9 pris pour l'application de l'art. L. 4021-1, en tant qu'il permet de fixer des forfaits de prise en charge des frais de développement professionnel continu différents entre les biologistes pharmaciens et les biologistes docteurs en médecine ; différence de traitement sans rapport avec l'objet des dispositions relatives au développement professionnel continu. • CE 23 déc. 2015, *Féd. nat. des syndicats de praticiens biologistes hospitaliers et hospitalo-universitaires,* n° 375343.

Art. L. 4021-2 Un arrêté des ministres chargés de la santé et de la sécurité sociale, et du ministre de la défense pour les professionnels du service de santé des armées, définit les orientations pluriannuelles prioritaires de développement professionnel continu. Ces orientations comportent :

1° Des orientations définies par profession ou par spécialité sur la base des propositions des conseils nationaux professionnels ou, en l'absence de conseils nationaux professionnels, des représentants de la profession ou de la spécialité ;

2° Des orientations s'inscrivant dans le cadre de la politique nationale de santé ;

3° Des orientations issues du dialogue conventionnel relevant des articles L. 162-1-13, L. 162-5, L. 162-9, L. 162-12-2, L. 162-12-9, L. 162-14, L. 162-14-1, L. 162-16-1 et L. 162-32-1 du code de la sécurité sociale.

Art. L. 4021-3 Pour chaque profession ou spécialité, les conseils nationaux professionnels proposent un parcours pluriannuel de développement professionnel continu qui permet à chaque professionnel de satisfaire à son obligation. Ce parcours comporte, notamment, des actions s'inscrivant dans le cadre des priorités définies à l'article L. 4021-2. Chaque professionnel choisit les actions auxquelles il s'inscrit. Pour les professionnels salariés, ce choix s'effectue en lien avec l'employeur.

L'ensemble des actions réalisées par les professionnels au titre de leur obligation de développement professionnel continu est retracé dans un document dont le contenu et les modalités d'utilisation sont définis par le Conseil national professionnel compétent au titre de leur métier ou de leur spécialité.

Les conseils nationaux professionnels retiennent, notamment sur la base des méthodes élaborées par la Haute Autorité de santé, celles qui leur paraissent les plus adaptées pour la mise en œuvre du développement professionnel continu.

Les conseils nationaux professionnels regroupent, pour chaque profession de santé ou, le cas échéant, pour chaque spécialité, les sociétés savantes et les organismes professionnels. Leurs missions ainsi que les principes généraux relatifs à leur composition et à leur fonctionnement sont fixés par décret. Ils font l'objet d'une convention conclue entre les différents conseils ou leur organisme fédérateur et l'État.

En l'absence de conseils nationaux professionnels, les représentants de la profession ou de la spécialité sont sollicités pour exercer les missions définies au présent article.

V. Décr. nº 2016-942 du 8 juill. 2016, art. 3-II à 3-V 🏛, *et Décr. nº 2016-1317 du 5 oct. 2016, art. 1er*, 🏛.

Art. L. 4021-3-1 *(Ord. nº 2018-20 du 17 janv. 2018, art. 12)* Pour les professionnels de santé relevant des dispositions de l'article L. 4138-2 du code de la défense, le ministre de la défense adapte les parcours pluriannuels de développement professionnel continu proposés par les conseils nationaux professionnels.

Art. L. 4021-4 L'université participe, par son expertise pédagogique dans le domaine de la formation initiale et continue des professionnels de santé, au développement professionnel continu.

Art. L. 4021-5 Le développement professionnel continu se réalise dans le respect des règles d'organisation et de prise en charge propres aux différents secteurs d'activité des professionnels de santé, notamment par les employeurs ou par les organismes mentionnés aux articles L. 6331-1 et L. 6332-9 du code du travail ainsi qu'au II de l'article 16 de l'ordonnance nº 2005-406 du 2 mai 2005 simplifiant le régime juridique des établissements de santé. Le contrôle du respect par les professionnels de santé de leur obligation de développement professionnel continu est réalisé par les instances ordinales, les employeurs et les autorités compétentes, dans des conditions fixées par décret en Conseil d'État.

Art. L. 4021-6 L'Agence nationale du développement professionnel continu assure le pilotage et contribue à la gestion financière du dispositif de développement professionnel continu pour l'ensemble des professionnels de santé, quels que soient leurs statuts ou leurs conditions d'exercice.

Un décret en Conseil d'État fixe les missions et les instances de l'Agence nationale du développement professionnel continu.

Art. L. 4021-7 Un décret en Conseil d'État définit les modalités selon lesquelles :

1° Les organismes ou les structures peuvent présenter des actions ou des programmes s'inscrivant dans le cadre des orientations définies à l'article L. 4021-2 ;

2° Les actions ou programmes mentionnés au 1° du présent article font l'objet d'une évaluation avant d'être mis à la disposition des professionnels de santé ;

3° L'Agence nationale du développement professionnel continu contribue à la gestion financière des programmes et actions s'inscrivant dans le cadre des orientations pluriannuelles prioritaires définies à l'article L. 4021-2 ;

4° Des sanctions à caractère financier ou administratif peuvent être prises en cas de manquements constatés *dans la mise en œuvre* des actions et des programmes.

Art. L. 4021-8 Sont prescrites, au profit de l'organisme gestionnaire du développement professionnel continu, puis de l'Agence nationale du développement professionnel continu, toutes créances dues au titre des actions de développement professionnel continu dès lors qu'elles n'ont pas fait l'objet d'une demande de paiement dans un délai de deux ans à compter du jour où les droits ont été acquis.

Le délai de prescription prévu au premier alinéa est applicable aux créances dues avant la date d'entrée en vigueur du présent article à compter de cette même date, sans que la durée totale du délai de prescription puisse excéder la durée antérieurement en vigueur.

TITRE TROISIÈME REPRÉSENTATION DES PROFESSIONS DE SANTÉ LIBÉRALES

(L. nº 2009-879 du 21 juill. 2009, art. 123-I)

CHAPITRE UNIQUE

Art. L. 4031-1 *(L. nº 2016-41 du 26 janv. 2016, art. 213-I-1º-a)* **« Dans chaque région et dans les collectivités territoriales de Corse, de Guyane et de Martinique, une union régionale de professionnels de santé rassemble, pour chaque profession, les représentants des professionnels de santé exerçant à titre libéral. Une union régionale des professionnels de santé de l'océan Indien exerce pour chaque profession, à La Réunion et à Mayotte, les compétences dévolues aux unions régionales des professionnels de santé. »**

Les unions régionales des professionnels de santé *(Abrogé par L. nº 2016-41 du 26 janv. 2016, art. 213-I-1º-b)* ***« et leurs fédérations »*** **sont des associations régies par la loi du 1er juillet 1901 relative au contrat d'association. Leurs statuts sont conformes à des statuts-types fixés par décret en Conseil d'État.**

Les modalités de fonctionnement des unions régionales des professionnels de santé *(Abrogé par L. nº 2016-41 du 26 janv. 2016, art. 213-I-1º-c)* ***« et de leurs fédérations »*** **sont définies par décret en Conseil d'État.**

BIBL. ▶ Dossier, *Diversité et évolutions de la représentation des professionnels de santé libéraux, JDSAM, nº 3, 2014.*

COMMENTAIRE

V. Commentaire reproduit sur Dalloz.fr.

1. Entrée en vigueur. L'art. 123-III de la loi du 21 juill. 2009 subordonne l'entrée en vigueur de l'art. L. 4031-1 à un décret d'application, intervenu le 2 juin 2010, et qui a permis l'organisation de l'élection des membres des unions régionales des professionnels de santé ; cette élection devra être suivie de la tenue de la première assemblée des membres élus au cours de laquelle seront adoptés les statuts des nouvelles unions régionales ; ce n'est qu'à compter de cette adoption que les nouvelles unions pourront exercer leurs missions, prenant alors le relais des anciennes unions régionales de médecins libéraux qui seront dissoutes après transfert à titre gratuit de leurs biens, droits et obligations, vers les nouvelles unions ; absence de caractère sérieux de la question prioritaire de constitutionnalité soulevée. • CE, ord., 21 oct. 2010, *Conf. nat. des présidents des unions régionales des médecins libéraux,* nº 343527 : *Lebon 392.*

2. Biologistes responsables. Les « biologistes responsables » doivent être regardés comme constituant une profession de santé au sens des dispositions des art. L. 4031-1 et L. 4031-2, appelée à désigner ou élire des représentants au sein d'une union régionale des professionnels de santé qui lui est propre. • CE 8 juill. 2011, *Synd. des médecins d'Aix et région,* nº 340999.

Art. L. 4031-2 **Les membres des unions régionales des professionnels de santé sont** ***élus, pour*** **une durée fixée par décret, par les professionnels de santé en activité exerçant à titre libéral dans le régime conventionnel, au scrutin de liste proportionnel à la plus forte moyenne.**

Tous les électeurs sont éligibles. Les listes de candidats sont présentées par des organisations syndicales des professions de santé bénéficiant d'une ancienneté minimale de deux ans à compter du dépôt légal des statuts et présentes sur le territoire national dans au moins la moitié des départements et la moitié des régions.

Le collège d'électeurs de chaque union régionale des professionnels de santé est constitué par les membres de la profession concernée exerçant dans la région.

Les électeurs de l'union régionale rassemblant les médecins sont répartis en *(L. nº 2016-41 du 26 janv. 2016, art. 164-II-1º)* **« deux » collèges qui regroupent respectivement :**

1° Les médecins généralistes ;

(L. n° 2016-41 du 26 janv. 2016, art. 164-II-2°) « 2° Les médecins spécialistes ».

Par dérogation au premier alinéa, pour les professions dont le nombre de membres exerçant à titre libéral dans le régime conventionnel sur le territoire national ne dépasse pas un certain seuil, il peut être prévu, dans des conditions fixées par décret, que les représentants de ces professions dans les unions régionales des professionnels de santé soient désignés par les organisations syndicales reconnues représentatives au niveau national en application de l'article L. 162-33 du code de la sécurité sociale.

Sauf disposition contraire, les modalités d'application du présent article, notamment l'organisation et le financement des élections des membres des unions régionales des professionnels de santé, sont fixées par décret en Conseil d'État.

Sur la conformité de l'art. L. 4031-2 à la Constitution : V. Cons. const., 19 nov. 2010, n° 2010-68 QPC (JO 20 nov., p. 20840).

La L. n° 2016-41 du 26 janv. 2016 modifie le présent art. à compter des prochaines élections aux unions régionales des professionnels de santé organisées postérieurement au 31 déc. 2016 (L. préc., art. 164-II).

1. Chirurgiens, anesthésistes, obstétriciens. Il résulte de l'art. L. 4031-2, éclairé par les travaux parlementaires, qu'en décidant de rassembler au sein d'un même collège électoral « les chirurgiens, les anesthésistes-réanimateurs et les gynécologues-obstétriciens », le législateur a entendu traiter de manière particulière ceux des spécialistes qui accomplissent une part substantielle de leur activité en bloc opératoire, en raison des contraintes et des charges spécifiques à un tel mode d'exercice ; légalité en conséquence de l'art. R. 4031-27 en tant qu'il réserve l'inscription sur les listes du deuxième collège aux seuls médecins de ces trois spécialités qui établissent avoir une activité technique supérieure à un certain seuil. • CE 8 juill. 2011, *Synd. des médecins d'Aix*, n° 340997.

2. Inéligibilité des non-inscrits au tableau. Si aux termes des art. L. 4031-1 et L. 4031-2 sont éligibles comme membres des URPS les professionnels de santé exerçant à titre libéral sous le régime des conventions nationales avec l'Union nationale des caisses d'assurance maladie ayant la qualité d'électeurs, l'art. L. 4321-10 subordonne l'exercice régulier des masseurs-kinésithérapeutes à leur inscription au tableau de l'Ordre ; est donc inéligible le masseur-kinésithérapeute non inscrit au tableau. • Civ. 2e, 7 juill. 2011 : *Bull. civ. II, n° 158* • 16 déc. 2011, n° 10-60.426.

Art. L. 4031-3 Les unions régionales des professionnels de santé et leurs fédérations contribuent à l'organisation et à l'évolution de l'offre de santé au niveau régional, notamment à la préparation du projet régional de santé et à sa mise en œuvre. Les unions régionales des professionnels de santé peuvent conclure des contrats avec l'agence régionale de santé et assurer des missions particulières impliquant les professionnels de santé libéraux dans les domaines de compétence de l'agence.

Elles assument les missions qui leur sont confiées par les conventions nationales prévues au titre VI du livre Ier du code de la sécurité sociale.

Art. L. 4031-4 Les unions régionales des professionnels de santé perçoivent une contribution versée à titre obligatoire par chaque adhérent à l'une des conventions ou accord mentionnés à l'article L. 4031-3. La contribution est assise sur le revenu tiré de l'exercice de l'activité libérale de la profession.

Le taux annuel de cette contribution est fixé par décret pour chacune des professions mentionnées à l'article L. 4031-1, après consultation, chacune pour ce qui la concerne, des organisations syndicales représentatives au niveau national au sens de l'article L. 162-33 du code de la sécurité sociale. Ce taux est fixé dans la limite du montant correspondant à 0,5 % du montant annuel du plafond des cotisations de la sécurité sociale. Cette contribution est recouvrée et contrôlée par les organismes chargés du recouvrement des cotisations du régime général de sécurité sociale selon les règles et sous les garanties et sanctions applicables au recouvrement des cotisations personnelles d'allocations familiales.

Les unions régionales des professionnels de santé *(Abrogé par L. n° 2016-41 du 26 janv. 2016, art. 213-I-2°) « et leurs fédérations »* peuvent également recevoir, au titre des missions dont elles ont la charge, des subventions et des concours financiers.

Sauf disposition contraire, les modalités d'application du présent article sont fixées par décret en Conseil d'État.

Art. L. 4031-5 *(Ord. nº 2010-331 du 25 mars 2010)* **Les dispositions du présent titre ne sont pas applicables à Saint-Pierre-et-Miquelon.**

Art. L. 4031-6 *(Ord. nº 2010-331 du 25 mars 2010)* **Un représentant de chacune des professions de santé dont les membres exercent à titre libéral à Saint-Barthélemy et un représentant de chacune des professions de santé dont les membres exercent à titre libéral à Saint-Martin siègent à l'union régionale des professions de santé de la même profession de la Guadeloupe. Ces représentants sont désignés, dans des conditions fixées par décret, par le représentant de l'État territorialement compétent.**

Ces représentants participent à la préparation du projet de santé commun à la Guadeloupe, Saint-Barthélemy et Saint-Martin et à sa mise en œuvre. Ils participent aux réunions des unions des professionnels de santé de la Guadeloupe lorsque leur ordre du jour concerne Saint-Barthélemy et Saint-Martin.

Art. L. 4031-7 *(L. nº 2016-41 du 26 janv. 2016, art. 213-I-3º)* **Un représentant des professionnels exerçant à Mayotte siège dans chaque union régionale de professionnels de santé de l'océan Indien, selon des modalités déterminées par décret en Conseil d'État.**

Pour chaque union dont les membres sont élus, le collège des électeurs à l'union régionale des professionnels de santé de l'océan Indien est constitué des professionnels concernés exerçant à titre libéral à La Réunion et à Mayotte.

TITRE QUATRIÈME LES SOCIÉTÉS INTERPROFESSIONNELLES DE SOINS AMBULATOIRES

(L. nº 2011-940 du 10 août 2011, art. 1er)

BIBL. ▶ Cerati-Gauthier, La société interprofessionnelle de soins ambulatoires, *Journal des sociétés 2014/02, nº 116, p. 35*. – Schmitz-Schweitzer, La société interprofessionnelle de soins ambulatoires (SISA) et les nouveaux modes de rémunération (NMR) des professionnels de santé, *JDSAM avr. 2013, nº 1, p. 97*. – Rocher, Le bien curieux associé de société interprofessionnelle de soins ambulatoires, *LPA 2013, nº 41, p. 3*. – Régime fiscal des sociétés interprofessionnelles de soins ambulatoires, *Dr. fisc. 26 janv. 2012. 117*.

COMMENTAIRE

V. Commentaire reproduit sur Dalloz.fr.

CHAPITRE PREMIER CONSTITUTION DE LA SOCIÉTÉ

Art. L. 4041-1 **Des sociétés interprofessionnelles de soins ambulatoires peuvent être constituées entre des personnes physiques exerçant une profession médicale, d'auxiliaire médical ou de pharmacien.**

Les professionnels médicaux, auxiliaires médicaux et pharmaciens associés d'une société civile professionnelle ou d'une société d'exercice libéral peuvent également être associés d'une société interprofessionnelle de soins ambulatoires, nonobstant toute disposition législative ou réglementaire contraire.

Les sociétés interprofessionnelles de soins ambulatoires sont des sociétés civiles régies par les chapitres Ier et II du titre IX du livre III du code civil et par le présent titre.

Art. L. 4041-2 **La société interprofessionnelle de soins ambulatoires a pour objet :**

1º La mise en commun de moyens pour faciliter l'exercice de l'activité professionnelle de chacun de ses associés ;

2º L'exercice en commun, par ses associés, d'activités de coordination thérapeutique, d'éducation thérapeutique ou de coopération entre les professionnels de santé.

Les activités mentionnées au 2º sont précisées par décret en Conseil d'État.

Art. L. 4041-3 **Peuvent seules être associés** *[associées]* **d'une société interprofessionnelle de soins ambulatoires des personnes remplissant toutes les conditions exigées par les lois et règlements en vigueur pour exercer une profession médicale, d'auxiliaire médical ou de pharmacien et qui sont inscrites, le cas échéant, au tableau de l'ordre dont elles relèvent.**

Les sociétés interprofessionnelles de soins ambulatoires ne sont pas soumises aux formalités préalables exigées des personnes candidates à l'exercice individuel des professions médicales, d'auxiliaire médical ou de pharmacien.

Art. L. 4041-4 Une société interprofessionnelle de soins ambulatoires doit compter parmi ses associés au moins deux médecins et un auxiliaire médical.

Le tribunal peut, à la demande de tout intéressé, prononcer la dissolution de la société si cette condition n'est pas remplie.

Il peut accorder à la société un délai maximal de six mois pour régulariser la situation. Il ne peut prononcer la dissolution si, le jour où il statue sur le fond, cette régularisation a eu lieu.

Art. L. 4041-5 Les statuts de la société sont établis par écrit. Un décret en Conseil d'État détermine les mentions figurant obligatoirement dans les statuts.

Art. L. 4041-6 Les associés peuvent exercer hors de la société interprofessionnelle de soins ambulatoires toute activité professionnelle dont l'exercice en commun n'a pas été expressément prévu par les statuts.

Les statuts déterminent les conditions dans lesquelles un associé peut exercer à titre personnel une activité dont ils prévoient l'exercice en commun.

Art. L. 4041-7 Les statuts de la société interprofessionnelle de soins ambulatoires ainsi que les avenants à ces statuts sont transmis, un mois au moins avant leur enregistrement, aux ordres professionnels aux tableaux desquels sont inscrits les associés ainsi qu'à l'agence régionale de santé.

CHAPITRE II FONCTIONNEMENT DE LA SOCIÉTÉ

Art. L. 4042-1 Les rémunérations versées en contrepartie de l'activité professionnelle des associés dont les statuts prévoient un exercice en commun constituent des recettes de la société et sont perçues par celle-ci.

Par exception, lorsque ces activités sont exercées à titre personnel par un associé, les rémunérations afférentes ne constituent pas une recette de la société.

Art. L. 4042-2 Chaque associé de la société interprofessionnelle de soins ambulatoires répond des actes professionnels qu'il accomplit dans le cadre des activités prévues par les statuts de la société dans les conditions prévues aux articles L. 1142-1 à L. 1142-2.

Art. L. 4042-3 Un associé peut se retirer d'une société interprofessionnelle de soins ambulatoires, soit qu'il cède ses parts sociales, soit que la société lui rembourse la valeur de ses parts.

CHAPITRE III DISPOSITIONS DIVERSES

Art. L. 4043-1 Les activités exercées en commun conformément aux statuts de la société ne sont pas soumises à l'interdiction de partage d'honoraires au sens du présent code.

Les associés d'une société interprofessionnelle de soins ambulatoires ne sont pas réputés pratiquer le compérage du seul fait de leur appartenance à la société et de l'exercice en commun d'activités conformément aux statuts.

Art. L. 4043-2 Sauf dispositions contraires des statuts, la société interprofessionnelle de soins ambulatoires n'est pas dissoute par le décès, l'incapacité ou le retrait de la société d'un associé pour toute autre cause. Elle n'est pas non plus dissoute lorsqu'un des associés est frappé de l'interdiction définitive d'exercer sa profession.

L'associé frappé d'une interdiction définitive d'exercer sa profession perd, au jour de cette interdiction, la qualité d'associé. Ses parts dans le capital sont alors rachetées dans un délai de six mois par un associé ou, à défaut, par la société selon les modalités prévues par les statuts.

TITRE CINQUIÈME ACCOMPAGNEMENT DE DÉLÉGATIONS SPORTIVES *ÉTRANGÈRES SUR* LE TERRITOIRE FRANÇAIS

(L. n° 2015-1541 du 27 nov. 2015, art. 20-I)

CHAPITRE UNIQUE

Art. L. 4051-1 Les professionnels de santé mentionnés à la présente partie qui ne remplissent pas les conditions d'exercice en France et qui accompagnent des délégations sportives étrangères ne peuvent exécuter les actes de leur profession sur le territoire français qu'à l'égard des membres de ces délégations. Ils ne peuvent exercer ces actes au sein des établissements et services de santé mentionnés à la sixième partie.

TITRE SIXIÈME PROFESSIONNELS DE SANTÉ MILITAIRES

(Ord. nº 2018-20 du 17 janv. 2018, art. 13)

CHAPITRE PREMIER MILITAIRES SERVANT DANS L'ARMÉE FRANÇAISE

(Ord. nº 2018-20 du 17 janv. 2018, art. 13)

Art. L. 4061-1 Par dérogation aux dispositions de la présente partie, et quels que soient le lieu d'exercice et les patients pris en charge, les professionnels de santé militaires relevant des dispositions de l'article L. 4138-2 du code de la défense :

1º Ne sont inscrits à aucun tableau d'ordre professionnel ;

2º Sont enregistrés par le ministre de la défense au titre de l'article L. 4113-1 du présent code ou des dispositions équivalentes à la profession de pharmacien ainsi qu'aux autres professions de santé.

Art. L. 4061-2 I. — Les professionnels de santé militaires exerçant une des professions de santé mentionnées à la présente partie sont exposés, en cas de faute ou de manquement commis dans le cadre de leur exercice, aux sanctions professionnelles prévues à l'article L. 4137-1 du code de la défense.

II. — Lorsqu'un professionnel de santé militaire mentionné au présent chapitre a été condamné par une juridiction pénale, le ministre de la défense peut prononcer, à son égard, dans les conditions de l'article L. 4137-3 du code de la défense, une des sanctions prévues à l'article L. 4137-1 du même code.

L'autorité judiciaire informe sans délai le ministre de la défense de toute condamnation devenue définitive à *[pour]* un crime ou un délit puni d'emprisonnement, d'un professionnel de santé militaire.

Art. L. 4061-3 I. — Un professionnel de santé est exposé aux sanctions professionnelles prévues à l'article L. 4137-1 du code de la défense pour les actes commis du fait ou à l'occasion de son exercice professionnel :

1º Au titre d'un engagement à servir dans la réserve opérationnelle, mentionné à l'article L. 4143-1 du même code ;

2º Au titre de la disponibilité, conformément aux dispositions de l'article L. 4139-9 du même code ;

3º Lorsqu'il est replacé en première section, conformément aux dispositions de l'article L. 4141-4 du même code.

II. — Il demeure inscrit au tableau de son ordre professionnel. Toutefois, il n'est pas soumis à la juridiction disciplinaire de cet ordre, ou s'il y a lieu du contentieux du contrôle technique, pour les actes mentionnés au I.

Art. L. 4061-4 I. — Lorsqu'un professionnel de santé, qui a cessé de relever des dispositions de l'article L. 4138-2 du code de la défense, demande son inscription au tableau d'un ordre professionnel ou sur l'une des listes établies par les agences régionales de santé, le service de santé des armées communique à cet ordre ou à cette *agence toute* information strictement nécessaire visant à leur permettre de vérifier que l'intéressé :

1º Remplit les conditions nécessaires de compétence et de moralité mentionnées au présent code ;

2º Ne présente pas d'insuffisance professionnelle, d'infirmité ou d'état pathologique rendant dangereux l'exercice de la profession.

Le service de santé des armées transmet notamment toute information relative aux sanctions professionnelles ayant pu être prononcées à l'encontre de l'intéressé.

II. — Lorsqu'un professionnel de santé demande sa radiation d'un tableau d'un ordre professionnel ou d'une des listes établies par les agences régionales de santé parce qu'il a vocation à relever des dispositions de l'article L. 4138-2 du même code, cet ordre ou cette agence communique au service de santé des armées toute information strictement nécessaire visant à lui permettre de vérifier que l'intéressé :

1° Remplit les conditions nécessaires de compétence et de moralité mentionnées par le présent code ;

2° Ne présente pas d'insuffisance professionnelle, d'infirmité ou d'état pathologique rendant dangereux l'exercice de la profession.

L'ordre concerné transmet notamment au service de santé des armées toute information relative aux sanctions professionnelles ayant pu être prononcées à l'encontre de l'intéressé ou aux décisions prises le concernant prévues aux articles L. 4112-1, L. 4112-3, L. 4112-4 et L. 4124-11 du présent code.

III. – Lorsqu'un professionnel de santé relève de l'une des situations statutaires mentionnées à l'article L. 4061-3, il en informe l'ordre ou l'agence régionale de santé concerné.

L'ordre et le service de santé des armées se transmettent les informations relatives aux sanctions professionnelles prononcées à l'encontre de ce professionnel.

Le service de santé des armées, l'ordre ou l'agence régionale de santé concernés échangent également sans délai les informations nécessaires, lorsque l'exercice par ce professionnel expose ses patients à un danger, pour qu'ils prennent s'il y a lieu, chacun dans son domaine, les mesures appropriées.

IV. – Lorsque la prise en charge d'un patient dans le cadre de coopérations entre le service de santé des armées et tout autre acteur de santé est susceptible de donner lieu à une sanction professionnelle, le ministre de la défense et l'ordre ou l'agence régionale de la santé concernés échangent les informations strictement nécessaires pour que l'autorité compétente puisse se prononcer.

V. – Les modalités d'application du présent article sont déterminées, le cas échéant, par décret en Conseil d'État, pris après avis des conseils des ordres professionnels.

Art. L. 4061-5 Le ministre de la défense est compétent pour reconnaître aux praticiens des armées relevant des dispositions de l'article L. 4138-2 du code de la défense une qualification différente de la qualification initialement reconnue. Cette qualification n'est valable que dans la mesure où le praticien des armées est soumis aux dispositions de l'article précité.

Un décret en Conseil d'État fixe les conditions de mise en œuvre du présent article, notamment les modalités selon lesquelles les conseils des ordres des professions de santé concernés coopérèrent à l'attribution de la reconnaissance de qualification prévue à l'alinéa précédent.

CHAPITRE II MILITAIRES RELEVANT D'UNE ARMÉE ÉTRANGÈRE

(Ord. n° 2018-20 du 17 janv. 2018, art. 13)

Art. L. 4061-6 Les professionnels de santé militaires relevant d'une armée étrangère qui ne remplissent pas les conditions d'exercice en France déterminées par la présente partie ne peuvent exécuter sur le territoire français les actes de leur profession qu'à l'égard des ressortissants étrangers qu'ils accompagnent dans le cadre de la coopération militaire internationale. Ils ne peuvent exercer ces actes au sein des établissements de santé.

Art. L. 4061-7 Les professionnels de santé militaires relevant d'une armée étrangère qui, ne remplissant pas les conditions d'exercice en France déterminées à la présente partie, sont titulaires d'un diplôme de spécialité permettant l'exercice effectif et licite de leur spécialité dans leur État d'origine, peuvent, dans le cadre de la coopération militaire internationale, être autorisés individuellement par le ministre de la défense à exercer temporairement les actes de leur profession dans le cadre d'une formation spécialisée effectuée dans les hôpitaux des armées ou les autres éléments du service de santé des armées.

Les modalités d'application du présent article sont déterminées, le cas échéant, par décret.

LIVRE PREMIER PROFESSIONS MÉDICALES

TITRE PREMIER EXERCICE DES PROFESSIONS MÉDICALES

BIBL. ▸ **Ouvrages avec mises à jour :** ESPER (dir.), Droit médical et hospitalier, *Litec, fasc. 2 à 7-8.* – LAUDE (dir.), *Lamy droit de la santé, études 236 s.*

▶ **Ouvrages généraux :** Callu, Girer et Rousset, Dictionnaire de droit de la santé, *LexisNexis, 2017.* – Memeteau et Girer, Cours de droit médical, *éd. LEH, 2016.* – Laude, Mathieu et Tabuteau, Droit de la santé, *PUF, coll. Thémis, 2e éd., 2010.* – Binet, Droit médical, *Montchrestien, 2012.* – De Forges, Le droit de la santé, *PUF, 8e éd., 2012 (coll. Que sais-je ?).* – Leca, Droit de l'exercice médical en clientèle privée, *LEH, 3e éd., 2012.* – Legmann, Définition d'un nouveau modèle de la médecine libérale, *Rapport, Doc. fr., 2010.*

▶ **Articles :** Cousin, Vers une redéfinition de l'acte médical, *RGDM 2017/6, no 63, p. 93.* – Lequillerier, L'« ubérisation » de la santé, *Dalloz IP/IT 2017.155.* – Roynier, Les professionnels de santé en Europe : contribution à une définition unitaire, *Tribunes de la santé 2015/3 (no 48), p. 33.* – L'exercice de la médecine face aux mutations du modèle libéral (dossier), *RDSS 2013. 575*. – La médecine libérale : quel avenir ?, *RDSS 2011, no spéc.* – Bichot, Quel avenir pour la médecine libérale ?, *Dr. soc. 2011. 1283*.

CHAPITRE PREMIER CONDITIONS GÉNÉRALES D'EXERCICE

Art. L. 4111-1 **Nul ne peut exercer la profession de médecin, de chirurgien-dentiste ou de sage-femme s'il n'est :**

1° Titulaire d'un diplôme, certificat ou autre titre mentionné aux articles L. 4131-1, L. 4141-3 ou L. 4151-5 ;

2° De nationalité française, de citoyenneté andorrane ou ressortissant d'un État membre de *(Ord. no 2009-1585 du 17 déc. 2009, art. 2-I)* **« l'Union européenne » ou partie à l'accord sur l'Espace économique européen, du Maroc ou de la Tunisie, sous réserve de l'application, le cas échéant, soit des règles fixées au présent chapitre, soit de celles qui découlent d'engagements internationaux autres que ceux mentionnés au présent chapitre ;**

3° Inscrit à un tableau de l'ordre des médecins, à un tableau de l'ordre des chirurgiens-dentistes ou à un tableau de l'ordre des sages-femmes, sous réserve des dispositions des articles L. 4112-6 et L. 4112-7.

(Ord. no 2009-1585 du 17 déc. 2009, art. 2-I) **« Les médecins, chirurgiens-dentistes ou sages-femmes titulaires d'un diplôme, certificat ou autre titre mentionné** *(L. no 2017-86 du 27 janv. 2017, art. 197)* **« au 1° de l'article L. 4131-1, aux 1° et 2° de l'article L. 4141-3 ou au 1° de l'article L. 4151-5 » sont dispensés de la condition de nationalité prévue au 2°. »**

BIBL. ▶ Breton, Conditions générales de l'exercice de la médecine, *Dict. de droit médical et hospitalier, LexisNexis, fasc. 4.* – Bélanger, La mobilité (internationale) des professionnels de santé et le droit européen : une nouvelle approche de la libre circulation, *in* Mélanges en l'honneur de Jean-Marie Clément, *LEH 2014, p. 17*.

I. CONDITION DE DIPLÔME

A. RECONNAISSANCE MUTUELLE AU SEIN DE L'UNION EUROPÉENNE

1. *Reconnaissance automatique.* Le droit communautaire soumet à certaines exigences précises d'harmonisation et de coordination la possibilité pour les États membres de délivrer des diplômes de médecin, de sorte que ces diplômes sont susceptibles d'être reconnus de manière automatique et *inconditionnelle* dans tous les États membres (point 31) ; l'État membre d'accueil est donc lié par le certificat, émis par l'État membre d'origine conformément à la Dir. no 93/16 du 5 avr. 1993 (art. 9, §5) [Dir. no 2005/36/CE du 7 sept. 2005, art. 16], qui atteste que le diplôme en cause sanctionne une formation conforme aux dispositions du titre III de ladite directive ; toutefois, en cas de doute sérieux quant à l'authenticité du diplôme ou à sa conformité à la réglementation, il est loisible à l'État d'accueil de saisir les autorités de l'État membre émetteur, d'une demande de vérification du diplôme en cause (point 81). • CJCE 19 juin 2003, *Tennah-Durez c/ CNOM,* no C-110/01.

2. *Diplômes européens délivrés après formation dans un État tiers.* La Dir. no 93/16 du 5 avr. 1993 (art. 23, §2 [Dir. no 2005/36/CE du 7 sept. 2005, art. 24]), qui prévoit une formation médicale d'au moins six années, telle qu'elle est libellée, ne requiert pas que ladite formation soit dispensée exclusivement ou dans une proportion quelconque dans une université d'un État membre *ou sous* la surveillance d'une telle université (point 48-49) ; ce qui importe, lorsqu'il s'agit de déterminer s'il y a lieu ou non de délivrer un diplôme de médecin, n'est pas de savoir où cette formation a été dispensée mais si elle répond aux exigences de formation tant qualitatives que quantitatives établies par la Dir. no 93/16 (point 53) ; or le système communautaire de reconnaissance mutuelle empêche les États membres de délivrer des diplômes de médecin qui ne répondent pas aux exigences de la Dir. no 93/16 ; ainsi, la formation médicale exigée par la Dir. no 93/16 (art. 23, §2) peut être constituée, même de manière prépondérante, d'une formation reçue dans un pays tiers, à condition que l'autorité compétente de l'État membre qui délivre le diplôme soit en mesure de valider cette formation et de considérer, de ce fait, qu'elle contribue valablement à remplir les exigences de formation des médecins établies par ladite directive. • CJCE 19 juin 2003, *Tennah-Durez c/ CNOM (point 70) : préc. note 1.*

3. Langue du libellé du diplôme. Le système de reconnaissance mutuelle automatique et obligatoire serait incomplet et son efficacité sérieusement compromise si le titulaire d'un diplôme reconnu dans son État d'origine n'avait pas le droit de porter le titre professionnel correspondant de l'État membre d'accueil dans la langue de cet État, car cela priverait les bénéficiaires de ce système de la possibilité de faire connaître aux milieux intéressés les qualifications professionnelles qu'ils détiennent (points 24-25). • CJCE 14 sept. 2000, *Erpelding*, n° C-16/99 : *Rec. CJCE I-6821.* ♦ Encore faut-il que les titres dont se prévaut l'intéressé remplissent les conditions minimales nécessaires pour faire l'objet de cette reconnaissance mutuelle automatique et obligatoire en vertu de la Dir. n° 93/16 du 5 avr. 1993 [Dir. n° 2005/36/CE du 7 sept. 2005]. • Même arrêt. ♦ L'art. 10, § 1 [7, § 3], première phrase, de la Dir. n° 93/16 du 5 avr. 1993 [Dir. n° 2005/36/CE du 7 sept. 2005] ne vise que le droit, pour les bénéficiaires du système de reconnaissance mutuelle, de faire usage de leur titre de formation dans la langue de l'État membre d'origine ou de provenance, et n'empêche pas l'État d'accueil d'autoriser une autre langue. • Même arrêt.

4. Homologation par un État membre d'un titre émis par un État tiers. La reconnaissance par un État membre d'un titre délivré par un État tiers n'engage pas les autres États membres. • CJCE 9 févr. 1994, *Tawill-Albertini*, n° C-154/93 : *Rec. CJCE I-451 ; RDSS 1984. 430, obs. Dubouis* (point 13). ♦ Toutefois, les autorités compétentes de l'État membre d'accueil sont tenues de prendre en considération l'ensemble des diplômes, certificats et autres titres, ainsi que l'expérience pertinente de l'intéressé, en procédant à une comparaison entre, d'une part, les compétences attestées par ces titres et cette expérience, et, d'autre part, les connaissances et qualifications exigées par la législation nationale. • CJCE 14 sept. 2000, *Hocsman*, n° C-238/98 : *Rec. CJCE I-6623* (jurisprudence codifiée par Dir. n° 2001/19/CE du 14 mai 2001) • CJCE 9 févr. 1974, *Haim*, n° C-319/92 : *Rec. CJCE I-439.*

B. RECONNAISSANCE DE DIPLÔMES HORS UNION EUROPÉENNE

5. Diplôme algérien. La déclaration gouvernementale du 19 mars 1962 relative à la coopération culturelle entre la France et l'Algérie (art. 5) prévoit une équivalence de plein droit des grades et diplômes d'enseignement délivrés en Algérie et en France, dans les mêmes conditions de programme, de scolarité et d'examen, sauf accord particulier ; mais elle n'implique aucune obligation, pour la France et l'Algérie, d'organiser des cursus identiques ; ainsi, le fait que les conditions de délivrance du diplôme de docteur en médecine auraient cessé d'être identiques dans les deux pays n'est pas de nature à établir que l'Algérie n'applique pas la déclaration de 1962 ; de plus, les grades et diplômes d'enseignement de médecine délivrés en France dans les mêmes conditions de programme, de scolarité et d'examen qu'en Algérie sont regardés dans ce pays comme valables de plein droit ; dès lors, la condition de réciprocité posée par l'art. 55 de la Constitution pour que les médecins algériens puissent se prévaloir de la déclaration de 1962 est remplie. • CE, ass., 9 juill. 2010, *Cheriet-Benseghir*, n° 317747 : *AJDA 2010. 1396 ; ibid. 1635, chron. Liéber et Botteghi ; RFDA 2010. 1133, concl. Dumortier ; ibid. 1146, note Lachaume ; Cah. Cons. const. 2011. 206, note Roblot-Troizier.* ♦ Cependant, l'ordre reste fondé à exiger, pour procéder à l'inscription d'un médecin algérien, que les conditions de programme, de scolarité et d'examen pratiquées localement soient identiques à celles requises en France pour l'obtention du même diplôme. • Même arrêt.

6. Autres. Si l'art. 9 de la L. n° 91-73 du 18 janv. 1991 permet aux médecins étrangers qui ont obtenu leur diplôme avant la loi du 23 déc. 1982 créant la qualification en médecine générale, d'obtenir cette qualification sur demande, elle n'a pas eu pour effet de modifier les conditions d'exercice des médecins issus de l'ancien régime d'études, lesquels peuvent continuer d'exercer comme généralistes sans avoir obtenu la nouvelle qualification de médecine générale. • CE 5 déc. 2011, *M. Youssoupha A.*, n° 342379 : *Lebon T.* (illégalité du refus d'inscription).

C. EXERCICE SANS DIPLÔME

7. V. jurisprudence ss. art. L. 4161-1.

II. LIBERTÉ D'ÉTABLISSEMENT

8. Formalités. Le ressortissant d'un État membre de l'Union européenne qui, de façon stable et continue, exerce une activité dans un autre État membre où, à partir d'un domicile professionnel situé dans cet État, il s'adresse, entre autres, aux ressortissants de cet État, relève des dispositions du chapitre relatif au droit d'établissement et non de celui relatif aux services. • CJCE 30 nov. 1995, *Gebhard*, n° C-55/94 : *Rec. CJCE I. 4165 ; AJDA 1996. 273, chron. Chavrier, Honorat et de Bergues ; RTD eur. 1996. 741, chron. Huglo.* ♦ L'inscription à l'ordre en France peut toutefois être imposée au professionnel de santé déjà inscrit à l'ordre de son pays d'origine, et qui exerce simultanément dans les deux pays. • Civ. 1re, 16 avr. 2015, n° 13-27.690 P : *D. 2015. 923* (vétérinaires en l'espèce). ♦ L'obligation qui en découle de cotiser à deux ordres professionnels n'est pas, en principe, contraire à la liberté d'établissement, s'il en résulte une charge proportionnée aux coûts des procédures d'autorisation. • Même arrêt. ♦ Toutefois, en imposant aux médecins et aux praticiens de l'art dentaire établis dans un autre État membre la radiation d'inscription ou d'enregistrement dans cet autre État membre pour pouvoir exercer leur activité sur son territoire, la France enfreint le principe de liberté d'établissement. • CJCE 30 avr. 1986, *Commission c/ France,* n° C-96/85 : *Rec. CJCE 1475 ; RDSS 1986. 405, note Dubouis.* ♦ La liberté d'établissement ne peut être invoquée dans une situation purement interne ; en l'absence de réglementation européenne, chaque État conserve le droit de réglementer l'exercice des professions de santé dès lors qu'il n'opère aucune discrimination entre ressortissants européens et nationaux. • CJCE 3 oct. 1990, *Nino, Prandini et Goti, Pierini, n° C-54/88 : Rec. CJCE I-03537 ; RDSS 1991. 211, obs. Dubouis* • 3 oct. 1990, *Bouchoucha,* n° C-61/89 : *Rec. CJCE I-3551.*

9. Nationaux diplômés d'un autre État de l'UE. Le ressortissant d'un État membre qui a obtenu dans un autre État membre un diplôme bénéficiant d'une reconnaissance mutuelle peut exercer la médecine dans son État d'origine ; peu importe que cet État d'origine subordonne l'accès à cette profession par des titulaires de diplômes obtenus sur son propre territoire à des exigences de formation supplémentaires à celles acquises par le ressortissant dans l'autre État membre ; l'État d'origine ne peut exiger de son ressortissant une formation supplémentaire. • CJCE 6 oct. 1981, *Broekmeulen,* C-246/80 : *RDSS 1982. 50, obs. Dubouis.*

10. Dir. 2005/36/CE modifiée : champ d'application. L'art. 5, § 3, Dir. 2005/36 relative à la reconnaissance des qualifications professionnelles exige que le prestataire d'un État membre, lorsqu'il exerce son activité professionnelle de façon temporaire et occasionnelle dans un autre État membre, soit soumis aux règles de conduite de caractère professionnel, réglementaire ou administratif qui sont en rapport direct avec ses qualifications professionnelles, ainsi qu'aux dispositions disciplinaires applicables dans l'État membre d'accueil aux professionnels qui y exercent la même profession. • CJUE 12 sept. 2013, *Kostas Konstantinides,* n° C-475/11 (point 36). ♦ Mais seules sont visées par l'art. 5, § 3, les règles de conduite professionnelle qui sont en rapport direct avec l'exercice même de l'art médical et dont le non-respect porte atteinte à la protection du patient (point 39) ; or, ni les règles de calcul des honoraires, ni les règles interdisant toute publicité contraire à l'éthique professionnelle ne constituent des règles de conduite en lien direct et spécifique avec les qualifications professionnelles relatives à l'accès à la profession (point 40) ; par conséquent, ces règles ne relèvent pas du champ d'application matériel de la directive. • Même arrêt. ♦ Il appartient toutefois aux juridictions nationales de vérifier si les règles internes d'exercice constituent une restriction à la liberté de prestation, au sens de l'art. 56 TFUE. • Même arrêt.

11. Dir. 2005/36/CE modifiée : formalités. L'art. 6 *a* Dir. 2005/36, relatif aux exigences pouvant être imposées aux professionnels d'un autre État membre, n'édicte ni des règles de conduite, ni des règles de procédure disciplinaire auxquelles ces professionnels pourraient être soumis ; il permet d'imposer une inscription temporaire automatique, ou une adhésion *pro forma* à une organisation professionnelle ou à un organisme professionnel, afin de faciliter l'application des dispositions disciplinaires, conformément à l'art. 5, § 3. • CJUE 12 sept. 2013, *Kostas Konstantinides,* n° C-475/11.

12. Outre-mer. Un État membre doit étendre à l'ensemble des ressortissants de l'Union, titulaires du diplôme de médecin, la faculté de s'établir ou d'exercer dans les pays et territoires d'outre-mer, sans que puisse y faire obstacle l'organisation territoriale de cet l'État (en l'espèce, réforme du statut constitutionnel de la Nouvelle-Calédonie). • CJCE 12 déc. 1990, *Commission c/ France,* n° C-263/88 : *Rec. CJCE I-4611.*

Art. L. 4111-1-1 *(L. n° 2011-940 du 10 août 2011, art. 5)* **Dans le cadre de leur formation et par dérogation au 1° de l'article L. 4111-1, peuvent exercer la profession de médecin les personnes inscrites en troisième cycle des études de médecine en France et remplissant des conditions déterminées par décret en Conseil d'État et portant sur la durée, les conditions et les lieux d'exercice ainsi que sur les enseignements théoriques et pratiques devant être validés.**

Art. L. 4111-1-2 *(L. n° 2016-41 du 26 janv. 2016, art. 121-1°)* **Par dérogation au 1° de l'article L. 4111-1, peuvent être autorisés individuellement par le ministre chargé de la santé, après avis du Conseil national de l'ordre compétent, à exercer temporairement la médecine ou la chirurgie dentaire dans le cadre d'une formation spécialisée effectuée en France au sein de lieux de stage agréés pour la formation des internes relevant d'établissements de santé publics ou privés à but non lucratif, lorsqu'ils rem-**

plissent des conditions déterminées par décret en Conseil d'État portant sur la durée, les modalités et les lieux d'exercice ainsi que sur les enseignements théoriques et pratiques devant être validés :

1° Les internes en médecine à titre étranger et les étudiants en médecine ayant validé une formation médicale dans un État autre que les États membres de l'Union européenne, les États parties à l'accord sur l'Espace économique européen ou la Confédération suisse et autorisés à poursuivre une formation spécialisée en médecine dans leur pays d'origine venant effectuer l'intégralité d'un troisième cycle de médecine en France dans le cadre prévu au 3° de l'article L. 632-12 du code de l'éducation ou dans le cadre d'un accord de coopération bilatéral avec la France, lorsque le diplôme de spécialité qu'ils poursuivent nécessite pour sa validation l'accomplissement de fonctions hospitalières de plein exercice ;

2° Les médecins ou chirurgiens-dentistes spécialistes titulaires d'un diplôme de spécialité permettant l'exercice effectif et licite de ladite spécialité dans leur pays d'origine venant effectuer, dans le cadre d'un accord de coopération bilatéral avec la France ou d'un accord de coopération entre, d'une part, une personne de droit public ou privé et, d'autre part, un établissement de santé public ou privé à but non lucratif en application de l'article L. 6134-1 du présent code ou une université française ou ces deux entités, une formation complémentaire dans leur discipline ou leur spécialité.

En application des art. L. 231-5 et L. 231-6 CRPA, le silence gardé par l'administration pendant quatre mois vaut décision de rejet pour l'autorisation temporaire d'exercice de la médecine, de la chirurgie dentaire et de la pharmacie (Décr. n° 2014-1288 du 23 oct. 2014).

Sur la délivrance d'une autorisation temporaire d'exercice de la médecine, V. Décr. n° 2017-1601 du 22 nov. 2017, art. 3 🏛 et art. R. 4111-33.

Art. L. 4111-2 *(L. n° 2006-1640 du 21 déc. 2006, art. 83-I et II ; L. n° 2009-879 du 21 juill. 2009, art. 19-X)* « I. – Le ministre chargé de la santé peut, après avis d'une commission comprenant notamment des délégués des conseils nationaux des ordres et des organisations nationales des professions intéressées, choisis par ces organismes, autoriser individuellement à exercer les personnes titulaires d'un diplôme, certificat ou autre titre permettant l'exercice de la profession de médecin, chirurgien-dentiste ou sage-femme dans le pays d'obtention de ce diplôme, certificat ou titre.

« Ces personnes doivent avoir satisfait à des épreuves anonymes de vérification des connaissances, organisées par profession, discipline ou spécialité, et justifier d'un niveau suffisant de maîtrise de la langue française. Les personnes ayant obtenu en France un diplôme interuniversitaire de spécialisation, totalisant trois ans de fonction au-delà de leur formation et justifiant de fonctions médicales rémunérées en France au cours des deux années précédant la publication de la loi n° 2009-879 du 21 juillet 2009 portant réforme de l'hôpital et relative aux patients, à la santé et aux territoires sont réputées avoir satisfait à l'exigence de maîtrise de la langue française. Des dispositions réglementaires fixent les conditions d'organisation de ces épreuves et de vérification du niveau de maîtrise de la langue française. Le nombre maximum de candidats susceptibles d'être reçus à ces épreuves pour chaque profession et pour chaque discipline ou spécialité est fixé par arrêté du ministre chargé de la santé en tenant compte, notamment, de l'évolution des nombres d'étudiants déterminés conformément aux dispositions du *(L. n° 2009-833 du 7 juill. 2009, art. 1er-II)* « troisième » alinéa de l'article L. 631-1 du code de l'éducation.

« Le nombre maximum mentionné à l'alinéa précédent n'est pas opposable aux réfugiés, apatrides, bénéficiaires de l'asile territorial et bénéficiaires de la protection subsidiaire et aux Français ayant regagné le territoire national à la demande des autorités françaises.

(L. n° 2016-41 du 26 janv. 2016, art. 121-3°-a) « Les médecins titulaires d'un diplôme d'études spécialisées obtenu dans le cadre de l'internat à titre étranger sont réputés avoir satisfait aux épreuves de vérification des connaissances prévues au deuxième alinéa du présent I. »

« Les lauréats, candidats à *la profession de médecin*, doivent en outre justifier de *trois ans de* fonctions accomplies dans un service ou organisme agréé pour la formation des internes. Toutefois, les fonctions exercées avant la réussite à ces épreuves peuvent être prises en compte après avis de la commission mentionnée au premier alinéa, dans des conditions fixées par voie réglementaire.

« Les lauréats, candidats à la profession de chirurgien-dentiste, doivent en outre justifier d'une année de fonctions accomplies dans un service ou organisme agréé pour la

formation des internes. Toutefois, les fonctions exercées avant la réussite à ces épreuves peuvent être prises en compte après avis de la commission mentionnée au premier alinéa, dans des conditions fixées par voie réglementaire.

« Les lauréats, candidats à la profession de sage-femme, doivent en outre justifier d'une année de fonctions accomplies dans l'unité d'obstétrique d'un établissement public de santé ou d'un établissement privé participant au service public. Les sages-femmes sont recrutées conformément aux dispositions du 4° de l'article L. 6152-1 dans des conditions fixées par voie réglementaire.

« Nul ne peut être candidat plus de trois fois aux épreuves de vérification des connaissances et à l'autorisation d'exercice.

« I *bis*. — Le ministre chargé de la santé peut également, après avis *(L. n° 2016-41 du 26 janv. 2016, art. 121-3°-b)* **« d'une commission composée notamment de professionnels », autoriser individuellement à exercer des ressortissants d'un État autre que ceux membres de** *(Ord. n° 2009-1585 du 17 déc. 2009, art. 2-II)* **« l'Union européenne » ou parties à l'accord sur l'Espace économique européen** *(Ord. n° 2008-507 du 30 mai 2008, art. 23-I ; Ord. n° 2009-1585 du 17 déc. 2009, art. 2-II)* **« , titulaires de titres de formation obtenus dans l'un de ces États et dont l'expérience professionnelle est attestée par tout moyen ». Le nombre maximum de candidats susceptibles d'être autorisés à exercer pour chaque profession et, en ce qui concerne la profession de médecin, pour chaque discipline ou spécialité, est fixé par arrêté du ministre chargé de la santé.**

« Nul ne peut être candidat plus de trois fois à l'autorisation d'exercice. »

(Ord. n° 2009-1585 du 17 déc. 2009, art. 2-II) **« II. — L'autorité compétente peut également, après avis d'une commission composée notamment de professionnels, autoriser individuellement à exercer la profession de médecin dans la spécialité concernée, de chirurgien-dentiste, le cas échéant dans la spécialité, ou de sage-femme les ressortissants d'un État membre de l'Union européenne ou d'un autre État partie à l'accord sur l'Espace économique européen, titulaires de titres de formation délivrés par un État tiers, et reconnus dans un État, membre ou partie, autre que la France, permettant d'y exercer légalement la profession.** *(Ord. n° 2017-50 du 19 janv. 2017, art. 5-I et 7-III)* **« S'agissant des médecins et, le cas échéant, des chirurgiens-dentistes, la reconnaissance porte à la fois sur le titre de base et sur le titre de spécialité.**

« L'intéressé justifie avoir exercé la profession, le cas échéant dans la spécialité, pendant trois ans à temps plein ou à temps partiel pendant une durée totale équivalente dans cet État, membre ou partie. »

« Dans le cas où l'examen des qualifications professionnelles attestées par l'ensemble des titres de *(Ord. n° 2017-50 du 19 janv. 2017, art. 8-I-1°)* **« formation initiale, » de l'expérience professionnelle pertinente** *(Ord. n° 2017-50 du 19 janv. 2017, art. 8-I-2°)* **« et de la formation tout au long de la vie ayant fait l'objet d'une validation par un organisme compétent » fait apparaître des différences substantielles au regard des qualifications requises pour l'accès à la profession et son exercice en France, l'autorité compétente exige que l'intéressé se soumette à une mesure de compensation** *(Abrogé par Ord. n° 2017-50 du 19 janv. 2017, art. 8-I-3°)* ***« qui consiste, au choix du demandeur, en une épreuve d'aptitude ou en un stage d'adaptation »*** **dans la spécialité ou le domaine concerné. »**

(Ord. n° 2017-50 du 19 janv. 2017, art. 8-II) **« Selon le niveau de qualification exigé *en* France et celui détenu par l'intéressé, l'autorité compétente peut soit proposer au demandeur de *choisir entre* un stage d'adaptation ou une épreuve d'aptitude, soit imposer un stage d'adaptation ou une épreuve d'aptitude, soit imposer un stage d'adaptation et une épreuve d'aptitude.**

« La nature des mesures de compensation selon les niveaux de qualification en France et dans les autres États, membres ou parties, est fixée par arrêté du ministre chargé de la santé. »

COMMENTAIRE

V. Commentaire reproduit sur Dalloz.fr.

A. PROCÉDURE

1. Motivation (non). La décision par laquelle le ministre rejette une demande d'autorisation n'entre dans aucune des catégories définies par la loi du 11 juill. 1979 ; elle ne restreint l'exercice d'aucune liberté publique et ne refuse pas un avantage dont l'attribution constitue un droit ; elle n'a donc pas à être motivée. • CE 25 avr. 1994, *Chevrol*, n° 137918 • 22 sept. 1997, *Min. Aff. soc.*, n° 162790 : *Lebon 284* et *T. 1048*.

2. Procédure, contradiction. Aucune disposition législative ou réglementaire ni aucun principe général du droit n'impose à la commission chargée d'émettre un avis au vu des dossiers présentés par les demandeurs de procéder à l'audition de ces derniers. • CE 22 sept. 1997, *Min. Aff. soc.*, n° 162790 : *Lebon 284* .

3. Publication de l'autorisation. La publication au *Bulletin officiel* du ministère de l'arrêté ministériel fixant la liste des personnes autorisées à exercer en France la profession de médecin constitue, en l'absence de texte prescrivant une publication au *Journal officiel*, une mesure de publicité suffisante à l'égard du CNOM, eu égard aux missions de cet organisme et aux modalités de diffusion de ce *Bulletin officiel*. • CE 7 juill. 2010, *CNOM*, n° 329897 : *Lebon T. 892* .

4. Réfugiés, demandeurs d'asile. Un arrêté exigeant d'une personne ayant la qualité de réfugié ou de demandeur d'asile qu'elle produise une attestation des autorités universitaires compétentes faisant apparaître le détail des enseignements suivis sous peine d'irrecevabilité de son dossier de candidature ne saurait la contraindre à commettre un acte d'allégeance au sens de la convention de Genève du 28 juill. 1951 ; en revanche, cet arrêté, en tant qu'il ne prévoit pas qu'une autorité administrative française puisse, le cas échéant, se substituer au réfugié ou au demandeur d'asile dans l'accomplissement de cette démarche auprès des autorités universitaires du pays d'origine, place le candidat dans une situation susceptible de se révéler moins favorable que celle effectivement appliquée aux autres étrangers, en méconnaissance de ladite convention. • CE 8 févr. 2006, *Assoc. d'accueil aux médecins et personnels de santé réfugiés en France*, n° 277258 : *Lebon 64* .

B. CONTRÔLE JURIDICTIONNEL DES CRITÈRES D'AUTORISATION

5. Durée de la formation. Pour accorder son autorisation à un médecin ayant obtenu son titre dans un État tiers mais reconnu par un État membre, le ministre prend en compte l'expérience professionnelle acquise par l'intéressé dans cet État membre, mais aussi, conformément à l'art. 14, § 5, Dir. n° 2005/36/CE du 7 sept. 2005, la durée de la formation ou les matières enseignées, ce qui peut le conduire à exiger un stage d'adaptation ou une épreuve d'aptitude. • CE 7 juill. 2010, *CNOM*, n° 328656. ♦ Le juge administratif se limite à un contrôle de l'erreur manifeste d'appréciation. • Même arrêt. – V. aussi • CE 29 sept. 2010, *CNOM*, n° 332008.

6. Démographie médicale. L'art. L. 4111-2 n'ayant pas pour objet d'instituer un concours entre des candidats, il n'est pas interdit au ministre, appelé à se prononcer sur les demandes d'autorisation d'exercer, de tenir compte d'autres éléments que la stricte valeur scientifique des demandeurs. • CE 22 sept. 1997, *Min. Aff. soc.*, n° 162790 : *Lebon 284* . ♦ Le ministre peut ainsi tenir compte, pour la fixation du nombre maximum des autorisations, de l'évolution de la démographie médicale. • Même arrêt.

7. Notation. Le jury ne saurait compétemment fixer à 13 sur 20 la note en deçà de laquelle un candidat ne peut être déclaré admis ; la fixation d'une telle note, qui est une des conditions d'organisation des examens, relève de la compétence du seul pouvoir réglementaire. • CE 15 sept. 2008, *Guy A.*, n° 314868 • CE 27 juin 2008, n° 314141. ♦ Le requérant ne saurait utilement ni contester la note qui lui a été attribuée à l'épreuve de maîtrise de la langue française ni soutenir que ses copies ne comportaient aucune annotation, ni invoquer le fait que l'épreuve de maîtrise de la langue française portait sur une question liée à ses capacités professionnelles. • CE 15 sept. 2008, n° 314869.

8. Niveau de langue française. L'exigence de la connaissance de la langue nationale comme préalable à l'autorisation d'exercer est par nature susceptible de constituer une discrimination indirecte entre les nationaux et les ressortissants des autres États membres de l'Union ; mais la Cour admet que la liberté d'établissement ne s'y oppose pas lorsque cette exigence répond à une raison impérieuse d'intérêt général ; concernant la profession de dentiste, la fiabilité de la communication avec le patient et les autorités justifie cette exigence. • CJCE 4 juill. 2000, *Haïm*, n° C-424/97 : *Rec. CJCE I-5123*. ♦ Les personnes n'ayant pas suivi le cursus des études médicales en France ne sont pas dans la même situation, pour l'exercice de la médecine en France, que les médecins formés et diplômés en France ; l'art. L. 4111-2 a donc pu prévoir, sans porter atteinte au principe d'égalité, de soumettre ces personnes à une épreuve de vérification de maîtrise de la langue française et des connaissances médicales ; non-lieu à question prioritaire de constitutionnalité. • CE 30 mars 2011, *Betala-Belinga*, n° 346101. ♦ En tout état de cause, la réussite du médecin étranger aux épreuves de vérification de maîtrise de la langue française et des connaissances ne dispense pas de l'obtention de l'avis favorable de la commission prévue à l'art. L. 4111-2. • CAA 10 mai 2012, n° 11PA02216.

9. Mesures de compensation. Lorsqu'elle fixe d'éventuelles mesures de compensation visant à combler des différences substantielles entre la formation suivie par le demandeur dans un État membre et la formation requise par l'État d'accueil, l'autorité de l'État d'accueil chargée de la reconnaissance des qualifications professionnelles acquises dans les autres États membres est tenue de prendre en compte toute expérience pratique susceptible de couvrir, en tout ou en partie, lesdites différences. • CJUE 2 déc. 2010, *Stylianou Vandorou,* n° C-422/09 (propos d'ingénieurs, sol. transposable). ♦ En cas de différences substantielles entre la formation acquise dans un État tiers à l'Union européenne et les qualifications exigées en France, le ministre peut tenir compte de l'expérience professionnelle acquise dans un État membre lorsqu'elle est de nature à couvrir ces différences, et délivrer l'autorisation d'exercice sans l'assortir de mesures de compensation. • CE 29 sept. 2010, *CNOM,* n° 332009. ♦ Le ministre apprécie cette expérience professionnelle sous le seul contrôle juridictionnel de l'erreur manifeste d'appréciation. • Même arrêt.

Art. L. 4111-3 Lorsqu'un État étranger accorde à des médecins, chirurgiens-dentistes ou sages-femmes, nationaux français ou ressortissants français, le droit d'exercer leur profession sur son territoire, le ressortissant de cet État peut être autorisé à pratiquer son art en France par arrêté du ministre chargé de la santé, si des accords ont été passés à cet effet avec cet État et si l'équivalence de la valeur scientifique du diplôme est reconnue par le ministre chargé de l'enseignement supérieur.

Ces accords, conclus avec l'agrément du ministre chargé de la santé, devront comporter obligatoirement la parité effective et stipuleront le nombre des praticiens étrangers que chacun des deux pays autorise à exercer sur son territoire.

Les autorisations sont données individuellement, après avis des organisations syndicales nationales et des ordres intéressés, aux praticiens ayant fait la preuve d'une connaissance suffisante de la langue française dans des conditions fixées par voie réglementaire. Elles peuvent être retirées à tout moment. — *[Anc. art. L. 356-2°, al. 2.]*

Art. L. 4111-3-1 *(L. n° 2009-879 du 21 juill. 2009, art. 76-I)* Lorsque la province de Québec accorde le droit d'exercer leur profession sur son territoire à des médecins, chirurgiens-dentistes ou sages-femmes titulaires d'un titre de formation permettant l'exercice en France, les titulaires d'un titre de formation obtenu dans la province de Québec peuvent être autorisés à exercer leur profession en France par le ministre chargé de la santé si des arrangements en vue de la reconnaissance des qualifications ont été passés à cet effet, signés par les ordres et le ministre chargé de la santé, et si leurs qualifications professionnelles sont reconnues comme comparables à celles requises en France pour l'exercice de la profession.

Les autorisations d'exercice sont délivrées individuellement, après avis des ordres intéressés, aux praticiens ayant fait la preuve d'une connaissance suffisante de la langue française. Ils sont tenus de respecter les règles professionnelles applicables en France.

Les modalités d'application du présent article sont fixées par voie réglementaire.

En application de l'art. L. 231-4 CRPA, le silence gardé par l'administration pendant deux mois vaut décision de rejet par l'autorisation d'exercice de leur profession par les médecins, chirurgiens-dentistes, sages-femmes, titulaires d'un titre de formation permettant l'exercice en France, à qui la Province de Québec a permis l'exercice de leur profession sur son territoire (Décr. n° 2014-1288 du 23 oct. 2014).

Art. L. 4111-4 Lorsqu'un établissement de santé, établi sur le territoire français par un organisme étranger, a obtenu la reconnaissance d'utilité publique avant le 10 juin 1949, le ministre chargé de la santé peut autoriser, par arrêté individuel, certains praticiens attachés à cet établissement à exercer leur art en France, après avis des organisations syndicales nationales intéressées. Ces praticiens doivent être inscrits au tableau de l'ordre intéressé.

Le nombre maximum par établissement de santé de ces praticiens autorisés est fixé par arrêté des ministres chargés des affaires étrangères et de la santé. L'autorisation n'est valable que pour la période durant laquelle lesdits praticiens sont effectivement attachés à cet établissement. — *[Anc. art. L. 356, al. 5 et 6].*

Art. L. 4111-5 *(Ord. n° 2008-507 du 30 mai 2008, art. 23-II ; Ord. n° 2009-1585 du 17 déc. 2009, art. 2-III)* Le médecin, le praticien de l'art dentaire, la personne exerçant la profession de sage-femme peut faire usage de ses titres de formation dans la langue de l'État qui les lui a délivrés. Il est tenu de faire figurer le lieu et l'établissement où il les a obtenus. L'intéressé porte le titre professionnel de médecin, chirurgien-dentiste ou sage-femme.

Dans le cas où le titre de formation de l'État d'origine, membre ou partie, est susceptible d'être confondu avec un titre exigeant en France une formation complémentaire, le Conseil national de l'ordre concerné peut décider que le médecin, le chirurgien-dentiste ou la sage-femme fera état du titre de formation de l'État d'origine, membre ou partie, dans une forme appropriée qu'il lui indique.

Vérification par le pharmacien (non). L'art. L. 4111-5 ne régit pas les obligations des pharmaciens et ne saurait avoir pour objet ou pour effet d'imposer à ces derniers, préalablement à la délivrance des médicaments prescrits, l'obligation d'en vérifier le respect par le médecin prescripteur. • CE 26 oct. 2005, *Épx Feldman*, n° 270229 : *RDSS 2006. 568, obs. Mégerlin*.

Art. L. 4111-6 *Abrogé par L. n° 2009-526 du 12 mai 2009, art. 52.*

Art. L. 4111-7 Les ressortissants d'un État ayant appartenu à l'Union française et n'ayant pas passé avec la France un engagement mentionné à l'article L. 4111-3 qui, à la date du 14 juillet 1972, justifient avoir été régulièrement inscrits à l'ordre des médecins, des chirurgiens-dentistes ou des sages-femmes, sont autorisés à continuer la pratique de leur art, sous réserve de n'avoir pas été radiés de cet ordre à la suite d'une sanction disciplinaire. — *[Anc. art. L. 357-1].*

Art. L. 4111-8 *(Ord. n° 2008-507 du 30 mai 2008, art. 23-III ; Ord. n° 2009-1585 du 17 déc. 2009, art. 2-IV)* Sont déterminés par décret en Conseil d'État :

1° Le délai dans lequel la commission mentionnée aux I et I *bis* de l'article L. 4111-2 doit rendre un avis ;

2° La composition et le fonctionnement de la commission mentionnée au II de l'article L. 4111-2 et les conditions dans lesquelles l'intéressé est soumis à une mesure de compensation.

CHAPITRE II INSCRIPTION AU TABLEAU DE L'ORDRE ET DÉCLARATION DE PRESTATION DE SERVICES *(Ord. n° 2009-1585 du 17 déc. 2009, art. 2-V).*

SECTION PREMIÈRE INSCRIPTION AU TABLEAU DE L'ORDRE *(Ord. n° 2009-1585 du 17 déc. 2009, art. 2-V).*

Art. L. 4112-1 Les médecins, les chirurgiens-dentistes et les sages-femmes qui exercent dans un département sont inscrits sur un tableau établi et tenu à jour par le conseil départemental de l'ordre dont ils relèvent.

(Ord. n° 2005-1040 du 26 août 2005) « Ce tableau est transmis aux services de l'État et porté à la connaissance du public, dans des conditions fixées par décret. »

Nul ne peut être inscrit sur ce tableau s'il ne remplit pas les conditions requises par le présent titre *(L. n° 2009-879 du 21 juill. 2009, art. 62-I)* « et notamment les conditions nécessaires de moralité, d'indépendance et de compétence.

« La décision d'inscription ne peut être retirée que si elle est illégale et dans un délai de quatre mois. Passé ce délai, la décision ne peut être retirée que sur demande explicite de son bénéficiaire.

« Il incombe au conseil départemental de tenir à jour le tableau et, le cas échéant, de radier de celui-ci les praticiens qui, par suite de l'intervention de circonstances avérées postérieures à leur inscription, ont cessé de remplir ces conditions. »

Un médecin, un chirurgien-dentiste ou une sage-femme ne peut être inscrit que sur un seul tableau qui est celui du département où se trouve sa résidence professionnelle, sauf dérogation prévue par le code de déontologie mentionné à l'article L. 4127-1.

Un médecin, un chirurgien-dentiste ou une sage-femme inscrit ou enregistré en cette qualité dans un État ne faisant pas partie de *(Ord. n° 2009-1585 du 17 déc. 2009, art. 25)* « l'Union européenne » ou n'étant pas partie à l'accord sur l'Espace économique européen ne peut être inscrit à un tableau de l'ordre dont il relève.

BIBL. ▶ ÉOCHE-DUVAL, Les professions de santé face à l'exigence de bonne moralité, *RDSS 2011. 490*.

COMMENTAIRE

V. Commentaire reproduit sur Dalloz.fr.

I. INSCRIPTION, ACTE ADMINISTRATIF

1. *Principe.* L'inscription au tableau constitue une décision administrative et non juridictionnelle… • CE, ass., 12 déc. 1953, *De Bayo : Lebon 544 ; RPDA 1954. 3, concl. Chardeau ; AJDA 1954. II. 138, obs. de Soto ; ibid. II bis. 2, chron. Gazier et Long ; D. 1954. 294, concl.* ♦ … A ce titre susceptible de recours pour excès de pouvoir. • Même arrêt (revirement, quant à cet aspect, sur • CE, ass., 2 févr. 1945, *Moineau : Lebon 27 ; S. 1946. 3. 9, note L'Huillier ; D. 1945. 239, note Colliard ; GAJA, n° 55.* ♦ L'art. 6, § 1er, Conv. EDH est donc inapplicable. • CE 25 févr. 2015, *M. Marc V.*, n° 362988. ♦ Aucune disposition législative ou réglementaire ne fait obstacle à ce que le président du conseil de l'ordre exerce lui-même les fonctions de rapporteur de la demande d'inscription au tableau, ni ne prévoit que son rapport soit communiqué à l'intéressé ou que les réunions au cours desquelles les décisions sont prises soient publiques. • Même arrêt.

2. *Régime contentieux des recours.* Lorsque le conseil départemental de l'ordre rejette une demande d'inscription, que le conseil régional, sur recours de l'intéressé, rejette également la demande, et que, sur recours de l'intéressé, le Conseil national rejette à son tour, la décision du Conseil national se substitue à la décision du conseil régional, laquelle s'était substituée à la décision du conseil départemental ; seule la décision du Conseil national peut être contestée devant le Conseil d'État, le requérant ne pouvant invoquer les vices entachant, selon lui, les deux autres décisions. • CE 25 févr. 2015, *M. Marc V.*, n° 362988.

II. CONDITIONS D'INSCRIPTION

A. CONDITIONS DE PROCÉDURE

3. *Inscription d'un étranger.* Tout médecin autorisé à exercer puis recruté en qualité de praticien adjoint contractuel doit communiquer sans délai une copie de son contrat au conseil départemental de l'ordre ; mais ce dernier ne saurait faire de la production de ce contrat ou de la justification de démarches en vue d'un tel recrutement le préalable à une inscription au tableau. • CE 11 juill. 2012, *Mohamed A.*, n° 346515 : *Lebon T.* ♦ Il appartient toutefois au conseil *départemental, auquel* il incombe de tenir à jour le tableau relevant de son ressort, de veiller au respect, par les médecins concernés, de l'obligation qui leur est faite de n'exercer la profession médicale que dans les conditions impliquées par l'autorisation ministérielle. • Même arrêt.

B. CONDITIONS DE MORALITÉ OU D'INDÉPENDANCE

1° FAITS JUSTIFIANT LE REFUS D'INSCRIPTION

4. *Faits postérieurs à des faits déjà sanctionnés.* Ne commet pas d'illégalité le Conseil national qui se fonde uniquement sur des agissements postérieurs aux sanctions disciplinaires dont l'intéressé avait déjà fait l'objet, et tenant en l'espèce à la présentation au cours d'une procédure administrative d'un document ayant le caractère d'un faux. • CE 10 janv. 2001, *Robert X.*, n° 191947.

5. *Faits commis à l'étranger.* L'ordre peut légalement, pour apprécier la moralité d'un médecin, fonder sa décision sur des faits qui sont à l'origine de condamnations pénales prononcées à son encontre par une juridiction étrangère, mais pas sur les condamnations elles-mêmes. • CE 15 mars 1989, *Mme Delhez*, n° 89127 : *RDSS 1989. 429, obs. Dubouis.*

6. *Déclaration mensongère.* Le fait de répondre négativement à une question portant sur l'existence d'une instance judiciaire ou disciplinaire en cours contre l'intéressé, alors que celui-ci faisait l'objet de poursuites disciplinaires, constitue une déclaration mensongère délibérée justifiant le refus d'inscription pour défaut de moralité. • CE 12 févr. 1988, *Péron-Autret*, n° 73589. ♦ Tout comme s'abstenir de mentionner une sanction ordinale grave. • CE 28 déc. 2012, *Moricio B.*, n° 350438.

7. *Meurtrier ayant purgé sa peine.* C'est à bon droit qu'est refusée l'inscription d'un psychiatre coupable du meurtre de sa fille, bien qu'il ait purgé sa peine. • CE 8 juill. 2005, *Hubert A.*, n° 274431.

8. *Pratiques non conformes.* Est fondé le refus d'inscription d'un praticien qui, malgré des sanctions antérieures, continue d'adopter une attitude qui le conduit à ne pas tenir compte des données acquises de la science, rendant ses pratiques médicales susceptibles de présenter de graves dangers pour ses patients. • CE 17 déc. 2003, *Marc X.*, n° 249906. ♦ Par la suite, dans la même affaire, le Conseil national a pu retenir à bon droit le caractère dogmatique de la position du médecin sur les vaccinations, pour lesquelles il ne retient que leur risque potentiel, ce qui conduit à considérer que ce médecin n'entend pas assurer des soins consciencieux, dévoués et fondés sur les données acquises de la science au sens de l'art. R. 4127-32. • CE 17 déc. 2009, *Marc. A.*, n° 314556.

9. *Moralité.* Les attestations et témoignages fournis par un confrère de nationalité étrangère ne sont pas au nombre des pièces de nature à certifier la moralité du médecin demandeur. • CE 15 mars 1989, *Mme Delhez*, n° 89127 : *préc. note 5.*

10. *Autres faits justifiant le refus d'inscription.* L'exercice illégal de la médecine par un médecin… • CE 31 mai 1963, *CNOM c/ Bourbouloux*, n° 55843 : *Lebon 338 ; Dr. adm. 1963, n° 211.* ♦ … Y compris par un médecin étranger exerçant en France sans s'être inscrit à un tableau départemental… • CE 2 févr. 1983, *So-*

lomidès, n° 14365 : *Lebon T. 844*. ♦ ... La prescription de substances toxiques à des toxicomanes dont certains mineurs, de manière manifestement inconsidérée et de nature à aggraver une dépendance. • CE 15 mars 1989, *Mme Delhez*, n° 89127 : *préc. note 5*. ♦ ... Le fait d'exercer de façon répétée, malgré une interdiction de donner des soins aux assurés sociaux. • CE 5 févr. 2007, *Vercoutère*, n° 163782 : *Lebon T. 1048*. ♦ Inversement, le prévenu qui a reçu habituellement des malades, a pris part à l'établissement d'un diagnostic, leur a prescrit des traitements et leur a délivré des médicaments de sa préparation invoque vainement l'obligation où il se serait trouvé, de porter secours à des personnes en péril. • Crim. 2 juill. 1975, n° 73-92.944 : *Bull. crim. n° 173*.

11. Refus après relevé d'incapacité. La décision juridictionnelle qui relève le médecin de l'incapacité résultant de sa radiation a seulement pour effet de lui donner vocation à obtenir une nouvelle inscription, sans lui ouvrir le droit à cette inscription ; il appartient au conseil départemental saisi de cette demande d'apprécier si le praticien remplit les conditions requises, en tenant compte de l'ensemble des faits portés à sa connaissance, à l'exception de la sanction disciplinaire dont il avait fait l'objet. • CE 8 juill. 1998, *Cons. dptal de l'ordre des médecins de Saône-et-Loire*, n° 162912 : *Lebon 310* ; *RFDA 1999. 103, concl. Schwartz*.

2° FAITS NE JUSTIFIANT PAS LE REFUS D'INSCRIPTION

12. Contrats avec des mutuelles. Le fait pour un chirurgien-dentiste de passer un contrat avec un établissement mutualiste moyennant rémunération forfaitaire, contraire au principe déontologique d'entente directe entre le client et le praticien, est toutefois autorisé par les textes législatifs relatifs aux institutions de médecine sociale. • CE, sect., 1er oct. 1954, *Dlle Costier : Lebon 504 ; Dr. soc. 1955. 81, concl. Laurent ; JCP 1954. II. 8446, note Savatier ; AJDA 1954. II. 442, note Dubisson*. ♦ Pour un médecin exerçant dans une clinique chirurgicale mutualiste. • 29 janv. 1954, *Chaigneau : Lebon 67 ; Dr. soc. 1954. 489, concl. Donnedieu de Vabres*. ♦ Est illégal le refus d'inscrire un médecin au motif que le conseil départemental le soupçonnerait d'avoir l'intention de collaborer avec une institution mutualiste. • CE 27 avr. 1966, *CNOM*, n° 61664 : *Lebon 291*.

13. Autres faits ne justifiant pas le refus. Des condamnations non amnistiées pour outrage verbal à commissaire de police et à magistrat. • CE 19 avr. 1968, *Mendel*, n° 68779 : *Lebon T. 1083*. ♦ ... Le fait d'exercer avant inscription au tableau départemental avec l'autorisation du président du conseil départemental, et de cesser dès réception de la décision de refus d'inscription... • CE 13 juill. 1965, *Mendel*, n° 63759 : *Lebon 446*. ♦ ... Le fait de continuer à pratiquer des soins non conformes, mais de manière épisodique, pendant une période de radiation. • CE 24 juin 1998, *Vincent X.*, n° 180747.

14. Radiation suspendue. L'exécution d'une sanction disciplinaire est suspendue pendant la période s'étendant de la demande tendant à la constatation du bénéfice de l'amnistie à la décision statuant sur cette demande (pourvoi en cassation compris) ; il en résulte que, pendant cette période, si la section disciplinaire, saisie d'une demande de réinscription au tableau, peut tenir compte des faits pour lesquels l'intéressé a été sanctionné, elle ne peut pas fonder son refus sur la radiation qui lui avait été infligée et qui était alors suspendue. • CE 26 janv. 2005, *Mazouz*, n° 259399.

C. CONDITION DE COMPÉTENCE

15. Contrôle. Est légal le refus d'inscription fondé sur le fait que le demandeur n'a été en mesure de préciser ni les actes de médecine générale qu'il a réalisés au cours de son activité au Sénégal, ni le type et l'importance de la clientèle qu'il avait prise en charge, qu'il n'a pas fait état d'une formation continue en médecine générale et que, bien qu'ayant suivi des stages en France, il n'a exercé la médecine que par intermittence. • CE 11 avr. 2014, *M. B. A.*, n° 361209. ♦ Autre refus fondé, à l'égard d'un médecin diplômé en 1994, qui a fait depuis cette date toute sa carrière dans des fonctions administratives et commerciales au sein de l'industrie pharmaceutique, sans exercer de médecine générale et sans avoir mis à jour ses connaissances. • CE 3 avr. 2015, n° 373548.

D. CONDITION DE L'ÉTAT DE SANTÉ COMPATIBLE AVEC L'EXERCICE

16. Motif légal de refus. Un trouble de santé (en l'espèce, mental) peut fonder un refus d'inscription, à condition qu'il soit prouvé par l'Ordre. • CE 9 juin 1999, *M. Jean-Philippe B.*, n° 188280 : *Dr. adm. 1999. Comm. 311, note R. S.* ♦ Est fondé le rejet de la demande d'inscription émanant d'un praticien dont une expertise a montré qu'il peut exercer « toute activité médicale qui ne relèverait pas du contact et du soin auprès de malades », alors même que l'intéressé déclarerait vouloir se consacrer exclusivement à l'informatique médicale ; en effet, l'inscription au tableau ouvre le droit à effectuer des actes de soins, ce qui justifie le refus. • CE 21 déc. 2001, *Thierry F.*, n° 224856. ♦ V. désormais Décr. n° 2014-545 du 26 mai 2014 relatif aux procédures de contrôle de l'insuffisance professionnelle et aux règles de suspension temporaire des médecins, des chirurgiens-dentistes, des sages-femmes, des pharmaciens, des infirmiers, des masseurs-kinésithérapeutes et des pédicures-podologues.

17. Expertise (art. R. 4112-2). L'expertise ordonnée par l'ordre pour déterminer si l'état de l'intéressé est compatible avec l'exercice de la profession médicale n'est pas détachable de la procédure d'inscription, et ne présente pas le caractère d'une décision faisant par elle-même grief à l'intéressé ; par suite, elle n'est pas susceptible d'être déférée à la juridiction administrative. • CE 28 juill. 1989, *Giraud,* n° 100497 • CE 31 août 2009, *François A.,* n° 318389. ♦ Aucune disposition ni aucun principe n'oblige le conseil départemental à ordonner une contre-expertise. • CE 6 nov. 2009, *Jean-Paul A.,* n° 314391.

III. RADIATION

A. RADIATION CONSTITUTIVE D'UN RETRAIT (art. L. 4112-1, al. 4)

18. Inscription créatrice de droits. La décision par laquelle le conseil départemental décide d'inscrire un praticien au tableau a le caractère d'une décision expresse individuelle créatrice de droits, qui ne peut être retirée ou abrogée, sous réserve de dispositions législatives ou réglementaires contraires, et hors le cas où il est satisfait à une demande du bénéficiaire, que dans le délai de quatre mois suivant l'intervention de cette décision et si elle est illégale. • CE, sect., 6 mars 2009, *Coulibaly,* n° 306084 : *Lebon 79 ; AJDA 2009. 817, chron. Liéber et Botteghi ; RFDA 2009. 215, concl. Salins .* ♦ S'il incombe au conseil départemental de tenir à jour le tableau et de radier les praticiens qui, par suite de l'intervention de circonstances postérieures à leur inscription, ont cessé de remplir les conditions requises pour y figurer, il ne peut, en l'absence de fraude, sans méconnaître les droits acquis qui résultent de l'inscription, décider plus de quatre mois après celle-ci de radier un praticien au motif de circonstances antérieures, en l'espèce que les diplômes au vu desquels il a été inscrit n'auraient pas été de nature à permettre légalement son inscription. • Même arrêt.

19. Fraude. Pour un cas de fraude justifiant le retrait d'inscription au-delà du délai de quatre mois (traduction manipulée d'une attestation d'un État étranger). • *CE 10 oct. 2011, Fatiha A,* n° 334720.

B. RADIATION PAR MISE À JOUR DU TABLEAU (art. L. 4112-1, al. 5)

20. Nature juridique. La radiation administrative du tableau n'a pas le caractère d'une sanction (inapplication de la règle *non bis in idem*). • CE 24 nov. 2014, *M. A.,* n° 373325.

21. Inscription obtenue par fraude (art. L. 4112-1, al. 5). Les conditions de moralité étant au nombre de celles qui doivent être remplies tant au moment de l'inscription que durant l'exercice de son art par le praticien après son inscription, un praticien qui a faussement certifié sur l'honneur n'avoir jamais fait l'objet de procédures disciplinaires pour obtenir son inscription ne remplit plus ces conditions, ce qui peut justifier la radiation. • CE 23 juill. 2010, *Manuceau,* n° 330308 : *AJDA 2011. 2050, concl. Keller ; RDSS 2011. 490, note Éoche-Duval .* ♦ Toutefois, lorsqu'elles prononcent une radiation du tableau à raison de l'appréciation de la condition de moralité au vu de faits antérieurs portés à leur connaissance postérieurement à l'inscription au tableau, les instances ordinales, dans leur formation administrative, doivent prendre en compte la gravité des faits intervenus et susceptibles de conduire à une telle mesure, comme l'urgence attachée à une telle décision, sous le contrôle normal du juge administratif ; ainsi, le fait d'avoir effectué une déclaration mensongère ne suffit pas, par lui-même, à justifier la radiation du tableau. • Même arrêt.

22. Circonstances avérées postérieures (art. L. 4112-1, al. 5). L'ordre est fondé à radier un médecin diplômé à l'étranger qui, après inscription au tableau, a suivi une formation universitaire que les autorités universitaires ont décidé d'arrêter avant son terme, jugeant que l'intéressée n'était pas apte à exercer seule la médecine générale en cabinet ou en remplacement. • CE 14 oct. 2011, *Clara A.,* n° 341923. ♦ Une condamnation pénale peut justifier la radiation du tableau par la voie administrative. Peu importe que la chambre disciplinaire ait pu, avant cette condamnation pénale, rejeter une plainte visant le médecin pour les mêmes faits : cette décision de rejet n'est pas revêtue de l'autorité de la chose jugée dès lors que la juridiction disciplinaire s'était bornée à relever dans les motifs de sa décision que les faits n'étaient pas suffisamment établis. • CE 24 nov. 2014, *M. A.,* n° 373325.

C. RADIATION PAR LA JURIDICTION DISCIPLINAIRE

23. Condamnation pénale postérieure à l'inscription au tableau de l'ordre. La circonstance que le conseil de l'ordre a décidé, par une délibération, de se constituer partie civile contre un professionnel ne fait pas obstacle à elle seule, au regard du principe d'impartialité rappelé par l'art. 6, § 1er, Conv. CEDH, à ce que ses membres ayant pris part à la délibération siègent au sein de la juridiction disciplinaire. • CE 3 déc. 2010, *M. B.,* n° 326718 : *Lebon T. 772 ; ibid. 914 ; ibid. 961 ; AJDA 2011. 293* (vétérinaire, sol. transp.). ♦ Il appartient à la juridiction disciplinaire de tirer les conséquences éventuelles de la condamnation pénale sur le plan déontologique : blâme infligé à un médecin condamné à quatre mois de prison avec sursis pour abandon de famille. • CDNOM 15 mai 2013, *Dr Laurent S.,* n° 11554.

24. Condamnation pénale antérieure à l'inscription, non connue. La circonstance que des faits reprochés à un masseur-kinésithérapeute sont antérieurs à son inscription au tableau de l'ordre ne fait pas obstacle à ce que les juridictions disciplinaires de l'ordre 1/ apprécient si ceux de ces faits qui n'étaient pas connus lors de l'inscription de l'intéressé sont, par leur nature, incompatibles avec son maintien dans l'ordre, 2/ et prononcent, si tel est le cas, la radiation du tableau de l'ordre ; est sans incidence le fait que l'inscription n'aurait pas été obtenue par fraude et que plus de quatre mois se seraient écoulés depuis l'inscription. • CE 9 juin 2011, *Houze*, n° 336113 : *Lebon T. 1132* • CE 17 avr. 2013, *M. B. A.*, n° 359423. ♦ V. aussi un cas de radiation définitive par la juridiction disciplinaire pour avoir présenté un faux certificat étranger de diplôme. • CDNOM 12 mars 2013, *K.*, n° cdn11493. ♦ En cas de faits antérieurs incompatibles avec l'exercice de la profession, la juridiction disciplinaire n'a compétence que pour prononcer la radiation définitive. • CE 23 mars 1990, *Bisserier*, n° 90095 : *Lebon 75 ; D. 1991. 183, obs. Penneau ; RDSS 1991. 53, obs. J.-M. Auby et G. Viala ; ibid. 54, obs. J.-M. Auby*. ♦ V. aussi : • CE 29 janv. 1954, *Sieur Sparfel*, n°s 1985 et 2638 : *Lebon 69* • CE, sect., 3 mai 1957, *Sieur Nemegyei*, n° 22395 : *Lebon 280*. ♦ Toutefois, la règle selon laquelle un juge disciplinaire se prononçant sur des faits antérieurs à l'inscription au tableau ne peut prononcer que la sanction de la radiation du tableau de l'ordre cède face à l'interdiction de la *reformatio in pejus* sur appel du praticien sanctionné, même lorsqu'un juge d'appel se prononce par voie d'évocation. • CE 21 sept. 2015, *CDOM de la Seine-Maritime*, n° 375016 : *Lebon ; AJDA 2015. 1776 ; RTD com. 2015. 694, obs. Orsoni* (sanction de trois ans d'interdiction en première instance, portée à la radiation définitive en appel ; V. art. L. 4122-3, note 25). ♦ En tout état de cause, si les faits pénalement condamnés ne sont pas incompatibles avec le maintien dans l'ordre, la juridiction reste compétente pour sanctionner la non-déclaration de cette condamnation au moment de sa demande d'inscription. • CDNOM 19 mars 2013, *Dr Jean-Didier E.*, n° 11362. ♦ La circonstance que la condamnation pénale touche à la vie privée du praticien ne dispense pas celui-ci d'en faire état lors de la demande d'inscription à l'ordre. • Même décision.

25. Condamnation pénale antérieure à l'inscription, connue. Lorsque les faits étaient connus lors de l'inscription, les juridictions disciplinaires peuvent néanmoins prononcer une radiation aux mêmes conditions lorsque, postérieurement à l'inscription, l'autorité judiciaire avise l'ordre, comme le prévoit l'art. L. 4126-6, al. 2, de la condamnation pénale du praticien en raison de faits qui, par leur nature, sont incompatibles avec son maintien dans l'ordre ; dans ce cas, les juridictions disciplinaires n'ont compétence que pour prononcer la radiation. • CE 9 juin 2011, *Houze*, n° 336113 : *préc. note 24*. ♦ Il en résulte que lorsque, antérieurement avisé d'une condamnation, le conseil départemental décide néanmoins d'inscrire le demandeur au tableau de l'ordre, cette décision fait obstacle à ce que la juridiction disciplinaire, saisie ensuite d'une plainte fondée sur les faits pour lesquels le masseur-kinésithérapeute avait été condamné, puisse infliger à celui-ci à raison de ces faits une quelconque sanction, y compris la radiation du tableau. • CE 9 juin 2011, *Houze*, n° 336113 : *préc. note 24* • 9 juin 2011, n° 331119 : *Gaz. Pal. 2011, n° 309, p. 35, note Cayol*. ♦ En cas de faits antérieurs incompatibles avec l'exercice de la profession, la juridiction disciplinaire n'a compétence que pour prononcer une sanction autre que cette interdiction définitive. • CE 23 mars 1990, *Bisserier*, n° 90095 : *préc. note 24*. ♦ V. aussi : • CE 29 janv. 1954, *Sieur Sparfel*, n°s 1985 et 2638 : *Lebon 69* • CE, sect., 3 mai 1957, *Sieur Nemegyei*, n° 22395 : *Lebon 280*.

26. Radiation et conséquence de l'annulation de l'inscription. La radiation d'un chirurgien-dentiste du tableau de l'ordre, opérée par le conseil départemental à la suite d'une décision du conseil régional annulant son inscription, constitue une simple mesure de retrait matériel de l'inscription, effectuée en exécution de la décision d'annulation ; par suite, elle est dépourvue de tout effet juridique propre. • CE 16 avr. 2008, *Michel A.*, n° 304974.

D. CONDITION DE L'ABSENCE D'INSCRIPTION HORS UE ET EEE

27. Monaco. Un chirurgien-dentiste inscrit à Monaco, qui n'est partie ni à l'Union européenne ni à l'Espace économique européen, ne peut être inscrit en France. • CE 8 nov. 2017, n° 403589 : *Lebon*.

IV. RESPONSABILITÉS

28. Refus illégal d'inscription. Un refus illégal d'inscription entraîne la responsabilité du conseil départemental, qui réparera le préjudice financier lié à l'impossibilité d'exercer. • CAA Paris, 1er mars 2010, *Alain A.*, n° 09PA02433. ♦ Lorsque le refus émane de l'Ordre national, c'est celui-ci qui répare. • CE 24 janv. 1986, *Rhedey*, n° 56873. ♦ Lorsque le conseil départemental est à l'origine d'un refus illégal confirmé ensuite par le conseil régional, les deux conseils sont condamnés à réparer chacun pour la moitié. • CAA Paris, 1er mars 2010, *Alain A. : préc.* ♦ La demande de réparation relève du plein contentieux, non dispensé du ministère d'un avocat au Conseil d'État. • CE 17 déc. 2009, *Marc A.*, n° 314556. ♦ Plus anciennement, à propos du refus illégal d'inscription d'un chirurgien-dentiste sous contrat avec une clinique dentaire mutualiste : responsabilité du conseil départemental. • CE, sect., 1er oct. 1954, *Dlle Costier : préc. note 12.* ♦ ... Et dans la même affaire, responsabilité du Conseil national. • 29 mars 1957, *Cons. nat. de l'Ordre des chirurgiens-dentistes : Lebon 227 ; RD publ. 1957. 1065, note Waline.*

29. Injonction de réexamen. Un refus d'inscription annulé en raison d'une erreur de droit implique que la demande d'inscription au tableau de l'Ordre soit réexaminée (injonction en ce sens). • CE 5 déc. 2011, *Youssoupha A.*, n° 342379.

30. Radiation illégale, responsabilité. Constitue une faute le courrier par lequel le président du Conseil national de l'ordre des médecins demande au président du conseil départemental de retirer une délibération inscrivant la requérante au tableau, dans la mesure où seule est prévue une voie d'appel auprès du conseil régional contre les inscriptions prononcées par le conseil départemental. • CAA Paris, 31 déc. 2010, n° 09PA04507 (responsabilité du Conseil national).

31. Avis du conseil de l'ordre d'origine. En formulant par écrit sur le dossier de la requérante, à l'occasion du transfert de sa résidence professionnelle vers un autre département, des appréciations personnelles défavorables infondées, le président du conseil de l'ordre du département de l'ancienne résidence commet une faute de nature à engager la responsabilité du conseil départemental ; est sans incidence la circonstance que cette appréciation n'ait pas empêché l'inscription de l'intéressée dans le département de nouvelle résidence, et que le mal-fondé des appréciations ait été reconnu par son auteur. • CE 22 janv. 1986, *Conseil dptal de l'ordre des chirurgiens-dentistes de la Haute-Loire*, n° 40584 : *RDSS 1986. 402, obs. Dubouis.*

32. Préjudices indemnisables. Sont indemnisables les pertes de revenus liées au refus illégal d'inscription, ainsi que le préjudice moral, mais pas les frais de gestion du cabinet inactif, dès lors que l'indemnisation de la perte de revenus couvre ces frais. • CAA Paris, 1er mars 2010, *Alain A.*, n° 09PA02433. ♦ Sont également indemnisables la perte de chance de pouvoir exercer la médecine en France et de percevoir des revenus en qualité de médecin généraliste au sein d'une maison médicale, ainsi que la perte liée au rachat du droit de présentation de clientèle. • CAA Paris, 31 déc. 2010, *Malika B.*, n° 09PA04507.

Art. L. 4112-2 Le médecin, le chirurgien-dentiste ou la sage-femme qui demande son inscription au tableau prévu à l'article L. 4112-1 doit faire la preuve d'une connaissance suffisante de la langue française.

(L. n° 2004-806 du 9 août 2004, art. 145 ; L. n° 2011-940 du 10 août 2011, art. 47-I-5°) « En cas de doute, le président du conseil départemental de l'ordre ou son représentant peut entendre l'intéressé. Une vérification peut être faite à la demande du conseil de l'ordre ou de l'intéressé par le médecin, le chirurgien-dentiste ou la sage-femme désigné par le directeur général de l'agence régionale de santé ».

(Ord. n° 2017-50 du 19 janv. 2017, art. 3-II) « Le contrôle de la maîtrise de la langue doit être proportionné à l'activité à exercer et réalisé une fois la qualification professionnelle reconnue. »

Niveau de langue française. Si l'exigence de la connaissance de la langue nationale comme préalable à l'autorisation d'exercer est par nature susceptible de constituer une discrimination indirecte entre les nationaux et les ressortissants des autres États membres de l'Union, la Cour admet que la liberté d'établissement ne s'y oppose pas lorsque cette exigence répond à une raison impérieuse d'intérêt général ; concernant la profession de dentiste, la fiabilité de la communication avec le patient et les autorités justifie cette exigence. • CJCE 4 juill. 2000, *Haïm*, n° C-424/97 : *Rec. CJCE I-5123 ; RDSS 2000. 726, obs. Dubouis.*

Art. L. 4112-3 Le conseil départemental de l'ordre statue sur la demande d'inscription au tableau dans un délai maximum de trois mois à compter de la réception de la demande, accompagnée d'un dossier complet.

(L. n° 2009-879 du 21 juill. 2009, art. 62-II) « Les modalités selon lesquelles le conseil départemental vérifie que l'intéressé ne présente pas d'insuffisance professionnelle, d'infirmité ou d'état pathologique rendant dangereux l'exercice de la profession sont prévues par décret en Conseil d'État. »

(Abrogé par Ord. n° 2008-507 du 30 mai 2008, art. 23-IV) « En ce qui concerne les ressortissants des États membres de la Communauté européenne ou parties à l'accord sur l'Espace économique européen autres que la France, lorsqu'il y a lieu de consulter un État, membre ou partie, sur l'existence de faits graves et précis commis hors de France, et susceptibles d'avoir des conséquences sur l'inscription au tableau, le délai fixé au premier alinéa est suspendu par la demande de consultation jusqu'à la réception de la réponse de l'État consulté si celle-ci intervient dans un délai de trois mois. Si la réponse n'est pas parvenue dans ce délai, la suspension prend fin à l'expiration dudit délai. L'intéressé en est avisé. »

En ce qui concerne *(Ord. n° 2008-507 du 30 mai 2008, art. 23-IV)* « les ressortissants des États tiers, » le délai *(Abrogé par Ord. n° 2008-507 du 30 mai 2008, art. 23-IV)* *« prévu au premier alinéa »* est porté à six mois lorsqu'il y a lieu de procéder à une enquête hors de la France métropolitaine. L'intéressé en est avisé.

Dans la semaine qui suit la décision du conseil, celle-ci est notifiée par lettre recommandée à l'intéressé. En cas de refus d'inscription, la décision doit être motivée.

Chaque inscription au tableau est notifiée sans délai *(Abrogé par Ord. n° 2005-1040 du 26 août 2005)* *« au représentant de l'État dans le département, au procureur de la République et »* au Conseil national de l'ordre.

1. Procédure non contentieuse. L'inscription ou le refus d'inscription étant une décision administrative, l'Ordre n'est pas tenu de respecter les règles de procédure qui s'imposent aux seules juridictions administratives, et peut s'abstenir de répondre aux arguments présentés devant lui par l'intéressé. • CE 15 mars 1989, *Delhez*, n° 89127 : *RDSS 1989. 429, obs. Dubouis.* ♦ Ne s'appliquent pas non plus les règles de publicité de jugement et des audiences… • CE 23 juin 2004, *Joseph A.*, n° 256775. ♦ … Pas plus que l'art. 6, §1, Conv. EDH. • Même arrêt • CE 29 janv. 2001, *Tennah-Durez*, n° 211058 : *Lebon 40*.

2. Refus d'inscription, contradiction. L'art. R. 4112-2 obligeant l'Ordre à entendre l'intéressé avant de refuser son inscription ne s'applique pas au cas des médecins résidant à l'étranger ; mais lorsque l'Ordre refuse l'inscription sur la liste spéciale en raison d'une déclaration mensongère, un tel motif, pris en considération de la personne, implique de mettre l'intéressé à même de présenter ses observations dans un délai raisonnable. • CE 21 juill. 2009, *Abu Alrub*, n° 313462. ♦ La règle selon laquelle tout refus d'inscription doit être précédé d'une invitation à comparaître ne confère pas au praticien qui a demandé son inscription un droit à cette inscription lorsque cette règle n'a pas été respectée. • CE 20 juin 1980, *Daon*, n° 14420 : *Lebon 28*.

3. Motivation, précision. Le conseil départemental n'a pas à préciser la durée pendant laquelle il s'opposera à l'inscription au tableau. • CE 15 mars 1989, *Mme Delhez*, n° 89127 : *RDSS 1989. 429, obs. Dubouis.*

4. Expertise préalable (art. R. 4112-2). L'expertise ordonnée par l'Ordre pour déterminer si l'état de l'intéressé est compatible avec l'exercice de la profession médicale n'est pas détachable de la procédure d'inscription, et ne présente pas le caractère d'une décision faisant par elle-même grief à l'intéressé ; par suite, elle n'est pas susceptible d'être déférée à la juridiction administrative. • CE 28 juill. 1989, *Giraud*, n° 100497.

Art. L. 4112-4 Les décisions du conseil départemental rendues sur les demandes d'inscription au tableau peuvent être frappées d'appel devant le conseil régional, par le médecin, le chirurgien-dentiste ou la sage-femme demandeur, s'il s'agit d'un refus d'inscription, par le Conseil national s'il s'agit d'une décision d'inscription. A l'expiration du délai imparti pour statuer au conseil départemental, le silence gardé par celui-ci constitue une décision implicite de rejet susceptible de recours.

(L. n° 2009-879 du 21 juill. 2009, art. 62-III) « Les décisions du conseil régional en matière d'inscription au tableau sont notifiées sans délai par le conseil régional au médecin, chirurgien-dentiste ou sage-femme qui en est l'objet, au conseil départemental et au Conseil national de l'ordre. »

Le délai d'appel, tant devant le conseil régional que devant le Conseil national, est de trente jours à compter, soit de la notification de la décision expresse frappée d'appel, soit du jour où est acquise la décision implicite de rejet du conseil départemental.

(L. n° 2009-879 du 21 juill. 2009, art. 62-III) « Faute pour les personnes intéressées d'avoir régulièrement frappé d'appel une décision d'inscription, le Conseil national peut, dans un délai de trois mois à compter de l'expiration du délai d'appel, retirer cette décision lorsque celle-ci repose sur une inexactitude matérielle ou une erreur manifeste d'appréciation des conditions auxquelles est subordonnée l'inscription. »

A. NATURE DE LA DÉCISION DU CONSEIL NATIONAL

1. Décision administrative, même en « appel ». La décision des instances compétentes de l'Ordre des médecins relative à l'inscription au tableau n'entre pas dans le champ d'application des stipulations de l'art. 6, §1, Conv. EDH., non plus que de celles de l'art. 14, §1, PIDCP. • CE 17 déc. 2009, *Marc A*, n° 314556. ♦ V. déjà, avant la L. n° 2002-303 du 4 mars 2002 : si l'appel des décisions des chambres régionales de discipline peut être porté devant la chambre supérieure de discipline (en l'espèce, des vétérinaires), les décisions prises par cette chambre en matière d'inscription au tableau n'ont pas, eu égard à la nature de cette matière et quelles que soient les formes dans lesquelles elles interviennent, le caractère de décisions rendues par une juridiction. • CE, ass., 12 déc. 1953, *De Bayo : Lebon 544 ; RPDA 1954. 3, concl. Chardeau ; AJDA 1954. II. 138, obs. de Soto ; ibid. II bis. 2, chron. Gazier et Long ; D. 1954. 294, concl.* ♦ Il en résultait que la section disciplinaire, lorsqu'elle siégeait pour se prononcer en cette matière, n'avait le caractère ni d'une juridiction ni d'un tribunal au sens de l'art. 6, §1, Conv. EDH, et qu'en conséquence l'audience ne devait pas avoir un caractère public. • CE 6 nov. 2000, *Lefebvre*, n° 196407 : *Lebon 486* • CE 29 janv. 2001, *Tennah-Durez*, n° 211058 : *Lebon 40*.

2. Retrait possible malgré l'appel. Dès lors qu'il appartient à l'auteur d'une décision administrative ayant créé des droits de retirer celle-ci de sa propre autorité ou à la demande d'une personne intéressée à la double condition qu'elle ne soit pas devenue définitive et qu'elle soit entachée d'une illégalité de nature à entraîner son annulation, le fait que les décisions du conseil départemental rendues sur les demandes d'inscription au tableau peuvent être frappées d'appel devant le conseil régional ne fait pas obstacle à ce que l'autorité ordinale retire une décision administrative d'inscription au tableau, si elle est non définitive et illégale. • CE 29 janv. 2001, *Tennah-Durez*, n° 211058 : *préc. note 1.*

3. Retrait pour inexactitude matérielle (art. L. 4112-4, al. 4). Le Conseil d'État est compétent en premier et dernier ressort pour en connaître. • CE 1er févr. 2017, *M. A. B.*, n° 389933 : *Lebon*.

B. PROCÉDURE

4. Personnes recevables à former appel. Indépendamment de l'énumération des personnes susceptibles de former le recours préalable contre la décision d'un conseil départemental, toute personne justifiant d'un intérêt suffisant pour l'exercer est recevable. • CE 28 sept. 2005, *Louis*, n° 266208 : *Lebon 401 ; AJDA 2005. 103, note Mazetier*. ♦ Ainsi, un médecin a intérêt à contester la délibération du conseil départemental radiant du tableau la société civile professionnelle à laquelle il appartient pour lui substituer une autre société civile professionnelle exerçant la même spécialité dans la même commune que lui, ainsi que la délibération radiant cette dernière pour lui substituer une société d'exercice libéral à responsabilité limitée. • Même arrêt.

5. Recours préalable obligatoire. Lorsque des dispositions législatives ou réglementaires organisent une procédure obligatoire de recours administratif préalable à la saisine d'une juridiction, le respect de cette procédure s'impose à peine d'irrecevabilité du recours contentieux. • CE 28 sept. 2005, *Louis*, n° 266208 : *Lebon 401 ; AJDA 2005. 103, note Mazetier*. ♦ En conséquence, une décision d'un conseil départemental ne peut faire l'objet d'un recours direct pour excès de pouvoir devant le tribunal administratif. • Même arrêt. ♦ Il résulte de la combinaison des art. L. 394 [art. L. 4123-1] et L. 415 [art. L. 4112-4] que tous les recours présentés en matière d'inscription au tableau, soit que la décision ait été prise directement à la suite d'une demande d'inscription, soit qu'il s'agisse du maintien, du rétablissement, du retrait d'une inscription précédemment obtenue ou d'une mise en demeure préalable à ce retrait, doivent d'abord être présentés au conseil régional. • CE 25 mars 2002, *Amram-Zano*, n° 217887 • CE, sect., 13 mai 1970, *CDOM de l'Eure*, n° 75198 : *Lebon 334*.

6. Délais. La tardiveté de l'appel d'un conseil départemental devant le Conseil national est un moyen d'ordre public pouvant être soulevé d'office par le juge. • CE 23 janv. 1968, *Szydlo : Lebon T. 1082.*

7. Contradiction. Aucune disposition législative ou réglementaire ne fait obstacle à ce que le président du conseil de l'ordre exerce lui-même les fonctions de rapporteur de la demande d'inscription au tableau, ni ne prévoit que le rapport écrit que celui-ci rédige serait communiqué à l'intéressé. • CE 17 déc. 2009, *Marc A*, n° 314556. ♦ En vertu de l'art. R. 4112-5, al. 7, le praticien intéressé peut se faire assister par une ou par plusieurs personnes de son choix lors de la séance au cours de laquelle son recours est examiné, sous réserve des limites qui peuvent être imposées au titre, notamment, de la police de la séance ; est donc irrégulière la décision du Conseil national de refuser l'accès au président du « syndicat des dentistes solidaires et indépendants » venu assister un praticien, au motif que ce dernier bénéficiait déjà de l'assistance de son avocat. • CE 27 janv. 2016, *M. A.*, n° 373951.

8. Instance judiciaire en cours. Il n'y a pas lieu, à propos de décisions présentant un caractère administratif, de surseoir à statuer en attendant les résultats d'une instance judiciaire. • CE 9 févr. 1966, *Augereau : Lebon T. 1076.*

9. Forme de la décision. Il ne résulte d'aucun texte ni d'aucun principe que les visas de la décision du Conseil national statuant en matière d'inscription au tableau de l'Ordre doivent porter mention des textes relatifs à sa composition. • CE, ass., 9 juill. 2010, *Cheriet-Benseghir*, n° 317747 : *AJDA 2010. 1396 ; ibid. 1635, chron. Liéber et Botteghi ; RFDA 2010. 1133, concl. Dumortier ; ibid. 1146, note Lachaume ; Cah. Cons. const. 2011. 206, note Roblot-Troizier.*

10. Notification. La circonstance que la décision du Conseil national de l'ordre ne soit pas notifiée dans le délai prévu par l'art. R. 4112-4 est sans influence sur la légalité de cette décision. • CE 17 déc. 2009, *Marc A*, n° 314556.

11. Exécution de la décision d'appel. La radiation du tableau de l'ordre opérée par le conseil départemental en exécution d'une décision du conseil régional annulant en appel l'inscription opérée par le même conseil départemental constitue une simple mesure de retrait matériel de l'inscription, dépourvue de tout effet juridique propre ; tout recours doit donc être dirigé contre la décision prise en appel. • CE 16 avr. 2008, *Michel A.*, n° 304974.

C. RECOURS DEVANT LE JUGE ADMINISTRATIF

12. Compétence. Les recours pour excès de pouvoir dirigés contre les décisions des conseils nationaux des ordres des médecins, des chirurgiens-dentistes et des sages-femmes en matière d'inscription au tableau de l'Ordre relèvent de la compétence en premier et dernier ressort du Conseil d'État. • CE 23 mars 2011, *SELARL Drs Collet, Lesage et Mortier*, n° 339086. ♦ Inversement, il ne résulte d'aucune disposition législative ou réglementaire applicable aux sociétés d'exercice libéral que le ou les cabinets secondaires dans lesquels une telle société peut être autorisée à exercer son activité en application de l'art. R. 4113-24 doivent figurer dans ses statuts ; ainsi, la décision par laquelle une telle société est autorisée à exercer dans un cabinet secondaire n'est pas relative à la procédure d'inscription au tableau ; le Conseil d'État n'est donc pas compétent en premier et dernier ressort. • CE 23 mars 2011, *M. Freminet*, n° 339378 : *Lebon T. 853*, *1126 ; AJDA 2011. 1046*.

13. Substitution de motifs. Le Conseil national peut faire valoir devant le juge de l'excès de pouvoir que sa décision, dont l'annulation est demandée, est légalement justifiée par un motif, de droit ou de fait, autre que ceux initialement indiqués par cette décision, mais également fondée sur la situation existant à la date de la décision ; il appartient alors au juge, après avoir mis à même l'auteur du recours de présenter ses observations sur la substitution ainsi sollicitée, de rechercher si un tel motif est de nature à fonder légalement la décision, puis d'apprécier s'il résulte de l'instruction que le Conseil national aurait pris la même décision si elle s'était fondée initialement sur ce motif ; dans l'affirmative, il peut procéder à la substitution demandée, sous réserve toutefois qu'elle ne prive pas le requérant d'une garantie procédurale liée au motif substitué. • CE, ass., 9 juill. 2010, *Cheriet-Benseghir*, n° 317747 : *AJDA 2010. 1396 ; ibid. 1635, chron. Liéber et Botteghi ; RFDA 2010. 1133, concl. Dumortier ; ibid. 1146, note Lachaume ; Cah. Cons. const. 2011. 206, note Roblot-Troizier.*

14. Moyens recevables. La décision du Conseil national statuant en matière d'inscription au tableau sur le recours administratif prévu par l'art. L. 4112-4 se substitue à celle du conseil régional ; il en résulte que les moyens tirés de l'irrégularité de la procédure suivie tant devant le conseil départemental que devant le conseil régional sont inopérants à l'appui de conclusions dirigées contre la décision du Conseil national. • CE, ass., 9 juill. 2010, *Cheriet-Benseghir*, n° 317747 : *AJDA 2010. 1396 ; ibid. 1635, chron. Liéber et Botteghi ; RFDA 2010. 1133, concl. Dumortier ; ibid. 1146, note Lachaume ; Cah. Cons. const. 2011. 206, note Roblot-Troizier.*

15. Légalité interne. Dès lors que le recours formé devant le Conseil national contre une décision du conseil régional statuant en matière administrative constitue un préalable obligatoire à la saisine du juge, le Conseil national, statuant sur ce recours, doit se placer, pour apprécier les droits du médecin à l'inscription, à la date à laquelle il statue et non à celle à laquelle a statué le conseil départemental. • CE 13 nov. 1991, *Girer*, n° 119095 : *Lebon 392*.

16. Légalité externe, quorum. En l'absence de dispositions fixant une règle de quorum propre à un organisme collégial, celui-ci peut valablement délibérer si la majorité de ses membres titulaires ou suppléants sont présents ; dans le cas où cette majorité n'est pas réunie lors d'une première réunion, il peut valablement délibérer, après une nouvelle convocation, quel que soit le nombre de membres présents ; annulation d'une décision délibérée à trois membres sur dix. • CE 1er févr. 2017, *M. A. B.*, n° 389933 : *Lebon*.

Art. L. 4112-5 L'inscription à un tableau de l'ordre rend licite l'exercice de la profession sur tout le territoire national.

En cas de transfert de la résidence professionnelle hors du département ou de la collectivité territoriale où il est inscrit, l'intéressé doit, au moment de ce transfert, demander son inscription au tableau de l'ordre du département ou de la collectivité territoriale de la nouvelle résidence.

Lorsque cette demande a été présentée, le médecin, le chirurgien-dentiste ou la sage-femme peut provisoirement exercer dans le département ou la collectivité territoriale de sa nouvelle résidence jusqu'à ce que le conseil départemental ou la collectivité territoriale ait statué sur sa demande par une décision explicite. — *[Anc. art. L. 416].*

1. Droit au transfert. L'inscription après changement de résidence doit être regardée comme une inscription nouvelle. • CE 31 mai 1963, *CNOM c/ Bourbouloux*, n° 55843 : *Lebon 338.* ♦ Le transfert irrégulier d'un cabinet médical constitue une faute disciplinaire. • Même arrêt.

2. Droits liés au transfert. Le transfert, lorsqu'il est autorisé, permet au médecin d'exercer la médecine dans le département d'accueil dans les mêmes conditions que dans le département d'origine, comme sur tout le territoire national ; suspension d'une inscription avec mention selon laquelle cette « inscription était faite au titre de la section des médecins non-exerçants ». • CE, réf., 28 avr. 2010, n° 338192. • CE 23 oct. 2013, n° 372286.

3. Procédure. L'inscription au tableau de la nouvelle résidence doit résulter d'une décision explicite ; le silence du conseil départemental de l'ordre de nouvelle résidence ne peut en aucun cas permettre la radiation par l'Ordre national.

4. Exercice provisoire. L'appel formé devant le conseil régional contre une décision du conseil départemental refusant l'inscription au tableau n'est pas suspensif, sous réserve des dispositions de l'art. L. 416 [L. 4112-5] ; ainsi, le médecin déjà inscrit à un tableau, qui transfère sa résidence professionnelle dans un autre département et demande son inscription au tableau de l'Ordre du département de sa nouvelle résidence, est provisoirement autorisé à exercer la médecine jusqu'à ce que le conseil départemental ou, s'il a fait appel contre une décision de refus, jusqu'à ce que le conseil régional ait statué sur sa demande. • CE 14 avr. 1972, *Sieur Adam*, n° 80736. ♦ Il n'y a donc aucun manquement à la déontologie à exercer dès lors que la demande d'inscription dans le département de nouvelle résidence est faite. • CE 21 nov. 2001, *Félix-Charles X.*, n° 217264.

Art. L. 4112-6 *(Abrogé par Ord. n° 2018-20 du 17 janv. 2018, art. 14)* ***« L'inscription à un tableau de l'ordre ne s'applique pas aux médecins, chirurgiens-dentistes et sages-femmes appartenant aux cadres actifs du service de santé des armées. »***

(Ord. n° 2018-20 du 17 janv. 2018, art. 14) **« L'inscription à un tableau ne s'applique ni aux praticiens des armées mentionnés à l'article L. 4061-1, ni aux » médecins, chirurgiens-dentistes ou sages-femmes qui, ayant la qualité de fonctionnaire de l'État ou d'agent titulaire d'une collectivité locale, ne sont pas appelés, dans l'exercice de leurs fonctions, à exercer la médecine ou l'art dentaire ou à pratiquer les actes entrant dans la définition de la profession de sage-femme.** — *[Anc. art. L. 356, al. 7 et 8].*

COMMENTAIRE

V. Commentaire reproduit sur Dalloz.fr.

1. Cadre actif des armées. Un médecin-capitaine relevant du corps des sapeurs-pompiers de Lyon ne dépend pas des armées ; il doit donc être inscrit et acquitter la cotisation annuelle, d'autant que ses attributions comportent des actes médicaux. • Civ. 1re, 1er déc. 1987 : *Bull. civ. I, n° 317.* ♦ L'art. L. 4112-6 ne fait pas obstacle à ce qu'un praticien militaire sollicite son inscription en vue de l'exercice d'activités médicales hors exercice de ses fonctions. • CE 7 oct. 2009, *Ledwen*, n° 298522 : *AJDA 2009. 1861.*

2. Fonctionnaire ou agent titulaire. Il n'y a pas lieu de faire de distinction selon que le praticien est ou non lié dans son exercice professionnel par un contrat ou par un statut à une administration, une collectivité ou tout autre organisme public ou privé, et il est indifférent qu'il puisse ou non avoir une clientèle privée, dès lors qu'il accomplit des actes médicaux. • Civ. 1re, 1er déc. 1987 : *préc. note 1* (médecin-capitaine sapeur-pompier) • 13 oct. 1987 : *Bull. civ. I, n° 263* (praticien hospitalier) • 23 juin 1992 : *Bull. civ. I, n° 199* (attaché des hôpitaux).

3. Biologie médicale. La biologie médicale comporte des actes médicaux (art. L. 6211-1) et justifie l'inscription ; peu importe que l'intéressé soit ou non amené à prescrire, consulter ou suivre des patients, et qu'il soit professeur et chercheur en biologie médicale, enseignant des hôpitaux en biologie médicale, fonctionnaire de l'Éducation nationale. • Civ. 1re, 28 juin 2016, n° 15-21.468 P.

4. Contentieux. Il résulte des art. L. 356 [L. 4112-6] CSP et 1315 C. civ. combinés qu'il appartient à celui qui se prévaut d'un motif de dérogation à l'obligation d'inscription d'en apporter la preuve. • Civ. 1re, 10 janv. 1995, n° 93-13.122 • 13 nov. 1990 : *Bull. civ. I, n° 244.*

SECTION II **DÉCLARATION DE PRESTATION DE SERVICES** *(Ord. n° 2009-1585 du 17 déc. 2009, art. 2-V).*

Art. L. 4112-7 **Le médecin, le praticien de l'art dentaire ou la sage-femme ressortissant d'un État, membre de** *(Ord. n° 2009-1585 du 17 déc. 2009, art. 2-VI)* **« l'Union européenne » ou partie à l'accord sur l'Espace économique européen, qui est établi et exerce légalement les activités de médecin, de praticien de l'art dentaire ou de sage-**

femme dans un État, membre ou partie, *(Abrogé par Ord. n° 2008-507 du 30 mai 2008, art. 23-V)* « *autre que la France,* » peut exécuter en France *(Ord. n° 2008-507 du 30 mai 2008, art. 23-V)* « , de manière temporaire et occasionnelle, » des actes de sa profession sans être inscrit au tableau de l'ordre correspondant.

(Ord. n° 2008-507 du 30 mai 2008, art. 23-V) « L'exécution de ces actes est subordonnée à une déclaration préalable, qui est accompagnée de pièces justificatives dont la liste est fixée par arrêté du ministre chargé de la santé. » *(Ord. n° 2017-50 du 19 janv. 2017, art. 3-I et II)* « Le prestataire joint une déclaration concernant les connaissances linguistiques nécessaires à la réalisation de la prestation.

« Le contrôle de la maîtrise de la langue doit être proportionné à l'activité à exercer et réalisé une fois la qualification professionnelle reconnue. »

Le médecin, le praticien de l'art dentaire ou la sage-femme, prestataire de services, est tenu de respecter les règles professionnelles *(Ord. n° 2008-507 du 30 mai 2008, art. 23-V)* « applicables en France » et *(Ord. n° 2008-507 du 30 mai 2008, art. 23-V)* « est » soumis à la juridiction disciplinaire compétente.

(Ord. n° 2008-507 du 30 mai 2008, art. 23-V ; Ord. n° 2009-1585 du 17 déc. 2009, art. 2-VI) « Lorsque les titres de formation ne bénéficient pas d'une reconnaissance en application des articles L. 4131-1, L. 4141-3 et L. 4151-5, les qualifications professionnelles du prestataire sont vérifiées avant la première prestation de services. En cas de différence substantielle entre les qualifications du prestataire et la formation exigée en France pour l'exercice de la profession de médecin dans la spécialité concernée, de chirurgien-dentiste, le cas échéant dans la spécialité concernée, ou de sage-femme, de nature à nuire à la santé publique, les autorités compétentes *(Ord. n° 2017-50 du 19 janv. 2017, art. 4-II)* « soumettent le professionnel à une épreuve d'aptitude ».

« Le médecin, le praticien de l'art dentaire ou la sage-femme peut faire usage de ses titres de formation dans la langue de l'État qui les lui a délivrés. Il est tenu de faire figurer le lieu et l'établissement où il les a obtenus.

« Dans le cas où le titre de formation de l'État d'origine, membre ou partie, est susceptible d'être confondu avec un titre exigeant en France une formation complémentaire, le Conseil national de l'ordre concerné peut décider que le médecin, le chirurgien-dentiste ou la sage-femme fera état du titre de formation de l'État d'origine, membre ou partie, dans une forme appropriée qu'il lui indique.

« La prestation est réalisée sous le titre professionnel français de médecin, chirurgien-dentiste ou sage-femme. Toutefois, lorsque les titres de formation ne bénéficient pas d'une reconnaissance en application des articles L. 4131-1, L. 4141-3 et L. 4151-5 et dans le cas où les qualifications n'ont pas été vérifiées, la prestation est réalisée sous le titre professionnel de l'État d'établissement, de manière à éviter toute confusion avec le titre professionnel français. »

BIBL. ► PERTEK, Professions médicales et paramédicales, libre circulation, *J.-Cl. Europe, fasc. 740* ; L'Europe des professionnels de la santé, *in* Nihoul et Simon (dir.), L'Europe et les soins de santé, *Bruylant-LGDJ, 2005, p. 189 s.*

1. Caractère temporaire. Le caractère temporaire des activités en cause s'apprécie non seulement en fonction de la durée des prestations, mais également en fonction de leur fréquence, périodicité ou continuité. • CJCE 30 nov. 1995, *Gebhard,* n° C-55/94 : *Rec. CJCE I-4165* (point 27). ♦ Il n'exclut pas la possibilité d'une certaine infrastructure (y compris un bureau, cabinet ou étude) dans la mesure où cette infrastructure est nécessaire aux fins de l'accomplissement de la prestation en cause. • Même arrêt.

2. Exercice illégal. *Se rend coupable* d'exer*cice illégal* de la médecine le prévenu qui, titulaire du diplôme de docteur en médecine, chirurgie et accouchement délivré par la faculté libre de médecine de Bruxelles, a remplacé un chirurgien français pendant une semaine et réalisé diverses opérations chirurgicales sans être inscrit à l'Ordre des médecins français et sans s'être soumis aux formalités auxquelles est subordonnée l'exécution en France d'actes de sa profession par un médecin ressortissant d'un État membre de la Communauté européenne ou partie à l'accord sur l'Espace économique européen. • Rennes, 11 oct. 2007, n° 07/01611. ♦ Une sage-femme allemande, établie et exerçant légalement en Allemagne, n'ayant pas déclaré auprès d'une quelconque autorité son intervention en France pour pratiquer un accouchement à domicile et pour exécuter le suivi de sa prestation, actes impliquant un séjour temporaire en France, il en a été exactement déduit que la parturiente ne pouvait prétendre à la prise en charge par la caisse d'assurance maladie. • Civ. 2e, 18 janv. 2006 : *Bull. civ. I, n° 19 ; RDSS 2006. 651, note Hennion-Jacquet.*

Art. L. 4112-8 *(Ord. n° 2008-507 du 30 mai 2008, art. 23-VI ; Ord. n° 2009-1585 du 17 déc. 2009, art. 2-VII)* **Un décret en Conseil d'État fixe les modalités de vérification des qualifications professionnelles mentionnées à l'article L. 4112-7.**

CHAPITRE III RÈGLES COMMUNES LIÉES À L'EXERCICE DE LA PROFESSION *(L. n° 2009-879 du 21 juill. 2009, art. 66).*

Art. L. 4113-1 *(L. n° 2009-879 du 21 juill. 2009, art. 66) (Ord. n° 2018-20 du 17 janv. 2018, art. 14)* **« Sous réserve des dispositions de l'article L. 4061-1, » sont tenus de se faire enregistrer auprès du service ou de l'organisme désigné à cette fin par le ministre chargé de la santé :**

1° Les titulaires des diplômes, certificats ou titres requis pour l'exercice des professions de médecin, de chirurgien-dentiste ou de sage-femme avant leur entrée dans la profession, ainsi que ceux qui n'exercent pas mais ont obtenu leurs diplômes, certificats ou titres depuis moins de trois ans ;

2° Les internes en médecine et en odontologie, ainsi que les étudiants dûment autorisés à exercer à titre temporaire la médecine, l'art dentaire ou la profession de sage-femme, ou susceptibles de concourir au système de soins au titre de leur niveau de formation, notamment dans le cadre de la réserve sanitaire.

L'enregistrement de ces personnes est réalisé après vérification des pièces justificatives attestant de leur identité et de leurs diplômes, certificats, titres ou niveau de formation. Elles informent le même service ou organisme de tout changement de résidence, de niveau de formation ou de situation professionnelle.

Pour les personnes ayant exercé la profession de médecin, de chirurgien-dentiste ou de sage-femme, l'obligation d'information relative au changement de résidence est maintenue pendant une période de trois ans à compter de la cessation de leur activité.

La procédure prévue au présent article est sans frais.

Les modalités d'application du présent article sont fixées par décret.

Enregistrement et inscription. Aucune disposition législative ou réglementaire n'exige que cette formalité soit accomplie avant l'inscription au tableau. • CE 19 juin 2002, ☎ n° 227252.

Art. L. 4113-1-1 *(L. n° 2009-879 du 21 juill. 2009, art. 66)* **Les organismes, notamment de formation, délivrant les formations, diplômes, certificats ou titres mentionnés à l'article L. 4113-1 transmettent au service ou à l'organisme désigné à cette fin par le ministre chargé de la santé des informations certifiées concernant les diplômes, certificats, titres ou attestations de formation délivrés aux personnes susceptibles d'exercer l'une des professions médicales.**

Un décret en Conseil d'État fixe les conditions d'application du premier alinéa, notamment les catégories d'informations concernées et la date à laquelle ce dispositif est mis en œuvre.

Art. L. 4113-1-2 *(L. n° 2009-879 du 21 juill. 2009, art. 66)* **Lorsqu'elles sont disponibles, les informations certifiées mentionnées à l'article L. 4113-1-1 tiennent lieu de pièces justificatives pour l'accomplissement des obligations prévues à l'article L. 4113-1.**

Art. L. 4113-2 *(Ord. n° 2003-850 du 4 sept. 2003, art. 24-III)* **Il est établi, pour chaque département, par le service de l'État compétent ou l'organisme désigné à cette fin, des listes distinctes** *de chacune* **de ces professions, portées à la connaissance du public.**

Les modalités d'application du présent article sont fixées par décret.

Art. L. 4113-3 **Il est interdit d'exercer la médecine, l'art dentaire ou la profession de sage-femme sous un pseudonyme.** — *[Anc. art. L. 363.]*

1. Pseudonyme, notion. Le pseudonyme s'entend de tout nom tendant à dissimuler l'individualité du praticien, c'est-à-dire de tout autre nom que le nom patronymique. • Crim. 9 mars 2010, ☎ n° 09-81.778 (motifs adoptés). ♦ Tombe sous le coup de l'art. L. 363 [L. 4113-3] celui qui ne s'annonce que sous son prénom. • Crim. 27 juin 1889 : *DP 1900. 1. 365, rapp. Accarias* (principe).

2. Sécurité. L'utilisation d'un pseudonyme est prohibée pour des raisons évidentes de sécurité des patients qui doivent être en mesure de savoir à qui ils confient leur santé. • Crim. 9 mars 2010 : ☎ *préc. note 1.*

Art. L. 4113-4 Les médecins, les chirurgiens-dentistes et les sages-femmes ne peuvent donner des consultations dans les locaux ou les dépendances des locaux commerciaux où sont vendus les appareils qu'ils prescrivent ou qu'ils utilisent. – *[Anc. art. L. 364.]*

V. jurisprudence disciplinaire ss. art. R. 4127-25.

Art. L. 4113-5 Il est interdit à toute personne ne remplissant pas les conditions requises pour l'exercice de la profession de recevoir, en vertu d'une convention, la totalité ou une quote-part des honoraires ou des bénéfices provenant de l'activité professionnelle d'un membre de l'une des professions régies par le présent livre.

(L. n° 2009-1646 du 24 déc. 2009, art. 37-I) « Cette disposition ne s'applique pas à l'activité de télémédecine telle que définie à l'article L. 6316-1 et aux coopérations entre professionnels de santé prévues aux articles L. 4011-1 à L. 4011-3. »

Cette interdiction ne fait pas obstacle à l'application des dispositions de la loi n° 90-1258 du 31 décembre 1990 relative à l'exercice sous forme de sociétés des professions libérales soumises à un statut législatif ou réglementaire ou dont le titre est protégé.

COMMENTAIRE

V. Commentaire reproduit sur Dalloz.fr.

A. NOTIONS

1. *Compérage, définition.* Constitue un compérage la collusion entre un médecin et un tiers non-médecin, le second versant au premier une fraction des recettes commerciales de son activité. • CE 20 févr. 1953, *Dlle Armelin : Lebon 88.*

2. *Clause d'égalisation des honoraires.* Lorsque des associés décident par contrat d'égaliser en totalité leurs honoraires nets après paiement des charges de la société, la clause qui en résulte, conclue entre médecins exerçant la même spécialité, n'entre pas dans le champ d'application de l'art. L. 365 [L. 4113-5] qui interdit le compérage entre un médecin et un non-médecin. • Civ. 1re, 9 févr. 1994 : *Bull. civ. I, n° 55.*

3. *Exclusion des coopérations.* Ne constitue pas un compérage la situation dans laquelle, sous le sigle « SOS Santé », sont regroupés sous le même numéro de téléphone les services médicaux d'urgence de SOS Médecins, des infirmiers et des ambulanciers et dans laquelle l'association SOS Médecins 35 est mentionnée sur des cartes établies au nom de SOS Ambulance, dont les standardistes renvoient à SOS Médecins 35 ; en effet, le système ainsi mis en place a été conçu dans l'intérêt des malades et en vertu de l'urgence qui s'attache aux interventions des médecins de l'association. • Civ. 1re, 4 nov. 1992 : *Bull. civ. I, n° 275.*

B. REDEVANCE CONTREPARTIE D'UNE PRESTATION

4. *Principe du coût du service rendu.* *En dérogation à l'art. L. 4113-5,* dont le but est la protection du médecin contre l'atteinte à la rémunération de son activité, le partage de ses honoraires avec une personne ne remplissant pas les conditions requises pour l'exercice de sa profession est permis, dans la seule mesure où la redevance ainsi réclamée correspond exclusivement, par sa nature et son coût, à un service rendu au praticien. • Civ. 1re, 20 mai 2003 : *Bull. civ. I, n° 123 ; JCP 2003. II. 10187, note Lachièze ; RGDM déc. 2003, p. 275, note Daver.* – V. l'arrêt de principe, distinguant entre honoraires bruts, comprenant les frais professionnels, dont la contrepartie des prestations fournies par la clinique, et la rémunération nette du médecin. • Cass., ass. plén., 28 mai 1976 : *JCP 1977. II. 18535, obs. Savatier* (R.). ♦ En se déterminant sans vérifier si les prestations fournies correspondaient bien, tant par leur nature que par leur coût, à un service rendu aux médecins, et si le coût de tout ou partie de certaines d'entre elles n'était pas assumé par un organisme de sécurité sociale, une cour d'appel prive sa décision de base légale. • Civ. 1re, 5 nov. 1996 : *Bull. civ. I, n° 376.* ♦ Néanmoins, la volonté des parties leur permet de convenir d'un prix inférieur. • Civ. 1re, 20 mai 2003 : *préc.*

5. *Constitutionnalité de l'art. L. 4113-5 et redevance.* L'art. L. 4113-5 tel qu'interprété par le juge, et qui limite le montant de la redevance, ne méconnaît ni la liberté d'entreprendre, ni le principe d'égalité entre praticiens. • Civ. 1re, 5 oct. 2016, n° 16-12.336.

6. *Évaluation du coût.* Si des systèmes précis de facturation des prestations fournies au médecin par les cliniques privées ont pu être préconisés par des instances ordinales ou des organismes professionnels, aucun texte n'impose, dans les contrats en cours, l'adoption de clauses de facturation des prestations fournies au coût réel. • Civ. 1re, 13 mars 2007 : *Méd. et droit janv. 2008, n° 88, p. 1, note Vialla.* ♦ Ainsi, donne une base légale à sa décision au regard de l'art. L. 4113-5 une cour d'appel qui retient que le montant de la redevance versée par un médecin à une clinique, fixé forfaitairement à un pourcentage de 15 % de ses honoraires, était modéré et correspondait à l'évaluation normale des prestations et des services dont elle avait constaté qu'ils étaient énumérés par la convention, qu'ils avaient été effectivement assurés par l'établissement et qu'ils n'étaient pas compris dans le tarif des prix de journée déjà payés par la sécurité sociale, de sorte que ce forfait était l'exacte contrepartie des services rendus. • Civ. 1re, 1er juill. 2010 : *Bull. civ. I, n° 154.* ♦ En cas de dépassement du coût réel, le juge est fondé à réduire le taux de la redevance, et l'action en répétition de l'indu est ouverte. • Civ. 1re, 20 mai 2003 : *RDSS 2004. 362, note Mémeteau.* ♦ Peu importe dans ce cas que le médecin ne soit pas en mesure de déterminer l'importance des frais réellement exposés par la clinique, elle seule pouvant effectuer ce calcul et entravant les travaux de l'expert ; il suffit au juge de constater souverainement qu'il n'y a ni mauvaise foi, ni complaisance ou attitude reprochable du médecin. • Même arrêt.

7. Prestations incombant à la seule clinique. La clinique qui fournit un personnel de salle postopérationnelle pour assurer à la place des médecins et infirmiers anesthésistes la surveillance des patients n'est pas fondée à réclamer à ces médecins anesthésistes une redevance de 10 % à ce titre, car cette prestation est déjà incluse dans une autre redevance exigée par la clinique en contrepartie de la fourniture d'un plateau technique complet et de qualité. • Civ. 1re, 27 juin 2000 : *Bull. civ. I, n° 199.* ♦ Une redevance de 15 % perçue par une clinique sur les honoraires d'un médecin psychiatre, censée compenser entre autres la rémunération des médecins salariés assurant les gardes de nuit, dont bénéficient aussi les patients de ce médecin psychiatre, ne saurait constituer l'exacte contrepartie de services rendus, dès lors que la surveillance nocturne des patients et son coût incombent à l'établissement et non au médecin. • Civ. 1re, 21 nov. 2006 : *Bull. civ. I, n° 506 ; RTD civ. 2007. 105, obs. Mestre et Fages* • Civ. 1re, 17 juin 2010, n° 09-68.021.

8. Redevance en hôpital public. Le montant perçu par l'établissement public en vertu de l'art. L. 6154-3 CSP a le caractère d'une redevance pour service rendu trouvant essentiellement sa contrepartie directe dans la prestation fournie par le service ; il n'en résulte pas nécessairement que le montant de la redevance ne puisse excéder le coût de la prestation fournie ; en effet, le respect de la règle d'équivalence entre le tarif d'une redevance et la valeur de la prestation ou du service peut être assuré non seulement en retenant le prix de revient de ce dernier, mais aussi, en fonction des caractéristiques du service, en tenant compte de la valeur économique de la prestation pour son bénéficiaire ; ainsi, la valeur du service rendu par l'établissement hospitalier au praticien y exerçant une activité libérale n'est pas limitée au coût des installations techniques et des locaux mis à la disposition de celui-ci, ainsi que des dépenses de personnel exposées par l'établissement ; cette valeur peut également être appréciée au regard des avantages de toute nature qu'en retirent les praticiens hospitaliers, eu égard notamment à la possibilité qui leur est ainsi ouverte d'exercer leur activité libérale dans le cadre et avec les moyens du service, en bénéficiant le cas échéant de la notoriété qui s'attache à l'établissement dans lequel ils exercent cette activité. • CE, ass., 16 juill. 2007, *Synd. nat. de défense de l'exercice libéral de la médecine à l'hôpital,* n° 293229 : *RTD com. 2008. 52, note Orsoni ; JCP 2007. II. 10163, note Chaminade ; RDC 2007. 1427, note Brunet.* ♦ Dès lors, à supposer même qu'elle dépasse le seul coût de la prestation fournie, la redevance peut être fixée en pourcentage des honoraires. • Même arrêt. ♦ Dans tous les cas, le tarif doit être établi selon des critères objectifs et rationnels, dans le respect du principe d'égalité entre les usagers du service public et des règles de la concurrence. • Même arrêt. ♦ Le juge applique un contrôle restreint sur la proportionnalité de la redevance. • Même arrêt.

9. TVA. Les reversements d'honoraires rémunérant la mise à la disposition des praticiens des services nécessaires au suivi administratif et comptable de leur activité, à leur secrétariat et à leur prise de rendez-vous ne s'inscrivent aucunement dans le cadre de la fourniture de services d'hospitalisation et de soins à des patients entrant dans le champ de l'exonération prévue par l'art. 261, § 4, 1°, CGI, et doivent être soumis à la TVA (art. 256, I, CGI). • CE 16 avr. 2010, *Sté Clinique du Parc,* n° 307944 : *Dr. fisc. juin 2010, n° 25, p. 29, note Olléon.*

10. V. aussi la jurisprudence disciplinaire ss. l'art. R. 4127-23.

Art. L. 4113-6 **Est interdit le fait,** *(L. n° 2011-2012 du 29 déc. 2011, art. 2-II)* **« pour les étudiants se destinant aux professions relevant de la quatrième partie du présent code et » pour les membres des professions médicales mentionnées au présent livre,** *(L. n° 2011-2012 du 29 déc. 2011, art. 2-II)* **« ainsi que les associations les représentant, » de recevoir des avantages en nature ou en espèces, sous quelque forme que ce soit, d'une façon directe ou indirecte, procurés par des entreprises assurant des prestations, produisant ou commercialisant des produits pris en charge par les régimes obligatoires de sécurité sociale.** *(L. n° 2002-303 du 4 mars 2002, art. 25-I)* **« Est également interdit le fait, pour ces entreprises, de proposer ou de procurer ces avantages ».**

Toutefois, l'alinéa précédent ne s'applique pas aux avantages prévus par conventions passées entre les membres de ces professions médicales et des entreprises, dès lors que ces conventions ont pour objet explicite et but réel des activités de recherche ou d'évaluation scientifique, qu'elles sont, avant leur mise en application, soumises pour avis au conseil départemental de l'ordre compétent et notifiées, lorsque les activités de recherche ou d'évaluation sont effectuées, même partiellement, dans un établissement de santé au responsable de l'établissement, et que les rémunérations ne sont pas calculées de manière proportionnelle au nombre de prestations ou produits prescrits, commercialisés ou assurés. *(L. nº 2011-2012 du 29 déc. 2011, art. 2-II)* « Il ne s'applique pas également aux avantages prévus par conventions passées entre des étudiants se destinant aux professions relevant de la quatrième partie du présent code et des entreprises lorsque ces conventions ont pour objet des activités de recherche dans le cadre de la préparation d'un diplôme. »

Il ne s'applique pas non plus à l'hospitalité offerte, de manière directe ou indirecte, lors de manifestations de promotion ou lors de manifestations à caractère exclusivement professionnel et scientifique lorsqu'elle est prévue par convention passée entre l'entreprise et le professionnel de santé et soumise pour avis au conseil départemental de l'ordre compétent avant sa mise en application, et que cette hospitalité est d'un niveau raisonnable *(L. nº 2007-248 du 26 févr. 2007, art. 2)* « et limitée à l'objectif professionnel et scientifique principal de la manifestation » et n'est pas étendue à des personnes autres que les professionnels directement concernés. *(L. nº 2011-2012 du 29 déc. 2011, art. 2-II)* « Il en va de même, en ce qui concerne les étudiants se destinant aux professions relevant de la quatrième partie du présent code, pour l'hospitalité offerte, de manière directe ou indirecte, aux manifestations à caractère scientifique auxquelles ceux-ci participent, dès lors que cette hospitalité est d'un niveau raisonnable et limitée à l'objectif scientifique principal de la manifestation. »

(L. nº 2002-303 du 4 mars 2002, art. 25-I ; L. nº 2011-2012 du 29 déc. 2011, art. 2-II) « Toutes les conventions passées entre les membres des professions médicales ou les étudiants se destinant aux professions relevant de la quatrième partie du présent code et les entreprises susvisées sont, avant leur mise en application, soumises pour avis au conseil départemental de l'ordre compétent ou, lorsque leur champ d'application est interdépartemental ou national, au Conseil national de l'ordre compétent. Un décret en Conseil d'État détermine les modalités de la transmission de ces conventions ainsi que les délais impartis aux ordres des professions médicales pour se prononcer. Si ceux-ci émettent un avis défavorable, l'entreprise transmet cet avis aux professionnels de santé, avant la mise en œuvre de la convention. A défaut de réponse des instances ordinales dans les délais impartis, l'avis est réputé favorable. L'entreprise est tenue de faire connaître à l'instance ordinale compétente si la convention a été mise en application. »

Les dispositions du présent article ne sauraient ni soumettre à convention les relations normales de travail ni interdire le financement des actions de formation médicale continue.

L'art. L. 4113-6 est abrogé à des dates fixées par décret et au plus tard à compter du 1er juill. 2018 (Ord. nº 2017-49 du 19 janv. 2017, art. 4 et 5).

BIBL. ▶ TRÉPREAU, La prévention des conflits d'intérêts dans le domaine de la santé, *RDSS 2016. 1116*. – MAURAIN, Encadrement des relations entre les professionnels et les industries de santé, *Dict. dr. médical et hospitalier, Lexis-Nexis, fasc. 7-8.*

COMMENTAIRE

V. Commentaire reproduit sur Dalloz.fr.

1. Constitutionnalité. Les art. L. 4113-6 et L. 4163-2 ne méconnaissent pas le principe de légalité des peines et des délits ni le principe d'égalité et de libre concurrence, leur objet étant de préserver *l'indépendance des professions de santé.* • Crim. 6 août 2014, nº 14-90026.

2. Jurisprudence disciplinaire. En se bornant à constater, pour condamner un chirurgien, que ce dernier recevait de la part d'un fabricant de prothèses une « redevance » pour chaque pose de prothèse, sans rechercher si les sommes ainsi versées étaient distinctes des droits de propriété intellectuelle que le chirurgien détenait au titre de son brevet relatif à cette prothèse, la section disciplinaire du Conseil national de l'ordre des médecins a entaché sa décision d'une erreurde droit. • CE 19 févr. 2003, *Vernet,* nº 230966.

3. Jurisprudence pénale. V. jurisprudence ss. art. L. 4163-2.

Art. L. 4113-7 Sans préjudice des dispositions de la loi n° 78-17 du 6 janvier 1978 relative à l'informatique, aux fichiers et aux libertés, sont interdites la constitution et l'utilisation à des fins de prospection ou de promotion commerciales de fichiers composés à partir de données issues directement ou indirectement des prescriptions médicales ou des informations médicales mentionnées à l'article L. 161-29 du code de la sécurité sociale, dès lors que ces fichiers permettent d'identifier directement ou indirectement le professionnel prescripteur. – *[Anc. art. L. 365-2, al. 1er.]*

Art. L. 4113-8 Sauf les cas mentionnés aux articles L. 4211-3 et L. 5125-2, est interdit le fait, pour les praticiens mentionnés au présent livre, de recevoir, sous quelque forme que ce soit, d'une façon directe ou indirecte, des intérêts ou ristournes proportionnels ou non au nombre des unités prescrites ou vendues, qu'il s'agisse de médicaments, d'appareils orthopédiques ou autres, de quelque nature qu'ils soient.

Sont interdits la formation et le fonctionnement de sociétés dont le but manifeste est la recherche des intérêts ou ristournes définis ci-dessus, et revenant aux individus eux-mêmes ou au groupe constitué à cet effet, ainsi que l'exercice pour le même objet de la profession de pharmacien et de celles de médecin, de chirurgien-dentiste ou de sage-femme.

Est également interdite la vente de médicaments réservés d'une manière exclusive, et sous quelque forme que ce soit, aux médecins bénéficiaires de l'autorisation prévue à l'article L. 4211-3.

L'art. L. 4113-8 est abrogé à des dates fixées par décret et au plus tard à compter du 1er juill. 2018 (Ord. n° 2017-49 du 19 janv. 2017, art. 4 et 5).

Art. L. 4113-9 *(Ord. n° 2005-1040 du 26 août 2005)* Les médecins, les chirurgiens-dentistes et les sages-femmes en exercice, ainsi que les personnes qui demandent leur inscription au tableau de l'ordre des médecins, des chirurgiens-dentistes ou des sages-femmes doivent communiquer au conseil départemental de l'ordre dont ils relèvent les contrats et avenants ayant pour objet l'exercice de leur profession ainsi que, s'ils ne sont pas propriétaires de leur matériel et du local dans lequel ils exercent ou exerceront leur profession, les contrats ou avenants leur assurant l'usage de ce matériel et de ce local.

Les mêmes obligations s'appliquent aux contrats et avenants ayant pour objet de transmettre sous condition résolutoire la propriété du matériel et du local. *(L. n° 2009-1646 du 24 déc. 2009, art. 43)* « Elles ne s'appliquent pas aux contrats conformes à un contrat-type soumis à l'approbation des ministres chargés de la santé et de la sécurité sociale. »

La communication prévue ci-dessus doit être faite dans le mois suivant la conclusion du contrat ou de l'avenant, afin de permettre l'application des articles L. 4121-2 et L. 4127-1.

Les contrats et avenants dont la communication est prévue ci-dessus doivent être tenus à la disposition du ministre chargé de la santé par le conseil départemental de l'ordre des médecins, par le conseil départemental de l'ordre des chirurgiens-dentistes ou par le conseil départemental de l'ordre des sages-femmes.

Toute personne physique ou morale passant un contrat avec un médecin, un chirurgien-dentiste ou une sage-femme doit le faire par écrit.

Les médecins, les chirurgiens-dentistes et les sages-femmes exerçant en société doi*vent communiq*uer au conseil de l'ordre dont ils relèvent, outre les statuts de cette société et leurs avenants, les conventions et avenants relatifs à son fonctionnement ou aux rapports entre associés. Ces communications doivent être faites dans le mois suivant la conclusion de la convention ou de l'avenant.

(L. n° 2009-879 du 21 juill. 2009, art. 62-IV) « Les dispositions contractuelles incompatibles avec les règles de la profession ou susceptibles de priver les contractants de leur indépendance professionnelle les rendent passibles des sanctions disciplinaires prévues à l'article L. 4124-6. »

COMMENTAIRE

V. Commentaire reproduit sur Dalloz.fr.

A. CONTRÔLE DES CONTRATS ET AVENANTS

1. *Pouvoirs de l'ordre.* Les art. L. 462 à L. 464 [L. 4113-9] prévoient que les contrats passés par les médecins et ayant pour objet l'exercice de leur profession doivent être communiqués au conseil départemental de l'ordre, mais pas que ces contrats doivent être approuvés par ce conseil. • CE 3 juill. 1970, *Nguyen Van Phi Long,* n° 78636 : *Lebon 460*

2. *Avis faisant grief.* L'avis rendu par le conseil départemental sur communication d'un contrat a le caractère d'une décision faisant grief ; par suite, le Conseil national est compétent pour statuer sur recours sur cet avis, en vertu de l'art. 112 C. déont. méd. [art. R. 4127-112], sous le contrôle du juge administratif. • CE 20 mars 2000, *Litzler,* n° 196915 • CE 4 nov. 1987, *Ganas,* n° 72678 : *RDSS 1988. 233, obs. Dubouis.* ♦ Inversement, le commentaire d'un article du code de déontologie médicale qui définit, de manière très générale, le comportement que doit adopter le médecin ne constitue, y compris par la référence aux sanctions pénales ou disciplinaires en cas de délivrance de rapports tendancieux ou de certificats de complaisance, qu'un rappel de l'état du droit en la matière. • CE 5 juin 2002, *CNOM,* n° 238846.

3. *Avis sur contrat et avis informatif.* L'avis que le Conseil national de l'ordre donne à une société d'assurance santé quant à un accord-type de coopération qu'elle propose à des chirurgiens-dentistes n'entre pas dans le champ des dispositions de l'art. L. 4113-9, et doit être regardé comme une simple réponse à une demande d'information, rendue dans le cadre de la mission générale confiée à l'ordre par l'art. L. 4121-2 ; cet avis ne constitue donc pas une décision faisant grief. • CE 25 oct. 2004, *Sté Santéclair,* n° 253214. ♦ Il en va de même de l'avis de l'ordre émis sur une convention par laquelle un groupe de cliniques privées envisageait de confier son analyse d'activité (recueil, codification et analyse de l'information médicale) à un prestataire de services. • CE 28 nov. 2003, *Sté Emersys,* n° 246591.

4. *Avis défavorable et suites civiles.* Les contrats contraires aux règles déontologiques ne sont pas nuls de ce seul fait. • Civ. 1re, 18 avr. 1961 : *Bull. civ. I, n° 210 ; JCP 1961. II. 12184, note Savatier* • 15 mai 2001 : *Bull. civ. I, n° 133.* ♦ Un contrat entre un médecin dermatologue et un centre d'épilation aux termes duquel le premier effectue des épilations laser sous forme de vacations au sein du second, *qui n'a pas reçu l'agrément de l'ordre des médecins* mais qui a été mis en œuvre de façon tacite, produit pleinement effet au civil ; chaque partie doit donc respecter ses engagements. • Paris, 11 janv. 2008, n° 05/00886. ♦ De façon générale, les tribunaux judiciaires n'ont pas à surseoir à statuer jusqu'à ce que les organes professionnels aient examiné la validité du contrat au regard des règles déontologiques. • Civ. 1re, 1er juill. 1958 : *D. 1959. 283, note Brèthe de la Gressaye.*

5. *Injonction de résiliation.* Une délibération par laquelle le Conseil national de l'ordre des chirurgiens-dentistes a décidé d'adresser à tous les chirurgiens-dentistes ayant adhéré à un protocole entre la Confédération nationale des syndicats dentaires et la Mutuelle nationale de l'éducation nationale (MGEN), qu'il estimait contraire aux règles déontologiques, constitue un acte faisant grief, tout comme la lettre enjoignant aux chirurgiens-dentistes de résilier cette adhésion dans un délai de trois mois. • CE, sect., 4 févr. 2000, *Conféd. nat. synd. dentaires,* n° 189657 : *Lebon 36*

6. *Contrôle des contrats et droit de la concurrence.* Lorsque le Conseil national de l'ordre, après avoir retiré l'avis favorable qu'il avait émis en faveur d'un protocole entre une société d'assurance santé et des chirurgiens-dentistes qui s'engageaient à ne pas dépasser un tarif maximum pour un certain nombre d'actes, adresse une lettre-type et une circulaire à l'ensemble des chirurgiens-dentistes afin de les inciter à ne pas adhérer ou à résilier leur adhésion à ce protocole, tout en assortissant cette incitation de menaces de sanctions disciplinaires, ce comportement ne relève d'aucune prérogative de puissance publique ; le Conseil national intervient en réalité dans une activité de service, et prend position sur une question marchande, entrant corrélativement dans le champ d'application de l'art. L. 410-1 C. com. • Com. 7 juin 2011 : *CCC août 2011, p. 21, note Decocq* (G.).

7. *Délai de transmission.* La circonstance que, contrairement aux dispositions de l'art. L. 462 [L. 4113-9], le contrat conclu a été transmis au conseil départemental plus d'un mois après sa présentation n'est pas de nature à obliger ce conseil à donner un avis défavorable. • CE 19 févr. 1975, *Henry,* n° 90817 : *RDSS 1975. 323, obs. Dubouis.*

8. *Étendue de l'obligation de communication.* Il appartient aux médecins de communiquer les contrats relatifs à l'exercice de leur activité libérale, sans qu'y fasse obstacle l'existence d'une commission d'activité libérale chargée de veiller au bon déroulement de cette activité, prévue à l'art. R. 6154-4. • CE 31 mars 2014, *M. C.,* n° 358821 : *Lebon T.*

9. *Sanction civile de l'absence de communication à l'Ordre.* Lorsque des contrats d'exercice prévoient qu'ils ne seront valables qu'après avis du conseil départemental de l'ordre des médecins, et qu'aucun d'entre eux n'a été communiqué à cet organisme, l'omission de cette formalité, à laquelle la validité des contrats est pourtant soumise, interdit aux parties de se prévaloir desdits contrats (en l'espèce, une clause d'exclusivité). • Civ. 1re, 19 juill. 1997 : *Bull. civ. I, n° 246* • 5 nov. 1996, n° 94-20.063.

B. CONTRATS TYPES ÉTABLIS PAR L'ORDRE

10. Caractère réglementaire. En vue d'assurer le respect des règles de déontologie, l'art. 71 C. déont. méd. [art. R. 4127-83] attribue au Conseil national de l'Ordre des médecins un pouvoir réglementaire qui s'exerce par la voie des clauses essentielles des contrats types. • CE, sect., 14 févr. 1969, *Assoc. synd. nat. des médecins exerçant en groupe ou en équipe*, n° 71978 : *Lebon 96 ; RDSS 1969. 177, concl. Baudouin ; Dr. soc. 1969. 273, concl. Baudouin ; JCP 1969. II. 15849, note Savatier ; AJDA 1969. II, n° 54, 2e esp., p. 197 ; ibid. I, p. 162, chron. Dewost et Denoix de Saint-Marc.* ♦ Les « contrats types » établis sur le fondement du code de déontologie médicale, et dont les prescriptions s'imposent aux signataires de contrats ayant pour objet l'exercice de la médecine, n'ont pas un caractère contractuel, mais constituent des actes réglementaires pouvant faire l'objet d'un recours pour excès de pouvoir devant la juridiction administrative, au même titre que la décision du Conseil national d'en adopter les dispositions, qui en est indissociable. • CE 13 mai 1987, *Synd. nat. professionnel des médecins du travail*, n° 13751 : *Dr. soc. 1987. 749, concl. de Clausade.* ♦ Ainsi, la circonstance qu'un nouveau contrat type adopté par l'Ordre ne seraient pour une grande part que la reproduction des stipulations d'une convention collective nationale n'interdit pas d'attaquer celles des dispositions de ce contrat-type qui revêtent un caractère réglementaire. • Même arrêt.

11. Contrôle juridictionnel des contrats types. Sont illégales les stipulations du contrat-type qui portent atteinte à la liberté contractuelle des médecins sans être la conséquence nécessaire des principes dont l'Ordre a pour mission d'assurer le respect, ou qui empiètent sur la compétence du législateur. • CE 13 mai 1987, *Synd. nat. professionnel des médecins du travail*, n° 13751 : *préc. note 10.* ♦ Est illégal le contrat type qui prévoit que les parties conviennent de soumettre à l'avis favorable du conseil départemental leur contrat avant toute application, dès lors que les art. L. 462 et L. 463 [L. 4113-9] prévoient seulement une communication des contrats au conseil départemental. • CE, sect., 14 févr. 1969, *Assoc. synd. nat. des médecins exerçant en groupe ou en équipe*, n° 71978 : *préc. note 10.* ♦ Aucune disposition législative ou réglementaire n'a donné au Conseil national de l'Ordre des chirurgiens-dentistes le pouvoir d'établir un contrat type de location de locaux professionnels s'imposant aux praticiens... • CE 5 janv. 1972, n° 79874, *Synd. nat. des chirurgiens-dentistes d'exercice collectif*, n° 79874 : *Lebon 2*. ♦ ... Ou de décider que les contrats types d'exercice professionnel à frais communs ne pourraient être passés qu'entre trois praticiens maximum. • Même arrêt.

C. CONTRÔLE JURIDICTIONNEL JUDICIAIRE DES CONTRATS

12. Cession de clientèle. La cession d'une clientèle médicale, à l'occasion de la constitution ou de la cession d'un fonds libéral d'exercice de la profession, n'est pas illicite, à la condition que soit sauvegardée la liberté de choix du patient. • Civ. 1re, 7 nov. 2000 : *D. 2001. 2400, note Auguet ; JCP 2001. II. 10452, note Vialla ; JCP E 2001. 419, note Loiseau ; Defrénois 2001. 431, note Libchaber ; CCC 2001, n° 18, note Leveneur ; RDSS 2001. 317, note Mémeteau.* – **Bibl.** Mémeteau, Les transferts de clientèle médicale et l'éthique, ou la boîte de Pandore, *Mélanges Michaud, LEH 2012, p. 275.*

13. Clauses d'exclusivité. Les clauses d'exclusivité consenties par un établissement hospitalier aux médecins exerçant en son sein doivent se concilier avec le droit du malade au libre choix de son praticien et de son établissement de santé, principe impératif posé à l'art. L. 1110-8. • Civ. 1re, 19 sept. 2007 : *Bull. civ. I, n° 292 ; GADS, 1re éd., Dalloz, 2010, n° 97 ; RDSS 2007. 1113, obs. Arhab*.

14. Durée du contrat. Une convention d'exercice conclue « pour une durée de vingt-cinq ans, jusqu'à l'âge légal de la retraite », et tacitement reconductible au-delà par période annuelle si l'état de santé de l'intéressé le permet et si les parties le souhaitent, ne saurait s'analyser en un engagement perpétuel prohibé dès lors que cette convention est conclue pour une durée inférieure à la moyenne de la vie professionnelle et ne porte ainsi aucune atteinte à la liberté individuelle. • Civ. 1re, 20 mai 2003 : *Bull. civ. I, n° 124 ; CCC 2003. 123, note Leveneur.* ♦ Inversement, la clause du contrat conclu entre un praticien et une société exploitant une clinique, précisant que ce contrat est conclu « pour la durée de la société », soit, à défaut de précision, pour 99 ans, porte engagement perpétuel à l'égard du praticien. • Civ. 1re, 19 mars 2002 : *RTD civ. 2003. 54, obs. Mémeteau*.

Art. L. 4113-10 **Le défaut de communication des contrats ou avenants ou, lorsqu'il est imputable au praticien, le défaut de rédaction d'un écrit constitue une faute disciplinaire susceptible d'entraîner une des sanctions prévues à l'article L. 4124-6 ou de motiver un refus d'inscription au tableau de l'ordre.**

Le conseil départemental ne peut plus mettre en œuvre, à raison des contrats et avenants ci-dessus prévus, les pouvoirs qu'il tient de l'article L. 4112-3 lorsqu'un délai de

six mois s'est écoulé depuis la communication desdits contrats ou avenants. – *[Anc. art. L. 462, al. 5 et 6.]*

Sanction. Commet une faute disciplinaire le chirurgien-dentiste qui omet de soumettre au conseil départemental un projet de contrat le liant à une société à responsabilité limitée. • CE 17 janv. 1979, *Lemercier*, n° 04074 : *Lebon 17*. ♦ Pour un refus « délibéré et systématique » de transmission : • CE 16 juin 2000, *Marti*, n° 196552. ♦ Pour des exemples devant l'ordre : • CDNOM 8 mars 2016, *Dr. Jamal D.*, n° 12398 (interdiction de 4 mois dont 3 avec sursis, en raison aussi de faits de publicité). ♦ Pour une non-communication de plusieurs contrats malgré les relances de l'ordre : • CDNOM 8 nov. 2016, *Dr. Thierry P.*, n° 12771 (interdiction d'un mois dont 15 jours avec sursis).

Art. L. 4113-11 L'absence de communication ou la communication mensongère expose son auteur aux sanctions prévues à l'article L. 4124-6.

Le conseil de l'ordre peut refuser d'inscrire au tableau des candidats qui ont contracté des engagements incompatibles avec les règles de la profession ou susceptibles de priver le praticien de l'indépendance professionnelle nécessaire. – *[Anc. art. L. 463.]*

Art. L. 4113-12 *(Ord. n° 2005-1040 du 26 août 2005)* Les médecins, chirurgiens-dentistes et sages-femmes mentionnés au premier alinéa de l'article L. 4113-9 peuvent soumettre au conseil de l'ordre les projets des contrats mentionnés aux premier et deuxième alinéas dudit article. Le conseil de l'ordre doit faire connaître ses observations dans le délai d'un mois.

Silence de l'Ordre. En s'abstenant de formuler des objections sur la conformité d'un projet de contrat aux dispositions du code de déontologie médicale et aux clauses obligatoires des contrats types, le Conseil national a nécessairement admis cette conformité. • CE 18 juill. 1973, *Perrin*, n° 86749 : *Lebon T. 1091*.

Art. L. 4113-13 *(L. n° 2016-41 du 26 janv. 2016, art. 115-1°)* « Les membres des professions médicales qui ont des liens avec des entreprises et des établissements produisant ou exploitant des produits de santé ou avec des organismes de conseil intervenant sur ces produits sont tenus de faire connaître ces liens au public lorsqu'ils s'expriment sur lesdits produits lors d'une manifestation publique, d'un enseignement universitaire ou d'une action de formation continue ou d'éducation thérapeutique, dans la presse écrite ou audiovisuelle ou par toute publication écrite ou en ligne. » Les conditions d'application du présent article sont fixées par décret en Conseil d'État.

Les manquements aux règles mentionnées à l'alinéa ci-dessus sont punis de sanctions prononcées par l'ordre professionnel compétent.

Art. L. 4113-14 *(L. n° 2002-303 du 4 mars 2002, art. 45)* En cas d'urgence, lorsque la poursuite de son exercice par un médecin, un chirurgien-dentiste ou une sage-femme expose ses patients à un danger grave, le *(Ord. n° 2010-177 du 23 févr. 2010, art. 14-I-1°)* « directeur général de l'agence régionale de santé dont relève le lieu d'exercice du professionnel » prononce la suspension immédiate du droit d'exercer pour une durée maximale de cinq mois. Il entend l'intéressé au plus tard dans un délai de trois jours suivant la décision de suspension.

(Ord. n° 2005-1040 du 26 août 2005 ; Ord. n° 2010-177 du 23 févr. 2010, art. 14-I-1°) « Le directeur général de l'agence régionale de santé dont relève le lieu d'exercice du professionnel informe immédiatement de sa décision le président du conseil départemental compétent et » saisit sans délai le conseil régional ou interrégional lorsque le danger est lié à une infirmité *(L. n° 2009-879 du 21 juill. 2009, art. 62-V)* « , un état pathologique ou l'insuffisance professionnelle du praticien », ou la chambre disciplinaire de première instance dans les autres cas. Le conseil régional ou interrégional ou la chambre disciplinaire de première instance statue dans un délai de deux mois à compter de sa saisine. En l'absence de décision dans ce délai, l'affaire est portée devant le Conseil national ou la Chambre disciplinaire nationale, qui statue dans un délai de deux mois. A défaut de décision dans ce délai, la mesure de suspension prend fin automatiquement.

Le *(Ord. n° 2010-177 du 23 févr. 2010, art. 14-I-1°)* « directeur général de l'agence régionale de santé dont relève le lieu d'exercice du professionnel » informe également les organismes d'assurance maladie dont dépend le professionnel concerné par sa décision *(Ord. n° 2010-177 du 23 févr. 2010, art. 14-I-1°)* « et le représentant de l'État dans le département ».

Le *(Ord. n° 2010-177 du 23 févr. 2010, art. 14-I-1°)* « directeur général de l'agence régionale de santé dont relève le lieu d'exercice du professionnel » peut à tout moment mettre fin à la suspension qu'il a prononcée lorsqu'il constate la cessation du danger. Il en informe le conseil départemental et le conseil régional ou interrégional compétents et, le cas échéant, la chambre disciplinaire compétente, ainsi que les organismes d'assurance maladie *(Ord. n° 2010-177 du 23 févr. 2010, art. 14-I-1°)* « et le représentant de l'État dans le département ».

Le médecin, le chirurgien-dentiste ou la sage-femme dont le droit d'exercer a été suspendu selon la procédure prévue au présent article peut exercer un recours contre la décision du *(Ord. n° 2010-177 du 23 févr. 2010, art. 14-I-1°)* « directeur général de l'agence régionale de santé dont relève le lieu d'exercice du professionnel » devant le tribunal administratif, qui statue en référé dans un délai de quarante-huit heures.

Les modalités d'application du présent article sont définies par décret en Conseil d'État.

(Ord. n° 2018-20 du 17 janv. 2018, art. 14) « Le présent article n'est pas applicable aux médecins, chirurgiens-dentistes et sages-femmes qui relèvent des dispositions de l'article L. 4138-2 du code de la défense. »

1. Une mesure non disciplinaire. Les décisions par lesquelles la section disciplinaire statue en matière de suspension temporaire du droit d'exercer la médecine dans le cas d'infirmité ou d'état pathologique, n'ont pas le caractère de décisions juridictionnelles susceptibles d'être déférées au Conseil d'État par la voie du recours en cassation. • CE 7 déc. 1956, *Rajaonary : Lebon 469.*

2. Faits justifiant la suspension. Justifient la suspension : les nombreuses et graves anomalies, notamment la méconnaissance des indications particulières et des contre-indications de certaines substances ainsi que de leurs possibles effets indésirables, le non-respect des recommandations relatives notamment aux posologies et durées de traitement chez l'enfant. • CNOM, 30 mars 2011, n° 11137.

3. Code de la consommation, fondement erroné. Les dispositions combinées des art. L. 221-5, L. 221-6 et L. 221-8 C. consom. ne donnent pas compétence au préfet pour suspendre un médecin de l'exercice de sa profession, dès lors que les dispositions de l'art. L. 4113-14 permettent au préfet de prononcer cette suspension en cas d'urgence. • CE 25 sept. 2009, *Vergereau,* n° 311597 : *JCP 2009, n° 573, note Rousset.* ♦ Les conditions d'une substitution de *base légale* ne sont en l'espèce pas remplies, dès lors que le préfet n'a pas fait bénéficier le médecin concerné des garanties prévues par l'art. L. 4113-14 qui prévoit l'audition dans un délai de trois jours et limite la durée de la suspension à une période de cinq mois. • Même arrêt.

4. Procédure. Aucune obligation législative ou réglementaire ni aucun principe général du droit n'impose à l'autorité administrative de communiquer les pièces du dossier au praticien concerné ; si le préfet est tenu d'entendre l'intéressé dans un délai de trois jours, les conditions dans lesquelles se déroule cet entretien et les modalités de la convocation sont sans influence sur la légalité de la suspension. • CAA Nantes, 18 déc. 2009, n° 09NT00365.

5. Suspension par le DG-ARS et suspension par l'Ordre. La circonstance que les arrêtés du préfet [directeur général de l'ARS] prononçant la suspension d'un médecin en application de l'art. L. 4113-14 ont été annulés par la juridiction administrative est sans influence sur la régularité de la saisine du conseil régional en application de l'art. R. 4124-3. • CNOM, 29 avr. 2009, n° 86.

6. Recours. A défaut de toute précision dans la loi en ce qui concerne la nature des pouvoirs du juge des référés dont l'intervention est prévue par le 5e al. de l'art. L. 4113-14, cette disposition n'a pu entrer en vigueur en l'absence du décret en Conseil d'État prévu à l'avant-dernier al. de cet art. • CE 31 mars 2017, *Directeur ARS Alsace Champagne-Lorraine,* n° 402374 : *Lebon ; AJDA 2017. 1031* . ♦ V. également, • CE, 30 mai 2011, *M. Melki,* n° 336838 : *Lebon ; AJDA 2011. 1119*. ♦ Toutefois, le praticien qui fait l'objet d'une suspension peut saisir le tribunal administratif d'une demande d'annulation pour excès de pouvoir assortie, le cas échéant, d'un référé-suspension ou d'un référé-liberté ; il dispose des mêmes voies de droit contre la décision du directeur de l'ARS de refuser d'abroger un arrêté de suspension. • CE 31 mars 2017 : *Directeur ARS Alsace Champagne-Lorraine, préc.*

7. Suites d'une annulation. L'annulation d'une première suspension en raison de l'insuffisance de sa motivation ne fait pas obstacle par elle-même à ce que le préfet prenne à l'encontre de l'intéressé une nouvelle mesure de suspension ayant la même durée. • CE 30 mai 2011, *M. Melki,* n° 336838 *préc. note 6.* ♦ Une suspension illégale donne lieu à réparation. • CAA Paris, 21 juin 2012, *Robert A.,* n° 11PA04980 (*a contrario*).

8. Suspension administrative et interdiction disciplinaire, cumul. L'indépendance de la procédure disciplinaire et de la procédure relative à l'état pathologique des médecins permet de prononcer une sanction disciplinaire à l'encontre d'un médecin déjà suspendu en raison de son état pathologique, sauf dans le cas où les faits reprochés au médecin résultent exclusivement de son état de santé et s'expliquent par ce dernier. • CDNOM 17 mai 2016, *Dr. Jean-Louis T.*, n° 12839.

TITRE DEUXIÈME ORGANISATION DES PROFESSIONS MÉDICALES

RÉP. PÉN. ET RÉP. CIV. v° *Médecine.*

BIBL. ▸ LIET-VEAUX, Ordres professionnels, *J.-Cl. Adm., Lexis Nexis, fasc. 145 à 147.* – MORET-BAILLY, Les ordres professionnels des professions d'auxiliaires médicaux, *RDSS 2007. 472.* – JAUNAIT, Comment pense l'institution médicale ? Une analyse des codes français de déontologie médicale, *Dalloz, Nouvelle bibliothèque des thèses, 2005.* – MOURALIS, Les nouveaux ordres professionnels, *LPA juin 2002, n° 122, p. 28.* – ALBERT, L'institution ordinale, *thèse, Tours, 1998.* – LASCOMBE, Les ordres professionnels, *thèse, Strasbourg, 1987.*

▸ **A titre historique :** LECA (E.) et LECA (A.), VICHY, pilier innommé de l'organisation du système français de santé ?, *Mélanges Mémeteau, LEH, 2015, vol. 1, p. 123.* – HEILBRONNER, Le pouvoir professionnel, *EDCE 1952, p. 52.* – BERTON, Les ordres professionnels, *thèse, Paris 1951.*

▸ **Pour une vision sociologique et/ou journalistique :** JAUNAIT, La médecine est-elle toujours morale ?, *Les Tribunes de la santé, 2010. 1, n° 26, p. 95.* – BARTH et VARGAS, Quand l'ordre règne, *éd. Mango, 2001.* – SCOHY, Médecins et Ordre ou le règne des charlatans, Lettre ouverte à mes confrères, *éd. Des Clefs pour vivre, 1998.* – SANCHEZ, La médecine en flagrant délit, *éd. du Félin, 1996.*

CHAPITRE PREMIER ORDRE NATIONAL

BIBL. ▸ LANGLOIS et BERTHIAU, L'ordre des médecins, *in* Esper (dir.), *Droit médical et hospitalier, Lexis-Nexis, fasc. 5-5. – Dict. perm. Santé, bioéthique et biotechnologies,* étude « ordre des médecins ».

▸ **Ancienne polémique sur la légitimité de l'Ordre :** DUBOIS, L'ordre des médecins à nouveau en question, *Mél. J. Savatier, PUF, 1992, p. 191.* – ALFANDARI, Faut-il, au nom des droits de l'homme, supprimer l'ordre des médecins ?, *RDSS 1977. 1 s.* – SCHULTZ, Le Conseil d'État et les pouvoirs de l'ordre des médecins, *RD publ. 1976. 1425.* – ODENT, Le contrôle du Conseil d'État sur les ordres professionnels, *Arch. philos. droit 1953-1954, p. 109.*

▸ **A titre historique :** POUILLARD, L'ordre des médecins, *éd. Glyphe, 2011.* – Ordre national des médecins, L'exercice médical dans la société : hier et aujourd'hui, 50e anniversaire de l'ordre des médecins, *Masson, 1995.* – FOURNIER, L'ordre des médecins et le code de la déontologie médicale, *thèse, Bordeaux 1942.* – BRAUN, L'ordre des médecins, *thèse, Sirey 1941.* – CAHEN, L'ordre des médecins, *thèse, éd. Rousseau, Paris 1941.* – OUDIN, L'ordre des médecins, *thèse, éd. Nouvelle France, Paris 1941.* – CIBRIE, L'ordre des médecins, *éd. Laboratoires Midy, Paris, 1935.* – R. MESTRE, Vers un ordre des médecins, *Paris, 1939.*

COMMENTAIRE

V. Commentaire reproduit sur Dalloz.fr.

Art. L. 4121-1 **L'Ordre national des médecins, celui des chirurgiens-dentistes et celui des sages-femmes groupent obligatoirement tous les médecins, les chirurgiens-dentistes et les sages-femmes habilités à exercer** *(Ord. n° 2018-20 du 17 janv. 2018, art. 14)* **« , à l'exception des médecins, des chirurgiens-dentistes et des sages-femmes relevant des dispositions de l'article L. 4138-2 du code de la défense ».**

1. Organisme privé chargé d'un service public. *Le législateur a entendu faire de l'organisation et du contrôle de l'exercice de la profession médicale un service public.* • CE, ass., 2 avr. 1943, *Bouguen*, n° 72210 : *Lebon 86 ; D. 1944. 52, concl. Lagrange, note Donnedieu de Vabres ; S. 1944. 3.1, concl., note Mestre ; JCP 1944. II. 2565, note Célier ; GAJA, Dalloz, 211, n° 53.* ♦ Et pour la profession dentaire. • CE 14 janv. 1944, *Binet : Lebon 15.* ♦ Il en résulte que si le Conseil supérieur de l'Ordre des médecins ne constitue pas un établissement public, il concourt au fonctionnement dudit service, émettant dans ce cadre des décisions relevant du juge administratif. • CE, ass., 2 avr. 1943, *Bouguen : préc.* • Civ. 1re, 20 nov. 1956 : *D. 1957. 53.*

2. *Adhésion obligatoire et droits fondamentaux.* Dès lors que le législateur : 1/ a confié à l'Ordre des médecins des missions de service public concernant l'organisation, le fonctionnement, la déontologie et la défense de la profession médicale ; 2/ qu'il l'a habilité à percevoir des cotisations dont le produit est destiné à couvrir les dépenses lui incombant ; 3/ que les décisions des différents conseils de l'Ordre peuvent faire l'objet d'un recours juridictionnel ; 4/ que chaque médecin peut participer à la désignation des membres de ces conseils et qu'il conserve la possibilité de créer librement avec ses confrères des associations professionnelles et des syndicats, ou d'y adhérer, ni le fait que l'Ordre regroupe obligatoirement tous les médecins ni le caractère obligatoire du paiement des cotisations ne sont contraires à l'art. 9 Conv. EDH ou au pacte de New York (art. 18). • Civ. 1re, 26 avr. 1983 : *Bull. civ. I, n° 113 ; RDSS 1984. 49, note Dubouis ; Gaz. Pal. 1983. 2. 600, note Dorsner-Dolivet et Scemama* • 4 juin 1985 : *Bull. civ. I, n° 178.* ♦ L'obligation faite par la loi à tous les médecins d'adhérer à l'Ordre ne porte atteinte ni à la liberté de conscience et de pensée protégée par l'art. 9 Conv. EDH ni à l'art. 11 Conv. EDH relatif à la liberté d'association, chaque médecin conservant, par ailleurs, la possibilité de créer des associations professionnelles ou d'y adhérer. • CE 12 oct. 2006, *Pic*, n° 278899 : *D. 2007. 1453, obs. Penneau*. ♦ L'ordre belge des médecins ne saurait s'analyser en une association au sens de l'art. 11 Conv. EDH, mais encore faut-il que sa création par l'État n'empêche pas les praticiens de fonder entre eux des associations professionnelles ou d'y adhérer, sans quoi il y aurait violation de cette disposition. • CEDH 23 juin 1981, *Le Compte, Van Leuven et de Meyere c/ Belgique*, n° 6878/75 : *Série A, Vol. 43 ; Gaz. Pal. 1981. 2. 775, note Delamarre ; ibid. 1982. 1. 338, note Flauss ; RDSS 1982. 201, note Dubouis ; AFDI 1982. 495, note Pelloux* (§ 65).

Art. L. 4121-2 L'ordre des médecins, celui des chirurgiens-dentistes et celui des sages-femmes veillent au maintien des principes de moralité, de probité, *(L. n° 2002-303 du 4 mars 2002, art. 46)* **« de compétence » et de dévouement indispensables à l'exercice de la médecine, de l'art dentaire, ou de la profession de sage-femme et à l'observation, par tous leurs membres, des devoirs professionnels, ainsi que des règles édictées par le code de déontologie prévu à l'article L. 4127-1.**

Ils assurent la défense de l'honneur et de l'indépendance de la profession médicale, de la profession de chirurgien-dentiste ou de celle de sage-femme.

Ils peuvent organiser toutes œuvres d'entraide et de retraite au bénéfice de leurs membres et de leurs ayants droit.

Ils accomplissent leur mission par l'intermédiaire des conseils *(Ord. n° 2017-192 du 16 févr. 2017, art. 1er)* **« et des chambres disciplinaires » de l'ordre.**

L'Ord. n° 2017-192 du 16 févr. 2017 entre en vigueur à compter des prochains renouvellements de chacun des conseils de l'ordre suivant sa publication. Sur les dispositions transitoires, V. Ord. préc., art. 19 à 22.

Sur l'adaptation des dispositions législatives relatives au fonctionnement des ordres des professions de santé, V. Ord. n° 2017-644 du 27 avr. 2017, art. 14 et 15.

1. *Pouvoir réglementaire.* L'art. L. 382 [L. 4121-2] ne confère par lui-même aucun pouvoir réglementaire au Conseil national de l'Ordre des médecins ; mais pour assurer le respect des règles déontologiques, il dispose d'un pouvoir réglementaire, notamment en application de l'art. 71 C. déont. méd. [art. R. 4127-83]. • CE, sect., 14 févr. 1969, *Assoc. synd. nat. des médecins exerçant en groupe ou en équipe, n° 71978 : Lebon 96 ; RDSS 1969. 177, concl. Baudouin ; Dr. soc. 1969. 273, concl. Baudouin ; JCP 1969. II. 15849, note Savatier ; AJDA 1969. II, n° 54, 2e esp., p. 197 ; ibid. I, p. 162, chron. Dewost* et *Denoix de Saint-Marc.*

2. *Entraide.* Le conseil de l'Ordre peut financer les œuvres d'entraide et de retraite à l'aide des cotisations qu'il perçoit. • CE 21 févr. 1964, *Garetier*, n° 58714 : *Lebon 134.* ♦ Le Conseil national est tenu de refuser toute mesure d'entraide en faveur d'un médecin qui n'est ni membre ni ancien membre de l'Ordre des médecins. • CE 3 oct. 2008, n° 299702.

3. *Prises de position.* Le Conseil national de l'Ordre n'outrepasse pas ses compétences en prenant position sur des problèmes d'ordre médical. • CE 22 juill. 1977, *Colisson et Mollet*, n° 05071.

4. *Qualité pour agir.* Le Conseil national de l'Ordre des médecins justifie d'un intérêt lui donnant qualité pour agir contre l'arrêté approuvant des stipulations conventionnelles entre médecins généralistes et Caisse nationale d'assurance maladie qui, par l'aménagement qu'elles apportent aux obligations relatives aux gardes, ont une incidence sur les devoirs déontologiques des médecins. • CE 29 juill. 2002, *CNOM*, n° 242916 : *Lebon T. 844 ; RDSS 2003. 25, obs. Dubouis*.

5. *Entrave à la concurrence.* Lorsqu'un président de Conseil national de l'Ordre (en l'espèce, celui des pharmaciens) diffuse aux conseils régionaux un communiqué rappelant les mérites d'un certain mode d'exercice et mettant en garde les professionnels qui souhaiteraient s'en distancier par un autre mode de pratique, il n'émet pas une simple opinion soumise à la réflexion et au débat, mais se prononce sur la régularité d'une telle pratique, estimée illégale, et formule son opposition à celle-ci ; la diffusion d'un tel communiqué, fondé au demeurant sur une interprétation inexacte du code de la santé publique, ne manifeste pas l'exercice d'une prérogative de puissance publique ; elle sort de la mission de service public conférée aux ordres professionnels, et constitue une intervention sur le marché considéré. • Com. 16 mai 2000 : *Bull. civ. IV, n° 100 ; RDSS 2000. 740, obs. Laude*. ♦ **Bibl.** Laude, Secteur libéral, déontologie et concurrence, *in* Frison-Roche (Dir.), La régulation des secteurs de la santé, *Presses de Sciences Po/Dalloz, 2011, p. 47*. – Raja, Droit de la concurrence et droit de la santé : étude d'un entrecroisement normatif, *thèse, Montpellier, 2010*. – Hagelsteen, Les professions libérales et le droit de la concurrence, *Dr. adm. 2006, Étude 5*. ♦ S'agissant des pratiques anticoncurrentielles imputables aux conseils départementaux, V. jurisprudence ss. art. L. 4123-1.

6. Responsabilité, prescription. Le conseil de l'Ordre, organisme privé gérant un service public, n'est pas fondé à invoquer le bénéfice des dispositions de l'art. 1er de la loi du 31 déc. 1968 relative à la prescription des créances sur l'État, des départements, des communes et des établissements publics. • CAA Paris, 18 oct. 2012, *Marie-Cécile B.*, n° 11PA03595.

CHAPITRE II CONSEIL NATIONAL ET CHAMBRE DISCIPLINAIRE NATIONALE *(L. n° 2002-303 du 4 mars 2002, art. 18-I)*.

RÉP. PÉN. v° *Médecine, nos 6 s.*

BIBL. ▸ **Ouvrages :** Sabek, Le procès disciplinaire du professionnel de santé, entre droit d'exception et droit commun, *Éd. universitaires européennes, 2012*. – Markus, Les juridictions ordinales, *LGDJ, 2003*. – Carton, Le droit disciplinaire professionnel, *thèse, Lille II, 1995*.

▸ **Études :** Liet-Veaux, *J.-Cl. Adm., fasc. 146 et 147*. – Martin, Les chambres disciplinaires des professions de santé, *RDSS 2016. 310*. – Markus, La refonte de la procédure disciplinaire devant les ordres des professions de santé, *RDSS 2007. 651*. – Moret-Bailly, Les institutions disciplinaires, état des lieux, *in* Ancel et Moret-Bailly (dir.), Vers un droit commun disciplinaire, *PU Saint-Étienne, 2007, p. 77*. – Perret-Richard, Le contentieux des juridictions disciplinaires des professions de santé, *in* Ancel et Moret-Bailly (dir.), Vers un droit commun disciplinaire, *PU Saint-Étienne, 2007, p. 261*. – Serverin, La justice disciplinaire : de l'ombre à la lumière, *in* Ancel et Moret-Bailly (dir.), Vers un droit commun disciplinaire, *PU Saint-Étienne, 2007, p. 53*. – Mémeteau, Le nouveau procès disciplinaire des médecins, *Méd. et droit, 2002, n° 55, p. 22*. – Petit, Déontologie et organisation des professions de santé, *RDSS 2002. 707*. – Dubouis, L'Ordre des médecins, la juridiction disciplinaire et la Convention européenne des Droits de l'Homme, *RDSS 1982. 57 s.* – Dubouis, Le juge administratif, le malade et le médecin, *Mél. Waline, t. 2, 1974, p. 389*.

▸ **Sur les aspects pénaux de la procédure disciplinaire :** Pralus-Dupuy, Les principes du procès pénal et leur mise en œuvre dans les procédures disciplinaires, *RID pén. 2003. 922*. – Farina-Cussac, La sanction punitive dans les jurisprudences du Conseil constitutionnel et de la Cour européenne des droits de l'homme (éléments pour une comparaison), *RSC 2002. 517*. – Pralus-Dupuy, Les tendances contemporaines de la répression disciplinaire, *RSC 2000. 545*.

COMMENTAIRE

V. Commentaire reproduit sur Dalloz.fr.

Art. L. 4122-1 **Le Conseil national de l'ordre remplit sur le plan national la mission définie à l'article L. 4121-2. Il veille notamment à l'observation, par tous les membres de l'ordre, des devoirs professionnels et des règles édictées par le code de déontologie prévu à l'article L. 4127-1.** *(L. n° 2016-41 du 26 janv. 2016, art. 85)* **« Il évalue, en lien avec des associations de patients agréées en application de l'article L. 1114-1 et selon des modalités précisées par décret, le respect du principe de non-discrimination dans l'accès à la prévention ou aux soins, mentionné à l'article L. 1110-3, par les membres de l'ordre. Il lui revient de mesurer l'importance et la nature des pratiques de refus de soins par les moyens qu'il juge appropriés. » Il étudie les questions ou projets qui lui sont soumis par le ministre chargé de la santé.**

(Ord. n° 2017-644 du 27 avr. 2017, art. 1er-1°) **« Le Conseil national autorise son président à ester en justice. »**

(L. n° 2004-204 du 9 mars 2004, art. 27-I) **« Il peut, devant toutes les juridictions, exercer tous les droits réservés à la partie civile relativement aux faits portant un pré-**

judice direct ou indirect à l'intérêt collectif de la profession de sage-femme, de médecin ou de chirurgien-dentiste, y compris en cas de menaces ou de violences commises en raison de l'appartenance à l'une de ces professions. »

A. COMPÉTENCE NORMATIVE

1. Adoption d'un rapport prescrivant un comportement. La délibération par laquelle le Conseil national de l'Ordre des médecins adopte un rapport intitulé « Maisons de santé pluriprofessionnelles et déontologie médicale », dans lequel il est écrit que « doivent être exclus [des maisons de santé] : (...) les professions dont les contours sont mal définis et pour lesquels la présence de médecins peut servir de caution et entretenir une certaine confusion sur leur champ d'exercice (ostéopathes par exemple) », doit, eu égard à cette formulation impérative et au rôle confié au Conseil national de l'Ordre pour l'application des principes de déontologie, être regardée comme une décision faisant grief. • CE 17 nov. 2010, *Synd. fr. des ostéopathes*, n° 332771 : *Lebon T. 886*, *954.*

B. COMPÉTENCE CONSULTATIVE

2. Une compétence facultative. Il résulte des termes mêmes de l'art. L. 4122-1, selon lequel le Conseil national de l'Ordre des médecins « étudie les questions ou projets qui lui sont soumis par le ministre chargé de la santé », que la consultation de ce conseil n'est pas obligatoire. • CE 19 oct. 2012, *CNOM*, n° 350225 • CE 12 mai 2010, *Synd. des chirurgiens-dentistes de Paris*, n° 326871.

3. Une compétence limitée. L'arrêté ministériel qui définit la part complémentaire variable de rémunération des praticiens hospitaliers, dans le respect du principe d'indépendance professionnelle, ne relève d'aucun des cas dans lesquels la consultation du Conseil national de l'Ordre est obligatoire. • CE 30 déc. 2009, *Conf. des praticiens des hôpitaux et a.*, n° 306040 : *AJDA 2010. 1276, note Moquet-Anger*. ♦ Il en va de même à propos d'un décret relatif aux actes et aux conditions d'exercice de l'ostéopathie... • CE 8 oct. 2008, *Registre des ostéopathes de France et a.*, n° 311160 : *Lebon 352*. ♦ ... Ou d'un décret sur les conditions techniques de fonctionnement des établissements de santé qui traitent l'insuffisance rénale chronique. • CE 19 nov. 2003, *AUB et a.*, n° 251923.

C. ACTIONS DEVANT TOUTES JURIDICTIONS

4. Qualité pour agir en excès de pouvoir. Le CNOM, en vue d'assurer le respect des règles déontologiques de la profession médicale, justifie d'un intérêt lui donnant qualité pour agir contre l'arrêté approuvant des stipulations de la convention nationale des médecins généralistes qui, par l'aménagement qu'elles apportent aux obligations relatives aux gardes, ont une incidence sur les devoirs déontologiques des médecins. • CE 29 juill. 2002, *CNOM*, n° 242916 : *Lebon T. 844*.

5. Action pénale. Un conseil départemental de l'ordre des chirurgiens-dentistes et un syndicat de chirurgiens-dentistes sont recevables à citer directement devant le tribunal correctionnel la directrice de publication d'un journal pour complicité de publicité de nature à induire en erreur, dès lors que cette infraction est connexe à un exercice illégal de la profession de chirurgien-dentiste. • Crim. 11 mars 1998 : *Dr. pénal 1998, n° 7, p. 20.* ♦ Ils peuvent obtenir des dommages et intérêts. • Même arrêt.

Art. L. 4122-1-1 *(Ord. n° 2005-1040 du 26 août 2005)* **Le Conseil national est assisté par un membre du Conseil d'État ayant au moins le rang de conseiller d'État et avec voix délibérative, nommé par le ministre de la justice ; un ou plusieurs suppléants sont désignés dans les mêmes conditions.**

Les délibérations du Conseil national ne sont pas publiques.

1. Contrôle juridictionnel. La combinaison des art. L. 4122-3, II et L. 4122-1-1 n'implique pas *que seul* un conseiller d'État en exercice puisse siéger au sein d'une formation *non disciplinaire* du Conseil national de l'Ordre des médecins. • CE 24 sept. 2009, n° 330309. ♦ Le Conseil d'État contrôle le respect des conditions de nomination des conseillers d'État. • CE 11 juill. 2012, n° 329963.

2. Rémunération du conseiller d'État. Ne revêt aucun caractère diffamatoire le fait de s'interroger, y compris par voie de presse, sur la conformité au principe d'indépendance de la justice d'une rémunération versée par l'ordre des médecins même au conseiller d'État désigné pour siéger en son sein. • Lyon, 4e ch., 13 déc. 2016, *Ministère public c/ Bessis*, n° 16/602.

Art. L. 4122-1-2 *(Ord. n° 2005-1040 du 26 août 2005)* **Lorsque, par leur fait, les membres du Conseil national mettent celui-ci dans l'impossibilité de fonctionner, sa dissolution est prononcée par décret pris sur la proposition du ministre chargé de la santé.**

En cas de dissolution du Conseil national ou en cas de démission de tous ses membres, le ministre chargé de la santé nomme une délégation de cinq membres. Cette

délégation organise l'élection d'un nouveau conseil sans délai. Elle règle les affaires courantes, assure les fonctions qui sont attribuées au conseil par l'article L. 4113-14 et le II de l'article L. 4124-11 et statue sur les recours contre les décisions des conseils départementaux en application du code de déontologie.

Art. L. 4122-1-3 *(Ord. nº 2017-192 du 16 févr. 2017, art. 2-1º)* S'agissant de l'ordre des médecins et des chirurgiens-dentistes, lorsqu'un membre du Conseil national vient à cesser ses fonctions pour quelque cause que ce soit, il est procédé à une élection complémentaire d'un membre du même sexe dans les six mois à compter de la constatation de la vacance de poste par le Conseil national. Dans ce cas, la durée de fonctions du membre ainsi élu est celle qui restait à courir jusqu'à la date à laquelle aurait expiré le mandat de celui qu'il remplace.

V. notes ss. art. L. 4121-2.

Art. L. 4122-2 *(Ord. nº 2005-1040 du 26 août 2005)* Le Conseil national fixe le montant de la cotisation versée à chaque ordre par toute personne inscrite au tableau, qu'elle soit physique ou morale.

Il détermine également les quotités de cette cotisation qui seront attribuées à chaque conseil *(Abrogé par Ord. nº 2017-192 du 16 févr. 2017, art. 2-2º-a)* « ***départemental, à chaque conseil régional ou interrégional et au Conseil national*** », en précisant la part consacrée au fonctionnement des chambres disciplinaires placées auprès de ces instances.

Les cotisations sont obligatoires. *(L. nº 2007-294 du 5 mars 2007, art. 4)* « Toutefois, la cotisation n'est pas due par le médecin, le chirurgien-dentiste ou la sage-femme réserviste sanitaire *(Ord. nº 2018-20 du 17 janv. 2018, art. 14)* « ou relevant des dispositions de l'article L. 4143-1 du code de la défense », dès lors qu'il n'exerce la profession qu'à ce titre. »

(L. nº 2009-879 du 21 juill. 2009, art. 62-VI) « La cotisation doit être réglée au cours du premier trimestre de l'année civile en cours. »

Le Conseil national gère les biens *(Ord. nº 2017-644 du 27 avr. 2017, art. 1er-2º-a)* « de l'ordre, définit sa politique immobilière et contrôle sa mise en œuvre. Il peut » créer ou subventionner des œuvres intéressant la profession médicale ainsi que des œuvres d'entraide.

Il *(L. nº 2009-879 du 21 juill. 2009, art. 62-VI)* « valide et contrôle » la gestion des conseils *(Abrogé par Ord. nº 2017-192 du 16 févr. 2017, art. 2-2º-b)* « ***régionaux ou interrégionaux ainsi que départementaux*** » *(L. nº 2009-879 du 21 juill. 2009, art. 62-VI)* « . Il reçoit de ces derniers leurs documents budgétaires et comptables. Le Conseil national peut demander tout autre document qui lui semble nécessaire.

« Les modalités de cette validation et de ce contrôle sont fixées par le règlement de trésorerie élaboré par le Conseil national et applicables à l'ensemble des instances ordinales.

« Les conseils doivent préalablement l'informer de la création et lui rendre compte de la gestion de tous les organismes dépendant de ces conseils. »

Il verse aux conseils *(Abrogé par Ord. nº 2017-192 du 16 févr. 2017, art. 2-2º-c)* « ***régionaux ou interrégionaux ainsi qu'aux conseils départementaux*** » une somme destinée à assurer une harmonisation de leurs charges sur le plan national.

(L. nº 2009-879 du 21 juill. 2009, art. 62-VI) « Un commissaire aux comptes certifie annuellement les comptes du Conseil national *[nouvelle rédaction issue de l'Ord. nº 2017-644 du 27 avr. 2017, art. 1er-2º-b, en vigueur le 1er janv. 2019 : « Un commissaire aux comptes certifie annuellement les comptes combinés au niveau national des conseils de l'ordre »]*. »

V. note ss. art. L. 4121-2.

A. CARACTÈRE OBLIGATOIRE DE LA COTISATION

1. Cotisation obligatoire et droits fondamentaux. Eu égard à ses missions et modalités d'action, ni le fait que l'Ordre regroupe obligatoirement tous les médecins ni le caractère obligatoire du paiement des cotisations ne sont contraires à l'art. 9 Conv. EDH ou à l'art. 18 du PIDCP. • Civ. 1re, 26 avr. 1983 : *Bull. civ. I, nº 113 ; RDSS 1984. 49, note Dubouis ; Gaz. Pal. 1983. 2. 600, note Dorsner-Dolivet et Scemama* • 4 juin 1985 : *Bull. civ. I, nº 178.* ♦ Le fait que les médecins soient tenus de payer leur cotisation, quelles que soient les prises de position de l'ordre qu'il n'appartient pas aux tribunaux judiciaires d'apprécier, ne constitue pas une atteinte aux convictions personnelles ou à la liberté de pensée et de conscience des médecins (art. 9 Conv. EDH et art. 18 du PIDCP). • Cass., ass. plén., 7 nov. 1986 : *Bull. ass. plén., n° 12 ; JCP 1987. II. 20750, rapport Gauthier, note Penneau.* ♦ En vue de couvrir les dépenses lui incombant dans la limite de ses obligations légales et de ses missions de service public, le législateur a habilité l'ordre à percevoir une cotisation obligatoire, sans qu'il y ait atteinte à la liberté de conscience et de pensée (art. 9 Conv. EDH), ni à la liberté d'association (art. 11 Conv. EDH). • CE 12 oct. 2006, *Pic*, n° 278899 : *D. 2007. 1453, obs. Penneau*. ♦ Le professionnel qui s'abstient de façon délibérée pendant plusieurs années de payer ses cotisations ordinales manque à la probité et à l'honneur, et ne peut bénéficier de l'amnistie. • CE 29 déc. 1999, *Valérie A.*, n° 197627.

2. *Champ de l'obligation.* La cotisation ordinale n'est pas une redevance pour service rendu. • Civ. 1re, 19 mai 1987 : *Bull. civ. I, n° 157* • 26 janv. 1988, n° 86-14.551. ♦ C'est pourquoi elle est due sans distinction selon que le praticien est ou non lié dans son exercice professionnel par un contrat ou un statut à une administration, une collectivité ou tout autre organisme public ou privé. • Mêmes arrêts. ♦ Le statut réglementaire des praticiens hospitaliers ne saurait avoir pour effet de déroger aux obligations légales relatives à l'inscription obligatoire à l'ordre des médecins et au paiement des cotisations ordinales. • Civ. 1re, 13 oct. 1987 : *Bull. civ. I, n° 263.* ♦ Hormis les médecins appartenant aux cadres actifs du service de santé des armées ou ceux qui, ayant la qualité de fonctionnaire de l'État ou d'agent titulaire d'une collectivité locale, ne sont pas appelés dans l'exercice de leurs fonctions à exercer la médecine, tous les médecins accomplissant des actes médicaux doivent être inscrits à l'Ordre des médecins et sont tenus au paiement de la cotisation annuelle obligatoire, sans qu'il y ait lieu de distinguer selon que le praticien, attaché des hôpitaux, exerce cette fonction accessoirement ou non à une activité de médecine libérale. • Civ. 1re, 23 juin 1992 : *Bull. civ. I, n° 199.* ♦ Les chirurgiens-dentistes exerçant leur profession dans un cabinet principal et un cabinet secondaire situés dans deux départements différents sont tenus de verser leurs cotisations aux deux conseils départementaux intéressés. • CE 6 mars 1974, *Dame Marc*, n° 85814 : *Lebon T. 1127*.

3. *Assujettissement des personnes morales.* Les dispositions de l'art. L. 4122-2 ne font pas en elles-mêmes obstacle à ce que le Conseil national fixe des montants de cotisation différenciés selon la situation des personnes inscrites à l'ordre. • CE 16 juill. 2014, n° 363124. ♦ Le Conseil national peut légalement prévoir que les sociétés d'exercice libéral et les sociétés civiles de participation doivent verser une cotisation entière dès leur inscription au tableau, s'ajoutant à la cotisation individuelle de chacun de leurs membres. • CE 24 oct. 2012, *Selarl Docteur Jean-Luc Gleizes et a.*, n° 356417. ♦ Compte tenu des charges particulières que représente pour l'Ordre l'exercice de ses missions à l'égard des sociétés inscrites à son tableau, les chirurgiens-dentistes exerçant en leur nom propre et ceux exerçant comme associés d'une société ne se trouvent pas dans la même situation ; la différence de traitement qui résulte, entre eux, de ce que le Conseil national n'a pas prévu de modulation de la cotisation due par les personnes morales, n'est pas manifestement disproportionnée au regard de cette différence de situation. • CE 7 déc. 2011, *Bessis et Synd. DSI*, n° 328283. • CE 19 juin 2013, *Synd. DSI*, n° 350498. ♦ Toutefois, l'assujettissement à cotisation des personnes physiques et des personnes morales inscrites au tableau de l'Ordre ne fait pas obstacle à ce que le Conseil national fixe des modalités de calcul de la cotisation tenant compte de ce qu'une personne physique inscrite au tableau est associée d'une société elle-même soumise à cotisation. • Même arrêt.

4. *Action en recouvrement.* L'action en recouvrement du montant des cotisations n'est recevable que si le président du conseil départemental de l'ordre demandeur justifie avoir été autorisé à engager cette action. • Civ. 1re, 17 oct. 2012, n° 11-22.732. ♦ Aucune obligation légale n'impose à un conseil départemental de l'ordre l'obligation de désigner nommément les médecins qu'il décide d'assigner en paiement de cotisation, dès lors que la décision de poursuite judiciaire concerne les médecins s'étant abstenus de régler leur cotisation et que tel est bien le cas du médecin poursuivi. • Civ. 1re, 21 déc. 1982 : *Bull. civ. I, n° 374.* ♦ La vérification que chacun des membres de l'Ordre respecte ses obligations, dont celle de s'acquitter des cotisations dont il est redevable, fait partie de la mission du Conseil national de l'Ordre, et c'est à bon droit que celui-ci intervient dans une instance qui a pour objectif de recouvrer de telles cotisations, même si elle est initiée par voie d'appel par un conseil départemental, personne morale distincte qui n'est pas l'émanation du Conseil national. • Reims, 31 oct. 2007, n° 05/03325. ♦ L'action disciplinaire ne met pas obstacle aux actions civiles en recouvrement des cotisations. • Civ. 1re, 28 avr. 1981 : *Bull. civ. I, n° 128.* ♦ Le refus de payer la cotisation ordinale ne peut être assimilé à l'exercice du droit de grève qui est légalement caractérisé par un arrêt de travail concerté en vue d'appuyer des revendications professionnelles. • Civ. 1re, 15 janv. 1991 : *RDSS 1991. 571, obs. Dubouis.*

5. *Recouvrement, juge compétent.* Il n'appartient pas à la juridiction administrative de connaître d'un pourvoi formé contre les mesures engagées par un conseil départemental de l'ordre en vue du recouvrement des cotisations ordinales, un tel recours relevant, sous réserve d'une éventuelle question préjudicielle relative à la légalité de ces cotisations, des tribunaux de l'ordre judiciaire. • CE 24 avr. 1989, *Synd. dptal des médecins généralistes des Bouches-du-Rhône,* n° 103953 : *RDSS 1989. 428, obs. Dubouis.* ♦ Dans le même sens, • Civ. 1re, 16 avr. 2015, n° 14-13.947 P. ♦ Des conclusions relatives, non à la légalité des dispositions réglementaires par lesquelles le Conseil national a fixé l'assiette, le montant et les modalités de recouvrement des cotisations dues, mais à l'exigibilité des sommes réclamées à ce titre à la société requérante, ressortissent à la compétence du juge judiciaire. • CE 29 oct. 2007, n° 284036.

BIBL. Devers, Le contentieux des cotisations ordinales, *Rev. Droit, déontologie et soin, 2009/4, p. 415.*

B. DÉPENSES LÉGALES

6. Conformité à la mission de l'Ordre. Les cotisations prévues à l'art. L. 410 [L. 4122-2] constituent la ressource principale des conseils de l'Ordre ; leur produit peut couvrir les dépenses de toute nature auxquelles l'Ordre est appelé à faire face dans la limite tant de ses obligations légales que des missions de service public qu'il a vocation à assumer, et en particulier celles qui résultent du fonctionnement des œuvres intéressant la profession médicale et des œuvres d'entraide qu'il est habilité à créer ou à subventionner. • CE 22 juill. 1977, *Barry et a.,* n° 04789 : *Lebon 368*. ♦ En prenant position sur des problèmes d'intérêt médical, l'Ordre n'outrepasse pas les limites de sa compétence. • Même arrêt • CE 22 juill. 1977, *Colisson et Mollet,* n° 05071.

7. Dépenses légales. Relèvent des missions de l'Ordre : le versement d'indemnités aux membres des conseils de l'Ordre à raison de leur participation aux travaux de ces conseils ; le subventionnement de l'Union française de santé bucco-dentaire, dont l'action en faveur de la santé bucco-dentaire est au nombre des œuvres intéressant la profession ; l'édition du bulletin de l'Ordre. • CE 7 déc. 2011, *Bessis et Synd. DSI,* n° 328283 : *préc. note 3.* ♦ ... La formation permanente des médecins. • CE 8 nov. 1993, n° 13602. ♦ ... Des œuvres d'entraide. • CE 21 févr. 1964, *Garetier,* n° 58714 : *Lebon 134.*

C. MONTANT

8. Taux. L'appréciation en opportunité à laquelle se livre le Conseil national de l'ordre en fixant le taux des cotisations destinées à financer ses dépenses de fonctionnement ne saurait être utilement discutée devant le juge administratif dès lors que cette appréciation n'est pas manifestement sans rapport avec l'évaluation des charges qui découlent pour l'Ordre de l'accomplissement de ses missions, et qu'elle n'est pas entachée d'erreur matérielle, d'erreur de droit ou de détournement de pouvoir. • CE 5 déc. 1980, *X...,* n° 10579. ♦ Il ne peut être soutenu que la fixation d'un taux unique de cotisation due par tous les médecins serait illégale. • Civ. 1re, 13 oct. 1987 : *Bull. civ. I, n° 263.*

Art. L. 4122-2-1 *(Ord. n° 2017-644 du 27 avr. 2017, art. 1er-3° et 14-I, en vigueur le 1er janv. 2019)* **Les marchés conclus à titre onéreux par le Conseil national avec un ou plusieurs opérateurs économiques pour répondre à ses besoins en matière de fournitures ou de services respectent les principes de liberté d'accès à la commande, d'égalité de traitement des candidats et de transparence des procédures définis à l'article 1er de l'ordonnance n° 2015-899 du 23 juillet 2015 relative aux marchés publics.**

Les conseils nationaux des ordres peuvent constituer entre eux une centrale d'achats ou un groupement de commandes d'achats.

(L. n° 2017-1841 du 30 déc. 2017, art. 8) **« Dans les conditions et sous réserve des adaptations prévues par décret en Conseil d'État, le marché est passé, en fonction de son objet ou de sa valeur estimée, selon les procédures prévues à l'article 42 de l'ordonnance n° 2015-899 du 23 juillet 2015 précitée. »**

Non-soumission au droit des marchés publics selon la CJUE. L'ordre des médecins ne répond pas aux critères de l'« organisme de droit public » au sens de la Dir. 2004/18/CE du 31 mars 2004 relative à la coordination des procédures de passation des marchés publics de travaux, de fournitures et de services, *et n'est donc pas soumis au droit des marchés publics.* En effet, bien que la loi détermine ses missions ainsi que la manière dont son financement majoritaire doit être organisé, l'autonomie organisationnelle et budgétaire de l'ordre s'oppose à ce qu'il soit considéré comme se trouvant dans un état de dépendance étroite vis-à-vis des pouvoirs publics. • CJUE 12 sept. 2013, *IVD GmbH & Co. KG c/ Ärztekammer Westfalen-Lippe,* n° 526/11 : *RJEP juin 2014.,* chron. 4, note Cassagnabère.

Art. L. 4122-2-2 *(Ord. n° 2017-644 du 27 avr. 2017, art. 1er-3°)* **Le Conseil national fixe les règles générales de fonctionnement applicables à l'ensemble des instances ordinales dans un règlement intérieur.**

Il établit et rend public un rapport d'activité annuel reprenant notamment les données relatives au contentieux disciplinaire collectées par la chambre disciplinaire nationale.

COMMENTAIRE

V. Commentaire reproduit sur Dalloz.fr.

Art. L. 4122-2-3 *(Ord. nº 2017-644 du 27 avr. 2017, art. 1er-3º)* **Le Conseil national de l'ordre peut organiser le regroupement de conseils départementaux ou interdépartementaux par une délibération en séance plénière, dans les situations suivantes :**

1º Difficultés de fonctionnement liées à la situation de la démographie de la profession ou à une insuffisance d'élus ordinaux ;

2º Incapacité d'assurer les missions de service public qui lui ont été confiées.

Cette délibération, adoptée en séance plénière, organise le regroupement de conseils départementaux et interdépartementaux et fixe la date de la dissolution des conseils intéressés. Elle détermine le siège du nouveau conseil interdépartemental. Elle fixe la date des nouvelles élections.

Dans le cas de regroupement de conseils départementaux ou interdépartementaux des ordres des professions médicales prévu à l'art. L. 4122-2-3 CSP, le nouveau conseil bénéficie du transfert des biens, droits et obligations des conseils qu'il regroupe. Ces transferts sont effectués à titre gratuit et ne donnent lieu à aucune imposition (Ord. nº 2017-644 du 27 avr. 2017, art. 15-IV).

Art. L. 4122-3 *(Ord. nº 2017-192 du 16 févr. 2017, art. 2-3º)* **I. — La chambre disciplinaire nationale, qui connaît en appel des décisions rendues par les chambres disciplinaires de première instance, siège auprès du Conseil national. Elle comprend des assesseurs titulaires et un nombre égal d'assesseurs suppléants. Les assesseurs sont de nationalité française.**

(Ord. nº 2017-644 du 27 avr. 2017, art. 1er-4º-a) **« II. — Elle est présidée par un membre du Conseil d'État, en activité ou honoraire, ayant au moins le rang de conseiller d'État, désigné par le vice-président du Conseil d'État pour une durée de six ans renouvelable. Un ou plusieurs présidents suppléants sont désignés dans les mêmes conditions.**

« Les fonctions de président ou de président suppléant de la chambre disciplinaire nationale sont incompatibles avec celles prévues à l'article L. 4122-1-1. *(L. nº 2017-1841 du 30 déc. 2017, art. 6)* **« L'âge limite pour exercer les fonctions de président ou de président suppléant de la chambre disciplinaire nationale est de 77 ans révolus. »**

« Le montant des indemnités allouées aux présidents ou aux présidents suppléants des chambres disciplinaires nationales est fixé par arrêté des ministres chargés du budget et de la santé *(L. nº 2017-1841 du 30 déc. 2017, art. 2)* **« , après consultation de l'ordre ».**

« Leurs frais de déplacement sont remboursés dans les conditions prévues par la réglementation applicable aux fonctionnaires de l'État.

« Ces indemnités et frais sont à la charge du Conseil national. »

III. — Les membres suppléants remplacent les titulaires empêchés de siéger ou qui viennent à cesser leurs fonctions pour une cause quelconque avant la fin de leur mandat. Dans ce dernier cas, la durée de fonctions des membres suppléants est celle qui restait à courir jusqu'à la date à laquelle aurait expiré le mandat de ceux qu'ils remplacent.

Lorsqu'un membre suppléant remplace un titulaire qui a cessé ses fonctions, il peut être alors procédé à une élection complémentaire dans les six mois d'un nouveau membre suppléant dont le mandat prend fin à la même date que celle à laquelle aurait pris fin celui du membre à remplacer.

Lors de chaque renouvellement, il est procédé à une élection complémentaire pour combler les sièges constatés vacants.

(Ord. nº 2017-644 du 27 avr. 2017, art. 1er-4º-b) **« IV. — Sont inéligibles les praticiens ayant été sanctionnés en application des dispositions de l'article L. 4124-6 du présent code et des articles L. 145-2 et L. 145-2-1 du code de la sécurité sociale.**

« Les fonctions d'assesseur à la chambre disciplinaire nationale sont incompatibles avec les mêmes fonctions à la chambre disciplinaire de première instance.

« Les fonctions de président et de secrétaire général d'un conseil sont incompatibles avec la fonction d'assesseur à la chambre disciplinaire nationale.

« Aucun assesseur de la chambre disciplinaire nationale ne peut siéger lorsqu'il a eu connaissance des faits de la cause à raison de l'exercice d'autres fonctions ordinales, et notamment lorsqu'il a participé à la délibération par laquelle le Conseil national a, le

cas échéant, initié l'action disciplinaire ou fait appel de la décision rendue par la chambre disciplinaire de première instance. »

V. — Les décisions de la chambre disciplinaire nationale sont rendues en formation collégiale, sous réserve des exceptions, précisées par décret en Conseil d'État, tenant à l'objet de la saisine ou du litige ou à la nature des questions à examiner ou à juger. Elles doivent être motivées.

VI. — Peuvent faire appel, outre l'auteur de la plainte et le professionnel sanctionné, le ministre chargé de la santé, le directeur général de l'agence régionale de santé, le procureur de la République, le conseil départemental ou territorial et le Conseil national de l'ordre intéressé. L'appel contre les décisions des chambres disciplinaires de première instance a un effet suspensif sauf lorsque la chambre est saisie en application de l'article L. 4113-14. Les décisions rendues par la chambre disciplinaire nationale sont susceptibles de recours devant le Conseil d'État.

VII. — En cas d'interruption durable de son fonctionnement ou en cas de difficultés graves rendant ce fonctionnement impossible dans des conditions normales, la chambre disciplinaire nationale est dissoute par décret pris sur proposition du ministre de la justice.

En cas de dissolution de la chambre disciplinaire nationale ou en cas de démission de tous ses membres, le Conseil national organise de nouvelles élections de la chambre sans délai.

VIII. — Un décret en Conseil d'État fixe les modalités d'élection de la chambre disciplinaire nationale, la durée du mandat de ses membres et les règles de fonctionnement et de procédure qu'elle doit respecter.

V. notes ss. art. L. 4121-2.

COMMENTAIRE

V. Commentaire reproduit sur Dalloz.fr.

A. COMPOSITION DE LA JURIDICTION

1. Entrée en vigueur. Il résulte de la loi du 4 mars 2002 (art. 44) et du décret du 25 mars 2007 (art. 9), interprétés à la lumière du principe de continuité du service public, que la compétence disciplinaire des anciens conseils régionaux des ordres a pris fin à la date à laquelle les chambres disciplinaires de première instance ont été en mesure de siéger du fait de l'élection de leurs membres et de la nomination des magistrats administratifs appelés à les présider ; à cette date sont devenues applicables les dispositions nouvelles, tant législatives que réglementaires, relatives à la procédure devant les chambres disciplinaires de première instance. • CE, sect., 15 juin 2011, *Naman : n°s 324980 et 324982* (le 8 juill. 2007 pour l'Ordre des chirurgiens-dentistes).

2. Assesseur n'exerçant plus. Un chirurgien-dentiste élu membre du Conseil national, puis membre de la section disciplinaire dans les conditions prévues par les textes, demeure membre de la section disciplinaire dès lors qu'il reste inscrit au tableau de l'Ordre, même s'il a cessé son exercice professionnel. • CE 16 juin 2000, *Marti*, n° 196552 : *Lebon 231*. ♦ Idem à propos de la section des assurances sociales. • CE 23 avr. 1958, *Beurekdjian : Lebon 227.*

B. INDÉPENDANCE ET IMPARTIALITÉ (art. 6, § 1, CONV. EDH)

3. Applicabilité de l'art. 6, § 1. Le contentieux disciplinaire met en cause des droits de caractère civil, nonobstant la nature spécifique et d'intérêt général de la profession de médecin et les devoirs particuliers qui s'y rattachent. • CEDH 23 juin 1981, *Le Compte, Van Leuven et de Meyere c/ Belgique*, n° 6878/75 : *Série A, vol. 43 (§ 48) ; Gaz. Pal. 1981. 2. 775, note Delamarre ; ibid. 1982. 1. 338, note Flauss ; RDSS 1982. 201, note Dubouis ; AFDI 1982. 495, note Pelloux* • CEDH 26 sept. 1995, *Diennet c/ France*, n° 18160/91 : *Série A, n° 325-A, p. 13 (§ 27).* ♦ Toutefois, même lorsque l'art. 6, § 1, Conv. EDH trouve à s'appliquer, l'attribution du soin de statuer sur des infractions disciplinaires à des juridictions ordinales n'enfreint pas en soi la Convention. Celle-ci commande, pour le moins, l'un des deux systèmes suivants : ou bien lesdites juridictions remplissent elles-mêmes les exigences de l'art. 6, § 1, ou bien elles n'y répondent pas mais subissent le contrôle ultérieur d'un organe judiciaire de pleine juridiction présentant, lui, les garanties de cet article. • CEDH 27 juill. 2006, *Gubler c/ France*, n° 69742/01 (§ 25). ♦ Or, lorsque le Conseil d'État statue en cassation sur les décisions de la section disciplinaire du Conseil national de l'Ordre des médecins, il ne peut passer pour un « organe judiciaire de peine juridiction », notamment parce qu'il n'a pas le pouvoir d'apprécier la proportionnalité. • Même arrêt (§ 26) • CEDH 26 sept. 1995, *Diennet c/ France : préc. (§ 34).* ♦ Il convient donc que le juge disciplinaire de l'Ordre des médecins soit « indépendant » et « impartial » au sens de l'art. 6, § 1. • CEDH 26 sept. 1995, *Gübler c/ France : préc. (§ 27).*

BIBL. Pralus-Dupuy, L'applicabilité de l'article 6 de la Cour européenne des droits de l'homme aux contentieux disciplinaires : état des lieux, *RFDA 2008. 317*. – Imbert-Magand, L'influence conventionnelle sur le droit disciplinaire, *in* Ancel et Moret-Bailly (dir.), Vers un droit commun disciplinaire, *PU Saint-Étienne, 2007, p. 275.*

4. *Ralliement du Conseil d'État.* Sur l'applicabilité de l'art. 6, § 1, aux juridictions disciplinaires (avocats). • CE, ass., 14 févr. 1996, *Maubleu,* n° 132369 : *Lebon 34, concl. Sanson ; AJDA 1996. 358, chron. Stahl ; JCP 1996, n° 29669, note Lascombe et Vion ; RFDA 1996. 1186, concl.* ♦ Revirement sur • CE 14 janv. 1981, *Putot,* n° 12026 : *Lebon 17 ; JCP 1981. II. 19650, note Dillemann.*

5. *Indépendance.* Les membres de la juridiction disciplinaire de l'Ordre des médecins sont irrévocables pour toute la durée de leur mandat, donc indépendants de leurs pairs – qui les ont élus – et ne sont aucunement sous leur dépendance hiérarchique ; cette juridiction est présidée par un conseiller d'État, juge professionnel, indépendant du Conseil national de l'Ordre, et d'ailleurs non élu par celui-ci. • CEDH 27 juill. 2006, *Gubler c/ France,* n° 69742/01 : *préc. note 3 (§ 28).* ♦ La circonstance que les membres de l'organe disciplinaire soient, à l'exception d'un magistrat, également membres en exercice du conseil de l'Ordre, n'a pas pour effet, en elle-même, de porter atteinte aux exigences d'indépendance et d'impartialité de cet organe. • Cons. const. 25 nov. 2011, *Michel G.,* n° 2011-199 QPC : *JCP Adm. 2013, n° 2251, note Paldi* (ordres des vétérinaires, solution transposable). ♦ La section disciplinaire du Conseil national de l'Ordre des médecins est distincte de ses autres formations ; elle peut sans méconnaître l'art. 6, § 1, Conv. EDH, statuer en appel sur une instance engagée devant le Conseil régional de l'ordre par diverses plaintes, dont l'une émanait du Conseil national de l'Ordre des médecins lui-même. • CE 29 déc. 2000, *Gubler,* n° 211240.

6. *Impartialité.* De façon générale, la composition de la juridiction disciplinaire ne doit pas permettre de caractériser un intérêt des assesseurs qui serait contraire à celui du professionnel poursuivi et donc de nature à faire redouter une rupture de l'équilibre d'intérêts. • CEDH 22 juin 1989, *Langborger c/ Suède,* n° 11179/84 : *Série A, vol. 155 (§ 35).* ♦ Or tel n'est pas le cas lorsque, indépendamment de l'attitude personnelle des membres de la juridiction, certains faits vérifiables autorisent à suspecter l'impartialité de celle-ci, même objectivement ; ainsi, lorsque certains des assesseurs entretiennent un « lien troublant » avec des structures médicales d'urgence concurrentes de celle au sein de laquelle le médecin poursuivi exerce, il y a violation de l'art. 6, § 1. • CEDH 20 mai 1998, *Gautrin,* n° 21257/93 : *Rec. 1998-III, vol. 72, p. 1009 ; AJDA 1998. 991, obs. Flauss (§ 58 s.).* ♦ Même irrégularité s'agissant de la présence au sein de la chambre disciplinaire de première instance d'un praticien inscrit dans le même conseil départemental que celui qui est poursuivi… • CDNOM 7 juin 2016, *Dr. Maxen A et a.,* n° 12605. ♦ … Ou d'un médecin qui siégeait au sein de l'URPS avec le médecin poursuivi. • CDNOM 27 avr. 2015, *Dr. Richard B.,* n° 12440. ♦ La présence, au sein de la section disciplinaire, de membres ayant siégé à la section des assurances sociales en raison des mêmes faits entache la décision rendue d'irrégularité, en raison d'un doute sur l'impartialité des membres de la section disciplinaire lorsque ces derniers sont ainsi conduits à juger d'accusations relatives aux mêmes faits que ceux dont ils avaient déjà apprécié le caractère fautif en tant que membres de la section des assurances sociales dans le cadre d'un contentieux répressif poursuivant une finalité analogue. • CE 3 oct. 2003, *Patel,* n° 182743 : *Lebon 389*. ♦ La procédure administrative de l'art. L. 460 CSP [R. 4124-3 : suspension en raison de l'état pathologique] étant distincte de la procédure juridictionnelle fondée sur l'art. L. 411 [L. 4122-3], le fait que certains membres de la section disciplinaire aient participé au délibéré de deux décisions prises à l'égard d'un médecin, sur le fondement de chacune de ces deux dispositions, n'est pas de nature à rendre irrégulière, au regard des dispositions de l'art. 6, § 1, Conv. EDH, la composition de la formation de jugement ayant rendu la décision disciplinaire attaquée. • CE 26 nov. 1997, *Hayat,* n° 185750. ♦ Aucun principe ni aucune règle générale de procédure ne s'oppose à ce que la juridiction disciplinaire, lorsqu'elle statue sur une demande de relèvement d'incapacité d'exercer (art. L. 4124-8), comporte, en partie ou en totalité, les mêmes membres que ceux qui avaient prononcé la radiation du tableau, dès lors que, sans rejuger le bien-fondé des mêmes faits, la juridiction ordinale est appelée à déterminer, au regard notamment du comportement de l'intéressé consécutif à la mesure de radiation, s'il y a lieu de maintenir l'incapacité qui en résulte. • CE 4 juill. 2012, *Michel A.,* n° 344922. ♦ Aucun texte ou principe n'interdit à un membre d'une juridiction ordinale de connaître à nouveau du comportement professionnel d'un même praticien pour des faits distincts mais de même nature. • CE 27 juill. 2001, Chavanaz, n° 228953.

7. *Ordre s'étant porté partie civile.* Lorsque des manquements reprochés à un vétérinaire donnent lieu à des poursuites disciplinaires et pénales, la circonstance que le Conseil supérieur de l'Ordre des vétérinaires a décidé, par une délibération, de se constituer partie civile dans la procédure déjà engagée devant la juridiction pénale à l'initiative du procureur de la République, ne fait pas obstacle à elle seule, au regard du principe d'impartialité rappelé par l'art. 6, § 1, Conv. EDH, à ce que ses membres ayant pris part à cette délibération siègent au sein de la chambre supérieure de discipline. • CE 3 déc. 2010, *Serre*, n° 326718 : *Lebon T. 772, 914, 961* (sol. transposable). ♦ En revanche, le président du Conseil supérieur de l'Ordre des vétérinaires, qui a exercé au cours de l'instance pénale, au nom de celui-ci, les droits de la partie civile, ne peut siéger au sein de la formation disciplinaire. • Même arrêt.

8. Partialité, moyen d'ordre public. Un moyen relatif à l'irrégularité de la composition d'une formation de jugement peut, quel qu'en soit le fondement, être invoqué à toute étape de la procédure, y compris devant le juge de cassation ; la circonstance que l'intéressé s'est abstenu de demander la récusation d'un membre de la formation de jugement ayant rendu la décision attaquée est sans incidence sur la recevabilité du moyen. • CE, sect., 12 oct. 2009, *Petit*, n° 311641 : *Lebon 367, concl. Guyomar ; AJDA 2009. 2163, chron. Liéber et Botteghi* (Haut Conseil du commissariat aux comptes, sol. transp.). ♦ Revirement, en matière disciplinaire, sur • CE 19 oct. 1979, *Darlet : Lebon 380*, et sur • CE, sect., 5 juill. 2000, *Mme Rochard*, n° 189523 : *Lebon 298 et T. 928 ; AJDA 2000. 613, chron. Guyomar et Collin*. ♦ En revanche le moyen reposant sur la conformité des règles de composition de la juridiction disciplinaire aux normes supérieures et en particulier, s'agissant de dispositions législatives, aux traités ou accords internationaux, n'est pas d'ordre public. • CE 30 juill. 2003, *Mme Chatin-Tsai*, n° 248954 : *Lebon 365 ; AJDA 2003. 2045, note Markus*.

9. Suspicion légitime. Des conclusions tendant à récuser la totalité des membres de la chambre disciplinaire nationale, assorties d'une demande de renvoi de l'affaire au Conseil d'État, constituent une demande de renvoi pour cause de suspicion légitime. • CE 6 oct. 1982, *Laumosne : Lebon 716*. ♦ Mais une telle demande ne peut s'exercer que s'il existe une autre juridiction de même nature devant laquelle l'affaire puisse le cas échéant être renvoyée, ce qui n'est pas le cas devant la juridiction disciplinaire nationale. • CE 10 mars 2004, *De Haes*, n° 235773 • Sect. 3 mai 1957, *Nemegyei : Lebon 279* • 16 janv. 2002, *M. Ribault*, n° 217255 (section des assurances sociales) • CDNOCD 24 oct. 2011, *Ph.-R. B.*, n° 1781. ♦ Toutefois, il faut tenir compte de l'ensemble des membres de la juridiction, y compris les suppléants, qui peuvent remplacer les assesseurs récusés. • CE 13 avr. 2016, *M. B.*, n° 388712 : *Lebon*. ♦ Une juridiction disciplinaire de première instance peut elle-même demander à la juridiction nationale le renvoi d'une affaire devant une autre juridiction disciplinaire de première instance, par exemple lorsque le praticien poursuivi devant elle a été trésorier de l'ordre local durant dix ans et entretenait donc des liens étroits avec ses membres. • CE 5 févr. 1997, *Thibault*, n° 116807 : *Lebon 1007*. ♦ Le recours en cassation est ouvert contre le rejet d'une demande de renvoi pour cause de suspicion légitime, mais il devient sans objet lorsque la juridiction suspectée s'est déjà prononcée. • 30 mars 1979, *Jeault : Lebon 146* • CE 11 mars 2002, *M. Guitton*, n° 217256.

C. MOTIVATION DES JUGEMENTS

10. Motivation par adoption de motifs. Motive insuffisamment sa décision la juridiction qui se borne à statuer par adoption des motifs des premiers juges, sans analyser ces moyens dans ses visas, ni en faire apparaître l'analyse dans les motifs. • CE 26 mars 2003, *Reniers*, n° 227667 : *Dr. adm. 2003, n° 156* (juridiction disciplinaire de l'Ordre des vétérinaires, solution transposable). ♦ Inversement, l'adoption des motifs des premiers juges est possible si la juridiction d'appel les analyse et les complète. • CE 8 juill. 2009, *Jean A.*, n° 295948 (juridiction disciplinaire de la Compagnie nationale des commissaires aux comptes, solution transposable).

11. Motivation implicite. Le juge peut écarter un moyen implicitement mais nécessairement... • CE 30 déc. 2002, *Jakubowski*, n° 218150 • 24 juill. 1987, n° 60125. ♦ ... Notamment en répondant à d'autres moyens. • CE 9 févr. 2001, *Mérigaud*, n° 211664 (ordre des géomètres-experts). ♦ Il peut aussi se référer implicitement aux motifs inclus dans la décision de première instance. • CE 7 janv. 1998, *Georges Y.*, n° 163581.

12. Non-réponse aux moyens en défense. Est irrégulière la décision admettant l'existence de fautes disciplinaires sans se prononcer sur les moyens de défense soulevés par le praticien... • CE 11 déc. 1987, *Chiappini*, n° 90383 : *RDSS 1988. 470, obs. Dubouis*. ♦ ... Ou qui affirme qu'un traitement n'est pas conforme sans autre précision, alors que l'intéressé prétend le contraire... • CE 30 mai 2011, *Christian A.*, n° 342577. ♦ ... Ou qui se borne à relever que le médecin ne conteste pas l'exactitude matérielle des griefs formulés à son encontre, alors que la juridiction est saisie d'un mémoire par lequel le médecin conteste le principe de sa responsabilité dans les faits qui lui sont reprochés... • CE 29 janv. 1997, *X...*, n° 167542 • 24 sept. 1999, *Mauny*, n° 190004. ♦ ... Ou qui fait apparaître l'analyse de conclusions, sans statuer dessus... • CE 29 mai 2002, *Mucka*, n° 220676. ♦ ... Ou qui relève des faits répréhensibles sans répondre aux arguments avancés pour les justifier. • CE 6 juill. 1988, *Tabau*, n° 97317 : *Lebon 278*. ♦ Toutefois, la juridiction disciplinaire n'est pas tenue de répondre à chacun des arguments avancés à l'appui des moyens. • CE 25 mai 2005, *Jean Y.*, n° 259614 • 10 avr. 2002, *Thibouville*, n° 230531 • 16 mars 1988, *Preyval*, n° 67430.

13. Autres motifs d'insuffisance. Est insuffisamment motivée la décision qui ne vise pas les conclusions ou les moyens et n'indique pas clairement les griefs exposés par le requérant... • CE 24 juill. 1987, *CDOM de l'Ariège*, n° 67969 : *Lebon T. 916* ; *RDSS 1988. 28, obs. Dubouis.* ♦ ... Ou se borne à affirmer « qu'il résulte de l'instruction que M. X... s'est bien rendu coupable des fautes qui lui sont reprochées »... • CE 11 déc. 1987, *Chiappini*, n° 90383. ♦ ...Ou qui confirme une sanction en s'appuyant sur les fautes constatées par un jugement pénal revêtu de l'autorité de la chose jugée, sans préciser aucun des faits retenus ni aucune des circonstances fondant l'appréciation selon laquelle lesdits faits sont constitutifs d'une faute de nature à justifier une sanction... • CE 8 juill. 2002, *Regnery*, n° 221294. ♦ ... Ou qui se borne à mentionner l'existence de mentions non conformes au code de déontologie sur la plaque professionnelle d'un médecin, sans préciser en quoi ces indications sont irrégulières... • CE 9 déc. 1988, *Fiches*, n° 85970. ♦ ... Ou qui relève que le traitement prescrit « pouvait faire courir » à la patiente un risque injustifié, sans expliquer en quoi il y avait risque ni s'il y a eu effectivement risque... • CE 18 févr. 1987, *Ouendeno*, n° 64635 : *RDSS 1987. 358, obs. Dubouis.* ♦ ... Ou qui sanctionne la prescription d'un produit interdit, sans en indiquer le nom. • CE 12 déc. 2003, *Manuel X.*, n° 224454. ♦ ... Ou qui se borne à énumérer des actes que la juridiction considère comme interdits aux médecins généralistes, sans préciser en quoi ils le sont... • CE 16 mai 2011, *Dalenson*, n° 333072. ♦ ... Ou qui se réfère, sans autre précision, à des protocoles validés non mis en œuvre, sans répondre à l'argumentation appuyée sur des pièces du dossier, selon laquelle ces protocoles auraient été mis en œuvre. • CE 31 mai 2011, *Duraffourd*, n° 342577.

14. Exigences quant aux moyens soulevés. La juridiction disciplinaire n'est pas tenue de répondre aux moyens inopérants... • CE 4 mai 2001, *Riaud*, n° 199396 • 10 avr. 2002, *Héliot*, n° 227091. ♦ ... Ou énoncés de façon imprécise... • CE 15 janv. 2003, *Lahyani*, n° 238276 (pharmaciens, *a contrario*). ♦ ... Voire « sommaire »... • CE 30 déc. 2003, *Javelot*, n° 247454. ♦ ... Ou énoncés seulement en première instance. • CE 28 juill. 1995, *Sayagh, n° 126200* (chirurgien-dentiste).

15. Motivation du choix de la sanction (dispense). S'il appartient au juge disciplinaire d'appel d'énoncer suffisamment les raisons de droit et de fait pour lesquelles des faits reprochés à un praticien constituent des infractions, il n'est, en revanche, pas tenu de motiver le choix de la sanction prononcée, alors même qu'il aggraverait ou diminuerait la sanction infligée en première instance. • CE 15 déc. 2010, *Francine A.*, n° 330108. ♦ Si les principes de proportionnalité et de personnalisation des sanctions impliquent que le juge disciplinaire tienne compte de l'ensemble des éléments caractérisant le comportement professionnel du médecin faisant l'objet d'une plainte, ces principes n'impliquent pas, pour autant, que le juge ordinal d'appel soit tenu de motiver particulièrement le prononcé d'une sanction de radiation, même lorsque le juge de première instance a rejeté la plainte ; en énumérant l'ensemble des griefs retenus et en qualifiant ceux-ci, la chambre disciplinaire nationale motive suffisamment sa décision. • CE 30 mai 2011, *Hélène B.*, n° 339496 : *Lebon T. 1108* ; *AJDA 2011. 2246, note Petit* . ♦ Et pour les sections des assurances sociales. • CE 23 juill. 2010, *Thierry A.*, n° 329191.

16. Contrôle de cassation. En ne motivant pas suffisamment sa décision, le juge disciplinaire ne met pas le juge de cassation à même d'exercer son contrôle. • CE 2 avr. 2004, *Olivier X.*, n° 238102. ♦ En vertu des règles générales de procédure applicables à toute juridiction, les décisions de justice doivent faire apparaître, dans leurs visas ou leurs motifs, l'analyse des moyens invoqués par les parties. • CE 19 nov. 2004, *Garibaldi*, n° 255937 (Ordre des vétérinaires, solution transposable).

D. APPEL

1° QUALITÉ POUR FAIRE APPEL : PLAIGNANT

17. Entrée en vigueur. Conformément à l'art. 44, al. 3, de la loi du 4 mars 2002, le Conseil national de l'Ordre des médecins a proclamé le 29 mai 2007 les résultats des élections des conseils régionaux ou interrégionaux et des chambres disciplinaires, publiés au *JORF* le 30 juin 2007 ; puis ont été nommés les présidents des chambres disciplinaires ; il en résulte que le droit pour les praticiens déposant une plainte devant les chambres disciplinaires de première instance de faire appel est applicable aux affaires engagées postérieurement à la mise en place des chambres disciplinaires, soit au plus tôt le 30 juin 2007. • CE 7 juill. 2010, *Mahieu*, n° 322555 (absence de qualité avant cette date).

18. Jurisprudence antérieure (Décr. 26 oct. 1948). Si les textes régissant la procédure disciplinaire devant d'autres ordres professionnels, notamment ceux des pharmaciens et des vétérinaires, autorisent ces professionnels à interjeter appel de la décision de la juridiction de première instance statuant sur la plainte qu'ils ont formée contre un confrère, les médecins ne sont pas placés dans une situation identique à celle des personnes qui appartiennent à ces ordres ; l'art. 6, § 1, Conv. EDH n'exige ni n'implique que le médecin qui est l'auteur d'une plainte devant la juridiction ordinale doive être habilité à poursuivre les différentes phases de l'instance disciplinaire. • CE 16 mai 2001, *M. Mattmann*, n° 203179 : *RFDA 2001. 984.* ♦ Ni l'art. 16 DDH ni l'art. 13 Conv. EDH n'ouvrent au médecin auteur d'une plainte le droit de faire appel de la décision rendue par le conseil régional. • CE 7 juill. 2010, *Mahieu,* n° 322555 : *préc. note 17.* ♦ L'intéressé, qui invoquait l'atteinte à sa réputation par son confrère contre lequel il avait formé plainte, pouvait, en l'absence d'appel, introduire devant les juridictions de l'ordre judiciaire une action tendant à la réparation du préjudice qu'il estimait avoir subi du fait des agissements de ce dernier ; il en résultait que l'art. 22 du décret du 26 oct. 1948, en ne mentionnant pas l'auteur d'une plainte parmi les personnes habilitées à faire appel, ne méconnaissait pas le droit à recours effectif. • Même arrêt.

2° QUALITÉ POUR FAIRE APPEL : AUTRES APPELANTS

19. Ont qualité. Le ministre chargé de la santé publique, contre une décision rendue par un conseil régional, même s'il n'a pas été l'auteur de la saisine en première instance et même si son appel tend à une aggravation de la sanction prononcée en première instance... • CE 4 oct. 1991, *Milhaud,* n° 100064 : *Lebon 320*. ♦ ... Un conseil départemental de l'ordre, alors même qu'il ne s'est pas associé à la plainte initiale. • CE 15 juin 2011, *Naman,* n° 324980. ♦ ... Le Conseil national de l'Ordre contre une décision de chambre disciplinaire de première instance, alors même que les plaignants initiaux n'ont pas eux-mêmes formé appel... • CDNOM 2 févr. 2010, *CNOM c/ Dr. R.,* n° 10385. ♦ ... Le président du Conseil national de l'Ordre, pour former un appel à titre conservatoire au nom de l'Ordre. • Même décision.

20. N'ont pas qualité. Les syndicats, qui étant sans qualité pour déposer une plainte, sont également dépourvus de qualité pour faire appel. • CE 6 févr. 1981, *Lebard,* n° 14331 : *Lebon 74, concl. Dondoux* ; *AJDA 1981. 350, chron. Feffer et Tiberghien.* ♦ ... Le conseil départemental, qui n'ayant pas qualité pour porter plainte contre un praticien en raison de faits qui se sont déroulés dans le cadre de l'exercice de ses fonctions publiques, n'est pas davantage recevable à former appel pour le compte du plaignant. • CDNOM 21 juin 2010, n° 10516.

3° RECEVABILITÉ

21. Délai franc. Le délai d'appel de trente jours prévu à l'art. R. 4126-4, qui ne se confond pas avec un délai d'un mois, est un délai de procédure qui, en l'absence de disposition contraire, est franc ; s'il expire normalement un samedi, un dimanche ou un jour férié ou chômé, il est prorogé jusqu'au premier jour ouvrable suivant. • CE 9 juin 2011, *M. Jean-Luc A.,* n° 336113 : *Lebon T. 1132*.

22. Appel incident, irrecevabilité. Eu égard à la nature des pouvoirs qu'exercent les ordres professionnels lorsqu'ils statuent en matière disciplinaire, et en l'absence de texte en ce sens, l'appel incident est irrecevable. • CE, sect., 6 févr. 1981, *Lebard,* n° 14331 : *Lebon 74, concl. Dondoux ; AJDA 1981. 350, chron. Feffer et Tiberghien ; D. 1982. 114, note Debbasch.* ♦ Même irrecevabilité devant les sections des assurances sociales. • CE 5 mars 2003, *Gaudinat,* n° 221643. ♦ Jurisprudence confirmée sous la nouvelle législation. • CE 7 avr. 2011, *Huguet : n°s 329913 et 329914.* ♦ Cette irrecevabilité, qui vaut de manière égale pour chacune des parties à l'instance et ne fait obstacle ni à la présentation d'une défense en appel, ni à l'exercice dans les délais d'un appel principal, ni à l'exercice ultérieur d'un pourvoi en cassation au cas où le dispositif de la décision attaquée ferait grief, ne méconnaît ni l'art. 6 Conv. EDH ni l'art. 2 du protocole additionnel n° 7. • Même arrêt. ♦ Et pour les sections des assurances sociales. • CE 26 oct. 2011, *Slim A.,* n° 340700.

23. Moyens recevables. Après l'expiration du délai d'appel de trente jours contre une décision de la chambre disciplinaire de première instance, sont irrecevables, sauf s'ils sont d'ordre public, les moyens présentés par l'appelant qui ne se rattachent pas à l'une ou l'autre des deux causes juridiques, tirées de la régularité de la décision attaquée et de son bien-fondé, invoquée dans la requête avant l'expiration de ce délai. • CE 27 juin 2011, *Cons. dptal de Paris de l'Ordre des chirurgiens-dentistes,* n° 339568 : *Lebon T. 1106, 1131* (jurisprudence *Intercopie* de 1953). ♦ Cette irrecevabilité, qui est d'ordre public, vaut pour toutes les parties et devant toutes les juridictions administratives, et ne méconnaît pas l'art. 6, § 1, Conv. EDH. • Même arrêt.

4° POUVOIRS DU JUGE D'APPEL

24. Effet dévolutif. Investie des droits que l'effet dévolutif de l'appel lui confère, la juridiction disciplinaire peut légalement confirmer une sanction en fondant sa décision sur des griefs écartés par les premiers juges, à condition, toutefois, d'avoir au préalable mis le requérant en mesure de présenter utilement sa défense sur ces griefs. • CE 8 juin 1956, *Amestoy,* n° 4535 : *Lebon 239* • 18 juin 1986, *Busquet,* n° 51516 • 17 déc. 2003, *François-Régis X.,* n° 228395. ♦ La juridiction d'appel peut, si elle ne se fonde pas sur des faits qui n'avaient pas été préalablement retenus par les premiers juges et dénoncés dans la plainte, fonder sa décision sur des dispositions du code de déontologie médicale différentes de celles sur lesquelles les premiers juges avaient fondé la leur ; elle ne méconnaît pas les droits de la défense, dès lors que le praticien a pu utilement les discuter. • CE 15 juill. 2004, *Gauyacq,* n° 250491. ♦ La juridiction d'appel peut, après avoir écarté un des griefs retenus en première instance, maintenir la même sanction dès lors que l'ensemble des faits retenus contre l'intéressé, et souverainement appréciés par elle, étaient de nature à motiver légalement sa décision. • CE 16 mars 1988, *Preyval,* n° 67430 : *RDSS 1988. 688, obs. Dubouis.* ♦ Saisi par l'effet dévolutif de l'appel, le juge d'appel doit répondre notamment aux moyens invoqués en première instance par le défendeur, alors même que ce dernier ne les aurait pas expressément repris dans un mémoire en défense devant lui. • CE 8 févr. 2002, *Jean-Michel X.,* n° 209819 : *Lebon T. 898*. ♦ Inversement, l'effet dévolutif ne joue pas à l'égard de conclusions à fin de dommages et intérêts pour procédure abusive, lesquelles ne peuvent être présentées, à titre reconventionnel, que dans l'instance ouverte par l'action principale, dont elles ne sont pas détachables ; il en résulte que si de telles conclusions peuvent être présentées devant le juge d'appel, au titre du caractère abusif de l'appel, elles ne peuvent l'être pour la première fois devant lui pour obtenir la réparation du préjudice résultant d'un usage abusif du droit de saisir la juridiction de première instance. • CE 22 févr. 2012, *Joëlle A.,* n° 333713 : *Lebon.*

25. Interdiction de la reformatio in pejus. La section disciplinaire du Conseil national ne peut prononcer une sanction plus grave que celle décidée par le conseil régional si l'intéressé est seul appelant. • CE, sect., 6 févr. 1981, *Lebard,* n° 14331 : *Lebon 74, concl. Dondoux* ; *AJDA 1981. 350, chron. Feffer et Tiberghien.* ♦ Cette règle résulte des « principes généraux du droit disciplinaire ». • CE 17 juill. 2013, *A.,* n° 362481 : *Lebon ; AJDA 2013. 1542* ; *RFDA 2013. 1183, concl. R. Keller* (sol. transposée). • CE 23 déc. 2014, *M. A.B.,* n° 368619 (Sect. assur. soc., sol. transposée). ♦ L'interdiction de la *reformatio in pejus* sur appel du praticien sanctionné fait obstacle à la règle selon laquelle un juge disciplinaire se prononçant sur des faits antérieurs à l'inscription au tableau ne peut prononcer que la sanction de la radiation du tableau de l'ordre professionnel. • CE 21 sept. 2015, *CDOM de la Seine-Maritime,* n° 375016 : *Lebon ; AJDA 2015. 1776* ; *RTD com. 2015. 694, obs. Orsoni* (V. *infra* note 26 et *supra* art. L. 4112-1, note 24). ♦ Il en résulte également que le juge disciplinaire d'appel ne saurait, sans méconnaître le caractère équitable du procès disciplinaire, aggraver la sanction infligée par les premiers juges sur le fondement d'un appel introduit par un plaignant irrecevable. • CE 15 mars 2017, *CPAM de l'Aisne,* n° 398325 : *Lebon ; AJDA 2017. 974*. (Sect. des ass. soc., sol. transposable : en l'espèce, absence de moyens d'appel après expiration du délai d'appel).

26. Évocation. Il appartient à la juridiction d'appel, lorsqu'elle annule la décision des premiers juges pour n'avoir pas statué au fond dans des conditions régulières, d'apprécier souverainement, eu égard notamment aux conclusions dont elle est saisie, s'il y a lieu d'évoquer et de statuer immédiatement sur les conclusions du demandeur de première instance. • CE 20 mai 1981, *Wurch,* n° 24539 : *Dr. adm. 1981, n° 177.* ♦ Confirmant qu'il est loisible à une juridiction disciplinaire d'appel de renvoyer l'affaire à une juridiction du premier degré plutôt que d'évoquer : • CE 1er mars 2013, *Lablanchetais,* n° 352152, à propos des géomètres-experts. ♦ Mais elle ne peut évoquer lorsque l'instance de premier degré n'a pas été régulièrement introduite. • Même arrêt (*a contrario*) • CE 12 nov. 1997, *Claudine X.,* n° 165028. ♦ La règle selon laquelle une sanction infligée en première instance par une juridiction disciplinaire ne peut être aggravée par le juge d'appel saisi du seul recours de la personne frappée par la sanction continue de s'appliquer dans le cas où le juge d'appel, après avoir annulé la décision de première instance, se prononce par voie d'évocation. • CE 21 sept. 2015, *CDOM Seine-Maritime,* n° 375016 (V. *supra* note 25). ♦ Il s'agit d'un principe général du droit disciplinaire. • CE 22 déc. 2017, n° 405965 : *Lebon.* ♦ Cette règle, relative à la compétence du juge d'appel, relève de l'ordre public, et sa méconnaissance peut en conséquence être invoquée à tout moment de la procédure ; il appartient, le cas échéant, au juge de cassation de la relever d'office. • CE 17 juill. 2013, *A.,* n° 362481 : *Lebon ; AJDA 2013. 1542* ; *RFDA 2013. 1183, concl. Keller* (sol. transposée).

E. RECOURS EN CASSATION

27. Compétence du juge de cassation. En vertu de l'art. L. 4122-3, les décisions rendues par la section disciplinaire du Conseil national de l'ordre des médecins sont susceptibles de recours devant le Conseil d'État ; il en résulte que la section disciplinaire n'a pas compétence pour statuer sur une contestation de sa propre décision infligeant une interdiction d'exercer ; cette contestation, qui n'a pas le caractère d'une voie de rétractation, relève exclusivement du juge de cassation. • CE 22 févr. 2007, *Mbarga,* n° 289562 : *Lebon T. 769 ; ibid. 1056.*

28. Recevabilité, qualité de partie. Le recours en cassation ne peut être formé que par les personnes ayant été parties à l'instance dans laquelle a été rendue la décision attaquée. • CE 2 mai 2016, CNOM, n° 389098. ♦ Sur le principe : • *CE 7 nov. 1986, Andral et Dumont,* n° 56263 : *Lebon T. 691.* ♦ Peu importe que l'art. L. 4122-1 confie au CNOM la mission de veiller (…) à l'observation, par tous les membres de l'ordre, des devoirs professionnels et des règles édictées par le code de déontologie. • Même arrêt. ♦ Le conseil départemental auteur de la plainte initiale justifie d'un intérêt lui donnant qualité pour se pourvoir contre la décision prise en appel. • CE 28 janv. 1994, *Conseil dptal de l'ordre des médecins de Meurthe-et-Moselle,* n° 126512 : *Lebon 44 ; RFDA*

1994. 459, concl. Schwartz. ♦ Un conseil départemental qui a été mis en cause devant la juridiction disciplinaire d'appel est regardé comme partie à l'instance d'appel, et a donc qualité pour se pourvoir en cassation. • CE, sect., 24 nov. 1972, *Conseil dptal des Hauts-de-Seine de l'ordre des médecins*, n° 81492 : *Lebon 754*.

29. Intérêt à agir. Un praticien ne justifie pas d'un intérêt à se pourvoir contre la décision de la chambre disciplinaire nationale en tant que celle-ci a rejeté l'appel a minima du Conseil national tendant à l'aggravation de la peine prononcée contre lui en première instance, dès lors qu'il n'avait pas lui-même interjeté appel contre cette décision dans les délais. • CE 7 avr. 2011, *M. Huguet, M. Julia : n°s 329913 et 329914*. ♦ Le professionnel ayant obtenu un non-lieu à statuer en appel a intérêt à se pourvoir en cassation pour demander une relaxe. • CE, sect., 4 mars 1977, *Prince*, n° 98240 : *Lebon 127*. ♦ Seule la partie de la décision prise en appel qui fait grief au requérant est susceptible d'être déférée à la censure du juge de cassation. • CE 13 mars 1987, *Prez*, n° 54675.

30. Moyens recevables. Des moyens présentés après l'expiration du délai de recours contentieux, qui ne sont pas d'ordre public et qui reposent sur une cause juridique distincte de celle des moyens présentés dans le délai, présentent le caractère d'une demande nouvelle et sont irrecevables. • CE 26 mars 2003, *Doni Worou*, n° 225386 (jurisprudence *Intercopie* de 1953).

31. Moyens d'ordre public. Le moyen d'ordre public est recevable en cassation si son examen ne soulève aucune question de fait... • CE 8 janv. 1982, *Devillechaise*, n° 19875 : *Dr. adm. 1982, n° 65* (Ordre des vétérinaires, sol. transp.). ♦ ... Et s'il ressort des pièces du dossier soumis au juge du fond. • CE 11 juin 2003, *Grislain*, n° 219408. ♦ Le moyen de cassation tiré de l'irrecevabilité des poursuites disciplinaires n'est pas d'ordre public et ne peut être soulevé postérieurement à l'expiration du délai de recours. • CE 11 juill. 1988, *Mlle Wargnier*, n° 54310. ♦ Il appartient au juge d'appel de s'assurer, alors même que cette question n'est pas discutée devant lui, que la juridiction dont la décision est contestée a siégé dans une composition conforme aux dispositions législatives ou réglementaires qui déterminent cette composition ainsi qu'aux principes qui gouvernent la mise en œuvre de ces dispositions ; par conséquent, l'auteur d'un pourvoi en cassation peut faire valoir que le juge d'appel aurait commis une erreur de droit en ne soulevant pas d'office, au vu des pièces du dossier, le moyen tiré de ce que la juridiction de première instance aurait siégé en méconnaissance des dispositions fixant sa composition ; en revanche, la conformité de ces dispositions aux normes supérieures et en particulier, s'agissant de dispositions législatives, aux traités ou accords internationaux ne constitue pas une question d'ordre public. • CE 30 juill. 2003, *Mme Chatin-Tsai*, n° 248954 : *Lebon 365 ; AJDA 2003. 2045, note Markus*.

F. PROCÉDURE

32. Procédure écrite. La procédure suivie étant essentiellement écrite, l'absence de motivation écrite n'est pas couverte par des explications orales. • CE 27 avr. 1966, *Dionnet*, n°s 61664 et 64489 : *Lebon 291*.

33. Responsabilité pour plainte abusive. Lorsqu'un conseil départemental poursuit un praticien pour divers griefs à l'évidence erronés, il fait un usage abusif de son pouvoir d'engager des poursuites disciplinaires et commet une faute de nature à engager sa responsabilité. • CE 6 juin 2008, *CDOCD*, n° 283141 : *Lebon 204 ; RFDA 2008. 689, concl. Thiellay ; ibid. 964, note Pacteau ; AJDA 2008. 1316, chron. Bourgeois-Machureau et Geffray*.

Art. L. 4122-4 Le Conseil national des sages-femmes peut tenir séances avec le Conseil national des médecins pour l'examen des questions communes aux deux professions. – *[Anc. art. L. 452, 2e phrase].*

Art. L. 4122-5 *(L. n° 2009-879 du 21 juill. 2009, art. 62-VIII)* Un décret en Conseil d'État fixe les modalités d'élection du Conseil national et la durée des mandats de ses membres.

CHAPITRE III CONSEILS DÉPARTEMENTAUX

Art. L. 4123-1 Le conseil départemental de l'ordre exerce, dans le cadre départemental et sous le contrôle du Conseil national, les attributions générales de l'ordre, énumérées à l'article L. 4121-2.

Il statue sur les inscriptions au tableau.

Il autorise le président de l'ordre à ester en justice, à accepter tous dons et legs à l'ordre, à transiger ou compromettre, à consentir toutes aliénations ou hypothèques et à contracter tous emprunts.

(L. n° 2004-204 du 9 mars 2004, art. 27-II) « Il peut, devant toutes les juridictions, exercer tous les droits réservés à la partie civile relativement aux faits portant un pré-

judice direct ou indirect à l'intérêt collectif de la profession médicale, y compris en cas de menaces ou de violences commises en raison de l'appartenance à l'une de ces professions. »

En aucun cas, il n'a à connaître des actes, des attitudes, des opinions politiques ou religieuses des membres de l'ordre.

Il peut créer avec les autres conseils départementaux de l'ordre et sous le contrôle du Conseil national, des organismes de coordination.

1. Inscription au tableau. V. jurisprudence ss. art. L. 4112-4.

2. Attributions de police professionnelle. Le conseil départemental, auquel il incombe de tenir à jour le tableau relevant de son ressort, doit veiller au respect, par les médecins étrangers autorisés à exercer en France, de l'obligation qui leur est faite de n'exercer la profession médicale que dans les conditions impliquées par l'autorisation ministérielle. • CE 11 juill. 2012, *Mohamed A.*, n° 346515 : *Lebon T.* ♦ Le conseil départemental peut, dans le cadre de sa compétence générale, dénier à un médecin le droit de faire mention de certains titres. • CE, sect., 13 févr. 1959, *Papin : Lebon 115, concl. Jouvin.* ♦ Il est compétent pour donner un avis, qui a le caractère de décision faisant grief, sur les contrats ou avenants qui lui sont communiqués ; ces avis peuvent faire l'objet d'un recours hiérarchique auprès du Conseil national de l'Ordre dont les décisions peuvent, en la matière, être déférées au juge de l'excès de pouvoir. • CE 4 nov. 1987, *Ganas*, n° 72678 : *RDSS 1988. 233, obs. Dubouis.*

3. Limites. Le secrétaire général d'un conseil départemental de l'ordre des médecins ne tire d'aucun texte le pouvoir de mettre en demeure une association interprofessionnelle de médecine du travail de mettre fin aux services exercés pour son compte par un médecin. • CE 21 févr. 1973, *Cottes*, n° 81893 : *Lebon 163* ♦ Un conseil départemental ne commet pas une voie de fait à l'égard d'un médecin en demandant à diverses compagnies d'assurances de ne plus lui confier d'expertises médicales, car l'atteinte à son activité n'est que partielle... • Civ. 1re, 11 déc. 1979 : *Bull. civ. I, n° 317.* ♦ ... Reste que, dans la même affaire, aucune disposition législative ou réglementaire ne donne compétence au conseil départemental pour effectuer de telles démarches, qui ont constitué une faute de nature à engager la responsabilité de l'ordre. • CE 12 juin 1987, *Preyval*, n° 71126 : *Lebon 210* ; *LPA 9 oct. 1987, p. 4, note Moderne.*

4. Police professionnelle et concurrence. Ne relève d'aucune prérogative de puissance publique le fait pour des conseils départementaux d'adresser une lettre type et une circulaire à l'ensemble des chirurgiens-dentistes, afin de les inciter à ne pas adhérer ou à résilier leur adhésion à un protocole entre une société d'assurance santé et ceux d'entre eux qui s'engagent à ne pas dépasser un tarif maximum pour certains actes, tout en assortissant cette incitation de menaces de sanctions disciplinaires ; les conseils départementaux interviennent en réalité dans une activité de service, et prennent position sur une question marchande, entrant corrélativement dans le champ d'application de l'art. L. 410-1 C. com. • Com. 7 juin 2011, n° 10-12.038. ♦ En adressant à tous les directeurs des maisons de retraite du Puy-de-Dôme un courrier dans lequel il dénonce les conditions dans lesquelles un prothésiste dentaire exerce son activité, qui selon sa propre interprétation du CSP seraient illégales, le conseil départemental prend position sur un point de technique médicale sous une forme qui ne peut en aucun cas être considérée comme un simple avis ; l'envoi et la diffusion d'un tel courrier ne sont pas susceptibles de se rattacher à l'exercice de prérogatives de puissance publique dans le cadre de l'accomplissement de la mission de service public confiée aux ordres professionnels, de sorte que le conseil départemental est sorti de sa mission et est corrélativement entré dans le champ d'application de l'art. L. 410-1 C. com. • Com. 20 févr. 2007, n° 06-13.498 [confirmant • Cons. conc. 20 juill. 2005, n° 05-D-43 (sanction : 1000 euros avec publication)]. ♦ En publiant, dans son bulletin, des indications relatives aux pratiques tarifaires qui, selon son interprétation des textes en vigueur, devraient être considérées comme interdites (les ristournes trop importantes) et en préconisant celles qui devraient être suivies dans le cadre des marchés publics de services médicaux externalisés des centres hospitaliers, le conseil départemental de l'ordre du Nord est intervenu dans une activité de services. • Cons. conc. 28 nov. 2007, n° 07-D-41 (relative à des pratiques s'opposant à la liberté des prix des services proposés aux établissements de santé à l'occasion d'appels d'offres en matière d'examens anatomo-cyto-pathologiques ; sanction : 12 000 euros).

5. Pouvoirs d'ester. Le conseil départemental est irrecevable à se porter partie civile dans une affaire où un médecin est victime d'un « home jacking » destiné à s'emparer de son véhicule, l'intérêt collectif de la profession n'étant pas en cause. • Crim. 15 mars 2011, n° 10-82.709. ♦ Aucune disposition légale n'impose au conseil de l'Ordre l'obligation de préciser, dans l'autorisation d'ester en justice qu'il donne à son président, si les membres ayant voix délibérative ou consultative ont été régulièrement convoqués... • Civ. 1re, 26 juin 1990 : *Bull. civ. I, n° 180.* ♦ ... Ni de désigner nommément les médecins qu'il décide d'assigner en justice en recouvrement de leurs cotisations impayées. • Même arrêt. ♦ Lorsque des manquements reprochés à un vétérinaire donnent lieu à des poursuites disciplinaires et pénales à la fois, la circonstance que le Conseil supérieur de l'Ordre des vétérinaires a décidé, par une délibération, de se constituer partie civile dans la procédure déjà engagée devant la juridiction pénale à l'initiative du procureur de la République, ne fait pas obstacle à elle seule, au regard du principe d'impartialité rappelé par l'art. 6, § 1, Conv. EDH, à ce que les membres ayant pris part à la délibération siègent ensuite au sein de la chambre supérieure de discipline. • CE 3 déc. 2010, *Serre*, n° 326718 : *Lebon T. 772, 914, 961* (sol. transposable). ♦ En revanche, le président du Conseil supérieur de l'Ordre des vétérinaires, qui a exercé au cours de l'instance pénale, au nom de celui-ci, les droits de la partie civile, ne peut ensuite siéger au sein de la formation disciplinaire. • Même arrêt.

6. Recours. Tous les recours contre une décision du conseil départemental en matière d'inscription au tableau, soit que la décision ait été prise directement à la suite d'une demande d'inscription, précédemment obtenue, soit qu'il s'agisse du maintien, du rétablissement, du retrait d'une inscription précédemment obtenue ou d'une mise en demeure préalable à ce retrait, doivent être présentés au conseil régional... • CE 25 mars 2002, *Amram-Zano*, n° 217887. ♦ ... Et ne peuvent être déférés directement pour excès de pouvoir à la juridiction administrative. • CE, sect., 13 mai 1970, *CDOM de l'Eure*, n° 75198 : *Lebon 334* • 30 mars 1973, *Gen*, n° 80680 : *Lebon 269 ; AJDA 1973. II, n° 63, p. 268, concl. Guillaume.* ♦ En revanche, il résulte de l'art. 91 du code de déontologie de 1979 [art. R. 4127-112] que les recours formés contre les décisions prises en matière de déontologie médicale par les conseils départementaux doivent être présentés d'abord au Conseil national de l'Ordre. • CE 27 janv. 1989, *Bourgeois*, n° 98414.

Art. L. 4123-2 *(Ord. n° 2005-1040 du 26 août 2005)* **Il est constitué auprès de chaque conseil départemental une commission de conciliation composée d'au moins trois de ses membres.** *(L. n° 2007-127 du 30 janv. 2007, art. 3)* **« La conciliation peut être réalisée par un ou plusieurs des membres de cette commission, selon des modalités fixées par décret en Conseil d'État. »**

Lorsqu'une plainte est portée devant le conseil départemental, son président en accuse réception à l'auteur, en informe le médecin, le chirurgien-dentiste ou la sage-femme mis en cause et les convoque dans un délai d'un mois à compter de la date d'enregistrement de la plainte en vue d'une conciliation. En cas d'échec de celle-ci, il transmet la plainte à la chambre disciplinaire de première instance avec l'avis motivé du conseil dans un délai de trois mois à compter de la date d'enregistrement de la plainte, en s'y associant le cas échéant.

(Ord. n° 2017-192 du 16 févr. 2017, art. 3-1°) **« Lorsque le litige met en cause un de ses membres, le président du conseil départemental demande, sans délai, au président du Conseil national de désigner un autre conseil afin de procéder à la conciliation. »**

En cas de carence du conseil départemental, l'auteur de la plainte peut demander au président du Conseil national de saisir la chambre disciplinaire de première instance compétente. Le président du Conseil national transmet la plainte dans le délai d'un mois.

V. notes ss. art. L. 4121-2.

A. CARACTÈRE OBLIGATOIRE DE LA CONCILIATION

1. Entrée en vigueur. Aux termes de l'art. 44 de la loi du 4 mars 2002, les dispositions [de l'art. L. 4123-2] sont entrées en vigueur dès la proclamation des résultats des élections des conseils régionaux et interrégionaux et des chambres disciplinaires, le 29 mai 2007. • CE 5 mai 2010, *Maud B.*, n° 327673.

2. Obligation pour l'ordre : convocation des parties. La procédure de conciliation ayant été instaurée afin de prévenir l'engagement de procédures disciplinaires inutiles, la transmission d'une plainte par un conseil départemental ne saisit régulièrement la juridiction disciplinaire que si les parties ont été régulièrement convoquées à une réunion de conciliation qui n'a pas abouti. • CE 4 déc. 2013, *Doïna L.*, n° 356479 : *Lebon ; AJDA 2014. 775* • CDNOM 14 mars 2014, *Dr. Koffi M.*, n° 11562.

3. Obligation des praticiens. En jugeant qu'un médecin qui n'accepte le principe d'une conciliation qu'à la condition qu'elle se déroule en terrain neutre et en présence d'un huissier chargé de rédiger le procès-verbal, en raison, selon lui, d'une probable partialité du président du conseil départemental, la juridiction juge à bon droit, après appréciation souveraine, que ce comportement équivaut à un refus de conciliation. • CE 17 déc. 2003, Lendreau, n° 228395. ♦ Le médecin qui modifie son site internet public pour tenir compte des manquements qui lui étaient reprochés par l'ordre ne peut soutenir que cette rectification vaudrait conciliation, au sens de l'art. L. 4123-2. • CE 28 mars 2013, *M. B.*, nº 348089 : *Lebon.* ♦ Lorsqu'un contrat d'exercice en commun prévoit une procédure de « médiation obligatoire » devant des membres du conseil de l'ordre avant toute action contentieuse, le fait de procéder à cette conciliation sous l'égide de SOS médecins France n'est pas conforme audit contrat et justifie une fin de non-recevoir devant le juge. • Civ. 1re, 30 oct. 2007, nº 06-13.366 : *Bull. civ. I, nº 329.* ♦ L'obligation de se rendre à la tentative de conciliation ne s'applique pas s'agissant de relations entre un praticien et son fournisseur, en tant que ce dernier n'est ni patient ni confrère. • CDNOCD 13 mai 2013, *Dr. P. B.*, nº 2071.

4. Pouvoirs de l'ordre. Les autorités ordinales ne tiennent d'aucune disposition législative ou réglementaire compétence pour déterminer la date à laquelle un médecin est autorisé à s'installer dans la même ville que son ancien associé, dès lors qu'il existe entre les deux praticiens une convention sur ce point. • CE 2 mai 1990, *Vendrant*, nº 50047.

5. Limites. Si un médecin contre lequel une plainte de patient est déposée ne saurait, sans commettre une faute, faire obstacle à l'exercice des missions du conseil départemental en refusant de lui fournir des informations indispensables à cette fin, il peut toutefois, alors qu'il est interrogé par le conseil départemental, choisir de ne pas s'expliquer sur les faits qui lui sont reprochés. • CE 31 mars 2006, *Plagnol*, nº 267385 : *D. 2007. 1453, obs. Penneau*. ♦ Dès lors qu'il n'y a pas eu de réunion de conciliation à laquelle le médecin aurait refusé de se rendre, le choix de l'intéressé de ne pas fournir d'explications ne constitue pas par lui-même une obstruction à l'accomplissement de ses missions par le conseil départemental, susceptible de justifier une sanction disciplinaire. • Même arrêt.

6. Exception : plainte de l'ordre même. Eu égard à l'objet de la procédure de conciliation, qui est de permettre aux parties de régler le différend qui les oppose avant qu'il ne soit éventuellement porté devant la juridiction disciplinaire, c'est sans erreur de droit qu'est jugé que cette procédure est sans objet lorsque la plainte émane d'une ou de plusieurs des instances de l'ordre. • CE 23 déc. 2011, *Brigitte B.*, nº 344762 : *Lebon T. 1125* • 27 avr. 2012, *Bertrand A., nº 348259 : Lebon.* ♦ La conciliation est également sans objet lorsque la plainte est déposée par l'ordre en vertu de l'art. L. 4124-2. • CDNOM 7 avr. 2014, *Patrick M.*, nº 11787.

7. Cas d'absence de plainte. Lorsque des praticiens appellent l'attention du conseil départemental de l'ordre sur l'activité d'un confrère qu'ils jugent contraire aux règles déontologiques, cela n'équivaut pas à une plainte ; par suite, le moyen tiré de l'irrégularité de la procédure faute d'organisation d'une conciliation par le président du conseil départemental doit être écarté. • CE 30 nov. 2011, *Jacques A.*, nº 340758.

B. PROCÉDURE

8. Transmission de la plainte. L'acte par lequel un conseil départemental transmet une plainte à un conseil régional est un élément non détachable de la procédure disciplinaire, insusceptible de recours devant la juridiction administrative. • CE 10 mars 1995, *Laurent*, nº 163047. ♦ *Idem* en cas de transmission à la section des assurances sociales. • CE 21 avr. 1989, *Bourgeois*, nº 99718.

9. Transmission avec association. Lorsque le conseil départemental s'associe à une plainte qu'il transmet à la chambre disciplinaire, il forme une plainte qui lui est propre ; par suite, le moyen tiré de l'absence de qualité pour agir du plaignant est sans incidence dès lors que la recevabilité de la plainte du conseil départemental n'est pas contestée. • CE 4 déc. 2013, *Doïna L.*, nº 356479 : *préc. note 2.* ♦ V. aussi note de jurisprudence ss. art. R. 4126-1.

10. Plainte retirée. Lorsqu'une plainte d'une patiente a été retirée par l'intéressée, et que le conseil régional en a pris acte par une décision non contestée et devenue définitive de non-lieu à statuer, le conseil départemental peut toujours faire usage du pouvoir propre de saisine pour demander au conseil régional d'infliger au praticien une sanction en raison des mêmes faits. • CE 8 déc. 2001, *Drai*, nº 196330 : *RDSS 2001. 274, obs. Dubouis*. • CE 23 nov. 2016, nº 383134 : *Lebon T.*

11. Carence du conseil départemental. La transmission d'une plainte par un conseil départemental ne saisit régulièrement la juridiction disciplinaire que s'il a été procédé sans succès à une tentative de conciliation ; mais si le conseil départemental s'abstient d'organiser une conciliation ou de transmettre la plainte dans les délais légaux, le plaignant peut demander au président du Conseil national de transmettre lui-même la plainte à la chambre disciplinaire de première instance ; dans ce cas, la transmission saisit valablement la juridiction, alors même qu'il n'a pas été procédé à une tentative de conciliation. • CE, sect., 15 juin 2011, *Naman : nos 324980 et 324982.* ♦ En s'abstenant de transmettre au conseil régional une ou plusieurs plaintes dont il est saisi, sans établir ni même alléguer l'existence d'un intérêt général justifiant cette abstention, le conseil départemental commet une faute de nature à engager sa responsabilité à l'égard des plaignantes. • CAA Paris, 18 oct. 2012, *Marie-Cécile B.*, nº 11PA03595 (faits antérieurs à Ord. nº 2005-1040 du 26 août 2005).

12. Régularité de la procédure de conciliation. Les irrégularités qui ont pu entacher la procédure administrative de conciliation sont sans incidence sur la recevabilité de la plainte auprès de la juridiction disciplinaire de première instance et sur la régularité de la procédure juridictionnelle. • CE 4 déc. 2013, *Doïna L.*, nº 356479 : *préc. note 2.*

13. Délai. L'expiration du délai de trois mois imparti par l'art. L. 4123-2 au conseil départemental pour transmettre une plainte à la juridiction disciplinaire a pour seul effet de permettre au plaignant de saisir le président du Conseil national, et non de rendre irrecevable une plainte transmise par le conseil départemental au-delà de ce délai. • CE 19 sept. 2014, *C. A.*, nº 361534 : *Lebon ; AJDA 2014. 1800 ; D. 2014. 2053, obs. Martinez.*

Art. L. 4123-3 Les membres du conseil départemental de l'ordre sont élus par l'assemblée générale des médecins, des chirurgiens-dentistes ou des sages-femmes inscrits au tableau *(Ord. nº 2017-192 du 16 févr. 2017, art. 3-2º-a)* « dudit conseil ».

L'assemblée générale *(Abrogé par Ord. nº 2017-192 du 16 févr. 2017, art. 3-2º-b)* « *, appelée à élire le conseil départemental de l'ordre ou à procéder au remplacement des membres du conseil dont le mandat vient à expiration,* » est convoquée par les soins du président du conseil départemental en exercice et, en cas d'empêchement, par les soins du Conseil national de l'ordre, les frais restant à la charge du conseil départemental intéressé.

Une convocation individuelle est adressée, à cet effet, à tous les médecins, les chirurgiens-dentistes ou les sages-femmes du département *(Abrogé par Ord. nº 2017-192 du 16 févr. 2017, art. 3-2º-c)* « *exerçant à poste fixe et* » inscrits au tableau de l'ordre, au moins deux mois avant la date fixée pour les élections.

(L. nº 2009-879 du 21 juill. 2009, art. 62-IX) « Un décret en Conseil d'État fixe les modalités d'élection du conseil départemental et la durée des mandats de ses membres. »

V. notes ss. art. L. 4121-2.

Art. L. 4123-4 (Abrogé par Ord. nº 2017-192 du 16 févr. 2017, art. 3-3º) *L'élection est faite à la majorité des membres présents ou ayant voté par correspondance* (L. nº 2007-127 du 30 janv. 2007, art. 5) *« ou par voie électronique. Les modalités d'élection par voie électronique sont fixées par décret pris après avis de la Commission nationale de l'informatique et des libertés. »* — [Anc. art. L. 386].

V. notes ss. art. L. 4121-2.

Art. L. 4123-5 (Abrogé par Ord. nº 2017-192 du 16 févr. 2017, art. 3-3º) *Sont seuls éligibles, sous réserve des dispositions de l'article L. 4124-6* (L. nº 2002-303 du 4 mars 2002, art. 62-I ; L. nº 2009-879 du 21 juill. 2009, art. 62-X) *« et de l'article L. 145-2-1 du code de la sécurité sociale, les praticiens de nationalité française ou ressortissants de l'un des États membres de* (Ord. nº 2009-1585 du 17 déc. 2009, art. 25) *« l'Union européenne » ou d'un autre État partie à l'accord sur l'Espace économique européen inscrits à l'ordre ».*

V. notes ss. art. L. 4121-2.

Art. L. 4123-6 *Abrogé par L. nº 2009-879 du 21 juill. 2009, art. 62-XI.*

Art. L. 4123-7 Le président représente l'ordre dans tous les actes de la vie civile. Il peut déléguer tout ou partie de ses attributions à un ou plusieurs membres du conseil. — *[Anc. art. L. 396].*

Art. L. 4123-8 Des membres suppléants sont élus dans les mêmes conditions que les membres titulaires et au cours du même scrutin.

Le nombre des membres suppléants est fixé par voie réglementaire.

Ces membres suppléants remplacent les membres titulaires *(L. nº 2002-303 du 4 mars 2002, art. 43)* « qui sont empêchés de siéger ou » qui viennent à cesser leurs fonctions pour une cause quelconque avant la fin de leur mandat. Dans ce *(L. nº 2002-303 du 4 mars 2002, art. 43)* « dernier » cas, la durée de fonctions des membres suppléants est celle *qui restait à courir jusqu'à la date* à laquelle aurait expiré le mandat de ceux qu'ils remplacent.

(Ord. nº 2017-192 du 16 févr. 2017, art. 3-4º) « S'agissant des médecins et des chirurgiens-dentistes, le membre suppléant qui remplace le membre titulaire est du même sexe que ce dernier. »

V. notes ss. art. L. 4121-2.

Art. L. 4123-9 Lorsque les membres suppléants ne sont pas en nombre suffisant pour permettre le remplacement des membres titulaires qui ont cessé leurs fonctions pour quelque cause que ce soit, *(Ord. nº 2017-192 du 16 févr. 2017, art. 3-5º-a)* « le conseil départemental peut procéder » à des élections complémentaires dans *(Ord. nº 2017-192 du 16 févr. 2017, art. 3-5º-a)* « les six mois » suivant l'ouverture de la première ou de la seconde vacance qui n'a pu être comblée par l'appel à un membre suppléant. *(Ord. nº 2017-192 du 16 févr. 2017, art. 3-5º-b et c)* « Dans ce cas, la durée de fonctions du membre ainsi élu est celle qui restait à courir jusqu'à la date à laquelle aurait expiré le mandat de celui qu'il remplace.

« S'agissant des médecins et des chirurgiens-dentistes, le membre ainsi élu est du même sexe que le membre qu'il remplace.

« Lors de chaque renouvellement, il est procédé à une élection complémentaire pour combler les sièges constatés vacants. »

V. notes ss. art. L. 4121-2.

Art. L. 4123-10 *(Ord. nº 2017-192 du 16 févr. 2017, art. 3-6º)* Lorsque, par leur fait, les membres d'un conseil départemental mettent celui-ci dans l'impossibilité de fonctionner, le directeur général de l'agence régionale de santé, sur proposition du Conseil national de l'ordre, peut, par arrêté, prononcer la dissolution du conseil départemental. En cas de dissolution du conseil départemental ou en cas de démission de tous ses membres, il nomme, sur proposition du Conseil national de l'ordre, une délégation de trois à cinq membres suivant l'importance numérique du conseil. Cette délégation assure les fonctions du conseil départemental jusqu'à l'élection d'un nouveau conseil organisée sans délai par le Conseil national.

En cas de démission de la majorité des membres de cette délégation, celle-ci est dissoute de plein droit et le Conseil national organise de nouvelles élections sans délai. Jusqu'à l'entrée en fonctions d'un nouveau conseil départemental, l'inscription au tableau de l'ordre est dans ce cas prononcée par le Conseil national de l'ordre, suivant la procédure prévue aux articles L. 4112-1 et suivants, après avis du médecin, du chirurgien-dentiste ou de la sage-femme désigné par le directeur général de l'agence régionale de santé. Toutes les autres attributions du conseil départemental sont alors dévolues au Conseil national.

V. notes ss. art. L. 4121-2.

Art. L. 4123-11 (Abrogé par Ord. nº 2017-192 du 16 févr. 2017, art. 3-7º) ***Après chaque élection, le procès-verbal de l'élection est notifié sans délai au conseil régional ou interrégional, au Conseil national, au*** (Ord. nº 2010-177 du 23 févr. 2010, art. 14-I-3º) ***« directeur général de l'agence régionale de santé » et au ministre chargé de la santé.***

V. notes ss. art. L. 4121-2.

Art. L. 4123-12 Les délibérations du conseil départemental de l'ordre ne sont pas publiques.

(Abrogé par Ord. nº 2017-192 du 16 févr. 2017, art. 3-8º-a) ***« En cas de partage égal de voix, le président a voix prépondérante.***

« Le *(L. nº 2011-940 du 10 août 2011, art. 47-I-5º)* ***« médecin, le chirurgien-dentiste ou la sage-femme désigné par le directeur général de l'agence régionale de santé » assiste aux séances du conseil départemental, avec voix consultative. »***

Le conseil départemental peut se faire assister d'un conseiller juridique *(Ord. nº 2017-192 du 16 févr. 2017, art. 3-8º-b)* « avec voix consultative ».

V. notes ss. art. L. 4121-2.

Art. L. 4123-13 Deux fois par an au moins, le conseil départemental des médecins et le conseil départemental des chirurgiens-dentistes se réunissent pour étudier les questions intéressant les deux professions. – *[Anc. art. L. 435].*

Art. L. 4123-14 Les deux conseils départementaux des médecins et des sages-femmes peuvent tenir des réunions communes sous la présidence du président du conseil départemental de l'ordre des médecins. – *[Anc. art. L. 448].*

Art. L. 4123-15 Un conseil territorial de l'ordre des médecins *(Ord. nº 2017-192 du 16 févr. 2017, art. 3-9º)* « est » constitué dans la collectivité de Saint-Pierre-et-

Miquelon lorsque le nombre de médecins exerçant dans cette collectivité territoriale et remplissant les conditions d'éligibilité prévues à l'article L. 4123-5 *(Ord. nº 2017-192 du 16 févr. 2017, art. 3-9º)* « est au moins égal au double » de l'effectif minimal prévu pour les conseils départementaux.

Jusqu'à ce qu'il en soit ainsi, l'inscription au tableau de l'ordre des médecins est prononcée par le représentant de l'État dans la collectivité.

Les autres attributions du conseil territorial sont dévolues à une délégation de trois membres désignés par le représentant de l'État dans la collectivité sur proposition du Conseil national de l'ordre des médecins.

Les dispositions du présent article, à l'exception de celles qui figurent à l'alinéa précédent, sont applicables aux chirurgiens-dentistes et aux sages-femmes exerçant à Saint-Pierre-et-Miquelon. Les attributions exercées pour les médecins par la délégation prévue à l'alinéa précédent sont, dans ce cas, exercées par le représentant de l'État dans la collectivité.

V. notes ss. art. L. 4121-2.

Art. L. 4123-16 *(Ord. nº 2017-192 du 16 févr. 2017, art. 3-10º)* La représentation des médecins et des chirurgiens-dentistes de Saint-Pierre-et-Miquelon au sein du Conseil national de l'ordre des médecins et des chirurgiens-dentistes est assurée par le ou les conseillers nationaux représentant de la région Normandie.

La représentation des sages-femmes de Saint-Pierre-et-Miquelon au sein du Conseil national de l'ordre est assurée par le conseiller national représentant de la région Bretagne.

V. notes ss. art. L. 4121-2.

Art. L. 4123-17 Les modalités d'élection et de fonctionnement, les attributions et les compétences du conseil territorial de l'ordre des médecins, des chirurgiens-dentistes et des sages-femmes de Saint-Pierre-et-Miquelon sont identiques à celles des conseils départementaux de chacun de ces ordres.

Lors de premières élections ou en cas de nouvelles élections prévues par l'article L. 4123-10, un tirage au sort détermine ceux des membres *(Ord. nº 2017-192 du 16 févr. 2017, art. 3-11º)* « ou des binômes » du conseil territorial dont le mandat viendra à expiration respectivement dans les délais de *(Ord. nº 2010-331 du 25 mars 2010, art. 4)* « trois » ou six ans.

Art. L. 4123-18 *(Ord. nº 2017-192 du 16 févr. 2017, art. 3-12º)* Jusqu'à la création d'un conseil de l'ordre des chirurgiens-dentistes à Mayotte, en application de l'article L. 4411-2, les chirurgiens-dentistes de Mayotte sont rattachés au conseil départemental de l'ordre des chirurgiens-dentistes de La Réunion.

V. notes ss. art. L. 4121-2.

Art. L. 4123-19 *(Ord. nº 2017-192 du 16 févr. 2017, art. 3-12º)* Les médecins, les chirurgiens-dentistes et les sages-femmes qui exercent à Saint-Martin et *[à]* Saint-Barthélemy sont inscrits au tableau du conseil départemental *(Ord. nº 2017-644 du 27 avr. 2017, art. 1er-5º)* « compétent » de l'ordre de la Guadeloupe.

V. notes ss. art. L. 4121-2.

CHAPITRE IV CHAMBRES DISCIPLINAIRES DE PREMIÈRE INSTANCE ET CONSEILS RÉGIONAUX OU INTERRÉGIONAUX *(L. nº 2002-303 du 4 mars 2002, art. 42-IV).*

BIBL. ▸ V. Bibl. avant art. L. 4122-1.

Art. L. 4124-1 *(L. nº 2002-303 du 4 mars 2002, art. 42-V)* La chambre disciplinaire de première instance doit statuer dans les six mois du dépôt de la plainte. A défaut, le président de la chambre disciplinaire nationale peut transmettre la plainte à une autre chambre disciplinaire de première instance.

1. Compétence ratione loci. La juridiction ordinale territorialement compétente est celle de l'ordre local auquel le professionnel poursuivi est inscrit au moment du dépôt de la plainte, quel que soit le lieu où les manquements allégués ont été commis. • CE, sect., 31 mai 1963, *Kraemer,* n° 55.600 : *Lebon 337 ; D. 1963. 553, concl. Braibant.* ♦ Le médecin qui exerce la médecine foraine répond de ce manquement devant le conseil régional de son ordre de rattachement au moment du dépôt de la plainte, quels que soient les lieux où il a reçu des patients. • CE 9 oct. 1968, *Musianowycz,* n° 73.758 : *Lebon 1086.* ♦ Il en va de même du médecin qui publie à l'étranger un article à caractère publicitaire. • CE 28 juin 1995, *Haddad,* n° 154253 : *Dr. adm. 1995, n° 533.* ♦ La circonstance que certains des faits reprochés à l'intéressé ont été commis en Grèce, même légalement, ne fait pas disparaître la compétence des juridictions ordinales pour connaître du comportement d'un médecin inscrit au tableau de l'ordre en France. • CDNOM 10 mars 2009, *Dr Paraskevas T.,* n° 10040. ♦ Compétence également de la juridiction disciplinaire à l'égard du chirurgien-dentiste exerçant en territoire italien, mais inscrit au tableau des Alpes-Maritimes. • CDNOCD 10 juin 2013, *Dr. G.C.,* n° 2040. ♦ V. notes de jurisprudence ss. art. R. 4126-8.

2. Compétence ratione temporis. La circonstance qu'un médecin aurait cessé de manière définitive d'exercer sa profession de médecin à la fin de l'année 2010 ne saurait, en tout état de cause, rendre la juridiction disciplinaire incompétente pour se prononcer sur des faits commis avant cette cessation d'activité et alors que l'intéressé était toujours inscrit au tableau de l'ordre des médecins. • CDNOM 4 févr. 2016, *Dr. Joël S.,* n° 13242. – V. aussi art. R. 4126-8.

3. Compétence matérielle. Le juge disciplinaire n'est pas compétent pour se prononcer sur la régularité d'un montage juridico-financier de différentes sociétés d'exercice, mais seulement pour examiner si, en procédant à ce montage, le médecin n'a pas méconnu les règles de la déontologie médicale. • CDNOM 15 nov. 2016, *Dr. Michel P.,* n° 12666. ♦ Si le litige qui oppose des médecins actionnaires d'une société d'exercice échappe à la compétence de la juridiction disciplinaire et ressortit à la compétence des tribunaux judiciaires, il appartient toutefois au juge disciplinaire de se prononcer sur le point de savoir si, à l'occasion des actes et des décisions de gestion des médecins, ces derniers ont respecté la déontologie médicale. • CDNOM 26 sept. 2016, *Dr. Juliette N.,* n° 12810.

4. Compétence ratione personae. À propos des sociétés exploitant un laboratoire de biologie. V. compétence étendue par l'art. L. 6241-5-1.

5. Délai indicatif. Le délai de six mois fixé à l'art. L. 417 [L. 4124-1] n'est pas imparti aux conseils régionaux de l'ordre statuant en matière disciplinaire à peine de dessaisissement. • CE 11 janv. 1980, *Roujansky,* n° 11129 : *Lebon 11.*

6. Procédure. L'acte par lequel un conseil départemental transmet une plainte à un conseil régional est un élément non détachable de la procédure disciplinaire, insusceptible de recours pour excès de pouvoir. • CE 10 mars 1995, *Laurent,* n° 163047.

Art. L. 4124-2 **Les médecins, les chirurgiens-dentistes ou les sages-femmes chargés d'un service public et inscrits au tableau de l'ordre ne peuvent être traduits devant** *(L. n° 2002-303 du 4 mars 2002, art. 42-II-1)* **« la chambre disciplinaire de première instance », à l'occasion des actes de leur fonction publique, que par le ministre chargé de la santé, le représentant de l'État dans le département** *(Ord. n° 2003-850 du 4 sept. 2003, art. 2-III ; L. n° 2009-879 du 21 juill. 2009, art. 62-XIII ; Ord. n° 2010-177 du 23 févr. 2010, art. 14-I-4°)* **« [,] le directeur général de l'agence régionale de santé, le procureur de la République, le Conseil national ou le conseil départemental au tableau duquel le praticien est inscrit.**

« Lorsque les praticiens mentionnés à l'alinéa précédent exercent une fonction de contrôle prévue par la loi ou le règlement, ils ne peuvent être traduits devant la chambre disciplinaire de première instance, à l'occasion des actes commis dans l'exercice de cette fonction, que par le ministre chargé de la santé, le représentant de l'État dans le département, le directeur général de l'agence régionale de santé ou le procureur de la République. »

COMMENTAIRE

V. Commentaire reproduit sur Dalloz.fr.

A. CONSTITUTIONNALITÉ, ENTRÉE EN VIGUEUR

1. QPC. L'art. L. 4124-2 n'a ni pour objet ni pour effet de priver les victimes de manquements déontologiques commis par les médecins exerçant une fonction de contrôle, de la possibilité d'exercer une action en réparation devant le juge civil ou de mettre en mouvement l'action publique si les faits reprochés sont susceptibles de recevoir une qualification pénale ; l'impossibilité, pour les personnes contrôlées par un médecin-conseil, de traduire celui-ci devant la chambre disciplinaire ordinale répond à la nécessité d'intérêt général de garantir l'indépendance et l'impartialité des médecins-conseils par rapport aux personnes qu'ils contrôlent et, par voie de conséquence, l'efficacité du contrôle médical sur l'activité des professionnels de santé ; en outre, cette impossibilité est limitée aux actes commis dans l'exercice de la mission du médecin-conseil ; il ne saurait donc y avoir atteinte au droit des personnes contrôlées à un recours juridictionnel effectif (DDH, art. 16). • CE 13 janv. 2014, *M. C. B.*, n° 372804 : *Dr. adm. 2014. 63, note Biagini-Girard.* ♦ Pour un autre rejet de QPC basé sur l'atteinte à l'égalité ou le droit au recours. • CE 2 oct. 2017, n° 409543 : *Lebon ; AJDA 2018. 84*.

2. *Entrée en vigueur de la L. 21 juill. 2009 (art. 62).* Si, en matière d'édiction de sanction administrative, sont seuls punissables les faits constitutifs d'un manquement à des obligations définies par des dispositions législatives ou réglementaires en vigueur à la date où ces faits ont été commis, en revanche, et réserve faite du cas où il en serait disposé autrement, s'appliquent immédiatement les textes fixant les modalités des poursuites et les formes de la procédure à suivre, alors même qu'ils ouvrent une possibilité de réprimer des manquements commis avant leur entrée en vigueur. • CE 18 mars 2015, *M. B.*, n° 373158 : *Lebon ; AJDA 2015. 1189*.

B. ACTES DE FONCTION PUBLIQUE

3. *Fonction publique hospitalière.* Les propos que tient un chef de service devant un patient, critiquant les conditions d'exercice d'un praticien hospitalier, ne sont manifestement pas détachables des actes de sa fonction publique hospitalière ; il en résulte l'irrecevabilité manifeste de la plainte du praticien visé par ces propos. • CE 22 mars 2010, *Hamid. B.*, n° 323748.

4. *Enseignement.* En relevant que le grief qui avait motivé l'introduction de la plainte du conseil départemental était relatif au refus du requérant de se soumettre à la tentative de conciliation et ne se rapportait pas à un acte accompli par lui dans l'exercice de sa fonction publique d'enseignant, et en en déduisant que les dispositions de l'art. L. 418 [L. 4124-2] n'étaient pas applicables, la section disciplinaire ne commet pas d'erreur de droit. • CE 23 avr. 2001, *Richard Y.*, n° 211560.

5. *Praticien-conseil.* Un chirurgien-dentiste qui remplace temporairement le chirurgien-dentiste conseil de la caisse primaire d'assurance maladie des Hautes-Alpes, sans être inscrit au tableau de ce département, exerce malgré cela une fonction publique, en assurant ses missions conformément aux instructions qui lui sont données. • CE 7 juill. 1993, *CDDCD Hautes-Alpes, n° 101149.*

6. *Fonctions au conseil de l'ordre.* Le législateur a entendu faire de l'organisation et du contrôle de l'exercice de la profession médicale un service public, auquel concourt le conseil régional de l'ordre ; c'est pourquoi l'art. L. 4124-2 faisait obstacle, dans sa rédaction antérieure à la L. n° 2009-879 du 21 juill. 2009, à ce que le Conseil national de l'ordre poursuive deux médecins en raison de leurs fonctions de président et de trésorier d'un conseil régional pour irrégularités de gestion commises dans le cadre de leurs fonctions, ces faits n'étant pas détachables des fonctions publiques exercées par les intéressés. • CE 7 avr. 2011, *Norbert A. et Jean-Michel B.*, n° 329070. ♦ Sur la consécration jurisprudentielle d'une mission de service public dévolue aux ordres : • CE, ass., 2 avr. 1943, *Bouguen*, n° 72210 : *Lebon 86 ; GAJA, 17e éd., n° 54 ; D. 1944. 52 concl. Lagrange, note Donnedieu de Vabres ; S. 1944. 3. 1, note Mestre ; JCP 1944. II. 2565, note Célier* • CE 12 oct. 2006, *Pic*, n° 278899.

7. *Expertise judiciaire.* L'expertise confiée par une juridiction à un médecin se rattache au service public de la justice, y compris en qualité de sapiteur. • CDNOM 20 janv. 2010, *Mme Gabrielle D. c/ Dr. Julien Léon B.*, n° 10683. ♦ Une expertise médicale effectuée dans le cadre d'une procédure prévue par le C. pens. mil. constitue un acte non détachable d'une fonction publique. • CE 29 déc. 1997, *William Y.*, n° 133793.

8. *Organismes privés chargés d'un service public.* Un médecin mis à la disposition d'un centre de lutte contre le cancer pour y exercer les fonctions de directeur occupe une « fonction publique » au sens de l'art. L. 418 [L. 4124-2]... • CE 5 nov. 1982, *Guelfi*, n° 12135 : *Lebon T. 735*. ♦ ... De même qu'un médecin directeur de centre de planification et d'éducation familiale. • CE 17 juin 1988, *Boyer*, n° 84537. ♦ Toutefois, la seule circonstance qu'un établissement de santé privé soit admis à participer au service public hospitalier ne saurait permettre de regarder un médecin, qui en est salarié de droit privé, comme entrant dans le champ des dispositions de l'art. L. 418 [L. 4124-2]. • CE 17 déc. 2003, *Hérin*, n° 241075.

9. *Expertises pénales.* Une expertise psychiatrique effectuée dans le cadre d'une information judiciaire constitue bien une fonction publique ; mais la publication *a posteriori* dans un quotidien d'un article par lequel un médecin exprime son opinion sur la personnalité d'un patient qu'il examinait au cours d'une telle expertise ne constitue pas un acte accompli dans l'exercice d'une fonction publique. • CE 27 janv. 2016, n° 392033.

10. *Médecine du travail.* Les médecins du travail exercent leurs fonctions dans des structures de droit privé, organisées et financées par les employeurs ; ces fonctions ne peuvent être regardées comme comportant des prérogatives de puissance publique ni comme assurées sous le contrôle de l'administration ; les médecins du travail ne sont pas, en cette qualité, des « médecins chargés d'un service public ». • CDNOM 26 sept. 2016, *Dr. Dominique H.*, n° 12218.

11. Gardes. Lorsqu'un médecin de garde intervient en vue de la rédaction d'un certificat de décès à la demande du médecin régulateur, il exerce une fonction publique. • CDNOM 21 janv. 2016, *Dr. Jean-Michel G.*, n° 12466.

C. ACTES DÉTACHABLES DE LA FONCTION PUBLIQUE

12. Non-détachabilité, notion. Ne sont pas détachables de la fonction publique les manœuvres d'un chef de service hospitalier visant à obtenir la fermeture d'un autre service et la révocation d'un collègue. • CE 19 févr. 1982, *CCDOM du Bas-Rhin*, n° 08929. ♦ Le fait qu'un médecin directeur de centre de planification et d'éducation familiale diffuse des affichettes sur lesquelles figure en gros caractères son nom, suivi de l'indication des consultations données par lui dans ce centre, relève des fonctions publiques du praticien ; la circonstance que celui-ci exerce également en cabinet privé des activités médicales n'est pas, par elle-même, de nature à permettre au conseil de qualifier ces faits de détachables desdites fonctions publiques. • CE 17 juin 1988, *Boyer*, n° 84537. ♦ Le directeur du service d'hématologie d'un centre régional de lutte contre le cancer qui tient une conférence de presse dans les locaux dudit centre, sur le « suivi » des cancers du sein, et qui dénonce des lacunes dans la région, formule des critiques qui, à les supposer fautives, doivent être regardées comme ayant été exprimées à l'occasion de ses fonctions dans cet institut. • CE 30 déc. 2002, *Maraninchi*, n° 207957.

13. Détachabilité, notion. Lorsque les faits reprochés à un médecin (publication d'un ouvrage violant le secret médical) sont liés non à une fonction rattachée à l'organisation de la présidence de la République mais à l'activité qu'il a exercée comme médecin personnel de M. François Mitterrand alors que celui-ci était président de la République, le conseil régional de l'ordre déclare à bon droit recevable la plainte émanant d'autorités non énumérées à l'art. L. 418 [L. 4124-2], dès lors que ce n'est pas à raison d'une activité de médecin « chargé d'un service public » ni d'actes d'une « fonction publique » que cette plainte est déposée. • CE 29 déc. 2000, *Gübler, n° 211240.* ♦ Est sans incidence le fait que ce médecin avait par ailleurs été *nommé inspecteur* général des affaires sociales. • Même arrêt. ♦ Lorsque les faits dénoncés sont relatifs non à des actes accomplis à l'occasion de l'exercice de ses fonctions hospitalières par un praticien, mais aux rapports contractuels qu'il entretient avec un confrère dans son exercice en clientèle privée, ledit confrère est recevable à déposer plainte. • CE 20 mai 1981, *Wurch*, n° 24539 : *Lebon T. 897* ; *D. 1982. IR 273, obs. Penneau.* ♦ Est sans incidence le fait qu'une sanction d'un mois d'interdiction infligée en raison de ces actes détachables aura nécessairement des conséquences sur l'exercice de la fonction publique. • Même arrêt. ♦ S'agissant de relations sexuelles imposées par un psychiatre à une patiente en état de faiblesse, dans un établissement public, la juridiction disciplinaire juge que si ces actes ont été commis à l'occasion des consultations effectuées par le médecin dans le cadre de sa fonction publique, ils sont, par leur nature, détachables de cette fonction. • CDNOM 9 janv. 2013, *Dr. Jean-Louis T.*, n° 11307 (radiation).

14. Actes de fonction privée. De façon générale, les actes effectués dans un cadre de droit privé ne relèvent pas de la fonction publique dont peut être chargé le praticien par ailleurs. • CE 24 juin 2005, *Jolly*, n° 259732.

15. Secteur libéral en hôpital. Les actes accomplis par les médecins, chirurgiens et spécialistes au profit des malades hospitalisés dans le service privé d'un hôpital public le sont en dehors des fonctions hospitalières ; les rapports qui s'établissent entre les malades admis dans ces conditions et les praticiens relèvent du droit privé. • T. confl. 31 mars 2008, *Mme Guillot : Bull. T. confl. n° 6.*

16. Refus de participer à la permanence des soins. L'art. L. 4124-2 ne concerne que les actions engagées à l'occasion d'actes accomplis dans l'exercice d'une fonction publique, et non le refus de principe de s'acquitter d'une telle fonction ; il ne s'applique donc pas à une plainte du conseil départemental faisant grief au requérant de ne pas avoir participé au service public de la permanence des soins en ayant refusé de déférer à une réquisition. • CE 23 janv. 2013, *Dr. Xavier T.*, n° 344706, confirmant : • CDNOM 4 oct. 2010, *Dr. Xavier T.*, n° 10404.

17. Soustraction aux obligations de garde. Le médecin qui se soustrait à plusieurs reprises aux obligations de garde qu'il avait acceptées, en s'abstenant de répondre aux appels qui lui étaient adressés, commet des manquements qui sont, en raison de leur nature et de la gravité des conséquences qu'ils pouvaient entraîner, détachables de la mission de service public que constitue la permanence de garde. • CDNOM 4 juin 2010, *Conseil dptal du Tarn-et-Garonne c/ Dr. Dominique A.*, n° 10467.

18. Gravité de la faute, absence d'incidence. Dès lors qu'un praticien intervient en sa qualité d'agent public (en l'espèce, médecin du service départemental d'incendie et de secours), l'acte qui lui est reproché, quelle qu'en soit la gravité, est commis dans l'exercice de ses fonctions publiques ; dès lors, la chambre disciplinaire nationale commet une erreur de droit en jugeant recevable une plainte qui n'émanait pas d'une des autorités habilitées. • CE 31 mars 2014, *M. D.*, n° 362135 : *Lebon T ; AJDA 2014. 772*.

D. PROCÉDURE

19. Transmission sans association à la plainte. Lorsque l'agence régionale de l'hospitalisation (devenue agence régionale de santé) reçoit une plainte d'un médecin qu'elle se borne à transmettre au président de la chambre disciplinaire en précisant expressément qu'elle ne s'y associe pas, cette transmission n'est pas de nature à couvrir l'irrecevabilité du plaignant au titre de l'art. L. 4124-2. • CE 22 mars 2010, *Hamid. B.*, n° 323748. ♦ Même solution lorsqu'un conseil départemental reçoit la plainte d'un médecin et la transmet sans déclarer s'y associer. • CDNOM, ord., 18 mars 2013, *Dr. Guy C.*, n° cdn11907/O.

20. Opportunité des poursuites. L'art. L. 418 [L. 4124-2] confère au directeur départemental des affaires sanitaires et sociales [directeur général de l'agence régionale de santé] un pouvoir d'appréciation quant à l'opportunité des poursuites. • TA Strasbourg, 29 juill. 1986, *Synd. des médecins de la Moselle : RDSS 1987. 38, note Dubouis.* ♦ Mais un syndicat de médecins peut, même en l'absence de texte, utiliser la voie du recours pour excès de pouvoir pour contester sa décision de poursuivre ou non. • Même jugement.

21. Conclusions reconventionnelles. Lorsqu'un médecin exerçant une fonction publique dépose plainte contre un confrère, la plainte présentée par ce dernier à titre reconventionnel est irrecevable, sans que cela soit contraire à la Conv. EDH. • CDNOM 4 nov. 2011, *Serge B.*, n° 11031.

22. Irrecevabilité des plaignants non habilités. Lorsque l'auteur d'une plainte dirigée contre un praticien chargé d'un service public n'est pas au nombre des personnes limitativement énumérées par l'art. L. 4124-2, cette plainte n'est recevable qu'en tant qu'elle se rapporte à des actes qui n'ont pas été accomplis par ce praticien à l'occasion de sa fonction publique. • CE 23 déc. 2016, *M. B. C.*, n° 392230 : *Lebon ; AJDA 2017. 11 ; RGDM 2013/3, p. 13, concl. Dieu, note Clément.*

E. MISSION DE CONTRÔLE (ART. L. 4124-2, AL. 2)

23. Expertise. Le médecin expert désigné en application des art. L. 141-1 et R. 141-1 CSS participe, pour les actes d'expertise qu'il réalise dans ce cadre, au service public de la sécurité sociale ; il doit être regardé comme chargé d'une mission de service publique à cette occasion. • CE 10 juill. 2017, n° 396452 : *Lebon.* ♦ Mais il ne s'agit pas d'une « mission de contrôle » au sens du second al. du même article, mission qui reste celle du seul médecin-conseil. • CDNOM 8 sept. 2016, *Dr. Didier R.*, n° 12625.

Art. L. 4124-3 *(L. n° 2002-303 du 4 mars 2002, art. 42-II-1)* **« La chambre disciplinaire de première instance » peut, soit sur la demande des parties, soit d'office, ordonner une enquête sur les faits dont la constatation lui paraît utile à l'instruction de l'affaire.**

(Ord. n° 2005-1040 du 26 août 2005) **« La décision qui ordonne l'enquête indique les faits sur lesquels elle doit porter et désigne le membre de la juridiction disciplinaire chargé d'enquêter sur l'affaire. »**

1. Étendue de l'enquête. Les juridictions disciplinaires, saisies d'une plainte contre un praticien, peuvent légalement connaître de l'ensemble du comportement professionnel de l'intéressé, et ne sont pas tenues de limiter leur examen aux seuls faits dénoncés par la plainte, sous réserve que soient respectés les droits de la défense. • CE 20 mai 2000, *Tran*, n° 198510 : *RFDA 2000. 910* • 17 déc. 2003, *François-Régis X.*, n° 228395. ♦ Sur le principe. • CE, sect., 19 oct. 1956, *Princeteau : Lebon 378* • 8 juin 1956, *Amestoy*, n° 4535 : *Lebon 239 ; AJDA 1956. II. 299, chron. Fournier et Braibant.* ♦ Il en va de même lorsque la chambre disciplinaire nationale de l'ordre, saisie du litige par l'effet dévolutif de l'appel, entend se fonder sur des griefs qui ont été écartés par la chambre disciplinaire de première instance et qui ne sont pas repris dans les écritures régulièrement introduites en appel. • CE 10 juill. 2017, n° 385419 : *Lebon.* ♦ L'autorité disciplinaire peut légalement se fonder sur des faits relevant de la vie privée. • CE 9 nov. 1979, *Buisson*, n° 12867 : *Lebon T. 867*.

2. Recours. Le médecin mis en cause est recevable à faire appel de la décision du conseil régional de l'ordre prescrivant, avant dire droit, une mesure d'instruction, notamment en faisant valoir que cette mesure serait inutile et par là même frustratoire. • CE 10 mars 2004, *William X*, n° 250244.

Art. L. 4124-4 *Abrogé par L. n° 2009-879 du 21 juill. 2009, art. 62-XIV.*

Art. L. 4124-5 (Ord. n° 2017-192 du 16 *févr. 2017, art. 4-1°*) **Les membres suppléants de la chambre disciplinaire de première instance remplacent les titulaires empêchés de siéger. Lorsqu'un membre titulaire vient à cesser ses fonctions pour quelque cause que ce soit, il est remplacé par un suppléant dont la durée des fonctions est celle qui restait à courir jusqu'à la date à laquelle aurait expiré le mandat de celui qu'il remplace.**

Le *(Ord. n° 2017-644 du 27 avr. 2017, art. 2-1°)* « conseil régional ou interrégional » peut alors procéder à une élection complémentaire dans les six mois d'un nouveau membre suppléant dont le mandat prend fin à la même date que celle à laquelle aurait pris fin celui du membre à remplacer.

Lors de chaque renouvellement, il est procédé à une élection complémentaire pour combler les sièges constatés vacants.

V. notes ss. art. L. 4121-2.

Art. L. 4124-6 Les peines disciplinaires que *(L. n° 2002-303 du 4 mars 2002, art. 42-II-1)* « la chambre disciplinaire de première instance » peut appliquer sont les suivantes :

1° L'avertissement ;

2° Le blâme ;

3° *(L. n° 2002-303 du 4 mars 2002, art. 42-VI)* « L'interdiction temporaire avec ou sans sursis ou l'interdiction permanente d'exercer » une, plusieurs ou la totalité des fonctions de médecin, de chirurgien-dentiste ou de sage-femme, conférées ou rétribuées par l'État, les départements, les communes, les établissements publics, les établissements reconnus d'utilité publique ou des mêmes fonctions accomplies en application des lois sociales ;

4° L'interdiction temporaire d'exercer *(L. n° 2002-303 du 4 mars 2002, art. 42-VI-2)* « avec ou sans sursis » ; cette interdiction ne pouvant excéder trois années ;

5° La radiation du tableau de l'ordre.

Les deux premières de ces peines comportent, en outre, la privation du droit de faire partie *(Ord. n° 2017-192 du 16 févr. 2017, art. 4-2°)* « d'un conseil, d'une section des assurances sociales de la chambre de première instance ou de la section des assurances sociales du Conseil national, d'une » chambre disciplinaire de première instance ou de la chambre disciplinaire nationale de l'ordre pendant une durée de trois ans ; les suivantes, la privation de ce droit à titre définitif. Le médecin, le chirurgien-dentiste ou la sage-femme radié ne peut se faire inscrire à un autre tableau de l'ordre. La décision qui l'a frappé est portée à la connaissance des autres conseils départementaux et de la chambre disciplinaire nationale dès qu'elle est devenue définitive.

Les peines et interdictions prévues au présent article s'appliquent sur l'ensemble du territoire de la République.

(L. n° 2002-303 du 4 mars 2002, art. 42-VI-3) « Si, pour des faits commis dans un délai de cinq ans à compter de la notification d'une sanction assortie d'un sursis, dès lors que cette sanction est devenue définitive, la juridiction prononce l'une des sanctions prévues aux 3° et 4°, elle peut décider que la sanction, pour la partie assortie du sursis, devient exécutoire sans préjudice de l'application de la nouvelle sanction. »

V. notes ss. art. L. 4121-2.

COMMENTAIRE

V. Commentaire reproduit sur Dalloz.fr.

A. LÉGALITÉ ET CONSTITUTIONNALITÉ DES FAUTES ET DES PEINES

1. Principe de légalité des fautes, applicabilité. Les exigences qui découlent du principe à valeur constitutionnelle de légalité des peines, appliqué en dehors du droit pénal, se trouvent satisfaites dès lors qu'un code de déontologie fait référence avec clarté à des obligations auxquelles les intéressés sont soumis en raison de la profession à laquelle ils appartiennent ; constitutionnalité, en conséquence, de l'art. L. 4124-6. • CE 23 juill. 2010, *Bessis et Synd. DSI*, n° 339595 (demande de question prioritaire de constitutionnalité rejetée). ♦ Pour l'arrêt de principe. • CE, sect., 12 oct. 2009, *Petit*, n° 311641 : *Lebon 367, concl. Guyomar* ; *AJDA 2009. 2163, chron. Liéber et Botteghi* (juridiction disciplinaire des commissaires aux comptes). ♦ Revirement quant à l'applicabilité sur : • CE 30 mars 2005, *Voydeville*, n° 254244 • 30 mars 2005, *Vaini-Elies*, n° 255130.

2. Obligation de rattachement d'un comportement à un texte. La juridiction disciplinaire ne peut fonder une sanction sur une règle générale qui ne résulterait d'aucune disposition législative ou réglementaire. • CE 19 juin 2002, *Quettier*, n° 210911. ♦ Les art. 2 [R. 4127-2] (respect la dignité), 7 [R. 4127-32] (respect de la volonté du patient) et 19 [R. 4127-15] (recherches biomédicales) du code de déontologie de 1979 ne sauraient s'appliquer au cas d'une expérimentation sur un sujet maintenu en survie somatique, bien que ledit sujet fût en état de mort cérébrale. • CE, ass., 2 juill. 1993, *Milhaud*, n° 124960 : *Lebon 194, concl. Kessler* ; *GADS,*

2e éd., Dalloz, 2016, n° 13 ; AJDA 1993. 530, chron. Maugüé et Touvet ; JCP 1993. II. 22133, note Gonod ; D. 1994. 74, note Peyrical ; RFDA 1993. 1002, concl. ♦ En revanche, ce comportement est contraire aux principes déontologiques fondamentaux relatifs au respect de la personne humaine, qui s'imposent au médecin dans ses rapports avec son patient et ne cessent pas de s'appliquer avec la mort de celui-ci. • Même arrêt. ♦ V. aussi, *infra*, contrôle de la qualification des faits : note 11.

3. Principe de légalité des sanctions. Aucune disposition ne donne compétence à la section des assurances sociales pour prononcer la condamnation d'une personne autre qu'un praticien à rembourser à des tiers des sommes qu'elle aurait indument perçues. • CE 31 mars 1978, *Ordre des chirurgiens-dentistes des Ardennes*, n° 01484 : *Lebon T. 929*. ♦ Est illégale la peine d'interdiction « d'exercer l'art dentaire pendant un an », alors que les textes ne prévoient qu'une interdiction de « donner des soins aux assurés sociaux ». • CE 21 mars 1984, *Chemla : Dr. adm. 1984. Comm. 176.* ♦ Il en va de même d'une interdiction de six ans assortie d'un sursis de trois ans contre un masseur-kinésithérapeute, sanction ne figurant pas à l'art. L. 4126-4. • CE 23 déc. 2010, *Odin*, n° 344135 (sursis à exécution du jugement). ♦ Toutefois, aucune disposition législative ou réglementaire n'oblige la juridiction disciplinaire à établir une correspondance entre les fautes commises et les sanctions encourues. • CE 28 sept. 1988, *Saubens Le Loch*, n° 95795.

4. Proportionnalité, art. 8 DDH. L'art. 8 DDH, en ce qu'il prévoit que la loi ne doit établir que des peines strictement et évidemment nécessaires, ne concerne pas seulement les peines prononcées par les juridictions pénales, mais aussi toute sanction ayant le caractère d'une punition. • Cons. const. 25 nov. 2011, *Michel G.*, n° 2011-199 QPC (à propos des sanctions frappant les vétérinaires). ♦ Toutefois, si la nécessité des peines attachées aux infractions relève du pouvoir d'appréciation du législateur, il incombe au Conseil constitutionnel de s'assurer, en matière disciplinaire, de l'absence d'inadéquation manifeste entre les peines disciplinaires encourues et les obligations dont elles tendent à réprimer la méconnaissance. • Même décision.

5. Dispense de sanction. La juridiction disciplinaire peut, même si elle retient l'existence d'une faute, tenir compte de certaines circonstances ou de certains faits pour décider de ne pas infliger de sanction. • CE 10 févr. 2014, *Min. Aff. soc. santé*, n° 360382 : *Lebon à paraître* (Ordre des pharmaciens, sol. transposable).

B. PRINCIPE DE PROPORTIONNALITÉ DES PEINES

6. Constitutionnalité du cumul des sanctions. Le principe de nécessité des peines (DDH, art. 8) concerne non seulement les peines prononcées par les juridictions pénales, mais aussi toute sanction ayant le caractère d'une punition ; ce principe ne fait pas obstacle à ce que les mêmes faits commis par une même personne puissent faire l'objet de poursuites différentes aux fins de sanctions de nature disciplinaire ou administrative en application de corps de règles distincts devant leurs propres ordres de juridiction. • Cons. const. 17 janv. 2013, n° 2012.289 QPC. Renvoi de : • CE 7 nov. 2012, *Laurent A.*, n° 361995. ♦ C'est en méconnaissance de la règle de non-cumul des peines que la section des assurances sociales du Conseil national et la section disciplinaire du Conseil national infligent chacune, le même jour, un blâme à l'intéressé, pour un même comportement relatif à une même période, et non pas pour des faits distincts. • CE 30 juin 1993, *CPAM de la région dieppoise*, n° 90559 : *Lebon 188 ; Dr. soc. 1993. 945, concl. Kessler*. ♦ Deux décisions peuvent sanctionner des faits qui, pour être identiques, n'ont pas été commis durant la même période et constituent ainsi des faits juridiquement distincts. • CE 7 déc. 1984, *Subrini*, n° 41743 : *Lebon 411* • 23 avr. 1997, *Razzouk*, n° 153899. ♦ Pour le principe. • CE 22 oct. 1947, *Dlle Proniewsky*, n° 88.925 : *Lebon T. 679.* ♦ Inversement, deux plaintes portant sur le même fait doivent être jointes ; en les jugeant séparément et en infligeant chaque fois un blâme, les premiers juges méconnaissent la règle « *non bis in idem* ». • CDNOM 13 janv. 2014, *Dr. Caroline E.*, n° 11619.

7. Limites au cumul des sanctions. Si l'éventualité que soient engagées deux procédures peut conduire à un cumul des sanctions, le principe de proportionnalité implique, en tout état de cause, que le montant global des sanctions éventuellement prononcées ne dépasse pas le montant le plus élevé de l'une des sanctions encourues. • Cons. const. 17 janv. 2013, n° 2012-289 QPC. – Renvoi de : • CE 7 nov. 2012, *Laurent A.*, n° 361995. ♦ Il découle du principe de l'indépendance des poursuites pénales et disciplinaires que des sanctions pénales et disciplinaires peuvent se cumuler en raison des mêmes faits ; toutefois, dans le cas où une interdiction temporaire d'exercice a été prononcée tant par le juge pénal que par le juge disciplinaire, le principe de proportionnalité implique que la durée cumulée d'exécution des interdictions prononcées n'excède pas le maximum légal le plus élevé ; en conséquence, il appartient au juge disciplinaire de prendre en compte la période d'interdiction pénale lorsqu'il fixe la période d'exécution de la sanction qu'il prononce, et de faire en sorte que la durée cumulée des deux périodes n'excède pas la peine la plus élevée. • CE 21 juin 2013, *M. B.*, n° 345500 : *Lebon ; AJDA 2013. 1303 ; AJDA 2013. 2209, note Seurot* (pharmacien, sol. transp.).

8. Cumul avec une sanction de la section des assurances sociales. La règle de non-cumul prévue par l'art. L. 145-2 CSS trouve à s'appliquer alors même que les faits susceptibles d'être sanctionnés sur leur fondement ne sont qu'en partie les mêmes que ceux qui ont donné lieu à une sanction disciplinaire prononcée sur le fondement de l'art. L. 4124-6 ; dans une telle hypothèse, une sanction peut être prononcée en application de l'art. L. 145-2 CSS, à condition qu'il soit tenu compte, pour son exécution, de la sanction disciplinaire déjà prononcée. • CE 25 févr. 2015, *M. A.B.*, n° 361995 : *Lebon T.* ♦ Pour une application. • CDNOM 15 mars 2016, *Dr. Jean-François D.*, n° 12453.

9. Cumul d'une sanction ordinale et d'une sanction conventionnelle. Le principe de proportionnalité des peines (DDH, art. 8) ne fait pas obstacle à ce que les mêmes faits commis par une même personne puissent faire l'objet de poursuites différentes aux fins de sanctions en application de corps de règles distincts ; s'agissant de stipulations (de la convention médecins/CNAM) prévoyant une sanction financière pour non-respect des fourchettes de tarifs conventionnels, elles sont légales dès lors : 1/ qu'elles ne permettent le prononcé d'une sanction qu'à l'issue d'une procédure contradictoire mettant le praticien à même de faire valoir, le cas échéant, qu'il a déjà fait l'objet d'une sanction ordinale ou d'une sanction prononcée au titre du contrôle technique pour les mêmes faits ; 2/ que les juridictions ordinales et les juridictions du contentieux du contrôle technique ne peuvent prononcer une sanction qu'à l'issue d'une procédure contradictoire. • CE 22 oct. 2014, *Synd. médecins d'Aix et région et a.*, n° 364384 : *Lebon T. 497 ; ibid. 498 ; ibid. 878.* ♦ Dans l'hypothèse où les mêmes faits donneraient lieu à deux procédures, il appartiendrait aux autorités compétentes de veiller au respect de l'exigence que les sanctions ainsi prononcées ne dépassent pas, prises dans leur ensemble, la plus lourde des sanctions encourues. • Même arrêt.

10. Cumul d'une sanction disciplinaire et d'une sanction pénale. Le principe de nécessité des délits et des peines ne fait pas obstacle à ce que les mêmes faits commis par une même personne puissent faire l'objet de poursuites différentes aux fins de sanctions de nature administrative ou pénale en application de corps de règles distincts devant leur propre ordre de juridiction ; si l'éventualité que soient engagées deux procédures peut conduire à un cumul de sanctions, le principe de proportionnalité implique qu'en tout état de cause le montant global des sanctions éventuellement prononcées ne dépasse pas le montant le plus élevé de l'une des sanctions encourues. • Cons. const. 18 mars 2015, *M. John L. et a.*, n° 2014-453/454 QPC, consid. 19 : *AJDA 2015. 553*. ♦ L'art. 14, § 7, du Pacte international relatif aux droits civils et politiques, qui énonce une règle « *non bis in idem* », ne trouve à s'appliquer que dans le cas où une même infraction pénale ayant déjà donné lieu à un jugement définitif de condamnation ou d'acquittement ferait l'objet d'une nouvelle poursuite et, le cas échéant, d'une condamnation par une juridiction répressive ; l'art. 4 du Prot. n° 7 Conv. EDH ne trouve à s'appliquer, selon les réserves faites par la France en marge de ce protocole, que pour les infractions relevant en droit français de la compétence des tribunaux statuant en matière pénale. • CE 22 oct. 2014, *Synd. médecins d'Aix et région et a.*, n° 364384 : *préc. note 9.* ♦ V. aussi • CE 9 févr. 2001, *Mérigaud*, n° 211664 (à propos de l'ordre des géomètres-experts), et • CE 13 févr. 2015, *M. A.B.*, n° 382019 (à propos de la juridiction de l'ordre des vétérinaires). ♦ Toutefois, une réserve équivalente à l'art. 4 du Prot. n° 7 Conv. EDH, émise par l'Italie, a été invalidée. • CEDH 4 mars 2014, *France Stevens et a.*, n° 1840/10, § 204 – 211.

BIBL. Arnaud, Le cumul des poursuites et des sanctions : divergences constitutionnelle et européennes, *RFDA 2015. 1019*.

11. Cumul de procédures. Aucune disposition, ni aucun principe général du droit, ne s'oppose à ce que les mêmes faits donnent lieu à deux sanctions prononcées par la section des assurances sociales d'une part et la chambre disciplinaire d'autre part, dès lors que lesdites sanctions ont pour fondement la méconnaissance par l'intéressé de deux législations différentes. • CE 13 oct. 2003, *Nicloux*, n° 204782 • 29 avr. 2002, *Malquarti*, n° 214659. ♦ Aucun texte législatif ou réglementaire, ni aucun principe général du droit n'oblige la section des assurances sociales du Conseil national à surseoir à statuer, jusqu'à ce que le Conseil d'État se soit prononcé sur le recours en cassation formé par le praticien poursuivi contre une décision de la section disciplinaire à propos des mêmes faits. • CE 13 oct. 2003, *Wavrant*, n° 234303. ♦ Mais la participation au jugement de la section disciplinaire d'un membre ayant siégé dans la formation de la section des assurances sociales du Conseil national de l'Ordre ayant examiné les mêmes faits concernant le praticien poursuivi est contraire à l'exigence d'impartialité (Conv. EDH, art. 6, §1). • CE 5 nov. 2003, *Wavrant*, n° 228569.

C. SANCTIONS ACCESSOIRES

12. Privation du droit de faire partie de l'Ordre. La privation du droit de faire partie du conseil de l'Ordre ou d'une juridiction ordinale constitue une incapacité édictée dans un but déontologique, afin de garantir la moralité des membres qui composent les organes d'un ordre professionnel, et non une sanction ayant le caractère d'une punition : rejet de la demande de question prioritaire de constitutionnalité fondée sur le principe d'individualisation des peines (DDH, art. 8) • CE 2 mars 2011, *Bessis et Synd. DSI*, n° 339595 : *RDSS 2011. 682, note Éoche-Duval*.

13. Sanctions non prévues par les textes. Hors les cas où il y est explicitement habilité par un texte, il n'entre pas dans les pouvoirs du juge administratif de droit commun ou spécialisé de faire droit à une demande tendant à ce que soit ordonnée la publication par voie de presse de la décision par laquelle le Conseil d'État condamne le conseil départemental de l'ordre à verser des dommages-intérêts au requérant, aux frais de ce même conseil. • CE 6 juin 2008, *CDOCD*, n° 283141 : *Lebon 204 ; RFDA 2008. 689, concl. Thiellay ; ibid. 964, note Pacteau ; AJDA 2008. 1316, chron. Bourgeois-Machureau et Geffray*. ♦ Il n'appartient pas à la juridiction disciplinaire d'ordonner sous astreinte l'affichage d'une sanction disciplinaire dans une revue spécialisée au frais du médecin sanctionné, ni d'ordonner l'affichage de la sanction sur la porte d'entrée du cabinet. • CDNOM 22 mars 2011, *Corinne H. : n°s 10710 et 10711* (trois mois d'interdiction avec sursis).

D. CONTRÔLE DE CASSATION

14. Contrôle de la proportionnalité des sanctions. Si le choix de la sanction relève de l'appréciation des juges du fond au vu de l'ensemble des circonstances de l'espèce, il appartient au juge de cassation de vérifier que la sanction retenue n'est pas hors de proportion avec la faute commise. • CE 30 déc. 2014, *Dr. B.*, n° 381245 : *Lebon 443 ; AJDA 2015. 5 ; D. 2015. 81, obs. Vialla ; RFDA 2015. 67, concl. Keller ; AJDA 2015. 769, chron. Lessi et Dutheillet de Lamothe ; Dr. adm. 2015. 29, note Éveillard.* • CE 21 janv. 2015, *M. B.*, n° 370069 : *Lebon T* • CE 15 mars 2017, *Dr. Jean-Michel Cohen*, n° 395398 : *Lebon ; AJDA 2017. 597*. ♦ Cas de sanction hors de proportion : • CE 20 mars 2017, *M. B.*, n° 390889 : *Lebon T. ; AJDA 2017. 1154* (trois ans d'interdiction pour ne pas avoir fait appel à un tiers compétent) • CE 27 mars 2015, *M. B.*, n° 365550 : *Lebon T* (six mois d'interdiction pour avoir une fois encaissé 100 € au lieu du tarif réglementé de 71,34 €). • CE 18 janv. 2017, n° 394562 : *Lebon ; AJDA 2017. 724 ; RGDM 2017/6, n° 63 p. 15, concl. Dieu, note Clément* (radiation définitive pour non-paiement des impôts).

15. Jurisprudence antérieure : absence de contrôle de la proportionnalité. L'appréciation, par la juridiction disciplinaire, de la proportionnalité de la sanction aux manquements retenus ne peut être utilement discutée devant le juge de cassation qu'en cas de dénaturation. • CE 30 nov. 2011, *Jacques A.*, n° 340758. • CE, ass., 11 juill. 1984, *Subrini*, n° 41744 : *Lebon 259 ; D. 1985. 150, concl. Genevois* (principe). ♦ Si les principes de proportionnalité et de personnalisation des sanctions impliquent que le juge disciplinaire tienne compte de l'ensemble des éléments caractérisant le comportement professionnel du médecin faisant l'objet d'une plainte, ces principes n'impliquent pas, pour autant, que le juge ordinal d'appel soit tenu de motiver particulièrement le prononcé d'une sanction de radiation, même lorsque le juge de première instance a rejeté la plainte ; en énumérant l'ensemble des griefs retenus et en qualifiant ceux-ci, la chambre disciplinaire nationale motive suffisamment sa décision. • CE 30 mai 2011, *Hélène B.*, n° 339496 : *Lebon T. 1108 ; AJDA 2011. 2246, note Petit*. ♦ Peu importe que le juge ordinal d'appel aggrave ou diminue la sanction infligée en première instance. • CE 15 déc. 2010, *Francine A.*, n° 330108.

16. Contrôle de la qualification. En jugeant que le comportement d'un médecin constitue une « méconnaissance des obligations du médecin envers ses malades », la juridiction disciplinaire, qui ne fonde sa décision sur aucune disposition, qualifie inexactement les faits dont elle était saisie. • CE 24 juill. 1987, *Frantz*, n° 63676 : *RDSS 1988. 30, obs. Dubouis.* ♦ Le fait que des médecins dont le comportement était identique à celui du médecin sanctionné n'aient pas été poursuivis disciplinairement ne retire pas aux agissements de l'intéressé leur caractère fautif, et ne constitue pas une circonstance atténuante. • CE 14 oct. 1988, *Arnaud*, n° 60986. ♦ La bonne foi de l'intéressé ne fait pas obstacle à l'existence d'une faute disciplinaire. • CE 18 nov. 1966, *Chabaud*, n° 66417 : *Lebon 611.*

17. Dénaturation des pièces. Lorsqu'un médecin, auquel il est reproché d'avoir ouvert chez lui un cabinet secondaire, ne reconnaît y avoir reçu des patients que de manière épisodique et exceptionnelle pour des renouvellements d'ordonnances, et que ces consultations occasionnelles ne permettaient pas de caractériser l'existence d'un cabinet secondaire, la juridiction disciplinaire ne peut, sans entacher sa décision de dénaturation des pièces du dossier, se fonder sur ce que l'intéressé ne conteste pas les faits. • CE 9 juill. 2003, *Faure*, n° 204608.

18. Substitution de motifs. Le juge de cassation peut procéder à une substitution de motifs. • CE 7 avr. 2011, *CNOM*, n° 329070 : *Lebon T. 1131.*

19. Annulation d'une sanction, conséquences civiles. Lorsque le Conseil d'État annule une sanction prononcée par la juridiction disciplinaire et que cette sanction fondait la résiliation par une clinique de la convention qui la liait à un médecin, ce dernier doit être indemnisé en vertu du principe selon lequel ce qui est nul est réputé n'avoir jamais existé. • Civ. 1re, 15 mai 2001, n° 99-20.597 : *Bull. civ. I, n° 133.*

20. Valeur probante. La valeur probante d'attestations recueillies auprès de patientes relève de l'appréciation souveraine du juge du fond… • CE 25 mai 2005, *Marteau*, n° 259614. ♦ … Tout comme la valeur probante des autres pièces du dossier. • CE 24 juill. 1987, *Jean-Pierre X.*, n° 68582 : *Lebon*.

E. RESPONSABILITÉ DU FAIT DE LA FONCTION JURIDICTIONNELLE

21. Principe de responsabilité étatique. La justice est rendue de façon indivisible au nom de l'État ; il n'appartient dès lors qu'à celui-ci de répondre, à l'égard des justiciables, des dommages pouvant résulter pour eux de l'exercice de la fonction juridictionnelle assurée, sous le contrôle du Conseil d'État, par les juridictions administratives ; il en va ainsi alors même que la loi a conféré à des instances relevant d'autres personnes morales compétence pour connaître, en premier ressort ou en appel, de certains litiges. • CE, sect., 27 févr. 2004, n° 217257 : *Lebon 86, concl. Schwartz ; AJDA 2004. 653, chron. Donnat et Casas ; ibid. 672 ; D. 2004. 1922, note Legrand ; Dr. adm. mai 2004, n° 86, note Lombard ; GAJA, Dalloz, 2011, n° 111.*

22. Application aux juridictions ordinales. Les sanctions disciplinaires infligées par le conseil régional et le Conseil national le sont dans l'exercice des attributions juridictionnelles que la loi confère au Conseil de l'Ordre (en l'espèce, des médecins) ; seule la responsabilité de l'État peut, le cas échéant, être engagée à l'égard du praticien sanctionné, du fait de ces décisions juridictionnelles. • TA Basse-Terre, 24 avr. 2005, *Dr. T… c/ Ordre nat. des médecins, Garde des Sceaux, Min. Justice : AJDA 2005. 1641, concl. Taoumi*. ♦ Toutefois, l'exercice par le Conseil de l'Ordre des médecins de sa fonction juridictionnelle ne peut engager la responsabilité de l'État que pour faute lourde. • Même jugement (absence de faute lourde). ♦ Pour une responsabilité de l'État en raison de l'absence de publicité des débats. • CAA Paris, 8 nov. 2006, *Ouendeno*, n° 05PA04679 : *AJDA 2007. 150, concl. Folscheid ; ibid. 1033, note Julien-Laferrière*.

23. Cas d'une sanction censurée par la Cour EDH. Lorsque la Cour EDH juge contraire à la Conv. EDH une sanction administrative ou juridictionnelle, l'exécution de son arrêt n'implique pas, en l'absence de procédure organisée à cette fin, que l'autorité administrative compétente réexamine la sanction, ni que des décisions juridictionnelles soient privées de leur caractère exécutoire ; en revanche, le constat par la Cour d'une méconnaissance des droits garantis par la convention constitue un élément nouveau qui doit être pris en considération par l'autorité investie du pouvoir de sanction ; celle-ci doit, lorsqu'elle est saisie d'une demande en ce sens et que la sanction prononcée continue de produire des effets, apprécier si la poursuite de l'exécution de cette sanction méconnaît les exigences de la convention et, dans ce cas, y mettre fin, en tout ou en partie, eu égard aux intérêts dont elle a la charge, aux motifs de la sanction et à la gravité de ses effets ainsi qu'à la nature et à la gravité des manquements constatés par la Cour. • CE, ass., 30 juin 2014, *Vernes*, n° 358564 : *Lebon à paraître ; AJDA 2014. 1580 ; ibid. 1929, chron. Lessi et Dutheillet de Lamothe ; RFDA 2014. 945, note Von Coester ; JCP G 2014, p. 1616, note Milano ; Gaz. Pal. 24 sept. 2014, n° 267, p. 19, note Guyomar.*

F. PRESCRIPTION

24. Absence. Constitutionnalité. Aucune loi de la République antérieure à la Constitution de 1946 n'a fixé le principe selon lequel les poursuites disciplinaires sont nécessairement soumises à une règle de prescription. • Cons. const. 25 nov. 2011, *Michel G. : préc. note 4* (à propos des sanctions frappant les vétérinaires).

BIBL. Lapérou-Schneider et Mordefroy, L'imprescriptibilité des poursuites disciplinaires engagées contre les professionnels de santé, *Mélanges Mémeteau, éd. LEH, 2015, vol. 1, p. 525.*

25. Exemple. Un médecin ayant agressé sexuellement une mineure de 16 ans, cette dernière déposant une plainte à l'âge de 48 ans. • CDNOM 20 janv. 2013, n° 11389 (radiation).

G. SURSIS À EXÉCUTION

26. Préjudice difficilement réparable. L'interdiction prononcée à l'encontre d'un chirurgien-dentiste pour une durée de 6 mois risque d'entraîner pour lui des conséquences difficilement réparables. • CE 12 janv. 2018, *M. B.*, n° 413114 : *Lebon*. ♦ Par ailleurs, le fait qu'une seconde décision d'une chambre disciplinaire fixe une période d'exécution d'une sanction prononcée par une première décision antérieure, et que cette période soit différente de celle fixée par la première décision, apparaît comme un moyen sérieux et de nature à justifier, outre l'annulation de la décision attaquée, l'infirmation de la solution retenue par les juges du fond. • Même arrêt.

Art. L. 4124-6-1 *(L. n° 2009-879 du 21 juill. 2009, art. 62-XV)* **Lorsque les faits reprochés à un médecin, un chirurgien-dentiste ou une sage-femme ont révélé une insuffisance de compétence professionnelle, la chambre disciplinaire de première instance peut, sans préjudice des peines qu'elle prononce éventuellement en application de l'article L. 4124-6, enjoindre à l'intéressé de suivre une formation** *(Abrogé par Ord. n° 2017-192 du 16 févr. 2017, art. 4-3°) (L. n° 2016-41 du 26 janv. 2016, art. 114-I-2°)*

« dans le cadre du développement professionnel continu défini aux articles L. 4021-1 à L. 4021-8 ».

Les modalités d'application du présent article sont fixées par décret en Conseil d'État.

V. notes ss. art. L. 4121-2.

Injonction. Pour un exemple d'injonction de suivre une formation, après constat et sanction d'une erreur médicale fautive grave, • CDNOM 24 juin 2015, *Dr. Alain-Didier O.*, n° 12118. ♦ A propos de la non-détection d'une grossesse monochoriale monoamniotique avec syndrome des jumeaux acardiaques. • CDNOM 15 sept. 2016, *Dr. Didier N.*, n° 12631.

Art. L. 4124-7 *(Ord. n° 2017-192 du 16 févr. 2017, art. 4-4°)* I. — La chambre disciplinaire de première instance de l'ordre des médecins et des chirurgiens-dentistes, sous réserve des dispositions de l'article L. 4124-10-1, siège auprès du conseil régional ou interrégional et les audiences se tiennent dans le département où siège ce conseil.

La chambre disciplinaire de première instance de l'ordre des sages-femmes siège auprès du conseil interrégional de l'ordre des sages-femmes dont elle dépend, conformément à l'article L. 4152-7.

Les chambres disciplinaires de première instance de l'ordre des médecins, des chirurgiens-dentistes et des sages-femmes comprennent des assesseurs titulaires et un nombre égal de suppléants. Les assesseurs sont de nationalité française.

(Ord. n° 2017-644 du 27 avr. 2017, art. 2-2°-a) « II. — La chambre disciplinaire de première instance est présidée par un membre en fonction ou honoraire du corps des conseillers des tribunaux administratifs et des cours administratives d'appel désigné par le vice-président du Conseil d'État, sur proposition du président du tribunal administratif ou de la cour administrative d'appel pour une durée de six ans renouvelable. Un ou des suppléants sont désignés dans les mêmes conditions. *(L. n° 2017-1841 du 30 déc. 2017, art. 6)* « L'âge limite pour exercer les fonctions de président ou de président suppléant d'une chambre disciplinaire est de 77 ans révolus. »

« Le montant des indemnités allouées aux présidents ou aux présidents suppléants des chambres disciplinaires de première instance est fixé par arrêté des ministres chargés du budget et de la santé *(L. n° 2017-1841 du 30 déc. 2017, art. 2)* « , après consultation de l'ordre ».

« Leurs frais de déplacement sont remboursés dans les conditions prévues par la réglementation applicable aux fonctionnaires de l'État.

« Ces indemnités et frais sont à la charge du conseil régional ou interrégional. »

III. — Sont inéligibles les praticiens ayant été sanctionnés en application des dispositions de l'article L. 4124-6 du présent code et des articles L. 145-2 et L. 145-2-1 du code de la sécurité sociale.

(Ord. n° 2017-644 du 27 avr. 2017, art. 2-2°-b et c) « Les fonctions d'assesseur à la chambre disciplinaire de première instance sont incompatibles avec les mêmes fonctions à la chambre disciplinaire nationale.

« Les fonctions de président et de secrétaire général d'un conseil sont incompatibles avec la fonction d'assesseur à la chambre disciplinaire de première instance.

« IV. — Aucun assesseur de la chambre disciplinaire de première instance ne peut siéger lorsqu'il a eu connaissance des faits de la cause à raison de l'exercice d'autres fonctions ordinales.

« Aucun des membres du conseil départemental ayant déposé ou transmis une plainte auprès de la chambre disciplinaire de première instance ne peut siéger en tant qu'assesseur dans la formation de jugement statuant sur cette plainte. »

V. — Les décisions de la chambre disciplinaire de première instance sont rendues en formation collégiale, sous réserve des exceptions, précisées par décret en Conseil d'État, tenant à l'objet de la saisine ou du litige ou à la nature des questions à examiner ou à juger. Elles doivent être motivées.

VI. — En cas d'interruption durable de son fonctionnement ou de difficultés graves rendant ce fonctionnement impossible dans des conditions normales, la chambre disciplinaire de première instance est dissoute par décret pris sur proposition du ministre de la justice.

En cas de dissolution d'une chambre disciplinaire de première instance ou en cas de démission de tous ses membres, le conseil régional ou interrégional et, à défaut, le Conseil national de l'ordre, organise de nouvelles élections de la chambre sans délai.

Jusqu'à l'installation de la nouvelle chambre, le président de la chambre disciplinaire nationale, s'il est saisi conformément à l'article L. 4124-1, transmet les litiges à une autre chambre disciplinaire de première instance.

VII. – Un décret en Conseil d'État fixe les modalités d'élection de la chambre disciplinaire de première instance, la durée du mandat de ses membres et les règles de fonctionnement et de procédure qu'elle doit respecter.

V. notes ss. art. L. 4121-2.

Impartialité. Une chambre ne peut, sans méconnaître le principe d'impartialité rappelé à l'art. L. 4124-7, compter au nombre de ses membres une personne ayant eu à connaître, en qualité de membre du conseil départemental de l'ordre, des faits reprochés au praticien en cause, quand bien même cette personne n'aurait eu à connaître que d'une seule des plaintes transmises par le conseil départemental. • CE 4 juill. 2012, *Audry,* n° 344225 : *Lebon T.*

Art. L. 4124-8 *(L. n° 2002-303 du 4 mars 2002, art. 42-II-1)* **Après qu'un intervalle de trois ans au moins s'est écoulé depuis une décision définitive de radiation du tableau, le médecin, le chirurgien-dentiste ou la sage-femme frappé de cette peine peut être relevé de l'incapacité en résultant par une décision de la chambre disciplinaire** *(Ord. n° 2005-1040 du 26 août 2005)* **« qui a statué sur l'affaire en première instance ». La demande est formée par une requête adressée au président** *(L. n° 2009-879 du 21 juill. 2009, art. 62-XVII)* **« de la chambre compétente.**

« Lorsque la demande a été rejetée par une décision devenue définitive, elle ne peut être représentée qu'après un délai de trois années à compter de l'enregistrement de la première requête à la chambre disciplinaire de première instance. »

1. Nature juridictionnelle. La section disciplinaire du Conseil national de l'Ordre statue, comme juridiction, sur les appels formés contre les décisions des conseils régionaux statuant sur les demandes de relèvement d'incapacité. • CE 21 mars 1958, *Tusseau : Lebon 192.* ♦ Solution valable sous la nouvelle législation. • CE 4 juill. 2012, *Michel A.,* n° 344922.

2. Impartialité. Aucun principe ni aucune règle générale de procédure ne s'oppose à ce que la juridiction disciplinaire, lorsqu'elle statue sur une demande de relèvement d'incapacité d'exercer, comporte, en partie ou en totalité, les mêmes membres que ceux qui avaient prononcé la radiation du tableau, dès lors que, sans rejuger les faits, la juridiction ordinale est appelée à déterminer, au regard notamment du comportement de l'intéressé consécutif à la mesure de radiation, s'il y a lieu de maintenir l'incapacité qui en résulte. • CE 4 juill. 2012, *Michel A., n° 344922 : préc. note 1.*

3. Conditions. Pour accorder ou refuser le relèvement d'incapacité demandé, les juridictions ordinales sont en droit de tenir compte de la nature et de la gravité des fautes qui ont été à l'origine de la radiation initialement prononcée, et de prendre en considération le comportement général de l'intéressé postérieurement à sa radiation, notamment sa capacité à exercer à nouveau compte tenu des efforts qu'il aura accomplis pour conserver et mettre à jour ses connaissances professionnelles. • CE 4 juill. 2012, *Michel A.,* n° 344922 : *préc. note 1.*

4. Refus d'inscription après relevé d'incapacité. Le relevé d'incapacité a seulement pour effet de donner vocation à obtenir une nouvelle inscription au tableau, sans ouvrir le droit à cette inscription ; il appartient au conseil départemental, saisi d'une demande d'inscription après relevé, d'apprécier si le praticien remplit les conditions requises, en tenant compte de l'ensemble des faits portés à sa connaissance, à l'exception de la sanction disciplinaire dont il avait fait l'objet. • CE 8 juill. 1998, *Cons. dptal de Saône-et-Loire de l'Ordre des médecins,* n° 162912 : *Lebon 310 ; RFDA 1999. 103, concl. Schwartz.*

5. Incapacité et interdiction pénale. L'instance disciplinaire n'est pas tenue de lever l'incapacité au motif que la durée de l'interdiction d'exercer la médecine prononcée parallèlement par le juge pénal serait dépassée. • CE 16 juin 1989, *Pruneau,* n° 61678.

Art. L. 4124-9 *(Ord. n° 2005-56 du 26 janv. 2005, art. 1er-1°) (Ord. n° 2017-192 du 16 févr. 2017, art. 4-5°-a)* **« Les médecins et les chirurgiens-dentistes inscrits au tableau de l'ordre compétent de La Réunion et de Mayotte » sont soumis respectivement à la compétence disciplinaire de la chambre disciplinaire de première instance de l'ordre des médecins et de la chambre disciplinaire de première instance de l'ordre des chirurgiens-dentistes de La Réunion-Mayotte, dont les modalités d'élection et de fonc-**

tionnement, les attributions et les compétences sont identiques à celles des chambres disciplinaires de première instance de ces deux ordres en métropole, sous réserve d'adaptations déterminées par décret en Conseil d'État.

(Ord. n° 2017-192 du 16 févr. 2017, art. 4-5°-b) « Les sages-femmes de La Réunion inscrites au tableau de l'ordre de La Réunion et de Mayotte sont soumises à la compétence disciplinaire de la chambre disciplinaire de première instance dont relèvent les sages-femmes de la région Occitanie. »

V. notes ss. art. L. 4121-2.

Art. L. 4124-10 *(L. n° 2002-303 du 4 mars 2002, art. 42-II-1)* Les médecins et les chirurgiens-dentistes *(Ord. n° 2017-192 du 16 févr. 2017, art. 4-6°-a)* « inscrits au tableau de l'ordre compétent » de la Guadeloupe, de la Guyane et de la Martinique sont soumis à la compétence disciplinaire de la chambre disciplinaire de première instance de l'ordre des médecins et de la chambre disciplinaire de première instance de l'ordre des chirurgiens-dentistes des Antilles-Guyane dont les modalités d'élection et de fonctionnement, les attributions et les compétences sont identiques à celle des chambres disciplinaires de première instance de ces deux ordres *(Ord. n° 2005-56 du 26 janv. 2005, art. 1er-2°)* « en métropole.

« Les sages-femmes *(Ord. n° 2017-192 du 16 févr. 2017, art. 4-6°-b)* « inscrites au tableau de l'ordre » de la Guadeloupe, de la Guyane et de la Martinique sont soumises à la compétence disciplinaire de la chambre disciplinaire de première instance dont relèvent les sages-femmes *(Ord. n° 2017-192 du 16 févr. 2017, art. 4-6°-b)* « inscrites au tableau de l'ordre » de la région *(Ord. n° 2017-192 du 16 févr. 2017, art. 4-6°-b)* « Bretagne ». »

V. notes ss. art. L. 4121-2.

Art. L. 4124-10-1 *(Ord. n° 2017-192 du 16 févr. 2017, art. 4-7°)* Les médecins et les chirurgiens-dentistes inscrits au tableau de l'ordre des départements de la région Provence-Alpes-Côte d'Azur et de Corse sont soumis à la compétence de la chambre disciplinaire interrégionale de première instance de Provence-Alpes-Côte d'Azur-Corse.

Cette chambre disciplinaire siège auprès du conseil régional de Provence-Alpes-Côte d'Azur et les audiences se tiennent dans le département où siège ce conseil.

Les membres de cette chambre disciplinaire sont élus par les membres des conseils régionaux de Provence-Alpes-Côte d'Azur et de Corse.

V. notes ss. art. L. 4121-2.

Art. L. 4124-11 *(Ord. n° 2017-192 du 16 févr. 2017, art. 4-8°)* I. — Le conseil régional ou interrégional, placé sous le contrôle du Conseil national, remplit, sur le plan régional, la mission définie à l'article L. 4121-2. Son siège se situe dans le département au sein duquel l'agence régionale de santé a son siège, sous réserve, s'agissant des chirurgiens-dentistes et des sages-femmes, d'une décision du Conseil national.

Il assure notamment les fonctions de représentation de la profession dans la région ou l'interrégion ainsi que celle de coordination des conseils départementaux.

Il est consulté par le directeur général de l'agence régionale de santé sur les questions et les projets relevant de ses compétences.

Il exerce dans les régions ou les interrégions les attributions mentionnées à l'article L. 4112-4.

Il peut décider la suspension temporaire du droit d'exercer en cas d'infirmité du professionnel ou d'état pathologique rendant dangereux l'exercice de sa profession, ainsi que la suspension temporaire, totale ou partielle, du droit d'exercer en cas d'insuffisance professionnelle rendant dangereux l'exercice de sa profession.

Le conseil peut, dans les matières énumérées aux deux alinéas précédents, statuer en formation restreinte.

(Ord. n° 2017-644 du 27 avr. 2017, art. 2-3°-a) « Il autorise le président de l'ordre à ester en justice. Il peut, devant toutes les juridictions, exercer tous les droits réservés à la partie civile relativement aux faits portant un préjudice direct ou indirect à l'intérêt collectif de la profession médicale, y compris en cas de menaces ou de violences commises en raison de l'appartenance à l'une de ces professions. »

Les délibérations du conseil régional ou interrégional ne sont pas publiques.

II. – Les décisions des conseils régionaux ou interrégionaux en matière d'inscription au tableau et de suspension temporaire du droit d'exercer en cas d'infirmité ou d'état pathologique ou de suspension temporaire totale ou partielle du droit d'exercer en cas d'insuffisance professionnelle rendant dangereux l'exercice de la profession peuvent faire l'objet d'un recours hiérarchique devant le Conseil national. Le Conseil national peut déléguer ses pouvoirs à une formation restreinte qui se prononce en son nom.

III. – Dans les régions constituées d'un seul département, la fonction de représentation de la profession est assurée par le conseil départemental.

IV. – Le conseil régional ou interrégional est composé de membres titulaires et, s'agissant des sages-femmes, d'un nombre égal de membres suppléants, élus par les membres titulaires des conseils départementaux de la région ou de l'interrégion parmi les médecins, chirurgiens-dentistes ou sages-femmes inscrits à leur tableau et qui remplissent les conditions fixées à l'article *(Ord. n° 2017-644 du 27 avr. 2017, art. 2-3°-b)* « L. 4125-9 ».

Les conseillers nationaux participent en outre avec voix consultative aux délibérations du conseil régional ou interrégional dont ils sont issus.

V. – Lorsqu'un membre vient à cesser ses fonctions pour quelque cause que ce soit, il peut être procédé à une élection complémentaire d'un membre dans les six mois à compter de la constatation de la vacance de poste. Dans ce cas, la durée de fonctions du membre ainsi élu est celle qui restait à courir jusqu'à la date à laquelle aurait expiré le mandat de celui qu'il remplace.

S'agissant des médecins et des chirurgiens-dentistes*[,]* le membre ainsi élu est du même sexe que le membre qu'il remplace.

VI. – Lorsque, par leur fait, les membres d'un conseil régional ou interrégional mettent celui-ci dans l'impossibilité de fonctionner, le directeur général de l'agence régionale de santé, sur proposition du Conseil national de l'ordre, peut, par arrêté, prononcer la dissolution du conseil régional ou interrégional. En cas de dissolution du conseil régional ou interrégional *(Ord. n° 2017-644 du 27 avr. 2017, art. 2-3°-c)* « ou » en cas de démission de tous ses membres, il nomme, sur proposition du Conseil national de l'ordre, une délégation de trois à cinq membres suivant l'importance numérique du conseil. Jusqu'à l'élection d'un nouveau conseil organisée sans délai par le Conseil national, cette délégation assure la gestion des affaires courantes ainsi que les fonctions qui sont attribuées au conseil par les quatrième et cinquième alinéas du I du présent article.

En cas de démission de la majorité des membres de cette délégation, celle-ci est dissoute de plein droit et, jusqu'à l'entrée en fonction du nouveau conseil, ses fonctions sont dévolues au Conseil national.

VII. – Un décret en Conseil d'État fixe la composition du conseil, les modalités d'élection de ses membres, la durée de leur mandat et les règles de fonctionnement et de procédure.

V. notes ss. art. L. 4121-2.

Compétence. La circonstance que l'art. L. 4124-11 ne fait pas référence à l'art. R. 4124-3-5 qui lui est antérieur est sans incidence sur la compétence de la formation restreinte pour prendre une décision sur le fondement de cette dernière disposition. • CE 4 mai 2016, *M. B. A.,* n° 389418.

Art. L. 4124-12 *(Ord. n° 2005-56 du 26 janv. 2005, art. 1er-3°) (Ord. n° 2017-192 du 16 févr. 2017, art. 4-9°-a)* « Les médecins et les chirurgiens-dentistes inscrits au tableau de l'ordre compétent de La Réunion et de Mayotte » sont soumis respectivement à la compétence d'un conseil interrégional de l'ordre des médecins et d'un conseil interrégional de l'ordre des chirurgiens-dentistes de La Réunion-Mayotte, dont les modalités d'élection et de fonctionnement, les attributions et les compétences sont identiques à celles des conseils régionaux de métropole de ces deux ordres sous réserve d'adaptations déterminées par décret en Conseil d'État.

(Ord. n° 2017-192 du 16 févr. 2017, art. 4-9°-b) « Les sages-femmes de La Réunion et de Mayotte sont soumises à la compétence du conseil interrégional dont relèvent les sages-femmes de la région Occitanie. »

V. notes ss. art. L. 4121-2.

Art. L. 4124-13 *(L. n° 2002-303 du 4 mars 2002, art. 109)* Les médecins et les chirurgiens-dentistes *(Ord. n° 2017-192 du 16 févr. 2017, art. 4-10°-a)* « inscrits au tableau de l'ordre compétent » de la Guadeloupe, de la Guyane et de la Martinique sont soumis à la compétence d'un conseil interrégional de l'ordre des médecins et d'un conseil interrégional de l'ordre des chirurgiens-dentistes des Antilles-Guyane dont les modalités d'élection et de fonctionnement, les attributions et les compétences sont identiques à celles des conseils régionaux de métropole de ces deux ordres.

(Ord. n° 2017-192 du 16 févr. 2017, art. 4-10°-b) « S'agissant des médecins, son siège se situe en Guadeloupe. »

V. notes ss. art. L. 4121-2.

Art. L. 4124-14 *(Ord. n° 2017-192 du 16 févr. 2017, art. 4-11°)* Les médecins et les chirurgiens-dentistes de Saint-Pierre-et-Miquelon sont soumis à la compétence de l'ordre régional et de la chambre disciplinaire de première instance de l'ordre compétent de la région Normandie.

Les sages-femmes de Saint-Pierre-et-Miquelon sont soumises à la compétence du conseil interrégional de l'ordre des sages-femmes et de la chambre disciplinaire de première instance dont relèvent les sages-femmes de la région Bretagne.

La fonction de représentation de l'ordre prévue à l'article L. 4124-11 est exercée dans la collectivité territoriale de Saint-Pierre-et-Miquelon par le conseil de l'ordre de l'archipel. En l'absence d'un tel conseil, elle est exercée par la délégation de trois médecins prévue à l'article L. 4123-15, par un chirurgien-dentiste et par une sage-femme désignés par le préfet de la collectivité territoriale après avis du Conseil national de l'ordre des chirurgiens-dentistes ou des sages-femmes.

V. notes ss. art. L. 4121-2.

CHAPITRE V DISPOSITIONS COMMUNES AUX DIFFÉRENTS CONSEILS

Art. L. 4125-1 Tous les conseils de l'ordre sont dotés de la personnalité civile. — *[Anc. art. L. 457].*

Sur la reconnaissance par le juge de la personnalité civile. • T. confl. 13 févr. 1984, ☖ *Cordier et a.*, n° 02314 : *Lebon 447 ; LPA 14 nov. 1984, p. 11, concl. Labetoulle ; Rev. adm. 1984. 588, note Pacteau ; RD publ. 1984. 1139, note Drago.* ♦ … Et à propos de l'ordre des pharmaciens. • Crim. 19 déc. 1989 : *Bull. crim. n° 487.*

Art. L. 4125-2 *(Ord. n° 2017-644 du 27 avr. 2017, art. 2-4°)* Les fonctions de président, de vice-président, de secrétaire général, ou de trésorier d'un conseil de l'ordre sont incompatibles avec :

1° L'une quelconque des fonctions correspondantes d'un syndicat professionnel ;

2° L'une quelconque de ces fonctions dans un autre conseil.

Pour l'ordre des sages-femmes, ces incompatibilités concernent les membres du bureau des conseils départementaux et l'une des fonctions correspondantes du Conseil national.

V. notes ss. art. L. 4121-2.

Art. L. 4125-3 Tout conseiller départemental, territorial, régional, interrégional ou national de l'ordre qui, sans motif valable, n'a pas siégé durant trois séances consécutives peut, sur proposition du conseil intéressé, être déclaré démissionnaire par le Conseil national.

(Ord. n° 2005-1040 du 26 août 2005) « Les employeurs ou, pour les agents publics, l'autorité hiérarchique, sont tenus de laisser à leurs salariés ou agents, membres d'un conseil de l'ordre, le temps nécessaire pour se rendre et participer aux séances de ces conseils, de ses commissions ou de ses chambres disciplinaires. Le salarié doit informer, selon le cas, l'employeur ou l'autorité hiérarchique de la séance dès qu'il en a connaissance. Le temps passé hors du cadre du travail pendant les heures de travail à l'exercice des fonctions ordinales est assimilé à une durée de travail effectif pour la détermination de la durée des congés payés, du droit aux prestations d'assurances sociales et aux prestations familiales ainsi qu'au regard de tous les droits que le salarié ou agent public tient du fait de son ancienneté dans l'entreprise. Ces absences, justi-

fiées par l'exercice de leurs fonctions, n'entraînent aucune diminution de leurs rémunérations et des avantages y afférents. »

Art. L. 4125-3-1 *(L. n° 2009-879 du 21 juill. 2009, art. 62-XIX)* Les fonctions de membre d'un conseil départemental, régional, interrégional ou du Conseil national de l'ordre sont exercées à titre bénévole.

Toutefois, le président et les membres du bureau d'un conseil départemental, régional, interrégional ou du Conseil national de l'ordre peuvent bénéficier d'une indemnité. Les membres d'un conseil départemental, régional, interrégional ou du Conseil national peuvent également percevoir des indemnités.

Les conseils remboursent à leurs membres leurs frais de déplacement dans les conditions et limites fixées par le Conseil national.

Les modalités d'attribution des indemnités mentionnées aux deuxième et troisième alinéas sont fixées par décret.

(Ord. n° 2017-644 du 27 avr. 2017, art. 2-5°) « Les montants forfaitaires de ces indemnités sont rendus publics par le Conseil national. »

1. Indemnités. Le principe de bénévolat résultant de l'art. L. 4125-3-1 CSP ne fait pas obstacle à ce que le pouvoir réglementaire instaure des indemnités afin de compenser les pertes de revenus qu'implique l'exécution des charges et missions administratives et juridictionnelles exercées par les conseillers ordinaux et les présidents des organes des Ordres ; légalité, en conséquence, du Décr. n° 2010-451 du 3 mai 2010 (art. D. 4125-8 CSP). • CE 19 juill. 2011, *Synd. DSI*, n° 341044. ♦ Le contrôle juridictionnel est restreint sur le montant de ces différentes indemnités, qu'aucun texte n'interdit de cumuler sous réserve des règles d'incompatibilités entre certaines fonctions ordinales. • Même arrêt.

2. Cotisations de sécurité sociale. Les membres élus des conseils départementaux de l'ordre des médecins n'en sont pas les salariés, et les indemnités qui leurs sont versées ne sont pas assujetties à cotisations. • Civ. 2e, 15 sept. 2016, n° 15-22.375 : *RDSS 2016. 1177, obs. T. Tauran*.

Art. L. 4125-4 *(Ord. n° 2017-192 du 16 févr. 2017, art. 5-2°)* Lorsque le ressort territorial des conseils départementaux, régionaux ou interrégionaux, ou des chambres disciplinaires de première instance est modifié, le Conseil national fait procéder à l'élection de nouvelles instances. Ces élections doivent avoir lieu à l'époque normalement prévue pour le premier renouvellement partiel qui suit la publication du texte modifiant le ressort territorial de ces instances.

Afin de permettre le renouvellement, le cas échéant, par moitié des nouvelles instances, un tirage au sort détermine, soit les membres, soit les binômes dont le mandat vient à expiration respectivement dans les délais de trois ou six ans.

Dans le même cas, le Conseil national peut procéder à de nouvelles élections pour la désignation, au sein du Conseil national intéressé, des représentants des régions ou interrégions affectées par la modification prévue ci-dessus.

Ces élections doivent avoir lieu à l'époque normalement prévue pour le premier renouvellement partiel suivant la publication du texte modifiant le ressort territorial des conseils départementaux, régionaux ou interrégionaux, ou des chambres disciplinaires de première instance. Dès leur élection, les membres ou les binômes nouvellement élus sont répartis par tirage au sort dans chacune des fractions renouvelables du Conseil national.

Les conseils départementaux, régionaux ou interrégionaux, les chambres disciplinaires de première instance et les *conseils nationaux* en fonctions au moment des élections prévues au présent article restent en place jusqu'à l'entrée en fonctions des nouvelles instances.

Dans le cas où le ressort des conseils départementaux, régionaux ou interrégionaux ou des chambres disciplinaires de première instance est modifié, le Conseil national règle le transfert aux nouveaux conseils du patrimoine des anciens conseils.

V. notes ss. art. L. 4121-2.

Art. L. 4125-5 *(L. n° 2002-303 du 4 mars 2002, art. 42-IX)* Les élections aux conseils *(Ord. n° 2017-192 du 16 févr. 2017, art. 5-3°)* « et aux chambres disciplinaires » peuvent être déférées au tribunal administratif *(Abrogé par L. n° 2007-127 du 30 janv.*

2007, art. 7) « par les professionnels ayant droit de vote et par le représentant de l'État dans le département, » dans des conditions fixées par décret en Conseil d'État.

V. notes ss. art. L. 4121-2.

Art. L. 4125-6 *(Ord. n° 2017-644 du 27 avr. 2017, art. 2-6°)* L'élection aux conseils est acquise à la majorité des membres présents ou ayant voté par correspondance ou par voie électronique.

L'élection du président et du bureau est acquise à la majorité des membres présents.

Les principes organisant les élections mentionnées aux deux alinéas précédents sont fixés par décret en Conseil d'État. Les modalités d'élection par voie électronique sont fixées par décret pris après avis de la Commission nationale de l'informatique et des libertés.

Un règlement électoral établi par le Conseil national de l'ordre compétent peut en préciser les modalités.

V. notes ss. art. L. 4121-2.

Art. L. 4125-7 *(Ord. n° 2017-192 du 16 févr. 2017, art. 5-4°)* Sans préjudice des dispositions des articles L. 4122-1-2 et L. 4123-10 et du *(Ord. n° 2017-644 du 27 avr. 2017, art. 2-7°)* « VI » de l'article L. 4124-11, lorsque le nombre de sièges vacants ne permet plus de réunir le quorum, le président du Conseil national ou, à sa demande, le doyen d'âge du conseil concerné peut autoriser à titre dérogatoire les membres restant en fonction, d'une part, à procéder à de nouvelles élections, le cas échéant par l'intermédiaire d'un nouveau bureau élu à cet effet et, d'autre part, à assurer pendant cette période les missions dévolues à ce conseil.

Art. L. 4125-8 *(Ord. n° 2017-192 du 16 févr. 2017, art. 5-4°)* L'âge limite pour être candidat à une élection pour être membre d'un conseil ou assesseur d'une chambre disciplinaire est de 71 ans révolus à la date de clôture de réception des déclarations de candidature.

V. notes ss. art. L. 4121-2.

Art. L. 4125-9 *(Ord. n° 2017-192 du 16 févr. 2017, art. 5-4°)* Sont seuls éligibles, sous réserve des dispositions de l'article L. 4124-6 du présent code et des articles L. 145-2 et L. 145-2-1 du code de la sécurité sociale, les praticiens de nationalité française ou ressortissants de l'un des États membres de l'Union européenne ou d'un autre État partie à l'accord sur l'Espace économique européen inscrits à l'ordre.

V. notes ss. art. L. 4121-2.

CHAPITRE VI PROCÉDURE DISCIPLINAIRE

Art. L. 4126-1 *(Ord. n° 2005-1040 du 26 août 2005)* Aucune peine disciplinaire ne peut être prononcée sans que le médecin, le chirurgien-dentiste ou la sage-femme en cause ait été entendu ou appelé à comparaître.

1. Demande de report d'audience. Le juge disciplinaire n'est tenu de faire droit à une demande de report d'audience que si le praticien poursuivi, ou son avocat, justifie d'un motif non dilatoire et qui ne lui est pas imputable. • CE 3 déc. 2010, *Frédéric a.*, n° 322677 (en l'espèce, lorsqu'un avocat prend le matin même un avion pour se rendre à l'audience, et que son vol accuse un retard ne lui permettant pas d'être présent, cette absence ne peut être regardée comme n'étant pas imputable à l'avocat, en l'absence de précautions suffisantes). ♦ Comparer avec la règle générale de procédure applicable *en dehors du contentieux disciplinaire*, ne tolérant aucun report sauf motifs exceptionnels tirés des exigences du débat contradictoire. • CE, sect., 16 juill. 2010, *Colomb*, n° 294239 : *Lebon 298*.

2. Motifs de report. La circonstance que la date d'audience a été fixée le jour du nouvel an juif est de nature à justifier une demande de report, à la condition que cette demande n'ait pas pour seul but de différer l'examen de l'affaire et l'exécution de la sanction disciplinaire éventuellement encourue. • CE 29 janv. 2001, *Bensabat*, n° 192128 : *RDSS 2001. 273, obs. Dubouis*. ♦ La juridiction disciplinaire apprécie souverainement les circonstances de chaque espèce. • Même arrêt. ♦ Est entachée d'irrégularité procédurale la décision par laquelle une juridiction disciplinaire rejette la demande d'un médecin de reporter l'audience en raison de son incarcération, sans vérifier si cette demande revêtait ou non un caractère dilatoire, ni s'il y avait lieu de demander l'« extraction » de l'intéressé ; est sans incidence le fait que cette demande de report ait été enregistrée la veille de la date fixée pour l'audience. • CE 11 juin 1993, *Grénom,* n° 100093 : *Lebon T. 965*. ♦ Compte tenu des obligations professionnelles des médecins composant la juridiction ordinale, qui rendent très difficile la tenue des audiences un autre jour que le dimanche, et faute pour le requérant d'avoir justifié de circonstances particulières démontrant qu'une telle pratique aurait conduit à le priver du droit de manifester sa religion, le conseil régional, en siégeant un dimanche, n'a pas rendu sa décision en méconnaissance des dispositions de l'art. 9 Conv. EDH. • CE 23 févr. 2000, *Exposito*, n° 198931 : *Lebon T. 992, ibid. 1212 ; RDSS 2000. 728, obs. Dubouis*.

3. Témoins. Les dispositions de l'art. 6, § 3, Conv. EDH, permettant tout accusé d'interroger ou faire interroger les témoins à charge, ne s'imposent pas au juge disciplinaire ; leur champ d'application se limite à la « matière pénale » au sens de l'art. 6, § 1. • CE 29 janv. 2001, *Léon-Suberbielle*, n° 194914. ♦ Il ne peut en aller autrement que s'il résulte de l'instruction que l'absence d'audition a préjudicié aux droits de la défense. • CDNOM 26 juin 2015, *Dr. Jean-Claude G.*, n° 12088.

4. Défense, prise de parole en dernier. Les principes généraux du droit disciplinaire impliquent que, lors de l'audience, la personne poursuivie soit mise à même de prendre la parole en dernier. • CE 7 déc. 2015, *Mme A.*, n° 376387 : *Lebon ; AJDA 2015. 2408*.

Art. L. 4126-2 *(L. n° 2002-303 du 4 mars 2002, art. 62-II)* **Les parties peuvent se faire assister ou représenter. Elles peuvent exercer devant les instances disciplinaires le droit de récusation mentionné à l'article L. 721-1 du code de justice administrative.**

1. Obligation d'avocat. Si l'art. R. 4126-13 permet aux praticiens de se faire assister par un confrère inscrit au tableau de l'Ordre auquel ils appartiennent, il ne résulte d'aucune disposition législative ni d'aucune disposition réglementaire que, lorsque la partie auteur de la plainte est un patient, elle puisse se faire assister ou représenter par une autre personne qu'un avocat. • CE 22 févr. 2012, *Joëlle A.*, n° 333713 : *Lebon*.

2. Droit de récusation. Un moyen relatif à l'irrégularité de la composition d'une formation de jugement peut, quel qu'en soit le fondement, être invoqué à toute étape de la procédure, y compris devant le juge de cassation ; la circonstance que l'intéressé s'est abstenu de demander la récusation d'un membre de la formation de jugement ayant rendu la décision attaquée est sans incidence sur la recevabilité du moyen. • CE, sect., 12 oct. 2009, *Petit*, n° 311641 : *Lebon 367, concl. Guyomar ; AJDA 2009. 2163, chron. Liéber et Botteghi*. ♦ Revirement, en matière disciplinaire, sur : • CE 19 oct. 1979, *Darlet : Lebon 380* • CE, sect., 5 juill. 2000, *Mme Rochard*, n° 189523 : *Lebon 298 et T. 928 ; AJDA 2000. 613, chron. Guyomar et Collin*. ♦ Sont recevables les conclusions tendant à la récusation de sept des onze membres de la section disciplinaire du Conseil national des chirurgiens-dentistes, dès lors que la juridiction peut encore siéger conformément aux règles de composition. • CE 27 juill. 2001, *Chanavaz*, n° 228953.

Art. L. 4126-3 *(Ord. n° 2005-1040 du 26 août 2005)* **Les dépens sont mis à la charge de toute partie perdante sauf si les circonstances de l'affaire justifient qu'ils soient partagés entre les parties.**

1. Notion de dépens. L'envoi de lettres de notification de décisions juridictionnelles et de convocations à l'audience relève des actes et procédures de la juridiction et ne saurait être assimilé à des mesures d'instruction, d'expertise ou d'enquête au sens de l'art. R. 761-1 CJA (applicable par renvoi) ; ces frais ne peuvent donc être mis à la charge des parties. • CE 23 juill. 2010, *Mme Jin*, n° 330569.

2. Partie perdante. La juridiction d'appel qui met à la charge du praticien poursuivi les frais de première instance ainsi que les frais de signification de sa propre décision, alors qu'elle a déchargé l'intéressé de toute condamnation, méconnaît le Décr. du 26 oct. 1948 (art. 27) [art. L. 4126-3], qui ne prévoit la mise à la charge du praticien des frais d'instance qu'en cas de condamnation. • CE 27 sept. 2002, *Dano*, n° 198327. ♦ Un praticien condamné en première instance et en appel, mais dont la sanction est annulée en cassation, est déchargé des dépens. • CE 19 févr. 2003, *Haïk*, n° 227837.

3. Indemnité pour citation abusive. Les conclusions reconventionnelles à fin de dommages intérêts pour citation abusive, en tant qu'elles amènent nécessairement le juge à apprécier les mérites de l'action dont il est soutenu qu'elle a été abusivement engagée, relèvent du seul juge de cette action, dont elles ne sont pas détachables ; c'est donc incompétemment qu'un tribunal administratif se prononce sur la demande indemnitaire d'un chirurgien-dentiste contre le conseil départemental de l'ordre, en réparation du préjudice résultant pour lui d'une plainte que ce conseil départemental avait formée contre lui devant la juridiction disciplinaire ordinale. • CE, sect., 6 juin 2008, *CDOCD Paris*, n° 283141 : *AJDA 2008. 1316, chron. Geffray et Bourgeois-Machureau ; RFDA 2008. 964, note Pacteau ; ibid. 689, concl. Thiellay*. ♦ Si de telles conclusions peuvent être présentées devant le juge d'appel, au titre du caractère abusif de l'appel, elles ne peuvent l'être pour la première fois en appel pour obtenir la réparation du préjudice résultant d'un usage abusif du droit de saisir la juridiction de première instance ; ces conclusions sont irrecevables, tant dans le cadre de l'effet dévolutif de l'appel qu'en cas d'évocation. • CE 22 févr. 2012, *Joëlle A.*, n° 333713 : *Lebon*.

Art. L. 4126-4 *(Ord. n° 2005-1040 du 26 août 2005)* **Le médecin, le chirurgien-dentiste ou la sage-femme qui, mis en cause devant la chambre disciplinaire nationale, n'a pas produit de défense écrite en la forme régulière, est admis à former opposition à la décision rendue par défaut.**

L'opposition a un effet suspensif sauf lorsque la chambre est saisie d'un appel d'une décision prise en application de l'article L. 4113-14.

COMMENTAIRE

V. Commentaire reproduit sur Dalloz.fr.

Tierce opposition. Il résulte des règles générales de procédure applicables devant les juridictions administratives qu'une personne qui n'a été ni appelée ni représentée à l'instance peut former tierce opposition devant la juridiction qui a rendu la décision si celle-ci préjudicie à ses droits. • CE 16 mars 2016, *ARS Île-de-France*, n° 378675 : *Lebon.*

Art. L. 4126-5 L'exercice de l'action disciplinaire ne met obstacle :

1° Ni aux poursuites que le ministère public ou les particuliers peuvent intenter devant les tribunaux répressifs dans les termes du droit commun ;

2° Ni aux actions civiles en réparation d'un délit ou d'un quasi-délit ;

3° Ni à l'action disciplinaire devant l'administration dont dépend le médecin, le chirurgien-dentiste ou la sage-femme fonctionnaire ;

4° Ni aux instances qui peuvent être engagées contre les médecins, les chirurgiens-dentistes ou les sages-femmes en raison des abus qui leur seraient reprochés dans leur participation aux soins médicaux prévus par les lois sociales. – *[Anc. art. L. 427].*

BIBL. ▶ DÉCIMA, Pour l'articulation des sanctions pénales et disciplinaires du médecin, *AJ pénal 2012. 380*. – RUBI-CAVAGNA, Faute disciplinaire et droit pénal, *in* Ancel et Moret-Bailly (dir.), Vers un droit commun disciplinaire, *PU Saint-Étienne, 2007, p. 215.* – JACQUES, Les rapports entre la faute civile et la faute disciplinaire, *in* Ancel et Moret-Bailly (dir.), *préc. p. 175.*

A. INSTANCE DISCIPLINAIRE ET INSTANCE PÉNALE

1° INSTANCE PÉNALE ANTÉRIEURE, AUTORITÉ DE LA CHOSE JUGÉE

1. Matérialité des faits. L'autorité de la chose jugée au pénal ne s'impose aux juridictions des ordres professionnels qu'en ce qui concerne les constatations matérielles des faits que le juge pénal a retenues et qui sont le support nécessaire de sa décision. • CE 30 déc. 2013, n° 356775. ♦ Cependant, si les constatations de faits retenues au soutien d'une décision d'un juge pénal s'imposent au juge disciplinaire avec l'autorité de la chose jugée, une ordonnance de non-lieu fondée sur l'absence de charges suffisantes pour engager des poursuites pénales n'interdit pas au juge disciplinaire de prononcer une condamnation, si les éléments recueillis au dossier sont propres à établir que les faits reprochés étaient matériellement exacts et de nature à justifier une sanction. • CE 19 oct. 2001, *Galland, n° 214112* • *CDNOM 9 nov. 2011, Dr. Jacques : C. : n° 10847.* ♦ Ainsi, la juridiction disciplinaire conserve toute latitude pour apprécier ces faits reprochés au regard de la déontologie. • CE 24 juill. 1987, *Frantz*, n° 65675 : *Dr. adm. 1987. Comm. 509.* ♦ Sur le principe. • CE 11 mai 1956, *Chomat*, n° 23524 : *Lebon 200 ; D. 1956. 429, concl. Laurent.*

2. Qualification des faits. Si l'autorité de chose jugée ne s'impose au juge disciplinaire qu'au regard des constatations opérées par le juge pénal quant à la matérialité des faits commis et à leur qualification pénale, elle ne fait pas légalement obstacle à ce que le juge disciplinaire qualifie ces mêmes faits au regard des prescriptions régissant l'exercice de la profession. • CE 27 juin 2005, *Morilhat*, n° 224192 • 19 oct. 2001, *Galland*, n° 214112. ♦ Si des mentions erronées sur des bordereaux de facturations de soins n'ont pas été qualifiées de faux par le juge pénal, ce dernier n'ayant pas constaté l'exactitude desdites mentions, le juge disciplinaire reste libre de sanctionner pour fausse déclaration. • CE 28 mars 2001, *Montserrat*, n° 204485.

3. Qualification d'intention frauduleuse. L'autorité de la chose jugée au pénal ne s'impose aux juridictions des ordres professionnels qu'en ce qui concerne les constatations matérielles des faits que le juge pénal a retenues et qui sont le support nécessaire de sa décision ; dès lors, le juge disciplinaire ne peut rejeter l'argument du pharmacien poursuivi selon lequel il n'avait pas eu d'intention frauduleuse, au motif que cet argument reviendrait à contester des faits établis et « caractérisés par le juge pénal » ;

le jugement pénal ne s'impose à la juridiction disciplinaire qu'en ce qui concerne la matérialité des faits, et il lui appartient d'apprécier l'intention dans laquelle l'intéressé avait agi. • CE 30 déc. 2013, n° 356775 : *Lebon ; AJDA 2014. 892*.

4. Condamnation pénale annulée en cassation. Lorsque la condamnation pénale en appel d'un médecin pour prescription d'un médicament interdit est cassée par la chambre criminelle, la chambre disciplinaire nationale ne peut légalement se fonder sur l'autorité de la chose jugée pour statuer ; mais elle peut se fonder sur un motif de pur fait relevé par la cour d'appel, établi de manière certaine par le dossier soumis aux juges du fond et au demeurant reconnu par l'intéressé. • CE 18 janv. 2017, *M. B.*, n° 386144 : *Lebon ; AJDA 2017. 447 ; RDSS 2017. 489, concl. Dieu*.

5. Procédure. Le moyen tiré de l'autorité de la chose jugée qui s'attache aux constatations de fait, qui ont été retenues par le juge répressif et qui sont le support nécessaire du dispositif de sa décision, est d'ordre public et peut être invoqué pour la première fois devant le juge de cassation. • CE 30 juin 2000, *Grossetête*, n° 196432. ♦ Si la Cour de cassation ne considère un jugement pénal comme définitif que lorsqu'un pourvoi en cassation est rejeté, la jurisprudence du Conseil d'État est différente et considère que les constatations effectuées par un jugement pénal de condamnation confirmé en appel revêtent un caractère définitif, nonobstant l'existence d'un pourvoi en cassation sur lequel il n'a pas encore été statué et qui, par définition, ne peut porter que sur des questions de droit ; en conséquence, la chambre disciplinaire de première instance juge à bon droit qu'elle est tenue par les constatations énoncées par le juge d'appel pénal, malgré la circonstance qu'un pourvoi en cassation ait été introduit et soit encore pendant devant la Cour de cassation • CDNOM 26 janv. 2010, *Dr B.*, n° 10596.

6. Qualification d'intention frauduleuse. L'autorité de la chose jugée au pénal ne s'impose aux juridictions des ordres professionnels qu'en ce qui concerne les constatations matérielles des faits que le juge pénal a retenues et qui sont le support nécessaire de sa décision ; dès lors, le juge disciplinaire ne peut rejeter l'argument du pharmacien *poursuivi selon lequel* il n'avait pas eu d'intention frauduleuse, au motif que cet argument reviendrait à contester des faits établis et « caractérisés par le juge pénal » ; le jugement pénal ne s'impose à la juridiction disciplinaire qu'en ce qui concerne la matérialité des faits, et il lui appartient d'apprécier l'intention dans laquelle l'intéressé avait agi. • CE 30 déc. 2013, *M. B.*, n° 356775 : *Lebon T. 420 ; ibid. T. 783 ; ibid. T. 819 ; AJDA 2014. 892* (pharmacien, sol. transp.).

7. Cumul de sanctions disciplinaires et pénales. Jurisprudence constitutionnelle. Si l'éventualité d'une double procédure peut conduire à un cumul de sanctions, le principe de proportionnalité implique qu'en tout état de cause, le montant global des sanctions éventuellement prononcées ne dépasse pas le montant le plus élevé de l'une des sanctions encourues. • Cons. const. 28 juill. 1989, n° 89-260 DC, Loi relative à la sécurité et à la transparence du marché financier : *consid. 22.* ♦ Ce principe ne concerne pas seulement les peines prononcées par les juridictions répressives mais s'étend à toute sanction ayant le caractère d'une punition. • Même décision, consid. 18.

8. Cumul de sanctions disciplinaires et pénales. Jurisprudence administrative. S'il découle du principe de l'indépendance des poursuites pénales et disciplinaires que des sanctions pénales et disciplinaires peuvent se cumuler à raison des mêmes faits, le principe de proportionnalité implique toutefois, dans le cas où une interdiction temporaire d'exercice a été prononcée tant par le juge pénal que par le juge disciplinaire, que la durée cumulée d'exécution des interdictions prononcées n'excède pas le maximum légal le plus élevé. • CE 21 juin 2013, *B.*, n° 345500 : *AJDA 2013. 2209, note Seurot* (pharmacien, sol. transp.). ♦ Il appartient au juge disciplinaire infligeant une interdiction temporaire d'exercice à une personne ayant fait l'objet d'une interdiction de même nature décidée par le juge pénal à raison des mêmes faits de prendre en compte, dans la fixation de la période d'exécution de la sanction qu'il prononce, la période d'interdiction d'exercice résultant de la décision du juge pénal et de faire en sorte que la durée cumulée des deux périodes n'excède pas le maximum applicable. • Même arrêt. ♦ Ancienne jurisprudence : la règle de droit pénal de confusion des peines en cas de concours réel d'infractions ne trouve pas d'application en matière disciplinaire. • CE, ass., 7 déc. 1984, *Subrini*, n° 41743 : *Lebon 411*.

9. Exemple de cumul admis. S'agissant d'un médecin continuant d'exercer, malgré une interdiction prononcée par le tribunal de grande instance qui a prononcé sa liquidation judiciaire, antidatant ses ordonnances et feuilles de soins, et versant ses honoraires sur le compte de son épouse, est légal le cumul de la peine d'interdiction d'exercer l'activité de médecin libéral pendant cinq ans prononcée à son encontre par le jugement du tribunal correctionnel d'Auxerre du 15 déc. 2011 et de la sanction de radiation prononcée par la chambre disciplinaire de première instance ; ce cumul n'excède pas la sanction maximale de la radiation que pouvait prononcer le juge disciplinaire sur le fondement de l'art. L. 4124-6 CSP. • CE 27 janv. 2016, *M. B.*, n° 383514.

2° INSTANCE PÉNALE EN COURS

10. Possibilité de surseoir à statuer. Il appartient en principe au juge disciplinaire de statuer sur une plainte dont il est saisi sans attendre l'issue d'une procédure pénale en cours concernant les mêmes faits ; cependant, il peut décider de surseoir à statuer jusqu'à la décision du juge pénal lorsque cela paraît utile à la qualité de l'instruction ou à la bonne administration de la justice. • CE 30 déc. 2014, *Dr. B.*, n° 381245 : *Lebon ; AJDA 2015. 5 ; D. 2015. 81, obs. Vialla ; RFDA 2015.67, concl. Keller ; AJDA 2015. 769, chron. Lessi et Dutheillet de Lamothe ; Dr. adm. 2015. 29, note Éveillard.* ♦ Jurisprudence antérieure : s'il appartient à la section disciplinaire d'ordonner, le cas échéant, toute mesure d'instruction en vue de compléter son information, elle ne peut, sans méconnaître sa compétence, subordonner sa décision à l'intervention d'une décision définitive du juge pénal. • CE 28 janv. 1994, *CDOM de Meurthe-et-Moselle*, n° 126512 : *Lebon 44 ; RFDA 1994. 459, concl. Schwartz* • 9 juill. 1948, *Sieur Archambault : Lebon 323* (principe).

11. Pièces de la procédure pénale. En l'absence de disposition le prévoyant expressément, l'art. 11 C. pr. pén. ne peut faire obstacle au pouvoir et au devoir du juge disciplinaire de joindre au dossier, sur production spontanée d'une partie, des éléments d'information recueillis dans le cadre d'une procédure pénale, et de statuer au vu de ces pièces après en avoir ordonné la communication pour en permettre la discussion contradictoire. • CE 30 déc. 2014, *Dr. B.*, n° 381245 : *préc. note 10.* ♦ La circonstance que le procureur de la République a communiqué à la chambre disciplinaire l'intégralité des pièces de la procédure pénale en cours ne saurait avoir pour effet d'entacher d'irrégularité la procédure devant cette chambre ou de faire obstacle à l'utilisation par celle-ci des pièces ainsi communiquées, lesquelles ont été soumises à la procédure contradictoire devant le juge disciplinaire. • CDNOM 1er juill. 2016, *Dr. Yann-Jean G.*, n° 12248.

B. INSTANCE DISCIPLINAIRE ET AUTRES INSTANCES

1° INSTANCES CIVILES

12. Instance antérieure. Le juge ordinal n'est pas lié par une décision de justice civile et ne doit pas laisser croire qu'il a statué en fonction de cette décision. • CE 30 sept. 2005, *Lecointre*, n° 269935.

13. Instance en cours. La circonstance qu'une juridiction civile soit saisie d'un différend entre deux professionnels n'oblige pas la juridiction disciplinaire à surseoir à statuer jusqu'à l'intervention du jugement civil. • CE 19 juin 1992, *Maillols*, n° 109095 : *Lebon T. 1275* (ordre des architectes, sol. transp.). ♦ Inversement, en vertu du principe de l'indépendance de l'action civile et de l'action disciplinaire, le juge civil n'est pas tenu de surseoir à statuer en attendant que la juridiction ordinale s'exprime sur le caractère fautif d'un comportement. • Civ. 1re, 1er juill. 1958 : *D. 1959. 283, note Brèthe de la Gressaye.* ♦ … D'autant que toute infraction au code de déontologie (en l'espèce celui d'expert-comptable) ne constitue pas nécessairement une faute civile. • Com. 21 juin 1988 : *Bull. civ. IV, n° 210.* ♦ La méconnaissance des dispositions du code de déontologie médicale peut être invoquée par une partie à l'appui d'une action en dommages-intérêts dirigée contre un médecin, et il n'appartient qu'aux tribunaux de l'ordre judiciaire de se prononcer sur une telle action, à laquelle l'exercice d'une action disciplinaire ne peut faire obstacle. • Civ. 1re, 18 mars 1997 : *Bull. civ. I, n° 99 ; JCP 1997. II. 22829, rapp. Sargos ; GDAS 2016, 2e éd., Dalloz, n° 3.* ♦ Si, s'agissant des litiges concernant le fonctionnement de sociétés d'exercice constituées entre médecins ou comprenant des médecins, il appartient aux tribunaux judiciaires de statuer sur la régularité et le bien-fondé des actes et des décisions relatifs à ce fonctionnement, il appartient au juge disciplinaire de se prononcer sur le point de savoir si, à l'occasion des actes et des décisions de gestion des médecins, ces derniers ont respecté la déontologie médicale. • CDNOM 26 sept. 2016, *Juliette N.*, n° 12810.

2° INSTANCES ADMINISTRATIVES

14. Instance antérieure. Lorsqu'une disposition réglementaire qui constitue le fondement d'une sanction prononcée par la juridiction disciplinaire est annulée pour excès de pouvoir, l'intéressé est fondé à demander l'annulation de cette sanction. • CE 23 avr. 2001, *Mariadassou*, n° 206576. ♦ Toutefois, nonobstant une annulation antérieure, le juge disciplinaire peut prendre en compte l'ensemble du comportement de l'intéressé et prononcer une sanction sur un autre fondement. • CE 21 mars 2001, *Schies*, n° 209160.

15. Instance en cours. La circonstance qu'un laboratoire a passé avec une commune un marché public, dont la légalité est contestée devant le juge administratif, n'oblige pas la juridiction ordinale à surseoir à statuer jusqu'à ce que le tribunal administratif se soit prononcé. • CE 28 févr. 2000, *Nataf*, n° 193122.

16. Exception d'illégalité. L'exception d'illégalité, même portant sur la légalité d'une disposition du code de déontologie, ne peut donner lieu à question préjudicielle, ce qui a été jugé à propos de la juridiction disciplinaire de l'ordre des vétérinaires, en tant qu'elle constitue une juridiction administrative. Il en résulte que la chambre supérieure de discipline de l'ordre des vétérinaires entache d'erreur de droit la décision par laquelle elle enjoint au requérant de saisir la juridiction compétente de la question de la légalité de ces dispositions et sursoit à statuer sur l'appel dont elle est saisie. • CE 11 avr. 2008, *Paul B.*, n° 291677 : *Lebon 611 ; ibid. 891 ; ibid. 896 ; ibid. 899 ; AJDA 2008. 1455*.

3° AUTRES INSTANCES EN COURS

17. Instance devant le TASS. L'existence d'un litige pendant devant le tribunal des affaires de sécurité sociale, opposant le requérant à une CPAM sur l'interprétation de la nomenclature générale des actes professionnels, n'impose pas à la section des assurances sociales de surseoir à statuer jusqu'à l'issue de ce litige, alors même que les faits reprochés au requérant consistaient en des méconnaissances de ladite nomenclature (sol. transposable). • CE 16 juin 2000, *Gilles X.*, n° 192966 : *Lebon 995 ; ibid. 1168 ; ibid. 1190 ; ibid. 1212 ; RDSS 2000. 723, obs. Dubouis*.

18. Juridiction disciplinaire des personnels hospitaliers. L'action engagée devant la juridiction disciplinaire de l'ordre des médecins est distincte et indépendante de celle qui peut être introduite devant la juridiction disciplinaire compétente pour les membres du personnel enseignant et hospitalier, prévue à l'art. L. 952-22 C. éduc., rappelée à l'art. L. 6151-2 CSP ; la circonstance que cette dernière juridiction aurait aussi compétence pour examiner l'un des griefs de la plainte formée par le Cons. départemental de l'ordre n'a pas pour effet de priver la juridiction disciplinaire de sa compétence pour examiner le même grief. • CDNOM 15 nov. 2016, *Dr. Christophe O.*, n° 12825.

Art. L. 4126-6 *(L. n° 2002-303 du 4 mars 2002, art. 42-II-1 ; L. n° 2009-879 du 21 juill. 2009, art. 62-XIV)* **Lorsqu'un médecin, un chirurgien-dentiste ou une sage-femme a été condamné par une juridiction pénale pour tout autre fait qu'un crime ou délit contre la Nation, l'État ou la paix publique, la chambre disciplinaire de première instance de l'ordre peut prononcer, s'il y a lieu, à son égard, dans les conditions des articles L. 4126-1 et L. 4126-2, une des sanctions prévues à l'article L. 4124-6.**

En vue d'assurer l'application des dispositions du précédent alinéa, l'autorité judiciaire avise obligatoirement et sans délai *(Ord. n° 2005-1040 du 26 août 2005, art. 1er-VI-4°)* **« le Conseil national » de l'ordre de toute condamnation, devenue définitive, de l'un des praticiens mentionnés ci-dessus, y compris les condamnations prononcées à l'étranger.**

1. Avis du procureur et compétence de la juridiction disciplinaire. Lorsque, *avant* l'inscription au tableau, le procureur de la République avise le conseil départemental de l'ordre de la condamnation pénale d'un masseur-kinésithérapeute, et que le même conseil décide néanmoins d'inscrire ce praticien, cette décision fait obstacle à ce que la juridiction disciplinaire, saisie par une plainte fondée sur les faits ayant justifié la condamnation pénale, puisse lui infliger une quelconque sanction à raison de ces faits. • CE 9 juin 2011, *Houze*, n° 336113 : *Lebon T. 1132* • 9 juin 2011, *Odin*, n° 331119. ♦ A l'inverse, lorsque la condamnation n'est connue que *postérieurement* à l'inscription au tableau, les juridictions disciplinaires peuvent apprécier si les faits sont incompatibles avec le maintien de l'intéressé dans l'ordre, et prononcer la radiation du tableau, alors même que l'inscription n'aurait pas été obtenue par fraude et que plus de quatre mois se seraient écoulés depuis l'inscription. • Mêmes arrêts. ♦ Enfin, si les faits sont connus *au moment* de l'inscription, mais que le procureur de la République n'avise la juridiction disciplinaire que *postérieurement* à l'inscription, celle-ci peut néanmoins prononcer une radiation, si les faits pour lesquels l'intéressé a été condamné sont incompatibles avec son maintien dans l'ordre ; dans ce cas, les juridictions disciplinaires ne peuvent prononcer que la radiation. • Mêmes arrêts. V. aussi, • CE 17 avr. 2013, *M. B. A.*, n° 359423.

2. Principe de nécessité des peines. Les dispositions de l'art. L. 4126-6 ne permettent pas au juge disciplinaire de prononcer une sanction à l'encontre d'un praticien ayant fait l'objet d'une condamnation pénale, sans rechercher si ce fait constitue également un manquement aux obligations déontologiques ; elles n'ont, par suite, pas pour effet de permettre au juge disciplinaire de prononcer une condamnation complémentaire à celle prononcée au titre d'une infraction pénale. • CE 15 janv. 2016, *M. A.*, n° 394447.

3. Cumul des poursuites. Les dispositions de l'art. L. 4126-6 ne permettent pas au juge disciplinaire de prononcer une sanction à l'encontre d'un praticien ayant fait l'objet d'une condamnation pénale pour un fait autre qu'un crime ou un délit contre la Nation, l'État ou la paix publique, sans rechercher si ce fait constitue également un manquement aux obligations déontologiques auxquelles ce praticien est soumis en raison de sa profession, ni, d'autre part, ne font obstacle à ce que le juge disciplinaire sanctionne un praticien pour un fait ayant déjà donné lieu à une condamnation pénale pour crime ou délit contre la Nation, l'État ou la paix publique, dès lors que ce fait pénalement sanctionné constitue également un manquement au code de déontologie. • CE 27 janv. 2016, *M. B.*, n° 383514.

Art. L. 4126-7 *Abrogé par Ord. n° 2005-1040 du 26 août 2005.*

CHAPITRE VII DÉONTOLOGIE

BIBL. ▸ ANCEL et MORET-BAILLY (dir.), Vers un droit commun disciplinaire, *PU Saint-Étienne, 2007.* – MORET-BAILLY, Les rapports entre la loi et les déontologies des professions de santé après la loi du 4 mars 2002, *RDSS 2003. 581* ; Les déontologies, *PUAM, 2001.* – BERGEL (dir.), Droit et déontologies professionnelles, *Librairie de l'Université d'Aix-en-Provence, 1997.* – *Arch. phil. Droit, Déontologie et discipline professionnelle, 1953.*

▸ **Médecins :** *Dict. perm. Santé, bioéthique et biotechnologies*, étude « Déontologie médicale », *Éd. Législatives.* – LECA (dir.), La déontologie médicale, *PUAM, 2006.* – TERRIER, Déontologie médicale et droit, *LEH. 2003.* – MÉMETEAU, Droit médical et déontologie : suggestions prudentes en faveur d'un rapprochement *in* Études offertes à Jean-Marie Auby, *éd. Dalloz, 1992, p. 756.*

▸ **Chirugiens-dentistes :** PIRNAY, L'éthique médicale en chirurgie dentaire, *éd. Espace ID, 2016.* – BÉRY et DELPRAT, Droits et obligations du chirurgien-dentiste, *éd. du Puits Fleuri, 2006.*

▸ **A titre historique :** ALMÉRAS et PÉQUIGNOT, La déontologie médicale, *Litec, 1996.* – RICOEUR et RENÉ, Code de déontologie médicale, *Seuil, 1996.* – DÉROBERT, Droit médical et déontologie médicale, *Flammarion, 1974.* – HEILBRONNER, Le pouvoir professionnel, *EDCE 1952, p. 33.* – VERGER, Précis de déontologie médicale, *éd. Doin, Paris, 1921.* – MORACHE, La profession médicale, ses droits, ses devoirs, *Paris, 1901.* – SIMON, Déontologie médicale, ou des devoirs et des droits des médecins dans l'état actuel de la civilisation, *éd. J. B. Baillière, Paris, 1845.*

Art. L. 4127-1 Un code de déontologie, propre à chacune des professions de médecin, chirurgien-dentiste et sage-femme, préparé par le Conseil national de l'ordre intéressé, est édicté sous la forme d'un décret en Conseil d'État.

1. Élaboration du code. Est légal le Décr. du 6 sept. 1995 portant code de déontologie (codifié par la suite), malgré des adjonctions et modifications apportées par le gouvernement au projet de décret, lesquelles ne sont pas d'une nature ou d'une ampleur telles que le code de déontologie médicale ne pouvait plus être regardé comme ayant été « préparé » par le Conseil national de l'Ordre des médecins. • CE 30 avr. 1997, *Synd. des médecins d'Aix et région*, n° 173044.

2. Invocabilité devant le juge civil. La méconnaissance des dispositions du code de déontologie peut être invoquée par une partie à l'appui d'une action en dommages-intérêts dirigée contre un médecin, et il n'appartient qu'aux tribunaux de l'ordre judiciaire de se prononcer sur une telle action, à laquelle l'exercice d'une action disciplinaire ne peut faire obstacle. • Civ. 1re, 18 mars 1997 : *Bull. civ. I, n° 99 ; JCP 1997. II. 22829, rapp. Sargos ; GDAS, 2e éd. Dalloz 2016, n° 3.* ♦ Arrêt énonçant le principe, mais précédé d'autres dans le même sens : • Civ. 1re, 27 janv. 1982, n° 80-15.947 P (à propos des vétérinaires). ♦ Toutefois, l'éventuelle absence de faute disciplinaire ou déontologique n'exclut pas nécessairement la faute civile. • Civ. 1re, 30 oct. 2007, n° 06-16.721. ♦ Des faits ne constituant pas, selon une décision de l'autorité ordinale, un manquement au code de déontologie peuvent toutefois caractériser une violation des obligations contractuelles d'un médecin envers la clinique où il exerce ; tel est le cas lorsqu'un médecin administre sans justification thérapeutique, à une patiente très âgée dont le décès est imminent, une importante dose de potassium. • Civ. 1re, 16 mai 2006 : *Bull. civ. I, n° 238.* ♦ Le code de déontologie peut également fonder une cassation. • Civ. 1re, 16 janv. 2013, n° 12-14.097.

3. Invocabilité devant le juge du travail. Si la méconnaissance de dispositions du code de déontologie peut être invoquée par l'employeur à l'appui du licenciement pour faute grave d'un chirurgien-dentiste salarié, la décision prise par la juridiction ordinale quant à ce manquement et à sa sanction disciplinaire n'a pas autorité de chose jugée devant le juge judiciaire ; il appartenait à la cour d'appel de rechercher si ce manquement présente le caractère d'une faute grave au sens du droit du travail. • Soc. 7 nov. 2006, n° 04-47.683 P.

4. Invocabilité devant le juge administratif. En omettant de mettre en œuvre les « méthodes scientifiques les plus appropriées » ainsi qu'en fait obligation l'art. 29 du code de déontologie [art. R. 4127-32], les médecins commettent une erreur de diagnostic qui constitue une faute de nature à engager la responsabilité de l'hôpital. • CE 2 déc. 1977, *Dame Z.*, n° 00700.

TITRE TROISIÈME PROFESSION DE MÉDECIN

BIBL. ▸ MÉMETEAU et GIRER, Cours de droit médical, *éd. LEH, 2016.* – BINET, Droit médical, *Montchrestien, 2010.*

▸ **A titre historique :** DEMICHEL, Droit médical, *Berger-Levrault, 1983.* – R. SAVATIER, H. PÉQUIGNOT, J. SAVATIER, J.-M. AUBY, Traité de droit médical, *Librairie technique, 1956.* – APPLETON, Droit médical, *Librairie du Monde médical, 1939.* – DUBRAC, Traité de jurisprudence médicale et pharmaceutique, *éd. J.B. Baillières, Paris, 1882.*

▸ **Pour une vision sociologique :** GUIHENEUF, Mémoires d'un médecin de campagne, *éd. De Borée, 2013.* – LEMAIRE, OUTIN et DREYFUSS, La judiciarisation de la médecine, *Flammarion, 2004.*

CHAPITRE PRÉLIMINAIRE MÉDECIN GÉNÉRALISTE DE PREMIER RECOURS ET MÉDECINS SPÉCIALISTES DE PREMIER OU DEUXIÈME RECOURS *(L. nº 2016-41 du 26 janv. 2016, art. 66-II-1º).*

(L. nº 2009-879 du 21 juill. 2009, art. 36-III)

BIBL. ▸ SEGOVIA-KUENY, Soins de premier et de second recours, *RDSS 2009. 35* .

Art. L. 4130-1 **Les missions du médecin généraliste de premier recours sont notamment les suivantes :**

1º Contribuer à l'offre de soins ambulatoire, en assurant pour ses patients la prévention, le dépistage, le diagnostic, le traitement et le suivi des maladies ainsi que l'éducation pour la santé. Cette mission peut s'exercer dans les établissements de santé ou médico-sociaux ;

2º Orienter ses patients, selon leurs besoins, dans le système de soins et le secteur médico-social ;

3º S'assurer de la coordination des soins nécessaire à ses patients ;

4º Veiller à l'application individualisée des protocoles et recommandations pour les affections nécessitant des soins prolongés et contribuer au suivi des maladies chroniques, en coopération avec les autres professionnels qui participent à la prise en charge du patient ;

5º S'assurer de la synthèse des informations transmises par les différents professionnels de santé ;

(L. nº 2016-41 du 26 janv. 2016, art. 68) **« 5º *bis* Administrer et coordonner les soins visant à soulager la douleur. En cas de nécessité, le médecin traitant assure le lien avec les structures spécialisées dans la prise en charge de la douleur ; »**

6º Contribuer aux actions de prévention et de dépistage ;

7º Participer à la mission de service public de permanence des soins dans les conditions fixées à l'article L. 6314-1 ;

8º Contribuer à l'accueil et à la formation des stagiaires de deuxième et troisième cycles d'études médicales.

Art. L. 4130-2 *(L. nº 2016-41 du 26 janv. 2016, art. 66-II-2º)* **Les missions du médecin spécialiste de premier ou de deuxième recours comprennent les actions suivantes :**

1º Compléter la prise en charge du patient par la réalisation d'une analyse diagnostique et thérapeutique d'expertise, la mise en œuvre du traitement approprié ainsi que le suivi des patients, selon des modalités propres aux compétences de chaque discipline ;

2º Contribuer à la prévention et à l'éducation pour la santé ;

3º Participer à la mission de service public de permanence des soins ;

4º Contribuer à *l'accueil et à la* formation des stagiaires de deuxième et troisième cycles d'études médicales.

Le médecin spécialiste de deuxième recours peut intervenir en tant que médecin correspondant, en lien avec le médecin généraliste, pour le suivi conjoint du patient et l'élaboration du projet de soins.

Le médecin spécialiste de premier ou de deuxième recours intervient en coopération avec les établissements de santé et contribue à la prévention des hospitalisations inutiles ou évitables.

COMMENTAIRE

V. Commentaire reproduit sur Dalloz.fr .

CHAPITRE PREMIER CONDITIONS D'EXERCICE

Art. L. 4131-1 Les *(Ord. nº 2008-507 du 30 mai 2008, art. 24-I)* « titres de formation » exigés en application du 1º de l'article L. 4111-1 sont pour l'exercice de la profession de médecin :

1º Soit le diplôme français d'État de docteur en médecine ;

Lorsque ce diplôme a été obtenu dans les conditions définies à l'article L. 632-4 du code de l'éducation, il est complété par le document *(Abrogé par Ord. nº 2008-507 du 30 mai 2008, art. 24-I) « annexe »* mentionné au deuxième alinéa dudit article.

2º Soit, si l'intéressé est ressortissant d'un État membre de *(Ord. nº 2009-1585 du 17 déc. 2009, art. 3-I)* « l'Union européenne » ou partie à l'accord sur l'Espace économique européen :

(Ord. nº 2008-507 du 30 mai 2008, art. 24-I ; Ord. nº 2009-1585 du 17 déc. 2009, art. 3-I) « *a)* Les titres de formation de médecin délivrés par l'un de ces États conformément aux obligations communautaires et figurant sur une liste établie par arrêté des ministres chargés de l'enseignement supérieur et de la santé ; »

b) (Ord. nº 2004-1174 du 4 nov. 2004, art. 2 ; Ord. nº 2008-507 du 30 mai 2008, art. 24-I ; Ord. nº 2009-1585 du 17 déc. 2009, art. 3-I) « Les titres de formation de médecin délivrés par un État, membre ou partie, conformément aux obligations communautaires, ne figurant pas sur la liste mentionnée au *a,* s'ils sont accompagnés d'une attestation de cet État certifiant qu'ils sanctionnent une formation conforme à ces obligations et qu'ils sont assimilés, par lui, aux titres de formation figurant sur cette liste. »

(Ord. nº 2009-1585 du 17 déc. 2009, art. 3-I) « *c)* Les titres de formation de médecin délivrés par un État, membre ou partie, sanctionnant une formation de médecin commencée dans cet État antérieurement aux dates figurant dans l'arrêté mentionné au *a* et non conforme aux obligations communautaires, s'ils sont accompagnés d'une attestation de l'un de ces États certifiant que le titulaire des titres de formation s'est consacré, dans cet État, de façon effective et licite, à l'exercice de la profession de médecin dans la spécialité concernée pendant au moins trois années consécutives au cours des cinq années précédant la délivrance de l'attestation ;

« *d)* Les titres de formation de médecin délivrés par l'ancienne Tchécoslovaquie, l'ancienne Union soviétique ou l'ancienne Yougoslavie ou qui sanctionnent une formation commencée avant la date d'indépendance de la République tchèque, de la Slovaquie, de l'Estonie, de la Lettonie, de la Lituanie ou de la Slovénie, s'ils sont accompagnés d'une attestation des autorités compétentes de la République tchèque ou de la Slovaquie pour les titres de formation délivrés par l'ancienne Tchécoslovaquie, de l'Estonie, de la Lettonie ou de la Lituanie pour les titres de formation délivrés par l'ancienne Union soviétique, de la Slovénie pour les titres de formation délivrés par l'ancienne Yougoslavie, certifiant qu'ils ont la même validité sur le plan juridique que les titres de formation délivrés par cet État.

« Cette attestation est accompagnée d'un certificat délivré par ces mêmes autorités indiquant que son titulaire a exercé dans cet État, de façon effective et licite, la profession de médecin dans la spécialité concernée pendant au moins trois années consécutives au cours des cinq années précédant la délivrance du certificat ;

« *e)* Les titres de formation de médecin délivrés par un État, membre ou partie, ne figurant pas sur la liste mentionnée au *a,* s'ils sont accompagnés d'une attestation délivrée par les autorités compétentes de cet État certifiant que le titulaire du titre de formation était établi sur son territoire à la date fixée dans l'arrêté mentionné au *a* et qu'il a acquis le droit d'exercer les activités de médecin généraliste dans le cadre de son régime national de sécurité sociale ;

« *f)* Les titres de formation de médecin délivrés par un État, membre ou partie, sanctionnant une formation de médecin commencée dans cet État antérieurement aux dates figurant dans l'arrêté mentionné au *a,* et non conforme aux obligations communautaires mais permettant d'exercer légalement la profession de médecin dans l'État qui les a délivrés, si le médecin justifie avoir effectué en France au cours des cinq années précédentes trois années consécutives à temps plein de fonctions hospitalières dans la spécialité correspondant aux titres de formation en qualité d'attaché associé, de praticien attaché associé, d'assistant associé ou de fonctions universitaires en qualité de chef de clinique associé des universités ou d'assistant associé des universités, à condition d'avoir été chargé de fonctions hospitalières dans le même temps » ;

(Ord. n° 2017-50 du 19 janv. 2017, art. 9-I) « *g)* Les titres de formation de médecin spécialiste délivrés par l'Italie figurant sur la liste mentionnée au *a* sanctionnant une formation de médecin spécialiste commencée dans cet État après le 31 décembre 1983 et avant le 1er janvier 1991, s'ils sont accompagnés d'un certificat délivré par les autorités de cet État indiquant que son titulaire a exercé dans cet État, de façon effective et licite, la profession de médecin dans la spécialité concernée pendant au moins sept années consécutives au cours des dix années précédant la délivrance du certificat. »

V. jurisprudence ss. art. L. 4111-1.

Art. L. 4131-1-1 *(Ord. n° 2009-1585 du 17 déc. 2009, art. 3-II)* **L'autorité compétente peut, après avis d'une commission composée notamment de professionnels, autoriser individuellement à exercer la profession de médecin, dans la spécialité concernée, les ressortissants d'un État membre de l'Union européenne ou d'un autre État partie à l'accord sur l'Espace économique européen, titulaires de titres de formation** *(Ord. n° 2017-50 du 19 janv. 2017, art. 5-II)* **« de base et de spécialité » délivrés par l'un de ces États, ne répondant pas aux conditions prévues à l'article L. 4131-1 mais permettant d'exercer légalement la profession de médecin dans cet État.**

Dans le cas où l'examen des qualifications professionnelles attestées par l'ensemble des titres de *(Ord. n° 2017-50 du 19 janv. 2017, art. 8-I-1°)* **« formation initiale, » de l'expérience professionnelle pertinente** *(Ord. n° 2017-50 du 19 janv. 2017, art. 8-I-2°)* **« et de la formation tout au long de la vie ayant fait l'objet d'une validation par un organisme compétent » fait apparaître des différences substantielles au regard des qualifications requises pour l'accès à la profession dans la spécialité concernée et son exercice en France, l'autorité compétente exige que l'intéressé se soumette à une mesure de compensation dans la spécialité concernée.**

(Ord. n° 2017-50 du 19 janv. 2017, art. 8-II) **« Selon le niveau de qualification exigé en France et celui détenu par l'intéressé, l'autorité compétente peut soit proposer au demandeur de choisir entre un stage d'adaptation ou une épreuve d'aptitude, soit imposer un stage d'adaptation ou une épreuve d'aptitude, soit imposer un stage d'adaptation et une épreuve d'aptitude.**

« La nature des mesures de compensation selon les niveaux de qualification en France et dans les autres États, membres ou parties, est fixée par arrêté du ministre chargé de la santé. »

1. Autorisation, motivation (non). Il ne ressort d'aucune disposition législative ou réglementaire ni d'aucun principe général du droit que le ministre est tenu de motiver l'arrêté par lequel il décide de publier une autorisation d'exercice de la profession de médecin délivrée en application de l'art. L. 4131-1-1. • CE 29 sept. 2010, *CNOM*, n° 332009 • 7 juill. 2010, *CNOM*, n° 328656 • 29 sept. 2010, n° 332008.

2. Publication de l'autorisation. La publication de l'arrêté du ministre fixant la liste des personnes autorisées à exercer en France la profession de médecin au *Bulletin officiel* du ministère constitue, en l'absence de texte prescrivant une publication au *Journal officiel*, une mesure de publicité suffisante à l'égard du CNOM, eu égard aux missions de cet organisme et aux modalités de diffusion de ce *Bulletin officiel*. • CE 7 juill. 2010, *CNOM*, n° 329897 : *Lebon T. 892* • CE 29 sept. 2010, n° 332009.

Art. L. 4131-2 *(Ord. n° 2005-1040 du 26 août 2005 ; Ord. n° 2009-1585 du 17 déc. 2009, art. 3-III)* **Peuvent être autorisées à exercer la médecine, soit à titre de remplaçant d'un médecin, soit comme adjoint d'un médecin en cas d'afflux exceptionnel de population, constaté par un arrêté du** *(Ord. n° 2010-177 du 23 févr. 2010, art. 26-27°)* **« représentant de l'État dans le » département, les personnes remplissant les conditions suivantes :**

1° Avoir suivi et validé la totalité du deuxième cycle des études médicales en France ou titulaires d'un titre sanctionnant une formation médicale de base équivalente, délivré par un État membre de l'Union européenne ou partie à l'accord sur l'Espace économique européen ;

2° Avoir validé au titre du troisième cycle des études médicales en France un nombre de semestres déterminé, en fonction de la spécialité suivie, par le décret mentionné au dernier alinéa.

Ces autorisations sont délivrées pour une durée limitée par le conseil départemental de l'ordre des médecins qui en informe les services de l'État.

(L. n° 2011-940 du 10 août 2011, art. 6) « Lors du remplacement d'un médecin salarié, le directeur de l'établissement de santé respecte les obligations liées à la formation universitaire ainsi qu'à la formation pratique et théorique du remplaçant. »

Lorsque les besoins de la santé publique l'exigent, le ministre chargé de la santé peut, par arrêté pris, sauf en cas d'extrême urgence, après avis des conseils de l'ordre intéressés, habiliter pendant un délai déterminé les représentants de l'État dans le département à autoriser, pour une durée limitée, l'exercice de la médecine par des étudiants ayant validé le deuxième cycle des études médicales.

(L. n° 2007-294 du 5 mars 2007, art. 4) « Les personnes appartenant à la réserve sanitaire prévue à l'article L. 3132-1 *(Ord. n° 2018-20 du 17 janv. 2018, art. 14)* « , exerçant une activité au titre d'un engagement à servir dans la réserve opérationnelle prévue à l'article L. 4211-1 du code de la défense » ou requises en application des articles L. 3131-8 ou L. 3131-9 et ayant validé le deuxième cycle des études médicales, sont autorisées à exercer la médecine au titre des activités pour lesquelles elles ont été appelées. »

Un décret, pris après avis du Conseil national de l'ordre des médecins, fixe les conditions d'application des quatre premiers alinéas du présent article, notamment le niveau d'études exigé selon la qualification du praticien remplacé, la durée maximale des autorisations et les conditions de leur prorogation.

En application de l'art. L. 231-4 CRPA, le silence gardé par l'administration pendant deux mois vaut décision de rejet pour une demande d'autorisation d'un étudiant de remplacer un médecin (Décr. n° 2015-1457 du 10 nov. 2015, art. 1er et 3).

Art. L. 4131-3 Les dispositions des chapitres Ier des titres Ier et III du présent livre ne portent pas atteinte aux dispositions transitoires contenues dans l'ordonnance n° 45-1748 du 6 août 1945 relative à l'exercice de la médecine par des médecins étrangers. – *[Anc. art. L. 360].*

Art. L. 4131-4 Par dérogation aux dispositions de l'article L. 4111-1, des personnes de nationalité française ou étrangère ne remplissant pas les conditions définies par cet article peuvent, en vue d'exercer des fonctions d'enseignement et de recherche, être autorisées individuellement par le ministre chargé de la santé à exercer temporairement la médecine *(Ord. n° 2018-20 du 17 janv. 2018, art. 14)* « soit dans un centre hospitalier universitaire, soit dans un établissement de santé ou dans un hôpital des armées » ayant passé convention avec un centre hospitalier universitaire, à condition qu'elles aient exercé ou qu'elles exercent des fonctions hospitalières et universitaires en qualité de médecin depuis au moins six ans.

Par dérogation aux dispositions de l'article L. 4111-1, des personnes de nationalité française ou étrangère ne remplissant pas les conditions définies par cet article peuvent, en vue de compléter leur formation, être autorisées individuellement par le ministre chargé de la santé à exercer temporairement la médecine dans un centre hospitalier universitaire ou dans un établissement de santé ayant passé convention avec un centre hospitalier universitaire, à condition qu'elles justifient de leur qualité de médecin et d'une fonction hospitalière et universitaire au sein d'un établissement hospitalo-universitaire, depuis au moins trois ans.

La durée maximum pour laquelle l'autorisation peut être accordée ainsi que les modalités selon lesquelles elle est délivrée sont fixées par décret. – *[Anc. art. 60, III, B, al. 4, 5 et 6, L. n° 99-641 du 27 juill. 1999].*

En application de l'art. L. 231-4 CRPA, le silence gardé par l'administration pendant deux mois vaut décision de rejet pour l'autorisation d'exercer temporairement la médecine dans un centre hospitalier universitaire ou dans un établissement de santé ayant passé convention avec un centre hospitalier universitaire accordée aux personnes de nationalité française en étrangère ne remplissant pas les conditions définies par l'art. L. 4111-1 (Décr. n° 2014-1288 du 23 oct. 2014).

Art. L. 4131-4-1 *(L. n° 2016-41 du 26 janv. 2016, art. 121-4°)* Les personnes autorisées à exercer temporairement la médecine en application de l'article L. 4131-4 peuvent solliciter une autorisation d'exercice dans une spécialité au plus tôt à la fin de la première année d'exercice et au plus tard dans l'année suivant la dernière période d'autorisation temporaire d'exercice accordée. Elles sont réputées avoir satisfait aux épreuves de vérification de connaissances prévues à l'article L. 4111-2. Le ministre

chargé de la santé statue sur cette demande après avis d'une commission dont la composition est fixée par décret.

Art. L. 4131-5 **Par dérogation aux dispositions de l'article L. 4111-1, le représentant de l'État dans la collectivité territoriale de Saint-Pierre-et-Miquelon peut autoriser, par arrêté, un médecin de nationalité étrangère à exercer son activité dans la collectivité territoriale.**

(Ord. nº 2005-56 du 26 janv. 2005, art. 6) **« Par dérogation aux dispositions du 1º et du 2º de l'article L. 4111-1, le** *(Ord. nº 2010-331 du 25 mars 2010, art. 36)* **« directeur général de l'agence régionale de santé de » Guyane peut autoriser, par arrêté, un médecin ressortissant d'un pays autre que ceux mentionnés au 2º de cet article ou titulaire d'un diplôme de médecine, quel que soit le pays dans lequel ce diplôme a été obtenu, à exercer dans la région. »**

V. Décr. nº 2014-1288 du 23 oct. 2014 relatif aux exceptions à l'application du principe « silence vaut acceptation » sur le fondement du 4º du I de l'art. 21 de la L. nº 2000-321 du 12 avr. 2000 relative aux droits des citoyens dans leurs relations avec les administrations.

Art. L. 4131-6 **Les étudiants de troisième cycle de médecine générale peuvent être autorisés à effectuer une partie de leurs stages pratiques auprès de praticiens généralistes agréés, dans des conditions fixées par décret.** – *[Anc. art. L. 4131-7.]*

Art. L. 4131-7 *(Ord. nº 2009-1585 du 17 déc. 2009, art. 3-IV)* **Un décret en Conseil d'État détermine :**

1º Les conditions dans lesquelles les ressortissants d'un État membre de l'Union européenne, de la principauté d'Andorre ou d'un État partie à l'accord sur l'Espace économique européen, titulaires de titres de formation obtenus dans l'un de ces États, autres que ceux définis à l'article L. 4131-1, peuvent être autorisés à exercer en France la profession de médecin dans la spécialité correspondant aux titres de formation ;

2º La composition et le fonctionnement de la commission mentionnée à l'article L. 4131-1-1 et les conditions dans lesquelles l'intéressé est soumis à une mesure de compensation.

Sur l'obtention des diplômes d'État de docteur en médecine et de docteur en chirurgie dentaire par les étudiants de nationalité étrangère ou les personnes titulaires de diplômes étrangers de médecin ou de chirurgien-dentiste, ou ayant accompli des études en vue de ces diplômes, et à l'obtention par les titulaires d'un diplôme étranger de sage-femme du diplôme français d'État correspondant, V. Décr. nº 84-177 du 2 mars 1984 🏛.

CHAPITRE II RÈGLES D'ORGANISATION

Art. L. 4132-1 *(Ord. nº 2017-192 du 16 févr. 2017, art. 6-1º)* **Le Conseil national de l'ordre des médecins comprend cinquante-six membres élus pour six ans par les membres titulaires des conseils départementaux.**

Ces membres sont ainsi répartis :

1º Un binôme par ressort territorial des conseils régionaux et interrégionaux suivants :

a) **Bourgogne-Franche-Comté ;**

b) **Bretagne ;**

c) **Centre-Val de Loire ;**

d) **Corse ;**

e) **Normandie ;**

f) Pays de la Loire ;

g) **La Réunion-Mayotte ;**

2º Deux binômes par ressort territorial des conseils régionaux et interrégionaux suivants :

a) **Grand Est ;**

b) **Antilles-Guyane ;**

c) **Nouvelle-Aquitaine ;**

d) **Occitanie ;**

e) **Hauts-de-France ;**

f) **Provence-Alpes-Côte d'Azur ;**

3º Trois binômes pour le ressort territorial du conseil régional Auvergne-Rhône-Alpes ;

4° Six binômes pour le ressort territorial du conseil régional Île-de-France.

V. notes ss. art. L. 4121-2.

Art. L. 4132-2 *Abrogé par L. nº 2009-879 du 21 juill. 2009, art. 62.*

Art. L. 4132-3 *(Ord. nº 2017-192 du 16 févr. 2017, art. 6-1º)* **Sont adjoints au Conseil national :**

1° Un médecin membre de l'Académie nationale de médecine désigné par celle-ci, avec voix délibérative ;

2° Trois représentants des ministres de l'enseignement supérieur, de la santé et du travail, avec voix consultative ;

(Ord. nº 2018-20 du 17 janv. 2018, art. 14) **« 3° Un représentant du ministre de la défense appartenant au corps des médecins des armées relevant des dispositions de l'article L. 4138-2 du code de la défense, avec voix consultative. »**

V. notes ss. art. L. 4121-2.

Indépendance. Les médecins désignés, en application des dispositions de l'art. L. 4132-3 ne sont pas membres du conseil, auquel ils sont seulement adjoints ; ils ne sauraient, par suite, être élus membres de la chambre disciplinaire nationale et entacher son indépendance. • CE 13 mai 2015, *Mme B.*, nº 376323 : *Lebon* (QPC rejetée). ♦ Dans l'hypothèse où des adjoints au Conseil national auraient, par ailleurs, la qualité de membre ou d'ancien membre d'un conseil de l'ordre, leur éventuelle élection, en cette qualité, à la chambre disciplinaire nationale ne pourrait les faire regarder comme y siégeant en qualité de représentant de l'État ; ils ne sauraient, en conséquence, recevoir, dans ces fonctions, aucune instruction de la part d'une autorité de l'État. • Même arrêt.

Art. L. 4132-4 *Abrogé par Ord. nº 2005-1040 du 26 août 2005.*

Art. L. 4132-5 *(Ord. nº 2005-1040 du 26 août 2005)* **La chambre disciplinaire nationale comprend douze membres titulaires et douze membres suppléants élus, en nombre égal, par le Conseil national, parmi, d'une part, les membres de ce conseil, et, d'autre part, les membres et anciens membres des conseils de l'ordre.**

La chambre siège en formation d'au moins cinq membres.

Art. L. 4132-6 *(Ord. nº 2017-192 du 16 févr. 2017, art. 6-2º)* **La commission de contrôle des comptes et placements financiers, placée auprès du Conseil national de l'ordre, doit se faire communiquer chaque année l'ensemble des comptes et le budget prévisionnel des conseils.**

Elle doit être obligatoirement consultée par le Conseil national de l'ordre avant la fixation de la cotisation prévue à l'article L. 4122-2.

Le rapport de la commission de contrôle sur les comptes des conseils et sur la fixation de la cotisation est publié dans le *Bulletin officiel* du Conseil national de l'ordre.

Les membres de la commission sont désignés par le Conseil national en dehors des membres du bureau de ce conseil. La commission peut s'adjoindre les services et compétences techniques extérieurs au conseil de l'ordre qui lui sont nécessaires.

Les fonctions de président de la commission de contrôle des comptes et placements financiers du Conseil national de l'ordre des médecins sont incompatibles avec toutes fonctions exécutives au sein des conseils.

V. notes ss. art. L. 4121-2.

COMMENTAIRE

V. Commentaire reproduit sur Dalloz.fr.

Critique de l'avis. La décision du Conseil national fixant le montant de la cotisation annuelle peut être contestée au motif que la commission de contrôle serait bornée à exercer les attributions qui lui sont dévolues par ce texte de façon purement formelle (non en l'espèce). • CE 22 juill. 1977, *Barry et a.*, nº 04789 : *Lebon 368* • 22 juill. 1977, Collisson et Mollet, nº 05071 : *RD publ. 1979. 239, note Auby.*

Art. L. 4132-7 *(Ord. nº 2005-1040 du 26 août 2005)* **Sous réserve des dispositions** *(Ord. nº 2017-192 du 16 févr. 2017, art. 6-3º)* **« des articles L. 4124-10-1, L. 4132-8 et L. 4132-8-1 », la chambre disciplinaire de première instance de l'ordre des médecins**

comprend huit membres titulaires et huit membres suppléants élus, en nombre égal, par le conseil régional auprès duquel siège la chambre, parmi, d'une part, les membres du conseil régional dont elle dépend et, d'autre part, les membres et anciens membres des conseils de l'ordre.

La chambre siège en formation d'au moins cinq membres.

V. notes ss. art. L. 4121-2.

Art. L. 4132-8 *(Ord. n° 2017-192 du 16 févr. 2017, art. 6-4°)* **La chambre disciplinaire de première instance de l'ordre des médecins de la région Île-de-France comporte trois sections de huit membres titulaires et de huit membres suppléants chacune.**

La chambre disciplinaire interrégionale de première instance de Provence-Alpes-Côte d'Azur-Corse comporte deux sections de huit membres titulaires et de huit membres suppléants chacune. Chaque section comprend un représentant titulaire du conseil régional de Corse et son suppléant.

V. notes ss. art. L. 4121-2.

Art. L. 4132-8-1 *(Ord. n° 2005-56 du 26 janv. 2005, art. 1er-7°)* **La chambre disciplinaire de première instance de l'ordre des médecins de la Réunion-Mayotte comprend, outre son président, quatre membres titulaires et quatre membres suppléants. Un décret en Conseil d'État fixe les modalités d'élection de ses membres et ses règles de fonctionnement et de procédure.**

Art. L. 4132-9 (Abrogé par Ord. n° 2017-192 du 16 févr. 2017, art. 6-5°) (L. n° 2002-303 du 4 mars 2002, art. 42-II et 62-V) ***Sont adjoints à la chambre disciplinaire de première instance avec voix consultative :***

1° Le médecin (L. n° 2011-940 du 10 août 2011, art. 47-I-6°) ***« , le chirurgien-dentiste ou la sage-femme désigné par le directeur général de l'agence régionale de santé, »*** (L. n° 2009-879 du 21 juill. 2009, art. 62-XXIV) ***« ou son représentant » ;***

2° Un professeur d'une unité de formation et de recherche de médecine de la région, désigné par le ministre chargé de l'enseignement supérieur ;

3° (Ord. n° 2010-177 du 23 févr. 2010, art. 24-III) ***« Un praticien-conseil d'un échelon local du service médical désigné par le médecin-conseil régional », pour les affaires relevant de l'application des lois sur la sécurité sociale.***

Un représentant des médecins salariés, désigné par le président du tribunal administratif, est adjoint à chaque chambre disciplinaire de première instance, avec voix consultative, si cette chambre ne comprend aucun médecin de cette catégorie.

V. notes ss. art. L. 4121-2.

1. Indépendance. La seule désignation de membres de la chambre disciplinaire de première instance par le directeur de l'agence régionale de santé ou par le ministre chargé de l'enseignement supérieur ne place pas sous leur autorité les personnes ainsi désignées par eux ; une telle modalité de désignation n'est pas, par elle-même, de nature à porter atteinte à l'indépendance de ces personnes dans l'exercice de leurs fonctions juridictionnelles. • CE 13 mai 2015, ⚕ *Mme B.*, n° 376323 : *Lebon* (QPC rejetée).

2. Présence du praticien-conseil. Le principe d'indépendance impose que toute personne appelée à siéger dans une juridiction se prononce en toute indépendance et sans recevoir quelque instruction de la part de quelque autorité que ce soit ; si les caisses primaires d'assurance maladie relèvent de la tutelle du ministre chargé de la sécurité sociale, les conditions de nomination et d'avancement des médecins-conseils chefs de service garantissent leur indépendance, les faisant échapper à tout lien de subordination hiérarchique avec le ministre chargé de la santé ; la seule circonstance que le médecin-inspecteur régional de santé publique participerait à la mise en œuvre des objectifs de santé publique n'est pas de nature à affecter son indépendance ni son impartialité. • CE 1er févr. 2012, ⚕ *Mme Corinne A.*, n° 353829 (rejet de la demande de question prioritaire de constitutionnalité).

Art. L. 4132-10 *(Ord. n° 2017-192 du 16 févr. 2017, art. 6-6°)* **Dans chaque région, un conseil régional ou interrégional est composé d'un nombre de membres fixé par décret, compte tenu du nombre de médecins inscrits au dernier tableau publié pour chaque conseil départemental qui la compose et du nombre de départements par région.**

V. notes ss. art. L. 4121-2.

Art. L. 4132-11 Il existe dans chaque département un conseil départemental composé d'un nombre de membres qui est fixé par *(Ord. nº 2017-192 du 16 févr. 2017, art. 6-7º)* « décret » compte tenu du nombre des médecins inscrits au dernier tableau publié.

V. notes ss. art. L. 4121-2.

Art. L. 4132-12 *(Ord. nº 2017-192 du 16 févr. 2017, art. 6-8º)* Les membres des conseils de l'ordre des médecins sont élus au scrutin binominal majoritaire à un tour. Chaque binôme est composé de candidats de sexe différent.

Par dérogation à l'alinéa précédent, lorsque le nombre de médecins d'un même sexe inscrits au tableau de l'ordre et remplissant les conditions d'éligibilité est inférieur ou égal à 30, le conseil de l'ordre est élu au scrutin uninominal majoritaire à un tour.

Les suppléants élus sont du même sexe que le membre à suppléer.

Un décret en Conseil d'État détermine les modalités d'application du présent article.

V. notes ss. art. L. 4121-2.

CHAPITRE III *[ABROGÉ]* DÉVELOPPEMENT PROFESSIONNEL CONTINU

(Abrogé par L. nº 2016-41 du 26 janv. 2016, art. 114-I-3º)

Art. L. 4133-1 *à* L. 4133-4 *Abrogés par L. nº 2016-41 du 26 janv. 2016, art. 114.*

CHAPITRE IV RÈGLES D'EXERCICE PROFESSIONNEL *(L. nº 2014-344 du 17 mars 2014, art. 39-I).*

Art. L. 4134-1 *(L. nº 2014-344 du 17 mars 2014, art. 39)* Les prescriptions médicales de verres correcteurs indiquent la valeur de l'écart pupillaire du patient.

CHAPITRE V ACCRÉDITATION DE LA QUALITÉ DE LA PRATIQUE PROFESSIONNELLE *(L. nº 2004-810 du 13 août 2004, art. 16-II).*

Art. L. 4135-1 *(L. nº 2004-810 du 13 août 2004, art. 16-II)* Les médecins ou les équipes médicales d'une même spécialité exerçant en établissements de santé peuvent demander à ce que la qualité de leur pratique professionnelle soit accréditée dans les conditions mentionnées à l'article L. 1414-3-3. L'accréditation est valable pour une durée de quatre ans. Les résultats de la procédure d'accréditation sont publics. Les médecins et les équipes médicales engagés dans la procédure d'accréditation ou accrédités transmettent à la Haute Autorité de santé les informations nécessaires à l'analyse des événements médicaux indésirables.

Un décret précise les conditions de mise en œuvre du présent article et notamment les conditions dans lesquelles la demande d'accréditation peut être réservée aux médecins exerçant certaines spécialités particulièrement exposées au risque professionnel.

En application de l'art. L. 231-5 et L. 231-6 CRPA, le silence gardé par l'administration pendant douze mois à compter de la date de réception de la demande pour la première demande, deux mois en cas de renouvellement, vaut décision de rejet pour une demande d'accréditation de la qualité de la pratique professionnelle d'un médecin ou d'une équipe médicale d'une même spécialité exerçant en établissement de santé. Ce délai peut être modifié par décret en Conseil d'État (Décr. nº 2015-1454 du 10 nov. 2015, art. 1er et 2).

Aide financière. Il revient au législateur de déterminer les principes fondamentaux de la sécurité sociale (Const., art. 34), de créer les aides financières à la charge des organismes de sécurité sociale, et de fixer les conditions de leur attribution ; *annulation, en conséquence,* du décret d'application de l'art. 16-III de la loi du 13 août 2004 en ce qu'il exclut du bénéfice de l'aide les médecins ayant fait l'objet de certaines pénalités ou sanctions, car selon l'art. 16-III précité, le montant de l'aide ne peut être modulé qu'en fonction de la spécialité ou du mode d'exercice du médecin. • CE 21 nov. 2008, *Union des chirurgiens de France,* nº 306152 : *Lebon 430 ; RDSS 2008. 1123, concl. Courrèges.*

Art. L. 4135-2 *(L. nº 2007-127 du 30 janv. 2007, art. 22-I)* Les entreprises d'assurance couvrant en France les risques de responsabilité civile mentionnés à l'article L. 1142-2 transmettent à *(Ord. nº 2010-76 du 21 janv. 2010, art. 13)* « l'Autorité de contrôle prudentiel et de résolution instituée à l'article L. 612-1 du code monétaire et financier » des données de nature comptable, prudentielle ou statistique sur ces risques.

Lorsque cette obligation de transmission n'est pas respectée, l'autorité de contrôle peut prononcer des sanctions dans les conditions prévues *(Ord. n° 2010-76 du 21 janv. 2010, art. 13 ; L. n° 2010-1249 du 22 oct. 2010)* « par l'article L. 612-39 du code monétaire et financier, à l'exception des 3°, 4°, 5°, 6° et 7° ».

L'Autorité de contrôle prudentiel et de résolution procède à l'analyse de ces données, les transmet sous forme agrégée et en fait rapport aux ministres chargés de l'économie et de la sécurité sociale. Une copie du rapport est adressée à l'observatoire des risques médicaux.

Un arrêté des ministres chargés de l'économie et de la sécurité sociale précise les modalités d'application du présent article et, notamment, les délais applicables ainsi que la nature, la périodicité et le contenu des informations que les entreprises d'assurance sont tenues de communiquer à l'Autorité de contrôle prudentiel et de résolution.

V. note ss. art. L. 4135-1.

TITRE QUATRIÈME PROFESSION DE CHIRURGIEN-DENTISTE

COMMENTAIRE

V. Commentaire reproduit sur Dalloz.fr.

CHAPITRE PREMIER CONDITIONS D'EXERCICE

Art. L. 4141-1 *(L. n° 2004-806 du 9 août 2004, art. 136-III)* La pratique de l'art dentaire comporte la prévention, le diagnostic et le traitement des maladies congénitales ou acquises, réelles ou supposées, de la bouche, des dents, des maxillaires et des tissus attenants, *(Ord. n° 2008-507 du 30 mai 2008, art. 25)* « dans le respect des » modalités fixées par le code de déontologie de la profession mentionné à l'article L. 4127-1.

Art. L. 4141-2 Les chirurgiens-dentistes peuvent prescrire tous les *(L. n° 2006-1640 du 21 déc. 2006, art. 53)* « actes, produits et prestations » nécessaires à l'exercice de l'art dentaire. — *[Anc. art. L. 368].*

Art. L. 4141-3 Les *(Ord. n° 2008-507 du 30 mai 2008, art. 25-II)* « titres de formation » exigés en application du 1° de l'article L. 4111-1 sont pour l'exercice de la profession de chirurgien-dentiste :

1° Soit le diplôme français d'État de docteur en chirurgie dentaire ;

2° Soit le diplôme français d'État de chirurgien-dentiste ;

(Ord. n° 2009-1585 du 17 déc. 2009, art. 4-I) « 3° Soit si l'intéressé est ressortissant d'un État membre de l'Union européenne ou partie à l'accord sur l'Espace économique européen :

« *a)* Les titres de formation de praticien de l'art dentaire délivrés par l'un de ces États conformément aux obligations communautaires et figurant sur une liste établie par arrêté des ministres chargés de l'enseignement supérieur et de la santé ;

« *b)* Les titres de formation de praticien de l'art dentaire délivrés par un État, membre ou partie, conformément aux obligations communautaires, ne figurant pas sur la liste mentionnée au *a*, s'ils sont accompagnés d'une attestation de cet État certifiant qu'ils sanctionnent une formation conforme à ces obligations et qu'ils sont assimilés, par lui, aux diplômes, certificats et titres figurant sur cette liste ;

« *c)* Les titres de formation de praticien de l'art dentaire délivrés par un État, membre ou partie, sanctionnant une formation de praticien de l'art dentaire commencée dans cet État antérieurement aux dates figurant dans l'arrêté mentionné au *a* et non conforme aux obligations communautaires, s'ils sont accompagnés d'une attestation de l'un de ces États certifiant que le titulaire des titres de formation s'est consacré, dans cet État, de façon effective et licite aux activités de praticien de l'art dentaire ou, le cas échéant, de praticien de l'art dentaire spécialiste, pendant au moins trois années consécutives au cours des cinq années précédant la délivrance de l'attestation ;

« *d)* Les titres de formation de praticien de l'art dentaire délivrés par l'ancienne Union soviétique ou l'ancienne Yougoslavie ou qui sanctionnent une formation commencée avant la date d'indépendance de l'Estonie, de la Lettonie, de la Lituanie ou de la Slovénie, s'ils sont accompagnés d'une attestation des autorités compétentes de l'Estonie, de la Lettonie ou de la Lituanie pour les titres de formation délivrés par l'ancienne Union soviétique, de la Slovénie pour les titres de formation délivrés par l'ancienne Yougoslavie, certifiant qu'ils ont la même validité sur le plan juridique que les titres de formation délivrés par cet État.

« Cette attestation est accompagnée d'un certificat délivré par ces mêmes autorités indiquant que son titulaire a exercé dans cet État, de façon effective et licite, la profession de praticien de l'art dentaire ou de praticien de l'art dentaire spécialiste pendant au moins trois années consécutives au cours des cinq années précédant la délivrance du certificat ;

« *e)* Les titres de formation de praticien de l'art dentaire délivrés par un État, membre ou partie, sanctionnant une formation de praticien de l'art dentaire commencée dans cet État antérieurement aux dates figurant dans l'arrêté mentionné au *a* et non conforme aux obligations communautaires mais permettant d'exercer légalement la profession de praticien de l'art dentaire dans l'État qui les a délivrés, si le praticien de l'art dentaire justifie avoir effectué en France au cours des cinq années précédentes trois années consécutives à temps plein de fonctions hospitalières, le cas échéant dans la spécialité correspondant aux titres de formation, en qualité d'attaché associé, de praticien attaché associé, d'assistant associé ou de fonctions universitaires en qualité de chef de clinique associé des universités ou d'assistant associé des universités, à condition d'avoir été chargé de fonctions hospitalières dans le même temps ;

« *f)* Un titre de formation de médecin délivré en Italie, en Espagne, en Autriche, en République tchèque, en Slovaquie et en Roumanie sanctionnant une formation commencée au plus tard aux dates fixées par arrêté des ministres chargés de l'enseignement supérieur et de la santé, s'il est accompagné d'une attestation des autorités compétentes de cet État certifiant qu'il ouvre droit dans cet État à l'exercice de la profession de praticien de l'art dentaire et que son titulaire s'est consacré, dans cet État, de façon effective et licite, aux activités de praticien de l'art dentaire pendant au moins trois années consécutives au cours des cinq années précédant la délivrance de l'attestation.

« Pour les titres de formation délivrés par l'Italie, l'intéressé doit en outre, selon la date à laquelle la formation a commencé, produire une attestation certifiant qu'il a passé avec succès une épreuve d'aptitude organisée par les autorités italiennes compétentes » ;

(Ord. n° 2017-50 du 19 janv. 2017, art. 9-II) « *g)* Les titres de formation de praticien de l'art dentaire délivrés par un État, membre ou partie, sanctionnant une formation débutée avant le 18 janvier 2016 ;

« *h)* Les titres de formation de médecin délivrés par l'Espagne sanctionnant une formation de médecin commencée dans cet État entre le 1er janvier 1986 et le 31 décembre 1997, s'ils sont accompagnés d'une attestation délivrée par les autorités compétentes de cet État indiquant que son titulaire a suivi avec succès au moins trois années d'études conformes aux obligations communautaires de formation de base à la profession de praticien de l'art dentaire, qu'il a exercé, de façon effective, licite et à titre principal, la profession de praticien de l'art dentaire pendant au moins trois années consécutives au cours des cinq années précédant la délivrance de l'attestation et qu'il est autorisé à exercer ou exerce, de façon effective, licite et à titre principal, cette profession dans les mêmes conditions que les titulaires de titres de formation figurant sur la liste mentionnée au *a.* »

Art. L. 4141-3-1 *(Ord. n° 2009-1585 du 17 déc. 2009, art. 4-II)* L'autorité compétente *peut, après avis d'une commission* composée notamment de professionnels, autoriser individuellement à exercer la profession de chirurgien-dentiste, le cas échéant dans la spécialité, les ressortissants d'un État membre de l'Union européenne ou d'un autre État partie à l'accord sur l'Espace économique européen, titulaires de titres de formation *(Ord. n° 2017-50 du 19 janv. 2017, art. 5-III)* « de base et, le cas échéant, de spécialité » délivrés par l'un de ces États, ne répondant pas aux conditions prévues à l'article L. 4141-3 mais permettant d'exercer légalement la profession de chirurgien-dentiste dans cet État.

Dans le cas où l'examen des qualifications professionnelles attestées par l'ensemble des titres de *(Ord. nº 2017-50 du 19 janv. 2017, art. 8-I-1º)* « formation initiale, » de l'expérience professionnelle pertinente *(Ord. nº 2017-50 du 19 janv. 2017, art. 8-I-2º)* « et de la formation tout au long de la vie ayant fait l'objet d'une validation par un organisme compétent » fait apparaître des différences substantielles au regard des qualifications requises pour l'accès à la profession, le cas échéant dans la spécialité, et son exercice en France, l'autorité compétente exige que l'intéressé se soumette à une mesure de compensation, le cas échéant dans la spécialité.

(Ord. nº 2017-50 du 19 janv. 2017, art. 8-II) « Selon le niveau de qualification exigé en France et celui détenu par l'intéressé, l'autorité compétente peut soit proposer au demandeur de choisir entre un stage d'adaptation ou une épreuve d'aptitude, soit imposer un stage d'adaptation ou une épreuve d'aptitude, soit imposer un stage d'adaptation et une épreuve d'aptitude.

« La nature des mesures de compensation selon les niveaux de qualification en France et dans les autres États, membres ou parties, est fixée par arrêté du ministre chargé de la santé. »

Art. L. 4141-4 Les étudiants en chirurgie dentaire ayant satisfait en France à l'examen de cinquième année, peuvent être autorisés à exercer l'art dentaire, soit à titre de remplaçant, soit comme adjoint d'un chirurgien-dentiste.

(Ord. nº 2005-1040 du 26 août 2005) « Ces autorisations sont délivrées pour une durée limitée par le conseil départemental de l'ordre des chirurgiens-dentistes qui en informe les services de l'État.

« Un décret, pris après avis du Conseil national de l'ordre des chirurgiens-dentistes, fixe les conditions d'application du présent article, notamment le niveau d'études exigé selon la qualification du praticien remplacé, la durée maximale des autorisations et les conditions de leur prorogation. »

(L. nº 2007-294 du 5 mars 2007, art. 4) « Les personnes appartenant à la réserve sanitaire prévue à l'article L. 3132-1 *(Ord. nº 2018-20 du 17 janv. 2018, art. 14)* « , exerçant une activité au titre d'un engagement à servir dans la réserve opérationnelle prévue à l'article L. 4211-1 du code de la défense » ou requises en application des articles L. 3131-8 ou L. 3131-9 et ayant satisfait à l'examen de cinquième année des études odontologiques, sont autorisées à exercer l'art dentaire au titre des activités pour lesquelles elles ont été appelées. »

En application de l'art. L. 231-4 CRPA, le silence gardé par l'administration pendant deux mois vaut décision de rejet pour une demande d'autorisation d'un étudiant de remplacer un chirurgien-dentiste (Décr. nº 2015-1457 du 10 nov. 2015, art. 1er et 3).

Art. L. 4141-5 Les praticiens munis à la fois en application du 1º de l'article L. 4111-1 de l'un des diplômes, certificats ou titres exigés pour l'exercice de la profession de médecin, et de l'un des diplômes, certificats ou titres exigés pour l'exercice de la profession de chirurgien-dentiste, peuvent se faire inscrire, à leur choix, à l'ordre des médecins ou à l'ordre des chirurgiens-dentistes. Dans ce dernier cas, leur pratique doit se limiter à l'art dentaire et ils n'ont pas le droit d'exercer la médecine. — *[Anc. art. L. 430].*

Art. L. 4141-5-1 *(Ord. nº 2009-1585 du 17 déc. 2009, art. 4-IV)* Les diplômes mentionnés aux 1º et 2º de l'article L. 4141-3 peuvent être complétés par un diplôme conférant la qualification de spécialiste.

Art. L. 4141-6 *(Ord. nº 2009-1585 du 17 déc. 2009, art. 4-V)* Un décret en Conseil d'État fixe la composition et le fonctionnement de la commission mentionnée à l'article L. 4141-3-1 et les conditions dans lesquelles l'intéressé est soumis à une mesure de compensation.

CHAPITRE II RÈGLES D'ORGANISATION

Art. L. 4142-1 *(Ord. nº 2017-192 du 16 févr. 2017, art. 7-1º)* Le Conseil national de l'Ordre national des chirurgiens-dentistes comprend vingt-deux membres, à savoir :

1° Un binôme représentant les chirurgiens-dentistes exerçant dans la région Grand Est ;

2° Un binôme représentant les chirurgiens-dentistes exerçant dans la région Nouvelle-Aquitaine ;

3° Un binôme représentant les chirurgiens-dentistes exerçant dans la région Auvergne-Rhône-Alpes ;

4° Deux binômes représentant les chirurgiens-dentistes exerçant dans la région Île-de-France ;

5° Un binôme représentant les chirurgiens-dentistes exerçant dans la région Occitanie ;

6° Un binôme représentant les chirurgiens-dentistes exerçant dans la *[les]* région *[régions]* Normandie et Hauts-de-France ;

7° Un binôme représentant les chirurgiens-dentistes exerçant dans la région Provence-Alpes-Côte d'Azur et en Corse ;

8° Un binôme représentant les chirurgiens-dentistes exerçant dans les régions Bourgogne-Franche-Comté, et Centre-Val de Loire ;

9° Un binôme représentant les chirurgiens-dentistes exerçant dans les régions Bretagne et Pays de la Loire ;

10° Un membre représentant les chirurgiens-dentistes exerçant à la Guadeloupe, en Guyane et à la Martinique ;

11° Un membre représentant les chirurgiens-dentistes exerçant à La Réunion et à Mayotte.

Les membres du Conseil national sont élus par les membres titulaires des conseils départementaux situés dans le ressort des régions représentées selon les modalités prévues à l'article L. 4142-7.

La règle prévue à l'article L. 4142-7 ne s'applique pas à l'élection des membres mentionnés au *[aux]* 10° et 11°.

V. notes ss. art. L. 4121-2.

Art. L. 4142-2 *(Ord. nº 2017-192 du 16 févr. 2017, art. 7-2°)* La commission de contrôle des comptes et placements financiers, placée auprès du Conseil national de l'ordre, se fait communiquer chaque année l'ensemble des comptes et le budget prévisionnel des conseils.

Elle est consultée par le Conseil national de l'ordre avant la fixation de la cotisation prévue à l'article L. 4122-2.

Le rapport de la commission de contrôle sur les comptes des conseils et sur la fixation de la cotisation est publié dans le *Bulletin officiel* du Conseil national de l'ordre.

Les membres de la commission sont désignés par le Conseil national en dehors des membres du bureau de ce conseil. La commission peut s'adjoindre les services et compétences techniques extérieurs au conseil de l'ordre qui lui sont nécessaires.

Les fonctions de président de la commission de contrôle des comptes et placements financiers du Conseil national de l'ordre des *(Ord. nº 2017-644 du 27 avr. 2017, art. 3)* « chirurgiens-dentistes » sont incompatibles avec toutes fonctions exécutives au sein des conseils.

V. notes ss. art. L. 4121-2.

Art. L. 4142-3 *(Ord. nº 2005-1040 du 26 août 2005)* La chambre disciplinaire nationale comprend six membres titulaires et six membres suppléants élus, en nombre égal, par le Conseil national, d'une part, parmi les membres du Conseil national, et, d'autre part, parmi les membres et anciens membres des conseils de l'ordre.

La chambre siège en formation d'au moins cinq membres.

1. Indépendance. Les dispositions selon lesquelles les assesseurs de la chambre *disciplinaire nationale et des chambres disciplinaires de première instance* sont élus respectivement par le Conseil national et les conseils régionaux de l'ordre des chirurgiens-dentistes, alors que ces organes jouissent de pouvoirs de poursuite, ne portent, par elles-mêmes, aucune atteinte au principe d'impartialité et d'indépendance de toute juridiction ; en effet, les art. L. 4126-2 et L. 4122-3 prévoient une obligation d'abstention des juges, et qu'aucun membre de la chambre disciplinaire nationale ne peut siéger lorsqu'il a eu connaissance des faits de la cause à raison de l'exercice d'autres fonctions ordinales, à cela s'ajoutant la faculté de récusation ouverte aux intéressés. • CE 23 juill. 2010, *Bessis et Synd. DSI*, n° 339595 (rejet de la demande de question prioritaire de constitutionnalité).

2. Impartialité. Saisi sur renvoi du Conseil d'État après annulation par celui-ci d'une première décision prise en appel, le Conseil national (devenu Chambre disciplinaire nationale) – eu égard à la nature de cette juridiction qui est la seule compétente pour connaître en appel des affaires disciplinaires concernant les pharmaciens – pouvait ensuite statuer dans une formation dont plusieurs membres avaient siégé lors du premier examen de l'affaire, sans méconnaître la loi ni l'art. 6, § 1er, Conv. EDH. • CE, sect., 5 juill. 2000, *Mme Rochard*, n° 189523 : *Lebon 298 ; AJDA 2000. 613, chron. Guyomar et Collin*. ♦ Un assesseur qui a le statut de témoin assisté dans une affaire pénale initiée pour violation du secret professionnel par le praticien poursuivi ne peut siéger dans la formation disciplinaire chargée de juger ce même praticien. • CE 27 juin 2005, *Bessis*, n° 248309.

3. Composition : régularité. Le chirurgien-dentiste, élu membre du Conseil national, puis membre de la section disciplinaire, et encore inscrit au tableau de l'ordre, demeure membre de la section disciplinaire nonobstant la circonstance qu'il a cessé d'exercer son activité professionnelle. • CE 16 juin 2000, *Marti*, n° 196552 : *Lebon 231*.

Art. L. 4142-4 *(Ord. n° 2005-1040 du 26 août 2005)* **La chambre disciplinaire de première instance des chirurgiens-dentistes est composée de huit membres titulaires et de huit membres suppléants élus, en nombre égal, par le conseil régional auprès duquel siège la chambre, d'une part, parmi les membres du conseil régional dont elle dépend, et, d'autre part, parmi les membres et anciens membres des conseils de l'ordre.**

La chambre siège en formation d'au moins cinq membres.

(L. n° 2007-127 du 30 janv. 2007, art. 9) **« Dans la région d'Île-de-France, la chambre disciplinaire de première instance de l'ordre des chirurgiens-dentistes comprend, outre son président, douze membres titulaires et douze membres suppléants. »**

La chambre disciplinaire de première instance de l'ordre des chirurgiens-dentistes de La Réunion-Mayotte comprend, outre son président, deux membres titulaires et deux membres suppléants.

(L. n° 2017-1841 du 30 déc. 2017, art. 3) **« La chambre disciplinaire interrégionale de première instance de Provence-Alpes-Côte d'Azur-Corse comporte, pour les quatre membres titulaires et quatre membres suppléants élus parmi les membres du conseil régional, trois membres titulaires et trois membres suppléants élus par les membres titulaires du conseil régional de Provence-Alpes-Côte d'Azur parmi ses membres ainsi qu'un membre titulaire et un membre suppléant élus par les membres titulaires du conseil régional de Corse parmi ses membres. »**

V. jurisprudence ss. art. L. 4142-3.

Art. L. 4142-4-1 (Abrogé par Ord. n° 2017-192 du 16 févr. 2017, art. 7-3°) (Ord. n° 2005-1040 du 26 août 2005) ***Les chirurgiens-dentistes exerçant dans la région Provence-Alpes-Côte d'Azur et les chirurgiens-dentistes exerçant dans la région Corse sont soumis à la compétence de la chambre disciplinaire interrégionale de première instance de Provence-Alpes-Côte d'Azur-Corse.***

(Abrogé par L. n° 2007-127 du 30 janv. 2007, art. 10) ***« Cette chambre siège auprès du conseil régional de Provence-Alpes-Côte d'Azur.***

« Les membres de cette formation sont élus dans les conditions prévues à l'article L. 4142-4 par l'assemblée des conseils régionaux de Provence-Alpes-Côte d'Azur et de la Corse. »

V. notes ss. art. L. 4121-2.

Art. L. 4142-5 *(Abrogé par* Ord. n° 2017-192 du 16 févr. 2017, art. 7-3°) (L. n° 2009-879 du 21 juill. 2009, art. 62-XXVI) ***Le médecin*** (L. n° 2011-940 du 10 août 2011, art. 47-I-6°) ***« , le chirurgien-dentiste ou la sage-femme désigné par le directeur général de l'agence régionale de santé, » ou son représentant est adjoint, avec voix consultative, à la chambre disciplinaire de première instance.***

V. notes ss. art. L. 4121-2.

Art. L. 4142-6 *(Ord. n° 2017-192 du 16 févr. 2017, art. 7-4°)* **Dans chaque département, le conseil départemental de l'ordre des chirurgiens-dentistes est constitué de huit membres titulaires et de huit membres suppléants.** – *[Anc. art. L. 432].*

Outre les membres titulaires visés par l'art. L. 4142-6, le conseil départemental de l'ordre des chirurgiens-dentistes comporte sept membres suppléants si le nombre de chirurgiens-dentistes inscrits au tableau est égal ou inférieur à cinquante et dix membres suppléants si ce nombre est supérieur à cinquante (art. D. 4132-1, D. 4142-2 et R. 4152-2).

V. notes ss. art. L. 4121-2.

Art. L. 4142-7 *(Ord. nº 2017-192 du 16 févr. 2017, art. 7-5º)* **Les membres des conseils de l'ordre des chirurgiens-dentistes sont élus au scrutin binominal majoritaire à un tour. Chaque binôme est composé de candidats de sexe différent.**

Par dérogation à l'alinéa précédent, lorsque le nombre de chirurgiens-dentistes d'un même sexe inscrits au tableau de l'ordre et remplissant les conditions d'éligibilité est inférieur ou égal à 30, le conseil de l'ordre est élu au scrutin uninominal majoritaire à un tour.

Les suppléants élus sont du même sexe que le membre à suppléer.

Un décret en Conseil d'État détermine les modalités d'application du présent article.

V. notes ss. art. L. 4121-2.

CHAPITRE III *[ABROGÉ]* DÉVELOPPEMENT PROFESSIONNEL CONTINU

(Abrogé par L. nº 2016-41 du 26 janv. 2016, art. 114-I-3º)

Art. L. 4143-1 à L. 4143-4 *Abrogés par L. nº 2016-41 du 26 janv. 2016, art. 114.*

TITRE CINQUIÈME PROFESSION DE SAGE-FEMME

BIBL. ▶ MERGER-PÉLIER et DIBIE-KRAJCMAN, Manuel juridique de la sage-femme, *Les études hospitalières, 2ᵉ éd., 2012.*

CHAPITRE PREMIER CONDITIONS D'EXERCICE

Art. L. 4151-1 L'exercice de la profession de sage-femme comporte la pratique des actes nécessaires au diagnostic, à la surveillance de la grossesse et à la préparation psychoprophylactique à l'accouchement, ainsi qu'à la surveillance et à la pratique de l'accouchement et des soins postnataux en ce qui concerne la mère et l'enfant, sous réserve des dispositions des articles L. 4151-2 à L. 4151-4 et suivant les modalités fixées par le code de déontologie de la profession, mentionné à l'article L. 4127-1.

(L. nº 2016-41 du 26 janv. 2016, art. 127-III-1º) **« La sage-femme peut effectuer l'examen postnatal à la condition d'adresser la femme à un médecin en cas de situation pathologique constatée. »**

(L. nº 2009-879 du 21 juill. 2009, art. 86-II) **« L'exercice de la profession de sage-femme peut comporter également la réalisation de consultations de contraception et de suivi gynécologique de prévention** *(L. nº 2016-41 du 26 janv. 2016, art. 127-III-2º)* **« ainsi que d'interruptions volontaires de grossesse par voie médicamenteuse », sous réserve que la sage-femme adresse la femme à un médecin en cas de situation pathologique. »**

(L. nº 2011-814 du 7 juill. 2011, art. 38) **« Les sages-femmes sont autorisées à concourir aux activités d'assistance médicale à la procréation, dans des conditions fixées par décret. »**

Art. L. 4151-2 *(L. nº 2016-41 du 26 janv. 2016, art. 127-IV)* **Les sages-femmes peuvent prescrire et pratiquer les vaccinations de la femme et du nouveau-né.**

Elles peuvent prescrire et pratiquer, en vue de protéger l'enfant pendant la période postnatale, les vaccinations des personnes qui vivent régulièrement dans son entourage, dans des conditions déterminées par décret. Ce décret détermine également les modalités selon lesquelles les sages-femmes transmettent au médecin traitant de ces personnes les informations relatives à ces vaccinations.

Un arrêté du ministre chargé de la santé fixe la liste des vaccinations mentionnées aux deux premiers alinéas.

COMMENTAIRE

V. Commentaire reproduit sur Dalloz.fr.

Art. L. 4151-3 *(L. nº 2004-806 du 9 août 2004, art. 104-I)* **En cas de pathologie maternelle, fœtale ou néonatale pendant la grossesse, l'accouchement ou les suites de**

couches, et en cas d'accouchement dystocique, la sage-femme doit faire appel à un médecin. Les sages-femmes peuvent pratiquer les soins prescrits par un médecin en cas de grossesse ou de suites de couches pathologiques.

1. Appel au médecin. Lorsqu'une sage-femme, comme elle en a l'obligation en cas de dystocie, fait appel à un médecin, l'absence de médecin est constitutive d'un défaut dans l'organisation et le fonctionnement du service engageant la responsabilité du service public hospitalier, à moins que cette absence ne soit justifiée d'une circonstance d'extrême urgence ayant fait obstacle à ce que la sage-femme appelle le médecin, ou que le médecin appelé ait été, pour des motifs légitimes, placé dans l'impossibilité de se rendre au chevet de la parturiente. • CE 27 juin 2005, *M. et Mme G.*, n° 250483 : *RDSS 2005. 863, note Cristol*. ♦ Sur la responsabilité d'une clinique dans des circonstances similaires. • Civ. 1re, 18 janv. 1989 : *Bull. civ. I, n° 19.* ♦ Sur la détermination du moment où la sage-femme doit faire appel au médecin. • Civ. 1re, 13 déc. 2005 : *Bull. civ. I, n° 498.*

2. Responsabilité de la sage-femme. Si la sage-femme est habilitée à pratiquer les actes nécessaires quant à la surveillance et la pratique de l'accouchement, elle doit faire appel à un médecin en cas d'accouchement dystocique ; de sorte qu'il ne peut être fait grief au médecin de ne pas s'informer par lui-même de l'état de la parturiente. • Civ. 1re, 14 oct. 2010 : *Bull. civ. I, n° 202.* ♦ S'il incombe aux sages-femmes, en cas d'accouchement dystocique, de faire appel à un médecin, la carence de ce dernier ne les dispense pas de continuer à assurer, par tout moyen technique à leur disposition, la surveillance de l'accouchement. • Civ. 1re, 9 déc. 2010, n° 09-70.356. ♦ Un médecin accoucheur n'est pas tenu de suivre l'état d'une parturiente dès son entrée en clinique, lorsque celle-ci est sous la surveillance d'une sage-femme, et qu'aucun élément ne permet de suspecter un accouchement dystocique. • Civ. 1re, 20 juin 2000 : *Bull. civ. I, n° 192.*

3. Responsabilité pénale. Pour relaxer la sage-femme prévenue du chef de manquement à une obligation de prudence (C. pén., art. 121-3) ou d'homicide par imprudence (C. pén., art. 221-6), les premiers juges énoncent à tort que faute d'avoir interprété le tracé du rythme cardiaque fœtal comme l'indice d'une hypoxie, la prévenue a commis non pas une négligence ou un manquement à une obligation de sécurité ou de prudence imposée par la loi, mais une simple erreur de diagnostic n'engageant pas sa responsabilité pénale ; en effet, il résulte de l'art. L. 4151-3 que, en cas d'accouchement dystocique, les sages-femmes doivent faire appeler un médecin, ce qui n'a pas été le cas ; toutefois dès lors que l'enfant n'est pas né vivant, les faits ne sont susceptibles d'aucune qualification pénale. • Crim. 4 mai 2004 : *Bull. crim. n° 108.*

Art. L. 4151-4 *(L. n° 2004-806 du 9 août 2004, art. 104-II)* **Les sages-femmes peuvent prescrire** *(L. n° 2005-1579 du 19 déc. 2005, art. 37-IV)* **« les dispositifs médicaux, dont la liste est fixée par l'autorité administrative, et » les examens strictement nécessaires à l'exercice de leur profession. Elles peuvent également prescrire les médicaments d'une classe thérapeutique figurant sur une liste fixée par arrêté du ministre chargé de la santé pris après avis de** *(L. n° 2011-2012 du 29 déc. 2011, art. 5-IV)* **« l'Agence nationale de sécurité du médicament et des produits de santé »** *(L. n° 2016-41 du 26 janv. 2016, art. 134-II)* **« et prescrire des substituts nicotiniques à toutes les personnes qui vivent régulièrement dans l'entourage de la femme enceinte ou de l'enfant jusqu'au terme de la période postnatale ou assurent la garde de ce dernier ».**

Art. L. 4151-5 **Les** *(Ord. n° 2008-507 du 30 mai 2008, art. 26-I)* **« titres de formation » exigés en application du 1° de l'article L. 4111-1 sont pour l'exercice de la profession de sage-femme :**

1° Soit le diplôme français d'État de sage-femme ;

(Ord. n° 2009-1585 du 17 déc. 2009, art. 5-I) **« 2° Soit, si l'intéressé est ressortissant d'un État membre de l'Union européenne ou partie à l'accord sur l'Espace économique européen :**

« *a)* Un titre de formation de sage-femme délivré par l'un de ces États conformément aux obligations communautaires et figurant sur une liste établie par arrêté des ministres chargés de l'enseignement supérieur et de la santé ;

« *b)* Un titre de formation de sage-femme délivré par un État, membre ou partie, conformément aux obligations communautaires, ne figurant pas sur la liste mentionnée au *a*, s'il est accompagné d'une attestation de cet État certifiant qu'il sanctionne une formation conforme à ces obligations et d'une attestation indiquant le type de formation suivie, complétée le cas échéant par une pratique professionnelle, et qu'il est assimilé, par lui, aux diplômes, certificats et titres figurant sur cette liste ;

« *c)* Un titre de formation de sage-femme délivré par l'un de ces États conformément aux obligations communautaires, ne figurant pas sur la liste mentionnée au *a* et non accompagné de l'attestation de pratique professionnelle mentionnée au *b*, si un État, membre ou partie, atteste que l'intéressé s'est consacré de façon effective et licite aux activités de sage-femme pendant au moins deux années consécutives au cours des cinq années précédant la délivrance de cette attestation ;

« *d)* Un titre de formation de sage-femme délivré par un État, membre ou partie, sanctionnant une formation de sage-femme commencée dans cet État antérieurement aux dates figurant dans l'arrêté mentionné au a et non conforme aux obligations communautaires, s'il est accompagné d'une attestation de l'un de ces États certifiant que le titulaire du titre de formation s'est consacré dans cet État de façon effective et licite aux activités de sage-femme pendant au moins trois années consécutives au cours des cinq années précédant la délivrance de cette attestation ;

« *e)* Un titre de formation de sage-femme délivré par l'ancienne Tchécoslovaquie, l'ancienne Union soviétique ou l'ancienne Yougoslavie ou qui sanctionne une formation commencée avant la date d'indépendance de la République tchèque, de la Slovaquie, de l'Estonie, de la Lettonie, de la Lituanie ou de la Slovénie, s'il est accompagné d'une attestation des autorités compétentes de la République tchèque ou de la Slovaquie pour les titres de formation délivrés par l'ancienne Tchécoslovaquie, de l'Estonie, de la Lettonie ou de la Lituanie pour les titres de formation délivrés par l'ancienne Union soviétique, de la Slovénie pour les titres de formation délivrés par l'ancienne Yougoslavie, certifiant qu'ils ont la même validité sur le plan juridique que les titres de formation délivrés par cet État.

« Cette attestation est accompagnée d'un certificat délivré par ces mêmes autorités indiquant que son titulaire a exercé dans cet État, de façon effective et licite, la profession de sage-femme pendant au moins trois années consécutives au cours des cinq années précédant la délivrance du certificat ;

« *f)* Un titre de formation de sage-femme sanctionnant une formation commencée en Roumanie antérieurement aux dates fixées dans l'arrêté mentionné au *a* et non conforme aux obligations communautaires, si cet État atteste que l'intéressé a exercé dans cet État, de façon effective et licite, la profession de sage-femme pendant des périodes fixées par arrêté du ministre chargé de la santé » ;

(Ord. n° 2017-50 du 19 janv. 2017, art. 9-III-2°) « *g)* Un titre de formation de sage-femme délivré en Pologne aux professionnels ayant achevé leur formation avant le 1er mai 2004 et non conforme aux obligations communautaires si cet État atteste que l'intéressé a exercé dans cet État, de façon effective et licite, la profession de sage-femme pendant des périodes fixées par arrêté du ministre chargé de la santé ou si le titre de formation comporte un programme spécial de revalorisation lui permettant d'être assimilé à un titre figurant sur la liste mentionnée au *a* ;

« *h)* Les titres de formation de sage-femme délivrés par un État, membre ou partie, sanctionnant une formation débutée avant le 18 janvier 2016. »

(Ord. n° 2008-507 du 30 mai 2008, art. 26-I) « La liste des attestations devant accompagner les titres de formation est fixée par arrêté des ministres chargés de l'enseignement supérieur et de la santé. »

Art. L. 4151-5-1 *(Ord. n° 2008-507 du 30 mai 2008, art. 26-II ; Ord. n° 2009-1585 du 17 déc. 2009, art. 25)* L'autorité compétente peut, après avis d'une commission, composée notamment de professionnels, autoriser individuellement à exercer la profession de sage-femme les ressortissants d'un État membre de l'Union européenne ou d'un autre État partie à l'accord sur l'Espace économique européen, titulaires d'un titre de formation délivré par l'un de ces États, ne répondant pas aux conditions prévues à l'article L. 4151-5 mais permettant d'exercer légalement la profession de sage-femme dans cet État. Dans le cas où l'examen des qualifications professionnelles attestées par *(L. n° 2009-179 du 17 févr. 2009, art. 38)* « l'ensemble des titres de *(Ord. n° 2017-50 du 19 janv. 2017, art. 8-I-1°)* « formation initiale, » de » l'expérience professionnelle pertinente *(Ord. n° 2017-50 du 19 janv. 2017, art. 8-I-2°)* « et de la formation tout au long de la vie ayant fait l'objet d'une validation par un organisme compétent » fait apparaître des différences substantielles au regard des qualifications requises pour l'accès à la profession et son exercice en France, l'autorité compétente exige que l'intéressé se soumette à une mesure de compensation.

(Ord. n° 2017-50 du 19 janv. 2017, art. 8-II) « Selon le niveau de qualification exigé en France et celui détenu par l'intéressé, l'autorité compétente peut soit proposer au demandeur de choisir entre un stage d'adaptation ou une épreuve d'aptitude, soit imposer un stage d'adaptation ou une épreuve d'aptitude, soit imposer un stage d'adaptation et une épreuve d'aptitude.

« La nature des mesures de compensation selon les niveaux de qualification en France et dans les autres États, membres ou parties, est fixée par arrêté du ministre chargé de la santé. »

Art. L. 4151-6 *(L. n° 2007-294 du 5 mars 2007, art. 4)* « I. — » *(Ord. n° 2005-1040 du 26 août 2005 ; Ord. n° 2009-1585 du 17 déc. 2009, art. 5-II)* Les étudiants sages-femmes effectuant leur formation en France peuvent être autorisés à exercer la profession de sage-femme comme remplaçant.

Ces autorisations sont délivrées pour une durée limitée par le conseil départemental de l'ordre des sages-femmes qui en informe les services de l'État.

Un décret, pris après avis du Conseil national de l'ordre des sages-femmes, fixe les conditions d'application du présent article, notamment le niveau d'études exigé, la durée maximale des autorisations et les conditions de leur prorogation.

(L. n° 2007-294 du 5 mars 2007, art. 4) « II. — Les personnes appartenant à la réserve sanitaire prévue à l'article L. 3132-1 *(Ord. n° 2018-20 du 17 janv. 2018, art. 14)* « , exerçant une activité au titre d'un engagement à servir dans la réserve opérationnelle prévue à l'article L. 4211-1 du code de la défense » ou requises en application des articles L. 3131-8 ou L. 3131-9 et ayant satisfait à l'examen de troisième année des études de sage-femme, sont autorisées à exercer la profession de sage-femme au titre des activités pour lesquelles elles ont été appelées. »

En application de l'art. L. 231-4 CRPA, le silence gardé par l'administration pendant deux mois vaut décision de rejet pour une demande d'autorisation d'un étudiant de remplacer une sage-femme (Décr. n° 2015-1457 du 10 nov. 2015, art. 1er et 3).

Art. L. 4151-7 La formation des personnes qui se préparent à la profession de sage-femme est assurée dans des écoles *(L. n° 2004-809 du 13 août 2004, art. 73-VIII)* « agréées par la région » et ouvertes aux candidats des deux sexes. Les conditions d'organisation et d'agrément de ces écoles sont fixées par voie réglementaire.

(L. n° 2004-806 du 9 août 2004, art. 107) « Les conditions d'admission dans les écoles de sages-femmes sont fixées par les dispositions de l'article L. 631-1 du code de l'éducation. »

Art. L. 4151-7-1 *(L. n° 2009-879 du 21 juill. 2009, art. 60)* La formation initiale des sages-femmes peut être organisée au sein des universités, par dérogation à l'article L. 4151-7, sous réserve de l'accord du conseil régional. Cet accord doit notamment porter sur les modalités de financement de la formation. Un arrêté des ministres chargés de la santé et de l'enseignement supérieur fixe les modalités de cette intégration à l'université pour le ou les sites concernés.

Art. L. 4151-8 *(L. n° 2004-809 du 13 août 2004, art. 73-IX)* La région est compétente pour attribuer des aides aux étudiants inscrits dans les écoles de formation agréées en application de l'article L. 4151-7. La nature, le niveau et les conditions d'attribution de ces aides sont fixés par délibération du conseil régional. Aucune condition de résidence ne peut être exigée des étudiants.

Un décret fixe les règles minimales de taux et de barème de ces aides.

Art. L. 4151-9 *(L. n° 2004-809 du 13 août 2004, art. 73-IX)* La région a la charge du fonctionnement et de l'équipement des écoles mentionnées à l'article L. 4151-7 lorsqu'elles sont publiques. Elle peut participer au financement du fonctionnement et de l'équipement de ces écoles lorsqu'elles sont privées.

La subvention de fonctionnement et d'équipement est versée annuellement aux organismes qui gèrent ces écoles ; les dépenses et les ressources de l'école sont identifiées sur un budget spécifique.

Les personnels des écoles relevant d'un établissement public de santé sont recrutés, gérés et rémunérés par cet établissement selon les dispositions de la loi n° 86-33 du 9 janvier 1986 portant dispositions statutaires relatives à la fonction publique hospitalière. Les écoles privées recrutent, gèrent et rémunèrent leurs personnels.

Les modalités d'application du présent article sont déterminées par voie réglementaire.

Sur la liste des médicaments que peuvent prescrire les sages-femmes, V. Arr. du 12 oct. 2011.

Fonctionnement, notion. Les charges de fonctionnement recouvrent nécessairement l'ensemble des dépenses d'exploitation courantes, les charges financières afférentes aux emprunts contractés pour les investissements ainsi que les dotations aux comptes d'amortissement des biens meubles et immeubles, afin de déterminer, après prise en compte des recettes d'exploitation, le montant du résultat d'exploitation et les conditions réelles d'équilibre du budget des établissements publics de santé concernés. • CE 18 oct. 2006, *Région Pays de la Loire,* n° 284563.

Art. L. 4151-10 *(Ord. n° 2008-507 du 30 mai 2008, art. 26-III ; Ord. n° 2009-1585 du 17 déc. 2009, art. 5-III)* **Un décret en Conseil d'État fixe la composition et le fonctionnement de la commission mentionnée à l'article L. 4151-5-1 et les conditions dans lesquelles l'intéressé est soumis à une mesure de compensation.**

CHAPITRE II RÈGLES D'ORGANISATION

Art. L. 4152-1 Le Conseil national de l'ordre des sages-femmes est composé de cinq sages-femmes élues par les conseils départementaux regroupés en cinq secteurs par arrêté du ministre chargé de la santé.

Art. L. 4152-2 (Abrogé par Ord. n° 2017-192 du 16 févr. 2017, art. 8-1°) ***La représentation des sages-femmes des départements d'outre-mer au sein du Conseil national de leur ordre est assurée par deux sages-femmes désignées, l'une au titre de la Guadeloupe, de la Martinique et de la Guyane, l'autre au titre de la Réunion. Elles sont élues par les conseils départementaux intéressés parmi les sages-femmes exerçant dans la métropole et qui sont déjà membres du Conseil national de l'ordre. A défaut de conseil départemental, le corps électoral ne comportera que les sages-femmes elles-mêmes.*** — [Anc. art. L. 449-1].

V. notes ss. art. L. 4121-2.

Art. L. 4152-3 Sont adjoints au Conseil national, avec voix consultative, *(Ord. n° 2017-192 du 16 févr. 2017, art. 8-2°)* **« trois représentants des ministres » chargés de l'enseignement supérieur, de la santé et de la sécurité sociale.**

V. notes ss. art. L. 4121-2.

Art. L. 4152-4 *Abrogé par L. n° 2009-879 du 21 juill. 2009, art. 62.*

Art. L. 4152-5 *Abrogé par Ord. n° 2005-1040 du 26 août 2005.*

Art. L. 4152-6 *(Ord. n° 2005-1040 du 26 août 2005)* **La chambre disciplinaire nationale comprend quatre membres titulaires et quatre membres suppléants élus, en nombre égal, par le Conseil national parmi, d'une part, les membres du Conseil national, et, d'autre part, parmi les membres et anciens membres des conseils de l'ordre.**

La chambre siège en formation d'au moins trois membres.

Indépendance et impartialité. Absence d'atteinte au principe d'impartialité et d'indépendance des juridictions issu de l'art. 16 DDH, dès lors que l'art. L. 4122-3 prévoit que les fonctions exercées par les membres de la chambre disciplinaire nationale sont incompatibles avec la fonction d'assesseur à la Chambre disciplinaire de première instance, et qu'aucun membre de la Chambre disciplinaire nationale ne peut siéger lorsqu'il a eu connaissance des faits de la cause à raison de l'exercice d'autres fonctions ordinales. • CE 24 sept. 2010, *Mme Perarnaud,* n° 341548. ♦ Eu égard aux différences de situation qui caractérisent les diverses professions réglementées, le fait que la Chambre disciplinaire nationale de l'ordre des sages-femmes soit composée majoritairement de membres de l'ordre et non de magistrats professionnels ne méconnaît pas le principe d'égalité devant la justice. • Même arrêt.

Art. L. 4152-7 *(Ord. n° 2005-1040 du 26 août 2005)* **Le ressort territorial des chambres disciplinaires de première instance est identique à celui des secteurs mentionnés à l'article L. 4152-1.**

La chambre disciplinaire de première instance est composée d'un nombre de sages-femmes fixé par voie réglementaire en fonction des effectifs de sages-femmes inscrites aux derniers tableaux publiés dans l'interrégion.

La chambre comprend des membres élus, en nombre égal, parmi les membres du conseil interrégional dont elle dépend, et les membres et anciens membres des conseils de l'ordre.

La chambre siège en formation d'au moins trois membres.

Art. L. 4152-8 (Abrogé par Ord. n° 2017-192 du 16 févr. 2017, art. 8-3°) (L. n° 2009-879 du 21 juill. 2009, art. 62-XXIX) ***Le médecin*** (L. n° 2011-940 du 10 août 2011, art. 47-I-6°) **«** ***, le chirurgien-dentiste ou la sage-femme désigné par le directeur général de l'agence régionale de santé, » ou son représentant est adjoint, avec voix consultative, à la chambre disciplinaire de première instance.***

V. notes ss. art. L. 4121-2.

Art. L. 4152-9 *(Ord. n° 2005-1040 du 26 août 2005)* **Il existe dans chaque département un conseil départemental composé d'un nombre de membres fixé par voie réglementaire compte tenu du nombre de sages-femmes inscrites au dernier tableau publié.**

CHAPITRE III *[ABROGÉ]* DÉVELOPPEMENT PROFESSIONNEL CONTINU

(Abrogé par L. n° 2016-41 du 26 janv. 2016, art. 114-I-3°)

Art. L. 4153-1 à L. 4153-4 *Abrogés par L. n° 2016-41 du 26 janv. 2016, art. 114.*

TITRE SIXIÈME DISPOSITIONS PÉNALES

BIBL. ▶ MISTRETTA (dir), Le droit français à l'aune du droit comparé : pour un droit pénal médical rénové, *Éd. Inst. univ. Varenne, 2017*. – Droit pénal médical, *Cujas, 2013*.

CHAPITRE PREMIER EXERCICE ILLÉGAL

RÉP. PÉN. v° *Médecine.*

BIBL. ▶ *Dict. perm. Santé, Bioéthique et Biotechnologies*, rubrique « Exercice illégal des professions de santé ». – LECA, La situation juridique des médecines douces, *RGDM 2017/6, n° 63, p. 153*. – GUYONNET, Le délit d'exercice illégal de la médecine face au développement des pratiques non conventionnelles, *Rev. dr. et santé 2016, n° 70, p. 163*. – SAUVAGE, L'appréciation jurisprudentielle de l'exercice illégal de la médecine, *RGDM 2016, n° 59, p. 231*. – ROBARD, Médecines non conventionnelles et droit : la nécessaire intégration dans les systèmes de santé en France et en Europe, *Litec 2002*.

▶ **A titre historique :** GARNIER, Le délit d'exercice illégal de la médecine, *thèse, éd. Loviton, 1937*. – ROCHER, De l'exercice illégal de la médecine en France, *thèse, Sirey, 1908*.

Art. L. 4161-1 Exerce illégalement la médecine :

1° Toute personne qui prend part habituellement ou par direction suivie, même en présence d'un médecin, à l'établissement d'un diagnostic ou au traitement de maladies, congénitales ou acquises, réelles ou supposées, par actes personnels, consultations verbales ou écrites ou par tous autres procédés quels qu'ils soient, ou pratique l'un des actes professionnels prévus dans une nomenclature fixée par arrêté du ministre chargé de la santé pris après avis de l'Académie nationale de médecine, sans être titulaire d'un diplôme, certificat ou autre titre mentionné à l'article L. 4131-1 et exigé pour l'exercice de la profession de médecin, ou sans être bénéficiaire des dispositions spéciales mentionnées aux articles L. 4111-2 à L. 4111-4, L. 4111-7, L. 4112-6, ***L. 4131-2 à L. 4131-5 ;***

2° Toute personne qui se livre aux activités ***définies*** **au 1° ci-dessus sans satisfaire à la condition posée au 2° de l'article L. 4111-1 compte tenu, le cas échéant, des exceptions apportées à celle-ci par le présent livre et notamment par les articles** *(L. n° 2004-806 du 9 août 2004, art. 146-VII ; L. n° 2009-526 du 12 mai 2009, art. 52)* **« L. 4111-7 et L. 4131-4-1 ; »**

3° Toute personne qui, munie d'un titre régulier, sort des attributions que la loi lui confère, notamment en prêtant son concours aux personnes mentionnées aux 1° et 2°, à l'effet de les soustraire aux prescriptions du présent titre ;

4° Toute personne titulaire d'un diplôme, certificat ou tout autre titre de médecin qui exerce la médecine sans être inscrite à un tableau de l'ordre des médecins institué conformément au chapitre II du titre Ier du présent livre ou pendant la durée de la

peine d'interdiction temporaire prévue à l'article L. 4124-6 à l'exception des personnes mentionnées aux articles L. 4112-6 et L. 4112-7 ;

5° Tout médecin mentionné à l'article L. 4112-7 qui exécute des actes professionnels sans remplir les conditions ou satisfaire aux obligations prévues audit article.

Les dispositions du présent article ne s'appliquent pas aux étudiants en médecine ni aux sages-femmes, *(Ord. n° 2010-49 du 13 janv. 2010, art. 3)* **« ni aux pharmaciens biologistes pour l'exercice des actes de biologie médicale »** *(Ord. n° 2017-48 du 19 janv. 2017, art. 2-II)* **« , ni aux physiciens médicaux »***[,]* **ni aux infirmiers ou gardes-malades qui agissent comme aides d'un médecin ou que celui-ci place auprès de ses malades,** *(L. n° 2016-41 du 26 janv. 2016, art. 119-2°)* **« ni aux auxiliaires médicaux exerçant en pratique avancée en application de l'article L. 4301-1, » ni aux personnes qui accomplissent, dans les conditions prévues par décret en Conseil d'État pris après avis de l'Académie nationale de médecine, les actes professionnels dont la liste est établie par ce même décret.**

Sur la liste des actes médicaux ne pouvant être pratiqués que par des médecins ou pouvant être pratiqués également par des auxiliaires médicaux ou par des directeurs de laboratoires d'analyses médicales non médecins, V. Arr. du 6 janv. 1962 🏛.

Sur les appareils émettant des rayonnements ultraviolets destinés à exercer une action sur la peau à des fins esthétiques, dénommés "appareils de bronzage", V. L. n° 2016-41 du 26 janv. 2016, art. 21 🏛.

1. Constitutionnalité. La question de savoir si l'art. L. 4161-1 est conforme aux droits et libertés garantis par l'art. 34 de la Constitution, à l'art. 8 DDH ainsi qu'au principe de légalité des délits ne présente pas de caractère sérieux dès lors qu'en renvoyant la définition des actes médicaux réservés aux médecins à une liste fixée par un texte réglementaire, cette disposition incrimine en termes clairs et précis les différents modes d'exercice illégal de la médecine. • Crim. 4 déc. 2012, n° 12-90.059 : *Bull. à paraître.*

I. ACTES CONSTITUTIFS D'EXERCICE ILLÉGAL

2. Notion d'exercice médical. De façon générale, l'examen d'un malade, aux fins de rechercher l'origine d'une lésion, réelle ou supposée, responsable d'un état pathologique, et de la localiser, constitue un acte de diagnostic réservé aux seuls médecins titulaires du titre légal. • Crim. 12 juin 1978 : *Bull. crim. n° 190.* ♦ L'exercice de la médecine s'entend aussi bien de la médecine préventive que de la médecine réparatrice. • Crim. 9 oct. 1973, n° 73-90.123. ♦ A propos de l'ouverture par un sophrologue d'un « centre anti-tabac », le juge retient à bon droit que l'intéressé reçoit des personnes souffrant d'un état de dépendance tabagique, d'un malaise somatique ou psychique dû au sevrage, lequel constitue à tout le moins une maladie réelle ou supposée. • Crim. 6 nov. 1996 : *Bull. crim. n° 397.* ♦ Si le conseil départemental de l'ordre des médecins peut inviter un non-médecin à cesser d'utiliser le titre de médecin, il n'est pas fondé à le poursuivre pour exercice de la *« médecine chinoise » : le terme de* médecine, à l'inverse du titre de médecin, n'étant pas protégé, seuls l'établissement de *diagnostics ou* la pratique d'actes médicaux eussent justifié de lui interdire d'user de cette appellation. • Civ. 1re, 16 oct. 2008 : *Bull. crim. n° 229.* ♦ V. également, • Crim. 13 juin 2017, n° 18-85.596.

3. Diagnostics. Constitue un diagnostic l'activité consistant à expertiser des personnes malades pour le compte de leur assureur. • Crim. 12 janv. 2010 : *Dr. pénal 2010, n° 45, obs. Véron.* ♦ ... A examiner des personnes et déterminer l'organe malade à partir des symptômes décrits, établissant ainsi un diagnostic, avant de mettre en œuvre un traitement. • Crim. 21 sept. 2004, n° 04-80.526. ♦ ... A détecter des « symptômes morbides », par des bilans énergétiques, suivis de conseils « hygiéno-diététiques » et de prescriptions de médicaments homéopathiques. • Crim. 18 janv. 1990, n° 89-81.959. ♦ ... A pratiquer des palpations, massages ou manipulations, des vérifications de tensions musculaires. • Crim. 5 avr. 1995, n° 94-80.938. ♦ ... A interpréter des radiographies et procéder à des « diagnostics mécaniques » avant de prodiguer des soins. • Crim. 28 avr. 1987, n° 86-93.308. ♦ La tonométrie (mesure de la tension intraoculaire) est un acte médical en ce qu'elle prend part à l'établissement d'un diagnostic : bien que ne figurant pas sur la liste des actes médicaux réservés aux médecins, qui n'est pas limitative, elle ne figure pas non plus sur la liste des actes médicaux qui peuvent être exécutés par des auxiliaires médicaux qualifiés et uniquement sur prescription du médecin, laquelle est limitative et ne comprenait pas la tonométrie. • Crim. 11 janv. 2012, n° 10-88.908 (NB : les orthoptistes sont désormais habilités à pratiquer cet acte sur prescription médicale et sous la responsabilité d'un ophtalmologiste : Décr. n° 2007-1678 du 27 nov. 2007 : CSP, art. R. 4342-8).

4. Traitements. Constitue un traitement l'utilisation du laserpuncture sur des points d'acupuncture ou assimilables, susceptible d'entraîner des réactions organiques. • Crim. 7 sept. 2010, n° 09-87.811. ♦ ... L'acupuncture, en raison du diagnostic qu'elle implique, des moyens qu'elle utilise et des réactions organiques qu'elle est susceptible d'entraîner. • Crim. 9 févr. 2010 : *Bull. crim. n° 19.* ♦ ... Le fait d'inviter ses clients à mettre fin à la consommation des médicaments prescrits par leurs médecins traitants, après avoir procédé à un « bilan de santé » présenté comme la première étape d'une restauration des fonctions organiques, et en se livrant à l'interprétation de bilans sanguins. • Crim. 27 janv. 2009, n° 08-82.023. ♦ ... L'épilation au laser, au contraire de l'épilation à la cire ou à la pince. • Crim. 8 janv. 2008 : *Bull. civ. I, n° 2* • CE 28 mars 2013, *M. A.*, n° 348089 : *Lebon T. 817 ; ibid. 847.* ♦ ... L'épilation à la lumière pulsée. • T. corr. Orléans, 11 mars 2014, n° 13157000083. ♦ ... Un drainage lymphatique manuel ou électrique. • Crim. 18 janv. 2000, n° 99-83.627. ♦ ... Le traitement du malaise après sevrage tabagique par impulsions électriques en des zones « réflexogènes » du corps et la prise quotidienne et à jeun d'une infusion de racines de pissenlit. • Crim. 6 nov. 1996 : *Bull. crim. n° 397.* ♦ ... La recherche des postures soulageant la douleur. • Crim. 5 avr. 1995, n° 94-80.938. ♦ ... Le fait, pour un opticien-lunetier, de pratiquer une gymnastique corrective pour la rééducation oculaire. • Crim. 10 mai 1988 : *Bull. crim. n° 203.* ♦ ... L'administration d'une poudre blanche, mélange d'aspirine et de sucre, et de tisanes, contre une cystite. • Crim. 27 févr. 1984, n° 82-93.008. ♦ ... Le diagnostic d'affections du cuir chevelu suivi de traitements en lotions « biostimulantes » présentées en tubes et accompagnées d'une posologie, censées régénérer le cuir chevelu. • Crim. 24 juill. 1967 : *Bull. crim. n° 235.* ♦ Pour une sanction disciplinaire à l'encontre d'un médecin ayant eu recours à des assistants n'ayant pas la qualité de médecin pour pratiquer à son cabinet l'épilation à l'aide d'un appareil laser. • CE 28 mars 2013, *M. B.*, n° 348089 : *Lebon* (interdiction de trois mois).

5. « Habituellement ». Des actes renouvelés à trois reprises sur une même patiente suffisent à caractériser le délit d'exercice illégal de la médecine commis habituellement et par direction suivie. • Crim. 24 juill. 1967 : *Bull. crim. n° 235.* • Crim. 27 janv. 2009, n° 08-82.023. ♦ Pour un cas où deux fois suffisent : • Crim. 15 mars 1990, n° 87-82.456.

6. Indifférence des procédés. Si ouvrage médical donnant des *conseils d'ordre didactique* ne tombe pas sous le coup de la loi, il n'en va pas de même lorsque cet ouvrage préconise, pour certaines affections déterminées, une thérapeutique précise nécessitant un appareil vendu par l'auteur, et dont l'application est contrôlée au cours de visites au moyen d'un « carnet de visite ». • Crim. 7 mars 1973 : *Bull. crim. n° 117 ; JCP 1973. II. 17495, note Doll.* ♦ Constitue un exercice illégal le « diagnostic » consistant à faire allonger le client puis passer un pendule alternativement sur un livre et son corps. • Crim. 2 juin 2004, n° 03-87.815. ♦ ... La méthode « d'imprégnation médiumnique » (magnétisme) habituellement préconisée à des personnes, par téléphone ou par correspondance, afin de traiter des maladies ou affections chirurgicales, congénitales ou acquises, réelles ou supposées... • Crim. 23 nov. 1967 : *Bull. crim. n° 306.* ♦ ... Ou encore une méthode basée sur l'hypnose, la pratique du « déconditionnement » et du « reconditionnement » de la personnalité, la consommation d'« aliments de vie », l'établissement de « bilans de santé » par un laboratoire, pratiquée sur des clients atteints de tics, de manies, d'idées fixes ou de tension nerveuse. • Crim. 9 oct. 1973 : *Gaz. Pal. 1974. 1. 9, note Doll.*

7. Procédé par correspondance. Est condamnable le prévenu qui, après avoir obtenu par lettre des renseignements sur l'état de santé d'une personne, lui a formulé par le même moyen un diagnostic et établi, par direction suivie et à plusieurs reprises, des traitements dont il contrôlait les effets. • Crim. 2 nov. 1971 : *Bull. crim. n° 290.* ♦ ... Ou celui qui sollicite par une large publicité la clientèle des malades, leur expédie, en réponse à leurs lettres, une brochure dans laquelle se trouve spécifié le traitement qui doit être observé, le régime à suivre et les médicaments à employer. • Crim. 24 nov. 1922 : *Bull. crim. n° 381.*

8. Procédé factice. Est coupable d'exercice illégal de la médecine et d'escroquerie le prévenu, non médecin, utilisant auprès de sa clientèle un « organomètre », présenté comme un appareil de mesure permettant de déterminer des états pathologiques tels que le cancer ou « l'état terminal critique », puis prescrivant le traitement des maux qu'il prétendait avoir identifiés par l'administration des gélules commercialisées par la société qu'il dirigeait. • Crim. 6 févr. 2001, n° 00-83.425.

9. Guérisseurs et mages. Pour différents cas : « Émile de Saint Preux », appliquant divers « traitements » fantaisistes à des affections réelles et sérieuses. • Crim. 21 févr. 2001, n° 00-82.365. ♦ ... « Pierre de Y... », prétendant traiter les « cas désespérés » ou les ondes négatives par ses pouvoirs divinatoires, magiques, des désenvoûtements ou exorcismes, attirant des personnes rendues fragiles ou vulnérables par des événements malheureux. • Crim. 28 janv. 2004, n° 03-80.930. ♦ ... Ce « para-psychologue » prétendant guérir ses clients par des « passes magnétiques, appositions des mains, oscillations de pendules », également coupable d'escroquerie. • Crim. 25 avr. 1990, n° 87-81.583. ♦ ... Cette guérisseuse se prétendant « thérapeute bouddhiste » et « canal terrestre d'un mage philippin ». • Crim. 24 sept. 2003, n° 02-81.820. ♦ ... Ce « naturopathe, magnétiseur et radiesthésiste » qui prétendait diagnostiquer des affections aussi diverses que des angines de poitrine, le ver solitaire, une malformation cardiaque, un problème pulmonaire, une malformation des ovaires, un problème de ménopause, la syphilis et l'hépatite B, etc., et prescrivait des compléments alimentaires et produits homéopathiques. • Crim. 2 juin 2004, n° 03-87.815.

10. Esthétique. Doit être relaxée la prévenue masseur-kinésithérapeute qui n'applique que des drainages lymphatiques manuels ou électriques non soumis à prescription médicale dans un but esthétique et de confort, sans visée thérapeutique, le but recherché par les patientes étant exclusivement esthétique, et non de traiter un quelconque trouble circulatoire. • Crim. 18 janv. 2000, n° 99-83.627. ♦ Pour des soins de massages à caractère « esthétiques ou hygiéniques ». • Crim. 30 avr. 1963 : *Bull. crim. n° 159.* ♦ Toutefois, il y a exercice illégal lorsque l'imperfection esthétique (des mycoses du cuir chevelu) traitée n'est qu'une conséquence d'une affection du cuir chevelu. • Crim. 7 janv. 1970 : *Bull. crim. n° 15.*

11. Acupuncture. La pratique habituelle de l'acupuncture, tant à raison du diagnostic qu'elle implique que des moyens qu'elle utilise et des réactions organiques qu'elle est susceptible d'entraîner, constitue un acte médical dont la pratique est réservée aux docteurs en médecine. • Crim. 28 juin 2016, n° 15-83.587.

12. Élément intentionnel. Sur l'exigence de l'intention coupable. • Crim. 9 mars 2010, n° 09-81.778. ♦ Cette intention se déduit du vocabulaire employé par le prévenu, quant à ses titres. • Limoges 15 déc. 2004, n° P 04/00317 (« hypnothérapeute, spécialisé dans le traitement de la douleur »). ♦ ... Ou quant à ses services. • Crim. 29 avr. 1998, n° 97-81.062. ♦ Le fait d'ignorer l'illégalité d'une activité ou d'être persuadé de l'existence d'une tolérance ne justifie pas la relaxe : il appartient à celui qui entend exercer une profession réglementée de se renseigner sur les conditions d'exercice de celle-ci. • Crim. 28 juin 2016, n° 15-83.587.

13. Délit non caractérisé. L'usurpation du titre de docteur en médecine pour obtenir la remise de sommes d'argent à titre d'honoraires, sans exercer la médecine, ne caractérise pas le délit d'exercice illégal de la médecine mais celui d'escroquerie. • Crim. 8 févr. 1995 : *Bull. crim. n° 61 ; RSC 1995. 592, obs. Delmas Saint-Hilaire.*

II. EXERCICE ILLÉGAL PAR DES PROFESSIONNELS DE SANTÉ

14. Chirurgien-dentiste. Exerce illégalement la médecine le chirurgien-dentiste qui, *de manière habituelle, procède au diagnostic* du syndrome algo-dysfonctionnel de l'appareil manducateur, à partir d'une sémiologie lointaine et totalement étrangère aux anomalies et maladies des dents, de la bouche, des mâchoires et tissus attenants, cette dernière notion ne pouvant être étendue à toutes les parties du corps. • Crim. 21 sept. 2004, n° 04-80.056.

15. Paramédicaux. Se rendent coupables d'exercice illégal l'infirmière et l'aide-soignante qui accomplissent des actes d'exploration de l'appareil urinaire, de traitement de troubles de la circulation et de rééducation abdominale ou périnéo-sphinctérienne. • Crim. 13 mai 2003, n° 02-84.037.

16. Chiropracteurs non médecins. Le Décr. n° 2011-32 du 7 janv. 2011 prévoit une nomenclature d'actes de chiropraxie désormais autorisés aux chiropracteurs non médecins inscrits ; toutefois, le juge pénal est fondé à condamner pour exercice illégal de la médecine un chiropracteur ayant commis des actes de chiropraxie avant la parution du décret, non pas en raison de ces actes, mais parce que le prévenu pratiquait, en outre, d'autres actes réservés aux médecins (bilans de santé, prescriptions d'examens, interprétations des résultats). • Crim. 26 févr. 2013, n° 12-82.143.

17. Médecin étranger. Exerce illégalement le titulaire d'un « certificat de réception au doctorat de la Faculté de médecine de Rabat », sans équivalence ou dispense lui permettant d'exercer en France sa profession de médecin. • Crim. 17 juill. 1987, n° 86-94.968.

18. Médecin radié ou interdit. Commet les délits d'exercice illégal de la profession de médecin et d'usurpation de titre, diplôme ou qualité le médecin qui, après avoir demandé sa radiation en raison de son âge, pratique des expertises pour le compte d'organismes de prévoyance chargés de verser des indemnités d'arrêts-maladie. • Crim 12 janv. 2010 : *Dr. pénal 2010, n° 45, obs. Véron.* ♦ Exerce illégalement le médecin qui continue de recevoir des patients malgré une interdiction temporaire d'exercer de six mois, quand bien même il soutient avoir limité son activité au contrôle visuel de l'appareillage bucco-dentaire de patients dont le traitement avait commencé avant la prise d'effet de l'interdiction. • Crim. 9 févr. 2010, n° 09-83.545. ♦ Toutefois, le médecin qui continue de pratiquer malgré une interdiction temporaire d'exercer à l'égard des assurés sociaux, et qui délivre des feuilles de soins antidatées à ses patients afin de leur permettre d'obtenir le remboursement des honoraires, commet un délit de faux et d'usage de faux. • Grenoble, 29 janv. 1997, n° 134-97 : *JCP 1997. IV. 2055.*

19. Aide à l'exercice illégal. Prêtant leur concours à l'exercice illégal d'un non-médecin le médecin stomatologue, dont l'épouse, qu'il emploie en tant qu'assistante dans son cabinet et qui est titulaire d'un diplôme de chirurgien-dentiste algérien non reconnu en France, pratique des détartrages sous anesthésie locale. • Crim. 16 déc. 2008 : *Bull. crim. n° 255.* ♦ ... Ou le médecin dont l'infirmière et l'aide-soignante, qui sont ses employées, ont, en exécution d'instructions générales données par lui et avec les moyens matériels qu'il a mis à leur disposition, établi des diagnostics ou traité des maladies de façon totalement autonome. • Crim. 13 mai 2003, ♜ n° 02-84.037. ♦ ... Ou le médecin qui s'adjoint un médecin étranger sans titre permettant d'exercer en France, sans exiger la production d'aucun titre, pour assurer des permanences rétribuées. • Crim. 17 juill. 1987, ♜ n° 86-94.968. ♦ ... Ou deux médecins exerçant au sein d'un cabinet commun, faisant pratiquer par deux auxiliaires non diplômées, des soins d'électrothérapie sans y participer. • Crim. 14 sept. 1999, ♜ n° 98-86.266. ♦ L'exercice durant une période d'interdiction constitue également une faute déontologique. • CE 24 nov. 2017, ♜ n° 401564 (radiation définitive).

20. Complicité. Est complice le médecin faisant pratiquer des actes d'épilation au laser par des esthéticiennes ou secrétaires médicales ayant suivi une formation de quelques heures au maximum, sans aucune surveillance médicale sérieuse. • Crim. 13 sept. 2016, ♜ n° 15-85.046 : *RSC 2016. 760, obs. Y. Mayaud* ✐. ♦ Un médecin allemand, non inscrit en France, qui élabore une théorie dite de « la loi d'airain du cancer », s'est rendu complice du délit d'exercice illégal de la médecine commis par une infirmière, laquelle appliquait aux malades la consultant un traitement préconisé par lui, et prenait conseil auprès de lui notamment sur l'interprétation des résultats d'examens par scanner. • Crim. 31 mai 2005, ♜ n° 04-85.341.

21. Professionnel mal conseillé. Le chirurgien-dentiste qui, malgré une interdiction d'exercer infligée par le Conseil national de l'ordre des chirurgiens-dentistes, continue d'exercer sur les conseils d'un avocat au Conseil d'État et à la Cour de cassation chargé de former un recours en cassation contre cette sanction et qui, pour cette raison, est ensuite condamné pénalement pour exercice illégal de l'art dentaire, puis disciplinairement pour la même raison, est fondé à mettre en cause la responsabilité de cet avocat dans son préjudice, à raison d'un quart. • CE 5 juill. 2006, ♜ *Rouffilange*, n° 277149.

22. Exercice non illégal : médecin sortant de sa compétence. Le titulaire d'un diplôme de docteur en médecine ne saurait être poursuivi pénalement pour exercice illégal de la médecine au motif qu'il sort du cadre de sa spécialité ou de sa compétence. • Crim. 8 mars 2011 : ♜ *Bull. crim. n° 50 ; AJ pénal 2011. 305, obs. Lasserre Capdeville* ✐ *; Dr. pénal 2011, n° 79, obs. Robert* • 17 mai 1983 : ♜ *Bull. crim. n° 145.* ♦ Est sans incidence le fait que le médecin, qui voit rejeter sa demande de reconnaissance d'une compétence en chirurgie plastique et reconstructrice par le conseil de l'ordre, exerce malgré cela dans cette spécialité. • Crim. 8 mars 2011 : ♜ *préc.* ♦ Ni le dépassement des doses maximales préconisées en thérapie ni l'inobservation des dispositions réglementaires relatives au mode de délivrance des médicaments classés comme stupéfiants ne suffisent à caractériser l'exercice illégal de sa profession par un médecin. • Civ. 1re, 23 nov. 2004, ♜ n° 02-19.279.

III. DIVERS

23. Exercice illégal et libre prestation. En réservant l'exercice de la médecine aux personnes titulaires des diplômes, certificats ou titres prévus par les textes, les art. L. 4161-1 et L. 4161-5, applicables sans distinction à tous les prestataires exerçant sur le territoire français, sont justifiés par la protection de la santé publique, mesure impérieuse d'intérêt général dont ces textes poursuivent la réalisation de façon proportionnée. • Crim. 2 déc. 2003 : ♜ *Bull. crim. n° 227.* ♦ Est donc justement poursuivi un magnétiseur exerçant pourtant légalement en Allemagne sous le titre reconnu de « *Lebensberatung* » (« conseil en chose de la vie »), se livrant à des actes médicaux en France. • Même arrêt.

24. Assurance. Une assurance garantissant l'exercice illégal d'activités professionnelles est nulle comme contraire à l'ordre public. • Civ. 1re, 5 mai 1993, ♜ n° 91-15.401.

25. Police. C'est à bon droit qu'un préfet radie une école de formation de la liste des organismes de formation professionnelle continue, dès lors que cette école forme à la médecine traditionnelle chinoise comprenant l'établissement d'un diagnostic ou le traitement de maladies, et expose ainsi ses élèves, qui ne sont pas nécessairement issus du corps médical, au délit d'exercice illégal de la médecine. • CAA Marseille, 22 nov. 2011, ♜ *EURL Lü Men École*, n° 10MA01661.

26. Exercice illégal subséquent. Le fait pour un kinésithérapeute de falsifier une prescription médicale aux fins d'obtenir paiement d'une prestation par les caisses de sécurité sociale constitue un délit d'escroquerie et non un acte médical, mais le délit d'exercice illégal de la médecine est caractérisé subséquemment au délit d'escroquerie. • Crim. 30 janv. 2013, ♜ n° 11-88.847.

27. Contrat de travail. Est nulle la clause d'un contrat de travail entre un agent de service et son employeur professionnel de santé, portant délégation pour effectuer des soins d'hygiène et distribuer des médicaments sous contrôle infirmier ; toutefois, cette nullité ne remet pas le contrat en cause. • Soc. 23 juin 2016, ♜ n° 15-20.890.

Art. L. 4161-2 Exerce illégalement l'art dentaire :

1° Toute personne qui prend part habituellement ou par direction suivie, même en présence d'un praticien, à la pratique de l'art dentaire, par consultation, acte personnel ou tous autres procédés, quels qu'ils soient, notamment prothétiques ;

— sans être titulaire d'un diplôme, certificat ou autre titre mentionné à l'article L. 4141-3 et exigé pour l'exercice de la profession de médecin ou de chirurgien-dentiste, alors qu'elle n'est pas régulièrement dispensée de la possession de l'un de ces diplômes, certificats ou titres par application du présent livre ;

— ou sans remplir les autres conditions fixées à l'article L. 4111-1, compte tenu, le cas échéant, des exceptions apportées à celles-ci, notamment *(L. n° 2004-806 du 9 août 2004, art. 146-VIII ; L. n° 2009-526 du 12 mai 2009, art. 52)* « par les articles L. 4111-7 et L. 4141-3-1 », ainsi que par l'article 8 de la loi n° 71-1026 du 24 décembre 1971 modifiant le code de la santé publique ;

2° Toute personne qui, munie d'un titre régulier, sort des attributions que la loi lui confère, notamment en prêtant son concours aux personnes mentionnées au 1°, à l'effet de les soustraire aux prescriptions du présent titre ;

3° Tout médecin, tout chirurgien-dentiste qui exerce l'art dentaire tel qu'il est défini à l'article L. 4141-1 pendant la durée d'une peine d'interdiction temporaire prononcée en application de l'article L. 4124-6 ;

4° Tout médecin ou tout praticien de l'art dentaire mentionné à l'article L. 4112-7 qui exécute des actes professionnels sans remplir les conditions ou satisfaire aux obligations prévues à cet article.

Les dispositions du présent article ne s'appliquent pas aux étudiants en art dentaire mentionnés au premier alinéa de l'article L. 4141-4. – *[Anc. art. L. 373]*.

1. Art dentaire. Le détartrage sous anesthésie locale relève du seul art dentaire. • Crim. 16 déc. 2008 : *Bull. crim. n° 255.*

2. Habitude. L'habitude doit être établie. • Crim. 6 nov. 1991, n° 90-86.022. ♦ ... Mais deux actes suffisent à caractériser l'habitude punissable. • Crim. 3 mars 1971 : *Bull. crim. n° 73.*

3. Prothèses. Si l'art dentaire relève de la compétence exclusive des personnes munies du diplôme d'État de docteur en médecine ou de chirurgien-dentiste, la fabrication même du dispositif de prothèse ne relève pas de cet art et peut, en conséquence, être réalisée par des personnes qui ne sont pas titulaires du diplôme de chirurgien-dentiste, mais ont reçu une formation appropriée. • CE 14 mars 1973, *Conf. nat. des synd. dentaires,* n° 79445 : *Lebon 219*. ♦ Exerce donc illégalement l'art dentaire le prothésiste qui procède à la prise d'empreinte et à la pose d'appareils dentaires qu'il fabrique, alors qu'il n'est pas titulaire du diplôme de chirurgien-dentiste. • Crim. 24 févr. 2004 : *Bull. crim. n° 51* • 7 sept. 2004, n° 03-83.701 • 15 juin 2004, n° 03-87.300 • 18 avr. 1989, n° 88-81.060. ♦ Il en va de même des actes d'adaptation ou de réparation d'un appareil dentaire. • Crim. 30 oct. 2000, n° 99-85.638. ♦ ... Malgré l'utilisation d'un « kit d'empreinte », dès lors que la réparation d'une prothèse rend nécessaire un travail de diagnostic relevant de l'art dentaire. • Civ. 1re, 18 déc. 2012, n° 11-81.265. ♦ Il n'y a pas lieu de distinguer selon que les interventions ont pour objet d'installer un premier appareil, ou d'ajuster ou remplacer une prothèse existante. • Crim. 25 juin 1997 : *Bull. crim. n° 256.* ♦ Il en va de même de la fourniture de conseils techniques et de devis à des clients demandeurs de prothèses. • Crim. 19 août 1998, n° 97-86.026. ♦ L'exercice illégal par le prothésiste se distingue du délit de publicité de nature à induire en erreur sur sa qualité, faisant état d'offres de prestations relevant de l'art dentaire. • Crim. 11 mars 1998, n° 96-85.352.

4. Aide à l'exercice illégal. Pour une condamnation disciplinaire, sur la base de l'art. L. 373 [L. 4161-2], d'un chirurgien-dentiste ayant fait pratiquer des actes d'art dentaire par son assistante, laquelle ne justifiait d'aucune qualification. • CE 27 sept. 2002, *Durif,* n° 210575 • 17 oct. 1997, *Frédéric X.,* n° 154180.

5. Exercice malgré une interdiction. Le chirurgien-dentiste qui, malgré une interdiction d'exercer infligée par le Conseil national de l'ordre, continue d'exercer sur les conseils d'un avocat au Conseil d'État et à la Cour de cassation chargé de former un recours en cassation contre sa sanction et qui, pour cette raison, est ensuite condamné pénalement puis disciplinairement pour exercice illégal de l'art dentaire, est fondé à mettre en cause la responsabilité de cet avocat dans son préjudice, à raison d'un quart. • CE 5 juill. 2006, *Rouffilange,* n° 277149.

6. Enseignement durant une interdiction. Le fait pour un chirurgien-dentiste, interdit par décision de la chambre disciplinaire, de continuer d'enseigner l'art dentaire dans une université, sans relation avec des patients, ne constitue pas un exercice illégal de l'art dentaire. • CDNOCD 26 févr. 2009, *Manuel C.,* n° 1716 (rejet de la plainte).

7. Libre circulation. L'interdiction faite à un prothésiste dentaire, poursuivi pour exercice illégal de l'art dentaire, de vendre directement des prothèses à des clients, n'est pas contraire aux principes de libre circulation, cette restriction étant justifiée par des raisons de protection de la santé et de la vie des personnes. • Crim. 17 juin 1992, n° 91-85.872 : *Bull. crim. n° 244.*

Art. L. 4161-3 Exerce illégalement la profession de sage-femme :

1° Toute personne qui, pratique habituellement les actes mentionnés à l'article L. 4151-1 sans remplir les conditions exigées par le présent livre pour l'exercice de la profession de médecin ou de sage-femme, notamment par les articles L. 4111-1, L. 4111-3, *(Abrogé par L. n° 2009-526 du 12 mai 2009, art. 52)* « L. 4111-6, » L. 4111-7 et L. 4151-5 ;

2° Toute personne qui, munie d'un titre régulier, sort des attributions que la loi lui confère, notamment en prêtant son concours aux personnes mentionnées au 1°, à l'effet de les soustraire aux prescriptions du présent titre ;

3° Tout médecin ou sage-femme qui pratique les actes susmentionnés pendant la durée d'une peine d'interdiction temporaire prononcée en application de l'article L. 4124-6 ;

4° Tout médecin ou sage-femme mentionné à l'article L. 4112-7, qui exécute les actes énumérés sans remplir les conditions ou satisfaire aux obligations prévues audit article. — *[Anc. art. L. 374, al. 2 à 6].*

Préparation à l'accouchement. Des cours de préparation à l'accouchement ne caractérisent pas le délit d'exercice illégal de la profession de sage-femme. • Crim. 23 oct. 2001, n° 01-81.031.

Art. L. 4161-4 En ce qui concerne spécialement l'exercice illégal de la médecine, de l'art dentaire ou de la profession de sage-femme, les médecins, les chirurgiens-dentistes et les sages-femmes *(Abrogé par L. n° 2004-204 du 9 mars 2004, art. 27-III)* « *, les conseils de l'ordre* » et les syndicats intéressés peuvent saisir les tribunaux par voie de citations directes, données dans les termes de l'article 388 du code de procédure pénale, sans préjudice de la faculté de se porter, s'il y a lieu, partie civile dans toute poursuite intentée par le ministère public. — *[Anc. art. L. 375].*

Condition d'un dommage. Les syndicats de médecins tiennent de l'art. L. 375 [L. 4161-4] le droit, concurremment avec l'Ordre des médecins, de saisir les tribunaux par voie de citation directe et de se constituer partie civile dans toute poursuite intentée par le ministère public. • Crim. 12 juin 1987, n° 85-12.922. ♦ Mais ils doivent avoir personnellement subi un dommage directement causé par l'infraction. • Même arrêt. ♦ Exemples de dommages-intérêts accordés à un syndicat. • Crim. 24 févr. 2004 : *Bull. crim. n° 51* • 7 sept. 2004, n° 03-83.701.

Art. L. 4161-5 *(Ord. n° 2005-1040 du 26 août 2005)* L'exercice illégal de la profession de médecin, de chirurgien-dentiste ou de sage-femme est puni de deux ans d'emprisonnement et de 30 000 euros d'amende.

Les personnes physiques encourent également les peines complémentaires suivantes :

a) L'affichage ou la diffusion de la décision prononcée, dans les conditions prévues par l'article 131-35 du code pénal ;

b) La confiscation de la chose qui a servi ou était destinée à commettre l'infraction ou de la chose qui en est le produit, conformément à l'article 131-21 du code pénal ;

c) L'interdiction définitive ou pour une durée de cinq ans au plus d'exercer une ou plusieurs professions régies par le présent code ou toute autre activité professionnelle ou sociale à l'occasion de l'exercice de laquelle l'infraction a été commise, suivant les modalités prévues par l'article 131-27 du code pénal ;

(L. n° 2009-1437 du 24 nov. 2009, art. 50-II) « *d)* L'interdiction d'exercer pour une *durée de* cinq ans l'activité de prestataire de formation professionnelle continue au sens de l'article *6313-1 du code du travail.* »

Le fait d'exercer l'une de ces activités malgré une décision judiciaire d'interdiction définitive ou temporaire est puni des mêmes peines.

Art. L. 4161-6 *(L. n° 2009-526 du 12 mai 2009, art. 125-XXI-13°)* Les personnes morales déclarées responsables pénalement, dans les conditions prévues par l'article 121-2 du code pénal, de l'infraction définie à l'article L. 4161-5 encourent, outre l'amende suivant les modalités prévues par l'article 131-38 du code pénal, les peines prévues par les 2° à 9° de l'article 131-39 du même code.

L'interdiction mentionnée au 2° de l'article 131-39 du même code porte sur une ou plusieurs professions régies par le présent code ou toute autre activité professionnelle ou sociale à l'occasion de l'exercice de laquelle l'infraction a été commise.

CHAPITRE II USURPATION DU TITRE

Art. L. 4162-1 *(Ord. n° 2005-1040 du 26 août 2005)* **L'usage sans droit de la qualité de médecin, de chirurgien-dentiste ou de sage-femme ou d'un diplôme, certificat ou autre titre légalement requis pour l'exercice de ces professions est puni comme le délit d'usurpation de titre prévu à l'article 433-17 du code pénal.**

(L. n° 2009-526 du 12 mai 2009, art. 125-XXI-14°) **« Les personnes morales déclarées responsables pénalement, dans les conditions prévues par l'article 121-2 du code pénal, de l'infraction définie au présent article encourent l'amende prévue à l'article 433-17 du code pénal suivant les modalités prévues par l'article 131-38 du même code, ainsi que les peines prévues aux 2° à 4° de l'article 433-25 du même code. »**

Le non-respect des dispositions de l'article L. 4111-5 est assimilé à une usurpation du titre de médecin, de chirurgien-dentiste ou de sage-femme.

1. Exercice par un retraité radié. Commet les délits d'exercice illégal de la profession de médecin et d'usurpation de titre, diplôme ou qualité le médecin qui, après avoir demandé sa radiation en raison de son âge, pratique des expertises pour le compte d'organismes de prévoyance chargés de verser des indemnités d'arrêt-maladie. • Crim. 12 janv. 2010 : *Dr. pénal 2010, n° 45, obs. Véron.*

2. Emploi de synonymes. Le fait, pour un chirurgien spécialisé en chirurgie thoracique et vasculaire, de remettre à sa patiente un devis comportant sous son nom les mentions « chirurgie vasculaire et thoracique, chirurgie endocrinienne, chirurgie esthétique », sans mentionner une qualification de « chirurgien esthétique » qu'il ne possédait pas, ne suffit pas à caractériser l'usage sans droit d'un titre, d'un diplôme ou d'une qualité protégés par des dispositions répressives. • Crim. 15 nov. 2011, n° 10-88.316.

3. Usurpation, exercice illégal et escroquerie. L'usurpation du titre de docteur en médecine n'étant pas un élément constitutif du délit d'exercice illégal de la médecine, et cette dernière infraction n'exigeant pas le versement d'une rémunération, l'usage de la fausse qualité de médecin pour obtenir la remise de sommes d'argent à titre d'honoraires caractérise en réalité le délit d'escroquerie. • Crim. 8 févr. 1995 : *Bull. crim. n° 61 ; RSC 1995. 592, obs. Delmas Saint-Hilaire.*

Art. L. 4162-2 *Abrogé par Ord. n° 2005-1040 du 26 août 2005.*

CHAPITRE III AUTRES DISPOSITIONS PÉNALES

Art. L. 4163-1 **Les médecins et les pharmaciens inspecteurs de santé publique** *(Ord. n° 2010-177 du 23 févr. 2010, art. 19-I-16°)* **« ainsi que les inspecteurs des agences régionales de santé », les inspecteurs de** *(L. n° 2011-2012 du 29 déc. 2011, art. 5-IV)* **« l'Agence nationale de sécurité du médicament et des produits de santé », ainsi que** *(Ord. n° 2016-301 du 14 mars 2016, art. 17)* **« les agents mentionnés aux articles L. 511-3 et L. 511-22 du code de la consommation », sont habilités à procéder à la recherche et à la constatation des infractions prévues aux articles L. 4163-2 à L. 4163-4** *(L. n° 2011-2012 du 29 déc. 2011, art. 4-II)* **« et à l'article L. 4221-17 ».**

(L. n° 2002-303 du 4 mars 2002, art. 25-II) **« Les agents susmentionnés utilisent, pour rechercher** *(Ord. n° 2010-177 du 23 févr. 2010, art. 19-I-16°)* **« et constater » ces infractions, les pouvoirs prévus** *(Ord. n° 2016-301 du 14 mars 2016, art. 17)* **« au I de l'article L. 511-22 » du code de la consommation. »**

L'art. L. 4163-1 est abrogé à des dates fixées par décret et au plus tard à compter du 1er juill. 2018 (Ord. n° 2017-49 du 19 janv. 2017, art. 4 et 5).

Droits de la défense. Aucun texte n'impose aux agents de la DIRECCTE, avant de recueillir les déclarations d'une personne dans le cadre de leurs pouvoirs d'enquête, de lui notifier un droit de ne pas contribuer à sa propre incrimination. • Crim. 25 oct. 2016, n° 16-80.368.

Art. L. 4163-2 *Le fait, pour les* **membres des professions médicales mentionnées au présent livre** *(L. n° 2011-2012 du 29 déc. 2011, art. 4-III)* **« et pour les étudiants se destinant aux professions relevant de la quatrième partie du présent code ainsi que pour les associations et groupements les représentant », de recevoir des avantages en nature ou en espèces, sous quelque forme que ce soit, d'une façon directe ou indirecte, procurés par des entreprises assurant des prestations, produisant ou commercialisant**

des produits pris en charge par les régimes obligatoires de sécurité sociale est puni de deux ans d'emprisonnement et de 75 000 € d'amende.

En cas de condamnation, l'interdiction temporaire d'exercer la profession pendant une période de dix ans peut être prononcée par les cours et tribunaux accessoirement à la peine principale.

Toutefois, ces dispositions ne s'appliquent pas aux avantages mentionnés aux deuxième et troisième alinéas de l'article L. 4113-6. – *[Anc. art. L. 376-3 et L. 365-13].*

(L. n° 2002-303 du 4 mars 2002, art. 25-III) **« Est puni des peines mentionnées au premier alinéa le fait, pour les entreprises citées dans cet alinéa, de proposer ou de procurer ces avantages aux membres des professions médicales mentionnées au présent livre. »**

(L. n° 2009-526 du 12 mai 2009, art. 125-XXI-15°) **« Les personnes morales déclarées responsables pénalement, dans les conditions prévues par l'article 121-2 du code pénal, de l'infraction définie au présent article encourent, outre l'amende suivant les modalités prévues par l'article 131-38 du code pénal, les peines prévues par les 2° à 5° et 9° de l'article 131-39 du même code. »**

(L. n° 2002-303 du 4 mars 2002, art. 25-III) **« Les sanctions prononcées à ce titre sont portées à la connaissance du Comité économique des produits de santé prévu par l'article L. 162-17-3 du code de la sécurité sociale ».**

L'art. L. 4163-2 est abrogé à des dates fixées par décret et au plus tard à compter du 1er juill. 2018 (Ord. n° 2017-49 du 19 janv. 2017, art. 4 et 5).

Caractérisation. Est régulière la prise en charge, par un fabricant de prothèses oculaires, des frais de transport et de séjour d'un médecin invité personnellement en qualité de consultant à une manifestation à caractère exclusivement professionnel, se tenant à Marseille ; mais la prise en charge du voyage et du séjour de son épouse représente un avantage en nature, alors même que le médecin prétendait avoir en contrepartie renoncé au bénéfice de la première classe sur le vol. • Crim. 7 déc. 1999 : *Dr. pénal juin 2000, p. 18, obs. Véron.* ♦ Seule la responsabilité des personnes morales proposant ou procurant des avantages peut être mise en cause, à l'exclusion de la responsabilité des personnes physiques ; ainsi, le directeur général d'un laboratoire ayant procuré des avantages illicites, cité à titre personnel, doit être relaxé des fins de la poursuite. • Montpellier, ch. corr., 12 févr. 2009, n° 08/01145. ♦ **Bibl.** Sur la remise de matériels de haute technologie, V. De Rambuteau, Loi anti-cadeaux : l'amortissement d'un bien au moment où il est cédé écarte-t-il la qualification d'avantage illicite au sens des dispositions du Code de la santé publique ?, *LPA 10 déc. 2003, n° 246, p. 4.*

Art. L. 4163-3 **Le fait, pour toute personne ne remplissant pas les conditions requises pour l'exercice de la profession de médecin, de chirurgien-dentiste ou de sage-femme, de recevoir, en vertu d'une convention, la totalité ou une quote-part des honoraires ou des bénéfices provenant de l'activité professionnelle d'un membre de l'une des professions régies par le présent livre, médecin, chirurgien-dentiste ou sage-femme est puni de 4 500 € d'amende et en cas de récidive de six mois d'emprisonnement et de 9 000 € d'amende.** – *[Anc. art. L. 376-1 et L. 365].*

Art. L. 4163-4 **Est puni de 4 500 € d'amende et en cas de récidive de six mois d'emprisonnement et de 9 000 € d'amende le fait :**

1° Sauf les cas mentionnés aux articles L. 4211-3 et L. 5125-2, pour toute personne qui exerce l'une des professions médicales mentionnées au présent livre, de recevoir, *sous quelque forme* **que ce soit, d'une façon directe ou indirecte, des intérêts ou ristournes proportionnels ou non au nombre des unités prescrites ou vendues, qu'il s'agisse de médicaments, d'appareils orthopédiques ou autres, de quelque nature qu'ils soient ;**

2° De constituer ou de faire fonctionner des sociétés dont le but manifeste est la recherche des intérêts ou ristournes définis ci-dessus, et revenant aux individus eux-mêmes ou au groupe constitué à cet effet, ainsi que l'exercice pour le même objet de la profession de pharmacien et de celles de médecin, de chirurgien-dentiste ou de sage-femme ;

3° De vendre des médicaments réservés d'une manière exclusive, et sous quelque forme que ce soit, aux médecins bénéficiaires de l'autorisation prévue à l'article L. 4211-3.

L'interdiction temporaire d'exercer la profession pendant une période de un à dix ans peut être prononcée par les cours et tribunaux accessoirement à la peine principale.

Les pharmaciens coauteurs du délit sont punis des mêmes peines. – *[Anc. art. L. 550, et L. 549].*

Art. L. 4163-5 L'exercice de la médecine, l'art dentaire ou la profession de sage-femme sous un pseudonyme est puni de 4 500 € d'amende.

La récidive est punie de six mois d'emprisonnement et de 9 000 € d'amende. – *[Anc. art. L. 376-1 et L. 363].*

Art. L. 4163-6 Le fait pour un médecin, un chirurgien-dentiste ou une sage-femme de donner des consultations dans les locaux ou les dépendances des locaux commerciaux où sont vendus les appareils qu'ils prescrivent ou qu'ils utilisent est puni de 4 500 € d'amende.

La récidive est punie de six mois d'emprisonnement et de 9 000 € d'amende. – *[Anc. art. L. 376-1 et L. 364].*

Art. L. 4163-7 Est puni de 3 750 € d'amende le fait :

1° D'exercer la médecine, l'art dentaire ou la profession de sage-femme sans avoir fait enregistrer ou réenregistrer son diplôme en violation des dispositions de l'article L. 4113-1 ;

2° Pour un médecin, de ne pas déférer aux réquisitions de l'autorité publique. – *[Anc. art. L. 379].*

BIBL. ▶ Gribeauval, Réquisitions judiciaires et administratives des professionnels de santé en France, *Rev. Prescrire, 2012, t. 32, n° 339, p. 64.*

1. Médecins concernés. Il n'y a pas lieu en cas de réquisition de distinguer les médecins hospitaliers et les médecins de clientèle privée. • Crim. 18 juin 1927 : *DP 1927. 1. 188.*

2. Procédure. La réquisition délivrée à un médecin par un officier ou un agent de police judiciaire, qui constate un accident de la circulation qui semble avoir été causé sous l'empire d'un état alcoolique, n'est pas soumise à l'autorisation préalable du procureur de la République. • Crim. 15 déc. 2009 : *Bull. crim. n° 211.* ♦ Un gardien de la paix n'a pas la qualité d'officier de police judiciaire et ne peut donc légalement requérir un médecin. • Crim. 1er avr. 1987 : *Bull. crim. n° 155.*

3. Motivation de la réquisition. L'arrêté préfectoral doit être suffisamment motivé. • Crim. 4 oct. 2005, n° 05-81.632. ♦ Ce qui est le cas de l'arrêté qui se borne à énoncer que l'intérêt de la santé publique rend indispensable la permanence des soins dans le secteur considéré, alors que en l'espèce le médecin avait manifesté son intention de continuer une grève des gardes. • Même arrêt.

4. Collaborateur du service public. En cas d'accident touchant le médecin en cours de réquisition de police judiciaire, l'action en dommages-intérêts doit être portée devant le juge judiciaire, qui appliquera la théorie de la collaboration bénévole au service public. • Civ. 2e, 23 nov. 1956, *Trésor public c/ Giry : Bull. civ. II, n° 626 ; D. 1957. 34, concl. Lemoine ; JCP 1956. II. 9681, note Esmein ; AJDA 1957. II. 91, chron. Fournier et Braibant ; RD publ. 1958. 298, note Waline ; GAJA 2011, n° 73.* ♦ Le contentieux de la responsabilité du fait d'une faute reprochée à un médecin collaborateur occasionnel du service public de la justice ressortit à la compétence des juridictions judiciaires. • Crim. 4 févr. 2003, n° 02-81.720.

Art. L. 4163-8 Le fait pour un médecin, chirurgien-dentiste ou une sage-femme de faire une fausse déclaration en vue de son inscription au tableau de l'ordre est puni de trois mois d'emprisonnement et de 3 750 € d'amende. – *[Anc. art. L. 380].*

Art. L. 4163-9 La constitution et l'utilisation à des fins de prospection ou de promotion commerciales de fichiers composés à partir de données issues directement ou indirectement des prescriptions médicales ou des informations médicales mentionnées à l'article L. 161-29 du code de la sécurité sociale, dès lors que ces fichiers permettent d'identifier directement ou indirectement le professionnel prescripteur, sont punies de deux ans d'emprisonnement et de 75 000 € d'amende. – *[Anc. art. L. 365-2, al. 2].*

Art. L. 4163-10 Le refus d'un contractant non praticien de rédiger par écrit un des contrats ou avenants prévus à l'article L. 4113-9 est puni de 6 000 € d'amende. – *[Anc. art. L. 462, al. 8, 2e phrase].*

Sur l'usage du titre de psychologue, V. L. n° 85-772 du 25 juill. 1985, art. 44.

Sur l'usage du titre de psychothérapeute, V. L. n° 2004-806 du 9 août 2004, art. 52.

Sur les modalités de suspension du droit d'user du titre de psychothérapeute et de radiation du registre national des psychothérapeutes, V. Décr. n° 2016-1092 du 11 août 2016.

Caractérisation. Le président d'un service médical interentreprises qui engage un médecin du travail sans contrat écrit commet aussi une infraction au code du travail. • Crim. 28 avr. 1981 : *Bull. crim. n° 133.*

LIVRE DEUXIÈME PROFESSIONS DE LA PHARMACIE ET DE LA PHYSIQUE MÉDICALE (*Ord. n° 2017-48 du 19 janv. 2017, art. 1er-1°*).

BIBL. ▶ MAURAIN et BÉLANGER (dir.), Droit pharmaceutique, *LexisNexis*. – PABST et BERROD, Dictionnaire des principaux termes de droit pharmaceutique, *éd. Hygiéa, 2012*. – LECA, Droit pharmaceutique, *éd. LEH, 2012*. – DION et CHAMPAGNE, Droit pharmaceutique : Officine, industrie, pharmacies vétérinaires et des établissements de santé, *éd. Gualino, 2008*. – FOUASSIER, La responsabilité juridique du pharmacien, *Masson, 2002*.

A titre historique : POPLAWSKI, Traité de droit pharmaceutique, *Litec 1950*. – RENARD et LAFONTAINE, Le Droit de la profession pharmaceutique, *Sirey, Paris, 1924*.

TITRE PREMIER MONOPOLE DES PHARMACIENS

BIBL. ▶ DEVRED, Le périmètre du monopole pharmaceutique, *RGDM 2007, n° 25, p. 19*. – ROUSSET, Publicité, médicaments et monopole : le débat est lancé, *D. 2008. Chron. 1964*. – MÉGERLIN, Le monopole pharmaceutique français face au droit communautaire, *RDSS 2005. 719*. – FOUASSIER et VIALA, Test de grossesse et monopole pharmaceutique : du droit de la santé au droit constitutionnel, *D. 2003. Chron. 81*. – PEIGNÉ, La pharmacie d'officine dans la perspective communautaire du service d'intérêt économique général, *Nouv. pharm. 2001, n° 370, p. 105*. – RENAUD, De la corporation d'apothicaires à l'ordre des pharmaciens. Un monopole dénoncé, la pharmacie d'officine, *RDSS 1997. 737*. – GERVASONI, Définition légale du médicament et du monopole pharmaceutique : les raisons du choix français, *Nouv. pharm. 1996, n° 351, p. 216*. – HÉNIN, Les effets directs ou indirects, actuels et potentiels de l'arrêt Keck et Mithouard sur la libre circulation des médicaments dans le marché commun, *Nouv. pharm. 1994, n° 344, p. 277*. – BOUZAT, La lutte de la grande distribution et spécialement des centres Leclerc pour avoir le droit de tout vendre, *RTD com. 1991. 331*. – CÉLICE, Monopole et exercice illégal de la pharmacie, *Inf. pharm. 1990. 8*. – ROZÈS, Médicament et monopole à l'épreuve du marché commun, *Inf. pharm. 1989. 275*. – GUILLARD-FABRE, La Cour de cassation et l'exercice illégal de la pharmacie, *Inf. pharm. 1989. 446*. – VIALA, Le monopole pharmaceutique : une auberge espagnole, *RDSS 1988. 486*. – LEMAY, Conséquences du monopole pharmaceutique en pharmacie d'officine, *Inf. pharm. 1987. 1037*. – AZÉMA, Grandes surfaces et monopole pharmaceutique, *Inf. pharm. 1986. 120*. – DUNEAU, Refus de vente et monopole pharmaceutique, *Inf. pharm. 1982. 710*. – DILLEMANN, Les plantes médicinales et le monopole pharmaceutique, *JCP E 1977. I. 12353*. – CALVO, Aperçus sur le monopole pharmaceutique en droit français, *Gaz. Pal. 1975. 2. Doctr. 652*.

CHAPITRE PREMIER DISPOSITIONS GÉNÉRALES

Art. L. 4211-1 **Sont réservées aux pharmaciens, sauf les dérogations prévues aux articles du présent code :**

1° La préparation des médicaments destinés à l'usage de la médecine humaine ;

2° (*Ord. n° 2001-198 du 1er mars 2001, art. 11*) **« La préparation des objets de pansements et de tous articles présentés comme conformes à la pharmacopée » ;**

3° La préparation des générateurs, trousses ou précurseurs mentionnés à l'article L. 5121-1 ;

4° La vente en gros, la vente au détail (*Ord. n° 2012-1427 du 19 déc. 2012, art. 18*) **« , y compris par internet, » et toute dispensation au public des médicaments, produits et objets mentionnés aux 1°, 2° et 3° ;**

5° La vente des plantes médicinales inscrites à la pharmacopée sous réserve des dérogations établies par décret ;

6° La vente au détail et toute dispensation au public des huiles essentielles dont la liste est fixée par décret ainsi que de leurs dilutions et préparations ne constituant ni des produits cosmétiques, ni des produits à usage ménager, ni des denrées ou boissons alimentaires ;

7° La vente au détail et toute dispensation au public des aliments lactés diététiques pour nourrissons et des aliments de régime destinés aux enfants du premier âge, c'est-à-dire de moins de quatre mois, dont les caractéristiques sont fixées par arrêté des ministres chargés de la consommation et de la santé ;

8° *(Ord. nº 2001-198 du 1er mars 2001, art. 11)* **« La vente au détail et toute dispensation de dispositifs médicaux de diagnostic *in vitro* destinés à être utilisés par le public »** *(L. nº 2014-344 du 17 mars 2014, art. 38)* **« , à l'exception des tests destinés au diagnostic de la grossesse ainsi que des tests d'ovulation ».**

La fabrication et la vente en gros des drogues simples et des substances chimiques destinées à la pharmacie sont libres à condition que ces produits ne soient jamais délivrés directement aux consommateurs pour l'usage pharmaceutique et sous réserve des règlements particuliers concernant certains d'entre eux.

I. HIÉRARCHIE DES NORMES

1. *Compétence législative.* Le gouvernement ne saurait, par décret, déroger aux dispositions de l'art. L. 512 [L. 4211-1] CSP en ce qui concerne le monopole portant sur la fabrication et la vente des produits réservés aux pharmaciens. • CE, ass., 9 juill. 1971, *CNOP : Lebon 522, concl. Braibant.* ♦ ... *A fortiori* par voie de circulaire ministérielle. • CE, ass., 30 juin 2000, *Assoc. Choisir la vie et a. : Lebon 248 ; JCP 2000. II. 10423, note Peigné ; AJDA 2000. 729, concl. Boissard* ; *RDSS 2000. 732, note Dubouis* ; *LPA 16 janv. 2001, p. 17, note Piastra* (affaire de la pilule du lendemain).

2. *Codification.* Est sans objet la requête tendant à obtenir l'annulation du refus d'abroger des dispositions relatives au monopole des pharmaciens, codifiées sous l'art. L. 4211-1 par l'Ord. nº 2000-548 du 15 juin 2000, compte tenu de la ratification à laquelle a procédé l'art. 92 de la L. nº 2002-303 du 4 mars 2002. • CE 23 oct. 2002, *Sté Labo. Juva Santé : AJDA 2003. 27, note Costa* (une fois la ratification opérée, l'ordonnance acquiert une valeur législative à compter de sa signature).

II. CONTENU DU MONOPOLE

A. MÉDICAMENTS

3. *Définition du médicament.* Sur la notion de médicament, V. notes ss. art. L. 5111-1.

4. *Origine jurisprudentielle.* Sur la consécration jurisprudentielle du monopole des pharmaciens en matière de préparation et de vente des médicaments, V. • Cass., ch. réun., 4 mars 1858 : *DP 1858. 1. 186, concl. Dupin.* ♦ La Cour de cassation assimile à la vente la destination à la vente et l'exposition à la vente. • Crim. 16 nov. 1923 : *DP 1924. 1. 71* • Cass., ch. réun., 29 nov. 1943 : *JCP 1944. II. 2628 ; S. 1945. 1. 35.*

5. *Notion de dispensation.* Sur la notion de dispensation, V. art. R. 4235-48. ♦ Et sur les notions de distribution et d'administration de médicaments, V. Rép. min. nº 13996 du 11 févr. 1999 (JO Sénat Q, 1er févr. 2001, p. 421).

B. PLANTES MÉDICINALES ET HUILES ESSENTIELLES

6. *Mélanges de plantes.* Sur l'interdiction de vendre des mélanges de plantes médicinales, V. • Cass., ch. réun., 29 nov. 1943 : *Bull. crim. nº 136.* ♦ ... Peu importe que les plantes n'aient subi aucune altération à l'occasion du mélange. • Crim. 20 janv. 1926 : *DP 1926. 1. 245, note J. A. C.* • 8 févr. 1939 : *DH 1939. 213.* ♦ L'art. L. 512 [L. 4211-1] CSP ne réserve aux pharmaciens que la vente des plantes médicinales (en l'état) et non la délivrance. • Crim. 22 janv. 1958 : *D. 1958. 351* • 12 févr. 1976 : *Doc. pharm. nº 2005.* ♦ A propos de la vente de mélanges de plantes et de mélanges d'huiles essentielles, V. • T. corr. Lyon, 2 mars 1989 : *Inf. pharm. 1989. 729, obs. Viala.*

7. *Qualification de plante médicinale.* Une plante est considérée comme médicinale si elle réunit deux critères cumulatifs : être inscrite à la pharmacopée et être destinée à un usage exclusivement médical. Dès lors, ne constitue pas le délit d'exercice illégal de la pharmacie le fait de vendre, pour une personne ne possédant pas la qualité de pharmacien, des plantes qui, bien qu'inscrites à la pharmacopée, ne sont pas présentées comme ayant des propriétés thérapeutiques et ne sont pas réservées à un usage médical. • Crim. 19 déc. 1989 : *Bull. crim. nº 491* (à propos de la badiane et l'anis). ♦ V. également pour la confirmation d'un arrêt ayant refusé de regarder des plantes qui n'étaient pas mises en vente sous une forme pharmaceutique comme des médicaments par présentation • Crim. 4 oct. 1995, nº 94-84.322.

8. *Liste des plantes libéralisées.* Sur la liste des plantes ou parties de plantes médicinales inscrites à la pharmacopée, sous la forme que la liste précise, pouvant être vendues par des personnes autres que les pharmaciens, V. art. D. 4211-11 (issu du Décr. nº 2008-841 du 22 août 2008 abrogeant le Décr. nº 79-480 du 15 juin 1979). ♦ Si elles échappent à la définition du médicament, les plantes non inscrites à la pharmacopée, les plantes médicinales libéralisées et celles qui n'ayant pas un usage exclusivement thérapeutique peuvent être utilisées dans l'alimentation sans inconvénient pour la santé humaine, sont soumises aux règles applicables aux denrées alimentaires. Lorsque l'emploi de plantes médicinales inscrites à la pharmacopée a été autorisé dans les compléments alimentaires, ces derniers peuvent être vendus par des personnes autres que des pharmaciens, sauf si les plantes en cause figurent sur la liste B des plantes médicinales, c'est-à-dire celles dont les effets indésirables potentiels sont supérieurs aux effets bénéfiques. V. art. D. 4211-12.

9. Conditions de libéralisation. Les plantes médicinales libérées n'échappent au monopole des pharmaciens que si elles ne sont pas mélangées entre elles et que si elles sont vendues en l'état. Elles peuvent par ailleurs répondre à la définition du médicament si elles sont présentées comme tel au sens de l'art. L. 5111-1. ♦ Sur des ventes illicites de plantes médicinales enfreignant le monopole des pharmaciens, V. • Crim. 5 janv. 1989 : *Bull. crim. n° 2* • Crim. 8 nov. 1990, ☎ n° 90-80.055 • Crim. 6 déc. 1990, ☎ n° 89-85.413 • Crim. 9 juin 1993, ☎ n° 92-84.896 • Crim. 11 déc. 1996 : *Bull. crim. n° 462* • Crim. 25 juin 1997, ☎ n° 96-82.060 • Crim. 4 nov. 1998, ☎ n° 97-84.749 • Crim. 10 janv. 2001, ☎ n° 00-82.778.

10. Huiles essentielles. Sur des huiles essentielles qualifiées de médicaments, V. • Crim. 19 mars 1985 : *Bull. crim. n° 116* • Crim. 26 janv. 1988 : *Bull. crim. n° 38.* ♦ Sur la liste des huiles essentielles réservées au monopole des pharmaciens, V. art. D. 4211-13.

11. Compléments alimentaires. Sur l'application du régime des compléments alimentaires aux plantes médicinales (Décr. n° 2006-352 du 20 mars 2006), V. notes ss. art. L. 5111-1.

C. INSECTICIDES ET ACARICIDES DESTINÉS À ÊTRE APPLIQUÉS SUR L'HOMME

12. Origine législative. La Cour de cassation avait refusé de reconnaître aux insecticides destinés à être appliqués sur l'homme (shampooings anti-poux) le caractère de médicament. • Crim. 10 mai 1924 : *Bull. crim. n° 205.* – La L. n° 78-699 du 6 juill. 1978 les avait par la suite intégrés dans le champ de l'art. L. 512 [L. 4211-1] CSP. ♦ Depuis l'Ord. n° 2007-613 du 26 avr. 2007, les insecticides et acaricides destinés à être appliqués sur l'homme sont assimilés à des médicaments : les dispositions particulières des art. L. 5136-1 à L. 5136-6 ont été abrogées en conséquence.

13. Contenu du monopole. Sur la confirmation que la vente des insecticides et acaricides destinés à être appliqués sur l'homme est réservée aux pharmaciens. • Crim. 3 oct. 2000 : *Bull. crim. n° 286.* ♦ Sur la vente illégale d'un shampooing anti-poux, V. • T. corr. Poitiers, 28 janv. 1987 : *Inf. pharm. 1987, n° 301, p. 502.* ♦ En revanche, un simple répulsif (*repellent*) n'entre pas dans le monopole pharmaceutique. • Paris, 16 juin 1998 : *Nouv. pharm. 1998, n° 360, p. 323.* ♦ V. également pour un shampooing« anti-poux et anti-lentes » possédant effectivement des propriétés insecticides et non pas seulement répulsives. • Toulouse, 22 oct. 1998 : *Nouv. pharm. 1999, n° 362, p. 137.*

14. Produits biocides. Les insecticides et acaricides destinés à être appliqués sur l'homme ne sont pas des produits biocides au sens de la Dir. 98/8/CE du 16 févr. 1998 [remplacée par le Règl. (UE) n° 528/2012 du 22 mai 2012]. ♦ La notion de biocides comprend les produits même n'agissant que de façon indirecte sur les organismes nuisibles cibles, dès lors qu'ils contiennent une ou plusieurs substances actives entraînant une action, chimique ou biologique, faisant partie intégrante d'une chaîne de causalité dont l'objectif est de produire un effet inhibiteur à l'égard des organismes. • CJUE 1er mars 2012, *Söll*, n° C-420/10.

D. PRODUITS DESTINÉS À L'ENTRETIEN ET À L'APPLICATION DES LENTILLES

15. Duopole professionnel. La vente des produits destinés à l'entretien et l'application des lentilles oculaires (dispositifs médicaux de classe IIb) est réservée aux pharmaciens, sans préjudice de la dérogation consentie aux opticiens par l'art. L. 4211-4. • Civ. 1re, 18 oct. 2005, *Sté Jiffak c/ Union nat. des opticiens de France : Bull. civ. I, n° 370.* ♦ Sur le monopole partagé avec les opticiens, V. notes ss. art. L. 4211-4.

16. Limite du monopole des opticiens. Dès lors qu'ils retiennent que le rinçage des lentilles oculaires de contact auquel est destinée la solution mise en vente (Sorbisol) fait partie de leur entretien, les juges du fond ont pu légalement en déduire que cette solution ne constitue pas un produit destiné à l'application des lentilles (dont la vente est réservée aux seuls pharmaciens) et qu'elle peut être commercialisée par les opticiens-lunetiers en vertu de l'art. L. 512-1 [L. 4211-4] CSP. • Crim. 10 mai 1995, ☎ n° 94-84.873.

17. Étendue du monopole des pharmaciens. Les pharmaciens, auxquels la vente des produits destinés à l'entretien des lentilles oculaires de contact est réservée, sont uniquement ceux qui exercent leur profession dans une officine de pharmacie, satisfaisant ainsi à toutes les conditions légales d'exercice de la pharmacie. • Civ. 1re, 16 mai 2000, *Sté Parasanté : Bull. civ. I, n° 145.*

E. DISPOSITIFS MÉDICAUX DE DIAGNOSTIC IN VITRO

18. Tests de grossesse. Les tests de grossesse étant effectivement destinés au diagnostic de la grossesse, c'est à tort qu'une cour d'appel refuse d'admettre que la vente du Gravi-test est réservée aux pharmaciens en se déterminant par des considérations tirées de la notion de médicament ou en instaurant de subtiles distinctions entre le diagnostic et la recherche de l'information de la grossesse. • Crim. 19 déc. 1989 : *Bull. crim. n° 492.* ♦ V. également • Crim. 30 oct. 1996 : *Bull. crim. n° 380* • Crim. 29 mai 2001, ☎ n° 00-85.629.

19. Lecteurs de glycémie. Un réactif conditionné en vue de la vente au public sous forme, en l'espèce, de bandelettes de réactif, permettant de déterminer le taux de glycémie, pour l'élaboration du traitement d'une affection, participe au diagnostic de celle-ci et relève du monopole des pharmaciens. • Crim. 14 oct. 1992 : *Bull. crim. n° 326.*

20. Compatibilité européenne. Le monopole de la vente des tests de grossesse attribué aux pharmaciens par les dispositions de l'art. L. 4211-1, modifiées par l'Ord. n° 2001-198 du 1er mars 2001, n'a pas été jugé contraire aux dispositions de la Dir. 98/79/CE du 27 oct. 1998, dont l'objet ne porte pas sur les conditions de vente au détail, mais sur la mise sur le marché des dispositifs médicaux de diagnostic *in vitro*, et pourvu que les produits importés ne subissent aucune discrimination par rapport aux produits nationaux. • Crim. 26 nov. 2002 : *Bull. crim. n° 210.* ♦ Est d'ailleurs inopérant le moyen selon lequel la procédure d'information de la Commission prévue par la Dir. 98/79/CE du 27 oct. 1998 n'a pas été mise en œuvre lors de la mise en conformité du 8° de l'art. L. 4211-1 avec le droit communautaire, dans la mesure où cette directive ne comporte aucune disposition relative au mode de commercialisation. • Crim. 14 déc. 2004, n° 04-80.723.

21. Limites du monopole. Seule la vente et la dispensation au détail est réservée aux pharmaciens. L'art. L. 4211-1 (dans sa rédaction issue de l'Ord. n° 2001-198 du 1er mars 2001), ne réservant plus aux pharmaciens que la vente au détail et toute dispensation de dispositifs médicaux de diagnostic *in vitro* destinés à être utilisés par le public, la préparation et la vente en gros des tests de grossesse ne sont plus soumises au monopole pharmaceutique, ces dispositions nouvelles moins sévères s'appliquant aux infractions commises avant leur entrée en vigueur et non définitivement jugées, à charge pour les juges du fond d'apprécier si le fabricant ne s'est pas rendu complice du délit d'exercice illégal de la pharmacie consistant en la vente au détail de tests de grossesse. • Crim. 3 nov. 2004 : *Bull. crim. n° 265.*

F. ALIMENTS LACTÉS DIÉTÉTIQUES ET PRÉPARATIONS POUR NOURRISSONS

22. Contrôle juridictionnel. Le juge administratif exerce un contrôle restreint sur la fixation par l'administration des caractéristiques des aliments lactés diététiques pour nourrissons et des aliments de régime destinés aux enfants du 1er *âge dont la vente est réservée aux pharmaciens* : en n'opérant pas de distinction entre aliments lactés diététiques maternisés et non maternisés comme le suggérait un avis du Conseil de la concurrence, l'administration n'a commis aucune erreur manifeste. • CE 26 oct. 1990, *Sté Paridoc : Lebon T. 951 ; JCP 1992. II. 21876, note Bazex.*

23. Droit de la concurrence. Le Conseil de la concurrence a pris position contre l'exclusivité de vente en pharmacie d'officine des laits 1er âge. • Cons. conc. 31 mars 1987, avis n° 87-A-02 : *BOCC 2 juin 1987.* ♦ Une législation nationale réservant aux pharmacies la vente exclusive de laits transformés du 1er âge échappe cependant à l'application des règles sur la libre circulation des marchandises. • CJCE 29 juin 1995, *Commission c/ Grèce*, n° C-391/92 : *Rec. CJCE 1621.*

24. Contenu du monopole. Le monopole pharmaceutique s'applique aux aliments lactés pour nourrissons et enfants du premier âge (moins de quatre mois) dont les protéines sont hydrolysées (hypoallergéniques) et aux aliments de régime destinés aux nourrissons et enfants du premier âge (moins de quatre mois) atteints de troubles métaboliques ou nutritionnels, en vue de répondre à leurs besoins spécifiques, V. Arr. du 9 mars 1992 (*JO 10 mars*).

G. DROGUES SIMPLES ET SUBSTANCES CHIMIQUES

25. Appréciation souveraine. Il n'appartient pas à la Cour de cassation de contrôler les appréciations des juges du fond sur la notion de drogue simple. • Crim. 9 janv. 1979 : *Inf. pharm. 1979. 618, obs. Vialla ; RDSS 1980. 220, obs. Auby.*

26. Matières premières biologiques. Sur l'illégalité de la vente en gros aux pharmacies d'officine de produits à base d'extraits aqueux d'organes d'animaux utilisés comme matières premières pour préparations magistrales, V. • Crim. 28 mars 1991, n° 89-84.779.

III. DROIT DE L'UNION

27. Libre circulation des marchandises. Jugé dans un premier temps que la détermination des règles relatives à la distribution des produits pharmaceutiques demeure de la compétence des États membres, sous réserve du respect des dispositions du traité et, notamment, de celles concernant la libre circulation des marchandises. Un monopole, conféré aux pharmaciens d'officine, pour la distribution de médicaments ou d'autres produits peut constituer une entrave aux importations. Si un État membre choisit d'en réserver la distribution aux pharmaciens, une telle entrave est, en principe et sauf preuve contraire, justifiée en ce qui concerne les médicaments, au sens de la Dir. 65/65/CEE du 25 janv. 1965. S'agissant des autres produits, quelle que soit leur qualification en droit national, il appartient à la juridiction nationale de vérifier si le monopole conféré aux pharmaciens pour leur commercialisation est nécessaire à la protection de la santé publique ou des consommateurs et si ces deux objectifs ne peuvent pas être atteints par des mesures moins restrictives du commerce intracommunautaire. • CJCE 21 mars 1991, *Monteil et Samanni*, n° C-60/89 : *Rec. CJCE 1547*

• CJCE 21 mars 1991, *Delattre*, n° C-369/88 : *Rec. CJCE 1487, concl. Tesauro ; LPA 10 juill. 1991, p. 51, note Vialla et Maurain.* ♦ Aussi la Cour de cassation a-t-elle considéré que le monopole conféré aux pharmaciens d'officine pour la distribution de médicaments ou d'autres produits peut constituer une entrave aux importations, mais que si un État membre choisit d'en réserver la distribution aux pharmaciens, une telle entrave est, en principe et sauf preuve contraire, justifiée en ce qui concerne les médicaments. • Crim. 10 mars 1993 : *Bull. crim. n° 108.*

28. Revirement de jurisprudence. Jugé depuis que n'est pas apte à entraver directement ou indirectement le commerce des États membres, l'application à des produits en provenance d'autres États membres de dispositions nationales qui limitent ou interdisent certaines modalités de vente, pourvu qu'elles s'appliquent à tous les opérateurs concernés exerçant leur activité sur le territoire national et pourvu qu'elles affectent de la même manière, en droit comme en fait, la commercialisation des produits nationaux et de ceux en provenance d'autres États membres. • CJCE 24 nov. 1993, *Keck et Mithouard*, n° C-267/91 : *Rec. CJCE 6097, concl. Van Gerven.*

29. Réglementation déontologique. Une réglementation, telle qu'une règle déontologique interdisant à des pharmaciens d'officine de faire de la publicité en dehors de leur officine pour les produits de parapharmacie, dès lors qu'elle s'applique, sans distinguer selon l'origine des produits en cause, à tous les pharmaciens du ressort de la chambre professionnelle, n'affecte pas la commercialisation des produits en provenance d'autres États membres d'une manière différente des produits nationaux. • CJCE 15 déc. 1993, *Ruth Hünermund*, n° C-292/92 : *Rec. CJCE 6787.*

30. Monopole officinal. Une législation nationale réservant aux pharmacies la vente exclusive de laits transformés du 1er âge échappe à l'application des règles sur la libre circulation des marchandises. En effet, une telle législation, qui a pour effet de limiter la liberté commerciale des opérateurs économiques sans porter sur les caractéristiques des produits eux-mêmes, concerne les modalités de vente de certaines marchandises, en ce qu'elle interdit la commercialisation, en dehors des seules pharmacies, des laits pour nourrissons et détermine, dès lors, de façon générale les points de vente où ils peuvent être écoulés. Même si elle est susceptible de restreindre le volume des ventes et donc des importations, elle ne place pas les produits importés en situation désavantageuse par rapport aux produits nationaux. • CJCE 29 juin 1995, *Commission c/ Grèce*, n° C-391/92 : *Rec. CJCE 1621.*

31. Droit interne. La Cour de cassation ne se réfère plus aux dispositions de l'art. 30 CE [36 TFUE] pour justifier une atteinte à la libre circulation des marchandises au nom de la protection de la santé publique et écarte tout moyen fondé sur le point de savoir si le monopole des pharmaciens constitue ou non une mesure d'effet équivalent au sens de l'art. 28 CE [34 TFUE], dès lors que celui-ci s'applique indistinctement aux produits nationaux et aux produits importés des autres États membres. • Crim. 25 mai 1994 : *Bull. crim. n° 202* • Crim. 6 mai 1996 : *Bull. crim. n° 187* • Crim. 9 juill. 1996 : *Bull. crim. n° 288* • Crim. 30 oct. 1996 : *Bull. crim. n° 380* • Crim. 5 sept. 2000 : *Bull. crim. n° 261* • Com. 22 févr. 2000, *Sté Beiersdorf et a.* : *Bull. civ. IV, n° 34.* ♦ Dans la mesure où échappent au domaine des art. 28 et 30 CE [34 et 36 TFUE] les dispositions nationales qui limitent ou interdisent certaines modalités de vente, pourvu qu'elles s'appliquent à tous les opérateurs concernés exerçant leur activité sur le territoire national et qu'elles affectent de la même manière, en droit comme en fait, la commercialisation des produits nationaux et de ceux en provenance d'autres États membres, c'est à bon droit qu'une cour d'appel a pu décider que les règles nationales relatives au monopole des pharmaciens et des opticiens-lunetiers pour la vente des produits d'entretien des lentilles de contact s'appliquent sans discrimination tant aux produits nationaux qu'à ceux importés. • Com. 14 févr. 2006, *Labo. Juva Santé et Sté LR Monoprix* : *Bull. civ. IV, n° 39.*

32. Monopole commercial. La Cour de justice a considéré que le monopole suédois de vente au détail des médicaments au profit de la société publique Apoteket était contraire à l'art. 31 CE [37 TFUE], refusant que puissent être invoquées les dispositions de l'art. 86-2 CE [106-2 TFUE] pour justifier l'octroi de droits exclusifs à une entreprise chargée de la gestion d'un service d'intérêt économique général, dans la mesure où le système de sélection des médicaments mis en place est susceptible de désavantager le commerce de médicaments en provenance d'autres États membres. • CJCE 31 mai 2005, *Hanner*, n° C-438/02 : *Rec. CJCE 4551 ; Europe juill. 2005, n° 247, comm. Berrod ; Concurrences 2005, n° 3, p. 142, note Rodrigues.*

Art. L. 4211-1-1 *(Ord. n° 2012-1427 du 19 déc. 2012, art. 1er)* **Les personnes se livrant à une activité de courtage de médicaments mentionnée à l'article L. 5124-19 ne sont pas soumises aux dispositions du présent titre.**

Art. L. 4211-2 *(L. n° 2008-337 du 15 avr. 2008, art. 8)* **Les officines de pharmacie et les pharmacies à usage intérieur sont tenues de collecter gratuitement les médicaments à usage humain non utilisés apportés par les particuliers qui les détiennent.**

Toute distribution et toute mise à disposition des médicaments non utilisés sont interdites. Ces médicaments sont détruits dans des conditions sécurisées.

Un décret en Conseil d'État précise les conditions d'application du présent article, et notamment :

– les conditions de la collecte des médicaments non utilisés mentionnée au premier alinéa ;

– les conditions de la destruction des médicaments mentionnée au deuxième alinéa, et notamment les conditions de financement de cette destruction.

BIBL. ▶ THIERRY, La fin du recyclage humanitaire des médicaments non utilisés, *RDSS 2009. 707*. – GRASS et LALANDE, Enquête sur le dispositif de recyclage des médicaments « Cyclamed », *IGAS (rapport), janv. 2005.*

1. Tromperie aggravée. En proposant à la vente des médicaments repris après avoir été délivrés une première fois et alors que leurs conditions de conservation, chez les premiers clients, peuvent entraîner des effets préjudiciables sur leur qualité et leur stabilité, un pharmacien d'officine a trompé les clients auxquels ces médicaments étaient pour la seconde fois délivrés, sur les qualités substantielles et l'aptitude à l'emploi des médicaments. • Grenoble, 23 janv. 2002 : *Nouv. pharm. 2002, n° 375, p. 267.*

2. Escroquerie et fausses facturations. Pour un exemple de condamnation conjointe d'une titulaire et de son adjointe qui refacturaient des médicaments ramenés par des clients et procédaient également à des facturations de médicaments non délivrés, V. • T. corr. Rouen, 10 nov. 2008, n° 3516/08 : *Nouv. pharm. 2009, n° 402, p. 85.* ♦ Sur le délit d'escroquerie, d'abus de confiance, de fraude et de fausses déclarations pour obtenir des prestations sociales indues par le remboursement de médicaments qui auraient dû être recyclés, V. • Crim. 7 sept. 2011, n° 10-83.153.

Art. L. 4211-2-1 *(L. n° 2014-856 du 31 juill. 2014, art. 92)* I. – Pour l'application de l'article L. 541-10 du code de l'environnement, les exploitants ou importateurs de médicaments, les fabricants ou leurs mandataires, distributeurs ou importateurs de dispositifs médicaux ou de dispositifs médicaux de diagnostic *in vitro* qui fabriquent, importent ou introduisent sur le marché national des matériels ou matériaux, associés ou non à un médicament ou à un dispositif médical ou à un dispositif médical de diagnostic *in vitro* dont l'utilisation conduit directement à la production de déchets d'activités de soins à risque infectieux perforants par les patients en auto-traitement *(L. n° 2016-41 du 26 janv. 2016, art. 39-IV)* « et les utilisateurs des autotests mentionnés à l'article L. 3121-2-2 », assurent la prise en charge de la collecte et du traitement des déchets issus de ces produits de santé.

A cette fin, ils s'acquittent de leur obligation en mettant en place des systèmes individuels de collecte et de traitement des déchets issus de leurs produits ou en mettant en place collectivement des éco-organismes auxquels ils versent une contribution financière et transfèrent leur obligation et dont ils assurent la gouvernance.

II. – En l'absence de dispositif de collecte de proximité spécifique, les officines de pharmacies, les pharmacies à usage intérieur et les laboratoires de biologie médicale sont tenus de collecter gratuitement les déchets d'activités de soins à risque infectieux perforants produits par les patients en auto-traitement *(L. n° 2016-41 du 26 janv. 2016, art. 39-IV)* « et les utilisateurs des autotests mentionnés à l'article L. 3121-2-2 », apportés par les particuliers qui les détiennent.

III. – Un décret en Conseil d'État, pris après avis de l'Autorité de la concurrence, précise :

1° Les conditions de la collecte et du traitement, au sens de l'article L. 541-2 du code de l'environnement, des déchets mentionnés au I du présent article ;

2° Les conditions de financement de ceux-ci par les personnes mentionnées au même I ;

3° Les sanctions en cas de non-respect des obligations mentionnées aux I et II, dans les limites de celles prévues à l'article L. 541-10 du code de l'environnement.

Art. L. 4211-3 *(L. n° 2004-806 du 9 août 2004,* art. 123) Les médecins établis dans une commune dépourvue d'officine de pharmacie peuvent être autorisés par le *(Ord. n° 2010-177 du 23 févr. 2010, art. 14-I-6°)* « directeur général de l'agence régionale de santé, qui en informe le représentant de l'État dans le département », à avoir chez eux un dépôt de médicaments, et à délivrer aux personnes auxquelles ils donnent leurs soins, les médicaments remboursables et non remboursables, ainsi que les dispositifs

médicaux nécessaires à la poursuite du traitement qu'ils ont prescrit, selon une liste établie par le ministre chargé de la santé, après avis du Conseil national de l'ordre des médecins, et du Conseil national de l'ordre des pharmaciens. Cette autorisation ne doit être accordée que lorsque l'intérêt de la santé publique l'exige.

(L. n° 2016-1888 du 28 déc. 2016, art. 20) **« Tout médecin remplaçant un médecin bénéficiant d'une autorisation d'exercer la propharmacie se voit automatiquement accorder cette même autorisation pour la durée du remplacement.**

« Tout médecin s'établissant dans le même cabinet qu'un médecin bénéficiant d'une autorisation d'exercer la propharmacie se voit automatiquement accorder cette même autorisation pour l'exercice dans ce cabinet. »

Elle mentionne les localités dans lesquelles la délivrance des médicaments au domicile du malade est également autorisée.

Elle est retirée dès qu'une officine de pharmacie est créée dans une des communes mentionnées dans l'autorisation.

Les médecins bénéficiant d'une autorisation d'exercer la propharmacie sont soumis à toutes les obligations législatives et réglementaires incombant aux pharmaciens.

Ils ne peuvent en aucun cas avoir une officine ouverte au public. Ils doivent ne délivrer que les médicaments prescrits par eux au cours de leur consultation.

BIBL. ► MODERNE, Une survivance utile : le médecin propharmacien, *RDSS 1977. 459.*

1. Champ d'application. L'autorisation n'est accordée qu'aux médecins exerçant en clientèle et non aux médecins-chefs ou médecins de sanatoriums ou autres établissements où sont soignés les malades. • CE 10 janv. 1958, *Préfet de l'Allier : Lebon 20.* ♦ L'autorisation porte sur le dépôt de médicaments à domicile. • CE, sect., 20 oct. 1950, *Laborie : Lebon 512.*

2. Exigence de motivation. La décision autorisant l'exercice de la propharmacie est au nombre des décisions dérogatoires qui doivent être motivées au sens de la L. n° 79-587 du 11 juill. 1979 : est suffisamment motivé l'arrêté qui se fonde sur l'éloignement des officines les plus proches, la difficulté des communications et les impératifs de la politique de maintien à domicile des personnes âgées. • CE 20 janv. 1988, *Maugoussin : Lebon T. 987 ; RDSS 1988. 697, obs. Auby.* ♦ En revanche, n'est pas suffisamment motivé l'arrêté qui se borne à mentionner la nécessité de prolonger la période transitoire indispensable à certaines populations pour s'adapter à la disparition de la propharmacie. • CE 24 févr. 1988, *Giroud : RDSS 1988. 480, obs. Auby ; Inf. pharm. 1988, n° 310, p. 493, obs. Viala.*

3. Contrôle juridictionnel. L'autorisation donnée à un médecin d'exercer la propharmacie est soumise à un contrôle normal du juge de l'excès de pouvoir. • CE 13 févr. 1987, *Min. Aff. soc. et Emploi et Froger : Lebon T. 917 ; RDSS 1987. 374, obs. Auby ; JCP 1988. II. 20968, note Nocquet.* ♦ S'agissant du refus d'autoriser l'exercice de la propharmacie, le contrôle se limitait auparavant à la censure de l'erreur manifeste d'appréciation. • CE 21 mai 1982, *Min. Santé c/ Cne de Lucq-de-Béarn,* n° 29816 : *Lebon T. 732 ; RDSS 1982. 614, obs. Auby ; Inf. pharm. 1982. 970, note Denoix de Saint-Marc et Labetoulle.* ♦ Mais le Conseil d'État a unifié sa jurisprudence et exerce désormais un contrôle normal sur l'ensemble des décisions. • CE 30 déc. 1996, *Lévesque : Lebon 525.*

4. Détournement de pouvoir. Le fait d'accorder une autorisation pour procurer des moyens de subsistance à un médecin serait constitutif d'un détournement de pouvoir. • CE 22 févr. 1950, *Cons. central des pharmaciens d'officine : Lebon 117.*

5. Légalité interne. Il appartient au préfet de se prononcer au regard de l'ensemble des circonstances de fait. • CE, sect., 21 déc. 1945, *Bommier : Lebon 266* • CE, sect., 20 oct. 1950, *Laborie : préc. note 1* • CE 27 avr. 1953, *Collin : Lebon 197.* ♦ Aucune condition de distance n'est cependant requise pour l'octroi d'une autorisation. • CE, sect., 21 déc. 1945, *Bommier : préc.* • CE 26 juill. 1947, *Renaud : Lebon T. 706.* ♦ L'autorité administrative tient compte notamment de la difficulté des communications et de l'éloignement des officines existantes. • CE 13 févr. 1987, *Min. Aff. soc. et Emploi et Froger : préc. note 3* • CE 20 janv. 1988, *Maugoussin : préc. note 2* • CE 24 févr. 1988, *Giroud : préc. note 2* • CE 13 avr. 1988, *Min. Aff. soc. et Solidarité nat. c/ Serpinet et Camus : RDSS 1988. 689, obs. Dubouis ; Inf. pharm. 1988, n° 312, p. 749, obs. Viala.* ♦ ... Ou du pourcentage de personnes âgées dans la population. • CE 20 janv. 1988, *Maugoussin : préc. note 2.*

6. Refus illégal. Jugé illégal le refus d'autorisation alors que les officines pharmaceutiques sont éloignées de plus de 10 km et que la population est disséminée sur le territoire de la commune. • CE 21 mai 1982, *Min. Santé c/ CROP d'Ile de France : Lebon T. 732 ; Inf. pharm. 1982. 970, note Denoix de Saint-Marc et Labetoulle ; RDSS 1982. 614, obs. Auby* • CE 24 févr. 1988, *Giroud : préc. note 2.* ♦ Sur l'illégalité d'un refus d'autorisation alors que les communes concernées par la demande sont situées à 7 km et plus de l'officine pharmaceutique la plus proche, dont une partie importante de la population est âgée, et où il n'existe pratiquement aucun moyen de transport public, V. • CE 30 déc. 1996, *Lévesque : préc. note 3.* ♦ Peu importe qu'un pharmacien voisin desserve parfois lui-même la population intéressée, ou qu'un autre médecin en place bénéficie déjà d'une autorisation d'exercer la propharmacie, ou que toutes les communes concernées ne soient pas mentionnées dans la décision. • CE 13 avr. 1988, *Min. Aff. soc. et Solidarité nat. c/ Serpinet et Camus : préc. note 5.*

7. Fin de l'autorisation. Les décisions mettant fin à l'autorisation d'exercer la propharmacie sont soumises à un contrôle juridictionnel minimum. • CE, sect., 20 oct. 1950, *Laborie : préc. note 1* • CE 27 avr. 1953, *Collin : Lebon 197* • CE 17 janv. 1962, *Min. Santé publique c/ Bellon : Lebon 44* • CE 12 mai 1972, *Maréchallat : Lebon T. 1214 ; RDSS 1972. 318, obs. Auby.* ♦ Le juge examine notamment si les faits invoqués par l'administration sont matériellement exacts. • CE 17 janv. 1962, *Min. Santé publique c/ Bellon : préc.* • CE 21 mai 1982, *Min. Santé et sécurité sociale c/ Cne de Lucq-de-Béarn : préc. note 3.* ♦ L'autorité administrative ne peut légalement se fonder sur la situation faite à un autre praticien pour mettre fin à une autorisation. • CE 17 janv. 1973, *Merlin : RDSS 1973. 486, obs. Auby.* ♦ Mais elle peut se fonder sur l'intérêt des malades. • CE 21 mai 1982, *Min. Santé c/ CROP d'Île-de-France : préc. note 6.* – V. également • CE 1er févr. 1993, *CROP de Midi-Pyrénées : Lebon T. 996 ; RDSS 1993. 465, obs. Auby*. ♦ Le fait que les besoins d'une partie de la population aient été pris en compte pour l'autorisation d'ouverture d'une officine n'est pas de nature à priver l'autorité administrative de son pouvoir d'apprécier si les circonstances locales justifiaient l'octroi ou le maintien d'une autorisation d'exercer la propharmacie dans les mêmes communes. • CE 13 févr. 1987, *Min. Aff. soc. et Emploi et Froger : préc. note 3* • CE 17 avr. 1992, *Ternat et Min. Aff. soc. c/ Mallie et Jacquot : Lebon T. 1273.*

8. Retrait des décisions. Les autorisations d'exercer la propharmacie sont créatrices de droits et ne peuvent être retirées que pour illégalité et dans le délai du recours contentieux. • CE 21 mai 1982, *Min. Santé c/ CROP d'Île-de-France : préc. note 6.* ♦ Solution devant prendre en compte la jurisprudence ultérieure du Conseil d'État : l'administration ne peut retirer une décision individuelle explicite créatrice de droits, si elle est illégale, que dans le délai de quatre mois suivant la prise de décision. • CE, ass., 21 oct. 2001, *Ternon : Lebon 497, concl. Séners.* ♦ En revanche, le refus d'autorisation d'exercer la propharmacie ne crée aucun droit au profit de tiers et le ministre peut à tout moment retirer sa décision. • CE 1er févr. 1993, *CROP de Midi-Pyrénées : préc. note 7.* – V. déjà • CE 12 mai 1972, *Maréchallat : préc. note 7* • CE 21 mai 1982, *Min. Santé et CROP d'Île-de-France : préc. note 6.* ♦ Le silence gardé par le directeur général de l'ARS sur la demande du médecin tendant à obtenir l'autorisation vaut autorisation tacite à l'expiration d'un délai de quatre mois à compter de la réception de la demande, V. art. R. 4211-14.

9. Droit disciplinaire. Jugé que l'art. L. 594 [L. 4211-3] CSP n'a ni pour objet ni pour effet d'interdire à un médecin de céder à ses malades, sous sa responsabilité, un remède n'ayant pas été considéré comme spécialité pharmaceutique. • CE 11 févr. 1970, *Alt : Inf. pharm. 1970, n° 129, chron. Denoix de Saint-Marc et Labetoulle ; RDSS 1971. 73, obs. Auby* (à propos d'un remède destiné à combattre des troubles digestifs) • CE, sect., 13 janv. 1961, *Hervé : Lebon 42* (à propos d'un vaccin). ♦ Dans ce cas, les sanctions disciplinaires éventuellement prononcées doivent être annulées. • Même arrêt. ♦ Le médecin propharmacien commet une faute disciplinaire en majorant les prix des médicaments délivrés à ses clients. • CE 4 déc. 1964, *Corcos : Lebon 620.*

10. Droit pénal. Le délit d'exercice illégal de la pharmacie ne peut être caractérisé par le seul fait qu'un médecin, n'étant pas autorisé à exercer la propharmacie, fournissait lui-même à ceux de ses malades qui ne pouvaient se déplacer, les médicaments qu'il leur avait prescrits et qu'il achetait pour leur compte dans une pharmacie. • Crim. 2 mars 1982 : *Bull. crim. n° 65.*

11. Droit fiscal. Sur le régime fiscal applicable aux médecins propharmaciens en fonction de leur activité dominante, V. • CE 8 juill. 2011, n° 342235.

Art. L. 4211-4 (Abrogé par L. n° 2014-344 du 17 mars 2014, art. 37-II) ***Par dérogation aux dispositions du 4° de l'article L. 4211-1, les opticiens-lunetiers peuvent également vendre au public les produits destinés à l'entretien des lentilles oculaires de contact.*** – *[Anc. art. L. 512-1].*

1. Exercice illégal de l'optique-lunetterie. Sur le délit d'exercice illégal de la profession d'opticien-lunetier en raison de la vente illicite de produits destinés à l'entretien des lentilles oculaires de contact, V. • *Crim. 26 avr. 1988 : Bull. crim. n° 177.*

2. Libre circulation des marchandises. Sur la question préjudicielle renvoyée à la Cour de justice concernant la compatibilité du monopole des opticiens-lunettiers avec les règles du Traité CE, V. • Com. 2 juin 1992, *Sté Labo. de prothèses oculaires : Bull civ. IV, n° 216.* ♦ Le monopole a été jugé compatible avec les règles sur la libre circulation des marchandises et justifié par des raisons tenant à la protection de la santé publique. • CJCE 25 mai 1993, *Sté Labo. de prothèses oculaires c/ Union nat. des synd. d'opticiens de France*, n° C-271/92 : *Rec. CJCE 2899.* ♦ La Cour de cassation en a déduit que la vente des lentilles de contact et de leurs produits d'entretien ne peut être considérée comme une activitécommerciale similaire à toute autre et peut être réservée, dans un objectif de protection de la santé publique, à des établissements commerciaux dirigés ou gérés par des personnes titulaires du diplôme de lunetier-opticien. • Com. 4 janv. 1994 : *Bull. civ. IV, n° 2.* ♦ Il y a dorénavant lieu de s'en tenir à la jurisprudence suivant laquelle n'est pas apte à entraver directement ou indirectement, actuellement ou potentiellement, le commerce entre États membres, l'application à des produits importés de dispositions nationales limitant ou interdisant certaines modalités de vente, pourvu qu'elles s'appliquent à tous les opérateurs concernés exerçant leur activité sur le territoire national et pourvu qu'elles affectent de la même manière, en droit comme en fait, la commercialisation des produits nationaux et ceux en provenance d'autres États membres. • CJCE 24 nov. 1993, *Keck et Mithouard*, n° C-268/91 : *Rec. CJCE 6097.* ♦ Une cour d'appel n'est ainsi pas tenue de rechercher si l'existence des art. L. 4211-1 et L. 4211-4, qui instituent un monopole sur la vente des produits destinés à l'entretien des lentilles oculaires de contact, est justifiée par des impératifs de santé publique, dès lors que ces dispositions s'appliquent sans discrimination aux produits nationaux comme aux produits importés des autres États membres. • Civ. 1re, 18 oct. 2005 : *Bull. civ. I, n° 370.* ♦ Dans le même sens • Com. 14 févr. 2006 : *Bull. civ. IV, n° 39.* ♦ Viole les art. L. 4211-1 et L. 4211-4 une cour d'appel qui fait application de l'ancien art. L. 665-9-1 CSP, alors qu'à la date des faits litigieux, cette disposition avait été abrogée par l'Ord. n° 2000-549 du 15 juin 2000 relative à la partie législative du code de la santé publique. • Civ. 1re, 18 oct. 2005 : *Bull. civ. I, n° 371.*

3. Vente par correspondance. La livraison par correspondance de lentilles de contact et de produits d'entretien ne permettant pas un véritable contrôle, une cour d'appel peut faire défense à une société de proposer à la vente à distance, notamment par correspondance, des lentilles oculaires de contact ou des produits destinés à leur entretien. • Civ. 1re, 14 janv. 1997, *Union nat. des synd. d'opticiens de France : Bull. civ. I, n° 23.* ♦ *Contra* : jugé, à propos de la vente par l'internet, que les art. 34 et 36 TFUE, ainsi que la Dir. 2000/31/CE du 8 juin 2000 sur le commerce électronique, s'opposent à ce qu'une réglementation nationale n'autorise la commercialisation de lentilles oculaires de contact (et par conséquent des produits utilisés pour leur entretien) que dans des magasins spécialisés en dispositifs médicaux. • CJUE 2 déc. 2010, *Ker-Optika*, n° C-108/09 : *Rec. CJUE 12213 ; D. 2011. 419, note Castets-Renard*.

Art. L. 4211-5 **Par dérogation aux dispositions du 4° de l'article L. 4211-1, des personnes morales respectant les bonnes pratiques de distribution définies par arrêté du ministre chargé de la santé peuvent être autorisées à dispenser à domicile, sous la responsabilité d'un pharmacien inscrit à l'ordre des pharmaciens en section A, D et E, des gaz à usage médical.**

L'autorisation est accordée par le *(Ord. n° 2010-177 du 23 févr. 2010, art. 14-I)* **« directeur général de l'agence régionale de santé »** *(L. n° 2011-940 du 10 août 2011, art. 47-I)* **« , après avis » des instances compétentes de l'Ordre national des pharmaciens. En cas d'infraction, elle peut être suspendue ou supprimée par le** *(Ord. n° 2010-177 du 23 févr. 2010, art. 14-I)* **« directeur général de l'agence régionale de santé ».**

BIBL. ▶ CAILLOT-AUPHELLE et a., L'oxygène à usage médical. Indications particulières, contre-indications, effets indésirables, *Nouv. pharm. 2005, n° 387, p. 279.* – ARTH, CAMUZEAUX et KELLER-DIDIER, Oxygénothérapie : le pharmacien non reconnu, *Nouv. pharm. 1997, n° 354, p. 157.*

Statut juridique. Jugé que les gaz médicaux sont des médicaments entrant dans le monopole des pharmaciens. • TGI Paris, 25 avr. 1980 : *Inf. pharm. 1981. 828, obs. Vialla.* ♦ Il convient désormais de prendre en compte le mode d'action principal des gaz à usage médical. Si le mode d'action est principalement pharmacologique, il s'agit alors d'un médicament au sens de l'art. L. 5111-1 (« gaz médicinaux »). Si le mode d'action est physique (mécanique notamment), il s'agit alors d'un dispositif médical au sens de l'art. L. 5211-1 (« gaz dispositifs médicaux »).

Art. L. 4211-5-1 *(L. n° 2016-41 du 26 janv. 2016, art. 153)* **Par dérogation au 4° de l'article L. 4211-1, en cas d'accident nucléaire ou d'acte terroriste constituant une menace sanitaire grave nécessitant leur délivrance ou leur distribution en urgence, les produits de santé issus des stocks de l'État et figurant sur une liste arrêtée par le ministre chargé de la santé peuvent être délivrés ou distribués lorsqu'aucun pharmacien n'est présent, sous la responsabilité du représentant de l'État dans le département, par d'autres professionnels de santé que les pharmaciens et, à défaut, par les personnes mentionnées à l'article L. 721-2 du code de la sécurité intérieure ou par les personnels des services de l'État ou des collectivités territoriales, désignés dans des conditions fixées par décret.**

Art. L. 4211-6 **Toute personne ayant obtenu une autorisation de** *(L. n° 2011-2012 du 29 déc. 2011, art. 5-IV)* **« l'Agence nationale de sécurité du médicament et des produits de santé », après avis de l'Académie nationale de médecine, peut préparer et délivrer des allergènes, lorsqu'ils sont préparés spécialement pour un seul individu.**

L'autorisation est délivrée pour une durée de cinq ans ; elle est ensuite renouvelable par période quinquennale.

Elle peut être assortie de conditions adéquates.

Un décret en Conseil d'État fixe les conditions d'octroi, de modification, de renouvellement, de suspension et de suppression de cette autorisation.

1. Tarification. Les dispositions du tarif pharmaceutique national [art. L. 5123-1] ne peuvent être invoquées lorsqu'il s'agit de vaccins, sérums ou allergènes. • CE 10 févr. 1984, *Synd. nat. des directeurs de labo. de biologie médicale*, n° 4348.

2. Vente directe. Sur certaines pratiques de laboratoires spécialisés et la vente directe de préparations des vaccins, sérums et allergènes destinés à un seul individu, V. * Rép. min. : *JO (QE) Ass. nat. 23 déc. 1989, p. 5732.*

3. Infraction pénale. Sur la préparation irrégulière d'APSI, V. • T. corr. Marseille, 18 déc. 1997 : *Nouv. pharm. 1998, n° 358, p. 177.*

Art. L. 4211-7 **Les herboristes diplômés au 20 septembre 1941 ont le droit d'exercer leur vie durant.**

Les herboristes diplômés peuvent détenir pour la vente et vendre pour l'usage médical les plantes ou parties de plantes médicinales, indigènes ou acclimatées, à l'exception de celles mentionnées à l'article L. 5132-7.

Ces plantes ou parties de plantes ne peuvent, en aucun cas, être délivrées au public sous forme de mélange préparé à l'avance ; toutefois, des autorisations concernant le mélange de certaines plantes médicinales déterminées peuvent être accordées par le ministre chargé de la santé.

La vente au public des plantes médicinales mélangées ou non est rigoureusement interdite dans tous les lieux publics, dans les maisons privées et dans les magasins autres que les officines de pharmacie et herboristeries.

Les herboristes diplômés sont astreints, dans l'exercice de leur profession, aux mêmes règles que celles qui régissent les pharmaciens pour la vente des produits qui les concernent.

BIBL. ▸ DILLEMANN, À propos des plantes médicinales, *Inf. pharm. 1981. 1414.*

1. Régime autonome. Les règles applicables à l'officine pharmaceutique ne concernent pas les fonds d'herboristerie. • Crim. 8 mai 1940 : *Gaz. Pal. 1940. 1. 425.*

2. Propriété du fonds. Les herboristes diplômés peuvent s'associer avec des non-diplômés. • Paris, 30 nov. 1962 : *D. 1963. Somm. 34 ; Gaz. Pal. 1964. 2. Doctr. 19.*

3. Transmission du fonds. Ne peut se prévaloir de l'art. L. 659 [L. 4211-7] CSP celui qui reprend le fonds d'herboristerie de ses parents. • T. corr. Paris, 15 févr. 1984 : *Inf. pharm. 1984. 360, obs. Viala.*

4. Incompatibilité professionnelle. Sur la condamnation d'un pharmacien exploitant un fonds de commerce d'herboristerie, V. • Crim. 21 nov. 1991, n° 91-81.121.

5. Plantes non médicinales. Ne contrevient pas à l'art. L. 659, al. 3 [L. 4211-7, al. 3] CSP, le marchand forain vendant sur la voie publique des mélanges de plantes dont le caractère curatif n'est pas indiqué sur l'étiquette. • T. corr. Marseille, 12 déc. 1974 : *JCP 1975. II. 18061, note Dillemann.* ♦ V. jurisprudence ss. art. L. 4211-1.

6. Exercice illégal de la pharmacie. Sur la combinaison des art. L. 512, al. 1er et 4 [L. 4211-1], et L. 659 [L. 4211-7] CSP, V. • T. corr. Strasbourg, 6 mars 1980 : *Inf. pharm. 1980. 710, obs. Viala ; RDSS 1980. 505, obs. Auby.* – V. également • T. corr. Besançon, 5 mai 1993 : *Nouv. pharm. 1993, n° 341, p. 291.*

Art. L. 4211-8 *(L. n° 2004-800 du 6 août 2004, art. 19-I)* **Par dérogation au 1° et au 4° de l'article L. 4211-1, peuvent assurer la préparation, la conservation, la distribution, la cession, l'importation et l'exportation des préparations de thérapie génique mentionnées au 12° de l'article L. 5121-1 les établissements ou organismes autorisés par** *(L. n° 2011-2012 du 29 déc. 2011, art. 5-IV)* **« l'Agence nationale de sécurité du médicament et des produits de santé ».**

Cette autorisation est délivrée pour une durée de cinq ans. Elle est renouvelable et ***peut être modifiée, suspendue ou*** **retirée.**

Un décret en Conseil d'État fixe les conditions de délivrance, de modification, de renouvellement, de suspension et de retrait de cette autorisation.

Art. L. 4211-9 *(L. n° 2004-800 du 6 août 2004, art. 19-II)* **Par dérogation au 1° et au 4° de l'article L. 4211-1, peuvent assurer la préparation, la conservation, la distribu-**

tion, la cession, l'importation et l'exportation des préparations de thérapie cellulaire xénogénique mentionnées au 13° de l'article L. 5121-1 les établissements ou organismes autorisés par *(L. n° 2011-2012 du 29 déc. 2011, art. 5-IV)* **« l'Agence nationale de sécurité du médicament et des produits de santé » après avis de l'Agence de la biomédecine.**

Cette autorisation est délivrée pour une durée de cinq ans. Elle est renouvelable et peut être modifiée, suspendue ou retirée.

Un décret en Conseil d'État fixe les conditions de délivrance, de modification, de renouvellement, de suspension et de retrait de cette autorisation.

V. Décr. n° 2014-1288 du 23 oct. 2014 relatif aux exceptions à l'application du principe « silence vaut acceptation » sur le fondement du 4° du I de l'art. 21 de la L. n° 2000-321 du 12 avr. 2000 relative aux droits des citoyens dans leurs relations avec les administrations.

Art. L. 4211-9-1 *(L. n° 2011-302 du 22 mars 2011, art. 8-I)* **Par dérogation aux 1° et 4° de l'article L. 4211-1, peuvent assurer la préparation, la conservation, la distribution** *(L. n° 2016-41 du 26 janv. 2016, art. 155-IV)* **«, la cession, l'importation et l'exportation dans le cadre des recherches définies à l'article L. 1121-1 » des médicaments de thérapie innovante mentionnés au 17° de l'article L. 5121-1 les établissements ou organismes** *(L. n° 2016-41 du 26 janv. 2016, art. 155-IV)* **«, y compris les établissements de santé, » autorisés par l'Agence française de sécurité sanitaire des produits de santé après avis de l'Agence de la biomédecine.**

Cette autorisation est délivrée pour une durée de cinq ans. Elle est renouvelable et peut être modifiée, suspendue ou retirée.

Un décret en Conseil d'État fixe les catégories d'établissements pouvant être autorisés ainsi que les conditions de délivrance, de modification, de renouvellement, de suspension et de retrait de cette autorisation.

Peuvent également exercer ces activités les établissements pharmaceutiques visés aux articles L. 5124-1 et L. 5124-9-1.

En application des art. L. 231-5 et L. 231-6 du CRPA et par exception à l'application du délai de 2 mois prévu à l'art. L. 231-1, le délai à l'expiration duquel le silence gardé par l'administration vaut acceptation est de quatre-vingt-dix jours pour les demandes de renouvellement d'autorisation permettant aux établissements et organismes, par dérogation aux 1° et 4° de l'art. L. 4211-1, d'assurer la conservation, la préparation, la distribution et la cession des médicaments de thérapie innovante mentionnés au 17° de l'art. L. 5121-1 (Décr. n° 2014-1287 du 23 oct. 2014, art. 1er ; Décr. n° 2016-1536 du 15 nov. 2016, art. 3-1° et 2°).

En application des art. L. 231-5 et L. 231-6 du CRPA, le délai à l'expiration duquel le silence gardé par l'administration vaut décision de rejet est de quatre-vingt-dix jours pour les demandes : — d'autorisation permettant aux établissements et organismes, par dérogation aux 1° et 4° de l'art. L. 4211-1, d'assurer la conservation, la préparation, la distribution et la cession des médicaments de thérapie innovante mentionnés au 17° de l'art. L. 5121-1 ; — de modification substantielle de cette même autorisation (Décr. n° 2014-1288 du 23 oct. 2014, art. 1er ; Décr. n° 2016-1536 du 15 nov. 2016, art. 4-1°).

Art. L. 4211-9-2 *(L. n° 2016-41 du 26 janv. 2016, art. 155-IV-2°)* **Par dérogation aux 1° et 4° de l'article L. 4211-1 et dans le cadre des recherches mentionnées au premier alinéa de l'article L. 1121-1, peuvent assurer la fabrication, l'importation, l'exportation, la distribution et l'exploitation des médicaments de thérapie innovante définis à l'article 2 du règlement (CE) n° 1394/2007 du Parlement européen et du Conseil du 13 novembre 2007 concernant les médicaments de thérapie innovante et modifiant la directive 2001/83/CE ainsi que le règlement (CE) n° 726/2004 les établissements de santé titulaires de l'autorisation mentionnée à l'article L. 1243-2 et qui disposent pour ces activités d'une autorisation délivrée par l'Agence nationale de sécurité du médicament et des produits de santé.**

Un décret en Conseil d'État fixe les conditions de délivrance, de modification, de suspension et de retrait de cette autorisation.

Art. L. 4211-10 *(L. n° 2004-800 du 6 août 2004, art. 19-II)* **La personne responsable des activités mentionnées aux articles L. 4211-8** *(L. n° 2011-302 du 22 mars 2011, art. 8-I)* **«, L. 4211-9 et L. 4211-9-1 » est nécessairement un pharmacien, un médecin ou une personne autorisée à exercer la profession de médecin ou de pharmacien, ou une personne disposant d'une formation scientifique adaptée.**

Ces personnes doivent justifier de titres et travaux spécifiques dans les domaines d'activité portant sur les préparations de thérapie génique *(L. n° 2011-302 du 22 mars*

2011, art. 8-I) « , sur les préparations de thérapie cellulaire xénogénique et sur les médicaments de thérapie innovante » ainsi que de compétences acquises dans ces domaines.

Un décret en Conseil d'État précise la nature des titres et diplômes pouvant être exigés pour justifier la formation scientifique adaptée mentionnée au premier alinéa.

Art. L. 4211-11 *(L. nº 2004-800 du 6 août 2004, art. 19-II)* Les dispositions des articles L. 4211-8, L. 4211-9 et L. 4211-10 s'appliquent aux hôpitaux des armées. Un décret en Conseil d'État détermine les adaptations qui peuvent être apportées, en ce qui concerne ces hôpitaux, aux procédures d'autorisation applicables aux établissements de santé.

CHAPITRE II DISPOSITIONS PÉNALES

Art. L. 4212-1 Est puni de 3 750 € d'amende le fait pour un médecin de délivrer des médicaments :

1º Sans l'autorisation prévue à l'article L. 4211-3 ;

2º Non inscrits sur la liste établie par le ministre chargé de la santé prévue à l'article L. 4211-3 ;

3º Autres que ceux prescrits par lui au cours de la consultation ;

4º A des personnes auxquelles il ne donne pas de soins ;

5º Au domicile d'un malade situé dans une localité non mentionnée dans l'autorisation prévue à l'article L. 4211-3. – *[Anc. art. L. 518, L. 594 et L. 595].*

Art. L. 4212-2 La dispensation à domicile des gaz à usage médical sans y être autorisé selon les dispositions de l'article L. 4211-5 est punie de 3 750 € d'amende. – *[Anc. art. L. 518, et L. 512-2].*

Art. L. 4212-3 La préparation ou la délivrance des allergènes, préparés spécialement pour un seul individu, sans l'autorisation mentionnée à l'article L. 4211-6 est punie de 3 750 € d'amende. – *[Anc. art. L. 518, et L. 513].*

Art. L. 4212-4 Est puni de 3 750 € d'amende le fait pour un herboriste diplômé :

1º De détenir pour la vente ou de vendre des plantes ou parties de plantes médicinales, indigènes ou acclimatées, mentionnées à l'article L. 5132-7 ;

2º De délivrer au public des plantes ou parties de plantes médicinales, indigènes ou acclimatées, sous forme de mélange préparé à l'avance, en l'absence d'autorisation accordée par le ministre chargé de la santé. – *[Anc. art. L. 512-1].*

Art. L. 4212-5 La vente au public de plantes médicinales, mélangées ou non, dans tous les lieux publics, dans les maisons privées et dans les magasins autres que les officines de pharmacie et herboristeries, est punie de 3 750 € d'amende. – *[Anc. art. L. 512-2].*

Art. L. 4212-6 *Abrogé par L. nº 2002-303 du 4 mars 2002, art. 108.*

Art. L. 4212-7 *(L. nº 2009-879 du 21 juill. 2009, art. 71)* Le fait de distribuer ou de mettre à disposition du public des médicaments à usage humain collectés auprès du public et non utilisés est puni de deux ans d'emprisonnement et de 30 000 € d'amende.

Art. L. 4212-8 Dans tous les cas mentionnés aux articles du présent chapitre, la récidive est punie de trois mois d'emprisonnement et de 7 500 € d'amende.

Les personnes physiques coupables d'une infraction prévue au présent chapitre encourent également la peine complémentaire de la fermeture temporaire ou définitive de l'établissement.

Lorsque l'autorité judiciaire a été saisie d'une poursuite par application des articles du présent chapitre, le représentant de l'État dans le département peut prononcer la fermeture provisoire de l'établissement. – *[Anc. art. L. 662].*

TITRE DEUXIÈME EXERCICE DE LA PROFESSION DE PHARMACIEN

CHAPITRE PREMIER RÈGLES LIÉES À L'EXERCICE DE LA PROFESSION

(Ord. n° 2009-1586 du 17 déc. 2009, art. 1er-I).

Art. L. 4221-1 **Nul ne peut exercer la profession de pharmacien s'il n'offre toutes garanties de moralité professionnelle et s'il ne réunit les conditions suivantes :**

1° Être titulaire d'un diplôme, certificat ou autre titre *(Ord. n° 2009-1585 du 17 déc. 2009, art. 6-I)* **« mentionnés » aux articles L. 4221-2 à** *(Ord. n° 2009-1585 du 17 déc. 2009, art. 6-I)* **« L. 4221-5 » ;**

2° Être de nationalité française, citoyen andorran, ressortissant d'un État membre de *(Ord. n° 2009-1585 du 17 déc. 2009, art. 6-I)* **« l'Union européenne » ou partie à l'accord sur l'Espace économique européen, ou ressortissant d'un pays dans lequel les Français peuvent exercer la pharmacie lorsqu'ils sont titulaires du diplôme qui en ouvre l'exercice aux nationaux de ce pays ;**

3° Être inscrit à l'ordre des pharmaciens.

(Ord. n° 2009-1585 du 17 déc. 2009, art. 6-I) **« Les pharmaciens titulaires d'un diplôme, certificat ou autre titre mentionnés à l'article L. 4221-2 sont dispensés de la condition de nationalité prévue au 2°. »**

BIBL. ▶ MAURAIN, Profession pharmaceutique, conditions générales d'exercice, *in* MAURAIN et BÉLANGER (dir.), Droit pharmaceutique, *LexisNexis, fasc. 10-50.* – LASSERRE CAPDEVILLE, Médicament et monopole pharmaceutique, exercice illégal de la pharmacie, *J.-Cl. Lois pénales spéciales, fasc. 40.*

I. CONDITION DE MORALITÉ

1. *Compétence.* Il appartient aux seules instances professionnelles de vérifier les conditions de moralité professionnelle des candidats à l'inscription. • CE 18 déc. 1957, *Dlle Muller : Lebon 682.*

II. CONDITION DU TITRE

2. *Étudiant non thésé.* Sur l'interdiction d'exercer en tant que pharmacien assistant en l'absence de titre de docteur en pharmacie, et la complicité d'exercice illégal qui en découle pour le pharmacien qui l'emploie en connaissance de cause. • Crim. 8 mars 1988, n° 86-92.953.

3. *Vente de cosmétiques par un pharmacien.* Si la vente de produits relevant du monopole des pharmaciens est interdite aux personnes non titulaires d'un diplôme de pharmacie, les personnes titulaires d'un tel diplôme peuvent, sans être inscrites à l'Ordre des pharmaciens, exercer un emploi consistant à vendre des produits cosmétiques et d'hygiène corporelle ne relevant pas dudit monopole. • Com. 16 janv. 2001 : *Bull. civ. IV, n° 13 ; D. 2001. 778, note Rondey ; CCC 2001. Comm. 43, note Malaurie-Vignal ; LPA 2001, n° 97, p. 14, note Fouassier.* ♦ Et dans cette hypothèse, l'usage de panonceaux et de badges sur les blouses portant le titre de « pharmacien » au lieu de « docteur en pharmacie », dès lors qu'il correspond à un même diplôme, n'est pas de nature à induire en erreur le client sur la qualification de celui qui le renseigne. • Même arrêt.

4. *Conjoint propriétaire du fonds.* L'art. L. 4221-1 n'interdit pas à un non-pharmacien, conjoint d'un pharmacien, d'acquérir une pharmacie avec ce dernier, mais seulement d'exercer la profession de pharmacien ; rien ne s'oppose alors à ce que la valeur patrimoniale de la pharmacie constitue un acquêt de communauté. • Versailles, 23 févr. 2012, n° 11/00757.

III. CONDITION D'INSCRIPTION AU TABLEAU

5. *Pharmacien adjoint.* Sur l'obligation d'inscription du pharmacien adjoint. • CNOP 13 déc. 2011, n° 681-D.

6. *Herboristerie.* Exerce illégalement la pharmacie le titulaire du diplôme de docteur en pharmacie, mais non inscrit à l'ordre des pharmaciens, qui exploite un fonds de commerce d'herboristerie qu'il avait acquis d'une herboriste diplômée, et vend des plantes médicinales ou mélangées entre elles, selon différentes formules (circulatoire, amincissante, constipation...). • *Crim. 21 nov. 1991,* n° 91-81.121.

7. *Sociétés, inscription.* Il résulte de l'art. 3, al. 1er, de la loi du 31 déc. 1990, éclairé par les travaux préparatoires, que le législateur a entendu rendre applicables, aux sociétés constituées pour l'exercice d'une ou plusieurs professions libérales réglementées, les formalités préalables exigées pour l'exercice individuel de ces mêmes professions, dont fait partie l'inscription à un ordre professionnel. • CE 29 oct. 2007, *Selarl Bidegain et a.,* n° 284036.

8. *Radiation et licence.* La radiation d'un

pharmacien fait obstacle à ce qu'il poursuive l'exploitation d'une officine ; le préfet est dès lors tenu de lui retirer l'autorisation donnée antérieurement. • CE 12 janv. 1994, *Corrard*, n° 105578.

Art. L. 4221-1-1 *(L. n° 2016-41 du 26 janv. 2016, art. 121-2°)* Par dérogation au 1° de l'article L. 4221-1, peuvent être autorisés individuellement par le ministre chargé de la santé, après avis du Conseil national de l'ordre des pharmaciens, à exercer temporairement la pharmacie dans le cadre d'une formation spécialisée effectuée en France au sein de lieux de stages agréés pour la formation des internes, lorsqu'ils remplissent des conditions déterminées par décret en Conseil d'État portant sur la durée, les modalités et les lieux d'exercice ainsi que sur les enseignements théoriques et pratiques devant être validés :

1° Les internes en pharmacie à titre étranger et les pharmaciens titulaires d'un diplôme obtenu dans un État autre que les États membres de l'Union européenne, les États parties à l'accord sur l'Espace économique européen ou la Confédération suisse permettant l'exercice de la pharmacie dans leur pays d'origine venant effectuer l'intégralité d'un troisième cycle spécialisé de pharmacie en France dans le cadre prévu au 3° de l'article L. 633-4 du code de l'éducation ou dans le cadre d'un accord de coopération bilatéral avec la France, lorsque le diplôme de spécialité qu'ils poursuivent nécessite pour sa validation l'accomplissement de fonctions hospitalières de plein exercice ;

2° Les pharmaciens spécialistes titulaires d'un diplôme de spécialité permettant l'exercice effectif et licite de la spécialité dans leur pays d'origine venant effectuer, dans le cadre d'un accord de coopération bilatéral avec la France ou d'un accord de coopération entre, d'une part, une personne de droit public ou privé et, d'autre part, un établissement public de santé en application de l'article L. 6134-1 du présent code ou une université française ou ces deux entités, une formation complémentaire dans leur discipline ou leur spécialité.

En application des art. L. 231-5 et L. 231-6 CRPA, le délai à l'expiration duquel le silence gardé par l'administration vaut décision de rejet est de quatre mois pour l'autorisation temporaire d'exercice de la médecine, de la chirurgie dentaire et de la pharmacie (Décr. n° 2014-1288 du 23 oct. 2014, art. 2).

Art. L. 4221-2 Sous réserve des dispositions des articles L. 4221-4 *(Ord. n° 2009-1585 du 17 déc. 2009, art. 6-II)* « et L. 4221-5 », les diplômes, certificats ou autres titres mentionnés au 1° de l'article L. 4221-1 sont le diplôme français d'État de docteur en pharmacie ou de pharmacien. — *[Anc. art. L. 514-I (partie).]*

Art. L. 4221-3 Sont assimilés au diplôme de pharmacien délivré par l'État pour l'exercice de la pharmacie dans les départements du Haut-Rhin, du Bas-Rhin et de la Moselle les diplômes validés par le Gouvernement. — *[Anc. art. L. 515.]*

Art. L. 4221-4 *(Ord. n° 2008-507 du 30 mai 2008, art. 27-I ; Ord. n° 2009-1585 du 17 déc. 2009, art. 25)* Ouvre droit à l'exercice de la profession de pharmacien aux ressortissants d'un État membre de l'Union européenne ou d'un autre État partie à l'accord sur l'Espace économique européen :

1° Un titre de formation de pharmacien délivré par l'un de ces États conformément aux obligations communautaires et figurant sur une liste établie par arrêté des ministres chargés de l'enseignement supérieur et de la santé ;

2° Un titre de formation de pharmacien délivré par l'un de ces États conformément aux obligations communautaires, ne figurant pas sur la liste mentionnée au 1°, s'il est accompagné d'une attestation de cet État certifiant qu'il sanctionne une formation conforme à ces obligations et qu'il est assimilé, par lui, aux titres de formation figurant sur cette liste.

Art. L. 4221-5 *(Ord. n° 2008-507 du 30 mai 2008, art. 27-II ; Ord. n° 2009-1585 du 17 déc. 2009, art. 6-III)* Ouvre également droit à l'exercice de la profession de pharmacien aux ressortissants d'un État membre de l'Union européenne ou d'un autre État partie à l'accord sur l'Espace économique européen :

1° Un *titre de formation de pharmacien* délivré par un État, membre ou partie, *sanctionnant une* formation de pharmacien commencée dans cet État antérieurement aux dates figurant dans l'arrêté mentionné à l'article L. 4221-4 et non conforme aux obligations communautaires, s'il est accompagné d'une attestation de l'un de ces États certifiant que le titulaire du titre de formation s'est consacré, dans cet État, de façon effective et licite aux activités de pharmacien pendant au moins trois années consécutives au cours des cinq années précédant la délivrance de l'attestation ;

2° Un titre de formation de pharmacien délivré par un État, membre ou partie, sanctionnant une formation de pharmacien commencée dans cet État antérieurement aux dates figurant dans l'arrêté mentionné à l'article L. 4221-4 et non conforme aux obligations communautaires mais permettant d'exercer légalement la profession de pharmacien dans l'État qui l'a délivré, si le pharmacien justifie avoir effectué en France au cours des cinq années précédentes trois années consécutives à temps plein de fonctions hospitalières en qualité d'attaché associé, de praticien attaché associé, d'assistant associé ou de fonctions universitaires en qualité de chef de clinique associé des universités ou d'assistant associé des universités, à condition d'avoir été chargé de fonctions hospitalières dans le même temps.

Art. L. 4221-6 *Abrogé par L. n° 2004-806 du 9 août 2004, art. 147.*

Art. L. 4221-7 *(L. n° 2009-879 du 21 juill. 2009, art. 76-II)* Lorsque la province de Québec accorde le droit d'exercer leur profession sur son territoire à des pharmaciens titulaires d'un titre de formation permettant l'exercice en France, les titulaires d'un titre de formation obtenu dans la province de Québec peuvent être autorisés à exercer leur profession en France par le ministre chargé de la santé si des arrangements en vue de la reconnaissance des qualifications ont été passés à cet effet, signés par les ordres et le ministre chargé de la santé, et si leurs qualifications professionnelles sont reconnues comme comparables à celles requises en France pour l'exercice de la profession.

Les autorisations d'exercice sont délivrées individuellement, après avis de l'ordre, aux praticiens ayant fait la preuve d'une connaissance suffisante de la langue française. Ils sont tenus de respecter les règles professionnelles applicables en France.

Les modalités d'application du présent article sont fixées par voie réglementaire.

V. Décr. n° 2014-1288 du 23 oct. 2014 relatif aux exceptions à l'application du principe « silence vaut acceptation » sur le fondement du 4° du I de l'art. 21 de la L. n° 2000-321 du 12 avr. 2000 relative aux droits des citoyens dans leurs relations avec les administrations.

Art. L. 4221-8 *Abrogé par Ord. n° 2008-507 du 30 mai 2008, art. 27-III.*

Art. L. 4221-9 *(Ord. n° 2008-507 du 30 mai 2008, art. 27-IV ; Ord. n° 2009-1585 du 17 déc. 2009, art. 25)* L'autorité compétente peut, après avis *(L. n° 2013-442 du 30 mai 2013, art. 12-2°)* « d'une commission, composée notamment de professionnels de santé », autoriser individuellement *(L. n° 2013-442 du 30 mai 2013, art. 12-3°)* « , le cas échéant, dans la spécialité*[,]* » à exercer la profession de pharmacien des ressortissants d'un État autre que les États membres de l'Union européenne ou les États parties à l'accord sur l'Espace économique européen, titulaires d'un titre de formation obtenu dans l'un de ces États et dont l'expérience professionnelle est attestée par tout moyen.

Contrôle restreint. En refusant d'autoriser à exercer en France la profession de pharmacien, un étranger qui se borne à faire valoir à l'appui de sa demande qu'il souhaite approfondir ses connaissances, mais qu'il n'a pas l'intention de s'établir définitivement en France, le ministre chargé de la santé ne commet ni une erreur de droit ni une erreur manifeste d'appréciation. • CE 28 janv. 1991, *Ndjandjou*, n° 108812 : *Lebon 32*.

Art. L. 4221-10 Par dérogation à l'article L. 4221-1, les personnes qui sont titulaires d'un diplôme, certificat ou autre titre mentionné aux articles L. 4221-2 à *(Ord. n° 2009-1585 du 17 déc. 2009, art. 6-IV)* « L. 4221-5 », mais qui ne justifient pas de l'une des nationalités mentionnées à l'article L. 4221-1, ainsi que les personnes françaises ou étrangères titulaires d'un diplôme, titre ou certificat de valeur scientifique attestée par le ministre chargé de l'enseignement supérieur et qui ont exercé pendant trois ans au moins avant le 1er janvier 1999, dans des établissements publics de santé ou dans des établissements de santé privés *(Ord. n° 2017-31 du 12 janv. 2017, art. 1er-4°)* « participant au service public hospitalier », des fonctions déterminées par décret, les plaçant sous la responsabilité d'un pharmacien, peuvent être autorisées individuellement par arrêté du ministre chargé de la santé à exercer dans ces établissements et les établissements de transfusion sanguine en qualité de contractuels. Les périodes consacrées à la préparation de diplômes de spécialisation ne sont pas prises en compte pour le calcul de la durée des fonctions.

Les intéressés doivent avoir satisfait à des épreuves nationales d'aptitude organisées avant le 31 décembre 2001 et définies par des dispositions réglementaires prises en application de l'article L. 6152-1. Par dérogation aux dispositions qui précèdent, les personnes ayant la qualité de réfugié, d'apatride et les bénéficiaires de l'asile territorial, ainsi que les personnes françaises titulaires d'un diplôme étranger ayant regagné le territoire national à la demande des autorités françaises peuvent faire acte de candidature à ces épreuves sans remplir la condition d'exercice dans les établissements de santé mentionnée à l'alinéa précédent.

En vue notamment de garantir la sécurité sanitaire, les conditions dans lesquelles les pharmaciens sont recrutés et exercent leur activité sont déterminées par décret en Conseil d'État.

Les intéressés sont inscrits au tableau correspondant de l'Ordre national des pharmaciens. Ils sont tenus de respecter les règles mentionnées à l'article L. 4231-1 et celles édictées en application de l'article L. 4235-1.

Art. L. 4221-11 Le ministre chargé de la santé peut autoriser à exercer la pharmacie en France, après avis *(L. n° 2013-442 du 30 mai 2013, art. 12-2°)* « d'une commission, composée notamment de professionnels de santé », les personnes ayant exercé pendant trois années les fonctions de contractuel prévues au premier alinéa de l'article L. 4221-10 ainsi que celles ne remplissant pas cette condition de durée de fonctions mais ayant à la fois satisfait aux épreuves mentionnées au deuxième alinéa du même article et exercé des fonctions hospitalières pendant six années.

Les praticiens autorisés à exercer la pharmacie au titre des dispositions du présent article peuvent être inscrits sur une liste spéciale d'aptitude à la fonction de praticien des établissements publics de santé. Les conditions d'inscription sur cette liste d'aptitude sont fixées par voie réglementaire.

Les praticiens adjoints contractuels doivent demander l'autorisation d'exercice avant le 31 décembre 2010.

Art. L. 4221-12 *(L. n° 2006-1640 du 21 déc. 2006, art. 83-III ; L. n° 2009-879 du 21 juill. 2009, art. 19-XI)* Le ministre chargé de la santé peut, après avis *(L. n° 2013-442 du 30 mai 2013, art. 12-2°)* « d'une commission, composée notamment de professionnels de santé », autoriser individuellement *(L. n° 2013-442 du 30 mai 2013, art. 12-3°)* « , le cas échéant, dans la spécialité*[,]* » à exercer la pharmacie les personnes titulaires d'un diplôme, certificat ou autre titre permettant l'exercice de la profession de pharmacien dans le pays d'obtention de ce diplôme, certificat ou titre.

Ces personnes doivent avoir satisfait à des épreuves anonymes de vérification des connaissances, qui peuvent être organisées par spécialité, et justifier d'un niveau suffisant de maîtrise de la langue française. Des dispositions réglementaires fixent les conditions d'organisation de ces épreuves et de vérification du niveau de maîtrise de la langue française. Le nombre maximum de candidats susceptibles d'être reçus à ces épreuves est fixé par arrêté du ministre chargé de la santé.

(L. n° 2016-41 du 26 janv. 2016, art. 121-5°) « Les pharmaciens titulaires d'un diplôme d'études spécialisées obtenu dans le cadre de l'internat à titre étranger sont réputés avoir satisfait aux épreuves de vérification des connaissances précitées. »

Le nombre maximum mentionné *(L. n° 2016-41 du 26 janv. 2016, art. 121-5°-b)* « au deuxième alinéa » n'est pas opposable aux réfugiés, apatrides, bénéficiaires de l'asile territorial et bénéficiaires de la protection subsidiaire et aux Français ayant regagné le territoire national à la demande des autorités françaises.

Les lauréats doivent en outre justifier de trois ans de fonctions accomplies dans un service agréé pour la formation des internes. Toutefois, les fonctions exercées avant la réussite à ces épreuves peuvent être prises en compte après avis du conseil mentionné au premier alinéa, dans des conditions fixées par voie réglementaire.

Nul ne peut être candidat plus de trois fois aux épreuves de vérification des connaissances et à l'autorisation d'exercice.

Irrégularité. L'irrégularité dans la composition du jury vérifiant les connaissances et la maîtrise de la langue française entraîne l'irrégularité de la délibération de ce jury ainsi que celle de l'arrêté du ministre de la Santé fixant la liste des praticiens ayant satisfait à ces épreuves, mais uniquement en tant que ces décisions ont déclaré les requérantes non admises. • CE 22 juin 2011, *Hakima A.*, n° 337765.

Art. L. 4221-13 Le nombre maximum de ces autorisations est fixé, chaque année et pour chaque catégorie de candidats mentionnés aux articles L. 4221-9, L. 4221-11 et L. 4221-12, par arrêté du ministre chargé de la santé.

Art. L. 4221-14 *(Ord. n° 2008-507 du 30 mai 2008, art. 27-V)* Le pharmacien peut faire usage de son titre de formation dans la langue de l'État qui le lui a délivré. Il est tenu de faire figurer le lieu et l'établissement où il l'a obtenu.

(Ord. n° 2009-1585 du 17 déc. 2009, art. 6-V) « Dans le cas où le titre de formation de l'État d'origine, membre ou partie, est susceptible d'être confondu avec un titre exigeant en France une formation complémentaire, le Conseil national de l'ordre peut décider que le pharmacien fera État*[état]* du titre de formation de l'État d'origine, membre ou partie, dans une forme appropriée qu'il lui indique.

« L'intéressé porte le titre professionnel de pharmacien. »

Art. L. 4221-14-1 *(Ord. n° 2008-507 du 30 mai 2008, art. 27-VI ; Ord. n° 2009-1585 du 17 déc. 2009, art. 25)* L'autorité compétente peut, après avis d'une commission, composée notamment de professionnels, autoriser individuellement *(L. n° 2013-442 du 30 mai 2013, art. 12-3°)* « , le cas échéant, dans la spécialité*[,]* » à exercer la profession de pharmacien les ressortissants d'un État membre de l'Union européenne ou d'un autre État partie à l'accord sur l'Espace économique européen, titulaires *(Ord. n° 2017-50 du 19 janv. 2017, art. 5-IV)* « de titres de formation de base et, le cas échéant, de spécialité délivrés » par l'un de ces États, ne répondant pas aux conditions prévues aux articles L. 4221-4 et L. 4221-5 mais permettant d'exercer légalement la profession de pharmacien dans cet État. Dans le cas où l'examen des qualifications professionnelles attestées par *(L. n° 2009-179 du 17 févr. 2009, art. 38)* « l'ensemble des titres de *(Ord. n° 2017-50 du 19 janv. 2017, art. 8-I)* « formation initiale, » de » l'expérience professionnelle pertinente *(Ord. n° 2017-50 du 19 janv. 2017, art. 8-I)* « et de la formation tout au long de la vie ayant fait l'objet d'une validation par un organisme compétent » fait apparaître des différences substantielles au regard des qualifications requises pour l'accès à la profession et son exercice en France, l'autorité compétente exige que l'intéressé se soumette à une mesure de compensation.

(Ord. n° 2017-50 du 19 janv. 2017, art. 8-II) « Selon le niveau de qualification exigé en France et celui détenu par l'intéressé, l'autorité compétente peut soit proposer au demandeur de choisir entre un stage d'adaptation ou une épreuve d'aptitude, soit imposer un stage d'adaptation ou une épreuve d'aptitude, soit imposer un stage d'adaptation et une épreuve d'aptitude.

« La nature des mesures de compensation selon les niveaux de qualification en France et dans les autres États, membres ou parties, est fixée par arrêté du ministre chargé de la santé. »

Art. L. 4221-14-2 *(Ord. n° 2008-507 du 30 mai 2008, art. 27-VII ; Ord. n° 2009-1585 du 17 déc. 2009, art. 6-VI)* L'autorité compétente peut également, après avis d'une commission, composée notamment de professionnels, autoriser individuellement *(L. n° 2013-442 du 30 mai 2013, art. 12-3°)* « , le cas échéant, dans la spécialité*[,]* » à exercer la profession de pharmacien les ressortissants d'un État membre de l'Union européenne ou d'un autre État partie à l'accord sur l'Espace économique européen, titulaires d'un titre de formation délivré par un État tiers, et reconnu dans un État, membre ou partie, autre que la France, permettant d'y exercer légalement la profession. *(Ord. n° 2017-50 du 19 janv. 2017, art. 5-V et 7-III)* « L'intéressé justifie avoir exercé la profession, le cas échéant dans la spécialité, pendant trois ans à temps plein ou à temps partiel pendant une durée totale équivalente dans cet État, membre ou partie. Lorsque les intéressés ont obtenu un titre de spécialité, la reconnaissance porte à la fois sur le titre de base et sur le titre de spécialité. » Dans le cas où l'examen des qualifications professionnelles attestées par *(L. n° 2009-179 du 17 févr. 2009, art. 38)* « l'ensemble des titres de *(Ord. n° 2017-50 du 19 janv. 2017, art. 8-I-1°)* « formation initiale, » de » l'expérience professionnelle pertinente *(Ord. n° 2017-50 du 19 janv. 2017, art. 8-I-2°)* « et de la formation tout au long de la vie ayant fait l'objet d'une validation par un organisme compétent » fait apparaître des différences substantielles au regard des qualifications requises pour l'accès à la profession et son exercice en France, l'autorité compétente exige que l'intéressé se soumette à une mesure de compensation.

(Ord. n° 2017-50 du 19 janv. 2017, art. 8-II) « Selon le niveau de qualification exigé en France et celui détenu par l'intéressé, l'autorité compétente peut soit proposer au demandeur de choisir entre un stage d'adaptation ou une épreuve d'aptitude, soit imposer un stage d'adaptation ou une épreuve d'aptitude, soit imposer un stage d'adaptation et une épreuve d'aptitude.

« La nature des mesures de compensation selon les niveaux de qualification en France et dans les autres États, membres ou parties, est fixée par arrêté du ministre chargé de la santé. »

Art. L. 4221-15 *(L. n° 2007-294 du 5 mars 2007, art. 4)* Les étudiants en pharmacie appartenant à la réserve sanitaire prévue à l'article L. 3132-1 *(Ord. n° 2018-20 du 17 janv. 2018, art. 15)* « , exerçant une activité au titre d'un engagement à servir dans la réserve opérationnelle prévue à l'article L. 4211-1 du code de la défense » ou requis en application des articles L. 3131-8 ou L. 3131-9 et ayant validé leur deuxième année du deuxième cycle des études de pharmacie, peuvent effectuer les tâches autorisées aux pharmaciens sous réserve que cet exercice soit réalisé au sein d'une équipe comportant au moins un pharmacien diplômé d'État et sous la surveillance de ce dernier, au titre des activités pour lesquelles ils ont été appelés.

Art. L. 4221-16 *(Ord. n° 2018-20 du 17 janv. 2018, art. 15)* « Sous réserve des dispositions de l'article L. 4061-1, » *(Ord. n° 2009-1586 du 17 déc. 2009, art. 1er-I)* « sont tenues de se faire enregistrer auprès du service ou de l'organisme désigné à cette fin par le ministre chargé de la santé les personnes ayant obtenu un titre de formation ou une autorisation requis pour l'exercice de la profession de pharmacien, avant leur entrée dans la profession, ainsi que celles qui, ne l'exerçant pas, ont obtenu leur titre de formation depuis moins de trois ans.

« L'enregistrement de ces personnes est réalisé après vérification des pièces justificatives attestant de leur identité et de leur titre de formation ou de leur autorisation. Elles informent le même service ou organisme de tout changement de résidence ou de situation professionnelle.

« Pour les personnes ayant exercé la profession de pharmacien, l'obligation d'information relative au changement de résidence est maintenue pendant une période de trois ans à compter de la cessation de leur activité.

« La procédure d'enregistrement est sans frais. »

(Ord. n° 2003-850 du 4 sept. 2003, art. 24-IV) Il est établi, pour chaque département, par le service de l'État compétent ou l'organisme désigné à cette fin par l'État, une liste de cette profession, portée à la connaissance du public.

Les modalités d'application du présent article sont fixées par décret.

Art. L. 4221-16-1 *(Ord. n° 2009-1586 du 17 déc. 2009, art. 1er-I)* Les organismes délivrant les titres de formation transmettent ces titres au service ou à l'organisme mentionné à l'article L. 4221-16, sous forme d'informations certifiées.

Ils lui communiquent également, sous la même forme, la liste des internes en pharmacie et des étudiants susceptibles d'exercer à titre temporaire la pharmacie, d'être requis ou appelés au titre de la réserve sanitaire ayant atteint le niveau de formation prévu aux articles L. 4221-15 et L. 4241-10.

Art. L. 4221-16-2 *(Ord. n° 2009-1586 du 17 déc. 2009, art. 1er-I)* Lorsqu'elles sont disponibles, les informations certifiées mentionnées à l'article L. 4221-16-1 tiennent lieu de pièces justificatives pour l'accomplissement des obligations prévues à l'article L. 4221-16.

Art. L. 4221-17 *(L. n° 2002-303 du 4 mars 2002, art. 27-I)* Les dispositions de l'article L. 4113-6, sous réserve des dispositions de l'article L. 138-9 du code de la sécurité sociale, ainsi que les dispositions de l'article L. 4113-13, sont applicables aux pharmaciens. Les conventions mentionnées à l'*article L. 4113-6* sont soumises, pour les *pharmaciens titulaires d'officine*, au *conseil* régional compétent ou, lorsque leur champ *d'application* est interrégional ou national et pour les autres pharmaciens, au conseil central compétent de l'Ordre national des pharmaciens.

Est interdit le fait, pour les entreprises mentionnées au premier alinéa de l'article L. 4113-6, de proposer ou de procurer aux pharmaciens les avantages cités dans cet article.

L'art. L. 4221-17 est abrogé à des dates fixées par décret et au plus tard le 1er juill. 2018 (Ord. n° 2017-49 du 19 janv. 2017, art. 4 et 5).

Art. L. 4221-18 *(L. n° 2002-303 du 4 mars 2002, art. 63)* **En cas d'urgence, lorsque la poursuite par un pharmacien de son exercice expose les patients à un danger grave, le** *(Ord. n° 2010-177 du 23 févr. 2010, art. 14-I-8°)* **« directeur général de l'agence régionale de santé dont relève le lieu d'exercice du professionnel » prononce la suspension immédiate du droit d'exercer pour une durée maximale de cinq mois. Il entend l'intéressé au plus tard dans un délai de trois jours suivant la décision de suspension.**

Le *(Ord. n° 2010-177 du 23 févr. 2010, art. 14-I-8°)* **« directeur général de l'agence régionale de santé dont relève le lieu d'exercice du professionnel » saisit sans délai de sa décision le conseil régional ou le conseil central compétent de l'ordre des pharmaciens. Celui-ci statue dans un délai de deux mois à compter de sa saisine. En l'absence de décision dans ce délai, l'affaire est portée devant le Conseil national qui statue dans un délai de deux mois. A défaut de décision dans ce délai, la mesure de suspension prend fin automatiquement.**

Le *(Ord. n° 2010-177 du 23 févr. 2010, art. 14-I-8°)* **« directeur général de l'agence régionale de santé dont relève le lieu d'exercice du professionnel » informe également** *(Ord. n° 2010-177 du 23 févr. 2010, art. 14-I-8°)* **« le représentant de l'État dans le département et » les organismes d'assurance maladie dont dépend le professionnel concerné par sa décision.**

Le *(Ord. n° 2010-177 du 23 févr. 2010, art. 14-I-8°)* **« directeur général de l'agence régionale de santé dont relève le lieu d'exercice du professionnel » peut à tout moment mettre fin à la suspension qu'il a prononcée lorsqu'il constate la cessation du danger. Il en informe le conseil régional ou le conseil central compétent, ainsi que** *(Ord. n° 2010-177 du 23 févr. 2010, art. 14-I-8°)* **« le représentant de l'État dans le département et » les organismes d'assurance maladie.**

Le pharmacien dont le droit d'exercer a été suspendu selon la procédure prévue au présent article peut exercer un recours contre la décision du *(Ord. n° 2010-177 du 23 févr. 2010, art. 14-I-8°)* **« directeur général de l'agence régionale de santé dont relève le lieu d'exercice du professionnel » devant le tribunal administratif, qui statue en référé dans un délai de quarante-huit heures.**

Les modalités d'application du présent article sont définies par décret en Conseil d'État.

(Ord. n° 2007-465 du 29 mars 2007, art. 9) **« Le présent article n'est pas applicable aux pharmaciens qui relèvent des dispositions** *(Ord. n° 2018-20 du 17 janv. 2018, art. 15)* **« de l'article L. 4138-2 » du code de la défense. »**

Police du directeur d'établissement. En marge de l'art. L. 4221-18, et dans des circonstances exceptionnelles où un praticien hospitalier pharmacien a un comportement qui nuit gravement au fonctionnement du service en portant atteinte à la sécurité des malades, le directeur d'un centre hospitalier, qui exerce son autorité sur l'ensemble du personnel de son établissement, peut en raison de l'urgence, sur le fondement de l'art. L. 6143-7, décider de suspendre les activités de ce praticien hospitalier. • CAA Marseille, 5 févr. 2010, *Cécile A.*, n° 08MA03283.

Art. L. 4221-19 *(Ord. n° 2005-1040 du 26 août 2005)* **Les pharmaciens exerçant en société doivent communiquer au conseil de l'ordre dont ils relèvent, outre les statuts de cette société et leurs avenants, les conventions et avenants relatifs à son fonctionnement,** *ou aux rapports* **entre associés.**

Ces documents doivent être communiqués dans le mois suivant la conclusion de la convention ou de l'avenant.

(L. n° 2009-879 du 21 juill. 2009, art. 62-XXX) **« Les dispositions contractuelles incompatibles avec les règles de la profession ou susceptibles de priver les cocontractants de leur indépendance professionnelle les rendent passibles des sanctions disciplinaires prévues à l'article L. 4234-6. »**

Art. L. 4221-20 *(Ord. n° 2008-507 du 30 mai 2008, art. 27-VIII ; Ord. n° 2009-1585 du 17 déc. 2009, art. 6-VII)* **Sont déterminés par décret en Conseil d'État :**

1° Le délai dans lequel la commission mentionnée à l'article L. 4221-12 doit rendre un avis ;

2° La composition et le fonctionnement de la commission mentionnée aux articles L. 4221-14-1 et L. 4221-14-2 et les conditions dans lesquelles l'intéressé est soumis à une mesure de compensation ;

(Ord. n° 2009-1586 du 17 déc. 2009, art. 1er-I) « 3° Les modalités d'application de l'obligation de transmission des informations mentionnées à l'article L. 4221-16-1. »

CHAPITRE II INSCRIPTION AU TABLEAU DE L'ORDRE ET DÉCLARATION DE PRESTATION DE SERVICES *(Ord. n° 2009-1585 du 17 déc. 2009, art. 6-VIII).*

SECTION PREMIÈRE INSCRIPTION AU TABLEAU DE L'ORDRE *(Ord. n° 2009-1585 du 17 déc. 2009, art. 6-VIII).*

Art. L. 4222-1 Dans chaque région, les pharmaciens qui tiennent une officine ouverte sont inscrits sur un tableau établi et tenu à jour par le conseil régional de l'ordre des pharmaciens d'officine. *(Ord. n° 2005-1040 du 26 août 2005)* « Ce tableau est transmis aux services de l'État et porté à la connaissance du public, dans des conditions fixées par décret. »

1. Décision administrative. Les décisions prises par les organes des ordres professionnels en matière d'inscription au tableau n'ayant pas le caractère de décisions juridictionnelles, le moyen tiré de ce que le principe du caractère contradictoire de la procédure aurait été méconnu devant le Conseil national de l'ordre des pharmaciens est inopérant. • CE 16 oct. 1998, *Delmas,* n° 155556. ♦ Sur le principe. • CE, ass., 12 déc. 1953, *De Bayo : Lebon 544, concl. Chardeau ; AJDA 1954. II. 138, obs. de Soto ; ibid. II. 2, chron. Long et Gazier ; JCP 1954. II. 8446, note Savatier.* ♦ Lorsqu'il statue en matière d'inscription ou de radiation du tableau de l'ordre, le Conseil national de l'ordre des pharmaciens n'a le caractère ni d'une juridiction ni d'un tribunal au sens de l'art. 6, § 1, Conv. EDH. • CE 10 oct. 2011, *Fatiha A.,* n° 334720.

2. Tenue à jour du tableau. Si l'annulation par le juge administratif d'un arrêté préfectoral autorisant l'ouverture d'une officine entraîne la radiation du tableau par le conseil régional de l'ordre, aucun texte n'autorise le Conseil national de l'ordre à ordonner le sursis à exécution de cette décision de radiation. • CE 9 oct. 1981, *Michalet,* n° 28178 : *Lebon 367.* ♦ Un pharmacien concurrent est recevable à contester cette décision de sursis à exécution. • Même arrêt. ♦ L'annulation de l'arrêté préfectoral autorisant la création d'une officine par le juge administratif empêche le conseil de l'ordre d'inscrire le pharmacien au tableau. • CE 18 oct. 1996, *Pierre X.,* n° 154316.

3. Radiation. Il résulte de la combinaison des art. L. 5125-4 et L. 4222-1 que le conseil régional de l'ordre et, sur recours hiérarchique, le Conseil national de l'ordre des pharmaciens sont tenus de procéder à la radiation du tableau d'un pharmacien dont la licence délivrée par le préfet a été annulée par le juge administratif. • CE 21 oct. 2009, *Armand A.,* n° 300038 • CE 30 déc. 2002, *Jérôme X.,* n° 225084 • 7 nov. 1958, *Dobritz : Lebon 539 ; AJDA 1959. I. 68, chron. Combarnous et Galabert.* ♦ Comparer : aucun texte législatif ou réglementaire n'impose qu'un pharmacien frappé d'une interdiction temporaire d'exercer la pharmacie soit automatiquement radié du tableau ; ainsi, une pharmacienne qui continue d'exercer malgré une interdiction ne peut invoquer l'incompétence de la juridiction disciplinaire au motif que l'interdiction qui lui avait été infligée devait entraîner sa radiation de l'ordre. • CNOP 27 juin 2011, n° 20-D.

Art. L. 4222-2 Les demandes d'inscription au tableau sont adressées par les intéressés au conseil régional de l'ordre ; elles sont accompagnées d'un dossier dont la composition est fixée par décret en Conseil d'État.

En cas de cessation de l'activité professionnelle ou de changement du siège de l'établissement, une déclaration est adressée dans les quinze jours au conseil régional de l'ordre qui radie l'inscription au tableau s'il y a lieu.

1. Changement d'activité et nouvelle inscription. Le changement d'activité professionnelle d'un pharmacien n'entraîne sa radiation du tableau suivie d'une nouvelle procédure d'inscription, lorsque l'ancienne et la nouvelle activité relèvent de deux sections différentes de l'ordre des pharmaciens. • CE, sect., 25 juin 1971, *Malice,* n° 68605 : *Lebon 486 ; RDSS 1972. 51, obs. Auby.* ♦ Pour les pharmaciens d'officine, il y a radiation puis nouvelle procédure d'inscription lorsque la nouvelle officine est située dans le ressort d'un conseil régional autre que celui où l'officine antérieurement exploitée se trouvait. • Même arrêt. ♦ Dans les autres cas, le pharmacien reste tenu d'aviser le conseil régional ou le conseil central dont il relève de son changement d'activité ; ces conseils doivent alors se borner à prendre acte de la déclaration de l'intéressé, et ne sauraient se regarder comme saisis d'une demande de nouvelle inscription, à l'occasion de laquelle ils auraient à contrôler s'il est satisfait aux différentes conditions prévues à l'art. L. 525 [L. 4221-1]. • Même arrêt.

2. Cassation, date effective. Lorsqu'un pharmacien cède à son associé les parts qu'il détient dans leur société d'exploitation d'une pharmacie, et que cette cession est consentie sous condition suspensive d'obtention de prêt par l'associé cessionnaire, la réalisation de cette condition fait rétroagir la cession des parts (C. civ., art. 1179) ; mais dès lors que le cédant a continué d'exercer au sein de la pharmacie entre la date de signature du contrat de cession et celle de la réalisation de la condition suspensive, c'est à bon droit que le Conseil de l'Ordre refuse de faire rétroagir sa radiation à la date du contrat. • CE 28 juin 1996, *Dinguirard*, n° 145774 : *Lebon T. 1139* • 17 déc. 1997, *Marquet*, n° 177370.

3. Annulation de la licence. La radiation ordonnée en conséquence de l'annulation de la licence de création de l'officine constitue « une décision administrative d'effet immédiat ». • Crim. 22 mai 1996 : *Bull. crim. n° 214.*

4. Procédure. La lettre par laquelle le président du Conseil national de l'ordre informe qu'il transmet une demande d'inscription au conseil régional compétent ne fait pas grief. • CE 11 juill. 1990, *Dutel*, n° 77570.

5. Droits acquis. Lorsqu'en raison de l'annulation par le juge administratif du refus de licence, assortie d'une injonction d'accorder cette licence, l'ordre inscrit un pharmacien, et qu'ensuite la cour administrative d'appel infirme cette annulation et confirme le refus de licence, l'ordre peut abroger l'inscription sans qu'il y ait atteinte à des droits acquis. • CE 21 oct. 2009, *Armand A.*, n° 300038.

6. Recours. Depuis l'entrée en vigueur de la nouvelle rédaction de l'art. R. 311-1 CJA (Décr. 22 févr. 2010), applicable aux requêtes enregistrées à compter du 1er avr. 2010, aucune disposition ne donne compétence au Conseil d'État pour connaître en premier et dernier ressort des recours dirigés contre les décisions administratives individuelles du Conseil national de l'ordre des pharmaciens ; l'art. R. 312-10 CJA prévoit que les litiges relatifs aux « législations régissant les activités professionnelles, notamment les professions libérales » relèvent, lorsque la décision attaquée n'a pas un caractère réglementaire, de la compétence du tribunal administratif dans le ressort duquel se trouve soit l'établissement dont l'activité est à l'origine du litige, soit le lieu d'exercice de la profession. • CE 29 oct. 2012, *François B.*, n° 345471 : *Lebon T.* (irrecevabilité du recours pour excès de pouvoir direct devant le Conseil d'État, contre un refus d'inscription opposé par un conseil central).

Art. L. 4222-3 Le conseil régional de la section A ou le conseil central *(Ord. n° 2008-507 du 30 mai 2008, art. 27-IX)* **« de la section** *[des sections]* **B, C, D,** *(Ord. n° 2017-192 du 16 févr. 2017, art. 9)* **« E, » G ou H » statue sur la demande d'inscription au tableau dans un délai maximum de trois mois à compter de la réception de la demande accompagnée d'un dossier complet.**

En ce qui concerne *(Ord. n° 2008-507 du 30 mai 2008, art. 27-IX)* **« les ressortissants des États tiers, » le délai** *(Abrogé par Ord. n° 2008-507 du 30 mai 2008, art. 27-IX)* ***« initial de trois mois fixé au premier alinéa »*** **est porté à six mois lorsqu'il y a lieu de procéder à une enquête hors de la France métropolitaine. L'intéressé en reçoit notification.**

V. note ss. art. L. 4121-2.

1. Délai de réponse, déclenchement. Le délai d'inscription court à compter du jour de la réception de la demande assortie des pièces justificatives. • CE 19 nov. 1971, *CROP Bretagne c/ Toumelin*, n° 79306 : *Lebon 701*.

2. Responsabilité. Le non-respect du délai de réponse sans justification valable engage la responsabilité de l'Ordre. • CE 19 nov. 1971, *CROP Bretagne c/ Toumelin*, n° 79306 : *préc. note 1.* ♦ La juridiction compétente pour en connaître en premier ressort, lorsqu'il s'agit d'un conseil départemental ou régional, est le tribunal administratif. • CE 8 janv. 1993, *Roy*, n° 93349.

Art. L. 4222-4 Après avoir examiné les titres et qualités du demandeur, le conseil régional de la section A ou le conseil central de la section *[des sections]* **B, C, D** *(Ord. n° 2017-192 du 16 févr. 2017, art. 9)* **« E, »** *(L. n° 2009-879 du 21 juill. 2009, art. 62-XXXI)* **« , G ou H » de l'ordre soit accorde l'inscription au tableau, soit,** *(L. n° 2009-879 du 21 juill. 2009, art. 62-XXXI)* **« si les garanties de compétence, de moralité et d'indépendance professionnelle » ou les conditions prévues par la loi ne sont pas remplies, la refuse par décision motivée écrite. L'intéressé reçoit notification de la décision par lettre recommandée, dans la semaine qui suit cette décision.**

A l'expiration du délai imparti pour statuer, le silence gardé par le conseil régional ou le conseil central de l'ordre constitue une décision implicite de rejet susceptible de recours.

Toute inscription ou tout refus d'inscription au tableau peut faire l'objet d'un appel devant le Conseil national de l'ordre.

(L. nº 2009-879 du 21 juill. 2009, art. 62-XXXI) **« La décision d'inscription ne peut être retirée que si elle est illégale et dans un délai de quatre mois. Passé ce délai, la décision ne peut être retirée que sur demande explicite de son bénéficiaire. »**

V. note ss. art. L. 4121-2.

1. Appel, nature juridique. L'appel ouvert devant le Conseil national contre les décisions du conseil régional en matière d'inscription s'analyse en un recours hiérarchique et constitue un préalable nécessaire à l'exercice du recours contentieux (recours pour excès de pouvoir devant le Conseil d'État). • CE 28 déc. 1992, *Mme Brockly-Dijon*, nº 139929 • CE 17 déc. 1997, *Marquet*, nº 177370.

2. Droits acquis (avant la L. nº 2009-879 du 21 juill. 2009). Sous réserve de dispositions législatives ou réglementaires contraires, et hors le cas où il est satisfait à une demande du bénéficiaire, l'administration ne peut retirer ou abroger une décision expresse individuelle créatrice de droits que dans le délai de quatre mois suivant l'intervention de cette décision et si elle est illégale ; or la décision par laquelle le conseil central de la section D de l'Ordre national des pharmaciens décide d'inscrire un praticien au tableau a le caractère d'une décision individuelle créatrice de droits ; donc, s'il incombe au conseil de tenir à jour ce tableau et de rayer de celui-ci les praticiens qui, par suite de l'intervention de circonstances postérieures à leur inscription, ont cessé de remplir les conditions requises pour y figurer, il ne peut, en l'absence de fraude, sans méconnaître les droits acquis qui résultent de l'inscription, décider plus de quatre mois après celle-ci de rayer un praticien au motif que les diplômes au vu desquels il a été inscrit n'auraient pas été de nature à permettre légalement son inscription. • CE 29 juin 2009, *Fatiha A.*, nº 327275. ♦ Sur le principe : • CE, sect., 6 mars 2009, *Coulibaly*, nº 306084 : *Lebon 79* ; *AJDA 2009. 817, chron. Liébert et Botteghi* ; *RFDA 2009. 215, concl. Salins*. *Nota-bene* : application désormais CRPA, art. L. 242-1.

3. Inscription obtenue par fraude. Lorsque l'inscription d'une personne munie d'un diplôme roumain a été obtenue au vu d'une attestation des autorités roumaines dont la traduction a été manipulée, la production de cette traduction falsifiée, destinée à tromper les autorités françaises sur la valeur de son diplôme au regard du droit communautaire et à obtenir l'inscription au tableau, constitue une fraude ; c'est donc à bon droit qu'elle est radiée du tableau. • CE 10 oct. 2011, *Fatiha A.*, nº 334720. *Nota-bene* : application désormais CRPA, art. L. 242-1.

Art. L. 4222-5 **Le Conseil national de l'ordre des pharmaciens statue en appel sur les décisions des conseils régionaux de la section A et celles des conseils centraux des** *(L. nº 2004-806 du 9 août 2004, art. 124-I-G)* **« sections B, C, D, E, G et H » en matière d'inscription dans le délai de trois mois à dater du jour où l'appel a été formé.**

1. Pouvoirs du Conseil national. Si, aux termes de l'art. L. 538 [L. 4222-4, al. 3], le Conseil national de l'Ordre des pharmaciens statue en appel sur les décisions des conseils régionaux, ni cette disposition ni aucune autre ne donnent compétence au Conseil national pour connaître, de manière générale, des recours dirigés contre les décisions prises par les conseils régionaux en matière administrative en dehors des questions d'inscription au tableau ; incompétence en conséquence s'agissant du recours devant le Conseil national contre une délibération d'un conseil régional enjoignant à un pharmacien de supprimer sa croix lumineuse. • CE 27 janv. 1993, *Temple-Boyer*, nº 104320.

2. Contradiction. Il ne résulte d'aucun texte ni d'aucun principe que les observations produites par un conseil central sur le recours hiérarchique formé par une société de pharmaciens auraient dû être communiquées à cette société préalablement à la décision du Conseil national en appel, décision qui n'est pas de nature juridictionnelle. • CE 29 oct. 2007, *Selarl Bidegain*, nº 284036. ♦ Il en résulte que la requérante n'avait pas à être convoquée lors de la séance à l'issue de laquelle a été prise cette décision. • Même arrêt.

3. Responsabilité, compétence juridictionnelle. Les demandes en réparation en raison du préjudice causé par une décision du Conseil national en matière d'inscription relèvent de la compétence du tribunal administratif dans le ressort duquel le requérant a sa résidence. • CE 16 déc. 1992, *M. Roy*, nº 93349.

4. Recours devant le Conseil d'État. Depuis le Décr. nº 2014-545 du 26 mai 2014 (créant l'art. R. 4222-4-2), les recours contre la décision du CNOP refusant une inscription au tableau relèvent de la compétence en premier et dernier ressort du Conseil d'État, même s'ils ont été déjà introduits devant le tribunal administratif avant l'entrée en vigueur du décret. • CE 4 mars 2016, *Mme B. A.*, nº 389513 : *Lebon T.* ♦ Auparavant, s'agissant de litiges relatifs aux législations régissant les activités professionnelles, notamment les professions libérales, le tribunal administratif compétent était celui dans le ressort duquel est exploité l'établissement ou exercée l'activité (CJA, art. R. 312-10). • CE 29 oct. 2012,

François B., n° 345471 : *Lebon T.*

5. *Refus d'inscription pour condamnations pénales.* Deux condamnations définitives pour complicité d'exercice illégal de la pharmacie pour vente sans prescription des spécialités pharmaceutiques inscrites sur la liste 1 des substances vénéneuses, alors même qu'elles portent sur des périodes anciennes (2003 à 2007) et qu'elles n'ont pas fait l'objet de sanction disciplinaire, justifient un refus d'inscription. • CE 4 mars 2016, *Mme B. A.*, n° 389513 : *Lebon T.*

Art. L. 4222-6 Le pharmacien qui demande son inscription à un tableau doit faire la preuve d'une connaissance suffisante de la langue française.

(L. n° 2004-806 du 9 août 2004, art. 145) « En cas de doute, le président du conseil régional ou central de l'ordre ou son représentant peut entendre l'intéressé. Une vérification peut être faite à la demande du conseil de l'ordre ou de l'intéressé par l'autorité administrative compétente. »

(Ord. n° 2017-50 du 19 janv. 2017, art. 3-II) « Le contrôle de la maîtrise de la langue doit être proportionné à l'activité à exercer et réalisé une fois la qualification professionnelle reconnue. »

Art. L. 4222-7 Les pharmaciens inspecteurs de santé publique, *(Ord. n° 2010-177 du 23 févr. 2010, art. 19-I-17°)* « les inspecteurs des agences régionales de santé », les inspecteurs de *(L. n° 2011-2012 du 29 déc. 2011, art. 5-IV)* « l'Agence nationale de sécurité du médicament et des produits de santé », les pharmaciens fonctionnaires ou assimilés du ministère chargé de la santé, les pharmaciens fonctionnaires ou assimilés du ministère chargé de l'enseignement supérieur, n'exerçant pas par ailleurs d'activité pharmaceutique, et *(Ord. n° 2018-20 du 17 janv. 2018, art. 15)* « , conformément aux dispositions de l'article L. 4061-1, » les pharmaciens *(Ord. n° 2018-20 du 17 janv. 2018, art. 15)* « relevant des dispositions de l'article L. 4138-2 du code de la défense » ne sont inscrits sur aucun tableau de l'ordre.

Formation continue. Par l'art. L. 4236-1, le législateur a étendu, aux pharmaciens non inscrits au tableau et au nombre desquels figurent les pharmaciens inspecteurs de santé publique, l'obligation de formation pharmaceutique continue s'appliquant par ailleurs aux pharmaciens inscrits au tableau. • CE 24 sept. 2007, *Synd. des pharmaciens inspecteurs de santé publique*, n° 295920.

Art. L. 4222-8 Sauf s'il appartient à la section E, un pharmacien ayant des activités pharmaceutiques différentes peut être inscrit sur le tableau de plusieurs sections de l'ordre.

(L. n° 2011-851 du 20 juill. 2011, art. 11-1°) « Tout pharmacien ayant la qualité de pharmacien de sapeur-pompier volontaire peut être inscrit sur le tableau de plusieurs sections de l'ordre correspondant aux différentes activités pharmaceutiques exercées. »

SECTION II DÉCLARATION DE PRESTATION DE SERVICES *(Ord. n° 2009-1585 du 17 déc. 2009, art. 6-VIII).*

Art. L. 4222-9 *(Ord. n° 2008-507 du 30 mai 2008, art. 27-IX ; Ord. n° 2009-1585 du 17 déc. 2009, art. 6-IX)* Le pharmacien ressortissant d'un État, membre de l'Union européenne ou partie à l'accord sur l'Espace économique européen, qui est établi et exerce légalement les activités de pharmacien dans un État, membre ou partie, peut exécuter en France, de manière temporaire et occasionnelle, des actes de sa profession, *(Ord. n° 2017-50 du 19 janv. 2017, art. 5-VI)* « le cas échéant dans la spécialité concernée, » *sans* être inscrit au tableau de l'ordre.

L'exécution de ces actes est subordonnée à une déclaration préalable qui est accompagnée de pièces justificatives dont la liste est fixée par arrêté du ministre chargé de la santé. *(Ord. n° 2017-50 du 19 janv. 2017, art. 3-I et II)* « Le prestataire joint une déclaration concernant les connaissances linguistiques nécessaires à la réalisation de la prestation.

« Le contrôle de la maîtrise de la langue doit être proportionné à l'activité à exercer et réalisé une fois la qualification professionnelle reconnue. »

Le prestataire est tenu de respecter les règles professionnelles applicables en France et est soumis à la juridiction disciplinaire.

Lorsque le titre de formation ne bénéficie pas d'une reconnaissance en application des articles L. 4221-4 et L. 4221-5, les qualifications professionnelles du prestataire sont vérifiées avant la première prestation de services. En cas de différence substantielle entre les qualifications du prestataire et la formation exigée en France *(L.*

n° 2013-442 du 30 mai 2013, art. 12-5°) « pour l'exercice de la profession de pharmacien, le cas échéant, dans la spécialité concernée », de nature à nuire à la santé publique, les autorités compétentes *(Ord. n° 2017-50 du 19 janv. 2017, art. 4-II)* « soumettent le professionnel à une épreuve d'aptitude ».

Le prestataire de services peut faire usage de son titre de formation dans la langue de l'État qui le lui a délivré. Il est tenu de faire figurer le lieu et l'établissement où il l'a obtenu.

Dans le cas où le titre de formation de l'État d'origine, membre ou partie, est susceptible d'être confondu avec un titre exigeant en France une formation complémentaire, le Conseil national de l'ordre peut décider que l'intéressé fera état du titre de formation de l'État d'origine, membre ou partie, dans une forme appropriée qu'il lui indique.

La prestation est réalisée sous le titre professionnel français de pharmacien. Toutefois, lorsque le titre de formation ne bénéficie pas d'une reconnaissance en application des articles L. 4221-4 et L. 4221-5 et dans le cas où les qualifications n'ont pas été vérifiées, la prestation est réalisée sous le titre professionnel de l'État d'établissement, de manière à éviter toute confusion avec le titre professionnel français.

Art. L. 4222-10 Sont déterminées, en tant que de besoin, par décret en Conseil d'État, les conditions d'inscription au tableau de l'ordre de tous les pharmaciens mentionnés au titre IV du livre Ier de la partie V, autres que les pharmaciens mentionnés à l'article L. 5143-2 *(Ord. n° 2008-507 du 30 mai 2008, art. 27-IX ; Ord. n° 2009-1585 du 17 déc. 2009, art. 6-X)* « , ainsi que les modalités de vérification des qualifications professionnelles mentionnées à l'article L. 4222-9 ».

CHAPITRE III DISPOSITIONS PÉNALES

Art. L. 4223-1 *(Ord. n° 2005-1040 du 26 août 2005)* Le fait de se livrer à des opérations réservées aux pharmaciens, sans réunir les conditions exigées par le présent livre, constitue l'exercice illégal de la profession de pharmacien. Cet exercice illégal est puni de deux ans d'emprisonnement et de 30 000 euros d'amende.

Les personnes physiques encourent également les peines complémentaires suivantes :

a) L'affichage ou la diffusion de la décision prononcée, dans les conditions prévues par l'article 131-35 du code pénal ;

b) La confiscation de la chose qui a servi ou était destinée à commettre l'infraction ou de la chose qui en est le produit, conformément à l'article 131-21 du code pénal ;

c) L'interdiction définitive ou pour une durée de cinq ans au plus d'exercer une ou plusieurs professions régies par le présent code ou toute autre activité professionnelle ou sociale à l'occasion de l'exercice de laquelle l'infraction a été commise, suivant les modalités prévues par l'article 131-27 du code pénal *(L. n° 2009-1437 du 24 nov. 2009, art. 50-II)* « , ainsi que l'activité de prestataire de formation professionnelle continue au sens de l'article L. 6313-1 du code du travail pour une durée de cinq ans » ;

d) La fermeture définitive ou pour une durée de cinq ans au plus de l'établissement dans lequel l'infraction a été commise.

Le fait d'exercer cette activité malgré une décision judiciaire d'interdiction définitive ou temporaire est puni des mêmes peines.

(L. n° 2009-526 du 12 mai 2009, art. 125-XXI-16°) « Les personnes morales déclarées responsables pénalement, dans les conditions prévues par l'article 121-2 du code pénal, de l'infraction définie au présent article encourent, outre l'amende suivant les modalités prévues par l'article 131-38 du code pénal, les peines prévues par les 2° à 9° de l'article 131-39 du même code. L'interdiction mentionnée au 2° de l'article 131-39 du même code porte sur une ou plusieurs professions régies par le présent code ou toute autre activité professionnelle ou sociale à l'occasion de l'exercice de laquelle l'infraction a été commise. »

I. ACTES CONSTITUTIFS D'EXERCICE ILLÉGAL

1. Cas d'exercice illégal. Constituent un exercice illégal de la pharmacie : la vente d'une « cure de purification » s'inscrivant dans le cursus de la scientologie consistant notamment à alterner des séances de sauna jusqu'à cinq heures par jour et des prises de vitamines en quantité importante, jusqu'à 20 ou 25 gélules par jour. • Crim. 16 oct. 2013, n° 03-83.910 : *D. 2014. 41* ... La vente de produits dénommés « Équilibrance » sous forme de gélules galéniques, censés combattre la constipation, les troubles de la mémoire, le manque de vitalité, le vieillissement cellulaire ou l'obésité, et assortis d'une posologie. • Crim. 19 sept. 2000, n° 98-86.625. ♦ ... La vente de produits dénommés « perles d'huile de saumon sauvage du Pacifique », devant aider à « rééquilibrer le métabolisme ». • Crim. 12 juin 2001, n° 00-83.445. ♦ S'agissant de la vente de médicaments par présentation (gélules « depur. sang », « laxanat », « circulveine » et « hypertenflux ») et par fonction (gélules de poudre de ballote, de boldo, de bourdaine, de gingko biloba, de gui, d'harpagophytum, de marron d'Inde et de millepertuis). • Crim. 22 févr. 2011 : *Bull. crim. n° 35.* ♦ Le prévenu, qui a reçu habituellement des malades, a pris part à l'établissement d'un diagnostic, leur a prescrit des traitements et leur a délivré des médicaments de sa préparation, ne saurait invoquer l'obligation où il se serait trouvé de porter secours à des personnes en péril. • Crim. 2 juill. 1975 : *Bull. crim. n° 173.*

2. Délit non constitué. La fabrication ou la commercialisation de produits, qui bénéficient d'une autorisation de mise sur le marché comme complément alimentaire et qui ne sont pas présentés comme possédant des propriétés curatives ou préventives à l'égard des maladies humaines, ne saurait constituer le délit d'exercice illégal de la pharmacie. Peu importe que ces produits entraient en réalité dans la définition du médicament par présentation : il ne peut être reproché à un vendeur professionnel de les avoir commercialisés, ni exigé de lui d'avoir une vigilance réglementaire supérieure à celle de l'AFSSAPS (devenue ANSM) • Civ. 1re, 21 janv. 2014, n° 12-87.377 : *D. 2014. 284*. ♦ Le délit d'exercice illégal de la profession de pharmacien ne peut être caractérisé par le seul fait qu'une personne, fût-ce à plusieurs reprises, s'est chargée d'acquérir, chez un pharmacien régulièrement installé, des médicaments prescrits par un médecin, afin de les remettre aux malades contre le seul remboursement du prix d'achat. • Crim. 2 mars 1982 : *Bull. crim. n° 65.* ♦ Le pharmacien qui continue à exploiter son officine malgré l'annulation de sa licence par le juge administratif ne commet pas le délit de l'art. L. 517 [L. 4223-1], mais celui prévu à l'art. L. 518 [L. 4223-2]. • *Crim. 16 oct. 1984 : Bull. crim. n° 306 ; JCP 1985. II. 20463, note Nocquet.* ♦ Toutefois, il y a bien exercice illégal lorsque l'intéressé, bien que radié par la suite du tableau pour exercice sans licence, poursuit l'exploitation de son fonds. • Même arrêt.

3. Élément intentionnel. Pour bénéficier de la cause d'irresponsabilité prévue par l'art. 122-3 C. pén., la personne poursuivie doit justifier avoir cru, par une erreur de droit qu'elle n'était pas en mesure d'éviter, pouvoir légitimement accomplir le fait reproché. • Crim. 4 oct. 2011 : *Bull. crim. n° 191.* ♦ En l'espèce, le juge du fond retient à bon droit l'erreur résultant de la définition donnée par le dictionnaire de référence des médicaments vétérinaires, comme suffisant à établir l'absence de volonté délictueuse. • Même arrêt. ♦ V. sous l'ancienne législation, l'exigence disparue du texte mais maintenue par le juge que les prévenus aient « sciemment » commis le délit. • Crim 12 mars 2002, n° 01-80.859 • 7 janv. 2003, n° 02-81.797. ♦ Si le caractère incertain d'une notion légale empêche toute prévisibilité et contrevient donc à l'art. 7 Conv. EDH relatif au principe de légalité des peines et des délits, il appartient à la personne concernée de recourir à des conseils éclairés pour évaluer, à un degré raisonnable dans les circonstances de la cause, les conséquences pouvant résulter d'un acte déterminé ; il en va spécialement ainsi des professionnels tels qu'un gérant de supermarché, habitué à devoir faire preuve d'une grande prudence dans l'exercice de son métier et à s'entourer de conseils appropriés, et qui aurait dû savoir, que, eu égard à la tendance se dégageant de la jurisprudence de la Cour de cassation et d'une partie des juridictions du fond, il courait un danger réel de se voir poursuivre pour exercice illégal de la pharmacie. • CEDH 15 nov. 1996, *Cantoni c/ France*, n° 17862/91 : *JCP 1997. II. 22835, note Fouassier et Vion.* ♦ Dans le même sens. • Crim. 18 mai 2005, n° 04-85.727.

4. Délit d'habitude. Le délit d'exercice illégal de la pharmacie n'est pas un délit d'habitude. • Crim. 28 janv. 2004, n° 03-80.930. ♦ Sur le principe. • Crim. 31 août 1922 : *S. 1923. 237.* ♦ Il s'agit d'une infraction successive qui se renouvelle tant qu'il n'y est pas mis fin ; donc les faits identiques qui la constituent et qui se succèdent ne constituent pas un seul et même fait. • Crim. 17 juill. 1987, n° 86-95.797.

5. Complicité pour aide à l'exercice illégal. Celui qui fabrique et vend en gros un médicament à une grande surface peut s'être rendu complice, par aide et assistance, du délit d'exercice illégal de la pharmacie résultant des ventes au détail effectuées par le magasin. • Crim. 3 nov. 2004 : *Bull. crim. n° 265* • 2 oct. 2007, n° 06-86.051.

6. Motivation du jugement. Le juge du fond ne peut condamner pour exercice illégal sans examiner au cas par cas la composition, les modalités d'emploi, les risques liés à leur utilisation, les propriétés pharmacologiques, immunologiques ou métaboliques, leur capacité à restaurer, corriger ou modifier les fonctions physiologiques de manière significative ; ainsi, il ne peut se borner à dire que l'ensemble des produits et solutions commercialisés ne constituent pas des médicaments parce qu'ils n'ont pas une influence significative sur le corps humain de nature à en modifier le métabolisme et les conditions de son fonctionnement. • Crim. 15 mai 2012, n° 11-84.120 • 15 mai 2012, n° 11-84.137 • 3 mai 2011, n° 09-88.525. ♦ Pour un exemple de jugement correctement motivé, la Cour de cassation s'en remettant à l'appréciation souveraine des juges du fond quant à la caractérisation du délit. • Crim. 22 févr. 2011 : *Bull. crim. n° 35* • 20 sept. 2011, n° 10-83.649. ♦ Même exigence de motivation au cas par cas à propos des médicaments par présentation, le juge devant analyser leur conditionnement, leur présentation de nature à faire naître une certitude de leurs vertus thérapeutiques. • Crim. 22 févr. 2011, n° 10-83.767. ♦ Et pour les médicaments par fonction. • Crim. 22 févr. 2011 : *Bull. crim. n° 34.*

7. Grandes surfaces. Sur la commercialisation illégale de tests de grossesse : condamnation sur plainte avec constitution de partie civile de l'Ordre. • Crim. 15 mai 2012, n° 11-84.120. ♦ ... Et, dans la même affaire, à propos de la complicité du fabricant de tests qui a fourni la grande surface. • Crim. 4 oct. 2011, n° 11-80.857. ♦ Le directeur d'une grande surface n'est pas fondé à exciper d'une délégation de pouvoir au bénéfice de son chef de secteur pour échapper aux poursuites, dès lors qu'il ne rapporte pas la preuve qu'il a délégué ses pouvoirs à une personne compétente. • Crim. 21 févr. 2006, n° 05-82.039.

8. Peine complémentaire de fermeture. Un non-pharmacien autorisé à vendre sur les marchés des plantes médicinales et de l'eucalyptus naturels ne saurait pour autant effectuer des mélanges de plantes et d'autres substances pour créer des baumes, lotions, sirops, poudres qu'il vend ensuite sur les marchés en les présentant comme ayant des propriétés thérapeutiques : fermeture définitive de l'établissement. • Crim. 18 janv. 1983 : *inédit.*

II. EXERCICE ILLÉGAL PAR DES PROFESSIONNELS DE SANTÉ

9. Pharmacien sans licence. Le pharmacien qui continue d'exercer malgré l'annulation de sa licence par le juge administratif est responsable à l'égard de son confrère concurrent. • Crim. 17 juill. 1987, n° 86-95.797.

10. Pharmacien radié. L'exercice malgré une radiation de l'Ordre, prononcée par le conseil régional en conséquence de l'annulation de la licence de création de l'officine qu'exploitaient les prévenus, caractérise le délit d'exercice illégal de la pharmacie. • Crim. 22 mai 1996 : *Bull. crim. n° 214.* ♦ L'infraction est réalisée nonobstant le recours formé contre la décision de radiation. • Même arrêt.

11. Complicité d'un pharmacien. Un pharmacien, qui prend habituellement part à l'établissement de diagnostics du cuir chevelu, puis prescrit des crèmes dites « revitalisantes » et de « biothérapie capillaire » fabriquées et vendues au détail par un non-pharmacien, se rend coupable d'exercice illégal de la médecine et de complicité d'exercice illégal de la pharmacie. • Crim. 7 janv. 1970, n° 69-91.148.

Art. L. 4223-2 *(L. n° 2011-525 du 17 mai 2011, art. 165-5°)* **« L'usage de la qualité de pharmacien, sans remplir les conditions exigées par l'article L. 4221-1, ou l'usage sans droit d'un diplôme, certificat ou autre titre légalement requis pour l'exercice de cette profession, sont passibles des sanctions prévues à l'article 433-17 du code pénal. »**

(Ord. n° 2005-1040 du 26 août 2005) **« Les personnes physiques encourent également la peine complémentaire de fermeture définitive ou pour une période de cinq ans au plus de l'établissement dans lequel l'infraction a été commise. »**

(L. n° 2009-526 du 12 mai 2009, art. 125-XXI-17°) **« Les personnes morales déclarées responsables pénalement, dans les conditions prévues par l'article 121-2 du code pénal, de l'infraction définie au présent article encourent l'amende prévue à l'article 433-17 du code pénal suivant les modalités prévues par l'article 131-38 du même code, ainsi que les peines prévues aux 2° à 4° de l'article 433-25 du même code. »**

(Ord. n° 2005-1040 du 26 août 2005) **« Le non-respect des dispositions de l'article L. 4221-14 est assimilé à une usurpation du titre de pharmacien. »**

1. Pharmacien sans licence. Le pharmacien qui continue à exploiter son officine malgré l'annulation de sa licence par le juge administratif ne commet pas le délit de l'art. L. 517 [L. 4223-1], mais celui prévu à l'art. L. 518 [L. 4223-2]. • Crim. 16 oct. 1984 : *Bull. crim. n° 306 ; JCP 1985. II. 20463, note Nocquet.*

2. Marques déceptives. En déposant la marque « Le comptoir du pharmacien » une société usurpe le titre de pharmacien. • TGI Paris, 8 avr. 2009 : *D. 2009. 2980, note Fouassier et Fallet.*

Art. L. 4223-3 *(Ord. n° 2005-1040 du 26 août 2005)* **Lorsque l'autorité judiciaire a été saisie d'une poursuite par application des articles L. 4223-1 ou L. 4223-2, le représentant de l'État dans le département peut prononcer la fermeture provisoire de l'établissement.**

1. Durée. La fermeture provisoire prononcée par le préfet peut être maintenue jusqu'à ce que l'autorité judiciaire se soit prononcée définitivement ; peu importe que la procédure pénale se soit conclue par un arrêt de relaxe. • CE 8 juill. 1966, *Cts Dobritz,* n° 61848 : *Lebon T. 1078* ✎. ♦ En cas de relaxe, la mesure prend nécessairement fin à la date de l'arrêt de relaxe ; le préfet n'est pas tenu d'en prononcer le retrait, et le pharmacien peut immédiatement rouvrir son officine. • Même arrêt.

2. Fermeture impossible. Lorsque le tribunal administratif annule une licence d'exploitation d'une officine, il appartient au seul conseil régional de l'ordre, chargé de tenir à jour le tableau de l'Ordre, de procéder à la radiation de l'intéressé ; en cas de retard à radier, et malgré la demande d'un pharmacien concurrent, le préfet ne peut ordonner la fermeture, en l'absence de poursuites judiciaires. • CAA Douai, 23 déc. 1999, n° 96DA00700. ♦ Cependant, l'illégalité initiale de la licence, ayant entraîné son annulation, engage la responsabilité de l'État à l'égard du pharmacien concurrent. • Même arrêt.

3. Effet sur la licence. La fermeture définitive d'une officine ordonnée par décision de justice entraîne la caducité de la licence d'exploitation. • CE, sect., 27 mai 1960, *Bellocq et Baudin,* n° 43331 : *Lebon 373.*

Art. L. 4223-4 *(L. n° 2002-303 du 4 mars 2002, art. 27-II)* **Les dispositions des trois premiers alinéas de l'article L. 4163-2 sont applicables aux pharmaciens. Les dispositions des alinéas suivants de ce même article sont applicables aux personnes physiques et morales qui proposent ou procurent des avantages aux pharmaciens.**

L'art. L. 4223-4 est abrogé à des dates fixées par décret et au plus tard le 1er juill. 2018 (Ord. n° 2017-49 du 19 janv. 2017, art. 4 et 5).

Art. L. 4223-5 *Abrogé par L. n° 2011-525 du 17 mai 2011, art. 165.*

TITRE TROISIÈME ORGANISATION DE LA PROFESSION DE PHARMACIEN

CHAPITRE PREMIER MISSION ET COMPOSITION DE L'ORDRE NATIONAL ET DU CONSEIL NATIONAL

BIBL. ▸ Dict. perm. Santé, bioéthique et biotechnologies, étude « Ordre des pharmaciens », *Éd. Législatives.* – FOUASSIER, L'Ordre national des pharmaciens, *in* ESPER (dir.), Droit médical et hospitalier, *fasc. 12-10 à 12-30. – Lamy droit de la santé, nos 232-36 s.* – Cour des comptes, Relations entre l'État et l'ordre des pharmaciens, *Référé du 4 mars 2013, n° 66001 (site de la Cour des comptes : www.ccomptes.fr).*

Art. L. 4231-1 **L'Ordre national des pharmaciens a pour objet :**

1° D'assurer le respect des devoirs professionnels ;

2° D'assurer la défense de l'honneur et de l'indépendance de la profession ;

3° *(L. n° 2002-303 du 4 mars 2002, art. 47)* **« De veiller à la compétence des pharmaciens » ;**

(L. n° 2005-1579 du 19 déc. 2005, art. 48-III) **« 4° De contribuer à promouvoir la santé publique et la qualité des soins, notamment la sécurité des actes professionnels. »**

L'Ordre national des pharmaciens groupe les pharmaciens exerçant leur art en France.

Art. L. 4231-2 **Le Conseil national de l'ordre des pharmaciens est le défenseur de la légalité et de la moralité professionnelle.**

Il coordonne l'action des conseils centraux des sections de l'ordre et joue un rôle d'arbitrage entre les différentes branches de la profession.

Il se réunit au moins quatre fois par an.

Il délibère sur les affaires soumises à son examen par le ministre chargé de la santé et par les conseils centraux.

Il accueille toutes les communications et suggestions des conseils centraux et leur donne les suites qui concilient au mieux les intérêts normaux de la profession et les intérêts supérieurs de la santé publique.

Il est qualifié pour représenter, dans son domaine d'activité, la pharmacie auprès des autorités publiques et auprès des organismes d'assistance.

Il peut s'occuper sur le plan national de toutes les questions d'entraide et de solidarité professionnelle et notamment des sinistres et des retraites.

(Abrogé par Ord. nº 2017-644 du 27 avr. 2017, art. 4-1º) ***« Il peut, devant toutes les juridictions, exercer tous les droits réservés à la partie civile relativement aux faits portant un préjudice direct ou indirect à l'intérêt collectif de la profession pharmaceutique. »***

(L. nº 2007-127 du 30 janv. 2007, art. 25-II) **« Il organise la mise en œuvre du dossier pharmaceutique mentionné à l'article L. 161-36-4-2 du code de la sécurité sociale. »**

I. ATTRIBUTIONS ADMINISTRATIVES

1. *Pouvoir réglementaire (non).* Le Conseil national ne tenait pas de l'ancienne rédaction de l'art. L. 538 [L. 4231-2] CSP un pouvoir réglementaire lui permettant de fixer les conditions générales auxquelles doivent satisfaire les locaux destinés à l'exploitation des officines de pharmacie. • CE 31 janv. 1969, *Union nat. des grandes pharmacies de France,* nº 63074 : *Lebon 54 ; RDSS 1969. 187, concl. Baudouin ; AJDA 1969. II, nº 54, 1re esp., p. 197 ; ibid. 1, p. 161, chron. Dewost et Denoix de Saint-Marc ; D. 1969. 361, note Guibal ; Dr. soc. 1970. 137, note Bazex.*

2. *Instance de recours.* Si aux termes de l'art. L. 538 [L. 4222-4, al. 3] le Conseil national de l'Ordre statue en appel sur les décisions des conseils régionaux, ni cette disposition ni aucune autre ne donnent compétence au Conseil national pour connaître, de manière générale, des recours dirigés contre les décisions prises par les conseils régionaux en matière administrative en dehors des questions d'inscription au tableau ; incompétence en conséquence s'agissant du recours contre une délibération d'un conseil régional de l'ordre enjoignant à un pharmacien de supprimer sa croix lumineuse. • CE 27 janv. 1993, *Temple-Boyer,* nº 104320. ♦ Aucune disposition n'attribue au Conseil national compétence pour annuler une décision d'un conseil régional refusant de traduire un pharmacien en chambre de discipline. • CE 25 juill. 2007, *CNOP,* nº 285961.

3. *Entraide professionnelle.* Le Conseil national peut affecter une partie des cotisations dues par chaque pharmacien au financement des œuvres d'entraide et de solidarité professionnelle. • CE 21 févr. 1964, *Garetier,* nº 58714 : *Lebon 134* (à propos de l'Ordre des médecins).

4. *Limite liée au respect de la concurrence.* Le Conseil national de l'Ordre des pharmaciens et les conseils centraux sont des organismes qui regroupent et représentent un certain nombre de professionnels, dont les pharmaciens d'officine et les directeurs de laboratoires de biologie médicale, et qui peuvent être qualifiés d'entreprises au sens de l'art. 81 TCE [101 TFUE]. • Trib. UE 26 oct. 2010, *CNOP et a.,* nº T-23/09 : *CCC 2010. Comm. 281, note Decocq ; Europe 2010. Comm. 425, obs. Idot.* ♦ *La Commission est* donc fondée à les soumettre à inspection pour enquête sur une pratique anticoncurrentielle. • Même arrêt. ♦ Sur une sanction pécuniaire avec obligation de publication, à l'encontre d'un CROP, en raison d'une action concertée tendant à répartir entre pharmaciens l'approvisionnement en médicaments et autres produits de soins des EHPAD, pour leurs pensionnaires. • Aut. conc. 22 avr. 2009, nº 09-D-17 (relative à des pratiques mises en œuvre par le conseil régional de l'ordre des pharmaciens de Basse-Normandie). ♦ Pour un boycott non avéré. • Aut. conc. du 26 sept. 2012, nº 12-D-19 (relative à des pratiques dans le secteur du blanchiment et de l'éclaircissement des dents).

II. SAISINES DU JUGE

5. *Saisine du juge administratif.* Le Conseil national de l'Ordre n'a pas qualité pour se substituer aux pharmaciens d'officine agissant soit isolément soit groupés en syndicats, ni aux conseils régionaux et au conseil central de la section A de l'Ordre national, afin de demander l'annulation d'un arrêté préfectoral autorisant l'ouverture d'une pharmacie mutualiste. • CE 13 nov. 1968, *Sté de secours minière A 6 d'Auchel,* nº 68627 : *Lebon 577 ; RDSS 1969. 185, obs. Auby.* ♦ En revanche, les conseils régionaux sont recevables. • CE 15 mai 1995, *CNOP et CROP de Marseille,* nº 143803.

6. *Partie civile.* Seul le Conseil national de l'Ordre (et non un conseil régional ou un conseil central) peut exercer les droits réservés à la partie civile. • Crim. 25 févr. 1954 : *D. 1955. 553* • 13 avr. 1956 : *Bull. crim. nº 297 ; D. 1956. 455* • 19 févr. 1958 : *Bull. crim. nº 175.* ♦ Le Conseil national peut donner délégation permanente à son président pour exercer en son nom tous les droits réservés à la partie civile. • Crim. 19 déc. 1989 : *Bull. crim. nº 487.* ♦ Aucun texte n'impose à l'Ordre de prendre collégialement la décision d'engager des poursuites dans l'intérêt collectif de la profession, ni ne l'empêche de déléguer à son président les pouvoirs qu'il tient de la loi. • Même arrêt. ♦ La violation du monopole des pharmaciens cause un préjudice direct à l'intérêt collectif de la profession, justifie que l'ordre se porte partie civile et se voit allouer des dommages-intérêts. • Crim. 16 oct. 2013, nº 03-83.910 : *D. 2014. 41.* ♦ Mais un délit de droit commun commis par un professionnel ne cause pas un préjudice suffisant à l'ensemble des professionnels du même ordre ; irrecevabilité du Conseil de l'Ordre des médecins dans une affaire de « home jacking » contre un médecin. • Crim. 15 mars 2011, nº 10-82.709 (sol. transposable). ♦ Un syndicat n'a pas vocation à défendre les intérêts collectifs de la profession de pharmacien, et n'est pas recevable à se porter partie civile. • Crim. 12 févr. 2002, nº 01-82.329 : *Bull. crim. nº 27.*

7. Délégation au président. Le Conseil national peut donner délégation permanente à son président pour agir en justice et exercer en son nom tous les droits réservés à la partie civile ; aucun texte n'impose au Conseil national de prendre collégialement la décision d'engager des poursuites dans l'intérêt collectif de la profession ni ne l'empêche de déléguer à son président les pouvoirs qu'il tient de la loi : en effet, le Conseil national de l'Ordre des pharmaciens n'est pas une personne morale de droit public à l'égard de qui s'appliqueraient les règles administratives propres à la délégation de pouvoirs. • Crim. 19 déc. 1989 : *préc. note 6.*

8. Demande de réparation. Le Conseil national peut obtenir réparation en cas de préjudice direct à l'intérêt collectif de la profession de pharmacien, notamment en cas d'exercice illégal de la pharmacie. • Crim. 22 févr. 2011 : *Bull. crim. n° 34.* ♦ Sur le principe : • Crim. 30 déc. 1953 : *Bull. crim. n° 361.*

9. Partie civile en matière fiscale. L'Ordre est un des « organismes professionnels ou interprofessionnels » que l'art. 1835 *ter* CGI [art. L. 233 LPF] habilite, en marge de l'art. L. 4231-2, à « exercer les droits réservés à la partie civile » dans les poursuites engagées sur plainte de l'administration des finances du chef de fraude fiscale contre un pharmacien. • Crim. 17 nov. 1964 : *Bull. crim. n° 300.*

Art. L. 4231-3 **Les décisions administratives du Conseil national de l'ordre sont susceptibles de recours devant la juridiction administrative compétente.**

Art. L. 4231-4 *(Ord. n° 2017-192 du 16 févr. 2017, art. 10-1°)* **Le Conseil national de l'ordre des pharmaciens est composé de** *(Ord. n° 2017-644 du 27 avr. 2017, art. 4-2°)* **« vingt-cinq » membres :**

1° Deux professeurs ou maîtres de conférences des unités de formation et de recherche de pharmacie, pharmaciens en activité, nommés par le ministre chargé de la santé, sur proposition du ministre chargé de l'enseignement supérieur ;

2° Un représentant du directeur général de l'offre de soins ;

3° Un représentant du directeur général de la santé ;

(Ord. n° 2018-20 du 17 janv. 2018, art. 15) **« 4° Un représentant du directeur central du service de santé des armées ; »**

5° Trois binômes élus de pharmaciens d'officine, inscrits au tableau de la section A ;

6° Un binôme élu de pharmaciens inscrits au tableau de la section B ;

7° Un binôme élu de pharmaciens inscrits au tableau de la section C ;

8° Deux binômes élus de pharmaciens inscrits au tableau de la section D ;

9° Un binôme élu de pharmaciens inscrits au tableau d'une des sections de l'ordre et représentant les pharmaciens de la section E, dont un des membres est biologiste médical ;

10° Un binôme élu de pharmaciens inscrits au tableau de la section G ;

11° Un binôme élu de pharmaciens inscrits au tableau de la section H ;

12° Un pharmacien membre de l'Académie nationale de pharmacie, désigné par celle-ci.

Les représentants du ministre chargé de la santé *(Ord. n° 2018-20 du 17 janv. 2018, art. 15)* **« et du ministre de la défense prévus aux 2°, 3° et 4° » assistent à toutes les délibérations avec voix consultative, à l'exclusion des séances disciplinaires.**

L'élection des membres du Conseil national de l'ordre siégeant au titre des sections est effectuée au second degré par les membres des conseils centraux correspondants.

La durée du mandat des membres élus ou nommés du Conseil national de l'ordre est de six ans. Le Conseil national est renouvelable par moitié tous les trois ans.

Les pharmaciens membres du Conseil national de l'ordre ne peuvent pas faire partie des autres conseils de l'ordre.

V. note ss. art. L. 4121-2.

1. Indépendance. Méconnaît le principe d'indépendance de la justice le fait que le directeur général de la santé ou le pharmacien inspecteur de santé publique siègent au Conseil national de l'ordre des pharmaciens statuant en formation disciplinaire, en qualité de représentants respectivement du ministre chargé de la santé et du ministre chargé de l'outre-mer, alors même que ces fonctionnaires n'ont que voix consultative. • Cons. const. 20 mars 2015, n° 2014-457 QPC : *AJDA 2015. 1322, note Fouassier et Van den Brink ; D. 2015. 687*, rendue sur : • CE 30 déc. 2014, *F. B.*, n° 382830 : *Lebon T.* ♦ Jurisprudence antérieure : • CE 17 juill. 2013, *SELAFA Biopaj*, n° 351931 • CE 17 juill. 2013, *Selas Pokorny et a.*, n° 351932. ♦ Abrogation reportée au 1er janv. 2016, les représentants de l'État ne pouvant d'ores et déjà plus siéger. • Même décision. ♦ Les jugements rendus par la juridiction disciplinaire avant la publication de la décision du Conseil constitutionnel ne peuvent être remis en cause sur le fondement de cette inconstitutionnalité, sauf lorsqu'une partie a déjà invoqué cette inconstitutionnalité contre un jugement non encore définitif au jour de la publication. • Même décision. ♦ Pour une application : • CE 16 mars 2016, *Mme B.*, n° 381606 : *Lebon T.* ♦ En revanche, la présence avec voix consultative de pharmaciens fonctionnaires représentant l'État, lorsque le conseil national de l'ordre siège en formation administrative pour se prononcer sur les demandes d'inscription au tableau n'est pas concernée par la Décis. n° 2014-457 du Cons. const., • CE 19 juill. 2017, n° 406503 : *Lebon.*

2. Personnalité civile. Sur la reconnaissance par le juge de la personnalité civile des ordres professionnels. • T. confl. 13 févr. 1984, *Cordier et a.*, n° 02314 : *Lebon 447 ; LPA 14 nov. 1984, p. 11, concl. Labetoulle ; Rev. adm. 1984. 588, note Pacteau ; RD publ. 1984. 1139, note Drago.* ♦ ... Et à propos de l'ordre des pharmaciens, qui n'est pas une personne morale de droit public. • Crim. 19 déc. 1989 : *Bull. crim. n° 487.*

Art. L. 4231-5 *(L. n° 2009-879 du 21 juill. 2009, art. 62-XXXIII)* Le Conseil national élit en son sein un bureau de neuf membres, composé d'un président, d'un vice-président, d'un trésorier et de six conseillers. Parmi ces neuf membres figurent au moins deux pharmaciens titulaires d'officine *(Ord. n° 2017-192 du 16 févr. 2017, art. 10-2°)* « , un pharmacien de chacune des autres sections de l'ordre et l'un des professeurs ou maître de conférences des unités de formation et de recherche de pharmacie nommés par le ministre chargé de la santé ».

Les membres du bureau sont élus pour trois ans. Leur mandat est renouvelable.

Le bureau prépare les délibérations du Conseil national et en assure l'exécution. Il règle les questions urgentes dans l'intervalle des sessions. Les décisions qu'il prend sur les questions urgentes font l'objet d'un rapport à la session suivante du Conseil national.

Art. L. 4231-6 Le Conseil national est assisté par un conseiller d'État, nommé, en même temps qu'un suppléant, par le ministre de la justice. Ce conseiller a voix délibérative.

Art. L. 4231-7 Après avis des conseils centraux, le Conseil national vote le budget général de l'ordre destiné à couvrir les frais d'installation et de fonctionnement des différents conseils et délégations ordinaux, ainsi que leurs frais communs.

Le Conseil national fixe le montant de la cotisation annuelle obligatoire demandée à chaque personne physique ou morale inscrite aux tableaux en fonction de sa catégorie. Il recouvre cette cotisation qui doit être acquittée dans les trente jours de son appel.

Aucune cotisation n'est due par les réservistes sanitaires *(Ord. n° 2018-20 du 17 janv. 2018, art. 15)* « , ou par les pharmaciens relevant des dispositions de l'article L. 4143-1 du code de la défense, » dès lors qu'ils n'exercent la profession qu'à ce titre.

(L. n° 2017-1841 du 30 déc. 2017, art. 3-III) « Le Conseil national gère les biens de l'ordre et peut créer ou subventionner des œuvres intéressant la profession pharmaceutique ainsi que les œuvres d'entraide. »

Le Conseil national contrôle la gestion des conseils centraux et régionaux de l'ordre des pharmaciens. Il peut demander tout document qui lui semble nécessaire à ce contrôle.

Ces modalités de contrôle sont fixées dans le règlement budgétaire et comptable de l'ordre édicté par le Conseil national, après avis des conseils centraux, applicable à l'ensemble des instances ordinales.

Un commissaire aux comptes certifie annuellement les comptes de l'ordre des pharmaciens.

Nouvel art. L. 4231-7 (L. n° 2009-879 du 21 juill. 2009, art. 62-XXXIV) *Après avis des conseils centraux, le Conseil national vote le budget général de l'ordre destiné à couvrir les frais d'installation et de fonctionnement des différents conseils et délégations ordinaux, ainsi que leurs frais communs.*

Le Conseil national fixe le montant de la cotisation annuelle obligatoire demandée à chaque personne physique ou morale inscrite aux tableaux en fonction de sa catégorie. Il recouvre cette cotisation qui doit être acquittée dans les trente jours de son appel.

Aucune cotisation n'est due par les réservistes sanitaires (Ord. n° 2018-20 du 17 janv. 2018, art. 15) *« , ou par les pharmaciens relevant des dispositions de l'article L. 4143-1 du code de la défense, » dès lors qu'ils n'exercent la profession qu'à ce titre.*

(L. n° 2017-1841 du 30 déc. 2017, art. 3) *« Le Conseil national gère les biens de l'ordre, définit sa politique immobilière et contrôle sa mise en œuvre. Il peut créer ou subventionner des œuvres intéressant la profession pharmaceutique ainsi que les œuvres d'entraide.*

« Le Conseil national contrôle la gestion des conseils centraux et régionaux de l'ordre des pharmaciens. Il peut demander tout document qui lui semble nécessaire à ce contrôle.

« Ces modalités de contrôle sont fixées dans le règlement budgétaire et comptable de l'ordre édicté par le Conseil national, après avis des conseils centraux, applicable à l'ensemble des instances ordinales.

« Un commissaire aux comptes certifie annuellement les comptes de l'ordre des pharmaciens.

« Le Conseil national s'assure également de la mise en œuvre par les conseils centraux et régionaux de leurs missions légales et peut demander tout document qui lui semble nécessaire à ce contrôle. Les modalités de cette coordination et de ce contrôle sont fixées dans le règlement intérieur de l'ordre, édicté par le Conseil national, après avis des conseils centraux, applicable à l'ensemble des instances ordinales. »

Le nouvel art. entre en vigueur à compter du premier renouvellement du Conseil national de l'ordre des pharmaciens (L. n° 2017-1841 du 30 déc. 2017, art. 3-IV).

Art. L. 4231-8 *(Ord. n° 2017-644 du 27 avr. 2017, art. 4-4° et 14-I, en vigueur le 1er janv. 2019)* **Les marchés conclus à titre onéreux par le Conseil national avec un ou plusieurs opérateurs économiques pour répondre à ses besoins en matière de fournitures ou de services respectent les principes de liberté d'accès à la commande, d'égalité de traitement des candidats et de transparence des procédures définis à l'article 1er de l'ordonnance n° 2015-899 du 23 juillet 2015 relative aux marchés publics.**

Les conseils nationaux des ordres peuvent constituer entre eux une centrale d'achats ou un groupement de commandes d'achats.

(L. n° 2017-1841 du 30 déc. 2017, art. 8) **« Dans les conditions et sous réserve des adaptations prévues par décret en Conseil d'État, le marché est passé, en fonction de son objet ou de sa valeur estimée, selon les procédures prévues à l'article 42 de l'ordonnance n° 2015-899 du 23 juillet 2015 précitée. »**

Non-soumission au droit des marchés publics selon la CJUE. L'ordre des médecins ne répond pas aux critères de l'« organisme de droit public » au sens de la Dir. 2004/18/CE du 31 mars 2004 relative à la coordination des procédures de passation des marchés publics de travaux, de fournitures et de services, et n'est donc pas soumis au droit des marchés publics ; en effet, bien que la loi détermine ses missions ainsi que la manière dont son financement majoritaire doit être organisé, l'autonomie organisationnelle et budgétaire de l'ordre s'oppose à ce qu'il soit considéré comme se trouvant dans un état de dépendance étroite vis-à-vis des pouvoirs publics. • CJUE 12 sept. 2013, *IVD GmbH & Co. KG c/ Ärztekammer Westfalen-Lippe*, n° C-526/11 : *RJEP 2014. 6 chron., 4, note Cassagnabère ; AJDA 2013. 2307, chron. Aubert, Broussy et Cassagnabère ; RTD eur. 2014. 499, obs. Durviaux ; Rev. UE 2014. 641, chron. Bernard-Glanz, Levi et Rodrigues.*

Art. L. 4231-9 *(Ord. n° 2017-644 du 27 avr. 2017, art. 4-4°)* **Le Conseil national établit et rend public un rapport d'activité annuel reprenant notamment les données relatives au contentieux disciplinaire établies par la chambre de discipline du Conseil national.**

CHAPITRE II ORGANISATION DE L'ORDRE

BIBL. ▶ Cour des comptes, référé du 14 mai 2013 sur les relations entre l'État et l'ordre des pharmaciens, site de la Cour des comptes.

Art. L. 4232-1 **L'Ordre national des pharmaciens comporte** *(L. n° 2004-806 du 9 août 2004, art. 124-I-B)* **« sept » sections dans lesquelles les pharmaciens sont répartis de la manière suivante :**

Section A : pharmaciens titulaires d'une officine ;

(L. n° 2004-806 du 9 août 2004, art. 124-I-B) **« Section B : pharmaciens responsables ainsi que leurs intérimaires, délégués, délégués intérimaires et adjoints exerçant dans les entreprises et établissements se livrant à la fabrication, l'importation ou l'exploitation de médicaments ou produits mentionnés aux articles L. 5124-1 et L. 5142-1 ;**

« Section C : pharmaciens responsables ainsi que leurs intérimaires, délégués, délégués intérimaires et adjoints exerçant dans les entreprises et établissements se livrant à la distribution en gros ou à l'exportation de médicaments ou produits mentionnés aux articles L. 5124-1 et L. 5142-1 ;

« Section D : pharmaciens adjoints exerçant en officine, pharmaciens remplaçants de titulaires d'officine ou gérants d'officine après décès, pharmaciens mutualistes et, géné-

ralement, tous pharmaciens non susceptibles de faire partie de l'une des sections A, B, C, E, G et H, à l'exception des pharmaciens mentionnés à l'article L. 4222-7 ; »

Section E : ensemble des pharmaciens exerçant *(Ord. n° 2017-192 du 16 févr. 2017, art. 11-1°)* « en Guyane, à la Guadeloupe, à Saint-Barthélemy et *[à]* Saint-Martin, à la Martinique, à La Réunion, à Mayotte, à Wallis-et-Futuna et à » Saint-Pierre-et-Miquelon, à l'exception des pharmaciens mentionnés à l'article L. 4222-7 ;

Section G : pharmaciens *(L. n° 2013-442 du 30 mai 2013, art. 3)* « exerçant dans un laboratoire de biologie médicale et pharmaciens exerçant la biologie médicale ou l'un de ses domaines dans un établissement de santé ; »

(L. n° 2004-806 du 9 août 2004, art. 124-I-B) « Section H : pharmaciens exerçant dans les établissements de santé ou médico-sociaux, *(Abrogé par Ord. n° 2018-21 du 17 janv. 2018, art. 4)* *« les établissements de transfusion sanguine, »* les services départementaux d'incendie et de secours, les dispensaires antituberculeux » *(Ord. n° 2018-21 du 17 janv. 2018, art. 4)* « , les centres de planification ou d'éducation familiale et à l'Établissement français du sang ». *(Ord. n° 2018-20 du 17 janv. 2018, art. 15)* « Sont également inscrits à cette section les pharmaciens ne relevant pas des dispositions de l'article L. 4138-2 du code de la défense et exerçant dans les hôpitaux des armées, l'Institution nationale des invalides, le centre de transfusion sanguine des armées, la brigade de sapeurs-pompiers de Paris et le bataillon des marins-pompiers de Marseille. »

V. note ss. art. L. 4121-2.

BIBL. ▶ C. comptes, référé du 14 mai 2013 sur les relations entre l'État et l'ordre des pharmaciens, *Site de la Cour des comptes.*

Nature de la décision relative à l'inscription. Alors même qu'elle peut avoir pour effet de faire obstacle à l'activité professionnelle du demandeur, la décision administrative par laquelle les instances de l'ordre refusent son inscription au tableau ne présente pas le caractère d'une sanction disciplinaire. • CE 19 juill. 2017, n° 406503 : *Lebon.*

Art. L. 4232-2 Chacune de ces sections est administrée par un conseil central, dont le siège est à Paris, composé de membres nommés et de membres élus, selon les modalités prévues au présent chapitre, dont le mandat a une durée de *(L. n° 2009-879 du 21 juill. 2009, art. 62-XXXV)* « six » ans.

Sous réserve des dispositions *(Ord. n° 2017-192 du 16 févr. 2017, art. 11-2°-a)* « de l'article L. 4232-13 », sont éligibles au conseil central de chaque section les pharmaciens qui sont inscrits au tableau de cette section et qui exercent depuis au moins *(L. n° 2009-879 du 21 juill. 2009, art. 62-XXXV)* « trois » ans.

(L. n° 2009-879 du 21 juill. 2009, art. 62-XXXV) « Le conseil central élit en son sein un bureau composé d'un président, d'un vice-président, d'un trésorier et d'au moins *(Ord. n° 2017-192 du 16 févr. 2017, art. 11-2°-b)* « un autre conseiller ». Les membres du bureau sont élus pour trois ans. Leur mandat est renouvelable.

« Le bureau prépare les délibérations du conseil central et en assure l'exécution. Il règle les questions urgentes dans l'intervalle des sessions. Les décisions qu'il prend sur les questions urgentes font l'objet d'un rapport à la session suivante du conseil central. »

V. note ss. art. L. 4121-2.

Art. L. 4232-3 Le conseil central des pharmaciens d'officine, gérant de la section A de l'ordre des pharmaciens établit et tient à jour le tableau national des pharmaciens d'officine.

Il coordonne l'action des conseils régionaux et transmet leurs vœux et leurs décisions au Conseil national de l'ordre des pharmaciens.

Il peut proposer toutes mesures intéressant la moralité et la déontologie professionnelles.

Art. L. 4232-4 *(Ord. n° 2017-192 du 16 févr. 2017, art. 11-3°)* Le conseil central des pharmaciens d'officine comprend :

1° Les présidents des conseils régionaux ;

2° Six pharmaciens d'officine et leurs suppléants, qui assurent un supplément de représentation en faveur des six régions comportant le plus grand nombre de pharmaciens élus au scrutin uninominal majoritaire à un tour, par et parmi les membres de ces conseils régionaux ;

3° Un pharmacien inspecteur de santé publique représentant à titre consultatif le ministre chargé de la santé ;

4° Un professeur ou maître de conférences des unités de formation et de recherche de pharmacie, pharmacien, nommé par le ministre chargé de la santé sur proposition du ministre chargé de l'enseignement supérieur, ou son suppléant, nommé dans les mêmes conditions.

Il se réunit au moins deux fois par an.

V. note ss. art. L. 4121-2.

Art. L. 4232-5 Le conseil régional de la section A de l'ordre des pharmaciens assure le respect des règles professionnelles propres à la pharmacie d'officine.

Il délibère sur les affaires soumises à son examen par son président, *(Ord. nº 2010-177 du 23 févr. 2010, art. 14-I-9º)* « par le directeur général de l'agence régionale de santé », par le conseil central de la section A, par les syndicats pharmaceutiques régionaux et par tous les pharmaciens inscrits à l'ordre dans la région.

Il règle tous les rapports dans le cadre professionnel entre les pharmaciens agréés comme maîtres de stage et les étudiants stagiaires.

(Ord. nº 2005-1040 du 26 août 2005) « Le conseil régional ou son président peut demander *(L. nº 2011-940 du 10 août 2011, art. 47-I-8º)* « à un pharmacien désigné par le directeur général de l'agence régionale de santé » de faire procéder à des enquêtes. Le conseil régional est saisi *(Ord. nº 2017-192 du 16 févr. 2017, art. 11-4º)* « dans un délai de trois mois » du résultat de ces enquêtes. »

V. note ss. art. L. 4121-2.

Contestation des décisions de l'ordre. Un conseil régional a qualité pour demander l'annulation des décisions accordant ou refusant l'autorisation d'ouvrir des officines. • CE 6 juin 1956, *Conseil rég. de l'ordre des pharmaciens d'Orléans*, nº 6971 : *Lebon 224.*

Art. L. 4232-6 *(Ord. nº 2017-192 du 16 févr. 2017, art. 11-5º)* Le conseil régional est composé de :

1º Un professeur ou maître de conférences des unités de formation et de recherche de pharmacie, pharmaciens, représentant chaque unité de formation et de recherche de pharmacie de la région, nommé pour six ans par le recteur de l'Académie dont dépend le chef-lieu de la région considérée, après avis du directeur de chacune de ces unités ;

2º Un pharmacien inspecteur de santé publique représentant, à titre consultatif, le directeur général de l'agence régionale de santé ; pour le conseil régional de Provence-Alpes-Côte d'Azur et de Corse, deux pharmaciens inspecteurs de santé publique représentant respectivement, à titre consultatif, les deux directeurs généraux des agences régionales de santé concernés ;

3º Un binôme de pharmaciens par département, élu pour six ans par les pharmaciens titulaires d'officine de chaque département et un binôme supplémentaire par tranche de quatre cent *[cents]* pharmaciens titulaires d'officine inscrits au tableau.

Le conseil régional élit en son sein un bureau composé d'au moins quatre membres dont un président, un vice-président et un trésorier.

Les membres du bureau sont élus pour trois ans. Leur mandat est renouvelable.

Le bureau prépare les délibérations du conseil régional et en assure l'exécution. Il règle les questions urgentes dans l'intervalle des sessions. Les décisions qu'il prend sur les questions urgentes font l'objet d'un rapport à la session suivante du conseil régional.

Le siège du conseil régional se situe dans le département au sein duquel l'agence régionale de santé a son siège.

V. note ss. art. L. 4121-2.

Art. L. 4232-7 *(Ord. nº 2017-192 du 16 févr. 2017, art. 11-5º)* Le conseil central gérant de la section B de l'ordre des pharmaciens comprend seize membres nommés ou élus pour six ans :

1º Deux professeurs ou maîtres de conférences des unités de formation et de recherche de pharmacie, pharmacien *[pharmaciens]* en activité, nommé *[nommés]* par le ministre chargé de la santé sur proposition du ministre chargé de l'enseignement supérieur ;

2º A titre consultatif, un inspecteur de l'Agence nationale de sécurité du médicament et des produits de santé représentant le directeur général de cette agence et un pharmacien inspecteur de santé publique représentant le ministre chargé de la santé ;

3º Six binômes élus de pharmaciens inscrits au tableau de la section B.

V. note ss. art. L. 4121-2.

Art. L. 4232-8 *(Ord. nº 2017-192 du 16 févr. 2017, art. 11-5º)* Le conseil central gérant de la section C comporte quinze membres nommés ou élus pour six ans :

1º Un professeur ou maître de conférences des unités de formation et de recherche de pharmacie, pharmacien en activité, nommé par le ministre chargé de la santé sur proposition du ministre chargé de l'enseignement supérieur ;

2º A titre consultatif, un inspecteur de l'Agence nationale de sécurité du médicament et des produits de santé représentant le directeur général de cette agence et un pharmacien inspecteur de santé publique représentant le ministre chargé de la santé ;

3º Trois binômes élus de pharmaciens responsables ou responsables intérimaires inscrits au tableau de la section C, dont au moins un binôme composé de pharmaciens exerçant dans des entreprises ayant la qualité de grossiste-répartiteur et un binôme composé de pharmaciens exerçant dans des entreprises ayant la qualité de dépositaire ;

4º Trois binômes élus de pharmaciens délégués, délégués intérimaires ou adjoints, dont au moins un binôme composé de pharmaciens exerçant dans des entreprises ayant la qualité de grossiste-répartiteur et un binôme composé de pharmaciens exerçant dans des entreprises ayant la qualité de dépositaire.

V. note ss. art. L. 4121-2.

Art. L. 4232-9 *(Ord. nº 2017-192 du 16 févr. 2017, art. 11-5º)* Le conseil central gérant de la section D de l'ordre des pharmaciens est composé de quarante membres nommés ou élus pour six ans.

Ce conseil central comprend :

1º Un professeur ou maître de conférences des unités de formation et de recherche de pharmacie, pharmacien en activité, nommé par le ministre chargé de la santé sur proposition du ministre chargé de l'enseignement supérieur ;

2º Un pharmacien inspecteur de santé publique représentant, à titre consultatif, le ministre chargé de la santé ;

3º Un binôme de pharmaciens adjoints d'officine par région et un binôme supplémentaire pour les six régions qui comportent le plus grand nombre de pharmaciens inscrits au tableau de la section D ;

4º Un binôme de pharmaciens, représentant les autres catégories de pharmaciens inscrits en section D.

V. note ss. art. L. 4121-2.

Art. L. 4232-10 *(Ord. nº 2017-192 du 16 févr. 2017, art. 11-5º)* La section E de l'Ordre national des pharmaciens est divisée en délégations ainsi organisées :

1º Une délégation comprenant les pharmaciens exerçant à la Guadeloupe, à Saint-Barthélemy et à Saint-Martin ;

2º Une délégation comprenant les pharmaciens exerçant en Guyane ;

3º Une délégation comprenant les pharmaciens exerçant à la Martinique ;

4º Une délégation comprenant les pharmaciens exerçant à La Réunion et à Mayotte.

A défaut de pharmaciens en nombre suffisant pour constituer une délégation, à Saint-Pierre-et-Miquelon et dans les îles Wallis-et-Futuna, le conseil central exerce les attributions dévolues aux délégations pour ces deux territoires.

Les pharmaciens de Saint-Pierre-et-Miquelon élisent un binôme de pharmaciens qui se tient en liaison avec le conseil central de la section E.

V. note ss. art. L. 4121-2.

Art. L. 4232-11 *(Ord. nº 2017-192 du 16 févr. 2017, art. 11-5º)* Les pharmaciens inscrits dans une délégation de la section E élisent pour leur délégation et pour six ans des binômes de délégués.

Les binômes sont répartis comme suit :

1º Un binôme est composé de pharmaciens exerçant en officine ;

2º Un binôme est composé d'un pharmacien biologiste médical praticien hospitalier et d'un pharmacien biologiste médical exerçant dans un laboratoire de biologie médicale privé ;

3º Un *binôme composé d'au moins un* pharmacien exerçant en pharmacie à usage intérieur.

Un binôme supplémentaire de pharmaciens exerçant en officine est élu au-delà de quatre cent *[cents]* pharmaciens d'officine inscrits.

La délégation de La Réunion-Mayotte comprend deux binômes supplémentaires représentant Mayotte : un binôme représente les pharmaciens exerçant en officine et un binôme les autres pharmaciens. Les deux binômes sont élus par et parmi les pharmaciens exerçant à Mayotte.

Les délégations établissent et tiennent à jour un tableau des pharmaciens exerçant une activité professionnelle dans les circonscriptions qu'ils représentent.

Les présidents de délégation sont élus pour trois ans par les membres de la délégation et parmi eux.

V. note ss. art. L. 4121-2.

Art. L. 4232-12 *(Ord. nº 2017-192 du 16 févr. 2017, art. 11-5º)* Les demandes d'inscription sont adressées par les intéressés à leur délégation locale. Celle-ci les fait parvenir après instruction dans le délai de deux mois au conseil central de la section E.

V. note ss. art. L. 4121-2.

Art. L. 4232-13 *(Ord. nº 2017-192 du 16 févr. 2017, art. 11-6º)* Chaque délégation élit pour six ans un représentant supplémentaire et son suppléant, exerçant en métropole, qui siège au conseil central E.

V. note ss. art. L. 4121-2.

Art. L. 4232-14 *(Ord. nº 2017-192 du 16 févr. 2017, art. 11-6º)* Le conseil central de la section E est composé de membres nommés ou élus pour six ans.

Il comprend :

1º Les présidents des délégations ;

2º Les représentants prévus à l'article L. 4232-13 ;

3º Un pharmacien inspecteur de santé publique représentant le ministre chargé de la santé ainsi qu'un pharmacien représentant du ministre chargé de l'outre-mer, à titre consultatif ;

4º Un professeur ou maître de conférences des unités de formation et de recherche de pharmacie, pharmacien en activité, nommé par le ministre chargé de la santé sur proposition du ministre chargé de l'enseignement supérieur ;

L'instruction des affaires est faite par les délégations locales qui prennent toutes dispositions pour que leurs rapports parviennent au siège du conseil central de la section E quinze jours avant chaque réunion.

V. note ss. art. L. 4121-2.

Art. L. 4232-15 Le conseil central gérant de la section G de l'ordre des pharmaciens est composé de quatorze membres nommés ou élus pour *(L. nº 2009-879 du 21 juill. 2009, art. 62-XLIV)* « six » ans par tous les pharmaciens inscrits au tableau de la section G de l'ordre.

Ce conseil central comprend :

1º Un professeur ou maître de conférences des unités de formation et de recherche de pharmacie, pharmacien *(Ord. nº 2017-192 du 16 févr. 2017, art. 11-7º-a)* « en activité », nommé par le ministre chargé de la santé, sur proposition du ministre chargé de l'enseignement supérieur ;

2º Un pharmacien inspecteur de santé publique représentant, à titre consultatif, le ministre chargé de la santé ;

(Ord. nº 2017-192 du 16 févr. 2017, art. 11-7º-b) « 3º Six binômes élus de pharmaciens biologistes, dont au moins un binôme de praticiens hospitaliers et un binôme de pharmaciens exerçant au sein d'un laboratoire de biologie médicale privé. »

V. note ss. art. L. 4121-2.

Ingérence. Le conseil central n'est pas compétent pour connaître d'une contestation entre les associés d'une Selarl de biologie médicale lorsque cette contestation porte sur les seuls droits et obligations de caractère civil que les intéressés tiennent de leur qualité d'associé ; il ne lui appartient donc pas de se prononcer sur la validité d'une délibération de l'assemblée générale des associés prononçant la révocation d'un gérant, ni d'ordonner la réintégration de ce dernier dans ses fonctions. • CE 15 juin 2000, *Pétavy*, nº 208382.

Art. L. 4232-15-1 *(L. nº 2004-806 du 9 août 2004, art. 124-I-F)* Le conseil central gérant de la section H de l'ordre des pharmaciens est composé de *(L. nº 2009-879 du 21 juill. 2009, art. 62-XLV)* « seize » membres, nommés ou élus pour *(L. nº 2009-879 du 21 juill. 2009, art. 62-XLV)* « six » ans.

Ce conseil central comprend :

(Ord. nº 2017-192 du 16 févr. 2017, art. 11-8º-a) « 1º Un professeur ou maître de conférences des unités de formation et de recherche de pharmacie en activité, pharmacien, nommé par le ministre chargé de la santé sur proposition du ministre chargé de l'enseignement supérieur ; »

2° Un pharmacien inspecteur de santé publique représentant, à titre consultatif, le ministre chargé de la santé ;

(Ord. n° 2017-192 du 16 févr. 2017, art. 11-8°-b) **« 3° Quatorze pharmaciens élus en binôme par l'ensemble des pharmaciens inscrits en section H, dont :**

« – trois binômes de pharmaciens exerçant dans des établissements de santé publics ;

« – deux binômes de pharmaciens exerçant dans des établissements de santé privés ;

« – un binôme de pharmaciens inscrits en section H exerçant dans un établissement médico-social ou dans d'autres structures hospitalières ;

« – un binôme composé d'un pharmacien gérant de la pharmacie à usage intérieur d'un service départemental d'incendie et de secours et d'un radiopharmacien. »

V. note ss. art. L. 4121-2.

Art. L. 4232-16 **Les conseils centraux des** *(L. n° 2004-806 du 9 août 2004, art. 124-I-G)* **« sections B, C, D, E, G et H » de l'Ordre national des pharmaciens possèdent, chacun en ce qui le concerne, les droits et attributions des conseils régionaux et du conseil central de la section A.**

Mises en demeure. Les mises en demeure de régulariser la situation du capital d'une société de pharmaciens n'ont pas le caractère de sanctions ; dès lors que leurs destinataires peuvent s'expliquer devant l'ordre avant tout engagement éventuel d'une procédure disciplinaire, ces mises en demeure n'ont pas à être précédées d'une procédure contradictoire en vue de respecter les droits de la défense. • CAA Paris, 31 mars 2011, *Sté Cofindex et a.*, n° 08PA04874. ♦ Autre exemple de mise en demeure, celle adressée à un laboratoire, de ne pas diffuser une brochure considérée comme publicitaire. • CE 17 mars 1997, *SCP Bridel et Raveleau*, n° 115860.

CHAPITRE III DISPOSITIONS COMMUNES AUX DIFFÉRENTS CONSEILS

Art. L. 4233-1 **Les différents conseils de l'Ordre national des pharmaciens sont dotés de la personnalité civile.**

Ils sont représentés par leur président dans tous les actes de la vie civile.

(Ord. n° 2017-644 du 27 avr. 2017, art. 5-1°) **« Ils autorisent leur président à ester en justice.**

« Ils peuvent, devant toutes les juridictions, exercer tous les droits réservés à la partie civile relativement aux faits portant un préjudice direct ou indirect à l'intérêt collectif de la profession pharmaceutique, y compris en cas de menaces ou de violences commises en raison de l'appartenance à cette profession. »

Litiges entre conseils. En tant qu'ils constituent des personnes morales distinctes du Conseil national, les conseils centraux sont recevables à contester le règlement édicté par le Conseil national, posant des règles impératives relatives à l'élaboration et à l'exécution du budget du Conseil national lui-même et des conseils centraux de l'Ordre des pharmaciens. • CE 2 déc. 2009, *Conseil central de la section G de l'Ordre national des pharmaciens*, n° 309028. ♦ En tant que ce règlement résulte de l'usage par le Conseil national des prérogatives de puissance publique dont il dispose, le litige relève du juge administratif, à la différence des litiges portant sur le fonctionnement interne des organes de l'Ordre. • Même arrêt.

Art. L. 4233-2 **Les fonctions de membre d'un des conseils de l'ordre et celles de membre d'un des conseils d'administration d'un syndicat pharmaceutique** *(Ord. n° 2017-192 du 16 févr. 2017, art. 12-1°)* **« ou d'une union régionale de professionnels de santé » sont incompatibles.**

V. note ss. art. L. 4121-2.

Démission d'office. La décision par laquelle le président d'un conseil régional déclare un membre de ce conseil régional démissionnaire d'office de son mandat de conseiller, au motif qu'à la suite à son élection à cette instance il avait conservé son mandat de vice-président et membre du bureau de la fédération des syndicats pharmaceutiques, a le caractère d'une décision administrative qui relève de la compétence de la juridiction administrative. • CAA Nancy, 26 nov. 2012, n° 12NC00379.

Art. L. 4233-3 *(Ord. n° 2005-1040 du 26 août 2005)* **« Les principes organisant les élections des différents conseils de l'ordre des pharmaciens sont fixés par décret. Un règlement électoral établi par le Conseil national de l'ordre en fixe les modalités.**

« Après chaque élection, le procès-verbal de l'élection est notifié sans délai au conseil central concerné, au Conseil national, au *(Ord. n° 2010-177 du 23 févr. 2010, art. 14-I-11°)* **« directeur général de l'agence régionale de santé » et au ministre chargé de la santé. »**

Les élections comportent *(Abrogé par Ord. n° 2005-1040 du 26 août 2005)* « *, sauf les dispositions propres à la représentation des pharmaciens de la section E,* » *(L. n° 2002-303 du 4 mars 2002, art. 65-II)* « la désignation d'un suppléant pour chaque titulaire ».

Les représentants aux conseils de l'ordre des sections et diverses catégories de pharmaciens sont élus par des professionnels de ces mêmes sections et catégories.

(Ord. n° 2017-644 du 27 avr. 2017, art. 5-2°) « Les élections aux conseils peuvent être déférées au tribunal administratif dans des conditions fixées par décret en Conseil d'État. »

Compétence juridictionnelle. Les décisions prises sur les réclamations auxquelles donnent lieu les élections sur la base de l'art. D. 4233-19, qui sont adressées par les électeurs au ministre chargé de la santé, ont le caractère de décisions administratives relevant de la compétence de la juridiction administrative. • CAA Nancy, 26 nov. 2012, n° 12NC00379.

Art. L. 4233-4 *(Ord. n° 2005-1040 du 26 août 2005)* Les employeurs ou, pour les agents publics, l'autorité hiérarchique sont tenus de laisser à leurs salariés ou agents, membres d'un conseil de l'ordre, le temps nécessaire pour se rendre et participer aux séances de ce conseil, de ses commissions ou de ses chambres de discipline. Le salarié doit informer, selon le cas, l'employeur ou l'autorité hiérarchique de la séance dès qu'il en a connaissance. Le temps passé hors du cadre du travail pendant les heures de travail pour l'exercice des fonctions ordinales est assimilé à une durée de travail effectif pour la détermination de la durée des congés payés, du droit aux prestations d'assurances sociales et aux prestations familiales ainsi qu'au regard de tous les droits que le salarié ou agent public tient du fait de son ancienneté dans l'entreprise. Ces absences n'entraînent aucune diminution de leurs rémunérations et des avantages y afférents.

Cotisation (faits antérieurs à L. 21 juill. 2009). Il résulte des termes mêmes de l'art. L. 4233-4 que le législateur a voulu que les frais d'installation et de fonctionnement des différents conseils de l'ordre des pharmaciens ainsi que les indemnités de déplacement et de présence des membres des conseils soient répartis entre l'ensemble des personnes physiques ou morales inscrites aux tableaux de l'ordre, ce qui suffit à fonder l'assujettissement à des cotisations annuelles des pharmaciens de la section H. • CE 17 juill. 2013, *M. B.*, n° 361451. ♦ Les cotisations fixées par le Conseil national de l'ordre des pharmaciens n'ont pas le caractère de redevances pour services rendus mais ont pour objet de procurer à l'ordre les ressources nécessaires à son fonctionnement et à l'accomplissement de ses missions ; leur montant n'a pas à être proportionnel aux services rendus par l'ordre. • Même arrêt.

Art. L. 4233-5 *(L. n° 2009-879 du 21 juill. 2009, art. 62-XLVII)* Les fonctions de membre du Conseil national, d'un conseil central ou régional ou d'une délégation de la section E sont exercées à titre bénévole.

Toutefois, le président, le vice-président, le trésorier d'un conseil, les membres du Conseil national, d'un conseil central ou régional ou d'une délégation peuvent bénéficier d'indemnités dont les modalités d'attribution sont fixées par décret.

Les conseils remboursent à leurs membres leurs frais de déplacement dans les conditions et limites fixées par le Conseil national.

(Ord. n° 2017-644 du 27 avr. 2017, art. 5-4°) « Les montants forfaitaires des indemnités mentionnées au deuxième alinéa sont rendus publics par le Conseil national. »

Art. L. 4233-6 *(Ord. n° 2017-192 du 16 févr. 2017, art. 12-2°)* Sous réserve des articles L. 4232-4, L. 4232-6, L. 4232-13 et L. 4232-14, les membres des conseils et des délégations de l'ordre des pharmaciens sont élus au scrutin binominal majoritaire à un tour. Chaque binôme est composé de candidats titulaires de sexe différent qui se présentent chacun avec leurs suppléants, de même sexe.

Par dérogation à l'alinéa précédent, lorsque le nombre de pharmaciens d'un même sexe inscrits au tableau de l'ordre et remplissant les conditions d'éligibilité est inférieur ou égal à 30, le conseil de l'ordre ou la délégation sont élus au scrutin uninominal majoritaire à un tour.

Un décret en Conseil d'État détermine les modalités d'application du présent article.

V. note ss. art. L. 4121-2.

Art. L. 4233-7 *(Ord. n° 2017-192 du 16 févr. 2017, art. 12-3°)* Sauf lorsqu'ils sont constitués en chambre de discipline, les délibérations des conseils de l'ordre peuvent être adoptées au moyen d'une conférence électronique ou audiovisuelle, dans les conditions fixées par l'ordonnance n° 2014-1329 du 6 novembre 2014 relative aux délibérations à distance des instances administratives à caractère collégial et au *[par le]*

décret n° 2014-1627 du 26 décembre 2014 relatif aux modalités d'organisation des délibérations à distance des instances administratives à caractère collégial, et selon des modalités définies par le règlement intérieur de l'ordre.

V. note ss. art. L. 4121-2.

Art. L. 4233-8 *(Ord. nº 2017-192 du 16 févr. 2017, art. 12-3º)* **Les conseils peuvent statuer en formation restreinte en matière d'inscription, de radiation et de suspension temporaire du droit d'exercer en cas d'infirmité du professionnel ou d'état pathologique rendant dangereux l'exercice de sa profession, de suspension temporaire, totale ou partielle, du droit d'exercer en cas d'insuffisance professionnelle rendant dangereux l'exercice de sa profession.**

V. note ss. art. L. 4121-2.

Art. L. 4233-9 *(Ord. nº 2017-192 du 16 févr. 2017, art. 12-3º)* **L'âge limite pour être candidat à une élection pour être membre d'un conseil est de 71 ans révolus à la date de clôture de réception des déclarations de candidature.**

Art. L. 4233-10 *(Ord. nº 2017-192 du 16 févr. 2017, art. 12-3º)* **Lorsqu'au sein d'un conseil ou d'une délégation le nombre de sièges vacants ne permet plus de réunir le quorum, le président du Conseil national, ou, s'agissant des conseils régionaux ou des délégations, le président du conseil central, ou le doyen d'âge du conseil ou de la délégation peut autoriser à titre dérogatoire les membres restant en fonction, d'une part, à procéder à de nouvelles élections, le cas échéant par l'intermédiaire d'un nouveau bureau élu à cet effet et, d'autre part, à assurer pendant cette période les missions dévolues à ce conseil ou cette délégation.**

V. note ss. art. L. 4121-2.

Art. L. 4233-11 *(Ord. nº 2017-192 du 16 févr. 2017, art. 12-3º)* **Sont seuls éligibles, sous réserve des dispositions de l'article L. 4234-6 du présent code et du décret en Conseil d'État pris en application de l'article L. 145-4 du code de la sécurité sociale, les pharmaciens de nationalité française ou ressortissants de l'un des États membres de l'Union européenne ou d'un autre État partie à l'accord sur l'Espace économique européen inscrits à l'ordre.**

V. note ss. art. L. 4121-2.

CHAPITRE IV DISCIPLINE

BIBL. ▶ FOUASSIER, Ordre national des pharmaciens, fonctions disciplinaires, *in* MAURAIN et BÉLANGER, Droit pharmaceutique, *LexisNexis, fasc. 12-30*. – Journal de l'Ordre des pharmaciens, *déc. 2012, p. 7*. – MARKUS, Les juridictions ordinales, *LGDJ, 2003*.

COMMENTAIRE

V. Commentaire reproduit sur Dalloz.fr.

Art. L. 4234-1 Sauf s'il appartient à la section E, en cas de faute professionnelle, un pharmacien ayant des activités pharmaceutiques différentes est jugé par la *(Ord. nº 2017-192 du 16 févr. 2017, art. 13-1º-a)* **« chambre de discipline de la » section compétente dont relève la faute commise.**

(Ord. nº 2017-192 du 16 févr. 2017, art. 13-1º-b) **« S'il y a conflit de compétence, la chambre de discipline du Conseil national de l'ordre des pharmaciens fixe la section compétente. »**

V. note ss. art. L. 4121-2.

1. Conseil jugeant et conseil d'inscription. La section compétente pour statuer dans le cas d'un pharmacien ayant des activités relevant de plusieurs sections différentes est la section dont relève la faute commise, que l'intéressé soit ou non inscrit au tableau *de cette section.* • *CE 3 déc. 1948, Min. Santé publique, nº 91823 : Lebon 455.*

2. Conflit. Dans le cas où les fautes commises relèvent de deux sections différentes, le Conseil national ne peut attribuer l'instance à une seule section que si ces fautes sont en lien. • CE 6 déc. 1957, *Conseil central des pharm. d'officine*, nº 39581 : *Lebon 664.*

3. Compétence à l'égard des sociétés. V. art. R. 4113-78 (pour les SCP) et R. 6212-88 (pour les SEL).

Art. L. 4234-1-1 *(L. nº 2002-303 du 4 mars 2002, art. 70)* **En cas de faute professionnelle, les particuliers peuvent, dans les conditions déterminées par décret, saisir le conseil régional ou central compétent.**

Art. L. 4234-2 **Le pharmacien mis en cause peut exercer devant les** *(Ord. nº 2017-192 du 16 févr. 2017, art. 13-2º)* **« chambres de discipline des » conseils de l'ordre le droit de récusation dans les conditions prévues à l'article 341 du code de procédure civile.**

V. note ss. art. L. 4121-2.

1. Appréciation du motif de récusation. L'appréciation des liens existant entre les membres d'un conseil régional de l'ordre et un pharmacien poursuivi, ainsi que de l'impossibilité pour le président dudit conseil de trouver un rapporteur non susceptible d'être récusé, échappe au contrôle du juge de cassation, et justifie qu'il soit procédé comme en matière de renvoi pour cause de suspicion légitime. • CE 18 déc. 2002, *Jean-François X.*, nº 241306.

2. Procédure. Le moyen relatif à l'irrégularité de la composition d'une formation de jugement peut, quel qu'en soit le fondement, être invoqué à toute étape de la procédure, y compris devant le juge de cassation ; la circonstance que l'intéressé s'est abstenu de demander la récusation d'un membre de la formation de jugement ayant rendu la décision attaquée est sans incidence sur la recevabilité du moyen. • CE, sect., 12 oct. 2009, *Petit*, nº 311641 : *Lebon 367, concl. Guyomar* ; *AJDA 2009. 2163, chron. Liéber et Botteghi* (commissaires aux comptes, sol. transposable) • 2 oct. 2013, nº 362695. ♦ Revirement, en matière disciplinaire, sur : • CE 19 oct. 1979, *Darlet*, nº 09230 : *Lebon 380* et sur : • CE, sect., 5 juill. 2000, *Mme Rochard*, nº 189523 : *Lebon 298* et *T. 928 ; AJDA 2000. 613, chron. Guyomar et Collin*.

3. Suspicion légitime. La récusation du président, du rapporteur et de la quasi-totalité des conseillers s'analyse en une demande de renvoi pour cause de suspicion légitime. • CE 28 juill. 2000, *M. Feldman*, nº 204494. ♦ Un pharmacien biologiste poursuivi devant la chambre de discipline du conseil central de la section G est recevable à demander que cette juridiction soit dessaisie pour cause de suspicion légitime ; c'est à la chambre de discipline du Conseil national de se prononcer sur cette demande et, le cas échéant, de résoudre elle-même l'affaire au fond, en l'absence de juridiction de renvoi de même niveau. • CE 18 juin 2010, *Selafa Biopaj et a.*, nº 326950 : *AJDA 2010. 1999, note Muscat* • CE 23 déc. 2010, *Selas Pokorny et a.*, nº 335403.

Art. L. 4234-3 *(Ord. nº 2005-1040 du 26 août 2005)* **« Constitué en chambre de discipline, le conseil régional est présidé par un membre en fonction ou honoraire du corps des conseillers des tribunaux administratifs et des cours administratives d'appel désigné par le vice-président du Conseil d'État sur proposition du président du tribunal administratif ou de la cour administrative d'appel** *(Ord. nº 2017-644 du 27 avr. 2017, art. 5-5º-a)* **« pour une durée de six ans renouvelable ». Un ou des suppléants sont nommés dans les mêmes conditions. »**

(L. nº 2017-1841 du 30 déc. 2017, art. 6) **« L'âge limite pour exercer les fonctions de président ou de président suppléant d'une chambre de discipline est de 77 ans révolus. »**

(Ord. nº 2017-644 du 27 avr. 2017, art. 5-5º-b) **« Le montant des indemnités allouées aux présidents ou aux présidents suppléants des chambres de discipline des conseils régionaux est fixé par arrêté des ministres chargés du budget et de la santé** *(L. nº 2017-1841 du 30 déc. 2017, art. 2)* **« , après consultation de l'ordre ».**

« Leurs frais de déplacement sont remboursés dans les conditions prévues par la réglementation applicable aux fonctionnaires de l'État.

« Ces indemnités et frais sont à la charge du conseil régional. »

(L. nº 2004-806 du 9 août 2004, art. 125-I) **« Aucun** *(Ord. nº 2017-644 du 27 avr. 2017, art. 5-5º-c)* **« assesseur » de cette formation disciplinaire ne peut siéger lorsqu'il a eu connaissance des faits de la cause à raison de l'exercice d'autres fonctions ordinales. »**

(Ord. nº 2017-644 du 27 avr. 2017, art. 5-5º-d) **« Les fonctions d'assesseur sont incompatibles avec les fonctions de président ou de secrétaire général du conseil régional. »**

1. Assesseurs ayant examiné la plainte. Lorsque le conseil régional de l'ordre, statuant sur la plainte de son président, décide par délibération de traduire un pharmacien devant sa chambre de discipline, les membres de ce conseil régional ayant participé à cette décision administrative doivent être regardés comme ayant pris parti sur les faits reprochés au praticien, et ne peuvent siéger au sein de la chambre de discipline sans atteinte au principe d'impartialité et à l'art. 6, § 1, Conv. EDH. • CE 18 juin 2010, *Stéphane A.*, nº 326515 : *Lebon 210* • 14 mars 2012, *Françoise A.*, nº 348749. ♦ Il en va de même lorsque le conseil central d'une section, statuant sur la plainte de son président, décide de traduire un pharmacien devant sa chambre de discipline, les membres de ce conseil central devant être regardés comme ayant pris parti sur les faits reprochés au praticien. • CE 24 nov. 2011, *Jeanine A.*, nº 335404 • 16 déc. 2010, *Didier A.*, nº 334128. ♦ Ce moyen doit même être soulevé d'office par la chambre de discipline du Conseil national à l'égard de la composition de la chambre de discipline du conseil régional.

• CE 13 juill. 2011, *Françoise A.*, n° 349158 (sursis à exécution du jugement de fond).

2. Impartialité, moyen d'ordre public. La chambre de discipline du Conseil national commet une erreur de droit en ne soulevant pas d'office le moyen tiré de ce que six des membres de la chambre de discipline régionale ne pouvaient pas siéger au sein de cette chambre de discipline régionale dès lors qu'ils avaient participé à la décision administrative de poursuivre. • CE 14 mars 2012, *Françoise A.*, n° 348749.

3. Jugement sur renvoi après cassation. Saisi sur renvoi par le Conseil d'État après annulation par celui-ci d'une première décision prise en appel, le Conseil national – eu égard à la nature de cette juridiction qui est la seule compétente pour connaître en appel des affaires disciplinaires concernant les pharmaciens –, pouvait ensuite statuer dans une formation dont plusieurs membres avaient siégé lors du premier examen de l'affaire, sans méconnaître la loi ni l'art. 6, § 1, Conv. EDH. • CE, sect., 5 juill. 2000, *Mme Rochard*, n° 189523 : *Lebon 298* ; *et T. 928 ; AJDA 2000. 613, chron. Guyomar et Collin*.

4. Motivation. En ne répondant pas au moyen selon lequel sept des membres qui ont participé à la décision de porter plainte, ne pouvaient ensuite siéger au sein de la chambre de discipline du conseil central de la section G sans atteinte au principe d'impartialité et à l'art. 6, § 1, Conv. EDH, ledit conseil central motive insuffisamment sa décision. • CE 9 févr. 2011, *Dominique A. et a.*, n° 334574 • 16 déc. 2010, n° 328717.

5. Procédure. V. jurisprudence ss. art. L. 4234-2.

Art. L. 4234-4 *(Ord. n° 2005-1040 du 26 août 2005)* « La chambre *(Ord. n° 2017-192 du 16 févr. 2017, art. 13-3°)* « de discipline des conseils centraux » de chacune des sections B, C, D, E, G et H est présidée par un membre en fonction ou honoraire du corps des conseillers des tribunaux administratifs et des cours administratives d'appel désigné par le vice-président du Conseil d'État sur proposition du président du tribunal administratif ou de la cour administrative d'appel *(L. n° 2017-1841 du 30 déc. 2017, art. 3)* « pour une durée de six ans renouvelable ». Un ou des suppléants sont nommés dans les mêmes conditions. » *(L. n° 2017-1841 du 30 déc. 2017, art. 6)* « L'âge limite pour exercer les fonctions de président ou de président suppléant d'une chambre disciplinaire est de 77 ans révolus. » *(Ord. n° 2017-644 du 27 avr. 2017, art. 5)* « Le montant des indemnités allouées aux présidents ou aux présidents suppléants des chambres de discipline des conseils centraux est fixé par arrêté des ministres chargés du budget et de la santé *(L. n° 2017-1841 du 30 déc. 2017, art. 2)* « , après consultation de l'ordre ».

« Leurs frais de déplacement sont remboursés dans les conditions prévues par la réglementation applicable aux fonctionnaires de l'État.

« Ces indemnités et frais sont à la charge des conseils centraux.

« Aucun assesseur de cette formation disciplinaire ne peut siéger lorsqu'il a eu connaissance des faits de la cause à raison de l'exercice d'autres fonctions ordinales et notamment lorsqu'il a participé à la délibération par laquelle le conseil central a, le cas échéant, initié l'action disciplinaire ou fait appel de la décision rendue publique par la chambre de discipline de première instance. »

V. note ss. art. L. 4121-2.

V. jurisprudence ss. art. L. 4234-3.

Art. L. 4234-5 Les praticiens appelés à comparaître devant la chambre de discipline peuvent se faire assister par un confrère de leur choix ou par un avocat inscrit au barreau.

La chambre de discipline ne peut statuer que si la majorité des membres en exercice assistent à la séance. Si le quorum n'est pas atteint, le président procède à une nouvelle convocation des membres *(Ord. n° 2017-192 du 16 févr. 2017, art. 13-4°)* « de la chambre de discipline » du conseil ; quel que soit le nombre de ceux-ci présents à la nouvelle réunion, les décisions qui sont prises sont valables. En cas de partage égal des voix, celle du président est prépondérante.

V. note ss. art. L. 4121-2.

Art. L. 4234-5-1 *(L. n° 2007-127 du 30 janv. 2007, art. 2-III)* Les décisions de la chambre de discipline sont rendues en formation collégiale, sous réserve des exceptions, précisées par décret en Conseil d'État, tenant à l'objet de la saisine ou du litige ou à la nature des questions à examiner ou à juger. Elles peuvent être rendues en formation restreinte.

Art. L. 4234-6 *(L. n° 2002-303 du 4 mars 2002, art. 67-I)* **La chambre de discipline prononce, s'il y a lieu, l'une des peines suivantes :**

1° L'avertissement ;

2° Le blâme avec inscription au dossier.

Al. 4 abrogé par L. n° 2004-806 du 9 août 2004, art. 126-I ;

3° L'interdiction temporaire ou définitive de servir une ou la totalité des fournitures faites, à quelque titre que ce soit, aux établissements publics ou reconnus d'utilité publique, aux communes, aux départements ou à l'État ;

4° L'interdiction, pour une durée maximum de cinq ans, avec ou sans sursis, d'exercer la pharmacie ;

5° L'interdiction définitive d'exercer la pharmacie.

Les deux dernières sanctions comportent l'interdiction définitive de faire partie d'un conseil de l'ordre.

(L. n° 2002-303 du 4 mars 2002, art. 67-I) **« Si, pour des faits commis dans un délai de cinq ans à compter de la notification d'une sanction assortie d'un sursis, dès lors que cette sanction est devenue définitive, la juridiction prononce la sanction prévue au 4°, elle peut décider que la sanction, pour la partie assortie du sursis, devient exécutoire sans préjudice de l'application de la nouvelle sanction ».**

(Ord. n° 2017-192 du 16 févr. 2017, art. 13-5°) **« Lorsque les chambres de discipline des conseils régionaux de la section A et des conseils centraux des autres sections de l'ordre prononcent une peine d'interdiction d'exercer la profession, ils fixent la date de départ de cette interdiction. Les décisions prononcées par ces chambres de discipline, non frappées d'appel dans les délais légaux, ont force exécutoire. »**

V. note ss. art. L. 4121-2.

1. Non-cumul de peines. Le cumul des sanctions disciplinaires est interdit. • CE 6 févr. 1946, *Aimé*, n° 74283 : *Lebon 44* (Ordre des architectes) • 22 oct. 1947, *Dlle Proniewsky*, n° 88925 : *Lebon T. 679* (Ordre des pharmaciens). ♦ V. aussi jurisprudence ss. art. L. 4124-6.

2. Confusion des peines. L'art. L. 145-4 CSS (issu de l'Ord. du 24 avr. 1996) prévoit que les sanctions prononcées par les sections des assurances sociales ne sont pas cumulables avec les peines prévues à l'art. L. 4124-6 CSP (concernant les médecins, chirurgiens-dentistes et sages-femmes), lorsqu'elles ont été prononcées à l'occasion des mêmes faits, et étend ce principe aux pharmaciens sous réserve des adaptations réglementaires rendues nécessaires ; or le Gouvernement ne pouvait, sans méconnaître ces prescriptions, laisser subsister au-delà d'un délai raisonnable l'art. R. 145-2 CSS, dont les dispositions permettent le cumul des sanctions et qui sont donc plus rigoureuses que celles que la loi prévoit désormais ; eu égard cette carence, il appartient aux juridictions compétentes d'étendre aux pharmaciens la règle énoncée à l'art. L. 145-2, et de tirer toutes conséquences de ce que les sanctions prononcées à leur encontre au titre du contrôle technique se confondent avec celles prononcées pour les mêmes faits sur le fondement de l'art. L. 4234-6. • CE 2 juin 2010, *CPAM Yvelines*, n° 309091 : *Lebon T. 963*.

3. Proportionnalité de la sanction. Si le choix de la sanction relève de l'appréciation des juges du fond au vu de l'ensemble des circonstances de l'espèce, il appartient au juge de cassation de vérifier que la sanction retenue n'est pas hors de proportion avec la faute commise. • CE 30 déc. 2014, *Dr. B*, n° 381245 : *Lebon 443 ; RFDA 2015. 67, concl. Keller ; AJDA 2015. 769, chron. Lessi et Dutheillet de Lamothe ; Dr. adm. 2015. 29, note Éveillard.* ♦ Jurisprudence antérieure : l'appréciation à laquelle se livre le Conseil national de l'Ordre pour décider d'une sanction déterminée, compte tenu des faits reprochés à l'intéressé, n'est pas susceptible d'être discutée devant le juge de cassation. • CE 26 oct. 1988, n° 78975. ♦ S'agissant des sections des assurances sociales. • CE 20 oct. 1993, *Bergès*, n° 105041. ♦ V. aussi notes de jurisprudence ss. art. L. 4124-6.

4. Personnalité des peines. Le gérant d'une officine peut être tenu pour responsable d'une infraction qui y a été commise, alors même qu'il n'y a pas participé personnellement et qu'il n'est pas propriétaire de l'officine. • CE 22 oct. 1947, *Dlle Proniewsky*, n° 88925 : *préc. note 1.*

5. Dispense de sanction. La juridiction disciplinaire peut, même si elle retient l'existence d'une faute, tenir compte de certaines circonstances ou de certains faits pour décider de ne pas infliger de sanction. • CE 10 févr. 2014, *Min. Aff. soc. et Santé c/ M. et Mme Delan*, n° 360382 : *Lebon ; AJDA 2014. 384*.

6. Cumul de sanctions pénales et disciplinaires. V. jurisprudence ss. art. L. 4126-5.

7. Effet des sanctions : non-remboursement. Un pharmacien qui fait l'objet d'une interdiction temporaire d'exercer ne pouvant légalement exercer son activité, les prestations délivrées par l'intéressé en violation d'une telle interdiction ne peuvent être prises en charge par l'assurance maladie. • Civ. 2e, 4 mai 2016, n° 15-16.829 P.

Art. L. 4234-6-1 *(L. nº 2009-879 du 21 juill. 2009, art. 62-XLIX)* Lorsque les faits reprochés au pharmacien ont révélé une insuffisance de compétence professionnelle, la chambre de discipline peut, sans préjudice des peines qu'elle prononce éventuellement en application des 1° à 4° de l'article L. 4234-6, enjoindre à l'intéressé de suivre une formation dans *(L. nº 2016-41 du 26 janv. 2016, art. 114-I-4°)* « le cadre du développement professionnel continu défini aux articles L. 4021-1 à L. 4021-8 ».

Les modalités d'application du présent article sont fixées par décret en Conseil d'État.

Art. L. 4234-7 Les sanctions prononcées par les *(Ord. nº 2017-192 du 16 févr. 2017, art. 13-6°)* « chambres de discipline des » conseils régionaux de la section A et par celles des conseils centraux des *(L. nº 2004-806 du 9 août 2004, art. 124-I-G)* « sections B, C, D, E, G et H » sont susceptibles d'appel devant *(Ord. nº 2017-192 du 16 févr. 2017, art. 13-6°)* « la chambre de discipline du Conseil national » de l'ordre des pharmaciens.

L'appel est suspensif.

V. note ss. art. L. 4121-2.

1. Pouvoirs du juge d'appel. V. jurisprudence ss. art. L. 4122-3.

2. Appel incident, irrecevabilité. Eu égard à la nature des pouvoirs qu'exercent les ordres professionnels lorsqu'ils statuent en matière disciplinaire, et en l'absence de texte en ce sens, l'appel incident est irrecevable. • CE, sect., 6 févr. 1981, *Lebard*, nº 14331 : *Lebon 74, concl. Dondoux ; AJDA 1981. 350, chron. Feffer et Tiberghien ; D. 1982. 114, note Debbasch* (médecin, sol. transp.).

3. Autorité de la chose jugée. Une décision frappée d'appel est privée d'autorité de la chose jugée et ne peut être prise en compte par l'ordre à l'appui d'un refus d'inscription. • CE 21 nov. 2016, *M. B. A.*, nº 391171.

Art. L. 4234-8 *(Ord. nº 2017-192 du 16 févr. 2017, art. 13-7°)* « Les décisions juridictionnelles de la chambre de discipline du Conseil national peuvent être portées devant le Conseil d'État par la voie du recours en cassation.

« Lorsque la chambre de discipline du Conseil national prononce une peine d'interdiction d'exercer la profession, elle fixe la date de départ de cette interdiction. Les décisions prononcées par cette chambre ont force exécutoire, le pourvoi en cassation n'étant pas suspensif. »

(Ord. nº 2005-1040 du 26 août 2005) « La chambre *(Ord. nº 2017-644 du 27 avr. 2017, art. 5-7°-a)* « de discipline » nationale est présidée par un membre du Conseil d'État, en activité ou honoraire, ayant au moins le rang de conseiller d'État, désigné par le vice-président du Conseil d'État *(L. nº 2017-1841 du 30 déc. 2017, art. 3)* « pour une durée de six ans renouvelable » *(Abrogé par Ord. nº 2017-644 du 27 avr. 2017, art. 5-7°-a)* « *, conformément à l'article L. 4231-6* » ; un ou plusieurs suppléants sont désignés dans les mêmes conditions. »

(L. nº 2017-1841 du 30 déc. 2017, art. 6) « L'âge limite pour exercer les fonctions de président ou de président suppléant de la chambre de discipline du conseil national est de 77 ans révolus. »

(Ord. nº 2017-644 du 27 avr. 2017, art. 5-7°-b) « Les fonctions de président ou *[de]* président suppléant de la chambre de discipline du Conseil national sont incompatibles avec celles prévues à l'article L. 4231-6.

« Le montant des indemnités allouées au président ou au président suppléant de la chambre de discipline du Conseil national est fixé par arrêté des ministres chargés du budget et de la santé *(L. nº 2017-1841 du 30 déc. 2017, art. 2)* « , après consultation de l'ordre ».

« Leurs frais de déplacement sont remboursés dans les conditions prévues par la réglementation applicable aux fonctionnaires de l'État.

« Ces indemnités et frais sont à la charge du Conseil national. »

V. note ss. art. L. 4121-2.

COMMENTAIRE

V. *Commentaire reproduit* sur Dalloz.fr.

I. COMPÉTENCE

1. Compétence ratione loci. La juridiction ordinale territorialement compétente est celle de l'Ordre auquel le professionnel poursuivi est inscrit au moment du dépôt de la plainte, quel que soit le lieu où les manquements allégués sont commis. • CE, sect., 31 mai 1963, *Kraemer : Lebon 337 ; D. 1963. 553, concl. Braibant* (chirurgien-dentiste, sol. transposable). ♦ V. note ss. art. R. 4126-8.

2. Compétence ratione temporis. La circonstance que des faits reprochés à un pharmacien sont antérieurs à son inscription à un tableau de l'Ordre ne fait pas obstacle à ce que les conseils de l'ordre, statuant en matière disciplinaire, puissent apprécier si ceux de ces faits, qui n'avaient pas été connus lors de l'inscription de l'intéressé, étaient, par leur nature, incompatibles avec son maintien dans l'Ordre, et prononcer, si tel est le cas, l'interdiction définitive d'exercer la profession. • CE 1er mars 1993, *Delépine,* n° 100495 : *D. 1995. Somm. 251, note Storck* • 23 mars 1990, *Mme Bisserier,* n° 90095 • 29 janv. 1954, *Sparfel : Lebon 69.* ♦ En revanche, la juridiction disciplinaire n'est pas compétente pour sanctionner des faits commis par un pharmacien au cours d'une période pendant laquelle il n'était pas inscrit au tableau de l'Ordre, en raison d'une radiation. • CE 11 mai 1990, *Siron,* n° 70673 : *Lebon T. 956* ; *Dr. adm. 1990, n° 352* (pharmacien ayant continué d'exploiter son officine malgré une interdiction) • 25 oct. 1958, *Min. Santé c/ Dobritz : Lebon 539.* ♦ S'agissant des pharmaciens définitivement radiés, la juridiction disciplinaire est incompétente, même, en principe, concernant des faits commis durant la période d'inscription. • CE 9 avr. 1993, *Mlle Théodore,* n° 84014 : *Lebon T. 988* . ♦ Cependant, dès lors que les faits reprochés à un pharmacien se sont produits alors qu'il était inscrit au tableau, les juridictions ordinales demeurent compétentes bien qu'il ait cessé d'exercer, cette circonstance n'étant pas imputable à une mesure de radiation dont l'initiative aurait été prise par l'Ordre, mais à la décision de l'intéressé de vendre son officine. • CE 29 juill. 1994, *Mme Ali-Ahmet,* n° 144081 : *Lebon 407* • 1er avr. 1998, *Deltin,* n° 158771. ♦ Même solution s'agissant d'un départ à la retraite. • CE 28 juill. 2000, *Mme Carbiener,* n° 197380. ♦ Même solution devant les sections des assurances sociales. • CE 17 oct. 1997, *CPAM de Montauban,* n° 158880. ♦ Même solution à propos d'une radiation prononcée à la suite du retrait de l'autorisation de fonctionnement par le préfet, cette circonstance n'étant pas de nature à retirer aux juridictions de l'Ordre leur compétence. • CE 19 nov. 1999, *M. Krief,* n° 181929 : *Lebon 998* .

II. PROCÉDURE

3. Art. 6, § 1, applicabilité. V. jurisprudence ss. art. L. 4122-3. ♦ S'agissant aussi des sections des assurances sociales de l'Ordre des pharmaciens. • CE 29 juill. 1998, *Mioche,* n° 177319.

4. Procédure pénale parallèle. Les constatations matérielles du juge pénal étant revêtues de l'autorité de la chose jugée, elles s'imposent à la juridiction disciplinaire. • CE 20 oct. 1993, *Bergès,* n° 105041. ♦ Sur le principe, • CE 12 juill. 1929, *Vésin : Lebon 716, concl. Latournerie.* ♦ Sur l'indépendance des instances disciplinaires et pénales, • CE 5 janv. 1951, *Dame Faure,* n° 1769 : *Lebon 6.* ♦ Inversement, une décision de relaxe prononcée par la juridiction disciplinaire de l'Ordre ne saurait avoir force de chose jugée sur la non-culpabilité du prévenu, les décisions de la juridiction disciplinaire étant sans influence sur l'action criminelle à laquelle peuvent donner lieu les faits qui la motivent. • Crim. 6 nov. 1952 : *D. 1953. 38* (ordre des médecins, sol. transposable). – V. aussi jurisprudence ss. art. L. 4126-5.

5. Inspecteur de santé publique. Le Conseil national de l'ordre ne commet pas d'erreur de droit en jugeant que le pharmacien inspecteur régional de santé publique n'a pas à justifier d'un mandat pour représenter, devant le conseil régional, le directeur régional des affaires sanitaires et sociales, sous l'autorité hiérarchique duquel ce pharmacien inspecteur se trouve placé. • CE 9 juill. 2003, n° 241308.

6. Renvoi. La décision, par laquelle le Conseil national de l'Ordre, estimant avoir été saisi à tort, renvoie l'examen d'une plainte à la chambre de discipline du conseil régional compétent, ne constitue qu'un élément de la procédure engagée ; sa légalité ne peut être discutée devant le Conseil d'État qu'à l'appui d'un recours dirigé contre la décision du Conseil national statuant sur l'instance disciplinaire. • CE 2 févr. 2005, *Sonia X.,* n° 263488.

7. Avis du Conseil national. Lorsqu'une requête devant le Conseil d'État a été communiquée au Conseil national de l'Ordre, le mémoire produit par celui-ci n'a pas le caractère d'une intervention sur la recevabilité de laquelle il appartiendrait au Conseil d'État de se prononcer ; rien ne fait obstacle à ce que le Conseil d'État recueille, s'il l'estime utile, les observations du Conseil national, dès lors qu'il n'est pas la juridiction ayant rendu la décision contestée. • CE 29 juill. 1994, *Carius,* n° 105095 : *Lebon T. 1167* .

III. CONTRÔLE AU FOND

8. Refus de poursuites. Lorsqu'un conseil régional décide de ne pas déférer un pharmacien devant la juridiction disciplinaire, il ne statue pas sur une contestation portant sur un droit ou une obligation de caractère civil, ni ne décide du bien-fondé d'une accusation en matière pénale au sens de l'art. 6, § 1, *Conv. EDH.* • CE 25 juill. 2007, *CNOP,* n° 285961. ♦ Comparer, à propos d'un non-lieu consécutif à une plainte avec constitution de partie civile, qui entre dans le champ de l'art. 6, § 1. • CEDH 12 févr. 2004, *Perez c/ France,* n° 47287/99 • 16 nov. 2006, *Tsalkitzis c/ Grèce,* n° 11801/04. ♦ Aucun texte ni aucun principe n'impose au conseil régional de communiquer au plaignant le rapport du rapporteur ou d'entendre ses observations orales, avant de prendre la décision de ne pas traduire en chambre de discipline le pharmacien visé par la plainte. • Même arrêt.

9. Lex melior, application (non). La circonstance que, entre le moment où une violation de la nomenclature a été commise et celui où elle vient à être sanctionnée, la réglementation à laquelle il a été contrevenu a été modifiée ou même abrogée, ne saurait, eu égard à la nature propre de la répression disciplinaire, faire échapper à cette dernière, le manquement antérieurement commis. • CE 8 nov. 1999, *Patrick X.*, n° 191630.

10. Détournement de pouvoir. Le moyen tiré d'un détournement de pouvoir n'est pas recevable en cassation. • CE 30 oct. 1989, *Raveneau-Sabardeil*, n° 81161.

IV. CONSÉQUENCES D'UNE RADIATION

11. Interdiction d'une société. Si aucune disposition n'aménage la possibilité, pour une société d'exercice libéral de pharmaciens d'officine, de se faire remplacer lorsqu'elle fait l'objet d'une sanction d'interdiction temporaire d'exercer, il ne résulte d'aucune autre disposition que l'interdiction temporaire d'exercer prononcée à l'encontre d'une telle société implique la cessation de son activité et la fermeture de l'officine pendant la durée de l'exécution de la sanction, et qu'elle ne puisse, pendant cette durée, être exploitée par un pharmacien habilité à exercer sa profession. • CE 7 avr. 2010, *Selarl Grande Pharmacie B.*, n° 322305 : *AJDA 2010. 876, note Liéber et Botteghi* .

12. Application aux sociétés d'exercice libéral. Une interdiction temporaire infligée à une société d'exercice libéral qui exploite une pharmacie d'officine n'implique pas la cessation d'activité de la société et la fermeture de l'officine pendant la durée de l'exécution de la sanction, ni que la pharmacie ne puisse, pendant cette durée, être exploitée par un pharmacien habilité à exercer sa profession ; il y a donc erreur de droit à juger qu'une interdiction temporaire doit nécessairement s'accompagner de la fermeture de l'officine exploitée par celle-ci, en écartant le moyen tiré de la méconnaissance du principe d'égalité entre praticiens selon leur mode d'exercice de la pharmacie. • CE, sect., 7 avr. 2010, *SELARL Grande pharmacie B.*, n° 322305.

13. Annulation d'une sanction, conséquences civiles. Lorsque le Conseil d'État annule une sanction prononcée par la juridiction disciplinaire et que cette sanction fondait la résiliation par une clinique de la convention la liant à un médecin, ce dernier doit être indemnisé en vertu du principe selon lequel ce qui est nul est réputé n'avoir jamais existé. • Civ. 1re, 15 mai 2001 : *Bull. civ. I, n° 133* (sol. transposable).

14. Exécution de la peine. Les irrégularités affectant éventuellement la procédure disciplinaire ne peuvent être utilement invoquées contre l'arrêté préfectoral fixant le point de départ de l'exécution de la peine disciplinaire, car elles n'en constituent pas un vice propre. • CE 26 mai 1989, *Keller*, n° 77181.

15. Réinscription après interdiction temporaire. L'interdiction temporaire d'exercer la pharmacie entraîne la radiation du tableau jusqu'à expiration de la peine. • Crim. 8 oct. 1958 : *D. 1959. 205, note Gollėty* • 18 janv. 1961 : *Bull. crim. n° 31.* ♦ Le pharmacien doit être ensuite réinscrit s'il en forme la demande, sans qu'il ait à produire les pièces exigées pour une inscription. • Même arrêts.

16. Qualité pour agir en cassation. Seuls ceux qui ont été parties à l'instance devant le Conseil national peuvent se pourvoir en cassation. • 12 mars 1954, *Min. Santé publ.*, n° 16650 : *Lebon 158.*

V. CUMULS DE PEINES

17. Cumul de sanctions pénales et disciplinaires. V. jurisprudence ss. art. L. 4126-5.

Art. L. 4234-8-1 *(L. n° 2007-127 du 30 janv. 2007, art. 2-IV)* **Les décisions de la chambre** *(Ord. n° 2017-644 du 27 avr. 2017, art. 5-8°)* **« de discipline » nationale sont rendues en formation collégiale, sous réserve des exceptions, précisées par décret en Conseil d'État, tenant à l'objet de la saisine ou du litige ou à la nature des questions à examiner ou à juger. Elles peuvent être rendues en formation restreinte.**

Art. L. 4234-9 Un pharmacien peut, sur une demande adressée au Conseil national, être relevé *(Ord. n° 2005-1040 du 26 août 2005)* **« par celui-ci » après un délai de cinq ans de l'incapacité résultant d'une condamnation ayant entraîné la radiation définitive du tableau.**

En application de l'art. L. 231-5 CRPA le silence gardé par l'administration pendant quatre mois vaut décision de rejet pour une demande de relèvement d'une décision de radiation du tableau de l'ordre des pharmaciens. Ce délai peut être modifié par décret en Conseil d'État (Décr. n° 2015-1458 du 10 nov. 2015, art. 1er).

1. Refus d'inscription après relevé d'incapacité. Le relevé d'incapacité a seulement pour effet de donner vocation à obtenir une nouvelle inscription au tableau, sans ouvrir le droit à cette inscription ; il appartient au conseil départemental saisi d'une demande d'inscription après relevé, d'apprécier si le praticien remplit les conditions requises, en tenant compte de l'ensemble des faits portés à sa connaissance, à l'exception de la sanction disciplinaire dont il avait fait l'objet. • CE 8 juill. 1998, *Cons. dptal de Saône-et-Loire de l'Ordre des médecins,* n° 162912 : *Lebon 310* ; *RFDA 1999. 103, concl. Schwartz* (sol. transposable).

2. Confusion des peines. En cas de confusion des peines, le relèvement d'incapacité s'applique à la sanction unique résultant de la confusion. • CE 2 juin 2010, *CPAM Yvelines,* n° 309091 : *Lebon T. 963* .

Art. L. 4234-10 *(L. n° 2002-303 du 4 mars 2002, art. 67-II)* **Lorsque les différents conseils statuent en matière disciplinaire** *(Abrogé par L. n° 2016-41 du 26 janv. 2016, art. 133-I-2°)* ***« sur saisine du ministre chargé de la santé ou du*** *(Ord. n° 2010-177 du 23 févr. 2010, art. 14-I-12°)* ***« directeur général de l'agence régionale de santé » »,*** **les représentants de l'État mentionnés aux articles L. 4231-4 et L. 4232-6 à L. 4232-15 ne siègent pas dans ces instances.**

Équité du procès. L'art. L. 4234-10 reprend une jurisprudence selon laquelle lorsqu'une plainte est introduite devant l'Ordre par le directeur régional des affaires sanitaires et sociales, fonctionnaire placé sous l'autorité du ministre chargé de la Santé, et qu'au sein de la juridiction disciplinaire siège le pharmacien-inspecteur général représentant le même ministre, il y a atteinte à l'équité du procès (Conv. EDH, art. 6, § 1). • CE 8 déc. 2000, *Mongauze,* n° 198372 : *JCP 2001. II. 10556, concl. Chauvaux.* ♦ C'est par une exacte application des dispositions de l'art. L. 4234-10 que la chambre disciplinaire nationale de l'ordre des pharmaciens annule les décisions d'une chambre de discipline en se fondant sur le motif que la présence avec voix consultative d'un pharmacien inspecteur de la santé publique les avait entachées d'irrégularité. • CE 21 mars 2008, *Min. de la Santé c/ Bensaïd,* n° 296417 : *Lebon T. 894 ; ibid. 898.*

CHAPITRE V DÉONTOLOGIE

Art. L. 4235-1 Un code de déontologie, préparé par le Conseil national de l'ordre des pharmaciens, est édicté sous la forme d'un décret en Conseil d'État.

Ce code fixe notamment, en ce qui concerne les fonctionnaires exerçant la pharmacie, les relations entre les administrations dont ils dépendent et les conseils de l'ordre, au point de vue disciplinaire.

BIBL. ▶ Fouassier, Déontologie des pharmaciens, *in* Maurain et Bélanger (dir.), *Droit pharmaceutique, fasc. n°s 12-50.* – G. Viala, Le nouveau code de déontologie des pharmaciens, *RDSS 1995. 514* .

1. Code de déontologie et concurrence. Si le Gouvernement n'était pas tenu de consulter pour avis le Conseil de la concurrence avant d'édicter le nouveau code de déontologie des pharmaciens par décret du 14 mars 1995, le fait qu'il ait néanmoins sollicité cet avis et modifié ultérieurement son projet de décret n'a pas entaché la légalité dudit décret, dès lors que l'avis du Conseil de la concurrence a été émis dans des conditions régulières. • CE 30 avr. 1997, *Arkopharma,* n° 169444.

2. Compétence consultative. Un décret fixant les modalités d'organisation des remplacements dans les pharmacies à usage intérieur ne *présentant pas* un caractère déontologique, la circonstance qu'elles n'ont pas été élaborées par le Conseil national ne les entache pas d'illégalité. • CE 15 juin 2016, *FHP,* n° 391498.

3. Ordre et concurrence. La jurisprudence « *Wouters* » (CJCE 19 févr. 2002, n° C-309/99, § 64 s.), par laquelle le Tribunal de l'Union européenne admet que l'ordre des avocats puisse être considéré comme une association d'entreprises au sens de l'art. 101 lorsqu'il agit hors de ses pouvoirs légaux TFUE (anc. 85, §1 CE), s'applique à l'ordre des pharmaciens. • Trib. UE 10 déc. 2014, *ONP c/ Commission,* n° T-90/11, § 310 s. (entrave au développement des groupes de laboratoires, tentatives d'imposition de prix minimaux : amende de 4, 75 M€). ♦ Constitue une entrave à la concurrence l'appel au boycottage des laboratoires pharmaceutiques s'ils continuent d'approvisionner une pharmacie qui applique des marges nettement inférieures à celles habituellement pratiquées sur les produits de parapharmacie et les médicaments non remboursables, ainsi que la convocation d'une réunion entre cette pharmacie et ses concurrentes, au terme de laquelle elle a dû remonter ses prix sous menace de sanction disciplinaire. • Com. 10 mars 1998 : *Bull. civ. IV, n° 95* (condamnation devant le Conseil de la concurrence du CROP Rhône-Alpes à 300 000 F de sanction pécuniaire). ♦ La diffu*sion par* un conseil régional d'un communiqué aux pharmaciens d'officine présentant *la diminu*tion des prix des produits parapharmaceutiques comme une infraction au code de déontologie exposant les intéressés à des sanctions disciplinaires relève du champ d'application des règles de concurrence, ces agissements étant insusceptibles de se rattacher à l'exercice normal de ses prérogatives de puissance publique par l'Ordre. • CE 13 mars 1991, *CROP de Bretagne,* n° 76392. ♦ Sur une sanction pécuniaire avec obligation de publication, à l'encontre d'un

CROP, en raison d'une action concertée tendant à répartir entre pharmaciens l'approvisionnement en médicaments et autres produits de soins des EHPAD, pour leurs pensionnaires. • Aut. conc. 22 avr. 2009, n° 09-D-17 (relative à des pratiques mises en œuvre par le conseil régional de l'ordre des pharmaciens de Basse-Normandie).

CHAPITRE VI *[ABROGÉ]* DÉVELOPPEMENT PROFESSIONNEL CONTINU

(Abrogé par L. n° 2016-41 du 26 janv. 2016, art. 114-I-3°) (L. n° 2009-879 du 21 juill. 2009, art. 59-VIII)

Art. L. 4236-1 à L. 4236-4 *Abrogés par L. n° 2016-41 du 26 janv. 2016, art. 114-I-3°.*

TITRE QUATRIÈME PROFESSION DE PRÉPARATEUR EN PHARMACIE ET DE PRÉPARATEUR EN PHARMACIE HOSPITALIÈRE *(Ord. n° 2008-507 du 30 mai 2008, art. 29).*

CHAPITRE PREMIER EXERCICE DES PROFESSIONS *(Ord. n° 2008-507 du 30 mai 2008, art. 29).*

Art. L. 4241-1 Les préparateurs en pharmacie sont seuls autorisés à seconder le titulaire de l'officine et les pharmaciens qui l'assistent dans la préparation et la délivrance au public des médicaments destinés à la médecine humaine et à la médecine vétérinaire.

Ils assument leurs tâches sous la responsabilité et le contrôle effectif d'un pharmacien. Leur responsabilité pénale demeure engagée. – *[Anc. art. L. 584].*

Responsabilité du pharmacien. Le pharmacien doit veiller personnellement à l'exécution des prescriptions médicales par le préparateur. • Crim. 30 nov. 1944 : *D. 1944. 161.* ♦ Le pharmacien et le pharmacien assistant sont pénalement responsables des ventes d'anabolisants stéroïdiques inscrits au tableau C par un préparateur, en contravention avec la réglementation. • Crim. 1er févr. 1990 : *Bull. crim. n° 59.*

Art. L. 4241-2 Tout pharmacien est autorisé à se faire aider dans son officine par un ou plusieurs préparateurs en pharmacie. – *[Anc. art. L. 581].*

Art. L. 4241-3 Les préparateurs en pharmacie ne peuvent, en aucun cas, se substituer à la personne du pharmacien quant aux prérogatives attachées au diplôme de pharmacien et quant à la propriété des officines. – *[Anc. art. L. 585].*

Art. L. 4241-4 Est qualifiée préparateur en pharmacie toute personne titulaire du brevet professionnel institué au présent chapitre. – *[Anc. art. L. 582].*

Art. L. 4241-5 *(L. n° 2004-806 du 9 août 2004, art. 112-1° ; Ord. n° 2008-507 du 30 mai 2008, art. 29)* Les conditions de délivrance du brevet professionnel de préparateur en pharmacie sont fixées par décret, pris après avis d'une commission comprenant des représentants de l'État, des pharmaciens et des préparateurs en pharmacie et dont la composition est fixée par décret.

Art. L. 4241-6 *(L. n° 2004-806 du 9 août 2004, art. 112-1° et 5°)* Est également qualifiée de préparateur en pharmacie toute personne ayant obtenu une autorisation d'exercice délivrée par le ministre chargé de la santé après avis de la commission mentionnée à l'article *(Ord. n° 2008-507 du 30 mai 2008, art. 29)* « L. 4241-5 ».

Art. L. 4241-7 *(Ord. n° 2008-507 du 30 mai 2008, art. 29 ; Ord. n° 2009-1585 du 17 déc. 2009, art. 7-I)* L'autorité compétente peut, après avis d'une commission composée notamment de professionnels, autoriser individuellement à exercer la profession de préparateur en pharmacie, *les ressortissants d'un État membre de l'Union européenne ou d'un autre État partie à l'accord* sur l'Espace économique européen *(Abrogé par Ord. n° 2017-50 du 19 janv. 2017, art. 6-III) « qui ont suivi avec succès un cycle d'études secondaires et »* qui, sans posséder le diplôme prévu à l'article L. 4241-4, sont titulaires :

(Ord. n° 2017-50 du 19 janv. 2017, art. 7-I-1°) « 1° De titres de formation délivrés par un ou plusieurs États, membres ou parties, et requis par l'autorité compétente de

ces États, membres ou parties, qui réglementent l'accès à cette profession ou son exercice, et permettant d'exercer légalement ces fonctions dans ces États ;

« 2° Ou, lorsque les intéressés ont exercé dans un ou plusieurs États, membres ou parties, qui ne réglementent ni la formation, ni l'accès à cette profession ou son exercice, de titres de formation délivrés par un ou plusieurs États, membres ou parties, attestant de la préparation à l'exercice de la profession, accompagnés d'une attestation justifiant, dans ces États, de son exercice à temps plein pendant un an ou à temps partiel pendant une durée totale équivalente au cours des dix dernières années ; »

3° Ou d'un titre de formation délivré par un État tiers et reconnu dans un État, membre ou partie, autre que la France, permettant d'y exercer légalement la profession. *(Ord. n° 2017-50 du 19 janv. 2017, art. 7-I-2°)* « L'intéressé justifie avoir exercé la profession pendant trois ans à temps plein ou à temps partiel pendant une durée totale équivalente dans cet État, membre ou partie. »

Dans ces cas, lorsque l'examen des qualifications professionnelles attestées par *(L. n° 2009-179 du 17 févr. 2009, art. 38)* « l'ensemble des titres de *(Ord. n° 2017-50 du 19 janv. 2017, art. 8-I-1°)* « formation initiale, » de » l'expérience professionnelle pertinente *(Ord. n° 2017-50 du 19 janv. 2017, art. 8-I-2°)* « et de la formation tout au long de la vie ayant fait l'objet d'une validation par un organisme compétent » fait apparaître des différences substantielles au regard des qualifications requises pour l'accès à la profession et son exercice en France, l'autorité compétente exige que l'intéressé se soumette à une mesure de compensation.

(Ord. n° 2017-50 du 19 janv. 2017, art. 8-II) « Selon le niveau de qualification exigé en France et celui détenu par l'intéressé, l'autorité compétente peut soit proposer au demandeur de choisir entre un stage d'adaptation ou une épreuve d'aptitude, soit imposer un stage d'adaptation ou une épreuve d'aptitude, soit imposer un stage d'adaptation et une épreuve d'aptitude.

« La nature des mesures de compensation selon les niveaux de qualification en France et dans les autres États, membres ou parties, est fixée par arrêté du ministre chargé de la santé. »

La délivrance de l'autorisation d'exercice permet au bénéficiaire d'exercer la profession dans les mêmes conditions que les personnes titulaires du diplôme mentionné à l'article L. 4241-4.

En application des art. L. 231-5 et L. 231-6 du CRPA, le silence gardé pendant quatre mois par l'administration vaut décision de rejet pour les demandes d'autorisation à exercer la profession de préparateur en pharmacie accordée individuellement aux ressortissants d'un État membre de l'Union européenne ou d'un autre État partie à l'accord sur l'Espace économique européen (Décr. n° 2014-1286 du 23 oct. 2014, art. 1er et 2).

Art. L. 4241-8 *(Ord. n° 2008-507 du 30 mai 2008, art. 29)* Le préparateur en pharmacie peut faire usage de son titre de formation dans la langue de l'État qui le lui a délivré. Il est tenu de faire figurer le lieu et l'établissement où il a été obtenu.

(Ord. n° 2009-1585 du 17 déc. 2009, art. 7-II) « Dans le cas où le titre de formation de l'État d'origine, membre ou partie, est susceptible d'être confondu avec un titre exigeant en France une formation complémentaire, l'autorité compétente peut décider que le préparateur en pharmacie fera état du titre de formation de l'État d'origine, membre ou partie, dans une forme appropriée qu'elle lui indique.

« L'intéressé porte le titre professionnel de préparateur en pharmacie. »

Art. L. 4241-9 *(L. n° 2004-806 du 9 août 2004, art. 112-1° ; Ord. n° 2008-507 du 30 mai 2008, art. 29)* Les personnes autorisées à exercer la profession de préparateur en pharmacie en application des dispositions antérieures au 8 juillet 1977 bénéficient, leur vie durant, des droits et prérogatives définis aux articles L. 4241-1 et L. 4243-1.

Le brevet de préparateur obtenu avant le 31 décembre 1985, par les personnes préparant au 1er janvier 1978 ledit brevet et par celles qui sont entrées en apprentissage dans les douze mois qui suivent cette date, confère les droits et prérogatives définis à l'alinéa précédent.

Art. L. 4241-10 *(L. n° 2004-806 du 9 août 2004, art. 112-1° ; Ord. n° 2008-507 du 30 mai 2008, art. 29)* Par dérogation à l'article L. 4241-1, les étudiants en pharmacie régulièrement inscrits en troisième année d'études dans une unité de formation et de recherche de sciences pharmaceutiques sont autorisés, dans un but de perfectionnement, à exécuter, en dehors des heures de travaux universitaires, les opérations mentionnées audit article sous réserve qu'ils aient effectué préalablement le stage officinal prévu par les dispositions en vigueur.

(L. nº 2007-294 du 5 mars 2007, art. 4) « Les personnes appartenant à la réserve sanitaire prévue à l'article L. 3132-1 *(Ord. nº 2018-20 du 17 janv. 2018, art. 15)* « , exerçant une activité au titre d'un engagement à servir dans la réserve opérationnelle prévue à l'article L. 4211-1 du code de la défense » ou requises en application des articles L. 3131-8 ou L. 3131-9 et qui sont inscrites en troisième année d'études de pharmacie, peuvent, si elles ont effectué le stage officinal prévu par les dispositions en vigueur, effectuer les tâches prévues à l'article L. 4241-1, au titre des activités pour lesquelles elles ont été appelées. »

Art. L. 4241-11 *(Ord. nº 2008-507 du 30 mai 2008, art. 29 ; Ord. nº 2009-1585 du 17 déc. 2009, art. 7-III)* Le préparateur en pharmacie, ressortissant d'un État membre de l'Union européenne ou d'un autre État partie à l'accord sur l'Espace économique européen, qui est établi et exerce légalement les activités de préparateur en pharmacie dans un État, membre ou partie, peut exécuter en France des actes professionnels de manière temporaire et occasionnelle.

(Ord. nº 2017-50 du 19 janv. 2017, art. 2) « Lorsque l'exercice ou la formation conduisant à la profession n'est pas réglementé dans l'État où il est établi, le prestataire de services doit justifier avoir exercé dans un ou plusieurs États, membres ou parties, pendant un an au moins à temps plein ou à temps partiel pendant une durée totale équivalente au cours des dix années précédentes. »

L'exécution de ces actes est subordonnée à une déclaration préalable, qui est accompagnée de pièces justificatives dont la liste est fixée par arrêté du ministre chargé de la santé. *(Ord. nº 2017-50 du 19 janv. 2017, art. 3-I)* « Le prestataire joint une déclaration concernant les connaissances linguistiques nécessaires à la réalisation de la prestation. »

Le prestataire de services est soumis aux conditions d'exercice de la profession ainsi qu'aux règles professionnelles applicables en France.

Les qualifications professionnelles du prestataire sont vérifiées par l'autorité compétente après avis d'une commission composée notamment de professionnels, avant la première prestation de services. *(Ord. nº 2017-50 du 19 janv. 2017, art. 4-I)* « En cas de différence substantielle entre les qualifications du prestataire et la formation exigée en France, de nature à nuire à la santé publique, l'autorité compétente soumet le professionnel à une épreuve d'aptitude. »

Le prestataire de services peut faire usage de son titre de formation dans la langue de l'État qui le lui a délivré. Il est tenu de faire figurer le lieu et l'établissement où il l'a obtenu.

Dans le cas où le titre de formation de l'État d'origine, membre ou partie, est susceptible d'être confondu avec un titre exigeant en France une formation complémentaire, l'autorité compétente peut décider que l'intéressé fera état du titre de formation de l'État d'origine, membre ou partie, dans une forme appropriée qu'elle lui indique.

La prestation de services est réalisée sous le titre professionnel de l'État d'établissement, de manière à éviter toute confusion avec le titre professionnel français. Toutefois, dans le cas où les qualifications ont été vérifiées, la prestation de services est réalisée sous le titre professionnel français.

Art. L. 4241-12 *(Ord. nº 2008-507 du 30 mai 2008, art. 29 ; Ord. nº 2009-1585 du 17 déc. 2009, art. 7-IV)* Le préparateur en pharmacie, lors de la délivrance de l'autorisation d'exercice ou de la déclaration de prestation de services, doit posséder les connaissances linguistiques nécessaires à l'exercice de la profession et celles relatives aux systèmes de poids et mesures utilisés en France.

(Ord. nº 2017-50 du 19 janv. 2017, art. 3-II) « Le contrôle de la maîtrise de la langue doit être proportionné à l'activité à exercer et réalisé une fois la qualification professionnelle reconnue. »

Art. L. 4241-13 *(Ord. nº 2008-507 du 30 mai 2008, art. 29 ; Ord. nº 2009-1585 du 17 déc. 2009, art. 7-V)* Est qualifiée préparateur en pharmacie hospitalière dans les établissements publics de santé *(Ord. nº 2018-20 du 17 janv. 2018, art. 15)* « , les hôpitaux des armées et les autres éléments du service de santé des armées, » toute personne titulaire du diplôme de préparateur en pharmacie hospitalière défini par arrêté pris par le ministre chargé de la santé, après avis de la commission prévue à l'article L. 4241-5.

Les préparateurs en pharmacie hospitalière sont autorisés à seconder le pharmacien chargé de la gérance de la pharmacie à usage intérieur ainsi que les pharmaciens qui l'assistent, en ce qui concerne la gestion, l'approvisionnement, la délivrance et la préparation des médicaments, produits et objets mentionnés à l'article L. 4211-1, ainsi que des dispositifs médicaux stériles. Ils exercent leurs fonctions sous la responsabilité et le contrôle effectif d'un pharmacien.

Art. L. 4241-14 *(Ord. n° 2008-507 du 30 mai 2008, art. 29 ; Ord. n° 2009-1585 du 17 déc. 2009, art. 7-VI)* L'autorité compétente peut, après avis d'une commission composée notamment de professionnels, autoriser individuellement à exercer la profession de préparateur en pharmacie hospitalière, les ressortissants d'un État membre de l'Union européenne ou d'un autre État partie à l'accord sur l'Espace économique européen qui, sans posséder le diplôme prévu à l'article L. 4241-13, sont titulaires :

(Ord. n° 2017-50 du 19 janv. 2017, art. 7-I-1°) « 1° De titres de formation délivrés par un ou plusieurs États, membres ou parties, et requis par l'autorité compétente de ces États, membres ou parties, qui réglementent l'accès à cette profession ou son exercice, et permettant d'exercer légalement ces fonctions dans ces États ;

« 2° Ou, lorsque les intéressés ont exercé dans un ou plusieurs États, membres ou parties, qui ne réglementent ni la formation, ni l'accès à cette profession ou son exercice, de titres de formation délivrés par un ou plusieurs États, membres ou parties, attestant de la préparation à l'exercice de la profession, accompagnés d'une attestation justifiant, dans ces États, de son exercice à temps plein pendant un an ou à temps partiel pendant une durée totale équivalente au cours des dix dernières années ; »

3° Ou d'un titre de formation délivré par un État tiers et reconnu dans un État, membre ou partie, autre que la France, permettant d'y exercer légalement la profession. *(Ord. n° 2017-50 du 19 janv. 2017, art. 7-I-2°)* « L'intéressé justifie avoir exercé la profession pendant trois ans à temps plein ou à temps partiel pendant une durée totale équivalente dans cet État, membre ou partie. »

Dans ces cas, lorsque l'examen des qualifications professionnelles attestées par *(L. n° 2009-179 du 17 févr. 2009, art. 38)* « l'ensemble des titres de *(Ord. n° 2017-50 du 19 janv. 2017, art. 8-I-1°)* « formation initiale, » de » l'expérience professionnelle pertinente *(Ord. n° 2017-50 du 19 janv. 2017, art. 8-I-2°)* « et de la formation tout au long de la vie ayant fait l'objet d'une validation par un organisme compétent » fait apparaître des différences substantielles au regard des qualifications requises pour l'accès à la profession et son exercice en France, l'autorité compétente exige que l'intéressé se soumette à une mesure de compensation.

(Ord. n° 2017-50 du 19 janv. 2017, art. 8-II) « Selon le niveau de qualification exigé en France et celui détenu par l'intéressé, l'autorité compétente peut soit proposer au demandeur de choisir entre un stage d'adaptation ou une épreuve d'aptitude, soit imposer un stage d'adaptation ou une épreuve d'aptitude, soit imposer un stage d'adaptation et une épreuve d'aptitude.

« La nature des mesures de compensation selon les niveaux de qualification en France et dans les autres États, membres ou parties, est fixée par arrêté du ministre chargé de la santé. »

La délivrance de l'autorisation d'exercice permet au bénéficiaire d'exercer la profession dans les mêmes conditions que les personnes titulaires du diplôme mentionné à l'article L. 4241-13.

En application des art. L. 231-5 et L. 231-6 du CRPA, le silence gardé pendant quatre mois par l'administration vaut décision de rejet pour les demandes d'autorisation d'exercer la profession de préparateur en pharmacie hospitalière accordée individuellement aux ressortissants d'un État membre de l'Union européenne ou d'un autre État partie à l'accord sur l'Espace économique européen (Décr. n° 2014-1286 du 23 oct. 2014, art. 1er et 2).

Art. L. 4241-15 *(Ord. n° 2008-507 du 30 mai 2008, art. 29)* Le préparateur en pharmacie hospitalière peut faire usage de son titre de formation dans la langue de l'État qui le lui a délivré. Il est tenu de faire figurer le lieu et l'établissement où il a été obtenu.

(Ord. n° 2009-1585 du 17 déc. 2009, art. 7-VII) « Dans le cas où le titre de formation de l'État d'origine, membre ou partie, est susceptible d'être confondu avec un titre exigeant en France une formation complémentaire, l'autorité compétente peut décider que le préparateur en pharmacie hospitalière fera état du titre de formation de l'État d'origine, membre ou partie, dans une forme appropriée qu'elle lui indique.

« L'intéressé porte le titre professionnel de préparateur en pharmacie hospitalière. »

Art. L. 4241-16 *(Ord. n° 2008-507 du 30 mai 2008, art. 29 ; Ord. n° 2009-1585 du 17 déc. 2009, art. 7-VIII)* Le préparateur en pharmacie hospitalière, ressortissant d'un État membre de l'Union européenne ou d'un autre État partie à l'accord sur l'Espace économique européen qui est établi et exerce légalement les activités de préparateur en pharmacie hospitalière dans un État, membre ou partie, peut exécuter en France des actes professionnels de manière temporaire et occasionnelle.

(Ord. n° 2017-50 du 19 janv. 2017, art. 2) « Lorsque l'exercice ou la formation conduisant à la profession n'est pas réglementé dans l'État où il est établi, le prestataire de services doit justifier avoir exercé dans un ou plusieurs États, membres ou parties, pendant un an au moins à temps plein ou à temps partiel pendant une durée totale équivalente au cours des dix années précédentes. »

L'exécution de ces actes est subordonnée à une déclaration préalable, qui est accompagnée de pièces justificatives dont la liste est fixée par arrêté du ministre chargé de la santé. *(Ord. n° 2017-50 du 19 janv. 2017, art. 3-I)* « Le prestataire joint une déclaration concernant les connaissances linguistiques nécessaires à la réalisation de la prestation. »

Le prestataire de services est soumis aux conditions d'exercice de la profession ainsi qu'aux règles professionnelles applicables en France.

Les qualifications professionnelles du prestataire sont vérifiées par l'autorité compétente, après avis d'une commission composée notamment de professionnels, avant la première prestation de services. *(Ord. n° 2017-50 du 19 janv. 2017, art. 4-I)* « En cas de différence substantielle entre les qualifications du prestataire et la formation exigée en France, de nature à nuire à la santé publique, l'autorité compétente soumet le professionnel à une épreuve d'aptitude. »

Le prestataire de services peut faire usage de son titre de formation dans la langue de l'État qui le lui a délivré. Il est tenu de faire figurer le lieu et l'établissement où il l'a obtenu.

Dans le cas où le titre de formation de l'État d'origine, membre ou partie, est susceptible d'être confondu avec un titre exigeant en France une formation complémentaire, l'autorité compétente peut décider que l'intéressé fera état du titre de formation de l'État d'origine, membre ou partie, dans une forme appropriée qu'elle lui indique.

La prestation de services est réalisée sous le titre professionnel de l'État d'établissement, de manière à éviter toute confusion avec le titre professionnel français. Toutefois, dans le cas où les qualifications ont été vérifiées, la prestation de services est réalisée sous le titre professionnel français.

Art. L. 4241-16-1 *(Ord. n° 2009-1585 du 17 déc. 2009, art. 7-IX)* La commission mentionnée à l'article L. 4241-5 est compétente pour l'application des articles L. 4241-7, L. 4241-11, L. 4241-14 et L. 4241-16.

Art. L. 4241-17 *(Ord. n° 2008-507 du 30 mai 2008, art. 29 ; Ord. n° 2009-1585 du 17 déc. 2009, art. 7-X)* Le préparateur en pharmacie hospitalière, lors de la délivrance de l'autorisation d'exercice ou de la déclaration de prestation de services, doit posséder les connaissances linguistiques nécessaires à l'exercice de la profession et celles relatives aux systèmes de poids et mesures utilisés en France.

(Ord. n° 2017-50 du 19 janv. 2017, art. 3-II) « Le contrôle de la maîtrise de la langue doit être proportionné à l'activité à exercer et réalisé une fois la qualification professionnelle reconnue. »

Art. L. 4241-18 *(Ord. n° 2009-1585 du 17 déc. 2009, art. 7-XI)* Sont déterminés par décret en Conseil d'État :

1° En tant que de besoin, les modalités d'exercice et les règles professionnelles ;

2° Le fonctionnement de la commission mentionnée aux articles L. 4241-7 et L. 4241-14 et les conditions dans lesquelles l'intéressé est soumis à une mesure de compensation ;

3° Les modalités de vérification des qualifications professionnelles mentionnées aux articles L. 4241-11 et L. 4241-16.

CHAPITRE II *[ABROGÉ]* DÉVELOPPEMENT PROFESSIONNEL CONTINU

(Abrogé par L. nº 2016-41 du 26 janv. 2016, art. 114-I-3º) (L. nº 2009-879 du 21 juill. 2009, art. 59-XVII)

Art. L. 4242-1 *Abrogé par L. nº 2016-41 du 26 janv. 2016, art. 114-I-3º.*

CHAPITRE III DISPOSITIONS PÉNALES

Art. L. 4243-1 *(Ord. nº 2005-1040 du 26 août 2005)* L'exercice illégal de la profession de préparateur en pharmacie *(L. nº 2009-879 du 21 juill. 2009, art. 67-I)* « et de préparateur en pharmacie hospitalière » est puni d'un an d'emprisonnement et de 15 000 euros d'amende.

Les personnes physiques encourent également les peines complémentaires suivantes :

a) L'affichage ou la diffusion de la décision prononcée, dans les conditions prévues par l'article 131-35 du code pénal ;

b) La confiscation de la chose qui a servi ou était destinée à commettre l'infraction ou de la chose qui en est le produit, conformément à l'article 131-21 du code pénal ;

c) L'interdiction définitive ou pour une durée de cinq ans au plus d'exercer une ou plusieurs professions régies par le présent code ou toute autre activité professionnelle ou sociale à l'occasion de l'exercice de laquelle l'infraction a été commise, suivant les modalités prévues par l'article 131-27 du code pénal.

Le fait d'exercer cette activité malgré une décision judiciaire d'interdiction définitive ou temporaire est puni des mêmes peines.

(L. nº 2009-526 du 12 mai 2009, art. 125-XXI-18º) « Les personnes morales déclarées responsables pénalement, dans les conditions prévues par l'article 121-2 du code pénal, de l'infraction définie au présent article encourent, outre l'amende suivant les modalités prévues par l'article 131-38 du code pénal, les peines prévues par les 2° à 9° de l'article 131-39 du même code. L'interdiction mentionnée au 2° de l'article 131-39 du même code porte sur une ou plusieurs professions régies par le présent code ou toute autre activité professionnelle ou sociale à l'occasion de l'exercice de laquelle l'infraction a été commise. »

Art. L. 4243-2 *(Ord. nº 2005-1040 du 26 août 2005)* L'usage sans droit de la qualité de préparateur en pharmacie *(L. nº 2009-879 du 21 juill. 2009, art. 67-II)* « ou de préparateur en pharmacie hospitalière » ou d'un diplôme, certificat ou autre titre légalement requis pour l'exercice de *(L. nº 2009-879 du 21 juill. 2009, art. 67-II)* « ces professions » est puni comme le délit d'usurpation de titre prévu à l'article 433-17 du code pénal.

(L. nº 2009-526 du 12 mai 2009, art. 125-XXI-19º) « Les personnes morales déclarées responsables pénalement, dans les conditions prévues par l'article 121-2 du code pénal, de l'infraction définie au présent article encourent l'amende prévue à l'article 433-17 du code pénal suivant les modalités prévues par l'article 131-38 du même code, ainsi que les peines prévues aux 2° à 4° de l'article 433-25 du même code. »

Art. L. 4243-3 *(L. nº 2004-806 du 9 août 2004, art. 99-III)* Le fait pour un pharmacien d'employer, même occasionnellement, aux opérations prévues à l'article L. 4241-1 une personne ne satisfaisant pas aux conditions fixées par le présent titre est puni *(Ord. nº 2005-1040 du 26 août 2005)* « d'un an d'emprisonnement et de 15 000 euros d'amende ».

Monopole. Les préparateurs en pharmacie sont seuls autorisés à seconder le titulaire de l'officine et les pharmaciens qui l'assistent, dans la préparation et la délivrance au public des médicaments destinés à la médecine humaine et à la médecine vétérinaire. • Crim. 13 mars 1984 : *Bull. crim. nº 109 ; JCP 1984. II. 20297, note Nocquet.* ♦ La violation des dispositions légales, consistant à confier à d'autres personnes des tâches réservées par la loi aux préparateurs en pharmacie, est de nature à causer à cette profession, envisagée dans son ensemble et représentée par le syndicat demandeur, un préjudice matériel et moral dont ledit syndicat est en droit de demander réparation. • Crim. 20 nov. 1984 : *Bull. crim. n° 353.*

CHAPITRE IV COMPÉTENCES RESPECTIVES DE L'ÉTAT ET DE LA RÉGION

Art. L. 4244-1 *(L. n° 2004-809 du 13 août 2004, art. 73-X)* **L'État fixe les conditions d'accès à la formation des préparateurs en pharmacie hospitalière. Il détermine le programme de formation, l'organisation des études, les modalités d'évaluation des apprentis ou élèves et délivre le diplôme.**

(*L. n° 2011-525 du 17 mai 2011, art. 39-I-1°*) « Le directeur général de l'agence régionale de santé contrôle le suivi des programmes et la qualité de la formation. »

La région a la charge du fonctionnement et de l'équipement des centres de formation des préparateurs en pharmacie hospitalière dans les conditions prévues à l'article L. 4383-5.

Art. L. 4244-2 *(L. n° 2011-525 du 17 mai 2011, art. 39-I-2°)* **La création des centres de formation de préparateurs en pharmacie hospitalière fait l'objet d'une autorisation délivrée par le président du conseil régional, après avis du représentant de l'État dans la région.**

Le président du conseil régional agrée, après avis du directeur général de l'agence régionale de santé, les directeurs des centres de formation de préparateurs en pharmacie hospitalière.

Les autorisations et agréments mentionnés au présent article peuvent être retirés en cas de non-respect des dispositions législatives ou réglementaires régissant l'organisation de la formation et d'incapacité ou de faute grave des dirigeants de ces centres de formation.

Les conditions dans lesquelles sont délivrés les autorisations et les agréments sont fixées par voie réglementaire.

TITRE CINQUIÈME PROFESSION DE PHYSICIEN MÉDICAL

(Ord. n° 2017-48 du 19 janv. 2017, art. 1er-2°)

CHAPITRE PREMIER RÈGLES LIÉES À L'EXERCICE DE LA PROFESSION

Art. L. 4251-1 **Le physicien médical exerce au sein d'une équipe pluri-professionnelle.**

Il apporte son expertise pour toute question relative à la physique des rayonnements ou de tout autre agent physique dans les applications médicales relevant de son champ d'intervention.

Il est chargé de la qualité d'image, de la dosimétrie et de l'exposition aux autres agents physiques.

Il s'assure notamment que les équipements, les données et procédés de calcul utilisés pour déterminer et délivrer les doses et les activités des substances radioactives administrées au patient sont appropriés et permettent de concourir à une optimisation de l'exposition aux rayonnements ionisants.

Les missions et les conditions d'intervention du physicien médical, en radiothérapie, en médecine nucléaire et en imagerie médicale, notamment les actes réalisés sur prescription médicale, sont définies par décret en Conseil d'État, pris après avis de l'Académie nationale de médecine.

Art. L. 4251-2 **Peuvent exercer la profession de physicien médical et en porter le titre les personnes titulaires du diplôme de qualification en physique radiologique et médicale ou du diplôme de physicien médical.**

Par dérogation au premier alinéa, peuvent également exercer la profession de physicien médical et en porter le titre les personnes auxquelles a été délivré un agrément en tant que radiophysicien avant le 28 novembre 2004.

Les modalités de la formation, les conditions d'accès, les compétences à acquérir, les modalités d'évaluation ainsi que les conditions de délivrance de ces diplômes sont fixées par décret.

Art. L. 4251-3 I. – *(Ord. nº 2018-20 du 17 janv. 2018, art. 15)* « Sous réserve des dispositions de l'article L. 4061-1, » sont tenues de se faire enregistrer auprès du service ou de l'organisme désigné à cette fin par le ministre chargé de la santé les personnes ayant obtenu un titre de formation ou une autorisation requis pour l'exercice de la profession de physicien médical, avant leur entrée dans la profession, ainsi que celles qui, ne l'exerçant pas, ont obtenu leur titre de formation depuis moins de trois ans.

L'enregistrement de ces personnes est réalisé après vérification des pièces justificatives attestant de leur identité et de leur titre de formation ou de leur autorisation. Elles informent le même service ou organisme de tout changement de résidence ou de situation professionnelle.

La procédure d'enregistrement est sans frais.

II. – Pour les personnes ayant exercé la profession de physicien médical, l'obligation d'information relative au changement de résidence est maintenue pendant une période de trois ans à compter de la cessation de leur activité.

Art. L. 4251-4 Les organismes délivrant les titres de formation transmettent ces titres au service ou à l'organisme mentionné à l'article L. 4251-3 sous forme d'informations certifiées.

Lorsqu'elles sont disponibles, ces informations certifiées tiennent lieu de pièces justificatives pour l'accomplissement des obligations prévues à l'article L. 4251-3.

Art. L. 4251-5 L'autorité compétente peut, après avis d'une commission composée notamment de professionnels de santé, autoriser individuellement à exercer la profession de physicien médical les ressortissants d'un État membre de l'Union européenne ou d'un État partie à l'accord sur l'Espace économique européen qui, sans posséder le diplôme prévu à l'article L. 4251-2, sont titulaires :

1º De titres de formation délivrés par un ou plusieurs États, membres ou parties, et requis par l'autorité compétente de ces États, membres ou parties, qui réglementent l'accès à cette profession ou son exercice, et permettant d'exercer légalement ces fonctions dans ces États ;

2º Ou, lorsque les intéressés ont exercé dans un ou plusieurs États, membres ou parties, qui ne réglementent ni la formation, ni l'accès à cette profession ou son exercice, de titres de formation délivrés par un ou plusieurs États, membres ou parties, attestant de la préparation à l'exercice de la profession, accompagnés d'une attestation justifiant, dans ces États, de son exercice à temps plein pendant un an ou à temps partiel pendant une durée totale équivalente au cours des dix dernières années ;

3º Ou d'un titre de formation délivré par un État tiers et reconnu dans un État, membre ou partie, autre que la France, permettant d'y exercer légalement la profession. L'intéressé justifie avoir exercé la profession pendant trois ans à temps plein ou à temps partiel pendant une durée totale équivalente dans cet État, membre ou partie.

Dans ces cas, lorsque l'examen des qualifications professionnelles attestées par l'ensemble des titres de formation initiale, de l'expérience professionnelle pertinente et de la formation tout au long de la vie ayant fait l'objet d'une validation par un organisme compétent fait apparaître des différences substantielles au regard des qualifications requises pour l'accès à la profession et son exercice en France, l'autorité compétente exige que l'intéressé se soumette à une mesure de compensation.

Selon le niveau de qualification exigé en France et celui détenu par l'intéressé, l'autorité compétente peut soit proposer au demandeur de choisir entre un stage d'adaptation ou une épreuve d'aptitude, soit imposer un stage d'adaptation ou une épreuve d'aptitude, soit imposer un stage d'adaptation et une épreuve d'aptitude.

La nature des mesures de compensation selon les niveaux de qualification en France et dans les autres États, membres ou parties, est fixée par arrêté du ministre chargé de la santé.

La délivrance de l'autorisation d'exercice permet au bénéficiaire d'exercer la profession dans les mêmes conditions que les personnes titulaires du diplôme mentionné à l'article L. 4251-2.

Art. L. 4251-6 Le physicien médical, ressortissant d'un État membre de l'Union européenne ou d'un autre État partie à l'accord sur l'Espace économique européen, qui est établi et exerce légalement les activités de physicien médical dans un État, membre ou partie, peut exécuter en France des actes professionnels de manière temporaire et occasionnelle.

Lorsque l'exercice ou la formation conduisant à la profession n'est pas réglementé dans l'État où il est établi, le prestataire de services doit justifier avoir exercé dans un ou plusieurs États, membres ou parties, pendant un an au moins à temps plein ou à temps partiel pendant une durée totale équivalente au cours des dix années précédentes.

L'exécution de ces actes est subordonnée à une déclaration préalable, qui est accompagnée de pièces justificatives dont la liste est fixée par arrêté du ministre chargé de la santé.

Le prestataire accompagne sa demande d'une déclaration concernant ses connaissances linguistiques.

Le prestataire de services est soumis aux conditions d'exercice de la profession ainsi qu'aux règles professionnelles applicables en France.

Les qualifications professionnelles du prestataire sont vérifiées par l'autorité compétente après avis d'une commission composée notamment de professionnels, avant la première prestation de services. En cas de différence substantielle entre les qualifications du prestataire et la formation exigée en France, de nature à nuire à la santé publique, l'autorité compétente soumet le professionnel à une épreuve d'aptitude.

Le prestataire de services peut faire usage de son titre de formation dans la langue de l'État qui le lui a délivré. Il est tenu de faire figurer le lieu et l'établissement où il l'a obtenu.

Dans le cas où le titre de formation de l'État d'origine, membre ou partie, est susceptible d'être confondu avec un titre exigeant en France une formation complémentaire, l'autorité compétente peut décider que l'intéressé fera état du titre de formation de l'État d'origine, membre ou partie, dans une forme appropriée qu'elle lui indique.

La prestation de services est réalisée sous le titre professionnel de l'État d'établissement, de manière à éviter toute confusion avec le titre professionnel français. Toutefois, dans le cas où les qualifications ont été vérifiées, la prestation de services est réalisée sous le titre professionnel français.

Art. L. 4251-7 Le physicien médical, lors de la délivrance de l'autorisation d'exercice ou de la déclaration de prestation de services, doit posséder les connaissances linguistiques nécessaires à l'exercice de la profession et celles relatives aux systèmes de poids et mesures utilisés en France.

Le contrôle de la maîtrise de la langue doit être proportionné à l'activité à exercer et réalisé une fois la qualification professionnelle reconnue.

Art. L. 4251-8 Sont déterminés par décret en Conseil d'État :

1° En tant que de besoin, les modalités d'exercice et les règles professionnelles ;

2° La composition et le fonctionnement de la commission mentionnée à l'article L. 4251-5 et les conditions dans lesquelles l'intéressé est soumis à une mesure de compensation ;

3° Les modalités d'organisation de l'épreuve d'aptitude mentionnée à l'article L. 4251-6.

CHAPITRE II DISPOSITIONS PÉNALES

Art. L. 4252-1 Exerce illégalement la profession de physicien médical :

Toute personne qui pratique la physique médicale, au sens de l'article L. 4251-1, sans être titulaire du diplôme de qualification en physique radiologique et médicale ou du diplôme de physicien médical ou de tout autre titre mentionné à l'article L. 4251-5 exigé pour l'exercice de la profession de physicien médical ou sans relever de l'article L. 4364-6.

Le présent article ne s'applique pas aux étudiants en physique médicale qui effectuent un stage dans le cadre de leur formation.

Art. L. 4252-2 L'exercice illégal de la profession de physicien médical est puni de deux ans d'emprisonnement et de 30 000 € d'amende.

Les personnes physiques encourent également les peines complémentaires suivantes :

1° L'affichage ou la diffusion de la décision prononcée, dans les conditions prévues par l'article 131-35 du code pénal ;

2° La confiscation de la chose qui a servi ou était destinée à commettre l'infraction ou de la chose qui en est le produit, conformément à l'article 131-21 du code pénal ;

3° L'interdiction définitive ou pour une durée de cinq ans au plus d'exercer une ou plusieurs professions régies par le présent code ou toute autre activité professionnelle ou sociale à l'occasion de l'exercice de laquelle l'infraction a été commise, suivant les modalités prévues par l'article 131-27 du code pénal.

Le fait d'exercer cette activité malgré une décision judiciaire d'interdiction définitive ou temporaire est puni des mêmes peines.

Les personnes morales déclarées responsables pénalement, dans les conditions prévues par l'article 121-2 du code pénal, de l'infraction définie au présent article encourent, outre l'amende suivant les modalités prévues par l'article 131-38 du code pénal, les peines prévues par les 2° à 9° de l'article 131-39 du même code. L'interdiction mentionnée au 2° de l'article 131-39 du même code porte sur une ou plusieurs professions régies par le présent code ou toute autre activité professionnelle ou sociale à l'occasion de l'exercice de laquelle l'infraction a été commise.

Art. L. 4252-3 L'usage sans droit de la qualité de physicien médical ou d'un diplôme, certificat ou autre titre légalement requis pour l'exercice de ces professions est puni comme le délit d'usurpation de titre prévu à l'article 433-17 du code pénal.

Les personnes morales déclarées responsables pénalement, dans les conditions prévues par l'article 121-2 du code pénal, de l'infraction définie au présent article encourent l'amende prévue à l'article 433-17 du code pénal suivant les modalités prévues par l'article 131-38 du même code, ainsi que les peines prévues aux 2° à 4° de l'article 433-25 du même code.

LIVRE TROISIÈME AUXILIAIRES MÉDICAUX, AIDES-SOIGNANTS, AUXILIAIRES DE PUÉRICULTURE, AMBULANCIERS ET ASSISTANTS DENTAIRES *(Ord. n° 2009-1585 du 17 déc. 2009, art. 8 ; L. n° 2016-41 du 26 janv. 2016, art. 120-1°).*

BIBL. ▶ GUIGANTI, La notion « d'auxiliaire médical » et la mutation de la profession infirmière, *RDSS 2017. 708*. – MORET-BAILLY, Les modes de définition des professions de santé : présent et avenir, *RDSS 2008. 508* ; Les ordres professionnels des professions d'auxiliaires médicaux, *RDSS 2007. 472*.

TITRE PRÉLIMINAIRE EXERCICE EN PRATIQUE AVANCÉE

(L. n° 2016-41 du 26 janv. 2016, art. 119-1°)

BIBL. ▶ POIROT-MAZÈRES, Nouveaux métiers et pratiques renouvelées en santé, autre réponse aux déserts médicaux, *RGDM mars 2016, n° 58, p. 77.*

Art. L. 4301-1 *(Ord. n° 2018-20 du 17 janv. 2018, art. 16)* « I. — Les auxiliaires médicaux relevant des titres Ier à VII du présent livre peuvent exercer en pratique avancée :

« 1° Au sein d'une équipe de soins primaires coordonnée par le médecin traitant ou d'une équipe de soins d'un centre médical du service de santé des armées coordonnée par un médecin des armées ;

« 2° Au sein d'une équipe de soins en établissements de santé, en établissements médico-sociaux ou en hôpitaux des armées coordonnée par un médecin ;

« 3° En assistance d'un médecin spécialiste, hors soins primaires, en pratique ambulatoire. »

Un décret en Conseil d'État, pris après avis de l'Académie nationale de médecine et des représentants des professionnels de santé concernés, définit pour chaque profession d'auxiliaire médical :

1° Les domaines d'intervention en pratique avancée qui peuvent comporter :

a) Des activités d'orientation, d'éducation, de prévention ou de dépistage ;

b) Des actes d'évaluation et de conclusion clinique, des actes techniques et des actes de surveillance clinique et para-clinique ;

c) Des prescriptions de produits de santé non soumis à prescription médicale obligatoire, des prescriptions d'examens complémentaires et des renouvellements ou adaptations de prescriptions médicales ;

2° Les conditions et les règles de l'exercice en pratique avancée.

II. – Peuvent exercer en pratique avancée les professionnels mentionnés au I qui justifient d'une durée d'exercice minimale de leur profession et d'un diplôme de formation en pratique avancée délivré par une université habilitée à cette fin dans les conditions mentionnées au III.

Sont tenues de se faire enregistrer auprès du service ou de l'organisme désigné à cette fin par le ministre chargé de la santé, avant un exercice professionnel, les personnes ayant obtenu un titre de formation requis pour l'exercice en pratique avancée.

La nature du diplôme, la durée d'exercice minimale de la profession et les modalités d'obtention du diplôme et de reconnaissance des qualifications professionnelles des ressortissants européens sont définies par décret.

III. – Toute université assurant une formation conduisant à la délivrance du diplôme de formation en pratique avancée doit avoir été habilitée à cet effet sur le fondement d'un référentiel de formation défini par arrêté conjoint des ministres chargés de la santé et de l'enseignement supérieur, dans le cadre de la procédure d'accréditation de son offre de formation.

IV. – Les règles professionnelles et éthiques de chaque profession, ainsi que celles communes à l'ensemble des professionnels de santé, notamment celles figurant aux articles L. 1110-4 et L. 1111-2, demeurent applicables sous réserve, le cas échéant, des dispositions particulières ou des mesures d'adaptation nécessaires prises par décret en Conseil d'État.

Le professionnel agissant dans le cadre de la pratique avancée est responsable des actes qu'il réalise dans ce cadre.

COMMENTAIRE

V. Commentaire reproduit sur Dalloz.fr.

TITRE PREMIER PROFESSION D'INFIRMIER OU D'INFIRMIÈRE

CHAPITRE PREMIER RÈGLES LIÉES À L'EXERCICE DE LA PROFESSION

(Ord. n° 2009-1586 du 17 déc. 2009, art. 1er-II).

Art. L. 4311-1 Est considérée comme exerçant la profession d'infirmière ou d'infirmier toute personne qui donne habituellement des soins infirmiers sur prescription ou conseil médical, ou en application du rôle propre qui lui est dévolu.

L'infirmière ou l'infirmier participe à différentes actions, notamment en matière de prévention, d'éducation de la santé et de formation ou d'encadrement.

(L. n° 2007-1786 du 19 déc. 2007, art. 40) « L'infirmière ou l'infirmier peut effectuer certaines vaccinations, sans prescription médicale, dont la liste, les modalités et les conditions de réalisation sont fixées par décret en Conseil d'État, pris après avis *(L. n° 2017-220 du 23 févr. 2017, art. 4-III)* « de la Haute Autorité de santé ».

(L. n° 2009-879 du 21 juill. 2009, art. 88-I) « L'infirmière ou l'infirmier est autorisé à renouveler les prescriptions, datant de moins d'un an, de médicaments contraceptifs oraux *(L. n° 2011-525 du 17 mai 2011, art. 89-II)* « , sauf s'ils figurent sur une liste fixée par arrêté du ministre chargé de la santé, sur proposition » de *(L. n° 2011-2012 du 29 déc. 2011, art. 5-IV)* « l'Agence nationale de sécurité du médicament et des produits de santé », pour une durée maximale de six mois, non renouvelable. Cette disposition est également applicable aux infirmières et infirmiers exerçant dans les établissements mentionnés au *(L. n° 2012-1404 du 17 déc. 2012, art. 52-II-1°)* « troisième » alinéa du I de l'article L. 5134-1 et dans les services mentionnés au premier alinéa de l'article L. 2112-1 et à l'article L. 2311-4. »

(L. n° 2006-1640 du 21 déc. 2006, art. 51) « Un arrêté des ministres chargés de la santé et de la sécurité sociale fixe la liste des dispositifs médicaux que les infirmiers, *lorsqu'ils agissent sur prescription* médicale, peuvent prescrire à leurs patients sauf en cas d'indication contraire du médecin et sous réserve, pour les dispositifs médicaux pour lesquels l'arrêté le précise, d'une information du médecin traitant désigné par leur patient. »

(L. n° 2016-41 du 26 janv. 2016, art. 134-III) « L'infirmier ou l'infirmière peut prescrire des substituts nicotiniques. »

Notion de soins infirmiers. Si une séance de soins infirmiers à domicile comprend l'ensemble des actions de soins liés aux fonctions d'entretien et de continuité de la vie, visant à protéger, maintenir, restaurer ou compenser les capacités d'autonomie de la personne, les actes consistant à accompagner une patiente dans la salle de bain, la déshabiller et l'installer dans la baignoire, puis l'aider à se rhabiller, ne relèvent pas d'une action de soins et ne sauraient justifier la cotation d'une séance de soins infirmiers. • Civ. 2e, 17 déc. 2015, ☎ n° 14-29.007 P.

Art. L. 4311-2 Sous réserve des dispositions des articles L. 4311-4 et L. 4311-5, peuvent exercer la profession d'infirmier ou d'infirmière les personnes titulaires d'un diplôme, certificat ou titre mentionné aux articles L. 4311-3 et L. 4311-4, ou titulaires des autorisations prévues aux articles L. 4311-9 et L. 4311-10.

Art. L. 4311-3 *(Ord. n° 2008-507 du 30 mai 2008, art. 30)* Les titres de formation exigés en application de l'article L. 4311-2 sont pour l'exercice de la profession d'infirmier responsable des soins généraux :

1° Soit le diplôme français d'État d'infirmier ou d'infirmière ;

(Ord. n° 2009-1585 du 17 déc. 2009, art. 9-I) « 2° Soit, si l'intéressé est ressortissant d'un État membre de l'Union européenne ou d'un autre État partie à l'accord sur l'Espace économique européen :

« *a)* Un titre de formation d'infirmier responsable des soins généraux délivré par l'un de ces États conformément aux obligations communautaires et figurant sur une liste établie par arrêté du ministre chargé de la santé ;

« *b)* Un titre de formation d'infirmier responsable des soins généraux délivré par un État, membre ou partie, conformément aux obligations communautaires, ne figurant pas sur la liste mentionnée au *a*, s'il est accompagné d'une attestation de cet État certifiant qu'il sanctionne une formation conforme à ces obligations et qu'il est assimilé, par lui, aux titres de formation figurant sur cette liste ;

« *c)* Un titre de formation d'infirmier responsable des soins généraux délivré par un État, membre ou partie, sanctionnant une formation d'infirmier responsable des soins généraux commencée dans cet État antérieurement aux dates figurant dans l'arrêté mentionné au *a* et non conforme aux obligations communautaires, s'il est accompagné d'une attestation de l'un de ces États certifiant que le titulaire du titre de formation s'est consacré, dans cet État, de façon effective et licite aux activités d'infirmier responsable des soins généraux pendant au moins trois années consécutives au cours des cinq années précédant la délivrance de l'attestation ;

« *d)* Un titre de formation d'infirmier responsable des soins généraux délivré par l'ancienne Tchécoslovaquie, l'ancienne Union soviétique ou l'ancienne Yougoslavie ou qui sanctionne une formation commencée avant la date d'indépendance de la République tchèque, de la Slovaquie, de l'Estonie, de la Lettonie, de la Lituanie ou de la Slovénie, s'il est accompagné d'une attestation des autorités compétentes de la République tchèque ou de la Slovaquie pour les titres de formation délivrés par l'ancienne Tchécoslovaquie, de l'Estonie, de la Lettonie ou de la Lituanie pour les titres de formation délivrés par l'ancienne Union soviétique, de la Slovénie pour les titres de formation délivrés par l'ancienne Yougoslavie, certifiant qu'il a la même validité sur le plan juridique que les titres de formation délivrés par cet État.

« Cette attestation est accompagnée d'un certificat délivré par ces mêmes autorités indiquant que son titulaire a exercé dans cet État, de façon effective et licite, la profession d'infirmier responsable des soins généraux pendant au moins trois années consécutives au cours des cinq années précédant la délivrance du certificat ;

« *e)* Un titre de formation d'infirmier responsable des soins généraux sanctionnant une formation commencée en Pologne ou en Roumanie antérieurement aux dates figurant dans l'arrêté mentionné au *a* et non conforme aux obligations communautaires, si cet État atteste que l'intéressé a exercé dans cet État, de façon effective et licite, la profession d'infirmier responsable des soins généraux pendant des périodes fixées par arrêté du ministre chargé de la santé » ;

(Ord. n° 2017-50 du 19 janv. 2017, art. 9-IV) « *f)* Un titre de formation d'infirmier délivré par la Pologne et sanctionnant une formation terminée avant le 1er mai 2004 et non conforme aux obligations communautaires, si le titre de formation comporte un programme spécial de revalorisation lui permettant d'être assimilé à un titre figurant sur la liste mentionnée au *a* ;

« *g)* Un titre de formation d'infirmier responsable de soins généraux délivrés par la Roumanie et non conforme aux obligations communautaires s'il est accompagné d'une attestation certifiant que l'intéressé a exercé dans cet État, de façon effective et licite, les activités d'infirmier de soins généraux, y compris la responsabilité de la planification, de l'organisation et de l'exécution de soins aux patients pendant au moins trois années consécutives au cours des cinq années précédant la date de l'attestation. »

3° Soit le diplôme d'infirmier ou d'infirmière délivré par l'école universitaire d'infirmiers de la Principauté d'Andorre.

Union européenne. L'appréciation de l'équivalence du diplôme obtenu dans un autre État membre doit s'effectuer exclusivement en considération du degré des connaissances et qualifications que ce diplôme, compte tenu de la nature et de la durée des études et des formations pratiques dont il atteste l'accomplissement, permet de présumer dans le chef du titulaire. • CJCE 25 juill. 1991, *Commission c/ République italienne*, n° C-58/90. ♦ Aucune différence ne doit être faite entre la qualité de ressortissant national et celle de ressortissant d'un autre État membre. • Même arrêt.

Art. L. 4311-4 *(Ord. n° 2008-507 du 30 mai 2008, art. 30 ; Ord. n° 2009-1585 du 17 déc. 2009, art. 9-II)* **L'autorité compétente peut, après avis d'une commission composée notamment de professionnels, autoriser individuellement à exercer la profession d'infirmier ou d'infirmière les ressortissants d'un État membre de l'Union européenne ou d'un autre État partie à l'accord sur l'Espace économique européen, qui sont titulaires :**

1° D'un titre de formation d'infirmier responsable des soins généraux délivré par l'un de ces États ne répondant pas aux conditions prévues par l'article L. 4311-3 mais permettant d'exercer légalement la profession d'infirmier responsable des soins généraux dans cet État ;

2° Ou d'un titre de formation d'infirmier responsable des soins généraux délivré par un État tiers et reconnu dans un État, membre ou partie, autre que la France, permettant d'y exercer légalement la profession. *(Ord. n° 2017-50 du 19 janv. 2017, art. 7-II)* **« L'intéressé justifie avoir exercé la profession pendant trois ans à temps plein ou à temps partiel pendant une durée totale équivalente dans cet État, membre ou partie. »**

Dans ces cas, lorsque l'examen des qualifications professionnelles attestées par *(L. n° 2009-179 du 17 févr. 2009, art. 38)* **« l'ensemble des titres de** *(Ord. n° 2017-50 du 19 janv. 2017, art. 8-I-1°)* **« formation initiale, » de » l'expérience professionnelle pertinente** *(Ord. n° 2017-50 du 19 janv. 2017, art. 8-I-2°)* **« et de la formation tout au long de la vie ayant fait l'objet d'une validation par un organisme compétent » fait apparaître des différences substantielles au regard des qualifications requises pour l'accès à la profession et son exercice en France, l'autorité compétente exige que l'intéressé se soumette à une mesure de compensation.**

(Ord. n° 2017-50 du 19 janv. 2017, art. 8-II) **« Selon le niveau de qualification exigé en France et celui détenu par l'intéressé, l'autorité compétente peut soit proposer au demandeur de choisir entre un stage d'adaptation ou une épreuve d'aptitude, soit imposer un stage d'adaptation ou une épreuve d'aptitude, soit imposer un stage d'adaptation et une épreuve d'aptitude.**

« La nature des mesures de compensation selon les niveaux de qualification en France et dans les autres États, membres ou parties, est fixée par arrêté du ministre chargé de la santé. »

La délivrance de l'autorisation d'exercice permet au bénéficiaire d'exercer la profession d'infirmier dans les mêmes conditions que les personnes titulaires du diplôme mentionné à l'article L. 4311-3.

Lorsque le ressortissant d'un État, membre ou partie, est titulaire d'un diplôme permettant l'exercice des fonctions soit d'infirmier anesthésiste, soit d'infirmier de bloc opératoire, soit de puéricultrice, l'autorité compétente peut autoriser individuellement l'exercice de la profession d'infirmier anesthésiste, d'infirmier de bloc opératoire ou de puéricultrice, après avis de la commission mentionnée au premier alinéa et dans les conditions prévues au quatrième alinéa du présent article. Dans ce cas, la composition de la commission est adaptée pour tenir compte de la spécialité demandée.

En application des art. L. 231-5 et L. 231-6 du CRPA, le silence gardé pendant quatre mois par l'administration vaut décision de rejet pour les demandes d'autorisation d'exercer la profession d'infir-

mier ou d'infirmière accordée individuellement aux ressortissants d'un État membre de l'Union européenne ou d'un autre État partie à l'accord sur l'Espace économique européen (Décr. n° 2014-1286 du 23 oct. 2014, art. 1er et 2).

Art. L. 4311-5 **Un diplôme d'État d'infirmier de secteur psychiatrique est attribué de droit aux infirmiers titulaires du diplôme de secteur psychiatrique. Le diplôme d'État d'infirmier est délivré par l'autorité administrative, sur proposition d'une commission composée en nombre égal de médecins, d'infirmiers diplômés d'État et d'infirmiers de secteur psychiatrique titulaires d'un diplôme de cadre de santé, aux candidats qui ont suivi un complément de formation. Un décret fixe les modalités d'application du présent article.**

En application des art. L. 231-5 et L. 231-6 du CRPA, le silence gardé pendant deux mois par l'administration vaut décision de rejet pour les demandes d'obtention du diplôme d'État d'infirmier du secteur psychiatrique par les candidats infirmiers titulaires du diplôme d'État de secteur psychiatrique qui ont suivi un complément de formation (Décr. n° 2014-1286 du 23 oct. 2014, art. 1er et 2).

Art. L. 4311-6 **Les infirmiers titulaires du diplôme d'État d'infirmier de secteur psychiatrique peuvent exercer la profession d'infirmier dans les établissements** *(Ord. n° 2010-177 du 23 févr. 2010, art. 1er-15°)* **« de santé publics et privés », dans les établissements et services sociaux et médico-sociaux mentionnés aux articles L. 312-1, L. 312-10 et L. 312-14 du code de l'action sociale et des familles, dans les établissements et services mentionnés aux articles L. 344-1 et L. 344-7 du code de l'action sociale et des familles, dans les établissements de santé des armées, à l'Institution nationale des invalides, dans les services et les établissements relevant du ministère chargé de l'éducation nationale, dans les services de médecine du travail et dans les services de la protection judiciaire de la jeunesse.**

Art. L. 4311-7 **Pour l'obtention du diplôme d'État d'infirmier ou d'infirmière, les candidats ne peuvent être admis à subir les examens que s'ils ont accompli leur scolarité dans un institut de formation en soins infirmiers** *(L. n° 2004-809 du 13 août 2004, art. 73-I)* **« autorisé dans les conditions prévues à l'article L. 4382-3 ».**

Art. L. 4311-8 *(Ord. n° 2008-507 du 30 mai 2008, art. 30)* **L'infirmier ou l'infirmière peut faire usage de son titre de formation dans la langue de l'État qui le lui a délivré. Il ou elle est tenu de faire figurer le lieu et l'établissement où il l'a obtenu.**

(Ord. n° 2009-1585 du 17 déc. 2009, art. 9-III) **« Dans le cas où le titre de formation de l'État d'origine, membre ou partie, est susceptible d'être confondu avec un titre exigeant en France une formation complémentaire, le Conseil national de l'ordre peut décider que l'infirmier ou l'infirmière fera état du titre de formation de l'État d'origine, membre ou partie, dans une forme appropriée qu'il lui indique. »**

L'intéressé porte le titre professionnel d'infirmier ou d'infirmière.

Art. L. 4311-9 et L. 4311-10 *Abrogés par L. n° 2002-303 du 4 mars 2002, art. 108.*

Art. L. 4311-11 **Par dérogation aux dispositions de l'article L. 4311-2, peuvent exercer la profession d'infirmier ou d'infirmière les personnes titulaires :**

1° De l'un des brevets délivrés en application du décret du 27 juin 1922 portant institution du brevet de capacité d'infirmières professionnelles ;

***2°** abrogé par Ord. n° 2010-172 du 23 févr. 2010, art. 26.*

Art. L. 4311-12 **Par dérogation aux dispositions de l'article L. 4311-2, l'exercice de la profession d'infirmière ou d'infirmier est permis soit en qualité d'auxiliaire polyvalent, soit pour un ou plusieurs établissements ou pour un mode d'activité déterminé :**

1° Aux personnes pourvues de certificats, titres ou attestations dont la liste et les conditions de validité sont fixées par arrêté du ministre chargé de la santé.

Toutefois, les certificats, titres ou attestations délivrés dans un État non membre de *(Ord. n° 2009-1585 du 17 déc. 2009, art. 25)* **« l'Union européenne » ou n'étant pas partie à l'accord sur l'Espace économique européen ne peuvent permettre l'exercice de la profession d'infirmier ou d'infirmière que dans la mesure où le diplôme d'État français ouvre lui-même l'exercice de celle-ci dans cet État. Cette dernière disposition n'est applicable ni aux personnes ayant le statut de réfugié politique, ni aux personnes exerçant légalement en France la profession d'infirmier ou d'infirmière au 13 juillet 1980 ;**

(L. n° 2016-41 du 26 janv. 2016, art. 118-I) **« 2° Aux étudiants préparant le diplôme d'État dans le cadre de leur période de stage, dans les établissements et centres de**

santé ou les établissements et services médico-sociaux, les structures de soins ambulatoires et les cabinets libéraux agréés pour l'accomplissement des stages. Les étudiants peuvent réaliser personnellement des actes dans chaque lieu de stage, sous la responsabilité d'un infirmier diplômé.

« Pour le remboursement ou la prise en charge par l'assurance maladie, les actes ainsi effectués sont réputés être accomplis par l'infirmier diplômé ; »

3° Aux élèves officiers et officiers de la marine marchande pendant la durée de leur stage de formation sanitaire effectué dans des établissements ou services agréés par le ministre chargé de la santé.

La date et les modalités de la cessation des régimes dérogatoires mentionnés dans le présent article sont fixées par décret.

Pouvoirs du ministre. L'art. L. 477 [L. 4311-12] permet au ministre de la Santé, après consultation d'une commission, de valider certains titres pour l'exercice de la profession d'infirmier polyvalent, laquelle n'est en principe exercée que par les infirmiers diplômés. • CE 3 mai 1968, *Dlle Martin et Assoc. nat. fr. des infirmiers et des infirmières diplômés d'État*, n° 65686 : *Lebon T. 1083*. ♦ Le ministre de la Santé n'est pas compétent pour édicter une circulaire prévoyant les conditions dans lesquelles les réfugiés politiques, titulaires d'un diplôme de médecin extracommunautaire, qui ne sont plus susceptibles d'être autorisés à exercer comme infirmier ou qui ont échoué au diplôme d'État, peuvent obtenir une autorisation d'exercice en qualité d'aide-soignant ; il n'est donc pas non plus compétent pour accéder à la demande de l'Association d'accueil aux médecins et personnels de santé réfugiés en France de modifier cette circulaire. • CE 26 oct. 2011, *APSR*, n° 339812.

Art. L. 4311-12-1 *(L. n° 2007-294 du 5 mars 2007, art. 4-III-10°)* Les personnes appartenant à la réserve sanitaire prévue à l'article L. 3132-1 *(Ord. n° 2018-20 du 17 janv. 2018, art. 16)* « , exerçant une activité au titre d'un engagement à servir dans la réserve opérationnelle prévue à l'article L. 4211-1 du code de la défense » ou requises en application des articles L. 3131-8 ou L. 3131-9 et ayant validé la deuxième année du deuxième cycle des études médicales, peuvent effectuer des actes infirmiers, sous réserve que cet exercice soit effectué auprès d'une équipe soignante comportant au moins un infirmier diplômé d'État et sous la surveillance du responsable de l'équipe, au titre des activités pour lesquelles elles ont été appelées.

Les personnes appartenant à la réserve sanitaire prévue à l'article L. 3132-1 *(Ord. n° 2018-20 du 17 janv. 2018, art. 16)* « , exerçant une activité au titre d'un engagement à servir dans la réserve opérationnelle prévue à l'article L. 4211-1 du code de la défense, » ou requises en application des articles L. 3131-8 ou L. 3131-9 et ayant validé la deuxième année d'études préparant au diplôme d'État d'infirmier ou inscrites en troisième année d'études préparant à ce diplôme, peuvent réaliser des actes infirmiers, sous réserve que cet exercice soit effectué auprès d'une équipe soignante comportant au moins un infirmier diplômé d'État et sous la responsabilité de ce dernier, au titre des activités pour lesquelles elles ont été appelées.

Art. L. 4311-13 Par dérogation aux dispositions de l'article L. 4311-2, peuvent accomplir des actes d'assistance auprès d'un praticien au cours d'une intervention chirurgicale les personnels aides opératoires et aides-instrumentistes exerçant cette activité professionnelle *(L. n° 2004-1370 du 20 déc. 2004, art. 17-VII)* « à titre bénévole ou salarié » depuis une durée au moins égale à six ans avant le 28 juillet 1999, et ayant satisfait, avant le 31 décembre *(L. n° 2004-1370 du 20 déc. 2004, art. 17-VII)* « 2005 », à des épreuves de vérification des connaissances dans des conditions déterminées par décret en Conseil d'État.

L'épreuve de vérification des connaissances est destinée à autoriser exclusivement l'exercice des activités professionnelles d'aides opératoires et aides-instrumentistes.

Tout employeur de personnel aide opératoire ou aide-instrumentiste est tenu de proposer à ces personnels un plan de formation intégré dans le temps de travail, aboutissant à son maintien au sein de l'établissement, dans des conditions et des délais définis par décret.

Décret d'application. Légalité du Décr. n° 2015-74 du 27 janv. 2015 relatif aux actes infirmiers relevant de la compétence exclusive des infirmiers de bloc opératoire, notamment en ce que s'il attribue une compétence exclusive aux infirmiers de bloc opératoire diplômés d'État pour accomplir certains actes et activités, il n'a ni pour objet ni pour effet de retirer aux aides-opératoires et aux aides-instrumentistes toute possibilité d'assister le chirurgien au cours des interventions chirurgicales. • CE 7 déc. 2016, *Union des chirurgiens de France*, n° 389036 : *Lebon ; AJDA 2016. 2410*.

Art. L. 4311-14 Par dérogation aux dispositions de l'article L. 4311-2, le représentant de l'État dans la collectivité territoriale de Saint-Pierre-et-Miquelon peut autoriser, par arrêté, une infirmière ou un infirmier ne remplissant pas les conditions prévues à l'article L. 4311-2 à exercer son activité dans la collectivité territoriale.

Art. L. 4311-15 *(Ord. n° 2009-1586 du 17 déc. 2009, art. 1er)* « Sont tenues de se faire enregistrer auprès du service ou de l'organisme désigné à cette fin par le ministre chargé de la santé les personnes ayant obtenu un titre de formation ou une autorisation requis pour l'exercice de la profession d'infirmière ou d'infirmier, avant leur entrée dans la profession, ainsi que celles qui ne l'exerçant pas ont obtenu leur titre de formation depuis moins de trois ans.

« L'enregistrement de ces personnes est réalisé après vérification des pièces justificatives attestant de leur identité et de leur titre de formation ou de leur autorisation. Elles informent le même service ou organisme de tout changement de résidence ou de situation professionnelle.

« Pour les personnes ayant exercé la profession d'infirmière ou d'infirmier, l'obligation d'information relative au changement de résidence est maintenue pendant une période de trois ans à compter de la cessation de leur activité.

« La procédure d'enregistrement est sans frais. »

(Ord. n° 2003-850 du 4 sept. 2003, art. 24) « Il est établi, pour chaque département, *(Ord. n° 2010-177 du 23 févr. 2010, art. 14)* « par l'agence régionale de santé » ou l'organisme désigné à cette fin, une liste de cette profession, portée à la connaissance du public. »

(Ord. n° 2018-20 du 17 janv. 2018, art. 16) « Sous réserve des dispositions de l'article L. 4061-1, » *(L. n° 2006-1668 du 21 déc. 2006)* « nul ne peut exercer la profession d'infirmier s'il n'a pas satisfait à l'obligation prévue au premier alinéa et s'il n'est pas inscrit au tableau de l'ordre des infirmiers. Toutefois, l'infirmier n'ayant pas de résidence professionnelle peut être autorisé par le conseil départemental de l'ordre des infirmiers, et pour une durée limitée, renouvelable dans les mêmes conditions, à remplacer un infirmier. Le *(Ord. n° 2010-177 du 23 févr. 2010, art. 14)* « directeur général de l'agence régionale de santé » ainsi que le parquet du tribunal de grande instance ont un droit d'accès permanent au tableau du conseil départemental de l'ordre et peuvent en obtenir copie. La liste des professionnels inscrits à ce tableau est portée à la connaissance du public dans des conditions fixées par décret. »

(L. n° 2009-879 du 21 juill. 2009, art. 63) « L'Ordre national des infirmiers a un droit d'accès aux listes nominatives des infirmiers *(Ord. n° 2018-20 du 17 janv. 2018, art. 16)* « ne relevant pas des dispositions de l'article L. 4138-2 du code de la défense » employés par les structures publiques et privées et peut en obtenir la communication.

« Ces listes nominatives sont notamment utilisées pour procéder, dans des conditions fixées par décret, à l'inscription automatique des infirmiers au tableau tenu par l'ordre. »

Un infirmier ou une infirmière ne peut être inscrit que sur une seule liste départementale. Cette inscription ne limite pas géographiquement les possibilités d'exercice.

(Ord. n° 2003-850 du 4 sept. 2003, art. 24-V) « Les modalités d'application du présent article sont fixées par décret. »

1. Édition du décret d'application, obligation. Il n'est pas et ne saurait être sérieusement contesté qu'à la date à laquelle le Premier ministre a refusé d'édicter ce décret, le délai raisonnable dont le gouvernement disposait pour fixer les modalités d'application de ces dispositions, promulguées depuis plus de sept ans, était expiré ; l'urgence est caractérisée, car un peu plus de 100 000 infirmiers salariés seraient inscrits au tableau de l'ordre sur un total de plus de 500 000, ce qui révèle l'existence d'un nombre très important de situations illégales, et rend très difficile l'exercice par l'ordre d'un nombre important de ses missions. • CE 24 mars 2017, *CNOI*, n° 408452 (injonction d'édicter le décret dans les trois mois).

2. Suite. Compte tenu de la nécessité de préciser les conditions dans lesquelles il est procédé aux inscriptions d'office au tableau tenu par l'ordre national des infirmiers, notamment en ce qui concerne la collecte des données transmises par les structures publiques et privées employant des infirmiers et la vérification par les autorités ordinales des conditions légales permettant l'inscription des intéressés au tableau, l'intervention d'un décret est nécessaire à leur mise en œuvre ; à la date à laquelle le Premier ministre a refusé de prendre ce décret, le délai raisonnable était expiré. • CE 26 oct. 2017, *CNOI*, n° 408042 : *Lebon* (astreinte et injonction de prendre le décret dans les 6 mois).

Art. L. 4311-15-1 *(Ord. n° 2009-1586 du 17 déc. 2009, art. 1er-II)* **Les organismes délivrant les titres de formation mentionnés à l'article L. 4311-15 transmettent ces titres au service ou à l'organisme mentionné à l'article L. 4311-15 sous forme d'informations certifiées.**

Ils lui communiquent également, sous la même forme, la liste des étudiants susceptibles d'exercer à titre temporaire la profession d'infirmière ou d'infirmier, d'être requis ou appelés au titre de la réserve sanitaire ayant atteint le niveau de formation prévu à l'article 4311-12-1.

Art. L. 4311-15-2 *(Ord. n° 2009-1586 du 17 déc. 2009, art. 1er-II)* **Lorsqu'elles sont disponibles, les informations certifiées mentionnées à l'article L. 4311-15-1 tiennent lieu de pièces justificatives pour l'accomplissement des obligations prévues à l'article L. 4311-15.**

Art. L. 4311-16 *(L. n° 2006-1668 du 21 déc. 2006)* **Le conseil départemental de l'ordre des infirmiers refuse l'inscription au tableau de l'ordre si le demandeur ne remplit pas les conditions** *(L. n° 2009-879 du 21 juill. 2009, art. 63-II)* **« de compétence, de moralité et d'indépendance » exigées pour l'exercice de la profession, s'il est frappé d'une interdiction temporaire ou définitive d'exercer la profession en France ou à l'étranger, ou s'il est frappé d'une suspension prononcée en application de l'article L. 4311-26.**

1. Actes immoraux. Le Conseil national de l'ordre des infirmiers a pu légalement estimer qu'une personne qui s'était rendue coupable, en tant qu'institutrice, d'actes de violence à l'encontre de six mineurs (faits pour lesquels elle a été condamnée), ainsi que d'actes de maltraitance à l'égard d'une pensionnaire d'un établissement d'hébergement de personnes âgées dépendantes où elle effectuait une mission de travail temporaire, ne présentait pas, à la date de la décision attaquée, les garanties de moralité exigées pour être inscrite. • CE 6 mars 2013, *Mme A.*, n° 349582. ♦ *Idem*, s'agissant d'actes à l'encontre d'une personne particulièrement vulnérable, même si les faits reprochés remontent à 1994 et 1995 et que l'intéressé soutient n'avoir commis depuis aucune nouvelle infraction. • CE 14 sept. 2016, *M. A. B.*, n° 394983.

2. Défaut de compétence (preuve). Lorsque le conseil de l'ordre envisage de refuser l'inscription au tableau d'un praticien pour un motif relatif à la compétence du demandeur, il ne peut le faire au seul motif d'un doute sérieux ; il doit diligenter une expertise. • CE 9 mars 2016, *M. A. B.*, n° 389023 : *Lebon T.* (V. art. R. 4323-1 pour l'énumération des motifs).

Art. L. 4311-17 *(Ord. n° 2008-507 du 30 mai 2008, art. 30)* **L'infirmier ou l'infirmière qui demande son inscription au tableau doit posséder les connaissances linguistiques nécessaires à l'exercice de la profession et celles relatives aux systèmes de poids et mesures utilisés en France.**

(Ord. n° 2017-50 du 19 janv. 2017, art. 3-II) **« Le contrôle de la maîtrise de la langue doit être proportionné à l'activité à exercer et réalisé une fois la qualification professionnelle reconnue. »**

Art. L. 4311-18 *(L. n° 2006-1668 du 21 déc. 2006)* **S'il apparaît que le demandeur est atteint d'une infirmité ou se trouve dans un état pathologique qui rend dangereux l'exercice de sa profession, le conseil départemental de l'ordre des infirmiers refuse l'inscription au tableau. En cas de doute, une vérification peut être effectuée, à la demande du conseil de l'ordre ou de l'intéressé, par** *(Ord. n° 2010-177 du 23 févr. 2010, art. 14-I-15°)* **« un médecin désigné par le directeur général de l'agence régionale de santé ».**

Art. L. 4311-19 à L. 4311-21 *Abrogés par Ord. n° 2003-850 du 4 sept. 2003, art. 24-VI.*

Art. L. 4311-22 *(Ord. n° 2008-507 du 30 mai 2008, art. 30 ; Ord. n° 2009-1585 du 17 déc. 2009, art. 9-IV)* L'infirmier ou l'infirmière, ressortissant d'un État membre de l'Union européenne ou d'un autre État partie à l'accord sur l'Espace économique européen, qui est établi et exerce légalement les activités d'infirmier responsable des soins généraux dans un État, membre ou partie, peut exécuter en France des actes professionnels, de manière temporaire et occasionnelle, sans avoir à procéder aux formalités prévues à l'article L. 4311-15.

L'exécution de ces actes est subordonnée à une déclaration préalable, qui est accompagnée de pièces justificatives dont la liste est fixée par arrêté du ministre chargé de la santé. *(Ord. n° 2017-50 du 19 janv. 2017, art. 3-I et II)* « Le prestataire joint une déclaration concernant les connaissances linguistiques nécessaires à la réalisation de la prestation.

« Le contrôle de la maîtrise de la langue doit être proportionné à l'activité à exercer et réalisé une fois la qualification professionnelle reconnue. »

Le prestataire de services doit posséder les connaissances *(Abrogé par Ord. n° 2017-50 du 19 janv. 2017, art. 3-III)* ***« linguistiques nécessaires à la réalisation de la prestation et celles »*** relatives aux systèmes de poids et mesures utilisés en France.

Le prestataire de services est soumis aux conditions d'exercice de la profession, aux règles professionnelles applicables en France et à la juridiction disciplinaire compétente.

Lorsque le titre de formation ne bénéficie pas d'une reconnaissance en application de l'article L. 4311-3, les qualifications professionnelles du prestataire sont vérifiées avant la première prestation de services. *(Ord. n° 2017-50 du 19 janv. 2017, art. 4-I)* « En cas de différence substantielle entre les qualifications du prestataire et la formation exigée en France, de nature à nuire à la santé publique, l'autorité compétente soumet le professionnel à une épreuve d'aptitude. »

L'infirmier ou l'infirmière peut faire usage de son titre de formation dans la langue de l'État qui le lui a délivré. Il (ou elle) est tenue de faire figurer le lieu et l'établissement où il l'a obtenu.

Dans le cas où le titre de formation de l'État d'origine, membre ou partie, est susceptible d'être confondu avec un titre exigeant en France une formation complémentaire, le Conseil national de l'ordre peut décider que l'intéressé fera état du titre de formation de l'État d'origine, membre ou partie, dans une forme appropriée qu'il lui indique.

La prestation est réalisée sous le titre professionnel français d'infirmier ou d'infirmière. Toutefois, lorsque le titre de formation ne bénéficie pas de la reconnaissance en application de l'article L. 4311-3 et dans le cas où les qualifications n'ont pas été vérifiées, la prestation est réalisée sous le titre professionnel de l'État membre d'établissement, de manière à éviter toute confusion avec le titre professionnel français.

La déclaration précise, le cas échéant, qu'elle concerne l'exercice de la spécialité d'infirmier anesthésiste, d'infirmier de bloc opératoire ou d'infirmière puéricultrice.

Art. L. 4311-23 Les infirmiers ou infirmières inscrits sur la liste mentionnée à l'article L. 4311-15 peuvent porter l'insigne respectif conforme au modèle établi par le ministre chargé de la santé, et dont l'usage leur est exclusivement réservé. Il leur est délivré, en outre, une carte professionnelle dont le modèle est également établi par le ministre chargé de la santé. — *[Anc. art. L. 480].*

Art. L. 4311-24 et L. 4311-25 *Abrogés par L. n° 2006-1668 du 21 déc. 2006.*

Art. L. 4311-26 *(L. n° 2002-303 du 4 mars 2002, art. 72-I-8°)* L'employeur amené à prendre une mesure de licenciement, révocation ou suspension d'activité d'une infirmière ou d'un infirmier salarié dont l'exercice professionnel expose les patients à un danger grave en informe sans délai *(Ord. n° 2010-177 du 23 févr. 2010, art. 14-I-16°)* « le directeur général de l'agence régionale de santé et » le représentant de l'État dans le département.

En cas d'urgence, lorsque la poursuite par une infirmière ou un infirmier de son exercice professionnel expose ses patients à un danger grave, le *(Ord. n° 2010-177 du 23 févr. 2010, art. 14-I-16°)* « directeur général de l'agence régionale de santé » prononce la suspension immédiate du droit d'exercer pour une durée maximale de cinq mois. Il informe sans délai l'employeur de sa décision, que celui-ci ait été ou non à l'origine de sa saisine. Le *(Ord. n° 2010-177 du 23 févr. 2010, art. 14-I-16°)* « directeur général de l'agence régionale de santé » entend l'intéressé au plus tard dans un délai de trois jours suivant la décision de suspension.

(Ord. n° 2007-465 du 29 mars 2007, art. 9) « Le deuxième alinéa du présent article n'est pas applicable aux infirmiers et infirmières qui relèvent des dispositions *(Ord. n° 2018-20 du 17 janv. 2018, art. 16)* « de l'article L. 4138-2 » du code de la défense. »

Art. L. 4311-27 *(L. n° 2002-303 du 4 mars 2002, art. 72-I)* « Lorsqu'elle est motivée par une infirmité ou un état pathologique, » la suspension du droit d'exercer prononcée en application de l'article L. 4311-26 ne saurait avoir pour effet de priver l'infirmier ou l'infirmière salarié de sa rémunération jusqu'au prononcé de la décision définitive. — *[Anc. art. L. 482-13].*

Art. L. 4311-28 *(L. n° 2006-1668 du 21 déc. 2006)* Les articles L. 4112-3 à L. 4112-6, L. 4113-3, L. 4113-5 *(Abrogé par Ord. n° 2017-49 du 19 janv. 2017, art. 4-2° et 5, au plus tard le 1er juill. 2018)* « *, L. 4113-6* » et L. 4113-9 à L. 4113-14 sont applicables aux infirmiers dans des conditions précisées par voie réglementaire.

Art. L. 4311-29 *(Ord. n° 2009-1585 du 17 déc. 2009, art. 9-V ; Ord. n° 2009-1586 du 17 déc. 2009, art. 1er-II)* Sont déterminés par décret en Conseil d'État :

1° En tant que de besoin, les règles professionnelles ;

2° La composition et le fonctionnement de la commission mentionnée à l'article L. 4311-4 et les conditions dans lesquelles l'intéressé est soumis à une mesure de compensation ;

3° Les modalités de vérification des qualifications professionnelles mentionnées à l'article L. 4311-22 ;

4° Les modalités d'application de l'obligation de transmission des informations mentionnées à l'article L. 4311-15-1.

CHAPITRE II ORGANISATION DE LA PROFESSION ET RÈGLES PROFESSIONNELLES

(L. n° 2006-1668 du 21 déc. 2006)

SECTION PREMIÈRE ORDRE NATIONAL DES INFIRMIERS

Art. L. 4312-1 Il est institué un Ordre national des infirmiers groupant obligatoirement tous les infirmiers habilités à exercer leur profession en France *(Abrogé par Ord. n° 2018-20 du 17 janv. 2018, art. 16)* « *, à l'exception de ceux régis par le statut général des militaires* ».

(L. n° 2009-879 du 21 juill. 2009, art. 63-III) « L'Ordre national des infirmiers veille à maintenir les principes éthiques et à développer la compétence, indispensables à l'exercice de la profession. Il contribue à promouvoir la santé publique et la qualité des soins.

« Le Conseil national de l'ordre prépare un code de déontologie, édicté sous forme d'un décret en Conseil d'État. Ce code énonce notamment les devoirs des infirmiers dans leurs rapports avec les patients, les autres membres de la profession et les autres professionnels de santé. »

(Ord. n° 2018-20 du 17 janv. 2018, art. 16) « Conformément aux dispositions de l'article L. 4061-1, les infirmiers relevant des dispositions de l'article L. 4138-2 du code de la défense ne sont inscrits à aucun tableau de l'ordre. »

COMMENTAIRE

V. Commentaire reproduit sur Dalloz.fr.

1. Retard à édicter le code de déontologie. *L'art. L. 4312-1 impose, d'une part,* que le Conseil national de l'ordre des infirmiers élabore un projet de code de déontologie et le soumette au pouvoir réglementaire et, d'autre part, que ce dernier, après s'être assuré de la légalité du projet préparé par le Conseil national, édicte le code de déontologie en prenant un décret en Conseil d'État dans un délai raisonnable (injonction d'édicter le code avant le 31 déc. 2015 sous astreinte de 500 euros/jour de retard). • CE 20 mars 2015, *CNOI*, n° 374582 : *AJDA 2015. 966*. ♦ Le retard de 331 jours entraîne une astreinte de 33 100 euros contre l'État, à verser au CNOI. • CE 28 juin 2017, *CNOI*, n° 374582 : *Lebon ; AJDA 2015. 966*.

2. Nouveau code et concurrence. Pour la non-conformité du projet de nouveau code de déontologie avec le droit de la concurrence, V. Aut. conc., Avis du 11 mai 2016 relatif à un projet de décret portant code de déontologie des infirmiers, n° 16-A-11.

Art. L. 4312-2 L'Ordre national des infirmiers assure la défense de l'honneur et de l'indépendance de la profession d'infirmier. Il en assure la promotion.

Il peut organiser toutes œuvres d'entraide et de retraite au bénéfice de ses membres et de leurs ayants droit.

Il étudie les questions ou projets qui lui sont soumis par le ministre chargé de la santé, concernant l'exercice de la profession. Pour ce faire, il peut consulter les associations professionnelles, les syndicats, les associations d'étudiants en soins infirmiers et toute association agréée d'usagers du système de santé.

En coordination avec la Haute autorité de santé, il participe à la diffusion des règles de bonnes pratiques en soins infirmiers auprès des professionnels et organise l'évaluation de ces pratiques.

Il participe au suivi de la démographie de la profession d'infirmier, à la production de données statistiques homogènes et étudie l'évolution prospective des effectifs de la profession au regard des besoins de santé.

Il accomplit ses missions par l'intermédiaire des conseils départementaux *(L. n° 2009-879 du 21 juill. 2009, art. 63-VIII)* « ou interdépartementaux », des conseils régionaux et du Conseil national de l'ordre.

SECTION II CONSEILS DÉPARTEMENTAUX

Art. L. 4312-3 I. — Le conseil départemental *(L. n° 2009-879 du 21 juill. 2009, art. 63-VIII)* « ou interdépartemental » de l'ordre des infirmiers, placé sous le contrôle du Conseil national, remplit, sur le plan départemental, les missions définies à l'article L. 4312-2. Il assure les fonctions de représentation de la profession dans le département ainsi qu'une mission de conciliation en cas de litige entre un patient et un professionnel ou entre professionnels.

II. — Le nombre des membres de chaque conseil départemental *(L. n° 2009-879 du 21 juill. 2009, art. 63-VIII)* « ou interdépartemental » est fixé par voie réglementaire compte tenu du nombre d'infirmiers inscrits au dernier tableau publié. »

III. — Les articles L. 4123-1, L. 4123-2, L. 4123-7, L. 4123-8, *(Ord. n° 2017-192 du 16 févr. 2017, art. 14-1°-b)* « L. 4123-10 » à L. 4123-12 *(Ord. n° 2017-192 du 16 févr. 2017, art. 14-1°-b)* « *[et]* L. 4123-16 » sont applicables aux infirmiers dans des conditions fixées par voie réglementaire.

V. notes ss. art. L. 4121-2.

Art. L. 4312-4 Les conseils départementaux *(L. n° 2009-879 du 21 juill. 2009, art. 63-VIII)* « ou interdépartementaux » de l'ordre des infirmiers tiennent séance avec les conseils départementaux *(L. n° 2009-879 du 21 juill. 2009, art. 63-VIII)* « ou interdépartementaux » des autres ordres professionnels pour l'examen de questions communes aux professions intéressées.

V. notes ss. art. L. 4121-2.

Art. L. 4312-4-1 *(Ord. n° 2017-192 du 16 févr. 2017, art. 14-2°)* Un conseil interdépartemental des infirmiers de La Réunion-Mayotte est compétent pour les infirmiers de La Réunion et pour les infirmiers de Mayotte.

V. notes ss. art. L. 4121-2.

Art. L. 4312-4-2 *(Ord. n° 2017-192 du 16 févr. 2017, art. 14-2°)* I. — Un conseil territorial de l'ordre des infirmiers est constitué à Saint-Pierre-et-Miquelon lorsque le nombre d'infirmiers y exerçant est au moins égal au double de l'effectif minimal prévu pour les conseils départementaux de l'ordre des infirmiers. Jusqu'à ce qu'il en soit ainsi, les attributions du conseil territorial sont exercées par le représentant de l'État dans la collectivité.

II. — Les modalités d'élection et de fonctionnement, les attributions et les compétences du conseil territorial de l'ordre des infirmiers de Saint-Pierre-et-Miquelon sont identiques à celles des conseils départementaux de l'ordre des infirmiers. Lors de premières élections ou en cas de nouvelles élections, un tirage au sort détermine ceux des

binômes du conseil territorial dont le mandat viendra à expiration respectivement dans les délais de trois ou six ans.

V. notes ss. art. L. 4121-2.

Art. L. 4312-4-3 *(Ord. nº 2017-192 du 16 févr. 2017, art. 14-2º)* **La représentation des infirmiers de Saint-Pierre-et-Miquelon au sein du Conseil national de l'ordre des infirmiers est assurée par les conseillers nationaux représentant le secteur Hauts-de-France-Normandie.**

V. notes ss. art. L. 4121-2.

Art. L. 4312-4-4 *(Ord. nº 2017-192 du 16 févr. 2017, art. 14-2º)* **Un conseil interdépartemental Antilles-Guyane est compétent pour les infirmiers exerçant en Guyane, à la Martinique, à la Guadeloupe, à Saint-Martin et à Saint-Barthélemy.**

V. notes ss. art. L. 4121-2.

Art. L. 4312-4-5 *(Ord. nº 2017-192 du 16 févr. 2017, art. 14-2º)* **Les infirmiers dont la résidence professionnelle se trouve à Saint-Martin et** *[à]* **Saint-Barthélemy sont inscrits au tableau du conseil interdépartemental de l'ordre des infirmiers Antilles-Guyane.**

V. notes ss. art. L. 4121-2.

SECTION III **CONSEILS RÉGIONAUX**

Art. L. 4312-5 I. – Le conseil régional *(Ord. nº 2017-192 du 16 févr. 2017, art. 14-3º-a)* **« ou interrégional », placé sous le contrôle du Conseil national, remplit, sur le plan régional, les missions définies à l'article L. 4312-2. Il assure les fonctions de représentation de la profession dans la région ainsi que la coordination des conseils départementaux** *(L. nº 2009-879 du 21 juill. 2009, art. 63-VIII)* **« ou interdépartementaux ».** *(Ord. nº 2017-644 du 27 avr. 2017, art. 7-1º-a)* **« Il est consulté par le directeur général de l'agence régionale de santé sur les questions et les projets relevant de ses compétences. »** *(Ord. nº 2017-192 du 16 févr. 2017, art. 14-3º-a)* **« Son siège se situe dans le département au sein duquel l'agence régionale de santé a son siège, sauf s'il en est disposé autrement par une décision du Conseil national. »**

Il étudie les projets, propositions ou demandes d'avis qui lui sont soumis par les instances compétentes en matière de santé sur le plan régional. Il est consulté sur le *(L. nº 2009-1437 du 24 nov. 2009, art. 57-V)* **« contrat de » plan institué par l'article L. 214-13 du code de l'éducation avant l'approbation de ce** *(L. nº 2009-1437 du 24 nov. 2009, art. 57-V)* **« contrat de » plan par le conseil régional intéressé.**

Il peut décider la suspension temporaire du droit d'exercer en cas *(Ord. nº 2017-192 du 16 févr. 2017, art. 14-3º-b)* **« d'insuffisance professionnelle, » d'infirmité du professionnel ou d'état pathologique rendant dangereux l'exercice de sa profession. Le conseil peut, en ce cas** *(Ord. nº 2017-192 du 16 févr. 2017, art. 14-3º-b)* **« ainsi qu'en matière d'inscription au tableau », se réunir en formation restreinte.**

(Ord. nº 2017-644 du 27 avr. 2017, art. 7-1º-a) **« Le conseil régional ou interrégional autorise son président à ester en justice. Il peut, devant toutes les juridictions, exercer tous les droits réservés à la partie civile relativement aux faits portant un préjudice direct ou indirect à l'intérêt collectif de la profession d'infirmier, y compris en cas de menaces ou de violences commises en raison de l'appartenance à cette profession. »**

Les délibérations du conseil régional *(Ord. nº 2017-644 du 27 avr. 2017, art. 7-1º-a)* **« ou interrégional » ne sont pas publiques.**

II. – Les décisions des conseils régionaux *(Ord. nº 2017-192 du 16 févr. 2017, art. 14-3º-d)* **« ou interrégionaux » en matière d'inscription au tableau et de suspension temporaire du droit d'exercer en cas** *(Ord. nº 2017-192 du 16 févr. 2017, art. 14-3º-d)* ***« d'insuffisance professionnelle, »*** **d'infirmité ou d'état pathologique rendant dangereux l'exercice de la profession peuvent faire l'objet d'un recours hiérarchique devant le Conseil national.**

III. – Un décret fixe le nombre des membres de chaque conseil régional *(Ord. nº 2017-192 du 16 févr. 2017, art. 14-3º-e)* **« ou interrégional », compte tenu du nombre d'infirmiers inscrits au dernier tableau publié.**

(Ord. nº 2017-644 du 27 avr. 2017, art. 7-1º-b) « Les conseillers nationaux participent en outre avec voix consultative aux délibérations du conseil régional ou interrégional dont ils sont issus. »

Lorsque les membres d'un conseil régional *(Ord. nº 2017-644 du 27 avr. 2017, art. 7-b)* « ou interrégional » mettent celui-ci dans l'impossibilité de fonctionner, le *(Ord. nº 2010-177 du 23 févr. 2010, art. 14-I-17º)* « directeur général de l'agence régionale de santé », sur proposition du Conseil national de l'ordre, peut, par arrêté, prononcer la dissolution du conseil régional *(Ord. nº 2017-644 du 27 avr. 2017, art. 7-1º-b)* « ou interrégional ». Il nomme dans ce cas une délégation de trois à cinq membres suivant l'importance numérique du conseil dissous. Jusqu'à l'élection d'un nouveau conseil organisée sans délai, cette délégation assure la gestion des affaires courantes ainsi que les fonctions attribuées au conseil.

En cas de démission de tous les membres du conseil, une délégation assurant les fonctions précitées est nommée dans les mêmes conditions.

En cas de démission de la majorité des membres de cette délégation, celle-ci est dissoute de plein droit et, jusqu'à l'entrée en fonction du nouveau conseil, ses fonctions sont exercées par le Conseil national.

IV. — Le conseil régional *(Ord. nº 2017-644 du 27 avr. 2017, art. 7-1º-c)* « ou interrégional » comprend une chambre disciplinaire de première instance *(Ord. nº 2017-644 du 27 avr. 2017, art. 7-1º-c)* « , présidée par un magistrat de l'ordre administratif.

« La chambre disciplinaire de première instance siège auprès du conseil régional ou interrégional dont elle dépend et les audiences se tiennent dans le département où siège ce conseil. Elle comprend des assesseurs titulaires et un nombre égal d'assesseurs suppléants. Les assesseurs sont de nationalité française. »

Les articles L. 4124-1 à *(Ord. nº 2017-644 du 27 avr. 2017, art. 7-1º-c)* « L. 4124-3, L. 4124-5 et L. 4124-6, les II à V de l'article L. 4124-7 et *[l'article]* L. 4124-8 » sont applicables aux infirmiers dans des conditions fixées par décret en Conseil d'État.

L'employeur informe le président du conseil régional de l'ordre de toute sanction disciplinaire mentionnée au premier alinéa de l'article L. 4311-26, prononcée en raison d'une faute professionnelle à l'encontre d'un infirmier relevant du secteur public.

V. notes ss. art. L. 4121-2.

L'Ord. nº 2017-192 du 16 févr. 2017 entre en vigueur à compter des prochains renouvellements de chacun des conseils de l'ordre suivant sa publication.

Sur les dispositions transitoires, V. Ord. préc., art. 19 à 22, reproduits ss. l'art. L. 4121-2.

L'Ord. nº 2017-644 du 27 avr. 2017 entre en vigueur à compter du prochain renouvellement des conseils et des chambres disciplinaires ou de discipline en cause.

Sur les dispositions transitoires, V. Ord. préc., art. 14 et 15, reproduits ss. l'art. L. 4121-2.

Art. L. 4312-5-1 *(Ord. nº 2017-192 du 16 févr. 2017, art. 14-4º)* Les infirmiers de Saint-Pierre-et-Miquelon sont soumis à la compétence du conseil régional et de la chambre disciplinaire de première instance de l'ordre des infirmiers de Normandie.

V. notes ss. art. L. 4121-2.

Art. L. 4312-5-2 *(Ord. nº 2017-192 du 16 févr. 2017, art. 14-4º)* Un conseil interrégional et une chambre disciplinaire de première instance de l'ordre des infirmiers de La Réunion-Mayotte sont compétents pour les infirmiers de La Réunion et pour les infirmiers de Mayotte.

V. notes ss. art. L. 4121-2.

Art. L. 4312-5-3 *(Ord. nº 2017-192 du 16 févr. 2017, art. 14-4º)* Un conseil interrégional et une chambre disciplinaire de première instance de l'ordre des infirmiers des Antilles-Guyane est compétent pour les infirmiers de Guyane, de la Martinique, de la Guadeloupe, de Saint-Martin et de Saint-Barthélemy.

V. notes ss. art. L. 4121-2.

Art. L. 4312-5-4 *(Ord. nº 2017-192 du 16 févr. 2017, art. 14-4º)* Un conseil interrégional et une chambre disciplinaire de première instance de l'ordre des infirmiers de Provence-Alpes-Côte d'Azur et de Corse sont compétents pour les infirmiers de Provence-Alpes-Côte d'Azur et pour les infirmiers de Corse.

V. notes ss. art. L. 4121-2.

Art. L. 4312-6 Les conseils régionaux de l'ordre des infirmiers peuvent tenir séance avec les conseils régionaux ou interrégionaux des autres ordres professionnels pour l'examen des questions communes aux professions intéressées.

V. notes ss. art. L. 4121-2.

SECTION IV CONSEIL NATIONAL

Art. L. 4312-7 I. – Le Conseil national de l'ordre remplit sur le plan national les missions définies à l'article L. 4312-2. Il élabore le code de déontologie. Il veille à l'observation, par tous les membres de l'ordre, des devoirs professionnels et des règles édictées par ce code. Il étudie les questions ou projets qui lui sont soumis par le ministre chargé de la santé.

(Ord. nº 2017-644 du 27 avr. 2017, art. 7-2º-a) « Le Conseil national autorise son président à ester en justice. »

Il peut, devant toutes les juridictions, exercer tous les droits réservés à la partie civile relativement aux faits portant un préjudice direct ou indirect à l'intérêt collectif de la profession d'infirmier, y compris en cas de menaces ou de violences commises en raison de l'appartenance à cette profession.

Le Conseil national est assisté par un membre du Conseil d'État ayant au moins le rang de conseiller d'État et avec voix délibérative, nommé par le ministre de la justice ; un ou plusieurs suppléants sont désignés dans les mêmes conditions.

(Ord. nº 2017-192 du 16 févr. 2017, art. 14-5º-a) « Lorsqu'il statue dans les matières prévues au II de l'article L. 4312-5, le Conseil national peut se réunir en formation restreinte. »

Les délibérations du Conseil national ne sont pas publiques.

II. – *(Ord. nº 2017-644 du 27 avr. 2017, art. 7-2º-b)* « Le Conseil national fixe, appelle et recouvre la cotisation qui doit être réglée au cours du premier trimestre de l'année civile en cours par toute personne inscrite au tableau. »

Il répartit le produit de cette cotisation, entre les conseils en fonction de leur charge, en précisant la part consacrée au fonctionnement des chambres disciplinaires.

La cotisation est obligatoire. *(L. nº 2007-294 du 5 mars 2007, art. 4)* « Toutefois, la cotisation n'est pas due par l'infirmier ou l'infirmière réserviste sanitaire *(Ord. nº 2018-20 du 17 janv. 2018, art. 16)* « ou relevant des dispositions de l'article L. 4143-1 du code de la défense » dès lors qu'il ou elle n'exerce la profession qu'à ce titre. »

(Ord. nº 2017-644 du 27 avr. 2017, art. 7-2º-b) « Le Conseil national gère les biens de l'ordre, définit une politique immobilière et contrôle sa mise en œuvre. Il peut créer ou subventionner des œuvres intéressant la profession d'infirmier ainsi que des œuvres d'entraide. »

(Ord. nº 2017-644 du 27 avr. 2017, art. 7-2º-b) « Il valide et contrôle la gestion des conseils départementaux, interdépartementaux, régionaux et interrégionaux. » *(L. nº 2009-879 du 21 juill. 2009, art. 63-VI et VIII)* Il reçoit de ces derniers leurs documents budgétaires et comptables. Le Conseil national peut demander tout autre document qui lui semble nécessaire. Les modalités de cette validation et de ce contrôle sont fixées par des règlements de trésorerie élaborés par le Conseil national et applicables à l'ensemble des instances ordinales. Les conseils doivent l'informer préalablement de la création et lui rendre compte du fonctionnement et de la gestion de tous les organismes qui dépendent d'eux.

« Un commissaire aux comptes certifie annuellement les comptes *(Ord. nº 2017-644 du 27 avr. 2017, art. 7-2º-b)* « combinés au niveau national des conseils de l'ordre ». »

III. – Un décret en Conseil d'État fixe le nombre des membres du Conseil national, compte tenu du nombre d'infirmiers inscrits au dernier tableau publié.

Lorsque les membres du Conseil national mettent celui-ci dans l'impossibilité de fonctionner, sa dissolution est prononcée par décret pris sur la proposition du ministre chargé de la santé.

En cas de dissolution du Conseil national ou en cas de démission de tous ses membres, le ministre chargé de la santé nomme une délégation de cinq membres. Cette délégation organise l'élection d'un nouveau conseil sans délai. Elle règle les affaires courantes, assure les fonctions qui sont attribuées au conseil et statue sur les recours contre les décisions des conseils régionaux en application du code de déontologie. »

IV. – Le Conseil national comprend en son sein une chambre disciplinaire nationale qui connaît en appel des décisions rendues par les chambres disciplinaires de première instance. L'article L. 4122-3 est applicable aux infirmiers.

V. – Les dispositions de l'article L. 4132-6 relatives à la commission de contrôle des comptes et placements financiers sont applicables au Conseil national de l'ordre des infirmiers.

(Ord. nº 2017-644 du 27 avr. 2017, art. 7-2º-c et 14-I, en vigueur le 1er janv. 2019) « VI. – Les articles L. 4122-2-1 et L. 4122-2-2 sont applicables au Conseil national. »

V. notes ss. art. L. 4121-2.

Art. L. 4312-8 *(Ord. nº 2017-192 du 16 févr. 2017, art. 14-6º)* Le Conseil national de l'ordre peut organiser le regroupement de conseils départementaux ou interdépartementaux par une délibération en séance plénière, dans les situations suivantes :

1º Difficultés de fonctionnement liées à la situation démographique de la profession d'infirmier ou à une insuffisance d'élus ordinaux ;

2º Incapacité d'assurer les missions de service public qui lui ont été confiées.

Cette délibération, adoptée en séance plénière, organise le regroupement de conseils départementaux et interdépartementaux et fixe la date de la dissolution des conseils intéressés. Elle détermine le siège du nouveau conseil interdépartemental. Elle fixe la date des nouvelles élections.

V. notes ss. art. L. 4121-2.

Ancien art. L. 4312-8 *Le Conseil national de l'ordre des infirmiers peut tenir séance avec les conseils nationaux des autres ordres professionnels pour l'examen des questions communes aux professions intéressées.*

SECTION V DISPOSITIONS COMMUNES

Art. L. 4312-9 *(Ord. nº 2017-644 du 27 avr. 2017, art. 7-3º)* « L'article L. 4125-1, les trois premiers alinéas de l'article L. 4125-2, les articles L. 4125-3, L. 4125-3-1 », *(Ord. nº 2017-192 du 16 févr. 2017, art. 14-7º)* « L. 4125-4, » L. 4125-5 *(Ord. nº 2017-192 du 16 févr. 2017, art. 14-7º)* « *[,]* L. 4125-7 et*[,]* L. 4125-8 » et L. 4126-1 à L. 4126-6 sont applicables à la profession d'infirmier dans des conditions fixées par voie réglementaire.

V. notes ss. art. L. 4121-2.

Art. L. 4312-10 *(Ord. nº 2017-192 du 16 févr. 2017, art. 14-9º)* Sont seuls éligibles, sous réserve des dispositions de l'article L. 4124-6 et des articles L. 145-5-2 et L. 145-5-3 du code de la sécurité sociale, les infirmiers de nationalité française ou ressortissants de l'un des États membres de l'Union européenne ou d'un autre État partie à l'accord sur l'Espace économique européen inscrits à l'ordre.

V. notes ss. art. L. 4121-2.

Art. L. 4312-11 *(Ord. nº 2017-192 du 16 févr. 2017, art. 14-9º)* Lorsqu'il apparaît, postérieurement à son élection, qu'un élu d'un conseil de l'ordre, d'une chambre disciplinaire ou d'une section des assurances sociales a fait l'objet, avant ou après son élection, d'une des sanctions mentionnées aux 3º et 4º de l'article L. 4124-6 du présent code ainsi qu'aux 3º et 4º de l'articles *[l'article]* L. 145-5-2 du code de la sécurité sociale, il est déclaré démissionnaire d'office.

Cette démission lui est notifiée :

1º Par le président du conseil, de la chambre disciplinaire ou de la section des assurances sociales dont il est membre ;

2º Ou, lorsque l'élu concerné est président d'un conseil, par le président du Conseil national ;

3º Ou, lorsque l'élu est président du Conseil national, par les vice-présidents de ce conseil.

V. notes ss. art. L. 4121-2.

Art. L. 4312-12 *(Ord. nº 2017-192 du 16 févr. 2017, art. 14-9º)* Lorsqu'un élu vient à cesser ses fonctions pour quelque cause que ce soit, il est immédiatement remplacé par un suppléant. A défaut de suppléant, il est procédé à une élection complémentaire visant à pourvoir le siège vacant à compter de la constatation de la vacance de poste. Le membre ainsi élu reste en fonction jusqu'à la date à laquelle aurait expiré le mandat de celui qu'il remplace.

Le membre ainsi élu est du même sexe que le membre qu'il remplace.

V. notes ss. art. L. 4121-2.

Art. L. 4312-13 *(Ord. nº 2015-949 du 31 juill. 2015, art. 4)* Les membres des conseils de l'ordre des infirmiers sont élus au scrutin binominal majoritaire à *(Ord. nº 2017-192 du 16 févr. 2017, art. 14-8º-b)* « un tour ». Chaque binôme est composé de candidats de sexe différent. Dans le cas où le conseil de l'ordre comprend un nombre impair de membres, est considéré comme élu le membre du dernier binôme élu tiré au sort.

Les suppléants élus sont du même sexe que le membre qu'ils ont pour mission de suppléer.

(Ord. nº 2017-192 du 16 févr. 2017, art. 14-8º-c) « Par dérogation aux alinéas précédents :

« 1º Lorsque le nombre d'infirmiers d'un même sexe inscrits au tableau de l'ordre et remplissant les conditions d'éligibilité est inférieur ou égal à 30, le conseil de l'ordre est élu au scrutin uninominal majoritaire à un tour ;

« 2º Lorsque le nombre d'infirmiers d'un même sexe inscrits au tableau de l'ordre et remplissant les conditions d'éligibilité est supérieur au seuil fixé au 1º mais inférieur à 10 % de l'effectif total dans le ressort territorial du conseil concerné, l'élection a lieu au scrutin uninominal majoritaire à un tour et le nombre de sièges dévolus aux membres de ce sexe est proportionnel à la part effective qu'il représente dans ce ressort territorial, selon des modalités définies par décret en Conseil d'État. »

Un décret en Conseil d'État détermine les modalités d'application du présent article.

V. notes ss. art. L. 4121-2.

Art. L. 4312-14 *(Ord. nº 2017-644 du 27 avr. 2017, art. 7-4º-a et 14-I, en vigueur pour le renouvellement en 2020 des conseils de l'ordre des infirmiers et de l'ordre des masseurs-kinésithérapeutes)* « L'élection des conseils est acquise à la majorité des membres présents ou ayant voté par correspondance ou par voie électronique. »

Un décret en Conseil d'État fixe la composition des différents conseils et des chambres disciplinaires de l'ordre des infirmiers, la durée et la périodicité de renouvellement des mandats de leurs membres, leurs règles de fonctionnement ainsi que les principes régissant les élections de ces instances.

Les modalités d'élection par voie électronique sont fixées après avis de la Commission nationale de l'informatique et des libertés.

Un règlement électoral établi par le Conseil national de l'ordre fixe les modalités des élections aux conseils et aux chambres disciplinaires.

(Ord. nº 2017-644 du 27 avr. 2017, art. 7-4º-b) « L'élection du président et du bureau est acquise à la majorité des membres présents. »

V. notes ss. art. L. 4121-2.

CHAPITRE III DISPOSITIONS DISCIPLINAIRES

Art. L. 4313-1 à L. 4313-9 *Abrogés par L. nº 2002-303 du 4 mars 2002, art. 72-II.*

CHAPITRE IV DISPOSITIONS PÉNALES

Art. L. 4314-1 Les groupements professionnels régulièrement constitués d'infirmiers ou d'infirmières sont habilités à exercer des poursuites devant la juridiction pénale en raison d'infractions relatives à l'exercice de la profession d'infirmier ou d'infirmière, sans préjudice de la faculté de se porter partie civile dans toute poursuite intentée par le ministère public.

Art. L. 4314-2 Les médecins et les pharmaciens inspecteurs de santé publique *(Ord. nº 2010-177 du 23 févr. 2010, art. 19-I-17º)* « , les inspecteurs des agences régionales de santé », les inspecteurs de *(L. nº 2011-2012 du 29 déc. 2011, art. 5-IV)* « l'Agence nationale de sécurité du médicament et des produits de santé », ainsi que toutes les personnes habilitées à constater les infractions à la législation sur la répression des fraudes sont habilités à procéder à la recherche et à la constatation des infractions mentionnées à l'article L. 4314-6.

Art. L. 4314-3 **Les infirmiers et infirmières et les étudiants des instituts de formation préparant à l'exercice de la profession sont tenus au secret professionnel dans les conditions et sous les réserves énoncées aux articles 226-13 et 226-14 du code pénal.** – *[Anc. art. L. 481].*

Art. L. 4314-4 *(Ord. nº 2005-1040 du 26 août 2005)* **L'exercice illégal de la profession d'infirmier ou d'infirmière est puni de deux ans d'emprisonnement et de 30 000 euros d'amende.**

Les personnes physiques encourent également les peines complémentaires suivantes :

a) **L'affichage ou la diffusion de la décision prononcée, dans les conditions prévues par l'article 131-35 du code pénal ;**

b) **La confiscation de la chose qui a servi ou était destinée à commettre l'infraction ou de la chose qui en est le produit, conformément à l'article 131-21 du code pénal ;**

c) **L'interdiction définitive ou pour une durée de cinq ans au plus d'exercer une ou plusieurs professions régies par le présent code ou toute autre activité professionnelle ou sociale à l'occasion de l'exercice de laquelle l'infraction a été commise, suivant les modalités prévues par l'article 131-27 du code pénal.**

Le fait d'exercer cette activité malgré une décision judiciaire d'interdiction définitive ou temporaire est puni des mêmes peines.

(L. nº 2009-526 du 12 mai 2009, art. 125-XXI-20º) **« Les personnes morales déclarées responsables pénalement, dans les conditions prévues par l'article 121-2 du code pénal, de l'infraction définie au présent article encourent, outre l'amende suivant les modalités prévues par l'article 131-38 du code pénal, les peines prévues par les 2º à 9º de l'article 131-39 du même code. L'interdiction mentionnée au 2º de l'article 131-39 du même code porte sur une ou plusieurs professions régies par le présent code ou toute autre activité professionnelle ou sociale à l'occasion de l'exercice de laquelle l'infraction a été commise. »**

1. Caractérisation. Le directeur de laboratoire qui autorise des techniciens employés par lui à pratiquer des prélèvements sanguins et des prélèvements vaginaux à domicile et hors la présence d'un biologiste ne se rend pas complice d'exercice illégal de la profession d'infirmier, dès lors que les prélèvements sont au nombre de ceux qui ne peuvent être que réalisés par un infirmier. • Crim. 7 févr. 2006 : *Bull. crim. nº 33.*

2. Exercice illégal et autres délits. Commet le délit de mise en danger d'autrui le médecin qui, notamment, fait pratiquer des injections sous-cutanées ou intramusculaires à des « assistants » sans qualification d'infirmier, lesquels participaient en outre à la préparation des perfusions. • Crim. 5 janv. 2005 : *RDSS 2006. 492, note Hennion-Jacquet.*

Art. L. 4314-5 *(Ord. nº 2005-1040 du 26 août 2005)* **L'usage sans droit de la qualité d'infirmier ou d'infirmière ou d'un diplôme, certificat ou autre titre légalement requis pour l'exercice de cette profession est puni comme le délit d'usurpation de titre prévu à l'article 433-17 du code pénal.**

(L. nº 2009-526 du 12 mai 2009, art. 125-XXI-21º) **« Les personnes morales déclarées responsables pénalement, dans les conditions prévues par l'article 121-2 du code pénal, de l'infraction définie au présent article encourent l'amende prévue à l'article 433-17 du code pénal suivant les modalités prévues par l'article 131-38 du même code, ainsi que les peines prévues aux 2º à 4º de l'article 433-25 du même code. »**

Art. L. 4314-6 **Les infractions mentionnées aux articles** *(Abrogé par Ord. nº 2017-49 du 19 janv. 2017, art. 4 et 5, au plus tard le 1er juill. 2018) « L. 4163-2, »* **L. 4163-3 et L. 4163-4 sont applicables aux infirmiers et infirmières et sont punies de deux ans d'emprisonnement et de 75 000 € d'amende.**

En cas de condamnation, l'interdiction temporaire d'exercer la profession pendant une période de dix ans au plus peut être prononcée, à titre de peine complémentaire, par les cours ou tribunaux.

Art. L. 4314-7 *Abrogé par Ord. nº 2005-1040 du 26 août 2005.*

TITRE DEUXIÈME PROFESSIONS DE MASSEUR-KINÉSITHÉRAPEUTE ET DE PÉDICURE-PODOLOGUE

COMMENTAIRE

V. Commentaire reproduit sur Dalloz.fr.

CHAPITRE PREMIER MASSEUR-KINÉSITHÉRAPEUTE

Art. L. 4321-1 *(L. n° 2016-41 du 26 janv. 2016, art. 123-1°-a)* **« La pratique de la masso-kinésithérapie comporte la promotion de la santé, la prévention, le diagnostic kinésithérapique et le traitement :**

« 1° Des troubles du mouvement ou de la motricité de la personne ;

« 2° Des déficiences ou des altérations des capacités fonctionnelles.

« Le masseur-kinésithérapeute peut également concourir à la formation initiale et continue ainsi qu'à la recherche.

« Le masseur-kinésithérapeute exerce son activité en toute indépendance et en pleine responsabilité conformément au code de déontologie mentionné à l'article L. 4321-21.

« Dans le cadre des pathologies héréditaires, congénitales ou acquises, stabilisées ou évolutives impliquant une altération des capacités fonctionnelles, le masseur-kinésithérapeute met en œuvre des moyens manuels, instrumentaux et éducatifs et participe à leur coordination.

« Dans l'exercice de son art, seul le masseur-kinésithérapeute est habilité à utiliser les savoirs disciplinaires et les savoir-faire associés d'éducation et de rééducation en masso-kinésithérapie qu'il estime les plus adaptés à la situation et à la personne, dans le respect du code de déontologie précité. »

La définition *(L. n° 2016-41 du 26 janv. 2016, art. 123-1°-b)* **« des actes professionnels de masso-kinésithérapie, dont les actes médicaux prescrits par un médecin, » est précisée par un décret en Conseil d'État, après avis de l'Académie nationale de médecine.**

(L. n° 2016-41 du 26 janv. 2016, art. 123-1°-c) **« Lorsqu'il agit dans un but thérapeutique, le masseur-kinésithérapeute pratique son art sur prescription médicale et peut adapter, sauf indication contraire du médecin, dans le cadre d'un renouvellement, les prescriptions médicales initiales d'actes de masso-kinésithérapie datant de moins d'un an, dans des conditions définies par décret. Il peut prescrire, sauf indication contraire du médecin, les dispositifs médicaux nécessaires à l'exercice de sa profession. La liste de ces dispositifs médicaux est fixée par arrêté des ministres chargés de la santé et de la sécurité sociale, après avis de l'Académie nationale de médecine.**

« En cas d'urgence et en l'absence d'un médecin, le masseur-kinésithérapeute est habilité à accomplir les premiers actes de soins nécessaires en masso-kinésithérapie. Un compte rendu des actes accomplis dans ces conditions est remis au médecin dès son intervention. » *(L. n° 2016-41 du 26 janv. 2016, art. 134-IV)* **« Les masseurs-kinésithérapeutes peuvent prescrire des substituts nicotiniques. »**

1. But thérapeutique. Il est indifférent, pour déterminer les limites du monopole, que la pratique du massage présente un but thérapeutique ou esthétique. • Civ. 1re, 20 mars 2007 : *Bull. civ. I, n° 120.*

2. Exercice illégal. Si les dispositions de l'art. L. 4321-1, al. 1er, issues de l'Ord. du 15 juin 2000 relative à la partie législative du CSP, se sont substituées à l'*art. L. 487 du même code aux termes duquel* « nul ne peut exercer la profession de masseur-kinésithérapeute (...) s'il n'est muni du diplôme d'État de masseur-kinésithérapeute et inscrit au tableau de l'Ordre (...) », ce changement n'a eu ni pour objet ni pour effet de modifier l'état du droit relatif aux conditions d'exercice de la profession et à la répression de son exercice illégal. • CE 29 déc. 2000, *Synd. nat. des masseurs-kinésithérapeutes,* n° 223361 : *Lebon 801*. ♦ De façon générale, est coupable d'exercice illégal le prévenu qui, sans être titulaire du diplôme de masseur-kinésithérapeute, se livre à des manipulations dans le but de traiter des douleurs sur des patients. • Crim. 2 juin 2015, n° 14-81.419. ♦ Exerce illégalement la profession de masseur-kinésithérapeute le prévenu non diplômé qui pratique des massages et effectue des actes de « mobilisation articulaire », des manipulations, avec ou sans huile, sur tout le corps, en relation ou non avec les affections dont souffraient les clientes, sans qu'il importe que ces soins aient eu un but non thérapeutique. • Lyon, 6 juin 2006, n° 05/01185. ♦ … Tout comme la personne non diplômée qui tient un établissement où se pratiquent des massages traditionnels thaïlandais comportant une mobilisation et une stimulation méthodique, mécanique et réflexe des tissus, utilisant des techniques de mobilisation articulaires et des étirements musculo-tendineux. • Paris, 12 oct. 2010, n° 10/01134.

3. « Massages » et « modelages ». Il est constant que les kinésithérapeutes disposent d'un monopole sur l'activité de massage ; toutefois ne font pas de massage au sens de l'art. R. 4321-3 trois infirmières qui ouvrent un établissement de « Détente et Bien-être » offrant différentes prestations qui consistent en des touchers de confort et de relaxation qui ne peuvent être qualifiés à proprement parler de « massages », mais de soins ou « modelages » esthétiques de confort. • Rouen, 11 févr. 2009, n° 07/04517. ♦ Il en va de même des massages de bien-être, des soins-massages ou des massages qualifiés d'orientaux, ayurvédiques, californiens et autres shiatsu. • Montpellier, 2 juill. 2009, n° 08/02207.

Art. L. 4321-2 *(L. n° 2002-303 du 4 mars 2002, art. 72-III)* **Peuvent exercer la profession de masseur-kinésithérapeute les personnes titulaires d'un diplôme, certificat ou titre mentionné aux articles L. 4321-3 et L. 4321-4 ou titulaires des autorisations mentionnées aux articles L. 4321-5 à L. 4321-7.**

Art. L. 4321-3 **Le diplôme d'État de masseur-kinésithérapeute est délivré après des études préparatoires et des épreuves dont la durée et le programme sont fixés par décret.**

Des modalités particulières sont prévues pour permettre aux candidats aveugles de s'y préparer et de s'y présenter dans des conditions équivalentes à celles des voyants. Des modalités particulières pour la délivrance du diplôme — comportant notamment la faculté de se présenter aux épreuves un nombre de fois plus élevé que les autres candidats — sont également instituées au profit des grands infirmes titulaires de la *(L. n° 2016-1321 du 7 oct. 2016, art. 107-V et X, en vigueur le 1er janv. 2017)* **« carte "mobilité inclusion" portant la mention "invalidité" mentionnée à l'article L. 241-3 du code de l'action sociale et des familles ».**

Sur les dispositions transitoires, V. L. n° 2016-1321 du 7 oct. 2016, art. 107-IX et X, .

Art. L. 4321-4 *(Ord. n° 2008-507 du 30 mai 2008, art. 31 ; Ord. n° 2009-1585 du 17 déc. 2009, art. 10)* **L'autorité compétente peut, après avis d'une commission composée notamment de professionnels, autoriser individuellement à exercer la profession de masseur-kinésithérapeute les ressortissants d'un État membre de l'Union européenne ou d'un autre État partie à l'accord sur l'Espace économique européen qui, sans posséder le diplôme prévu à l'article L. 4321-3, sont titulaires :**

(Ord. n° 2017-50 du 19 janv. 2017, art. 7-I-1°) **« 1° De titres de formation délivrés par un ou plusieurs États, membres ou parties, et requis par l'autorité compétente de ces États, membres ou parties, qui réglementent l'accès à cette profession ou son exercice, et permettant d'exercer légalement ces fonctions dans ces États ;**

« 2° Ou, lorsque les intéressés ont exercé dans un ou plusieurs États, membres ou parties, qui ne réglementent ni la formation, ni l'accès à cette profession ou son exercice, de titres de formation délivrés par un ou plusieurs États, membres ou parties, attestant de la préparation à l'exercice de la profession, accompagnés d'une attestation justifiant, dans ces États, de son exercice à temps plein pendant un an ou à temps partiel pendant une durée totale équivalente au cours des dix dernières années ; »

3° Ou d'un titre de formation délivré par un État tiers et reconnu dans un État, membre ou partie, autre que la France, permettant d'y exercer légalement la profession. *(Ord. n° 2017-50 du 19 janv. 2017, art. 7-I-2°)* **« L'intéressé justifie avoir exercé la profession pendant trois ans à temps plein ou à temps partiel pendant une durée totale équivalente dans cet État, membre ou partie. »**

Dans ces cas, lorsque l'examen des qualifications professionnelles attestées par *(L. n° 2009-179 du 17 févr. 2009, art. 38)* **« l'ensemble des titres de** *(Ord. n° 2017-50 du 19 janv. 2017, art. 8-I-1°)* **« formation initiale, » de » l'expérience professionnelle pertinente** *(Ord. n° 2017-50 du 19 janv. 2017, art. 8-I-2°)* **« et de la formation tout au long de la vie ayant fait l'objet d'une validation par un organisme compétent » fait apparaître des différences substantielles au regard des qualifications requises pour**

l'accès à la profession et son exercice en France, l'autorité compétente exige que l'intéressé se soumette à une mesure de compensation.

(Ord. n° 2017-50 du 19 janv. 2017, art. 8-II) « Selon le niveau de qualification exigé en France et celui détenu par l'intéressé, l'autorité compétente peut soit proposer au demandeur de choisir entre un stage d'adaptation ou une épreuve d'aptitude, soit imposer un stage d'adaptation ou une épreuve d'aptitude, soit imposer un stage d'adaptation et une épreuve d'aptitude.

« La nature des mesures de compensation selon les niveaux de qualification en France et dans les autres États, membres ou parties, est fixée par arrêté du ministre chargé de la santé. »

La délivrance de l'autorisation d'exercice permet au bénéficiaire d'exercer la profession dans les mêmes conditions que les personnes titulaires du diplôme mentionné à l'article L. 4321-3.

En application des art. L. 231-5 et L. 231-6 du CRPA, le silence gardé pendant quatre mois par l'administration vaut décision de rejet pour les demandes d'autorisation d'exercer la profession de masseur-kinésithérapeute accordée individuellement aux ressortissants d'un État membre de l'Union européenne ou d'un autre État partie à l'accord sur l'Espace économique européen (Décr. n° 2014-1286 du 23 oct. 2014, art. 1er et 2).

Art. L. 4321-5 *Abrogé par Ord. n° 2010-177 du 23 févr. 2010, art. 26-23°.*

Art. L. 4321-6 *(L. n° 2009-879 du 21 juill. 2009, art. 134-V)* « Un décret en Conseil d'État détermine les actes, notamment de massage et de gymnastique médicale, que sont autorisées à effectuer les personnes titulaires de l'examen de fin d'études ou du diplôme délivré par l'école des techniques thermales d'Aix-les-Bains et obtenu avant le 31 décembre 1982 :

« 1° Au sein des établissements thermaux ;

« 2° Sous réserve d'avoir satisfait, avant le 31 décembre 2011, à des épreuves de vérification des connaissances dans des conditions déterminées par décret, au sein *(Ord. n° 2017-10 du 5 janv. 2017, art. 1er-III-1°)* « des établissements mentionnés aux 1°, 3° et 5° de l'article 2 » de la loi n° 86-33 du 9 janvier 1986 portant dispositions statutaires relatives à la fonction publique hospitalière et aux 6° et 7° de l'article L. 312-1 du code de l'action sociale et des familles. »

La réorganisation des structures de l'établissement thermal national d'Aix-les-Bains tient compte des droits acquis et des perspectives de carrière des anciens élèves de l'école des techniques thermales ayant achevé leurs études avant le 31 décembre 1982.

Art. L. 4321-7 *(L. n° 2007-294 du 5 mars 2007, art. 4-III-13°)* Les personnes appartenant à la réserve sanitaire prévue à l'article L. 3132-1 *(Ord. n° 2018-20 du 17 janv. 2018, art. 17)* « , exerçant une activité au titre d'un engagement à servir dans la réserve opérationnelle prévue à l'article L. 4211-1 du code de la défense » ou requises en application des articles L. 3131-8 ou L. 3131-9 et ayant validé la deuxième année d'études préparant au diplôme d'État de masseur-kinésithérapeute ou inscrites en troisième année d'études préparant à ce diplôme, peuvent réaliser des actes de masso-kinésithérapie, sous réserve que cet exercice soit effectué auprès d'une équipe soignante comportant au moins un masseur-kinésithérapeute diplômé d'État et sous la responsabilité de ce dernier, au titre des activités pour lesquelles elles ont été appelées.

Art. L. 4321-8 *(Ord. n° 2008-507 du 30 mai 2008, art. 31)* Le masseur-kinésithérapeute peut faire usage de son titre de formation dans la langue de l'État qui le lui a délivré. Il est tenu de faire figurer le lieu et l'établissement où il a été obtenu.

(Ord. n° 2009-1585 du 17 déc. 2009, art. 12-I) « Dans le cas où le titre de formation de l'État d'origine, membre ou partie, est susceptible d'être confondu avec un titre exigeant en France une formation complémentaire, le Conseil national de l'ordre peut décider que le *masseur-kinésithérapeute* fera état du titre de formation de l'État d'origine, membre ou partie, dans une forme appropriée qu'il lui indique.

« L'intéressé porte » le titre professionnel de masseur-kinésithérapeute, de gymnaste médical ou de masseur, accompagné ou non d'un qualificatif.

Art. L. 4321-9 *(Ord. n° 2008-507 du 30 mai 2008, art. 31 ; Ord. n° 2009-1585 du 17 déc. 2009, art. 12-II)* Le masseur-kinésithérapeute qui demande son inscription au tableau doit posséder les connaissances linguistiques nécessaires à l'exercice de la profession et celles relatives aux systèmes de poids et mesures utilisés en France.

(Ord. n° 2017-50 du 19 janv. 2017, art. 3-II) « Le contrôle de la maîtrise de la langue doit être proportionné à l'activité à exercer et réalisé une fois la qualification professionnelle reconnue. »

Art. L. 4321-10 *(Ord. n° 2009-1586 du 17 déc. 2009, art. 1er-III)* « Sont tenues de se faire enregistrer auprès du service ou de l'organisme désigné à cette fin par le ministre chargé de la santé les personnes ayant obtenu un titre de formation ou une autorisation requis pour l'exercice de la profession de masseur-kinésithérapeute, avant leur entrée dans la profession, ainsi que celles qui ne l'exerçant pas ont obtenu leur titre de formation depuis moins de trois ans.

« L'enregistrement de ces personnes est réalisé après vérification des pièces justificatives attestant de leur identité et de leur titre de formation ou de leur autorisation. Elles informent le même service ou organisme de tout changement de résidence ou de situation professionnelle.

« Pour les personnes ayant exercé la profession de masseur-kinésithérapeute, l'obligation d'information relative au changement de résidence est maintenue pendant une période de trois ans à compter de la cessation de leur activité.

« La procédure d'enregistrement est sans frais. »

(Ord. n° 2005-1040 du 26 août 2005) « Il est établi, pour chaque département, *(Ord. n° 2010-177 du 23 févr. 2010, art. 14-I-13°)* « par l'agence régionale de santé » ou l'organisme désigné à cette fin, une liste des membres de cette profession, portée à la connaissance du public. »

Al. abrogé par L. n° 2004-806 du 9 août 2004, art. 108-II.

(Ord. n° 2018-20 du 17 janv. 2018, art. 17) « Sous réserve des dispositions de l'article L. 4061-1, » *(L. n° 2004-806 du 9 août 2004, art. 108-II)* « un masseur-kinésithérapeute ne peut exercer sa profession, *(Abrogé par Ord. n° 2018-20 du 17 janv. 2018, art. 17)* « *à l'exception de ceux qui relèvent du service de santé des armées,* » que :

« 1° Si ses diplômes, certificats, titres ou autorisation ont été enregistrés conformément au premier alinéa ;

« 2° S'il est inscrit sur le tableau tenu par l'ordre. » *(L. n° 2009-879 du 21 juill. 2009, art. 63-IX)* « Le *(Ord. n° 2010-177 du 23 févr. 2010, art. 14-I-13°)* « directeur général de l'agence régionale de santé » ainsi que le parquet du tribunal de grande instance ont un droit d'accès permanent à ce tableau et peuvent en obtenir copie. »

« L'Ordre national des masseurs-kinésithérapeutes a un droit d'accès aux listes nominatives des masseurs-kinésithérapeutes *(Ord. n° 2018-20 du 17 janv. 2018, art. 17)* « civils » employés par les structures publiques et privées et peut en obtenir copie. »

« Ces listes nominatives sont notamment utilisées pour procéder, dans des conditions fixées par décret, à l'inscription automatique des masseurs-kinésithérapeutes au tableau tenu par l'ordre. »

(Ord. n° 2008-507 du 30 mai 2008, art. 31 ; L. n° 2009-879 du 21 juill. 2009, art. 63-XII) « Les décisions mentionnées aux articles L. 4311-16 et L. 4311-18 sont prises par le conseil départemental ou interdépartemental de l'ordre des masseurs-kinésithérapeutes dans les conditions et selon les modalités précisées à ces articles. Les dispositions des articles L. 4311-26 et L. 4311-27 sont applicables aux masseurs-kinésithérapeutes. »

(Ord. n° 2003-850 du 4 sept. 2003, art. 24-VII) « Les modalités d'application du présent article sont fixées par décret. »

1. Obligation de se faire enregistrer. Les masseurs-kinésithérapeutes, à l'exception de ceux qui relèvent du service de santé des armées, ne peuvent exercer leur profession que s'ils sont inscrits sur le tableau tenu par l'ordre ; les hospitaliers ne font pas exception. • Crim. 18 nov. 2014, n° 13-88.246 P : *AJDA 2014. 2278 ; D. 2014. 2412 ; AJ pénal 2015. 319, obs. Lasserre Capdeville*. ♦ L'inscription au tableau de l'ordre des masseurs-kinésithérapeutes n'est obligatoire qu'aussi longtemps que la profession est effectivement exercée ; lorsqu'un masseur-kinésithérapeute devenu cadre de santé participe à différentes actions d'éducation, de prévention, de dépistage, de formation et d'encadrement prévues à l'art. R. 4321-13, ces activités ne peuvent être regardées comme relevant de l'exercice de la profession de masseur-kinésithérapeute dès lors qu'elles ne comportent pas la pratique du massage ou de la gymnastique médicale. • CE 20 mars 2013, *Mme B.*, n° 357896 : *Lebon.*

2. Décret d'application. L'inscription automatique des masseurs-kinésithérapeutes au tableau tenu par l'Ordre nécessite un décret d'application précisant les conditions de la collecte des données transmises par les structures publiques et privées employant des masseurs-kinésithérapeutes, et de la vérification par les autorités ordinales des conditions légales permettant l'inscription des intéressés au tableau ; le refus d'édicter ce décret, au-delà d'un délai raisonnable, est illégal. • CE 21 juin 2013, *Synd. Alyzé*, n° 362325.

3. Droit d'accès de l'ordre aux listes nominatives. Lorsqu'un établissement de santé privé chargé d'une mission de service public refuse de communiquer au conseil départemental de l'ordre la liste nominative des masseurs-kinésithérapeutes qu'il emploie, il n'exerce aucune prérogative de puissance publique ; il en résulte que l'action introduite par le conseil départemental contre cet établissement relève de la compétence de la juridiction judiciaire. • T. confl. 6 juill. 2015, *UGECAM du Centre et du centre de réadaptation fonctionnelle Le Coteau*, n° C4010.

Art. L. 4321-10-1 *(Ord. n° 2009-1586 du 17 déc. 2009, art. 1er-III)* Les organismes délivrant les titres de formation transmettent ces titres au service ou à l'organisme mentionné à l'article L. 4321-10 sous forme d'informations certifiées.

Ils lui communiquent également, sous la même forme, la liste des étudiants susceptibles d'être requis ou appelés au titre de la réserve sanitaire ayant atteint le niveau de formation prévu à l'article 4321-7.

Art. L. 4321-10-2 *(Ord. n° 2009-1586 du 17 déc. 2009, art. 1er-III)* Lorsqu'elles sont disponibles, les informations certifiées mentionnées à l'article L. 4321-10-1 tiennent lieu de pièces justificatives pour l'accomplissement des obligations prévues à l'article L. 4321-10.

Art. L. 4321-11 *(Ord. n° 2008-507 du 30 mai 2008, art. 31 ; Ord. n° 2009-1585 du 17 déc. 2009, art. 11-I)* Le masseur-kinésithérapeute, ressortissant d'un État membre de l'Union européenne ou d'un autre État partie à l'accord sur l'Espace économique européen, qui est établi et exerce légalement les activités de masseur-kinésithérapeute dans un État, membre ou partie, peut exécuter en France des actes professionnels, de manière temporaire et occasionnelle, sans avoir à procéder aux formalités prévues à l'article L. 4321-10.

(Ord. n° 2017-50 du 19 janv. 2017, art. 2) « Lorsque l'exercice ou la formation conduisant à la profession n'est pas réglementé dans l'État où il est établi, le prestataire de services doit justifier avoir exercé dans un ou plusieurs États, membres ou parties, pendant un an au moins à temps plein ou à temps partiel pendant une durée totale équivalente au cours des dix années précédentes. »

L'exécution de ces actes est subordonnée à une déclaration préalable, qui est accompagnée de pièces justificatives dont la liste est fixée par arrêté du ministre chargé de la santé. *(Ord. n° 2017-50 du 19 janv. 2017, art. 3-I et II)* « Le prestataire joint une déclaration concernant les connaissances linguistiques nécessaires à la réalisation de la prestation.

« Le contrôle de la maîtrise de la langue doit être proportionné à l'activité à exercer et réalisé une fois la qualification professionnelle reconnue. »

Le prestataire de services doit posséder les connaissances relatives aux systèmes de poids et mesures utilisés en France.

Il est soumis aux conditions d'exercice de la profession, aux règles professionnelles applicables en France et à la juridiction disciplinaire compétente.

Les qualifications professionnelles du prestataire sont vérifiées avant la première prestation de services. *(Ord. n° 2017-50 du 19 janv. 2017, art. 4-I)* « En cas de différence substantielle entre les qualifications du prestataire et la formation exigée en France, de nature à nuire à la santé publique, l'autorité compétente soumet le professionnel à une épreuve d'aptitude. »

Le prestataire de services peut faire usage de son titre de formation dans la langue de l'État qui le lui a délivré. Il est tenu de faire figurer le lieu et l'établissement où il l'a obtenu.

Dans le cas où le titre de formation de l'État d'origine, membre ou partie, est susceptible d'être confondu avec un titre exigeant en France une formation complémentaire, le Conseil national de l'ordre peut décider que l'intéressé fera état du titre de formation de l'État d'origine, membre ou partie, dans une forme appropriée qu'il lui indique.

La prestation de services est réalisée sous le titre professionnel de l'État d'établissement, de manière à éviter toute confusion avec le titre professionnel français. Toutefois, dans le cas où les qualifications ont été vérifiées, la prestation de services est réalisée sous le titre professionnel français.

Art. L. 4321-12 Les masseurs-kinésithérapeutes titulaires du diplôme d'État peuvent porter l'insigne respectif conforme au modèle établi par le ministre chargé de la santé et dont l'usage leur est exclusivement réservé.

Il leur est délivré une carte professionnelle dont le modèle est également établi par le ministre chargé de la santé.

Art. L. 4321-13 *(L. n° 2004-806 du 9 août 2004, art. 108-III)* L'ordre des masseurs-kinésithérapeutes regroupe obligatoirement tous les masseurs-kinésithérapeutes habilités à exercer leur profession en France *(Abrogé par Ord. n° 2018-20 du 17 janv. 2018, art. 17)* « *, à l'exception des masseurs-kinésithérapeutes relevant du service de santé des armées* ».

(Ord. n° 2018-20 du 17 janv. 2018, art. 17) « Conformément aux dispositions de l'article L. 4061-1, les masseurs-kinésithérapeutes relevant des dispositions de l'article L. 4138-2 du code de la défense ne sont inscrits à aucun tableau de l'ordre. »

Art. L. 4321-14 *(L. n° 2004-806 du 9 août 2004, art. 108-III)* L'ordre des masseurs-kinésithérapeutes veille au maintien des principes de moralité *(Ord. n° 2005-1040 du 26 août 2005)* « , de probité et de compétence » indispensables à l'exercice de la masso-kinésithérapie et à l'observation, par tous ses membres, des droits, devoirs et obligations professionnels, ainsi que des règles édictées par le code de déontologie prévu à l'article L. 4321-21.

Il assure la défense de l'honneur et de l'indépendance de la profession de masseur-kinésithérapeute.

Il peut organiser toute œuvre d'entraide au bénéfice de ses membres et de leurs ayants droit.

Il peut être consulté par le ministre chargé de la santé, notamment sur les questions relatives à l'exercice de la profession de masseur-kinésithérapeute.

Il accomplit sa mission par l'intermédiaire des conseils départementaux *(L. n° 2009-879 du 21 juill. 2009, art. 63-XII)* « ou interdépartementaux », des conseils régionaux *(Ord. n° 2017-192 du 16 févr. 2017, art. 15-1°)* « ou interrégionaux » et du Conseil national de l'ordre.

V. note ss. art. L. 4121-2.

Art. L. 4321-15 *(Ord. n° 2017-644 du 27 avr. 2017, art. 8-1°, en vigueur à compter du prochain renouvellement des conseils et des chambres disciplinaires ou de discipline en cause)* « Le Conseil national de l'ordre des masseurs-kinésithérapeutes est composé de membres élus parmi les masseurs-kinésithérapeutes inscrits à titre libéral et parmi les masseurs-kinésithérapeutes inscrits à titre salarié qui remplissent les conditions fixées à l'article L. 4321-18-1. Le ministre chargé de la santé est représenté au Conseil national avec voix consultative.

« Le Conseil national de l'ordre des masseurs-kinésithérapeutes comporte, en son sein, une chambre disciplinaire nationale. L'article L. 4122-3 est applicable aux masseurs-kinésithérapeutes.

« La chambre disciplinaire nationale comprend des membres élus par le Conseil national, parmi les anciens membres de ce conseil et les membres et anciens membres des conseils départementaux, interdépartementaux, régionaux et interrégionaux de l'ordre. »

Cette chambre est saisie en appel des décisions des chambres disciplinaires de première instance.

Lorsque les litiges concernent les relations entre professionnels et usagers, la chambre disciplinaire s'adjoint deux représentants des usagers désignés par le ministre chargé de la santé.

Sur les dispositions transitoires, V. Ord. n° 2017-644 du 27 avr. 2017, art. 14 et 15, reproduit ss. l'art. L. 4121-2 🏛.

1. Impartialité. Si l'art. L. 4321-15 ne prévoit pas d'incompatibilité entre les fonctions exercées par les membres de la chambre disciplinaire nationale et celles d'assesseur à la chambre disciplinaire de première instance, ni n'interdit à ces membres de siéger lorsqu'ils ont eu connaissance des faits de la cause à raison de l'exercice d'autres fonctions ordinales, ces garanties sont prévues par l'art. L. 4122-3-III, rendu applicable à la chambre disciplinaire nationale de l'ordre des masseurs-kinésithérapeutes par l'art. L. 4321-19 (rejet de question prioritaire de constitutionnalité basée sur l'art. 16 DDH). • CE 26 nov. 2012, *Sophie B.*, n° 360298.

2. Représentation des usagers. En l'absence du décret d'exécution prévu à l'art. L. 4321-20, le dernier al. de l'art. L. 4321-15 n'est pas applicable ; par suite, alors même qu'un litige oppose professionnels et usagers, c'est régulièrement que la chambre disciplinaire nationale statue dans la composition prévue aux deux premiers al. de l'art. L. 4321-15. • CE 4 juin 2014, *M. A.*, n° 362492 : *Lebon.*

Art. L. 4321-16 *(Ord. n° 2017-644 du 27 avr. 2017, art. 8-2°)* **Le Conseil national de l'ordre remplit, sur le plan national, les attributions générales de l'ordre définies à l'article L. 4321-14. Il fixe, appelle et recouvre la cotisation qui doit être réglée au cours du premier trimestre de l'année civile en cours par chaque personne physique ou morale inscrite au tableau. Il détermine également les quotités de cette cotisation qui sont attribuées à l'échelon** *[aux échelons]* **départemental, régional et national. Toutefois, la cotisation n'est pas due par le masseur-kinésithérapeute réserviste sanitaire** *(Ord. n° 2018-20 du 17 janv. 2018, art. 17)* **« ou relevant des dispositions de l'article L. 4143-1 du code de la défense » dès lors qu'il n'exerce la profession qu'à ce titre.**

Il gère les biens de l'ordre, définit une politique immobilière et contrôle sa mise en œuvre. Il peut créer ou subventionner les œuvres intéressant la profession ainsi que les œuvres d'entraide.

Il valide et contrôle la gestion des conseils départementaux, interdépartementaux, régionaux et interrégionaux. Il reçoit de ces derniers leurs documents budgétaires et comptables. Le Conseil national peut demander tout autre document qui lui semble nécessaire. Les modalités de cette validation et de ce contrôle sont fixées par des règlements de trésorerie élaborés par le Conseil national et applicables à l'ensemble des instances ordinales. Les conseils doivent l'informer préalablement de la création et lui rendre compte de tous les organismes dépendant de ces conseils.

Il verse aux conseils départementaux, interdépartementaux, régionaux et interrégionaux une somme destinée à assurer une harmonisation de leurs charges sur le plan national.

Un commissaire aux comptes certifie annuellement les comptes combinés au niveau national des conseils de l'ordre. – *Cet al. entrera en vigueur le 1er janv. 2019 (Ord. n° 2017-644 du 27 avr. 2017, art. 14-1).*

Le Conseil national autorise son président à ester en justice.

Il peut, devant toutes les juridictions, exercer tous les droits réservés à la partie civile relativement aux faits portant un préjudice direct ou indirect à l'intérêt collectif de la profession de masseur-kinésithérapeute, y compris en cas de menaces ou de violences commises en raison de l'appartenance à cette profession.

V. note ss. art. L. 4121-2.

1. Absence de décret d'application. L'application des dispositions de l'art. L. 4321-16 n'est pas manifestement impossible en l'absence des mesures réglementaires d'application prévues par ce texte ; dès lors, le Conseil national de l'ordre des masseurs-kinésithérapeutes est compétent pour fixer le montant des cotisations annuelles dues par les masseurs-kinésithérapeutes ; rejet de l'exception d'illégalité soulevée devant le tribunal d'instance. • CE 23 mars 2016, *CNOMK*, n° 393510. ♦ V. aussi : • CE 16 déc. 2016, n° 399925.

2. Compétence juridictionnelle. Lorsqu'un masseur-kinésithérapeute conteste devoir acquitter la cotisation au motif qu'il n'exerce plus et que l'ordre aurait dû mettre fin à son inscription, la juridiction administrative est seule compétente pour apprécier s'il doit être mis fin à une telle inscription et fixer la date à compter de laquelle la radiation doit être prononcée ; le juge de proximité, compétent en matière de recouvrement, aurait dû poser une question préjudicielle quant à l'obligation d'inscription. • Civ. 1re, 4 oct. 2017, nos 16-22.283 et 16-22.281 : *D. 2017. 2033.*

Art. L. 4321-16-1 *(Ord. n° 2017-192 du 16 févr. 2017, art. 15-4°)* **Le Conseil national de l'ordre peut organiser le regroupement de conseils départementaux ou interdépartementaux par une délibération en séance plénière, dans les situations suivantes :**

1° Difficultés de fonctionnement liées à la situation de la démographie de la profession de masseur-kinésithérapeute ou à une insuffisance d'élus ordinaux ;

2° Incapacité d'assurer les missions de service public qui lui ont été confiées.

Cette délibération, adoptée en séance plénière, organise le regroupement de conseils départementaux et interdépartementaux et fixe la date de la dissolution des conseils intéressés. Elle détermine le siège du nouveau conseil interdépartemental. Elle fixe la date des nouvelles élections.

V. note ss. art. L. 4121-2.

Art. L. 4321-17 *(L. nº 2004-806 du 9 août 2004, art. 108-III)* Dans chaque région, un conseil *(Ord. nº 2017-644 du 27 avr. 2017, art. 8-3º-a)* « régional ou interrégional » de l'ordre des masseurs-kinésithérapeutes assure les fonctions de représentation de la profession dans la région et de coordination des conseils départementaux *(L. nº 2009-879 du 21 juill. 2009, art. 63-XII)* « ou interdépartementaux ». *(Ord. nº 2017-192 du 16 févr. 2017, art. 15-5º-b)* « Son siège se situe dans le département au sein duquel l'agence régionale de santé a son siège, sauf s'il en est disposé autrement par une décision du Conseil national. »

Il organise et participe à des actions d'évaluation des pratiques de ces professionnels, en liaison avec le Conseil national de l'ordre et avec *(Ord. nº 2005-1040 du 26 août 2005)* « la Haute Autorité de santé ». Dans ce cadre, le conseil régional *(Ord. nº 2017-644 du 27 avr. 2017, art. 8-3º-b)* « ou interrégional » a recours à des professionnels habilités à cet effet par le Conseil national de l'ordre sur proposition de *(Ord. nº 2005-1040 du 26 août 2005)* « la Haute Autorité de santé ».

Le conseil régional *(Ord. nº 2017-644 du 27 avr. 2017, art. 8-3º-b)* « ou interrégional » comprend en son sein une chambre disciplinaire de première instance, présidée par un magistrat de l'ordre administratif. Cette chambre dispose, en ce qui concerne les masseurs-kinésithérapeutes, des attributions des chambres disciplinaires de première instance des ordres des professions médicales.

(Ord. nº 2017-644 du 27 avr. 2017, art. 8-3º-c) « La chambre disciplinaire de première instance siège auprès du conseil régional ou interrégional dont elle dépend et les audiences se tiennent dans le département où siège ce conseil. Elle comprend des assesseurs titulaires et un nombre égal d'assesseurs suppléants. Les assesseurs sont de nationalité française. »

(Ord. nº 2005-1040 du 26 août 2005) « La chambre disciplinaire de première instance est composée d'un nombre de masseurs-kinésithérapeutes fixé par voie réglementaire *(Abrogé par Ord. nº 2017-644 du 27 avr. 2017, art. 8-3º-d)* « *, en fonction des effectifs des masseurs-kinésithérapeutes inscrits aux derniers tableaux publiés dans la région* ».

(Ord. nº 2017-644 du 27 avr. 2017, art. 8-3º-e) « Elle comprend des membres élus par le conseil régional ou interrégional auprès duquel siège la chambre, parmi les membres du conseil régional ou interrégional dont elle dépend et parmi les anciens membres des conseils départementaux, interdépartementaux, régionaux et interrégionaux de l'ordre. »

Lorsque les litiges concernent les relations entre professionnels et usagers, la chambre disciplinaire s'adjoint deux représentants des usagers désignés par le ministre chargé de la santé.

L'Ord. nº 2017-644 du 27 avr. 2017 entre en vigueur à compter du prochain renouvellement des conseils et des chambres disciplinaires ou de discipline en cause.

Sur les dispositions transitoires, V. Ord. préc., art. 14 et 15, 🏛, reproduits ss. l'art. L. 4121-2.

Art. L. 4321-17-1 *(Ord. nº 2017-192 du 16 févr. 2017, art. 15-6º)* I. — Le conseil régional ou interrégional, placé sous le contrôle du Conseil national, remplit, sur le plan régional, les attributions générales de l'ordre définies à l'article L. 4321-14.

Il est consulté par le directeur général de l'agence régionale de santé sur les questions et les projets relevant de ses compétences.

Il exerce dans *les régions ou* les interrégions les attributions mentionnées à l'article L. 4112-4.

Il peut décider la suspension temporaire du droit d'exercer en cas d'infirmité du professionnel ou d'état pathologique rendant dangereux l'exercice de sa profession, ainsi que la suspension temporaire, totale ou partielle, du droit d'exercer en cas d'insuffisance professionnelle rendant dangereux l'exercice de sa profession.

Le conseil peut, dans les matières énumérées aux deux alinéas précédents, statuer en formation restreinte.

(Ord. nº 2017-644 du 27 avr. 2017, art. 8-4º) « Le conseil régional autorise son président à ester en justice.

« Il peut, devant toutes les juridictions, exercer tous les droits réservés à la partie civile relativement aux faits portant un préjudice direct ou indirect à l'intérêt collectif de la profession de masseur-kinésithérapeute, y compris en cas de menaces ou de violences commises en raison de l'appartenance à cette profession. »

Les délibérations du conseil régional ou interrégional ne sont pas publiques.

II. – Les décisions des conseils régionaux ou interrégionaux en matière d'inscription au tableau et de suspension temporaire du droit d'exercer en cas d'infirmité ou d'état pathologique ou de suspension temporaire totale ou partielle du droit d'exercer en cas d'insuffisance professionnelle rendant dangereux l'exercice de la profession peuvent faire l'objet d'un recours hiérarchique devant le Conseil national. Le Conseil national peut déléguer ses pouvoirs à une formation restreinte qui se prononce en son nom.

III. – Le conseil régional ou interrégional est composé de membres titulaires et d'un nombre égal de membres suppléants, élus par les membres titulaires des conseils départementaux de la région ou de l'interrégion parmi les masseurs-kinésithérapeutes inscrits à leur tableau et qui remplissent les conditions fixées à l'article L. 4321-18-1.

Les conseillers nationaux participent en outre avec voix consultative aux délibérations du conseil régional ou interrégional dont ils sont issus.

IV. – Lorsque, par leur fait, les membres d'un conseil régional ou interrégional mettent celui-ci dans l'impossibilité de fonctionner, le directeur général de l'agence régionale de santé, sur proposition du Conseil national de l'ordre, peut, par arrêté, prononcer la dissolution du conseil régional ou interrégional. En cas de dissolution du conseil régional ou en cas de démission de tous ses membres, il nomme, sur proposition du Conseil national de l'ordre, une délégation de trois à cinq membres suivant l'importance numérique du conseil dissous. Jusqu'à l'élection d'un nouveau conseil organisée sans délai par le Conseil national, cette délégation assure la gestion des affaires courantes ainsi que les fonctions qui sont attribuées au conseil par les quatrième et cinquième alinéas du I du présent article.

En cas de démission de la majorité des membres de cette délégation, celle-ci est dissoute de plein droit et, jusqu'à l'entrée en fonction du nouveau conseil, ses fonctions sont dévolues au Conseil national.

V. note ss. art. L. 4121-2.

Art. L. 4321-18 *(L. n° 2004-806 du 9 août 2004, art. 108-III)* Dans chaque département, le conseil départemental *(L. n° 2009-879 du 21 juill. 2009, art. 63-XII)* « ou interdépartemental » de l'ordre exerce, sous le contrôle du Conseil national, les attributions générales de l'ordre, énumérées à l'article L. 4321-14.

Il statue sur les inscriptions au tableau.

Il autorise le président de l'ordre à ester en justice, à accepter tous dons et legs à l'ordre, à transiger ou compromettre, à consentir toutes aliénations ou hypothèques et à contracter tous emprunts.

En aucun cas, il n'a à connaître des actes, des attitudes, des opinions politiques ou religieuses des membres de l'ordre.

Il peut créer, avec les autres conseils départementaux *(L. n° 2009-879 du 21 juill. 2009, art. 63-XII)* « ou interdépartementaux » de l'ordre et sous le contrôle du Conseil national, des organismes de coordination.

Il diffuse auprès des professionnels les règles de bonnes pratiques.

Le conseil départemental *(L. n° 2009-879 du 21 juill. 2009, art. 63-XII)* « ou interdépartemental » est composé de membres élus parmi les masseurs-kinésithérapeutes *(Ord. n° 2017-192 du 16 févr. 2017, art. 15-7°-a)* « inscrits » à titre libéral et parmi les masseurs-kinésithérapeutes *(Ord. n° 2017-192 du 16 févr. 2017, art. 15-7°-a)* « inscrits » à titre salarié *(Ord. n° 2017-192 du 16 févr. 2017, art. 15-7°-b)* « qui remplissent les conditions fixées à l'article L. 4321-18-1 ». *(Ord. n° 2005-1040 du 26 août 2005 ; L. n° 2009-879 du 21 juill. 2009, art. 63-XII)* « Le nombre de membres du conseil départemental ou interdépartemental est fixé par voie réglementaire compte tenu du nombre de masseurs-kinésithérapeutes inscrits au dernier tableau publié. »

Les dispositions de l'*article L. 4123-2* sont applicables au conseil départemental *(L. n° 2009-879 du 21 juill. 2009, art. 63-XII)* « ou interdépartemental » de l'ordre des masseurs-kinésithérapeutes.

V. note ss. art. L. 4121-2.

1. Inscription et élections. Si le conseil départemental de l'ordre comprend des membres élus parmi les praticiens exerçant à titre libéral ou salarié, aucune disposition ne subordonne la qualité d'électeur et de candidat à ces fonctions représentatives à un exercice effectif de la masso-kinésithérapie, l'inscription au tableau de l'ordre étant la seule condition posée à cet effet ; sauf l'hypothèse, visée à l'art. R. 4112-3 précité du même code, d'un praticien cessant ses fonctions et demandant sa radiation du tableau, un masseur-kinésithérapeute même retraité peut demeurer inscrit au tableau de l'ordre et conserver sa qualité d'électeur et son éligibilité. • CAA Nancy, 22 nov. 2012, n° 11NC01502.

2. Autorisation d'ester. L'art. L. 4321-18, en tant qu'il régit l'action en justice du président du conseil départemental de l'ordre, n'est pas applicable à l'action diligentée par le président du Conseil national de l'ordre aux fins de recouvrement d'une cotisation ordinale. • Civ. 1re, 25 nov. 2015, n° 15-10.598 P : *D. 2015. 2507* • Civ. 1re, 22 sept. 2016, n° 15-23.344. • Civ. 1re, 9 juin 2017, nos 16-19.144 et 16-19.146.

Art. L. 4321-18-1 *(Ord. n° 2017-192 du 16 févr. 2017, art. 15-9°)* **Sont seuls éligibles, sous réserve des dispositions de l'article L. 4124-6 du présent code et des articles L. 145-5-2 et L. 145-5-3 du code de la sécurité sociale, les praticiens de nationalité française ou ressortissants de l'un des États membres de l'Union européenne ou d'un autre État partie à l'accord sur l'Espace économique européen inscrits à l'ordre.**

V. note ss. art. L. 4121-2.

Art. L. 4321-18-2 *(Ord. n° 2017-192 du 16 févr. 2017, art. 15-9°)* **Lorsqu'il apparaît, postérieurement à son élection, qu'un élu d'un conseil de l'ordre, d'une chambre disciplinaire ou d'une section des assurances sociales a fait l'objet, avant ou après son élection, d'une des sanctions mentionnées aux 3° et 4° de l'article L. 4124-6 du présent code ainsi qu'à l'article L. 145-5-2 du code de la sécurité sociale, il est déclaré démissionnaire d'office.**

Cette démission lui est notifiée :

1° Par le président du conseil, de la chambre disciplinaire ou de la section des assurances sociales dont il est membre ;

2° Ou, lorsque l'élu concerné est président d'un conseil par le président du Conseil national ;

3° Ou, lorsque l'élu est président du Conseil national, par les vice-présidents de ce conseil.

V. note ss. art. L. 4121-2.

Art. L. 4321-18-3 *(Ord. n° 2017-192 du 16 févr. 2017, art. 15-9°)* **Lorsqu'un membre vient à cesser ses fonctions pour quelque cause que ce soit, il est immédiatement remplacé par un suppléant. A défaut de suppléant, il est procédé à une élection complémentaire visant à pourvoir le siège vacant à compter de la constatation de la vacance de poste. Dans ce cas, la durée de fonctions du membre ainsi élu est celle qui restait à courir jusqu'à la date à laquelle aurait expiré le mandat de celui qu'il remplace.**

Le membre ainsi élu est du même sexe que le membre qu'il remplace.

V. note ss. art. L. 4121-2.

Art. L. 4321-18-4 *(Ord. n° 2015-949 du 31 juill. 2015, art. 5-1°)* **Les membres des conseils de l'ordre des masseurs-kinésithérapeutes sont élus au scrutin binominal majoritaire à** *(Ord. n° 2017-192 du 16 févr. 2017, art. 15-10°-b)* **« un tour ». Chaque binôme est composé de candidats de sexe différent. Dans le cas où le conseil de l'ordre comprend un nombre impair de membres, est considéré comme élu le membre du dernier binôme élu tiré au sort.**

Les suppléants élus sont du même sexe que le membre qu'ils ont pour mission de suppléer.

(Ord. n° 2017-192 du 16 févr. 2017, art. 15-10°-c) **« Par dérogation à l'alinéa précédent, lorsque le nombre de masseurs-kinésithérapeutes d'un même sexe inscrits au *tableau de l'ordre* et remplissant les conditions d'éligibilité est inférieur ou égal à 30, le conseil de l'ordre est élu au scrutin uninominal majoritaire à un tour. »**

Un décret en Conseil d'État détermine les modalités d'application du présent article.

Ces dispositions s'appliquent au fur et à mesure des élections, même partielles, et nominations postérieures au 1er janv. 2017 (Ord. n° 2015-949 du 31 juill. 2015, art. 13-I).

V. note ss. art. L. 4121-2.

Art. L. 4321-18-5 *(Ord. n° 2017-644 du 27 avr. 2017, art. 8-5°-a et 14-I, en vigueur au renouvellement en 2020 des conseils de l'ordre des infirmiers et de l'ordre des masseurs-kinésithérapeutes)* **« L'élection des conseils est acquise à la majorité des membres présents ou ayant voté par correspondance ou par voie électronique. »**

Un décret en Conseil d'État fixe la composition des différents conseils et des chambres disciplinaires de l'ordre des masseurs-kinésithérapeutes, la durée et la périodicité

de renouvellement des mandats de leurs membres, leurs règles de fonctionnement ainsi que les principes régissant les élections de ces instances.

Les modalités d'élection par voie électronique sont fixées après avis de la Commission nationale de l'informatique et des libertés.

Un règlement électoral établi par le Conseil national de l'ordre fixe les modalités des élections aux conseils et aux chambres disciplinaires.

(Ord. nº 2017-644 du 27 avr. 2017, art. 8-5º-b) **« L'élection du président et du bureau est acquise à la majorité des membres présents. »**

Art. L. 4321-19 *(Ord. nº 2005-1040 du 26 août 2005 ; L. nº 2007-127 du 30 janv. 2007, art. 12 ; L. nº 2009-879 du 21 juill. 2009, art. 63-XI)* **Les dispositions des articles L. 4112-3 à L. 4112-6, L. 4113-5, L. 4113-6, L. 4113-8 à L. 4113-14, L. 4122-1-1, L. 4122-1-2,** *(Ord. nº 2017-644 du 27 avr. 2017, art. 8-6º-a)* **« L. 4122-2-1, L. 4122-2-2, » L. 4122-3, L. 4123-2,** *(Ord. nº 2017-192 du 16 févr. 2017, art. 15-12º-a)* **« L. 4123-10, » L. 4124-1 à L. 4124-3** *(Ord. nº 2017-644 du 27 avr. 2017, art. 8-6º-b)* **« L. 4124-5, L. 4124-6, les II à V de l'article L. 4124-7, les articles L. 4124-8, » L. 4125-1 à L. 4125-3-1,** *(Ord. nº 2017-192 du 16 févr. 2017, art. 15-12º-c)* **« L. 4125-4, L. 4125-5, L. 4125-7 et L. 4125-8, » L. 4126-1 à L. 4126-6** *(Ord. nº 2017-192 du 16 févr. 2017, art. 15-12º-d)* **« et » L. 4132-6 sont applicables aux masseurs-kinésithérapeutes.**

V. note ss. art. L. 4121-2.

Appel devant le Conseil national. Il résulte de l'art. L. 4112-4 que les recours formés devant un conseil régional de l'ordre des masseurs-kinésithérapeutes et devant le Conseil national constituent des préalables obligatoires à la saisine du juge ; c'est pourquoi le Conseil national, saisi d'un recours contre une décision d'un conseil régional, doit se placer, pour apprécier le droit du masseur-kinésithérapeute d'être inscrit au tableau, à la date à laquelle il statue. • CE 10 févr. 2017, *CDOMK du Gard,* nº 394756 : *Lebon T.*

Nouvel art. L. 4321-19 (Ord. nº 2005-1040 du 26 août 2005 ; L. nº 2007-127 du 30 janv. 2007, art. 12 ; L. nº 2009-879 du 21 juill. 2009, art. 63-XI) ***Les dispositions des articles L. 4112-3 à L. 4112-6, L. 4113-5,*** (Ord. nº 2017-49 du 19 janv. 2017, art. 4-4º, en vigueur au plus tard le 1er juill. 2018) ***« L. 4113-9 » à L. 4113-14, L. 4122-1-1, L. 4122-1-2, L. 4122-3, L. 4123-2,*** (Abrogé par Ord. nº 2017-192 du 16 févr. 2017, art. 15-12º-b) ***« L. 4123-4, »*** (Ord. nº 2017-192 du 16 févr. 2017, art. 15-12º-a) ***« L. 4123-10, »*** (Abrogé par Ord. nº 2017-192 du 16 févr. 2017, art. 15-12º-b) ***« L. 4123-15 à L. 4123-17, premier alinéa, » L. 4124-1 à L. 4124-3 et L. 4124-5 à L. 4124-8, L. 4124-9, deuxième alinéa, L. 4124-10, premier alinéa,*** (Abrogé par Ord. nº 2017-192 du 16 févr. 2017, art. 15-12º-b) ***« L. 4124-11, L. 4124-12, deuxième alinéa, L. 4124-13, premier alinéa, » L. 4124-14, premier alinéa, L. 4125-1 à L. 4125-3-1,*** (Ord. nº 2017-192 du 16 févr. 2017, art. 15-12º-c) ***« L. 4125-4, L. 4125-5, L. 4125-7 et L. 4125-8, » L. 4126-1 à L. 4126-6*** (Ord. nº 2017-192 du 16 févr. 2017, art. 15-12º-d) ***« et » L. 4132-6*** (Abrogé par Ord. nº 2017-192 du 16 févr. 2017, art. 15-12º-b) ***« et L. 4132-9 » sont applicables aux masseurs-kinésithérapeutes.***

Le nouvel art. entre en vigueur à des dates fixées par décret et au plus tard le 1er juill. 2018 (Ord. nº 2017-49 du 19 janv. 2017, art. 5).

Conformément à l'art. 19 de l'Ord. nº 2017-192 du 16 févr. 2017, les dispositions de l'art. L. 4321-19 telles qu'issues de l'art. 15 de ladite ord. entrent en vigueur à compter des prochains renouvellements de chacun des conseils de l'ordre suivant la publication de celle-ci.

Art. L. 4321-19-1 *(Ord. nº 2017-192 du 16 févr. 2017, art. 15-13º)* **Un conseil interdépartemental de l'ordre des masseurs-kinésithérapeutes de La Réunion-Mayotte est compétent pour les masseurs-kinésithérapeutes exerçant à La Réunion et pour les masseurs-kinésithérapeutes exerçant à Mayotte.**

V. note ss. art. L. 4121-2.

Art. L. 4321-19-2 *(Ord. nº 2017-192 du 16 févr. 2017, art. 15-13º)* **Un conseil interrégional et une chambre disciplinaire de première instance de l'ordre des masseurs-*kinésithérapeutes de La Réunion-Mayotte* sont compétents pour les masseurs-kinésithérapeutes exerçant à La Réunion et pour les masseurs-kinésithérapeutes exerçant à Mayotte.**

V. note ss. art. L. 4121-2.

Art. L. 4321-19-3 *(Ord. nº 2017-192 du 16 févr. 2017, art. 15-13º)* **Les masseurs-kinésithérapeutes de Saint-Pierre-et-Miquelon sont soumis respectivement à la compé-**

tence du conseil régional et de la chambre disciplinaire de première instance de l'ordre des masseurs-kinésithérapeutes de Normandie.

V. note ss. art. L. 4121-2.

Art. L. 4321-19-4 *(Ord. nº 2017-192 du 16 févr. 2017, art. 15-13º)* I. — Un conseil territorial de l'ordre des masseurs-kinésithérapeutes est constitué à Saint-Pierre-et-Miquelon lorsque le nombre de masseurs-kinésithérapeutes y exerçant est au moins égal au double de l'effectif minimal prévu pour les conseils départementaux de l'ordre des masseurs-kinésithérapeutes.

Jusqu'à ce qu'il en soit ainsi, l'inscription est prononcée par le représentant de l'État dans la collectivité.

II. — Les modalités d'élection et de fonctionnement, les attributions et les compétences du conseil territorial de l'ordre des masseurs-kinésithérapeutes de Saint-Pierre-et-Miquelon sont identiques à celles des conseils départementaux de métropole. Lors de premières élections ou en cas de nouvelles élections, un tirage au sort détermine ceux des binômes du conseil territorial dont le mandat viendra à expiration respectivement dans les délais de trois ou six ans.

V. note ss. art. L. 4121-2.

Art. L. 4321-19-5 *(Ord. nº 2017-192 du 16 févr. 2017, art. 15-13º)* Les masseurs-kinésithérapeutes de Saint-Martin et de Saint-Barthélemy sont soumis à la compétence du conseil départemental de l'ordre des masseurs-kinésithérapeutes de la Guadeloupe.

V. note ss. art. L. 4121-2.

Art. L. 4321-19-6 *(Ord. nº 2017-192 du 16 févr. 2017, art. 15-13º)* Un conseil interrégional et une chambre disciplinaire de première instance de l'ordre des masseurs-kinésithérapeutes des Antilles-Guyane sont compétents pour les masseurs-kinésithérapeutes exerçant en Guyane, à la Martinique, à la Guadeloupe, à Saint-Martin et à Saint-Barthélemy.

V. note ss. art. L. 4121-2.

Art. L. 4321-19-7 *(Ord. nº 2017-192 du 16 févr. 2017, art. 15-13º)* Un conseil interrégional et une chambre disciplinaire de première instance de l'ordre des masseurs-kinésithérapeutes de Provence-Alpes-Côte d'Azur et de Corse sont compétents pour les masseurs-kinésithérapeutes de Provence-Alpes-Côte d'Azur et pour les masseurs-kinésithérapeutes de Corse.

V. note ss. art. L. 4121-2.

Art. L. 4321-20 *(L. nº 2004-806 du 9 août 2004, art. 108-III)* Un décret en Conseil d'État détermine *(Ord. nº 2017-192 du 16 févr. 2017, art. 15-14º-a)* « , en tant que de besoin, » les modalités d'application des dispositions des articles L. 4321-15 à *(Ord. nº 2017-192 du 16 févr. 2017, art. 15-14º-b)* « L. 4321-19-7 », notamment la représentation des professionnels dans les instances ordinales en fonction du mode d'exercice et des usagers dans les chambres disciplinaires ainsi que l'organisation de la procédure disciplinaire préalable à la saisine des chambres disciplinaires.

V. note ss. art. L. 4121-2.

Art. L. 4321-21 *(L. nº 2004-806 du 9 août 2004, art. 108-III)* Un décret en Conseil d'État, pris après avis du Conseil national de l'ordre des masseurs-kinésithérapeutes, fixe les règles du code de déontologie des masseurs-kinésithérapeutes. Ces dispositions se limitent aux droits et devoirs déontologiques et éthiques de la profession à l'égard de ses membres, des autres professionnels de santé et à l'égard des patients.

Les dispositions de l'article L. 4398-1 ne sont pas applicables aux masseurs-kinésithérapeutes.

Entrée en vigueur. Est irrecevable la plainte portant sur des faits antérieurs à l'entrée en vigueur du code de déontologie. • CDN ONMK 8 juill. 2011, *Sophie B. : nos 018-2010 et 019-2010* • CDN ONMK 8 juill. 2011, *Dr Selim K.*, nº 024-2010 • CDN ONMK 8 juill. 2011, *Isabelle A.*, nº 023-2010.

Art. L. 4321-22 *(Ord. nº 2009-1585 du 17 déc. 2009, art. 12-III ; Ord. nº 2009-1586 du 17 déc. 2009, art. 1er-III)* Sont déterminés par décret en Conseil d'État :

1° En tant que de besoin, les règles professionnelles ;

2° La composition et le fonctionnement de la commission mentionnée à l'article L. 4321-4 et les conditions dans lesquelles l'intéressé est soumis à une mesure de compensation ;

3° Les modalités de vérification des qualifications professionnelles mentionnées à l'article L. 4321-11 ;

4° Les modalités d'application de l'obligation de transmission des informations mentionnées à l'article L. 4321-10-1 ;

(Ord. n° 2015-949 du 31 juill. 2015, art. 5-2°) **« 5° Les modalités d'application de l'article L. 4321-18-1 permettant de garantir l'égal accès des femmes et des hommes aux différents conseils de l'ordre des masseurs-kinésithérapeutes. »**

Sur les ostéopathes, V. L. n° 2002-303 du 4 mars 2002, art. 75 (droits des malades et qualité du système de santé) ; Décr. n° 2007-435 du 25 mars 2007 (actes et conditions d'exercice) ; Décr. n° 2007-437 du 25 mars 2007 (formation et agrément des établissements de formation) ; Décr. n° 2014-1043 du 12 sept. 2014 (agrément des établissements de formation en ostéopathie) ; Décr. n° 2014-1505 du 12 déc. 2014 (formation) ; L. n° 2014-201 du 24 févr. 2014 (responsabilité) ; Décr. n° 2014-1347 du 10 nov. 2014 (plafonds de garantie des contrats d'assurance) .

Sur les chiropracteurs, V. L. n° 2002-303 du 4 mars 2002, art. 75 (droits des malades et qualité du système de santé) ; Décr. n° 2011-32 du 7 janv. 2011 (actes et conditions d'exercice) ; L. n° 2014-201 du 24 févr. 2014 (responsabilité) ; Décr. n° 2014-367 du 24 mars 2014 (formation et agrément des établissements de formation) ; Décr. n° 2014-1347 du 10 nov. 2014 (plafonds de garantie des contrats d'assurance) ; Décr. n° 2018-90 du 13 févr. 2018 (agrément des établissements de formation en chiropraxie) ; Décr. n° 2018-91 du 13 févr. 2018 (formation en chiropraxie), .

CHAPITRE II PÉDICURE-PODOLOGUE

Art. L. 4322-1 Les pédicures-podologues *(L. n° 2016-41 du 26 janv. 2016, art. 124-I-1°)* « , à partir d'un diagnostic de pédicurie-podologie qu'ils ont préalablement établi, ont seuls » qualité pour traiter directement les affections épidermiques, limitées aux couches cornées et les affections unguéales du pied, à l'exclusion de toute intervention provoquant l'effusion de sang.

Ils ont également seuls qualité pour pratiquer les soins d'hygiène, confectionner et appliquer les semelles destinées *(L. n° 2016-41 du 26 janv. 2016, art. 124-I-2°)* « à prévenir ou » à soulager les affections épidermiques.

Sur ordonnance et sous contrôle médical, les pédicures-podologues peuvent traiter les cas pathologiques de leur domaine de compétence.

(L. n° 2016-41 du 26 janv. 2016, art. 124-I-3°) « Les pédicures-podologues analysent et évaluent les troubles morphostatiques et dynamiques du pied et élaborent un diagnostic de pédicurie-podologie en tenant compte de la statique et de la dynamique du pied ainsi que de leurs interactions avec l'appareil locomoteur. »

(L. n° 2008-1330 du 17 déc. 2008, art. 61) « Les pédicures-podologues peuvent adapter, dans le cadre d'un renouvellement, les prescriptions médicales initiales d'orthèses plantaires datant de moins de trois ans, dans des conditions fixées par décret et sauf opposition du médecin. »

Art. L. 4322-2 *(Ord. n° 2009-1586 du 17 déc. 2009, art. 1er-IV)* « Sont tenues de se faire enregistrer auprès du service ou de l'organisme désigné à cette fin par le ministre chargé de la santé les personnes ayant obtenu un titre de formation ou une autorisation requis pour l'exercice de la profession de pédicure-podologue, avant leur entrée dans la profession, ainsi que celles qui ne l'exerçant pas ont obtenu leur titre de formation depuis moins de trois ans.

« L'enregistrement de ces personnes est réalisé après vérification des pièces justificatives attestant de leur identité et de leur titre de formation ou de leur autorisation. Elles informent le même service ou organisme de tout changement de résidence ou de situation professionnelle.

« Pour les personnes ayant exercé la profession de pédicure-podologue, l'obligation d'information relative au changement de résidence est maintenue pendant une période de trois ans à compter de la cessation de leur activité.

« La procédure d'enregistrement est sans frais. »

(Ord. n° 2003-850 du 4 sept. 2003, art. 24-VIII) « Il est établi, pour chaque département, *(Ord. n° 2010-177 du 23 févr. 2010, art. 14-I-13°)* « par l'agence régionale de santé » ou l'organisme désigné à cette fin, une liste de cette profession, portée à la connaissance du public ».

(L. n° 2004-806 du 9 août 2004, art. 110-I) « Nul ne peut exercer la profession de pédicure-podologue si ses diplômes, certificats, titres ou autorisation n'ont été enregistrés conformément au premier alinéa et s'il n'est inscrit au tableau tenu par l'ordre. *(Abrogé par Ord. n° 2018-20 du 17 janv. 2018, art. 17)* « *Cette disposition n'est pas applicable aux pédicures-podologues qui relèvent du service de santé des armées.* » *(L. n° 2009-879 du 21 juill. 2009, art. 63-XIII)* « Le *(Ord. n° 2010-177 du 23 févr. 2010, art. 14-I-13°)* « directeur général de l'agence régionale de santé » ainsi que le parquet du tribunal de grande instance ont un droit d'accès permanent au tableau tenu par l'ordre et peuvent en obtenir copie.

« L'Ordre national des pédicures-podologues a un droit d'accès aux listes nominatives des pédicures-podologues employés par les structures publiques et privées et peut en obtenir copie.

« Ces listes nominatives sont notamment utilisées pour procéder, dans des conditions fixées par décret, à l'inscription automatique des pédicures-podologues au tableau tenu par l'ordre. »

(Ord. n° 2008-507 du 30 mai 2008, art. 32 ; Ord. n° 2009-1585 du 17 déc. 2009, art. 13-I) « Les décisions mentionnées aux articles L. 4311-16 et L. 4311-18 sont prises par le conseil régional de l'ordre des pédicures-podologues dans les conditions et selon les modalités précisées à ces articles. Les dispositions des articles L. 4311-26 et L. 4311-27 sont applicables aux pédicures-podologues.

« Le pédicure-podologue qui demande son inscription au tableau doit posséder les connaissances linguistiques nécessaires à l'exercice de la profession et celles relatives aux systèmes de poids et mesures utilisés en France. »

(Ord. n° 2017-50 du 19 janv. 2017, art. 3-II) « Le contrôle de la maîtrise de la langue doit être proportionné à l'activité à exercer et réalisé une fois la qualification professionnelle reconnue. »

(Ord. n° 2003-850 du 4 sept. 2003, art. 24-VIII) « Les modalités d'application du présent article sont fixées par décret ».

Portée de l'obligation d'inscription. Il résulte des art. L. 4322-2, L. 4322-6 et R. 4112-3 que l'inscription au tableau de l'ordre des pédicures-podologues n'est obligatoire qu'aussi longtemps que la profession est effectivement exercée. • CE 7 avr. 2016, *CNO pédicures-podologues,* n° 378322 : *Lebon.* ♦ S'il résulte des art. L. 4322-1, R. 4322-1, D. 4322-1-1 et R. 4322-96 que les pédicures-podologues peuvent être amenés à assurer des activités de coordination ou d'encadrement, de telles activités ne peuvent être regardées comme relevant par elles-mêmes de l'exercice de la profession de pédicure-podologue que si elles comportent la pratique des actes et des soins. • Même arrêt. ♦ Ainsi, les fonctions d'un directeur d'un institut de formation à la profession ne comportant pas l'accomplissement d'actes de soins, il n'est tenu de s'inscrire que s'il est amené, en dehors de ses fonctions, à accomplir des actes de pédicurie-podologie autrement que de manière purement occasionnelle. • Même arrêt.

Art. L. 4322-2-1 *(Ord. n° 2008-507 du 30 mai 2008, art. 32)* Le pédicure-podologue peut faire usage de son titre de formation dans la langue de l'État qui le lui a délivré. Il est tenu de faire figurer le lieu et l'établissement où il a été obtenu.

(Ord. n° 2009-1585 du 17 déc. 2009, art. 13-II) « Dans le cas où le titre de formation de l'État d'origine, membre ou partie, est susceptible d'être confondu avec un titre exigeant en France une formation complémentaire, le Conseil national de l'ordre peut décider que le pédicure-podologue fera état du titre de formation de l'État d'origine, membre ou partie, dans une forme appropriée qu'il lui indique.

« L'intéressé porte le titre professionnel de pédicure-podologue. »

Art. L. 4322-2-2 *(Ord. n° 2009-1586 du 17 déc. 2009, art. 1er-IV)* Les organismes délivrant les titres de formation transmettent ces titres au service ou à l'organisme mentionné à l'article L. 4322-2 sous forme d'informations certifiées.

Art. L. 4322-2-3 *(Ord. n° 2009-1586 du 17 déc. 2009, art. 1er-IV)* Lorsqu'elles sont disponibles, les informations certifiées mentionnées à l'article L. 4322-2-2 tiennent lieu de pièces justificatives pour l'accomplissement des obligations prévues à l'article L. 4322-2.

Art. L. 4322-3 Le diplôme d'État de pédicure-podologue est délivré après des études préparatoires et des épreuves dont la durée et le programme sont fixés par décret.

Art. L. 4322-4 *(Ord. n° 2008-507 du 30 mai 2008, art. 32 ; Ord. n° 2009-1585 du 17 déc. 2009, art. 10)* L'autorité compétente peut, après avis d'une commission composée notamment de professionnels, autoriser individuellement à exercer la profession de pédicure-podologue les ressortissants d'un État membre de l'Union européenne ou

d'un autre État partie à l'accord sur l'Espace économique européen qui, sans posséder le diplôme prévu à l'article L. 4322-3, sont titulaires :

(Ord. nº 2017-50 du 19 janv. 2017, art. 7-I-1º) **« 1º De titres de formation délivrés par un ou plusieurs États, membres ou parties, et requis par l'autorité compétente de ces États, membres ou parties, qui réglementent l'accès à cette profession ou son exercice, et permettant d'exercer légalement ces fonctions dans ces États ;**

« 2º Ou, lorsque les intéressés ont exercé dans un ou plusieurs États, membres ou parties, qui ne réglementent ni la formation, ni l'accès à cette profession ou son exercice, de titres de formation délivrés par un ou plusieurs États, membres ou parties, attestant de la préparation à l'exercice de la profession, accompagnés d'une attestation justifiant, dans ces États, de son exercice à temps plein pendant un an ou à temps partiel pendant une durée totale équivalente au cours des dix dernières années ; »

3º Ou d'un titre de formation délivré par un État tiers et reconnu dans un État, membre ou partie, autre que la France, permettant d'y exercer légalement la profession. *(Ord. nº 2017-50 du 19 janv. 2017, art. 7-I-2º)* **« L'intéressé justifie avoir exercé la profession pendant trois ans à temps plein ou à temps partiel pendant une durée totale équivalente dans cet État, membre ou partie. »**

Dans ces cas, lorsque l'examen des qualifications professionnelles attestées par *(L. nº 2009-179 du 17 févr. 2009, art. 38)* **« l'ensemble des titres de** *(Ord. nº 2017-50 du 19 janv. 2017, art. 8-I-1º)* **« formation initiale, » de » l'expérience professionnelle pertinente** *(Ord. nº 2017-50 du 19 janv. 2017, art. 8-I-2º)* **« et de la formation tout au long de la vie ayant fait l'objet d'une validation par un organisme compétent » fait apparaître des différences substantielles au regard des qualifications requises pour l'accès et l'exercice de la profession en France, l'autorité compétente exige que l'intéressé se soumette à une mesure de compensation.**

(Ord. nº 2017-50 du 19 janv. 2017, art. 8-II) **« Selon le niveau de qualification exigé en France et celui détenu par l'intéressé, l'autorité compétente peut soit proposer au demandeur de choisir entre un stage d'adaptation ou une épreuve d'aptitude, soit imposer un stage d'adaptation ou une épreuve d'aptitude, soit imposer un stage d'adaptation et une épreuve d'aptitude.**

« La nature des mesures de compensation selon les niveaux de qualification en France et dans les autres États, membres ou parties, est fixée par arrêté du ministre chargé de la santé. »

La délivrance de l'autorisation d'exercice permet au bénéficiaire d'exercer la profession dans les mêmes conditions que les personnes titulaires du diplôme mentionné à l'article L. 4322-3.

En application des art. L. 231-5 et L. 231-6 du CRPA, le silence gardé pendant quatre mois par l'administration vaut décision de rejet pour les demandes d'autorisation d'exercer la profession de pédicure podologue accordée individuellement aux ressortissants d'un État membre de l'Union européenne ou d'un autre État partie à l'accord sur l'Espace économique européen (Décr. nº 2014-1286 du 23 oct. 2014, art. 1er et 2).

1. Condition de formation. Si aucun arrêté ne réglemente la profession de pédicure-podologue en Belgique, l'arrêté royal, qui détermine de manière précise les conditions théoriques et pratiques de formation des podologues, constitue un référentiel de formation et, ainsi, une réglementation de ladite formation au sens de l'art. L. 4322-4-2º. • CAA Nancy, 14 mai 2012, *Min. Trav. et Emploi*, nº 11NC01266 : *AJDA 2012. 2067*.

2. Incompétence de l'ordre. Il n'appartient ni au conseil régional ou interrégional de l'ordre des pédicures-podologues, saisi d'une demande d'inscription au tableau de l'ordre, ni au Conseil national de cet ordre, saisi d'un recours formé contre une décision d'un conseil régional ou interrégional, de remettre en cause la décision individuelle d'autorisation d'exercer délivrée par le préfet, même en raison de circonstances postérieures à cette autorisation. • CE 9 mars 2016, *M. A. B.*, nº 389023 • 15 avr. 2016, *Mme B. A.*, nº 392127.

3. Compétence du demandeur. Si le conseil compétent de l'ordre envisage de refuser l'inscription au tableau d'un praticien pour un motif *relatif à la* compétence du demandeur, il ne peut le faire au seul motif d'un doute sérieux, mais doit, dans une telle hypothèse, diligenter une expertise ; si cette expertise le conduit à constater une insuffisance professionnelle dangereuse pour la santé, il refuse l'inscription. • CE 22 févr. 2017, *M. B. A.*, nº 396586.

Art. L. 4322-5 Les personnes qui ont fait la preuve qu'elles exerçaient régulièrement la profession de pédicure-podologue au 1er mai 1946 et qui ont reçu une autorisation peuvent effectuer, leur vie durant, les actes de la compétence des pédicures-podologues possesseurs du diplôme institué par le présent titre. Mention de leur autorisation est portée sur un registre spécial déposé à la préfecture.

Art. L. 4322-6 *(L. nº 2004-806 du 9 août 2004, art. 110-II)* L'ordre des pédicures-podologues regroupe obligatoirement tous les pédicures-podologues habilités à exercer leur profession en France *(Abrogé par Ord. nº 2018-20 du 17 janv. 2018, art. 17)* « *, à l'exception des pédicures-podologues relevant du service de santé des armées* ».

Art. L. 4322-7 *(L. nº 2004-806 du 9 août 2004, art. 110-II)* L'ordre des pédicures-podologues assure la défense de l'honneur et de l'indépendance de la profession, veille au maintien des principes de moralité *(Ord. nº 2005-1040 du 26 août 2005)* « , de probité et de compétence » et à l'observation, par tous ses membres, des droits, devoirs et obligations professionnels, ainsi que des règles édictées par le code de déontologie prévu à l'article L. 4322-14.

Il peut organiser toute œuvre d'entraide au bénéfice de ses membres et de leurs ayants droit. Il peut être consulté par le ministre chargé de la santé, notamment sur les questions relatives à l'exercice de la profession de pédicure-podologue. Il accomplit sa mission par l'intermédiaire des conseils régionaux *(L. nº 2009-879 du 21 juill. 2009, art. 63-XVI)* « ou interrégionaux » et du Conseil national de l'ordre.

Art. L. 4322-8 *(Ord. nº 2017-644 du 27 avr. 2017, art. 9-1º-a)* « Le Conseil national de l'ordre des pédicures-podologues est composé de membres élus parmi les pédicures-podologues inscrits au tableau de l'ordre à titre libéral ou à titre salarié qui remplissent les conditions fixées à l'article L. 4322-11-1. Le ministre chargé de la santé est représenté au Conseil national avec voix consultative. »

Le Conseil national de l'ordre des pédicures-podologues comporte, en son sein, une chambre disciplinaire nationale présidée par un magistrat de la juridiction administrative.

(Ord. nº 2017-644 du 27 avr. 2017, art. 9-1º-b) « La chambre disciplinaire nationale comprend des membres élus par le Conseil national parmi les *(L. nº 2017-1841 du 30 déc. 2017, art. 5)* « membres et » anciens membres de ce conseil et les membres et anciens membres des conseils régionaux et interrégionaux de l'ordre. »

Cette chambre est saisie en appel des décisions des chambres disciplinaires de première instance.

Lorsque les litiges concernent les relations entre professionnels et usagers, la chambre disciplinaire s'adjoint deux représentants des usagers désignés par le ministre chargé de la santé.

L'Ord. nº 2017-644 du 27 avr. 2017 entre en vigueur à compter du prochain renouvellement des conseils et des chambres disciplinaires ou de discipline en cause.

Sur les dispositions transitoires, V. Ord. préc., art. 14 et 15, reproduits ss. l'art. L. 4121-2 🏛.

Art. L. 4322-9 *(Ord. nº 2017-644 du 27 avr. 2017, art. 9-2º)* Le Conseil national de l'ordre des pédicures-podologues remplit, sur le plan national, les attributions générales de l'ordre définies à l'article L. 4322-7.

Il fixe, appelle et recouvre la cotisation qui doit être réglée au cours du premier trimestre de l'année civile en cours par chaque personne physique ou morale inscrite au tableau. Toutefois, la cotisation n'est pas due par le pédicure-podologue réserviste sanitaire dès lors qu'il n'exerce la profession qu'à ce titre. Il détermine également les quotités de cette cotisation qui seront attribuées à l'échelon *[aux échelons]* régional, interrégional et national.

Le Conseil national gère les biens de l'ordre, définit une politique immobilière et contrôle sa mise en œuvre. Il peut créer ou subventionner les œuvres intéressant la profession ainsi que les œuvres d'entraide.

Il valide et contrôle la gestion des conseils régionaux ou interrégionaux. Il reçoit de ces derniers leurs documents budgétaires et comptables. Le Conseil national peut demander tout autre document qui lui semble nécessaire. Les modalités de cette validation et de ce contrôle sont fixées par des règlements de trésorerie élaborés par le Conseil national et applicables à l'ensemble des instances ordinales. Les conseils doivent l'informer préalablement de la création et lui rendre compte de tous les organismes dépendant de ces conseils. Il verse aux conseils régionaux ou interrégionaux une somme destinée à assurer une harmonisation de ces conseils. Il verse aux conseils régionaux ou interrégionaux une somme destinée à assurer une harmonisation de leurs charges sur le plan national.

Un commissaire aux comptes certifie annuellement les comptes combinés au niveau national des conseils de l'ordre. – *Ce 5e al. entrera en vigueur le 1er janv. 2019 (Ord. nº 2017-644 du 27 avr. 2017, art. 14-I).*

Le Conseil national peut, en raison de difficultés de fonctionnement liées à la situation de la démographie de la profession de pédicure-podologue ou à une insuffisance d'élus ordinaux, provoquer le regroupement de conseils régionaux ou interrégionaux par une délibération en séance plénière.

Le Conseil national autorise son président à ester en justice.

Il peut, devant toutes les juridictions, exercer tous les droits réservés à la partie civile relativement aux faits portant un préjudice direct ou indirect à l'intérêt collectif de la profession de pédicure-podologue, y compris en cas de menaces ou de violences commises en raison de l'appartenance à cette profession.

Art. L. 4322-10 *(Ord. nº 2005-1040 du 26 août 2005)* Dans chaque région, un conseil régional *(L. nº 2009-879 du 21 juill. 2009, art. 63)* « ou interrégional » de l'ordre des pédicures-podologues assure les fonctions de représentation de la profession dans la région. *(Ord. nº 2017-192 du 16 févr. 2017, art. 16-2º-a)* « Son siège se situe dans le département au sein duquel l'agence régionale de santé a son siège, sauf s'il en est disposé autrement par une décision du Conseil national. » Le conseil régional *(L. nº 2009-879 du 21 juill. 2009, art. 63-XVI)* « ou interrégional » exerce, sous le contrôle du Conseil national, les attributions générales de l'ordre *(Ord. nº 2017-644 du 27 avr. 2017, art. 9-3º-a)* « énumérées à l'article L. 4322-7. Il statue sur les inscriptions au tableau. Il autorise » le président de l'ordre à ester en justice, à accepter tous dons et legs à l'ordre, à transiger ou compromettre, à consentir toutes aliénations ou hypothèques et à contracter tous emprunts. En aucun cas, il n'a à connaître des actes, des attitudes, des opinions politiques ou religieuses des membres de l'ordre. Il peut créer avec les autres conseils régionaux *(L. nº 2009-879 du 21 juill. 2009, art. 63-XVI)* « ou interrégionaux » de l'ordre et sous le contrôle du Conseil national des organismes de coordination. Il diffuse auprès des professionnels les règles de bonnes pratiques.

Les décisions du conseil régional *(L. nº 2009-879 du 21 juill. 2009, art. 63-XVI)* « ou interrégional » rendues sur les demandes d'inscription au tableau peuvent être frappées d'appel devant le Conseil national, par le pédicure-podologue demandeur, s'il s'agit d'un refus d'inscription, par le Conseil national s'il s'agit d'une décision d'inscription.

Le délai d'appel devant le Conseil national est de trente jours.

Le conseil régional *(L. nº 2009-879 du 21 juill. 2009, art. 63-XVI)* « ou interrégional » organise des actions d'évaluation des pratiques professionnelles en liaison avec le Conseil national de l'ordre et avec la Haute Autorité de santé qui élabore ou valide les méthodes et les référentiels d'évaluation. Pour l'exercice de cette mission, le conseil régional *(L. nº 2009-879 du 21 juill. 2009, art. 63-XVI)* « ou interrégional » a recours à des professionnels habilités à cet effet par la Haute Autorité de santé. Les professionnels habilités procèdent à la demande des professionnels intéressés à des évaluations individuelles ou collectives des pratiques.

Le conseil régional *(L. nº 2009-879 du 21 juill. 2009, art. 63-XVI)* « ou interrégional » est composé de membres élus parmi les pédicures-podologues *(Ord. nº 2017-192 du 16 févr. 2017, art. 16-2º-b)* « inscrits » à titre libéral et parmi les pédicures-podologues *(Ord. nº 2017-192 du 16 févr. 2017, art. 16-2º-b)* « inscrits » à titre salarié *(Ord. nº 2017-192 du 16 févr. 2017, art. 16-2º-b)* « *qui remplissent les conditions fixées à l'article L. 4322-11-1* ».

Le conseil régional *(L. nº 2009-879 du 21 juill. 2009, art. 63-XVI)* « ou interrégional » comprend en son sein une chambre disciplinaire de première instance, présidée par un membre du corps des tribunaux administratifs et des cours administratives d'appel désigné par le vice-président du Conseil d'État. Un ou des suppléants sont désignés dans les mêmes conditions.

(Ord. nº 2017-644 du 27 avr. 2017, art. 9-3º-c) « La chambre disciplinaire de première instance siège auprès du conseil régional ou interrégional dont elle dépend et les audiences se tiennent dans le département où siège ce conseil. Elle comprend des assesseurs titulaires et un nombre égal d'assesseurs suppléants. Les assesseurs sont de nationalité française. »

Cette chambre dispose en ce qui concerne les pédicures-podologues des attributions des chambres disciplinaires de première instance des ordres des professions médicales.

La chambre disciplinaire de première instance est composée d'un nombre de pédicures-podologues fixé par voie réglementaire *(Abrogé par Ord. nº 2017-644 du 27 avr. 2017, art. 9-3º-d)* « *, en fonction des effectifs des pédicures-podologues inscrits au dernier tableau publié dans la région* ».

(Ord. nº 2017-644 du 27 avr. 2017, art. 9-3º-e) « Elle comprend des membres élus par le conseil régional ou interrégional auprès duquel siège la chambre parmi les membres et anciens membres des conseils régionaux et interrégionaux de l'ordre. »

Lorsque les litiges concernent les relations entre professionnels et usagers, la chambre disciplinaire s'adjoint deux représentants des usagers désignés par le ministre chargé de la santé.

L'Ord. nº 2017-644 du 27 avr. 2017 entre en vigueur à compter du prochain renouvellement des conseils et des chambres disciplinaires ou de discipline en cause.

Sur les dispositions transitoires, V. Ord. préc., art. 14 et 15, reproduits ss. l'art. L. 4121-2.

Art. L. 4322-10-1 *(Ord. nº 2017-192 du 16 févr. 2017, art. 16-3º)* I. — Le conseil régional ou interrégional, placé sous le contrôle du Conseil national, remplit, sur le plan régional, les attributions générales de l'ordre définies à l'article L. 4322-7.

Il est consulté par le directeur général de l'agence régionale de santé sur les questions et les projets relevant de ses compétences.

Il exerce dans les régions ou les interrégions les attributions mentionnées à l'article L. 4112-4.

Il peut décider la suspension temporaire du droit d'exercer en cas d'infirmité du professionnel ou d'état pathologique rendant dangereux l'exercice de sa profession, ainsi que la suspension temporaire, totale ou partielle, du droit d'exercer en cas d'insuffisance professionnelle rendant dangereux l'exercice de sa profession.

(Ord. nº 2017-644 du 27 avr. 2017, art. 9-4º) « Le conseil régional autorise son président à ester en justice.

« Il peut, devant toutes les juridictions, exercer tous les droits réservés à la partie civile relativement aux faits portant un préjudice direct ou indirect à l'intérêt collectif de la profession de pédicure-podologue, y compris en cas de menaces ou de violences commises en raison de l'appartenance à cette profession. »

Le conseil peut, en matière de suspension temporaire du droit d'exercer, statuer en formation restreinte.

Les délibérations du conseil régional ou interrégional ne sont pas publiques.

II. — Les décisions des conseils régionaux ou interrégionaux en matière d'inscription au tableau et de suspension temporaire du droit d'exercer en cas d'infirmité ou d'état pathologique ou de suspension temporaire totale ou partielle du droit d'exercer en cas d'insuffisance professionnelle rendant dangereux l'exercice de la profession peuvent faire l'objet d'un recours hiérarchique devant le Conseil national. Le Conseil national peut déléguer ses pouvoirs à une formation restreinte qui se prononce en son nom.

III. — Le conseil régional ou interrégional est composé de membres titulaires, élus par les pédicures-podologues inscrits au tableau et qui remplissent les conditions fixées à l'article L. 4322-11-1.

Les conseillers nationaux peuvent participer en outre avec voix consultative aux délibérations du conseil régional ou interrégional dont ils sont issus.

IV. — Lorsque, par leur fait, les membres d'un conseil régional ou interrégional mettent celui-ci dans l'impossibilité de fonctionner, le directeur général de l'agence régionale de santé, sur proposition du Conseil national de l'ordre, peut, par arrêté, prononcer la dissolution du conseil régional ou interrégional. En cas de dissolution du conseil régional ou en cas de démission de tous ses membres, il nomme, sur proposition du Conseil national de l'ordre, une délégation de trois à cinq membres suivant l'importance numérique du conseil dissous. Jusqu'à l'élection d'un nouveau conseil organisée sans délai par le Conseil national, cette délégation assure la gestion des affaires courantes ainsi que les fonctions qui sont attribuées au conseil par les quatrième et cinquième alinéas du I du présent article.

En cas de démission de la majorité des membres de cette délégation, celle-ci est dissoute de plein droit et, jusqu'à l'entrée en fonction du nouveau conseil, ses fonctions sont dévolues au Conseil national.

V. note ss. art. L. 4121-2.

Art. L. 4322-11 *(L. nº 2004-806 du 9 août 2004, art. 110-II)* Il peut être fait appel des décisions d'un conseil régional *(L. nº 2009-879 du 21 juill. 2009, art. 63-XVI)* « ou interrégional » de l'ordre des pédicures-podologues devant *(Ord. nº 2017-192 du 16 févr. 2017, art. 16-4º)* « le Conseil national ».

V. note ss. art. L. 4121-2.

Art. L. 4322-11-1 *(Ord. nº 2017-192 du 16 févr. 2017, art. 16-6º)* Sont seuls éligibles, sous réserve des dispositions de l'article L. 4124-6 du présent code et des articles L. 145-5-2 et L. 145-5-3 du code de la sécurité sociale, les praticiens de nationalité française ou ressortissants de l'un des États membres de l'Union européenne ou d'un autre État partie à l'accord sur l'Espace économique européen inscrits à l'ordre.

V. note ss. art. L. 4121-2.

Art. L. 4322-11-2 *(Ord. nº 2017-192 du 16 févr. 2017, art. 16-6º)* Lorsqu'il apparaît, postérieurement à son élection, qu'un élu d'un conseil de l'ordre, d'une chambre disciplinaire ou d'une section des assurances sociales a fait l'objet, avant ou après son élection, d'une des sanctions mentionnées aux 3º et 4º de l'article L. 4124-6 du présent code ainsi qu'aux 3º et 4º de l'article L. 145-5-2 du code de la sécurité sociale, il est déclaré démissionnaire d'office.

Cette démission lui est notifiée :

1º Par le président du conseil, de la chambre disciplinaire ou de la section des assurances sociales dont il est membre ;

2º Ou, lorsque l'élu concerné est président d'un conseil par le président du Conseil national ;

3º Ou, lorsque l'élu est président du Conseil national, par les vice-présidents de ce conseil.

V. note ss. art. L. 4121-2.

Art. L. 4322-11-3 *(Ord. nº 2017-192 du 16 févr. 2017, art. 16-6º)* Lorsqu'un élu vient à cesser ses fonctions pour quelque cause que ce soit, il est immédiatement remplacé par un suppléant. A défaut de suppléant, il est procédé à une élection complémentaire visant à pourvoir le siège vacant à compter de la constatation de la vacance de poste. Dans ce cas, la durée de fonctions du membre ainsi élu est celle qui restait à courir jusqu'à la date à laquelle aurait expiré le mandat de celui qu'il remplace.

Le membre ainsi élu est du même sexe que le membre qu'il remplace.

V. note ss. art. L. 4121-2.

Art. L. 4322-11-4 *(Ord. nº 2015-949 du 31 juill. 2015, art. 6-1º)* Les membres des conseils de l'ordre des pédicures-podologues sont élus au scrutin binominal majoritaire à *(Ord. nº 2017-192 du 16 févr. 2017, art. 16-7º-b)* « un tour ». Chaque binôme est composé de candidats de sexe différent. Dans le cas où le conseil de l'ordre comprend un nombre impair de membres, est considéré comme élu le membre du dernier binôme élu tiré au sort.

(Ord. nº 2017-192 du 16 févr. 2017, art. 16-7º-c) « Par dérogation à l'alinéa précédent, lorsque le nombre de pédicures-podologues d'un même sexe inscrits au tableau de l'ordre et remplissant les conditions d'éligibilité est inférieur ou égal à 30, le conseil de l'ordre est élu au scrutin uninominal majoritaire à un tour. »

Un décret en Conseil d'État détermine les modalités d'application du présent article.

V. note ss. art. L. 4121-2.

Art. L. 4322-11-6 [5] *(Ord. nº 2017-644 du 27 avr. 2017, art. 9-5º-a)* « L'élection des conseils est acquise à la majorité des membres présents ou ayant voté par correspondance ou par voie électronique. »

Un décret en Conseil d'État fixe la composition des différents conseils et des chambres disciplinaires de l'ordre des pédicures-podologues, la durée et la périodicité de

renouvellement des mandats de leurs membres, leurs règles de fonctionnement ainsi que les principes régissant les élections de ces instances.

Les modalités d'élection par voie électronique sont fixées après avis de la Commission nationale de l'informatique et des libertés.

Un règlement électoral établi par le Conseil national de l'ordre fixe les modalités des élections aux conseils et aux chambres disciplinaires.

(Ord. n° 2017-644 du 27 avr. 2017, art. 9-5°-b) **« L'élection du président et du bureau est acquise à la majorité des membres présents. »**

L'Ord. n° 2017-192 du 16 févr. 2017 introduit un art. L. 4322-11-6 après un art. L. 4322-11-5. Or, il n'y a pas d'art. L. 4322-11-5.

Art. L. 4322-12 *(Ord. n° 2005-1040 du 26 août 2005 ; L. n° 2007-127 du 30 janv. 2007, art. 12 ; L. n° 2009-879 du 21 juill. 2009, art. 63-XV et XVI)* **Les dispositions des articles L. 4112-3 à L. 4112-6, L. 4113-5, L. 4113-6, L. 4113-8 à L. 4113-14, L. 4122-1-1, L. 4122-1-2, L. 4122-3, L. 4123-2, L. 4124-1 à L. 4124-3 et L. 4125-1 à L. 4125-3-1,** *(Ord. n° 2017-192 du 16 févr. 2017, art. 16)* **« L. 4125-4, L. 4125-5, L. 4125-7, L. 4125-8, » L. 4126-1 à L. 4126-6,** *[et]* **L. 4132-6 sont applicables aux pédicures-podologues.**

Pour les pédicures-podologues, les dispositions concernant les attributions des conseils départementaux sont applicables aux conseils régionaux ou interrégionaux.

Nouvel art. L. 4322-12 (Ord. n° 2005-1040 du 26 août 2005 ; L. n° 2007-127 du 30 janv. 2007, art. 12 ; L. n° 2009-879 du 21 juill. 2009, art. 63-XV et XVI) ***Les dispositions des articles L. 4112-3 à L. 4112-6, L. 4113-5,*** (Ord. n° 2017-49 du 19 janv. 2017, art. 4-4°) ***« L. 4113-9 » à L. 4113-14, L. 4122-1-1, L. 4122-1-2,*** (Ord. n° 2017-644 du 27 avr. 2017, art. 9-6°-a) ***« L. 4122-2-1, L. 4122-2-2, » L. 4122-3, L. 4123-2, L. 4124-1 à L. 4124-3 et*** (Ord. n° 2017-644 du 27 avr. 2017, art. 9-6°-b) ***« L. 4124-5, L. 4124-6, les II à V de l'article L. 4124-7, L. 4124-8, » L. 4124-13, deuxième alinéa, L. 4124-14, troisième alinéa, L. 4125-1 à L. 4125-3-1,*** (Ord. n° 2017-192 du 16 févr. 2017, art. 16-9°-b) ***« L. 4125-4, L. 4125-5, L. 4125-7, L. 4125-8, » L. 4126-1 à L. 4126-6,*** [et] ***L. 4132-6 sont applicables aux pédicures-podologues.***

Pour les pédicures-podologues, les dispositions concernant les attributions des conseils départementaux sont applicables aux conseils régionaux ou interrégionaux.

Le nouvel art. entre en vigueur à des dates fixées par décret et au plus tard le 1er juill. 2018 (Ord. préc., art. 5).

L'Ord. n° 2017-644 du 27 avr. 2017 entre en vigueur à compter du prochain renouvellement des conseils et des chambres disciplinaires ou de discipline en cause.

Sur les dispositions transitoires, V. Ord. préc., art. 14 et 15, reproduits ss. l'art. L. 4121-2 🏛.

Art. L. 4322-12-1 *(Ord. n° 2017-644 du 27 avr. 2017, art. 9-7°)* **I. — Un conseil interrégional et une chambre disciplinaire de première instance de l'ordre des pédicures-podologues d'Île-de France-Antilles-Guyane-La Réunion-Mayotte sont compétents pour les pédicures-podologues exerçant en Île-de-France, en Guyane, à la Martinique, en Guadeloupe, à Saint-Martin, à Saint-Barthélemy, à La Réunion et** *[ou]* **à Mayotte.**

II. — Un conseil interrégional et une chambre disciplinaire de première instance de l'ordre des pédicures-podologues de Bretagne-Saint-Pierre-et-Miquelon sont compétents pour les pédicures-podologues exerçant en Bretagne et *[ou]* **à Saint-Pierre-et-Miquelon.**

III. — Un conseil interrégional et une chambre disciplinaire de première instance de l'ordre des pédicures-podologues de Provence-Alpes-Côte d'Azur et de Corse sont compétents pour les pédicures-podologues exerçant en Provence-Alpes-Côte d'Azur et *[ou]* **en Corse.**

L'Ord. n° 2017-644 du 27 avr. 2017 entre en vigueur à compter du prochain renouvellement des conseils et des chambres disciplinaires ou de discipline en cause.

Sur les dispositions transitoires, V. Ord. préc., art. 14 et 15, reproduits ss. l'art. L. 4121-2 🏛.

Art. L. 4322-13 *(L. n° 2004-806 du 9 août 2004, art. 110-II)* **Un décret en Conseil d'État détermine** *(Ord. n° 2017-192 du 16 févr. 2017, art. 16-10°)* **« , en tant que de besoin, » les modalités d'application de dispositions des articles L. 4322-1 à L. 4322-12, notamment la représentation des professionnels dans les instances ordinales en fonction du mode d'exercice dans les chambres disciplinaires ainsi que l'organisation de la procédure disciplinaire préalable à la saisine des chambres disciplinaires.**

V. note ss. art. L. 4121-2.

Art. L. 4322-14 *(L. n° 2004-806 du 9 août 2004, art. 110-II)* **Un décret en Conseil d'État, pris après avis du Conseil national de l'ordre des pédicures-podologues, fixe les**

règles du code de déontologie des pédicures-podologues. *(L. n° 2006-1668 du 21 déc. 2006)* « Les dispositions de ce code concernent notamment les droits et devoirs déontologiques et éthiques des pédicures-podologues dans leurs rapports avec les membres de la profession, avec les patients et avec les membres des autres professions de santé. » Les dispositifs de l'article L. 4398-1 ne sont pas applicables aux pédicures-podologues.

Art. L. 4322-15 *(Ord. n° 2008-507 du 30 mai 2008, art. 32 ; Ord. n° 2009-1585 du 17 déc. 2009, art. 11-I)* Le pédicure-podologue, ressortissant d'un État membre de l'Union européenne ou d'un autre État partie à l'accord sur l'Espace économique européen, qui est établi et exerce légalement les activités de pédicure-podologue dans un État, membre ou partie, peut exécuter en France des actes professionnels, de manière temporaire et occasionnelle, sans avoir à procéder aux formalités prévues à l'article L. 4322-2.

(Ord. n° 2017-50 du 19 janv. 2017, art. 2) « Lorsque l'exercice ou la formation conduisant à la profession n'est pas réglementé dans l'État où il est établi, le prestataire de services doit justifier avoir exercé dans un ou plusieurs États, membres ou parties, pendant un an au moins à temps plein ou à temps partiel pendant une durée totale équivalente au cours des dix années précédentes. »

L'exécution de ces actes est subordonnée à une déclaration préalable, qui est accompagnée de pièces justificatives dont la liste est fixée par arrêté du ministre chargé de la santé. *(Ord. n° 2017-50 du 19 janv. 2017, art. 3-I et II)* « Le prestataire joint une déclaration concernant les connaissances linguistiques nécessaires à la réalisation de la prestation.

« Le contrôle de la maîtrise de la langue doit être proportionné à l'activité à exercer et réalisé une fois la qualification professionnelle reconnue. »

Le prestataire de services doit posséder les connaissances relatives aux systèmes de poids et mesures utilisés en France.

Il est soumis aux conditions d'exercice de la profession, aux règles professionnelles applicables en France et à la juridiction disciplinaire compétente.

Les qualifications professionnelles du prestataire sont vérifiées avant la première prestation de services. *(Ord. n° 2017-50 du 19 janv. 2017, art. 4-I)* « En cas de différence substantielle entre les qualifications du prestataire et la formation exigée en France, de nature à nuire à la santé publique, l'autorité compétente soumet le professionnel à une épreuve d'aptitude. »

Le prestataire de services peut faire usage de son titre de formation dans la langue de l'État qui le lui a délivré. Il est tenu de faire figurer le lieu et l'établissement où il l'a obtenu.

Dans le cas où le titre de formation de l'État d'origine, membre ou partie, est susceptible d'être confondu avec un titre exigeant en France une formation complémentaire, le Conseil national de l'ordre peut décider que l'intéressé fera état du titre de formation de l'État d'origine, membre ou partie, dans une forme appropriée qu'il lui indique.

La prestation de services est réalisée sous le titre professionnel de l'État d'établissement, de manière à éviter toute confusion avec le titre professionnel français. Toutefois, dans le cas où les qualifications ont été vérifiées, la prestation de services est réalisée sous le titre professionnel français.

Art. L. 4322-16 *(Ord. n° 2009-1585 du 17 déc. 2009, art. 13-III ; Ord. n° 2009-1586 du 17 déc. 2009, art. 1er-IV)* Sont déterminés par décret en Conseil d'État :

1° En tant que de besoin, les règles professionnelles ;

2° La composition et le fonctionnement de la commission mentionnée à l'article L. 4322-4 et les conditions dans lesquelles l'intéressé est soumis à une mesure de compensation ;

3° Les modalités de vérification des qualifications professionnelles mentionnées à *l'article L. 4322-15* ;

4° Les modalités d'application de l'obligation de transmission des informations mentionnées à l'article L. 4322-2-2 ;

(Ord. n° 2015-949 du 31 juill. 2015, art. 6-2°) « 5° Les modalités d'application de l'article L. 4322-11-1 permettant de garantir l'égal accès des femmes et des hommes aux différents conseils de l'ordre des pédicures-podologues. »

CHAPITRE III DISPOSITIONS PÉNALES

Art. L. 4323-1 Les groupements professionnels régulièrement constitués de masseurs-kinésithérapeutes et de pédicures-podologues sont habilités à poursuivre les délinquants par voie de citation directe devant la juridiction correctionnelle, sans préjudice de la faculté de se porter partie civile dans toute poursuite intentée par le ministère public.

Art. L. 4323-2 Les médecins et les pharmaciens inspecteurs de santé publique *(Ord. nº 2010-177 du 23 févr. 2010, art. 19-I-17º)* « [,] les inspecteurs des agences régionales de santé », les inspecteurs de *(L. nº 2011-2012 du 29 déc. 2011, art. 5-IV)* « l'Agence nationale de sécurité du médicament et des produits de santé », ainsi que toutes les personnes habilitées à constater les infractions à la législation sur la répression des fraudes sont habilités à procéder à la recherche et à la constatation des infractions mentionnées à l'article L. 4323-6.

Art. L. 4323-3 Les masseurs-kinésithérapeutes et les pédicures-podologues se préparant à l'exercice de leur profession sont tenus au secret professionnel, dans les conditions et sous les réserves énoncées aux articles 226-13 et 226-14 du code pénal. — *[Anc. art. L. 500].*

Art. L. 4323-4 *(Ord. nº 2005-1040 du 26 août 2005)* L'exercice illégal de la profession de masseur-kinésithérapeute est puni de deux ans d'emprisonnement et de 30 000 euros d'amende. L'exercice illégal de la profession de pédicure-podologue est puni d'un an d'emprisonnement et de 15 000 euros d'amende.

Les personnes physiques encourent également les peines complémentaires suivantes :

a) L'affichage ou la diffusion de la décision prononcée, dans les conditions prévues par l'article 131-35 du code pénal ;

b) La confiscation de la chose qui a servi ou était destinée à commettre l'infraction ou de la chose qui en est le produit, conformément à l'article 131-21 du code pénal ;

c) L'interdiction définitive ou pour une durée de cinq ans au plus d'exercer une ou plusieurs professions régies par le présent code ou toute autre activité professionnelle ou sociale à l'occasion de l'exercice de laquelle l'infraction a été commise, suivant les modalités prévues par l'article 131-27 du code pénal.

Le fait d'exercer l'une de ces activités malgré une décision judiciaire d'interdiction définitive ou temporaire est puni des mêmes peines.

(L. nº 2009-526 du 12 mai 2009, art. 125-XXI-22º) « Les personnes morales déclarées responsables pénalement, dans les conditions prévues par l'article 121-2 du code pénal, de l'infraction définie au présent article encourent, outre l'amende suivant les modalités prévues par l'article 131-38 du code pénal, les peines prévues par les 2º à 9º de l'article 131-39 du même code. L'interdiction mentionnée au 2º de l'article 131-39 du même code porte sur une ou plusieurs professions régies par le présent code ou toute autre activité professionnelle ou sociale à l'occasion de l'exercice de laquelle l'infraction a été commise. »

1. Constitutionnalité. La question de savoir si l'art. L. 4323-4 est contraire aux art. 5, 8 et 16 DDH, à l'art. 34 Const., ou aux principes de clarté et de précision de la loi, de prévisibilité juridique et de sécurité *juridique*, et de responsabilité personnelle en matière pénale ne présente pas de caractère sérieux dès lors que cette disposition a pour objet de sanctionner pénalement le non-respect des conditions d'exercice de la profession de pédicure-podologue définies en termes clairs et précis par les articles L. 4322-1 s. CSP. • Crim. 11 sept. 2012, ☏ nº 12-90.050.

2. Caractérisation. L'exercice de la profession de pédicure par une ressortissante belge, non titulaire du diplôme d'État prévu par l'art. L. 494 [L. 4322-3], est constitutif du délit d'exercice illégal de la profession de pédicure-podologue, nonobstant la demande d'autorisation présentée par l'intéressée sur la base d'un diplôme d'une école privée belge, en application des dispositions de l'art. L. 510-8 *bis* [L. 4322-4], et alors même que cette demande est restée sans réponse. • Crim. 28 mai 1997, ☏ nº 96-82.317. ♦ Un masseur-kinésithérapeute, même hospitalier, ne peut exercer sa profession que si ses diplômes, certificats, titres ou autorisations ont été enregistrés et s'il est inscrit sur le tableau de l'ordre. • Crim. 18 nov. 2014, ☏ nº 13-88.246 P.

Art. L. 4323-4-1 *(L. nº 2016-41 du 26 janv. 2016, art. 123-2º)* Exerce illégalement la profession de masseur-kinésithérapeute :

1° Toute personne qui pratique la masso-kinésithérapie, au sens de l'article L. 4321-1, sans être titulaire du diplôme d'État de masseur-kinésithérapeute ou de tout autre titre mentionné à l'article L. 4321-4 exigé pour l'exercice de la profession de masseur-kinésithérapeute ou sans relever de l'article L. 4321-11 ;

2° Toute personne titulaire d'un diplôme, d'un certificat, d'une autorisation d'exercice ou de tout autre titre de masseur-kinésithérapeute qui exerce la masso-kinésithérapie sans être inscrite à un tableau de l'ordre des masseurs-kinésithérapeutes conformément à l'article L. 4321-10 ou pendant la durée de la peine d'interdiction temporaire ou permanente prononcée en application de l'article L. 4124-6.

Le présent article ne s'applique ni aux étudiants en masso-kinésithérapie qui effectuent un stage dans le cadre de l'article L. 4381-1 ni aux étudiants qui sont appelés à intervenir dans le cadre de la réserve sanitaire *(Ord. n° 2018-20 du 17 janv. 2018, art. 17)* « ou de la réserve opérationnelle » en application de l'article L. 4321-7.

Art. L. 4323-4-2 *(L. n° 2016-41 du 26 janv. 2016, art. 124-II)* Exerce illégalement la profession de pédicure-podologue :

1° Toute personne qui pratique la pédicurie-podologie, au sens de l'article L. 4322-1, sans être titulaire du diplôme d'État de pédicure-podologue ou de tout autre titre mentionné aux articles L. 4322-4 et L. 4322-5 exigés pour l'exercice de la profession de pédicure-podologue ou sans relever de l'article L. 4322-15 ;

2° Toute personne titulaire d'un diplôme, d'un certificat, d'une autorisation d'exercice ou de tout autre titre de pédicure-podologue qui exerce la pédicurie-podologie sans être inscrite à un tableau de l'ordre des pédicures-podologues conformément à l'article L. 4322-2 ou pendant la durée de la peine d'interdiction temporaire ou permanente prononcée en application de l'article L. 4124-6.

Le présent article ne s'applique pas aux étudiants en pédicurie-podologie qui effectuent un stage dans le cadre de l'article L. 4381-1.

Art. L. 4323-5 *(Ord. n° 2005-1040 du 26 août 2005)* L'usage sans droit de la qualité de masseur-kinésithérapeute, de gymnaste médical, de masseur, *(L. n° 2007-127 du 30 janv. 2007, art. 21)* « de pédicure-podologue, de pédicure, de podologue » ou d'un diplôme, certificat ou autre titre légalement requis pour l'exercice de ces professions est puni comme le délit d'usurpation de titre prévu à l'article 433-17 du code pénal.

(L. n° 2009-526 du 12 mai 2009, art. 125-XXI-23°) « Les personnes morales déclarées responsables pénalement, dans les conditions prévues par l'article 121-2 du code pénal, de l'infraction définie au présent article encourent l'amende prévue à l'article 433-17 du code pénal suivant les modalités prévues par l'article 131-38 du même code, ainsi que les peines prévues aux 2° à 4° de l'article 433-25 du même code. »

Art. L. 4323-6 Les infractions mentionnées aux articles *(Abrogé par Ord. n° 2017-49 du 19 janv. 2017, art. 4-3° et 5, au plus tard le 1er juill. 2018)* « *L. 4163-2,* » L. 4163-3 et L. 4163-4 sont applicables aux masseurs-kinésithérapeutes et sont punies de deux ans d'emprisonnement et de 75 000 € d'amende.

En cas de condamnation, l'interdiction temporaire d'exercer la profession pendant une période de dix ans au plus peut être prononcée, à titre de peine complémentaire, par les cours ou tribunaux.

Art. L. 4323-7 *Abrogé par Ord. n° 2005-1040 du 26 août 2005.*

TITRE TROISIÈME PROFESSIONS D'ERGOTHÉRAPEUTE ET DE PSYCHOMOTRICIEN

CHAPITRE PREMIER ERGOTHÉRAPEUTE

Art. L. 4331-1 Est considérée comme exerçant la profession d'ergothérapeute toute *personne qui, non médecin, exécute* habituellement des actes professionnels d'ergothérapie, définis par décret en Conseil d'État pris après avis de l'Académie nationale de médecine.

Les ergothérapeutes exercent leur art sur prescription médicale.

Art. L. 4331-2 Peuvent exercer la profession d'ergothérapeute *(Abrogé par Ord. n° 2009-1585 du 17 déc. 2009, art. 14-I)* « *et porter le titre d'ergothérapeute, accompagné* *ou non d'un qualificatif,* » les personnes titulaires du diplôme défini à l'article L. 4331-3, ou titulaires de l'autorisation prévue à l'article L. 4331-4 et *(Ord. n° 2003-850 du 4 sept. 2003, art. 24-IX)* « dont les diplômes, certificats, titres ou autorisation ont été enregistrés conformément au premier alinéa de l'article L. 4333-1 ».

(Ord. n° 2009-1585 du 17 déc. 2009, art. 14-I) « L'intéressé porte le titre professionnel d'ergothérapeute, accompagné ou non d'un qualificatif. »

Art. L. 4331-3 Le diplôme mentionné à l'article L. 4331-2 est le diplôme d'État français d'ergothérapeute.

Art. L. 4331-3-1 *(Ord. n° 2009-1585 du 17 déc. 2009, art. 14-II)* L'ergothérapeute peut faire usage de son titre de formation dans la langue de l'État qui le lui a délivré. Il est tenu de faire figurer le lieu et l'établissement où il a été obtenu.

Dans le cas où le titre de formation de l'État d'origine, membre ou partie, est susceptible d'être confondu avec un titre exigeant en France une formation complémentaire, l'autorité compétente peut décider que l'ergothérapeute fera état du titre de formation de l'État d'origine, membre ou partie, dans une forme appropriée qu'elle lui indique.

Art. L. 4331-4 *(Ord. n° 2008-507 du 30 mai 2008, art. 33 ; Ord. n° 2009-1585 du 17 déc. 2009, art. 10)* L'autorité compétente peut, après avis d'une commission composée notamment de professionnels, autoriser individuellement à exercer la profession d'ergothérapeute les ressortissants d'un État membre de l'Union européenne ou d'un autre État partie à l'accord sur l'Espace économique européen qui, sans posséder le diplôme prévu à l'article L. 4331-3, sont titulaires :

(Ord. n° 2017-50 du 19 janv. 2017, art. 7-I-1°) « 1° De titres de formation délivrés par un ou plusieurs États, membres ou parties, et requis par l'autorité compétente de ces États, membres ou parties, qui réglementent l'accès à cette profession ou son exercice, et permettant d'exercer légalement ces fonctions dans ces États ;

« 2° Ou, lorsque les intéressés ont exercé dans un ou plusieurs États, membres ou parties, qui ne réglementent ni la formation, ni l'accès à cette profession ou son exercice, de titres de formation délivrés par un ou plusieurs États, membres ou parties, attestant de la préparation à l'exercice de la profession, accompagnés d'une attestation justifiant, dans ces États, de son exercice à temps plein pendant un an ou à temps partiel pendant une durée totale équivalente au cours des dix dernières années ; »

3° Ou d'un titre de formation délivré par un État tiers et reconnu dans un État, membre ou partie, autre que la France, permettant d'y exercer légalement la profession. *(Ord. n° 2017-50 du 19 janv. 2017, art. 7-I-2°)* « L'intéressé justifie avoir exercé la profession pendant trois ans à temps plein ou à temps partiel pendant une durée totale équivalente dans cet État, membre ou partie. »

Dans ces cas, lorsque l'examen des qualifications professionnelles attestées par *(L. n° 2009-179 du 17 févr. 2009, art. 38)* « l'ensemble des titres de *(Ord. n° 2017-50 du 19 janv. 2017, art. 8-I-1°)* « formation initiale, » de » l'expérience professionnelle pertinente *(Ord. n° 2017-50 du 19 janv. 2017, art. 8-I-2°)* « et de la formation tout au long de la vie ayant fait l'objet d'une validation par un organisme compétent » fait apparaître des différences substantielles au regard des qualifications requises pour l'accès et l'exercice de la profession en France, l'autorité compétente exige que l'intéressé se soumette à une mesure de compensation.

(Ord. n° 2017-50 du 19 janv. 2017, art. 8-II) « Selon le niveau de qualification exigé en France et celui détenu par l'intéressé, l'autorité compétente peut soit proposer au demandeur de choisir entre un stage d'adaptation ou une épreuve d'aptitude, soit imposer un stage d'adaptation ou une épreuve d'aptitude, soit imposer un stage d'adaptation et une épreuve d'aptitude.

« La nature des mesures de compensation selon les niveaux de qualification en France et dans les autres États, membres ou parties, est fixée par arrêté du ministre chargé de la santé. »

La délivrance de l'autorisation d'exercice permet au bénéficiaire d'exercer la profession dans les mêmes conditions que les personnes titulaires du diplôme mentionné à l'article L. 4331-3.

En application des art. L. 231-5 et L. 231-6 CRPA, et par exception à l'application du délai de deux mois prévu à l'art. L. 231-1 du même code, le délai à l'expiration duquel le silence gardé par l'administration vaut acceptation est de quatre mois pour les demandes d'autorisation d'exercer la profession d'ergothérapeute accordée individuellement aux ressortissants d'un État membre de l'Union européenne ou d'un autre État partie à l'accord sur l'Espace économique européen (Décr. n° 2014-1287 du 23 oct. 2014, art. 1er).

Art. L. 4331-5 Par dérogation à l'article L. 4331-2, peuvent aussi exercer la profession d'ergothérapeute et porter le titre d'ergothérapeute, accompagné ou non d'un qualificatif :

1° Dans les établissements publics de santé accueillant des personnes atteintes de troubles mentaux, les infirmiers et infirmières intégrés avant le 11 avril 1983 dans un emploi d'ergothérapeute ;

2° Les salariés ayant exercé, à titre principal, l'activité d'ergothérapeute pendant une durée au moins égale à trois ans au cours des dix années précédant la date du 23 novembre 1986 et qui ont satisfait, dans les trois ans suivant cette date, au contrôle des connaissances prévu par un décret en Conseil d'État. Les personnes ayant satisfait à ce contrôle ne peuvent, selon leur option, accomplir les actes énumérés par ledit décret que dans des établissements ou services assurant des traitements, respectivement, de rééducation et de réadaptation fonctionnelles, de lutte contre les maladies mentales ou de gériatrie.

Art. L. 4331-6 *(Ord. n° 2008-507 du 30 mai 2008, art. 33 ; Ord. n° 2009-1585 du 17 déc. 2009, art. 11-II et 14-III)* L'ergothérapeute, ressortissant d'un État membre de l'Union européenne ou d'un autre État partie à l'accord sur l'Espace économique européen, qui est établi et exerce légalement les activités d'ergothérapeute dans un État, membre ou partie, peut exécuter en France des actes professionnels, de manière temporaire et occasionnelle, sans avoir à procéder à l'enregistrement prévu par l'article L. 4333-1.

(Ord. n° 2017-50 du 19 janv. 2017, art. 2) « Lorsque l'exercice ou la formation conduisant à la profession n'est pas réglementé dans l'État où il est établi, le prestataire de services doit justifier avoir exercé dans un ou plusieurs États, membres ou parties, pendant un an au moins à temps plein ou à temps partiel pendant une durée totale équivalente au cours des dix années précédentes. »

L'exécution de ces actes est subordonnée à une déclaration préalable, qui est accompagnée de pièces justificatives dont la liste est fixée par arrêté du ministre chargé de la santé. *(Ord. n° 2017-50 du 19 janv. 2017, art. 3-I)* « Le prestataire joint une déclaration concernant les connaissances linguistiques nécessaires à la réalisation de la prestation. »

Le prestataire de services est soumis aux conditions d'exercice de la profession ainsi qu'aux règles professionnelles applicables en France.

Les qualifications professionnelles du prestataire sont vérifiées par l'autorité compétente après avis d'une commission composée notamment de professionnels, avant la première prestation de services. *(Ord. n° 2017-50 du 19 janv. 2017, art. 4-I)* « En cas de différence substantielle entre les qualifications du prestataire et la formation exigée en France, de nature à nuire à la santé publique, l'autorité compétente soumet le professionnel à une épreuve d'aptitude. »

Le prestataire de services peut faire usage de son titre de formation dans la langue de l'État qui le lui a délivré. Il est tenu de faire figurer le lieu et l'établissement où il l'a obtenu.

Dans le cas où le titre de formation de l'État d'origine, membre ou partie, est susceptible d'être confondu avec un titre exigeant en France une formation complémentaire, l'autorité compétente peut décider que l'intéressé fera état du titre de formation de l'État d'origine, membre ou partie, dans une forme appropriée qu'elle lui indique.

La prestation de services est réalisée sous le titre professionnel de l'État d'établissement, de manière à éviter toute confusion avec le titre professionnel français. Toutefois, dans le cas où les qualifications ont été vérifiées, la prestation de services est réalisée sous le titre professionnel français.

Art. L. 4331-7 *(Ord. n° 2009-1585 du 17 déc. 2009, art. 14-IV)* Sont déterminés par décret en Conseil d'État :

1° En tant que de besoin, les règles professionnelles ;

2° La composition et le fonctionnement de la commission mentionnée à l'article L. 4331-4 et les conditions dans lesquelles l'intéressé est soumis à une mesure de compensation ;

3° Les modalités de vérification des qualifications professionnelles mentionnées à l'article L. 4331-6.

CHAPITRE II PSYCHOMOTRICIEN

Art. L. 4332-1 Est considérée comme exerçant la profession de psychomotricien toute personne qui, non médecin, exécute habituellement des actes professionnels de rééducation psychomotrice, définis par décret en Conseil d'État pris après avis de l'Académie nationale de médecine.

Les psychomotriciens exercent leur art sur prescription médicale.

Art. L. 4332-2 Peuvent exercer la profession de psychomotricien *(Abrogé par Ord. n° 2009-1585 du 17 déc. 2009, art. 15-I)* « *et porter le titre de psychomotricien, accompagné ou non d'un qualificatif,* » les personnes titulaires du diplôme mentionné à l'article L. 4332-3 ou titulaires de l'autorisation prévue à l'article L. 4332-4 et *(Ord. n° 2003-850 du 4 sept. 2003, art. 24-X)* « dont les diplômes, certificats, titres ou autorisation ont été enregistrés conformément au premier alinéa de l'article L. 4333-1 ».

(Ord. n° 2009-1585 du 17 déc. 2009, art. 15-I) « L'intéressé porte le titre professionnel de psychomotricien, accompagné ou non d'un qualificatif. »

Art. L. 4332-2-1 *(Ord. n° 2009-1585 du 17 déc. 2009, art. 15-II)* Le psychomotricien peut faire usage de son titre de formation dans la langue de l'État qui le lui a délivré. Il est tenu de faire figurer le lieu et l'établissement où il a été obtenu.

Dans le cas où le titre de formation de l'État d'origine, membre ou partie, est susceptible d'être confondu avec un titre exigeant en France une formation complémentaire, l'autorité compétente peut décider que le psychomotricien fera état du titre de formation de l'État d'origine, membre ou partie, dans une forme appropriée qu'elle lui indique.

Art. L. 4332-3 Le diplôme mentionné à l'article L. 4332-2 est le diplôme d'État français de psychomotricien.

Art. L. 4332-4 *(Ord. n° 2008-507 du 30 mai 2008, art. 34 ; Ord. n° 2009-1585 du 17 déc. 2009, art. 10)* L'autorité compétente peut, après avis d'une commission composée notamment de professionnels, autoriser individuellement à exercer la profession de psychomotricien les ressortissants d'un État membre de l'Union européenne ou d'un autre État partie à l'accord sur l'Espace économique européen qui, sans posséder le diplôme prévu à l'article L. 4332-3, sont titulaires :

(Ord. n° 2017-50 du 19 janv. 2017, art. 7-I-1°) « 1° De titres de formation délivrés par un ou plusieurs États, membres ou parties, et requis par l'autorité compétente de ces États, membres ou parties, qui réglementent l'accès à cette profession ou son exercice, et permettant d'exercer légalement ces fonctions dans ces États ;

« 2° Ou, lorsque les intéressés ont exercé dans un ou plusieurs États, membres ou parties, qui ne réglementent ni la formation, ni l'accès à cette profession ou son exercice, de titres de formation délivrés par un ou plusieurs États, membres ou parties, attestant de la préparation à l'exercice de la profession, accompagnés d'une attestation justifiant, dans ces États, de son exercice à temps plein pendant un an ou à temps partiel pendant une durée totale équivalente au cours des dix dernières années ; »

3° Ou d'un titre de formation délivré par un État tiers et reconnu dans un État, membre ou partie, autre que la France, permettant d'y exercer légalement la profession. *(Ord. n° 2017-50 du 19 janv. 2017, art. 7-I-2°)* « L'intéressé justifie avoir exercé la profession pendant trois ans à temps plein ou à temps partiel pendant une durée totale équivalente dans cet État, membre ou partie. »

Dans ces cas, lorsque l'examen des qualifications professionnelles attestées par *(L. n° 2009-179 du 17 févr. 2009, art. 38)* « l'ensemble des titres de *(Ord. n° 2017-50 du 19 janv. 2017, art. 8-I-1°)* « formation initiale, » de » l'expérience professionnelle pertinente *(Ord. n° 2017-50 du 19 janv. 2017, art. 8-I-2°)* « et de la formation tout au long de la vie ayant fait l'objet d'une validation par un organisme compétent » fait apparaître des différences substantielles au regard des qualifications requises pour l'accès et l'exercice de la profession en France, l'autorité compétente exige que l'intéressé se soumette à une mesure de compensation.

(Ord. nº 2017-50 du 19 janv. 2017, art. 8-II) « Selon le niveau de qualification exigé en France et celui détenu par l'intéressé, l'autorité compétente peut soit proposer au demandeur de choisir entre un stage d'adaptation ou une épreuve d'aptitude, soit imposer un stage d'adaptation ou une épreuve d'aptitude, soit imposer un stage d'adaptation et une épreuve d'aptitude.

« La nature des mesures de compensation selon les niveaux de qualification en France et dans les autres États, membres ou parties, est fixée par arrêté du ministre chargé de la santé. »

La délivrance de l'autorisation d'exercice permet au bénéficiaire d'exercer la profession dans les mêmes conditions que les personnes titulaires du diplôme mentionné à l'article L. 4332-3.

En application des art. L. 231-5 et L. 231-6 CRPA, le silence gardé pendant quatre mois par l'administration vaut décision de rejet pour les demandes d'autorisation d'exercer la profession de psychomotricien accordée individuellement aux ressortissants d'un État membre de l'Union européenne ou d'un autre État partie à l'accord sur l'Espace économique européen (Décr. nº 2014-1286 du 23 oct. 2014, art. 1er et 2).

Art. L. 4332-5 Par dérogation aux dispositions de l'article L. 4332-2, peuvent exercer la profession de psychomotricien et porter le titre de psychomotricien, accompagné ou non d'un qualificatif, les salariés ayant exercé, à titre principal, l'activité de psychomotricien pendant une durée au moins égale à trois ans au cours des dix années précédant la date du 8 mai 1988 et qui ont satisfait, dans les trois ans suivant cette date, au contrôle des connaissances prévu par décret en Conseil d'État.

Art. L. 4332-6 *(Ord. nº 2008-507 du 30 mai 2008, art. 34 ; Ord. nº 2009-1585 du 17 déc. 2009, art. 11-II et 15-III)* Le psychomotricien, ressortissant d'un État membre de l'Union européenne ou d'un autre État partie à l'accord sur l'Espace économique européen, qui est établi et exerce légalement les activités de psychomotricien dans un État, membre ou partie, peut exécuter en France des actes professionnels, de manière temporaire et occasionnelle, sans avoir à procéder à l'enregistrement prévu par l'article L. 4333-1.

(Ord. nº 2017-50 du 19 janv. 2017, art. 2) « Lorsque l'exercice ou la formation conduisant à la profession n'est pas réglementé dans l'État où il est établi, le prestataire de services doit justifier avoir exercé dans un ou plusieurs États, membres ou parties, pendant un an au moins à temps plein ou à temps partiel pendant une durée totale équivalente au cours des dix années précédentes. »

L'exécution de ces actes est subordonnée à une déclaration préalable, qui est accompagnée de pièces justificatives dont la liste est fixée par arrêté du ministre chargé de la santé. *(Ord. nº 2017-50 du 19 janv. 2017, art. 3-I)* « Le prestataire joint une déclaration concernant les connaissances linguistiques nécessaires à la réalisation de la prestation. »

Le prestataire de services est soumis aux conditions d'exercice de la profession ainsi qu'aux règles professionnelles applicables en France.

Les qualifications professionnelles du prestataire sont vérifiées par l'autorité compétente après avis d'une commission composée notamment de professionnels, avant la première prestation de services. *(Ord. nº 2017-50 du 19 janv. 2017, art. 4-I)* « En cas de différence substantielle entre les qualifications du prestataire et la formation exigée en France, de nature à nuire à la santé publique, l'autorité compétente soumet le professionnel à une épreuve d'aptitude. »

Le prestataire de services peut faire usage de son titre de formation dans la langue de l'État qui le lui a délivré. Il est tenu de faire figurer le lieu et l'établissement où il l'a obtenu.

Dans le cas où le titre de formation de l'État d'origine, membre ou partie, est susceptible d'être confondu avec un titre exigeant en France une formation complémentaire, l'autorité compétente peut décider que l'intéressé fera état du titre de formation de l'État d'origine, membre ou partie, dans une forme appropriée qu'elle lui indique.

La prestation de services est réalisée sous le titre professionnel de l'État d'établissement, de manière à éviter toute confusion avec le titre professionnel français. Toutefois, dans le cas où les qualifications ont été vérifiées, la prestation de services est réalisée sous le titre professionnel français.

Art. L. 4332-7 *(Ord. nº 2009-1585 du 17 déc. 2009, art. 15-IV)* Sont déterminés par décret en Conseil d'État :

1º En tant que de besoin, les règles professionnelles ;

2º La composition et le fonctionnement de la commission mentionnée à l'article L. 4332-4 et les conditions dans lesquelles l'intéressé est soumis à une mesure de compensation ;

3º Les modalités de vérification des qualifications professionnelles mentionnées à l'article L. 4332-6.

CHAPITRE III DISPOSITIONS COMMUNES

Art. L. 4333-1 *(Ord. nº 2009-1586 du 17 déc. 2009, art. 1er-V)* « Les personnes ayant obtenu un titre de formation ou une autorisation requis pour l'exercice de la profession d'ergothérapeute ou de psychomotricien sont tenues de se faire enregistrer auprès du service ou de l'organisme désigné à cette fin par le ministre chargé de la santé, avant leur entrée dans la profession.

« L'enregistrement de ces personnes est réalisé après vérification des pièces justificatives attestant de leur identité et de leur titre de formation ou de leur autorisation. Elles informent le même service ou organisme de tout changement de situation professionnelle.

« La procédure d'enregistrement est sans frais. »

(Ord. nº 2003-850 du 4 sept. 2003, art. 24-XI) « Il est établi, pour chaque département, *(Ord. nº 2010-177 du 23 févr. 2010, art. 14-I-13º)* « par l'agence régionale de santé » ou l'organisme désigné à cette fin, des listes distinctes de ces professions, portées à la connaissance du public. »

L'inscription n'est possible que dans un seul département. Dans le cas où l'activité est exercée dans plusieurs départements, l'intéressé est inscrit sur la liste du département dans lequel est situé son lieu principal d'exercice professionnel. Cette disposition n'est pas applicable aux ergothérapeutes et aux psychomotriciens militaires.

(Abrogé par Ord. nº 2009-1585 du 17 déc. 2009, art. 16-I) (Ord. nº 2008-507 du 30 mai 2008, art. 34) « *L'ergothérapeute et le psychomotricien, lors de la délivrance de l'autorisation ministérielle d'exercice, et le prestataire de services, lors de sa déclaration, doivent posséder les connaissances linguistiques nécessaires à l'exercice de la profession et celles relatives aux systèmes de poids et mesures utilisés en France.* »

(Ord. nº 2003-850 du 4 sept. 2003, art. 24-XI) « Les modalités d'application du présent article sont fixées par décret. »

Art. L. 4333-1-1 *(Ord. nº 2009-1586 du 17 déc. 2009, art. 1er-V)* Les organismes délivrant les titres de formation transmettent ces titres au service ou à l'organisme mentionné à l'article L. 4333-1 sous forme d'informations certifiées.

Un décret en Conseil d'État fixe les modalités d'application de l'obligation de transmission de ces informations.

Art. L. 4333-1-2 *(Ord. nº 2009-1586 du 17 déc. 2009, art. 1er-V)* Lorsqu'elles sont disponibles, les informations certifiées mentionnées à l'article L. 4333-1-1 tiennent lieu de pièces justificatives pour l'accomplissement des obligations prévues à l'article L. 4333-1.

Art. L. 4333-2 *(Ord. nº 2009-1585 du 17 déc. 2009, art. 16-II)* L'ergothérapeute et le psychomotricien, lors de la délivrance de l'autorisation d'exercice ou de la déclaration de prestation de services, doivent posséder les connaissances linguistiques nécessaires à l'exercice de la profession et celles relatives aux systèmes de poids et mesures utilisés en France.

(Ord. nº 2017-50 du 19 janv. 2017, art. 3-II) « Le contrôle de la maîtrise de la langue doit être proportionné à l'activité à exercer et réalisé une fois la qualification professionnelle reconnue. »

CHAPITRE IV DISPOSITIONS PÉNALES

Art. L. 4334-1 *(Ord. nº 2005-1040 du 26 août 2005)* L'exercice illégal de la profession d'ergothérapeute ou de la profession de psychomotricien est puni d'un an d'emprisonnement et de 15 000 euros d'amende.

Les personnes physiques encourent également les peines complémentaires suivantes :

a) L'affichage ou la diffusion de la décision prononcée, dans les conditions prévues par l'article 131-35 du code pénal ;

b) La confiscation de la chose qui a servi ou était destinée à commettre l'infraction ou de la chose qui en est le produit, conformément à l'article 131-21 du code pénal ;

c) L'interdiction définitive ou pour une durée de cinq ans au plus d'exercer une ou plusieurs professions régies par le présent code ou toute autre activité professionnelle ou sociale à l'occasion de l'exercice de laquelle l'infraction a été commise, suivant les modalités prévues par l'article 131-27 du code pénal.

Le fait d'exercer l'une de ces activités malgré une décision judiciaire d'interdiction définitive ou temporaire est puni des mêmes peines.

(L. nº 2009-526 du 12 mai 2009, art. 125-XXI-24º) « Les personnes morales déclarées responsables pénalement, dans les conditions prévues par l'article 121-2 du code pénal, de l'infraction définie au présent article encourent, outre l'amende suivant les modalités prévues par l'article 131-38 du code pénal, les peines prévues par les 2º à 9º de l'article 131-39 du même code. L'interdiction mentionnée au 2º de l'article 131-39 du même code porte sur une ou plusieurs professions régies par le présent code ou toute autre activité professionnelle ou sociale à l'occasion de l'exercice de laquelle l'infraction a été commise. »

Art. L. 4334-2 *(Ord. nº 2005-1040 du 26 août 2005)* L'usage sans droit de la qualité d'ergothérapeute ou de psychomotricien ou d'un diplôme, certificat ou autre titre légalement requis pour l'exercice de ces professions est puni comme le délit d'usurpation de titre prévu à l'article 433-17 du code pénal.

(L. nº 2009-526 du 12 mai 2009, art. 125-XXI-25º) « Les personnes morales déclarées responsables pénalement, dans les conditions prévues par l'article 121-2 du code pénal, de l'infraction définie au présent article encourent l'amende prévue à l'article 433-17 du code pénal suivant les modalités prévues par l'article 131-38 du même code, ainsi que les peines prévues aux 2º à 4º de l'article 433-25 du même code. »

TITRE QUATRIÈME PROFESSIONS D'ORTHOPHONISTE ET D'ORTHOPTISTE

CHAPITRE PREMIER ORTHOPHONISTE

BIBL. ▶ DEVERS, Orthoptistes, opticiens-lunetiers : deux décrets pour répondre aux besoins de santé, *Rev. Droit déontologie & soin, mars 2017, p. 59.*

Art. L. 4341-1 *(L. nº 2016-41 du 26 janv. 2016, art. 126-1º)* La pratique de l'orthophonie comporte la promotion de la santé, la prévention, le bilan orthophonique et le traitement des troubles de la communication, du langage dans toutes ses dimensions, de la cognition mathématique, de la parole, de la voix et des fonctions oro-myo-faciales.

L'orthophoniste dispense des soins à des patients de tous âges présentant des troubles congénitaux, développementaux ou acquis.

Il contribue notamment au développement et au maintien de l'autonomie, à la qualité de vie du patient ainsi qu'au rétablissement de son rapport confiant à la langue.

L'exercice professionnel de l'orthophoniste nécessite la maîtrise de la langue dans toutes ses composantes.

L'orthophoniste pratique son art sur prescription médicale.

En cas d'urgence et en l'absence d'un médecin, l'orthophoniste est habilité à accomplir les soins nécessaires en orthophonie en dehors d'une prescription médicale. Un compte rendu du bilan et des actes accomplis dans ces conditions est remis au médecin dès son intervention.

Sauf indication contraire du médecin, il peut prescrire ou renouveler la prescription de certains dispositifs médicaux dont la liste est limitativement fixée par arrêté des ministres chargés de la santé et de la sécurité sociale pris après avis de l'Académie nationale de médecine.

L'orthophoniste exerce en toute indépendance et pleine responsabilité, conformément aux règles professionnelles prévues à l'article L. 4341-9.

Il établit en autonomie son diagnostic et décide des soins orthophoniques à mettre en œuvre.

Dans le cadre des troubles congénitaux, développementaux ou acquis, l'orthophoniste met en œuvre les techniques et les savoir-faire les plus adaptés à l'évaluation et au traitement orthophonique du patient et participe à leur coordination. Il peut également concourir à la formation initiale et continue ainsi qu'à la recherche.

La définition des actes d'orthophonie est précisée par un décret en Conseil d'État pris après avis de l'Académie nationale de médecine.

Art. L. 4341-2 *(Ord. n° 2009-1586 du 17 déc. 2009, art. 1er-VI)* « Les personnes ayant obtenu un titre de formation ou une autorisation requis pour l'exercice de la profession d'orthophoniste sont tenues de se faire enregistrer auprès du service ou de l'organisme désigné à cette fin par le ministre chargé de la santé, avant leur entrée dans la profession.

« L'enregistrement de ces personnes est réalisé après vérification des pièces justificatives attestant de leur identité et de leur titre de formation ou de leur autorisation. Elles informent le même service ou organisme de tout changement de situation professionnelle.

« La procédure d'enregistrement est sans frais. »

(Ord. n° 2003-850 du 4 sept. 2003, art. 24-XII) « Il est établi, pour chaque département, *(Ord. n° 2010-177 du 23 févr. 2010, art. 14-I-13°)* « par l'agence régionale de santé » ou l'organisme désigné à cette fin, une liste de cette profession, portée à la connaissance du public.

« *(Ord. n° 2018-20 du 17 janv. 2018, art. 18)* « Sous réserve des dispositions de l'article L. 4061-1, » un orthophoniste ne peut exercer sa profession *(Abrogé par Ord. n° 2018-20 du 17 janv. 2018, art. 18)* « *, à l'exception de ceux qui relèvent du service de santé des armées,* » que si ses diplômes, certificats, titres ou autorisation ont été enregistrés conformément au premier alinéa. »

(Ord. n° 2008-507 du 30 mai 2008, art. 35) « Les dispositions des articles L. 4311-26 et L. 4311-27 sont applicables aux orthophonistes. »

(Ord. n° 2003-850 du 4 sept. 2003, art. 24-XII) « Les modalités d'application du présent article sont fixées par décret. »

Art. L. 4341-2-1 *(Ord. n° 2008-507 du 30 mai 2008, art. 34)* L'orthophoniste peut faire usage de son titre de formation dans la langue de l'État qui le lui a délivré. Il est tenu de faire figurer le lieu et l'établissement où il a été obtenu.

(Ord. n° 2009-1585 du 17 déc. 2009, art. 17-II) « Dans le cas où le titre de formation de l'État d'origine, membre ou partie, est susceptible d'être confondu avec un titre exigeant en France une formation complémentaire, l'autorité compétente peut décider que l'orthophoniste fera état du titre de formation de l'État d'origine, membre ou partie, dans une forme appropriée qu'elle lui indique.

« L'intéressé porte le titre professionnel d'orthophoniste. »

Art. L. 4341-2-2 *(Ord. n° 2009-1586 du 17 déc. 2009, art. 1er-VI)* Les organismes délivrant les titres de formation transmettent ces titres au service ou à l'organisme mentionné à l'article L. 4341-2 sous forme d'informations certifiées.

Art. L. 4341-2-3 *(Ord. n° 2009-1586 du 17 déc. 2009, art. 1er-VI)* Lorsqu'elles sont disponibles, les informations certifiées mentionnées à l'article L. 4341-2-2 tiennent lieu de pièces justificatives pour l'accomplissement des obligations prévues à l'article L. 4341-2.

Art. L. 4341-3 Les diplômes, certificats ou titres mentionnés à l'article L. 4341-2 sont le certificat de capacité d'orthophoniste établi par les ministres chargés de l'éducation et de la santé, ou l'un des diplômes ou attestations d'études d'orthophonie établis par le ministre chargé de l'éducation antérieurement à la création dudit certificat.

Le décret instituant le certificat de capacité d'orthophoniste fixe les conditions d'obtention avec dispense partielle ou totale de scolarité, de stages et d'épreuves dont peuvent bénéficier les personnes qui, sans posséder l'un des titres prévus au premier alinéa, sont munies :

1° Soit d'un certificat d'aptitude à l'enseignement des enfants atteints de déficience auditive, reconnu par le ministre chargé de la santé ;

2° Soit d'un diplôme d'instituteur spécialisé pour les enfants sourds, reconnu par le ministre chargé de l'éducation ;

3° Soit d'un titre de rééducateur des dyslexiques, reconnu par l'un ou l'autre de ces deux ministres.

Art. L. 4341-4 *(Ord. n° 2008-507 du 30 mai 2008, art. 35 ; Ord. n° 2009-1585 du 17 déc. 2009, art. 10)* L'autorité compétente peut, après avis d'une commission composée notamment de professionnels, autoriser individuellement à exercer la profession d'orthophoniste les ressortissants d'un État membre de l'Union européenne ou d'un autre État partie à l'accord sur l'Espace économique européen qui, sans posséder l'un des diplômes, certificats ou titres prévus à l'article L. 4341-3, sont titulaires :

(Ord. n° 2017-50 du 19 janv. 2017, art. 7-I-1°) « 1° De titres de formation délivrés par un ou plusieurs États, membres ou parties, et requis par l'autorité compétente de ces États, membres ou parties, qui réglementent l'accès à cette profession ou son exercice, et permettant d'exercer légalement ces fonctions dans ces États ;

« 2° Ou, lorsque les intéressés ont exercé dans un ou plusieurs États, membres ou parties, qui ne réglementent ni la formation, ni l'accès à cette profession ou son exercice, de titres de formation délivrés par un ou plusieurs États, membres ou parties, attestant de la préparation à l'exercice de la profession, accompagnés d'une attestation justifiant, dans ces États, de son exercice à temps plein pendant un an ou à temps partiel pendant une durée totale équivalente au cours des dix dernières années ; »

3° Ou d'un titre de formation délivré par un État tiers et reconnu dans un État, membre ou partie, autre que la France, permettant d'y exercer légalement la profession. *(Ord. n° 2017-50 du 19 janv. 2017, art. 7-I-2°)* « L'intéressé justifie avoir exercé la profession pendant trois ans à temps plein ou à temps partiel pendant une durée totale équivalente dans cet État, membre ou partie. »

Dans ces cas, lorsque l'examen des qualifications professionnelles attestées par *(L. n° 2009-179 du 17 févr. 2009, art. 38)* « l'ensemble des titres de *(Ord. n° 2017-50 du 19 janv. 2017, art. 8-I-1°)* « formation initiale, » de » l'expérience professionnelle pertinente *(Ord. n° 2017-50 du 19 janv. 2017, art. 8-I-2°)* « et de la formation tout au long de la vie ayant fait l'objet d'une validation par un organisme compétent » fait apparaître des différences substantielles au regard des qualifications requises pour l'accès et l'exercice de la profession en France, l'autorité compétente exige que l'intéressé se soumette à une mesure de compensation.

(Ord. n° 2017-50 du 19 janv. 2017, art. 8-II) « Selon le niveau de qualification exigé en France et celui détenu par l'intéressé, l'autorité compétente peut soit proposer au demandeur de choisir entre un stage d'adaptation ou une épreuve d'aptitude, soit imposer un stage d'adaptation ou une épreuve d'aptitude, soit imposer un stage d'adaptation et une épreuve d'aptitude.

« La nature des mesures de compensation selon les niveaux de qualification en France et dans les autres États, membres ou parties, est fixée par arrêté du ministre chargé de la santé. »

La délivrance de l'autorisation d'exercice permet au bénéficiaire d'exercer la profession dans les mêmes conditions que les personnes titulaires de l'un des diplômes, certificats ou titres cités à l'article L. 4341-3.

En application des art. L. 231-5 et L. 231-6 CRPA, le silence gardé pendant quatre mois par l'administration vaut décision de rejet pour les demandes d'autorisation d'exercer la profession d'orthophoniste accordée individuellement aux ressortissants d'un État membre de l'Union européenne ou d'un autre État partie à l'accord sur l'Espace économique européen (Décr. n° 2014-1286 du 23 oct. 2014, art. 1er et 2).

Art. L. 4341-5 Les personnes qui ont obtenu, avant le 31 décembre 1973, l'un des titres dont la liste est fixée par arrêté des ministres chargés de l'enseignement supérieur, de la santé et de la sécurité sociale, et qui ont cessé d'être délivrés à partir de cette date, sont autorisées à exécuter habituellement, hors la présence du médecin, des actes de rééducation des personnes présentant des difficultés de nature pathologique à

acquérir les mécanismes permettant d'apprendre la lecture et l'orthographe, indépendamment de toute insuffisance intellectuelle ou sensorielle.

Art. L. 4341-6 **Par dérogation aux dispositions de l'article L. 4341-2, les ministres chargés de l'enseignement supérieur et de la santé, après avis d'une commission nommée par arrêté conjoint, peuvent autoriser à continuer à exercer leur profession, soit sans limitation aucune, soit pour un ou plusieurs établissements ou pour un mode d'activité déterminé, les personnes qui, à la date du 1er janvier 1964, exécutaient habituellement des actes de rééducation "constituant un traitement des anomalies de nature pathologique" de la voix, de la parole et du langage oral ou écrit, hors de la présence du médecin, sans être munies de l'un des titres mentionnés à l'article L. 4341-2 et qui avaient déposé une demande d'autorisation avant le 1er juillet 1972.**

Art. L. 4341-7 *(Ord. nº 2008-507 du 30 mai 2008, art. 35 ; Ord. nº 2009-1585 du 17 déc. 2009, art. 11-II et 17-III)* **L'orthophoniste, ressortissant d'un État membre de l'Union européenne ou d'un autre État partie à l'accord sur l'Espace économique européen qui est établi et exerce légalement les activités d'orthophoniste dans un État, membre ou partie, peut exécuter en France des actes professionnels, de manière temporaire et occasionnelle, sans avoir à procéder à l'enregistrement mentionné à l'article L. 4341-2.**

(Ord. nº 2017-50 du 19 janv. 2017, art. 2) **« Lorsque l'exercice ou la formation conduisant à la profession n'est pas réglementé dans l'État où il est établi, le prestataire de services doit justifier avoir exercé dans un ou plusieurs États, membres ou parties, pendant un an au moins à temps plein ou à temps partiel pendant une durée totale équivalente au cours des dix années précédentes. »**

L'exécution de ces actes est subordonnée à une déclaration préalable, qui est accompagnée de pièces justificatives dont la liste est fixée par arrêté du ministre chargé de la santé. *(Ord. nº 2017-50 du 19 janv. 2017, art. 3-I)* **« Le prestataire joint une déclaration concernant les connaissances linguistiques nécessaires à la réalisation de la prestation. »**

Le prestataire de services est soumis aux conditions d'exercice de la profession ainsi qu'aux règles professionnelles applicables en France.

Les qualifications professionnelles du prestataire sont vérifiées par l'autorité compétente après avis d'une commission composée notamment de professionnels, avant la première prestation de services. *(Ord. nº 2017-50 du 19 janv. 2017, art. 4-I)* **« En cas de différence substantielle entre les qualifications du prestataire et la formation exigée en France, de nature à nuire à la santé publique, l'autorité compétente soumet le professionnel à une épreuve d'aptitude. »**

Le prestataire de services peut faire usage de son titre de formation dans la langue de l'État qui le lui a délivré. Il est tenu de faire figurer le lieu et l'établissement où il l'a obtenu.

Dans le cas où le titre de formation de l'État d'origine, membre ou partie, est susceptible d'être confondu avec un titre exigeant en France une formation complémentaire, l'autorité compétente peut décider que l'intéressé fera état du titre de formation de l'État d'origine, membre ou partie, dans une forme appropriée qu'elle lui indique.

La prestation de services est réalisée sous le titre professionnel de l'État d'établissement, de manière à éviter toute confusion avec le titre professionnel français. Toute-*fois, dans le cas* **où les qualifications ont été vérifiées, la prestation de services est réalisée sous le titre professionnel français.**

Art. L. 4341-8 *(Ord. nº 2009-1585 du 17 déc. 2009, art. 17-IV)* **L'orthophoniste, lors de la délivrance de l'autorisation d'exercice ou de la déclaration de prestation de services, doit posséder les connaissances linguistiques nécessaires à l'exercice de la profession.**

(Ord. nº 2017-50 du 19 janv. 2017, art. 3-II) **« Le contrôle de la maîtrise de la langue doit être proportionné à l'activité à exercer et réalisé une fois la qualification professionnelle reconnue. »**

Art. L. 4341-9 *(Ord. nº 2009-1585 du 17 déc. 2009, art. 17-IV ; Ord. nº 2009-1586 du 17 déc. 2009, art. 1er-VI)* **Sont déterminés par décret en Conseil d'État :**

1° *(Abrogé par L. n° 2016-41 du 26 janv. 2016, art. 126-3°)* *« En tant que de besoin, »* Les règles professionnelles ;

2° La composition et le fonctionnement de la commission mentionnée à l'article L. 4341-4 et les conditions dans lesquelles l'intéressé est soumis à une mesure de compensation ;

3° Les modalités de vérification des qualifications professionnelles mentionnées à l'article L. 4341-7 ;

4° Les modalités d'application de l'obligation de transmission des informations mentionnées à l'article L. 4341-2-2.

CHAPITRE II ORTHOPTISTE

BIBL. ▸ DEVERS, Orthoptistes, opticiens-lunetiers : deux décrets pour répondre aux besoins de santé, *Rev. Droit déontologie & soin, mars 2017, p. 59.*

Art. L. 4342-1 *(L. n° 2016-41 du 26 janv. 2016, art. 131-1°)* La pratique de l'orthoptie comporte la promotion de la santé, la prévention, le bilan orthoptique et le traitement des altérations de la vision fonctionnelle sur les plans moteur, sensoriel et fonctionnel ainsi que l'exploration de la vision.

L'orthoptiste pratique son art sur prescription médicale ou, dans le cadre notamment du cabinet d'un médecin ophtalmologiste, sous la responsabilité d'un médecin.

Il dépiste, évalue, rééduque, réadapte et explore les troubles de la vision, du nourrisson à la personne âgée. Il participe à la prévention des risques et incapacités potentiels.

L'orthoptiste exerce son activité en toute indépendance et en pleine responsabilité, conformément aux règles professionnelles prévues au 1° de l'article L. 4342-7.

Dans le cadre des troubles congénitaux ou acquis, l'orthoptiste met en œuvre les techniques et les savoir-faire les plus adaptés à l'évaluation et au traitement orthoptique du patient et participe à leur coordination. Son intervention contribue notamment au développement et au maintien de l'autonomie et à la qualité de vie du patient.

Il peut prescrire ou, sauf indication contraire du médecin, renouveler les prescriptions médicales des dispositifs médicaux d'orthoptie, hors verres correcteurs d'amétropie et lentilles de contact oculaire correctrices, dont la liste est fixée par arrêté des ministres chargés de la santé et de la sécurité sociale pris après avis de l'Académie nationale de médecine.

L'orthoptiste peut réaliser les séances d'apprentissage à la manipulation et à la pose des lentilles.

Il peut également concourir à la formation initiale et continue ainsi qu'à la recherche.

La définition des actes d'orthoptie est précisée par un décret en Conseil d'État pris après avis de l'Académie nationale de médecine.

Art. L. 4342-2 *(Ord. n° 2009-1586 du 17 déc. 2009, art. 1er-VII)* « Sont tenues de se faire enregistrer auprès du service ou de l'organisme désigné à cette fin par le ministre chargé de la santé, avant leur entrée dans la profession, les personnes ayant obtenu un titre de formation ou une autorisation requis pour l'exercice de la profession d'orthoptiste.

« L'enregistrement de ces personnes est réalisé après vérification des pièces justificatives attestant de leur identité et de leur titre de formation ou de leur autorisation. Elles informent le même service ou organisme de tout changement de situation professionnelle.

« La procédure d'enregistrement est sans frais. »

(Ord. n° 2003-850 du 4 sept. 2003, art. 24-XIII) « Il est établi, pour chaque département, *(Ord. n° 2010-177 du 23 févr. 2010, art. 14-I-13°)* « par l'agence régionale de santé » ou l'organisme désigné à cette fin, une liste de cette profession, portée à la connaissance du public.

« *(Ord. n° 2018-20 du 17 janv. 2018, art. 18)* « Sous réserve des dispositions de l'article L. 4061-1, » un orthoptiste ne peut exercer sa profession, *(Abrogé par Ord. n° 2018-20 du 17 janv. 2018, art. 18)* *« à l'exception de ceux qui relèvent du service de santé des armées, »* que si ses diplômes, certificats, titres ou autorisation ont été enregistrés conformément au premier alinéa. »

(Ord. n° 2008-507 du 30 mai 2008, art. 36) « Les dispositions des articles L. 4311-26 et L. 4311-27 sont applicables aux orthoptistes. »

(Ord. n° 2003-850 du 4 sept. 2003, art. 24-XIII) « Les modalités d'application du présent article sont fixées par décret. »

Art. L. 4342-2-1 *(Ord. n° 2008-507 du 30 mai 2008, art. 36)* L'orthoptiste peut faire usage de son titre de formation dans la langue de l'État qui le lui a délivré. Il est tenu de faire figurer le lieu et l'établissement où il a été obtenu.

(Ord. n° 2009-1585 du 17 déc. 2009, art. 18-II) « Dans le cas où le titre de formation de l'État d'origine, membre ou partie, est susceptible d'être confondu avec un titre exigeant en France une formation complémentaire, l'autorité compétente peut décider que l'orthoptiste fera état du titre de formation de l'État d'origine, membre ou partie, dans une forme appropriée qu'elle lui indique.

« L'intéressé porte le titre professionnel d'orthoptiste. »

Art. L. 4342-2-2 *(Ord. n° 2009-1586 du 17 déc. 2009, art. 1er-VII)* Les organismes délivrant les titres de formation transmettent ces titres au service ou à l'organisme mentionné à l'article L. 4342-2 sous forme d'informations certifiées.

Art. L. 4342-2-3 *(Ord. n° 2009-1586 du 17 déc. 2009, art. 1er-VII)* Lorsqu'elles sont disponibles, les informations certifiées mentionnées à l'article L. 4342-2-2 tiennent lieu de pièces justificatives pour l'accomplissement des obligations prévues à l'article L. 4342-2.

Art. L. 4342-3 Le certificat mentionné à l'article L. 4342-2 est le certificat de capacité d'orthoptiste institué par le ministre chargé de l'enseignement supérieur.

Art. L. 4342-4 *(Ord. n° 2008-507 du 30 mai 2008, art. 36 ; Ord. n° 2009-1585 du 17 déc. 2009, art. 10)* L'autorité compétente peut, après avis d'une commission composée notamment de professionnels, autoriser individuellement à exercer la profession d'orthoptiste les ressortissants d'un État membre de l'Union européenne ou d'un autre État partie à l'accord sur l'Espace économique européen qui, sans posséder le certificat prévu à l'article L. 4342-3, sont titulaires :

(Ord. n° 2017-50 du 19 janv. 2017, art. 7-I-1°) « 1° De titres de formation délivrés par un ou plusieurs États, membres ou parties, et requis par l'autorité compétente de ces États, membres ou parties, qui réglementent l'accès à cette profession ou son exercice, et permettant d'exercer légalement ces fonctions dans ces États ;

« 2° Ou, lorsque les intéressés ont exercé dans un ou plusieurs États, membres ou parties, qui ne réglementent ni la formation, ni l'accès à cette profession ou son exercice, de titres de formation délivrés par un ou plusieurs États, membres ou parties, attestant de la préparation à l'exercice de la profession, accompagnés d'une attestation justifiant, dans ces États, de son exercice à temps plein pendant un an ou à temps partiel pendant une durée totale équivalente au cours des dix dernières années ; »

3° Ou d'un titre de formation délivré par un État tiers et reconnu dans un État, membre ou partie, autre que la France, permettant d'y exercer légalement la profession. *(Ord. n° 2017-50 du 19 janv. 2017, art. 7-I-2°)* « L'intéressé justifie avoir exercé la profession pendant trois ans à temps plein ou à temps partiel pendant une durée totale équivalente dans cet État, membre ou partie. »

Dans ces cas, lorsque l'examen des qualifications professionnelles attestées par *(L. n° 2009-179 du 17 févr. 2009, art. 38)* « l'ensemble des titres de *(Ord. n° 2017-50 du 19 janv. 2017, art. 8-I-1°)* « formation initiale, » de » l'expérience professionnelle pertinente *(Ord. n° 2017-50 du 19 janv. 2017, art. 8-I-2°)* « et de la formation tout au long de la vie ayant fait l'objet d'une validation par un organisme compétent » fait apparaître des différences substantielles au regard des qualifications requises pour l'accès et l'exercice de la profession en France, l'autorité compétente exige que l'intéressé se soumette à une mesure de compensation.

(Ord. n° 2017-50 du 19 janv. 2017, art. 8-II) « Selon le niveau de qualification exigé en France et celui détenu par l'intéressé, l'autorité compétente peut soit proposer au demandeur de choisir entre un stage d'adaptation ou une épreuve d'aptitude, soit imposer un stage d'adaptation ou une épreuve d'aptitude, soit imposer un stage d'adaptation et une épreuve d'aptitude.

« La nature des mesures de compensation selon les niveaux de qualification en France et dans les autres États, membres ou parties, est fixée par arrêté du ministre chargé de la santé. »

La délivrance de l'autorisation d'exercice permet au bénéficiaire d'exercer la profession dans les mêmes conditions que les personnes titulaires du certificat cité à l'article L. 4342-3.

En application des art. L. 231-5 et L. 231-6 CRPA, le silence gardé pendant quatre mois par l'administration vaut décision de rejet pour les demandes d'autorisation d'exercer la profession d'orthoptiste accordée individuellement aux ressortissants d'un État membre de l'Union européenne ou d'un autre État partie à l'accord sur l'Espace économique européen (Décr. n° 2014-1286 du 23 oct. 2014, art. 1er et 2).

Art. L. 4342-5 *(Ord. n° 2008-507 du 30 mai 2008, art. 36 ; Ord. n° 2009-1585 du 17 déc. 2009, art. 11-II et 18-III)* L'orthoptiste, ressortissant d'un État membre de l'Union européenne ou d'un autre État partie à l'accord sur l'Espace économique européen qui est établi et exerce légalement les activités d'orthoptiste dans un État, membre ou partie, peut exécuter en France des actes professionnels, de manière temporaire et occasionnelle, sans avoir à procéder à l'enregistrement mentionné à l'article L. 4342-2.

(Ord. n° 2017-50 du 19 janv. 2017, art. 2) « Lorsque l'exercice ou la formation conduisant à la profession n'est pas réglementé dans l'État où il est établi, le prestataire de services doit justifier avoir exercé dans un ou plusieurs États, membres ou parties, pendant un an au moins à temps plein ou à temps partiel pendant une durée totale équivalente au cours des dix années précédentes. »

L'exécution de ces actes est subordonnée à une déclaration préalable, qui est accompagnée de pièces justificatives dont la liste est fixée par arrêté du ministre chargé de la santé. *(Ord. n° 2017-50 du 19 janv. 2017, art. 3-I)* « Le prestataire joint une déclaration concernant les connaissances linguistiques nécessaires à la réalisation de la prestation. »

Le prestataire de services est soumis aux conditions d'exercice de la profession ainsi qu'aux règles professionnelles applicables en France.

Les qualifications professionnelles du prestataire sont vérifiées par l'autorité compétente après avis d'une commission composée notamment de professionnels, avant la première prestation de services. *(Ord. n° 2017-50 du 19 janv. 2017, art. 4-I)* « En cas de différence substantielle entre les qualifications du prestataire et la formation exigée en France, de nature à nuire à la santé publique, l'autorité compétente soumet le professionnel à une épreuve d'aptitude. »

Le prestataire de services peut faire usage de son titre de formation dans la langue de l'État qui le lui a délivré. Il est tenu de faire figurer le lieu et l'établissement où il l'a obtenu.

Dans le cas où le titre de formation de l'État d'origine, membre ou partie, est susceptible d'être confondu avec un titre exigeant en France une formation complémentaire, l'autorité compétente peut décider que l'intéressé fera état du titre de formation de l'État d'origine, membre ou partie, dans une forme appropriée qu'elle lui indique.

La prestation de services est réalisée sous le titre professionnel de l'État d'établissement, de manière à éviter toute confusion avec le titre professionnel français. Toutefois, dans le cas où les qualifications ont été vérifiées, la prestation de services est réalisée sous le titre professionnel français.

Art. L. 4342-6 *(Ord. n° 2009-1585 du 17 déc. 2009, art. 18-IV)* L'orthoptiste, lors de la délivrance de l'autorisation d'exercice ou de la déclaration de prestation de services, doit posséder les connaissances linguistiques nécessaires à l'exercice de la profession et celles relatives aux systèmes de poids et mesures utilisés en France.

(Ord. n° 2017-50 du 19 janv. 2017, art. 3-II) « Le contrôle de la maîtrise de la langue *doit être* proportionné à l'activité à exercer et réalisé une fois la qualification professionnelle reconnue. »

Art. L. 4342-7 *(Ord. n° 2009-1585 du 17 déc. 2009, art. 18-IV ; Ord. n° 2009-1586 du 17 déc. 2009, art. 1er-VII)* Sont déterminés par décret en Conseil d'État :

1° Les règles professionnelles ;

2° La composition et le fonctionnement de la commission mentionnée à l'article L. 4342-4 et les conditions dans lesquelles l'intéressé est soumis à une mesure de compensation ;

3° Les modalités de vérification des qualifications professionnelles mentionnées à l'article L. 4342-5 ;

4° Les modalités d'application de l'obligation de transmission des informations mentionnées à l'article L. 4342-2-2.

CHAPITRE III DISPOSITIONS COMMUNES

Art. L. 4343-1 Les dispositions des articles L. 4113-5, L. 4113-6 et L. 4113-8 sont applicables aux professions d'orthophoniste et d'orthoptiste.

(L. nº 2002-303 du 4 mars 2002, art. 25-IV) « Toutefois, pour l'application de l'article L. 4113-6, les conventions passées entre les professionnels et les entreprises sont soumises pour avis au collège professionnel régional du conseil mentionné à l'article L. 4391-1. »

Nouvel art. L. 4343-1 *Les dispositions* (Ord. n° 2017-49 du 19 janv. 2017, art. 4-5°) *« de l'article L. 4113-5 » sont applicables aux professions d'orthophoniste et d'orthoptiste.*

(Abrogé par Ord. n° 2017-49 du 19 janv. 2017, art. 4-5°) (L. n° 2002-303 du 4 mars 2002, art. 25-IV) *« Toutefois, pour l'application de l'article L. 4113-6, les conventions passées entre les professionnels et les entreprises sont soumises pour avis au collège professionnel régional du conseil mentionné à l'article L. 4391-1. »*

Le nouvel art. est applicable entre en vigueur à des dates fixées par décret et au plus tard le 1er juill. 2018 (Ord. nº 2017-49 du 19 janv. 2017, art. 5).

Art. L. 4343-2 *(L. nº 2007-127 du 30 janv. 2007, art. 13)* Les orthophonistes et les orthoptistes inscrits sur les listes départementales ou exécutant en France un acte professionnel, tel que prévu respectivement aux articles L. 4341-1 et L. 4342-1, sont tenus de respecter les règles professionnelles fixées par décret en Conseil d'État.

Art. L. 4343-3 *(L. nº 2009-879 du 21 juill. 2009, art. 68)* Le directeur général de l'agence régionale de santé refuse l'inscription si le demandeur ne remplit pas les conditions légales exigées pour l'exercice des professions d'orthophoniste, ou d'orthoptiste ou s'il est frappé soit d'une interdiction temporaire ou définitive d'exercer la profession en France ou à l'étranger, soit d'une suspension prononcée dans les conditions prévues à l'article L. 4311-26.

Toutefois, lorsque le demandeur est frappé d'une interdiction d'exercer la profession dans un autre pays qu'un État membre de *(Ord. nº 2009-1585 du 17 déc. 2009, art. 25)* « l'Union européenne » ou autre État partie à l'accord sur l'Espace économique européen, il peut être autorisé à exercer cette profession en France par décision du directeur général de l'agence régionale de santé.

Art. L. 4343-4 *(L. nº 2009-879 du 21 juill. 2009, art. 68)* S'il apparaît que le demandeur est atteint d'une infirmité ou se trouve dans un état pathologique qui rend dangereux l'exercice de sa profession, le directeur général de l'agence régionale de santé refuse l'inscription sur la liste.

CHAPITRE IV DISPOSITIONS PÉNALES

Art. L. 4344-1 Les médecins et les pharmaciens inspecteurs de santé publique (Ord. *nº 2010-177 du 23 févr. 2010, art. 19-I-17º)* « , les inspecteurs des agences régionales de santé », les inspecteurs de *(L. nº 2011-2012 du 29 déc. 2011, art. 5-IV)* « l'Agence nationale de sécurité du médicament et des produits de santé », ainsi que toutes les personnes habilitées à constater les infractions à la législation sur la répression des fraudes sont habilités à procéder à la recherche et à la constatation des infractions mentionnées à l'article L. 4344-3.

Art. L. 4344-2 Les orthophonistes, les orthoptistes et les élèves faisant leurs études préparatoires à l'obtention de l'un ou l'autre certificat de capacité sont tenus au secret professionnel dans les conditions et sous les réserves énoncées aux articles 226-13 et 226-14 du code pénal.

Art. L. 4344-3 Les infractions mentionnées aux articles *(Abrogé par Ord. n° 2017-49 du 19 janv. 2017, art. 4-3° et 5, au plus tard le 1er juill. 2018) « L. 4163-2, »* L. 4163-3 et L. 4163-4 sont applicables aux orthophonistes et orthoptistes et sont punies de deux ans d'emprisonnement et de 75 000 € d'amende.

En cas de condamnation, l'interdiction temporaire d'exercer la profession pendant une période de dix ans au plus peut être prononcée, à titre de peine complémentaire, par les cours ou tribunaux.

Art. L. 4344-4 *(Ord. n° 2005-1040 du 26 août 2005)* L'exercice illégal de la profession d'orthophoniste ou d'orthoptiste est puni d'un an d'emprisonnement et de 15 000 euros d'amende.

Les personnes physiques encourent également les peines complémentaires suivantes :

a) L'affichage ou la diffusion de la décision prononcée, dans les conditions prévues par l'article 131-35 du code pénal ;

b) La confiscation de la chose qui a servi ou était destinée à commettre l'infraction ou de la chose qui en est le produit, conformément à l'article 131-21 du code pénal ;

c) L'interdiction définitive ou pour une durée de cinq ans au plus d'exercer une ou plusieurs professions régies par le présent code ou toute autre activité professionnelle ou sociale à l'occasion de l'exercice de laquelle l'infraction a été commise, suivant les modalités prévues par l'article 131-27 du code pénal.

Le fait d'exercer l'une de ces activités malgré une décision judiciaire d'interdiction définitive ou temporaire est puni des mêmes peines.

(L. n° 2009-526 du 12 mai 2009, art. 125-XXI-26°) « Les personnes morales déclarées responsables pénalement, dans les conditions prévues par l'article 121-2 du code pénal, de l'infraction définie au présent article encourent, outre l'amende suivant les modalités prévues par l'article 131-38 du code pénal, les peines prévues par les 2° à 9° de l'article 131-39 du même code. L'interdiction mentionnée au 2° de l'article 131-39 du même code porte sur une ou plusieurs professions régies par le présent code ou toute autre activité professionnelle ou sociale à l'occasion de l'exercice de laquelle l'infraction a été commise. »

Tonométrie. La mesure de la tension intraoculaire (tonométrie) est un acte médical en ce qu'il prend part à l'établissement d'un diagnostic ; or, si la liste des actes médicaux réservés aux médecins par l'art. 2 de l'arrêté du 6 janv. 1962 n'est pas limitative, celle des actes médicaux qui peuvent être exécutés par des auxiliaires médicaux qualifiés et uniquement sur prescription du médecin est limitative, et ne comprenait pas la mesure de la pression intraoculaire. • Crim. 11 janv. 2012, n° 10-88.908 (NB : les orthoptistes sont désormais habilités à pratiquer cet acte sur prescription médicale et sous la responsabilité d'un ophtalmologiste : Décr. n° 2007-1678 du 27 nov. 2007 ; CSP, art. R. 4342-8).

Art. L. 4344-4-1 *(L. n° 2016-41 du 26 janv. 2016, art. 131-3°)* Exerce illégalement la profession d'orthoptiste toute personne qui pratique l'orthoptie, au sens de l'article L. 4342-1, sans être titulaire du certificat de capacité d'orthoptiste ou de l'un des diplômes ou attestations d'études d'orthoptie établis par le ministre chargé de l'éducation antérieurement à la création dudit certificat ou de tout autre titre mentionné à l'article L. 4342-4 exigé pour l'exercice de la profession d'orthoptiste, ou sans relever des dispositions de l'article L. 4342-5.

Le présent article ne s'applique pas aux étudiants en orthoptie qui effectuent un stage dans le cadre de l'article L. 4381-1.

Art. L. 4344-4-2 *(L. n° 2016-41 du 26 janv. 2016, art. 126-2°)* Exerce illégalement la profession d'orthophoniste toute personne qui pratique l'orthophonie au sens de l'article L. 4341-1 sans :

1° Être titulaire du certificat de capacité d'orthophoniste ;

2° Être titulaire de l'un des diplômes ou de l'une des attestations d'études d'orthophonie établis par le ministre chargé de l'éducation antérieurement à la création du certificat mentionné au 1° du présent article ou de tout autre titre mentionné à l'article L. 4341-4 exigé pour l'exercice de la profession d'orthophoniste ;

3° Remplir les conditions ou satisfaire aux obligations prévues à l'article L. 4341-7.

Le présent article ne s'applique pas aux étudiants en orthophonie qui effectuent un stage en application de l'article L. 4381-1.

Art. L. 4344-5 *(Ord. n° 2005-1040 du 26 août 2005)* **L'usage sans droit de la qualité d'orthophoniste ou d'orthoptiste ou d'un diplôme, certificat ou autre titre légalement requis pour l'exercice de ces professions est puni comme le délit d'usurpation de titre prévu à l'article 433-17 du code pénal.**

(L. n° 2009-526 du 12 mai 2009, art. 125-XXI-27°) **« Les personnes morales déclarées responsables pénalement, dans les conditions prévues par l'article 121-2 du code pénal, de l'infraction définie au présent article encourent l'amende prévue à l'article 433-17 du code pénal suivant les modalités prévues par l'article 131-38 du même code, ainsi que les peines prévues aux 2° à 4° de l'article 433-25 du même code. »**

TITRE CINQUIÈME PROFESSIONS DE MANIPULATEUR D'ÉLECTRORADIOLOGIE MÉDICALE ET DE TECHNICIEN DE LABORATOIRE MÉDICAL *(Ord. n° 2010-49 du 13 janv. 2010, art. 2)*.

CHAPITRE PREMIER RÈGLES LIÉES À L'EXERCICE DE LA PROFESSION DE MANIPULATEUR D'ÉLECTRORADIOLOGIE MÉDICALE *(Ord. n° 2010-49 du 13 janv. 2010, art. 2)*.

Art. L. 4351-1 *(L. n° 2016-41 du 26 janv. 2016, art. 208)* **Est considérée comme exerçant la profession de manipulateur d'électroradiologie médicale toute personne, non médecin, qui exécute, sur prescription médicale et sous la responsabilité d'un médecin, des actes professionnels d'électroradiologie médicale.**

Le cas échéant, le manipulateur d'électroradiologie médicale intervient sous l'autorité technique d'un *(Ord. n° 2017-48 du 19 janv. 2017, art. 2-III)* **« physicien médical » pour les activités de physique médicale mises en œuvre au cours de la préparation ou de la réalisation des actes exposant aux rayonnements ionisants. Un décret en Conseil d'État, pris après avis de l'Académie nationale de médecine, définit les actes ou les activités réalisés par les manipulateurs d'électroradiologie médicale ainsi que les conditions dans lesquelles ils sont effectués.**

Le manipulateur d'électroradiologie médicale peut également, dans le cadre prévu à l'article *(Ord. n° 2016-1729 du 15 déc. 2016, art. 2-II-3° et 3-I, en vigueur le 1er juill. 2017)* **« L. 5126-3 » et sous l'autorité technique d'un pharmacien, aider à réaliser les actes définis par décret en Conseil d'État, pris après avis de l'Académie nationale de pharmacie.**

Non-remboursement. Selon la nomenclature générale des actes professionnels (NGAP), seul un acte accompli personnellement par un médecin ou par un masseur-kinésithérapeute qui se consacre exclusivement, pendant toute la durée de son exécution, au seul malade qui en est l'objet, est susceptible de prise en charge ou de remboursement par l'assurance maladie ; il en résulte que les actes d'électrothérapie réalisés par une salariée manipulatrice d'électroradiologie médicale, même signés par un médecin qui ne les a pas accomplis, ne peuvent donner lieu à remboursement. • Civ. 2e, 3 mars 2011, n° 10-10.671.

Art. L. 4351-2 **Peuvent exercer la profession de manipulateur d'électroradiologie médicale les personnes titulaires des diplômes, certificats ou titres mentionnés à l'article L. 4351-3 ou titulaires des autorisations prévues à l'article L. 4351-4, et inscrites sur une liste départementale.**

(Ord. n° 2009-1585 du 17 déc. 2009, art. 19-I) **« L'intéressé porte le titre professionnel de manipulateur d'électroradiologie médicale, accompagné ou non d'un qualificatif. »**

BIBL. ▸ IGAS, Rapport Mesclon-Ravaud et Blémont, Modalités de mise en œuvre d'un diplôme unique de manipulateur d'électroradiologie médicale, avr. 2013.

Art. L. 4351-3 **Les diplômes mentionnés à l'article L. 4351-2 sont le diplôme d'État français de manipulateur d'électroradiologie médicale ou le diplôme de technicien supérieur en imagerie médicale et radiologie thérapeutique.**

Art. L. 4351-3-1 *(Ord. n° 2009-1585 du 17 déc. 2009, art. 19-II)* **Le manipulateur d'électroradiologie médicale peut faire usage de son titre de formation dans la langue**

de l'État qui le lui a délivré. Il est tenu de faire figurer le lieu et l'établissement où il a été obtenu.

Dans le cas où le titre de formation de l'État d'origine, membre ou partie, est susceptible d'être confondu avec un titre exigeant en France une formation complémentaire, l'autorité compétente peut décider que le manipulateur d'électroradiologie médicale fera état du titre de formation de l'État d'origine, membre ou partie, dans une forme appropriée qu'elle lui indique.

Art. L. 4351-4 *(Ord. nº 2008-507 du 30 mai 2008, art. 37 ; Ord. nº 2009-1585 du 17 déc. 2009, art. 10)* L'autorité compétente peut, après avis d'une commission composée notamment de professionnels, autoriser individuellement à exercer la profession de manipulateur d'électroradiologie médicale les ressortissants d'un État membre de l'Union européenne ou d'un autre État partie à l'accord sur l'Espace économique européen qui, sans posséder l'un des diplômes, certificats ou titres prévus aux articles L. 4351-3 et L. 4351-5, sont titulaires :

(Ord. nº 2017-50 du 19 janv. 2017, art. 7-I-1º) « 1º De titres de formation délivrés par un ou plusieurs États, membres ou parties, et requis par l'autorité compétente de ces États, membres ou parties, qui réglementent l'accès à cette profession ou son exercice, et permettant d'exercer légalement ces fonctions dans ces États ;

« 2º Ou, lorsque les intéressés ont exercé dans un ou plusieurs États, membres ou parties, qui ne réglementent ni la formation, ni l'accès à cette profession ou son exercice, de titres de formation délivrés par un ou plusieurs États, membres ou parties, attestant de la préparation à l'exercice de la profession, accompagnés d'une attestation justifiant, dans ces États, de son exercice à temps plein pendant un an ou à temps partiel pendant une durée totale équivalente au cours des dix dernières années ; »

3º Ou d'un titre de formation délivré par un État tiers et reconnu dans un État, membre ou partie, autre que la France, permettant d'y exercer légalement la profession. *(Ord. nº 2017-50 du 19 janv. 2017, art. 7-I-2º)* « L'intéressé justifie avoir exercé la profession pendant trois ans à temps plein ou à temps partiel pendant une durée totale équivalente dans cet État, membre ou partie. »

Dans ces cas, lorsque l'examen des qualifications professionnelles attestées par *(L. nº 2009-179 du 17 févr. 2009, art. 38)* « l'ensemble des titres de *(Ord. nº 2017-50 du 19 janv. 2017, art. 8-I-1º)* « formation initiale, » de » l'expérience professionnelle pertinente *(Ord. nº 2017-50 du 19 janv. 2017, art. 8-I-2º)* « et de la formation tout au long de la vie ayant fait l'objet d'une validation par un organisme compétent » fait apparaître des différences substantielles au regard des qualifications requises pour l'accès et l'exercice de la profession en France, l'autorité compétente exige que l'intéressé se soumette à une mesure de compensation.

(Ord. nº 2017-50 du 19 janv. 2017, art. 8-II) « Selon le niveau de qualification exigé en France et celui détenu par l'intéressé, l'autorité compétente peut soit proposer au demandeur de choisir entre un stage d'adaptation ou une épreuve d'aptitude, soit imposer un stage d'adaptation ou une épreuve d'aptitude, soit imposer un stage d'adaptation et une épreuve d'aptitude.

« La nature des mesures de compensation selon les niveaux de qualification en France et dans les autres États, membres ou parties, est fixée par arrêté du ministre chargé de la santé. »

La délivrance de l'autorisation d'exercice permet au bénéficiaire d'exercer la profession dans les mêmes conditions que les personnes titulaires de l'un des diplômes, certificats ou titres mentionnés aux articles L. 4351-3 et L. 4351-5.

En application des art. L. 231-5 et L. 231-6 CRPA, le silence gardé pendant quatre mois par l'administration vaut décision de rejet pour les demandes d'autorisation d'exercer la profession de manipulateur d'électroradiologie médicale accordée individuellement aux ressortissants d'un État membre de l'Union européenne ou d'un autre État partie à l'accord sur l'Espace économique européen (Décr. nº 2014-1286 du 23 oct. 2014, art. 1er et 2).

Art. L. 4351-5 Par dérogation aux dispositions de l'article L. 4351-2, les titulaires du brevet de technicien supérieur d'électroradiologie médicale peuvent exercer la profession de manipulateur d'électroradiologie médicale et porter le titre de manipulateur d'électroradiologie médicale accompagné ou non d'un qualificatif.

Art. L. 4351-6 Par dérogation aux dispositions de l'article L. 4351-2, peuvent exercer la profession de manipulateur d'électroradiologie médicale et porter le titre de manipulateur d'électroradiologie médicale accompagné ou non d'un qualificatif :

1° Les personnes recrutées avant le 29 mai 1996 par une collectivité publique ou un établissement public de santé ou un établissement public à caractère social, pour un emploi permanent de manipulateur d'électroradiologie médicale ;

2° Les personnes exerçant les fonctions de manipulateur d'électroradiologie médicale au 25 juillet 1984 ou ayant exercé ces fonctions avant cette date pendant une durée au moins égale à six mois et qui ont satisfait, avant une date fixée par décret, à des épreuves de vérification des connaissances.

Art. L. 4351-7 Par dérogation aux dispositions de l'article L. 4351-2, les personnes recrutées par les radiologues libéraux entre le 25 juillet 1984 et le 1er janvier 1991 pour leur apporter une aide dans l'accompagnement et l'installation des patients peuvent, après avoir satisfait à un contrôle d'aptitude, participer à l'exécution par ces médecins d'actes de radiodiagnostic fixés par décret en Conseil d'État, après avis de l'Académie nationale de médecine.

Ces personnes exercent leurs fonctions sous la responsabilité et la surveillance du radiologue, qui doit être en mesure de contrôler leur activité et d'intervenir immédiatement en cas de nécessité.

Art. L. 4351-8 *(Ord. n° 2008-507 du 30 mai 2008, art. 37 ; Ord. n° 2009-1585 du 17 déc. 2009, art. 11-II et 19-III)* Le manipulateur d'électroradiologie médicale, ressortissant d'un État membre de l'Union européenne ou d'un autre État partie à l'accord sur l'Espace économique européen qui est établi et exerce légalement les activités de manipulateur d'électroradiologie médicale dans un État, membre ou partie, peut exécuter en France des actes professionnels, de manière temporaire et occasionnelle, sans avoir à procéder à l'enregistrement prévu par l'article L. 4352-1.

(Ord. n° 2017-50 du 19 janv. 2017, art. 2) « Lorsque l'exercice ou la formation conduisant à la profession n'est pas réglementé dans l'État où il est établi, le prestataire de services doit justifier avoir exercé dans un ou plusieurs États, membres ou parties, pendant un an au moins à temps plein ou à temps partiel pendant une durée totale équivalente au cours des dix années précédentes. »

L'exécution de ces actes est subordonnée à une déclaration préalable, qui est accompagnée de pièces justificatives dont la liste est fixée par arrêté du ministre chargé de la santé. *(Ord. n° 2017-50 du 19 janv. 2017, art. 3-I)* « Le prestataire joint une déclaration concernant les connaissances linguistiques nécessaires à la réalisation de la prestation. »

Le prestataire de services est soumis aux conditions d'exercice de la profession ainsi qu'aux règles professionnelles applicables en France.

Les qualifications professionnelles du prestataire sont vérifiées par l'autorité compétente après avis d'une commission composée notamment de professionnels, avant la première prestation de services. *(Ord. n° 2017-50 du 19 janv. 2017, art. 4-I)* « En cas de différence substantielle entre les qualifications du prestataire et la formation exigée en France, de nature à nuire à la santé publique, l'autorité compétente soumet le professionnel à une épreuve d'aptitude. »

Le prestataire de services peut faire usage de son titre de formation dans la langue de l'État qui le lui a délivré. Il est tenu de faire figurer le lieu et l'établissement où il l'a obtenu.

Dans le cas où le titre de formation de l'État d'origine, membre ou partie, est susceptible d'être confondu avec un titre exigeant en France une formation complémentaire, l'autorité compétente peut décider que l'intéressé fera état du titre de formation de l'État d'origine, membre ou partie, dans une forme appropriée qu'elle lui indique.

La prestation de services est réalisée sous le titre professionnel de l'État d'établissement, de manière à éviter toute confusion avec le titre professionnel français. Toutefois, dans le cas où les qualifications ont été vérifiées, la prestation de services est réalisée sous le titre professionnel français.

Art. L. 4351-9 *(Ord. n° 2009-1585 du 17 déc. 2009, art. 19-VI)* Le manipulateur d'électroradiologie médicale, lors de la délivrance de l'autorisation d'exercice ou de la déclaration de prestation de services, doit posséder les connaissances linguistiques nécessaires à l'exercice de la profession et celles relatives aux systèmes de poids et mesures utilisés en France.

(Ord. nº 2017-50 du 19 janv. 2017, art. 3-II) « Le contrôle de la maîtrise de la langue doit être proportionné à l'activité à exercer et réalisé une fois la qualification professionnelle reconnue. »

Art. L. 4351-10 *(Ord. nº 2009-1586 du 17 déc. 2009, art. 1er-VIII)* « Sont tenues de se faire enregistrer auprès du service ou de l'organisme désigné à cette fin par le ministre chargé de la santé les personnes ayant obtenu un titre de formation ou une autorisation requis pour l'exercice de la profession de manipulateur d'électroradiologie médicale, avant leur entrée dans la profession, ainsi que celles qui ne l'exerçant pas ont obtenu leur titre de formation depuis moins de trois ans.

« L'enregistrement de ces personnes est réalisé après vérification des pièces justificatives attestant de leur identité et de leur titre de formation ou de leur autorisation. Elles informent le même service ou organisme de tout changement de résidence ou de situation professionnelle.

« Pour les personnes ayant exercé la profession de manipulateur d'électroradiologie médicale, l'obligation d'information relative au changement de résidence est maintenue pendant une période de trois ans à compter de la cessation de leur activité.

« La procédure d'enregistrement est sans frais. »

(Ord. nº 2003-850 du 4 sept. 2003, art. 24-XIV) « Il est établi, pour chaque département, *(Ord. nº 2010-177 du 23 févr. 2010, art. 14-I-13º)* « par l'agence régionale de santé » ou l'organisme désigné à cette fin, une liste de cette profession, portée à la connaissance du public.

« *(Ord. nº 2018-20 du 17 janv. 2018, art. 18)* « Sous réserve des dispositions de l'article L. 4061-1, » un manipulateur d'électroradiologie médicale ne peut exercer sa profession *(Abrogé par Ord. nº 2018-20 du 17 janv. 2018, art. 18) « , à l'exception de ceux qui relèvent du service de santé des armées, »* que si ses diplômes, certificats, titres ou autorisation ont été enregistrés conformément au premier alinéa. »

(Ord. nº 2003-850 du 4 sept. 2003, art. 24-XIV) « Les modalités d'application du présent article sont fixées par décret. »

Art. L. 4351-11 *(Ord. nº 2009-1586 du 17 déc. 2009, art. 1er-VIII)* Les organismes délivrant les titres de formation transmettent ces titres au service ou à l'organisme mentionné à l'article L. 4352-1 sous forme d'informations certifiées.

Art. L. 4351-12 *(Ord. nº 2009-1586 du 17 déc. 2009, art. 1er-VIII)* Lorsqu'elles sont disponibles, les informations certifiées mentionnées à l'article L. 4352-1-1 tiennent lieu de pièces justificatives pour l'accomplissement des obligations prévues à l'article L. 4352-1.

Art. L. 4351-13 *(Ord. nº 2009-1585 du 17 déc. 2009, art. 19-IV)* Sont déterminés par décret en Conseil d'État :

1º En tant que de besoin, les règles professionnelles ;

2º La composition et le fonctionnement de la commission mentionnée à l'article L. 4351-4 et les conditions dans lesquelles l'intéressé est soumis à une mesure de compensation ;

3º Les modalités de vérification des qualifications professionnelles mentionnées à l'article L. 4351-8 ;

(Ord. nº 2010-49 du 13 janv. 2010, art. 2) « 4º Les modalités d'application de l'obligation de transmission des informations mentionnées à l'article L. 4351-10 ».

CHAPITRE II RÈGLES LIÉES À L'EXERCICE DE LA PROFESSION DE TECHNICIEN DE LABORATOIRE MÉDICAL

(Ord. nº 2010-49 du 13 janv. 2010, art. 2)

Art. L. 4352-1 *Le techni*cien de laboratoire médical participe à la réalisation technique d'un examen de biologie médicale ou d'un examen d'anatomie et de cytologie pathologiques, sous la responsabilité d'un biologiste médical ou d'un médecin spécialiste qualifié en anatomie et cytologie pathologiques.

Le technicien de laboratoire médical réalise des prélèvements dans les conditions déterminées par décret en Conseil d'État.

Le technicien de laboratoire médical participe, dans son champ de compétence, à des missions de santé publique. Il participe également à la permanence de l'offre de biologie médicale définie *(Ord. n° 2018-21 du 17 janv. 2018, art. 1er)* « dans la zone concernée » *(Abrogé par L. n° 2013-442 du 30 mai 2013, art. 8-I-12°)* « *infrarégional* ». Il peut être appelé à participer à des missions d'enseignement et de recherche, ainsi qu'aux programmes d'éducation thérapeutique du patient.

Art. L. 4352-2 Peut exercer la profession de technicien de laboratoire médical et en porter le titre :

1° Une personne titulaire du diplôme d'État de technicien de laboratoire médical ;

2° Une personne titulaire d'un titre de formation dont le programme d'enseignement théorique et clinique est équivalent à celui du diplôme d'État de technicien de laboratoire médical et qui figure sur une liste arrêtée par les ministres chargés de la santé et de l'enseignement supérieur.

Art. L. 4352-3 Peut également exercer la profession de technicien de laboratoire médical et en porter le titre une personne qui :

1° Exerçait, à la date du 8 novembre 1976, des fonctions techniques dans un laboratoire de biologie médicale ou avait exercé ces mêmes fonctions pendant une durée au moins égale à six mois avant cette date ;

2° A obtenu, avant la date de la publication de l'ordonnance n° 2010-49 du 13 janvier 2010 relative à la biologie médicale, un diplôme dont la liste est fixée par un arrêté du ministre chargé de la santé ;

3° Obtient, après la date de la publication de l'ordonnance précitée, un diplôme figurant sur la liste mentionnée au 2°, dès lors que la formation correspondante a débuté avant la date d'entrée en vigueur de l'arrêté mentionné au 2° de l'article L. 4352-2 ;

4° A obtenu, à la date du 31 décembre 1995, un diplôme figurant sur une liste fixée par arrêté du ministre chargé de la santé.

Art. L. 4352-3-1 *(L. n° 2013-442 du 30 mai 2013, art. 8-I-24°)* Les personnes qui exerçaient, à la date du 29 novembre 1997, les fonctions de technicien de laboratoire médical dans un établissement de transfusion sanguine sans remplir les conditions exigées mais qui justifient, à la date du 23 mai 2004, d'une formation relative aux examens de biologie médicale réalisés dans un établissement de transfusion sanguine peuvent continuer à exercer les mêmes fonctions.

Art. L. 4352-3-2 *(L. n° 2013-442 du 30 mai 2013, art. 8-I-24°)* Les personnes qui exerçaient, à la date de promulgation de la loi n° 2013-442 du 30 mai 2013 portant réforme de la biologie médicale, les fonctions de technicien de laboratoire médical et qui ne sont pas titulaires d'un des diplômes ou titres de formation prévus aux articles L. 4352-2 et L. 4352-3 peuvent continuer à exercer les fonctions de technicien de laboratoire médical.

Art. L. 4352-4 *(L. n° 2013-442 du 30 mai 2013, art. 8-I-23°-a)* « Sont tenues de se faire enregistrer auprès du service ou de l'organisme désigné à cette fin par le ministre chargé de la santé les personnes ayant obtenu, avant leur entrée dans la profession, un titre de formation ou une autorisation requis pour l'exercice de la profession de technicien de laboratoire médical ou relevant du 1° de l'article L. 4352-3 et des articles L. 4352-3-1 et L. 4352-3-2, ainsi que celles qui, ne l'exerçant pas, ont obtenu leur titre de formation depuis moins de trois ans. »

L'enregistrement de ces personnes est réalisé après vérification des pièces justificatives attestant de leur identité et de leur titre de formation ou de leur autorisation *(L. n° 2013-442 du 30 mai 2013, art. 8-I-23°-b)* « ou d'un exercice aux dates mentionnées, respectivement, au 1° de l'article L. 4352-3 et aux articles L. 4352-3-1 et L. 4352-3-2 ». Elles informent le même service ou organisme de tout changement de résidence ou de situation professionnelle.

Pour les personnes ayant exercé la profession de technicien de laboratoire médical, l'obligation d'information relative au changement de résidence est maintenue pendant une période de trois ans à compter de la cessation de leur activité.

La procédure d'enregistrement est sans frais.

(Ord. n° 2018-20 du 17 janv. 2018, art. 18) « Sous réserve des dispositions de l'article L. 4061-1, » les techniciens de laboratoire médical ne peuvent exercer leur profes-

sion que si la procédure d'enregistrement a été convenablement accomplie. *(Abrogé par Ord. n° 2018-20 du 17 janv. 2018, art. 18)* « *Cette obligation d'enregistrement ne s'applique pas aux techniciens de laboratoire médical qui relèvent des dispositions de la partie IV du code de la défense.* »

Art. L. 4352-5 Les organismes délivrant les titres de formation transmettent ces titres au service ou à l'organisme mentionné à l'article L. 4352-4 sous forme d'informations certifiées.

Lorsqu'elles sont disponibles, ces informations certifiées tiennent lieu de pièces justificatives pour l'accomplissement des obligations prévues à l'article L. 4352-4.

Art. L. 4352-6 L'autorité compétente peut, après avis d'une commission composée notamment de professionnels, autoriser individuellement à exercer la profession de technicien de laboratoire médical, un ressortissant d'un État membre de l'Union européenne ou d'un autre État partie à l'accord sur l'Espace économique européen qui, sans posséder l'un des diplômes mentionnés à l'article L. 4352-2, est titulaire :

(Ord. n° 2017-50 du 19 janv. 2017, art. 7-I-1°) « 1° De titres de formation délivrés par un ou plusieurs États, membres ou parties, et requis par l'autorité compétente de ces États, membres ou parties, qui réglementent l'accès à cette profession ou son exercice, et permettant d'exercer légalement ces fonctions dans ces États ;

« 2° Ou, lorsque les intéressés ont exercé dans un ou plusieurs États, membres ou parties, qui ne réglementent ni la formation, ni l'accès à cette profession ou son exercice, de titres de formation délivrés par un ou plusieurs États, membres ou parties, attestant de la préparation à l'exercice de la profession, accompagnés d'une attestation justifiant, dans ces États, de son exercice à temps plein pendant un an ou à temps partiel pendant une durée totale équivalente au cours des dix dernières années ; »

3° Ou d'un titre de formation délivré par un État tiers et reconnu dans un État, membre ou partie, autre que la France, permettant d'y exercer légalement la profession. *(Ord. n° 2017-50 du 19 janv. 2017, art. 7-I-2°)* « L'intéressé justifie avoir exercé la profession pendant trois ans à temps plein ou à temps partiel pendant une durée totale équivalente dans cet État, membre ou partie. »

Dans ces cas, lorsque l'examen des qualifications professionnelles attestées par l'ensemble des titres de *(Ord. n° 2017-50 du 19 janv. 2017, art. 8-I-1°)* « formation initiale, » de l'expérience professionnelle pertinente *(Ord. n° 2017-50 du 19 janv. 2017, art. 8-I-2°)* « et de la formation tout au long de la vie ayant fait l'objet d'une validation par un organisme compétent » fait apparaître des différences substantielles au regard des qualifications requises pour l'accès et l'exercice de la profession en France, l'autorité compétente exige que l'intéressé se soumette à une mesure de compensation.

(Ord. n° 2017-50 du 19 janv. 2017, art. 8-II) « Selon le niveau de qualification exigé en France et celui détenu par l'intéressé, l'autorité compétente peut soit proposer au demandeur de choisir entre un stage d'adaptation ou une épreuve d'aptitude, soit imposer un stage d'adaptation ou une épreuve d'aptitude, soit imposer un stage d'adaptation et une épreuve d'aptitude.

« La nature des mesures de compensation selon les niveaux de qualification en France et dans les autres États, membres ou parties, est fixée par arrêté du ministre chargé de la santé. »

La délivrance de l'autorisation d'exercice permet au bénéficiaire d'exercer la profession dans les mêmes conditions que les personnes titulaires de l'un des diplômes mentionnés à l'article L. 4352-2.

Le professionnel de santé peut faire usage de son titre de formation dans la langue de l'État qui le lui a délivré. Il est tenu de faire figurer le nom et le lieu de l'établissement ou du jury auprès duquel il l'a obtenu.

Dans le cas où le titre de formation de l'État d'origine, membre ou partie, est susceptible d'être confondu avec un titre exigeant en France une formation complémentaire, l'autorité compétente peut décider que l'intéressé fera état du titre de formation de l'État d'origine, membre ou partie, dans une forme appropriée qu'elle lui indique.

L'intéressé porte le titre professionnel de technicien de laboratoire médical.

En application des art. L. 231-5 et L. 231-6 CRPA, et par exception à l'application du délai de 2 mois prévu à l'art. L. 231-1 du même code, le délai à l'expiration duquel le silence gardé par l'administration vaut acceptation est de quatre mois pour les demandes d'autorisation d'exercer la profession de technicien de laboratoire médical accordée individuellement aux ressortissants d'un État membre de l'Union européenne ou d'un autre État partie à l'accord sur l'Espace économique européen (Décr. n° 2014-1287 du 23 oct. 2014, art. 1er).

Art. L. 4352-7 Le professionnel de santé ressortissant d'un État membre de l'Union européenne ou d'un autre État partie à l'accord sur l'Espace économique européen, qui est établi et exerce légalement les activités de technicien de laboratoire médical dans un État, membre ou partie, peut exécuter en France des actes professionnels de manière temporaire et occasionnelle, sans avoir à procéder à l'enregistrement prévu à l'article L. 4352-4.

(Ord. n° 2017-50 du 19 janv. 2017, art. 2) « Lorsque l'exercice ou la formation conduisant à la profession n'est pas réglementé dans l'État où il est établi, le prestataire de services doit justifier avoir exercé dans un ou plusieurs États, membres ou parties, pendant un an au moins à temps plein ou à temps partiel pendant une durée totale équivalente au cours des dix années précédentes. »

L'exécution de ces actes est subordonnée à une déclaration préalable, qui est accompagnée de pièces justificatives dont la liste est fixée par arrêté du ministre chargé de la santé. *(Ord. n° 2017-50 du 19 janv. 2017, art. 3-I)* « Le prestataire joint une déclaration concernant les connaissances linguistiques nécessaires à la réalisation de la prestation. »

Le prestataire de services est soumis aux conditions d'exercice de la profession. Il est soumis aux règles professionnelles applicables en France.

Les qualifications professionnelles du prestataire sont vérifiées par l'autorité compétente après avis d'une commission composée notamment de professionnels, avant la première prestation de services. *(Ord. n° 2017-50 du 19 janv. 2017, art. 4-I)* « En cas de différence substantielle entre les qualifications du prestataire et la formation exigée en France, de nature à nuire à la santé publique, l'autorité compétente soumet le professionnel à une épreuve d'aptitude. »

Le prestataire peut faire usage de son titre de formation dans la langue de l'État qui le lui a délivré. Il est tenu de faire figurer le nom et le lieu de l'établissement ou du jury auprès duquel il l'a obtenu.

Dans le cas où le titre de formation de l'État d'origine, membre ou partie, est susceptible d'être confondu avec un titre exigeant en France une formation complémentaire, l'autorité compétente peut décider que l'intéressé fera état du titre de formation de l'État d'origine, membre ou partie, dans une forme appropriée qu'elle lui indique.

La prestation de services est réalisée sous le titre professionnel de l'État d'établissement, de manière à éviter toute confusion avec le titre professionnel français. Toutefois, dans le cas où les qualifications ont été vérifiées, la prestation de services est réalisée sous le titre professionnel français.

Art. L. 4352-8 Le technicien de laboratoire médical, lors de la délivrance de l'autorisation d'exercice ou de la déclaration de prestation de services, doit posséder les connaissances linguistiques nécessaires à l'exercice de la profession et celles relatives aux systèmes de poids et mesures utilisés en France.

(Ord. n° 2017-50 du 19 janv. 2017, art. 3-II) « Le contrôle de la maîtrise de la langue doit être proportionné à l'activité à exercer et réalisé une fois la qualification professionnelle reconnue. »

Art. L. 4352-9 Sont déterminés par décret en Conseil d'État :

1° Les modalités d'exercice et les règles professionnelles ;

2° La composition et le fonctionnement de la commission mentionnée à l'article L. 4352-6 et les conditions dans lesquelles l'intéressé est soumis à une mesure de compensation ;

3° Les modalités de vérification des qualifications professionnelles mentionnées à l'article L. 4352-7 ;

4° Les modalités d'application de l'obligation de transmission des informations mentionnées à l'article L. 4352-5.

CHAPITRE III DISPOSITIONS PÉNALES

Art. L. 4353-1 *(Ord. n° 2005-1040 du 26 août 2005)* L'exercice illégal *(Ord. n° 2010-49 du 13 janv. 2010, art. 2)* « des professions de manipulateur d'électroradiologie médicale et de technicien de laboratoire médical » est puni d'un an d'emprisonnement et de 15 000 euros d'amende.

Les personnes physiques encourent également les peines complémentaires suivantes :

a) L'affichage ou la diffusion de la décision prononcée, dans les conditions prévues par l'article 131-35 du code pénal ;

b) La confiscation de la chose qui a servi ou était destinée à commettre l'infraction ou de la chose qui en est le produit, conformément à l'article 131-21 du code pénal ;

c) L'interdiction définitive ou pour une durée de cinq ans au plus d'exercer une ou plusieurs professions régies par le présent code ou toute autre activité professionnelle ou sociale à l'occasion de l'exercice de laquelle l'infraction a été commise, suivant les modalités prévues par l'article 131-27 du code pénal.

Le fait d'exercer l'une de ces activités malgré une décision judiciaire d'interdiction définitive ou temporaire est puni des mêmes peines.

(L. nº 2009-526 du 12 mai 2009, art. 125-XXI-28º) « Les personnes morales déclarées responsables pénalement, dans les conditions prévues par l'article 121-2 du code pénal, de l'infraction définie au présent article encourent, outre l'amende suivant les modalités prévues par l'article 131-38 du code pénal, les peines prévues par les 2º à 9º de l'article 131-39 du même code. L'interdiction mentionnée au 2º de l'article 131-39 du même code porte sur une ou plusieurs professions régies par le présent code ou toute autre activité professionnelle ou sociale à l'occasion de l'exercice de laquelle l'infraction a été commise. »

Art. L. 4353-2 *(Ord. nº 2005-1040 du 26 août 2005)* L'usage sans droit de la qualité de manipulateur d'électroradiologie médicale *(Ord. nº 2010-49 du 13 janv. 2010, art. 2)* « ou de technicien de laboratoire médical » ou d'un diplôme, certificat ou autre titre légalement requis *(Ord. nº 2010-49 du 13 janv. 2010, art. 2)* « pour l'exercice de ces professions » est puni comme le délit d'usurpation de titre prévu à l'article 433-17 du code pénal.

(L. nº 2009-526 du 12 mai 2009, art. 125-XXI-29º) « Les personnes morales déclarées responsables pénalement, dans les conditions prévues par l'article 121-2 du code pénal, de l'infraction définie au présent article encourent l'amende prévue à l'article 433-17 du code pénal suivant les modalités prévues par l'article 131-38 du même code, ainsi que les peines prévues aux 2º à 4º de l'article 433-25 du même code. »

TITRE SIXIÈME PROFESSIONS D'AUDIOPROTHÉSISTE, D'OPTICIEN-LUNETIER, DE PROTHÉSISTE ET D'ORTHÉSISTE POUR L'APPAREILLAGE DES PERSONNES HANDICAPÉES *(L. nº 2005-102 du 11 févr. 2005, art. 81).*

CHAPITRE PREMIER AUDIOPROTHÉSISTE

Art. L. 4361-1 Est considérée comme exerçant la profession d'audioprothésiste toute personne qui procède à l'appareillage des déficients de l'ouïe.

Cet appareillage comprend le choix, l'adaptation, la délivrance, le contrôle d'efficacité immédiate et permanente de la prothèse auditive et l'éducation prothétique du déficient de l'ouïe appareillé.

La délivrance de chaque appareil de prothèse auditive est soumise à la prescription médicale préalable et obligatoire du port d'un appareil, après examen otologique et audiométrique tonal et vocal.

Art. L. 4361-2 *(Ord. nº 2009-1586 du 17 déc. 2009, art. 1er-IX)* « Sont tenues de se faire enregistrer auprès du service ou de l'organisme désigné à cette fin par le ministre chargé de la santé, avant leur entrée dans la profession, les personnes ayant obtenu un *titre de formation* ou une autorisation requis pour l'exercice de la profession d'audioprothésiste.

« L'enregistrement de ces personnes est réalisé après vérification des pièces justificatives attestant de leur identité et de leur titre de formation ou de leur autorisation. Elles informent le même service ou organisme de tout changement de résidence ou de situation professionnelle.

« La procédure d'enregistrement est sans frais. »

(Ord. nº 2003-850 du 4 sept. 2003, art. 24-XV) « Il est établi, pour chaque département, *(Ord. nº 2010-177 du 23 févr. 2010, art. 14-I-13º)* « par l'agence régionale de santé » ou l'organisme désigné à cette fin, une liste de cette profession, portée à la connaissance du public.

« Peuvent exercer la profession d'audioprothésiste les personnes titulaires d'un diplôme, certificat ou titre mentionné aux articles L. 4361-3 et L. 4361-4 enregistré conformément au premier alinéa. »

(Abrogé par Ord. nº 2009-1585 du 17 déc. 2009, art. 20-I) (Ord. nº 2008-507 du 30 mai 2008, art. 38) « *L'audioprothésiste, lors de la délivrance de l'autorisation ministérielle d'exercice, et le prestataire de services, lors de sa déclaration, doivent posséder les connaissances linguistiques nécessaires à l'exercice de la profession et celles relatives aux systèmes de poids et mesures utilisés en France.* »

(Ord. nº 2003-850 du 4 sept. 2003, art. 24-XV) « Les modalités d'application du présent article sont fixées par décret. »

Art. L. 4361-2-1 *(Ord. nº 2009-1586 du 17 déc. 2009, art. 1er-IX)* Les organismes délivrant les titres de formation transmettent ces titres au service ou à l'organisme mentionné à l'article L. 4361-2 sous forme d'informations certifiées.

Art. L. 4361-2-2 *(Ord. nº 2009-1586 du 17 déc. 2009, art. 1er-IX)* Lorsqu'elles sont disponibles, les informations certifiées mentionnées à l'article L. 4361-2-1 tiennent lieu de pièces justificatives pour l'accomplissement des obligations prévues à l'article L. 4361-2.

Art. L. 4361-3 Les diplômes, certificats ou titres mentionnés à l'article L. 4361-2 sont le diplôme d'État d'audioprothésiste délivré après des études préparatoires et des épreuves dont le programme est fixé par décret ou tout autre diplôme, certificat ou titre permettant l'exercice de la médecine en France.

(Ord. nº 2008-507 du 30 mai 2008, art. 38 ; Ord. nº 2009-1585 du 17 déc. 2009, art. 20-II) « L'audioprothésiste peut faire usage de son titre de formation dans la langue de l'État qui le lui a délivré. Il est tenu de faire figurer le lieu et l'établissement où il a été obtenu.

« Dans le cas où le titre de formation de l'État d'origine, membre ou partie, est susceptible d'être confondu avec un titre exigeant en France une formation complémentaire, l'autorité compétente peut décider que l'audioprothésiste fera état du titre de formation de l'État d'origine, membre ou partie, dans une forme appropriée qu'elle lui indique.

« L'intéressé porte le titre professionnel d'audioprothésiste. »

Art. L. 4361-4 *(Ord. nº 2008-507 du 30 mai 2008, art. 38 ; Ord. nº 2009-1585 du 17 déc. 2009, art. 10)* L'autorité compétente peut, après avis d'une commission composée notamment de professionnels, autoriser individuellement à exercer la profession d'audioprothésiste les ressortissants d'un État membre de l'Union européenne ou d'un autre État partie à l'accord sur l'Espace économique européen qui, sans posséder l'un des diplômes, certificats ou titres prévus à l'article L. 4361-3, sont titulaires :

(Ord. nº 2017-50 du 19 janv. 2017, art. 7-I-1º) « 1º De titres de formation délivrés par un ou plusieurs États, membres ou parties, et requis par l'autorité compétente de ces États, membres ou parties, qui réglementent l'accès à cette profession ou son exercice, et permettant d'exercer légalement ces fonctions dans ces États ;

« 2º Ou, lorsque les intéressés ont exercé dans un ou plusieurs États, membres ou parties, qui ne réglementent ni la formation, ni l'accès à cette profession ou son exercice, de titres de formation délivrés par un ou plusieurs États, membres ou parties, attestant de la préparation à l'exercice de la profession, accompagnés d'une attestation justifiant, dans ces États, de son exercice à temps plein pendant un an ou à temps partiel pendant une durée totale équivalente au cours des dix dernières années ; »

3º Ou d'un titre de formation délivré par un État tiers et reconnu dans un État, membre ou partie, autre que la France, permettant d'y exercer légalement la profession. *(Ord. nº 2017-50 du 19 janv. 2017, art. 7-I-2º)* « L'intéressé justifie avoir exercé la profession pendant trois ans à temps plein ou à temps partiel pendant une durée totale équivalente dans cet État, membre ou partie. »

Dans ces cas, lorsque l'examen des qualifications professionnelles attestées par *(L. n° 2009-179 du 17 févr. 2009, art. 38)* « l'ensemble des titres de *(Ord. n° 2017-50 du 19 janv. 2017, art. 8-I-1°)* « formation initiale, » de » l'expérience professionnelle pertinente *(Ord. n° 2017-50 du 19 janv. 2017, art. 8-I-2°)* « et de la formation tout au long de la vie ayant fait l'objet d'une validation par un organisme compétent » fait apparaître des différences substantielles au regard des qualifications requises pour l'accès et l'exercice de la profession en France, l'autorité compétente exige que l'intéressé se soumette à une mesure de compensation.

(Ord. n° 2017-50 du 19 janv. 2017, art. 8-II) « Selon le niveau de qualification exigé en France et celui détenu par l'intéressé, l'autorité compétente peut soit proposer au demandeur de choisir entre un stage d'adaptation ou une épreuve d'aptitude, soit imposer un stage d'adaptation ou une épreuve d'aptitude, soit imposer un stage d'adaptation et une épreuve d'aptitude.

« La nature des mesures de compensation selon les niveaux de qualification en France et dans les autres États, membres ou parties, est fixée par arrêté du ministre chargé de la santé. »

La délivrance de l'autorisation d'exercice permet au bénéficiaire d'exercer la profession dans les mêmes conditions que les personnes titulaires de l'un des diplômes, certificats ou titres mentionnés à l'article L. 4361-3.

En application des art. L. 231-5 et L. 231-6 CRPA, le silence gardé pendant quatre mois par l'administration vaut décision de rejet pour les demandes d'autorisation d'exercer la profession d'audioprothésiste accordée individuellement aux ressortissants d'un État membre de l'Union européenne ou d'un autre État partie à l'accord sur l'Espace économique européen (Décr. n° 2014-1286 du 23 oct. 2014, art. 1er et 2).

Art. L. 4361-5 Par dérogation aux dispositions de l'article L. 4361-2, sont habilitées à poursuivre l'exercice de la profession d'audioprothésiste :

1° Les personnes pourvues d'un certificat d'études techniques d'acoustique appliquée à l'appareillage de prothèse auditive délivré par les facultés de médecine, les facultés de pharmacie ou les facultés mixtes de médecine et de pharmacie ;

2° Sous réserve d'y être autorisées par une Commission nationale de qualification instituée par arrêté des ministres chargés des anciens combattants, de l'enseignement supérieur et de la santé, les personnes justifiant avoir procédé régulièrement à l'appareillage des déficients de l'ouïe pendant au moins cinq années avant le 4 janvier 1967 ;

3° Sous réserve de satisfaire aux épreuves d'un examen professionnel probatoire dont les conditions sont fixées par un arrêté des ministres chargés des anciens combattants, de l'enseignement supérieur et de la santé :

a) Les personnes mentionnées au 2° qui n'ont pas reçu l'autorisation de la Commission nationale de qualification ;

b) Les personnes ayant procédé régulièrement à l'appareillage des déficients de l'ouïe pendant une période inférieure à cinq années, antérieurement au 4 janvier 1967.

Entre le 3 janvier 1967 et la date de la décision de la Commission nationale de qualification ou du résultat de l'examen professionnel probatoire, les personnes mentionnées aux 1°, 2° et 3° sont temporairement habilitées à poursuivre l'exercice de la profession d'audioprothésiste. Toutefois, elles doivent avoir déposé leur dossier de candidature avant une date fixée par décret.

Art. L. 4361-6 L'activité professionnelle d'audioprothésiste ne peut être exercée que dans un local réservé à cet effet et aménagé, selon des conditions fixées par décret, afin de permettre la pratique de l'audioprothèse définie au deuxième alinéa de l'article L. 4361-1.

Art. L. 4361-7 La location, le colportage, les ventes itinérantes, les ventes dites de démonstration, les ventes par démarchage et par correspondance des appareils de prothèse auditive sont interdits.

Art. L. 4361-8 Tout changement de résidence professionnelle hors des limites du département oblige à une nouvelle inscription et à la radiation de l'ancienne.

Un audioprothésiste ne peut être inscrit que dans un seul département.

Art. L. 4361-9 *(Ord. n° 2008-507 du 30 mai 2008, art. 38 ; Ord. n° 2009-1585 du 17 déc. 2009, art. 11-II et 20-III)* L'audioprothésiste, ressortissant d'un État membre de l'Union européenne ou d'un autre État partie à l'accord sur l'Espace économique européen qui est établi et exerce légalement les activités d'audioprothésiste dans un État, membre ou partie, peut exécuter en France des actes professionnels, de manière temporaire et occasionnelle, sans avoir à procéder à l'enregistrement prévu par l'article L. 4361-2.

(Ord. nº 2017-50 du 19 janv. 2017, art. 2) « Lorsque l'exercice ou la formation conduisant à la profession n'est pas réglementé dans l'État où il est établi, le prestataire de services doit justifier avoir exercé dans un ou plusieurs États, membres ou parties, pendant un an au moins à temps plein ou à temps partiel pendant une durée totale équivalente au cours des dix années précédentes. »

L'exécution de ces actes est subordonnée à une déclaration préalable, qui est accompagnée de pièces justificatives dont la liste est fixée par arrêté du ministre chargé de la santé. *(Ord. nº 2017-50 du 19 janv. 2017, art. 3-I)* « Le prestataire joint une déclaration concernant les connaissances linguistiques nécessaires à la réalisation de la prestation. »

Le prestataire de services est soumis aux conditions d'exercice de la profession ainsi qu'aux règles professionnelles applicables en France.

Les qualifications professionnelles du prestataire sont vérifiées par l'autorité compétente après avis d'une commission composée notamment de professionnels, avant la première prestation de services. *(Ord. nº 2017-50 du 19 janv. 2017, art. 4-I)* « En cas de différence substantielle entre les qualifications du prestataire et la formation exigée en France, de nature à nuire à la santé publique, l'autorité compétente soumet le professionnel à une épreuve d'aptitude. »

Le prestataire de services peut faire usage de son titre de formation dans la langue de l'État qui le lui a délivré. Il est tenu de faire figurer le lieu et l'établissement où il l'a obtenu.

Dans le cas où le titre de formation de l'État d'origine, membre ou partie, est susceptible d'être confondu avec un titre exigeant en France une formation complémentaire, l'autorité compétente peut décider que l'intéressé fera état du titre de formation de l'État d'origine, membre ou partie, dans une forme appropriée qu'elle lui indique.

La prestation de services est réalisée sous le titre professionnel de l'État d'établissement, de manière à éviter toute confusion avec le titre professionnel français. Toutefois, dans le cas où les qualifications ont été vérifiées, la prestation de services est réalisée sous le titre professionnel français.

Art. L. 4361-10 *(Ord. nº 2009-1585 du 17 déc. 2009, art. 20-IV)* L'audioprothésiste, lors de la délivrance de l'autorisation d'exercice ou de la déclaration de prestation de services, doit posséder les connaissances linguistiques nécessaires à l'exercice de la profession et celles relatives aux systèmes de poids et mesures utilisés en France.

(Ord. nº 2017-50 du 19 janv. 2017, art. 3-II) « Le contrôle de la maîtrise de la langue doit être proportionné à l'activité à exercer et réalisé une fois la qualification professionnelle reconnue. »

Art. L. 4361-11 *(Ord. nº 2009-1585 du 17 déc. 2009, art. 20-IV ; Ord. nº 2009-1586 du 17 déc. 2009, art. 1er-IX)* Sont déterminés par décret en Conseil d'État :

1º En tant que de besoin, les règles professionnelles ;

2º *La composition et le fonctionnement* de la commission mentionnée à l'article L. 4361-4 et les conditions dans lesquelles l'intéressé est soumis à une mesure de compensation ;

3º Les modalités de vérification des qualifications professionnelles mentionnées à l'article L. 4361-9 ;

4º Les modalités d'application de l'obligation de transmission des informations mentionnées à l'article L. 4361-2-1.

CHAPITRE II OPTICIEN-LUNETIER

BIBL. ► DEVERS, Orthoptistes, opticiens-lunetiers : deux décrets pour répondre aux besoins de santé, *Rev. Droit déontologie & soin, mars 2017, p. 59.*

Art. L. 4362-1 *(Ord. nº 2009-1586 du 17 déc. 2009, art. 1er-X)* « Sont tenues de se faire enregistrer auprès du service ou de l'organisme désigné à cette fin par le ministre chargé de la santé, avant leur entrée dans la profession, les personnes ayant obtenu un titre de formation ou une autorisation requis pour l'exercice de la profession d'opticien-lunetier.

« L'enregistrement de ces personnes est réalisé après vérification des pièces justificatives attestant de leur identité et de leur titre de formation ou de leur autorisation. Elles informent le même service ou organisme de tout changement de situation professionnelle.

« La procédure d'enregistrement est sans frais. »

(Ord. nº 2003-850 du 4 sept. 2003, art. 24-XVI) « Il est établi, pour chaque département, *(Ord. nº 2010-177 du 23 févr. 2010, art. 14-I-13º)* « par l'agence régionale de santé » ou l'organisme désigné à cette fin, une liste de cette profession, portée à la connaissance du public. Un opticien-lunetier ne peut être inscrit que dans un seul département.

« Peuvent exercer la profession d'opticien-lunetier détaillant les personnes titulaires d'un diplôme, certificat ou titre mentionnés aux articles L. 4362-2 et L. 4362-3 enregistré conformément au premier alinéa. »

(Ord. nº 2003-850 du 4 sept. 2003, art. 24-XVI) « Les modalités d'application du présent article sont fixées par décret. »

1. Étendue du monopole. La vente des lentilles de contact, comme celle des verres correcteurs, fait partie de l'optique-lunetterie. • Crim. 26 avr. 1988 : *Bull. crim. nº 177.* ♦ L'emploi des expressions « optique lunetterie » et « verres correcteurs » fait entrer dans le monopole de la vente tous les articles destinés à corriger les défauts ou déficiences de la vue, à l'exclusion du matériel d'optique tel que loupes, jumelles ou longues-vues qui n'est pas destiné à la correction de la vision. • Com. 25 févr. 2003 : *Bull. civ. IV, nº 31.* ♦ Les « lunettes pré montées » ou « porte-loupes » constitués de deux verres loupes de même grossissement, enchâssés dans une monture de lunettes sans adaptation individuelle, ne sont pas de véritables lunettes correctrices, et sont exclus du monopole. • Même arrêt • 25 févr. 2003, nº 01-11.545.

2. Actes non autorisés. Constitue le délit d'exercice illégal de la médecine le fait pour des opticiens de mesurer la pression intraoculaire par tonomètre à air sans contact ; la tonométrie (mesure de la tension intraoculaire) est un acte médical en ce qu'elle prend part à l'établissement d'un diagnostic : bien que ne figurant pas sur la liste des actes médicaux réservés aux médecins, qui n'est pas limitative, cet acte ne figure pas non plus sur la liste des actes médicaux qui peuvent être exécutés par des auxiliaires médicaux qualifiés et uniquement sur prescription du médecin, laquelle est limitative et ne comprenait pas la tonométrie. • Crim. 11 janv. 2012, nº 10-88.908 (NB : les orthoptistes sont désormais habilités à pratiquer la tonométrie sans contact sur prescription médicale et sous la responsabilité d'un ophtalmologiste : Décr. nº 2007-1671 du 27 nov. 2007 ; CSP, art. R. 4342-8). ♦ Également, pour l'adaptation de lentilles de contact ou de verres scléro-cornéens sans prescription médicale sur des majeurs de 16 ans. • Crim. 22 févr. 1990 : *Bull. crim. nº 91* • 10 mai 1988 : *Bull. crim. nº 203* (toutefois, V. art. L. 4362-10 pour l'adaptation dans le cadre d'un renouvellement).

3. Vente en pharmacie. L'arrêté en vertu duquel les pharmaciens d'officine peuvent « conseiller, dispenser et vendre dans leur officine des produits, articles, objets et appareils d'optique (...) » ne saurait légalement avoir pour effet de dispenser les pharmaciens désirant vendre lesdits produits de satisfaire aux conditions pour l'exercice de la profession d'opticien-lunetier ou, le cas échéant, de l'obligation de confier la direction du rayon spécialisé d'optique-lunetterie de leur officine à une personne justifiant des conditions de capacité requises. • CE 10 déc. 1993, *Synd. des opticiens indépendants,* nº 118339. – Sur le principe : • CE 30 sept. 1955, *Union nat. des synd. d'opticiens de France : Lebon 453.*

Art. L. 4362-1-1 *(Ord. nº 2009-1586 du 17 déc. 2009, art. 1er-X)* Les organismes délivrant les titres de formation transmettent ces titres au service ou à l'organisme mentionné à l'article L. 4362-1 sous forme d'informations certifiées.

Art. L. 4362-1-2 *(Ord. nº 2009-1586 du 17 déc. 2009, art. 1er-X)* Lorsqu'elles sont disponibles, les informations certifiées mentionnées à l'article L. 4362-1-1 tiennent lieu de pièces justificatives pour l'accomplissement des obligations prévues à l'article L. 4362-1.

Art. L. 4362-2 **Les diplômes et certificats ou titres mentionnés à l'article L. 4362-1 sont le brevet de technicien supérieur opticien-lunetier et le brevet professionnel d'opticien-lunetier, ainsi que tout autre titre désigné par arrêté des ministres chargés du commerce, de l'économie et des finances, de l'enseignement supérieur et de la santé.**

(Ord. nº 2008-507 du 30 mai 2008, art. 39 ; Ord. nº 2009-1585 du 17 déc. 2009, art. 21-II) **« L'opticien-lunetier peut faire usage de son titre de formation dans la langue de l'État qui le lui a délivré. Il est tenu de faire figurer le lieu et l'établissement où il a été obtenu.**

« Dans le cas où le titre de formation de l'État d'origine, membre ou partie, est susceptible d'être confondu avec un titre exigeant en France une formation complémentaire, l'autorité compétente peut décider que l'opticien-lunetier fera état du titre de formation de l'État d'origine, membre ou partie, dans une forme appropriée qu'elle lui indique.

« L'intéressé porte le titre professionnel d'opticien-lunetier. »

Libre circulation. La réglementation de l'exercice de la profession d'opticien-lunetier ne constitue nullement une mesure équivalente à des restrictions quantitatives dans les échanges communautaires, l'art. 36 du Traité de Rome [36 TFUE] autorisant au demeurant l'instauration de telles restrictions dans l'intérêt de la santé publique. • CE 23 oct. 1995, *Min. délégué à la Santé*, nº 150212.

Art. L. 4362-3 *(Ord. nº 2008-507 du 30 mai 2008, art. 39 ; Ord. nº 2009-1585 du 17 déc. 2009, art. 10)* **L'autorité compétente peut, après avis d'une commission composée notamment de professionnels, autoriser individuellement à exercer la profession d'opticien-lunetier les ressortissants d'un État membre de l'Union européenne ou d'un autre État partie à l'accord sur l'Espace économique européen qui, sans posséder le diplôme prévu à l'article L. 4362-2, sont titulaires :**

(Ord. nº 2017-50 du 19 janv. 2017, art. 7-I-1º) **« 1º De titres de formation délivrés par un ou plusieurs États, membres ou parties, et requis par l'autorité compétente de ces États, membres ou parties, qui réglementent l'accès à cette profession ou son exercice, et permettant d'exercer légalement ces fonctions dans ces États ;**

« 2º Ou, lorsque les intéressés ont exercé dans un ou plusieurs États, membres ou parties, qui ne réglementent ni la formation, ni l'accès à cette profession ou son exercice, de titres de formation délivrés par un ou plusieurs États, membres ou parties, attestant de la préparation à l'exercice de la profession, accompagnés d'une attestation justifiant, dans ces États, de son exercice à temps plein pendant un an ou à temps partiel pendant une durée totale équivalente au cours des dix dernières années ; »

3º Ou d'un titre de formation délivré par un État tiers et reconnu dans un État, membre ou partie, autre que la France, permettant d'y exercer légalement la profession. *(Ord. nº 2017-50 du 19 janv. 2017, art. 7-I-2º)* **« L'intéressé justifie avoir exercé la profession pendant trois ans à temps plein ou à temps partiel pendant une durée totale équivalente dans cet État, membre ou partie. »**

Dans ces cas, lorsque l'examen des qualifications professionnelles attestées par *(L. nº 2009-179 du 17 févr. 2009, art. 38)* **« l'ensemble des titres de** *(Ord. nº 2017-50 du 19 janv. 2017, art. 8-I-1º)* **« formation initiale, » de » l'expérience professionnelle pertinente** *(Ord. nº 2017-50 du 19 janv. 2017, art. 8-I-2º)* **« et de la formation tout au long de la vie ayant fait l'objet d'une validation par un organisme compétent » fait apparaître des différences substantielles au regard des qualifications requises pour l'accès et l'exercice de la profession en France, l'autorité compétente exige que l'intéressé se soumette à une mesure de compensation.**

(Ord. nº 2017-50 du 19 janv. 2017, art. 8-II) **« Selon le niveau de qualification exigé en France et celui détenu par l'intéressé, l'autorité compétente peut soit proposer au demandeur de choisir entre un stage d'adaptation ou une épreuve d'aptitude, soit imposer un stage d'adaptation ou une épreuve d'aptitude, soit imposer un stage d'adaptation et une épreuve d'aptitude.**

« La nature des mesures de compensation selon les niveaux de qualification en France et dans les autres États, membres ou parties, est fixée par arrêté du ministre chargé de la santé. »

La délivrance de l'autorisation d'exercice permet au bénéficiaire d'exercer la profession dans les mêmes conditions que les personnes titulaires de l'un des diplômes, certificats ou titres mentionnés à l'article L. 4362-2.

En application des art. L. 231-5 et L. 231-6 CRPA, et par exception à l'application du délai de deux mois prévu à l'art. L. 231-1 du même code, le délai à l'expiration duquel le silence gardé par l'administration vaut acceptation est de quatre mois pour les demandes d'autorisation d'exercer la profession d'opticien-lunetier accordée individuellement aux ressortissants d'un État membre de l'Union européenne ou d'un autre État partie à l'accord sur l'Espace économique européen (Décr. n° 2014-1287 du 23 oct. 2014, art. 1er).

Art. L. 4362-4 **Par dérogation aux dispositions de l'article L. 4362-1, les personnes titulaires du diplôme d'élève breveté des écoles nationales professionnelles, section d'optique-lunetterie, ou du certificat d'études de l'École des métiers d'optique peuvent exercer la profession d'opticien-lunetier.**

Art. L. 4362-5 *Abrogé par Ord. n° 2010-177 du 23 févr. 2010, art. 14.*

Art. L. 4362-6 *Abrogé par Ord. n° 2010-177 du 23 févr. 2010, art. 26.*

Art. L. 4362-7 *(Ord. n° 2008-507 du 30 mai 2008, art. 39 ; Ord. n° 2009-1585 du 17 déc. 2009, art. 11-II et art. 21-III)* **L'opticien-lunetier, ressortissant d'un État membre de l'Union européenne ou d'un autre État partie à l'accord sur l'Espace économique européen qui est établi et exerce légalement les activités d'opticien-lunetier dans un État, membre ou partie, peut exécuter en France des actes professionnels, de manière temporaire et occasionnelle, sans avoir à procéder à l'enregistrement prévu par l'article L. 4362-1.**

(Ord. n° 2017-50 du 19 janv. 2017, art. 2) **« Lorsque l'exercice ou la formation conduisant à la profession n'est pas réglementé dans l'État où il est établi, le prestataire de services doit justifier avoir exercé dans un ou plusieurs États, membres ou parties, pendant un an au moins à temps plein ou à temps partiel pendant une durée totale équivalente au cours des dix années précédentes. »**

L'exécution de ces actes est subordonnée à une déclaration préalable, qui est accompagnée de pièces justificatives dont la liste est fixée par arrêté du ministre chargé de la santé. *(Ord. n° 2017-50 du 19 janv. 2017, art. 3-I)* **« Le prestataire joint une déclaration concernant les connaissances linguistiques nécessaires à la réalisation de la prestation. »**

Le prestataire de services est soumis aux conditions d'exercice de la profession ainsi qu'aux règles professionnelles applicables en France.

Les qualifications professionnelles du prestataire sont vérifiées par l'autorité compétente après avis d'une commission composée notamment de professionnels, avant la première prestation de services. *(Ord. n° 2017-50 du 19 janv. 2017, art. 4-I)* **« En cas de différence substantielle entre les qualifications du prestataire et la formation exigée en France, de nature à nuire à la santé publique, l'autorité compétente soumet le professionnel à une épreuve d'aptitude. »**

Le prestataire de services peut faire usage de son titre de formation dans la langue de l'État qui le lui a délivré. Il est tenu de faire figurer le lieu et l'établissement où il l'a obtenu.

Dans le cas où le titre de formation de l'État d'origine, membre ou partie, est susceptible d'être confondu avec un titre exigeant en France une formation complémentaire, l'autorité compétente peut décider que l'intéressé fera état du titre de formation de l'État d'origine, membre ou partie, dans une forme appropriée qu'elle lui indique.

La prestation de services est réalisée sous le titre professionnel de l'État d'établissement, de manière à éviter toute confusion avec le titre professionnel français. Toutefois, dans le cas où les qualifications ont été vérifiées, la prestation de services est réalisée sous le titre professionnel français.

Art. L. 4362-8 *(Ord. n° 2009-1585 du 17 déc. 2009, art. 21-IV)* **L'opticien-lunetier, lors de la délivrance de l'autorisation d'exercice ou de la déclaration de prestation de services, doit posséder les connaissances linguistiques nécessaires à l'exercice de la profession et celles relatives aux systèmes de poids et mesures utilisés en France.**

(Ord. n° 2017-50 du 19 janv. 2017, art. 3-II) **« Le contrôle de la maîtrise de la langue doit être proportionné à l'activité à exercer et réalisé une fois la qualification professionnelle reconnue. »**

Art. L. 4362-9 *(L. n° 2014-344 du 17 mars 2014, art. 39-I-1°)* **La délivrance de verres correcteurs d'amétropie et de lentilles de contact oculaire correctrices est réservée aux personnes autorisées à exercer la profession d'opticien-lunetier, dans les conditions prévues au présent chapitre.**

1. Exploitant non diplômé. Une législation nationale qui interdit la vente des lentilles de contact et des produits connexes dans des établissements commerciaux qui ne sont pas dirigés ou gérés par des personnes remplissant les conditions nécessaires pour l'exercice de la profession d'opticien-lunetier se justifie par la protection de la santé publique. • CJCE 25 mai 1993, *LPO*, n° C-271/92. ♦ Lorsqu'une personne non diplômée exploite un fonds de commerce d'optique-lunetterie, mais qu'elle désigne un employé en qualité de « directeur de magasin » « fondé de pouvoir », c'est ce dirigeant salarié qui est responsable à l'égard des tiers ; l'exploitant du fonds de commerce n'a donc pas à posséder le diplôme d'opticien-lunetier. • Com. 18 févr. 1997 : *Bull. civ. IV, n° 58.* ♦ Mais une personne exploitant un fonds de commerce d'optique-lunetterie personnellement, sans être diplômée à titre de détaillant, ne peut être inscrite au registre du commerce. • Com. 8 juill. 1986 : *Bull. civ. IV, n° 15* • 11 févr. 1986 : *Bull. civ. IV, n° 11.*

2. Liberté d'établissement. Le principe de liberté d'établissement [art. 43 TCE, devenu art. 49 TFUE] ne s'oppose pas à ce qu'un État membre interprète le droit national relatif à l'art de guérir de telle manière que l'examen des déficiences optiques dont souffre une personne soit réservé, pour des raisons liées à la protection de la santé publique, à une catégorie de professionnels disposant de qualifications spécifiques, tels que les ophtalmologues, à l'exclusion, notamment, des opticiens non-médecins. • CJCE 1er févr. 2001, n° C-108/96. ♦ Il appartient à la juridiction nationale d'apprécier la proportionnalité entre ces restrictions et le but de santé publique poursuivi. • Même arrêt.

3. Vente sur internet. Eu égard aux risques liés à l'utilisation de lentilles de contacts, un État membre peut exiger que ces produits soient délivrés par un personnel qualifié, qui 1/ attire l'attention du client sur ces risques en l'invitant, le cas échéant, à consulter un médecin ophtalmologiste, 2/ détermine le type de lentilles le plus approprié, 3/ vérifie le positionnement des lentilles sur les yeux du client, 4/ fournisse à ce dernier des informations relatives à l'usage correct et à l'entretien de celles-ci. • CJUE 2 déc. 2010, *Ker-Optika*, n° C-108/09. ♦ Mais cette réglementation ne saurait aller jusqu'à interdire la commercialisation de lentilles de contact par internet : l'objectif de protection de la santé peut être atteint par des mesures moins restrictives, telles qu'imposer aux opérateurs en ligne une obligation de mettre à la disposition du client un opticien qualifié qui fournit à celui-ci, à distance, des informations et des conseils individualisés. • Même arrêt. ♦ Comparer : échappent au domaine des art. 28 et 30 TCE [34 et 36 TFUE] les dispositions nationales qui limitent ou interdisent la vente en ligne des produits d'entretien pour lentilles de contact, pourvu qu'elles s'appliquent à tous les opérateurs concernés exerçant leur activité sur le territoire national et qu'elles affectent de la même manière, en droit comme en fait, la commercialisation des produits nationaux et de ceux en provenance d'autres États membres. • Com. 14 févr. 2006 : *Bull. civ. IV, n° 39.*

Art. L. 4362-9-1 *(L. n° 2014-344 du 17 mars 2014, art. 39-II-2°)* **Les conditions de délivrance de lentilles de contact oculaire correctrices à un primo-porteur sont déterminées par décret en Conseil d'État.**

Art. L. 4362-10 *(L. n° 2014-344 du 17 mars 2014, art. 39-II-3°-a)* **« La délivrance de verres correcteurs est subordonnée à l'existence d'une prescription médicale en cours de validité. »**

(L. n° 2016-41 du 26 janv. 2016, art. 132-1°-a et b) **« Les opticiens-lunetiers peuvent adapter, dans le cadre d'un renouvellement, les prescriptions médicales initiales de verres correcteurs en cours de validité, sauf opposition du médecin.**

« Les opticiens-lunetiers peuvent également adapter, dans le cadre d'un renouvellement, les corrections optiques des prescriptions médicales initiales de lentilles de contact oculaire, sauf opposition du médecin. »

L'opticien-lunetier informe la personne appareillée que l'examen de la réfraction pratiqué en vue de l'adaptation ne constitue pas un examen médical.

(L. n° 2016-41 du 26 janv. 2016, art. 132-1°-c) **« L'opticien-lunetier peut réaliser, sur prescription médicale, les séances d'apprentissage à la manipulation et à la pose des lentilles. »**

Art. L. 4362-10-1 *(L. nº 2014-344 du 17 mars 2014, art. 39-II-4º)* Lors de la vente en ligne de lentilles de contact oculaire correctrices ou de verres correcteurs, les prestataires concernés permettent au patient d'obtenir des informations et conseils auprès d'un opticien-lunetier. Un décret en Conseil d'État détermine les modalités d'application du présent article et fixe les mentions et informations devant figurer sur le site internet.

Art. L. 4362-11 *(L. nº 2014-344 du 17 mars 2014, art. 39-II-5º)* Sont déterminées par décret, par dérogation aux dispositions de l'article L. 5211-5 :

1º Les règles d'exercice et, en tant que de besoin, d'équipement ;

2º Les conditions de validité de la prescription médicale mentionnée au premier alinéa de l'article L. 4362-10 ;

(L. nº 2016-41 du 26 janv. 2016, art. 132-2º-a et b) « 3º Les conditions des adaptations prévues aux deuxième et troisième alinéas de l'article L. 4362-10 et la durée au cours de laquelle elles peuvent être effectuées. Cette durée peut varier notamment en fonction de l'âge ou de l'état de santé du patient ;

« 4º Les conditions dans lesquelles l'opticien-lunetier peut procéder à la délivrance d'un équipement de remplacement en cas de perte ou de bris des verres correcteurs et les modalités selon lesquelles il en informe le médecin prescripteur. »

Art. L. 4362-12 *(Ord. nº 2009-1585 du 17 déc. 2009, art. 21-V ; Ord. nº 2009-1586 du 17 déc. 2009, art. 1er-X)* Sont déterminés par décret en Conseil d'État :

1º En tant que de besoin, les règles professionnelles ;

2º La composition et le fonctionnement de la commission mentionnée à l'article L. 4362-3 et les conditions dans lesquelles l'intéressé est soumis à une mesure de compensation ;

3º Les modalités de vérification des qualifications professionnelles mentionnées à l'article L. 4362-7 ;

4º Les modalités d'application de l'obligation de transmission des informations mentionnées à l'article L. 4362-1-1.

CHAPITRE III DISPOSITIONS PÉNALES

Art. L. 4363-1 Les audioprothésistes, les élèves poursuivant les études préparatoires à l'obtention du diplôme prévu à l'article L. 4361-3 et les personnes mentionnées à l'article L. 4361-5 sont tenus au secret professionnel dans les conditions et sous les peines énoncées aux articles 226-13 et 226-14 du code pénal.

Art. L. 4363-2 *(Ord. nº 2005-1040 du 26 août 2005)* L'exercice illégal de la profession d'audioprothésiste, d'opticien-lunetier, *(Ord. nº 2017-50 du 19 janv. 2017, art. 10-IV)* « d'orthoprothésiste, de podo-orthésiste, d'oculariste, d'épithésiste ou d'orthopédiste-orthésiste » est puni d'un an d'emprisonnement et de 15 000 euros d'amende.

Les personnes physiques encourent également les peines complémentaires suivantes :

a) L'affichage ou la diffusion de la décision prononcée, dans les conditions prévues par l'article 131-35 du code pénal ;

b) La confiscation de la chose qui a servi ou était destinée à commettre l'infraction ou de la chose qui en est le produit, conformément à l'article 131-21 du code pénal ;

c) L'interdiction définitive ou pour une durée de cinq ans au plus d'exercer une ou plusieurs professions régies par le présent code ou toute autre activité professionnelle ou sociale à l'occasion de l'exercice de laquelle l'infraction a été commise, suivant les modalités prévues par l'article 131-27 du code pénal ;

d) La fermeture définitive ou pour une durée de cinq ans au plus de l'établissement dans lequel l'infraction a été commise.

Le fait d'exercer l'une de ces activités malgré une décision judiciaire d'interdiction définitive ou temporaire est puni des mêmes peines.

(L. nº 2009-526 du 12 mai 2009, art. 125-XXI-30º) « Les personnes morales déclarées responsables pénalement, dans les conditions prévues par l'article 121-2 du code pénal, de l'infraction définie au présent article encourent, outre l'amende suivant les modalités prévues par l'article 131-38 du code pénal, les peines prévues par les 2º à 9º de l'article 131-39 du même code. L'interdiction mentionnée au 2º de l'article 131-39 du

même code porte sur une ou plusieurs professions régies par le présent code ou toute autre activité professionnelle ou sociale à l'occasion de l'exercice de laquelle l'infraction a été commise. »

Condamnations. La vente des lentilles de contact, comme celle des verres correcteurs, fait partie de l'optique-lunetterie protégée par le monopole. • Crim. 26 avr. 1988 : *Bull. crim. n° 177.* ♦ Exerce illégalement la profession d'opticien-lunetier la personne qui, ne remplissant pas les conditions requises pour l'exercice de cette profession, fabrique et met en vente sous la dénomination de « vunettes » des montures de lunettes sans branches sur lesquelles sont fixés des verres destinés à apporter une solution aux problèmes posés par les différents degrés de presbytie. • Crim. 16 avr. 1985 : *Bull. crim. n° 142.* ♦ Pour la gestion d'un fonds de commerce d'optique-lunetterie sans diplôme. • Paris, 1er févr. 2007, n° 03/43706.

Art. L. 4363-3 *(Ord. n° 2005-1040 du 26 août 2005)* **L'usage sans droit de la qualité d'audioprothésiste, d'opticien-lunetier,** *(Ord. n° 2017-50 du 19 janv. 2017, art. 10-IV)* **« d'orthoprothésiste, de podo-orthésiste, d'ocularistе, d'épithésiste ou d'orthopédiste-orthésiste » ou d'un diplôme, certificat ou autre titre légalement requis pour l'exercice de ces professions est puni comme le délit d'usurpation de titre prévu à l'article 433-17 du code pénal.**

(L. n° 2009-526 du 12 mai 2009, art. 125-XXI-31°) **« Les personnes morales déclarées responsables pénalement, dans les conditions prévues par l'article 121-2 du code pénal, de l'infraction définie au présent article encourent l'amende prévue à l'article 433-17 du code pénal suivant les modalités prévues par l'article 131-38 du même code, ainsi que les peines prévues aux 2° à 4° de l'article 433-25 du même code. »**

Art. L. 4363-4 *(L. n° 2014-344 du 17 mars 2014, art. 39-II-6°)* **Est puni de 3 750 € d'amende le fait de délivrer ou de vendre :**

1° Des lentilles de contact oculaire correctrices en méconnaissance des conditions de délivrance à un primo-porteur mentionnées à l'article L. 4362-9-1 ;

(L. n° 2016-41 du 26 janv. 2016, art. 132-3°) **« 2° Des verres correcteurs et des lentilles de contact oculaire correctrices en méconnaissance des articles L. 4362-10 et L. 4362-11 ; »**

3° Des lentilles de contact oculaire correctrices ou des verres correcteurs en méconnaissance des obligations à la charge des prestataires de vente en ligne mentionnées à l'article L. 4362-10-1.

Art. L. 4363-5 et L. 4363-6 *Abrogés par Ord. n° 2005-1040 du 26 août 2005.*

CHAPITRE IV PROTHÉSISTES ET ORTHÉSISTES POUR L'APPAREILLAGE DES PERSONNES HANDICAPÉES

(L. n° 2005-102 du 11 févr. 2005, art. 81-II)

Art. L. 4364-1 *(Ord. n° 2017-50 du 19 janv. 2017, art. 10-I)* **Les prothésistes et orthésistes réalisent, sur prescription médicale, l'appareillage nécessaire aux personnes handicapées.**

Ils comprennent les professions suivantes :

1° Les orthoprothésistes ;

2° Les podo-orthésistes ;

3° Les ocularistes ;

4° Les épithésistes ;

5° Les orthopédistes-orthésistes.

Peuvent exercer l'une de ces professions, les personnes qui, dans des conditions déterminées par décret, justifient d'une formation attestée par un diplôme d'État, un titre ou un certificat ou disposent d'une expérience professionnelle et respectent des règles de délivrance de l'appareillage.

Les conditions d'application du présent article sont définies par décret.

Art. L. 4364-2 *(Ord. n° 2009-1586 du 17 déc. 2009, art. 1er-XI)* **Sont tenues de se faire enregistrer auprès du service ou de l'organisme désigné à cette fin par le ministre chargé de la santé, avant leur entrée dans la profession, les personnes ayant obtenu un titre de formation ou une autorisation requis pour l'exercice de** *(Ord. n° 2017-50 du 19 janv. 2017, art. 10-II)* **« l'une des professions mentionnées à l'article L. 4364-1 ».**

L'enregistrement de ces personnes est réalisé après vérification des pièces justificatives attestant de leur identité et de leur titre de formation ou de leur autorisation. Elles informent le même service ou organisme de tout changement de situation professionnelle.

La procédure prévue au présent article est sans frais.

Les modalités d'application du présent article sont fixées par décret.

Art. L. 4364-3 *(Ord. nº 2009-1586 du 17 déc. 2009, art. 1er-XI)* Les organismes délivrant les titres de formation transmettent ces titres au service ou à l'organisme mentionné à l'article L. 4364-2 sous forme d'informations certifiées.

Un décret en Conseil d'État fixe les modalités d'application de l'obligation de transmission de ces informations.

Art. L. 4364-4 *(Ord. nº 2009-1586 du 17 déc. 2009, art. 1er-XI)* Lorsqu'elles sont disponibles, les informations certifiées mentionnées à l'article L. 4364-3 tiennent lieu de pièces justificatives pour l'accomplissement des obligations prévues à l'article L. 4364-2.

Art. L. 4364-5 *(Ord. nº 2017-50 du 19 janv. 2017, art. 10-III)* L'autorité compétente peut, après avis d'une commission composée notamment de professionnels, autoriser individuellement à exercer l'une des professions mentionnées à l'article L. 4364-1 les ressortissants d'un État membre de l'Union européenne ou d'un autre État partie à l'accord sur l'Espace économique européen qui, sans posséder le diplôme prévu à l'article L. 4364-1, sont titulaires :

1° De titres de formation délivrés par un ou plusieurs États, membres ou parties, et requis par l'autorité compétente de ces États, membres ou parties, qui réglementent l'accès à cette profession ou son exercice, et permettant d'exercer légalement ces fonctions dans ces États ;

2° Ou, lorsque les intéressés ont exercé dans un ou plusieurs États, membres ou parties, qui ne réglementent ni la formation, ni l'accès à cette profession ou son exercice, de titres de formation délivrés par un ou plusieurs États, membres ou parties, attestant de la préparation à l'exercice de la profession, accompagnés d'une attestation justifiant, dans ces États, de son exercice à temps plein pendant un an ou à temps partiel pendant une durée totale équivalente au cours des dix dernières années ;

3° Ou d'un titre de formation délivré par un État tiers et reconnu dans un État, membre ou partie, autre que la France, permettant d'y exercer légalement l'une des professions. L'intéressé justifie avoir exercé la profession pendant trois ans à temps plein ou à temps partiel pendant une durée totale équivalente dans cet État, membre ou partie.

Dans ces cas, lorsque l'examen des qualifications professionnelles attestées par l'ensemble des titres de formation initiale, de l'expérience professionnelle pertinente et de la formation tout au long de la vie ayant fait l'objet d'une validation par un organisme compétent fait apparaître des différences substantielles au regard des qualifications requises pour l'accès à la profession et son exercice en France, l'autorité compétente exige que l'intéressé se soumette à une mesure de compensation.

Selon le niveau de qualification exigé en France et celui détenu par l'intéressé, l'autorité compétente peut soit proposer au demandeur de choisir entre un stage d'adaptation ou une épreuve d'aptitude, soit imposer un stage d'adaptation ou une épreuve d'aptitude, soit imposer un stage d'adaptation et une épreuve d'aptitude.

La nature des mesures de compensation selon les niveaux de qualification en France et dans les autres États, membres ou parties, est fixée par arrêté du ministre chargé de la santé.

La délivrance de l'autorisation d'exercice permet au bénéficiaire d'exercer la profession dans les mêmes conditions que les personnes titulaires du diplôme mentionné à l'article L. 4364-1.

Art. L. 4364-6 *(Ord. nº 2017-50 du 19 janv. 2017, art. 10-III)* Le professionnel exerçant l'une des professions mentionnées à l'article L. 4364-1, ressortissant d'un État membre de l'Union européenne ou d'un autre État partie à l'accord sur l'Espace économique européen, qui est établi et exerce légalement les activités de l'une des professions mentionnées à l'article L. 4364-1 dans un État, membre ou partie, peut exécuter en France des actes professionnels, de manière temporaire ou occasionnelle.

Lorsque l'exercice ou la formation conduisant à la profession n'est pas réglementé dans l'État où il est établi, le prestataire de services doit justifier y avoir exercé dans un ou plusieurs États, membres ou parties, pendant un an au moins à temps plein ou à temps partiel pendant une durée totale équivalente au cours des dix années précédentes.

L'exécution de ces actes est subordonnée à une déclaration préalable, qui est accompagnée de pièces justificatives dont la liste est fixée par arrêté du ministre chargé de la santé. Le prestataire joint une déclaration concernant les connaissances linguistiques nécessaires à la réalisation de la prestation.

Le prestataire de services est soumis aux conditions d'exercice de la profession ainsi qu'aux règles professionnelles applicables en France.

Les qualifications professionnelles du prestataire sont vérifiées par l'autorité compétente après avis d'une commission composée notamment de professionnels, avant la première prestation de services. En cas de différence substantielle entre les qualifications du prestataire et la formation exigée en France, de nature à nuire à la santé publique, l'autorité compétente soumet le professionnel à une épreuve d'aptitude.

Le prestataire de services peut faire usage de son titre de formation dans la langue de l'État qui le lui a délivré. Il est tenu de faire figurer le lieu et l'établissement où il l'a obtenu.

Dans le cas où le titre de formation de l'État d'origine, membre ou partie, est susceptible d'être confondu avec un titre exigeant en France une formation complémentaire, l'autorité compétente peut décider que l'intéressé fera état du titre de formation de l'État d'origine, membre ou partie, dans une forme appropriée qu'elle lui indique.

La prestation de services est réalisée sous le titre professionnel de l'État d'établissement, de manière à éviter toute confusion avec le titre professionnel français. Toutefois, dans le cas où les qualifications ont été vérifiées, la prestation de services est réalisée sous le titre professionnel français.

Art. L. 4364-7 *(Ord. n° 2017-50 du 19 janv. 2017, art. 10-III)* Le professionnel exerçant l'une des professions mentionnées à l'article L. 4364-1, lors de la délivrance de l'autorisation d'exercice ou de la déclaration de prestation de service, doit posséder les connaissances linguistiques nécessaires à l'exercice de la profession et celles relatives aux systèmes de poids et mesures utilisés en France.

Le contrôle de la maîtrise de la langue doit être proportionné à l'activité à exercer et réalisé une fois la qualification professionnelle reconnue.

TITRE SEPTIÈME PROFESSION DE DIÉTÉTICIEN

CHAPITRE PREMIER RÈGLES LIÉES À L'EXERCICE DE LA PROFESSION

(Ord. n° 2009-1586 du 17 déc. 2009, art. 1er-XII).

Art. L. 4371-1 *(L. n° 2007-127 du 30 janv. 2007, art. 14-I)* Est considérée comme exerçant la profession de diététicien toute personne qui, habituellement, dispense des conseils nutritionnels et, sur prescription médicale, participe à l'éducation et à la rééducation nutritionnelle des patients atteints de troubles du métabolisme ou de l'alimentation, par l'établissement d'un bilan diététique personnalisé et une éducation diététique adaptée.

Les diététiciens contribuent à la définition, à l'évaluation et au contrôle de la qualité de l'alimentation servie en collectivité, ainsi qu'aux activités de prévention en santé publique relevant du champ de la nutrition.

Art. L. 4371-2 *(L. n° 2007-127 du 30 janv. 2007, art. 14-I ; Ord. n° 2009-1585 du 17 déc. 2009, art. 22-I)* Seules peuvent exercer la profession de diététicien les personnes titulaires du diplôme d'État mentionné à l'article L. 4371-3 ou titulaires de l'autorisation prévue à l'article L. 4371-4 *(Ord. n° 2008-507 du 30 mai 2008, art. 40)* « ou mentionnées à l'article L. 4371-7. »

L'intéressé porte le titre professionnel de diététicien, accompagné ou non d'un qualificatif.

Tromperie. Se rend coupable de tromperie et de publicité de nature à induire en erreur le prévenu qui vend un produit dénommé « cure premium royal » dont la composition annoncée ne correspond en rien à la réalité, et qui se présente comme diététicien, alors qu'il n'est pas titulaire des diplômes correspondants. • Crim. 4 avr. 2006, n° 05-85.996.

Art. L. 4371-3 *(L. n° 2007-127 du 30 janv. 2007, art. 14-I)* **Le diplôme mentionné à l'article L. 4371-2 est le diplôme d'État français de diététicien.**

Les modalités de la formation, ses conditions d'accès, ses modalités d'évaluation ainsi que les conditions de délivrance du diplôme d'État sont fixées par voie réglementaire.

Art. L. 4371-3-1 *(Ord. n° 2009-1585 du 17 déc. 2009, art. 22-II)* **Le diététicien peut faire usage de son titre de formation dans la langue de l'État qui le lui a délivré. Il est tenu de faire figurer le lieu et l'établissement où il a été obtenu.**

Dans le cas où le titre de formation de l'État d'origine, membre ou partie, est susceptible d'être confondu avec un titre exigeant en France une formation complémentaire, l'autorité compétente peut décider que le diététicien fera état du titre de formation de l'État d'origine, membre ou partie, dans une forme appropriée qu'elle lui indique.

Art. L. 4371-4 *(Ord. n° 2008-507 du 30 mai 2008, art. 40 ; Ord. n° 2009-1585 du 17 déc. 2009, art. 10)* **L'autorité compétente peut, après avis d'une commission composée notamment de professionnels, autoriser individuellement à exercer la profession de diététicien les ressortissants d'un État membre de l'Union européenne ou d'un autre État partie à l'accord sur l'Espace économique européen qui, sans posséder le diplôme mentionné à l'article L. 4371-2, sont titulaires :**

(Ord. n° 2017-50 du 19 janv. 2017, art. 7-I-1°) **« 1° De titres de formation délivrés par un ou plusieurs États, membres ou parties, et requis par l'autorité compétente de ces États, membres ou parties, qui réglementent l'accès à cette profession ou son exercice, et permettant d'exercer légalement ces fonctions dans ces États ;**

« 2° Ou, lorsque les intéressés ont exercé dans un ou plusieurs États, membres ou parties, qui ne réglementent ni la formation, ni l'accès à cette profession ou son exercice, de titres de formation délivrés par un ou plusieurs États, membres ou parties, attestant de la préparation à l'exercice de la profession, accompagnés d'une attestation justifiant, dans ces États, de son exercice à temps plein pendant un an ou à temps partiel pendant une durée totale équivalente au cours des dix dernières années ; »

3° Ou d'un titre de formation délivré par un État tiers et reconnu dans un État, membre ou partie, autre que la France, permettant d'y exercer légalement la profession. *(Ord. n° 2017-50 du 19 janv. 2017, art. 7-I-2°)* **« L'intéressé justifie avoir exercé la profession pendant trois ans à temps plein ou à temps partiel pendant une durée totale équivalente dans cet État, membre ou partie. »**

Dans ces cas, lorsque l'examen des qualifications professionnelles attestées par *(L. n° 2009-179 du 17 févr. 2009, art. 38)* **« l'ensemble des titres de** *(Ord. n° 2017-50 du 19 janv. 2017, art. 8-I-1°)* **« formation initiale, » de » l'expérience professionnelle pertinente** *(Ord. n° 2017-50 du 19 janv. 2017, art. 8-I-2°)* **« et de la formation tout au long de la vie ayant fait l'objet d'une validation par un organisme compétent » fait apparaître des différences substantielles au regard des qualifications requises pour l'accès et l'exercice de la profession en France, l'autorité compétente exige que l'intéressé se soumette à une mesure de compensation.**

(Ord. n° 2017-50 du 19 janv. 2017, art. 8-II) **« Selon le niveau de qualification exigé en France et celui détenu par l'intéressé, l'autorité compétente peut soit proposer au demandeur de choisir entre un stage d'adaptation ou une épreuve d'aptitude, soit imposer un stage d'adaptation ou une épreuve d'aptitude, soit imposer un stage d'adaptation et une épreuve d'aptitude.**

« La nature des mesures de compensation selon les niveaux de qualification en France et dans les autres États, membres ou parties, est fixée par arrêté du ministre chargé de la santé. »

La délivrance de l'autorisation d'exercice permet au bénéficiaire d'exercer la profession dans les mêmes conditions que les personnes titulaires du diplôme mentionné à l'article L. 4371-2.

En application des art. L. 231-5 et L. 231-6 CRPA, et par exception à l'application du délai de deux mois prévu à l'art. L. 231-1 du même code, le délai à l'expiration duquel le silence gardé par l'administration vaut acceptation est de quatre mois pour les demandes d'autorisation d'exercer la profession de diététicien accordée individuellement aux ressortissants d'un État membre de l'Union européenne ou d'un autre État partie à l'accord sur l'Espace économique européen (Décr. n° 2014-1287 du 23 oct. 2014, art. 1er).

Art. L. 4371-5 *(Ord. n° 2009-1586 du 17 déc. 2009, art. 1er-XII)* **« Sont tenues de se faire enregistrer auprès du service ou de l'organisme désigné à cette fin par le ministre chargé de la santé, avant leur entrée dans la profession, les personnes ayant obtenu un titre de formation ou une autorisation requis pour l'exercice de la profession de diététicien.**

« L'enregistrement de ces personnes est réalisé après vérification des pièces justificatives attestant de leur identité et de leur titre de formation ou de leur autorisation. Elles informent le même service ou organisme de tout changement de situation professionnelle.

« La procédure d'enregistrement est sans frais. »

(L. n° 2007-127 du 30 janv. 2007, art. 14-III) **« Il est établi, pour chaque département,** *(Ord. n° 2010-177 du 23 févr. 2010, art. 14-I-13°)* **« par l'agence régionale de santé » ou l'organisme désigné à cette fin, une liste des membres de cette profession, portée à la connaissance du public.**

« Nul ne peut exercer la profession de diététicien si son diplôme, certificat, titre ou autorisation n'a été enregistré conformément au premier alinéa. »

(Ord. n° 2009-1585 du 17 déc. 2009, art. 22-III) **« Les modalités d'application du présent article sont fixées par décret. »**

Art. L. 4371-5-1 *(Ord. n° 2009-1586 du 17 déc. 2009, art. 1er-XII)* **Les organismes délivrant les titres de formation transmettent ces titres au service ou à l'organisme mentionné à l'article L. 4371-5 sous forme d'informations certifiées.**

Art. L. 4371-5-2 *(Ord. n° 2009-1586 du 17 déc. 2009, art. 1er-XII)* **Lorsqu'elles sont disponibles, les informations certifiées mentionnées à l'article L. 4371-5-1 tiennent lieu de pièces justificatives pour l'accomplissement des obligations prévues à l'article L. 4371-5.**

Art. L. 4371-6 *(L. n° 2007-127 du 30 janv. 2007, art. 14-III)* **I. — Par dérogation aux dispositions de l'article L. 4371-2, peuvent continuer à exercer la profession de diététicien et porter le titre de diététicien, accompagné ou non d'un qualificatif :**

1° Les personnes occupant un emploi permanent de diététicien en qualité de fonctionnaire ou d'agent public à la date d'entrée en vigueur de la loi n° 86-76 du 17 janvier 1986 portant diverses dispositions d'ordre social ;

2° Les personnes titulaires d'une décision administrative reconnaissant qu'elles remplissaient, à la même date, les conditions de formation ou d'expérience professionnelle leur conférant une qualification analogue à celle des titulaires des diplômes mentionnés aux 3° et 4° ;

3° Les professionnels en exercice titulaires du brevet de technicien ou du brevet de technicien supérieur de diététique ;

4° Les professionnels en exercice titulaires du diplôme universitaire de technologie, spécialité biologie appliquée ou génie biologique, option diététique.

II. — Les **personnes ayant commencé une formation aux diplômes ou titres mentionnés aux 3° et 4° du I, avant la date d'entrée en vigueur de l'acte réglementaire fixant le programme de formation au diplôme d'État français de diététicien figurant à l'article L. 4371-3 peuvent, sous réserve d'avoir obtenu ces diplômes ou titres, exercer la profession de diététicien et porter le titre de diététicien dans des conditions fixées par voie réglementaire.**

Art. L. 4371-7 *(Ord. n° 2008-507 du 30 mai 2008, art. 40 ; Ord. n° 2009-1585 du 17 déc. 2009, art. 11-II et 22-IV)* **Le diététicien, ressortissant d'un État membre de l'Union européenne ou d'un autre État partie à l'accord sur l'Espace économique européen qui est établi et exerce légalement les activités de diététicien dans un État, membre ou partie, peut exécuter en France des actes professionnels, de manière temporaire et occasionnelle, sans avoir à procéder à l'enregistrement prévu par l'article L. 4371-5.**

(Ord. n° 2017-50 du 19 janv. 2017, art. 2) « Lorsque l'exercice ou la formation conduisant à la profession n'est pas réglementé dans l'État où il est établi, le prestataire de services doit justifier avoir exercé dans un ou plusieurs États, membres ou parties, pendant un an au moins à temps plein ou à temps partiel pendant une durée totale équivalente au cours des dix années précédentes. »

L'exécution de ces actes est subordonnée à une déclaration préalable, qui est accompagnée de pièces justificatives dont la liste est fixée par arrêté du ministre chargé de la santé. *(Ord. n° 2017-50 du 19 janv. 2017, art. 3-I)* « Le prestataire joint une déclaration concernant les connaissances linguistiques nécessaires à la réalisation de la prestation. »

Le prestataire de services est soumis aux conditions d'exercice de la profession ainsi qu'aux règles professionnelles applicables en France.

Les qualifications professionnelles du prestataire sont vérifiées par l'autorité compétente après avis d'une commission composée notamment de professionnels, avant la première prestation de services. *(Ord. n° 2017-50 du 19 janv. 2017, art. 4-I)* « En cas de différence substantielle entre les qualifications du prestataire et la formation exigée en France, de nature à nuire à la santé publique, l'autorité compétente soumet le professionnel à une épreuve d'aptitude. »

Le prestataire de services peut faire usage de son titre de formation dans la langue de l'État qui le lui a délivré. Il est tenu de faire figurer le lieu et l'établissement où il l'a obtenu.

Dans le cas où le titre de formation de l'État d'origine, membre ou partie, est susceptible d'être confondu avec un titre exigeant en France une formation complémentaire, l'autorité compétente peut décider que l'intéressé fera état du titre de formation de l'État d'origine, membre ou partie, dans une forme appropriée qu'elle lui indique.

La prestation de services est réalisée sous le titre professionnel de l'État d'établissement, de manière à éviter toute confusion avec le titre professionnel français. Toutefois, dans le cas où les qualifications ont été vérifiées, la prestation de services est réalisée sous le titre professionnel français.

Art. L. 4371-8 *(Ord. n° 2009-1585 du 17 déc. 2009, art. 22-V)* Le diététicien, lors de la délivrance de l'autorisation d'exercice ou de la déclaration de prestation de services, doit posséder les connaissances linguistiques nécessaires à l'exercice de la profession et celles relatives aux systèmes de poids et mesures utilisés en France.

(Ord. n° 2017-50 du 19 janv. 2017, art. 3-II) « Le contrôle de la maîtrise de la langue doit être proportionné à l'activité à exercer et réalisé une fois la qualification professionnelle reconnue. »

Art. L. 4371-9 *(Ord. n° 2009-1585 du 17 déc. 2009, art. 22-V ; Ord. n° 2009-1586 du 17 déc. 2009, art. 1er-XII)* Sont déterminés par décret en Conseil d'État :

1° En tant que de besoin, les règles professionnelles ;

2° La composition et le fonctionnement de la commission mentionnée à l'article L. 4371-4 et les conditions dans lesquelles l'intéressé est soumis à une mesure de compensation ;

3° Les modalités de vérification des qualifications professionnelles mentionnées à l'article L. 4371-7 ;

4° Les modalités d'application de l'obligation de transmission des informations mentionnées à l'article L. 4371-5-1.

CHAPITRE II DISPOSITIONS PÉNALES

Art. L. 4372-1 *(L. n° 2007-127 du 30 janv. 2007, art. 14-V)* L'exercice illégal de la profession de diététicien est puni d'un an d'emprisonnement et de 15 000 € d'amende.

Les personnes physiques encourent également les peines complémentaires suivantes :

a) L'affichage ou la diffusion de la décision prononcée, dans les conditions prévues par l'article 131-35 du code pénal ;

b) La confiscation de la chose qui a servi ou était destinée à commettre l'infraction ou de la chose qui en est le produit, conformément à l'article 131-21 du même code ;

c) L'interdiction définitive ou pour une durée de cinq ans au plus d'exercer une ou plusieurs professions régies par le présent code ou toute autre activité professionnelle ou sociale à l'occasion de l'exercice de laquelle l'infraction a été commise, suivant les modalités prévues par l'article 131-27 du code pénal.

Le fait d'exercer l'une de ces professions ou activités professionnelles malgré une décision judiciaire d'interdiction définitive ou temporaire est puni des mêmes peines que celles prévues au premier alinéa du présent article.

(L. n° 2009-526 du 12 mai 2009, art. 125-XXI-32°) « Les personnes morales déclarées responsables pénalement, dans les conditions prévues par l'article 121-2 du code pénal, de l'infraction définie au présent article encourent, outre l'amende suivant les modalités prévues par l'article 131-38 du code pénal, les peines prévues par les 2° à 9° de l'article 131-39 du même code. L'interdiction mentionnée au 2° de l'article 131-39 du même code porte sur une ou plusieurs professions régies par le présent code ou toute autre activité professionnelle ou sociale à l'occasion de l'exercice de laquelle l'infraction a été commise. »

Art. L. 4372-2 *(Ord. n° 2005-1040 du 26 août 2005)* L'usage sans droit de la qualité de diététicien ou d'un diplôme, certificat ou autre titre légalement requis pour l'exercice de cette profession est puni comme le délit d'usurpation de titre prévu à l'article 433-17 du code pénal.

(L. n° 2009-526 du 12 mai 2009, art. 125-XXI-33°) « Les personnes morales déclarées responsables pénalement, dans les conditions prévues par l'article 121-2 du code pénal, de l'infraction définie au présent article encourent l'amende prévue à l'article 433-17 du code pénal suivant les modalités prévues par l'article 131-38 du même code, ainsi que les peines prévues aux 2° à 4° de l'article 433-25 du même code. »

TITRE HUITIÈME DISPOSITIONS COMMUNES ET COMPÉTENCES RESPECTIVES DE L'ÉTAT ET DE LA RÉGION

(L. n° 2004-809 du 13 août 2004, art. 73-III).

CHAPITRE PREMIER DISPOSITIONS COMMUNES *(L. n° 2004-809 du 13 août 2004, art. 73-IV).*

Art. L. 4381-1 *(L. n° 2009-879 du 21 juill. 2009, art. 59-XXII)* Les auxiliaires médicaux concourent à la formation initiale des étudiants et élèves auxiliaires médicaux.

A ce titre, ils peuvent accueillir, pour des stages à finalité pédagogique nécessitant leur présence constante, des étudiants et élèves auxiliaires médicaux en formation.

La réalisation de ces stages ne peut avoir pour objet ou pour effet d'accroître l'activité rémunérée de ces praticiens. Les stagiaires peuvent bénéficier de l'indemnisation de contraintes liées à l'accomplissement de leurs stages, à l'exclusion de toute autre rémunération ou gratification au sens de *(L. n° 2014-788 du 10 juill. 2014, art. 1er-VIII)* « l'article L. 124-6 du code de l'éducation ».

Art. L. 4381-1-1 *(L. n° 2009-879 du 21 juill. 2009, art. 76-III)* Lorsque la province de Québec accorde le droit d'exercer leur profession sur son territoire aux titulaires d'un titre de formation permettant l'exercice en France des professions citées au présent livre ainsi que de celles mentionnées aux articles L. 4241-1 et L. 4241-13, les titulaires d'un titre de formation obtenu dans la province de Québec peuvent être autorisés à exercer leur profession en France par le ministre chargé de la santé si des arrangements en vue de la reconnaissance des qualifications ont été conclus à cet effet, signés par *les ordres, lorsqu*'ils existent, et le ministre chargé de la santé, et si leurs qualifications professionnelles sont reconnues comme *comparables* à celles requises en France pour l'exercice de la profession.

Les autorisations d'exercice sont délivrées individuellement, selon la procédure et les modalités prévues pour la reconnaissance des qualifications professionnelles des ressortissants communautaires, aux praticiens ayant fait la preuve d'une connaissance suffisante de la langue française dont les conditions sont fixées par voie réglementaire. Ils sont soumis aux règles relatives aux conditions d'exercice ainsi qu'aux règles professionnelles *(Abrogé par Ord. n° 2009-1585 du 17 déc. 2009, art. 23)* « *, déontologiques et disciplinaires* » applicables en France.

Art. L. 4381-1-2 *(L. n° 2009-879 du 21 juill. 2009, art. 76-III)* Sous réserve de réciprocité et sous réserve qu'un accord international ait été ratifié en ce sens, les titulaires d'un titre de formation obtenu dans un État non membre de *(Ord. n° 2009-1585 du 17 déc. 2009, art. 25)* « l'Union européenne » ou non partie à l'accord sur l'Espace économique européen et permettant l'exercice des professions citées au présent livre ainsi que de celles mentionnées aux articles L. 4241-1 et L. 4241-13 peuvent être autorisés à exercer leur profession en France. Cette autorisation est délivrée par le ministre chargé de la santé si des accords ou traités prévoyant l'accès à l'exercice professionnel ont été conclus et si les qualifications professionnelles des demandeurs sont reconnues comparables à celles requises en France pour l'exercice de la profession.

Les autorisations d'exercice sont délivrées individuellement selon la procédure et les modalités prévues pour la reconnaissance des qualifications professionnelles des ressortissants communautaires. Les praticiens doivent faire la preuve d'une connaissance suffisante de la langue française dans des conditions fixées par voie réglementaire. Ils sont soumis aux règles relatives aux conditions d'exercice ainsi qu'aux règles professionnelles *(Abrogé par Ord. n° 2009-1585 du 17 déc. 2009, art. 23)* *« , déontologiques et disciplinaires »* applicables en France.

Art. L. 4381-2 Des décrets en Conseil d'État précisent les modalités d'exercice des professions mentionnées au présent livre.

Art. L. 4381-3 Pour l'application des dispositions de la présente partie, les citoyens andorrans sont assimilés aux personnes de nationalité française.

Art. L. 4381-4 *(L. n° 2009-879 du 21 juill. 2009, art. 19-IX)* Sans préjudice des engagements internationaux de la France en matière de coopération sanitaire, et notamment de ses engagements en faveur du développement solidaire, l'autorité compétente peut également, après avis d'une commission, autoriser individuellement les ressortissants d'un État non membre de *(Ord. n° 2009-1585 du 17 déc. 2009, art. 25)* « l'Union européenne » ou non partie à l'accord sur l'Espace économique européen à exercer les professions citées au présent livre ainsi que celles mentionnées aux articles *(L. n° 2016-41 du 26 janv. 2016, art. 218-1°)* « L. 1132-1, » L. 4241-1 et L. 4241-13.

Ils doivent être titulaires d'un titre de formation obtenu dans un État membre de *(Ord. n° 2009-1585 du 17 déc. 2009, art. 25)* « l'Union européenne » ou partie à l'accord sur l'Espace économique européen et leur expérience professionnelle *(L. n° 2016-41 du 26 janv. 2016, art. 218-2°)* « peut » être attestée par tout moyen.

Les autorisations sont délivrées individuellement selon la procédure et les modalités prévues pour la reconnaissance des qualifications professionnelles des ressortissants communautaires. *(Abrogé par L. n° 2016-41 du 26 janv. 2016, art. 218-4°-a)* *« Les praticiens doivent faire la preuve d'une connaissance suffisante de la langue française dans des conditions fixées par voie réglementaire. »* *(L. n° 2016-41 du 26 janv. 2016, art. 218-4°-b)* « Les praticiens » sont soumis aux règles relatives aux conditions d'exercice ainsi qu'aux règles professionnelles *(Abrogé par Ord. n° 2009-1585 du 17 déc. 2009, art. 23)* *« , déontologiques et disciplinaires »* applicables en France.

En application des art. L. 231-5 et L. 231-6 CRPA, le silence gardé pendant quatre mois par l'administration vaut décision de rejet pour les demandes d'autorisation d'exercice pour les auxiliaires médicaux ainsi que les préparateurs en pharmacie et préparateurs en pharmacie hospitalière accordée individuellement aux ressortissants d'un État non membre de l'Union européenne ou non partie à l'accord sur l'Espace économique européen, sans préjudice des engagements internationaux de la France en matière de coopération sanitaire, et notamment de ses engagements en faveur du développement solidaire (Décr. n° 2014-1286 du 23 oct. 2014, art. 1er et 2).

CHAPITRE II *[ABROGÉ]* DÉVELOPPEMENT PROFESSIONNEL CONTINU

(L. n° 2009-879 du 21 juill. 2009, art. 59-XIX).

(Abrogé par L. n° 2016-41 du 26 janv. 2016, art. 114-I-3°)

Art. L. 4382-1 *Abrogé par L. n° 2016-41 du 26 janv. 2016, art. 114-I-3°.*

CHAPITRE III *COMPÉTENCES RESPECTIVES DE L'ÉTAT ET DE LA RÉGION*

(L. n° 2004-809 du 13 août 2004, art. 73-VI)

Art. L. 4383-1 L'État fixe les conditions d'accès aux formations des professionnels mentionnés aux titres Ier à VII du présent livre des aides-soignants, des auxiliaires de puériculture *(L. nº 2011-525 du 17 mai 2011, art. 39-I-3º)* « , des ambulanciers et des cadres de santé ». Il détermine les programmes de formation, l'organisation des études, les modalités d'évaluation des étudiants ou élèves. Il délivre les diplômes.

Le *(Ord. nº 2010-177 du 23 févr. 2010, art. 14-I-19º)* « directeur général de l'agence régionale de santé » contrôle le suivi des programmes et la qualité de la formation.

(L. nº 2009-879 du 21 juill. 2009, art. 64-I) « Le *(Ord. nº 2010-177 du 23 févr. 2010, art. 14-I-19º)* « directeur général de l'agence régionale de santé » contrôle également les établissements de formation agréés en application de l'article 75 de la loi nº 2002-303 du 4 mars 2002 relative aux droits des malades et à la qualité du système de santé. Ces établissements sont soumis au contrôle de l'inspection générale des affaires sociales. Les agréments peuvent être retirés en cas de non-respect des dispositions réglementaires régissant le suivi des programmes et la qualité de la formation, et d'incapacité ou de faute grave des dirigeants de ces établissements. »

Compétence juridictionnelle. Une association de formation des professionnels de santé qui prépare ses élèves à l'exercice de professions de santé remplit une mission de service public ; mais les décisions qu'elle prend n'ont le caractère d'actes administratifs susceptibles d'être contestés devant la juridiction administrative que dans la mesure où elles procèdent de l'exercice d'une prérogative de puissance publique conférée à cette personne privée ; or les mesures à caractère disciplinaire prise par son directeur à l'égard des élèves ne procèdent pas de l'exercice de prérogatives de puissance publique : une sanction d'exclusion définitive de la formation, qui ne fait pas obstacle à ce que l'élève s'inscrive dans un autre établissement, a seulement le caractère d'une mesure d'ordre interne à cet établissement privé, dont la contestation relève du seul juge judiciaire. • CAA Versailles, 16 mars 2017, *Mme A. B.*, nº 16VE02733 : *Lebon.*

Art. L. 4383-2 Pour chacune des professions mentionnées aux titres Ier à VII du présent livre, le nombre des étudiants ou élèves admis à entreprendre des études en vue de la délivrance des diplômes, certificats ou titres exigés pour l'exercice de la profession considérée peut être fixé de manière annuelle ou pluriannuelle.

(L. nº 2014-288 du 5 mars 2014, art. 21-XII-1º) « Lorsqu'il est fait le choix de déterminer un nombre d'étudiants ou d'élèves à admettre en première année pour une formation donnée, celui-ci est fixé :

« 1º Pour les formations sanctionnées par un diplôme de l'enseignement supérieur, par arrêté des ministres chargés de la santé et de l'enseignement supérieur, qui recueillent préalablement une proposition de la région ;

« 2º Pour les autres formations, par arrêté du ministre chargé de la santé, qui fixe ce nombre sur la base du schéma régional des formations sanitaires mentionné au I de l'article L. 214-13 du code de l'éducation et en tenant compte des besoins en termes d'emplois et de compétences.

« Lorsqu'il diffère de la proposition émanant de la région, l'arrêté prévu au 1º du présent article est motivé au regard de l'analyse des besoins de la population et des perspectives d'insertion professionnelle.

« Dans chaque région, le nombre d'étudiants ou d'élèves à admettre en première année pour une formation donnée est réparti entre les instituts ou écoles par le conseil régional, sur la base du schéma régional des formations sanitaires. »

Numerus clausus. L'art. L. 4383-2 n'impose pas au pouvoir réglementaire de fixer un nombre *maximal* d'étudiants ou d'élèves admis à entreprendre des études, mais *lui en ouvre simplement la faculté*. • CE 23 janv. 2013, *Féd. nat. des podologues*, nº 357261 : *Lebon T.* ♦ Contrôle de l'erreur manifeste d'appréciation sur l'évaluation faite par le ministre des besoins en matière d'offre de soins dans la profession concernée. • Même arrêt.

Art. L. 4383-2-1 *(Ord. nº 2018-20 du 17 janv. 2018, art. 19)* Par dérogation à l'article L. 4383-2, le nombre des étudiants ou élèves mentionnés à cet article recrutés pour répondre aux besoins des armées et leur répartition entre les instituts ou écoles dans chaque région sont fixés annuellement par arrêté conjoint du ministre de la défense, du ministre chargé de la santé et, le cas échéant, du ministre chargé de l'enseignement supérieur.

Le contrôle du suivi des programmes et de la qualité de la formation de ces étudiants ou élèves est réalisé conjointement par le ministre de la défense et le directeur général de l'agence régionale de santé.

Les modalités d'application du présent article sont déterminées par décret.

Art. L. 4383-3 La création des instituts ou écoles de formation des professionnels mentionnés aux titres Ier à VII du présent livre, des aides-soignants, des auxiliaires de puériculture *(L. nº 2011-525 du 17 mai 2011, art. 39-I-4º)* « , des ambulanciers et des cadres de santé » fait l'objet d'une autorisation délivrée par le président du conseil régional, après avis du *(Ord. nº 2010-177 du 23 févr. 2010, art. 14-I-19º)* « directeur général de l'agence régionale de santé ».

(L. nº 2014-288 du 5 mars 2014, art. 21-XII-3º, en vigueur le 1er janv. 2015) « Les instituts ou écoles autorisés par le président du conseil régional à dispenser une formation paramédicale initiale ou une formation continue pour les demandeurs d'emplois participent au service public régional de la formation professionnelle. »

Le président du conseil régional agrée, après avis du *(Ord. nº 2010-177 du 23 févr. 2010, art. 14-I-19º)* « directeur général de l'agence régionale de santé », les directeurs des instituts ou écoles de formation mentionnés au premier alinéa.

Les autorisations et agréments mentionnés au présent article peuvent être retirés en cas de non-respect des dispositions législatives ou réglementaires régissant l'organisation des formations et d'incapacité ou de faute grave des dirigeants de ces instituts ou écoles.

Les conditions dans lesquelles sont délivrés les autorisations et les agréments sont fixées par voie réglementaire.

Art. L. 4383-4 La région est compétente pour attribuer des aides aux élèves et étudiants inscrits dans les instituts et écoles de formation autorisés en application de l'article L. 4383-3. La nature, le niveau et les conditions d'attribution de ces aides sont fixés par délibération du conseil régional. Aucune condition de résidence ne peut être exigée des élèves et étudiants.

Un décret fixe les règles minimales de taux et de barème de ces aides.

1. Décret d'application. Sur la légalité du Décr. nº 2008-854 du 27 août 2008 modifiant l'art. D. 4151-18. • CE 22 mars 2010, *Région Midi-Pyrénées*, nº 321931.

2. Notion d'étudiant. Le terme étudiant, au sens des dispositions de l'art. L. 4383-4 CSP, englobe les personnes inscrites dans les instituts et écoles de formation autorisés en application de l'art. L. 4383-3 pour y suivre une formation d'aide-soignante tant en formation initiale qu'en formation continue. • CE 22 mars 2010, *Région Île-de-France*, nº 312138.

Art. L. 4383-5 La région a la charge du fonctionnement et de l'équipement des écoles et instituts mentionnés à l'article L. 4383-3 lorsqu'ils sont publics. Elle peut participer au financement du fonctionnement et de l'équipement de ces établissements lorsqu'ils sont privés.

La subvention de fonctionnement et d'équipement est versée annuellement aux organismes qui gèrent ces écoles et instituts ; les dépenses et les ressources de ces établissements sont identifiées dans un budget spécifique.

Les personnels des écoles et instituts relevant d'un établissement public de santé sont recrutés, gérés et rémunérés par cet établissement selon les dispositions de la loi nº 86-33 du 9 janvier 1986 portant dispositions statutaires relatives à la fonction publique hospitalière. Les écoles et instituts privés recrutent, gèrent et rémunèrent leurs personnels.

Lorsque l'école ou l'institut relève d'un établissement public mentionné au titre Ier ou au titre IV du livre VII du code de l'éducation, les dispositions du présent article et *(L. nº 2014-288 du 5 mars 2014, art. 21-XII-2º, en vigueur le 1er janv. 2015)* « du dernier alinéa » de l'article L. 4383-2 du présent code font l'objet d'une convention entre la région et l'établissement public, laquelle tient lieu de l'autorisation et de l'agrément prévus à l'article L. 4383-3 du présent code.

Art. L. 4383-6 Les modalités d'application du présent chapitre sont déterminées par décret en Conseil d'État.

TITRE NEUVIÈME AIDES-SOIGNANTS, AUXILIAIRES DE PUÉRICULTURE, AMBULANCIERS ET ASSISTANTS DENTAIRES *(L. nº 2016-41 du 26 janv. 2016, art. 120-1º).*

(Ord. nº 2009-1585 du 17 déc. 2009, art. 24)

CHAPITRE PREMIER AIDES-SOIGNANTS

Art. L. 4391-1 Peuvent exercer la profession d'aide-soignant les personnes titulaires :
1º Du diplôme d'État d'aide-soignant ;
2º Du certificat d'aptitude aux fonctions d'aide-soignant ;
3º Du diplôme professionnel d'aide-soignant.

Art. L. 4391-2 L'autorité compétente peut, après avis d'une commission composée notamment de professionnels, autoriser individuellement à exercer la profession d'aide-soignant les ressortissants d'un État membre de l'Union européenne ou d'un autre État partie à l'accord sur l'Espace économique européen qui, sans posséder l'un des diplômes ou certificat mentionnés à l'article L. 4391-1, sont titulaires :

(Ord. nº 2017-50 du 19 janv. 2017, art. 7-I-1º) « 1º De titres de formation délivrés par un ou plusieurs États, membres ou parties, et requis par l'autorité compétente de ces États, membres ou parties, qui réglementent l'accès à cette profession ou son exercice, et permettant d'exercer légalement ces fonctions dans ces États ;

« 2º Ou, lorsque les intéressés ont exercé dans un ou plusieurs États, membres ou parties, qui ne réglementent ni la formation, ni l'accès à cette profession ou son exercice, de titres de formation délivrés par un ou plusieurs États, membres ou parties, attestant de la préparation à l'exercice de la profession, accompagnés d'une attestation justifiant, dans ces États, de son exercice à temps plein pendant un an ou à temps partiel pendant une durée totale équivalente au cours des dix dernières années ; »

3º Ou d'un titre de formation délivré par un État tiers et reconnu dans un État, membre ou partie, autre que la France, permettant d'y exercer légalement la profession. *(Ord. nº 2017-50 du 19 janv. 2017, art. 7-I-2º)* « L'intéressé justifie avoir exercé la profession pendant trois ans à temps plein ou à temps partiel pendant une durée totale équivalente dans cet État, membre ou partie. »

Dans ces cas, lorsque l'examen des qualifications professionnelles attestées par l'ensemble des titres de *(Ord. nº 2017-50 du 19 janv. 2017, art. 8-I-1º)* « formation initiale, » de l'expérience professionnelle pertinente *(Ord. nº 2017-50 du 19 janv. 2017, art. 8-I-2º)* « et de la formation tout au long de la vie ayant fait l'objet d'une validation par un organisme compétent » fait apparaître des différences substantielles au regard des qualifications requises pour l'accès et l'exercice de la profession en France, l'autorité compétente exige que l'intéressé se soumette à une mesure de compensation.

(Ord. nº 2017-50 du 19 janv. 2017, art. 8-II) « Selon le niveau de qualification exigé en France et celui détenu par l'intéressé, l'autorité compétente peut soit proposer au demandeur de choisir entre un stage d'adaptation ou une épreuve d'aptitude, soit imposer un stage d'adaptation ou une épreuve d'aptitude, soit imposer un stage d'adaptation et une épreuve d'aptitude.

« La nature des mesures de compensation selon les niveaux de qualification en France et dans les autres États, membres ou parties, est fixée par arrêté du ministre chargé de la santé. »

La délivrance de l'autorisation d'exercice permet au bénéficiaire d'exercer la profession dans les mêmes conditions que les personnes titulaires de l'un des diplômes ou certificat mentionnés à l'article L. 4391-1.

En application des art. L. 231-5 et L. 231-6 CRPA, le silence gardé pendant quatre mois par l'administration vaut décision de rejet pour les demandes d'autorisation d'exercer la profession d'aide-soignant accordée individuellement aux ressortissants d'un État membre de l'Union européenne ou d'un autre État partie à l'accord sur l'Espace économique européen (Décr. nº 2014-1286 du 23 oct. 2014, art. 1er et 2).

Art. L. 4391-3 L'aide-soignant peut faire usage de son titre de formation dans la langue de l'État qui le lui a délivré. Il est tenu de faire figurer le lieu et l'établissement où il l'a obtenu.

Dans le cas où le titre de formation de l'État d'origine, membre ou partie, est susceptible d'être confondu avec un titre exigeant en France une formation complémentaire, l'autorité compétente peut décider que l'aide-soignant fera état du titre de formation de l'État d'origine, membre ou partie, dans une forme appropriée qu'elle lui indique.

L'intéressé porte le titre professionnel d'aide-soignant.

Art. L. 4391-4 L'aide-soignant, ressortissant d'un État membre de l'Union européenne ou d'un autre État partie à l'accord sur l'Espace économique européen, qui est établi et exerce légalement les activités d'aide-soignant dans un État, membre ou partie, peut exécuter en France des actes professionnels, de manière temporaire ou occasionnelle.

(Ord. nº 2017-50 du 19 janv. 2017, art. 2) « Lorsque l'exercice ou la formation conduisant à la profession n'est pas réglementé dans l'État où il est établi, le prestataire de services doit justifier avoir exercé dans un ou plusieurs États, membres ou parties, pendant un an au moins à temps plein ou à temps partiel pendant une durée totale équivalente au cours des dix années précédentes. »

L'exécution de ces actes est subordonnée à une déclaration préalable, qui est accompagnée de pièces justificatives dont la liste est fixée par arrêté du ministre chargé de la santé. *(Ord. nº 2017-50 du 19 janv. 2017, art. 3-I)* « Le prestataire joint une déclaration concernant les connaissances linguistiques nécessaires à la réalisation de la prestation. »

Le prestataire de services est soumis aux conditions d'exercice de la profession ainsi qu'aux règles professionnelles applicables en France.

Les qualifications professionnelles du prestataire sont vérifiées par l'autorité compétente après avis d'une commission composée notamment de professionnels, avant la première prestation de services. *(Ord. nº 2017-50 du 19 janv. 2017, art. 4-I)* « En cas de différence substantielle entre les qualifications du prestataire et la formation exigée en France, de nature à nuire à la santé publique, l'autorité compétente soumet le professionnel à une épreuve d'aptitude. »

Le prestataire de services peut faire usage de son titre de formation dans la langue de l'État qui le lui a délivré. Il est tenu de faire figurer le lieu et l'établissement où il l'a obtenu.

Dans le cas où le titre de formation de l'État d'origine, membre ou partie, est susceptible d'être confondu avec un titre exigeant en France une formation complémentaire, l'autorité compétente peut décider que l'intéressé fera état du titre de formation de l'État d'origine, membre ou partie, dans une forme appropriée qu'elle lui indique.

La prestation de services est réalisée sous le titre professionnel de l'État d'établissement, de manière à éviter toute confusion avec le titre professionnel français. Toutefois, dans le cas où les qualifications ont été vérifiées, la prestation de services est réalisée sous le titre professionnel français.

Art. L. 4391-5 L'aide-soignant, lors de la délivrance de l'autorisation d'exercice ou de la déclaration de prestation de services, doit posséder les connaissances linguistiques nécessaires à l'exercice de la profession et celles relatives aux systèmes de poids et mesures utilisés en France.

(Ord. nº 2017-50 du 19 janv. 2017, art. 3-II) « Le contrôle de la maîtrise de la langue doit être proportionné à l'activité à exercer et réalisé une fois la qualification professionnelle reconnue. »

Art. L. 4391-6 Sont déterminés par décret en Conseil d'État :

1º La composition et le fonctionnement de la commission mentionnée à l'article L. 4391-2 et les conditions dans lesquelles l'intéressé est soumis à une mesure de compensation ;

2º Les modalités de vérification des qualifications professionnelles mentionnées à l'article L. 4391-4.

CHAPITRE II AUXILIAIRES DE PUÉRICULTURE

Art. L. 4392-1 Peuvent exercer la profession d'auxiliaire de puériculture les personnes titulaires :

1° Du diplôme d'État d'auxiliaire de puériculture ;

2° Du certificat d'aptitude aux fonctions d'auxiliaire de puériculture ;

3° Du diplôme professionnel d'auxiliaire de puériculture.

Art. L. 4392-2 L'autorité compétente peut, après avis d'une commission composée notamment de professionnels, autoriser individuellement à exercer la profession d'auxiliaire de puériculture les ressortissants d'un État membre de l'Union européenne ou d'un autre État partie à l'accord sur l'Espace économique européen qui, sans posséder l'un des diplômes mentionnés à l'article L. 4392-1, sont titulaires :

(Ord. n° 2017-50 du 19 janv. 2017, art. 7-I-1°) « 1° De titres de formation délivrés par un ou plusieurs États, membres ou parties, et requis par l'autorité compétente de ces États, membres ou parties, qui réglementent l'accès à cette profession ou son exercice, et permettant d'exercer légalement ces fonctions dans ces États ;

« 2° Ou, lorsque les intéressés ont exercé dans un ou plusieurs États, membres ou parties, qui ne réglementent ni la formation, ni l'accès à cette profession ou son exercice, de titres de formation délivrés par un ou plusieurs États, membres ou parties, attestant de la préparation à l'exercice de la profession, accompagnés d'une attestation justifiant, dans ces États, de son exercice à temps plein pendant un an ou à temps partiel pendant une durée totale équivalente au cours des dix dernières années ; »

3° Ou d'un titre de formation délivré par un État tiers et reconnu dans un État, membre ou partie, autre que la France, permettant d'y exercer légalement la profession. *(Ord. n° 2017-50 du 19 janv. 2017, art. 7-I-2°)* « L'intéressé justifie avoir exercé la profession pendant trois ans à temps plein ou à temps partiel pendant une durée totale équivalente dans cet État, membre ou partie. »

Dans ces cas, lorsque l'examen des qualifications professionnelles attestées par l'ensemble des titres de *(Ord. n° 2017-50 du 19 janv. 2017, art. 8-I-1°)* « formation initiale, » de l'expérience professionnelle pertinente *(Ord. n° 2017-50 du 19 janv. 2017, art. 8-I-2°)* « et de la formation tout au long de la vie ayant fait l'objet d'une validation par un organisme compétent » fait apparaître des différences substantielles au regard des qualifications requises pour l'accès et l'exercice de la profession en France, l'autorité compétente exige que l'intéressé se soumette à une mesure de compensation.

(Ord. n° 2017-50 du 19 janv. 2017, art. 8-II) « Selon le niveau de qualification exigé en France et celui détenu par l'intéressé, l'autorité compétente peut soit proposer au demandeur de choisir entre un stage d'adaptation ou une épreuve d'aptitude, soit imposer un stage d'adaptation ou une épreuve d'aptitude, soit imposer un stage d'adaptation et une épreuve d'aptitude.

« La nature des mesures de compensation selon les niveaux de qualification en France et dans les autres États, membres ou parties, est fixée par arrêté du ministre chargé de la santé. »

La délivrance de l'autorisation d'exercice permet au bénéficiaire d'exercer la profession dans les mêmes conditions que les personnes titulaires de l'un des diplômes mentionnés à l'article L. 4392-1.

En application des art. L. 231-5 et L. 231-6 CRPA, le silence gardé pendant quatre mois par l'administration vaut décision de rejet pour les demandes d'autorisation d'exercer la profession d'auxiliaire puériculture accordée individuellement aux ressortissants d'un État membre de l'Union européenne ou d'un autre État partie à l'accord sur l'Espace économique européen (Décr. n° 2014-1286 du 23 oct. 2014, art. 1er et 2).

Art. L. 4392-3 L'auxiliaire de puériculture peut faire usage de son titre de formation dans la langue de l'État qui le lui a délivré. Il est tenu de faire figurer le lieu et l'établissement où il a été obtenu.

Dans le cas où le titre de formation de l'État d'origine, membre ou partie, est susceptible d'être confondu avec un titre exigeant en France une formation complémentaire, l'autorité compétente peut décider que l'auxiliaire de puériculture fera état du titre de formation de l'État d'origine, membre ou partie, dans une forme appropriée qu'elle lui indique.

L'intéressé porte le titre professionnel d'auxiliaire de puériculture.

Art. L. 4392-4 L'auxiliaire de puériculture, ressortissant d'un État membre de l'Union européenne ou d'un autre État partie à l'accord sur l'Espace économique européen, qui est établi et exerce légalement les activités d'auxiliaire de puériculture dans un État, membre ou partie, peut exécuter en France des actes professionnels, de manière temporaire ou occasionnelle.

(Ord. nº 2017-50 du 19 janv. 2017, art. 2) « Lorsque l'exercice ou la formation conduisant à la profession n'est pas réglementé dans l'État où il est établi, le prestataire de services doit justifier avoir exercé dans un ou plusieurs États, membres ou parties, pendant un an au moins à temps plein ou à temps partiel pendant une durée totale équivalente au cours des dix années précédentes. »

L'exécution de ces actes est subordonnée à une déclaration, qui est accompagnée de pièces justificatives dont la liste est fixée par arrêté du ministre chargé de la santé. *(Ord. nº 2017-50 du 19 janv. 2017, art. 3-I)* « Le prestataire joint une déclaration concernant les connaissances linguistiques nécessaires à la réalisation de la prestation. »

Le prestataire de services est soumis aux conditions d'exercice de la profession ainsi qu'aux règles professionnelles applicables en France.

Les qualifications professionnelles du prestataire sont vérifiées par l'autorité compétente après avis d'une commission composée notamment de professionnels, avant la première prestation de services. *(Ord. nº 2017-50 du 19 janv. 2017, art. 4-I)* « En cas de différence substantielle entre les qualifications du prestataire et la formation exigée en France, de nature à nuire à la santé publique, l'autorité compétente soumet le professionnel à une épreuve d'aptitude. »

Le prestataire de services peut faire usage de son titre de formation dans la langue de l'État qui le lui a délivré. Il est tenu de faire figurer le lieu et l'établissement où il l'a obtenu.

Dans le cas où le titre de formation de l'État d'origine, membre ou partie, est susceptible d'être confondu avec un titre exigeant en France une formation complémentaire, l'autorité compétente peut décider que l'intéressé fera état du titre de formation de l'État d'origine membre ou partie, dans une forme appropriée qu'elle lui indique.

La prestation de services est réalisée sous le titre professionnel de l'État d'établissement, de manière à éviter toute confusion avec le titre professionnel français. Toutefois, dans le cas où les qualifications ont été vérifiées, la prestation de services est réalisée sous le titre professionnel français.

Art. L. 4392-5 L'auxiliaire de puériculture, lors de la délivrance de l'autorisation d'exercice ou de la déclaration de prestation de services, doit posséder les connaissances linguistiques nécessaires à l'exercice de la profession et celles relatives aux systèmes de poids et mesures utilisés en France.

(Ord. nº 2017-50 du 19 janv. 2017, art. 3-II) « Le contrôle de la maîtrise de la langue doit être proportionné à l'activité à exercer et réalisé une fois la qualification professionnelle reconnue. »

Art. L. 4392-6 Sont déterminés par décret en Conseil d'État :

1º La composition et le fonctionnement de la commission mentionnée à l'article L. 4392-2 et les conditions dans lesquelles l'intéressé est soumis à une mesure de compensation ;

2º Les modalités de vérification des qualifications professionnelles mentionnées à l'article L. 4392-4.

CHAPITRE III AMBULANCIERS

Art. L. 4393-1 L'ambulancier transporte et accompagne, dans des véhicules affectés à cet usage, des malades, des blessés ou des parturientes.

Art. L. 4393-2 *Peuvent exercer la* profession d'ambulancier les personnes titulaires :

1º Du diplôme d'État d'ambulancier ;

2º Du certificat de capacité d'ambulancier ;

3º Du diplôme d'ambulancier.

Art. L. 4393-3 L'autorité compétente peut, après avis d'une commission composée notamment de professionnels, autoriser individuellement à exercer la profession d'ambulancier les ressortissants d'un État membre de l'Union européenne ou d'un autre État partie à l'accord sur l'Espace économique européen qui, sans posséder l'un des diplômes mentionnés à l'article L. 4393-2, sont titulaires :

(Ord. n° 2017-50 du 19 janv. 2017, art. 7-I-1°) « 1° De titres de formation délivrés par un ou plusieurs États, membres ou parties, et requis par l'autorité compétente de ces États, membres ou parties, qui réglementent l'accès à cette profession ou son exercice, et permettant d'exercer légalement ces fonctions dans ces États ;

« 2° Ou, lorsque les intéressés ont exercé dans un ou plusieurs États, membres ou parties, qui ne réglementent ni la formation, ni l'accès à cette profession ou son exercice, de titres de formation délivrés par un ou plusieurs États, membres ou parties, attestant de la préparation à l'exercice de la profession, accompagnés d'une attestation justifiant, dans ces États, de son exercice à temps plein pendant un an ou à temps partiel pendant une durée totale équivalente au cours des dix dernières années ; »

3° Ou d'un titre de formation délivré par un État tiers et reconnu dans un État, membre ou partie, autre que la France, permettant d'y exercer légalement la profession. *(Ord. n° 2017-50 du 19 janv. 2017, art. 7-I-2°)* « L'intéressé justifie avoir exercé la profession pendant trois ans à temps plein ou à temps partiel pendant une durée totale équivalente dans cet État, membre ou partie. »

Dans ces cas, lorsque l'examen des qualifications professionnelles attestées par l'ensemble des titres de *(Ord. n° 2017-50 du 19 janv. 2017, art. 8-I-1°)* « formation initiale, » de l'expérience professionnelle pertinente *(Ord. n° 2017-50 du 19 janv. 2017, art. 8-I-2°)* « et de la formation tout au long de la vie ayant fait l'objet d'une validation par un organisme compétent » fait apparaître des différences substantielles au regard des qualifications requises pour l'accès et l'exercice de la profession en France, l'autorité compétente exige que l'intéressé se soumette à une mesure de compensation.

(Ord. n° 2017-50 du 19 janv. 2017, art. 8-II) « Selon le niveau de qualification exigé en France et celui détenu par l'intéressé, l'autorité compétente peut soit proposer au demandeur de choisir entre un stage d'adaptation ou une épreuve d'aptitude, soit imposer un stage d'adaptation ou une épreuve d'aptitude, soit imposer un stage d'adaptation et une épreuve d'aptitude.

« La nature des mesures de compensation selon les niveaux de qualification en France et dans les autres États, membres ou parties, est fixée par arrêté du ministre chargé de la santé. »

La délivrance de l'autorisation d'exercice permet au bénéficiaire d'exercer la profession dans les mêmes conditions que les personnes titulaires de l'un des diplômes mentionnés à l'article L. 4393-2.

En application des art. L. 231-5 et L. 231-6 CRPA, et par exception à l'application du délai de deux mois prévu à l'art. L. 231-1 du même code, le délai à l'expiration duquel le silence gardé par l'administration vaut acceptation est de quatre mois pour les demandes d'autorisation d'exercer la profession d'ambulancier accordée individuellement aux ressortissants d'un État membre de l'Union européenne ou d'un autre État partie à l'accord sur l'Espace économique européen (Décr. n° 2014-1287 du 23 oct. 2014, art. 1er).

Art. L. 4393-4 L'ambulancier peut faire usage de son titre de formation dans la langue de l'État qui le lui a délivré. Il est tenu de faire figurer le lieu et l'établissement où il a été obtenu.

Dans le cas où le titre de formation de l'État d'origine, membre ou partie, est susceptible d'être confondu avec un titre exigeant en France une formation complémentaire, l'autorité compétente peut décider que l'ambulancier fera état du titre de formation de l'État d'origine, membre ou partie, dans une forme appropriée qu'elle lui indique.

L'intéressé porte le titre professionnel d'ambulancier.

Art. L. 4393-5 L'ambulancier, ressortissant d'un État membre de l'Union européenne ou d'un autre État partie à l'accord sur l'Espace économique européen, qui est établi et exerce légalement les activités d'ambulancier dans un État, membre ou partie, peut exécuter en France des actes professionnels, de manière temporaire ou occasionnelle.

(Ord. n° 2017-50 du 19 janv. 2017, art. 2) « Lorsque l'exercice ou la formation conduisant à la profession n'est pas réglementé dans l'État où il est établi, le prestataire de services doit justifier avoir exercé dans un ou plusieurs États, membres ou

parties, pendant un an au moins à temps plein ou à temps partiel pendant une durée totale équivalente au cours des dix années précédentes. »

L'exécution de ces actes est subordonnée à une déclaration, qui est accompagnée de pièces justificatives dont la liste est fixée par arrêté du ministre chargé de la santé. *(Ord. n° 2017-50 du 19 janv. 2017, art. 3-I)* « Le prestataire joint une déclaration concernant les connaissances linguistiques nécessaires à la réalisation de la prestation. »

Le prestataire de services est soumis aux conditions d'exercice de la profession ainsi qu'aux règles professionnelles applicables en France.

Les qualifications professionnelles du prestataire sont vérifiées par l'autorité compétente après avis d'une commission composée notamment de professionnels, avant la première prestation de services. *(Ord. n° 2017-50 du 19 janv. 2017, art. 4-I)* « En cas de différence substantielle entre les qualifications du prestataire et la formation exigée en France, de nature à nuire à la santé publique, l'autorité compétente soumet le professionnel à une épreuve d'aptitude. »

Le prestataire de services peut faire usage de son titre de formation dans la langue de l'État qui le lui a délivré. Il est tenu de faire figurer le lieu et l'établissement où il l'a obtenu.

Dans le cas où le titre de formation de l'État d'origine, membre ou partie, est susceptible d'être confondu avec un titre exigeant en France une formation complémentaire, l'autorité compétente peut décider que l'intéressé fera état du titre de formation de l'État d'origine, membre ou partie, dans une forme appropriée qu'elle lui indique.

La prestation de services est réalisée sous le titre professionnel de l'État d'établissement, de manière à éviter toute confusion avec le titre professionnel français. Toutefois, dans le cas où les qualifications ont été vérifiées, la prestation de services est réalisée sous le titre professionnel français.

Art. L. 4393-6 L'ambulancier, lors de la délivrance de l'autorisation d'exercice ou de la déclaration de prestation de services, doit posséder les connaissances linguistiques nécessaires à l'exercice de la profession en France.

(Ord. n° 2017-50 du 19 janv. 2017, art. 3-II) « Le contrôle de la maîtrise de la langue doit être proportionné à l'activité à exercer et réalisé une fois la qualification professionnelle reconnue. »

Art. L. 4393-7 Sont déterminés par décret en Conseil d'État :

1° En tant que de besoin, les règles professionnelles ;

2° La composition et le fonctionnement de la commission mentionnée à l'article L. 4393-3 et les conditions dans lesquelles l'intéressé est soumis à une mesure de compensation ;

3° Les modalités de vérification des qualifications professionnelles mentionnées à l'article L. 4393-4.

CHAPITRE III *BIS* ASSISTANTS DENTAIRES

(L. n° 2016-41 du 26 janv. 2016, art. 120-2°)

COMMENTAIRE

V. Commentaire reproduit sur Dalloz.fr.

Art. L. 4393-8 La profession d'assistant dentaire consiste à assister le chirurgien-dentiste ou le médecin exerçant dans le champ de la chirurgie dentaire dans son activité professionnelle, sous sa responsabilité et son contrôle effectif. Dans ce cadre, l'assistant dentaire contribue aux activités de prévention et d'éducation pour la santé dans le domaine bucco-dentaire.

L'assistant dentaire est soumis au secret professionnel.

La liste des activités ou actes que l'assistant dentaire peut se voir confier est déterminée *par décret en Conseil d'État pris* après avis de l'Académie nationale de méde*cine et de l'Académie* nationale de chirurgie dentaire.

Art. L. 4393-9 Peuvent exercer la profession d'assistant dentaire les personnes titulaires du titre de formation français permettant l'exercice de cette profession.

Les modalités de la formation, notamment les conditions d'accès, le référentiel des compétences ainsi que les modalités de délivrance de ce titre, sont fixées par arrêté du ministre chargé de la santé, après avis d'une commission comprenant des représentants de l'État et des chirurgiens-dentistes et des assistants dentaires, dont la composition est fixée par décret.

Art. L. 4393-10 Peuvent également exercer la profession d'assistant dentaire les personnes titulaires d'un certificat ou d'un titre dont la liste est fixée par arrêté du ministre chargé de la santé, dès lors que la formation correspondante a débuté avant la date d'entrée en vigueur de l'arrêté mentionné au second alinéa de l'article L. 4393-9.

Art. L. 4393-11 Par dérogation aux articles L. 4393-9 et L. 4393-10, l'autorité compétente peut autoriser individuellement les étudiants en chirurgie dentaire qui ont obtenu un niveau de connaissance suffisant à exercer la profession d'assistant dentaire dans les cabinets dentaires pendant la durée de leurs études.

Le niveau de formation requis et les conditions de mise en œuvre de cette disposition sont fixés par décret.

Art. L. 4393-12 L'autorité compétente peut, après avis d'une commission composée notamment de professionnels, autoriser individuellement à exercer la profession d'assistant dentaire les ressortissants d'un État membre de l'Union européenne ou d'un autre État partie à l'accord sur l'Espace économique européen *(Abrogé par Ord. n° 2017-50 du 19 janv. 2017, art. 6-III)* ***« qui ont suivi avec succès un cycle d'études secondaires et »*** qui, sans posséder l'un des titres ou certificats mentionnés aux articles L. 4393-9 et L. 4393-10, sont titulaires :

(Ord. n° 2017-50 du 19 janv. 2017, art. 7-I-1°) « 1° De titres de formation délivrés par un ou plusieurs États, membres ou parties, et requis par l'autorité compétente de ces États, membres ou parties, qui réglementent l'accès à cette profession ou son exercice, et permettant d'exercer légalement ces fonctions dans ces États ;

« 2° Ou, lorsque les intéressés ont exercé dans un ou plusieurs États, membres ou parties, qui ne réglementent ni la formation, ni l'accès à cette profession ou son exercice, de titres de formation délivrés par un ou plusieurs États, membres ou parties, attestant de la préparation à l'exercice de la profession, accompagnés d'une attestation justifiant, dans ces États, de son exercice à temps plein pendant un an ou à temps partiel pendant une durée totale équivalente au cours des dix dernières années ; »

3° Ou d'un titre de formation délivré par un État tiers et reconnu dans un État, membre ou partie, autre que la France, permettant d'y exercer légalement la profession. *(Ord. n° 2017-50 du 19 janv. 2017, art. 7-I-2°)* « L'intéressé justifie avoir exercé la profession pendant trois ans à temps plein ou à temps partiel pendant une durée totale équivalente dans cet État, membre ou partie. »

Dans ces cas, lorsque l'examen des qualifications professionnelles attestées par l'ensemble des titres de *(Ord. n° 2017-50 du 19 janv. 2017, art. 8-I-1°)* « formation initiale, » de l'expérience professionnelle pertinente *(Ord. n° 2017-50 du 19 janv. 2017, art. 8-I-2°)* « et de la formation tout au long de la vie ayant fait l'objet d'une validation par un organisme compétent » fait apparaître des différences substantielles au regard des qualifications requises pour l'accès et l'exercice de la profession en France, l'autorité compétente exige que l'intéressé se soumette à une mesure de compensation *(Abrogé par Ord. n° 2017-50 du 19 janv. 2017, art. 8-I-3°)* ***« qui consiste, au choix du demandeur, en une épreuve d'aptitude ou en un stage d'adaptation ».***

(Ord. n° 2017-50 du 19 janv. 2017, art. 8-II) « Selon le niveau de qualification exigé en France et celui détenu par l'intéressé, l'autorité compétente peut soit proposer au demandeur de choisir entre un stage d'adaptation ou une épreuve d'aptitude, soit imposer un stage d'adaptation ou une épreuve d'aptitude, soit imposer un stage d'adaptation et une épreuve d'aptitude.

« La nature des mesures de compensation selon les niveaux de qualification en France et dans les autres États, membres ou parties, est fixée par arrêté du ministre chargé de la santé. »

La délivrance de l'autorisation d'exercice permet à l'intéressé d'exercer la profession dans les mêmes conditions que les personnes titulaires de l'un des titres ou certificats mentionnés aux articles L. 4393-9 et L. 4393-10.

Art. L. 4393-13 L'assistant dentaire peut faire usage de son titre de formation dans la langue de l'État qui le lui a délivré. Il est tenu de faire figurer le lieu et l'établissement où il l'a obtenu.

Dans le cas où le titre de formation de l'État d'origine, membre ou partie, est susceptible d'être confondu avec un titre exigeant en France une formation complémentaire, l'autorité compétente peut décider que l'assistant dentaire fera état du titre de formation de l'État d'origine, membre ou partie, dans une forme appropriée qu'elle lui indique.

L'intéressé porte le titre professionnel d'assistant dentaire.

Art. L. 4393-14 L'assistant dentaire, ressortissant d'un État membre de l'Union européenne ou d'un autre État partie à l'accord sur l'Espace économique européen, qui est établi et exerce légalement les activités d'assistant dentaire dans un État, membre ou partie, peut exécuter en France des actes professionnels, de manière temporaire ou occasionnelle.

(Ord. nº 2017-50 du 19 janv. 2017, art. 2) « Lorsque l'exercice ou la formation conduisant à la profession n'est pas réglementé dans l'État où il est établi, le prestataire de services doit justifier avoir exercé dans un ou plusieurs États, membres ou parties, pendant un an au moins à temps plein ou à temps partiel pendant une durée totale équivalente au cours des dix années précédentes. » L'exécution de cette activité est subordonnée à une déclaration préalable qui est accompagnée de pièces justificatives dont la liste est fixée par arrêté du ministre chargé de la santé. *(Ord. nº 2017-50 du 19 janv. 2017, art. 3-I)* « Le prestataire joint une déclaration concernant les connaissances linguistiques nécessaires à la réalisation de la prestation. »

L'assistant dentaire prestataire de services est soumis aux conditions d'exercice de la profession ainsi qu'aux règles professionnelles applicables en France. L'assistant dentaire prestataire de services ne peut exercer que sous la responsabilité et le contrôle effectif d'un chirurgien-dentiste ou d'un médecin.

Les qualifications professionnelles de l'assistant dentaire prestataire de services sont vérifiées par l'autorité compétente, après avis d'une commission composée notamment de professionnels, avant la première prestation de service. *(Ord. nº 2017-50 du 19 janv. 2017, art. 4-I)* « En cas de différence substantielle entre les qualifications du prestataire et la formation exigée en France, de nature à nuire à la santé publique, l'autorité compétente soumet le professionnel à une épreuve d'aptitude. »

L'assistant dentaire prestataire de services peut faire usage de son titre de formation dans la langue de l'État qui le lui a délivré. Il est tenu d'y faire figurer le lieu et l'établissement où il l'a obtenu.

Dans le cas où le titre de formation de l'État d'origine, membre ou partie, est susceptible d'être confondu avec un titre exigeant en France une formation complémentaire, l'autorité compétente peut décider que l'intéressé fera état du titre de formation de l'État d'origine, membre ou partie, dans une forme appropriée qu'elle lui indique.

La prestation de services est réalisée sous le titre professionnel de l'État d'établissement, de manière à éviter toute confusion avec le titre professionnel français. Toutefois, dans le cas où les qualifications ont été vérifiées, la prestation de services est réalisée sous le titre professionnel français.

Art. L. 4393-15 L'assistant dentaire, lors de la délivrance de l'autorisation d'exercice ou de la déclaration de prestation de services, doit posséder les connaissances linguistiques nécessaires à l'exercice de la profession et les connaissances relatives aux systèmes de poids et mesures utilisés en France.

(Ord. nº 2017-50 du 19 janv. 2017, art. 3-II) « Le contrôle de la maîtrise de la langue doit être proportionné à l'activité à exercer et réalisé une fois la qualification professionnelle reconnue. »

Art. L. 4393-16 *Sont* déterminés par décret en Conseil d'État :

1º La composition et le fonctionnement de la commission mentionnée aux articles L. 4393-12 et L. 4393-14 ainsi que les conditions dans lesquelles l'intéressé est soumis à une mesure de compensation ;

2º Les modalités de vérification des qualifications professionnelles mentionnées au même article L. 4393-14.

Art. L. 4393-17 Les personnes ayant obtenu un titre de formation ou une autorisation requis pour l'exercice de la profession d'assistant dentaire sont tenues de se faire enregistrer auprès du service ou de l'organisme désigné à cette fin par le ministre chargé de la santé avant leur entrée dans la profession.

L'enregistrement de ces personnes est réalisé après vérification des pièces justificatives attestant de leur identité et de leur titre de formation ou de leur autorisation. Elles informent le même service ou organisme de tout changement dans leur situation professionnelle.

La procédure d'enregistrement est sans frais.

Il est établi, pour chaque département, par le service ou l'organisme désigné à cette fin, des listes distinctes de ces professions, portées à la connaissance du public.

Les modalités d'application du présent article sont fixées par décret.

CHAPITRE IV DISPOSITIONS PÉNALES

Art. L. 4394-1 L'usage sans droit de la qualité d'aide-soignant ou d'un diplôme, certificat ou autre titre légalement requis pour l'exercice de cette profession est puni comme le délit d'usurpation de titre prévu à l'article 433-17 du code pénal.

Les personnes morales peuvent être déclarées pénalement responsables de ce délit, dans les conditions prévues par l'article 121-2 du code pénal. Elles encourent les peines prévues pour le délit d'usurpation de titre aux articles 433-17 et 433-25 de ce même code.

Art. L. 4394-2 L'usage sans droit de la qualité d'auxiliaire de puériculture ou d'un diplôme, certificat ou autre titre légalement requis pour l'exercice de cette profession est puni comme le délit d'usurpation de titre prévu à l'article 433-17 du code pénal.

Les personnes morales peuvent être déclarées pénalement responsables de ce délit, dans les conditions prévues par l'article 121-2 du code pénal. Elles encourent les peines prévues pour le délit d'usurpation de titre aux articles 433-17 et 433-25 de ce même code.

Art. L. 4394-3 L'usage sans droit de la qualité d'ambulancier ou d'un diplôme, certificat ou autre titre légalement requis pour l'exercice de cette profession est puni comme le délit d'usurpation de titre prévu à l'article 433-17 du code pénal.

Les personnes morales peuvent être déclarées pénalement responsables de ce délit, dans les conditions prévues par l'article 121-2 du code pénal. Elles encourent les peines prévues pour le délit d'usurpation de titre aux articles 433-17 et 433-25 de ce même code.

COMMENTAIRE

V. Commentaire reproduit sur Dalloz.fr.

Art. L. 4394-4 *(L. nº 2016-41 du 26 janv. 2016, art. 120-3º)* L'usage sans droit de la qualité d'assistant dentaire ou d'un diplôme, certificat, ou autre titre légalement requis pour l'exercice de cette profession est puni comme le délit d'usurpation de titre prévu *à l'article 433-17 du code pénal.*

Les personnes morales peuvent être déclarées pénalement responsables de ce délit, dans les conditions prévues à l'article 121-2 du même code. Elles encourent les peines prévues pour le délit d'usurpation de titre aux articles 433-17 et 433-25 dudit code.

LIVRE QUATRIÈME MAYOTTE, ÎLES WALLIS-ET-FUTUNA ET TERRES AUSTRALES ET ANTARCTIQUES FRANÇAISES, NOUVELLE-CALÉDONIE ET POLYNÉSIE FRANÇAISE

V. Dalloz.fr.

CINQUIÈME PARTIE PRODUITS DE SANTÉ

LIVRE PREMIER PRODUITS PHARMACEUTIQUES

RÉP. PÉN. v° *Pharmacie.*

BIBL. ▸ **Ouvrages généraux :** Leca et Lami, Droit pharmaceutique, *éd. LEH, 2017.* – Guerriaud, Droit pharmaceutique, *Elsevier-Masson, 2016.* – Gaumont-Prat, Le droit du médicament, *éd. LEH, 2013.* – Frison-Roche (dir.), Concurrence, santé publique, innovation et médicament, *coll. Droit et économie, LGDJ, 2010.* – Robert et Régniault, Médicaments : les règles du jeu, *Éd. Médicales Internationales, Lavoisier, 2010.* – Laude et Tabuteau (dir.), Code européen de la santé, *Éd. de Santé, 2009.* – Dion et Champagne, Droit pharmaceutique, *Gualino, éd. Lextenso, 2008.* – Maurain (dir.), Droit et économie pharmaceutiques : prospective 2005, *Éd. de Santé, 2005.* – Daburon, Le médicament, *thèse, éd. LEH, 2001.* – Cadeau, Le médicament en droit public, *éd. L'Harmattan, 2000.* – Fouassier, Le médicament : notion juridique, *éd. Tec & Doc, 1999.* – Buisson et Giorgi, La politique du médicament, Montchrestien, *coll. Clefs Économie, éd. Montchrestien, 1997.* – Hénin, Le médicament en droit communautaire, *Éd. de Santé, 1996.* – Azéma, Le droit pénal de la pharmacie, *Litec, 1990.* – Demichel, Le droit pharmaceutique, *éd. du Papyrus, 1986.* – Tisseyre-Berry, Abrégé de législation et de déontologie pharmaceutiques, *Masson, 1982.* – Cristau, Le droit de la pharmacie, *Que sais-je ?, PUF, 1973.* – Bernays et Hauser, Droit de la pharmacie, *Librairie du Journal des notaires et des avocats, 1956.* – Poplawski, Traité de droit pharmaceutique, *Librairies techniques, 1955.* – Penciolelli et Vaille, Code de la Pharmacie : Livre V du Code de la Santé publique (annoté et commenté), *éd. Jean Baudet, 1954.* – Maureil-Deschamps, Pharmaciens et spécialistes devant la loi, Imprimerie Tancrède, 1941. – Perreau, Législation et jurisprudence pharmaceutiques, *Baillière, 1920.*

▸ **Fascicules spécialisés :** Dict. perm. Santé, bioéthique et biotechnologies, *Éd. Législatives* (avec mises à jour). – Droit pharmaceutique, *Lexis-Nexis* (avec mises à jour). – Lamy droit de la santé, *éd. Wolters Kluwer* (avec mises à jour).

▸ **Aspects historiques :** Brohard (dir.), Remèdes, onguents, poisons. Une histoire de la pharmacie, *éd. de La Martinière, 2012.* – Landry, Petite histoire des médicaments, *Dunod, 2011.* – Tésio, Histoire de la pharmacie en France et en Nouvelle-France au XVIIIe siècle, *PUL, 2009.* – Janicki, La mécanique du remède, *éd. L'Harmattan, 2008.* – Bonah et Rasmussen, Histoire et médicament, *éd. Glyphe, 2008.* – Doucet, Histoire des médicaments, *éd. Ovadia, 2008.* – Chauveau, L'invention pharmaceutique, Institut d'édition Sanofi-Synthélabo, *PUF, 1999.* – Chast, Histoire contemporaine des médicaments, *éd. La Découverte, 1995.* – Blondeau, Histoire des laboratoires pharmaceutiques en France (3 tomes), *Le Cherche-Midi, 1992, 1994 et 1999.* – Dillemann, La pharmacie française : ses origines, son histoire, son évolution, *éd. Tec & Doc, Lavoisier, 1992.* – Boussel, Bonnemain et Bové, Histoire de la pharmacie et de l'industrie pharmaceutique, *éd. La Porte Verte, 1982.* – Fabre et Dillemann, Histoire de la pharmacie, *Que sais-je ?, PUF, 1971.*

TITRE PREMIER DISPOSITIONS GÉNÉRALES RELATIVES AUX MÉDICAMENTS

RÉP. COMMUNAUTAIRE v° *Médicament.*

BIBL. ▸ **Sur le monopole pharmaceutique,** V. Bibl. du titre Ier du livre II de la quatrième partie.

▸ **Sur les réformes législatives :** Laude, Paubel et Peigné (dir.), Le droit des produits de santé après la loi du 29 décembre 2011, *Éd. de Santé, 2012.* – Peigné, Du Mediator aux prothèses PIP en passant par la loi du 29 décembre 2011 relative à la sécurité des produits de santé, *RDSS 2012. 315*. – Laude, La nouvelle régulation des produits de santé. A propos de la loi du 29 décembre 2011, *JCP 6 févr. 2012. Actu. 123.* – Maillols-Perroy, Sécurité sanitaire des médicaments et des produits de santé, *Dict. perm. Bioéthique et biotechnologies, Bull. spéc., janv. 2012.* – Peigné, La loi du 13 août 2004 relative à l'assurance maladie et les produits de santé : un rendez-vous manqué ?, *RDSS 2009. 642*. – Maillols-Perroy, Sergheraert et Vion, La loi d'adaptation au droit communautaire dans le domaine du médicament, Nouv. pharm. 2007, n° 394, *p. 133.* – Peigné, Le droit du médicament après la loi du 26 février 2007 et l'ordonnance du 26 avril 2007, *RDSS 2007. 579*. – Leca, L'apport au droit pharmaceutique de la loi du 4 mars 2002, *LPA 19 juin 2002, p. 97.* – Viala, La loi du 1er juillet 1998 sur la veille sanitaire, *RDSS 1998. 782*. – Vion et Viala, La loi du 18 janvier 1994 et la pharmacie, *RDSS 1994. 239*. – Viala et Lambert, La législation pharmaceutique à l'heure des réformes, *Nouv. pharm. 1994, n° 345, p. 339.* – Viala, La loi du 8 décembre 1992 relative à la pharmacie et au médicament,

RDSS 1993. 266. – Esmein, La loi du 11 septembre 1941 relative à l'exercice de la pharmacie, *Gaz. Pal. 1941. 2. Doctr. 94.*

► **Sur le droit de l'Union :**

Articles : Berramdane, Le médicament à usage humain dans le droit de l'Union européenne, *Rev. Marché commun, 2016. 363.* – Espesson-Vergeat, Les produits de santé et le juge européen : un monde en mutation ?, *RGDM 2016, Panorama de droit pharmaceutique, n° spécial, p. 131.* – Blanc, Qualité et libre circulation des produits de santé en droit de l'Union européenne, *RDSS 2014. 1031*. – Moine-Dupuis et Tabutiaux, La libre circulation des médicaments : enjeux et limites d'une harmonisation, *RGDM 2012, n° 44, p. 59.* – Pousson (dir.), Le médicament : aspects de droit international, communautaire et comparé (Colloque Toulouse, 25 mars 2009), *RGDM 2009, n° 33, p. 169-328.* – Peigné, Code de la santé publique et code communautaire des médicaments, *RDSS 2008. 449*. – Chaltiel, La libre circulation des médicaments : développements récents, *LPA 27 oct. 2005, p. 11.* – Peigné, La réforme de la législation pharmaceutique communautaire, *RDSS 2004. 577*. – Michaux et Van Passel, Panorama de droit pharmaceutique : 2000 à 2005, *JTDE 2004, n° 113, p. 257.* – Liikanen, L'Europe des médicaments : la nouvelle législation pharmaceutique, *Rev. aff. eur. 2003-2004, n° 2, p. 253.* – Chemtob, La réforme européenne de la législation pharmaceutique, *Nouv. pharm. 2002, n° 377, p. 525.* – Velentza et Behrdt, Réforme de la législation pharmaceutique de l'Union européenne dans le domaine des médicaments humains, *Rev. Marché commun 2002. 465.* – Tancer et Mosseri-Marlio, Évolutions et ramifications de la réglementation pharmaceutique dans l'Union européenne et aux États-Unis, *Rev. Marché commun 2002. 394.* – Valette, Le juge communautaire et l'harmonisation des législations nationales relatives aux médicaments à usage humain, *RTD eur. 1996. 25*. – Campion et Viala, Vers la libre circulation des médicaments en Europe, *RDSS 1994. 88*. – Deboyser, Le marché unique des produits pharmaceutiques, *Rev. Marché commun, 1992. 101.* – Viala, Vers l'achèvement du marché intérieur en ce qui concerne les produits pharmaceutiques et parapharmaceutiques, *RDSS 1990. 74*. – Campion et Viala, L'élargissement communautaire en matière de libre circulation des médicaments, *Inf. pharm. 1989. 742.* – Sauer, Évolution de la réglementation des médicaments dans la Communauté européenne, *Rev. Marché commun 1988. 450.* – Beel, Le régime futur de la libre circulation des spécialités pharmaceutiques, *Rev. Marché commun 1984. 167.* – Azéma, La circulation des médicaments dans la CEE, *Inf. pharm. 1978. 866.*

Ouvrages : Brosset (dir.), Droit européen et protection de la santé : bilan et perspectives, *Bruylant, 2015.* – De Grove-Valdeyron, La sécurité des produits de santé dans l'Union européenne, *Études de l'IRDEC, Presses de l'Université Toulouse 1 Capitole, 2014* ; Droit européen de la santé, *LGDJ, Systèmes, 2013.* – Pabst et Berrod, Dictionnaire des principaux termes de droit pharmaceutique, *Éd. de Santé, 2012.* – Blanquet et De Grove-Valdeyron, Études de droit communautaire de la santé et du médicament, *PU Sciences sociales Toulouse, 2009.* – Mascret, Droit communautaire du médicament d'automédication, *Éd. de Santé, 2003.* – Leroy, Le marché unique des produits pharmaceutiques, Actualités et perspectives, *Impact Europe, 1999.* – Campion, Clefs pour l'Europe du médicament, *Éd. de Santé, 1996.* – SNIP (collectif), Droit communautaire et médicament, *éd. John Libbey, Eurotext, 1996.* – SNIP (collectif), Le médicament. Une ambition pour l'Europe ?, *éd. John Libbey, Eurotext, 1996.* – Leroy (dir.), Mise sur le marché des médicaments : quel système d'autorisation pour la Communauté européenne après 1992, *Impact Europe, 1991.* – Leroy (dir.), Des propositions pour un usage rationnel des médicaments dans la Communauté européenne de 1993, *Impact Europe, 1990.* – Huttin, Le médicament : contraintes et enjeux d'un marché, *Doc. fr., 1989, n° 4883.* – Cassan, L'Europe communautaire de la santé, *Economica, 1989.* – Leroy (dir.), Produits pharmaceutiques : la politique de la CEE dans la perspective du grand marché unique de 1992, *Impact Europe, 1988.*

CHAPITRE PREMIER **DÉFINITIONS**

Art. L. 5111-1 *(L. n° 2007-248 du 26 févr. 2007, art. 3)* **« On entend par médicament toute substance ou composition présentée comme possédant des propriétés curatives ou préventives à l'égard des maladies humaines ou animales, ainsi que toute substance ou composition pouvant être utilisée chez l'homme ou chez l'animal ou pouvant leur être administrée, en vue d'établir un diagnostic médical ou de restaurer, corriger ou modifier leurs fonctions physiologiques en exerçant une action pharmacologique, immunologique ou métabolique. »**

Sont notamment considérés comme des médicaments les produits diététiques qui renferment dans leur composition des substances chimiques ou biologiques ne constituant pas elles-mêmes des aliments, mais dont la présence confère à ces produits, soit

des propriétés spéciales recherchées en thérapeutique diététique, soit des propriétés de repas d'épreuve.

Les produits utilisés pour la désinfection des locaux et pour la prothèse dentaire ne sont pas considérés comme des médicaments.

(L. nº 2007-248 du 26 févr. 2007, art. 3) **« Lorsque, eu égard à l'ensemble de ses caractéristiques, un produit est susceptible de répondre à la fois à la définition du médicament prévue au premier alinéa et à celle d'autres catégories de produits régies par le droit communautaire ou national, il est, en cas de doute, considéré comme un médicament. »**

Sur les compléments alimentaires, V. Décr. nº 2006-352 du 20 mars 2006.

COMMENTAIRE

V. Commentaire reproduit sur Dalloz.fr.

I. GÉNÉRALITÉS

1. Droit douanier. La qualification de médicament peut concerner des domaines étrangers au droit de la santé publique. La Cour de justice a ainsi été amenée à se prononcer sur la définition tarifaire du médicament à l'occasion de litiges opposant des entreprises pharmaceutiques, utilisant du sucre pour fabriquer leurs produits, au Fonds d'intervention et de régularisation du marché du sucre (FIRS) afin de bénéficier de l'octroi d'une restitution. • CJCE 14 déc. 1995, *Colin et Dupré,* nº C-106/94 et C-139/94 : *Rec. CJCE 4759* • CJCE 6 nov. 1997, *Labo. de thérapeutique moderne c/ FIRS,* nº C-201/96 : *Rec. CJCE 6147* • CJCE 12 mars 1998, *Labo. Sarget c/ FIRS,* nº C-270/96 : *Rec. CJCE 1121.* ♦ Jugé également que des gouttes alcooliques à base de plantes ou des préparations vitaminiques concentrées devaient être classées, au regard de la nomenclature combinée et du tarif douanier commun, sous la position réservée aux médicaments et non aux compléments alimentaires. • CJCE 14 janv. 1993, *Bioforce,* nº C-177/91 : *Rec. CJCE 45* • CJCE 15 mai 1997, *Bioforce,* nº C-405/95 : *Rec. CJCE 2581* • CJCE 10 déc. 1998, *Glob-Sped,* nº C-328/97 : *Rec. CJCE 8357.* ♦ La notion douanière de médicament comprend des préparations alimentaires exclusivement destinées à être administrées, sous surveillance médicale et par voie entérale, à des personnes auxquelles sont prodigués des soins médicaux, dès lors que, dans le cadre de la lutte contre la maladie ou l'affection dont ces dernières sont atteintes, une telle administration a pour but de prévenir ou de combattre leur dénutrition. • CJUE 30 avr. 2014, *Nutricia,* nº C-267-13.

2. Droit fiscal. Sur la possibilité pour les États membres d'instituer un taux de TVA ultra-réduit (2,1 %) sur les médicaments remboursables au regard du principe de neutralité fiscale, V. • CJCE *3 mai 2001, Commission c/ France, nº C-481-98 : Rec. CJCE 3369 ; LPA 23 oct. 2001, p. 18, note Cantacuzène.* ♦ Le taux réduit de TVA ne saurait toutefois s'appliquer aux produits utilisés dans la fabrication des médicaments, dès lors qu'il ne s'agit pas de produits finis susceptibles d'être utilisés directement par les consommateurs. • CJUE 17 janv. 2013, *Commission c/ Espagne,* nº C-360/11. ♦ La fourniture de médicaments est exonérée de la TVA dans la mesure où elle s'inscrit dans la continuité des soins effectués par un médecin et se trouve ainsi matériellement et économiquement indissociable de la prestation de services. • CJUE 13 mars 2014, *Finanzamt Dortmund-West,* nº C-366/12. ♦ L'application du taux réduit de TVA étant réservée aux médicaments soumis à AMM, la vente de produits par des entreprises n'ayant pas le statut d'établissement pharmaceutique en est donc exclue. • CE 9 nov. 2011, *Sté Labo. Juva Santé,* nº 342965. ♦ La qualification de médicament au regard du taux de TVA applicable relève de l'appréciation souveraine des juges du fond. • CE 29 août 2008, *Sté des Laboratoires IPRAD,* nº 295806. ♦ Pour décider si un produit relève de la définition du médicament par fonction et bénéficie d'un taux de TVA réduit, le Conseil d'État exige toutefois qu'il soit procédé à un examen au cas par cas, en tenant compte de l'ensemble des caractéristiques du produit dont, notamment, sa composition, ses propriétés pharmacologiques, telles qu'elles peuvent être établies en l'état actuel de la connaissance scientifique, ses modalités d'emploi, l'ampleur de sa diffusion, la connaissance qu'en ont les consommateurs et les risques que peut entraîner son utilisation. • CE 19 nov. 2014, *Sté Montaigne Direct,* nº 361267.

3. Droit commercial. N'étant pas interchangeables, les médicaments ne sont pas des biens fongibles. • Com. 5 mars 2002 : *Bull. civ. IV, nº 48* • Com. 21 janv. 2003, nº 00-11.477 • Com. 8 juill. 2003, nº 00-19.685 • Com. 15 mars 2005 : *D. 2005. 1718, note Marly* (à propos de l'application des dispositions de l'art. L. 624-16 [L. 621-122 anc.] C. com. attribuant au revendiquant la propriété des biens fongibles qui se trouvent entre les mains de l'acheteur, dès lors que ceux-ci sont de même espèce et de même qualité que ceux qu'il a livrés).

4. Droit de la consommation. Le droit de la consommation est susceptible d'être appliqué aux produits relevant de la définition du médicament. Sur le cumul des délits de falsification de denrées alimentaires et d'exercice illégal de la pharmacie, V. • Crim. 22 août 1994, n° 93-82.966 • Crim. 5 sept. 2000 : *Bull. crim. n° 261* • Crim. 14 nov. 2000, n° 99-83.869. ♦ Sur le délit de tromperie, V. • Crim. 5 sept. 2000, n° 99-87.624 (à propos d'huile d'amande douce utilisée en dermatologie) • Crim. 6 mai 1996 : *Bull. crim. n° 187* (à propos d'un distillat d'algues) • Crim. 24 janv. 2006, n° 04-86.718 (à propos de gélules proposées pour un « programme articulaire ») • Crim. 4 avr. 2006, n° 05-85.996 (vente par correspondance de gélules à base de plantes comportant des propositions de participation à des loteries) • Crim. 24 nov. 2015, n° 14-87.689 (spécialité présentée comme possédant des propriétés curatives ou préventives à l'égard du paludisme, ne contenant aucun principe actif mais de la poudre de séné connue pour ses propriétés laxatives). ♦ Et sur le délit d'importation en contrebande de marchandises prohibées, V. • Crim. 22 févr. 2006, n° 05-83.585. ♦ Sur le cumul des délits d'exercice illégal de la pharmacie, d'importation de marchandises prohibées et de tromperie aggravée, V. • Crim. 27 janv. 2015, n° 13-87.215 (à propos d'un trafic de produits blanchissants de la peau à base d'hydroquinone). ♦ Jugé toutefois que, pour déclarer coupables de falsification et de tromperie les prévenus poursuivis pour avoir importé des compléments alimentaires auxquels ont été incorporés du coenzyme Q 10 ainsi que diverses vitamines, il convient de rechercher si l'utilisation de ces substances, dont il était allégué qu'elles étaient en vente libre dans plusieurs États membres, présentaient un risque pour la santé publique et de vérifier si la procédure d'autorisation, prévue par la réglementation nationale, présente toutes les garanties nécessaires pour préserver les droits des importateurs de produits comportant de telles substances. • Crim. 27 mars 2007 : *Bull. crim. n° 93.* ♦ Sur la tentative de tromperie relative à la vente de produits présentés comme étant des compléments alimentaires, alors que rien n'indiquait aux acheteurs, notamment, sur les étiquetages des produits cédés, qu'ils faisaient l'acquisition de médicaments pour un usage hors d'un cadre médical ou du circuit pharmaceutique, V. • Crim. 16 févr. 2016, n° 14-88.052. ♦ Ni la qualification de compléments alimentaires dans un autre État membre, *ni l'autorisation* de commercialisation accordée par la DGCCRF ne sont de nature à exclure la qualification de médicament, dès lors que les conditions légales sont réunies. • Même arrêt. ♦ Sur la sanction du délit de pratique commerciale trompeuse visant un grossiste-répartiteur ayant commercialisé une crème cosmétique présentée faussement comme un médicament, V. • Crim. 24 oct. 2017, n° 16-86.058.

5. Médicaments falsifiés. Sur la notion de médicaments falsifiés, V. Dir. 2011/62/UE du 8 juin 2011 (*JOUE 1er juill.*) et art. L. 5111-3. ♦ L'Ord. n° 2012-1427 du 19 déc. 2012 (*JO 21 déc.*) a institué un délit spécifique pour les médicaments falsifiés, V. art. L. 5421-13. ♦ Il en résulte que les délits de falsification et de falsification aggravée, visés aux art. L. 451-1 à L. 451-4 C. consom., ne concernent plus les substances médicamenteuses.

6. Interprétation de la DGCCRF. Sur la portée juridique d'une note de service de la DGCCRF se bornant à donner une interprétation de la récente évolution jurisprudentielle concernant la qualification de certains produits au regard de la législation et de la réglementation relatives au médicament, V. • CE 7 oct. 1991, *CNOP et Godefroy,* n° 109997.

7. Conventionnalité de la définition. La conformité de la définition du médicament aux stipulations de la Conv. EDH a été soulevée à l'occasion d'un contentieux relatif à l'exercice illégal de la pharmacie en France (était en cause la vente dans un supermarché d'éosine aqueuse à 1 %, d'alcool à 70° modifié, d'eau oxygénée à 10 volumes, de vitamine C 500 et 1000 mg, d'inhalations aux essences végétales, de sprays antibactériens et d'oligo-éléments...). Les griefs tirés de la nécessaire interprétation stricte de la loi pénale, d'une part, et de l'imprécision de la définition du médicament, d'autre part, ont été rejetés par la Cour européenne des droits de l'homme, alors que la Commission européenne des droits de l'homme avait statué préalablement dans un sens contraire. • Comm. EDH 10 juin 1994, *Cantoni c/ France : Gaz. Pal. 1996. 2. Doctr. 746, note Mazen.* ♦ La Cour a estimé que la définition française du médicament, telle qu'elle résulte de la définition communautaire, ne porte atteinte ni au principe de la légalité des peines et des délits visé par l'art. 7 de la Convention, ni aux exigences de prévisibilité de la loi pénale, et qu'il entre dans les attributions d'un professionnel de s'aviser, en prenant conseil, de la qualification juridique des produits qu'il souhaite commercialiser, afin de savoir quels actes sont susceptibles d'engager sa responsabilité pénale : l'arrêt précise que « dès 1957 au moins et jusqu'à nos jours, la Cour de cassation a toujours soit confirmé les décisions des juges du fond qualifiant de médicament un produit dit de parapharmacie, soit censuré de telles décisions refusant cette appellation ; jamais elle n'a approuvé une juridiction inférieure d'avoir refusé à pareil produit la qualification de médicament ». • CEDH 15 nov. 1996, *Cantoni c/ France, n° 17862/91 : Rec. 1996 – V. 1627 ; JCP 1997. II. 22836, note Fouassier et Vion ; LPA 28 févr. 1997, p. 19, note Viala et Lambert ; ibid. 9 mai 1997, p. 7, note Clément ; Europe mars 1997, n° 4, chron. Petit.*

II. INTERPRÉTATION DE LA COUR DE JUSTICE

8. Arrêt de principe. Résultant de la Dir. 65/65/CEE du 26 janv. 1965 (transposée par l'Ord.

n° 67-827 du 23 sept. 1967 et aujourd'hui remplacée par la Dir. 2001/83/CE du 6 nov. 2001 instituant un code communautaire des médicaments à usage humain, modifiée par la Dir. 2004/27/CE du 31 mars 2004), la définition du médicament a fait l'objet d'une première interprétation par la Cour de justice à la suite d'une question préjudicielle soulevée à l'occasion d'une action pénale, visant une personne poursuivie en application de la loi néerlandaise pour avoir détenu, en vue de la vente, d'importantes quantités de préparations polyvitaminées. • CJCE 30 nov. 1983, *Van Bennekom,* n° C-227/82 : *Rec. CJCE 3883, concl. Rozès.* ♦ Les deux branches de la définition du médicament, articulées autour de la présentation et de la fonction, sont alternatives (donc non cumulatives) et exclusives : la Cour considère en effet qu'un produit ne relevant ni de la première, ni de la seconde définition ne peut être considéré comme un médicament au sens de la directive. • Même arrêt.

A. PREMIÈRE PHASE JURISPRUDENTIELLE (DEPUIS LA DIR. 65/65/CEE DU 26 JANV. 1965 RELATIVE AUX SPÉCIALITÉS PHARMACEUTIQUES)

1° MÉDICAMENT PAR PRÉSENTATION

9. Présentation implicite. La première partie de la définition vise à inclure non seulement les médicaments qui ont un effet thérapeutique ou médical avéré, mais également les produits qui ne seraient pas suffisamment efficaces, ou qui n'auraient pas l'effet que les consommateurs seraient en droit d'attendre eu égard à leur présentation. Dès lors, un produit est présenté comme possédant des propriétés curatives ou préventives, non seulement lorsqu'il est décrit ou recommandé expressément comme tel, le cas échéant au moyen d'un étiquetage, d'une notice ou d'informations l'accompagnant, mais également chaque fois qu'il apparaît, même de manière implicite, aux yeux d'un consommateur moyennement avisé, que le produit devrait, eu égard à sa présentation, avoir l'effet décrit. • CJCE 30 nov. 1983, *Van Bennekom,* n° C-227/82 : *préc. note 8.* (l'appréciation de la définition par présentation se fait donc *in concreto*, selon un faisceau d'indices privilégiant la perception d'un standard juridique : le consommateur moyennement avisé).

10. Indices formels. Un produit peut être considéré comme un médicament par présentation, dès lors que sa forme et son conditionnement le font suffisamment ressembler à un médicament et *que, en particulier, son emballage* et *la notice* qui l'accompagne font état de recherches de laboratoires pharmaceutiques, de méthodes ou de substances mises au point par des médecins, ou même de certains témoignages de médecins en faveur des qualités de ce produit. • CJCE 21 mars 1991, *Delattre,* n° C-369/88 : *Rec. CJCE 1487, concl. Tesauro.* ♦ Pour autant, si la forme du produit constitue un indice sérieux de l'intention du fabricant ou du vendeur de commercialiser celui-ci en tant que médicament, ce critère ne saurait à lui seul être déterminant, sous peine d'englober certains produits alimentaires, traditionnellement présentés sous des formes similaires à celles des produits pharmaceutiques. • CJCE 30 nov. 1983, *Van Bennekom,* n° C-227/82 : *préc. note 8.* ♦ La mention que le produit n'est pas un médicament est une indication utile dont le juge national peut tenir compte, mais elle n'est pas, en elle-même, déterminante. • CJCE 21 mars 1991, *Delattre,* n° C-369/88 : *préc.*

11. Imputabilité de la présentation. Peut être qualifié de médicament un produit dont les propriétés thérapeutiques sont indiquées uniquement dans une publication, tel un prospectus, adressée, sur sa demande, à l'acheteur après la vente, soit par le fabricant ou le vendeur du produit, soit par un tiers, dès lors, dans ce dernier cas, que ce tiers n'agit pas de manière totalement indépendante du fabricant ou du vendeur. • CJCE 28 oct. 1992, *Ter Voort,* n° C-219/91 : *Rec. CJCE 5485* (à propos de tisanes vendues sans indications thérapeutiques).

12. Inscription à la pharmacopée. La qualification de médicament par la pharmacopée européenne est un élément susceptible d'être pris en compte pour caractériser un produit de médicament. • CJCE 20 mai 1992, *Commission c/ Allemagne,* n° C-290/90 : *Rec. CJCE 3317, concl. Van Gerven* (à propos de solutions de lavage pour les yeux).

13. Notion de maladie. La directive ne donnant aucune définition de la maladie, cette dernière ne peut recevoir que les définitions les plus communément admises sur le fondement des connaissances scientifiques. Il appartient aux autorités nationales de déterminer, sous le contrôle du juge, si, compte tenu de sa composition, des risques que peuvent entraîner sa consommation prolongée ou ses effets secondaires et, plus généralement, de l'ensemble de ses caractéristiques, un produit présenté comme destiné à lutter contre certaines sensations ou certains états, comme la faim, les jambes lourdes, la fatigue ou la démangeaison, constitue ou non un médicament. • CJCE 21 mars 1991, *Delattre,* n° C-369/88 : *préc. note 10* (à propos de produits amaigrissants, facilitant la digestion, activant la circulation sanguine, luttant contre la fatigue…).

14. Interprétation extensive. Dans la mesure où la définition par présentation tend à préserver les consommateurs, non seulement des médicaments nocifs ou toxiques en tant que tels, mais également des produits utilisés en lieu et place des remèdes adéquats, elle doit recevoir une interprétation extensive. • CJCE 30 nov. 1983, *Van Bennekom,* n° C-227/82 : *préc.*

note 8 • CJCE 21 mars 1991, ⚖ *Monteil et Samanni*, n° C-60/89 : *Rec. CJCE 1547, concl. Tesauro.*

2° MÉDICAMENT PAR FONCTION

a. Substances et compositions administrées ou utilisées en vue d'établir un diagnostic médical

15. Fonction diagnostique. Une substance qui n'est pas présentée comme possédant des propriétés curatives ou préventives à l'égard des maladies humaines, mais qui sert à établir un diagnostic médical chez l'homme, doit être considérée comme un médicament, dès lors qu'elle est destinée à être administrée à l'homme, que ce soit en l'état ou mélangée avec d'autres substances. • CJCE 20 mars 1986, *Tissier*, n° 35/85 : *Rec. CJCE 1207, concl. Lenz.* ♦ Des « produits froids » qui, bien qu'inertes, constituent des éléments indispensables à la préparation de radiopharmaceutiques sont des médicaments, dès lors qu'ils sont destinés à être administrés à l'homme en vue d'un diagnostic médical. • Même arrêt.

b. Substances et compositions administrées ou utilisées en vue de restaurer, modifier ou corriger une fonction physiologique

16. Propriétés pharmacologiques. Le terme « fonction physiologique » s'est substitué à celui de « fonction organique » depuis la Dir. 2001/83/CE du 6 nov. 2001. La qualification d'une substance comme médicament, au sens de la définition par fonction, doit être effectuée au cas par cas, eu égard à ses propriétés pharmacologiques, telles qu'elles sont établies en l'état actuel des connaissances scientifiques. • CJCE 30 nov. 1983, ⚖ *Van Bennekom*, n° C-227/82 : *préc. note 8* • CJCE 21 mars 1991, ⚖ *Delattre*, n° C-369/88 : *préc. note 10* (l'interprétation de ce critère est donc objective).

17. Critères complémentaires. La Cour de justice a toutefois ajouté d'autres critères, dont certains sont plus subjectifs, en décidant que la qualification de médicament par fonction devait aussi être faite compte tenu des adjuvants complétant la composition du produit, de ses modalités d'emploi, de l'ampleur de sa diffusion, de la connaissance qu'en ont les consommateurs et des risques que peut entraîner son utilisation. • CJCE 21 mars 1991, ⚖ *Monteil et Samanni*, n° C-60/89 : *préc. note 14.*

18. Conception extensive. Dans la mesure où un produit est un médicament s'il peut être administré « en vue de » restaurer, corriger ou modifier des fonctions organiques, la Cour en a déduit que la notion de médicament par fonction devait s'entendre de manière suffisamment large, afin de comprendre toutes les substances pouvant avoir un effet sur le fonctionnement proprement dit de l'organisme et d'inclure, non seulement les produits qui ont un effet réel sur les fonctions organiques, mais aussi ceux qui n'ont pas l'effet annoncé, de sorte que les autorités nationales puissent s'opposer à leur mise sur le marché pour protéger les consommateurs. • CJCE 16 avr. 1991, ⚖ *Upjohn*, n° C-112/89 : *Rec. CJCE 1703, concl. Lenz* (à propos d'une lotion contre la calvitie à base de minoxidil). Pour autant, la définition par fonction ne saurait englober des substances qui, tout en ayant une influence sur le corps humain, comme certains produits cosmétiques ou alimentaires, n'ont pas d'effet significatif sur le métabolisme et ne modifient dès lors pas, à proprement parler, les conditions de son fonctionnement. ♦ En l'état de l'harmonisation des textes, la circonstance qu'un produit serait qualifié d'aliment dans un État membre n'interdit pas de lui reconnaître la qualité de médicament dans un autre État, dès lors qu'il en présente les caractéristiques. • CJCE 21 mars 1991, ⚖ *Delattre*, n° C-369/88 : *préc. note 10* • CJCE 28 oct. 1992, ⚖ *Ter Voort*, n° C-219/91 : *préc. note 11.*

19. Principe de proportionnalité. Les autorités nationales conservent une certaine marge d'appréciation pour soumettre un produit au régime plus strict des médicaments dans le but de protéger la santé publique, sous réserve que ce régime s'applique indistinctement aux produits nationaux et aux produits importés de même nature. • CJCE 20 mai 1992, ⚖ *Commission c/ Allemagne*, n° C-290/90 : *préc. note 12.* ♦ Toutefois, la qualification de médicament doit être proportionnée, reposer sur un examen au cas par cas et non sur une approche générale et systématique. Ainsi une réglementation qui classe systématiquement comme médicaments des préparations vitaminées produites ou commercialisées légalement comme compléments alimentaires dans d'autres États membres, dès lors qu'elles contiennent trois fois plus de vitamines que l'apport journalier recommandé, n'est pas compatible avec les règles sur la libre circulation des marchandises et ne saurait être justifiée par l'objectif de protection de la santé publique. • CJCE 29 avr. 2004, *Commission c/ Allemagne*, n° C-387/99 : *Rec. CJCE 3751* • CJCE 29 avr. 2004, *Commission c/ Autriche*, n° C-150/00 : *Rec. CJCE 3887 ; Europe juin 2004, n° 199, comm. Simon.* ♦ Jugée également contraire au droit de l'Union la pratique administrative consistant à retirer du marché des produits contenant des plantes médicinales, non inscrites sur la liste des plantes interdites ou restreintes en raison de leur toxicité, et pourtant fabriqués et commercialisés légalement dans un autre État membre, au motif que ces produits sont considérés comme des médicaments sans autorisation de mise sur le marché. • CJCE 5 mars 2009, ⚖ *Commission c/ Espagne*, n° C-88/07 : *Rec. CJCE 1353 ; Europe mai 2009, n° 185, comm. Rigaux.*

B. SECONDE PHASE JURISPRUDENTIELLE (DEPUIS LA DIR. 2002/46/CE DU 10 JUIN 2002 RELATIVE AUX COMPLÉMENTS ALIMENTAIRES)

20. Critères distinctifs. La qualification d'un produit en tant que médicament ou denrée alimentaire doit être effectuée en tenant compte de l'ensemble des caractéristiques du produit, constatées tant dans l'état initial de celui-ci que lorsqu'il est mélangé, conformément à son mode d'emploi : par conséquent, il est indifférent que le produit doive être mélangé à de l'eau ou à un aliment de consommation courante. • CJCE 9 juin 2005, *HLH Warenvertriebs et Orthica c/ Allemagne*, n° C-211/03, C-299/03 et C-316/03 à C 318/03 : *Rec. CJCE 5141 ; Europe août-sept. 2005, n° 289, comm. Bouveresse* (le critère du mode d'ingestion est ainsi dénué de toute portée distinctive pertinente puisqu'il se rencontre aussi bien pour les médicaments que pour les aliments).

21. Risque pour la santé. Le risque que l'utilisation d'un produit peut entraîner pour la santé est un facteur autonome qui doit également être pris en considération par les autorités compétentes pour qualifier un produit de médicament. • CJCE 9 juin 2005, *HLH Warenvertriebs et Orthica c/ Allemagne*, n° C-211/03 : *préc. note 20* (l'existence ou l'absence de risque pour la santé publique ne constitue qu'une caractéristique parmi d'autres : un produit ne présentant pas de risque réel pour la santé peut néanmoins avoir un effet sur le fonctionnement de l'organisme). ♦ En revanche, le fait que l'utilisation d'un produit présente un risque pour la santé n'est pas un élément permettant d'indiquer qu'il possède une efficacité pharmacologique. • CJCE 30 avr. 2009, *Bios Naturprodukt*, n° C-27/08 : *Rec. CJCE 3785 ; Europe juin 2009, n° 229, comm. Rigaux.*

22. Critère principal. Les propriétés pharmacologiques restent le facteur principal sur la base duquel il appartient aux autorités nationales d'apprécier, à partir des capacités potentielles du produit, si ce dernier peut être administré à l'homme en vue d'établir un diagnostic médical ou de restaurer, corriger ou modifier ses fonctions physiologiques. • CJCE 9 juin 2005, *HLH Warenvertriebs et Orthica c/ Allemagne*, n° C-211/03 : *préc. note 20* • CJCE 30 avr. 2009, *Bios Naturprodukt*, n° C-27/08 : *préc. note 21.* ♦ Le critère des propriétés pharmacologiques doit recevoir une interprétation suffisamment large pour permettre d'y inclure des produits qui, s'ils sont de nature à avoir une incidence sur les fonctions organiques, ont en réalité un autre objectif. • *CJCE 15 nov. 2007, Commission c/ Allemagne*, n° C-319/05 : *Rec. CJCE 9811 ; Europe mars 2008, n° 11, comm. Bernard ; RDUE 2008, p. 425, note González-Vaqué ; Gaz. Pal. 8-9 oct. 2008, p. 51, note Célestin ; RDSS 2008. 176, note Peigné* (rejet de qualification de médicament pour des préparations à base d'ail présentées sous forme de gélules). Pour autant, ce critère ne doit pas non plus conduire, selon la Cour, à qualifier de médicament par fonction des substances qui, tout en ayant une influence sur le corps humain, n'ont pas d'effet significatif sur le métabolisme et ne modifient pas, à proprement parler, les conditions de son fonctionnement.

23. Interprétation moins extensive. Contrairement à la notion de médicament par présentation, dont l'interprétation extensive a pour objectif de préserver les consommateurs de produits qui n'auraient pas l'efficacité qu'ils seraient en droit d'attendre, celle de médicament par fonction vise à englober « les produits dont les propriétés pharmacologiques ont été scientifiquement constatées et qui sont réellement destinés à établir un diagnostic médical ou à restaurer, à corriger ou à modifier des fonctions physiologiques ». • CJCE 15 nov. 2007, *Commission c/ Allemagne*, n° C-319/05 : *préc. note 22.* Ce faisant, la Cour semble s'écarter de sa jurisprudence antérieure ayant considéré que l'expression « en vue de » permettait d'inclure, dans la définition du médicament par fonction, des produits qui n'ont pas l'effet annoncé. En effet, l'effet physiologique ne semble pas spécifique aux médicaments, mais fait également partie des éléments retenus pour définir, notamment, les compléments alimentaires, en application de la Dir. 2002/46/CE du 12 juin 2002. En outre, de nombreux aliments peuvent avoir des effets physiologiques sur le métabolisme humain, ce que consacre d'ailleurs expressément le Règl. (CE) n° 1924/2006 du 20 déc. 2006 sur les allégations relatives à la santé. Par conséquent, il ne suffit pas qu'un produit possède des propriétés bénéfiques pour la santé en général – ce qu'ont beaucoup d'aliments – mais il doit « à proprement parler » avoir pour fonction, sinon de prévenir ou guérir une affection, du moins de modifier, restaurer ou corriger une fonction physiologique, pour être qualifié de médicament.

24. Effet significatif. Hormis le cas des substances ou des compositions destinées à établir un diagnostic médical, un produit ne peut pas être regardé comme un médicament par fonction, compte tenu de sa composition, y compris de son dosage en substance active, et dans des conditions normales d'emploi, s'il n'est pas capable de restaurer, corriger ou modifier des fonctions physiologiques « de manière significative », en exerçant une action pharmacologique, immunologique ou métabolique. • CJCE 15 janv. 2009, *Hecht Pharma*, n° C-140/07 : *Rec. CJCE 41 ; RDSS 2009. 370, note Peigné ; LPA 6 mai 2009, p. 9, note Chemtob-Concé ;* Europe mars 2009, n° 125, comm. Simon.

25. Dosage en substances actives. Un produit dans la composition duquel entre une substance ayant un effet physiologique lorsqu'elle est utilisée à une certaine dose n'est pas un médicament par fonction lorsque, compte tenu de son dosage en substances actives et dans des conditions normales d'emploi, il constitue un risque pour la santé, sans toutefois être capable de restaurer, de corriger ou de modifier des fonctions physiologiques chez l'homme. • CJCE 30 avr. 2009, *Bios Naturprodukt,* n° C-27/08 : *préc. note 21.*

26. Action pharmacologique. Afin de pouvoir considérer qu'une substance exerce une « action pharmacologique », il n'est pas nécessaire que se produise une interaction entre les molécules qui la composent et une composante cellulaire du corps de l'utilisateur, une interaction entre cette substance et une composante cellulaire quelconque (telle qu'une bactérie, un virus ou un parasite), présente dans le corps de l'utilisateur, pouvant être suffisante : il ne saurait donc être *a priori* exclu qu'une substance ne présentant pas d'interaction directe avec une fonction du corps humain puisse être qualifiée de médicament par fonction. • CJUE 6 sept. 2012, *Chemische Fabrik Kreussler & Co,* n° C-308/11 : *RDSS 2012. 951, note Peigné* (à propos d'un bain de bouche antiseptique à base de chlorhexidine). ♦ La circonstance qu'un produit soit qualifié de dispositif médical dans un État membre ne fait pas obstable à ce que les autorités compétentes d'un autre État membre qualifient ce même produit de médicament, en raison de son action pharmacologique, immunologique ou métabolique. En revanche, un produit, bien que n'étant pas identique à un autre produit classé en tant que médicatment dans un État membre, mais possédant en commun un même composant et exerçant le même mode d'action, ne saurait en principe être commercialisé dans ce même État en tant que dispositif médical, à moins qu'une autre caractéristique propre n'exige qu'il soit qualifié et commercialisé en tant que dispositif médical. • CJCE 3 oct. 2013, *Laboratoires Lyocentre,* n° C-109/12 : *JDSAM 2014, p. 79, note Peigné ; Europe, déc. 2013, n° 12, comm. Gazin* (à propos de capsules contenant des bactéries lactiques vivantes visant à rétablir l'équilibre de la flore bactérienne vaginale).

27. Effets bénéfiques sur la santé. L'interprétation de la notion de médicament impliquant un effet bénéfique pour la santé humaine, la Cour de justice estime que la définition du médicament ne couvre pas les substances dont les effets se limitent à une simple modification des fonctions physiologiques, sans qu'elles soient aptes à entraîner des effets bénéfiques, immédiats ou médiats, sur la santé humaine, telles que des cannabinoïdes de synthèse, substances psychoactives consommées dans un but non pas thérapeutique, mais uniquement récréatif. • CJUE 10 juill. 2014, *Markus D. et G.,* n^{os} C-358/13 et C-181/14 : *JDSAM 2014, n° 4, p. 44, note Peigné.*

28. Règle supplétoire. La règle selon laquelle, en cas de doute sur la qualification des produits, la définition du médicament s'impose (V. art. L. 5111-1, al. 4), ne s'applique pas à un produit dont la qualité de médicament par fonction n'a pas été scientifiquement établie, eu égard à l'ensemble de ses caractéristiques, sans toutefois pouvoir être exclue. • CJCE 15 janv. 2009, *Hecht Pharma,* n° C-140/07 : *préc. note 24.* La règle supplétoire a donc vocation à s'appliquer lorsque le produit en cause tombe à la fois sous le coup de la définition du médicament et sous celle d'un autre produit ayant un statut (complément alimentaire, produit cosmétique, aliment diététique, dispositif médical, biocide...). Dans ce contexte, il ne suffit pas qu'une action pharmacologique, immunologique ou métabolique ne puisse être exclue pour caractériser le produit de médicament, mais il faut qu'elle n'ait pas pu être positivement constatée. Ce n'est que si la qualité de médicament a été scientifiquement démontrée que l'application de la législation relative à une catégorie particulière de produits, telle que celle des compléments alimentaires, peut être écartée, le doute ne devant pas naître de la qualification du produit en cause, mais de la concurrence éventuelle des statuts, faute de disposer de définitions mutuellement exclusives, ou de divergences d'appréciations telles qu'elles peuvent exister entre États membres.

29. Bibl. Laigneau et Saumon, Le médicament : retour sur une qualification en débat, *RGDM 2015, Panorama de droit pharmaceutique, n° spécial, p. 21.* – Megerlin et Fouassier, Le juge européen et la notion de médicament : la subsidiarité et la civilisation en question, *D. 2015. Chron. 23.* – Fouassier, Du néant à l'indicible ou les tribulations jurisprudentielles du médicament par fonction, *RGDM 2013, n° 46, p. 59.* – Petit, Médicament, droit français, droit communautaire et Convention européenne des droits de l'homme, *Europe mars 1997, chron., p. 7.* – Fouassier, L'influence de la jurisprudence européenne sur la définition française du médicament, *RDSS 1997. 301.* – Cadeau et Richeux, Le juge communautaire et le médicament, libre circulation et protection de la santé publique, *LPA 15 janv. 1996, p. 4.* – Clément, La notion de médicament en droit communautaire de la santé, *LPA 27 janv. 1995, p. 19.* – Deboyser, Développements récents du droit communautaire relatif aux médicaments, *Rev. eur. dr. consom. 1994, p. 39.* – Petit, La notion de médicament en droit communautaire, *RDSS 1992. 571.* – Fauran, La Cour de justice des Communautés européennes et la définition du médicament, *Gaz. Pal. 1992. 2. Doctr. 654.* – Cartou, Des potards, des potions, des patients : la pharmacie devant le droit communautaire, *LPA 14 août 1991, p. 20.* – Viala et Maurain, Médicament et monopole devant la Cour de justice de Luxembourg, *LPA 10 juill. 1991, p. 51.* – Calvo, La notion de médicament en droit communautaire, *LPA 17 juill. 1987, p. 30.*

III. ANALYSE DE LA JURISPRUDENCE NATIONALE

A. JURISPRUDENCE ANTÉRIEURE À L'ORD. N° 67-827 DU 23 SEPT. 1967

1° NOTIONS DE DROGUE, DE PRÉPARATION ET DE COMPOSITION

30. Notion de drogue. Sur la notion de drogue (simple) et de préparation, V. • Crim. 1er juin 1911 : *Gaz. Pal. 1911. 2. 259* (une opération de pulvérisation de la noix vomique, à raison des manipulations diverses qu'elle comporte, demande la connaissance de l'art de la pharmacie pour que la poudre obtenue soit de bonne qualité, conforme aux prescriptions du codex, et qu'elle contienne, au dosage voulu, les éléments utiles exigés par ce formulaire : la poudre de noix vomique est donc une préparation et non une drogue simple dans la mesure où elle requiert des connaissances pharmaceutiques).

31. Notion de composition. Sur la notion de composition au regard de la loi du 21 germinal an XI : il s'agit d'abord, de « tout produit obtenu par des combinaisons et dosages de corps simples susceptibles d'en altérer la substance pour en faire un médicament ». • Crim. 6 janv. 1912 : *S. 1913. 1. 60.* ♦ Puis, selon l'arrêt des chambres réunies, de produits dans lesquels « des éléments divers ont été réunis en vue d'un effet curatif et préventif à obtenir grâce à l'association de principes actifs de ces éléments, sans qu'il y ait lieu de distinguer selon la nature des procédés chimiques ou autres employés pour la confection de ces produits ». • Cass., ch. réun., 29 nov. 1943 : *JCP 1944. II. 2628 ; S. 1945. 1. 35, note Garraud* (la définition de la composition n'a pas été remise en cause par la loi du 11 sept. 1941, ni par les rédactions successives de l'ancien art. L. 511).

32. Application extensive. A toutefois été considéré comme un médicament un petit « condensateur » (Ionoplast), constitué par l'assemblage de feuillets métallisés séparés par des feuilles de papier et reliés à une bande de tissu adhésif renfermant une substance dérivée du zinc et qui, individuellement, n'avaient aucune propriété préventive ou curative, dès lors que l'assemblage était présenté au public comme possédant des vertus curatives. • Paris, 28 juin 1967 : *JCP 1968. II. 15742, note Santoni* • Crim. 28 mai 1968 : *Bull. crim. n° 178 ; D. 1968. 746, note Dillemann et Plat* (cette jurisprudence est devenue obsolète, notamment depuis de l'avènement du statut de dispositif médical, V. art. L. 5211-1).

2° CRITÈRE DU CONDITIONNEMENT EN VUE DE L'USAGE AU POIDS MÉDICINAL

33. Poids médicinal. Selon le dernier état de la jurisprudence, le conditionnement au poids médicinal consistait dans le débit d'un produit en vue d'un emploi curatif, la substance n'étant pas conditionnée au kilogramme ou à la livre, ainsi qu'il est d'usage pour la vente des produits alimentaires, mais étant dosée au poids nécessaire pour effectuer une cure ; en l'espèce, le produit était conditionné en sachets de 20 g, correspondant à la quantité qui devait être utilisée pour remédier aux maladies énumérées dans la notice. • Crim. 8 janv. 1970 : *Doc. pharm. n° 1638.* ♦ L'Ord. n° 67-827 du 23 sept. 1967 ayant supprimé l'exigence du conditionnement au poids médicinal, un prévenu de chef d'exercice illégal de la pharmacie ne pouvait se prévaloir de l'absence de cette condition pour prétendre que les produits qu'il offrait à la vente n'entraient pas dans la définition du médicament. • Crim. 13 avr. 1976, *Melchior : Bull. crim. n° 118 ; JCP 1977. II. 18590, note Azéma.*

34. Bibl. Van den Brink et Fouassier, Un anachronisme juridique : la notion de poids médicinal dans la définition du médicament : de la loi de Germinal à l'ordonnance du 23 septembre 1967, *Rev. Hist. pharm., XLIX, 2001, n° 330, p. 215.* – Kornprobst, Feu le poids médicinal, *La Presse Médicale, 6 janv. 1968.*

3° NOTION DE MALADIE HUMAINE

35. Applications diverses. Ont notamment été considérés comme maladies : les cancers, et notamment la leucémie. T. corr. Seine, 14 mai 1965 (affaire de « l'anablast » de Naessens). ♦ ... Les migraines. • Crim. 20 déc. 1956 : *Bull. crim. n° 866.* ♦ ... Les rhumatismes. • Paris, 13 nov. 1969 : *Doc. pharm. n° 1752.* ♦ ... La couperose ou la cellulite. • Crim. 25 janv. 1963 : *Bull. ordre pharm. 1964. 472* • T. corr. Seine, 6 mars 1957 : *D. 1957. 242, note Golléty* • T. corr. Seine, 6 mars 1957 : *D. 1957. 277.* ♦ ... Le phénomène de vieillissement du visage. • Paris, 24 déc. 1968 : *Doc. pharm. n° 1582.* ♦ ... Les maladies du cuir chevelu. • Crim. 7 janv. 1970 : *Doc. pharm. n° 1639.* ♦ ... L'insuffisance mammaire et l'intempérance. • Paris, 25 nov. 1971 : *Doc. pharm. n° 1701.* ♦ ... La carie dentaire. • T. corr. Seine, 20 juin 1951 : *D. 1952. 791* • T. corr. Rouen, 9 juill. 1952 : *D. 1952. 789.* ♦ ... Les cors aux pieds. • Crim. 20 juin 1913 : *Bull. crim. n° 306 ; S. 1914. 1. 20.* ♦ Peu important le caractère plus ou moins précis des maladies en question. • Amiens, 11 janv. 1972 : *Doc. pharm. n° 1741.* ♦ ...Ou la multiplicité des indications thérapeutiques. • Crim. 8 janv. 1970 : *Doc. pharm. n° 1638* • Crim. 22 juill. 1971 : *Doc. pharm. n° 1712.* ♦ Mais il convient quand même que le produit vise la prévention ou le traitement d'une ou de plusieurs affections déterminées. • Paris, 21 mai 1968 : Doc. *pharm. n° 1814.*

36. Cas particuliers. N'a pas été considérée comme un médicament, car n'étant pas destinée à combattre des maladies, une lotion capillaire débitée en vue de la destruction des poux et des lentes. • Crim. 10 mai 1924 : *Bull. crim. n° 205* (la L. n° 78-699 du 6 juill. 1978 intégrera les insecticides et acaricides destinés à être appliqués sur l'homme dans le champ du monopole des pharmaciens). ♦ Même solution pour un dentifrice destiné à faire passer l'envie de fumer. • Montpellier, 8 avr. 1954 : *D. 1954. 440.* ♦ Le goût du tabac n'est pas, en effet, une maladie mais un fléau social qui intéresse directement l'hygiène : un produit destiné à lutter contre le goût du tabac n'est donc qu'un produit d'hygiène et non un médicament. • Crim. 13 avr. 1956 : *D. 1956. 455* (cette jurisprudence a été contrecarrée par l'intervention de la L. n° 76-616 du 9 juill. 1976 relative à la lutte contre le tabagisme, V. art. L. 5121-2).

4° PRODUITS PRÉSENTÉS COMME POSSÉDANT DES PROPRIÉTÉS CURATIVES ET PRÉVENTIVES

37. Arrêt de principe. Un produit est un médicament lorsqu'il est décrit ou recommandé expressément comme possédant des propriétés curatives et préventives. • Cass., ch. réun., 4 mars 1858 : *DP. 1858. 1. 184, concl. Dupin.* ♦ V. déjà. • Crim. 6 févr. 1857 : *D. 1857. 1. 33.* ♦ ... Et ce, même si le produit n'a pas les vertus qu'on lui prête. • Crim. 9 mars 1923 : *S. 1924. 1. 145, note Perreau.* • Rouen, 9 juill. 1952 : *D. 1952. 780.* ♦ ... Ou si le vendeur récuse à l'avance la qualité de médicament. • Paris, 24 janv. 1967 : *Doc. pharm. n° 1520.*

38. Présentation implicite. Sur le problème des présentations implicites et des indices utilisés, par défaut, par la jurisprudence, V. • Cass. 22 nov. 1876 : *S. 1876. 1. 328* • Cass. 25 janv. 1902 : *S. 1902. 1. 384* • Cass. 25 juin 1908 : *S. 1908. Somm. 1.* ♦ Sur l'analyse de la composition du produit, V. • TGI Paris, 21 févr. 1970 : *JCP 1970. II. 16452, note Dillemann et Plat ; RDSS 1970. 384, obs. Auby.* ♦ *Contra* : « il n'est pas suffisant qu'une drogue, substance ou composition, ait des vertus curatives ou préventives à l'égard de la constipation, maladie humaine... il est indispensable que cet article soit présenté comme tel ». • Paris, 18 oct. 1957 : *S. 1958. 48, note Golléty* (suppositoires à la glycérine).

39. Présentation dissociée. Pour qualifier un médicament au regard de sa présentation, il avait été jugé que les indications sur les propriétés *curatives ou préventives* peuvent figurer sur des prospectus distincts. • Crim. 8 janv. 1970 : *Doc. pharm. n° 1638* • Paris, 13 nov. 1969 : *Doc. pharm. n° 1752.* ♦ ... Ou être mentionnées verbalement. • TGI Dôle, 16 avr. 1969 : *Doc. pharm. n° 1607* • Paris, 9 oct. 1970 : *Doc. pharm. n° 1681.* ♦ ... Des indications de posologie pouvant donner à un produit « l'allure d'un médicament ». • Crim. 19 févr. 1959 : *Bull. crim. n° 122* • Crim. 20 oct. 1959 : *Bull. crim. n° 919.*

40. Inscription à la pharmacopée. L'inscription d'un produit à la pharmacopée (anciennement codex) ne lui confère pas, à elle seule, la qualité de médicament. • Crim. 27 févr. 1886 : *Bull. crim. n° 79* (poudre de lin) • Paris, 31 janv. 1914 : *DP 1915. 2. 48* (bonbons au menthol) • Orléans, 2 avr. 1851 : *DP 51. 2. 222* (sirop de gomme) • Crim. 10 mai 1924 : *Bull. crim. n° 205* (infusion de plantes destinée à la destruction des poux) • Crim. 18 juin 1896 : *Bull. crim. n° 194* (saccharine) • T. corr. Seine, 3 févr. 1941 : *Gaz. Pal. 1941. 1. 341* (maté) • Crim. 11 févr. 1887 : *Bull. crim. n° 58* • Crim. 13 mars 1919 : *Bull. crim. n° 64* (divers produits alimentaires ou hygiéniques tels que le persil, l'huile d'olive, le miel blanc ou le thé).

5° PRODUITS ADMINISTRÉS EN VUE D'ÉTABLIR UN DIAGNOSTIC MÉDICAL

41. Produits de contraste. Sur la qualification des produits de l'espèce en tant que médicaments, sous l'empire de la loi du 21 germinal an XI, V. • Paris, 11 mai 1937 : *S. 1938. 2. 71.* ♦ Jugé en sens contraire sous l'empire de la loi du 11 sept. 1941. • Paris, 27 juin 1958 : *D. 1958. 643* (à propos de produits de contraste utilisés en radiologie). D'où les dispositions introduites à l'art. L. 511 par l'Ord. n° 59-250 du 4 févr. 1959 et reprises par l'Ord. n° 67-827 du 23 sept. 1967, conformément à la Dir. 65/65/CEE du 26 janv. 1965 (première branche de la définition du médicament par fonction).

42. Bibl. Dillemann et Plat, Considérations sur les définitions scientifiques et juridiques des éléments constitutifs du médicament, *D. 1963. Chron. 189.* – Auby, La notion de médicament en droit pharmaceutique, *JCP 1962. I. 1708.* – Bernays et Hauser, La définition juridique du médicament, *JCP 1958. I. 1456.* – Perreau, Législation et jurisprudence pharmaceutiques, *Baillière, tome I, 1920.*

B. NOTION DE « MÉDICAMENT PAR COMPOSITION » ISSUE DE LA L. N° 71-1111 DU 31 DÉC. 1971 (ART. L. 5111-1, AL. 2)

1° CERTAINS PRODUITS COSMÉTIQUES OU D'HYGIÈNE CORPORELLE

43. Évolution législative. Sur la nécessité de recourir à un texte législatif pour déroger aux dispositions de l'ancien art. L. 511, le gouvernement ne pouvant pas, par un règlement d'administration publique (Décr. n° 68-397 du 16 avr. 1968), étendre aux personnes qui ne réunissent pas les conditions exigées pour exercer la profession de pharmacien le droit de fabriquer et de vendre certaines catégories de produits capillaires, d'hygiène corporelle et de beauté renfermant des substances vénéneuses, V. • CE, ass., 9 juill. 1971, *CNOP : Lebon 522, concl. Braibant ; RDSS 1972. 48, obs. Auby.* ♦ Avant l'adoption de la L. n° 71-1111 du 31 déc. 1971, étaient considérés comme des médicaments les produits cosmétiques, dès lors qu'ils contenaient une substance vénéneuse à quelque dose ou concentration que ce fût. • Crim. 13 avr. 1956 : *Bull. crim. n° 297 ; D. 1958. 455, note Golléty* (à propos d'un dentifrice destiné à combattre l'habitude du tabac). ♦ Les dispositions particulières aux produits cosmétiques médicamenteux, qui figuraient encore sous l'art. L. 511, al. 2, ont été abrogées par la L. n° 98-535 du 1er juill. 1998. Sur les produits cosmétiques, V. art. L. 5131-1.

2° CERTAINS PRODUITS DIÉTÉTIQUES

44. Substances chimiques. Le visa de l'art. L. 511 [L. 5111-1] par un texte réglementant des produits diététiques n'a pas pour effet d'en faire son support légal. • CE 30 avr. 1969, *Sté française d'alimentation saine : Lebon 232.* ♦ Avant l'intervention de la L. n° 71-1111 du 31 déc. 1971, le Conseil d'État avait précisé qu'une réglementation destinée à énumérer les substances biologiques qu'il est licite d'ajouter aux aliments diététiques et de régime n'avait pas pour effet de retirer à ces produits la qualité de médicaments qu'ils tiendraient des dispositions de l'art. L. 511 ancien. • CE 24 juin 1970, *CNOP : Lebon 436.* ♦ Les additifs chimiques susceptibles, par leurs propriétés, de conférer à un produit le caractère de médicament sont essentiellement constitués de vitamines, de sels minéraux et d'acides aminés. • Crim. 13 avr. 1976, *Melchior : Bull. crim. n° 118 ; JCP 1977. II. 18590, note Azéma.* ♦ A été confirmé un arrêt ayant constaté que des produits composés d'oligoéléments ne peuvent être regardés comme possédant des propriétés spéciales recherchées en thérapeutique diététique ou des propriétés de repas d'épreuves au sens de la L. n° 71-1111 du 31 déc. 1971, l'allégation de propriétés curatives et préventives à l'égard de maladies résultant des carences en oligoéléments suffisant à les caractériser de médicaments. • Crim. 5 mai 1981 : *Bull. crim. n° 142 ; JCP 1982. II. 19826, note Azéma* (affaire des « Catalyons »).

45. Produits biologiques. Au regard des dispositions considérant comme des médicaments, dont la préparation, la vente en gros ou au détail et toute délivrance au public sont réservées aux pharmaciens, les produits diététiques qui renferment dans leur composition des substances biologiques ne constituant pas par elles-mêmes des aliments, mais dont la présence confère à ces produits des propriétés spéciales recherchées en thérapeutique diététique, la Cour de cassation avait estimé qu'il en est ainsi d'un produit diététique contenant de l'embryon de poulet préalablement lyophilisé et réduit en poudre. • Crim. 10 juill. 1973 : *Bull. crim. n° 320 ; JCP 1973. II. 17586, note Doll.* ♦ V. déjà à propos de l'embryon de poulet dilacéré dans du sirop de miel. • Paris, 4 juin 1956 : *D. 1956. 614, note Golléty* • Crim. 4 avr. 1957 : *Bull. crim. n° 331.*

46. Notion obsolète. Si l'on excepte quelques jurisprudences isolées (V. • Versailles, 15 déc. 1994 : *arrêt n° 926*, appliquant la notion de médicament par composition au produit « Lécitone » à base de phospholipides cérébraux d'huile de germe de blé et de vitamine E...), la notion de « médicament par composition » semble tombée en désuétude, compte tenu notamment de l'interprétation exhaustive donnée par la Cour de justice à la notion de médicament par présentation et par fonction, V. • CJCE 30 nov. 1983, *Van Bennekom*, n° C-227/82 : *préc. note 8.* ♦ On peut s'interroger, en outre, sur la compatibilité avec le droit de l'Union des dispositions de l'art. L. 5111-1, al. 2 : les produits diététiques et les produits de régime ont en effet reçu un statut propre avec la Dir. 89/398/CEE du 3 mai 1989 relative aux denrées alimentaires destinées à une alimentation particulière (V. Décr. n° 91-827 du 29 août 1991, *JO 31 août*), remplacée par la Dir. 2009/39/CE du 6 mai 2009 (*JOUE 20 mai*) elle-même abrogée à compter du 20 juill. 2016 et remplacée par le Règl. (UE) n° 609/2013 du 12 juin 2013 concernant les denrées alimentaires destinées aux nourrissons et aux enfants en bas âge, les denrées alimentaires destinées à des fins médicales spéciales et les substituts de la ration journalière totale pour contrôle du poids (JOUE 29 juin). Quant aux compléments alimentaires, ils bénéficient d'un statut depuis la Dir. 2002/46/CE du 10 juin 2002 (*JOCE 12 juill.*), transposée par le Décr. n° 2006-352 du 20 mars 2006 (*JO 25 mars*).

3° CAS DES EAUX MINÉRALES

47. Eaux minérales artificielles. Les sous-produits des eaux minérales ne sont pas, en principe, des médicaments. • Crim. 6 janv. 1912 : *Bull. crim. n° 17.* ♦ Mais ils peuvent le devenir si une substance y est mêlée et s'ils sont présentés comme ayant des vertus curatives ou préventives. • Crim. 21 déc. 1911 : *Bull. crim. n° 604.* ♦ A ainsi été considérée comme médicament à raison de sa composition une eau purgative à base de bicarbonate et de sulfate de soude. • Crim. 9 nov. 1937 : *DH 1938. 56 ; Gaz. Pal. 1937. 2. 850.* ♦ N'ont toutefois pas été considérés comme des médicaments l'eau de Seltz (eau gazeuse) et les sous-produits servant à sa fabrication. • Crim. 5 déc. 1919 : *S. 1923. 1. 94* • Lyon, 5 juill. 1923 : *DH 1923. 2. 498.* ♦ Un arrêté du 15 mai 1944, relatif aux produits médicamenteux à base d'eau minérale (*JO 24 mai*), prévoit que toute eau minérale naturelle modifiée dans ses caractéristiques initiales par l'addition d'un produit quelconque autre que le gaz naturel s'échappant du griffon de la source, présentée comme jouissant de propriétés curatives ou préventives, doit être considérée comme un médicament aux termes de la loi du 11 sept. 1941, de même que toute eau minérale naturelle présentée sous une forme pharmaceutique particulière en vue d'une application spéciale de ses propriétés thérapeutiques générales. ♦ Sur les eaux minérales naturelles, V. art. L. 1322-1 s. et la Dir. 2009/54/CE du 18 juin 2009 relative à l'exploitation et à la mise dans le commerce des eaux minérales naturelles (*JOCE 26 juin*).

48. Bibl. Fontaine, Le régime juridique des eaux minérales, *LPA 20 août 1990, p. 4*. – Dillemann, Les problèmes posés par l'application pratique de l'article L. 511 CSP aux aliments diététiques, *JCP 1974. I. 2624*. – Plat, La définition nouvelle des produits d'hygiène ayant le statut du médicament, *RDSS 1972. 44*.

C. INTERPRÉTATION DE LA DÉFINITION DU MÉDICAMENT ISSUE DE L'ORD. N° 67-827 DU 23 SEPT. 1967 (TRANSPOSANT LA DIR. 65/65/CEE DU 26 JANV. 1965)

1° GÉNÉRALITÉS

a. Définition par présentation

49. Notion de maladie. Ont été considérés comme des maladies : le cancer sous ses différentes formes. • T. corr. Paris, 18 déc. 1978 : *Inf. pharm. 1979. 755, obs. Viala* (affaire des « peroxydases synthétiques » du Dr Solomidès) • T. corr. Châteauroux, 16 mars 1988 : *Inf. pharm. 1989. 83* • T. corr. Cambrai, 4 oct. 1989 : *Nouv. pharm. 1991, n° 332, p. 103*. ♦ ... Les maladies dégénératives. • Paris, 5 mai 1993 : *Nouv. pharm. 1993, n° 341, p. 292, obs. Viala*. ♦ ... Les maladies virales. • T. corr. Paris, 26 nov. 1974 (à propos d'un antiviral : le HF2). – V. également • T. corr. Lyon, 13 juill. 1983 : *RTD com. 1983. 607, obs. Bouzat*. ♦ ... La couperose. • T. corr. Paris, juin 1982 : *Inf. pharm. 1982. 535 ; RDSS 1982. 615, obs. Auby*. ♦ Sur l'obésité (affaire du thé Lotos), V. • Douai, 15 mars 1985 : *Inf. pharm. 1985. 679*. ♦ Et sur les alopécies diffuses fonctionnelles non androgéniques (Actipil) ainsi que les jambes lourdes (Vénactil), V. • TGI Bourg-en-Bresse, 30 oct. 1996 : *Nouv. pharm. 1997, n° 354, p. 139*.

50. Applications diverses. Constituent des médicaments : un produit ayant une action de rajeunissement. • TGI Paris, 20 mai 1975 : *Doc. pharm. n° 2006*. ♦ ... Un produit de nature à rétablir la virilité. • TGI Grasse, 18 mars 1975 : *Doc. pharm. n° 2005* • TGI Paris, 12 avr. 1976 : *Doc. pharm. n° 2120* • Paris, 3 mars 1977 : *RDSS 1978. 484, obs. Auby* • Crim. 1er mars 1983 : *Inf. pharm. 1983. 574, obs. Viala*. ♦ ... Ou présenté comme support de l'énergie musculaire et cérébrale. • Crim. 24 oct. 1989 : *Bull. crim. n° 377*. ♦ ... Un produit de nature à calmer la douleur. • T. corr. Marseille, 12 déc. 1974 : *JCP 1975. II. 18061, note Dillemann*. ♦ ... Un produit qui évite et prévient les dermatoses et réactions allergisantes. • Crim. 3 avr. 1973 : *Bull. crim. n° 169 ; Inf. pharm. 1973. 1064, note Doll*. ♦ Ont pareillement été considérés en tant que médicaments par présentation : divers gels pour jambes lourdes, brûlures, antirhumatismaux, « tonique ». • Lyon, 25 mars 1999, *Min. publ. c/ Lagrange : Nouv. pharm. 1999, n° 365, p. 588*.

51. Caractère bénin ou grave. La Cour de cassation ne distingue pas les maladies bénignes de celles présentant une gravité suffisante pour que le produit préconisé pour les combattre puisse être regardé comme un médicament. • Crim. 19 déc. 1989 : *pourvois nos 88-87.081 et 88-87.127*.

52. Médicament « par impression ». S'agissant des oligoéléments Catalyons, l'analyse d'une cour d'appel se bornant à relever que leur « mode d'emploi » et leur « prix » étaient fixés de façon à conférer à ces produits « l'impression » que l'on avait affaire à des médicaments a été validée. • Crim. 5 mai 1981 : *Bull. crim. n° 142 ; JCP 1982. II. 19826, note Azéma*.

53. Médicament « par nature ». Jugé, à propos du « Propolips » de la société Plantes et Médecines, présenté comme soignant les boutons de fièvre, nom commun d'une maladie virale, l'herpès labial, qu'il était en outre indiqué dans la brochure « Elusanes » que le propolis est un anesthésique et un antiseptique et qu'il apparaît ainsi qu'il s'agit d'un « médicament par nature ». • Crim. 15 mai 2001, n° 00-84.025.

54. Présentation verbale. Est un médicament un produit dit « baume souverain », à base d'acétate de plomb et décrit comme destiné à l'arboriculture, alors qu'il était prôné verbalement auprès du public pour combattre les gerçures du sein chez la femme allaitante ainsi que les érythèmes fessiers des nourrissons. • Nancy, 30 mai 1980 : *Inf. pharm. 1980. 1117*.

55. Présentation séparée. Jugé, pour retenir la qualification de médicament par présentation, que les indications sur les propriétés curatives ou préventives peuvent figurer sur des prospectus distincts. • Crim. 26 janv. 1988 : *Bull. crim. n° 38* (plantes médicinales et essences végétales). ♦ Un produit composé de sève d'érable et de sève de palme constitue un médicament dès lors qu'il est présenté, sur la notice rédigée par son distributeur, à l'intention de médecins invités à des réunions d'information qu'il organise, comme possédant des propriétés curatives et préventives à l'égard des maladies humaines, propriétés mentionnées verbalement par le médecin au patient lors de la prescription du produit. • Crim. 2 déc. 1998 : *Bull. crim. n° 330*. ♦ Constituent également des médicaments par présentation et non de simples compléments alimentaires les produits Nutri Prostate, Nutri Veine, Nutri Cœur, Nutri Rein et Nutri Utérus proposés à la vente sur un site internet vantant leurs propriétés curatives et proposant des cours et conférences aux médecins, chirurgiens-dentistes et vétérinaires. • T. corr. Grasse, 14 févr. 2007 : *Nouv. pharm. 2008, n° 399, p. 178*.

56. Mentions pharmaceutiques. La mention « conçu et fabriqué sous contrôle pharmaceutique » et celle relative à la posologie et aux précautions d'emploi sont des éléments de nature à emporter la qualification de médicament par présentation. • Crim. 19 déc. 1989 : *Bull. crim. n° 492.* ♦ Doit être cassé l'arrêt ayant dénié la qualité de médicament au produit « SupTonic » alors que ce dernier, conditionné sous forme de comprimés, était composé de vitamines et de minéraux et présenté comme stimulant les réactions enzymatiques de l'organisme et que son emballage comportait la composition du produit et la mention que le « SupTonic est fabriqué et contrôlé par des pharmaciens vente en pharmacie ». • Crim. 19 déc. 1989, n° 89-82.784. ♦ C'est à bon droit que les juges du second degré ont pu déduire que les produits mis en vente sont des médicaments par présentation en relevant un ensemble d'éléments de présentation des produits en cause, tels l'emploi d'un emblème évoquant celui des pharmaciens, l'indication répétée du mot « laboratoires », l'utilisation de conditionnements analogues à ceux des médicaments vendus en pharmacie, la mention, pour les sachets contenant la vitamine C 500, de la composition, de la posologie et en outre, à propos de la solution pour inhalation aux essences végétales, des recommandations d'emploi, l'usage de ce produit étant interdit « pour les bébés de moins de 30 mois et limité pour les enfants de moins de 7 ans ». • Crim. 20 mai 1992, n° 90-83.936.

57. Mentions non déterminantes. Est rejeté, en revanche, le pourvoi dirigé contre un arrêt ayant dénié la qualification de médicaments à divers produits (antiasthéniques, pastilles pour la gorge) en constatant que les emballages des produits litigieux et les notices les accompagnant ne comportent pas de mentions les décrivant comme possédant des propriétés curatives ou préventives à l'égard des maladies et que les indications concernant leurs modalités d'absorption constituent davantage un conseil qu'une posologie, le fait qu'il soit indiqué que deux de ces produits soient fabriqués et contrôlés par des pharmaciens ne suffisant pas à leur conférer le caractère de médicament par présentation. • Com. 10 janv. 1995, n° 93-11.961. ♦ C'est à bon droit qu'une cour d'appel relève que la boîte du produit (Tonus mémoire) comporte la photographie d'un écolier ainsi qu'une vignette le garantissant comme « 100 % d'origine naturelle », ce qui n'est pas conforme à la présentation habituelle d'un médicament ; qu'elle retient que les mentions figurant sur l'emballage, désignant le produit comme une spécialité diététique à teneur garantie en vitamine E, ne fait référence à aucune pathologie ni effet thérapeutique, mais indique que « son action progressive redonne à la fois tonus et vitalité, ainsi que calme et harmonie » ; que la boîte, sur laquelle figure la liste des ingrédients, ne mentionne pas de posologie mais des conseils d'utilisation en précisant « ceci n'est pas un médicament » ; que la présentation sous forme galénique de même que la mention sur l'emballage « testé sur des milliers de cas » ne suffisent pas à conférer à cet article, destiné à soutenir « le tonus de l'esprit », le caractère de médicament par présentation pour un consommateur moyennement avisé. • Crim. 5 août 1997, n° 96-82.805. ♦ La qualification de médicament a également été rejetée pour le « Baume du tigre » : notice présentant des allégations non déterminantes de type simple soulagement de troubles mineurs ; présentation sur le conditionnement de caractères chinois et d'un dessin de tigre qui ne peuvent faire croire au public qu'il acquiert un médicament ; aucun effet significatif sur le métabolisme. • Crim. 17 nov. 2004, n° 03-87.553. ♦ *Contra* : le baume chinois, présenté comme ayant des effets remarquables sur les maux de dos, les raideurs musculaires et l'arthrite, est un médicament. • Crim. 28 sept. 1999, n° 98-84.302. ♦ Sur l'annulation de la relaxe prononcée au bénéfice d'un prévenu du chef d'importation en contrebande de marchandises prohibées, au motif que les juges d'appel, pour dénier au « Baume du tigre » la qualité de médicament, n'avaient pas procédé à une analyse concrète des caractéristiques du produit, V. • Crim. 8 juill. 2015, n° 14-83.624.

58. Indications posologiques. Doit être approuvé l'arrêt ayant retenu la qualité de médicament à un produit portant le nom de « Migren patch », nom évoquant la migraine c'est-à-dire un « syndrome caractérisé par des accès de céphalalgie intense pulsatile et d'origine vasomotrice ayant pour siège les régions temporales, arbitraire accompagnée de malaise général, de nausées, de vomissements et de phénomènes ophtalmologiques », et dont l'emballage portait la mention d'une posologie : « dès les premiers symptômes appliquer un patch au niveau de la nuque ; conseil plus : appliquer sur le front une compresse ou un gant de toilette contenant de la glace ». • Crim. 4 avr. 2006 : *Bull. crim. n° 100.*

59. Double qualification. Relevant que l'emballage des produits Sanhelios, conditionnés sous forme de capsules ou dragées, comporte des indications thérapeutiques et la mention d'une posologie similaire à celle figurant sur les spécialités pharmaceutiques, les juges du fond ont pu légalement en déduire que les produits incriminés constituent des médicaments par présentation et que, pouvant être administrés en vue de restaurer, corriger ou modifier les fonctions organiques, ils constituent aussi des médicaments par *fonction.* • Crim. 23 mai 2000, n° 99-84.556.

b. Définition par fonction

60. Diagnostic médical. Jugé qu'une dose de glucose ingérée par une patiente sur laquelle est pratiquée une hyperglycémie provoquée est un médicament, en ce sens qu'il s'agit d'un produit pouvant être administré à l'homme en vue d'établir un diagnostic médical. • Metz, 5 juill. 1979 : *RDSS 1979. 493, obs. Auby.*

61. Effets réels ou supposés. Il n'est pas exigé que les effets du produit administré soient démontrés, il suffit qu'ils soient « seulement supposés ». • Crim. 24 oct. 1989 : ♖ *Bull. crim. n° 377* (vitamine C). • Crim. 22 févr. 1990, ♖ n° 89-82.885. ♦ Il suffit également que l'on se réfère à l'usage auquel le produit est destiné. • Crim. 27 nov. 1996 : ♖ *Bull. crim. n° 435* (vitamine C)

62. Action sur le métabolisme. Sont considérés comme répondant à la définition du médicament par fonction : le « Pianto Digest », présenté comme « utile au foie, à la bile, au sang et aux artères » et comme favorisant la digestion ; le « Pianto Cao » présenté comme de nature à « favoriser le métabolisme des acides gras saturés et du cholestérol, la digestion du lait et le développement d'une bonne flore intestinale » ; le « Pianto K Fé » capable « par ses propriétés toniques pour le foie de favoriser la régulation de la bile, le développement d'une bonne flore intestinale et la propreté artérielle ainsi que de régulariser les fonctions de l'intestin ». • Crim. 13 avr. 1976, *Melchior : Bull. crim. n° 118 ; JCP 1977. II. 18590, note Azéma.* ♦ Des produits commercialisés sous la mention de complément alimentaire peuvent être qualifiés de médicaments par fonction, dès lors qu'ils sont présentés comme destinés à rééquilibrer le métabolisme. • Crim. 23 févr. 1999, ♖ n° 97-83.536 (produit à base d'huile naturelle de saumon). ♦ Il en va de même lorsqu'ils sont destinés à corriger une fonction physiologique. • Crim. 28 sept. 1999, ♖ n° 98-84.302 (produit à base d'algue spiruline et de carnitine). ♦ Jugé également que des perles d'huile de saumon sauvage du Pacifique (Orlian oméga) étaient un médicament par fonction, dès lors que le produit en cause revendique une action sur le métabolisme sanguin et en particulier une action sur le cholestérol, la notion de métabolisme renvoyant nécessairement aux fonctions organiques indispensables à la vie et rééquilibrer revient à corriger un déséquilibre supposé perdu. • Crim. 12 juin 2001, ♖ n° 00-83.445.

2° ANALYSE PAR CATÉGORIES DE PRODUITS

a. Vitamine C

63. Confirmation. La Cour de cassation (Chambre criminelle) a confirmé la qualification de médicament pour la vitamine C : en tant que médicament par fonction lorsqu'elle est administrée en vue de restaurer les fonctions organiques. • Crim. 6 déc. 1988, ♖ n° 87-92.054 • Crim. 4 avr. 1991, ♖ n° 90-80.208. ♦ ... En tant que médicament par présentation lorsque le produit est offert à la vente en sachets ou comprimés avec une posologie et des précautions d'emploi, ou présenté comme un aliment énergétique dont l'apport est essentiel à l'organisme. • Crim. 24 oct. 1989 : ♖ *Bull. crim. n° 377* (C 500 et 800 mg) • Crim. 5 déc. 1991 : ♖ *pourvois n°s 90-86.234 et 90-86.229* (C 800 mg et C 1000 mg Sarpp). ♦ ... En tant que médicament par présentation (les produits vendus comportant un logo composé de croix évoquant celle des pharmaciens, la mention qu'ils sont fabriqués sous contrôle pharmaceutique et des indications détaillées relatives à leurs conditions d'emploi) et par fonction (la vitamine C 1000 mg conditionnée sous un degré de concentration élevé étant utilisée pour guérir ou prévenir le scorbut et certaines maladies infectieuses). • Crim. 21 janv. 1991, ♖ n° 90-82.152.

64. Cassation. La chambre criminelle a censuré plusieurs arrêts ayant dénié le caractère de médicament à la vitamine C (de 500 à 1000 mg) : encourt ainsi la cassation l'arrêt qui, pour relaxer le prévenu en ce qui concerne la vente de vitamine C 500 et C 1000, retient que la vitamine C n'a d'autres effets que de pallier sa propre carence dans l'organisme et de guérir le scorbut, maladie aujourd'hui disparue en France, les effets ainsi décrits entrant dans le champ de la définition du médicament par présentation. • Crim. 19 déc. 1989 : ♖ *Bull. crim. n° 492* • Crim. 19 déc. 1989, ♖ n° 89-82.178. ♦ C'est également à tort qu'une juridiction du second degré retient que la vitamine C 800 n'est pas présentée comme un médicament mais comme un aliment énergétique et un produit nutritionnel, et que sa seule propriété thérapeutique est la prévention du scorbut et de la maladie de Barlow aujourd'hui disparus en France, son action supposée sur les états asthéniques étant largement controversée, alors que selon les constatations de l'arrêt, le conditionnement du produit, qui, selon sa propre dénomination, est un produit de synthèse, spécifie sa composition chimique, ses modalités d'emploi et précise qu'il est fabriqué et contrôlé par des pharmaciens. • Crim. 22 févr. 1990, ♖ n° 89-82.885.

65. Assemblée plénière. A propos de sachets de « vitamine C 800 mg Sarpp », sur pourvoi contre un arrêt (Angers, 30 janv. 1989) qui avait écarté la qualification de médicament par présentation, l'Assemblée plénière confirme la décision attaquée en notant que la cour d'appel a pu légalement : 1) constater que l'emballage ne comporte aucune allusion à une action thérapeutique, la vitamine C étant seulement décrite comme un aliment « énergétique » et un produit « nutritionnel » ; 2) relever que le conditionnement en sachets de poudre et la mention de la formule du produit « peuvent se retrouver dans l'alimentation » et que la précision selon laquelle cette vitamine est fabriquée et contrôlée par des pharmaciens se retrouve pour d'autres produits de beauté ou de « confort » ; 3) considérer que les indications très approximatives concernant ses modalités d'absorption constituent davantage un conseil qu'une posologie. Mais un produit qui ne possède pas de propriétés curatives ou préventives à l'égard des maladies humaines ou animales est un médicament s'il peut être administré en vue de restaurer, corriger ou modifier des fonctions organiques : doit être cassé, pour manque de base légale, l'arrêt qui décide que la vitamine C 800 mg n'est pas un médicament par fonction, sans procéder à une « analyse concrète », au sens de la jurisprudence communautaire, afin de vérifier si la vitamine C 800 est un produit qui peut être administré en vue de restaurer, corriger ou modifier des fonctions organiques, et sans rechercher ses propriétés pharmacologiques en l'état actuel des connaissances scientifiques, ses modalités d'emploi, l'ampleur de sa diffusion et la connaissance qu'en ont les consommateurs. • Cass., ass. plén., 6 mars 1992, *Sté Bachelot-Tessier et a. c/ Sté Sogramo-Carrefour et a. : Bull. ass. plén. n° 2 ; D. 1992. 305, concl. contraires Dontenwille ; JCP 1992. II. 21882, note Chaput ; RDSS 1992. 279, obs. Auby ; LPA 11 mai 1992, p. 9, note Viala et Cristau ; D. 1993. Somm. 134, obs. Storck.* ♦ Jugé par la cour de renvoi que la vitamine C 800 mg est un médicament par fonction. • Versailles, 22 janv. 1996 : *LPA 18 mars 1996, p. 4, note Viala et Lambert.*

66. Chambre criminelle : cassation. Encourt la censure l'arrêt de la cour d'appel qui, pour retenir qu'il n'est pas établi qu'un produit à base de vitamine C constitue un médicament, énonce, après avoir analysé les conclusions divergentes de plusieurs expertises, qu'un doute subsiste sur les effets réels d'un tel produit, les dispositions de l'art. L. 511 [L. 5111-1] n'exigeant pas que les effets du produit sur l'organisme soient scientifiquement démontrés mais se référant à l'usage auquel il est destiné en vue notamment de restaurer ou corriger les fonctions organiques. • Crim. 27 nov. 1996 : *Bull. crim. n° 435.* ♦ V. également sur la cassation d'un arrêt ayant dénié la qualité de médicament par fonction à la vitamine C 800 mg des laboratoires Sarpp. • Crim. 11 juin 1997, n° 95-85.306.

67. Chambre criminelle : confirmation. Sur la confirmation d'un arrêt ayant qualifié de médicament par fonction la Juvamine vitamine C 500 mg, V. • Crim. 29 juin 1999, n° 98-84.330 • Crim. 4 juin 2002, n° 01-85.461. ♦ V. également s'agissant de la vitamine C Juvamine dosée à 180 mg, la vitamine C 500 des laboratoires Vendôme, la vitamine C 1000 des laboratoires Vitalie et la vitamine C 500 des laboratoires Bioharmonyl, qu'il est scientifiquement établi que les besoins quotidiens de l'organisme humain en vitamine C sont de 60 à 100 mg et que l'administration de cette vitamine, qui peut avoir des effets négatifs à un dosage supérieur, correspond à une action thérapeutique et ne permet pas de retenir qu'il s'agirait d'un simple complément alimentaire ; en outre, la vitamine C vendue sous la forme d'un produit de synthèse est utilisée en traitement médical associé à d'autres médicaments pour corriger les déficiences de l'organisme, d'où il s'ensuit qu'il s'agit d'un médicament par fonction. • Crim. 29 mai 2001, n° 00-86.136. ♦ Confirmation qu'eu égard à leur concentration les produits incriminés ne sauraient être considérés comme des compléments alimentaires, que les indications de la vitamine C s'étendent à tous les cas où la résistance de l'organisme a besoin d'être accrue, que son action sur le métabolisme est reconnue et qu'elle a des effets nocifs qui méritent d'être portés à la connaissance des consommateurs. • Crim. 29 janv. 2002, n° 00-88.274.

68. Chambre commerciale. S'agissant des actions introduites en référé par des syndicats de pharmaciens, visant à interdire la commercialisation, par des enseignes de la grande ou moyenne distribution, de produits qu'ils estiment relever de leur monopole, au titre de l'art. L. 4211-1, la Chambre commerciale a validé un arrêt de la cour d'appel d'Amiens ayant constaté, à la suite d'une analyse concrète de chacun des produits en cause (dont la vitamine C à 500 mg), que certains d'entre eux possédaient des propriétés curatives ou préventives à l'égard des maladies humaines et considéré, dans ce cas, que « la cour d'appel n'avait pas à rechercher les modalités d'emploi de ces produits, l'ampleur de leur diffusion et la connaissance qu'en ont les consommateurs ». • Com. 22 févr. 2000, *Sté Beiersdorf et a. : Bull. civ. IV, n° 34 ; RDSS 2000. 370, note Laude.* ♦ V. également la cassation de l'arrêt. • Angers, 30 oct. 2001, *Sté européenne de diffusion c/ Ch. synd. des pharmaciens du Maine-et-Loire : LPA 18 juill. 2002, p. 3, note Fouassier* (la cour d'appel ayant retenu à tort qu'en l'état des données actuelles, « la vitamine C ne peut être considérée comme un médicament au sens de la jurisprudence européenne en-deçà d'une consommation quotidienne de 1000 mg », ajoutant aussi que le litige se présente « dans des conditions d'extrême ambiguïté, à commencer par la qualification de la vitamine C au regard des définitions légales ou réglementaires du médicament et du complément alimentaire » et que le critère décisif est alors celui « du risque réel pour la santé publique du produit en cause, compte tenu de sa nature et de la connaissance que peut en avoir le consommateur ») • Com. 26 nov. 2003, *Ch. synd. des pharmaciens du Maine-et-Loire : Bull. civ. IV, n° 177* (selon la Cour, il appartient aux juges du fond de rechercher si les produits en cause possèdent des propriétés curatives ou préventives à l'égard des maladies humaines, ce qui suffit à entraîner leur qualification de médicament). ♦ L'arrêt rendu par la cour de renvoi (Poitiers, 6. nov. 2007) a cependant été annulé, la Chambre commerciale considérant que les juges du fond ne sauraient décider que la vitamine C constitue un médicament par fonction à partir d'un dosage supérieur ou égal à 150 mg, au vu de ses seules propriétés pharmacologiques, sans tenir compte des autres caractéristiques du produit. • Com. 27 janv. 2009, *Sté Monoprix et a. : Bull. civ. IV, n° 10 ; Gaz. Pal. 19-20 juin 2009, p. 41, note Peigné.* ♦ De nouveau saisie d'un pourvoi contre l'arrêt rendu par la cour de renvoi (Poitiers, 12 avr. 2011), la Chambre commerciale a confirmé que la vitamine C dosée à 500 mg était un médicament par fonction. • Com. 20 mai 2014, *Sté Distribution Casino France et.,* n° 12-14.096.

69. Conseil d'État. En tant que juge de cassation disciplinaire, le Conseil d'État s'est prononcé en faveur de la qualification de médicament de la vitamine C, en confirmant que le CNOP n'avait commis aucune erreur de droit « en relevant que certaines des spécialités à base de vitamine C comportent un dosage leur conférant le caractère de médicament ». • CE 10 avr. 2002, *Bader : Lebon T. 932 ; LPA 2 oct. 2002, p. 24, note Peigné.*

b. Eau oxygénée à 10 volumes

70. Confirmation. La qualification de médicament a été confirmée. • Crim. 18 oct. 1988 : *Bull. crim. n° 352 ; Gaz. Pal. 1989. 2. 683, note Mauro* • Crim. 6 déc. 1988 : *pourvois n°s 87-92.054 et 87-92.055* • Crim. 19 déc. 1989 : *pourvois n°s 89-81.947, 88-87.084, 88-87.125 et 88-87.128* • Crim. 8 mars 1990, n° 89-81.876 • Crim. 2 avr. 1992, n° 91-80.079 • Crim. 24 janv. 1996, n° 95-80.902 • Crim. 29 mai 2001, n° 00-86.136. ♦ Une solution identique a été retenue par la Chambre commerciale. • Com. 22 févr. 2000, *Sté Beiersdorf et a. : préc. note 68.*

71. Cassation. Le refus de reconnaître la qualité de médicament à l'eau oxygénée 10 volumes a été censuré : doit être cassé l'arrêt qui énonce que l'emploi de l'eau oxygénée, dont la cour d'appel relève qu'il s'agit d'un antiseptique, est autorisé dans les produits d'hygiène corporelle lorsque sa concentration est inférieure à 4 % • Crim. 19 déc. 1989 : *Bull. crim. n° 492.* ♦ Encourt également la cassation l'arrêt qui, après avoir relevé les propriétés antiseptiques et désinfectantes connues de l'eau oxygénée à 10 volumes et constaté qu'elle est utilisée pour la désinfection des plaies, retient cependant qu'étant aussi utilisée pour ses effets désodorisants et décolorants, il n'est pas établi que l'eau oxygénée ait pour effet de restaurer, corriger ou modifier les fonctions organiques. • Crim. 25 mai 1994 : *Bull. crim. n° 202.*

c. Alcool à 70° modifié

72. Confirmation. La qualification de médicament a été confirmée. • Crim. 6 déc. 1988 : *Inf. pharm. 1989. 330, obs. Viala* • Crim. 8 mars 1990 : *Inf. pharm. 1990. 723, obs. Viala* • Crim. 19 déc. 1989 : *Bull. crim. n° 491* • Crim. 19 déc. 1989, n° 88-87.127 • Crim. 25 mai 1994 : *Bull. crim. n° 202* • Crim. 21 juin 1995, n° 94-84.361 • Crim. 29 mai 2001, n° 00-86.136. ♦ V. également • Com. 22 févr. 2000, *Sté Beiersdorf et a. : préc. note 68.*

73. Cassation. Le refus de reconnaître la qualification de médicament par fonction a été censuré : encourt la cassation l'arrêt d'une cour d'appel (Aix-en-Provence, 3 févr. 1992) qui, au vu de l'avis de deux experts, retient que les produits de la marque Trepharm, dont de l'alcool modifié à 70°, dès lors qu'ils ne sont pas présentés comme possédant des propriétés curatives ou préventives à l'égard des maladies humaines, doivent être considérés comme des produits d'hygiène corporelle, sans rechercher si, compte tenu de leur marque, de leurs modalités d'emploi, de l'ampleur de leur diffusion et de leur effet antiseptique connu, ces produits n'entrent pas dans les prévisions de la définition de médicament par fonction. • Crim. 25 mai 1994 : *Bull. crim. n° 201.* ♦ Après avoir exposé l'avis des experts et rappelé la position des associations de consommateurs, ainsi que celle de la DGCCRF, la cour de renvoi (Paris, 5 déc. 1995) a relevé que l'usage de l'alcool modifié à 70° comme désinfectant cutané est sans lien quelconque avec une pathologie et en a déduit que ce produit, dont l'utilisation est sans danger pour la santé publique, ne constitue pas un médicament par fonction : nouvelle cassation, la cour d'appel ne pouvant, sans se contredire, à la fois constater que les produits incriminés présentent des propriétés antiseptiques et désinfectantes et énoncer qu'ils ne sont pas utilisés en vue de restaurer, modifier ou corriger les fonctions organiques. • Crim. 29 janv. 1997, n° 96-80.386.

74. Erreur sur le droit. Doit également être censuré l'arrêt retenant, qu'en raison de l'incertitude existant à l'époque des faits sur la définition du médicament, le prévenu n'a pas eu conscience d'enfreindre la loi, alors qu'il ne s'est prévalu d'aucune erreur sur le droit de nature à l'exonérer de sa responsabilité pénale aux termes de l'art. 122-3 C. pén. • Crim. 30 oct. 2000, n° 00-81.016. ♦ L'erreur sur le droit n'entraîne une exonération de responsabilité pénale que si la personne qui s'en prévaut n'a pas été en mesure de l'éviter : dès lors, la circonstance qu'à l'époque des faits la qualification de l'alcool à 70° comme médicament faisait l'objet de controverse n'est pas de nature à exonérer le directeur d'un magasin de grande surface, dans la mesure où il appartenait au prévenu de s'entourer de conseils appropriés. • Crim. 15 oct. 2002, n° 01-88.555.

d. Éosine aqueuse à 2 %

75. Confirmation. La qualification de médicament a été confirmée. • Crim. 6 déc. 1988, n° 87-92.054 • Crim. 2 mai 1989 : *Bull. crim.*

n° 174 • Crim. 19 déc. 1989 : ♔ *pourvois n°s 88-87.127, 89-81.947 et 89-81.993* • Crim. 21 mars 1991, ♔ n° 90-81.616.

76. Cassation. Le refus de reconnaître la qualification de médicament par fonction a été censuré pour manque de base légale : doit ainsi être cassé l'arrêt d'une cour d'appel (Aix-en-Provence, 3 févr. 1992) qui, au vu des rapports d'expertise, retient que les produits Trepharm, dont de l'éosine aqueuse à 2 %, dès lors qu'ils ne sont pas présentés comme possédant des propriétés curatives ou préventives à l'égard des maladies humaines, doivent être considérés comme des produits d'hygiène corporelle, sans rechercher si, compte tenu de leur marque, de leurs modalités d'emploi, de l'ampleur de leur diffusion et de leur effet antiseptique connu, ils ne peuvent pas relever de la définition de médicament par fonction. • Crim. 25 mai 1994 : ♔ *Bull. crim. n° 201.* ♦ Doit également être annulé l'arrêt de la cour de renvoi (Paris, 5 déc. 1995) ayant considéré, au regard des expertises et de l'avis des associations de consommateurs ainsi que de celui de la DGCCRF, que l'éosine aqueuse à 2 %, aux propriétés antiseptiques modérées, n'a aucune action thérapeutique et en tire la conclusion que son utilisation étant sans danger pour la santé publique, elle ne constitue pas un médicament par fonction. • Crim. 29 janv. 1997, ♔ n° 96-80.386.

e. Plantes médicinales et huiles essentielles présentées sous diverses formes galéniques

77. Soumission au monopole pharmaceutique. Une plante sera considérée comme médicinale si elle réunit deux critères cumulatifs : être inscrite à la pharmacopée et être destinée à un usage exclusivement médical (thérapeutique). Dès lors, ne constitue pas le délit d'exercice illégal de la pharmacie le fait de vendre, pour une personne ne possédant pas la qualité de pharmacien, des plantes qui, bien qu'inscrites à la pharmacopée, ne sont pas présentées comme ayant des propriétés thérapeutiques et ne sont pas réservées à un usage médical. • Crim. 19 déc. 1989 : ♔ *Bull. crim. n° 491* (à propos de la badiane et de l'anis). ♦ Il appartient aux juges du fond de rechercher si les produits vendus (Phytorera) contiennent des plantes médicinales inscrites à la pharmacopée n'entrant pas dans le champ des plantes libéralisées par le décret prévu à l'art. L. 4211-1. • Crim. 25 juin 1997, ♔ n° 96-82.060. ♦ Encourt la cassation l'arrêt qui ne recherche pas si des gélules de plantes médicinales en poudre ou en huile, ainsi que des ampoules buvables d'extraits végétaux simples ou en mélanges, constituent des plantes médicinales soumises au monopole des pharmaciens en application de l'art. L. 4211-1. • Crim. 23 janv. 2001, ♔ n° 00-82.127. ♦ Les juges du fond peuvent légalement écarter de la prévention les plantes non inscrites à la pharmacopée et celles qui, n'ayant pas un usage exclusivement thérapeutique, peuvent être utilisées dans l'alimentation sans inconvénient pour la santé, et ne retenir, pour l'objet de la poursuite, que les plantes médicinales qui, pour des raisons tenant à la protection de la santé publique, relèvent du monopole des pharmaciens. • Crim. 1er avr. 2003 : ♔ *Bull. crim. n° 82.*

78. Limites de la libéralisation. La libéralisation des plantes médicinales supporte une double limite : elles n'échappent au monopole des pharmaciens que si elles ne sont pas mélangées entre elles et sont vendues en l'état. Elles doivent, de surcroît, ne pas répondre à la définition du médicament : la commercialisation de plantes médicinales conditionnées en gélules après micronisation et nébulisation, répondant à la définition du médicament par présentation, est ainsi susceptible d'enfreindre les dispositions réservant leur vente aux pharmaciens. • Crim. 5 janv. 1989 : ♔ *Bull. crim. n° 2* • Crim. 8 nov. 1990, ♔ n° 90-80.055 • Crim. 6 déc. 1990, ♔ n° 89-85.413 (gélules Santa Cura) • Crim. 9 juin 1993, ♔ n° 92-84.896 (gélules de sauge et de piloselle) • Crim. 11 déc. 1996 : ♔ *Bull. crim. n° 462* • Crim. 4 nov. 1998, ♔ n° 97-84.749. ♦ V. également pour des gélules de ginkgo biloba, d'aubépine, d'harpagophytum, d'orthosiphon, de valériane et de bourgeons de pin, extraits de plantes médicinales inscrites à la pharmacopée et qui possèdent des propriétés préventives et curatives à l'égard des maladies humaines. • Crim. 10 janv. 2001, ♔ n° 00-82.778. ♦ Jugé, en revanche, que des plantes, qui ne sont pas mises en vente sous une forme galénique, ne peuvent être considérées comme des médicaments par présentation, dès lors que les indications ne constituent pas de véritables allégations de propriétés thérapeutiques mais, tout au plus, des rappels de qualités et vertus bienfaisantes des plantes mises en vente, et qu'il n'est pas démontré que les consommateurs aient disposé de l'ouvrage, vendu séparément, sur lequel figuraient des indications de dosage, de posologie ou de méthodes thérapeutiques, ou l'aient acheté dans le même temps. • Crim. 4 oct. 1995, ♔ *CNOP et FSPF,* n° 94-84.322 (affaire *Rika Zaraï*).

79. Applications diverses. Ont été considérés comme des médicaments : des essences d'eucalyptus et d'hysope à vertu curative. • Crim. 19 mars 1985 : ♔ *Bull. crim. n° 116.* ♦ ... Des essences de plantes à vertu curative. • Crim. 26 janv. 1988 : ♔ *Bull. crim. n° 38.* ♦ ... Des extraits de sève de plantes des Pyrénées. • *Crim. 8 mai 1963 : Bull. crim. n° 173.* ♦ ... Des crèmes à l'arnica et au camphre. • Crim. 18 oct. 1988 : ♔ *Bull. crim. n° 352* • Crim. 19 déc. 1989 : ♔ *Bull. crim. n° 491.* ♦ ... Des crèmes à l'arnica et à la sauge. • Crim. 29 mai 1996, ♔ n° 95-83.484. ♦ ... Des lotions calmantes. • Crim. 19 déc. 1989, ♔ n° 88-87.082. ♦ ... Des solutions pour inhalations. • Crim. 31 mai 1988, ♔

n° 87-90.409 • Crim. 6 déc. 1988, n° 87-92.054 • Crim. 20 mai 1992, n° 90-83.936. ♦ ... Un distillat naturel d'algues. • Crim. 6 mai 1996 : *Bull. crim. n° 187.*

f. Autres produits

80. Produits homéopathiques. Constituent des médicaments : des bonbons homéopathiques, fondants homéopathiques, gommes homéopathiques. • Crim. 6 déc. 1988, n° 87-92.055 • Crim. 24 oct. 1989 : *Bull. crim. n° 377* • Crim. 8 mars 1990, n° 89-81.876. ♦ Pour les produits de la société Labo-Life commercialisés sans AMM, V. • Crim. 23 nov. 1999 : *Bull. crim. n° 271.*

81. Produits polyvitaminés et minéraux. Constituent des médicaments : des oligoéléments. • Crim. 5 mai 1981 : *Bull. crim. n° 142* • Crim. 6 déc. 1988, n° 87-92.054 • Crim. 3 mai 1989, n° 88-84.175 • Crim. 24 oct. 1989 : *Bull. crim. n° 377* • Crim. 3 juin 1992, n° 91-84.619 • Crim. 12 oct. 1994, n° 93-82.766. ♦ ... Des produits multivitaminés. • Crim. 19 déc. 1989, n° 88-87.666 (Juvamine) • Crim. 19 déc. 1989, n° 88-87.082 (Biomédic) • Crim. 8 nov. 1990, n° 90-80.055 (Juvamine). ♦ ... Des produits « Gerblé beauté plus », comprimés à base d'acide folique présentés avec des propriétés curatives (atteintes aux muqueuses et carences vitaminiques). • Crim. 3 nov. 1994, n° 93-85.728. ♦ ... Des produits de la gamme « Équilibrance » et « Superlevure Gaylord Hauser ». • Crim. 19 sept. 2000, n° 98-86.625.

82. Compresses imprégnées et solutions antiseptiques. Constituent des médicaments : des compresses imprégnées et les produits Pharmaplaie. • Crim. 31 mai 1988, n° 87-90.409. ♦ ... Un spray Prépharma. • Crim. 6 déc. 1988, n° 87-92.054. ♦ ... Des produits antiseptiques cutanés pour petits soins. • Crim. 2 mai 1989 : *Bull. crim. n° 174.* ♦ ... Une solution antiseptique Hansaplast. • Crim. 15 févr. 1990, n° 89-81.240. ♦ ... Un spray antibactérien Sédastéril. • Crim. 8 mars 1990, n° 89-81.876. ♦ ... Une solution antiseptique Hansaplast à base de digluconate de chlorhexidine. • Crim. 28 mars 1991, n° 90-81.870 • Crim. 9 nov. 1994, n° 92-84.233. ♦ ... Des solutions antiseptiques Hansaplast. • *Crim.* 12 oct. 1994, n° 93-82.766 • Crim. 9 juill. 1996 : *Bull. crim. n° 288.*

83. Dispositifs médicaux. Sur le refus d'appliquer la définition du dispositif médical à des compresses stérilisées de tulle vaseliné qui répondent à la définition de médicament par présentation et par fonction, V. • Crim. 14 déc. 2004, n° 04-80.723 • Crim. 30 oct. 2007, n° 06-87.556. ♦ Jugé, cependant, que les pansements et compresses imprégnés de substances antiseptiques de la marque Urgo ne sont pas des médicaments mais des dispositifs médicaux. • TA Dijon, 28 mars 2000, *Sté Urgo c/ AFSSAPS : Nouv. pharm. 2000, n° 368, p. 399.*

84. Bibl. Espesson-Vergeat (dir.), La définition du médicament et des produits « frontière » : quels enjeux (Colloque Saint-Étienne, 21 oct. 2005), *RGDM 2006, n° 19, p. 105-132.* – Aulois-Griot et Maurain, Du droit des médicaments au droit des produits de santé, *LPA 1er sept. 2006, p. 4.* – Leca, Pour en finir avec le médicament... et retrouver la pharmacie, *RGDM 2005, n° 15, p. 139.* – Nobili, La définition juridique du médicament et l'exercice illégal de la pharmacie d'officine, *Nouv. pharm. 1999, n° 362, p. 141.* – Fouassier et Van den Brink, La notion jurisprudentielle de médicament, *RGDM 1999, n° 2, p. 57.* – Duneau, Exercice illégal de la pharmacie : les acquis et les incertitudes, *Gaz. Pal. 1996. 2. Doctr. 810.* – Koubi, Le médicament devant le juge administratif, *AJDA 1991. 420.* – Maillot-Bouvier, Jurisprudence française récente sur la définition du médicament et situation comparée chez nos principaux partenaires économiques, *Rev. conc. consom. 1990, n° 58, p. 4* ; A la frontière du médicament, *Rev. conc. consom. 1989, n° 48, p. 11.* – Calvo, Médicament : notion à contenu variable ?, *Gaz. Pal. 1987. 1. Doctr. 476.* – Viala et Viandier, La vitamine C, médicament ou aliment, *Gaz. Pal. 1987. 2. Doctr. 561.* – Calvo, La vitamine C constitue-t-elle un médicament ?, *LPA 17 juin 1987, p. 11.* – Bouteille, Médicament par présentation et monopole pharmaceutique, *Act. pharm. n° 232, mai 1986, p. 117 ; ibid. n° 233, juin 1986, p. 94 ; ibid. n° 234, juill. 1986, p. 94 ; ibid. n° 235, sept. 1986, p. 94 ; ibid. n° 236, oct. 1986, p. 90 ; ibid. n° 237, nov. 1986, p. 98.*

D. INTERPRÉTATION DE LA DÉFINITION DU MÉDICAMENT DEPUIS LA DIR. 2002/46/CE DU 10 JUIN 2002 RELATIVE AUX COMPLÉMENTS ALIMENTAIRES (TRANSPOSÉE PAR LE DÉCR. N° 2006-352 DU 20 MARS 2006)

85. Législation sur les fraudes. Jugé initialement qu'un produit commercialisé comme complément alimentaire, qui n'est ni un médicament, ni un produit assujetti à la réglementation des aliments diététiques, relève des règles applicables aux denrées alimentaires et ne peut pas, en application de l'art. 1er du Décr. du 15 avr. 1912 et de la loi du 1er août 1905 sur la répression des fraudes, être additionné de substances autres que celles dont l'emploi est expressément autorisé par arrêté ministériel. • Crim. 1er juin 1999 : *Bull. crim. n° 116* • Crim. 5 sept. 2000 : *Bull. crim. n° 261.*

86. Exigence de motivation. Mais en l'absence d'une définition claire, précise et constante de la notion de produit chimique, doit être annulé l'arrêt n'ayant pas précisé en quoi les substances introduites dans les compléments alimentaires constituaient des produits chimiques au sens de l'art. 1er du Décr. du 15 avr. 1912.

• Crim. 1er avr. 2003 : *Bull. crim. n° 82* (à propos de produits à base de konjac, d'argile blanche, de propolis, de psyllium et d'aloès).

87. Incompatibilité européenne. Sur le caractère inopérant de la Dir. 2002/46/CE du 10 juin 2002 en matière de falsification de denrées alimentaires. • Crim. 21 sept. 2004, n° 04-81.418 (minéraux) • Crim. 21 mars 2006, n° 05-83.637 (acides aminés) • Crim. 29 juin 2004, n° 03-86.191 (extraits de plantes). ♦ V. toutefois pour la procédure applicable aux importations de compléments alimentaires légalement commercialisés dans d'autres États membres. • Crim. 27 mars 2007 : *Bull. crim. n° 93* (à propos de produits à base de coenzyme Q). ♦ La procédure d'autorisation préalable des substances chimiques dans les denrées alimentaires, instaurée par le Décr. du 15 avr. 1912, a été déclarée incompatible avec le droit de l'Union. • CJCE 5 févr. 2004, *Commission c/ France*, n° C-24/00 : *Rec. CJCE 1277 ; Europe avr. 2004, n° 100, comm. Bernard* (produits à base de L-tartrate et L-carnitine). ♦ V. également. • CJCE 5 févr. 2004, *Greenham et Abel*, n° C-95/01 : *Rec. CJCE 1333.* ♦ Elle a donc été écartée par le juge administratif. • CE 24 mai 2006, *Sté Cereal Partners France*, n° 276658 : *Europe août 2006, n° 238, comm. Cassia.* ♦ Le Décr. n° 2006-352 du 20 mars 2006 dispose désormais que l'art. 1er du Décr. du 15 avr. 1912 cesse d'être applicable aux compléments alimentaires. ♦ Le droit de l'Union s'oppose à la réglementation d'un État membre qui ne prévoit pas de procédure relative à la mise sur le marché de compléments alimentaires dont la teneur en nutriments excède les doses journalières maximales fixées par cette réglementation et qui sont légalement fabriqués ou commercialisés dans un autre État membre : les quantités maximales doivent être fixées au cas par cas, compte tenu de l'ensemble des éléments prévus par la Dir. 2002/46/CE du 10 juin 2002, en particulier des limites supérieures de sécurité établies, après une évaluation scientifique approfondie des risques pour la santé publique, fondée non pas sur des considérations générales ou hypothétiques, mais sur des données scientifiques pertinentes, et qui ne saurait être effectuée uniquement sur des avis scientifiques nationaux, dès lors que des avis scientifiques internationaux fiables et récents concluent à la possibilité de fixer des limites plus élevées. • CJUE 27 avr. 2017, *Noria Distribution*, n° C-672/15.

1° VITAMINES, MINÉRAUX ET AUTRES SUBSTANCES À BUT NUTRITIONNEL OU PHYSIOLOGIQUE

88. Quantités maximales de nutriments. En l'absence d'une fixation par la Commission des quantités maximales de nutriments relevant du champ de la Dir. 2002/46/CE du 10 juin 2002 (vitamines et minéraux), les États membres demeurent compétents pour fixer une telle liste. • CJUE 29 avr. 2010, *Solgar Vitamin's*, n° C-446/08 : *Rec. CJUE 3973 ; Gaz. Pal. 29-30 oct. 2010, p. 38, note Bandon-Tourret.* ♦ Le Conseil d'État a conclu qu'en retenant une valeur égale à trois fois les apports journaliers recommandés (AJR) pour les nutriments présentant le moins de risque, une valeur égale aux AJR pour les nutriments présentant un risque de dépassement de la limite supérieure de sécurité, et une valeur inférieure aux AJR, voire nulle pour les nutriments comportant le plus de risque, la méthode utilisée par les ministres dans leur arrêté du 9 mai 2006 n'était pas incompatible avec les objectifs de la directive. • CE 27 avr. 2011, *Sté Solgar Vitamin's France*, n° 295235 : *Lebon 171 ; RTD eur. 2011. 894, note Kovar* (annulation partielle concernant les vitamines K, B1, B2, B5, B8 et B12).

89. Médicament par présentation. Constituent des médicaments les produits administrés en quantité dépassant l'apport journalier utile, de sorte qu'en ne recherchant pas si la posologie prescrite pour la prise de vitamine C 1000 mg (1 à 2 comprimés par jour, soit jusqu'à 2 g par jour) n'excédait pas les limites de sécurité en plus de l'apport alimentaire (1 g par jour), la cour d'appel n'a pas justifié sa décision ; d'autre part, ne relèvent pas de la catégorie des compléments alimentaires, tels que visés par la Dir. 2002/46/CE du 10 juin 2002, les produits à base de vitamines et de minéraux qui sont présentés comme ayant des propriétés préventives ou curatives ; en décidant péremptoirement que les produits litigieux constitueraient des compléments alimentaires tandis que le demandeur faisait valoir que la vitamine C 1000, le magnésium B6, Digestyl et calcium assimilable étaient présentés comme ayant des propriétés curatives et préventives, la cour d'appel n'a pas légalement justifié sa décision. • Crim. 14 déc. 2004, n° 04-80.723. ♦ Doit être approuvée la cour d'appel qui retient que des produits composés de vitamine C 1000 mg répondent à la définition de médicament par présentation et par fonction. • Crim. 21 janv. 2014, n° 13-80.112.

90. Médicament par fonction. Jugé que le moyen tiré de l'application de la directive communautaire sur les compléments alimentaires est inopérant dès lors que le produit est un médicament par fonction, c'est-à-dire une substance « pouvant avoir un effet sur le fonctionnement proprement dit de l'organisme » : en l'espèce, il est admis, en l'état des connaissances scientifiques actuelles, que la carence en vitamine C peut être à l'origine de maladies graves, voire mortelles, comme le scorbut et que si rien ne démontre que la vitamine C 1000 peut présenter en elle-même un danger, il n'en demeure pas moins que, pour la moyenne des consommateurs, elle est censée combattre la fatigue et que son achat sans le moindre contrôle d'un pharmacien ou d'une personne possédant des connaissances pharmaceutiques suffisantes peut présenter un danger pour l'acheteur qui, dans un supermarché, achète sans bénéficier du moindre conseil. • Crim. 8 mars 2005, ⚖ n° 04-83.616. ♦ La Chambre commerciale a confirmé que, compte tenu du seuil à partir duquel la vitamine C possède un effet thérapeutique et à partir duquel s'imposent également des contre-indications ou des précautions d'emploi (150 mg voire 200 mg par jour), il y a lieu de regarder la vitamine C dosée à 500 mg comme un médicament par fonction. • Com. 20 mai 2014, *Sté Distribution Casino France et.*, n° 12-14096.

91. Limites maximales de sécurité. Il ressort de la Dir. 2002/46/CE du 10 juin 2002, applicable depuis le 1er août 2003, que les quantités maximales de vitamines que peuvent contenir les compléments alimentaires ne peuvent dépasser les limites supérieures de sécurité établies après une évaluation scientifique des risques ; au vu, d'une part, des effets thérapeutiques prouvés et des propriétés curatives et préventives qu'elle possède à l'égard des maladies humaines et, d'autre part, des risques, fondés sur des données scientifiques généralement admises, auxquels une supplémentation, non contrôlée médicalement, peut conduire du fait de son taux de concentration à un dépassement des limites supérieures de sécurité couramment admises, la vitamine C 1000 entre dans la définition du médicament et ne peut absolument pas être considérée comme un complément alimentaire. • Crim. 21 févr. 2006, ⚖ n° 05-82.039. ♦ Jugé dans le même sens pour la vitamine C 1000, médicament par présentation et par fonction. • Crim. 30 oct. 2007, ⚖ n° 06-87.556 • Crim. 21 janv. 2014, ⚖ n° 13-80.112. ♦ En revanche, a été confirmé l'arrêt validant une ordonnance de non-lieu au motif que la composition en vitamine C des deux produits Énergie contenant de la vitamine C aux doses de 225 mg et de 250 mg, si elle était supérieure aux apports journaliers recommandés (AJR), restait largement inférieure à la limite de sécurité fixée par le Conseil supérieur d'hygiène publique de France. • Crim. 22 janv. 2008, ⚖ n° 07-82.873. ♦ Mais a également été confirmé, s'agissant de la vitamine C 500, que la Dir. 2002/46/CE du 10 juin 2002 puis l'art. 3 de l'arrêté *du 9 mai 2006* relatif aux nutriments pouvant être employés dans la fabrication des compléments alimentaires a fixé à 180 mg la dose journalière maximale pour la vitamine C, ce qui exclut toute libéralisation de la vente du produit pour les dosages supérieurs et en tant que de besoin entérine sa qualité de médicament au-delà de cette dose. • Crim. 9 sept. 2008, ⚖ n° 07-88.650. ♦ Pour sa part, la Chambre commerciale a cassé un arrêt d'une cour de renvoi ayant retenu que la vitamine C constitue un médicament par fonction à partir d'un dosage supérieur ou égal à 150 mg, au vu de ses seules propriétés pharmacologiques, sans tenir compte des autres caractéristiques du produit. • Com. 27 janv. 2009, *Sté Monoprix et a. : Bull. civ. IV, n° 10 ; Gaz. Pal. 19-20 juin 2009, p. 41, note Peigné.*

92. Appréciation des caractéristiques du produit. Doit être cassé l'arrêt retenant que des produits à base de vitamine C 1000 mg, ainsi que d'autres vitamines et minéraux, ne constituent pas des médicaments par fonction, sans tenir compte de l'ensemble des caractéristiques de chaque produit, dont notamment sa composition, ses propriétés pharmacologiques, immunologiques ou métaboliques établies en l'état actuel des connaissances scientifiques, ses modalités d'emploi, l'ampleur de sa diffusion, la connaissance qu'en ont les consommateurs et les risques que peut entraîner son utilisation sur la santé. • Crim. 5 mai 2009, ⚖ n° 07-88.598. ♦ Et sur la confirmation de l'arrêt de la cour de renvoi ayant relevé que les spécialités à base de vitamine C 1000 constituaient des médicaments par présentation et par fonction, V. • Crim. 22 févr. 2011 : ⚖ *Bull. crim. n° 34.* ♦ Dans le même sens, V. • Crim. 21 sept. 2010, ⚖ n° 09-82.844. ♦ Doit également être cassé l'arrêt qui, pour considérer que la vitamine C 1000 de marque Juvamine est un complément alimentaire au sens du Décr. n° 2006-352 du 20 mars 2006, n'indique pas si elle a obtenu une autorisation de mise sur le marché en tant que complément alimentaire et ne recherche pas si, à défaut d'avoir obtenu cette autorisation, ce nutriment permet, dans des conditions normales d'emploi, de restaurer, corriger ou modifier de manière significative les fonctions physiologiques de l'homme en exerçant une action pharmacologique, immunologique ou métabolique. • Crim. 18 juin 2013, ⚖ n° 11-86.921.

93. Exigence d'une analyse concrète. Une cour d'appel ne saurait décider que la vitamine C à 500 et 1000 mg ne constitue pas un médicament, en se bornant à constater que les produits en cause n'ont pas une influence significative sur le corps humain de nature à en modifier le métabolisme et les conditions de son fonctionnement, sans procéder à leur analyse concrète. • Crim. 15 mai 2012, ⚖ n° 11-84.137.

2° PLANTES ET PRÉPARATIONS DE PLANTES

94. Liste des plantes libérées. Sur la liste des plantes ou parties de plantes médicinales inscrites à la pharmacopée, sous la forme que la liste précise, pouvant être vendues par des personnes autres que les pharmaciens, V. art. D. 4211-11 (issu du Décr. n° 2008-841 du 22 août 2008, abrogeant le Décr. n° 79-480 du 15 juin 1979). ♦ Si elles échappent à la définition du médicament, les plantes non inscrites à la pharmacopée, les plantes médicinales libéralisées et celles qui n'ayant pas un usage exclusivement thérapeutique peuvent être utilisées dans l'alimentation sans inconvénient pour la santé humaine sont soumises aux règles applicables aux denrées alimentaires. Lorsque l'emploi de plantes médicinales inscrites à la pharmacopée a été autorisé dans les compléments alimentaires, ces derniers peuvent être vendus par des personnes autres que des pharmaciens, sauf si les plantes en cause figurent sur la liste B des plantes médicinales, c'est-à-dire celles dont les effets indésirables potentiels sont supérieurs aux effets bénéfiques, V. art. D. 4211-12.

95. Médicament par présentation. C'est à bon droit qu'un arrêt retient que les produits vendus étaient composés, pour partie, d'hamamélis, marron d'Inde, alchemille vulgaire, bleuet fleur, coquelicot et fucus gayac, plantes médicinales inscrites à la pharmacopée, dont la vente est soumise au monopole pharmaceutique, et énonce, par ailleurs, que les mélanges de substances végétales et minérales étaient présentés comme ayant des propriétés curatives ou préventives à l'égard, notamment, de l'arthrose, de la polyarthrite, du vieillissement cellulaire et de la circulation sanguine. • Crim. 24 janv. 2006, n° 04-86.718. ♦ Sur la cassation d'un arrêt n'ayant pas recherché si les produits (Bioconseils) n'étaient pas composés de plantes médicinales soumises au monopole pharmaceutique, alors qu'il résultait des énonciations adoptées par les premiers juges que les produits mis en vente étaient présentés comme possédant des propriétés préventives ou curatives à l'égard des maladies humaines, V. • Crim. 7 mars 2006, n° 05-83.065. ♦ Le pharmacien ne réunissant pas les conditions exigées pour exercer la pharmacie se rend coupable du délit d'exercice illégal de la pharmacie, d'ouverture d'établissement pharmaceutique sans autorisation et de tromperie, dès lors que l'entreprise qu'il dirige fabrique et exporte, sous le statut de complément alimentaire, une spécialité à base de poudre de séné (Palumax), présentée comme possédant des propriétés curatives ou préventives à l'égard d'une maladie humaine (le paludisme). • Crim. 24 nov. 2015, n° 14-87.689.

96. Applications diverses. Jugé que le ginseng est une plante médicinale inscrite à la pharmacopée dont la vente est réservée aux pharmaciens et que les gélules à base de plantes et d'huile d'origine animale ainsi que le baume au camphre répondent à la définition du médicament, peu importe que l'usage du produit soit interne ou externe. • Crim. 27 juin 2006, n° 04-83.983. ♦ V. également s'agissant du ginseng commercialisé sous la forme de gélules et d'ampoules, accompagné d'une *posologie et d'une référence à la pharmacopée, comme* possédant la propriété de rééquilibrer le système cérébral. • Crim. 18 oct. 2005, n° 04-84.946. ♦ Des gélules de plantes médicinales inscrites à la pharmacopée (balotte, boldo, busserole, eschscholtzia, ginkgo biloba, harpagophytum, millepertuis, pygeum et saule blanc) ne constituent pas des compléments alimentaires au sens du Décr. n° 2006-352 du 20 mars 2006 et, présentant chacune des propriétés curatives ou préventives à l'égard des maladies humaines, répondent à la définition du médicament par présentation. • Crim. 9 sept. 2008, n° 07-87.588. ♦ V. également pour des gélules de fucus. • Crim. 9 sept. 2008, n° 07-88.650. ♦ Des produits à base de plantes et d'acides gras polyinsaturés (omégas 3) conditionnés sous forme galénique ou en sachets et accompagnés de posologies explicites et détaillées, de surcroît présentés, comme étant la réponse complète à tous les problèmes de cerveau, tout particulièrement en remédiant aux troubles de la mémoire et en rétablissant l'intégrité et le métabolisme des membranes cellulaires cérébrales, ou comme étant de nature à renforcer le capital osseux et la solidité des articulations en limitant les pertes en calcium, revêtent les caractéristiques d'un médicament par présentation. • Crim. 29 juin 2010, n° 09-86.608. ♦ Doit être cassé l'arrêt qui, se bornant à considérer que compte tenu de sa concentration finale en arnica, inférieure au seuil posé par l'AFSSAPS, un gel froid à base d'arnica n'est pas un médicament mais un dispositif médical, ne recherche pas si le produit n'était pas présenté comme possédant des propriétés curatives ou préventives à l'égard des maladies humaines. • Crim. 18 juin 2013, n° 11-86.921. ♦ Doit également être annulé l'arrêt qui, pour décider que des produits à base de policosanol et de coenzyme Q ne sont pas des médicaments par présentation, constate cependant qu'il est mentionné que le policosanol normalise mieux le cholestérol que certains médicaments en baissant le cholestérol nuisible et traite le dysfonctionnement du foie et l'atrophie des muscles et que le coenzyme Q10 est efficace dans le traitement d'arrêt cardiaque congestif, abaisse l'hypertension, inverse les troubles des plaquettes et intervient positivement sur l'évolution de certains cancers. • Crim. 10 déc. 2013, n° 12-86.801.

97. Médicament par fonction. Encourt la cassation l'arrêt considérant que seuls peuvent constituer des médicaments par fonction les produits contenant des substances ayant des propriétés pharmacologiques et qui sont exclusivement destinés à un usage thérapeutique, en application du Décr. n° 2006-352 du 20 mars 2006, mais sans préciser quelles sont les plantes médicinales inscrites à la pharmacopée qui échappent au monopole des pharmaciens en vertu des art. D. 4211-1 et D. 4212-12, et en retenant par des motifs généraux qu'aucun des produits ne répond à la définition de médicament, ajoutant aussi que la DGCCRF les a qualifiés de compléments alimentaires. • Crim. 19 mai 2009 : *Bull. crim. n° 99.* ♦ Confirmation, à l'issue d'un second pourvoi, que les produits litigieux constituent des médicaments par fonction. • Crim.

22 févr. 2011 : *Bull. crim. n° 35.* ♦ Doit être cassé l'arrêt qui retient que les plantes et extraits de plantes, dont rien ne démontre le caractère exclusivement thérapeutique, ont été commercialisés comme compléments alimentaires et ne peuvent être qualifiés de médicaments par fonction car il n'est pas établi qu'un doute existerait quant à leur effet sur la santé, alors qu'il appartient aux juges du fond de rechercher si certains des produits n'étaient pas présentés comme ayant des vertus curatives ou préventives à l'égard des maladies humaines et, compte tenu de leur composition ainsi que dans des conditions normales d'emploi, n'étaient pas capable de restaurer, de corriger ou de modifier des fonctions physiologiques de manière significative en exerçant une action pharmacologique, immunologique ou métabolique et enfin, s'ils étaient composés de plantes médicinales inscrites à la pharmacopée relevant comme telles du monopole des pharmaciens, sous réserve des dispositions de l'art. D. 4211-12. • Crim. 5 mai 2009, n° 08-84.480.

98. Appréciation des caractéristiques du produit. Doit être cassé l'arrêt se bornant à énoncer que la présentation de phyto-fluides sous forme d'ampoules comme les indications portées sur leur boîte ne permettent pas de qualifier ces produits de médicaments, en ajoutant que les trois plantes entrant dans leur composition ont des vertus autres que médicinales, que ces produits ont obtenu le label « agriculture biologique » et qu'ils sont considérés comme des compléments alimentaires dans certains États membres et par certains services administratifs français, alors qu'il appartient aux juridictions du fond de procéder au cas par cas, en tenant compte de l'ensemble des caractéristiques de chaque produit, dont notamment sa composition, ses propriétés pharmacologiques, immunologiques ou métaboliques, établies en l'état actuel de la connaissance scientifique, ses modalités d'emploi, l'ampleur de sa diffusion, la connaissance qu'en ont les consommateurs et les risques que peut entraîner son utilisation sur la santé. • Crim. 5 mai 2009 : *Bull. crim. n° 84.* ♦ Dans le même sens, V. • Crim. 21 sept. 2010, n° 09-83.727. ♦ Sur la confirmation de la qualification de médicaments par fonction de produits prescrits au cours de programmes de purification suivis dans un centre de scientologie, *V. • Crim. 16 oct. 2013 : pourvois n°s 03-83.910, 05-82.121 et 12-81.532.*

99. Exigence d'une analyse concrète. Sur la nécessité, pour les juridictions d'instruction et les juridictions correctionnelles, de procéder à une analyse concrète des produits à base de plantes, à partir de laquelle il peut être déduit une qualification de médicament par présentation ou par fonction, V. • Crim. 3 mai 2011 : *pourvois n°s 09-88.525 et 10-82.339.* ♦ Une cour d'appel ne saurait, sans procéder à une analyse concrète, décider que des produits à base d'arnica, ginseng, reine des prés, ginkgo biloba, lécithine de soja, radis noir, bardane et sel gastrique ne constituent pas des médicaments, en se bornant à constater qu'ils n'ont pas une influence significative sur le corps humain de nature à en modifier le métabolisme et les conditions de son fonctionnement. • Crim. 15 mai 2012, n° 11-84.137. ♦ Encourt la cassation l'arrêt qui, pour dénier au « Baume du tigre » la qualité de médicament par fonction, ne procède pas à une analyse concrète des caractéristiques du produit et ne prend pas en compte sa dangerosité pour les publics sensibles. • Crim. 8 juill. 2015, n° 14-83.624.

100. Commercialisation dans d'autres États membres. Doit être confirmé l'arrêt ayant considéré comme illégale la vente de plantes médicinales inscrites à la pharmacopée et réservées aux pharmaciens, alors même que l'emploi de ces plantes serait autorisé dans les compléments alimentaires en application du Décr. n° 2006-352 du 20 mars 2006 et que les produits litigieux seraient librement commercialisés dans d'autres États membres en tant que compléments alimentaires. • Crim. 20 sept. 2011, n° 10-83.649.

101. Qualification de médicament rejetée. N'ont pas été considérés comme des médicaments par présentation et par fonction les produits : « Menolia » présenté comme un nutriment régulateur des troubles de la cinquantaine et composé de bourrache, de ginseng, de vitamines et de sels minéraux ; « d'Lys » présenté comme facilitant la stimulation intellectuelle et contribuant à retrouver un meilleur moral et composé de gentiane, camomille, oranger et magnésium ; « Effilia » présenté comme favorisant l'élimination des surcharges et composé de thé vert, haricot cosse, reine des prés, ferments lactiques et algues laminaires. • Crim. 3 mai 2011, n° 10-80.666. ♦ De même, il ne saurait être reproché à un vendeur professionnel de commercialiser des produits que l'AFSSAPS (devenue l'ANSM) estime être des compléments alimentaires et d'exiger de lui d'avoir une vigilance réglementaire supérieure à celle de cette autorité de police, dès lors que la fabrication ou la commercialisation de ces produits est également autorisée en tant que compléments alimentaires et que ceux-ci ne sont pas présentés comme possédant des propriétés curatives ou préventives à l'égard des maladies humaines. • Crim. 21 janv. 2014, n° 12-87.377.

3° AUTRES PRODUITS

102. Solutions antiseptiques. Sauf à se contredire, une cour d'appel ne saurait considérer qu'une solution antiseptique cutanée et une solution de bain de bouche antiseptique sont présentées comme ayant une action antiseptique bactéricide et qu'elles contiennent, la première, du digluconate de chlorhexidine, la seconde, de l'hexéditine, substances antiseptiques et désinfectantes, tout en retenant qu'elles ne sont pas utilisées en vue de restaurer, corriger ou modifier les fonctions organiques et qu'il ne s'agit pas de médicaments par fonction. • Crim. 11 janv. 2011, n° 10-81.100. ♦ Et sur le second pourvoi concernant la répartition de l'indemnisation de la partie civile par les prévenus, V. • Crim. 18 févr. 2014, n° 12-87.037 ♦ Doit être confirmé l'arrêt de la chambre de l'instruction ayant retenu que l'éosine aqueuse à 2 % doit être considérée comme un dispositif médical, l'eau oxygénée à 10 %, comme un biocide ou un produit cosmétique selon l'usage qui en est fait et l'alcool modifié à 90°, comme un biocide, dès lors que ces produits ne sont pas présentés comme possédant des propriétés curatives ou préventives à l'égard des maladies humaines. • Crim. 18 juin 2013, n° 11-86.921. ♦ Dans le même sens, la Chambre criminelle a confirmé trois arrêts d'une chambre de l'instruction ayant dénié la qualification de médicament à de l'alcool modifié à 70 degrés, à de l'eau oxygénée à 10 volumes, à de l'éosine aqueuse à 2 % et à une solution antiseptique Mercurochrome. • Crim. 10 déc. 2013 : *pourvois n° 12-86.079, n° 12-86.080 et n° 12-86.081.*

103. Affaire de l'hormone de croissance. Jugé que l'hormone de croissance extraite à partir d'hypophyses humaines doit être regardée comme un médicament par fonction dont la préparation relève du monopole des pharmaciens. • Crim. 7 janv. 2014, n° 11-84.456 : *JCP G 17 févr. 2014, n° 200, note Mistretta ; JDSAM 2014, n° 2, p. 103, note Zelcevic-Duhamel ; RDSS 2014. 319, note Peigné ; AJ pénal 2014, n° 5, p. 239, obs. Lasserre Capdeville ; D. 2014. 87.*

104. Bibl. Chamot, Compléments alimentaires à base de mélatonine : la qualification de médicament est retenue en fonction du dosage, *RGDM 2015, Panorama de droit pharmaceutique, n° spécial, p. 39.* – Grelier-Lenain, Le règlement européen concernant les allégations nutritionnelles et de santé, *Gaz. Pal. 30 nov.-1er déc. 2007, p. 6.* – Chemtob-Concé, Le nouveau cadre réglementaire des allégations nutritionnelles et de santé, *Gaz. Pal. 6-7 avr. 2007, p. 47.* – Peigné, La transposition de la directive du 10 juin 2002 relative aux compléments alimentaires par le décret du 20 mars 2006, *Gaz. Pal. 8-9 déc. 2006, p. 55.* – Marville et Haye, L'évolution récente du statut juridique des compléments alimentaires en droit français, *D. 2006. 1124.* – Peigné, Médicaments et aliments : les affinités conflictuelles, *RDSS 2005. 705.* – Fouassier et Van den Brink, A la frontière du médicament : compléments alimentaires, alicaments, cosmétiques internes, *RGDM 2003, n° 11, p. 93.* – Degroote, Benaiche et Campion, Allégations santé et définition du médicament : quelle frontière ?, *Nouv. pharm. 2003, n° 378, p. 69.* – Peigné, La guerre des vitamines aura-t-elle lieu ? A propos de la directive 2002/46/CE du 10 juin 2002 relative aux compléments alimentaires, *JCP 11 déc. 2002. Actu. 532.* – Deprez et André, Compléments alimentaires et aliments santé, *Éd. Médicales Internationales, Tech. & Doc., 1999.*

Art. L. 5111-2 **On entend par spécialité pharmaceutique, tout médicament préparé à l'avance, présenté sous un conditionnement particulier et caractérisé par une dénomination spéciale.** — *[Anc. art. L. 511-1, 5°].*

BIBL. ▶ GUERRIAUD, L'émergence des marques ombrelles portant sur des médicaments et des dispositifs médicaux frontières : une source d'iatrogénie et une pratique trompeuse, *RGDM 2017, Panorama de droit pharmaceutique, n° 24, p. 237.* – AZÉMA, La spécificité des marques et des modèles de produits pharmaceutiques, *Propr. intell., avr. 2016, n° 53, p. 147.* – SERGHERAERT, L'utilisation des marques dans le domaine des médicaments, *Dr. et pharm. 2008. Actu. 8, p. 381.* – PLASSERAUD, Contrefaçon de marque de médicament : un point sur la notion d'imitation de la marque d'autrui, *Dr. et pharm. 2002. Actu. 15, p. 633.* – VION, Classification, étiquetage et notice des médicaments à usage humain, *Nouv. pharm. 1996, n° 351, p. 253.* – LEMAY, De l'incorporation du titre de docteur dans une marque, *Inf. pharm. 1985. 386.* – RAYBAUT, Les souhaits du pharmacien d'officine face au fabricant et concernant le conditionnement et la présentation des spécialités pharmaceutiques, *Inf. pharm. 1985. 856.* – PLASSERAUD, La marque de fabrique, de commerce ou de service dans l'industrie pharmaceutique, *Inf. pharm. 1984. 667.* – LEMAY, Déchéance d'une marque pour non-exploitation en pharmacie, *Inf. pharm. 1980. 257 ;* Critères de l'appréciation de l'imitation des marques en pharmacie, *Inf. pharm. 1979. 797.*

COMMENTAIRE

V. Commentaire reproduit sur Dalloz.fr.

1. Droit de l'Union. *Sur la présentation du conditionnement des médicaments autorisés selon la procédure centralisée,* V. • TPICE 3 juill. 2002, *Menarini, n° T-179/00 : LPA 14 mai 2003, p. 11, note Daburon.*

2. Choix du nom. Les dispositions de l'art. R. 5121-3 imposent de choisir le nom de fantaisie d'un médicament de façon à éviter toute confusion avec d'autres médicaments et à ne pas induire en erreur sur la qualité ou les propriétés de la spécialité : il appartient, dès lors, au directeur de l'AFSSAPS [ANSM], saisi d'une demande de modification du nom d'un médicament, de rejeter cette demande au motif que le nouveau nom proposé présente de fortes similitudes orthographiques et phonétiques avec une autre spécialité ayant des indications thérapeutiques différentes, de surcroît inscrite sur la liste des substances vénéneuses. • CE 30 déc. 2003, *Sté Labo. Therica*, n° 256294 (à propos des dénominations « Calagel » et « Salagen »). ♦ S'agissant des médicaments autorisés selon la procédure centralisée, le Règl. (CE) n° 726/2004 du 31 mars 2004 (*JOUE 30 avr.*) impose, sauf cas exceptionnel, l'utilisation d'un nom unique pour toute l'Union européenne. Des lignes directrices (guidelines) relatives à l'acceptabilité des noms de fantaisie des spécialités pharmaceutiques sont élaborées par l'Agence européenne des médicaments (EMA).

3. Caractère distinctif. Le choix d'un nom de fantaisie, déposé en tant que marque, doit être suffisamment distinct de la dénomination commune du médicament. Il a ainsi été jugé que l'élimination d'une simple syllabe ne conférait pas une distinctivité suffisante à la marque « Doxycline » au regard de sa dénomination commune (doxycycline). • Paris, 27 sept. 1984 : *PIBD 1984. III. 148.*

4. Radical, suffixe ou préfixe « pharm », « pharma » et « prépharma ». Sur l'opposition de l'INPI à l'enregistrement – pour les produits qui ne sont pas des médicaments – de marques incorporant le radical « pharm » ou « pharma », V. • TGI Paris, 18 sept. 1986 : *PIBD 1987. III. 94* • TGI Paris, 21 avr. 1988 : *PIBD 1988. III. 528.* ♦ Le préfixe « pharma » est usuellement utilisé pour la désignation de produits pharmaceutiques ou relevant du monopole des pharmaciens : dès lors qu'il est appliqué à des lunettes solaires non médicales, il est de nature à tromper le public. • Paris, 7 juill. 1982 : *PIBD 1982. III. 203.* ♦ S'agissant de la dénomination « prépharma », bien qu'aucun texte ne la réserve aux pharmaciens, elle apparaît pour le public comme désignant des produits pharmaceutiques : par conséquent, une marque composée du terme « prépharma » servant à désigner des produits cosmétiques et qui ne relèvent pas du monopole pharmaceutique présente un caractère déceptif. • Com. 17 oct. 1984, *Sté Centres d'études et applications dermatologiques : Bull. civ. IV, n° 267.*

5. Pictogrammes. Jugé que les pictogrammes présents sur l'emballage du conditionnement de spécialités génériques, déposés à titre de marques semi-figuratives, n'étant aptes qu'à favoriser l'observance du traitement, ne jouaient aucun rôle distinctif dans la mesure où ils ont vocation à renseigner les patients sur les modalités d'administration et la posologie du médicament. • Versailles, 12 oct. 2006, *Sté Sandoz c/ Sté Biogaran*, n° 05/05338.

6. Nom patronymique. Sur le risque de confusion d'une marque pharmaceutique avec un nom patronymique, V. • Paris, 15 déc. 2000, *Sté Pfizer c/ Virag : D. 2001. Chron. 1298, note Bonet* (à propos du Viagra).

7. Risque de confusion. Sur le risque de confusion entre deux marques, V. • Com. 27 avr. 2011, *Lab. Brothier c/ Ipsen Pharma*, n° 10-18.141 (validation de l'arrêt de la cour d'appel de Paris qui, pour annuler la décision du directeur de l'INPI rejetant l'opposition formée par le titulaire de la marque Tanakan, a considéré que les consommateurs finaux faisaient partie du public pertinent et retenu qu'il existait un risque de confusion entre les signes (Anaka) pour les consommateurs de médicaments délivrés sans prescription médicale, la cour n'étant pas tenue d'examiner si un tel risque existe pour les médicaments délivrés sur prescription médicale et pour les professionnels de santé). ♦ Le critère d'appréciation pour sanctionner des actes de contrefaçon de marque et de concurrence déloyale d'un des cocontractants, postérieurement à la signature d'un accord de coexistence entre les marques exploitées, doit être le risque de confusion. • Com. 10 févr. 2015, *Sté Laboratoires Lehning*, n° 13-24.979.

8. Déchéance. Sur la déchéance d'une marque pharmaceutique au sens de l'art. L. 714-5 CPI, V. • Com. 27 janv. 2009, *Sté Allergan : PIBD 2009. III. 923*, confirmant sur rabat d'arrêt • Com. 1er juill. 2008, n° 07-13.349 (est approuvé le constat selon lequel le signe « botox » était couramment employé pour désigner le produit lui-même [toxine botulique], et non l'origine du produit, de sorte qu'il n'en était pas fait usage à titre de marque, cette dernière étant devenue, du fait de son propriétaire, la désignation usuelle dans le commerce du produit concerné).

9. Renommée. Sur la renommée de la marque communautaire « botox », V. • Trib. UE 28 oct. 2010, *Farmeco c/ OHMI*, n° T-131/09 (« botumax ») • Trib. UE 16 déc. 2010, *L'Oréal c/ OHMI et Allergan*, n° T-357/08 (« botocyl ») • Trib. UE 16 déc. 2010, *Helena Rubinstein c/ OHMI et Allergan*, n° T-345/08 (« botolist »), confirmé par • CJUE 10 mai 2012, *Helena Rubinstein et L'Oréal c/ OHMI*, n° C-100/11P.

10. Fabrication industrielle. Les termes « préparés industriellement » et « fabriqués selon une méthode dans laquelle intervient un processus industriel » visés par la Dir. 2001/83/CE du 6 nov. 2001 modifiée, ne sauraient faire l'objet d'une interprétation restrictive et doivent donc inclure toute préparation ou fabrication dans laquelle intervient un processus industriel, un tel processus se caractérisant par une succession d'opérations, qui peuvent, notamment, être mécaniques ou chimiques, aux fins d'obtenir un produit standardisé, en quantités significatives. • CJUE 16 juill. 2015, *Abcur c/ Apoteket Farmaci*, nos C-544/13 et C-545/13 : *JDSAM 2015, n° 4,* *p. 53, note Peigné.* ♦ Toutefois, un médicament non soumis à AMM du fait qu'il est prescrit par des médecins ou des dentistes avec une fréquence avérée, qu'il est fabriqué en pharmacie pour les étapes essentielles de sa fabrication, dans une quantité allant jusqu'à 100 boîtes par jour toutes conditionnées dans le cadre de l'exploitation normale de la pharmacie, et qu'il est destiné à être délivré dans le cadre de l'autorisation d'exploitation que possède la pharmacie, ne saurait être considéré comme ayant été préparé industriellement ou fabriqué selon une méthode dans laquelle intervient un processus industriel. • CJUE 26 oct. 2016, *Hecht-Pharma,* n° C-276/15.

Art. L. 5111-3 *(Ord. n° 2012-1427 du 19 déc. 2012, art. 2)* **On entend par médicament falsifié tout médicament, tel que défini à l'article L. 5111-1, comportant une fausse présentation :**

1° De son identité, y compris de son emballage et de son étiquetage, de son nom ou de sa composition s'agissant de n'importe lequel de ses composants, y compris les excipients, et du dosage de ces composants ;

2° De sa source, y compris de son fabricant, de son pays de fabrication, de son pays d'origine ou du titulaire de son autorisation de mise sur le marché ;

3° Ou de son historique, y compris des autorisations, des enregistrements et des documents relatifs aux circuits de distribution utilisés.

La présente définition n'inclut pas les défauts de qualité non intentionnels.

BIBL. ► Sawadogo, Amari et a., Définition consensuelle du faux médicament : une étape essentielle pour une harmonisation internationale des législations réprimant le trafic de faux médicaments, *RGDM 2017, n° 65, p. 209.* – Chemtob-Conce et Duteil, Le trafic de faux médicaments : état des lieux et moyens d'action, *RGDM 2017, Panorama de droit pharmaceutique, n° 24, p. 97.* – Leroy, La lutte internationale contre la falsification et la contrefaçon de médicaments. Vers une consolidation du cadre juridique actuel, *Propr. intell., avr. 2016, n° 53, p. 177.* – Gaumont-Prat (dir.), Contrefaçon, médicaments falsifiés et santé publique, *LGDJ, Grands colloques, 2015.* – Lami, La lutte contre les médicaments falsifiés, monstre ou victime de la libéralisation du marché ?, *RGDM 2015, Panorama de droit pharmaceutique, n° spécial, p. 95.* – Gaumont-Prat, Directive 2011/62/UE « Médicaments falsifiés » : les avancées dans la lutte contre les faux médicaments, *RGDM 2015, Panorama de droit pharmaceutique, n° spécial, p. 113.* – Jourdain-Fortier et Moine-Dupuis (dir.), La contrefaçon de médicaments : les premiers pas d'une réaction normative internationale (Colloque Dijon, 15 juin 2012), *Lexis-Nexis, juin 2013.* – Gaumont-Prat, Contrefaçon et médicaments falsifiés, *Propr. ind. juin 2013. Étude 6.* – Peigné, La consécration du commerce électronique des médicaments et la prévention de leur falsification, *RDSS 2013. 303* . – Le Goffic, Les faux médicaments : au carrefour de la propriété industrielle et de la santé publique, *Gaz. Pal. 14-15 janv. 2011, p. 14.* – Grossetête, Médicaments falsifiés, le crime organisé, *Rev. Marché commun, 2010. 295.* – Rueda, Lutte contre la contrefaçon de médicaments : complémentarité des approches adoptées par la Communauté européenne et le Conseil de l'Europe, *RGDM 2009, n° 33, p. 215.* – Varnerot, Le particularisme de la contrefaçon de brevet de médicament, *RGDM 2009, n° 30, p. 245.* – Sergheraert, Lutte contre la contrefaçon de médicaments : première analyse de la consultation de la Commission européenne sur la future directive communautaire, *D. 2009. 515* . – Chemtob-Concé, La contrefaçon de médicaments, *Gaz. Pal. 6 juin 2008, p. 47.* – Sergheraert et Vion, Contrefaçon de médicaments : comment la France peut-elle rester épargnée par ce phénomène en pleine expansion ?, *LPA 23 mai 2007, p. 4.* – Vlasto, Contrefaçon de médicaments : état des lieux et perspectives, *Gaz. Pal. 8 déc. 2006, p. 51.*

COMMENTAIRE

V. Commentaire reproduit sur Dalloz.fr.

Contrôle de légalité. Le Conseil d'État a rejeté le recours dirigé contre le Décr. n° 2012-1562 du 31 déc. 2012, pris en complément de l'Ord. n° 2012-1427 du 19 déc. 2012 pour transposer la Dir. 2011/62/UE du 8 juin 2011 relative à la prévention de l'introduction dans la chaîne d'approvisionnement légale de médicaments falsifiés : *estimant que le droit de l'Union autorise les* États membres à aller au-delà des obligations prévues par la directive en vue d'assurer un niveau élevé de protection de la santé publique, il a jugé que le décret pouvait imposer la présence d'un identifiant unique (permettant de vérifier l'authenticité des médicaments) sur toutes les boîtes de spécialités remboursables, qu'elles soient ou non soumises à prescription médicale obligatoire, et la présence d'un dispositif anti-effraction (permettant de vérifier l'intégrité du conditionnement) sur tous les médicaments. • CE 16 mars 2015, *AFIPA,* n° 366531.

Art. L. 5111-4 *(L. n° 2016-41 du 26 janv. 2016, art. 151-1°)* **On entend par médicaments ou classes de médicaments d'intérêt thérapeutique majeur les médicaments ou classes de médicaments pour lesquels une interruption de traitement est susceptible de**

mettre en jeu le pronostic vital des patients à court ou moyen terme, ou représente une perte de chance importante pour les patients au regard de la gravité ou du potentiel évolutif de la maladie.

COMMENTAIRE

V. Commentaire reproduit sur Dalloz.fr.

CHAPITRE II PHARMACOPÉE

Art. L. 5112-1 **La pharmacopée comprend les textes de la pharmacopée européenne et ceux de la pharmacopée française** *(L. nº 2009-594 du 27 mai 2009, art. 12)* **« , y compris ceux relevant de la pharmacopée des outre-mer qui remplissent les conditions de la réglementation en vigueur dans le domaine ».** *(Ord. nº 2016-966 du 15 juill. 2016, art. 2-2º)* **« Elle est élaborée et rendue obligatoire par décision du directeur général de l'Agence nationale de sécurité du médicament et des produits de santé. Elle est publiée dans les conditions fixées par décret en Conseil d'État. »**
(L. nº 2009-594 du 27 mai 2009, art. 12) **« Un décret en Conseil d'État fixe les adaptations de la pharmacopée française nécessitées par les particularités des plantes médicinales d'usage traditionnel dans les départements et collectivités d'outre-mer. »**

BIBL. ▶ VALVERDE, PIQUERAS-GARCIA et CABEZAS-LOPEZ, La participation de la Communauté européenne à la Convention relative à l'élaboration d'une Pharmacopée européenne, *Rev. Marché unique européen, 1996. 65.* – CUMERLATO, Pharmacopée européenne : 30 ans au service de la qualité du médicament, *Forum du Conseil de l'Europe 1994, nº 1, p. 26.* – DILLEMANN, Les essais du codex et leur caractère obligatoire, *Inf. pharm. 1984. 160.* – ARTIGES, L'institution de la pharmacopée européenne, *Inf. pharm. 1980. 506.* – LEMAY, Effets juridiques et évolution de la pharmacopée française et de la pharmacopée européenne, *Inf. pharm. 1979. 92.* – DILLEMANN, La définition des drogues, *Inf. pharm. 1979. 793.* – JANOT et LALANNE, La convention de pharmacopée européenne, *Mon. Pharm. 1975, nº 1172, p. 1132.* – LALANNE, La pharmacopée française dans le contrôle des médicaments, *Inf. pharm. 1975. 1496* ; L'introduction des médicaments nouveaux dans les pharmacopées, *Inf. pharm. 1974, nº 167.* – PLAT, La nouvelle définition de la pharmacopée, *RDSS 1973. 190.*

COMMENTAIRE

V. Commentaire reproduit sur Dalloz.fr.

1. Portée de l'inscription. Un produit ne devient pas médicament parce qu'il est inscrit à la pharmacopée. • Orléans, 2 avr. 1851 : *DP 51. 2. 222* • Crim. 27 févr. 1886 : *Bull. crim. nº 79* • Crim. 11 févr. 1887 : *Bull. crim. nº 58* • Crim. 18 juin 1896 : *Bull. crim. nº 194* • Paris, 31 janv. 1914 : *DP 1915. 2. 48* • Crim. 13 mars 1919 : *Bull. crim. nº 64* • Crim. 30 avr. 1921 : *Bull crim. nº 79* • Crim. 10 mai 1924 : *Bull crim. nº 205* • T. corr. Seine, 3 févr. 1941 : *Gaz. Pal. 1941. 1. 341.* ♦ V. également. • CE, sect., 14 oct. 1977, *Synd. nat. des industries aromatiques alimentaires : Lebon 384 ; RDSS 1978. 200, concl. Labetoulle.* ♦ La Cour de justice considère toutefois que la qualification de médicament par la pharmacopée européenne est un élément susceptible d'être pris en compte pour caractériser un produit de médicament au sens de l'art. L. 5111-1. • CJCE 20 mai 1992, *Commission c/ Allemagne*, nº C-290/90 : *Rec. CJCE 3317.*

2. Pouvoir ministériel. Le ministre de la Santé publique est fondé à compléter la pharmacopée par un texte relatif à l'utilisation des aromatisants. • CE, sect., 14 oct. 1977, *Synd. nat. des industries aromatiques alimentaires : Lebon 384* (les aromatisants pouvant être définis comme des drogues, des substances et des mélanges de produits). ♦ En indiquant que la « nature chimique des produits définis et la composition quantitative et qualitative des mélanges aromatisants doivent être connues du pharmacien utilisateur » et en imposant ainsi aux fabricants desdits mélanges, en cas de vente à des pharmaciens, de faire connaître à ceux-ci leur composition, le ministre n'a fait que rappeler l'obligation générale, découlant de l'ensemble du livre V du code de la santé publique, et notamment des art. L. 569, L. 579 et L. 601 [L. 5125-2 et L. 5125-24, L. 5125-20 et L. 5121-8], en vertu de laquelle tout pharmacien doit, dans le cadre tant d'une préparation magistrale que de la fabrication d'une spécialité, être en mesure de connaître la composition exacte du médicament qu'il produit. • CE, sect., 14 oct. 1977, *Synd. nat. des industries aromatiques alimentaires : préc.* ♦ Sur le retrait d'un chapitre (concernant la dermopharmacie) de la pharmacopée et la possibilité de rapporter légalement un arrêté modificatif n'ayant reçu aucune application, V. • CE 18 févr. 1976, *Féd. fr. de l'industrie des produits de parfumerie, de beauté et de toilette*, nº 95988.

3. Inapplicabilité de la procédure abrégée. Sur l'impossibilité de bénéficier d'une procédure abrégée d'AMM lorsque la demande concerne une spécialité correspondant à une préparation figurant à la pharmacopée ou au formulaire national, V. • CE 26 sept. 2005, *Sté Labo. Fenioux Pharm*, n° 266004 : *Lebon T. 1103* ; *RDSS 2005. 1050, note Peigné* (annulation des dispositions permettant d'attribuer des AMM selon une procédure abrégée dans des conditions non prévues par la Dir. 2001/83/CE du 6 nov. 2001 instituant un code communautaire des médicaments à usage humain).

TITRE DEUXIÈME MÉDICAMENTS À USAGE HUMAIN

CHAPITRE PREMIER DISPOSITIONS GÉNÉRALES

Art. L. 5121-1 On entend par :

1° *(L. n° 2008-337 du 15 avr. 2008, art. 9-I ; L. n° 2009-879 du 21 juill. 2009, art. 3-III)* « Préparation magistrale, tout médicament préparé selon une prescription médicale destinée à un malade déterminé *(L. n° 2011-2012 du 29 déc. 2011, art. 16-1°)* « en raison de l'absence de spécialité pharmaceutique disponible disposant d'une autorisation de mise sur le marché, de l'une des autorisations mentionnées aux articles L. 5121-9-1 et L. 5121-12, d'une autorisation d'importation parallèle ou d'une autorisation d'importation délivrée à un établissement pharmaceutique dans le cadre d'une rupture de stock d'un médicament, » soit extemporanément en pharmacie, soit dans les conditions prévues à l'article L. 5125-1 ou à l'article » *(Ord. n° 2016-1729 du 15 déc. 2016, art. 2-II et 3-I)* « L. 5126-6 » ;

2° Préparation hospitalière, tout médicament, à l'exception des produits de thérapies génique ou cellulaire, préparé selon les indications de la pharmacopée et en conformité avec les bonnes pratiques mentionnées à l'article L. 5121-5, en raison de l'absence de spécialité pharmaceutique disponible ou adaptée *(L. n° 2011-2012 du 29 déc. 2011, art. 16-2°)* « disposant d'une autorisation de mise sur le marché, de l'une des autorisations mentionnées aux articles L. 5121-9-1 et L. 5121-12, d'une autorisation d'importation parallèle ou d'une autorisation d'importation délivrée à un établissement pharmaceutique dans le cadre d'une rupture de stock d'un médicament, » *(L. n° 2009-879 du 21 juill. 2009, art. 3-III)* « par » une pharmacie à usage intérieur d'un établissement de santé, ou *(L. n° 2004-806 du 9 août 2004, art. 47-VI)* « par l'établissement pharmaceutique de cet établissement de santé » autorisé en application de l'article L. 5124-9 *(L. n° 2009-879 du 21 juill. 2009, art. 3-III)* « ou dans les conditions prévues à l'article *(Ord. n° 2016-1729 du 15 déc. 2016, art. 2-II et 3-I)* « L. 5126-6 » ». Les préparations hospitalières sont dispensées sur prescription médicale à un ou plusieurs patients par une pharmacie à usage intérieur dudit établissement. Elles font l'objet d'une déclaration auprès de *(L. n° 2011-2012 du 29 déc. 2011, art. 5-IV)* « l'Agence nationale de sécurité du médicament et des produits de santé », dans des conditions définies par arrêté du ministre chargé de la santé ;

3° Préparation officinale, tout médicament préparé en pharmacie *(L. n° 2007-248 du 26 févr. 2007, art. 4)* « , inscrit à la pharmacopée ou au formulaire national » et destiné à être dispensé directement aux patients approvisionnés par cette pharmacie ;

4° *Abrogé par Ord. n° 2016-966 du 15 juill. 2016, art. 2-4°.*

5° *(L. n° 2007-248 du 26 févr. 2007, art. 4)* « *a)* Sans préjudice des articles L. 611-2 et suivants du code de la propriété intellectuelle, spécialité générique d'une spécialité de référence, celle qui a la même composition qualitative et quantitative en principes actifs, la même forme pharmaceutique et dont la bioéquivalence avec la spécialité de référence est démontrée par des études de biodisponibilité appropriées. Une spécialité ne peut être qualifiée de spécialité de référence que si son autorisation de mise sur le marché a été délivrée au vu d'un dossier comportant, dans des conditions fixées par voie réglementaire, l'ensemble des données nécessaires et suffisantes à elles seules pour son évaluation. Pour l'application du présent alinéa, les différentes formes pharmaceutiques orales à libération immédiate sont considérées comme une même forme pharmaceutique. De même, les différents sels, esters, éthers, isomères, mélanges d'isomères, complexes ou dérivés d'un principe actif sont regardés comme ayant la même composition qualitative en principe actif, sauf s'ils présentent des propriétés sensiblement différentes au regard de la sécurité ou de l'efficacité. Dans ce cas, des informations supplémentaires fournissant la preuve de la sécurité et de l'efficacité des différents sels, esters ou dérivés d'une substance active autorisée doivent être données par le demandeur de l'autorisation de mise sur le marché ; — *Le 4° a été abrogé par l'Ord. n° 2016-966 du 15 juill. 2016, art. 2-4°.*

« *b)* Groupe générique, le regroupement d'une spécialité de référence et des spécialités qui en sont génériques. Toutefois, une spécialité remplissant les conditions pour être une spécialité de référence, qui présente la même composition qualitative *(L. n° 2008-1330 du 17 déc. 2008, art. 49)* « en substance active, la même composition quantitative en substance active ou, à défaut, une fraction thérapeutique active identique dans les limites prévues à l'annexe I de la directive 2001/83/CE du Parlement européen et du Conseil du 6 novembre 2001 instituant un code communautaire relatif aux médicaments à usage humain, » et la même forme pharmaceutique qu'une spécialité de référence d'un groupe générique déjà existant, et dont la bioéquivalence avec cette spécialité est démontrée par des études de biodisponibilité appropriées, peut aussi figurer dans ce groupe générique, à condition que ces deux spécialités soient considérées comme relevant d'une même autorisation de mise sur le marché globale, définie par voie réglementaire *(L. n° 2008-1330 du 17 déc. 2008, art. 49)* « et qu'elles ne présentent pas de propriétés sensiblement différentes au regard de la sécurité ou de l'efficacité ». En l'absence de spécialité de référence, un groupe générique peut être constitué de spécialités ayant la même composition qualitative et quantitative en principes actifs, la même forme pharmaceutique et dont les caractéristiques en termes de sécurité et d'efficacité sont équivalentes. *(L. n° 2008-1330 du 17 déc. 2008, art. 49)* « Pour l'application du présent *b,* sont inscrites au répertoire des groupes génériques les spécialités qui se présentent sous une forme pharmaceutique orale à libération modifiée différente de celle de la spécialité de référence, à condition que ces spécialités et la spécialité de référence appartiennent à la même catégorie de forme pharmaceutique à libération modifiée et qu'elles ne présentent pas de propriétés sensiblement différentes au regard de la sécurité ou de l'efficacité ; »

(L. n° 2014-1554 du 22 déc. 2014, art. 61) « Pour l'application du présent *b,* peuvent être inscrits au répertoire des spécialités génériques les médicaments à base de plantes définis au 16° du présent article, à l'exclusion de ceux mentionnés à l'article L. 5121-14-1, qui présentent la même composition qualitative et quantitative en substance active végétale, la même forme pharmaceutique et qui ont une activité thérapeutique équivalente. Les médicaments à base de plantes sont considérés comme ayant une composition qualitative identique dès lors que leur substance active végétale :

« — est conforme à la description des monographies communautaires élaborées par l'Agence européenne des médicaments, définies par la directive 2001/83/CE du Parlement et du Conseil du 6 novembre 2001 instituant un code communautaire relatif aux médicaments à usage humain ; et

« — n'est pas susceptible d'entraîner des différences significatives en termes d'efficacité thérapeutique ou d'effets indésirables.

« Pour l'application du présent *b,* peuvent être inscrites au répertoire des spécialités génériques les spécialités dont la ou les substances actives sont exclusivement une ou plusieurs substances minérales, qui présentent la même composition qualitative et quantitative en substance, la même forme pharmaceutique et qui ont une activité thérapeutique équivalente à celle de la spécialité de référence. Les spécialités dont la ou les substances actives sont exclusivement une ou plusieurs substances minérales sont considérées comme ayant une composition qualitative identique dès lors que leur substance active minérale répond aux spécifications des monographies de la pharmacopée, lorsqu'elles existent, et qu'elle n'est pas susceptible d'entraîner des différences significatives en termes d'efficacité thérapeutique ou d'effets indésirables ; »

6° Médicament immunologique, tout médicament consistant en :

a) Allergène, défini comme tout produit destiné à identifier ou provoquer une modification spécifique et acquise de la réponse immunologique à un agent allergisant ;

b) Vaccin, toxine ou sérum, définis comme tous agents utilisés en vue de provoquer une immunité active ou passive ou en vue de diagnostiquer l'état d'immunité ;

7° Médicament radiopharmaceutique, tout médicament qui, lorsqu'il est prêt à l'emploi, contient un ou plusieurs isotopes radioactifs, dénommés radionucléides, incorporés à des fins médicales ;

8° Générateur, tout système contenant un radionucléide parent déterminé servant à la production d'un radionucléide de filiation obtenu par élution ou par toute autre méthode et utilisé dans un médicament radiopharmaceutique ;

9° Trousse, toute préparation qui doit être reconstituée ou combinée avec des radionucléides dans le produit radiopharmaceutique final ;

10° Précurseur, tout autre radionucléide produit pour le marquage radioactif d'une autre substance avant administration ;

11° Médicament homéopathique, tout médicament obtenu à partir de *(L. n° 2007-248 du 26 févr. 2007, art. 4)* « substances appelées » souches homéopathiques, selon un procédé de fabrication homéopathique décrit par la pharmacopée européenne, la pharmacopée française ou, à défaut, par les pharmacopées utilisées de façon officielle dans un autre État membre de *(Ord. n° 2010-177 du 23 févr. 2010, art. 26-10°)* « l'Union européenne ». Un médicament homéopathique peut aussi contenir plusieurs principes ;

(L. n° 2004-800 du 6 août 2004, art. 19-III) « 12° Préparation de thérapie génique, tout médicament autre que les spécialités pharmaceutiques et les médicaments fabriqués industriellement mentionnés à l'article L. 5121-8, servant à transférer du matériel génétique et ne consistant pas en des cellules d'origine humaine ou animale. Ces préparations sont préparées à l'avance et dispensées sur prescription médicale à un ou plusieurs patients. Elles font l'objet d'une autorisation de *(L. n° 2011-2012 du 29 déc. 2011, art. 5-IV)* « l'Agence nationale de sécurité du médicament et des produits de santé » pour une indication thérapeutique donnée. Cette autorisation peut être assortie de conditions particulières ou de restrictions d'utilisation. Elle peut être modifiée, suspendue ou retirée ;

« 13° Préparation de thérapie cellulaire xénogénique, tout médicament autre que les spécialités pharmaceutiques et les médicaments fabriqués industriellement mentionnés à l'article L. 5121-8, consistant en des cellules d'origine animale et leurs dérivés utilisés à des fins thérapeutiques, y compris les cellules servant à transférer du matériel génétique, quel que soit leur niveau de transformation. Ces préparations sont préparées à l'avance et dispensées sur prescription médicale à un ou plusieurs patients. Elles font l'objet d'une autorisation de *(L. n° 2011-2012 du 29 déc. 2011, art. 5-IV)* « l'Agence nationale de sécurité du médicament et des produits de santé » pour une indication thérapeutique donnée. Cette autorisation peut être assortie de conditions particulières ou de restrictions d'utilisation. Elle peut être modifiée, suspendue ou retirée. L'Agence de la biomédecine est informée des décisions relatives à ces préparations prises en application du présent alinéa ; »

(L. n° 2007-248 du 26 févr. 2007, art. 4-5°) « 14° Médicament biologique, tout médicament dont la substance active est produite à partir d'une source biologique ou en est extraite et dont la caractérisation et la détermination de la qualité nécessitent une combinaison d'essais physiques, chimiques et biologiques ainsi que la connaissance de son procédé de fabrication et de son contrôle ;

« 15° *(L. n° 2013-1203 du 23 déc. 2013, art. 47-I)* « *a)* » Sans préjudice des articles L. 611-2 et suivants du code de la propriété intellectuelle, médicament biologique similaire, tout médicament biologique de même composition qualitative et quantitative en substance active et de même forme pharmaceutique qu'un médicament biologique de référence mais qui ne remplit pas les conditions prévues au *a* du 5° du présent article pour être regardé comme une spécialité générique en raison de différences liées notamment à la variabilité de la matière première ou aux procédés de fabrication et nécessitant que soient produites des données précliniques et cliniques supplémentaires dans des conditions déterminées par voie réglementaire. »

(L. n° 2013-1203 du 23 déc. 2013, art. 47 I) « Un médicament biologique ne peut être qualifié de médicament biologique de référence que si son autorisation a été délivrée au vu d'un dossier comportant, dans des conditions fixées par voie réglementaire, *l'ensemble des données* nécessaires et suffisantes à elles seules pour son évaluation ;

« *b)* Groupe biologique similaire, le regroupement d'un médicament biologique de référence et de ses médicaments biologiques similaires, tels que définis au *a* du présent 15°. Ils sont regroupés au sein de la liste de référence des groupes biologiques similaires établie par l'Agence nationale de sécurité du médicament et des produits de santé ; »

(Ord. n° 2007-613 du 26 avr. 2007, art. 1er) « **16° Médicament à base de plantes, tout médicament dont les substances actives sont exclusivement une ou plusieurs substances végétales ou préparations à base de plantes ou une association de plusieurs substances végétales ou préparations à base de plantes ;** »

(L. n° 2011-302 du 22 mars 2011, art. 8-I) « **17° Médicament de thérapie innovante préparé ponctuellement, tout médicament tel que défini dans le règlement (CE) n° 1394/2007 du Parlement européen et du Conseil, du 13 novembre 2007, concernant les médicaments de thérapie innovante et modifiant la directive 2001/83/CE ainsi que le règlement (CE) n° 726/2004, fabriqué en France selon des normes de qualité spécifiques et utilisé dans un hôpital en France, sous la responsabilité d'un médecin, pour exécuter une prescription médicale déterminée pour un produit spécialement conçu à l'intention d'un malade déterminé. Ces médicaments font l'objet d'une autorisation de l'Agence française de sécurité sanitaire des produits de santé** *[l'Agence nationale de sécurité du médicament et des produits de santé]*. **Cette autorisation peut être assortie de conditions particulières ou de restrictions d'utilisation.** *(L. n° 2016-41 du 26 janv. 2016, art. 155-IV)* « **Par dérogation, ces médicaments peuvent également être fabriqués, importés ou exportés dans le cadre de recherches définies à l'article L. 1121-1 du présent code. L'autorisation** » **peut être modifiée, suspendue ou retirée. L'Agence de la biomédecine est informée des décisions prises en application du présent 17° ;** »

(L. n° 2014-1554 du 22 déc. 2014, art. 71-8°) « **18° Médicament dérivé du sang, tout médicament préparé industriellement à partir du sang ou de ses composants. Ils sont soumis au présent titre, sous réserve des dispositions spécifiques qui leur sont applicables. Ils comprennent notamment :**

« *a)* **Les médicaments issus du fractionnement du plasma ;**

« *b)* **Le plasma à finalité transfusionnelle dans la production duquel intervient un processus industriel, dont l'autorisation de mise sur le marché respecte l'article L. 5121-11 du présent code et dont la collecte et la qualification biologique respectent les exigences prévues par la directive 2002/98/CE du Parlement européen et du Conseil, du 27 janvier 2003, établissant des normes de qualité et de sécurité pour la collecte, le contrôle, la transformation, la conservation et la distribution du sang humain, et des composants sanguins, et modifiant la directive 2001/83/CE.** »

Sur les restrictions ou interdictions de certaines substances ou préparations 🏛.

BIBL. ▶ **Sur les préparations magistrales :** SALEN et PERRAY, La définition française des préparations magistrales de pharmaciens à l'épreuve du droit de l'Union européenne, *Dr. adm. févr. 2015. Étude 3.* – ANSM, Évaluation des risques liés à l'utilisation de produits de santé à des fins d'amaigrissement, *Rapp. d'expertise, juill. 2012.* – CHEMTOB-CONCÉ et FOUASSIER, La réglementation des préparations magistrales et la question du déconditionnement de spécialités, *Nouv. pharm. 2010, n° 407, p. 205.* – SIRANYAN, Les responsabilités relatives aux médicaments préparés à l'officine, *RDSS 2007. 592* . – VAN DEN BRINK et FOUASSIER, Bilan 2007 des nouvelles dispositions relatives aux préparations à l'officine, *Nouv. pharm. 2007, n° 397, p. 477.* – DELOMÉNIE et FOURCADE, Rapport sur les préparations pharmaceutiques à l'hôpital et à l'officine, *IGAS, janv. 2006.* – VAN DEN BRINK, Quel avenir pour les préparations magistrales ?, *Nouv. pharm. 2006, n° 391, p. 265.* – PEIGNÉ, DHEA : le prétendu flou juridique, *D. 2001. 2203* . – DUNEAU, Le contrôle du pharmacien d'officine sur les prescriptions dangereuses, *Gaz. Pal. 1995. 2. Doctr. 917.* – DENOIX DE SAINT-MARC et LABETOULLE, De l'interprétation de la loi Talon à la notion d'officine, *Inf. pharm. 1987. 66.* – LE HIR, Le point de vue d'un polémiste sur le déconditionnement des spécialités en officine de ville, *Inf. pharm. 1987. 653.* – DILLEMANN, Les caractéristiques du médicament magistral, *La pharmacie fr. nouvelle, nov.-déc. 1975, n° 2, p. 15.* – DOLL, À propos des préparations magistrales à base de spécialités, *Inf. pharm. 1975. 1163.* – COUSTOU, Spécialités pharmaceutiques et médicaments spécialisés de l'officine, *Labo. pharma., juin 1970, p. 86.* – PLAT, À propos du statut juridique du produit maison, *Évol. pharm., févr. 1970, p. 37.*

▶ **Sur les médicaments homéopathiques :** VIALA, Le médicament homéopathique, *RDSS 1993. 43* ; La consécration européenne du médicament homéopathique, *LPA 12 févr. 1993, p. 4.* – TISSEYRE et CAMPION, Quel statut pour le médicament homéopathique à usage humain dans le marché unique de 1993 ?, *Nouv. pharm. 1992, n° 337, p. 113.* AULAS, BARDELAY et ROYER, Homéopathie : état actuel de l'évaluation clinique, *éd. Frison-Roche, 1991.*

▶ **Sur les médicaments génériques :** LE GOFFIC, L'accès aux médicaments : entre génériques et princeps, *JDSAM 2017, n° 15, p. 30.* – JUILLARD-CONDAT et TABOULET, L'équivalence thérapeutique : une notion bien équivoque !, *RGDM 2017, Panorama de droit pharmaceutique, n° 24, p. 49.* – Lalanne-Gobet, L'exploitation des marques pharmaceutiques, *Propr. intell., avr. 2016, n° 59, p. 150.* – Véron, L'exception d'usage expérimental et l'exception « Bolar », *Propr. intell., avr. 2016, n° 59, p. 170.* – Dahan, Pilotage opérationnel du plan national d'action de promotion des médicaments génériques, *IGAS, janv. 2016.* – Mascret, Les enseignements de l'Autorité de la concurrence en matière d'abus de position dominante pour des pratiques visant à retarder l'entrée sur le marché d'un médicament générique, *LPA 5 nov. 2014, p. 3.* – Daudigny, Rapport d'information sur les médicaments génériques, *Sénat, sept. 2013.* – Diény, Avis de grand frais sur les accords (anticoncurrentiels) entre laboratoires princeps et génériques, *CCC 2013, focus n° 48.* – Cervetti, Les accords de report d'entrée : une stratégie méconnue du secteur pharmaceutique, *Propr. ind., 2013. Étude 9.* – Imbaud, Morin, Picard et Toujas, Évaluation de la politique française des médicaments génériques, *IGAS, sept. 2012.* – Perrot, Le fonctionnement concurrentiel du secteur pharmaceutique français, *RDSS 2011. 430* . – Cavézian, Règlements amiables entre laboratoires de princeps et fabricants de médicaments génériques : un double défi pour la Commission dans l'application des règles de concurrence au secteur pharmaceutique, *Lamy dr. aff., sept. 2011, p. 35.* – Azéma, L'abus dans l'obtention du droit de brevet : l'exemple des médicaments génériques, *Propr. ind., oct. 2010, Étude 7.* – Ciaudo, Le respect des brevets pharmaceutiques à l'épreuve des médicaments génériques : *Propr. ind. 2009, n° 60.* – Oster, Enquête sectorielle dans le secteur pharmaceutique : au chevet d'un malade imaginaire ?, *Lamy dr. aff., oct. 2009, p. 48.* – Dieny, Entraves à la concurrence dans le secteur pharmaceutique : la Commission européenne publie son rapport final, *CCC, oct. 2009, focus n° 66.* – Bringuier-Fau, Droit de la concurrence et droit des brevets au service des génériques, *RGDM 2009, n° 33, p. 197.* – Robine, Le médicament générique : quelques éléments de nature à clarifier une notion devenue polysémique, *RGDM 2008, n° 29, p. 187.* – Combe et Haug, Les laboratoires pharmaceutiques face à la concurrence des génériques : quels enjeux pour l'anti-trust ?, *Concurrences, 2006, n° 1, Doctr. 47.* – Passa, Entre droit des brevets et droit de la santé publique : tentatives judiciaires pour faire interdire des médicaments génériques, *Propr. intell., janv. 2006, n° 18, p. 47.* – Armengaud et Berthet-Maillols, Médicaments génériques et princeps : un nouvel équilibre à trouver, *Propr. intell., juill. 2006, n° 20, p. 243.* – Fouassier et Van den Brink, Médicaments génériques : les avancées jurisprudentielles, *RDSS 2006. 96* . – Baghestani-Perrey, Le tarif forfaitaire de remboursement : une nouvelle étape inédite de responsabilisation dans la politique de développement des médicaments génériques, *LPA 28 août 2003, p. 3.* – Daburon, le médicament générique : un parcours semé d'obstacles, *Méd. et droit, juill.-août 2000, n° 43, p. 17.* – Houin et Larrieu, Médicament générique et propriété industrielle, *RIDE 2000. 173.* – Poillot-Peruzzetto, L'apport du droit communautaire aux problèmes posés par les médicaments génériques, *RIDE 2000. 187.* – Pottier, Vers un allégement de la procédure d'inscription au répertoire des médicaments génériques, *Gaz. Pal. 27-28 oct. 2000, p. 19.* – Binder et Boinet, Médicaments génériques : droit des marques, droit de substitution et publicité comparative, *LPA 24 mai 1999, p. 4.* – Berthet, Les obstacles juridiques à l'essor des génériques, *Éd. de santé, 1998.* – Duneau, Développement des médicaments génériques en France : avancées et réticences, *Méd. et droit, sept-oct. 1997, n° 26, p. 1.* – Campion et Viala, Le médicament générique : la nouvelle donne, *Gaz. Pal. 1996. 2. Doctr. 777.* – Pierrin et Rosier, Les enjeux du médicament générique en France, *éd. Frison-Roche, 1995.* – Calvo, Les médicaments génériques et le droit de la concurrence : totem ou tabou ?, *LPA 17 avr. 1992, p. 6.* – Desjeux, La copie du médicament : un acte de concurrence parasitaire ?, *JCP E 1987. I. 14929.*

▸ **Sur les médicaments biologiques et biosimilaires :** Bocquet, Les médicaments biosimilaires : enjeux économiques et politiques, *Éd. de Santé, 2015.* – Le Déaut, Touraine et Le Dain, Les médicaments biosimilaires, *Rapport OPECST, mai 2015.* – Bocquet et Paubel, Médicaments biosimilaires : quel cadre juridique pour quel modèle économique ?, *JDSAM 2015, n° 2, p. 8.* – Kupfer et Job, Les médicaments biosimilaires : enjeux et stratégie, *JCP E 2013. Étude 1674.* – ANSM, Les médicaments biosimilaires. État des lieux (rapport), *sept. 2013.* – Vialettes, Précisions jurisprudentielles sur le régime des médicaments biologiques, *RDSS 2012. 532* . – Bocquet et Paubel, Les aspects juridiques du développement des médicaments biosimilaires, *RDSS 2012. 121* . – Prugnaud et Trouvin (dir.), Les biosimilaires, *Springer, 2011.* – Cavazzana-Calvo et Debiais, Les biomédicaments, *Que sais-je ?, PUF, 2011.* – AFSSAPS, Des médicaments issus des biotechnologies aux médicaments biosimilaires : état des lieux (rapp. d'expertise), *juill. 2011.*

▸ ***Sur les médicaments de thérapie innovante* (thérapies génique et cellulaire) :** Job, Les produits issus de l'impression 3D et la réglementation des produits de santé, *JDSAM 2016, n° 14, p. 20.* – Mahalatchimy et Rial-Sebbag (dir.), L'humain médicament, *Rev. Quaderni, vol. n° 81, 2013.* – Peigné, Le nouveau statut des médicaments de thérapie innovante issu du décret n° 2012-1236 du 6 novembre 2012, *JDSAM, 2013, n° 1, p. 52.* – Mahalatchimy, L'harmonisation de l'accès au marché des médicaments de thérapie innovante dans l'Union européenne :

entre volonté et réalité, *RGDM 2009, n° 33, p. 257.* – SERGHERAERT, ACCADEBLED et OSSELAERE, Procédure de délivrance des AMM pour les thérapies innovantes et sécurisation de leur utilisation, *Nouv. pharm. 2009, n° 404, p. 345.* – PEIGNÉ, Le droit des biothérapies : entre subsidiarité éthique et harmonisation technique, *RDSS 2008. 292*. – CHEMTOB-CONCÉ, Le nouvel encadrement juridique des médicaments de thérapie innovante, *RGDM 2008, n° 26, p. 7.* – DOSQUET, La thérapie cellulaire aujourd'hui et demain, *RGDM, 2008, n° 29, p. 37.* – CHEMTOB-CONCÉ, Les aspects techniques et éthiques liés aux médicaments de thérapie innovante, *Gaz. Pal. 16-17 nov. 2007, p. 54.* – BLANQUET et DE GROVE-VALDEYRON, Les enjeux et les apports du règlement communautaire concernant les médicaments de thérapie innovante, *Rev. aff. eur. 2007, n° 4, p. 689.* – PEIGNÉ, Le nouveau statut des produits de thérapies génique et cellulaire, *RDSS 2005. 220*. – CAMPION et VIALA, La nouvelle législation des produits biologiques à effet thérapeutique, *LPA 27 nov. 1996, p. 11.* – CAMPION et TISSEYRE-BERRY, Quel statut pour les produits des thérapies cellulaires et géniques ?, *Nouv. pharm. 1996, n° 350, p. 83.*

▸ **Sur les médicaments dérivés du sang :** LUCAS-BALOUP, Médicaments dérivés du plasma : obligations et responsabilités encourues, *Éd. SCROF, 2010.* – JACOTOT, L'inclusion des produits sanguins labiles dans le régime du médicament, *RDSS 1997. 558*.

COMMENTAIRE

V. Commentaire reproduit sur Dalloz.fr.

1. Médicaments spécialisés de l'officine. Les dispositions des art. L. 601 et L. 605 anciens (Ord. n° 59-250 du 4 févr. 1959) ne faisaient pas obstacle à ce que les pharmaciens d'officine puissent fabriquer et vendre au détail des médicaments spécialisés de l'officine (MSO). • CE, ass., 2 déc. 1960, *CNOP : Lebon 664* • CE, ass., 2 déc. 1960, *Ch. synd. nat. des fabricants de produits pharmaceutiques : Lebon 657.* ♦ La catégorie des MSO a été officiellement abrogée par le Décr. n° 99-249 du 31 mars 1999, le Conseil d'État ayant depuis longtemps estimé que, dans la mesure où les MSO n'avaient pas à faire l'objet d'une AMM, ils étaient incompatibles avec le nouveau régime des médicaments mis en place par l'Ord. n° 67-827 du 23 sept. 1967, transposant la Dir. 65/65/CEE du 26 janv. 1965. • CE, sect. soc., 23 oct. 1969 : *avis n° 303131.*

I. PRÉPARATIONS MAGISTRALES

A. GÉNÉRALITÉS

2. Arrêt de principe. Un médicament magistral doit être préparé selon une formule prescrite par le médecin. • Crim. 8 déc. 1906 : *DP 1907. 1. 113, rapp. Roulier, note Legris.*

3. Monopole de compétence. Les préparateurs en pharmacie sont seuls habilités à seconder les pharmaciens dans l'exécution des ordonnances magistrales et des inscriptions à l'ordonnancier. • Angers, 20 nov. 1984 : *Inf. pharm. 1985. 384, obs. Viala.*

4. Inscription à l'ordonnancier. A propos de la détention d'un ordonnancier non coté, ni paraphé. • Amiens, 10 janv. 1984 : *Inf. pharm. 1984. 357, obs. Viala.* ♦ Et sur une condamnation pénale, V. • T. corr. Compiègne, 15 mai 1985 : *Inf. pharm. 1985. 841, obs. Viala.* ♦ Et en appel. • Amiens, 26 mai 1986 : *Inf. pharm. 1986. 84, note Vion.*

5. Contrôle de qualité. Tout pharmacien doit, tant dans le cadre d'une préparation magistrale que de la fabrication d'une spécialité, être en mesure de connaître la composition exacte du médicament qu'il produit. • CE, sect., 14 oct. 1977, *Synd. nat. des industries aromatiques alimentaires : Lebon 384 ; Inf. pharm. 1978. 136, note Denoix de Saint-Marc et Labetoulle.*

6. Préparations organothérapeutiques. Des préparations organothérapeutiques, ne répondant pas à la définition de la spécialité pharmaceutique, doivent être regardées comme des médicaments au sens de la Dir. 65/65/CEE du 26 janv. 1965, dès lors qu'elles sont prescrites par un médecin et achetées en pharmacie. • CJCE 13 déc. 1989, *Prelle c/ Commission,* n° C-169/88 : *Rec. CJCE 4335, concl. Tesauro.*

B. CARACTÈRE EXTEMPORANÉ

7. Principe. Une préparation magistrale est une préparation composée et exécutée extemporanément conformément à une prescription détaillée du médecin traitant. • Soc. 1er févr. 1989 : *Bull. civ. V, n° 90.* ♦ *Contra :* • T. corr. La Roche-sur-Yon, 15 févr. 1999, n° 345199 (« il n'est nullement mentionné de réaliser » à l'avance une préparation magistrale). ♦ Sur le cas de pseudo-préparations magistrales en réalité effectuées à l'avance, V. • Crim. 23 janv. 1995 : *Bull. crim.* n° 30 (médicament vétérinaire). ♦ Jugé par la Cour de cassation que des préparations homéopathiques (Weleda) faites à l'avance et en série ne sauraient être qualifiées de préparations magistrales au sens de l'art. L. 5121-1, faute de présenter un caractère extemporané. • Civ. 2e, 12 juill. 2012, *CPAM de l'Ain : Dalloz actualité, 19 sept. 2012, obs. Bertignac ; RDSS 2012. 947, note Tauran*. ♦ Dans le même sens, V. • Civ. 2e, 10 juill. 2014, n° 13-20.385.

8. Droit disciplinaire. Sur le plan disciplinaire, le CNOP avait opéré un revirement de jurisprudence et fait prévaloir, sur les termes du l'art.

L. 5121-1, les dispositions de la Dir. 65/65/CEE du 25 janv. 1965 [reprise par la Dir. 2001/83/CE du 6 nov. 2001] qui ne mentionnent pas de préparation extemporanée pour une formule magistrale : dès lors, il est possible de préparer à l'avance et par lots des préparations magistrales, en conformité d'ailleurs avec le guide de bonnes pratiques de préparation officinale, dans les cas particuliers où ce mode de préparation est préférable pour garantir la qualité des préparations réalisées, dans la mesure où le pharmacien s'est assuré de la stabilité des préparations ainsi réalisées et à condition que la dispensation effectuée postérieurement ne le soit que sur présentation d'une ordonnance destinée à un malade particulier et comportant une formule complète. • CNOP 14 mars 2002 : *Nouv. pharm. 2002, n° 375, p. 181.* ♦ Nouveau revirement de jurisprudence : le CNOP constate que la définition communautaire de la préparation magistrale est dénuée de toute valeur normative et fait ainsi prévaloir les termes de l'art. L. 5121-1 qui imposent la réalisation extemporanée des préparations magistrales. • CNOP 26 janv. 2010 : *Nouv. pharm. 2010, n° 407, p. 125.* ♦ Le caractère extemporané d'une préparation magistrale a d'ailleurs été expressément maintenu par la L. n° 2007-248 du 26 févr. 2007, puis par la L. n° 2008-337 du 15 avr. 2008. ♦ Le Conseil d'État a estimé que les dispositions de l'art. L. 5121-1, interdisant qu'une préparation magistrale puisse être préparée à l'avance, ne méconnaissaient pas les objectifs de la Dir. 2001/83/CE du 6 nov. 2001 modifiée et n'entraient pas dans le champ de la Dir. 98/34/CE du 22 juin 1998, prévoyant une procédure d'information dans le domaine des normes techniques, dans la mesure où les préparations concernées, eu égard à leur caractère individualisé et à leur mode de confection sur mesure, ne constituaient pas des produits de fabrication industrielle. • CE 21 nov. 2016, ♔ *M. C.*, n° 386249 : *Lebon.*

9. *Droit de l'Union.* La Cour de justice a précisé que la définition de la préparation magistrale, issue de la Dir. 2001/83/CE modifiée, implique, d'abord, qu'elle soit réalisée sur la base d'une prescription préalable émanant d'un professionnel habilité à cet effet, ensuite, qu'elle soit délivrée directement par la pharmacie qui l'a réalisée aux patients qu'elle approvisionne et, enfin, que la prescription concerne les besoins d'un malade précisément désigné, ce dernier devant nécessairement être identifié avant chaque préparation, ce qui interdit de la réaliser à l'avance. • CJUE 16 juill. 2015, *Abcur c/ Apoteket Farmaci*, n^{os} *C-544/13 et C-545/13 : JDSAM 2015, n° 4, p. 53, note Peigné ; Europe, 2015, n° 1038* comm. *n° 367, obs. Roset.* ♦ Les termes « préparés industriellement » et « fabriqués selon une méthode dans laquelle intervient un processus industriel » visés par la directive 2001/83/CE du 6 nov. 2001 modifiée doivent inclure toute préparation ou fabrication dans laquelle intervient un processus industriel, un tel processus se caractérisant en général par une succession d'opérations, qui peuvent, notamment, être mécaniques ou chimiques, aux fins d'obtenir un produit standardisé, en quantités significatives. • CJUE 16 juill. 2015, *Abcur c/ Apoteket Farmaci*, n^{os} C-544/13 et C-545/13. ♦ Toutefois, un médicament non soumis à AMM du fait qu'il est prescrit par des médecins ou des dentistes avec une fréquence avérée, qu'il est fabriqué en pharmacie pour les étapes essentielles de sa fabrication, dans une quantité allant jusqu'à 100 boîtes par jour, toutes conditionnées dans le cadre de l'exploitation normale de la pharmacie, et qu'il est destiné à être délivré dans le cadre de l'autorisation d'exploitation que possède la pharmacie, ne saurait être considéré comme ayant été préparé industriellement ou fabriqué selon une méthode dans laquelle intervient un processus industriel. • CJUE 26 oct. 2016, *Hecht-Pharma*, n° C-276/15 : *Europe, 2016, n° 1051-1052, comm. n° 474, obs. Daniel.*

C. PRÉPARATIONS DANGEREUSES

10. *Responsabilité disciplinaire.* Constitue une faute disciplinaire le fait d'accepter d'honorer une prescription de préparation magistrale aux mentions incomplètes, de se tromper sur la quantité de principe actif à incorporer, de mentionner sur l'étiquetage une unité de masse erronée et de dispenser ces préparations sous forme de produits conseil, alors que les textes visent une prescription destinée à un malade déterminé. • CNOP 9 mars 2009 : *Nouv. pharm. 2009, n° 403, p. 140.* ♦ Le caractère dangereux de la prescription et son exécution par le pharmacien, en méconnaissance du Décr. n° 82-200 du 25 févr. 1982 [art. R. 5132-40], sont de nature à justifier une sanction disciplinaire. • CE 10 juin 1994, ♔ *Flaks*, n° 121700 • 29 juill. 1994, ♔ *Guillotin*, n° 121615. ♦ La prescription de préparations magistrales interdites constitue également une faute disciplinaire pour le médecin. • CE 7 févr. 1994, ♔ *Liance*, n° 142760. ♦ Le fait de solliciter l'avis du médecin n'est d'ailleurs pas de nature à faire échapper le pharmacien à la responsabilité qui est la sienne dans l'exécution d'une prescription. • CE 29 juill. 1994, ♔ *Guillotin*, n° 121615. ♦ Le pharmacien n'est pas non plus exonéré de sa responsabilité si, à défaut d'avoir obtenu l'accord exprès et préalable du praticien, il exécute une prescription présentant un caractère manifestement dangereux. • CE 29 juill. 1994, ♔ *Carius*, n° 105095. ♦ La double circonstance qu'un pharmacien ait préparé, de manière répétée, des lots de médicaments prescrits par un médecin pédiatre et que ce dernier ait admis avoir adressé les parents des enfants qu'il avait soignés vers la pharmacie, au motif que celle-ci aurait été la seule à disposer les préparations concernées, ne sont pas à eux seuls, eu égard à la grande proximité géographique de l'officine avec le cabinet du médecin, de nature à faire regarder comme établie l'existence d'un compérage entre ces professionnels. • CE 21 nov. 2016, *M. C.*, n° 386249 : *Lebon.*

11. Responsabilité pénale. Jugé au pénal que l'interdiction de mélanger, dans une même préparation magistrale, des substances figurant dans plusieurs des listes annexées au Décr. n° 82-200 du 25 févr. 1982 [art. R. 5132-40] ne s'étend pas au cas où la prescription comporte l'administration simultanée, mais sous forme séparée des substances en cause. • Paris, 6 déc. 1983 : *Inf. pharm. 1986. 67* • Douai, 19 mai 1989 : *inédit* • Aix-en-Provence, 28 janv. 1991 : *inédit.* ♦ *Contra* : • Aix-en-Provence, 6 avr. 1995 : *Nouv. pharm. 1995, n° 348, p. 400.* ♦ Sur les condamnations d'un médecin et de pharmaciens, V. • T. corr. Orléans, 9 juill. 1998 : *Nouv. pharm. 1999, n° 362, p. 135.*

12. Germandrée petit chêne. Un requérant ne peut se borner seulement à invoquer l'intérêt des consommateurs pour demander l'annulation de l'Arr. ministériel du 12 mai 1992 portant interdiction d'exécution et de délivrance de préparations magistrales ou autres préparations à base de germandrée petit chêne et, par ailleurs, de l'arrêté de même date portant son classement sur la liste I des substances vénéneuses. • CE 29 déc. 1995, *Beucher : Lebon 480.*

13. Produits d'origine bovine. Le fait pour un pharmacien d'avoir confectionné et délivré une préparation magistrale à base de tissus d'origine bovine, en dépit de l'interdiction formulé par arrêté ministériel, constitue, eu égard au risque encouru par les malades, un comportement fautif contraire à l'honneur professionnel, dès lors insusceptible d'entrer dans le champ d'application d'une loi d'amnistie. • CE 13 janv. 1999, *Min. Emploi et solidarité : Lebon T. 1001.* ♦ Le déconditionnement de spécialités pharmaceutiques et la délivrance d'une préparation magistrale à base de tissu neural d'origine bovine ayant également justifié une condamnation pénale. • Crim. 10 avr. 1997 : *Bull. crim. n° 139.*

14. Préparations anorexigènes. Sur la légalité de l'Arr. du 10 mai 1995 interdisant l'exécution et la délivrance de préparations magistrales ou autres préparations à base d'anorexigènes. • CE 17 mars 1997, *Synd. des médecins d'Aix et région*, n° 169823 : *Nouv. pharm. 1997, n° 356, p. 35.* ♦ Et sur la condamnation pénale d'un médecin et d'un pharmacien ayant offert, détenu, employé et cédé de la dexfenfluramine et de l'amfépramone, substances anorexigènes classées comme vénéneuses et dont l'usage est strictement réglementé par l'Arr. du 10 mai 1995, V. • Crim. 6 avr. 2004, n° 03-81.873.

15. Plantes d'origine chinoise. Justifie sa décision la cour d'appel qui, pour déclarer coupables d'homicides involontaires un pharmacien d'officine ainsi que le représentant légal d'une société, spécialisée dans la fabrication de médicaments à base de plantes, qui lui a livré six kilogrammes d'une herbe importée de Chine sous la dénomination de *Stephania tetrandra*, réputée pour ses vertus amincissantes, retient que les prévenus ont commis des fautes caractérisées, le premier, en omettant d'analyser, en méconnaissance des bonnes pratiques de préparation, l'identité de la matière première qui lui a été livrée, le second, en n'effectuant pas les contrôles, prévus par la monographie de la pharmacopée chinoise, alors que ces vérifications auraient permis de détecter la présence d'*Aristolochia fangchi*, plante dont est issu l'acide aristolochique, substance cancérigène et néphrotoxique. • Crim. 1er avr. 2008 : *Bull crim. n° 88.*

16. Extraits thyroïdiens. Sur la condamnation disciplinaire du pharmacien mis en cause dans une affaire de préparations magistrales à base d'extraits thyroïdiens, V. • CNOP 19 mars 2010 : *Nouv. pharm. 2010, n° 407, p. 139.* ♦ Dans la mesure où les dispositions régissant les autorisations de médicaments fabriqués industriellement ne sont pas applicables aux préparations magistrales, une cour d'appel n'est pas fondée à réprimer, sur le fondement de l'art. L. 5421-2, la complicité d'importation de préparations magistrales à base d'hormones thyroïdiennes provenant d'un laboratoire belge, en méconnaissance de l'interdiction prononcée par l'AFSSAPS. • Crim. 24 mars 2015, n° 14-81.924. ♦ Le Conseil d'État a cependant substitué, au motif retenu par le juge disciplinaire tiré du constat des faits par le juge pénal, le motif de pur fait tiré du caractère constant des manquements relevés, et estimé que le médecin, n'ayant pas respecté la décision du directeur général de l'AFSSAPS du 17 mai 2006 interdisant de prescrire des préparations magistrales à base d'extraits thyroïdiens, avait commis une faute professionnelle justifiant une interdiction d'exercer. • CE 18 janv. 2017, *B.*, n° 386144 : *Lebon ; AJDA 2017. 447 ; RDSS 2017. 489, concl. Dieu.*

17. Déconditionnement. Les spécialités pharmaceutiques bénéficiant d'une exonération à la réglementation des substances vénéneuses au titre de l'art. R. 5170 [art. R. 5132-2] relèvent néanmoins de cette réglementation pour l'application du Décr. n° 82-318 du 22 sept. 1982 [art. R. 5132-8] interdisant le déconditionnement des spécialités pharmaceutiques en vue de leur incorporation dans une préparation magistrale. • CE 12 juin 1987, *Keller*, n° 58199 : *Inf. pharm. 1987. 900, obs. Viala ; RDSS 1988. 45, obs. Auby* (irrecevabilité du recours dirigé contre l'avis du ministre de la Santé en date du 12 janv. 1983, précisant que l'interdiction de déconditionnement formulée par le décret s'appliquait à l'ensemble des spécialités pharmaceutiques renfermant une substance vénéneuse, quelles que soient la dose ou la concentration de cette substance). ♦ Commet une faute disciplinaire le pharmacien qui prépare et délivre des doses homéopathiques, libellées « Influenzinum H1N1 2009-2010 », à partir d'une spécialité pharmaceutique (le Pandemrix) destinée aux centres de vaccination, sans faire figurer aucun numéro d'enregistrement ou d'autorisation, ces doses ne pouvant répondre aux définitions des préparations magistrales ou officinales établies ss. l'art. L. 5121-1, mais constituant des médicaments homéopathiques industriels devant faire l'objet d'une autorisation de mise sur le marché ou, subsidiairement, d'un enregistrement de l'ANSM. • CE 21 nov. 2016, ⚖ C., n° 386249 : *Lebon.*

18. Tromperie. Se rend coupable du délit de tromperie le pharmacien qui vend des préparations magistrales réalisées avec des formules différentes de celles prescrites, sans que le patient en soit informé. • T. corr. Paris, 19 mars 2009 : *Nouv. pharm. 2009, n° 404, p. 334.*

D. CONDITIONS DE REMBOURSEMENT

19. Inscription au TPN. Une préparation magistrale qui incorpore des substances ne figurant pas à la nomenclature du TPN ne peut être prise en charge par les organismes de sécurité sociale. • Soc. 21 juill. 1986, *CPAM de Mulhouse : Bull. civ. V, n° 440 ; JCP 1988. II. 20998, note Nocquet* • 14 mars 1991 : *Bull. civ. V, n° 142.*

20. Caractère extemporané. Doit être annulé le jugement du TASS qui, pour accueillir la demande de prise en charge de préparations homéopathiques Weleda, énonce qu'aucun texte réglementaire ne vise les préparations faites à l'avance et en série, alors qu'aux termes de l'art. L. 5121-1, une préparation magistrale correspond à tout médicament préparé, extemporanément, selon une prescription médicale destinée à un malade déterminé. • Civ. 2e, 12 juill. 2012, ⚖ *CPAM de l'Ain : préc. note 7.* ♦ N'est pas entachée d'illégalité la décision du directeur général de la CNAMTS qui, pour rappeler leur caractère non remboursable par l'assurance maladie, indique que les produits homéopathiques Weleda, fabriqués en série, à l'avance, selon une formule prédéfinie et sans être destinés à un malade particulier, ne répondent pas à la définition de la préparation magistrale visée à l'art. L. 5121-1, même si elles sont exécutées par un établissement pharmaceutique dans les conditions de sous-traitance prévues aux art. L. 5125-1 et L. 5126-2. • CE 26 avr. 2017, ⚖ *Sté Weleda*, n° 403979 : *Lebon.*

21. Restriction réglementaire. Sur l'annulation du Décr. n° 89-496 du 12 juill. 1989 restreignant les conditions de prise en charge des préparations magistrales, V. • CE, ass., 15 avr. 1996, *UNPF : Lebon 127.* ♦ Désormais, le Décr. n° 2006-1498 du 29 nov. 2006 (art. R. 163-1 CSS) dispose que les préparations magistrales et officinales délivrées sur prescription médicale sont prises en charge par l'assurance maladie conformément aux art. R. 322-1 et R. 322-1-2 CSS, sauf lorsque ces préparations : soit ne poursuivent pas à titre principal un but thérapeutique, alors même qu'elles sont réalisées dans les conditions prévues à l'art. L. 5121-1 ; soit ne constituent qu'une alternative à l'utilisation d'une spécialité pharmaceutique, allopathique ou homéopathique disponible ; soit sont susceptibles d'entraîner des dépenses injustifiées pour l'assurance maladie, faute de présenter un intérêt de santé publique suffisant en raison d'une efficacité mal établie, d'une place mineure dans la stratégie thérapeutique ou d'une absence de caractère habituel de gravité des affections auxquelles elles sont destinées ; soit contiennent des matières premières ne répondant pas aux spécifications de la pharmacopée. ♦ L'art. R. 163-1 CSS prévoit que sont notamment exclues les catégories de préparations fixées par arrêté du ministre chargé de la santé et du ministre chargé de la Sécurité sociale, répondant à au moins l'un des critères d'exclusion précité, V. Arr. du 20 avr. 2007 établissant les catégories de préparations magistrales et officinales exclues du remboursement (*JO 12 mai*).

22. Régime fiscal. Les préparations magistrales, bien que n'étant pas soumises à l'obtention préalable d'une autorisation de mise sur le marché, bénéficient du taux réduit de TVA prévu par les dispositions de l'art. 278 *quater* CGI, qui leur est applicable dans les mêmes conditions que les médicaments bénéficiant d'une AMM • CE 27 janv. 2011, ⚖ *Sté Picard Devrière*, n° 319870.

II. PRODUITS OFFICINAUX DIVISÉS

23. Contrôle de légalité. Sur la légalité du Décr. n° 62-509 du 13 avr. 1962 (V. art. R. 5125-60) qui interdit aux fabricants de produits pharmaceutiques de faire figurer leur nom et leur marque sur les emballages et récipients des produits qu'ils ont été autorisés à préparer et à diviser à l'avance en vue de leur vente au détail par les pharmaciens d'officine. • CE 23 déc. 1966, *Sté labo. Aguettant : Lebon T. 850 ; RDSS 1967. 64, concl. Baudouin ; RDSS 1967. 335, obs. Auby.*

III. MÉDICAMENTS HOMÉOPATHIQUES

24. Médicaments non autorisés. Constituent une infraction la commercialisation et la publicité faite pour des médicaments homéopathiques comportant des indications thérapeutiques sur leur étiquetage, alors qu'ils sont dépourvus d'AMM. • Crim. 23 nov. 1999 : *Bull. crim. n° 271.*

25. Médicaments interdits. En estimant, compte tenu des précautions qui s'imposent en matière de protection de la santé publique, que la prescription, l'importation, la fabrication, la préparation, la distribution en gros, le conditionnement, l'exploitation, la mise sur le marché, la publicité, la délivrance au détail, à titre gratuit ou onéreux, et l'utilisation des médicaments homéopathiques et des souches servant à leur fabrication devaient être interdits, eu égard au risque de transmission de virus conventionnels et d'agents pathologiques non conventionnels présenté par les produits biologiques d'origine humaine dont il s'agit, l'Arr. du 28 oct. 1998 (*JO 5 nov.*) n'est pas entaché d'illégalité. • CE 28 juill. 1999, *Synd. nat. des médecins homéopathes français*, n° 203152. ♦ A propos de la légalité du même arrêté, V. • CE 30 juin 1999, *Germain : Lebon T. 1028 ; Nouv. pharm. 1999, n° 365, p. 581* • CE 17 déc. 1999, *Gootjes*, n° 202871 • 28 févr. 2000, *Galceran-Jennet*, n° 203010 : *Nouv. pharm. 2000, n° 369, p. 536.*

26. Médicaments anthroposophiques. Les médicaments anthroposophiques décrits dans une pharmacopée officielle et préparés selon une méthode homéopathique sont assimilables, au plan de l'enregistrement ou de l'autorisation de mise sur le marché, à des médicaments homéopathiques : ils ne peuvent donc être commercialisés qu'à la condition qu'ils aient été autorisés selon l'une des procédures nationales d'autorisation ou d'enregistrement des médicaments à usage humain. • CJCE 20 sept. 2007, *Pays-Bas c/ Anthroposana*, n° C-84/06 : *Rec. CJCE 7609.*

27. Procédure d'enregistrement. Sur l'application de la procédure simplifiée d'enregistrement des médicaments homéopathiques, V. • CE 24 févr. 1999, *Assoc. de patients de la médecine d'orientation anthroposophique : Lebon 29 ; AJDA 1999. 823, note Ricci ; Nouv. pharm. 1999, n° 364, p. 395, note Boissard.*

IV. MÉDICAMENTS BIOLOGIQUES

28. Conditions de définition. Jugé que la substance active d'une spécialité de référence (à base d'oxoglurate d'ornithine), à supposer qu'elle puisse être regardée comme produite à partir d'une source biologique ou extraite d'une telle source, ne remplissait pas les deux autres conditions pour être qualifiée de médicament biologique, la caractérisation et la détermination de la qualité de la substance active ne nécessitant ni la réalisation d'essais biologiques, ni la connaissance de son procédé de fabrication. • CE 17 févr. 2012, *Sté Chiesi*, n° 332509 : *RDSS 2012. 532, concl. Vialettes* .

V. MÉDICAMENTS DÉRIVÉS DU SANG

29. Questions éthiques. Sur les problèmes éthiques soulevés par l'introduction de la Dir. 89/381/CEE du 14 juin 1989 au regard du principe de non-commercialisation des éléments du corps humain, V. * CCNE, 2 déc. 1991 : *avis n° 28.* ♦ V. toutefois la position plus réaliste du comité dans un avis rendu sur la commercialisation des cellules souches reconnaissant que « les produits sanguins, après transformation, sont devenus des médicaments et sont l'objet d'une commercialisation ». * CCNE, 17 nov. 2006 : *avis n° 93.*

30. Délit de tromperie. Sur l'application du délit de tromperie aggravée aux produits dérivés du sang (volet correctionnel de l'affaire du sang contaminé), V. • TGI Paris, 23 oct. 1992 : *D. 1993. 222, note Prothais ; Gaz. Pal. 1993. 1. Doctr. 257, note Delmas Saint-Hilaire* • Paris, 13 juill. 1993 : *D. 1994. 118, note Prothais* • Crim. 22 juin 1994 : *Bull. crim. n° 248 ; D. 1995. 65, concl. Perfetti ; ibid. 85, note Prothais ; JCP 1994. II. 22310, note Rassat ; Gaz. Pal. 1994. 2. 284, note Delmas Saint-Hilaire.* ♦ V. également notes ss. art. L. 3122-1.

31. Contentieux de l'indemnisation. Les établissements qui élaborent les médicaments ou produits dérivés du sang sont responsables, même en l'absence de faute, des conséquences dommageables de la mauvaise qualité de ces médicaments ou produits. • CE 19 déc. 2007, *Tourancheau*, n° 289922 : *Lebon 512* . ♦ Sur les contaminations post transfusionnelles par le virus de l'hépatite C, V. notes ss. art. L. 1221-14.

32. Système de traçabilité. Manque à ses obligations et commet une faute disciplinaire le pharmacien d'officine qui n'établit pas un système d'enregistrement des délivrances de médicaments dérivés du sang en application de l'art. R. 5121-186. • CE 12 déc. 2003, *Petit : Lebon T. 998.* ♦ Sur la pharmacovigilance des médicaments dérivés du sang, V. art. R. 5121-183.

33. Plasma industriel. Saisie par le Conseil d'État sur le point de savoir si le plasma préparé selon un processus industriel, tel que le plasma frais congelé déleucocyté viro-atténué par solvant-détergent (« plasma SD »), peut être soumis à l'application de règles plus strictes propres aux produits sanguins labiles, la Cour de justice a estimé que le plasma issu de sang total, dans la production duquel intervient un processus industriel, entre dans le champ d'application de la Dir. 2002/98/CE du 27 janv. 2003 relative au sang humain pour ce qui concerne sa collecte et son contrôle, et dans celui de la Dir. 2001/83/CE du 6 nov. 2001 relative aux médicaments, pour ce qui concerne sa transformation, sa conservation et sa distribution, sous réserve qu'il réponde à la définition du médicament. Ainsi, la possibilité pour un État membre de maintenir ou d'introduire des mesures de protection plus strictes n'est ouverte que dans les domaines qui entrent dans le champ d'application de la Dir. 2002/98/CE, cette dernière permettant de maintenir ou d'introduire des dispositions nationales plus rigoureuses à l'égard du plasma préparé industriellement que celles auxquelles sont soumis les médicaments uniquement pour les activités de collecte et de contrôle. • CJUE 13 mars 2014, *Octapharma France*, n° C-512/12. ♦ Le Conseil d'État a estimé que le plasma viro-atténué par solvant-détergent ne constituait pas un produit sanguin labile mais un médicament, au sens de la Dir. 2001/83/CE du 6 nov. 2001, et avait donc le statut de médicament dérivé du sang ne relevant pas de la liste des produits sanguins labiles (visée à l'art. L. 1221-8) ; toutefois, eu égard aux difficultés liées à la production de plasma SD (représentant un tiers du plasma thérapeutique en France) sous le statut de médicament, dans les conditions éthiques et les quantités suffisantes pour les besoins des établissements de santé, et alors que l'Établissement français du sang (EFS) ne dispose pas de la compétence légale pour préparer de tels médicaments (V. art. L. 1222-1), le juge a décidé de moduler les effets de sa décision dans le temps, en permettant la production et la distribution de plasma SD par l'EFS sous le régime de produits sanguins labiles, jusqu'au 31 janv. 2015. • CE 23 juill. 2014, *Sté Octapharma France*, n° 349717 : *Lebon* ; *AJDA 2014. 1581, note Pastor* ; *ibid. 2315, note Mamoudy* ; *RDSS 2014. 1110, note Peigné* ; *D. 2015. 755, obs. Galloux et Gaumont-Prat* ; *RTD eur. 2015. 436, obs. Muller*.

34. Régime fiscal. Les livraisons de plasma obtenu à partir du sang humain, destiné non pas à un usage thérapeutique direct, mais exclusivement à la fabrication industrielle de médicaments, ne sont pas exonérées de TVA. • CJUE 5 oct. 2016, *TMD Gesellschaft für transfusionsmedizinische Dienste*, n° C-412/15.

35. Marchés publics. La Dir. 2004/18/CE du 31 mars 2004 relative à la coordination des procédures de passation des marchés publics de travaux, de fournitures et de services, lue en combinaison avec les art. 34 et 36 du TFUE, s'oppose à la législation d'un État membre exigeant, dans le cadre du cahier des charges d'un marché public, que les médicaments dérivés du sang faisant l'objet d'un marché hospitalier soient uniquement produits à partir du plasma collecté dans cet État membre. • CJUE 8 juin 2017, n° C-296/15 : *Europe, août 2017, comm. n° 319, note Roset.*

Art. L. 5121-1-1 *(Ord. n° 2016-800 du 16 juin 2016, art. 7-2°)* **On entend par :**

1° "Médicament expérimental", un médicament expérimenté ou utilisé comme référence, y compris comme placebo, lors d'un essai clinique ;

2° "Médicament expérimental autorisé", un médicament autorisé conformément au règlement (CE) n° 726/2004, ou dans tout État membre concerné conformément à la directive 2001/83/CE, indépendamment des modifications apportées à l'étiquetage du médicament, qui est utilisé en tant que médicament expérimental ;

3° "Médicament auxiliaire", un médicament utilisé pour les besoin d'un essai clinique conformément au protocole, mais non comme médicament expérimental ;

4° "Médicament auxiliaire autorisé", un médicament autorisé conformément au règlement (CE) n° 726/2004, ou dans un État membre concerné conformément à la directive 2001/83/CE, indépendamment des modifications apportées à l'étiquetage du médicament, qui est utilisé en tant que médicament auxiliaire ;

5° "Médicament expérimental de thérapie innovante", un médicament expérimental correspondant à un médicament de thérapie innovante tel que défini à l'article 2, paragraphe 1er, point a, du règlement (CE) n° 1394/2007 du Parlement européen et du Conseil.

BIBL. ▸ **Sur la loi du 5 mars 2012 :** Chemtob-Concé et Cailleux, L'impact des nouvelles dispositions de la loi relative aux recherches impliquant la personne humaine, *Méd. et droit mars-avr. 2013, n° 119, p. 30.* – Thouvenin, La loi n° 2012-300 du 5 mars 2012 : des recherches pratiquées sur la personne aux recherches avec la personne, *RDSS 2012. 787*. – Chemtob-Concé, Un cadre juridique unique pour les recherches impliquant la personne humaine, *LPA 21-22 août 2012, p. 6.* – Mascret, Analyse de la loi sur la recherche impliquant les personnes humaines et de ses conséquences au regard des comités de protection des personnes, *LPA 9-10 août 2012, p. 3.*

▸ **Depuis la loi du 9 août 2004 :** Lemaire, Pourquoi faut-il encore réformer la législation de la recherche biomédicale ?, *Méd. et droit, janv. 2011, n° 106, p. 28.* – Institut Droit et Santé et Institut Maurice-Rapin, Recherches sur la personne et évolutions juridiques (Colloque Paris Descartes, 7 avr. 2009), *Gaz. Pal. 22-23 mai 2009, n° spéc.* – Varnerot, La nouveauté des inventions pharmaceutiques : les essais cliniques antériorisants, *RGDM 2008, n° 29, p. 213.* – Laude et Tabuteau (dir.), Essais cliniques : quels risques ?, *PUF, 2007.* – Cristol, Le régime des recherches biomédicales à l'aune du décret du 26 avril 2006, *RDSS 2006. 672* ; *ibid.*, La révision de *la loi Huriet* par la loi du 9 août 2004, *RDSS 2004. 885*.

▸ **Après la loi du 20 décembre 1988 :** Lantrès, Recherche biomédicale : évolution ou révolution des normes ?, *LPA 11 juill. 2002, p. 17.* – Chetaille, Jardé et Andrejak, Les essais cliniques des médicaments et la fraude en France, *Journal de Médecine légale, 1996, vol. 39, n° 6, p. 453.* – Calvo, Le statut fiscal des dépenses de recherche préalables aux AMM, *LPA 29 mars 1996, p. 13.* – Labbée, L'expérimentation médicale : les conséquences de la loi Huriet sur le droit de la responsabilité, *Méd. et droit, mars 1995, n° 11, p. 10.* – Byk, Recherche médicale et droits de l'homme : une approche européenne, *JCP 1993. I. 3719.* – Cristau et Viala, Responsabilités engagées à l'occasion de recherches biomédicales, *Nouv. pharm. 1992, n° 337, p. 79.* – Mémeteau, De quelques droits sur l'homme : commentaire de la loi du 20 décembre 1988 relative à la protection des personnes qui se prêtent à des recherches biomédicales, *D. 1990. Chron. 167.* – Dubouis, La protection des personnes qui se prêtent à des recherches biomédicales, *RDSS 1989. 155.* – Borricand, Commentaire de la loi du 20 décembre 1988 relative à la protection des personnes qui se prêtent à des recherches biomédicales, *D. 1989. Chron. 167.* – Viala et Viandier, La loi du 20 décembre 1988 relative à la protection des personnes se prêtant à des recherches biomédicales et ses conséquences sur les essais en matière d'innovation thérapeutique médicamenteuse, *Gaz. Pal. 1989. 2. Doctr. 493.* – Bégué et Viala, L'expérimentation sur l'homme des médicaments, *Inf. pharm. 1989. 468.* – Auby, La loi du 20 décembre 1988 relative à la protection des personnes qui se prêtent à des recherches biomédicales, *JCP 1989. I. 3384.*

► **Avant la loi du 20 décembre 1988 :** Auby, Les essais de médicaments sur l'homme sain : l'état actuel du problème, *RDSS 1985. 316.* – Duprat, Information et consentement éclairé du sujet dans le cas de l'expérimentation de médicaments sur l'homme, *RDSS 1982. 369.* – Coustou, Le problème des pré-essais cliniques, *Ann. pharm. franç. 1980, n° 38, p. 55.* – Vion, À propos des essais cliniques des médicaments nouveaux, *RDSS 1975. 334.*

COMMENTAIRE

V. Commentaire reproduit sur Dalloz.fr.

1. Régime antérieur. Sur la responsabilité du fabricant pour essais insuffisants, V. • T. corr. Seine, 19 déc. 1957 : *D. 1958. 257 ; S. 1958. 137, note Bredin* • Paris, 3 juin 1958 : *S. 1958. 336, note Bredin* (affaire du « Stalinon »). ♦ Sur les problèmes posés par les « pré-essais », notamment au regard des exigences de la Dir. 75/318/CEE du 20 mai 1975, V. • Crim. 3 juill. 1979 : *RDSS 1980. 77, obs. Auby* • Paris, 29 oct. 1980 : *Inf. pharm. 1981. 342, obs. Viala.*

2. Informatique et libertés. Sur la constitution de fichiers informatisés pour la recherche biomédicale et la légalité du Décr. n° 95-682 du 9 mai 1995, V. • CE 26 juill. 1996, *SNIP*, n° 170920.

3. Responsabilité civile. Sur la responsabilité du promoteur d'une recherche biomédicale sous l'empire de la L. n° 88-1138 du 20 déc. 1988 (responsabilité pour faute en présence d'un bénéfice individuel direct pour la personne qui se prête à la recherche), V. • Civ. 1re, 14 janv. 2010, n° 08-21.683.

4. Responsabilité pénale. Sur l'illégalité d'une recherche biomédicale réalisée sur un patient dans l'impossibilité d'exprimer un consentement exprès, libre et éclairé. • Crim. 24 févr. 2009 : *Bull crim. n° 45 ; D. 2009. 2087, note Delage ; RDSS 2009. 561, note Cristol ; JCP 15 juin 2009, p. 29, note Mistretta.*

5. Refus d'autorisation. Sur la confirmation du refus de l'ANSM d'autoriser un essai clinique relatif à un médicament dont le risque prévisible encouru par les personnes qui s'y prêtent est disproportionné au regard du bénéfice escompté, V. • TA Paris, 3 avr. 2015, n° 1401975/6-1.

6. Décret d'application. Sur l'injonction faite au pouvoir réglementaire d'édicter dans un délai de six mois, le décret d'application de la L. n° 2012-300 du 5 mars 2012 relative aux recherches impliquant la personne humaine, bien que la L. n° 2016-41 du 26 janv. 2016 ait renvoyé à une ordonnance le soin d'adapter la législation relative aux recherches biomédicales au Règl. (UE) n° 536/2014 du 16 avr. 2014. • CE 8 juin 2016, *Sté Laboratoires Genévrier*, n° 388719 : *JCP Adm. 31 oct. 2016, n° 43, p. 40 note Monnier.* ♦ Sur le non-lieu à renvoyer une QPC à l'occasion du recours dirigé contre le Décr. n° 2016-1537 du 16 nov. 2016. • CE 31 mars 2017, *FEBEA*, n° 406904 : *Lebon.*

Art. L. 5121-1-2 *(L. n° 2011-2012 du 29 déc. 2011, art. 19 ; Décr. n° 2014-1359 du 14 nov. 2014, art. 3)* **La prescription d'une spécialité pharmaceutique mentionne ses principes actifs, désignés par leur dénomination commune internationale recommandée par l'Organisation mondiale de la santé ou, à défaut, leur dénomination dans la pharmacopée** *(Abrogé par L. n° 2014-201 du 24 févr. 2014, art. 6-I-1°)* ***« européenne ou française »*****. En l'absence de telles dénominations, elle mentionne leur dénomination commune usuelle. Elle peut également mentionner** *(L. n° 2014-201 du 24 févr. 2014, art. 6-I-2°)* **« le nom » de fantaisie de la spécialité.**

(L. n° 2016-41 du 26 janv. 2016, art. 149) **« Par dérogation au premier alinéa, la prescription de l'un des médicaments mentionnés aux 6°, 14°, 15° et 18° de l'article L. 5121-1, ainsi qu'aux *a* et *d* du 1 de l'article 2 du règlement (CE) n° 1394/2007 du Parlement européen et du Conseil, du 13 novembre 2007, concernant les médicaments de thérapie innovante et modifiant la directive 2001/83/CE ainsi que le règle-**

ment (CE) n° 726/2004 comporte, aux côtés de la dénomination commune du médicament, le nom de marque ou le nom de fantaisie. »

BIBL. ▶ LOPERT et MEGERLIN, Impact d'un qualifiant biologique sur le droit de la dénomination commune internationale des molécules, *RGDM 2015, Panorama de droit pharmaceutique, n° spécial, p. 65.* – La Fabrique de la DCI, *Rev. Prescrire, juill. 2012, n° 345, p. 536.* – CHEMTOB-CONCÉ, L'obligation de prescription en dénomination commune internationale, *Gaz. Pal. 22-24 nov. 2009, p. 44.* – SIRANYAN, L'évolution du rôle de l'ordonnance : de l'ordre médical au support d'échanges d'information, *RDSS 2005. 981* . – REBECQ, La prescription médicale, *PUAM, 1998.* – CAMPION, DELÉTRAZ-DELPORTE et VION, La prescription médicale face au principe de la libre circulation, *Nouv. pharm. 1998, n° 361, p. 473.* – MAILLARD, Les médecins ont-ils la possibilité de prescrire sous dénomination commune internationale ?, *Méd. et droit, sept.-oct. 1997, p. 6.*

COMMENTAIRE

V. Commentaire reproduit sur Dalloz.fr.

1. Prescriptions en dénomination commune internationale (DCI). Sur les prescriptions en DCI, V. Rép. min. à Q. E. de M. Sicre : *Nouv. pharm. 1999, n° 362, p. 107.*

2. Ordonnances électroniques. Sur la possibilité de formuler par courriel une ordonnance comportant des prescriptions de médicaments, dès lors que son auteur peut être dûment identifié, qu'elle a été établie, transmise et conservée dans des conditions propres à garantir son intégrité et sa confidentialité, et à condition qu'un examen clinique du patient ait été réalisé préalablement, sauf à titre exceptionnel en cas d'urgence, V. art. 34 de la L. n° 2004-810 du 13 août 2004 relative à l'assurance maladie (*JO 17 août*).

3. Ordonnances étrangères. Le Conseil d'État a estimé que, sous peine de commettre une erreur de droit, la juridiction ordinale ne pouvait, pour sanctionner disciplinairement des pharmaciens ayant exécuté des ordonnances d'une provenance étrangère, se fonder sur les dispositions de l'art. L. 4111-5, faisant obligation à tout médecin non titulaire du diplôme français d'État de docteur en médecine, dans tous les cas où il fait état de son titre ou de sa qualité de médecin, de faire figurer le lieu et l'établissement scolaire ou universitaire où il a obtenu le diplôme, titre ou certificat lui permettant d'exercer sa profession : cette disposition ne régissant pas les obligations des pharmaciens et ne pouvant avoir pour objet ou pour effet d'imposer à ces derniers, préalablement à la délivrance des médicaments prescrits, l'obligation d'en vérifier le respect par le médecin. • CE 26 oct. 2005, *Feldman*, n° 270229 : *Lebon T. 1077* , *Nouv. pharm. 2005, n° 389, p. 517, note Fouassier* (toutefois, en vertu de l'art. R. 5132-6, qui énumère de manière limitative les catégories de professionnels habilités à prescrire des substances vénéneuses et, d'autre part, de l'art. R. 5132-13, qui oblige à apposer sur les ordonnances le timbre de l'officine, le ou les numéros d'enregistrement, la date d'exécution et les quantités délivrées de médicaments relevant de la liste des substances vénéneuses, il est exigé du pharmacien qu'il prenne connaissance de l'original de l'ordonnance).

4. Droit de l'Union. Sur la reconnaissance des prescriptions établies dans un autre État membre, V. art. 11 de la Dir. 2011/24/UE du 9 mars 2011 relative à l'application des droits des patients en matière de soins de santé transfrontaliers (*JOUE 4 avr*). La reconnaissance des prescriptions ne devrait toutefois pas affecter le droit du pharmacien de refuser, pour des raisons éthiques, de délivrer un médicament prescrit dans un autre État membre, lorsque le pharmacien aurait eu le droit de refuser de délivrer la prescription si celle-ci avait été émise dans l'État membre d'affiliation. ♦ La Dir. 2012/52/UE de la Commission du 20 déc. 2012 (*JOUE 22 déc.*) établit une liste des mentions que doit comporter toute prescription émanant d'un professionnel de santé habilité, établie à la demande d'un patient qui entend les utiliser dans un autre État membre. Cette directive a été transposée par le Décr. n° 2013-1216 du 23 déc. 2013 (V. art. R. 5132-3-1) et la L. n° 2014-201 du 24 févr. 2014 (V. art. L. 5121-1-4). ♦ Lorsque la prescription comporte les mentions réglementaires requises, le pharmacien ne peut refuser de délivrer les médicaments classés sur la liste des substances vénéneuses, à l'exception de ceux soumis à la réglementation des stupéfiants, prescrits dans un autre État membre, par un professionnel de santé légalement autorisé ou habilité à prescrire des médicaments dans cet État, que si l'intérêt de la santé du patient lui paraît l'exiger ou s'il a des doutes légitimes et justifiés quant à l'authenticité, au contenu ou à l'intelligibilité de la prescription, ou à la qualité du professionnel de santé qui l'a établie, V. art. R. 5132-6-2.

Art. L. 5121-1-3 *(L. n° 2011-2012 du 29 déc. 2011, art. 19)* **Tout titulaire d'une autorisation de mise sur le marché d'un médicament ou tout exploitant de ce médicament est tenu, dans un délai d'une année à compter de la promulgation de la loi n° 2011-2012 du 29 décembre 2011 relative au renforcement de la sécurité sanitaire du médi-**

cament et des produits de santé, de mettre à la disposition du public sur son site internet la désignation des principes actifs de ce médicament selon leur dénomination commune internationale recommandée par l'Organisation mondiale de la santé ou, à défaut, leur dénomination dans la pharmacopée européenne ou française.

Art. L. 5121-1-4 *(L. nº 2014-201 du 24 févr. 2014, art. 6-II)* Lorsqu'elle est établie à la demande d'un patient en vue de l'utiliser dans un autre État membre de l'Union européenne, la prescription de l'un des médicaments mentionnés aux 6º, 14º et 15º de l'article L. 5121-1, à l'article L. 5121-3, ainsi qu'aux points *a* et *d* du 1 de l'article 2 du règlement (CE) nº 1394/2007 du Parlement européen et du Conseil, du 13 novembre 2007, concernant les médicaments de thérapie innovante et modifiant la directive 2001/83/CE ainsi que le règlement (CE) nº 726/2004, mentionne les principes actifs du médicament, désignés par leur dénomination commune internationale recommandée par l'Organisation mondiale de la santé ou, à défaut, par leur dénomination dans la pharmacopée, ainsi que le nom de marque et, le cas échéant, le nom de fantaisie du médicament prescrit.

Art. L. 5121-2 Sont considérés comme médicaments les produits présentés comme supprimant l'envie de fumer ou réduisant l'accoutumance au tabac.

COMMENTAIRE

V. Commentaire reproduit sur Dalloz.fr.

1. Origine législative. Sur la position de la Cour de cassation, avant l'intervention de la L. nº 76-616 du 9 juill. 1976, refusant de regarder l'appétence au tabac comme une maladie, V. • Crim. 13 avr. 1956 : *D. 1956. 455.*

2. Régime pharmaceutique. Des produits présentés comme supprimant l'envie de fumer, dès lors qu'ils sont fabriqués industriellement, ne sauraient être commercialisés sans autorisation de mise sur le marché. • Crim. 11 mars 1998, nº 96-84.602.

3. Cigarette électronique. Sur la qualification juridique de la cigarette électronique en tant que produit du tabac et non en tant que médicament, V. • T. com. Toulouse, 9 déc. 2013, nº 2013J01206 : *Gaz. Pal. 15 janv. 2014, nº 15-16, p. 6, note Prieur.* ♦ Sur la validité des dispositions de la Dir. 2014/40/UE du 3 avr. 2014 réglementant les cigarettes électroniques, V. • CJUE 4 mai 2016, *Pillbox 38*, nº C-477/14.

Art. L. 5121-3 *Abrogé par L. nº 2014-1554 du 22 déc. 2014, art. 71-9º.*

Art. L. 5121-4 Tout médicament destiné à la réalisation de préparations magistrales à l'officine et caractérisé par une dénomination spéciale est soumis aux dispositions du présent chapitre et à celles de l'article L. 5124-6.

Art. L. 5121-5 La préparation, l'importation *(L. nº 2007-248 du 26 févr. 2007, art. 5)* « , l'exportation » *(Ord. nº 2012-1427 du 19 déc. 2012, art. 3-1º)* « , la distribution en gros et l'activité de courtage de médicaments », *(Ord. nº 2016-966 du 15 juill. 2016, art. 2-6º)* « ainsi que la pharmacovigilance, » doivent être réalisées en conformité avec des bonnes pratiques dont les principes sont définis *(Ord. nº 2005-1087 du 1er sept. 2005, art. 4-VI ; L. nº 2011-2012 du 29 déc. 2011, art. 5-IV)* « par décision de l'Agence nationale de sécurité du médicament et des produits de santé ».

(L. nº 2004-800 du 6 août 2004, art. 19-III) « Pour les préparations de thérapie génique et les préparations de thérapie cellulaire xénogénique mentionnées au 12º et au 13º de l'article L. 5121-1, outre les activités mentionnées au premier alinéa, ces bonnes pratiques portent sur les activités de conservation, de cession et d'exportation. Elles sont fixées *(Ord. nº 2005-1087 du 1er sept. 2005, art. 4-VI ; L. nº 2011-2012 du 29 déc. 2011, art. 5-IV)* « par décision de l'Agence nationale de sécurité du médicament et des produits de santé », après avis du directeur général de l'Agence de la biomédecine lorsqu'elles concernent les préparations de thérapie cellulaire xénogénique. »

(L. nº 2011-302 du 22 mars 2011, art. 8-I) « La préparation, la conservation, la distribution et la cession des médicaments de thérapie innovante mentionnés au 17º de l'article L. 5121-1 doivent être réalisées en conformité avec les bonnes pratiques mentionnées au premier alinéa du présent article ou avec des bonnes pratiques dont les principes sont définis par décision de l'Agence française de sécurité sanitaire des produits de santé *[l'Agence nationale de sécurité du médicament et des produits de santé]*, après avis du directeur général de l'Agence de la biomédecine, lorsque ces bonnes pratiques

concernent des médicaments de thérapie cellulaire somatique, des produits issus de l'ingénierie tissulaire ou des médicaments combinés de thérapie innovante. »

(L. nº 2007-248 du 26 févr. 2007, art. 5) **« La dispensation** *(Ord. nº 2012-1427 du 19 déc. 2012, art. 3-2º)* **« , y compris par voie électronique, » des médicaments doit être réalisée en conformité avec des bonnes pratiques dont les principes sont définis par arrêté du ministre chargé de la santé.**

« Ces bonnes pratiques prévoient notamment les modalités de suivi permettant d'assurer, à l'occasion de chacune des opérations susmentionnées, la traçabilité des médicaments. »

BIBL. ▶ Viala, Les bonnes pratiques : une source de droit pharmaceutique en extension, *RDSS 1986. 598.* – Massénat, L'assurance de qualité dans l'industrie du médicament, *Inf. pharm. 1983. 677.*

COMMENTAIRE

V. Commentaire reproduit sur Dalloz.fr.

Bonnes pratiques de dispensation électronique. Le Conseil d'État a annulé l'Arr. du 20 juin 2013 définissant les bonnes pratiques de dispensation des médicaments par voie électronique, considérant que l'arrêté empiétait sur le champ de compétence réservé au décret par l'art. L. 5125-41 et n'avait pas été notifié préalablement à la Commission européenne, en application de la Dir. 98/34/CE du 22 juin 1998, prévoyant une procédure d'information dans le domaine des normes techniques. • CE 16 mars 2015, *M. A., Sté Gatpharm, SELARL Tant D' M.,* n°s 370072, 370721 et 370820 : *JCP E 26 mars 2015, nº 242, note Douville ; RDSS 2015. 373, note Peigné ; LPA 2 juill. 2015, p. 7, note Rousset.*

Art. L. 5121-6 **Pour l'exécution des préparations mentionnées aux 1º, 2º et 3º de l'article L. 5121-1, seules les matières premières répondant aux spécifications de la pharmacopée peuvent être utilisées, sauf en cas d'absence de matière première répondant auxdites spécifications disponible et adaptée à la réalisation de la préparation considérée.** — *[Anc. art. L. 511-4].*

Art. L. 5121-7 **Les essais non cliniques destinés à évaluer les propriétés et l'innocuité des médicaments à usage humain doivent être conformes aux bonnes pratiques de laboratoire dont les principes sont fixés par** *(Ord. nº 2005-1087 du 1er sept. 2005, art. 4-VII ; L. nº 2011-2012 du 29 déc. 2011, art. 5-IV)* **« décision de l'Agence nationale de sécurité du médicament et des produits de santé ».**

Les bonnes pratiques de laboratoire doivent garantir la qualité et l'intégrité des résultats des essais. Elles concernent l'organisation du laboratoire et les conditions dans lesquelles ces essais sont prévus, réalisés et rapportés. *(L. nº 2004-806 du 9 août 2004, art. 148-I)* **« Les règles générales relatives aux modalités d'inspection et de vérification des bonnes pratiques de laboratoire ainsi qu'à la délivrance de documents attestant de leur respect sont définies par »** *(Ord. nº 2005-1087 du 1er sept. 2005, art. 4-VII ; L. nº 2011-2012 du 29 déc. 2011, art. 5-IV)* **« décision de l'Agence nationale de sécurité du médicament et des produits de santé ».**

BIBL. ▶ Dossier portant sur les données relatives à la qualité chimique ou biologique et pharmaceutique et sur les pré-requis non cliniques des médicaments expérimentaux en vue des premiers essais cliniques en phase I, *AFSSAPS, janv. 2004.* – Laroque, Fabiani et Rousselet, L'expertise toxicologique des médicaments, *éd. Masson, 1986.*

Art. L. 5121-8 *(L. nº 2007-248 du 26 févr. 2007, art. 6-I)* **« Toute spécialité pharmaceutique ou tout autre médicament fabriqué industriellement ou selon une méthode dans laquelle intervient un processus industriel ainsi que tout générateur, trousse ou précurseur qui ne fait pas l'objet d'une autorisation de mise sur le marché délivrée par** *(Ord. nº 2010-177 du 23 févr. 2010, art. 26-10º)* **« l'Union européenne » en application du règlement (CE) nº 726/2004 du Parlement européen et du Conseil, du 31 mars 2004, établissant des procédures communautaires pour l'autorisation et la surveillance en ce qui concerne les médicaments à usage humain et à usage vétérinaire, et instituant une Agence européenne des médicaments doit faire l'objet, avant sa mise sur le marché ou sa distribution à titre gratuit, d'une autorisation de mise sur le marché délivrée par** *(L. nº 2011-2012 du 29 déc. 2011, art. 5-IV)* **« l'Agence nationale de sécurité du médicament et des produits de santé ». L'autorisation peut être assortie de**

conditions appropriées *(L. n° 2011-2012 du 29 déc. 2011, art. 9-I)* **« , notamment l'obligation de réaliser des études de sécurité ou d'efficacité post-autorisation ».**

« Le demandeur de l'autorisation peut être dispensé de produire certaines données et études dans des conditions fixées par voie réglementaire.

« Une autorisation de mise sur le marché ne peut être délivrée qu'à un demandeur établi dans un État membre de *(Ord. n° 2010-177 du 23 févr. 2010, art. 26-10°)* **« l'Union européenne » ou partie à l'accord sur l'Espace économique européen.**

« L'autorisation est délivrée pour une durée de cinq ans et peut ensuite être renouvelée, le cas échéant, sans limitation de durée, dans des conditions fixées par un décret en Conseil d'État, sauf si *(L. n° 2011-2012 du 29 déc. 2011, art. 5-IV)* **« l'Agence nationale de sécurité du médicament et des produits de santé » décide** *(Abrogé par L. n° 2011-2012 du 29 déc. 2011, art. 9-III)* **« ,** ***pour des raisons justifiées ayant trait à la pharmacovigilance,*** **» de procéder à un renouvellement** *(L. n° 2011-2012 du 29 déc. 2011, art. 9-III)* **« quinquennal », sur la base d'une réévaluation des effets thérapeutiques positifs du médicament ou produit au regard des risques tels que définis au premier alinéa de l'article L. 5121-9. Ce décret détermine également les conditions dans lesquelles elle peut devenir caduque.**

« L'autorisation peut être modifiée par *(L. n° 2011-2012 du 29 déc. 2011, art. 5-IV)* **« l'Agence nationale de sécurité du médicament et des produits de santé ». »**

L'accomplissement des formalités prévues au présent article n'a pas pour effet d'exonérer le fabricant *(L. n° 2007-248 du 26 févr. 2007, art. 6-I)* **« et, s'il » est distinct, le titulaire de l'autorisation de mise sur le marché, de la responsabilité que l'un ou l'autre peut encourir dans les conditions du droit commun en raison de la fabrication ou de la mise sur le marché du médicament ou produit.**

V. Décr. n° 2014-1288 du 23 oct. 2014 relatif aux exceptions à l'application du principe « silence vaut acceptation » sur le fondement du 4° du I de l'art. 21 de la L. n° 2000-321 du 12 avr. 2000 relative aux droits des citoyens dans leurs relations avec les administrations.

BIBL. ► **Sur l'autorisation de mise sur le marché :**

Articles : Mascret, La nouvelle politique européenne en matière d'accès aux données des dossiers d'autorisation de mise sur le marché des médicaments à usage humain, *LPA 4 juin 2015, p. 10.* – Debarre, Balances bénéfice/risque d'un médicament : éléments de décryptage, *RGDM 2015, n° 54, p. 51.* – Le Saulnier, Le règlement CE n° 1234/2008 du 24 novembre 2008 concernant l'examen des modifications des termes d'une AMM de médicaments à usage humain et de médicaments vétérinaires, *Gaz. Pal. 19-20 juin 2009, p. 39.* – Mascret, Le principe de libre circulation des biens appliqué au médicament à usage humain dans le cadre de la procédure d'autorisation de mise sur le marché fondée sur la reconnaissance mutuelle entre États membres, *Méd. et droit, mars-avr. 2009, n° 95, p. 62.* – Baumevieille et Maurain, Développement de l'offre et l'autorisation de mise sur le marché des médicaments dans l'Union européenne, *Propr. ind., janv. 2009, étude n° 1.* – Mascret, Autorisation de mise sur le marché des médicaments : une nouvelle procédure d'enregistrement du médicament transposée en droit français, *LPA 25 févr. 2008, p. 5.* – Job, Règlement CE n° 507/2006 relatif à l'autorisation de mise sur le marché conditionnelle de médicaments à usage humain relevant du règlement CE n° 726/2004, *Gaz. Pal. 8-9 déc. 2006, p. 51.* – Megerlin, L'AMM conditionnelle issue du règlement communautaire n° 507/2006 et l'urgence de santé publique, *RDSS 2006. 691* ✐. – Peigné, La réforme de la législation pharmaceutique communautaire, *RDSS 2004. 577* ✐. – Chemtob-Concé, La réforme des procédures communautaires d'autorisation de mise sur le marché, *Nouv. pharm. 2004, n° 384, p. 419.* – Velentza et Behrdt, Réforme de la législation pharmaceutique de l'Union européenne dans le domaine des médicaments humains, *Rev. Marché commun, 2002. 465.* – Urfalino, *L'autorisation* de mise sur le marché du médicament : une décision administrative à la fois sanitaire et économique, *RF aff. soc. 2001, n° 4, p. 85.* – Gastinel, La procédure centralisée du droit communautaire d'autorisation de mise sur le marché des médicaments, *RTD eur. 1997. 429* ✐. – Cassia et Saulnier, L'autorisation de mise sur le marché des médicaments à usage humain dans l'Union européenne, *Rev. Marché commun, 1996. 749.* – Deroyser, Les nouvelles procédures communautaires pour l'autorisation et la surveillance des médicaments, *Rev. Marché unique européen, 1995. 31.* – Campion et Viala, Vers la libre circulation des médicaments en Europe, *RDSS 1994. 88* ✐. – Legrain, L'autorisation de mise sur le marché des médicaments, *Inf. pharm. 1984. 201.* – Artiges, Quelques aperçus de l'autorisation de mise sur le marché des spécialités en 1982, *Inf. pharm. 1983. 507.* – Chaput, La mise sur le marché du médicament en droit de la consommation, *Inf. pharm. 1981. 685.* – Machelon, La mise sur le marché du médicament en droit français : aspects de droit administratif, *Ann. Fac. Droit Clermont-Ferrand, 1980, p. 215.*

Ouvrages : Devred, Autorisation de mise sur le marché des médicaments, *Lamy conformité, 2011.* – Leroy (dir.), Mise sur le marché des médicaments : quel système d'autorisation pour la Communauté européenne après 1992 ?, *Impact Europe, 1991.* – Campion, Aspects juridiques comparés de la mise sur le marché des spécialités pharmaceutiques en France et aux États-Unis, *Thèse Paris XI, 1989.* – Coustou, Le visa des spécialités pharmaceutiques, *Librairies techniques, 1963.*

▸ **Sur les médicaments orphelins :** Mascret, Période d'exclusivité commerciale et médicament orphelin, *RGDM 2017, Panorama de droit pharmaceutique, n° 24, p. 25.* – Degrassat-Théas, Les médicaments orphelins : cristallisation des tensions entre logique collective et droit individuel sur l'allocation des ressources en santé, *JDSAM 2014, n° 4, p. 121.* – Delcourt, Les médicaments orphelins, *PUAM, Les cahiers de droit de la santé du Sud-Est, n° 5, 2011.* – Niglis, Le développement clinique des médicaments orphelins, *Éd. universitaires européennes, 2010.* – Chemtob-Concé, Les médicaments orphelins, *éd. LEH, 2010.* – Mascret, Médicament orphelin et procédure de remboursement en France : l'apport du Conseil d'État sur la question, *Gaz. Pal. 15-16 janv. 2010, p. 35.* – Aulois-Griot, Les oubliés de la santé : à propos des médicaments orphelins et pédiatriques, *RDSS 2007. 613* . – Chemtob-Concé, Le médicament orphelin : un cadre juridique incitatif, *Méd. et droit, nov.-déc. 2006, n° 81, p. 176.* – Mercier, Tabutiaux-Surun, Van den Brink et Chéron, Les médicaments orphelins : une harmonisation internationale à construire, *Nouv. pharm. 2006, n° 393, p. 517.* – Van den Brink et Fouassier, Les médicaments orphelins : de la solution éthique à la voie économique ?, *Nouv. pharm. 2001, n° 370, p. 117.* – Duneau, Médicaments orphelins : une adoption laborieuse, *Méd. et droit, sept.-oct. 1997, n° 26, p. 7.* – Campion et Vion, Le médicament pour un ou quelques patients : des réglementations éparses aux convergences européennes, *Nouv. pharm. 1997, n° 356, p. 373.* – Campion et Tisseyre-Berry, Les orphelins de santé : vers une adoption internationale, *Nouv. pharm. 1994, n° 343, p. 259.*

▸ **Sur les médicaments pédiatriques :** Sergheraert, Le règlement pédiatrique prévoit-il une contrepartie appropriée pour la réalisation d'essais chez l'enfant, *RGDM 2017, Panorama de droit pharmaceutique, n° 24, p. 15.* – Tabutiaux et Duvernois, L'application du règlement CE n° 1901/2006 relatif aux médicaments à usage pédiatrique : d'une obligation juridique à une opportunité d'amélioration de la santé publique, *RGDM 2014, Panorama de droit pharmaceutique 2013, n° spécial, p. 41.* -Lamy, Les médicaments pédiatriques : problèmes et perspectives, *Éd. universitaires européennes, 2010.* – Aulois-Griot, La mise sur le marché des médicaments à usage pédiatrique dans l'Union européenne et en France : entre incitations et obligations pour l'industrie pharmaceutique, *Méd. et droit, juill.-août 2008, n° 91, p. 114.* – Mascret, Sept ans de réflexion ou la nouvelle réglementation communautaire sur les médicaments pédiatriques, *LPA 15 mai 2007, p. 4.* – Chemtob-Concé, La réglementation européenne des médicaments à usage pédiatrique : un cadre juridique spécifique et incitatif, *LPA 13 avr. 2007, p. 9.* – Le Saulnier-Martin, L'encadrement des médicaments utilisés en pédiatrie : les nouvelles obligations et incitations issues des règlements communautaires, *Gaz. Pal. 6-7 avr. 2007, p. 50.* – Sergheraert, Le nouveau règlement communautaire relatif aux médicaments à usage pédiatrique, *Propr. ind., déc. 2006, étude n° 31.* – SNIP, Les enfants sont-ils les oubliés du médicament ?, *éd. John Libbey, Eurotext, 2001.*

COMMENTAIRE

V. Commentaire reproduit sur Dalloz.fr.

I. NATURE JURIDIQUE

1. Caractère non réglementaire. Selon une jurisprudence constante, l'autorisation de mise sur le marché d'une spécialité pharmaceutique présente le caractère d'un acte administratif individuel et non réglementaire. Sous l'empire du visa, V. • CE 26 févr. 1958, *Bouchereau : Lebon 132* • 11 juin 1958, *Caisse primaire de sécurité sociale des Alpes-Maritimes : Lebon 342* • 8 janv. 1971, *Ischlondsky et Sté des Labo. Biodyne : Lebon 14 ; RDSS 1971. 300, obs. Auby.* ♦ Pour l'AMM, V. • CE 3 juill. 1987, *Labo. Goupil : Lebon T. 945 ; Inf. pharm. 1988. 488, note Denoix de Saint-Marc et Labetoulle* • CE, sect., 25 avr. 2001, *Assoc. Choisir la Vie : Lebon 190 ; AJDA 2002. 158, note Menuret ; JCP 2002. II. 10017, note Peigné ; RFDA 2002. 541, concl. Boissard.* La solution consiste à distinguer selon que l'acte litigieux produit des effets directs sur les tiers ou intéresse principalement l'entreprise destinataire de la décision. ♦ Comp. : les décisions relatives au classement des médicaments sur la liste des substances vénéneuses présentent un caractère réglementaire. • CE 15 juill. 1959, Sté des produits chimiques *Sovilo : Lebon 444* • CE, sect., 28 avr. 1967, *Féd. nat. des synd. pharmaceutiques : AJDA 1967. 401, concl. Galabert.* ♦ Il en va de même pour les décisions d'inscription sur la liste des spécialités remboursables. • CE, sect., 22 nov. 1957, *Sté des labo. Ciba :*

Lebon 637 ; RD publ. 1958. 516, note Waline • CE, sect., 14 févr. 1958, *Sté des labo. Roger-Bellon : Lebon 100 ; AJDA 1958. 171, concl. Long.* • CE 24 juin 1987, *SNIP : RD publ. 1987. 1657, note Drago ; Inf. pharm. 1988. 483, note Denoix de Saint-Marc et Labetoulle.* ♦ ... Et pour les décisions de radiation de la liste des médicaments remboursables. • CE 9 juill. 1993, *Assoc. F.O. consommateurs : Lebon 212 ; AJDA 1994. 155, note Prétot* .

2. ***Avis aux fabricants.*** Les « avis aux fabricants » peuvent présenter le caractère de décisions faisant grief. • CE 11 juin 1990, *SARL Santa Cura : Lebon 155 ; Inf. pharm. 1990. 854, obs. Viala.* ♦ Jugé antérieurement, sous le régime du visa, que les avis sollicités par les fabricants ne constituaient pas des décisions faisant grief. • CE 20 nov. 1953, *Sté Etrefa : Lebon T. 786.*

II. RECOURS CONTENTIEUX

3. ***Recours préalable.*** Depuis le Décr. n° 2005-156 du 18 févr. 2005 (*JO 23 févr.*), l'exigence d'un recours gracieux préalable a été supprimée (V. art. R. 5121-50), étant entendu que les décisions du directeur de l'agence ne peuvent faire l'objet d'aucun recours hiérarchique, sauf en cas de menace grave pour la santé publique (V. art. L. 5322-2). ♦ A l'époque où le recours gracieux présentait un caractère obligatoire, il avait été jugé qu'une requête en référé-suspension pouvait être déposée parallèlement au recours, même si le directeur de l'agence ne s'était pas encore prononcé. • CE, sect., 12 oct. 2001, *Sté des produits Roche : Lebon 463 ; JCP 2002. II. 10020, note Cristol ; RFDA 2002. 315, concl. Fombeur* (rejet de la demande de suspension de la modification d'une AMM, la condition tenant à l'urgence faisant défaut). ♦ Après l'exercice d'un recours gracieux, la décision du directeur de l'agence se substituant à la première décision à l'encontre de laquelle toutes conclusions deviennent sans objet, le juge de l'excès de pouvoir était conduit, suivant les dates respectives de sa saisine et de l'intervention de la seconde décision, soit à prononcer un non-lieu, soit à rejeter les conclusions comme irrecevables. • CE 28 avr. 2004, *Sté AGA AB et Sté Ino Therapeutics : Lebon T. 883.*

4. ***Substitution de décision.*** Lorsqu'un *requérant conteste*, dans les délais de recours, une décision implicite de rejet et une décision expresse de rejet intervenue postérieurement, ses conclusions doivent être regardées comme dirigées uniquement contre la seconde décision, qui s'est substituée à la première. • CE 28 mai 2010, *Sté IDL*, n° 320950 : *Lebon T. 987* .

5. ***Vice de procédure.*** Doit être annulée, pour vice de procédure, la décision par laquelle l'agence rejette implicitement le recours gracieux d'une société requérante, dès lors que, du fait de l'expiration du délai de deux mois prévu par la L. n° 2000-321 du 12 avr. 2000 (art. L. 411-7 CRPA), la décision implicite est effectivement intervenue avant la consultation de la commission d'AMM. • CE 23 juill. 2003, *Sté CLL Pharma : Lebon T. 998 ; RDSS 2004. 386, concl. Fombeur* .

6. ***Procédure consultative.*** Jugée irrégulière la consultation de la commission d'AMM ayant consisté à demander à ses membres de faire part individuellement de leurs observations, sans qu'ils aient été mis à même d'en débattre collégialement. • CE 17 mai 1999, *Sté SmithKline Beecham*, n° 196475. ♦ L'absence de consultation de la commission d'AMM est de nature à créer un doute sérieux sur la légalité de la décision du directeur de l'agence née du rejet implicite du recours gracieux formé à l'encontre d'un refus d'AMM. • CE, réf., 17 mars 2004, *Sté Teva Classics*, n° 264910. ♦ La décision du directeur de l'agence refusant de délivrer une AMM à un médicament générique selon la procédure abrégée ne peut intervenir, sous peine de nullité, qu'après consultation de la commission d'AMM. • CE 23 déc. 2010, *Sté Labo. Médipha Santé*, n° 334780 : *Lebon T. 986* ; *Gaz. Pal. 1-4 juin 2011, p. 38, note Hérail.* ♦ Il convient toutefois de prendre en compte les possibilités offertes par la nouvelle jurisprudence du Conseil d'État qui lui permet d'écarter de lui-même un vice de procédure et par suite ne l'oblige pas à relever d'office un moyen devant être communiqué aux parties, V. • CE, sect., 23 déc. 2011, *Danthony*, n° 335033. ♦ Il a ainsi été admis que l'absence de consultation de la commission d'AMM, préalablement à l'inscription au répertoire des médicaments génériques, ne constitue pas un vice de procédure de nature à affecter la compétence de l'auteur de l'acte, dès lors que cette omission n'a pas été susceptible d'exercer, en l'espèce, une influence sur le sens de la décision prise ou privé les intéressés d'une garantie, l'avis rendu un jour plus tard présentant le caractère d'un avis et un groupe de travail ayant déjà proposé de rendre un avis favorable. • CE 17 févr. 2012, *Sté Chiesi*, n° 332509 : *RDSS 2012. 532, concl. Vialettes* . ♦ Saisie pour avis consultatif préalablement à la décision du directeur de l'agence, la commission d'AMM a été supprimée par le Décr. n° 2012-597 du 27 avr. 2012 (*JO 29 avr.*) ; elle a été remplacée par la commission d'évaluation initiale du rapport entre les bénéfices et les risques des produits de santé en application de la Décis. DG n° 2013-16 du 1er févr. 2013 (*JO 9 févr.*) et reconduite pour six ans par une décision DG n° 2016-101 du 7 mars 2016.

7. ***Compétence juridictionnelle.*** Sous l'empire du visa, les recours contentieux relevaient de la compétence du tribunal administratif dans le ressort duquel se trouve l'établissement dont l'activité est en cause. • CE 16 juin 1958, *CPSS des Alpes-Maritimes : Lebon 342 ; JCP 1958. II. 10670, note Golléty* • TA Paris, 3 juill. 1956, *Bouchereau : JCP 1958. II. 10839, note Golléty* ♦ L'AMM d'un médicament figurant au nombre des actes dont le champ d'application s'étend au-delà du ressort d'un seul TA, un revirement de jurisprudence a, par la suite, considéré que le contentieux de la légalité des décisions relatives aux AMM relève de la compétence directe du Conseil d'État. • CE, sect., 25 avr. 2001, *Assoc. Choisir la vie et a. : Lebon 190 ; AJDA 2002. 158, note Menuret ; JCP 2002. II. 10017, note Peigné ; RFDA 2002. 541, concl. Boissard*. ♦ Toutefois, depuis le Décr. n° 2010-164 du 22 févr. 2010 (*JO 23 févr.*), applicable aux requêtes introduites au 1er avr. 2010, l'art. R. 311-1 CJA ne mentionne plus les actes dont le champ d'application s'étend au-delà du ressort d'un seul TA pour fonder la compétence directe du Conseil d'État. Dans la mesure où la législation pharmaceutique doit être regardée comme au nombre des législations professionnelles dont les litiges portent sur des actes à caractère non réglementaire, la juridiction compétente est donc le TA dans le ressort duquel se trouvent l'établissement ou l'exploitation dont l'activité est à l'origine du contentieux en application de l'art. R. 312-10 CJA. ♦ V. • CE 1er août 2013, *Sté Sevene Pharma*, n° 359614.

8. Exception d'illégalité. Le bénéfice d'une AMM constituant une condition nécessaire pour l'inscription et le maintien sur la liste des médicaments remboursables et celle des médicaments agréés à l'usage des collectivités, le moyen tiré, par la voie de l'exception, de l'illégalité de l'AMM d'une spécialité peut, en principe, être utilement invoqué à l'appui de conclusions dirigées contre les décisions d'inscription de la spécialité sur ces listes, lorsque la décision relative à l'AMM n'est pas devenue définitive. • CE 30 déc. 2003, *Sté Labo. Serono France*, n° 243954.

9. Étendue du contrôle. Les recours en annulation dirigés contre les autorisations ou les refus d'autorisation sont soumis à un contrôle juridictionnel restreint. Sous l'empire du visa, V. • CE, ass., 27 févr. 1948, *Sté des labo. du Bac : Lebon 100 ; D. 1948. 556* • CE 24 mai 1949, *Ferrand : Lebon 239* • 22 févr. 1952, *Sté des labo. Conan : Lebon 133 ; S. 1952. 3. 85, note Bouzat* • 20 nov. 1953, *Sté Etrefa : Lebon T. 786 ; D. 1954. Somm. 39* • 16 mars 1955, *Sté des labo. Sarein : Lebon T. 807 ; D. 1955. 277* • 10 mars 1971, *Comond : Lebon T. 1209 ; RDSS 1972. 317, obs. Auby*. ♦ En matière d'AMM, l'appréciation des dangers d'un médicament dont l'autorité sanitaire autorise la mise sur le marché fait l'objet d'un contrôle restreint, V. • CE 30 mars 1979, *Assoc. « Laissez-les vivre » : Lebon T. 589* • 3 juill. 1987, *Labo. Goupil : Lebon T. 945* • CE, ass., 21 déc. 1990, *Conf. nat. des assoc. familiales catholiques*, n° *105743 : Lebon 369, concl. Stirn* • CE, sect., 25 avr. 2001, *Assoc. Choisir la vie : Lebon 190 ; AJDA 2002. 158, note Menuret ; JCP 2002. II. 10017, note Peigné ; RFDA 2002. 541, concl. Boissard*. ♦ S'agissant des AMM communautaires, la Cour de justice estime d'une manière analogue que, dans le cadre de leur mission d'évaluation, les autorités chargées de délivrer les AMM disposent d'un pouvoir d'appréciation dont l'exercice est soumis à un contrôle juridictionnel limité, n'impliquant pas que le juge substitue son appréciation des éléments de fait à celle des autorités habilitées. • CJCE 21 janv. 1999, *Upjohn*, n° C-120/97 : *Rec. CJCE 223*.

10. Implications civiles. Lorsqu'une juridiction administrative annule la décision du directeur de l'agence octroyant une AMM, l'acte administratif annulé est réputé n'être jamais intervenu : la commercialisation persistante de la spécialité concernée constitue donc un trouble manifestement illicite au sens de l'art. 873, al. 1er, NCPC et le tribunal de commerce est compétent pour en connaître. • Paris, 20 févr. 2002 : *D. 2002. IR 1176 ; Nouv. pharm. 2002, n° 376, p. 370*.

11. Absence de contrefaçon. La publication d'une AMM ne constitue pas, en soi, un acte de contrefaçon. • Com. 24 mars 1998, *Sté Allen & Hanburys Ltd : Bull. civ. IV, n° 110 ; PIBD 1998. 656. III. 320 ; D. 1999. Somm. 131, obs. Galloux ; RDSS 1998. 513, obs. Laude ; LPA 14 août 1998, p. 22, note Dreyer*.

12. Effets de la publication. Eu égard au contenu des extraits des décisions délivrant des AMM publiés au *JO*, qui comportent le nom de la spécialité et sa composition, le nom du titulaire de l'AMM et le numéro de celle-ci ainsi que la mention selon laquelle « cette spécialité est un générique » d'une spécialité de référence dont le nom figure également avec la date de délivrance de son AMM, ces publications sont de nature à faire courir le délai de recours contentieux à l'encontre de ces décisions, alors même que les extraits publiés ne préciseraient pas les indications pour lesquelles la spécialité a été autorisée. • CE 29 déc. 2004, *Sté Labo. GlaxoSmithKline : Lebon 469*.

13. Médicaments abortifs. Sur le contentieux de l'AMM accordée à un médicament abortif (affaire du « RU 486 »), V. • CE, ass., 21 déc. 1990, *Conf. nat. des assoc. familiales catholiques : Lebon 369, concl. Stirn ; D. 1991. 283, note Sabourin*. ♦ Le Conseil d'État a jugé précédemment que la spécialité à base de mifépristone (Mifégyne), officiellement indiquée dans les interruptions volontaires de grossesse, n'avait pas à faire l'objet d'une inscription sur la liste des substances abortives en tant que spécialité pharmaceutique. • CE 17 oct. 1990, *Assoc. pour l'objection de conscience à toute participation à l'avortement : RD publ. 1991. 525, note Auby*. ♦ Sur le refus d'abroger l'AMM accordée à la Mifégyne, V. • CE 10 janv. 1992, *Assoc. Avortement Vérité*, n° 111197 • 26 oct. 1992, *Conf. nat. des assoc. familiales catholiques*, n° 110988 • 16 déc. 1992, *Union synd. des professionnels de santé respectant la vie humaine*, n° 108283.

14. Médicaments contraceptifs. Sur le contentieux de l'AMM accordée à un contraceptif d'urgence (affaire de la « pilule du lendemain »), V. • CE, sect., 25 avr. 2001, *Assoc. Choisir la vie : Lebon 190 ; AJDA 2002. 158, note Menuret ; JCP 2002. II. 10017, note Peigné ; RFDA 2002. 541, concl. Boissard*. ♦ … Précédé par l'annulation d'une circulaire ministérielle prévoyant la possibilité pour les infirmières scolaires de délivrer une contraception d'urgence (Norlevo). • CE, ass., 30 juin 2000, *Assoc. Choisir la vie et a. : Lebon 248 ; AJDA 2000. 736, concl. Boissard ; D. 2000. 545, chron. Radé et Dubos ; LPA 16 janv. 2001, p. 17, note Piastra ; RFDA 2000. 1305, note Dubouis ; JCP 2000. II. 10423, note Peigné.* ♦ Le Conseil d'État a également rejeté la demande tendant à annuler le refus d'abroger l'arrêté portant exonération du Norlevo à la réglementation des substances vénéneuses, ainsi que la requête excipant de l'illégalité du Décr. n° 99-249 du 31 mars 1999, permettant d'exonérer de cette réglementation les médicaments utilisés pendant une durée de traitement très brève. • CE 15 mai 2002, *Assoc. Choisir la vie et Assoc. pour l'objection de conscience à l'avortement : Lebon 171.*

15. Responsabilité de l'État. Sur l'éventuelle responsabilité de l'État du fait de la délivrance illégale d'une AMM, V. • CE 27 oct. 2008, *Sté Almirall*, n° 300389.

III. MAINTENANCE DE L'AMM

A. MODIFICATION ET EXTENSION D'AMM

16. Contrôle juridictionnel. Le contrôle exercé par le juge de l'excès de pouvoir sur les circonstances ayant motivé la décision du directeur de l'agence de procéder à la modification des éléments de l'AMM (RCP et notice) se limite à l'erreur manifeste. • CE 3 déc. 2003, *Sté Distrireti*, n° 250087.

17. Garanties procédurales. Le refus du directeur de l'agence de modifier une AMM sur la demande d'un laboratoire tendant à ce que soient modifiées la composition et l'indication du produit qu'il commercialise, et hormis le cas où il s'agit d'une modification mineure, ne peut toutefois intervenir qu'après que l'exploitant a été invité à fournir ses justifications. • CE 15 févr. 2002, *Sté Études et Réalisations industrielles et scientifiques : Lebon T. 932.*

18. Extension d'indication. La demande de modification d'une AMM consistant en une extension d'indication thérapeutique est examinée dans les mêmes conditions qu'une demande d'AMM. • CE 26 nov. 2001, *Sté Labo. Effik*, n° 233781.

19. Changement de nom. En rejetant une demande de modification du RCP tendant au changement du nom d'une spécialité, au motif que le nouveau nom proposé présente de fortes similitudes orthographiques et phonétiques avec une autre spécialité ayant des indications thérapeutiques différentes et par ailleurs inscrite sur la liste des substances vénéneuses, le directeur de l'agence a fait une exacte application des dispositions combinées des art. R. 5121-41 et R. 5121-21. • CE 30 déc. 2003, *Labo. Thérica*, n° 256294.

20. Médicaments sur prescription restreinte. Les modifications d'AMM décidées sur le fondement spécifique de l'art. R. 5121-79, qui prévoit que le directeur de l'agence peut, en vue de l'application des dispositions relatives aux médicaments à prescription restreinte, et après avoir invité le titulaire de l'AMM à présenter ses observations, modifier l'AMM du médicament avant l'échéance prévue pour son renouvellement, échappent au champ d'application de l'art. R. 5121-50. • CE 6 sept. 2006, *Sté Bristol-Myers Squibb*, n° 281788 : *Lebon T. 1074*. ♦ Il découle des dispositions de l'art. R. 5121-36 qu'il appartient au directeur de l'agence, lorsqu'il estime que les conditions du reclassement d'une spécialité pharmaceutique sont remplies, d'apporter au RCP annexé à l'AMM l'ensemble des modifications qui en résultent : le directeur de l'agence ne saurait ainsi se borner à modifier les conditions de prescription et de délivrance d'un médicament afin de le classer dans la liste des médicaments soumis à prescription hospitalière, lesquels peuvent être utilisés hors du milieu hospitalier, tout en laissant subsister dans les « mises en garde et précautions d'emploi » la mention selon laquelle le médicament « doit être utilisé exclusivement en milieu hospitalier ». • CE 2 févr. 2007, *Sté Bristol-Myers Squibb*, n° 281789.

21. Médicaments génériques. Jugé qu'une demande de modification d'AMM aux fins d'inscription, dans le RCP d'un médicament stupéfiant, d'une mise en garde relative aux risques liés à la substitution, peut être refusée dès lors qu'une telle mise en garde n'est pas au nombre des mentions devant y figurer et que l'information est portée à la connaissance des pharmaciens ou des médecins par le biais du répertoire des génériques publié au JO. • CAA Versailles, 4 mars 2014, *Sté Janssen-Cilag*, n° 12VE02540 : *LPA 4 juill. 2014, p. 8, concl. Rollet-Perraud.* ♦ Cassation : commet une erreur de droit la cour administrative d'appel qui, pour confirmer le refus opposé par l'ANSM à une modification d'AMM du médicament de référence relative aux risques liés à la substitution, estime que des mises en garde spéciales ne peuvent être inscrites au RCP seulement si elles visent à l'information des personnes qui manipulent un médicament et qui l'administrent aux patients. • CE 15 déc. 2015, *Sté Janssen-Cilag*, n° 379389.

B. VALIDATION D'ANCIENNES AUTORISATIONS

22. Procédure de validation. En application de l'Ord. n° 67-827 du 23 sept. 1967 et du Décr.

n° 68-964 du 4 nov. 1968, une procédure de validation des autorisations délivrées sous l'empire de la législation antérieure avait été instituée. A été jugée légale la décision de l'agence rejetant une demande de validation d'un visa d'exploitation d'une spécialité ancienne, l'application de la procédure de validation ne pouvant recevoir application au regard de l'importance des modifications proposées par le laboratoire, lesquelles pouvaient être regardées comme une formule nouvelle exigeant une nouvelle demande d'AMM. • CE 3 déc. 2001, *Sté Labo. Richelet*, n° 233786.

C. CADUCITÉ DE L'AUTORISATION

23. *Droit de l'Union.* Avant l'introduction d'un double régime de caducité (*sunset clause*) par la Dir. 2004/27/CE du 31 mars 2004, il avait été jugé qu'étant donné le degré d'harmonisation atteint en matière d'AMM, il est interdit aux autorités nationales de rajouter des sujétions supplémentaires non prévues par les directives communautaires qui, par exemple, auraient pour effet de supprimer ou de ne pas renouveler l'AMM en introduisant un régime de caducité de l'AMM. • CJCE 7 déc. 1993, *Pierrel*, n° C-83/92 : *Rec. CJCE 6419.*

IV. COMMERCIALISATION SANS AMM

24. *Responsabilité disciplinaire.* La vente d'une spécialité non revêtue du visa par un pharmacien constitue une faute professionnelle justifiant une sanction disciplinaire. • CE, sect., 19 nov. 1958, *Bouchereau : Lebon 559, concl. Gazier ; AJDA 1958. I. 131, chron. Combarnous et Galabert ; JCP 1958. II. 10839, note Golléty ; Dr. soc. 1958. 274, concl. Gazier.*

25. *Responsabilité pénale.* Dès lors que constitue une spécialité pharmaceutique tout médicament préparé à l'avance, présenté sous un conditionnement particulier et caractérisé par une dénomination spéciale, la mise en vente d'un tel médicament sans l'autorisation préalable exigée caractérise en tous ses éléments le délit réprimé par l'art. L. 518 [L. 5421-2]. • Crim. 3 avr. 1973 : *Bull. crim. n° 169 ; Gaz. Pal. 1973. 2. 622, note Doll.* ♦ L'arrêt constatant l'infraction de commercialisation sans autorisation n'a pas à prononcer l'interdiction de vente. • Crim. 24 nov. 1954 : *Bull. crim. n° 348.*

26. *Pharmacien responsable.* Sur la condamnation d'un pharmacien responsable de laboratoire pour commercialisation d'un produit dépourvu d'AMM, V. • T. corr. Paris, 27 janv. 1988 : *Inf. pharm. 1988. 612, obs. Viala* • *Crim. 19 déc. 1989 : Bull. crim. n° 487.* ♦ Cas de produits homéopathiques, V. • Lyon, 24 nov. 1992, *Min. public c/ AMB : Nouv. pharm. 1993, n° 339, p. 105* • Orléans, 5 sept. 1995, n° 599/95. ♦ La responsabilité pénale du pharmacien responsable d'un établissement pharmaceutique ne saurait être engagée à raison de la commercialisation illicite de produits ayant le statut de complément alimentaire et non de médicament. • Crim. 1er juin 1999 : *Bull. crim. n° 116.*

27. *Commercialisation et publicité illicites.* Constituent une infraction la commercialisation et la publicité faite pour des médicaments homéopathiques comportant des indications thérapeutiques sur leur étiquetage, alors qu'ils sont dépourvus d'AMM. • Crim. 23 nov. 1999 : *Bull. crim. n° 271.* ♦ Sur la commercialisation de spécialités pharmaceutiques sans AMM par un établissement pharmaceutique, V. • Crim. 11 mars 1998, n° 96-84.602.

28. *Pouvoir de l'agence.* L'ANSM n'est également pas tenue d'ordonner aux fabricants de compléments alimentaires de solliciter une AMM en application de l'art. L. 5121-8, dès lors que leurs produits (contenant de la glucosamine à 625 mg) répondent à la définition du médicament. • CAA Versailles, 6 déc. 2016, *Sté Laboratoires Expanscience*, n° 15VE00281 : *Lebon.*

V. DROIT DE L'UNION

29. *Procédure décentralisée.* Dans le cadre de la procédure décentralisée d'AMM, un État membre ne saurait procéder à une évaluation juridique et scientifique d'une demande d'autorisation au stade de la recevabilité formelle de la demande d'autorisation : ayant l'obligation d'approuver le rapport d'évaluation établi par l'État membre de référence, l'État membre concerné ne peut refuser des demandes d'AMM en invoquant des motifs touchant à la composition du médicament et à sa forme pharmaceutique, à sa prétendue non-conformité avec le droit national et aux éventuels risques pour la santé publique. • CJUE 19 juill. 2012, *Commission c/ France*, n° C-145/11 (médicaments vétérinaires). ♦ Le juge français a confirmé que l'appréciation portée par les autorités d'un État autre que celui de référence est limitée, dans le cadre d'une procédure décentralisée, au contrôle formel du contenu de la demande, notamment de son caractère complet, d'une part, et à la possibilité d'invoquer, lors des étapes antérieures, l'existence d'un risque potentiel grave pour la santé publique, d'autre part. • TA Cergy-Pontoise, 4 déc. 2012, *Sté Almirall*, n° 1110386.

30. *Portée des avis du comité.* En matière de procédure centralisée, l'avis émis par le comité des médicaments à usage humain (CHMP) ne lie pas la Commission. • TPICE 3 juill. 2002, *Menarini*, n° T-179/00 : *Rec. CJCE 2879.* ♦ Ne faisant pas grief, l'avis du Comité n'est dès lors pas susceptible de faire l'objet d'un recours direct en annulation. • TPICE 18 déc. 2003, *Nancy Fern Olivieri c/ Commission*, n° T-326/99 : *Rec. CJCE 6053.* ♦ Il s'ensuit que seul l'acte imputable à la Commission peut faire l'objet d'un recours, tandis que le recours dirigé contre un acte de l'Agence européenne des médicaments doit être rejeté car considéré comme irrecevable. • TPICE, ord., 5 déc. 2007, ♖ *Schering-Plough*, n° T-133/03. ♦ Seul compte l'avis final du comité, ce dernier, statuant à la majorité qualifiée, n'étant pas tenu de suivre l'opinion des rapporteurs et des co-rapporteurs. • Trib. UE 11 déc. 2014, *PP Nature-Balance Lizenz c/ Commission*, n° T-189/13, confirmé par • CJUE 3 déc. 2015, *PP Nature-Balance Lizenz c/ Commission*, n° C-82/15P.

31. Mesure préparatoire. La lettre de la Commission, interprétant l'avis du comité des médicaments à usage humain, qui considère que la substance active pour laquelle une AMM centralisée est demandée n'est pas une substance nouvelle, ne présente pas le caractère d'un acte susceptible de recours, mais constitue un document purement informatif, dépourvu d'effets juridiques. • Trib. UE 4 juill. 2011, *Sepracor Pharmaceuticals*, n° T-275/09, confirmé par, • CJUE 14 mai 2012, *Sepracor Pharmaceuticals*, n° C-477/11P.

32. Lignes directrices. S'agissant des *guidelines*, la jurisprudence considère en principe que la Commission peut s'imposer des orientations pour l'exercice de ses pouvoirs d'appréciation par des lignes directrices, dans la mesure où elles contiennent des règles indicatives sur l'orientation à suivre et qu'elles ne s'écartent pas des normes issues du traité. • TPICE 30 avr. 1998, ♖ *Cityflyer Express Ltd*, n° T-16/96 : *Rec. CJCE 757* (les lignes directrices peuvent néanmoins être dotées d'une autorité juridique à partir du moment où leur caractère contraignant est explicitement prévu par un acte de droit dérivé). ♦ Le bien-fondé de l'interprétation faite par l'Agence européenne des médicaments des dispositions d'une ligne directrice édictée par la Commission peut faire l'objet d'un contrôle dans le cadre d'un recours en annulation. • TPICE 10 déc. 2002, ♖ *Karl Thomae c/ Commission*, n° T-123/00 : *Rec. CJCE 5193*.

33. Accès aux documents. Sur la demande d'injonction par un laboratoire concurrent de communiquer auprès des autorités communautaires les informations scientifiques nouvelles susceptibles d'entraîner la modification de l'AMM d'un médicament issu d'un procédé biotechnologique, V. • Com. 12 déc. 2006, ♖ *Sté laboratoires Genévrier c/ Sté Organon*, n° 04-18.969 P. ♦ *Sur le sursis à exécution d'une décision* de l'EMA ayant autorisé l'accès aux rapports d'études cliniques transmis dans le cadre d'une demande d'AMM, au motif que si le public doit avoir un accès aussi large que possible aux documents détenus par les organes administratifs de l'Union en application du règlement (CE) n° 1049/2001 du 30 mai 2001, ce droit d'accès ne saurait s'exercer en portant atteinte aux intérêts commerciaux des fabricants de médicaments, V. • Trib. UE, réf., 25 avr. 2013, *AbbVie*, n° T-44/13R. ♦ L'ordonnance du juge des référés a toutefois été annulée à la suite d'un pourvoi, la Cour de justice estimant que les informations englobant le développement clinique et non clinique d'un médicament ne sont pas confidentielles en elles-mêmes et peuvent être divulguées au public par l'EMA. • CJUE, réf., 28 nov. 2013, *EMA c/ Abbvie*, n° C-389/13 P(R). ♦ Sur le sursis à exécution d'une décision de l'EMA acceptant de divulguer, en application du Règl. (CE) n° 1049/2001, des rapports d'appréciation concernant un médicament similaire à un médicament orphelin protégé par une exclusivité commerciale, V. • Trib. UE, réf., 1er sept. 2015, *Pari Pharma c/ EMA*, n° T-235/15R. • Trib. UE, réf., 23 mai 2016, *Pari Pharma c/ EMA*, n° T-235/15R. ♦ Un accord de non-divulgation des rapports de l'EMA ayant été trouvé entre les deux laboratoires dans le cadre de la procédure contentieuse visant l'AMM accordée au médicament orphelin similaire, le président de la Cour de justice a rapporté la première ordonnance et annulé la seconde ordonnance, compte tenu du changement de circonstances intervenu entre les parties. • CJUE, réf., 18 oct. 2016, *EMA c/ Pari Pharma*, C-406/16 P(R) ♦ Sur le sursis à exécution de la décision de l'EMA accordant à un tiers, en vertu du Règl. (CE) n° 1049/2001, l'accès aux rapports d'essais toxicologiques relatifs à la demande d'AMM d'un médicament vétérinaire, V. • Trib. UE, réf., 20 juill. 2016, *MSD Animal Health Innovation*, n° T-729/15R : conf. • CJUE, réf., 1er mars 2017, *EMA c/ MSD Animal Health Innovation*, n° C-512/16P(R).

34. Médicaments orphelins. Sur l'obligation de demander la désignation d'un médicament orphelin avant la demande d'AMM, V. • Trib. UE 9 sept. 2010, *CSL Behring c/ Commission et EMA*, n° T-264/07 : *Rec. CJUE 4469*. ♦ Le refus de désigner un médicament orphelin par la Commission, à la suite de l'avis du comité des médicaments orphelins de l'EMA, est une décision qui fait grief, susceptible de recours en annulation devant le Tribunal de l'Union, lequel exerce un contrôle limité à l'erreur manifeste d'appréciation, compte tenu de la place prépondérante prise par l'expertise dans un domaine scientifique complexe. • Trib. UE 9 sept. 2010, *Now Pharm*, n° T-74/08 : *Rec. CJUE 4661*. ♦ Sur la première annulation d'une décision de la Commission refusant, contrairement à l'avis du comité des médicaments à usage humain, l'AMM d'un médicament orphelin selon la procédure bibliographique (procédure d'AMM abrégée fondée sur un usage médical bien établi) et dans des circonstances exceptionnelles (liées à l'impossibilité objective de fournir des informations complètes concernant la sécurité et l'efficacité du médicament compte tenu de la rareté de la maladie), V. • Trib. UE 4 juill. 2013, *Laboratoires CTRS c/ Commission*, n° T-301/12 : *JDSAM 2013, n° 3, p. 72, note Peigné*. ♦ Et sur le rejet préalable du recours en carence introduit sur le fondement de l'art. 265 TFUE contre l'abstention de la Commission à délivrer l'AMM, V. • Trib. UE 4 juill. 2012, *Laboratoires CTRS c/ Commission*, n° T-12/12. ♦ Le Tribunal a annulé, par la suite, l'AMM accordée par la Commission à un médicament contenant le même principe actif, mais indiqué dans d'autres indications cliniques, au motif que sa commercialisation serait susceptible, par le biais des prescriptions hors AMM, de porter atteinte à l'exclusivité décennale dont le laboratoire peut se prévaloir au titre du Règl. (CE) n° 141/2000 du 16 déc. 1999. • Trib. UE 11 juin 2015, *Laboratoire CTRS c/ Commission*, T-452/14 : *JDSAM 2015, n° 3, p. 59, note Peigné*. ♦ L'exclusivité commerciale décennale accordée à un médicament orphelin peut de nouveau être accordée à un médicament de seconde génération similaire, développé par le même laboratoire, pour des indications thérapeutiques déjà autorisées pour le premier médicament orphelin, faisant ainsi obstacle à l'autorisation de médicaments génériques du second médicament : la similarité des indications thérapeutiques pour lesquelles la mise sur le marché des deux médicaments orphelins a été autorisée ne saurait nuire à l'exclusivité commerciale dont chacun de ces médicaments bénéficie, de manière indépendante, pour ces indications thérapeutiques. • Trib. UE 22 janv. 2015, *Teva Pharma*, T-140/12. , confirmé par : • CJUE 3 mars 2016, *Teva Pharma*, n° C-138/15P.

35. Médicaments pédiatriques. Sur la portée juridique du refus par le comité pédiatrique de l'EMA d'accorder une dérogation à l'obligation de présenter les résultats d'un plan d'investigation pédiatrique, V. • Trib. UE 14 déc. 2011, *Nycomed Danmark c/ EMA*, n° T-52/09.

36. Reconditionnement de médicament. Jugé qu'un établissement pharmaceutique préparant des seringues préremplies, contenant uniquement la dose nécessaire au traitement d'une pathologie ophtalmologique, à partir du flacon d'un médicament autorisé selon la procédure centralisée, n'est pas tenu de solliciter une nouvelle autorisation, dès lors que la composition qualitative du médicament n'est pas modifiée et que l'opération de reconditionnement est effectuée par un établissement autorisé, au regard de prescriptions médicales individuelles, sous la responsabilité personnelle du médecin. • CJUE 11 avr. 2013, *Novartis Pharma*, n° C-535/11 : *JDSAM 2013. 2, p. 55, note Peigné*.

Art. L. 5121-8-1 *(L. n° 2011-2012 du 29 déc. 2011, art. 9-II)* **Après délivrance de l'autorisation prévue à l'article L. 5121-8, l'Agence nationale de sécurité du médicament et des produits de santé peut, dans des conditions fixées par décret en Conseil d'État, exiger du titulaire de l'autorisation qu'il effectue, dans un délai qu'elle fixe :**

1° Des études de sécurité post-autorisation s'il existe des craintes quant aux risques de sécurité présentés par un médicament autorisé ;

2° Des études d'efficacité post-autorisation lorsque la compréhension de la maladie ou la méthodologie clinique fait apparaître que les évaluations d'efficacité antérieures pourraient devoir être revues de manière significative ;

3° Un suivi spécifique du risque, de ses complications et de sa prise en charge médico-sociale, au travers d'un registre de patients atteints, lorsque le médicament, bien que retiré, est susceptible de provoquer un effet indésirable grave.

Les études mentionnées aux 1° et 2° sont faites au plus près des conditions réelles de soins, c'est-à-dire en comparaison avec les traitements de référence disponibles lorsqu'ils existent.

COMMENTAIRE

V. Commentaire reproduit sur Dalloz.fr.

Art. L. 5121-8-2 *(L. n° 2011-2012 du 29 déc. 2011, art. 10)* **L'inscription sur la liste définie à l'article L. 1121-15 des essais cliniques préalables à la délivrance de l'autorisation de mise sur le marché est obligatoire.**

Art. L. 5121-9 **L'autorisation prévue à l'article L. 5121-8 est refusée lorsqu'il apparaît que** *(L. n° 2007-248 du 26 févr. 2007, art. 7)* **« l'évaluation des effets thérapeutiques positifs du médicament ou produit au regard des risques pour la santé du patient ou la santé publique liés à sa qualité, à sa sécurité ou à son efficacité n'est pas considérée comme favorable », ou qu'il n'a pas la composition qualitative et quantitative déclarée,** *ou que l'effet thérapeutique annoncé* **fait défaut ou est insuffisamment** *(L. n° 2007-248 du 26 févr. 2007, art. 7)* **« démontré » par le demandeur.**

Elle est également refusée lorsque la documentation et les renseignements fournis ne sont pas conformes au dossier qui doit être présenté à l'appui de la demande.

(L. n° 2007-248 du 26 févr. 2007, art. 7) **« Toutefois, dans des circonstances exceptionnelles et sous réserve du respect d'obligations spécifiques définies par voie réglementaire, concernant notamment la sécurité du médicament, la notification à** *(L.*

n° 2011-2012 du 29 déc. 2011, art. 5-IV) « l'Agence nationale de sécurité du médicament et des produits de santé » de tout incident lié à son utilisation et les mesures à prendre dans ce cas, l'autorisation de mise sur le marché peut être délivrée à un demandeur qui démontre qu'il n'est pas en mesure de fournir des renseignements complets sur l'efficacité et la sécurité du médicament dans des conditions normales d'emploi. Le maintien de cette autorisation est décidé par l'agence sur la base d'une réévaluation annuelle de ces obligations et de leur respect par le titulaire. »

(L. n° 2011-2012 du 29 déc. 2011, art. 11) « L'autorisation prévue à l'article L. 5121-8 est suspendue, retirée ou modifiée dans des conditions déterminées par décret en Conseil d'État, et notamment pour l'un des motifs suivants :

« 1° Le médicament est nocif ;

« 2° Le médicament ne permet pas d'obtenir de résultats thérapeutiques ;

« 3° Le rapport entre les bénéfices et les risques n'est pas favorable ;

« 4° La spécialité n'a pas la composition qualitative et quantitative déclarée ;

« 5° Le titulaire de l'autorisation de mise sur le marché ne respecte pas les conditions prévues au même article L. 5121-8 ou les obligations qui lui sont imposées en application des articles L. 5121-8-1 et L. 5121-24.

« La suspension, le retrait ou la modification prévus au quatrième alinéa du présent article ainsi que tout refus de l'autorisation prévue à l'article L. 5121-8 sont rendus publics sans délai, aux frais du titulaire ou du demandeur de l'autorisation de mise sur le marché, par tous moyens permettant une large diffusion auprès du grand public et des professionnels et *[des]* établissements de santé. Le refus de prendre cette décision est également rendu public dans les mêmes conditions aux frais de l'agence. »

BIBL. ▶ **Sur le retrait et la suspension des autorisations de mise sur le marché :** DEBARGE, Les désaccords entre la France et l'Union européenne relatifs à la suspension de certains médicaments : simple discordance ou mal profond ?, *RGDM 2012, n° 43, p. 319.* – ATTARD, Comment faire du principe de précaution un principe d'action préventive ? L'exemple des produits de santé, *LPA 22 févr. 2007, p. 14.* – LANTRÈS, Les acteurs pharmaceutiques face au principe de précaution, *LPA 21 oct. 2004, p. 3.* – PEIGNÉ, Le contentieux des AMM, le juge communautaire et le principe de précaution, *LPA 10 juill. 2003, p. 18.*

▶ **Sur la responsabilité de l'État du fait de la mise sur le marché des médicaments :** CABANNES, La responsabilité des autorités sanitaires du fait des produits de santé défectueux, *RDSS 2008. 1045* . – BONAH et GAUDILLIÈRE, Faute, accident ou risque iatrogène ? La régulation des événements indésirables du médicament à l'aune des affaires Stalinon et Distilbène, *RF aff. soc., juin-déc. 2007, p. 123.* – CRISTOL, La responsabilité des autorités nationales et communautaires relative au contrôle de la mise sur le marché des médicaments, *RDSS 2004. 132* . – PEIGNÉ, Responsabilité de l'État en matière de mise sur le marché des médicaments, *Dr. adm., août-sept. 2001, chron. n° 16, p. 4.* – PIGASSOU, Responsabilité de l'État et mise en circulation des médicaments après l'introduction de la directive du 25 juillet 1985, *Inf. pharm. 1988. 629.* – PACTEAU, La responsabilité de l'État du fait des accidents occasionnés par les médicaments placés sous son contrôle (Colloque Clermont-Ferrand, 20-21 nov. 1975), *Reproduction Aubière, 1976, p. 93.* – AUBY, À propos de la responsabilité de l'État en matière de délivrance du visa de spécialités pharmaceutiques, *Labo. pharma. 1970, n° 74.*

COMMENTAIRE

V. Commentaire reproduit sur Dalloz.fr.

I. CONTENTIEUX DU RETRAIT ET DE LA SUSPENSION DE L'AMM

1. *Étendue du contrôle.* Il avait été jugé que le retrait de visa pouvait être prononcé par l'autorité ministérielle en raison des dangers présentés par le médicament pour la santé publique, l'appréciation du ministre ne pouvant être discutée au contentieux. • CE, sect., 25 avr. 1958, *Sté des Labo. Geigy : Lebon 236, concl. Heumann ; AJDA 1958. II. 220, chron. Fournier et Combarnous ; JCP 1958. II. 10747, note Golléty.* – V. également : • CE 22 mars 1968, *Sté des Labo. Beytout : Lebon T. 1114 ; RDSS 1968. 209, obs. Auby.* ♦ S'agissant des AMM, la jurisprudence considère que l'appréciation des dangers que fait courir une spécialité pharmaceutique dont l'autorité sanitaire suspend la mise sur le marché est soumise au contrôle de l'erreur manifeste et au point de savoir si la mesure n'est pas disproportionnée au regard des objectifs de protection de la santé humaine. • CE 6 juill. 2007, *Sté OM Pharma,* n° 286851 : *Lebon T. 1086* • 7 juill. 2008, *Sté Les labo. Théranol-Deglaude,* n° 295994 • 7 juill. 2010, *Sté Menarini France,* n° 335101 : *Lebon T. 987* .

2. Référé-suspension. Une requête en référé demandant la suspension de la mesure décidée par le directeur de l'agence doit remplir les conditions de l'urgence et de l'existence d'un moyen propre à créer, en l'état de l'instruction, un doute sérieux au sens de l'art. L. 521-1 CJA. • CE, réf., 30 juill. 2002, *Sté Labo. Fénioux*, n° 248384. ♦ En l'absence d'urgence, le juge des référés n'a pas à examiner l'existence d'un moyen propre à créer un doute sérieux. • CE, réf., 16 déc. 2005, *Sté OM Pharma*, n° 286853. ♦ Pour admettre la condition d'urgence, le juge des référés vérifie, notamment, si la décision litigieuse est de nature à porter une atteinte grave à l'équilibre économique et financier du laboratoire. • CE, réf., 14 avr. 2006, *Sté Almirall*, n° 291510. ♦ Le Conseil d'État a admis, pour la première fois, que les moyens, tendant à contester l'existence de la condition d'urgence sanitaire et à soutenir que la mesure de suspension de l'AMM présentait un caractère disproportionné, devaient être regardés comme propres à créer un doute sérieux quant à sa légalité, à partir du moment où l'arrêt de la commercialisation du médicament compromettrait le retour à des bénéfices pour le laboratoire exploitant, l'incidence de cette mesure sur son activité faisant ressortir une atteinte suffisamment grave et immédiate à sa situation pour caractériser une situation d'urgence. • CE, réf., 26 janv. 2010, *Sté Menarini France*, n° 335102 : *Gaz. Pal. 25-26 juin 2010, p. 30, note Martin ; LPA 4 mai 2010, p. 14, note Baumevieille ; Gaz. Pal. 10-11 mars 2010, p. 8, note Fallet* (affaire du Kétum). ♦ L'injonction faite à l'agence de faire mention sur son site internet de l'ordonnance du juge des référés qui a suspendu l'exécution de la décision suspendant l'AMM n'est pas exécutée lorsque, ayant assorti la référence à cette ordonnance d'un ensemble de commentaires et fait le choix de rappeler les motifs de la décision dont l'exécution a été suspendue dans le communiqué qu'elle a mis en ligne, l'agence s'abstient d'y faire également état des motifs de cette ordonnance. • CE 5 mai 2010, *Sté Menarini France*, n° 336136 (astreinte prononcée).

3. Conditions de fond. Il résulte de la combinaison des dispositions des art. L. 5121-8 et R. 5121-47 que la circonstance qu'une AMM a été délivrée puis renouvelée à une spécialité ne fait pas obstacle à son possible retrait avant l'expiration de la période quinquennale de validité, dès lors que ce retrait repose sur des éléments objectifs et nouveaux, soit que ces éléments soient postérieurs à la décision de délivrance ou de renouvellement *de l'autorisation, soit que, bien qu'antérieurs*, l'agence n'ait été en mesure d'en apprécier complètement les effets sur l'autorisation initiale qu'après sa délivrance ou son renouvellement. • CE 6 juill. 2007, *Sté OM Pharma*, n° 286851 : *Lebon T. 1086* (en l'espèce, l'agence n'entache pas son appréciation d'une erreur manifeste en estimant, en fonction de l'état des connaissances scientifiques existant à la date des décisions de retrait, que les études relatives aux effets cliniques portant sur l'indication revendiquée qui lui avaient été présentées ne pouvaient être regardées, en raison notamment de l'hétérogénéité de leur champ d'investigation tant par l'âge des patients que les infections dont ils souffraient et d'autres failles méthodologiques, comme établissant un effet thérapeutique de cette spécialité, alors que celle-ci comporte des effets indésirables, décrits pour certains dans la notice).

4. Médicaments anorexigènes. Sur l'absence d'erreur manifeste d'appréciation du directeur de l'agence ayant décidé le retrait de l'AMM de médicaments anorexigènes à base de fenproporex et d'amfépramone au regard d'un rapport bénéfices sur risques jugé défavorable, V. • CE 7 juill. 2008, *Sté Labo. Théranol-Deglaude*, n° 295994. ♦ Rien ne fait obstacle à ce que l'agence, à l'expiration d'une précédente mesure de suspension, prenne une nouvelle mesure de suspension d'AMM lorsque les conditions qui ont justifié la mesure initiale n'ont pas disparu. • CE 13 févr. 2004, *Sté Labo. pharmaceutiques Dexo*, n° 249491 (à propos d'un anorexigène à base d'amfépramone).

5. Suspension illégale. Pour la première annulation d'une décision de suspension d'AMM, V. • CE 7 juill. 2010, *Sté Menarini France*, n° 335101 : *Lebon T. 987* (affaire du Kétum).

II. RESPONSABILITÉ DE L'ÉTAT

6. De la faute lourde à la faute simple. Lors de l'affaire du « Stalinon », il avait été jugé que la responsabilité de l'État peut être engagée sur le fondement de la faute lourde. • CE, ass., 28 juin 1968, *Sté mutuelle d'assurances contre les accidents en pharmacie et Éts Février-Decoisy-Champion : Lebon 411 ; JCP 1969. II. 15578 ; RD publ. 1969. 312, note Waline ; Labo. pharma., nov. 1968, n° 171, p. 75, concl. Kahn.* – Confirmant. • TA Paris, 31 mars 1965, *Éts Février-Decoisy-Champion : Lebon 739* (en l'espèce, la responsabilité de l'État ne fut pas retenue, en application de l'adage *nemo auditur propriam turpitudinem allegans*). ♦ La demande de remboursement par l'État introduite par l'assureur, agissant par subrogation légale dans les droits de l'assuré et par subrogation conventionnelle dans les droits des victimes indemnisées, fut par la suite rejetée, compte tenu de l'autorité de la chose jugée. • CE 19 avr. 1972, *Sté mutuelle d'assurances contre les accidents* en pharmacie : *Lebon 291.* ♦ Sur l'affirmation selon laquelle l'État n'est pas garant de l'innocuité de la spécialité pharmaceutique (Stalinon), V. • T. corr. Seine, 28 juin 1955 : *D. 1955. 640, note Golléty ; JCP 1955. II. 8825, note Bernays et Hauser.* ♦ Le maintien d'un régime de faute lourde dépend essentiellement de deux critères : il s'agit, d'une part, d'apprécier si l'activité administrative exercée dans un but d'intérêt général présente une difficulté particulière et, d'autre part, de rechercher si l'étendue des prérogatives confiées à l'autorité administrative dans le cadre de ses missions est de nature à lui permettre de prévenir la réalisation d'un dommage. Dès lors, il y a tout lieu de croire que la responsabilité de l'État, du fait d'une carence ou d'une négligence de l'agence (l'ANSM qui a succédé à l'AFSSAPS) à suspendre ou à retirer l'AMM d'un médicament présentant un rapport bénéfices sur risques défavorable, serait recherchée, compte tenu des missions et des prérogatives qui lui ont été attribuées, sur le terrain de la faute simple. ♦ Rapp. • CE, ass., 9 avr. 1993, *B., G., D. : Lebon 110, concl. Legal* (application d'un régime de faute simple dans l'affaire du « sang contaminé »). ♦ Jugé, à propos de « l'affaire du Mediator », que l'absence de suspension ou de retrait de l'AMM de ce médicament est constitutive d'une carence fautive de l'AFSSAPS de nature à engager la responsabilité de l'État, ce dernier ne pouvant s'exonérer de sa responsabilité, en dépit des fautes et des manœuvres imputables au laboratoire, eu égard, tant à l'étendue des pouvoirs que la loi a conféré à l'AFSSAPS qu'aux missions en vue desquelles ces pouvoirs lui ont été attribués. • TA Paris, 3 juill. 2014, n° 1312345/6 : *RDSS 2014. 926, note Peigné ; AJDA 2014. 2490, note Brimo ; RFDA 2015. 1193, note Petit*. ♦ Dans le même sens. • TA Paris, 7 août 2014, n°s 1312469/6, 1312477/6, 1312386/6, 1315850/6, 1312490/6, 1312488/6, 1315853/6, 1317087/6, 1317086/6, 1315971/6, 1312676/6, 1312473/6, 1312482/6, 1312396/6, 1312401/6, 1312466/6, 1312349/6 et 1312672/6 • 12 sept. 2014, n°s 1312391/6, 1401913/6 et 1401970/6. ♦ La cour administrative d'appel de Paris a confirmé les jugements du tribunal, en validant, notamment, la période au sein de laquelle la responsabilité de l'État était susceptible d'être mise en cause (du 7 juill. 1999 au 30 nov. 2009). • CAA Paris, 31 juill. 2015, n°s 14PA04082, 14PA04083 et 14PA04146 : *AJDA 2015. 1986, concl. Roussel ; RDSS 2015. 927, note Peigné ; AJDA 2017. 426, note Brimo ; JCP G 2017, n° 58, note Rotoullié ; Dr. adm., 2017, comm. n° 3, note Lantero*. ♦ Le Conseil d'État a confirmé que la responsabilité de l'État était engagée, sur le fondement de la faute simple, en raison de la carence de l'AFSSAPS à retirer l'AMM du Mediator à partir de juillet 1999. • CE 9 nov. 2016, n° 393904 : *Lebon ; AJDA 2016. 2134 ; D. 2016. 2346 ; RDSS 2016. 1160, note Peigné*. ♦ Il a par ailleurs précisé que l'État n'était pas tenu de réparer intégralement les préjudices liés au Mediator et qu'il pouvait s'exonérer partiellement de sa responsabilité, en se prévalant de la faute commise par le laboratoire exploitant soumis à son contrôle : dans ce contexte, il incombe à l'État de réparer le préjudice subi à raison de la seule carence fautive de l'AFSSAPS, à charge pour les victimes de rechercher la responsabilité des laboratoires Servier devant la juridiction judiciaire. • CE 9 nov. 2016, n°s 393902 et 393926 : *Lebon ; AJDA 2016. 2134 ; RDSS 2016. 1166, note Peigné ; AJDA 2017. 426, note Brimo ; JCP G 2017, n° 58, note Rotoullié ; Dr. adm., 2017, comm. n° 3, note Lantero*. ♦ La cour administrative de renvoi a estimé que les agissements fautifs des laboratoires Servier sont de nature à exonérer l'État, pour la période s'étalant du 7 juill. 1999 au 30 nov. 2009, à hauteur de 70 % quant à la réparation des conséquences dommageables dues au Mediator. • CAA Paris, 4 août 2017, n°s 16PA00157 et 16PA03634 : *AJDA 2017. 2140, chron. Sorin*. ♦ Sur la condamnation de l'État à indemniser, à hauteur de 30 %, les préjudices subis par une personne présentant des atteintes valvulaires en lien avec un traitement par Mediator, V. • TA Paris, 10 oct. 2017, n° 1312485/6-2.

III. DROIT DE L'UNION

7. *Responsabilité des États membres.* Un État membre est tenu de réparer les dommages causés, au demandeur d'une AMM d'un médicament, par des exigences non prévues par les textes communautaires, dès lors que la règle de droit communautaire violée a pour objet de conférer des droits aux entreprises, que la violation est suffisamment caractérisée et qu'il existe un lien de causalité direct entre cette violation et le préjudice subi. Sous cette réserve, c'est dans le cadre du droit national de la responsabilité qu'il incombe à l'État de réparer les conséquences du préjudice causé par une violation du droit communautaire qui lui est imputable, étant entendu que les conditions fixées par la législation nationale applicable ne sauraient être moins favorables que celles qui concernent des réclamations semblables de nature interne et aménagées de manière à rendre, en pratique, impossible ou excessivement difficile l'obtention de la réparation. • CJCE 2 avr. 1998, *Norbrook Laboratories*, n° C-127/95 : *Rec. CJCE 1531* (médicaments vétérinaires).

8. *Compétence institutionnelle.* En vertu du principe selon lequel l'Union européenne agit dans les limites des compétences qui lui sont conférées, la Commission, qui est l'institution habilitée à accorder les AMM selon la procédure centralisée, est matériellement incompétente pour imposer le retrait d'AMM nationales partiellement harmonisées. • TPICE 26 nov. 2002, *Artegodan et a.*, n° T-74/00 : *Rec. CJCE 4945*, confirmé, • CJCE 24 juill. 2003, *Commission c/ Artegodan*, n° C-39/03P : *Rec. CJCE 7885* (à propos du retrait des AMM de plusieurs médicaments anorexigènes). ♦ V. également à propos du retrait de la dexfenfluramine (Isoméride). • TPICE 28 janv. 2003, *Labo. Servier c/ Commission*, n° T-147/00 : *Rec. CJCE 85*.

9. Procédure de référé. Les exigences de la protection de la santé publique constituent un élément déterminant dans la mise en balance des intérêts examinés par le juge, lorsqu'il est appelé à statuer en référé sur une demande de sursis à l'exécution d'une mesure de retrait d'AMM. • TPICE, réf., 7 avr. 2000, *Nancy Fern Olivieri c/ Commission,* n° T-326/99R • CJCE 11 avr. 2001, *Commission c/ Trenker,* n° C-459/00P(R) : *Rec. CJCE 2823* • CJCE 11 avr. 2001, *Commission c/ Labo. Roussel,* n° C-477/00P(R) : *Rec. CJCE 3037.*

10. Critères de fond. L'AMM d'un médicament ne peut être refusée, suspendue ou retirée que pour des motifs tenant à la protection de la santé publique et non à la réglementation des prix. • CJCE 26 janv. 1984, *Sté Clin-Midy,* n° 301/82 : *Rec. CJCE 251.* ♦ Les conditions présidant au retrait d'une AMM doivent être interprétées conformément au principe général selon lequel la protection de la santé publique doit se voir reconnaître une importance prépondérante par rapport aux préjudices économiques et sociaux susceptibles de découler de l'application de la décision. • TPICE 26 nov. 2002, *Artegodan et a.,* n° T-74/00 (par conséquent, un titulaire d'AMM ne saurait prétendre à aucune protection spécifique de ses intérêts, au regard du principe de sécurité juridique, si l'autorité compétente établit que le médicament ne répond plus aux critères d'efficacité thérapeutique ou de sécurité qui ont fondé la délivrance de l'AMM, compte tenu de l'évolution des connaissances scientifiques et des données nouvelles, notamment recueillies par le système de pharmacovigilance, l'évaluation du bilan bénéfices sur risques s'effectuant de manière continue). ♦ La méconnaissance des bonnes pratiques de fabrication, en ce qu'elle est susceptible d'avoir des conséquences sur la composition quantitative et qualitative du produit et, par suite, de constituer un risque potentiel pour la santé publique, peut légalement justifier le retrait d'une AMM et/ou l'interdiction de la mise sur le marché d'un médicament. • Trib. UE 7 mars 2013, *Acino c/ Commission,* n° T-539/10, confirmé par, • CJUE 10 avr. 2014, *Acino c/ Commission,* n° C-269/13P. ♦ Sur la légalité de la décision de la Commission imposant aux États membres, dans le cadre d'une procédure d'arbitrage, le retrait de l'AMM d'un médicament dont le rapport bénéfices sur risques est devenu défavorable, V. • Trib. UE 11 déc. 2014, *PP Nature-Balance Lizenz c/ Commission,* n° T-189/13 : *confirmé* • CJUE 3 déc. 2015, *PP Nature-Balance Lizenz c/ Commission,* n° C-82/15 P. ♦ Sur la légalité d'une décision de la Commission ordonnant aux États membres, *à la suite d'une procédure d'arbitrage* européenne, le retrait et la modification d'AMM, V. • Trib. UE 20 oct. 2016, *Dr. August Wolff GmbH & Co. KG Arzneimittel,* n° T-672/14.

11. Contrôle juridictionnel restreint. L'étendue du contrôle juridictionnel porte, d'une part, sur la légalité externe de l'avis émis par le comité scientifique de l'Agence européenne des médicaments et, d'autre part, sur l'exercice, par la Commission, de son pouvoir d'appréciation. • TPICE 26 nov. 2002, *Artegodan et a.,* n° T-74/00. ♦ Lorsque la Commission est appelée à effectuer des évaluations complexes, elle dispose d'un large pouvoir d'appréciation dont l'exercice est soumis à un contrôle juridictionnel limité, se bornant à vérifier si la mesure en cause n'est pas entachée d'erreur manifeste ou de détournement de pouvoir, ou si l'autorité compétente n'a pas manifestement dépassé les limites de son pouvoir d'appréciation. • CJCE 21 janv. 1999, ♔ *Upjohn,* n° C-120/97 : *Rec. CJCE 223.*

12. Application du principe de précaution. Dans le domaine de la santé publique, le principe de précaution implique que, lorsque des incertitudes subsistent quant à l'existence ou à la portée de risques pour la santé des personnes, l'autorité compétente peut prendre les mesures nécessaires sans avoir à attendre que la réalité et la gravité de ces risques soient pleinement démontrées sur le plan scientifique et médical, V. pour des produits cosmétiques. • TPICE 16 juill. 1998, ♔ *Labo. Bergaderm et Goupil c/ Commission,* n° T-199/96 : *Rec. CJCE 2805,* confirmé, • CJCE 4 juill. 2000, *Labo. Bergaderm et Goupil c/ Commission,* n° C-352/98P : *Rec. CJCE 5291.* ♦ ... Et pour des denrées alimentaires. • CJCE 5 mai 1998, *Royaume-Uni c/ Commission,* n° C-80/96 : *Rec. CJCE 2265* (affaire de la « vache folle »). ♦ En matière pharmaceutique, le principe de précaution, principe général du droit communautaire, impose de suspendre ou de retirer une AMM en présence de données nouvelles suscitant des doutes sérieux quant à la sécurité du médicament considéré ou à son efficacité, lorsque ces doutes conduisent à une appréciation défavorable du bilan bénéfices sur risques présenté par le médicament. • TPICE 26 nov. 2002, *Artegodan et a.,* n° T-74/00 : *LPA 10 juill. 2003, p. 18, note Peigné.* – V. également. • TPICE 21 oct. 2003, ♔ *Solvay Pharmaceuticals,* n° T-392/02 : *Rec. CJCE 4555.* ♦ Dans ce contexte, l'autorité compétente peut se limiter à fournir, conformément au régime commun du droit de la preuve, des indices sérieux et concluants, qui, sans écarter l'incertitude scientifique, permettent raisonnablement de douter de l'innocuité et/ou de l'efficacité du médicament. Le principe de précaution ne peut toutefois être appliqué que dans des situations de risque, notamment pour la santé humaine, qui, sans être fondé sur des simples hypothèses scientifiquement non vérifiées, n'a pas encore pu être pleinement démontré (la notion de risque correspondant ici à une fonction de la probabilité des effets adverses pour le bien protégé par l'ordre juridique en raison de l'utilisation d'un produit). ♦ La Cour de justice a également précisé que, sous réserve des exigences de preuve et des limites du pouvoir d'appréciation de la Commission, cette dernière peut se limiter à fournir des indices sérieux et concluants permettant de douter raisonnablement de la qualité d'un médicament et de justifier ainsi la suspension de son AMM. • CJUE 10 avr. 2014, *Acino c/ Commission*, n° C-269/13P. ♦ Dans le même sens, V. • Trib. UE 11 déc. 2014, *PP Nature-Balance Lizenz c/ Commission*, n° T-189/13 : *confirmée* • CJUE 3 déc. 2015, *PP Nature-Balance Lizenz c/ Commission*, n° C-82/15P. ♦ Jugé qu'au regard d'une analyse fournissant des indices sérieux et concluants qui permettent raisonnablement de douter de la sécurité d'un médicament hormonal, et étant donné les limites de la marge d'appréciation de la Commission dans le cadre d'évaluations complexes, la Commission a satisfait à la charge de la preuve en ce qu'elle a recouru au principe de précaution pour ordonner aux États membres la modification d'AMM nationales. • Trib. UE 20 oct. 2016, *Dr. August Wolff GmbH & Co. KG Arzneimittel*, n° T-672/14.

13. Responsabilité de l'Union européenne. Sur les conditions d'engagement de la responsabilité extracontractuelle de l'Union européenne (art. 340 TFUE) à raison du retrait illégal d'une AMM, V. • Trib. UE 3 mars 2010, *Artegodan*, n° T-429/05 : *Rec. CJUE 491.* ♦ En l'occurrence, le retrait d'AMM n'a pas été regardé comme constituant une violation du droit suffisamment caractérisée pour engager la responsabilité extracontractuelle de l'Union, la Cour de justice confirmant qu'il ne saurait être reproché à la Commission d'avoir méconnu les conditions matérielles de retrait de l'AMM d'un médicament anorexigène dont le bilan bénéfices sur risques s'est inversé. • CJUE 19 avr. 2012, *Artegodan*, n° C-221/10P : *RTDE 2012. 598, note Coutron.* ♦ Sur les conditions d'un recours en carence (art. 265 TFUE) contre l'abstention de la Commission à délivrer une AMM à un médicament orphelin, V. • Trib. UE 4 juill. 2012, *Labo. CTRS c/ Commission*, n° T-12/12.

IV. RESPONSABILITÉ DES ENTREPRISES PHARMACEUTIQUES

A. AVANT LA DIR. DU 25 JUILL. 1985 ET LA L. DU 19 MAI 1998 SUR LES PRODUITS DÉFECTUEUX

14. Régime antérieur à l'AMM. Jugé, sous l'empire du visa, que l'octroi d'une autorisation administrative n'exonère pas le fabricant de sa responsabilité. • T. corr. Seine, 28 juin 1955 : *D. 1955. 640 ; JCP 1955. II. 8825, note Bernays et Hauser* • 19 déc. 1957 : *S. 1958. 137, note Bredin ; D. 1958. 257* • Paris, 30 avr. 1957 : *D. 1957. 50 ; JCP 1957. II. 10088, concl. Lindon, note Bernays et Hauser* • 3 juin 1958 : *S. 1958. 336, note Bredin ; D. 1958. 71, chron. Golléty* • Pau, 12 mars 1958 : *D. 1958. 397, note Golléty* • Civ. 15 janv. 1957 : *D. 1957. 146.* ♦ V. actuellement art. 1245-9 C. civ.

1° NATURE EXTRACONTRACTUELLE DE LA RESPONSABILITÉ DU FABRICANT

15. Absence de relation directe. Les dispositions de l'art. R. 5115-1 [R. 5124-42] interdisant aux établissements pharmaceutiques de délivrer directement leurs produits au public, un courant jurisprudentiel avait considéré qu'aucun contrat de vente ne saurait exister entre le fabricant et l'utilisateur d'un médicament, le seul terrain sur lequel la victime est fondée à demander la réparation du préjudice résultant du produit étant celui des anciens art. 1382 et 1383 [1240 et 1241] C. civ. • Paris, 4 juill. 1970 : *D. 1971. 73, note Plat et Duneau* • 15 déc. 1983 : *D. 1985. 228, note Penneau* • Versailles, 25 juin 1992 : *D. 1995. Somm. 255, obs. Storck*.

16. Nature de la faute. La faute retenue peut être une faute dans la conception du médicament… • T. corr. Seine, 19 déc. 1957 : *préc. note 14* • Paris, 3 juin 1958 : *préc. note 14* (affaire du Stalinon). – V. aussi • T. corr. Seine, 28 juin 1955 : *préc. note 14* • Paris, 30 avr. 1957 : *préc. note 14* • Pau, 12 mars 1958 : *préc. note 14.* ♦ … Ou une faute dans la fabrication du médicament. • Paris, 3 juin 1958 : *préc. note 14* • TGI Bordeaux, 4 déc. 1959 : *Doc. pharm. n° 1159* (affaire de la poudre Baumol). ♦ … Ou une faute dans la présentation du produit. • Grenoble, 3 mars 1954 : *Doc. pharm. n° 1070* (affaire du Cryptargol Lumière) • Pau, 12 mars 1958 : *préc. note 14* (affaire de la Xylomucine).

17. Responsabilité du fait des choses. Sur l'application de la responsabilité du fait des choses (C. civ., art. 1384, al. 1er, devenu 1242, al. 1er) et la théorie de la garde de la structure lorsqu'il s'agit de produits dangereux dotés d'un dynamisme propre, V. • TGI Nanterre, 5 juin 1998 : *D. 1999. Somm. 336, obs. Galloux ; Gaz. Pal. 1999. 2. Somm. 620, note Beslay.* ♦ Jugé toutefois, au visa de l'art. 1384, al. 1er (devenu 1242, al. 1er), C. civ., que les conséquences dommageables dues à l'éclatement d'une ampoule de médicament ne sauraient être assumées par le laboratoire fabricant, dès lors que ce dernier l'a livré depuis plus de dix ans, accompagné d'une notice spécifiant sa grande altérabilité et que les médecins l'ayant prescrit et remis à la victime n'avaient pas ouvert le conditionnement pour vérifier l'état du médicament. • Civ. 2e, 15 juin 1972 : *Bull. civ. II, n° 186.* ♦ … Et sur l'absence de responsabilité d'un fabricant, V. • Civ. 2e, 13 janv. 1988, n° 86-11.624.

2° NATURE CONTRACTUELLE DE LA RESPONSABILITÉ DU FABRICANT

18. Obligation d'innovation. Jugé, au visa de l'art. 1147 (devenu 1231-1) C. civ., qu'un laboratoire ne commet pas de faute en maintenant en circulation un médicament utilisé en radiologie jusqu'à la découverte d'un autre produit moins irritant. • Civ. 1re, 23 mai 1973 : *Bull. civ. I, n° 181 ; JCP 1975. II. 17955, note Savatier* (l'idée de déduire de cette jurisprudence que la commercialisation d'un médicament mieux toléré imposerait implicitement au laboratoire exploitant une spécialité dotée d'effets indésirables de la retirer du marché est aujourd'hui incompatible avec les dispositions de l'art. 1245-3 C. civ.).

19. Obligation d'information. Le laboratoire pharmaceutique est débiteur envers l'utilisateur d'une obligation contractuelle de renseigner celui-ci sur les dangers éventuels et sur les conditions précises d'emploi du médicament. • Rouen, 14 févr. 1979 : *JCP 1980. II. 19360, note Boinot ; Labo. pharma., nov. 1979. 845, note Auby.* – V. également. • Paris, 9 juill. 1982 : *Inf. pharm. 1984. 249, obs. Viala* • TGI Thonon-les-Bains, 27 janv. 1984 : *Inf. pharm. 1984. 250, obs. Viala.*

20. Portée de l'obligation. L'obligation de renseignement incombant aux laboratoires pharmaceutiques, relative aux contre-indications et aux effets secondaires d'un médicament, ne peut s'appliquer qu'à ce qui est connu au moment de l'introduction du médicament sur le marché et à ce qui a été porté à la connaissance des laboratoires depuis cette date. • Civ. 1re, 8 avr. 1986 : *Bull. civ. I, n° 82 ; JCP 1987. II. 20721, note Viala et Viandier.* ♦ Le contenu de l'information exigée des industriels doit s'apprécier au regard des connaissances scientifiques à l'époque de la fabrication ou de la commercialisation du produit et de ce qui a été porté à la connaissance de l'entreprise depuis cette date : un laboratoire fabricant ne saurait toutefois se borner à ne plus préconiser son médicament dans une indication précise et il est tenu de signaler les dangers révélés par son usage et d'appeler sur eux l'attention des praticiens dont l'information est susceptible de se trouver en défaut. • Civ. 1re, 28 févr. 1989, n° 87-18.208 (médicament vétérinaire).

21. Application. Sur le manquement à l'obligation d'information due par le fabricant d'un médicament envers l'acquéreur sur les dangers que comporte l'utilisation du produit, V. • Civ. 1re, 5 janv. 1999 : *D. 2000. Somm. 285, obs. Pignarre* (en l'espèce, la notice de présentation d'un médicament utilisé sous forme d'ampoules à chauffer ne mettait pas en garde les utilisateurs contre la violence de l'explosion pouvant se produire en cas de dépassement de la durée d'ébullition mentionnée).

22. Garantie des vices cachés. Le vice caché étant nécessairement inhérent à la chose elle-même, il ne peut résulter de l'association de deux médicaments. • Civ. 1re, 8 avr. 1986 : *Bull. civ. I, n° 82.* – V. également : • Rennes, 25 nov. 1981 : *D. 1987. 79, chron. Huet.*

23. Obligation de sécurité de résultat. Jugé, au visa de l'art. 1147 (devenu 1231-1) C. civ., qu'un laboratoire pharmaceutique est « tenu de livrer un produit exempt de tout défaut de nature à créer un danger pour les personnes ou les biens, c'est-à-dire un produit qui offre la sécurité à laquelle on peut légitimement s'attendre ». • Civ. 1re, 3 mars 1998, *Sté Labo. Léo : Bull. civ. I, n° 95 ; JCP 1998. II. 10049, rapp. Sargos ; Gaz. Pal. 1998. 2. 720, note Fouassier ; D. 1999. 36, note Pignarre et Brun ; RTD civ. 1998. 683, obs. Jourdain.* – Est confirmé l'arrêt ayant relevé que le préjudice subi par une personne qui avait ingéré un médicament (Kaleorid) était imputable aux caractéristiques de son enveloppe non digestible, laquelle avait provoqué une inflammation intestinale nécessitant des interventions chirurgicales.

24. Bibl. Daburon, L'évolution de la responsabilité du fabricant de médicaments, *Nouv. pharm. 2000, n° 366, p. 112.* – Laude, La responsabilité des produits de santé, *D. 1999. Chron. 189.* – Fouassier, L'obligation d'information incombant au producteur de spécialités pharmaceutiques, *RDSS 1999. 735.* – Sargos, L'information sur les médicaments. Vers un bouleversement majeur de l'appréciation des responsabilités, *JCP 1999. I. 144.* – Fouassier, Responsabilité civile liée au médicament industriel : la nouvelle donne, *RDSS 1998. 296.* – Fouassier, L'obligation de sécurité incombant aux producteurs de médicaments, *Gaz. Pal. 24 oct. 1998, p. 74.* – Welsh, Médicament et responsabilité, *Méd. et droit, mars-avr. 1997, n° 23, p. 18.* – Terré, Garantie des vices cachés et accidents pharmaceutiques, *Inf. pharm. 1984. 547.* – Auby, L'obligation d'information du fabricant à l'égard de l'utilisateur de la spécialité pharmaceutique, *Labo. pharma. 1979, n° 292, p. 845.* – Golléty, Obligations et responsabilités des fabricants de produits pharmaceutiques, *D. 1958. Chron. 71.*

B. RÉGIME ISSU DE LA DIR. DU 25 JUILL. 1985 ET DE LA L. DU 19 MAI 1998 SUR LES PRODUITS DÉFECTUEUX

1° INTERPRÉTATION DE LA DIR. 85/374/CEE DU 25 JUILL. 1985 PAR LA COUR DE JUSTICE

25. Condamnations de la France. Pour retard de transposition, V. • CJCE 13 janv. 1993, *Commission c/ France*, n° C-293/91 : *Rec. CJCE 1.* ♦ La transposition réalisée par le législateur français n'a pas été jugée conforme aux dispositions de la Dir. 85/374/CEE. • CJCE 25 avr. 2002, *Commission c/ France*, n° C-52/00 : Rec. CJCE 3827. ♦ Les corrections apportées par la L. n° 2004-1343 du 9 déc. 2004 de simplification du droit n'ont toutefois pas été jugées suffisantes (C. civ., art. 1386-7, devenu 1245-6), aboutissant ainsi à une nouvelle condamnation en manquement sur manquement, assortie d'une astreinte. • CJCE

14 mars 2006, *Commission c/ France*, n° C-177/04 : *Rec. CJCE 2461.*

26. Situation des fournisseurs. La Dir. 85/374/CEE ne prévoit de placer le fournisseur dans les mêmes conditions de responsabilité sans faute que celles du producteur uniquement si ce dernier, ou son importateur, ne peut être identifié, à charge pour lui d'indiquer à la victime, dans un délai raisonnable, l'identité du producteur ou de celui qui lui a fourni le produit. • CJCE 25 avr. 2002, *Commission c/ France*, n° C-52/00 : *Rec. CJCE 3827.* ♦ A la suite d'une question préjudicielle posée par une juridiction danoise, la Cour a rappelé que l'harmonisation totale résultant du texte communautaire s'opposait à ce qu'une règle nationale soumette le fournisseur d'un produit défectueux au régime de responsabilité sans faute imputée au producteur au titre de la directive. • CJCE 10 janv. 2006, *Skov et Bilka*, n° C-402/03 : *Rec. CJCE 199 ; D. 2006. 1261, obs. Nourissat ; ibid. 1936, obs. Brun ; RTD civ. 2006. 265, obs. Rémy-Corlay ; ibid. 333, obs. Jourdain ; RTD com. 2006. 515, obs. Luby ; JCP 2006. I. 166, chron. Stoffel-Munck ; RDC 2006. 835, obs. Borghetti.*

27. Régime spécial de responsabilité. La Dir. 85/374/CEE ne saurait être interprétée comme laissant aux États membres la possibilité de maintenir un régime général de responsabilité du fait des produits défectueux différent de celui prévu par le droit communautaire, l'art. 13 de la directive n'excluant toutefois pas d'appliquer d'autres régimes de responsabilité contractuelle ou extracontractuelle, dès lors que ceux-ci reposent sur des fondements différents (garantie des vices cachés ou faute) ou constituent un régime spécial de responsabilité sans faute, concurrent de celui mis en place par le texte européen, mais à condition que ce régime existe au moment de la notification de la directive (30 juill. 1985) et qu'il constitue un régime propre, c'est-à-dire limité à un secteur déterminé de production. • CJCE 25 avr. 2002, *González Sánchez*, n° C-183/00 : *Rec. CJCE 3901 ; D. 2002. 2458, chron. Calais-Auloy ; ibid. 2462, note Larroumet ; JCP 2002. I. 177, chron. Viney ; LPA 5 nov. 2002, p. 11, note Daburon ; RTD civ. 2002. 522, obs. Jourdain ; D. 2003. Somm. 463, obs. Mazeaud.* ♦ Compte tenu de la primauté du droit de l'Union et de l'obligation pour le juge national d'assurer la pleine effectivité de ce droit, il appartient aux juges du fond d'examiner d'office si le régime spécial de la responsabilité du fait des produits défectueux, qui est d'ordre public, est applicable au litige dont il est saisi. • Cass., ch. mixte, 7 juill. 2017, n° 15-25.651 : *D. 2017. 1472*, communiqué C. cass.

28. Risque de développement. Pour pouvoir se libérer de sa responsabilité au titre d'une exonération pour risque de développement, le producteur d'un produit défectueux doit prouver que l'état objectif des connaissances techniques et scientifiques, compris à son niveau le plus avancé au moment de la mise en circulation du produit en cause, ne permettait pas de déceler le défaut de celui-ci et à condition que les connaissances scientifiques et techniques pertinentes aient été accessibles au moment de la mise en circulation du produit en cause. • CJCE 29 mai 1997, *Commission c/ Royaume-Uni*, n° C-300/95 : *Rec. CJCE 2649 ; LPA 17 déc. 1997, p. 36, note Ricatte ; D. 1998. 488, note A. Penneau* (n'est ainsi pas manifestement contraire au droit de l'Union une disposition nationale prévoyant l'exonération du producteur si ce dernier prouve que l'état des connaissances « ne permet pas d'escompter d'un producteur de produits analogues au produit en cause qu'il ait pu déceler le défaut, s'il avait existé dans ses produits, pendant qu'ils étaient sous son contrôle »).

29. Notion de mise en circulation. La mise en circulation évoquée à l'art. 7 de la Dir. 85/374/CEE du 25 juill. 1985 est réalisée lorsque le produit défectueux est utilisé à l'occasion d'une prestation de soins consistant à préparer un organe humain en vue de sa transplantation, alors même que le produit n'a pas quitté la sphère de contrôle médical puisqu'il a été préparé par la pharmacie d'un hôpital communal et utilisé par un autre hôpital de la même commune. • CJCE 10 mai 2001, *Henning Veedfald*, n° C-203/99 : *Rec. CJCE 3569 ; D. 2001. 3065, note Kayser ; JCP 2002. II. 10141, note Gaumont-Prat.*

30. Date de mise en circulation. Un produit est mis en circulation lorsqu'il est sorti du processus de fabrication mis en œuvre par le producteur et qu'il est entré dans un processus de commercialisation : il incombe par suite au juge national de déterminer la nature des liens unissant le producteur à une autre entité juridique, en examinant s'il s'agit d'entreprises exerçant des activités de production différentes ou, au contraire, d'entreprises dont l'une, la société filiale, agit simplement comme distributeur ou comme dépositaire du produit fabriqué par la société mère. Si les liens sont suffisamment étroits, la notion de producteur englobe alors celle de filiale et le transfert du produit de l'une à l'autre de ces entités n'emporte donc pas une mise en circulation au sens de la directive et ne fait donc pas courir le délai de forclusion décennale. • CJCE 9 févr. 2006, *O'Byrne c/ Sanofi Pasteur MSD*, n° C-127/04 : *Rec. CJCE 1313.* ♦ Sur l'impossibilité pour un citoyen britannique de se retourner, après le délai d'extinction de dix ans prévu par la Dir. 85/374/CEE, contre le fabricant français d'un vaccin défectueux, après avoir initialement exercé à tort son action en réparation contre sa filiale chargée de la distribution au Royaume-Uni. • Cour suprême Royaume-Uni, 26 mai 2010 : *D. 2010. 1753, note Carval*.

31. Extinction décennale de responsabilité. A la possibilité d'interrompre le délai de forclusion décennale, la Cour de justice a répondu négativement, en estimant que la Dir. 85/374/CEE ne permettait pas d'attraire, après l'expiration du délai, un producteur comme partie défenderesse à une procédure judiciaire intentée contre une autre personne que lui : toutefois, dans le cas particulier d'une procédure judiciaire engagée à tort contre un fournisseur, filiale à 100 % d'un producteur, la Cour précise que ce dernier peut être substitué à cette filiale, même après le délai, dès lors que le juge national a constaté que la mise en circulation du produit concerné a été décidée par le seul producteur. • CJUE 2 déc. 2009, *Aventis Pasteur,* n° C-358/08 : *Rec. CJUE 11305 ; JCP 1er mars 2010, n° 268, note Christianos.*

32. Dommages causés aux biens. Le droit de l'Union ne s'oppose pas à ce que le droit interne ou une jurisprudence nationale établissent, dans le cadre d'un régime de responsabilité sans faute, le principe selon lequel une victime peut demander réparation d'un dommage causé à un bien destiné à un usage professionnel et utilisé pour cet usage, pourvu que la victime apporte la preuve du dommage, du défaut du produit et du lien de causalité entre le défaut et le dommage. • CJCE 4 juin 2009, *Moteurs Leroy Somer,* n° C-285/08 : *Rec. CJCE 4733 ; D. 2009. 1731, note Borghetti ; ibid. 2047, note Rochfeld ; RDC 2009. 1381, obs. Viney ; JCP 29 juin 2009, n° 34, note Jourdain.* ♦ Jugé que, dans la mesure où la réparation des dommages causés à une chose destinée à un usage professionnel et utilisée pour cet usage ne relève pas du champ d'application de la directive, doit être annulé l'arrêt ayant retenu la responsabilité d'une société en exigeant que celle-ci répare, sur le fondement d'un manquement à son obligation de sécurité de résultat, les dommages matériels causés aux objets destinés à un usage professionnel et utilisés par la victime pour son usage professionnel. • Com. 26 mai 2010, *Sté Moteurs Leroy Somer c/ Sté Dalkia France : Bull. civ. IV, n° 100 ; D. 2010. 2628, note Borghetti ; RDC 2010. 1262, obs. Carval.*

33. Prestataires de services de soins. Saisie d'un renvoi préjudiciel par le Conseil d'État, la Cour de justice a précisé que la responsabilité d'un établissement public de santé, en tant qu'utilisateur de produits de santé (dispositifs médicaux) à l'occasion d'une prestation de service de soins, ne relève pas du champ d'application de la Dir. 85/374/CEE, faute de participer au processus de production et de commercialisation des produits : dès lors, la directive ne s'oppose pas à ce qu'un État membre institue un régime prévoyant la responsabilité d'un prestataire de service à l'égard des dommages provoqués par les produits de santé qu'il utilise à l'occasion d'un acte de soins, même en l'absence de faute, à condition, cependant, que soit préservée la faculté pour la victime et/ou le prestataire de mettre en cause la responsabilité du producteur sur le fondement de la directive lorsque se trouvent remplies les conditions prévues. • CJUE 21 déc. 2011, *CHU de Besançon c/ Dutrueux,* n° C-495/10 : *D. 2012. 926, note Borghetti ; AJDA 2012. 306, chron. Aubert, Broussy et Donnat ; RTD civ. 2012. 329, obs. Jourdain ; JCP Adm. 2012. 2078, obs. Oberdoff ; Dr. adm., avr. 2012. Comm. n° 42, note Lantero ; Lamy Dr. aff., mai 2012, n° 70, note de Clavière-Bonnamour.* ♦ Jugé par le Conseil d'État que le service public hospitalier est responsable, même en l'absence de faute, des conséquences dommageables pour les usagers de la défaillance des produits et appareils de santé qu'il utilise, sans préjudice des actions susceptibles d'être exercées à l'encontre du producteur. • CE 12 mars 2012, *CHU de Besançon,* n° 327449 : *JCP 21 mai 2012, n° 623, note Tifine ; RDSS 2012. 716, note Peigné* • CE 14 mars 2012, *CHU de Bordeaux,* n° 324455 • CE 24 avr. 2012, *CH de Mantes-la-Jolie,* n° 331967. ♦ En revanche, la Cour de cassation a estimé que, lorsqu'ils ont recours aux produits, matériels et dispositifs médicaux nécessaires à l'exercice de leur art ou à l'accomplissement d'un acte médical, les prestataires de service de soins (en l'espèce un chirurgien) ne peuvent voir leur responsabilité civile recherchée que sur le fondement d'une faute contractuelle. • Civ. 1re, 12 juill. 2012, n° 11-17.510 : *JCP 1er oct. 2012, n° 1036, note Sargos ; D. 2012. 2277, note Bacache ; RGDM 2012, n° 45, p. 201, note Véron ; RTD civ. 2012. 237, obs. Jourdain .* ♦ *Contra* : le Conseil d'État a, pour sa part, maintenu sa jurisprudence, considérant que l'interprétation donnée par la Cour de justice de l'Union européenne à la directive du 25 juill. 1985 ne faisait pas obstacle à l'application du principe selon lequel, sans préjudice des actions susceptibles d'être exercées à l'encontre du producteur, le service public hospitalier est responsable, même en l'absence de faute de sa part, des conséquences dommageables pour les usagers de la défaillance des produits et appareils de santé qu'il utilise et que ce principe trouve à s'appliquer lorsqu'un établissement hospitalier implante, au cours de la prestation de soins, une prothèse défectueuse dans le corps d'un patient. • CE, sect., 25 juill. 2013, *Falempin,* n° 339922 : *Lebon ; JCP 2013, n° 1079, note Paillard ; AJDA 2013. 1972, chron. Domino et Bretonneau ; D. 2013. 2438, note Bacache ; ibid. 2014. 47, note Brun et Gout ; RDSS 2013. 881, note Peigné .* ♦ Dans la mesure où les marchés de fourniture de produits passés en application du code des marchés publics ont le caractère de contrats administratifs, le Tribunal des conflits estime que l'action en garantie engagée par le service public hospitalier à l'encontre d'un producteur auquel il est lié par un contrat administratif portant sur la fourniture de prothèses, dont la défectuosité a été constatée, relève de la compétence du juge administratif. • T. confl. 11 avr. 2016, *Centre hospitalier de Chambéry c/ M. A...B... et a.*, n° C-4044 : *RDSS 2016. 571, note Peigné* . ♦ Cette action pouvant être fondée sur les stipulations du contrat, sur la garantie des vices cachés (art. 1641 à 1649 C. civ.) ou encore sur les règles issues de la directive (art. 1386-1 et 1245 s. C. civ.), telles qu'interprétées par la Cour de justice, lesquelles impliquent la faculté pour la victime et/ou pour le prestataire de soins de mettre en cause la responsabilité du producteur sur le fondement de la directive lorsque se trouvent remplies les conditions prévues par celle-ci. • Même arrêt. ♦ Le centre hospitalier ayant été condamné à indemniser un patient à raison des dommages résultant de l'implantation d'une prothèse défectueuse doit se voir reconnaître la possibilité de rechercher la responsabilité du producteur de la prothèse sur le fondement des art. 1245 à 1245-17 C. civ. : commet donc une erreur de droit la cour administrative d'appel qui refuse à un établissement hospitalier de se prévaloir utilement des dispositions de la Dir. 85/374/CEE dans le cadre d'une action en garantie. • CE 30 déc. 2016, *Centre hospitalier de Chambéry*, n° 375406 : *Lebon ; AJDA 2017. 10* . ♦ Rejugeant l'affaire au fond, le Conseil d'État a par ailleurs estimé que le centre hospitalier, qui a implanté la prothèse défectueuse lors d'une prestation de soins, n'a pas la qualité de fournisseur au sens de l'art. 1245-6 C. civ. et n'est donc pas lié par le délai d'un an qui suit la date de sa citation en justice, le seul délai qui lui est opposable pour être indemnisé des condamnations prononcées à son encontre à raison du défaut de la prothèse étant le délai de prescription de trois ans prévu à l'art. 1245-16 C. civ. ♦ En revanche, dans le cas où le service public hospitalier – qui a dû indemniser un patient ayant subi un dommage causé par la défaillance d'un produit de santé – n'est pas directement lié par un contrat administratif au fabricant du produit qui a été fourni à l'établissement de santé par un intermédiaire sous-traitant, l'action en garantie introduite contre le fabricant relève de la compétence de la juridiction civile. • CE 15 nov. 2017, n° 403317 : *Lebon ; AJDA 2017. 2281* .

34. BIBL. Bloch, Produits de santé défectueux : désordre au sommet des ordres, *RCA 2014. Étude 1*. – Mémeteau, Un point sur la responsabilité civile du fait des prothèses, *Méd. et droit nov.-déc. 2013, n° 123, p. 175*. – Duval-Arnould, Quelles responsabilités pour les professionnels et les établissements de santé en cas de défectuosité d'un produit de santé ?, *JCP 2013. Étude 1151*. – Hocquet-Berg, La sécurité des produits de santé dans la tourmente de la jurisprudence judiciaire, *RCA 2012. Étude 8*. – Borghetti, La responsabilité du fait des produits de santé face au droit communautaire, *D. 2009. 1938* . – Peigné, Les personnes responsables : producteurs et distributeurs de produits de santé défectueux, *RDSS 2008. 1015* . – Altavilla et Giocanti, La responsabilité des produits défectueux dans l'Union européenne : conséquences pour le secteur de la santé après l'arrêt du 10 mai 2001 de la CJCE, *Méd. et droit juill.-août 2003, n° 61, p. 123*. – Degroote et Benaiche, Responsabilité civile du fait d'un produit de santé défectueux : nouvelles perspectives au regard des arrêts du 25 avril 2002 de la CJCE, *Méd. et droit mai-juin 2003, n° 60, p. 73*. – Fouassier, Responsabilité du fait des produits défectueux : de la directive à la loi en passant par Cervantès, *Méd. et droit mai-juin 1999, n° 36, p. 2*. – Confino, La mise en circulation dans la loi du 19 mai 1998 sur la responsabilité du fait des produits dangereux, *Gaz Pal. 22-24 avr. 1998, p. 366*. – Berg, La notion de risque de développement en matière de responsabilité du fait des produits défectueux, *JCP 1996. I. 3935*. – Memmi, La responsabilité du fabricant de médicaments : un refus manifeste de garantir le risque de développement, *Gaz. Pal. 1996. 1. Doctr. 24*. – Bonneau, Le risque thérapeutique, *Gaz. Pal. 27-31 août 1993, p. 2*. – Huet, Le paradoxe des médicaments et les risques de développement, *D. 1987. Chron. 73*. – Maurain et Viala, La nouvelle responsabilité sans faute des fabricants de produits pharmaceutiques, *RDSS 1986. 551*. – Viandier, La directive européenne du 25 juillet 1985 sur la responsabilité du fait des produits défectueux, *Inf. pharm. 1986. 82*. – Ghestin, La directive communautaire du 25 juillet 1985 sur la responsabilité du fait des produits défectueux, *D. 1986. Chron. 135*.

2° JURISPRUDENCE NATIONALE RELATIVE À LA RESPONSABILITÉ DU FAIT DES MÉDICAMENTS DÉFECTUEUX

35. *Application dans le temps.* Le régime de responsabilité issu de la Dir. 85/374/CEE du 25 juill. 1985 est applicable aux produits mis en circulation à compter du 31 juill. 1988 (trois ans suivant la date de notification de la directive aux État membres). • Civ. 1re, 24 janv. 2006, *Fondation Institut Pasteur : Bull. civ. I, n° 34* (affaire de l'hormone de croissance). ♦ Pour les produits mis en circulation entre le 31 juill. 1988 et le 21 mai 1998 (date d'entrée en vigueur de la L. n° 98-389 du 19 mai 1998), la jurisprudence vise les dispositions du code civil « à la lumière de la Dir. 85/374/CEE du 25 juillet 1985 ».

a. Affaire du diéthylstilbestrol (Distilbène)

36. *Lien de causalité.* Sur l'existence de présomptions suffisamment graves, précises et concordantes en faveur d'une probabilité pertinente du rôle causal du diéthylstilbestrol (DES) dans la survenance d'un adénocarcinome utérin, V. • TGI Nanterre, 24 mai 2002 : *RDSS 2002. 502, note Neyret* , confirmé, • Versailles, 30 avr. 2004 : *D. 2004. 2071, note Gossement* ; *LPA 22 juin 2005, p. 22, note Niel*. – Et en cassation.

• Civ. 1re, 7 mars 2006, *Sté UCB Pharma (2 arrêts) : Bull. civ. I, nos 142 et 143* (condamnation civile du fabricant du Distilbène pour manquement à son obligation de vigilance, alors que le risque carcinogène était connu et identifié sur le plan scientifique dans la mesure où il existait [avant 1971 et dès les années 1953-1954 des doutes portant sur l'innocuité du Distilbène]). ♦ V. également la reconnaissance, sur le fondement de l'art. 1382 (devenu 1240) C. civ., de la responsabilité du fabricant du Distilbène, au motif que l'attitude négligente et imprudente du laboratoire était en relation de causalité directe avec l'infertilité d'une femme dont la mère avait été traitée avec le DES durant l'année 1967. • Versailles, 26 nov. 2009, n° 08/06779. ♦ Sur la condamnation des laboratoires UCB Pharma à indemniser le petit-fils, gravement handicapé, d'une femme ayant été traitée par le DES en 1958 et dont la fille avait été exposée in utero au médicament, V. • Versailles, 9 juin 2011, n° 09/04905 : *D. 2016-2565.* ♦ Jugé que le fabricant du Distilbène a commis une imprudence, par défaut de vigilance, de nature à engager sa responsabilité à l'égard d'une femme victime d'une malformation utérine, dont la mère a été exposée au DES durant l'année 1974. • Versailles, 13 oct. 2016, n° 14/05586. ♦ Jugé également que l'adénose cervicale et la malformation utérine dont souffre la plaignante sont en relation de causalité directe avec l'exposition maternelle au DES au cours de l'année 1972. • Versailles, 13 oct. 2016, n° 14/06391. ♦ Dès lors qu'aucun facteur causal de stérilité autre qu'une exposition maternelle au DES n'est établi et qu'il existe un ensemble d'éléments constituant des présomptions suffisamment graves, précises et concordantes de ce que cette exposition in utero ait été à l'origine des troubles de la fertilité dont souffre la plaignante, la responsabilité du fabricant du Distilbène doit être reconnue. • Versailles, 13 oct. 2016, n° 14/06399. ♦ Doit être annulé l'arrêt qui retient que les anomalies morphologiques présentées par la demanderesse étaient en rapport avec une exposition au Distilbène, tout en concluant que l'infertilité transitoire dont elle a souffert avant sa grossesse ne pouvait être imputée avec une certitude suffisante à cette exposition en raison d'une autre cause possible, sans pour autant en préciser les circonstances. • Civ. 1re, 11 janv. 2017, n° 15-16.282 : *D. 2017. 2224, obs. M. Bacache, A. Guégan-Lécuyer et S. Porchy-Simon ; ibid. 2224, obs. M. Bacache, A. Guégan-Lécuyer et S. Porchy-Simon ; Gaz. Pal. 6 juin 2017, n° 21, p. 64, note Tapinos.* ♦ *Les frais engagés à l'occasion* d'une procédure d'adoption par une femme ayant été exposée au Distilbène doivent être intégralement indemnisés par le laboratoire pharmaceutique. • Civ. 2e, 8 juin 2017, n° 16-19.185 : *D. 2017. 2224, obs. M. Bacache, A. Guégan-Lécuyer et S. Porchy-Simon .*

37. Charge de la preuve. Il appartient à la patiente atteinte d'un cancer du col utérin d'apporter la preuve qu'elle a été exposée au diéthylstilbestrol (DES), lors de la grossesse de sa propre mère, dans la mesure où il n'est pas établi que ce médicament est la seule cause possible de la pathologie dont elle souffre. • Civ. 1re, 24 sept. 2009 : *Bull. civ. I, n° 186.* ♦ Jugé, en revanche, que ne peut être écartée la demande de réparation dirigée contre les deux laboratoires ayant commercialisé le diéthylstilbestrol, au motif qu'aucun élément de preuve n'établissait l'administration de l'un ou l'autre des médicaments à la patiente concernée, dès lors qu'il est établi que la molécule litigieuse a bien été la cause directe de la pathologie tumorale : il appartient en effet, dans ce cas, à chacun des laboratoires de prouver que son produit n'est pas à l'origine du dommage. • Civ. 1re, 24 sept. 2009 : *Bull. civ. I, n° 187 ; D. 2009. 2342, note Gallmeister ; JCP 26 oct. 2009, n° 44, note Hocquet-Berg ; RDSS 2009. 1161, obs. Peigné ; RDT civ. 2010. 110, obs. Jourdain ; Gaz. Pal. 25-26 nov. 2009, p. 14, note Robert et Régniault ; LPA 25-28 déc. 2009, p. 5, note Delcourt.* ♦ En l'espèce, la cour de renvoi a retenu, à la suite du collège expertal, que le lien entre l'exposition au DES et l'adénocarcinome vaginal à cellules claires affectant la plaignante était certain. • Paris, 26 oct. 2012 : *D. 2012. 2859, note Quétand-Finet .* ♦ V. également l'annulation d'un arrêt de la cour d'appel de Versailles ayant exigé de la victime qu'elle prouve qu'une spécialité à base de diéthylstilbestrol avait été administrée à sa mère, alors que, en cas d'exposition de la victime à la molécule litigieuse, c'est à chacun des laboratoires ayant mis sur le marché le médicament de prouver que celui-ci n'est pas à l'origine du dommage. • Civ. 1re, 28 janv. 2010 : *Bull. civ. I, n° 22 ; Gaz. Pal. 10 mars 2010, p. 18, note Mekki ; D. 2011. 35, note Brun .* ♦ La cour de renvoi a toutefois estimé que l'exposition au DES ne saurait être sérieusement présumée en raison des malformations cervicale et utérine que la victime a présentées, et de la fausse couche qu'elle a subie et des cinq grossesses extra-utérines qu'elle a connues, compte tenu de l'origine multifactorielle de ces anomalies et, par suite, de l'impossibilité d'exclure avec une haute probabilité les autres causes possibles. • Paris, 26 oct. 2012 : *D. 2012. 2859, note Quétand-Finet .* ♦ En l'absence du dossier médical attestant formellement de la prescription du médicament à la mère de la plaignante, la preuve d'une exposition au DES peut néanmoins être présumée et résulter du témoignage des médecins spécialistes ayant suivi la victime de malformation utérine à l'origine de problèmes d'infertilité. • Versailles, 13 oct. 2016, n° 14/05586.

38. Préjudice spécifique d'anxiété. A défaut de prouver que les troubles invoqués sont imputables à une exposition in utero au DES, la

Cour de cassation considère qu'une patiente peut néanmoins obtenir la réparation du préjudice moral découlant de l'anxiété liée à la connaissance du risque d'exposition au médicament. • Civ. 1re, 2 juill. 2014, n° 10-19.206 : *RCA oct. 2014, comm. n° 312, note Hocquet-Berg ; D. 2014. 2362*. ♦ Pour sa part, la Deuxième Chambre civile a cassé des arrêts ayant indemnisé des requérantes au titre d'un préjudice spécifique d'anxiété, sans caractériser en quoi ce dernier serait distinct du préjudice fonctionnel permanent et des souffrances endurées, par ailleurs indemnisés. • Civ. 2e, 11 déc. 2014, n° 13-27.440 • 2 juill. 2015, n° 14-19.481. ♦ La Première Chambre civile a confirmé que les juges du fond devaient prendre en compte l'existence d'un préjudice spécifique d'anxiété devant être indemnisé à l'issue de la consolidation, ne se limitant pas à l'indemnisation des souffrances endurées et du déficit fonctionnel permanent. • Civ. 1re, 11 janv. 2017, n° 15-16.282.

39. Règles de prescription. Les actions introduites contre le fabricant du Distilbène ne sont pas prescrites dès lors que la consolidation du dommage corporel est fixée le jour de l'expertise. • Civ. 2e, 19 févr. 2009, n° 07-20.499. ♦ S'agissant des victimes par ricochet, les juridictions du fond ont estimé que l'ancien art. 2270-1 C. civ. posait comme point de départ de la prescription la manifestation du dommage, laquelle découle de la prise de conscience douloureuse de la perte définitive des facultés essentielles de la personne à laquelle elles sont attachées. • Versailles, 26 nov. 2009 : *nos 08/06782 et 06/06777*. ♦ Cassation : le préjudice par ricochet subi par les proches d'une victime ayant elle-même subi un dommage corporel direct se manifeste, dans toute son étendue, comme pour celle-ci, à compter de la consolidation de l'état de la victime directe. • Civ. 2e, 3 nov. 2011, n° 10-16.036. ♦ V. C. civ., actuel art. 2226. – **C. civ.** ♦ La date de consolidation des dommages consécutifs à une exposition au Distilbène ne dépend pas de la décision de la victime de cesser son traitement contre l'infertilité, mais du constat médical de la stabilisation de ses séquelles. • Civ. 1re, 17 janv. 2018, n° 14-13.351 : *D. 2018. 169*.

40. Répartition de la dette. La répartition de la dette a été établie par la cour d'appel de Paris selon *le principe des parts viriles,* c'est-à-dire à égalité entre les deux laboratoires ayant exploité le DES, soit sous la forme commerciale du Distilbène, soit sous celle du Stilbestrol Borne • Paris, 26 oct. 2012, n° 10/18297 : *D. 2012. 2859, note Quétand-Finet*. ♦ *Contra* : le tribunal de grande instance de Nanterre a considéré que la probabilité que la victime ait été exposée à l'une ou l'autre de ces spécialités est nécessairement proportionnelle aux parts de marché respectives des deux médicaments : il en résulte que la répartition de la charge du dommage entre les deux laboratoires doit s'opérer proportionnellement au risque pour chacun de l'avoir causé, risque qui ne peut s'évaluer qu'au regard de la part de marché de chacune des spécialités à l'époque des faits. • TGI Nanterre, 22 mai 2014, n° 12/12339 • TGI Nanterre, 4 déc. 2014, n° 13/08139 • TGI Nanterre, 29 janv. 2015, n° 13/11260 • TGI Nanterre, 17 sept. 2015, n° 14/01814. ♦ Confirmé par : • Versailles, 14 avr. 2016, n° 16/00296. ♦ La cour d'appel de Versailles a confirmé que la contribution à la dette de réparation devait s'effectuer à proportion de la part de marché. • Versailles, 30 juin 2016, n° 14/04397 : *LPA 5-6 juin 2017, note Lasbordes-de Virville.*

41. **BIBL.** Molfessis, Du critère des parts de marché comme prétendu remède à l'incertitude sur l'origine d'un dommage (à propos des recours entre les laboratoires ayant commercialisé le DES), *LPA 15 oct. 2015, p. 7*. – Guilbaud, Clément, Jousset, Rougé-Maillart et Rodat, Appréciation jurisprudentielle du lien de causalité dans le contentieux Distilbène : étude comparée France *vs* États-Unis, *Méd. et droit sept.-oct. 2013, n° 122, p. 160*. – Philippot, Le droit face aux catastrophes sanitaires : l'affaire du Distilbène, épilogue ?, *RGDM 2013, n° 46, p. 93*. – Quézel-Ambrunaz, La fiction de la causalité alternative : fondement et perspectives de la jurisprudence « Distilbène », *D. 2010. Chron. 1162*. – G'Sell-Macrez, La preuve du lien de causalité : comparaisons franco-américaines à propos des arrêts Distilbène, *LPA 29 oct. 2010, p. 6*.

b. Affaire de la dexfenfluramine (isoméride)

42. Présomption de causalité. La responsabilité civile des laboratoires Servier, exploitant de l'Isoméride (spécialité dont le principe actif, la dexfenfluramine, était indiquée dans le traitement des surcharges pondérales compte tenu de ses propriétés anorexigènes), a été retenue en première instance sur le fondement de l'ancien art. L. 221-1 (devenu L. 421-3) C. consom. • TGI Nanterre, 22 déc. 2000 : *Gaz. Pal. 15-16 févr. 2002, p. 60, note Vray.* ♦ Jugement confirmé en appel, mais sur le fondement de la Dir. 85/374/CEE, la responsabilité du fabricant étant engagée au regard des présomptions suffisamment graves, précises et concordantes pour conclure au rôle déclenchant de l'Isoméride dans la survenue d'une hypertension artérielle pulmonaire grave. • *Versailles*, 10 mai 2002 : *RGDM 2003, n° 10, p. 127, note Dibie-Krajcman.* ♦ Le pourvoi du laboratoire a finalement été rejeté, la Cour de cassation estimant que des présomptions graves, précises et concordantes permettaient d'établir l'imputabilité de la maladie à l'Isoméride. • Civ. 1re, 24 janv. 2006, *Sté Labo. Servier : Bull. civ. I, n° 35* (cassation partielle s'agissant de la responsabilité civile du prescripteur, médecin du travail).

43. Absence de défectuosité. Jugé que les conditions de mise en œuvre de la responsabilité du fabricant de l'Isoméride ne sont pas réunies, faute pour les victimes d'avoir pu démontrer le caractère défectueux du médicament. • Versailles, 16 mars 2007, n° 05/09525 • Versailles, 29 mars 2007, *n° 06/00496*. ♦ Le recours aux présomptions graves, précises et concordantes, au sens de l'art. 1353 C. civ., est cependant admis à une triple condition : que le fait invoqué puisse, au regard des données acquises de la science, être matériellement une cause génératrice du dommage ; qu'il soit hautement probable que le facteur ait été à l'origine du dommage ; que les autres causes possibles du dommage aient pu être circonscrites et exclues.

44. Risque de développement. Doit être cassé l'arrêt considérant que, dans la mesure où l'état des connaissances scientifiques et techniques existant au moment de la mise en circulation de l'Isoméride ne permettait pas de déceler sa défectuosité, il y a lieu d'exonérer son fabricant : l'exonération pour risque de développement, prévue à l'art. 7 de la Dir. 85/374/CEE, étant optionnelle pour les États membres, elle ne saurait être invoquée pour des produits mis en circulation avant l'entrée en vigueur de la L. n° 98-389 du 19 mai 1998 ayant procédé à sa transposition, c'est-à-dire le 21 mai 1998. • Civ. 1re, 9 juill. 2009, n° 08-12.777. ♦ La cour de renvoi a confirmé la responsabilité du fabricant de l'Isoméride à l'égard d'une victime d'hypertension artérielle pulmonaire, estimant que l'exonération pour risque de développement était inopérante. • Versailles, 20 janv. 2011, n° 09/08695. ♦ Jugé que la double valvulopathie dont souffre la patiente est en relation directe et certaine avec la prise d'Isoméride de juill. 1985 à avr. 1986, puis de juill. 1988 à mai 1989, le laboratoire ne pouvant s'exonérer de sa responsabilité de plein droit en l'absence de toute application d'un risque de développement. • Versailles, 12 avr. 2012, n° 10/07486.

c. Affaire du Benfluorex (Mediator)

45. Procédures correctionnelles. Principalement fondées sur le chef de prévention de tromperie aggravée, certaines poursuites correctionnelles visant les dirigeants du laboratoire exploitant le Mediator ont été engagées par voie de citation directe devant le TGI de Nanterre, procédure que la Cour de cassation n'a pas décidé d'interrompre et de regrouper avec les dossiers en cours d'instruction au pôle de santé publique du TGI de Paris. • Crim. 14 déc. 2011, n° 11-87.302 P : *Bull. crim. n° 258*. ♦ Sur le non-lieu à renvoi d'une QPC portant sur l'existence des deux procédures. • *Crim. 24 août 2012, n° 12-90.040*. ♦ Sur l'annulation du refus de faire droit à l'appel interjeté par les prévenus à l'encontre de l'ordonnance rejetant une demande de contre-expertise médicale. • Crim. 24 juin 2014, n° 14-81.588. ♦ Sur l'absence de prescription de l'action publique des chefs de tromperie et d'escroquerie, V. • Crim. 2 févr. 2016, n° 15-84.356 : *RSC 2016. 356, note Mistretta*. ♦ Sur le rejet de demandes d'annulation de pièces de procédure, V. • Crim. 12 juill. 2016, nos 15-87.348 et 15-84.664.

46. Procédures civiles et fonds d'indemnisation. Sur la procédure d'indemnisation instituée devant l'ONIAM, V. art. L. 1142-24-1. ♦ Sur la reconnaissance de la responsabilité civile des laboratoires Servier du fait de la défectuosité du Mediator et de son rôle causal dans le développement d'insuffisances valvulaires aortiques, V. • TGI Nanterre, 22 oct. 2015, nos 12/07723 et 13/06173 : *D. 2016. 687, note Borghetti*. ♦ Confirmé par : • Versailles, 14 avr. 2016, n° 15/08232. ♦ La Cour de cassation a définitivement confirmé la responsabilité civile des laboratoires Servier, estimant que la mise en mouvement d'une action publique n'obligeait pas les juges du fond à surseoir à statuer, dès lors que l'action civile a été introduite non pas en réparation du dommage causé par une infraction, mais sur le fondement autonome des art. 1245 s. du C. civ., l'exonération pour risque de développement ayant été par ailleurs rejetée. • Civ. 1re, 20 sept. 2017, n° 16-19.643 : *D. 2017. 2279, avis Sudre ; ibid. 2284, note Viney ; RCA, nov. 2017, étude n° 12, note Bloch ; JCP G, 13 nov. 2017, n° 1186, note Borghetti ; RDSS 2017. 1132, obs. Peigné ; LPA 16 janv. 2018, p. 6, note Dubois*. ♦ Le droit de la victime à obtenir l'indemnisation de son préjudice corporel (insuffisance mitale) ne saurait être réduit en raison d'une prédisposition pathologique (valvulopathie rhumatismale) lorsque l'affection qui en est issue n'a été provoquée ou révélée que par le fait dommageable : doit ainsi être cassé l'arrêt qui se borne à affirmer que l'insuffisance mitrale dont souffre la victime est imputable pour moitié seulement à l'exposition au Mediator et pour l'autre à la pathologie rhumatismale dont elle est atteinte, sans rechercher si l'exposition au Mediator n'a pas provoqué ou révélé cette pathologie, impliquant une responsabilité intégrale de son fabricant. • Civ. 1re, 22 nov. 2017, nos 16-23.804 et 16-24.719.

47. Procédures de référé. Sur une demande, admise, de référé-expertise devant la juridiction administrative accompagnant le recours en indemnisation introduit à l'encontre de l'AFSSAPS (devenue l'ANSM), V. • CAA Marseille, 15 avr. 2013, n° 11MA00780. ♦ Sur le refus d'une demande de référé-expertise, le seul fait d'avoir été amené à prendre du Mediator ne suffisant pas à caractériser un motif légitime au sens de l'art. 145 C. pr. civ. • Reims, 31 oct. 2011, n° 11/00408. ♦ Sur l'admission d'une procédure de référé-expertise afin d'établir la preuve d'un lien de causalité entre la prise du Mediator et le développement de valvulopathies et la possibilité d'obtenir une provision *ad litem*, V. • Versailles, 12 sept. 2012, n° 11/08806. ♦ C'est à bon droit qu'une cour d'appel a pu rejeter la demande de provision pour frais d'instance, en retenant que l'analyse technique complexe effectuée dans le but d'établir un lien de causalité entre la prise de Mediator et la pathologie développée démontrait le caractère sérieusement contestable de l'obligation d'indemnisation. • Civ. 2e, 29 janv. 2015, no 13-24.691. ♦ L'invocation d'une cause d'exonération de responsabilité constitue également une contestation dont le sérieux doit être examiné par le juge des référés, sans que puisse être exigée l'évidence de la réunion des conditions de l'exonération. • Civ. 2e, 4 juin 2015, nos 14-13.405, 14-13.406 et 14-13.407 : *D. 2015. 1273 ; ibid. 1791, chron. Adida-Canac, Vasseur, de Leiris, Lazerges-Cousquer, Touati, Chauchis et Palle*. ♦ Le juge des référés n'est toutefois pas tenu de procéder à la recherche d'une exonération de responsabilité pour risque de développement, dès lors que la société ne s'en est pas prévalue au titre de l'art. 1386-11 (devenu 1245-10) C. civ. • Civ. 1re, 25 févr. 2016, no 15-11.257 : *RTD civ. 2016. 386, note Jourdain ; RCA 2016, comm. no 161, obs. Bloch ; CCC 2016, comm. no 111, obs. Leveneur* (demande de provisions accueillie au regard du caractère non sérieusement contestable de l'obligation indemnitaire incombant au laboratoire). ♦ *A contrario*, doivent être cassés les arrêts qui, pour admettre une demande de provisions *ad litem*, ont rejeté le caractère sérieusement contestable de l'obligation de réparation incombant au laboratoire, alors que ce dernier a produit des études scientifiques visant à démontrer que l'état des connaissances scientifiques et techniques ne permettait pas de déceler, à l'époque des faits, les risques cardiotoxiques liés au Mediator. • Civ. 1re, 29 juin 2016, nos 15-20.269, 15-20.270 et 15-20.271 : *RCA 2016, comm. no 279, obs. Bloch.* ♦ Sur la reconnaissance d'un préjudice d'anxiété susceptible d'être réparé au titre d'une exposition au risque, même faible, de développer une valvulopathie ou une hypertension artérielle pulmonaire chez les patients ayant pris du Mediator. • TGI Nanterre, réf., 28 janv. 2016, nos 15/01743 et 15/01586 : *RCA 2016, comm. no 160, obs. Hocquet-Berg.* ♦ La cour d'appel de Versailles a toutefois infirmé les ordonnances ayant accordé des provisions sur ce chef de préjudice, considérant que le laboratoire avait invoqué une *cause d'exonération* fondée sur le risque de développement, constituant ainsi une contestation sérieuse de l'obligation de réparation qui lui incombe. • Versailles, 27 oct. 2016, nos 16/03382 et 16/03018. ♦ Elle a également rejeté, pour le même motif, une demande de référé-expertise. • Versailles, 27 oct. 2016, no 16/01953. ♦ ... Et annulé une ordonnance ayant accordé une provision *ad litem*. • Versailles, 27 oct. 2016, no 16/02050. ♦ Sur les conditions de l'indemnisation du préjudice d'anxiété par la juridiction administrative, V. • CE 9 nov. 2016, no 393108 : *Lebon ; RDSS 2016. 1162, note Peigné ; AJDA 2016. 2134 ; D. 2016. 2346 ; AJDA 2017. 426, note Brimo ; RCA, 2017 Étude no 1, note Bloch.*

48. BIBL. Akyurek et de Perthuis, Le préjudice d'anxiété reconnu en France pour la première fois dans l'affaire du Mediator, *LPA 31 mars 2016, p. 7.* – Strickler, Pour une nouvelle approche de la provision *ad litem*. Les soubresauts du volet civil de l'affaire du Mediator, *D. 2013. Chron. 2588*. – Esper-Bergoignan, La réparation pour les victimes du Benfluorex : innovations, limites et incertitudes, *RDSS 2012. 302*. – Pontier, Le fonds Mediator, *AJDA 2011. 2005*. – Delevay, Le dispositif d'indemnisation des victimes du Mediator : l'ombre d'un doute, *Lamy droit civ., mars 2012, no 92.* – Bloch et Le Pallec, Plaidoyer pour les gueules cassées du médicament, *RDGM 2012, no 42, p. 101.* – Bensadon, Marie et Morelle, Rapport d'enquête sur le Mediator, *IGAS, janv. 2011.* – Couty et Lesueur (dir.), Rapport de synthèse des Assises du médicament, *juin 2011.* – Door, Rapport no 3552 de la mission d'information sur le Mediator et la pharmacovigilance, *Ass. nat., juin 2011.* – Even et Debré, Les leçons du Mediator. L'intégralité du rapport sur le médicament, *Le Cherche Midi, 2011.* – Favre, Rapport relatif aux recommandations formulées en matière d'indemnisation des victimes du Mediator, *juin 2011.* – Hermange, Rapport no 675 de la mission d'information sur le Mediator : évaluation et contrôle des médicaments, *Sénat, juin 2011.* – Laude et Le Goffic, Le contentieux des coupe-faim, *Gaz. Pal. 1er-4 juin 2011, p. 7.*

d. Affaire du vaccin contre le virus de l'hépatite B (Engerix et GenHevac)

49. Vaccinations obligatoires. Sur la responsabilité administrative du fait des vaccinations obligatoires contre le virus de l'hépatite B, V. notes ss. art. L. 3111-4.

50. Première phase jurisprudentielle. Jugé que la possibilité du lien causal entre l'apparition de pathologies démyélinisantes, notamment des cas de sclérose en plaques, et l'administration du vaccin contre le virus de l'hépatite B (Engerix) ne pouvait être exclue d'une façon certaine, au regard de la concomitance temporelle entre la vaccination et l'apparition de la maladie, alors même que l'étiologie de la sclérose en plaques reste inconnue et que ni les expertises ni les études scientifiques n'ont conclu à l'existence d'une association entre la vaccination et l'affection. • TGI Nanterre, 5 juin 1998 : *D. 1999. Somm. 336, obs. Galloux ; Gaz. Pal. 1999. 2. 620, note Beslay,* confirmé, • Versailles, 2 mai 2001 : *D. 2001. IR 1592 ; RTD civ. 2001. 891, obs. Jourdain ; Méd. et droit nov.-déc. 2001, no 51, p. 22, note Gromb et Kirman.* ♦ Cassation pour violation de la loi : au regard des constatations de la cour d'appel, il résulte que le défaut du vaccin comme le lien de causalité entre la vaccination et la sclérose en plaques ne pouvait être établi, le seul fait que la possibilité d'une association entre la vaccination et la sclérose en plaques ne puisse être exclue de façon certaine ne suffisant pas à établir la responsabilité du fabricant. • Civ. 1re, 23 sept. 2003, n° 01-13.063 • Civ. 1re, 23 sept. 2003 : *Bull. civ. I, n° 188 ; RCA 2003. Chron. n° 28, note Radé ; JCP 2003. II. 10179, note Jonquet, Maillols, Mainguy et Terrier ; D. 2004. 898, note Serinet et Mislawski ; LPA 16 janv. 2004, p. 14, note Gossement.* ♦ Jugé par la cour de renvoi qu'il n'existe pas « de consensus scientifique reconnaissant un lien de causalité certain entre le vaccin contre l'hépatite B et la sclérose en plaques, ni même une association statistique significative de nature à imputer de manière hautement probable, ou même plausible, cette pathologie au vaccin ». • Paris, 2 juin 2006 : *Gaz. Pal. 16 août 2006, p. 32, note Gizardin,* confirmé, • Civ. 1re, 22 mai 2008, n° 06-18.848 (l'absence de certitude scientifique sur l'innocuité du vaccin n'emportant aucune présomption du défaut de sécurité).

51. Confirmation. Jugé que, en l'état actuel des connaissances scientifiques, l'existence d'un lien causal entre la vaccination contre l'hépatite B et la survenue d'une sclérose en plaques ne pouvait se déduire du seul fait que l'hypothèse d'un risque vaccinal non démontrée ne pouvait être exclue. • Civ. 1re, 27 févr. 2007 : *Gaz. Pal. 6-7 juin 2007, p. 47, note Robert et Regniault.*

52. Absence de lien causal. Sur l'absence de lien de causalité entre sclérose en plaques et le vaccin Engerix, V. • Angers, 30 mars 2005, n° 04/00283 • Versailles, 17 mars 2006, n° 04/08435 • Montpellier, 4 avr. 2006, n° 04/03730 • Versailles, 26 janv. 2007, n° 05/07246 • Paris, 9 févr. 2007, n° 04/17058 • Lyon, 12 févr. 2008, n° 06/01764.

53. Reconnaissance d'un lien causal. Sur la reconnaissance d'un lien de causalité entre une sclérose en plaques et le vaccin GenHevac, V. • Lyon, 22 nov. 2007, n° 06/02450, confirmé, • Civ. 1re, 9 juill. 2009, *Sté Sanofi Pasteur MSD : Bull. civ. I, n° 176 ; Gaz. Pal. 13 août 2009, p. 9, avis Legoux ; D. 2009. 1968, obs. Gallmeister ; JCP 5 oct. 2009, n° 308, note Sargos ; RCA 2009. Étude n° 13, note Radé ; CCC 2009. Comm. 262, note Leveneur ; Gaz. Pal. 22-24 nov. 2009, p. 47, note Grynbaum.*

54. Syndrome de Guillain-Barré. Sur la reconnaissance d'un lien de causalité entre l'injection du vaccin GenHevac B et l'apparition d'un syndrome de Guillain-Barré, V. • Versailles, 12 sept. 2003, n° 97/04862. ♦ Cassation : c'est à tort que pour décider que le vaccin était atteint d'un défaut *qui ne lui permettait pas d'offrir la sécurité à laquelle on peut* légitimement s'attendre, l'arrêt retient que le vaccin Genhevac B a été le facteur déclenchant du syndrome de Guillain-Barré et que l'AMM de ce produit, dont l'obtention n'avait pas pour effet d'exonérer le fabricant de sa responsabilité dans les conditions du droit commun, énumérait cette affection au titre des effets indésirables, en mentionnant « très rarement, des neuropathies périphériques ». • Civ. 1re, 24 janv. 2006, *Sté Aventis Pasteur MSD : Bull. civ. I, n° 33 ; LPA 3 mars 2006, p. 6, avis Sarcelet ; D. 2006. 1273, note Neyret ; RGDM 2006, n° 19, p. 257, note Desmoulin ; JCP 2006. II. 10082, note Grynbaum.* ♦ La cour de renvoi a finalement débouté la victime en estimant qu'il n'existait aucune corrélation entre l'affection neurologique et la vaccination subie, ajoutant que, à supposer cette corrélation établie, la défectuosité du vaccin en cause n'était pas rapportée, compte tenu des incertitudes qui régnaient à l'époque (1994) sur les risques liés à la vaccination. • Paris, 8 janv. 2010, n° 07/03209, confirmé, • Civ. 1re, 28 juin 2012, n° 11-14.287.

55. Deuxième phase jurisprudentielle : arrêts de principe. Jugé, au visa de l'art. 1353 (devenu 1382) C. civ., que, si l'action en responsabilité du fait d'un produit défectueux exige la preuve du dommage, du défaut et du lien de causalité entre le défaut et le dommage, une telle preuve peut résulter de présomptions, pourvu qu'elles soient graves, précises et concordantes : doivent ainsi être annulés les arrêts ayant considéré qu'aucun lien de causalité entre l'injection de vaccins contre le virus de l'hépatite B et l'apparition de scléroses en plaques n'était susceptible d'être scientifiquement démontré. • Civ. 1re, 22 mai 2008 : *Bull. civ. I, n° 148* • Civ. 1re, 22 mai 2008 : *Bull. civ. I, n° 149 ; RTD civ. 2008. 492, obs. Jourdain ; D. 2008. 1544, obs. Gallmeister ; JCP 2008. II. 10131, note Grynbaum ; LPA 22 août 2008, p. 6, note Sintez ; RCA 2008. Étude n° 8, note Radé ; JCP 2008. I. 186, chron. Stoffel-Munck ; Gaz. Pal. 22-24 juin 2008, p. 19, note Pierroux ; ibid. 8-9 oct. 2008, p. 48, note Hocquet-Berg ; RDSS 2008. 578, obs. Peigné.*

56. Appréciation souveraine des juges du fond. Jugé que les éléments de preuve fournis ne permettaient pas d'établir de concomitance, du moins de proximité temporelle, entre l'apparition des premiers symptômes d'une sclérose en plaques et l'injection de vaccin GenHevac B, sachant qu'en l'état actuel des connaissances scientifiques la survenue d'une telle maladie auto-immune semble s'expliquer par des facteurs génétiques, environnementaux et infectieux, dont le mécanisme de déclenchement est un phénomène très complexe sur le plan physiopathologique ne pouvant se réduire à un seul agent causal. • Paris, 9 janv. 2009, n° 04/19067 • Paris, 9 janv. 2009 : *Gaz. Pal. 11-12 mars 2009. p. 56, note Lequillerier.*

57. Critères chronologiques et sémiologiques. Le fait que les premières manifestations cliniques apparaissent peu de temps après la dernière injection du GenHevac B et que la plaignante ne présente, au plan individuel et familial, aucun antécédent pouvant expliquer l'apparition de la sclérose en plaques ne saurait constituer des présomptions graves, précises et concordantes dont on peut déduire un lien causal. • Paris, 19 juin 2009, n° 06/13741, confirmé, • Civ. 1re, 25 nov. 2010 : *Bull. civ. I, n° 245 ; JCP 24 janv. 2011, n° 79, note Borghetti ; D. 2011. 316, note Brun ; RTD civ. 2011. 134, obs. Jourdain ; RDSS 2011. 164, obs. Peigné*. ♦ De même, la circonstance qu'une sclérose en plaques se révéle dans les six à sept mois suivant la dernière injection du vaccin Genhevac B ne saurait être constitutive, à elle seule, de présomptions graves, précises et concordantes permettant de retenir l'existence d'un lien de causalité, en l'absence de consensus scientifique en faveur d'un tel lien et alors que l'ignorance de l'étiologie de la sclérose en plaques empêche d'écarter les éventuelles autres causes de la maladie. • Paris, 6 mai 2011, n° 08/03447.

58. *Appréciation des cours de renvoi.* Jugé, en tant que cour de renvoi, que le seul fait de la survenance d'une sclérose en plaques dans les six semaines suivant l'injection vaccinale ne peut être constitutif de présomptions graves, précises et concordantes pouvant conduire à établir une relation causale entre la pathologie démyélinisante et le vaccin Engerix. • Paris, 29 avr. 2011, n° 08/16047. ♦ Jugé également en tant que cour de renvoi, et compte tenu de l'ignorance de l'étiologie de la sclérose en plaques, que l'absence de consensus scientifique empêche d'écarter les éventuelles autres causes intervenant dans le processus pathologique, les seuls éléments liés à la chronologie symptomatique (les troubles évoquant la maladie s'étant manifestés quinze jours après l'injection du GenHevac) ne constituant pas des présomptions graves, précises et concordantes de nature à établir un lien de causalité. • Paris, 17 déc. 2010, n° 08/16254. ♦ Sur la confirmation d'un arrêt de la cour d'appel de Paris, statuant en tant que cour de renvoi, ayant rejeté la demande indemnitaire d'un homme atteint d'une sclérose en plaques s'étant manifestée six à sept mois après la dernière injection vaccinale, les éléments de preuve rapportés n'étant pas, en l'état, susceptibles d'établir, par des présomptions suffisamment graves, précises et concordantes, un lien de causalité entre la vaccination et la survenance de la maladie. • Civ. 1re, *28 avr. 2011, n° 10-15.289.*

59. *Absence de lien causal.* Sur la confirmation d'un arrêt ayant estimé que la victime d'une sclérose en plaques ne rapportait pas la preuve du lien de causalité, dans la mesure où la simple proximité temporelle entre la vaccination et le dommage, de même que le bon état de santé de la victime avant les injections de GenHevac ne pouvaient se voir reconnaître le caractère d'une présomption grave, précise et concordante, V. • Civ. 1re, 24 sept. 2009 : *Bull. civ. I, n° 185.* ♦ Sur la confirmation d'un arrêt ayant considéré que les éléments de preuve rapportés par le demandeur (absence d'antécédent médical et d'autre cause possible de la pathologie, bref délai ayant séparé l'apparition des premiers symptômes de la dernière injection vaccinale) ne constituent pas des présomptions graves, précises et concordantes de nature à établir un lien de causalité entre la sclérose en plaques, dont l'apparition n'était pas établie avant 1997, et les vaccinations litigieuses effectuées en 1993, de sorte qu'aucune responsabilité du fabricant du vaccin ne peut être retenue. • Civ. 1re, 26 janv. 2012, n° 10-28.195.

60. *Appréciation de la défectuosité.* Sur la cassation d'un arrêt ayant considéré que le vaccin Engerix n'était pas défectueux au regard de sa présentation au moment de sa mise en circulation, alors même que son imputabilité dans l'aggravation d'une sclérose en plaques avait été reconnue et que l'existence d'un tel risque, fût-il exceptionnel, était connue et mentionnée en 1994 dans le résumé des caractéristiques du produit au titre des effets indésirables. • Civ. 1re, 22 mai 2008 : *Bull. civ. I, n° 147.* ♦ Doit également être cassé l'arrêt qui, pour refuser d'admettre que le vaccin Genhevac était défectueux, se fonde sur la seule absence d'une inversion du rapport bénéfices sur risques : pour apprécier le défaut de sécurité du produit, il convient de prendre en compte toutes les circonstances, les indices de nature chronologique et clinique pouvant constituer, à cet égard, des présomptions suffisamment graves, précises et concordantes susceptibles d'établir un tel défaut. • Civ. 1re, 26 sept. 2012 : *JCP 8 oct. 2012. Actu. 1061, note Mistretta ; ibid. 12 nov. 2012, n° 1199, note Quézel-Ambrunaz ; D. 2012. 2853, note Borghetti ; RCA 2012. Comm. 350, note Hocquet-Berg ; D. 2012. 2853, obs. Gallmeister, note Borghetti ; ibid. 2013. 40, obs. Brun et Gout ; JCP 2012, n° 1061, obs. Mistretta ; ibid., n° 1199, note Quézel-Ambrunaz ; RCA 2012, comm. n° 350, obs. Hocquet-Berg ; CCC 2012, comm. n° 273, obs. Leveneur ; RTD civ. 2013. 131, obs. Jourdain ; JCP 2013, n° 484, chron. Stoffel-Munck.* ♦ De la même manière, doit être censuré l'arrêt qui, tout en reconnaissant qu'il existait des présomptions graves, précises et concordantes permettant d'établir un lien entre les vaccinations reçues et le déclenchement de la sclérose en plaques, a rejeté la demande indemnitaire de la victime, dans la mesure où cette dernière ne pouvait pas rapporter la preuve du défaut du vaccin au motif, d'ordre général et abstrait, que le rapport bénéfices/risques du vaccin était toujours favorable. • Civ. 1re, 10 juill. 2013 : *D. 2013. 2306, avis Mellottée ; ibid. 2312, note Brun ; ibid. 2315, note Borghetti ; Gaz. Pal. 11-12 sept. 2013, p. 9, note Oudot ; JCP 2013, n° 1012, note Parance ; JCP E 2013, n° 1480, note Le Gac-Pech ; RTD civ. 2013. 852, obs. Jourdain*. ♦ Mais doit être approuvé l'arrêt ayant rejeté une demande indemnitaire, non pas en considération de l'absence de preuve scientifique, mais à la fois par des observations d'ordre général tendant à la démonstration du caractère positif du rapport bénéfices/risques de nature à exclure la corrélation entre la vaccination et la survenance de la maladie et au regard de l'ensemble des éléments propres à la patiente, la preuve du défaut extrinsèque du vaccin n'étant pas davantage rapportée du fait de la présentation de la notice à la date des vaccinations litigieuses. • Civ. 1re, 29 mai 2013, n° 12-20.903 : *D. 2013. 1717, obs. Gallmeister, note Borghetti ; ibid. 1723, note Brun ; RTD civ. 2013. 625, obs. Jourdain ; JCP E 2013, n° 1517, note Gorny et Merckx.* ♦ Il appartient aux juges du fond ayant, au vu des éléments de preuve apportés par la victime d'un dommage, estimé qu'il existait des présomptions susceptibles d'imputer le dommage au produit administré, d'apprécier si ces mêmes éléments de preuve permettent de considérer le produit comme défectueux : jugé, en l'espèce, que la cour d'appel de Paris pouvait légalement décider, dans le cadre de son pouvoir souverain d'appréciation et en ne se fondant pas exclusivement sur des considérations scientifiques générales et abstraites, que les indices chronologiques et cliniques retenus pour établir, par présomptions, un lien de causalité entre la survenance d'une sclérose en plaques et l'administration d'un vaccin contre l'hépatite B, n'apparaissent pas suffisamment pertinents pour caractériser le défaut du vaccin. • Civ. 1re, 18 oct. 2017, n° 15-20.791 : *D. 2018. 490, note Borghetti ; JCP G 20 nov. 2017, n° 1220, note Viney ; Gaz. Pal. 21 nov. 2017, n° 40, p. 23, note Prieur ; RCA 2017, comm. n° 319, obs. Bloch ; RDSS 2017. 1140, obs. Peigné.*

61. Distinction formelle entre imputabilité et causalité. Si la responsabilité du fait des produits défectueux requiert que le demandeur prouve le dommage, le défaut et le lien de causalité entre le défaut et le dommage, la participation du produit à la survenance du dommage est un préalable implicite, nécessaire à l'exclusion éventuelle d'autres causes possibles de la maladie, pour la recherche de la défectuosité du produit et du rôle causal de cette défectuosité, sans pour autant que sa simple implication dans la réalisation du dommage suffise à établir sa défectuosité. • Civ. 1re, 29 mai 2013 : *préc. note 60.* ♦ Sur la mention explicite de la notion de participation du produit à la survenance du dommage, V. déjà. • Civ. 1re, 27 févr. 2007, n° 06-10.063.

62. Syndrome de Guillain-Barré. Doit être approuvé l'arrêt ayant débouté une personne atteinte de la maladie de Guillain-Barré aux motifs que le lien de causalité ne pouvait se déduire d'une simple éventualité, ni même de la constatation que la possibilité de l'existence de ce lien ne pouvait être exclue et que les deux expertises judiciaires diligentées avaient conclu à l'absence de lien de causalité direct, certain et exclusif à ce jour, entre la vaccination contre l'hépatite B et l'apparition des symptômes cliniques. • Civ. 1re, 22 janv. 2009 : *Bull. civ. I, n° 11 ; D. 2009. 429, obs. Gallmeister ; RDSS 2009. 367, obs. Peigné ; RTD civ. 2009. 329, obs. Jourdain .*

63. Rectocolite hémorragique. Sur l'absence de lien causal existant entre la survenance d'une rectocolite hémorragique et la vaccination contre le virus de l'hépatite B par le GenHevac, V. • Civ. 1re, 22 mai 2008, n° 05-10.593.

64. Accident du travail et maladie professionnelle. Sur la reconnaissance (par la deuxième chambre civile) de l'imputabilité d'une myofasciite à macrophages à la vaccination contre l'hépatite B, V. • Civ. 2e, 10 déc. 2009, n° 08-20.539 • 15 avr. 2010, n° 08-21.721 • Civ. 2e, 18 sept. 2014, n° 13-23.013. ♦ V. déjà pour l'admission de l'imputabilité d'une sclérose en plaques en matière d'accident du travail et de maladie professionnelle. • Civ. 2e, 14 sept. 2006 : *RDSS 2007. 281, note Fantoni-Quinton .* ♦ Le point de départ du délai de prescription opposable à la victime d'une maladie professionnelle est la date à laquelle elle était informée du lien possible existant entre sa maladie et une activité professionnelle : la prescription des droits de la victime ou de ses ayants cause, dont le délai est de 2 ans (CSS, art. L. 431-2), commence à courir à compter de la date à laquelle le rapport d'expertise établit un lien entre la sclérose en plaques et la vaccination contre l'hépatite B, et non du jour où le diagnostic de la pathologie a été posé. • Civ. 2e, 12 juill. 2006, n° 05-10.556 P : *D. 2006. 2727, note Saint-Jours .* ♦ Cette jurisprudence ne préjuge pas du lien de causalité existant entre le vaccin et la maladie, puisque seule la connaissance d'un « rapport possible » suffit à déclencher le délai de la prescription extinctive. Encore faut-il, pour déclencher le délai de prescription, que la victime ait été correctement informée, par un avis médical, du lien pouvant exister entre sa maladie et son activité professionnelle. • Civ. 2e, 19 sept. 2013, n° 12-21.907 P. ♦ La Cour de cassation a également précisé que la saisine de l'ONIAM aux fins d'indemnisation des dommages directement imputables à une vaccination obligatoire exigée par l'employeur n'interrompt pas le délai de prescription biennal applicable à la demande de prise en charge d'un accident du travail, dans la mesure où elle n'a pas le même objet et n'oppose pas les mêmes parties. • Civ. 2e, 7 mai 2015, n° 14-17.786.

65. Règles de prescription. S'il incombe aux juridictions du fond de faire prévaloir l'application des dispositions de la Dir. 85/374/CEE du 25 juillet 1985 lorsqu'elles interprètent les règles du droit national, cette obligation trouve toutefois une limite dans l'application des principes généraux du droit, tels que ceux de sécurité juridique et de non-rétroactivité : ainsi, l'action en responsabilité extracontractuelle dirigée contre le fabricant d'un vaccin défectueux, mis en circulation après l'expiration du délai de transposition de la directive, mais avant la date d'entrée en vigueur de la loi du 19 mai 1998 transposant cette directive, se prescrit selon les dispositions du droit interne, soit par dix ans à compter de la date de la consolidation du dommage initial ou aggravé, conformément à l'art. 2226 du code civil. • Civ. 1re, 15 mai 2015, n° 14-13.151 : *D. 2015. 1156 ; RTD civ. 2015. 635, obs. Jourdain*. ♦ V. déjà, s'agissant du délai de prescription décennale fixé par l'ancien art. 2270-1 du code civil : • Civ. 1re, 26 sept. 2012, n° 11-18.117 : *Bull. civ. I, n° 186 ; RTD civ. 2013. 134, obs. Jourdain ; D. 2012. 2306 ; ibid. 2013. 40, obs. Brun et Gout*. ♦ La date de la manifestation du dommage ou de son aggravation doit s'entendre de celle de la consolidation, et non de la date du diagnostic de la maladie imputable à la vaccination, la date de consolidation des dommages, initiaux ou aggravés, étant la seule à permettre au demandeur de mesurer leur étendue et d'avoir ainsi connaissance de ceux-ci. • Civ. 1re, 15 juin 2016, n° 15-20.022 : *JCP G 12 sept. 2016, n° 953, note Grynbaum ; D. 2016. 2052, note Mattiussi*. • Civ. 1re, 17 janv. 2018, n° 16-25.817.

66. Troisième phase jurisprudentielle : renvoi préjudiciel et confirmation de l'appréciation souveraine des juges du fond. À la suite d'un second pourvoi introduit contre un arrêt de la cour d'appel de Paris ayant estimé que la concomitance chronologique entre la vaccination administrée et l'apparition de la maladie, jointe à l'absence d'antécédents neurologiques personnels ou familiaux, ne suffisaient pas à présumer une relation causale entre la sclérose en plaques et le vaccin contre l'hépatite B, la Cour de cassation a décidé de saisir la CJUE. • Civ. 1re, 12 nov. 2015, n° 14-18.118 : *D. 2015. 2602, note Borghetti ; JCP 11 janv. 2016, n° 8, note Viney*. ♦ Une première question préjudicielle visait à savoir si la Dir. 85/374/CEE du 25 juill. 1985 interdit de recourir, dans les circonstances de l'espèce, à un mode de preuve reposant sur des présomptions graves, précises et concordantes, de nature à prouver le défaut du vaccin et l'existence d'un lien de causalité de celui-ci avec la maladie, en dépit du fait que la recherche scientifique n'établit aucun lien formel entre la vaccination et la survenance d'une sclérose en plaques. À supposer que le droit de l'Union n'interdise pas le recours à de telles présomptions, une deuxième question portait sur le point de savoir si celles-ci peuvent présenter un caractère suffisamment systématique et général, de sorte que l'existence d'un lien de causalité entre le défaut attribué à un vaccin et le dommage subi par la victime serait toujours considérée comme établie lorsque ces indices présomptifs de causalité sont réunis (indices de nature chronologique et clinique). ♦ La Cour de justice a répondu qu'en l'absence de consensus scientifique, le défaut d'un vaccin et le lien de causalité entre celui-ci et une maladie peuvent être prouvés par un faisceau d'indices graves, précis et concordants, tels que la proximité temporelle entre l'administration du vaccin et la survenance de la pathologie, l'absence d'antécédents médicaux personnels et familiaux de la personne vaccinée, ainsi que l'existence d'un nombre significatif de cas répertoriés de survenance de cette maladie à la suite des vaccinations. Toutefois, un mode de preuve par présomptions qui permettrait d'établir automatiquement l'existence d'un lien de causalité, dès lors que certains indices concrets prédéterminés seraient réunis, est contraire au droit de l'Union en ce qu'il conduirait à un renversement de la charge de la preuve. • CJUE 21 juin 2017, *W. et a.*, n° C-621/15 : *D. 2017.1807, note Borghetti ; JCP G 4 sept. 2017, n° 908, note Viney ; RGDM 2017, n° 64, p. 123, note Espesson-Vergeat et Morgon ; Gaz. Pal., 19 sept. 2017, n° 31, p. 21, note Cormier ; Europe, août 2017, comm. n° 324, note Roset ; LPA 1er-2 nov. 2017, p. 10, note Niel et Morin.* ♦ La Cour de cassation a finalement jugé que la cour d'appel de Paris, dans l'exercice de son pouvoir souverain d'appréciation, avait pu considérer que la valeur et de la portée des indices chronologiques et cliniques qui lui étaient soumis – la concomitance entre la vaccination et l'apparition de la maladie ainsi que l'absence d'antécédents neurologiques personnels et familiaux – ne constituaient pas des présomptions suffisantes pour retenir l'existence d'un lien de causalité entre les vaccins administrés et la sclérose en plaques, le refus de reconnaître que de telles présomptions présentent un caractère grave, précis et concordant ne résultant pas du seul défaut de consensus scientifique sur l'étiologie de cette pathologie, mais de l'appréciation *in concreto* de l'ensemble des éléments de preuve apportés par la victime. • Civ. 1re, 18 oct. 2017, n° 14-18.118 : *D. 2018. 490, note Borghetti ; ibid. 2016. 2535, obs. Bretzner et Aynès ; RDSS 2017. 1136, obs. Peigné.* ♦ Jugé, de la même manière, que la cour d'appel de Paris a pu souverainement estimer que l'absence de facteur de risque personnel et familial de la demanderesse, la rareté de la survenance de la sclérose en plaques chez l'enfant et le critère de la proximité temporelle entre l'apparition des premiers symptômes et la vaccination contre l'hépatite B ne constituaient pas des présomptions suffisamment graves, précises et concordantes de nature à établir l'imputabilité de la pathologie au vaccin. • Civ. 1re, 20 déc. 2017, nos 15-12.882 et 16-11.267.

67. **BIBL.** Tapinos, Pour une approche pragmatique du principe de précaution au service des victimes de dommages corporels : le cas des victimes du vaccin contre l'hépatite B, *Méd. et droit* *sept. 2015, n° 134, p. 105.* – Lemaire, Le contentieux du vaccin anti-hépatite B, ou l'histoire d'une machine toujours en marche, *LPA 30 oct. 2013, p. 18.* – Bakouche, Les présomptions dans la responsabilité du fait des produits de santé, *RCA 2012. Étude 6.* – Radé, Causalité juridique et causalité scientifique : de la distinction à la dialectique, *D. 2012. Chron. 112*. – Brun, Raffinements ou faux-fuyants ? Pour sortir de l'ambiguïté dans le contentieux du vaccin contre le virus de l'hépatite B, *D. 2011. Chron. 316*. – Viney, La responsabilité des fabricants de médicaments et de vaccins : les affres de la preuve, *D. 2010. 391*. – Mislawski, Vaccin contre l'hépatite B et sclérose en plaques : retour sur la causalité, *Méd. et droit mai-juin 2010, n° 102, p. 105.* – Joly, Indemnisation des conséquences de la vaccination contre l'hépatite B : le point sur la jurisprudence administrative et judiciaire, *RGDM 2010, n° 34, p. 137.* – Neyret, Sclérose en plaques et vaccin contre l'hépatite B, *D. 2007. 2204*. – Jonquet, Vaccin contre l'hépatite B : nova et vetera, les nouveaux fondements d'une indemnisation par les laboratoires, *RGDM 2005, n° 16, p. 69.* – Rougé-Maillart, Joussé, Guillaume et Penneau, Complications neurologiques et vaccinations contre l'hépatite B : l'impossible conciliation entre la preuve scientifique et la preuve judiciaire, *Méd. et droit, mai-juin 2005, n° 72, p. 89.* – Maury, Victimes du VHB : faut-il attendre une certitude scientifique pour les indemniser ?, *Méd. et droit, nov.-déc. 2004, n° 69, p. 125.* – Mercier, Sicot et Law, Le rappel à la rigueur de la Cour de cassation en matière de responsabilité du fait des produits défectueux, *Méd. et droit, mars-avr. 2004, n° 65, p. 50.* – Neyret, Vaccination contre l'hépatite B : fin du débat judiciaire ?, *D. 2003. 2579*.

e. Applications diverses

68. *Dangerosité et défectuosité.* Il ne suffit pas de constater que certains des principes actifs du médicament sont dangereux, peu importe d'ailleurs que la manifestation du danger soit rare, pour décider qu'un produit est atteint d'un défaut de nature à causer un danger pour les personnes et qu'il n'offre pas la sécurité à laquelle on peut légitimement s'attendre. • Civ. 1re, 5 avr. 2005, *Sté GlaxoSmithKline : Bull. civ. I, n° 173 ; D. 2005. 2256, note Gorny ; LPA 21 juin 2005, p. 9, note Hénin et Maillols ; ibid. 12 juill. 2005, p. 16, note Rebeyrol ; JCP 2005. II. 10085, note Grynbaum ; RTD civ. 2005. 607, obs. Jourdain*. – Cassation intervenant au profit du seul médicament Zyloric, *la cour de renvoi ayant ensuite estimé* qu'à la date du traitement, il n'était pas démontré que cette spécialité était défectueuse. • Angers, 16 juin 2006, n° 05/01016. ♦ Sur le rejet du second pourvoi dans la mesure où il revient aux juridictions du fond d'apprécier souverainement la portée et la valeur des éléments de preuve de la défectuosité qui leur sont fournis. • Civ. 1re, 22 mai 2008, n° 07-17.200.

69. *Risque de développement.* L'exonération pour risque de développement prévue à l'art. 7 de la Dir. 85/374/CEE, étant optionnelle pour les États membres, elle ne saurait être invoquée pour des produits défectueux mis en circulation avant l'entrée en vigueur de la L. n° 98-389 du 19 mai 1998 ayant procédé à sa transposition (soit le 21 mai 1998). • Civ. 1re, 15 mai 2007 : *Bull. civ. I, n° 185,* annulant • Paris, 23 sept. 2004 : *D. 2005. 1012, note Gorny* (à propos du déclenchement d'une néphrite interstitielle immuno-allergique par le Pentasa).

70. *Moment de la mise en circulation.* Un laboratoire pharmaceutique ne saurait se voir reprocher d'avoir commercialisé un médicament antipaludéen (Halfan), dont les effets secondaires, en l'espèce des troubles graves du rythme cardiaque, n'étaient pas connus au moment de sa mise sur le marché. • Civ. 1re, 19 mars 2009 : *Gaz. Pal. 12-13 août 2009, p. 14, note Oudot.*

71. *Fait du tiers.* Jugé que l'absence de mentions obligatoires sur le conditionnement primaire d'un médicament vétérinaire est de nature à affecter la sécurité à laquelle l'utilisateur du produit peut légitimement s'attendre et, par conséquent, engager la responsabilité civile du fabricant, nonobstant l'intervention d'un tiers, en l'occurrence celle d'un pharmacien ayant procédé au déconditionnement du médicament. • Civ. 1re, 21 juin 2005 : *Bull. civ. I, n° 275 ; D. 2006. 565, note Lambert*. ♦ Jugé par la cour de renvoi que la faute du tiers n'exonère pas de sa responsabilité le producteur d'un médicament défectueux. • Lyon, 6 nov. 2006 : *Gaz. Pal. 6-7 juin 2007, p. 47, note Onat.*

72. *Contenu de l'information.* Jugé par la cour d'appel de Paris que la notice d'un médicament ne saurait être aussi exhaustive que le résumé des caractéristiques du produit (RCP) figurant en annexe de l'AMM : même à supposer l'information déficiente, la perte de chance pour la patiente d'éviter une alopécie (risque en l'espèce rare, peu grave et réversible) résultant de la prise de Dépamide était quasi nulle en raison de l'absence d'alternative thérapeutique sérieusement envisageable. • Paris, 18 mars 2004 : *Gaz. Pal. 23 déc. 2004, p. 15, note Guigue.* ♦ *Contra* : l'information délivrée au malade par l'intermédiaire de la notice doit être aussi complète que celle prévue pour les professionnels de santé dans le RCP : jugé dès lors responsable pour défaut d'information le laboratoire ayant mentionné dans la notice, au titre des effets indésirables, de simples manifestations cutanées, alors que le RCP faisait état de quelques cas de nécrolyse épidermique imprévisibles, parfois mortels (syndrome de Lyell). • Civ. 1re, 6 oct. 2011 : *JCP 5 déc. 2011, n° 1349, note Sargos.* ♦ Sur le contenu du RCP, V. Arr. du 6 mai 2008 (*JO 7 mai*), mod. par Arr. du 8 nov. 2012 (*JO 9 nov.*).

73. Solidarité nationale. Seul un lien de causalité certain entre un traitement médicamenteux et le développement d'une pathologie est de nature à obliger l'ONIAM à indemniser, au titre de la solidarité nationale, les préjudices directement imputables à un acte de prévention, de diagnostic ou de soins, au sens de l'art. L. 1142-1. • Civ. 1re, 18 juin 2014, no 13-15786.

74. Bibl. Canselier, Le traitement de la maladie de Parkinson et la responsabilité du fait des médicaments, *RDSS 2013. 476.* – Le Pallec, Le parcours des victimes d'accidents médicamenteux : cas des syndromes de Lyell, *RGDM no spéc., mars 2013, p. 117.* – Radé, Bilan de dix ans d'application de la loi Kouchner : le sort des produits de santé, *RGDM no spéc., mars 2013, p. 105.* – Hocquet-Berg (dir.), Les responsabilités du fait des médicaments dangereux (Colloque Metz, 18 nov. 2011), *RGDM, no spéc., mars 2012.* – Peigné, La responsabilité des fabricants de vaccins devant la Cour suprême des États-Unis, *Gaz. Pal. 1er-4 juin 2011, p. 34.* – Fauran, Précaution, prévention et gestion des risques dans le domaine du médicament : la nécessité d'une application raisonnée, *RDSS 2010. 1113.* – Gout, Regard particulier sur la responsabilité du fait des produits de santé, *RDSS 2010. 111, no hors série.* – Maillols-Perroy et Hénin, L'action de groupe : peut-être inéluctable… mais inadaptée au domaine de la santé, *RGDM 2010, no 35, p. 137.* – Sargos, L'importance de la distinction entre l'origine et la causalité amplifiée, *JCP 2009. II. 10031.* – Fauran, Risques de développement et produits de santé : la situation en 2008, *RDSS 2008. 1034.* – Grynbaum, Le défaut du produit et le lien de causalité, *RDSS 2008. 1026.* – Riehm, Produits défectueux : quel avenir pour les droits communs ?, *D. 2007. 2749.* – Hénin et Maillols, La responsabilité du fait des médicaments : de quelques rappels nécessaires sur ses fondements et ses conditions, *LPA 19 mai 2006, p. 6.* – Fouassier, Les fondements juridiques de la responsabilité du producteur de spécialités pharmaceutiques : vers un retour à la raison ?, *Méd. et droit mai-juin 2006, no 78, p. 103.* – Peigné, La responsabilité du fait des médicaments défectueux : acquis et incertitudes, *RDSS 2006. 495.* – Laude, Aperçu de la jurisprudence nationale en matière de responsabilité du fait des médicaments défectueux, *RDSS 2005. 743.* – Vion et Maillols, La réparation des dommages médicamenteux, *RGDM 2004, no 13, p. 293.* – Robert et Regniault, Les effets indésirables des médicaments : information et responsabilités, *D. 2004. Chron. 510.* – Maillols, La responsabilité du fait des médicaments, *Éd. de santé, 2003.* – De Lacger, La responsabilité du fait des effets indésirables produits par les médicaments, *RGDM 2002, no 7, p. 65.* – Coelho, La responsabilité du fait des médicaments au regard de la loi du 19 mai 1998 relative à l'indemnisation des dommages causés par les produits défectueux, *RGDM 2001, no 6, p. 51.*

Art. L. 5121-9-1 *(L. no 2006-1640 du 21 déc. 2006, art. 58-I)* **Lorsqu'un médicament est autorisé dans un autre État membre de** *(Ord. no 2010-177 du 23 févr. 2010, art. 26-10o)* **« l'Union européenne » ou un État partie à l'accord sur l'Espace économique européen mais qu'il ne fait l'objet en France ni de l'autorisation de mise sur le marché prévue à l'article L. 5121-8, ni d'une demande en cours d'instruction en vue d'une telle autorisation,** *(L. no 2011-2012 du 29 déc. 2011, art. 5-IV)* **« l'Agence nationale de sécurité du médicament et des produits de santé » peut, pour des raisons de santé publique justifiées, autoriser la mise sur le marché de ce médicament. L'autorisation peut être délivrée pour une durée déterminée et renouvelée dans des conditions fixées par décret en Conseil d'État.**

V. Décr. no 2014-1288 du 23 oct. 2014 relatif aux exceptions à l'application du principe « silence vaut acceptation » sur le fondement du 4o du I de l'art. 21 de la L. no 2000-321 du 12 avr. 2000 relative aux droits des citoyens dans leurs relations avec les administrations.

COMMENTAIRE

V. Commentaire reproduit sur Dalloz.fr.

Art. L. 5121-9-2 *(L. no 2011-2012 du 29 déc. 2011, art. 12)* **L'entreprise ou l'organisme** ***exploitant un médicament*** **ou un produit de santé communique immédiatement à l'Agence nationale de sécurité du médicament et des produits de santé toute interdiction ou restriction imposée par l'autorité compétente de tout pays dans lequel le médicament à usage humain est mis sur le marché et toute autre information nouvelle de nature à influencer l'évaluation des bénéfices et des risques du médicament à usage humain ou du produit concerné. Le cas échéant, l'Agence nationale de sécurité du médicament et des produits de santé diligente immédiatement une réévaluation du rapport entre les bénéfices et les risques de ce médicament ainsi que de tous les produits présentant le même mécanisme d'action ou une structure chimique analogue.**

COMMENTAIRE

V. Commentaire reproduit sur Dalloz.fr.

Art. L. 5121-9-3 *(L. nº 2011-2012 du 29 déc. 2011, art. 12)* **Afin de pouvoir évaluer en continu le rapport entre les bénéfices et les risques liés au médicament tel que défini au premier alinéa de l'article L. 5121-9, l'Agence nationale de sécurité du médicament et des produits de santé peut à tout moment demander au titulaire de l'autorisation de mise sur le marché de transmettre des données démontrant que ce rapport reste favorable.**

Art. L. 5121-9-4 *(L. nº 2014-201 du 24 févr. 2014, art. 5-I)* **Le titulaire de l'autorisation de mise sur le marché d'un médicament informe, immédiatement et en en précisant les motifs, l'Agence nationale de sécurité du médicament et des produits de santé de toute action engagée, en France ou dans un autre État membre de l'Union européenne, pour suspendre ou arrêter la commercialisation de ce médicament, pour solliciter le retrait de cette autorisation ou pour ne pas en demander le renouvellement, en précisant notamment si son action est fondée sur l'un des motifs mentionnés aux 1º à 5º de l'article L. 5121-9. Si son action est fondée sur l'un des mêmes motifs, il en informe également l'Agence européenne des médicaments.**

Lorsque l'une des actions mentionnées au premier alinéa du présent article est engagée dans un pays tiers et qu'elle est fondée sur l'un des motifs mentionnés aux mêmes 1º à 5º, le titulaire de l'autorisation de mise sur le marché en informe immédiatement l'Agence nationale de sécurité du médicament et des produits de santé et l'Agence européenne des médicaments, en précisant les motifs de son action.

COMMENTAIRE

V. Commentaire reproduit sur Dalloz.fr.

Art. L. 5121-10 *(L. nº 2003-1199 du 18 déc. 2003, art. 19-I)* **Pour une spécialité générique définie au 5º de l'article L. 5121-1, l'autorisation de mise sur le marché peut être délivrée avant l'expiration des droits de propriété intellectuelle qui s'attachent à la spécialité de référence concernée. Le demandeur de cette autorisation informe le titulaire de ces droits concomitamment au dépôt de la demande.**

Lorsque *(L. nº 2011-2012 du 29 déc. 2011, art. 5-IV)* **« l'Agence nationale de sécurité du médicament et des produits de santé » a délivré une autorisation de mise sur le marché d'une spécialité générique, elle en informe le titulaire de l'autorisation de mise sur le marché de la spécialité de référence.**

Le directeur général de l'agence procède à l'inscription de la spécialité générique dans le répertoire des groupes génériques au terme d'un délai de soixante jours, après avoir informé de la délivrance de l'autorisation de mise sur le marché de celle-ci le titulaire de l'autorisation de mise sur le marché de la spécialité de référence. Toutefois, la commercialisation de cette spécialité générique ne peut intervenir qu'après l'expiration des droits de propriété intellectuelle, sauf accord du titulaire de ces droits.

(L. nº 2007-248 du 26 févr. 2007, art. 8) **« Préalablement à cette commercialisation, le titulaire de l'autorisation de mise sur le marché de la spécialité générique informe le directeur général de l'agence des indications, formes pharmaceutiques et dosages de la spécialité de référence pour lesquels les droits de propriété intellectuelle n'ont pas expiré. »**

Aux seules fins d'en garantir la publicité, le directeur général de *(L. nº 2011-2012 du 29 déc. 2011, art. 5-IV)* **« l'Agence nationale de sécurité du médicament et des produits de santé » tient disponible au public la liste des titres de propriété intellectuelle attachés à une spécialité de référence si le titulaire de l'autorisation de mise sur le marché de cette spécialité la lui a communiquée à cet effet. Le laboratoire est seul responsable de l'exactitude des informations fournies.** *(Abrogé par L. nº 2007-248 du 26 févr. 2007, art. 8)* ***« Les conditions de rémunération du service rendu par l'agence sont fixées par une décision de son conseil d'administration. »***

V. Décr. nº 2014-1288 du 23 oct. 2014 relatif aux exceptions à l'application du principe « silence vaut acceptation » sur le fondement du 4º du I de l'art. 21 de la L. nº 2000-321 du 12 avr. 2000 relative aux droits des citoyens dans leurs relations avec les administrations.

BIBL. ► V. ss. art. L. 5121-1 et L. 5121-10-1.

COMMENTAIRE

V. Commentaire reproduit sur Dalloz.fr.

1. Éléments de définition. Sur une première définition du médicament générique donnée par la Commission de la concurrence, V. • Avis du 21 mai 1981 : *BOCC 17 juill. 1981* (« toute copie d'un médicament original dont la production et la commercialisation sont rendues possibles, notamment par la chute des brevets dans le domaine public, une fois écoulée la période de protection »). ♦ Sur la définition actuelle, V. art. L. 5121-1.

2. Arrêt de principe. Une spécialité pharmaceutique est essentiellement similaire à une spécialité originale « lorsqu'elle satisfait aux critères de l'identité de la composition qualitative et quantitative en principes actifs, de l'identité de la forme pharmaceutique et de la bioéquivalence, à condition qu'il n'apparaisse pas, au regard des connaissances scientifiques, qu'elle présente des différences significatives par rapport à la spécialité originale en ce qui concerne la sécurité ou l'efficacité ». • CJCE 3 déc. 1998, *Generics,* n° C-368/96 : *Rec. CJCE 7967 ; LPA 23 juill. 1999, p. 22, note Berthet et Monleaud ; Gaz. Pal. 16-17 juin 1999, p. 12, note Haguet et Vion.* S'appuyant sur un procès-verbal du Conseil des ministres de déc. 1986, cette définition jurisprudentielle visait à pallier l'absence de définition de la spécialité essentiellement similaire dans la Dir. 87/19/CEE du 22 déc. 1986 ayant introduit la procédure abrégée d'AMM. La notion de spécialité essentiellement similaire sera formellement remplacée par celle de médicament générique par la Dir. 2004/27/CE du 31 mars 2004 (V. art. 10.2 de la Dir. 2001/83/CE du 6 nov. 2001 instituant un code communautaire des médicaments à usage humain). Au-delà de sa définition légale, un médicament générique se définit donc comme un médicament autorisé selon la procédure abrégée, c'est-à-dire ayant bénéficié d'une exonération des essais précliniques et cliniques, seuls des essais de bioéquivalence étant exigés (« dossier allégé »).

I. IDENTIFICATION DES MÉDICAMENTS GÉNÉRIQUES

3. Compétence de l'agence. L'identification par le directeur de l'agence d'une spécialité générique d'une spécialité de référence est effectuée à l'occasion de la délivrance de son AMM selon la procédure *abrégée, laquelle* est subordonnée à la vérification que le médicament remplit les conditions pour être identifié comme générique, et notamment sa bioéquivalence par des études de biodisponibilité appropriées. • CE 21 déc. 2007, *Sté Reckitt Benckiser Healthcare,* n° 288129 : *Lebon 548 ; RDSS 2008. 575, note Mascret.*

A. PROCÉDURE DE RÉFÉRÉ

4. Condition d'urgence. Le juge des référés vérifie, pour admettre la condition d'urgence, si l'autorisation de la spécialité générique est de nature à porter une atteinte grave à l'équilibre économique et financier de la société. • CE, réf., 14 avr. 2006, *Sté Almirall,* n° 291510. ♦ Sur l'absence de la condition d'urgence liée au fait que les risques pour la santé publique allégués par le requérant n'étaient pas manifestes, la commercialisation des médicaments génériques n'intervenant que trois ans plus tard, V. • CE, réf., 12 déc. 2008, *Sté Labo. Negma,* n° 322101.

5. Doute sérieux. Peut être de nature à faire naître un doute sérieux sur la légalité de l'autorisation le moyen présenté à l'appui d'une demande en suspension de l'AMM accordée à un médicament générique et tiré de ce que l'autorisation a été délivrée sur la base d'un dossier ne comportant pas les résultats d'essais appropriés ; la condition d'urgence devant également être regardée comme établie, en l'espèce, dans la mesure où le caractère inapproprié des essais fournis par le fabricant de génériques affecte, pour une des indications revendiquées, une maladie présentant un caractère grave et pourrait conduire à une perte de chances, pour le patient auquel il serait prescrit, de recourir à un médicament plus efficient. • CE, réf., 6 oct. 2006, *Sté Ferring c/ AFSSAPS et Labo. Delbert,* n° 297042.

6. Pouvoir d'injonction. Il n'appartient pas au juge des référés d'ordonner à l'agence que soient produits les études de biodisponibilité et les résultats relatifs à la bioéquivalence en vue, pour le requérant, de pouvoir former un recours pour excès de pouvoir contre la décision octroyant l'autorisation de mise sur le marché d'un médicament générique. • CE, réf., 9 juill. 2009, *Sté Novartis Pharma,* n° 329026 (à propos de la fluvastatine).

B. RÈGLES DE FORME ET DE PROCÉDURE

7. Procédure consultative. Sur la consultation irrégulière de la commission d'AMM appelée à statuer sur l'identification de spécialités génériques, les membres de la commission n'ayant pas été mis à même de débattre collégialement, V. • CE 17 mai 1999, *Sté SmithKline Beecham,* n° 196475. ♦ Jugé que la décision du directeur de l'agence refusant de délivrer une AMM à un médicament générique selon la procédure abrégée ne peut intervenir, sous peine de nullité, qu'après consultation de la commission d'AMM. • CE 23 déc. 2010, *Sté Labo. Médipha Santé,* n° 334780 : *Gaz. Pal. 1er-4 juin 2011, p. 38, note Hérail.* ♦ Il convient désormais de prendre en compte les possibilités offertes par la jurisprudence du Conseil d'État permettant au juge de neutraliser un vice de procédure, seules les irrégularités susceptibles d'avoir exercé une influence sur le sens de la décision étant de nature à entacher cette dernière d'illégalité. • CE, sect., 23 déc. 2011, *Danthony,* n° 335033.

8. Effets de la publication. Eu égard au

contenu des extraits des décisions délivrant des AMM publiés au *JO*, qui comportent le nom de la spécialité et sa composition, le nom du titulaire de l'AMM et le numéro de celle-ci ainsi que la mention selon laquelle « cette spécialité est un générique » d'une spécialité de référence dont le nom figure également avec la date de délivrance de son AMM, ces publications sont de nature à faire courir le délai de recours contentieux à l'encontre de ces décisions, alors même que les extraits publiés ne préciseraient pas les indications pour lesquelles la spécialité a été autorisée. • CE 29 déc. 2004, *Sté Labo. GlaxoSmithKline : Lebon 469.*

9. Tierce opposition. Le laboratoire pharmaceutique dont l'AMM de l'une de ses spécialités a fait l'objet d'une annulation contentieuse et qui n'a pas été régulièrement appelé à l'instance peut former tierce opposition à cette décision juridictionnelle. • CE 23 oct. 2002, *Sté Merck Génériques*, n° 240944.

10. Décision créatrice de droit. L'identification d'une spécialité générique ne saurait être regardée comme le retrait de l'AMM de la spécialité de référence, c'est-à-dire comme une décision administrative individuelle créatrice de droit. • CE 17 févr. 2012, *Sté Chiesi*, n° 332509 : *RDSS 2012. 532, concl. Vialettes*.

11. Médicaments à statut particulier. La spécialité générique d'un médicament de référence classé parmi ceux qui nécessitent une surveillance particulière pendant le traitement doit, elle-même, être classée dans cette catégorie. • CE 11 janv. 2002, *Sté Produits Roche : Lebon 5 ; JCP 2002. II. 10077, note Cristol* (il en résulte que la substitution par des génériques de médicaments nécessitant une surveillance particulière pendant le traitement n'est possible que si l'autorisation de la spécialité générique que le pharmacien se propose de dispenser et l'autorisation de la spécialité prescrite prévoient les mêmes mentions obligatoires sur l'ordonnance et que celles-ci y figurent effectivement)

12. Accès aux données et droit au recours. S'agissant de l'accès aux informations contenues dans le dossier d'AMM du médicament générique, et notamment aux études de bioéquivalence, le Conseil d'État a estimé que les décisions prises par le directeur de l'agence en la matière ne produisent pas d'effet au-delà du ressort du TA dans lequel l'agence a son siège. • CE 23 févr. 2009, *Sté Merck Génériques*, n° 303744 : *Lebon T. 956 ; RDSS 2009. 570, note Mascret* (en l'occurrence, il s'agit de la compétence du TA de Cergy-Pontoise, désormais dévolue au TA de Montreuil *en application du Décr. n° 2009-945 du 29 juill. 2009*). ♦ La Cour de justice a consacré un droit au recours juridictionnel effectif du titulaire de l'AMM du médicament de référence lui permettant de s'opposer à la délivrance d'une AMM à un médicament générique ne respectant pas les conditions prévues pour appliquer la procédure abrégée. • CJUE 23 oct. 2014, *Olainfarm*, n° C-104/13 : *Europe déc. 2014. Comm. 531, note Roset ; JDSAM 2015, n° 1, p. 65, note Peigné.*

C. CONDITIONS DE FOND

13. Contrôle juridictionnel. Le juge de l'excès de pouvoir exerce un contrôle restreint sur la fiabilité de la démonstration de la bioéquivalence entre le médicament générique et la spécialité de référence. • CE 23 juill. 2003, *Sté CLL Pharma : Lebon T. 998 ; RDSS 2004. 386, concl. Fombeur* .

14. Matière première. La définition du médicament générique n'implique pas que le principe actif d'une spécialité générique soit élaboré avec une matière première provenant du même fournisseur que celui auquel recourt le fabricant de la spécialité de référence, dès lors que la composition quantitative et qualitative en principe actif reste identique et que la bioéquivalence des deux spécialités n'en est pas affectée. • CE 29 juin 2007, *Sté des Labo. Besins International*, n° 265939.

15. Excipients à effet notoire. La présence dans un médicament générique d'un excipient à effet notoire qui ne figure pas dans la composition de la spécialité de référence ne suffit pas, par elle-même, à faire obstacle à son identification comme générique de cette spécialité, si cette différence est sans effet sur l'efficacité et la sécurité du produit. • CE 21 déc. 2007, *Sté Reckitt Benckiser Healthcare*, n° 288129 : *Lebon 548* (affaire du Gaviscon).

16. Bioéquivalence. Jugé, au regard des études produites, qu'une spécialité non micronisée (Ébastine alter) ne peut pas être bioéquivalente à une spécialité micronisée (Kestin) et, par conséquent, qu'elle ne peut être identifiée comme générique de la spécialité de référence. • CE 25 mai 2007, *Sté Almirall*, n° 288186. ♦ Le directeur de l'agence ne commet aucune erreur manifeste d'appréciation en estimant, pour refuser d'octroyer une AMM à un médicament générique de la ciclosporine, que les études de biodisponibilité fournies par le laboratoire génériqueur ne permettaient pas de démontrer de manière correcte et fiable la bioéquivalence entre les spécialités ciclosporine IDL et Néoral, au regard des différences statistiquement significatives observées et des limites d'acceptation appropriées à leur principe actif. • CE 28 mai 2010, *Sté IDL*, n° 320950 : *Lebon T. 987* . ♦ Jugé que la substance active (diacéréine) utilisée dans les études de biodisponibilité produites par les fabricants de génériques devait être regardée, alors même que le taux de purification initial et le fournisseur de la matière première étaient différents de ceux de la spécialité de référence (Art. 50), comme ayant la même composition qualitative et quantitative en principe actif que cette dernière (les AMM ayant été délivrées sous la condition que ce taux de purification soit alignée sur la spécialité de référence) : c'est donc sans commettre d'erreur manifeste d'appréciation que l'agence, qui n'était pas tenue d'exiger la production d'autres études de biodisponibilité, a pu estimer que les spécialités en litige étaient bioéquivalentes à la spécialité de référence. • CE 28 mai 2010, *Sté Labo. Negma*, n° 322077 • CE 9 juill. 2010, *Sté Labo. Negma*, n° 322079. ♦ Sur un contrat de fabrication de médicaments génériques comportant une obligation de résultat en matière de bioéquivalence, V. • Com. 7 avr. 2010, *Sté Galenix Développement*, n° 09-13.643.

17. Modification d'AMM et RCP. Jugé légal le refus opposé par l'ANSM à une demande de modification d'AMM d'une spécialité de référence visant à l'insertion, dans le RCP, d'une mise en garde relative aux risques liés à la substitution par des spécialités génériques : le RCP n'ayant pas vocation à contenir de telles mises en garde, ces dernières peuvent, en revanche, figurer dans le répertoire des groupes génériques. • CE 15 déc. 2015, *Sté Janssen-Cilag*, n° 379389.

18. Responsabilité administrative. L'éventuelle responsabilité de l'État du fait de la délivrance illégale d'une AMM à un médicament générique doit être examinée par le TA dans le ressort duquel le laboratoire a son siège. • CE 27 oct. 2008, *Sté Almirall*, n° 300389.

II. INSCRIPTION AU RÉPERTOIRE DES GÉNÉRIQUES

A. CONNEXITÉ DES PROCÉDURES

19. Arrêt de principe. L'inscription au répertoire des génériques, si elle constitue une décision distincte de la délivrance de l'AMM du médicament générique et si elle produit des effets propres consistant à permettre au pharmacien de substituer un générique à la spécialité de référence, se borne néanmoins à tirer les conséquences de la délivrance de l'AMM en qualité de générique, après que le titulaire de l'AMM de la spécialité de référence ait été mis à même de faire valoir, le cas échéant, ses droits, sans donner lieu à une nouvelle procédure d'instruction visant à vérifier si le médicament répond aux conditions fixées pour être identifié comme générique. • CE 21 déc. 2007, *Sté Reckitt Benckiser Healthcare*, n° 288129 : *Lebon 548 ; RDSS 2008. 575, note Mascret*. – Il en résulte que la contestation de la légalité de la décision d'inscription au répertoire des génériques ne peut servir à remettre en cause l'identification du médicament en tant que générique dans la mesure où cela remettrait nécessairement en cause la légalité de la décision d'AMM. Dès lors, lorsque la décision délivrant l'AMM du générique est devenue définitive, ne peuvent plus être invoqués à l'appui d'une contestation de la légalité de la décision d'inscription au répertoire des génériques de ce médicament des moyens tirés de ce que celle-ci serait illégale aux motifs que les conditions posées à cette identification ne seraient pas satisfaites et que le dossier au vu duquel l'identification a été admise aurait été incomplet, lesquels remettent nécessairement en cause la légalité de la décision d'AMM. ♦ Jugé, en matière de contentieux fiscal, qu'à partir du moment où elle bénéficie d'une AMM, une spécialité répondant à la définition du médicament générique doit être considérée comme une spécialité générique d'une spécialité de référence au sens de l'art. L. 5121-1, alors même qu'elle n'est pas inscrite au répertoire des groupes génériques, et peut donc être exonérée de la contribution sur le chiffre d'affaires des entreprises pharmaceutiques. • Civ. 2e, 18 déc. 2014, *URSSAF du Rhône*, n° 13-25.746.

20. Motivation. Les décisions d'inscription dans le répertoire des génériques n'entrent pas dans la catégorie des décisions individuelles défavorables qui doivent être motivées en application des art. 1er et 2 de la L. n° 79-587 du 11 juill. 1979 (art. L. 211-2 CRPA) et, par suite, ne relèvent pas de la procédure contradictoire prévue par l'art. 24 de la L. n° 2000-321 du 12 avr. 2000 (art. L. 122-1 CRPA). • CE 17 févr. 2012, *Sté Chiesi*, n° 332509.

21. Contrôle juridictionnel. L'inscription d'un médicament générique au répertoire des groupes génériques fait l'objet d'un contrôle de l'erreur manifeste d'appréciation. • CE 28 juill. 2004, *Sté Viatris*, n° 261385.

B. DROITS DE PROPRIÉTÉ INDUSTRIELLE

22. Arrêt de principe. Les dispositions de l'art. L. 613-3 CPI, combinées avec celles de l'art. L. 5121-1 CSP, n'interdisent pas l'inscription dans un groupe générique d'une spécialité encore protégée par un titre de propriété intellectuelle. • CE, sect., 31 mai 2000, *Sté Wellcome Foundation : Lebon 205 ; JCP 2000. II. 10643, concl. Boissard ; LPA 17 août 2000, p. 8, note Peigné* (affaire de l'aciclovir). – Avant de procéder à l'inscription d'un générique, l'agence doit toutefois s'assurer que les droits attachés au titre de propriété intellectuelle ont été légalement concédés par le biais de licence, conformément à l'art. L. 613-8 CPI. ♦ V. désormais la procédure décrite à l'art. R. 5121-5 : le directeur de l'agence informe, dans un délai d'un mois, le titulaire de l'AMM de la spécialité de référence de la délivrance d'une AMM pour une spécialité générique, et à l'issue d'un délai de soixante jours suivant cette information, l'agence procède à l'inscription de la spécialité générique au répertoire des groupes génériques.

23. Indications thérapeutiques. L'identité des indications thérapeutiques n'est pas au nombre des conditions d'identification des spécialités génériques nécessaires à leur inscription au répertoire. • CE 23 juill. 2003, Sté *Lilly France*, n° 246716 : *Lebon T. 998*. Les pharmaciens sont par conséquent légalement habilités, eu égard à l'identité de la composition des spécialités, à substituer une spécialité générique à une spécialité de référence, y compris lorsque les AMM des deux spécialités ne visent pas les mêmes indications thérapeutiques.

24. Inscription sur la liste des spécialités remboursables. L'inscription de médicaments génériques sur la liste des spécialités remboursables n'est pas une décision susceptible de porter atteinte aux droits de la propriété intellectuelle attachés à la spécialité de référence, dès lors que leur commercialisation n'est pas effective. • CE 23 oct. 2002, *Sté Lilly France : AJDA 2002. 1361, note Pintat*. La qualification de spécialité générique peut donc être retenue avant l'inscription du médicament concerné au répertoire des génériques. ♦ L'inscription sur la liste des médicaments remboursables d'une spécialité générique n'est pas conditionnée par l'inscription préalable de cette spécialité au répertoire des génériques. • CE 23 juill. 2003, *Sté Lilly France*, n° 246716. ♦ Jugé également que la décision de fixation du prix du médicament générique n'a ni pour objet, ni pour effet d'autoriser la mise sur le marché du médicament, cette dernière ne pouvant effectivement intervenir qu'en respectant les droits attachés au brevet de la spécialité de référence. • CE, réf., 6 mars 2009, *Sté Labo. Negma*, n° 324940 (à propos de la spécialité : art. 50).

III. RECOURS À LA PROCÉDURE ABRÉGÉE

A. INTERPRÉTATION DE LA COUR DE JUSTICE

25. Pouvoir d'appréciation. La Cour de justice ne reconnaît aucun pouvoir d'appréciation au profit des autorités nationales en matière de procédure abrégée : une AMM ne peut donc être délivrée selon la procédure abrégée si les renseignements et les documents présentés à l'appui de la demande ne contiennent pas de référence détaillée à la littérature scientifique publiée et si ces documents ne contiennent pas de rapports d'experts conformes à chacune des conditions requises. • CJCE 5 oct. 1995, *Norgine Ltd*, n° C-440/93 : *Rec. CJCE 2851* (cas de la procédure bibliographique, V. art. R. 5121-26). ♦ Jugé, en revanche, que la procédure abrégée bibliographique est susceptible d'être appliquée à une demande d'AMM centralisée d'un médicament orphelin pour lequel, de surcroît, des circonstances exceptionnelles ne permettent pas de fournir des informations complètes concernant sa sécurité et son efficacité, compte tenu de la rareté de son indication. • Trib. UE 4 juill. 2013, *Laboratoires CTRS*, n° T-301/12. ♦ Par ailleurs, rien ne s'oppose à ce qu'un médicament autorisé selon la procédure bibliographique puisse être regardé comme un médicament de référence. • CJUE 23 oct. 2014, *Olainfarm*, n° C-104/13 : *Europe déc. 2014. Comm. 531, note Roset ; JDSAM 2015, n° 1, p. 65, note Peigné.*

26. Conception extensive et AMM globale. Une spécialité essentiellement similaire à un médicament autorisé depuis au moins six ou dix ans, selon la réglementation alors en vigueur dans chaque État membre, peut être autorisée pour toutes les indications thérapeutiques, les formes pharmaceutiques, les dosages ou les posologies déjà autorisés. • CJCE 3 déc. 1998, *Generics*, n° C-368/96 : *Rec. CJCE 796* (cette jurisprudence interdit en principe de faire courir une nouvelle protection des données de l'AMM à chaque modification d'autorisation accordée pour une nouvelle indication, une nouvelle voie d'administration ou un nouveau dosage). ♦ Cette jurisprudence a été élargie à la procédure abrégée, dite hybride (ou réserve), appliquée lorsqu'une spécialité pharmaceutique est destinée à un usage thérapeutique différent ou doit être administrée par des voies différentes ou sous un dosage différent par rapport aux autres médicaments commercialisés, les résultats d'essais précliniques et cliniques complémentaires devant être fournis. La Cour a ainsi considéré que les données complémentaires, fournies dans le cadre d'une procédure abrégée hybride, et liées à une indication thérapeutique différente, à une voie d'administration ou à un dosage différent par rapport aux autres médicaments déjà commercialisés, ne faisaient pas courir une nouvelle période de protection des données de l'AMM. • CJCE 29 avr. 2004, *Novartis*, n° C-106/01 : *Rec. CJCE 4403* (à propos de la ciclosporine). ♦ Cette conception extensive de la procédure abrégée a ensuite été étendue aux nouvelles formes pharmaceutiques. • CJCE 9 déc. 2004, *Approved Prescription Services*, n° C-36/03 : *Rec. CJCE 11583* (à propos du Prozac). ♦ Dans la mesure où la stratégie de marché d'une entreprise ne saurait avoir d'incidence sur l'application de la période de protection des données pour une même substance active, un laboratoire ne saurait faire prévaloir son droit à la protection des données d'une spécialité princeps développée dans une indication pour s'opposer à l'autorisation d'un médicament générique d'une seconde spécialité princeps, développée dans une autre indication, mais dont la période de protection est expirée. • Trib. UE 15 sept. 2015, *Novartis Europharm c/ Commission*, n° T-472/12. ♦ Saisie d'un pourvoi, la Cour de justice a validé l'arrêt et confirmé que la notion d'autorisation globale comprend tous les développements ultérieurs du médicament initial, quelles que soient leurs procédures d'autorisation, qu'il s'agisse d'une modification de l'AMM initiale du médicament ou de l'obtention d'une AMM distincte, accordée à une spécialité commercialisée sous un autre nom. • CJUE 28 juin 2017, n^{os} C-629/15P et C-630/15P : *Europe, août 2017, comm. n° 318, note Roset.*

27. Notion de principe actif. Confrontée au problème de savoir si, en l'absence de définition de la notion de principe actif, ce dernier désignait la substance active elle-même ou la fraction thérapeutique active *in situ*, la Cour de justice a répondu que la nécessité d'une correspondance moléculaire exacte (la copie chimiquement conforme) ne découlait pas des critères dégagés depuis l'arrêt Generics, à savoir l'identité de la composition qualitative en principes actifs : cette identité n'impliquant pas que le composant actif s'entende, lorsqu'il est présenté sous forme de sels ou de dérivés (isomères), comme comprenant à la fois la fraction thérapeutique et la portion annexe de la molécule, deux médicaments non chimiquement identiques, du fait d'une différence de sel, peuvent être regardés comme essentiellement similaires. • CJCE 20 janv. 2005, *SmithKline Beecham*, n° C-74/03 : *Rec. CJCE 595 ; LPA 14 oct. 2005, p. 4, note Chemtob-Concé.* ♦ Saisie d'un pourvoi, la Cour de justice a confirmé que la notion d'autorisation globale comprend tous les développements ultérieurs du médicament initial, quelles que soient leurs procédures d'autorisation, qu'il s'agisse d'une modification de l'AMM initiale du médicament ou de l'obtention d'une AMM distincte, accordée à une spécialité commercialisée sous un autre nom. • CJUE 28 juin 2017, *Novartis Europharm*, aff. jointes C-629/15P et C-630/15P.

28. Retrait de l'AMM de référence. Pour qu'une demande d'AMM d'un médicament générique puisse être traitée dans le cadre de la procédure abrégée, il est nécessaire et suffisant que l'AMM du médicament de référence soit en vigueur dans l'État membre concerné à la date de cette demande : si l'AMM de la spécialité de référence est retirée après l'introduction d'une demande concernant un générique, mais avant la délivrance de l'autorisation, les autorités compétentes peuvent néanmoins délivrer une AMM à la spécialité générique, à partir du moment où le retrait de la spécialité originale ne procède pas d'un motif de santé publique. • CJCE 16 oct. 2003, *AstraZeneca*, n° C-223/01 : *Rec. CJCE 11809* (à propos de l'oméprazole).

29. Reconnaissance mutuelle. Jugé qu'un État membre, saisi d'une demande de reconnaissance mutuelle d'une AMM délivrée par un autre État dans le cadre de la procédure abrégée, ne peut rejeter cette demande au motif que le médicament en cause n'est pas essentiellement similaire au médicament de référence. • CJCE 16 oct. 2008, *Synthon*, n° C-452/06 : *Rec. CJCE 7681 ; Gaz. Pal. 28-30 déc. 2008, p. 5, note Chemtob-Concé ; RDSS 2008. 1015, note Peigné*. – L'abstention de la part d'un État membre de faire droit à la demande de reconnaissance mutuelle d'une AMM délivrée par un autre État membre dans le cadre de la procédure abrégée, au motif que le médicament concerné n'est pas essentiellement similaire au médicament de référence, constitue alors une violation suffisamment caractérisée du droit de l'Union, susceptible d'engager la responsabilité de cet État membre.

30. Anciennes autorisations. Pour qu'un médicament puisse être considéré comme un médicament de référence, il doit préalablement à sa mise sur le marché avoir été autorisé conformément au droit de l'Union. • CJCE 18 juin 2009, *Generics*, n° C-527/07 : *Rec. CJCE 5259* (en l'espèce, un fabricant de médicaments génériques ne saurait, afin de bénéficier de la procédure abrégée assortie d'une reconnaissance mutuelle, se fonder sur une autorisation délivrée par les autorités autrichiennes, en 1963, à un médicament de référence destiné à lutter contre la poliomyélite, retiré du marché en 2001, mais qui a fait entretemps l'objet d'une AMM en Suède et en Autriche (en 2000) pour le traitement symptomatique de la maladie d'Alzheimer : l'ancienne AMM n'ayant pas été mise à jour au regard du droit communautaire (1994 pour le droit autrichien) et la nouvelle AMM bénéficiant encore de la protection décennale des données, une demande d'AMM selon la procédure abrégée ne peut aboutir). ♦ En revanche, un médicament autorisé selon la procédure abrégée bibliographique (médicament dont l'usage médical est bien établi) peut être regardé comme un médicament de référence pour l'application de la législation sur les génériques. • CJUE 23 oct. 2014, *Olainfarm*, n° C-104/13 : *Europe déc. 2014. Comm. 531, note Roset ; JDSAM 2015, n° 1, p. 65, note Peigné.*

31. Acquis communautaire. Compte tenu du degré d'harmonisation en matière d'AMM, les nouveaux États membres ne sauraient maintenir, sauf à violer l'acquis communautaire, des AMM de médicaments génériques ne correspondant pas aux seules exigences du code communautaire des médicaments à usage humain. • CJUE 22 déc. 2010, *Commission c/ Pologne*, n° C-385/08 : *Europe févr. 2011, p. 8, comm. Bouveresse* (à propos du Plavix). ♦ Jugé également qu'une loi autorisant la mise sur le marché de médicaments sans autorisation, dès lors que leur prix est concurrentiel par rapport à celui de médicaments autorisés présentant les mêmes substances actives, le même dosage et la même forme, est incompatible avec les exigences de l'art. 6 du code communautaire relatif aux médicaments à usage humain. • CJUE 29 mars 2012, *Commission c/ Pologne*, n° C-185/10.

32. Procédure centralisée. Un État membre ne peut pas maintenir, après l'entrée en vigueur de son adhésion à l'Union, une AMM délivrée à un médicament biosimilaire selon la procédure abrégée, alors que ce médicament, étant issu des biotechnologies, relève de la procédure centralisée d'AMM. • CJUE 28 oct. 2010, *Commission c/ Lituanie*, n° C-350/08 : *Rec. CJUE 10525 ; Europe déc. 2010, p. 17, comm. Bouveresse.*

B. ANALYSE DE LA JURISPRUDENCE ADMINISTRATIVE

33. Dossier allégé. La dispense d'assortir une demande d'AMM des expertises pharmaco-toxicologiques (précliniques) et cliniques n'a ni pour objet ni pour effet de créer au profit du requérant le droit d'obtenir que l'AMM qu'il sollicite soit assortie des indications thérapeutiques figurant sur sa demande. • CE 3 juill. 1987, *Labo. Goupil : Lebon T. 945 ; Inf. pharm. 1988. 488, note Denoix de Saint-Marc et Labetoulle.*

34. Procédure bibliographique. Jugé, à propos de la procédure bibliographique, que le laps de temps nécessaire pour démontrer que l'usage médical d'un constituant d'un médicament est bien établi ne peut pas, en tout état de cause, être inférieur à dix ans comptés à partir de la première application systématique et documentée de cette substance en tant que spécialité pharmaceutique à l'intérieur de l'Union européenne. • CE 28 avr. 2004, *Sté AGA AB et Sté Ino Therapeutics : Lebon T. 883.*

35. Alignement jurisprudentiel. S'en tenant à la définition stricte du médicament générique, le Conseil d'État a, dans un premier temps, considéré qu'une spécialité dont la composition quantitative est exprimée à 3,5 g de principe actif n'est pas une spécialité essentiellement similaire à une spécialité originale titrant 1 g de principe actif et ne pouvait, dès lors, bénéficier de la procédure abrégée, faute de respecter la condition d'identité de composition quantitative et malgré une commercialisation de plus de dix ans de la spécialité originale. • CE 26 nov. 2001, *Sté Labo. Negma*, n° 233787 : *Lebon 586* (à propos du Veinamitol). ♦ A la lumière de la jurisprudence de la Cour de justice, le Conseil d'État a procédé à un revirement de jurisprudence : la circonstance que la spécialité de référence et la spécialité essentiellement similaire diffèrent par leur composition quantitative en principe actif et donc par leur dosage ne fait pas obstacle à l'application de la procédure abrégée hybride et à la délivrance d'une AMM, au regard des études démontrant que ces spécialités homothétiques entre elles (c'est-à-dire composées des mêmes éléments dans les mêmes proportions de différents dosages) ne présentent pas de différences significatives d'efficacité ou de sécurité. • CE 28 juill. 2004, *Sté Labo. Fournier : Lebon T. 883* (à propos du Lipanthyl). ♦ S'agissant de la procédure abrégée normale, il a été décidé que cette dernière est applicable à une demande d'AMM sollicitée pour un médicament qui est générique d'une spécialité autorisée depuis moins de dix ans, dès lors que cette spécialité constitue une extension de gamme d'une spécialité autorisée depuis plus de dix ans dont elle peut différer par le dosage, la forme pharmaceutique ou les indications thérapeutiques qu'elle vise à traiter. • CE 29 déc. 2004, *Sté Labo. GlaxoSmithKline : Lebon T. 883 ; RDSS 2005. 278, concl. Devys* (à propos de l'antibiotique Augmentin). – V. également • CE 16 mars 2005, *Sté GNR-Pharma*, n° 264911 • CE 16 mars 2005, *Sté Labo. G-Gam*, n° 261468 • CE 16 mars 2005, *Sté Labo. Substipharm*, n° 262283.

IV. APPLICATION DU DROIT DE LA CONCURRENCE

36. Pratiques illicites. Sur une pratique de « boycott » de produits génériques initiée par un syndicat de pharmaciens, V. • CE 7 juin 1985, *FSPF : Lebon T. 512* (jugé sous l'empire de l'Ord. n° 45-1483 du 30 juin 1945).

37. Concurrence déloyale. Sur une action en concurrence déloyale concernant la mise sur le marché d'un pseudo-générique de médicament à base de plante, V. • Com. 18 févr. 1992, *Sté Labo. Biogalénique*, n° 90-13.729 (affaire de *Ginkgo biloba*). ♦ Jugé, s'agissant de médicaments génériques, que la recherche de compatibilité entre les produits de fabricants différents, y compris dans le conditionnement de ces produits, correspond à l'exercice normal de la concurrence, dès lors qu'elle ne s'accompagne pas du recours à des procédés commerciaux illicites. • Versailles, 29 mars 2001, *Sté Asta Medica c/ Sté Gifrer Barbezat : D. 2002. Somm. 1259, obs. Serra*. ♦ La Cour de cassation a confirmé la condamnation de la société Mylan pour actes de concurrence déloyale et parasitisme, résultant de son comportement commercial ayant abouti à la substitution massive de sa spécialité Vitalogink à la place de la spécialité Tanakan de la société Ipsen, alors que le premier de ces médicaments, s'il était équivalent au second sur le plan thérapeutique, ne pouvait pas être formellement regardé comme une spécialité générique susceptible d'être légalement substituée à la spécialité de référence, faute d'une inscription au répertoire des génériques. • Com. 9 oct. 2012, *Sté Mylan c/ Sté Beaufour Ipsen Pharma*, n° 11-20.725 (cassation en ce que l'arrêt de la cour d'appel de Paris a ordonné la publication de sa décision dans des revues professionnelles sans en préciser le coût maximal).

38. Action en dénigrement. Sur des actions en dénigrement susceptibles de constituer un abus de position dominante, introduites du fait de pratiques de certains laboratoires à l'égard de médicaments génériques nouvellement commercialisés, V. • Cons. conc. 11 déc. 2007, n° 07-MC-06 (faisant droit à une demande de mesures conservatoires présentée par la société Arrow Génériques), confirmée • Paris, 5 févr. 2008, *Sté Schering-Plough : BOCC 3 août 2009 ; RDSS 2008. 785, note Mascret*. Et en cassation, • Com. 13 janv. 2009 : *Bull. civ. IV, n° 2.* ♦ Sur le rejet de mesures conservatoires, V. • Aut. conc. 31 juill. 2009, n° 09-D-28 (relative à des pratiques de Janssen-Cilag dans le secteur pharmaceutique)

• Aut. conc. 17 mai 2010, n° 10-D-16 : *CCC juill. 2010. Comm. 183, note Bosco ; Gaz. Pal. 15 janv. 2011, p. 49, note Rousset* (relative à des pratiques mises en œuvre par la société Sanofi-Aventis France) • Aut. conc. 17 déc. 2010, n° 10-D-37 (relative à des pratiques mises en œuvre sur le marché de la cétirizine). ♦ Alors qu'elle avait rejeté la demande de mesures d'urgence présentée par un laboratoire de génériques, l'Autorité de la concurrence a poursuivi l'instruction de l'affaire au fond et décidé de sanctionner la société Sanofi-Aventis pour avoir mis en place, auprès des médecins et des pharmaciens, une stratégie de dénigrement à l'encontre des génériques du Plavix, afin de limiter leur entrée sur le marché et de favoriser ses propres produits, le médicament de référence Plavix et son auto-générique, le clopidogrel Winthrop. • Aut. conc. 14 mai 2013, n° 13-D-11 : *CCC 2013. Comm. 161, note Bosco* (relative à des pratiques mises en œuvre par la société Sanofi-Aventis), confirmée par : • Paris, 18 déc. 2014, *Sté Sanofi-Aventis,* n° 13/12370. ♦ Sur la confirmation, en cassation, de la sanction infligée par l'Autorité de la concurrence pour les pratiques de dénigrement mises en œuvre par la société Sanofi en situation de position dominante sur le marché du clopidogrel, V. • Com. 18 oct. 2016, *Sté Sanofi-Aventis,* n° 15-10.384 : *D. 2016. 2164, obs. Chevrier*. ♦ De même, pour avoir mis en œuvre des accords et des pratiques concertés (consistant en un dénigrement et des remises injustifiées au profit des pharmaciens d'officine), ayant pour objet et pour effet de limiter l'accès au marché des médicaments génériques, la société Schering-Plough a été sanctionnée pour abus de position dominante sur le marché de ville de la buprénorphine haut dosage et pour entente illicite avec la société Reckitt Benckiser. • Aut. conc. 18 déc. 2013, n° 13-D-21 (relative à des pratiques mises en œuvre sur le marché français de la buprénorphine haut dosage commercialisée en ville), confirmée par : • Paris, 26 mars 2015, *Sté Reckitt Benckiser,* n° 14/03330. ♦ La Cour de cassation a confirmé les sanctions infligées pour pratiques illicites impliquant une stratégie d'éviction d'un médicament générique sur le marché de la buprénorphine haut dosage. • Com. 11 janv. 2017, n° 15-17.134 : *D. 2017. 157 ; RJDA 2017, n° 4, p. 325.* ♦ Sur la sanction des pratiques commises par la société Janssen-Cilag ayant consisté à intervenir auprès des autorités sanitaires pour retarder la délivrance d'AMM aux médicaments génériques de la spécialité Durogesic et à dénigrer ces génériques auprès des professionnels de santé, V. • Aut. conc. 20 déc. 2017, décis. n° 17-D-25 (relative à des pratiques mises en œuvre à l'égard des médicaments génériques de la spécialité Durogesic).

39. Droit de l'Union. Sur la sanction, pour abus de position dominante, d'un laboratoire titulaire d'un médicament de référence à l'égard de l'entrée sur le marché de médicaments génériques concurrents. • Trib. UE 1er juill. 2010, *AstraZeneca,* n° T-321/05 : *Gaz. Pal. 11-12 févr. 2011, p. 21, note Philippe et Trabucchi ; Europe oct. 2010, p. 25, comm. Idot ; Concurrences 2010, n° 4, p. 120, note Wachsmann.* ♦ La Cour de justice a confirmé, en cassation, l'arrêt du tribunal ayant considéré que les déclarations trompeuses faites par le laboratoire étaient constitutives d'une pratique reposant exclusivement sur des moyens étrangers à la concurrence par les mérites et qu'un tel comportement était uniquement de nature à tenir indûment les fabricants de produits génériques à l'écart du marché, par le biais de l'obtention de titres de propriété industrielle (brevets et CCP) en violation du cadre juridique qui les a institués, de même que les pratiques consistant à retirer les AMM du médicament de référence étaient susceptibles de produire des effets anticoncurrentiels pouvant être qualifiés d'abus au sens de l'art. 102 TFUE. • CJUE 6 déc. 2012, *AstraZeneca,* n° C-457-10P : *CCC 2013. Comm. 37, note Decocq ; JCP E 2013, n° 1036, note Diény.* ♦ Sur la confirmation de sanctions pécunaires infligées par la Commission européenne pour entente sur le marché des médicaments génériques, impliquant des accords conclus entre le titulaire de brevets et des fabricants de médicaments génériques conduisant à des barrières à l'entrée sur le marché des génériques, V. • Trib. UE 8 sept. 2016, *Lundbeck,* n° T-472/13. • Trib. UE 8 sept. 2016, *Generics,* n° T-469/13. • Trib. UE 8 sept. 2016, *Sun Pharmaceuticals Industries,* n° T-460/13. • Trib. UE 8 sept. 2016, *Arrow Group,* n° T-467/13.

V. RÉGULATION DES DÉPENSES D'ASSURANCE MALADIE

40. Engagements conventionnels. Les engagements stipulés dans un avenant à la convention médicale des médecins généralistes portant sur la prescription de médicaments à partir d'une liste d'équivalents thérapeutiques établie par les parties signataires ne sauraient légalement produire d'effets, si la convention et ses avenants ont été dépourvus de leur portée par l'annulation de leurs arrêtés d'approbation. • CE 30 déc. 1998, *SNIP : Lebon 523.*

41. Liste des équivalents thérapeutiques. Il avait été jugé, *dans un premier* temps, que la liste des équivalents thérapeutiques établie conjointement par la CNAMTS, la MSA et la Fédération des médecins généralistes devait être regardée comme un document d'information à l'usage des prescripteurs qu'elle n'astreint à aucune obligation. • CE 10 nov. 1999, *SNIP : Lebon T. 1032.* ♦ Jugé, dans un second temps, que la liste des équivalents thérapeutiques établie par la CNAMTS et les parties signataires présente le caractère d'une décision faisant grief et était, par suite, susceptible de faire l'objet d'un recours pour excès de pouvoir. • CE 16 févr. 2001, *SNIP : Lebon T. 1198.*

42. Objectifs quantifiés. Sur la légalité de l'accord conventionnel, approuvé par un Arr. du 28 juin 2002, déterminant des objectifs quantifiés en matière de prescription de médicaments génériques, V. • CE 28 mai 2003, *CNOM et Sopéna : Lebon 245 ; JCP Adm. 2003. 1738, note Chavrier ; AJDA 2003. 1568, concl. Fombeur.* ♦ Le Conseil d'État a également estimé que les partenaires conventionnels étaient compétents pour instituer des obligations individuelles ou collectives portant sur l'activité des médecins conventionnés, notamment en matière de prescriptions médicamenteuses, au moyen des stipulations de la convention nationale du 12 janv. 2005 et de son avenant n° 23 approuvé par un Arr. du 2 mai 2007. • CE 29 oct. 2008, *LEEM,* n° 306449.

43. Accord de bon usage de soins. Sur la légalité d'un accord de bon usage de soins (Acbus) recommandant de prescrire un antiagrégant plaquettaire hors AMM (aspirine), sur la base de critères économiques et scientifiques avérés, même s'il existe sur le marché d'autres produits ayant obtenu une AMM pour l'indication préconisée. • CE 31 déc. 2008, *Sté Sanofi Pharma,* n° 286279 : *Lebon 500 ; RDSS 2009. 128, concl. Courrèges.* ♦ V. également sur la légalité d'Acbus prévoyant des objectifs de diminution de prescription de médicaments à service médical rendu (SMR) insuffisant. • CE 11 avr. 2005, *Sté Beaufour Ipsen Pharma,* n° 263236.

44. Tarif forfaitaire de responsabilité. Le refus opposé par le Comité économique des produits de santé à la création d'un tarif forfaitaire de responsabilité (TFR) sollicitée par un laboratoire dont la spécialité de référence (Clamoxyl) ne présentait pas un prix supérieur à celui des médicaments génériques (amoxicilline) a été jugé illégal dans la mesure où le maintien de la différence de traitement résultant de l'application d'un taux de remise supérieur en faveur des génériques du groupe de l'amoxicilline n'était plus justifié par une différence de situation tarifaire entre la spécialité de référence et ses génériques. • CE 11 juin 2007, *Sté Labo. GlaxoSmithKline : Lebon T. 1084 ; RDSS 2007. 1060, concl. Derepas.*

45. Contrats d'amélioration des pratiques individuelles. S'agissant des mécanismes de rémunération à la performance, la Cour de justice a considéré que, dans le but de maîtriser les dépenses pharmaceutiques, les mécanismes nationaux d'incitations financières, visant à favoriser la prescription par les médecins de médicaments spécifiquement désignés et contenant une substance active différente de celle du médicament qui était prescrit antérieurement ou qui aurait pu l'être si un tel système d'incitation n'existait pas, ne relèvent pas de l'interdiction établie à l'art. 94.1 du code communautaire des médicaments à usage humain. • CJUE 22 avr. 2010, *Assoc. of the British Pharmaceutical Industry,* n° C-62/09 : *Rec. CJUE 3603 ; LPA 5 août 2010, p. 11, note Maillols-Perroy et Schertzinger ; Gaz. Pal. 29-30 oct. 2010, p. 40, note Le Goffic ; RDSS 2010. 765, note Mascret.* ♦ Le Conseil d'État en a tiré toutes les conséquences et validé le principe des contrats d'amélioration des pratiques individuelles (CAPI) à destination des médecins libéraux conventionnés, ces contrats, bien que comportant des objectifs quantifiés de prescriptions moins onéreuses à efficacité comparable, ne pouvant être regardés comme une promotion commerciale de médicaments. • CE 7 avr. 2011, *CSMF, LEEM et CNOP,* n° 329069.

46. Publicité comparative. Sur l'articulation du droit de la publicité comparative et du droit des marques en matière de médicaments génériques, V. notes ss. art. L. 5122-1.

Art. L. 5121-10-1 *(L. n° 2007-248 du 26 févr. 2007, art. 9-I)* **Une spécialité générique ne peut être commercialisée qu'à l'expiration d'une période de dix ans suivant l'autorisation initiale de mise sur le marché de la spécialité de référence. Toutefois, cette période est portée à onze ans si pendant les huit premières années suivant l'autorisation de la spécialité de référence le titulaire de celle-ci obtient une autorisation pour une ou plusieurs indications thérapeutiques nouvelles considérées, lors de l'évaluation scientifique conduite en vue de leur autorisation, comme apportant un avantage clinique important par rapport aux thérapies existantes, sans préjudice de l'évaluation du service attendu par la Haute Autorité de santé en application du premier alinéa de l'article L. 161-37 du code de la sécurité sociale.**

Le présent article est également applicable aux médicaments biologiques similaires et aux médicaments présentant des caractéristiques communes par rapport à un médicament de référence mais ne répondant pas à la définition du médicament générique en raison de différences portant sur un ou plusieurs éléments de cette définition et nécessitant que soient produites des données supplémentaires dans des conditions déterminées par voie réglementaire.

BIBL. ▶ **Sur la protection des données de l'AMM :** DUSART et GORNY, L'accès au dossier d'AMM d'un médicament ou au dossier technique d'un dispositif médical, *JCP E 2011, n° 39, p. 1685.* – ROBINE, La protection des données d'autorisation de mise sur le marché en droit communautaire, *RDSS 2008. 1088.* – BERTHET-MAILLOLS, La loi du 26 février 2007 transposant la directive 2004/27/CE ou le coup de pouce aux génériques, *Propr. intell., avr. 2007, n° 23, p. 146.* – Bogaert et Michaux, La protection administrative des données. L'hydre de Lerne du droit pharmaceutique européen, *RTD eur. 2006. 47*. – Berthet et Monleaud, Médicament générique et protection administrative des données de l'autorisation de mise sur le marché, *LPA 23 juill. 1999, p. 22.* – Haguet et Vion, Procédure abrégée, médicaments essentiellement similaires et protection des données, *Gaz. Pal. 16-17 juin 1999, p. 12.* – Burtin, Protection administrative et protection par brevet, *Inf. pharm. 1986. 108.* – V. notes ss. art. L. 5121-10.

► **Sur le brevet pharmaceutique :** Courboulay, L'assouplissement des conditions de brevetabilité des produits pharmaceutiques, *Propr. intell., avr. 2016, n° 59, p. 154.* – Moreau-Margotin et Merli, Le particularisme du contentieux français de la contrefaçon de médicaments, *Propr. intell., avr. 2016, n° 59, p. 162.* – May et Da Costa, Brevets de seconde application thérapeutique : une protection efficace contre l'arrivée sur le marché des génériques ?, *Propr. ind., juin 2016, étude n° 13.* – Tabutiaux-Surun, Le brevet européen à effet unitaire : un nouvel atout pour le marché du médicament ?, *RGDM 2016, Panorama de droit pharmaceutique, n° spécial, p. 247.* – Mouncif-Mougache, Les droits de propriété industrielle ayant pour objet les médicaments et le droit de l'Union européenne, *RGDM 2012, n° 44, p. 17.* – Marino, Le devenir des brevets dans le secteur des médicaments en Europe, *Propr. ind., sept. 2011. Étude 15.* – Mascret, Licences obligatoires de médicaments pour les pays connaissant des problèmes de santé publique : mythe ou réalité juridiques ?, *Méd. et droit, sept.-oct. 2011, n° 110, p. 211.* – Mendoza-Caminade, Les tensions entre le brevet et le médicament : l'indispensable régulation du brevet pharmaceutique, *Lamy dr. aff., janv. 2010, n° 45.* – Varnerot, La transnationalisation du droit de brevet de médicaments : l'approche ADPIC moins à rebrousse-poil, *JDI 2010, p. 75.* – Chemtob-Concé, Réflexions sur l'amélioration de la protection industrielle pour les médicaments, *Propr. ind., mars 2010, Étude 6.* – Le Gal-Fontes et Rage-Andrieu, La brevetabilité de la seconde application thérapeutique : une consécration législative cohérente ?, *RDSS 2009. 1089*. – Rousseau, Brevets de médicaments : quelle marge de manœuvre pour l'industrie pharmaceutique ?, *RGDM 2009, n° 33, p. 175.* – Chéron et Fouassier, Accès des pays en développement aux médicaments : vers une nouvelle flexibilité juridique du droit des brevets ?, *Méd. et droit, mars-avr. 2009, n° 95, p. 74.* – Vlasto, Brevets et médicament en France. Pourquoi l'application du droit des brevets au médicament est-elle autant critiquée ?, *Méd. et droit, janv.-févr. 2007, n° 82, p. 25.* – Galloux, Le règlement n° 816/2006 du 17 mai 2006 du Parlement européen et du Conseil concernant l'octroi de licences obligatoires pour des brevets visant la fabrication de produits pharmaceutiques destinés à l'exportation vers des pays connaissant des problèmes de santé publique, *RTD com. 2007. 52*. – Le Gal, Droit de la santé et droits de la propriété industrielle : l'accès aux médicaments dans les pays en développement, *RDSS 2005. 456*. – Chemtob-Concé, Brevets pharmaceutiques et santé publique des pays en développement, *Méd. et droit, janv.-févr. 2005, n° 70, p. 23.* – Dias Varella, L'organisation mondiale du commerce, les brevets, les médicaments et le rapport Nord-Sud : un point de vue du Sud, *RIDE 2004. 79.* – Chemtob-Concé, Accès aux médicaments essentiels des pays en développement et respect du droit des brevets : un changement de position en faveur du droit à la santé, *Gaz. Pal. 23 déc. 2004, p. 2.* – Peigné, L'accès aux médicaments des pays en développement : de Marrakech à Cancun en passant par Doha, *Bull. trimestriel de l'Ordre des pharmaciens, Nouv. pharm. 2003, n° 380, p. 353.* – Combe et Pfister, Brevet et prix des médicaments dans les pays en développement, *Propr. intell. 2003, n° 8, p. 269.* – Velasquez, Médicaments essentiels et mondialisation, *RIDE 2001. 37.* – Muennich, Les brevets pharmaceutiques et l'accès aux médicaments, *RIDE 2001. 71.* – Crampes, La recherche et la protection des innovations dans le secteur pharmaceutique, *RIDE 2000. 129.* – Otten, Les brevets couvrant les produits pharmaceutiques et l'accord sur les ADPIC, *RIDE 2000. 161.* – Correa, Développements récents dans le domaine des brevets pharmaceutiques : mise en œuvre de l'accord sur les ADPIC, *RIDE 2000. 23.* – Reich, Brevet pharmaceutique et accessibilité aux médicaments : le droit communautaire, *RIDE 2000. 83.* – Dumoulin, Les brevets et le prix des médicaments, *RIDE 2000. 45.* – Velasquez, Brevets pharmaceutiques et accessibilité aux médicaments : médicaments essentiels et mondialisation, *RIDE 2000. 37.* – Burtin, Inventions : une nouvelle approche du critère de nouveauté, *Nouv. pharm. 1996, n° 353, p. 507.* – Burtin et Viala, De la protection des inventions par le biais de brevets de procédés, *Inf. pharm. 1991. 114.* – Azéma, Existe-t-il encore une spécialité du brevet pharmaceutique ?, *JCP E 1990. II. 15744.* – Vivant, La brevetabilité de la seconde application thérapeutique, *JCP 1989. I. 3382.* – Burtin et Viala, Le critère d'activité inventive dans la brevetabilité d'une deuxième application thérapeutique, *Inf. pharm. 1989. 747.* – Casalonga et Dossmann, La protection par le brevet d'invention de l'application thérapeutique et du produit pharmaceutique, *JCP E 1987. II. 14898.* – Azéma, Évolutions législatives et jurisprudentielles du brevet pharmaceutique, *Inf. pharm. 1985. 684.* – Maurain et Viala, Derniers développements à propos de la brevetabilité de la nouvelle application d'un médicament, *RDSS 1985. 498.* – Gaumont, Le médicament : brevetabilité et portée du brevet, *RTD com. 1980. 441.*

► **Sur le certificat complémentaire de protection (CCP) :** Ahner, La protection additionnelle par certificats complémentaires de protection et prorogations pédiatriques, *Propr. intell.,* *avr. 2016, nº 59, p. 158.* – SERGHERAERT et BLARY-CLÉMENT, Le certificat complémentaire de protection : un outil excessif de monopole pour une recherche fondamentale ?, *RGDM 2016, Panorama de droit pharmaceutique, nº spécial, p. 235.* – LEVAYER et SERGHERAERT, Condition de validité d'un CCP : l'incertitude juridique persiste malgré de nombreuses interventions de la CJUE, *RGDM 2015, Panorama de droit pharmaceutique, nº spécial, p. 51.* – LE BIHAN ET SERGHERAERT, Certificats complémentaires de protection : trois nouvelles pierres à l'édifice jurisprudentiel, *Propr. ind., mars 2014. Étude 7.* – SCHMITT, Un CCP peut-il être obtenu quand l'AMM de la spécialité de référence porte sur une composition de plusieurs principes actifs qui ne sont pas tous revendiqués clairement au brevet de base ?, *Propr. ind., juill. 2011. Étude 3.* – SERGHERAERT, Les conditions de validité d'un certificat complémentaire de protection communautaire selon la jurisprudence française récente, *Propr. ind., déc. 2011. Étude 20.* – CHEMTOB-CONCÉ, Réflexion sur l'extension du terme du brevet : Europe, États-Unis, Japon, *Méd. et droit, sept.-déc. 2009, nº 98-99, p. 146.* – SERGHERAERT et SOETEMONT, Actualité récente de la procédure de prorogation des certificats complémentaires de protection instituée par le règlement pédiatrique, *Propr. ind., mai 2009. Étude 10.* – CHEMTOB-CONCÉ, Autorisation de mise sur le marché et durée du certificat complémentaire de protection pour les médicaments, *Méd. et droit, janv.-févr. 2008, nº 88, p. 29* ; Le certificat complémentaire de protection : un instrument devenu insuffisant pour assurer la rentabilité de l'innovation thérapeutique ?, *Gaz. Pal. 8-9 oct. 2008, p. 42.* – GUERRE et TRIPOZ, Le certificat complémentaire de protection au cœur de la tourmente entre médicaments princeps et médicaments génériques, *Gaz. Pal. 21 déc. 2006, p. 26.* – BERTHET-MAILLOLS, Certificat complémentaire de protection. La Cour de cassation rend un arrêt favorable aux laboratoires de génériques, *Propr. ind., juin 2005. Étude 15.* – GALLOUX, Validité d'un certificat d'addition comme support d'un CCP et point de départ de la protection, *D. 2002. Somm. 1192* . – GASTINEL, Libres propos complémentaires sur la date de l'AMM et le CCP des médicaments, *Gaz. Pal. 1998. 2. Doctr. 1420* ; Libres propos sur la date de l'AMM et le CCP des médicaments, *ibid., 1995. 2. Doctr. 920.* – VIALA, La création d'un certificat complémentaire de protection du brevet pharmaceutique, *RDSS 1990. 661* . – LERAT, Une mesure nouvelle en faveur de la protection de l'innovation pharmaceutique : le certificat complémentaire de protection, *Inf. pharm. 1990. 1011.* – VIALA et MAURAIN, Le certificat complémentaire de protection : son intérêt pour la recherche de nouveaux médicaments, *LPA 5 oct. 1990, p. 9.*

Ouvrages : GUESMI, Le médicament à l'OMC : droit des brevets et enjeux de santé, *Larcier 2011.* – DE BEER, Brevet, santé publique et accès aux médicaments essentiels, *Bruylant, UCL, 2011.* – BRÉGER, L'accès aux médicaments des pays en développement, *éd. L'Harmattan, 2011.* – FRISON-ROCHE (dir.), Concurrence, santé publique, innovation et médicament, *LGDJ Lextenso, 2010.* – DELCOURT, Recherches sur l'évolution du droit international des brevets de médicaments, *PUAM, Centre de droit de la santé, 2010.* – VELÁSQUEZ et CORREA, L'accès aux médicaments : entre le droit à la santé et les nouvelles règles de commerce international, *éd. L'Harmattan, 2009.* – ELANGI BOTOY, Propriété intellectuelle et droits de l'homme : l'impact des brevets pharmaceutiques sur le droit à la santé dans le contexte du VIH/Sida en Afrique, *éd. Schulthess et Bruylant, 2007.* – MOINE-DUPUIS (dir.), Le médicament et la personne. Aspects de droit international (Colloque Dijon, 22-23 sept. 2005), *Lexis-Nexis, 2007.* – DE HAAS, Brevet et médicament en droit français et en droit européen, *Litec, coll. CEIPI, 1981.*

COMMENTAIRE

V. Commentaire reproduit sur Dalloz.fr.

Art. L. 5121-10-2 *(L. nº 2007-248 du 26 févr. 2007, art. 11)* **Pour un médicament biologique similaire défini au** *(L. nº 2013-1203 du 23 déc. 2013, art. 47-I-2º-a)* **« *a* du » 15º de l'article L. 5121-1, l'autorisation de mise sur le marché peut être délivrée avant l'expiration des droits de propriété intellectuelle qui s'attachent au médicament biologique de référence. Le demandeur de l'autorisation informe le titulaire de ces droits concomitamment au dépôt de sa demande.**

Lorsque *(L. nº 2011-2012 du 29 déc. 2011, art. 5-IV)* **« l'Agence nationale de sécurité du médicament et des produits de santé » a délivré une autorisation de mise sur le marché pour un médicament biologique similaire, elle en informe le titulaire de l'autorisation de mise sur le marché du médicament biologique de référence.**

(L. nº 2013-1203 du 23 déc. 2013, art. 47-I-2º-b) **« Le directeur général de l'agence procède à l'inscription du médicament biologique similaire dans la liste de référence des groupes biologiques similaires prévue au *b* du même 15º au terme d'un délai de soixante jours, après avoir informé de la délivrance de l'autorisation de mise sur le marché le titulaire de l'autorisation de mise sur le marché du médicament biologique de référence. » La commercialisation du médicament biologique similaire ne peut inter-**

venir qu'après l'expiration des droits de propriété intellectuelle du médicament biologique de référence, sauf accord du titulaire de ces droits.

Préalablement à la commercialisation, le titulaire de l'autorisation de mise sur le marché du médicament biologique similaire informe le directeur général de *(L. nº 2011-2012 du 29 déc. 2011, art. 5-IV)* « l'Agence nationale de sécurité du médicament et des produits de santé » des indications, formes pharmaceutiques et dosages du médicament biologique de référence pour lesquels les droits de propriété intellectuelle n'ont pas expiré.

Aux seules fins d'en garantir la publicité, le directeur général de *(L. nº 2011-2012 du 29 déc. 2011, art. 5-IV)* « l'Agence nationale de sécurité du médicament et des produits de santé » tient à la disposition du public la liste des titres de propriété intellectuelle attachés à un médicament biologique de référence si le titulaire de l'autorisation de mise sur le marché de ce médicament la lui a communiquée à cet effet. Le laboratoire est seul responsable de l'exactitude des informations fournies.

Le présent article *(L. nº 2013-1203 du 23 déc. 2013, art. 47-I-2º-c)* « , à l'exception du troisième alinéa, » s'applique également aux médicaments présentant des caractéristiques communes par rapport à un médicament de référence mais ne répondant pas à la définition du médicament générique en raison de différences portant sur un ou plusieurs éléments de cette définition nécessitant que soient produites des données supplémentaires dans des conditions déterminées par voie réglementaire.

Art. L. 5121-10-3 *(L. nº 2011-2012 du 29 déc. 2011, art. 42)* Le titulaire d'un droit de propriété intellectuelle protégeant l'apparence et la texture des formes pharmaceutiques orales d'une spécialité de référence au sens de l'article L. 5121-1 ne peut interdire que les formes pharmaceutiques orales d'une spécialité générique susceptible d'être substituée à cette spécialité en application de l'article L. 5125-23 présentent une apparence et une texture identiques ou similaires.

BIBL. ► CHATRY, La neutralisation des droits de propriété intellectuelle : l'exemple des médicaments, un exemple à suivre, *Propr. ind., mars 2013, nº 3, étude 2.* – AZÉMA, Limites à la protection des marques figuratives dans le domaine pharmaceutique, *RTD com. 2013. 69*.

COMMENTAIRE

V. Commentaire reproduit sur Dalloz.fr.

Marque tridimensionnelle. La forme caractéristique d'un produit ou de son conditionnement peut faire l'objet d'une protection en tant que marque tridimensionnelle, en application de l'art. L. 711-1 CPI : encore faut-il que cette forme ne soit pas attribuable au seul résultat technique recherché. • Com. 21 janv. 2004, *Sté Labo. Irex c/ Sté produits Roche : Bull. civ. IV, nº 14 ; D. 2004. 1015, note Schahl et Bresson* (à propos de la forme en bâtonnets quadri sécables du Lexomil). ♦ La cour de renvoi a estimé que le caractère quadri sécable du comprimé n'était pas imposé par la forme ou la nature du produit et que, par conséquent, la marque tridimensionnelle, n'étant ni nécessaire, ni usuelle, ni fonctionnelle, était parfaitement valable. • Versailles, 27 sept. 2005, nº 04/01720.

Art. L. 5121-11 L'autorisation de mise sur le marché prévue par l'article L. 5121-8 ne peut être attribuée pour un médicament dérivé du sang que lorsqu'il est préparé à partir de sang ou de composants du sang prélevés dans les conditions définies aux articles L. 1221-3 à L. 1221-7.

(L. nº 2014-201 du 24 févr. 2014, art. 6-III) « Dans des conditions déterminées par voie réglementaire, un médicament mentionné au premier alinéa peut être marqué d'un pictogramme "Label éthique" indiquant qu'il est issu de sang ou de composants du sang prélevés dans les conditions définies aux articles L. 1221-3 à L. 1221-7. »

Toutefois, à titre exceptionnel, une autorisation de mise sur le marché peut, par dérogation, être délivrée à un médicament préparé à partir de sang ou de composants de sang prélevés dans des conditions non conformes au second alinéa de l'article L. 1221-3 ou aux articles L. 1221-6 et L. 1221-7 si ce médicament apporte une amélioration en termes d'efficacité ou de sécurité thérapeutiques ou si des médicaments équivalents ne sont pas disponibles en quantité suffisante pour satisfaire les besoins sanitaires. Dans ce cas, l'autorisation de mise sur le marché est délivrée pour une

durée de deux ans qui ne peut être renouvelée qu'en cas de persistance des conditions susnommées.

COMMENTAIRE

V. Commentaire reproduit sur Dalloz.fr.

Droit de l'Union. Considérée isolément, une obligation selon laquelle le don de sang doit avoir été effectué sans donner lieu à aucun remboursement des frais exposés par le donneur n'est, en tout état de cause, pas nécessaire pour garantir la qualité et la sécurité du sang et des composants sanguins : n'est donc pas conforme au principe de la libre circulation une réglementation nationale prévoyant que l'importation de sang ou de composants sanguins en provenance d'un autre État membre n'est licite qu'à la condition, également applicable aux produits nationaux, que les dons de sang à partir desquels ces produits ont été préparés aient été effectués non seulement sans que les donneurs aient bénéficié d'une rémunération, mais également sans que ces derniers aient obtenu un remboursement des frais exposés. • CJUE 9 déc. 2010, *Humanplasma,* nº C-421/09 : *Rec. CJUE 12869 ; Europe févr. 2011, p. 17, comm. Rigaux ; JDI 2011. 525, note Berr.*

Art. L. 5121-12 *(L. nº 2011-2012 du 29 déc. 2011, art. 26-I)* **I. — Les articles L. 5121-8 et L. 5121-9-1 ne font pas obstacle à l'utilisation, à titre exceptionnel, de certains médicaments destinés à traiter des maladies graves ou rares, en l'absence de traitement approprié, lorsque la mise en œuvre du traitement ne peut pas être différée et que l'une des conditions suivantes est remplie :**

1° L'efficacité et la sécurité de ces médicaments sont fortement présumées au vu des résultats d'essais thérapeutiques auxquels il a été procédé en vue d'une demande d'autorisation de mise sur le marché qui a été déposée ou que l'entreprise intéressée s'engage à déposer dans un délai déterminé *(L. nº 2016-1827 du 23 déc. 2016, art. 97-II)* **« , dont la valeur maximale est fixée par décret » ;**

2° Ces médicaments, le cas échéant importés, sont prescrits, sous la responsabilité d'un médecin, à un patient nommément désigné et ne pouvant participer à une recherche impliquant la personne humaine dès lors qu'ils sont susceptibles de présenter un bénéfice pour lui et que leur efficacité et leur sécurité sont présumées en l'état des connaissances scientifiques. Le médecin prescripteur doit justifier que le patient, son représentant légal ou la personne de confiance qu'il a désignée en application de l'article L. 1111-6 a reçu une information adaptée à sa situation sur l'absence d'alternative thérapeutique, les risques courus, les contraintes et le bénéfice susceptible d'être apporté par le médicament. La procédure suivie est inscrite dans le dossier médical.

II. — L'utilisation des médicaments mentionnés au I est autorisée, pour une durée limitée, éventuellement renouvelable par l'Agence nationale de sécurité du médicament et des produits de santé, à la demande du titulaire des droits d'exploitation du médicament dans le cas prévu au 1° du I ou à la demande du médecin prescripteur dans le cas prévu au 2° du même I.

III. — Une demande au titre du 2° du I n'est recevable que si l'une des conditions suivantes est remplie :

1° Le médicament a fait l'objet d'une demande au titre du 1° du même I ;

2° Le médicament a fait l'objet d'une demande d'autorisation de mise sur le marché mentionnée à l'article L. 5121-8 ou d'une demande d'autorisation de mise sur le marché délivrée par l'Union européenne en application du règlement (CE) nº 726/2004 du Parlement européen et du Conseil du 31 mars 2004 établissant des procédures communautaires pour l'autorisation et la surveillance en ce qui concerne les médicaments à usage humain et à usage vétérinaire, et instituant une Agence européenne des médicaments ;

3° Des essais cliniques sont conduits en France ou une demande d'essai clinique a été déposée ;

4° Le titulaire des droits d'exploitation s'engage à déposer, dans un délai déterminé par l'agence, une des demandes mentionnées aux 1° et 2° du présent III.

En cas de rejet de l'une de ces demandes, l'autorisation mentionnée au 2° du I accordée sur son fondement est retirée pour les indications thérapeutiques sollicitées dans la demande.

IV. — Par dérogation aux dispositions du III, une autorisation demandée au titre du 2° du I peut être accordée dans l'un des cas suivants :

1° Lorsque, en l'état des thérapeutiques disponibles, des conséquences graves pour le patient sont très fortement probables ;

2° Lorsque le médicament a fait l'objet d'un arrêt de commercialisation, si l'indication thérapeutique sollicitée est différente de celle de l'autorisation du médicament ayant fait l'objet de cet arrêt et qu'il existe de fortes présomptions d'efficacité et de sécurité du médicament dans l'indication thérapeutique sollicitée ;

3° Si, dans l'indication thérapeutique sollicitée, le titulaire des droits d'exploitation du médicament s'est vu refuser une demande pour un médicament mentionné au 1° du I ou si une demande d'autorisation d'essai clinique mentionnée au III a été refusée, sous condition d'une information du patient et du praticien sur les motifs du refus de la demande et sous réserve d'un bénéfice individuel pour le patient.

V. — Sauf si elle est accordée conformément au IV, l'autorisation est subordonnée à la conclusion, entre l'agence et le titulaire des droits d'exploitation du médicament, d'un protocole d'utilisation thérapeutique et de recueil d'informations concernant l'efficacité, les effets indésirables, les conditions réelles d'utilisation ainsi que les caractéristiques de la population bénéficiant du médicament ainsi autorisé.

Ce recueil d'informations concerne notamment les personnes appartenant à des populations non ou insuffisamment représentées, au regard des populations amenées à faire usage de ces médicaments, au sein des essais thérapeutiques auxquels il a été procédé en vue d'une demande d'autorisation de mise sur le marché.

Pour les médicaments autorisés au titre du même IV, les prescripteurs transmettent à l'agence, à l'expiration de l'autorisation et, le cas échéant, à l'occasion de chaque renouvellement, des données de suivi des patients traités. La nature de ces données est précisée par l'autorisation.

Ces autorisations peuvent également être subordonnées par l'Agence nationale de sécurité du médicament et des produits de santé à la mise en place d'un protocole d'utilisation thérapeutique et de recueil d'informations.

VI. — L'autorisation mentionnée au II peut être suspendue ou retirée si les conditions prévues au présent article ne sont plus remplies ou pour des motifs de santé publique.

BIBL. ▶ Degrassat-Théas, Les dispositifs encadrant l'accès aux médicaments innovants à l'hôpital, *RDSS 2015. 133*. – Maillols-Perroy, L'accès précoce aux médicaments : l'effet commun de mécanismes aux objectifs distincts, *RGDM 2015. Pan. droit pharmaceutique, n° spécial, p. 305*.

COMMENTAIRE

V. Commentaire reproduit sur Dalloz.fr.

1. Contrôle de légalité. Sur la demande de suspension d'une autorisation temporaire d'utilisation (ATU) délivrée, pour garantir l'approvisionnement régulier des établissements de santé, à la suite de l'annulation d'une AMM obtenue selon une procédure abrégée illégale, V. • CE, réf., 28 juin 2004, *Sté AGA AB et Sté Ino Therapeutics*, n° 268425 (affaire du Kinox). ♦ Sur le fond, le Conseil d'État a estimé que la quasi-totalité des services hospitaliers utilisateurs en France de mo*noxy*de d'azote s'approvisionnait en Kinox et que les sociétés concurrentes *n'auraient pas* été capables d'assurer pleinement l'approvisionnement avec leur spécialité Inomax : dès lors, pour faire face à un tel risque d'interruption des traitements en cours, l'agence a pu légalement délivrer les ATU à une spécialité dont l'AMM avait été annulée. • CE 11 avr. 2005, *Sté AGA AB et Sté Ino Therapeutics*, n° 268426.

2. Usage compassionnel. La Cour européenne des droits de l'homme a jugé qu'un État ne contrevient pas aux stipulations de la Convention européenne de sauvegarde des droits de l'homme, lorsqu'il refuse à ses ressortissants atteints de cancer en phase terminale la possibilité d'utiliser des médicaments non autorisés dans les autres États ou simplement utilisés dans quelques États à titre compassionnel pour des « raisons humanitaires » : en refusant l'accès à un produit, même potentiellement susceptible de leur sauver la vie, dont l'innocuité et l'efficacité n'ont pas été prouvées, rien n'indique que les autorités ont directement augmenté les souffrances physiques des requérants de telle sorte que l'on puisse qualifier ce comportement de traitement inhumain. • CEDH 13 nov. 2012, *Hristozov et a. c/ Bulgarie : n°s 47039/11 et 358/12.*

3. Droit de l'Union. La possibilité offerte aux États membres, par l'art. 5 de la Dir. 2001/83/CE du 6 nov. 2001, de déroger à la procédure de l'AMM afin de répondre à leurs besoins spéciaux ne saurait concerner que des situations dans lesquelles le médecin estime que l'état de santé de ses patients requiert l'utilisation d'un médicament dont il n'existe pas d'équivalent autorisé sur le marché national ou qui se trouve indisponible sur ce marché et non pas, pour des motifs purement financiers, des médicaments ayant les mêmes substances actives, le même dosage et la même forme pharmaceutique que ceux que le médecin traitant estime devoir prescrire. • CJUE 29 mars 2012, *Commission c/ Pologne*, n° C-185/10 • CJUE 11 avr. 2013, *Novartis Pharma*, n° C-535/11.

Art. L. 5121-12-1 *(L. n° 2011-2012 du 29 déc. 2011, art. 18-I) (L. n° 2014-892 du 8 août 2014, art. 10-I-1°)* « **I. — Une spécialité pharmaceutique peut faire l'objet d'une prescription non conforme à son autorisation de mise sur le marché en l'absence de spécialité de même principe actif, de même dosage et de même forme pharmaceutique disposant d'une autorisation de mise sur le marché ou d'une autorisation temporaire d'utilisation dans l'indication ou les conditions d'utilisation considérées, sous réserve qu'une recommandation temporaire d'utilisation établie par l'Agence nationale de sécurité du médicament et des produits de santé sécurise l'utilisation de cette spécialité dans cette indication ou ces conditions d'utilisation et que le prescripteur juge indispensable le recours à cette spécialité pour améliorer ou stabiliser l'état clinique de son patient.**

« **En l'absence de recommandation temporaire d'utilisation dans l'indication ou les conditions d'utilisation considérées, une spécialité pharmaceutique ne peut faire l'objet d'une prescription non conforme à son autorisation de mise sur le marché qu'en l'absence d'alternative médicamenteuse appropriée disposant d'une autorisation de mise sur le marché ou d'une autorisation temporaire d'utilisation et sous réserve que le prescripteur juge indispensable, au regard des données acquises de la science, le recours à cette spécialité pour améliorer ou stabiliser l'état clinique de son patient.**

« **II. — Les recommandations temporaires d'utilisation mentionnées au I sont établies pour une durée maximale de trois ans, renouvelable. Elles sont mises à la disposition des prescripteurs par le titulaire de l'autorisation de mise sur le marché ou par l'entreprise qui assure l'exploitation de la spécialité concernée.** »

III. — Le prescripteur informe le patient que la prescription de la spécialité pharmaceutique n'est pas conforme à son autorisation de mise sur le marché, *(L. n° 2014-892 du 8 août 2014, art. 10-I-2°-a)* « **le cas échéant, de l'existence d'une recommandation temporaire d'utilisation,** » **des risques encourus et des contraintes et des bénéfices susceptibles d'être apportés par le médicament et porte sur l'ordonnance la mention : "Prescription hors autorisation de mise sur le marché"** *(L. n° 2014-892 du 8 août 2014, art. 10-I-2°-b)* « **ou, le cas échéant, "Prescription sous recommandation temporaire d'utilisation"** ».

Il informe le patient sur les conditions de prise en charge, par l'assurance maladie, de la spécialité pharmaceutique prescrite *(L. n° 2014-892 du 8 août 2014, art. 10-2°-c)* « **dans l'indication ou les conditions d'utilisation considérées** ».

Il motive sa prescription dans le dossier médical du patient.

IV. — Les recommandations temporaires d'utilisation mentionnées au I sont établies après information du titulaire de l'autorisation de mise sur le marché.

Les recommandations temporaires d'utilisation sont élaborées dans des conditions fixées par décret en Conseil d'État. Concernant les maladies rares, l'agence visée à l'article L. 5311-1 élabore les recommandations temporaires d'utilisation en s'appuyant notamment sur les travaux des professionnels de santé prenant en charge ces pathologies et, le cas échéant, les résultats des essais thérapeutiques et les protocoles nationaux de diagnostics et de soins.

Ces recommandations sont assorties d'un *(L. n° 2014-892 du 8 août 2014, art. 10-I-3°-a)* « **protocole de suivi des patients, qui précise les conditions de** » **recueil des informations concernant l'efficacité, les effets indésirables et les conditions réelles d'utilisation de la spécialité par le titulaire de l'autorisation de mise sur le marché ou l'entreprise qui l'exploite** *(Abrogé par L. n° 2014-892 du 8 août 2014, art. 10-I-3°-b)* « **,** ***dans des conditions précisées par une convention conclue avec l'agence*** ». *(L. n° 2014-892 du 8 août 2014, art. 10-I-3°-c)* « **Le protocole** » **peut comporter l'engagement, par le titulaire de l'autorisation, de déposer dans un délai déterminé une demande de modification de cette autorisation.**

BIBL. ▶ Debarre, Prescription de médicament hors autorisation de mise sur le marché : fondements, limites, nécessités et responsabilités, *LEH Édition, 2017*. – Degrassat-Théas et Bocquet, Les recommandations temporaires d'utilisation pour les médicaments ou comment concilier enjeux de santé publique et enjeux économiques ?, *Méd. et droit 2016, n° 137, p. 48.* – Degrassat-Théas et Peigné, Les vicissitudes juridiques des recommandations temporaires d'utilisation des médicaments, *RDSS 2015. 289*. – Paubel, Recommandations temporaires d'utilisation : encore des évolutions, *JDSAM 2014, n° 4, p. 41* ; Recommandations temporaires d'utilisation : les premières publications deux ans après la loi du 29 décembre 2011, *ibid., n° 3, p. 51.* – Vioujas, L'encadrement des prescriptions hors AMM par les recommandations temporaires d'utilisation : d'une arme « anti-Mediator » à un instrument « anti-Roche », *RGDM 2014, Panorama de droit pharmaceutique 2013, n° spécial, p. 71.* – Mascret, L'encadrement du hors AMM en France : bilan juridique de la recommandation temporaire d'utilisation deux ans après l'adoption de la loi de sécurité sanitaire, *LPA 8 avr. 2014, p. 4* ; Les nouvelles règles du jeu en matière de prescription hors AMM et ses conséquences au regard du facteur économique, *ibid. 6 déc. 2012, p. 4.* – Maillols-Perroy et Hénin, La prescription hors AMM : une liberté « conditionnelle », *RGDM 2011, n° 41, p. 169.* – Laude, Dans la tourmente du Mediator : prescription hors AMM et responsabilités, *D. 2011. Chron. 253*. – Peigné, Prescription hors AMM : responsabilité au regard du risque accepté par le patient dûment informé, *Concours méd., 24 juin 2008, p. 618.* – Cahen, De la liberté de prescription des médecins à l'hôpital en dehors du cadre des autorisations de mise sur le marché des médicaments, *RDSS 2008. 96*. – Casagrande, Les prescriptions hors AMM en cancérologie : point de vue juridique, *Oncologie, 2005, vol. 7, n° 2, p. 128.* – Bégué, La prescription de médicaments hors AMM, *Méd. et droit mai-juin 2003, n° 60, p. 85.* – Décaudin et Vion, Approche réglementaire des différents moyens d'exécuter une prescription de médicament hors AMM en pharmacie hospitalière : exemple du GHB, *Méd. et droit, mai-juin 2003, n° 60, p. 95.* – Laure et Binsinger, Les médicaments détournés, *coll. Abrégés, Masson, 2003.* – Daburon, Prescriptions hors AMM : une transgression nécessaire, *LPA 30 avr. 2001, p. 6.* – Fouassier, Callaert, Van den Brink et Danan, Quel cadre juridique pour les prescriptions hors AMM en pédiatrie ?, *Méd. et droit nov.-déc. 1999, n° 39, p. 10.* – Gusté et Durandeau, Médicaments hors prescription : bilan et perspectives, *Nouv. pharm. 1998, n° 361, p. 465.* – Laude, La responsabilité du médecin en cas de prescription hors AMM, *Concours méd., 3 mai 1997, p. 1208.*

COMMENTAIRE

V. Commentaire reproduit sur Dalloz.fr.

1. Responsabilité disciplinaire. Une prescription hors AMM n'est pas, en soi, illégale : elle ne saurait, à elle seule, caractériser une faute disciplinaire. • CE 19 juill. 2011, n° 334546 • 26 oct. 2011 : *n°s 329295 et 329296.* ♦ Il appartient à la juridiction ordinale de préciser en quoi la thérapeutique employée fait effectivement courir un risque injustifié au patient. • CE 4 sept. 2000, n° 184498. ♦ Une prescription qui n'est pas réalisée dans l'intérêt du patient expose le médecin à une sanction disciplinaire... • CE 27 oct. 1972, *Neau : Lebon T. 1216.* ♦ ... Notamment si les médicaments en cause (anticancéreux) sont cytotoxiques. • CE 7 mars 2008, n° 298767. ♦ Le comportement du pharmacien, au regard du caractère anormal et répétitif des prescriptions émanant du même médecin, du nombre de patients concernés, des quantités de médicaments en cause, des dangers auxquels leur délivrance exposait les patients, et du fait que le médecin prescripteur, contacté, s'était borné à confirmer de manière générale et impersonnelle le bien-fondé de ses prescriptions, est susceptible de constituer une faute disciplinaire, échappant en l'occurrence au champ d'une loi d'amnistie. • CE 11 mai 2007, *CPAM des Bouches-du-Rhône*, n°s 289518 et 289520 : *Lebon T. 1055*.

2. Responsabilité civile. La faute civile du praticien ne saurait se déduire de la seule absence d'AMM et des effets indésirables du médicament, dès lors que le traitement prescrit est reconnu pour son efficacité et que, s'il s'accompagne de complications connues, il n'est pas établi que les données de la science ne puissent y remédier. • Civ. 1re, 18 sept. 2008 : *Gaz. Pal. 28-30 déc. 2008, p. 58, note Célestin.* ♦ Le non-respect par un médecin du devoir d'information dont il est tenu envers son patient cause à ce dernier un préjudice autonome justifiant à lui seul une réparation, alors même que la prescription hors AMM était pratiquée couramment et sans risque connu. • Civ. 1re, 12 juin 2012 : *D. 2012. 1794, note Laude ; Gaz. Pal. 18-19 juill. 2012, p. 11, note Bacache ; LPA 30-31 août 2012, p. 6, note Prieur.*

3. Prise en charge. La prescription d'une spécialité à base de sulfate de morphine (Skenan), en tant que produit de substitution dans le traitement de la toxicomanie, n'entre pas dans les indications thérapeutiques prévues par l'AMM et n'est autorisée, à titre exceptionnel, par les notes des 14 déc. 1995 et 27 juin 1996 de la DGS qu'après concertation entre le médecin traitant et le service du contrôle médical de la caisse, qui est donc fondée à demander le remboursement des prestations versées. • Civ. 2e, 3 juill. 2008, n° 07-16.354. ♦ Sur l'absence de prise en charge de la prescription de Rimonabant, médicament de seconde intention réservé aux patients obèses et diabétiques insuffisamment contrôlés par une monothérapie, en dehors des indications thérapeutiques déterminées par l'arrêté définissant le périmètre de prise en charge du médicament et ouvrant droit à son remboursement, V. • Civ. 2e, 17 mars 2011, n° 10-21.585.

4. *Incitations financières.* Jugé par le Conseil d'État que l'UNCAM avait la possibilité de recommander aux professionnels de santé, par le biais d'un accord de bon usage de soins (AcBus) concernant les antiagrégants plaquettaires, de prescrire un médicament hors AMM (aspirine), sur la base de critères économiques et scientifiques avérés, même s'il existe sur le marché d'autres produits ayant obtenu une AMM pour l'indication préconisée. • CE 31 déc. 2008, *Sté Sanofi Pharma*, n° 286279 : *Lebon 500 ; RDSS 2009. 128, concl. Courrèges* .

5. *Droit de l'Union.* La possibilité offerte aux États membres, par l'art. 5 de la Dir. 2001/83/CE du 6 nov. 2001, de déroger à la procédure de l'AMM afin de répondre à leurs besoins spéciaux, ne saurait concerner que des situations dans lesquelles le médecin estime que l'état de santé de ses patients requiert l'utilisation d'un médicament dont il n'existe pas d'équivalent autorisé sur le marché national ou qui se trouve indisponible sur ce marché et non pas, pour des motifs purement financiers, des médicaments ayant les mêmes substances actives, le même dosage et la même forme pharmaceutique que ceux que le médecin traitant estime devoir prescrire. • CJUE 29 mars 2012, *Commission c/ Pologne*, n° C-185/10 • CJUE 11 avr. 2013, *Novartis Pharma*, n° C-535/11.

6. *Droit de la concurrence.* Un médicament utilisé en dehors des conditions prévues par l'AMM peut être inclus dans le marché pertinent et entré en concurrence avec des médicaments commercialisés dans une indication couverte par leur AMM : il s'ensuit qu'une entente entre les laboratoires Roche et Novartis impliquant la diffusion d'informations trompeuses auprès des professionnels de santé et visant à les alerter sur les risques d'utilisation hors AMM de l'Avastin dans le traitement de la dégénérescence maculaire liée à l'âge, en remplacement d'un traitement par Lucentis, est constitutif d'une restriction de concurrence par objet, au sens de l'art. 101 TFUE, et ne peut bénéficier d'une exemption au titre de cet article. • CJUE 23 janv. 2018, *Hoffmann-La Roche*, n° C-179-16.

7. *Légalité des RTU.* Sur le refus de suspension de l'exécution de la RTU de l'Avastin dans l'indication du traitement de la dégénérescence maculaire liée à l'âge (DMLA), V. • CE 21 sept. 2015, *Sté Roche*, n° 392809. ♦ Le Conseil d'État a validé la légalité du Décr. n° 2014-1703 du 30 déc. 2014, considérant qu'il s'inscrivait bien dans la dérogation prévue par l'art. 5 de la Dir. 2001/83/CE du 6 nov. 2001 et qu'il ne portait atteinte ni au principe constitutionnel de protection de la santé humaine, ni à celui de la liberté d'entreprendre, ni au principe général de confiance légitime. • CE 29 juin 2016, *LEEM, Sté Roche et Sté Novartis Pharma*, n° 387890 : *Lebon ; RDSS 2016. 746, note Peigné* . ♦ Sur le rejet de l'exception d'illégalité des dispositions réglementaires relatives aux RTU et sur le rejet du recours en annulation dirigé contre la décision du directeur de l'ANSM établissant une RTU pour la spécialité Avastin. • CE 24 févr. 2017, *Sté Novartis Pharma et a.*, n° 392459 : *Lebon*.

Art. L. 5121-12-2 *(Ord. n° 2018-20 du 17 janv. 2018, art. 20)* **I. — Pour répondre à des besoins spécifiques de la défense, le ministre de la défense peut autoriser le service de santé des armées à utiliser une spécialité pharmaceutique en dehors des conditions de prescription et de délivrance fixées par son autorisation de mise sur le marché, après avis du directeur général de l'Agence nationale de sécurité du médicament et des produits de santé.**

II. — Pour répondre à des besoins spécifiques des structures d'intervention à vocation médicale ou chirurgicale chargées de la sécurité civile lorsqu'elles concourent à des missions de sécurité nationale, le ministre de l'intérieur peut autoriser ces structures à utiliser une spécialité pharmaceutique en dehors des conditions de prescription et de délivrance fixées par son autorisation de mise sur le marché, après avis du directeur général de l'Agence nationale de sécurité du médicament et des produits de santé.

III. — Les conditions d'application du présent article sont fixées par décret en Conseil d'État.

COMMENTAIRE

V. Commentaire reproduit sur Dalloz.fr.

Art. L. 5121-13 **Ne sont pas soumis à l'autorisation de mise sur le marché prévue à l'article L. 5121-8, les médicaments homéopathiques qui satisfont à toutes les conditions énumérées ci-dessous :**

1° Administration par voie orale ou externe ;

2° Absence d'indication thérapeutique particulière sur l'étiquetage ou dans toute information relative au médicament ;

3° Degré de dilution garantissant l'innocuité du médicament ; en particulier, le médicament ne peut contenir ni plus d'une partie par 10 000 de la teinture mère, ni plus d'un centième de la plus petite dose utilisée éventuellement en allopathie, pour les principes actifs dont la présence dans un médicament allopathique entraîne l'obligation de présenter une prescription médicale.

Toutefois, ces médicaments homéopathiques doivent faire l'objet, avant leur commercialisation ou leur distribution à titre gratuit ou onéreux, en gros ou au détail, d'un enregistrement auprès de *(L. n° 2011-2012 du 29 déc. 2011, art. 5-IV)* « l'Agence nationale de sécurité du médicament et des produits de santé ». Cet enregistrement peut être refusé, suspendu ou supprimé si les conditions prévues au présent article ne sont pas remplies ou en cas de danger pour la santé publique.

L'enregistrement précise la classification en matière de délivrance du médicament.

COMMENTAIRE

V. Commentaire reproduit sur Dalloz.fr.

1. Droit de l'Union. Jugé que le législateur est allé au-delà de ce que permet la Dir. 92/73/CEE du 22 sept. 1992 relative aux médicaments homéopathiques (reprise dans la Dir. 2001/83/CE du 6 nov. 2001 instituant un code communautaire des médicaments à usage humain), en étendant le champ d'application de la procédure simplifiée d'enregistrement : le Conseil d'État a donc écarté les dispositions de l'ancien art. L. 601-4 CSP, jugées incompatibles avec la directive, pour valider le Décr. n° 98-52 du 28 janv. 1998, relatif aux conditions de mise sur le marché des médicaments homéopathiques, lequel, s'il ne répondait pas aux exigences législatives qui conditionnaient sa mise en œuvre, était néanmoins conforme au droit communautaire. • CE 24 févr. 1999, *Assoc. de patients de la médecine d'orientation anthroposophique*, n° 195354 : *Lebon 29 ; AJDA 1999. 823, note Ricci ; Nouv. pharm. 1999, n° 364, p. 395, note Boissard.*

2. Principe de précaution. Sur la suspension de la mise sur le marché de médicaments homéopathiques préparés à partir de souches de luesinum, medorrhinum, morbilium, pertussinum et psorinum, V. • CE 30 juin 1999, *Germain : Lebon T. 1028* • 17 déc. 1999, *Gootjes*, n° 202871 • 28 févr. 2000, *Galceran-Jennet*, n° 203010 (évoquant les précautions qui s'imposent en matière de santé publique, le Conseil d'État valide, en s'en tenant à un contrôle restreint, la suspension de mise sur le marché de médicaments homéopathiques fabriqués à partir de souches d'origine humaine, au regard des risques de transmission de virus conventionnels et d'agents pathologiques non conventionnels).

3. Médicaments anthroposophiques. Les médicaments anthroposophiques, décrits dans une pharmacopée officielle et préparés selon une méthode homéopathique, sont assimilables, au plan de l'enregistrement ou de l'autorisation de mise sur le marché, à des médicaments homéopathiques. Ils ne peuvent donc être commercialisés qu'à la condition qu'ils aient été autorisés selon l'une des procédures nationales d'autorisation ou d'enregistrement des médicaments à usage humain, en vue de leur mise sur le marché dans les États membres. • CJCE 20 sept. 2007, *Pays-Bas c/ Anthroposana*, n° C-84/06 : *Rec. CJCE 7609.*

4. Procédure d'enregistrement. Jugé par la Cour de justice que le droit de l'Union s'oppose à une disposition nationale qui exclut de la procédure d'enregistrement simplifiée un médicament composé de plusieurs substances homéopathiques connues lorsque son utilisation, en tant que médicament homéopathique, n'est pas généralement connue. • CJCE 12 mai 2005, *Meta Fackler*, n° C-444/03 : *Rec. CJCE 3913.*

Art. L. 5121-14 *L'enregistrement* prévu à l'article L. 5121-13 peut couvrir une série de médicaments homéopathiques obtenus à partir de la ou des mêmes souches homéopathiques.

La demande d'enregistrement doit être accompagnée de documents permettant de démontrer la qualité et l'homogénéité des lots de fabrication de ces médicaments homéopathiques. — *[Anc. art. L. 601-5].*

Art. L. 5121-14-1 *(Ord. n° 2007-613 du 26 avr. 2007, art. 2-I)* Ne sont pas soumis à l'autorisation de mise sur le marché les médicaments traditionnels à base de plantes qui remplissent les critères suivants :

1° Ils sont conçus pour être utilisés sans l'intervention d'un médecin à des fins de diagnostic, de prescription ou de suivi du traitement ;

2° Ils sont exclusivement destinés à être administrés selon un dosage et une posologie spécifiés ;

3° Ils sont administrés par voie orale, externe ou par inhalation ;

4° La durée d'usage traditionnel est écoulée ;

5° Les données sur l'usage traditionnel du médicament sont suffisantes.

Ces médicaments font l'objet, avant leur mise sur le marché ou leur distribution à titre gratuit, d'un enregistrement auprès de *(L. n° 2011-2012 du 29 déc. 2011, art. 5-IV)* « l'Agence nationale de sécurité du médicament et des produits de santé ».

Toutefois, si l'agence considère qu'un médicament traditionnel à base de plantes relève, compte tenu de ses caractéristiques, du régime de l'autorisation de mise sur le marché ou de celui de l'enregistrement de médicament homéopathique, l'enregistrement prévu à l'alinéa précédent n'est pas applicable.

Il est procédé à cet enregistrement si les critères mentionnés ci-dessus sont remplis et si le demandeur est établi dans un État membre de *(Ord. n° 2010-177 du 23 févr. 2010, art. 26-10°)* « l'Union européenne » ou partie à l'accord sur l'Espace économique européen. Il peut être refusé en cas de danger pour la santé publique.

L'enregistrement est effectué pour une durée de cinq ans. Il peut être renouvelé, le cas échéant sans limitation de durée, dans des conditions fixées par décret en Conseil d'État. Ce décret détermine également les conditions dans lesquelles il peut devenir caduc.

L'enregistrement peut être modifié par *(L. n° 2011-2012 du 29 déc. 2011, art. 5-IV)* « l'Agence nationale de sécurité du médicament et des produits de santé ».

L'enregistrement peut être suspendu ou retiré par l'agence si les critères et les conditions auxquelles il est subordonné ne sont plus remplis ou en cas de danger pour la santé publique.

L'accomplissement des formalités prévues au présent article n'a pas pour effet d'exonérer le fabricant et, s'il est distinct, le titulaire de l'enregistrement, de la responsabilité que l'un ou l'autre peut encourir dans les conditions du droit commun en raison de la fabrication ou de la mise sur le marché du médicament.

COMMENTAIRE

V. Commentaire reproduit sur Dalloz.fr

Art. L. 5121-14-2 *(L. n° 2011-2012 du 29 déc. 2011, art. 22)* I. — Sans préjudice des décisions de modification, de suspension ou de retrait d'autorisation de mise sur le marché, l'Agence nationale de sécurité du médicament et des produits de santé peut, dans l'intérêt de la santé publique, interdire la prescription et la délivrance d'une spécialité pharmaceutique et la retirer du marché dans des conditions déterminées par décret en Conseil d'État, et notamment pour l'un des motifs suivants :

1° La spécialité est nocive ;

2° Le médicament ne permet pas d'obtenir de résultats thérapeutiques ;

3° Le rapport entre les bénéfices et les risques n'est pas favorable ;

4° La spécialité n'a pas la composition qualitative et quantitative déclarée ;

5° Les contrôles sur la spécialité ou sur les composants et les produits intermédiaires de la fabrication n'ont pas été effectués ou une autre exigence ou obligation relative à l'octroi de l'autorisation de fabrication n'a pas été respectée.

II. — L'agence peut limiter l'interdiction de délivrance et le retrait du marché aux seuls lots de fabrication le nécessitant.

Pour une spécialité pharmaceutique dont la délivrance a été interdite ou qui a été retirée du marché, l'agence peut, dans des circonstances exceptionnelles et pour une période transitoire, autoriser la délivrance de la spécialité à des patients qui sont déjà traités avec elle, dans des conditions déterminées par décret en Conseil d'État.

III. — La décision prévue au I est rendue publique sans délai, aux frais du titulaire de l'autorisation de mise sur le marché, par tous moyens permettant une large diffusion auprès du grand public et des professionnels et *[des]* établissements de santé. Le refus de prendre cette décision est également rendu public dans les mêmes conditions aux frais de l'agence.

COMMENTAIRE

V. Commentaire reproduit sur Dalloz.fr.

Art. L. 5121-14-3 *(L. nº 2011-2012 du 29 déc. 2011, art. 31)* **L'entreprise qui exploite une spécialité pharmaceutique contribue au bon usage de cette dernière en veillant notamment à ce que la spécialité soit prescrite dans le respect de son autorisation de mise sur le marché mentionnée à l'article L. 5121-8 et, le cas échéant, des recommandations temporaires d'utilisation mentionnées à l'article L. 5121-12-1, de son autorisation temporaire d'utilisation mentionnée à l'article L. 5121-12, de son enregistrement mentionné aux articles L. 5121-13 ou L. 5121-14-1, de son autorisation mentionnée à l'article L. 5121-9-1 ou de son autorisation d'importation parallèle mentionnée à l'article L. 5121-17.**

Elle prend toutes les mesures d'information qu'elle juge appropriées à l'attention des professionnels de santé relevant de la quatrième partie du présent code lorsqu'elle constate des prescriptions non conformes au bon usage de cette spécialité tel que défini au premier alinéa et en avise sans délai l'Agence nationale de sécurité du médicament et des produits de santé.

Art. L. 5121-15 à L. 5121-17 *Abrogés par L. nº 2011-1906 du 21 déc. 2011, art. 26-I-8º.*

Art. L. 5121-18 *(L. nº 2011-1906 du 21 déc. 2011, art. 26-I-1º)* **Les redevables** *(L. nº 2013-1203 du 23 déc. 2013, art. 12-III)* **« de la contribution prévue au I de l'article L. 245-6 »** *(L. nº 2014-1554 du 22 déc. 2014, art. 15-IV)* **« et de la contribution prévue à l'article L. 245-5-5-1 du code de la sécurité sociale » adressent à l'agence mentionnée à l'article L. 5311-1 du présent code et au comité économique des produits de santé, au plus tard le 31 mars de chaque année, une déclaration fournissant des informations relatives aux ventes réalisées au cours de l'année civile précédente pour les médicaments, produits de santé, dispositifs médicaux et dispositifs médicaux de diagnostic *in vitro* donnant lieu au paiement de chacune de ces taxes** *(L. nº 2013-1203 du 23 déc. 2013, art. 12-III)* **« ou contributions », ainsi qu'à leur régime de prise en charge ou de remboursement. Les déclarations sont établies conformément aux modèles fixés par décision du directeur général de l'agence mentionnée au même article L. 5311-1.** *(Abrogé par L. nº 2015-1785 du 29 déc. 2015, art. 27-II)* ***« Les redevables de la taxe prévue à l'article 1600-0 P du code général des impôts adressent, au plus tard le 31 mars de chaque année, à l'agence mentionnée à l'article L. 5311-1 du présent code une déclaration établie conformément au modèle fixé par décision du directeur de l'agence mentionnée au même article L. 5311-1, fournissant des informations relatives aux ventes réalisées au cours de l'année civile précédente pour les produits cosmétiques donnant lieu au paiement de la taxe. »***

(L. nº 2013-1203 du 23 déc. 2013, art. 12-III) **« Les ventes des médicaments exclus de l'assiette de la contribution prévue à l'article L. 245-6 du code de la sécurité sociale en application du III du même article doivent également faire l'objet de la déclaration prévue au premier alinéa du présent article par la personne qui assure en France l'exploitation, au sens de l'article L. 5124-1 du présent code, de ces médicaments.**

« Toute personne qui assure en France l'exploitation, au sens du même article L. 5124-1, et la vente en France d'un médicament ayant fait l'objet d'une autorisation temporaire d'utilisation mentionnée au 1º du I de l'article L. 5121-12 est également *tenue d'adresser* à l'agence et au comité la déclaration des ventes réalisées pour ce médicament prévue au premier alinéa du présent article. »

COMMENTAIRE

V. Commentaire reproduit sur Dalloz.fr.

1. Contrôle de légalité. Sur la légalité de la décision du directeur de l'agence fixant le modèle des déclarations prévues à l'art. L. 5121-18, V. • CE, réf., 27 avr. 2012, *Féd. des entreprises de la beauté (FEBEA)*, nº 358099 • CE 31 mai 2012, *FEBEA*, nº 358098 (les dispositions, en vertu desquelles le défaut de déclaration ou l'établissement d'une déclaration incomplète ou inexacte sont passibles d'une sanction pénale, ne sont pas applicables, dans le cadre d'une QPC, au litige relatif à la légalité de la décision du directeur de l'agence fixant le modèle des déclarations, dès lors qu'un tel litige ne porte pas sur une procédure en vue d'infliger une sanction).

2. Non-lieu à QPC. Sur le refus de renvoyer une QPC relative à la taxe annuelle sur les ventes de spécialités pharmaceutiques, V. • CE 17 janv. 2014, *Sté Lilly France,* n° 373416.

Art. L. 5121-19 *Abrogé par L. n° 2011-1906 du 21 déc. 2011, art. 26-I-8°.*

Art. L. 5121-20 **Les modalités d'application du présent chapitre sont déterminées par décret en Conseil d'État, et notamment :**

1° *(L. n° 2007-248 du 26 févr. 2007, art. 15)* **« Les critères scientifiques justifiant, le cas échéant, l'exonération des études de biodisponibilité des spécialités génériques définies au 5° de l'article L. 5121-1, la procédure d'inscription au répertoire des groupes génériques mentionné à l'article L. 5121-10, ainsi que les modalités de l'inscription dans un groupe générique existant d'une spécialité remplissant la condition pour être spécialité de référence et de la création de groupes génériques en l'absence de spécialité de référence ;**

« 2° Les conditions dans lesquelles des autorisations de mise sur le marché peuvent être considérées comme faisant partie d'une autorisation de mise sur le marché globale ;

« 3° Les règles relatives à l'étiquetage, *(Ord. n° 2012-1427 du 19 déc. 2012, art. 4)* **« le conditionnement, » la notice et la dénomination des médicaments et produits mentionnés au présent chapitre ;**

« 4° Les modalités de présentation des demandes tendant à obtenir l'autorisation de mise sur le marché prévue à l'article L. 5121-8, le contenu du dossier présenté à l'appui de ces demandes, les conditions dans lesquelles le demandeur peut être dispensé de produire certains éléments du dossier et celles dans lesquelles interviennent les décisions accordant, modifiant, renouvelant, suspendant ou supprimant ces autorisations ainsi que, après la délivrance de l'autorisation, les modalités de son actualisation ; »

5° Les justifications, y compris celles relatives à l'étiquetage des médicaments ou produits, qui doivent être fournies à l'appui des demandes d'autorisation de mise sur le marché et qui comprennent obligatoirement la vérification de l'existence des propriétés définies à l'article L. 5121-9 par des experts possédant les qualifications techniques et professionnelles fixées par le même décret ;

(L. n° 2007-248 du 26 févr. 2007, art. 15) **« 6° Les modalités de présentation des demandes tendant à obtenir l'enregistrement des médicaments homéopathiques prévu à l'article L. 5121-13, le contenu du dossier présenté à l'appui de ces demandes, ainsi que les conditions dans lesquelles interviennent les décisions accordant, modifiant, renouvelant, suspendant ou supprimant ces enregistrements ; »**

7° Les conditions d'autorisation de mise sur le marché lorsque le demandeur peut démontrer qu'il n'est pas en mesure de fournir des renseignements complets sur l'efficacité et l'innocuité du médicament selon les dispositions de l'article L. 5121-9 ;

(L. n° 2007-248 du 26 févr. 2007, art. 15) **« 8° Les modalités de présentation des demandes tendant à obtenir l'autorisation temporaire d'utilisation prévue à l'article L. 5121-12, le contenu du dossier présenté à l'appui de ces demandes, ainsi que les conditions dans lesquelles interviennent les décisions accordant, modifiant, renouvelant, suspendant ou supprimant ces autorisations ; »**

9° Les règles applicables à l'expérimentation des médicaments en vue de leur autorisation de mise sur le marché ainsi qu'aux essais organisés après la délivrance de cette autorisation ;

10° Les restrictions qui peuvent être apportées dans l'intérêt de la santé publique à la prescription et à la délivrance de certains médicaments ;

(L. n° 2007-248 du 26 févr. 2007, art. 15 ; Ord. n° 2007-613 du 26 avr. 2007, art. 4-1°) **« 11° Les règles applicables en cas de changement du titulaire de l'autorisation de mise sur le marché ou du titulaire de l'enregistrement de médicament homéopathique** ***ou du titulaire de l'enregistrement*** **de médicament traditionnel à base de plantes ; »**

(Ord. n° 2007-613 du 26 avr. 2007, art. 4-2°) **« 12° Les modalités de présentation des demandes tendant à obtenir l'enregistrement des médicaments traditionnels à base de plantes prévu à l'article L. 5121-14-1, le contenu du dossier présenté à l'appui de ces demandes, ainsi que les conditions dans lesquelles interviennent l'enregistrement et les décisions, refusant, modifiant, renouvelant, suspendant ou retirant celui-ci ; »**

(Abrogé par L. n° 2011-2012 du 29 déc. 2011, art. 28-II) « 13° *(L. n° 2007-248 du 26 févr. 2007, art. 15 ; L. n° 2009-879 du 21 juill. 2009, art. 83)* « ***Les règles applicables à la pharmacovigilance exercée sur les médicaments et sur les produits mentionnés à l'article L. 5121-1, notamment les obligations de signalement incombant aux membres des professions de santé et aux entreprises exploitant un médicament ou un produit soumis au présent titre, ainsi que les modalités de signalement d'effets indésirables effectué directement par les patients ou communiqué par les associations agréées de patients » ; »***

14° Les règles particulières applicables à la pharmacovigilance exercée sur les médicaments dérivés du sang et les autres médicaments d'origine humaine ;

15° *Abrogé par L. n° 2007-248 du 26 févr. 2007, art. 15-10°.*

16° Les règles particulières applicables aux essais pharmacologiques, toxicologiques et cliniques des médicaments homéopathiques faisant l'objet d'une autorisation de mise sur le marché, en prenant en compte la spécificité du médicament homéopathique et un usage généralement lié à la tradition ;

(L. n° 2004-800 du 6 août 2004, art. 19-III) **« 17° Les conditions dans lesquelles** *(L. n° 2011-2012 du 29 déc. 2011, art. 5-IV)* **« l'Agence nationale de sécurité du médicament et des produits de santé » délivre, modifie, suspend ou retire les autorisations mentionnées au 12° et au 13° de l'article L. 5121-1 relatives aux préparations de thérapie génique et aux préparations de thérapie cellulaire xénogénique ; »**

(L. n° 2011-302 du 22 mars 2011, art. 8-I) **« 18° Les conditions dans lesquelles l'Agence française de sécurité sanitaire des produits de santé** *[l'Agence nationale de sécurité du médicament et des produits de santé]* **délivre, modifie, suspend ou retire les autorisations relatives aux médicaments de thérapie innovante mentionnées au 17° de l'article L. 5121-1 ; »**

(L. n° 2013-1203 du 23 déc. 2013, art. 47-I-3°) **« 19° La procédure d'inscription à la liste de référence des groupes biologiques similaires mentionnée au *b* du 15° de l'article L. 5121-1 et à l'article L. 5121-10-2 ainsi que le contenu de cette liste, précisant notamment le nom des médicaments biologiques concernés, leur dosage, leur posologie et leur indication thérapeutique. »**

Art. L. 5121-21 *(L. n° 2004-800 du 6 août 2004, art. 19-III-A)* **Les dispositions du présent titre relatives aux préparations de thérapie génique et aux préparations de thérapie cellulaire xénogénique visées au 12° et au 13° de l'article L. 5121-1 s'appliquent aux hôpitaux des armées. Un décret en Conseil d'État détermine les adaptations qui peuvent être apportées, en ce qui concerne ces hôpitaux, aux procédures d'autorisation applicables aux établissements de santé.**

CHAPITRE PREMIER *BIS* PHARMACOVIGILANCE

(L. n° 2011-2012 du 29 déc. 2011, art. 28-I)

BIBL. ▶ GUERRIAUD, Pharmacovigilance européenne, un système aux multiples visages, *RGDM 2016. Pan. droit pharmaceutique, n° spécial, p. 181.* – MAILLOLS-PERROY, Le bon usage du médicament, *RGDM 2015 n° 56, p. 175.* – PEIGNÉ, Les évolutions du système français de pharmacovigilance : l'influence croissante du droit de l'Union européenne, *in* Aith et Gandolfi Dallari (dir.), *Regulaçao de medicamentos no mundo globalizado*, CEPEDISA, Universidade de Sao Paulo, 2014, p. 81. – GUERRIAUD ET HUICHARD, La déclaration de pharmacovigilance à l'épreuve du secret professionnel, *RGDM 2014, Panorama de droit pharmaceutique 2013, n° spécial, p. 239.* – BÉGAUD et COSTAGLIOLA, *Rapport sur* la surveillance et la promotion du bon usage du médicament en France, *sept. 2013.* – GRALL, Réorganisation des vigilances sanitaires, *DGS, Rapport de mission, juill. 2013.* – PAUBEL, La réforme de la pharmacovigilance par le décret n° 2012-1244 du 8 novembre 2012, *JDSAM 2013, n° 1, p. 49.* – CHEMTOB-CONCÉ, Le renforcement du système de pharmacovigilance de l'Union européenne (analyse du nouveau code réglementaire issu des dispositions de la directive 2010/84/UE et du règlement n° 1235/2010), *Méd. et droit juill.-août 2012, n° 115, P. 114.* – BENSADON, MARIE et MORELLE, Rapport sur la pharmacovigilance et la gouvernance de la chaîne du médicament, *IGAS, juin 2011.* – CHEMTOB-CONCÉ, Le renforcement du dispositif français de pharmacovigilance, *Gaz. Pal. 7 avr. 2005, p. 8* ; L'encadrement juridique de la pharmacovigilance des médicaments à usage humain dans l'Union européenne, *RGDM 2004, n° 12, p. 83.* – LAUDE, La traçabilité des produits de santé, *LPA 16 févr. 2001, p. 7.* – Agence du médicament-SNIP, Ateliers nationaux du médicament, La pharmacovigilance, *John Libbey Eurotext, 1998.* – BÉNICHOU, Guide pratique de pharmacovigilance, *éd. Pradel, 1992.* –

JUILLET et DE CRÉMIERS, Aspects réglementaires de la pharmacovigilance en France, *Inf. pharm. 1987. 206.* – MÉTADIER, La pharmacovigilance, *Inf. pharm. 1982. 1078.*

Art. L. 5121-22 **La pharmacovigilance a pour objet la surveillance, l'évaluation, la prévention et la gestion du risque d'effet indésirable résultant de l'utilisation des médicaments et produits mentionnés à l'article L. 5121-1.**

COMMENTAIRE

V. Commentaire reproduit sur Dalloz.fr.

Art. L. 5121-23 *Abrogé par Ord. nº 2017-51 du 19 janv. 2017, art. 1er-II-1º.*

Art. L. 5121-24 **Toute entreprise ou organisme exploitant un médicament ou un produit mentionnés à l'article L. 5121-1 est tenu de respecter les obligations qui lui incombent en matière de pharmacovigilance et, en particulier, de mettre en œuvre un système de pharmacovigilance ainsi que d'enregistrer, de déclarer et de suivre tout effet indésirable suspecté d'être dû à un médicament ou produit mentionnés au même article L. 5121-1 dont il a connaissance et de mettre en place des études post-autorisation mentionnées à l'article L. 5121-8-1 dans les délais impartis.**

Art. L. 5121-25 **Les médecins, chirurgiens-dentistes, sages-femmes et pharmaciens déclarent tout effet indésirable suspecté d'être dû à un médicament ou produit mentionnés à l'article L. 5121-1 dont ils ont connaissance.**

Les autres professionnels de santé, les patients et les associations agréées de patients peuvent signaler tout effet indésirable suspecté d'être dû à un médicament ou produit mentionnés au même article L. 5121-1 dont ils ont connaissance.

Art. L. 5121-26 *(Ord. nº 2017-51 du 19 janv. 2017, art. 1er-II-2º)* **« Sont » déterminées par décret en Conseil d'État** *(Ord. nº 2017-51 du 19 janv. 2017, art. 1er-II-2º)* **« les modalités d'exécution du présent chapitre », notamment** *(Ord. nº 2017-51 du 19 janv. 2017, art. 1er-II-2º)* **« les modalités d'organisation du système de pharmacovigilance exercés** *[exercées]* **sur les médicaments et sur les produits mentionnés à l'article L. 5121-1 » ainsi que les procédures de détection, de recueil et d'analyse des signaux et les procédures de suivi et de retour de l'information vers les personnes mentionnées à l'article L. 5121-25.**

CHAPITRE PREMIER *TER* ÉTUDES EN SANTÉ PUBLIQUE

(L. nº 2011-2012 du 29 déc. 2011, art. 33)

Art. L. 5121-28 *Abrogé par L. nº 2016-41 du 26 janv. 2016, art. 193-XIV.*

CHAPITRE PREMIER *QUATER* LUTTE CONTRE LES RUPTURES D'APPROVISIONNEMENT DE MÉDICAMENTS

(L. nº 2016-41 du 26 janv. 2016, art. 151-2º)

Art. L. 5121-29 **Les titulaires d'autorisation de mise sur le marché et les entreprises pharmaceutiques exploitant des médicaments assurent un approvisionnement approprié et continu du marché national de manière à couvrir les besoins des patients en France.**

A cet effet, ils approvisionnent de manière appropriée et continue tous les établissements autorisés au titre d'une activité de grossiste-répartiteur afin de leur permettre de remplir les obligations de service public mentionnées au premier alinéa de l'article L. 5124-17-2. Ils prennent toute mesure utile pour prévenir et pallier toute difficulté d'approvisionnement et permettent, en cas de rupture de stock, la mise à disposition des informations dont ils disposent aux pharmaciens d'officine, aux pharmaciens de pharmacie à usage intérieur définie à l'article L. 5126-1 et aux pharmaciens responsables ou délégués des grossistes-répartiteurs.

COMMENTAIRE

V. Commentaire reproduit sur Dalloz.fr.

Art. L. 5121-30 **La liste des médicaments d'intérêt thérapeutique majeur mentionnés à l'article L. 5121-31 pour lesquels une rupture ou un risque de rupture de stock est**

mis en évidence ou a été déclaré à l'Agence nationale de sécurité du médicament et des produits de santé dans les conditions mentionnées à l'article L. 5121-32 est fixée par décision du directeur général de l'agence et rendue publique sur son site internet. Cette décision précise, le cas échéant, si ces médicaments peuvent être vendus au public au détail par les pharmacies à usage intérieur.

Art. L. 5121-31 Pour les médicaments d'intérêt thérapeutique majeur mentionnés à l'article L. 5111-4 pour lesquels, du fait de leurs caractéristiques, la rupture ou le risque de rupture de stock présente pour les patients un risque grave et immédiat, les titulaires d'autorisation de mise sur le marché et les entreprises pharmaceutiques exploitant des médicaments élaborent et mettent en œuvre des plans de gestion des pénuries dont l'objet est, dans l'intérêt des patients, de prévenir et de pallier toute rupture de stock.

Les titulaires d'autorisation de mise sur le marché et les entreprises pharmaceutiques exploitant des médicaments élaborent et mettent en œuvre les plans de gestion des pénuries prévus au premier alinéa pour les vaccins mentionnés au *b* du 6° de l'article L. 5121-1 dont la liste est fixée par arrêté du ministre chargé de la santé.

Les titulaires d'autorisation de mise sur le marché et les entreprises pharmaceutiques exploitant des médicaments déclarent à l'Agence nationale de sécurité du médicament et des produits de santé la liste des médicaments pour lesquelles ils élaborent des plans de gestion des pénuries prévus au présent article.

Le décret prévu à l'article L. 5121-34 définit les caractéristiques de ces médicaments et un arrêté du ministre chargé de la santé, pris après avis de l'Agence nationale de sécurité du médicament et des produits de santé, précise les classes thérapeutiques auxquelles ils appartiennent.

Art. L. 5121-32 L'entreprise pharmaceutique exploitant un médicament d'intérêt thérapeutique majeur mentionné à l'article L. 5111-4 informe l'Agence nationale de sécurité du médicament et des produits de santé de tout risque de rupture de stock ou de toute rupture de stock sur ce médicament.

L'entreprise met en place, après accord de l'agence, des solutions alternatives permettant de faire face à cette situation et met en œuvre, pour les médicaments d'intérêt thérapeutique majeur mentionnés à l'article L. 5121-31, les mesures prévues dans le plan de gestion des pénuries mentionné au même article L. 5121-31.

L'entreprise prend, après accord de l'agence, les mesures d'accompagnement et d'information des professionnels de santé, ainsi que les mesures permettant l'information des patients, notamment par l'intermédiaire des associations de patients.

COMMENTAIRE

V. Commentaire reproduit sur Dalloz.fr.

Art. L. 5121-32-1 *(Ord. n° 2018-20 du 17 janv. 2018, art. 20)* Les dispositions des articles L. 5121-29 à L. 5121-32 ne sont pas applicables à la Pharmacie centrale des armées, lorsque celle-ci est titulaire d'une autorisation de mise sur le marché ou exploite un médicament.

Art. L. 5121-33 Les officines de pharmacie peuvent dispenser au détail des médicaments disposant d'une autorisation d'importation délivrée par l'Agence nationale de sécurité du médicament et des produits de santé pour pallier une rupture d'un médicament d'intérêt thérapeutique majeur sur décision du directeur général de l'agence, publiée sur son site internet.

Art. L. 5121-34 Les conditions d'application du présent chapitre sont déterminées par décret en Conseil d'État.

CHAPITRE II PUBLICITÉ

BIBL. ▸ **Sur la publicité et l'information pharmaceutiques :** Peigné, La publicité des produits de santé, *Trib. Santé, SEVE, 2014, n° 45, p. 69* ; La communication directe des laboratoires pharmaceutiques avec le public : de la police des produits au service des patients, *RDSS 2010. 221*. – Régnier et Maurain, Le contrôle de la promotion des médicaments auprès des médecins : encadrement sanitaire ou régulation économique ?, *RDSS 2010. 111*. – Desmares, Contrôle de la publicité en faveur des médicaments et recommandations, *RGDM 2009, n° 30,* *p. 63.* – GORNY, Publicité des produits de santé : panorama de jurisprudence, *LPA 30 avr. 2008, p. 7.* – MASCRET et FALLET, La conformité du droit français au droit communautaire en matière de publicité des médicaments, *LPA 23 avr. 2008, p. 6.* – LAUDE et TABUTEAU (dir.), Information et produits de santé, quelles perspectives ?, *PUF, 2006.* – GORNY, Publicité des produits de santé : le rouge est mis, *LPA 26 oct. 2006, p. 4.* – FAURAN, Aspects juridiques de la publicité et de l'information des médicaments sur internet, *Gaz. Pal. 24-26 mars 2002, p. 36.* – SARGOS, L'information sur le médicament, *JCP 1999. I. 144.* – FOUASSIER, L'obligation d'information incombant aux producteurs de spécialités pharmaceutiques, *RDSS 1999. 735*. – BAUMEVIEILLE et MAURAIN, Développement de l'information de référence et statut de la spécialité pharmaceutique remboursable, *Nouv. pharm. 1999, n° 364, p. 470.* – BAUMEVIEILLE, Analyse de l'intervention d'une norme juridique sur le bon usage du médicament, *Thèse Bordeaux II, 1997.* – VIALA, De nouvelles règles pour la publicité pharmaceutique, *RDSS 1997. 75*. – LORENZI, Information pharmaceutique et prescription médicale, *RDSS 1992. 25*. – VIALA, La réglementation de la publicité pharmaceutique : moins de contraintes, plus de responsabilité, *RDSS 1988. 254.* – MAURAIN et VIALA, La nouvelle réglementation de la publicité dans le domaine de la pharmacie, *Gaz. Pal. 1988. 1. Doctr. 80* ; Les limites juridiques de l'information thérapeutique, *JCP 1985. I. 3203.*

▸ **Sur la publicité comparative en matière de médicament :** PEIGNÉ, La promotion des médicaments génériques à l'épreuve du droit des marques, *Gaz. Pal. 14-15 janv. 2011, p. 8.* – AZÉMA, Médicament générique et référence au princeps, *D. 2008. 1524*. – GORNY, Publicité comparative et produits de santé, *Gaz. Pal. 25-27 nov. 2001, p. 39.* – ROLLET, La publicité comparative en faveur du médicament en France et aux USA. Perspectives européennes, *Thèse Paris XI, 2000.* – MARIE, Publicité comparative et médicaments : une réglementation à clarifier, *Gaz. Pal. 17 juin 1999. 1. Doctr. 905.* – HÉNIN et DEVRED, Médicaments et publicité comparative : ce qui va changer pour les laboratoires, *Gaz. Pal. 1998. 2. Doctr. 1442.* – LAUDE, La publicité comparative en matière de médicament, *RDSS 1998. 513*. – CALVO, Publicité comparative et médicaments, *LPA 22 mai 1997, p. 4.* – FALLET, Le médicament peut-il faire l'objet d'une publicité comparative ?, *Nouv. pharm. 1992, n° 338, p. 207.*

▸ **Sur la publicité en faveur des pharmacies d'officine,** V. ss. art. L. 5125-31.

▸ **Ouvrages :** HURTELOUP et OLLIVIER (dir.), Le marketing du médicament en question(s), *Vuibert, 2008.* – SERRE et WALLET-WODKA, Marketing des produits de santé, *Dunod, 2008.* – HARBOUN, Le marketing pharmaceutique, *éd. Eska, 2000.*

Art. L. 5122-1 On entend par publicité pour les médicaments à usage humain toute forme d'information, y compris le démarchage, de prospection ou d'incitation qui vise à promouvoir la prescription, la délivrance, la vente ou la consommation de ces médicaments, à l'exception de l'information dispensée, dans le cadre de leurs fonctions, par les pharmaciens gérant une pharmacie à usage intérieur.

Ne sont pas inclus dans le champ de cette définition :

— la correspondance, accompagnée le cas échéant de tout document non publicitaire, nécessaire pour répondre à une question précise sur un médicament particulier ;

— les informations concrètes et les documents de référence relatifs, par exemple, aux changements d'emballages, aux mises en garde concernant les effets indésirables dans le cadre de la pharmacovigilance, ainsi qu'aux catalogues de ventes et listes de prix s'il n'y figure aucune information sur le médicament ;

— les informations relatives à la santé humaine ou à des maladies humaines, pour autant qu'il n'y ait pas de référence même indirecte à un médicament. — *[Anc. art. L. 551].*

COMMENTAIRE

V. Commentaire reproduit sur Dalloz.fr.

I. NOTION DE PUBLICITÉ

1. Contrôle de légalité. Le cadre juridique de la publicité en faveur des médicaments résulte de la Dir. 92/28/CEE du *31 mars 1992, aujourd'hui codifiée sous les art.* 86 à 100 de la Dir. 2001/83/CE du 6 nov. 2001 instituant un code communautaire des médicaments à usage humain, modifiée par la Dir. 2004/27/CE du 31 mars 2004. ♦ La légalité du Décr. n° 96-531 du 14 juin 1996 relatif à la publicité pour les médicaments a été validée. • CE 12 juin 1998, *Assoc. des Gpts des pharmaciens d'officines : Lebon 227 ; RDSS 1998. 790, concl. Maugüé ; LPA 9 juill. 1999, p. 17, note Simonet et Viala.*

A. DROIT NATIONAL

2. Caractère positif du message. Constitue une publicité commerciale, soumise aux dispositions du Décr. n° 63-264 du 14 mars 1963, alors en vigueur, exigeant un visa ministériel préalable, l'information faite en faveur d'un médicament nommément désigné (Thiomucase) dans un article de presse s'adressant au grand public, lorsque celle-ci est de nature à l'inciter à acheter le produit. • Com. 13 janv. 1971, *Sté France Publications c/ Labo. Sodal et Ch. synd. des fabricants de produits pharmaceutiques : Bull. civ. IV, n° 11 ; JCP 1971. II. 16932, note Hauser.*

3. Caractère négatif du message. La publication d'un guide critique des médicaments les plus courants, consistant à mettre en garde le public sur les dangers plus ou moins réels ou l'inefficacité des produits, est exclue du champ de la publicité pharmaceutique. • Paris, 20 déc. 1974, *Sté éd. du Seuil et Dr. Pradal c/ Sté Labo. Delalande : D. 1975. 312, concl. Franck, note Lindon ; Gaz. Pal. 1975. 1. Doctr. 280, étude Doll ; JCP 1975. II. 18056, note Nguyen-Than-Bourgeais ; RDSS 1975. 187, obs. Auby.* ♦ V. également • CE, ass., 15 mars 1979, avis n° 324344 : *EDCE 1979. 219.*

4. Responsabilité civile. La diffusion d'informations positives, à l'initiative de l'exploitant du médicament ou même d'un tiers, constitue une publicité commerciale, dès lors soumise à un régime d'autorisation préalable (visa), alors que la diffusion d'informations négatives doit être regardée comme une information non publicitaire : cette dernière trouve cependant une limite dans le préjudice qu'elle est susceptible de causer à l'exploitant du médicament concerné. Jugé ainsi qu'une association de défense de consommateurs qui fait paraître dans la revue qu'elle édite un article, affirmant que des médicaments provoquent des tumeurs, en établissant, par une extrapolation tendancieuse, une certitude à partir d'une hypothèse scientifique tirée d'une étude sur l'animal, commet une faute de nature à engager sa responsabilité civile sur le fondement de l'art. 1382 C. civ. • Civ. 2e, 12 févr. 1986, *UFC-Que Choisir : Inf. pharm. 1986. 77, obs. Viala.* ♦ Les appréciations, même excessives, touchant les produits, les services ou les prestations d'une entreprise industrielle et commerciale n'entrent pas dans les prévisions de l'art. 29 de la loi du 29 juill. 1881 sur la presse, dès lors qu'elles ne concernent pas une personne physique ou morale : en revanche, la publication *de propos* jetant le discrédit sur des produits (psychostimulants *à base de vitamines* et d'oligoéléments) est de nature à engager la responsabilité civile de l'éditeur pour manquement à son devoir de prudence et d'objectivité. • Civ. 2e, 8 avr. 2004 : *Bull. civ. II, n° 182.*

5. Intérêt à agir. Un syndicat de médecins est irrecevable à engager contre les responsables d'un laboratoire pharmaceutique des poursuites pour infraction à la législation sur la publicité des médicaments, la réglementation ayant été édictée dans l'intérêt général de la santé publique et non de la profession médicale. • Crim. 2 juill. 1980 : *Bull. crim. n° 208 ; RDSS 1980. 507, obs. Auby.*

6. Compétence territoriale. Sur l'applicabilité de la répression pénale à l'égard de la publicité faite à l'étranger et perçue ou diffusée en France, V. • CE, ass., 2 déc. 1960, *Ch. synd. nat. des fabricants de produits pharmaceutiques : Lebon 657.* ♦ Sur la compétence des juridictions françaises pour juger du caractère déloyal d'une publicité comparative réalisée à partir d'un site internet hébergé dans un autre État membre, V. • Com. 20 mars 2012, *Sté Sanofi Aventis c/ Sté Novo Nordisk : CCC juill. 2012, n° 80, comm. Pironon* (la localisation du dommage causé en ligne peut être retenue comme critère à condition que l'information soit destinée aux internautes français et non pas seulement accessible par eux en application de la théorie de la focalisation).

7. Élément matériel du délit. Encourt la cassation l'arrêt d'une chambre correctionnelle qui prononce la relaxe d'un prévenu du chef d'infraction à la publicité des médicaments, après avoir constaté que celui-ci mettait en vente, d'une part, une brochure précisant les propriétés médicales, les indications thérapeutiques, le mode d'emploi et les contre-indications de plantes médicinales, d'autre part, des essences végétales, sous la même marque, sans rechercher si le contenu de cette brochure n'était pas de nature à constituer une publicité prohibée, • Crim. 26 janv. 1988 : *Bull. crim. n° 38.*

8. Droit de la presse. Une publication, qui consacre sa majeure partie à la diffusion d'informations médicales non avérées en l'état actuel des connaissances scientifiques et qui jette le discrédit sur les thérapies traditionnelles utilisées dans le traitement d'affections graves, n'a pas, compte tenu du danger que revêt son contenu pour la santé publique, un caractère d'intérêt général quant à la diffusion de la pensée lui permettant de bénéficier des allégements prévus en matière de taxes fiscales et de tarifs postaux. • CE 30 mars 2001, *SARL Vérité Santé pratique : LPA 15 oct. 2001, p. 11, concl. Maugüé.*

9. Assurance maladie. Sur la possibilité pour une caisse primaire d'assurance maladie de diffuser auprès des professionnels de santé des informations relatives à la prescription d'une spécialité remboursable, V. • Civ. 2e, 8 juill. 2010, *CPAM de l'Aude c/ AstraZeneca :* RDSS 2010. *1164, note Mascret*

10. Sites internet. Les pages d'un site internet permettant la commande de médicaments relèvent de la législation sur la publicité pharmaceutique. • T. corr. Paris, 14 mars 2006 : *Nouv. pharm. 2006, n° 391, p. 252.* ♦ La publicité figurant sur le site internet d'un laboratoire pharmaceutique relative à un timbre à la nicotine doit être supprimée, dans la mesure où elle diffuse de fausses informations en niant l'existence de contre-indications à la substitution nicotinique chez les patients aux antécédents cardiaques ou vasculaires, en dehors de l'infarctus du myocarde aigu et des troubles du rythme majeurs. • AFSSAPS, Décis., 12 juill. 2001 : *Gaz. Pal. 17 avr. 2002, p. 52, note Godet.*

B. DROIT DE L'UNION

11. Modalité de vente. Les mesures restreignant la publicité, qui est en principe une modalité de vente, sont parfois difficiles à apprécier au regard de la jurisprudence distinguant entre les modalités de vente et les conditions auxquelles doivent répondre les produits, telles que celles qui concernent leur dénomination, leur forme, leurs dimensions, leur composition, leur présentation, leur étiquetage ou leur conditionnement, V. • CJCE 24 nov. 1993, *Keck et Mithouard,* n° C-267/91 : *Rec. CJCE 6097.* ♦ Une interdiction nationale de vente par correspondance des médicaments dont la vente est exclusivement réservée aux pharmacies de l'État membre concerné est une mesure d'effet équivalent au sens de l'art. 34 TFUE, mais qui est toutefois susceptible de bénéficier de la dérogation prévue à l'art. 36 TFUE pour la protection de la santé publique. • CJCE 11 déc. 2003, *Deutscher Apothekerverband c/ 0800 DocMorris NV et Jacques Waterval,* n° C-322/01 : *Rec. CJCE 14887.*

12. Liberté d'expression. La liberté d'expression consacrée par l'art. 10 de la Conv. EDH est un principe général du droit dont la Cour de justice assure le respect, principe qui n'est pas affecté par le fait que la publication, par un tiers, au sujet de produits que le fabricant ou le vendeur ne commercialise pas en tant que médicaments, d'informations leur attribuant des vertus curatives ou préventives peut avoir pour effet de faire entrer ces produits dans la catégorie des médicaments avec toutes les conséquences qui s'y rattachent. • CJCE 28 oct. 1992, *Ter Voort,* n° C-219-91 : *Rec. CJCE 5485.*

13. Qualité de l'émetteur. La qualité de tiers indépendant, par rapport au laboratoire pharmaceutique, de l'auteur (journaliste) d'une information sur un médicament ne fait pas sortir, par principe, cette communication du champ de la publicité, si tant est qu'elle ait effectivement une visée promotionnelle. • CJCE 2 avr. 2009, *Damgaard,* n° C-421/07 : *AJDA 2009. 984, chron. Broussy, Donnat et Lambert ; RDSS 2009. 759, note Mascret ; Europe juill. 2009, n° 270, comm. Simon.*

14. Diffusion par internet. Sur le caractère publicitaire d'informations diffusées sur le site internet d'un laboratoire relatives aux médicaments sur prescription médicale obligatoire qu'il commercialise, V. • CJUE 5 mai 2011, *MSD Sharp & Dohme GmbH c/ Merckle GmbH,* n° C-316/09 : *Gaz. Pal. 4-5 nov. 2011, p. 40, note Hérail ; AJDA 2011. 1619, chron. Aubert, Broussy et Donnat ; RDSS 2011. 960, note Peigné .* – La question de savoir si une diffusion d'informations est ou non dotée d'une finalité publicitaire doit être déterminée en procédant à un examen concret de l'ensemble des circonstances pertinentes du cas d'espèce, lequel incombe à la juridiction nationale, au regard de plusieurs critères : identité de l'auteur de la diffusion, objet de la communication, contenu de la communication, nature des destinataires, caractéristiques techniques du média utilisé pour diffuser l'information (systèmes d'information « *pull* » impliquant une démarche active de l'internaute ou « *push* » présumant fortement du caractère publicitaire de l'information diffusée en faveur du médicament).

II. PUBLICITÉ COMPARATIVE

15. Combinaison des législations. Les dispositions régissant la publicité en faveur des médicaments, édictées dans le but de protéger la santé publique, s'ajoutent à celles découlant du droit de la consommation. • Cons. conc. n° 95-A-165 du 20 juin 1995 : *JO 16 juin 1996* (relatif au projet de décret sur la publicité en faveur des médicaments).

16. Champ d'application. Sur l'application de la loi sur la publicité comparative (L. n° 92-60 du 18 janv. 1992) faite auprès des professionnels de santé, V. dans un sens affirmatif. • TGI Paris, 18 nov. 1992 : *RJDA 1993, n° 73* • Versailles, 11 mai 2000, *Labo. Innothéra c/ Sté Doms Adrian : Gaz. Pal. 26-28 nov. 2000, p. 50 ; Nouv. pharm. 2001, n° 371, p. 320* • T. com. Nanterre, 21 avr. 1997 : *Lamy dr. éco., juill. 1997, p. 1, obs. Storrer.* ♦ A propos de la publication d'un « Guide des spécialités pharmaceutiques comparables », V. • Paris, 23 oct. 1996 : *Gaz. Pal. 1997. 1. 352, concl. Benas.* ♦ V. également. • Versailles, 22 mai 1998, *Sté Lilly France c/ Labo SmithKline Beecham : Nouv. pharm. 1999, n° 362, p. 130.* ♦ Les dispositions des art. L. 121-8 s. C. consom. ont été modifiées pour tenir compte de la transposition de la Dir. 97/55/CE du 6 oct. 1997, modifiant la Dir. 84/450/CEE du 10 sept. 1984 relative à la publicité trompeuse : V. désormais la version codifiée par la Dir. 2006/114/CE du 12 déc. 2006 en matière de publicité trompeuse et de publicité comparative (*JOUE 27 déc.*). ♦ De la combinaison des textes, il apparaît que les dispositions concernant la publicité comparative s'adressent non seulement aux consommateurs, mais également aux professionnels. Toutefois l'art. R. 5122-4 écarte le recours à la publicité comparative s'agissant des médicaments pouvant faire l'objet d'une publicité auprès du public, la publicité comparative ne concernant donc que les médicaments remboursables promus auprès des professionnels de santé.

17. Données de l'AMM. Dans le cadre d'une publicité comparative, le rapport d'expertise clinique du dossier d'AMM constitue un document de synthèse qui n'est pas de nature à fonder, par lui-même, une communication promotionnelle ou publicitaire : seules les études réalisées après l'AMM et ayant fait l'objet de publications dans des revues à comité de lecture ont vocation à justifier une communication professionnelle. • Versailles, 30 oct. 2003, *Sté Labo. Effik c/ Sté Théramex,* n° 01/00597.

18. Concurrence déloyale. La diffusion sur le site internet d'un éditeur spécialisé, accessible au public, d'une annonce publicitaire en faveur d'un médicament générique (gliclazide) est constitutive d'une faute de nature à causer un préjudice au laboratoire titulaire du princeps (Diamicron) pour concurrence déloyale. • Paris, 8 oct. 2010, *Sté Labo. Servier et Sté Biofarma c/ Sté Teva Santé,* n° 09/10708.

19. Relation avec le droit des marques. La publicité faite en faveur d'un médicament générique revient à informer que ce produit a la même composition qualitative et quantitative en principe actif et la même bioéquivalence que la spécialité de référence : elle procède donc à une comparaison de caractéristiques essentielles, pertinentes, vérifiables et représentatives de ces produits au sens de l'art. L. 121-8 s. C. consom. • Com. 26 mars 2008, *Sté Sandoz c/ Sté Labo. Beecham : Bull. civ. IV, n° 685 ; D. 2008. 1524, note Azéma* (affaire Deroxat). ♦ La cour de renvoi a toutefois soutenu qu'il n'était pas nécessaire de faire référence à la marque du princeps, au sens de l'art. L. 713-6 CPI, à partir du moment où la mention de la dénomination commune était accompagnée des indications thérapeutiques et de l'indication du dosage en principe actif, circonstance de nature à informer les professionnels de santé d'une manière compréhensible et complète. • Versailles, 17 sept. 2009, *Sté Sandoz c/ Sté Labo. GlaxoSmithKline,* n° 08/06287. ♦ Arrêt cassé à la suite d'un second pourvoi, la Cour de cassation considérant que le titulaire d'une spécialité de référence n'est pas habilité à interdire l'usage de la marque enregistrée pour sa spécialité par un fabricant de médicament générique dans une publicité comparative satisfaisant à toutes les conditions de licéité énoncées à l'art. L. 121-8 C. consom. • Com. 24 mai 2011, *Sté Beecham Group et Labo. GlaxoSmithKline c/ Sté Sandoz : D. 2011. 1550, obs. Delpech ; Gaz. Pal. 4-5 nov. 2011, p. 37, note Peigné.*

20. Absence de contrefaçon de marque. Sur l'annulation d'un arrêt ayant retenu la contrefaçon par usage de publicité comparative et par usage sans nécessité de la marque Mopral ainsi que la concurrence déloyale par la diffusion de publicité comparative illicite dans les brochures destinées aux pharmaciens d'officine, V. • Com. 7 juill. 2009, *Sté Sandoz c/ Sté AstraZeneca : Bull. civ. IV, n° 104.* ♦ La contrefaçon n'a finalement pas été retenue. • Versailles, 13 déc. 2011, *Sté AstraZeneca c/ Sté Sandoz : PIBD 2012. III. 220.*

Art. L. 5122-2 **La publicité définie à l'article L. 5122-1 ne doit pas être trompeuse ni porter atteinte à la protection de la santé publique. Elle doit présenter le médicament ou produit de façon objective et favoriser son bon usage.**

Elle doit respecter les dispositions de l'autorisation de mise sur le marché *(L. n° 2011-2012 du 29 déc. 2011, art. 29-I)* **« ainsi que les stratégies thérapeutiques recommandées par la Haute Autorité de santé ».**

COMMENTAIRE

V. Commentaire reproduit sur Dalloz.fr.

1. Caractère trompeur et déloyal. Si rien ne s'oppose à ce que, dans le cadre d'une publicité pharmaceutique, référence soit faite à un communiqué de presse de l'agence, c'est à la condition que la teneur du message ne soit ni dénaturée ni modifiée : ainsi les documents publicitaires d'une société présentant son produit comme *choix thérapeutique privilégié* dans toutes les indications cliniques concernées, sur la base de deux communiqués de presse de l'agence, ont un caractère trompeur et déloyal. • Versailles, 11 sept. 2007, n° 06/04124.

2. Applicabilité du droit de la consommation. La publicité faite en faveur des médicaments est susceptible de relever de la Dir. 2005/29/CE du 11 mai 2005, relative aux pratiques commerciales déloyales des entreprises vis-à-vis des consommateurs, pour autant que les conditions d'application de cette directive soient réunies et ne soient pas incompatibles avec les dispositions de la Dir. 2001/83/CE du 6 nov. 2001, régissant la publicité pharmaceutique. • CJUE 16 juill. 2015, *Abcur,* C-544/13 et C-545/13 : *JDSAM 2015, n° 4, p. 53, note Peigné.*

Art. L. 5122-3 **Seuls peuvent faire l'objet d'une publicité les médicaments pour lesquels ont été obtenus l'autorisation de mise sur le marché mentionnée à l'article L. 5121-8 ou** *(Ord. n° 2007-613 du 26 avr. 2007, art. 52 ; L. n° 2008-1425 du 27 déc. 2008, art. 177-IX)* **« l'autorisation mentionnée à l'article L. 5121-9-1 ou un des enregistrements mentionnés aux articles L. 5121-13 et L. 5121-14-1 ou »** *(L. n° 2011-1906 du 21 déc. 2011, art. 26-I-2°)* **« qui bénéficient d'une autorisation d'importation parallèle en application de l'article L. 5124-13 ».**

(L. nº 2011-2012 du 29 déc. 2011, art. 29-II) « La publicité pour un médicament est interdite lorsque ce médicament fait l'objet d'une réévaluation du rapport entre les bénéfices et les risques *(Abrogé par Ord. nº 2016-966 du 15 juill. 2016, art. 2-7º) « à la suite d'un signalement de pharmacovigilance »*. Les professionnels de santé sont informés par l'exploitant du médicament de la réévaluation conduite dans le cadre du présent alinéa. L'information ainsi prodiguée doit être conforme à celle délivrée par l'Agence nationale de sécurité du médicament et des produits de santé. »

COMMENTAIRE

V. Commentaire reproduit sur Dalloz.fr.

Art. L. 5122-4 *Abrogé par L. nº 2007-248 du 26 févr. 2007, art. 18.*

Art. L. 5122-5 *Abrogé par L. nº 2011-1906 du 21 déc. 2011, art. 26-I-8º.*

Art. L. 5122-6 La publicité auprès du public pour un médicament n'est admise qu'à la condition que ce médicament ne soit pas soumis à prescription médicale, *(L. nº 2007-248 du 26 févr. 2007, art. 19)* « qu'aucune de ses différentes présentations ne soit » remboursable par les régimes obligatoires d'assurance maladie et que l'autorisation de mise sur le marché ou l'enregistrement ne comporte pas *(L. nº 2007-248 du 26 févr. 2007, art. 19)* « d'interdiction ou » de restrictions en matière de publicité auprès du public en raison d'un risque possible pour la santé publique *(L. nº 2007-248 du 26 févr. 2007, art. 19)* «, notamment lorsque le médicament n'est pas adapté à une utilisation sans intervention d'un médecin pour le diagnostic, l'initiation ou la surveillance du traitement ».

(L. nº 2009-879 du 21 juill. 2009, art. 110-I) « La publicité auprès du public pour un médicament bénéficiant d'une autorisation de mise sur le marché délivrée par *(Ord. nº 2010-177 du 23 févr. 2010, art. 26-10º)* « l'Union européenne » en application du règlement (CE) nº 726/2004 du Parlement européen et du Conseil, du 31 mars 2004, établissant des procédures communautaires pour l'autorisation et la surveillance en ce qui concerne les médicaments à usage humain et à usage vétérinaire et instituant une Agence européenne des médicaments, ou dont l'autorisation de mise sur le marché a été modifiée par le biais de la procédure telle que prévue par ce même règlement, peut être interdite ou restreinte pour les motifs cités au premier alinéa, par décision du directeur général de *(L. nº 2011-2012 du 29 déc. 2011, art. 5-IV)* « l'Agence nationale de sécurité du médicament et des produits de santé ». »

(L. nº 2011-2012 du 29 déc. 2011, art. 29-IV) « Par dérogation au premier alinéa, les campagnes publicitaires pour les médicaments mentionnés à l'article L. 5121-2 ou pour des vaccins soumis à prescription médicale ou remboursables peuvent s'adresser au public.

« Les campagnes publicitaires non institutionnelles auprès du public pour des vaccins mentionnés au troisième alinéa du présent article ne sont autorisées que si les conditions suivantes sont réunies :

« 1º Ils figurent sur une liste de vaccins établie pour des motifs de santé publique par arrêté du ministre chargé de la santé pris après avis *(L. nº 2017-220 du 23 févr. 2017, art. 4-III)* « de la Haute Autorité de santé » ;

« 2º Le contenu de ces campagnes publicitaires est conforme à l'avis *(L. nº 2017-220 du 23 févr. 2017, art. 4-III)* « de la Haute Autorité de santé » et est assorti, de façon clairement identifiée, des mentions minimales obligatoires déterminées par cette instance. Ces mentions sont reproduites *in extenso*, sont facilement audibles et lisibles, selon le support du message publicitaire concerné, sont sans renvoi et sont en conformité avec des caractéristiques définies par arrêté du ministre chargé de la santé. »

La publicité auprès du public pour un médicament est nécessairement accompagnée d'un message de prudence et de renvoi à la consultation d'un médecin en cas de persistance des symptômes.

COMMENTAIRE

V. Commentaire reproduit sur Dalloz.fr.

1. Médicaments non autorisés. Un État membre peut interdire la publicité faite en faveur de médicaments importés d'un autre État membre sur commande individuelle, mais non autorisés sur le territoire national. • CJCE 10 nov. 1994, *Ortscheit c/ Eurim-Pharm*, nº C-320/93 : *Rec. CJCE 5243.*

2. Conditions d'interdiction. Un État membre ne saurait prévoir, dans sa législation nationale, une interdiction absolue et inconditionnelle d'utiliser, dans la publicité pour les médicaments faite auprès du public, des déclarations émanant de tiers, alors que leur utilisation ne peut être limitée qu'en raison de leur contenu spécifique ou de la qualité de leur auteur : mais doit être interdite la publicité pour un médicament sous forme d'un tirage au sort annoncé sur internet, dans la mesure où elle favorise l'usage irrationnel de ce médicament et entraîne sa distribution directe au public ainsi que la remise d'échantillons gratuits. • CJCE 8 nov. 2007, *Gintec*, nº C-374/05 : *Rec. CJCE 517 ; RDSS 2008. 373, note Mascret.*

3. Contenu de l'information. Jugée incompatible avec les règles sur la libre circulation découlant de l'art. 28 CE [34 TFUE] une interdiction s'appliquant à la diffusion, auprès des pharmaciens, de listes de médicaments non autorisés, dont l'importation depuis un autre État membre ou un État tiers partie à l'accord sur l'EEE n'est autorisée qu'à titre exceptionnel, qui ne contiennent d'autre information que celles relatives à la dénomination commerciale, aux dimensions de l'emballage, au dosage et au prix de ces médicaments. • CJCE 8 nov. 2007, *Ludwigs Apotheke*, nº C-143/06 : *Rec. CJCE 9623.*

Art. L. 5122-6-1 *(Ord. nº 2012-1427 du 19 déc. 2012, art. 7-I)* **Le commerce électronique de médicaments mentionné à l'article L. 5125-33 est soumis aux dispositions du présent chapitre.**

COMMENTAIRE

V. Commentaire reproduit sur Dalloz.fr.

Référé-suspension. Sur le rejet d'une requête en référé visant à obtenir la suspension de l'art. L. 5122-6-1 issu de l'Ord. nº 2012-1427 du 19 déc. 2012 (non encore ratifiée), V. • CE 20 mars 2013, *Union des pharmaciens de la région parisienne et Synd. des pharmaciens de l'Essonne*, nº 366196.

Art. L. 5122-7 Les indications thérapeutiques dont la mention dans la publicité auprès du public est interdite sont déterminées par un arrêté du ministre chargé de la santé pris sur proposition de *(L. nº 2011-2012 du 29 déc. 2011, art. 5-IV)* **« l'Agence nationale de sécurité du médicament et des produits de santé ».**

Art. L. 5122-8 La publicité auprès du public pour un médicament mentionné à l'article L. 5122-6 ainsi que les campagnes publicitaires auprès du public pour les vaccinations sont soumises à une autorisation préalable de *(L. nº 2011-2012 du 29 déc. 2011, art. 5-IV)* **« l'Agence nationale de sécurité du médicament et des produits de santé » dénommée visa de publicité.**

Ce visa est délivré pour une durée qui ne peut excéder la durée de l'autorisation de mise sur le marché pour les médicaments soumis à cette autorisation.

En cas de méconnaissance des dispositions des articles L. 5122-2 ou L. 5122-7, le visa peut être suspendu en cas d'urgence ou retiré par décision motivée de l'agence.

COMMENTAIRE

V. Commentaire reproduit sur Dalloz.fr.

Compétence contentieuse. Jugé, sous l'empire de l'ancienne législation, que la décision du ministre refusant d'accorder un visa de publicité n'est susceptible de recevoir application qu'au siège de l'établissement : dès lors, le Conseil d'État n'est pas compétent en premier et dernier ressort pour statuer sur le recours en excès de pouvoir dirigé contre ce refus. • CE 8 janv. 1982, *Labo. pharmaceutiques de France Biopharma : Inf. pharm. 1982. 361, note Viala ; RDSS 1982. 269, obs. Auby.* ♦ Sur l'étendue du contrôle du juge de l'excès de pouvoir en matière de retrait de visa publicitaire, V. • CE, ass., 27 févr. 1948, *Sté des labo. du Bac : Lebon 100.* ♦ Actuellement, la juridiction compétente est le TA dans le ressort duquel se trouve l'établissement ou l'exploitation dont l'activité est à l'origine du contentieux, en application des dispositions combinées des art. R. 311-1 et R. 312-10 CJA.

Art. L. 5122-8-1 *Abrogé par Ord. nº 2013-1183 du 19 déc. 2013, art. 4-IX.*

Art. L. 5122-9 *(L. nº 2011-2012 du 29 déc. 2011, art. 29-V)* **La publicité pour un médicament auprès des membres des professions de santé habilités à prescrire ou à**

dispenser des médicaments ou à les utiliser dans l'exercice de leur art est soumise à une autorisation préalable de l'Agence nationale de sécurité du médicament et des produits de santé dénommée "visa de publicité".

Ce visa est délivré pour une durée qui ne peut excéder la durée de l'autorisation de mise sur le marché pour les médicaments soumis à cette autorisation.

En cas de méconnaissance des articles L. 5122-2 ou L. 5122-3, le visa peut être suspendu en cas d'urgence ou retiré par décision motivée de l'agence.

Toute publicité auprès des professionnels de santé pour des vaccins est assortie, de façon clairement identifiée et sans renvoi, des recommandations *in extenso* de l'avis *(L. nº 2017-220 du 23 févr. 2017, art. 4-III)* **« de la Haute Autorité de santé ».**

COMMENTAIRE

V. Commentaire reproduit sur Dalloz.fr.

1. Compétence contentieuse. La décision d'interdire la publicité d'un médicament auprès des professionnels de santé est une mesure individuelle qui ne produit d'effets directs qu'au siège de l'entreprise exploitant le médicament : son contentieux relève donc de la compétence du TA dans le ressort duquel l'entreprise pharmaceutique a son siège. • CE 27 juill. 2001, *SARL Boehringer France,* nº 233789 • 27 juill. 2001, *Sté Schering,* nº 233771.

2. Pouvoir d'appréciation. Le directeur de l'agence peut utiliser toute étude, même postérieure à l'AMM, dès lors qu'elle est de nature à l'éclairer quant à la licéité d'une publicité pour un médicament : le juge qui examine la légalité d'une interdiction de publicité peut se fonder de la même manière sur des analyses publiées postérieurement à la décision attaquée. • CE 29 oct. 2008, *Sté Labo. GlaxoSmithKline,* nº 307035 : *Lebon T. 931 ; Gaz. Pal. 11-12 mars 2009, p. 54, note Célestin.*

3. Concurrence déloyale. La cession gratuite de téléphone mobile et de logiciels par un laboratoire à l'occasion d'enquêtes épidémiologiques constitue un avantage en nature susceptible de rompre l'égalité de concurrence entre laboratoires, la mise en œuvre des supports pour des enquêtes épidémiologiques constituant une publicité devant faire l'objet d'un dépôt à l'agence conformément à l'art. L. 5122-9. • Versailles, 29 avr. 2003, *Sté Pharmacia c/ Labo. Alcon,* nº 02/07808.

4. Contenu de la publicité. La publicité faite à l'égard d'un médicament auprès des médecins et des pharmaciens peut inclure des affirmations telles que des citations empruntées à des revues médicales ou à des ouvrages scientifiques, complétant les données du résumé des caractéristiques du produit (RCP), à condition que ces affirmations confirment ou précisent, dans un sens compatible et sans dénaturation, les renseignements du RCP. • CJUE 5 mai 2011, *Novo Nordisk AS c/ Ravimiamet,* nº C-249/09 : *Gaz. Pal. 4-5 nov. 2011, p. 40, note Hérail ; RDSS 2011. 963, note Peigné.*

5. Pénalité financière. A la suite d'une interdiction de publicité décidée par le directeur de l'agence, il était prévu, par les anciennes dispositions de l'art. L. 162-17-4 CSS, que le Comité économique des produits de santé puisse demander à l'entreprise concernée une révision du prix du médicament faisant l'objet de l'interdiction : en cas de refus, le comité pouvait résilier la convention de prix signée avec le laboratoire et le nouveau prix était alors fixé par arrêté ministériel, après avis du comité. Ce dispositif a été fragilisé lors d'un recours contentieux visant la diminution du prix d'une spécialité dont la publicité avait été interdite. • CE 27 juin 2001, *Sté Labo. Glaxo Wellcome : Lebon T. 1201 ; Nouv. pharm. 2001, nº 372, p. 423, concl. Boissard.* – V. également la condamnation de l'État à verser une provision au laboratoire concerné. • TA Versailles, réf., 10 janv. 2002, *Sté Labo. GlaxoSmithKline : LPA 8 avr. 2002, p. 16, note Hénin.* ♦ Ce mécanisme de réduction de prix a été abandonné par la LFSS pour 2003 au profit d'un système de pénalité financière. A cet égard, le Conseil d'État reconnaît au Comité économique des produits de santé un pouvoir autonome d'appréciation des éléments de droit et de fait de nature à justifier une sanction financière à l'encontre d'un laboratoire, après qu'une interdiction de publicité a été décidée par le directeur de l'agence. • CE 30 janv. 2008, *Sté Labo. Mayoly Spindler,* nº 297828 : *Lebon 12, concl. Courrèges* • 30 janv. 2008, *Sté Novartis Pharma,* nº 297791 : *Lebon T. 932 ; AJDA 2008. 227 ; RDSS 2008. 307, concl. Courrèges* • 29 mai 2009, *Sté Labo. Servier,* nº 307162 : *Lebon T. 956 ; RDSS 2009. 970, note Peigné.*

6. Maîtrise des dépenses. L'interdiction d'octroyer un avantage aux médecins prescripteurs dans le cadre de la promotion des médicaments ne s'applique pas aux systèmes d'incitations financières mis en œuvre par les autorités nationales, telles que les organismes d'assurance maladie, afin de réduire leurs dépenses pharmaceutiques en visant à favoriser la prescription de médicaments spécifiquement désignés. • CJUE 22 avr. 2010, *Assoc. of the British Pharmaceutical Industry,* nº C-62/09 : *Rec. CJUE 3603 ; LPA 5 août 2010, p. 11, note Maillols-Perroy et Schertzinger ; Gaz. Pal. 29-30 oct. 2010, p. 40, note Le Goffic ; RDSS 2010. 765, note Mascret.*

Art. L. 5122-9-1 *(L. n° 2011-2012 du 29 déc. 2011, art. 29-VI)* **Les demandes de visa prévues à l'article L. 5122-9 sont effectuées selon un calendrier et durant une période déterminés par décision du directeur général de l'Agence nationale de sécurité du médicament et des produits de santé.**

Art. L. 5122-10 *(L. n° 2007-248 du 26 févr. 2007, art. 20)* **« Des échantillons gratuits de médicaments ne peuvent être remis aux personnes habilitées à prescrire ou à dispenser des médicaments dans le cadre des pharmacies à usage intérieur que sur leur demande.**

« Ces échantillons ne peuvent contenir des substances classées comme psychotropes ou stupéfiants, ou auxquelles la réglementation des stupéfiants est appliquée en tout ou partie.

« Ils doivent être identiques aux spécialités pharmaceutiques concernées et porter la mention : "échantillon gratuit".

« Leur remise directe au public à des fins promotionnelles ainsi que leur remise dans les enceintes accessibles au public à l'occasion de congrès médicaux ou pharmaceutiques est interdite. »

(Abrogé par Ord. n° 2017-49 du 19 janv. 2017, art. 3-6°, à des dates fixées par Décr. et au plus tard le 1er juill. 2018) ***« Dans le cadre de la promotion des médicaments auprès des personnes habilitées à les prescrire ou à les délivrer, il est interdit d'octroyer, d'offrir ou de promettre à ces personnes une prime, un avantage pécuniaire ou un avantage en nature, à moins que ceux-ci ne soient de valeur négligeable*** *(L. n° 2007-248 du 26 févr. 2007, art. 20)* ***« et ne soient relatifs à l'exercice de la médecine ou de la pharmacie ». »***

COMMENTAIRE

V. Commentaire reproduit sur Dalloz.fr.

Art. L. 5122-11 **Les personnes qui font de l'information par démarchage ou de la prospection pour des médicaments doivent posséder des connaissances scientifiques suffisantes attestées par des diplômes, titres ou certificats figurant sur une liste établie par l'autorité administrative.**

Les employeurs des salariés mentionnés au premier alinéa doivent veiller en outre à l'actualisation des connaissances de ceux-ci.

Ils doivent leur donner instruction de rapporter à l'entreprise toutes les informations relatives à l'utilisation des médicaments dont ils assurent la publicité, en particulier en ce qui concerne les effets indésirables qui sont portés à leur connaissance par les personnes visitées.

BIBL. ► MASCRET, L'information délivrée par l'industrie pharmaceutique aux professionnels de santé dans le cadre de démarchage ou prospection : les nouvelles règles du jeu, *LPA 20 janv. 2015, p. 7*. – LANTZ (dir.), Refonte du système des visiteurs médicaux et industrie pharmaceutique. Quelles stratégies pour 2012 ?, *Takayama, nov. 2011*. – PEIGNÉ, La charte de la visite médicale : un instrument réglementaire qualitatif mais non quantitatif, *RDSS 2009. 141*.

COMMENTAIRE

V. Commentaire reproduit sur Dalloz.fr.

1. Objectifs quantitatifs. Le Conseil d'État a *estimé que les stipulations* de la Charte de la visite médicale signée le 22 déc. 2004 entre les Entreprises du médicament (LEEM) et le Comité économique des produits de santé (CEPS), telle que modifiée par un avenant signé le 21 juill. 2005, présentaient un caractère réglementaire et que les parties signataires ne tenaient pas de la loi le pouvoir d'habiliter le comité à décider unilatéralement de mesures de réduction des visites médicales en fixant des objectifs quantifiés concernant des spécialités relevant de certaines classes pharmaco-thérapeutiques. • CE 8 oct. 2008, *Sté Labo. GlaxoSmithKline et Sté Pfizer,* n° 299043 : *Lebon 351*. ♦ La L. n° 2011-2012 du 29 déc. 2011 a modifié en conséquence les dispositions de l'art. L. 162-17-8 CSS pour permettre au CEPS de fixer des objectifs annuels chiffrés d'évolution de visite médicale, le cas échéant pour certaines classes pharmaco-thérapeutiques ou pour certains produits.

2. Pratiques anticoncurrentielles. Sur la sanction d'un abus de position dominante sur le marché des bases de données d'informations médicales à destination des laboratoires pharmaceutiques pour la gestion des visites médicales, V. • Com. 21 juin 2017, n° 15-25.941.

Art. L. 5122-12 Par dérogation aux dispositions de l'article L. 5122-11, peuvent également exercer les activités définies au premier alinéa de cet article :

1° Les personnes qui exerçaient de telles activités pendant au moins trois ans dans les dix années précédant le 19 janvier 1994 ;

2° Les personnes autres que celles mentionnées au 1° qui exerçaient ces activités au 19 janvier 1994, à condition de satisfaire dans un délai de quatre ans à compter de la même date aux conditions fixées par le premier alinéa de l'article L. 5122-11 ou à des conditions de formation définies par l'autorité administrative. — *[Anc. art. 11, L. n° 94-43 du 18 janv. 1994].*

Taxe sur la promotion. L'art. L. 245-2 CSS n'ayant pas instauré de distinction entre visiteurs médicaux titulaires de diplômes et visiteurs médicaux non diplômés, l'assiette de la taxe sur la promotion pharmaceutique englobe les rémunérations de toute nature versées par le laboratoire à l'ensemble de ses visiteurs médicaux, y compris ceux visés à l'art. L. 5122-12, en charge du démarchage et de la prospection pour les médicaments qu'il commercialise. • Civ. 2e, 11 oct. 2012, *Sté Janssen-Cilag : RDSS 2012. 1143, note Tauran*. ♦ La Cour de cassation a confirmé que la référence opérée par l'art. L. 245-2 CSS concerne l'ensemble des personnes qui font de l'information ou de la prospection pour les médicaments, sans distinguer selon qu'elles sont ou non titulaires des diplômes dorénavant requis pour l'exercice de cette même activité. • Civ. 2e, 18 juin 2015, n° 14-18.962. ♦ Dans la mesure où l'art. R. 5122-11 oblige le délégué médical d'une entreprise pharmaceutique, lors de la présentation verbale d'un médicament, à remettre en mains propres au professionnel de santé une notice comportant, notamment, la fiche posologique, les frais afférents à celle-ci ne constituent pas des frais de prospection et d'information (au sens des art. L. 245-1 et L. 245-6 CSS). • Civ. 2e, 6 nov. 2014, *URSSAF d'Île-de-France c/ Sté Roche*, n° 13-26.568. ♦ N'entrent pas dans l'assiette de la taxe sur la promotion pharmaceutique les charges comptabilisées au titre des visites effectuées auprès des professionnels de santé non prescripteurs, tels que les pharmaciens. • Civ. 2e, 6 oct. 2016, *Laboratoires Bouchara Recordati*, n° 15-23.347. ♦ Les fiches posologiques remises aux professionnels de santé sont susceptibles d'être regardées comme des documents promotionnels entrant dans l'assiette de la contribution sur la publicité pharmaceutique. • Civ. 2e, 9 nov. 2017, n° 16-22.934.

Art. L. 5122-13 Les dispositions des articles L. 5122-2, L. 5122-3, du premier alinéa de l'article L. 5122-6, des articles L. 5122-7, L. 5122-8, L. 5122-9 et L. 5122-11 sont applicables à la publicité pour les générateurs, trousses et précurseurs. — *[Anc. art. L. 551-9, partie].*

Art. L. 5122-14 (Abrogé par L. n° 2014-201 du 24 févr. 2014, art. 3-V) ***La publicité pour les produits autres que les médicaments présentés comme favorisant le diagnostic, la prévention ou le traitement des maladies, des affections relevant de la pathologie chirurgicale et des dérèglements physiologiques, le diagnostic ou la modification de l'état physique ou physiologique, la restauration, la correction ou la modification des fonctions organiques est soumise aux dispositions du premier alinéa de l'article L. 5122-2 et des articles L. 5122-8 et L. 5122-9.***

COMMENTAIRE

V. Commentaire reproduit sur Dalloz.fr.

1. Absence de visa. Constitue une publicité illégale, pour absence de visa PP, le fait de présenter un produit alimentaire (Biotonic) comme favorisant la prévention ou le traitement de dysfonctionnements métaboliques en favorisant la perte de poids et la lutte contre le cholestérol. • Crim. 15 févr. 2000, n° 99-81.200. ♦ V. également sur l'absence de visa PP. • Grenoble, 22 juill. 1988 *Nouv. pharm. 1999, n° 362, p. 134 : (produits « Gamma diffusion »)* • TGI Paris, 16 déc. 1997 : *Nouv. pharm. 1999, n° 363, p. 310.*

2. Droit de l'Union. La Cour de justice estime que les États membres ne sauraient légalement interdire, de façon générale, les indications ayant trait à la santé figurant sur l'étiquetage des denrées alimentaires de consommation courante en soumettant l'apposition de telles indications à une procédure d'autorisation préalable. • CJCE 23 janv. 2003, *Commission c/ Autriche*, n° C-221/00 : *Rec. CJCE 1007.* ♦ A également été jugée incompatible avec le droit de l'Union une réglementation nationale interdisant, dans la publicité pour les denrées alimentaires importées d'autres États membres, les références à l'amaigrissement et à des recommandations, attestations, déclarations ou avis médicaux ou à des déclarations d'approbation. • CJCE 15 juill. 2004, *Douwe Egberts NV c/ FICS-World BVBA*, n° C-239/02 : *Rec. CJCE 7007.*

Art. L. 5122-15 **La publicité ou la propagande, sous quelque forme que ce soit, relative aux objets, appareils et méthodes, présentés comme favorisant le diagnostic, la prévention ou le traitement des maladies, des affections relevant de la pathologie chirurgicale et des dérèglements physiologiques, le diagnostic ou la modification de l'état physique ou physiologique, la restauration, la correction ou la modification des fonctions organiques, peut être interdite par** *(L. nº 2011-2012 du 29 déc. 2011, art. 5-IV)* **« l'Agence nationale de sécurité du médicament et des produits de santé », lorsqu'il n'est pas établi que lesdits objets, appareils et méthodes possèdent les propriétés annoncées.** *(L. nº 2011-2012 du 29 déc. 2011, art. 5-IV)* **« L'Agence nationale de sécurité du médicament et des produits de santé » peut aussi** *(Abrogé par L. nº 2011-2012 du 29 déc. 2011, art. 6-1º)* ***« , après avis de la commission prévue au deuxième alinéa du présent article, »*** **soumettre cette publicité ou propagande à l'obligation de mentionner les avertissements et préca utions d'emplois nécessaires à l'information du consommateur.**

L'interdiction est prononcée *(Abrogé par L. nº 2011-2012 du 29 déc. 2011, art. 6-2º)* ***« après avis d'une commission et »*** **après que le fabricant, importateur ou distributeur desdits objets et appareils ou le promoteur desdites méthodes ait été appelé à présenter ses observations. Elle prend effet trois semaines après sa publication au *Journal officiel*. Elle est alors opposable au fabricant, importateur, distributeur ou promoteur, ainsi qu'aux personnes qui sollicitent ou font solliciter la publicité ou la propagande interdite et aux agents de publicité ou de diffusion.**

BIBL. ► DEGROOTE, La publicité pour les produits de santé autres que les médicaments, *Éd. de santé, 2003.* – CALVO, Publicité mensongère : parapharmacie, cosmétologie, *LPA 22 oct. 1979, p. 8.* – MODERNE, Le contrôle juridictionnel de l'interdiction de certains procédés publicitaires en faveur d'objets, d'appareils ou de méthodes intéressant la santé, *Quot. jur. 4 févr. 1978, p. 2.* – CALVO, L'application jurisprudentielle des lois des 2 juillet 1963 et 23 décembre 1973 réprimant la publicité mensongère, *Gaz. Pal. 1977. 1. Doctr. 187.* – COUSTOU, Influences de la loi du 3 janvier 1972 sur la publicité des remèdes autres que les médicaments autorisés, *Inf. pharm. 1974. 1304.* – DOLL, La réglementation du contrôle de la publicité parapharmaceutique, *Gaz. Pal. 1972. 1. 236.* – PLAT, La publicité en faveur de remèdes autres que les spécialités pharmaceutiques, *RDSS 1972. 180.*

COMMENTAIRE

V. Commentaire reproduit sur Dalloz.fr.

1. Compatibilité européenne. Jugé que l'art. L. 552 [L. 5122-15] ne porte pas atteinte aux règles européennes sur la libre circulation des marchandises. • CE 7 juill. 1995, *Sté Tour Pol : Lebon 287.*

2. Compétence contentieuse. A l'époque où le pouvoir de police n'était pas assuré par le directeur de l'agence, mais par le ministre chargé de la santé, le Conseil d'État s'était estimé compétent en premier et dernier ressort pour connaître de la légalité d'un arrêté ministériel interdisant la publicité en faveur d'objets présentés comme bénéfiques pour la santé. • CE 14 juin 1991, *Sté IRB Diffusion : Lebon T. 1201 ; RDSS 1992. 68, concl. Stirn*. ♦ Le Conseil d'État est compétent en premier et dernier ressort pour connaître des recours en annulation dirigés contre des décisions d'interdiction de publicité, prises par le directeur général de l'ANSM sur le fondement de l'art. L. 5122-15. • CE 14 mai 2014, *Sté Iyashi Dôme*, nº 358277 • CE 23 juill. 2014, *Sté Ressources et actualisation*, nº 374269.

3. Contrôle juridictionnel. Le juge administratif exerce un contrôle limité à l'erreur manifeste d'appréciation portée par l'autorité administrative sur les preuves scientifiques apportées par le promoteur de méthodes présentées comme bénéfiques pour la santé. • CE 7 juill. 1995, *Sté Tour Pol : préc. note 1* (à propos de méthodes amaigrissantes) • 16 févr. 1996, *Sté Incen AG*, nº 159225.

4. Charge de la preuve. Il incombe à la société diffusant la publicité litigieuse de fournir les preuves à caractère scientifique de son allégation. • CE 15 févr. 2002, *Sté Body Well France*, nº 226462 (à propos de la diffusion par voie de publipostage d'un document reproduisant des extraits d'un ouvrage intitulé « Le guide des 601 médicaments »). ♦ Sur le caractère non pertinent des preuves (à propos d'une étude réalisée avec un effectif réduit, « en ouvert » et sans analyse statistique comparative des résultats), V. : • CE 14 mai 2014, *Sté Iyashi Dôme*, nº 358277.

5. Procédure contradictoire. Les mesures d'interdiction doivent avoir été prises à l'issue d'une procédure contradictoire permettant aux personnes visées de présenter des observations écrites. • CE 17 mai 1999, *Ricard*, nº 201059 • 13 nov. 1992, *Sté Rubicon France*, nº 135130 • 16 juin 1995, *Sté Promédic,* n° 145785. ♦ ... Ou d'être entendues. • CE 14 nov. 1979, *Min. Santé c/ Bouillaguet : RDSS 1980. 73, obs. Auby.*

6. Application dans le temps. La circonstance qu'un message ne soit plus diffusé à la date à laquelle l'arrêté d'interdiction est pris est sans incidence sur la légalité de la mesure d'interdiction. • CE 16 févr. 1996, *Sté Incen AG : préc. note 3.*

7. Nature du support. La mesure par laquelle l'autorité ministérielle a interdit toute publicité pour un coussin vibro masseur a été prise au motif que la société avait diffusé une publicité faisant état de l'action bénéfique de ce coussin vibro masseur qu'elle commercialise pour diverses affections médicales : si le document en question était une notice qui était jointe au produit, il n'en revêtait pas moins, eu égard à ses termes, le caractère d'une publicité au sens de l'art. L. 552 [L. 5122-15]. • CE 13 nov. 1992, *Sté Rubicon France : préc. note 5.* ♦ Mais un livre d'auteur, lorsqu'il n'accompagne pas obligatoirement les produits vendus et que ces derniers ne sont pas des médicaments, ne constitue pas une publicité au sens de l'art. L. 552 [L. 5122-15]. • Bordeaux, 8 oct. 1985 : *Inf. pharm. 1985. 1114, obs. Viala* • T. corr. Paris, 3 nov. 1988 : *Inf. pharm. 1989. 326, obs. Viala.* ♦ Constitue une publicité la présentation sur un site internet d'un ouvrage intitulé « Comment prévenir et guérir les maladies et prolonger son existence », peu importe que la société requérante n'ait pas vendu les méthodes présentées et n'ait pas rédigé elle-même la présentation litigieuse. • CE 23 juill. 2014, *Sté Ressources et actualisation,* n° 374269.

8. Applications reconnues. Sur l'application de l'art. L. 552 [L. 5122-15] à la publicité relative à un appareil de vibromassage, V. • CE 26 mars 1990, *Min. Aff. soc. et Emploi c/ Sté Massor,* n° 91728. ♦ Même solution pour un caisson vibromasseur présenté comme bénéfique sur diverses affections médicales • CE 13 nov. 1992, *Sté Rubicon France : préc. note 5.* ♦ ... Pour une méthode d'amaigrissement. • CE 5 juill. 1993, *Maison fr. de distribution,* n° 138841 : *Nouv. pharm. 1994, n° 343, p. 233, obs. Viala.* ♦ ... Pour des pansements « Pack Heat » soulageant toutes sortes de souffrances. • CE 7 juill. 1995, *Sté Tour Pol : préc. note 1.* ♦ ... Ou encore pour un filtre à air analgésique. • CE 16 févr. 1996, *Sté Incen AG : préc. note 3.* ♦ ... A l'égard d'un appareil (Diapulse) faisant état d'une action anti-inflammatoire, anti-infectieuse et antirhumatismale. • CE 16 juin 1995, *Sté Promédic : préc. note 5.* ♦ ... Pour une méthode destinée à lutter contre le tabagisme. • CE 17 mai 1999, *Ricard : préc. note 5.* ♦ ... S'agissant d'une méthode à base d'infrarouges lointains utilisée par l'appareil « Iyashi Dôme », présenté comme favorisant la circulation sanguine, renforçant le système de défenses immunitaires et diminuant la proportion de métaux lourds dans l'organisme. • CE 14 mai 2014, *Sté Iyashi Dôme,* n° 358277.

9. Applications rejetées. Sur la non-application de l'art. 552 [L. 5122-15] à un appareil présenté comme ayant les mêmes vertus que la gymnastique, V. • CE 2 févr. 1977, *Sté Promolabo : Lebon 57 ; RDSS 1977. 509, obs. Dubouis ; Inf. pharm. 1977. 727, obs. Denoix de Saint-Marc et Labetoulle ; Gaz. Pal. 1977. 2. 486, note Calvo ; D. 1977. IR 268, obs. Moderne ; RDSS 1977. 379, obs. Auby.*

10. Autonomie du pouvoir de police. Jugé que le directeur de l'agence ne commet aucune erreur manifeste d'appréciation en interdisant la publicité faite en faveur d'une méthode d'amaigrissement pour laquelle aucune justification à caractère scientifique n'a été rapportée par l'entreprise, et quand bien même les personnes concernées ont donné leur accord à l'utilisation publicitaire de clichés et que le bureau de vérification de la publicité de l'association des professionnels pour une publicité responsable aurait rendu un avis favorable. • CE 23 déc. 2010, *Sté Candice 68,* n° 332756.

11. Poursuites pénales. Une annonce publicitaire faite en faveur d'un appareil ayant fait l'objet d'une interdiction est punissable, dès lors qu'elle reprend certaines indications d'emploi proscrites par la mesure d'interdiction. • Crim. 9 janv. 1992, n° 91-81.881. ♦ V. art. L. 5422-12.

Art. L. 5122-16 Sont définies par décret en Conseil d'État :

1° Les conditions d'octroi, de suspension ou de retrait du visa de publicité prévu à l'article L. 5122-8 ;

2° Les modalités d'application de l'article L. 5122-9 ;

3° Les conditions dans lesquelles des échantillons gratuits *(L. n° 2007-248 du 26 févr. 2007, art. 21)* « de médicaments » peuvent être remis aux personnes mentionnées au premier alinéa de l'article L. 5122-10 ;

(Abrogé par L. n° 2011-2012 du 29 déc. 2011, art. 6-3°) ***« 4° Les modalités d'application de l'article L. 5122-15 et notamment la composition et les modalités de fonctionnement de la commission prévue au dernier alinéa de cet article. »***

(Abrogé par L. n° 2011-2012 du 29 déc. 2011, art. 29-VII°) (L. n° 2007-248 du 26 févr. 2007, art. 21) ***« 5° Les mentions obligatoires des publicités pour les médicaments ainsi que les conditions dans lesquelles il peut y être dérogé, notamment lorsque ces publicités ont***

exclusivement pour objet de rappeler le nom, la dénomination commune internationale ou la marque des médicaments. »

(Ord. nº 2008-717 du 17 juill. 2008) **« 6º Les modalités d'application de l'article L. 5122-8-1. »**

CHAPITRE III PRIX ET AGRÉMENT

Les modalités d'inscription sur la liste des médicaments remboursables aux assurés sociaux sont définies par les art. R. 163-1 s. ***CSS.***

BIBL. ▶ Articles : Aulois-Griot, La fixation du prix des médicaments et le juge européen, *RDSS 2017. 85*. – Le Gal-Fontes et Leguelinel, De l'importance des données en vie réelle en matière de fixation de prix des médicaments, *RGDM 2017, Panorama de droit pharmaceutique, nº 24, p. 33.* – Trepeau, Sur les instruments de régulation des médicaments remboursés, *RDSS 2016. 119*. – Johanet, La politique de fixation des prix du médicament, *Les Tribunes de la santé, 2013, nº 40, p. 69.* – Peigné, L'intervention itérative du juge administratif dans la fixation du prix d'un médicament orphelin, *RDSS 2013. 700*. – Aunay, Les prix des médicaments de 2000 à 2010, *INSEE Première, juill. 2012, nº 1408.* – Pichetti et Sermet, le déremboursement des médicaments en France entre 2002 et 2011 : éléments d'évaluation, *IRDES, QES, nº 167, juill.-août 2011.* – Renaudin, Le Comité économique des produits de santé : dix ans après, *RDSS 2011. 423*. – Paubel, L'évolution des dépenses de médicaments à l'hôpital, *RDSS 2011. 409*. – Bouvenot, Les apports et les limites de la notion de service médical rendu, *RDSS 2011. 403*. – Bras, Les caractéristiques de la politique du médicament remboursable, *RDSS 2011. 391*. – Juillard-Condat et Taboulet, Le périmètre en mosaïque des médicaments remboursables : pourquoi tant d'exceptions ?, *Méd. et droit, juill.-août 2010, nº 103, p. 122.* – Mascret, La réglementation européenne en matière de fixation des prix des médicaments : une réglementation limitée à la seule transparence des procédures ?, *Gaz. Pal. 22-24 nov. 2009, p. 51.* – Crampes, Dubois, Jullien et Lozachmeur, Régulation des prix et politique de remboursement des médicaments, *RGDM 2009, nº 33, p. 273.* – Chemtob-Concé, La fixation du prix et les modalités de remboursement des médicaments en France, *Nouv. pharm. 2007, nº 396, p. 375.* – Bouvenot, Quantification et valorisation du progrès thérapeutique médicamenteux par la Haute Autorité de santé, *Bull. Acad. nat. méd. 2006, nº 190, p. 893.* – Chemtob-Concé, Les nouveaux mécanismes de régulation des dépenses pharmaceutiques, *LPA 4 oct. 2006, p. 5.* – Aulois-Griot et Maurain, La politique conventionnelle, un outil privilégié de la régulation des dépenses des biens de santé, *Dr. soc. 2005. 1027*. – Serre, Médicaments : à la recherche d'une définition juridique de l'amélioration du service médical rendu, *Nouv. pharm. 2004, nº 385, p. 601.* – Peigné, Les vicissitudes de la politique du médicament remboursable, *RDSS 2003. 592* ; Les conventions régissant le prix des médicaments remboursables, *Dr. soc. 2002. 199*. – Cristol et Peigné, Le nouveau régime de la maîtrise des dépenses pharmaceutiques, *Dr. soc. 2000. 533*. – Baumevieille et Lambert, La maîtrise des dépenses pharmaceutiques : des approches multiples, *RDSS 1996. 756*. – Viala, L'action gouvernementale tendant à la maîtrise des dépenses pharmaceutiques et biologiques, *RDSS 1991. 589*. – Harichaux, Évolution du remboursement des médicaments, *RDSS 1991. 357*. – Tabuteau, Le remboursement des médicaments par la sécurité sociale, *Dr. soc. 1991. 972*.

▶ Ouvrages – Rapports : Commission européenne, External reference pricing of medicinal products : simulation-based considerations for cross-country coordination, *Rapport final, 2014.* – Gesundheit Österreich Forschungs-und Planungs, Study of the policy mix for the reimbursement of medicinal products, *Rapport final, 2014.* – Duhamel et Morelle, Évaluation du dispositif de financement des médicaments en sus des prestations d'hospitalisation dans les établissements de santé, *IGAS (rapport), avr. 2012.* – Cour des comptes, La sécurité sociale, Rapport *annuel au Parlement* (la maîtrise des dépenses de médicaments), sept. 2011, p. 109-145. – Guimiot-Bréaud, La notion de médicament remboursable, *LEH, 2010.* – Cour des comptes, La sécurité sociale, Rapport annuel au Parlement (la politique du médicament), *sept. 2004, p. 305-356.* – Alexandre, La régulation des dépenses pharmaceutiques en Europe, *Éd. de santé, 2003.* – Cour des comptes, La sécurité sociale, Rapport annuel au Parlement (les dépenses de médicaments en ville), *sept. 2001, p. 85-109.*

Art. L. 5123-1 Les médicaments et produits dont la vente est réservée aux pharmaciens *(Ord. nº 2017-1092 du 8 juin 2017, art. 3-2º)* **« , à l'exception des médicaments et produits mentionnés à l'article L. 5121-8, » ne peuvent être vendus à un prix supérieur à celui qui résulte du tarif pharmaceutique national. Ce tarif est fixé par arrêté des ministres chargés de l'économie et des finances, de la santé et de la sécurité sociale.**

(Ord. nº 2017-1092 du 8 juin 2017, art. 3-3º) **« Les médicaments figurant sur la liste prévue au premier alinéa de l'article L. 162-17 du code de la sécurité sociale ne peuvent être vendus au public à un prix supérieur au prix de vente au public défini à l'article L. 162-16-4 du même code. Le cas échéant, s'ajoutent aux prix de vente au public des médicaments les honoraires de dispensation mentionnés à cet article. »**

(L. nº 2011-2012 du 29 déc. 2011, art. 45-III) **« Les deux premiers alinéas ne s'appliquent pas aux médicaments et produits non consommés en France.**

Les établissements de santé privés à but lucratif, disposant d'une pharmacie à usage intérieur, appliquent obligatoirement pour les médicaments non inclus dans les prix de journée un abattement sur le prix limite prévu *(L. nº 2017-220 du 23 févr. 2017, art. 2-I-2º)* **« au présent article ».**

Le taux minimum de cet abattement est fixé par arrêté des ministres chargés de l'économie et des finances, de la santé et de la sécurité sociale.

COMMENTAIRE

V. Commentaire reproduit sur Dalloz.fr.

I. RÉGLEMENTATION DES MARGES

1. *Pouvoir tarifaire.* Adoptés sur le fondement de l'art. L. 162-38 CSS, les arrêtés fixant les prix et les marges des produits de santé ou les tarifs des prestations sanitaires peuvent légalement déroger au régime de la liberté des prix institué par l'Ord. nº 86-1243 du 1er déc. 1986 (art. L. 410-2 C. com.). • CE 12 juin 1992, *Lacombe : Lebon 230.* – V. également. • Cons. const. 18 déc. 1997, nº 97-393 DC, *Alloc. familiales : JO 23 déc. 1997* (le maintien d'un régime de contrôle des prix sur les spécialités remboursables est directement fondé sur l'objectif de maîtrise des dépenses d'assurance maladie et l'exigence d'équilibre financier de la sécurité sociale, laquelle présente une valeur constitutionnelle). ♦ En revanche, le prix des spécialités pharmaceutiques non remboursables est fixé librement par le jeu de la concurrence, le régime de la liberté des prix s'appliquant du stade de la production à celui de la vente au détail. Les dispositions déontologiques de l'art. R. 4235-65 imposent néanmoins au pharmacien de fixer les prix des médicaments « avec tact et mesure ».

2. *Prix conseillés.* La diffusion de prix conseillés n'est pas considérée comme anticoncurrentielle, dès lors qu'elle ne dissimule pas des prix imposés, V. • Cons. conc. nº 99-D-18 du 2 mars 1999 : *BOCC 22 juin 1999* (relative à des pratiques relevées dans la distribution des produits de la société Laboratoires 3M Santé) • Cons. conc. nº 00-D-15 du 3 mai 2000 : *BOCC 22 juin 2000* (relative à des pratiques mises en œuvre par la société Ivoclar Division France).

3. *Infractions pénales.* Sur des poursuites exercées contre un pharmacien pour facturation excessive de préparations magistrales, V. • T. corr. *Valence, 4 janv. 1983 : Inf. pharm. 1983. 838, obs. Viala.* ♦ ... Ou pour vente de spécialités à des prix supérieurs à ceux qui résultent de la réglementation des prix, V. • Amiens, 10 janv. 1984 : *Inf. pharm. 1984. 357, obs. Viala.*

4. *Tarif pharmaceutique national.* Sur l'illégalité d'un arrêté préfectoral fixant un tarif pharmaceutique départemental applicable dans les départements d'outre-mer, V. • CE 6 oct. 1995, *Ah-Hot*, nº 118278.

5. *Arrêtés de marge.* Sur la légalité des Arr. du 2 janv. 1990 (*JO 4 janv.*) et du 1er mars 1990 (*JO 1er mars*) ayant institué une marge dégressive lissée pour la rémunération des pharmaciens d'officine, V. • CE 1er févr. 1993, *Terrasse et Khan*, nº 115241 • 16 oct. 1995, *Synd. des pharmaciens indépendants de la Réunion*, nº 115811. ♦ Sur la légalité de l'Arr. du 19 févr. 1991 supprimant le supplément honoraire pharmacien (SHP), supplément de marge instaurée par un Arr. du 6 déc. 1968 pour les spécialités classées sur la liste des substances vénéneuses, V. • CE 27 oct. 1995, *Terrasse*, nº 125263. ♦ Sur la légalité de l'Arr. du 28 avr. 1999 (*JO 29 avr.*) ayant abandonné le principe d'une marge dégressive lissée au profit d'un système de rémunération mixte du pharmacien d'officine. • CE 16 févr. 2001, *Assoc. régionale de défense des intérêts professionnels de l'officine*, nº 215851. ♦ ... Et sur la légalité de l'Arr. du 12 févr. 2004 (*JO 21 févr.*) modifiant le barème de marge des pharmaciens d'officine et des grossistes-répartiteurs, V. • CE 30 nov. 2005, *Action pharmaceutique libérale d'union synd.*, nº 270395. ♦ Un Arr. du 28 nov. 2014 (*JO 2 déc.*), mod. l'Arr. du 4 août 1987, réforme, à compter du 1er janv. 2015, la marge des pharmaciens d'officine s'appliquant au prix fabricant HT des médicaments remboursables. Corrélativement, un arrêté du même jour (*JO 2 déc.*) approuve la mise en œuvre d'un honoraire par conditionnement et d'un honoraire par ordonnance complexe, dont le montant est établi dans l'avenant nº 5 à la convention nationale du 4 avr. 2012 organisant les rapports entre les pharmaciens titulaires d'officine et l'assurance maladie (*JO 2 déc. 2014*). ♦ Dans le cadre de l'avenant nº 11, approuvé par un Arr. du 14 déc. 2017 (*JO 16 déc.*), de nouveaux honoraires ont été créés et le taux de marge des pharmaciens a été modifié par un Arr. du 12 déc. 2017 (*JO 13 déc.*).

II. RÉGULATION DES PRIX

6. *Convention de prix.* Jugé que le mécanisme de fixation conventionnelle des prix par le Comité économique des médicaments, devenu Comité économique des produits de santé (CEPS), ne constitue pas un mécanisme de blocage des prix. • CE 24 févr. 1999, *Synd. des pharmaciens indépendants de la Réunion*, n° 194554. – V. également. • Cons. conc. n° 99-A-05 du 17 févr. 1999 : *BOCC 30 nov. 1999* (concernant un projet de décret relatif aux conventions entre le Comité économique du médicament et les entreprises exploitant des médicaments).

7. *Nature réglementaire.* L'acte par lequel est fixé, soit par convention, soit par décision, le prix de vente d'un médicament remboursable constitue une décision réglementaire susceptible comme telle de faire l'objet d'un recours pour excès de pouvoir. • CE 30 déc. 2003, *Sté Labo. Serono France*, n° 243954 • 3 mai 2004, *Sté des Labo. Servier : Lebon T. 881 ; RDSS 2004. 914, note Peigné*. ♦ Dans la mesure où la décision de fixer le prix d'un médicament remboursable, qu'elle soit prise sous la forme d'une convention ou, à défaut, sous la forme d'une décision unilatérale du CEPS, revêt un caractère réglementaire, la seule circonstance que, au cours du processus de négociation ouvert en vue de la fixation du prix, le laboratoire ait accepté une proposition du CEPS en lui retournant un projet de convention signé n'emporte pas l'adoption d'une décision de fixation de prix, le CEPS pouvant, dès lors, sans avoir à justifier d'un changement de circonstances, revenir sur cette proposition, sans porter atteinte aux droits acquis du laboratoire. • CE 30 déc. 2015, *Sté Mylan*, n° 375777 : *Lebon*.

8. *Comité économique des produits de santé (CEPS).* Sur la nature juridique du CEPS, « structure administrative placée sous l'autorité des ministres compétents », V. • CE 10 nov. 1999, *Sté Pierre Fabre Médicaments et Assoc. Act-Up Paris : Lebon T. 1027*. ♦ Sur la possibilité pour le CEPS d'élaborer des directives générales pour préciser le cadre dans lequel doivent être menées les négociations précédant la signature des conventions, V. • CE 16 mai 2001, *Sté Janssen-Cilag : Lebon T. 1191 ; Nouv. pharm. 2002, n° 374, p. 79, note Boissard*. ♦ ... Et sur l'absence de pouvoir hiérarchique des ministres compétents, V. • CE 1er avr. 2005, *Sté Pierre Fabre Médicament*, n° 266169. ♦ Les délibérations prises par le CEPS dans le cadre des échanges qu'il entretient avec les laboratoires, en vue de fixer le prix d'un médicament, constituent, en principe, des mesures purement préparatoires à la convention de prix ou à la décision unilatérale de fixation du prix par le comité voire, au terme du délai de six mois (art. R. 163-9 CSS), à la décision implicite de refus du prix proposé par l'entreprise, et ne sont donc pas susceptibles de faire l'objet d'un recours contentieux. • CE 30 déc. 2015, *Sté Mylan*, n° 375777 : *Lebon*.

9. *Pouvoir autonome d'appréciation.* Si le CEPS peut s'appuyer sur l'avis rendu par la Commission de la transparence, il lui appartient d'apprécier lui-même l'ensemble des éléments de fait devant conduire à la fixation du prix des médicaments à même visée thérapeutique, compte tenu principalement de la différence d'amélioration du service médical rendu (ASMR). • CE 23 oct. 2002, *Sté Labo. Mayoly Spindler*, n° 237875. ♦ Pour déterminer les spécialités dont les prix doivent être abaissés, le comité peut prendre en compte, au vu des avis émis par la commission de la transparence, le niveau de SMR des différents médicaments concernés. • CE 30 mars 2005, *Sté Labo. Servier*, n° 255751 : *Lebon T. 1102*. ♦ Aucune disposition législative ou réglementaire n'impose que la fixation du prix d'un médicament remboursable intervienne après l'avis de la Commission de la transparence, le CEPS ayant compétence pour apprécier lui-même l'ensemble des éléments qui conduisent à la fixation du prix, en vérifiant que ce dernier est justifié au regard des prix des médicaments à même visée thérapeutique et compte tenu, notamment, de la différence d'ASMR. • CE 4 oct. 2013, *Sté Les laboratoires Servier*, n° 356687 : *RDSS 2013. 1078, note Peigné*.

10. *Critères de fixation du prix.* Le CEPS commet une erreur de droit lorsqu'il se fonde sur les posologies figurant dans l'AMM de la spécialité pour justifier un refus d'une demande d'augmentation de prix, alors que l'art. L. 162-16-4 CSS évoque les conditions prévisibles et réelles d'utilisation. • CE 26 févr. 2001, *Sté Janssen-Cilag : Lebon 87 ; JCP 2001. II. 10550, note Truchet*. ♦ Pour apprécier le prix d'une spécialité pour laquelle il existe des alternatives thérapeutiques, le comité n'a pas à prendre en considération les coûts spécifiques de production invoqués par l'entreprise exploitant le médicament. • CE 15 mai 2013, *Sté Laboratoire Sciencex*, n° 357112 : *Lebon*. ♦ En revanche, s'il s'agit d'un médicament orphelin pour lequel il n'existe aucune spécialité à même visée thérapeutique sur le marché national, le comité doit prendre en considération les coûts spécifiques ayant trait aux dépenses de recherche et de développement exposés par le laboratoire. • CE, réf., 6 nov. 2012, *Sté Addmedica*, n° 363196. • CE 20 mars 2013, Sté *Addmedica*, n° 356661 : *Lebon T. 848* (à propos du Siklos). ♦ Compte tenu des conclusions du rapport d'expertise comptable, le Conseil d'État a estimé que le prix de vente du Siklos ne permettait pas à la société Addmedica de couvrir les charges nécessaires à l'exploitation de sa spécialité au regard des volumes de vente prévisibles pour chacun de ses dosages et que, par suite, le CEPS avait entaché sa décision d'une erreur manifeste d'appréciation : pour autant, cette décision implique seulement que la demande du laboratoire soit réexaminée par le CEPS et n'implique nullement que le juge fixe lui-même le prix de vente au public du médicament orphelin, le prix fixé temporairement en application de l'ordonnance du juge des référés continuant de s'appliquer, eu égard au principe de sécurité juridique. • CE 14 mai 2014, *Sté Addmedica,* n° 363195 : *RJEP 2014, n° 725, p. 29, concl. Lallet.* ♦ Les dispositions de l'art. L. 162-38 CSS n'étant plus applicables à la fixation du prix fabricant hors taxes des médicaments remboursables, le critère fondé sur les charges de production ne saurait être invoqué à l'appui d'un recours contestant la légalité du prix d'un médicament générique auquel est appliquée une décote de 60 % par rapport au prix du médicament de référence. • CE 30 déc. 2015, *Sté Mylan,* n° 375777 : *Lebon.* ♦ Sous réserve des cas dans lesquels l'évolution du prix de vente au public de la spécialité remboursable a été prévue par convention avec l'entreprise exploitant le médicament, il appartient au CEPS de déterminer dans chaque cas, sur la base de critères objectifs et vérifiables, la méthode de comparaison des prix des médicaments à même visée thérapeutique la plus adaptée aux caractéristiques des spécialités en cause (telle une comparaison du coût moyen de traitement journalier), en tenant compte des conditions réelles et prévisibles d'utilisation de celles-ci, la comparaison devant porter, en principe, sur le prix de vente au public. • CE 24 févr. 2016, *Sté Laboratoires Grimberg,* n° 376574. ♦ Si l'art. L. 162-16-4 CSS ne prévoit pas, même lorsque le prix de vente au public d'un médicament est fixé par voie de convention, que celui-ci doive nécessairement être déterminé en fonction de son prix de revient, le CEPS ne peut pas, sans entacher sa décision d'erreur de droit, faire le choix de se fonder sur un tel mode de détermination du prix, tout en retenant comme base d'amortissement des droits et marques la moitié seulement du prix de revient de cet actif. • CE 13 mai 2016, *Sté Teofarma,* n° 381148.

11. Motivation des décisions. Les décisions du CEPS refusant une demande tendant à modifier le prix d'une spécialité remboursable doivent être motivées en droit et en fait, c'est-à-dire mentionner les bases légales de la décision et les éléments de fait de nature à justifier un refus d'augmentation de prix. • CE 11 janv. 2002, *Sté Labo. Besins International : Lebon 1 ; JCP 2002. II. 10156, note Cristol* • 12 juin 2002, *Labo. Léo,* n° 238512. ♦ Dans la mesure où une décision implicite intervenue dans les cas où la décision explicite aurait dû être motivée n'est pas illégale du seul fait qu'elle n'est pas assortie de cette motivation (art. L. 232-4 CRPA), il en résulte qu'en l'absence d'une sollicitation d'une communication des motifs de refus d'inscription dans le délai du recours contentieux, un laboratoire n'est pas fondé à soutenir que la décision serait illégale du seul fait de son absence de motivation. • CE 30 mars 2016, *Sté BB Farma,* n° 383846. ♦ Sur l'illégalité d'un refus d'augmentation de prix, V. • CE 23 juill. 2003, *Sté Janssen-Cilag,* n° 239435. ♦ Sur la légalité d'un refus d'augmentation de prix, V. • CE 24 sept. 2010, *Sté Teofarma,* n° 334125 : *Lebon T. 987.* ♦ Sur le pouvoir de résilier une convention de prix à défaut d'accord, V. • CE 30 mars 2005, *Sté Labo. Servier,* n° 255751 : *préc. note 9.*

12. Application de clauses prix/volume. Le CEPS est autorisé, quand il conclut une convention de prix, à prévoir une évolution de ce prix en fonction du volume global des ventes de l'ensemble des spécialités appartenant à la même classe pharmaco-thérapeutique, c'est-à-dire à mettre en place des « clauses mutualisées ». • CE 20 oct. 2004, *Sté Bayer Pharm : Lebon T. 882.* ♦ Sur la nature conventionnelle des clauses « prix/volume » et la compétence du juge de plein contentieux, V. • CE 29 oct. 2008, *Sté Schering,* n° 305279 : *Lebon T. 931.* ♦ Sur la légalité de clauses de diminution de prix programmée, V. • CE 26 sept. 2005, *Sté Pfizer,* n° 269719 • 13 nov. 2006, *Sté Pfizer,* n° 280455.

Art. L. 5123-2 **L'achat, la fourniture, la prise en charge et l'utilisation par les collectivités publiques des médicaments définis aux articles L. 5121-8,** *(L. n° 2004-810 du 13 août 2004, art. 31-V ; L. n° 2006-1640 du 21 déc. 2006, art. 58-II ; Ord. n° 2007-613 du 26 avr. 2007, art. 6 ; L. n° 2008-1425 du 27 déc. 2008, art. 177-IX)* **« L. 5121-9-1, L. 5121-13 et L. 5121-14-1 ou »** *(L. n° 2011-1906 du 21 déc. 2011, art. 26-I-3°)* **« bénéficiant d'une autorisation d'importation parallèle en application de l'article L. 5124-13 » sont limités, dans les conditions propres à ces médicaments fixées par le décret mentionné à l'article L. 162-17 du code de la sécurité sociale, aux produits agréés dont la liste est établie par arrêté des ministres chargés de la santé et de la sécurité sociale.** *(L. n° 2013-1203 du 23 déc. 2013, art. 51-II)* **« Cette liste précise *les seules indications thérapeutiques* ouvrant droit à la prise en charge des médicaments. »**

(L. n° 2011-2012 du 29 déc. 2011, art. 24-I) **« Les médicaments faisant l'objet des autorisations mentionnées à l'article L. 5121-12 peuvent être achetés, fournis, pris en charge et utilisés par les collectivités publiques sans figurer sur la liste mentionnée au premier alinéa du présent article. »**

(L. nº 2004-806 du 9 août 2004, art. 128-II) **« L'inscription d'un médicament sur la liste mentionnée au premier alinéa peut, au vu des exigences de qualité et de sécurité des soins mettant en œuvre ce médicament, énoncées le cas échéant par la commission prévue à l'article L. 5123-3, être assortie de conditions concernant la qualification ou la compétence des prescripteurs, l'environnement technique ou l'organisation de ces soins et d'un dispositif de suivi des patients traités. »**

COMMENTAIRE

V. Commentaire reproduit sur Dalloz.fr.

1. Position dominante. Tombe sous la sanction des dispositions de l'art. L. 420-2 C. com. tout abus de position dominante sur le marché des spécialités réservées à l'usage hospitalier. • Cons. conc. nº 96-D-12 du 5 mars 1996, *Sté Lilly France : BOCC 17 juin 1996.* – Et en cassation. • Com. 15 juin 1999, *Sté Lilly France : Bull. civ. IV, nº 128 ; BOCC 27 juill. 1999* (à propos de la vancomycine). ♦ Est également constitutif d'un abus de position dominante la pratique consistant à proposer à des établissements hospitaliers une remise sur la totalité de leurs achats, y compris ceux sous monopole, à la condition que l'hôpital s'approvisionne exclusivement auprès d'eux pour d'autres spécialités pharmaceutiques qu'ils estimaient prioritaires et qui étaient soumises à la concurrence d'autres laboratoires. • Cons. conc. nº 03-D-35 du 24 juill. 2003, *Sté Labo. Sandoz : BOCC 8 oct. 2003.* – Et en cassation : • Com. 28 juin 2005, *Sté Novartis Pharma : BOCC 28 oct. 2005* (à propos de la ciclosporine).

2. Ententes concertées. Sur la sanction d'ententes concertées sur les prix et la répartition des marchés en matière d'approvisionnement des hôpitaux en gaz médicaux, V. • Cons. conc. nº 03-D-01 du 14 janv. 2003 : *BOCC 8 oct. 2003* (relative au comportement de sociétés filiales du groupe Air liquide). ♦ Les pratiques tarifaires à l'égard de centrales d'achats d'établissements de santé privés tombent, de la même manière, sous l'emprise du droit de la concurrence qui réprime toute pratique de fidélisation de la clientèle de nature à fausser le jeu de la concurrence, en ce qu'elle consiste en une remise accordée par une entreprise en position dominante en fonction d'un volume d'achats. • Cons. conc. nº 01-D-23 du 10 mai 2001 : *BOCC 24 mai 2001* (relative aux pratiques de la société Abbott sur le marché des produits anesthésiques).

3. Prix prédateurs. Sur une pratique de prix prédateur mise en œuvre dans le secteur de la vente de médicaments aux hôpitaux, sanctionnée pour la première fois en France, V. • Cons. conc. nº 07-D-09 du 14 mars 2007 : *BOCC 24 déc. 2007* (relative à des pratiques mises en œuvre par les laboratoires GlaxoSmithKline : à propos du prix de l'antibiotique Zinnat). ♦ La décision a cependant été réformée au motif qu'aucun lien nécessaire n'était démontré entre les pratiques de prix consécutives au retrait du génériqueur et la conception ou la mise en œuvre d'un plan d'éviction caractérisée par l'acquisition d'une réputation d'agressivité à l'encontre des entrants sur le marché hospitalier. • Paris, 8 avr. 2008, *Sté GlaxoSmithKline : BOCC 15 sept. 2008,* confirmé. • Com. 17 mars 2009 : *Bull. civ. IV, nº 39 ; BOCC 3 août 2009.*

Art. L. 5123-3 **La liste mentionnée à l'article L. 5123-2 est proposée par une** *(L. nº 2004-810 du 13 août 2004, art. 36-II)* **« commission de la Haute Autorité de santé mentionnée à l'article L. 161-37 du code de la sécurité sociale dont la composition et le fonctionnement sont fixés par décret en Conseil d'État ».**

Peuvent être entendus par la commission les personnalités médicales ou pharmaceutiques, ainsi que les représentants qualifiés des organismes ou services dont la commission désire avoir l'avis.

COMMENTAIRE

V. Commentaire reproduit sur Dalloz.fr.

1. Coexistence des deux listes. La liste des médicaments agréés à l'usage des collectivités, établie sur le fondement de l'art. L. 618 [L. 5123-2], est distincte de la liste des médicaments remboursables. • CE 26 sept. 1986, *SNIP,* nº 50673 : *Inf. pharm. 1986. 53, obs. Viala.* ♦ Dès lors, la circonstance qu'une spécialité (Maxépa) figure sur la liste des médicaments agréés à l'usage des collectivités établie en application de l'art. L. 618 [L. 5123-2] n'est pas de nature à entacher d'illégalité, pour rupture d'égalité, un arrêté portant refus de renouvellement de l'inscription de cette spécialité sur la liste des médicaments remboursables. • CE 10 nov. 1999, *Sté Pierre Fabre Médicament,* nº 200233. ♦ Sur le lien automatique entre la radiation de la liste des spécialités remboursables et de la liste des médicaments agréés aux collectivités, V. • CE 23 févr. 2011, *Sté Biogaran et Sté Alept,* nº 337646 : *Lebon 58.* ♦ L'inscription sur la liste des spécialités remboursables vaut inscription sur la liste des spécialités agréées aux collectivités publiques si le laboratoire le demande, V. art. L. 162-17-2 CSS. ♦ L'inscription sur la liste des médicaments remboursables ou sur la liste des médicaments agréés aux collectivités est requise pour un médicament pourvu d'une AMM européenne faisant l'objet d'une distribution parallèle sur le territoire français. • CE 30 mars 2016, *Sté BB Farma*, n° 383846.

2. Contrôle de légalité. La légalité du Décr. n° 99-915 du 27 oct. 1999 (*JO 30 oct.*) relatif aux médicaments remboursables et instituant le critère du service médical rendu (SMR) a été confirmée. • CE 6 oct. 2000, *SNIP*, n° 215145.

3. Commission de la transparence. C'est la Commission de la transparence de la Haute Autorité de santé qui est investie des attributions de la commission prévue à l'art. L. 5123-3, V. art. R. 163-15 CSS. Il y a donc lieu d'appliquer *mutatis mutandis* les solutions juridiques retenues pour la procédure relative à la liste des médicaments remboursables, notamment l'interprétation des conditions de prise en charge des médicaments fondées notamment sur l'évaluation de leur niveau de service médical rendu (SMR), V. art. R. 163-3 CSS. ♦ Sur l'existence d'un conflit d'intérêt négatif à l'égard d'un membre de la Commission de la transparence, V. • CE 12 févr. 2007, *Sté Jolly-Jatel*, n° 290164 : *Lebon T. 1085* ; *RDSS 2007. 338, note Mascret*. ♦ Sur la suspension d'un arrêté de radiation de la liste des spécialités remboursables intervenu au vu d'un avis de la Commission de la transparence rendu en méconnaissance du principe d'impartialité, V. • CE, réf., 9 sept. 2012, *Sté Thérabel Lucien Pharma*, n° 361965. ♦ Si l'art. L. 161-37 CSS impose à la Haute Autorité de santé de rendre publics les compte rendus des réunions de la Commission de la transparence assortis des détails et explications des votes, y compris les opinions minoritaires, cette obligation n'est pas prescrite à peine d'irrégularité des décisions rendues au vu des avis de la commission. • CE 3 juin 2013, *Sté Laboratoire GlaxoSmithKline*, n° 352655 : *Lebon*.

4. Nature réglementaire et obligation de motivation. Les arrêtés ministériels portant inscription, renouvellement d'inscription ou radiation de la liste des médicaments remboursables (et par extension les décisions relatives à la liste des médicaments agréés à l'usage des collectivités) sont susceptibles d'être contestés par la voie du recours pour excès de pouvoir : jugé, dans un premier temps, que ces arrêtés possèdent des effets qui excèdent le ressort d'un seul TA et relèvent, dès lors, de la compétence en premier ressort du Conseil d'État. • CE, sect., 14 févr. 1958, *Sté des Labo. Roger-Bellon : Lebon 100 ; AJDA 1958. 171, concl. Long*. ♦ Jugé, dans un second temps, que ces décisions présentent un caractère réglementaire. • CE 22 mars 1968, *Sté des Labo. Beytout : Lebon T. 1114 ; AJDA 1968. 356* • 24 juin 1987, *SNIP : RD publ. 1987. 1657, note Drago ; Inf. pharm. 1988. 483, note Denoix de Saint-Marc et Labetoulle*. ♦ Ne faisant naître aucun droit acquis, la décision peut, dès lors, être abrogée ou modifiée à tout moment, sous réserve de respecter les règles de forme et de procédure, notamment celles imposées par la Dir. 89/105/CEE du 21 déc. 1988, concernant la transparence des mesures régissant la fixation des prix des médicaments à usage humain et leur inclusion dans le champ d'application des systèmes d'assurance maladie (*JO 11 févr. 1989*). Ainsi, les arrêtés interministériels de radiation de la liste des spécialités remboursables, alors qu'ils constituent des actes réglementaires, n'en sont pas moins obligés d'être motivés au regard des exigences de la Dir. du 21 déc. 1988 et ce, en dépit du principe selon lequel les actes réglementaires n'ont pas à être motivés. • CE 9 juill. 1993, *Assoc. FO consommateurs : Lebon 212 ; AJDA 1994. 155, note Prétot*. ♦ Sur le point de savoir si l'obligation de motivation découlant de la Dir. du 21 déc. 1988 est applicable aux décisions qui, lors du renouvellement de l'inscription sur la liste des médicaments remboursables, restreignent les indications ouvrant droit au remboursement, V. • CE 4 oct. 2013, *Sté Les laboratoires Servier*, n° 353857 : *RDSS. 2013. 1078, note Peigné* (question préjudicielle). ♦ V. le renvoi d'une question préjudicielle analogue concernant l'inscription sur la liste en sus des prestations remboursables : • CE 14 mai 2014, *Sté LFB Biomédicaments*, n° 358498. • CE 14 mai 2014, *Sté Pierre Fabre Médicament*, n° 363164.♦ La Cour de justice a estimé que l'obligation de motivation prévue par la Dir. 89/105/CEE est applicable à l'égard d'une décision qui renouvelle l'inscription d'un produit sur la liste des médicaments couverts par l'assurance maladie, mais qui restreint le remboursement de ce produit à une certaine catégorie de patients. • CJUE 26 févr. 2015, *Laboratoires Servier*, C-691/13. ♦ Dans le même sens, il serait contraire à l'objectif de transparence poursuivi par la Dir. 89/105/CEE de ne pas imposer une obligation de motivation aux mesures de radiation de la liste en sus. • CJUE 16 avr. 2015, *LFB Biomédicaments et Pierre Fabre Médicament*, C-271/14 et C-273/14 : *RDSS 2015. 552, obs. Peigné*. ♦ Le Conseil d'État a donc annulé la décision restreignant les conditions de remboursement du médicament, la simple référence à l'avis préalable de la Commission de la transparence ne pouvant être regardée comme ayant satisfait à l'obligation de motivation prévue par la directive. • CE 17 juin 2015, *Sté Les laboratoires Servier*, n° 353857. ♦ V. égal. pour l'annulation des décisions non motivées relatives à la liste en sus, • CE 17 juin 2015, *Sté LFB Biomédicaments*, n° 358498. • 17 juin 2015, *Sté Pierre Fabre Médicament*, n° 363164. ♦ Jugé également de manière constante que la radiation de la liste des spécialités remboursables ne présente pas le caractère d'une sanction. • CE, sect., 22 nov. 1957, *Sté des Labo. Ciba : Lebon 637 ; RD publ. 1958. 516, note Waline.* ♦ L'inscription sur la liste des spécialités agréées à l'usage des collectivités revêt également le caractère d'un acte réglementaire non créateur de droits. • CE 23 févr. 2011, *Sté Biogaran*, n° 337646 : *Lebon 58 ; AJDA 2011. 864* . ♦ Les dispositions de la Dir. 89/105/CEE du 21 déc. 1988, imposant la motivation des décisions portant refus d'inscription ou de modification d'inscription sur la liste des spécialités remboursables, ne font pas obstacle à la formation, à l'expiration du délai imparti à l'autorité compétente (180 jours), d'une décision implicite de rejet, mais s'opposent toutefois à ce qu'une telle décision ne soit pas accompagnée d'une motivation à l'expiration du délai imposé par le droit de l'Union : en l'absence de motivation à l'expiration de ce délai, le ministre ne peut utilement se prévaloir des dispositions de l'art. L. 232-4 CRPA, selon lesquelles une décision implicite intervenue dans les cas où la décision explicite aurait dû être motivée n'est pas illégale du seul fait qu'elle n'est pas assortie de cette motivation. • CE 17 nov. 2017, *Sté Laboratoire Abbvie*, n° 398573 : *Lebon ; AJDA 2017. 2279 ; ibid. 2403, chron. Roussel et Nicolas* . ♦ Les avis de la commission de la transparence étant dépourvus d'autorité juridique, la société requérante ne saurait être regardée comme ayant eu connaissance des motifs de la décision refusant une extension de remboursement de sa spécialité du seul fait que l'avis de la commission lui a été communiqué avant le délai imparti, dès lors que l'autorité ministérielle ne lui a pas préalablement fait savoir qu'elle avait entendu s'approprier les motifs de cet avis. • Même arrêt.

5. Contrôle juridictionnel. L'appréciation des conditions de radiation de la liste est soumise à un contrôle restreint à l'erreur manifeste. • CE 18 déc. 1991, *SNIP : Lebon 447* • 10 nov. 1999, *Sté Pierre Fabre Médicament : préc. note 1.* ♦ Le respect du principe d'égalité devant la loi et des règles de concurrence imposent à l'autorité ministérielle de s'assurer que les différences pouvant exister dans les conditions d'inscription, sur les listes prévues à l'art. L. 162-17 CSS et L. 5123-2 CSP, de spécialités étroitement comparables, compte tenu de leurs effets, de leur mode d'action et de leur place dans la stratégie thérapeutique, ne soient pas manifestement disproportionnées au regard des motifs susceptibles de les justifier. • CE 20 déc. 2013, *Sté Pierre Fabre Médicament*, n° 353632 : *RDSS 2014. 185, note Peigné* . ♦ Le Conseil d'État exerce ainsi un contrôle de l'erreur manifeste sur la légalité interne de l'avis émis par la Commission de la transparence, dont l'autorité ministérielle doit être regardée comme s'étant appropriée les motifs. • CE 12 mai 2010, *Sté Roche*, n° 316859 : *Lebon. 162 ; AJDA 2010. 1889, note Arvis* . ♦ Pour apprécier le caractère suffisant du service médical rendu par un médicament sur une indication donnée, en particulier du point de vue de sa place dans la stratégie thérapeutique, mais aussi de son efficacité et de ses effets indésirables, les ministres chargés de la santé et de la sécurité sociale peuvent tenir compte du service rendu par d'autres thérapies poursuivant la même finalité. • CE 3 juin 2013, *Sté Laboratoire GlaxoSmithKline*, n° 352655 : *préc. note 3.* ♦ Ne commet pas d'erreur de droit le ministre qui, pour refuser l'inscription sur la liste des médicaments remboursables d'une spécialité composée d'une association fixe de trois antihypertenseurs, prend en compte, au regard de l'intérêt de la santé publique, les inconvénients en matière de prescription, liés à l'impossibilité d'adapter, pour chaque patient, le dosage des antihypertenseurs associés. • CE 13 nov. 2013, *Sté Novartis Pharma*, n° 344490 : *RDSS 2013. 1134, obs. Peigné* . ♦ Si l'inscription sur la liste des spécialités agréées à l'usage des collectivités peut être assortie de conditions concernant, notamment, l'organisation des soins, l'autorité ministérielle commet une erreur manifeste d'appréciation en subordonnant l'engagement d'un traitement antiviral contre l'hépatite C à la tenue, dans les « pôles de référence hépatites », d'une réunion de concertation pluridisciplinaire, dès lors que le nombre de ces pôles apparaît insuffisant au regard du nombre de malades porteurs du virus de l'hépatite C. • CE 8 juill. 2016, *Synd. nat. des médecins français spécialistes de l'appareil digestif*, n° 386606.

6. Régime d'abrogation. Dans la mesure où aucune disposition législative ou réglementaire n'impose la radiation automatique d'une spécialité de la liste des médicaments agréés aux collectivités en conséquence de sa radiation de la liste des spécialités remboursables, le motif tiré du niveau insuffisant du service médical rendu (initial ou acquis) est de nature à fonder légalement l'abrogation, à tout moment, d'une inscription sur la liste des spécialités agréées à l'usage des collectivités, qui revêt le caractère d'un acte réglementaire non créateur de droits. • CE 23 févr. 2011, *Sté Biogaran et Sté Alept*, n° 337646 : *préc. note 1.* ♦ La circonstance que d'autres spécialités soient maintenues sur la liste des spécialités remboursables, alors qu'elles auraient un niveau de SMR insuffisant, est sans incidence sur la légalité d'un arrêté de radiation, de même que, à supposer que le maintien de médicaments concurrents sur la liste serait susceptible de placer les entreprises qui les exploitent en situation d'abus de position dominante, une telle circonstance ne peut être utilement invoquée à l'encontre de la mesure de radiation de la spécialité. • CE 13 juill. 2007, *Sté Biocodex*, n° 291612 : *Lebon T. 1085* . ♦ L'autorité ministérielle peut légalement maintenir sur la liste des spécialités remboursables des médicaments et en radier d'autres de la même classe pharmaco-thérapeutique, sans introduire une différence de traitement manifestement disproportionnée au regard de la différence de situation existant entre eux, dès lors que ces médicaments comportent un principe actif différent et qu'ils ont été mis sur le marché postérieurement aux autres spécialités de la classe pharmaco-thérapeutique ayant fait l'objet d'une réévaluation par la commission de la transparence. • CE 8 avr. 2015, *Sté laboratoires Genévrier et a.*, n° 369329. ♦ Si la Commission de la transparence doit prendre en considération les autres spécialités utilisées dans la même indication thérapeutique pour apprécier le SMR d'un médicament faisant l'objet d'une radiation de la liste, aucune disposition législative ou réglementaire, non plus que le principe d'égalité, n'imposent qu'elle donne à cette occasion un avis sur l'ensemble de ces spécialités. • CE, sect., 22 juill. 2015, *Sté Zambon France*, n° 361962 : *AJDA 2015. 1626, chron. Lessi et Dutheillet de Lamothe*.

7. *Nature juridique des avis de la Commission.* Les avis de la Commission de la transparence sont regardés comme des actes purement consultatifs, qui ne font pas grief, et sont par suite insusceptibles de recours direct en annulation. • CE 6 oct. 2000, *Sté Novartis pharma : Lebon T. 1142* • 16 févr. 2001, *Sté Solvay Pharma : Lebon T. 1201* • 16 févr. 2001, *Sté des Labo. Servier*, n° 217340 • 30 mai 2001, *Sté des Labo. Servier*, n° 224924 • 26 mars 2004, *Sté Labo. Mayoly-Spindler*, n° 246619 • 21 juin 2006, *Sté Labo. Genévrier*, n° 284581. ♦ Solution inchangée depuis l'intervention de la L. n° 2004-810 du 13 août 2004 ayant institué la HAS : les avis émis ou les propositions faites par la Commission de la transparence, en tant que commission spécialisée de la HAS, sont des éléments de la procédure d'élaboration des décisions d'inscription sur la liste des médicaments remboursables. • CE 2 oct. 2009, *Sté Labo. Addmedica*, n° 311772 • 12 mai 2010, *Sté Roche : Lebon 162 ; AJDA 2010. 1889, note Arvis ; Gaz. Pal. 29-30 oct. 2010, p. 34, note Peigné* • CE 17 nov. 2017, *Sté Laboratoire Abbvie*, n° 398573 : *Lebon ; AJDA 2017. 2279 ; ibid. 2403, chron. Roussel et Nicolas*. ♦ Il en va de même pour les avis rendus préalablement à l'inscription sur la liste des médicaments agréés aux collectivités. • CE 5 oct. 2015, *Sté Nordic Pharma et Sté Exelgyn*, n° 375094. ♦ Les autorités compétentes (ministres, CEPS, UNCAM) ne sont donc pas liées dans leurs décisions par les positions prises par la Commission de la transparence et lorsque ces décisions adoptent une position identique à celle de la Commission, le bien-fondé de cette position peut être discuté à l'occasion d'un recours pour excès de pouvoir dirigé contre les décisions prises par l'autorité compétente.

8. *Portée juridique des avis de la Commission.* Les avis de la Commission de la transparence ne lient pas les ministres compétents, ces derniers peuvent donc s'en écarter. • CE 2 févr. 2005, *Sté Thérabel Lucien Pharma*, n° 265052. ♦ L'avis ne liant pas les ministres, une éventuelle erreur de droit commise par la Commission de la transparence est, par elle-même, sans incidence sur le bien-fondé de l'arrêté ayant inscrit une spécialité concurrente sur la liste des médicaments remboursables. • CE 1er avr. 2005, *Sté Labo. Genévrier*, n° 266420. ♦ Les rejets rendus sur recours gracieux à l'encontre de ces avis sont également dépourvus d'effet juridique. • CE 23 févr. 2001, *Sté Chiesi*, n° 222197. ♦ Jugé inopérant le moyen soulevé à l'appui de conclusions dirigées contre les refus implicites des ministres de retirer les actes de la Commission de la transparence. • CE 12 juin 2002, *Sté Janssen-Cilag : Lebon T. 930*. ♦ Devient sans objet la requête tendant à annuler la décision implicite de refus d'inscription sur la liste des médicaments remboursables au prix fixé conventionnellement avec le CEPS, compte tenu d'une inscription ultérieure par arrêté interministériel. • CE 12 juin 2002, *Sté Labo. Merck*, n° 229942. ♦ Les avis émis par d'autres instances consultatives (Haut Conseil de la santé publique) sont également sans incidence sur l'inscription prononcée par les ministres compétents. • CE 8 mars 2006, *Sté Baxter*, n° 275280.

9. *Baisse du taux de remboursement.* Sur les conditions d'abaissement du taux de remboursement de certains médicaments remboursables, V. • CE, sect., 20 juin 2003, *Sté Servier Monde : AJDA 2003. 1246, note Aubert ; JCP 2003. II. 10156, note Peigné ; RDSS 2003. 610, concl. Fombeur* • 23 juill. 2003, *Labo. L. Lafon : nos 225491 et 240183* • 23 juill. 2003, *Sté Beaufour-Ipsen Pharma*, n° 225692 • 23 juill. 2003, *Sté Lipha Santé*, n° 225707 • 23 juill. 2003, *Sté Pharma-Pharm*, n° 225710 • 2 févr. 2005, *Sté Thérabel Lucien Pharma : préc. note 8*. – Lorsque le médicament comporte plusieurs indications thérapeutiques, il faut considérer que le SMR est majeur ou important dès que cette condition est remplie par des indications représentant une part suffisamment importante du volume des prescriptions. ♦ Sur la conventionnalité de l'art. 20 de la LFSS pour 2004 ayant procédé à la validation des actes ayant réduit le taux de remboursement de plusieurs spécialités pharmaceutiques, V. • CE 23 juin 2004, *Sté Labo. Genévrier : RDSS 2004. 914, note Peigné* • 23 juin 2004, *Sté Labo. Théramex*, n° 261162 • 23 juin 2004, Sté Pharmafarm, n° 257826 • 23 juin 2004, *Sté Labo. Schwarz Pharma*, n° 257798 • 23 juin 2004, *Sté Thérabel Lucien Pharma*, n° 257831 • 23 juin 2004, *Sté Chiesi*, n° 257830 • 20 avr. 2005, *Sté Reckitt Benckiser Healthcare*, n° 264231. ♦ *Contra* : la Cour européenne des droits de l'homme a estimé que l'intervention législative tendant à régler définitivement, de manière rétroactive, le fond du litige opposant les laboratoires et l'État sur les diminutions du taux de remboursement, n'était pas justifiée par un motif d'intérêt général impérieux et violait ainsi l'art. 6, §1, Conv. EDH. • CEDH 16 janv. 2007, *Sté Chiesi c/ France*, n° 954/05 : *RDSS 2007. 167, note Mascret*.

10. Renouvellement d'inscription. Avant l'intervention du Décr. n° 93-762 du 29 mars 1993, qui avait introduit une durée d'inscription limitée à trois ans, il n'existait pas de durée réglementaire d'inscription : dans la mesure où l'acte portant inscription sur la liste des spécialités remboursables présente un caractère réglementaire, l'autorité administrative ne pouvait pas, à sa discrétion, imposer une durée d'inscription, alors qu'elle pouvait à tout moment revenir sur sa décision. • CE 17 déc. 1993, *Synd. nat. de l'industrie pharmaceutique*, n° 116293 • 17 mars 1997, *Sté Pierre Fabre Médicament*, n° 160862 • 30 juill. 1997, *SARL Laboratoires Thérica*, n° 162550. ♦ Sur la question préjudicielle renvoyée à la Cour de justice sur le point de savoir si la disposition de la directive 89/105/CEE du 21 déc. 1988 imposant la motivation des décisions portant modification des conditions d'inscription sur la liste des spécialités remboursables est applicable aux décisions de renouvellement d'inscription sur la liste des médicaments ouvrant droit au remboursement par les caisses d'assurance maladie qui, soit en restreignant par rapport à la demande présentée les indications thérapeutiques ouvrant droit au remboursement, soit en assortissant ce dernier de conditions tenant notamment à la qualification des prescripteurs, à l'organisation des soins ou au suivi des patients, ou de toute autre manière, n'ouvrent droit au remboursement par les caisses d'assurance maladie qu'à une partie des patients susceptibles de bénéficier du médicament ou seulement dans certaines circonstances, V. • CE 4 oct. 2013, *Sté Les laboratoires Servier*, n° 353857 : *RDSS 2013. 1078, note Peigné*. ♦ La Cour de justice a estimé que l'obligation de motivation prévue par la directive est applicable à une décision qui renouvelle l'inscription d'une spécialité sur la liste des médicaments remboursables par l'assurance maladie en restreignant la prise en charge de la spécialité à une certaine catégorie de patients. • CJUE 26 févr. 2015, *Laboratoires Servier*, n° C-691/13. ♦ Les dispositions de l'art. R. 163-6 CSS doivent être interprétées comme mettant à la charge de la commission de la transparence l'obligation, lorsqu'elle propose de ne pas renouveler l'inscription ou de modifier le taux de remboursement d'une spécialité, de ne le faire qu'après s'être prononcée sur l'ensemble des spécialités de la classe pharmaco-thérapeutique à laquelle cette spécialité appartient : à défaut d'avis suffisamment récent ou si de nouvelles données disponibles sont susceptibles de remettre en cause l'évaluation du niveau du SMR par ces différentes spécialités, il lui appartient de procéder à une nouvelle évaluation des spécialités de la même classe pharmaco-thérapeutique. • CE 20 déc. 2013, *Sté Pierre Fabre Médicament*, n° 353632 : *RDSS 2014. 185, note Peigné*. ♦ Il incombe ainsi aux ministres compétents de s'assurer que les différences dans les conditions d'inscription sur la liste des spécialités remboursables et sur la liste des médicaments agréés aux collectivités de spécialités étroitement comparables, compte tenu de leurs effets, de leur mode d'action et de leur place dans la stratégie thérapeutique, ne sont pas, en méconnaissance du principe d'égalité, manifestement disproportionnées au regard des motifs susceptibles de les justifier, notamment de l'objectif de maîtrise des dépenses publiques de santé, ni de nature à porter atteinte au principe de libre concurrence. • CE 8 avr. 2015, *Sté laboratoires Genévrier et a.*, n° 369329 : *Lebon*.

11. Médicaments d'exception. Sur la légalité du Décr. n° 94-1031 du 2 déc. 1994 ayant introduit la catégorie des médicaments d'exception visés à l'art. R. 163-2 CSS (médicaments particulièrement coûteux), V. • CE 3 juill. 1996, *Synd. des médecins d'Aix*, n° 164713 • 18 mai 1998, *Assoc. des neurologues libéraux de langue française : Lebon T. 1176*. ♦ Le juge de l'excès de pouvoir exerce un contrôle normal sur l'appréciation portée par l'autorité administrative quant au caractère particulièrement coûteux d'un médicament conditionnant l'application du régime des médicaments d'exception. • CE 1er oct. 2004, *Sté GlaxoSmithKline : Lebon T. 881*.

Art. L. 5123-4 **La liste des produits agréés peut comprendre plusieurs catégories correspondant chacune à une ou plusieurs catégories d'utilisateurs mentionnés à l'article L. 5123-6.**

Un arrêté des ministres chargés des anciens combattants, de la défense et de la santé fixe les modalités de leur classification.

Art. L. 5123-5 *Abrogé par L. n° 2013-1203 du 23 déc. 2013, art. 11-II-1°.*

Art. L. 5123-6 **Seuls les produits spécialisés agréés pour les catégories correspondantes d'utilisateurs peuvent être :**

1° Achetés et utilisés, sauf en cas d'urgence, par les établissements de santé civils et militaires ;

2° Achetés et utilisés par les collectivités locales publiques et les organismes de toute nature dont les ressources proviennent en tout ou partie des subventions des collectivités publiques ;

3° Fournis gratuitement aux bénéficiaires de l'article L. 115 du code des pensions militaires d'invalidité et des victimes de la guerre ;

4° Fournis gratuitement aux bénéficiaires de l'assistance médicale gratuite ;

5° Fournis aux ouvriers des établissements militaires en application des règlements sur la situation du personnel civil d'exploitation de ces établissements. — *[Anc. art. L. 622].*

Art. L. 5123-7 Afin d'éviter le gaspillage des médicaments et sans porter atteinte à la liberté des prescriptions médicales, des modalités particulières peuvent être fixées par décret pour la délivrance des médicaments aux bénéficiaires d'un régime d'assurance maladie et aux bénéficiaires de l'aide sociale. — *[Anc. art. L. 625 bis].*

1. Durée de prescription. Sur l'interprétation stricte des dispositions fixant à trente jours la durée maximale de traitement pris en charge par l'assurance maladie (V. art. R. 5123-2). • CE 10 févr. 1995, *Abecassis,* n° 151471.

2. Renouvellement de prescription. Édictées dans l'intérêt des malades et de la santé publique, les dispositions relatives aux conditions de renouvellement de prescription des médicaments remboursables (V. art. R. 5123-1) sont impératives et doivent être observées, tant par les professionnels de santé que par les assurés sociaux. • Soc. 15 oct. 1981 : *Bull. civ. V, n° 801* • 10 oct. 1984 : *Bull. civ. V, n° 363* • 16 mai 1991 : *Bull. civ. V, n° 252* • 23 janv. 1997 : *Bull. civ. V, n° 36* • 10 févr. 2000 : *Bull. civ. V, n° 65.*

CHAPITRE IV FABRICATION ET DISTRIBUTION EN GROS

BIBL. ▶ Bélis-Bergouignan, Montalban (dir.), L'industrie pharmaceutique. Règles acteurs et pouvoir, *Doc. fr. sept. 2014.* – Lorenzi, Les nouveaux facteurs de la distribution des médicaments, *JCP E 2007. I. 2021.* – Le Guisquet et Lorenzi, La distribution pharmaceutique en France, *éd. Elsévier, 2001.* – Cahuzac, Le poids des industries pharmaceutiques, *Pouvoirs 1999, n° 89, p. 101.* – Viala et Lambert, Entreprises et établissements pharmaceutiques à l'heure des adaptations, *Gaz. Pal. 1998. 2. Doctr. 1431.* – Auby, Le décret du 20 septembre 1978 et le statut des établissements pharmaceutiques, *Labo. pharma., janv. 1979.* – Auby, Le décret du 20 septembre 1978 et les établissements pharmaceutiques, *Labo. Pharma. déc. 1978, p. 484.* – Coustou, Réflexions sur le décret du 20 septembre 1978, *Inf. pharm. 1978. 1575.* – Micheau, Établissements pharmaceutiques et pharmaciens, *Dr. soc. 1970. 261.* – Auby, Le statut des établissements de préparation, de vente en gros et de distribution en gros des produits pharmaceutiques, *RDSS 1969. 50.* – Auby, Profession médicale et profession pharmaceutique, *Mél. offerts à René Savatier, Dalloz, 1965, p. 45.* – Rueff et Armand, La réforme du régime de la fabrication des produits pharmaceutiques, *Les Cah. fr., juill. 1960.* – Rougevin-Baville, L'ordonnance du 4 février 1959 sur la réforme du régime de la fabrication des produits pharmaceutiques, *Dr. soc. 1959. 581.*

Art. L. 5124-1 *(L. n° 2004-800 du 6 août 2004, art. 19-III-B-1° ; L. n° 2004-806 du 9 août 2004, art. 96-2°)* La fabrication, l'importation, l'exportation et la distribution en gros de médicaments, produits et objets mentionnés à l'article L. 4211-1, la fabrication, l'importation et la distribution des médicaments expérimentaux, à l'exception des préparations de thérapie génique et des préparations de thérapie cellulaire xénogénique, ainsi que l'exploitation de spécialités pharmaceutiques ou autres médicaments, de générateurs, trousses ou précurseurs définis aux 8°, 9° et 10° de l'article L. 5121-1 ne peuvent être effectuées que dans des établissements pharmaceutiques régis par le présent chapitre.

(L. n° 2011-302 du 22 mars 2011, art. 8-I) « La préparation, la conservation, la distribution et la cession des médicaments de thérapie innovante mentionnés au 17° de l'article L. 5121-1 peuvent également être réalisées dans des établissements autorisés au titre de l'article L. 4211-9-1. »

(Ord. n° 2012-1427 du 19 déc. 2012, art. 5) « Les personnes se livrant à une activité *de courtage de médicaments mentionnée* à l'article *(L. n° 2014-201 du 24 févr. 2014, art. 4-II-1°)* « L. 5124-19 » ne sont pas soumises aux dispositions du présent chapitre. »

COMMENTAIRE

V. Commentaire reproduit sur Dalloz.fr.

1. Contrôle de légalité. La légalité du Décr. n° 98-79 du 11 févr. 1998 relatif aux établissements pharmaceutiques a été confirmée. • CE 6 oct. 1999, *Sté Pharma-Lab,* n° 195654.

2. Régime contractuel. Sur un contrat de fabrication de produits pharmaceutiques impliquant un procédé de conditionnement, V. • Com. 7 avr. 1998 : *RDSS 1998. 780, note Laude.* ♦ Et sur un contrat de cession de formule de spécialité pharmaceutique, V. • Com. 11 juill. 2006, *Sté Sanofi-Synthélabo,* n° 04-17.109.

Art. L. 5124-2 **Toute entreprise qui comporte au moins un établissement pharmaceutique doit être la propriété d'un pharmacien ou d'une société à la gérance ou à la direction générale de laquelle participe un pharmacien. Elle peut être, en tout ou partie, concédée en location-gérance à une société. Cette société doit être la propriété d'un pharmacien ou comporter la participation d'un pharmacien à sa direction générale ou à sa gérance.**

Les pharmaciens mentionnés à l'alinéa précédent sont dénommés pharmaciens responsables. Ils sont personnellement responsables du respect des dispositions ayant trait à leur activité, sans préjudice, le cas échéant, de la responsabilité solidaire de la société.

Dans chaque établissement pharmaceutique de l'entreprise, un pharmacien délégué veille au respect des dispositions du présent livre sous l'autorité du pharmacien responsable de l'entreprise. Lorsque le pharmacien responsable exerce ses fonctions dans l'un des établissements pharmaceutiques d'une entreprise, la désignation d'un pharmacien délégué n'est pas obligatoire dans cet établissement.

Les pharmaciens responsables et les pharmaciens délégués doivent justifier d'une expérience pratique appropriée.

BIBL. ► MAILLOS-PERROY, Le pharmacien responsable de l'exploitant, *RGDM 2017, Panorama de droit pharmaceutique, n° 24, p. 155.* – CHALCHAT, Le pharmacien responsable et l'Europe : pourquoi une exception française ?, *Nouv. pharm. 2002, n° 374, p. 129.* – GROUX, Personne qualifiée et pharmacien responsable, *Nouv. pharm. 2001, n° 370, p. 85.* – PIAZANET (dir.), Pharmacien responsable et personne qualifiée : le dilemme français, *STP Pharma Pratiques, 7 (1) 5-14, 1997, p. 5.* – GROUX, Compatibilité avec le droit communautaire du statut du pharmacien responsable des établissements français de fabrication de médicaments, *Inf. pharm. 1989. 592.* – VIANDIER, Les attributions du pharmacien responsable, *Inf. pharm. 1988. 29.* – POMARET, Le pharmacien responsable dans l'industrie pharmaceutique, *Inf. pharm. 1983. 548.* – VIALA et VIANDIER, Les responsabilités du pharmacien fabricant, *JCP 1983. I. 3106.* – AZÉMA, Les responsabilités respectives du pharmacien responsable et du pharmacien assistant dans l'industrie, *Inf. pharm. 1981. 821.* – LECOMPTE, Observations sur la situation juridique du pharmacien responsable d'un établissement pharmaceutique, *Inf. pharm. 1980. 868.* – LECOMPTE, Observations sur la situation du pharmacien responsable d'un établissement pharmaceutique, *Inf. pharm. 1980. 234.* – AZÉMA, Pharmaciens responsables et pharmaciens assistants dans les établissements de préparation et de vente en gros de médicaments, *JCP 1977. I. 2841.* – MÉTADIER, De quelques problèmes de l'industrie pharmaceutique, *Inf. pharm. 1975. 1479.* – AUBY, Le statut des pharmaciens responsables des établissements de préparation, de vente en gros et de distribution en gros des produits pharmaceutiques, *Labo. pharma. mars 1969, p. 261.*

COMMENTAIRE

V. Commentaire reproduit sur Dalloz.fr.

I. GÉNÉRALITÉS

1. Jurisprudence historique. Sous l'empire de la loi du 21 germinal an XI, qui ne connaissait que la pharmacie d'officine, la jurisprudence avait étendu aux premiers laboratoires pharmaceutiques le principe de l'indivisibilité de la propriété et de la gérance. • Civ. 21 juin 1888 : *S. 1889. I. 71* • 6 janv. 1912 : *S. 1913. I. 64* • Paris, 23 juill. 1930 : *S. 1931. II. 150.*

2. Monopole patrimonial. Sur l'illégalité du Décr. n° 61-1034 du 13 sept. 1961 relatif à la réforme du régime de la fabrication des produits pharmaceutiques, qui permettait la mise en minorité des pharmaciens aux conseils d'administration des entreprises fabricant et exploitant des médicaments, V. • CE 27 déc. 1965, *CNOP : Lebon 698 ; Dr. soc. 1966. 202, concl. Baudouin ; JCP 1966. II. 14667, note Dillemann* et *Plat.* ♦ La suppression du monopole des pharmaciens sur les entreprises pharmaceutiques sera réalisée avec l'Ord. n° 67-827 du 23 sept. 1967 et le Décr. n° 69-13 du 2 janv. 1969.

3. Compatibilité européenne. Jugé que les dispositions de l'art. L. 596 CSP [art. L. 5124-2], en imposant à la personne qualifiée d'être titulaire d'un diplôme de pharmacien, utilisent la faculté laissée aux États membres, par la Dir. 75/319/CEE du 20 mai 1975, de définir plus strictement les conditions de qualification auxquelles doit répondre la personne chargée de la surveillance et du contrôle de la fabrication des spécialités pharmaceutiques. • CE 27 nov. 2000, *Sté Labo. de contactologie appliquée : Lebon T. 1244 ; Nouv. pharm. 2001, n° 370, p. 85, note Groux.*

4. *Avis ordinal.* Lorsque l'organe compétent met fin aux fonctions de pharmacien responsable d'un pharmacien ou refuse de les renouveler lors de leur expiration, ce pharmacien a la faculté de saisir le conseil central de la section compétente de l'ordre des pharmaciens en application de l'art. R. 5124-37 : l'avis émis par le conseil central de la section B de l'ordre des pharmaciens et formulé dans le cadre de la compétence exclusivement consultative ne s'impose pas à l'autorité judiciaire et ne constitue pas une décision susceptible d'être déférée au juge de l'excès de pouvoir. • CE 21 nov. 2001, *Sté Nexstar Pharmaceutique : Lebon T. 1166* (il s'agit d'une simple caution morale qui a pour objet de garantir au pharmacien des facilités pour retrouver un emploi dans une autre entreprise pharmaceutique).

5. *Contrat de travail.* Sur la situation juridique d'un pharmacien responsable d'une société exploitant un établissement de fabrication, et qui détient un contrat de travail à côté de son mandat social, ce dernier ayant été révoqué, V. • Paris, 7 juill. 1981 : *Inf. pharm. 1983. 575, obs. Viala ; JCP 1983. II. 20097, note Viandier.* ♦ Le contrat de travail peut être considéré comme maintenu malgré la révocation du mandat social et le licenciement de l'intéressé doit être réalisé selon les modalités du C. trav. • Même arrêt. ♦ V. aussi à propos d'un pharmacien qui n'avait jamais exercé en réalité le mandat social de directeur général de la société, qu'il était censé détenir. • Paris, 28 juin 1985 : *Inf. pharm. 1986. 111, obs. Viala.*

6. *Droit des sociétés.* Sur la situation d'un pharmacien ayant vendu toutes ses parts au non-pharmacien avec lequel il était associé dans une SARL, V. • Aix-en-Provence, 2 nov. 1982 : *Inf. pharm. 1983. 760, obs. Viala.*

II. RESPONSABILITÉ PÉNALE

7. *Pharmacien responsable.* La responsabilité pénale du pharmacien responsable est engagée, même si celui-ci a pu justifier son opposition au projet de lancement d'une spécialité homéopathique dépourvue d'AMM par de nombreux courriers, alors qu'il n'a alerté les autorités publiques que postérieurement à la commercialisation du médicament (plus de deux mois après). • Lyon, 24 nov. 1992, *Min. publ. c/ AMB : Nouv. pharm. 1993, n° 339, p. 105.*

8. *Pharmaciens adjoints.* Sur la responsabilité pénale du pharmacien responsable et ses préposés, pharmaciens assistants, V. • T. corr. Épinal, 12 mars 1980 : *Inf. pharm. 1980. 1464, obs. Viala.* ♦ Sur la responsabilité pénale du pharmacien responsable d'un laboratoire façonnier auquel était reproché, outre un nombre insuffisant de pharmaciens assistants, de n'avoir donné aucune instruction pour bloquer la sortie des lots, alors qu'il avait été prévenu de leur défectuosité par son chef de fabrication, pharmacien assistant. • Paris, 29 oct. 1980 : *Inf. pharm. 1981. 337, obs. Viala.*

9. *P-DG de l'entreprise.* Le P-DG, non pharmacien, de la société peut être seul l'objet de poursuites pénales. • Crim. 11 mars 1998 : *Nouv. pharm. 1998, n° 360, p. 328.* ♦ V. également la condamnation du P-DG d'une société, non pharmacien, la société étant déclarée civilement responsable. • Crim. 16 janv. 1992, n° 91-82.176. ♦ Sur des poursuites visant conjointement le P-DG non pharmacien et le pharmacien responsable, V. • T. corr. Tours, 22 oct. 1998.

10. *Activité de distribution en gros.* Sur la relaxe en appel du pharmacien responsable d'une importante entreprise de répartition auquel il était fait grief de n'avoir pas veillé au remplacement d'un directeur technique de succursale et à l'application de la réglementation des substances stupéfiantes au niveau de la même agence, V. • Douai, 18 mars 1989 : *Doc. pharm. 2951.*

11. *Manquement aux règles sur la publicité.* Sur la relaxe en appel d'un pharmacien responsable poursuivi pour des infractions à la réglementation de la publicité auprès du corps médical et en matière de remise d'échantillons médicaux. • Versailles, 31 oct. 1984 : *Inf. pharm. 1985. 44,* infirmant, • T. corr. Nanterre, 23 mars 1984 : *Inf. pharm. 1984. 437.*

12. *Reconditionnement illicite de médicaments.* Sur la condamnation à une peine d'emprisonnement avec sursis et à l'interdiction définitive de commercialiser des médicaments du gérant d'un établissement pharmaceutique voué à l'exportation qui reconditionne des spécialités, dont certaines dépourvues d'AMM en France, afin de les revendre sur le marché national. • T. corr. Clermont-Ferrand, 16 oct. 2006 : *Nouv. pharm. 2007, n° 394, p. 128.*

13. *Fabrication de compléments alimentaires.* Jugé cependant que la responsabilité pénale du pharmacien responsable ne saurait être engagée en raison de la commercialisation illicite de produits ayant le statut de compléments alimentaires par un établissement pharmaceutique. • Crim. 1er juin 1999 : *Bull. crim. n° 116* (condamnation pour falsification au titre de la législation sur les fraudes). ♦ En revanche, le pharmacien qui ne réunit pas les conditions exigées pour exercer la pharmacie (être inscrit à l'ordre des pharmaciens en application de l'art. L. 4221-1) se rend coupable du délit d'exercice illégal de la pharmacie et d'ouverture d'établissement pharmaceutique sans autorisation, dès lors que l'entreprise qu'il dirige fabrique, sous le statut de complément alimentaire, une spécialité présentée comme possédant des propriétés curatives ou préventives à l'égard d'une maladie humaine, c'est-à-dire répondant à la définition du médicament. • Crim. 24 nov. 2015, n° 14-87.689.

14. Homicide involontaire. Sur la condamnation pénale, pour homicide involontaire, du dirigeant d'un laboratoire pharmaceutique ayant commercialisé un produit contenant, par erreur, une plante chinoise toxique (*Aristolochia fangchi*) et dont la consommation a entraîné le décès de deux patientes, V. • Crim. 1er avr. 2008 : *Bull crim. n° 88.*

III. RESPONSABILITÉ DISCIPLINAIRE

15. Applications diverses. Sur le manquement à l'obligation pour le directeur d'une société de vente en gros de plantes médicinales de procéder aux contrôles édictés dans l'intérêt de la santé publique, V. • CE 14 janv. 1981, *Putot : Lebon 17 ; JCP 1981. II. 19650, note Dillemann ; Inf. pharm. 1981. 464, note Denoix de Saint-Marc et Labetoulle ; RDSS 1981. 263, obs. Auby.*
♦ Sur des cas de responsabilité disciplinaire, V. • CNOP 22 mars 1976 : *Doc. pharm. n° 2119* (débit d'un produit présenté comme diététique mais constituant une véritable spécialité dépourvue d'AMM) • 12 juin 1974 : *Doc. pharm. n° 1914* (organisation d'un réseau de prescripteurs de prétendues préparations magistrales) • 18 avr. 1977 : *Doc. pharm. n° 2182* (mauvaise organisation du contrôle) • 22 mars 1982 : *Inf. pharm. 1982. 431* (organisation défectueuse des opérations de fabrication et de contrôle) • 9 nov. 2000 : *Nouv. pharm. 2001, n° 370, p. 22* • 14 mai 2001 : *Nouv. pharm. 2001, n° 371, p. 199* • 10 mars 2008 : *Nouv. pharm. 2008, n° 400, p. 224* (signature d'un certificat d'analyse et d'un bulletin de libération correspondant à un lot fictif d'une spécialité pharmaceutique simplement reconditionnée mais en réalité périmée).

Art. L. 5124-3 **L'ouverture d'un établissement pharmaceutique, quelle que soit son activité, est subordonnée à une autorisation délivrée par** *(L. n° 2011-2012 du 29 déc. 2011, art. 5-IV)* **« l'Agence nationale de sécurité du médicament et des produits de santé ». Cette autorisation peut, après mise en demeure, être suspendue ou retirée en cas d'infraction aux dispositions du présent livre et du livre II de la partie IV.**
(L. n° 2007-248 du 26 févr. 2007, art. 37) **« Toute modification substantielle des éléments de l'autorisation initiale est subordonnée à une autorisation préalable. Un décret en Conseil d'État fixe les cas de modification substantielle de l'autorisation initiale. Les autres modifications font l'objet d'une déclaration. »**

COMMENTAIRE
V. Commentaire reproduit sur Dalloz.fr.

Objet de l'autorisation. L'obligation d'obtenir une autorisation d'ouverture pour un établissement pharmaceutique importateur ne saurait être assimilée à l'obligation d'obtenir une autorisation d'importer des médicaments à usage humain. • CE 6 oct. 1999, *Sté Pharma-Lab,* n° 195654.

Art. L. 5124-4 **Le pharmacien responsable et les pharmaciens délégués doivent exercer personnellement leur profession.**

Ils doivent se faire assister et, en cas d'absence temporaire ou s'ils font l'objet d'une interdiction d'exercer, se faire remplacer.

En cas de décès du pharmacien propriétaire d'un établissement pharmaceutique, le délai pendant lequel son conjoint ou ses héritiers peuvent faire gérer l'établissement par un pharmacien autorisé à cet effet par le *(Ord. n° 2010-177 du 23 févr. 2010, art. 15-1°)* **« directeur général de l'agence régionale de santé » ne peut excéder deux ans.**

COMMENTAIRE
V. Commentaire reproduit sur Dalloz.fr.

1. Temps partiel. Jugé que l'obligation d'exercice personnel ainsi que la nature des missions et la responsabilité qui incombent au pharmacien responsable imposent une disponibilité constante de celui-ci : en conséquence, un établissement pharmaceutique ne peut fonctionner à temps plein tout en employant un pharmacien responsable à temps partiel. • CNOP 20 nov. 2007 : *Nouv. pharm. 2008, n° 399, p. 120.*

2. Cumul professionnel. Pour les mêmes raisons, il n'est pas possible d'autoriser un cumul entre les fonctions de pharmacien responsable d'un établissement pharmaceutique et celles de pharmacien adjoint d'officine, quand bien même ces deux fonctions seraient exercées à temps partiel et à des horaires qui ne se chevaucheraient pas. • CNOP 16 déc. 2008 : *Nouv. pharm. 2009, n° 402, p. 37.*

Art. L. 5124-5 **Lorsqu'un médicament ou produit soumis à l'autorisation de mise sur le marché prévue à l'article L. 5121-8** *(L. n° 2007-248 du 26 févr. 2007, art. 22 ; Ord. n° 2007-613 du 26 avr. 2007, art. 5)* **« à l'enregistrement de médicament traditionnel à base de plantes ou à l'enregistrement de médicament homéopathique est commercialisé, l'entreprise qui l'exploite communique, sans délai, les dates de commercialisation de chaque présentation de ce médicament ou produit » à** *(L. n° 2011-2012 du 29 déc. 2011, art. 5-IV)* **« l'Agence nationale de sécurité du médicament et des produits de santé ».**

Art. L. 5124-6 *(L. n° 2007-294 du 5 mars 2007, art. 4-IV)* **« L'entreprise pharmaceutique exploitant un médicament ou produit soumis aux dispositions du chapitre Ier du présent titre qui prend la décision d'en suspendre ou d'en cesser la commercialisation ou qui a connaissance de faits susceptibles d'entraîner la suspension ou la cessation de cette commercialisation en informe** *(L. n° 2014-201 du 24 févr. 2014, art. 5-II-1°)* **« , en précisant les motifs de son action, » au moins** *(L. n° 2011-2012 du 29 déc. 2011, art. 46-1°)* **« un an » avant la date envisagée ou prévisible** *(L. n° 2011-2012 du 29 déc. 2011, art. 5-IV)* **« l'Agence nationale de sécurité du médicament et des produits de santé » si ce médicament est utilisé dans une ou des pathologies graves dans lesquelles elle ne disposerait pas d'alternatives disponibles sur le marché français. La cessation de commercialisation ne peut intervenir avant la fin du délai nécessaire pour mettre en place les solutions alternatives permettant de couvrir ce besoin.** *(Abrogé par L. n° 2011-2012 du 29 déc. 2011, art. 46-2°) « Ce délai est fixé par l'agence en accord avec l'entreprise, dans la limite de six mois après la notification, sauf circonstances exceptionnelles. »* **Si le médicament n'est pas utilisé dans une ou des pathologies graves dans lesquelles elle ne disposerait pas d'alternatives disponibles sur le marché français,** *(L. n° 2014-201 du 24 févr. 2014, art. 5-II-2°)* **« l'information de l'Agence nationale de sécurité du médicament et des produits de santé se fait, de manière motivée, » au plus tard deux mois avant la suspension ou l'arrêt de commercialisation.** *(L. n° 2014-201 du 24 févr. 2014, art. 5-II-3°)* **« Dans tous les cas, l'entreprise pharmaceutique précise si la suspension ou l'arrêt de commercialisation du médicament est fondé sur l'un des motifs mentionnés aux 1° à 5° de l'article L. 5121-9. » En cas d'urgence nécessitant que la suspension ou l'arrêt intervienne avant le terme des délais fixés ci-dessus, l'entreprise en informe immédiatement l'agence en justifiant de cette urgence. »** *(Abrogé par L. n° 2016-41 du 26 janv. 2016, art. 151-3°) (L. n° 2004-806 du 9 août 2004, art. 23 ; L. n° 2007-294 du 5 mars 2007, art. 4-IV)* ***« Elle doit en outre informer*** *(L. n° 2011-2012 du 29 déc. 2011, art. 5-IV et 46-3°)* ***« de manière motivée l'Agence nationale de sécurité du médicament et des produits de santé » de tout risque de rupture de stock*** *(L. n° 2011-2012 du 29 déc. 2011, art. 46-3°)* ***« ou de toute rupture » sur un médicament ou produit sans alternative thérapeutique disponible, dont elle assure l'exploitation, ainsi que de tout risque de rupture de stock*** *(L. n° 2011-2012 du 29 déc. 2011, art. 46-3°)* ***« ou de toute rupture » sur un médicament ou produit dont elle assure l'exploitation, lié à un accroissement brutal et inattendu de la demande. »*** *(L. n° 2007-294 du 5 mars 2007, art. 4-IV)* ***« Lorsque le médicament est utilisé dans une ou des pathologies graves dans lesquelles elle ne disposerait pas d'alternatives disponibles sur le marché français, l'entreprise apporte à l'agence sa collaboration à la mise en place de solutions alternatives permettant de couvrir ce besoin et des mesures d'accompagnement nécessaires ». »***

(L. n° 2007-294 du 5 mars 2007, art. 4-IV-1°-d) **« L'entreprise pharmaceutique exploitant un médicament ou produit soumis aux dispositions du chapitre Ier du présent titre informe immédiatement l'agence de toute action engagée pour en retirer un lot déterminé. »**

COMMENTAIRE

V. Commentaire reproduit sur Dalloz.fr

Art. L. 5124-7 **Des organismes à but non lucratif et à vocation humanitaire** *(Abrogé par L. n° 2011-525 du 17 mai 2011, art. 88)* ***« agréés par l'autorité administrative, après avis du conseil central compétent de l'Ordre national des pharmaciens, »*** **peuvent compor-**

ter un établissement pharmaceutique, dont ils sont propriétaires, qui distribue en gros des médicaments à des organismes similaires ayant la même vocation en France ou dans un État de *(Ord. nº 2010-177 du 23 févr. 2010, art. 26-10º)* **« l'Union européenne » ou autre État partie à l'accord sur l'Espace économique européen, ou qui les exporte aux mêmes fins humanitaires dans un État non membre de ladite Union ou non partie à l'accord sur l'Espace économique européen en vue de leur distribution et dispensation sans but lucratif. Le pharmacien responsable de l'établissement doit participer à la direction générale de l'organisme propriétaire.**

BIBL. ▶ Pabst, Les établissements pharmaceutiques de distribution en gros à vocation humanitaire, *Nouv. pharm. 2001, nº 373, p. 581.*

COMMENTAIRE

V. Commentaire reproduit sur Dalloz.fr.

Art. L. 5124-8 *(Ord. nº 2018-20 du 17 janv. 2018, art. 20)* **I. — Les dispositions des articles L. 5124-1 et L. 5124-2, à l'exception des dispositions du premier alinéa de cet article, s'appliquent aux établissements de ravitaillement sanitaire du service de santé des armées chargés de l'importation, l'exportation et la distribution en gros de médicaments, produits et objets mentionnés à l'article L. 4211-1, ainsi qu'à la Pharmacie centrale des armées. Les médicaments, mentionnés à l'article précité, fabriqués dans cet établissement sont soumis aux dispositions de l'article L. 5121-8, sous réserve du II et du III du présent article.**

II. — Ne sont pas soumis aux dispositions de l'article L. 5121-8 les médicaments mentionnés au 6º ou au 14º de l'article L. 5121-1 qui sont nécessaires aux besoins spécifiques de la défense et qui remplissent l'ensemble des conditions suivantes :

1º Ils sont destinés à pallier l'absence de spécialité pharmaceutique disponible ou adaptée ;

2º Ils sont fabriqués, à la demande du ministère de la défense, par un établissement pharmaceutique dûment autorisé ;

3º Ils sont exploités par un établissement de ravitaillement sanitaire du service de santé des armées ou par la Pharmacie centrale des armées.

III. — Ne sont pas soumis aux dispositions de l'article L. 5121-8 les médicaments autres que ceux mentionnés au II du présent article, fabriqués par la Pharmacie centrale des armées, nécessaires à des besoins spécifiques de la défense et destinés à pallier l'absence de spécialité pharmaceutique disponible ou adaptée.

COMMENTAIRE

V. Commentaire reproduit sur Dalloz.fr.

Art. L. 5124-8-1 *(Ord. nº 2018-20 du 17 janv. 2018, art. 20)* **Les médicaments mentionnés au II et au III de l'article L. 5124-8 sont fabriqués en conformité avec les bonnes pratiques prévues par l'article L. 5138-3 sous réserve des adaptations rendues nécessaires par des besoins spécifiques de la défense et ayant reçu l'avis conforme de l'Agence nationale de sécurité du médicament et des produits de santé.**

Art. L. 5124-8-2 *(Ord. nº 2018-20 du 17 janv. 2018, art. 20)* **En l'absence de spécialité pharmaceutique disponible ou adaptée, les établissements de ravitaillement sanitaire du service de santé des armées peuvent, pour répondre à des besoins spécifiques de la défense,** ***importer,*** **exporter et distribuer, après avis de l'Agence nationale de sécurité du médicament et des produits de santé, un médicament autorisé dans un autre État membre de l'Union européenne ou un État partie à l'accord sur l'Espace économique européen, mais qui ne fait l'objet en France ni de l'autorisation de mise sur le marché prévue à l'article L. 5121-8, ni d'une demande en cours d'instruction en vue d'une telle autorisation.**

Art. L. 5124-8-3 *(Ord. nº 2018-20 du 17 janv. 2018, art. 20)* **Les établissements de ravitaillement sanitaire du service de santé des armées peuvent, pour répondre à des besoins spécifiques de la défense, effectuer le déconditionnement et le reconditionnement des produits de santé en se conformant aux règles fixées par l'Agence nationale de sécurité du médicament et des produits de santé. Ces règles tiennent compte des spécificités du service de santé des armées.**

Les médicaments et les dispositifs médicaux déconditionnés sont utilisés dans le respect de leur autorisation de mise sur le marché ou de leur certification.

Art. L. 5124-8-4 *(Ord. n° 2018-20 du 17 janv. 2018, art. 20)* **Sous réserve de la satisfaction de leur mission prioritaire de soutien sanitaire aux forces armées mentionnée à l'article L. 6147-7, les établissements de ravitaillement sanitaire du service de santé des armées peuvent exercer les activités mentionnées au I de l'article L. 5124-8 et à l'article L. 5124-8-3 au profit d'autres départements ministériels ou d'organismes publics ou privés chargés d'une mission de service public concourant à la sécurité nationale.**

Art. L. 5124-9 Par dérogation aux dispositions du premier alinéa de l'article L. 5124-2, les établissements publics de santé fabriquant industriellement des médicaments à la date du 31 décembre 1991, peuvent demander à bénéficier de l'autorisation prévue à l'article L. 5124-3. — *[Anc. art. 26, L. n° 92-1279].*

COMMENTAIRE

V. Commentaire reproduit sur Dalloz.fr.

Art. L. 5124-9-1 *(L. n° 2011-302 du 22 mars 2011, art. 8-I)* **Les activités mentionnées à l'article L. 5124-1 peuvent être réalisées par des établissements pharmaceutiques créés au sein d'organismes à but non lucratif ou d'établissements publics autres que les établissements de santé :**

1° Lorsque ces activités portent sur des médicaments radiopharmaceutiques ;

2° Lorsque ces activités portent sur des médicaments de thérapie innovante tels que définis au 17° de l'article L. 5121-1 et sur les médicaments de thérapie innovante définis à l'article 2 du règlement (CE) n° 1394/2007 du Parlement européen et du Conseil, du 13 novembre 2007, concernant les médicaments de thérapie innovante et modifiant la directive 2001/83/CE ainsi que le règlement (CE) n° 726/2004.

Ces établissements sont soumis aux articles L. 5124-2, à l'exception du premier alinéa, L. 5124-3, L. 5124-4, à l'exception du dernier alinéa, L. 5124-5, L. 5124-6, L. 5124-11 et L. 5124-18.

COMMENTAIRE

V. Commentaire reproduit sur Dalloz.fr.

Art. L. 5124-10 Par dérogation aux dispositions de l'article L. 4211-1 et à celles du premier alinéa de l'article L. 5124-2, l'institut Pasteur demeure habilité à assurer, conformément à ses statuts, la préparation et la distribution des virus atténués ou non, sérums thérapeutiques, toxines modifiées ou non, et en général des divers produits d'origine microbienne non chimiquement définis pouvant servir, sous une forme quelconque, au diagnostic, à la prophylaxie ou à la thérapeutique, ainsi que les allergènes. — *[Anc. art. L. 597].*

1. Responsabilité civile. Sur la mise en cause de la responsabilité civile de la fondation Institut Pasteur dans l'affaire de l'hormone de croissance, V. • TGI Montpellier, 9 juill. 2002 : *JCP 2002. II. 10158, note Vialla ; RTD civ. 2002. 818, obs. Jourdain*. – Confirmé. • Montpellier, 23 sept. 2003, n° 02/03600. ♦ Jugé, en cassation, que, en se fondant sur des présomptions graves, précises et concordantes (tous les patients traités par l'hormone de croissance extractive préparée *par l'Institut Pasteur et attribuée par* l'association France hypophyse ayant développé une maladie de Creutzfeldt-Jakob), les juges du fond ont pu légalement établir l'imputabilité de la maladie au traitement, sans renverser la charge de la preuve. • Civ. 1re, 24 janv. 2006, *Fondation Institut Pasteur : Bull. civ. I, n° 34.*

2. Responsabilité pénale. Sur la relaxe générale prononcée dans le volet pénal de l'affaire de l'hormone de croissance, V. • Paris, 5 mai 2011 : *JCP 12 sept. 2011, n° 37, p. 965, note Mistretta :* ♦ Cassation : sur pourvoi des parties civiles, la Cour de cassation a considéré que, dans la mesure où le code de la santé publique réserve la préparation des médicaments aux pharmaciens et que celle-ci ne peut être réalisée que dans un établissement pharmaceutique – l'hormone de croissance extractive étant regardée en l'espèce comme un médicament et non comme une matière première –, la responsable de son extraction au sein de l'Association France-Hypophyse et le directeur de l'unité de l'Institut Pasteur ayant procédé à sa purification n'avaient pas les qualités requises pour réaliser ces activités et ont donc exercé illégalement la pharmacie. • Crim., 7 janv. 2014, n° 11-87.456 : *JCP G 17 févr. 2014, n° 200, note Mistretta ; RDSS 2014. 319, note Peigné* ; *AJ pénal 2014, n° 5, p. 239, obs. Lasserre Capdeville* ; *JDSAM 2014, n° 2, p. 103, note Zelcevic-Duhamel* (la cassation n'étant prononcée que sur le terrain de la faute civile, la relaxe a été maintenue sur le plan pénal).

Art. L. 5124-11 **Un établissement pharmaceutique exportant un médicament doit demander à** *(L. n° 2011-2012 du 29 déc. 2011, art. 5-IV)* **« l'Agence nationale de sécurité du médicament et des produits de santé » de certifier qu'il possède l'autorisation mentionnée à l'article L. 5124-3 ou, pour les établissements ou organismes fabriquant** *(L. n° 2004-800 du 6 août 2004, art. 14-2°)* **« des produits mentionnés à l'article L. 1243-1 et aux 12° et 13° de l'article L. 5121-1, l'autorisation prévue aux articles L. 1243-2, L. 4211-8 et L. 4211-9 ». Un État non membre de** *(Ord. n° 2010-177 du 23 févr. 2010, art. 26-10°)* **« l'Union européenne » important un médicament peut effectuer les mêmes demandes.**

(L. n° 2011-2012 du 29 déc. 2011, art. 5-IV) **« L'Agence nationale de sécurité du médicament et des produits de santé » peut, pour des raisons de santé publique, interdire l'exportation de médicaments qui ne bénéficient pas d'une autorisation de mise sur le marché telle que définie à l'article L. 5121-8 ou qui sont susceptibles de faire courir aux patients concernés des risques non proportionnés aux bénéfices escomptés.**

(L. n° 2011-2012 du 29 déc. 2011, art. 5-IV) **« L'Agence nationale de sécurité du médicament et des produits de santé » interdit l'exportation de médicaments dont l'autorisation de mise sur le marché a été suspendue ou retirée pour des raisons de santé publique** *(L. n° 2011-2012 du 29 déc. 2011, art. 13-I)* **« ou dont l'autorisation de mise sur le marché n'a pas été renouvelée pour les mêmes raisons ».**

Lorsque le médicament exporté ne bénéficie pas d'une autorisation de mise sur le marché, l'établissement pharmaceutique qui l'exporte fournit à *(L. n° 2011-2012 du 29 déc. 2011, art. 5-IV)* **« l'Agence nationale de sécurité du médicament et des produits de santé » une déclaration expliquant les raisons pour lesquelles cette autorisation n'est pas disponible.** *(L. n° 2011-2012 du 29 déc. 2011, art. 5-IV)* **« L'Agence nationale de sécurité du médicament et des produits de santé » communique ces raisons au ministre chargé de la santé du pays importateur.**

COMMENTAIRE

V. Commentaire reproduit sur Dalloz.fr.

1. Champ d'application. Les dispositions de l'art. L. 5124-11 peuvent légalement fonder, en cas de risques pour la santé publique, non seulement une décision de suspension de l'exportation d'un produit présentant de tels risques mais aussi, le cas échéant, la suspension de l'ensemble des opérations réalisées sur le territoire national et préalables à l'exportation, telles que la publicité effectuée en France, jusqu'à ce que ces risques aient disparu. • CE 6 déc. 2006, *Sté Pharma Concept*, n° 285688 : *Lebon T. 1074* ; *Gaz. Pal. 6-7 juin 2007, p. 47, note Peigné.*

2. Sanction pénale. Sur le délit d'ouverture illicite d'un établissement de préparation et de vente en gros de produits pharmaceutiques travaillant pour l'exportation, V. • T. corr. Créteil, 20 mai 1980 : *Inf. pharm. 1980. 1608, obs. Viala.*

I. LIBERTÉ D'ÉTABLISSEMENT

3. Incompatibilité. Est incompatible avec le droit de l'Union, en ce qu'elle constitue une mesure d'effet équivalant à une restriction quantitative, une réglementation nationale imposant à un distributeur en gros de médicaments ayant son siège dans un autre État membre, et qui se propose d'approvisionner directement les officines de pharmacie de l'État membre d'importation, de disposer sur le territoire de ce dernier des locaux de stockage et d'équipements techniques, lorsque ce distributeur satisfait aux conditions de la réglementation de l'État membre où il a son siège. • CJCE 27 mai 1986, *Sté coopérative des Labo. de pharmacie Legia et Louis Gyselinx*, n° 87/85 : *Rec. CJCE 1707.*

4. Compatibilité. La Cour de justice a en revanche admis que l'exigence consistant à confier à un pharmacien de proximité la responsabilité de la totalité des tâches qui relèvent de l'approvisionnement en médicaments d'un hôpital, ayant ainsi pour effet de rendre pratiquement impossible l'approvisionnement régulier de l'hôpital par des pharmacies établies dans d'autres États membres, n'apparaît pas comme une mesure qui va au-delà de ce qui est nécessaire pour réaliser l'objectif visant à atteindre un niveau élevé de protection de la santé publique. • CJCE 11 sept. 2008, *Commission c/ Allemagne*, n° C-141/07 : *Rec. CJCE 6935* ; *RDSS 2008. 980, note Peigné.*

5. Cumul d'activités. La Cour a également considéré que l'art. 77 du code communautaire des médicaments à usage humain institue une obligation générale d'autorisation pour la distribution en gros des médicaments, obligation qui s'impose aux pharmaciens d'officine, autorisés par leur législation nationale à cumuler une activité de grossiste. • CJUE 28 juin 2012, *Caronna,* n° C-07/11 (dans la mesure où la vente au détail de médicaments présente des caractéristiques différentes de celles de la distribution en gros, le simple fait de satisfaire aux conditions fixées par les États membres pour la vente au détail ne permet pas de présumer que les conditions prévues par les règles harmonisées au niveau de l'Union pour la distribution en gros sont respectées).

II. DROIT DE LA CONCURRENCE

A. DROIT DE L'UNION

6. Abus de position dominante. Sur le point de savoir si le refus d'une entreprise pharmaceutique occupant une position dominante de satisfaire intégralement les commandes qui lui sont adressées par les grossistes constitue, *ipso facto,* un comportement abusif et dans quelle mesure un tel refus serait susceptible d'être objectivement justifié. • CJCE 31 mai 2005, *Syfait,* n° C-53/03 : *Rec. CJCE 4609, concl. Jacobs.*

7. Pratique de contingentement. Une entreprise détenant une position dominante sur le marché pertinent de médicaments, qui, afin d'empêcher les exportations parallèles que certains grossistes effectuent d'un État membre vers d'autres États membres, refuse de satisfaire des commandes ayant un caractère normal passées par ces grossistes, exploite de façon abusive sa position dominante au sens de l'art. 102 TFUE. • CJCE 16 sept. 2008, *Sot. Lélos kai Sia EE,* n° C-468/06 à C-478/06 : *Rec. CJCE 7139 ; Gaz. Pal. 28-30 déc. 2008, p. 51, note Peigné* (pour autant, un fabricant de médicaments doit être capable de prendre des mesures raisonnables et proportionnées à la nécessité de préserver ses propres intérêts commerciaux contre les activités des grossistes souhaitant être livrés en quantités significatives de médicaments destinés essentiellement aux exportations. Il incombe alors aux juridictions nationales de déterminer le caractère normal des commandes, notamment au regard de l'ampleur de ces dernières par rapport aux besoins du marché domestique, ainsi que des relations commerciales antérieures entretenues par l'entreprise avec les grossistes concernés).

8. Entente concertée. Sur le point de savoir si certains accords conclus entre les laboratoires pharmaceutiques et les distributeurs de médicaments *peuvent être regardés comme des contrats anticoncurrentiels* par objet, c'est-à-dire qui ont, par nature, pour objet de restreindre la concurrence et qui emportent donc une présomption d'incompatibilité avec les prescriptions de l'art. 81.1 CE [101.1 TFUE]. • CJCE 6 janv. 2004, *Bundesverband der Arzneimittel-Importeure et Commission c/ Bayer AG,* n° C-2/01P : *Rec. CJCE 23.* – Confirmant. • TPICE 26 oct. 2000, *Bayer AG c/ Commission,* n° T-41/96 (le Tribunal ayant estimé que la simple constatation par la Commission de la continuité des relations commerciales préexistantes entre des grossistes-répartiteurs et un fabricant ne saurait prouver, à elle seule, une concordance de volontés entre les entreprises en cause, permettant de conclure à l'existence d'un accord prohibé, au sens de l'art. 81.1 CE [101.1 TFUE], destiné à empêcher ou à limiter les exportations d'un médicament de France et d'Espagne vers le Royaume-Uni).

9. Système de double prix. L'institution d'un système de prix différenciés, imposé par le fabricant à ses clients grossistes lorsqu'ils sont amenés à faire du commerce parallèle à l'exportation (le prix des médicaments exportés étant plus élevé que celui des médicaments destinés au marché national), ne constitue pas, en soi, une restriction de concurrence prohibée par l'art. 81 CE [101 TFUE]. • TPICE 27 sept. 2006, *GlaxoSmithKline c/ Commission,* n° T-168/01 (annulation de l'interdiction des conditions générales de vente de GSK prise par la Commission en considérant que cette dernière n'avait pas effectué un examen adéquat de la demande d'exemption du laboratoire en tant qu'accord contribuant au développement du progrès technique, notamment sur le point de savoir si les conditions générales de vente pourraient engendrer un avantage économique en contribuant à l'innovation pharmaceutique). ♦ La Cour de justice a toutefois censuré cette analyse en constatant que le juge de première instance avait commis une erreur de droit en subordonnant l'existence d'un objet anticoncurrentiel d'un accord à la preuve que cet accord comporte des inconvénients pour les consommateurs finals, c'est-à-dire au regard des effets : un tel accord, visant à limiter le commerce parallèle par le biais d'un système de double prix, revêt un caractère anticoncurrentiel par objet et constitue une entente interdite par l'art. 81.1 CE [101.1 TFUE]. • CJCE 6 oct. 2009, *GlaxoSmithKline Services Unlimited c/ Commission,* n° C-501/06P : *Rec. CJCE 9291 ; Gaz. Pal. 25-26 juin 2010, p. 36, note de Pingon ; CCC déc. 2009, n° 291, comm. Decocq.* ♦ Un accord de double prix peut cependant bénéficier de l'exemption prévue au paragraphe 3 de l'art. 101 TFUE, s'il est susceptible d'engendrer un avantage objectif sensible (amélioration de la production ou de la distribution des produits, promotion du progrès technique ou économique), compte tenu des spécificités structurelles du secteur considéré.

B. DROIT INTERNE

10. Cas des grossistes-exportateurs. S'agissant des pratiques mises en œuvre par plusieurs laboratoires, dénoncées par des grossistes à l'exportation se plaignant de restrictions de livraison, de conditions discriminatoires ou de refus de vente, le Conseil de la concurrence a rendu une décision de non-lieu, considérant que le comportement dénoncé par les plaignants n'était pas qualifiable d'abus de position dominante. • Cons. conc. n° 05-D-72 du 20 déc. 2005 : *BOCC 21 juin 2006.* – Confirmée par : • Paris, 23 janv. 2007, *Sté Pharmalab : BOCC 15 sept. 2008.*

11. Cas des grossistes-répartiteurs. Les systèmes de contingentement mis en place par plusieurs laboratoires pharmaceutiques pour l'approvisionnement en médicaments des grossistes-répartiteurs ont également été contestés, mais les entreprises concernées ont proposé des engagements tendant à modifier le système d'approvisionnement des médicaments afin de le rendre plus fluide, flexible et transparent : le Conseil de la concurrence a accepté les engagements qui lui ont été proposés par les laboratoires et mis fin à la procédure ouverte devant lui. • Cons. conc. n° 07-D-22 du 5 juill. 2007 : *BOCC 25 mars 2008* • Cons. conc. n°s 07-D-45 et 07-D-46 du 13 déc. 2007 : *BOCC 23 avr. 2008.* ♦ Ces décisions ont toutefois été annulées pour non-respect du principe du contradictoire. • Paris, 26 nov. 2008, *Ch. synd. de la répartition pharmaceutique : BOCC 18 févr. 2009.* – L'arrêt a lui-même été cassé. • Com. 2 févr. 2010 : *Bull. civ. IV, n° 26 ; BOCC 23 févr. 2010.*

Art. L. 5124-12 *Abrogé par L. n° 2008-1425 du 27 déc. 2008, art. 177-II.*

Art. L. 5124-13 *(L. n° 2004-800 du 6 août 2004, art. 19-III-B)* **L'importation sur le territoire douanier des médicaments à usage humain et l'importation et l'exportation des préparations de thérapie génique ou des préparations de thérapie cellulaire xénogénique mentionnées au 12° et au 13° de l'article L. 5121-1 sont soumises à une autorisation préalable délivrée par** *(L. n° 2011-2012 du 29 déc. 2011, art. 5-IV)* **« l'Agence nationale de sécurité du médicament et des produits de santé ».**

(Ord. n° 2007-613 du 26 avr. 2007, art. 50) **« L'autorisation de mise sur le marché prévue à l'article L. 5121-8** *(L. n° 2011-2012 du 29 déc. 2011, art. 13-II)* **« et à l'article L. 5121-9-1 », les enregistrements prévus aux articles L. 5121-13 et L. 5121-14-1, l'autorisation temporaire d'utilisation prévue à l'article L. 5121-12 ou l'autorisation prévue au 12° et au 13° de l'article L. 5121-1 valent autorisation au sens de l'alinéa précédent. L'autorisation prévue à l'article L. 1123-8 vaut autorisation d'importation pour tout médicament nécessaire à la réalisation de la recherche impliquant la personne humaine autorisée. »**

(L. n° 2006-1640 du 21 déc. 2006, art. 58-IV) **« Une telle autorisation n'est pas requise pour le particulier qui transporte personnellement un médicament** *(L. n° 2016-41 du 26 janv. 2016, art. 168-1° et 2°)* **« ainsi que pour le médecin d'une équipe sportive** *(Ord. n° 2018-20 du 17 janv. 2018, art. 20)* **« , ou pour le professionnel de santé militaire accompagnant des ressortissants étrangers dans les conditions prévues à l'article L. 4061-6, » qui transporte personnellement un médicament ou qui procède à l'importation d'un médicament par une autre voie.**

« Lorsqu'un particulier procède à l'importation d'un médicament par une autre voie que le transport personnel, il n'est pas non plus soumis à l'obligation d'une autorisation préalable si le médicament satisfait à l'une des conditions suivantes :

« 1° Il fait l'objet d'une autorisation de mise sur le marché au sens de l'article 6 de la directive 2001/83/CE du Parlement européen et du Conseil du 6 novembre 2001 instituant un code communautaire relatif aux médicaments à usage humain ou d'un enregistrement au sens des articles 14 et 16 *bis* de la même directive dans un État partie à l'accord sur l'Espace économique européen ;

« 2° Il est autorisé dans le pays tiers de provenance et le particulier présente au ser*vice des douanes* une copie de l'ordonnance attestant que le médicament est destiné à un traitement prescrit par un médecin établi dans le pays de provenance. »

BIBL. ▸ **Sur les importations parallèles :** Espesson-Vergeat, Importations parallèles de médicaments à usage humain et clauses de quotas, *RGDM 2010, n° 37, p. 321.* – Chemtob-Concé, La nécessité d'établir des exigences plus strictes pour le reconditionnement des médicaments importés parallèlement, *Propr. ind., sept. 2009, n° 9, Étude 16.* – Van den Brink et Fallet, Les importations parallèles de médicaments au sein de l'Union européenne présentent-elles une menace pour la santé publique ?, *RGDM 2009, n° 33, p. 349.* – Chemtob-Concé, De nouvelles précisions sur les conditions de reconditionnement des médicaments importés parallèlement : une jurisprudence favorable aux génériqueurs, *Gaz. Pal. 11-12 mars 2009, p. 50.* – Hichri, Le reconditionnement des produits pharmaceutiques importés parallèlement : un droit communautaire en voie d'achèvement, *RGDM 2008, n° 26, p. 79.* – Peigné, Le contingentement des médicaments distribués parallèlement : un comportement anticoncurrentiel admissible, *Gaz. Pal. 28-30 déc. 2008,* *p. 53.* – Hénin et Maillols-Perroy, Importations parallèles de médicaments et droit des marques, *Propr. ind. 2007, n° 9, p. 11.* – Passa, Importations parallèles de médicaments et propriété intellectuelle, *Gaz. Pal. 8 déc. 2006, p. 8.* – Le Gal, Le mécanisme des importations parallèles à travers le prisme de la jurisprudence communautaire, *RDSS 2005. 732*. – Daburon, Le retrait d'une AMM d'un médicament de référence n'implique pas la cessation automatique des importations parallèles, *D. 2003. 1525*. – Viala et Burtin, La libre circulation des médicaments et ses limites au travers de la jurisprudence de la Cour de justice des Communautés européennes, *RDSS 1998. 81*. – Campion, Alexandre et Vion, Médicaments et importations parallèles : acquis récents et prochains défis, *D. 1998. Chron. 322*. – Calvo, Importations parallèles en droit communautaire et exception de santé publique, *LPA 11 juill. 1997, p. 23.* – Burtin et Viala, Libre circulation des marchandises et application de l'article 36 du Traité de Rome, *Nouv. pharm. 1997, n° 356.* – Fauran, Importations parallèles de médicaments et santé publique, *Inf. pharm. 1990. 607.*

COMMENTAIRE

V. Commentaire reproduit sur Dalloz.fr

I. IMPORTATIONS PERSONNELLES

1. Principe de la libre circulation. Est incompatible avec les règles sur la libre circulation (anciens art. 28 et 30 CE) une disposition nationale qui interdit l'importation, par un particulier, pour ses besoins personnels, de médicaments autorisés dans l'État membre d'importation, délivrés dans cet État sans prescription médicale et achetés dans une pharmacie d'un autre État membre. • CJCE 7 mars 1989, *Schumacher*, n° C-215/87 : *Rec. CJCE 617.*

2. Manquement étatique. Constitue un manquement aux obligations qui lui incombe en vertu de l'art. 28 CE [34 TFUE] le fait pour un État membre d'interdire, même pour des quantités ne dépassant pas les besoins personnels normaux, les importations effectuées par un particulier de médicaments qui, délivrés uniquement sur ordonnance dans l'État membre d'importation, ont été prescrits par un médecin et achetés en pharmacie dans un autre État membre. • CJCE 8 avr. 1992, *Commission c/ Allemagne*, n° C-62/90 : *Rec. CJCE 2575, concl. Jacobs.* – Il est toutefois loisible à un État membre d'opérer, au nom de la protection de la santé publique, des contrôles sur les importations par les particuliers de médicaments qui, sur son territoire, sont délivrés uniquement sur ordonnance, pour autant que ces contrôles soient aménagés de façon à répondre aux exigences découlant de la protection des droits fondamentaux.

3. Réglementation de la publicité. L'interdiction de faire de la publicité pour des médicaments non autorisés ou non agréés sur le territoire national d'importation, et importés à partir d'un autre État membre sur commande individuelle, constitue une mesure d'effet équivalent qui se trouve *néanmoins justifiée, au titre de* l'art. 30 CE [36 TFUE], par des raisons tenant à la protection de la santé humaine. • CJCE 10 nov. 1994, *Ortscheit c/ Eurim-Pharm*, n° C-320/93 : *Rec. CJCE 5243.*

4. Condamnations de la France. En appliquant aux importations personnelles, non réalisées par transport personnel, de médicaments régulièrement prescrits en France et autorisés en application du droit communautaire, à la fois en France et dans l'État membre où ils sont achetés, ainsi qu'aux médicaments homéopathiques et aux importations personnelles, non réalisées par transport personnel, de médicaments régulièrement prescrits en France et non autorisés dans cet État membre, mais uniquement dans celui où ils sont achetés, une procédure d'autorisation préalable, la France a manqué à ses obligations découlant de l'art. 28 CE [art. 34 TFUE] en n'ayant pas prévu une procédure plus adaptée. • CJCE 26 mai 2005, *Commission c/ France*, n° C-212/03 : *Rec. CJCE 4213 ; Europe juill. 2005, n° 246, comm. Bouveresse.* ♦ Dans le même sens, le Gouvernement français ne pouvait imposer aux opérateurs économiques important ou distribuant sur le territoire national des médicaments bénéficiant d'une AMM française ou communautaire l'obligation de présenter soit une copie certifiée de l'AMM nationale ou de l'enregistrement du médicament, soit un document délivré par l'autorité compétente attestant que le médicament importé a obtenu une AMM européenne. • CJCE 11 déc. 2003, *Commission c/ France*, n° C-122/03 : *Rec. CJCE 15093.* ♦ V. art. R. 5121-114.

II. IMPORTATIONS PARALLÈLES

5. Condamnation en manquement. La France a été condamnée pour ne pas avoir établi de réglementation spécifique pour l'importation parallèle de médicaments en provenance d'autres États membres de l'Union européenne, lorsque ceux-ci sont identiques à des médicaments déjà autorisés en France. • CJCE 12 oct. 2004, *Commission c/ France*, n° C-263/03. ♦ Il a fallu attendre le Décr. n° 2004-83 du 23 janv. 2004, modifié par le Décr. n° 2006-45 du 12 janv. 2006, pour que les importations parallèles de médicaments à usage humain soient reconnues en droit interne, V. art. R. 5121-115.

6. Contentieux de la légalité. Sur la légalité du refus opposé par l'agence d'accorder une autorisation d'importation parallèle pour une méconnaissance de la condition d'identité, V. • TA Cergy-Pontoise, 19 mai 2011, *Labo. Mediwin Ltd,* n° 0709495 (à propos de la terbinafine 250).

7. Origine du commerce parallèle. Le commerce parallèle de médicaments provient de l'existence de différentiels de prix entre les différents pays de l'EEE, sachant que les mécanismes de régulation des dépenses d'assurance maladie relèvent de la compétence des États membres. La Cour de justice a ainsi admis que, en l'absence d'harmonisation, les États membres ont le droit de fixer les prix des médicaments pour répondre à des préoccupations de maîtrise des dépenses de santé, à condition que leur intervention ne constitue pas une discrimination, de droit ou de fait, entre les produits nationaux et importés. • CJCE 29 nov. 1983, *Roussel,* n° 181/82 : *Rec. CJCE 3849.* ♦ ... Et à condition que les politiques nationales de prix reposent sur des conditions objectives, vérifiables et prévoient des procédures pour remédier à une éventuelle distorsion de concurrence. • CJCE 7 févr. 1984, *Duphar,* n° 238/82 : *Rec. CJCE 523.*

8. Arrêts de principe. La licéité des importations parallèles a été reconnue par la Cour de justice qui a considéré que les médicaments ne sauraient être exemptés des règles du marché intérieur. • CJCE 31 oct. 1974, *Centrafarm BV et Adriaan de Peijper c/ Sterling Drugs,* n° 15/74 : *Rec. CJCE 1147* • 31 oct. 1974, *Centrafarm BV et Adriaan de Peijper c/ Winthrop,* n° 16/74 : *Rec. CJCE 1183.* ♦ Les effets de la concurrence sur les prix induits par les importations parallèles sont suffisamment dignes d'intérêt pour les consommateurs pour que les formalités administratives liées à l'importation d'un médicament en tous points identiques à celui déjà autorisé par l'autorité sanitaire n'excèdent pas ce qui est strictement nécessaire au regard des exigences de la santé publique. • CJCE 1er juill. 1993, *Eurim-Pharm,* n° C-207/91 : *Rec. CJCE 3723.* ♦ Il appartient toutefois à la Cour de vérifier si certaines mesures ou certaines pratiques restreignant les importations parallèles peuvent être justifiées, au titre de l'art. 36 TFUE, soit pour des raisons de protection de la propriété industrielle ou soit pour des motifs de protection de la santé publique. • *Même arrêt.*

A. EXCEPTIONS LIÉES À LA SANTÉ PUBLIQUE

9. Documentation exigée. Une réglementation ou une pratique nationale conduisant à canaliser des importations en permettant à certains opérateurs (le fabricant et ses importateurs agréés) de monopoliser la commercialisation du médicament en cause par le simple refus de produire les documents relatifs au produit ou à un lot du produit, alors que d'autres s'en voient exclus, constitue une mesure d'effet équivalant à une restriction quantitative. • CJCE 20 mai 1976, *De Peijper,* n° 104/75 : *Rec. CJCE 613.*

10. Présentation du produit. Est également considérée comme illicite l'interdiction d'importation fondée sur la seule raison que des spécialités pharmaceutiques ne sont pas présentées dans un emballage et avec une notice conforme, alors que l'importateur se propose précisément de procéder à leur reconditionnement. • CJCE 16 avr. 1991, *Freistaat Bayern c/ Eurim-Pharm,* n° C-347/89 : *Rec. CJCE 1747.*

11. Notion d'origine commune. La Cour s'est attachée à conférer une portée large à la notion d'origine commune : non seulement les deux médicaments n'ont pas à être strictement les mêmes au regard de leur composition (variation d'excipients), mais les deux médicaments n'ont pas davantage à être fabriqués par le même laboratoire. Ainsi, en présence de deux fabricants liés au titulaire de l'AMM, soit par un accord de licence, soit par un accord de distribution, il a été jugé que les spécialités produites avaient pour origine commune d'être préparées en application d'accords conclus avec le même donneur de licence, sauf à considérer que ces accords ont eu pour effet de cloisonner artificiellement le marché pharmaceutique. • CJCE 12 nov. 1996, *Smith & Nephew pharmaceuticals c/ Primecrown Ltd,* n° C-201/94 : *Rec. CJCE 5819.* ♦ Ont ainsi été jugées licites les importations parallèles de médicaments contenant les mêmes ingrédients actifs et ayant les mêmes effets thérapeutiques ainsi qu'une origine commune, même si le médicament n'est pas en tous points identiques au médicament déjà autorisé par les autorités nationales, notamment au regard de ses excipients, à charge pour ces autorités de vérifier simplement que le produit importé ne pose aucun problème au niveau des critères de qualité, d'efficacité et de sécurité. • CJCE 16 déc. 1999, *Rhône-Poulenc Rorer c/ The licensing Authority,* n° C-94/98 : *Rec. CJCE 8789.*

12. Conditions d'évaluation du risque. Dans l'hypothèse où une demande d'AMM a été introduite pour un médicament par référence à un médicament déjà autorisé, le médicament concerné par la demande étant importé d'un État membre dans lequel il a obtenu une AMM, l'évaluation de la sécurité et de l'efficacité réalisée pour le médicament déjà autorisé peut, sans aucun risque pour la santé publique, être utilisée pour le médicament concerné par la demande d'autorisation et ne peut être rejetée au seul motif que les deux médicaments n'ont pas une origine commune. • CJCE 1er avr. 2004, *Kohlpharma,* n° C-112/02 : *Rec. CJCE 3369* (et quand un principe actif est vendu à deux fabricants différents établis dans deux États membres, le demandeur de l'AMM du second médicament peut, le cas échéant, au moyen des renseignements dont il dispose et de ceux auxquels il peut accéder, démontrer que le médicament à importer ne présente pas de différences significatives par rapport au médicament déjà autorisé aux fins de l'évaluation de sa sécurité et de son efficacité).

13. Retrait de la version du médicament faisant l'objet du commerce parallèle. Le retrait de l'AMM du médicament de référence par son titulaire ne saurait avoir pour effet d'arrêter immédiatement l'importation parallèle d'autres versions de ce médicament en provenance d'États membres exportateurs : est donc incompatible avec les règles relatives à la libre circulation une réglementation nationale prévoyant la caducité automatique de l'autorisation d'importation parallèle en cas de retrait d'AMM de la spécialité d'origine, réserve faite de la démonstration qu'il existe effectivement un risque pour la santé des personnes du fait de la coexistence de deux versions d'un même médicament sur le marché d'un État membre. • CJCE 10 sept. 2002, *Ferring c/ Eurim-Pharm,* n° C-172/00 : *Rec. CJCE 6891 ; D. 2003. 1525, note Daburon*. ♦ N'est pas davantage compatible avec les exigences de la libre circulation une réglementation nationale selon laquelle le retrait, à la demande de son titulaire, de l'AMM accordée pour une ancienne version du médicament implique le retrait de l'autorisation parallèle accordée à ce même médicament, sachant que des restrictions aux importations sont susceptibles d'être justifiées s'il existe effectivement un risque pour la santé humaine en raison de la coexistence des deux versions sur le même marché. • CJCE 8 mai 2003, *Paranova,* n° C-15/01 : *Rec. CJCE 4175.*

B. EXCEPTIONS LIÉES À LA PROPRIÉTÉ INTELLECTUELLE

14. Principe de l'épuisement des droits. S'agissant des droits de propriété industrielle (brevets et marques), le principe de l'épuisement des droits empêche tout usage abusif de la part de leurs titulaires, de nature à créer ou maintenir artificiellement un monopole constituant un obstacle au commerce intracommunautaire. Il s'agit de distinguer l'existence des droits de propriété intellectuelle, non affectée par le droit communautaire, de leur exercice qui, lui, est susceptible d'être limité, dès lors que les objectifs essentiels de l'UE se voient contrariés. • CJCE 29 févr. 1968, *Parke-Davis,* n° 29/67 : *Rec. CJCE 81.* ♦ Aussi la dérogation à la libre circulation des marchandises pour des raisons de protection de la propriété industrielle est-elle admissible uniquement lorsqu'elle est justifiée par la sauvegarde des droits qui constituent l'objet spécifique de la propriété. • *CJCE 23 mai 1978, Hoffmann-La Roche c/ Centrafarm,* n° C-102/77 : *Rec. CJCE 1139.*

1° DROIT DES BREVETS

15. Objet spécifique du brevet. L'objet spécifique d'un brevet est d'assurer à son titulaire, afin de récompenser son effort inventif et créateur, le droit exclusif d'utiliser une invention en vue de la fabrication et de la première mise en circulation de produits industriels et le droit de s'opposer à toutes fabrication et commercialisation non autorisées. • CJCE 31 oct. 1974, *Centrafarm BV et Adriaan de Peijper c/ Sterling Drugs,* n° 15/74 : *préc. note 8.* L'exercice, par le titulaire d'un brevet, du droit que lui confère la législation d'un État membre d'interdire la commercialisation, dans cet État, d'un produit protégé par brevet et mis dans le commerce dans un autre État membre par ce titulaire, ou avec son consentement (c'est-à-dire sous licence), est incompatible avec les règles relatives à la libre circulation des marchandises dans le marché intérieur. En règle générale, l'épuisement d'un brevet pharmaceutique prend effet dès que le produit est commercialisé, de sorte que le fabricant n'a plus aucun droit sur ce qu'il advient du produit une fois qu'il l'a mis en vente. ♦ Le propriétaire d'un droit de propriété industrielle protégé par la législation d'un État membre ne peut pas s'appuyer sur cette législation pour s'opposer à l'importation d'un produit qui a été légalement mis sur le marché dans un autre État membre par le propriétaire de ce droit ou avec son consentement (le droit est regardé comme épuisé une fois que le produit a été mis sur le marché intérieur) : la règle s'oppose même à ce que le détenteur d'un brevet protégeant le médicament qu'il vend dans un État membre, puis qui le commercialise lui-même dans un autre État membre où cette protection n'existe pas, puisse faire usage du droit que lui confère la législation du premier État membre d'interdire la commercialisation dans l'État d'importation. • CJCE 14 juill. 1981, *Merck c/ Stephar,* n° 187/80 : *Rec. CJCE 2063.*

2° DROIT DES MARQUES

16. Fonction essentielle de la marque. La fonction essentielle de la marque est de garantir au consommateur final l'identité d'origine du produit, en permettant de le distinguer sans confusion possible avec des produits d'une autre provenance. • CJCE 31 oct. 1974, *Centrafarm BV et Adriaan de Peijper c/ Winthrop,* n° 16/74 : *préc. note 8* (l'objet spécifique du droit de marque est donc d'assurer à son titulaire le droit exclusif d'utiliser la marque, pour la première mise en circulation d'un produit, et de le protéger ainsi contre les concurrents qui voudraient abuser de la position et de la réputation de la marque en vendant des produits indûment pourvus du signe distinctif protégé). ♦ Une entreprise établie dans un État membre peut s'opposer, en vertu d'un droit de marque protégé par la législation de cet État, à l'importation de produits d'une entreprise établie dans un autre État membre et revêtus d'une dénomination prêtant à confusion avec la marque de la première entreprise, à condition cependant qu'il n'existe entre les entreprises en cause aucune sorte d'entente restrictive de concurrence, ou de rapport de dépendance juridique ou économique, et que leurs droits respectifs aient été créés indépendamment les uns des autres. • CJCE 22 juin 1976, *Sté Terrapin c/ Terranova,* n° C-119/75 : *Rec. CJCE 1039.* ♦ Est également justifiée l'opposition par le titulaire d'une marque protégée à ce qu'un médicament soit mis sur le marché sous cette marque par un tiers, même si le médicament a été légalement écoulé auparavant dans un autre État membre sous une autre marque détenue par le même titulaire, sous réserve que la pratique consistant pour le titulaire à utiliser des marques différentes pour le même médicament n'ait pas pour but de cloisonner artificiellement le marché. • CJCE 10 oct. 1978, *Centrafarm c/ AHP,* n° 3/78 : *Rec. CJCE 1823.* ♦ En matière de marque, le principe de l'épuisement des droits, explicitement repris par la Dir. 2008/95/CE du 22 oct. 2008 (*JOUE 8 nov.*), n'est toutefois pas applicable lorsque des motifs légitimes justifient que le titulaire du droit s'oppose à la commercialisation de son produit, notamment lorsque l'état de ce dernier est modifié ou altéré après sa mise en circulation.

17. Problème du reconditionnement. Concrètement, le terme de reconditionnement sert à désigner plusieurs opérations, à savoir le réétiquetage avec la marque, la modification des notices d'origine, le changement d'emballage avec la marque et le changement d'emballage sans la marque, opérations justifiées pour des raisons de langues ou de dimensions. La Cour de justice a consacré le droit de déconditionner et de reconditionner des spécialités pharmaceutiques, nonobstant l'existence d'un droit à la marque parallèle dans les États d'importation et d'exportation, et sans préjudice des dérogations pouvant être apportées pour protéger les droits qui constituent l'objet spécifique de la marque. • CJCE 23 mai 1978, *Hoffmann-La Roche c/ Centrafarm,* n° C-102/77 : *préc. note 14.* ♦ Le droit reconnu au titulaire de la marque de s'opposer à toute utilisation de cette marque susceptible de fausser la garantie de provenance relève de l'objet spécifique du droit de marque, dont la protection peut justifier des dérogations au principe fondamental de la libre circulation des marchandises. • CJCE 11 juill. 1996, *Eurim-Pharm Arzneimittel,* n° C-71/94 : *Rec. CJCE 3603* (ainsi, lorsque le titulaire utilise plusieurs tailles d'emballage différentes, il ne suffit pas de constater que l'une de ces tailles est également commercialisée dans l'État membre d'exportation pour conclure qu'un reconditionnement du produit n'est pas nécessaire, sauf à engendrer un cloisonnement des marchés : le reconditionnement doit présenter un caractère nécessaire et ne pas être uniquement motivé par des intérêts commerciaux, le propriétaire de la marque pouvant à ce titre exiger de l'importateur un échantillon du médicament reconditionné afin de constater l'état du produit et sa présentation). ♦ Le titulaire d'une marque peut s'opposer à la poursuite de la commercialisation d'un médicament par un importateur parallèle, lorsque ce dernier a procédé au reconditionnement de ce médicament dans un nouvel emballage et y a réapposé la marque, dès lors que, d'une part, le médicament en cause peut être commercialisé dans l'État d'importation dans le même conditionnement que celui dans lequel ce produit est commercialisé dans l'État d'exportation et, d'autre part, l'importateur n'a pas démontré que le produit importé ne peut être commercialisé que sur une partie limitée du marché d'importation. • CJUE 10 nov. 2016, *Ferring,* C-297/15 : *Dalloz IP/IT 2017. 228, obs. C. Maréchal* ✐.

18. Conditions de licéité. Cinq conditions ont été établies par la jurisprudence pour que le reconditionnement d'un médicament n'entre pas en conflit avec le droit de marque. Le titulaire de la marque ne peut pas s'opposer au reconditionnement d'un médicament, en bénéficiant d'une exception au principe de l'épuisement des droits, lorsque les conditions suivantes sont remplies : l'exercice du droit de propriété de la marque contribue au partitionnement artificiel du marché intérieur ; le reconditionnement n'affecte pas défavorablement l'état d'origine du produit ; l'identité du fabricant et de l'auteur du reconditionnement est indiquée sur le nouvel emballage ; la présentation du produit reconditionné ne porte pas atteinte à la réputation de la marque et de son propriétaire ; le propriétaire est informé par écrit du reconditionnement avant la mise en vente du nouveau produit. • CJCE 23 mai 1978, *Hoffmann-La Roche c/ Centrafarm,* n° C-102/77 : *préc. note 14* • 11 juill. 1996, *Bristol-Myers Squibb c/ Paranova,* n° C-427/93 : *Rec. CJCE 3457* • 11 juill. 1996, *MPA Pharma c/ Rhône-Poulenc Pharma,* n° C-232/94 : *Rec. CJCE 3671.* ♦ Ces conditions ont été réaffirmées et re-précisées. • CJCE 26 avr. 2007, *Boehringer Ingelheim,* n° C-348/04 : *Rec. CJCE 3391 ; RDUE 2007, n° 3, p. 727, note Dawes.*

19. Cloisonnement artificiel du marché. Il y a cloisonnement artificiel du marché lorsque, par exemple, le propriétaire de la marque a mis sur le marché un médicament identique dans plusieurs États membres sous différentes formes de conditionnement et/ou sous une marque différente et que la taille de conditionnement dans l'État membre d'exportation ne peut pas l'être dans l'État membre de destination pour différentes raisons. • CJCE 12 oct. 1999, *Pharmacia & Upjohn c/ Paranova,* n° C-379/97 : *Rec. CJCE 6927.* Le partitionnement du marché peut toutefois être dû à des facteurs qui sont étrangers au titulaire de la marque, telles une règle autorisant le conditionnement uniquement d'une certaine taille ou une pratique nationale ayant le même effet, ou encore des règles en matière d'assurance maladie faisant dépendre le remboursement des frais médicaux de la taille du conditionnement ou des pratiques de prescription médicale fondées sur des standards recommandés.

20. Nécessité du reconditionnement. Un reconditionnement est objectivement nécessaire si, sans celui-ci, l'accès effectif au marché concerné, ou à une partie importante du marché doit être considéré comme entravé à cause d'une forte résistance d'une proportion significative de consommateurs à l'égard des médicaments réétiquetés, car, sans reconditionnement, le succès commercial du produit simplement réétiqueté pourrait se trouver affecté en raison de la méfiance manifestée par une part importante des consommateurs. • CJCE 23 avr. 2002, *Merck-Sharp & Dohme GmbH c/ Paranova,* n° C-443/99 : *Rec. CJCE 3703 ; RDUE 2002, n° 2, p. 393, note Dengler.* ♦ Lorsque le médicament fait l'objet de deux AMM communautaires distinctes correspondant à des conditionnements différents (une boîte de cinq unités et une boîte de dix unités), il ne peut être commercialisé parallèlement dans un emballage constitué de deux boîtes de cinq unités assemblées et réétiquetées, sachant que la création d'un nouveau conditionnement peut être possible si ce reconditionnement est objectivement nécessaire, pour que le produit importé obtienne un accès effectif au marché d'un État membre. • CJCE 19 sept. 2002, *Aventis Pharma,* n° C-433/00 : *Rec. CJCE 7761.*

21. État d'origine du produit. Le reconditionnement ne doit pas affecter défavorablement l'état d'origine du produit : tel est le cas lorsque le reconditionnement affecte seulement le conditionnement externe, laissant intact le conditionnement primaire. • CJCE 3 déc. 1981, *Pfizer c/ Eurim-Pharm,* n° 1/81 : *Rec. CJCE 2913.* ♦ ... Ou lorsque le reconditionnement est effectué sous la supervision d'une autorité publique afin d'assurer que le produit reste intact. • CJCE 11 juill. 1996, *Eurim-Pharm Arzneimittel,* n° C-71/94 : *préc. note 17.* En revanche, l'état d'origine du produit à l'intérieur de l'emballage peut être indirectement affecté si l'emballage externe ou interne du produit reconditionné, ou un nouveau jeu d'informations ou instructions d'utilisation, omet certaines informations importantes ou donne des informations inexactes concernant la nature, la composition, l'effet, l'utilisation ou la détention du médicament. ♦ Il revient à l'importateur parallèle d'apporter les éléments de preuve de nature à faire raisonnablement présumer que la condition selon laquelle le reconditionnement *ne saurait affecter l'état originaire* du produit contenu est remplie. • CJCE 26 avr. 2007, *Boehringer Ingelheim,* n° C-348/04 : *préc. note 18.*

22. Identité de l'auteur du reconditionnement. Le titulaire d'une marque portant sur un médicament faisant l'objet d'importations parallèles ne dispose d'aucun intérêt légitime à s'opposer à la commercialisation ultérieure de la spécialité reconditionnée en raison du seul fait que le nouvel emballage indique l'identité, en tant que reconditionneur, non pas de l'entreprise ayant, sur commande, effectivement reconditionné le produit en disposant d'une autorisation pour ce faire, mais seulement de l'entreprise titulaire de l'AMM, sous les instructions de laquelle le reconditionnement a été effectué, cette entreprise en assumant, dès lors, la responsabilité. • CJUE 28 juill. 2011, *Orifarm et Paranova c/ Merck Sharp & Dohme,* n° C-400/09 et C-207/10 : *Gaz. Pal. 26-27 oct. 2011, p. 18, note Marino.*

23. Avertissement préalable du titulaire. Le propriétaire de la marque doit être averti au préalable de la mise en vente du produit reconditionné. Il appartient au distributeur parallèle d'avertir lui-même le titulaire de la marque du reconditionnement envisagé et, en cas de contestation, il appartient au juge national d'apprécier, en prenant en considération toutes les circonstances pertinentes, si le titulaire a disposé d'un délai raisonnable (15 jours ouvrables) pour réagir au projet de reconditionnement. • CJCE 23 avr. 2002, *Boehringer Ingelheim KG c/ Swingward,* n° C-143/00 : *Rec. CJCE 3759.* ♦ Il ne saurait *a priori* être exclu que, dans des cas exceptionnels, l'avertissement préalable puisse consister à indiquer l'État membre d'importation, à partir du moment où l'absence d'une telle information empêche le titulaire de la marque d'apprécier la nécessité du reconditionnement. • CJCE 22 déc. 2008, *The Wellcome Foundation,* n° C-276/05 : *Rec. CJCE 10479 ; Gaz. Pal. 11-12 mars 2009, p. 50, note Chemtob-Concé.* ♦ Le distributeur parallèle ayant omis de donner au titulaire de la marque l'avertissement préalable enfreint les droits du titulaire de la marque lors de toute importation subséquente du produit, tant que l'avertissement n'a pas été notifié : la sanction de cette infraction doit non seulement être proportionnée, mais également suffisamment effective et dissuasive pour garantir la pleine efficacité de la directive sur les marques, ce qui peut consister en une réparation financière. • CJCE 26 avr. 2007, *Boehringer Ingelheim,* n° C-348/04 : *préc. note 18.*

24. Atteinte à la réputation de la marque. La condition selon laquelle la présentation du produit reconditionné ne doit pas être telle qu'elle puisse nuire à la réputation de la marque et à celle de son titulaire n'est pas limitée aux cas dans lesquels le reconditionnement est défectueux, de mauvaise qualité ou de caractère brouillon. • CJCE 26 avr. 2007, *Boehringer Ingelheim,* n° C-348/04 : *préc. note 18.* ♦ La condition selon laquelle le reconditionnement effectué au moyen d'un nouvel emballage est nécessaire à sa commercialisation dans l'État d'importation vise uniquement le fait du reconditionnement et non la manière ou le style utilisés pour l'emballage. • CJCE 22 déc. 2008, *The Wellcome Foundation*, nº C-276/05 : *préc. note 23* (indication de la société ayant procédé au reconditionnement en caractères plus gros que ceux mentionnant le nom du fabricant et apposition d'un signe distinctif propre à l'importateur). La condition de nécessité ne concerne que l'acte de reconditionnement et non le mode de présentation du nouvel emballage choisi par l'importateur. La protection du droit de marque à l'égard du mode de présentation est en principe assurée par le respect de la condition selon laquelle la présentation du produit reconditionné ne doit porter atteinte ni à la réputation de la marque, ni à celle de son titulaire. Dès lors, si le reconditionnement du médicament par un nouvel emballage est nécessaire à sa commercialisation dans un autre État membre, le mode de présentation de cet emballage ne doit être apprécié qu'au regard de la condition selon laquelle il ne doit pas nuire à la réputation de la marque ou à celle de son titulaire.

Art. L. 5124-13-1 *(L. nº 2004-800 du 6 août 2004, art. 19-III-B)* **Dans le cas de recherches impliquant la personne humaine portant sur les préparations de thérapie génique et de thérapie cellulaire xénogénique mentionnées au 12° et au 13° de l'article L. 5121-1, l'autorisation de mener la recherche vaut également autorisation pour cette recherche des lieux de conservation et de préparation mentionnés aux articles L. 4211-8 et L. 4211-9, et elle vaut autorisation d'importation et d'exportation mentionnée à l'article L. 5124-13.**

Art. L. 5124-14 *(L. nº 2009-879 du 21 juill. 2009, art. 77)* **La société anonyme dénommée "Laboratoire français du fractionnement et des biotechnologies" exerce des activités de recherche, de production et de commercialisation de médicaments à usage humain et notamment des médicaments dérivés du sang, des médicaments susceptibles de se substituer aux médicaments dérivés du sang et des produits de santé issus des biotechnologies. Son capital est détenu en majorité par l'État** *(L. nº 2015-990 du 6 août 2015, art. 190-I)* **« , par ses établissements publics ou par d'autres entreprises ou organismes appartenant au secteur public ».**

Ses activités relatives à la fabrication des médicaments dérivés du sang destinés au marché français, issus du fractionnement du plasma, sont exercées exclusivement par une filiale, au sens de l'article L. 233-1 du code de commerce, créée à cet effet.

Le capital de cette filiale est détenu, directement ou indirectement, majoritairement par l'État *(L. nº 2015-990 du 6 août 2015, art. 190-I)* **« , par ses établissements publics ou par d'autres entreprises ou organismes appartenant au secteur public ».**

Seule cette filiale peut fabriquer des médicaments mentionnés à l'article L. 5121-3 du présent code à partir du sang ou de ses composants collectés par l'Établissement français du sang.

Cette filiale fractionne en priorité le plasma issu du sang ou de ses composants collectés par l'Établissement français du sang. Pour satisfaire les besoins nationaux, notamment ceux liés au traitement des maladies rares, elle distribue, prioritairement sur le territoire français, les médicaments qui en sont issus.

Lorsque cette filiale fabrique des médicaments dérivés du sang destinés au marché français, elle le fait à partir du sang ou de ses composants prélevés dans les conditions définies à l'article L. 1221-3, sauf lorsque des médicaments équivalents en termes d'efficacité ou de sécurité thérapeutiques ne sont pas disponibles en *quantité suffisante* pour satisfaire les besoins sanitaires ou lorsque leur fabrication nécessite l'utilisation de plasma spécifique ne répondant pas aux conditions du même article.

Elle peut sous-traiter certaines des étapes concourant à la fabrication de ces médicaments. Toutefois, les médicaments destinés au marché français, fabriqués par cette filiale, sont libérés sous le contrôle de son pharmacien responsable.

L'Établissement français du sang ne peut pas détenir de participation directe ou indirecte dans la société anonyme "Laboratoire français du fractionnement et des biotechnologies" et dans les sociétés contrôlées par celle-ci, au sens de l'article L. 233-3 du code de commerce.

BIBL. ▶ PELLET, Le prix du sang, *JDSAM 2014, nº 4, p. 78.*

COMMENTAIRE

V. Commentaire reproduit sur Dalloz.fr.

Applicabilité de la TVA. Les livraisons de plasma obtenu à partir du sang humain, destiné non pas à un usage thérapeutique direct mais exclusivement à la fabrication de médicaments, ne sont pas exonérées de TVA. • CJUE 5 oct. 2016, *TMD Gesellschaft für transfusionsmedizinische Dienste*, C-412/15.

Art. L. 5124-15 *Abrogé par L. nº 2009-526 du 12 mai 2009, art. 138-IV.*

Art. L. 5124-16 *(Ord. nº 2005-866 du 28 juill. 2005, art. 4) (Ord. nº 2014-948 du 20 août 2014, art. 37-IV-1º)* **« Sous réserve des dispositions de l'ordonnance nº 2014-948 du 20 août 2014 relative à la gouvernance et aux opérations sur le capital des sociétés à participation publique », la société "Laboratoire français du fractionnement et des biotechnologies" est régie par les dispositions du code de commerce applicables aux sociétés anonymes.**

Si les statuts prévoient que la direction générale de la société est assumée sous sa responsabilité par un directeur général au sens de l'article L. 225-51-1 du code de commerce, ce dernier est nommé par décret sur proposition du président du conseil d'administration.

Les associations de donneurs de sang sont représentées au conseil d'administration de la filiale de la société anonyme "Laboratoire français du fractionnement et des biotechnologies" mentionnée au second alinéa de l'article L. 5124-14 du code de la santé publique.

(Ord. nº 2014-948 du 20 août 2014, art. 37-IV-2º) **« Les dispositions des deux alinéas précédents sont applicables nonobstant les dispositions de l'ordonnance mentionnée au premier alinéa. »**

Art. L. 5124-17 **La publicité en faveur des entreprises et établissements pharmaceutiques ne peut être faite que dans les conditions prévues par voie réglementaire.**

COMMENTAIRE

V. Commentaire reproduit sur Dalloz.fr.

Art. L. 5124-17-1 *(L. nº 2011-2012 du 29 déc. 2011, art. 47)* **Un système d'astreinte est organisé pour répondre aux besoins urgents en médicaments en dehors des jours d'ouverture généralement pratiqués par les grossistes-répartiteurs sur leur territoire de répartition.**

Tous les grossistes-répartiteurs mentionnés au premier alinéa sont tenus de participer à ce système.

L'organisation du système d'astreinte est réglée par les organisations représentatives de la profession. A défaut d'accord ou si l'organisation retenue ne permet pas de satisfaire les besoins en santé publique, une décision du directeur général de l'agence régionale de santé territorialement compétente règle l'organisation dudit système.

Les modalités d'organisation du système d'astreinte sont déterminées par décret en Conseil d'État.

Art. L. 5124-17-2 *(L. nº 2011-2012 du 29 déc. 2011, art. 47)* **Les grossistes-répartiteurs sont tenus de respecter sur leur territoire de répartition les obligations de service public déterminées par décret en Conseil d'État.**

Ils assurent l'approvisionnement continu du marché national de manière à couvrir les besoins des patients sur leur territoire de répartition. *(L. nº 2016-41 du 26 janv. 2016, art. 151-4º)* **« Ils participent à la prévention et à la gestion des ruptures de médicaments, au titre des obligations de service public mentionnées au premier alinéa. »**

BIBL. ► TURAN-PELLETIER et ZEGGAR, La distribution en gros du médicament en ville, *Rapport IGAS, juin 2014.*

COMMENTAIRE

V. Commentaire reproduit sur Dalloz.fr.

1. Droit de la concurrence. Sur l'analyse des conséquences potentielles d'une réglementation de la distribution en gros des médicaments édictée dans le but d'assurer un approvisionnement continu du marché national, V. • Aut. conc. 20 juill. 2012, n° 12-A-18 (relatif à un projet de décret relatif à l'approvisionnement en médicaments à usage humain). ♦ Sur le rejet d'une saisine visant à dénoncer les pratiques subies par les nouveaux opérateurs de la distribution en gros des médicaments non remboursables (centrales d'achat pharmaceutiques et structures de regroupement à l'achat), V. • Aut. conc. 20 janv. 2016, n° 16-D-01 relative à des pratiques mises en œuvre dans le secteur de la distribution du médicament non remboursable.

2. Contrôle de légalité. Les obligations de service public imposées aux grossistes-répartiteurs et déterminées par le Décr. n° 2012-1096 du 28 sept. 2012 relatif à l'approvisionnement en médicaments à usage humain ont été jugées légales. • CE 1er oct. 2014, *Syndicat des pharmaciens indépendants de la Réunion,* n° 367625.

Art. L. 5124-17-3 *(L. n° 2016-41 du 26 janv. 2016, art. 151-5°)* **Lorsque le grossiste-répartiteur a rempli ses obligations de service public prévues à l'article L. 5124-17-2, il peut vendre en dehors du territoire national ou aux distributeurs en gros à l'exportation des médicaments.**

Il ne peut pas vendre des médicaments d'intérêt thérapeutique majeur mentionnés à l'article L. 5121-30 en dehors du territoire national ou à des distributeurs en gros à l'exportation.

COMMENTAIRE

V. Commentaire reproduit sur Dalloz.fr.

Art. L. 5124-18 **Sont déterminés par décret en Conseil d'État :**

1° Les conditions dans lesquelles toute entreprise comportant au moins un établissement pharmaceutique doit être la propriété d'un pharmacien ou d'une société à la gérance ou à la direction de laquelle participe un pharmacien ;

2° Les modalités d'exercice de la location-gérance prévue au premier alinéa de l'article L. 5124-2 ;

3° La durée et le contenu de l'expérience pratique appropriée dont doivent justifier les pharmaciens responsables et les pharmaciens délégués, selon les dispositions du dernier alinéa de l'article L. 5124-2 ;

4° Les modalités d'octroi, de suspension ou de retrait de l'autorisation d'ouverture d'un établissement pharmaceutique prévue à l'article L. 5124-3 ;

5° Les conditions dans lesquelles les établissements publics de santé fabriquant industriellement des médicaments au 31 décembre 1991, peuvent demander à bénéficier de l'autorisation prévue à l'article L. 5124-3 ;

6° Les conditions de remplacement prévu à l'article L. 5124-4 des pharmaciens responsables et des pharmaciens délégués en cas d'absence du titulaire ou s'ils font l'objet d'une interdiction d'exercer ;

7° Les conditions de la gérance d'un établissement pharmaceutique prévue à l'article L. 5124-4 en cas de décès du pharmacien propriétaire ;

8° Les conditions dans lesquelles peut être faite la publicité en faveur des entreprises et établissements pharmaceutiques ;

9° Les modalités d'application des articles *(Ord. n° 2016-462 du 14 avr. 2016, art. 3-I-11°)* **« L. 1413-4 »** *(L. n° 2007-294 du 5 mars 2007, art. 4-IV)* **« , L. 5124-7 et L. 5124-8 » et les adaptations qui pourront être apportées, en ce qui concerne les établissements pharmaceutiques, aux second, troisième, et quatrième alinéas de l'article L. 5124-2 ;**

10° Les conditions dans lesquelles peut être faite la publicité en faveur des établissements pharmaceutiques ;

11° Les règles régissant l'exportation des médicaments prévue à l'article L. 5124-11 ;

12° Les conditions dans lesquelles *(L. n° 2011-2012 du 29 déc. 2011, art. 5-IV)* **« l'Agence nationale de sécurité du médicament et des produits de santé » autorise l'importation des médicaments prévue à l'article L. 5124-13 ;**

13° Les sections de l'ordre auxquelles appartient le pharmacien mentionné à l'article L. 5124-15 et les conditions dans lesquelles ce pharmacien doit être assisté ou remplacé ;

(L. n° 2011-302 du 22 mars 2011, art. 8-I) « **14° Les conditions dans lesquelles les organismes à but non lucratif et les établissements publics autres que les établissements de santé peuvent bénéficier de l'autorisation visée à l'article L. 5124-3.** »

CHAPITRE IV *BIS* COURTAGE DE MÉDICAMENTS

(Ord. n° 2012-1427 du 19 déc. 2012, art. 6)

Art. L. 5124-19 **On entend par activité de courtage de médicaments toute activité liée à la vente ou à l'achat de médicaments qui ne comprend pas de manipulation physique et qui consiste à négocier,** *(Ord. n° 2013-1183 du 19 déc. 2013, art. 1er)* « **indépendamment et au nom** » **d'une personne physique ou morale.**

COMMENTAIRE

V. Commentaire reproduit sur Dalloz.fr.

Art. L. 5124-20 **Toute activité de courtage de médicaments effectuée par une personne située en France doit être déclarée auprès de l'Agence nationale de sécurité du médicament et des produits de santé.**

Les personnes exerçant des activités de courtage de médicaments veillent à ce que les médicaments faisant l'objet du courtage bénéficient d'une autorisation de mise sur le marché ou d'un enregistrement au titre des articles L. 5121-13 ou L. 5121-14-1. *(Ord. n° 2018-20 du 17 janv. 2018, art. 20)* « **Lorsque l'activité de courtage est réalisée au nom de l'État, elle peut porter sur les médicaments mentionnés aux II et III de l'article L. 5124-8.** »

Les modalités de déclaration et d'exercice des personnes se livrant à l'activité de courtage sont prévues par décret en Conseil d'État.

CHAPITRE V PHARMACIE D'OFFICINE *(L. n° 2009-879 du 21 juill. 2009, art. 38-I).*

BIBL. ▶ DUNEAU, L'exercice officinal. Droits et devoirs du pharmacien. *Mon. pharm., 2012.* – MASCRET et DEGROOTE, Précis de droit de l'officine, *Éd. de santé, 2008.* – LECA, Précis élémentaire de droit officinal pharmaceutique, *PUAM, 2002.* – TABUTIAUX-SURUN, L'évolution du circuit de distribution du médicament : une opportunité de santé publique, *thèse Dijon, 1999.* – PEIGNÉ, Le régime de la pharmacie en droit public français : contribution à l'étude d'un service public, *thèse Nice, 1999.* – FOUASSIER et FALLET, Exercer en pharmacie d'officine : droits et obligations, *éd. Lamy/Les Échos 1997.* – SALAT-BAROUX, Les pharmaciens à l'horizon 2010, *éd. Ordre national des pharmaciens, 1994.* – CARRIER, LALEIX, KERN et CAMILLERAPP (dir.), Le métier de pharmacien d'officine, *Dunod 1993.* – TISSEYRE-BERRY et VIALA, Législation et déontologie de l'officine pharmaceutique, *Masson 1983.* – SÉRUSCLAT, Rapport sur la distribution du médicament en France, *Doc. fr. 1983.* – VAILHÉ, Officines et pharmaciens, *Éd. médicales et universitaires, 1978.* – CALVO, La pharmacie en tant que service public, *thèse Toulouse, 1974.* – HURAULT, Le problème de la délivrance des médicaments en France, *Sirey, 1962.*

▶ **Sur la distribution officinale des médicaments :** MANAOUIL, LEMAIRE-HURTEL, SÉNÉCHAL et JARDÉ, Information du patient par le pharmacien en officine, *Méd. et droit, 2016, n° 138, p. 70.* – AMOURIC, La distribution officinale du médicament : à l'épreuve de l'européanisation et de la globalisation, *RGDM 2016. Pan. droit pharmaceutique, n° spécial, p. 161.* – ROUSSET, Le devoir de conseil du pharmacien d'officine, un enjeu essentiel à l'effectivité incertaine, *RGDM 2016. Pan. droit pharmaceutique, n° spécial, p. 75.* – LECA et LAMI, La dispensation automatique des médicaments, problèmes manifestes, problèmes latents, *RGDM 2016. Pan. droit pharmaceutique, n° spécial, p. 45.* – FRIEDEL et BISQUAY, Concilier santé publique, concurrence et intérêt du consommateur dans le secteur du médicament, *Revue Lamy de la concurrence, 2015, n° 43, p. 115.* – GUERRIAUD et HUICHARD, Le devoir de refus met-il en cause la responsabilité du pharmacien dans le cadre de la gestion d'un effet indésirable connu ?, *RGDM 2015. Pan. droit pharmaceutique, n° spécial, p. 175.* – DEBARGE, Les monopoles pharmaceutique et officinal contournés : vers l'effacement de principes fondateurs de la pharmacie d'officine en France ?, *RGDM 2015. Pan. droit pharmaceutique, n° spécial, p. 271.* – Autorité de la concurrence, avis n° 13-A-24 du 19 décembre 2013 relatif au fonctionnement de la concurrence dans le secteur de la distribution du médicament à usage humain en ville. – HICHRI, Le statut « libéral-commerçant » du pharmacien : pivot de la compétitivité du monopole officinal, *LPA 24 oct. 2013, p. 6.* – Autorité de la concurrence, Comment dynamiser la concurrence dans le secteur de la distribution du médicament en ville ?

(Instruction de la décision n° 13-SOA-01 du 25 févr. 2013), *juill. 2013.* – Hallouard, Bontemps, Denis, Pabst et Fessi, La dispensation pharmaceutique de médicaments en France, *Méd. et droit sept.-oct. 2012, n° 116, p. 127.* – Berland-Benhaim, Pélissier-Alicot et Léonetti, Non-respect des règles de dispensation des médicaments et responsabilité du pharmacien d'officine, *Méd. et droit juill.-août 2011, n° 109, p. 185.* – Espesson-Vergeat (dir.), La distribution libre des médicaments (Colloque Saint-Étienne, 4 déc. 2009), *RGDM 2010, n° 35, p. 9-120.* – Rousset, L'apparente ambiguïté de la délivrance de médicaments en officine pharmaceutique, *RGDM 2008, n° 28, p. 197.* – Locher, Siranyan et Rellux, Le circuit de distribution des médicaments : une évolution inéluctable ?, *Gaz. Pal. 1er-4 nov. 2008, p. 2.* – Léonard, Distribution pharmaceutique et circuit officinal. Régularités européennes et spécificités françaises, *RGDM 2006, n° 18, p. 89.* – Delétraz et Viala, Pharmacies et parapharmacies, *RDSS 2001. 727* . – Peigné, La pharmacie d'officine dans la perspective communautaire du service d'intérêt économique général, *Nouv. pharm. 2001, n° 370, p. 105.* – Talbot, L'État et la profession de pharmacien, *Rev. adm. 1990. 413.*

▸ **Sur la médication officinale et l'automédication :** Fainzang, L'automédication ou les mirages de l'autonomie, *PUF, 2013.* – Siranyan et Locher, Distribution libre et responsabilité du pharmacien d'officine. La mise en place du libre accès au sein du réseau de distribution des médicaments en France, *RGDM 2010, n° 35, p. 93.* – Robert, Responsabilité du fait des produits défectueux et médicaments en accès libre, *RGDM 2010, n° 35, p. 87.* – Rousset, Brèves remarques sur la médication officinale : à propos du décret du 30 juin 2008 relatif aux médicaments disponibles en accès direct dans les officines de pharmacie, *Gaz. Pal. 8-9 oct. 2008, p. 44.* – Mascret, Le médicament d'automédication, enjeux et perspectives, *RDSS 2007. 601* . – Queneau, Automédication, autoprescription, autoconsommation, *Éd. John Libbey Eurotext, 2000.*

SECTION PREMIÈRE *[NOUVELLE]* MISSIONS ET ACTIVITÉS DES OFFICINES

(Ord. n° 2018-3 du 3 janv. 2018, art. 1er et 5, en vigueur au plus tard le 31 juill. 2018)

L'intitulé de la présente section 1 entrera en vigueur au plus tard le 31 juill. 2018 et comprendra les art. L. 5125-1, L. 5125-1-1 A, L. 5125-1-1, L. 5125-1-1-1, L. 5125-1-2 et L. 5125-2 (Ord. n° 2018-3 du 3 janv. 2018, art. 1er et 5).

Art. L. 5125-1 **On entend par officine l'établissement affecté à la dispensation au détail des médicaments, produits et objets mentionnés à l'article L. 4211-1** *(Ord. n° 2016-800 du 16 juin 2016, art. 7-3°)* **« et, dans les conditions définies par décret, de médicaments expérimentaux ou auxiliaires » ainsi qu'à l'exécution des préparations magistrales ou officinales.**

(L. n° 2008-337 du 15 avr. 2008, art. 9-II) **« Une officine peut confier l'exécution d'une préparation, par un contrat écrit, à une autre officine qui est soumise, pour l'exercice de cette activité de sous-traitance, à une autorisation préalable délivrée par le** *(Ord. n° 2010-177 du 23 févr. 2010, art. 15-2°)* **« directeur général de l'agence régionale de santé ».**

« Pour certaines catégories de préparations, une officine peut, par un contrat écrit, confier l'exécution d'une préparation à un établissement pharmaceutique autorisé à fabriquer des médicaments par *(L. n° 2011-2012 du 29 déc. 2011, art. 5-IV)* **« l'Agence nationale de sécurité du médicament et des produits de santé »** *(L. n° 2011-525 du 17 mai 2011, art. 40-2°)* **« ou à toute personne titulaire d'une autorisation de fabrication de médicaments délivrée en application de la directive 2001/83/CE du Parlement européen et du Conseil du 6 novembre 2001 instituant un code communautaire relatif aux médicaments à usage humain ». Cette activité de sous-traitance fait l'objet d'un *rapport annuel* transmis par le pharmacien responsable de l'établissement pharmaceutique au directeur général de** *(L. n° 2011-2012 du 29 déc. 2011, art. 5-IV)* **« l'Agence nationale de sécurité du médicament et des produits de santé ».**

« Ces préparations sont réalisées en conformité avec les bonnes pratiques mentionnées à l'article L. 5121-5. »

COMMENTAIRE

V. Commentaire reproduit sur Dalloz.fr .

I. GÉNÉRALITÉS

1. Obligation de surveillance. Sur l'application à la pharmacie d'officine du Décr. n° 97-46 du 15 janv. 1997 relatif aux obligations de surveillance ou de gardiennage incombant à certains propriétaires, exploitants ou affectataires de locaux professionnels ou commerciaux dans les communes de plus de 25 000 habitants, V. • CE 28 juill. 1999, *FSPF et UNPF : n°s 193317 et 197827.*

2. Responsabilité de l'État. Jugé que l'importance d'actes de délinquance et la persistance de ceux-ci à l'encontre d'une pharmacie d'officine montrent que la défaillance des forces de l'ordre est constitutive d'une faute lourde de nature à engager la responsabilité de l'État. • CAA Paris, 22 janv. 2003, *Vigouroux*, n° 99PA00298.

II. EXÉCUTION DES PRÉPARATIONS ET DISPENSATION AU DÉTAIL

3. Préparations officinales et magistrales. V. notes ss. art. L. 5121-1.

4. Vente au détail et vente en gros. Les textes législatifs ayant réservé aux officines la vente au détail des produits pharmaceutiques, est justifiée l'interdiction d'exercer la profession infligée à des pharmaciens propriétaires de laboratoires procédant à la vente directe au public. • CE, sect., 8 juill. 1960, *Perraud : Lebon 465.* – V. actuel art. R. 5124-42. ♦ Inversement, il résulte de l'art. L. 568 [L. 5125-1] que des ventes en gros sont étrangères à l'activité des pharmaciens d'officine. • CE 27 mai 1991, *Jacquetty-Perier: Lebon T. 1100.* ♦ Dans le même sens, à propos d'un pharmacien qui fournissait en médicaments, produits cosmétiques et pansements, un pharmacien suisse ainsi que deux grossistes-répartiteurs exerçant sur le territoire de la Confédération helvétique. • Lyon, 7 mars 1990 : *Nouv. pharm. 1992, n° 338, p. 195.* ♦ V. également. • Aix-en-Provence, 18 mars 1991 : *inédit* (condamnation pour avoir vendu des centaines de spécialités à base d'androgènes, relevant de la réglementation des substances vénéneuses, et utilisées à des fins de bodybuilding, les délivrances ayant été effectuées à un prétendu médecin au vu de bons de commandes pour des clients fréquentant deux établissements de musculation appartenant au praticien). ♦ Sur la concurrence déloyale reprochée à une structure de regroupement à l'achat (SRA) de pharmaciens d'officine et à une centrale d'achat pharmaceutique (CAP) vis-à-vis de la fourniture de produits de la société Cooper, V. • Com. 29 mars 2017, n° 15-27.811 : *D. 2017. 757 ; AJ Contrat 2017. 217, obs. B. Ruy.*

5. Responsabilité disciplinaire. La vente en gros de médicaments par un pharmacien d'officine est constitutive d'une faute de nature à justifier une sanction disciplinaire. • CE 29 juill. 1994, *Benard*, n° 145864. ♦ ... Et de surcroît jugée comme contraire à l'honneur professionnel et échappant dès lors au champ d'une loi d'amnistie. • CE 27 mai 1991, *Jacquetty-Perrier : préc. note 4.* ♦ V. également, pour la condamnation disciplinaire d'un pharmacien d'officine se livrant au commerce de gros, • CNOP 1er oct. 2001 : *Nouv. pharm. 2001, n° 373, p. 488* (vente de médicaments et de lait Prégomine à la compagnie aérienne brésilienne Varig). ♦ Dans le même sens. • CNOP 27 sept. 2004 : *Nouv. pharm. 2004, n° 385, p. 467* (pharmacien sanctionné pour avoir vendu en sept mois plus de 12 000 unités de médicaments à une société non pharmaceutique, laquelle les incorporait ensuite dans des trousses de secours livrées à une compagnie aérienne française). ♦ S'agissant de la possibilité pour les entreprises de transport aérien ou maritime de se fournir directement auprès des laboratoires, V. art. R. 5124-45.

6. Non-lieu à QPC. Il résulte de la combinaison des art. L. 5125-1 et L. 5124-1 que les pharmaciens d'officine ne sont pas susceptibles d'exercer une activité de grossiste. L'interdiction du cumul de l'activité de distributeur en gros de médicaments avec celle d'exploitant d'officine est justifiée par la nécessité d'assurer la neutralité, la qualité et la traçabilité de la dispensation des médicaments au public ainsi que l'indépendance des pharmaciens d'officine : cette interdiction répond ainsi à l'exigence constitutionnelle de protection de la santé publique et ne porte pas à la liberté d'entreprendre et à la liberté du commerce et de l'industrie une atteinte disproportionnée à l'objectif poursuivi. • CE, QPC, 15 sept. 2010, *Michel*, n° 340570 : *Lebon T. 959.*

III. VENTE PAR CORRESPONDANCE ET SUR INTERNET

7. Droit de l'Union. Jugé, à propos du commerce électronique transfrontalier de médicaments, qu'une interdiction nationale de vente par correspondance des médicaments dont la vente est réservée exclusivement aux pharmacies dans l'État membre concerné constitue une mesure d'effet équivalent au sens de l'art. 28 CE [34 TFUE]. L'art. 30 CE [36 TFUE] peut néanmoins être invoqué pour justifier une interdiction nationale de vente par correspondance des médicaments dont la vente est réservée exclusivement aux pharmacies dans l'État membre concerné, pour autant qu'elle vise les médicaments soumis à prescription médicale. En revanche, l'art. 30 CE [36 TFUE] ne saurait être invoqué pour justifier une interdiction absolue de vente par correspondance des médicaments qui ne sont pas soumis à prescription médicale dans l'État membre concerné. • CJCE 11 déc. 2003, *Deutscher Apothekerverband c/ 0800 DocMorris NV et Jacques Waterval*, n° C-322/01 : *Rec. CJCE 14887.* ♦ La Dir. 2011/24/UE du 9 mars 2011 relative à l'application des droits des patients en matière de soins de santé transfrontaliers (*JOUE 4 avr.*) prévoit d'assurer une interopérabilité des services de santé en ligne tout en respectant les réglementations nationales relatives à la prestation de services de soins de santé adoptées aux fins de protéger le patient, notamment la législation sur les pharmacies en ligne, et en particulier les interdictions nationales sur la vente par correspondance de médicaments soumis à prescription médicale.

♦ La Dir. 2011/62/UE du 8 juin 2011, concernant la prévention de l'introduction dans la chaîne d'approvisionnement légale de médicaments falsifiés (*JOUE 1er juill.*), dispose que, sans préjudice des législations nationales qui interdisent l'offre à la vente à distance au public de médicaments soumis à prescription, au moyen de services de la société de l'information, les États membres veillent à ce que les médicaments soient offerts à la vente à distance au public au moyen des services de la société de l'information (art. 85 *quater* de la Dir. 2001/83/CE instituant un code communautaire relatif aux médicaments à usage humain). La Dir. 2011/62/UE du 8 juin 2011 a été transposée par l'Ord. n° 2012-1427 du 19 déc. 2012 (*JO 21 déc.*) et le Décr. n° 2012-1562 du 31 déc. 2012 (*JO 1er janv. 2013*), V. art. L. 5125-33 et R. 5125-70 s.

8. Exercice illégal de la pharmacie. Sur la condamnation pour exercice illégal de la pharmacie d'un médecin français proposant à la vente des médicaments sur un site internet hébergé au Canada, en relation avec deux officines, l'une située en Allemagne et l'autre en Belgique. • T. corr. Paris, 18 févr. 2009 : *Nouv. pharm. 2009, n° 404, p. 337.* ♦ Commet également le délit d'exercice illégal de la pharmacie le gérant non diplômé d'une société exploitant un site internet proposant des produits censés traiter des maladies telles que le cancer, la maladie de Parkinson, la maladie d'Alzheimer... • Angers, 9 oct. 2008 : *Nouv. pharm. 2009, n° 404, p. 342.*

IV. RAPPORTS AVEC LES ORGANISMES D'ASSURANCE MALADIE

9. Pharmacies « de caisses ». Sur la faculté pour les caisses primaires et régionales de sécurité sociale de posséder une officine, V. • CE, ass., 26 févr. 1954, *CRSS de Montpellier : Lebon 127 ; Dr. soc. 1954. 367, concl. Laurent ; S. 1954. 3. 57, note Auby.* ♦ ... Et sur le droit des caisses de sécurité sociale de fournir des pansements, cotons et autres articles aux assurés sociaux à la condition qu'ils ne soient pas présentés comme conformes à la pharmacopée, V. • CE 29 oct. 1956, *FSPF : Lebon T. 761.* ♦ Sur les pharmacies mutualistes, V. art. L. 5125-10.

10. Conventions de tiers payant. Dès lors qu'elles sont conclues entre un syndicat de pharmaciens et une caisse d'assurance maladie ayant un statut de droit privé, les conventions dites de tiers payant (visant à dispenser les assurés sociaux de l'avance des frais) ont un caractère de droit privé et relèvent de l'ordre judiciaire. • T. confl. 10 janv. 1983, *Centre d'action pharmaceutique : Lebon 535 ; JCP 1983. II. 19938, concl. Guelphe ; AJDA 1983. 359, note Moreau.* ♦ Sur le caractère de droit privé des accords de tiers payant conclus entre les mutuelles et les syndicats locaux de pharmaciens, V. • Toulouse, 21 mars 1989 : *Inf. pharm. 1990. 65, obs. Viala.* ♦ Jugé qu'un pharmacien ne commet aucune faute disciplinaire en concluant de façon isolée une convention de tiers payant. • CE 12 févr. 1965 : *Lebon 108.* ♦ Se rend coupable du délit de refus de vente le pharmacien d'officine qui, bien qu'ayant signé une convention de tiers payant, exige un paiement en espèces et refuse de livrer les médicaments prescrits en urgence. • Amiens, 10 janv. 1984 : *Inf. pharm. 1984. 357, obs. Viala.* ♦ Les caisses primaires d'assurance maladie ne sauraient, en l'absence de texte, s'opposer à la mise en œuvre des conventions de tiers payant délégué au titre de l'art. L. 322-1 CSS. • CE 29 déc. 2000, *CPAM des Yvelines : Dr. soc. 2001. 276, concl. Boissard* ✎.

11. Remises conventionnelles. Le contentieux des remises conventionnelles de prix au profit de l'assurance maladie relève également des juridictions judiciaires. • T. confl. 23 nov. 1992, *CPAM de la Corrèze : Lebon 493* (à propos de la convention nationale du 29 juill. 1982, dont le Conseil d'État annulera l'arrêté d'approbation) • CE 31 oct. 1986, *Ch. synd. des pharmaciens de la Loire : RFDA 1987. 549, concl. Lasserre* (au-delà du fait que la convention était entachée de rétroactivité, le mécanisme de remise conventionnelle était censé reposer sur le bénéfice fiscal réalisé par chaque officine, alors que la loi avait décidé d'asseoir le montant de la remise versée par chaque pharmacien sur le chiffre d'affaires des ventes de médicaments remboursables). ♦ Les ristournes abusives consenties sur les fournitures pharmaceutiques sont toutefois passibles de sanctions disciplinaires : le fait pour un pharmacien de distribuer des bons contre la remise desquels il offrait pendant un mois une remise exceptionnelle sur le montant de toute ordonnance exécutée dans son officine est de nature à justifier une sanction d'interdiction d'exercice. • CE 1er juill. 1977, *Bailleul : Lebon T. 950.* ♦ V. également les peines prévues à l'art. L. 377-3 CSS.

12. Droit de la concurrence. Les conventions de délégation de paiement doivent respecter le droit de la concurrence et ne peuvent introduire de clause limitant la concurrence en écartant de son champ d'application un pharmacien qui ne serait pas syndiqué. • CE 7 déc. 1992, *Synd. des pharmaciens du Nord : Lebon T. 1274.* ♦ La convention conclue entre un syndicat départemental de pharmaciens d'officine et une union de sociétés mutualistes par laquelle les pharmaciens s'engagent à participer aux ressources de l'union mutualiste au moyen du système du timbre mutualiste consistant à verser la valeur de timbres émis à l'occasion d'achats de médicaments et en contrepartie duquel l'union s'engage à ne pas mettre à disposition de ces adhérents des pharmacies non adhérentes au syndicat et à ouvrir des pharmacies mutualistes, seules aptes à offrir un tiers payant avant sa généralisation, est de nature à fausser le jeu du libre exercice de la concurrence entre officines, compte tenu de la meilleure couverture complémentaire dont bénéficient les membres mutualistes. • Com. 25 févr. 2003, *Mutualité de la Haute-Savoie*, n° 00-17.000.

13. Contentieux disciplinaire. Dans la mesure où aucune disposition du code de la sécurité sociale et du code de la santé publique ne prohibe le remplacement d'un pharmacien frappé d'une interdiction de servir des prestations aux assurés sociaux, dès lors que l'absence du titulaire n'excède pas une année, il a été jugé qu'une caisse primaire d'assurance maladie n'était pas fondée à suspendre, pendant la période d'exécution de la sanction affectant le titulaire qui s'était fait légalement remplacé, l'application de la convention départementale de tiers payant, laquelle ne prévoyait d'ailleurs aucune hypothèse de suspension de plein droit de ses effets. • Soc. 6 févr. 2003, *CPAM du Vaucluse : Bull. civ. V, n° 46.*

14. Mesure de déconventionnement. Ne mettant en œuvre aucune prérogative de puissance publique, la mesure de déconventionnement prononcée par une caisse primaire d'assurance maladie à l'occasion d'une peine d'interdiction de servir des prestations aux assurés sociaux relève de la compétence du juge judiciaire, la décision étant détachable de la sanction d'une faute professionnelle. • T. confl. 21 juin 2004, *Maire c/ CPAM de Nancy : Lebon T. 885 ; D. 2004. 2811, note Fouassier*. ♦ Sur la révision judiciaire de la mesure de déconventionnement frappant un pharmacien exerçant irrégulièrement à titre de sanction conventionnelle, V. • Poitiers, 11 sept. 2001 : *RGDM 2002, n° 8, p. 69, note Lhéritier* (confirmation du principe de la sanction, mais réformation de la mesure de déconventionnement définitif ramené à une durée de huit jours au regard de l'intérêt des clients de l'officine). ♦ La décision de déconventionnement prise par une caisse primaire d'assurance maladie à l'encontre d'un pharmacien ne constitue pas la sanction d'une faute professionnelle, mais celle de l'inexécution par ce pharmacien de ses obligations contractuelles, et ne relève pas, dès lors, du champ d'une loi d'amnistie. • Soc. 1er mars 2001 : *Bull. civ. V, n° 69.*

15. Convention nationale. Jugé qu'excèdent le champ conventionnel les dispositions de la convention nationale de la pharmacie d'officine qui prétendaient subordonner le remboursement des produits aux assurés sociaux à l'adhésion obligatoire de tous les pharmaciens, alors que la prise en charge des médicaments et des autres produits remboursables obéissent à des règles propres. • CE 14 mai 2008, *Action pharmaceutique libérale d'union syndicale : Lebon T. 895 ; Gaz. Pal. 8-9 oct. 2008, p. 68, note Megerlin ; RDSS 2008. 904, concl. Derepas* (à propos de la convention signée le 23 mars 2006 et approuvée par un Arr. du 30 juin 2006). ♦ Sur la convention nationale organisant les rapports entre les pharmaciens titulaires d'officine et l'assurance maladie, V. art. L. 162-16-1 CSS et Arr. du 4 mai 2012 portant approbation de la convention nationale signée le 4 avr. 2012 (*JO 6 mai*), reconduite tacitement par Arr. du 5 mai 2017 (JO 6 mai).

BIBL. Le Gal-Fontès, La convention pharmaceutique : nouvel eldorado du pharmacien ?, *RDSS 2013. 487*. – Megerlin, Apport et limites de la convention nationale assurance maladie-pharmaciens d'officine de 2006, *RDSS 2007. 269*. – Ruet, La nature juridique de la convention dite de tiers payant, *JCP 1993. I. 3642.*

Art. L. 5125-1-1 A *(L. n° 2009-879 du 21 juill. 2009, art. 38-I)* **Dans les conditions définies par le présent code, les pharmaciens d'officine :**

1° Contribuent aux soins de premier recours définis à l'article L. 1411-11 ;

2° Participent à la coopération entre professionnels de santé ;

3° Participent à la mission de service public de la permanence des soins ;

4° Concourent aux actions de veille et de protection sanitaire organisées par les autorités de santé ;

5° Peuvent participer à l'éducation thérapeutique et aux actions d'accompagnement de patients définies aux articles L. 1161-1 à L. 1161-5 ;

6° Peuvent assurer la fonction de pharmacien référent pour un établissement mentionné au 6° du I de l'article L. 312-1 du code de l'action sociale et des familles ayant souscrit *(L. n° 2015-1776 du 28 déc. 2015, art. 58-II-2°)* **« le contrat mentionné au IV** ***ter*** **» de l'article L. 313-12 du même code qui ne dispose pas de pharmacie à usage intérieur ou qui n'est pas membre d'un groupement de coopération sanitaire gérant une pharmacie à usage intérieur ;**

7° Peuvent, dans le cadre des coopérations prévues par l'article L. 4011-1 du présent code, être désignés comme correspondants au sein de l'équipe de soins par le patient. A ce titre, ils peuvent, à la demande du médecin ou avec son accord, renouveler périodiquement des traitements chroniques, ajuster, au besoin, leur posologie et effectuer des bilans de médications destinés à en optimiser les effets ;

8° Peuvent proposer des conseils et prestations destinés à favoriser l'amélioration ou le maintien de l'état de santé des personnes.

Un décret en Conseil d'État fixe les conditions d'application des 7° et 8°.

BIBL. ▸ **Articles :** Perroy et Lehmann, Quelles perspectives de déploiement pour les nouvelles missions du pharmacien d'officine en France, *RGDM 2016. Pan. droit pharmaceutique, n° spécial, p. 57.* – Siau et Terral, La rémunération du pharmacien titulaire d'officine : réflexions au-delà d'un simple enjeu économique, *RGDM 2015. Pan. droit pharmaceutique, n° spécial, p. 249.* – Miloudia, La responsabilité civile du pharmacien d'officine correspondant, *RGDM 2014, Panorama de droit pharmaceutique 2013, n° spécial, p. 209.* – Le Gal-Fontès et Rage-Andrieu, L'éducation thérapeutique à la croisée des chemins, *RDSS 2011. 907* – Siranyan et Van den Brink, Les services pharmaceutiques cognitifs en Europe : entre utopie et réalité, *RGDM 2011, n° 39, p. 181.* – Dreux et Blanchet, L'éducation thérapeutique des patients, une ardente obligation pour les pharmaciens, *Nouv. pharm. 2009, n° 405, p. 487.* – Lepilleur et Chemtob-Concé, Les différents modes de prise en charge à domicile et le maintien à domicile, *Nouv. pharm. 2008, n° 401, p. 459.* – Lescœurs, Tabutiaux, Lhenry et Huichard, L'information sur les risques et les effets indésirables des médicaments administrés de manière chronique. Attentes des patients et rôle des pharmaciens d'officine, *Nouv. pharm. 2003, n° 379, p. 223.* – Megerlin, L'acte pharmaceutique : réflexions juridiques pour une refondation intellectuelle et éthique, *Nouv. pharm. 2002, n° 375, p. 273.* – Marchal-Heussler et Béal, Le rôle du pharmacien dans les soins palliatifs, *Nouv. pharm. 2001, n° 371, p. 126.* – Megerlin, L'autonomie de l'acte pharmaceutique, *RDSS 2000. 746* . – Callanquin, Keller-Didier et Laborde, Réflexions sur l'enseignement, l'exercice et la situation du pharmacien dans le domaine du maintien à domicile, *Nouv. pharm. 2000, n° 367, p. 283.* – Megerlin, L'opinion pharmaceutique : une révolution à l'officine, *RDSS 1998. 665* . – Gamuzeaux, Lobel et Labrude, Les pharmaciens face au maintien à domicile, *Nouv. pharm. 1994, n° 343, p. 251.*

▸ **Ouvrages – Rapports :** Bras, Kiour, Maquart et Morin, Pharmacies d'officine : rémunération, missions, réseau, *IGAS (rapport), juin 2011.* – Saout, Charbonnel et Bertrand, Pour une politique nationale d'éducation thérapeutique du patient, *Rapport au ministre de la Santé, sept. 2008.* – Duhamel, Grass et Morelle, Encadrement des programmes d'accompagnement des patients associés à un traitement médicamenteux, financés par les entreprises pharmaceutiques, *IGAS (rapport), déc. 2007.* – Laude et Tabuteau (dir.), De l'observance à la gouvernance de sa santé, *PUF, 2007.* – Bras, Duhamel et Grass, Améliorer la prise en charge des maladies chroniques : les enseignements des expériences étrangères de *disease management*, *IGAS (rapport), sept. 2006.*

COMMENTAIRE

V. Commentaire reproduit sur Dalloz.fr.

Injonction à prendre un décret d'application. Sur l'injonction faite au gouvernement de prendre le décret mentionné au 8° de l'art. L. 5125-1-1 A : • CE 28 déc. 2017, *CNOP*, n° 403810 : *Lebon*.

Art. L. 5125-1-1 *(L. n° 2007-248 du 26 févr. 2007, art. 38-I)* **L'exécution de préparations de médicaments radiopharmaceutiques tels que définis au 7° de l'article L. 5121-1 est interdite.**

L'exécution *(L. n° 2011-2012 du 29 déc. 2011, art. 17-I)* **« par une officine de pharmacie des préparations autres que celles mentionnées au premier alinéa, pouvant présenter un risque pour la santé et dont la liste est fixée par arrêté du ministre chargé de la santé, est soumise à une autorisation du directeur général de l'agence régionale de santé. »**

COMMENTAIRE

V. Commentaire reproduit sur Dalloz.fr.

Art. L. 5125-1-1-1 *(L. n° 2011-2012 du 29 déc. 2011, art. 17-II)* **Le directeur général de l'agence régionale de santé suspend ou interdit l'exécution des préparations, autres que celles visées à l'article L. 5125-1-1, lorsque l'officine ne respecte pas les bonnes pratiques de préparation ou réalise les préparations dans des conditions dangereuses pour la santé publique.**

Le directeur général de l'agence régionale de santé suspend ou retire l'autorisation d'exercice de l'activité de sous-traitance visée à l'article L. 5125-1 ou celle visée à l'article L. 5125-1-1 lorsque l'officine ne respecte plus les bonnes pratiques de prépa-

ration ou réalise les préparations dans des conditions dangereuses pour la santé publique.

Sauf en cas d'urgence, le pharmacien d'officine concerné est mis à même de présenter ses observations avant l'intervention des mesures prévues au présent article.

Art. L. 5125-1-2 *(L. nº 2011-525 du 17 mai 2011, art. 40-1º)* Une officine régulièrement établie dans un autre État membre de la Communauté européenne ou partie à l'accord sur l'Espace économique européen peut exercer, pour le compte d'une officine bénéficiant de la licence prévue à l'article L. 5125-4 *[nouvelle rédaction issue de l'Ord. nº 2018-3 du 3 janv. 2018, art. 4 et 5, en vigueur au plus tard le 31 juill. 2018 : « L. 5125-18 »]*, l'activité de sous-traitance de préparations prévue au deuxième alinéa de l'article L. 5125-1 dans les conditions définies aux alinéas suivants.

Lorsque l'officine est installée dans un État membre de la Communauté européenne ou partie à l'accord sur l'Espace économique européen dont les conditions d'autorisation de l'activité de sous-traitance de préparations ont été préalablement reconnues équivalentes à celles prévues par l'article L. 5125-1, elle adresse une déclaration attestant qu'elle bénéficie d'une autorisation ou d'un agrément délivré par les autorités compétentes.

Lorsque l'officine ne répond pas aux conditions définies à l'alinéa précédent, l'exercice de l'activité de sous-traitance de préparations est subordonné à l'obtention d'une autorisation administrative qui lui est délivrée après vérification que les conditions de réalisation de la sous-traitance sont équivalentes à celles définies par l'article L. 5125-1.

Art. L. 5125-2 L'exploitation d'une officine est incompatible avec l'exercice d'une autre profession, notamment avec celle de médecin, vétérinaire, sage-femme, dentiste, même si l'intéressé est pourvu des diplômes correspondants.

Toutefois, les médecins diplômés avant le 31 décembre 1952, les vétérinaires et les dentistes diplômés avant le 31 juillet 1950, les sages-femmes diplômées avant le 31 juillet 1948 sont admis à exercer leur art, concurremment avec la pharmacie, s'ils ont obtenu le diplôme de pharmacien avant le 31 juillet 1950, à condition qu'ils aient été inscrits régulièrement avant le 11 septembre 1941 à l'école dentaire ou à l'école des sages-femmes, au stage en pharmacie ou en vue de l'obtention du certificat d'études de physique, chimie, biologie, ou en quatrième année de pharmacie pour les médecins ayant utilisé le diplôme de pharmacien comme équivalent du certificat d'études de physique, chimie, biologie.

Les intéressés devront en outre établir qu'ils ont été empêchés de poursuivre leurs études parce qu'ils étaient mobilisés, prisonniers, réfractaires au service du travail obligatoire ou déportés, ou parce qu'ils appartenaient à une organisation de résistance. Le présent alinéa fera l'objet de mesures d'exécution fixées par les décrets en Conseil d'État publiés pour l'application du présent livre.

COMMENTAIRE

V. Commentaire reproduit sur Dalloz.fr.

1. Principe. Sur les activités pharmaceutiques susceptibles d'être cumulées, V. • CE 2 déc. 1960, *Union nat. synd. des Grandes Pharmacies de France c/ Auger : Lebon 661.*

2. Applications. Sur le problème de la compatibilité entre la profession de pharmacien d'officine et celle d'exploitant agricole, V. • Paris, 20 avr. 1983 : *Inf. pharm. 1985. 938, obs. Viala.* ♦ Sur la possibilité d'effectuer des travaux de recherche visant à mettre au point des produits d'hygiène, V. • Caen, 26 mai 1972 : *Inf. pharm. 1973. 392.* ♦ Sur la compatibilité entre la qualité de pharmacien d'officine et celle de gérant d'une SARL de location et vente de matériel médical, V. • Besançon, 11 oct. 1988 : *Inf. pharm. 1989. 219, obs. Viala.*

3. Droit disciplinaire. Sur l'hypothèse d'un cumul entre l'exploitation d'une pharmacie et les fonctions de chef du laboratoire d'analyses de biologie médicale d'un hôpital, V. • CE 13 mai 1987, *Min. Aff. soc. et Solidarité nat. : Lebon T. 909 ; Inf. pharm. 1987. 758, obs. Viala ; RDSS 1988. 242, obs. Auby* • 14 sept. 1987, *Cohen : Lebon 297 ; Inf. pharm. 1988. 742, note Denoix de Saint-Marc et Labetoulle.* ♦ Sur la condamnation disciplinaire de deux pharmaciens d'officine, convaincus d'avoir exercé la gestion de fait d'un commerce de parapharmacie, V. • CNOP 29 janv. 2002 : *Nouv. pharm. 2002, nº 375, p. 178.* ♦ Se voit également condamné pour avoir exercé, parallèlement à son activité de pharmacien d'officine, une autre profession le titulaire qui assure les fonctions de gérant d'une société indépendante de l'officine, créée pour assurer la vente de produits de parapharmacie via un site internet. • CNOP 20 mai 2008 : *Nouv. pharm. 2008, n° 401, p. 363.* ♦ Même solution pour un pharmacien d'officine ayant fondé un réseau regroupant quelques officines et assurant la présidence de deux sociétés commerciales créées dans le cadre de ce réseau, l'une étant une société de services juridiques, administratifs et financiers, l'autre étant un laboratoire servant de plateforme de référencement et élaborant des produits à la marque pour les adhérents au réseau. • CNOP 18 mai 2009 : *Nouv. pharm. 2009, n° 404, p. 247.* ♦ Sur la condamnation d'un pharmacien ayant toléré l'existence d'un cabinet d'avocat au sein de l'officine, V. • CNOP 8 nov. 2005 : *Nouv. pharm. 2006, n° 390, p. 16.*

SECTION II *[NOUVELLE]* CONDITIONS GÉNÉRALES D'AUTORISATION

(Ord. n° 2018-3 du 3 janv. 2018, art. 1er et 5, en vigueur au plus tard le 31 juill. 2018)

Les demandes d'autorisation de création, transfert ou regroupement d'officines déposées auprès des ARS et dont la complétude a été constatée avant l'entrée en vigueur de l'Ord. n° 2018-3 du 3 janv. 2018 demeurent soumises aux dispositions du CSP dans leur rédaction antérieure à la date de publication des décrets pris pour l'application de l'Ord. préc. (Ord. préc., art. 5).

L'intitulé de la présente section II entrera en vigueur au plus tard le 31 juill. 2018 et comprendra les art. L. 5125-3 nouv., L. 5125-3-1 nouv., L. 5125-3-2 nouv., L. 5125-3-3 nouv., L. 5125-4 nouv., L. 5125-5 nouv. et L. 5125-5-1 nouv. (Ord. n° 2018-3 du 3 janv. 2018, art. 1er et 5).

BIBL. ▶ BLANC, La planification des services de santé et le droit de l'Union européenne. Vers la reconnaissance d'une « exception sanitaire » ou l'intégration de la santé au marché ?, *RTD eur. 2013. 217*. – PEIGNÉ, La pharmacie d'officine, le président de la République et la loi de financement de la Sécurité sociale pour 2008, *Gaz. Pal. 6-7 juin 2008, p. 40.* – VAN DEN BRINK, Le système de répartition des officines de pharmacie : les évolutions récentes, *RDSS 2008. 702* ; La répartition des officines de pharmacie : quelle évolution ?, *RGDM 2006, n° 20, p. 311.* – FOUASSIER, Le transfert des officines de pharmacie : portée de l'article L. 5125-3 du code de la santé publique, *RFDA 2005. 1183*. – NOCQUET, Les recours en matière de décision d'octroi ou de refus de licence de pharmacie, *Nouv. pharm. 2005, n° 387, p. 273* ; Les conséquences de l'annulation contentieuse d'une décision d'octroi ou de refus de licence de pharmacie, *Nouv. pharm. 2005, n° 388, p. 421* ; L'interdiction de la cession de l'officine et la force majeure, *Nouv. pharm. 2003, n° 378, p. 87.* – SABIN, L'implantation des officines pharmaceutiques et l'aménagement du territoire, *Dr. adm., mai 2002, chron. n° 10, p. 13.* – NOCQUET, Le nouveau régime juridique des transferts d'officine de pharmacie consécutif à la loi du 17 janvier 2002 de modernisation sociale, *Nouv. pharm. 2002, n° 374, p. 125.* – PEIGNÉ, La nouvelle réglementation des officines de pharmacie, *AJDA 2001. 120*. – NOCQUET, Le régime juridique des ouvertures d'officines de pharmacie : une logique de santé publique, *Nouv. pharm. 2001, n° 371, p. 545.* – VAN DEN BRINK et FOUASSIER, Officines : les conditions minimales d'installation, *Nouv. pharm. 2000, n° 367, p. 277.* – SOLEDAD GARCIA, Les enjeux du droit d'établissement des officines de pharmacie dans l'Union européenne, *Rev. Marché commun, 1999. 539.* – DIOQUE, Les nouvelles règles de création, de transfert et de regroupement des officines de pharmacie, *LPA 30 sept. 1999, p. 5.* – DELETRAZ et VIALA, La nouvelle législation sur la répartition géographique des officines, *Gaz. Pal. 1999. 2. doctr. 1628.* – DUNEAU, Les tribulations de la licence d'une officine de pharmacie, *Gaz. Pal. 1997. 2. doctr. 1398.* – GOLLIARD, L'appréciation des besoins de la population dans le contentieux des licences d'ouvertures dérogatoires d'officines pharmaceutiques, *RDSS 1996. 300*. – VIALA et LAMBERT, Les ouvertures d'officines pharmaceutiques, *LPA 24 mars 1995, p. 20.* – MODERNE, Les nouvelles modalités de création et de transfert des officines pharmaceutiques après la loi du 30 juill. 1987, *LPA 6 juin 1988, p. 6.* – VION, Radioscopie de l'officine et lacunes dans la législation pharmaceutique, *Inf. pharm. 1986. 84.* – AMIEL, A propos des créations de pharmacies par dérogation, *D. 1985. chron. 39.*

Art. L. 5125-3 **Les créations, les transferts et les regroupements d'officines de pharmacie doivent permettre de répondre de façon optimale aux besoins en médicaments de la population résidant dans les quartiers d'accueil de ces officines.** *(L. n° 2007-1786 du 19 déc. 2007, art. 59-I)* **« Les transferts et les regroupements ne peuvent être accordés que s'ils n'ont pas pour effet de compromettre l'approvisionnement nécessaire en médicaments de la population résidente de la commune ou du quartier d'origine. »**

Les créations, les transferts et les regroupements d'officines de pharmacie ne peuvent être effectués que dans un lieu qui garantit un accès permanent du public à la pharmacie et permet à celle-ci d'assurer un service de garde *(L. n° 2007-1786 du 19 déc. 2007, art. 59-I)* **« ou d'urgence mentionné à l'article L. 5125-22 ».**

Nouvel art. L. 5125-3 (Ord. n° 2018-3 du 3 janv. 2018, art. 1er et 5, en vigueur au plus tard le 31 juill. 2018) *Lorsqu'ils permettent une desserte en médicaments optimale au regard des besoins de la population résidente et du lieu d'implantation choisi par le pharmacien demandeur au sein d'un quartier défini à l'article L. 5125-3-1, d'une commune ou des communes mentionnées à l'article L. 5125-6-1, sont autorisés par le directeur général de l'agence régionale de santé, respectivement dans les conditions suivantes :*

1° Les transferts et regroupements d'officines, sous réserve de ne pas compromettre l'approvisionnement nécessaire en médicaments de la population résidente du quartier, de la commune ou des communes d'origine.

L'approvisionnement en médicaments est compromis lorsqu'il n'existe pas d'officine au sein du quartier, de la commune ou de la commune limitrophe accessible au public par voie piétonnière ou par un mode de transport motorisé répondant aux conditions prévues par décret, et disposant d'emplacements de stationnement ;

2° L'ouverture d'une officine par voie de création, si les conditions démographiques prévues à l'article L. 5125-4 sont remplies depuis deux ans à compter de la publication du dernier recensement mentionné au même article et si aucune décision autorisant cette ouverture par voie de transfert ou regroupement n'a été prise dans ce délai dans les zones suivantes :

a) Dans les zones franches urbaines - territoires entrepreneurs mentionnés à l'article 42 de la loi n° 95-115 du 4 février 1995 d'orientation pour l'aménagement et le développement du territoire ;

b) Dans les quartiers prioritaires de la politique de la ville définis à l'article 5 de la loi n° 2014-173 du 21 février 2014 de programmation pour la ville et la cohésion urbaine ;

c) Dans les zones de revitalisation rurale définies par l'article 1465 A du code général des impôts.

COMMENTAIRE

V. Commentaire reproduit sur Dalloz.fr.

I. DROIT DE L'UNION

1. Conditions de compatibilité. Bien que constituant une restriction à la liberté d'établissement garantie par l'art. 49 TFUE, les règles de répartition géo-démographique des officines sont compatibles avec le droit de l'Union, pour autant qu'elles ne compromettent pas l'exécution d'un service pharmaceutique approprié en empêchant, dans les zones géographiques ayant des caractéristiques démographiques particulières, la création d'un nombre suffisant de pharmacies. • CJUE 1er juin 2010, *Blanco Pérez et Chao Gómez*, nos C-570/07 et C-571/07 : *Rec. CJUE 4629 ; AJDA 2010. 1581, chron. Aubert, Broussy et Donnat ; Europe 2010, n° 272, comm. Michel ; RDSS 2010. 969, note Peigné* (à propos de la réglementation des implantations d'officine dans les Asturies). ♦ La Cour a confirmé la compatibilité avec le droit de l'Union des règles italiennes limitant l'implantation de nouvelles pharmacies, dès lors qu'une telle réglementation permet, en dérogation aux règles de base, la création d'un nombre suffisant de pharmacies susceptibles d'assurer un service pharmaceutique approprié dans des zones possédant des caractéristiques géo-démographiques particulières. • *CJUE 29 sept. 2011, Grisoli, n° C-315/08.* ♦ Elle a également estimé qu'une législation nationale réservant la vente des médicaments soumis à prescription médicale et non remboursables, aux seules pharmacies légalement implantées sur le territoire en fonction de critères géo-démographiques, peut être justifiée au regard de l'objectif de santé publique visant à assurer la sécurité et la qualité de l'approvisionnement de la population. • CJUE 5 déc. 2013, *Venturini*, n° C-159/12 : *CCC 2014, n° 22, focus Hichri et de Kersauson ; RTD eur. 2015. 180, note Benoît-Rohmer*.

2. Validité des critères démographiques. Pour vérifier si l'atteinte portée par une législation nationale au principe de la liberté d'établissement est cohérente par rapport à l'objectif de santé publique qu'elle poursuit, la Cour de justice exige que les critères démographiques quantitatifs (nombre d'habitants par officine), en fonction desquels une création d'officine peut être autorisée, ne soient pas trop stricts, de telle sorte qu'il puisse exister un risque que ne soit pas assuré un accès égal et approprié aux services pharmaceutiques pour certaines personnes résidant dans des régions rurales et isolées, situées hors des zones d'approvisionnement des pharmacies existantes, en particulier pour les personnes à mobilité réduite. • CJUE 13 févr. 2014, *Sokoll-Seebacher*, n° C-367/12 : *Europe 2014, n° 159, comm. Michel ; RTD eur. 2015. 253, note Defossez*.

3. Régime dérogatoire. Jugé par ailleurs que l'art. 49 TFUE ne s'oppose pas à une réglementation nationale, telle que la réglementation finlandaise, qui prévoit un régime d'autorisation d'exploitation de succursales de pharmacies applicable à la pharmacie de l'université d'Helsinki plus favorable que celui applicable aux pharmacies privées, pour autant, il appartient à la juridiction nationale de vérifier que les succursales de cette pharmacie participent effectivement à l'accomplissement des missions spécifiques qui lui ont été conférées, lesquelles portent sur l'enseignement dispensé aux étudiants en pharmacie, la recherche dans le domaine de l'approvisionnement en médicaments et la réalisation de préparations pharmaceutiques spéciales. • CJUE 21 juin 2012, *Susisalo*, n° C-84/11.

II. CONTENTIEUX DES CRÉATIONS (antérieur à l' Ord. n° 2018-3 du 3 janv. 2018)

4. Juridictions du fond. N'ayant pas compétence liée pour autoriser l'ouverture d'une officine lorsque les critères arithmétiques sont remplis, l'administration est tenue de vérifier si la création envisagée permet de répondre de façon optimale aux besoins de la population conformément aux exigences de l'art. L. 5125-3, V. • CAA Bordeaux, 8 avr. 2004, *Guillaumie et Min. de la Santé*, n° 04BX00093 : *AJDA 2004. 1773, concl. Rey*.

5. Arrêt de principe. Il résulte des dispositions combinées des anciens art. L. 5125-3 et L. 5125-11 que la création d'une nouvelle officine dans une commune de moins de 2 500 habitants est subordonnée à la condition que la pharmacie desserve des communes dont la population totale est au moins égale à 2 500 habitants (ou 3 500 habitants pour la Guyane et les départements alsaciens et mosellan) et n'a pas déjà été prise en compte ou n'est plus prise en compte pour une création d'officine dans une autre commune, quelle que soit la taille de celle-ci : lorsque la première condition est remplie, il appartient à l'autorité administrative de s'assurer que la création envisagée permet de répondre de façon optimale aux besoins en médicaments de la population résidant dans les communes concernées, conformément à l'exigence posée par le premier alinéa de l'art. L. 5125-3. • CE 28 avr. 2006, *Min. des Solidarités, de la santé et de la famille c/ Hickel et Engel : Lebon T. 1048 ; RDSS 2007. 104, concl. Devys*. – En l'occurrence, l'administration devait tenir compte du fait que la population locale comprenait des personnes affiliées au régime minier, lesquelles pouvaient déjà s'approvisionner auprès des pharmacies mutualistes situées à proximité et non prises en compte pour le calcul des quotas de population.

6. Création illégale dans un centre commercial. Doit être confirmé le jugement validant la décision ministérielle ayant retiré un arrêté préfectoral autorisant la création d'une pharmacie dans un centre commercial, une telle autorisation étant désormais réservée aux communes dépourvues d'officine, aux zones franches urbaines, aux zones urbaines sensibles, aux zones de redynamisation urbaine ainsi qu'aux zones de revitalisation rurale, la demande de création ne pouvant par ailleurs bénéficier du régime transitoire, dès lors qu'elle était postérieure au 22 novembre 2007. • CAA Versailles, 25 juin 2013, *Belleteste et Assoc. Libre choix des usagers*, n° 12VE02544. ♦ S'agissant du régime transitoire prévu par l'art. 59 de la L. n° 2007-1786 du 19 déc. 2007, qui dispose que toute demande de création, de transfert ou de regroupement, accompagnée d'un dossier complet reçu par le préfet au 23 nov. 2007, peut être acceptée si les critères prévus par la loi en vigueur à cette date le permettent sur la base d'un recensement de la population réalisé en 2007, la date à prendre en compte est celle de la dernière demande confirmative et non de la demande initiale, la règle relative au droit d'antériorité, suivant laquelle la demande confirmative est considérée comme présentée à la date de la demande initiale, ne s'appliquant pas dans ces circonstances. • CE 27 juill. 2015, *SELARL ADST Pharmacie de la place*, n° 383520.

III. CONTENTIEUX DES TRANSFERTS (antérieur à l'Ord. n° 2018-3 du 3 janv. 2018)

7. Juridictions du fond. Pour accorder une autorisation de transfert, l'administration ne peut se borner à vérifier que la condition tenant à l'importance de la population est remplie, sans rechercher si le transfert permet de répondre de façon optimale aux besoins de la population. • CAA Bordeaux, 17 févr. 2004, *Bercovici*, n° 02BX02255. ♦ L'autorisation de transfert d'une officine de pharmacie dans une commune de moins de 2 500 habitants ne peut être autorisée que lorsque la population résidant dans la zone géographique constituée de l'ensemble des communes contiguës à la commune d'accueil de cette officine, à l'exception de la population déjà prise en compte pour la création d'une officine dans une autre commune, est au moins égale à 2 500 habitants et lorsque le transfert permet de répondre de façon optimale aux besoins en médicaments de la population considérée. • CAA Lyon, 13 juill. 2004, *Gateau : Lebon T. 858*.

8. Arrêt de principe. Il résulte de la combinaison des dispositions des anciens art. L. 5125-3 et L. 5125-14 que le transfert d'une officine pharmaceutique au sein d'une commune de plus de 2 500 habitants est subordonné à la condition que, d'une part, le nombre d'habitants par pharmacie dans la commune soit égal ou inférieur à 2 500 et que, d'autre part, ce transfert permette de répondre de façon optimale aux besoins en médicaments de la population résidant dans le quartier d'accueil. • CE 27 sept. 2006, *Pillods*, n° 278563 : *Lebon T. 1048 ; RDSS 2007. 104, concl. Devys*. ♦ Faute d'avoir examiné si la nouvelle implantation de l'officine répondait de façon optimale aux besoins de la population du quartier d'accueil, le ministre ne peut accorder l'autorisation de transfert sur recours hiérarchique. • CE 18 juin 2007, Delmotte, n° 279194 : *Lebon 248 ; RDSS 2007. 853, concl. Devys*.

9. Transferts intra-communaux. Les transferts au sein d'une même commune sont soumis au seul respect des dispositions de l'art. L. 5125-3. • CE 15 juin 2009, *Josiane B.*, n° 319014. ♦ Même si le transfert d'une officine ne peut être regardé comme comportant le transfert d'un quartier à un autre, l'autorité administrative doit vérifier si le nouvel emplacement répond de façon optimale aux besoins de la population. • CE 15 juin 2009, *SNC Travert-Pilandon*, n° 320240. ♦ La circonstance que la condition relative à un approvisionnement optimal du quartier d'accueil n'est pas remplie suffit à faire obstacle à un transfert. • CE 30 juill. 2014, *SNC Pharmacie de la Bédugue et SELARL Pharmacie de la Rive gauche*, n° 358115.

10. Appréciation de la population desservie. Pour apprécier dans quelle mesure un projet de transfert satisfait de façon optimale les besoins en médicaments de la population du quartier d'accueil, l'autorité administrative n'est nullement tenue de se limiter aux chiffres issus des recensements officiels, mais peut tenir compte de toute évolution plus récente portée à sa connaissance et suffisamment avérée. • CE 14 nov. 2007, *Prévost et Marmignon*, n° 295728 : *Lebon T. 1054 ; AJDA 2008. 63* (validation de l'autorisation de transfert dans un centre commercial eu égard au lieu envisagé et à la population susceptible d'être desservie). ♦ Toutefois, la population résidant dans le quartier d'accueil doit s'entendre, outre éventuellement de la population saisonnière, de la seule population domiciliée dans le quartier ou y ayant une résidence stable, ce qui exclut la prise en compte de la population de passage fréquentant les équipements commerciaux à proximité du lieu où l'officine doit s'implanter. • CE 10 févr. 2010, *Min. de la Santé, de la Jeunesse et des Sports c/ SARL Henjajula*, n° 324109 : *Lebon T. 959*. – Dans ce contexte, l'administration peut quand même tenir compte des éventuels projets immobiliers en cours ou certains à la date de sa décision, le caractère optimal de la réponse apportée par le projet de transfert ne pouvant résulter du seul fait que ce projet apporte une amélioration relative de la desserte par rapport à la situation d'origine.

11. Appréciation de la desserte optimale. Pour apprécier dans quelle mesure un projet de transfert satisfait de façon optimale les besoins en médicaments de la population du quartier d'accueil, l'autorité administrative doit tenir compte, le cas échéant, de la desserte de la population de ce quartier par une autre officine, quand bien même celle-ci se trouverait sur le territoire d'une autre commune. • CE 18 févr. 2009, *Pouquet*, n° 294022 : *Lebon T. 930 ; AJDA 2009. 727* (situées dans deux communes distinctes, les deux officines étaient seulement séparées par une avenue). ♦ V. également : • CE 15 juin 2009, *EURL Pharmacie de la Croix Périgourg*, n° 313809. ♦ Doit être approuvée l'arrêt d'une cour administrative d'appel se fondant sur la circonstance, souverainement appréciée sans dénaturer les faits de l'espèce, que le transfert d'officine ne permettrait pas de répondre de façon optimale aux besoins en médicaments de la population résidant dans les quartiers d'accueil, déjà assurés par deux officines, et ne remplirait donc pas la condition posée à l'art. L. 5125-3. • CE 15 oct. 2007, n° 290964. ♦ Ne commet pas d'erreur de droit la cour administrative d'appel qui estime que les requérants dont la demande de transfert a été rejetée ne pouvaient se prévaloir de la création d'une ligne de tramway, dès lors que ce projet n'était pas suffisamment certain à la date de la décision litigieuse. • CE 1er août 2013, *B. et SNC Pharmacie Cap Costières*, nos 349694 et 349695. ♦ Pour apprécier la satisfaction optimale des besoins pharmaceutiques de la population, il convient de vérifier si les quartiers autres que le centre-ville sont correctement desservis par un nombre suffisant d'officines : c'est donc à tort qu'une cour administrative d'appel refuse le transfert d'une officine dans un quartier qu'elle estimait suffisamment desservi par trois pharmacies, alors que la troisième de ces officines, située à plus d'1,5 km dans un quartier limitrophe, ne desservait le quartier d'accueil que de manière marginale. • CE 10 févr. 2010, *Min. de la Santé, de la Jeunesse, des Sports et de la Vie associative*, n° 318542.

12. Accessibilité géographique. N'est pas entaché d'illégalité l'arrêté autorisant par transfert l'ouverture d'une officine située à égale distance de deux parties densément peuplées de la commune, sur l'axe principal qui les relie, dans une zone non immédiatement desservie par les autres officines. • CE 7 avr. 2011, *Halabi*, n° 330534 : *AJDA 2011. 1344*. ♦ Ne commet pas d'erreur de droit la cour administrative d'appel qui, pour confirmer le rejet d'une demande de transfert, estime que le secteur revendiqué par les requérants, situé de l'autre côté d'une autoroute, est géographiquement distinct et ne fait donc pas partie intégrante du quartier d'accueil de l'officine au sens de l'art. L. 5125-3. • CE 1er août 2013, *B. et SNC Pharmacie Cap Costières*, nos 349694 et 349695.

Nouvel art. L. 5125-3-1 (Ord. n° 2018-3 du 3 janv. 2018, art. 1er et 5, en vigueur au plus tard le 31 juill. 2018) ***Le directeur général de l'agence régionale de santé définit le quartier d'une commune en fonction de son unité géographique et de la présence d'une population résidente. L'unité géographique est déterminée par des limites naturelles ou communales ou par des infrastructures de transport.***

Le directeur général de l'agence régionale de santé mentionne dans l'arrêté prévu au cinquième alinéa de l'article L. 5125-18 le nom des voies, des limites naturelles ou des infrastructures de transports qui circonscrivent le quartier.

Nouvel art. L. 5125-3-2 (Ord. n° 2018-3 du 3 janv. 2018, art. 1er et 5, en vigueur au plus tard le 31 juill. 2018) *Le caractère optimal de la desserte en médicaments au regard des besoins prévu à l'article L. 5125-3 est satisfait dès lors que les conditions cumulatives suivantes sont respectées :*

1° L'accès à la nouvelle officine est aisé ou facilité par sa visibilité, par des aménagements piétonniers, des stationnements et, le cas échéant, des dessertes par les transports en commun ;

2° Les locaux de la nouvelle officine remplissent les conditions d'accessibilité mentionnées à l'article L. 111-7-3 du code de la construction et de l'habitation, ainsi que les conditions minimales d'installation prévues par décret. Ils permettent la réalisation des missions prévues à l'article L. 5125-1-1 A du présent code et ils garantissent un accès permanent du public en vue d'assurer un service de garde et d'urgence ;

3° La nouvelle officine approvisionne la même population résidente ou une population résidente jusqu'ici non desservie ou une population résidente dont l'évolution démographique est avérée ou prévisible au regard des permis de construire délivrés pour des logements individuels ou collectifs.

COMMENTAIRE

V. Commentaire reproduit sur Dalloz.fr.

Nouvel art. L. 5125-3-3 (Ord. n° 2018-3 du 3 janv. 2018, art. 1er et 5, en vigueur au plus tard le 31 juill. 2018) *Par dérogation aux dispositions de l'article L. 5125-3-2, le caractère optimal de la réponse aux besoins de la population résidente est apprécié au regard des seules conditions prévues aux 1° et 2° du même article dans les cas suivants :*

1° Le transfert d'une officine au sein d'un même quartier, ou au sein d'une même commune lorsqu'elle est la seule officine présente au sein de cette commune ;

2° Le regroupement d'officines d'un même quartier au sein de ce dernier.

COMMENTAIRE

V. Commentaire reproduit sur Dalloz.fr.

Art. L. 5125-4 Toute création d'une nouvelle officine, tout transfert d'une officine d'un lieu dans un autre et tout regroupement d'officines sont subordonnés à l'octroi d'une licence délivrée par le *(Ord. n° 2010-177 du 23 févr. 2010, art. 15-2°)* « directeur général de l'agence régionale de santé » selon les critères prévus aux articles L. 5125-11, L. 5125-13, L. 5125-14 et L. 5125-15 *(Ord. n° 2010-177 du 23 févr. 2010, art. 15-4°)* « , après avis du représentant de l'État dans le département ».

(L. n° 2007-1786 du 19 déc. 2007, art. 59-II) « Dans le cas d'un transfert ou d'un regroupement d'officines de pharmacie *(Ord. n° 2010-177 du 23 févr. 2010, art. 15-5°)* « d'une région à une autre », la licence est délivrée par décision conjointe *(Ord. n° 2010-177 du 23 févr. 2010, art. 15-5°)* « des directeurs généraux des agences régionales de santé territorialement compétentes ». »

Dans tous les cas, la décision de création, de transfert ou de regroupement est prise par le *(Ord. n° 2010-177 du 23 févr. 2010, art. 15-2°)* « directeur général de l'agence régionale de santé » après avis des syndicats représentatifs de la profession et du conseil régional de l'ordre des pharmaciens ou, dans le cas des départements d'outre-mer et de la collectivité territoriale de Saint-Pierre-et-Miquelon, du conseil central de *la section E de l'Ordre national* des pharmaciens.

En application des art. L. 231-5 et L. 231-6 du CRPA, le silence gardé pendant quatre mois par l'administration vaut décision de rejet pour les demandes d'octroi d'une licence en cas de création d'une nouvelle officine de pharmacie, transfert d'une officine d'un lieu dans un autre et tout regroupement d'officines (Décr. n° 2014-1286 du 23 oct. 2014, art. 1er et 2).

Nouvel art. L. 5125-4 (Ord. n° 2018-3 du 3 janv. 2018, art. 1er et 5, en vigueur au plus tard le 31 juill. 2018) *I. — L'ouverture par voie de transfert ou de regroupement d'une officine dans une commune, ou dans une commune nouvelle définie à l'article L. 2113-1 du code général des collectivités territoriales ou dans les communes mentionnées à l'article L. 5125-6-1 du présent code peut être autorisée lorsque le nombre d'habitants recensés est au moins égal à 2 500.*

L'ouverture d'une officine supplémentaire peut être autorisée par voie de transfert ou de regroupement à raison d'une autorisation par tranche entière supplémentaire de 4 500 habitants recen-

sés dans la commune, dans la commune nouvelle ou dans les communes mentionnées à l'article L. 5125-6-1.

Lorsque la dernière officine présente dans une commune de moins de 2 500 habitants a cessé définitivement son activité et qu'elle desservait jusqu'alors une population au moins égale à 2 500 habitants, une nouvelle autorisation peut être délivrée pour l'installation d'une officine par voie de transfert ou de regroupement dans cette commune.

II. — Par dérogation aux dispositions du premier alinéa, le quota de 2 500 habitants est fixé à 3 500 habitants pour le département de la Guyane et les départements de la Moselle, du Bas-Rhin et du Haut-Rhin.

III. — Le nombre d'habitants dont il est tenu compte pour l'application du présent article est la population municipale telle qu'elle est issue du dernier recensement de la population publié au Journal officiel de la République française.

COMMENTAIRE

V. Commentaire reproduit sur Dalloz.fr.

1. Recensement partiel. Jugé que l'administration pouvait légalement tenir compte des résultats d'un recensement partiel : • CE 2 févr. 1966, *Papet : Lebon 75.* ♦ ... Et se fonder ainsi sur l'accroissement de la population dûment attesté depuis le dernier recensement : • CE 17 févr. 1946, *Ch. dptale des pharmaciens du Nord : Lebon 48.* ♦ Mais l'évolution démographique potentielle ne doit pas être seulement aléatoire. • CE 18 févr. 1994, *Pironnet : Lebon 90* (à propos des créations dérogatoires). ♦ Pour estimer que la condition tenant à la population est remplie, l'administration peut légalement se fonder sur un arrêté interministériel portant modification du chiffre de la population publié au *Journal officiel*, peu importe que le maire de la commune concernée ait produit une attestation comportant une estimation différente. • CAA Bordeaux, 3 mars 2015, n° 14BX01481.

2. Inexactitude matérielle. L'inexactitude matérielle du décret qui a identifié les résultats du recensement peut être invoquée devant le juge de l'excès de pouvoir. • CE 13 janv. 1954, *Synd. des pharmaciens du Gard : Lebon 25.*

3. Fusion de communes. Dans une commune ayant opté pour le statut de commune associée après sa fusion avec des communes voisines, la population de référence pour la création d'une officine est celle de la commune issue de la fusion. • CE 30 déc. 1996, *Marivin : Lebon T. 1140.*

4. Attribution de population fictive. Faute de référence à un recensement publié au *Journal officiel*, l'administration peut, pour estimer que la condition tenant à la population de la commune d'accueil est remplie, se fonder sur un arrêté antérieur modifiant le chiffre de la population de certaines communes, par attribution de population fictive, notamment liée à des logements en chantier. • CE 7 avr. 2011, *Halabi,* n° 330534 : *Lebon ; AJDA 2011. 1344.*

5. Quotas spécifiques. Compte tenu des règles particulières de création et de transfert applicables dans les DOM, le ministre de la Santé ne peut pas, sans commettre d'erreur manifeste d'appréciation, retenir des quotas équivalant à ceux pratiqués dans la métropole, compte tenu de la situation démographique de la Guyane et de l'état de la consommation médicale et pharmaceutique existant dans ce département. • CE 15 mai 1995, *Synd. des pharmaciens de Guyane : Lebon T. 1015.*

6. Exclusion de la population de passage. La présence de cabinets médicaux ne saurait être prise en considération pour apprécier la pertinence de l'implantation envisagée au regard des besoins de la population en médicaments, la population de passage ne pouvant être légalement prise en compte. • CE 9 avr. 2014, n° 361734.

Art. L. 5125-5 Les demandes de regroupement présentées en application de l'article L. 5125-15 bénéficient d'une priorité par rapport aux demandes de transfert.

Parmi les demandes de création, celles qui sont présentées par des pharmaciens n'ayant jamais été titulaires d'une licence d'officine ou n'en étant plus titulaires depuis au moins trois ans à la date du dépôt de la demande bénéficient d'une priorité. Lorsque la demande de création est présentée par une société ou par plusieurs pharmaciens réunis en copropriété, le principe de priorité ne s'applique que lorsque tous les pharmaciens associés ou copropriétaires exerçant dans l'officine remplissent les conditions pour en bénéficier.

Toute demande ayant fait l'objet du dépôt d'un dossier complet bénéficie d'un droit d'antériorité par rapport aux demandes ultérieures concurrentes, dans des conditions fixées par le décret mentionné à l'article L. 5125-32.

Nouvel art. L. 5125-5 (Ord. n° 2018-3 du 3 janv. 2018, art. 1er et 5, en vigueur au plus tard le 31 juill. 2018) *Deux ou plus de deux officines sont autorisées à se regrouper si leur emplacement* *d'origine est situé dans une commune présentant un nombre d'officines supérieur aux seuils prévus à l'article L. 5125-4. Le lieu de regroupement de ces officines est l'emplacement de l'une d'elles ou tout autre emplacement situé sur le territoire national.*

Si le regroupement s'opère dans un lieu nouveau, la nouvelle officine ne peut être effectivement ouverte au public qu'après la fermeture des locaux d'origine de chacune des officines regroupées.

A la suite du regroupement d'officines au sein d'une des communes d'origine, le nombre de licences concernées par le regroupement demeure pris en compte pour l'application des dispositions prévues à l'article L. 5125-4 dans la commune où le regroupement est réalisé. A l'issue d'un délai de douze ans à compter de la délivrance de l'autorisation de regroupement, le directeur général de l'agence régionale de santé peut, après avis du représentant désigné au niveau régional par chacun des syndicats représentatifs de la profession au sens de l'article L. 162-33 du code de la sécurité sociale et du conseil de l'ordre des pharmaciens territorialement compétent, mettre fin à cette prise en compte et autoriser l'ouverture d'une nouvelle officine si les besoins en médicaments de la population ne sont plus satisfaits de manière optimale.

COMMENTAIRE

V. Commentaire reproduit sur Dalloz.fr.

1. Vice de forme et de procédure. Doit être annulé l'arrêt s'abstenant d'examiner les moyens soulevés en première instance et tirés, d'une part, de l'irrégularité de la délégation de signature de l'auteur de l'arrêté autorisant le regroupement de deux officines et, d'autre part, de l'irrégularité de la consultation du CROP. • CE 1er août 2012, *Synd. des pharmaciens du Cantal*, n° 352326.

2. Appréciation de la desserte optimale. Dans la mesure où une faible distance sépare le nouvel emplacement des deux officines regroupées de leur ancien lieu d'établissement (une centaine de m pour la première et 200 m pour la seconde), le regroupement autorisé par l'arrêté litigieux ne saurait être regardé comme comportant le transfert d'un quartier à un autre et, dès lors que la population d'origine reste desservie par une autre pharmacie, implantée à 50 m seulement de l'ancien emplacement de l'une des deux pharmacies regroupées, il n'a pas eu pour effet de compromettre l'approvisionnement nécessaire en médicaments de la population résidente du quartier d'origine, lequel constitue également le quartier d'accueil, correspondant au centre-ville. • CAA Lyon, 14 févr. 2013, *Synd. des pharmaciens du Cantal et a.*, n° 12LY02294. ♦ Le Conseil d'État a confirmé que l'arrêté attaqué n'avait pas pour effet de compromettre l'approvisionnement en médicaments de la population du centre-ville et qu'il pouvait être regardé comme répondant de façon optimale aux besoins en médicaments de la population du quartier. • CE 3 déc. 2014, *Synd. des pharmaciens du Cantal et a.*, n° 367791 : *Lebon*.

Nouvel art. L. 5125-5-1 (Ord. n° 2018-3 du 3 janv. 2018, art. 1er et 5, en vigueur au plus tard le 31 juill. 2018) *Toute opération de restructuration du réseau officinal réalisée au sein d'une même commune ou de communes limitrophes à l'initiative d'un ou plusieurs pharmaciens ou sociétés de pharmaciens et donnant lieu à l'indemnisation de la cessation définitive d'activité d'une ou plusieurs officines doit faire l'objet d'un avis préalable du directeur général de l'agence régionale de santé.*

La cessation définitive d'activité de l'officine ou des officines concernées est constatée dans les conditions prévues à l'article L. 5125-22.

SECTION III *[NOUVELLE]* DISPOSITIONS PARTICULIÈRES À CERTAINS TERRITOIRES

(Ord. n° 2018-3 du 3 janv. 2018, art. 1er et 5, en vigueur au plus tard le 31 juill. 2018)

L'intitulé de la présente section III entrera en vigueur au plus tard le 31 juill. 2018 et comprendra les art. L. 5125-6 nouv., L. 5125-6-1 nouv. et L. 5125-6-2 nouv. (Ord. n° 2018-3 du 3 janv. 2018, art. 1er et 5).

Art. L. 5125-6 **La licence fixe l'emplacement où l'officine sera exploitée.**

Lorsqu'il est saisi d'une demande de création, de transfert ou de regroupement, le *(Ord. n° 2010-177 du 23 févr. 2010, art. 15-6°)* **« directeur général de l'agence régionale de santé » peut imposer une distance minimum entre l'emplacement prévu pour la future officine et l'officine existante la plus proche.**

Le *(Ord. n° 2010-177 du 23 févr. 2010, art. 15-6°)* **« directeur général de l'agence régionale de santé » peut, en outre, en vue d'assurer une desserte optimale de la**

population résidant à proximité de l'emplacement de la future officine, déterminer le ou les secteurs de la commune dans lesquels l'officine devra être située.

Lorsque le *(Ord. n° 2010-177 du 23 févr. 2010, art. 15-6°)* **« directeur général de l'agence régionale de santé » utilise l'une ou l'autre ou les deux possibilités mentionnées aux alinéas ci-dessus, la licence ne peut être accordée que lorsque la future officine remplit les conditions fixées par** *(L. n° 2007-1786 du 19 déc. 2007, art. 59-IV)* **« sa décision » dans un délai fixé par le décret mentionné à l'article L. 5125-32.**

Nouvel art. L. 5125-6 (Ord. n° 2018-3 du 3 janv. 2018, art. 1er et 5, en vigueur au plus tard le 31 juill. 2018) ***I. — Le directeur général de l'agence régionale de santé évalue les besoins d'approvisionnement en médicaments pour la population du territoire pour lequel il est compétent dans le cadre du schéma régional de santé prévu au 2° de l'article L. 1434-2.***

Il fixe par arrêté les territoires au sein desquels l'accès au médicament pour la population n'est pas assuré de manière satisfaisante. Un décret détermine les conditions dans lesquelles ces territoires sont définis en raison des caractéristiques démographiques, sanitaires et sociales de leur population, de l'offre pharmaceutique et de son évolution prévisible, ou, le cas échéant, des particularités géographiques de la zone.

Cet arrêté est pris, après avis du Conseil de l'ordre des pharmaciens territorialement compétent, de l'Union régionale des professionnels de santé pharmaciens, du représentant régional désigné par chaque syndicat représentatif de la profession au sens de l'article L. 162-33 du code de la sécurité sociale, et de la conférence régionale de la santé et de l'autonomie.

II. — Dans les territoires définis au I du présent article, la convention mentionnée à l'article L. 162-16-1 du code de la sécurité sociale peut prévoir des mesures destinées à favoriser ou maintenir une offre pharmaceutique.

III. — Le directeur général de l'agence régionale de santé peut prévoir des mesures destinées à favoriser ou maintenir une offre pharmaceutique au titre des dispositions prévues à l'article L. 1435-8 du présent code.

Nouvel art. L. 5125-6-1 (Ord. n° 2018-3 du 3 janv. 2018, art. 1er et 5, en vigueur au plus tard le 31 juill. 2018) ***Dans les territoires définis à l'article L. 5125-6, le directeur général de l'agence régionale de santé fixe par arrêté, après avis du conseil de l'Ordre des pharmaciens territorialement compétent et du représentant régional désigné par chaque syndicat représentatif de la profession au sens de l'article L. 162-33 du code de la sécurité sociale, la liste des communes contiguës dépourvues d'officine, dont une recense au moins 2 000 habitants, afin de totaliser un nombre d'habitants conforme au seuil prévu à l'article L. 5125-4 du présent code.***

L'ouverture d'une officine par voie de transfert ou de regroupement peut être autorisée au sein de ces communes.

COMMENTAIRE

V. Commentaire reproduit sur Dalloz.fr.

Nouvel art. L. 5125-6-2 (Ord. n° 2018-3 du 3 janv. 2018, art. 1er et 5, en vigueur au plus tard le 31 juill. 2018) ***Par dérogation aux dispositions de l'article L. 5125-3-2, au sein des territoires mentionnés à l'article L. 5125-6, la réponse optimale aux besoins en médicaments de la population est appréciée au regard des seules conditions prévues aux 1° et 2° de l'article L. 5125-3-2. Le directeur général de l'agence régionale de santé peut, au sein de ces territoires, autoriser l'ouverture d'une officine par voie de transfert ou de regroupement, notamment auprès d'un centre commercial, d'une maison de santé ou d'un centre de santé.***

SECTION IV *[NOUVELLE]* DISPOSITIONS PARTICULIÈRES AUX AÉROPORTS

(Ord. n° 2018-3 du 3 janv. 2018, art. 1er et 5, en vigueur au plus tard le 31 juill. 2018)

L'intitulé de la présente section IV entrera en vigueur au plus tard le 31 juill. 2018 et comprendra les art. L. 5125-7 nouv., L. 5125-7-1 nouv. et L. 5125-7-2 nouv. (Ord. n° 2018-3 du 3 janv. 2018, art. 1er et 5).

Art. L. 5125-7 ***L'officine*** **dont la création, le transfert ou le regroupement a été autorisé doit être effectivement ouverte au public au plus tard à l'issue d'un délai d'un an, qui court à partir du jour de la notification de l'arrêté de licence, sauf prolongation en cas de force majeure.**

La licence ne peut être cédée par son ou ses titulaires indépendamment du fonds de commerce auquel elle se rapporte.

(L. n° 2005-882 du 2 août 2005, art. 75) « Sauf cas de force majeure constaté par le *(Ord. n° 2010-177 du 23 févr. 2010, art. 15-2°)* « directeur général de l'agence régionale de santé », une officine créée ou transférée depuis moins de cinq ans ne peut faire l'objet d'une cession totale ou partielle ni être transférée ou faire l'objet d'un regroupement. Une officine issue d'un regroupement ne peut pas non plus être transférée avant l'expiration du même délai, sauf cas de force majeure constaté par le *(Ord. n° 2010-177 du 23 févr. 2010, art. 15-2°)* « directeur général de l'agence régionale de santé ». Ce délai court à partir de la notification de l'arrêté de licence. » Toutefois, cette disposition n'est pas applicable aux personnes physiques ou morales détenant une partie du capital social et des droits de vote d'une société d'exercice libéral de pharmaciens d'officine, au titre des 1° à 4° *(L. n° 2015-990 du 6 août 2015, art. 67-II)* « du B du I » de l'article 5 de la loi n° 90-1258 du 31 décembre 1990 relative à l'exercice sous forme de société des professions libérales soumises à un statut législatif ou réglementaire ou dont le titre est protégé *(L. n° 2007-1786 du 19 déc. 2007, art. 59-V)* « et aux sociétés de participations financières de professions libérales.

« La cessation définitive d'activité de l'officine entraîne la caducité de la licence, qui doit être remise *(Ord. n° 2010-177 du 23 févr. 2010, art. 15-7°)* « au directeur général de l'agence régionale de santé » par son dernier titulaire ou par ses héritiers. Lorsqu'elle n'est pas déclarée, la cessation d'activité est réputée définitive au terme d'une durée de douze mois. Le *(Ord. n° 2010-177 du 23 févr. 2010, art. 15-2°)* « directeur général de l'agence régionale de santé » constate cette cessation définitive d'activité par arrêté. »

Nouvel art. L. 5125-7 (Ord. n° 2018-3 du 3 janv. 2018, art. 1er et 5, en vigueur au plus tard le 31 juill. 2018) ***Par dérogation aux dispositions de l'article L. 5125-4, pour l'ouverture d'une officine par voie de transfert ou de regroupement au sein d'un aéroport, le nombre d'habitants recensés est remplacé par le nombre annuel de passagers de l'aéroport.***

Le directeur général de l'agence régionale de santé peut autoriser cette ouverture lorsque le nombre annuel de passagers de l'aéroport est au moins égal à 3 000 000.

L'ouverture d'une officine supplémentaire peut être autorisée selon les mêmes modalités par tranche de 20 000 000 de passagers supplémentaires par an.

COMMENTAIRE

V. Commentaire reproduit sur Dalloz.fr.

Nouvel art. L. 5125-7-1 (Ord. n° 2018-3 du 3 janv. 2018, art. 1er et 5, en vigueur au plus tard le 31 juill. 2018) ***Lorsqu'une ou plusieurs officines sont implantées au sein d'un aéroport dans la zone côté piste ou dans la zone côté ville au sens du règlement (CE) n° 300/2008 du Parlement européen et du Conseil du 11 mars 2008 relatif à l'instauration de règles communes dans le domaine de la sûreté de l'aviation civile, une seule annexe est autorisée par officine dans la zone dans laquelle cette officine n'est pas implantée.***

Les conditions de l'exercice de l'activité pharmaceutique au sein de cette annexe sont précisées par arrêté du ministre chargé de la santé.

Nouvel art. L. 5125-7-2 (Ord. n° 2018-3 du 3 janv. 2018, art. 1er et 5, en vigueur au plus tard le 31 juill. 2018) ***Lorsque plusieurs officines sont implantées au sein de l'aéroport, un service de garde et d'urgence est organisé entre les officines pour répondre aux besoins en médicaments des passagers durant les jours et heures d'ouverture de l'aéroport.***

L'organisation du service de garde et d'urgence mise en place dans chaque aéroport est communiquée par les pharmacies concernées au représentant régional de chaque syndicat représentatif des pharmaciens titulaires d'officine mentionné à l'article L. 162-33 du code de la sécurité sociale et au directeur général de l'agence régionale de santé territorialement compétente.

SECTION V *[NOUVELLE]* CONDITIONS D'EXPLOITATION

(Ord. n° 2018-3 du 3 janv. 2018, art. 1er et 5, en vigueur au plus tard le 31 juill. 2018)

L'intitulé de la présente section V entrera en vigueur au plus tard le 31 juill. 2018 et comprendra les art. L. 5125-8 nouv. à L. 5125-17 nouv. (Ord. n° 2018-3 du 3 janv. 2018, art. 1er et 5).

Art. L. 5125-8 *Abrogé par L. n° 2007-1786 du 19 déc. 2007, art. 59-VI.*

Nouvel art. L. 5125-8 ***Pour être titulaire d'une officine de pharmacie ouverte au public, accéder à la gérance d'une pharmacie après décès, ou d'une pharmacie mutualiste ou de secours minière, le***

pharmacien doit justifier de l'exercice pendant au moins six mois d'une expérience complémentaire en tant que pharmacien (L. n° 2002-303 du 4 mars 2002, art. 67-III) *« adjoint » ou en tant que remplaçant dans une officine de pharmacie s'il n'a pas effectué le stage de fin d'études de six mois dans une officine de pharmacie ou une pharmacie à usage intérieur d'un établissement de santé.*

Les dispositions de l'alinéa précédent ne s'appliquent ni aux anciens internes en pharmacie hospitalière, ni aux pharmaciens inscrits à l'une quelconque des sections de l'ordre au 1er janvier 1996 ou y ayant été précédemment inscrits. Il en est de même pour les pharmaciens ressortissants des autres États membres de (Ord. n° 2010-177 du 23 févr. 2010, art. 26-10°) *« l'Union européenne » ou autre État partie à l'accord sur l'Espace économique européen, eu égard à leur exercice professionnel dans leur pays d'origine ou de provenance.* [— Anc. art. L. 5125-9.]

Cet art. entre en vigueur au plus tard le 31 juill. 2018 (Ord. n° 2018-3 du 3 janv. 2018, art. 5).

Art. L. 5125-9 Pour être titulaire d'une officine de pharmacie ouverte au public, accéder à la gérance d'une pharmacie après décès, ou d'une pharmacie mutualiste ou de secours minière, le pharmacien doit justifier de l'exercice pendant au moins six mois d'une expérience complémentaire en tant que pharmacien *(L. n° 2002-303 du 4 mars 2002, art. 67-III)* « adjoint » ou en tant que remplaçant dans une officine de pharmacie s'il n'a pas effectué le stage de fin d'études de six mois dans une officine de pharmacie ou une pharmacie à usage intérieur d'un établissement de santé.

Les dispositions de l'alinéa précédent ne s'appliquent ni aux anciens internes en pharmacie hospitalière, ni aux pharmaciens inscrits à l'une quelconque des sections de l'ordre au 1er janvier 1996 ou y ayant été précédemment inscrits. Il en est de même pour les pharmaciens ressortissants des autres États membres de *(Ord. n° 2010-177 du 23 févr. 2010, art. 26-10°)* « l'Union européenne » ou autre État partie à l'accord sur l'Espace économique européen, eu égard à leur exercice professionnel dans leur pays d'origine ou de provenance.

Nouvel art. L. 5125-9 (Ord. n° 2005-1040 du 26 août 2005) *Tout pharmacien ou toute société se proposant d'exploiter une officine doit en faire la déclaration auprès du* (Ord. n° 2018-3 du 3 janv. 2018, art. 1er) *« conseil de l'ordre des pharmaciens territorialement compétent ».*

En cas de cessation d'exploitation, de transfert ou de regroupement d'officine, ou de tout changement affectant la propriété de l'officine, le pharmacien ou la société en informe le (Ord. n° 2018-3 du 3 janv. 2018, art. 1er) *« conseil de l'ordre des pharmaciens territorialement compétent ».*

Le (Ord. n° 2018-3 du 3 janv. 2018, art. 1er) *« conseil de l'ordre des pharmaciens territorialement compétent » transmet les informations concernant les débuts, les changements et les cessations d'exploitation des officines* (Ord. n° 2010-177 du 23 févr. 2010, art. 15-8°) *« à l'agence régionale de santé ».*

Les modalités d'application du présent article sont fixées par décret.

(Abrogé par Ord. n° 2018-3 du 3 janv. 2018, art. 1er) (L. n° 2011-1906 du 21 déc. 2011, art. 74-II-4°) *« II. — Toute opération de restructuration du réseau officinal réalisée au sein d'une même commune ou de communes limitrophes à l'initiative d'un ou plusieurs pharmaciens ou sociétés de pharmaciens et donnant lieu à l'indemnisation de la cessation définitive d'activité d'une ou plusieurs officines doit faire l'objet d'un avis préalable du directeur général de l'agence régionale de santé. La cessation définitive d'activité de l'officine ou des officines concernées est constatée dans les conditions prévues à l'article L. 5125-7 et ne doit pas avoir pour effet de compromettre l'approvisionnement nécessaire en médicaments de la population résidente de la commune ou du quartier concerné. »*

Cet art. entre en vigueur au plus tard le 31 juill. 2018 (Ord. n° 2018-3 du 3 janv. 2018, art. 5).

COMMENTAIRE

V. Commentaire reproduit sur Dalloz.fr.

***1. Conditions d'enregistrement.** La déclaration* ne peut être enregistrée que si l'officine a une existence légale. • CE, sect., 10 avr. 1959, *Habert : Lebon 223* (à propos d'une officine dont l'exploitation a été abandonnée pendant plus de 11 ans). ♦ ... Ou si la propriété n'a pas été transférée à la société en nom collectif qui entend l'exploiter. • CE, sect., 28 janv. 1994, Cons. central de *la section A de l'ordre des pharmaciens : Lebon 45.* – L'auteur de la déclaration doit être propriétaire de l'officine qu'il se propose d'exploiter qu'il s'agisse d'une personne physique, d'une société en nom collectif ou d'une société en responsabilité limitée formée entre des pharmaciens.

2. Décision faisant grief. L'acte par lequel l'administration enregistre la déclaration d'un pharmacien se proposant d'exploiter une officine est une décision faisant grief, susceptible de recours. • CE, sect., 28 janv. 1994, *Cons. central de la section A de l'ordre des pharmaciens : Lebon 45.*

3. Intérêt à agir. Le pharmacien qui a cédé une officine a intérêt à exercer un recours pour excès de pouvoir contre le refus d'enregistrement de déclaration de son successeur. • CE, sect., 27 mai 1960, *Bellocq et Baudin : Lebon 373.* ♦ Jugé en revanche que le cédant d'une officine, dès lors que la vente est devenue définitive, ne justifie plus d'un intérêt à agir pour contester une décision du préfet enregistrant la déclaration d'exploitation de l'officine par l'acheteur, quand bien même il arguerait d'un litige portant sur la date de transfert effectif de sa propriété. • CE 16 avr. 2010, *Bourgeon,* nº 328383 : *Lebon T. 958 ; AJDA 2010. 818.*

4. Cession d'officine. La déclaration visée à l'art. L. 5125-16 constitue une formalité préalable à l'exploitation, mais non à la cession d'une officine : l'omission de la stipulation d'une condition suspensive relative à la déclaration n'entraîne donc pas la nullité de l'acte. • Com. 15 févr. 1994, *Marlier et Dequidt c/ Roucher : Bull. civ. IV, nº 64.* ♦ Si la réalisation d'une condition suspensive a eu pour effet de faire rétroagir la date d'effet de la cession de parts d'une pharmacienne à son associé dont elle était propriétaire dans la SNC constituée en vue de l'exploitation d'une pharmacie, au jour auquel l'engagement a été contracté, cette rétroactivité ne saurait avoir pour effet de faire perdre à l'intéressée sa qualité d'exploitant avant la date de réalisation de la condition et alors même qu'elle avait cessé son activité avant cette date. • CE 28 juin 1996, *Dinguirard : Lebon T. 1139.*

5. Gestion du tableau. Un CROP ne saurait légalement subordonner l'inscription du titulaire à l'enregistrement de la déclaration d'exploitation, ni exiger la production d'éléments attestant le dépôt de la déclaration ou son enregistrement. • CE, sect., 19 nov. 1971, *CROP de Bretagne c/ Toumelin : Lebon 701 ; RDSS 1972. 174, obs. Auby.* ♦ Une radiation du tableau de l'ordre, intervenant à la suite d'une cessation d'activité prolongée, oblige l'administration à retirer l'enregistrement de la déclaration d'exploitation. • CE 12 janv. 1994, *Corrard,* nº 105578.

6. Statut social. Sur l'incidence de la date de l'enregistrement en matière de cotisations d'allocation vieillesse : • Soc. 6 févr. 1974 : *Bull. civ. V, nº 97.*

7. Concurrence déloyale. Ne saurait être rejetée une demande en dommages-intérêts formée par un pharmacien qui reprochait à un confrère une concurrence illicite en raison d'une exploitation sans licence, en énonçant qu'en continuant à exercer son activité après la décision du tribunal administratif annulant l'arrêté qui l'avait autorisé à ouvrir une officine de pharmacie, et dont il avait évidemment connaissance, il se trouvait toujours bénéficiaire d'une autorisation préfectorale d'exploitation que le préfet n'avait pas jugé opportun de lui retirer, qu'il continuait à être inscrit à l'ordre des pharmaciens et pouvait continuer à se prévaloir de cette autorisation et de cette inscription nécessaires et suffisantes pour lui permettre de poursuivre l'exploitation de son officine. • Com. 1er déc. 1987 : *Bull. civ. IV, nº 252.*

Art. L. 5125-10 *(L. nº 2005-882 du 2 août 2005, art. 76-II)* **La population dont il est tenu compte pour l'application des articles L. 5125-11, L. 5125-13 et L. 5125-14 est la population municipale telle qu'elle est issue du dernier recensement général de la population ou, le cas échéant, des recensements complémentaires** *(L. nº 2007-1786 du 19 déc. 2007, art. 59-VIII)* **« , publiés au *Journal officiel* ».**

Nouvel art. L. 5125-10 ***Par dérogation aux articles L. 5125-4, L. 5125-11,*** (Ord. nº 2018-3 du 3 janv. 2018, art. 1er) ***« L. 5125-3, L. 5125-12 et L. 5125-18, » toute ouverture, acquisition par une société mutualiste ou une union de sociétés mutualistes, d'une pharmacie existante et tout transfert d'un lieu dans un autre d'une pharmacie, créée ou acquise par une telle société ou union sont subordonnés à une décision du ministre chargé de la santé, qui, après avis du conseil supérieur de la pharmacie et du conseil supérieur de la mutualité, autorise, le cas échéant, le*** (Ord. nº *2010-177 du 23 févr.* 2010, art. 15-2°) ***« directeur général de l'agence régionale de santé » à délivrer la licence et peut imposer des conditions particulières de fonctionnement.*** [– Anc. art. L. 5125-19.]

Cet art. entre en vigueur au plus tard le 31 juill. 2018 (Ord. nº 2018-3 du 3 janv. 2018, art. 5).

COMMENTAIRE

V. Commentaire reproduit sur Dalloz.fr.

BIBL. ▶ Amiel, Le contentieux des créations de pharmacies mutualistes, *RDSS 1986. 421.* – Cristau, Existence de pharmacies de la sécurité sociale dans les mines et octroi de licences en droit commun, *Inf. pharm. févr. 1986. 92.* – Vion, Pharmacies mutualistes ou minières et créations de pharmacies de droit commun, *Inf. pharm. 1980. 703.* – Moderne, Les pharmacies mutualistes, suite ou fin, *Dr. soc. 1979. 237.* – Gaudemet, Conditions d'installation des pharmacies mutualistes, *Inf. pharm. 1979. 32.* – Rivero, Pharmacie et mutualité, *Inf. pharm. 1976. 1613.* – Viala, L'article L. 577 *bis* devant le Conseil d'État, *Inf. pharm. 1976. 210.* – Moderne, Le juge administratif et l'ouverture des pharmacies mutualistes, *RDSS 1976. 585.* – Calvo, Les pharmacies mutualistes, *Gaz. Pal. 1975. 2. doctr. 667.* – Vigan, Le problème des pharmacies mutualistes, *RDSS 1973. 141.* – Portefaix, La loi et les pharmacies mutualistes, *Évol. pharm., déc. 1970, p. 1.* – Paulin, Les conditions d'ouverture des pharmacies mutualistes, *AJDA 1962. I. 353.*

I. OUVERTURE

A. GÉNÉRALITÉS

1. Applicabilité. Jugé que les dispositions de l'art. L. 577 *bis* étaient suffisamment claires et précises pour que le ministre de la Santé pût exercer, dès la publication de l'Ord. n° 67-707 du 21 août 1967, la compétence qui lui était conférée. • CE 17 févr. 1971, *Min. Santé publ. c/ Union pharmaceutique des Stés mutualistes de la Haute-Garonne : Lebon 133 ; Dr. soc. 1971. 496, concl. Rougevin-Baville.*

2. Pouvoir discrétionnaire. Le ministre chargé de la Santé dispose des pouvoirs les plus larges pour apprécier l'opportunité de l'autorisation demandée. • CE, sect., 23 janv. 1976, *Min. Santé c/ Union dptale des Stés mutualistes de la Gironde : Lebon 52 ; Dr. soc. 1976. 256, concl. Rougevin-Baville ; AJDA 1976. II, n° 32, p. 255, note Gaudemet ; JCP 1976. II. 18456, note Nocquet.*

3. Motivation. Les refus d'autorisation doivent être motivés. • CE 23 mars 1983, *Cons. central de l'Ordre des pharmaciens d'officine : Lebon T. 845.* ♦ ... Mais les autorisations ministérielles ne peuvent être considérées comme des décisions individuelles dérogatoires au sens de la L. n° 79-587 du 11 juill. 1979 (art. L. 211-3 CRPA) et n'ont donc pas à être motivées. • CE 23 sept. 1988, *Mutuelle des travailleurs de Martigues c/ Sudre : Inf. pharm. 1988. 977, obs. Viala ; RDSS 1989. 208, obs. Auby* • 3 nov. 1989, *Union des Stés mutualistes du Boulonnais : Lebon T. 889 ; Inf. pharm. 1990. 320, obs. Viala ; RDSS 1990. 244, obs. Auby.* ♦ Aux termes de l'art. R. 5125-3, le défaut de réponse de l'ARS dans le délai de 4 mois à compter de l'enregistrement de la demande vaut décision implicite de rejet (exception à la règle selon laquelle le silence de l'administration vaut acceptation en application du Décr. n° 2014-1286 du 23 oct. 2014).

4. Intérêt à agir. Le syndicat de pharmaciens qui intervient régulièrement en première instance, au titre de l'intervention en défense à un recours pour excès de pouvoir contre l'ouverture d'une pharmacie mutualiste, ne justifie pas d'un droit qui lui aurait donné qualité pour former tierce opposition : son appel n'est dès lors pas recevable. • CE 28 oct. 1970, *Synd. des pharmaciens de la Seine-Maritime : Lebon 622.* ♦ ... Et pour le Conseil central des pharmaciens d'officine, V. • CE 21 nov. 1980, *Cons. central de la section A de l'Ordre des pharmaciens : D. 1981. IR 199, obs. Moderne ; RDSS 1981. 264, obs. Auby ; Inf. pharm. 1981. 57, note Denoix de Saint-Marc et Labetoulle* • 23 mars 1983, *Cons. central de l'Ordre des pharmaciens d'officine : préc. note 3.* ♦ La décision du ministre de la Santé retirant, à la demande d'un syndicat de pharmaciens, une autorisation d'ouverture d'une pharmacie mutualiste fait naître des droits au profit de ce syndicat : son annulation par un jugement de tribunal administratif préjudiciant aux droits que le syndicat tire de cette décision, il est recevable à former une tierce opposition contre ce jugement, faute d'avoir été présent ou appelé à l'instance. • CE 28 mai 1997, *Synd. des pharmaciens de la Seine-Maritime et FSPF : Lebon 201.* ♦ Jugé également que le CNOP n'a pas qualité pour se substituer aux pharmaciens d'officine afin de demander l'annulation d'un arrêté préfectoral autorisant une société de secours minier à ouvrir une pharmacie : • CE 13 nov. 1968, *Sté de secours minière A6 d'Auchel : Lebon 577.*

5. Exigence d'une licence. La compétence ministérielle pour accorder l'autorisation ne fait pas obstacle à la compétence du préfet pour accorder la licence d'ouverture d'une pharmacie mutualiste. • CE 12 mai 1971, *Union mutualiste du Finistère : Lebon 353 ; RDSS 1972. 402, concl. Rougevin-Baville.* – V. déjà : • CE 18 févr. 1955, *Union des Stés de secours mutuels de l'Allier-La Bourbonnaise : Dr. soc. 1955. 307, concl. Laurent.* ♦ ... Et l'autorisation ministérielle ne dispense pas l'organisme mutualiste de solliciter la délivrance d'une licence. • CE 20 juin 1973, *Union nat. des org. mutualistes, pharmaceutiques, d'optique ou d'orthopédie : Lebon 427 ; Inf. pharm. 1973. 1504, note de Denoix de Saint-Marc et Labetoulle.* ♦ Jugé également que la délivrance d'une autorisation d'ouverture de pharmacie mutualiste comporte autorisation pour le préfet de délivrer la licence correspondante, peu importe que le directeur régional des affaires sanitaires et sociales n'ait pas fait de proposition en ce sens ou que le CROP n'ait pas été consulté. • CE 28 oct. 1987, *Min. Aff. soc. c/ Ch. synd. des pharmaciens d'officine d'Indre-et-Loire : Inf. pharm. 1988. 80, obs. Viala ; RDSS 1988. 244, obs. Auby.* ♦ Sur la procédure consultative, V. art. R. 5125-25.

6. Effet de l'annulation. L'annulation contentieuse d'une décision implicite de rejet opposé par le ministre de la Santé ne saurait tenir lieu d'autorisation. • CE 20 oct. 1976, *FSPF : Lebon T. 1090 ; RDSS 1977. 242, obs. Auby.* ♦ L'arrêté accordant une licence est dépourvu de base légale dès lors que la décision ministérielle autorisant la création d'une pharmacie mutualiste est annulée par le juge administratif. • CE 30 avr. 1990, *Mutuelle des travailleurs de Martigues*, n° 89100.

7. Responsabilité de l'État. Sur la responsabilité encourue par l'État à raison du refus illégal d'ouverture d'une pharmacie mutualiste, V. • CE, sect., 25 juill. 1975, *Min. Santé publ. c/ Union des Stés de secours mutualiste de la région de Dieppe : Lebon 471 ; Inf. pharm. 1976. 204, note Denoix de Saint-Marc et Labetoulle ; RDSS 1976. 480, concl. Gentot* • 7 juill. 1976, *Entente mutualiste de la Porte océane : Lebon T. 1132 ; Gaz. Pal. 1976. 2. 684, note Calvo ; RDSS 1976. 667, obs. Auby* (en différant pendant plus de 2 ans l'exécution d'une décision annulant un refus illégal d'autorisation, l'administration méconnaît l'autorité de la chose jugée et commet une faute de nature à engager sa responsabilité, le préjudice causé à une société mutualiste privée de la possibilité d'affecter les excédents de ses recettes à des œuvres sociales devant être réparé). ♦ Sur l'indemnisation du préjudice subi par une société mutualiste s'étant trouvée, du fait des décisions illégales du ministre de la Santé refusant de lui accorder l'autorisation d'ouverture d'une pharmacie, dans l'impossibilité d'affecter au financement d'œuvres sociales, conformément à sa mission, les excédents de recette qu'elle pouvait normalement espérer obtenir de la pharmacie qu'elle se proposait d'ouvrir, V. • CE 10 oct. 1980, *Min. Santé c/ Union dptale des Stés mutualistes du Puy-de-Dôme : Inf. pharm. 1981. 57, obs. Denoix de Saint-Marc et Labetoulle ; RDSS 1981. 69, obs. Auby ; D. 1981. IR 200, obs. Moderne* • 22 mai 1987, *Min. Aff. soc. et Solidarité c/ Union dptale des Stés mutualistes de la Gironde : RDSS 1988. 245, obs. Auby.*

B. CONDITIONS DE FOND

8. Régime dérogatoire. L'art. L. 577 [L. 5125-19] soustrait les opérations d'ouverture, d'acquisition ou de transfert des pharmacies mutualistes aux règles géo-démographiques applicables aux officines. • CE, sect., 3 févr. 1984, *CROP de Rhône-Alpes : Lebon 41 ; RDSS 1984. 351, concl. Dondoux ; Inf. pharm. 1984. 349, note Denoix de Saint-Marc et Labetoulle ; RDSS 1984. 200, obs. Auby.*

1° APPRÉCIATION DES BESOINS DE LA POPULATION

9. Arrêt de principe. Il incombe à l'autorité ministérielle d'apprécier, dans chaque cas, les besoins respectifs, d'une part, des membres des sociétés mutualistes, d'autre part, de l'ensemble de la population dont l'approvisionnement en médicaments ne doit pas être compromis par une atteinte portée au fonctionnement normal des officines. • CE, sect., 23 janv. 1976, *Min. Santé c/ Union dptale des Stés mutualistes de la Gironde : préc. note 2.*

10. Contrôle juridictionnel. Le juge administratif exerce un contrôle restreint (erreur manifeste) sur l'appréciation à laquelle se livre le ministre des besoins respectifs des membres des sociétés mutualistes et de l'ensemble de la population concernée. • CE 18 oct. 1978, *Min. Santé c/ Union dptale des Stés mutualistes de la Charente-Maritime : Lebon 379 ; RDSS 1979. 66, obs. Auby ; Inf. pharm. 1978. 1600, obs. Denoix de Saint-Marc et Labetoulle* • 19 mars 1980, *Min. Santé c/ Union dptale des Stés mutualistes de la Gironde : Lebon T. 862 ; RDSS 1980. 376, obs. Auby ; Inf. pharm. 1980. 903, obs. Denoix de Saint-Marc et Labetoulle* • 28 mai 1997, *Synd. des pharmaciens de la Seine-Maritime et FSPF : Lebon 201.*

11. Erreur de droit. Est illégal le motif, invoqué par le ministre pour refuser une ouverture de pharmacie mutualiste, fondé sur le fait que les adhérents de la mutuelle peuvent acquérir sans difficultés les médicaments en s'adressant à la pharmacie d'officine la plus proche de leur domicile. • CE 27 mai 1977, *Union des Stés mutualistes du Bourbonnais : RDSS 1977. 545, note Auby ; Inf. pharm. 1977. 958, note Viala.* ♦ Commet une erreur de droit le ministre qui, pour refuser l'ouverture d'une pharmacie mutualiste, se fonde simplement sur la nécessité d'assurer un équilibre judicieux entre les pharmacies mutualistes et les officines privées, sans préciser en quoi cet équilibre serait rompu par la création d'une pharmacie mutualiste. • CE 23 mars 1983, *Cons. central de l'Ordre des pharmaciens d'officine : Lebon T 845.* ♦ Commet également une erreur de droit le ministre qui se borne à prendre en considération les besoins de la seule clientèle mutualiste, sans examiner les exigences qu'un tel transfert pourrait entraîner sur les officines libérales dont le fonctionnement normal ne saurait être compromis. • CE 28 mai 1997, *Synd. des pharmaciens de la Seine-Maritime et FSPF : Lebon 201.*

12. Refus illégal. Est manifestement erroné le motif invoqué par l'administration selon lequel les adhérents d'une société mutualiste avaient accès à une pharmacie minière, dès lors que cet accès leur était en fait interdit. • CE 18 oct. 1978, *Min. Santé et Cons. central de l'Ordre des pharmaciens, section A c/ Sté mutualiste du personnel de Creusot-Loire : D. 1979. IR 204, obs. Moderne ; RDSS 1979. 66, obs. Auby.* ♦ ... Ou avaient accès à d'autres pharmacies mutualistes du département, alors que l'accès à ces pharmacies n'était pas permis aux membres de certains groupements mutualistes. • CE 20 janv. 1982, *Cons. central de l'Ordre des pharmaciens c/ Union dptale mutualiste des Bouches-du-Rhône*, n° 10057 : *Inf. pharm. 1982. 269, obs. Viala.* ♦ Est également erroné le motif selon lequel les adhérents des sociétés mutualistes auraient facilement accès à une pharmacie mutualiste, située en réalité à 9 km en zone urbaine. • CE 21 nov. 1980, *Cons. central de la section A de l'Ordre des pharmaciens : préc. note 4.* ♦ ... Ou le motif selon lequel l'emplacement choisi serait trop éloigné du centre de l'agglomération dès lors qu'il n'existe aucune pharmacie mutualiste dans l'agglomération. • CE 14 mai 1982, *Min. Santé et Famille c/ Union dptale des Stés mutualistes de l'Isère : Inf. pharm. 1982. 730, obs. Viala ; RDSS 1982. 438, obs. Auby.* ♦ Doit être annulée une décision de refus dès lors qu'il n'est pas certain que le ministre eût pris la même décision s'il n'avait retenu un fait matériellement inexact. • CE 20 janv. 1982, *Cons. central de l'Ordre des pharmaciens c/ Union dptale mutualiste des Bouches-du-Rhône, n° 10057 : préc.*

13. *Refus légal.* Jugé qu'en retenant le nombre et la répartition des officines pharmaceutiques dans le département, le ministre n'a pas entendu faire application aux pharmacies mutualistes des règles relatives à la création des officines pharmaceutiques. • CE 18 oct. 1978, *Min. Santé c/ Union dptale des Stés mutualistes de la Charente-Maritime : préc. note 10.*

14. *Autorisation illégale.* Le ministre ne saurait se borner à relever que l'implantation d'une pharmacie mutualiste à l'emplacement proposé permettra une meilleure desserte de la population mutualiste de la ville et notamment de celle du secteur concerné. • CE 5 mai 1993, *Min. délégué à la Santé et Union dptale des Stés mutualistes du Morbihan : Lebon T. 996 ; RDSS 1994. 74, obs. Auby* ✎.

2° PRISE EN COMPTE DES ACCORDS DE TIERS PAYANT

15. *Principe de la prise en compte.* Le Conseil d'État estime que l'existence d'accords de tiers payant ou de conventions de délégation de paiement conclus entre les pharmaciens d'officine et les sociétés mutualistes est susceptible de constituer un élément d'appréciation pour justifier un refus d'autorisation. • CE 18 oct. 1978, *Min. Santé c/ Union dptale des Stés mutualistes de la Charente-Maritime : préc. note 10.*

16. *Limites de la prise en compte.* L'existence de conventions de délégation de paiement signées entre les mutuelles et de nombreuses officines privées de la ville n'a pas pour effet de procurer aux adhérents mutualistes des avantages identiques à ceux que pourrait leur procurer l'ouverture d'une pharmacie mutualiste. • CE 28 mai 1997, *Synd. des pharmaciens de la Seine-Maritime et FSPF : Lebon 201.*

17. *Éléments du dossier.* *Sur la légalité de l'Arr. du 18 févr. 1971* établissant la liste des pièces devant être jointes aux demandes d'autorisation d'ouverture, d'acquisition ou de transfert d'une pharmacie mutualiste, exigeant notamment la production d'une copie des conventions conclues avec les syndicats de pharmaciens d'officine, V. • CE 20 juin 1973, *Union nat. des org. mutualistes, pharmaceutiques, d'optique ou d'orthopédie : préc. note 5.*

18. *Refus légal.* Est légalement fondé le refus opposé à une société mutualiste dès lors que deux pharmacies mutualistes fonctionnaient déjà dans l'agglomération et que des accords de tiers payant ont été conclus, d'autant que l'ouverture d'une troisième pharmacie compromettrait le fonctionnement du service public pharmaceutique local. • TA Limoges, 20 déc. 1977, *Union des Stés mutualistes de la Haute-Vienne : AJDA 1978. II, n° 79, p. 469, note Gaudemet.*

19. *Refus illégal.* En estimant que les conventions départementales conclues entre les sociétés mutualistes et les organisations professionnelles de pharmaciens apportent à l'ensemble des intéressés des avantages équivalents à ceux qu'ils retireraient de l'ouverture d'une pharmacie mutualiste, alors qu'elles n'intéressent, en fait, qu'un petit nombre de mutuelles, le ministre de la Santé s'est livré à une appréciation manifestement erronée en rejetant la demande d'autorisation. • CE 19 mars 1980, *Min. Santé c/ Union dptale des Stés mutualistes de la Gironde : préc. note 10.* ♦ Doit être annulé pour erreur manifeste d'appréciation le refus d'autorisation opposé par le ministre, alors que moins du tiers des effectifs des sociétés mutualistes bénéficient des accords de tiers payant avec les officines du département. • CE 29 avr. 1983, *Min. Santé et Sécurité sociale c/ Union des Stés mutualistes du Vaucluse : Inf. pharm. 1983. 568, obs. Viala ; RDSS 1984. 63, obs. Auby.* ♦ ... Ou alors que le ticket modérateur reste à la charge des assurés sociaux. • CE 20 nov. 1981, *Min. Santé et Sécurité sociale c/ Union dptale des Stés mutualistes du Loiret : Inf. pharm. 1981. 1429, obs. Viala.*

20. *Autorisation légale.* Ne commet aucune erreur manifeste d'appréciation le ministre de la Santé qui, pour accorder deux autorisations d'ouverture de pharmacie mutualiste, se fonde sur l'existence d'accords de tiers payant conclus entre le syndicat départemental des pharmaciens d'officine et certaines sociétés mutualistes au niveau local ne couvrant toutefois qu'une partie des mutualistes du département. • CE 28 oct. 1987, *Min. Aff. soc. c/ Ch. synd. des pharmaciens d'officine d'Indre-et-Loire : préc. note 5.*

21. *Autorisation illégale.* Est entaché d'illégalité l'arrêté qui se fonde sur l'absence d'un accord de tiers payant, alors que la société mutualiste intéressée avait passé un accord de ce type avec les pharmaciens d'officine de la commune. • CE 23 sept. 1988, *Mutuelle des travailleurs de Martigues c/ Sudre : préc. note 3.* ♦ Commet une erreur manifeste d'appréciation le ministre qui, pour accorder une autorisation d'ouverture à une pharmacie mutualiste, prend en compte l'existence d'une convention de tiers payant pharmaceutique ouvrant toutes les officines du département à la clientèle mutualiste, tout en relevant néanmoins les avantages supplémentaires qui résulteraient, pour les mutualistes du département, de l'ouverture de cette pharmacie au regard de leurs besoins. • CE 29 déc. 1997, *FSPF, CROP de Franche-Comté et Synd. des pharmaciens du Jura* : nos 152268, 152336 et 152383.

II. FONCTIONNEMENT

22. Droit du travail. Sur l'application aux pharmacies mutualistes de la législation du travail, V. • CE, sect., 18 déc. 1964, *Min. Travail c/ Union pharm. des Stés mutualistes des Alpes-Maritimes : Lebon 653 ; JCP 1965. II. 14141, concl. Rigaud.*

23. Conditions d'ouverture. Les conditions dont peut être assortie l'autorisation d'ouverture d'une pharmacie mutualiste ne sont pas dissociables de cette autorisation elle-même. • CE 9 janv. 1980, *Min. Santé c/ Union mutualiste de la Seine-Maritime : Lebon T. 862 ; Inf. pharm. 1980. 909, obs. Denoix de Saint-Marc et Labetoulle ; RDSS 1980. 218, obs. Auby* (en l'espèce, irrecevabilité d'une demande d'annulation de l'arrêté autorisant l'ouverture d'une pharmacie mutualiste, en tant qu'il interdit l'exécution des commandes effectuées par l'entremise habituelle de tierces personnes).

24. Régime de propriété. Le principe qui veut qu'un pharmacien ne soit propriétaire ou copropriétaire que d'une seule pharmacie ne s'applique pas aux sociétés mutualistes ou aux sociétés de secours minières. • CE, sect., 4 oct. 1957, *Sté de secours minière d'Auchel : Lebon 504 ; JCP 1958. II. 10562, note Delpech.*

25. Nombre de pharmaciens. Sur l'obligation pour les pharmacies mutualistes de respecter les dispositions de l'art. L. 579 [L. 5125-20] imposant un nombre minimal d'assistants fixé par arrêté ministériel, V. • Crim. 3 déc. 1958 : *Bull. crim. n° 717.*

26. Tableau de l'ordre. Le pharmacien gérant et les pharmaciens assistants d'une pharmacie mutualiste dont la licence a été annulée par un jugement devenu définitif doivent être radiés du tableau de l'ordre. • CNOP 14 mars 2002 : *Nouv. pharm. 2002, n° 375, p. 189.*

27. Droit de la concurrence. Jugé antérieurement que les ristournes consenties par des sociétés mutualistes combinées avec les remboursements d'organismes de sécurité sociale ne peuvent déroger au tarif pharmaceutique national, mais que la fourniture de médicaments aux seuls adhérents ne peut être regardée comme une vente au public : • CE, sect., 24 oct. 1958, *Métadier : Lebon 497 ; RD publ. 1959. 298, note Waline ; JCP 1959. II. 10948, note Golléty ; AJDA 1958. I. 133, chron. Combarnous et Galabert ; Dr. soc. 1959. 205, concl. Bernard.* ♦ Jugé désormais qu'une pharmacie mutualiste appartenant à une société mutualiste se livre à une activité de production, de distribution et de services et se trouve, dès lors, soumise à l'applicabilité des dispositions de l'Ord. n° 86-1243 du 1er déc. 1986 prohibant les actes de concurrence illicite : • Com. 21 oct. 1997, *Ch. synd. des pharmaciens du Maine-et-Loire : Bull. civ. IV, n° 270 ; LPA 8 déc. 1997, p. 11, note Léonnet ; RDSS 1998. 505, note Laude.* ♦ La cour de renvoi n'a cependant pas caractérisé l'existence d'une contrepartie justifiant la pratique de tarifs discriminatoires au sens de l'art. L. 442-6 C. com., en retenant que la cotisation minorée consentie aux adhérents d'une mutuelle qui acceptent de se fournir exclusivement auprès d'une pharmacie mutualiste est justifiée par les services moins complets rendus aux adhérents par rapport à ceux offerts par une pharmacie du secteur libéral. • Com. 12 mars 2002 : *Bull. civ. IV, n° 53.*

Art. L. 5125-11 *(L. n° 2007-1786 du 19 déc. 2007, art. 59-IX)* **L'ouverture d'une officine dans une commune qui en est dépourvue peut être autorisée par voie de transfert lorsque le nombre d'habitants recensés dans la commune est au moins égal à 2 500.**

L'ouverture d'une nouvelle officine dans une commune de plus de 2 500 habitants où au moins une licence a déjà été accordée peut être autorisée par voie de transfert à raison d'une autorisation par tranche entière supplémentaire de *(L. n° 2011-1906 du 21 déc. 2011, art. 74-II-1°)* **« 4 500 » habitants recensés dans la commune.**

Lorsque la dernière officine **présente dans une commune de moins de 2 500 habitants a cessé définitivement son activité et qu'elle desservait jusqu'alors une population au moins égale à 2 500 habitants, une nouvelle licence peut être délivrée pour l'installation d'une officine par voie de transfert dans cette commune.**

Dans les communes qui sont dépourvues d'officine ou dans les zones franches urbaines-territoires entrepreneurs, les *(L. n° 2014-173 du 21 févr. 2014, art. 26)* **« quartiers prioritaires de la politique de la ville » et les zones de redynamisation urbaine mentionnées dans la loi n° 96-987 du 14 novembre 1996 relative à la mise en œuvre du pacte de relance pour la ville ainsi que dans les zones de revitalisation rurale définies par l'article 1465 A du code général des impôts, l'ouverture d'une officine peut être autorisée par voie de création si les conditions prévues au premier, deuxième ou troisième alinéa sont remplies depuis au moins deux ans à compter de la publication**

d'un recensement mentionné à l'article L. 5125-10 et si aucune décision autorisant cette ouverture par voie de transfert ou regroupement n'a été prise dans ce délai.

Nouvel art. L. 5125-11 ***Le pharmacien*** (Ord. n° 2018-3 du 3 janv. 2018, art. 1er) ***« , ou la société, » doit être propriétaire de l'officine dont il est titulaire.***

Un pharmacien (Ord. n° 2018-3 du 3 janv. 2018, art. 1er) ***« ou une société » ne peut être propriétaire ou copropriétaire que d'une seule officine.***

Les pharmaciens sont autorisés à constituer entre eux une société en nom collectif en vue de l'exploitation d'une officine.

Les pharmaciens sont également autorisés à constituer individuellement ou entre eux une société à responsabilité limitée en vue de l'exploitation d'une officine, à la condition que cette société ne soit propriétaire que d'une seule officine, quel que soit le nombre de pharmaciens associés, et que la gérance de l'officine soit assurée par un ou plusieurs des pharmaciens associés.

Les gérants et les associés sont responsables à l'égard des tiers dans les limites fixées aux articles L. 223-1 et L. 223-22 du code du commerce.

Aucune limite n'est apportée à la responsabilité délictuelle et quasi délictuelle des gérants, qui sont obligatoirement garantis contre tous les risques professionnels.

Tous les pharmaciens associés sont tenus aux obligations de l'article L. 4221-1. En conséquence, tous leurs diplômes étant enregistrés pour l'exploitation de l'officine, ils ne peuvent exercer aucune autre activité pharmaceutique (L. n° 2011-851 du 20 juill. 2011, art. 11-2°) ***« , à l'exception de celle de pharmacien de sapeur-pompier volontaire ».***

Cet art. entre en vigueur au plus tard le 31 juill. 2018 (Ord. n° 2018-3 du 3 janv. 2018, art. 5).

Sur les sociétés d'exercice libéral (SEL) : V. art. R. 5125-14 à R. 5125-24.

Sur les sociétés de participations financières de profession libérale (SPFPL) de pharmaciens d'officine : V. art. R. 5125-24-1.

RÉP. SOCIÉTÉS v° *Pharmacie (sociétés de).*

BIBL. ▶ Siranyan et Rollux, La construction du marché intérieur des professions réglementées de la santé. Le cas particulier des pharmaciens d'officine français, *JCP E 27 juill. 2017, étude n° 1433.* – Siranyan, Respect des biens et liberté d'entreprendre des pharmaciens d'officine : à la recherche d'un équilibre face aux exigences de santé publique, *RGDM 2016. Pan. droit pharmaceutique, n° spécial, p. 105.* – Brignon et Jaudon-Champrenault, Les SELAS de pharmaciens d'officine, *JCP E 3 déc. 2015. Étude 1595.* – Chevalier, La société de participations financières de profession libérale : un outil juridique attractif au service des pharmaciens, *RGDM 2015. Pan. droit pharmaceutique, n° spécial, p. 289.* – Siranyan et Rollux, Les SPFPL et leurs filiales face aux instances ordinales, *JCP E 11 déc. 2014, étude n° 1636.* – Duneau et Peigné, L'évolution du régime des sociétés de pharmacien d'officine, *RGDM 2014. Pan. droit pharmaceutique, n° spécial, p. 223.* – Siranyan, Rollux et Rocher, Du nouveau dans les sociétés de pharmacie, *LPA 24 févr. 2014, p. 7.* – Nonorgue, Les holdings de pharmaciens d'officine. Un domaine réservé et encadré de la profession, *JCP E 2013. Étude 1535.* – Roussille, Les pharmaciens d'officine peuvent désormais recourir aux SPFPL, *Dr. sociétés 2013, Comm. 139.* – Peigné, La propriété des pharmacies d'officine : quand capitalisme ne rime pas avec libéralisme, *RDSS 2009. 903* . – Adenot, L'ouverture du capital des officines à des non-professionnels : fatalité ou modèle discutable ?, *Nouv. pharm. 2008, n° 400, p. 329.* – Fouassier, Le principe d'indivisibilité de la propriété et de l'exploitation de l'officine pharmaceutique, *RGDM 2006, n° 18, p. 13.* – Hallouin, L'organisation juridique des pharmacies d'officine, *RGDM 2006, n° 18, p. 23.* – Roquelle-Meyer, Saumon et Bégué, Les sociétés d'exercice libéral des professionnels de santé, *Gaz. Pal. 6-7 avr. 2005, p. 2.* – Lienhard, Loi MURCEF du 11 décembre 2001 : quoi de neuf pour les sociétés ?, *D. 2002. Chron. 59* . – Maury, Lois NRE et MURCEF, l'influence réciproque du droit des sociétés et du statut de la profession libérale (à propos des SELAS et des SPFPL), *JCP G 2002. I. 813.* – Nocquet, La Société d'exercice libéral par actions simplifiées, *Nouv. pharm. 2002, n° 374, p. 115.* – Gelot, Particularités d'une cession d'officine de pharmacie, *Defrénois 1997. 366.* – Campion et Viala, La pharmacie d'officine face à ses nouvelles formes d'exploitation, *ALD 1993. 81.* – Harichaux, Sociétés d'exercice libéral et professions de santé, *RDSS 1993. 245* . – Vialla, Recul de la commercialité ou avènement de la *professionnalité ? A propos du décret du 28 août 1992 relatif à l'exercice de la* pharmacie d'officine sous la forme de SEL, JCP N 1993. I. 221. – Jeantin, Commentaire de la loi n° 90-1258 du 31 décembre 1990 relative aux sociétés d'exercice libéral, *JCP G 1991. I. 3504.* – Viandier, La loi n° 90-1258 du 31 décembre 1990 et la pharmacie d'officine, *Nouv. pharm. 1991, n° 334, p. 169.* – Chaput, Une société commerciale professionnelle : la société de pharmaciens d'officine, *Inf. pharm. 1984. 268.* – Flour, L'officine dans le droit des successions, *Ann. faculté droit Clermont-Ferrand, 1980, p. 15.*

COMMENTAIRE

V. Commentaire reproduit sur Dalloz.fr.

1. Principe de l'indivisibilité de la propriété et de la gérance. Ce principe d'origine jurisprudentielle suppose que le pharmacien soit propriétaire de son officine. • Crim. 23 juin 1859 : *DP 1859. 1. 288 ; S 1859. 1. 531.* ♦ ... Et également qu'il exploite personnellement la pharmacie dont il est propriétaire. • Crim. 23 août 1860 : *DP 1860. 1. 419.*

2. Compatibilité du principe avec le droit de l'Union. Le droit de l'Union ne porte pas atteinte à la compétence des États membres pour organiser leurs services de santé tels que les officines de pharmacie : dès lors, même si une législation nationale réservant la détention et l'exploitation d'une officine à des pharmaciens diplômés constitue une entrave à la liberté d'établissement et à la libre circulation des capitaux, celle-ci peut être justifiée par des considérations tenant à la protection de la santé publique. • CJCE 19 mai 2009, *Commission c/ Italie,* n° C-531/06 : *Rec. CJCE 4103* • 19 mai 2009, *Apothekerkammer des Saarlandes,* n^{os} C-171/07 et C-172/07 : *Rec. CJCE 4171 ; Gaz. Pal. 23-24 oct. 2009, p. 16, note Chemtob-Concé ; AJDA 2009. 1535, note Broussy, Donnat et Lambert ; RDSS 2009. 903, note Peigné.*

3. Champ d'application. Les dispositions de l'art. L. 575 [L. 5125-11] ne s'appliquent pas aux pharmacies ouvertes par une caisse régionale de sécurité sociale pour fournir en médicaments destinés aux premiers soins donnés aux accidentés du travail les dispensaires d'usines et les services médicaux du travail. • CE, ass., 26 févr. 1954, *CRSS de Montpellier : Lebon 127 ; Dr. soc. 1954. 367, concl. Laurent ; S. 1954. 3. 57, note Auby.* ♦ ... Ou aux pharmacies mutualistes ouvertes par des sociétés de secours minières. • CE, sect., 4 oct. 1957, *Sté de secours minière d'Auchel : Lebon 504 ; JCP 1958. II. 10562, note Delpech.*

4. Objet de la propriété. Les dispositions de l'art. L. 575 [L. 5125-11] concernent le fonds de commerce et non la nature du local : elles ne peuvent donc être opposées à une demande de transfert. • CE 29 avr. 1989, *Astruc : RDSS 1990. 63, obs. Auby ; Inf. pharm. 1989. 716, obs. Viala.*

5. Cession anticipée. Il résulte nécessairement des dispositions combinées des anciens art. L. 5125-7 et L. 5125-17 que le pharmacien qui a ouvert depuis moins de 5 ans une officine ne peut légalement obtenir la délivrance d'une licence pour la création d'une autre officine, s'il n'a pas, au préalable, fait constater l'existence d'un cas de force majeure lui permettant de céder son officine avant l'expiration du délai quinquennal. • CE 7 oct. 1988, *Baudrin et Paul-Rey : Lebon 328 ; RDSS 1989. 206, obs. Auby.*

6. Disparition du fonds. Lorsque le fonds de commerce vient à disparaître, notamment à la suite d'une fermeture judiciaire, la licence devient caduque. • CE, sect., 27 mai 1960, *Bellocq et Baudin : Lebon 373.*

7. Nullité de la cession. Si la cession de l'officine est déclarée nulle, le propriétaire initial reste titulaire de la licence et l'administration ne peut l'attribuer à l'acquéreur. • CE 24 mars 1971, *Pages-Berder : Lebon T. 1160.* ♦ Le prix de cession d'une officine s'apprécie au jour de la promesse synallagmatique de vente. • Com. 26 nov. 2013, n° 12-27.607.

8. Enregistrement de l'exploitation. Si l'intéressé ne peut justifier de sa qualité de propriétaire de l'officine, l'enregistrement de la déclaration d'exploitation de l'intéressé doit être refusé. • TA Paris, 13 août 1957, *B. c/ Min. Santé publ. : D. 1957. 723, note Golléty* • CE, sect., 28 janv. 1994, *Cons. central de la section A de l'Ordre des pharmaciens : Lebon 45 ; LPA 11 mai 1994, p. 11, concl. Bonichot* (l'un des deux pharmaciens étant resté propriétaire de la licence qu'il avait obtenue à titre personnel).

9. Interdiction d'exercice. Le pharmacien frappé d'une interdiction d'exercice pendant 5 ans et s'étant fait remplacer au-delà de la limite légale d'un an ne peut valablement soutenir qu'il n'est plus titulaire de l'officine, mais un simple détenteur des parts d'une société en nom collectif d'officine, personne morale seule titulaire du fonds, V. • Aix-en-Provence, 13 mai 2002 : *Nouv. pharm. 2002, n° 377, p. 500.*

10. Nouvelle acquisition. Un pharmacien qui fait l'acquisition d'une nouvelle pharmacie après avoir vendu celle dont il était propriétaire ne viole pas l'art. L. 575 [L. 5125-11], les conditions d'acquisition de la seconde pharmacie n'étant pas toutes réalisées au cours de la période considérée. • Civ. 1re, 8 mai 1962 : *Bull. civ. I, n° 233.*

11. Régimes matrimonial et successoral. L'officine en tant que fonds de commerce tombe dans la communauté. • Cass. 27 nov. 1935 : *DH 1936. 17 ; S. 1936. 1. 146* • Paris, 1er oct. 1958 : *D. 1958. 677.* ♦ Mais le juge essaie d'éviter la licitation. • Civ. 1re, 19 nov. 1958 : *D. 1959. 85, note* Esmein ; JCP 1959. II. 11285, note *Voirin.* ♦ Sur un problème d'attribution préférentielle, V. • Civ. 1re, 3 janv. 1967 : *JCP 1967. II. 14982, obs. J. A. ; RDSS 1968. 94, obs. Auby.* ♦ Sur les difficultés causées par la dissolution d'une communauté conjugale, V. • Civ. 1re, 15 janv. 1962 : *Bull. civ. I, n° 27* • 21 mai 1963 : *Bull civ. I, n° 268* • Civ. 2e, 12 janv. 1966 : *Bull civ. II, n° 37* • Civ. 1re, 3 janv. 1967 : *Bull civ. I, n° 2 ; JCP 1967. II. 14982 ; RDSS 1968. 94, obs. Auby.* ♦ Les avances de fonds et l'aide technique et comptable apportée par un mari à sa femme ne révèlent pas l'intention de créer une association en marge du régime matrimonial. • Civ. 1re, 14 déc. 1960 : *Bull. civ. I, n° 547.* ♦ Dans la mesure où seule l'ouverture au public d'une officine de pharmacie entraîne la création d'une clientèle réelle et certaine, une cour d'appel qui constate que l'ouverture au public d'une officine créée par l'épouse est intervenue postérieurement au mariage, bien que l'autorisation de création ait été obtenue avant le mariage, en déduit exactement que la valeur de l'officine doit être réintégrée dans l'actif de la communauté. • Civ. 1re, 4 déc. 2013, n° 12-28.076 : *AJ fam. 2014. 62, obs. P. Hilt ; RTD com. 2014. 306, obs. B. Saintourens .*

12. Droit des sociétés. La constitution de sociétés était admise sous l'empire de la loi du 21 germinal, an XI. • Riom, 16 juin 1901 : *S. 1902. 2. 132* • Paris, 23 juill. 1930 : *Gaz. Pal. 1930. 2. 346.* ♦ Sur l'impossibilité de créer une société en participation avant la L. n° 66-537 du 24 juill. 1966 sur les sociétés commerciales, V. • Civ. 1re, 28 nov. 1960 : *Bull. civ. I, n° 517 ; JCP 1961. II. 11926, note Gavalda.*

13. Cession de parts. Aucune disposition légale ne donne pouvoir à la juridiction saisie d'obliger l'associé qui demande la dissolution de la société par application de l'art. 1844-7 C. civ. à céder ses parts à cette dernière et aux autres associés qui offrent de la racheter. • Com. 12 mars 1996 : *Bull civ. IV, n° 86.*

14. Cession forcée. Sur la cession forcée des parts d'un associé d'une société en nom collectif faisant suite à une sanction d'interdiction d'exercer la pharmacie, V. • Aix-en-Provence, 27 juin 2003 : *Dr. sociétés 2004, n° 86, note Monnet.*

15. Dissolution anticipée. La mésentente des deux associés pharmaciens d'une société en nom collectif étant reconnue par ceux-ci, sans que puisse être déterminé à qui elle était imputable, c'est à bon droit qu'une cour d'appel peut prononcer la dissolution anticipée de la société. • Com. 13 févr. 1996 : *Bull civ. IV, n° 49.*

16. Objet social. Sur la participation d'une SELARL de pharmaciens au capital d'une société civile agricole, V. • Colmar, 10 janv. 2012, *Sté Harfu International c/ SELARL Pharmacie Marie Curie : Dr. sociétés mai 2012. Comm. n° 41, note Hovasse ; JCP E 8 mars 2012, n° 1158, note Lebel.*

17. Abus de confiance. Le délit d'abus de confiance du gérant d'une SNC de pharmacie d'officine qui détourne tout ou partie des fonds de cette société porte un préjudice direct et personnel aux autres pharmaciens associés. • Crim. 10 avr. 2002 : *Bull. crim. n° 86.*

18. Réticence dolosive. Sur l'invocation d'un *dol par réticence* lors de la cession d'un fonds de commerce officinal à une société, V. • Com. 7 juin 2011, n° 10-13.622 • 7 oct. 2014, n° 13-22.392.

19. Exercice personnel. L'exploitation d'une officine sous la forme d'une SNC ne dispense pas le pharmacien associé de son obligation d'exercer personnellement sa profession. • Crim. 13 mai 2003, n° 02-84.290.

20. Implications disciplinaires. Dans la mesure où tous les associés doivent remplir les conditions nécessaires pour exercer la profession de pharmacien, la société ne peut être valablement constituée si l'un des associés est sous le coup d'une interdiction d'exercice de la pharmacie. • CE 5 janv. 1951, *Faure : Lebon 6.* ♦ Aucun prêt ne saurait être octroyé sur des parts dont des non-pharmaciens ne peuvent être propriétaires. • CNOP 26 janv. 2004 : *Nouv. pharm. 2004, n° 383, p. 135.* ♦ Le fait de servir de prête-nom, sans être propriétaire de l'officine, n'est pas regardé comme un manquement à l'honneur, aux bonnes mœurs ou à la probité susceptible d'empêcher le jeu d'une loi d'amnistie. • CE 14 déc. 1956, *Baudin : Lebon 478.*

21. Cumul d'activités. Le pharmacien cotitulaire d'une officine exploitée sous forme de société ne saurait exercer une autre activité pharmaceutique et ne peut donc être inscrit au tableau de la section D de l'Ordre des pharmaciens en qualité de gérant dans une maison de retraite, peu importe que son associé soit décédé. • CNOP 1er oct. 2002 : *Nouv. pharm. 2002, n° 377, p. 439.*

22. Contentieux des SEL. Les litiges nés de la constitution ou du fonctionnement des SEL relèvent des juridictions civiles : il s'agit d'une compétence exclusive et les conseils de l'ordre des pharmaciens ne sont pas compétents pour réintégrer un associé gérant dans une SELARL lorsque cette contestation porte sur les seuls droits et obligations de caractère civil que les intéressés tiennent de leur qualité d'associé. • CE 15 juin 2001, *Pétavy : Lebon 270.*

23. Sanction des SEL. L'interdiction temporaire d'exercer prononcée à l'encontre d'une SEL de pharmaciens ne saurait impliquer la cessation d'activité de la société et la fermeture de l'officine pendant la durée de l'exécution de la sanction disciplinaire, rien n'interdisant qu'une officine exploitée sous la forme d'une SEL puisse, pendant cette durée, être exploitée par un pharmacien habilité à exercer la profession. • CE, sect., 7 avr. 2010, *SELARL Grande Pharmacie Gerbaud,* n° 322305 : *Lebon 103 ; AJDA 2010. 876, note Liéber et Botteghi ; Méd. et droit mars-avr. 2011, n° 107, p. 124, note Siranyan, Relux et Locher.*

24. Éviction d'une SEL. Si le pharmacien associé d'une SELARL qui cesse toute activité professionnelle au sein de l'officine peut rester associé pendant 10 ans en qualité d'ancien associé d'une SELARL, il perd, conformément aux statuts de la société, l'exercice des droits attachés aux parts qu'il détient (ses parts étant rachetées à la diligence de la gérance), dès lors que la cessation d'activité a pour effet de réduire la part de capital des associés professionnels en exercice à une fraction inférieure à la moitié du capital. • Com. 8 déc. 2015, nos 14-19.261 et 14-22.244.

25. Sociétés de participations financières de profession libérale (SPFPL). L'art. 31-1 de la L. n° 90-1258 du 31 déc. 1990, instaurant la possibilité pour des personnes physiques ou morales exerçant une profession libérale de se constituer en SPFPL, prévoit la faculté pour le pouvoir réglementaire d'édicter, par des décrets en Conseil d'État propres à chaque profession, des règles particulières d'application de la loi lorsque le respect de l'indépendance des membres de la profession et des règles déontologiques la gouvernant l'exige. Dès lors que l'intervention de tels décrets ne conditionnait pas l'entrée en vigueur de cette disposition, dont l'application n'était pas manifestement impossible en l'absence de ces textes, il appartenait au pouvoir réglementaire de vérifier pour chacune des professions si le respect de l'indépendance de ses membres et de ses règles déontologiques l'impliquait ; en ne procédant pas à un tel examen et en refusant l'édiction de telles mesures réglementaires au seul motif qu'il n'avait pas été saisi de demandes en ce sens des représentants des professions, le pouvoir réglementaire a méconnu l'intention du législateur. • CE 28 mars 2012, *B. et Assoc. nat. des SEL*, n° 343962 : *Lebon 134 ; AJDA 2012. 676, note Grand* (injonction faite au Premier ministre de se prononcer, dans un délai de 6 mois, sur la question de savoir si, s'agissant des professions de santé, il est nécessaire de prévoir des règles particulières permettant d'assurer le respect de l'indépendance des membres de chacune de ces professions et des règles déontologiques qui leur sont propres). ♦ V. Décr. n° 2013-466 du 4 juin 2013 relatif aux conditions d'exploitation d'une officine de pharmacie par une SEL et aux SPFPL de pharmaciens d'officine (*JO 6 juin*). Sur le rejet de la requête en référé-suspension introduite contre le décret, la condition d'urgence n'étant pas remplie, V. • CE, réf., 13 sept. 2013, n° 370978. ♦ Le Conseil d'État a confirmé la légalité du décret, estimant que la jurisprudence de la Cour de justice permettait aux États membres de prendre les dispositions nécessaires pour que les pharmaciens jouissent d'une indépendance professionnelle effective, en évitant que ne se constituent des monopoles d'activité ou qu'une majorité du capital des sociétés de pharmaciens ne soit détenue par des professionnels qui, n'exerçant pas au sein de cette société, poursuivraient essentiellement un objectif de rentabilité. • CE 27 févr. 2015, *Assoc. Collectif des SEL de pharmaciens et a.*, n° 369949 : *Lebon ; RDSS 2015. 368, note Peigné*.

Art. L. 5125-12 *Abrogé par L. n° 2007-1786 du 19 déc. 2007, art. 59-X.*

Nouvel art. L. 5125-12 (L. n° 2005-882 du 2 août 2005, art. 77) ***« Tout pharmacien associé dans une société exploitant une officine et qui y exerce son activité doit détenir*** (L. n° 2016-41 du 26 janv. 2016, art. 139-1°) ***« directement une fraction » du capital social et des droits de vote qui y sont attachés.***

Dans une société en nom collectif ou à responsabilité limitée, ou une société d'exercice libéral à responsabilité limitée, il peut, en outre, si les statuts le prévoient, se voir attribuer des parts d'industrie. (Abrogé par Ord. n° 2018-3 du 3 janv. 2018, art. 1er) ***« Le délai de cinq ans mentionné au troisième alinéa de l'article L. 5125-7 ne fait pas obstacle à cette faculté. »***

« La qualité d'associé en industrie est prévue pour une durée maximale de cinq ans, éventuellement renouvelable une fois pour trois ans. »

Les dispositions du présent article s'appliquent sous réserve des dispositions de la loi du 31 décembre 1990 relative à l'exercice sous forme de sociétés des professions libérales soumises à un statut législatif ou réglementaire ou dont le titre est protégé.

Cet art. entre en vigueur au plus tard le 31 juill. 2018 (Ord. n° 2018-3 du 3 janv. 2018, art. 5).

COMMENTAIRE

V. Commentaire reproduit sur Dalloz.fr.

Art. L. 5125-13 *(L. n° 2005-882 du 2 août 2005, art. 76-III)* **Par dérogation aux articles L. 5125-11 et L. 5125-14,** *(L. n° 2007-1786 du 19 déc. 2007, art. 59-XI)* **« le quota de 2 500 habitants mentionné à ces articles est fixé » à 3 500 habitants pour le département de la Guyane et les départements de la Moselle, du Bas-Rhin et du Haut-Rhin.**

Nouvel art. L. 5125-13 (L. n° 2016-41 du 26 janv. 2016, art. 139-2°) ***Le pharmacien adjoint exerçant à titre exclusif son activité dans une officine exploitée par une société d'exercice libéral peut détenir, directement ou par l'intermédiaire d'une société de participations financières de profession libérale qu'il contrôle, une fraction du capital de cette société d'exercice libéral représentant jusqu'à 10 % de celui-ci.***

Le pharmacien adjoint associé de la société d'exercice libéral exploitant l'officine dans laquelle il exerce continue d'exercer dans le cadre d'un contrat de travail et demeure placé dans un lien de subordination juridique à l'égard du ou des pharmaciens titulaires de l'officine.

Les modalités et les conditions d'application du présent article sont définies par décret en Conseil d'État, pris après avis du Conseil national de l'ordre des pharmaciens et des organisations les plus représentatives de la profession. [– Anc. art. L. 5125-17-1.]

Cet art. entre en vigueur au plus tard le 31 juill. 2018 (Ord. n° 2018-3 du 3 janv. 2018, art. 5).

COMMENTAIRE

V. Commentaire reproduit sur Dalloz.fr.

Art. L. 5125-14 *(L. n° 2002-73 du 17 janv. 2002, art. 18)* **« Le transfert d'une officine de pharmacie peut s'effectuer, conformément à l'article L. 5125-3, au sein de la même commune, dans une autre commune du même département** *(L. n° 2007-1786 du 19 déc. 2007, art. 59-XII)* **« ou vers toute autre commune de tout autre département.**

« Le transfert dans une autre commune peut s'effectuer à condition :

« 1° Que la commune d'origine comporte :

« *a)* **Moins de 2 500 habitants si elle n'a qu'une seule pharmacie ;**

« *b)* **Ou un nombre d'habitants par pharmacie supplémentaire inférieur à** *(L. n° 2011-1906 du 21 déc. 2011, art. 74-II-2°)* **« 4 500 » ;**

« 2° Que l'ouverture d'une pharmacie nouvelle soit possible dans la commune d'accueil en application de l'article L. 5125-11. »

Nouvel art. L. 5125-14 *Aucune convention relative à la propriété d'une officine n'est valable si elle n'a été constatée par écrit. Une copie de la convention doit être déposée au conseil régional de l'ordre des pharmaciens et au siège* (Ord. n° 2010-177 du 23 févr. 2010, art. 15-9°) *« de l'agence régionale de santé ».*

Est nulle et de nul effet toute stipulation destinée à établir que la propriété ou la copropriété d'une officine appartient à une personne non diplômée. [– Anc. art. L. 5125-18.]

Cet art. entre en vigueur au plus tard le 31 juill. 2018 (Ord. n° 2018-3 du 3 janv. 2018, art. 5).

1. Vente fictive. Si l'officine fait l'objet d'une vente fictive dont la nullité a été reconnue en justice, elle doit être considérée comme définitivement fermée et la licence devient caduque. • CE 18 mai 1962, *CROP de l'Hérault : Lebon 335.*

2. Cession de licence. A propos de la cession d'une licence, dont un pharmacien était titulaire pour un fonds détruit, à un syndicat départemental de pharmaciens, V. • Com. 12 déc. 1961 : *Bull. civ. III, n° 474.*

3. Contrat de prêt. Sur la validité d'un contrat de prêt consenti à un pharmacien par un non-pharmacien avec participation aux bénéfices et à la plus-value du fonds, V. • Civ. 1re, 28 oct. 1957 : *Bull. civ. I, n° 403.* ♦ Viole les dispositions de l'art. L. 5125-18 [L. 5125-14] le pharmacien qui fait entrer dans le capital de la SNC propriétaire de l'officine des membres de sa famille non-pharmaciens, quand bien même ces derniers lui auraient consenti, en vertu de conventions intervenues de façon concomitante à l'augmentation du capital, des prêts de consommation portant sur les parts sociales en cause : si la licéité de tels prêts pour des titres de sociétés a été généralement reconnue par la jurisprudence judiciaire, il n'en demeure pas moins qu'on ne peut valablement consentir un prêt que sur des choses dont on est légalement propriétaire, ce qui n'est pas le cas de non-pharmaciens détenant des parts de sociétés de pharmacie. • CNOP 26 janv. 2004 : *Nouv. pharm. 2004, n° 383, p. 135.*

Art. L. 5125-15 *(L. n° 2005-882 du 2 août 2005, art. 76-I)* **« Plusieurs officines** *(Abrogé par L. n° 2007-1786 du 19 déc. 2007, art. 59-XIII) « situées dans une même commune »* **peuvent, dans les conditions fixées à l'article L. 5125-3, être regroupées en un lieu unique, à la demande de leurs titulaires.**

« Le lieu de regroupement de ces officines est l'emplacement de l'une d'elles, ou un lieu nouveau situé » *(L. n° 2007-1786 du 19 déc. 2007, art. 59-XIII)* **« dans la commune d'une des pharmacies regroupées ».**

Dans le cadre d'un regroupement dans un lieu nouveau, la nouvelle officine ne pourra être effectivement ouverte au public que lorsque les officines regroupées auront *été fermées.*

(L. n° 2007-1786 du 19 déc. 2007, art. 59-XIII) **« A la suite d'un regroupement dans la même commune ou dans des communes limitrophes, les licences libérées doivent être prises en compte au sein de la commune où s'effectue le regroupement pour appliquer les conditions prévues aux deux premiers alinéas de l'article L. 5125-11. Le** *(Ord. n° 2010-177 du 23 févr. 2010, art. 15-2°)* **« directeur général de l'agence régio-**

nale de santé » peut, après avis des syndicats représentatifs de la profession et du conseil compétent de l'ordre des pharmaciens, mettre fin à cette prise en compte à l'issue d'un délai de *(L. n° 2011-1906 du 21 déc. 2011, art. 74-II-3°)* **« douze » ans à compter de la délivrance de l'autorisation de regroupement si les conditions prévues par le premier alinéa de l'article L. 5125-3 ne sont plus remplies. »**

Nouvel art. L. 5125-15 ***Le pharmacien titulaire d'une officine doit exercer personnellement sa profession.***

(Ord. n° 2018-3 du 3 janv. 2018, art. 1er) ***« La mise en œuvre des dispositions prévues à l'article L. 5125-7-1 ne fait pas obstacle à l'exercice personnel du titulaire. »***

En toutes circonstances, les médicaments doivent être préparés par un pharmacien, ou sous la surveillance directe d'un pharmacien.

Un arrêté du ministre chargé de la santé fixe, après avis du Conseil national de l'ordre des pharmaciens, le nombre des pharmaciens dont les titulaires d'officine doivent se faire assister en raison de l'importance de leur chiffre d'affaires.

Cet art. entre en vigueur au plus tard le 31 juill. 2018 (Ord. n° 2018-3 du 3 janv. 2018, art. 5).

BIBL. ► LHOPITEAU et FOUASSIER, La responsabilité civile des pharmaciens adjoints d'officine, *Nouv. pharm. 2006, n° 390, p. 99.* – LORENZI, Les responsabilités du pharmacien, *Litec, 2002.* – FOUASSIER, La responsabilité juridique du pharmacien, *Masson, 2002.* – CONCHON, La responsabilité pénale du pharmacien d'officine, *Nouv. pharm. 1999, n° 364, p. 451.* – NOBILI, La qualification du personnel de l'officine pharmaceutique, *thèse Aix-Marseille III, 1998.* – FALLOURD et DUNEAU, Faute professionnelle et faute grave du pharmacien assistant, *Pharm. de France, 1986, n° 10.* – DUNEAU, Le pharmacien d'officine face à la responsabilité civile et pénale de droit commun, *thèse Paris, 1972.*

COMMENTAIRE

V. Commentaire reproduit sur Dalloz.fr.

1. Présence continue. L'exercice personnel implique une présence continue. • CE 2 déc. 1960, *Auger : Lebon 661.*

2. Procédure consultative. Jugé que la lettre ministérielle interprétative relative à la fixation du nombre des assistants n'est pas une décision faisant grief et que l'avis du CNOP prévu à l'al. 3 de l'art. L. 579 [L. 5125-25] doit être valablement émis et émaner du conseil proprement dit et non d'une ou de plusieurs de ses sections. • CE 28 févr. 1958, *Sté pharmaceutique Bertrand : Lebon 134.*

3. Notion de chiffre d'affaires. Le chiffre d'affaires de l'officine s'entend activité parapharmaceutique comprise. • CE 28 janv. 1987, *Cabirol : RDSS 1987. 373, obs. Auby et Viala.* ♦ Il n'y a pas lieu de distinguer entre les activités liées à la préparation et à la vente de médicaments et celles réalisées au titre des activités commerciales annexes. • CE 6 avr. 2016, n° 396247.

4. Nombre de pharmaciens adjoints. L'exigence d'un nombre déterminé d'assistants s'entend d'assistants employés à temps plein. • CE 1er mars 1989, *Bel Ayche : RDSS 1990. 66, obs. Auby ; Inf. pharm. 1989. 576, obs. Viala.* ♦ Et une personne en congé de maternité ne saurait être prise en compte en tant que pharmacien assistant. • CNOP 1er oct. 2001 : *Nouv. pharm. 2001, n° 373, p. 492.*

5. Portée de l'obligation. Aucune disposition ne saurait obliger un pharmacien à déclarer le chiffre d'affaires et le personnel de son prédécesseur, les obligations de déclaration prévues incombant personnellement au pharmacien titulaire ayant exploité l'officine lors de l'exercice considéré. • CNOP 10 mars 2009 : *Nouv. pharm. 2009, n° 403, p. 144.*

6. Pharmacies mutualistes. Sur l'obligation pour les pharmacies mutualistes de respecter les dispositions de l'art. L. 579 [L. 5125-15] imposant un nombre minimal d'assistants fixé par arrêté ministériel, V. • Crim. 3 déc. 1958 : *Bull. crim. n° 717.*

7. Contrat de travail. La nature juridique du lien unissant le pharmacien titulaire d'une officine au pharmacien assistant a été autrefois controversée. • T. civ. Lyon, 15 mars 1946 : *JCP 1946. II. 121, note Poplawski.* ♦ La Cour de cassation y voit un contrat de travail. • Soc. 4 oct. 1967 : *Bull. civ. V, n° 601* (à propos d'un licenciement abusif).

8. Licenciement. Sur un licenciement d'un pharmacien adjoint pour motif économique, V. • Soc. 4 juill. 2012, n° 11-12.045 • 10 mai 1994 : *Bull. civ. V, n° 172.* ♦ Sur le licenciement économique d'un assistant antérieurement à la cession de l'officine, V. • Soc. 17 juill. 1990 : *Bull. civ. V, n° 372.* ♦ Sur un licenciement sans cause réelle et sérieuse, V. • Soc. 3 nov. 2011, n° 10-30.033 (passage d'un horaire continu à un horaire discontinu de travail) • 24 avr. 1990 : *Bull. civ. V, n° 183* (remplacement sur le même emploi par un assistant à un coefficient inférieur). ♦ Sur le licenciement d'un pharmacien gérant une pharmacie mutualiste pour faute grave, V. • Soc. 5 avr. 2005 : *Bull. civ. V, n° 119.* ♦ Sur la sanction de la carence de l'employeur en matière de visite de reprise dans les 8 jours, V. • Soc. 6 oct. 2010 : *Bull. civ. V, n° 222.* ♦ Sur le licenciement d'une pharmacienne survenu pendant la période de suspension de son contrat liée à un congé parental d'éducation, V. • Soc. 11 févr. 2004 : *Bull. civ. V, n° 47.* ♦ Le pharmacien salarié employé à temps partiel bénéficie d'une priorité pour l'attribution d'un emploi ressortissant à sa catégorie ou d'un emploi équivalent, créé ou devenu vacant au sein de l'officine, dès lors que cet emploi est compatible au regard des horaires, de la durée et de la répartition du travail. • Soc. 26 oct. 1999 : *Bull. civ. V, n° 414.* ♦ Sur un cas de harcèlement moral, V. • Soc. 6 juin 2012, n° 11-17.489 : *Dalloz actualité, 19 juin 2012, obs. Siro.*

9. Suppression de poste. La titulaire supprimant un poste de préparatrice en pharmacie et qui fait assumer cette fonction par son mari, pharmacien, comme collaborateur bénévole, procède à la suppression d'un emploi salarié qui, à la suite de difficultés économiques, justifie un licenciement économique. • Soc. 20 janv. 1998 : *Bull. civ. V, n° 19.*

10. Inscription à l'ordre. L'omission de l'inscription au tableau de l'ordre ne constitue pas une faute rendant impossible la continuation de l'exécution du contrat, si le pharmacien titulaire était au courant de la situation. • Soc. 4 oct. 1967 : *préc. note 7.* ♦ Jugé également que le défaut d'inscription à l'ordre n'est pas une faute de nature à justifier un licenciement immédiat. • Soc. 15 mai 2002, n° 00-41.730.

11. Indépendance professionnelle. Lorsqu'un directeur commercial reste subordonné au pharmacien et ne s'immisce pas dans la préparation des médicaments, les dispositions de l'art. L. 579 [L. 5125-15] ne sont pas méconnues. • Soc. 14 juin 1967 : *Bull. civ. V, n° 474.*

12. Exercice sous forme sociale. Sur la distinction entre pharmaciens assistants et pharmaciens remplaçants dans une officine gérée sous forme de société en nom collectif, V. • Soc. 5 juill. 1983 : *Inf. pharm. 1983. 836, obs. Viala* • Nancy, 27 mai 1999 : *Nouv. pharm. 1999, n° 364, p. 424* (associé non exploitant maintenu en position d'activité par l'Ordre, qui ne lui réclamait cependant aucune cotisation).

13. Responsabilité disciplinaire. Le fait de ne pas respecter le principe de l'exercice personnel en laissant ouverte une officine sans la présence d'un pharmacien constitue une faute disciplinaire... • CE 29 sept. 2003, n° 243184. ♦ ... *Qui n'est pas susceptible d'être couverte par une* loi d'amnistie. • CE 4 mai 1984, *Leymarie : Lebon 163* • 28 janv. 1987, *Cabirol : préc. note 3* • 26 oct. 1988, *Guillebaud : RDSS 1989. 213, obs. Auby ; Inf. pharm. 1989. 77, obs. Viala.* ♦ ... Peu importe que le titulaire, résidant au-dessus de l'officine, puisse intervenir rapidement. • CE 1er mars 1989, *Bel Ayche : préc. note 4.* ♦ Manque également à l'obligation d'exercer personnellement la pharmacie le pharmacien cotitulaire qui, à la suite d'une grave dissension l'opposant à son associé, s'abstient de venir à l'officine pendant plusieurs mois sans se faire remplacer. • CNOP 23 sept. 2008 : *Nouv. pharm. 2008, n° 401, p. 379.*

14. Obligation de surveillance. Le pharmacien titulaire est tenu d'une obligation de surveillance dont la nature et le degré peuvent varier selon la nature des opérations effectuées et selon l'âge, l'expérience et les antécédents de l'assistant. • CE 29 févr. 1952, *Min. Santé c/ Marcelet : Lebon 142 ; D. 1952. 492.*

15. Responsabilité pénale. Les pharmaciens demeurent pénalement responsables des infractions commises par leurs préposés et qui sont dues à l'insuffisance de leur surveillance. • Crim. 30 nov. 1944 : *D. 1945. 261* • T. corr. Nice, 2 nov. 1949 : *D. 1950. 53.* ♦ La responsabilité pénale du pharmacien du fait d'autrui est appréciée largement dans la mesure où elle est amenée à être engagée, non seulement en cas de faute professionnelle à la réglementation pharmaceutique, mais également lorsqu'elle trouve son origine dans une faute d'imprudence constitutive du délit de blessures involontaires. • Paris, 8 nov. 1955 : *D. 1956. 405.* ♦ Sur une condamnation pénale pour absence de pharmacien assistant, V. • T. corr. Compiègne, 15 mai 1985 : *Inf. pharm. 1985. 841, obs. Viala* • Amiens, 26 mai 1986 : *Inf. pharm. 1986. 71, obs. Viala.* ♦ Sur la responsabilité pénale d'un pharmacien assistant pour défaut de surveillance d'un préposé et le non-respect des conditions dans lesquelles sont dispensés les médicaments relevant de la liste des substances vénéneuses, V. • Crim. 1er févr. 1990 : *Bull. crim. n° 59 ; RDSS 1990. 649, obs. Auby.*

16. Délégation de tâches. Les assistants ne peuvent confier à des non-pharmaciens l'exécution d'actes pharmaceutiques. • T. corr. Seine, 19 déc. 1957 : *D. 1958. 257.* ♦ Le conjoint non diplômé du pharmacien titulaire d'une officine commet le délit d'exercice illégal de la profession de préparateur en pharmacie s'il délivre occasionnellement des médicaments et exerce des actes pharmaceutiques sous le contrôle du pharmacien assistant. • Crim. 9 mars 2016, n° 14-87.550.

17. Usurpation de titres. Sur la condamnation d'un pharmacien du chef de complicité d'usurpation de titre pour avoir engagé et employé en tant que pharmacien assistant une étudiante en pharmacie qui n'était pas titulaire du diplôme de docteur en pharmacie, à défaut d'avoir soutenu sa thèse. • Crim. 8 mars 1988, n° 86-92.953 : *Inf. pharm. 1988. 495, obs. Viala.*

18. Responsabilité civile. Sur le principe selon lequel le préposé n'engage pas sa responsabilité à l'égard des tiers lorsqu'il agit sans excéder les limites de la mission qui lui a été impartie par son commettant, V. • Cass., ass. plén., 25 févr. 2000, *Costedoat : Bull. ass. plén., n° 2 ; D. 2000. 673, note Brun ; JCP 2000. II. 10295, concl. Kessous et note Billiau ; RTD com. 2000. 582, obs. Jourdain.* ♦ Le préposé condamné pénalement pour avoir commis intentionnellement, fût-ce sur ordre du commettant, une infraction ayant porté préjudice à un tiers, engage sa responsabilité civile à l'égard de ce dernier. • Cass., ass. plén., 14 déc. 2001, *Cousin : Bull. ass. plén., n° 17 ; D. 2002. 1230, note Julien ; JCP 2002. II. 10026, note Billiau.* ♦ Mais la seule constatation de la commission d'une infraction intentionnelle par le préposé ne saurait dispenser le commettant de mettre en évidence un abus de fonctions de son préposé, en tant que cause exonératoire de sa responsabilité de plein droit. • Civ. 2e, 12 mai 2011, n° 10-20.590. ♦ Sur l'application de la jurisprudence *Costedoat* aux professionnels de santé salariés, V. • Civ. 1re, 9 nov. 2004 : *Bull. civ. I, n° 260* (le professionnel de santé qui agit sans excéder les limites de la mission qui lui est impartie par l'établissement qui l'emploie n'engage pas sa responsabilité civile à l'égard d'un patient. Cette solution est transposable à la pharmacie d'officine).

19. Clause de non-concurrence. La question portant sur le point de savoir si des dispositions réglementaires [ancien art. R. 5015-59 devenu art. R. 4235-37] peuvent légalement autoriser un employeur à imposer une obligation de non-concurrence à un salarié, sans prévoir le versement d'une contrepartie financière, exige que les parties saisissent la juridiction administrative aux fins d'appréciation de leur légalité. • Soc. 15 janv. 2015, n° 13-23.799. ♦ Le Conseil d'État a jugé l'exception d'illégalité infondée, cette règle déontologique n'ayant ni pour objet ni pour effet d'imposer ou d'autoriser la présence de certaines clauses dans les contrats conclus entre un pharmacien et un de ses salariés, mais seulement de prévoir à titre supplétif que, dans le silence du contrat, la règle de non-concurrence doit être respectée en tant qu'obligation déontologique. • CE 17 oct. 2016, n° 389903.

20. Non-lieu à QPC. Jugé que les dispositions de l'art. L. 5125-20 [L. 5125-15], qui imposent aux titulaires d'officine de pharmacie de se faire assister par un nombre de pharmaciens fonction du chiffre d'affaires, ont pour objet de garantir la protection de la santé publique et ne méconnaissent ni le principe constitutionnel de la liberté d'entreprendre ni le principe d'égalité. • CE 6 avr. 2016, n° 396247.

Art. L. 5125-16 *(Ord. n° 2005-1040 du 26 août 2005)* **Tout pharmacien ou toute société se proposant d'exploiter une officine doit en faire la déclaration auprès du conseil compétent de l'ordre des pharmaciens.**

En cas de cessation d'exploitation, de transfert ou de regroupement d'officine, ou de tout changement affectant la propriété de l'officine, le pharmacien ou la société en informe le conseil de l'ordre compétent.

Le conseil compétent de l'ordre des pharmaciens transmet les informations concernant les débuts, les changements et les cessations d'exploitation des officines *(Ord. n° 2010-177 du 23 févr. 2010, art. 15-8°)* **« à l'agence régionale de santé ».**

Les modalités d'application du présent article sont fixées par décret.

(L. n° 2011-1906 du 21 déc. 2011, art. 74-II-4°) **« II. — Toute opération de restructuration du réseau officinal réalisée au sein d'une même commune ou de communes limitrophes à l'initiative d'un ou plusieurs pharmaciens ou sociétés de pharmaciens et donnant lieu à l'indemnisation de la cessation définitive d'activité d'une ou plusieurs officines doit faire l'objet d'un avis préalable du directeur général de l'agence régionale de santé. La cessation définitive d'activité de l'officine ou des officines concernées est constatée dans les conditions prévues à l'article L. 5125-7 et ne doit pas avoir pour effet de compromettre l'approvisionnement nécessaire en médicaments de la population résidente de la commune ou du quartier concerné. »**

Nouvel art. L. 5125-16 ***Une officine ne peut rester ouverte en l'absence de son titulaire que si celui-ci s'est fait régulièrement remplacer.*** (Ord. n° 2018-3 du 3 janv. 2018, art. 1er) ***« L'annexe mentionnée à l'article L. 5125-7-1 ne peut rester ouverte au public en l'absence de pharmacien. »***

La durée légale d'un remplacement ne peut, en aucun cas, dépasser un an. Toutefois, dans le cas de service national ou de rappel sous les drapeaux, ce délai est prolongé jusqu'à la cessation de cet empêchement.

(Ord. n° 2017-644 du 27 avr. 2017, art. 6) ***« Par dérogation au deuxième alinéa, ce délai d'un an peut être renouvelé par décision du directeur général de l'agence régionale de santé. »***

Après le décès d'un pharmacien, le délai pendant lequel son conjoint ou ses héritiers peuvent maintenir une officine ouverte en la faisant gérer par un pharmacien autorisé à cet effet par le (Ord. n° 2010-177 du 23 févr. 2010, art. 15-2°) ***« directeur général de l'agence régionale de santé » ne peut excéder deux ans.*** [— Anc. art. L. 5125-21.]

Cet art. entre en vigueur au plus tard le 31 juill. 2018 (Ord. n° 2018-3 du 3 janv. 2018, art. 5).

BIBL. ▶ LAVILLAINE-JULIET, Remplacement et gérance à l'officine pharmaceutique : des statuts à géométrie variable, *RDSS 1989. 394*. – DUNEAU, La gérance après décès du titulaire de l'officine, *Évol. pharm. 1977, p. 273*. – NOCQUET, Le remplacement du pharmacien d'officine empêché, *Pharm. de France 1970. 121*. – PORTEFAIX, La gérance de l'officine après le décès de son titulaire, *Évol. pharm. 1970, n° 275, p. 221*.

COMMENTAIRE

V. Commentaire reproduit sur Dalloz.fr.

I. GÉNÉRALITÉS

1. *Pouvoir réglementaire.* Il appartenait au pouvoir réglementaire de prendre les mesures applicables dans le cas où un pharmacien, frappé d'une interdiction d'exercer sa profession, ne peut plus accomplir aucun acte de gestion dans son établissement. • CE, ass., 2 déc. 1960, *CNOP : Lebon 664.*

2. *Compétence législative.* Si les modifications apportées par le Décr. n° 64-968 du 11 sept. 1964 aux dispositions de l'art. L. 580 [L. 5125-16] relèvent, par leur nature, du domaine réglementaire, l'art. L. 518 [L. 5421-2], en assortissant la méconnaissance des dispositions de l'art. L. 580 [L. 5125-16] de peines correctionnelles, a créé une infraction présentant le caractère d'un délit : il en résulte que la modification des conditions de remplacement d'un pharmacien empêché ou décédé ne peut résulter que d'une loi. • CE, ass. 12 déc. 1969, *CNOP : Lebon 573 ; AJDA 1970. II. 103, concl. Baudouin ; ibid. I. 90, chron. Denoix de Saint-Marc et Labetoulle.*

3. *Contrôle de légalité.* Sur la légalité du Décr. n° 89-996 du 22 déc. 1989, relatif au remplacement des pharmaciens d'officine, autorisant le cotitulaire de l'officine à effectuer un remplacement pour une durée de moins d'un mois, eu égard au caractère bref et temporaire de cette durée, V. • CE 26 mai 1993, *CNOP : Lebon T. 996 ; Nouv. pharm. 1993, n° 341, p. 283, obs. Viala.*

4. *Conséquences juridiques.* Si, à l'expiration du délai légal de la gérance, l'officine n'est pas exploitée par un pharmacien, la licence devient caduque et n'a plus d'existence légale. • TA Montpellier, 16 févr. 1961 : *D. 1962. 347, note Boré.* – Confirmé par • CE 18 mai 1962, *CROP de l'Hérault : Lebon 335.* ♦ En revanche, le décès du titulaire d'une licence de pharmacie n'entraîne pas, par lui-même, la caducité de la licence. • CE 5 juin 1996, *Guitard : Lebon 197 ; LPA 11 sept. 1996, p. 4, concl. Bonichot.*

5. *Exercice en société.* Un pharmacien assistant recruté par une officine gérée en société en nom collectif *n'exerce pas de ce seul fait les fonctions* de pharmacien remplaçant. • Soc. 5 juill. 1983 : *Inf. pharm. 1983. 834, obs. Viala.*

6. *Gérance après décès.* Le conjoint non diplômé bénéficiaire de la clause commerciale ne peut conserver l'exploitation de l'officine au-delà du délai prévu en cas de gérance après décès. • Paris, 11 déc. 1924 : *DP 1925. 2. 39* (sous l'empire de la loi du 21 germinal, an XI). ♦ La veuve d'un pharmacien qui donne l'officine en gérance mais conserve la direction administrative n'a pas droit à l'immatriculation à la sécurité sociale comme salariée. • Soc. 19 mai 1969 : *Bull. civ. V, n° 337.* ♦ Les dispositions de l'art. L. 5125-16 ayant pour objet d'exclure de la gestion de l'officine les héritiers non diplômés, la veuve d'un pharmacien, devenue copropriétaire indivise par dévolution successorale d'une officine dont elle a recueilli les fruits sans l'exploiter, n'a pas la qualité de travailleur indépendant assujetti à cotisations sociales. • Civ. 2e, 20 juin 2013, n° 12-17.009. ♦ En l'absence d'immatriculation au registre du commerce et des sociétés, les héritiers du pharmacien décédé, titulaire d'un bail commercial, ne sauraient bénéficier du statut des baux commerciaux pour demander la nullité du congé délivré par le bailleur, malgré l'exploitation du fonds de commerce avant la cession, par un pharmacien salarié spécialement habilité à gérer l'officine. • Civ. 3e, 14 avr. 2016, n° 15-14.275.

II. RESPONSABILITÉS

7. *Responsabilité disciplinaire.* Sur l'irrégularité d'un remplacement, V. • CE 27 juill. 1988, *Rouzé : RDSS 1989. 46, obs. Auby.* ♦ Le pharmacien titulaire doit s'assurer des qualités requises du pharmacien prévu pour effectuer un remplacement et de son inscription au tableau de l'Ordre : à défaut, le pharmacien titulaire engage sa responsabilité disciplinaire. • CE 1er mars 1989, *Bel Ayche : RDSS 1990. 66, obs. Auby ; Inf. pharm. 1989. 576, obs. Viala.*

8. *Appréciation temporelle.* Sur le cas d'une titulaire absente à raison de deux jours par semaine pendant deux ans, alors qu'elle n'était pas régulièrement remplacée : • CE 28 juill. 2000, *Carbiener*, n° 197380. ♦ L'obligation de remplacement ne prend pas en compte l'amplitude des horaires d'ouverture de l'officine : le remplaçant doit seulement exercer une réelle activité dans l'officine, comparable à celle qui aurait dû être effectuée par le titulaire remplacé (en l'espèce, il n'est pas exigé que le titulaire d'une officine, ouverte 24 heures sur 24 et 7 jours sur 7, soit remplacé par trois pharmaciens). • CNOP 1er oct. 2001 : *Nouv. pharm. 2001, n° 373, p. 488.* ♦ Il est en revanche exclu que le remplacement d'un pharmacien titulaire frappé d'une interdiction d'exercer puisse être assuré par un pharmacien adjoint de la même officine. • CNOP 26 oct. 2009 : *Nouv. pharm. 2010, n° 406, p. 3.* ♦ L'absence de l'adjoint ou le remplacement du titulaire par un adjoint pendant plus d'un mois oblige à remplacer cet adjoint (art. R. 5125-42) : cette période d'un mois ne saurait être envisagée que comme une période d'absence continue et ne peut résulter d'un cumul d'absences de plus courte durée. • CNOP 26 juin 2006 : *Nouv. pharm. 2006, n° 392, p. 291.*

9. Application d'une amnistie. Jugé, initialement, que le défaut de remplacement régulier d'un pharmacien absent n'est pas constitutif d'un manquement à l'honneur et à la probité susceptible de faire obstacle à une loi d'amnistie. • CE 21 juill. 1948, *Roques : Lebon 338.* ♦ *Contra* : l'exploitation d'une officine de pharmacie sans la présence effective d'un pharmacien constitue une faute professionnelle et un manquement à l'honneur excluant le bénéfice d'une loi d'amnistie. • CE 4 mai 1984, *Leymarie : Lebon 163.* ♦ V. également : • CE 1er mars 1989, *Bel Ayche : préc. note 7.*

10. Fermeture de l'officine. Une fermeture administrative prononcée à la suite de l'interdiction du titulaire, sans que ce dernier ait eu le temps de se faire remplacer, serait illégale et constituerait une faute. • TA Marseille, 14 févr. 1962, *Lucchini : Lebon 731.* ♦ Le titulaire interdit d'exercer la pharmacie n'est cependant pas tenu de maintenir une officine ouverte en la faisant gérer par un remplaçant. • CE, ass., 2 déc. 1960, *CNOP : préc. note 1.* ♦ Reste que l'interdiction d'exercer la pharmacie pendant cinq ans a pour conséquence de contraindre le pharmacien à fermer son officine à l'expiration de la durée légale du remplacement, le délai commençant à courir au jour où la décision disciplinaire prend effet. • CE 1er déc. 1954, *Dobritz : Lebon 636 ; D. 1954. 788.* ♦ Dès lors que le titulaire interdit ne peut maintenir son officine ouverte à l'expiration du délai légal de remplacement (un an), il lui est légalement et pratiquement impossible de rester propriétaire de son officine en application des dispositions combinées des anciens art. L. 5125-17, L. 5125-20 et L. 5125-21. • CE 7 nov. 1958, *Dobritz : Lebon 539.*

11. Responsabilité pénale. Le remplacement du titulaire pendant une durée supérieure à un an constitue le délit réprimé par les dispositions de l'art. L. 5424-14. • Crim. 13 mai 2003, n° 02-84.290. ♦ Est passible d'une peine correctionnelle le pharmacien frappé d'une interdiction d'exercice pendant cinq ans et qui s'est fait remplacer au-delà de la limite légale d'un an, peu importe qu'il fasse valoir qu'il n'est plus titulaire de l'officine, mais simple détenteur de parts dans la société en nom collectif qui exploite l'officine. • Aix-en-Provence, 13 mai 2002 : *Nouv. pharm. 2002, n° 377, p. 500.*

Art. L. 5125-17 **Le pharmacien doit être propriétaire de l'officine dont il est titulaire.**

Les pharmaciens sont autorisés à constituer entre eux une société en nom collectif en vue de l'exploitation d'une officine.

Les pharmaciens sont également autorisés à constituer individuellement ou entre eux une société à responsabilité limitée en vue de l'exploitation d'une officine, à la condition que cette société ne soit propriétaire que d'une seule officine, quel que soit le nombre de pharmaciens associés, et que la gérance de l'officine soit assurée par un ou plusieurs des pharmaciens associés.

Les gérants et les associés sont responsables à l'égard des tiers dans les limites fixées aux articles L. 223-1 et L. 223-22 du code de commerce.

Aucune limite n'est apportée à la responsabilité délictuelle et quasi délictuelle des gérants, qui sont obligatoirement garantis contre tous les risques professionnels.

Tous les pharmaciens associés sont tenus aux obligations de l'article L. 4221-1. En conséquence, tous leurs diplômes étant enregistrés pour l'exploitation de l'officine, ils ne peuvent exercer aucune autre activité pharmaceutique *(L. n° 2011-851 du 20 juill. 2011, art. 11-2°)* **« , à l'exception de celle de pharmacien de sapeur-pompier volontaire ».**

Un pharmacien ne peut être propriétaire ou copropriétaire que d'une seule officine.

(L. n° 2005-882 du 2 août 2005, art. 77) **« Tout pharmacien associé dans une société exploitant une officine et qui y exerce son activité doit détenir** *(L. n° 2016-41 du 26 janv. 2016, art. 139-1°)* **« directement une fraction » du capital social et des droits de vote qui y sont attachés.**

« Dans une société en nom collectif ou à responsabilité limitée, ou une société d'exercice libéral à responsabilité limitée, il peut, en outre, si les statuts le prévoient, se voir attribuer des parts d'industrie. Le délai de cinq ans mentionné au troisième alinéa de l'article L. 5125-7 ne fait pas obstacle à cette faculté.

« La qualité d'associé en industrie est prévue pour une durée maximale de cinq ans, éventuellement renouvelable une fois pour trois ans. »

Les dispositions du présent article s'appliquent sous réserve des dispositions de la loi du 31 décembre 1990 relative à l'exercice sous forme de sociétés des professions libérales soumises à un statut législatif ou réglementaire ou dont le titre est protégé.

Nouvel art. L. 5125-17 ***Un service de garde est organisé pour répondre aux besoins du public en dehors des jours d'ouverture généralement pratiqués par les officines dans une zone déterminée. Un service d'urgence est organisé pour répondre aux demandes urgentes en dehors des heures d'ouverture généralement pratiquées par ces officines.***

Toutes les officines de la zone, à l'exception de celles mentionnées (Ord. n° 2018-3 du 3 janv. 2018, art. 1er) ***« à l'article L. 5125-10, » sont tenues de participer à ces services, sauf décision contraire prise par arrêté du*** (Ord. n° 2010-177 du 23 févr. 2010, art. 15-2°) ***« directeur général de l'agence régionale de santé » après avis*** (Ord. n° 2018-3 du 3 janv. 2018, art. 1er) ***« du représentant régional désigné par chaque syndicat représentatif de la profession au sens de l'article L. 162-33 du code de la sécurité sociale, » en cas de circonstances ou de particularités locales rendant impraticable ou non nécessaire la participation de l'ensemble des officines.***

L'organisation des services de garde et d'urgence est réglée par les organisations représentatives de la profession dans le département. A défaut d'accord entre elles, en cas de désaccord de l'un des pharmaciens titulaires d'une licence d'officine intéressés ou si l'organisation retenue ne permet pas de satisfaire les besoins de la santé publique, un arrêté du (Ord. n° 2010-177 du 23 févr. 2010, art. 15-2°) ***« directeur général de l'agence régionale de santé » règle lesdits services après avis des organisations professionnelles précitées*** (Abrogé par Ord. n° 2010-177 du 23 févr. 2010, art. 15-10°) ***« , du pharmacien inspecteur régional » et*** (Ord. n° 2018-3 du 3 janv. 2018, art. 1er) ***« du conseil de l'ordre des pharmaciens territorialement compétent ».*** (Ord. n° 2010-177 du 23 févr. 2010, art. 15-11°) ***« Le directeur général de l'agence régionale de santé adresse pour information cet arrêté au représentant de l'État dans le département. »***

Un pharmacien qui ouvre son officine pendant un service de garde ou d'urgence, alors qu'il n'est pas lui-même de service, doit la tenir ouverte durant tout le service considéré.

Dans tous les cas, les collectivités locales sont informées des services de garde et d'urgence mis en place. [— Anc. art. L. 5125-22.]

Cet art. entre en vigueur au plus tard le 31 juill. 2018 (Ord. n° 2018-3 du 3 janv. 2018, art. 5).

BIBL. ▸ Deliancourt, La responsabilité de l'État du fait de l'illégalité d'un arrêté préfectoral réglementant la fermeture dominicale des officines de pharmacie, *LPA 28 févr. 2011, p. 13.* – Fallourd, Gardes et urgences en pharmacie : les contraintes de l'article L. 221-17 du code du travail, *Nouv. pharm. 2002, n° 377, p. 517.*

COMMENTAIRE

V. Commentaire reproduit sur Dalloz.fr

I. GÉNÉRALITÉS

1. Liberté professionnelle. La liberté professionnelle étant une liberté fondamentale constitutionnellement garantie, le pharmacien est libre ou non d'adhérer à un syndicat et de se soumettre aux ordres de celui-ci : la transgression des directives d'un syndicat sur l'organisation d'un tour de garde ne saurait dès lors donner lieu à une sanction disciplinaire. • CE 16 oct. 1964, *Caro : Lebon 475 ; D. 1965. 686, note Rainaud* (en particulier, le pharmacien pouvait maintenir son officine ouverte le soir alors qu'une pharmacie de garde assurait à Nice le service de nuit).

2. Devoir de loyauté. Jugé, en revanche, que *le manquement par un pharmacien à un engagement* fixant une heure commune de fermeture en maintenant sa pharmacie ouverte après l'heure indiquée doit être regardé comme un manquement aux devoirs de loyauté et de solidarité constitutif d'une faute disciplinaire. • CE 11 janv. 1980, *Thomas : Lebon T. 861 ; RDSS 1980. 219, obs. Auby.* ♦ Pour autant, le Conseil d'État estime que l'apposition d'une affiche portant la mention « lundi matin, fermeture imposée » ne constitue pas un manquement à l'obligation de solidarité et de loyauté, qui incombe à chaque pharmacien, de nature à justifier la sanction disciplinaire d'interdiction d'exercer la pharmacie. • CE 3 oct. 2003, n° 185668. ♦ De même, le fait pour une titulaire de laisser son officine ouverte alors qu'elle ne participe pas au service de garde, ne constitue pas un manquement à l'honneur ou à la probité et peut, dès lors, entrer dans le champ d'une loi d'amnistie. • CE 9 févr. 2005, n° 249927.

3. Organisation administrative. A défaut d'accord ou d'organisation non satisfaisante au regard des besoins pharmaceutiques de la population, un arrêté est tenu de fixer le service de garde. • CE 22 avr. 1992, *Synd. des pharmaciens de la Seine-et-Marne : Lebon T. 1273* (service de garde ramené par une délibération syndicale à un service d'urgence pour les nuits, dimanches et jours fériés effectué par six pharmacies à « volet fermé »). ♦ L'organisation des services de garde relevant uniquement de la compétence soit des organisations représentatives de la profession dans le département, soit du directeur général de l'agence régionale de santé, aucun pharmacien ne peut, de son propre chef et sans recueillir l'accord préalable de ces autorités, modifier l'organisation des services de garde. • CNOP 29 juin 2010 : *Nouv. pharm. 2010, n° 408, p. 219.*

4. Contrôle juridictionnel. Le juge exerce sur la décision arrêtant le service de garde un contrôle de l'erreur manifeste d'appréciation. • CE 31 mars 1995, *Depailler : Nouv. pharm. 1995, n° 348, p. 391, concl. Maugüé ; RDSS 1995. 734, obs. Auby* (aucun patient ne se trouvant à plus de 30 km d'une officine de garde). ♦ L'annulation, par un jugement devenu définitif, d'un arrêté préfectoral organisant le service de garde et d'urgence prive la sanction disciplinaire d'interdiction d'exercer, prononcée à l'occasion de la non-ouverture durant toute la durée du service, de fondement juridique. • CE 14 juin 2002, *Mariadassou*, n° 220084.

5. Portée de l'organisation syndicale. Le règlement des services de garde fixé par un syndicat étant dépourvu de tout caractère contraignant à l'égard des pharmaciens non syndiqués, ces derniers ne commettent pas de faute correctionnelle en contestant son organisation. • Crim. 10 avr. 1997 : *Bull. crim. n° 139.*

6. Responsabilité pénale. Sur la condamnation pour extorsion de fonds d'un pharmacien d'officine qui, au cours d'une garde, impose à ses clients une surtaxe (100 francs) s'ils désirent obtenir la délivrance de médicaments dont ils ont un besoin urgent, sauf pour eux à entreprendre un déplacement lointain et coûteux jusqu'à la plus prochaine pharmacie de garde distante de près de 20 km, V. • Paris, 27 sept. 1991, *X. c/ Min. publ. : D. 1991. 635, note Fortin*.

7. Responsabilité commerciale. Un titulaire d'officine implantée dans un centre commercial constitué en GIE, ne respectant pas les heures de fermeture décidées par l'administrateur du groupement, ne saurait invoquer les dispositions du CSP pour s'exonérer de ses obligations contractuelles. • Com. 12 mars 1985 : *Bull. civ. IV, n° 94.*

II. LIBERTÉ DE LA CONCURRENCE

8. Pratiques illicites. Jugé par le Conseil de la concurrence que les organisations syndicales ne peuvent pas organiser une entente sur les heures de fermeture des pharmacies ou faire pression sur leurs adhérents pour qu'ils se rallient à une règle commune en matière d'ouverture des officines. • Cons. conc. n° 90-D-08 du 23 janv. 1990 : *BOCC 2 févr. 1990* (relative à des pratiques constatées en matière de fixation de la durée d'ouverture des pharmacies libérales). ♦ L'organisation syndicale des services de garde, qui doit être distinguée de celle des services d'urgence, ne saurait contraindre une pharmacie à assurer une garde systématique tous les dimanches pour la journée entière et toutes les nuitées du dimanche au lundi dans le seul but de dissuader cette pharmacie de fermer son officine le dimanche matin. • Cons. conc. n° 98-D-56 du 15 sept. 1998 : *BOCC 31 déc. 1998* (sur des pratiques relevées dans le secteur des pharmacies du Val-d'Yerres dans l'Essonne).

9. Droit de l'Union. La Cour de justice estime que les réglementations nationales des ouvertures d'officine, n'affectant pas le commerce entre États membres, ne relèvent pas du champ d'application des règles européennes sur la concurrence. • CJUE 1er juill. 2010, *Sbarigia*, n° C-393/08 : *Rec. CJUE 6337 ; Europe, oct. 2010, n° 312, comm. Michel* (à propos d'une législation régionale italienne régissant les horaires et périodes de fermeture des pharmacies).

III. LÉGISLATION DU TRAVAIL

10. Fermeture préfectorale. Le Conseil d'État a depuis longtemps admis l'application de la législation sur le travail à la pharmacie, notamment des dispositions reprises par le C. trav. selon lesquelles le préfet peut ordonner, à la demande des syndicats patronaux, la fermeture de toutes les officines du département le jour du repos hebdomadaire, à condition que lui soit soumis un service de garde. • CE 27 mars 1925, *Synd. des grandes pharmacies de France : Lebon 335* • 6 août 1926, *Dastan : Lebon 878.* ♦ V. art. L. 3132-29 C. trav. ♦ ... Et sur la possibilité, pour les pharmacies, d'accorder le repos hebdomadaire par roulement, V. art. L. 3132-12 et R. 3132-5 C. trav.

11. Délégation de pouvoirs. Le préfet ne peut déléguer les pouvoirs qu'il tient de l'art. L. 221-17 [L. 3132-29] C. trav. à un conseil de l'Ordre ou à un syndicat de pharmaciens. • CE 11 mai 1990, *CROP de Lille c/ SARL Pharmacie Cauwell-Samaille*, n° 96763 : *Inf. pharm. 1990. 720, obs. Viala.*

12. Repos hebdomadaire. La règle tirée du repos hebdomadaire a pour principal objet d'éviter que ne s'établisse une concurrence entre employeurs, préjudiciable aux intérêts des travailleurs. • CE 18 déc. 1964, *Union pharmaceutique des Stés mutualistes des Alpes-Maritimes : Lebon 642 ; JCP 1965. II. 14141, concl. Rigaud.* ♦ A partir du moment où les officines du département sont soumises à l'application d'un arrêté de fermeture hebdomadaire, un titulaire, même s'il entend travailler seul, ne saurait légalement ouvrir son officine le dimanche, sous peine d'entrer en contravention avec les dispositions du C. trav. • Crim. 6 juill. 1966 : *Bull. crim. n° 195.*

13. Dérogations. Le préfet peut toutefois, sur le fondement du C. trav., admettre des dérogations, à condition qu'elles s'appliquent essentiellement à tous les professionnels intéressés et constituent des modalités d'application de la règle de fermeture hebdomadaire édictée. • CE 31 mars 1995, *SARL Le Fournil de Montauban*, n° 142896 (dès lors, un pharmacien qui serait exclu du tour de garde, compte tenu soit des circonstances ou des particularités locales rendant impraticable ou non nécessaire la participation de l'ensemble des officines, soit en cas de désaccord entre pharmaciens, ne saurait bénéficier d'une dérogation à la fermeture hebdomadaire décidée par le préfet).

14. Combinaison des législations. La faculté prévue par l'al. 4 de l'art. L. 588-1 [L. 5125-17] n'a ni pour objet ni pour effet d'écarter les dispositions du C. trav. régissant le repos hebdomadaire : dès lors, dans le cas où il existe un arrêté préfectoral ayant ordonné la fermeture des pharmacies, seules les officines désignées pour assurer la garde sont susceptibles d'ouvrir le dimanche et les jours fériés. • CE 9 févr. 2000, *Adda et Piquet : Lebon 47 ; LPA 28 nov. 2000, p. 18, note Glaise ; RDSS 2000. 369, note Laude*. ♦ Ainsi, le pharmacien qui ouvre son officine le dimanche, alors qu'il n'est pas commis au service de garde et que le préfet a ordonné la fermeture des officines sur le fondement de l'art. L. 221-17 [L. 3132-29] C. trav., commet une faute professionnelle de nature à justifier une sanction disciplinaire. • CE 19 avr. 2000, *Gaterre*, n° 195042 • 3 juill. 2000, *Juillard*, n° 198146.

Art. L. 5125-17-1 (Abrogé par Ord. n° 2018-3 du 3 janv. 2018, art. 1er et 5, au plus tard à compter du 31 juill. 2018) (L. n° 2016-41 du 26 janv. 2016, art. 139-2°) ***Le pharmacien adjoint exerçant à titre exclusif son activité dans une officine exploitée par une société d'exercice libéral peut détenir, directement ou par l'intermédiaire d'une société de participations financières de profession libérale qu'il contrôle, une fraction du capital de cette société d'exercice libéral représentant jusqu'à 10 % de celui-ci.***

Le pharmacien adjoint associé de la société d'exercice libéral exploitant l'officine dans laquelle il exerce continue d'exercer dans le cadre d'un contrat de travail et demeure placé dans un lien de subordination juridique à l'égard du ou des pharmaciens titulaires de l'officine.

Les modalités et les conditions d'application du présent article sont définies par décret en Conseil d'État, pris après avis du Conseil national de l'ordre des pharmaciens et des organisations les plus représentatives de la profession.

SECTION VI *[NOUVELLE]* INSTRUCTION DES DEMANDES D'AUTORISATION

(Ord. n° 2018-3 du 3 janv. 2018, art. 1er et 5, en vigueur au plus tard le 31 juill. 2018)

Les demandes d'autorisation de création, transfert ou regroupement d'officines déposées auprès des ARS et dont la complétude a été constatée avant l'entrée en vigueur de l'Ord. n° 2018-3 du 3 janv. 2018 demeurent soumises aux dispositions du CSP dans leur rédaction antérieure à la date de publication des décrets pris pour l'application de l'Ord. préc. (Ord. préc., art. 5).

L'intitulé de la présente section VI entrera en vigueur au plus tard le 31 juill. 2018 et comprendra les art. L. 5125-18 nouv. à L. 5125-22 nouv. (Ord. n° 2018-3 du 3 janv. 2018, art. 1er et 5).

Art. L. 5125-18 **Aucune convention relative à la propriété d'une officine n'est valable si elle n'a été constatée par écrit. Une copie de la convention doit être déposée au conseil régional de l'ordre des pharmaciens et au siège** *(Ord. n° 2010-177 du 23 févr. 2010, art. 15-9°)* **« de l'agence régionale de santé ».**

Est nulle et de nul effet toute stipulation destinée à établir que la propriété ou la copropriété d'une officine appartient à une personne non diplômée.

Nouvel art. L. 5125-18 (Ord. n° 2018-3 du 3 janv. 2018, art. 1er et 5, en vigueur au plus tard le 31 juill. 2018) ***Toute création d'une nouvelle officine, tout transfert d'une officine d'un lieu dans un autre et tout regroupement d'officines sont subordonnés à l'octroi d'une licence délivrée par le directeur général de l'agence régionale de santé selon les conditions prévues aux articles L. 5125-3, L. 5125-3-1, L. 5125-3-2, L. 5125-3-3, L. 5125-4 et L. 5125-5.***

Dans le cas d'un transfert ou d'un regroupement d'officines de pharmacie d'une région à une autre, la licence est délivrée par décision conjointe des directeurs généraux des agences régionales de santé territorialement compétentes.

La licence fixe l'emplacement où l'officine sera exploitée.

Lorsqu'il est saisi d'une demande de création, de transfert ou de regroupement, le directeur général de l'agence régionale de santé consulte les organisations professionnelles mentionnées à l'article L. 5125-6-1 ou, dans le cas de la Réunion, de la Martinique, de la Guadeloupe, de Saint-Barthélemy, de Saint-Martin, de la Guyane et de Saint-Pierre-et-Miquelon, le conseil central de la section E de l'ordre national des pharmaciens.

Il peut déterminer le ou les secteurs de la commune dans lequel l'officine devra être située. La décision d'autorisation ou de refus de la demande est prise par arrêté du directeur général de l'agence régionale de santé.

COMMENTAIRE

V. Commentaire reproduit sur Dalloz.fr.

I. INSTRUCTION DU DOSSIER

1. Composition du dossier. Sur la composition du dossier de demande de licence, V. art. R. 5125-1 et Arr. du 21 mars 2000 (*JO 23 mars*) corrigé par un Arr. du 6 juin 2000 (*JO 15 juin*). Les titres requis doivent permettre à l'administration d'apprécier la sincérité et le sérieux de la demande : ils doivent être suffisamment précis et indiquer la qualité du cédant ou du bailleur, les conditions générales de jouissance du local et la qualité du propriétaire.

2. Critères d'appréciation. La moralité du candidat n'a pas à être prise en considération par l'administration : il appartient à l'institution ordinale, seule, de l'apprécier à l'occasion de l'inscription au tableau de l'Ordre. • CE 18 déc. 1957, *Muller : Lebon 652 ; AJDA 1958. II. 42, concl. Long.*

A. JUSTIFICATION D'UN DROIT SUR LE LOCAL

3. Principe. Le pharmacien qui sollicite une licence doit, à l'appui de sa demande, justifier avec une précision suffisante de la nature et de l'étendue de ces droits à la jouissance du local où il entend exploiter son officine. • CE 20 déc. 1957, *Min. Santé publique c/ Massad : Lebon 696* • 31 janv. 1958, *Kitten : Lebon 55* • 12 mai 1961, *Weil : Lebon 315.*

4. Plan du local. Il résulte de la règle selon laquelle la licence fixe l'emplacement où l'officine sera exploitée que l'intéressé doit éventuellement fournir un plan de ses locaux permettant à l'administration de s'assurer que l'emplacement envisagé n'est manifestement pas impropre à l'exercice de la pharmacie. • CE 2 nov. 1957, *Comtesse : Lebon 571.* ♦ Le pharmacien qui sollicite une licence doit, à l'appui de sa demande, justifier avec une précision suffisante de la possibilité de réaliser les aménagements nécessaires dans le local où il entend exploiter son officine. • *CE 7 févr. 1973, Azoulay et Min. Santé publ. c/ Mattéi : Lebon 123 ; RDSS 1973. 329, obs. Auby ; Inf. pharm. 1973. 1232, chron. Denoix de Saint-Marc et Labetoulle.*

5. Cession de bail. Un acte de cession de bail dont la régularité n'est pas contestée est une pièce suffisante pour que l'administration puisse apprécier sincèrement le dossier de demande de licence. • CE 29 mars 1957, *Ville d'Alger : Lebon 222.* ♦ Jugé légal le refus opposé par l'administration à une demande de création d'une officine au motif que la demande n'est pas assortie de précisions suffisantes quant à la nature et l'étendue des droits du pharmacien à la jouissance du local pour lequel il dispose d'un bail de 23 mois que le propriétaire n'entend pas renouveler. • CE 14 avr. 1995, *Sentis : Lebon T. 1015.*

6. Valeur des promesses. S'agissant des droits relatifs au local devant accueillir l'officine, le postulant n'est pas tenu de justifier de la jouissance effective du local au moment du dépôt de la demande : les titres consistant en une promesse de location-vente ou une promesse de cession de bail sont en principe suffisants. • CE 27 nov. 1957, *Legrand : Lebon 641* • 18 déc. 1987, *Sallée et Synd. des pharmaciens de la Charente : Lebon 420.* ♦ Aucune disposition législative ou réglementaire n'impose un acte authentique. • CE 28 avr. 1989, *Astruc : Inf. pharm. 1989. 716, obs. Viala ; RDSS 1990. 63, obs. Auby.* ♦ L'attestation selon laquelle l'intéressé s'est rendu acquéreur d'un terrain, complétée ultérieurement par le permis de construire, est également regardée comme une justification suffisante. • CE 17 nov. 1962, *Desbats : Lebon 547.*

7. Validité des titres. L'autorité administrative ne saurait toutefois s'immiscer dans des contestations d'ordre privé susceptibles de s'élever au sujet de la validité des titres produits à l'appui de la demande. • CE 18 déc. 1987, *Sallée et Synd. des pharmaciens de la Charente : Lebon 420.* ♦ Elle doit classiquement s'en tenir à « l'acte clair ». • CE 29 mars 1957, *Ville d'Alger : Lebon 222* • 2 nov. 1957, *Comtesse : Lebon 571* • 26 juin 1981, *Monier : Lebon T. 896.* ♦ Ont été jugés suffisants : un accord préalable de bâtir sur un terrain appartenant à l'intéressé. • CE 3 avr. 1968, *Min. Aff. soc. c/ Boichard : Lebon T. 1084* • 30 oct. 1968, *Min. Aff. soc. c/ Roumieux : Lebon 540* ♦ ... Un accord de principe donné à l'opération envisagée par des services compétents. • CE 3 nov. 1971, *Min. Aff. soc. c/ Héraud et Lotte : Lebon 652 ; Inf. pharm. 1972. 354, obs. Denoix de Saint-Marc et Labetoulle ; JCP 1972. II. 17257, note Nocquet ; RDSS 1972. 179, obs. Auby.* ♦ ... Ou un permis de construire. • CE 17 nov. 1962, *Desbats : Lebon 547* • 25 juin 1975, *Min. Santé et Blanchet c/ Millet : Lebon 391 ; Inf. pharm. 1976. 435, obs. Denoix de Saint-Marc et Labetoulle ; RDSS 1976. 85, obs. Auby.*

8. Bail commercial. Sur la fixation du montant du bail de l'officine et l'augmentation de la commercialité due au monopole pharmaceutique, V. • Civ. 3e, 13 mars 1991 : *Bull. civ. III, n° 89.* ♦ L'indemnité d'éviction a pour limite le préjudice causé par le non-renouvellement du bail relatif au fonds de commerce : la loi limitant le nombre des pharmacies dans chaque ville, le pharmacien est assuré de rester l'un des pharmaciens de la ville en se réinstallant. • Com. 21 mars 1962 : *Bull. civ. III, n° 188.* ♦ Le propriétaire du local ne peut obtenir un déplafonnement du loyer au motif que le bail prévoyait une activité exclusive de pharmacie et non la vente de parapharmacie : en effet, l'activité de la pharmacie d'officine comporte la vente des produits de parapharmacie qui lui sont réservés ou autorisés par les textes législatifs ou réglementaires applicables. • Civ. 3e, 21 mars 2007 : *Bull. civ. III, n° 40 ; D. 2007. 1084* ♦ Jugé qu'un bailleur ne saurait assigner en dommages-intérêts pour dénonciation de bail une société de pharmacie estimant ne plus disposer d'un délai suffisant pour aménager les locaux, compte tenu des travaux modificatifs exigés, dès lors qu'aucun certificat de conformité des locaux n'avait été délivré à la date d'effet du bail. • Civ. 3e, 17 oct. 2012, n° 11-21.290.

B. ARTICULATION AVEC LES RÈGLES DE L'URBANISME

9. Permis de construire. Le pharmacien qui sollicite une licence doit, à l'appui de sa demande, justifier, avec une précision suffisante, de la possibilité qu'il aura de réaliser les aménagements nécessaires dans le local où il entend exploiter son officine, notamment lorsque ces aménagements nécessitent l'obtention préalable d'un permis de construire. • CE 26 mai 1995, *Djourno*, n° 121060 : *Nouv. pharm. 1995, n° 348, p. 387* • 7 févr. 1973, *Azoulay et Min. Santé publ. c/ Mattéi : préc. note 4* • 19 nov. 1975, *Catala : Lebon 580 ; Gaz. Pal. 1976. 2. 768, note Moderne.* ♦ ... Peu importe que le permis de construire soit illégal s'il n'a pas été attaqué dans les délais. • CE 30 janv. 1974, *Tissier : Lebon 74 ; JCP 1975. II. 18138, note Nocquet* • 2 oct. 1974, *Ch. synd. des pharmaciens des Alpes-Maritimes : Lebon T. 1129.* ♦ ... Ou que le permis de construire soit sollicité et obtenu ultérieurement. • CE 25 juill. 1975, *Laurent : RDSS 1976. 85, obs. Auby ; Inf. pharm. 1976. 435, obs. Denoix de Saint-Marc et Labetoulle.* ♦ Le juge se refuse à faire des comparaisons quant à la superficie et aux aménagements proposés. • CE 3 mai 1967, *D'Albano : Lebon 191 ; RDSS 1968. 94, obs. Auby.* ♦ Un dossier ne peut être regardé comme complet sans la production de l'autorisation d'urbanisme requise ou des documents justifiant de son obtention tacite, alors même que le pharmacien attesterait sur l'honneur que les travaux programmés ne sont soumis à la délivrance d'aucune autorisation. • CE 23 déc. 2014, *Synd. des pharmaciens indépendants de la Réunion, n° 372594 : Lebon T. 839.*

10. Droit de préemption. Si le pharmacien qui sollicite la licence doit, à l'appui de sa demande, justifier avec une précision suffisante de son droit à jouissance du local où il entend exploiter son officine en vue de son installation, une promesse de vente justifie ainsi suffisamment des droits de l'intéressé à occuper les lieux, en dépit du fait que l'immeuble en cause est situé dans une zone d'intervention foncière pouvant donner lieu à l'exercice d'un droit de préemption. • CE 17 avr. 1992, *Lahaille : Lebon T. 1271.*

11. Accord de principe. Un pharmacien ne produisant, à l'appui de sa demande, aucune pièce indiquant qu'au moins un accord de principe sur l'opération de construction a été donné par les services de l'urbanisme ne peut voir sa demande prospérer, son dossier étant incomplet. • CE 25 juin 1975, *Min. Santé et Blanchet c/ Millet : préc. note 7.* ♦ ... A charge pour l'autorité administrative d'examiner si la construction ou l'aménagement exige un permis de construire, peu importe que l'instruction du permis de construire relève d'un autre service de la préfecture. • CE 19 nov. 1975, *Catala : préc. note 9.* ♦ Nonobstant le fait que le permis de construire n'ait pas encore été accordé, un dossier doit être considéré comme complet dès lors qu'une délibération du conseil municipal s'engage à louer au pharmacien le local en cause. • CE 14 mars 2003, *Montaner et Laurent : Lebon 125.*

12. Caducité ou nullité du permis de construire. La péremption d'un permis de construire ne constitue pas un obstacle à l'octroi d'une licence, de même que la nullité du permis de construire n'emporte pas nécessairement l'invalidation de la licence : sont ainsi inopérants les moyens tirés de la méconnaissance des règles de l'urbanisme à l'encontre d'une autorisation d'ouverture d'une officine de pharmacie, l'annulation du permis de construire délivré pour la réalisation du local dans lequel l'officine devait être installée n'entraînant pas l'annulation de l'autorisation d'ouverture de cette pharmacie. • CE 13 mai 1996, *Dubois : Lebon 176.*

13. Indépendance des législations. En vertu de l'indépendance des législations en matière de police, les règles de l'urbanisme sont indépendantes des règles relatives à la délivrance des licences d'officine. • CE 31 mars 1995, *Cne de Méru : Lebon T. 1089.* ♦ Toutefois, des circonstances de fait ou de droit peuvent justifier des exceptions au principe de l'indépendance des législations, notamment lorsque les règles de l'urbanisme limitent le développement des activités commerciales. • CE 18 oct. 1978, *Wylleman : Lebon. 381 ; Inf. pharm. 1979. 877, obs. Denoix de Saint-Marc et Labetoulle ; RDSS 1979. 72, obs. Auby ; D. 1979. IR 201, obs. Moderne* (la méconnaissance d'un cahier des charges de la zone urbaine par la décision autorisant l'ouverture d'une officine est de nature à entacher d'illégalité la licence). ♦ La circonstance qu'un pharmacien autorisé à ouvrir une officine soit, en tant que participant à un GIE gérant un centre commercial, soumis à des règles incompatibles avec l'exercice de sa profession, reste cependant sans incidence sur la légalité de l'arrêté de licence. • CE 30 janv. 1981, *Min. Santé et Famille c/ Michalet : Lebon 44.* ♦ Il n'appartient pas à l'autorité chargée d'autoriser la création ou le transfert d'une officine d'apprécier, sauf en cas de fraude, la légalité des décisions relatives aux autorisations d'urbanisme, même si la décision de non-opposition à déclaration préalable dont se prévaut le demandeur serait illégale, au motif que les travaux autorisés relèveraient du régime du permis de construire. • CE 23 déc. 2014, *Synd. des pharmaciens indépendants de la Réunion*, n° 372594 : *Lebon T. 839.*

14. Expropriation. Si elle éteint les droits personnels existant sur l'immeuble exproprié, et notamment le droit au bail détenu par l'exploitant de l'officine, une ordonnance d'expropriation pour cause d'utilité publique ne fait pas disparaître le fonds de commerce, mais seulement le bail : dès lors la licence attachée à ce fonds de commerce ne devient pas caduque. • CE 6 déc. 1967, *Fauroux-Lyonnet : Lebon 471* • 6 avr. 1979, *Rollet : Lebon T. 865.*

15. Expulsion. Sur l'expulsion du domaine public d'une officine de pharmacie implantée sans droit ni titre, V. • CE 2 juin 2006, *CCI Marseille : AJDA 2006. 1559, concl. Collin.*

C. AMÉNAGEMENT ET INSTALLATION DE L'OFFICINE

16. Nouvel accès. L'aménagement de l'officine consistant en l'ouverture d'un nouvel accès ne peut être regardé ni comme une création nouvelle ni comme un transfert et ne nécessite donc pas une nouvelle autorisation. • CE, sect., 27 mai 1988, *Min. Aff. soc. c/ Hess : Lebon 212, concl. de Clausade.*

17. Déclaration ordinale. Jugé qu'avant le Décr. n° 2000-259 du 21 mars 2000 ayant introduit une obligation de déclaration à l'Ordre des pharmaciens (art. R. 5125-12), l'ouverture d'un local destiné à accueillir à proximité de l'officine une partie des réserves de médicaments de l'officine ne saurait être regardée comme ayant entraîné une création ou un transfert d'officine, soumis à une autorisation préalable et devant faire l'objet d'une déclaration à l'Ordre. • CE 10 oct. 2005, *n° 241307.* ♦ *Sur la méconnaissance, par un pharmacien ayant transféré de façon transitoire son activité officinale dans une structure de type Algeco, de l'obligation de déclaration au CROP qui lui incombe au titre de l'art. R. 5125-12, V.* • CNOP 15 déc. 2008 : *Nouv. pharm. 2009, n° 402, p. 17.* ♦ Jugé également que ne peut être regardé comme fautif le pharmacien qui a utilisé un local à distance de son officine pour y installer un préparatoire, dans la mesure où il bénéficiait d'un arrêté préfectoral autorisant un tel usage et constituant, en l'absence d'abrogation ou d'annulation, une décision individuelle créatrice de droits. • CNOP 22 sept. 2009 : *Nouv. pharm. 2009, n° 405, p. 412.*

II. PROCÉDURE CONSULTATIVE

18. Portée de l'avis. L'autorité administrative peut procéder à d'autres consultations et ordonner toutes les mesures d'instruction nécessaires, à condition de ne pas se considérer comme liée par les avis sollicités. • CE 5 mars 1969, *Magnin et Min. Aff. soc. : Lebon 139.* ♦ Mais doit être annulé l'arrêt qui, en se fondant sur les termes d'une lettre de l'administration ne mentionnant que la question de la conformité des installations projetées, en déduit que l'autorisation a été délivrée en méconnaissance de l'obligation de consultation des syndicats. • CE 23 juin 2008, *EURL Hoorens et Pharmacie du Médoc*, n° 302023.

19. Instances concernées. L'administration n'est pas tenue de consulter à la fois les instances nationales et locales des syndicats professionnels. • CE 11 oct. 1961, *Clément : Lebon 560 ; D. 1962. 150, note Moderne.* ♦ ... Ni le maire. • CE 11 juin 1990, *Pouthier*, n° 97264. ♦ ... Ni les pharmaciens déjà installés dans la commune. • CE 10 mars 1989, *Christol*, n° 83954. ♦ ... Ou de solliciter l'avis du conseil municipal. • CE 16 oct. 1968, *Union nat. des grandes pharmacies de France, Grabez et CNOP : Lebon 488 ; AJDA 1969. II, n° 16, p. 98, note Peiser.* ♦ Jugé que les syndicats professionnels dont l'avis est recueilli ne sauraient être regardés, eu égard à leur nature, à leur objet et à leurs conditions de fonctionnement, comme des organismes collégiaux placés auprès des autorités de l'État au sens du Décr. n° 83-1025 du 28 nov. 1983 : une mise en demeure n'est donc pas nécessaire en l'absence de réponse à la demande d'avis faite au syndicat. • CE 13 mars 1992, *Chante : Lebon T. 1271.*

20. Forme de l'avis. L'avis du CROP doit être émis après une délibération authentique. • CE 21 mars 1958, *Synd. dptal des pharmaciens du Morbihan : Lebon 190.* ♦ L'administration n'est pas tenue de préciser, dans sa décision, si les avis recueillis ont été ou non favorables. • CE 19 janv. 1990, *Lafosse*, n° 86687.

21. Délai de consultation. L'organe consultatif doit disposer d'un délai suffisant pour donner son avis. • CE 30 janv. 1981, *Min. Santé et Famille c/ Michalet : préc.* note 13. ♦ L'avis est désormais réputé rendu dans les deux mois, V. art. R. 5125-2.

22. Nouvel examen. A une nouvelle demande doit correspondre un nouvel avis du CROP. • CE 3 mai 1967, *Min. Santé publique c/ Gozzi : Lebon T. 911.* ♦ ... De même si un élément essentiel de la demande tel que l'emplacement a été modifié après coup. • CE 31 janv. 1958, *Kitten : Lebon 498.* ♦ ... Ou si de nouvelles circonstances sont apparues. • CE 18 févr. 1970, *Grumach : Lebon 118.* ♦ La circonstance que les pièces soumises aux organismes consultatifs soient légèrement différentes de celles sur lesquelles l'autorité administrative fonde sa décision n'est pas de nature à créer une situation nouvelle faisant obligation à l'administration de prendre à nouveau les avis de ces organismes. • CE, sect., 26 mars 1976, *CROP d'Aquitaine : Lebon 182.*

III. RÉGIME CONTENTIEUX

23. *Décision implicite de rejet.* Le défaut de réponse dans le délai de quatre mois à compter de l'enregistrement de la demande vaut décision implicite de rejet : la demande peut être confirmée jusqu'à l'expiration d'un délai de deux mois à compter de la notification de la décision de rejet ou de la formation de la décision implicite de rejet, V. art. R. 5125-3.

A. RECEVABILITÉ

24. *Décision faisant grief.* Un arrêté préfectoral affectant un numéro d'ordre à une licence accordée par arrêté ministériel fait grief aux pharmaciens auteurs d'une requête. • CE 23 mars 1990, *Goddard et Saury c/ Nal,* n° 84250.

25. *Refus d'autorisation.* La décision refusant une autorisation ne crée pas de droits au profit des tiers. • CE 5 juill. 1975, *Bosc : Lebon T. 1230 ; Inf. pharm. 1976. 435, obs. Denoix de Saint-Marc et Labetoulle ; JCP 1977. II. 18619, note Nocquet ; RDSS 1976. 86, obs. Auby.*

26. *Intérêt à agir.* Le propriétaire du local dans lequel doit être exploitée l'officine n'a toutefois pas intérêt à agir contre la décision du préfet refusant au pharmacien l'octroi d'une licence. • CE 29 juill. 1983, *Boutin : Lebon 355.* ♦ Jugé en revanche qu'une commune a intérêt à demander l'annulation d'une autorisation même lorsque la pharmacie autorisée est située sur le territoire d'une autre commune. • CE 19 nov. 1980, *Wendling : Lebon T. 861 ; D. 1981. IR 197, obs. Moderne.* ♦ Il en est de même si l'emplacement choisi sur le territoire communal ne lui paraît pas approprié. • CE 12 mars 1982, *Barrouilhet : RDSS 1982. 436, obs. Auby ; LPA 13 sept. 1983, p. 4, note Moderne.*

27. *Tierce opposition.* Sur la recevabilité de la tierce opposition formée contre une décision de rejet en appel, V. • CE 14 oct. 1966, *Boulanger : Lebon 547.* ♦ N'est pas en revanche recevable la tierce opposition formée par d'autres pharmaciens exerçant dans la même commune que le bénéficiaire de l'autorisation. • CE 17 déc. 1990, *Sober et Baptiste,* n° 99714. ♦ Dans la mesure où la décision de retrait d'une autorisation de transfert d'officine, intervenant sur recours gracieux ou hiérarchique formé par des pharmaciens concurrents ou par le conseil régional de l'ordre des pharmaciens, fait naître des droits au profit de ces personnes, il en résulte qu'à défaut d'intervention en défense de leur part ou de mise en cause devant le tribunal administratif, elles ont qualité pour former tierce opposition contre un jugement annulant le retrait de l'autorisation. • CE 30 déc. 2015, n° 375838 : *Lebon ; AJDA 2016. 644.*

28. *Appel et cassation.* Des personnes qui, devant le tribunal administratif, sont régulièrement intervenues en défense à un recours pour excès de pouvoir ne sont recevables à interjeter appel du jugement rendu contrairement aux conclusions de leur intervention que lorsqu'elles auraient eu qualité, à défaut d'intervention, pour former tierce opposition au jugement faisant droit au recours : tel n'est pas le cas de pharmaciens concurrents intervenus en première instance en défense au recours dirigé contre l'arrêté rejetant une demande de transfert. • CE 29 juill. 1998, *Beauvais : Lebon 331.* ♦ De même, la personne qui, devant une cour administrative d'appel, est régulièrement intervenue en défense, n'est recevable à se pourvoir en cassation contre l'arrêt rendu contrairement à ses conclusions que lorsqu'elle aurait eu la qualité, à défaut d'intervention de sa part, pour former tierce opposition contre l'arrêt faisant droit à l'appel. • CE 3 juill. 2000, *Synd. des pharmaciens du Nord,* n° 196259. ♦ En revanche, un CROP peut, dans le cadre de son intervention dans un litige portant sur une autorisation de création d'une officine de pharmacie, faire valoir des prétentions propres à condition de ne pas présenter des questions différentes de celles soumises au juge par les parties. • CE 14 mars 2003, *Montaner et Laurent : préc. note 11.* ♦ Les décisions relatives à la création, au transfert ou au regroupement d'officines de pharmacie participent à la mission de régulation, d'orientation et d'organisation de l'offre de services de santé exercée par l'ARS au nom de l'État (en application de l'art. L. 1431-2) : par suite, si une ARS est un établissement public de l'État doté de la personnalité morale, qui dispose à ce titre du droit d'ester en justice, le ministre chargé de la santé est seul compétent, en application des articles L. 1432-2 CSP et R. 811-10 CJA, pour faire appel d'un jugement faisant droit à un recours dirigé contre une décision prise par le directeur général de l'agence dans cette matière. • CE 4 juin 2014, *Min. des Affaires sociales et de la Santé,* n° 367298 : *Lebon.*

B. CONDITIONS DE FORME

29. *Absence de mentions.* Un arrêté peut valoir licence sans le mentionner expressément. • CE 27 nov. 1957, *Bertrand : Lebon T. 862.* ♦ Jugé aussi que l'absence de signature de l'auteur de l'acte sur l'ampliation délivrée au requérant est sans incidence sur la légalité de la décision. • CE 8 févr. 1989, *Luzy et Rudigoz,* n° 73601.

30. *Motivation.* Un arrêté autorisant l'ouverture d'une pharmacie n'est pas au nombre des actes qui doivent être motivés. • CE 7 avr. 2011,

Halabi, n° 330534 : *AJDA 2011. 1344*. Mais si aucun texte n'oblige l'autorité administrative à motiver une décision d'autorisation, ses décisions de refus sont soumises au régime de la motivation des actes administratifs imposé par la L. n° 79-587 du 11 juill. 1979 (art. L. 211-2 CRPA). ♦ Jugé qu'un arrêté, complétant la motivation d'un arrêté autorisant l'ouverture d'une officine, annulé par un jugement frappé d'appel doit être déclaré inexistant et réputé nul et de nul effet. • CE 20 mai 1988, *Nardin : Lebon 198.*

31. Moyens de légalité externe. N'est pas fondé sur une cause juridique distincte le moyen tiré du défaut de motivation de l'arrêté attaqué dès lors que d'autres moyens de légalité externe avaient été invoqués avec une précision suffisante dans la requête introductive d'instance. • CE 12 oct. 1990, *Ségura : Lebon T. 952.*

32. Présentation d'observations. Lorsque la légalité d'une décision administrative est subordonnée à la satisfaction de plusieurs conditions et que l'administration a omis d'examiner l'une de ces conditions au cours de la procédure, elle peut faire valoir pour la première fois devant le juge de l'excès de pouvoir le motif tiré de ce que cette condition était, en réalité, remplie à la date de la décision attaquée : il appartient au juge, après avoir mis l'auteur du recours à même de présenter ses observations sur ce nouveau motif, de rechercher si celui-ci, combiné à celui qui avait été retenu initialement, est de nature à fonder légalement la décision et, dans l'affirmative, le juge peut écarter le moyen tiré de l'erreur de droit qu'aurait commise l'administration en s'abstenant d'examiner l'une des conditions légales de la décision, sous réserve que le défaut d'examen de cette condition n'ait pas privé l'intéressé d'une garantie procédurale. • CE 27 sept. 2006, *Pillods : RDSS 2007. 104, concl. Devys*.

C. CONTRÔLE JURIDICTIONNEL

33. Détournement de pouvoir. Le juge administratif contrôle l'existence d'un détournement de pouvoir. • CE 4 févr. 1972, *Min. Santé publ. c/ Rollet : Lebon 116.* ♦ Il censure ainsi l'utilisation par l'administration de son pouvoir d'octroyer ou de refuser une licence dans un but autre que celui pour lequel il lui a été délégué, tel que le refus opposé à *une demande de transfert* pour des motifs inspirés du seul souci de protéger des intérêts purement privés. • CE 4 janv. 1961, *CNOP : Lebon 1.*

34. Contrôle normal. Les décisions autorisant l'ouverture d'une pharmacie d'officine par la voie dérogatoire étaient soumises à un contrôle normal sur le point de savoir si la condition légale relative aux besoins de la population était remplie. • CE 27 nov. 1970, *Comiti-Bouillin : Lebon 720.* ♦ Un contrôle normal avait ensuite été étendu au refus de délivrance d'une licence à titre dérogatoire. • CE 19 mai 1983, *Min. Santé c/ Thévenot : D. 1985. 45, note Auby.* ♦ De même, un contrôle normal était exercé sur l'appréciation des intérêts de la santé publique faite par l'administration lorsque le transfert d'une officine d'un quartier dans un autre était autorisé. • CE 25 mars 1983, *Marque-Nabos : Lebon 143* • 13 avr. 1988, *CROP de Bretagne : Lebon 139.*

35. Erreur de droit. Sur la censure d'une erreur de droit concernant le régime actuel des créations, V. • CE 28 avr. 2006, *Min. Solidarités, Santé et Famille c/ Hickel et Engel : Lebon T. 1048 ; RDSS 2007. 104, concl. Devys*. ♦ ... Et le régime actuel des transferts, V. • CE 18 juin 2007, *Delmotte : Lebon 248 ; RDSS 2007. 853, concl. Devys* • 18 févr. 2009, *Pouquet*, n° 294022 : *Lebon T. 930* • 10 févr. 2010, *Min. Santé, Jeunesse et Sports c/ SARL Henjajula*, n° 324109 : *Lebon T. 959*.

D. RÉGIME DU RETRAIT

36. Conditions du retrait. Sur le retrait d'une décision illégale, V. • CE 20 févr. 1953, *Cozic-Savouré : Lebon 86.* ♦ Les autorisations étant créatrices de droits, l'autorité compétente ne saurait légalement tenter de régulariser sa décision en mettant fin rétroactivement à l'illégalité qui l'entache. • CE 5 mai 1986, *Min. Aff. soc. et Solidarité nat. c/ Leblanc et Tissier : Lebon 128.* ♦ Il y a désormais lieu d'appliquer la solution suivant laquelle l'administration ne peut retirer une décision individuelle expresse créatrice de droits, si elle est illégale, que dans le délai de quatre mois suivant la prise de cette décision, V. • CE, ass., 21 oct. 2001, *Ternon : Lebon 497, concl. Séners.*

37. Respect du contradictoire. L'octroi d'une licence étant une décision créatrice de droits, son retrait ne peut intervenir sans que l'intéressé ait été à même de présenter des observations écrites et au terme d'une procédure contradictoire. • CE 28 janv. 1991, *Min. Aff. soc. c/ Lopez : Lebon T. 1167* • 12 juin 1995, *Min. Solidarité c/ Scremin : Lebon T. 1015.* ♦ L'annulation par une cour administrative d'appel d'un jugement ayant fait injonction au préfet d'octroyer une licence prive nécessairement de base légale l'autorisation ainsi accordée : les droits créés par la décision préfectorale ne présentant aucun caractère définitif, c'est à bon droit que l'autorité administrative a pu constater la nullité de la licence délivrée, sans que soient méconnus les règles relatives à l'abrogation des décisions créatrices de droits et le principe général du droit relatif à la sécurité juridique. • CAA Douai, 15 oct. 2009, *Saal : AJDA 2010. 97, concl. Lepers*.

E. PROCÉDURE DE RÉFÉRÉ

38. Régime antérieur. Jugé qu'une mesure de référé pouvait être ordonnée en vue de permettre aux intéressés de prendre connaissance du dossier au vu duquel une autorisation a été accordée. • CE 11 mai 1979, *Min. Santé c/ Espinasse : Lebon 214.*

39. Forme de l'ordonnance. Aucune disposition du code de justice administrative ni aucune règle générale de procédure n'impose que les ordonnances prises par le juge des référés portent la mention de l'ensemble des diligences accomplies par le juge pour garantir le déroulement contradictoire de la procédure, tels que la date de notification de la requête et le délai imparti à la défense pour produire ses observations. • CE 14 nov. 2003, n° 258519. ♦ Doit en revanche être annulée, pour insuffisance de motivation, l'ordonnance du juge des référés qui se borne à indiquer, dans ses visas, que le requérant soutient que la décision attaquée est entachée d'erreur de droit et d'erreur de fait, sans procéder à une analyse des moyens soulevés par le requérant. • CE 12 déc. 2012, n° 362392.

40. Contrôle du juge de cassation. Sauf dénaturation des faits, l'appréciation souveraine des circonstances de l'espèce, justifiant ou non de l'urgence à suspendre l'exécution de la décision et d'un moyen de nature à créer un doute sérieux sur la légalité de celle-ci, échappe au contrôle du juge de cassation. • CE 26 nov. 2001, *Gebel,* n° 236227 • 3 déc. 2001, *Schindele,* n° 237116. ♦ Encore faut-il que le jugement au fond ne soit pas intervenu entre temps, rendant donc sans objet le pourvoi présenté. • CE 10 juill. 2002, *Sté pharmacie des Augustins,* n° 241632. ♦ ... Et que les moyens développés par le requérant à l'appui de sa requête soient de nature à permettre l'admission de celle-ci. • CE 27 juill. 2001, *Camps,* n° 234302 • 22 août 2002, n° 248232.

41. Éléments d'appréciation. Il appartient au juge des référés d'apprécier concrètement, compte tenu des justifications fournies par le requérant, si les effets de l'acte litigieux sont de nature à caractériser une urgence justifiant que, sans attendre le jugement au fond, l'exécution de la décision soit suspendue et il lui appartient également de faire apparaître dans sa décision tous les éléments qui, eu égard notamment à l'argumentation des parties, l'ont conduit à considérer que la suspension demandée revêtait un caractère d'urgence : l'urgence ne peut ainsi se limiter à la constatation de l'imminence de l'ouverture d'une officine dont la licence autorisant un transfert est attaquée devant le juge de l'excès de pouvoir, d'autant que le préjudice grave qui est allégué ne repose sur aucune indication chiffrée quant à la situation actuelle de la pharmacie concurrencée. • CE 29 juill. 2002, n° 243957.

42. Situation d'urgence. La circonstance que la pharmacienne ait continué à exercer son activité officinale, malgré les annulations contentieuses des précédentes autorisations lui ayant été accordées, n'est pas de nature, à elle seule, à caractériser une situation d'urgence. • CE 3 oct. 2003, *Pillods,* n° 256336. ♦ Motive insuffisamment sa décision le juge des référés qui se borne, pour estimer que la suspension d'un arrêté autorisant un transfert d'officine à l'intérieur d'une commune de moins de 2 000 habitants présentait un caractère d'urgence, à indiquer que ce transfert présentait un caractère imminent, sans répondre à l'argumentation en défense et à celle de l'administration faisant valoir que le transfert n'était pas susceptible d'intervenir avant un certain délai. • CE 29 oct. 2007, n° 305571. ♦ Si, pour caractériser une urgence de nature à justifier la suspension d'un arrêté autorisant le transfert d'une officine, la commune intéressée invoque un risque d'atteinte à la santé publique eu égard aux conditions d'approvisionnement en médicaments de la population du bourg, notamment des personnes âgées, encore faut-il que la nouvelle implantation, alors même qu'elle est située en périphérie de la commune, soit susceptible d'affecter de façon suffisamment grave les possibilités d'approvisionnement en médicaments d'une partie de la population de la commune. • Même arrêt. ♦ Le transfert d'une officine de pharmacie à proximité d'un centre médical est susceptible de priver rapidement l'officine concurrente d'une partie significative de sa clientèle et, par suite, de préjudicier de manière grave et immédiate à sa situation. • CE 12 déc. 2012, n° 362392 (suspension accordée).

43. Gravité du préjudice. Il appartient au juge des référés, pour prononcer la suspension de l'arrêté de licence litigieux, de préciser la nature du préjudice et de répondre à l'argumentation du défendeur relative aux conséquences de la suspension de l'arrêté autorisant le transfert de l'officine. • CE 12 avr. 2002, *Boyer,* n° 242158.

F. SURSIS À EXÉCUTION

44. En appel. La juridiction d'appel peut ordonner qu'il soit sursis à l'exécution du jugement rendu par le tribunal administratif si les moyens invoqués paraissent, en l'état de l'instruction, sérieux et de nature à justifier, outre l'annulation ou la réformation du jugement, le rejet des conclusions à fin d'annulation accueillies par le jugement. • CE 2 avr. 2003, n° 247692.

45. En cassation. Le sursis à exécution d'une décision juridictionnelle rendue en dernier ressort est recevable si la décision litigieuse risque d'entraîner des conséquences difficilement réparables et si le moyen présenté à l'appui du pourvoi est de nature à justifier non seulement l'annulation de la décision, mais également l'infirmation de la solution retenue au fond. • CE 18 déc. 2002, Min. Santé c/ Piccirillo, n° 248758. ♦ V. art. R. 821-5 CJA.

46. Sursis justifié. Le fait que l'annulation d'un arrêté autorisant un transfert expose l'officine à un dépôt de bilan accompagné du licenciement de six salariés et risque donc d'entraîner des conséquences difficilement réparables, et que le moyen tiré de ce que la cour administrative d'appel a entaché son arrêt d'une erreur de droit en jugeant que les organismes représentatifs n'avaient été saisis par l'administration que de la question de la conformité des installations projetées et non de l'ensemble du projet de transfert, paraît, en l'état de l'instruction, sérieux et de nature à justifier l'infirmation de la solution retenue par la cour. • CE 16 mai 2007, *EURL Hoorens pharmacie du Médoc*, n° 303862.

47. Appréciation souveraine. Sauf dénaturation des faits, l'appréciation des circonstances de l'espèce relève du pouvoir souverain du président de la cour administrative et n'est pas susceptible d'être discutée devant le juge de cassation. • CE 2 avr. 2003, n° 247692.

IV. CONSÉQUENCES JURIDIQUES

A. EFFETS DE L'ANNULATION

48. Nouvelle licence. Si une licence est rétablie à la suite d'une annulation contentieuse, le fait que l'administration ait, entre-temps, délivré une nouvelle licence au pharmacien qui en avait été privé, revêt un caractère superfétatoire. • CE 15 avr. 1996, *Suard*, n° 155881.

49. Rétroactivité illégale. L'autorité administrative ne peut donner un caractère rétroactif à une licence, à la suite de l'annulation contentieuse d'une autorisation donnée à une autre personne pour le même local. • CE 4 juin 1982, *Loretz*, n° 22740 : *LPA 12 oct. 1983, p. 10, note Moderne.*

50. Nouvel examen. A la suite d'une annulation du refus d'autoriser l'ouverture d'une officine, l'administration n'est pas tenue de délivrer au pétitionnaire l'autorisation demandée, mais doit statuer à nouveau sur sa demande dont il restait saisi, même en dehors de toute démarche du pétitionnaire, au vu des circonstances de fait et de droit existant à la date de la nouvelle décision. • CE 18 févr. 1994, *Synd. des pharmaciens du Puy-de-Dôme : Lebon 89.*

51. Autorité de la chose jugée. Ne méconnaît pas l'autorité de la chose jugée le préfet qui octroie une nouvelle autorisation six ans après l'annulation juridictionnelle d'un précédent arrêté ayant autorisé *l'ouverture à titre dérogatoire* d'une officine, compte tenu d'une nouvelle appréciation des besoins de la population à la date de la nouvelle décision. • CE 2 nov. 1988, *Maurice : Lebon T. 989.* ♦ En revanche, méconnaît l'autorité de son précédent jugement le tribunal administratif qui, en l'absence de tout changement dans les circonstances de fait ou de droit, a annulé l'autorisation de création d'officine dans une commune de moins de 2 000 habitants accordée à un pétitionnaire, alors que le même tribunal avait annulé le refus d'accorder à un précédent demandeur une autorisation de création fondée sur les mêmes motifs. • CAA Nancy, 26 févr. 1998, *Équipart : Lebon T. 1143.*

B. RADIATION DU TABLEAU DE L'ORDRE

52. Prérogative ordinale. Il appartient au CROP de tenir à jour le tableau en procédant à la radiation du pharmacien dont l'officine n'a pas été effectivement ouverte au public ou qui a définitivement cessé d'exploiter une officine. • CE, sect., 19 nov. 1971, *CROP de Bretagne c/ Toumelin : Lebon 701.* ♦ Il résulte en effet de la combinaison des art. L. 4222-1 et L. 4222-2 que le CROP compétent et, sur recours hiérarchique, le CNOP sont tenus de procéder à la radiation du tableau du pharmacien dont la licence octroyée par l'autorité administrative a été abrogée par elle ou annulée par le juge administratif. • CE 30 déc. 2002, n° 225084 • 21 oct. 2009, *Saal*, n° 300038 : *Lebon T. 928*

53. Pourvoi hiérarchique. Pour autant, aucun texte ne confère au CNOP le pouvoir d'ordonner le sursis à l'exécution d'une décision d'inscription ou de radiation consécutive à l'annulation contentieuse d'une licence. • CE 9 oct. 1981, *Michalet : Lebon 367.*

54. Conséquences pénales. Pour la Cour de cassation, il importe de savoir si le pharmacien est encore inscrit à l'Ordre ou non. • Crim. 16 oct. 1984 : *Bull. crim. n° 306 ; JCP 1985. II. 14577, note Nocquet.* ♦ Soit le titulaire est inscrit au tableau de l'Ordre et le fait de continuer l'exploitation d'une officine sans licence correspond au chef de prévention défini à l'art. L. 5424-1, soit il a été radié du tableau dont il relevait et il commet alors le délit d'exercice illégal de la pharmacie réprimé par l'art. L. 4223-1. • Crim. 9 avr. 1975 : *Gaz. Pal. 1975. 2. 608, note Doll.* ♦ La radiation ordonnée en conséquence de l'annulation d'une licence constitue une décision administrative d'effet immédiat. • Crim. 22 mai 1996 : *Bull. crim. n° 214.*

55. Fermeture administrative. Dans les deux cas, l'établissement pourra faire l'objet d'une fermeture administrative provisoire, soit en application de l'art. L. 5424-19 (exercice illégal de la profession), soit en application de l'art. L. 4223-3 (exercice illégal de la pharmacie) : en effet, ces deux dispositions permettent à l'autorité administrative de prononcer la fermeture provisoire de l'officine, lorsque l'autorité judiciaire est saisie d'une poursuite pénale visant les préventions précitées. • CAA Douai, 23 déc. 1999, *Bele : Lebon T. 998.*

56. Intérêt à agir. Si un pharmacien poursuit l'exploitation d'une officine après l'annulation de sa licence, les pharmaciens estimant avoir subi un préjudice matériel résultant de l'ouverture illicite de la pharmacie peuvent se constituer partie civile et déclencher des poursuites. • Crim. 28 oct. 1986 : *Bull. crim. n° 308 ; RDSS 1987. 372, obs. Auby.*

C. ACTION EN RÉPARATION

57. Responsabilité pour faute. Une indemnité peut être accordée s'il y a eu une faute de service et un préjudice réel. • CE 11 oct. 1961, *Clément : préc. note 19* • 17 oct. 1962, *Min. Santé publ. c/ Pernaud : Lebon 545 ; AJDA 1963. II. 115, obs. Paulin* • 6 mars 1963, *Min. Santé publ. c/ Massad : Lebon 143* • 24 janv. 1973, *Min. Santé c/ Johannès : RDSS 1973. 487, obs. Auby* • 16 févr. 1983, *Min. Santé c/ Millet : Inf. pharm. 1983. 486, obs. Viala* • 12 oct. 1990, *Ségura : Lebon T. 952* • 6 juill. 1984, *Min. Santé c/ Dadan-Loretz*, n° 38154. ♦ V. également sur le droit à réparation : • CE 14 mai 2012, *Bernijol et Vieules*, n° 350102. ♦ Le préjudice subi doit résulter d'une illégalité fautive de l'administration et relève d'une appréciation souveraine des juges du fond. • CE 14 mai 2014, n° 366501.

58. Nature de la faute. La responsabilité de l'État est engagée alors même que l'illégalité d'un refus de création serait imputable à une simple erreur d'appréciation. • CE 22 mai 1974, *Charrois : Lebon 274.* ♦ Mais une indemnité n'est pas nécessairement accordée. • CE 27 févr. 1959, *Min. Santé c/ Comiti : Lebon 141.* ♦ ... Notamment si les circonstances de fait existant à la date de la décision illégale étaient de nature à permettre légalement la création d'une officine, le pharmacien concurrent ne pouvant se prévaloir d'une faute de l'administration. • CE 6 juin 1980, *Veyre : RDSS 1980. 508, obs. Auby ; D. 1981. IR 197, obs. Moderne.* ♦ Les illégalités conjointes de la licence et du permis de construire, constatées par le juge administratif, peuvent justifier un recours en responsabilité et une indemnisation. • CE 13 nov. 1981, *Benhamou : Inf. pharm. 1982. 49, note Viala ; RDSS 1982. 266, obs. Auby.*

59. Responsabilité sans faute. Sur la responsabilité sans faute de l'administration à l'occasion d'une décision légale de démolition d'immeubles qui portait préjudice à l'activité d'une pharmacie installée aux abords immédiats, V. • CE, sect., 31 mars 1995, *Lavaud : Lebon 155 ; RDSS 1995. 737, note Auby ; AJDA 1995. 384 chron. Touvet et Stahl* (conséquences de la fermeture de plusieurs immeubles dans le quartier des Minguettes à Villeurbanne).

Art. L. 5125-19 **Par dérogation aux articles L. 5125-4, L. 5125-11, L. 5125-14 et L. 5125-17, toute ouverture, acquisition par une société mutualiste ou une union de sociétés mutualistes, d'une pharmacie existante et tout transfert d'un lieu dans un autre d'une pharmacie, créée ou acquise par une telle société ou union sont subordonnés à une décision du ministre chargé de la santé, qui, après avis du conseil supérieur de la pharmacie et du conseil supérieur de la mutualité, autorise, le cas échéant, le** *(Ord. n° 2010-177 du 23 févr. 2010, art. 15-2°)* **« directeur général de l'agence régionale de santé » à délivrer la licence et peut imposer des conditions particulières de fonctionnement.**

Nouvel art. L. 5125-19 (Ord. n° 2018-3 du 3 janv. 2018, art. 1er et 5, en vigueur au plus tard le 31 juill. 2018) ***L'autorisation de création, transfert ou de regroupement d'officines ne prend effet qu'à l'issue d'un délai de trois mois à compter de la notification de l'arrêté d'autorisation.***

A l'issue du délai de trois mois, l'officine dont la création, le transfert ou le regroupement avec une autre officine a été autorisé, doit être effectivement ouverte au public dans les deux ans à compter de la notification de l'arrêté de licence. Cette période peut être prolongée par le directeur général de l'agence régionale de santé en cas de force majeure constatée.

COMMENTAIRE

V. Commentaire reproduit sur Dalloz.fr.

1. Force majeure. Sauf cas de force majeure constatée par l'autorité compétente, le délai d'un an est un délai de rigueur. • CE 10 janv. 1968, *Ginesty-Chanfreau : Lebon 35* • 2 avr. 1971, *Marchand : Lebon 273.* ♦ Le délai peut être prorogé si des grèves, ayant le caractère du cas de force majeure, ont perturbé l'aménagement du nouveau local. • CE 10 juill. 1974, *CROP de Montpellier c/ Delmas : JCP 1975. II. 17988, note Nocquet.* ♦ L'événement à l'origine duquel le titulaire de la licence se trouve radicalement empêché d'exploiter son officine relève du cas de force majeure si celui-ci présente un caractère extérieur (événement d'origine étrangère et non provoqué par celui qui le subit), irrésistible (événement à cause duquel il devient absolument impossible d'exécuter ses obligations) et imprévisible (procédant d'un événement qui ne pouvait être raisonnablement prévu en raison de l'anormalité, la soudaineté ou la rareté de sa réalisation).

2. Radiation de l'ordre. L'absence d'ouverture de l'officine dans les délais requis entraîne la radiation du tableau de l'ordre. • CE, sect., 19 nov. 1971, *CROP de Bretagne c/ Toumelin : Lebon 701 ; RDSS 1972. 174, obs. Auby.*

Art. L. 5125-20 **Le pharmacien titulaire d'une officine doit exercer personnellement sa profession.**

En toutes circonstances, les médicaments doivent être préparés par un pharmacien, ou sous la surveillance directe d'un pharmacien.

Un arrêté du ministre chargé de la santé fixe, après avis du Conseil national de l'ordre des pharmaciens, le nombre des pharmaciens dont les titulaires d'officine doivent se faire assister en raison de l'importance de leur chiffre d'affaires.

Nouvel art. L. 5125-20 (Ord. n° 2018-3 du 3 janv. 2018, art. 1er et 5, en vigueur au plus tard le 31 juill. 2018) ***Sous réserve des dispositions de l'article L. 5125-4, les demandes d'autorisation de regroupement bénéficient d'une priorité par rapport aux demandes de transfert. Les demandes d'autorisation de transfert bénéficient d'une priorité par rapport aux demandes de création.***

Pour l'ouverture d'une officine au sein d'une commune nouvelle ou de communes mentionnées à l'article L. 5125-6-1, sont prioritaires, dans le respect de l'article L. 5125-3 et du premier alinéa du présent article, les demandes déposées par les pharmacies des communes limitrophes.

Parmi les demandes de création, celles qui sont présentées par des pharmaciens n'ayant jamais été titulaires d'une licence d'officine ou n'en étant plus titulaires depuis au moins trois ans à la date du dépôt de la demande bénéficient d'une priorité.

Lorsque la demande d'autorisation est présentée par une société ou par plusieurs pharmaciens réunis en copropriété, le principe de priorité ne s'applique que lorsque tous les pharmaciens associés ou copropriétaires exerçant dans l'officine remplissent les conditions pour en bénéficier.

Toute demande ayant fait l'objet du dépôt d'un dossier complet bénéficie d'un droit d'antériorité par rapport aux demandes ultérieures concurrentes, dans des conditions fixées par le décret mentionné à l'article L. 5125-32.

BIBL. ► DEVYS, Sur la portée du droit d'antériorité en cas de demandes concurrentes de transfert d'officines pharmaceutiques, *RDSS 2007. 853*. – DENOIX DE SAINT-MARC et LABETOULLE, L'application de la règle de l'antériorité après une annulation contentieuse, *Inf. pharm. 1986. 68.*

COMMENTAIRE

V. Commentaire reproduit sur Dalloz.fr.

1. Droit de l'Union. Sur les critères en vertu desquels sont sélectionnés les titulaires de nouvelles autorisations d'ouverture de pharmacie, V. • CJUE 1er juin 2010, *Blanco Pérez et Chao Gómez*, nos C-570/07 et C-571/07 : *Rec. CJUE 4629 ; AJDA 2010. 1581, chron. Aubert, Broussy et Donnat ; RDSS 2010. 969, note Peigné*. ♦ Sur la faculté offerte aux États membres par l'art. 2 de la Dir. 85/433/CEE du 16 sept. 1985 (reprise par l'art. 21 de la Dir. 2005/36/CE du 7 sept. 2005) d'exclure du champ de la reconnaissance mutuelle des diplômes de pharmaciens les titulaires d'une pharmacie ouverte depuis moins de trois ans, V. • CJCE 13 juill. 2006, *Sam Mc Cauley Chemists Ltd et Mark Sadja*, n° C-221/05 : *Rec. CJCE 6869 ; RDSS 2006. 933, obs. Peigné*.

2. Origine jurisprudentielle. Avant son officialisation par la L. n° 94-43 du 18 janv. 1994, le Conseil d'État faisait déjà application d'un principe d'antériorité. Cela a été amorcé par : • CE 16 juin 1944, *Debroise : Lebon 172.* ♦ ... Et ultérieurement précisé par : • CE 12 mai 1961, *Weil : Lebon 315.* ♦ Pour les grandes agglomérations, la règle de l'antériorité de la demande avait été étendue aux créations dérogatoires, dans le cadre du « quartier », le bénéfice de l'antériorité restant acquis au candidat dont la demande assortie des pièces requises a été rejetée s'il résulte des circonstances que le candidat n'a pas entendu renoncer au projet qu'il avait formé. • CE 24 juin 1961, *Min. Santé publ. et Jacob c/ Fourtet : Lebon 437.* ♦ A l'origine conçue comme devant s'appliquer en milieu urbain, la notion de quartier sera appliquée aux communes rurales. • CE 21 déc. 1977, *Charretour : Lebon 531.* ♦ Pour les zones rurales, la règle de l'antériorité avait été appliquée au-delà de la commune, dans le cadre d'un « secteur géographique » pouvant comprendre plusieurs communes. • CE 4 déc. 1987, *Giudicelli : Lebon 400.* ♦ ... L'administration étant alors tenue d'accorder une licence au candidat qui, le premier, a présenté une demande régulière tendant à bénéficier d'une licence dans le secteur où la dérogation était justifiée. • CE 2 juin 1989, *Margurato : Lebon T. 889.*

3. Mesure préparatoire. La détermination de la date à laquelle la demande doit prendre rang est une mesure préparatoire. • CE 16 nov. 1960, *Min. Santé publ. c/ Gout : Lebon 631.* ♦ La fixation par l'administration de la date d'enregistrement du dossier ne constitue pas une décision faisant grief. • CE 12 oct. 1979, *Min. Santé c/ Morel : Lebon T. 865 ; RDSS 1980. 80, obs. Auby.* ♦ La circonstance que le dépôt du dossier ait été fait dans un autre service que celui en charge de l'instruction des demandes d'ouverture d'officine n'est pas de nature à faire perdre au candidat son bénéfice de l'antériorité. • CE 30 janv. 1974, *Tissier : Lebon T. 1129.*

4. Dossier complet. Le bénéfice de l'antériorité est subordonné à la production d'un dossier complet et notamment à la condition tenant à la disposition d'un local, permettant raisonnablement d'établir que le demandeur satisfera à cette exigence dans le délai qui lui est imparti pour ouvrir la pharmacie une fois l'autorisation accordée. • CE 19 nov. 1975, *Catala : Lebon 580.* ♦ L'administration ne peut, sous prétexte de faire compléter un dossier dont l'instruction ne permet pas de dire qu'il n'était pas complet, faire perdre son droit d'antériorité au pharmacien qui a déposé le premier son dossier. • CE 3 oct. 1984, *Catala : Lebon 580.*

5. Date et heure. L'antériorité des candidatures doit s'apprécier compte tenu des dates auxquelles les intéressés ont déposé leur demande pour la localité ou le quartier où l'implantation est sollicitée, le bénéfice de l'antériorité restant acquis au candidat dont la demande assortie des pièces justificatives requises a été antérieurement rejetée, s'il résulte des circonstances qu'il n'a pas entendu renoncer au projet qu'il avait formé. • CE 30 déc. 1996, *Brockly : Lebon 526.* ♦ Dans le même sens. • CE 14 mars 2003, *Montaner et Laurent : Lebon 125.* ♦ Le droit d'antériorité d'une demande de transfert sur une autre doit être écarté lorsque la demande qui en bénéficie a été enregistrée en dehors des horaires d'ouverture au public du service compétent, en méconnaissance du principe d'égalité des usagers devant le service public. • TA Besançon, 28 janv. 2010 : *AJDA 2010. 1270*.

6. Circulaire illégale. Sur l'annulation de la disposition de la Circ. DGS/PH3 n° 96-744 du 11 déc. 1996 suivant laquelle, en cas de rejet implicite, la demande de création restait « indéfiniment » pendante au motif qu'il existe une présomption de renouvellement de la demande : l'antériorité étant fonction de la date du dépôt d'un dossier assorti des pièces justificatives requises jointe à l'absence de renonciation de l'intéressé à son projet et non au point de savoir si cette demande a été rejetée expressément ou implicitement, V. • CE 27 avr. 1998, *Carrois : Lebon T. 1143.*

7. Maintien du droit. Le bénéfice de l'antériorité ne peut être maintenu au profit d'un candidat qui, s'étant vu accorder une licence sous réserve de trouver un nouvel emplacement, n'est pas en mesure de satisfaire à cette condition dans le délai qui peut être raisonnablement imparti. • CE 23 mai 2001, n° 206098. ♦ Mais l'administration ne viole pas le principe d'antériorité en accordant une licence alors que le requérant, dont une première demande avait été rejetée, ne l'avait renouvelée qu'après l'autorisation accordée à un autre pétitionnaire. • CE 11 juin 1990, *Pouthier,* n° 97264. ♦ Jugé que le bénéfice de l'antériorité reste acquis au candidat dont la demande assortie des pièces justificatives requises a été antérieurement rejetée, dès lors qu'il ressort des pièces du dossier que l'intéressé n'a pas entendu renoncer au projet qu'il avait formé d'ouvrir une pharmacie dans le secteur concerné et qu'il reste en mesure de le réaliser, en justifiant de la disposition d'un local situé dans le secteur pour lequel il a fait la demande, et adapté à l'exercice de la pharmacie : le respect de cette dernière condition n'implique pas nécessairement que ce local soit celui dans lequel le projet initial devait être réalisé ni, par suite, lorsque ce premier projet devait donner lieu à permis de construire, que celui-ci soit encore en cours de validité. • CE 6 sept. 2006, *Thanacody,* n° 275941 : *Lebon T. 1048* ; *AJDA 2006. 2358*.

8. Dispositions transitoires. N'ont pas été jugées illégales les dispositions du Décr. n° 2000-259 du 21 mars 2000 tendant à préserver le droit d'antériorité des demandes de licence avant l'entrée en vigueur de la réforme (27 juill. 1999). • CE 6 avr. 2001, *Coordination nat. des élus et usagers pour la défense de leur pharmacie,* n° 221253.

9. Conditions d'application. S'il appartient au ministre de faire droit à la priorité chronologique, il lui appartient également d'examiner si le transfert sollicité répond de manière optimale à la satisfaction des besoins de la population du quartier d'accueil. • CE 18 juin 2007, *Delmotte : Lebon 248 ; RDSS 2007. 853, concl. Devys*. ♦ La règle d'antériorité s'apprécie parmi les demandes tendant au transfert d'une officine dans une même commune ou dans des zones géographiques comportant au moins une même commune : l'administration étant appelée à statuer en même temps sur deux demandes d'installation dans le même quartier, il lui appartient soit, dans l'hypothèse où les besoins en médicaments de la population résidant dans le quartier d'accueil concerné ne justifient pas l'installation des deux officines, de n'autoriser que l'installation de celle qui lui paraissait la plus à même de répondre à ces besoins, soit de faire usage du pouvoir qu'elle tient des dispositions de l'art. L. 5125-6 d'imposer une distance minimale entre les deux officines. • CE 18 févr. 2009, *Pouquet,* n° 294022 : *Lebon T. 930* ; *AJDA 2009. 727*.

Art. L. 5125-21 **Une officine ne peut rester ouverte en l'absence de son titulaire que si celui-ci s'est fait régulièrement remplacer.**

La durée légale d'un remplacement ne peut, en aucun cas, dépasser un an. Toutefois, dans le cas de service national ou de rappel sous les drapeaux, ce délai est prolongé jusqu'à la cessation de cet empêchement.

(L. n° 2017-1841 du 30 déc. 2017, art. 5) **« Par dérogation au deuxième alinéa, ce délai d'un an peut être renouvelé une fois par décision du directeur général de l'agence régionale de santé lorsque l'absence du pharmacien titulaire se justifie par son état de santé. »**

Après le décès d'un pharmacien, le délai pendant lequel son conjoint ou ses héritiers peuvent maintenir une officine ouverte en la faisant gérer par un pharmacien autorisé à cet effet par le *(Ord. n° 2010-177 du 23 févr. 2010, art. 15-2°)* « directeur général de l'agence régionale de santé » ne peut excéder deux ans.

Nouvel art. L. 5125-21 (Ord. n° 2018-3 du 3 janv. 2018, art. 1er et 5, en vigueur au plus tard le 31 juill. 2018) ***La licence ne peut être cédée par son ou ses titulaires indépendamment du fonds de commerce auquel elle se rapporte.***

Au cours d'une procédure de redressement judiciaire ou de liquidation judiciaire, la cession d'une officine est possible.

La licence est considérée comme caduque à compter de la date du jugement de clôture pour insuffisance d'actifs, ou le cas échéant pour extinction du passif.

COMMENTAIRE

V. Commentaire reproduit sur Dalloz.fr.

Art. L. 5125-22 Un service de garde est organisé pour répondre aux besoins du public en dehors des jours d'ouverture généralement pratiqués par les officines dans une zone déterminée. Un service d'urgence est organisé pour répondre aux demandes urgentes en dehors des heures d'ouverture généralement pratiquées par ces officines.

Toutes les officines de la zone, à l'exception de celles mentionnées à l'article L. 5125-19, sont tenues de participer à ces services, sauf décision contraire prise par arrêté du *(Ord. n° 2010-177 du 23 févr. 2010, art. 15-2°)* « directeur général de l'agence régionale de santé » après avis des organisations représentatives de la profession dans le département, en cas de circonstances ou de particularités locales rendant impraticable ou non nécessaire la participation de l'ensemble des officines.

L'organisation des services de garde et d'urgence est réglée par les organisations représentatives de la profession dans le département. A défaut d'accord entre elles, en cas de désaccord de l'un des pharmaciens titulaires d'une licence d'officine intéressés ou si l'organisation retenue ne permet pas de satisfaire les besoins de la santé publique, un arrêté du *(Ord. n° 2010-177 du 23 févr. 2010, art. 15-2°)* « directeur général de l'agence régionale de santé » règle lesdits services après avis des organisations professionnelles précitées *(Abrogé par Ord. n° 2010-177 du 23 févr. 2010, art. 15-10°)* « , ***du pharmacien inspecteur régional*** » et du conseil régional de l'ordre des pharmaciens. *(Ord. n° 2010-177 du 23 févr. 2010, art. 15-11°)* « Le directeur général de l'agence régionale de santé adresse pour information cet arrêté au représentant de l'État dans le département. »

Un pharmacien qui ouvre son officine pendant un service de garde ou d'urgence, alors qu'il n'est pas lui-même de service, doit la tenir ouverte durant tout le service considéré.

Dans tous les cas, les collectivités locales sont informées des services de garde et d'urgence mis en place.

Nouvel art. L. 5125-22 (Ord. n° 2018-3 du 3 janv. 2018, art. 1er et 5, en vigueur au plus tard le 31 juill. 2018) ***En cas de cessation définitive d'activité de l'officine, son titulaire, ou en cas de décès ses héritiers, déclare cette cessation auprès du directeur général de l'agence régionale de santé.***

Lorsqu'elle n'est pas déclarée, la cessation d'activité est réputée définitive dès lors qu'aucune activité n'a été constatée pendant douze mois consécutifs.

Le directeur général de l'agence régionale de santé constate la caducité de la licence par arrêté.

COMMENTAIRE

V. Commentaire reproduit sur Dalloz.fr.

1. Fermeture de l'officine. Si l'officine est fermée définitivement, volontairement ou judiciairement, la licence disparaît. • CE 10 avr. 1959, *Habert : Lebon 223* • 27 mai 1960, *Bellocq et Baudin : Lebon 372.* ♦ En revanche, si la cessation de l'exploitation n'est pas exclusivement imputable à l'intéressé, la licence ne devient pas caduque. • CE 22 févr. 1989, *Boubès c/ Benatar : RDSS 1989. 450, obs. Auby.* ♦ ... De même pour la réouverture d'une officine sinistrée. • CE 26 nov. 1954, *Synd. des pharmaciens du Bas-Rhin : Lebon 619.*

2. Vente de l'immeuble. La vente d'un immeuble accueillant l'officine n'emporte pas la caducité de la licence dans la mesure où la cession ne porte pas sur le fonds de commerce dont le pharmacien reste propriétaire et qu'il a continué d'exploiter avec la licence qui y était attachée. • CE 15 oct. 1975, *Raveau : Lebon 514.*

3. Expropriation. Si elle éteint les droits personnels existant sur l'immeuble exproprié, et notamment le droit au bail détenu par l'exploitant de l'officine, une ordonnance d'expropriation pour cause d'utilité publique ne fait pas disparaître le fonds de commerce, mais seulement le bail : dès lors la licence attachée à ce fonds de commerce ne devient pas caduque. • CE 6 déc. 1967, *Fauroux-Lyonnet : Lebon 471* • 6 avr. 1979, *Rollet : Lebon T. 865.*

4. Décès du titulaire. La licence est attachée au fonds de commerce et non pas à la personne du titulaire : dès lors, le décès du titulaire n'entraîne pas, par lui-même, la caducité de la licence, qui n'est pas, en effet, un acte octroyé en *intuitu personae*. • CE 5 juin 1996, *Guitard : Lebon 197 ; LPA 11 sept. 1996, p. 4, concl. Bonichot* (pharmacien qui, ayant hérité du fonds de commerce de pharmacie exploitée par sa femme décédée, s'était vu refuser une demande de transfert).

SECTION VII *[NOUVELLE]* DISPOSITIONS DIVERSES

(Ord. nº 2018-3 du 3 janv. 2018, art. 1er et 5, en vigueur au plus tard le 31 juill. 2018)

L'intitulé de la présente section VII entrera en vigueur au plus tard le 31 juill. 2018 et comprendra les art. L. 5125-23 à L. 5125-32 (Ord. nº 2018-3 du 3 janv. 2018, art. 1er et 5).

Art. L. 5125-23 *(L. nº 2001-1246 du 21 déc. 2001, art. 19-I)* **« Le pharmacien ne peut délivrer un médicament ou produit autre que celui qui a été prescrit, ou ayant une dénomination commune différente de la dénomination commune prescrite, qu'avec l'accord exprès et préalable du prescripteur, sauf en cas d'urgence et dans l'intérêt du patient.**

« Si la prescription libellée en dénomination commune peut être respectée par la délivrance d'une spécialité figurant dans un groupe générique mentionné au 5° de l'article L. 5121-1, le pharmacien délivre une spécialité appartenant à ce groupe dans le respect des dispositions de l'article L. 162-16 du code de la sécurité sociale.

« Par dérogation aux dispositions du premier alinéa, » il peut délivrer par substitution à la spécialité prescrite une spécialité du même groupe générique à condition que le prescripteur n'ait pas exclu cette possibilité, pour des raisons particulières tenant au patient, par une mention expresse portée sur la prescription *(L. nº 2011-2012 du 29 déc. 2011, art. 20)* **« sous forme exclusivement manuscrite », et sous réserve, en ce qui concerne les spécialités figurant sur** *(L. nº 2001-1246 du 21 déc. 2001, art. 40-II)* **« la liste mentionnée au premier alinéa de l'article L. 162-17 » du code de la sécurité sociale, que cette substitution s'effectue dans les conditions prévues par l'article L. 162-16 de ce code.**

Lorsque le pharmacien délivre par substitution à la spécialité prescrite une spécialité du même groupe générique, il doit inscrire le nom de la spécialité qu'il a délivrée. *(L. nº 2001-1246 du 21 déc. 2001, art. 19-I)* **« Il en est de même lorsque le pharmacien délivre une spécialité au vu d'une prescription libellée en dénomination commune ».**

(L. nº 2008-1330 du 17 déc. 2008, art. 50) **« La prescription libellée en dénomination commune est obligatoire pour les spécialités figurant dans un groupe générique mentionné au 5° de l'article L. 5121-1. »**

(L. nº 2007-1786 du 19 déc. 2007, art. 53) **« Lorsqu'un traitement est prescrit pour une durée d'au moins trois mois, y compris au moyen du renouvellement multiple d'un traitement mensuel, et qu'un grand conditionnement est disponible pour le médicament concerné ou pour sa forme générique, le pharmacien doit délivrer ledit conditionnement. »**

BIBL. ▸ CHEMTOB-CONCÉ, Développement du marché des médicaments génériques et mise en œuvre du droit de substitution, *Gaz. Pal. 22-23 mars 2006, p. 23.* – GALLOUX, De la substitution en général et des dispositifs médicaux en particulier, *Nouv. pharm. 2005, nº 386, p. 121.* – ELOIDIN, Le droit de substitution : un droit limité et important, *Nouv. pharm. 2000, nº 366, p. 3.* – GALLOUX, La substitution de marques en matière de médicament, *JCP 1999. I. 1553.* – CROCHET, DENHAENE et CHOUTET, Le droit de substitution : une réforme à risque, *Méd. et droit, sept.-oct. 1999, nº 38, p. 24.* – ROYÈRE-MEYER, Du droit au devoir de substitution du pharmacien dans le cadre de la prescription médicale, *RDSS 1998. 471.*

COMMENTAIRE

V. Commentaire reproduit sur Dalloz.fr.

1. Contrôle de légalité. Les conditions dans lesquelles un pharmacien est autorisé à dispenser des spécialités génériques par substitution ont été précisées par le Décr. n° 99-486 du 11 juin 1999 (V. art. R. 5125-53), dont la légalité a été confirmée. • CE 7 juill. 2000, *CSMF et SNIP : Lebon T. 1242*.

2. Droit de la concurrence. Jugée constitutive d'une action concertée prohibée, au sens de l'Ord. n° 45-1483 du 30 juin 1945 relative aux prix, la diffusion par un syndicat de pharmaciens d'une prise de position en faveur d'un boycottage de produits génériques. • CE 7 juin 1985, *FSPF : Lebon T. 512*.

3. Responsabilité disciplinaire. Sur un cas de substitution illégale constituant une faute de nature à justifier une sanction disciplinaire. • CE 23 juill. 1993, *Feltin*, n° 103833. ♦ Jugé que le litige entre un détenu et un médecin exerçant au sein d'un établissement pénitentiaire, mettant en jeu le droit du patient de se voir prescrire un médicament sous sa forme non générique relève de la juridiction disciplinaire de l'Ordre des médecins et non de la juridiction administrative de droit commun. • CAA Nancy, 16 mai 2012, n° 10NC01293.

4. Urgence sanitaire. Sur la possibilité, dans le cadre du plan gouvernemental de lutte contre la pandémie grippale A H1N1, d'honorer les prescriptions mentionnant la spécialité Tamiflu en délivrant la spécialité Oseltamivir PG 30 mg développée par la Pharmacie centrale des armées (PCA), V. Arr. du 22 déc. 2009 (*JO 24 déc.*).

5. Conditions économiques. Sur les conditions économiques de la substitution, V. art. L. 162-16 CSS. ♦ Et sur les conditions de remises commerciales susceptibles d'être consenties aux pharmaciens sur les médicaments génériques, V. art. L. 138-9 CSS.

6. Objectifs conventionnels. Sur l'absence de portée contraignante des objectifs de substitution négociés dans le cadre du protocole d'accord du 24 sept. 1998, complété par le protocole additionnel conclu le 28 avr. 1999 relatif aux marges du pharmacien d'officine sur les médicaments remboursables, V. • CE 16 févr. 2001, *Assoc. régionale de défense des intérêts professionnels de l'officine*, n° 215851. ♦ Les objectifs conventionnels de substitution ont reçu une base légale avec la LFSS pour 2006, V. art. L. 162-16-7 CSS. ♦ Sur l'accord national relatif à la fixation d'objectifs de délivrance de médicaments génériques conclu le 6 janv. 2006, V. Arr. du 30 juin 2006 (*JO 25 juill.*) modifié, en dernier lieu, par l'avenant n° 11 approuvé par un Arr. du 12 déc. 2017 (*JO 13 déc.*).

Art. L. 5125-23-1 *(L. n° 2006-1640 du 21 déc. 2006, art. 64-I)* **Dans le cadre d'un traitement chronique, à titre exceptionnel et sous réserve d'informer le médecin prescripteur, lorsque la durée de validité d'une ordonnance renouvelable est expirée et afin d'éviter toute interruption de traitement préjudiciable à la santé du patient, le pharmacien peut dispenser, dans le cadre de la posologie initialement prévue et dans la limite d'une seule boîte par ligne d'ordonnance, les médicaments nécessaires à la poursuite du traitement.** *(L. n° 2011-525 du 17 mai 2011, art. 89-I-1°)* **« Les catégories de médicaments exclus du champ d'application du présent alinéa sont fixées par un arrêté du ministre chargé de la santé sur proposition de** *(L. n° 2011-2012 du 29 déc. 2011, art. 5-IV)* **« l'Agence nationale de sécurité du médicament et des produits de santé ». »**

(L. n° 2009-879 du 21 juill. 2009, art. 89-I) **« S'agissant des contraceptifs oraux, lorsque la durée de validité d'une ordonnance datant de moins d'un an est expirée, le pharmacien peut dispenser les médicaments nécessaires à la poursuite du traitement,** *(L. n° 2011-525 du 17 mai 2011, art. 89-I-2°)* **« sauf s'ils figurent sur une liste fixée par un arrêté du ministre chargé de la santé sur proposition » de** *(L. n° 2011-2012 du 29 déc. 2011, art. 5-IV)* **« l'Agence nationale de sécurité du médicament et des produits de santé », pour une durée supplémentaire non renouvelable de six mois. »**

Les conditions d'application du présent article sont déterminées par décret en Conseil d'État.

BIBL. ► MEGERLIN, Impact du nouvel article L. 5125-23-1 du code de la santé publique sur la responsabilité du pharmacien dispensateur, *Gaz. Pal. 6-7 avr. 2007, p. 37.*

COMMENTAIRE

V. Commentaire reproduit sur Dalloz.fr.

Art. L. 5125-23-2 *(L. n° 2013-1203 du 23 déc. 2013, art. 47-I-4°)* **Dans le cas où le prescripteur initie un traitement avec un médicament biologique** *(L. n° 2014-1554 du 22 déc. 2014, art. 62-I-1°)* **« ou un médicament administré par voie inhalée à l'aide d'un dispositif », il porte sur la prescription la mention expresse "en initiation de traitement".** *(Abrogé par L. n° 2016-1827 du 23 déc. 2016, art. 96-1°-a et b)* ***« Lors du renou-***

vellement du traitement, sauf dans l'intérêt du patient, le même médicament biologique que celui initialement délivré au patient est prescrit et le prescripteur porte sur la prescription la mention expresse "non substituable, en continuité de traitement". Dans tous les cas, » Le prescripteur peut exclure, pour des raisons particulières tenant au patient, la possibilité de substitution par la mention expresse "non substituable" portée sur la prescription sous forme exclusivement manuscrite.

(L. n° 2016-1827 du 23 déc. 2016, art. 96-1°-c) « Dans le cas où il initie un traitement avec un médicament biologique, le prescripteur informe le patient de la spécificité des médicaments biologiques et, le cas échéant, de la possibilité de substitution. Le prescripteur met en œuvre la surveillance clinique nécessaire. »

Art. L. 5125-23-3 *(L. n° 2013-1203 du 23 déc. 2013, art. 47-I-4°)* Par dérogation au premier alinéa de l'article L. 5125-23, le pharmacien peut délivrer, par substitution au médicament biologique prescrit, un médicament biologique similaire lorsque les conditions suivantes sont remplies :

1° Le médicament biologique similaire délivré appartient au même groupe biologique similaire mentionné au *b* du 15° de l'article L. 5121-1 ;

2° La substitution est réalisée en initiation de traitement ou afin de permettre la continuité d'un traitement déjà initié avec le même médicament biologique similaire ;

3° Le prescripteur n'a pas exclu la possibilité de cette substitution ;

4° Si le médicament prescrit figure sur la liste mentionnée au premier alinéa de l'article L. 162-17 du code de la sécurité sociale, cette substitution s'effectue dans les conditions prévues à l'article L. 162-16 du même code.

Lorsque le pharmacien délivre par substitution au médicament biologique prescrit un médicament biologique similaire du même groupe, il inscrit le nom du médicament qu'il a délivré sur l'ordonnance et informe le prescripteur de cette substitution.

(Abrogé par L. n° 2016-1827 du 23 déc. 2016, art. 96-2°) *« Le pharmacien assure la dispensation de ce même médicament biologique lors du renouvellement de la prescription ou d'une nouvelle ordonnance de poursuite de traitement. »*

Lorsqu'un grand conditionnement est disponible pour la forme biologique similaire du médicament et que le traitement en est prescrit pour une durée d'au moins trois mois, y compris par renouvellement multiple d'un traitement mensuel, le pharmacien délivre un grand conditionnement.

Les modalités d'application du présent article, et notamment les conditions de substitution du médicament biologique et d'information du prescripteur à l'occasion de cette substitution de nature à assurer la continuité du traitement avec le même médicament, sont précisées par décret en Conseil d'État.

BIBL. ▶ MEGERLIN, Prescription et substitution des médicaments biosimilaires après la LFSS 2014, *RGDM 2014. Pan. droit pharmaceutique 2013, n° spécial, p. 175.*

COMMENTAIRE

V. Commentaire reproduit sur Dalloz.fr.

Art. L. 5125-23-4 *(L. n° 2014-1554 du 22 déc. 2014, art. 62-I-2°)* Par dérogation au premier alinéa de l'article L. 5125-23, le pharmacien peut délivrer, par substitution au médicament administré par voie inhalée à l'aide d'un dispositif prescrit, un médicament administré par voie inhalée lorsque les conditions suivantes sont remplies :

1° Le médicament administré par voie inhalée délivré appartient au même groupe générique, défini au *b* du 5° de l'article L. 5121-1 ;

2° La substitution est réalisée en initiation de traitement ou afin de permettre la continuité d'un traitement déjà initié avec le même médicament administré par voie inhalée ;

3° Le prescripteur n'a pas exclu la possibilité de cette substitution ;

4° *Le médicament prescrit figure sur la liste* mentionnée au premier alinéa de l'article L. 162-17 du code de la sécurité sociale ; cette substitution s'effectue dans les conditions prévues à l'article L. 162-16 du même code.

Lorsque le pharmacien délivre par substitution au médicament administré par voie inhalée prescrit un médicament administré par voie inhalée du même groupe, il inscrit le nom de la spécialité qu'il a délivrée sur l'ordonnance et informe le prescripteur de cette substitution.

Le pharmacien assure la dispensation de ce même médicament administré par voie inhalée lors du renouvellement de la prescription ou d'une nouvelle ordonnance de poursuite de traitement.

Les modalités d'application du présent article, notamment les conditions de substitution du médicament administré par voie inhalée et d'information du prescripteur à l'occasion de cette substitution de nature à assurer la continuité du traitement avec la même spécialité, sont précisées par décret en Conseil d'État.

COMMENTAIRE

V. Commentaire reproduit sur Dalloz.fr.

Art. L. 5125-24 **Les pharmaciens ne peuvent faire dans leur officine le commerce de marchandises autres que celles figurant sur une liste arrêtée par le ministre chargé de la santé, sur proposition du Conseil national de l'ordre des pharmaciens.**

Les pharmaciens doivent dispenser dans leur officine les drogues simples, les produits chimiques et les préparations décrites par la pharmacopée. Les substances ainsi dispensées doivent répondre aux spécifications de ladite pharmacopée.

Les pharmaciens ne peuvent vendre aucun remède secret.

Sur la liste des marchandises dont les pharmaciens peuvent faire le commerce dans leur officine, V. Arr. du 15 févr. 2002, art. 1er et 2.

COMMENTAIRE

V. Commentaire reproduit sur Dalloz.fr.

I. PARAPHARMACIE

1. Principe d'unicité professionnelle. Les règles du CSP s'imposent au pharmacien dans l'ensemble de l'exercice de sa profession, qu'il s'agisse de la vente de médicaments ou de produits parapharmaceutiques. • CE 30 oct. 1989, *Raveneau-Sabardeil : Lebon T. 890 ; Inf. pharm. 1990. 705, note Denoix de Saint-Marc et Labetoulle* • 29 juill. 1994, *Ali-Ahmet : Lebon 406* • 6 avr. 2016, n° 396247.

2. Défense des consommateurs. L'art. L. 569 [L. 5125-24], qui interdit aux pharmaciens de faire dans leur officine le commerce de marchandises autres que celles figurant sur une liste arrêtée par le ministre de la Santé, a pour objet la protection de la santé publique et donc nécessairement celle des personnes appelées à s'adresser à des officines de pharmaciens : il s'ensuit que l'inobservation des dispositions de ce texte peut être de nature à porter atteinte non seulement à l'intérêt général, mais aussi à l'intérêt collectif des consommateurs, et justifier l'action d'une association de défense des consommateurs. • Crim. 4 janv. 1984, *UFC : Bull. crim. n° 4.* ♦ Dans le même sens : les associations de défense des consommateurs agréées sont recevables à exercer, par voie de citation directe, l'action civile relative aux faits portant un préjudice, direct ou indirect, à l'intérêt collectif des consommateurs constitué par la mise en vente par un pharmacien d'officine d'articles ne relevant pas de la liste prévue à l'art. L. 5125-24. • Crim. 25 févr. 1986 : *Bull. crim. n° 73.*

3. Procédure consultative. Aucune disposition ne fait obligation au ministre de recueillir l'avis du CNOM non plus que des organisations représentatives d'opticiens. • CE 10 déc. 1993, *Synd. des opticiens français et indépendants, n° 118339 : Nouv. pharm. 1994, n° 343, p. 228, obs. Viala.*

4. Articles d'optique. Les pharmaciens non titulaires du diplôme d'opticien-lunetier ne peuvent vendre, dans leur officine, des articles de lunetterie. • CE 30 sept. 1955, *Union nat. des synd. d'opticiens de France : Lebon 453.* ♦ ... A moins de confier la direction d'un rayon spécialisé d'optique-lunetterie à une personne justifiant des titres requis. • CE 10 déc. 1993, *Synd. des opticiens français et indépendants : préc. note 3.* ♦ Jugé dans le même sens que la direction d'un rayon d'optique dans un magasin ne peut être exercée que par un opticien-lunetier remplissant les conditions légales d'exercice. • Com. 11 févr. 1986 : *Bull. civ. IV, n° 11.*

5. Lentilles de contact. Les lentilles oculaires de contact sont assimilées aux verres correcteurs et entrent dans le champ du monopole des opticiens. • Com. 19 mai 1985 : *Bull. civ. IV, n° 144* • Crim. 26 avr. 1988 : Bull. crim. n° 177 • Com. 4 janv. 1994, *Labo. de prothèses oculaires : Bull. civ. IV, n° 2.*

6. Lunettes-loupes. La Chambre criminelle considère qu'exerce illégalement la profession d'opticien-lunetier la personne qui, ne remplissant pas les conditions requises pour l'exercice de cette profession, met en vente des montures de lunettes sans branches sur lesquelles sont fixés des verres destinés à apporter une solution aux problèmes posés par les différents degrés de presbytie. • Crim. 16 avr. 1985, *Union nat. des synd. d'opticiens de France : Bull. crim. n° 142.* ♦ En dépit de l'obligation faite au juge répressif d'interpréter strictement la loi pénale, la même solution a été appliquée à la mise en vente de porte-loupes, c'est-à-dire de lunettes avec branches sur lesquelles sont posés des verres destinés à corriger une anomalie de la vision. • Crim. 13 mai 1996, *Ch. synd. des opticiens des Alpes-Provence-Côte d'Azur : Bull. crim. n° 200.* ♦ En revanche, la Chambre commerciale considère que, compte tenu de l'imprécision des dispositions de l'art. L. 4362-9 quant à l'énumération des objets dont la vente est réservée aux opticiens, d'une part, et à l'obligation d'interpréter strictement un texte instituant un monopole contraire au principe de la liberté du commerce et de l'industrie, d'autre part, les lunettes pré montées industriellement, constituées de deux verres loupes de même grossissement enchâssés dans une monture de lunettes sans adaptation individuelle, ne sont pas de véritables lunettes correctrices d'une anomalie de la vision et échappent, par conséquent, au monopole légal des opticiens-lunetiers. • Com. 25 févr. 2003, *Ch. synd. des opticiens de la région Rhône-Alpes c/ Synd. des pharmaciens de l'Isère et a. : Bull. civ. IV, n° 31 ; JCP E 3 juill. 2003, n° 1029, note Peigné.*

7. Articles d'orthopédie. Sur la possibilité d'exercer la profession d'orthopédiste-orthésiste sans être titulaire du diplôme, titre ou certificat prévu à l'art. L. 4364-1, pour les pharmaciens titulaires d'un DU ou DIU d'orthopédie et ceux dont la compétence professionnelle a été reconnue précédemment par les organismes d'assurance maladie ou le ministère chargé des anciens combattants et victimes de guerre (agrément), V. art. D. 4364-10 et D. 4364-10-1, ainsi que l'Arr. du 1er févr. 2011 (*JO 3 févr.*).

8. Audioprothèses. La légalité de l'Arr. du 13 août 2014 autorisant les pharmaciens à vendre des assistants d'écoute préréglés d'une puissance maximale de 20 décibels a été confirmée, le Conseil d'État ayant considéré qu'eu égard aux propriétés de ces appareils, qui ne permettent d'autre réglage que celui du volume d'amplification et ne supposent pas d'adaptation individuelle, et à leur faible puissance, ne leur permettant de corriger que des déficiences auditives légères principalement dues aux effets de l'âge, ces assistants d'écoute, bien qu'ayant le caractère de dispositifs médicaux, ne peuvent être regardés comme des prothèses auditives délivrées dans le cadre d'un appareillage de déficients de l'ouïe, que sont seules habilitées à effectuer les personnes exerçant la profession d'audioprothésiste visée à l'art. L. 4361-1. • CE *29 juin 2016, Synd. nat. des audioprothésistes-UNSAF*, n° 387133.

9. Alcool éthylique à usage médical et pharmaceutique. Sur l'application d'une loi d'incrimination moins sévère en matière d'exonération de droits d'accise portant sur la vente d'alcool éthylique non dénaturé par les pharmaciens d'officine, V. • Crim. 22 févr. 2017, n° 15-82.952 : *D. 2017. 509.*

10. Parasitisme commercial. Le CNOP n'est pas fondé à se prévaloir d'un droit sur le terme « parapharmacie » dont l'usage n'est pas protégé. • Versailles, 2 mai 1996 : *Nouv. pharm. 1996, n° 352, p. 371.* ♦ L'action de l'Ordre a été aussi écartée sur le terrain du parasitisme commercial (« parapharmacies Leclerc »). • Paris, 3 juill. 1998 : *Nouv. pharm. 1999, n° 362, p. 138* • 27 nov. 1998 : *D. 1999. 661, note Fouassier et Fallet.* – Et en cassation. • Com. 16 janv. 2001, *CNOP : Bull. civ. IV, n° 13 ; LPA 16 mai 2001, p. 12, note Fouassier ; D. 2001. 777, obs. Rondey.*

11. Droit de la concurrence. Sur la sanction d'une pratique de « boycott » constitutive d'une action concertée en matière de prix de produits de parapharmacie, V. • Cons. conc., 10 mai 1995, n° 95-D-35 (relative à des pratiques concertées dans le secteur de la distribution pharmaceutique de la vallée de l'Arve). – Confirmée : • Paris, 23 févr. 1996 : *BOCC 12 avr. 1996.* – Et en cassation : • Com. 10 mars 1998, *Synd. des pharmaciens de Haute-Savoie et CROP de Rhône-Alpes : Bull. civ. IV, n° 95 ; BOCC 16 avr. 1998.*

12. Produits cosmétiques. Sur la distribution sélective de produits cosmétiques, V. notes ss. art. L. 5131-1.

II. REMÈDES SECRETS

13. Origine historique. L'interdiction de vendre des remèdes secrets, imposée aux pharmaciens par des textes anciens (L. 21 germinal an XI, art. 32 ; Décr. 18 août 1810 ; Décr. 3 mai 1850), s'applique au cas où la vente se fait sur ordonnance. • Crim. 8 déc. 1906 : *DP 1907. 1. 113, note Legris, rapp. Roulier.* ♦ V. déjà. • Crim. 12 juin 1852 : *DP 1852. 5. 36* • 26 juill. 1873 : *DP 1873. 1. 493.* ♦ Les juges apprécient si un remède doit être considéré comme secret. • Crim. 12 août 1867 : *DP 1868. 1. 44.* ♦ *Contra* : • Crim. 22 janv. 1842 : *S. 1842. 1. 799* • 30 janv. 1877 : *DP 1877. 1. 348.*

14. Remèdes combinés. La combinaison de deux médicaments de la pharmacopée présentée comme remède nouveau constitue un remède secret, quelles que soient les proportions respectives des éléments. • Crim. 28 mars 1873 : *DP 1873. 1. 174* • 20 févr. 1957 : *Bull. crim. n° 176.*

15. Publicité illicite. L'annonce est également punissable. • Cass., ch. réun., 26 juin 1835 : *Bull. crim. n° 253* • Crim. 16 déc. 1836 : *Bull. crim. n° 389.* ♦ Peu importe que la formule de ces remèdes figure sur certains ouvrages ou que son efficacité soit attestée par des lettres et témoignages. • Toulouse, 25 août 1857 : *S. 1857. 2. 694* • Paris, 6 avr. 1906 : *DP 1907. 2. 117.*

16. Usage non médical. Ne sont pas considérées comme remèdes secrets les compositions chimiques, hygiéniques, alimentaires, cosmétiques et autres qui ne sont pas destinées à un usage médicamenteux, même si elles sont utilisées accessoirement par la médecine. • Crim. 24 déc. 1842 : *S. 1843. 1. 134.*

17. Cumul d'infractions. C'est à bon droit qu'une cour d'appel, pour caractériser le délit de vente de remèdes secrets, retient que les produits incriminés (asiatritats) étaient proposés aux pharmaciens soit sous forme de poudres destinées à entrer dans la composition de préparations magistrales, soit sous forme de gélules, prêtes à l'emploi, l'étiquetage de ces produits ne répondant pas, en outre, aux prescriptions réglementaires. • Crim. 11 mars 1998, n° 96-84.602.

18. Droit disciplinaire. Sur des sanctions disciplinaires infligées à des pharmaciens. • CE 21 mai 1982, *Huber : RDSS 1982. 615, obs. Auby ; Inf. pharm. 1982. 725, note G. V* (préparations homéopathiques offertes au public avec la seule indication de leur fabricant) • 26 oct. 1988, *Guillebaud : RDSS 1989. 213, obs. Auby ; Inf. pharm. 1989. 77, obs. Viala* (vente de tisanes comportant des indications thérapeutiques sans mentionner leur composition) • CNOP 15 nov. 2001 : *Nouv. pharm. 2002, n° 374, p. 29* (préparation à l'avance d'une solution coricide sans indication de formule). ♦ Rappr. de la condamnation pénale de deux pharmaciennes pour la vente de préparations faites à l'avance, comportant des allégations thérapeutiques, un simple numéro de formule et sans mention de composition. • T. corr. Lille, 29 mai 2008 : *Nouv. pharm. 2010, n° 406, p. 70.* – V. également. • T. corr. Compiègne, 15 mai 1985 : *Inf. pharm. 1985. 841, obs. Viala* • Amiens, 26 mai 1986 : *Inf. pharm. 1986. 84, note Vion.* ♦ La délivrance de remèdes secrets est un fait contraire à l'honneur professionnel échappant au bénéfice d'une loi d'amnistie. • CE 9 oct. 1992, *Kriegel*, n° 107875.

19. Responsabilité médicale. Sur une sanction disciplinaire infligée à un médecin pour injection intraveineuse d'une préparation secrète, V. • CE 19 oct. 1979, *Darlet : Lebon 380.*

Art. L. 5125-25 **Il est interdit aux pharmaciens ou à leurs préposés de solliciter des commandes auprès du public.**

Il est interdit aux pharmaciens de recevoir des commandes de médicaments et autres produits ou objets mentionnés à l'article L. 4211-1 par l'entremise habituelle de courtiers et de se livrer au trafic et à la distribution à domicile de médicaments, produits ou objets précités, dont la commande leur serait ainsi parvenue.

Toute commande livrée en dehors de l'officine par toute autre personne ne peut être remise qu'en paquet scellé portant le nom et l'adresse du client.

Toutefois, sous réserve du respect des dispositions du premier alinéa de l'article L. 5125-21, les pharmaciens d'officine, ainsi que les autres personnes légalement habilitées à les remplacer, assister ou seconder, peuvent dispenser personnellement une commande au domicile des patients dont la situation le requiert. – *[Anc. art. L. 589].*

BIBL. ▶ TABUTIAUX, BOURRON et HUICHARD, Le portage à domicile des médicaments : reflet d'un besoin de services, *Nouv. pharm. 1998, n° 358, p. 103.* DORSNER-DOLIVET, Modalités de livraison et de dispensation de médicaments à domicile, *Méd. et droit, janv.-févr. 1996, n° 16, p. 22.* – VION, La sollicitation de clientèle : essai de définition de la dignité de la profession, *Inf. pharm. 1987, n° 303, p. 769.*

COMMENTAIRE

V. Commentaire reproduit sur Dalloz.fr.

1. Droit disciplinaire. Ne constitue pas une violation de l'art. L. 589 [L. 5125-25] le fait pour un pharmacien d'officine de signer isolément et sans l'accord des syndicats une convention de tiers payant avec une société mutualiste, malgré la publicité donnée à cette convention par l'organisme mutualiste. • CE 12 févr. 1966, *Garry : Lebon 108.* ♦ Jugé également que le pharmacien gérant une pharmacie mutualiste ne contrevient pas aux dispositions de l'art. L. 589 [L. 5125-25] en pratiquant la collecte des ordonnances et la livraison des produits pharmaceutiques. • CE, sect., 30 sept. 1955, *Triquet : Lebon 458 ; AJDA 1955. II, n° 433, p. 472, concl. Landron.* ♦ Mais le manquement aux règles interdisant aux pharmaciens et à leurs préposés la sollicitation directe et expresse de commande auprès du public constitue une faute professionnelle susceptible de sanction disciplinaire. • CE 31 mai 1961, *Valois : Lebon 357.* ♦ Sur le cas d'un pharmacien sanctionné disciplinairement pour avoir recouru aux services d'une démarcheuse à domicile dont une partie de la rémunération dépendait du nombre d'ordonnances collectées. • CNOP 18 nov. 2004 : *Nouv. pharm. 2005, n° 386, p. 9.*

2. Droit pénal. Jugé antérieurement que la livraison à domicile des commandes directement passées à l'officine n'est pas un colportage. • T. corr. Montdidier, 4 déc. 1936 : *Gaz. Pal. 1937. 1. 455.* ♦ Une employée d'usine, qui n'est pas au service d'un pharmacien, et qui groupe les commandes au profit d'un même pharmacien, n'est pas un courtier. • T. corr. Seine, 30 avr. 1953 : *D. 1953. 567.* ♦ Il y a infraction quel que soit le moyen utilisé pour solliciter les commandes, dès lors que la sollicitation est certaine. • T. corr. Orléans, 9 juill. 1998 : *Nouv. pharm. 1999, n° 362, p. 135.* ♦ Sur la condamnation d'un pharmacien ayant adressé par la voie postale à des éleveurs de bovins ou d'équidés des listes de médicaments vétérinaires détaillant leurs prix et proposant leur livraison sous 24 heures, V. • Crim. 30 oct. 2000 : *Bull. crim. n° 322.*

3. Droit de la concurrence. Sur la sanction, par le juge de la concurrence, du Conseil central de la section A de l'Ordre des pharmaciens pour être sorti de sa mission de service public en raison d'un communiqué ayant été regardé comme favorisant les pratiques de « boycott » de nature à entraver l'accès au marché des entreprises de portage des médicaments à domicile, V. • Cons. conc. n° 97-D-18 du 18 mars 1997 : *BOCC 29 avr. 1997,* confirmée, • Paris, 10 févr. 1998, *Cons. central des pharmaciens titulaires d'officine : BOCC 28 févr. 1998 ; LPA 1er juill. 1999, p. 17, note Tabutiaux et Huichard.* – Et en cassation. • Com. 16 mai 2000, *Conseil central de la section A : Bull. civ. IV, n° 100 ; BOCC 22 juin 2000 ; RDSS 2000. 740, obs. Laude.* ♦ Sur la sanction d'un CROP pour une action concertée dans l'approvisionnement en médicaments de maisons de retraite, V. • Aut. conc. 22 avr. 2009, n° 09-D-17 : *D. 2009. 1741, note Alleaume* (relative à des pratiques mises en œuvre par le CROP de Basse-Normandie).

Art. L. 5125-26 Est interdite la vente au public de tous médicaments, produits et objets mentionnés à l'article L. 4211-1 par l'intermédiaire de maisons de commission, de groupements d'achats ou d'établissements possédés ou administrés par des personnes non titulaires de l'un des diplômes, certificats ou autres titres mentionnés à l'article L. 4221-1. – *[Anc. art. L. 590].*

1. Vente par intermédiaire. Toute vente par intermédiaire est interdite, même si le médicament a été préparé par un pharmacien et cédé à prix coûtant. • T. corr. Lille, 30 juin 1949 : *D. 1950. Somm. 66* • 18 mars 1952 : *D. 1953. Somm. 31.* ♦ ... Ou si le pharmacien se borne à contrôler les matières premières. • TGI Paris, 18 déc. 1978 : *Inf. pharm. 1979. 755, obs. Viala.*

2. Collecte d'ordonnances. Un pharmacien qui fait collecter les ordonnances par ses préparateurs chez un commerçant et livrer chez ce même commerçant les médicaments destinés à la clientèle commet une faute disciplinaire. • CE 27 juin 1980, *Muller : Lebon T. 864 ; RDSS 1980. 506, obs. Auby.*

Art. L. 5125-27 Tout débit, étalage ou distribution de médicaments est interdit sur la voie publique, dans les foires ou marchés, à toute personne, même munie du diplôme de pharmacien. – *[Anc. art. L. 591].*

Droit disciplinaire. Commet une faute professionnelle justifiant une sanction disciplinaire le pharmacien qui participe à une braderie commerciale en proposant un étalage sur la voie publique de produits de parapharmacie. • CE 29 juill. 1994, *Ali-Ahmet,* n° 144081 : *Lebon 406.*

Art. L. 5125-28 Est interdite toute convention d'après laquelle un pharmacien assure à un médecin praticien, à un chirurgien dentiste ou à une sage-femme un bénéfice d'une nature quelconque sur la vente des produits pharmaceutiques, médicamenteux ou cosmétiques que ceux-ci peuvent prescrire. – *[Anc. art. L. 592].*

Art. L. 5125-29 Les pharmaciens et les personnes légalement autorisées à les seconder pour la délivrance des médicaments dans une officine de pharmacie doivent porter un insigne indiquant leur qualité ; les caractéristiques de cet insigne ainsi que les conditions selon lesquelles le public est informé de sa signification, sont fixées par arrêté du ministre chargé de la santé.

1. Conséquences juridiques. Sur l'absence d'insigne indiquant la qualité, V. • Amiens, 10 janv. 1984 : *Inf. pharm. 1984. 357, obs. Viala* • CNOP 3 avr. 1995 : *Nouv. pharm. 1995, n° 348, p. 290.*

2. Personnes non habilitées. Sur le cas d'un titulaire d'officine qui laisse porter par un de ses préposés l'insigne de préparateur en pharmacie auquel il n'a pas droit, V. • CNOP 22 avr. 1986 : *Rec. Décis. CNOP n° 867.* • 7 avr. 1987 : *ibid., n° 868.*

3. Cas des étudiants. Les étudiants en pharmacie, mentionnés à l'art. L. 588 [L. 4241-10], peuvent porter le « caducée ». • CNOP 18 mars 1985 : *Rec. Décis. CNOP n° 865.*

Art. L. 5125-30 Les sociétés coopératives de pharmaciens d'officine ne peuvent refuser leurs services en cas d'urgence, aux pharmaciens d'officine non associés et à tous les établissements publics ou privés où sont traités les malades, lorsque ces établisse-

ments disposent régulièrement d'une pharmacie à usage intérieur. – *[Anc. art. 2, al. 2, L. 72-652.]*

Droit de la concurrence. Sur le refus de vente opposé à une coopérative de pharmaciens d'officine, V. • Cons. conc. n° 99-D-05 du 19 janv. 1999 : *BOCC 12 mai 1999.*

Art. L. 5125-31 La publicité en faveur des officines de pharmacie ne peut être faite que dans les conditions prévues par voie réglementaire.

BIBL. ▶ SIRANYAN, Campagnes d'opinion et publicités dans le secteur de la pharmacie ou de la parapharmacie : suite et fin des débats judiciaires ?, *RGDM 2017, Panorama de droit pharmaceutique, n° 24, p. 209.* – SIRANYAN et ROLLUX, Publicité, pharmacie et groupements : la saga continue, *LPA 12 juill. 2012, p. 4.* – MOINIER, L'enseigne de pharmaciens, une particularité française, *RGDM 2011, n° 40, p. 157.* – GUERRIAUD, HUICHARD, MOINE-DUPUIS et TABUTIAUX, Influence du droit de la santé publique sur le droit de la concurrence et sur le droit de la consommation : analyse de la campagne Leclerc au regard du droit français et communautaire, *RGDM 2011, n° 39, p. 97.* – CAS et VIALA, La publicité en faveur de l'officine de pharmacie, *Inf. pharm. 1986. 93.*

COMMENTAIRE

V. Commentaire reproduit sur Dalloz.fr.

1. Contrôle de légalité. Sur la difficulté initiale de réglementer les procédés publicitaires faits en faveur de l'officine, V. • CE 28 avr. 1976, *Daigney : Lebon 211* (s'il appartenait au ministre de la Santé de définir les procédés et les moyens de publicité contraires à la dignité de la profession, celui-ci ne pouvait, sans méconnaître la nature et l'étendue de ses pouvoirs, fixer strictement les formes de publicité autorisées et interdire de manière générale et absolue l'exposition dans les vitrines des officines et, partant, l'installation de vitrines d'éducation et d'information à caractère sanitaire). ♦ Eu égard aux impératifs de protection de la santé publique et aux principes de déontologie de la profession pharmaceutique, la limitation de la publicité faite en faveur des officines instituée par le Décr. n° 96-531 du 14 juin 1996 a été considérée comme ne portant pas une atteinte excessive à la liberté d'expression et aux stipulations de l'art. 10 de la Conv. EDH. • CE 12 juin 1998, *Assoc. des gpts des pharmaciens d'officines : Lebon 227 ; RDSS 1998. 790, concl. Maugüé ; LPA 9 juill. 1999, p. 17, note Simonet et Viala.* ♦ V. également : • Cons. conc. n° 95-A-165 du 20 juin 1995 : *JO 16 juin 1996* (relatif au projet de décret concernant la publicité pour les médicaments).

2. Droit de la concurrence. Sur la difficulté à imposer des restrictions à la publicité officinale tant pour *l'activité pharmaceutique*, légalement exclue de l'application des principes de la libre concurrence, que pour l'activité parapharmaceutique normalement soumise au libre jeu de la concurrence, V. • Cons. conc. n° 95-A-04 du 21 févr. 1995 : *BOCC 29 sept. 1995* (relatif à une question posée par l'Association de défense des pharmaciens de Paris).

3. Droit de l'Union. Une réglementation, telle qu'une règle déontologique interdisant à des pharmaciens d'officine de faire de la publicité en dehors de leur officine pour les produits de parapharmacie, dès lors qu'elle s'applique, sans distinguer selon l'origine des produits en cause, à tous les pharmaciens du ressort de la chambre professionnelle, n'affecte pas la commercialisation des produits en provenance d'autres États membres d'une manière différente des produits nationaux. • CJCE 15 déc. 1993, *Ruth Hünermund,* n° C-292/92 : *Rec. CJCE 6787.* ♦ L'art. 24 de la Dir. 2006/123/CE du 12 déc. 2006 relative aux services dans le marché intérieur s'oppose à une réglementation nationale interdisant totalement aux membres d'une profession réglementée (expert-comptable) d'effectuer des communications commerciales et notamment des actes de démarchage. • CJUE 5 avr. 2011, *Sté fiduciaire nat. d'expertise comptable,* n° C-119/09 : *AJDA 2011. 1011, chron. Aubert, Broussy et Donnat.* Toutefois, les soins de santé, tels que les services pharmaceutiques fournis par des personnes dont l'activité est réservée à une profession de santé réglementée, sont exclus du champ de la Dir. 2006/113/CE. ♦ Jugé, à propos de la profession de chirurgien-dentiste, que la Dir. 2005/29/CE du 11 mai 2005 relative aux pratiques commerciales déloyales ne s'oppose pas à une législation nationale qui protège la santé publique et la dignité de la profession, en interdisant de manière générale et absolue toute publicité relative à des prestations de soins et en fixant certaines exigences de discrétion en ce qui concerne les enseignes professionnelles. En revanche, la Dir. 2000/31/CE du 8 juin 2000 sur le commerce électronique s'oppose à une législation qui interdit de manière générale et absolue toute publicité relative à des prestations de soins, et notamment toute forme de communications commerciales par voie électronique, y compris au moyen d'un site internet. • CJUE 4 mai 2017, *Vanderborght,* C-339/15 ; *AJDA 2017. 1709, chron. P. Bonneville, E. Broussy, H. Cassagnabère et C. Gänser.*

4. Droit disciplinaire. Sur la condamnation disciplinaire d'un pharmacien ayant diffusé, dans le centre commercial où se trouve implantée son officine, un prospectus faisant de la promotion pour des spécialités relevant de la liste des substances vénéneuses, V. • CNOP 17 déc. 2002 : *Nouv. pharm. 2003, n° 378, p. 15.* ♦ Et pour un exemple de communiqué relatif au transfert ne respectant pas la réglementation (art. R. 5125-26), V. • CNOP 14 mars 2002 : *Nouv. pharm. 2002, n° 375, p. 185.*

5. Nature du support. La publication faite à l'initiative d'un pharmacien dans un annuaire local de nombreux encarts insérés sous des rubriques de marques commerciales méconnaît cependant les dispositions interdisant aux pharmaciens de solliciter la clientèle par des procédés et moyens contraires à la dignité de la profession. • CE 29 juill. 1994, *Ali-Ahmet : Lebon 406.* ♦ Se rend coupable d'une publicité interdite le pharmacien qui utilise, pour la livraison des médicaments dans une maison de retraite, un véhicule arborant le nom et le logo de son officine. • CNOP 15 déc. 2009 : *Nouv. pharm. 2010, n° 406, p. 17.*

6. Publicité en faveur des groupements. Eu égard à l'interdiction faite aux groupements ou aux réseaux constitués entre pharmaciens d'effectuer de la publicité auprès du public en faveur des officines qui le constituent (art. R. 5125-29), commet une faute disciplinaire le président d'un important groupement de pharmaciens qui, pour lancer une campagne sur le sevrage tabagique, organise une communication révélant une volonté de promouvoir les seuls adhérents du groupement. • CNOP 16 mai 2006 : *Nouv. pharm. 2006, n° 392, p. 288.*

7. Enseignes de groupement. Constitue une publicité illicite, au sens de l'art. R. 5125-29, l'implantation, dans la galerie d'un centre commercial, d'une pré-enseigne mettant en avant le nom du groupement auquel ont adhéré les titulaires de l'officine installée dans cette même galerie. • CNOP 15 mars 2010 : *Nouv. pharm. 2010, n° 407, p. 127.*

8. Condamnations civiles. Sur la condamnation du groupement Giphar pour avoir diffusé en grand nombre et à grands frais, sur des radios nationales et locales, ainsi que dans différents journaux, des publicités en faveur des pharmaciens du groupement, vers lesquels l'auditeur ou le lecteur est incité à se diriger pour un conseil de santé personnalisé de qualité. • TGI Paris, 23 nov. 2010, n° 09/09042. ♦ Jugé que les campagnes publicitaires menées en 2009 et 2011 par des groupements de pharmaciens d'officine étaient illicites. • TGI Paris, 3 janv. 2012, *CNOP c/ Sté Plus Pharmacie,* n° 09/18255. ♦ Dans le même sens. • TGI Colmar, 9 févr. 2012, *CNOP c/ Sté Groupe PHR, n° 09/10998.* ♦ *La Cour* de cassation a confirmé la condamnation civile de la société coopérative Giphar, en estimant que l'interdiction de toute publicité auprès du public, faite aux groupements d'officine, était justifiée par un objectif de protection de la santé publique et visait à assurer une répartition géographique équilibrée des officines sur le territoire national, afin de protéger les petites officines et d'éviter de fragiliser celles qui n'appartiennent pas à un réseau fort, susceptible d'investir dans des campagnes publicitaires au profit de ses adhérents. • Civ. 1re, 4 juin 2014, n° 13-16.794 : *D. 2014. 1280 ; RDSS 2014. 764, note Peigné .*

9. Conformité constitutionnelle. La Cour de cassation a refusé, dans un premier temps, de transmettre une QPC relative à la réglementation (art. R. 5125-29) interdisant la publicité en faveur des groupements de pharmaciens, au motif qu'elle ne tendait qu'à contester la conformité à la Constitution d'une disposition de nature réglementaire. • Civ. 1re, 17 mars 2011, n° 10-40.077. ♦ Dans un second temps, elle a finalement accepté de transmettre au Cons. const. une QPC sur le point de savoir si le législateur pouvait abandonner au pouvoir réglementaire le soin de déterminer les conditions dans lesquelles les officines sont autorisées, individuellement ou constituées en groupements, à faire de la publicité. • Civ. 1re, 14 nov. 2013, n° 13-16.794. ♦ Le Conseil constitutionnel a estimé que cette délégation de compétences s'inscrivait dans l'objectif de protection de la santé publique et ne privait pas de garanties légales les exigences qui résultent de la liberté d'entreprendre et n'affectait aucun autre droit ou liberté que la Constitution garantit. • Cons. const. 31 janv. 2014, n° 2013-364 QPC.

10. Concurrence déloyale. Jugé que la campagne publicitaire organisée par le groupe Leclerc et visant à réclamer le droit de vendre des médicaments non remboursables ne constitue pas un acte illicite générateur d'un préjudice manifeste, ni un véritable dénigrement des titulaires d'officine. • Colmar, réf., 7 mai 2008 : *D. 2008. 1401, obs. Rondey ; D. 2008. 1964, note Rousset ; LPA 4 mars 2009, p. 5, note Siranyan, Locher et Rollux,* confirmé, • Com. 13 oct. 2009, *Sté Univers Pharmacie,* n° 08-16.972. ♦ Sur le fond, la Cour de cassation a estimé que la campagne de publicité diffusée par le groupe Leclerc sur le prix des médicaments non remboursables, si elle n'était pas trompeuse, était susceptible de constituer une concurrence déloyale et parasitaire causant un préjudice aux pharmaciens. • Com. 27 avr. 2011, *Sté Univers pharmacie, Direct labo et Union des groupements de pharmaciens d'officine c/ Sté Groupements d'achats des centres Leclerc : RDSS 2011. 919, note Siranyan .* ♦ Les juges du fond ont estimé que la campagne de publicité comparative était illicite et qu'elle était à l'origine d'un préjudice important, dès lors que toutes les publicités tentaient de dévaloriser en permanence les pharmacies d'officine qui ne peuvent pas, contrairement aux autres enseignes marchandes, faire de la publicité auprès du public. • TGI Colmar, 9 févr. 2012, *Sté Univers Pharmacie, UDGPO c/ Sté coopérative Groupements d'achats des centres Leclerc,* n° 11/00604. ♦ La cour d'appel de

Colmar a toutefois infirmé le jugement et rejeté les demandes indemnitaires des groupements de pharmaciens. • Colmar, 11 juin 2014, n° 13/01206. ♦ La Cour de cassation a confirmé que la campagne d'iinformation menée par le groupe Leclerc sur le prix des médicaments ne constituait ni une publicité mensongère, ni un dénigrement des pharmaciens d'officine. • Com. 21 juin 2016, n° 14-22.709.

11. Environnement urbain. Sur la qualification en tant que pré-enseignes, au sens de l'art. L. 581-3 C. envir., de croix lumineuses de pharmacie méconnaissant le règlement de la publicité et des enseignes de la ville de Paris, V. • CE 4 mars 2013, *Sté pharmacie Matignon*, n° 353423 : *Lebon à paraître ; AJDA 2013. 551 ; RDI 2013. 496, obs. Strebler ; JCP Adm. 2013, n° 2210, concl. Botteghi.* ♦ Sur la légalité du refus opposé par le maire de Paris d'installer une enseigne lumineuse de pharmacie en saillie de la voie publique, V. • CAA Paris, 30 déc. 2016, *Selarl Or'el*, n° 14PA03574 : *Lebon.*

Art. L. 5125-32 **Sont fixées par décret en Conseil d'État :**

1° Les modalités de présentation et d'instruction des demandes de création, transfert et regroupement des officines de pharmacie, les règles relatives à l'appréciation du droit de priorité et du droit d'antériorité, et les conditions minimales d'installation auxquelles doivent satisfaire les officines ;

2° Abrogé par L. n° 2007-1786 du 19 déc. 2007, art. 59 ;

3° Les conditions dans lesquelles le remplacement du titulaire d'une officine prévu à l'article L. 5125-21 doit être assuré par des pharmaciens ou par des étudiants en pharmacie justifiant d'un minimum de scolarité ;

4° Les modalités d'application des articles L. 5125-23 et L. 5125-25 ;

5° Les conditions dans lesquelles peut être faite la publicité en faveur des officines de pharmacie ;

6° *(L. n° 2008-337 du 15 avr. 2008, art. 9-III ; L. n° 2011-525 du 17 mai 2011, art. 40-3°)* **« Les modalités d'application des deuxième et troisième alinéas de l'article L. 5125-1, notamment les catégories de préparations concernées, et les modalités d'application des articles L. 5125-1-1 et L. 5125-1-2. »**

CHAPITRE V *BIS* COMMERCE ÉLECTRONIQUE DE MÉDICAMENTS PAR UNE PHARMACIE D'OFFICINE

(Ord. n° 2012-1427 du 19 déc. 2012, art. 7-II)

BIBL. ▶ Moinier, Pharmacie sur Internet : la mort « sans ordonnance » de l'officine ?, *RGDM 2015, n° 57, p. 101.* – Rousset, Le respect des bonnes pratiques de vente en ligne des médicaments : les pharmaciens au milieu du gué, *RGDM 2015. Pan. droit pharmaceutique, n° spécial, p. 187.* – Lami, La vente en ligne des médicaments, entre uniformité du droit européen et difficile préservation des spécificités nationales, *RGDM 2015. Pan. droit pharmaceutique, n° spécial, p. 233.* – Courage, La e-santé et son impact sur le droit des produits de santé, *RGDM 2015. Pan. droit pharmaceutique, n° spécial, p. 79.* – Espesson-Vergeat, La distribution en ligne du médicament au regard du droit de la concurrence, *RGDM 2014. Pan. droit pharmaceutique, n° spécial, p. 155.* – Perroy et Sergheraert, Vente de médicaments en ligne et obligations pharmaceutiques, *RGDM 2014. Pan. droit pharmaceutique, n° spécial, p. 139.* – Rousset, Vente sur internet de médicaments : des questions et beaucoup de craintes, *LPA 16 juill. 2013, p. 6* ; Vente sur internet de médicaments : suite et fin ?, *Gaz. Pal. 4-8 août 2013, p. 5.* – Mascret et Issenuth, Analyse critique de la nouvelle réglementation relative au commerce en ligne de médicaments, *LPA 23 mai 2013, p. 6.* – Peigné, La consécration du commerce électronique des médicaments et la prévention de leur falsification, *RDSS 2013. 303* . – Siranyan, La vente au public des médicaments par internet : une évolution inéluctable pour les pharmacies françaises ?, *CCC 2013. Étude. 8.* – Laude, *Autorisation de la vente* en ligne de médicaments, D. 2013. 513 . – Dalmas, Vente en ligne de médicaments : dix ans d'attente pour un régime mort-né ?, *JCP 2013, n° 252.* – Douville, Courtage et commerce en ligne de médicaments, *JCP 2013. Étude. 1067.* – Ferraud-Ciandet, L'Union européenne et la télésanté, *RTD eur. 2010. 537* . – Chemtob-Concé et Pons, Les risques liés à la vente de médicaments sur internet, *LPA 7-8 sept. 2010, p. 12.* – Claireau, Retour sur la charte de lutte contre la contrefaçon sur internet, *Gaz. Pal. 18-19 juin 2010, p. 18.* – Fouassier et Van den Brink, Vente de médicaments sur internet : propositions de modifications du code de la santé publique, *Méd. et droit, mars-avr. 2009, n° 95, p. 68.* – Le Forum des droits sur l'internet, Commerce en ligne et produits de santé, *Recommandation, 30 juin 2008.* – Fouassier, Le juge communautaire et la vente de médicaments sur internet, *Nouv. pharm. 2004, n° 382, p. 109.* – Gardner de Béville, La vente de produits pharmaceutiques par internet, *D. 2004. 2554* . – Peigné, Peut-on interdire la vente de médicaments par internet au regard du droit communautaire ?, *RDSS 2004. 369* . – Megerlin, Pharmacie et internet : retour sur les nouvelles frontières de l'exercice illégal, *RDSS 2003. 231*. – Pancrazi, L'e-commerce des produits de santé : dimension internationale, *Gaz. Pal. 24-26 mars 2002, p. 46*. – Peigné, L'internet dans l'univers de la pharmacie : les frontières et les perspectives, *Gaz. Pal. 16-17 oct. 2002, p. 18*. – Laude, L'e-commerce des produits de santé : dimension interne, *Gaz. Pal. 24-26 mars 2002, p. 40*. – Fouassier, Pharmacies virtuelles... de la chimère juridique à la baudruche médiatique, *RDSS 2001. 496*. – Gaudet, La vente de médicaments sur internet, *Gaz. Pal. 15-19 mars 2000, p. 25*. – Furet, Vion et Campion, Médicaments et internet, *Nouv. pharm. 2000, n° 368, p. 419*. – Harichaux, Les sites portail santé sur internet : quelles perspectives ?, *RDSS 2000. 697*. – Bréban et Beslay, De la vente de médicaments illicites sur l'internet à l'officine électronique (I), *Gaz. Pal. 23-24 juill. 1999, p. 23*, et (II), *Gaz. Pal. 17-19 oct. 1999, p. 17*.

Art. L. 5125-33 **On entend par commerce électronique de médicaments l'activité économique par laquelle le pharmacien propose ou assure à distance et par voie électronique la vente au détail et la dispensation au public des médicaments à usage humain et, à cet effet, fournit des informations de santé en ligne.**

L'activité de commerce électronique est réalisée à partir du site internet d'une officine de pharmacie.

La création et l'exploitation d'un tel site sont exclusivement réservées aux pharmaciens suivants :

1° Pharmacien titulaire d'une officine ;

2° Pharmacien gérant d'une pharmacie mutualiste ou de secours minière, exclusivement pour leurs membres.

Le pharmacien titulaire de l'officine ou gérant d'une pharmacie mutualiste ou de secours minière est responsable du contenu du site internet qu'il édite et des conditions dans lesquelles l'activité de commerce électronique de médicaments s'exerce.

Les pharmaciens adjoints ayant reçu délégation *(L. n° 2014-201 du 24 févr. 2014, art. 4-II-2°)* **« de l'un des pharmaciens mentionnés au sixième alinéa » peuvent participer à l'exploitation du site internet de l'officine de pharmacie.**

Les pharmaciens remplaçant *[remplaçants]* **de titulaires d'officine ou gérants d'officine après décès du titulaire peuvent exploiter le site internet de l'officine créé antérieurement par le titulaire de l'officine.**

COMMENTAIRE

V. Commentaire reproduit sur Dalloz.fr.

Art. L. 5125-34 *(L. n° 2014-201 du 24 févr. 2014, art. 4-II-3°)* **Seuls peuvent faire l'objet de l'activité de commerce électronique les médicaments qui ne sont pas soumis à prescription obligatoire.**

1. Arrêt de principe. La Cour de justice a considéré qu'une interdiction nationale de vente par correspondance de médicaments dont la vente est réservée exclusivement aux pharmacies dans l'État membre concerné constitue une mesure d'effet équivalent au sens de l'art. 34 TFUE. Elle a toutefois estimé que les dispositions de l'art. 36 TFUE peuvent être invoquées pour justifier une interdiction nationale de vente par correspondance de médicaments soumis à prescription médicale. En revanche, l'exception de santé publique ne saurait être invoquée pour justifier une interdiction absolue de vente par correspondance des médicaments qui ne sont pas soumis à prescription médicale dans l'État membre concerné. • CJCE 11 déc. 2003, *Deutscher Apothekerverband, n° C-322/01 : AJDA 2004. 322, chron. Bélorgey, Gervasoni et Lambert ; D. 2004. 2554, note Gardner de Béville ; Nouv. pharm. 2004, n° 382, p. 109, note Fouassier ; Europe, févr. 2004, n° 37, note Pietri ; JDI 2004. 575, note Berr ; RDSS 2004. 369, note Peigné ; REDC 2005. 221, note Arbour et Hamel.*

2. Incompatibilité avec le droit de l'Union. Le juge des référés du Conseil d'État a considéré que le champ des médicaments susceptibles de faire l'objet de commerce électronique était trop restreint au regard des exigences de la Dir. 2011/62/UE du 8 juin 2011 et a donc suspendu l'exécution des dispositions de l'art. L. 5125-34 issues de l'Ord. n° 2012-1427 du 19 déc. 2012 (non encore ratifiée), ouvrant ainsi la possibilité aux pharmaciens d'officine de vendre en ligne tous les médicaments sur prescription médicale facultative et non seulement les médicaments de médication officinale librement accessibles en pharmacie. • CE 14 févr. 2013, *Lailler, n° 365459 : Dalloz actualité, 7 mars 2013, obs. Bertignac ; Lebon ; AJDA 2013. 1140 ; D. 2013. 628, note Le Bot* ; JCP E 2013. Actu. 177, note *Douville ; CCE 2013, n° 42, note Debet.* ♦ Statuant sur le fond, le Conseil d'État a estimé que l'art. L. 5125-34, en tant qu'il ne limite pas aux seuls médicaments soumis à prescription obligatoire l'interdiction de faire l'objet de commerce électronique, était entaché d'illégalité et incompatible avec les objectifs de la directive. • CE 17 juill. 2013, *Lailler et a.*, nº 365317 : *Lebon ; D. 2013. 1905, obs. Rousset ; RDSS 2013. 887, concl. Vialettes ; ibid. 942, obs. Peigné*.

3. Non-lieu à QPC. Le Conseil d'État a rejeté une QPC visant la ratification opérée par la L. nº 2014-201 du 24 févr. 2014 : dans la mesure où l'Ord. nº 2012-1427 du 19 déc. 2012, partiellement annulée par le juge, est ratifiée dans la rédaction résultant de cette annulation, les moyens tirés de ce que la loi de ratification en cause porterait, eu égard à son effet rétroactif, atteinte au principe de séparation des pouvoirs ou au droit à un recours juridictionnel effectif, garantis par l'art. 16 de la DDHC de 1789, ne sauraient être regardés comme sérieux. • CE 20 mai 2014, *SELARL Tant d'M*, nº 370820 : *Lebon*.

4. Droit de la concurrence. Sur la position critique émise préalablement par l'Autorité de la concurrence quant au régime mis en œuvre par l'Ord. nº 2012-1427 du 19 déc. 2012, V. • Aut. conc., 13 déc. 2012 : *avis nº 12-A-23*. ♦ L'Autorité de la concurrence a également émis un avis défavorable au projet d'arrêté relatif aux bonnes pratiques de dispensation des médicaments par voie électronique. • Aut. conc., 10 avr. 2013, avis nº 13-A-12 : *CCC 2013. Comm. 158, note Malaurie-Vignal*. ♦ Sur le fonctionnement de la concurrence dans le secteur de la distribution du médicament à usage humain en ville, V. • Aut. conc., 19 déc. 2013 : *avis nº 13-A-24*. ♦ L'Autorité de la concurrence a de nouveau émis un avis défavorable au projet d'arrêté relatif aux bonnes pratiques de dispensation des médicaments par voie électronique. • Aut. conc., 26 avr. 2016, avis nº 16-A-09.

Art. L. 5125-35 **La création du site internet de commerce électronique de médicaments de l'officine de pharmacie prévu au troisième alinéa de l'article L. 5125-33 est subordonnée à l'existence de la licence mentionnée à l'article L. 5125-4** *[nouvelle rédaction issue de l'Ord. nº 2018-3 du 3 janv. 2018, art. 4 et 5, en vigueur au plus tard le 31 juill. 2018 : « L. 5125-18 »]* **ou de la décision du ministre chargé de la santé mentionnée à l'article L. 5125-19** *[nouvelle rédaction issue de l'Ord. nº 2018-3 du 3 janv. 2018, art. 4 et 5, en vigueur au plus tard le 31 juill. 2018 : « L. 5125-10 »]* **et à l'ouverture effective de la pharmacie.**

1. Pouvoir d'appréciation des États membres. Considérant que le droit de l'Union laisse aux États membres une marge d'appréciation pour imposer des conditions justifiées par la protection de la santé publique, le Conseil d'État a estimé que le gouvernement français n'avait pas excédé cette marge d'appréciation en adossant les sites internet de vente en ligne des médicaments aux seules officines déjà existantes et en empêchant la constitution d'un site internet commun à plusieurs officines de pharmacie. • CE 17 juill. 2013, *Lailler et a.*, nº 365317 : *Lebon ; D. 2013. 1905, obs. Rousset ; RDSS 2013. 887, concl. Vialettes ; ibid. 942, obs. Peigné*.

2. Sites de vente en ligne illicites. Sur l'illégalité de la vente en ligne réalisée à partir d'une plate-forme d'intermédiation (1001pharmacies.com) n'étant pas dirigée par un pharmacien ni adossée à une officine ouverte au public, V. • Paris, 25 mars 2016, *Sté eNova Santé c/ CNOP*, nº 14/17730 : *LPA 23 juin 2016, p. 17, note Siranyan*. ♦ Jugé, de la même manière, que le site Doctipharma ne saurait être regardé comme un simple concepteur et éditeur d'une solution technique destinée à des pharmaciens d'officine, mais constitue bien un site de vente en ligne des médicaments, regroupant plusieurs pharmacies et qui est, de surcroît, non autorisé par l'ARS. • T. com. Nanterre, 31 mai 2016, *UGDPO c/ Sté Doctipharma*, nº 2015F00185 : *Dalloz IP/IT 2016. 497, note Le Goffic*. ♦ Le jugement a été infirmé par la cour d'appel de Versailles, cette dernière considérant, d'une part, que la société Doctipharma ne fait que référencer des sites de pharmacies d'officine légalement autorisées à exercer une activité de commerce électronique de médicaments et, d'autre part, que le site doctipharma.fr n'est qu'une plateforme technique qui ne procède à aucune commercialisation directe de médicaments, laquelle reste le fait des seuls pharmaciens référencés sur le site, aucune disposition n'interdisant que ceux-ci aient recours à une plateforme commune comme support technique de leurs sites, peu importe que le paiement des achats en ligne soit centralisé par la société éditrice de la solution technique. • Versailles, 12 déc. 2017, nº 16/05167.

Art. L. 5125-36 **La création du site internet de commerce électronique de médicaments de l'officine de pharmacie est soumise à autorisation du directeur général de l'agence régionale de santé territorialement compétente. Le pharmacien informe de la création du site le conseil compétent de l'ordre des pharmaciens dont il relève.**

COMMENTAIRE

V. Commentaire reproduit sur Dalloz.fr

1. Régime d'autorisation. Il résulte clairement des dispositions de la Dir. 2011/62/UE du 8 juin 2011 qu'un État membre peut soumettre la vente à distance de médicaments à une procédure d'autorisation, alors même que le pharmacien est déjà autorisé à délivrer des médicaments au public. • CE 17 juill. 2013, *Lailler et a.*, n° 365317 : *Lebon ; D. 2013. 1905, obs. Rousset ; RDSS 2013. 887, concl. Vialettes ; ibid. 942, obs. Peigné*. ♦ Le Conseil d'État a rejeté le recours dirigé contre les dispositions du Décr. n° 2012-1562 du 31 déc. 2012 qui organisent la procédure d'autorisation des sites de commerce électronique de médicaments (V. art. R. 5125-70 à R. 5125-74), estimant que celles-ci ne comportent aucune règle technique qui aurait dû faire l'objet d'une notification préalable à la Commission, en vertu de la Dir. 98/34/CE du 22 juin 1998 prévoyant une procédure d'information dans le domaine des normes techniques et des règles relatives aux services de la société de l'information, dans la mesure où elles se bornent à transposer l'article 85 *quater* de la Dir. 2001/83/CE, résultant de la Dir. 2011/62/UE du 8 juin 2011. • CE 28 déc. 2016, *Sté eNova Santé*, n° 393607.

2. Lieux de stockage. Les dispositions de l'art. R. 5125-9, en ce qu'elles limitent la localisation des lieux de stockage des médicaments vendus à distance par le biais d'un site internet autorisé, au sein d'une officine de pharmacie ou à proximité immédiate de celle-ci, répondent au même objectif de protection de la santé publique que les articles L. 5125-33 et L. 5125-36 et ne sont pas incompatibles avec la Dir. 2011/62/UE du 8 juin 2011 : il en résulte que le directeur de l'ARS est fondé à mettre en demeure un pharmacien ayant décidé d'effectuer le traitement des commandes passées sur le site internet de son officine et le stockage des produits commercialisés par ce biais à partir de nouveaux locaux, situés à plus de 3 km de la pharmacie ouverte au public. • CAA Nantes, 10 janv. 2017, n° 15NT01779.

Art. L. 5125-37 **Dans le cadre d'un regroupement de plusieurs officines de pharmacie mentionné à l'article L. 5125-15** *[nouvelle rédaction issue de l'Ord. n° 2018-3 du 3 janv. 2018, art. 4 et 5, en vigueur au plus tard le 31 juill. 2018 : « L. 5125-5 »]*, **il ne peut être créé et exploité qu'un seul site internet rattaché à la licence issue du regroupement.**

La création du site internet issu du regroupement est soumise aux dispositions de l'article L. 5125-36.

Ce site internet ne pourra être exploité que lorsque, le cas échéant, les sites internet de chacune des officines auront été fermés.

Art. L. 5125-38 **La cessation d'activité de l'officine de pharmacie mentionnée à l'article L. 5125-7** *[nouvelle rédaction issue de l'Ord. n° 2018-3 du 3 janv. 2018, art. 4 et 5, en vigueur au plus tard le 31 juill. 2018 : « L. 5125-22 »]* **entraîne la fermeture de son site internet.**

Art. L. 5125-39 *(L. n° 2016-41 du 26 janv. 2016, art. 145)* **Un arrêté du ministre chargé de la santé définit les règles techniques applicables aux sites internet de commerce électronique de médicaments relatives à la protection des données de santé, aux fonctionnalités des sites et aux modalités de présentation des médicaments.**

COMMENTAIRE

V. Commentaire reproduit sur Dalloz.fr.

Art. L. 5125-40 **Une personne physique ou morale légalement habilitée à vendre des médicaments au public dans l'État membre de l'Union européenne dans laquelle elle est installée** *(L. n° 2014-201 du 24 févr. 2014, art. 4-II-4°-a)* **« ne peut vendre », dans le cadre d'une activité de commerce électronique de médicaments à destination d'une personne établie en France,** *(L. n° 2014-201 du 24 févr. 2014, art. 4-II-4°-b)* **« que des médicaments mentionnés à l'article L. 5125-34 et bénéficiant d'une autorisation de mise sur le marché en France en application de l'article L. 5121-8 ou de l'un des enregistrements mentionnés aux articles L. 5121-13 et L. 5121-14-1 ».**

Art. L. 5125-41 **Les modalités d'application du présent chapitre, notamment les informations minimales que doivent contenir les sites internet de commerce électronique, sont déterminées par décret en Conseil d'État.**

Bonnes pratiques de dispensation électronique. L'Arr. du 20 juin 2013 définissant les bonnes pratiques de dispensation des médicaments par voie électronique a été annulé pour incompétence et vice de procédure, le Conseil d'État considérant que l'arrêté empiétait sur le champ de compétence réservé au décret par l'art. L. 5125-41 et n'avait pas été notifié préalablement à la Commission européenne, en application de la Dir. 98/34/CE du 22 juin 1998, prévoyant une procédure d'information dans le domaine des normes techniques. • CE 16 mars 2015, *M. A., Sté Gatpharm, SELARL Tant D' M.,* nos 370072, 370721 et 370820 : *JCP E 26 mars 2015, n° 242, note Douville ; RDSS 2015. 373, note Peigné ; LPA 2 juill. 2015, p. 7, note Rousset.*

CHAPITRE VI PHARMACIES À USAGE INTÉRIEUR

(Ord. n° 2016-1729 du 15 déc. 2016, art. 1er)

BIBL. ▶ Peigné, La réglementation des pharmacies à usage intérieur validée par le Conseil d'État, *LPA 17 août 2005, p. 7.* – Deletraz-Delporte et Fouassier, Les pharmacies à usage intérieur, *Nouv. pharm. 2001, n° 370, p. 146.* – Locher, A propos du décret du 26 décembre 2000 sur les pharmacies à usage intérieur, *Le pharmacien hospitalier, mars 2001, n° 144, p. 58.* – Viala, La loi du 8 décembre 1992 relative à la pharmacie et au médicament, *RDSS 1993. 266* .

Art. L. 5126-1 **I. — Les pharmacies à usage intérieur répondent aux besoins pharmaceutiques des personnes prises en charge par l'établissement, service ou organisme dont elles relèvent, ou au sein d'un groupement hospitalier de territoire ou d'un groupement de coopération sanitaire dans lequel elles ont été constituées. A ce titre, elles ont pour missions :**

1° D'assurer la gestion, l'approvisionnement, la vérification des dispositifs de sécurité, la préparation, le contrôle, la détention, l'évaluation et la dispensation des médicaments, produits ou objets mentionnés à l'article L. 4211-1, des dispositifs médicaux stériles et des médicaments expérimentaux ou auxiliaires définis à l'article L. 5121-1-1, et d'en assurer la qualité ;

2° De mener toute action de pharmacie clinique, à savoir de contribuer à la sécurisation, à la pertinence et à l'efficience du recours aux produits de santé mentionnés au 1° et de concourir à la qualité des soins, en collaboration avec les autres membres de l'équipe de soins mentionnée à l'article L. 1110-12, et en y associant le patient ;

3° D'entreprendre toute action d'information aux patients et aux professionnels de santé sur les produits de santé mentionnés au 1°, ainsi que toute action de promotion et d'évaluation de leur bon usage, et de concourir à la pharmacovigilance, à la matériovigilance, et à la politique du médicament et des dispositifs médicaux stériles mentionnée à l'article L. 6111-2 ;

4° S'agissant des pharmacies à usage intérieur des établissements publics de santé, d'exercer les missions d'approvisionnement et de vente en cas d'urgence ou de nécessité mentionnées à l'article L. 5126-8.

II. — Ces missions peuvent être exercées par la pharmacie à usage intérieur pour son propre compte, et dans le cadre de coopérations, pour le compte d'une ou plusieurs autres pharmacies à usage intérieur.

III. — Les catégories d'établissements, services et organismes dont les activités requièrent la gestion et la dispensation de produits de santé mentionnés au 1° du I et pouvant être autorisées à disposer d'une ou *[de]* plusieurs pharmacies à usage intérieur dans les conditions fixées au présent chapitre sont déterminées par décret en Conseil d'État.

Les conventions constitutives des groupements de coopération sanitaire conclues avant l'entrée en vigueur de l'Ord. n° 2016-1729 du 15 déc. 2016 [1er juill. 2017] ne sont pas soumises aux dispositions de l'art. L. 5126-2 jusqu'à ce qu'elles aient été mises en conformité avec ces dispositions, et au plus tard le 1er janv. 2020 (Ord. préc., art. 3-II).

COMMENTAIRE

V. Commentaire reproduit sur Dalloz.fr

1. Régime antérieur. Jugé, sous l'ancienne législation, que la pharmacie centrale des hôpitaux de Paris peut légalement approvisionner les pharmacies des dispensaires. • CE 4 avr. 1962, *CROP de Paris et CNOP : Lebon 240.* ♦ Avant leur officialisation par la loi n° 92-1279 du 8 déc. 1992, les pharmacies hospitalières étaient considérées comme des « officines » : par conséquent, elles devaient respecter les dispositions du Décr. n° 82-818 du 22 sept. 1982 interdisant le déconditionnement des spécialités pharmaceutiques en vue d'effectuer des préparations. • CE 21 mai 1986, *Synd. national des pharmaciens des hôpitaux des centres universitaires : Lebon 146 ; Inf. pharm. 1987. 66, note Denoix de Saint-Marc et Labetoulle ; AJDA 1986. 603, obs. Moreau.*

2. Hospitalisation à domicile. Le Conseil d'État avait estimé qu'une association prenant en charge des insuffisants rénaux et leur fournissant des appareils d'hémodialyse dont elle assure la maintenance et la mise en œuvre ne peut être regardée comme un établissement où sont soignés des malades, dès lors que ses prestations ne comportent ni prescription ni surveillance médicale. • CE 12 oct. 1990, *Ch. synd. des pharmaciens du Doubs : Lebon 274* (cas des organismes à but non lucratif en charge d'un service de dialyse à domicile). ♦ La L. n° 92-1279 du 8 déc. 1992 a explicitement permis aux structures d'hospitalisation à domicile d'ouvrir une pharmacie à usage intérieur. Toutefois, l'art. 47 de la L. n° 2004-806 du 9 août 2004 et l'art. 2 du Décr. n° 2007-1428 du 3 oct. 2007 ont respectivement abrogé les art. L. 5126-8 et R. 5126-54 : ces structures peuvent en effet bénéficier des services des pharmacies à usage intérieur qui, par dérogation à la règle de l'unité géographique, sont habilitées à dispenser des médicaments, produits ou objets relevant du monopole des pharmaciens, des aliments diététiques destinés à des fins médicales spéciales, ainsi que des dispositifs médicaux stériles à des patients pris en charge par des établissements d'hospitalisation à domicile ou des unités de dialyse à domicile.

3. Pharmacie de l'AP-HP. Sur la réorganisation en un service unique de la Pharmacie centrale des hôpitaux de Paris (PCH), V. • CE 4 sept. 1995, *Synd. nat. des pharmaciens des hôpitaux, des centres hospitaliers et des centres universitaires : Nouv. pharm. 1996, n° 352, p. 353, note Gervasoni* (légalité de la délibération du 30 juin 1998 du conseil d'administration de l'Assistance publique). ♦ Sur le recours introduit à l'encontre du statut de la PCH-AGAM (Agence générale des approvisionnements médicaux), V. • TA Paris, 29 févr. 2000, n° 9708496/6 : *Nouv. pharm. 2000, n° 368, p. 405.*

4. Médicaments réservés à l'usage hospitalier. Les médicaments réservés à l'usage hospitalier (V. art. R. 5121-83) sont fournis directement aux établissements de santé et aux installations de chirurgie esthétique (mais pas aux établissements médico-sociaux) par les entreprises pharmaceutiques, sur commande écrite du médecin ou du pharmacien (V. art. R. 5124-45) : la légalité de cette possibilité de commande directe par les établissements ne disposant pas d'une pharmacie à usage intérieur a été confirmée. • CE 28 avr. 2000, n° 200243 : *Lebon.*

5. Contrôle de légalité. Les dispositions du Décr. n° 2000-1316 du 26 déc. 2000 ayant notamment défini les modalités d'installation et de création des pharmacies à usage intérieur, leur champ d'activité et leurs conditions de gérance ont été validées. • CE 9 oct. 2002, n° 230737 : *Lebon ; LPA 17 août 2005, p. 7, note Peigné.* ♦ Jugé également que la circulaire DHOS/E1 n° 2001-265 du 12 juin 2001 relative aux modalités de mise en œuvre des dispositions réglementaires applicables aux pharmacies à usage intérieur ne possède pas la valeur d'un texte impératif à caractère général pouvant faire l'objet d'un recours pour excès de pouvoir. • CE 9 oct. 2002, n° 237158 : *Lebon.* ♦ Le recours pour excès de pouvoir dirigé contre l'Ord. n° 2016-1729 du 15 déc. 2016 a été rejeté, le Conseil d'État estimant que la mutualisation des missions des pharmacies à usage intérieur que l'ordonnance vise à développer ne porte pas atteinte au principe de l'exercice personnel et à l'indépendance dans l'exercice de leur profession des pharmaciens assurant la gérance des pharmacies à usage intérieur. • CE 8 nov. 2017, n° 408155 : *Lebon.*

Art. L. 5126-2 I. — Dans les groupements hospitaliers de territoire mentionnés à l'article L. 6132-1, le projet médical partagé comprend un projet de pharmacie qui organise les coopérations relatives aux missions mentionnées au I de l'article L. 5126-1 au sein des établissements parties au groupement. A ce titre, ce projet peut :

1° Prévoir des modalités de coopération entre les pharmacies à usage intérieur des établissements parties au groupement et avec celles d'établissements non parties au groupement ;

2° Désigner la pharmacie à usage intérieur chargée de répondre aux besoins pharmaceutiques des personnes prises en charge par les établissements parties au groupement ne disposant pas d'une pharmacie à usage intérieur ;

3° Confier au pôle interétablissement prévu au III de l'article L. 6132-3, ou à la pharmacie à usage intérieur d'un établissement partie au groupement, la coordination entre les pharmacies à usage intérieur des établissements parties au groupement.

Les établissements mentionnés au 6° du I de l'article L. 312-1 du code de l'action sociale et des familles qui sont parties à un groupement hospitalier de territoire et ne disposent pas de pharmacies à usage intérieur peuvent déroger au projet de pharmacie du groupement hospitalier de territoire en vue de conclure la convention prévue au II de l'article L. 5126-10 du présent code.

II. — Dans les groupements de coopération sanitaire autorisés à disposer d'une pharmacie à usage intérieur en application du 1° de l'article L. 6133-1, ou relevant du 4° de l'article L. 6133-1 ou des dispositions de l'article L. 6133-7, la convention constitutive organise la coordination des activités pharmaceutiques au sein du groupement. A ce titre, elle peut :

1° Prévoir les modalités de réponse aux besoins pharmaceutiques des personnes prises en charge par les établissements ou par le groupement relevant du 4° de l'article L. 6133-1 ou des dispositions de l'article L. 6133-7 qui ne disposent pas d'une phar-

macie à usage intérieur. La convention peut désigner la pharmacie à usage intérieur chargée de répondre à ces besoins ;

2° Prévoir les modalités de coopération entre les pharmacies à usage intérieur au sein du groupement et avec celles d'établissements, services ou organismes non membres du groupement.

(Ord. n° 2018-20 du 17 janv. 2018, art. 20) **« III. — Pour l'application du I, les hôpitaux des armées associés à un groupement hospitalier de territoire sont considérés comme des établissements parties à ce groupement. »**

V. note ss. art. L. 5126-1.

Art. L. 5126-3 **I. — La gérance d'une pharmacie à usage intérieur est assurée par un pharmacien. Celui-ci est responsable du respect des dispositions du présent code ayant trait à l'activité pharmaceutique.**

II. — Les pharmaciens exerçant au sein d'une pharmacie à usage intérieur exercent personnellement leur profession. Ils peuvent se faire aider par des personnes autorisées au sens du titre IV du livre II de la quatrième partie ainsi que par d'autres catégories de personnels spécialisés qui sont affectés à la pharmacie à usage intérieur à raison de leurs compétences, pour remplir les missions décrites au présent chapitre. Ces personnes sont placées sous l'autorité technique du pharmacien chargé de la gérance.

V. note ss. art. L. 5126-1.

BIBL. ▸ GRIDCHYNA, PULON, BAUMEVIEILLE et AULOIS-GRIOT, Le marché des médicaments à l'hôpital : entre évaluation et régulation, *RDGM 2012, n° 42, p. 57.* – CUBAYNES, NOURY, DAHAN et FALIP, Le circuit du médicament à l'hôpital, rapport IGAS, *mai 2011.* – DAHAN et SAURET, Sécurisation du circuit du médicament à l'AP-HP, rapport IGAS, *juill. 2010.* – BESSARD, LETAILLIEUR et SABATIER, Les techniques innovantes en matière de distribution pharmaceutique à l'hôpital, *AMIPS-Info n° 65, 2003, p. 108.* – SCHMITT et LOCHER, Cadre juridique du circuit du médicament en milieu hospitalier consécutif à l'arrêté du 31 mars 1999, *Nouv. pharm. 1999, n° 364, p. 471.* – CASTAING, Le statut des unités de stérilisation dans les établissements de santé, *Nouv. pharm. 1998, n° 359, p. 191.* – SCHMITT, Le circuit du médicament à l'hôpital, *Thèse Lyon I, 1996* ; Substances vénéneuses à l'hôpital, *Nouv. pharm. 1992, n° 336, p. 75* ; Hors circuit officinal : statut et circuit des médicaments exclusivement délivrés par les pharmaciens des établissements hospitaliers, *Nouv. pharm. 1990, n° 329, p. 873.*

COMMENTAIRE

V. Commentaire reproduit sur Dalloz.fr.

1. Cumul de gérances. Le cumul de gérances par un pharmacien hospitalier d'une pharmacie d'un établissement public et d'une pharmacie d'un établissement privé était déjà admis par la jurisprudence. • CE 16 juin 1967, *Cons. central de la section A des pharmaciens d'officine : Lebon 264 ; JCP G 1967. II. 15252, note Bernays et Hauser ; RDSS 1967. 337, concl. Baudouin.*

2. Recrutement contractuel. Dans la mesure où les praticiens hospitaliers n'ont pas vocation à exercer leurs fonctions dans les établissements médico-sociaux publics, il a été jugé normal que la gérance de la pharmacie à usage intérieur puisse être assurée par un pharmacien recruté à cet effet dans le cadre d'un contrat de droit public. • CE 9 oct. 2002, n° 230737 : *Lebon.*

3. Contrat de travail. Le pharmacien gérant la pharmacie d'une clinique privée se trouve dans un lien de subordination rendant obligatoire son assujettissement à la sécurité sociale. • Soc. 22 janv. 1969 : *Bull. civ. V n° 41.* • 17 févr. 1971 : *Bull civ. V n° 126.*

4. Pouvoirs du directeur d'établissement. En donnant compétence au directeur de l'établissement de santé en matière de dotation de médicaments dérivés du sang destinée à des soins urgents, le Décr. n° 95-566 du 6 mai 1995 relatif à la pharmacovigilance a eu pour seul objet de prescrire que le directeur devait donner son accord de principe à une telle initiative, sans avoir pour effet de déroger à la compétence que le pharmacien gérant tient de l'art. L. 592-2 [L. 5126-5] en ce qui concerne les règles d'approvisionnement des pharmacies à usage intérieur. • CE 28 mai 1997, n° 176637 : *Lebon ; Nouv. pharm. 1997, n° 356, p. 357.*

5. Pouvoirs du pharmacien gérant. Le pharmacien chargé de la gérance d'une pharmacie à usage intérieur, responsable du respect des règles relatives à l'activité pharmaceutique, doit disposer du pouvoir de diriger et de contrôler l'activité des personnels attachés à la pharmacie. • CE 9 oct. 2002, n° 230737 : *Lebon.* ♦ Pour autant, cette responsabilité n'implique pas nécessairement qu'il dispose d'autres pouvoirs, notamment des pouvoirs de gestion administrative de ces personnels, étant entendu que de telles prérogatives sont dévolues, dans les établissements publics, à l'autorité investie du pouvoir de nomination, c'est-à-dire au directeur de l'établissement.

6. Responsabilité disciplinaire. Méconnaît gravement son obligation d'exercice personnel le pharmacien gérant la pharmacie à usage intérieur d'une clinique de chirurgie esthétique qui n'exerce aucun contrôle effectif sur l'activité, au point d'apparaître comme « un gérant de paille ayant délibérément loué son diplôme ». • CNOP 29 janv. 2007 : *Nouv. pharm. 2007, n° 395, p. 183.* ♦ Jugé que si l'organisation d'un éventuel remplacement du pharmacien adjoint relève de la seule compétence de la direction d'une clinique, il appartient au pharmacien gérant de la pharmacie à usage intérieur, confronté à l'impossibilité de mettre en place un remplacement alors que lui-même ne sera pas présent sur place, de fermer la pharmacie afin qu'elle ne puisse continuer à fonctionner en dehors de tout contrôle pharmaceutique. • CNOP 26 janv. 2009 : *Nouv. pharm. 2009, n° 402, p. 28.*

7. Management du circuit du médicament. Sur la confirmation de la légalité de l'arrêté du 6 avril 2011 relatif au management de la qualité de la prise en charge médicamenteuse et aux médicaments dans les établissements de santé, V. • CE 3 juin 2013, n° 350178 : *Lebon.*

Art. L. 5126-4 I. — La création, le transfert ou la suppression d'une pharmacie à usage intérieur est subordonné à l'octroi d'une autorisation délivrée par le directeur général de l'agence régionale de santé après avis du conseil compétent de l'Ordre national des pharmaciens.

A l'exception des modifications substantielles qui font l'objet d'une nouvelle autorisation, la modification des éléments figurant dans l'autorisation fait l'objet d'une déclaration préalable.

Pour certaines activités comportant des risques particuliers, dont la liste est fixée par décret en Conseil d'État, l'autorisation est délivrée pour une durée de cinq ans.

II. — En cas d'infraction aux dispositions du présent livre et du livre II de la quatrième partie du présent code ou à celles prises pour leur application, l'autorisation peut être, après mise en demeure, soit suspendue, soit retirée par le directeur général de l'agence régionale de santé. En cas de danger immédiat pour la santé publique, le directeur général de l'agence régionale de santé peut suspendre sans délai l'autorisation pour une période maximale de trois mois. Le directeur général de l'agence régionale de santé informe de sa décision le représentant de l'État dans le département.

III. — En cas de suppression d'une pharmacie à usage intérieur et sur demande de l'établissement, service ou organisme concerné, le directeur général de l'agence régionale de santé compétent autorise la cession du stock, à titre onéreux, des produits mentionnés à l'article L. 4211-1, hormis certaines catégories définies par arrêté, à une pharmacie à usage intérieur, à une officine ou aux organisations à but non lucratif et à vocation humanitaire. Il peut également autoriser, sur demande, cette cession à titre gratuit aux organisations à but non lucratif et à vocation humanitaire.

En cas de refus du directeur général de l'agence régionale de santé d'autoriser la cession du stock, celui-ci est détruit dans des conditions fixées par décret.

IV. — Les attributions du directeur général de l'agence régionale de santé mentionnées aux I, II et III sont exercées, après information du directeur général de l'agence régionale de santé territorialement concernée, par le ministre de la défense, le ministre chargé des anciens combattants ou le ministre de l'intérieur pour les pharmacies à usage intérieur d'établissements, de services ou d'organismes relevant de leur autorité respective ou placés sous leur tutelle.

L'avis de l'Ordre national des pharmaciens mentionné au I n'est pas requis lorsque les actes en cause concernent les pharmacies à usage intérieur citées au présent IV.

V. note ss. art. L. 5126-1.

COMMENTAIRE

V. Commentaire reproduit sur Dalloz.fr.

Art. L. 5126-5 Sans préjudice des dispositions de l'article L. 5126-1 :

1° Les pharmacies à usage intérieur peuvent assurer la préparation de dispositifs médicaux stériles pour les professionnels de santé et les biologistes responsables de laboratoires de biologie médicale exerçant en dehors des établissements de santé ;

2° Pour certaines catégories de préparations devant répondre à des exigences particulières de sécurité et de qualité, dont la liste est fixée par décret, une pharmacie à usage intérieur d'un établissement de santé peut confier la réalisation de préparations à un établissement pharmaceutique autorisé à fabriquer des médicaments. Ces préparations sont réalisées en conformité avec les bonnes pratiques mentionnées à l'article *(Ord. nº 2018-21 du 17 janv. 2018, art. 8)* « L. 5121-5 » ;

3º Les établissements de santé délivrant des soins à domicile qui disposent d'une pharmacie à usage intérieur peuvent confier à des pharmacies d'officine, dans des conditions précisées par décret en Conseil d'État, la gestion, l'approvisionnement, le contrôle, la détention et la dispensation de certains produits de santé mentionnés au I de l'article L. 5126-1 et relatifs à ces soins ;

4º Dans des conditions fixées par décret en Conseil d'État, les pharmacies à usage intérieur des établissements de santé et des groupements de coopération sanitaire peuvent approvisionner en médicaments réservés à l'usage hospitalier les établissements de santé ne disposant pas de pharmacie à usage intérieur. Elles peuvent également approvisionner en médicaments réservés à l'usage hospitalier les officines dans le cadre d'approvisionnement des entreprises maritimes exploitantes de navires et sur présentation du bon de commande correspondant.

V. note ss. art. L. 5126-1.

COMMENTAIRE

V. Commentaire reproduit sur Dalloz.fr.

Art. L. 5126-6 Par dérogation aux dispositions du I de l'article L. 5126-1 :

1º Dans l'intérêt de la santé publique, le ministre chargé de la santé arrête la liste des médicaments que certains établissements de santé ou groupements de coopération sanitaire, disposant d'une pharmacie à usage intérieur, sont autorisés à vendre au public, au détail et dans le respect des conditions prévues aux articles L. 5123-2 à L. 5123-4. Ces médicaments peuvent faire l'objet d'une délivrance à domicile.

Les conditions d'utilisation des médicaments et des dispositifs médicaux stériles sont arrêtées conjointement par les ministres chargés de la santé et de la sécurité sociale.

2º Les pharmacies à usage intérieur sont autorisées à délivrer au public, au détail, les aliments diététiques destinés à des fins médicales spéciales mentionnés à l'article L. 5137-1 ;

3º Les pharmacies à usage intérieur peuvent délivrer à des professionnels de santé libéraux participant à un réseau de santé mentionné au troisième alinéa de l'article L. 6321-1, des préparations magistrales, des préparations hospitalières ainsi que des spécialités pharmaceutiques reconstituées ;

4º Les établissements pharmaceutiques des établissements de santé peuvent, à titre exceptionnel et sous réserve que l'autorisation délivrée en application de l'article L. 5124-9 le précise, confier sous leur responsabilité la réalisation de préparations hospitalières à un établissement pharmaceutique autorisé pour la fabrication de médicaments. Cette sous-traitance fait l'objet d'un rapport annuel transmis par le pharmacien responsable de l'établissement pharmaceutique des établissements de santé concernés au ministre chargé de la santé et au directeur général de l'Agence nationale de sécurité du médicament et des produits de santé.

Ces établissements peuvent également délivrer à des professionnels de santé libéraux participant à un réseau de santé mentionné au troisième alinéa de l'article L. 6321-1 des préparations hospitalières et des spécialités pharmaceutiques reconstituées ;

5º Les préparations hospitalières et les spécialités pharmaceutiques reconstituées peuvent être fabriquées par la Pharmacie centrale des armées et délivrées par les établissements de ravitaillement sanitaire des armées ;

6º Les personnes détenues dans les établissements pénitentiaires et les personnes retenues en application de l'article L. 551-1 du code de l'entrée et du séjour des étrangers et du droit d'asile bénéficient des services de pharmacies à usage intérieur des établissements de santé qui assurent les soins aux détenus en application de l'article L. 6111-1-2 du présent code.

V. note ss. art. L. 5126-1.

BIBL. ► GRIDCHYNA et AULOIS-GRIOT, La rétrocession de médicaments par les hôpitaux : quels bénéfices pour les acteurs ?, *Méd. et Droit, sept.-oct. 2011, nº 110, p. 203.* – ARTIS, La rétrocession hospitalière : régime juridique et mise en œuvre, *RGDM 2007, nº 25, p. 105.* – PEIGNÉ, La rétrocession hospitalière ou la délicate maîtrise du coût des médicaments vendus par les établissements de santé, *RDSS 2005*.

79. – PEIGNÉ, Le contentieux de la facturation des médicaments rétrocédés par les hôpitaux : la Cour de cassation a tranché au détriment des caisses, *LPA 18 févr. 2003, p. 15* ; Circulaires et pharmacies à usage intérieur, *Nouv. pharm. 2003, n° 379, p. 201* ; La rétrocession des médicaments devant la Cour de cassation, *Nouv. pharm. 2002, n° 377, p. 469*.

COMMENTAIRE

V. Commentaire reproduit sur Dalloz.fr.

1. Régime antérieur. Jugé, sous l'ancienne législation, qu'une pharmacie hospitalière ne pouvait délivrer des médicaments qu'aux malades des hospitalisés dans un établissement de soins. • CE 12 déc. 1951, *Dauban : Lebon 584.* ♦ Le Conseil d'État estimait aussi que la fourniture de produits pharmaceutiques dans les services de consultations et de soins externes ne constituait pas une vente au public. • CE 29 mai 1963, *FSPF : Lebon 323.*

2. Cas particulier. Sur le cas de l'établissement d'hospitalisation de Saint-Pierre-et-Miquelon chargé de la vente au détail des produits pharmaceutiques par dérogation (Ord. n° 77-1102 du 26 sept 1977, art. 24) aux dispositions de l'ancien art. L. 578, V. • CE 15 mai 1995, n° 142535 : *RDSS 1996. 292, obs. Auby et Viala*.

3. Responsabilité disciplinaire. Sur un cas de rétrocession irrégulière, V. • CNOP 30 janv. 2001 : *Nouv. pharm. 2001, n° 370, p. 31.*

4. Contrôle de légalité. Dans l'attente d'un décret d'application, la pratique de la rétrocession était gouvernée à l'appui de circulaires réglementaires dont la légalité était régulièrement mise en cause. • CE 24 mai 2000, n° 206376 : *Lebon* (annulation de la Circ. n° 99-67 du 5 févr. 1999 prévoyant la facturation de certaines spécialités rétrocédées à prix coûtant, du prix d'achat, TVA incluse). • CE 24 oct. 2001, n° 227830 : *Lebon* (annulation de la Circ. n° 2000-512 du 10 oct. 2000 prévoyant les modalités de rétrocession de plusieurs spécialités avec une marge forfaitaire). ♦ En vertu de l'art. 41 de la LFSS pour 2002 et dans l'attente de la publication de la liste des médicaments que certains établissements de santé ont le droit de vendre au public, les médicaments faisant l'objet d'une rétrocession ont été *ipso facto* pris en charge par l'assurance maladie. Jugé qu'en permettant à l'autorité ministérielle de décider de la vente de spécialités par les établissements de santé et de leur prise en charge par l'assurance maladie, le législateur a donné compétence au ministre pour fixer l'ensemble des modalités de cession et de prise en charge, y compris leur prix de cession au public. • CE 16 févr. 2004, *Synd. nat. des pharmaciens praticiens et résidents des établissements français d'hospitalisation publics,* n° 253872 (légalité de la circulaire n° 2002-590 du 5 déc. 2002 relative à la rétrocession des médicaments destinés au traitement de l'hépatite C). • CE 16 févr. 2004, *Synd. nat. des pharmaciens praticiens et résidents des établissements français d'hospitalisation publics,* n° 253873 (légalité de la circulaire n° 2002-591 du 5 déc. 2002 relative à la rétrocession d'une spécialité contre la bronchiolite).

5. Contentieux de la facturation. Ont été jugées applicables aux médicaments vendus par voie de rétrocession hospitalière, les dispositions du Décr. n° 62-303 du 12 mars 1962 et de l'Arr. du 12 mars 1962 selon lesquelles le remboursement de produits pharmaceutiques fournis par l'hôpital au cours de soins et de consultations externes doit s'effectuer sur la base du prix d'achat majoré d'une marge de 15 %. • Soc. 11 juill. 2002, *CPAM de Rouen c/ CHU de Rouen : Bull. civ. V n° 265* • 11 juill. 2002, *CHU Hôtel-Dieu Saint-Jacques c/ CPAM de la Haute-Garonne : Bull. civ. V n° 266 ; JCP Adm. 2003.1157, note Tachon-Delobre ; LPA 18 févr. 2003, p. 15, note Peigné* • 5 déc. 2002, n° 01-20.816 • 13 févr. 2003, n° 01-21.088 • Civ. 2e, 14 oct. 2003, *Hospices civils de Lyon : Bull. civ. II n° 303 :* • Civ. 2e, 25 mai 2004, *CHU de Nice,* n° 02-31.176 (à propos de la rétrocession des médicaments anti-VIH). V. désormais art. L. 162-16-5 CSS et R. 5126-107 CSP.

6. Fixation du prix. Sur les critères de fixation du prix des médicaments susceptibles d'être rétrocédés et notamment la possibilité de se référer aux prix pratiqués dans d'autres États européens. • CE 10 janv. 2007, n° 277951 : *Lebon.* ♦ Jugé à cet égard qu'un syndicat de pharmaciens hospitaliers n'a pas d'intérêt lui donnant qualité à agir en excès de pouvoir contre des avis portant sur la détermination du prix de cession des médicaments pouvant être rétrocédés par les pharmacies à usage intérieur des établissements de santé. • CE 27 sept. 2006, n° 277941 : *Lebon ; AJDA 2006. 2246*.

Art. L. 5126-7 *(Ord. n° 2018-20 du 17 janv. 2018, art. 20)* « I. — » **Dans le cadre des recherches mentionnées à l'article L. 1121-1, la pharmacie à usage intérieur peut délivrer les produits nécessaires à la recherche à des investigateurs mentionnés à l'article L. 1121-1 dans les lieux de recherche où la recherche est autorisée. Dans le cadre des mêmes recherches, la pharmacie à usage intérieur peut distribuer les médicaments à d'autres pharmacies d'établissements de santé de l'Union européenne participant à la recherche ou à des**

personnes physiques ou morales qui sont habilitées à exercer la recherche en dehors du territoire national au sein de l'Union européenne, et qui y participent.

Le pharmacien assurant la gérance d'une pharmacie à usage intérieur est préalablement informé par les promoteurs de recherches impliquant la personne humaine mentionnées à l'article L. 1121-1 envisagées sur des médicaments, produits et objets mentionnés à l'article L. 4211-1 ou sur des dispositifs médicaux stériles ou sur des préparations hospitalières. Ceux-ci sont détenus et dispensés par un pharmacien de l'établissement.

(Abrogé par Ord. nº 2018-21 du 17 janv. 2018, art. 8) « ***Les pharmaciens exerçant dans*** » **les pharmacies à usage intérieur sont** *(Ord. nº 2018-21 du 17 janv. 2018, art. 8)* **« autorisées » à réaliser les préparations rendues nécessaires par ces recherches impliquant la personne humaine.**

(Ord. nº 2018-20 du 17 janv. 2018, art. 20) **« II. — Dans le cadre des recherches mentionnées à l'article L. 1121-1, les établissements de ravitaillement sanitaire du service de santé des armées peuvent délivrer les produits nécessaires à la recherche à des investigateurs mentionnés au même article relevant du service de santé des armées dans les lieux de recherche où la recherche est autorisée. »**

V. note ss. art. L. 5126-1.

COMMENTAIRE

V. Commentaire reproduit sur Dalloz.fr.

Art. L. 5126-8 **I. — Le directeur général de l'agence régionale de santé peut autoriser, pour une durée limitée, les pharmacies à usage intérieur des établissements publics de santé :**

1º A approvisionner d'autres pharmacies à usage intérieur lorsqu'il n'y a pas d'autre source d'approvisionnement possible pour un médicament ou produit déterminé. Toutefois, pour un besoin impératif et immédiat, l'approvisionnement peut être effectué sans l'autorisation prévue à l'alinéa précédent, sous réserve d'en informer sans délai le directeur général de l'agence régionale de santé ;

2º A vendre au détail des médicaments en rupture ou en risque de rupture dont la vente au public a été autorisée par l'Agence nationale de sécurité du médicament et des produits de santé en application de l'article L. 5121-30.

II. — En cas d'urgence, les établissements publics de santé sont autorisés à vendre en gros, sans réaliser de bénéfices, des médicaments non disponibles par ailleurs à des organisations à but non lucratif et à vocation humanitaire, ainsi qu'à l'État pour l'exercice de ses missions humanitaires.

III. — Le directeur général de l'agence régionale de santé peut délivrer les autorisations prévues au présent article aux établissements, services ou organismes qui relèvent, ou qui sont placés sous la tutelle, du ministre de la défense ou du ministre chargé des anciens combattants après accord du ministre concerné.

V. note ss. art. L. 5126-1.

COMMENTAIRE

V. Commentaire reproduit sur Dalloz.fr.

Art. L. 5126-9 **Pour l'application des articles L. 5126-5, L. 5126-6 et L. 5126-7, les hôpitaux des armées et l'Institution nationale des invalides sont considérés comme des *établissements de santé.***

V. note ss. art. L. 5126-1.

Art. L. 5126-10 **I. — Lorsque les besoins pharmaceutiques d'un établissement, service ou organisme relevant du III de l'article L. 5126-1 qui n'est pas partie à un groupement hospitalier de territoire ou qui n'est pas membre d'un groupement de coopération sanitaire mentionné au 4º de l'article L. 6133-1 ou à l'article L. 6133-7 ne justifient pas l'existence d'une pharmacie à usage intérieur, les médicaments, produits ou objets mentionnés à l'article L. 4211-1 et les dispositifs médicaux stériles peuvent, par dérogation aux articles L. 5126-1 et L. 5126-7, être détenus et dispensés sous la responsabilité d'un pharmacien ayant passé convention avec l'établissement.**

II. — Les établissements mentionnés au 6º du I de l'article L. 312-1 du code de l'action sociale et des familles qui ne disposent pas de pharmacies à usage intérieur ou

qui ne sont pas membres d'un groupement de coopération sanitaire ou d'un groupement de coopération sociale et médicosociale gérant une pharmacie à usage intérieur concluent, avec un ou plusieurs pharmaciens titulaires d'officine, une ou des conventions relatives à la fourniture en produits de santé mentionnés au I de l'article L. 5126-1 des personnes hébergées en leur sein. La ou les conventions désignent un pharmacien d'officine référent pour l'établissement. Ce pharmacien concourt à la bonne gestion et au bon usage des médicaments destinés aux résidents. Il collabore également, avec les médecins traitants, à l'élaboration, par le médecin coordonnateur mentionné au V de l'article L. 313-12 du même code, de la liste des médicaments à utiliser préférentiellement dans chaque classe pharmaco-thérapeutique.

Ces conventions précisent les conditions destinées à garantir la qualité et la sécurité de la dispensation ainsi que le bon usage des médicaments en lien avec le médecin coordonnateur mentionné au V de l'article L. 313-12 du même code. Elles sont transmises par les établissements au directeur général de l'agence régionale de santé ainsi qu'à la caisse primaire d'assurance maladie dont ils relèvent et, par les pharmaciens, au conseil compétent de l'ordre. Les personnes hébergées ou leurs représentants légaux conservent la faculté de demander que leur approvisionnement soit assuré par un pharmacien de leur choix.

Les conventions sont conformes à une convention type définie par arrêté des ministres chargés de la santé et de la sécurité sociale.

V. note ss. art. L. 5126-1.

BIBL. ▶ MEGERLIN, Régime transitoire des contrats pharmacies-maisons de retraite après la LFSS 2007 : la régulation de la concurrence par la qualité des actes ?, *Gaz. Pal. 6-7 avr. 2007, p. 41* ; Les personnes âgées face au médicament : changement de paradigme en droit pharmaceutique, *RDSS 2007. 623*. – VION, Appels d'offre lancés par les maisons de retraite pour les fournitures pharmaceutiques, *Nouv. pharm. 1993, n° 339, p. 117.*

COMMENTAIRE

V. Commentaire reproduit sur Dalloz.fr.

1. Principe du libre choix. Il existe une liberté fondamentale de toute personne de s'approvisionner ou de cesser de s'approvisionner chez un commerçant : manque de base légale la décision caractérisant l'abus de droit consistant à cesser de s'approvisionner dans une officine de pharmacie à la suite d'élections municipales ayant opposé le mari de la pharmacienne et le maire sortant, président de deux associations paramédicales qui se sont alors tournées vers un concurrent. • Com. 5 juill. 1994 : *Bull. civ. IV n° 258 ; JCP G 1994. II. 22323, note Léonnet.* ♦ Jugé aussi, s'agissant des infirmiers, que la convention par laquelle une maison de retraite concède à titre onéreux l'exercice privilégié, dans ses locaux, d'actes professionnels sur ses pensionnaires, est valide dès lors que le libre choix de ceux-ci est préservé. • Civ. 1re, 16 janv. 2007 : *Bull. civ. I n° 24.* ♦ Sur la sanction d'une rupture brutale de la relation commerciale entre un pharmacien d'officine et une association gérant des EHPAD agissant comme mandataire des résidents de la maison de retraite, V. • Paris, 4 janv. 2017, n° 14/08156.

2. Reconditionnement des médicaments. La préparation par le pharmacien des doses à administrer, au sens de l'art. R. 4235-48, pour les résidents des établissements sociaux et médico-sociaux ne peut être ni systématique, ni généralisée : la mise sous pilulier de ces doses doit s'effectuer dans des conditions de qualité optimale et doit permettre une traçabilité totale des médicaments. • CNOP 15 mai 2006 : *Nouv. pharm. 2006, n° 392, p. 285.* ♦ Constitue une préparation généralisée, donc illicite, le reconditionnement institué comme un mode d'organisation par la directrice et le médecin coordinateur d'un établissement hébergeant des personnes âgées dépendantes. • CNOP 22 sept. 2008 : *Nouv. pharm. 2008, n° 401, p. 376.* ♦ En l'absence de texte réglementaire, le CNOP ne saurait édicter une règle selon laquelle les médicaments placés dans un pilulier ne doivent couvrir qu'une durée de traitement limitée à sept jours : doit ainsi être annulée la sanction infligée par la chambre disciplinaire nationale à un pharmacien ayant procédé au reconditionnement de médicaments nécessaires au traitement de personnes hébergées dans une maison de retraite au moyen de piluliers individuels sous blisters scellés pendant une durée de 28 jours, sans vérifier si cette pratique méconnaissait des obligations auxquelles les pharmaciens sont soumis en raison de l'activité qu'ils exercent. • CE 2 juill. 2010, n° 316858 : *Lebon ; Gaz. Pal. 14-15 janv. 2011, p. 37, note Poujade.* ♦ Jugé au pénal que l'activité de reconditionnement systématique, au moyen de piluliers individuels sous blisters scellés pour une durée de 28 jours, effectuée par un pharmacien d'officine viole les dispositions légales relatives à l'autorisation de mise sur le marché des spécialités pharmaceutiques et constitue une activité de fabrication non autorisée. • Rouen, 29 mai 2008, n° 07/00580 : *D. 2008.*

3059, note Fouassier ; Gaz. Pal. 8-9 oct. 2008, p. 55, note Fallet et Peigné ; Méd. et Droit, janv. 2009, n° 94, p. 17, note Megerlin, Vion et Bégué. ♦ Jugé au civil que le fait que le pharmacien ait refusé de déconditionner les médicaments n'était pas abusif, dès lors que ce refus était conforme à la réglementation sanitaire : ce refus ne pouvait donc justifier une rupture anticipée du contrat à durée déterminée à l'initiative de l'EHPAD. • Douai, 28 nov. 2011, n° 10/08852.

3. Respect du droit de la concurrence. L'Autorité de la concurrence a sanctionné un CROP qui était intervenu auprès d'un EHPAD en l'incitant à s'adresser aux pharmacies les plus proches : cette pratique s'analyse comme une action concertée ayant pour objet et pour effet de fausser le jeu de la concurrence dans l'approvisionnement en médicaments des maisons de retraite qui ne saurait être justifiée par l'existence d'un monopole territorial, malgré l'organisation des officines selon des règles géodémographiques. • Aut. conc. 22 avr. 2009, décis. n° 09-D-17 relative à des pratiques mises en œuvre par le CROP de Basse-Normandie : *D. 2009. 1741, note Alleaume*.

Art. L. 5126-11 **Sauf dispositions contraires, les modalités d'application du présent chapitre sont déterminées par décret en Conseil d'État.**

V. note ss. art. L. 5126-1.

CHAPITRE VII INSPECTION DE LA PHARMACIE

RÉP. PÉN. v° *Pharmacie.*

BIBL. ▶ VAILLE, De l'inspection des pharmacies, *Nouv. pharm. 1993, n° 341, p. 221.* – GOLLÉTY, L'inspection des pharmacies, *RSC 1949. 614.*

Art. L. 5127-1 *(Ord. n° 2010-177 du 23 févr. 2010, art. 19-I-18°)* **L'inspection de la pharmacie est exercée par les pharmaciens inspecteurs de santé publique ainsi que par les inspecteurs des agences régionales de santé ayant la qualité de pharmacien.**

COMMENTAIRE

V. Commentaire reproduit sur Dalloz.fr.

1. Droit commun. Les infractions à la législation pharmaceutique peuvent être recherchées et constatées dans les formes du droit commun. • Crim. 25 nov. 1926 : *DH 1927. 51.* – V. également. • Crim. 9 mars 1923 : *Bull. crim. n° 109.* ♦ En donnant compétence à certains fonctionnaires pour constater les infractions concernant l'exercice de la profession de pharmacien, les dispositions du code de la santé publique n'ont pas eu pour objet d'exclure le recours à tout autre mode de preuve du droit commun. • Crim. 25 févr. 1986 : *Bull. crim. n° 73.*

2. Droit conventionnel européen. Le Conseil d'État a estimé que les dispositions reconnaissant aux pharmaciens inspecteurs de santé publique un très large pouvoir de visite et de contrôle des locaux professionnels, ainsi qu'un pouvoir d'accès aux documents et produits de toute nature qui s'y trouvent, étaient conformes à l'art. 8 de la Conv. EDH, dans la mesure où elles visent à protéger la santé publique et à assurer la sécurité sanitaire, des garanties statutaires étant en outre apportées par l'appartenance des agents de contrôle au corps des pharmaciens inspecteurs de santé publique assermentés : il en résulte que ces visites n'ont pas à être soumises à l'autorisation préalable du juge judiciaire, au contrôle duquel elles peuvent toujours être ultérieurement déférées et, si un pharmacien d'officine s'oppose aux contrôles envisagés par des pharmaciens inspecteurs de santé publique, ces derniers peuvent demander que la visite soit ordonnée par le juge, sans préjudice des poursuites pénales qui peuvent être exercées en application de l'art. L. 1312-2. • CE 21 nov. 2016, *M. C., n° 386249 : Lebon.*

Art. L. 5127-2 **Les** *(Ord. n° 2010-177 du 23 févr. 2010, art. 19-I-19°)* **« inspecteurs mentionnés à l'article L. 5127-1 », agissant conformément aux dispositions des articles L. 1421-2 et L. 1421-3 peuvent, dans l'attente des résultats d'analyse des échantillons prélevés ou de la communication des documents demandés, consigner les produits présentant ou susceptibles de présenter un danger pour la santé humaine. Ceux-ci sont inventoriés et laissés à la garde du détenteur. Ces opérations font l'objet d'un rapport dont une copie est remise au détenteur et vaut notification de la décision de consignation.**

La mesure de consignation ne peut excéder quinze jours que sur autorisation du *(Ord. n° 2009-375 du 1er avr. 2009, art. 4)* **« juge des libertés et de la détention », saisi sur requête par les** *(Ord. n° 2010-177 du 23 févr. 2010, art. 19-I-19°)* **« inspecteurs mentionnés à l'article L. 5127-1 ». La demande comporte tous les éléments d'informa-**

tion de nature à justifier la prorogation de la consignation. Le *(Ord. n° 2009-375 du 1er avr. 2009, art. 4)* « juge des libertés et de la détention » statue sur cette demande dans les vingt-quatre heures. Il peut ordonner la consignation jusqu'à la production des résultats d'analyse ou des documents.

Le *(Ord. n° 2009-375 du 1er avr. 2009, art. 4)* « juge des libertés et de la détention » peut, à tout moment, ordonner la mainlevée de la mesure de consignation.

(Ord. n° 2009-375 du 1er avr. 2009, art. 4) « L'ordonnance autorisant la prolongation d'une mesure de consignation est susceptible de recours dans les mêmes conditions que celles fixées à l'article L. 1421-2-1 pour la contestation d'une ordonnance autorisant une visite. L'ordonnance rendue en appel est susceptible de pourvoi en cassation dans un délai de quinze jours. »

Art. L. 5127-3 Les *(Ord. n° 2010-177 du 23 févr. 2010, art. 19-I-19°)* « inspecteurs mentionnés à l'article L. 5127-1 » signalent aux autorités compétentes les manquements aux règles professionnelles de la pharmacie qu'ils constatent dans l'exercice de leurs fonctions.

Ils font les enquêtes prescrites par l'autorité hiérarchique ou demandées par les instances ordinales compétentes.

Art. L. 5127-4 La compétence de certains *(Ord. n° 2010-177 du 23 févr. 2010, art. 19-I-19°)* « inspecteurs mentionnés à l'article L. 5127-1 » peut, en tant que de besoin, être étendue à certaines régions.

Art. L. 5127-5 Les *(Ord. n° 2010-177 du 23 févr. 2010, art. 19-I-19°)* « inspecteurs mentionnés à l'article L. 5127-1 » ne peuvent exercer aucune autre activité professionnelle, sauf si elle s'exerce exclusivement dans un établissement de santé. Toutefois, ils peuvent appartenir au corps enseignant des unités de formation et de recherche de médecine et de pharmacie.

Les professeurs et maîtres de conférences des universités, qui appartiennent au corps des pharmaciens inspecteurs de santé publique, sont régis, pour ce qui concerne ce cumul de fonctions, par les dispositions applicables aux enseignants des unités de formation et de recherche de pharmacie-praticiens hospitaliers.

Un décret en Conseil d'État détermine en tant que de besoin les adaptations apportées à ce statut.

Art. L. 5127-6 Les *(Ord. n° 2010-177 du 23 févr. 2010, art. 19-I-19°)* « inspecteurs mentionnés à l'article L. 5127-1 » doivent se faire suppléer par leurs collègues pour le contrôle des pharmacies ou des établissements exploités par des titulaires dont ils sont parents ou alliés jusqu'au quatrième degré inclusivement. Il leur est interdit, tant qu'ils exercent leurs fonctions et dans un délai de cinq ans suivant la cessation de celles-ci, d'avoir des intérêts directs ou indirects dans les officines, laboratoires et établissements pharmaceutiques soumis à leur surveillance.

TITRE TROISIÈME AUTRES PRODUITS ET SUBSTANCES PHARMACEUTIQUES RÉGLEMENTÉS

CHAPITRE PREMIER PRODUITS COSMÉTIQUES

BIBL. ▶ Coiffard et Couteau, De l'influence de scandales sanitaires sur la réglementation des produits cosmétiques, *Méd. et droit, mars 2017, n° 143, p. 51.* – Peigné, L'adaptation de la législation des produits cosmétiques au droit de l'Union, *JDSAM 2004, n° 2, p. 52.* – Haoulia, Entrée en vigueur du nouveau règlement européen relatif aux produits cosmétiques, *LPA 9 juill. 2013, p. 7.* – Reingewirtz, La nouvelle réglementation applicable aux produits cosmétiques, *LPA 20 déc. 2012, p. 4.* – Couteau et Coiffard, Qu'est-ce qu'un produit cosmétique ? Qu'appelle-t-on produits frontières ?, *Nouv. pharm. 2010, n° 406, p. 97.* – Blanc, Distribution des produits cosmétiques et sécurité des produits, *D. 2006. 1917.* – Audouard et Aulois-Griot, Des produits cosmétiques aux produits frontières : à la recherche d'un cadre juridique, *Nouv. pharm. 2004, n° 385, p. 591.* – *Lorenzi, Les produits cosmétiques* : un nouveau régime juridique dans un esprit de sécurité sanitaire, *JCP E 1er mars 2001, p. 358.* – Bélanger, Cosmétologie internationale : approche juridique, *RDSS 1993. 277.* – Bzoura, Sécurité des produits cosmétiques et d'hygiène corporelle, *Inf. pharm. 1986. 74.* – Paressant, À propos de dermopharmacie : compétence et responsabilité, *Évol. pharm. 1984, p. 4.* – Nguyen-Thanh-Bourgeais, La sécurité des consommateurs : réflexions sur l'affaire du talc Morhange, *D. 1981. Chron. 87.* – Tisseyre-Berry, À propos de la législation sanitaire des produits cosmétiques dans les pays de la Communauté économique européenne, *RDSS 1981. 531*. – NGUYEN-THANH-BOURGEAIS, La nouvelle réglementation de la présentation et de l'étiquetage des cosmétiques et des produits d'hygiène corporelle, *JCP E 1977. 12576*. – DOLL, La nouvelle réglementation des produits cosmétiques et des produits d'hygiène corporelle, *Gaz. Pal. 1975. 2. Doctr. 742*.

Art. L. 5131-1 On entend par produit cosmétique toute substance ou *(L. n° 2011-12 du 5 janv. 2011, art. 8-1°)* **« mélange destiné à être mis » en contact avec les** *(Abrogé par L. n° 2014-201 du 24 févr. 2014, art. 3-I-1°)* **« *diverses* » parties superficielles du corps humain** *(L. n° 2014-201 du 24 févr. 2014, art. 3-I-1°)* **« (l'épiderme, les systèmes pileux et capillaire, les ongles, les lèvres et les organes génitaux externes) » ou avec les dents et les muqueuses buccales, en vue, exclusivement ou principalement, de les nettoyer, de les parfumer, d'en modifier l'aspect, de les protéger, de les maintenir en bon état ou de corriger les odeurs corporelles.** – *[Anc. art. L. 658-1]*.

COMMENTAIRE

V. Commentaire reproduit sur Dalloz.fr.

I. GÉNÉRALITÉS

1. *Interprétation de la définition.* Un produit donné, alors même qu'il entrerait dans le champ de la définition des produits cosmétiques, doit néanmoins être tenu pour un médicament et, s'il s'agit d'une spécialité pharmaceutique, être soumis au régime correspondant, à l'exclusion de celui des produits cosmétiques, s'il est présenté comme possédant des propriétés curatives ou préventives à l'égard des maladies humaines ou s'il est destiné à être administré en vue de restaurer, de corriger ou de modifier des fonctions organiques : cette qualification s'imposant au vu de l'objectif de protection de la santé publique, dès lors que le régime juridique des spécialités pharmaceutiques est plus rigoureux que celui des produits cosmétiques, compte tenu des dangers particuliers que peuvent présenter celles-ci pour la santé publique et que ne présentent généralement pas les produits cosmétiques. • CJCE 16 avr. 1991, *Upjohn*, n° C-112/89 : *Rec. CJCE 1703, concl. Lenz* (à propos d'une lotion contre la calvitie à base de minoxidil). ♦ Afin de définir la notion d'action pharmacologique inhérente à la définition du médicament par fonction, il est possible de prendre en considération la définition de cette notion figurant dans le document d'orientation, élaboré conjointement par les services de la Commission européenne et les autorités compétentes des États membres, relatif à la délimitation entre *la Dir. 76/768/CEE du 27 juill. 1976 sur les produits cosmétiques* et la Dir. 2001/83/CE du 6 oct. 2001 sur les médicaments. • CJUE 6 sept. 2012, *Chemische Fabrik Kreussler & Co*, n° C-308/11 : *RDSS 2012. 951, note Peigné* (à propos d'un bain de bouche antiseptique à base de chlorhexidine). ♦ V. notes ss. art. L. 5111-1. ♦ Les produits contenant du peroxyde d'hydrogène destinés à être utilisés sur la face externe des dents en vue de les blanchir ou de les éclaircir doivent être regardés, non pas comme des dispositifs médicaux, mais comme des produits cosmétiques. * ANSM, Décis. du 9 juill. 2013 (*JO 9 août*), confirmée par • CE 4 nov. 2015, *Cons. nat. de l'ordre des chirurgiens-dentistes*, n° 372718. ♦ En revanche, un produit contenant des huiles essentielles à des doses élevées relève, eu égard à ses propriétés pharmacologiques, de la définition du médicament et non du statut de produit cosmétique. * ANSM, Décis. du 26 févr. 2014 (*JO 20 mars*). ♦ Les lentilles oculaires de contact non correctrices ne sauraient être regardées comme des produits cosmétiques au sens du Règl. (CE) n° 1223/2009 du 30 nov. 2009, même si leur emballage mentionne qu'il s'agit d'un « accessoire cosmétique pour les yeux ». • CJUE 3 sept. 2015, *Colena*, n° C-321/14.

II. DROIT DE LA CONCURRENCE

2. *Champ de la parapharmacie.* Par leur nature et l'usage auquel ils sont destinés les produits cosmétiques sont exclus du monopole pharmaceutique (V. art. L. 4211-1) : ils sont néanmoins susceptibles d'être vendus en pharmacie d'officine en vertu de l'Arr. du 15 févr. 2002 (*JO 24 févr.*). Il en résulte l'existence d'un marché distinct sur lequel le droit de la concurrence retrouve son empire et sanctionne l'exclusion de toute forme de commercialisation autre que celle réalisée en pharmacie, dans la mesure où il s'agirait d'une restriction discriminatoire disproportionnée aux nécessités de la libre distribution de ces produits sur le marché domestique, V. • Cons. conc. n° 87-D-15 du 9 juin 1987 : *BOCC 17 juin 1987* (pratique illicite consistant à subordonner l'agrément des distributeurs de produits cosmétiques à la qualité de pharmacien). – Confirmée, • Paris, 28 janv.1988 : *BOCC 4 févr. 1989 ; Inf. pharm. 1988. 312, note Viandier*. – Et en cassation. • Com. 25 avr. 1989 : *Bull. civ. IV, n° 135 ; BOCC 10 mai 1989 ; D. 1990. 64, note Lavillaine-Juliet*. ♦ V. également pour la pratique de vente exclusive en pharmacie de produits cosmétiques, avant l'entrée en vigueur de l'Ord. n° 86-1243 du 1er déc. 1986 relative à la liberté des prix et de la concurrence. • TGI Paris, 16 juin 1980 : *RDSS 1980. 506, obs. Auby ; Gaz.*

Pal. 3-4 juill. 1981, p. 4, note Calvo (à propos des produits Bergasol).

3. Liberté des prix. Sur la fixation des prix des produits de parapharmacie, V. • Cons. conc. n° 95-A-04 du 21 févr. 1995 : *BOCC 29 sept. 1995* (relatif à une question posée par l'Association de défense des pharmaciens de Paris).

4. Contrats de distribution sélective. Les contrats de distribution sélective de produits cosmétiques sont admis, à condition que le choix des revendeurs s'opère en fonction de critères objectifs de caractère qualitatif, relatifs à la qualification professionnelle du revendeur, de son personnel, de ses installations et sous réserve que l'application de ces critères soit proportionnée au but poursuivi et non discriminatoire. • Paris, 1er juill. 1997, *Sté Labo. La Roche-Posay : BOCC 30 juill. 1997 ; LPA 6 févr.1998, p. 23, note Arhel.* – V. également pour le refus de vente de produits cosmétiques en dehors du circuit officinal. • Com. 7 avr. 1998, *Sté Labo. La Roche-Posay,* n° 96-14.955. ♦ Auparavant régis par le Règl. n° 2790/99 du 22 déc. 1999, les réseaux de distribution sélective de produits cosmétiques relèvent désormais du Règl. n° 330/2010 de la Commission du 20 avr. 2010, concernant l'application de l'art. 101.3 TFUE à certaines catégories d'accords verticaux et de pratiques concertées (*JOUE 23 avr.*).

5. Licéité du commerce électronique. Sur la compatibilité avec les procédés du commerce électronique des conditions de licéité, correspondant à la haute technicité, à l'image de santé et de sécurité des produits commercialisés, ainsi qu'à l'aménagement et à la nature du lieu de vente, V. • Versailles, 2 déc. 1999, *Sté Pierre Fabre Dermo-Cosmétique : JCP 2000. II. 10282, note Vivant.* ♦ En 2006, le Conseil de la concurrence a décidé d'examiner la légalité des conditions dans lesquelles les fabricants de produits cosmétiques procédaient à la vente de leurs produits par le biais d'internet. Dix sociétés se sont engagées à modifier substantiellement les stipulations de leurs contrats de distribution sélective relatives à la vente sur internet par les distributeurs agréés, afin de concilier le respect de l'image de leur marque, la garantie de la qualité de leurs produits et l'accès des distributeurs agréés à ce canal de distribution dynamique, V. • Cons. conc. n° 07-D-07 du 8 mars 2007 : *BOCC 7 juin 2007* (relative à des pratiques mises en œuvre dans le secteur de la distribution des produits cosmétiques). ♦ Le Conseil de la concurrence a toutefois décidé de sanctionner la société Pierre Fabre Dermo-Cosmétique pour avoir interdit la vente de ses produits sur internet par ses distributeurs agréés et lui a enjoint de supprimer cette clause de ses contrats de distribution sélective. • Cons. conc. n° 08-D-25 du 29 oct. 2008 : *BOCC 31 déc. 2008* (relative à des pratiques mises en œuvre dans le secteur de la distribution de produits cosmétiques vendus sur conseils pharmaceutiques). ♦ La cour d'appel de Paris a cependant décidé de surseoir à statuer et de renvoyer la question à la Cour de justice. • Paris, 29 oct. 2009, *Sté Pierre Fabre Dermo-Cosmétique : BOCC 13 nov. 2009.*

6. Droit de l'Union. Une clause de contrat de distribution sélective interdisant aux distributeurs du fabricant de cosmétiques de vendre ses produits sur internet constitue une restriction de concurrence par objet au sens de l'art. 101 TFUE, à moins que cette clause, compte tenu du contexte juridique et économique dans lequel elle s'inscrit et eu égard aux propriétés des produits en cause, soit objectivement justifiée : l'exemption par catégorie prévue par le Règl. (CE) n° 2790/1999 du 22 déc. 1999 (remplacé par le Règl. n° 330/2010 du 20 avr. 2010) concernant les catégories d'accords verticaux ne s'applique pas à un contrat de distribution sélective qui comporte une clause interdisant *de facto* internet comme mode de commercialisation des produits contractuels, mais un tel contrat peut bénéficier de l'exemption individuelle prévue à l'art. 101.3 TFUE, dès lors qu'il améliore la distribution des produits ou contribuent à promouvoir le progrès économique. • CJUE 13 oct. 2011, *Pierre Fabre Dermo-Cosmétique,* n° C-439/09 : *D. 2011. 2590, obs. Chevrier ; CCC déc. 2011, n° 257, p. 14, note Malaurie-Vignal ; JCP 19 déc. 2011, n° 1430, note Ferrier ; JCP E 24 nov. 2011, n° 1833, étude Vilmart ; RDC 2012, n° 1, p. 111, note Prieto ; RTD eur. 2012. 442, note Blaise.* ♦ L'art. 101 TFUE ne s'oppose pas à une clause contractuelle interdisant aux distributeurs agréés d'un système de distribution sélective de produits de parfumerie, visant à préserver l'image de luxe de ces produits, de recourir de manière visible à des plateformes tierces pour la vente sur internet de ces produits, dès lors que le choix des revendeurs s'opère en fonction de critères objectifs et qualitatifs, fixés d'une manière uniforme et appliqués de façon non discriminatoire, une telle interdiction ne constituant ni une restriction de clientèle ni une restriciton de ventes passives au sens du Règl. (UE) n° 330/2010 du 20 avr. 2010. • CJUE 6 déc. 2017, *Coty Germany,* n° C-230/16 : *D. 2018. 150, note Grimaldi ; AJ Contrat 2018. 34, obs. Buy et Roda.*

7. Droit interne. La cour d'appel de Paris a confirmé que la société Pierre Fabre Dermo-Cosmétique ne pouvait pas interdire à ses distributeurs agréés de vendre des produits cosmétiques sur l'internet, estimant que la clause contractuelle interdisant toute forme de vente sur l'internet de produits cosmétiques n'apparaît pas justifiée par un objectif légitime et qu'une telle clause constitue une restriction de concurrence par objet au sens de l'art. 101, § 1, TFUE. • Paris, 31 janv. 2013, *Sté Pierre Fabre Dermo-Cosmétique,* n° 08/23812 : *D. 2013. 887, note Ferrier ; CCC 2013, n° 64, p. 27, note Decocq ; ibid. n° 76, p. 18, note Malaurie-Vignal.* ♦ S'agissant de l'exemption individuelle prévue à l'art. 101, § 3, TFUE, la cour d'appel a estimé que les quatre conditions exigées pour bénéficier d'une telle exemption n'étaient pas réunies, dans la mesure où l'interdiction faite aux distributeurs agréés de vendre des produits cosmétiques sur l'internet leur impose des restrictions qui ne sont pas indispensables pour garantir aux consommateurs un conseil de qualité et qui n'apportent pas un gain d'efficacité justifié pour lutter contre d'éventuelles contrefaçons ou pour éviter des phénomènes de parasitisme commercial. • Même arrêt. ♦ V. également sur l'annulation par la Cour de cassation d'un arrêt ayant retenu la responsabilité d'un distributeur de produits cosmétiques de la société Pierre Fabre Dermo-Cosmétique sur internet. • Com. 21 juin 2011, *Sté Easyparapharmacie*, n° 09-70.304. ♦ ... Et sur la validité de clauses restrictives de vente par correspondance des produits de la même société, V. • Com. 20 mars 2012, *Sté Atrium Santé*, n° 10-16.329. ♦ La Cour de cassation a confirmé la nullité d'une clause contractuelle interdisant la vente en ligne de produits cosmétiques Pierre Fabre ainsi que le caractère abusif de la rupture des relations commerciales qui en résulte pour ses distributeurs agréés. • Com. 24 sept. 2013 : *D. 2013. 2270, obs. Chevrier ; JCP E 2013, n° 1657, note Vilmart ; D. 2014. 192, note Mendoza-Caminade*. ♦ Jugé que la commercialisation de produits cosmétiques par le biais d'une plateforme internet, en violation des conditions de fonctionnement d'un réseau de distribution sélective, ne constitue pas un trouble manifestement illicite au sens de l'art. 873 C pr. civ. • Paris, 2 févr. 2016, *Sté eNova Santé*, n° 15/01542. ♦ Un fabricant de produits cosmétiques n'est pas tenu de renouveler le contrat de distribution sélective qui le lie à l'un de ses distributeurs. • Com. 8 juin 2017, n° 15-28.355 : *D. 2017. 2444, obs. Centre de droit de la concurrence Y. Serra*.

8. *Entente sur les prix.* Sur les sanctions prononcées par l'Autorité de la concurrence à l'égard de l'entente pratiquée par une dizaine d'entreprises visant à maintenir leurs marges par une concertation sur les prix des produits d'hygiène pratiqués à l'égard de la grande distribution, V. • Aut. conc. 18 déc. 2014 : *Décis. n° 14-D-19* relative à des pratiques mises en œuvre dans le secteur des produits d'entretien et des insecticides et dans le secteur des produits d'hygiène et de soins pour le corps.

9. BIBL. Amédée-Manesme, Il est interdit d'interdire la vente en ligne par internet aux membres d'un réseau de distribution sélective, *JCP E 2013. Étude 1133*. – Vilmart, La distribution sélective condamnée à la vente en ligne, *JCP E 2013. Étude 1119*. – Vogel, La distribution par internet après l'arrêt Pierre Fabre, *JCP E 15 mars 2012, n° 1182*. – Hichri, La réglementation officinale, une justification objective oubliée dans l'analyse concurrentielle de l'interdiction de revendre des produits cosmétiques sur internet, *RGDM 2012, n° 42, p. 229*. – Fouassier, Produits cosmétiques : distribution sélective et vente sur internet, *RGDM 2012, n° 42, p. 159*. – Fourgoux, Assouplissement de la distribution sur internet des produits cosmétiques, *D. 2007. 2209*. – Viala, Le Conseil de la concurrence et la distribution pharmaceutique, *RDSS 1988. 48*. – Pantz, Situation de la concurrence dans la distribution en pharmacie de certains produits cosmétiques et d'hygiène corporelle, *CCC 1987, n° 39, p. 51*.

III. DROIT DE LA RESPONSABILITÉ

10. *Responsabilité de l'État.* Les avis de la commission de la sécurité des consommateurs, relatifs aux dangers potentiels que présente l'utilisation d'un produit cosmétique, ne sont pas constitutifs d'une décision susceptible d'être déférée au juge de l'excès de pouvoir. • CE 27 mai 1987, *Sté Laboratoires Goupil*, n° 83292 : *Lebon 181*. ♦ Jugé que si l'avis de la commission de la sécurité des consommateurs ne produit aucun effet juridique par lui-même, en l'absence de l'interdiction de commercialiser les produits cosmétiques en cause (crèmes solaires Bergasol), son émission et sa publication sont de nature à engager la responsabilité de l'État. • CAA Paris, 13 mai 1997, *Sté Laboratoires pharmaceutiques Bergaderm*, n° 94PA01436 : *Lebon T. 1076*. ♦ Le Conseil d'État a néanmoins estimé que la cour administrative avait commis une erreur de droit en considérant que la commission de la sécurité des consommateurs était incompétente pour formuler un tel avis à partir du moment où les produits en cause faisaient l'objet de dispositions législatives particulières : en effet, aucune disposition de la Dir. 76/768/CEE du 27 juill. 1976 n'interdisait la consultation d'un organisme national recommandant, en l'occurrence, l'interdiction de produits cosmétiques considérés comme dangereux et, par suite, la responsabilité de l'État ne saurait être engagée à raison d'une faute et, a fortiori, sur le fondement de la responsabilité sans faute. • CE, sect., 31 mars 2003, *Min. de l'économie, des finances et de l'industrie c/ Sté Laboratoires pharmaceutiques Bergaderm*, n° 188833 : *Lebon 159 ; RFDA 2003. 1185, concl. Chauvaux ; AJDA 2003. 935, chron. Donnat et Casas ; JCP 2003. II. 10198*, note Delhoste (rejet de la demande d'indemnisation du préjudice subi par l'interdiction des psoralènes dans les produits cosmétiques Bergasol).

11. *Responsabilité de l'Union.* Sur l'absence de responsabilité extracontractuelle de l'Union européenne pour le préjudice économique subi du fait des restrictions d'utilisation des psoralènes dans les crèmes solaires décidées par la Commission européenne (affaire « Bergasol »). • TPICE 16 juill. 1998, *Laboratoires pharmaceutiques Bergaderm et Goupil c/ Commission*, n° T-199/96, confirmé • CJCE 4 juill. 2000, *Labo-*

ratoires pharmaceutiques Bergaderm et Goupil c/ Commission, n° C-352/98P : *Rec. CJCE 5291 ; Europe, oct. 2000, n° 300, comm. Pietri.*

Art. L. 5131-2 L'ouverture et l'exploitation de tout établissement de fabrication *(L. n° 2014-201 du 24 févr. 2014, art. 3-I-2°-a)* « ou de conditionnement », même à titre accessoire, de produits cosmétiques, de même que l'extension de l'activité d'un établissement à de telles opérations, sont subordonnées à une déclaration auprès de *(L. n° 2011-2012 du 29 déc. 2011, art. 5-IV)* « l'Agence nationale de sécurité du médicament et des produits de santé ».

(L. n° 2014-201 du 24 févr. 2014, art. 3-I-2°-b) « Toute modification des éléments constitutifs de la déclaration est communiquée à l'agence.

« Les personnes qualifiées chargées de l'évaluation de la sécurité doivent posséder une formation universitaire mentionnée à l'article 10 du règlement (CE) n° 1223/2009 du Parlement européen et du Conseil, du 30 novembre 2009, relatif aux produits cosmétiques, ou une formation équivalente figurant sur une liste établie par arrêté des ministres chargés de la santé, de l'industrie et de l'enseignement supérieur, ou une formation reconnue équivalente par un État membre de l'Union européenne. »

COMMENTAIRE

V. Commentaire reproduit sur Dalloz.fr.

1. *Personne qualifiée.* Saisi d'un recours en annulation dirigé contre l'Arr. du 25 févr. 2015 relatif à la qualification professionnelle des évaluateurs de la sécurité des produits cosmétiques, le Conseil d'État a renvoyé à la Cour de justice une question préjudicielle sur le point de savoir si, d'une part, la reconnaissance d'équivalence des formations à laquelle les États membres peuvent procéder en application du règlement (CE) n° 1223/2009 du 30 nov. 2009 ne concerne que les formations délivrées dans les États tiers à l'Union européenne et si, d'autre part, les dispositions du règlement autorisent un État membre à déterminer des disciplines susceptibles d'être regardées comme analogues à la médecine, à la pharmacie ou à la toxicologie. • CE 16 déc. 2016, *Féd. des entreprises de la beauté*, n° 393186.

2. *Déclaration d'activité.* Jugé qu'en exigeant que tout établissement de fabrication ou de conditionnement de produits cosmétiques mentionne, dans la déclaration qu'il est tenu d'adresser à l'ANSM avant son ouverture et de mettre à jour en cas de modification, le nom, la fonction et la qualification de la ou des personnes chargées de l'évaluation de la sécurité des produits cosmétiques qu'il sera amené à fabriquer ou à conditionner, le Décr. n° 2015-1417 du 4 nov. 2015 a méconnu les dispositions du règlement (CE) n° 1223/2009 du 30 nov. 2009. • CE 2 oct. 2017, n° 399450 : *Lebon.*

Art. L. 5131-3 *(L. n° 2014-201 du 24 févr. 2014, art. 3-I-3°)* Les produits cosmétiques *(L. n° 2016-41 du 26 janv. 2016, art. 167-I)* « importés ou » mis à disposition sur le marché satisfont aux dispositions du règlement (CE) n° 1223/2009 du Parlement européen et du Conseil, du 30 novembre 2009, précité.

L'autorité compétente mentionnée au paragraphe 5 de l'article 6, au paragraphe 3 de l'article 11, au paragraphe 5 de l'article 13 et aux articles 23 à 30 du même règlement est l'Agence nationale de sécurité du médicament et des produits de santé. Le ministre chargé de la consommation et les agents mentionnés *(Ord. n° 2016-301 du 14 mars 2016, art. 17-6°, en vigueur le 1er juill. 2016)* « à l'article L. 511-3 et aux 1° et 2° du I de l'article L. 511-22 » du code de la consommation ont également la qualité d'autorité compétente pour la mise en œuvre du paragraphe 5 de l'article 6, du paragraphe 3 de l'article 11, du paragraphe 5 de l'article 13, du paragraphe 5 de l'article 23 et des articles 24 à 26 et 28 à 30 dudit règlement, dans la limite des pouvoirs dont ils disposent en vertu des dispositions du code de la consommation et du présent code.

BIBL. ► AFSSAPS, État des connaissances sur les nanoparticules de dioxyde de titane et d'oxyde de zinc dans les produits cosmétiques (rapport d'expertise), *juin 2011.* – Commission européenne, *Rapport au Parlement européen et au Conseil sur le développement, la validation et l'acceptation juridique de méthodes pouvant être substituées à l'expérimentation animale dans le domaine des produits cosmétiques (COM/2010/480 final), sept. 2010.*

COMMENTAIRE

V. Commentaire reproduit sur Dalloz.fr.

1. Réglementation des informations et des allégations. Jugé, sous l'empire de la Dir. 76/768/CEE du 27 juill. 1976, que les autorités nationales ne sauraient interdire l'importation et la commercialisation d'un produit cosmétique au seul motif qu'il porte la dénomination « clinique » : la connotation médicale du nom ne suffisant pas à donner à cette appellation un effet trompeur susceptible, au nom de la protection de la santé publique, de justifier cette interdiction, d'autant que le produit concerné n'est ni commercialisé dans les officines de pharmacie, ni présenté comme possédant des propriétés thérapeutiques. • CJCE 2 févr. 1994, *Verband Sozialer Wettbewerb c/ Laboratoires Clinique,* n° C-315/92 : *D. 1994. 54 ; Rec. CJCE 317.* ♦ En revanche, rien ne s'oppose à l'application d'une réglementation nationale interdisant l'importation et la commercialisation d'un produit cosmétique comprenant le terme « lifting » dans sa dénomination, lorsque, dans les circonstances de l'espèce, un consommateur moyen, normalement informé et raisonnablement attentif et avisé est induit en erreur par la dénomination, estimant qu'elle attribue au produit des caractéristiques qu'il ne possède pas. • CJCE 13 janv. 2000, *Estée Lauder Cosmetics,* n° C-220/98 : *Rec. CJCE 117 ; RTD com. 2000. 772, obs. Luby .* ♦ N'est pas trompeuse et ne saurait induire en erreur un consommateur moyen normalement informé, raisonnablement attentif et avisé, la simple mention « testé dermatologiquement » inscrite sur le conditionnement d'un produit cosmétique, sans que cette mention soit accompagnée d'indications relatives à l'objet des tests menés : l'interdiction de la mention « testé dermatologiquement », à défaut d'indication sur l'objet et les résultats des expertises, constitue une mesure nationale de répression de la tromperie plus stricte que celle prévue par le droit de l'Union. • CJCE 24 oct. 2002, *Linhart et Biffl,* n° C-99/01 : *Rec. CJCE 9375.* ♦ Sur l'interdiction de publicité d'un dentifrice dont il était allégué qu'il prévenait la formation de tartre et la parodontose, V. • CJCE 28 janv. 1999, *Unilever,* n° C-77/97 : *D. 1999. 52 ; Rec. CJCE 431.* ♦ Sur la nécessité d'inscrire de manière complète les avertissements obligatoires sur le récipient ou l'emballage d'un produit cosmétique dans la langue prescrite dans l'État membre de commercialisation, quand bien même cette exigence entraînerait des frais de conditionnement supplémentaires, V. • CJCE 13 sept. 2001, *n° C-169/99 : Rec. CJCE 5901 ; Europe, nov. 2001, n° 323, comm. Pietri.*

2. Protection contre les pays tiers. La Cour de justice considère que la mise sur le marché de l'Union de produits cosmétiques dont certains ingrédients ont fait l'objet d'expérimentations animales hors de l'Union afin de permettre la commercialisation de ces produits dans des pays tiers peut être interdite si les données qui résultent de ces expérimentations sont utilisées pour prouver la sécurité des produits concernés aux fins de leur mise sur le marché de l'Union. • CJUE 21 sept. 2016, *European Federation for Cosmetic Ingredients,* n° C-592/14 : *Europe, nov. 2016, n° 401, comm. Bruck.*

Art. L. 5131-4 *(L. n° 2014-201 du 24 févr. 2014, art. 3-I-3°)* **L'Agence nationale de sécurité du médicament et des produits de santé publie les principes de bonnes pratiques de laboratoire applicables aux études de sécurité non cliniques destinées à évaluer la sécurité des produits cosmétiques pour la mise en œuvre de l'article 10 du règlement (CE) n° 1223/2009 du Parlement européen et du Conseil, du 30 novembre 2009, précité, ainsi que les règles applicables à l'inspection et à la vérification des bonnes pratiques de laboratoire. Elle définit les règles relatives à la délivrance des documents attestant le respect de ces bonnes pratiques.**

COMMENTAIRE

V. Commentaire reproduit sur Dalloz.fr.

Art. L. 5131-5 *(L. n° 2014-201 du 24 févr. 2014, art. 3-I-3°)* **I. — Toute personne responsable et tout distributeur de produits cosmétiques peuvent déclarer, en complément de leurs obligations découlant de l'article 23 du règlement (CE) n° 1223/2009 du Parlement européen et du Conseil, du 30 novembre 2009, précité, les autres effets indésirables à l'Agence nationale de sécurité du médicament et des produits de santé.**

II. — Tout professionnel de santé ayant connaissance d'un effet indésirable grave, au sens du *p* du paragraphe 1 de l'article 2 du même règlement, susceptible de résulter de l'utilisation d'un produit cosmétique le déclare, sans délai, à l'Agence nationale de sécurité du médicament et des produits de santé. Il peut déclarer, en outre, les autres effets indésirables dont il a connaissance. Il peut, d'autre part, déclarer les effets susceptibles de résulter d'un mésusage.

Tout utilisateur professionnel peut procéder à la déclaration d'effets indésirables à l'Agence nationale de sécurité du médicament et des produits de santé. Il peut, d'autre part, déclarer les effets susceptibles de résulter d'un mésusage.

Tout consommateur de produits cosmétiques peut procéder à la déclaration d'effets indésirables à l'Agence nationale de sécurité du médicament et des produits de santé. Il peut, d'autre part, déclarer les effets susceptibles de résulter d'un mésusage.

COMMENTAIRE

V. Commentaire reproduit sur Dalloz.fr.

Art. L. 5131-6 *(L. n° 2014-201 du 24 févr. 2014, art. 3-I-3°)* En cas de doute sérieux quant à la sécurité d'une substance entrant dans la composition d'un produit cosmétique, l'Agence nationale de sécurité du médicament et des produits de santé peut mettre en demeure la personne responsable de ce produit de lui communiquer les informations mentionnées à l'article 24 du règlement (CE) n° 1223/2009 du Parlement européen et du Conseil, du 30 novembre 2009, précité. Cette mise en demeure peut être assortie d'une astreinte au plus égale à 500 € par jour de retard à compter de la date fixée par l'agence. Le montant maximal de l'astreinte mise en recouvrement ne peut être supérieur au montant maximal de l'amende prévue à l'article L. 5431-9 du présent code.

COMMENTAIRE

V. Commentaire reproduit sur Dalloz.fr.

Art. L. 5131-7 *(L. n° 2014-201 du 24 févr. 2014, art. 3-I-3°)* Pour tout produit cosmétique mis sur le marché ou importé pour la première fois d'un État non membre de l'Union européenne ou non partie à l'accord sur l'Espace économique européen avant le 11 juillet 2013, le fabricant, son représentant, la personne pour le compte de laquelle le produit est fabriqué ou, en cas d'importation, le responsable de la mise sur le marché conserve, jusqu'au 11 juillet 2020, le dossier rassemblant les informations sur le produit.

Les centres antipoison mentionnés à l'article L. 6141-4 conservent jusqu'au 11 juillet 2020 les informations adéquates et suffisantes, reçues avant le 11 juillet 2013, concernant les substances utilisées dans les produits cosmétiques.

L'art. L. 5131-7, dans sa rédaction résultant de la L. n° 2014-201 du 24 févr. 2014, est abrogé à compter du 12 juill. 2020 (L. préc., art. 3-VI).

COMMENTAIRE

V. Commentaire reproduit sur Dalloz.fr.

Art. L. 5131-8 *(L. n° 2014-201 du 24 févr. 2014, art. 3-I-3°)* Un décret en Conseil d'État détermine les modalités d'application du présent chapitre, notamment :

1° Les modalités de présentation et le contenu de la déclaration prévue à l'article L. 5131-2 ;

2° Les modalités d'étiquetage des produits cosmétiques mentionnés au paragraphe 4 de l'article 19 du règlement (CE) n° 1223/2009 du Parlement européen et du Conseil, du 30 novembre 2009, précité, après avis du Conseil national de la consommation ;

3° Les modalités de mise en œuvre du système de cosmétovigilance prévu à l'article L. 5131-5.

CHAPITRE II SUBSTANCES ET PRÉPARATIONS VÉNÉNEUSES

BIBL. ► Substances vénéneuses. Listes et exonérations, *éd. Journaux officiels, 2015*. – MAUTRAIT et RAOULT, Législation et exonérations des substances dangereuses et vénéneuses, *Porphyre, 2008*. – BENAICHE et GODEFROY, Droit pénal des produits de santé, *Litec, 2002*. – CABALLERO et BISIOU, Droit de la drogue, *Dalloz, Précis, 2000*. – AZÉMA, Le droit pénal de la pharmacie, *Litec, 1990*. – VAILLE, STERN et PENCIOLELLI, La réglementation des substances vénéneuses, *éd. du Creuset, 1957*.

Art. L. 5132-1 Sont comprises comme substances vénéneuses :

(Abrogé par Ord. n° 2011-1922 du 22 déc. 2011, art. 2-14°) « 1° Les substances dangereuses classées selon les catégories définies à l'article L. 5132-2 ; »

2° Les substances stupéfiantes ;

3° Les substances psychotropes ;

4° Les substances inscrites sur la liste I et la liste II définies à l'article L. 5132-6.

(Ord. n° 2011-1922 du 22 déc. 2011, art. 2-14°) « Au sens de cette présente partie : »

On entend par "substances" les éléments chimiques et leurs composés comme ils se présentent à l'état naturel ou tels qu'ils sont produits par l'industrie, contenant éventuellement tout additif nécessaire à leur mise sur le marché.

On entend par "préparations" les mélanges ou solutions composés de deux substances ou plus.

COMMENTAIRE

V. Commentaire reproduit sur Dalloz.fr.

Art. L. 5132-2 à L. 5132-5 *Abrogés par Ord. n° 2011-1922 du 22 déc. 2011, art. 2-15°.*

Art. L. 5132-6 Les listes I et II mentionnées au 4° de l'article L. 5132-1 comprennent :

(Ord. n° 2011-1922 du 22 déc. 2011, art. 2-16°) « **1° Certaines substances classées dangereuses pour la santé conformément à l'article L. 1342-2 ;** »

2° Les médicaments susceptibles de présenter directement ou indirectement un danger pour la santé ;

3° Les médicaments à usage humain contenant des substances dont l'activité ou les effets indésirables nécessitent une surveillance médicale ;

4° *Abrogé par Ord. n° 2007-613 du 26 avr. 2007, art. 28-1° ;*

5° Tout autre produit ou substance présentant pour la santé des risques directs ou indirects.

La liste I comprend les substances ou préparations, et les médicaments et produits présentant les risques les plus élevés pour la santé.

BIBL. ▶ AULOIS-GRIOT et TABOULET, Médecins et pharmaciens face aux médicaments à prescription particulière : entre logiques sanitaires et logiques économiques, *Méd. et droit mai-juin 2007, n° 84, p. 83.* – SIRANYAN, L'évolution du rôle de l'ordonnance : de l'ordre médical au support d'échanges d'information, *RDSS 2005. 981*. – FOUASSIER, Ordonnance de médecins étrangers : le Conseil d'État botte en touche, *Nouv. pharm. 2005, n° 389, p. 517.* DUNEAU, L'ordonnance médicale : le point sur les règles de prescription et de dispensation, *Méd. et droit mai-juin 1996, n° 18, p. 13.* – VION et VIALA, Une nouvelle réglementation des substances vénéneuses, *RDSS 1989. 454.*

COMMENTAIRE

V. Commentaire reproduit sur Dalloz.fr.

1. Pouvoir d'appréciation. Jugé que les dispositions de la Dir. 92/26/CEE du 31 mars 1992, concernant la classification en matière de délivrance des médicaments à usage humain, laissaient une marge d'appréciation aux États membres pour classer un médicament dans la catégorie des médicaments soumis à prescription obligatoire. • CE, ass., 30 juin 2000, *Assoc. Choisir la vie et a. : Lebon 248 ; AJDA 2000. 736, concl. Boissard ; D. 2000. 545, chron. Radé et Dubos ; RFDA 2000. 1305, note Dubouis ; JCP 2000. II. 10423, note Peigné* (à propos de la compatibilité de la L. n° 67-1176 du 28 déc. 1967 relative à la régulation des naissances soumettant les contraceptifs oraux à prescription médicale obligatoire).

2. Régime d'exonération. La possibilité d'exonérer de la réglementation applicable aux substances vénéneuses les médicaments utilisés pendant une durée de traitement très brève n'a pas pour objet et ne saurait avoir légalement pour effet de permettre au ministre, qui doit décider au cas par cas ces exonérations, sur proposition du directeur général de l'AFSSAPS [ANSM] et après avis de l'Académie nationale de pharmacie, en prenant en compte les effets de ces substances selon leur dosage et la durée du traitement, de soustraire au régime applicable aux substances vénéneuses des substances ou des médicaments susceptibles de présenter directement ou indirectement un danger pour la santé. • CE 15 mai 2002, *Assoc. Choisir la vie et Assoc. pour l'objection de conscience à l'avortement,* n° 225258 : *Lebon 171* (affaire du contraceptif d'urgence Norlevo). ♦ V. art. R. 5132-2.

3. Médicaments abortifs. L'inscription d'un médicament destiné aux IVG (mifépristone ou « RU 486 ») sur la liste des substances vénéneuses, et non sur la liste des substances abortives, a été jugée légale. • CE 17 oct. 1990, *Assoc. pour l'objection de conscience à toute participation à l'avortement,* n° 105254 : *RD publ. 1991. 525, note Auby.*

4. Médicaments à prescription restreinte. Sur la légalité du Décr. n° 94-1030 du 2 déc. 1994 ayant introduit la catégorie des médicaments à prescription restreinte, V. • CE 16 févr. 1996,

Synd. des médecins d'Aix : Lebon T. 1139 ; Nouv. pharm. 1996, n° 352, p. 351, note Gervasoni • 30 déc. 1998, *Assoc. des neurologues libéraux de langue française,* n° 190741. ♦ V. art. R. 5121-77 s.

Art. L. 5132-7 **Les plantes, substances ou préparations vénéneuses sont classées comme stupéfiants ou comme psychotropes ou sont inscrites sur les listes I et II par arrêté du ministre chargé de la santé pris sur proposition du directeur général de** *(L. n° 2011-2012 du 29 déc. 2011, art. 5-IV)* **« l'Agence nationale de sécurité du médicament et des produits de santé ».**

BIBL. ▶ NOITON, GUIMER, SANG et CALOP, Le Subutex en pratique, *Nouv. pharm. juill. 1997, n° 355, p. 223.* – CASTILLO, La circulation des stupéfiants en droit communautaire, *LPA 9 août 1996, n° 96, p. 26.*

COMMENTAIRE

V. Commentaire reproduit sur Dalloz.fr.

1. Caractère réglementaire. Les décisions relatives au classement d'une substance sur la liste des substances vénéneuses présentent un caractère réglementaire. • CE 15 juill. 1959, *Sté des produits chimiques Sovilo : Lebon 444* • CE, sect., 28 avr. 1967, *FSPF : AJDA 1967. 401, concl. Galabert.* ♦ La classification sur la liste des stupéfiants faite par le ministre chargé de la santé est également une décision de nature réglementaire, soumise au contrôle de l'erreur manifeste d'appréciation. • CE 31 mars 1995, *Sté des Labo. L. Lafon,* n° 147131 (annulation de l'inscription sur la liste des stupéfiants du modafinil utilisé dans le traitement des narcolepsies). ♦ Tant le refus du ministre de la santé d'abroger un arrêté que la décision du directeur général de l'agence refusant de proposer une telle abrogation présentent un caractère réglementaire : dès lors, le Conseil d'État est compétent pour connaître en premier et dernier ressort des conclusions dirigées contre la décision implicite de rejet résultant du silence gardé par le directeur de l'ANSM sur une demande tendant à ce qu'il propose l'abrogation d'un arrêté. • CE 30 juin 2014, *Sté Coopération pharmaceutique française,* n° 357234. ♦ Aucune disposition ou aucun principe du droit n'impose que la proposition du directeur général de l'ANSM, sur la base de laquelle le ministre prend sa décision, soit transmise pour observations à l'entreprise concernée. • CE 30 avr. 2014, *Sté Les laboratoires Servier,* n° 364789 : *Lebon.* ♦ Doit être regardée sans objet, et par suite rejetée, la requête tendant à l'annulation de la décision du directeur de l'ANSM ayant proposé d'inscrire un médicament sur la liste des susbtances vénéneuses, dès lors qu'aucune décision du ministre de la santé n'a procédé à une telle inscription et quand bien même le résumé des caractéristiques du produit (RCP) mentionnerait, à tort, que la spécialité concernée relève de la liste des substances vénéneuses. • CE 25 févr. 2015, *Laboratoires Expanscience,* n° 372691.

2. Conditions de reclassement. La décision ministérielle de reclasser une substance de la liste 2 vers la liste 1 des substances vénéneuses n'est aucunement subordonnée à l'obligation de procéder à une enquête préalable de pharmacovigilance, étant entendu qu'elle a seulement pour conséquence, en vertu de l'art. R. 5132-22, de soumettre tout renouvellement de la délivrance de ces médicaments à une indication écrite du prescripteur précisant le nombre de renouvellements ou la durée du traitement, de façon à assurer un meilleur suivi des patients par les professionnels de santé. • CE 8 avr. 2009, *Sté Monégasque techni-pharma,* n° 307460 (à propos du métoclopramide).

3. Conditions d'inscription. Le ministre chargé de la santé ne peut légalement inscrire une substance sur l'une des listes mentionnées à l'article L. 5132-6 que si elle satisfait à l'une des conditions prévues par cet article. Il doit par ailleurs s'assurer que cette inscription ne méconnaît pas, en raison des effets qui s'y attachent, le droit de l'Union européenne, notamment l'interdiction des restrictions quantitatives à l'importation entre les États membres ainsi que toutes mesures d'effet équivalent, prévue par l'art. 34 TFUE. • CE 26 févr. 2014, *Sté Natural Distribution et a.,* n° 358005 : *Lebon à paraître.*

4. Cas de la mélatonine. Est entaché d'erreur manifeste d'appréciation l'arrêté ministériel qui, pour justifier une inscription de la mélatonine sur la liste I des substances vénéneuses, se borne à invoquer le manque de données cliniques permettant d'apprécier le degré de risque présenté par une substance dont les effets physiologiques sont avérés, ainsi que les précautions qui doivent en conséquence prévaloir à l'égard de certains publics fragiles et quand bien même la Commission européenne aurait soumis à prescription médicale obligatoire une spécialité contenant de la mélatonine. • CE 2 mars 2011, *Sté Natural Distribution,* n° 332376. ♦ La légalité du nouvel arrêté, inscrivant la mélatonine sur la liste 2 des substances vénéneuses, a été confirmée. • CE 26 févr. 2014, *Sté Natural Distribution et a.,* n° 358005 : *LPA 11 juin 2014, p. 6, note Mascret et Issenhuth.* ♦ Le Conseil d'État a annulé un arrêté subséquent établissant à 1 mg le dosage en deçà duquel la mélatonine est exonérée de la règlementation attachée à son inscription sur la liste 2 des substances vénéneuses – impliquant dès lors une délivrance en pharmacie sur prescription médicale pour les produits contenant plus d'1 mg de mélatonine – au motif que cet arrêté, devant être regardé comme constituant une règle technique au sens de la Dir. 98/34/CE du 22 juin 1998, n'avait pas été notifié à la Commission européenne. • CE 31 mars 2017, *Sté Vitamins et a.*, n° 397644 : *Lebon.*

5. *Cas de l'Iboga.* N'est pas entachée d'erreur manifeste d'appréciation la décision ministérielle classant comme stupéfiants les plantes *Tabernanthe iboga* et *Tabernanthe manii*, connues sous le nom d'Iboga et produisant des effets psychotropes sur l'homme lorsque, sous forme de racine râpée ou en lamelles, elles sont consommées à des fins stimulantes ou dans le cadre de pratiques du rite africain « *Bwiti* », l'arrêté en cause ne portant pas une atteinte disproportionnée ou excessive au regard de la liberté de pensée, de conscience et de religion garantie tant par la Constitution que par l'art. 9 Conv. EDH ou les art. 18 et 19 PIDCP. • CE 20 mars 2009, *Assoc. Savoirs d'Afrique*, n° 305953.

6. *Cas du cannabis.* Sur le classement du cannabis en tant que stupéfiant, V. • Crim. 13 mars 1995 : *Bull. crim. n° 101.* ♦ Le classement, par la Conv. de Vienne du 21 févr. 1971, du tétrahydrocannabinol (THC) au tableau des substances psychotropes, n'autorisant qu'une utilisation à des fins scientifiques ou à des fins médicales très limitées, n'a pas pour effet d'abroger le classement du cannabis comme substance stupéfiante, d'autant que le cannabis est classé stupéfiant par la Conv. unique du 30 mars 1961, légalement ratifiée et publiée en droit interne. • TA Paris, 29 mai 2001, *Mouvement de légalisation contrôlée c/ AFSSAPS*, n° 9811703/6. ♦ La décision d'autoriser, ou de refuser implicitement, l'importation du cannabis à des fins thérapeutiques constitue une décision de nature individuelle, dont la contestation appartient au TA dans le ressort duquel le requérant est domicilié. • CE 14 juin 1999, *Itard*, n° 199123 • 14 juin 1999, *Ragey*, n° 200261 • 14 juin 1999, *Achache*, n° 198955. ♦ Sur le projet d'organisation d'une fête baptisée « l'appel du 18 joint » par une association ayant pour objet l'information et la recherche sur tout ce qui touche au cannabis, V. • Toulouse, 29 juin 2000 : *D. 2001. IR 182.*

7. *Cas de la buprénorphine.* Sur le rejet d'une QPC concernant l'inscription de la buprénorphine (Subutex) en tant que substance psychotrope, et dont les recommandations de prescription ne résultent que de circulaires ou d'instructions ministérielles. • Crim. 12 juin 2012, n° 11-89.064.

8. *Cas des nitrites d'alkyle (« poppers »).* Dans la mesure où les produits contenant des nitrites d'alkyle ont une toxicité faible aux doses inhalées habituelles et dès lors qu'aucune étude scientifique ou enquête ne permet d'établir que les nitrites d'alkyle présentent un risque de pharmacodépendance ou d'abus, au sens de l'art. R. 5132-97, doit être annulé l'arrêté ministériel du 29 juin 2011 interdisant de façon générale l'offre et la cession au public des produits contenant ces substances en les soumettant, pour partie, à la règlementation des stupéfiants. • CE 3 juin 2013, *Synd. nat. des entreprises gaies*, n° 352484. ♦ Le Conseil d'État avait précédemment annulé le Décr. n° 2007-1636 du 20 nov. 2007, édicté sur le fondement de l'art. L. 221-3 C. consom., ayant interdit de façon générale les produits dépourvus d'AMM et contenant des nitrites d'alkyle aliphatiques, cycliques et hétérocycliques. • CE 15 mai 2009, *Sté France conditionnement création et a.*, n° 312449 : *Lebon 199 ; AJDA 2009. 1668, note Markus ; D. 2009. 2466, note Thirion ; RTD com. 2009. 701, obs. Orsoni.*

9. *Application du régime des stupéfiants.* Doit être confirmée la légalité d'un arrêté, pris sur le fondement de l'art. R. 5132-39, soumettant la tianeptine à des restrictions de ses conditions de prescription et de délivrance, eu égard au risque de pharmacopédendance qu'elle présente. • CE 30 avr. 2014, *Sté Les laboratoires Servier*, n° 364789.

10. *Exonération sur la liste des substances vénéneuses.* Ne comment pas d'erreur manifeste d'appréciation le ministre qui met fin à l'exonération de l'application des dispositions relatives aux substances vénéneuses, prévue à l'art. R. 5132-2, dont bénéficiaient les médicaments contenant de la pholcodine à des doses ou à des concentrations très faibles. • CE 30 juin 2014, *Sté Coopération pharmaceutique française*, n° 357234.

Art. L. 5132-8 **La production, la fabrication, le transport, l'importation, l'exportation, la détention, l'offre, la cession, l'acquisition et l'emploi de plantes, de substances ou de préparations classées comme vénéneuses sont soumises à des conditions définies par décrets en Conseil d'État.**

Ces décrets peuvent prohiber toute opération relative à ces plantes et substances ; ils peuvent notamment, après avis des Académies nationales de médecine et de pharmacie, interdire la prescription et l'incorporation dans des préparations de certaines de ces plantes et substances ou des spécialités qui en contiennent.

Les conditions de prescription et de délivrance de telles préparations sont fixées après avis des conseils nationaux de l'ordre des médecins et de l'ordre des pharmaciens. – *[Anc. art. L. 626 et L. 627].*

BIBL. ▶ Feroni et Lovell, Les dispositifs de régulation publique d'un médicament sensible : le cas du Subutex, traitement de substitution aux opiacés, *RF aff. soc. 2007, n° 3, p. 153.* – Briot, Rapport n° 422 sur le bon usage des psychotropes, *Office parlementaire d'évaluation des politiques de santé, juin 2006.* – Baumevieille et Maurain, L'évaluation de la pharmacodépendance : sécurité sanitaire et processus décisionnel, *RDSS 2003. 400*. – Boyer et a., Toxicomanies et lois : controverses, *éd. L'Harmattan, 2002.* – Clément, Le cadre juridique de la délivrance des produits de substitution, *LPA 15 nov. 2000, p. 4.* – Noiton, Guimer, Sang et Calop, Le Subutex en pratique, *Nouv. pharm. 1997, n° 355, p. 223.* – Biclet, Modalités de prescription et de dispensation de la buprénorphine, *Méd. et droit, nov. 1995, n° 15, p. 24.* – Lagier, Prévention des pharmacodépendances, *Nouv. pharm. 1993, n° 341, p. 215.*

COMMENTAIRE

V. Commentaire reproduit sur Dalloz.fr.

I. CONTENTIEUX PÉNAL

1. *Pharmaciens d'officine.* Sur des exemples de poursuite visant des pharmaciens, V. • TGI Saint-Malo, 17 sept. 1971 : *Doc. pharm., n° 1810* • Nancy, 6 déc. 1972 : *Doc. pharm., n° 1929* • TGI Perpignan, 25 juin 1975 : *Doc. pharm., n° 2001* • T. corr. Mâcon, 12 janv. 1983 : *Inf. pharm. 1983. 323, obs. Viala* • TGI Vannes, 3 juin 1982 : *Inf. pharm. 1983. 488, obs. Viala.* ♦ Sur la condamnation d'un pharmacien pour vente par quantités importantes de Temgesic, V. • TGI Paris, 13 avr. 1995 : *Nouv. pharm. 1995, n° 348, p. 397.* ♦ Sur la condamnation d'un pharmacien pour vente sans ordonnance de Valium, V. • T. corr. Paris, 26 févr. 1988 : *Inf. pharm. 1988, n° 311, p. 612, obs. Viala.* ♦ Sur la vente de Di-Antalvic sans ordonnance, V. • TGI Versailles, 28 oct. 1992 : *Nouv. pharm. 1995, n° 348, p. 400.* ♦ Sur des ventes massives et irrégulières de dermocorticoïdes, V. • TGI Paris, 29 janv. 1999 : *Nouv. pharm. 1999, n° 363, p. 312* • Lyon, 17 févr. 1988 : *Inf. pharm. 1988, n° 309, p. 330, obs. Viala.* ♦ ... Et pour des infractions à la réglementation des substances vénéneuses (anorexigènes, psychotropes, produits de substitution), V. • Colmar, 9 déc. 1998 : *Nouv. pharm. 1999, n° 363, p. 313.*

2. *Pharmaciens adjoints.* En dépit d'une absence de délégation régulière de pouvoirs, un pharmacien adjoint est pénalement responsable, au même titre que le titulaire de l'officine, des conditions dans lesquelles sont dispensés par les personnes habilitées à le seconder (préparateurs) les médicaments relevant de la liste des substances vénéneuses. • Crim. 1er févr. 1990 : *Bull. crim. n° 59* (délivrance de quantités massives d'anabolisants).

3. *Produits dopants et anabolisants.* Sur des condamnations de pharmaciens et préparateurs en pharmacie pour fourniture de substances stupéfiantes utilisées aux fins de dopage par des coureurs cyclistes, V. • *T. corr. Laon, 26 nov. 1987* • *T. corr. Poitiers,* 6 janv. 1988 : *Inf. pharm. 1988. 330, obs. Viala.* ♦ Sur des ventes massives d'anabolisants (culturisme), V. • TGI Reims, 8 nov. 1996 : *Nouv. pharm. 1997, n° 356, p. 368.* ♦ Une cour d'appel ne saurait, sans se contredire, énoncer dans ses motifs que le délit de détention de testostérone et de corticoïdes n'est pas retenu compte tenu des faibles quantités saisies et des explications données par le prévenu, et déclarer, dans son dispositif, ce dernier coupable d'infraction à la législation sur les substances vénéneuses. • Crim. 15 juin 2011, n° 10-83.491.

4. *Intention frauduleuse.* Sur l'intention frauduleuse relevant du fait que le prévenu, un pharmacien d'officine, ne pouvait ignorer qu'il vendait les médicaments litigieux (du Néo-Codion et divers psychotropes) à des toxicomanes, V. • Nancy, 27 mai 1999 : *Nouv. pharm. 1999, n° 364, p. 423.*

5. *Homicide involontaire.* Doit être cassé l'arrêt qui se borne à énoncer qu'en l'absence de lien de causalité clairement identifié entre la délivrance sur ordonnance d'un médicament inscrit sur la liste des substances vénéneuses (cigarettes à base de datura) et la mort de la victime par noyade, dont les circonstances de la chute dans l'eau sont inconnues, le délit d'homicide involontaire ne pouvait être constitué. • Crim. 28 mars 2000 : *Bull. crim. n° 138.*

6. *Non-lieu à QPC.* Sur le refus par la Cour de cassation de renvoyer une QPC portant sur les dispositions de l'art. L. 5132-8, V. • Crim. 15 juin 2011, n° 11-90.037.

II. CONTENTIEUX DISCIPLINAIRE

7. *Fautes professionnelles.* S'agissant de la dispensation de buprénorphine (Temgésic), en raison de posologies soit absentes, soit excessives, V. • CNOP 10 mars 1994 : *Nouv. pharm. 1995, n° 346, p. 29.* ♦ Sur la délivrance en quantités excessives d'une spécialité à visée psychotrope relevant de la liste I des substances vénéneuses, V. • CNOP 30 janv. 1997 : *Nouv. pharm. 1997, n° 354, p. 75.* ♦ Sur la vente de Di-Antalvic et de Temgésic sans ordonnance, V. • CNOP 3 oct. 1994 : *Nouv. pharm. 1995, n° 346, p. 26.* ♦ Sur l'expédition de dermocorticoïdes à une clinique située à l'étranger en l'absence d'ordonnance ou de commande à usage professionnel, V. • CNOP 28 janv. 2003 : *Nouv. pharm. 2003, n° 379, p. 145.*

8. *Amnistie disciplinaire.* La délivrance à des toxicomanes, sans ordonnance, dans un but de traitement de substitution, de 1225 boîtes de Temgésic en quinze mois constituent des faits contraires à l'honneur professionnel échappant au champ d'une loi d'amnistie. • CNOP 19 sept. 1996 : *Nouv. pharm. 1996, n° 353, p. 429.* ♦ Le fait d'exécuter des ordonnances prescrivant des doses importantes de psychotropes, dès lors que le pharmacien a pris contact à plusieurs reprises avec le médecin justifiant d'un suivi quotidien du patient, n'est toutefois pas susceptible d'être qualifié de fait contraire à l'honneur professionnel exclu du bénéfice de l'amnistie. • CE 12 mai 2003, *Des Moutis : Lebon T. 997.* ♦ *Contra.* • CE 11 mai 2007, *CPAM des Bouches-du-Rhône : Lebon T. 1055 ; RDSS 2007. 898, note Megerlin.*

III. CONTENTIEUX CIVIL

9. Prescriptions hors AMM. Constitue une faute civile et justifie le remboursement des sommes décaissées la prescription de Skenan (sulfate de morphine) à titre de produit de substitution dans le traitement de la toxicomanie, alors que cette indication n'entre pas dans le champ de l'AMM de la spécialité, et qu'elle n'est autorisée, à titre exceptionnel, par des notes de la Direction générale de la santé qu'après concertation entre le médecin traitant et le service du contrôle médical de la caisse d'assurance maladie. • Civ. 2e, 3 juill. 2008, *CPAM de Montpellier,* n° 07-16.534.

10. Faute intentionnelle et assurance de responsabilité. Le placement sous contrôle judiciaire d'un pharmacien, mis en examen pour des infractions intentionnelles liées à un trafic de Subutex, ne suffit pas à établir sa faute intentionnelle ou dolosive, de nature à justifier un refus de garantie de la part de son assureur. • Civ. 2e, 22 oct. 2015, n° 14-25.494 : *JCP 18 janv. 2016, n° 50, note Mayaux.*

IV. CONTENTIEUX ADMINISTRATIF

11. Contrôle de légalité. Sur le refus d'abroger le Décr. n° 99-249 du 31 mars 1999, le Conseil d'État estimant que la réglementation des conditions de prescription et de délivrance des médicaments stupéfiants répond tant à l'intérêt général qui s'attache à la nécessité, pour les patients, que le praticien procède à une réévaluation périodique du rapport entre les bénéfices et les risques du traitement, ajuste son dosage et surveille la survenance d'une accoutumance ou d'éventuels effets indésirables, qu'à celui qui s'attache à la lutte contre le trafic et la consommation illégale de stupéfiants : • CE 22 déc. 2017, n° 406087 : *Lebon.*

Art. L. 5132-9 **Lorsqu'ils ont le statut de marchandises communautaires et sont en provenance ou à destination des autres États membres de** *(Ord. n° 2010-177 du 23 févr. 2010, art. 26-10°)* **« l'Union européenne », les médicaments, substances ou préparations classés comme stupéfiants ou auxquels la réglementation des stupéfiants est appliquée en tout ou partie en vertu du présent code, ainsi que les médicaments, substances ou préparations classés comme psychotropes doivent être présentés au service des douanes, munis des documents qui les accompagnent.**

Les agents des douanes sont chargés :

1° D'endosser, après contrôle des marchandises, l'autorisation d'importation ou d'exportation prévue par le présent code pour les médicaments, substances ou préparations classés comme stupéfiants ou auxquels la réglementation des stupéfiants est appliquée en tout ou partie ;

2° D'endosser, après contrôle des marchandises, l'autorisation d'importation ou d'exportation ou la déclaration d'exportation prévues par la convention de Vienne sur les substances psychotropes du 21 février 1971. Les modalités de la présentation en douane sont fixées par arrêté du ministre chargé des douanes.

BIBL. ► CASTILLO, La circulation des stupéfiants en droit communautaire, *LPA 9 août 1996, n° 96, p. 26.*

1. Libre circulation des marchandises. Une *réglementation nationale interdisant* l'importation de stupéfiants susceptibles d'être commercialisés en application de la Conv. unique de 1961 entre dans le champ des règles communautaires sur la libre circulation : elle ne peut donc relever de la dérogation prévue à l'art. 30 CE [art. 36 TFUE] que si l'entrave aux échanges intracommunautaires est justifiée par l'objectif de protéger la santé humaine et si cet objectif ne peut être assuré aussi efficacement par des mesures moins restrictives. • CJCE 28 mars 1995, *The Queen & the Secretary of State for the Home Department,* n° C-324/93 : *Rec. CJCE 563.*

2. Précurseurs de drogues et commerce de médicaments. Jugé que des médicaments à base d'éphédrine ou de pseudo-éphédrine ne sauraient être qualifiés de « substances classifiées » au sens du Règl. (CE) n° 273/2004 du 11 févr. 2004 et du Règl. (CE) n° 111/2005 du 22 déc. 2004, relatifs aux précurseurs de drogues, à supposer même qu'ils contiennent une substance visée à l'annexe de ces règlements et pouvant être facilement utilisée ou extraite par des moyens aisés à mettre en œuvre ou économiquement viables afin de produire des stupéfiants (méthamphétamine). • CJUE 5 févr. 2015, *Miguel M. et a.,* nos C-627/13 et C-2/14.

Art. L. 5132-10 *(L. nº 2016-41 du 26 janv. 2016, art. 146)* Pour des raisons de santé publique, notamment pour prévenir l'apparition de résistances aux médicaments appartenant à la classe des antibiotiques et qui contiennent l'une des substances mentionnées au présent chapitre, des mesures adaptées à la lutte contre les résistances auxdits médicaments sont prises par voie réglementaire.

COMMENTAIRE

V. Commentaire reproduit sur Dalloz.fr.

CHAPITRE III ADDICTOVIGILANCE

(Ord. nº 2017-51 du 19 janv. 2017, art. 1er-III)

Art. L. 5133-1 L'addictovigilance a pour objet la surveillance, l'évaluation, la prévention et la gestion du risque des cas d'abus, de dépendance et d'usage détourné liés à la consommation, qu'elle soit médicamenteuse ou non, de tout produit, substance ou plante ayant un effet psychoactif, à l'exclusion de l'alcool éthylique et du tabac.

Les professionnels de santé, les établissements, personnes ou organismes figurant sur une liste fixée par décret en Conseil d'État déclarent les cas mentionnés au premier alinéa qu'ils constatent ou dont ils ont connaissance. Ce décret détermine également les conditions d'application du présent article.

CHAPITRE IV CONTRACEPTIFS

Art. L. 5134-1 *(L. nº 2016-41 du 26 janv. 2016, art. 11)* « I A. — En application des articles L. 1111-2 et L. 1111-4, toute personne a le droit d'être informée sur l'ensemble des méthodes contraceptives et d'en choisir une librement.

« Cette information incombe à tout professionnel de santé dans le cadre de ses compétences et dans le respect des règles professionnelles qui lui sont applicables. Seules l'urgence ou l'impossibilité d'informer peuvent l'en dispenser. »

(L. nº 2001-588 du 4 juill. 2001, art. 24-I) I. — Le consentement des titulaires de l'autorité parentale ou, le cas échéant, du représentant légal n'est pas requis pour la prescription, la délivrance ou l'administration de contraceptifs aux personnes mineures. *(L. nº 2012-1404 du 17 déc. 2012, art. 52-II-2º)* « La délivrance *(L. nº 2015-1702 du 21 déc. 2015, art. 64-II)* « de contraceptifs, la réalisation d'examens de biologie médicale en vue d'une prescription contraceptive, la prescription de ces examens ou d'un contraceptif, ainsi que leur prise en charge, » sont protégées par le secret pour les personnes mineures. »

La délivrance aux mineures des médicaments ayant pour but la contraception d'urgence et qui ne sont pas soumis à prescription médicale obligatoire s'effectue à titre gratuit dans les pharmacies selon des conditions définies par décret. Dans les établissements d'enseignement du second degré, *(Abrogé par L. nº 2016-41 du 26 janv. 2016, art. 10-II-1º) « si un médecin, une sage-femme ou un centre de planification ou d'éducation familiale n'est pas immédiatement accessible, »* les infirmiers peuvent, *(Abrogé par L. nº 2016-41 du 26 janv. 2016, art. 10-II-1º) « à titre exceptionnel et »* en application d'un protocole national déterminé par décret, dans les cas d'urgence *(Abrogé par L. nº 2016-41 du 26 janv. 2016, art. 10-II-1º) « et de détresse caractérisés »*, administrer aux élèves mineures et majeures une contraception d'urgence. Ils s'assurent de l'accompagnement psychologique de l'élève et veillent à la mise en œuvre d'un suivi médical *(L. nº 2016-41 du 26 janv. 2016, art. 10-II-2º)* « , notamment en orientant l'élève vers un centre de planification ou d'éducation familiale ».

II. — Les contraceptifs intra-utérins ainsi que les diaphragmes et les capes ne peuvent être délivrés que sur prescription *(L. nº 2009-879 du 21 juill. 2009, art. 86-IV)* « d'un médecin ou d'une sage-femme » et uniquement en pharmacie ou dans les centres de planification ou d'éducation familiale mentionnés à l'article L. 2311-4. *(Abrogé par L. nº 2009-879 du 21 juill. 2009, art. 86-IV) « Les sages-femmes sont habilitées à prescrire les diaphragmes, les capes, ainsi que les contraceptifs locaux. »* La première pose du diaphragme ou de la cape doit être faite par un médecin ou une sage-femme.

L'insertion des contraceptifs intra-utérins ne peut être pratiquée que par un médecin *(L. nº 2009-879 du 21 juill. 2009, art. 86-IV)* « ou une sage-femme ». Elle est faite soit

au lieu d'exercice du *(L. n° 2009-879 du 21 juill. 2009, art. 86-IV)* **« praticien », soit dans un établissement de santé ou dans un centre de soins agréé.**

(L. n° 2004-806 du 9 août 2004, art. 102-I ; L. n° 2009-879 du 21 juill. 2009, art. 86-IV et 87) **« III. — Les sages-femmes sont habilitées à prescrire les contraceptifs locaux et les contraceptifs hormonaux.** *(Abrogé par L. n° 2011-2012 du 29 déc. 2011, art. 44-1°)* ***« La surveillance et le suivi biologique sont assurés par le médecin traitant. »***

« Dans les services de médecine de prévention des universités, la délivrance de médicaments ayant pour but *(Abrogé par L. n° 2011-2012 du 29 déc. 2011, art. 44-2°)* ***« la contraception, et notamment »*** **la contraception d'urgence s'effectue dans des conditions définies par décret.** *(L. n° 2011-2012 du 29 déc. 2011, art. 44-2°)* **« Les infirmiers exerçant dans ces services peuvent procéder à la délivrance et l'administration de ces médicaments. » Ces services s'assurent de l'accompagnement psychologique de l'étudiant et veillent à la mise en œuvre d'un suivi médical. »**

BIBL. ▶ GUILBAUD, La dispensation de contraceptifs et contragestifs par le pharmacien d'officine : à l'épreuve de la clause de conscience, *RGDM 2017, Panorama de droit pharmaceutique, n° 24, p. 173.* – SIRANYAN et TABOULET, La contraception d'urgence délivrée aux mineures : enjeux de sécurité et de santé publique, *RGDM 2015. Pan. droit pharmaceutique, n° spécial, p. 215.* – AIGOUY et VIOUJAS, L'affaire des pilules de troisième et quatrième générations : réflexions prospectives sur la responsabilité des laboratoires et des prescripteurs, *RGDM 2013, n° 46, p. 121.* – AUBIN et JOURDAIN-MENNINGER, La prévention des grossesses non désirées : contraception et contraception d'urgence, *Rapport IGAS, oct. 2009.* – TAQUET, Les nouvelles dispositions relatives à l'IVG et à la contraception (loi n° 2001-588 du 4 juill. 2001), *Gaz. Pal. 16 févr. 2002, p. 267.* – VAN DEN BRINK, La pilule du lendemain gratuite en officine : aspects juridiques et pratiques, *Nouv. pharm. 2002, n° 375, p. 283.* – VAN DEN BRINK et NASSIER, Les implications éventuelles des nouvelles dispositions concernant la contraception, *Méd. et droit, janv.-févr. 2002, n° 52, p. 12.* – LEGRAND, Médecine scolaire et contraception : l'annulation de la circulaire sur la pilule du lendemain, *D. 2001. Chron. 2224*. – RADÉ et DUBOS, La pilule du lendemain exclue des établissements scolaires, *D. 2000. Chron. 545*. – DUBOUIS, La pilule du lendemain : le ministre, la loi et la directive communautaire, *RFDA 2000. 1305*. – PEIGNÉ, Pilule du lendemain : annulation des passages de la circulaire ministérielle autorisant les infirmières scolaires à délivrer le contraceptif d'urgence Norlevo, *JCP 2000. II. 10423.* – DUNEAU, Refus de vente et monopole pharmaceutique, *Inf. pharm. 1982. 710.* – DILLEMANN et DUNEAU, Le refus de vente en pharmacie d'officine, *Cahiers A. Legrand, 1979, p. 15.*

COMMENTAIRE

V. Commentaire reproduit sur Dalloz.fr.

1. Refus de vente. Sur les problèmes posés par la « clause de conscience » invoquée par certains pharmaciens pour refuser la vente des contraceptifs, V. • Crim. 10 juill. 1978, *Demolombe : Bull. crim. n° 225 ; JCP 1979. II. 19125, note Chaput* (la vente de médicaments contraceptifs imposant une prescription médicale conforme, c'est à bon droit qu'une pharmacienne a pu refuser la délivrance d'un contraceptif dans la mesure où l'ordonnance ne satisfaisait pas aux exigences réglementaires). ♦ ... Et après *un second pourvoi.* • Crim. 16 oct. 1979 : *Bull. crim. n° 284.* ♦ *Jugé, par la suite, qu'il appartient* au pharmacien de prendre toutes les dispositions pour se procurer un médicament qu'il ne détient pas en stock, la seule présomption d'un refus d'exécution de la commande étant insuffisante pour regarder le refus de vente comme illicite. • Crim. 16 juin 1981, *Demolombe : JCP 1982. II. 19707, note Chaput ; D. 1982. 190, note Sfez.* ♦ ... Et sur renvoi. • Lyon, 19 févr. 1982 : *RDSS 1982. 613, obs. Auby.*

2. Absence de motif légitime. Un pharmacien ne saurait, sans méconnaître ses devoirs professionnels, refuser de dispenser les médicaments, produits ou objets contraceptifs dont la demande lui est normalement présentée et ce, sans qu'il puisse invoquer une clause de conscience qui lui interdirait personnellement, pour des raisons morales, de procéder à la vente de médicaments. • CNOP 22 avr. 1996 : *Nouv. pharm. 1996, n° 352, p. 283.* ♦ Pour la Cour de cassation, les convictions personnelles du pharmacien ne peuvent constituer un motif légitime, au sens de l'art. L. 122-1 C. consom., pour refuser la vente de contraceptifs oraux. • Crim. 21 oct. 1998 : *Bull. crim. n° 273 ; RDSS 1999. 86, obs. Laude ; JCP 1999. II. 10163, note Freund.* ♦ La Cour européenne des droits de l'homme a déclaré irrecevable la requête du pharmacien condamné : dès lors que la vente de pilule contraceptive est légale et intervient sur prescription médicale, les pharmaciens ne sauraient faire prévaloir et imposer à autrui leurs convictions religieuses pour justifier un refus de vente. • CEDH 2 oct. 2001, *Pichon c/ France*, n° 49853/99.

3. Contrôle juridictionnel. Le juge administratif exerce un contrôle restreint sur l'appréciation par le ministre de la Santé des dangers présentés par un dispositif contraceptif. • CE 30 mars 1979, *Assoc. Laissez-les vivre : Lebon T. 888 ; Inf. pharm. 1979. 621, note Viala ; AJDA 1980, n° 14, p. 104, note Vignes.* ♦ Il ressort des termes de l'art. 3 de la L. n° 67-1176 du 8 déc. 1967 relative à la régulation des naissances que les dispositifs intra-utérins sont au nombre des objets contraceptifs dont le législateur a formellement autorisé la fabrication et l'importation.

4. Contraception d'urgence. Sur l'annulation d'une circulaire ministérielle autorisant la prescription et la délivrance de la contraception d'urgence (Norlevo) par les infirmières des établissements scolaires, V. • CE, ass., 30 juin 2000, *Assoc. Choisir la vie et a. : Lebon 248 ; JCP 2000. II. 10423, note Peigné ; AJDA 2000. 736, concl. Boissard ; RDSS 2000. 732, note Dubouis ; LPA 16 janv. 2001, p. 17, note Piastra.* ♦ Sur la légalité des AMM octroyées aux contraceptifs d'urgence « Norlevo » et « Tétragynon », V. • CE, sect., 25 avr. 2001, *Assoc. Choisir la vie : Lebon 190 ; AJDA 2002. 158, note Menuret ; JCP 2002. II. 10017, note Peigné ; RFDA 2002. 541, concl. Boissard .*

5. Droit constitutionnel. Sur la constitutionnalité de la L. n° 2001-588 du 4 juill. 2001 relative à l'interruption volontaire de grossesse et à la contraception, V. • Cons. const. 27 juin 2001, n° 2001-446 DC : *LPA 10 juill. 2001, p. 25, note Schoettl ; D. 2001. 2533, note Matthieu ; JCP 2001. II. 10635, note Franck ; RFDC 2001. 619, note Nicolas.*

Art. L. 5134-2 *Abrogé par Ord. n° 2016-966 du 15 juill. 2016, art. 2-8°.*

Art. L. 5134-3 **Sont déterminées par décret en Conseil d'État :**

1° Les mesures d'application de l'article L. 5134-1 ;

2° Les conditions particulières de délivrance des contraceptifs dans *(Ord. n° 2017-1178 du 19 juill. 2017, art. 4-1°)* **« en Guadeloupe, en Guyane, en Martinique, à La Réunion, à Mayotte »** *(Ord. n° 2010-331 du 25 mars 2010, art. 43)* **« et à Saint-Barthélemy et à Saint-Martin. »**

CHAPITRE V PRODUITS APTES À PROVOQUER UNE INTERRUPTION VOLONTAIRE DE GROSSESSE

Art. L. 5135-1 *Al. 1er, 2 et 3 abrogés par L. n° 2001-588 du 4 juill. 2001, art. 13-I.*

(L. n° 2001-588 du 4 juill. 2001, art. 13-I) **« Il est interdit aux fabricants et négociants en appareils gynécologiques de vendre des dispositifs médicaux utilisables pour une interruption volontaire de grossesse à des personnes n'appartenant pas au corps médical ou ne faisant pas elles-mêmes profession de vendre des appareils chirurgicaux ».**

BIBL. ▶ FOUASSIER, Vers une clause de conscience pour le pharmacien d'officine ?, *RDSS 2003. 43* . – AUBY, Des problèmes posés par les produits abortifs devant le Conseil d'État, *RDSS 1991. 228* . – MÉMETEAU, Avortement et clause de conscience des pharmaciens, *JCP 1990. I. 3443.*

1. Affaire du « RU 486 ». La mifépristone (RU 486), commercialisée sous le nom de Mifégyne, n'avait pas à figurer, en tant que spécialité pharmaceutique, sur la liste des substances abortives. • CE 17 oct. 1990, *Assoc. pour l'objection de conscience à toute participation à l'avortement*, n° 105254 : *RD publ. 1991. 525, note Auby.* ♦ Sur la légalité de l'AMM accordée à la mifépristone (Mifégyne), V. • CE, ass., 21 déc. 1990, *Conf. nat. des assoc. familiales catholiques : Lebon 369, concl. Stirn.* ♦ Sur le refus d'abroger l'AMM de la spécialité Mifégyne, V. • CE 10 janv. 1992, *Assoc. Avortement Vérité*, n° 111197 • 26 oct. 1992, *Conf. nat. des assoc. familiales catholiques*, n° 110988 • 16 déc. 1992, *Union synd. des prof. de santé respectant la vie humaine*, n° 108283.

2. Questions éthiques. Sur les problèmes éthiques soulevés par l'utilisation de la mifépristone (RU 486), V. • CCNE, 16 déc. 1987 : *avis n° 10.*

3. Statut du stérilet. Un stérilet doit être regardé comme un produit abortif qu'un pharmacien d'officine n'est pas tenu de vendre aux termes de l'art. L. 645 [L. 5135-1]. • Paris, 8 déc. 1993 : *Nouv. pharm. 1994, n° 343, p. 239.*

4. Responsabilité médicale. Sur la responsabilité civile d'un médecin ayant commis une faute en prescrivant, avant l'expiration du délai de réflexion prévu à l'art. L. 2212-5, un médicament destiné à faciliter une éventuelle interruption volontaire de grossesse à venir, V. • Civ. 1re, 26 mai 2011, n° 10-15.550.

CHAPITRE VI *[ABROGÉ]* INSECTICIDES ET ACARICIDES

(Abrogé par Ord. n° 2007-613 du 26 avr. 2007, art. 28-2°)

Art. L. 5136-1 à L. 5136-6 *Abrogés par Ord. n° 2007-613 du 26 avr. 2007, art. 28-2°.*

CHAPITRE VII ALIMENTS DIÉTÉTIQUES DESTINÉS À DES FINS MÉDICALES SPÉCIALES

Art. L. 5137-1 *(Ord. n° 2007-613 du 26 avr. 2007, art. 24)* On entend par aliments diététiques destinés à des fins médicales spéciales les aliments destinés à une alimentation particulière qui sont spécialement traités ou formulés pour répondre aux besoins nutritionnels des patients. Ils sont destinés à constituer l'alimentation exclusive ou partielle des patients dont les capacités d'absorption, de digestion, d'assimilation, de métabolisation ou d'excrétion des aliments ordinaires ou de certains de leurs ingrédients ou métabolites sont diminuées, limitées ou perturbées, ou dont l'état de santé appelle d'autres besoins nutritionnels particuliers qui ne peuvent être satisfaits par une modification du régime alimentaire normal ou par un régime constitué d'aliments destinés à une alimentation particulière ou par une combinaison des deux.

Ils ne peuvent être utilisés que sous contrôle médical.

COMMENTAIRE

V. Commentaire reproduit sur Dalloz.fr

Art. L. 5137-2 *(Ord. n° 2007-613 du 26 avr. 2007, art. 25)* Sont soumis à prescription médicale obligatoire les aliments diététiques destinés à des fins médicales spéciales qui répondent :

1° Aux besoins nutritionnels particuliers de personnes atteintes d'une des maladies nécessitant ce type d'apport et figurant sur une liste fixée par arrêté du ministre chargé de la santé ;

2° A des caractéristiques déterminées par le même arrêté.

Ils ne peuvent être délivrés au détail que par les pharmacies à usage intérieur des établissements de santé, *(Ord. n° 2018-20 du 17 janv. 2018, art. 20)* « des hôpitaux des armées, de l'Institution nationale des invalides, par » les officines de pharmacie, ainsi que par des personnes morales agréées par l'autorité administrative. La demande d'agrément est accompagnée d'un dossier dont le contenu est fixé par arrêté du ministre chargé de la santé. En cas de méconnaissance des dispositions législatives ou réglementaires applicables, l'agrément peut être suspendu ou retiré. La fourniture et la délivrance de ces produits doivent être conformes aux bonnes pratiques dont les principes sont définis par arrêté du ministre chargé de la santé.

Art. L. 5137-3 *(Ord. n° 2007-613 du 26 avr. 2007, art. 25)* Les règles relatives à la composition et à la présentation des produits mentionnés à l'article L. 5137-1 sont fixées par décret, pris en application de l'article L. 214-1 du code de la consommation.

CHAPITRE VIII MATIÈRES PREMIÈRES À USAGE PHARMACEUTIQUE

Art. L. 5138-1 *(Ord. n° 2012-1427 du 19 déc. 2012, art. 8)* Les activités de fabrication, d'importation et de distribution de substances actives, y compris en vue de l'exportation, ne peuvent être exercées que dans des établissements autorisés par *l'Agence nationale de sécurité* du médicament et des produits de santé.

Toute activité de fabrication, d'importation ou de distribution d'excipients, y compris en vue de l'exportation, doit être déclarée auprès de l'agence. Toute modification des éléments constitutifs de la déclaration lui est immédiatement communiquée.

Les conditions d'application du présent article sont déterminées par décret en Conseil d'État.

COMMENTAIRE

V. Commentaire reproduit sur Dalloz.fr

Art. L. 5138-2 *(Ord. n° 2012-1427 du 19 déc. 2012, art. 9)* « I. – On entend par matières premières à usage pharmaceutique tous les composants des médicaments au sens de l'article L. 5111-1, c'est-à-dire :

« 1° La ou les substances actives. Est une substance active toute substance ou tout mélange de substances destiné à être utilisé pour la fabrication d'un médicament et qui, lorsqu'utilisé *[lorsque utilisé]* pour sa production, devient un composant actif de ce médicament exerçant une action pharmacologique, immunologique ou métabolique en vue de restaurer, corriger ou modifier des fonctions physiologiques, ou d'établir un diagnostic médical ;

« 2° Le ou les excipients. Est un excipient tout composant d'un médicament autre qu'une substance active et que les matériaux d'emballage. »

II. – L'usage pharmaceutique est présumé pour ces matières lorsqu'elles sont cédées à :

1° Un établissement pharmaceutique mentionné à l'article L. 5124-1 ou à l'article L. 5142-1 ;

2° Une pharmacie à usage intérieur ;

3° Une officine de pharmacie ;

4° Un médecin, un vétérinaire ou une personne autorisée à préparer des autovaccins à usage vétérinaire mentionnée à l'article L. 5141-12.

Il en va autrement lorsque la personne qui cède ces matières justifie d'une autre destination par la production d'une attestation émanant de l'acheteur.

III. – En vue d'établir, ou non, l'usage pharmaceutique d'une des matières premières mentionnées au I et cédées à une personne autre que celles énumérées au II, le vendeur doit pouvoir justifier de la destination de ces matières premières. A cette fin, il peut demander à l'acheteur une attestation justifiant de leur destination.

IV. – On entend par fabrication d'une matière première à usage pharmaceutique la fabrication complète ou partielle de cette matière première ainsi que les divers procédés de division ou de conditionnement préalables à son incorporation dans un médicament et le stockage, en vue de sa vente.

V. – On entend par distribution d'une matière première à usage pharmaceutique les activités d'achat, de vente, de reconditionnement, de réétiquetage et de stockage.

COMMENTAIRE

V. Commentaire reproduit sur Dalloz.fr.

Art. L. 5138-3 *(L. n° 2007-248 du 26 févr. 2007, art. 25)* Les matières premières à usage pharmaceutique répondent aux spécifications de la pharmacopée quand elles existent. *(Ord. n° 2012-1427 du 19 déc. 2012, art. 10-I)* « Les substances actives sont fabriquées et distribuées conformément à des bonnes pratiques dont les principes sont définis par le directeur général de l'Agence nationale de sécurité du médicament et des produits de santé, après avis de l'Agence nationale chargée de la sécurité sanitaire de l'alimentation, de l'environnement et du travail.

« Pour la fabrication de médicaments à usage humain, les établissements pharmaceutiques mentionnés à l'article L. 5124-1, les pharmacies à usage intérieur, les pharmacies d'officine ainsi que les médecins :

« 1° Vérifient la qualité et l'authenticité des matières premières qu'ils utilisent ;

« 2° Veillent à n'utiliser que des substances actives fabriquées et distribuées, y compris lorsqu'elles sont importées, conformément aux bonnes pratiques de fabrication et de distribution mentionnées au premier alinéa.

« Les établissements pharmaceutiques de fabrication de médicaments à usage humain mentionnés à l'article L. 5124-1 se conforment à l'obligation résultant du 2° notamment en réalisant, par eux-mêmes ou par l'intermédiaire d'un organisme tiers avec lequel ils concluent un contrat écrit, des audits sur les sites de fabrication et de distribution des substances actives.

« Ces mêmes établissements utilisent des excipients appropriés pour lesquels ils déterminent, sur la base d'une évaluation formalisée du risque conforme aux lignes directrices de la Commission européenne, les bonnes pratiques de fabrication adéquates. Cette évaluation du risque tient compte des exigences imposées par d'autres systèmes de qualité pertinents, de la source et de l'utilisation prévue de ces excipients, ainsi que de précédents cas de défaut de qualité. »

COMMENTAIRE

V. Commentaire reproduit sur Dalloz.fr.

Art. L. 5138-3-1 *(Ord. nº 2012-1427 du 19 déc. 2012, art. 10-II)* **Pour la fabrication de médicaments à usage vétérinaire, les établissements pharmaceutiques mentionnés à l'article L. 5142-1, les vétérinaires, les pharmacies d'officine et les personnes autorisées à préparer des autovaccins à usage vétérinaire utilisent, en tant que matières premières à usage pharmaceutique, des substances actives répondant aux exigences du premier alinéa de l'article L. 5138-3.**

Art. L. 5138-4 *(L. nº 2007-248 du 26 févr. 2007, art. 26)* **Lorsque dans le cadre de ses pouvoirs d'inspection** *(L. nº 2011-2012 du 29 déc. 2011, art. 5-IV)* **« l'Agence nationale de sécurité du médicament et des produits de santé » constate que la fabrication ou le reconditionnement et le réétiquetage en vue de la distribution des matières premières à usage pharmaceutique respectent les bonnes pratiques prévues à l'article L. 5138-3, elle délivre un certificat de conformité** *(Ord. nº 2012-1427 du 19 déc. 2012, art. 11-1º)* **« , sauf pour les activités de distribution d'excipients ».**

Tout établissement réalisant une des activités mentionnées au premier alinéa peut demander à l'agence de certifier qu'il respecte ces bonnes pratiques.

Le modèle du certificat de conformité est établi par l'agence *(Ord. nº 2012-1427 du 19 déc. 2012, art. 11-2º)* **« en coopération avec l'Agence européenne des médicaments ».**

COMMENTAIRE

V. Commentaire reproduit sur Dalloz.fr.

Art. L. 5138-5 *(Ord. nº 2012-1427 du 19 déc. 2012, art. 12)* **Des substances actives ne peuvent être importées de pays tiers qu'à la condition d'avoir été fabriquées conformément à des normes de bonnes pratiques au moins équivalentes à celles fixées par l'Union européenne, et d'être accompagnées de documents définis par voie réglementaire attestant notamment le respect de telles normes.**

Art. L. 5138-6 *(Ord. nº 2012-1427 du 19 déc. 2012, art. 13)* **On entend par matière première à usage pharmaceutique falsifiée toute substance active ou tout excipient, dont l'usage pharmaceutique est établi, et comportant une présentation mensongère de son identité, y compris de son emballage et de son étiquetage, de son nom ou de sa composition, de son origine, y compris de son fabricant, de son pays de fabrication, ou de son historique, y compris des autorisations, des déclarations et des documents relatifs aux circuits de distribution utilisés.**

COMMENTAIRE

V. Commentaire reproduit sur Dalloz.fr.

CHAPITRE IX MICRO-ORGANISMES ET TOXINES

(L. nº 2004-806 du 9 août 2004, art. 22-I)

BIBL. ▶ HÉRAIL, De 2001 à 2010 : un renforcement continu du cadre juridique relatif aux *micro-organismes et toxines, Gaz. Pal.* 14-15 janv. 2011, p. 46.

Art. L. 5139-1 *(L. nº 2004-806 du 9 août 2004, art. 22-I)* **Relèvent du présent chapitre les micro-organismes et les toxines dont l'emploi serait de nature à présenter un risque pour la santé publique ainsi que les produits qui en contiennent. Un arrêté du ministre chargé de la santé pris sur proposition du directeur général de** *(L. nº 2011-2012 du 29 déc. 2011, art. 5-IV)* **« l'Agence nationale de sécurité du médicament et des produits de santé » fixe la liste de ces micro-organismes et toxines. Lorsque ces micro-organismes et toxines sont destinés à un usage vétérinaire, le directeur général de** *(L. nº 2011-2012 du 29 déc. 2011, art. 5-IV)* **« l'Agence nationale de sécurité du médicament et des produits de santé » sollicite, préalablement à sa proposition, l'avis du directeur général de l'***(Ord. nº 2010-18 du 7 janv. 2010, art. 3-II)* **« Agence nationale chargée de la sécurité sanitaire de l'alimentation, de l'environnement et du travail ».**

COMMENTAIRE

V. Commentaire reproduit sur Dalloz.fr.

Art. L. 5139-2 *(L. nº 2004-806 du 9 août 2004, art. 22-I)* **La production, la fabrication, le transport, l'importation, l'exportation, la détention, l'offre, la cession, l'acquisition et l'emploi des micro-organismes et toxines inscrits sur la liste prévue à l'article L. 5139-1 et les produits en contenant sont soumis à des conditions** *(L. nº 2009-879 du 21 juill. 2009, art. 111)* **« et à un régime d'autorisation définis » par décrets en Conseil d'État. Ces décrets peuvent, après avis des académies nationales de médecine et de pharmacie, prohiber toute opération relative à ces micro-organismes, toxines et produits qui en contiennent et, notamment, interdire leur prescription et leur incorporation dans des préparations.**

Les conditions de prescription et de délivrance des préparations dans lesquelles sont incorporés des micro-organismes ou des toxines mentionnés à l'article L. 5139-1 ou les produits qui en contiennent sont fixées après avis des conseils nationaux de l'ordre des médecins et de l'ordre des pharmaciens.

Art. L. 5139-3 *(L. nº 2004-806 du 9 août 2004, art. 22-I)* **Lorsqu'ils ont le statut de marchandises communautaires et sont en provenance ou à destination des autres États membres de** *(Ord. nº 2010-177 du 23 févr. 2010, art. 26-10º)* **« l'Union européenne », les micro-organismes et toxines inscrits sur la liste prévue à l'article L. 5139-1 ainsi que les produits en contenant doivent être présentés au service des douanes, munis des documents qui les accompagnent.**

Les agents des douanes sont chargés d'endosser, après contrôle des marchandises, l'autorisation d'importation ou d'exportation prévue par le présent code.

CHAPITRE X PRODUITS DE TATOUAGE

(L. nº 2004-806 du 9 août 2004, art. 149-I)

Art. L. 513-10-1 On entend par produits de tatouage toute substance ou préparation colorante destinée, par effraction cutanée, à créer une marque sur les parties superficielles du corps humain à l'exception des produits qui sont des dispositifs médicaux au sens de l'article L. 5211-1.

BIBL. ▶ MITAINE, Le tatouage et le principe de la dignité humaine, *Méd. et droit nov. 2017, nº 146-147, p. 115.*

COMMENTAIRE

V. Commentaire reproduit sur Dalloz.fr.

Art. L. 513-10-2 *(L. nº 2014-201 du 24 févr. 2014, art. 3-III-1º)* **L'ouverture et l'exploitation de tout établissement de fabrication, de conditionnement ou d'importation, même à titre accessoire, de produits de tatouage, de même que l'extension de l'activité d'un établissement à de telles opérations, sont subordonnées à une déclaration auprès de l'Agence nationale de sécurité du médicament et des produits de santé.**

Cette déclaration est faite par la personne responsable de la mise sur le marché des produits de tatouage, qui est, selon le cas, le fabricant ou son représentant, la personne pour le compte de laquelle les produits de tatouage sont fabriqués ou la personne qui met sur le marché les produits de tatouage importés.

Toute modification des éléments constitutifs de la déclaration est communiquée à l'agence.

La personne responsable de la mise sur le marché des produits de tatouage désigne une ou plusieurs personnes qualifiées responsables de la fabrication, du conditionnement, ***de l'importation, des contrôles de qualité*****, de l'évaluation de la sécurité pour la santé humaine, de la détention et de la surveillance des stocks de matières premières et de produits finis. Ces personnes doivent posséder des connaissances scientifiques suffisantes, attestées par des diplômes, titres ou certificats figurant sur une liste établie par arrêté des ministres chargés de l'artisanat, de l'enseignement supérieur, de l'industrie et de la santé, ou justifier d'une expérience pratique appropriée dont la durée et le contenu sont déterminés dans les mêmes conditions.**

Art. L. 513-10-3 La fabrication des produits de tatouage doit être réalisée en conformité avec les bonnes pratiques de fabrication dont les principes sont définis par arrêté des ministres chargés de la consommation et de la santé, pris sur proposition de *(L. n° 2011-2012 du 29 déc. 2011, art. 5-IV)* « l'Agence nationale de sécurité du médicament et des produits de santé ». *(L. n° 2014-201 du 24 févr. 2014, art. 3-III-2°)* « L'évaluation de la sécurité pour la santé humaine de ces produits est exécutée en conformité avec les bonnes pratiques de laboratoire dont les principes sont publiés par l'Agence nationale de sécurité du médicament et des produits de santé, de même que les règles applicables à l'inspection et à la vérification des bonnes pratiques de laboratoire. Un arrêté des ministres chargés de la consommation et de la santé, pris sur proposition de l'agence, définit les règles relatives à la délivrance de documents attestant du respect de ces bonnes pratiques. »

Art. L. 513-10-4 *(L. n° 2014-201 du 24 févr. 2014, art. 3-III-3°)* Les produits de tatouage mis sur le marché ne doivent pas nuire à la santé humaine lorsqu'ils sont appliqués dans les conditions normales ou raisonnablement prévisibles d'utilisation compte tenu, notamment, de la présentation du produit, des mentions portées sur l'étiquetage ainsi que de toute autre information destinée aux consommateurs.

Art. L. 513-10-5 *(L. n° 2014-201 du 24 févr. 2014, art. 3-III-4°)* Un produit de tatouage ne peut être mis sur le marché à titre gratuit ou onéreux que s'il remplit les conditions suivantes :

1° Son récipient et son emballage comportent le nom ou la raison sociale et l'adresse de la personne responsable de la mise sur le marché du produit, ainsi que les autres mentions prévues par voie réglementaire ;

2° La personne responsable de la mise sur le marché du produit tient effectivement à la disposition des autorités de contrôle, à l'adresse mentionnée ci-dessus, un dossier rassemblant toutes les informations utiles, au regard des articles L. 513-10-3 et L. 513-10-4, sur la formule qualitative et quantitative, les spécifications physico-chimiques et microbiologiques, les conditions de fabrication et de contrôle, l'évaluation de la sécurité pour la santé humaine et les effets indésirables de ce produit.

Art. L. 513-10-6 *(L. n° 2014-201 du 24 févr. 2014, art. 3-III-4°)* La mise sur le marché à titre gratuit ou onéreux d'un produit de tatouage est subordonnée à la transmission aux centres antipoison mentionnés à l'article L. 6141-4, désignés par arrêté conjoint des ministres chargés de la consommation, de l'industrie et de la santé, d'informations adéquates et suffisantes concernant les substances utilisées dans ce produit.

La liste de ces informations est fixée par arrêté conjoint des ministres chargés de la consommation, de l'industrie et de la santé.

Art. L. 513-10-7 *(L. n° 2014-201 du 24 févr. 2014, art. 3-III-4°)* La personne responsable de la mise sur le marché du produit de tatouage met à la disposition du public, par des moyens appropriés, y compris des moyens électroniques, les informations liées à la composition et aux effets indésirables de ce produit, définies par voie réglementaire.

Art. L. 513-10-8 *(L. n° 2014-201 du 24 févr. 2014, art. 3-III-4°)* I. — La personne responsable de la mise sur le marché d'un produit de tatouage est tenue de participer au système national de vigilance exercé sur les produits de tatouage en déclarant, sans délai, à l'Agence nationale de sécurité du médicament et des produits de santé les effets indésirables graves susceptibles de résulter de l'utilisation d'un produit de tatouage dont elle a connaissance. Elle lui déclare, en outre, les autres effets indésirables dont elle a connaissance. Est un effet indésirable grave une réaction nocive et non prévisible, qu'elle se produise dans les conditions normales d'emploi du produit chez l'homme ou qu'elle résulte d'un mésusage, qui est de nature à justifier une hospitalisation ou entraîne une incapacité fonctionnelle temporaire ou permanente, une invalidité, une mise en jeu du pronostic vital immédiat, un décès ou une anomalie ou une malformation congénitale.

L'obligation mentionnée au premier alinéa du présent I est réputée remplie par le respect de l'obligation d'information prévue à l'article L. 221-1-3 *[L. 423-3]* du code de la consommation. Dans ce cas, l'Agence nationale de sécurité du médicament et des produits de santé est informée, sans délai, par les autorités administratives compétentes mentionnées au même article.

II. – Tout professionnel de santé ayant connaissance d'un effet indésirable grave, au sens du I du présent article, susceptible de résulter de l'utilisation d'un produit de tatouage le déclare, sans délai, à l'Agence nationale de sécurité du médicament et des produits de santé. Il lui déclare, en outre, les autres effets indésirables dont il a connaissance. Dans sa déclaration, il précise si l'effet indésirable résulte d'un mésusage et décrit les conditions dans lesquelles le tatouage a été pratiqué.

Toute personne qui réalise des tatouages à titre professionnel ayant connaissance d'un effet indésirable grave, au sens du I, susceptible de résulter de l'utilisation d'un produit de tatouage le déclare, sans délai, à l'Agence nationale de sécurité du médicament et des produits de santé. Elle lui déclare, en outre, les autres effets indésirables dont elle a connaissance. Dans sa déclaration, elle lui précise si l'effet indésirable résulte d'un mésusage et décrit les conditions dans lesquelles le tatouage a été pratiqué.

Tout consommateur peut déclarer des effets indésirables à l'Agence nationale de sécurité du médicament et des produits de santé, en faisant état, le cas échéant, d'un mésusage et en décrivant les conditions dans lesquelles le tatouage a été pratiqué.

Art. L. 513-10-9 *(L. n° 2014-201 du 24 févr. 2014, art. 3-III-4°)* La personne responsable de la mise sur le marché d'un produit de tatouage est tenue, en cas de doute sérieux sur l'innocuité d'une ou de plusieurs substances, de fournir au directeur général de l'Agence nationale de sécurité du médicament et des produits de santé, lorsqu'il lui en fait la demande motivée, la liste de ses produits de tatouage dans la composition desquels entrent une ou plusieurs substances désignées par lui ainsi que la quantité de chacune de ces substances présentes dans le produit.

L'agence prend toute mesure pour protéger la confidentialité des informations qui lui sont transmises au titre du présent article.

Art. L. 513-10-10 *(L. n° 2014-201 du 24 févr. 2014, art. 3-III-4°)* Un décret en Conseil d'État détermine les modalités d'application du présent chapitre, notamment :

1° Les modalités de présentation et le contenu de la déclaration prévue à l'article L. 513-10-2 ;

2° Les mentions que doivent comporter le récipient et l'emballage d'un produit de tatouage en application du 1° de l'article L. 513-10-5 ;

3° Le contenu et les modalités de conservation du dossier mentionné au 2° du même article L. 513-10-5 ;

4° Les informations que la personne responsable de la mise sur le marché met à la disposition du public en application de l'article L. 513-10-7 ;

5° Les modalités de mise en œuvre du système national de vigilance exercé sur les produits de tatouage prévu à l'article L. 513-10-8 ;

6° Les exigences de qualité et de sécurité des produits de tatouage et les règles relatives à leur composition.

TITRE QUATRIÈME MÉDICAMENTS VÉTÉRINAIRES

BIBL. ▸ **Articles :** Cintrat, La distribution au détail du médicament vétérinaire : du privilège aux conflits d'intérêts, *RDSS 2012. 1084*. – Desmoulin, Entre santé animale et santé des consommateurs : les règles relatives à la présence de résidus de médicaments vétérinaires dans les aliments d'origine animale, *Gaz. Pal. 6-7 avr. 2007, p. 55.* – Lambert, Responsabilité du fabricant d'un médicament vétérinaire mal utilisé, *D. 2006. 565*. – Desmoulin, La vente de médicaments vétérinaires au détail ou les affres d'une législation méconnue, *Gaz. Pal. 8 déc. 2006, p. 62.* – Dagorne, Gaudont et Dehaumont, Le système de pharmacovigilance vétérinaire, *Nouv. pharm. 2003, n° 380, p. 357.* – Carius, Les obligations du vétérinaire en matière d'administration des médicaments et de délai d'intervention, *LPA 15 déc. 2000, p. 17.* – Viala, L'adaptation du régime de la *pharmacie vétérinaire* au droit communautaire, *RDSS 1992. 631*.

▸ **Ouvrages-Rapports :** Droit pharmaceutique (3 vol.), *Lexis-Nexis* (avec mises à jour). – *Lamy Dehove, éd. Wolters Kluwer.* – Pinault, Vade-mecum de législation en pharmacie vétérinaire, *Éd. du Point Vétérinaire, 2005.* – Deloménie, Guibe, Lacaze et Manfredi, Rapport sur la distribution au détail du médicament vétérinaire, *IGAS/CPCI, mars 2002.* – Milhaud et Pinault, Législation en pharmacie vétérinaire, *in Dict. des médicaments vétérinaires, 2001.* – Grépinet, La responsabilité du vétérinaire, *Éd. du Point Vétérinaire, coll. Droit, 1992.*

CHAPITRE PREMIER DISPOSITIONS GÉNÉRALES

Art. L. 5141-1 On entend par médicament vétérinaire, tout médicament destiné à l'animal tel que défini à l'article L. 5111-1.

On entend par spécialité pharmaceutique vétérinaire, toute spécialité pharmaceutique telle que définie à l'article L. 5111-2 et destinée à l'animal.

COMMENTAIRE

V. Commentaire reproduit sur Dalloz.fr.

1. Notion de médicament. La Cour de cassation interprète la notion de médicament vétérinaire à la lumière de la notion de médicament à usage humain (définition par présentation et par fonction). • Crim. 7 avr. 1993, nº 92-83.872. ♦ Sur la notion de médicament vétérinaire par présentation et par fonction, V. • TGI Villefranche-sur-Saône, 28 juin 1994, nº 647/94 : *La dépêche vétérinaire, 26 nov.-2 déc. 1994, nº 392, p. 6.* ♦ Sur l'articulation des qualifications de médicament vétérinaire et de produit biocide, V. • TA Cergy-Pontoise, 19 mars 2013, nº 1204401 (à propos de produits à base de cuivre et de zinc et de produits à base de glutaraldéhyde).

2. Droit fiscal. La seule circonstance que des produits utilisés pour la nourriture du bétail dépassent la teneur limite en vitamine D imposée par la réglementation relative aux conditions d'incorporation des additifs alimentaires aux aliments pour animaux n'est pas de nature à les faire regarder comme des médicaments vétérinaires, dès lors que ces produits ne sont ni présentés comme possédant des propriétés curatives ou préventives à l'égard des maladies animales, ni susceptibles d'être administrés en vue d'établir un diagnostic médical ou de restaurer, corriger ou modifier les fonctions organiques des animaux. • CE 21 mars 2008, *Sté Wyjolab,* nº 292721 : *Lebon T. 732 ; Dr. fisc. 2008. 277* (à propos de l'application d'un taux réduit de TVA sur les opérations concernant les aliments utilisés pour la nourriture animale). ♦ Pour déterminer si un produit doit être qualifié de médicament vétérinaire relevant, dès lors, du taux normal de TVA, et non pas de complément alimentaire pour animaux dont la vente est imposée à un taux réduit, le juge applique les critères de la définition du médicament par présentation et par fonction établie sous l'art. L. 5111-1. • CE 16 juill. 2014, *Sté Agranix,* nº 363037 : *Lebon.* ♦ Sur la classification tarifaire dans la nomenclature combinée des produits insecticides pour les animaux, répondant également à la définition du médicament vétérinaire, V. • Com. 12 mai 2015, nº 13-10.246.

3. Délit de falsification. Sur la qualification du clenbutérol comme médicament vétérinaire et l'application du délit de falsification aggravée, • Crim. 21 mars 2006 : *Bull. crim. nº 84.* ♦ V. déjà, • Crim. 3 oct. 1991 : *Bull. crim. nº 329 ; RDSS 1992. 280, obs. Auby.* ♦ Sur le cumul des délits de tromperie, falsification de denrées alimentaires, détention et administration de médicaments non autorisés à des animaux destinés à la consommation humaine, V. • Crim. 16 févr. 2016, nº 15-80.743.

Art. L. 5141-2 On entend par :

1º *Abrogé par Ord. nº 2007-613 du 26 avr. 2007, art. 29-1º ;*

2º Médicament vétérinaire immunologique, tout médicament vétérinaire administré en vue de provoquer une immunité active ou passive ou de diagnostiquer l'état d'immunité *(Ord. nº 2007-613 du 26 avr. 2007, art. 29-2º)* **« , ou tout allergène, défini comme tout produit destiné à identifier ou à provoquer une modification spécifique et acquise de la réponse immunologique à un agent allergisant » ;**

3º Autovaccin à usage vétérinaire, tout médicament vétérinaire immunologique fabriqué en vue de provoquer une immunité active à partir d'organismes pathogènes provenant d'un animal ou d'animaux d'un même élevage, inactivés et utilisés pour le traitement de cet animal ou des animaux de cet élevage ;

4º Prémélange médicamenteux, tout médicament vétérinaire préparé à l'avance et exclusivement destiné à la fabrication ultérieure d'aliments médicamenteux ;

5º Aliment médicamenteux, tout médicament vétérinaire constitué à partir d'un mélange d'aliment et de prémélange médicamenteux, présenté pour être administré aux animaux sans transformation dans un but thérapeutique, préventif ou curatif, au sens de l'alinéa premier de l'article L. 5111-1 ;

(Ord. nº 2009-229 du 26 févr. 2009, art. 3) **« 6º Médicaments vétérinaires antiparasitaires, tout produit antiparasitaire à usage vétérinaire, ainsi que les produits qui revendiquent une action antiparasitaire externe avec une action létale sur le parasite ; »**

7º Médicament homéopathique vétérinaire, tout médicament vétérinaire obtenu à partir de *(Ord. nº 2007-613 du 26 avr. 2007, art. 29-3º)* **« substances appelées » sou-**

ches homéopathiques, selon un procédé de fabrication homéopathique décrit par la pharmacopée européenne, la pharmacopée française ou, à défaut, par les pharmacopées utilisées de façon officielle dans un autre État membre de *(Ord. n° 2010-177 du 23 févr. 2010, art. 26-10°)* « l'Union européenne » ; un médicament homéopathique vétérinaire peut aussi contenir plusieurs principes ;

(Ord. n° 2007-613 du 26 avr. 2007, art. 29-4°) « 8° Médicament générique vétérinaire, tout médicament vétérinaire qui, sans préjudice des dispositions des articles L. 611-2 et suivants du code de la propriété intellectuelle, a la même composition qualitative et quantitative en principes actifs et la même forme pharmaceutique qu'un médicament vétérinaire dit de référence et dont la bioéquivalence avec le médicament de référence est démontrée par des études de biodisponibilité appropriées. Un médicament vétérinaire ne peut être qualifié de médicament de référence que si son autorisation de mise sur le marché a été délivrée au vu d'un dossier comportant, dans des conditions fixées par voie réglementaire, l'ensemble des données nécessaires et suffisantes à elles seules pour son évaluation. Pour l'application du présent alinéa, les différentes formes pharmaceutiques orales à libération immédiate sont considérées comme une même forme pharmaceutique. De même, les différents sels, esters, éthers, isomères, mélanges d'isomères, complexes ou dérivés d'un principe actif sont regardés comme ayant la même composition qualitative en principe actif, sauf s'ils présentent des propriétés sensiblement différentes au regard de la sécurité ou de l'efficacité. Dans ce cas, des informations supplémentaires fournissant la preuve de la sécurité et de l'efficacité des différents sels, esters ou dérivés d'une substance active autorisée doivent être données par le demandeur de l'autorisation de mise sur le marché ;

« 9° Médicament biologique vétérinaire, tout médicament vétérinaire dont la substance active est produite à partir d'une source biologique ou en est extraite et dont la caractérisation et la détermination de la qualité nécessitent une combinaison d'essais physiques, chimiques et biologiques ainsi que la connaissance de son procédé de fabrication et de contrôle ;

« 10° Médicament biologique vétérinaire similaire, tout médicament biologique vétérinaire qui, sans préjudice des dispositions des articles L. 611-2 et suivants du code de la propriété intellectuelle, a la même composition qualitative et quantitative en substance active et la même forme pharmaceutique qu'un médicament vétérinaire biologique de référence mais qui ne remplit pas les conditions prévues au 8° du présent article pour être regardé comme un médicament générique vétérinaire en raison de différences liées notamment à la variabilité de la matière première ou aux procédés de fabrication et nécessitant que soient produites des données précliniques et cliniques supplémentaires dans des conditions déterminées par voie réglementaire ;

« 11° Préparation extemporanée vétérinaire, tout médicament vétérinaire qui est préparé au moment de son utilisation ;

« 12° Préparation magistrale vétérinaire, toute préparation extemporanée vétérinaire réalisée selon une prescription destinée à un animal ou à des animaux d'une même exploitation ;

« 13° Préparation officinale vétérinaire, tout médicament vétérinaire préparé en pharmacie inscrit à la pharmacopée ou au formulaire national et destiné à être délivré directement à l'utilisateur final ;

« 14° Temps d'attente, la période nécessaire entre la dernière administration du médicament vétérinaire à l'animal dans les conditions normales d'emploi et l'obtention des denrées alimentaires provenant de cet animal, afin de protéger la santé publique, en garantissant que de telles denrées alimentaires ne contiennent pas de résidus en quantités supérieures aux limites maximales de résidus des substances pharmacologiquement actives, *(Ord. n° 2011-673 du 16 juin 2011, art. 2-1°)* « telles que fixées en vertu du règlement (CE) n° 470/2009 du Parlement européen et du Conseil du 6 mai 2009 établissant des procédures communautaires pour la fixation des limites de résidus des substances pharmacologiquement actives dans les aliments d'origine animale ». »

COMMENTAIRE

V. Commentaire reproduit sur Dalloz.fr.

Art. L. 5141-3 Ne sont pas considérés comme médicament vétérinaire :

1° *(Ord. n° 2007-613 du 26 avr. 2007, art. 30)* « Les additifs et les prémélanges d'additifs autorisés conformément au règlement (CE) n° 1831/2003 du Parlement européen et du Conseil du 22 septembre 2003 relatif aux additifs destinés à l'alimentation des animaux ; »

2° Le réactif biologique, défini comme étant un produit utilisé exclusivement *in vitro* dans le cadre du dépistage ou du diagnostic dans les domaines de l'hygiène alimentaire, de l'élevage ou de la santé animale.

Art. L. 5141-4 Les essais non cliniques destinés à évaluer les propriétés et l'innocuité des médicaments à usage vétérinaire doivent être conformes aux bonnes pratiques de laboratoire dont les principes sont fixés *(Ord. n° 2005-1087 du 1er sept. 2005, art. 11-I)* « par décision du directeur général de l' » *(Ord. n° 2010-18 du 7 janv. 2010, art. 3-II)* « Agence nationale chargée de la sécurité sanitaire de l'alimentation, de l'environnement et du travail ».

Les bonnes pratiques de laboratoire doivent garantir la qualité et l'intégrité des résultats des essais. Elles concernent l'organisation du laboratoire et les conditions dans lesquelles ces essais sont prévus, réalisés et rapportés. *(L. n° 2004-806 du 9 août 2004, art. 148-IV)* « Les règles générales relatives aux modalités d'inspection et de vérification des bonnes pratiques de laboratoire ainsi qu'à la délivrance de documents attestant de leur respect sont définies *(Ord. n° 2005-1087 du 1er sept. 2005, art. 11-I)* « par décision du directeur général de l' » *(Ord. n° 2010-18 du 7 janv. 2010, art. 3-II)* « Agence nationale chargée de la sécurité sanitaire de l'alimentation, de l'environnement et du travail ». Les essais cliniques doivent respecter les bonnes pratiques cliniques dont les principes sont fixés par décision du directeur général de l'*(Ord. n° 2010-18 du 7 janv. 2010, art. 3-II)* « Agence nationale chargée de la sécurité sanitaire de l'alimentation, de l'environnement et du travail ».

Art. L. 5141-5 *(Ord. n° 2007-613 du 26 avr. 2007, art. 31)* Tout médicament vétérinaire fabriqué industriellement ou selon une méthode dans laquelle intervient un processus industriel qui ne fait pas l'objet d'une autorisation de mise sur le marché délivrée par *(Ord. n° 2010-177 du 23 févr. 2010, art. 26-10°)* « l'Union européenne » en application du règlement (CE) n° 726/2004 du Parlement européen et du Conseil du 31 mars 2004 doit faire l'objet, avant sa mise sur le marché ou sa distribution à titre gratuit, d'une autorisation préalable de mise sur le marché délivrée par l'*(Ord. n° 2010-18 du 7 janv. 2010, art. 3-II)* « Agence nationale chargée de la sécurité sanitaire de l'alimentation, de l'environnement et du travail ». L'autorisation peut être assortie de conditions appropriées.

Par exception au premier alinéa, ne sont pas soumis à autorisation de mise sur le marché les aliments médicamenteux, les autovaccins à usage vétérinaire, les allergènes pour un seul animal, les médicaments vétérinaires à base d'isotopes radioactifs, les préparations magistrales et officinales vétérinaires, les médicaments vétérinaires soumis aux essais de recherche et de développement, y compris les essais cliniques.

Une autorisation de mise sur le marché ne peut être délivrée qu'à un demandeur établi dans un État membre de *(Ord. n° 2010-177 du 23 févr. 2010, art. 26-10°)* « l'Union européenne ».

Le demandeur de l'autorisation peut être dispensé de produire certaines données et études dans des conditions fixées par voie réglementaire.

L'autorisation de mise sur le marché est initialement délivrée pour une durée de cinq ans. Elle peut être renouvelée, le cas échéant sans limitation de durée, dans des conditions fixées par décret en Conseil d'État, sauf si l'agence décide, pour des raisons justifiées ayant trait à la pharmacovigilance, de procéder à un renouvellement supplémentaire, sur la base d'une réévaluation des effets thérapeutiques du médicament vétérinaire au regard des risques tels que définis au 1° de l'article L. 5141-6. Ce décret détermine également les conditions dans lesquelles elle peut devenir caduque.

(L. n° 2009-526 du 12 mai 2009, art. 67) « Toute modification substantielle des éléments d'une autorisation de mise sur le marché délivrée par l'*(Ord. n° 2010-18 du 7 janv. 2010, art. 3-II)* « Agence nationale chargée de la sécurité sanitaire de l'alimentation, de l'environnement et du travail » doit faire l'objet d'une autorisation préalable. Les autres modifications font l'objet d'une déclaration. »

L'accomplissement des formalités prévues au présent article n'a pas pour effet d'exonérer le fabricant et, s'il est distinct, le titulaire de l'autorisation de mise sur le marché, de la responsabilité que l'un ou l'autre peut encourir dans les conditions du droit commun en raison de la fabrication ou de la mise sur le marché du médicament vétérinaire.

L'agence rend publics sans délai un rapport de synthèse de l'évaluation effectuée pour tout nouveau médicament vétérinaire dans des conditions déterminées par voie réglementaire, ainsi que les décisions d'octroi, de suspension et de retrait de l'autorisation de mise sur le marché mentionnées aux articles L. 5141-5 et L. 5141-6. Elle rend également publics sans délai l'ordre du jour et les comptes rendus, assortis des détails et explications des votes, y compris les opinions minoritaires, à l'exclusion de toute information présentant un caractère de confidentialité commerciale, des réunions des commissions siégeant auprès d'elle et consultées en matière de mise sur le marché des médicaments vétérinaires et de pharmacovigilance vétérinaire, son règlement intérieur et celui de ces commissions.

BIBL. ▶ PÉRIZ-LAMBERT, Particularités de l'autorisation de mise sur le marché vétérinaire, *AMIP info., juill.-déc. 1999, p. 47.*

COMMENTAIRE

V. Commentaire reproduit sur Dalloz.fr.

1. Retard de transposition. Sur la condamnation de la France pour défaut de transposition dans les délais de la Dir. 2004/28/CE du 31 mars 2004, V. • CJCE 8 nov. 2007, *Commission c/ France,* n° C-75/07.

2. Harmonisation complète. Compte tenu de l'harmonisation complète réalisée en matière d'AMM, les États membres ne sauraient exiger d'autres renseignements et documents que ceux énumérés par la directive. Plus exactement, l'autorité compétente n'est pas autorisée à exiger du demandeur d'AMM qu'il communique les nom et adresse du ou des fabricants d'une substance qui entre dans la fabrication de l'un des principes actifs du médicament concerné ainsi que des informations sur son ou ses sites de fabrication, à moins que seule l'indication de ces informations constitue un moyen fiable pour obtenir un renseignement prévu ou qu'il communique les résultats des expérimentations effectuées sur chaque lot d'une telle substance en vue de leur homologation ou encore qu'il achète le principe actif auprès d'un tiers déterminé alors qu'il est possible d'imposer la fourniture de renseignements sur le processus de fabrication et les méthodes de contrôle utilisées par le fabricant d'une matière première. • CJCE 2 avr. 1998, *Norbrook laboratories,* n° C-127/95 : *Rec. CJCE 1531.*

3. Procédure décentralisée. Jugé que la Dir. 2001/82/CE du 6 nov. 2001 instituant un code communautaire relatif aux médicaments vétérinaires ne permet pas à un État membre, dans le cadre de la procédure décentralisée d'AMM, de procéder à une évaluation juridique et scientifique d'une demande d'autorisation, alors qu'il a l'obligation d'approuver le rapport d'évaluation soumis par l'État membre de référence : l'État membre concerné ne saurait ainsi refuser des demandes d'AMM en invoquant des motifs touchant à la composition du médicament et à sa forme pharmaceutique, à sa prétendue non-conformité avec le droit national et aux éventuels risques pour la santé publique. • CJUE 19 juill. 2012, *Commission c/ France,* n° C-145/11.

Art. L. 5141-5-1 *(Ord. n° 2007-613 du 26 avr. 2007, art. 32)* **L'autorisation de mise sur le marché peut être accordée dans des conditions, définies par voie réglementaire, faisant exception aux dispositions de l'article L. 5141-5 dans les cas suivants :**

1° Dans des circonstances exceptionnelles et sous réserve du respect d'obligations spécifiques, relatives notamment à la sécurité du médicament, à la notification à l'*(Ord. n° 2010-18 du 7 janv. 2010, art. 3-II)* **« Agence nationale chargée de la sécurité sanitaire de l'alimentation, de l'environnement et du travail » de tout incident lié à son utilisation et aux mesures à prendre dans ce cas, lorsque le demandeur démontre qu'il n'est pas en mesure de fournir des renseignements complets sur l'efficacité et la sécurité du médicament dans des conditions normales d'emploi. Le maintien de cette autorisation est décidé par l'agence sur la base d'une réévaluation annuelle de ces obligations et de leur respect par le titulaire ;**

2° Lorsque, du fait de la rareté des indications ou du fait de l'état d'avancement de la science, la demande n'est pas assortie de l'ensemble des justifications prévues, sous réserve que le médicament soit délivré sur prescription d'un vétérinaire et administré sous sa responsabilité ;

3° Pour les médicaments vétérinaires qui sont destinés uniquement à être utilisés pour les poissons d'aquarium, oiseaux d'appartements, pigeons voyageurs, animaux de terrarium, petits rongeurs, furets et lapins de compagnie exclusivement, sous réserve que ces médicaments ne contiennent pas de substances mentionnées aux I et II de l'article L. 234-2 du code rural et de la pêche maritime.

Art. L. 5141-5-2 *(Ord. n° 2007-613 du 26 avr. 2007, art. 32)* Pour obtenir l'autorisation définie à l'article L. 5141-5, les médicaments conçus pour être administrés à des animaux dont la chair ou les produits sont destinés à la consommation humaine ne doivent contenir qu'une ou des *(Ord. n° 2011-673 du 16 juin 2011, art. 2-2°)* « substances pharmacologiquement actives figurant dans le tableau 1 de l'annexe du règlement (UE) n° 37/2010 de la Commission du 22 décembre 2009 relatif aux substances pharmacologiquement actives et à leur classification en ce qui concerne les limites maximales de résidus dans les aliments d'origine animale.

« Les médicaments contenant des substances pharmacologiquement actives pour lesquelles une limite maximale provisoire de résidus a été fixée en application de l'article 14 du règlement (CE) n° 470/2009 du Parlement européen et du Conseil du 6 mai 2009 établissant des procédures communautaires pour la fixation des limites de résidus des substances pharmacologiquement actives dans les aliments d'origine animale ne sont autorisés que pour la période correspondant à la limite fixée. Dans le cas où cette période est prolongée, l'autorisation peut être reconduite pour une durée égale. »

Par dérogation au premier alinéa, un médicament vétérinaire contenant des substances pharmacologiquement actives ne figurant pas *(Ord. n° 2011-673 du 16 juin 2011, art. 2-2°)* « au tableau 1 de l'annexe du règlement (UE) n° 37/2010 de la Commission du 22 décembre 2009 mentionné ci-dessus » peut être autorisé pour les animaux particuliers appartenant à la famille des équidés qui ont été identifiés conformément à l'article L. 212-9 du code rural et de la pêche maritime et qui ont été déclarés comme n'étant pas destinés à l'abattage pour la consommation humaine. Ces médicaments vétérinaires ne contiennent pas de substances pharmacologiquement actives figurant *(Ord. n° 2011-673 du 16 juin 2011, art. 2-2°)* « au tableau 2 de la même annexe » et ne sont pas destinés à être utilisés pour le traitement d'affections telles que spécifiées dans le résumé *(Abrogé par L. n° 2008-337 du 15 avr. 2008, art. 5)* « *autorisé* » des caractéristiques du produit, pour lesquelles un médicament vétérinaire est autorisé pour soigner les animaux de la famille des équidés.

Art. L. 5141-5-3 *(Ord. n° 2007-613 du 26 avr. 2007, art. 32)* Pour un médicament générique vétérinaire défini au 8° de l'article L. 5141-2, l'autorisation de mise sur le marché peut être délivrée avant l'expiration des droits de propriété intellectuelle qui s'attachent au médicament de référence. Toutefois, la commercialisation de cette spécialité générique ne peut intervenir qu'après l'expiration des droits de propriété intellectuelle, sauf accord du titulaire de ces droits.

Préalablement à cette commercialisation, le titulaire de l'autorisation de mise sur le marché du médicament générique vétérinaire informe le directeur général de l'*(Ord. n° 2010-18 du 7 janv. 2010, art. 3-II)* « Agence nationale chargée de la sécurité sanitaire de l'alimentation, de l'environnement et du travail » des indications, formes pharmaceutiques et dosages du médicament vétérinaire de référence pour lesquels les droits de propriété intellectuelle n'ont pas expiré.

Les dispositions du présent article s'appliquent également aux médicaments biologiques vétérinaires similaires définis au 10° de l'article L. 5141-2 et aux médicaments vétérinaires présentant des caractéristiques communes avec un médicament vétérinaire de référence mais ne répondant pas à la définition du médicament générique en raison de différences portant sur un ou plusieurs éléments de cette définition et nécessitant que soient produites des données supplémentaires dans des conditions fixées par voie réglementaire.

Art. L. 5141-5-4 *(Ord. n° 2007-613 du 26 avr. 2007, art. 32)* Un médicament générique vétérinaire autorisé en application de l'article L. 5141-5-3 ne peut être commercialisé qu'à l'expiration d'une période de dix ans suivant l'autorisation initiale du médicament vétérinaire de référence.

Toutefois, la période de dix ans prévue au premier alinéa est portée à treize ans pour les médicaments vétérinaires destinés aux poissons et aux abeilles, ou à d'autres espèces considérées comme mineures et figurant sur un arrêté du ministre chargé de l'agriculture.

Pour les médicaments vétérinaires destinés à une ou plusieurs espèces productrices de denrées alimentaires, et contenant une nouvelle substance active qui, au 30 avril 2004, n'a pas encore été autorisée dans *(Ord. n° 2010-177 du 23 févr. 2010, art. 26-10°)* « l'Union européenne », la période de dix ans prévue au premier alinéa est prolongée d'un an pour chaque extension de l'autorisation à une autre espèce animale productrice de denrées alimentaires, si elle est autorisée dans les cinq ans qui suivent la délivrance de l'autorisation de mise sur le marché initiale.

Cette période ne peut toutefois dépasser treize ans au total, pour une autorisation de mise sur le marché concernant quatre espèces productrices de denrées alimentaires ou plus.

L'extension de la période de dix ans à onze, douze ou treize ans pour un médicament vétérinaire destiné à une espèce productrice de denrées alimentaires n'est octroyée qu'à la condition que le titulaire de l'autorisation de mise sur le marché ait également été à l'origine de la fixation de limites maximales de résidus pour les espèces couvertes par l'autorisation.

Les dispositions du présent article sont également applicables aux médicaments biologiques vétérinaires similaires définis au 10° de l'article L. 5141-2 ou aux médicaments présentant des caractéristiques communes par rapport à un médicament de référence mais ne répondant pas à la définition du médicament générique vétérinaire en raison de différences portant sur un ou plusieurs éléments de cette définition nécessitant que soient produites des données supplémentaires dans des conditions déterminées par voie réglementaire.

Art. L. 5141-6 *(Ord. n° 2007-613 du 26 avr. 2007, art. 33)* L'autorisation de mise sur le marché d'un médicament vétérinaire est refusée s'il apparaît que sa mise sur le marché est de nature à compromettre gravement la protection de la santé humaine ou de la santé animale.

L'autorisation est également refusée si, après vérification de la conformité des renseignements et documents qui doivent être présentés à l'appui de la demande, il apparaît :

1° Soit que l'évaluation des effets thérapeutiques positifs du médicament au regard des risques pour la santé humaine ou animale ou la protection de l'environnement liés à sa qualité, à sa sécurité ou à son efficacité n'est pas considérée comme favorable dans les conditions d'emploi indiquées dans la demande d'autorisation de mise sur le marché ou, lorsque la demande concerne des médicaments vétérinaires à usage zootechnique, les bénéfices en matière de santé et de bien-être des animaux ainsi que la sécurité du consommateur sont insuffisamment pris en compte ;

2° Soit que le médicament vétérinaire n'a pas la composition qualitative ou quantitative déclarée ou que l'effet thérapeutique annoncé fait défaut sur l'espèce animale de destination ou est insuffisamment démontré par le demandeur ;

3° Soit que le médicament vétérinaire est présenté pour une utilisation interdite ;

4° Soit, pour les médicaments destinés à être administrés à des animaux dont la chair ou les produits sont destinés à la consommation humaine :

a) Que le temps d'attente indiqué dans le dossier est insuffisant pour que les denrées alimentaires provenant de l'animal traité ne contiennent pas de résidus à des niveaux supérieurs aux limites maximales de résidus *(Ord. n° 2011-673 du 16 juin 2011, art. 2-3°)* « fixées dans le tableau 1 de l'annexe du règlement (UE) n° 37/2010 de la Commission du 22 décembre 2009 relatif aux substances pharmacologiquement actives et à leur classification en ce qui concerne les limites maximales de résidus dans les aliments d'origine animale » ou qu'il est insuffisamment justifié ;

b) Ou que la ou les substances à action pharmacologique présentes dans le médicament ne figurent pas dans *(Ord. n° 2011-673 du 16 juin 2011, art. 2-3°)* « le même tableau » ;

5° Soit que l'étiquetage ou la notice proposé par le demandeur n'est pas conforme aux dispositions du présent code ;

6° Soit que l'administration d'un médicament immunologique vétérinaire interfère avec un programme national pour le diagnostic, le contrôle ou l'éradication d'une maladie des animaux ou entraînerait des difficultés à certifier l'absence de contamination des animaux vivants ou des aliments ou d'autres produits obtenus à partir des animaux traités ou que la maladie contre laquelle le médicament est supposé conférer une immunité est très peu répandue sur le territoire national.

L'autorisation de mise sur le marché peut être modifiée, suspendue ou supprimée pour les mêmes motifs. Elle peut l'être aussi lorsqu'il apparaît :

1° Soit que les renseignements figurant dans le dossier d'autorisation de mise sur le marché, la notice ou l'étiquetage sont erronés ;

2° Soit que les contrôles pour s'assurer de la conformité de la composition qualitative et quantitative du médicament vétérinaire n'ont pas été effectués ;

3° Soit que les renseignements figurant dans le dossier de demande d'autorisation de mise sur le marché n'ont pas été modifiés ;

4° Soit que tout élément nouveau concernant ces mêmes parties du dossier n'a pas été transmis aux autorités compétentes.

Art. L. 5141-7 *(Ord. nº 2001-313 du 11 avr. 2001, art. 2)* Comme il est dit au VII de l'article L. 234-2 du code rural et de la pêche maritime, ci-après reproduit :

Art. L. 234-2 VII. — Un médicament vétérinaire soumis à autorisation de mise sur le marché en application de l'article L. 5141-5 du code de la santé publique ne peut être administré à un animal que si cette autorisation a été délivrée et dans les conditions prévues par elle ou par la prescription d'un vétérinaire.

Art. L. 5141-8 *(L. nº 2005-1719 du 30 déc. 2005, art. 152)* I. — 1. Il est perçu par l'*(Ord. nº 2010-18 du 7 janv. 2010, art. 3-II)* « Agence nationale chargée de la sécurité sanitaire de l'alimentation, de l'environnement et du travail » *(L. nº 2016-1917 du 29 déc. 2016, art. 36-VI-A)* « , dans la limite du plafond prévu au I de l'article 46 de la loi nº 2011-1977 du 28 décembre 2011 de finances pour 2012, » une taxe à chaque demande relative aux médicaments vétérinaires :

1° D'autorisation de mise sur le marché mentionnée à l'article L. 5141-5 ;

2° D'autorisation temporaire d'utilisation mentionnée à l'article L. 5141-10 ;

3° D'autorisation de préparation d'autovaccins vétérinaires mentionnée à l'article L. 5141-12 ;

4° D'autorisation d'ouverture d'établissement pharmaceutique vétérinaire mentionnée à l'article L. 5142-2 ;

5° D'autorisation d'importation mentionnée à l'article L. 5142-7 ;

6° D'autorisation préalable de publicité soumise en application de l'article L. 5142-6 ;

7° De certificat à l'exportation délivré par le directeur général de l'*(Ord. nº 2010-18 du 7 janv. 2010, art. 3-II)* « Agence nationale chargée de la sécurité sanitaire de l'alimentation, de l'environnement et du travail » ;

8° D'enregistrement mentionné à l'article L. 5141-9.

2. La taxe est due par le demandeur.

3. Le tarif de la taxe mentionnée au 1 est fixé par décret dans la limite d'un plafond de 25 000 €.

4. Les redevables sont tenus d'acquitter le montant de la taxe mentionnée au 1 au moment du dépôt de chaque type de demande.

II. — 1. Il est perçu par l'*(Ord. nº 2010-18 du 7 janv. 2010, art. 3-II)* « Agence nationale chargée de la sécurité sanitaire de l'alimentation, de l'environnement et du travail » *(L. nº 2016-1917 du 29 déc. 2016, art. 36-VI-A)* « , dans la limite du plafond prévu au I de l'article 46 de la loi nº 2011-1977 du 28 décembre 2011 de finances pour 2012, » une taxe annuelle à raison de chaque :

1° Autorisation de mise sur le marché mentionnée à l'article L. 5141-5 ;

2° Autorisation d'ouverture d'établissement pharmaceutique vétérinaire, due par les entreprises bénéficiant d'une ou plusieurs autorisations d'ouverture d'établissement mentionnées à l'article L. 5142-2 délivrées par le directeur général de l'*(Ord. nº 2010-18 du 7 janv. 2010, art. 3-II)* « Agence nationale chargée de la sécurité sanitaire de l'alimentation, de l'environnement et du travail » ;

3° Enregistrement mentionné à l'article L. 5141-9, délivré par le directeur général de l'*(Ord. nº 2010-18 du 7 janv. 2010, art. 3-II)* « Agence nationale chargée de la sécurité sanitaire de l'alimentation, de l'environnement et du travail » ou par l'autorité compétente de *(Ord. nº 2010-177 du 23 févr. 2010, art. 26-10º)* « l'Union européenne » ;

4º Autorisation d'importation parallèle de médicament vétérinaire due par le titulaire d'une autorisation mentionnée à l'article L. 5142-7, délivrée par le directeur général de l'*(Ord. nº 2010-18 du 7 janv. 2010, art. 3-II)* « Agence nationale chargée de la sécurité sanitaire de l'alimentation, de l'environnement et du travail ».

2. La taxe est due par le bénéficiaire de l'autorisation ou de l'enregistrement.

3. Le tarif de la taxe mentionnée au 1 est fixé par décret dans la limite d'un plafond de 25 000 €.

4. La taxe mentionnée au 1 est due chaque année à raison du nombre d'autorisations ou d'enregistrements valides au 1er janvier de l'année d'imposition. Elle est exigible deux mois après la date d'émission du titre de recette correspondant.

En l'absence de paiement dans le délai fixé, la fraction non acquittée de la taxe est majorée de 10 %.

III. — La taxe mentionnée au I et la taxe et la majoration mentionnées au II sont recouvrées par l'agent comptable de l'*(Ord. nº 2010-18 du 7 janv. 2010, art. 3-II)* « Agence nationale chargée de la sécurité sanitaire de l'alimentation, de l'environnement et du travail » selon les modalités prévues pour le recouvrement des créances des établissements publics administratifs de l'État.

Art. L. 5141-9 *(Ord. nº 2007-613 du 26 avr. 2007, art. 34)* Par exception aux dispositions de l'article L. 5141-5, ne sont pas soumis à l'autorisation de mise sur le marché prévue à cet article mais à un enregistrement auprès de l'*(Ord. nº 2010-18 du 7 janv. 2010, art. 3-II)* « Agence nationale chargée de la sécurité sanitaire de l'alimentation, de l'environnement et du travail » les médicaments homéopathiques vétérinaires autres qu'immunologiques satisfaisant à l'ensemble des critères suivants :

1º Une voie d'administration décrite par la pharmacopée européenne ou la pharmacopée française ou, à défaut, par les pharmacopées utilisées de façon officielle dans les autres États membres de *(Ord. nº 2010-177 du 23 févr. 2010, art. 26-10º)* « l'Union européenne » ;

2º L'absence d'indication thérapeutique particulière sur l'étiquetage ou dans toute information relative au médicament ;

3º Un degré de dilution garantissant l'innocuité du médicament, notamment tel qu'il ne contienne pas plus d'une partie par 10 000 de la teinture mère.

Il est procédé à cet enregistrement si les critères mentionnés ci-dessus sont remplis et, pour les médicaments homéopathiques conçus pour les animaux dont la chair ou les produits sont destinés à la consommation humaine, s'ils ne contiennent que des *(Ord. nº 2011-673 du 16 juin 2011, art. 2-4º)* « souches homéopathiques figurant dans le tableau 1 de l'annexe du règlement (UE) nº 37/2010 de la Commission du 22 décembre 2009 relatif aux substances pharmacologiquement actives et à leur classification en ce qui concerne les limites maximales de résidus dans les aliments d'origine animale ». Il peut être refusé en cas de danger pour la santé humaine ou la santé animale.

L'enregistrement peut s'appliquer à une série de médicaments homéopathiques vétérinaires obtenus à partir de la ou des mêmes souches homéopathiques.

L'agence enregistre le médicament pour une durée de cinq ans. L'enregistrement peut ensuite être renouvelé, le cas échéant sans limitation de durée, dans des conditions fixées par décret en Conseil d'État. Ce décret détermine également les conditions dans lesquelles l'enregistrement devient caduc.

L'enregistrement peut être modifié, suspendu ou supprimé si les critères et les conditions prévus au présent article ne sont plus remplis ou en cas de danger pour la santé humaine ou la santé animale.

Retard de transposition. *Sur la condamnation de la France pour le retard de transposition de la Dir. 92/74/CEE du 22 sept. 1992 instituant une procédure d'enregistrement simplifié pour les médicaments homéopathiques vétérinaires.* • CJCE 12 févr. 1998, *Commission c/ France, nº C-144/97 : Rec. CJCE 613.*

Art. L. 5141-10 *(Ord. nº 2001-313 du 11 avr. 2001, art. 4) (Ord. nº 2018-20 du 17 janv. 2018, art. 20)* « I. — » Par dérogation aux dispositions de l'article L. 5141-5, l'*(Ord. n° 2010-18 du 7 janv. 2010, art. 3-II)* « Agence nationale chargée de la sécurité sanitaire de l'alimentation, de l'environnement et du travail » peut autoriser, lorsque la situation sanitaire l'exige et qu'il n'existe pas de médicament vétérinaire autorisé approprié, l'utilisation pour une durée limitée :

1° D'un médicament vétérinaire déjà autorisé dans un autre État membre de *(Ord. n° 2010-177 du 23 févr. 2010, art. 26-10°)* « l'Union européenne » ou partie à l'accord sur l'Espace économique européen ;

2° Ou, à défaut, d'un médicament vétérinaire autorisé dans un État autre que ceux mentionnés au 1°.

En cas d'épizootie et en l'absence de médicament vétérinaire autorisé approprié, l'*(Ord. n° 2010-18 du 7 janv. 2010, art. 3-II)* « Agence nationale chargée de la sécurité sanitaire de l'alimentation, de l'environnement et du travail » peut également autoriser, pour une durée limitée, l'utilisation de médicaments vétérinaires n'ayant fait l'objet d'aucune autorisation de mise sur le marché dans aucun État.

Ces autorisations temporaires d'utilisation peuvent être suspendues ou supprimées à tout moment si les conditions prévues au présent article ne sont plus remplies ou si ces mesures sont nécessaires pour assurer la protection de la santé humaine ou de la santé animale.

(Ord. n° 2018-20 du 17 janv. 2018, art. 20) « II. — L'autorisation prévue au I peut également être accordée lorsque des médicaments vétérinaires sont nécessaires à des besoins spécifiques de la défense et qu'il n'existe pas de médicament vétérinaire autorisé approprié. »

1. Droit de l'Union. L'art. 4 de la Dir. 81/851/CEE concernant le rapprochement des législations des États membres relatives aux médicaments vétérinaires, dans sa version initiale et tel que modifié par la Dir. 90/676/CEE du 13 déc. 1990, doit être interprété comme interdisant d'importer dans un État membre un médicament visé par cette directive en vue de le mettre sur le marché de cet État ou de l'y administrer sans qu'une autorisation ait été préalablement délivrée par l'autorité compétente de cet État membre. • CJCE 21 mars 1996, *Bruyère*, n° C-297/94 : *Rec. CJCE 1551.*

2. Commercialisation sans AMM. Sur la commercialisation de spécialités dépourvues d'AMM, V. • Crim. 7 avr. 1993, n° 92-83.872.

3. Pouvoir d'injonction. S'agissant de l'injonction faite, en l'absence d'AMM, au laboratoire de cesser toute opération sur les médicaments litigieux et de détruire les stocks, le Conseil d'État considère cette mesure comme faisant grief et, par suite, susceptible de recours : le ministre de l'Agriculture est toutefois incompétent pour édicter seul une telle mesure, l'art. L. 221-5 C. consom. prévoyant un arrêté conjoint avec le ministre chargé de la consommation. • CE 23 févr. 1998, *Labo. Vetinject*, n° 164939.

Art. L. 5141-10-1 *(Ord. n° 2007-613 du 26 avr. 2007, art. 35)* Par dérogation à l'article L. 5141-5, dans le cas où un animal fait l'objet d'importation ou d'exportation, depuis ou vers un État non membre de *(Ord. n° 2010-177 du 23 févr. 2010, art. 26-10°)* « l'Union européenne » et est soumis à des dispositions sanitaires spécifiques obligatoires, l'*(Ord. n° 2010-18 du 7 janv. 2010, art. 3-II)* « Agence nationale chargée de la sécurité sanitaire de l'alimentation, de l'environnement et du travail » peut autoriser un vétérinaire à administrer à cet animal un médicament immunologique vétérinaire ne disposant pas d'une autorisation de mise sur le marché en France mais autorisé en vertu de la législation de l'autre État.

Art. L. 5141-11 *(Ord. n° 2001-313 du 11 avr. 2001, art. 5)* Pour la fabrication d'aliments médicamenteux, seuls peuvent être utilisés des prémélanges médicamenteux ayant obtenu une autorisation de mise sur le marché mentionnée à l'article L. 5141-5 ou une autorisation temporaire d'utilisation mentionnée à l'article L. 5141-10.

L'aliment médicamenteux ne peut être délivré au public et administré à l'animal s'il ne répond aux conditions prévues au premier alinéa ci-dessus. Des conditions particulières de fabrication, d'importation, d'exportation, de prescription, de délivrance et d'utilisation sont applicables à l'aliment médicamenteux.

Aucun prémélange médicamenteux ne peut être délivré au public ni administré à l'animal. Les prémélanges médicamenteux ne peuvent être délivrés qu'à un établissement autorisé en application de l'article L. 5142-2 pour la fabrication d'aliments médicamenteux ou à un éleveur pour la fabrication extemporanée d'aliments médicamenteux dans les conditions prévues à l'article L. 5143-3.

COMMENTAIRE

V. Commentaire reproduit sur Dalloz.fr

1. Aliments médicamenteux. Aux termes de l'art. L. 607 [L. 5141-2], un aliment médicamenteux destiné au bétail ne peut être préparé qu'à partir d'un prémélange médicamenteux ayant reçu une AMM : dès lors, un vétérinaire ne saurait délivrer une préparation extemporanée en vue de la fabrication, par l'utilisateur, d'un aliment médicamenteux. • Crim. 19 juin 1996 : *Bull. crim. n° 266 ; D. 1996. IR 232*.

2. Obligation d'information. Manque à son obligation d'information et de conseil le fournisseur d'aliments médicamenteux pour animaux proposant un programme d'alimentation et délivrant des produits qui, bien que sains et ayant fait l'objet d'une ordonnance du vétérinaire conseil, n'étaient pas adaptés à la nature et à la spécificité de l'élevage. • Civ. 1re, 12 juill. 2007 : *Gaz. Pal. 16-17 nov. 2007, p. 63, note Desmoulin.*

Art. L. 5141-12 La préparation des autovaccins à usage vétérinaire doit être effectuée par une personne qualifiée *(Ord. n° 2007-613 du 26 avr. 2007, art. 36)* « ou une entreprise ou un organisme employant une personne qualifiée » ayant obtenu à cet effet une autorisation délivrée par l'*(Ord. n° 2010-18 du 7 janv. 2010, art. 3-II)* « Agence nationale chargée de la sécurité sanitaire de l'alimentation, de l'environnement et du travail ».

Art. L. 5141-12-1 *(Ord. n° 2007-613 du 26 avr. 2007, art. 37)* La préparation des allergènes pour un seul animal doit être effectuée par une personne qualifiée ou une entreprise ou un organisme employant une personne qualifiée ayant obtenu à cet effet une autorisation délivrée par le directeur général de l'*(Ord. n° 2010-18 du 7 janv. 2010, art. 3-II)* « Agence nationale chargée de la sécurité sanitaire de l'alimentation, de l'environnement et du travail ».

Art. L. 5141-13 Sans préjudice de l'application des dispositions de l'article L. 613-16 du code de la propriété industrielle, les brevets délivrés pour les médicaments vétérinaires peuvent également, lorsque l'économie de l'élevage l'exige, être soumis au régime de la licence d'office par arrêté du ministre chargé de la propriété industrielle, sur la demande du ministre chargé de l'agriculture. — *[Anc. art. L. 617-9].*

Art. L. 5141-13-1 *(L. n° 2014-1170 du 13 oct. 2014, art. 48-I-1°)* Est interdit le fait, pour les professionnels mentionnés à l'article L. 5143-2 et les groupements mentionnés à l'article L. 5143-6, pour les utilisateurs agréés mentionnés à l'article L. 5143-3, pour les fabricants et les distributeurs d'aliments médicamenteux, ainsi que pour les associations qui les représentent, de recevoir des avantages en nature ou en espèces, sous quelque forme que ce soit, d'une façon directe ou indirecte, procurés par les entreprises mentionnées à l'article L. 5142-1. Est également interdit le fait, pour ces entreprises, de proposer ou de procurer ces avantages.

Le premier alinéa du présent article s'applique également aux étudiants se destinant aux professions de vétérinaire ou de pharmacien ainsi qu'aux associations les représentant.

Toutefois, le premier alinéa ne s'applique pas aux avantages prévus par des conventions passées entre les professionnels mentionnés à l'article L. 5143-2, les vétérinaires et les pharmaciens mentionnés à l'article L. 5143-8 et les entreprises mentionnées à l'article L. 5142-1, dès lors que ces conventions ont pour objet explicite et pour but réel des activités de recherche ou d'évaluation scientifique et qu'elles sont, avant leur mise en application, soumises pour avis à l'instance ordinale compétente. Il ne s'applique pas aux avantages prévus par les conventions passées entre les étudiants se destinant aux professions mentionnées à l'article L. 5143-2 et des entreprises mentionnées à l'article L. 5142-1 lorsque ces conventions ont pour objet des activités de *recherche dans le cadre de la préparation* d'un diplôme.

Il ne s'applique pas non plus à l'hospitalité offerte, de manière directe ou indirecte, lors de manifestations de promotion ou lors de manifestations à caractère exclusivement professionnel et scientifique, lorsqu'elle est prévue par convention passée entre les entreprises mentionnées à l'article L. 5142-1, les professionnels mentionnés à l'article L. 5143-2 et les vétérinaires et les pharmaciens mentionnés à l'article L. 5143-8 et soumise pour avis au conseil de l'ordre compétent avant sa mise en application, et que cette hospitalité est d'un niveau raisonnable et limitée à l'objectif professionnel et scientifique principal de la manifestation et n'est pas étendue à des personnes autres que les professionnels directement concernés. Il en va de même, en ce qui concerne les étudiants se destinant aux professions mentionnées à l'article L. 5143-2, pour l'hospitalité offerte, de manière directe ou indirecte, lors des manifestations à caractère scientifique auxquelles ils participent, dès lors que cette hospitalité est d'un niveau raisonnable et limitée à l'objet principal de la manifestation.

Un décret en Conseil d'État détermine les modalités d'application du présent article. Il précise notamment les modalités de la transmission de ces conventions ainsi que les délais impartis aux ordres compétents pour se prononcer. Si ceux-ci émettent un avis défavorable, l'entreprise transmet cet avis aux professionnels mentionnés à l'article L. 5143-2 ou aux groupements mentionnés à l'article L. 5143-6, avant la mise en œuvre de la convention. A défaut de réponse des instances ordinales dans les délais impartis, l'avis est réputé favorable. L'entreprise est tenue de faire connaître à l'instance ordinale compétente si la convention a été mise en application.

(Ord. nº 2018-20 du 17 janv. 2018, art. 20) « Pour l'application des dispositions du présent article aux étudiants et aux vétérinaires des armées relevant des dispositions de l'article L. 4138-2 du code de la défense, le ministre de la défense exerce les attributions des instances compétentes de l'ordre des vétérinaires. »

Art. L. 5141-14 Toute exclusivité de vente de médicaments vétérinaires au bénéfice d'une ou plusieurs catégories de revendeurs est interdite.

Art. L. 5141-14-1 *(L. nº 2014-1170 du 13 oct. 2014, art. 48-I-2º)* I. — Les entreprises mentionnées à l'article L. 5142-1 déclarent à l'autorité administrative compétente les médicaments vétérinaires comportant une ou plusieurs substances antibiotiques qu'elles cèdent. Les fabricants et distributeurs d'aliments médicamenteux mentionnent, en outre, le vétérinaire prescripteur et les détenteurs d'animaux auxquels ces médicaments sont destinés.

II. — Les professionnels mentionnés à l'article L. 5143-2 déclarent à l'autorité administrative les médicaments vétérinaires comportant une ou plusieurs substances antibiotiques qu'ils cèdent ainsi que les médicaments à usage humain utilisés en application de l'article L. 5143-4. La déclaration mentionne l'identité des détenteurs d'animaux auxquels ces médicaments sont destinés, appartenant à des espèces dont la chair ou les produits sont destinés à la consommation humaine. La déclaration mentionne le vétérinaire prescripteur.

Art. L. 5141-14-2 *(L. nº 2014-1170 du 13 oct. 2014, art. 48-I-2º)* A l'occasion de la vente de médicaments vétérinaires contenant une ou plusieurs substances antibiotiques, les remises, rabais, ristournes, la différenciation des conditions générales et particulières de vente au sens du I de l'article L. 441-6 du code de commerce ou la remise d'unités gratuites et toutes pratiques équivalentes sont interdits. Toute pratique commerciale visant à contourner, directement ou indirectement, cette interdiction par l'attribution de remises, rabais ou ristournes sur une autre gamme de produits qui serait liée à l'achat de ces médicaments est prohibée.

La conclusion de contrats de coopération commerciale, au sens du 2º du I de l'article L. 441-7 du même code, relatifs à des médicaments vétérinaires comportant une ou plusieurs substances antibiotiques est interdite et, lorsque de tels contrats sont conclus, ils sont nuls et de nul effet.

Art. L. 5141-14-3 *(L. nº 2014-1170 du 13 oct. 2014, art. 48-I-2º)* Le recours en médecine vétérinaire à des médicaments contenant une ou plusieurs substances antibiotiques est effectué dans le respect de recommandations de bonne pratique d'emploi destinées à prévenir le développement des risques pour la santé humaine et animale liés à l'antibiorésistance, établies, sur proposition de l'Agence nationale chargée de la sécurité sanitaire de l'alimentation, de l'environnement et du travail et après avis de l'Agence nationale de sécurité du médicament et des produits de santé, par arrêté des ministres chargés de l'agriculture et de la santé, pris au plus tard le 30 juin 2015.

Art. L. 5141-14-4 *(L. nº 2014-1170 du 13 oct. 2014, art. 48-I-2º)* I. — Tout manquement aux interdictions prévues au premier alinéa de l'article L. 5141-14-2 est passible d'une amende administrative dont le montant ne peut excéder 15 000 € pour une personne physique et 75 000 € pour une personne morale.

II. – Le montant de l'amende mentionnée au I du présent article est doublé en cas de réitération du manquement dans un délai de deux ans à compter de la date à laquelle la première décision de sanction est devenue définitive.

Cette amende peut être assortie d'une astreinte journalière d'un montant maximal de 1 000 € lorsque l'auteur de l'infraction n'a pas mis fin au manquement à l'issue d'un délai fixé par une mise en demeure.

III. – L'autorité administrative compétente avise préalablement l'auteur du manquement des faits relevés à son encontre des dispositions qu'il a enfreintes et des sanctions qu'il encourt. Elle lui fait connaître le délai dont il dispose pour faire valoir ses observations écrites et, le cas échéant, les modalités selon lesquelles il peut être entendu s'il en fait la demande. Elle l'informe de son droit à être assisté du conseil de son choix.

La décision de sanction ne peut être prise plus d'un an à compter de la constatation des faits. Elle peut faire l'objet d'un recours de pleine juridiction devant la juridiction administrative.

Art. L. 5141-15 *(Ord. nº 2001-313 du 11 avr. 2001, art. 6-II)* Les vétérinaires qui sont établis dans un autre État membre de *(Ord. nº 2010-177 du 23 févr. 2010, art. 26-10º)* « l'Union européenne » peuvent utiliser en France des médicaments vétérinaires autres qu'immunologiques ayant obtenu une autorisation de mise sur le marché dans cet État membre, *(Ord. nº 2007-613 du 26 avr. 2007, art. 38-1º)* « lorsque ces médicaments ne sont pas autorisés en France, » pour exécuter des actes professionnels à titre occasionnel en tant que prestataires de service.

(Ord. nº 2007-613 du 26 avr. 2007, art. 38-2º) « Ces vétérinaires sont soumis aux règles relatives à la prescription et à la délivrance prévues à l'article L. 5143-5. »

Art. L. 5141-15-1 *(Ord. nº 2017-51 du 19 janv. 2017, art. 2-II)* Les professionnels de santé, les établissements, personnes ou organismes figurant sur une liste fixée par décret en Conseil d'État sont tenus de déclarer les effets susceptibles d'être imputés à l'utilisation d'un médicament vétérinaire.

Ce décret détermine également les obligations de ces professionnels relatives à la déclaration des effets d'un médicament à usage humain administré à un animal y compris dans les conditions prévues au *a* du 3º de l'article L. 5143-4, ainsi que les conditions d'application du présent article.

Art. L. 5141-16 *(Ord. nº 2001-313 du 11 avr. 2001, art. 6-I)* Sont déterminées, en tant que de besoin, par décret en Conseil d'État :

1º *(Ord. nº 2007-613 du 26 avr. 2007, art. 39)* « Les règles relatives à l'étiquetage, la notice et la dénomination des médicaments vétérinaires mentionnés aux articles L. 5141-1 et L. 5141-2 ;

« 2º Les conditions dans lesquelles des autorisations de mise sur le marché peuvent être considérées comme faisant partie d'une autorisation de mise sur le marché globale ;

« 3º Les modalités de présentation des demandes tendant à obtenir l'autorisation de mise sur le marché prévue à l'article L. 5141-5, le contenu du dossier présenté à l'appui de ces demandes, ainsi qu'après la délivrance de l'autorisation les modalités de son actualisation, les conditions dans lesquelles le demandeur peut être dispensé de produire certains éléments du dossier et celles dans lesquelles interviennent les décisions accordant, modifiant, soumettant à des obligations spécifiques, renouvelant, suspendant ou supprimant ces autorisations ; »

4º Les justifications, y compris celles qui sont relatives à l'étiquetage, qui doivent être fournies à l'appui des demandes d'autorisation de mise sur le marché et qui comprennent obligatoirement la vérification de l'existence des propriétés définies à l'article L. 5141-6 par des experts possédant les qualifications techniques et professionnelles fixées par le même décret ;

5º *(Ord. nº 2007-613 du 26 avr. 2007, art. 39)* « Les modalités de présentation des demandes tendant à obtenir l'enregistrement d'un médicament vétérinaire homéopathique prévu à l'article L. 5141-9, le contenu du dossier présenté à l'appui de ces demandes, y compris les documents permettant de démontrer la qualité des lots de fabrication de ces médicaments homéopathiques vétérinaires, ainsi que les conditions dans lesquelles interviennent les décisions accordant, modifiant, renouvelant, suspendant, ou supprimant cet enregistrement ; »

6° Les règles applicables à l'expérimentation des médicaments *(L. n° 2014-1170 du 13 oct. 2014, art. 48-I-3°-a)* « ainsi que celles applicables aux études portant sur des médicaments vétérinaires bénéficiant déjà d'une autorisation de mise sur le marché » ;

7° *(Ord. n° 2007-613 du 26 avr. 2007, art. 39)* « Les modalités de présentation des demandes tendant à obtenir les autorisations temporaires d'utilisation d'un médicament vétérinaire prévues à l'article L. 5141-10, le contenu du dossier présenté à l'appui de ces demandes, ainsi que les conditions dans lesquelles interviennent les décisions accordant, modifiant, suspendant ou supprimant ces autorisations ;

« 8° Les règles applicables en cas de changement de titulaire de l'autorisation de mise sur le marché d'un médicament vétérinaire ou de l'enregistrement d'un médicament homéopathique vétérinaire ;

« 9° Les conditions auxquelles est subordonnée la publicité pour les médicaments vétérinaires ;

« 10° Les règles applicables à la pharmacovigilance des médicaments vétérinaires et des médicaments à usage humain utilisés au titre du 3° de l'article L. 5143-4 ;

« 11° Les modalités de présentation des demandes tendant à obtenir les autorisations de préparer les autovaccins prévus à l'article L. 5141-12 ou de préparer les allergènes pour un seul animal prévues à l'article L. 5141-12-1, le contenu du dossier présenté à l'appui de ces demandes, ainsi que les conditions dans lesquelles interviennent les décisions accordant, modifiant, renouvelant, suspendant ou supprimant ces autorisations ;

« 12° Les modalités d'application du présent titre *(Ord. n° 2017-1178 du 19 juill. 2017, art. 4-2°)* « en Guadeloupe, en Guyane, en Martinique, à La Réunion, à Mayotte » *(Ord. n° 2010-331 du 25 mars 2010, art. 43)* « et à Saint-Barthélemy et à Saint-Martin » ;

« 13° Les conditions dans lesquelles les vétérinaires mentionnés à l'article L. 5141-15 peuvent utiliser les médicaments vétérinaires mentionnés au même article ;

« 14° Les règles de procédure applicables aux recours ouverts contre les décisions visées aux 3°, 5°, 7° et 11° du présent article ; »

15° *(Ord. n° 2001-313 du 11 avr. 2001, art. 7)* « Les conditions d'application de l'article L. 5141-11 » ;

(L. n° 2009-526 du 12 mai 2009, art. 67) « 16° Les conditions dans lesquelles la déclaration mentionnée au sixième alinéa de l'article L. 5141-5 est effectuée ; »

(L. n° 2014-1170 du 13 oct. 2014, art. 48-I-3°-b) « 17° L'autorité administrative compétente mentionnée à l'article L. 5141-14-1, ainsi que les données faisant l'objet de la déclaration mentionnée au même article, la périodicité et les modalités de leur transmission ;

« 18° Les restrictions qui peuvent être apportées à la prescription et à la délivrance de certains médicaments compte tenu des risques particuliers qu'ils présentent pour la santé publique. »

(Ord. n° 2007-613 du 26 avr. 2007, art. 39) « Sauf dans le cas mentionné au 12° » du présent article, les décrets mentionnés au premier alinéa sont pris après avis de l'*(Ord. n° 2010-18 du 7 janv. 2010, art. 3-II)* « Agence nationale chargée de la sécurité sanitaire de l'alimentation, de l'environnement et du travail ».

CHAPITRE II PRÉPARATION INDUSTRIELLE ET VENTE EN GROS

Art. L. 5142-1 La fabrication, l'importation, l'exportation et la distribution en gros de médicaments vétérinaires, la fabrication, l'importation et la distribution de médicaments soumis à des essais cliniques, ainsi que l'exploitation de médicaments vétérinaires, ne peuvent être effectuées que dans des établissements régis par le présent chapitre.

Toute entreprise qui comporte au moins un établissement visé au premier alinéa doit être la propriété d'un pharmacien, d'un vétérinaire ou d'une société à la gérance ou à la direction générale de laquelle participe un pharmacien ou un vétérinaire. Elle peut être, en tout ou partie, concédée en location-gérance à une société. Cette société doit être la propriété d'un pharmacien ou d'un vétérinaire ou comporter la participation d'un pharmacien ou d'un vétérinaire à sa direction générale ou sa gérance.

Les pharmaciens ou vétérinaires mentionnés à l'alinéa précédent sont dénommés : "pharmaciens ou vétérinaires responsables". Ils sont personnellement responsables du respect des dispositions du livre II de la partie IV et du présent livre, ayant trait à leur activité, sans préjudice, le cas échéant, de la responsabilité solidaire de la société.

Dans chaque établissement pharmaceutique de l'entreprise, un pharmacien ou un vétérinaire délégué veille au respect des dispositions du présent livre sous l'autorité du pharmacien ou du vétérinaire responsable de l'entreprise. Lorsque le pharmacien ou le vétérinaire responsable exerce ses fonctions dans l'un des établissements pharmaceutiques d'une entreprise, la désignation d'un pharmacien délégué ou d'un vétérinaire délégué n'est pas obligatoire dans cet établissement.

Les pharmaciens ou vétérinaires responsables et les pharmaciens ou vétérinaires délégués doivent justifier d'une expérience pratique appropriée.

Toutefois, les établissements assurant la fabrication ou la distribution d'aliments médicamenteux ne sont pas tenus aux obligations prévues aux deuxième à cinquième alinéas ci-dessus ; dans le cas où ils n'y souscrivent pas, le contrôle de la fabrication et de la délivrance est cependant assuré, dans des conditions fixées par décret, par un pharmacien ou un vétérinaire ; ce pharmacien ou ce vétérinaire est personnellement responsable de l'application des dispositions législatives et réglementaires concernant les aliments médicamenteux, sans préjudice, le cas échéant, de la responsabilité solidaire de la société. — *[Anc. art. L. 615].*

1. Régime d'incompatibilité. Sur l'incompatibilité entre la qualité de vétérinaire associé et la participation à la propriété, la gestion ou la direction générale d'un établissement de préparation, de vente en gros ou de distribution en gros de médicaments vétérinaires, V. • CE, ass., 14 oct. 1983, *Synd. nat. des vétérinaires praticiens français : Lebon 410 ; RDSS 1984. 171, concl. Genevois* (cette incompatibilité trouve sa justification dans les conditions spéciales de l'exercice de la profession de vétérinaire dans le cadre d'une société civile professionnelle).

2. Responsabilité civile. Le fabricant de produits vétérinaires est tenu de signaler les dangers révélés par leur usage et d'appeler sur eux l'attention des praticiens dont l'information est susceptible de se trouver en défaut. • Civ. 1re, 28 févr. 1989, n° 87-18.208.

3. Responsabilité pénale. Sur l'infraction aux dispositions de l'art. L. 615 [L. 5142-1] et à celles des dispositions relatives à la mise sur le marché des médicaments vétérinaires, V. • TGI Nîmes, 17 mars 1995 : *Nouv. pharm. 1995, n° 349, p. 518.*

Art. L. 5142-2 L'ouverture d'un établissement visé à l'article L. 5142-1 est subordonnée à une autorisation délivrée par l'*(Ord. n° 2010-18 du 7 janv. 2010, art. 3-II)* « Agence nationale chargée de la sécurité sanitaire de l'alimentation, de l'environnement et du travail ». Celle-ci peut être, après mise en demeure, suspendue ou retirée en cas d'infraction aux dispositions du livre II de la partie IV et du présent livre.

(Ord. n° 2007-613 du 26 avr. 2007, art. 40) « Toute modification substantielle des éléments de l'autorisation initiale est subordonnée à une autorisation préalable. Un décret en Conseil d'État fixe les cas de modification substantielle de l'autorisation initiale. Les autres modifications font l'objet d'une déclaration. »

Autorisation d'établissement. L'ouverture d'un établissement de fabrication de médicaments vétérinaires, quel que soit le volume de la production, est soumise à autorisation administrative : un vétérinaire ne saurait dès lors, sans cette autorisation, fabriquer dans son cabinet des médicaments qu'il commercialise auprès des éleveurs locaux. • Crim. 12 mars 1997 : *Bull crim. n° 103.*

Art. L. 5142-3 *(Ord. n° 2007-613 du 26 avr. 2007, art. 41)* Les activités exercées dans les établissements mentionnés à l'article L. 5142-1 doivent l'être en conformité avec les bonnes pratiques dont les principes sont définis par décision de l'*(Ord. n° 2010-18 du 7 janv. 2010, art. 3-II)* « Agence nationale chargée de la sécurité sanitaire de l'alimentation, de l'environnement et du travail », notamment :

1° La fabrication, l'importation et la distribution en gros de médicaments vétérinaires ;

2° La fabrication, l'importation, la distribution en gros et la distribution au détail des aliments médicamenteux ;

3° La pharmacovigilance vétérinaire.

Art. L. 5142-3-1 *(Ord. n° 2007-613 du 26 avr. 2007, art. 42)* Lorsqu'un médicament vétérinaire soumis aux dispositions du chapitre Ier du présent titre est mis sur le marché, l'entreprise qui l'exploite communique, sans délai, à l'*(Ord. n° 2010-18 du 7 janv. 2010, art. 3-II)* « Agence nationale chargée de la sécurité sanitaire de l'alimentation, de l'environnement et du travail », les dates de commercialisation de chaque présentation de ce médicament.

Elle informe l'agence, au préalable ou en cas d'urgence de manière concomitante, de toute action qu'elle engage pour en suspendre la commercialisation, le retirer du marché ou en retirer un lot déterminé ainsi que de tout risque de rupture de stock sur un médicament vétérinaire sans alternative thérapeutique disponible ou en raison d'un accroissement significatif et imprévisible de la demande. Elle en indique la raison si celle-ci concerne l'efficacité du médicament vétérinaire ou la protection de la santé humaine ou animale ou de l'environnement.

Art. L. 5142-4 Les établissements mentionnés à l'article L. 5142-1 ne sont pas autorisés à délivrer au public les médicaments vétérinaires définis aux articles L. 5141-1 et L. 5141-2, sauf en ce qui concerne les aliments médicamenteux fournis aux groupements dans les conditions fixées à l'article L. 5143-7 ou aux éleveurs sur prescription d'un vétérinaire dans des conditions fixées par décret.

Le ministre chargé de l'agriculture peut acquérir directement auprès de ces établissements et peut faire utiliser par ses agents habilités à cet effet les médicaments vétérinaires et produits nécessaires à la réalisation des missions dont il est chargé au titre des dispositions de l'article L. 921-1 *[L. 221-1]* du code rural et de la pêche maritime. — *[Anc. art. L. 617].*

Art. L. 5142-5 Si les disponibilités en médicaments vétérinaires sont insuffisantes pour faire face aux nécessités de la lutte contre une épizootie, le ministre chargé de l'agriculture peut, en vue d'assurer la répartition de ces médicaments au mieux des besoins nationaux, faire obligation aux fabricants, importateurs et détenteurs de ces médicaments de déclarer la totalité de leurs productions, de leurs importations et de leurs stocks. — *[Anc. art. L. 617-8].*

Art. L. 5142-5-1 *(Ord. n° 2007-613 du 26 avr. 2007, art. 43)* L'*(Ord. n° 2010-18 du 7 janv. 2010, art. 3-II)* « Agence nationale chargée de la sécurité sanitaire de l'alimentation, de l'environnement et du travail » peut interdire la fabrication, l'importation, la détention et la vente de médicaments immunologiques vétérinaires sur tout ou partie du territoire national s'il est établi :

1° Soit que l'administration d'un médicament immunologique vétérinaire interfère avec un programme national pour le diagnostic, le contrôle ou l'éradication d'une maladie des animaux ou entraînerait des difficultés à certifier l'absence de contamination des animaux vivants ou des aliments ou d'autres produits obtenus à partir des animaux traités ;

2° Soit que la maladie contre laquelle le médicament est supposé conférer une immunité est très peu répandue sur le territoire national.

Art. L. 5142-6 La publicité concernant les établissements mentionnés à l'article L. 5142-1 n'est autorisée que sous certaines conditions fixées par voie réglementaire.

1. Contrôle de légalité. La légalité du Décr. n° 2015-647 du 10 juin 2015 interdisant la publicité pour certains médicaments vétérinaires auprès du public, y compris celle réalisée auprès des éleveurs, a été confirmée. • CE 28 déc. 2016, *Synd. nat. de la presse agricole et rurale et a.*, n° 395135.

2. Publicité comparative. Sur une publicité comparative avantageuse pour un médicament vétérinaire : • Versailles, 22 mai 1998, *Sté Lilly France et Labo. SmithKline Beecham : Gaz. Pal. 25-28 avr. 1998, p. 31.*

Art. L. 5142-6-1 *(L. n° 2014-1170 du 13 oct. 2014, art. 48-I-5°)* Les personnes qui font de l'information par démarchage ou de la prospection pour des médicaments vétérinaires, y compris des aliments médicamenteux, sont tenues de satisfaire à des conditions de qualification définies par décret, qui garantissent qu'elles possèdent des connaissances scientifiques suffisantes.

Les employeurs des personnes mentionnées au premier alinéa veillent en outre à l'actualisation des connaissances de celles-ci.

Ils sont tenus de leur donner instruction de rapporter à l'entreprise toutes les informations relatives à l'utilisation des médicaments vétérinaires, y compris des aliments médicamenteux, dont ils assurent la publicité, en particulier les effets indésirables qui sont portés à leur connaissance par les personnes visitées.

Art. L. 5142-6-2 *(L. nº 2014-1170 du 13 oct. 2014, art. 48-I-5º)* Par dérogation au premier alinéa de l'article L. 5142-6-1, peuvent également exercer les activités définies au même premier alinéa :

1º Les personnes qui exerçaient de telles activités pendant au moins trois ans dans les dix années précédant la publication de la loi nº 2014-1170 du 13 octobre 2014 d'avenir pour l'agriculture, l'alimentation et la forêt ;

2º Les personnes autres que celles mentionnées au 1º qui exerçaient ces activités à la date de la publication de la même loi, à condition de satisfaire, dans un délai de quatre ans à compter de la même date, aux conditions fixées au premier alinéa de l'article L. 5142-6-1 ou à des conditions de formation définies par l'autorité administrative.

Art. L. 5142-7 L'importation de médicaments vétérinaires est subordonnée à une autorisation de l'*(Ord. nº 2010-18 du 7 janv. 2010, art. 3-II)* « Agence nationale chargée de la sécurité sanitaire de l'alimentation, de l'environnement et du travail ».

(Ord. nº 2001-313 du 11 avr. 2001, art. 8) « L'autorisation de mise sur le marché prévue à l'article L. 5141-5, les autorisations temporaires d'utilisation prévues à l'article L. 5141-10 et l'enregistrement prévu à l'article L. 5141-9 valent autorisation d'importation au sens du premier alinéa.

« Les dispositions du premier alinéa ne sont pas applicables :

« 1º Aux médicaments vétérinaires importés par des vétérinaires dans les cas prévus à l'article L. 5141-15 ;

(Ord. nº 2018-20 du 17 janv. 2018, art. 20) « 2º Aux médicaments vétérinaires importés par des vétérinaires militaires étrangers pour les besoins des animaux des ressortissants étrangers qu'ils accompagnent au titre des dispositions de l'article L. 241-3-2 du code rural et de la pêche maritime ; »

« 3º Aux aliments médicamenteux fabriqués dans un autre État membre de *(Ord. nº 2010-177 du 23 févr. 2010, art. 26-10º)* « l'Union européenne » ou partie à l'accord sur l'Espace économique européen ; l'importation de ces aliments médicamenteux est accompagnée d'un certificat dont le contenu est fixé par le décret prévu au 15º de l'article L. 5141-16 ».

1. Droit de l'Union. L'art. 4 de la Dir. 81/851/CEE interdit d'importer dans un État membre un médicament en vue de le mettre sur le marché ou de l'y administrer sans qu'une autorisation ait été préalablement délivrée par l'autorité compétente de cet État membre. • CJCE 21 mars 1996, *Bruyère*, nº C-297/94 : *Rec. CJCE 1551 ; D. 1996. IR 97.* ♦ Le droit de l'Union s'oppose à une réglementation nationale qui réserve l'accès aux importations parallèles de médicaments vétérinaires aux distributeurs en gros, titulaires de l'autorisation prévue à l'article 65 de la Dir. 2001/82/CE du 6 nov. 2001 modifiée, et qui, par conséquent, exclut de l'accès à de telles importations les éleveurs désirant importer des médicaments vétérinaires pour les besoins de leurs propres élevages. • CJUE 27 oct. 2016, *Assoc. des utilisateurs et distributeurs de l'agrochimie européenne*, C-114/15.

2. Contrôle de légalité. Sur les réserves d'interprétation émises par le Conseil d'État à propos de la légalité du Décr. nº 2005-558 du 27 mai 2005 relatif aux importations de médicaments vétérinaires, V. • CE 6 déc. 2006, *Assoc. des utilisateurs et distributeurs de l'agrochimie européenne*, nº 282417 : *Lebon 498 ; AJDA 2007. 607 ; RDSS 2007. 165, note Megerlin.* ♦ Sur le rejet d'une requête en référé demandant la suspension de la décision rejetant implicitement la demande d'abrogation des dispositions de l'art. R. 5141-123-17, issues du Décr. nº 2005-558 du 27 mai 2005 et relatives au régime des importations parallèles de médicaments vétérinaires, V. • CE, réf., 22 juill. 2013, *Assoc. des utilisateurs et distributeurs de l'agrochimie européenne*, nº 370351. ♦ Le Conseil d'État a décidé de surseoir à statuer en attendant que la Cour de justice, saisie par une juridiction judiciaire, se prononce sur le point de savoir si une réglementation nationale qui assimile les importateurs parallèles de médicaments vétérinaires aux titulaires d'une autorisation d'exploitation dont l'exigence n'est pas prévue par la Dir. 2001/82/CE modifiée et qui, en conséquence, les soumet aux obligations de disposer d'un établissement sur le territoire de l'État membre concerné et d'assurer les opérations de pharmacovigilance est conforme au droit de l'Union.

• CE 9 avr. 2015, *Assoc. des utilisateurs et distributeurs de l'agrochimie européenne*, n° 370350. ♦ Sur l'exception d'illégalité du Décr. n° 2005-558 du 27 mai 2005 soulevée devant les juridictions pénales et sur laquelle il leur appartient de statuer, V. • Crim. 17 déc. 2014, n° 13-86.686. ♦ La Cour de justice a estimé que la réglementation française réservant l'accès aux importations parallèles de médicaments vétérinaires aux titulaires d'une autorisation de distribution en gros n'est pas compatible avec le droit de l'Union, en ce qu'elle exclut de l'accès à de telles importations les éleveurs désirant importer des médicaments vétérinaires pour les besoins de leurs propres élevages. Toutefois, les États membres peuvent imposer aux éleveurs qui importent de tels médicaments de disposer d'un établissement sur le territoire de destination et de satisfaire à l'ensemble des obligations de pharmacovigilance prévues par la Dir. 2001/82/CE modifiée. • CJUE 27 oct. 2016, *Assoc. des utilisateurs et distributeurs de l'agrochimie européenne* : C-114/15 : *Rev. dr. rural, 017, n° 452, p. 59, note Petit*. ♦ Dans la mesure où la disposition réglementaire attaquée (art. R. 5141-123-17) n'a pas pour effet, par elle-même, d'interdire l'importation parallèle de médicaments vétérinaires par des éleveurs pour les besoins de leurs propres élevages, le Conseil d'État a rejeté le recours tendant à l'annulation de la demande d'abrogation de la disposition issue du Décr. n° 2005-558 du 27 mai 2005 et confirmé que ce dernier pouvait imposer aux éleveurs, conformément à la Dir. 2001/82/CE modifiée, l'obligation de disposer d'un établissement pharmaceutique et de respecter les règles de pharmacovigilance vétérinaire. • CE 28 déc. 2016, *AUDACE*, n° 370350.

3. Responsabilité pénale. La circonstance qu'un médicament vétérinaire bénéficie d'une AMM sur le territoire d'un État membre de l'Union européenne ne dispense pas l'importateur de la nécessité d'obtenir, préalablement à sa délivrance au public sur le territoire national, l'AMM valant autorisation d'importation, sous peine de sanction pénale. • Crim. 1er juin 1999 : *Bull. crim. n° 117*.

Art. L. 5142-8 *(Ord. n° 2001-313 du 11 avr. 2001, art. 9)* **Sont déterminés, en tant que de besoin, par décret en Conseil d'État pris après avis de l'***(Ord. n° 2010-18 du 7 janv. 2010, art. 3-II)* **« Agence nationale chargée de la sécurité sanitaire de l'alimentation, de l'environnement et du travail », à l'exception du cas prévu au 1° :**

1° Les droits et obligations des pharmaciens et des vétérinaires responsables et des pharmaciens et vétérinaires délégués mentionnés à l'article L. 5142-1, la durée et le contenu de l'expérience pratique dont ils doivent justifier, et les conditions dans lesquelles ils peuvent se faire remplacer ou assister par d'autres pharmaciens ou vétérinaires ;

2° Les modalités d'exercice de la location gérance ;

3° Les conditions dans lesquelles interviennent les décisions accordant, renouvelant, suspendant ou supprimant l'autorisation prévue à l'article L. 5142-2, ainsi que les règles de procédure applicables aux recours ouverts contre lesdites décisions ;

4° Les conditions auxquelles est subordonnée la publicité concernant les établissements mentionnés à l'article L. 5142-1 ;

5° Les conditions auxquelles est subordonnée l'autorisation d'importer des médicaments vétérinaires prévue à l'article L. 5142-7.

Contrôle de légalité. Sur l'obligation de recourir à un décret en Conseil d'État pour déterminer les conditions d'acquisition, de détention, de délivrance et d'utilisation des médicaments visés à l'art. L. 612 [L. 5143-6 et L. 5143-7], V. • CE, sect., 20 févr. 1981, *Synd. nat. des vétérinaires praticiens français : Lebon 95*. ♦ La définition des programmes sanitaires d'élevage ne peut légalement résulter que d'un décret en Conseil d'État. • CE 6 mai 1983, *Union régionale de coopératives agricoles*, n° 34404 (illégalité du Décr. n° 77-306 du 24 mars 1977, art. 2).

CHAPITRE III PRÉPARATION EXTEMPORANÉE ET VENTE AU DÉTAIL

Art. L. 5143-1 *(Ord. n° 2007-613 du 26 avr. 2007, art. 44)* **La préparation extemporanée des médicaments vétérinaires par les personnes mentionnées à l'article L. 5143-2 et, pour les aliments médicamenteux, par les personnes intervenant dans les conditions prévues à l'article L. 5143-3 est réalisée en conformité avec des bonnes pratiques de préparation dont les principes sont fixés par décision de l'***(Ord. n° 2010-18 du 7 janv. 2010, art. 3-II)* **« Agence nationale chargée de la sécurité sanitaire de l'alimentation, de l'environnement et du travail ».**

Art. L. 5143-2 **Seuls peuvent préparer extemporanément, détenir en vue de leur cession aux utilisateurs et délivrer au détail, à titre gratuit ou onéreux, les médicaments vétérinaires :**

1° Les pharmaciens titulaires d'une officine ;

2° Sans toutefois qu'ils aient le droit de tenir officine ouverte, les vétérinaires ayant satisfait aux obligations du chapitre Ier du titre IV du livre II du code rural et de la pêche maritime leur permettant d'exercer la médecine et la chirurgie des animaux, lorsqu'il s'agit des animaux auxquels ils donnent personnellement leurs soins ou dont la surveillance sanitaire et les soins leur sont régulièrement confiés. *(L. n° 2006-11 du 5 janv. 2006, art. 71-I)* « Pour ces animaux, la même faculté est également accordée aux vétérinaires ayant satisfait aux obligations du chapitre Ier du titre IV du livre II du code rural et de la pêche maritime et exerçant la médecine et la chirurgie des animaux au sein du même domicile professionnel administratif ou d'exercice, tel que défini dans le code de déontologie prévu à l'article L. 242-3 du code rural et de la pêche maritime. »

La même faculté est accordée aux chefs des services de pharmacie et toxicologie des écoles nationales vétérinaires pour le traitement des animaux admis en consultation ou hospitalisés *(Ord. n° 2018-20 du 17 janv. 2018, art. 20)* « ainsi qu'aux vétérinaires des armées pour les animaux relevant du ministère de la défense et ceux relevant d'autres ministères dont ils assurent, personnellement, les soins et la surveillance sanitaire dans le cadre d'un protocole d'accord interministériel ».

(L. n° 2014-1170 du 13 oct. 2014, art. 48-I-6°) « Le présent article n'est pas applicable à la détention en vue de la cession aux utilisateurs ni à la délivrance au détail, à titre gratuit ou onéreux :

« *a)* De produits antiparasitaires destinés au traitement externe des animaux de compagnie, à l'exception de ceux qui sont soumis à prescription obligatoire d'un vétérinaire en application de l'article L. 5143-5 ou dont l'autorisation de mise sur le marché indique, en application de l'article L. 5141-5, qu'ils ne sont pas à appliquer en l'état sur l'animal ;

« *b)* De médicaments vétérinaires pour poissons d'aquarium et de bassins d'agrément, à l'exception de ceux qui sont soumis à prescription obligatoire d'un vétérinaire en application de l'article L. 5143-5. »

COMMENTAIRE

V. Commentaire reproduit sur Dalloz.fr.

1. Compétence vétérinaire. L'art. L. 610 [L. 5143-2] qui autorise les docteurs vétérinaires à délivrer des médicaments vétérinaires au détail, à titre gratuit ou onéreux, lorsqu'il s'agit des animaux auxquels ils donnent personnellement leurs soins dans le cadre de leur clientèle, n'impose pas l'examen préalable des animaux auxquels ils sont destinés au moment même de la vente des médicaments. • Crim. 3 juin 1992 : *Bull. crim. n° 221.* ♦ Jugé, en revanche, que les dispositions de l'art. L. 610 [L. 5143-2] n'ont ni pour objet ni pour effet d'imposer au vétérinaire d'administrer lui-même les médicaments qu'il prescrit pour l'animal auquel il donne ses soins. • Civ. 1re, 18 janv. 2000 : *Bull. civ. I, n° 15.* ♦ Si les vétérinaires diplômés peuvent délivrer au détail, sans examen préalable, les médicaments vétérinaires destinés aux animaux dont la surveillance et les soins leur sont régulièrement confiés, ils ne sont pas pour autant dispensés de visiter les exploitations où ces animaux *sont élevés : justifie ainsi la déclaration de culpa*bilité d'un vétérinaire pour exercice illégal de la pharmacie et contraventions connexes la cour d'appel qui retient que, pendant la période d'un an précédant les constatations du vétérinaire inspecteur, il a délivré des médicaments destinés aux veaux élevés par sept exploitants agricoles sans visiter leurs cheptels. • Crim. 18 juin 2002 : *Bull crim. n° 137.* ♦ Jugé dans le même sens que viole les dispositions de l'art. L. 5143-2 le vétérinaire qui prescrit et dispense à des éleveurs des antibiotiques et autres substances vénéneuses sans visiter systématiquement les animaux auxquels ces produits sont destinés. • Rennes, 20 nov. 2003 : *Nouv. pharm. 2005, n° 389, p. 508.* ♦ Est également justifiée la condamnation de deux vétérinaires ayant prescrit puis délivré au détail à des exploitants agricoles, par des consultations orales effectuées téléphoniquement, des médicaments vétérinaires destinés à des animaux auxquels ils ne donnaient pas des soins ou dont la surveillance sanitaire et le suivi régulier ne leur étaient pas confiés, alors que la prescription et la délivrance des médicaments vétérinaires sont possibles, soit après réalisation d'un examen clinique des animaux par le vétérinaire, soit dans le cadre de la désignation par l'éleveur du vétérinaire auquel est confiée la responsabilité du suivi sanitaire permanent de l'élevage. • Crim. 23 avr. 2013, n° 12-84.853 : *Bull. crim. n° 98.* ♦ Sur la définition des notions « donner personnellement des soins », « interdiction de tenir officine ouverte » et « surveillance sanitaire et soins régulièrement confiés au vétérinaire », V. art. R. 5141-112-1.

2. Vente en gros. Sur les poursuites contre un gérant de magasin de vente au détail ainsi que contre le gérant et le cogérant d'un établissement de commerce de gros de médicaments à usage vétérinaire, V. • T. corr. Chaumont, 3 juill. 1986 : *Inf. pharm. 1987. 78, obs. Viala.* ♦ Sur les poursuites dirigées contre un grossiste en produits vétérinaires faisant vendre par des colporteurs les produits qu'il détient, V. • Crim. 14 janv. 1987, n° 85-95.270.

3. Droit disciplinaire. Sur les fautes commises par un vétérinaire ayant cessé son activité pour devenir le gérant d'une société de vente et de distribution de médicaments vétérinaires, V. • CE 27 mai 1998, n° 179227.

4. Droit de la concurrence. Sur les effets sur la concurrence des regroupements de vétérinaires intervenant dans la distribution des médicaments, V. • Aut. conc. du 19 juin 2012, n° 12-A-14.

5. Non-lieu à QPC. Sur le refus de la Cour de cassation de transmettre une QPC concernant l'intelligibilité des notions de « surveillance sanitaire » et de « suivi régulier des animaux », V. • Crim. 9 juill. 2014, n° 14-90.019.

Art. L. 5143-3 *(Ord. n° 2001-313 du 11 avr. 2001, art. 11)* **La préparation extemporanée des aliments médicamenteux peut être effectuée sous l'autorité d'un pharmacien ou d'un vétérinaire mentionné à l'article L. 5143-2, par un utilisateur agréé à cet effet dans des conditions fixées par décret pris après avis de l'***(Ord. n° 2010-18 du 7 janv. 2010, art. 3-II)* **« Agence nationale chargée de la sécurité sanitaire de l'alimentation, de l'environnement et du travail ».**

Art. L. 5143-4 *(Ord. n° 2001-313 du 11 avr. 2001, art. 12)* **Le vétérinaire doit prescrire en priorité un médicament vétérinaire autorisé pour l'animal de l'espèce considérée et pour l'indication thérapeutique visée ou un aliment médicamenteux fabriqué à partir d'un prémélange médicamenteux autorisé répondant aux mêmes conditions.**

Dans le cas où aucun médicament vétérinaire approprié bénéficiant d'une autorisation de mise sur le marché, d'une autorisation temporaire d'utilisation ou d'un enregistrement n'est disponible, le vétérinaire peut prescrire les médicaments suivants :

1° Un médicament vétérinaire autorisé pour des animaux d'une autre espèce dans la même indication thérapeutique, ou pour des animaux de la même espèce dans une indication thérapeutique différente ou un aliment médicamenteux fabriqué à partir d'un prémélange médicamenteux autorisé répondant aux mêmes conditions ;

2° Si le médicament mentionné au 1° n'existe pas, un médicament vétérinaire autorisé pour des animaux d'une autre espèce dans une indication thérapeutique différente ou un aliment médicamenteux fabriqué à partir d'un prémélange médicamenteux autorisé répondant aux mêmes conditions ;

3° *(Ord. n° 2007-613 du 26 avr. 2007, art. 45-I)* **« Si les médicaments mentionnés aux 1° et 2° n'existent pas :**

« *a)* Soit un médicament autorisé pour l'usage humain ;

« *b)* Soit un médicament vétérinaire autorisé dans un autre État membre en vertu de la directive 2001/82/CE du Parlement européen et du Conseil instituant un code communautaire relatif aux médicaments vétérinaires, pour la même espèce ou pour une autre espèce, pour l'affection concernée ou pour une affection différente, sans préjudice de l'autorisation mentionnée à l'article L. 5142-7 ; »

4° A défaut des médicaments mentionnés aux 1°, 2° et 3°, une préparation magistrale vétérinaire.

Les médicaments mentionnés aux 1°, 2°, 3° et 4° ci-dessus sont administrés soit par *le vétérinaire soit,* sous la responsabilité personnelle de ce dernier, par le détenteur des animaux, dans le respect de la prescription du vétérinaire.

Lorsque le vétérinaire prescrit un médicament destiné à être administré à des animaux dont la chair ou les produits sont destinés à la consommation humaine, les substances à action pharmacologique qu'il contient doivent être au nombre de celles qui figurent *(Ord. n° 2011-673 du 16 juin 2011, art. 2-5°)* **« dans le tableau 1 de l'annexe du règlement (UE) n° 37/2010 de la Commission du 22 décembre 2009 relatif aux substances pharmacologiquement actives et à leur classification en ce qui concerne les limites maximales de résidus dans les aliments d'origine animale ».** *(Ord. n° 2007-613 du 26 avr. 2007, art. 45-II)* **« Si le médicament utilisé n'indique aucun temps d'attente pour les espèces concernées, le vétérinaire fixe le temps d'attente applicable qui ne peut être inférieur au minimum fixé pour la denrée animale considérée, par arrêté des ministres chargés de l'agriculture et de la santé, après avis de l' »** *(Ord. n° 2010-18 du*

7 janv. 2010, art. 3-II) « Agence nationale chargée de la sécurité sanitaire de l'alimentation, de l'environnement et du travail ».

(Ord. n° 2007-613 du 26 avr. 2007, art. 45-III) « Le précédent alinéa ne s'applique pas aux équidés identifiés conformément à l'article L. 212-9 du code rural et de la pêche maritime et déclarés comme n'étant pas destinés à l'abattage pour la consommation humaine. En outre, par exception au même alinéa, le vétérinaire peut prescrire et administrer à un équidé identifié conformément à l'article L. 212-9 du code rural et de la pêche maritime et déclaré comme étant destiné à l'abattage pour la consommation humaine *(Ord. n° 2011-673 du 16 juin 2011, art. 2-5°)* « un médicament contenant des substances à action pharmacologique ne figurant pas à l'annexe du règlement mentionné à l'alinéa précédent » si les conditions suivantes sont respectées :

« *a)* Les substances à action pharmacologique qu'il contient sont inscrites sur la liste fixée par le règlement (CE) n° 1950/2006 de la Commission du 13 décembre 2006 établissant, conformément à la directive 2001/82/CE du Parlement européen et du Conseil instituant un code communautaire relatif aux médicaments vétérinaires, une liste de substances essentielles pour le traitement des équidés ;

« *b)* Le vétérinaire prescrit et administre les médicaments contenant ces substances pour les indications prévues par ce règlement et consigne ce traitement dans le document d'identification obligatoire ;

« *c)* Le vétérinaire fixe un temps d'attente qui ne peut être inférieur à une durée fixée par arrêté des ministres chargés de l'agriculture et de la santé, après avis de l' » *(Ord. n° 2010-18 du 7 janv. 2010, art. 3-II)* « Agence nationale chargée de la sécurité sanitaire de l'alimentation, de l'environnement et du travail ».

COMMENTAIRE

V. Commentaire reproduit sur Dalloz.fr.

Art. L. 5143-5 *(Ord. n° 2007-613 du 26 avr. 2007, art. 46)* « Est subordonnée à la rédaction par un vétérinaire d'une ordonnance, qui est obligatoirement remise à l'utilisateur, la délivrance au détail, à titre gratuit ou onéreux, des médicaments suivants :

« 1° Les médicaments vétérinaires contenant des substances prévues à l'article L. 5144-1, à l'exception des substances vénéneuses à doses ou concentrations trop faibles pour justifier de la soumission au régime de ces substances ;

« 2° Les aliments médicamenteux ;

« 3° Les médicaments visés à l'article L. 5143-4 ;

« 4° Les nouveaux médicaments vétérinaires contenant une substance active dont l'usage vétérinaire est autorisé depuis moins de cinq ans.

« Cette ordonnance ne peut prescrire que la quantité de médicaments nécessaire au traitement. »

Pour les aliments médicamenteux, l'ordonnance ne peut prescrire qu'un seul traitement d'une durée au plus égale à trois mois.

COMMENTAIRE

V. Commentaire reproduit sur Dalloz.fr.

1. Inscription à l'ordonnancier. Sur les poursuites engagées contre un pharmacien d'officine pour omission des transcriptions réglementaires, V. • T. corr. Quimper, 17 janv. 1983 : *Inf. pharm. 1983. 412, obs. Viala* • Besançon, 11 oct. 1988 : *Inf. pharm. 1989. 219, obs. Viala.*

2. Délivrance sans ordonnance. Sur les poursuites engagées contre des pharmaciens d'officine pour vente sans ordonnance de médicaments vétérinaires contenant des substances vénéneuses à des doses non exonérées, V. • T. corr. Mâcon, 12 janv. 1983 : *Inf. pharm. 1983. 323, obs. Viala* • T. corr. Quimper, 17 janv. 1983 : *préc. note 1* • T. corr. Bourg-en-Bresse, 14 oct. 1982 : *Inf. pharm. 1983. 572, obs. Viala* • Poitiers, 30 mai 1985 : *Inf. pharm. 1985. 680, obs. Viala.* ♦ Si la juridiction ordinale peut, alors même qu'elle retient l'existence d'une faute, tenir compte de certaines circonstances ou de certains faits pour décider de ne pas infliger de sanction disciplinaire, elle ne saurait en décider ainsi pour un pharmacien ayant délivré des médicaments vétérinaires pour des animaux destinés à la consommation humaine, en l'absence d'ordonnance établie par un vétérinaire ou au vu d'ordonnances qui n'étaient plus valables. • CE 10 févr. 2014, n° 360382 : *Lebon.* ♦ Doit être cassé l'arrêt qui condamne un pharmacien ayant délivré des médicaments vétérinaires sans ordonnance à une peine d'emprisonnement avec sursis et à une interdiction d'exercice, alors que l'emprisonnement ne peut être prononcé cumulativement avec une des peines privatives ou restrictives de droit prévus à l'art. 131-6 C. pén., parmi lesquelles figure l'interdiction pour une durée de cinq ans au plus d'exercer une activité professionnelle. • Crim., 11 juin 2014, n° 13-81.736. ♦ La délivrance sans ordonnance de médicaments vétérinaires contenant des substances vénéneuses à des doses non exonérées est constitutive d'une faute disciplinaire du vétérinaire. • CE 13 juill. 2016, n° 382019. ♦ Le Conseil national de l'ordre des vétérinaires et les syndicats professionnels de vétérinaires sont recevables à se constituer partie civile et à recevoir des dommages-intérêts pour le préjudice causé par la délivrance sans ordonnance par un pharmacien d'officine de médicaments vétérinaires soumis à prescription. • Crim. 21 févr. 2017, n° 15-86.977.

3. Fausses ordonnances. Constituent des faux fabriqués à seule fin d'éluder la loi les ordonnances rédigées de manière habituelle par un vétérinaire, sans aucun examen des animaux en cause, sur demande rémunérée d'un pharmacien, les ordonnances en cause ayant eu pour objectif de régulariser la vente de médicaments délivrés dans des conditions illicites par le pharmacien. • Crim. 6 févr. 2001 : *Bull. crim. n° 35 ; D. 2001. Somm. 2356*.

4. Association illicite. Doit être déclarée nulle la société en participation constituée entre un pharmacien et un vétérinaire ayant une activité portant sur des pratiques illicites constitutives de manquements graves aux dispositions d'ordre public relatives à la délivrance des médicaments vétérinaires. • Com. 11 juill. 2006 : *Bull. civ. IV, n° 180.*

Art. L. 5143-6 **Les groupements reconnus de producteurs, les groupements professionnels agricoles dont l'action concourt à l'organisation de la production animale et qui justifient d'un encadrement technique et sanitaire suffisant et d'une activité économique réelle d'une part, les groupements de défense sanitaire d'autre part, peuvent, s'ils sont** *(Ord. n° 2005-554 du 26 mai 2005, art. 13)* **« agréés à cet effet par l'autorité administrative », acheter aux établissements de préparation, de vente en gros ou de distribution en gros, détenir et délivrer à leurs membres, pour l'exercice exclusif de leur activité, les médicaments vétérinaires à l'exclusion de ceux contenant des substances ayant fait l'objet d'obligations particulières au titre de l'article L. 5144-1.**

Toutefois, ces groupements peuvent également acheter en gros et détenir ceux des médicaments contenant des substances prévues à l'article L. 5144-1 qui figurent sur une liste arrêtée conjointement par les ministres chargés de l'agriculture et de la santé et sur proposition de l'*(Ord. n° 2010-18 du 7 janv. 2010, art. 3-II)* **« Agence nationale chargée de la sécurité sanitaire de l'alimentation, de l'environnement et du travail » et qui sont nécessaires à la mise en œuvre des programmes sanitaires d'élevage visés à l'article L. 5143-7.** *(L. n° 2014-1170 du 13 oct. 2014, art. 48-I-7°)* **« Cette liste ne peut comprendre de substances antibiotiques. » Ces produits sont délivrés aux adhérents du groupement sur présentation d'une ordonnance du vétérinaire du groupement, qui revêt la forme d'une prescription détaillée, adaptant aux caractéristiques propres de chaque élevage, le programme sanitaire agréé.**

1. Contrôle de légalité. Sur l'annulation du Décr. n° 79-689 du 8 août 1979 (remplacé par le Décr. n° 81-835 du 31 août 1981) relatif à l'application de l'art. L. 612 (ancien), V. • CE, sect., 20 févr. 1981, *Synd. nat. des vétérinaires praticiens français : Lebon 95 ; Inf. pharm. 1981. 476, obs. Viala* • CE 3 juill. 1981, *Synd. nat. des vétérinaires français et Synd. nat. des vétérinaires praticiens français : Lebon T. 752 ; Inf. pharm. 1983. 42, obs. Viala.* ♦ Sur le recours contre le Décr. n° 81-815 du 31 août 1981 définissant le programme sanitaire d'élevage prévu par l'art. L. 612 (ancien), V. • CE 3 nov. 1982, *Synd. nat. des vétérinaires praticiens français,* n° 37980 (légalité du décret dans ses dispositions relatives à l'administration d'œstrogènes à des femelles adultes). ♦ Jugé que, la Dir. 2004/28/CE du 31 mars 2004 impliquant une limitation effective de la possibilité de renouveler la délivrance de médicaments vétérinaires sur la base d'une même ordonnance, les dispositions du Décr. n° 2007-596 du 24 avr. 2007 (art. R. 5141-111) ne peuvent être regardées comme permettant de veiller à ce que la quantité délivrée soit limitée à ce qui est nécessaire. • CE 27 juin 2008, *Synd. nat. des vétérinaires d'exercice libéral,* n° 306813 : *Lebon T. 927*.

2. Prérogatives des groupements. Les groupements mentionnés à l'art. L. 612 [L. 5143-6] ne peuvent acheter, détenir et délivrer à leurs membres les médicaments visés à l'art. L. 617-6 [L. 5144-1] que si ces médicaments sont nécessaires à la mise en œuvre des programmes sanitaires d'élevage approuvés par le ministre. • CE 6 mai 1983, *Union régionale de coopératives agricoles,* n° 34404.

3. Responsabilité disciplinaire. Sur la responsabilité disciplinaire d'un vétérinaire salarié, engagée pour ne pas avoir contrôlé les achats d'une coopérative et la destination des traitements (antibiotiques) au regard du programme sanitaire d'élevage, V. • CE 9 avr. 1999, n° 188586. ♦ Est justifiée la sanction disciplinaire infligée à un vétérinaire salarié d'un groupement coopératif pour avoir prescrit et délivré des médicaments vétérinaires en dehors de ceux autorisés pour l'exécution du plan sanitaire d'élevage et facilité, ainsi, les ventes de médicaments par la coopérative elle-même. • CE 24 janv. 2007, *Riaucourt*, n° 285652.

4. Responsabilité pénale. Sur la condamnation d'un vétérinaire d'un groupement ayant vendu irrégulièrement des médicaments destinés à être administrés à des animaux auxquels il ne donnait pas ses soins et des médicaments ne figurant pas sur la liste visée à l'art. L. 612 [L. 5143-6] ou ne répondant pas à l'exercice exclusif de l'activité du groupement, V. • Crim. 16 déc. 1992 : *Bull. crim. n° 426 ; D. 1993. IR 111.* ♦ Sur la condamnation pénale d'un groupement d'éleveurs ainsi que des deux vétérinaires salariés du groupement pour avoir délivré des médicaments à prescription obligatoire non inscrits sur la liste prévue au dernier alinéa de l'art. L. 5143-6, V. • Limoges, 12 févr. 2010 : *Nouv. pharm. 2010, n° 407, p. 199.*

Art. L. 5143-7 Les groupements visés à l'article L. 5143-6 doivent *(Ord. n° 2005-554 du 26 mai 2005, art. 13)* « être agréés par l'autorité administrative », sur proposition de commissions comprenant en nombre égal des représentants de l'administration, des représentants des organisations professionnelles agricoles et des représentants des vétérinaires et pharmaciens. La composition de ces commissions est fixée par décret.

L'agrément est subordonné à l'engagement de mettre en œuvre un programme sanitaire d'élevage *(Ord. n° 2005-554 du 24 mai 2005, art. 13)* « approuvé par l'autorité administrative », après avis des commissions prévues au précédent alinéa et dont l'exécution est placée sous la surveillance et la responsabilité effectives d'un vétérinaire visitant personnellement et régulièrement l'élevage.

L'agrément est délivré pour une durée de cinq ans. Il est ensuite renouvelable par période quinquennale.

Après mise en demeure, cet agrément est suspendu ou retiré par *(Ord. n° 2005-554 du 24 mai 2005, art. 13)* « l'autorité administrative » si les conditions ayant motivé son octroi ne sont plus satisfaites.

Art. L. 5143-8 L'acquisition, la détention et la délivrance des médicaments détenus par les groupements visés à l'article L. 5143-6 doivent être faites sous le contrôle d'un vétérinaire ou d'un pharmacien participant effectivement à la direction technique du groupement. Dans tous les cas, ce pharmacien ou vétérinaire est personnellement responsable de l'application des dispositions législatives et réglementaires concernant les médicaments vétérinaires sans préjudice, le cas échéant, de la responsabilité solidaire du groupement. — *[Anc. art. L. 613].*

1. Détention illégale. Le dépôt de médicaments visé à l'art. L. 613 [L. 5143-8] n'est pas un dépôt permettant aux éleveurs de s'approvisionner directement : est donc justifiée la condamnation pénale du directeur d'un laboratoire non agréé pour détention illégale de médicaments vétérinaires, à la suite de la location d'un local dont le bailleur vétérinaire ne détenait que l'une des deux clés. • Crim. 19 juill. 1983, n° 83-90.588.

2. Non-lieu à QPC. Sur le rejet d'une QPC concernant les dispositions de l'art. L. 5143-8 en ce qu'elles permettent aux groupements agréés de confier la délivrance de médicaments vétérinaires à des personnes n'ayant pas la qualité de pharmacien ou de vétérinaire, V. • CE, QPC, 1er mars 2013, *Assoc. nat. de la pharmacie vétérinaire d'officine*, n° 364366.

Art. L. 5143-9 Il est interdit de solliciter auprès du public des commandes de médicaments vétérinaires par l'entremise de courtiers ou par tout moyen et de satisfaire de telles commandes.

Il est interdit à toute personne, à l'exception des docteurs vétérinaires dans l'exercice de leur art, de vendre des médicaments vétérinaires à domicile.

La cession à titre gratuit ou onéreux de médicaments vétérinaires est interdite sur la *voie publique, dans les foires, marchés* et manifestations publiques, à toute personne, même titulaire du diplôme de pharmacien ou de docteur vétérinaire.

Lorsqu'un vétérinaire est conduit à prescrire des médicaments autorisés et préparés pour l'usage humain, le pharmacien qui délivre ces produits doit signaler sur l'emballage que ces produits deviennent des produits vétérinaires et rendre inutilisables les vignettes qui peuvent accompagner ces médicaments. — *[Anc. art. L. 614].*

1. Vente par intermédiaire. Sur une application de l'art. L. 614, al. 1er [L. 5143-9], à la vente de médicaments vétérinaires sollicitée auprès du public par l'intermédiaire d'une société productrice de fromages, V. • T. corr. Dijon, 16 nov. 1982 : *Inf. pharm. 1983. 228, obs. Viala.*

2. Colportage. Sur la condamnation d'un grossiste en produits vétérinaires ayant vendu et fait vendre par des colporteurs les produits qu'il détient, V. • Crim. 14 janv. 1987, n° 85-95.270.

3. Sollicitation de commandes. Sur une instance pénale relative à une sollicitation de commande, vente sans ordonnance de médicaments soumis à restriction et délivrance irrégulière de médicaments par des vétérinaires, V. • T. corr. Annecy, 21 juin 1985 : *Inf. pharm. 1985. 840, obs. Viala.* ♦ Sur la condamnation d'un pharmacien ayant adressé par la voie postale à des éleveurs de bovins ou d'équidés des listes de médicaments vétérinaires détaillant leurs prix et proposant leur livraison sous 24 heures. • Crim. 30 oct. 2000 : *Bull. crim. n° 322.* ♦ Sur la cassation d'un arrêt n'ayant pas retenu une sollicitation illicite auprès du public de commandes de produits vétérinaires, V. • Crim. 13 juin 2006, *Cons. sup. de l'ordre des vétérinaires et a.*, n° 05-87.226. ♦ Sur la confirmation d'un renvoi devant le tribunal correctionnel pour le chef de prévention de complicité de satisfaction de commande de médicaments vétérinaires et de prescription irrégulière de médicaments vétérinaires sans examen clinique des animaux, V. • Crim. 22 nov. 2016, n° 16-83.694.

4. Cause d'irresponsabilité. Pour bénéficier de la cause d'irresponsabilité prévue par l'art. 122-3 C. pén., la personne poursuivie doit justifier avoir cru, par une erreur de droit qu'elle n'était pas en mesure d'éviter, pouvoir légitimement accomplir le fait reproché : dès lors, ne saurait être admise une erreur de droit invoquée par une société spécialisée dans la vente par correspondance de produits pour animaux et consistant simplement dans la définition donnée par le dictionnaire des médicaments vétérinaires et établissant l'absence de volonté délictueuse de la part du prévenu, l'erreur devant présenter un caractère inévitable. • Crim. 4 oct. 2011, n° 10-88.157.

Art. L. 5143-10 Sont déterminées, en tant que de besoin, par décrets en Conseil d'État pris après avis de l'*(Ord. n° 2010-18 du 7 janv. 2010, art. 3-II)* « Agence nationale chargée de la sécurité sanitaire de l'alimentation, de l'environnement et du travail » :

1° Les conditions d'utilisation des préparations extemporanées ;

2° Les conditions d'acquisition, de détention, de délivrance et d'utilisation des médicaments visés à l'article L. 5143-6.

CHAPITRE IV SUBSTANCES POUVANT ENTRER DANS LA FABRICATION DES MÉDICAMENTS VÉTÉRINAIRES

Art. L. 5144-1 Des obligations particulières sont édictées par voie réglementaire pour l'importation, la fabrication, l'acquisition, la détention, la vente ou la cession à titre gratuit des substances ne constituant pas des médicaments vétérinaires, mais susceptibles d'entrer dans leur fabrication :

a) Matières virulentes et produits d'origine microbienne destinés au diagnostic, à la prévention et au traitement des maladies des animaux ;

b) Substances d'origine organique destinées aux mêmes fins à l'exception de celles qui ne renferment que des principes chimiquement connus ;

c) *(Ord. n° 2007-613 du 26 avr. 2007, art. 47)* « Substances à activité anabolisante, anticatabolisante ou bêta-agoniste ; »

d) Substances vénéneuses ;

e) *(Ord. n° 2007-613 du 26 avr. 2007, art. 47)* « Substances pharmacologiquement actives susceptibles de demeurer à l'état de résidus toxiques ou dangereux dans les denrées alimentaires d'origine animale et » *(Ord. n° 2011-673 du 16 juin 2011, art. 2-6°)* « pour lesquelles une limite maximale de résidus est fixée dans le tableau 1 de l'annexe du règlement (UE) n° 37/2010 de la Commission du 22 décembre 2009 relatif aux substances pharmacologiquement actives et à leur classification en ce qui concerne les limites maximales de résidus dans les aliments d'origine animale » ;

f) Produits dont les effets sont susceptibles d'être à l'origine d'une contravention à la législation sur les fraudes ;

g) Produits susceptibles d'entraver le contrôle sanitaire des denrées provenant des animaux auxquels ils ont été administrés.

Ces substances ne peuvent être délivrées en l'état aux éleveurs ou groupements agricoles visés à l'article L. 5143-6, ou détenues ou possédées par ces éleveurs ou groupe-

ments, sauf si elles sont destinées à être employées pour des usages agricoles ou phytosanitaires autorisés.

Un décret pris après avis de l'*(Ord. n° 2010-18 du 7 janv. 2010, art. 3-II)* **« Agence nationale chargée de la sécurité sanitaire de l'alimentation, de l'environnement et du travail » fixe la liste et les conditions particulières de délivrance des substances ou des catégories de substances pouvant être utilisées pour fabriquer des médicaments vétérinaires faisant l'objet d'un temps d'attente en application de l'article L. 5141-6.**

(L. n° 2014-1170 du 13 oct. 2014, art. 48-I-8°) **« Un arrêté conjoint des ministres chargés de l'agriculture et de la santé fixe la liste des produits mentionnés aux *f* et *g*. »**

1. Régime antérieur. Jugé, sous l'empire de la loi du 27 nov. 1976, que les médicaments œstrogènes devant être réputés nécessaires à la mise en œuvre des programmes sanitaires d'élevage, le Gouvernement s'est borné à tirer les conséquences de cette disposition en assimilant, pour l'application de l'art. L. 612 (ancien), les programmes ayant pour objet la maîtrise du cycle œstral des animaux femelles adultes à des programmes sanitaires d'élevage. • CE 3 nov. 1982, *Synd. nat. des vétérinaires praticiens français : Inf. pharm. 1983. 42, obs. Viala.* ♦ L'intervention de la loi du 16 juill. 1984 n'a pas eu pour effet de légaliser l'administration, antérieure à son entrée en vigueur, des œstrogènes qui ne répondent pas aux conditions prévues par les art. L. 617-1 et L. 617-2 [L. 5141-5 et L. 5141-6]. • Crim. 1er déc. 1987 : *Bull. crim. n° 441 ; Inf. pharm. 1988. 331, obs. Viala.*

2. Infraction à la réglementation des substances vénéneuses. Sur les poursuites engagées contre des pharmaciens d'officine pour vente sans ordonnance de médicaments vétérinaires contenant des substances vénéneuses à des doses non exonérées, V. • T. corr. Mâcon, 12 janv. 1983 : *Inf. pharm. 1983. 323, obs. Viala* • T. corr. Quimper, 17 janv. 1983 : *Inf. pharm. 1983. 412, obs. Viala* • T. corr. Bourg-en-Bresse, 14 oct. 1982 : *Inf. pharm. 1983. 572, obs. Viala* (substances œstrogènes) • Poitiers, 30 mai 1985 : *Inf. pharm. 1985. 680, obs. Viala* • T. corr. Bourg-en-Bresse, 1er juill. 1992 : *Nouv. pharm. 1993, n° 339, p. 115* • TGI Nancy, 11 oct. 1996 : *Nouv. pharm. 1997, n° 354, p. 139* • T. corr. Valence, 31 mars 1998 : *Nouv. pharm. 1998, n° 360, p. 323* • T. corr. Caen, 27 mars 1997, *M. G. : Nouv. pharm. 1999, n° 365, p. 592.* ♦ Sur des délivrances irrégulières de médicaments vétérinaires relevant de la réglementation des substances vénéneuses à des groupements d'éleveurs et falsification dans la tenue des ordonnanciers, V. • Rennes, 4 avr. 1991, n° 553/91.

3. Vente en gros illicite. Sur des ventes illicites de médicaments vétérinaires en tant que pharmacien d'officine et en tant qu'associé de fait pour le compte d'une société de vente en gros, V. • TGI Caen, 24 avr. 1996, n° 286/96.

4. Falsification de denrées alimentaires. Constituent le délit de falsification de denrées servant à l'alimentation des animaux, puni par l'art. L. 213-3 C. consom. de deux ans d'emprisonnement, et non celui d'administration de substances anabolisantes aux animaux dont la chair ou les produits sont destinés à l'alimentation humaine, puni par la L. n° 84-609 du 16 juill. 1984 de six mois d'emprisonnement, les faits reprochés au prévenu, qui consistaient à ajouter du clenbutérol à des aliments destinés à des veaux, et non à distribuer aux animaux les aliments ainsi falsifiés. • Crim. 21 mars 2006 : *Bull. crim. n° 84.*

Art. L. 5144-1-1 *(L. n° 2014-1170 du 13 oct. 2014, art. 48-I-9°)* **Les substances antibiotiques d'importance critique sont celles dont l'efficacité doit être prioritairement préservée dans l'intérêt de la santé humaine et animale et dont la liste est fixée par arrêté des ministres chargés de l'agriculture et de la santé, après avis de l'Agence nationale de sécurité sanitaire de l'alimentation, de l'environnement et du travail et de l'Agence nationale de sécurité du médicament et des produits de santé.**

Art. L. 5144-2 **Sont déterminées, en tant que de besoin, par décrets en Conseil d'État, pris après avis de l'***(Ord. n° 2010-18 du 7 janv. 2010, art. 3-II)* **« Agence nationale chargée de la sécurité sanitaire de l'alimentation, de l'environnement et du travail », les obligations particulières applicables à la fabrication, la détention, la vente ou la cession à titre gratuit des substances énumérées à l'article L. 5144-1.**

Art. L. 5144-3 **Des décrets pris après avis de l'***(Ord. n° 2010-18 du 7 janv. 2010, art. 3-II)* **« Agence nationale chargée de la sécurité sanitaire de l'alimentation, de l'environnement et du travail » fixent les autres modalités d'application du présent titre.**

Des dérogations aux dispositions du présent titre peuvent être accordées, par arrêté des ministres chargés de l'agriculture et de la santé pour la délivrance et l'utilisation des produits destinés à la capture et à la contention des animaux domestiques ou sauvages par les personnes et services publics habilités à cet effet, des produits anticoncep-

tionnels destinés à lutter contre la prolifération des pigeons, des médicaments vétérinaires employés par des établissements de recherche scientifique autorisés à pratiquer l'expérimentation animale pour traiter des animaux dans le cadre de leurs travaux.

CHAPITRE V COMPÉTENCES ET PRÉROGATIVES DE L'AGENCE NATIONALE CHARGÉE DE LA SÉCURITÉ SANITAIRE DE L'ALIMENTATION, DE L'ENVIRONNEMENT ET DU TRAVAIL EN MATIÈRE DE MÉDICAMENTS VÉTÉRINAIRES *(Ord. n° 2010-18 du 7 janv. 2010, art. 2-III).*

Art. L. 5145-1 *(Ord. n° 2010-18 du 7 janv. 2010, art. 2-III)* Un service de l'Agence nationale chargée de la sécurité sanitaire de l'alimentation, de l'environnement et du travail, dénommé "Agence nationale du médicament vétérinaire", met en œuvre les missions de celle-ci définies au présent titre.

Art. L. 5145-2 *(Ord. n° 2010-18 du 7 janv. 2010, art. 2-III)* Le directeur de l'Agence nationale du médicament vétérinaire est nommé par arrêté des ministres compétents sur proposition du directeur général de l'Agence nationale chargée de la sécurité sanitaire de l'alimentation, de l'environnement et du travail.

Art. L. 5145-2-1 *(L. n° 2009-879 du 21 juill. 2009, art. 102)* L'*(Ord. n° 2010-18 du 7 janv. 2010, art. 3-II)* « Agence nationale chargée de la sécurité sanitaire de l'alimentation, de l'environnement et du travail » peut suspendre les essais, la fabrication, la préparation, l'importation, l'exploitation, l'exportation, la distribution en gros, le conditionnement, la mise sur le marché à titre gratuit ou onéreux, la détention en vue de la vente ou de la distribution à titre gratuit, la publicité, la prescription, la délivrance, l'utilisation ou l'administration d'un médicament vétérinaire ou d'une catégorie de médicaments vétérinaires non soumis à une autorisation ou à un enregistrement préalable à leur mise sur le marché ou à leur utilisation, lorsque ces médicaments ou les substances qu'ils contiennent soit présentent ou sont soupçonnés de présenter, dans les conditions normales d'emploi ou dans des conditions raisonnablement prévisibles, un danger pour la santé humaine ou pour la santé animale, soit sont fabriqués, mis sur le marché ou utilisés en infraction aux dispositions législatives ou réglementaires qui leur sont applicables.

La suspension est prononcée soit pour une durée n'excédant pas un an en cas de danger ou de suspicion de danger, soit jusqu'à la mise en conformité des médicaments en cas d'infraction aux dispositions législatives ou réglementaires.

L'agence peut interdire ces activités en cas de danger grave ou de suspicion de danger grave pour la santé humaine ou pour la santé animale.

Elle peut aussi fixer des conditions particulières ou des restrictions pour l'utilisation des médicaments concernés afin de garantir leur sécurité sanitaire.

Art. L. 5145-2-2 *(L. n° 2009-879 du 21 juill. 2009, art. 102)* Sans préjudice des poursuites pénales qui peuvent être exercées, lorsqu'un médicament vétérinaire est mis sur le marché ou utilisé sans avoir obtenu l'autorisation ou l'enregistrement préalable exigé par les dispositions législatives ou réglementaires applicables à ce médicament, ou est mis sur le marché ou utilisé en infraction à ces dispositions, l'agence peut suspendre, jusqu'à la mise en conformité du médicament au regard de la législation et de la réglementation en vigueur, les essais, la fabrication, la préparation, l'importation, l'exploitation, l'exportation, la distribution en gros, le conditionnement, la mise sur le marché à titre gratuit ou onéreux, la détention en vue de la vente ou de la distribution à titre gratuit, la publicité, la prescription, la délivrance, l'utilisation ou l'administration de ce médicament vétérinaire.

Art. L. 5145-3 *(Ord. n° 2008-717 du 17 juill. 2008)* En cas de méconnaissance des règles édictées en application du 9° de l'article L. 5141-16 et relatives à la publicité, l'agence peut :

1° Ordonner la suspension ou l'interdiction d'une publicité ;

2° Ordonner l'insertion dans la publicité de la mention des avertissements et précautions d'emploi nécessaires à l'information de l'utilisateur ou à la diffusion d'un rectificatif ;

3° Retirer l'autorisation de publicité en faveur de médicaments présentés comme favorisant le diagnostic, la prévention ou le traitement de maladies contagieuses figurant à la nomenclature prévue à l'article L. 223-2 du code rural et de la pêche maritime.

Art. L. 5145-4 *(Ord. n° 2008-717 du 17 juill. 2008)* Dans le cas d'une suspension ou d'un retrait d'autorisation de mise sur le marché ou d'enregistrement d'un médicament vétérinaire, l'agence peut enjoindre à la personne responsable de la mise sur le marché de procéder au retrait du médicament en tout lieu où il se trouve, ou à sa destruction lorsque le médicament présente un danger pour la santé publique, ou ordonner la diffusion de mises en garde ou de précautions d'emploi. Ces mesures sont à la charge de cette personne.

Les mesures de retrait ou de destruction d'un médicament vétérinaire peuvent être limitées à certains lots de fabrication.

Chaque fabricant, importateur, distributeur ayant acquis ou cédé des lots retirés ou détruits et ayant connaissance de la décision, est tenu d'en informer ceux qui lui ont fourni la marchandise et ceux à qui il l'a cédée.

Art. L. 5145-5 *(Ord. n° 2008-717 du 17 juill. 2008)* En cas de méconnaissance des dispositions *(L. n° 2009-879 du 21 juill. 2009, art. 102)* « des articles L. 5141-5, L. 5141-9 et L. 5145-6 » par les entreprises titulaires d'autorisation de mise sur le marché de médicaments vétérinaires ou d'enregistrement de médicaments homéopathiques vétérinaires et par les entreprises qui fabriquent, importent ou exploitent des médicaments vétérinaires mentionnés à l'article L. 5142-1, l'agence peut prononcer une sanction financière ou une astreinte journalière.

Le montant de la sanction financière est fixé en fonction de la gravité des faits et de la situation financière de l'entreprise dans la limite de 25 000 € et celui de l'astreinte journalière dans la limite de 1 000 €. Ce montant est doublé en cas de réitération des pratiques sanctionnées.

Art. L. 5145-6 *(Ord. n° 2008-717 du 17 juill. 2008)* L'agence peut prononcer des sanctions financières mentionnées à l'article précédent assorties, le cas échéant, d'astreintes journalières :

1° Soit lorsque le système de pharmacovigilance déclaré par l'entreprise n'est pas mis en œuvre ;

2° Soit lorsque l'enregistrement et la communication d'une présomption d'effet indésirable, de transmission d'un agent infectieux, ou d'effet indésirable sur l'être humain ainsi que la déclaration desdites présomptions ne sont pas effectués ;

3° Soit lorsque la tenue du rapport sur les effets indésirables présumés et la présentation de celui-ci sous la forme d'un rapport périodique actualisé relatif à la sécurité n'est pas assurée ;

4° Soit lorsque le fonctionnement des établissements mentionnés à l'article L. 5142-1 ne répond pas aux exigences des bonnes pratiques mentionnées à l'article L. 5142-3 ;

5° Soit lorsque les essais non cliniques ou cliniques ne sont pas réalisés en conformité avec les bonnes pratiques mentionnées à l'article L. 5141-4 ;

(L. n° 2014-1170 du 13 oct. 2014, art. 48-I-4°) « 6° Soit lorsque les informations mentionnées à l'article L. 5141-14-1 concernant la cession et la distribution en gros et au détail des médicaments contenant une ou plusieurs substances antibiotiques ne lui sont pas transmises. »

Art. L. 5145-7 *(L. n° 2009-879 du 21 juill. 2009, art. 102)* Des décrets en Conseil d'État précisent, en tant que de besoin :

1° Les règles de procédure applicables en cas de sanction prévue aux articles L. 5145-3 à L. 5145-6, ainsi que les modalités de liquidation de l'astreinte ;

2° Les modalités d'application des articles L. 5145-2-1 et L. 5145-2-2.

CHAPITRE VI INSPECTION

Art. L. 5146-1 *(L. nº 2009-879 du 21 juill. 2009, art. 101) (Ord. nº 2018-20 du 17 janv. 2018, art. 20)* « I. — » Le contrôle de l'application des dispositions du présent titre, ainsi que des mesures réglementaires prises pour leur application, est assuré concurremment par :

1º Les inspecteurs de l'*(Ord. nº 2010-18 du 7 janv. 2010, art. 3-II)* « Agence nationale chargée de la sécurité sanitaire de l'alimentation, de l'environnement et du travail » dans son domaine de compétence ;

2º Les *(Ord. nº 2010-177 du 23 févr. 2010, art. 19-I-19º)* « inspecteurs mentionnés à l'article L. 5127-1 » ;

3º Les vétérinaires officiels mentionnés au V de l'article L. 231-2 du code rural et de la pêche maritime ;

4º Les *(L. nº 2011-525 du 17 mai 2011, art. 94-XII-6º)* « agents de la concurrence, de la consommation et de la répression des fraudes » *(L. nº 2017-203 du 21 févr. 2017, art. 15-1º)* « , qui disposent à cet effet des pouvoirs prévus au I de l'article L. 511-22 du code de la consommation ».

Les agents mentionnés aux 1º et 3º du présent article agissent conformément aux articles L. 1421-1, L. 1421-2, L. 1421-2-1, L. 1421-3 et L. 5127-2.

La consignation prévue à l'article L. 5127-2 peut également porter sur des produits présentant ou susceptibles de présenter un danger pour la santé animale. L'article L. 5425-1 est applicable en cas de mise sur le marché ou d'utilisation de produits consignés en application du présent article.

(Ord. nº 2018-20 du 17 janv. 2018, art. 20) « II. — Le contrôle de l'application des dispositions relatives à l'acquisition, la détention, la prescription et la délivrance des médicaments vétérinaires, pour les organismes relevant de l'autorité ou de la tutelle du ministre de la défense et pour les formations militaires relevant de l'autorité du ministre de l'intérieur, est assuré par les praticiens des armées chargés de missions de contrôle et d'inspection. »

Art. L. 5146-2 *(L. nº 2009-879 du 21 juill. 2009, art. 101) (Ord. nº 2018-20 du 17 janv. 2018, art. 20)* « I. — Sous réserve des dispositions du II, » ont qualité pour rechercher et constater les infractions aux dispositions du présent titre ainsi qu'aux mesures réglementaires prises pour leur application :

1º Les inspecteurs de l'*(Ord. nº 2010-18 du 7 janv. 2010, art. 3-II)* « Agence nationale chargée de la sécurité sanitaire de l'alimentation, de l'environnement et du travail » ;

2º Les *(Ord. nº 2010-177 du 23 févr. 2010, art. 19-I-19º)* « inspecteurs mentionnés à l'article L. 5127-1 » ;

3º Les vétérinaires officiels mentionnés au V de l'article L. 231-2 du code rural et de la pêche maritime ;

4º Les *(L. nº 2011-525 du 17 mai 2011, art. 94-XII-6º)* « agents de la concurrence, de la consommation et de la répression des fraudes », qui disposent à cet effet des pouvoirs prévus *(L. nº 2017-203 du 21 févr. 2017, art. 15-2º)* « au I de l'article L. 511-22 » du code de la consommation.

Les articles L. 1421-2, L. 1421-2-1, L. 1421-3, L. 5411-2 et L. 5411-3 du présent code sont applicables aux agents mentionnés aux 1º et 3º du présent article, habilités et assermentés dans des conditions déterminées par décret en Conseil d'État, pour l'exercice de cette mission.

(Ord. nº 2018-20 du 17 janv. 2018, art. 20) « II. — Ont qualité pour rechercher les infractions aux dispositions du présent titre ainsi qu'aux mesures réglementaires prises pour leur application les vétérinaires des armées relevant des dispositions de l'article L. 4138-2 du code de la défense pour les organismes relevant de l'autorité ou de la tutelle du ministre de la défense et pour les formations militaires relevant de l'autorité du ministre de l'intérieur. »

Art. L. 5146-3 *(L. nº 2009-879 du 21 juill. 2009, art. 101)* La compétence territoriale des agents mentionnés au 3º des articles L. 5146-1 et L. 5146-2 peut être étendue à plusieurs départements ou régions.

Art. L. 5146-4 *(L. nº 2009-879 du 21 juill. 2009, art. 101)* Les agents mentionnés au 1º des articles L. 5146-1 et L. 5146-2 sont désignés par le directeur général de l'*(Ord.*

nº 2010-18 du 7 janv. 2010, art. 3-II) « Agence nationale chargée de la sécurité sanitaire de l'alimentation, de l'environnement et du travail » parmi les personnels de l'agence respectant des conditions d'aptitude scientifique et juridique définies par arrêté des ministres chargés de l'agriculture et de la santé pour contrôler l'application du présent titre et des mesures réglementaires qui en découlent. Ils sont également chargés du contrôle de l'application des dispositions relatives aux organismes génétiquement modifiés dans le domaine des médicaments vétérinaires.

Ils peuvent être assistés par des experts désignés par le directeur général de l'agence.

L'*(Ord. nº 2010-18 du 7 janv. 2010, art. 3-II)* « Agence nationale chargée de la sécurité sanitaire de l'alimentation, de l'environnement et du travail », afin de mener à bien ses missions, peut demander aux ministres chargés de l'agriculture et de la santé de faire intervenir seuls ou conjointement avec les inspecteurs de l'agence des agents de l'État mentionnés à l'article L. 5146-1.

Lorsqu'ils interviennent à la demande de l'agence, ces agents agissent conformément aux lois et règlements qui leur sont applicables.

Art. L. 5146-5 *(L. nº 2009-879 du 21 juill. 2009, art. 101)* Les modalités d'application du présent chapitre sont, en tant que de besoin, déterminées par décret en Conseil d'État.

TITRE CINQUIÈME PRODUITS DE SANTÉ COMPOSÉS EN TOUT OU PARTIE D'ORGANISMES GÉNÉTIQUEMENT MODIFIÉS

(L. nº 2008-595 du 25 juin 2008)

Art. L. 5150-1 Les articles L. 125-3, L. 531-1 à L. 531-4, L. 533-1 à L. 533-8, L. 535-1 à L. 535-9, *(Ord. nº 2012-34 du 11 janv. 2012, art. 22)* « L. 536-1 à L. 536-5, L. 536-8 » et L. 537-1 du code de l'environnement s'appliquent aux produits mentionnés à l'article L. 5311-1 et aux médicaments vétérinaires mentionnés à l'article L. 5141-1 du présent code.

TITRE SIXIÈME PRODUITS DE SANTÉ CONTENANT DES SUBSTANCES À L'ÉTAT NANOPARTICULAIRE

(L. nº 2010-788 du 12 juill. 2010, art. 185-II)

Art. L. 5161-1 Les articles L. 523-1 à L. 523-3 du code de l'environnement s'appliquent aux substances entrant dans la composition des produits mentionnés à l'article L. 5311-1 du présent code ainsi qu'aux médicaments vétérinaires mentionnés à l'article L. 5141-1.

BIBL. ▶ NISSE, L'impact du nano-objet sur la santé, *RGDM 2016, nº 60, p. 33.* – MAILLOS-PERROY, Nanotechnologies et produits de santé, *RGDM 2016, nº 60, p. 41.* – NAÏM-GESBERT, Nanosciences et droit : axiomes pour définir l'acceptabilité des risques, *RGDM 2016, nº 60, p. 55.* – MEUNIER, Nanotechnologies et protection de la santé, *RGDM 2016, nº 60, p. 63.* – LEGROS, Nanomatériaux et protection de la santé du travailleur, *RGDM 2016, nº 60, p. 81.* – GISCLARD, Nanotechnologies et brevets, *RGDM 2016, nº 60, p. 101.* – MAZEAU et JOACHIM, Responsabilité, recherche en nanosciences et production de nanomatériaux, *RGDM 2016, nº 60, p. 109.* – DESMOULIN, Des technologies émergentes et convergentes ? Un défi pour les juristes, *RGDM 2016, nº 60, p. 127.* – ANSES, Avis relatif à l'expertise concernant la mise à jour des connaissances sur l'évaluation des risques sanitaires et environnementaux liés à l'exposition aux nanoparticules d'argent, 13 févr. 2015. – Ministère de l'Écologie, du Développement durable et de l'Énergie, Éléments issus des déclarations des substances à l'état nanoparticulaire, *Rapport d'étude, nov. 2014.* – ANSES, Évaluation des risques liés aux nanomatériaux, *Rapport d'expertise collective, avr. 2014* ; Éléments issus des déclarations des substances à l'état nanoparticulaire, *Rapport d'étude, nov. 2013.* – POIROT-MAZÈRES, Nanotechnologies et médecine : quid juris ?, *RGDM 2009, nº 30, p. 215.* – *GAZAGNE, État de l'art des nanotechnologies* et cadre juridique européen et français, *Gaz. Pal. 23 avr. 2009, p. 23 ; ibid. 23 juill. 2009, p. 15.* – FICHET, Nanotechnologies dans le domaine médical : un remède face à la crise en mal de réglementation, *LPA 9 sept. 2009, p. 3.* – DESMOULIN, Évolution du droit et développement des nanotechnologies. Dossier nanotechnologies et santé publique, *ADSP, sept. 2008, p. 71.* – WEILL, La réglementation européenne : *Reach* et nano industries. Dossier nanotechnologies et santé publique, *ADSP, sept. 2008, p. 62.* – MASSET, Les applications thérapeutiques et médicales. Dossier nanotechnologies et santé publique, *ADSP,* *sept. 2008, p. 24.* – Mikaël, Quelques problèmes juridiques posés par les nanosciences et les nanotechnologies, *LPA 2 juill. 2008, p. 5.*

LIVRE DEUXIÈME DISPOSITIFS MÉDICAUX DE DIAGNOSTIC *IN VITRO* ET AUTRES PRODUITS ET OBJETS RÉGLEMENTÉS DANS L'INTÉRÊT DE LA SANTÉ PUBLIQUE

(Ord. nº 2001-198 du 1er mars 2001)

TITRE PREMIER DISPOSITIFS MÉDICAUX

BIBL. ▶ Peigné, Dispositifs médicaux : le nouvel horizon réglementaire, Dictionnaire permanent Santé, bioéthique et biotechnologies, *Éd. Législatives, nº spécial, sept. 2017.* – Job, Les produits issus de l'impression 3D et la réglementation des produits de santé, *JDSAM 2016, nº 14, p. 20.* – Adèle et Desmoulin-Canselier, Droit des dispositifs médicaux : vers une réforme ou un simple réaménagement ?, *RDSS 2016. 930*. – Bossi-Malafosse, À partir de quand peut-on qualifier un logiciel de dispositif médical ? *Dalloz IP/IT 2016. 82*. – Dumartin, Pulon et Aulois-Griot, Les dispositifs médicaux : produits de consommation courante ou produits de santé ?, *RGDM 2016. Pan. droit pharmaceutique, nº spécial, p. 313.* – Hallouard, Kerhoas et a., La dispensation pharmaceutique des dispositifs médicaux en France : état des lieux de la réglementation applicable, *Méd. et droit sept. 2015, nº 134, p. 114.* – Burnel, Quelle régulation pour les dispositifs et applications de santé mobile ?, *JDSAM 2014, p. 33.* – Martelli, Dispositif médical innovant : quelle(s) définition(s) ?, *RGDM 2014. Pan. droit pharmaceutique, nº spécial, p. 59.* – Couty, Vicaut et de Puylaroque (dir.), La place croissante des dispositifs médicaux dans le progrès médical : repères et enjeux, *Éd. de Santé et Presses de Sciences-Po, 2013.* – ANSM, Bilan des règles applicables à la sécurité des dispositifs médicaux et propositions d'améliorations, *Rapp. au Parlement, sept. 2012.* – Lantrès et Masnier, L'application du règlement REACH dans le domaine des dispositifs médicaux, *RDSS 2010. 463*. – Ghislain et Audry, Le dispositif médical, *PUF, Que sais-je ?, 2009.* – Tarabah, La réglementation européenne des dispositifs médicaux, *AFNOR, 2008.* – Mascret, Le remboursement des dispositifs médicaux en France face au principe de libre circulation des marchandises, *Méd. et droit, mai-juin 2007, nº 84, p. 90.* – Corbin, Les dispositifs médicaux à l'hôpital. Quel avenir ?, *AMIPS-Info nº 65, 2003, p. 68.* – Viala et Campion, À la frontière du médicament : les dispositifs médicaux dans l'Union européenne, *Gaz. Pal. 1995. 2. Doctr. 938.*

V. Règl. (UE) 2017/745 du Parlement européen et du Conseil du 5 avr. 2017 relatif aux dispositifs médicaux (JOUE 5 mai 2017), qui abroge et remplace les Dir. 90/385/CEE et 93/42/CE à compter du 26 mai 2020.

CHAPITRE PREMIER RÉGIME JURIDIQUE DES DISPOSITIFS MÉDICAUX

Art. L. 5211-1 **On entend par dispositif médical tout instrument, appareil, équipement, matière, produit, à l'exception des produits d'origine humaine, ou autre article utilisé seul ou en association, y compris les accessoires et logiciels** *(Ord. nº 2010-250 du 11 mars 2010, art. 2-1º)* **« nécessaires au bon fonctionnement de celui-ci », destiné par le fabricant à être utilisé chez l'homme à des fins médicales et dont l'action principale voulue n'est pas obtenue par des moyens pharmacologiques ou immunologiques ni par métabolisme, mais dont la fonction peut être assistée par de tels moyens.** *(Ord. nº 2010-250 du 11 mars 2010, art. 2-1º)* **« Constitue également un dispositif médical le logiciel destiné par le fabricant à être utilisé spécifiquement à des fins diagnostiques ou *thérapeutiques*. »**

Les dispositifs médicaux qui sont conçus pour être implantés en totalité ou en partie dans le corps humain ou placés dans un orifice naturel, et qui dépendent pour leur bon fonctionnement d'une source d'énergie électrique ou de toute source d'énergie autre que celle qui est générée directement par le corps humain ou la pesanteur, sont dénommés dispositifs médicaux implantables actifs.

COMMENTAIRE

V. Commentaire reproduit sur Dalloz.fr.

1. Interprétation de la définition. Des pansements imprégnés de substances antiseptiques qui répondent à la définition des dispositifs médicaux ne sont plus des médicaments et ne relèvent donc plus du monopole des pharmaciens. • TA Dijon, 28 mars 2000, *Sté Labo. Urgo c/ AFS-*

SAPS, nos 991637, 991640, 991643, 991646 et 991649 : Nouv. pharm. 2000, no 368, p. 399 (en l'espèce, l'action bactéricide ne présente qu'un caractère accessoire par rapport à l'action mécanique du pansement et contrairement aux lingettes imprégnées dépourvues d'effet autre que bactéricide, le pansement ne peut, en l'occurrence, être considéré comme la simple forme galénique de l'antiseptique). ♦ Sur le refus d'appliquer le statut de dispositif médical à des compresses stérilisées de tulle vaseliné répondant à la définition de médicament par présentation et par fonction, V. • Crim. 14 déc. 2004, no 04-80.723 • Crim. 30 oct. 2007, no 06-87.556. ♦ La notion de dispositif médical ne couvre un objet conçu par son fabricant pour être utilisé chez l'homme à des fins d'étude d'un processus physiologique que s'il est destiné à un but médical. • CJUE 22 nov. 2012, *Brain Products*, no C-219/11 (à propos d'un système permettant d'enregistrer l'activité cérébrale humaine à des fins de recherche scientifique). ♦ Le classement d'un produit, dans un État membre, en tant que dispositif médical ne fait pas obstacle à ce que les autorités compétentes d'un autre État membre classent ce même produit, en raison de son action pharmacologique, immunologique ou métabolique, dans la catégorie des médicaments. • CJUE 3 oct. 2013, *Laboratoires Lyocentre*, no C-109/12 : *JDSAM 2014, p. 79, note Peigné ; Europe, déc. 2013, no 12, comm. Gazin.*

2. ***Logiciels informatiques.*** Si un logiciel dont la finalité principale est la gestion et l'archivage de données issues du dossier médical du patient ne peut être regardé comme un dispositif médical, il en va différemment si ce logiciel permet la visualisation d'images médicales par un professionnel de santé. * Décis. ANSM 12 janv. 2015 (*JO 10 févr.*). ♦ Sur le renvoi d'une question préjudicielle portant sur le point de savoir si un logiciel d'aide à la prescription médicamenteuse constitue un dispositif médical, lorsque ce logiciel présente au moins une fonctionnalité qui permet l'exploitation de données propres à un patient en vue d'aider son médecin à établir sa prescription, notamment en détectant les contre-indications, les interactions médicamenteuses et les posologies excessives, alors même qu'il n'agit pas par lui-même dans ou sur le corps humain, V. • CE 8 juin 2016, *SNITEM*, no 387156. ♦ La Cour de justice a répondu que, sous réserve qu'il présente de telles fonctionnalités, un logiciel d'aide à la prescription peut être qualifié de dispositif médical, à partir du moment où il fournit au médecin, de manière automatisée, les informations qui lui permettront de détecter les contre-indications, les interactions médicamenteuses et les posologies excessives propres à son patient, peu importe que le logiciel n'agisse pas directement sur ou dans le corps humain. • CJUE 7 déc. 2017, *SNITEM et Philips France*, no C-329/16.

3. ***Monopole professionnel.*** Le contrôle et la préparation des dispositifs médicaux ne relèvent pas du droit exclusif des pharmacies à usage intérieur. • CE 3 févr. 1999, *Synd. nat. des pharmaciens hospitaliers et praticiens hospitaliers universitaires*, no 193381.

4. ***Droit de la concurrence.*** Tombe sous la prévention de l'art. 7 de l'Ord. no 86-1243 du 1er déc. 1986 [art. L. 420-1 C. com.] la mise en œuvre par un distributeur de dispositifs médicaux auprès de son réseau de franchisés de pratiques de boycottage. • Cons. conc. 5 janv. 1999, *no 99-D-01 : BOCC 27 avr. 1999* (relative aux pratiques mises en œuvre par la société Distri-Club médical). ♦ Jugé également que la situation des distributeurs d'appareils médicaux à l'égard des caisses primaires d'assurance maladie ne saurait être qualifiée de situation de dépendance économique au sens de l'art. L. 420-2 C. com. • Cons. conc. 4 oct. 2001, *no 01-D-62 : BOCC 30 oct. 2001* (relative à la situation de la concurrence dans le secteur de la distribution des appareils médicaux).

5. ***Délit de tromperie.*** Sur le délit de tromperie et de tentative de tromperie retenu à l'égard de professionnels de santé ayant réutilisé, après restérilisation, des dispositifs médicaux (sondes électro-physiologiques) présentés par leur fabricant comme étant destiné à un usage unique, V. • Crim. 29 juin 1999 : *Bull. crim. no 160.*

Art. L. 5211-2 **Sans préjudice des dispositions de l'article L. 5211-3, les systèmes et éléments destinés à être assemblés en vue de constituer un dispositif médical doivent satisfaire à des conditions de compatibilité technique définies par** *(L. no 2011-2012 du 29 déc. 2011, art. 5-IV)* **« l'Agence nationale de sécurité du médicament et des produits de santé ».**

Art. L. 5211-3 *(Ord. no 2018-20 du 17 janv. 2018, art. 20)* **« I. — » Les dispositifs médicaux ne peuvent être importés, mis sur le marché, mis en service ou utilisés, s'ils n'ont reçu, au préalable, un certificat attestant leurs performances ainsi que leur conformité à des exigences essentielles concernant la sécurité et la santé des patients, des utilisateurs et des tiers.**

(L. no 2011-302 du 22 mars 2011, art. 2-I) **« La certification de conformité est établie, selon la classe dont relève le dispositif, soit par le fabricant lui-même, soit par un organisme désigné à cet effet par** *(L. no 2011-2012 du 29 déc. 2011, art. 5-IV)*

« l'Agence nationale de sécurité du médicament et des produits de santé » ou par l'autorité compétente d'un autre État membre de l'Union européenne ou partie à l'accord sur l'Espace économique européen. » — *Ces dispositions sont applicables à Wallis-et-Futuna (L. n° 2011-302 du 22 mars 2011, art. 2-II).*

Les dispositifs médicaux utilisés dans le cadre *(L. n° 2004-806 du 9 août 2004, art. 96-7°)* **« de recherches impliquant la personne humaine » sont dispensés de certification de conformité pour les aspects qui doivent faire l'objet** *(L. n° 2004-806 du 9 août 2004, art. 96-7°)* **« des recherches » et sous réserve de présenter, pour la sécurité et la santé des patients, des utilisateurs et des tiers, les garanties prévues par le titre I du livre II de la partie I du présent code.**

(Ord. n° 2018-20 du 17 janv. 2018, art. 20) **« II. — Pour répondre à des besoins spécifiques de la défense, l'Agence nationale de sécurité du médicament et des produits de santé peut autoriser à sa demande le ministre de la défense à utiliser des dispositifs médicaux dépourvus de certificat de conformité afin de pallier l'absence de dispositifs médicaux disponibles ou adaptés. Cette autorisation peut être accordée pour les dispositifs médicaux :**

« 1° Fabriqués par le service de santé des armées ;

« 2° Ou fabriqués à la demande du ministère de la défense et distribués par les établissements de ravitaillement sanitaire du service de santé des armées ;

« 3° Ou importés par le ministère de la défense. » — *[Anc. art. L. 665-4].*

En application de l'art. L. 231-5 CRPA, le silence gardé pendant six mois par un organisme chargé d'une mission de service public vaut décision de rejet pour les demandes de certification des dispositifs médicaux (Décr. n° 2015-1452 du 10 nov. 2015, art. 1er et 2).

COMMENTAIRE

V. Commentaire reproduit sur Dalloz.fr.

1. Compétence contentieuse. Jugé, sous le régime antérieur, que l'arrêté ministériel d'homologation du matériel médical a pour principal objet de permettre à l'entreprise qui le demande de le commercialiser et doit donc être réputé, même si l'homologation possède une portée nationale, n'avoir d'effet direct qu'au siège de l'entreprise : toutefois, dans la mesure où l'utilisation du matériel peut faire l'objet de restrictions, l'homologation a vocation à produire des effets directs à l'égard de l'ensemble des prescripteurs et doit, dès lors, être regardée comme étant au nombre des actes dont le champ d'application s'étend au-delà du ressort d'un seul TA et relever de la compétence directe du Conseil d'État. • CE 30 juin 2003, *SARL La Biomécanique intégrée : Lebon T. 995.* ♦ Solution obsolète depuis que le Décr. n° 2010-164 du 22 févr. 2010 (JO 23 févr.) ne mentionne plus les actes dont le champ d'application s'étend au-delà du ressort d'un seul TA pour fonder la compétence directe du Conseil d'État, V. art. R. 311-1 CJA.

2. Pouvoir de police. Les dispositifs médicaux soumis à certification préalable entrent dans le champ des produits de santé qui ne sont pas soumis à une procédure d'autorisation ou d'enregistrement, au sens de l'art. L. 5312-1 et sont, dès lors, susceptibles de faire l'objet d'une mesure de suspension de leur utilisation en cas de danger pour la santé publique. • CE 30 déc. 2003, *Sté Saint-Gobain Céramiques avancées Desmarquest,* n° 249989 (à propos de prothèses en céramique de zircone).

3. Contrôle juridictionnel. Le juge de l'excès de pouvoir exerce sur la mesure de police, d'une part, un contrôle de l'erreur manifeste d'appréciation du danger pesant sur la santé humaine et, d'autre part, un contrôle de la proportionnalité de la mesure adoptée au regard des risques invoqués. • CE 30 déc. 2002, *Sté française d'endoscopie digestive : Lebon T. 928* (à propos de l'interdiction de l'utilisation de pinces à biopsie endoscopique eu égard aux risques de transmission de l'agent de l'ESB).

4. Procédure contradictoire. Conformément aux dispositions de la Dir. 93/42/CEE du 14 juin 1993, lorsque des mesures de suspension sont prévues, l'art. L. 5312-1 exige que les personnes intéressées aient été mis à même de présenter leurs observations avant la mise en œuvre de la décision de suspension, à moins qu'une telle consultation ne soit pas possible en raison de l'urgence. • CE 6 nov. 2000, *Auclair : Lebon T. 1239* • 27 juill. 2001, *Ascher,* n° 223986 (à propos de dispositifs médicaux implantables à visée esthétique). • 27 juin 2008, *Sté Coating Industries,* n° 299284. ♦ Une convocation dans un délai de trois jours étant insuffisante pour permettre de présenter utilement des observations. • CE 29 juill. 2002, *Sté Polytech Silimed Europe : Lebon T. 928 ; AJDA 2002. 1394, note Costa.*

5. Reconduction de la suspension. En choisissant une mesure de suspension, l'agence ne peut en prononcer sa reconduction que sur le fondement d'éléments qui justifient les doutes qu'elle conserve sur l'innocuité du produit : dès lors, en reconduisant, pour la cinquième année consécutive, la mesure de suspension de la mise sur le marché des implants mammaires préremplis d'hydrogel produits par la société requérante, en exigeant de cette société qu'elle apporte la preuve de la complète innocuité de ses produits et sans invoquer d'éléments de nature à justifier la persistance de doutes sur l'innocuité du produit, l'agence manque a son obligation de motivation. • CE 29 juill. 2002, *Labo. Arion : Lebon T. 929.*

6. Exigence d'évaluation clinique. Sur l'insuffisance des essais cliniques ne garantissant pas que le dispositif médical en cause réponde à l'ensemble des exigences essentielles de santé et de sécurité et justifiant une suspension jusqu'à sa mise en conformité avec les exigences essentielles de santé et de sécurité, V. • CE 2 févr. 2009, *SARL Medi LD,* n° 300440 : *Gaz. Pal. 19-20 juin 2009, p. 46, note Bandon-Tourret.* ♦ V. désormais art. L. 5211-3-2.

7. Responsabilité des organismes notifiés. Sur la responsabilité de l'organisme allemand (TÜV Rheinland) ayant certifié les prothèses PIP, V. • T. com. Toulon, 14 nov. 2013, n° 2011F00517. ♦ Le jugement a été annulé par la cour d'appel d'Aix-en-Provence, cette dernière ayant considéré que l'organisme certificateur n'était pas tenu de procéder à des visites inopinées du fabricant des prothèses litigieuses et avait donc accompli les diligences normales inhérentes à sa mission. • Aix-en-Provence, 2 juill. 2015, *Sté TÜV Rheinland,* n° 13/22482 : *RIDE 2015 n° 1, p. 69, note B. van Leeuwen ; RCA sept. 2015. Focus 24, note Bloch.* ♦ Sur la condamnation de l'organisme notifié (TÜV Rheinland) à verser une provision aux plaignantes, V. • T. com. Toulon, 20 janv. 2017, n° 2015F00129. ♦ Saisie par une juridiction allemande, la Cour de justice a précisé que, au regard des dispositions applicables à l'époque des faits, la Dir. 93/42/CEE du 14 juin 1993 n'imposait pas aux organismes notifiés de procéder à des inspections inopinées, de contrôler les dispositifs et/ou d'examiner les documents commerciaux du fabricant. Toutefois, en présence d'indices suggérant qu'un dispositif médical est susceptible de ne pas être conforme aux exigences essentielles imposées par le droit de l'Union, l'organisme notifié doit prendre toutes les mesures nécessaires afin de s'acquitter de ses obligations, sous peine d'engager sa responsabilité civile devant les juridictions nationales en cas de manquement fautif. • CJUE 16 févr. 2017, *Schmitt c/ TÜV Rheinland,* n° C-219/15.

8. Importations parallèles. L'importateur parallèle d'un dispositif médical muni d'un marquage CE et ayant fait l'objet d'une évaluation de conformité n'est pas tenu de procéder à une nouvelle évaluation destinée à attester la conformité des informations permettant de l'identifier, qu'il ajoute à l'étiquetage du dispositif, en vue de sa mise sur le marché de l'État membre d'importation. • CJUE 24 nov. 2016, *Lohmann & Rauscher International,* n° C-662/15.

Art. L. 5211-3-1 *(L. n° 2008-1425 du 27 déc. 2008, art. 177-VI)* **Les fabricants de dispositifs médicaux ou leurs mandataires, ainsi que toute personne physique ou morale qui se livre à la fabrication, la distribution, l'importation ou l'exportation, même à titre accessoire, de dispositifs médicaux, se déclarent auprès de** *(L. n° 2011-2012 du 29 déc. 2011, art. 5-IV)* **« l'Agence nationale de sécurité du médicament et des produits de santé » en indiquant les dispositifs objets de leur activité.**

COMMENTAIRE

V. Commentaire reproduit sur Dalloz.fr.

Art. L. 5211-3-2 *(Ord. n° 2010-250 du 11 mars 2010, art. 2-2°)* **L'appréciation du respect des exigences essentielles mentionnées à l'article L. 5211-3, ainsi que l'évaluation des effets indésirables et du caractère acceptable du rapport entre les bénéfices et les risques sont fondées sur des données cliniques ou des investigations cliniques. Un décret en Conseil d'État détermine les catégories de dispositifs pour lesquelles des investigations cliniques sont requises et les conditions d'application du présent article.**

COMMENTAIRE

V. Commentaire reproduit sur Dalloz.fr.

Art. L. 5211-4 *(L. n° 2002-303 du 4 mars 2002, art. 95-I)* **Lors de la mise en service sur le territoire national de catégories de dispositifs médicaux** *(Ord. n° 2010-250 du 11 mars 2010, art. 2-3°)* **« , définies en fonction de leur degré de risque pour la santé humaine, » toutes les données permettant d'identifier ces dispositifs, avec un exemplaire de l'étiquetage et de la notice d'instruction, doivent être communiquées à** *(L. n° 2011-2012 du 29 déc. 2011, art. 5-IV)* **« l'Agence nationale de sécurité du médicament et des produits de santé ».**

Pour les dispositifs médicaux dans la fabrication desquels intervient un produit d'origine animale, la communication prévue au premier alinéa le précise, ainsi que l'espèce d'origine.

COMMENTAIRE

V. Commentaire reproduit sur Dalloz.fr.

Libre circulation des marchandises. Le principe d'égalité de traitement et l'obligation de transparence s'opposent à ce qu'un pouvoir adjudicateur, ayant lancé une procédure d'appel d'offres pour la fourniture de dispositifs médicaux et précisé que ces derniers doivent être conformes à la pharmacopée européenne et munis du marquage CE, rejette directement, en dehors du cadre de la procédure de sauvegarde prévue par la Dir. 93/42 du 14 juin 1993 modifiée, pour des raisons relatives à la protection de la santé publique, les matériels proposés, dès lors qu'ils respectent cette condition technique exigée. • CJCE 14 juin 2007, *Medipac-Kazantzidis,* n° C-6/05 : *Rec. CJCE 4557.*

Art. L. 5211-4-1 *(L. n° 2016-41 du 26 janv. 2016, art. 147-1°)* **Lors de la mise en service sur le territoire national de dispositifs médicaux dont la liste est fixée par arrêté du ministre chargé de la santé après avis de l'Agence nationale de sécurité du médicament et des produits de santé, les fabricants ou leurs mandataires transmettent à l'agence un résumé des caractéristiques de leur dispositif.**

Le contenu et les modalités de transmission du résumé des caractéristiques du dispositif sont déterminés par un décret en Conseil d'État.

COMMENTAIRE

V. Commentaire reproduit sur Dalloz.fr.

Art. L. 5211-5 **Dans l'intérêt de la santé publique, des arrêtés du ministre chargé de la santé fixent, en tant que de besoin, les conditions particulières relatives à la délivrance des dispositifs mentionnés à l'article L. 5211-1.** – *[Anc. art. L. 665-7-1].*

Art. L. 5211-5-1 *Abrogé par L. n° 2013-1203 du 23 déc. 2013, art. 11-II-1°.*

Art. L. 5211-5-2 *Abrogé par L. n° 2011-1906 du 21 déc. 2011, art. 26-I-8°.*

Art. L. 5211-6 **Sont déterminées, en tant que de besoin, par décret en Conseil d'État, les modalités d'application du présent titre, et notamment :**

1° Les conditions auxquelles doivent satisfaire les organismes mentionnés au deuxième alinéa de l'article L. 5211-3 ;

(L. n° 2008-1425 du 27 déc. 2008, art. 177-VII) **« 2° Les modalités de la déclaration prévue à l'article L. 5211-3-1 ; »**

3° Les conditions dans lesquelles les dispositifs sur mesure peuvent être dispensés de la certification de conformité prévue à l'article L. 5211-3 ;

4° Les catégories de dispositifs et les procédures de certification qui leur sont applicables, ainsi que, le cas échéant, la durée pendant laquelle la certification est valable ;

5° *(L. n° 2002-303 du 4 mars 2002, art. 95-II)* **« Les catégories de dispositifs médicaux et les modalités de la communication prévues à l'article L. 5211-4, ainsi que les données devant être transmises à** *(L. n° 2011-2012 du 29 déc. 2011, art. 5-IV)* **« l'Agence nationale de sécurité du médicament et des produits de santé » en application de cet article » ;**

(Ord. n° 2010-250 du 11 mars 2010, art. 2-4°) **« 6° Les modalités de l'évaluation des données cliniques des dispositifs médicaux mentionnées à l'article L. 5211-3-2 ; »**

(L. n° 2014-201 du 24 févr. 2014, art. 6-IV) **« 7° Les modalités de délivrance des dispositifs médicaux prescrits dans un autre État membre de l'Union européenne ainsi que les modalités de prescription des dispositifs médicaux en vue de leur délivrance dans un autre État membre ; »**

(L. n° 2016-41 du 26 janv. 2016, art. 147-2°) **« 8° Les conditions dans lesquelles la vente, la revente ou l'utilisation de certains dispositifs médicaux ou catégories de dispositifs médicaux est interdite ou réglementée. »**

V. Décr. n° 2017-91 du 26 janv. 2017 relatif à la restriction de la vente, revente ou de l'utilisation des échographes destinés à l'imagerie fœtale humaine (JO 28 janv.).

CHAPITRE II MATÉRIOVIGILANCE

Art. L. 5212-1 **Pour les dispositifs médicaux dont la liste est fixée par** *(Ord. n° 2016-966 du 15 juill. 2016, art. 2-9°-a)* **« décision du directeur général »** *[de]* *(L. n° 2011-2012 du 29 déc. 2011, art. 5-IV)* **« l'Agence nationale de sécurité du médicament et des produits de santé », l'exploitant est tenu de s'assurer du maintien de ces performances et de la maintenance du dispositif médical.**

Cette obligation donne lieu, le cas échéant, à un contrôle de qualité dont les modalités sont définies par décret et dont le coût est pris en charge par les exploitants des dispositifs.

(L. n° 2011-302 du 22 mars 2011, art. 2-I) **« La personne physique ou morale responsable de la** *(L. n° 2011-2012 du 29 déc. 2011, art. 34-IV)* **« cession à titre onéreux ou à titre gratuit » d'un dispositif médical d'occasion figurant sur une liste fixée par** *(Ord. n° 2016-966 du 15 juill. 2016, art. 2-9°-b)* **« décision » du directeur général de** *(L. n° 2011-2012 du 29 déc. 2011, art. 5-IV)* **« l'Agence nationale de sécurité du médicament et des produits de santé », établit, selon des modalités fixées par décret en Conseil d'État, une attestation justifiant de la maintenance régulière et du maintien des performances du dispositif médical concerné. »**

Le non-respect des dispositions du présent article peut entraîner la mise hors service provisoire ou définitive du dispositif médical, prononcée par *(L. n° 2011-2012 du 29 déc. 2011, art. 5-IV)* **« l'Agence nationale de sécurité du médicament et des produits de santé », ainsi que, le cas échéant, le retrait ou la suspension de l'autorisation de l'installation dans les conditions prévues aux articles L. 6122-11 et L. 6122-13.**

COMMENTAIRE

V. Commentaire reproduit sur Dalloz.fr.

Art. L. 5212-2 **Le fabricant, les utilisateurs d'un dispositif et les tiers ayant connaissance d'un incident ou d'un risque d'incident mettant en cause un dispositif ayant entraîné ou susceptible d'entraîner la mort ou la dégradation grave de l'état de santé d'un patient, d'un utilisateur ou d'un tiers doivent le signaler sans délai à** *(L. n° 2011-2012 du 29 déc. 2011, art. 5-IV)* **« l'Agence nationale de sécurité du médicament et des produits de santé ».**

Le fabricant d'un dispositif ou son mandataire est tenu d'informer *(L. n° 2011-2012 du 29 déc. 2011, art. 5-IV)* **« l'Agence nationale de sécurité du médicament et des produits de santé » de tout rappel de ce dispositif du marché, motivé par une raison technique ou médicale.**

BIBL. ▸ FAURE, Les dispositifs médicaux, produits de santé méconnus. Le point sur leur vigilance, *Nouv. pharm. 2004, n° 385, p. 605.*

▸ **Sur l'affaire des prothèses PIP (Poly Implant Prothèse) :** ANSM, Données PIP. Mise à jour des signalements de matériovigilance, *2012.* – DGS/AFSSAPS, État des lieux des contrôles opérés par les autorités sanitaires sur la société PIP, *Rapport, févr. 2012.* – Instr. DGOS/PF2/DGS/PP n° 484 du 30 nov. 2011 relative à l'identification pour rappel et suivi des patientes porteuses de prothèses mammaires de la société Poly Implant Prothèse et Instr. DGOS/PF2/DGS/PP n° 2011-499 du 23 déc. 2011 relative à l'organisation de la prise en charge des patientes porteuses de prothèses mammaires de la société Poly Implant Prothèse, *BO Santé n° 2012-02, 15 mars 2012, p. 283 et 285.*

COMMENTAIRE

V. Commentaire reproduit sur Dalloz.fr.

1. Produits de comblement des rides. Sur la *condamnation conjointe du fabricant* d'un dispositif médical défectueux (Dermalive) destiné au comblement des rides et du médecin l'ayant utilisé à des fins esthétiques pour avoir manqué à son obligation d'information sur les risques du produit, V. • Civ. 1re, 22 nov. 2007 : *Bull. civ. I, n° 368.* ♦ V. également pour la reconnaissance de la responsabilité civile du même fabricant : • Civ. 1re, 25 juin 2009, n° 08-12.632.

2. Implants mammaires. Sur le rejet d'une demande de provision dirigée contre le chirurgien ayant procédé à l'implantation de prothèses mammaires PIP, V. • TGI Toulon, réf., 11 janv. 2012, n° 11/00756. ♦ Sur la confirmation que la responsabilité du médecin, à raison de l'implantation d'une prothèse PIP défectueuse, ne peut être engagée que sur le fondement de la faute, V. • Riom, 29 août 2012, n° 11/02370. ♦ Sur la condamnation du président fondateur de la société PIP à quatre ans d'emprisonnement et 75 000 euros d'amende pour tromperie aggravée et escroquerie, V. • T. corr. Marseille, 10 déc. 2013, n° 7206/13. ♦ Jugé que l'assureur du fabricant des prothèses PIP était tenu de garantir le sinistre sériel relatif aux prothèses défectueuses pour les femmes opérées en France et à Monaco, dans la limite d'un plafond global de 3 millions d'euros. • T. com. Toulon, 14 juin 2012, n° 2010F00479 : *D. 2012. 2022, note Steinlé-Feuerbach*. – Confirmé par : • Aix-en-Provence, 22 janv. 2015, n° 12/11337. ♦ Sur l'étendue de la garantie de l'assureur concernant les prothèses PIP distribuées à l'étranger, V. • Civ. 2e, 8 juin 2017, n° 16-14.951 : *RCA, nov. 2017, comm. n° 290, note Groutel.* ♦ Sur la réparation du préjudice né du fait que la marque des prothèses mammaires implantées n'était pas celle annnoncée, V. • Paris, 8 janv. 2016, n° 14/06777.

3. Indemnisation du préjudice d'anxiété. Doit être censuré l'arrêt ayant rejeté une demande d'indemnisation introduite par des victimes porteuses d'une sonde cardiaque défectueuse sur le fondement du préjudice moral d'angoisse relatif à l'existence d'un dommage lié à la crainte de subir une atteinte grave à l'intégrité corporelle et à l'impossibilité d'être libéré du risque de rupture présenté par la nouvelle sonde fabriquée par la même société. • Civ. 1re, 19 déc. 2006, n° 06-11.133. ♦ … Ou lié à l'annonce de la défectuosité du type de sonde cardiaque implantée et à la crainte de subir d'autres atteintes graves jusqu'à l'explantation de la prothèse défectueuse. • Civ. 1re, 19 déc. 2006, n° 05-15.716 : *D. 2007. 2897, obs. Brun et Jourdain ; RTD civ. 2007. 352, obs. Jourdain ; JCP 2007.II.10052, note Hocquet-Berg.* ♦ Appelée à statuer en tant que cour de renvoi, la cour d'appel de Paris a estimé qu'il ne pouvait être reproché au fabricant, ni d'avoir dissimulé les risques encourus, alors qu'ils n'étaient pas décelables lors de l'implantation des sondes, ni d'avoir ultérieurement manqué à son devoir d'information. En revanche, il a été établi que la sonde était affectée d'un défaut de conception et qu'elle ne présentait donc pas la sécurité intrinsèque à laquelle les patients pouvaient légitimement s'attendre : l'annonce de la dangerosité potentielle présentée par la sonde, ayant eu pour conséquence directe d'augmenter la surveillance des patients, a inéluctablement créé chez les patients un sentiment d'angoisse, même si le risque de blessure, voire de décès, ne s'est pas réalisé. • Paris, 12 sept. 2008, n°s 07/03986 et 07/04030 : *D. 2008. 2429, obs. Gallmeister ; JCP E 2008, n° 2253, note Bandon-Tourret et Gorny.*

4. Présomption de défaut et risque sériel. La Cour de justice a reconnu que le défaut potentiel d'un dispositif médical implantable (stimulateurs cardiaques et défibrillateurs automatiques) permet de qualifier de défectueux tous les produits du même modèle ou relevant de la même série de la production, sans qu'il soit besoin de démontrer le défaut du produit dans chaque cas d'espèce, la présomption du défaut de conception bénéficiant ainsi à chaque patient. • CJUE 5 mars 2015, *Boston Scientific Medizintechnik*, n° C-503/13 : *D. 2015. 1247, note Borghetti ; ibid. 2283, obs. Bacache, Guégan-Lécuyer et Porchy-Simon ; ibid. 2016. 35, obs. Brun et Gout ; RTD civ. 2015. 406, obs. Jourdain*.

Art. L. 5212-2-1 *(L. n° 2016-41 du 26 janv. 2016, art. 147-3°)* **Pour les dispositifs médicaux dont la liste est fixée par arrêté du ministre chargé de la santé après avis de l'Agence nationale de sécurité du médicament et des produits de santé, les établissements de santé mentionnés à l'article L. 6111-1 et les installations mentionnées à l'article L. 6322-1 sont tenus de renseigner les registres créés pour le suivi de ces dispositifs médicaux.**

Pour les établissements de santé mentionnés à l'article L. 6111-1 du présent code, ces registres sont renseignés conformément aux obligations et aux engagements fixés par le contrat de bon usage des médicaments et des produits et prestations mentionné à *l'article L. 162-22-7 du code* de la sécurité sociale.

Le contenu de ces registres est fixé par arrêté du ministre chargé de la santé, pris après avis de l'Agence nationale de sécurité du médicament et des produits de santé.

COMMENTAIRE

V. Commentaire reproduit sur Dalloz.fr.

Art. L. 5212-2-2 *(L. n° 2016-41 du 26 janv. 2016, art. 147-3°)* **Pour des raisons de santé publique, le ministre chargé de la santé, l'Agence nationale de sécurité du médicament et des produits de santé et l'***(Ord. n° 2016-462 du 14 avr. 2016, art. 3-I-3°, en vigueur le 1er mai 2016)* **« Agence nationale de santé publique » peuvent accéder aux données anonymes relatives aux dispositifs médicaux contenues dans les registres mentionnés à l'article L. 5212-2-1.**

Art. L. 5212-3 *(L. nº 2004-806 du 9 août 2004, art. 129)* Un décret en Conseil d'État fixe les règles particulières applicables en matière de vigilance exercée sur les dispositifs médicaux dont la liste est fixée par arrêté du ministre chargé de la santé sur proposition du directeur général de *(L. nº 2011-2012 du 29 déc. 2011, art. 5-IV)* « l'Agence nationale de sécurité du médicament et des produits de santé ».

COMMENTAIRE

V. Commentaire reproduit sur Dalloz.fr.

CHAPITRE III PUBLICITÉ

(L. nº 2011-2012 du 29 déc. 2011, art. 34-I)

BIBL. ▶ DEGROOTE, La publicité pour les dispositifs médicaux : quelle réglementation ?, *Méd. et droit mars-avr. 2003, nº 59, p. 58.*

Art. L. 5213-1 I. — On entend par publicité pour les dispositifs médicaux au sens de l'article L. 5211-1 toute forme d'information, y compris le démarchage, de prospection ou d'incitation qui vise à promouvoir la prescription, la délivrance, la vente ou l'utilisation de ces dispositifs, à l'exception de l'information dispensée dans le cadre de leurs fonctions par les pharmaciens gérant une pharmacie à usage intérieur.

II. — Ne sont pas inclus dans le champ de cette définition :

1º L'étiquetage et la notice d'instruction des dispositifs médicaux ;

2º La correspondance, accompagnée, le cas échéant, de tout document non publicitaire, nécessaire pour répondre à une question précise sur un dispositif médical particulier ;

3º Les informations relatives aux mises en garde, aux précautions d'emploi et aux effets indésirables relevés dans le cadre de la matériovigilance ainsi que les catalogues de ventes et listes de prix s'il n'y figure aucune information sur le dispositif médical ;

4º Les informations relatives à la santé humaine ou à des maladies humaines, pour autant qu'il n'y ait pas de référence même indirecte à un dispositif médical.

COMMENTAIRE

V. Commentaire reproduit sur Dalloz.fr.

Art. L. 5213-2 La publicité définie à l'article L. 5213-1 porte sur les dispositifs médicaux qui respectent les obligations fixées à l'article L. 5211-3.

La publicité définit de façon objective le produit, le cas échéant ses performances et sa conformité aux exigences essentielles concernant la sécurité et la santé, telles qu'elles sont attestées par le certificat mentionné au même article L. 5211-3, et favorise son bon usage.

La publicité ne peut ni être trompeuse, ni présenter un risque pour la santé publique.

COMMENTAIRE

V. Commentaire reproduit sur Dalloz.fr.

Art. L. 5213-3 Ne peuvent faire l'objet d'une publicité auprès du public les dispositifs médicaux pris en charge ou financés, même partiellement, par les régimes obligatoires d'assurance maladie, à l'exception des dispositifs médicaux présentant un faible risque pour la santé humaine dont la liste est fixée par arrêté des ministres chargés de la santé et de la sécurité sociale.

COMMENTAIRE

V. Commentaire reproduit sur Dalloz.fr.

Art. L. 5213-4 La publicité de certains dispositifs médicaux présentant un risque important pour la santé humaine et dont la liste est fixée par arrêté du ministre chargé de la santé est soumise à une autorisation préalable délivrée par l'Agence nationale de sécurité du médicament et des produits de santé.

Cette autorisation est délivrée pour une durée de cinq ans renouvelable.

Cette autorisation peut être suspendue ou retirée par décision motivée de l'agence.

COMMENTAIRE

V. Commentaire reproduit sur Dalloz.fr.

Art. L. 5213-5 **L'Agence nationale de sécurité du médicament et des produits de santé peut, dans les conditions fixées à l'article L. 5312-4-1, mettre en demeure la personne concernée de retirer la publicité, de présenter ses observations et de régulariser la situation, au besoin en assortissant cette mise en demeure d'une astreinte. Elle peut prononcer une interdiction de la publicité, après que l'entreprise concernée a été mise en demeure.**

Art. L. 5213-6 *Abrogé par Ord. nº 2016-966 du 15 juill. 2016, art. 2-8º.*

Art. L. 5213-7 **Les modalités d'application du présent chapitre sont fixées par décret en Conseil d'État.**

CHAPITRE IV INTERDICTION DE CERTAINS MATÉRIAUX DANS LES DISPOSITIFS MÉDICAUX

(L. nº 2012-1442 du 24 déc. 2012, art. 3)

Art. L. 5214-1 **A compter du 1er juillet 2015, l'utilisation de tubulures comportant du di-(2-éthylhexyl) phtalate** *(L. nº 2016-41 du 26 janv. 2016, art. 154)* **« , à des concentrations supérieures à des niveaux fixés par arrêté du ministre chargé de la santé, » est interdite dans les services de pédiatrie, de néonatologie et de maternité.**

V. Arr. du 13 avr. 2017 fixant les niveaux de concentration en di-(2-éthylhexyl) phtalate au-dessus desquels l'utilisation de tubulures qui en comportent est interdite (JO 21 avr.).

Art. L. 5214-2 **Est interdite l'utilisation des biberons comportant du bisphénol A et répondant à la définition des dispositifs médicaux mentionnée à l'article L. 5211-1.**

TITRE DEUXIÈME DISPOSITIFS MÉDICAUX DE DIAGNOSTIC *IN VITRO*

CHAPITRE PREMIER RÉGIME JURIDIQUE DES DISPOSITIFS MÉDICAUX DE DIAGNOSTIC *IN VITRO*

BIBL. ▶ PERBAL, Pour une liberté surveillée des tests génétiques, *LPA 9 sept. 2015, p. 10.* – LE GAL-FONTES, MONZIOLS et TABOULET, E-commerce et bon usage en France : l'expérience de la web-pharmacie, une source d'enseignements pour les tests génétiques ?, *RGDM 2015. Pan. droit pharmaceutique, nº spécial, p. 317.* – RISSEL, Les autotests : états des lieux et enjeux, *RDSS 2014. 107*. – ANASTASOVA et RIAL-SEBBAG, Les tests génétiques en accès libre : quelle protection pour le consommateur européen ?, *RDSS 2012. 817*. – MEGERLIN, DAHAN et LHOSTE, Diffusion des tests de diagnostic rapide et organisation des soins de premier recours. Quelles conséquences ?, *Méd. et droit mars-avr. 2012, nº 113, p. 42.* – FOUASSIER et VIALA, Test de grossesse et monopole pharmaceutique : du droit de la santé au droit constitutionnel, *D. 2003. Chron. 81*. – GÉRACI, La réglementation relative aux dispositifs médicaux destinés au diagnostic *in vitro*, *Méd. et droit mars-avr. 2002, nº 53, p. 19.*

Art. L. 5221-1 *(Ord. nº 2001-198 du 1er mars 2001, art. 4)* **Constituent des dispositifs médicaux de diagnostic *in vitro* les produits, réactifs, matériaux, instruments et systèmes, leurs composants et accessoires, ainsi que les récipients pour échantillons, destinés spécifiquement à être utilisés *in vitro*, seuls ou en combinaison, dans l'examen d'échantillons provenant du corps humain, afin de fournir une information concernant un état physiologique ou pathologique, avéré ou potentiel, ou une anomalie congénitale, pour contrôler des mesures thérapeutiques, ou pour déterminer la sécurité d'un prélèvement d'éléments du corps humain ou sa compatibilité avec des receveurs potentiels.**

COMMENTAIRE

V. Commentaire reproduit sur Dalloz.fr.

1. Régime antérieur. Jugé sous l'ancienne législation que les réactifs destinés à permettre aux intéressées d'établir elles-mêmes le diagnostic de leur grossesse ne constituent ni des médicaments ni des produits autres que les médicaments soumis au visa PP (art. L. 551 ancien). • CE, sect. soc., avis, 12 févr. 1976 : *EDCE 1976. 207.*

2. Propriété intellectuelle. Un produit ayant pour but de détecter la présence du virus du SIDA dans des échantillons de sang, en opérant au stade du diagnostic *in vitro*, sans avoir de propriété curative ou préventive ou sans être destiné à être administré à l'homme ou à l'animal, en vue d'établir un diagnostic médical, n'entre pas dans le champ de la définition du médicament et ne saurait, par suite, bénéficier d'un certificat complémentaire de protection (CCP). • Com. 3 avr. 2007 : *Bull. civ. IV, n° 105.*

3. Monopole pharmaceutique. Les dispositifs médicaux de diagnostic *in vitro* destinés à être utilisés par le public entrent dans le champ du monopole pharmaceutique. • Crim. 30 oct. 1996 : *Bull. crim. n° 380* (tests de grossesse) • Crim. 14 oct. 1992 : *Bull. crim. n° 326* (lecteurs de glycémie). – V. également. • Crim. 29 mai 2001, ☎ n° 00-85.629. ♦ Le monopole de la vente des tests de grossesse attribué aux pharmaciens par les dispositions de l'art. L. 4211-1, modifiées par l'Ord. n° 2001-198 du 1er mars 2001, n'a pas été jugé contraire aux dispositions de la Dir. 98/79/CE du 27 oct. 1998, dont l'objet ne porte pas sur les conditions de vente au détail, mais sur la mise sur le marché des dispositifs médicaux de diagnostic *in vitro*, et pourvu que les produits importés ne subissent aucune discrimination par rapport aux produits nationaux. • Crim. 26 nov. 2002 : *Bull. crim. n° 210.*

4. Portée du monopole. Seule la vente et la dispensation au détail est réservée aux pharmaciens. L'art. L. 4211-1 (dans sa rédaction issue de l'Ord. n° 2001-198 du 1er mars 2001), ne réservant plus aux pharmaciens que la vente au détail et toute dispensation de dispositifs médicaux de diagnostic *in vitro* destinés à être utilisés par le public, la préparation et la vente en gros des tests de grossesse ne sont plus soumises au monopole pharmaceutique, ces dispositions nouvelles moins sévères s'appliquant aux infractions commises avant leur entrée en vigueur et non définitivement jugées ; à charge pour les juges du fond d'apprécier si le fabricant ne s'est pas rendu complice du délit d'exercice illégal de la pharmacie consistant en la vente au détail de tests de grossesse. • Crim. 3 nov. 2004 : *Bull. crim. n° 265.*

5. Droit de la concurrence. Sur des pratiques de boycottage à l'encontre de fabricants de réactifs à la suite d'une baisse de la nomenclature, V. • Cons. conc. 17 mars 1998, *n° 98-D-25 : BOCC 16 juill. 1998.* – Confirmé par • Paris, 3 déc. 1998 : *BOCC 31 déc. 1998.*

Art. L. 5221-2 *(Ord. n° 2001-198 du 1er mars 2001, art. 4)* **Les dispositifs médicaux de diagnostic *in vitro* ne peuvent être** *(L. n° 2004-1343 du 9 déc. 2004, art. 80-VI-1°-a)* **« importés, mis sur le marché ou mis en service » si le fabricant n'a pas au préalable établi ou fait établir par un organisme désigné à cet effet soit par** *(L. n° 2011-2012 du 29 déc. 2011, art. 5-IV)* **« l'Agence nationale de sécurité du médicament et des produits de santé », soit par l'autorité compétente d'un autre État membre de** *(Ord. n° 2010-177 du 23 févr. 2010, art. 26-10° ; L. n° 2011-302 du 22 mars 2011, art. 2-I)* **« l'Union européenne ou partie à l'accord sur l'Espace économique européen », un certificat attestant leurs performances ainsi que leur conformité à des exigences essentielles concernant la sécurité et la santé des patients, des utilisateurs et des tiers.**

COMMENTAIRE

V. Commentaire reproduit sur Dalloz.fr.

1. Régime antérieur. L'enregistrement prévu par le législateur français (art. L. 5133-2 ancien) avait été jugé compatible avec le droit communautaire, mais la France avait été condamnée pour avoir imposé, par le Décr. n° 96-351 du 19 avr. 1996, d'indiquer le numéro d'enregistrement du réactif sur le conditionnement et de mentionner l'enregistrement sur la notice accompagnant chaque réactif. • CJCE 14 déc. 2000, ☎ *Commission c/ France,* n° C-55/99 : *Rec. CJCE 11499.*

2. Importations parallèles. La Dir. 98/79/CE du 27 octobre 1998 n'impose pas à un importateur parallèle d'un dispositif d'autodiagnostic pour la mesure du glucose sanguin muni d'un marquage CE et ayant fait l'objet d'une évaluation de conformité par un organisme notifié de procéder à une nouvelle évaluation destinée à attester la conformité de l'étiquetage et de la notice de ce dispositif en raison de leur traduction dans la langue officielle de l'État membre d'importation. • CJUE 13 oct. 2016, *Servoprax c/ Roche Diagnostics,* C-277/15.

Art. L. 5221-3 *(Ord. n° 2001-198 du 1er mars 2001, art. 4)* **Toute personne qui se livre à la fabrication, la mise sur le marché, la distribution, l'importation ou l'exporta-**

tion, même à titre accessoire, de dispositifs médicaux de diagnostic *in vitro* se déclare auprès de *(L. nº 2011-2012 du 29 déc. 2011, art. 5-IV)* « l'Agence nationale de sécurité du médicament et des produits de santé » en indiquant les dispositifs objets de son activité.

COMMENTAIRE

V. Commentaire reproduit sur Dalloz.fr.

Art. L. 5221-4 *(Ord. nº 2001-198 du 1er mars 2001, art. 4)* **En vue de l'évaluation de leurs performances préalablement à la mise sur le marché, les dispositifs médicaux de diagnostic *in vitro* peuvent être mis à la disposition d'utilisateurs dans le respect des dispositions du titre II du livre Ier de la première partie. Ils ne sont alors pas soumis aux dispositions de l'article L. 5221-2.**

Art. L. 5221-5 *(Ord. nº 2001-198 du 1er mars 2001, art. 4)* **Les dispositifs médicaux de diagnostic *in vitro* fabriqués par un établissement dispensant des soins, pour son propre usage et utilisés exclusivement au sein de ce même établissement, sur leur lieu de fabrication ou dans des locaux situés à proximité immédiate, peuvent être dispensés des procédures de certification de conformité prévues à l'article L. 5221-2 dans des conditions prévues dans le décret mentionné au 2º de l'article L. 5221-8.**

Art. L. 5221-6 *(Ord. nº 2001-198 du 1er mars 2001, art. 4)* **Compte tenu des précautions d'utilisation et d'interprétation qu'ils exigent, certains dispositifs médicaux de diagnostic *in vitro* destinés à être utilisés par le public et figurant sur une liste fixée par arrêté du ministre chargé de la santé pris sur proposition du directeur général de** *(L. nº 2011-2012 du 29 déc. 2011, art. 5-IV)* **« l'Agence nationale de sécurité du médicament et des produits de santé » ne peuvent être délivrés que sur prescription médicale.**

Art. L. 5221-7 *Abrogé par L. nº 2011-1906 du 21 déc. 2011, art. 26-I-8º.*

Art. L. 5221-8 *(Ord. nº 2001-198 du 1er mars 2001, art. 4)* **Pour l'application du présent chapitre, des décrets en Conseil d'État déterminent :**

1º Les exigences essentielles de santé et de sécurité applicables aux dispositifs médicaux de diagnostic *in vitro*, compte tenu de leur destination ;

2º Les différentes procédures d'évaluation de la conformité aux exigences essentielles de santé et de sécurité selon les catégories de dispositifs ;

3º Les conditions auxquelles doivent satisfaire les organismes habilités à effectuer, pour certains dispositifs médicaux de diagnostic *in vitro*, la certification de conformité ainsi que les modalités de désignation et de surveillance de ces organismes ;

4º Les modalités de la déclaration prévue à l'article L. 5221-3 ;

5º Les spécifications techniques auxquelles peuvent être soumises certaines catégories de dispositifs médicaux de diagnostic *in vitro* et les conditions dans lesquelles les fabricants ou leurs mandataires peuvent être autorisés à y déroger.

CHAPITRE II **MESURES DE VIGILANCE**

Art. L. 5222-1 *(Ord. nº 2001-198 du 1er mars 2001, art. 5)* **L'exploitant est tenu de *s'assurer* du maintien des performances des dispositifs médicaux de diagnostic *in vitro*. Cette obligation peut donner lieu à un contrôle de qualité dans les cas et selon des conditions définis par décret.**

Art. L. 5222-2 *(L. nº 2004-1343 du 9 déc. 2004, art. 80-VI-1º-b)* **La personne physique ou morale responsable de la** *(L. nº 2011-2012 du 29 déc. 2011, art. 34-IV)* **« cession à titre onéreux ou à titre gratuit » d'un dispositif médical de diagnostic *in vitro* d'occasion figurant sur une liste fixée par** *(Ord. nº 2016-966 du 15 juill. 2016, art. 2-10º)* **« décision » du directeur général de** *(L. nº 2011-2012 du 29 déc. 2011, art. 5-IV)* **« l'Agence nationale de sécurité du médicament et des produits de santé »,** *(L. nº 2011-302 du 22 mars 2011, art. 4)* **« établit, selon des modalités fixées par décret en Conseil d'État, une attestation justifiant de la maintenance régulière et du maintien des performances du dispositif médical de diagnostic *in vitro* concerné. »**

Art. L. 5222-3 *(Ord. nº 2001-198 du 1er mars 2001, art. 5)* **Le fabricant ou son mandataire, l'importateur, le distributeur, les professionnels de santé utilisateurs sont tenus de signaler sans délai à** *(L. nº 2011-2012 du 29 déc. 2011, art. 5-IV)* **« l'Agence nationale de sécurité du médicament et des produits de santé » toute défaillance ou altération d'un dispositif médical de diagnostic *in vitro* susceptible d'entraîner des effets néfastes pour la santé des personnes. Le fabricant ou son mandataire est tenu d'informer** *(L. nº 2011-2012 du 29 déc. 2011, art. 5-IV)* **« l'Agence nationale de sécurité du médicament et des produits de santé » de tout rappel de dispositifs médicaux de diagnostic *in vitro,* et de lui communiquer, à sa demande, toute information utile à la mise en œuvre de mesures de protection sanitaire à l'égard des patients.**

Le fabricant ou son mandataire, l'importateur et le distributeur sont tenus de conserver toutes les informations nécessaires au rappel éventuel de dispositifs médicaux de diagnostic *in vitro* mentionné à l'alinéa précédent.

COMMENTAIRE

V. Commentaire reproduit sur Dalloz.fr.

Art. L. 5222-4 *(Ord. nº 2001-198 du 1er mars 2001, art. 5)* **Un décret en Conseil d'État détermine les conditions d'application de l'article L. 5222-3.**

CHAPITRE III PUBLICITÉ

(L. nº 2011-2012 du 29 déc. 2011, art. 34-V)

Art. L. 5223-1 **I. — On entend par publicité pour les dispositifs médicaux de diagnostic *in vitro* au sens de l'article L. 5221-1 toute forme d'information, y compris le démarchage, de prospection ou d'incitation qui vise à promouvoir la prescription, la délivrance, la vente ou l'utilisation de ces dispositifs, à l'exception de l'information dispensée dans le cadre de leurs fonctions par les pharmaciens gérant une pharmacie à usage intérieur.**

II. — Ne sont pas inclus dans le champ de cette définition :

1° L'étiquetage et la notice d'instruction des dispositifs médicaux de diagnostic *in vitro* ;

2° La correspondance, accompagnée le cas échéant de tout document non publicitaire, nécessaire pour répondre à une question précise sur un dispositif médical de diagnostic *in vitro* particulier ;

3° Les informations relatives aux mises en garde, aux précautions d'emploi et aux effets indésirables relevés dans le cadre de la réactovigilance ainsi que les catalogues de ventes et listes de prix s'il n'y figure aucune information sur le dispositif médical de diagnostic *in vitro* ;

4° Les informations relatives à la santé humaine ou à des maladies humaines, pour autant qu'il n'y ait pas de référence même indirecte à un dispositif médical de diagnostic *in vitro*.

COMMENTAIRE

V. Commentaire reproduit sur Dalloz.fr.

Art. L. 5223-2 **La publicité définie à l'article L. 5223-1 porte sur les dispositifs médicaux de diagnostic *in vitro* qui respectent les obligations fixées à l'article L. 5221-2.**

La publicité définit de façon objective le produit, le cas échéant ses performances et sa conformité aux exigences essentielles concernant la sécurité et la santé, telles qu'elles sont attestées par le certificat mentionné au même article L. 5221-2, et favorise son bon usage.

La publicité ne peut ni être trompeuse, ni présenter un risque pour la santé publique.

Art. L. 5223-3 **La publicité de certains dispositifs médicaux de diagnostic *in vitro* dont la défaillance est susceptible de causer un risque grave pour la santé et dont la liste est fixée par arrêté du ministre chargé de la santé est soumise à une autorisation préalable délivrée par l'Agence nationale de sécurité du médicament et des produits de santé.**

Cette autorisation est délivrée pour une durée de cinq ans renouvelable.

Cette autorisation peut être suspendue ou retirée par décision motivée de l'agence.

Art. L. 5223-4 L'Agence nationale de sécurité du médicament et des produits de santé peut, dans les conditions fixées à l'article L. 5312-4-1, mettre en demeure la personne concernée de retirer la publicité, de présenter ses observations et de régulariser la situation, au besoin en assortissant cette mise en demeure d'une astreinte. Elle peut prononcer une interdiction de la publicité après que l'entreprise concernée a été mise en demeure.

Art. L. 5223-5 Les modalités d'application du présent chapitre sont fixées par décret en Conseil d'État.

TITRE TROISIÈME AUTRES PRODUITS ET OBJETS

(Ord. n° 2001-198 du 1er mars 2001)

CHAPITRE PREMIER OBJETS CONCERNANT LES NOURRISSONS ET LES ENFANTS

Art. L. 5231-1 *(Ord. n° 2001-198 du 1er mars 2001, art. 2-II)* Sont interdites la fabrication et la distribution, à titre onéreux ou gratuit, de jouets ou d'amusettes, contenant les substances vénéneuses ou dangereuses dont la liste est établie et mise à jour par décret en Conseil d'État pris sur avis *(L. n° 2004-806 du 9 août 2004, art. 4-I)* « de » *(Ord. n° 2010-18 du 7 janv. 2010, art. 3-V)* « l'Agence nationale chargée de la sécurité sanitaire de l'alimentation, de l'environnement et du travail ».

Art. L. 5231-2 *(Ord. n° 2001-198 du 1er mars 2001, art. 2-II)* Sont interdites la fabrication, la vente, la mise en vente, l'exposition et l'importation :

1° Des biberons à tube ;

(L. n° 2012-1442 du 24 déc. 2012, art. 2-II) « 1° *bis* Des collerettes de tétines et de sucettes et des anneaux de dentition comportant du bisphénol A ; »

2° *(L. n° 2004-806 du 9 août 2004, art. 4-I)* « Des tétines et sucettes ne répondant pas aux conditions établies par un décret en Conseil d'État ». Ce décret fixe les caractéristiques des produits qui peuvent être employés, ainsi que les indications spéciales que les objets visés doivent porter avec la marque du fabricant ou du commerçant ;

(L. n° 2016-41 du 26 janv. 2016, art. 59-I) « 3° Des jouets ou amusettes comportant du bisphénol A ne respectant pas la limite de concentration ou la limite de migration pour cette substance définies par arrêté des ministres chargés de la santé, de la consommation, de l'industrie et de l'environnement. »

Art. L. 5231-3 *(L. n° 2010-788 du 12 juill. 2010, art. 183-III)* Toute publicité, quel qu'en soit le moyen ou le support, ayant pour but direct de promouvoir la vente, la mise à disposition, l'utilisation ou l'usage d'un téléphone mobile par des enfants de moins de quatorze ans est interdite.

Art. L. 5231-3-1 *(L. n° 2015-136 du 9 févr. 2015, art. 5)* A la demande de l'acheteur, pour la vente de tout appareil de téléphonie mobile, l'opérateur fournit un *(L. n° 2016-41 du 26 janv. 2016, art. 61-III)* « dispositif d'écoute » permettant de limiter l'exposition de la tête aux émissions radioélectriques adapté aux enfants de moins de quatorze ans.

Art. L. 5231-4 *(L. n° 2010-788 du 12 juill. 2010, art. 183-III)* La distribution à titre onéreux ou gratuit d'objets contenant un équipement radioélectrique dont l'usage est spécifiquement dédié aux enfants de moins de six ans peut être interdite par arrêté du ministre chargé de la santé, afin de limiter l'exposition excessive des enfants.

CHAPITRE II PRODUITS ET OBJETS DIVERS

Art. L. 5232-1 *(L. n° 2016-41 du 26 janv. 2016, art. 61-I)* Tout appareil portable permettant l'écoute de sons par l'intermédiaire d'un dispositif d'écoute ainsi que tout dispositif d'écoute mis sur le marché, détenus en vue de la vente, vendus ou distribués à titre gratuit sont conçus de façon à être sans danger pour l'audition de l'utilisateur dans des conditions normales d'utilisation ou d'utilisation raisonnablement prévisibles.

Ces appareils portables sont accompagnés de messages à caractère sanitaire sur les risques liés à leur utilisation et sur la manière de prévenir ces risques.

Les appareils portables et dispositifs d'écoute qui ne sont pas conformes à ces obligations ne peuvent être commercialisés.

Les modalités d'application du présent article sont définies par arrêté.

Art. L. 5232-1-1 *(L. nº 2015-136 du 9 févr. 2015, art. 5)* Toute publicité, quel que soit son moyen ou son support, ayant pour but la promotion de l'usage d'un téléphone mobile pour des communications vocales mentionne de manière claire, visible et lisible l'usage recommandé d'un dispositif *(L. nº 2016-41 du 26 janv. 2016, art. 61-II-1º)* « d'écoute » permettant de limiter l'exposition de la tête aux émissions radioélectriques émises par l'équipement. *(L. nº 2016-41 du 26 janv. 2016, art. 61-II-2º)* « Le dispositif d'écoute » *(L. nº 2015-990 du 6 août 2015, art. 128-1º)* « permettant de limiter l'exposition de la tête aux champs électromagnétiques émis par l'équipement doit également figurer sur cette publicité ».

Le contrevenant est passible d'une amende maximale de 75 000 €.

Art. L. 5232-1-2 *Abrogé par L. nº 2015-990 du 6 août 2015, art. 128-2º.*

Art. L. 5232-2 *(Ord. nº 2001-198 du 1er mars 2001, art. 2-II)* Sont déterminées par décret en Conseil d'État, les obligations imposées aux exploitants de restaurants, débits de boissons et autres établissements où il est servi au public à manger ou à boire, en ce qui concerne le nettoyage après usage des ustensiles utilisés par lesdits établissements ainsi que les obligations imposées aux coiffeurs, manucures, pédicures, masseurs et tous autres professionnels donnant des soins personnels, en ce qui concerne le nettoyage des objets utilisés soit dans le lieu où ils exercent leur profession, soit chez leurs clients.

Art. L. 5232-3 *(L. nº 2005-841 du 26 juill. 2005, art. 9)* Les prestataires de service et les distributeurs de matériels, y compris les dispositifs médicaux, destinés à favoriser le retour à domicile et l'autonomie des personnes malades ou présentant une incapacité ou un handicap au sens de l'article L. 114 du code de l'action sociale et des familles, doivent disposer de personnels titulaires d'un diplôme, d'une validation d'acquis d'expérience professionnelle ou d'une équivalence attestant d'une formation à la délivrance de ces matériels ou de ces services et respecter des conditions d'exercice et règles de bonne pratique.

Les prestataires de service et les distributeurs de matériels organisent la formation continue et l'accès à la formation professionnelle continue tout au long de la vie de leurs personnels.

Un arrêté du ministre chargé de la santé fixe la liste des matériels et services mentionnés au premier alinéa.

Un décret précise les autres modalités d'application du présent article.

Art. L. 5232-4 *(Ord. nº 2010-49 du 13 janv. 2010, art. 3)* Les professionnels de santé qui utilisent des produits de santé mentionnés aux *(L. nº 2016-41 du 26 janv. 2016, art. 148-II-2º)* « 18º à 20º » de l'article L. 5311-1 signalent sans délai à *(L. nº 2011-2012 du 29 déc. 2011, art. 5-IV)* « l'Agence nationale de sécurité du médicament et des produits de santé » tout incident mettant en cause ces produits susceptible d'entraîner des effets néfastes pour la santé des personnes. Les modalités d'application du présent article sont déterminées par décret en Conseil d'État.

COMMENTAIRE

V. Commentaire reproduit sur Dalloz.fr.

Art. L. 5232-5 *Abrogé par L. nº 2016-1888 du 28 déc. 2016, art. 91.*

LIVRE TROISIÈME *AGENCE* NATIONALE DE SÉCURITÉ DU MÉDICAMENT ET DES PRODUITS DE SANTÉ *(L. nº 2011-2012 du 29 déc. 2011, art. 5-IV).*

BIBL. ▸ **Articles :** SAUER, L'expertise pharmaceutique en question, *Santé publique 2012, nº 1, p. 63.* – BOUVET et LE GUEUT, Expertise et sécurité sanitaire du médicament, *RGDM 2012, nº 43,* *p. 349.* – PENTECOSTE, Pour une vision claire des responsabilités des autorités du médicament, *Gaz. Pal. 5-6 oct. 2011, p. 7.* – DUPRAT, Les agences sanitaires et la fonction de régulation : le cas du médicament, *RGDM 2011, n° 40, p. 93.* – BENAMOUZIG et BESANÇON, Administrer un monde incertain : les nouvelles bureaucraties techniques. Le cas des agences sanitaires en France, *Sociologie du travail, vol. 47, juill. 2005, n° 3, p. 301.* – TABUTEAU, Sécurité sanitaire et agences, le renouveau de la santé publique, Rapport public du Conseil d'État, *EDCE 1998, n° 49, p. 473.*

▸ **Ouvrages et rapports :** LAUDE, PAUBEL et PEIGNÉ (dir.), Le droit des produits de santé après la loi du 29 décembre 2011, *Éd. de Santé, 2012.* – Conseil d'État, Les agences : une nouvelle gestion publique ?, *Étude annuelle, Doc. fr. 2012.* – BUR, Rapport d'information n° 3627 de la mission sur les agences sanitaires, *Ass. nat., juill. 2011.* – BRICQ, Rapport d'information n° 355, Les agences en matière de sécurité sanitaire : de la réactivité à la stratégie, *Sénat, juin 2007.* – GOUTEYRON, Rapport d'information n° 409 portant sur le contrôle de l'Afssaps, *Sénat, juill. 2003.* – TABUTEAU, La sécurité sanitaire, *Berger-Levrault 1994.*

TITRE PREMIER MISSIONS ET PRÉROGATIVES

CHAPITRE PREMIER MISSIONS

Art. L. 5311-1 *(L. n° 2011-2012 du 29 déc. 2011, art. 5-I)* **« I. — L'Agence nationale de sécurité du médicament et des produits de santé est un établissement public de l'État, placé sous la tutelle du ministre chargé de la santé.**

« II. — L'agence procède à l'évaluation des bénéfices et des risques liés à l'utilisation des produits à finalité sanitaire destinés à l'homme et des produits à finalité cosmétique. Elle surveille le risque lié à ces produits et effectue des réévaluations des bénéfices et des risques.

« L'agence peut demander que les essais cliniques portant sur des médicaments soient effectués sous forme d'essais contre comparateurs actifs et contre placebo. Si la personne produisant ou exploitant un médicament s'oppose aux essais contre comparateurs actifs, elle doit le justifier. »

L'agence participe à l'application des lois et règlements *(Ord. n° 2005-1087 du 1er sept. 2005, art. 4-XI)* **« et prend, dans les cas prévus par des dispositions particulières, des décisions » relatives à l'évaluation, aux essais, à la fabrication, à la préparation, à l'importation, à l'exportation, à la distribution en gros,** *(Ord. n° 2012-1427 du 19 déc. 2012, art. 14-1°)* **« au courtage, » au conditionnement, à la conservation, à l'exploitation, à la mise sur le marché, à la publicité, à la mise en service ou à l'utilisation des produits à finalité sanitaire destinés à l'homme et des produits à finalité cosmétique, et notamment :**

1° *(L. n° 2008-337 du 15 avr. 2008, art. 6)* **« Les médicaments, y compris les insecticides, acaricides et antiparasitaires à usage humain, les préparations magistrales, hospitalières et officinales, les substances stupéfiantes, psychotropes ou autres substances vénéneuses utilisées en médecine, les huiles essentielles et plantes médicinales, les matières premières à usage pharmaceutique ; »**

2° Les produits contraceptifs et contragestifs ;

3° Les biomatériaux et les dispositifs médicaux ;

4° Les dispositifs médicaux de diagnostic *in vitro* ;

5° Les produits sanguins labiles ;

6° Les organes, tissus, cellules et produits d'origine humaine ou animale, y compris lorsqu'ils sont prélevés à l'occasion d'une intervention chirurgicale ;

7° (L. n° 2004-800 du 6 août 2004, art. 20-II) **« Les produits cellulaires à finalité thérapeutique » ;**

8° *(Ord. n° 2005-1087 du 1er sept. 2005, art. 5-II)* **« Le lait maternel collecté, qualifié, préparé et conservé par les lactariums ; »**

9° Les produits destinés à l'entretien ou à l'application des lentilles de contact ;

10° *Abrogé par Ord. n° 2007-613 du 26 avr. 2007, art. 27 ;*

11° Les procédés *(Abrogé par L. n° 2004-806 du 9 août 2004, art. 22-II)* **« *, produits* » et appareils destinés à la désinfection des locaux** *(L. n° 2004-806 du 9 août 2004, art. 22-II)* **« et des véhicules » dans les cas prévus à l'article L. 3114-1 ;**

(Abrogé par L. n° 2016-41 du 26 janv. 2016, art. 165-I-6°) ***« 12° Les produits thérapeutiques annexes ; »***

13° *Abrogé par Ord. n° 2005-1087 du 1er sept. 2005, art. 5-II ;*

14° Les lentilles oculaires non correctrices ;
15° Les produits cosmétiques ;
(L. n° 2004-806 du 9 août 2004, art. 22-II) « 16° Les micro-organismes et toxines mentionnés à l'article **L. 5139-1** » ;
(L. n° 2004-806 du 9 août 2004, art. 149-III) « 17° Les produits de tatouage » ;
(Ord. n° 2010-49 du 13 janv. 2010, art. 3) « 18° Les logiciels qui ne sont pas des dispositifs médicaux et qui sont utilisés par les laboratoires de biologie médicale, pour la gestion des examens de biologie médicale et lors de la validation, de l'interprétation, de la communication appropriée *(L. n° 2013-442 du 30 mai 2013, art. 8-I-26°)* « en application du 3° de l'article **L. 6211-2** » et de l'archivage des résultats ;
« 19° Les dispositifs à finalité non strictement médicale utilisés dans les laboratoires de biologie médicale pour la réalisation des examens de biologie médicale ; »
(L. n° 2016-41 du 26 janv. 2016, art. 148-II-1°) « 20° Les logiciels d'aide à la prescription et les logiciels d'aide à la dispensation. »
(L. n° 2008-337 du 15 avr. 2008, art. 7-I ; L. n° 2011-2012 du 29 déc. 2011, art. 5-I) « III. – L'agence participe à l'application des lois et règlements relatifs aux recherches impliquant la personne humaine et prend, dans les cas prévus par des dispositions particulières, des décisions relatives aux recherches biomédicales. »
(Abrogé par L. n° 2011-2012 du 29 déc. 2011, art. 5-I) ***« L'agence procède à l'évaluation des bénéfices et des risques liés à l'utilisation de ces produits et objets à tout moment opportun et notamment lorsqu'un élément nouveau est susceptible de remettre en cause l'évaluation initiale. »*** Elle assure la mise en œuvre des systèmes de vigilance *(Ord. n° 2017-51 du 19 janv. 2017, art. 1er-IV-1°)* « portant sur les produits mentionnés au II, à l'exception de la biovigilance et du dispositif de vigilance relatif à l'assistance médicale à la procréation, » et *(Ord. n° 2016-966 du 15 juill. 2016, art. 2-3°)* « élabore » la pharmacopée.
(L. n° 2007-248 du 26 févr. 2007, art. 27) « Elle rend publics un rapport de synthèse de l'évaluation effectuée pour tout nouveau médicament dans des conditions déterminées par voie réglementaire, ainsi que les décisions d'octroi, de suspension et de retrait de l'autorisation de mise sur le marché mentionnées aux articles **L. 5121-8** et **L. 5121-9**. » Elle organise des réunions régulières d'information avec *(L. n° 2002-303 du 4 mars 2002, art. 20-II)* « des associations agréées de personnes malades et d'usagers du système de santé mentionnées à l'article **L. 1114-1** » sur les problèmes de sécurité sanitaire des produits de santé *(Ord. n° 2012-1427 du 19 déc. 2012, art. 14-2°)* « , notamment sur les actions entreprises dans le domaine de la prévention et de la répression de la falsification des médicaments ».

Elle contrôle la publicité en faveur de tous les produits, objets, appareils et méthodes revendiquant une finalité sanitaire.

Elle prend ou demande aux autorités compétentes de prendre les mesures de police sanitaire nécessaires lorsque la santé de la population est menacée, dans les conditions prévues au présent code ou par toute autre disposition législative ou réglementaire visant à préserver la santé humaine.

Elle établit un rapport annuel d'activité adressé au Gouvernement et au Parlement. Ce rapport est rendu public. *(L. n° 2011-2012 du 29 déc. 2011, art. 5-I)* « Le rapport comporte le bilan annuel de la réévaluation du rapport entre les bénéfices et les risques des médicaments à usage humain mentionnés à l'article **L. 5121-8**. »
(L. n° 2002-303 du 4 mars 2002, art. 32-IV) « Elle organise des auditions publiques sur des thèmes de santé publique ».
(Abrogé par L. n° 2011-2012 du 29 déc. 2011, art. 5-I) (L. n° 2007-248 du 26 févr. 2007, art. 27) ***« Elle rend également publics l'ordre du jour et les comptes rendus, assortis des détails et explications des votes, y compris les opinions minoritaires, à l'exclusion de toute information présentant un caractère de confidentialité commerciale, des réunions des commissions siégeant auprès d'elle et consultées en matière de mise sur le marché, de pharmacovigilance et de publicité des spécialités pharmaceutiques, son règlement intérieur et celui des commissions précitées. »***
(L. n° 2009-879 du 21 juill. 2009, art. 84-III) « L'agence est également chargée du contrôle du respect des dispositions des autorisations délivrées en application de l'article **L. 1161-5**. »

BIBL. ► PEIGNÉ, Qu'est-ce qu'un produit de santé ?, *JDSAM 2014, n° 3, p. 47.*

COMMENTAIRE

V. Commentaire reproduit sur Dalloz.fr.

Art. L. 5311-2 En vue de l'accomplissement de ses missions, l'agence :

1° Procède ou fait procéder à toute expertise et à tout contrôle technique relatifs aux produits et objets mentionnés à l'article L. 5311-1, aux substances entrant dans leur composition ainsi qu'aux méthodes et moyens de fabrication, de conditionnement, de conservation, de transport et de contrôle qui leur sont appliqués ; elle exécute le contrôle de qualité des examens de biologie médicale et des analyses permettant l'identification d'une personne par ses empreintes génétiques, et procède, à la demande des services concernés, à toute expertise technique nécessaire ; elle peut être chargée du contrôle de qualité d'activités utilisant des produits entrant dans son champ de compétence ;

2° Recueille les données scientifiques et techniques nécessaires à l'exercice de ses missions ; elle est destinataire des rapports de contrôle et de réflexion et des expertises réalisés dans son domaine de compétence par les services de l'État ou par les établissements publics qui lui sont rattachés ; *(Ord. n° 2017-51 du 19 janv. 2017, art. 1er-IV-2°)* « elle évalue les informations qu'elle recueille dans le cadre des systèmes de vigilance qu'elle met en œuvre sur les produits mentionnés au II de l'article L. 5311-1, à l'exception de la biovigilance et du dispositif de vigilance relatif à l'assistance médicale à la procréation » ainsi que sur l'abus et sur la pharmacodépendance susceptibles d'être entraînés par des substances psychoactives, et prend, en la matière, dans son champ de compétence, toute mesure utile pour préserver la santé publique ;

3° Fournit au ministre chargé de la santé l'expertise qui lui est nécessaire en ce qui concerne les produits susvisés, notamment pour en permettre le bon usage ; elle participe à la préparation des textes législatifs et réglementaires ; elle propose aux ministres chargés de la santé et de la sécurité sociale toute mesure de leur compétence *(L. n° 2011-2012 du 29 déc. 2011, art. 5-II)* « ; elle apporte l'appui scientifique et technique nécessaire à l'élaboration et à la mise en œuvre des plans de santé publique » ;

4° Participe à l'action européenne et internationale de la France ;

5° *(L. n° 2007-248 du 26 févr. 2007, art. 29)* « Pour la mise en œuvre des 1° à 4°, demande, à des fins d'analyse et pour des raisons justifiées, la transmission à titre gratuit d'échantillons de produits et objets mentionnés à l'article L. 5311-1 » ;

(L. n° 2011-2012 du 29 déc. 2011, art. 5-II) « 6° Encourage la recherche, assure la coordination et, le cas échéant, met en place, en particulier par voie de conventions, des études de suivi des patients et de recueil des données d'efficacité et de tolérance ;

« 7° Accède, à sa demande et dans des conditions préservant la confidentialité des données à l'égard des tiers, aux informations nécessaires à l'exercice de ses missions qui sont détenues par toute personne physique ou morale, sans que puisse lui être opposé le secret médical, le secret professionnel ou le secret en matière industrielle et commerciale. »

1. Acte faisant grief. Doit être regardée comme un acte faisant grief et, par suite, susceptible de recours pour excès de pouvoir, la lettre par laquelle le directeur de l'agence (ex-AFSSAPS) recommande *aux médecins* prescripteurs de restreindre l'utilisation d'un médicament contre l'ostéoporose à la suite d'informations de pharmacovigilance mettant en cause sa sécurité. • CE 4 oct. 2013, n° 356700 : *Lebon* ; *AJDA 2013. 2349* ; *RDSS 2013. 1078, note Peigné.* ♦ Jugé que le communiqué de presse formulé par l'ANSM et la HAS, informant du déremboursement des spécialités à base d'olmesartan, dès lors qu'il ne révèle par lui-même aucune décision et ne contient aucune autre information que celles qui ont été portées à la connaissance des professionnels de santé par la fiche de bon usage des médicaments élaborée par la HAS, ne saurait être regardé comme de nature à produire des effets notables ou comme ayant pour objet d'influer de manière significative sur les comportements des personnes auxquelles il s'adresse et, par suite, n'est pas susceptible de faire l'objet d'un recours pour excès de pouvoir. • CE 19 juill. 2017, n° 399766 : *Lebon.*

2. Accès aux données. Sur le caractère non communicable aux tiers des données issues de la base nationale de pharmacovigilance (BNPV) et de la base relative à la gestion des fiches d'incidents transfusionnels (e-FIT) compte tenu de l'impossibilité d'occulter ou de disjoindre les mentions de ces bases qui ne sont pas communicables, V. • CADA 10 oct. 2013, conseil n° 20133264.

Art. L. 5311-3 Les modalités d'application des dispositions du présent chapitre sont déterminées par décret en Conseil d'État.

CHAPITRE II PRÉROGATIVES

Art. L. 5312-1 *(Ord. n° 2001-198 du 1er mars 2001, art. 15 ; Ord. n° 2005-1087 du 1er sept. 2005, art. 6) (L. n° 2011-2012 du 29 déc. 2011, art. 5-IV)* « L'Agence nationale de sécurité du médicament et des produits de santé » peut soumettre à des conditions particulières, restreindre ou suspendre les essais, la fabrication, la préparation, l'importation, l'exploitation, l'exportation, la distribution en gros, le conditionnement, la conservation, la mise sur le marché à titre gratuit ou onéreux, la détention en vue de la vente ou de la distribution à titre gratuit, la publicité, la mise en service, l'utilisation, la prescription, la délivrance ou l'administration d'un produit ou groupe de produits mentionné à l'article L. 5311-1, non soumis à une autorisation ou un enregistrement préalable à sa mise sur le marché, sa mise en service ou son utilisation, lorsque ce produit ou groupe de produits, soit présente ou est soupçonné de présenter, dans les conditions normales d'emploi ou dans des conditions raisonnablement prévisibles, un danger pour la santé humaine, soit est mis sur le marché, mis en service ou utilisé en infraction aux dispositions législatives ou réglementaires qui lui sont applicables. La suspension est prononcée, soit pour une durée n'excédant pas un an en cas de danger ou de suspicion de danger, soit jusqu'à la mise en conformité du produit ou groupe de produits, en cas d'infraction aux dispositions législatives ou réglementaires.

L'agence peut interdire ces activités en cas de danger grave ou de suspicion de danger grave pour la santé humaine.

Sauf en cas d'urgence, la personne physique ou morale concernée doit être mise à même de présenter ses observations avant l'intervention des mesures prévues ci-dessus.

COMMENTAIRE

V. Commentaire reproduit sur Dalloz.fr.

1. Champ d'application. Les dispositifs médicaux soumis à certification préalable entrent dans le champ des produits de santé qui ne sont pas soumis à une procédure d'autorisation ou d'enregistrement, au sens de l'art. L. 5312-1, et sont, dès lors, susceptibles de faire l'objet d'une suspension de leur utilisation en cas de danger pour la santé publique. • CE 30 déc. 2003, *Sté Saint-Gobain Céramiques avancées Desmarquest,* n° 249989. ♦ Si le directeur de l'agence, auquel l'art. L. 5311-1 n'a pas conféré un pouvoir général de police sanitaire, peut prendre les mesures énoncées à l'art. L. 5312-1 à l'égard des produits cosmétiques (n'étant soumis ni à autorisation, ni à enregistrement avant leur mise sur le marché ou leur utilisation), il n'appartient qu'aux ministres chargés de la santé, de la consommation et de l'industrie de réglementer la composition des produits cosmétiques en fixant, notamment, la liste des substances prohibées ou les conditions particulières auxquelles ces substances doivent répondre pour entrer dans la composition de ces produits. • CE 19 nov. 2003, *Féd. des industries de la parfumerie,* n° 253225 : *Lebon T. 994.*

2. Contrôle juridictionnel. *Le juge de l'excès de pouvoir* exerce sur la mesure de police, d'une part, un contrôle de l'erreur manifeste d'appréciation du danger pesant sur la santé humaine et, d'autre part, un contrôle de la proportionnalité de la mesure adoptée au regard des risques invoqués. • CE 30 déc. 2002, *Sté fr. d'endoscopie digestive : Lebon T. 928* • CE 2 févr. 2009, *SARL Medi LD,* n° 300440 : *Gaz. Pal. 19-20 juin 2009, p. 46, note Bandon-Tourret.* ♦ Si, pour apprécier dans quelle mesure la mise sur le marché de dispositifs médicaux d'autodiagnostic de l'antigène prostatique spécifique présente un danger grave pour la santé humaine, l'ANSM est fondée à prendre en considération tant les risques spécifiques que présente l'utilisation de ces produits que les risques induits par leur utilisation, elle commet toutefois une erreur de droit en se fondant, de façon générale, sur les limites du dépistage du cancer de la prostate par dosage de l'antigène prostatique spécifique et sur les dangers présentés par un surdiagnostic ou son surtraitement, au lieu de rechercher si l'utilisation du test de diagnostic présentait des risques ou en induisait par elle-même, du fait notamment d'une insuffisante fiabilité ou des conséquences d'une interprétation des résultats en l'absence de médecin. • CE 16 mars 2015, *Sté Le Complément alimentaire,* n° 369854 : *AJDA 2015. 1132* ; *Lebon.*

3. Garanties procédurales. L'art. L. 5312-1 exige que les personnes intéressées aient été mises à même de présenter leurs observations avant la mise en œuvre de la décision de suspension, à moins qu'une telle consultation ne soit pas possible en raison de l'urgence. • CE 6 nov. 2000, *Auclair : Lebon T. 1239* • CE 27 juill. 2001, *Ascher,* n° 223986 • CE 27 juin 2008, *Sté Coa-*

ting Industries, n° 299284. ♦ ... Une convocation dans un délai de trois jours étant insuffisante pour permettre de présenter utilement des observations. • CE 29 juill. 2002, *Sté Polytech Silimed Europe : Lebon T. 928 ; AJDA 2002. 1394, note Costa*.

4. Obligation de motivation. L'agence ne peut reconduire la mesure de suspension d'un an que sur le fondement d'éléments justifiant les doutes qu'elle a sur l'innocuité du produit : doit par conséquent être annulée la décision par laquelle l'AFSSAPS a reconduit pour la cinquième année consécutive la suspension de la mise sur le marché de prothèses mammaires sans invoquer de tels éléments. • CE 29 juill. 2002, *Labo. Arion*, n° 230584 : *Lebon T. 929*.

5. Responsabilité administrative. Les décisions du directeur général de l'agence dans l'exercice de son pouvoir de police sont prises « au nom de l'État » : par conséquent, seule la responsabilité de l'État peut être recherchée à raison de l'illégalité fautive qui entacherait la décision par laquelle le directeur a refusé d'abroger une décision de suspension de mise sur le marché, prise sur le fondement de l'art. L. 5312-1. • CE 2 mars 2011, *Sté Labo. Fénioux Pharm*, n° 335321 (aussi les recours indemnitaires dirigés contre l'État en raison de la suspension illégale de la mise sur le marché de produits non pourvus d'AMM relèvent-ils du TA dans le ressort duquel l'entreprise a son siège).

Art. L. 5312-1-1 *(Ord. n° 2013-1183 du 19 déc. 2013, art. 20-I)* **Lorsqu'il apparaît, à l'occasion d'une décision de suspension ou d'interdiction d'une activité portant sur un produit ou groupe de produits prise par l'Agence nationale de sécurité du médicament et des produits de santé en application de l'article L. 5312-1, que tout ou partie des activités de la personne physique ou morale concernée est effectué dans des conditions présentant un risque avéré pour la santé humaine, l'agence peut prononcer une suspension de tout ou partie de ces activités pour la durée nécessaire à la mise en œuvre des mesures propres à faire disparaître ce risque, dans la limite de six mois.**

Sauf en cas d'urgence, la décision de suspension mentionnée au premier alinéa ne peut intervenir qu'après que la personne physique ou morale a été mise à même de présenter ses observations.

Si*[,]* **à l'issue de la durée de suspension mentionnée au premier alinéa, la personne concernée n'a pas pris les mesures propres à faire disparaître le risque, l'agence peut, après une nouvelle inspection, prononcer une nouvelle suspension dans les mêmes conditions.**

Art. L. 5312-2 **Sans préjudice des poursuites pénales qui peuvent être exercées, lorsqu'un produit ou groupe de produits mentionné à l'article L. 5311-1 est mis sur le marché, mis en service ou utilisé sans avoir obtenu l'autorisation, l'enregistrement ou la certification préalable exigé par les dispositions législatives ou réglementaires applicables à ce produit ou groupe de produits, l'agence peut suspendre, jusqu'à la mise en conformité du** *(Ord. n° 2001-198 du 1er mars 2001, art. 15)* **« produit ou groupe de produits » au regard de la législation et de la réglementation en vigueur, les essais, la fabrication, la préparation, l'importation, l'exploitation, l'exportation, la distribution en gros, le conditionnement, la conservation, la mise sur le marché à titre gratuit ou onéreux, la détention en vue de la vente ou de la distribution à titre gratuit, la publicité, la mise en service, l'utilisation, la prescription, la délivrance ou l'administration de ce produit ou groupe de produits.**

Sauf en cas d'urgence, la personne physique ou morale concernée doit être mise à même de présenter ses observations avant l'intervention de ces mesures de suspension.

COMMENTAIRE

V. Commentaire reproduit sur Dalloz.fr.

1. Caractère non réglementaire. La décision du directeur général de l'agence prononçant, sur le fondement de l'art. L. 5312-2, la suspension des produits ne respectant pas la législation ou la réglementation qui leur sont applicables jusqu'à leur mise en conformité ne constitue pas une décision de nature réglementaire. • CE 11 juin 2003, *Sté Labo. Fénioux Pharm*, n° 247736 : *Lebon T. 995*.

2. Motivation des décisions. Les mesures de suspension prises sur le fondement des art. L. 5312-1 ou L. 5312-2, visant un groupe de produits sans identifier chacun des produits de santé concerné, ne sont pas au nombre des décisions individuelles dont la L. n° 79-587 du 11 juill. 1979 (art. L. 211-2 CRPA) exige la motivation. • CE 30 déc. 2002, *Assoc. des consommateurs de compléments alimentaires et suppléments nutritionnels*, n° 243990. ♦ En revanche, lorsque la mesure de suspension vise un produit déterminé, elle constitue une mesure individuelle de police devant être motivée au sens de la

L. n° 79-587 du 11 juill. 1979 (art. L. 211-2 CRPA) et comporter une motivation écrite, énonçant les considérations de droit et de fait sur lesquelles elle se fonde ; de plus, les dispositions de l'art. 24 de la L. n° 2000-321 du 12 avr. 2000 (art. L. 122-1 CRPA) font obligation à l'autorité administrative de faire droit, sauf en cas d'urgence ou de circonstances exceptionnelles, ou lorsque cette procédure serait de nature à compromettre l'ordre public, aux demandes d'audition formées par les personnes intéressées en vue de présenter des observations orales, alors même qu'elles auraient déjà présenté des observations écrites, sous réserve qu'une telle demande ne revêtisse pas un caractère abusif. • CE 3 avr. 2002, ⚖ *Sté Labo'Life España*, n° 232628 : *Lebon 120.*

3. Compétence contentieuse. La décision du directeur de l'agence prononçant la suspension, jusqu'à sa mise en conformité, de la publicité faite sur le site internet d'un laboratoire ne produit d'effets directs qu'au siège de l'entreprise et, par conséquent, relève du TA dans le ressort duquel l'entreprise à son siège. • CE 3 mai 2004, *Sté Labo. Équilibre Attitude : Lebon T. 884.*

4. Conditions de suspension. Le directeur général de l'agence prononçant, sur le fondement de l'art. L. 5312-2, la suspension des produits ne respectant pas la législation ou la réglementation qui leur sont applicables peut légalement fonder sa décision sur la non-conformité des conditions de fabrication et de distribution des produits concernés au regard des bonnes pratiques de fabrication fixées par voie réglementaire. • CE 11 juin 2003, ⚖ *Sté Labo. Fénioux Pharm*, n° 247736 : *préc. note 1.*

5. Champ d'application. Le pouvoir conféré au directeur de l'agence par l'art. L. 5312-2 est notamment soumis à la condition que le produit visé par la mesure de suspension soit effectivement mis sur le marché en France. • CE 6 déc. 2006, ⚖ *Sté Pharma Concept*, n° 285688 : *Gaz. Pal. 6-7 juin 2007, p. 50, note Peigné.* ♦ En revanche, la circonstance que la fabrication en France du produit serait effectuée par un établissement non autorisé à cet effet peut justifier, à elle seule, sur le fondement de l'art. L. 5124-3, une suspension de sa fabrication en France jusqu'à l'obtention de cette autorisation d'établissement. • Même arrêt.

6. Médicaments homéopathiques. Le fait de commercialiser sans autorisation d'importation et sans enregistrement des médicaments homéopathiques faisant l'objet d'une demande d'enregistrement simplifié en Espagne suffit à justifier une mesure de suspension dans l'attente d'une procédure d'enregistrement formellement engagée devant l'agence française. • CE 7 juin 2006, ⚖ *Sté Laboratorios Roda*, n° 289023.

7. Compléments alimentaires. Il entre dans les prérogatives du directeur de l'agence de requalifier, sous le contrôle du juge, des compléments alimentaires en médicaments et de suspendre, sur le fondement de l'art. L. 5312-2, leur commercialisation jusqu'à leur mise en conformité avec la législation et la réglementation relatives à l'AMM. • CE 11 juin 2003, ⚖ *Sté Labo. Fénioux Pharm*, n° 247736 : *préc. note 1* • 30 nov. 2005, ⚖ *Sté Floralpina*, n° 280457 (à propos de gélules de millepertuis) • 30 nov. 2005, ⚖ *EURL Claudine Vallée*, n° 280481 (à propos d'extraits végétaux laxatifs) • 30 nov. 2005, ⚖ *Sté L'arbre de vie*, n° 280115 (à propos de comprimés de millepertuis) • 6 févr. 2006, ⚖ *Sté MGD*, n° 282592 • 10 mars 2006, ⚖ *Sté Euroflore*, n° 285635 • 10 mars 2006, ⚖ *Sté Solgar Vitamin's*, n° 283054 (à propos de gélules de millepertuis et d'aloe vera) • 6 déc. 2006, ⚖ *Sté Labo. Fénioux Pharm*, n° 288929 • 6 déc. 2006, ⚖ *Sté Pharma Concept*, n° 285688 : *préc. note 5* (à propos du Viralgic destiné à lutter contre le HIV).

Art. L. 5312-3 Dans les cas mentionnés aux articles L. 5312-1 et L. 5312-2, ainsi que dans le cas d'une suspension ou d'un retrait d'autorisation ou d'enregistrement d'un *(Ord. n° 2001-198 du 1er mars 2001, art. 15)* « produit ou groupe de produits » mentionné à l'article L. 5311-1, l'agence peut enjoindre la personne physique ou morale responsable de la mise sur le marché, de la mise en service ou de l'utilisation de procéder au retrait du produit ou groupe de produits en tout lieu où il se trouve, à sa destruction lorsque celle-ci constitue le seul moyen de faire cesser le danger, et ordonner la diffusion de mises en garde ou de précautions d'emploi. Ces mesures sont à la charge de cette personne.

Le cas échéant, les mesures de suspension, d'interdiction, de retrait ou de destruction *(Ord. n° 2001-198 du 1er mars 2001, art. 15)* « d'un produit » peuvent être limitées à certains lots de fabrication.

Chaque fabricant, importateur, transporteur, distributeur en gros ou au détail ayant *acquis ou cédé des lots concernés et ayant* connaissance de la décision est tenu d'en informer ceux qui lui ont fourni la marchandise et ceux à qui il l'a cédée.

Art. L. 5312-4 Dans les cas mentionnés aux articles L. 5312-1, L. 5312-2 et L. 5312-3 *(L. n° 2011-2012 du 29 déc. 2011, art. 5-III)* « , ainsi que dans tous les cas où l'intérêt de la santé publique l'exige », les autorités sanitaires informent, si nécessaire, l'opinion publique *(L. n° 2011-2012 du 29 déc. 2011, art. 5-III)* « et les profes-

sionnels de santé » par tout moyen et notamment par la diffusion de messages sanitaires ou d'avis de rappel de produit sur tout support approprié. *(Abrogé par Ord. n° 2012-1427 du 19 déc. 2012, art. 15-1°) (L. n° 2011-2012 du 29 déc. 2011, art. 5-III)* ***« Ces mesures et leur coût sont, le cas échéant, à la charge de la personne physique ou morale responsable de la mise sur le marché, de la mise en service ou de l'utilisation du ou des produits concernés. »***

(Ord. n° 2012-1427 du 19 déc. 2012, art. 15-2°) **« L'Agence nationale de sécurité du médicament et des produits de santé met en place un dispositif spécifique de veille et d'alerte visant à éviter, par la mise en œuvre de mesures d'information appropriées, que des médicaments susceptibles de présenter un danger pour la santé, en particulier lorsqu'ils sont soupçonnés d'être falsifiés ou d'être affectés de défauts de qualité, ne soient mis à la disposition des patients.**

« Les mesures prises au titre des deux alinéas précédents et leur coût sont, le cas échéant, à la charge de la personne physique ou morale responsable de la mise sur le marché, de la mise en service ou de l'utilisation du ou des produits concernés. »

COMMENTAIRE

V. Commentaire reproduit sur Dalloz.fr.

Art. L. 5312-4-1 *(L. n° 2011-2012 du 29 déc. 2011, art. 5-V)* **L'Agence nationale de sécurité du médicament et des produits de santé prononce, à l'encontre des personnes physiques ou morales produisant ou commercialisant des produits mentionnés à l'article L. 5311-1 ou assurant les prestations associées à ces produits, des** *(Ord. n° 2013-1183 du 19 déc. 2013, art. 20-II-1°)* **« sanctions financières » qui peuvent être assorties d'astreintes journalières, dans les cas prévus par la loi et, le cas échéant, par décret en Conseil d'État.**

(Ord. n° 2013-1183 du 19 déc. 2013, art. 20-II-2°) **« Elle peut, le cas échéant, mettre en demeure ces mêmes personnes de régulariser la situation.**

« L'agence met préalablement à même la personne physique ou morale concernée de présenter ses observations, avec l'indication de la possibilité de se faire assister d'un conseil. »

Les montants de *(Ord. n° 2013-1183 du 19 déc. 2013, art. 20-II-3°)* **« la sanction financière » et de l'astreinte sont proportionnés à la gravité des manquements constatés.** *(Ord. n° 2013-1183 du 19 déc. 2013, art. 20-II-3°)* **« Ils tiennent compte, le cas échéant, de la réitération des manquements sanctionnés dans un délai de deux ans à compter de la date à laquelle la première décision de sanction est devenue définitive. »**

Les *(Ord. n° 2013-1183 du 19 déc. 2013, art. 20-II-4°)* **« sanctions financières et les astreintes » mentionnées au présent article sont versées au Trésor public et sont recouvrées comme les créances de l'État étrangères à l'impôt et au domaine.**

(Ord. n° 2013-1183 du 19 déc. 2013, art. 20-II-5°) **« Les modalités d'application du présent article sont prévues par décret en Conseil d'État. »**

COMMENTAIRE

V. Commentaire reproduit sur Dalloz.fr.

Art. L. 5312-4-2 (Abrogé par L. n° 2016-1691 du 9 déc. 2016, art. 15-II) (L. n° 2011-2012 du 29 déc. 2011, art. 43) ***Aucune personne ne peut faire l'objet d'une mesure discriminatoire, être écartée d'une procédure de recrutement ou de l'accès à un stage ou à une période de formation professionnelle, ni être sanctionnée ou faire l'objet d'une mesure discriminatoire, directe ou indirecte, notamment en matière de rémunération, de traitement, de formation, de reclassement, d'affectation, de qualification, de classification, de promotion professionnelle, de mutation ou de renouvellement de contrat, pour avoir relaté ou témoigné, de bonne foi, soit à son employeur, soit aux autorités judiciaires ou administratives*** (L. n° 2016-1524 du 14 nov. 2016, art. 5-I) ***« , soit, en dernier ressort, à un journaliste, au sens de l'article 2 de la loi du 29 juillet 1881 sur la liberté de la presse » de faits relatifs à la sécurité sanitaire des produits mentionnés à l'article L. 5311-1 dont elle aurait eu connaissance dans l'exercice de ses fonctions.***

Toute disposition ou tout acte contraire est nul de plein droit.

En cas de litige relatif à l'application des deux premiers alinéas, dès lors que la personne établit des faits qui permettent de présumer qu'elle a relaté ou témoigné de faits relatifs à la

sécurité sanitaire, il incombe à la partie défenderesse, au vu des éléments, de prouver que sa décision est justifiée par des éléments objectifs étrangers à la déclaration ou au témoignage de l'intéressé. Le juge forme sa conviction après avoir ordonné, en cas de besoin, toutes les mesures d'instruction qu'il estime utiles.

BIBL. ► Conseil d'État, Le droit d'alerte : signaler, traiter, protéger, Les études du Conseil d'État, *Doc. fr., 2016.* – ROMANET et BENAICHE, Les lanceurs d'alerte, auxiliaires de justice ou gardiens du silence ?, *Éd. de santé, 2014.* – LAUDE, Science et démocratie : garantir un juste équilibre (à propos de la loi du 16 avril 2013), *JCP 10 juin 2013. Doctr. 690.*

COMMENTAIRE

V. Commentaire reproduit sur Dalloz.fr.

Art. L. 5312-4-3 *(Ord. nº 2013-1183 du 19 déc. 2013, art. 20-III)* **Lorsqu'à** *[Lorsque, à]* **l'occasion d'une inspection, l'Agence nationale de sécurité du médicament et des produits de santé constate le non-respect des lois et règlements applicables aux activités et aux produits mentionnés à l'article L. 5311-1, elle peut enjoindre à la personne intéressée de régulariser la situation dans un délai qu'elle détermine. Cette injonction intervient après que la personne intéressée a été mise à même de présenter ses observations. Cette personne peut se faire assister par un conseil ou représenter par un mandataire de son choix.**

L'injonction est publiée sur le site internet de l'agence jusqu'à ce que la situation ait été régularisée.

Art. L. 5312-5 **Les modalités d'application des dispositions du présent chapitre sont déterminées par décret en Conseil d'État.** – *[Anc. art. L. 793-11, titre Ier, chap. II].*

CHAPITRE III INSPECTION

Art. L. 5313-1 **L'agence désigne, parmi ses agents, des inspecteurs qui contrôlent l'application des lois et règlements** *(Ord. nº 2013-1183 du 19 déc. 2013, art. 20-IV)* **« , notamment l'application des règles de bonnes pratiques définies par décision de l'Agence nationale de sécurité du médicament et des produits de santé ou par arrêté du ministre chargé de la santé en application du présent code, ainsi que des normes concernant les dispositifs médicaux, transposant les normes européennes harmonisées dont les références ont été publiées au *Journal officiel* de la République française, » relatifs aux activités et aux produits mentionnés à l'article L. 5311-1. Ils sont également chargés de procéder au recueil des informations nécessaires à l'exercice des missions de l'agence définies aux articles L. 5311-1 et L. 5311-2, ainsi qu'aux contrôles mentionnés à l'article L. 5311-2.**

Les dispositions des articles L. 1421-2, L. 1421-3, L. 5127-2 et L. 5425-1 sont applicables à l'exercice de cette mission. *(Ord. nº 2012-1427 du 19 déc. 2012, art. 16-I)* **« Les inspections sont réalisées conformément aux bonnes pratiques définies par le directeur général de l'agence. »**

Ils peuvent être assistés par des experts désignés par le directeur général de l'agence et procéder à des inspections conjointes avec des agents appartenant aux services de l'État et de ses établissements publics.

Art. L. 5313-2 **Les dispositions des articles L. 1421-1 à L. 1421-3 et de l'article L. 5127-3, premier alinéa, sont applicables aux inspecteurs de l'agence.**

Pour l'exercice des fonctions exigeant une compétence pharmaceutique, ces inspecteurs doivent être titulaires du diplôme de pharmacien. – *[Anc. art. L. 793-10-III].*

Art. L. 5313-2-1 *(Ord. nº 2013-1183 du 19 déc. 2013, art. 20-V)* **Aux seules fins de constater les infractions prévues aux articles L. 5421-2, L. 5421-3, L. 5421-13, L. 5432-1, L. 5432-2, L. 5438-4, L. 5461-3 et L. 5462-3 du code de la santé publique, lorsque celles-ci sont commises en ayant recours à un moyen de communication électronique, les inspecteurs de l'agence mentionnés à l'article L. 5412-1 habilités dans des conditions précisées par arrêté des ministres de la justice, de l'intérieur et chargé de la santé peuvent, sans être pénalement responsables de ces actes :**

1° Participer sous un pseudonyme aux échanges électroniques ;

2° Être en contact par ce moyen avec les personnes susceptibles d'être les auteurs de ces infractions ;

3° Acquérir des produits ou substances.

A peine de nullité, ces actes ne peuvent avoir pour effet d'inciter autrui à commettre une infraction.

Art. L. 5313-3 L'agence, afin de mener à bien ses missions, peut demander aux ministres *(Ord. n° 2010-177 du 23 févr. 2010, art. 19-I-20°)* « et aux agences régionales de santé » concernés de faire intervenir *(Ord. n° 2010-177 du 23 févr. 2010, art. 19-I-20°)* « leurs agents » habilités à contrôler l'application de dispositions législatives et réglementaires visant à préserver la santé humaine.

Lorsqu'ils interviennent à la demande de l'agence, ces agents agissent conformément aux lois et règlements qui leur sont applicables *(Ord. n° 2012-1427 du 19 déc. 2012, art. 16-II)* « ainsi qu'aux bonnes pratiques mentionnées à l'article L. 5313-1 ».

Art. L. 5313-4 Les modalités d'application des dispositions du présent chapitre sont déterminées par décret en Conseil d'État. – *[Anc. art. L. 793-11, titre III, chap. Ier].*

TITRE DEUXIÈME ORGANISATION

CHAPITRE PREMIER DISPOSITIONS GÉNÉRALES ET FINANCIÈRES

Art. L. 5321-1 L'agence est soumise à un régime administratif, budgétaire, financier et comptable et à un contrôle de l'État adaptés à la nature particulière de sa mission, définis au présent livre et précisés par décret en Conseil d'État. – *[Anc. art. L. 793-3, al. 5].*

Art. L. 5321-2 Les ressources de l'agence sont constituées notamment :

(L. n° 2011-1906 du 21 déc. 2011, art. 26-I-4°) « 1° Par une subvention de l'État ;

« 2° Par des subventions d'autres collectivités publiques, de leurs établissements publics, des organismes de sécurité sociale, de l'Union européenne ou des organisations internationales ; »

(Abrogé par L. n° 2011-1906 du 21 déc. 2011, art. 26-I-4°) « *3° Par des redevances pour services rendus ;* »

3° Par des produits divers, dons et legs ;

4° Par des emprunts.

L'agence ne peut recevoir des dons des personnes dont elle contrôle l'activité.

L'agence peut attribuer des subventions dans des conditions prévues *(Ord. n° 2005-1087 du 1er sept. 2005, art. 13-II)* « par le conseil d'administration ».

COMMENTAIRE

V. Commentaire reproduit sur Dalloz.fr.

Art. L. 5321-3 *(L. n° 2011-1906 du 21 déc. 2011, art. 26-I-5°)* I. — Donne lieu au versement d'un droit par le demandeur l'accomplissement par l'agence des opérations suivantes :

1° L'analyse d'échantillons ainsi que l'évaluation de la documentation relative au protocole de contrôle transmise par le fabricant en vue de la mise en circulation des lots de médicaments immunologiques mentionnés au 6° de l'article L. 5121-1, de médicaments dérivés du sang mentionnés à l'article L. 5121-3 et de substances qui, si elles sont utilisées séparément d'un dispositif médical dans lequel elles sont incorporées comme parties intégrantes, sont susceptibles d'être considérées comme des médicaments dérivés du sang ;

2° Les inspections expressément demandées par un établissement réalisant les activités mentionnées à l'article L. 5138-4 afin de vérifier le respect des bonnes pratiques mentionnées à l'article L. 5138-3 et de délivrer, le cas échéant, le certificat attestant de ce respect ;

3° La fourniture de substances de référence de la pharmacopée française ;

4° La délivrance d'attestations de qualité destinées aux exportateurs de médicaments.

Le montant du droit est fixé par décret dans la limite de :

a) 4 000 € pour les opérations mentionnées au 1° ;

b) 15 000 € pour les opérations mentionnées au 2° ;

c) 120 € pour l'opération mentionnée au 3° ;

d) 3 500 € pour l'opération mentionnée au 4°.

II. — L'agence liquide le montant du droit dû pour chaque opération, qui donne lieu à l'émission d'un titre de perception ordonnancé par le ministère chargé de la santé. Le droit est recouvré au profit de la Caisse nationale de l'assurance maladie des travailleurs salariés selon les modalités en vigueur en matière de créances étrangères à l'impôt et au domaine.

Art. L. 5321-4 *(Ord. n° 2017-45 du 19 janv. 2017, art. 3-I-4°)* Un décret en Conseil d'État détermine les modalités selon lesquelles un ou plusieurs services d'appui et de soutien de l'agence peuvent être mutualisés avec un ou plusieurs services d'autres organismes en application de l'article L. 1411-5-3.

CHAPITRE II CONSEIL D'ADMINISTRATION ET DIRECTEUR

Art. L. 5322-1 L'agence est administrée par un conseil d'administration et dirigée par un directeur général.

(L. n° 2011-2012 du 29 déc. 2011, art. 7-I) « Le conseil d'administration est composé, outre son président, des membres suivants :

« 1° Des représentants de l'État ;

« 2° De trois députés et de trois sénateurs ;

« 3° Des représentants des régimes obligatoires de base d'assurance maladie ;

« 4° Des représentants des professionnels de santé autorisés à prescrire et à dispenser des produits mentionnés au même article L. 5311-1 ;

« 5° Des représentants d'associations *(L. n° 2016-41 du 26 janv. 2016, art. 177-I-8°)* « d'usagers du système de santé » agréées au titre de l'article L. 1114-1 ;

« 6° Des personnalités qualifiées ;

« 7° Des représentants du personnel de l'agence.

« Les droits de vote sont répartis pour moitié entre les membres mentionnés au 1° et pour moitié entre les autres membres du conseil d'administration. Le président a voix prépondérante en cas de partage égal des voix. »

Le président du conseil d'administration et le directeur général sont nommés par décret. *(L. n° 2011-2012 du 29 déc. 2011, art. 7-II)* « Le directeur général est nommé pour une durée de trois ans renouvelable une fois.

« Le conseil d'administration fixe les orientations de la politique de l'agence. Il délibère en outre sur son programme de travail ainsi que sur des sujets définis par voie réglementaire. »

Un conseil scientifique, dont le président est désigné par le ministre chargé de la santé après avis dudit conseil, veille à la cohérence de la politique scientifique de l'agence. *(Abrogé par Décr. n° 2013-615 du 11 juill. 2013, art. 1er) (L. n° 2002-303 du 4 mars 2002, art. 51)* ***« Le conseil comprend au moins un médecin, un biologiste et un pharmacien des hôpitaux, praticiens hospitaliers et désignés par leur ordre professionnel. »***

Art. L. 5322-2 Le directeur général de l'agence prend, au nom de l'État, les décisions qui relèvent, en ce qui concerne les produits mentionnés à l'article L. 5311-1, de la compétence de celle-ci en vertu des dispositions du présent code, de la loi n° 92-654 du 13 juillet 1992 relative au contrôle de l'utilisation et de la dissémination des organismes génétiquement modifiés et modifiant la loi n° 76-663 du 19 juillet 1976 relative aux installations classées pour la protection de l'environnement, ainsi que des mesures réglementaires prises pour l'application de ces dispositions.

Les décisions prises par le directeur général en application du présent article ne sont susceptibles d'aucun recours hiérarchique. Toutefois, en cas de menace grave pour la santé publique, le ministre chargé de la santé peut s'opposer, par arrêté motivé, à la décision du directeur général et lui demander de procéder, dans le délai de trente jours, à un nouvel examen du dossier ayant servi de fondement à ladite décision. Cette *opposition est suspensive de l'application* de cette décision.

(Ord. n° 2016-966 du 15 juill. 2016, art. 2-11°) « Sauf dispositions contraires du présent code, les décisions devant faire l'objet d'une publication sont publiées sur le site internet de l'agence. »

1. Responsabilité de l'État. Dans la mesure où les décisions du directeur de l'agence, pour ce qui concerne la police des produits de santé, sont prises « au nom de l'État », seule une éventuelle responsabilité de l'État peut être recherchée à raison de l'illégalité fautive d'une décision du directeur de l'agence. • CE 27 oct. 2008, *Sté Almirall*, n° 300389 (délivrance d'AMM à un tiers) • CE 2 mars 2011, *Sté Laboratoires Fénioux Pharm*, n° 335321 (refus d'abroger une mesure de police). ♦ L'absence de suspension ou de retrait de l'AMM d'un médicament défectueux est constitutive d'une carence fautive de l'agence de nature à engager la responsabilité de l'État et non de l'agence elle-même. • TA Paris, 3 juill. 2014, n° 1312345/6 : *RDSS 2014. 926, note Peigné ; RFDA 2014. 1193, note Petit*. • TA Paris, 7 août 2014, n°s 1312469/6, 1312477/6, 1312386/6, 1315850/6, 1312490/6, 1312488/6, 1315853/6, 1317087/6, 1317086/6, 1315971/6, 1312676/6, 1312473/6, 1312482/6, 1312396/6, 1312401/6, 1312466/6, 1312349/6 et 1312672/6. • TA Paris, 12 sept. 2014, n°s 1312391/6, 1401913/6 et 1401970/6. ♦ Confirmés par • CAA Paris, 31 juill. 2015, n°s 14PA04082, 14PA04083 et 14PA04146 (affaire du Mediator) : *AJDA 2015. 1986, concl. Roussel ; RDSS 2015. 927, note Peigné*. ♦ Le Conseil d'État a confirmé que la responsabilité de l'État était susceptible d'être engagée, sur le fondement de la faute simple, en raison de la carence de l'AFSSAPS à retirer l'AMM du Mediator à partir de juillet 1999. • CE 9 nov. 2016, n° 393904 : *Lebon ; AJDA 2016. 2134 ; D. 2016. 2346 ; RDSS 2016. 1160, note Peigné ; AJDA 2017. 426, note Brimo ; JCP G 2017, n° 58, note Rotoullié ; Dr. adm., 2017, comm. n° 3, note Lantero*. ♦ Il a par ailleurs précisé que l'État n'était pas tenu de réparer intégralement les préjudices liés au Mediator et qu'il pouvait s'exonérer partiellement de sa responsabilité, en se prévalant de la faute commise par le laboratoire exploitant soumis à son contrôle : dans ce contexte, il incombe à l'État de réparer le préjudice subi à raison de la seule carence fautive de l'AFSSAPS, à charge pour les victimes de rechercher la responsabilité des laboratoires Servier devant le juge judiciaire. • CE 9 nov. 2016, n°s 393902 et 393926 : *RDSS 2016. 1166, note Peigné ; AJDA 2017. 426, note Brimo ; JCP G 2017, n° 58, note Rotoullié ; Dr. adm. 2017, comm. n° 3, note Lantero*. ♦ La cour administrative de renvoi a estimé que les agissements fautifs des laboratoires Servier sont de nature à exonérer l'État, pour la période s'étalant du 7 juill. 1999 au 30 nov. 2009, à hauteur de 70 % quant à la réparation des conséquences dommageables dues au Mediator. • CAA Paris, 4 août 2017, n°s 16PA00157 et 16PA03634 : *AJDA 2017. 2140, chron. Sorin*. ♦ Sur la condamnation de l'État à indemniser, à hauteur de 30 %, les préjudices subis par une personne présentant des atteintes valvulaires en lien avec un traitement par Mediator, V. • TA Paris, 10 oct. 2017, n° 1312485/6-2. ♦ En revanche, la responsabilité de l'État n'a pas été retenue dans l'affaire des prothèses PIP, rien ne permettant de dire qu'à la date de leur implantation (en l'espèce 2006), l'agence disposait des informations évoquant une utilisation ou un risque d'utilisation d'un composant non conforme à la réglementation des dispositifs médicaux. • TA Toulon, 22 oct. 2015, n° 1302231 : *JCP A 30 nov. 2015, n° 2353, comm. Vioujas*. ♦ Sur l'absence d'utilité d'une demande d'expertise tendant à l'évaluation du préjudice subi à la suite de l'implantation d'une prothèse PIP, alors que l'existence d'un lien de causalité entre le préjudice à évaluer et la carence supposée fautive de l'agence n'est pas manifeste. • CE 14 févr. 2017, *Mme A.*, n° 401514 : *Lebon ; AJDA 2017. 373*.

2. Organisation du service. Dans le cadre de son pouvoir d'organisation du service, le directeur général de l'agence est seul compétent, s'agissant des fonctionnaires et agents contractuels de droit public de l'établissement, pour fixer par la voie d'une décision unilatérale l'organisation des astreintes, y compris en modifiant les dispositions antérieurement prises par d'autres autorités de l'agence, dès lors que l'organisation des astreintes est sans incidence sur l'étendue des droits de nature statutaire dont bénéficient les fonctionnaires. • CE 7 déc. 2015, *Synd. prof. de l'agence des produits de santé*, n° 391283.

Art. L. 5322-3 **Les modalités d'application des dispositions du présent chapitre sont déterminées par décret en Conseil d'État.** — *[Anc. art. L. 793-11, titre II, chap. Ier].*

CHAPITRE III PERSONNEL

Art. L. 5323-1 **L'agence emploie des agents régis par les titres II, III ou IV du statut général des fonctionnaires ainsi que des personnels mentionnés aux 1° et 2° de l'article L. 6152-1, en position d'activité, de détachement ou de mise à disposition.** — *[Anc. art. L. 793-7, I].*

Art. L. 5323-2 **Elle emploie également des agents contractuels de droit public, avec lesquels elle peut conclure des contrats à durée déterminée ou indéterminée. Le conseil d'administration délibère sur un règlement fixant les conditions de leur gestion administrative et financière.** — *[Anc. art. L. 793-7, II].*

Art. L. 5323-3 **L'établissement peut également faire appel à des agents contractuels de droit privé pour occuper des fonctions occasionnelles de caractère scientifique ou**

technique. Ces fonctions peuvent être exercées par des agents occupant par ailleurs à titre principal une activité professionnelle libérale. – *[Anc. art. L. 793-7, III].*

Art. L. 5323-4 Les agents contractuels mentionnés à l'article L. 5323-2 et L. 5323-3 :

1° Sont tenus au secret et à la discrétion professionnels dans les mêmes conditions que celles qui sont définies à l'article 26 du titre Ier du statut général des fonctionnaires de l'État et des collectivités territoriales ;

2° Ne peuvent, par eux-mêmes ou par personne interposée, avoir, dans les établissements ou entreprises contrôlés par l'agence ou en relation avec elle, aucun intérêt de nature à compromettre leur indépendance.

Les agents précités sont soumis aux *(L. n° 2016-483 du 20 avr. 2016, art. 10-II-J)* « articles 25 à 25 *octies* de la loi n° 83-634 du 13 juillet 1983 relative aux droits et obligations des fonctionnaires, à l'exception de l'article 25 *septies* de la même loi ».

Les personnes collaborant occasionnellement aux travaux de l'agence et les autres personnes qui apportent leur concours aux *(L. n° 2011-2012 du 29 déc. 2011, art. 6-4°)* « conseils, commissions, comités et groupes de travail » siégeant auprès d'elle, à l'exception des membres de ces *(L. n° 2011-2012 du 29 déc. 2011, art. 6-4°)* « conseils, commissions, comités et groupes de travail », ne peuvent, sous les peines prévues à l'article 432-12 du code pénal, traiter une question dans laquelle elles auraient un intérêt direct ou indirect et sont soumises aux obligations énoncées au 1°.

(Abrogé par L. n° 2011-2012 du 29 déc. 2011, art. 1er-II) ***« Les membres des commissions et conseils siégeant auprès de l'agence ne peuvent, sous les mêmes peines, prendre part ni aux délibérations ni aux votes de ces instances s'ils ont un intérêt direct ou indirect à l'affaire examinée et sont soumis aux obligations énoncées au 1°.***

(L. n° 2007-248 du 26 févr. 2007, art. 30) ***« Les personnes mentionnées aux articles L. 5323-1, L. 5323-2 et L. 5323-3 ainsi que les personnes mentionnées aux deux alinéas précédents adressent au directeur général, à l'occasion de leur nomination ou de leur entrée en fonctions, puis annuellement, une déclaration mentionnant leurs liens, directs ou indirects, avec les entreprises ou établissements dont les produits entrent dans le champ de compétence de l'agence, ainsi qu'avec les sociétés ou organismes de conseil intervenant dans les secteurs correspondants. Cette déclaration est actualisée à leur initiative dès qu'une modification intervient concernant ces liens ou que de nouveaux liens sont noués. La déclaration adressée par les personnes mentionnées aux deux alinéas précédents est rendue publique. »***

(L. n° 2002-303 du 4 mars 2002, art. 31-I) « Les personnes mentionnées aux cinquième et sixième alinéas sont soumises à l'interdiction mentionnée au premier alinéa de l'article L. 4113-6. Est interdit le fait, pour les entreprises mentionnées au premier alinéa de l'article L. 4113-6, de proposer ou de procurer à ces personnes les avantages cités dans cet alinéa.

« Elles sont également soumises aux dispositions du premier alinéa de l'article L. 4113-13. En cas de manquement à ces dispositions, l'autorité administrative peut mettre fin à leurs fonctions. »

(Ord. n° 2005-1087 du 1er sept. 2005, art. 12-I) « Comme les agents de l'agence, les membres des conseils et commissions et les personnes qui apportent occasionnellement leur concours à l'agence ou à ces instances sont astreints au secret professionnel pour les informations dont ils ont pu avoir connaissance en raison de leurs fonctions, dans les conditions et sous les peines prévues aux articles 226-13 et 226-14 du code pénal. »

BIBL. ▶ TREPREAU, La prévention des conflits d'intérêts dans le domaine de la santé, *RDSS 2016. 1116* ⊘. – MASCRET, Un degré supplémentaire dans la transparence des liens d'intérêts en matière sanitaire, *LPA 25 janv. 2016, p. 7.* – HÉRAIL, Les conflits d'intérêts en droit pharmaceutique, *RGDM 2015. Pan. droit pharmaceutique, n° spécial, p. 145.* – SCHMIDT, Essai de systématisation des conflits d'intérêts, *D. 2013. Chron. 446* ⊘. – MORET-BAILLY et RODWIN, La qualification de conflits d'intérêts des médecins en France et aux États-Unis, *RDSS 2012. 501* ⊘. – DONDERO, Le traitement juridique des conflits d'intérêts : entre droit commun et dispositifs spéciaux, *D. 2012. Chron. 1686.* ⊘ – MORET-BAILLY, Définir les conflits d'intérêts, *D. 2011. Chron. 1100* ⊘ – RODWIN, *Conflicts of interest and the future of medecine (United States, France, Japan), Oxford University Press, 2011.* – SAUVÉ, MIGAUD et MAGENDIE, Rapport de la commission de réflexion pour la prévention des conflits d'intérêts dans la vie publique, *janv. 2011.* – J.-B. AUBY, Conflits d'intérêts et droit administratif, *Dr. adm., déc. 2010. Étude 24.* – Recommandation OCDE, *Managing conflict of interest in the public service, OECD Guidelines and Country Experiences, 2003.*

COMMENTAIRE

V. Commentaire reproduit sur Dalloz.fr.

Conflits d'intérêts. Sur la méconnaissance du principe d'impartialité et la sanction de conflits d'intérêts au sein de la Haute Autorité de santé, V. • CE 27 avr. 2011, *Assoc. Formindep,* n° 334396 : *Lebon 168 ; AJDA 2011. 1326, concl. Landais ; D. 2011. 1287 ; JCP Adm. 2011, n° 2321, note Moquet-Anger ; RGDM 2011, n° 40, p. 211, note Vioujas ; RDSS 2011. 483, note Peigné ; Méd. et droit janv.-févr. 2012, n° 112, p. 10, note Duguet.* ♦ ... Et au sein de l'Agence française de sécurité sanitaire des aliments (devenue Agence nationale chargée de la sécurité sanitaire de l'alimentation, de l'environnement et du travail), V. • CE 11 févr. 2011, *Sté Aquatrium,* n° 319828 : *Lebon 42 ; AJDA 2011. 306*. ♦ Sur l'existence d'un conflit d'intérêts négatif à l'égard d'un membre de la commission de la transparence de la HAS, V. • CE 12 févr. 2007, *Sté Jolly-Jatel,* n° 290164 : *Lebon T. 1085 ; RDSS 2007. 338, note Mascret*. ♦ Sur la suspension d'un arrêté de radiation de la liste des spécialités remboursables intervenu au vu d'un avis de la commission de la transparence de la Haute Autorité de santé rendu en méconnaissance du principe d'impartialité, V. • CE, réf., 9 sept. 2012, *Sté Thérabel Lucien Pharma,* n° 361965. ♦ Sur l'absence de conflit d'intérêts visant le vice-président de la commission d'AMM de l'AFSSAPS, V. • CE 28 mai 2010, *Sté IDL,* n° 320950 : *Lebon T. 987*. ♦ La participation d'un membre de la commission de la transparence à un plan d'investigation pédiatrique relatif à un médicament concurrent, en tant qu'investigateur non principal, ne saurait être regardée comme révélant à elle seule un intérêt de nature à caractériser une situation de conflit d'intérêts négatif. • CE 13 nov. 2013, *Sté Novartis Pharma,* n° 344490 : *RDSS 2013. 1134, obs. Peigné*. ♦ Même en l'absence de texte, lorsqu'un membre d'une commission administrative à caractère consultatif est en situation de devoir s'abstenir de siéger pour l'examen d'une question, il est de bonne pratique qu'il quitte la salle où se tient la séance pendant la durée de cet examen : toutefois, la circonstance que l'intéressé soit resté dans la salle n'entraîne l'irrégularité de l'avis rendu par la commission que si, en raison notamment de son rôle dans celle-ci, de l'autorité hiérarchique, scientifique ou morale qui est la sienne ou de la nature de ses liens d'intérêt, sa simple présence pendant les délibérations a pu influencer les positions prises par d'autres membres de l'instance. • CE, sect., 22 juill. 2015, *Sté Zambon France,* n° 361962 : *AJDA 2015. 1626, chron. Lessi et Dutheillet de Lamothe*.

Art. L. 5323-5 **Les modalités d'application des dispositions du présent chapitre sont déterminées par décret en Conseil d'État, et notamment :**

1° Les règles applicables aux agents contractuels de l'agence ;

2° La définition des activités privées qu'en raison de leur nature les agents contractuels de l'agence ayant cessé leurs fonctions ne peuvent exercer pendant une durée qui peut être limitée. — *[Anc. art. L. 793-11, titre II, chap. II, art. L. 793-8 (partie)].*

CHAPITRE IV **COMMISSIONS**

(L. n° 2011-2012 du 29 déc. 2011, art. 7-IV)

Art. L. 5324-1 L'agence rend publics l'ordre du jour et les comptes rendus, assortis des détails et explications des votes, y compris les opinions minoritaires, à l'exclusion de toute information présentant un caractère de confidentialité industrielle ou commerciale ou relevant du secret médical, des réunions des commissions, des comités et des instances collégiales d'expertise mentionnés au I de l'article L. 1451-1, dont les avis fondent une décision administrative.

Les modalités d'application du premier alinéa, et notamment les conditions de la publicité, sont fixées par décret en Conseil d'État.

LIVRE QUATRIÈME **SANCTIONS PÉNALES ET FINANCIÈRES**

(L. n° 2011-2012 du 29 déc. 2011, art. 5-VI).

TITRE PREMIER **RECHERCHE ET CONSTAT DES INFRACTIONS**

CHAPITRE PREMIER **INSPECTEURS AYANT LA QUALITÉ DE PHARMACIEN** *(Ord. n° 2010-177 du 23 févr. 2010, art. 19-I-21°).*

Art. L. 5411-1 Dans les locaux, lieux, installations et véhicules auxquels ils ont accès en application de l'article L. 1421-2, ainsi que dans les *(Ord. n° 2013-1183 du 19 déc.*

2013, art. 21-I-1°) « lieux ouverts au public », les pharmaciens inspecteurs de santé publique *(Ord. n° 2010-177 du 23 févr. 2010, art. 19-I-22°)* « et les inspecteurs des agences régionales de santé ayant la qualité de pharmacien » habilités et assermentés dans des conditions fixées par décret en Conseil d'État ont qualité pour rechercher et constater les infractions aux lois et règlements relatifs à l'exercice de la pharmacie et de la biologie médicale, ainsi qu'aux activités et aux produits mentionnés à l'article L. 5311-1 *(Ord. n° 2013-1183 du 19 déc. 2013, art. 21-I-2°)* « , ainsi qu'aux dispositions du titre II du livre Ier du code de la consommation lorsque l'infraction porte sur un de ces produits ». A cet effet, ils disposent des pouvoirs prévus à l'article L. 1421-3.

Concurrence de compétences. Les pharmaciens inspecteurs de la santé publique et les inspecteurs de l'agence du médicament sont conjointement compétents, sur le plan judiciaire, pour constater la fabrication et la commercialisation illicites de produits répondant à la définition du médicament. • CE, sect. soc., 4 juin 1996, avis n° 358810 : *EDCE 1996. 348.*

Art. L. 5411-2 Le procureur de la République est préalablement informé des opérations envisagées en vue de la recherche des infractions par les *(Ord. n° 2010-177 du 23 févr. 2010, art. 19-I-23°)* « inspecteurs mentionnés à l'article L. 5411-1 ». Il peut s'opposer à ces opérations. Les procès-verbaux lui sont transmis dans les cinq jours *(Ord. n° 2013-1183 du 19 déc. 2013, art. 21-II-1°)* « qui suivent leur clôture ». Une copie est également remise à l'intéressé.

(Ord. n° 2013-1183 du 19 déc. 2013, art. 21-II-2°) « Les infractions et les manquements sont constatés par procès-verbaux, qui font foi jusqu'à preuve contraire. »

Art. L. 5411-3 Dans le cadre de cette mission, les *(Ord. n° 2010-177 du 23 févr. 2010, art. 19-I-23°)* « inspecteurs mentionnés à l'article L. 5411-1 » peuvent procéder à la saisie de produits sur autorisation judiciaire prononcée par ordonnance du *(Ord. n° 2009-375 du 1er avr. 2009, art. 5)* « juge des libertés et de la détention. » La demande doit comporter tous les éléments d'information de nature à justifier la saisie. Celle-ci s'effectue sous l'autorité et le contrôle du juge qui l'a autorisée.

Les produits saisis sont immédiatement inventoriés. L'inventaire est annexé au procès-verbal sur les lieux. Les originaux du procès-verbal et de l'inventaire sont transmis, dans les cinq jours *(Ord. n° 2013-1183 du 19 déc. 2013, art. 21-III)* « qui suivent leur clôture », au juge qui a ordonné la saisie.

Le *(Ord. n° 2009-375 du 1er avr. 2009, art. 5)* « juge des libertés et de la détention » peut, à tout moment, ordonner la mainlevée de la saisie.

Art. L. 5411-4 *(Ord. n° 2013-1183 du 19 déc. 2013, art. 21-IV)* Lorsqu'ils recherchent ou constatent une infraction mentionnée à l'article L. 5411-1, les inspecteurs mentionnés à l'article L. 5411-1 sont habilités à relever l'identité de la personne qu'ils contrôlent. Si celle-ci refuse ou se trouve dans l'impossibilité de justifier de son identité, ils en rendent compte immédiatement à tout officier de police judiciaire territorialement compétent, qui peut alors procéder à une vérification d'identité dans les conditions prévues à l'article 78-3 du code de procédure pénale. En ce cas, le délai prévu au troisième alinéa du même article 78-3 court à compter du relevé d'identité.

CHAPITRE II INSPECTEURS DE L'AGENCE NATIONALE DE SÉCURITÉ DU MÉDICAMENT ET DES PRODUITS DE SANTÉ *(Ord. n° 2013-1183 du 19 déc. 2013, art. 21-V).*

Art. L. 5412-1 Dans les locaux, lieux, installations et véhicules auxquels ils ont accès en application de l'article L. 1421-2, ainsi que dans les lieux publics, les inspecteurs de l'agence habilités et assermentés dans des conditions fixées par décret en Conseil d'État ont qualité pour rechercher et constater les infractions aux lois et règlements relatifs aux activités et aux produits mentionnés à l'article L. 5311-1 *(Ord. n° 2013-1183 du 19 déc. 2013, art. 21-VI-1°)* « ainsi qu'aux dispositions du titre II du livre Ier du code de la consommation lorsque l'infraction porte sur un de ces produits ».

Les dispositions des articles L. 1421-3, L. 5411-2 *(Ord. n° 2013-1183 du 19 déc. 2013, art. 21-VI-2°)* « , L. 5411-3 et L. 5411-4 » sont applicables à l'exercice de cette mission.

CHAPITRE III INSPECTEURS AYANT LA QUALITÉ DE MÉDECIN *(Ord. n° 2010-177 du 23 févr. 2010, art. 19-I-24°).*

Art. L. 5413-1 Dans les locaux, lieux, installations et véhicules auxquels ils ont accès en application de l'article L. 1421-2, ainsi que dans les lieux publics, les médecins inspecteurs de santé publique *(Ord. n° 2010-177 du 23 févr. 2010, art. 19-I-25°)* « et les inspecteurs des agences régionales de santé ayant la qualité de médecin » habilités et assermentés dans des conditions fixées par décret en Conseil d'État ont qualité pour rechercher et constater les infractions aux lois et règlements relatifs aux activités et aux produits mentionnés à l'article L. 5311-1 *(Ord. n° 2013-1183 du 19 déc. 2013, art. 21-VI-1°)* « ainsi qu'aux dispositions du titre II du livre Ier du code de la consommation lorsque l'infraction porte sur un de ces produits », *(L. n° 2002-73 du 17 janv. 2002, art. 59-III)* « à l'article L. 1151-1 » ainsi qu'aux mesures réglementaires prises pour son application ».

Les dispositions des articles L. 1421-3, L. 5411-2 *(Ord. n° 2013-1183 du 19 déc. 2013, art. 21-VI-2°)* « , L. 5411-3 et L. 5411-4 » sont applicables à l'exercice de cette mission.

CHAPITRE IV AUTRES PERSONNES HABILITÉES

Art. L. 5414-1 *(Ord. n° 2013-1183 du 19 déc. 2013, art. 21-VII)* « Les agents mentionnés *(Ord. n° 2016-301 du 14 mars 2016, art. 17-7°)* « à l'article L. 511-3 et aux 1° et 2° du I de l'article L. 511-22 » du code de la consommation ont qualité pour rechercher et constater les infractions aux lois et règlements relatifs aux activités et aux produits mentionnés à l'article L. 5311-1 suivants :

« 1° Les dispositifs médicaux ;

« 2° Les dispositifs médicaux de diagnostic *in vitro* ;

« 3° Les produits destinés à l'entretien ou à l'application des lentilles de contact ;

« 4° Les lentilles oculaires non correctrices ;

« 5° Les produits cosmétiques ;

« 6° Les produits de tatouage.

« A cet effet, ils disposent des pouvoirs prévus *(Abrogé par L. n° 2014-344 du 17 mars 2014, art. 140-II-2°)* « *titre Ier du* » *(Ord. n° 2016-301 du 14 mars 2016, art. 17-7°)* « au I de l'article L. 511-22 » du code de la consommation. »

(Ord. n° 2007-613 du 26 avr. 2007, art. 51) « Ces agents peuvent communiquer à *(L. n° 2011-2012 du 29 déc. 2011, art. 5-IV)* « l'Agence nationale de sécurité du médicament et des produits de santé » les informations et documents recueillis dans les conditions prévues à l'alinéa précédent afin qu'elle procède à toute évaluation et expertise pour les produits mentionnés au même alinéa. »

Pharmacie vétérinaire. Les vétérinaires inspecteurs ont qualité, concurremment avec les pharmaciens inspecteurs de la santé publique et les agents de la répression des fraudes, pour rechercher et constater les infractions à la législation relative à la pharmacie vétérinaire. • Crim. 30 oct. 2000, n° 99-86.200 : *Bull. crim. n° 322, p. 954.*

Art. L. 5414-2 *(Ord. n° 2001-313 du 11 avr. 2001, art. 14)* Les dispositions de l'article *(Ord. n° 2013-1183 du 19 déc. 2013, art. 21-VIII)* « L. 1427-1 » sont applicables lorsqu'il est fait obstacle aux missions des agents mentionnés à l'article L. 5146-1.

Art. L. 5414-3 *(Ord. n° 2004-670 du 9 juill. 2004, art. 7-III)* Les agents mentionnés *(Ord. n° 2016-301 du 14 mars 2016, art. 17-7°)* « à l'article L. 511-3 et aux 1° et 2° du I de l'article L. 511-22 » du code de la consommation ont qualité pour rechercher et constater les infractions aux dispositions de l'article L. 5132-8 en ce qu'elles concernent les substances et préparations dangereuses utilisées à des fins autres que médicales, ainsi qu'aux mesures réglementaires prises pour l'application de ces dispositions. A cet effet, ils disposent des pouvoirs prévus *(Ord. n° 2016-301 du 14 mars 2016, art. 17-7°)* « au I de l'article L. 511-22 » du code de la consommation.

TITRE DEUXIÈME **MÉDICAMENTS À USAGE HUMAIN**

CHAPITRE PREMIER **DISPOSITIONS GÉNÉRALES**

Art. L. 5421-1 *(Ord. nº 2013-1183 du 19 déc. 2013, art. 3-I)* Le fait de ne pas respecter les règles de bonnes pratiques définies dans le cadre des décisions ou arrêtés pris en application de l'article L. 5121-5 dont la méconnaissance est de nature à entraîner un risque grave pour la santé publique est puni d'un an d'emprisonnement et *[de]* 150 000 € d'amende.

Art. L. 5421-2 *(Ord. nº 2013-1183 du 19 déc. 2013, art. 3-II)* I. — Le fait de commercialiser, de réaliser l'activité de courtage ou de distribuer à titre gratuit ou onéreux, en gros ou au détail, une spécialité pharmaceutique, tout autre médicament fabriqué industriellement ou selon une méthode dans laquelle intervient un processus industriel, ainsi que tout générateur, trousse ou précurseur tels que définis respectivement aux 8°, 9° et 10° de l'article L. 5121-1, sans une autorisation de mise sur le marché, une autorisation temporaire d'utilisation, une autorisation mentionnée à l'article L. 5121-9-1 ou sans une autorisation d'importation, ou dont l'autorisation est refusée, suspendue, retirée ou devenue caduque, est puni de cinq ans d'emprisonnement et de 375 000 euros d'amende.

II. — Est puni des mêmes peines le fait de réaliser, faire réaliser, diffuser ou faire diffuser une publicité sur une spécialité pharmaceutique, tout autre médicament fabriqué industriellement ou selon une méthode dans laquelle intervient un processus industriel, ainsi que sur tout générateur, trousse ou précurseur tels que définis respectivement aux 8°, 9° et 10° de l'article L. 5121-1, qui n'ont pas fait l'objet d'une autorisation de mise sur le marché, d'une autorisation temporaire d'utilisation, d'une autorisation mentionnée à l'article L. 5121-9-1 ou d'une autorisation d'importation, ou dont l'autorisation est refusée, suspendue, retirée ou devenue caduque.

III. — Les peines prévues aux I et II sont portées à sept ans d'emprisonnement et *[à]* 750 000 € d'amende, lorsque les délits prévus aux mêmes paragraphes :

1° Sont de nature à entraîner un risque grave pour la santé de l'homme ;

2° Ont été commis en bande organisée ;

3° Ont été commis sur un réseau de télécommunication à destination d'un public non déterminé ;

4° Ont été commis par des établissements pharmaceutiques autorisés conformément à l'article L. 5124-3, des courtiers déclarés conformément à l'article L. 5124-20, des pharmaciens d'officine titulaires de la licence mentionnée à l'article L. 5125-4 et des pharmacies à usage intérieur mentionnés à l'article L. 5126-5 du même code.

Art. L. 5421-3 *(Ord. nº 2013-1183 du 19 déc. 2013, art. 3-III)* I. — Le fait de commercialiser, de réaliser l'activité de courtage ou de distribuer à titre gratuit ou onéreux, en gros ou en détail, des médicaments homéopathiques mentionnés au 11° de l'article L. 5121-1 ou des médicaments traditionnels à base de plantes mentionnés à l'article L. 5121-14-1 n'ayant pas fait l'objet d'un enregistrement auprès de l'Agence nationale de sécurité du médicament et des produits de santé, ou dont l'enregistrement auprès de cette agence est refusé, suspendu, retiré ou devenu caduc, est puni de deux ans d'emprisonnement et *[de]* 150 000 euros d'amende.

II. — Est puni des mêmes peines le fait de réaliser, faire réaliser, diffuser ou faire diffuser une publicité sur des médicaments homéopathiques mentionnés au 11° de l'article L. 5121-1 ou des médicaments traditionnels à base de plantes mentionnés à l'article L. 5121-14-1 qui n'ont pas fait l'objet d'un enregistrement auprès de l'Agence nationale de sécurité du médicament et des produits de santé, ou dont l'enregistrement auprès de cette agence est refusé, suspendu, retiré ou devenu caduc.

III. — Les peines prévues aux I et II sont portées à cinq ans d'emprisonnement et *[à]* 375 000 € d'amende, lorsque les délits prévus aux mêmes paragraphes :

1° Sont de nature à entraîner un risque grave pour la santé de l'homme ;

2° Ont été commis en bande organisée ;

3° Ont été commis sur un réseau de télécommunication à destination d'un public non déterminé ;

4° Ont été commis par des établissements pharmaceutiques autorisés conformément à l'article L. 5124-3, des courtiers déclarés conformément à l'article L. 5124-20, des pharmaciens d'officine titulaires de la licence mentionnée à l'article L. 5125-4 et des pharmacies à usage intérieur mentionnés à l'article L. 5126-5 du même code.

Art. L. 5421-4 *(Ord. nº 2013-1183 du 19 déc. 2013, art. 3-IV)* Le fait pour toute personne exploitant un médicament ou *[un]* produit de ne pas communiquer toute information nouvelle de nature à influencer l'évaluation des bénéfices et des risques du médicament ou du produit concerné en application de l'article L. 5121-9-2 ou de ne pas transmettre les données demandées par l'agence dans les délais impartis par elle en application de l'article L. 5121-9-3 est puni de deux ans d'emprisonnement et de 150 000 € d'amende.

Art. L. 5421-5 *(Ord. nº 2013-1183 du 19 déc. 2013, art. 3-V)* Le fait pour toute personne exploitant un médicament ou *[un]* produit de ne pas communiquer à l'Agence nationale de sécurité du médicament et des produits de santé toute interdiction ou restriction imposée par les autorités compétentes de tout pays dans lequel le médicament ou *[le]* produit est mis sur le marché en application de l'article L. 5121-9-2 est puni de deux ans d'emprisonnement et de 150 000 € d'amende.

Art. L. 5421-6 *(Ord. nº 2013-1183 du 19 déc. 2013, art. 3-VI)* Le fait de ne pas respecter l'obligation d'informer l'Agence nationale de sécurité du médicament et des produits de santé de l'arrêt de la commercialisation d'un médicament dans un autre État et de ne pas lui communiquer le motif de cet arrêt de commercialisation en application de l'article L. 5121-9-4 est puni de deux ans d'emprisonnement et de 150 000 € d'amende.

Art. L. 5421-6-1 *(L. nº 2011-2012 du 29 déc. 2011, art. 28-III) (Abrogé par Ord. nº 2013-1183 du 19 déc. 2013, art. 3-VII-1º)* « *Est puni de trois ans d'emprisonnement et de 45 000 € d'amende* » le fait pour toute personne exploitant un médicament ou *[un]* produit mentionnés *[mentionné]* à l'article L. 5121-1 ou pour tout titulaire de l'autorisation prévue à l'article L. 4211-6 de méconnaître les obligations de signalement d'un effet indésirable grave suspecté d'être dû à ce médicament ou *[ce]* produit dont il a eu connaissance *(Ord. nº 2013-1183 du 19 déc. 2013, art. 3 VII-2º)* « est puni de deux ans d'emprisonnement et de 150 000 € d'amende ».

Art. L. 5421-6-2 *(Ord. nº 2013-1183 du 19 déc. 2013, art. 3-VIII)* Le fait pour toute personne assurant la fabrication, l'exploitation, l'importation, l'exportation ou la distribution en gros de médicaments dérivés du sang de ne pas enregistrer les données permettant d'en assurer le suivi en application du 14° de l'article L. 5121-20 est puni de deux ans d'emprisonnement et de 150 000 € d'amende.

Art. L. 5421-6-3 *Abrogé par Ord. nº 2013-1183 du 19 déc. 2013, art. 3-XII.*

Art. L. 5421-7 Lorsque l'autorité judiciaire est saisie d'une poursuite par application des articles du présent chapitre, le représentant de l'État dans le département peut prononcer la fermeture provisoire de l'établissement.

Les personnes physiques coupables d'une infraction prévue au présent chapitre encourent la peine complémentaire de la fermeture temporaire ou définitive de l'établissement.

Art. L. 5421-8 *(Ord. nº 2013-1183 du 19 déc. 2013, art. 3-IX)* Constitue un manquement soumis à une sanction financière :

1° Le fait pour toute personne exploitant un médicament ou *[un]* produit mentionnés *[mentionné]* à l'article L. 5121-1 ou pour tout titulaire de l'autorisation prévue à l'article L. 4211-6 de méconnaître l'obligation de mise en œuvre d'un système de pharmacovigilance, de gestion du dossier permanent du système de pharmacovigilance et de réalisation d'audits périodiques ;

2° Le fait pour toute personne exploitant un médicament ou *[un]* produit mentionnés *[mentionné]* à l'article L. 5121-1 ou pour tout titulaire de l'autorisation prévue à l'article L. 4211-6 ayant eu connaissance d'un effet indésirable suspecté de s'abstenir de le signaler aux autorités ou aux organismes compétents selon les modalités définies par voie réglementaire ;

3° Le fait pour toute personne exploitant un médicament ou *[un]* produit mentionnés *[mentionné]* à l'article L. 5121-1 ou pour tout titulaire de l'autorisation prévue à l'article L. 4211-6 de méconnaître, en matière de pharmacovigilance, l'obligation de transmission du rapport périodique actualisé de sécurité ou de maintien en continu de la présence d'une personne responsable ;

4° Le fait pour le demandeur d'une autorisation de mise sur le marché de ne pas transmettre dans les délais requis le résultat des études mentionnées au premier alinéa de l'article L. 5121-8 ;

5° Le fait pour le titulaire de l'autorisation de mise sur le marché de ne pas transmettre dans les délais requis le résultat des études mentionnées à l'article L. 5121-8-1. Lorsque ce manquement est également susceptible de faire l'objet d'une pénalité financière au titre du 4° *bis* de l'article L. 162-17-4 du code de la sécurité sociale, les pénalités peuvent se cumuler dans la limite du montant le plus élevé de l'une des sanctions encourues ;

6° Le fait de ne pas respecter les règles de bonnes pratiques définies dans le cadre des décisions ou arrêtés pris en application de l'article L. 5121-5, à l'exclusion des bonnes pratiques de dispensation par voie électronique ;

7° Le fait pour toute personne de ne pas transmettre à l'Agence nationale de sécurité du médicament et des produits de santé dans les délais impartis les informations mentionnées au V de l'article L. 5121-12 ;

8° Le fait pour une entreprise de ne pas respecter les obligations prévues au second alinéa de l'article L. 5121-14-3 lorsqu'aucune *[lorsque aucune]* convention entre le Comité économique des produits de santé et l'entreprise n'a été conclue en application de l'article L. 162-17-4-1 du code de la sécurité sociale ;

9° Le fait pour le titulaire de l'autorisation de mise sur le marché de ne pas respecter l'obligation d'information motivée de l'Agence nationale de sécurité du médicament et des produits de santé prévue à l'article L. 5121-9-4 ;

10° Le fait pour toute personne assurant la fabrication, l'exploitation, l'importation, l'exportation ou la distribution en gros de médicaments dérivés du sang, de ne pas enregistrer les données permettant d'en assurer le suivi en application du 14° de l'article L. 5121-20 ;

11° Le fait pour une entreprise de ne pas communiquer une interdiction ou une restriction imposée par les autorités compétentes de tout pays dans lequel le médicament ou produit de santé est mis sur le marché ainsi que toute information nouvelle de nature à influencer l'évaluation des bénéfices et des risques du médicament ou du produit concerné en application de l'article L. 5121-9-2 ou de ne pas transmettre dans les délais requis les données demandées par l'agence en application de l'article L. 5121-9-3 ;

12° Le fait de méconnaître les obligations relatives à l'étiquetage, la notice et la dénomination des médicaments et produits.

Art. L. 5421-9 *(Ord. nº 2013-1183 du 19 déc. 2013, art. 3-X)* La tentative des délits prévus aux articles L. 5421-2 et L. 5421-3 est punie des mêmes peines.

Art. L. 5421-10 *(L. nº 2011-2012 du 29 déc. 2011, art. 5-VII)* Pour les infractions pénales mentionnées au présent titre, les personnes physiques encourent également les peines complémentaires suivantes :

1° L'affichage ou la diffusion de la décision prononcée, dans les conditions et sous les peines prévues à l'article 131-35 du code pénal ;

2° L'interdiction temporaire ou définitive d'exercer une ou plusieurs professions régies par le présent code *(Ord. nº 2013-1183 du 19 déc. 2013, art. 3-XI-1º)* « *[,]* une profession commerciale ou industrielle, de diriger, d'administrer, de gérer ou de contrôler à un titre quelconque, directement ou indirectement, pour son propre compte ou pour le compte d'autrui, une entreprise commerciale ou industrielle ou une *société commerciale* » ou toute autre activité professionnelle ou sociale à l'occasion de l'exercice de laquelle l'infraction a été commise, suivant les modalités prévues à l'article 131-27 du même code ;

3° La confiscation de la chose qui a servi ou était destinée à commettre l'infraction ou de la chose qui en est *(Ord. nº 2013-1183 du 19 déc. 2013, art. 3-XI-2º)* « l'objet ou » le produit, en application de l'article 131-21 du même code.

Art. L. 5421-11 *(L. nº 2011-2012 du 29 déc. 2011, art. 5-VII)* Les personnes morales déclarées pénalement responsables, dans les conditions prévues à l'article 121-2 du code pénal, des infractions prévues au présent titre encourent, outre l'amende suivant les modalités prévues à l'article 131-38 du même code, les peines prévues aux 2° à 9° de l'article 131-39 dudit code.

Art. L. 5421-12 *Abrogé par Ord. nº 2013-1183 du 19 déc. 2013, art. 3-XII.*

CHAPITRE PREMIER *BIS* MÉDICAMENTS FALSIFIÉS

(Ord. nº 2012-1427 du 19 déc. 2012, art. 17-I-3°)

Art. L. 5421-13 La fabrication, le courtage, la distribution, la publicité, l'offre de vente, la vente, l'importation, l'exportation de médicaments falsifiés définis à l'article L. 5111-3 sont punis de cinq ans d'emprisonnement et de 375 000 € d'amende.

Les précédentes peines sont portées à sept ans d'emprisonnement et 750 000 € d'amende lorsque :

1° Le médicament falsifié est dangereux pour la santé de l'homme ;

(Ord. nº 2013-1183 du 19 déc. 2013, art. 3-XII) « 2° Ces mêmes délits ont été commis par des établissements pharmaceutiques autorisés conformément à l'article L. 5124-3, des courtiers déclarés conformément à l'article L. 5124-20, des pharmaciens d'officine titulaires de la licence mentionnée à l'article L. 5125-4 *[nouvelle rédaction issue de l'Ord. nº 2018-3 du 3 janv. 2018, art. 4 et 5, en vigueur au plus tard le 31 juill. 2018 : « L. 5125-18 »]* et des pharmaciens à usage intérieur mentionnés à l'article *(Ord. nº 2016-1729 du 15 déc. 2016, art. 2-II-3°)* « L. 5126-3 » du même code ; »

3° Ces mêmes délits ont été commis en bande organisée ;

4° Les délits de publicité, offre de vente ou vente de médicaments falsifiés ont été commis sur un réseau de télécommunication à destination d'un public non déterminé.

Art. L. 5421-14 Sont punis de trois ans d'emprisonnement et de 75 000 € d'amende ceux qui, sans motif légitime, sont trouvés détenteurs de médicaments falsifiés.

Lorsque le médicament falsifié est dangereux pour la santé de l'homme, les peines sont portées à cinq ans d'emprisonnement et à 375 000 € d'amende.

Art. L. 5421-15 La tentative des délits prévus à l'article L. 5421-13 est punie des mêmes peines.

CHAPITRE II PUBLICITÉ

Art. L. 5422-1 et L. 5422-2 *Abrogés par Ord. nº 2013-1183 du 19 déc. 2013, art. 4-IX.*

Art. L. 5422-3 *(Ord. nº 2013-1183 du 19 déc. 2013, art. 4-I)* Toute publicité au sens de l'article L. 5122-1 effectuée auprès du public ou des professionnels de santé pour un médicament bénéficiant de l'autorisation mentionnée à l'article L. 5121-12 est punie d'un an d'emprisonnement et de 150 000 € d'amende.

Art. L. 5422-4 *Abrogé par L. nº 2011-2012 du 29 déc. 2011, art. 29-VII.*

Art. L. 5422-5 Est punie *(Ord. nº 2013-1183 du 19 déc. 2013, art. 4-II-1°)* « d'un an d'emprisonnement et de 150 000 € » d'amende toute publicité au sens de l'article L. 5122-1 effectuée auprès du public pour un médicament :

1° Soumis à prescription médicale ;

2° Remboursable par les régimes obligatoires d'assurance maladie *(L. nº 2004-806 du 9 août 2004, art. 127-II)* « , sauf dans le cas prévu au troisième alinéa de l'article L. 5122-6 » ;

3° Dont l'autorisation de mise sur le marché ou l'enregistrement comporte des restrictions en matière de publicité auprès du public en raison d'un risque possible pour la santé publique.

(Ord. nº 2013-1183 du 19 déc. 2013, art. 4-II-2°) « Est puni des mêmes peines toute campagne publicitaire non institutionnelle pour des vaccins effectuée auprès du public, en méconnaissance des obligations prévues à l'article L. 5122-6. »

Art. L. 5422-6 *(Ord. nº 2013-1183 du 19 déc. 2013, art. 4-III)* Toute publicité au sens de l'article L. 5122-1 qui n'a pas obtenu le visa en application des articles L. 5122-8 et L. 5122-9 ou qui est effectuée malgré la suspension ou le retrait de celui-ci est punie d'un an d'emprisonnement et de 150 000 € d'amende.

Art. L. 5422-7 *Abrogé par Ord. nº 2013-1183 du 19 déc. 2013, art. 4-IX.*

Art. L. 5422-8 *(Ord. nº 2008-717 du 17 juill. 2008)* « Est puni » *(Ord. nº 2013-1183 du 19 déc. 2013, art. 4-IV-1º)* « d'un an d'emprisonnement et de 75 000 € » d'amende le fait de remettre des échantillons de médicaments :

1º A des personnes non habilitées à prescrire ou à dispenser des médicaments dans le cadre des pharmacies à usage intérieur ;

2º A des personnes habilitées à prescrire ou à dispenser des médicaments dans le cadre des pharmacies à usage intérieur, sans que ces personnes en aient exprimé la demande ;

3º Contenant des substances classées comme psychotropes ou comme stupéfiants, ou auxquels la réglementation des stupéfiants est appliquée en tout ou en partie ;

4º Dans les enceintes accessibles au public à l'occasion de congrès médicaux ou pharmaceutiques ;

5º Différents des spécialités pharmaceutiques concernées ou qui ne portent pas la mention "échantillon gratuit" ;

(Ord. nº 2008-717 du 17 juill. 2008) « 6º Gratuits au public à des fins promotionnelles ;

« 7º Aux personnes habilitées sur le fondement de l'article L. 5122-10 en quantité supérieure *(Ord. nº 2013-1183 du 19 déc. 2013, art. 4-IV-2º)* « au nombre fixé par voie réglementaire ». »

Art. L. 5422-9 L'octroi, l'offre ou la promesse à des personnes habilitées à prescrire ou à délivrer des médicaments d'une prime, d'un avantage pécuniaire ou en nature, à moins que ceux-ci ne soient de valeur négligeable, pour promouvoir des médicaments, *(Ord. nº 2013-1183 du 19 déc. 2013, art. 4-V)* « est puni de deux ans d'emprisonnement et *[de]* 75 000 € d'amende. »

Art. L. 5422-10 et L. 5422-11 *Abrogés par Ord. nº 2013-1183 du 19 déc. 2013, art. 4-IX.*

Art. L. 5422-12 *(Ord. nº 2013-1183 du 19 déc. 2013, art. 4-VI-1º)* « Est punie d'un an d'emprisonnement et de 150 000 € d'amende » toute publicité pour des objets, appareils ou méthodes mentionnés à l'article L. 5122-15 sans respecter l'obligation de mentionner les avertissements et précautions d'emplois nécessaires à l'information du consommateur ou en dépit de l'interdiction prononcée par le *(Ord. nº 2013-1183 du 19 déc. 2013, art. 4-VI-2º)* « directeur général de l'Agence nationale de sécurité du médicament et des produits de santé ».

Art. L. 5422-13 *Abrogé par Ord. nº 2013-1183 du 19 déc. 2013, art. 4-IX.*

Art. L. 5422-14 Dans les cas mentionnés *(Ord. nº 2013-1183 du 19 déc. 2013, art. 4-VII-1º)* « au présent chapitre », le tribunal peut interdire la vente et ordonner la saisie et la confiscation des médicaments, produits, objets et appareils susvisés, ainsi que la saisie et la destruction des documents et objets publicitaires les concernant ou concernant les méthodes susmentionnées.

Art. L. 5422-15 et L. 5422-16 *Abrogés par Ord. nº 2013-1183 du 19 déc. 2013, art. 4-IX.*

Art. L. 5422-17 *Abrogé par L. nº 2016-41 du 26 janv. 2016, art. 227-II-1º.*

Art. L. 5422-18 *(Ord. nº 2013-1183 du 19 déc. 2013, art. 4-VIII)* Constitue un manquement soumis à sanction financière :

1º Toute publicité portant sur un médicament qui n'a pas obtenu l'autorisation mentionnée aux articles L. 5121-8 et L. 5121-9-1 ou l'autorisation d'importation parallèle en application de l'article L. 5124-13 ou l'un des enregistrements mentionnés aux articles L. 5121-13 et L. 5121-14-1 ;

2º Toute publicité au sens de l'article L. 5122-1 effectuée auprès du public qui n'a pas obtenu le visa mentionné à l'article L. 5122-8 ou qui est effectuée malgré la suspension ou le retrait de celui-ci ;

3° Toute publicité au sens de l'article L. 5122-1 effectuée auprès des professionnels de santé qui n'a pas obtenu le visa mentionné à l'article L. 5122-9 ou qui est effectuée malgré la suspension ou le retrait de celui-ci ;

4° Toute publicité au sens de l'article L. 5122-1 effectuée auprès du public pour un médicament soumis à prescription médicale ;

5° Toute publicité au sens de l'article L. 5122-1 effectuée auprès du public pour un médicament remboursable par les régimes obligatoires d'assurance maladie, sauf dans le cas prévu au troisième alinéa de l'article L. 5122-6 ;

6° Toute publicité au sens de l'article L. 5122-1 effectuée auprès du public pour un médicament dont l'autorisation de mise sur le marché ou l'enregistrement comporte des restrictions en matière de publicité auprès du public en raison d'un risque possible pour la santé publique ;

7° Toute publicité au sens de l'article L. 5122-1 effectuée auprès du public ou des professionnels de santé pour un médicament bénéficiant de l'autorisation mentionnée à l'article L. 5121-12 ;

8° Toute publicité pour des générateurs, trousses ou précurseurs en méconnaissance des dispositions de l'article L. 5122-13 ;

9° Toute campagne publicitaire non institutionnelle pour des vaccins effectuée en méconnaissance des obligations prévues à l'article L. 5122-6.

CHAPITRE III FABRICATION ET DISTRIBUTION EN GROS

Art. L. 5423-1 *(Ord. n° 2008-717 du 17 juill. 2008)* « Est puni de deux ans d'emprisonnement et de *(Ord. n° 2013-1183 du 19 déc. 2013, art. 5-I)* « 150 000 € » d'amende » le fait :

1° D'être propriétaire ou de diriger une entreprise comportant au moins un établissement pharmaceutique sans être pharmacien ou sans avoir désigné un pharmacien à sa direction générale ou à sa gérance ;

2° D'être propriétaire ou de diriger une entreprise comportant au moins un établissement pharmaceutique et concédée en location gérance à une société qui n'est pas la propriété d'un pharmacien ou qui ne comporte pas la participation d'un pharmacien à sa direction générale ou à sa gérance.

Art. L. 5423-2 *(Ord. n° 2013-1183 du 19 déc. 2013, art. 5-II)* Le fait de réaliser l'activité de courtage de médicaments mentionnée à l'article L. 5124-19, sans s'être déclaré auprès de l'Agence nationale de sécurité du médicament et des produits de santé dans les conditions fixées par l'article L. 5124-20, est puni d'un an d'emprisonnement et de 75 000 € d'amende.

Art. L. 5423-3 Le fait d'ouvrir ou de faire fonctionner un établissement mentionné à l'article L. 5124-1 sans l'autorisation administrative mentionnée à l'article L. 5124-3 *(Ord. n° 2008-717 du 17 juill. 2008)* « est puni de deux ans d'emprisonnement et de *(Ord. n° 2013-1183 du 19 déc. 2013, art. 5-III)* « 150 000 € » d'amende ».

Art. L. 5423-4 *(Ord. n° 2013-1183 du 19 déc. 2013, art. 5-IV)* Le fait de ne pas respecter l'interdiction d'exportation d'un médicament prononcée par l'Agence nationale de sécurité du médicament et des produits de santé en application de l'article L. 5124-11 est puni de cinq ans d'emprisonnement et de 375 000 € d'amende.

Art. L. 5423-5 *(Ord. n° 2013-1183 du 19 déc. 2013, art. 5-V)* Le fait pour un grossiste-répartiteur de ne pas respecter les obligations de service public définies en application de l'article L. 5124-17-2 est puni de deux ans d'emprisonnement et de 150 000 € d'amende.

Art. L. 5423-6 Le fait de méconnaître les règles de la publicité en faveur des entreprises et établissements pharmaceutiques fixées par décret en Conseil d'État selon les dispositions de l'article L. 5124-18 *(Ord. n° 2008-717 du 17 juill. 2008)* « est puni de *(Ord. n° 2013-1183 du 19 déc. 2013, art. 5-III)* « 150 000 € » d'amende ».

Sont passibles des mêmes peines, quel que soit le mode de publicité utilisé, les personnes qui tirent profit d'une publicité irrégulière et les agents de diffusion de cette publicité.

Les dispositions prévues à l'alinéa précédent sont applicables lorsque cette publicité, faite à l'étranger, est perçue ou diffusée en France.

Dans tous les cas, le tribunal peut ordonner la saisie et la destruction des documents et objets publicitaires concernés.

Art. L. 5423-7 Lorsque l'autorité judiciaire est saisie d'une poursuite par application des articles du présent chapitre à l'exception de l'article L. 5423-6, le représentant de l'État dans le département peut prononcer la fermeture provisoire de l'établissement.

Les personnes physiques coupables d'une infraction prévue aux articles du présent chapitre, à l'exception de l'article L. 5423-6, encourent la peine complémentaire de fermeture temporaire ou définitive de l'établissement.

Art. L. 5423-8 *(Ord. nº 2013-1183 du 19 déc. 2013, art. 5-VI)* Constitue un manquement soumis à sanction financière :

1º Le fait pour une entreprise pharmaceutique exploitant un médicament de ne pas informer immédiatement l'Agence nationale de sécurité du médicament et des produits de santé de toute action qu'elle a engagée pour en suspendre la commercialisation, le retirer du marché ou en retirer un lot déterminé ou de ne pas indiquer la raison de cette action en application de l'article L. 5124-6 ;

2º Le fait pour une entreprise pharmaceutique exploitant un médicament ou produit de ne pas respecter l'obligation d'information de tout risque de rupture de stock ou de toute rupture qui lui incombe *(L. nº 2016-41 du 26 janv. 2016, art. 151-7º)* « ou de ne pas respecter son obligation de mettre en place des solutions alternatives ou des mesures prévues par les plans de gestion des pénuries et des mesures d'accompagnement des professionnels de santé et des patients, » en application de l'article *(L. nº 2016-41 du 26 janv. 2016, art. 151-7º)* « L. 5121-32 » ;

3º Le fait pour une entreprise pharmaceutique exploitant un médicament ou produit soumis à l'autorisation de mise sur le marché prévue à l'article L. 5121-8 de ne pas communiquer la date de commercialisation du médicament ou produit à l'Agence nationale de sécurité du médicament et des produits de santé ;

4º Le fait de diriger une entreprise comportant au moins un établissement pharmaceutique sans avoir un pharmacien délégué au sens de l'article L. 5124-2 dans chacun des établissements pharmaceutiques ;

5º Le fait pour un grossiste-répartiteur de ne pas respecter les obligations de service public définies en application de l'article L. 5124-17-2 ;

6º Le fait de ne pas adresser à l'Agence nationale de sécurité du médicament et des produits de santé, au plus tard le 31 mars de l'année en cours, les déclarations mentionnées à l'article L. 5121-18, ou d'adresser une déclaration incomplète ou inexacte ;

7º Le fait pour un pharmacien responsable ou pour un pharmacien délégué de ne pas exercer personnellement sa profession ;

8º Le fait pour un pharmacien responsable ou pour un pharmacien délégué de ne pas se faire assister et, en cas d'absence temporaire ou s'il fait l'objet d'une interdiction d'exercer, de ne pas se faire remplacer en application des dispositions prévues à l'article L. 5124-4 ;

9º Le fait d'exporter un médicament sans se conformer aux dispositions de l'article L. 5124-11 ;

10º Le fait de méconnaître les règles de la publicité en faveur des entreprises et des établissements pharmaceutiques fixées par décret en Conseil d'État en application des dispositions de l'article L. 5124-18.

CHAPITRE IV **DISTRIBUTION AU DÉTAIL**

Art. L. 5424-1 *(Ord. nº 2013-1183 du 19 déc. 2013, art. 6-Iº)* Le fait d'ouvrir, d'exploiter ou de transférer une officine sans être titulaire de la licence en application de l'article L. 5125-4 *[nouvelle rédaction issue de l'Ord. nº 2018-3 du 3 janv. 2018, art. 4 et 5, en vigueur au plus tard le 31 juill. 2018 : « L. 5125-18 »]* ou malgré la suspension ou le retrait de celle-ci est puni d'un an d'emprisonnement et de 75 000 € d'amende.

Art. L. 5424-2 *(Ord. nº 2013-1183 du 19 déc. 2013, art. 6-IIº)* Constitue un manquement soumis à sanction financière le fait :

1º D'ouvrir, d'exploiter ou de transférer une officine sans être titulaire de la licence mentionnée à l'article L. 5125-4 ou malgré la suspension ou le retrait de celle-ci ;

2º De céder une licence indépendamment du fonds de commerce auquel elle se rapporte ;

3° De céder une officine autre qu'une pharmacie mutualiste, avant l'expiration d'un délai de cinq ans à partir du jour de la notification de l'arrêté de licence sauf en cas de force majeure définie à l'article L. 5125-7 ;

4° De ne pas remettre la licence à l'agence régionale de santé lors de la fermeture définitive de l'officine ;

5° De ne pas respecter les règles relatives à la création, au transfert des officines ou aux conditions minimales d'installation déterminées par décret en Conseil d'État en application du 1° de l'article L. 5125-32 ;

6° De créer ou racheter une officine ouverte depuis moins de trois ans, individuellement ou en société, sans être pharmacien de nationalité française, ou ressortissant de l'un des États membres de l'Union européenne ou d'un des autres États parties à l'accord sur l'Espace économique européen, et sans être titulaire du diplôme français d'État de docteur en pharmacie ou de pharmacien ou de l'un des titres et attestations prévus aux articles L. 4221-4 et L. 4221-5 ;

7° Après le décès d'un pharmacien, pour son conjoint ou ses héritiers, de maintenir une officine ouverte sans respecter les dispositions de l'article L. 5125-21 ;

8° De ne pas respecter les règles relatives à la publicité en faveur des officines de pharmacie, fixées par décret en Conseil d'État en application des dispositions de l'article L. 5125-32.

Nouvel art. L. 5424-2 (Ord. n° 2013-1183 du 19 déc. 2013, art. 6-II°) *Constitue un manquement soumis à sanction financière le fait :*

1° D'ouvrir, d'exploiter ou de transférer une officine sans être titulaire de la licence mentionnée à l'article (Ord. n° 2018-3 du 3 janv. 2018, art. 4) *« L. 5125-18 » ou malgré la suspension ou le retrait de celle-ci ;*

2° De céder une licence indépendamment du fonds de commerce auquel elle se rapporte ;

(Abrogé par Ord. n° 2018-3 du 3 janv. 2018, art. 4) *« 3° De céder une officine autre qu'une pharmacie mutualiste, avant l'expiration d'un délai de cinq ans à partir du jour de la notification de l'arrêté de licence sauf en cas de force majeure définie à l'article L. 5125-7 ; »*

4° De ne pas remettre la licence à l'agence régionale de santé lors de la fermeture définitive de l'officine ;

5° De ne pas respecter les règles relatives à la création, au transfert des officines ou aux conditions minimales d'installation déterminées par décret en Conseil d'État en application du 1° de l'article L. 5125-32 ;

6° De créer ou racheter une officine ouverte depuis moins de trois ans, individuellement ou en société, sans être pharmacien de nationalité française, ou ressortissant de l'un des États membres de l'Union européenne ou d'un des autres États parties à l'accord sur l'Espace économique européen, et sans être titulaire du diplôme français d'État de docteur en pharmacie ou de pharmacien ou de l'un des titres et attestations prévus aux articles L. 4221-4 et L. 4221-5 ;

7° Après le décès d'un pharmacien, pour son conjoint ou ses héritiers, de maintenir une officine ouverte sans respecter les dispositions de l'article (Ord. n° 2018-3 du 3 janv. 2018, art. 4) *« L. 5125-16 » ;*

8° De ne pas respecter les règles relatives à la publicité en faveur des officines de pharmacie, fixées par décret en Conseil d'État en application des dispositions de l'article L. 5125-32.

Le nouvel art. entre en vigueur au plus tard le 31 juill. 2018 (Ord. n° 2018-3 du 3 janv. 2018, art. 5).

Art. L. 5424-3 *(Ord. n° 2013-1183 du 19 déc. 2013, art. 6-III°)* Constitue un manquement soumis à sanction financière le fait pour un pharmacien :

1° De ne pas être propriétaire de l'officine dont il est titulaire ou d'être propriétaire ou copropriétaire de plusieurs officines. Toutefois, ces dispositions ne sont pas applicables aux cas prévus par la loi du 31 décembre 1990 relative à l'exercice sous forme de sociétés des professions libérales soumise *[soumises]* à un statut législatif ou réglementaire ou dont le titre est protégé ;

2° D'exploiter une officine en exerçant une autre profession en violation de l'article L. 5125-2 ;

3° D'exploiter une officine sans que les médicaments soient préparés par ou sous la surveillance directe d'un pharmacien ;

4° De dispenser une préparation magistrale ou officinale comportant une ou des substances dont l'utilisation pour ces préparations est interdite ;

5° De dispenser des drogues simples, des produits chimiques ou des préparations qui ne répondent pas aux spécifications décrites à la pharmacopée ;

6° De vendre des remèdes secrets ;

7° D'effectuer des préparations pouvant présenter un risque pour la santé sans l'autorisation prévue à l'article L. 5125-1-1 ;

8° De ne pas respecter les règles relatives à l'étiquetage des préparations définies par voie réglementaire en application de l'article L. 5121-20 ;

9° De ne pas exercer personnellement sa profession ;

10° De ne pas se faire régulièrement remplacer lorsqu'il est absent de l'officine dont il est titulaire ;

11° De ne pas disposer, pour l'exercice de sa profession, du nombre de pharmaciens qui doivent l'assister en raison de l'importance de son chiffre d'affaires ;

12° De ne pas participer au service de garde ou au service d'urgence dans les conditions prévues à l'article L. 5125-22 ;

13° D'ouvrir son officine pendant un service de garde ou d'urgence, alors qu'il n'est pas lui-même de service, sans la tenir ouverte pendant tout le service considéré.

Art. L. 5424-4 *(Ord. n° 2013-1183 du 19 déc. 2013, art. 6-IV)* Constitue un manquement soumis à sanction financière le fait :

1° De vendre les médicaments et produits mentionnés à l'article L. 5121-8 à un prix supérieur à celui qui résulte de la réglementation sur les prix ;

2° De vendre au public des médicaments, produits ou objets mentionnés à l'article L. 4211-1 par l'intermédiaire de maisons de commission, de groupements d'achats et d'établissements possédés ou administrés par des personnes non titulaires de l'un des diplômes mentionnés à l'article L. 4221-1 ;

3° De délivrer des médicaments, dans une officine de pharmacie, sans porter l'insigne correspondant à sa qualité de pharmacien ou de personne légalement habilitée à le seconder, contrairement aux dispositions de l'article L. 5125-29 ;

4° De solliciter des commandes auprès du public ;

5° De recevoir des commandes de médicaments et autres produits ou objets mentionnés à l'article L. 4211-1 par l'entremise habituelle de courtiers ;

6° De distribuer à domicile des médicaments et autres produits ou objets mentionnés à l'article L. 4211-1, dont la commande leur est parvenue par l'entremise habituelle de courtiers ;

7° Pour toute personne autre qu'un pharmacien ou son préposé, de remettre une commande en dehors de l'officine dans un paquet non conforme aux dispositions de l'article L. 5125-25 ;

8° De dispenser des médicaments dérivés du sang sans enregistrer les données permettant d'en assurer le suivi en application du 14° de l'article L. 5121-20 ;

9° Pour l'un des pharmaciens mentionnés à l'article L. 5125-33, de méconnaître les règles applicables au commerce électronique de médicaments prévues au chapitre V *bis* du titre II du livre Ier de la cinquième partie du présent code et les règles de bonnes pratiques de dispensation mentionnées à l'article L. 5121-5.

Art. L. 5424-5 *Abrogé par Ord. n° 2013-1183 du 19 déc. 2013, art. 6-X.*

Art. L. 5424-6 *(Ord. n° 2008-717 du 17 juill. 2008)* « Est puni de deux ans d'emprisonnement et de *(Ord. n° 2013-1183 du 19 déc. 2013, art. 6-V)* « 150 000 € » d'amende, le fait pour un pharmacien :

« 1° D'exploiter une officine sans que les médicaments soient préparés par ou sous la surveillance directe d'un pharmacien ;

« 2° De dispenser une préparation magistrale ou officinale comportant une ou des substances dont l'utilisation pour ces préparations est interdite ; »

3° De dispenser des drogues simples, des produits chimiques ou des préparations qui ne répondent pas aux spécifications décrites à la pharmacopée ;

4° De vendre des remèdes secrets.

Art. L. 5424-7 et L. 5424-8 *Abrogés par Ord. n° 2013-1183 du 19 déc. 2013, art. 6-X.*

Art. L. 5424-9 Le débit, l'étalage ou la distribution de médicaments sur la voie publique, dans les foires ou marchés même pour une personne munie du diplôme de pharmacien, est puni d' *(Ord. n° 2013-1183 du 19 déc. 2013, art. 6-VI)* « un an d'emprisonnement et de 75 000 € d'amende. »

Art. L. 5424-10 Le fait, pour un pharmacien de passer une convention avec un médecin, un chirurgien-dentiste ou une sage-femme leur assurant un bénéfice d'une nature quelconque sur la vente des produits pharmaceutiques, médicamenteux, cosmétiques que ceux-ci peuvent prescrire *(Ord. nº 2008-717 du 17 juill. 2008)* « est puni de deux ans d'emprisonnement et de *(Ord. nº 2013-1183 du 19 déc. 2013, art. 6-VII)* « 75 000 € » d'amende ».

Art. L. 5424-11 et L. 5424-12 *Abrogés par Ord. nº 2013-1183 du 19 déc. 2013, art. 6-X.*

Art. L. 5424-13 *(Ord. nº 2013-1183 du 19 déc. 2013, art. 6-VIII)* Le fait, pour un pharmacien*[,]* de ne pas exercer personnellement sa profession est puni de 75 000 € d'amende.

Art. L. 5424-14 Le fait, pour le titulaire d'une officine qui reste ouverte en son absence, de ne pas se faire régulièrement remplacer, est puni de *(Ord. nº 2013-1183 du 19 déc. 2013, art. 6-IX)* « 75 000 € » d'amende.

Art. L. 5424-15 à L. 5424-18 *Abrogés par Ord. nº 2013-1183 du 19 déc. 2013, art. 6-X.*

Art. L. 5424-19 Lorsque l'autorité judiciaire est saisie d'une poursuite par application des articles mentionnés au présent chapitre, le *(Ord. nº 2010-177 du 23 févr. 2010, art. 15-19°)* « directeur général de l'agence régionale de santé » peut prononcer la fermeture provisoire de l'officine.

Les personnes physiques coupables d'une infraction prévue au présent chapitre, encourent la peine complémentaire de la fermeture temporaire ou définitive de l'officine.

CHAPITRE V INSPECTION DE LA PHARMACIE

Art. L. 5425-1 Le fait de mettre sur le marché ou d'utiliser des produits consignés dans les conditions prévues à l'article L. 5127-2 est puni de *(Ord. nº 2013-1183 du 19 déc. 2013, art. 7)* « deux ans d'emprisonnement et de 150 000 € d'amende ».

CHAPITRE VI PRÉPARATIONS DE THÉRAPIE GÉNIQUE ET PRÉPARATIONS DE THÉRAPIE CELLULAIRE XÉNOGÉNIQUE

(L. nº 2004-800 du 6 août 2004, art. 20-I)

Art. L. 5426-1 *(L. nº 2004-800 du 6 août 2004, art. 20-I)* I. — Le fait ou la tentative de distribuer ou céder à titre gratuit ou onéreux des préparations de thérapie génique ou des préparations de thérapie cellulaire xénogénique sans autorisation ou lorsque l'autorisation est suspendue ou retirée est puni de *(Ord. nº 2013-1183 du 19 déc. 2013, art. 8-I-1°)* « cinq ans d'emprisonnement et de 375 000 € » d'amende.

II. — Est puni des mêmes peines le fait ou la tentative :

1° D'importer ou d'exporter des préparations de thérapie génique ou des préparations de thérapie cellulaire xénogénique sans l'autorisation mentionnée à l'article L. 5124-13 ;

2° De préparer, de conserver, de distribuer, de céder, d'importer ou d'exporter ces mêmes produits sans être titulaire des autorisations prévues aux articles L. 4211-8 et L. 4211-9.

(Ord. nº 2013-1183 du 19 déc. 2013, art. 8-I-2°) « III. — Les peines mentionnées aux I et II sont portées à sept ans d'emprisonnement et *[à]* 750 000 € d'amende, lorsque :

« 1° Les délits prévus au premier alinéa ont été commis en bande organisée ;

« 2° Ces mêmes délits ont été commis sur un réseau de télécommunication à destination d'un public non déterminé ;

« 3° Ces mêmes délits ont été commis par des établissements pharmaceutiques autorisés conformément à l'article L. 5124-3, des courtiers déclarés conformément à l'article L. 5124-20, des pharmaciens d'officine titulaires de la licence mentionnée à l'article L. 5125-4 et des pharmaciens à usage intérieur mentionnés à l'article L. 5126-5 du même code. »

Art. L. 5426-2 *(Ord. nº 2013-1183 du 19 déc. 2013, art. 8-II)* Constitue un manquement soumis à sanction financière :

1° Le fait de distribuer ou céder à titre gratuit ou onéreux des préparations de thérapie génique ou des préparations de thérapie cellulaire xénogénique sans autorisation ou lorsque l'autorisation est suspendue ou retirée ;

2° Le fait de préparer, de conserver, de distribuer, de céder, d'importer et d'exporter des préparations de thérapie génique ou des préparations de thérapie cellulaire xénogénique sans respecter les règles de bonnes pratiques définies dans le cadre des décisions ou arrêtés pris en application de l'article L. 5121-5 ;

3° Le fait d'importer ou d'exporter des préparations de thérapie génique ou des préparations de thérapie cellulaire xénogénique sans l'autorisation mentionnée à l'article L. 5124-13 ;

4° Le fait de préparer, de conserver, de distribuer, de céder, d'importer ou d'exporter ces mêmes produits sans être titulaire des autorisations prévues aux articles L. 4211-8 et L. 4211-9.

Art. L. 5426-3 *(Ord. nº 2013-1183 du 19 déc. 2013, art. 8-II)* Pour les infractions pénales mentionnées au présent chapitre, les personnes physiques encourent également les peines complémentaires suivantes :

1° L'affichage ou la diffusion de la décision prononcée, dans les conditions et sous les peines prévues à l'article 131-35 du code pénal ;

2° L'interdiction temporaire ou définitive d'exercer une ou plusieurs professions régies par le présent code, une profession commerciale ou industrielle, de diriger, d'administrer, de gérer ou de contrôler à un titre quelconque, directement ou indirectement, pour son propre compte ou pour le compte d'autrui, une entreprise commerciale ou industrielle ou une société commerciale ou toute autre activité professionnelle ou sociale à l'occasion de l'exercice de laquelle l'infraction a été commise, suivant les modalités prévues à l'article 131-27 du même code ;

3° La confiscation de la chose qui a servi ou était destinée à commettre l'infraction ou de la chose qui en est l'objet ou le produit, en application de l'article 131-21 du même code.

Art. L. 5426-4 *(Ord. nº 2013-1183 du 19 déc. 2013, art. 8-II)* Les personnes morales déclarées responsables pénalement, dans les conditions prévues par l'article 121-2 du code pénal, des infractions définies au présent chapitre encourent, outre l'amende suivant les modalités prévues par l'article 131-38 du code pénal, la peine prévue aux 2° à 9° de l'article 131-39 du même code.

TITRE TROISIÈME **AUTRES PRODUITS ET SUBSTANCES PHARMACEUTIQUES RÉGLEMENTÉS**

CHAPITRE PREMIER **PRODUITS COSMÉTIQUES**

Art. L. 5431-1 Ont qualité pour rechercher et constater les infractions aux dispositions *(Ord. nº 2004-670 du 9 juill. 2004, art. 7-IV)* « du chapitre Ier du titre III du livre Ier de la cinquième partie », ainsi qu'aux mesures réglementaires prises pour l'application de ces dispositions :

— les pharmaciens inspecteurs de santé publique *(Ord. nº 2010-177 du 23 févr. 2010, art. 19-I-26°)* « et les inspecteurs des agences régionales de santé ayant la qualité de pharmacien », dans les conditions prévues aux articles L. 5411-1 à *(Ord. nº 2013-1183 du 19 déc. 2013, art. 22)* « L. 5411-4 » ;

— les inspecteurs de *(L. nº 2011-2012 du 29 déc. 2011, art. 5-IV)* « l'Agence nationale de sécurité du médicament et des produits de santé », dans les conditions prévues à l'article L. 5412-1 ;

— *les médecins* inspecteurs de santé publique (Ord. nº 2010-177 du 23 *févr.* 2010, *art. 19-I-26°)* « et les inspecteurs des agences régionales de santé ayant la qualité de médecin », dans les conditions prévues à l'article L. 5413-1 ;

— les agents mentionnés *(Ord. nº 2016-301 du 14 mars 2016, art. 17-8°)* « à l'article L. 511-3 et aux 1° et 2° du I de l'article L. 511-22 » du code de la consommation, dans les conditions prévues à l'article L. 5414-1.

Art. L. 5431-2 *(L. nº 2014-201 du 24 févr. 2014, art. 3-II-1º)* Est puni de deux ans d'emprisonnement et de 30 000 € d'amende le fait :

1º Pour toute personne qui fabrique ou conditionne des produits cosmétiques, d'ouvrir ou d'exploiter un établissement de fabrication ou de conditionnement de ces produits, ou d'étendre l'activité d'un établissement à de telles opérations, sans qu'ait été faite au préalable la déclaration prévue à l'article L. 5131-2 à l'Agence nationale de sécurité du médicament et des produits de santé ou sans qu'aient été communiquées les modifications des éléments constitutifs de la déclaration ;

2º Pour la personne responsable de la mise sur le marché d'un produit cosmétique, déterminée à l'article 4 du règlement (CE) nº 1223/2009 du Parlement européen et du Conseil, du 30 novembre 2009, relatif aux produits cosmétiques, de ne pas respecter les obligations de notification à la Commission européenne en ne transmettant pas les informations mentionnées aux paragraphes 1 et 2 de l'article 13 et au paragraphe 3 de l'article 16 du même règlement ;

3º Pour la personne responsable de la mise sur le marché d'un produit cosmétique, déterminée à l'article 4 dudit règlement, de mettre sur le marché des produits cosmétiques ou de réaliser des expérimentations animales portant sur des produits cosmétiques finis ou sur des ingrédients ou des combinaisons d'ingrédients en méconnaissance des interdictions prévues au paragraphe 1 de l'article 18 de ce même règlement.

Art. L. 5431-3 Les personnes physiques coupables des infractions définies à l'article L. 5431-2 encourent également les peines complémentaires suivantes :

1º La diffusion de la décision de condamnation et celle d'un ou plusieurs messages informant le public de cette décision, dans les conditions prévues à l'article 131-35 du code pénal ;

2º L'affichage de la décision prononcée, dans les conditions et sous les peines prévues à l'article 131-35 du même code ;

3º La confiscation de la chose qui a servi ou était destinée à commettre l'infraction ou du produit de la vente de cette chose, dans les conditions prévues à l'article 131-21 du même code ;

4º La fermeture définitive ou pour une durée de cinq ans au plus des établissements de l'entreprise ayant servi à commettre les faits incriminés, dans les conditions prévues à l'article 131-33 du même code ;

5º L'interdiction de fabriquer, de conditionner, d'*(L. nº 2014-201 du 24 févr. 2014, art. 3-II-2º)* « importer et » de mettre sur le marché des produits cosmétiques pour une durée maximum de cinq ans.

Art. L. 5431-4 *(L. nº 2009-526 du 12 mai 2009, art. 125-XXI-35º)* « Les personnes morales déclarées responsables pénalement, dans les conditions prévues par l'article 121-2 du code pénal, des infractions définies à l'article L. 5431-2 encourent, outre l'amende suivant les modalités prévues par l'article 131-38 du code pénal : »

1º La confiscation de la chose qui a servi ou était destinée à commettre l'infraction ou de la chose qui en est le produit, dans les conditions prévues au 8º de l'article 131-39 du même code ;

2º L'affichage de la décision prononcée ou la diffusion de celle-ci soit par la presse écrite, soit par tout moyen de communication audiovisuelle, dans les conditions prévues au 9º de l'article 131-39 du même code ;

3º La fermeture définitive ou pour une durée de cinq ans au plus des établissements de l'entreprise ayant servi à commettre les faits incriminés, dans les conditions prévues au 4º de l'article 131-39 du même code.

Art. L. 5431-5 *(Ord. nº 2008-717 du 17 juill. 2008)* Est puni de deux ans d'emprisonnement et de 30 000 € d'amende le fait pour *(L. nº 2014-201 du 24 févr. 2014, art. 3-II-3º-a)* « la personne responsable, déterminée à l'article 4 du règlement (CE) nº 1223/2009 du Parlement européen et du Conseil, du 30 novembre 2009, relatif aux produits cosmétiques, » de mettre sur le marché à titre gratuit ou onéreux un produit cosmétique qui n'est pas conforme aux règles relatives aux substances entrant dans la composition de ce produit, *(L. nº 2014-201 du 24 févr. 2014, art. 3-II-3º-b)* « prévues à l'article 14 et aux paragraphes 1 et 2 de l'article 15 du même règlement ».

Art. L. 5431-6 *(Ord. nº 2008-717 du 17 juill. 2008)* Est puni d'un an d'emprisonnement et de 15 000 € d'amende le fait pour *(L. nº 2014-201 du 24 févr. 2014, art. 3-II-4º-a)* « la personne responsable, déterminée par l'article 4 du règlement (CE) nº 1223/2009 du Parlement européen et du Conseil, du 30 novembre 2009, relatif aux produits cosmétiques » :

1º De mettre sur le marché à titre gratuit ou onéreux un produit cosmétique sans tenir à disposition des autorités de contrôle *(L. nº 2014-201 du 24 févr. 2014, art. 3-II-4º-b)* « mentionnées à l'article L. 5431-1, à l'adresse indiquée sur l'étiquetage de ce produit, le dossier d'information prévu au paragraphe 1 de l'article 11 du même règlement ; »

2º De mettre sur le marché à titre gratuit ou onéreux un produit cosmétique sans que le dossier *(L. nº 2014-201 du 24 févr. 2014, art. 3-II-4º-c)* « d'information » mentionné *(L. nº 2014-201 du 24 févr. 2014, art. 3-II-4º-c)* « à l'article 11 dudit règlement » comporte les mentions obligatoires prévues *(L. nº 2014-201 du 24 févr. 2014, art. 3-II-4º-c)* « au paragraphe 2 du même article ».

Art. L. 5431-7 *(Ord. nº 2008-717 du 17 juill. 2008)* Le fait, pour *(L. nº 2014-201 du 24 févr. 2014, art. 3-II-5º-a)* « la personne responsable, déterminée à l'article 4 du règlement (CE) nº 1223/2009 du Parlement européen et du Conseil, du 30 novembre 2009, précité », de mettre sur le marché à titre gratuit ou onéreux un produit cosmétique dont le récipient ou l'emballage ne comporte pas l'une des mentions prévues *(L. nº 2014-201 du 24 févr. 2014, art. 3-II-5º-b)* « à l'article 19 du même règlement » est puni de 15 000 € d'amende.

Art. L. 5431-8 *(L. nº 2014-201 du 24 févr. 2014, art. 3-II-6º)* Le fait, pour la personne responsable, déterminée à l'article 4 du règlement (CE) nº 1223/2009 du Parlement européen et du Conseil, du 30 novembre 2009, précité, et les distributeurs, tels que définis au *e* du paragraphe 1 de l'article 2 du même règlement, de ne pas signaler à l'Agence nationale de sécurité du médicament et des produits de santé, sans délai et par tout moyen, tous les effets indésirables graves, au sens du *p* du même paragraphe 1, dans les conditions mentionnées au paragraphe 1 de l'article 23 dudit règlement, est puni de deux ans d'emprisonnement et de 30 000 € d'amende.

Est puni des mêmes peines le fait, pour le professionnel de santé ayant eu connaissance, dans l'exercice de ses fonctions, d'un effet indésirable grave, au sens du *p* du paragraphe 1 de l'article 2 du même règlement, de s'abstenir de le signaler sans délai à l'agence.

Art. L. 5431-9 *(L. nº 2014-201 du 24 févr. 2014, art. 3-II-6º)* Le fait, pour la personne responsable, déterminée à l'article 4 du règlement (CE) nº 1223/2009 du Parlement européen et du Conseil, du 30 novembre 2009, précité, de ne pas transmettre à l'Agence nationale de sécurité du médicament et des produits de santé, malgré la mise en demeure effectuée dans les conditions fixées à l'article L. 5131-6, l'une des informations mentionnées à l'article 24 du même règlement est puni d'un an d'emprisonnement et de 15 000 € d'amende.

CHAPITRE II SUBSTANCES VÉNÉNEUSES

Art. L. 5432-1 *(Ord. nº 2013-1183 du 19 déc. 2013, art. 9-I)* I. — Est puni de cinq ans d'emprisonnement et de 375 000 € d'amende le fait dans le cadre d'une activité réglementée de ne pas respecter les dispositions prises en application de l'article L. 5132-8 :

1º Fixant les conditions de production, de transport, d'importation, d'exportation, de détention, d'offre, de cession, de prescription, de délivrance, d'acquisition, et d'emploi de médicaments, plantes, substances ou préparations classées comme vénéneuses ;

2º Prohibant les opérations relatives à ces plantes ou substances ;

3º Interdisant la prescription ou l'incorporation*[,]* dans des préparations, de certaines plantes ou substances vénéneuses ou de spécialités qui en contiennent, ou fixant les conditions particulières de prescription ou de délivrance de ces préparations.

Dans tous les cas prévus au présent article, les tribunaux peuvent ordonner la confiscation des plantes ou substances saisies.

II. — Les peines mentionnées au I sont portées à sept ans d'emprisonnement et *[à]* 750 000 € d'amende, lorsque :

1° Les faits ont été commis en bande organisée ;

2° Lorsque les faits d'offre, de cession ou d'acquisition ont été commis sur un réseau de télécommunication à destination d'un public non déterminé ;

3° Les faits ont été commis en vue de faciliter, par quelque moyen que ce soit, notamment à l'aide d'ordonnances ou de délivrances de complaisance, le mésusage ou l'abus*[,]* tels que définis par voie réglementaire, de médicaments, de plantes, de substances ou préparations classées comme vénéneuses. Ces dispositions ne sont pas applicables en cas de prescription d'une spécialité pharmaceutique non conforme à son autorisation de mise sur le marché lorsque les conditions prévues par l'article L. 5121-12-1 sont respectées.

Art. L. 5432-2 *(Ord. n° 2013-1183 du 19 déc. 2013, art. 9-II)* I. — Est puni de cinq ans d'emprisonnement et de 375 000 € d'amende le fait pour quiconque, de fabriquer, d'importer, d'exporter, de transporter, d'offrir, de céder, d'acquérir, de détenir, d'employer de manière illicite ou de se faire délivrer au moyen d'ordonnances fictives ou de complaisance :

1° Des substances, plantes ou préparations inscrites sur les listes I et II ou classées comme psychotropes mentionnées à l'article L. 5132-1 ;

2° Des médicaments mentionnés à l'article L. 5111-1, lorsque ces médicaments sont inscrits sur les listes I et II mentionnées à l'article L. 5132-1 ou lorsque sans être inscrits ces derniers contiennent une ou plusieurs substances ou préparations inscrites dans ces mêmes listes.

II. — Les peines mentionnées au I sont portées à sept ans d'emprisonnement et *[à]* 750 000 € d'amende, lorsque :

1° Les faits ont été commis en bande organisée ;

2° Lorsque les faits d'offre, de cession ou d'acquisition ont été commis sur un réseau de télécommunication à destination d'un public non déterminé.

Art. L. 5432-3 *(Ord. n° 2013-1183 du 19 déc. 2013, art. 9-II)* La tentative des délits prévus aux articles L. 5432-1 et L. 5432-2 est punie des mêmes peines.

Art. L. 5432-4 *(Ord. n° 2013-1183 du 19 déc. 2013, art. 9-II)* Pour les infractions pénales mentionnées au présent chapitre, les personnes physiques encourent également les peines complémentaires suivantes :

1° L'affichage ou la diffusion de la décision prononcée, dans les conditions et sous les peines prévues à l'article 131-35 du code pénal ;

2° L'interdiction temporaire ou définitive d'exercer une ou plusieurs professions régies par le présent code, une profession commerciale ou industrielle, de diriger, d'administrer, de gérer ou de contrôler à un titre quelconque, directement ou indirectement, pour son propre compte ou pour le compte d'autrui, une entreprise commerciale ou industrielle ou une société commerciale ou toute autre activité professionnelle ou sociale à l'occasion de l'exercice de laquelle l'infraction a été commise, suivant les modalités prévues à l'article 131-27 du même code ;

3° La confiscation de la chose qui a servi ou était destinée à commettre l'infraction ou de la chose qui en est l'objet ou le produit, en application de l'article 131-21 du même code.

Art. L. 5432-5 *(Ord. n° 2013-1183 du 19 déc. 2013, art. 9-II)* Les personnes morales déclarées responsables pénalement, dans les conditions prévues par l'article 121-2 du code pénal, *des infractions définies* au présent chapitre encourent, outre l'amende suivant les modalités prévues par l'article 131-38 du code pénal, la peine prévue aux 2° à 9° de l'article 131-39 du même code.

CHAPITRE III *[ABROGÉ]* RÉACTIFS

(Abrogé par Ord. n° 2001-198 du 1er mars 2001, art. 10)

Art. L. 5433-1 *Abrogé par Ord. n° 2001-198 du 1er mars 2001, art. 10.*

CHAPITRE IV CONTRACEPTIFS

Art. L. 5434-1 Toute infraction en matière de publicité pour les produits et objets contraceptifs autres que les médicaments est punie selon les dispositions des articles

(Ord. n° 2013-1183 du 19 déc. 2013, art. 10-1°) « L. 5422-5 et L. 5422-6 » *(Abrogé par L. n° 2016-41 du 26 janv. 2016, art. 227-II-2°)* « *et des articles L. 5422-15 et L. 5422-16* ».

Toutefois, seules les dispositions *(Ord. n° 2013-1183 du 19 déc. 2013, art. 10-2°)* « de l'article L. 5422-6 » sont applicables aux infractions en matière de publicité pour les préservatifs.

Art. L. 5434-2 *(L. n° 2001-588 du 4 juill. 2001, art. 25)* Le fait de délivrer des contraceptifs mentionnés à l'article L. 5134-1 en infraction aux dispositions du *(L. n° 2004-806 du 9 août 2004, art. 102-II)* « premier alinéa du II et du III » dudit article et du 1° de l'article L. 5134-3 est puni de six mois d'emprisonnement et de 7 500 € d'amende.

CHAPITRE V PRODUITS APTES À PROVOQUER UNE INTERRUPTION VOLONTAIRE DE GROSSESSE

Art. L. 5435-1 *(L. n° 2001-588 du 4 juill. 2001, art. 13-II)* La vente, par les fabricants et négociants en appareils gynécologiques, de dispositifs médicaux utilisables pour une interruption volontaire de grossesse à des personnes n'appartenant pas au corps médical ou ne faisant pas elles-mêmes profession de vendre ces dispositifs est punie de deux ans d'emprisonnement et de 30 000 € d'amende.

(Abrogé par L. n° 2009-526 du 12 mai 2009, art. 125-XXI-36°) « *Les personnes morales peuvent être déclarées pénalement responsables des infractions, définies au présent article, dans les conditions prévues à l'article 121-2 du code pénal. Elles encourent la peine d'amende suivant les modalités prévues à l'article 131-38 du code pénal.* »

Les personnes physiques et les personnes morales encourent également les peines suivantes :

1° La confiscation des dispositifs médicaux saisis ;

2° L'interdiction d'exercer la profession ou l'activité à l'occasion de laquelle le délit a été commis, pour une durée qui ne peut excéder cinq ans.

CHAPITRE VI *[ABROGÉ]* INSECTICIDES ET ACARICIDES

(Abrogé par Ord. n° 2007-613 du 26 avr. 2007, art. 28-3°)

Art. L. 5436-1 à L. 5436-3 *Abrogés par Ord. n° 2007-613 du 26 avr. 2007, art. 28-3°.*

CHAPITRE VII PRODUITS DE TATOUAGE

(L. n° 2004-806 du 9 août 2004, art. 149-II)

Art. L. 5437-1 *(L. n° 2004-806 du 9 août 2004, art. 149-II)* Les infractions relatives aux produits de tatouage prévues au présent chapitre, ainsi que par les règlements pris pour son application, sont recherchées et constatées conformément aux dispositions de l'article L. 5431-1 relatives aux produits cosmétiques.

Art. L. 5437-2 *(L. n° 2014-201 du 24 févr. 2014, art. 3-IV-1°)* Est puni de deux ans d'emprisonnement et de 30 000 € d'amende le fait :

1° Pour la personne responsable d'un établissement de fabrication, de conditionnement ou d'importation de produits de tatouage, d'ouvrir, d'exploiter ou d'étendre l'activité d'un établissement à de telles opérations, sans qu'ait été faite au préalable la déclaration à l'Agence nationale de sécurité du médicament et des produits de santé ou sans qu'aient été déclarées les modifications des éléments figurant dans la déclaration, prévues aux deuxième et troisième alinéas de l'article L. 513-10-2 ;

2° Pour la personne responsable d'un établissement de fabrication, de conditionnement ou d'importation de produits de tatouage, de diriger un établissement mentionné au 1° du présent article sans avoir désigné la ou les personnes qualifiées responsables conformément à l'article L. 513-10-2 ;

3° Pour la personne responsable de la mise sur le marché national du produit de tatouage, au sens du même article L. 513-10-2, de ne pas transmettre aux centres antipoison les informations mentionnées à l'article L. 513-10-6.

Art. L. 5437-3 *(L. n° 2014-201 du 24 févr. 2014, art. 3-IV-2°)* Les personnes physiques coupables des infractions définies à l'article L. 5437-2 encourent également les peines complémentaires suivantes :

1° La diffusion de la décision de condamnation et celle d'un ou de plusieurs messages informant le public de cette décision, dans les conditions prévues à l'article 131-35 du code pénal ;

2° L'affichage de la décision prononcée, dans les conditions et sous les peines prévues au même article ;

3° La confiscation de la chose qui a servi ou était destinée à commettre l'infraction ou du produit de la vente de cette chose, dans les conditions prévues à l'article 131-21 dudit code ;

4° La fermeture définitive ou pour une durée de cinq ans au plus des établissements de l'entreprise ayant servi à commettre les faits incriminés, dans les conditions prévues à l'article 131-33 du même code ;

5° L'interdiction de fabriquer, de conditionner, d'importer et de mettre sur le marché des produits de tatouage pour une durée maximale de cinq ans.

Art. L. 5437-4 *(L. n° 2014-201 du 24 févr. 2014, art. 3-IV-2°)* Les personnes morales déclarées responsables pénalement, dans les conditions prévues à l'article 121-2 du code pénal, des infractions définies à l'article L. 5437-2 du présent code encourent, outre l'amende suivant les modalités prévues à l'article 131-38 du code pénal :

1° La confiscation de la chose qui a servi ou était destinée à commettre l'infraction ou de la chose qui en est le produit, dans les conditions prévues au 8° de l'article 131-39 du même code ;

2° L'affichage de la décision prononcée ou la diffusion de celle-ci soit par la presse écrite, soit par tout moyen de communication électronique, dans les conditions prévues au 9° du même article 131-39 ;

3° La fermeture définitive ou pour une durée de cinq ans au plus des établissements de l'entreprise ayant servi à commettre les faits incriminés, dans les conditions prévues au 4° dudit article 131-39.

Art. L. 5437-5 *(L. n° 2014-201 du 24 févr. 2014, art. 3-IV-2°)* Le fait, pour la personne responsable de la mise sur le marché du produit de tatouage, au sens de l'article L. 513-10-2, de ne pas signaler dès qu'elle en a connaissance et par tout moyen à l'Agence nationale de sécurité du médicament et des produits de santé les effets indésirables graves, dans les conditions mentionnées au I de l'article L. 513-10-8, est puni de deux ans d'emprisonnement et de 30 000 € d'amende.

Est puni des mêmes peines le fait, pour le professionnel de santé ou la personne qui réalise des tatouages à titre professionnel ayant eu personnellement connaissance, dans l'exercice de ses fonctions, d'un effet indésirable grave, au sens du même I, de s'abstenir de le signaler, sans délai, à l'agence.

CHAPITRE VIII MATIÈRES PREMIÈRES À USAGE PHARMACEUTIQUE

(Ord. n° 2012-1427 du 19 déc. 2012, art. 17-II)

Art. L. 5438-1 Constitue un manquement soumis à sanction financière :

1° Le fait pour les fabricants, importateurs, distributeurs de substances actives de ne pas se conformer aux bonnes pratiques de fabrication et de distribution mentionnées *au premier alinéa de* l'article L. 5138-3 ;

2° Le fait pour tout établissement pharmaceutique mentionné à l'article L. 5124-1, pour les pharmacies d'officine, les pharmacies à usage intérieur, les médecins de ne pas s'assurer de la conformité des substances actives qu'ils utilisent aux bonnes pratiques de fabrication et de distribution, et, pour les établissements pharmaceutiques, de ne pas réaliser ou faire réaliser des audits pour s'en assurer sur les sites de fabrication et de distribution des substances actives ;

3° Le fait pour tout établissement pharmaceutique mentionné à l'article L. 5124-1 de ne pas déterminer les bonnes pratiques applicables à la fabrication d'excipients en réalisant une évaluation formalisée du risque et de ne pas s'assurer de leur respect.

Art. L. 5438-2 *(Ord. n° 2013-1183 du 19 déc. 2013, art. 11-I)* Le fait pour le fabricant, l'importateur ou le distributeur d'excipients tels que définis par l'article L. 5138-2 d'exercer son activité sans avoir effectué la déclaration auprès de l'Agence nationale de sécurité du médicament et des produits de santé dans les conditions fixées à l'article L. 5138-1 est puni d'un an d'emprisonnement et de 75 000 € d'amende.

Art. L. 5438-3 Le fait pour le fabricant, l'importateur ou le distributeur de substances actives telles que définies par l'article L. 5138-2 d'exercer son activité sans y avoir été autorisé par l'Agence nationale de sécurité du médicament et des produits de santé en application et dans les conditions fixées par l'article L. 5138-1 est puni de deux ans d'emprisonnement et de *(Ord. nº 2013-1183 du 19 déc. 2013, art. 11-II)* « 150 000 € » d'amende.

Art. L. 5438-4 La fabrication, le courtage, la distribution, la publicité, l'offre de vente, la vente, l'importation, l'exportation, l'achat de matières premières à usage pharmaceutique falsifiées définies à l'article L. 5138-6 sont punis de cinq ans d'emprisonnement et de 375 000 € d'amende.

Ces peines sont portées à sept ans d'emprisonnement et *[à]* 750 000 € d'amende lorsque :

1º Ces matières premières sont dangereuses pour la santé de l'homme ;

2º Les délits prévus au premier alinéa ont été commis par des fabricants, importateurs, distributeurs autorisés ou déclarés en application de l'article L. 5138-1 ou par les établissements pharmaceutiques autorisés conformément à l'article L. 5124-3 ;

3º Ces mêmes délits ont été commis en bande organisée ;

4º Les délits de publicité, d'offre de vente et de vente de matière première *[matières premières]* à usage pharmaceutique falsifiées ont été commis sur un réseau de télécommunication à destination d'un public non déterminé.

Art. L. 5438-5 Sont punis de trois ans d'emprisonnement et de 75 000 € d'amende ceux qui, sans motif légitime, sont trouvés détenteurs de matières premières à usage pharmaceutique falsifiées.

Lorsque la matière première à usage pharmaceutique falsifiée est dangereuse pour la santé de l'homme, les peines sont portées à cinq ans d'emprisonnement et à 375 000 € d'amende.

Art. L. 5438-6 La tentative des délits prévus à l'article *(Ord. nº 2013-1183 du 19 déc. 2013, art. 11-III)* « L. 5438-4 » est punie des mêmes peines.

Art. L. 5438-7 *(Ord. nº 2013-1183 du 19 déc. 2013, art. 11-IV)* Pour les infractions pénales mentionnées au présent chapitre, les personnes physiques encourent également les peines complémentaires suivantes :

1º L'affichage ou la diffusion de la décision prononcée, dans les conditions et sous les peines prévues à l'article 131-35 du code pénal ;

2º L'interdiction temporaire ou définitive d'exercer une ou plusieurs professions régies par le présent code, une profession commerciale ou industrielle, de diriger, d'administrer, de gérer ou de contrôler à un titre quelconque, directement ou indirectement, pour son propre compte ou pour le compte d'autrui, une entreprise commerciale ou industrielle ou une société commerciale ou toute autre activité professionnelle ou sociale à l'occasion de l'exercice de laquelle l'infraction a été commise, suivant les modalités prévues à l'article 131-27 du même code ;

3º La confiscation de la chose qui a servi ou était destinée à commettre l'infraction ou de la chose qui en est l'objet ou le produit, en application de l'article 131-21 du même code.

Art. L. 5438-8 *(Ord. nº 2013-1183 du 19 déc. 2013, art. 11-V)* Les personnes morales déclarées pénalement responsables, dans les conditions prévues à l'article 121-2 du code pénal, des infractions prévues au présent chapitre encourent, outre l'amende suivant les modalités prévues à l'article 131-38 du même code, les peines prévues aux 2º à 9º *de l'article 131-39 de ce code.*

CHAPITRE IX MICRO-ORGANISMES ET TOXINES

(Ord. nº 2008-717 du 17 juill. 2008)

Art. L. 5439-1 *(Ord. nº 2013-1183 du 19 déc. 2013, art. 12-I-1º)* « I. – » Le fait de ne pas respecter les conditions mentionnées à l'article L. 5139-2 relatives à la production, à la fabrication, au transport, à l'importation et à l'exportation, à la détention, l'offre, la cession, l'acquisition et l'emploi des micro-organismes et toxines inscrits sur la liste prévue à l'article L. 5139-1 est puni de *(Ord. n° 2013-1183 du 19 déc. 2013, art. 12-I-1°)* « cinq ans d'emprisonnement et de 375 000 € d'amende.

« II. – Les peines mentionnées à l'alinéa précédent sont portées à sept ans d'emprisonnement et *[à]* 750 000 € d'amende, lorsque :

« 1° Les délits prévus au premier alinéa ont été commis en bande organisée ;

« 2° Ces mêmes délits ont été commis sur un réseau de télécommunication à destination d'un public non déterminé. »

Art. L. 5439-2 *(Ord. n° 2013-1183 du 19 déc. 2013, art. 12-II)* La tentative des délits prévus à l'article L. 5439-1 est punie des mêmes peines.

Art. L. 5439-3 *(Ord. n° 2013-1183 du 19 déc. 2013, art. 12-II)* Pour les infractions pénales mentionnées au présent chapitre, les personnes physiques encourent également les peines complémentaires suivantes :

1° L'affichage ou la diffusion de la décision prononcée, dans les conditions et sous les peines prévues à l'article 131-35 du code pénal ;

2° L'interdiction temporaire ou définitive d'exercer une ou plusieurs professions régies par le présent code, une profession commerciale ou industrielle, de diriger, d'administrer, de gérer ou de contrôler à un titre quelconque, directement ou indirectement, pour son propre compte ou pour le compte d'autrui, une entreprise commerciale ou industrielle ou une société commerciale ou toute autre activité professionnelle ou sociale à l'occasion de l'exercice de laquelle l'infraction a été commise, suivant les modalités prévues à l'article 131-27 du même code ;

3° La confiscation de la chose qui a servi ou était destinée à commettre l'infraction ou de la chose qui en est l'objet ou le produit, en application de l'article 131-21 du même code.

Art. L. 5439-4 *(Ord. n° 2013-1183 du 19 déc. 2013, art. 12-II)* Les personnes morales déclarées pénalement responsables, dans les conditions prévues à l'article 121-2 du code pénal, des infractions prévues au présent chapitre encourent, outre l'amende suivant les modalités prévues à l'article 131-38 du même code, les peines prévues aux 2° à 9° de l'article 131-39 de ce code.

TITRE QUATRIÈME MÉDICAMENTS VÉTÉRINAIRES

CHAPITRE PREMIER PRÉPARATION INDUSTRIELLE ET VENTE EN GROS

Art. L. 5441-1 Le fait d'effectuer les essais non cliniques mentionnés à l'article L. 5141-4 sans se conformer aux bonnes pratiques de laboratoire mentionnées au même article est puni de 3 750 € d'amende. – *[Anc. art. L. 518 et L. 511-2].*

Art. L. 5441-2 *(Ord. n° 2008-717 du 17 juill. 2008)* Le fait pour un promoteur de ne pas communiquer aux expérimentateurs ou aux investigateurs les renseignements réglementairement prescrits et relatifs aux médicaments vétérinaires soumis à expérimentation ou aux essais est puni de deux ans d'emprisonnement et de 30 000 € d'amende.

Art. L. 5441-3 *(Ord. n° 2008-717 du 17 juill. 2008)* Le fait pour un promoteur, soit *dans le délai de deux mois* précédant l'essai clinique, soit lorsqu'une modification substantielle de l'essai intervient, de ne pas transmettre à l'agence les informations réglementairement prescrites et relatives à l'expérimentation des médicaments est puni de deux ans d'emprisonnement et de 30 000 € d'amende.

Est puni des mêmes peines le fait pour un promoteur de ne pas respecter la décision de l'agence de s'opposer à la mise en œuvre ou à la modification de cet essai.

Art. L. 5441-4 Le fait d'être propriétaire ou de diriger une entreprise comportant au moins un établissement mentionné au premier alinéa de l'article L. 5142-1, à l'exception des établissements assurant la fabrication et la distribution d'aliments médicamenteux, sans être pharmacien ou vétérinaire, ou sans avoir désigné un pharmacien ou un vétérinaire à sa direction générale ou à sa gérance, *(Ord. n° 2008-717 du 17 juill. 2008)* « est puni de deux ans d'emprisonnement et de 30 000 € » d'amende.

Le fait d'être propriétaire ou de diriger une entreprise comportant au moins un établissement mentionné au premier alinéa de l'article L. 5142-1, à l'exception des établissements assurant la fabrication et la distribution d'aliments médicamenteux, et concédé en location-gérance à une société qui n'est pas la propriété d'un pharmacien ou d'un vétérinaire ou qui ne comporte pas la participation d'un pharmacien ou d'un vétérinaire à sa direction générale ou à sa gérance *(Ord. nº 2008-717 du 17 juill. 2008)* « est puni de deux ans d'emprisonnement et de 30 000 € d'amende.

« Le fait pour un propriétaire ou un dirigeant d'entreprise comportant au moins un établissement mentionné au premier alinéa de l'article L. 5142-1, à l'exception des établissements assurant la fabrication et la distribution d'aliments médicamenteux, de ne pas disposer dans chaque établissement d'un pharmacien ou d'un vétérinaire délégué est puni des mêmes peines. »

Art. L. 5441-5 Le fait d'ouvrir ou de faire fonctionner un établissement défini à l'article L. 5142-1, sans l'autorisation prévue à l'article L. 5142-2 ou sans que celle-ci ait été renouvelée en cas de modification des éléments figurant dans l'autorisation initiale, *(Ord. nº 2008-717 du 17 juill. 2008)* « est puni de deux ans d'emprisonnement et de 30 000 € » d'amende.

Art. L. 5441-6 La délivrance au public par le représentant légal d'un établissement défini à l'article L. 5142-1 des médicaments vétérinaires définis aux articles L. 5141-1 et L. 5141-2, à l'exception des aliments médicamenteux fournis aux groupements, dans les conditions fixées par l'article L. 5143-6, ou aux éleveurs, sur prescription d'un vétérinaire dans les conditions fixées par décret, *(Ord. nº 2008-717 du 17 juill. 2008)* « est punie de deux ans d'emprisonnement et de 30 000 € » d'amende.

Art. L. 5441-7 *(Ord. nº 2008-717 du 17 juill. 2008)* Le fait pour le fabricant, importateur et détenteur de médicaments vétérinaires de ne pas déclarer sur demande expresse de l'administration, en cas de lutte contre une épizootie, leur production, leur importation ou leur stock est puni de 30 000 € d'amende.

Art. L. 5441-8 *(Ord. nº 2001-313 du 11 avr. 2001, art. 17)* Est puni de deux ans d'emprisonnement et de 30 000 € d'amende le fait :

1º De mettre sur le marché à titre gratuit ou onéreux un médicament vétérinaire soumis aux dispositions des articles L. 5141-5, L. 5141-9 ou L. 5141-10 sans avoir préalablement obtenu l'autorisation de mise sur le marché, l'enregistrement ou l'autorisation temporaire d'utilisation prévu à ces articles ;

2º D'importer des médicaments vétérinaires, autres que ceux transportés par des vétérinaires conformément à l'article L. 5141-15, sans avoir préalablement obtenu, selon le cas, l'autorisation d'importation, l'autorisation de mise sur le marché, l'autorisation temporaire d'utilisation, l'enregistrement ou le certificat mentionné à l'article L. 5142-7.

Art. L. 5441-9 La préparation des autovaccins à usage vétérinaire, sans l'autorisation prévue à l'article L. 5141-12, *(Ord. nº 2008-717 du 17 juill. 2008)* « est punie de deux ans d'emprisonnement et de 30 000 € » d'amende.

Art. L. 5441-10 Lorsque l'autorité judiciaire est saisie d'une poursuite par application des articles du présent chapitre, le représentant de l'État dans le département peut, si l'intérêt de l'hygiène publique ou de la santé animale l'exige, prononcer la fermeture provisoire de l'établissement.

Les personnes physiques coupables d'une infraction prévue au présent chapitre encourent la peine complémentaire de la fermeture temporaire ou définitive de l'établissement.

Art. L. 5441-11 *(Ord. nº 2001-313 du 11 avr. 2001, art. 18)* Les personnes physiques coupables des infractions prévues à l'article L. 5441-8 encourent également les peines *complémentaires* suivantes :

1º L'affichage de la décision prononcée et la diffusion de celle-ci, dans les conditions prévues à l'article 131-35 du code pénal ;

2º La confiscation de la chose qui a servi ou était destinée à commettre l'infraction ou du produit de la vente de cette chose, dans les conditions prévues à l'article 131-21 du même code ;

3° La fermeture définitive ou pour une durée de cinq ans au plus des établissements de l'entreprise ayant servi à commettre les faits incriminés, dans les conditions prévues à l'article 131-33 du même code.

Art. L. 5441-12 *(Ord. nº 2001-313 du 11 avr. 2001, art. 18 ; L. nº 2009-526 du 12 mai 2009, art. 125-XXI-37º)* Les personnes morales déclarées responsables pénalement, dans les conditions prévues par l'article 121-2 du code pénal, des infractions définies à l'article L. 5441-8 encourent, outre l'amende suivant les modalités prévues par l'article 131-38 du code pénal :

1° *Abrogé par L. nº 2009-526 du 12 mai 2009, art. 125-XXI-37º.*

2° L'affichage de la décision prononcée ou la diffusion de celle-ci soit par la presse écrite, soit par tout moyen de communication audiovisuelle dans les conditions prévues au 9° de l'article 131-39 du même code ;

3° La confiscation de la chose qui a servi ou était destinée à commettre l'infraction ou de la chose qui en est le produit, dans les conditions prévues au 8° de l'article 131-39 du même code ;

4° La fermeture définitive ou pour une durée de cinq ans au plus des établissements de l'entreprise ayant servi à commettre les faits incriminés, dans les conditions prévues au 4° de l'article 131-39 du même code.

Art. L. 5441-13 *(Ord. nº 2008-717 du 17 juill. 2008)* Le fait d'accorder une exclusivité de vente de médicaments vétérinaires à une ou plusieurs catégories de revendeurs est puni de 3 750 € d'amende.

Art. L. 5441-14 *(Ord. nº 2008-717 du 17 juill. 2008)* Le fait, pour le pharmacien ou le vétérinaire responsable d'une entreprise, pour le pharmacien ou le vétérinaire délégué ou pour le pharmacien ou le vétérinaire d'un établissement de fabrication ou de distribution d'aliments médicamenteux, de ne pas déclarer à l'agence, lorsqu'il en a connaissance, après la commercialisation d'un lot de médicament vétérinaire, un incident ou un accident survenu lors de la fabrication ou de la distribution de ce lot et susceptible d'entraîner un risque pour la santé publique ou toute action engagée pour retirer un lot est puni de deux ans d'emprisonnement et de 30 000 € d'amende.

Art. L. 5441-15 *(Ord. nº 2008-717 du 17 juill. 2008)* Le fait, pour le titulaire de l'autorisation de mise sur le marché ou le pharmacien ou le vétérinaire responsable d'un établissement pharmaceutique vétérinaire exploitant un médicament vétérinaire, de ne pas déclarer à l'*(Ord. nº 2010-18 du 7 janv. 2010, art. 3-II)* « Agence nationale chargée de la sécurité sanitaire de l'alimentation, de l'environnement et du travail », aussitôt après en avoir eu connaissance, tout effet indésirable grave ou tout effet indésirable sur l'homme susceptible d'être dû à ce médicament vétérinaire, est puni de deux ans d'emprisonnement et de 30 000 € d'amende.

Art. L. 5441-16 *(Ord. nº 2008-717 du 17 juill. 2008)* Le fait de ne pas respecter l'ordre de suspension, de modification ou de retrait d'une autorisation prononcé par l'agence en application des articles L. 5145-3 et L. 5145-4 est puni de deux ans d'emprisonnement et de 30 000 € d'amende.

CHAPITRE II PRÉPARATION EXTEMPORANÉE ET VENTE AU DÉTAIL

Art. L. 5442-1 La préparation extemporanée ou la détention de médicaments vétérinaires pour les céder ou les délivrer, à titre gratuit ou onéreux, par toute personne autre qu'un pharmacien titulaire d'une officine, un vétérinaire ou un chef des services de pharmacie et toxicologie des écoles nationales vétérinaires, *(Ord. nº 2008-717 du 17 juill. 2008)* « est punie de deux ans d'emprisonnement et de 30 000 € » d'amende.

(L. nº 2006-11 du 5 janv. 2006, art. 71-I) « Le fait pour un vétérinaire de tenir officine ouverte au sens de l'article L. 5143-2 est puni de la même peine. »

Art. L. 5442-2 La préparation extemporanée des aliments médicamenteux au moyen d'installations non agréées est punie de 4 500 € d'amende. — *[Anc. art. L. 617-24, et L. 610-1].*

Art. L. 5442-3 *(Ord. nº 2008-717 du 17 juill. 2008)* « Est puni de deux ans d'emprisonnement et de 30 000 € » le fait :

1° De solliciter auprès du public des commandes de médicaments vétérinaires et de satisfaire de telles commandes ;

2° Pour toute personne autre qu'un vétérinaire, de vendre des médicaments vétérinaires à domicile ;

3° De céder à titre gratuit ou onéreux des médicaments vétérinaires sur la voie publique, dans les foires, marchés et manifestations publiques, à toute personne, même pharmacien ou vétérinaire.

Art. L. 5442-4 *(Ord. nº 2001-313 du 11 avr. 2001, art. 20)* Le fait de fabriquer un aliment médicamenteux à partir d'un prémélange n'ayant pas obtenu une autorisation de mise sur le marché mentionnée à l'article L. 5141-5 ou une autorisation temporaire d'utilisation mentionnée à l'article L. 5141-10 *(Ord. nº 2008-717 du 17 juill. 2008)* « est puni de deux ans d'emprisonnement et de 30 000 € » d'amende.

Art. L. 5442-5 *(Ord. nº 2001-313 du 11 avr. 2001, art. 19)* Lorsque l'autorité judiciaire est saisie d'une poursuite pour infraction aux dispositions du présent chapitre, le représentant de l'État dans le département peut, si l'intérêt de l'hygiène publique ou de la santé animale l'exige, prononcer la fermeture provisoire de l'établissement.

Les personnes physiques coupables d'une infraction prévue au présent chapitre encourent la peine complémentaire de la fermeture temporaire ou définitive de l'établissement.

Art. L. 5442-6 *(Ord. nº 2001-313 du 11 avr. 2001, art. 19)* En cas de condamnation pour infraction aux conditions auxquelles est subordonnée la publicité concernant les médicaments vétérinaires, le tribunal peut interdire la vente du produit faisant l'objet d'une publicité irrégulière.

Sont punies des peines prévues pour les infractions aux conditions auxquelles est subordonnée la publicité concernant les médicaments vétérinaires, les personnes qui bénéficient d'une publicité irrégulière et les agents de diffusion de cette publicité.

Art. L. 5442-7 *(Ord. nº 2001-313 du 11 avr. 2001, art. 21)* Les personnes physiques coupables des infractions prévues à l'article L. 5442-4 encourent également les peines complémentaires suivantes :

1° L'affichage de la décision prononcée et la diffusion de celle-ci, dans les conditions prévues à l'article 131-35 du code pénal ;

2° La confiscation de la chose qui a servi ou était destinée à commettre l'infraction ou du produit de la vente de cette chose, dans les conditions prévues à l'article 131-21 du même code ;

3° La fermeture définitive ou pour une durée de cinq ans au plus des établissements de l'entreprise ayant servi à commettre les faits incriminés, dans les conditions prévues à l'article 131-33 du même code.

Art. L. 5442-8 *(Ord. nº 2001-313 du 11 avr. 2001, art. 21 ; L. nº 2009-526 du 12 mai 2009, art. 125-XXI-38º)* Les personnes morales déclarées responsables pénalement, dans les conditions prévues par l'article 121-2 du code pénal, des infractions définies à l'article L. 5442-4 encourent, outre l'amende suivant les modalités prévues par l'article 131-38 du code pénal :

1° *Abrogé par L. nº 2009-526 du 12 mai 2009, art. 125-XXI-38º.*

2° L'affichage de la décision prononcée ou la diffusion de celle-ci soit par la presse écrite, soit par tout moyen de communication audiovisuelle dans les conditions prévues au 9° de l'article 131-39 du même code ;

3° La confiscation de la chose qui a servi ou était destinée à commettre l'infraction ou de la chose qui en est le produit, dans les conditions prévues au 8° de l'article 131-39 du même code ;

4° La fermeture définitive ou pour une durée de cinq ans au plus des établissements de l'entreprise ayant servi à commettre les faits incriminés, dans les conditions prévues au 4° de l'article 131-39 du même code.

Art. L. 5442-9 *(Ord. nº 2008-717 du 17 juill. 2008)* Est puni de deux ans d'emprisonnement et de 30 000 € d'amende le fait pour le représentant légal d'un groupement mentionné à l'article L. 5143-6 :

1° D'acheter, détenir ou délivrer aux membres du groupement des médicaments vétérinaires sans que le groupement ait été agréé à cet effet par l'autorité administrative ;

2° D'acheter, détenir ou délivrer aux membres du groupement des médicaments vétérinaires contenant des substances faisant l'objet d'obligations particulières au sens de l'article L. 5144-1 sans remplir les conditions prévues au second alinéa de l'article L. 5143-6 ;

3° D'acheter, détenir ou délivrer aux membres du groupement des médicaments vétérinaires sans le contrôle d'un vétérinaire ou d'un pharmacien participant effectivement à la direction technique du groupement.

Art. L. 5442-10 *(L. n° 2014-1170 du 13 oct. 2014, art. 48-II-1°)* I. — Est puni de deux ans d'emprisonnement et de 150 000 € d'amende :

(L. n° 2016-41 du 26 janv. 2016, art. 152) « 1° Le fait pour toute personne de prescrire des médicaments vétérinaires à des animaux auxquels elle ne donne pas personnellement des soins ou dont la surveillance sanitaire et le suivi régulier ne lui sont pas confiés, ou sans rédiger une ordonnance dans les cas et selon les modalités prévus aux articles L. 5143-5 et L. 5143-6, ou sans respecter les restrictions de prescription édictées en application du 18° de l'article L. 5141-16 ; »

2° Le fait pour les personnes et groupements mentionnés aux articles L. 5143-2 et L. 5143-6 de délivrer des médicaments en méconnaissance des obligations définies aux articles L. 5143-2, L. 5143-5 et L. 5143-6 et des restrictions édictées en application du 18° de l'article L. 5141-16 ;

3° Pour un propriétaire ou un détenteur professionnel d'animaux, le fait d'agir pour contourner les obligations définies aux articles L. 5143-2, L. 5143-5 et L. 5143-6 et les restrictions édictées en application du 18° de l'article L. 5141-16, en vue de se faire délivrer des médicaments vétérinaires ;

4° Le fait, pour les personnes habilitées à prescrire ou à délivrer des médicaments vétérinaires, de former une entente en vue d'obtenir des avantages, de quelque nature que ce soit, au détriment du détenteur des animaux ou de tiers.

II. — Est puni de cinq ans d'emprisonnement et de 375 000 € d'amende le fait pour toute personne de ne pas respecter les conditions d'importation, de fabrication, d'acquisition, de détention, de délivrance, de vente ou de cession à titre gratuit des substances mentionnées à l'article L. 5144-1, fixées en application des articles L. 5144-1 à L. 5144-3.

Les peines sont portées à sept ans d'emprisonnement et à 750 000 € d'amende lorsque :

1° Les délits prévus au premier alinéa du présent II ont été commis par des fabricants, importateurs, distributeurs des substances mentionnées à l'article L. 5144-1, des professionnels de santé définis à la quatrième partie du présent code ou des vétérinaires ;

2° Ces mêmes délits ont été commis en bande organisée ;

3° Les délits de vente ou de cession à titre gratuit prévus au premier alinéa du présent II ont été commis sur un réseau de télécommunication à destination d'un public non déterminé.

Art. L. 5442-11 *(L. n° 2014-1170 du 13 oct. 2014, art. 48-II-2°)* Est puni de trois ans d'emprisonnement et de 45 000 € d'amende le fait :

*1° D'administrer à un anima*l un prémélange médicamenteux en méconnaissance de l'article L. 5141-11;

2° De délivrer un prémélange médicamenteux à une personne autre qu'un établissement autorisé en application de l'article L. 5142-2 pour la fabrication d'aliments médicamenteux ou à un éleveur pour la préparation extemporanée d'aliments médicamenteux dans les conditions prévues à l'article L. 5143-3.

Art. L. 5442-12 *(L. n° 2014-1170 du 13 oct. 2014, art. 48-II-2°)* I. — Est puni de 37 500 € d'amende le fait, pour les entreprises mentionnées à l'article L. 5142-1, de proposer ou de procurer des avantages, en nature ou en espèces, aux professionnels mentionnés à l'article L. 5143-2, aux groupements mentionnés à l'article L. 5143-6, aux utilisateurs agréés mentionnés à l'article L. 5143-3, aux fabricants et aux distributeurs d'aliments médicamenteux ou aux associations qui les représentent.

II. — Le fait, pour les professionnels mentionnés à l'article L. 5143-2, les groupements mentionnés à l'article L. 5143-6, les utilisateurs agréés mentionnés à l'article L. 5143-3, les fabricants et les distributeurs d'aliments médicamenteux, ainsi que les associations qui les représentent, de recevoir, en méconnaissance de l'article L. 5141-13-1, des avantages en nature ou en espèces, procurés par des entreprises mentionnées à l'article L. 5142-1, est puni de 4 500 € d'amende.

Lorsque ces faits sont commis en état de récidive légale dans les conditions prévues à l'article 132-10 du code pénal, ils sont punis de six mois d'emprisonnement et de 9 000 € d'amende.

Les personnes physiques peuvent être condamnées, à titre de peine complémentaire, à l'interdiction d'exercice de la profession de pharmacien ou de vétérinaire pour une durée de dix ans au plus.

III. — Les personnes morales déclarées coupables des délits prévus aux I et II du présent article encourent les peines prévues aux 2° à 5° et 9° de l'article 131-39 du code pénal.

Art. L. 5442-13 *Abrogé par L. n° 2016-41 du 26 janv. 2016, art. 178-9°.*

Art. L. 5442-14 *(L. n° 2014-1170 du 13 oct. 2014, art. 48-II-2°)* La fabrication, la distribution, la publicité, l'offre de vente, la vente, l'importation et l'exportation de médicaments falsifiés définis à l'article L. 5111-3 à usage vétérinaire sont punies de cinq ans d'emprisonnement et de 375 000 € d'amende. Ces peines sont portées à sept ans d'emprisonnement et 750 000 € d'amende lorsque :

1° Le médicament falsifié est dangereux pour la santé de l'animal ou de l'homme ou pour l'environnement ;

2° Les délits prévus au premier alinéa du présent article ont été commis par des établissements pharmaceutiques vétérinaires autorisés en application de l'article L. 5142-2, les professionnels mentionnés à l'article L. 5143-2 ou les groupements mentionnés à l'article L. 5143-6 ;

3° Ces mêmes délits ont été commis en bande organisée ;

4° Les délits de publicité, d'offre de vente ou de vente de médicaments falsifiés ont été commis sur un réseau de télécommunication à destination d'un public non déterminé.

TITRE CINQUIÈME AGENCE NATIONALE DE SÉCURITÉ DU MÉDICAMENT ET DES PRODUITS DE SANTÉ *(Ord. n° 2013-1183 du 19 déc. 2013, art. 13-I).*

CHAPITRE UNIQUE

Art. L. 5451-1 *(Ord. n° 2013-1183 du 19 déc. 2013, art. 13-II)* Est puni de deux ans d'emprisonnement et de 150 000 € d'amende, le fait :

1° De poursuivre, à l'égard des produits concernés, les activités ayant fait l'objet d'une des mesures de suspension ou d'interdiction prévues aux articles L. 5312-1, L. 5312-1-1 et L. 5312-2 ;

2° De ne pas respecter les conditions particulières ou les restrictions qui peuvent être apportées dans l'intérêt de la santé publique à la prescription, à la délivrance, à l'administration ou à l'utilisation des produits en application de l'article L. 5312-1 ;

3° De ne pas exécuter les mesures de retrait, de destruction du produit ou de diffusion de mises en garde ou de précautions d'emploi décidées ou ordonnées en application de l'article L. 5312-3 ;

(L. n° 2016-41 du 26 janv. 2016, art. 227-3°) « 4° De ne pas respecter les restrictions qui peuvent être apportées, en application de l'article L. 5121-20, dans l'intérêt de la *santé publique à la prescription* et à la délivrance de certains médicaments. »

Art. L. 5451-2 Les personnes physiques coupables des infractions prévues à l'article L. 5451-1 encourent également les peines complémentaires suivantes :

1° La diffusion de la décision de condamnation et celle d'un ou plusieurs messages informant le public de cette décision, dans les conditions prévues à l'article 131-35 du code pénal ;

2° L'affichage de la décision prononcée, dans les conditions et sous les peines prévues à l'article 131-35 du même code ;

3° La confiscation de la chose qui a servi ou était destinée à commettre l'infraction ou du produit de la vente de cette chose, dans les conditions prévues à l'article 131-21 du même code ;

4° La fermeture définitive ou pour une durée de cinq ans au plus des établissements de l'entreprise ayant servi à commettre les faits incriminés, dans les conditions prévues à l'article 131-33 du même code. – *[Anc. art. L. 793-6-II.]*

Art. L. 5451-3 *(L. nº 2009-526 du 12 mai 2009, art. 125-XXI-39º)* « Les personnes morales déclarées responsables pénalement, dans les conditions prévues par l'article 121-2 du code pénal, des infractions définies à l'article L. 5451-1 encourent, outre l'amende suivant les modalités prévues par l'article 131-38 du code pénal : »

1º *Abrogé par L. nº 2009-526 du 12 mai 2009, art. 125-XXI-39º.*

2° La confiscation de la chose qui a servi ou était destinée à commettre l'infraction ou de la chose qui en est le produit, dans les conditions prévues au 8° de l'article 131-39 du même code ;

3° L'affichage de la décision prononcée ou la diffusion de celle-ci soit par la presse écrite, soit par tout moyen de communication audiovisuelle dans les conditions prévues au 9° de l'article 131-39 du même code ;

4° La fermeture définitive ou pour une durée de cinq ans au plus des établissements de l'entreprise ayant servi à commettre les faits incriminés, dans les conditions prévues au 4° de l'article 131-39 du même code.

Art. L. 5451-4 *(L. nº 2002-303 du 4 mars 2002, art. 31)* Les dispositions des trois premiers alinéas de l'article L. 4163-2 sont applicables aux personnes mentionnées aux cinquième et sixième alinéas de l'article L. 5323-4. Les dispositions des alinéas suivants de ce même article sont applicables aux personnes physiques et morales qui proposent ou procurent des avantages à ces personnes.

TITRE SIXIÈME DISPOSITIFS MÉDICAUX, DISPOSITIFS MÉDICAUX DE DIAGNOSTIC *IN VITRO* ET AUTRES PRODUITS ET OBJETS RÉGLEMENTÉS DANS L'INTÉRÊT DE LA SANTÉ PUBLIQUE

(Ord. nº 2001-198 du 1er mars 2001, art. 6)

CHAPITRE PREMIER DISPOSITIFS MÉDICAUX

Art. L. 5461-1 Les dispositions de l'article L. 5431-1 sont applicables à la recherche et à la constatation des infractions aux dispositions de l'article L. 5211-4 et des textes pris pour son application. – *[Anc. art. L. 665-7, al. 2].*

SECTION PREMIÈRE SANCTIONS PÉNALES *(Ord. nº 2013-1183 du 19 déc. 2013, art. 14-I).*

Art. L. 5461-2 *(Ord. nº 2008-717 du 17 juill. 2008)* Le fait, pour le fabricant, l'importateur ou le distributeur d'un dispositif ayant eu connaissance d'un incident ou d'un risque d'incident mettant en cause un dispositif médical ayant entraîné ou susceptible d'entraîner la mort ou la dégradation grave de l'état de santé d'un patient, d'un utilisateur ou d'un tiers, de s'abstenir de le signaler sans délai à *(L. nº 2011-2012 du 29 déc. 2011, art. 5-IV)* « l'Agence nationale de sécurité du médicament et des produits de santé » est puni de *(Ord. nº 2013-1183 du 19 déc. 2013, art. 14-II-1º)* « deux ans d'emprisonnement et de 150 000 € » d'amende.

Art. L. 5461-2-1 *(Ord. nº 2013-1183 du 19 déc. 2013, art. 14-III, en vigueur le 1er févr. 2014)* Le fait, pour un fabricant ou son mandataire, de ne pas informer l'Agence nationale de sécurité du médicament et des produits de santé de tout rappel d'un dispositif médical auquel il procède dans les conditions mentionnées à l'article L. 5212-2 est puni de deux ans d'emprisonnement et de 150 000 € d'amende.

Art. L. 5461-3 *(Ord. nº 2008-717 du 17 juill. 2008) (Ord. nº 2013-1183 du 19 déc. 2013, art. 14-IV-1º)* « I. – » Le fait d'importer, de mettre sur le marché, de mettre en service ou d'utiliser un dispositif médical sans qu'ait été délivré le certificat mentionné à l'article L. 5211-3 *(Ord. nº 2013-1183 du 19 déc. 2013, art. 14-IV-1º)* «, ou un dispositif médical non conforme aux exigences essentielles mentionnées au même article ou dont la certification de conformité n'est plus valide, est puni de cinq ans d'emprisonnement et de 375 000 € d'amende.

« II. – Les peines mentionnées à l'alinéa précédent sont portées à sept ans d'emprisonnement et *[à]* 750 000 € d'amende, lorsque :

« 1º Le dispositif médical commercialisé est de nature à entraîner un risque grave pour la santé de l'homme ;

« 2º Les délits prévus au premier alinéa ont été commis en bande organisée ;

« 3º Ces mêmes délits ont été commis sur un réseau de télécommunication à destination d'un public non déterminé. »

Art. L. 5461-4 *(Ord. nº 2008-717 du 17 juill. 2008)* Le fait de mettre en service une catégorie de dispositif médical mentionnée à l'article L. 5211-4 sans procéder à la communication des données prévue à cet article est puni de *(Ord. nº 2013-1183 du 19 déc. 2013, art. 14-V)* « 150 000 € » d'amende.

Art. L. 5461-4-1 *(Ord. nº 2013-1183 du 19 déc. 2013, art. 14-VI)* Le fait, pour les fabricants de dispositifs médicaux ou leurs mandataires, ainsi que pour toute personne qui se livre à la fabrication, la distribution, l'importation ou l'exportation, même à titre accessoire, de dispositifs médicaux, de ne pas procéder à la déclaration prévue à l'article L. 5211-3-1, est puni d'un an d'emprisonnement et de 75 000 € d'amende.

Art. L. 5461-4-2 *(L. nº 2016-41 du 26 janv. 2016, art. 147-4º)* Le fait, pour les installations mentionnées à l'article L. 6322-1, de ne pas renseigner les registres mentionnés à l'article L. 5212-2-1 est puni d'un an d'emprisonnement et de 75 000 € d'amende.

Art. L. 5461-5 *(Ord. nº 2008-717 du 17 juill. 2008)* Le fait, pour l'exploitant de ne pas soumettre un dispositif médical *(Ord. nº 2013-1183 du 19 déc. 2013, art. 14-VII-1º)* « aux obligations » de maintenance et aux contrôles de qualité *(Ord. nº 2013-1183 du 19 déc. 2013, art. 14-VII-2º)* « en application de » l'article L. 5212-1, est puni de *(Ord. nº 2013-1183 du 19 déc. 2013, art. 14-VII-3º)* « deux ans d'emprisonnement et de 150 000 € d'amende ».

Art. L. 5461-6 *(Ord. nº 2013-1183 du 19 déc. 2013, art. 14-VIII)* Le fait, pour les fabricants de dispositifs médicaux ou leurs mandataires, ainsi que pour toute personne qui se livre à la distribution ou à l'importation de dispositifs médicaux, de réaliser, faire réaliser, diffuser ou faire diffuser une publicité de dispositif médical soumise à autorisation préalable lorsque l'Agence nationale de sécurité du médicament et des produits de santé n'a pas délivré, a refusé de délivrer, a suspendu ou a retiré cette autorisation, est puni d'un an d'emprisonnement et de 150 000 € d'amende.

Art. L. 5461-6-1 *(L. nº 2016-41 du 26 janv. 2016, art. 147-5º)* Le fait, pour les fabricants de dispositifs médicaux ou leurs mandataires, de ne pas transmettre à l'Agence nationale de sécurité du médicament et des produits de santé le résumé des caractéristiques de leur dispositif lors de sa mise en service sur le territoire national, prévu à l'article L. 5211-4-1, est puni de 150 000 € d'amende.

Art. L. 5461-6-2 *(L. nº 2016-41 du 26 janv. 2016, art. 147-5º)* Le fait de vendre, revendre ou utiliser un dispositif médical ou une catégorie de dispositifs médicaux mentionnés au 8º de l'article L. 5211-6 sans respecter les conditions fixées en application du même 8º est puni de deux ans d'emprisonnement et de 150 000 € d'amende.

Art. L. 5461-7 *(Ord. nº 2013-1183 du 19 déc. 2013, art. 14-IX)* Pour les infractions pénales mentionnées au présent chapitre, les personnes physiques encourent également les peines complémentaires suivantes :

1º L'affichage ou la diffusion de la décision prononcée, dans les conditions et sous les peines prévues à l'article 131-35 du code pénal ;

2º L'interdiction temporaire ou définitive d'exercer une ou plusieurs professions régies par le présent code, une profession commerciale ou industrielle, de diriger, d'administrer, de gérer ou de contrôler à un titre quelconque, directement ou indirectement, pour son propre compte ou pour le compte d'autrui, une entreprise commerciale ou industrielle ou une société commerciale ou toute autre activité professionnelle ou sociale à l'occasion de l'exercice de laquelle l'infraction a été commise, suivant les modalités prévues à l'article 131-27 du même code ;

3° La confiscation de la chose qui a servi ou était destinée à commettre l'infraction ou de la chose qui en est l'objet ou le produit, en application de l'article 131-21 du même code.

Art. L. 5461-8 *(Ord. n° 2013-1183 du 19 déc. 2013, art. 14-X)* Les personnes morales déclarées pénalement responsables, dans les conditions prévues à l'article 121-2 du code pénal, des infractions prévues au présent chapitre encourent, outre l'amende suivant les modalités prévues à l'article 131-38 du même code, les peines prévues aux 2° à 9° de l'article 131-39 de ce code.

SECTION II SANCTIONS FINANCIÈRES

(Ord. n° 2013-1183 du 19 déc. 2013, art. 14-XI)

Art. L. 5461-9 Constitue un manquement soumis à sanction financière :

1° Le fait, pour le fabricant, l'importateur ou le distributeur d'un dispositif ayant eu connaissance d'un incident ou d'un risque d'incident mettant en cause un dispositif médical ayant entraîné ou susceptible d'entraîner la mort ou la dégradation grave de l'état de santé d'un patient, d'un utilisateur ou d'un tiers, de s'abstenir de le signaler sans délai à l'Agence nationale de sécurité du médicament et des produits de santé dans les conditions prévues à l'article L. 5212-2 ;

2° Le fait, pour un fabricant ou son mandataire, de ne pas informer l'Agence nationale de sécurité du médicament et des produits de santé de tout rappel d'un dispositif médical auquel il procède dans les conditions prévues à l'article L. 5212-2 ;

3° Le fait d'importer, de mettre sur le marché, de mettre en service ou d'utiliser un dispositif médical sans que n'ait été délivré le certificat mentionné à l'article L. 5211-3, ou un dispositif médical non conforme aux exigences essentielles mentionnées au même article ou dont la certification de conformité n'est plus valide ;

4° Le fait de mettre en service une catégorie de dispositif médical mentionnée à l'article L. 5211-4 sans procéder à la communication des données prévue à cet article ;

5° Le fait, pour l'exploitant, de ne pas soumettre un dispositif médical aux dispositions relatives aux obligations de maintenance et aux contrôles de qualité prévus en application de l'article L. 5212-1 ;

6° Le fait, pour le fabricant de dispositifs médicaux ou son mandataire ainsi que pour toute personne qui se livre à la fabrication, la distribution ou l'importation de dispositifs médicaux, de réaliser, faire réaliser, diffuser ou faire diffuser une publicité auprès du public pour des dispositifs médicaux remboursés, pris en charge ou financés, même partiellement, par les régimes obligatoires d'assurance maladie, à l'exception de ceux figurant sur la liste mentionnée à l'article L. 5213-3 ;

7° Le fait, pour le fabricant de dispositifs médicaux ou son mandataire, ainsi que pour toute personne qui se livre à la distribution ou à l'importation de dispositifs médicaux, de réaliser, faire réaliser, diffuser ou faire diffuser une publicité de dispositif *médical soumise à autorisation préalable* lorsque l'Agence nationale de sécurité du médicament et des produits de santé n'a pas délivré, a refusé de délivrer, a suspendu ou a retiré cette autorisation mentionnée à l'article L. 5213-4 ;

8° Le fait, pour le fabricant de dispositifs médicaux ou son mandataire, ainsi que *[pour]* toute personne qui se livre à la fabrication, la distribution, l'importation ou l'exportation, même à titre accessoire, de dispositifs médicaux, de ne pas procéder à la déclaration prévue par l'article L. 5211-3-1 ;

(L. n° 2016-41 du 26 janv. 2016, art. 147-6°) « 9° Le fait, pour les fabricants de dispositifs médicaux ou leurs mandataires, de ne pas transmettre à l'Agence nationale de sécurité du médicament et des produits de santé un résumé des caractéristiques de leur dispositif lors de sa mise en service sur le territoire national, prévu à l'article L. 5211-4-1. »

CHAPITRE II DISPOSITIFS MÉDICAUX DE DIAGNOSTIC *IN VITRO*

Art. L. 5462-1 *(Ord. n° 2001-198 du 1er mars 2001, art. 8)* Ont qualité pour rechercher et constater les infractions aux dispositions du titre II du livre II de la présente partie, ainsi qu'aux mesures réglementaires prises pour l'application de ces dispositions :

1° Les pharmaciens inspecteurs de santé publique *(Ord. n° 2010-177 du 23 févr. 2010, art. 19-I-27°)* « et les inspecteurs des agences régionales de santé ayant la qualité de pharmacien », dans les conditions prévues aux articles L. 5411-1 à *(Ord. n° 2013-1183 du 19 déc. 2013, art. 22)* « L. 5411-4 » ;

2° Les inspecteurs de *(L. n° 2011-2012 du 29 déc. 2011, art. 5-IV)* « l'Agence nationale de sécurité du médicament et des produits de santé », dans les conditions prévues à l'article L. 5412-1 ;

3° Les médecins inspecteurs de santé publique *(Ord. n° 2010-177 du 23 févr. 2010, art. 19-I-27°)* « et les inspecteurs des agences régionales de santé ayant la qualité de médecin », dans les conditions prévues à l'article L. 5413-1 ;

4° Les agents mentionnés *(Ord. n° 2016-301 du 14 mars 2016, art. 17-8°)* « à l'article L. 511-3 et aux 1° et 2° du I de l'article L. 511-22 » du code de la consommation, dans les conditions prévues à l'article L. 5414-1.

SECTION PREMIÈRE SANCTIONS PÉNALES *(Ord. n° 2013-1183 du 19 déc. 2013, art. 15-I)*.

Art. L. 5462-2 *(Ord. n° 2013-1183 du 19 déc. 2013, art. 15-II)* Le fait, pour le fabricant ou son mandataire, l'importateur ou le distributeur d'un dispositif médical de diagnostic *in vitro* ayant eu connaissance d'une défaillance ou d'une altération d'un dispositif médical de diagnostic *in vitro* susceptible d'entraîner des effets néfastes pour la santé des personnes, de s'abstenir de le signaler sans délai à l'Agence nationale de sécurité du médicament et des produits de santé est puni de deux ans d'emprisonnement et de 150 000 € d'amende.

Art. L. 5462-2-1 *(Ord. n° 2013-1183 du 19 déc. 2013, art. 15-III)* Est puni de deux ans d'emprisonnement et de 150 000 € d'amende :

1° Le fait, pour un fabricant ou son mandataire, de ne pas informer l'Agence nationale de sécurité du médicament et des produits de santé de tout rappel d'un dispositif médical de diagnostic *in vitro* auquel il procède dans les conditions prévues à l'article L. 5222-3 ;

2° Le fait, pour un fabricant ou son mandataire, de ne pas communiquer, à la demande de l'Agence nationale de sécurité du médicament et des produits de santé, toute information utile à la mise en œuvre des mesures de protection sanitaire à l'égard des patients en application des dispositions de l'article L. 5222-3.

Art. L. 5462-3 *(Ord. n° 2008-717 du 17 juill. 2008) (Ord. n° 2013-1183 du 19 déc. 2013, art. 15-IV-1°)* « I. — » Le fait d'importer, de mettre sur le marché ou de mettre en service un dispositif médical de diagnostic *in vitro* sans avoir établi ou fait établir le certificat mentionné à l'article L. 5221-2 *(Ord. n° 2013-1183 du 19 déc. 2013, art. 15-IV-1°)* « , ou un dispositif médical de diagnostic *in vitro* non conforme aux exigences essentielles mentionnées au même article ou dont la certification de conformité n'est plus valide, est puni de cinq ans d'emprisonnement et de 375 000 € d'amende.

« II. — Les peines mentionnées à l'alinéa précédent sont portées à sept ans d'emprisonnement et *[à]* 750 000 € d'amende, lorsque :

« 1° Le dispositif médical de diagnostic *in vitro* commercialisé est de nature à entraîner un risque grave pour la santé de l'homme ;

« 2° Les délits prévus au premier alinéa ont été commis en bande organisée ;

« 3° Ces mêmes délits ont été commis sur un réseau de télécommunication à destination d'un public non déterminé. »

Art. L. 5462-4 *(Ord. n° 2013-1183 du 19 déc. 2013, art. 15-V)* Le fait, pour toute personne qui se livre à la fabrication, la mise sur le marché, la distribution, l'importation ou l'exportation d'un dispositif médical de diagnostic *in vitro*, de ne pas procéder à la déclaration auprès de l'Agence nationale de sécurité du médicament et des produits de santé, mentionnée à l'article L. 5221-3, est puni d'un an d'emprisonnement et de 75 000 € d'amende.

Art. L. 5462-5 *(Ord. nº 2013-1183 du 19 déc. 2013, art. 15-VI)* Le fait, pour les fabricants de dispositifs médicaux de diagnostic *in vitro* ou leurs mandataires, ainsi que pour toute personne qui se livre à la distribution ou à l'importation de dispositifs médicaux de diagnostic *in vitro*, de réaliser, faire réaliser, diffuser ou faire diffuser une publicité de dispositif médical de diagnostic *in vitro* soumise à autorisation préalable lorsque l'Agence nationale de sécurité du médicament et des produits de santé n'a pas délivré, a refusé de délivrer, a suspendu ou a retiré cette autorisation, est puni d'un an d'emprisonnement et de 150 000 € d'amende.

Art. L. 5462-6 *(Ord. nº 2013-1183 du 19 déc. 2013, art. 15-VII)* Pour les infractions pénales mentionnées au présent chapitre, les personnes physiques encourent également les peines complémentaires suivantes :

1º L'affichage ou la diffusion de la décision prononcée, dans les conditions et sous les peines prévues à l'article 131-35 du code pénal ;

2º L'interdiction temporaire ou définitive d'exercer une ou plusieurs professions régies par le présent code, une profession commerciale ou industrielle, de diriger, d'administrer, de gérer ou de contrôler à un titre quelconque, directement ou indirectement, pour son propre compte ou pour le compte d'autrui, une entreprise commerciale ou industrielle ou une société commerciale ou toute autre activité professionnelle ou sociale à l'occasion de l'exercice de laquelle l'infraction a été commise, suivant les modalités prévues à l'article 131-27 du même code ;

3º La confiscation de la chose qui a servi ou était destinée à commettre l'infraction ou de la chose qui en est l'objet ou le produit, en application de l'article 131-21 du même code.

Art. L. 5462-7 *(Ord. nº 2013-1183 du 19 déc. 2013, art. 15-VIII)* Les personnes morales déclarées pénalement responsables, dans les conditions prévues à l'article 121-2 du code pénal, des infractions prévues au présent chapitre encourent, outre l'amende suivant les modalités prévues à l'article 131-38 du même code, les peines prévues aux 2º à 9º de l'article 131-39 de ce code.

SECTION II **SANCTIONS FINANCIÈRES**

(Ord. nº 2013-1183 du 19 déc. 2013, art. 15-IX)

Art. L. 5462-8 Constitue un manquement soumis à sanction financière :

1º Le fait, pour le fabricant ou son mandataire, l'importateur ou le distributeur d'un dispositif de diagnostic *in vitro* ayant eu connaissance d'une défaillance ou d'une altération d'un dispositif médical de diagnostic *in vitro* susceptible d'entraîner des effets néfastes pour la santé des personnes, de s'abstenir de le signaler sans délai à l'Agence nationale de sécurité du médicament et des produits de santé, dans les conditions prévues à l'article L. 5222-3 ;

2º Le fait d'importer, de mettre sur le marché ou de mettre en service un dispositif médical de diagnostic *in vitro* sans avoir établi ou fait établir le certificat mentionné à l'article L. 5221-2, ou un dispositif médical de diagnostic *in vitro* non conforme aux exigences essentielles mentionnées au même article ou dont la certification de conformité n'est *plus valide* ;

3º Le fait, pour un fabricant ou son mandataire, de ne pas informer l'Agence nationale de sécurité du médicament et des produits de santé de tout rappel d'un dispositif médical de diagnostic *in vitro* auquel il procède dans les conditions prévues à l'article L. 5222-3 ;

4º Le fait, pour un fabricant ou son mandataire, de ne pas communiquer, à la demande de l'Agence nationale de sécurité du médicament et des produits de santé, toute information utile à la mise en œuvre des mesures de protection sanitaire à l'égard des patients, en application des dispositions de l'article L. 5222-3 ;

5º Le fait, pour le fabricant ou son mandataire, l'importateur et le distributeur de ne pas conserver toutes les informations nécessaires au rappel éventuel de dispositifs médicaux de diagnostic *in vitro*, conformément aux dispositions de l'article L. 5222-3 ;

6° Le fait pour le fabricant de dispositifs médicaux de diagnostic *in vitro* ou son mandataire, ainsi que pour toute personne qui se livre à la distribution ou à l'importation de dispositifs médicaux de diagnostic *in vitro*, de réaliser, faire réaliser, diffuser ou faire diffuser une publicité de dispositif médical de diagnostic *in vitro* soumise à autorisation préalable lorsque l'Agence nationale de sécurité du médicament et des produits de santé n'a pas délivré, a refusé de délivrer, a suspendu ou a retiré cette autorisation mentionnée à l'article L. 5223-3 ;

7° Le fait, pour toute personne qui se livre à la fabrication, la mise sur le marché, la distribution, l'importation ou l'exportation d'un dispositif médical de diagnostic *in vitro*, de ne pas procéder à la déclaration auprès de l'Agence nationale de sécurité du médicament et des produits de santé, mentionnée à l'article L. 5221-3.

CHAPITRE III AUTRES PRODUITS ET OBJETS

Art. L. 5463-1 *(Ord. nº 2001-198 du 1er mars 2001, art. 7)* Outre les officiers et agents de police judiciaire agissant conformément aux dispositions du code de procédure pénale, les *(L. nº 2011-525 du 17 mai 2011, art. 94-XII-6º)* « agents *(Ord. nº 2016-301 du 14 mars 2016, art. 17-9º)* « mentionnés à l'article L. 511-3 et aux 1° et 2° du I de l'article L. 511-22 du code de la consommation » et les médecins *(L. nº 2011-940 du 10 août 2011, art. 47-I-10º)* « désignés par le directeur général de l'agence régionale de santé » sont habilités à rechercher et à constater les infractions aux dispositions de l'article L. 5232-1 et des textes réglementaires pris pour leur application *(Ord. nº 2004-670 du 9 juill. 2004, art. 7-V)* « dans les conditions prévues *(Ord. nº 2016-301 du 14 mars 2016, art. 17-9º)* « au I de l'article L. 511-22 » du code de la consommation ».

Les sanctions en cas d'infractions aux dispositions du même article sont fixées par décret en Conseil d'État.

Art. L. 5463-2 *(Ord. nº 2001-198 du 1er mars 2001, art. 7)* Le fait de passer outre aux interdictions mentionnées à l'article L. 5231-1 est puni de deux ans d'emprisonnement et de 3 750 € d'amende.

TITRE SEPTIÈME MISE EN ŒUVRE DES SANCTIONS FINANCIÈRES

(Ord. nº 2013-1183 du 19 déc. 2013, art. 16)

CHAPITRE PREMIER SANCTIONS FINANCIÈRES PRONONCÉES PAR L'AGENCE NATIONALE DE SÉCURITÉ DU MÉDICAMENT ET DES PRODUITS DE SANTÉ

Art. L. 5471-1 I. — L'Agence nationale de sécurité du médicament et des produits de santé peut prononcer une sanction financière à l'encontre de l'auteur d'un manquement mentionné aux articles L. 5421-8, L. 5422-18, L. 5423-8, L. 5426-2, L. 5438-1, L. 5461-9 et L. 5462-8, sauf lorsque le manquement est commis à l'occasion d'une activité de distribution au détail de produits de santé.

II. — L'agence peut assortir cette sanction financière d'une astreinte journalière qui ne peut être supérieure à 2 500 € par jour lorsque l'auteur du manquement ne s'est pas conformé à ses prescriptions à l'issue du délai fixé par une mise en demeure.

III. — Le montant de la sanction prononcée pour les manquements mentionnés aux 1° à 11° de l'article L. 5421-8, aux 4° à 10° de l'article L. 5423-8, ainsi qu'aux articles L. 5426-2, L. 5438-1, au 8° de l'article L. 5461-9 et au 7° de l'article L. 5462-8 ne peut être supérieur à 150 000 € pour une personne physique et à 10 % du chiffre d'affaires réalisé lors du dernier exercice clos, dans la limite d'un million d'euros, pour une personne morale.

Le montant de la sanction prononcée pour les manquements mentionnés au 12° de l'article L. 5421-8, à l'article L. 5422-18, aux 1° à 3° de l'article L. 5423-8, aux 1° à 7° *(L. nº 2016-41 du 26 janv. 2016, art. 147-7º)* « et 9° » de l'article L. 5461-9 et aux 1° à 6° de l'article L. 5462-8 ne peut être supérieur à 150 000 € pour une personne physique et à 30 % du chiffre d'affaires réalisé lors du dernier exercice clos pour le produit ou le groupe de produits concernés, dans la limite d'un million d'euros, pour une personne morale.

En cas de constatations de l'un des manquements mentionnés aux 1° à 3° de l'article L. 5422-18, aux 6° et 7° de l'article L. 5461-9 et au 6° de l'article L. 5462-8, l'agence peut prononcer une interdiction de la publicité concernée par le manquement, après que l'entreprise concernée a été mise en demeure.

IV. — L'agence peut décider de publier les décisions de sanction financière prononcées au titre du I du présent article sur son site internet.

Art. L. 5471-2 Lorsqu'une sanction financière prononcée au titre du présent livre est susceptible de se cumuler avec une amende pénale infligée à raison des mêmes faits à l'auteur du manquement, le montant global des amendes et sanctions financières prononcées ne dépasse pas le maximum légal le plus élevé.

CHAPITRE II SANCTIONS FINANCIÈRES PRONONCÉES PAR L'AGENCE RÉGIONALE DE SANTÉ

Art. L. 5472-1 I. — Le directeur général de l'agence régionale de santé territorialement compétente peut prononcer, dans les domaines relevant de sa compétence, une sanction financière à l'encontre de l'auteur d'un manquement mentionné aux articles L. 5424-2 à L. 5424-4 et, lorsque le manquement est commis à l'occasion d'une activité de distribution au détail de produits de santé, au 6° de l'article L. 5421-8, à l'article L. 5426-2 et au 2° de l'article L. 5438-1.

II. — Il peut assortir cette sanction financière d'une astreinte journalière qui ne peut être supérieure à 2 500 € par jour lorsque l'auteur du manquement ne s'est pas conformé à ses prescriptions à l'issue du délai fixé par une mise en demeure.

III. — Le montant de la sanction financière prévue au I du présent article ne peut être supérieur à 150 000 € pour une personne physique et à 10 % du chiffre d'affaires réalisé lors du dernier exercice clos, dans la limite d'un million d'euros, pour une personne morale.

IV. — Le directeur général de l'agence régionale de santé peut décider de publier les décisions de sanction financière prononcées au titre du I du présent article sur le site internet de l'agence régionale de santé.

Art. L. 5472-2 I. — En cas de manquement prévu au 9° de l'article L. 5424-4, le directeur général de l'agence régionale de santé territorialement compétente peut après, sauf en cas d'urgence, avoir mis en demeure*[,]* dans un délai qu'il fixe et qui ne peut être inférieur à huit jours, l'auteur du manquement de se conformer à ses prescriptions et de présenter ses observations :

1° Prononcer la fermeture temporaire du site internet de commerce électronique de médicaments pour une durée maximale de cinq mois ;

2° Prononcer une sanction financière à l'encontre de l'auteur du manquement et, le cas échéant, assortir cette amende d'une astreinte journalière qui ne peut être supérieure à 1 000 € par jour lorsque l'auteur de l'infraction ne s'est pas conformé à ses prescriptions à l'issue d'un délai fixé par une mise en demeure.

II. — Le montant de la sanction financière ne peut être supérieur à 30 % du chiffre d'affaires réalisé par la pharmacie dans le cadre de l'activité de commerce électronique lors du dernier exercice clos, dans la limite d'un million d'euros.

III. — Lorsqu'au [Lorsque au] terme de la durée de fermeture du site internet le pharmacien ne s'est pas mis en conformité avec les règles applicables, le directeur général de l'agence régionale de santé peut prononcer dans les mêmes conditions une nouvelle fermeture.

IV. — L'agence régionale de santé informe le conseil de l'ordre compétent de la mise en œuvre de la procédure prévue au présent article.

Le directeur général de l'agence régionale de santé peut décider de publier les décisions de sanction financière et de suspension temporaire des sites internet de commerce électronique de médicaments prononcées au titre du I du présent article sur le site internet de l'agence régionale de santé.

Art. L. 5472-3 Lorsqu'une sanction financière prononcée au titre du présent livre est susceptible de se cumuler avec une amende pénale infligée à raison des mêmes faits à

l'auteur du manquement, le montant global des amendes et sanctions financières prononcées ne dépasse pas le maximum légal le plus élevé.

LIVRE CINQUIÈME MAYOTTE, ÎLES WALLIS-ET-FUTUNA ET TERRES AUSTRALES ET ANTARCTIQUES FRANÇAISES, NOUVELLE-CALÉDONIE ET POLYNÉSIE FRANÇAISE

V. Dalloz.fr.

SIXIÈME PARTIE ÉTABLISSEMENTS ET SERVICES DE SANTÉ

LIVRE PREMIER ÉTABLISSEMENTS DE SANTÉ

BIBL. ▶ DUPONT et BERGOIGNAN-ESPER, *Droit hospitalier, Dalloz, coll. Cours, 10e éd., 2017.* – MOQUET-ANGER, Droit hospitalier, *LGDJ, Manuel, 4e éd., 2016.* – TRUCHET, Droit de la santé publique, *Dalloz, coll. Mémentos, 9e éd., 2016.* – CLÉMENT, Mémento de droit hospitalier, *Berger-Levrault, 14e éd., 2011.* – DEVREESE, Droit de la santé et réformes hospitalières, *éd. Demos, févr. 2011.* – SAISON, Droit hospitalier, *Gualino, Lextenso éditeur, coll. Concours, 3e éd., 2011.* – PENNEAU, Urgence, information et consentement, *in* Urgences, *Méd. et droit, p. 19 s., éd. EMSP 2001.* – Conseil d'État, Réflexions sur le droit de la santé, *Rapport public 1998, Doc. fr., coll. Études et Documents, 1998, n° 549, p. 225-501.* – ROCHAIX, Les questions hospitalières de la fin de l'Ancien Régime à nos jours, *Berger-Levrault, 1996.*

▶ **Sur la réforme du 31 juill. 1991** : BERT, LEGUISET et COUTY, Législation hospitalière, 2 vol., *Berger-Levrault, 1995.* – CLÉMENT, Les relations entre établissements de santé publics et privés : l'intervention publique dans le domaine de la santé, *AJDA 1995. 604* ; Les principales décisions de la jurisprudence hospitalière, *Berger-Levrault, 1995* ; Lire la nouvelle loi hospitalière, *Berger-Levrault, 1994* ; Essai sur l'hôpital, *Berger-Levrault, 1994* ; L'hôpital (dir. Forges et Prétot), *Administration 1994, n° 165, p. 24 s.* – BONNICI, L'hôpital. Enjeux politiques et réalités économiques, *Doc. fr. 1993.* – COUTY et TABUTEAU, Hôpitaux et cliniques : les réformes hospitalières, *Berger-Levrault, 1993.* – TRUCHET, La réforme hospitalière, *AJDA 1992. 130 s.* – DE FORGES, La réforme hospitalière de 1991, *RDSS 1991. 527 s.*

▶ **Sur la réforme de 1996** : CLÉMENT, Réflexions pour l'hôpital, *Études hosp., 1998.* – CORMIER, La notion d'établissement de santé, *in* De l'hôpital à l'établissement public de santé, (dir. Moquet-Anger), *L'Harmattan 1998, p. 9.* – BUDET et BLONDEL, La réforme de l'hospitalisation publique et privée, les clés de l'ordonnance hospitalière du 24 avril 1996, *Berger-Levrault, 1997.* – GODFRYD, Textes de droit hospitalier, *PUF 1997, coll. Que sais-je ?, n° 3328.* – MAKAROUNI, L'hôpital public français et le droit communautaire, *Économica 1997.* – DE FORGES, Le volet hospitalier de la réforme de la protection sociale, *RDSS 1996. 713* . – DUSSOL, Réforme hospitalière : la fin d'une époque ?, *Gest. hosp., déc. 1996, p. 735.* – MARQUET, Réforme hospitalière : analyse de l'ordonnance n° 96-346 du 24 avril 1996, *Gest. hosp. 1996, n° 359.* – LE PLAN JUPPÉ, *Dr. soc., n° spéc., sept.-oct. 1996, nos 9-10,* not. Maquart, La réforme de l'hospitalisation publique et privée, *p. 868.*

▶ **Sur la réforme de 2003** : CORMIER et GHÉRARDI (dir.), Services de santé et concurrence, *RGDM 2005, hors-série.* – CLÉMENT (dir.), Hôpital 2007 : les répercussions dans le champ du droit hospitalier, *Études hosp., Essentiel 2004* ; L'ordonnance du 4 septembre 2003 : bilan et perspective, *Rev. dr. et santé 2004, n° 1, p. 5.* – CORMIER, De la réforme hospitalière par ordonnance, *JCP Adm. 2004, n° 22-23, 1363.* – DE FORGES et CORMIER, La prétendue simplification du système hospitalier du 4 septembre 2003, *RDSS 2004. 110* ; *JCP Adm. 2004, nos 22-23, Dossier spécial : de la réforme hospitalière par ordonnance* (dir. Cormier). – VILLENEUVE, Le projet d'ordonnance portant gouvernance hospitalière : l'émergence d'un nouveau mode de gestion hospitalière ?, *LPA 2004, n° 190, p. 5.* – DUPUY, La réforme des règles de planification hospitalière par l'ordonnance du 4 septembre 2003 : le doute quant à la planification des procédures, *la certitude quant* au renforcement du pouvoir de contrôle attribué à l'administration, *La Gazette de l'hôpital, 2003, n° 47, p. 1.* – *Regards de la FHP, n° 19, oct. 2003* (collectif).

▶ **Sur la réforme de la tarification à l'activité** : VIOUJAS, La tarification à l'activité dans les établissements de santé une législature plus tard, *RDSS 2017. 498* ; Le financement des établissements de santé par la tarification à l'activité après la loi de financement de la sécurité sociale pour 2013 : stop ou encore ?, *RDSS 2013. 375* . – ANGELLOZ-NICOUD, La réforme du mode de financement des établissements de santé, *LEH, 2005.* – Expert, La tarification à l'activité, *Berger-Levrault, 2004.*

► **Sur la réforme de la nouvelle gouvernance de 2005** : Esper, Nouvelle gouvernance et statut des personnels de direction, *AJDA 2006. 410* ⊘. – Truchet, Établissement public de santé et système de santé, *AJDA 2006. 401* ⊘. – Clément, Les trois piliers de la réforme hospitalière du 2 mai 2005, *Rev. dr. et santé 2005, p. 369* ; Étude juridique de l'ordonnance du 2 mai 1945, *RGDM 2005, n° 17, p. 307.* – Esper, La nouvelle gouvernance hospitalière : réel dynamisme ou évolution imposée ?, *RDSS 2005. 766* ⊘. – Truchet, La nouvelle gouvernance hospitalière. – Analyse et portée de l'ordonnance du 2 mai 2005, (collectif), *JuriSanté oct. 2005, n° 51.*

► **Sur la réforme hôpital, patients, santé, territoire (L. n° 2009-879 du 21 juill. 2009 et Ord. n° 2010-177 du 23 févr. 2010)** : Bonnici, L'hôpital après la loi du 21 juillet 2009, *Cah. fr., 2012, n° 369, p. 23.* – La loi HPST dans son contexte (collectif), *Rev. dr. et santé, janv. 2010, n° 33.* – Clément, La nouvelle loi Hôpital, patients, santé, territoires, *LEH 2009* ; L'appréciation de la loi HPST à la lumière des réformes des trente dernières années, *RGDM 2009, n° 33, p. 17.* – Couty, Kouchner, Laude et Tabuteau (dir.), La loi HPST regards sur la réforme du système de santé, *Presses de l'EHESP, coll. Droit et Santé, 2009.* – Dossier HPST (collectif), *RGDM déc. 2009, n° 33.* – Dossier La loi « Hôpital, patients, santé et territoires » (collectif), *RDSS 2009, n° 5.* – Dossier spécial : la loi HPST à la loupe (collectif), *JuriSanté juill.-août 2009, n° 66.* – La réforme du système de santé (collectif), *AJDA nov. 2009, n° 40.*

► **Sur la loi santé du 26 janvier 2016 (L. n° 2016-41 du 26 janv. 2016)** : Dossier « La loi santé », *RDSS 2016. 597* ⊘. – Laude et Tabuteau, La loi santé, regards sur la modernisation du système de santé, *Presses de l'EHESP, 2016.* – Vialla et Houdart, La loi santé : les apports non médiatisés de la décision du Conseil constitutionnel, *JCP 2016. 163.* – Villeneuve, La loi santé, entre confirmation et réorientation, *JCP 2016. 145.* – Vioujas, De la loi HPST à la loi n° 2016-41 du 26 janvier 2016 : convergences et inflexions dans l'effort de modernisation de notre système de santé, *JCP A 2016. 2092.*

TITRE PREMIER ORGANISATION DES ACTIVITÉS DES ÉTABLISSEMENTS DE SANTÉ

CHAPITRE PREMIER MISSIONS DES ÉTABLISSEMENTS DE SANTÉ

V. comm. ss. art. L. 6111-1 à L. 6111-6 sur Dalloz.fr

Art. L. 6111-1 *(L. n° 2016-41 du 26 janv. 2016, art. 99-I-A-1°-a et b)* **« Les établissements de santé publics, privés d'intérêt collectif et privés assurent, dans les conditions prévues au présent code, en tenant compte de la singularité et des aspects psychologiques des personnes, le diagnostic, la surveillance et le traitement des malades, des blessés et des femmes enceintes et mènent des actions de prévention et d'éducation à la santé.**

« Ils délivrent les soins, le cas échéant palliatifs, avec ou sans hébergement », sous forme ambulatoire ou à domicile, le domicile pouvant s'entendre du lieu de résidence ou d'un établissement avec hébergement relevant du code de l'action sociale et des familles.

Ils participent à la coordination des soins en relation avec les membres des professions de santé exerçant en pratique de ville et les établissements et services médico-sociaux, dans le cadre défini par l'agence régionale de santé en concertation avec les conseils départementaux pour les compétences qui les concernent.

Ils participent à la mise en œuvre de la politique de santé *(Abrogé par L. n° 2016-41 du 26 janv. 2016, art. 99-I-A-1°-c) « publique »* **et des dispositifs de vigilance destinés à garantir la sécurité sanitaire.**

Ils mènent, en leur sein, une réflexion sur l'éthique liée à l'accueil et la prise en charge médicale.

(L. n° 2016-41 du 26 janv. 2016, art. 99-I-A-1°-d) **« Ils peuvent participer à la formation, à l'enseignement universitaire et post-universitaire, à la recherche et à l'innovation en santé. Ils peuvent également participer au développement professionnel continu des professionnels de santé et du personnel paramédical. »**

BIBL. ► Jolivet, Les démarches éthiques dans les établissements de santé, une dynamique encore hésitante, *ADSP n° 91, juin 2015, p. 5.* – Norguin, La chirurgie ambulatoire au prisme de son nouveau cadre juridique, *RDSS 2013. 290* ⊘. – Glasson, La réflexion éthique au sein des établissements de santé : où en est-on ?, *RDSS 2010. 1102* ⊘.

COMMENTAIRE

V. Commentaire reproduit sur Dalloz.fr.

A. NOTION D'ÉTABLISSEMENT DE SANTÉ

1. *Juge administratif. Reconnaissance de la qualité d'établissement de santé.* Un cabinet médical où sont pratiquées des endoscopies digestives est un « établissement de santé ». • TA Pau, 8 févr. 1996, *Drs Lefèvre et a.*, n° 941083 : *RDSS 1998. 798, obs. de Forges.* ♦ Même solution pour un cabinet de médecine de ville comportant une unité de chimiothérapie et un centre de radiothérapie. • TA Poitiers, 9 avr. 1997, *CH de La Rochelle*, n° 947749 (pour une structure d'anesthésie et de chimiothérapie ambulatoire) • TA Grenoble, 10 juin 1998, *Goujon*, n° 9500495. ♦ ... Ou encore un cabinet de médecine de ville pratiquant une activité de chirurgie ambulatoire. • CAA Lyon, 19 nov. 2002, *Brun et a. : J.-Cl. Adm. 2003, n° 20062, obs. Cormier* • TA Nice, 20 juill. 1999, *Masson c/ Min. Emploi et Solidarité*, n° 985596 : *RDSS 2000. 770, obs. Cormier* • CAA Marseille, 30 mars 1999, *M. Alquier et a.*, n° 96MA10647.

2. *Refus de reconnaître la qualité d'établissement de santé.* Un centre de placement familial qui n'assure aucune prestation de soins médicaux n'est pas un établissement de santé. • CAA Nancy, 22 mars 2001, *Office d'hygiène sociale de Meurthe-et-Moselle*, n° 96NC02068.

3. *Juge judiciaire.* Confirmant expressément la définition fonctionnelle et matérielle de l'établissement de santé, la chambre criminelle indique que les « articles L. 6111-1 et L. 6111-2 du code de la santé publique définissent ledit établissement par ses fonctions, à savoir un établissement, ce qui suppose une certaine structure, qui assure les examens de diagnostic, la surveillance et le traitement des malades, avec ou sans hébergement, de courte durée ou longue durée, de suite et de réadaptation ». • Crim. 5 janv. 2005, n° 04-82.738 • 9 mai 2007, n° 06-85.021.

4. *Doctrine administrative.* Une structure qui ne pratique qu'une activité d'hospitalisation à domicile constitue un établissement de santé (Lettre DH/EO3 29 sept. 1994, n° 820, relative à la création d'une pharmacie à usage intérieur par l'association Santé-service, *BOMES 26 nov. 1994, n° 94/43, p. 133*). ♦ Les structures de dialyse extrahospitalière constituent également des établissements de santé (Lettre DH/EO1 11 avr. 2000, *non publiée*).

B. NOTION DE SOINS DE SUITE OU DE RÉADAPTATION

5. *Soins de post-cure en alcoologie.* Les soins de post-cure en alcoologie relèvent des soins de suite ou de réadaptation. • CE 29 déc. 2006, *Sté Val Pyrène*, n° 272201.

Art. L. 6111-1-1 *(L. n° 2016-41 du 26 janv. 2016, art. 99-I-A-2°)* Dans le cadre de la mise en œuvre du projet régional de santé, les établissements de santé mettent en place des permanences d'accès aux soins de santé, qui comprennent notamment des permanences d'orthogénie, adaptées aux personnes en situation de précarité, visant à faciliter leur accès au système de santé et à les accompagner dans les démarches nécessaires à la mise en œuvre de leurs droits. A cet effet, ils concluent avec l'État des conventions prévoyant, en cas de nécessité, la prise en charge des consultations externes, des actes diagnostiques et thérapeutiques ainsi que des traitements qui sont délivrés gratuitement à ces personnes.

COMMENTAIRE

V. Commentaire reproduit sur Dalloz.fr.

Art. L. 6111-1-2 *(L. n° 2016-41 du 26 janv. 2016, art. 99-I-A-2°)* Les établissements de santé peuvent, dans des conditions définies par voie réglementaire, dispenser des soins :

1° Aux personnes faisant l'objet de soins psychiatriques en application des chapitres II à IV du titre Ier du livre II de la troisième partie du présent code ou de l'article 706-135 du code de procédure pénale ;

2° Aux personnes détenues en milieu pénitentiaire et, si nécessaire, en milieu *hospitalier* ;

3° Aux personnes retenues dans les centres socio-médico-judiciaires de sûreté ;

4° Aux personnes retenues en application de l'article L. 551-1 du code de l'entrée et du séjour des étrangers et du droit d'asile.

Les établissements de santé qui dispensent ces soins assurent à toute personne concernée les garanties prévues au I de l'article L. 6112-2 du présent code.

COMMENTAIRE

V. Commentaire reproduit sur Dalloz.fr.

Art. L. 6111-1-3 *(L. n° 2016-41 du 26 janv. 2016, art. 99-I-A-2°)* **Les établissements de santé peuvent être appelés par le directeur général de l'agence régionale de santé à assurer, en tout ou partie, la permanence des soins, dans des conditions définies par voie réglementaire.**

COMMENTAIRE

V. Commentaire reproduit sur Dalloz.fr.

Art. L. 6111-1-4 *(L. n° 2016-41 du 26 janv. 2016, art. 99-I-A-2°)* **Tout patient pris en charge en situation d'urgence ou dans le cadre de la permanence des soins bénéficie des garanties prévues au I de l'article L. 6112-2.**

COMMENTAIRE

V. Commentaire reproduit sur Dalloz.fr.

Art. L. 6111-2 *(L. n° 2009-879 du 21 juill. 2009, art. 1er-II)* **Les établissements de santé élaborent et mettent en œuvre une politique d'amélioration continue de la qualité et de la sécurité des soins et une gestion des risques visant à prévenir et traiter les événements indésirables liés à leurs activités.**

Dans ce cadre, ils organisent la lutte contre les événements indésirables, les infections associées aux soins et l'iatrogénie, définissent une politique du médicament et des dispositifs médicaux stériles et mettent en place un système permettant d'assurer la qualité de la stérilisation des dispositifs médicaux.

BIBL. ▶ ALONSO, La responsabilité du fait des infections nosocomiales : état des lieux d'un régime en devenir, *RFDA 2011. 329*. – DENDONKER, Les infections nosocomiales, la jurisprudence et la loi n° 2002-303 du 4 mars 2002, *Gaz. Pal. 4-5 avr. et 9-10 avr. 2003*. – CHABAS, Les infections nosocomiales, responsabilité en droit privé et en droit public, *Gaz. Pal. 2002. Doctr. 661*. – DUVAL-ARNOULD, Les infections nosocomiales, point de jurisprudence, *D. 2002. 1675*.

COMMENTAIRE

V. Commentaire reproduit sur Dalloz.fr.

Art. L. 6111-3 **Les établissements de santé publics et privés peuvent créer et gérer les services et établissements sociaux et médico-sociaux mentionnés** *(L. n° 2002-2 du 2 janv. 2002, art. 75-IV)* **« aux articles L. 312-1 et L. 344-1 du code de l'action sociale et des familles ».**

Les services et établissements créés en application de l'alinéa précédent doivent répondre aux conditions de fonctionnement et de prise en charge et satisfaire aux règles de procédure énoncées par le code susmentionné.

(L. n° 2009-879 du 21 juill. 2009, art. 1er-XVIII) **« Les établissements de santé peuvent créer et gérer les centres de santé mentionnés à l'article L. 6323-1 du présent code. »**

COMMENTAIRE

V. *Commentaire* reproduit sur Dalloz.fr.

Art. L. 6111-3-1 *(L. n° 2014-1554 du 22 déc. 2014, art. 52-I)* **I. — Les hôpitaux de proximité sont des établissements de santé publics ou privés qui contribuent, par des coopérations avec les structures et professionnels de médecine ambulatoire et avec les établissements et services médico-sociaux, à l'offre de soins de premier recours dans les territoires qu'ils desservent. Ils permettent aux patients qui s'adressent à eux d'accéder à des consultations spécialisées, dans le cadre des coopérations qu'ils développent, et assurent, en cas de nécessité, l'orientation des patients vers des structures dispensant des soins de second recours.**

II. — Les hôpitaux de proximité exercent une activité de médecine *(L. n° 2016-1827 du 23 déc. 2016, art. 82-II-1°)* **« ou de soins de suite et de réadaptation ». Ils n'exercent pas d'activité de chirurgie ou d'obstétrique.**

Le volume de leur activité de médecine *(L. n° 2016-1827 du 23 déc. 2016, art. 82-II-2°)* « ou celui de leurs activités de soins de suite et de réadaptation n'excède pas un seuil défini, qui peut être différencié pour chacune de ces activités, » dans des conditions fixées par décret en Conseil d'État.

III. – Pour chaque région, les ministres chargés de la santé et de la sécurité sociale arrêtent, sur proposition du directeur de l'agence régionale de santé, la liste des hôpitaux de proximité au regard des besoins de la population et de l'offre de soins dans la région. *(L. n° 2016-1827 du 23 déc. 2016, art. 82-II-3°)* « La liste distingue les établissements reconnus comme hôpitaux de proximité au titre de leurs activités de médecine ou de soins de suite et de réadaptation. »

IV. – Un décret en Conseil d'État précise les conditions d'application du présent article, notamment les modalités de révision de la liste mentionnée au III.

Art. L. 6111-4 *(Ord. n° 2010-177 du 23 févr. 2010, art. 1er-18°)* « Le chapitre Ier, les sections II et III du chapitre II et le chapitre III du titre VII du livre IV du code de l'action sociale et des familles sont applicables aux établissements de santé publics ou privés mentionnés aux *a*, *b* et *c* de l'article L. 162-22-6 du code de la sécurité sociale autorisés à dispenser des soins de longue durée ou de psychiatrie et qui hébergent, dans ce cadre, un nombre de personnes excédant un seuil défini par décret. »

Toutefois, pour leur application à ces établissements :

1° Les droits des usagers sont ceux prévus par les dispositions du titre Ier du livre Ier de la première partie du présent code ;

(Ord. n° 2010-177 du 23 févr. 2010, art. 1er-18°) « 2° Les références faites, dans l'article L. 472-5 du code de l'action sociale et des familles, aux établissements mentionnés aux 6° et 7° du I de l'article L. 312-1 et, dans les articles L. 472-6, L. 472-9 et L. 473-2 à L. 473-4 du même code, aux établissements mentionnés aux 6° et 7° du I de l'article L. 312-1, lorsqu'ils sont publics, sont remplacées par la référence aux établissements de santé mentionnés aux *a*, *b* et *c* de l'article L. 162-22-6 du code de la sécurité sociale qui dispensent avec hébergement des soins de longue durée ou psychiatrie. »

COMMENTAIRE

V. Commentaire reproduit sur Dalloz.fr.

Art. L. 6111-5 Comme il est dit au premier alinéa de l'article L. 2223-39 du code général des collectivités territoriales ci-après reproduit :

Art. L. 2223-39 Les établissements de santé publics ou privés qui remplissent les conditions fixées par décret en Conseil d'État doivent disposer d'une chambre mortuaire dans laquelle doit être déposé le corps des personnes qui y sont décédées. *(L. n° 2002-276 du 27 févr. 2002, art. 53)* « Toutefois, la chambre mortuaire peut accessoirement recevoir, à titre onéreux, les corps des personnes décédées hors de ces établissements en cas d'absence de chambre funéraire à sa proximité ».

BIBL. ▶ DUPONT et MACREZ, Le décès à l'hôpital, *Lamarre 2008*. – LEGROS, Le droit de la mort dans les établissements de santé, *LEH, coll. Tout savoir, 2008*. – DUTRIEUX, De nouvelles règles en cas de décès en milieu hospitalier, *JCP Adm. 2006, n° 1200*.

COMMENTAIRE

V. Commentaire reproduit sur Dalloz.fr.

Art. L. 6111-6 Comme il est dit à l'article L. 2223-43 du code général des collectivités territoriales ci-après reproduit :

Art. L. 2223-43 Les établissements de santé publics ou privés qui assurent le transport de corps avant mise en bière et le transfert de corps dans une chambre funéraire doivent être titulaires de l'habilitation prévue à l'article L. 2223-23, au seul vu de la capacité professionnelle des agents et de la conformité des véhicules aux prescriptions fixées par les décrets visés aux 2° et 5° du même article.

Cette habilitation peut être retirée dans les conditions prévues à l'article L. 2223-25.

(L. n° 2006-1640 du 21 déc. 2006, art. 48) « Les dispositions des deux premiers alinéas du même article ne s'appliquent pas aux établissements de santé publics ou

privés qui assurent le transport des corps de personnes décédées, en vue de prélèvement à des fins thérapeutiques, vers les établissements de santé autorisés à pratiquer ces prélèvements. »

(L. nº 2008-1350 du 19 déc. 2008) « Ces établissements ne peuvent exercer aucune autre mission relevant du service extérieur des pompes funèbres. »

COMMENTAIRE

V. Commentaire reproduit sur Dalloz.fr.

1. *Responsabilité de l'établissement de santé.* L'utilisation par un hôpital d'une chambre funéraire gérée par un opérateur privé ne justifie la responsabilité de l'établissement de santé qu'en cas de faute de celui-ci. • CAA Nancy, 1er févr. 2001, *SA Ceotto*, nº 96NC00555.

2. *Surveillance des opérations funéraires.* Il ne résulte d'aucune obligation légale ou réglementaire qu'un centre hospitalier ait à vérifier l'identité du défunt préalablement à la fermeture du cercueil. • TA Marseille, 21 sept. 2004, *Carletti et a., nº 03-02.787 : JCP 2005. II. 10029, note Laget.* ♦ Toutefois, les nouvelles règles adoptées en matière de surveillance des opérations funéraires, qui imposent à l'établissement de santé de munir le défunt d'un bracelet d'identification, devraient conduire à une évolution de cette jurisprudence : V. Dutrieux, *JCP Adm. 2010. Actu. 618.*

Art. L. 6111-6-1 *(L. nº 2016-41 du 26 janv. 2016, art. 99-I-A-3º)* **L'État participe aux dépenses exposées par les établissements de santé au titre de leurs activités de formation des médecins, des odontologistes, des pharmaciens et des personnels paramédicaux, dans la limite des crédits ouverts chaque année par la loi de finances.**

Les dépenses des centres de réception et de régulation des appels sont financées par des contributions qui peuvent notamment provenir des régimes obligatoires d'assurance maladie, de l'État et des collectivités territoriales.

L'État prend en charge les dépenses exposées par les établissements de santé dispensant des soins aux personnes mentionnées au 4º de l'article L. 6111-1-2.

(Ord. nº 2018-20 du 17 janv. 2018, art. 21) **« L'État prend en charge les dépenses exposées par les acteurs mentionnés au I de l'article L. 6147-10 au titre de leur contribution au soutien sanitaire des forces armées, dans les conditions et les limites fixées par les conventions conclues sur le fondement du même article. »**

Art. L. 6111-7 **Sont déterminées par décret en Conseil d'État les mesures réglementaires prévues aux articles L. 6111-1 et L. 6111-4, et en tant que de besoin, les modalités d'application des autres dispositions du présent chapitre.**

CHAPITRE II SERVICE PUBLIC HOSPITALIER

(L. nº 2016-41 du 26 janv. 2016, art. 99-I-B)

COMMENTAIRE

V. Commentaire reproduit sur Dalloz.fr.

BIBL. ▶ MORON-PUECH, L'usager du service public administratif hospitalier : un contractant, *RDSS 2017. 512*. – BOUSSARD, Les vicissitudes du service public hospitalier, *RFDA 2016. 565*. – CRISTOL, Les habits neufs du service public hospitalier, *RDSS 2016. 643*. – VIOUJAS, La résurrection du service public hospitalier, *AJDA 2016. 1272*. – Dossier, Service public et *santé, RDSS 2013. 3*. – BETTINGER, Concession et gestion des services hospitaliers au 21e siècle, *RDSS 2012. 902*. – DE LARD-HUCHET, Missions de service public : le décret que l'on n'attendait plus !, *Rev. hosp. France, mai-juin 2012, nº 546, p. 40.* TABUTEAU (dir.), Service public et santé, *Éd. de Santé, Presses de Sciences Po, 2012.* – VIOUJAS, Missions de service public et établissements de santé, *JCP Adm. 2012, nº 2188.* – CRISTOL, Service public et hôpital, *in* « la loi HPST, regards sur la réforme du système de santé », *Presses de l'EHESP, 2009, p. 73.* – TRUCHET, Du service public hospitalier aux missions de service public en matière de santé, *RGDM 2009, nº 33, p. 59.*

V. comm. au présent chap. ss. art. L. 6112-1 à L. 6112-3-1, L. 6112-4 et L. 6112-6.

V. L. nº 2016-41 du 26 janv. 2016, art. 99-II à V.

Art. L. 6112-1 **Le service public hospitalier exerce l'ensemble des missions dévolues aux établissements de santé par le chapitre Ier du présent titre ainsi que l'aide médicale**

urgente, dans le respect des principes d'égalité d'accès et de prise en charge, de continuité, d'adaptation et de neutralité et conformément aux obligations définies à l'article L. 6112-2.

BIBL. ▶ VIOUJAS, La réforme de la permanence des soins : un seul pilote pour davantage d'efficacité ?, *RDSS 2012. 692* ; Les soins psychiatriques aux détenus : des modifications mineures pour une problématique de santé publique majeure, *RDSS 2011. 1071*. – BERGOIGNAN-ESPER, La santé en prison : quelle législation ?, *RDSS 2009. 497*. – VALLAR, Permanence des soins et service public hospitalier, *RDSS 2004. 288*.

COMMENTAIRE

V. Commentaire reproduit sur Dalloz.fr.

1. Admission en soins psychiatriques des personnes détenues atteintes de troubles mentaux. V. notes ss. art. L. 3214-1.

2. Traitement inhumain et dégradant. Lorsque les mesures préconisées par les médecins ne sont pas suivies par les autorités pénitentiaires, le manque de soins médicaux appropriés constitue un traitement inhumain et dégradant de la personne détenue, contraire à l'art. 3 Conv. EDH. • CEDH 21 déc. 2010, *Raffray Taddei c/ France*, n° 36465/07 : *D. 2011. 793, note Renucci* ; *AJ pénal 2011. 130, note Céré.* ♦ Constitue également un traitement inhumain et dégradant, contraire à l'art. 3 Conv. EDH, la pratique consistant à faire subir à un détenu des examens médicaux menotté et sous entraves, sous la surveillance d'au moins un agent, au mépris de la déontologie, sans qu'il soit démontré que ces mesures sont strictement nécessaires aux exigences de sécurité. • CEDH 26 mai 2011, *Duval c/ France*, n° 19868/08 : *Procédures 2011. Comm. 230, obs. Fricero.* ♦ Si le maintien en détention d'une personne handicapée n'est pas incompatible, en soi, avec l'art. 3 Conv. EDH, qui prohibe les traitements inhumains et dégradants, les autorités nationales doivent être condamnées à ce titre pour avoir laissé, pendant plus de trois ans, un détenu sans soins de rééducation quotidiens nécessités par son état. • CEDH 19 févr. 2015, *Helhal c/ France*, n° 10401/12 : *D. 2015. 569, obs. Léna* ; *Gaz. Pal. 16 avr. 2015, n° 106, p. 12, note A. G. Robert* ; *AJ Pénal 2015. 219, obs. Céré*.

3. Imputabilité. Il résulte des art. L. 6112-1, R. 6112-14 et R. 6112-19 CSP, que seule peut être engagée, à raison des fautes susceptibles d'être commises dans l'exercice des missions de diagnostic et de soins réalisées en milieu pénitentiaire, la responsabilité de l'établissement public dont relève l'unité de consultation et de soins ambulatoires chargée de ces missions auprès des détenus. Une telle faute ne peut être imputable à l'administration pénitentiaire, c'est-à-dire à l'État. • CAA Douai, 1er déc. 2011, *Mme Zohra C. et alii*, n° 10DA00944. ♦ Lorsque les ayants droit d'un détenu recherchent la responsabilité de l'État en cas de dommage résultant du suicide de ce détenu, ils peuvent utilement invoquer, indépendamment du cas où la faute serait exclusivement imputable à l'établissement public de santé où le détenu a été soigné, une faute du personnel de santé de l'unité de consultation et de soins ambulatoires de l'établissement public de santé auquel est rattaché l'établissement pénitentiaire, s'il s'avère que cette faute a contribué à celle du service public pénitentiaire. • CE 24 avr. 2012, *Abdeslam A. et Elene A.*, n° 342104 : *Lebon 174.* ♦ Le juge administratif, saisi par un détenu ou, en cas de décès, par ses ayants droit, d'un recours indemnitaire dirigé contre l'État et tendant à la réparation d'un dommage imputé à une carence fautive dans le suivi médical de l'intéressé à l'intérieur de l'établissement pénitentiaire, ne peut, sans erreur de droit, rejeter ces conclusions comme étant mal dirigées. • CE 4 juin 2014, *Mme F. et al.*, n° 359244 : *Lebon T.* ; *AJDA 2014. 1184* ; *ibid. 2377, note Pouillaude*. ♦ Il appartient à l'État, s'il s'y croit fondé, d'appeler en garantie l'établissement public hospitalier dont relève l'unité de consultation et de soins ambulatoires dont la faute a pu causer un dommage ou y concourir. • Même décision.

Art. L. 6112-2 I. — **Les établissements de santé assurant le service public hospitalier et les professionnels de santé qui exercent en leur sein garantissent à toute personne qui recourt à leurs services :**

1° Un accueil adapté, notamment lorsque la personne est en situation de handicap ou de précarité sociale, et un délai de prise en charge en rapport avec son état de *santé ;*

2° La permanence de l'accueil et de la prise en charge, notamment dans le cadre de la permanence des soins organisée par l'agence régionale de santé compétente dans les conditions prévues au présent code, ou, à défaut, la prise en charge par un autre établissement de santé ou par une autre structure en mesure de dispenser les soins nécessaires ;

3° L'égal accès à des activités de prévention et des soins de qualité ;

4° L'absence de facturation de dépassements des tarifs fixés par l'autorité administrative et des tarifs des honoraires prévus au 1° du I de l'article L. 162-14-1 du code de la sécurité sociale.

Le patient bénéficie de ces garanties, y compris lorsqu'il est transféré temporairement dans un autre établissement de santé ou dans une autre structure pour des actes médicaux.

II. — Les établissements de santé assurant le service public hospitalier sont, en outre, tenus aux obligations suivantes :

1° Ils garantissent la participation des représentants des usagers du système de santé. Pour les établissements de santé privés, cette participation est réalisée par l'intermédiaire de représentants avec voix consultative dans les conditions définies à l'article L. 6161-1-1. En l'absence de conseil d'administration, de conseil de surveillance ou d'organe en tenant lieu, le chef d'établissement est tenu de consulter les représentants des usagers siégeant au sein de la commission des usagers, prévue à l'article L. 1112-3, sur la stratégie et la gestion de l'établissement, dans des conditions fixées par voie réglementaire ;

2° Ils transmettent annuellement à l'agence régionale de santé compétente leur compte d'exploitation.

III. — Les établissements de santé mettent également en œuvre les actions suivantes :

1° Ils peuvent être désignés par le directeur général de l'agence régionale de santé pour participer aux communautés professionnelles territoriales de santé mentionnées à l'article L. 1434-12 ;

2° Ils peuvent être désignés par le directeur général de l'agence régionale de santé en cas de carence de l'offre de services de santé, constatée dans les conditions fixées au III de l'article L. 1434-10 ou, dans le cadre du projet régional de santé mentionné à l'article L. 1434-1, pour développer des actions permettant de répondre aux besoins de santé de la population ;

3° Ils développent, à la demande de l'agence régionale de santé et, pour les établissements de santé privés, après avis des commissions et conférences médicales d'établissement, des actions de coopération avec d'autres établissements de santé, établissements médico-sociaux et établissements sociaux ainsi qu'avec les professionnels de santé libéraux, les centres de santé et les maisons de santé ;

4° Ils informent l'agence régionale de santé de tout projet de cessation ou de modification de leurs activités de soins susceptible de restreindre l'offre de services de santé et recherchent avec l'agence les évolutions et les coopérations possibles avec d'autres acteurs de santé pour répondre aux besoins de santé de la population couverts par ces activités ;

5° Ils développent des actions en matière de santé visant à améliorer l'accès et la continuité des soins, ainsi que des actions liées à des risques spécifiques, dans les territoires isolés des collectivités mentionnées à l'article 73 de la Constitution, à Saint-Barthélemy, à Saint-Martin et à Saint-Pierre-et-Miquelon.

(Ord. n° 2018-20 du 17 janv. 2018, art. 21) « IV. — Les dispositions du I, du 1° du II et du III s'appliquent aux hôpitaux des armées, dans le respect de leur mission prioritaire de soutien sanitaire des forces armées, dans les conditions suivantes :

« 1° Les représentants des usagers du système de santé sont consultés sur les décisions relatives à la stratégie et à la gestion de l'établissement, dans le cadre d'une commission des usagers dont les missions et la composition sont fixées par décret en Conseil d'État ;

« 2° Les actions mentionnées aux 1°, 2°, 3° et 5° du III ne peuvent être mises en œuvre qu'après accord du ministre de la défense. »

BIBL. ► ZACHARIE, Les hôpitaux d'instruction des armées, les missions de service public et le système de santé français : réflexions sur l'évolution du service de santé des armées, *RDSS 2013. 1064* ; La répartition des missions de service public des établissements de soins opérée par le décret du 24 avril 2012, *Dr. adm. 2013. Étude 5.*

COMMENTAIRE

V. Commentaire reproduit sur Dalloz.fr.

Participation de praticiens libéraux au service de garde d'un hôpital public. Illégalité de l'arrêté interministériel du 15 févr. 1973, pour incompétence de ses auteurs, en tant qu'il autorisait le préfet du département à inclure, dans les services de garde des hôpitaux publics, des praticiens libéraux sans lien avec ces établissements. • CE 17 mars 1997, *CH de Carcassonne*, n° 141084 : *Lebon T. 1079 ; Dr. adm. 1997, n° 332, obs. C. M.*

Art. L. 6112-3 Le service public hospitalier est assuré par :

1° Les établissements publics de santé ;

2° Les hôpitaux des armées ;

3° Les établissements de santé privés habilités à assurer le service public hospitalier et qualifiés d'établissements de santé privés d'intérêt collectif en application de l'article L. 6161-5 ;

4° Les autres établissements de santé privés habilités, après avis favorable conforme de la conférence médicale d'établissement, à assurer le service public hospitalier.

Les établissements de santé privés mentionnés aux 3° et 4° sont habilités, sur leur demande, par le directeur général de l'agence régionale de santé s'ils s'engagent, dans le cadre de leurs négociations contractuelles mentionnées à l'article L. 6114-1, à exercer l'ensemble de leur activité dans les conditions énoncées à l'article L. 6112-2.

En cas de fusion entre établissements de santé privés mentionnés aux 3° et 4° du présent article, l'habilitation est transférée de plein droit à l'établissement de santé privé nouvellement constitué.

Lorsqu'un établissement de santé privé est habilité à assurer le service public hospitalier, son contrat pluriannuel d'objectifs et de moyens fait l'objet d'un avenant afin de préciser les engagements nouveaux pris par l'établissement pour respecter les obligations du service public hospitalier.

COMMENTAIRE

V. Commentaire reproduit sur Dalloz.fr.

Continuité des soins à l'hôpital. L'absence de prise en charge d'un patient en urgence par le spécialiste le suivant habituellement ne constitue pas une rupture fautive dans la continuité des soins hospitaliers, dans la mesure où, au sein des établissements publics de santé, le patient n'est pas en droit d'exiger qu'un médecin plutôt qu'un autre le prenne en charge. • CAA Paris, 27 mai 2013, *M. B.*, n° 12PA01842.

Art. L. 6112-4 I. — Lorsqu'il constate un manquement aux obligations prévues au présent chapitre par un établissement assurant le service public hospitalier, le directeur général de l'agence régionale de santé le notifie au représentant légal de l'établissement.

L'établissement communique ses observations et les mesures correctrices apportées ou envisagées dans le cadre d'une procédure contradictoire, dont les modalités sont fixées par le décret en Conseil d'État mentionné à l'article L. 6112-7.

II. — A l'issue de la procédure contradictoire, le directeur général de l'agence régionale de santé et, pour les hôpitaux des armées, les ministres chargés de la défense et de la santé peuvent prononcer :

1° Une pénalité financière, dont le montant ne peut excéder 5 % des produits reçus des régimes obligatoires d'assurance maladie par l'établissement de santé au cours de l'année précédente ;

2° Le retrait de l'habilitation accordée à l'établissement en application de l'article L. 6112-3. L'établissement concerné ne peut alors présenter de nouvelle demande d'habilitation avant l'expiration d'un délai d'un an à compter de la notification du retrait.

Ces sanctions sont proportionnées à la gravité des manquements constatés.

Art. L. 6112-5 Les établissements de santé privés autres que ceux mentionnés aux 3° *et 4° de l'article L.* 6112-3 qui sont autorisés à exercer une activité de soins prenant en charge des patients en situation d'urgence sont associés au service public hospitalier.

Tout patient pris en charge en situation d'urgence ou dans le cadre de la permanence des soins dans ces établissements bénéficie, y compris pour les soins consécutifs et liés à cette prise en charge, des garanties prévues au I de l'article L. 6112-2 du présent code, notamment de l'absence de facturation de dépassements des tarifs fixés par

l'autorité administrative et des tarifs des honoraires prévus au 1° du I de l'article L. 162-14-1 du code de la sécurité sociale.

L'établissement associé au service public hospitalier s'assure, par tout moyen, que les patients pris en charge en situation d'urgence ou dans le cadre de la permanence des soins sont informés de l'absence de facturation de dépassements des tarifs des honoraires.

Lorsque ces obligations ne sont pas respectées, l'autorisation mentionnée au premier alinéa du présent article et l'association au service public hospitalier qui en découle peuvent être suspendues ou retirées, dans les conditions prévues à l'article L. 6122-13 du présent code.

Un avenant au contrat pluriannuel d'objectifs et de moyens précise les conditions d'application du présent article et les modalités de coordination avec les autres établissements de santé du territoire.

COMMENTAIRE

V. Commentaire reproduit sur Dalloz.fr.

Prise en charge des frais relatifs à l'intervention du SMUR. Les frais relatifs à l'intervention du SMUR d'un établissement public en vue de transporter vers un autre établissement des patients dont l'état requiert de façon urgente des soins médicaux et de réanimation sont couverts par sa dotation globale de fonctionnement. Mais lorsque cette intervention a pour objet d'assurer le transfert, accompagné par une équipe hospitalière médicalisée, entre deux établissements de santé, de patients nécessitant seulement une surveillance médicale pendant le trajet, en dehors de toute urgence, l'établissement ayant sollicité le transport n'est pas fondé à en demander la prise en charge financière par l'établissement gestionnaire du SMUR. • TA Montpellier, 13 oct. 2005, *SA Clinique Lavalette*, n° 01-01.049 • CAA Bordeaux, 29 déc. 2005, *Clinique Monié*, n° 02BX02223 : *AJDA 2006. 1174, concl. Chemin*.

Art. L. 6112-6 **Pour l'application des règles régissant les autorisations mentionnées au chapitre II du titre II du présent livre, il n'est pas tenu compte du fait que l'établissement assure le service public hospitalier défini à l'article L. 6112-2 ou qu'il y est associé en application de l'article L. 6112-5.**

BIBL. ▶ Gilibert, Le droit à la protection de la santé des personnes démunies mis en œuvre par les permanences d'accès aux soins de santé, *Droit, déontologie et soin, juin 2004, n° 2, p. 165.*

COMMENTAIRE

V. Commentaire reproduit sur Dalloz.fr.

Art. L. 6112-7 **Les modalités d'application du présent chapitre, notamment les modalités de dépôt et d'examen des demandes d'habilitation des établissements de santé privés, sont déterminées par décret en Conseil d'État.**

CHAPITRE III ÉVALUATION, ACCRÉDITATION ET ANALYSE DE L'ACTIVITÉ DES ÉTABLISSEMENTS

BIBL. ▶ Villeneuve, L'accréditation et la certification des établissements de santé, *in* Droit médical et hospitalier, *fasc. n° 120-20, Litec.* – Dupont, Sur la nouvelle procédure de certification établie par la HAS, *JDSAM 2014, n° 2, p. 41.* – Ghérardi, L'accréditation : instrument ou critère de concurrence ?, *in* Services de santé et concurrence, *RGDM 2005, hors-série.* – de Forges, Accréditation et régimes d'autorisation, *Hospitalisation privée, déc.* 1999, p. 24. – Chabrun-Robert, L'accréditation des établissements de santé, *Le Concours médical 1998. 2160.* – Tabuteau, Sécurité sanitaire et agences, le renouveau de la santé publique, *in* Conseil d'État, *Rapport public 1998, EDCE n° 49, p. 473.* – Coulomb, L'accréditation : alibi d'une réforme institutionnelle ou amorce d'une révolution des comportements, *Dr. soc. 1996. 888*. – Leteurtre et Patrelle, La qualité hospitalière, *Berger-Levrault, 1996.*

Art. L. 6113-1 **Afin de dispenser des soins de qualité, les établissements de santé, publics ou privés, sont tenus de disposer des moyens adéquats et de procéder à l'évaluation de leur activité.** – *[Anc. art. L. 710-3.]*

COMMENTAIRE

V. Commentaire reproduit sur Dalloz.fr.

Art. L. 6113-2 Les établissements de santé, publics ou privés, développent une politique d'évaluation des pratiques professionnelles, des modalités d'organisation des soins et de toute action concourant à une prise en charge globale du malade afin notamment d'en garantir la qualité et l'efficience.

(L. n° 2004-810 du 13 août 2004, art. 36-III-1° et 5°) « La Haute Autorité de santé » contribue au développement de cette évaluation.

L'évaluation des pratiques médicales doit respecter les règles déontologiques et l'indépendance professionnelle des praticiens dans l'exercice de leur art.

COMMENTAIRE

V. Commentaire reproduit sur Dalloz.fr.

Art. L. 6113-3 Afin d'assurer l'amélioration continue de la qualité et de la sécurité des soins, tous les établissements de santé publics et privés doivent faire l'objet d'une procédure externe d'évaluation dénommée *(Ord. n° 2010-177 du 23 févr. 2010, art. 26-32°)* « certification ».

Cette procédure, conduite par *(L. n° 2004-810 du 13 août 2004, art. 36-III)* « la Haute Autorité de santé », vise à porter une appréciation indépendante sur la qualité d'un établissement ou, le cas échéant, d'un ou *[de]* plusieurs *(Ord. n° 2010-177 du 23 févr. 2010, art. 4-4°)* « pôles, structures internes » ou activités d'un établissement, à l'aide d'indicateurs, de critères et de référentiels portant sur les procédures, les bonnes pratiques cliniques et les résultats des différents *(Ord. n° 2010-177 du 23 févr. 2010, art. 4-4°)* « pôles, structures internes » et activités de l'établissement.

En application de l'art. L. 231-5 CRPA, le silence gardé par l'administration pendant deux mois vaut décision de rejet pour une demande de certification d'un établissement de santé. Ce délai peut être modifié par décret en Conseil d'État (Décr. n° 2015-1454 du 10 nov. 2015, art. 1er à 5).

COMMENTAIRE

V. Commentaire reproduit sur Dalloz.fr.

Art. L. 6113-4 *(Ord. n° 2010-177 du 23 févr. 2010, art. 26-33°)* La procédure de certification est engagée à l'initiative de l'établissement de santé, notamment dans le cadre du contrat qui le lie à l'agence régionale de santé.

Les réseaux de santé mentionnés à l'article L. 6321-1 et les groupements de coopération sanitaire mentionnés à l'article L. 6133-7 sont également soumis à cette obligation.

COMMENTAIRE

V. Commentaire reproduit sur Dalloz.fr.

Art. L. 6113-5 En l'absence de contrat pluriannuel d'objectifs et de moyens mentionné à l'article L. 6114-1, l'*(Ord. n° 2010-177 du 23 févr. 2010, art. 9-I-2°)* « agence régionale de santé » saisit le *(Ord. n° 2010-177 du 23 févr. 2010, art. 4-5°)* « directeur » de l'établissement public de santé ou le représentant de l'établissement de santé privé d'une demande tendant à ce que cette procédure soit engagée.

COMMENTAIRE

V. Commentaire reproduit sur Dalloz.fr.

Art. L. 6113-6 Le rapport *(Ord. n° 2010-177 du 23 févr. 2010, art. 26-34°)* « de certification », qui est transmis à l'établissement de santé, est communiqué à l'*(Ord. n° 2010-177 du 23 févr. 2010, art. 9-I-2°)* « agence régionale de santé » compétente.

Le directeur de *(L. n° 2004-810 du 13 août 2004, art. 36-III)* « la Haute Autorité de santé » fournit au directeur *(Ord. n° 2010-177 du 23 févr. 2010, art. 9-I-5°)* « général » de l'*(Ord. n° 2010-177 du 23 févr. 2010, art. 9-I-2°)* « agence régionale de santé » toutes informations quantitatives et qualitatives sur les programmes *(Ord. n° 2010-177 du 23 févr. 2010, art. 26-34°)* « de certification » en cours dans les établissements de santé de la région.

COMMENTAIRE

V. Commentaire reproduit sur Dalloz.fr.

Art. L. 6113-7 Les établissements de santé, publics ou privés, procèdent à l'analyse de leur activité.

Dans le respect du secret médical et des droits des malades, ils mettent en œuvre des systèmes d'information qui tiennent compte notamment des pathologies et des modes de prise en charge en vue d'améliorer la connaissance et l'évaluation de l'activité et des coûts et de favoriser l'optimisation de l'offre de soins.

Les praticiens exerçant dans les établissements de santé publics et privés transmettent les données médicales nominatives nécessaires à l'analyse de l'activité *(L. nº 2009-879 du 21 juill. 2009, art. 13-IV)* « et à la facturation de celle-ci » au médecin responsable de l'information médicale pour l'établissement dans des conditions déterminées par voie réglementaire après consultation du Conseil national de l'ordre des médecins.

(L. nº 2009-879 du 21 juill. 2009, art. 13-IV) « Les praticiens transmettent les données mentionnées au troisième alinéa dans un délai compatible avec celui imposé à l'établissement.

« Sous l'autorité des chefs de pôle, les praticiens sont tenus, dans le cadre de l'organisation de l'établissement, de transmettre toutes données concernant la disponibilité effective des capacités d'accueil et notamment des lits. A la demande du directeur, ce signalement peut se faire en temps réel. »

Le praticien responsable de l'information médicale est un médecin désigné par le *(Ord. nº 2010-177 du 23 févr. 2010, art. 4-6º)* « directeur d'un établissement public de santé ou l'organe délibérant d'un établissement de santé privé », après avis de la commission médicale ou de la conférence médicale. Pour ce qui concerne les établissements publics de santé, les conditions de cette désignation et les modes d'organisation de la fonction d'information médicale sont fixés par décret.

(L. nº 2009-879 du 21 juill. 2009, art. 13-IV) « Lorsque les praticiens appartenant au personnel des établissements publics de santé ne satisfont pas aux obligations qui leur incombent en vertu des troisième et quatrième alinéas, leur rémunération fait l'objet de la retenue prévue à l'article 4 de la loi de finances rectificative pour 1961 (nº 61-825 du 29 juillet 1961). »

(Ord. nº 2018-20 du 17 janv. 2018, art. 21) « Les modalités selon lesquelles les dispositions de cet article sont applicables aux hôpitaux des armées sont fixées par décret en Conseil d'État. »

COMMENTAIRE

V. Commentaire reproduit sur Dalloz.fr.

Art. L. 6113-8 *(L. nº 2009-879 du 21 juill. 2009, art. 5-IV)* « Les établissements de santé transmettent aux agences régionales de santé, à l'État ou à la personne publique qu'il désigne et aux organismes d'assurance maladie les informations relatives à leurs moyens de fonctionnement, à leur activité, à leurs données sanitaires, démographiques et sociales qui sont nécessaires à l'élaboration et à la révision du projet régional de santé, à la détermination de leurs ressources, à l'évaluation de la qualité des soins, à la *veille et la vigilance sanitaires*, ainsi qu'au contrôle de leur activité de soins et de leur facturation. »

Les destinataires des informations mentionnées à l'alinéa précédent mettent en œuvre, sous le contrôle de l'État au plan national et des agences au plan régional, un système commun d'informations respectant l'anonymat des patients, ou, à défaut, ne comportant ni leur nom, ni leur prénom, ni leur numéro d'inscription au Répertoire national d'identification des personnes physiques, et dont les conditions d'élaboration et d'accessibilité aux tiers, notamment aux établissements de santé publics et privés, sont définies par voie réglementaire.

(L. nº 2006-1640 du 21 déc. 2006, art. 69-XIII) « Les établissements qui ne transmettent pas les informations mentionnées au premier alinéa dans les conditions et les délais fixés par voie réglementaire sont passibles d'une pénalité prononcée par le *(Ord.*

n° 2010-177 du 23 févr. 2010, art. 9-I-4° et 6°) « directeur général de l'agence régionale de santé », dans la limite de 5 % de leurs recettes annuelles d'assurance maladie. »

Art. L. 6113-9 Les informations relatives aux honoraires des professionnels de santé exerçant leur activité dans les établissements mentionnés *(Ord. n° 2005-406 du 2 mai 2005, art. 17-I)* « au *d* de l'article L. 162-22-6 du code de la sécurité sociale » sont transmises aux *(Ord. n° 2010-177 du 23 févr. 2010, art. 9-I-7°)* « agences régionales de santé » par les organismes d'assurance maladie.

Art. L. 6113-10 *(L. n° 2009-879 du 21 juill. 2009, art. 18-I)* L'Agence nationale d'appui à la performance des établissements de santé et médico-sociaux est un groupement d'intérêt public constitué entre l'État, l'Union nationale des caisses d'assurance maladie, la Caisse nationale de solidarité pour l'autonomie et les fédérations représentatives des établissements de santé et médico-sociaux.

L'agence a pour objet d'aider les établissements de santé et médico-sociaux à améliorer le service rendu aux patients et aux usagers, en élaborant et en diffusant des recommandations et des outils dont elle assure le suivi de la mise en œuvre, leur permettant de moderniser leur gestion, d'optimiser leur patrimoine immobilier et de suivre et d'accroître leur performance, afin de maîtriser leurs dépenses. A cette fin, dans le cadre de son programme de travail, elle peut procéder ou faire procéder à des audits de la gestion et de l'organisation de l'ensemble des activités des établissements de santé et médico-sociaux.

Art. L. 6113-10-1 *(L. n° 2009-879 du 21 juill. 2009, art. 18-I)* Le groupement mentionné à l'article L. 6113-10 est soumis aux *(L. n° 2011-525 du 17 mai 2011, art. 119-X)* « dispositions du chapitre II de la loi n° 2011-525 du 17 mai 2011 de simplification et d'amélioration de la qualité du droit », sous réserve des dispositions suivantes :

1° Le président du conseil d'administration et le directeur général du groupement sont nommés par arrêté des ministres chargés de la santé, de la sécurité sociale et de la solidarité. *(L. n° 2016-41 du 26 janv. 2016, art. 177-I-9°)* « Son conseil d'administration comprend au moins un représentant des associations d'usagers du système de santé agréées en application de l'article L. 1114-1 ; »

2° Outre les personnels mis à sa disposition dans les conditions prévues *(L. n° 2011-525 du 17 mai 2011, art. 119-X)* « au chapitre II de la loi n° 2011-525 du 17 mai 2011 précitée », le groupement emploie des agents régis par les titres II, III ou IV du statut général des fonctionnaires et des personnels mentionnés aux 1° et 2° de l'article L. 6152-1 du présent code en position d'activité, de détachement ou de mise à disposition.

Il emploie également des agents contractuels de droit public et de droit privé avec lesquels il peut conclure des contrats à durée déterminée ou indéterminée.

Art. L. 6113-10-2 *(L. n° 2009-879 du 21 juill. 2009, art. 18-I)* Les ressources du groupement sont constituées notamment par :

1° Une dotation des régimes obligatoires d'assurance maladie dont le montant est fixé chaque année par arrêté des ministres chargés du budget, de la santé et de la sécurité sociale. *(L. n° 2012-1404 du 17 déc. 2012, art. 73-VIII-B)* « Le versement et la répartition de la contribution entre les régimes sont réalisés dans des conditions fixées par décret ; »

2° Une dotation versée par la Caisse nationale de solidarité pour l'autonomie ;

3° Des subventions de l'État, des collectivités publiques, de leurs établissements publics, de l'Union européenne ou des organisations internationales ;

4° Des ressources propres, dons et legs.

Art. L. 6113-11 *(L. n° 2015-1702 du 21 déc. 2015, art. 83-II-2°)* Afin de disposer de données sur les coûts de prise en charge au sein des établissements de santé, des études nationales de coûts sont réalisées chaque année auprès d'établissements de santé relevant des catégories mentionnées aux *a* à *d* de l'article L. 162-22-6 du code de la sécurité sociale.

Ces études portent sur des champs d'activité définis par décret en Conseil d'État.

La réalisation de ces études est confiée à une personne publique désignée par décret en Conseil d'État.

Art. L. 6113-12 *(L. nº 2015-1702 du 21 déc. 2015, art. 83-II-2º)* **Les ministres chargés de la santé et de la sécurité sociale arrêtent chaque année, sur proposition de la personne publique mentionnée au dernier alinéa de l'article L. 6113-11 et après avis des organisations nationales les plus représentatives des établissements de santé, la liste des établissements de santé participant aux études nationales de coûts de l'année suivante.**

Cette liste est élaborée dans les conditions suivantes :

1º Un appel à candidatures est réalisé par la personne publique mentionnée au dernier alinéa de l'article L. 6113-11. Les établissements de santé ayant fait acte de candidature participent aux études nationales de coûts sous réserve qu'ils soient en mesure de fournir des données, notamment médicales et comptables, nécessaires à leur réalisation. Dans le cas contraire, ils peuvent bénéficier d'un accompagnement en vue de préparer leur participation aux études nationales de coûts de l'année suivante ;

2º A l'issue de l'appel à candidatures mentionné au 1º du présent article, lorsque la liste d'établissements sélectionnés est insuffisante pour disposer de données fiables sur les coûts de prise en charge au sein des établissements de santé, la personne publique mentionnée au dernier alinéa de l'article L. 6113-11 met en œuvre une procédure complémentaire de sélection d'établissements de santé dont la participation aux études nationales de coûts permettrait, en raison de leur statut ou de leurs activités, d'améliorer la fiabilité de la mesure des coûts.

Les établissements sélectionnés selon cette procédure complémentaire transmettent à la personne publique mentionnée au dernier alinéa du même article L. 6113-11 les informations permettant de s'assurer de leur capacité à fournir les données nécessaires à la réalisation des études nationales de coûts. Seuls les établissements en mesure de fournir de telles données participent aux études nationales de coûts. Les établissements qui ne remplissent pas cette condition peuvent bénéficier d'un accompagnement en vue de préparer leur participation aux études nationales de coûts de l'année suivante.

En cas de refus d'un établissement de santé sélectionné selon la procédure complémentaire de transmettre à la personne publique mentionnée au dernier alinéa dudit article L. 6113-11 les informations mentionnées à l'avant-dernier alinéa du présent article, le directeur général de l'agence régionale de santé prononce, après que l'établissement a été mis en mesure de présenter ses observations, une pénalité financière, dont le montant ne peut excéder 1 % des produits reçus des régimes obligatoires d'assurance maladie par l'établissement de santé au titre du dernier exercice clos. *(L. nº 2016-1827 du 23 déc. 2016, art. 79-V)* **« Cette pénalité est versée à l'assurance maladie. »**

Art. L. 6113-13 *(L. nº 2015-1702 du 21 déc. 2015, art. 83-II-2º)* **Une convention est signée entre la personne publique mentionnée au dernier alinéa de l'article L. 6113-11 et chaque établissement de santé figurant sur la liste mentionnée à l'article L. 6113-12.**

En cas de refus d'un établissement de santé de signer cette convention, le directeur général de l'agence régionale de santé prononce, après que l'établissement a été mis en mesure de présenter ses observations, une pénalité financière, dont le montant ne peut excéder 1 % des produits reçus des régimes obligatoires d'assurance maladie par l'établissement de santé au titre du dernier exercice clos. *(L. nº 2016-1827 du 23 déc. 2016, art. 79-V)* **« Cette pénalité est versée à l'assurance maladie. »**

En contrepartie des moyens engagés par l'établissement pour produire les données nécessaires à la réalisation des études nationales de coûts, la personne publique mentionnée au dernier alinéa de l'article L. 6113-11 assure à cet établissement un financement dans les conditions définies par la convention.

En cas de non-respect de ses obligations contractuelles, l'établissement restitue les indemnités perçues, dans les conditions définies par la convention.

Art. L. 6113-14 *(L. nº 2015-1702 du 21 déc. 2015, art. 83-II-1º)* **Sont déterminées par décret en Conseil d'État les mesures réglementaires prévues aux articles L. 6113-7 et L. 6113-8 et, sauf dispositions contraires et en tant que de besoin, les modalités d'application des autres dispositions du présent chapitre.**

CHAPITRE IV CONTRATS PLURIANNUELS D'OBJECTIFS ET DE MOYENS *(L. nº 2009-879 du 21 juill. 2009, art. 6-I)*.

BIBL. ► MORDELET, Les contrats d'objectifs et de moyens des établissements de santé, *RGDM 2007, nº spécial, p. 151*. – APOLLIS, L'évolution récente des contrats publics dans le domaine hospitalier, *in* Contrats publics, *Mél. en l'honneur de M. Guibal, Univ. Montpellier, 2006, vol. II, p. 11*. – CORMIER, L'ordonnance du 4 septembre 2003 et la réforme du statut juridique des COM, *Regards de la FHP, oct. 2003, p. 29*. – BRAILLON et PEISER, Les contrats d'objectifs et de moyens des établissements de santé privés : les avatars d'un outil juridique hybride, *Dr. soc. 2002. 641*. – LAROSE et BARRÉ, Les contrats d'objectifs et de moyens, véritables outils contractuels ?, *Rev. hosp. France mai-juin 2002, p. 4*. – HARDY, Le contrat dans la réforme hospitalière, *Dr. soc. 1997. 949*. – DALMASSO, Les contrats pluriannuels d'objectifs et de moyens des établissements publics de santé, *Actualités Jurisanté, oct. 1996, nº 15*.

Art. L. 6114-1 *(L. nº 2009-879 du 21 juill. 2009, art. 6-II)* **« L'agence régionale de santé conclut avec chaque établissement de santé ou titulaire de l'autorisation prévue à l'article L. 6122-1 un contrat pluriannuel d'objectifs et de moyens d'une durée maximale de cinq ans. »** *(Abrogé par Ord. nº 2017-31 du 12 janv. 2017, art. 1er-7º)* ***« Lorsqu'il comporte des clauses relatives à l'exécution d'une mission de service public, le contrat est signé pour une durée de cinq ans. »***

Les contrats sont signés par le directeur *(Ord. nº 2010-177 du 23 févr. 2010, art. 9-I-9º)* **« général » de l'agence régionale** *[de santé]* **et les personnes physiques et morales mentionnées à l'alinéa précédent.**

Ils peuvent faire l'objet d'une révision par avenant.

(Ord. nº 2005-406 du 2 mai 2005, art. 8) **« Des organismes concourant aux soins, des universités, des établissements publics scientifiques et technologiques ou d'autres organismes de recherche, ainsi que des professionnels de santé exerçant à titre libéral, peuvent être appelés au contrat pour tout ou partie de ses clauses. En cas de pluralité d'organismes de recherche, le contrat est signé par l'Institut national de la santé et de la recherche médicale. »**

La demande de renouvellement des contrats est déposée auprès de l'*(Ord. nº 2010-177 du 23 févr. 2010, art. 9-I-2º)* **« agence régionale de santé » un an avant leur échéance. L'agence est tenue de se prononcer sur cette demande dans un délai de quatre mois à compter de sa réception. Le refus de renouvellement doit être motivé.**

(L. nº 2009-879 du 21 juill. 2009, art. 6-II) **« Le contrat peut être résilié par l'agence régionale de santé en cas de manquement grave de l'établissement de santé ou du titulaire de l'autorisation à ses obligations contractuelles. »**

Sans préjudice des dispositions de l'article *(L. nº 2015-1702 du 21 déc. 2015, art. 78-II-1º)* **« L. 162-23-13 » du code de la sécurité sociale, les contrats déterminent les pénalités applicables aux titulaires de l'autorisation au titre des articles L. 6114-2 et L. 6114-3 en cas d'inexécution partielle ou totale des engagements dont les parties sont convenues.** *(L. nº 2009-879 du 21 juill. 2009, art. 6-II)* **« Ces pénalités financières sont proportionnées à la gravité du manquement constaté et ne peuvent excéder, au cours d'une même année, 5 % des produits reçus, par l'établissement de santé ou par le titulaire de l'autorisation, des régimes obligatoires d'assurance maladie au titre du dernier exercice clos. »**

COMMENTAIRE

V. Commentaire reproduit sur Dalloz.fr.

A. NATURE JURIDIQUE DES CPOM

1. Caractère administratif des CPOM. Les *contrats pluriannuels d'objectifs et de moyens* signés entre les agences régionales de l'hospitalisation et les établissements de santé privés commerciaux sont des contrats administratifs. • TA Lille, 24 janv. 2006, *Clinique Saint-Roch*, nº 05-03.649 • TASS Paris, ord., 19 juin 2000, nº 15614/00.

B. CONCLUSION DES CPOM

2. Procédure. Un refus de signer un contrat pluriannuel d'objectifs et de moyens doit être motivé et doit avoir fait l'objet d'une procédure contradictoire. • CAA Marseille, 24 févr. 2005, *Sté Gériastar*, nº 00MA01682.

3. Répartition des compétences entre le directeur de l'ARH et la commission exécutive de l'agence. La décision de conclure un contrat d'objectifs et de moyens relève de la compétence propre de la commission exécutive de l'agence. • CAA Nancy, 9 mai 2006, *Clinique de l'Orangerie*, n° 03NC00046 (avec la création des ARS, la commission exécutive a disparu, au profit d'un conseil de surveillance qui ne dispose plus d'une telle compétence).

C. PROROGATION DES CPOM

4. Nature réglementaire de la prorogation. La durée maximale pour laquelle les CPOM arrivant à échéance avant le 31 mars 2012 peuvent être prorogés par voie d'avenant ne met en cause ni les règles concernant « la création de catégories d'établissements publics », ni les principes fondamentaux de la libre administration des collectivités territoriales, ni ceux de la sécurité sociale (…), ni aucun des autres principes ou règles placés par la Constitution dans le domaine de la loi. Par suite, la fixation d'une telle durée a un caractère réglementaire. • Cons. const. 22 nov. 2012, *n° 2012-235 L : JO 24 nov., p. 18543.*

Art. L. 6114-1-1 *(Ord. n° 2018-20 du 17 janv. 2018, art. 21)* **Le contrat pluriannuel d'objectifs et de moyens mentionné à l'article L. 6114-1 qui comporte des clauses relatives à une contribution au soutien sanitaire des forces armées en application des articles L. 1435-3-1 et L. 6147-10 est signé, après accord du ministre de la défense, pour une durée de cinq ans.**

Le ministre de la défense est consulté préalablement à la modification ou à la résiliation de ce contrat. Lorsque le ministre de la défense fait valoir que cette modification ou cette résiliation serait susceptible de compromettre la mission prioritaire de soutien sanitaire des forces armées mentionnée à l'article L. 6147-7, celle-ci ne peut intervenir qu'après expiration d'un délai suffisant pour assurer la continuité de cette mission.

Un décret en Conseil d'État précise les conditions d'application du présent article.

Art. L. 6114-2 *(L. n° 2009-879 du 21 juill. 2009, art. 6-III)* **« Les contrats mentionnés à l'article L. 6114-1 déterminent les orientations stratégiques des établissements de santé ou des titulaires de l'autorisation prévue à l'article L. 6122-1 et des groupements de coopération sanitaire sur la base du projet régional de santé défini à l'article L. 1434-1, notamment du schéma régional** *(Ord. n° 2018-21 du 17 janv. 2018, art. 1er)* **« de santé » défini** *(L. n° 2016-41 du 26 janv. 2016, art. 158-I-9°-a)* **« à l'article L. 1434-3 » ou du schéma interrégional** *(Ord. n° 2018-21 du 17 janv. 2018, art. 1er)* **« mentionné au 2° de l'article L. 1434-6 ». »**

(L. n° 2005-370 du 22 avr. 2005) **« Ils identifient les services au sein desquels sont dispensés des soins palliatifs et définissent, pour chacun d'entre eux, le nombre de référents en soins palliatifs qu'il convient de former ainsi que le nombre de lits qui doivent être identifiés comme des lits de soins palliatifs. »**

(L. n° 2009-879 du 21 juill. 2009, art. 6-III) **« Ils précisent leurs engagements relatifs à la mise en œuvre de la politique nationale d'innovation médicale et de recours, ainsi que leurs autres engagements, notamment de retour à l'équilibre financier, qui peuvent donner lieu à un financement par la dotation prévue à l'article L. 162-22-14 du code de la sécurité sociale.**

« Ils précisent les engagements pris par l'établissement de santé ou le titulaire de l'autorisation en vue de la transformation de ses activités et de ses actions de coopération.

« Les contrats fixent, le cas échéant par avenant, les éléments relatifs *(Abrogé par Ord. n° 2017-31 du 12 janv. 2017, art. 1er-8°)* ***« aux missions de service public prévues au dernier alinéa de l'article L. 6112-2 ainsi que ceux relatifs »*** **à des missions de soins ou de santé publique spécifiques qui sont assignées à l'établissement de santé ou au titulaire de l'autorisation par l'agence régionale de santé. Ils fixent également les objectifs** *(Ord. n° 2018-21 du 17 janv. 2018, art. 1er)* **« quantitatifs et qualitatifs » des activités de soins et équipements matériels lourds pour lesquels une autorisation a été délivrée et en définissent les conditions de mise en œuvre.**

« Les contrats sont signés ou révisés au plus tard six mois après la délivrance de l'autorisation *(Abrogé par Ord. n° 2017-31 du 12 janv. 2017, art. 1er-8°)* ***« ou l'attribution d'une mission de service public »*****. A défaut de signature du contrat ou de l'avenant dans ce délai, l'agence régionale de santé fixe les objectifs** *(Ord. n° 2018-21 du 17 janv. 2018, art. 1er)* **« quantitatifs et qualitatifs » et les pénalités prévues à l'article L. 6114-1** *(Abrogé par Ord. n° 2017-31 du 12 janv. 2017, art. 1er-8°)* ***« et les obligations relatives aux***

***missions de service public qu'elle assigne ainsi que, le cas échéant, les modalités selon lesquelles est calculée leur compensation financière* ». »**

(L. n° 2005-1579 du 19 déc. 2005, art. 43-II) **« Lors du renouvellement du contrat pluriannuel d'objectifs et de moyens prévu à l'article L. 6114-1, les objectifs** *(Ord. n° 2018-21 du 17 janv. 2018, art. 1er)* **« quantitatifs et qualitatifs » mentionnés à l'alinéa précédent sont révisés.**

« Lors du renouvellement de l'autorisation prévu à l'article L. 6122-10, ou lorsque l'autorisation a fait l'objet de la révision *(Abrogé par Ord. n° 2010-177 du 23 févr. 2010, art. 17-I-3°) « prévue à l'article L. 6121-2 ou » [prévue]* **à l'article L. 6122-12, les objectifs** *(Ord. n° 2018-21 du 17 janv. 2018, art. 1er)* **« quantitatifs et qualitatifs » fixés par le contrat pluriannuel d'objectifs et de moyens, relatifs à l'activité de soins ou l'équipement matériel lourd faisant l'objet de l'autorisation, sont révisés dans les** *(L. n° 2009-879 du 21 juill. 2009, art. 6-III)* **« six » mois suivant le renouvellement ou la décision de révision de l'autorisation. »**

Art. L. 6114-3 *(L. n° 2009-879 du 21 juill. 2009, art. 6-IV)* **Les contrats mentionnés à l'article L. 6114-1 définissent des objectifs en matière de qualité et de sécurité des soins et comportent les engagements d'amélioration de la qualité et de la sécurité des soins qui font suite à la procédure de certification prévue à l'article L. 6113-3.**

Ils intègrent des objectifs de maîtrise médicalisée des dépenses *(Ord. n° 2010-177 du 23 févr. 2010, art. 9-I-10°)* **« et d'évolution et d'amélioration des pratiques ».**

(L. n° 2011-1906 du 21 déc. 2011, art. 57) **« Ils fixent, dans le respect de la déontologie des professions de santé, des objectifs établis à partir d'indicateurs de performance relatifs aux conditions de gestion des établissements de santé, de prise en charge des patients et d'adaptation aux évolutions du système de santé, dont la liste et les caractéristiques sont fixées par décret, après consultation de la Haute Autorité de santé, de l'Agence nationale d'appui à la performance des établissements de santé et médico-sociaux et des fédérations hospitalières représentatives des établissements publics et privés. Les résultats obtenus au regard de ces indicateurs sont publiés chaque année par les établissements de santé. En cas d'absence de publicité des résultats des indicateurs ou lorsque les objectifs fixés n'ont pas été atteints, le directeur général de l'agence régionale de santé peut faire application du dernier alinéa de l'article L. 6114-1. Lorsque les objectifs fixés ont été atteints ou dépassés, le directeur général de l'agence régionale de santé peut décider du versement d'une contrepartie financière, selon des modalités et dans des conditions fixées par décret. »**

Les contrats des établissements publics de santé décrivent les transformations relatives à leur organisation et à leur gestion. Ils comportent un volet social et culturel.

Art. L. 6114-4 *(Ord. n° 2003-850 du 4 sept. 2003, art. 7-I ; L. n° 2003-1199 du 18 déc. 2003, art. 30-I-3° ; L. n° 2009-879 du 21 juill. 2009, art. 6-V)* **Pour les établissements de santé privés mentionnés au *d* de l'article L. 162-22-6 du code de la sécurité sociale, les contrats fixent le montant des tarifs de prestations mentionnées au 1° de l'article L. 162-22-1 dans le respect des dispositions des articles L. 162-22-2 à L. 162-22-5 du même code. Sans préjudice des dispositions de l'article L. 351-1 du code de l'action sociale et des familles relatives aux compétences des tribunaux interrégionaux de la tarification sanitaire et sociale, les litiges relatifs à l'application de ces stipulations sont portés devant les tribunaux des affaires de sécurité sociale.**

A. AVENANT TARIFAIRE DES CONTRATS D'OBJECTIFS ET DE MOYENS

1. Caractère réglementaire des avenants. Les avenants tarifaires annuels au contrat d'objectifs et de moyens ont un caractère réglementaire. • CE 21 déc. 2007, *Clinique Saint-Roch, n° 299608*. ♦ Par suite, le moyen tiré du vice de consentement ne peut être utilement invoqué au soutien d'une demande de déclaration en nullité d'avenants tarifaires. • TA Montpellier, 11 mai 2006, *Clinique Mistral*, n° 02-00.991.

2. Conséquence de l'absence d'approbation de l'avenant par l'établissement. Est irrégulière la délibération de la commission exécutive d'une agence régionale de l'hospitalisation autorisant le directeur de ladite agence à signer le contrat d'objectifs et de moyens d'un établissement de santé privé en l'absence d'approbation préalable par cet établissement d'un des éléments essentiels du contrat, à savoir l'avenant tarifaire. • CAA Nancy, 9 mai 2006, *Clinique de l'Orangerie*, n° 03NC00046.

3. Compétence de la juridiction administrative. Le contentieux indemnitaire né de la décision de refus d'un directeur d'ARH de signer un avenant tarifaire relève de la compétence de la juridiction administrative. • CAA Douai, 15 mars 2007, *Polyclinique de la Louvière,* nº 06DA00832.

B. TARIFS DES ÉTABLISSEMENTS DE SANTÉ PRIVÉS

4. Baisses de tarif. Sur les baisses de tarif illégalement décidées par arrêté du 28 avr. 1999, V. • CE 17 déc. 1999, *UHP et a.,* nos 208623 et 208682 : *RDSS 2000. 522, obs. de Forges* . ♦ Sur l'impossibilité de faire valider les conséquences de ces baisses de tarif, V. • Cons. const. 21 déc. 1999 : *JO 30 déc., p. 19730 ; RDSS 2000. 385, obs. de Forges* ; *RFDA 2000. 289, obs. Mathieu* . ♦ Sur les baisses de tarifs illégalement décidées par l'Arr. du 27 sept. 2006, V. • CE 21 déc. 2007, *Féd. de l'hospitalisation privée,* nº 298463 : *Lebon 532* ; *AJDA 2008. 2280, note Rihal* .

5. Annulation des arrêtés tarifaires. Sur l'annulation des arrêtés tarifaires des 27 févr. 2007 et 27 févr. 2008, V. • CE 21 nov. 2008, *Assoc. des hôpitaux privés sans but lucratif et a.,* nos 305292, 305298 et 307340 : *Lebon 434* .

C. COEFFICIENTS GÉOGRAPHIQUES

6. Conditions de mise en œuvre du coefficient géographique. Les tarifs nationaux et forfaits annuels doivent faire l'objet de coefficients géographiques lorsque des facteurs spécifiques modifient de manière manifeste, permanente et substantielle le prix de revient de certaines prestations dans la zone considérée. Il appartient à l'administration sanitaire de vérifier s'il existe, zone par zone, des facteurs spécifiques modifiant de manière manifeste, permanente et substantielle le prix de revient de certaines prestations. • CE 14 nov. 2007, *Assoc. des cliniques privées de Haute-Savoie et a.,* nº 293431 : *Lebon T. 1041* et 1080.

D. COEFFICIENTS DE TRANSITION

7. Modulation des cœfficients. Sur les règles de modulation des coefficients de transition, V. • TA Nice, 17 oct. 2008, *Sté clinique internationale de Cannes Clinica Jourdan,* nº 05-02.414.

Art. L. 6114-5 *(Ord. nº 2003-850 du 4 sept. 2003, art. 7)* **Les conditions d'application des articles L. 6114-1 à L. 6114-4 sont définies par décret.**

CHAPITRE V *[ABROGÉ]* AGENCES RÉGIONALES DE L'HOSPITALISATION

(Abrogé par L. nº 2009-879 du 21 juill. 2009, art. 128-I)

BIBL. ► CORMIER, La régulation de la concurrence par les agences régionales de l'hospitalisation, *in* Services de santé et concurrence, *RGDM 2005, hors-série.* – APOLLIS, Qu'est-ce qu'une ARH ? Brèves remarques sur l'agence régionale de l'hospitalisation, *JCP E, suppl. à Semaine jur. nº 15, 10 avr. 2003, p. 16.* – KERLEAU, L'agence régionale de l'hospitalisation : un espace de négociation pour les restructurations hospitalières ?, *RF aff. soc. 2003, nº 3, p. 29.* – GHEBALI-BAILLY, Les agences régionales de l'hospitalisation ou l'État éclaté, *RDSS 1997. 571* . – Les agences régionales de l'hospitalisation, *in* Cah. fonct. publ., *1997, nº 157, p. 4.* – BONDELOUP, Les agences régionales de l'hospitalisation : Clarification ou nouvelles ambiguïtés, *Dr. soc. 1996. 878* . – VALLAR, Les agences régionales de l'hospitalisation, instruments de la rationalisation de la politique hospitalière, *Actualités Jurisanté, juill. 1996, nº 14.* – MARZOUG, Agences régionales de l'hospitalisation, *in* droit médical et hospitalier, *fasc. nº 119, Litec.*

Art. L. 6115-1 à L. 6115-10 *Abrogés par L. nº 2009-879 du 21 juill. 2009, art. 128-I.*

Si le directeur de l'agence régionale de l'hospitalisation (devenue agence régionale de santé) exerce au nom de l'État l'ensemble des compétences attribuées à l'agence qui ne sont pas confiées à la commission exécutive, sont, en revanche, prises au nom de l'agence les décisions de la commission exécutive qui relèvent de sa compétence en application de l'art. L. 6115-4, de même que les actes du directeur intervenant pour l'exécution des délibérations de cette dernière, en vertu de l'art. L. 6115-7. Par suite, la cour administrative d'appel a commis une erreur de droit en jugeant que les délibérations prises par la commission exécutive de l'agence sur le fondement de l'art. L. 6115-4 l'avaient été au nom de l'État et en en déduisant que seule la responsabilité de l'État pouvait être engagée du fait de leur illégalité. • CE 23 juill. 2014, *Sté Clinique St-Antoine,* nº 360376 : *Lebon T. à mentionner.* ♦ Cette décision revient sur celle du 21 déc. 2007 par laquelle le Conseil d'État avait considéré que les délibérations relatives aux avenants tarifaires annuels aux contrats pluriannuels d'objectifs et de moyens conclus entre les agences régionales de l'hospitalisation et les établissements de santé, prévus à l'art. L. 162-25 CSS, étaient prises au nom de l'État • CE 21 déc. 2007, *Clinique St-Roch,* nº 299608 : *Lebon. T. 636.*

CHAPITRE VI CONTRÔLE

Art. L. 6116-1 *(Ord. nº 2010-177 du 23 févr. 2010, art. 19-I-28º)* **« L'exécution des lois et règlements qui se rapportent à la santé publique est contrôlée, à l'intérieur des établissements sanitaires, sociaux et médico-sociaux, par les agents mentionnés aux articles L. 1421-1 et L. 1435-7 et les membres de l'inspection générale des affaires sociales. »**

Le président du *(Ord. nº 2010-177 du 23 févr. 2010, art. 4-1º)* **« conseil de surveillance » et le directeur de l'établissement sont tenus informés des conclusions de ces contrôles, dans le respect des règles du secret professionnel et de la déontologie.**

BIBL. ► CORMIER, L'assermentation des fonctionnaires et agents de l'État et des agences sanitaires, *RDSS 2008. 130*, *hors-série « Le droit pénal de la santé »*. – PETIT, La responsabilité administrative en matière d'inspection et de contrôle, *Rev. fondamentale des questions hospitalières, juin 2004, nº 9, p. 115*. – BRUAIRE, Les suites de l'inspection, *Rev. fondamentale des questions hospitalières, juin 2004, nº 9, p. 99*. – GUIHEUX, Le rapport d'inspection, *Rev. fondamentale des questions hospitalières, juin 2004, nº 9, p. 89*. – CORMIER, Le statut de l'inspecteur, *Rev. fondamentale des questions hospitalières, juin 2004, nº 9, p. 67*. – DE FORGES, Les enjeux de l'inspection et du contrôle dans le champ sanitaire et social, *Rev. fondamentale des questions hospitalières, juin 2004, nº 9, p. 15*.

Compétences en matière de contrôle. Un conseil général n'a pas compétence pour contrôler et inspecter une maison de retraite gérée par un établissement public de santé. • CAA Douai, 30 mars 2000, CH de Château-Thierry, nº 96DA01270 : *AJDA 2000. 883* ; *Cah. hosp. 2000, nº 159, p. 22* ; *RDSS 2001. 308, obs. Cormier*.

Art. L. 6116-2 *(Ord. nº 2010-177 du 23 févr. 2010, art. 19-I-29º)* **A l'intérieur des établissements de santé et organismes exerçant les missions d'établissement de santé et des établissements médico-sociaux, le contrôle est exercé à l'initiative du directeur général de l'agence régionale de santé sans préjudice des pouvoirs reconnus au représentant de l'État dans le département en application du présent code et du livre III du code de l'action sociale et des familles.**

A l'intérieur des établissements sociaux, le contrôle est exercé à l'initiative du représentant de l'État dans le département.

Le contrôle exercé par les membres de l'inspection générale des affaires sociales l'est à l'initiative du ministre chargé de la santé ou du ministre chargé de la sécurité sociale.

BIBL. ► CHAUVIN, Les compétences de contrôle et d'inspection dans le secteur sanitaire, *Rev. fondamentale des questions hospitalières, juin 2004, nº 9, p. 25*. – FABRE, Les compétences de contrôle dans le secteur social et médico-social, *ibid., p. 37*.

Art. L. 6116-3 *(L. nº 2016-41 du 26 janv. 2016, art. 111)* **Les établissements de santé transmettent chaque année leurs comptes à l'agence régionale de santé. Pour les établissements de santé privés, l'agence régionale de santé peut, en complément, demander la transmission des comptes des organismes gestionnaires.**

Toutes les autres pièces comptables nécessaires au contrôle sont mises à la disposition de l'autorité de tarification et, en tant que de besoin, communiquées par celle-ci aux services chargés de l'analyse économique et financière.

En cas de non-respect de l'obligation de transmission, la sanction prévue à l'article L. 6113-8 est applicable.

Sur la base de ces données comptables, l'agence régionale de santé contrôle l'absence de surcompensation financière sur le champ des activités mentionnées à l'article L. 6111-1 *(Ord. nº 2018-20 du 17 janv. 2018, art. 21)* **« et à l'article L. 6147-10 ». Elle procède, le cas échéant, à la récupération des sommes indument déléguées.**

Il n'y a de surcompensation que dans le cas où l'établissement de santé dépasse le taux de bénéfice raisonnable.

Les règles d'application et de calcul de la surcompensation s'appliquent au plan national en conformité avec les règles européennes.

Un décret en Conseil d'État fixe les règles de calcul et d'application de la surcompensation et détermine les modalités de transmission des comptes et de répartition des charges et des produits entre les activités mentionnées à l'article L. 6111-1 *(Ord. nº 2018-20 du 17 janv. 2018, art. 21)* **« ainsi qu'à l'article L. 6147-10 » et les autres**

activités, les modalités de contrôle et de publicité, ainsi que le mécanisme de récupération.

COMMENTAIRE

V. Commentaire reproduit sur Dalloz.fr.

CHAPITRE VII **DISPOSITIONS PÉNALES**

Art. L. 6117-1 **Est puni des peines prévues à l'article L. 2326-3, le fait de faire obstacle au contrôle prévu à l'article L. 6116-4.**

Le tribunal peut en outre prononcer la fermeture de l'établissement. – *[Anc. art. 10, al. 3, L. n° 79-1140].*

Art. L. 6117-2 **Le fait, pour une personne collaborant aux travaux d'une** *(Ord. n° 2010-177 du 23 févr. 2010, art. 9-I-2°)* **« agence régionale de santé », de détenir un intérêt direct ou indirect dans un établissement de santé du ressort de cette agence, est puni des peines prévues au premier alinéa de l'article 432-12 du code pénal.**

TITRE DEUXIÈME **ÉQUIPEMENT SANITAIRE**

BIBL. ► BARTHÉLEMY, Principes généraux de l'organisation hospitalière, *J.-Cl. Adm., fasc. n° 229-1.* – CORMIER, La planification hospitalière, *in* Droit médical et hospitalier, *fasc. n° 120, Litec.* – APOLLIS et TERRIER, La réforme de la planification hospitalière, *AJDA 2006. 422*. – CORMIER, Quels impacts de la planification et des autorisations sanitaires sur les contrats d'exercice ?, *RGDM 2006, n° 21, p. 21.* – *Regards de la FHP, 2006, n° 41,* Dossier SROS III (collectif). – Dossier spécial sur les SROS de 3e génération (collectif), *Rev. hosp. France 2004, n° 497.* – BLANCO, La planification française dans le domaine hospitalier, *éd. PUAM 2000.* – Santé et territoires, *Pouvoirs locaux, n° spéc., sept. 1996.* – JOURDAIN et FROSSARD (dir.), Les nouveaux outils de la planification sanitaire, *Actu. et Dossier en santé publique, juin 1995, n° 11, p. I.* – VIGOUROUX, Planification, autorisation, schéma, *AJDA 1995. 592*. – DE FORGES, La loi hospitalière à l'heure de la restructuration (L. n° 94-43 du 18 janv. 1994), *RDSS 1994. 450*; L'avenir de la planification hospitalière, *Administration 1994, n° 165, p. 46.* – VINCENT, Pour un nouvel équilibre public-privé, *Administration 1994, n° 165, p. 32.* – ÉTIENNE, CHANTEREAU et CORDIER, Planification hospitalière, *Doc. fr., coll. Rapports officiels, 1986.* – SOULA, Du nouveau dispositif de planification sanitaire, *Rev. hosp. France 1992, p. 306.*

CHAPITRE PREMIER **MESURES DIVERSES RELATIVES À L'ORGANISATION SANITAIRE** *(L. n° 2009-879 du 21 juill. 2009, art. 128-I).*

Art. L. 6121-1 à L. 6121-4 *Abrogés par L. n° 2009-879 du 21 juill. 2009, art. 128-I.*

Art. L. 6121-5 *Abrogé par L. n° 2002-303 du 4 mars 2002, art. 84-III.*

Art. L. 6121-6 *Abrogé par L. n° 2009-879 du 21 juill. 2009, art. 120.*

Art. L. 6121-7 *(Ord. n° 2003-850 du 4 sept. 2003, art. 5-VII)* **Le Comité national de l'organisation sanitaire et sociale comprend :**

1° Des représentants des collectivités territoriales et des organismes de sécurité sociale ;

2° Des représentants des institutions et des établissements de santé, des établisse*ments sociaux, publics ou privés,* *(Abrogé par Ord. n° 2010-177 du 23 févr. 2010, art. 26-35°)* ***« notamment des établissements spécialisés, »*** *(L. n° 2009-879 du 21 juill. 2009, art. 28)* **« et des établissements assurant une activité de soins à domicile » ;**

3° Des représentants des personnels de ces institutions et établissements ;

4° Des représentants des usagers de ces institutions et établissements ;

5° Des représentants des professions de santé ;

6° Des personnalités qualifiées.

Il comporte des sections.

Art. L. 6121-8 *(L. n° 2002-303 du 4 mars 2002, art. 38-4° et 5° ; Ord. n° 2003-850 du 4 sept. 2003, art. 5-VI et VII)* **Le Comité national comprend, outre les personnes mentionnées à l'article L. 6121-9** *[devenu L. 6121-7]*, **un député désigné par la commission des affaires culturelles, familiales et sociales de l'Assemblée nationale et un sénateur**

désigné par la commission des affaires sociales du Sénat. Il est présidé par un conseiller d'État ou par un conseiller maître à la Cour des comptes.

La composition et les modalités de fonctionnement du Comité national et celles des formations qu'ils comportent sont fixées par voie réglementaire.

Art. L. 6121-9 et L. 6121-10 *Abrogés par L. n° 2009-879 du 21 juill. 2009, art. 128-I.*

Art. L. 6121-11 *(L. n° 2002-303 du 4 mars 2002, art. 38-9° et 10°)* **Sont déterminées par décret en Conseil d'État les mesures réglementaires prévues** *(Ord. n° 2010-177 du 23 févr. 2010, art. 12-3°)* **« à l'article L. 6121-8 » et, sauf dispositions contraires et en tant que de besoin, les modalités d'application des autres dispositions du présent chapitre.**

Art. L. 6121-12 *Abrogé par Ord. n° 2010-331 du 25 mars 2010, art. 6.*

CHAPITRE II AUTORISATIONS

BIBL. ▸ **Sur le régime applicable avant l'ordonnance du 4 sept. 2003 :** MARTIN, LEMOIGNE et VINCENT, Les autorisations de fonctionnement des établissements de soins, *Berger-Levrault, 1997.* – BAUDURET, Un nouveau cadre législatif et réglementaire pour les structures de soins alternatives à l'hospitalisation, *Administration 1994, n° 165, p. 61.* – DE FORGES, La réforme du régime des regroupements et conversions d'établissements privés, *RDSS 1988. 501* ; Les autorisations dérogatoires de création ou d'extension d'établissements hospitaliers privés, *RDSS 1987. 388.*

▸ **Depuis l'ordonnance du 4 sept. 2003 :** CORMIER, Contrôle des investissements hospitaliers, *in* Droit médical et hospitalier, *Litec 2007, fasc. n° 121.* – APOLLIS, Autorisations sanitaires et hospitalisation privée, *thèse dactyl., Univ. de Montpellier I, déc. 2005.* – CRISTOL, À qui profite la simplification du régime des autorisations sanitaires ?, *RDSS 2005. 779* ✎.

Art. L. 6122-1 *(Ord. n° 2003-850 du 4 sept. 2003, art. 8-I)* **Sont soumis à l'autorisation de l'***(Ord. n° 2010-177 du 23 févr. 2010, art. 9-I-2°)* **« agence régionale de santé » les projets relatifs à la création de tout établissement de santé, la création, la conversion et le regroupement des activités de soins, y compris sous la forme d'alternatives à l'hospitalisation** *(L. n° 2009-879 du 21 juill. 2009, art. 2)* **« ou d'hospitalisation à domicile », et l'installation des équipements matériels lourds.**

La liste des activités de soins et des équipements matériels lourds soumis à autorisation est fixée par décret en Conseil d'État.

COMMENTAIRE

V. Commentaire reproduit sur Dalloz.fr.

1. Notion d'établissement de santé. V. la jurisprudence ss. art. L. 6111-1.

2. Champ de l'autorisation. La création d'une consultation médicale avancée dans différentes spécialités par un centre hospitalier au sein d'autres établissements de santé était considérée, avant l'entrée en vigueur de l'Ord. du 4 sept. 2003, comme une extension de cet établissement public de santé et non comme une création. Une telle extension doit être précédée d'une autorisation de l'agence régionale de l'hospitalisation. • CAA Marseille, 24 juin 2004, *CH de Digne-les-Bains,* n° 00MA02726. ♦ La création des structures de soins alternatives à l'hospitalisation est soumise à autorisation depuis la loi du 29 déc. 1979. • CE 29 juill. 1994, *UHP et FIEHP : RDSS 1995. 101, obs. de Forges* ✎ • Soc. 24 nov. 1994 : *RDSS 1995. 98, obs. de Forges* ✎ • Soc. 4 avr. 1996, n° 94-11.345. ♦ Le fait qu'un équipement matériel lourd visé dans la liste des équipements dont l'installation est soumise à autorisation ait été donné gratuitement à un établissement public de santé est sans conséquence au regard du droit des autorisations, son installation demeurant soumise à autorisation sanitaire. • CE 11 mars 1996, *CH de Moutiers,* n° 138486 : *Lebon 69* ✎ ; *RDSS 1997. 802, obs. de Forges* ✎. ♦ Les accélérateurs de particules n'étant plus soumis à autorisation sanitaire depuis le 31 mars 2006, leur installation est désormais libre. • TA Versailles, 23 mai 2007, *Centre médico-chirurgical de l'Europe,* n° 05-05.099.

3. Substitution de l'ARS à l'ARH. La substitution du directeur de l'ARS à la commission exécutive de l'ARH pour statuer sur la délivrance de l'autorisation est intervenue le 1er avr. 2010, jour de la publication du Décr. n° 2010-336 portant création des ARS et prévoyant son entrée en vigueur immédiate. • CE 17 mars 2011, *Sté Santé Action,* n° 344278.

Art. L. 6122-2 *(Ord. n° 2003-850 du 4 sept. 2003, art. 8-II)* **L'autorisation est accordée** *(Ord. n° 2018-4 du 3 janv. 2018, art. 1er)* **« , en tenant compte des éléments des**

rapports de certification émis par la Haute Autorité de santé qui concernent le projet pour lequel elle est sollicitée et qui sont pertinents à la date de la décision, » lorsque le projet :

1° Répond aux besoins de santé de la population identifiés par *(Ord. n° 2018-21 du 17 janv. 2018, art. 1er)* **« le schéma mentionné à l'article L. 1434-2 ou au 2° de l'article L. 1434-6 » ;**

2° Est compatible avec les objectifs fixés par ce schéma *(Abrogé par Ord. n° 2010-177 du 23 févr. 2010, art. 17-I-6°) « ainsi qu'avec son annexe »* **;**

3° Satisfait à des conditions d'implantation et à des conditions techniques de fonctionnement.

Des autorisations dérogeant aux 1° et 2° peuvent être accordées à titre exceptionnel et dans l'intérêt de la santé publique après avis *(Ord. n° 2010-177 du 23 févr. 2010, art. 12-4°)* **« de la commission spécialisée de la conférence régionale de la santé et de l'autonomie compétente pour le secteur sanitaire ».**

(Ord. n° 2010-177 du 23 févr. 2010, art. 17-I-6°) **« Lorsque les règles fixées en vertu de l'article L. 1151-1 recouvrent le champ d'une activité de soins soumise à l'autorisation prévue à l'article L. 6122-1, les établissements titulaires de cette autorisation respectent ces règles en sus des conditions d'implantation et des conditions techniques de fonctionnement prévues aux articles L. 6123-1 et L. 6124-1 applicables à l'activité de soins concernée. Les dispositions du sixième alinéa de l'article L. 1151-1 sont applicables à ces établissements. »**

(L. n° 2011-940 du 10 août 2011, art. 35-III) **« Les autorisations existantes incompatibles avec la mise en œuvre des dispositions relatives à l'organisation des soins prévues par** *(Ord. n° 2018-21 du 17 janv. 2018, art. 1er)* **« le schéma mentionné à l'article L. 1434-2 ou au 2° de l'article L. 1434-6 » sont révisées** *(Ord. n° 2018-4 du 3 janv. 2018, art. 1er)* **« selon la procédure prévue à l'article L. 6122-12 ».**

« *(Ord. n° 2018-4 du 3 janv. 2018, art. 1er)* **« La notification du projet de révision intervient dans les six mois suivant la publication du schéma applicable. La révision » peut conduire au retrait de l'autorisation. Le délai de mise en œuvre de la modification de l'autorisation est fixé par la décision de l'agence régionale de santé prévue au troisième alinéa du même article L. 6122-12 ; il ne peut être supérieur à un an. »**

Au 1er al., les dispositions issues de l'Ord. n° 2018-4 du 3 janv. 2018 sont applicables aux autorisations ou renouvellements accordés à compter d'une date fixée par Décr., et au plus tard le 1er janv. 2019 (Ord. préc., art. 3-II).

COMMENTAIRE

V. Commentaire reproduit sur Dalloz.fr

A. CONDITIONS DE FOND DE L'AUTORISATION

a. Caractère limitatif des conditions d'autorisation

1. Critères devant présider à la délivrance de l'autorisation. S'il appartient à une agence régionale de l'hospitalisation, lors de la délivrance des autorisations de création d'une activité de soins, de prendre en compte les règles de la concurrence et de veiller à ce que la délivrance de l'autorisation n'ait pas pour effet de mettre son titulaire en situation d'y contrevenir, les dispositions de l'art. L. 6122-2 CSP énumèrent de façon précise et limitative l'ensemble des conditions et des critères qui doivent être pris en compte par une agence régionale de l'hospitalisation pour délivrer les autorisations de création d'une activité de soins, seuls les projets remplissant l'ensemble de ces conditions et critères pouvant être retenus. • CE 24 juill. 2009, *Clinique Durieux c/ ARH Réunion-Mayotte*, nos 321804 et 321837 : *RDSS 2009. 1158, obs. Cristol*.

b. Réponse aux besoins de santé de la population

2. Absence d'indices des besoins. Dans le régime antérieur à l'Ord. du 4 sept. 2003, en l'absence de publication d'indices de besoins de la population dans la discipline en cause, l'administration sanitaire devait se livrer à une appréciation qualitative et quantitative des besoins fondés sur l'ensemble des circonstances de l'espèce. • CE 5 mars 1982, *Union hospitalière privée*, nos 21769 et 21923 : *Lebon 99* • CE 1er févr. 1991, *Min. Solidarité c/ Roustant*, n° 106923 : *Lebon T. 1211*. ♦ Il en allait de même pour les équipements matériels lourds. • CE 6 févr. 1995, *Min. Aff. soc. c/ SCM Centre d'imagerie médicale*, n° 096095 : *RDSS 1995. 530, obs. de Forges*. ♦ Le ministre pouvait ainsi légalement réserver l'installation de tels équipements aux établissements disposant de services diversifiés et hautement qualifiés. • CE 25 janv. 1989, *SA Clinique Les Martinets,* n° 77547 : *Lebon 33 ; RDSS 1989. 226, concl. de Clausade.* ♦ ... Ou à des établissements capables de participer à des actions de recherche, d'enseignement et d'expérimentation. • CE 25 janv. 1989, *Min. Aff. soc. c/ Sté civ. de gestion médicale,* n° 85858 : *RDSS 1989. 226, obs. de Forges.* ♦ ... Ou à des établissements accueillant déjà des malades dont l'état de santé justifie le recours au type d'équipement matériel lourd demandé. • CE 15 déc. 1995, *Min. Aff. soc. c/ Sté Clinique Saint-Charles,* n° 134111 : *RDSS 1996. 325, obs. de Forges.*

3. Indices exprimés sous forme de fourchette. Dans le régime antérieur à l'Ord. du 4 sept. 2003, lorsque les besoins de la population étaient exprimés sous forme de fourchette d'indices, l'administration sanitaire appréciait librement l'opportunité de refuser l'autorisation, à l'intérieur de la fourchette, sous réserve de ne pas commettre d'erreur manifeste d'appréciation. • CE 22 juill. 1992, *Min. Solidarité, Santé et Protection sociale c/ SA Clinique du Pont-de-Chaume,* n° 112065 : *RDSS 1993. 72, obs. de Forges* • CAA Lyon, 4 déc. 2001, *Min. Travail c/ SARL Pasori,* n° 97LY20197.

4. Inventaire de l'état et de l'activité des installations. Lorsque l'administration rejette une demande d'autorisation au motif que les besoins de la population sont déjà satisfaits, elle doit être en mesure de produire, au moins devant le juge, l'inventaire des installations régulièrement autorisées. • CE 4 févr. 1994, *Min. Solidarité c/ SA Clinique Saint-François,* n° 117941 : *RDSS 1994. 447, obs. de Forges.*

5. Appréciation de la réponse aux besoins de santé définis dans le schéma. L'appréciation du respect de la condition prévue au 1° de l'art. L. 6122-2 CSP ne dépend pas uniquement de l'activité de l'établissement qui sollicite l'autorisation, contrairement à l'appréciation du respect de la condition d'activité minimale annuelle prévue à l'art. R. 6123-89 du même code. • CE 20 mars 2015, *Min. des Aff. soc. et de la Santé,* n° 380706.

c. Compatibilité avec les objectifs du SROS ainsi qu'avec son annexe

6. Notion d'objectifs du schéma. Certains tribunaux administratifs ont une interprétation très libérale de cette notion d'objectifs du schéma. Ils assimilent ainsi à ces objectifs : les priorités. • TA Lille, 26 juill. 2005, *Polyclinique Vauban,* n° 02-01.405. ♦... Les recommandations. • *TA Paris, 4 juill. 2006, Sté Centre de soins du canal Saint-Martin,* n° 0301063/6-2. ♦ ...Ou encore les préconisations du SROS. • TA Lyon, 28 juin 2006, *Les hôpitaux Drôme Nord,* n° 04-07.171.

7. Rapport de compatibilité. Ce rapport de compatibilité doit se comprendre comme signifiant que le projet présenté par un promoteur ne doit pas rendre impossible, d'une part, la réalisation des objectifs fixés par le directeur de l'agence régionale de l'hospitalisation et, d'autre part la mise en œuvre de l'annexe du schéma. • CAA Nantes, 15 févr. 2001, *Centre d'imagerie médicale de Basse-Normandie c/ Sté d'imagerie Saint-Martin,* n° 99NT02784 : *RDSS 2002. 262, obs. Cormier.* ♦ C'est à l'agence régionale de l'hospitalisation qu'il appartient de démontrer en quoi un projet est incompatible avec les objectifs du SROS ou avec son annexe. • TA Montpellier, 9 févr. 2006, *CH de Narbonne,* n° 01-03.869.

8. Degré du contrôle exercé par le juge sur le rapport de compatibilité. Le juge de l'excès de pouvoir exerce un contrôle restreint sur l'appréciation fait par les autorités compétentes de la compatibilité d'un projet avec les objectifs du schéma. • CE 24 mars 2004, *CH privé Saint-Martin,* n° 249866 • TA Rouen, 17 mars 2005, *Clinique Saint-Hilaire,* n° 00-02.008 • TA Nice, 6 avr. 2007, *SA Institut d'héliothérapie clinique Le Méridien,* n° 03-02.331.

9. Illustrations du contrôle de compatibilité. • CAA Nantes, 30 déc. 1997, *M. Mourgues et a. : n°s 97NT00864 et 97NT01255* • CAA Nantes, 10 févr. 2000, *Maison de convalescence Château de Saint-Pierre-Oursin,* n° 97NT00172 • TA Paris, 28 mars 2000, *Clinique de la Porte de Paris,* n° 9702134/6 : *RDSS 2001. 71, obs. Cormier* • TA Paris, 4 avr. 2000, *SCM radio des docteurs Hovasse, Gignier et a.,* n°s 0803355/6 et 9908353/6 : *RDSS 2001. 73, obs. Cormier* • CAA Nantes, 15 févr. 2001, *Centre d'imagerie médicale de Basse-Normandie c/ Sté d'imagerie Saint-Martin,* n° 99NT02784 • CE, ord., 26 avr. 2001, *Fondation Lenval,* n° 231870 : *RDSS 2001. 753, obs. Cormier* • TA Nice, 29 juin 2001, *Institut d'héliothérapie c/ Min. Emploi et Solidarité : n°s 002478 et 00259* • TA Nantes, ord., 2 août 2001, *SA Fac Holding,* n° 012710 : *RDSS 2002. 519, obs. Cormier* • CAA Nantes, 21 juin 2002, *Min. Emploi et Solidarité c/ CH privé Saint-Martin,* n° 00NT00123 • CAA Nantes, 21 juin 2002, *Cne de La Baule,* n° 99NT02875 • TA Melun, 3 déc. 2002, *Sté Clinique de la Porte d'Italie c/ Min. Emploi et Solidarité,* n° 014208 • TA Poitiers, 28 mai 2003, *Assoc. pour le développement de l'autodialyse en Charente-Maritime c/ Min. Santé,* n° 021463 • CE 24 mars 2004, *CH privé Saint-Martin,* n° 249866 • CE 6 déc. 2004, *Sté Clinique Saint-Georges,* n° 252803 • TA Amiens, 7 avr. 2005, *Fondation Alphonse de Rothschild,* n° 02-00.208 • TA Paris, 21 oct. 2005, *Clinique esthétique du Rond-point des Champs-Élysées,* n° 01-13.197 • TA Lyon, 28 juin 2006, *Les hôpitaux Drôme Nord,* n° 04-07.171 • TA Montpellier, 9 févr. 2006, *CH de Narbonne,* n° 01-03.869 • TA Paris, 4 juill. 2006, *Sté Centre de soins du canal Saint-Martin,* n° 0301063/6-2 • CAA Lyon,

17 oct. 2006, *Polyclinique de Bourgogne*, n° 02LY00585 • CAA Marseille, 9 nov. 2006, *Min. Santé c/ Hôpital Saint-Antoine à Saint-Martin-Vésubie*, n° 04MA00639 • TA Nice, 16 févr. 2007, *Sté polyclinique les Fleurs*, n° 03-05.169 • CAA Paris, 9 juin 2008, *Clinique esthétique du Rond-Point des Champs-Élysées*, n° 05PA04892 • TA Marseille, 23 juin 2009, *Assoc. des médecins exerçant dans la Clinique du Camas et au dispensaire de la Croix Rouge et a. : nos 06-09.229 et 06-09.232.*

10. Appréciation de la compatibilité avec les objectifs fixés dans le schéma. L'appréciation du respect de la condition prévue au 2° de l'art. L. 6122-2 CSP ne dépend pas uniquement de l'activité de l'établissement qui sollicite l'autorisation, contrairement à l'appréciation du respect de la condition d'activité minimale annuelle prévue à l'art. R. 6123-89 du même code. • CE 20 mars 2015, *Min. des Aff. soc. et de la Santé*, n° 380706.

11. Opposabilité de l'annexe du schéma. Sur la suspension de l'annexe d'un SROS par le juge des référés en cas de risque imminent de refus de renouvellement d'une autorisation pour cause d'incompatibilité avec cette annexe, V. • CE, ord., 26 avr. 2001, *Fondation Lenval*, n° 231870 : *RDSS 2001. 752, obs. Cormier*.

d. Respect des conditions d'implantation et des conditions techniques de fonctionnement

12. Absence de normes techniques de fonctionnement. L'absence de normes techniques de fonctionnement applicables aux centres de long séjour pour personnes âgées n'empêche pas que les opérations relatives à ces centres soient soumises à autorisations préalables. • CE 7 janv. 1987, *Min. Santé et Assoc. de la maison de retraite Le Gouarec*, nos 45647 et 45982 : *Lebon T. 956 ; Dr. adm. 1987. Comm. 102 ; RDSS 1987. 385, obs. de Forges.*

13. Obligation de respect des conditions techniques de fonctionnement. V. • CE 21 déc. 1994, *SA Dynamis*, n° 158966 : *RDSS 1995. 523, obs. de Forges* • TA Rennes, 19 avr. 2005, *Clinique Océane*, n° 004340 • CAA Nancy, 26 oct. 2000, *Assoc. Hospitalor*, n° 97NC00238 • CAA Nancy, 5 août 2004, *Monsieur G. Perie*, n° 99NC01539 • CAA Lyon, 29 déc. 1995, *Centre médico-chirurgical de Tronquières*, n° 02LY02022 • TA Nantes, 15 déc. 2009, *CH de Saint-Calais et Assoc. de défense de l'hôpital de Saint-Calais c/ ARH des Pays de la Loire : nos 096727 et 096852.*

14. Normes techniques de fonctionnement applicables à une maison de convalescence à vocation psychiatrique. V. • TA Rouen, 6 févr. 1996, *Hourde et Lefebvre*, n° 92102 : *Lebon T. 1169*.

15. Normes techniques de fonctionnement applicables aux seuls établissements de santé privés. Saisi d'un recours de la Fédération de l'hospitalisation privée, le Conseil d'État a confirmé la légalité de cette codification de dispositions, issues du Décr. n° 56-384 du 9 mars 1956, relatives aux conditions techniques de fonctionnement applicables aux seuls établissements de santé privés, tout en annulant les art. D. 6124-414 et D. 6124-440 au motif que la section sanitaire du CNOSS n'avait pas été consultée. • CE 12 févr. 2007, *Féd. de l'hospitalisation privée*, n° 285464.

B. AUTORISATIONS DÉROGATOIRES

16. Portée de l'appréciation à titre dérogatoire des besoins. Seule la délivrance d'autorisation dérogatoire est possible ; un refus dérogatoire d'autorisation est illégal. • CE 27 sept. 1985, *Min. Santé c/ Clinique du Parc*, n° 47387 : *Lebon 268*.

17. Circonstances de nature à permettre une dérogation. Les autorisations dérogatoires ne peuvent être accordées que dans des circonstances exceptionnelles. • CE 18 nov. 1988, *SA Clinique des Hauts-de-Seine*, n° 78666 : *Lebon T. 1030*. ♦ … Notamment pour permettre l'utilisation de techniques nouvelles ou de traitements de caractère hautement spécialisé. • CE 4 nov. 1988, *SA Centre obstétrico-pédiatrique du Tertre-Rouge*, n° 53902 : *Lebon 392*. ♦ … Ou en cas d'urgente et impérieuse nécessité en matière de santé publique. • CE, sect., 16 déc. 1994, *SA polyclinique des Minguettes*, n° 119420 : *AJDA 1995. 166, chron. Touvet et Stahl ; RDSS 1995. 288, concl. Vigouroux* • CE 25 janv. 1995, *Min. Aff. soc. et Solidarité c/ FHF*, n° 120945. ♦ En revanche, la seule considération de la qualité d'un établissement ne suffit pas. • CE, sect., 3 mars 1989, *Clinique Blomet*, n° 93855 : *Lebon 67 ; AJDA 1989. 337, chron. Honorat et Baptiste ; ibid. 319.* ♦ … Pas plus que le classement d'un établissement comme « référent » en cancérologie. • TA Lyon, 7 nov. 2000, *Sté Clinique de la Sauvegarde : RDSS 2001. 515, obs. Cormier*. ♦ … Pas plus encore que la seule considération des difficultés de circulation automobile dans le secteur. • CE 10 mars 1995, *Polyclinique d'Aguilera*, n° 139370 : *Lebon T. 1041 ; RDSS 1995. 756, obs. de Forges*. ♦ … Pas plus que la circonstance que près de la moitié d'une activité d'AMP, concernant l'île de la Réunion, est réalisée en métropole. • CAA Bordeaux, 29 mai 2008, *SELARL Verrougstraete-Gayon-Sin*, n° 06BX02042. ♦ Une autorisation de chirurgie cardiaque ne peut être délivrée à titre dérogatoire à un établissement de santé privé qui n'est pas titulaire d'une concession de service public l'autorisant à participer au service de l'aide médicale urgente. • TA Paris, 14 déc. 1999, *Hôpital européen de Paris-La Roseraie*, n° 9715597/6. ♦ Seules sont recevables les demandes d'autorisation intéressant des zones sanitaires dans lesquelles les besoins de santé ne sont pas satisfaits, ou, dans les zones sanitaires dont les besoins sont satisfaits, les demandes visant à satisfaire des besoins exceptionnels préalablement constatés par le directeur de l'ARH. Une ARH saisie d'un projet intéressant une zone sanitaire dans laquelle les besoins tels qu'ils sont définis par la carte sanitaire sont satisfaits et pour laquelle le bilan de l'offre de soins ne fait état d'aucun besoin exceptionnel est tenue de lui opposer une fin de non-recevoir. • CAA Marseille, 26 mars 2009, *Min. Santé et Solidarité,* n° 07MA00832.

18. Matérialité de la demande et de l'instruction à titre dérogatoire. Le juge administratif vérifie si l'autorisation a bien été sollicitée et instruite en vue d'être délivrée à titre dérogatoire. • CE 15 janv. 1996, *GIE Scanner de Montfermeil,* n° 132210 • CAA Marseille, 30 mars 1999, *SFDTM,* n° 96MA01284.

19. Motivation. En cas de délivrance d'une autorisation dérogatoire, les motifs de l'octroi dérogatoire doivent être mentionnés. • CE 20 nov. 1996, *SA Clinique médico-chirurgicale Lambert,* n° 165571 : *RDSS 1997. 328, obs. de Forges*. ♦ L'annulation par le ministre, sur recours hiérarchique, d'une autorisation dérogatoire doit elle-même être motivée de façon circonstanciée. • CAA Marseille, 12 oct. 1999, *Min. Travail et Aff. soc. : RDSS 2001. 744, obs. Cormier*. ♦ Une ARH ne saurait, sans commettre d'erreur de droit, refuser la demande d'autorisation présentée à titre dérogatoire au motif que le schéma régional d'organisation sanitaire ne prévoirait pas sur le territoire de santé considéré l'installation d'un nouvel équipement. • TA Montpellier, 25 mars 2009, *SCM IRM du Biterrois,* n° 07-04.773.

Art. L. 6122-3 *(Ord. n° 2003-850 du 4 sept. 2003, art. 8-III)* **L'autorisation ne peut être accordée qu'à :**

1° Un ou plusieurs médecins, éventuellement associés pour leur exercice professionnel ou pour la mise en commun de moyens nécessaires à cet exercice ;

2° Un établissement de santé ;

3° Une personne morale dont l'objet porte, notamment, sur l'exploitation d'un établissement de santé, d'une activité de soins ou d'un équipement matériel lourd mentionnés à l'article L. 6122-1 ou la pratique des activités propres aux laboratoires de biologie médicale.

Cette autorisation ne peut être cédée avant le début des travaux, l'installation de l'équipement matériel lourd et la mise en œuvre de l'activité de soins ou de la structure de soins alternative à l'hospitalisation.

Toute cession est soumise à la confirmation de l'autorisation au bénéfice du cessionnaire par l'*(Ord. n° 2010-177 du 23 févr. 2010, art. 9-I-2°)* **« agence régionale de santé » de la région dans laquelle se trouve l'autorisation cédée.**

Quelle que soit la forme de gestion ou d'exploitation adoptée par la personne titulaire de l'autorisation, celle-ci en demeure le seul responsable, notamment au regard des obligations relatives à l'organisation et à la sécurité des soins.

COMMENTAIRE

V. Commentaire reproduit sur Dalloz.fr.

A. PATRIMONIALITÉ ET CESSIBILITÉ DES AUTORISATIONS SANITAIRES

1. Patrimonialité des autorisations sanitaires. L'autorisation délivrée à un établissement privé est cessible et transmissible, mais peut seul être cédé le droit de poursuivre l'exploitation dans les conditions prévues par l'autorisation. • CE, avis, 17 juin 1975 : *BOSP 1979/43-17415.* ♦ L'autorisation ne fait naître aucun droit patrimonial susceptible de faire par lui-même l'objet d'une évaluation, ni aucun droit cessible ou transmissible autre que celui de poursuivre l'exploitation. • CE 3 oct. 1997, *Jacquin,* n° 149928 : *JCP 1997. IV. 2474.* ♦ Il en résulte que, en cas de refus illégal d'autorisation, le juge administratif n'indemnise pas la perte alléguée de gains futurs qu'aurait procurés le développement ultérieur de l'activité hospitalière. • Même arrêt.

2. Confirmation de l'autorisation cédée. La cession donne lieu à confirmation de l'autorisation initiale, mais non à délivrance d'une nouvelle autorisation. • CE 16 nov. 1984, *Hoarau,* n° 39238 : *Lebon 379 ; RDSS 1985. 151, obs. de Forges.*

3. Titularité de l'autorisation. La cession de l'autorisation ne peut être décidée que par le titulaire de l'autorisation lui-même et non par la personne à qui il a confié l'exploitation de l'établissement. • CE 10 avr. 1991, *SCI de Ris-Orangis,* n° 100069 : *Lebon 133 ; RDSS 1992. 76, obs. de Forges*. ♦ Sur les conséquences de ce principe, V. • CE 7 mai 1997, *Clinique Hartmann,* n° 156856 • CE 7 mai 1997, *Clinique de l'Essonne, SCI de Ris-Orangis et Cts Stephan (3 arrêts),* n°s 176714 et 163294 : *RDSS 1997. 805, concl. Delarue, note de Forges*. ♦ Sur la prise en compte de ce principe par les juridictions judiciaires, V. • Paris, 11 mars 1999, n° 97/15694. ♦

Sont annulées la confirmation d'une autorisation sanitaire et l'autorisation de regroupement obtenues par fraude du cessionnaire. • CAA Marseille, 8 janv. 2009, *Clinique Mariotte*, n° 07MA00493. ♦ Il appartient à l'autorité sanitaire compétente, tant pour délivrer l'autorisation d'exploiter que pour autoriser un regroupement, de rechercher quel est le titulaire de l'autorisation sans l'accord duquel le regroupement ne peut être autorisé. • CAA Paris, 13 juin 2005, *SA Clinique du Vert-Galant*, n° 00PA03144 : *BJPH nov. 2005, n° 82, p. 27.*

4. Conditions de la confirmation. Est illégal le fait de soumettre la confirmation d'autorisation, consécutive à une cession d'établissement privé ne participant pas au service public, à une réduction de capacité. • CE 28 juill. 1999, *SA Clinique Saint-François*, n° 196860 : *Lebon 277 ; D. 1999. IR 258 ; RDSS 2000. 771, obs. Cormier ; RFDA 1999. 1127* • CAA Marseille, 3 févr. 2005, *Clinique Mozart*, n° 03MA01542. ♦ Le préjudice subi du fait de cette illégalité correspond à la diminution du prix de cession de l'établissement qui en est résulté. • Même arrêt.

5. Ordre de juridiction compétent. Les litiges relatifs à l'exécution des clauses d'un contrat de cession d'un établissement de santé privé à un établissement public de santé relèvent de la compétence de la juridiction de l'ordre judiciaire. • T. confl. 17 déc. 2007, *SELARL Associés c/ CHI de Haut-Anjou*, n° 3646.

B. PERSONNE SUSCEPTIBLE DE BÉNÉFICIER D'UNE AUTORISATION SANITAIRE

6. Nécessaire acquisition de la personnalité morale par le groupement sollicitant l'autorisation. Une société n'ayant pas acquis la personnalité morale par son inscription au registre du commerce et des sociétés n'est pas au nombre des personnes susceptibles de bénéficier d'une autorisation sanitaire. • TA Paris, 22 mai 2009, *Sté Le Vétyver*, n° 0518277/6/1. ♦ En revanche, une autorisation sanitaire peut être délivrée à un GIE dont les statuts et l'immatriculation sont postérieurs à la date d'autorisation, dès lors que son assemblée générale a ensuite repris l'ensemble des actes et engagements souscrits pour son compte avant son immatriculation définitive. • CAA Lyon, 9 mars 2010, *SELARL Groupe radiologique du Léman*, n° 07LY01869.

Art. L. 6122-4 **L'autorisation est donnée avant le début des travaux, de l'installation de l'équipement matériel lourd ou de la mise en œuvre des activités de soins ou des structures de soins alternatives à l'hospitalisation projetées.**

(Ord. n° 2018-4 du 3 janv. 2018, art. 1er) **« Elle vaut de plein droit autorisation de fonctionner, sous réserve d'une déclaration de commencement d'activité auprès de l'agence régionale de santé et, le cas échéant, de la réalisation de la visite de conformité, prévue au troisième alinéa, suivie d'un résultat positif et, sauf mention contraire, autorisation de dispenser des soins remboursables aux assurés sociaux par application de l'article L. 162-21 du code de la sécurité sociale. Le titulaire de l'autorisation s'engage, dans la déclaration de commencement d'activité, au respect de la conformité de l'activité de soins ou de l'équipement matériel lourd aux conditions d'autorisation.**

« Le directeur général de l'agence régionale de santé peut décider qu'il sera fait une visite de conformité dans les six mois suivant la mise en œuvre des activités de soins ou des structures de soins alternatives à l'hospitalisation ou la mise en service de l'équipement matériel lourd. Dans cette hypothèse, il notifie sa décision au titulaire de l'autorisation dans le mois suivant la réception de la déclaration de commencement d'activité. A défaut de notification dans ce délai, le directeur général de l'agence régionale de santé est réputé renoncer à diligenter cette visite.

« En cas de modification des locaux ou des conditions d'exécution de l'autorisation, le directeur général de l'agence régionale de santé peut décider qu'il sera fait une visite de conformité dans les conditions prévues à l'alinéa précédent.

« Le défaut de conformité peut donner lieu à l'application des mesures prévues à l'article L. 6122-13 du présent code. Les modalités de visite de conformité sont fixées par décret. »

L'autorisation de dispenser des soins remboursables aux assurés sociaux peut être refusée lorsque le prix prévu est hors de proportion avec les conditions de fonctionnement du service, eu égard aux conditions techniques de fonctionnement fixées en application de l'article L. 6122-2. [– *Anc. art. L. 712-12.*]

COMMENTAIRE

V. Commentaire reproduit sur Dalloz.fr

Conséquence de l'absence de disposition réglementaire prévoyant les conditions de remboursement. L'État commet une faute de nature à engager sa responsabilité en s'abstenant de prendre la réglementation tarifaire permettant la prise en charge par la sécurité sociale du coût afférent à l'exploitation et à l'utilisation d'un équipement matériel lourd, abstention équivalent à un refus de satisfaire à l'obligation qui lui incombe. • CE 29 nov. 1999, *Polyclinique des Alpilles*, n° 177140 : *D. 2000. Somm. 253, obs. Bon et de Béchillon* ; *RDSS 2001. 64, obs. de Forges* .

Art. L. 6122-5 **L'autorisation mentionnée à l'article L. 6122-1 est subordonnée au respect d'engagements relatifs, d'une part, aux dépenses à la charge de l'assurance maladie ou au volume d'activité et, d'autre part, à la réalisation d'une évaluation dans des conditions fixées par décret.**

Lorsque la demande d'autorisation porte sur le changement de lieu d'implantation d'un établissement existant, ne donnant pas lieu à un regroupement d'établissements, le demandeur doit joindre à son dossier un document présentant ses engagements relatifs aux dépenses à la charge de l'assurance maladie et au volume d'activité, fixés par référence aux dépenses et à l'activité constatée dans l'établissement. L'autorité chargée de recevoir le dossier peut, dans un délai de deux mois après réception du dossier, demander au requérant de modifier ses engagements. Le dossier n'est alors reconnu complet que si le requérant satisfait à cette demande dans le délai d'un mois.

En cas de non-respect des engagements mentionnés à l'alinéa précédent, l'autorisation peut être suspendue ou retirée dans les conditions prévues à l'article L. 6122-13. — *[Anc. art. L. 712-12-1].*

COMMENTAIRE

V. Commentaire reproduit sur Dalloz.fr.

1. Transferts d'établissements à l'identique. La rédaction actuelle de l'art. L. 6122-5 confirme la position du Conseil d'État qui, dès 1982, considérait que le changement d'implantation « à l'identique » d'un établissement de santé privé était soumis à autorisation. • CE, sect., 5 mars 1982, *Min. Santé c/ Clinique de l'Aigle*, n° 23237 : *Lebon 104* ; *RDSS 1982. 630, concl. Bacquet.* ♦ Ce transfert géographique à l'identique est soumis à une procédure particulière de confirmation d'autorisation, et non à la procédure de droit commun d'autorisation d'une création nouvelle. • CAA Nantes, 21 juin 2002, *Cne de La Baule*, n° 99NT02875 : *AJDA 2002. 1305, obs. Ghébali-Bailly* ; *RDSS 2003. 422, obs. Cormier* .

2. Transferts partiels d'activités de soins. Le transfert partiel des activités de soins autorisées d'un établissement sur un nouveau site s'analyse comme une création d'un nouvel établissement de santé. Il est donc soumis aux conditions et à la procédure d'autorisation de création. • CE 1er déc. 1993, *CRAMIF*, n° 84649 : *Lebon T. 104* ; *RDSS 1994. 446, obs. de Forges* . ♦ Le transfert partiel ou complet d'activités de soins vers un autre établissement de santé qui a pour effet d'assembler les activités de soins de deux établissements de santé sur un même site géographique s'analyse aujourd'hui en un regroupement au sens de l'art. L. 6122-6, *al. 1er*.

3. Transferts d'équipements matériels lourds. Une demande d'autorisation de transfert géographique d'un équipement matériel lourd n'a pas à être présentée dans une période de réception des demandes au sens des art. L. 6122-9 et R. 6122-29. Cette demande qui peut s'analyser en une demande de modification de l'autorisation initiale, peut être présentée à tout moment. • CAA Paris, 17 déc. 2003, *Min. Emploi et Solidarité*, n° 99PA02960. ♦ Dans la mesure où le transfert a lieu au sein d'un même secteur sanitaire, ce transfert ne peut s'assimiler à une création nouvelle. En conséquence, les besoins de la population définis par la carte sanitaire n'étaient pas opposables à une telle demande de transfert. • CAA Paris, 17 déc. 2003, *Min. Emploi et Solidarité : préc.* • CAA Marseille, 4 mai 2006, *SELARL Centre d'imagerie nucléaire, SAS Clinique médicale Plein Ciel et Min. Santé*, nos 03MA02050 et 3MA02051 : *JCP Adm. 2006, n° 1253* ; *Rev. dr. et santé, janv. 2007, n° 15, p. 109, concl. Trottier* • TA Nice, 6 avr. 2007, *SA Institut d'héliothérapie-Clinique Le Méridien c/ Min. Santé*, n° 03-02.331. ♦ En revanche, les conditions techniques de fonctionnement sont opposables au promoteur et le respect de ces conditions doit être apprécié par la commission exécutive de l'agence régionale de l'hospitalisation. • CAA Marseille, 4 mai 2006, *SELARL Centre d'imagerie nucléaire, SAS Clinique médicale Plein Ciel et Min. Santé : préc.* ♦ La commission exécutive doit également contrôler la compatibilité du projet de transfert avec les objectifs du SROS et avec son annexe. • TA Nice, 6 avr. 2007, *SA Institut d'héliothérapie-Clinique Le Méridien c/ Min. Santé* : préc. • TA Rouen, 26 mars 2009, *Clinique des Ormeaux*, n° 05-02.404.

4. Équipements non inscrits dans la liste des équipements matériels lourds soumis à autorisations sanitaires. L'installation est libre pour les équipements qui ne font plus partie de la liste des équipements soumis à autorisations sanitaires. • TA Versailles, 23 mai 2003, *Centre médico-chirurgical de l'Europe*, n° 05-05.099 (pour des accélérateurs de particules).

5. Engagements relatifs aux dépenses d'assurance maladie. Cette condition ne peut être appliquée lors d'un renouvellement d'autorisation. • TA Rennes, 19 avr. 2000, *SCM Centre d'imagerie médicale de l'Iroise*, n° 984141. ♦ Erreur de droit de la juridiction du fond qui considère que la maîtrise des coûts financiers ne constitue pas un critère pertinent pour l'examen des demandes d'autorisation de création d'une activité de soins, alors que l'art. L. 6122-5 retient le respect d'engagements relatifs aux dépenses à la charge de l'assurance maladie parmi les conditions de l'autorisation accordée aux projets des établissements de santé et que l'art. R. 6122-34 dispose que le refus du demandeur de souscrire à de tels engagements est au nombre des motifs possibles de refus de la demande d'autorisation. • CE 24 juill. 2009, *Clinique Durieux et ARH Réunion-Mayotte*, n°s 321804 et 321837 : *Lebon T. 959 ; RDSS 2009. 1158, obs. Cristol*.

6. Engagements relatifs à la réalisation d'une évaluation. L'absence de partie relative à l'évaluation de l'activité de soins dans le dossier d'autorisation entraîne l'irrecevabilité du dossier et, lorsque le dossier a été déclaré à tort recevable, l'illégalité de la décision d'autorisation. • CAA Bordeaux, 6 oct. 2005, *CHU de Toulouse*, n° 01BX00869.

Art. L. 6122-6 *(Ord. n° 2003-850 du 4 sept. 2003, art. 8-V)* **Le regroupement mentionné à l'article L. 6122-1 consiste à réunir en un même lieu tout ou partie des activités de soins précédemment autorisées sur des sites distincts à l'intérieur de la même région ou réparties entre plusieurs régions.**

La conversion mentionnée à l'article L. 6122-1 consiste à transformer pour tout ou partie la nature de ses activités de soins *(Abrogé par Ord. n° 2010-177 du 23 févr. 2010, art. 17-I-3°)* ***« au sens de l'article L. 6121-2 ».***

(Ord. n° 2018-21 du 17 janv. 2018, art. 1er) **« Par dérogation au 2° de l'article L. 1434-3, l'autorisation de regroupement ou de conversion peut être accordée à des titulaires d'autorisation situés dans une zone définie au *a* du 2° de l'article L. 1434-9 dont les moyens excèdent ceux qui sont prévus par le schéma régional ou interrégional de santé. »**

Dans ce cas, cette autorisation, outre les autres conditions prévues à l'article L. 6122-2, est subordonnée à une adaptation de l'activité négociée dans le cadre d'un avenant au contrat d'objectifs et de moyens *(L. n° 2011-940 du 10 août 2011, art. 47-I-15°)* **« conclu avec le directeur général de l'agence régionale de santé ».**

Les dispositions du présent article ne sont pas applicables aux cessions d'établissements ne donnant pas lieu à une augmentation de capacité ou à un regroupement d'établissements.

COMMENTAIRE

V. Commentaire reproduit sur Dalloz.fr.

1. Champ d'application de l'autorisation. Étaient déjà soumises à autorisation, en vertu de la jurisprudence, et pour les seuls établissements privés, les opérations de reconversion. • CE 26 janv. 1979, *Min. Santé et SA sanatorium médico-chirurgical des Pyrénées*, n°s 04271, 04225 et 05116 : *Lebon T. 892 ; RDSS 1979. 366, obs. Moderne.* ♦ ... Ainsi que de regroupement. • *CE 18 janv. 1980, Min. Santé c/ SA Clinique du Pont-de-Chaume, n° 11771 : Lebon 32 ; JCP 1980. II. 19445, note Barthélemy et de Chaisemartin.*

2. Critères de délivrance d'une autorisation de regroupement ou de conversion. Lorsque les conditions prévues par l'art. L. 712-11 [L. 6122-6] sont réunies, l'administration n'est pas pour autant tenue d'accorder l'autorisation de regroupement ou de reconversion ; elle doit vérifier la compatibilité de l'opération avec la satisfaction optimale des besoins de la population. • CE, avis, 24 mars 1993, n° 354106 : *EDCE 1993. 394.* ♦ Elle doit également vérifier la compatibilité de l'opération avec les objectifs du SROS, ainsi qu'avec son annexe. • CE 6 déc. 2004, *Sté Clinique Saint-Georges*, n° 252803. ♦ Elle dispose d'un pouvoir d'appréciation au titre duquel elle peut s'opposer à un projet de regroupement dont la réalisation lui semblerait incompatible avec la satisfaction optimale des besoins de la population, notamment en ce qui concerne l'implantation géographique des capacités regroupées ou reconverties. • CE 29 déc. 2006, *Sté Val Pyréné*, n° 272201.

3. Contreparties à la délivrance d'une autorisation de regroupement ou de conversion. Dans le régime antérieur à l'Ord. du 24 avr. 1996, l'autorisation de regroupement ne pouvait être légalement subordonnée à la fermeture de lits d'une autre discipline. • CE 11 juin 1993, *SA Clinique de Clémentville et SA Clinique des Glycines*, n° 91469 : *RDSS 1994. 103, obs. de Forges*. ♦ La solution était identique pour les conversions. • CE 25 janv. 1995, *Min. Aff. soc. et solidarité c/ FHF*, n° 120945 : *Lebon 41 ; RDSS 1995. 529, obs. de Forges*.

4. Distinction entre création et regroupement. La création d'un nouvel établissement par transfert d'une partie des lits d'un établissement préexistant s'analyse bien, au regard des conditions de l'autorisation, comme une création et non comme un regroupement. • CE 1er déc. 1993, *CRAMIF*, n° 84649 : *Lebon T. 941 et 1047 ; RDSS 1994. 446, obs. de Forges*. ♦ La création par un établissement de santé d'un service de cardiologie sur un site unique par regroupement de moyens dispersés sur deux sites s'analyse comme un regroupement, lequel est soumis à autorisation. • CAA Nancy, 23 sept. 2004, *CH intercommunal de Lure-Luxeuil*, n° 99NC00735.

5. Intérêt à agir contre les autorisations de transfert. Les caisses d'assurance maladie de la région ont intérêt à agir contre les autorisations de transfert, en raison de leur incidence sur les dépenses de l'assurance maladie. • CE 1er déc. 1993, *CRAMIF*, n° 84649 : *préc. note 4*.

6. Mode de calcul de la réduction des excédents. Sur les modalités de calcul de la réduction de capacité dans le régime antérieur à l'Ord. du 4 sept. 2003, V. • CE 4 mars 1994, *Min. Aff. soc. c/ Clinique chirurgicale du Beaujolais*, n° 115204 : *Lebon 112*.

7. Refus d'autoriser la conversion. Dans le régime antérieur à l'Ord. du 4 sept. 2003, l'autorité sanitaire était tenue de refuser une autorisation de conversion ayant pour effet de rendre déficitaires les moyens dans la discipline concernée. • TA Melun, 23 juin 2005, *Clinique du Sud*, n° 01-2211/1 • CAA Lyon, 27 févr. 2007, *SA polyclinique de Bourgogne*, n° 04LY00524.

8. Conversion de lits non installés. La conversion en lits de chirurgie de lits de médecine qui n'ont jamais été installés est impossible. • CE 11 mars 2002, *SA Clinique Monie : RDSS 2003. 249, obs. Cormier* • TA Toulouse, ord., 12 oct. 2001, *Min. Emploi et Solidarité c/ SA Clinique Monie : ibid.*

9. Expropriation pour cause d'utilité publique. La création d'un pôle de santé regroupant deux établissements de santé privés dans le but de rationaliser l'offre de soins répond aux objectifs de l'art. L. 300-1 C. urb. • CE 24 oct. 2005, *Sté du Tertre Rouge*, n° 272657.

Art. L. 6122-7 **L'autorisation peut être assortie de conditions particulières imposées dans l'intérêt de la santé publique** *(Ord. nº 2018-20 du 17 janv. 2018, art. 22)* **« et, le cas échéant, des besoins spécifiques de la défense identifiés par le schéma mentionné à l'article L. 1434-3 ».**

(L. nº 2009-879 du 21 juill. 2009, art. 1er-VII) **« Elle peut également être subordonnée** *(Abrogé par Ord. nº 2017-31 du 12 janv. 2017, art. 1er-9°)* ***« à des conditions relatives à la participation à une ou plusieurs des missions de service public définies à l'article L. 6112-1 ou »*** **à l'engagement de mettre en œuvre des mesures de coopération favorisant l'utilisation commune de moyens et la permanence des soins.**

« L'autorisation peut être suspendue ou retirée selon les procédures prévues à l'article L. 6122-13 si les conditions mises à son octroi ne sont pas respectées. »

COMMENTAIRE

V. Commentaire reproduit sur Dalloz.fr.

1. Conditions ne pouvant être imposées « dans l'intérêt de la santé publique ». Ne constituent pas des conditions particulières imposées dans l'intérêt de la santé publique, et sont donc illégales, les conditions posées à une autorisation de regroupement consistant en une « absence de surcoût de fonctionnement » et en une « absence de surcoût d'exploitation ». • CAA Douai, 30 mars 2000, *Cne de Bully-les-Mines*, n° 96DA00507 : *RDSS 2001. 745, obs. Cormier*.

2. Conditions pouvant être imposées « dans l'intérêt de la santé publique ». Pour le juge administratif, l'administration sanitaire pouvait interpréter les dispositions de l'art. L. 6122-7, dans sa rédaction antérieure à l'Ord. du 4 sept. 2003, comme lui permettant de soumettre, au titre des conditions « particulières imposées dans l'intérêt de la santé publique », l'autorisation sanitaire délivrée à des établissements de santé publics et privés à la signature d'une convention de coopération. • CAA Nantes, 30 déc. 1997, *M. Mourges et a.*, n° 97NT00864 • CAA Nantes, 21 juin 2002, *Cne de La Baule*, n° 99NT02875 : *AJDA 2002. 1305, note Ghébali-Bailly ; RDSS 2003. 422, obs. Cormier* • CAA Nantes, 19 déc. 2003, *Cne de Guérande*, n° 99NT02186. ♦ Eu égard aux dispositions du premier al. de l'art. L. 6122-7 CSP, la circonstance que la délibération d'une commission exécutive d'ARH diffère de la demande, en ce qu'elle conditionne l'exploitation à une coopération ultérieure, n'est pas de nature à établir une illégalité. • TA Grenoble, 22 févr. 2008, *M. Di Salvo et a.*, n° 06-02.439.

Art. L. 6122-8 *(Ord. nº 2003-850 du 4 sept. 2003, art. 8-VII) (Ord. nº 2018-4 du 3 janv. 2018, art. 1er)* **« L'autorisation est donnée pour une durée déterminée, fixée par**

voie réglementaire. Cette durée ne peut être inférieure à sept ans, sauf pour les activités de soins nécessitant des dispositions particulières dans l'intérêt de la santé publique. »

L'autorisation fixe les objectifs *(Ord. n° 2018-21 du 17 janv. 2018, art. 1er)* « quantitatifs et qualitatifs » des activités de soins ou des équipements lourds autorisés lorsqu'ils n'ont pas été fixés dans le contrat pluriannuel d'objectifs et de moyens conformément aux dispositions des articles L. 6114-1 et suivants. *(L. n° 2005-1579 du 19 déc. 2005, art. 43-III)* « Dans ce cas, l'autorisation prévoit les pénalités applicables en cas de non-respect de ces objectifs. »

Dans le cadre d'une opération de coopération, conversion, cession, changement de lieu d'implantation, fermeture, regroupement prévue *(Ord. n° 2018-4 du 3 janv. 2018, art. 1er)* « , le cas échéant, » par le *(Ord. n° 2018-21 du 17 janv. 2018, art. 1er)* « schéma régional ou interrégional de santé » et pour assurer la continuité des soins, l'*(Ord. n° 2010-177 du 23 févr. 2010, art. 9-I-2°)* « agence régionale de santé » peut modifier la durée de validité d'une autorisation restant à courir ou fixer pour la nouvelle autorisation une durée de validité inférieure à celle prévue *(Ord. n° 2018-4 du 3 janv. 2018, art. 1er)* « , le cas échéant, » par voie réglementaire, après avis *(Ord. n° 2010-177 du 23 févr. 2010, art. 12-4°)* « de la commission spécialisée de la conférence régionale de la santé et de l'autonomie compétente pour le secteur sanitaire ».

COMMENTAIRE

V. Commentaire reproduit sur Dalloz.fr.

1. Conditions de l'engagement de limitation d'activité dans le régime antérieur à l'Ord. du 4 sept. 2003 (ancien art. L. 6122-5). V. • TA Rennes, 19 avr. 2000, *SCM centre d'imagerie médicale de l'Iroise : RDSS 2001. 747, obs. Cormier*.

2. Procédure et conditions d'inscription des objectifs quantifiés de l'offre de soins (OQOS) dans l'autorisation. • TA Paris, 2 juill. 2010, *Hôpital privé du Vert Galant*, n° 0705448.

Art. L. 6122-9 *(Ord. n° 2003-850 du 4 sept. 2003, art. 8-VIII)* **L'autorisation d'activités ou d'équipements relevant d'un schéma régional est donnée ou renouvelée par l'***(Ord. n° 2010-177 du 23 févr. 2010, art. 9-I-2°)* **« agence régionale de santé » après avis** *(Ord. n° 2010-177 du 23 févr. 2010, art. 12-4°)* **« de la commission spécialisée de la conférence régionale de la santé et de l'autonomie compétente pour le secteur sanitaire ».**

L'autorisation d'activités ou d'équipements relevant d'un schéma national ou interrégional est donnée ou renouvelée par l'*(Ord. n° 2010-177 du 23 févr. 2010, art. 9-I-2°)* **« agence régionale de santé » de la région dans laquelle le demandeur a son siège social ou son domicile, après avis** *(Ord. n° 2010-177 du 23 févr. 2010, art. 12-4°)* **« de la commission spécialisée de la conférence régionale de la santé et de l'autonomie compétente pour le secteur sanitaire » et sur avis conforme** *(Abrogé par Ord. n° 2010-177 du 23 févr. 2010, art. 9-I-11°) « de la commission exécutive »* **de chacune des autres agences concernées par le projet rendu après consultation** *(Ord. n° 2010-177 du 23 févr. 2010, art. 12-4°)* **« de la commission spécialisée de la conférence régionale de la santé et de l'autonomie compétente pour le secteur sanitaire » intéressé. Le délai d'instruction prévu au présent article est interrompu entre le jour où l'agence compétente saisit pour avis** *(Ord. n° 2010-177 du 23 févr. 2010, art. 12-5°)* **« la commission spécialisée** *de la conférence régionale de* **la santé et de l'autonomie compétente pour le secteur sanitaire constituée auprès d'elle » et** *(Ord. n° 2010-177 du 23 févr. 2010, art. 9-I-11°)* **« les agences » des autres régions intéressées et le jour où elle reçoit le dernier de ces avis. Toutefois, les avis non reçus au bout de quatre mois sont réputés favorables au projet.**

(Ord. n° 2018-4 du 3 janv. 2018, art. 1er) **« Dans le cas d'une demande d'autorisation relative aux greffes d'organes mentionnées à l'article L. 1234-2, la décision de l'agence régionale de santé est prise après avis conforme de l'Agence de la biomédecine. »**

Les demandes d'autorisation ou de renouvellement d'autorisation portant sur des activités de soins ou équipements de même nature sont reçues au cours de périodes déterminées par voie réglementaire. Elles sont examinées sans qu'il soit tenu compte de l'ordre de leur dépôt.

Dans le mois qui précède le début de chaque période, le directeur *(Ord. nº 2010-177 du 23 févr. 2010, art. 9-I-9º)* **« général » de l'***(Ord. nº 2010-177 du 23 févr. 2010, art. 9-I-2º)* **« agence régionale de santé » publie un bilan** *(Ord. nº 2018-21 du 17 janv. 2018, art. 1er)* **« quantitatif » de l'offre de soins faisant apparaître les** *(Ord. nº 2018-21 du 17 janv. 2018, art. 1er)* **« zones mentionnées au *a* du 2º de l'article L. 1434-9 dans lesquelles » cette offre est insuffisante au regard du** *(Ord. nº 2018-21 du 17 janv. 2018, art. 1er)* **« schéma régional ou interrégional de santé ». Les demandes tendant à obtenir une autorisation de création d'une activité de soins ou d'un équipement matériel lourd** *(Abrogé par Ord. nº 2010-177 du 23 févr. 2010, art. 17-I-3º) « au sens de l'article L. 6121-2 »* **ne sont recevables, pour la période considérée, que pour des projets intéressant** *(Ord. nº 2018-21 du 17 janv. 2018, art. 1er)* **« ces zones ». Toutefois, dans l'intérêt de la santé publique, des demandes peuvent être reçues lorsqu'elles visent à satisfaire des besoins exceptionnels** *(Ord. nº 2018-4 du 3 janv. 2018, art. 1er)* **« définis par arrêté du directeur général de l'agence régionale de santé ».**

La décision de l'*(Ord. nº 2010-177 du 23 févr. 2010, art. 9-I-2º)* **« agence régionale de santé » est notifiée au demandeur dans un délai maximum de six mois suivant la date d'expiration de la période de réception des demandes. Cette décision est motivée. Toutefois, l'absence de notification d'une réponse dans ce délai vaut rejet de la demande d'autorisation. Dans cette hypothèse, et si le demandeur le sollicite dans un délai de deux mois, les motifs justifiant ce rejet lui sont notifiés dans le délai d'un mois. Le délai du recours contentieux contre la décision de rejet court alors de cette notification.**

Le 3e al. entre en vigueur après la publication du Décr. prévu par l'art. L. 6122-20, et au plus tard le 1er mai 2018 (Ord. nº 2018-4 du 3 janv. 2018, art. 3-I).

COMMENTAIRE

V. Commentaire reproduit sur Dalloz.fr.

1. *Motivation des décisions d'autorisations sanitaires.* Sur la position rigoureuse du juge administratif en matière de motivation des décisions d'autorisations, V. • CE 25 janv. 1989, *Min. Aff. soc. c/ SA Clinique des Martinets*, nº 77547 : *Lebon 33 ; RDSS 1989. 226, concl. de Clausade ; ibid. 219, obs. de Forges* • 13 juin 1990, *Min. Solidarité, santé et protection soc. c/ Clinique d'accouchements de Suresnes*, nº 110260 : *Lebon 163* • 7 juill. 1995, *SA Clinique médico-chirurgicale Lambert* : nos 129137 et 132285 : *Lebon T. 978* • 3 nov. 1995, *Min. Solidarité, santé et protection soc. c/ Assoc. Le Patriarche*, nº 112701 • CAA Marseille, 18 mai 1999, *Min. Travail et Aff. soc.*, nº 97MA00094 • CAA Nantes, 10 févr. 2000, *Maison de convalescence Château de Saint-Pierre-Oursin*, nº 97NT00172 • CAA Marseille, 13 juin 2000, *Clinique de Candolle*, nº 97MA05184 • CAA Lyon, 4 déc. 2001, *Min. Aff. soc.*, nº 97LY00854 • TA Nice, 28 juin 2002, *SA Polyclinique Les Fleurs*, nº 014423 • CAA Lyon, 22 nov. 2005, *Polyclinique Saint-François-Saint-Antoine*, nº 02LY02023 • TA Montpellier, 26 févr. 2009, *Soc. Centre d'hémodialyse du Languedoc-Roussillon*, nº 0702469.

2. *Examen par l'ARH de demandes concurrentes.* En présence de demandes concurrentes, une agence régionale de l'hospitalisation doit respecter le principe d'égalité. • CE 19 nov. 1997, *Clinique Lamarque*, nº 149376 : *Lebon 436* • CAA Nantes, 15 févr. 2001, *Centre d'imagerie médicale de Basse-Normandie*, nº 99NT02784 • TA Clermont-Ferrand, 11 juill. 2002, *Centre médico-chirurgical de Tronquières*, nº 010120 • TA Nice, 21 févr. 2003, *SA Clinique Saint-George c/ Min. Santé*, nº 013540 • CAA Bordeaux, 12 févr. 2004, *CH dptal Félix-Guyon*, nº 00BX02037 • CAA Lyon, 13 juill. 2004, *P. et a. c/ Min. Emploi et solidarité* : nos *98LY00817 et 98LY01060* • TA Dijon, 12 avr. 2007, *Sté de gestion Clinique du Nohan* : nos 05-01.071 et 05-01.072. ♦ Il convient de se livrer à une appréciation des mérites respectifs des demandes lorsque les besoins de la population ne permettent pas de satisfaire toutes les demandes. • CE 10 mai 1996, *Min. délégué à la santé c/ Clinique Saint-Paul*, nº 153592 • TA Dijon, 31 mars 1998, *M. Kaiser : Hosp. nouvelle déc. 1998, nº 263, p. 42, obs. de Chaisemartin* • TA Lyon, 28 juin 2006, *Les hôpitaux Drôme Nord*, nº 0407171 • TA Paris, 4 juill. 2006, *Sté centre de soins du Canal Saint-Martin*, nº 0301063/6-2 • TA Lyon, 13 oct. 2009, *Poly. de Savoie*, nº 08-03.561. ♦ Les agences régionales de l'hospitalisation disposent en la matière d'un véritable pouvoir discrétionnaire, le juge administratif ne se livrant qu'à un contrôle minimum de la décision prise par l'administration sanitaire. • TA Nantes, 24 janv. 2002, *ANDRA*, nº 001050 • CAA Bordeaux, 12 févr. 2004, *CH dptal Félix-Guyon : préc.* • TA Dijon, 12 avr. 2007, *Sté de gestion Clinique du Nohan : nos 05-01.071 et 05-01.072* • TA Paris, 30 juin 2008, *Sté IRM Paris Sud*, nº 04-10.867. ♦ Le fait qu'un établissement public de santé soit titulaire d'une autorisation d'activité de soins de réanimation n'est pas de nature à lui conférer un droit à se voir prioritairement attribuer une autorisation d'IRM. • TA Nîmes, 30 juin 2008, *CH d'Alès*, n° 08-00.038 • CAA Nantes, 18 juin 2010, *AUB Santé*, n° 09NT01398.

3. Critères de sélection des projets. Le délai d'exécution des projets est un critère pertinent de sélection d'un projet. • TA Nice, 21 févr. 2003, *SA Clinique Saint-George*, n° 013540.

4. Autorisation et règles de concurrence. La délivrance d'une autorisation d'exploitation d'un équipement matériel lourd à un groupement d'intérêt économique qui ne regroupe qu'une partie des praticiens concernés du secteur ne révèle pas, par elle-même, une discrimination et ne crée pas les conditions d'un abus de position dominante, d'exclusivité ou de monopole au profit de certains médecins. • CAA Douai, 9 juin 2005, *M. Calvo et M. Daniel*, n° 04DA00001.

5. Demande de communication des motifs d'une décision implicite de rejet. L'absence de réponse à une demande de communication des motifs d'une décision implicite de rejet d'un recours hiérarchique rend recevable sans considération de délais le recours contentieux présenté par la société requérante contre la décision initiale. • TA Montpellier, 10 avr. 2008, *SARL Sté d'exploitation Soleil Cerdan*, n° 05-00.946.

6. Obligation de présenter une demande d'autorisation ou de renouvellement d'autorisation dans une « fenêtre » d'autorisation. Est irrecevable la demande d'autorisation ou de renouvellement présentée en dehors des périodes de dépôt des demandes (dites « fenêtres ») établies par l'ARH. • CAA Bordeaux, 25 juin 2009, *SCI Les Thermes marins : n°s 07BX01982 et 07BX02015* • CE 21 mars 2011, *SCI Les Thermes marins*, n° 332281 : *AJDA 2011. 647*

Art. L. 6122-9-1 *(Ord. n° 2018-4 du 3 janv. 2018, art. 1er)* **Par dérogation aux dispositions des articles L. 6122-2, L. 6122-8 et L. 6122-9, en cas de menace sanitaire grave constatée par le ministre chargé de la santé dans les conditions prévues à l'article L. 3131-1, le directeur général de l'agence régionale de santé peut autoriser pour une durée limitée un établissement de santé à exercer une activité de soins autre que celle au titre de laquelle il a été autorisé.**

Cette implantation n'est pas comptabilisée dans les objectifs quantifiés de l'offre de soins.

Art. L. 6122-10 *(Ord. n° 2003-850 du 4 sept. 2003, art. 8-IX)* **Le renouvellement de l'autorisation est subordonné au respect des conditions prévues aux articles L. 6122-2 et L. 6122-5 et aux résultats de l'évaluation appréciés selon des modalités arrêtées par le ministre chargé de la santé.**

(L. n° 2009-879 du 21 juill. 2009, art. 1er-VIII) **« Il peut également être subordonné aux conditions mentionnées au deuxième alinéa de l'article L. 6122-7. »**

Le titulaire de l'autorisation adresse les résultats de l'évaluation à l'*(Ord. n° 2010-177 du 23 févr. 2010, art. 9-I-2°)* **« agence régionale de santé » au plus tard quatorze mois avant l'échéance de l'autorisation.**

Au vu de ce document et de la compatibilité de l'autorisation avec le *(Ord. n° 2018-21 du 17 janv. 2018, art. 1er)* **« schéma régional ou interrégional de santé », l'***(Ord. n° 2010-177 du 23 févr. 2010, art. 9-I-2°)* **« agence régionale de santé » peut enjoindre au titulaire de déposer un dossier de renouvellement dans les conditions fixées à l'article L. 6122-9.**

A défaut d'injonction un an avant l'échéance de l'autorisation, et par dérogation aux dispositions de l'article L. 6122-9, celle-ci est tacitement renouvelée. L'avis *(Ord. n° 2010-177 du 23 févr. 2010, art. 12-4°)* **« de la commission spécialisée de la conférence régionale de la santé et de l'autonomie compétente pour le secteur sanitaire » n'est alors pas requis.**

COMMENTAIRE

V. Commentaire reproduit sur Dalloz.fr

1. Annulation d'un renouvellement partiel d'une autorisation d'installations de soins pour défaut de motivation. V. • TA Paris, 21 oct. 2005, *Sté Clinique La Montagne*, n° 01-13.918.

2. Conditions du renouvellement tacite de l'autorisation. Il résulte des dispositions de l'art. L. 6122-10 qu'un renouvellement tacite de l'autorisation n'est, en tout état de cause, susceptible d'intervenir que si le titulaire de l'autorisation a adressé les résultats de l'évaluation à l'ARS. • CE 17 oct. 2014, *Mme E. et al.*, n° 383230.

Art. L. 6122-10-1 *(Ord. n° 2003-850 du 4 sept. 2003, art. 8-X)* **Le** *(Ord. n° 2018-21 du 17 janv. 2018, art. 1er)* **« schéma régional ou interrégional de santé » et les décisions d'autorisation d'activités ou d'équipements matériels lourds sont susceptibles d'un recours hiérarchique auprès du ministre chargé de la santé, qui statue dans un délai maximum de six mois, après avis du Comité national de l'organisation sanitaire et sociale. Ce recours hiérarchique ne constitue pas un préalable obligatoire au recours contentieux.**

BIBL. ▶ BAUDEL, Le référé-suspension en matière d'autorisations administratives sanitaires, *RGDM 2006, n° 19, p. 235.*

A. SCHÉMA D'ORGANISATION SANITAIRE

1. *Recours hiérarchique non obligatoire.* La jurisprudence considérait que le recours hiérarchique contre la décision du directeur de l'ARH relative au document de planification constituait un préalable obligatoire à l'exercice du recours contentieux. • CE 7 févr. 2003, *Fondation Lenval*, n° 231871 : *Lebon T. 1001 ; JCP Adm. 2004, n° 1304, note J. Petit ; ibid. n° 1305, note Moreau.* ♦ Mais depuis l'intervention de l'Ord. du 4 sept. 2003, il est précisé à l'art. L. 6122-10-1 que le recours hiérarchique contre le document de planification ne constitue pas un préalable obligatoire au recours contentieux. Par conséquent, un requérant, ayant intérêt et qualité pour agir, peut former directement, dans le délai de droit commun de deux mois, un recours pour excès de pouvoir contre l'arrêté portant schéma régional ou interrégional d'organisation sanitaire auprès du tribunal administratif territorialement compétent.

2. *Absence de conservation du délai de recours contentieux par un recours gracieux.* Si l'existence de la procédure particulière de recours hiérarchique, que les dispositions de l'art. L. 6122-10-1 CSP définissent, contre un schéma régional d'organisation sanitaire, arrêté en application de l'art. L. 6121-3 du même code, ne fait pas obstacle à la faculté d'introduire un recours gracieux contre un tel schéma, elle exclut toutefois la possibilité que ce recours gracieux de droit commun conserve le délai du recours contentieux. • CE 3 mars 2008, *FHP Rhône-Alpes*, n° 301643 : *Lebon T. 844 et 937 ; Rev. dr. et santé 2008, n° 23, p. 377, obs. Appolis.*

3. *Référé-suspension.* Un requérant dispose de la possibilité de compléter son recours contentieux par une demande de référé-suspension visant à obtenir la suspension de l'exécution d'un schéma d'organisation sanitaire et ou de son annexe. L'octroi de la suspension est (CJA, art. L. 521-1) subordonné à la réunion des deux conditions que sont l'urgence et l'existence d'un moyen propre à créer, en l'état de l'instruction, un doute sérieux quant à la légalité de la décision attaquée. • CE, ord., 26 avr. 2001, *Fondation Lenval*, n° 231870 : *Lebon 221 ; RDSS 2002. 752, obs. Cormier* • CE, ord., 10 déc. 2001, *Fondation Lenval*, n° 240725.

B. AUTORISATIONS SANITAIRES

4. *Recevabilité des recours.* Irrecevabilité d'un recours formé par un tiers après le délai de deux mois suivant la publication de l'autorisation sanitaire contestée au recueil des actes administratifs de la préfecture de région. • TA Nice, 16 févr. 2007, *Sté Polyclinique Les Fleurs*, n° 0305166. ♦ Irrecevabilité du recours d'un médecin contre une décision de renouvellement d'autorisation pour défaut d'intérêt lui donnant qualité pour agir, dans la mesure où ce médecin n'a conservé aucun des droits liés à l'exploitation ou au fonctionnement des équipements autorisés. • CAA Lyon, 10 juill. 2007, *M. Gaston B.*, n° 04LY00334. ♦ L'absence de réponse à une demande de communication des motifs d'une décision implicite de rejet d'un recours hiérarchique rend recevable sans considération de délais le recours contentieux présenté par la société requérante contre la décision initiale. • TA Montpellier, 10 avr. 2008, *SARL Sté d'exploitation Soleil Cerdan*, n° 0500946.

5. *Recevabilité des référés-suspensions.* Recevabilité d'un référé formé contre une décision d'irrecevabilité d'une demande d'autorisation. • TA Rouen, ord., 2 mars 2007, *Clinique Mathilde et Clinique Saint-Hilaire*, n° 0700270. ♦ Est irrecevable la requête en référé-suspension présentée contre une autorisation de transfert entièrement exécutée, nonobstant la circonstance que l'autorisation contestée puisse produire ses effets sur l'ensemble de la période pour laquelle elle est délivrée. • TA Lyon, 10 janv. 2008, *Sté Clinique de la Sauvegarde et a.*, n° 0708306.

6. *Recours de plein contentieux.* Un refus illégal d'autorisation ou de renouvellement d'autorisation engage la responsabilité de l'État en cas d'annulation d'une décision ministérielle prise sur recours hiérarchique ou de l'agence régionale de l'hospitalisation dans les autres cas. • CAA Douai, 17 mai 2000, *Cts Villette*, n° 96DA02665 : *RDSS 2001. 749, obs. Cormier* • CAA Paris, 10 mai 2006, *Min. Santé c/ Sté d'études médicales et d'assistance sanitaire franco-arabe*, n° 03PA01033 : *Rev. dr. et santé 2007, n° 16, p. 248, concl. Folscheid* • TA Basse-Terre, 17 mars 2009, *Sté Manioukani*, n° 0100116. ♦ ... Dès lors que la victime peut démontrer un préjudice. • TA Montpellier, 14 déc. 2006, *M. Max D.*, n° 0301455 • CAA Marseille, 29 mars 2007, Sté Valimmo, n° 05MA02473. ♦ ... Et un lien de causalité entre cette illégalité et le préjudice subi. • CAA Marseille, 29 mars 2007, *M. Bertrand B.*, n° 05MA02476. ♦ Rejet de la responsabilité sans faute de l'État pour la fermeture d'une maternité dans la mesure où la baisse d'activité invoquée par le requérant ne peut être regardée comme excédant les aléas que comportait nécessairement l'exploitation d'une telle activité et comme suffisamment significative pour constituer un préjudice anormal. • TA Lyon, 13 févr. 2008, *SELARL AMNIOS*, n° 0602729 • TA Bordeaux, 16 juin 2009, *SELEURL Docteur C.*, n° 0701818.

7. Référé-suspension. Un requérant dispose de la possibilité de compléter son recours contentieux par une demande de référé-suspension visant à obtenir la suspension de l'exécution de la décision d'autorisation attaquée. L'octroi de la suspension est classiquement (CJA, art. L. 521-1) subordonné à la réunion des deux conditions que sont l'urgence... • TA Nantes, ord., 2 août 2001, *SA Fac Holding*, n° 012710 : *RDSS 2002. 519, obs. Cormier* • TA Nantes, ord., 13 sept. 2001, *Cne de Luçon*, n° 013089 • TA Toulouse, ord., 5 juill. 2002, *SA Clinique du Quercy*, n° 021518 • TA Rennes, ord., 20 mars 2003, *Comité de l'hôpital de Paimpol*, n° 03790 • TA Nice, ord., 22 janv. 2004, *Clinique Saint-Michel*, n° 030589 • CE 9 juill. 2007, *Sté Clinique Les Eucalyptus*, n° 297001. ♦ ... Et l'existence d'un moyen propre à créer, en l'état de l'instruction, un doute sérieux quant à la légalité de la décision attaquée. • TA Nice, ord., 27 sept. 2002, *SCM Imagerie du Belvédère*, n° 985501 • TA Nice, ord., 22 janv. 2004, *Clinique Saint-Michel : préc.* • TA Rouen, ord., 2 mars 2007, *Clinique Mathilde et Clinique Saint-Hilaire*, n° 0700270 • TA Caen, ord., 6 juin 2007, *Sté Centre de dialyse du Bocage*, n° 0701016 • TA Paris, ord., 4 juill. 2007, *Assoc. Clinique Bizet*, n° 0708349/9-1 • TA Montpellier, ord., 21 avr. 2008, *Clinique du Souffle La Solane et a.*, n° 0800622 • TA Rennes, ord., 25 juin 2008, *CH de Carhaix-Plouguer*, n° 082467.

C. AUTRES CONTENTIEUX

8. Référendum. Annulation d'une délibération d'un conseil municipal décidant de l'organisation d'un référendum concernant le devenir de l'hôpital Jean-Rostand. • CAA Paris, 9 oct. 2007, *Cne d'Ivry-sur-Seine*, n° 06PA04004.

Art. L. 6122-11 *(Ord. n° 2003-850 du 4 sept. 2003, art. 8-XI)* **Toute autorisation est réputée caduque si l'opération n'a pas fait l'objet d'un commencement d'exécution dans un délai de trois ans.**

L'autorisation est également réputée caduque pour la partie de l'activité, de la structure ou de l'équipement dont la réalisation, la mise en œuvre ou l'implantation n'est pas achevée dans un délai de quatre ans.

De même, sauf accord préalable du directeur de l'agence régionale de santé sur demande justifiée du titulaire de l'autorisation, de l'administrateur judiciaire ou du liquidateur nommé par le tribunal de commerce, la cessation d'exploitation d'une activité de soins, d'une structure alternative à l'hospitalisation ou d'un équipement d'une durée supérieure à six mois entraîne la caducité de l'autorisation.

Cette caducité est constatée par le directeur de l'agence régionale de santé, notamment à l'occasion de l'élaboration du bilan prévu à l'article L. 6122-9.

COMMENTAIRE

V. Commentaire reproduit sur Dalloz.fr.

A. NOTION DE COMMENCEMENT D'EXÉCUTION

1. Absence de commencement d'exécution. Le requérant n'ayant entrepris que quelques travaux préparatoires de faible importance et n'apportant pas les justifications suffisantes permettant d'admettre que la fabrication en usine des éléments destinés à être utilisés sur le chantier constituait un début d'exécution des travaux, la décision de prorogation dont il a bénéficié est illégale. • CE 9 juin 1982, *Corréard*, n° 28591 : *Lebon T. 523 et 755.* ♦ Est caduque l'autorisation délivrée en vue de la création d'un centre de rééducation fonctionnelle par l'équitation, son bénéficiaire n'ayant, dans le délai prévu, construit aucune des installations sanitaires pour lesquelles l'autorisation avait été accordée et s'étant, dans ce délai, borné à implanter des installations équestres. • CE, sect., 12 oct. 1984, *Lafon*, n° 37168 : Lebon 331 ; D. 1985. 218, *note Amiel ; AJDA 1985. 52, concl. Genevois.* ♦ Des travaux se limitant au défrichage d'un terrain, au traçage par bulldozer d'une piste de 500 mètres et à un début de fondation ne peuvent être regardés comme constituant un commencement d'exécution de l'autorisation. • CE 15 déc. 1995, *Min. Aff. soc. c/ ACAPSSE*, n° 133281 : *RDSS 1997. 322, obs. de Forges*. ♦ Pour l'autorisation d'installation d'un équipement matériel lourd, l'acquisition et l'aménagement partiel d'un local aux fins d'y installer l'appareillage en cause, sans procéder à l'achat de celui-ci, ne saurait constituer un commencement d'exécution. • CE 8 oct. 1986, *GIE Centre de tomodensimétrie*, n° 46451 : *Lebon 266* ; *AJDA 1987. 50, obs. Auby ; RDSS 1987. 383, obs. de Forges.* ♦ ... Pas plus que le seul établissement de documents préparatoires (plan, programme technique) à l'installation d'appareils de radiothérapie. • CE 9 nov. 1998, *Min. Santé c/ Clinique du Mail*, n° 172546 : *Lebon T. 723* et *1177.*

B. CADUCITÉ DES AUTORISATIONS SANITAIRES

2. *Arrêt d'exploitation.* Sous l'empire du texte antérieur à l'Ord. du 4 sept. 2003, on considérait que la caducité des autorisations ne pouvait être légalement constatée que si, du fait de sa durée et de ses causes, l'exploitation des équipements autorisés pouvait être considérée comme définitivement arrêtée. • TA Paris, 5 juill. 1995, *M. Fiszel*, n° 9309502/3. ♦ ... Ce qui n'est pas le cas si l'activité de l'établissement est suspendue temporairement pour réaliser des travaux. • TA Versailles, 7 nov. 1995, *FHF c/ Min. Santé : RDSS 1996. 324, obs. de Forges* .

3. *Forme et procédure.* L'acte de constatation de la caducité pour défaut de commencement d'exécution n'est pas le retrait d'une décision individuelle créatrice de droit ; il ne doit donc être ni motivé ni précédé d'une instruction contradictoire. • CE 15 déc. 1995, *Min. Aff. soc. c/ ACAPSSE*, n° 133281 : *préc. note 1.*

4. *Champ d'application du régime de caducité partielle.* La caducité partielle de l'al. 2 n'est pas applicable aux autorisations délivrées avant l'entrée en vigueur de l'Ord. du 24 avr. 1996. Ainsi, l'utilisation partielle d'une autorisation accordée avant 1970, une fraction des lits autorisés n'ayant pas été installée, ne saurait autoriser l'administration à considérer l'autorisation comme caduque, à due concurrence de la fraction non installée. • CAA Paris, 15 déc. 1998, *Min. Trav. et Aff. soc. c/ SA Centre chirurgical Franklin : AJDA 1999. 227, obs. Heers* • CAA Nancy, 4 mai 1999, *Clinique des Acacias : RDSS 1999. 746, concl. Vincent* .

5. *Interruption du délai de caducité.* L'appel formé par l'administration d'une décision juridictionnelle relative à une autorisation tacite interrompt le délai de caducité si la durée de la procédure a, en fait, privé le promoteur du bénéfice de ce délai. • CE, sect., 28 juill. 1999, *Chauffour*, n° 168505 : *Lebon 251* .

C. CESSATION DE L'EXPLOITATION D'UNE AUTORISATION SUPÉRIEURE À SIX MOIS

6. *Nécessaire accord du directeur de l'ARH pour proroger le terme de la caducité.* Pour une illustration d'accord préalable du directeur de l'ARH prorogeant le terme de la caducité d'une autorisation sanitaire ayant fait l'objet d'une cessation d'exploitation d'une durée supérieure à six mois, V. • CAA Nancy, 30 janv. 2006, *SA Cardéo*, n° 03NC00532.

Art. L. 6122-12 *(Ord. n° 2003-850 du 4 sept. 2003, art. 8-XII)* **Lorsque le directeur** *(Ord. n° 2010-177 du 23 févr. 2010, art. 9-I-9°)* **« général » de l'***(Ord. n° 2010-177 du 23 févr. 2010, art. 9-I-2°)* **« agence régionale de santé » constate que les objectifs** *(Ord. n° 2018-21 du 17 janv. 2018, art. 1er)* **« quantitatifs et qualitatifs » fixés par le contrat pluriannuel d'objectifs et de moyens mentionné à l'article L. 6114-2 sont insuffisamment atteints en fonction de critères définis par décret, il peut réviser l'autorisation mentionnée à l'article L. 6122-1.**

A compter de la date de notification par l'*(Ord. n° 2010-177 du 23 févr. 2010, art. 9-I-2°)* **« agence régionale de santé » du projet de révision de l'autorisation, accompagné de ses motifs, le titulaire de cette autorisation dispose d'un délai de trois mois pour faire connaître ses observations, présenter ses projets d'amélioration du fonctionnement ou faire une proposition d'évolution de l'activité de soins ou de l'équipement conforme aux prescriptions figurant au** *(Ord. n° 2018-21 du 17 janv. 2018, art. 1er)* **« schéma régional ou interrégional de santé ».**

Ces observations et propositions font l'objet d'une procédure contradictoire entre l'*(Ord. n° 2010-177 du 23 févr. 2010, art. 9-I-2°)* **« agence régionale de santé » et le titulaire de l'autorisation, en vue, le cas échéant, de modifier l'autorisation. Lorsqu'un accord est conclu entre l'agence régionale et le titulaire de l'autorisation,** *(Ord. n° 2010-177 du 23 févr. 2010, art. 9-I-12°)* **« le directeur général » de l'***(Ord. n° 2010-177 du 23 févr. 2010, art. 9-I-2°)* **« agence régionale de santé », après avis** *(Ord. n° 2010-177 du 23 févr. 2010, art. 12-4°)* **« de la commission spécialisée de la conférence régionale de la santé et de l'autonomie compétente pour le secteur sanitaire »,** *(Ord. n° 2010-177 du 23 févr. 2010, art. 9-I-12°)* **« prononce » la modification de l'autorisation, sur les bases de cet accord.**

Lorsqu'au terme de six mois après la réception par l'agence des observations et propositions du titulaire, aucun accord n'a pu être trouvé, une décision de modification ou, s'il y a lieu, une décision de retrait de l'autorisation peut être prise par *(Ord.*

n° 2010-177 du 23 févr. 2010, art. 9-I-12°) « **le directeur général** » **de l'***(Ord. n° 2010-177 du 23 févr. 2010, art. 9-I-2°)* « **agence régionale de santé** » **après avis** *(Ord. n° 2010-177 du 23 févr. 2010, art. 12-4°)* « **de la commission spécialisée de la conférence régionale de la santé et de l'autonomie compétente pour le secteur sanitaire** ».

COMMENTAIRE

V. Commentaire reproduit sur Dalloz.fr.

Art. L. 6122-13 *(Ord. n° 2003-850 du 4 sept. 2003, art. 8-XIII ; L. n° 2009-879 du 21 juill. 2009, art. 5-V)* **I. — Lorsqu'il est constaté, à l'occasion de l'exercice d'une activité de soins ou de l'installation d'un équipement matériel lourd, un manquement aux lois et règlements pris pour la protection de la santé publique ou à la continuité des soins assurée par le personnel médical imputable à la personne titulaire de l'autorisation, le** *(Ord. n° 2010-177 du 23 févr. 2010, art. 9-I-4°)* « **directeur général de l'agence régionale de santé** » **le notifie à cette dernière et lui demande de faire connaître, dans les huit jours, ses observations en réponse ainsi que les mesures correctrices adoptées ou envisagées.**

En l'absence de réponse dans ce délai ou si cette réponse est insuffisante, il adresse au titulaire de l'autorisation une injonction de prendre toutes dispositions nécessaires et de faire cesser définitivement les manquements dans un délai déterminé. Il en constate l'exécution.

II. — En cas d'urgence tenant à la sécurité des patients ou du personnel ou lorsqu'il n'a pas été satisfait, dans le délai fixé, à l'injonction prévue au I, le *(Ord. n° 2010-177 du 23 févr. 2010, art. 9-I-4°)* « **directeur général de l'agence régionale de santé** » **peut prononcer la suspension immédiate, totale ou partielle, de l'autorisation de l'activité de soins concernée ou l'interruption immédiate du fonctionnement des moyens techniques de toute nature nécessaires à la dispensation des soins.**

La décision est notifiée au titulaire de l'autorisation, accompagnée des constatations faites et assortie d'une mise en demeure de remédier aux manquements dans un délai déterminé.

S'il est constaté au terme de ce délai qu'il a été satisfait à la mise en demeure, le directeur *(Ord. n° 2010-177 du 23 févr. 2010, art. 9-I-9°)* « **général** » **de l'agence régionale met fin à la suspension.**

Dans le cas contraire et après avis *(Ord. n° 2010-177 du 23 févr. 2010, art. 12-4°)* « **de la commission spécialisée de la conférence régionale de la santé et de l'autonomie compétente pour le secteur sanitaire** », **le** *(Ord. n° 2010-177 du 23 févr. 2010, art. 9-I-4°)* « **directeur général de l'agence régionale de santé** » **se prononce alors à titre définitif, soit sur le maintien de la suspension jusqu'à l'achèvement des mesures prévues, soit sur le retrait de l'autorisation ou sur la modification de son contenu. Il peut également assortir l'autorisation des conditions particulières mentionnées à l'article L. 6122-7.**

COMMENTAIRE

V. Commentaire reproduit sur Dalloz.fr.

1. Refus du juge de faire droit à une demande de sursis à l'exécution d'une mesure de suspension. Sous l'empire du régime du sursis à l'exécution des décisions administratives, l'insécurité des malades pouvait justifier le rejet d'une demande de sursis à exécution d'une mesure de suspension, même dans le cas de moyens sérieux et de préjudice irréparable. • TA Caen, 22 janv. 1980, *SA Clinique chirurgicale de l'Aigle : Lebon 837.*

2. Recours contre une décision de retrait de l'autorisation. Avant l'entrée en vigueur de l'Ord. du 4 sept. 2003, le recours hiérarchique constituait un préalable obligatoire à tout recours contentieux contre un retrait d'autorisation. • CE 21 mars 1994, *SARL Clinique Salles*, n° 114854 : *RDSS 1995. 95, obs. de Forges.*

3. Motivation de la suspension ou du retrait de l'autorisation. Sur l'obligation de motiver en droit et en fait la suspension d'une autorisation, V. • CAA Marseille, 13 juin 2000, *Clinique La Candolle : RDSS 2001. 749, obs. Cormier.* ♦ Sur l'obligation de motiver une décision de retrait d'autorisation, V. • CAA Bordeaux, 7 avr. 2005, *SARL Maison de convalescence de Rouffiac-Tolosan*, n° 00BX01535.

4. Recevabilité du recours contentieux contre une mise en demeure. Une mise en demeure (en l'espèce, de mettre fin, sous peine de sanctions, à des irrégularités dans l'accueil et la prise en charge des patients) constitue une décision faisant grief susceptible de recours contentieux. • CAA Marseille, 11 mars 2004, *SARL Clinique de la Licorne et M. Mandras*, n° 99MA01998. – V. également, • TA Nantes, 3 févr. 2010, *Sté Clinique Bretèche-Viaud et a.*, n° 072356.

5. Suspension d'une autorisation en urgence. Aucun principe général du droit n'impose qu'une mesure de suspension d'une autorisation sanitaire prise en urgence, à la suite de multiples et graves manquements révélés par plusieurs inspections, soit précédée d'une procédure contradictoire. • CAA Paris, 29 nov. 2006, *ARH d'Île-de-France*, n° 02PA02090.

6. Faits de nature à justifier la fermeture d'un établissement ou la suspension d'une activité de l'établissement. Des carences en personnel paramédical et des dossiers médicaux non conformes à la réglementation sanitaire constituent des pratiques incompatibles avec la sécurité des malades qui motivent la fermeture d'un établissement de santé. • CE 26 juill. 2006, *Min. Santé et solidarité*, n° 283156. ♦ Les carences graves révélées dans l'organisation et le fonctionnement d'une polyclinique (décès d'une patiente et gravité de la situation d'une seconde patiente opérée le même jour et transférée en réanimation) sont de nature, à elles seules, et compte tenu de l'urgence tenant à la sécurité des patients, à justifier que le directeur de l'ARH ordonne la suspension totale provisoire de l'activité chirurgicale de cet établissement. • TA Marseille, 29 mai 2007, *Sté Polyclinique de la R.*, n° 045621. ♦ Le décès d'un nouveau-né justifie la suspension, puis la fermeture d'une maternité. • CAA Nantes, 28 mars 2008, *Assoc. Comité d'action pour la réouverture de notre maternité et le maintien des services publics hospitaliers du bassin de vie du Percheron*, n° 07NT00850.

7. Courrier explicatif non décisoire. Le courrier aux termes duquel le directeur d'une ARH se borne à commenter les motifs l'ayant conduit à prendre, sur le fondement de l'art. L. 6122-13, une décision de suspension d'une autorisation sanitaire ne constitue pas une décision faisant grief susceptible de faire l'objet d'un recours pour excès de pouvoir. • TA Rennes, ord., 11 déc. 2008, *CH de Carhaix-Plouguer et a.*, n° 082472.

Art. L. 6122-14 Sont considérés comme équipements matériels lourds au sens du présent titre les équipements mobiliers destinés à pourvoir soit au diagnostic, à la thérapeutique ou à la rééducation fonctionnelle des blessés, des malades et des femmes enceintes, soit au traitement de l'information et qui ne peuvent être utilisés que dans des conditions d'installation et de fonctionnement particulièrement onéreuses ou pouvant entraîner un excès d'actes médicaux. La liste de ces équipements est établie par voie réglementaire. – *[Anc. art. L. 712-19]. – V. art. R. 6122-26.*

COMMENTAIRE

V. Commentaire reproduit sur Dalloz.fr.

Art. L. 6122-14-1 *(Ord. n° 2003-850 du 4 sept. 2003, art. 8-XIV)* L'autorisation relative aux équipements faisant l'objet d'une exploitation itinérante dans plusieurs régions sanitaires est donnée ou renouvelée par l'*(Ord. n° 2010-177 du 23 févr. 2010, art. 9-I-2°)* « agence régionale de santé » de la région dans laquelle le demandeur a son siège social ou son domicile, après avis *(Ord. n° 2010-177 du 23 févr. 2010, art. 12-4°)* « de la commission spécialisée de la conférence régionale de la santé et de l'autonomie compétente pour le secteur sanitaire » de cette région *(Ord. n° 2010-177 du 23 févr. 2010, art. 9-I-13°)* « rendu » après consultation *(Ord. n° 2010-177 du 23 févr. 2010, art. 12-4°)* « de la commission spécialisée de la conférence régionale de la santé et de l'autonomie compétente pour le secteur sanitaire » de chacune des autres régions concernées par le projet. La décision comporte la liste des établissements dans lesquels l'équipement sera utilisé. Le délai d'instruction de la demande d'autorisation est interrompu dans les conditions prévues au deuxième alinéa de l'article L. 6122-9.

Les dispositions de l'article L. 6122-11 s'appliquent à cette autorisation pour chacun des établissements figurant sur la liste mentionnée à l'alinéa précédent. Le directeur *(Ord. n° 2010-177 du 23 févr. 2010, art. 9-I-9°)* « général » de l'*(Ord. n° 2010-177 du 23 févr. 2010, art. 9-I-2°)* « agence régionale de santé » compétent est alors celui de l'agence régionale de la région où se trouve l'établissement concerné.

COMMENTAIRE

V. Commentaire reproduit sur Dalloz.fr.

Art. L. 6122-15 *(L. n° 2016-41 du 26 janv. 2016, art. 113-1° à 4°)* « Afin d'organiser la collaboration entre les professionnels médicaux compétents en imagerie, l'agence régionale de santé peut, à la demande des professionnels concernés, autoriser la création de plateaux mutualisés d'imagerie médicale impliquant au moins un établissement de santé et comportant plusieurs équipements matériels lourds d'imagerie diagnostique différents, des équipements d'imagerie interventionnelle ou tout autre équipement d'imagerie médicale.

« Les titulaires des autorisations élaborent à cet effet un projet de coopération qu'ils transmettent à l'agence régionale de santé.

« Le projet de coopération prévoit les modalités selon lesquelles les professionnels mentionnés au premier alinéa contribuent à la permanence des soins en imagerie dans les établissements de santé.

« Lorsque le projet de coopération implique un établissement public de santé partie au groupement mentionné à l'article L. 6132-1, la création d'un plateau mutualisé d'imagerie médicale peut être autorisée dès lors que l'organisation commune des activités d'imagerie réalisée au titre du III de l'article L. 6132-3 ne permet pas de répondre aux besoins de santé du territoire et qu'elle n'a pas été constituée dans le délai fixé par la convention mentionnée à l'article L. 6132-2.

« Les autorisations de plateaux d'imagerie médicale accordées par l'agence régionale de santé doivent être compatibles avec les orientations du schéma régional de santé prévu aux articles L. 1434-2 et L. 1434-3 en ce qui concerne les implantations d'équipements matériels lourds. »

L'autorisation est accordée pour une durée de *(L. n° 2016-41 du 26 janv. 2016, art. 113-5°)* « cinq ans renouvelables », après avis de la conférence régionale de la santé et de l'autonomie, au vu des résultats d'un appel à projets lancé par l'agence régionale de santé.

Les titulaires des autorisations remettent à l'agence régionale de santé un rapport d'étape annuel et un rapport final qui comportent une évaluation médicale et économique.

(Abrogé par L. n° 2016-41 du 26 janv. 2016, art. 113-6°) ***« Au terme de la durée de trois ans, l'autorisation délivrée dans le cadre de l'expérimentation peut être retirée ou prorogée pour la poursuite de l'expérimentation pendant deux ans au plus. A cette issue, les équipements matériels lourds sont alors pleinement régis par les articles L. 6122-1 à L. 6122-13. »***

L'autorisation peut être suspendue ou retirée dans les conditions prévues au même article L. 6122-13.

La décision d'autorisation prévue au présent article vaut autorisation pour les équipements matériels lourds inclus dans les plateaux techniques qui n'ont pas fait l'objet d'une autorisation préalable en vertu de l'article L. 6122-1. Il leur est fait application de l'article L. 162-1-7 du code de la sécurité sociale.

Les conditions de rémunération des praticiens exerçant dans le cadre de ces plateformes d'imagerie mutualisées peuvent déroger aux règles statutaires et conventionnelles. *(L. n° 2016-41 du 26 janv. 2016, art. 113-7°)* « La facturation des dépassements de tarifs ne s'applique pas au patient qui est pris en charge au titre de l'urgence ou qui est bénéficiaire de la protection complémentaire en matière de santé mentionnée à l'article L. 861-1 du code de la sécurité sociale ou de la déduction prévue à l'article L. 863-2 du même code. »

(Ord. n° 2018-20 du 17 janv. 2018, art. 22) « Les modalités selon lesquelles un hôpital des armées peut participer à un plateau mutualisé d'imagerie médicale sont précisées par décret. »

Autorité compétente pour décider de la suppression d'un service. Dans le régime issu de la L. n° 79-1140 du 29 déc. 1979, seul le ministre avait le pouvoir de décider la suppression d'un service au lieu et place du conseil d'administration. • CE 10 mai 1996, *CH de Moutiers*, n° 118540 : *Lebon T. 1167*.

Art. L. 6122-16 *Abrogé par L. n° 2009-879 du 21 juill. 2009, art. 23-IV.*

Art. L. 6122-17 *Abrogé par Ord. n° 2003-850 du 4 sept. 2003, art. 8-XV.*

Art. L. 6122-18 (Abrogé par Ord. n° 2018-21 du 17 janv. 2018, art. 1er) (Ord. n° 2003-850 du 4 sept. 2003, art. 8-XVI) ***Il peut être procédé, dans des conditions définies par décret en Conseil d'État et jusqu'au 25 avril 2010, à une ou des expérimentations relatives à l'organisation et à l'équipement sanitaires. A cet effet, il peut être dérogé*** (Ord.

n° 2010-177 du 23 févr. 2010, art. 17-I-10°) *« aux dispositions du schéma d'organisation des soins », à celles de l'article L. 6122-1 relatives à l'autorisation des activités de soins et équipements matériels lourds, ainsi qu'aux conditions prévues à l'article L. 162-22-2 du code de la sécurité sociale et aux articles L. 6114-1 et suivants du présent code.*

Ces expérimentations peuvent également déroger aux règles de prise en charge par les régimes d'assurance maladie, des dépenses afférentes aux soins médicaux dispensés dans les établissements de santé, les groupements de coopération sanitaire et les autres titulaires de l'autorisation prévue à l'article L. 6122-1.

Ces expérimentations peuvent être instituées, dans le respect des droits des assurés sociaux :

1° Afin de mettre en œuvre dans l'ensemble des établissements de santé d'une ou plusieurs régions sanitaires de nouveaux modes d'organisation de l'offre de soins concourant à l'amélioration de la prise en charge du patient ou à une meilleure maîtrise des dépenses de santé ; des arrêtés des ministres chargés de la santé et de la sécurité sociale fixent la liste des activités de soins concernées ainsi que la ou les régions dans lesquelles chaque expérimentation est mise en œuvre ;

2° Afin de fixer les modalités particulières permettant de prendre en compte les conséquences des innovations technologiques et thérapeutiques.

Les projets d'expérimentation présentés à ce titre sont autorisés par arrêtés des ministres chargés de la santé et de la sécurité sociale.

Les conditions d'application des régimes expérimentaux mentionnés au présent article, les modalités de leur évaluation ainsi que leur durée, qui ne peut excéder trois ans, sont fixées par voie réglementaire.

Art. L. 6122-19 *Abrogé par L. n° 2006-1640 du 21 déc. 2006, art. 77-II.*

Art. L. 6122-20 *(Ord. n° 2003-850 du 4 sept. 2003, art. 8-XVII)* Les modalités d'application des dispositions du présent chapitre font, sauf dispositions contraires et en tant que de besoin, l'objet de décrets en Conseil d'État.

Art. L. 6122-21 *(L. n° 2002-303 du 4 mars 2002, art. 122-III)* Sont soumis à l'autorisation du préfet de la collectivité territoriale de Saint-Pierre-et-Miquelon les projets visés à l'article L. 6122-1. Les autorisations sont accordées en conformité avec les objectifs fixés par le *(Ord. n° 2018-21 du 17 janv. 2018, art. 1er)* « schéma territorial de santé ».

CHAPITRE III CONDITIONS D'IMPLANTATION DE CERTAINES ACTIVITÉS DE SOINS ET DES ÉQUIPEMENTS MATÉRIELS LOURDS

Art. L. 6123-1 *(Ord. n° 2003-850 du 4 sept. 2003, art. 8-XIX)* Les conditions d'implantation des activités de soins et des équipements matériels lourds mentionnés au L. 6122-1 sont fixées par décret en Conseil d'État.

CHAPITRE IV CONDITIONS TECHNIQUES DE FONCTIONNEMENT

Art. L. 6124-1 *(Ord. n° 2003-850 du 4 sept. 2003, art. 8-XIX)* Les conditions techniques de fonctionnement applicables aux établissements de santé sont fixées par décret.

CHAPITRE V DISPOSITIONS PÉNALES

Art. L. 6125-1 *(Ord. n° 2003-850 du 4 sept. 2003, art. 8-XIX)* Le fait d'ouvrir ou de gérer un établissement de santé privé ou d'installer dans un établissement privé concourant aux soins médicaux des équipements matériels lourds définis à l'article L. 6122-14 en infraction aux dispositions des articles L. 6122-1 et L. 6122-7 est puni de 150 000 € d'amende.

Est puni de la même peine le fait de passer outre à la suspension ou au retrait d'autorisation prévus à l'article L. 6122-13.

En cas de récidive, la peine peut être assortie de la confiscation des équipements installés sans autorisation.

1. Ouverture et exploitation illicite d'un établissement de santé privé. Sur la condamnation d'un médecin à 80 000 euros d'amende, dont 60 000 avec sursis, des chefs d'ouverture et d'exploitation sans autorisation d'un établissement de santé privé, V. • Crim. 9 mai 2007 : *Bull. crim. nº 120 ; Rev. dr. et santé 2007, nº 21, p. 85, rapp. Delbano, et p. 59, obs. Ponseille.* ♦ V. également • Crim. 5 janv. 2005, nº 04-82.738 • 12 déc. 2000, nº 99-86.625.

2. Recevabilité du recours contre une lettre du directeur de l'ARH. Une lettre du directeur de l'ARH comportant une injonction de cesser immédiatement une activité de soins de neurochirurgie et mentionnant que cette infraction est passible des sanctions pénales prévues par l'art. L. 6125-1 est une décision susceptible de recours. • CE 2 févr. 2007, *Sté Polyclinique du Grand Sud*, nº 296996.

Art. L. 6125-2 *(L. nº 2009-879 du 21 juill. 2009, art. 4)* **Seuls les établissements de santé exerçant une activité de soins à domicile et répondant aux conditions prévues par l'article L. 6122-1 peuvent faire usage, dans leur intitulé, leurs statuts, contrats, documents ou publicité, de l'appellation d'établissement d'hospitalisation à domicile.**

Les autres structures, entreprises et groupements constitués avant la date de publication de la loi nº 2009-879 du 21 juillet 2009 portant réforme de l'hôpital et relative aux patients, à la santé et aux territoires qui utilisent dans leur dénomination ou pour leur usage les termes d'hospitalisation à domicile doivent se conformer aux dispositions d'autorisation mentionnées au premier alinéa dans le délai d'un an à compter de cette date.

Le fait de faire usage de l'appellation d'établissement d'hospitalisation à domicile en violation des dispositions du présent article est puni d'une amende de 3 750 €.

Les personnes morales reconnues pénalement responsables, dans les conditions prévues à l'article 121-2 du code pénal, de l'infraction définie à l'alinéa précédent encourent une peine d'amende dans les conditions prévues à l'article 131-38 du même code.

TITRE TROISIÈME COOPÉRATION

BIBL. ▸ BONNICI, Coopération entre établissements, *Lamy droit de la santé, fasc. nº 215.* – VARNIER et TREPEAU, La coopération hospitalière au service de notre système de santé, *RDSS 2016. 620*. – TOURMENTE, Les groupements hospitaliers de territoire : missions et gouvernance de ces nouvelles structures de coopération, *JCP Adm., nº 50, 19 déc. 2016. 2333.* – VILLENEUVE, La coopération hospitalière de territoire, outil de performance ou gestion de la pénurie hospitalière ?, *JCP Adm. 2013. 2050.* – BETTINGER, Concession et gestion des services hospitaliers au 21e siècle, *RDSS 2012. 902*. – CALMES, KEUNEBROECK et LELEUX, Évaluation des modèles économiques des structures de coopération sanitaire, le GCS de moyens, *Rev. hosp. France, juill.-août 2012, nº 547, p. 50.* – HARDY, Coopération sanitaire et préoccupations de concurrence, *AJDA 2012. 532*. – MOZOL, La réforme continue du droit de la coopération organique hospitalière, *LPA 2010, nos 185-186, p. 18.* – BERGOIGNAN-ESPER, Les formes nouvelles de coopération des acteurs de santé : entre innovation et modernisation, *RDSS 2009. 806*. – CORMIER, La réforme de la coopération interhospitalière : rupture ou continuité ?, *in* « la loi HPST, regards sur la réforme du système de santé », *Presses de l'EHESP, 2009, p. 105.* – CLÉMENT, La coopération public-privé dans le domaine sanitaire, *BJPH 2006, nº 90, dossier, p. 1.* – CORMIER, Mutations et enjeux des coopérations hospitalières, *AJDA 2006. 416*. – BADIN, Fiscalité et coopération institutionnelle des établissements de santé, *JCP Adm. 2005, nº 23, p. 1236.* – CORMIER, Les aspects juridiques des recompositions hospitalières, *JCP Adm. 2005, nº 23, p. 1235* ; Le droit des autorisations hospitalières est-il un frein à la coopération interhospitalière ?, *RDSS 2003. 250*. – BARRÉ et LAROSE, La coopération à l'épreuve... des textes, *Rev. hosp. France, juill.-août 2002, p. 24.* – CORMIER, La place de la loi du 4 mars 2002 dans l'évolution de la coopération hospitalière, *RDSS 2002. 752*. – ESPER, La loi du 4 mars 2002 : le renouveau encore imparfait de la coopération entre acteurs de santé, *LPA 2002, nº 122, p. 58.* – MONDIELLI, La longue marche législative vers les réseaux de santé : l'apport de la loi du 4 mars 2002, *LPA 2002, nº 122, p. 48.* – DE FORGES, La forme juridique des réseaux de soins, *L'entreprise médicale, 2000, nº 205, p. 13* ; La participation du médecin hospitalier à la restructuration du service public hospitalier, *L'entreprise médicale, 2000, nº 201, p. 8* ; La coopération hospitalière public-privé : aspects juridiques, *Le Concours médical 1999. 1861.* – ESPER, La coopération entre acteurs de santé : le droit est-il à la hauteur de la pratique ?, *in* Conseil d'État, *Rapport public 1998, Doc. fr., coll. Études et Documents, 1998, nº 549, p. 441.* – HOUDART, La coopération interhospitalière et l'ordonnance du 24 avril 1996, *Actualités Jurisanté, juill. 1996, nº 14.* – VAREILLE, Le groupement d'intérêt public ; une nouvelle forme de coopération hospitalière ?, *RDSS 1989. 485.* – DEVÈS, Le service public hospitalier à l'heure de la rigueur, *AJDA 1984. 478.*

CHAPITRE PREMIER COORDINATION DE L'ÉVOLUTION DU SYSTÈME DE SANTÉ PAR L'AGENCE RÉGIONALE DE SANTÉ

(L. n° 2009-879 du 21 juill. 2009, art. 23-VI)

Art. L. 6131-1 *(Ord. n° 2018-20 du 17 janv. 2018, art. 23)* « I. — » Le directeur général de l'agence régionale de santé coordonne l'évolution du système hospitalier, notamment en vue de :

1° L'adapter aux besoins de la population et assurer l'accessibilité aux tarifs opposables ;

2° Garantir la qualité et la sécurité des soins ;

3° Améliorer l'organisation et l'efficacité de l'offre de soins et maîtriser son coût, notamment lorsque la procédure décrite à l'article L. 6143-3-1 n'a pas permis d'améliorer la situation financière d'un établissement ;

4° Améliorer les synergies interrégionales en matière de recherche.

(Ord. n° 2018-20 du 17 janv. 2018, art. 23) « II. — Dans le cadre de cette coordination, il veille à permettre aux hôpitaux des armées d'exercer dans les meilleures conditions, d'une part, leur mission prioritaire de soutien sanitaire des forces armées, et d'autre part, leurs activités mentionnées au 2° du II de l'article L. 6147-7 avec la meilleure qualité de service rendu. »

COMMENTAIRE

V. Commentaire reproduit sur Dalloz.fr.

Dans le régime antérieur à la loi du 21 juillet 2009. Un directeur d'ARH ne peut se substituer à des établissements de santé qui n'ont pas suivi sa demande de création d'un GCS en créant unilatéralement ce groupement. • TA Dijon, 20 mai 2009, *Cne de Montceau-les-Mines*, n° 0900086.

Art. L. 6131-2 Aux fins mentionnées à l'article L. 6131-1, le directeur général de l'agence régionale de santé peut demander à des établissements publics de santé :

1° De conclure une convention de coopération ;

2° De *(Abrogé par L. n° 2016-41 du 26 janv. 2016, art. 107-I-2°)* « *conclure une convention de communauté hospitalière de territoire, de* » créer un groupement de coopération sanitaire ou un groupement d'intérêt public ;

(Ord. n° 2017-47 du 19 janv. 2017, art. 1er) « 3° De prendre une délibération tendant à la fusion des établissements concernés dans les conditions prévues à l'article L. 6141-7-1. »

Le directeur général transmet sa demande au conseil de surveillance, au directoire et à la commission médicale des établissements concernés, en apportant toutes précisions sur les conséquences économiques et sociales et sur le fonctionnement de la nouvelle organisation des soins.

Si sa demande n'est pas suivie d'effet, après concertation avec le conseil de surveillance de ces établissements, le directeur général de l'agence régionale de santé peut prendre les mesures appropriées, notamment une diminution des dotations de financement mentionnées à l'article L. 162-22-13 du code de la sécurité sociale, pour que, selon les cas, les établissements concluent une convention de coopération, créent un groupement d'intérêt public ou créent un groupement de coopération sanitaire. Dans ce dernier cas, le directeur général de l'agence régionale de santé fixe les compétences obligatoirement transférées au groupement parmi celles figurant sur une liste établie par décret en Conseil d'État.

BIBL. ▶ LALANDE, SCOTTON, BOCQUET et BONNET, Fusions et regroupements hospitaliers : quel bilan pour les 15 dernières années ?, *Rapport IGAS, n° RM2012-020P, mars 2012.*

COMMENTAIRE

V. Commentaire reproduit sur Dalloz.fr.

Art. L. 6131-3 *Abrogé par L. n° 2016-41 du 26 janv. 2016, art. 107-I-3°.*

Art. L. 6131-4 Lorsque la demande du directeur général de l'agence régionale de santé mentionnée *(Ord. n° 2017-47 du 19 janv. 2017, art. 1er)* « au 3° » de l'article

L. 6131-2 n'est pas suivie d'effet, celui-ci peut également prononcer la fusion des établissements publics de santé concernés.

Art. L. 6131-5 Le directeur général de l'agence régionale de santé peut demander à un établissement concerné par une opération de restructuration la suppression d'emplois et la révision de son contrat pluriannuel d'objectifs et de moyens. Il réduit en conséquence le montant de sa dotation de financement des missions d'intérêt général et d'aide à la contractualisation mentionnée à l'article L. 162-22-14 du code de la sécurité sociale ou des crédits de sa dotation annuelle de financement mentionnée à l'article L. 174-1 du même code.

Lorsqu'il s'agit d'un établissement public de santé, le directeur demande au directeur général du Centre national de gestion le placement en position de recherche d'affectation des praticiens hospitaliers titulaires concernés par la restructuration, et modifie en conséquence l'état des prévisions de recettes et de dépenses.

A défaut de modification de l'état des prévisions de recettes et de dépenses dans un délai fixé par décret, le directeur général de l'agence régionale de santé modifie les contrats pluriannuels d'objectifs et de moyens et demande au directeur général du Centre national de gestion le placement en position de recherche d'affectation des praticiens hospitaliers titulaires concernés par la restructuration. Il arrête l'état des prévisions de recettes et de dépenses. Cet état a alors un caractère limitatif.

Art. L. 6131-6 Des mesures réglementaires, prises par décret en Conseil d'État, déterminent, en tant que de besoin, les modalités d'application du présent chapitre.

CHAPITRE II GROUPEMENTS HOSPITALIERS DE TERRITOIRE

(L. n° 2016-41 du 26 janv. 2016, art. 107-I-1°)

BIBL. ▶ Hourcabie, Répartition des compétences entre établissement support et autres parties au GHT, *Rev. Hosp. France nov. 2017, n° 578, p. 36*. – Vioujas, GHT et fonction achats : le big-bang du 1er janvier 2018, *JCP Adm. déc. 2017, n° 51-52, p. 862*. – Delplanque, Système d'information et groupement hospitalier de territoire, *RHF, janv.-févr. 2017, n° 574, p. 20*. – Tourmente, Les groupements hospitaliers de territoire : missions et gouvernance de ces nouvelles structures de coopération, *JCP Adm. 2016, n° 2333*. – Keller, De la communauté hospitalière de territoire au groupement hospitalier de territoire : continuité et rupture, *JCP Adm. 2015, n° 2229*.

Sur les dispositions transitoires, V. L. n° 2016-41 du 26 janv. 2016, art. 107-IV à VII, 🏛.

Art. L. 6132-1 I. — Chaque établissement public de santé, sauf dérogation tenant à sa spécificité dans l'offre de soins territoriale, est partie à une convention de groupement hospitalier de territoire. Le groupement hospitalier de territoire n'est pas doté de la personnalité morale.

II. — Le groupement hospitalier de territoire a pour objet de permettre aux établissements de mettre en œuvre une stratégie de prise en charge commune et graduée du patient, dans le but d'assurer une égalité d'accès à des soins sécurisés et de qualité. Il assure la rationalisation des modes de gestion par une mise en commun de fonctions ou par des transferts d'activités entre établissements. Dans chaque groupement, les établissements parties élaborent un projet médical partagé garantissant une offre de proximité ainsi que l'accès à une offre de référence et de recours.

III. — Tous les groupements hospitaliers de territoire s'associent à un centre hospitalier universitaire au titre des activités hospitalo-universitaires prévues au IV de l'article L. 6132-3. Cette association est traduite dans le projet médical partagé du groupement hospitalier de territoire ainsi que dans une convention d'association entre l'établissement support du groupement hospitalier de territoire et le centre hospitalier universitaire. *(Ord. n° 2018-20 du 17 janv. 2018, art. 23)* « Cette convention d'association définit notamment les modalités selon lesquelles les hôpitaux des armées associés au groupement hospitalier de territoire coopèrent avec le centre hospitalier universitaire et les parties au groupement, au titre des activités hospitalo-universitaires prévues au IV de l'article L. 6132-3.

« IV. — Les hôpitaux des armées peuvent, après autorisation du ministre de la défense et accord du directeur général de l'agence régionale de santé dont dépend l'établissement support d'un groupement hospitalier de territoire, être associés au groupement hospitalier de territoire. Cette association se traduit dans la convention constitutive du groupement hospitalier de territoire qui intègre notamment les besoins spécifiques de la défense ainsi que les modalités selon lesquelles les hôpitaux des armées participent au projet médical partagé du groupement et aux activités, fonctions et missions mentionnées à l'article L. 6132-3.

« Les éléments du service de santé des armées mentionnés au 2° du I de l'article L. 6147-12 peuvent, après autorisation du ministre de la défense et accord du directeur général de l'agence régionale de santé dont dépend l'établissement support d'un groupement hospitalier de territoire, coopérer avec ce groupement dans le cadre d'une convention de coopération avec l'établissement support du groupement hospitalier de territoire conformément aux dispositions de l'article L. 6134-1.

« Les éléments du service de santé des armées mentionnés au 3° du I de l'article L. 6147-12 peuvent, après accord du directeur général de l'agence régionale de santé dont dépend l'établissement support d'un groupement hospitalier de territoire, coopérer avec ce groupement dans le cadre d'une convention de coopération conclue par le ministre de la défense avec l'établissement support du groupement hospitalier de territoire conformément aux dispositions de l'article L. 6134-1. »

V. — Les établissements publics de santé autorisés en psychiatrie peuvent, après accord du directeur général de l'agence régionale de santé dont dépend l'établissement support du groupement hospitalier de territoire concerné, être associés à l'élaboration du projet médical partagé de groupements auxquels ils ne sont pas parties, dans le cadre des communautés psychiatriques de territoire définies à l'article L. 3221-2.

VI. — Les établissements assurant une activité d'hospitalisation à domicile sont associés à l'élaboration du projet médical partagé des groupements hospitaliers de territoire situés sur leur aire géographique d'autorisation et dont ils ne sont ni parties ni partenaires.

VII. — Les établissements ou services médico-sociaux publics peuvent être parties à une convention de groupement hospitalier de territoire. Un établissement public de santé ou un établissement ou service médico-social public ne peut être partie qu'à un seul groupement hospitalier de territoire.

VIII. — Les établissements privés peuvent être partenaires d'un groupement hospitalier de territoire. Ce partenariat prend la forme d'une convention de partenariat prévue à l'article L. 6134-1. Cette convention prévoit l'articulation de leur projet médical avec celui du groupement. Dans les territoires frontaliers, les établissements situés dans l'État limitrophe peuvent être associés par voie conventionnelle.

Art. L. 6132-2 I. — La convention constitutive du groupement hospitalier de territoire est élaborée puis transmise à l'agence ou, le cas échéant, aux agences régionales de santé compétentes. Le ou les directeurs généraux des agences régionales de santé compétentes apprécient la conformité de la convention avec les projets régionaux de santé et peuvent demander que lui soient apportées les modifications nécessaires pour assurer cette conformité. Ils approuvent la convention ainsi que son renouvellement et sa modification. Le cas échéant, cette approbation vaut confirmation et autorisation de changement de lieu d'implantation des autorisations mentionnées à l'article L. 6122-1.

II. — La convention constitutive du groupement hospitalier de territoire définit :

1° Un projet médical partagé de l'ensemble des établissements parties à la convention de groupement hospitalier de territoire *(Ord. n° 2018-20 du 17 janv. 2018, art. 23)* « , et, le cas échéant, des hôpitaux des armées associés au groupement hospitalier de territoire ». Ce projet médical est transmis à l'agence ou aux agences régionales de santé territorialement compétentes avant la conclusion de la convention constitutive ;

2° Les délégations éventuelles d'activités, mentionnées au II de l'article L. 6132-3 ;

3° Les transferts éventuels d'activités de soins ou d'équipements de matériels lourds entre établissements parties au groupement ;

4° L'organisation des activités et la répartition des emplois médicaux et pharmaceutiques, résultant du projet médical partagé et pouvant être prévues par voie d'avenant, ainsi que les modalités de constitution des équipes médicales communes et, le cas échéant, des pôles interétablissements ;

5° Les modalités d'organisation et de fonctionnement du groupement, notamment :

a) La désignation de l'établissement support chargé d'assurer, pour le compte des autres établissements parties au groupement, les fonctions et les activités déléguées.

Cette désignation doit être approuvée par les deux tiers des conseils de surveillance des établissements parties au groupement. A défaut, l'établissement support est désigné par le directeur général de l'agence régionale de santé concernée, après avis du comité territorial des élus locaux prévu à l'article L. 6132-5 ;

b) La composition du comité stratégique chargé de se prononcer sur la mise en œuvre de la convention et du projet médical partagé. Il comprend notamment les directeurs d'établissement, les présidents des commissions médicales d'établissement et les présidents des commissions des soins infirmiers, de rééducation et médico-techniques de l'ensemble des établissements parties au groupement *(Ord. nº 2018-20 du 17 janv. 2018, art. 23)* « et, lorsqu'un hôpital des armées est associé au groupement hospitalier de territoire, les personnels occupant des fonctions équivalentes à celles mentionnées pour les représentants des établissements parties au groupement hospitalier de territoire ». Le comité stratégique peut mettre en place un bureau restreint auquel il délègue tout ou partie de sa compétence ;

c) Les modalités d'articulation entre les commissions médicales d'établissement pour l'élaboration du projet médical partagé et, le cas échéant, la mise en place d'instances communes ;

d) Le rôle du comité territorial des élus locaux, chargé d'évaluer les actions mises en œuvre par le groupement pour garantir l'égalité d'accès à des soins sécurisés et de qualité sur l'ensemble du territoire du groupement. A ce titre, il peut émettre des propositions et est informé des suites qui leur sont données.

La convention constitutive du groupement hospitalier du territoire nouvellement constitué est publiée par l'agence régionale de santé sur son site internet, au moment de l'entrée en vigueur du groupement.

Art. L. 6132-3 I. — L'établissement support désigné par la convention constitutive assure les fonctions suivantes pour le compte des établissements parties au groupement :

1º La stratégie, l'optimisation et la gestion commune d'un système d'information hospitalier convergent, en particulier la mise en place d'un dossier patient permettant une prise en charge coordonnée des patients au sein des établissements parties au groupement. Les informations concernant une personne prise en charge par un établissement public de santé partie à un groupement *(Ord. nº 2018-20 du 17 janv. 2018, art. 23)* « ou par un hôpital des armées lorsqu'il est associé au groupement hospitalier de territoire » peuvent être partagées, dans les conditions prévues à l'article L. 1110-4. L'établissement support met en œuvre, dans le cadre de la gestion du système d'information, les mesures techniques de nature à assurer le respect des obligations prévues par la loi nº 78-17 du 6 janvier 1978 relative à l'informatique, aux fichiers et aux libertés, notamment à son article 34 ;

(Ord. nº 2018-20 du 17 janv. 2018, art. 23) « Lorsqu'un hôpital des armées est associé au groupement hospitalier de territoire, le système d'information hospitalier convergent est mis en relation avec le système d'information de cet hôpital ; »

2º La gestion d'un département de l'information médicale de territoire. Par dérogation à l'article L. 6113-7, les praticiens transmettent les données médicales nominatives nécessaires à l'analyse de l'activité au médecin responsable de l'information médicale du groupement ;

3º La fonction achats ; *(Ord. nº 2018-20 du 17 janv. 2018, art. 23)* « lorsqu'un hôpital des armées est associé à un groupement hospitalier de territoire, l'établissement support de ce groupement peut assurer tout ou partie de la fonction achats au profit de l'hôpital des armées ; »

4º La coordination des instituts et des écoles de formation paramédicale du groupement et des plans de formation continue et de développement professionnel continu des personnels des établissements parties au groupement.

II. — L'établissement support du groupement hospitalier de territoire peut gérer pour le compte des établissements parties au groupement des équipes médicales communes, la mise en place de pôles interétablissements tels que définis dans la convention constitutive du groupement ainsi que des activités administratives, logistiques, techniques et médico-techniques.

(Ord. n° 2018-20 du 17 janv. 2018, art. 23) « Les personnels des hôpitaux des armées associés au groupement peuvent participer à des équipes médicales communes et à des pôles inter-établissements. »

III. — Les établissements parties au groupement hospitalier de territoire *(Ord. n° 2018-20 du 17 janv. 2018, art. 23)* « et les hôpitaux des armées associés au groupement » organisent en commun les activités d'imagerie diagnostique et interventionnelle, le cas échéant au sein d'un pôle interétablissement. Ils organisent en commun, dans les mêmes conditions, les activités de biologie médicale *(Ord. n° 2016-1729 du 15 déc. 2016, art. 2-II-6°)* « et de pharmacie ».

IV. — Les centres hospitaliers universitaires mentionnés au second alinéa de l'article L. 6141-2 coordonnent, au bénéfice des établissements parties aux groupements hospitaliers de territoire auxquels ils sont associés :

1° Les missions d'enseignement de formation initiale des professionnels médicaux ;

2° Les missions de recherche, dans le respect de l'article L. 6142-1 ;

3° Les missions de gestion de la démographie médicale ;

4° Les missions de référence et de recours.

Art. L. 6132-4 La certification des établissements de santé prévue à l'article L. 6113-3 est conjointe pour les établissements publics de santé parties à un même groupement *(Ord. n° 2018-20 du 17 janv. 2018, art. 23)* « et pour les hôpitaux des armées associés au groupement ». Toutefois l'appréciation mentionnée à l'article L. 6113-3 fait l'objet d'une publication séparée pour chaque établissement du groupement hospitalier de territoire *(Ord. n° 2018-20 du 17 janv. 2018, art. 23)* « et pour chaque hôpital des armées associé au groupement ».

Art. L. 6132-5 I. — Après avoir reçu les projets médicaux partagés des établissements souhaitant se regrouper au sein d'un groupement hospitalier de territoire ou en cas d'absence de transmission des projets médicaux partagés, les directeurs généraux des agences régionales de santé arrêtent le 1er juillet 2016, dans le respect du schéma régional de santé prévu à l'article L. 1434-3, la liste de ces groupements dans la ou les régions concernées et des établissements publics de santé susceptibles de les composer. La publication de cette liste entraîne la création du comité territorial des élus locaux de chaque groupement hospitalier de territoire. Il est composé des représentants des élus des collectivités territoriales aux conseils de surveillance des établissements parties au groupement.

II. — L'attribution des dotations régionales de financement des missions d'intérêt général et d'aide à la contractualisation mentionnées à l'article L. 162-22-13 du code de la sécurité sociale à un établissement public de santé, lorsqu'il ne relève pas de la dérogation prévue au I de l'article L. 6132-1 du présent code, est subordonnée à la conclusion par cet établissement d'une convention de groupement hospitalier de territoire. *Le présent II est applicable :*

1° A compter du 1er juill. 2016, aux établissements qui ne sont pas membres d'un groupement hospitalier de territoire alors qu'ils ne relèvent pas de la dérogation prévue au I de l'art. L. 6132-1 ;

2° A compter du 1er janv. 2018, aux établissements qui, bien que membres d'un groupement, n'ont pas mis en œuvre effectivement les dispositions prévues au I de l'art. L. 6132-3 (L. n° 2016-41 du 26 janv. 2016, art. 107-VIII).

Art. L. 6132-6 Les modalités d'application du présent chapitre à l'Assistance publique-hôpitaux de Paris, aux hospices civils de Lyon et à l'Assistance publique-hôpitaux de Marseille sont déterminées par le décret en Conseil d'État mentionné à l'article L. 6132-7.

Art. L. 6132-7 Un décret en Conseil d'État détermine les conditions d'application du présent chapitre, notamment :

1° La définition du projet médical partagé prévu au II de l'article L. 6132-2 ;

2° Les conditions dans lesquelles est accordée la dérogation prévue au I de l'article L. 6132-1 ;

3° Les conditions d'élaboration de la convention constitutive de groupement hospitalier de territoire ;

4° Les conditions dans lesquelles les établissements privés d'hospitalisation peuvent être partenaires d'un groupement hospitalier de territoire ;

5° Les conditions dans lesquelles les modifications aux autorisations mentionnées à l'article L. 6122-1 et transférées en application de la convention de groupement hospitalier de territoire sont approuvées ;

6° Les conditions dans lesquelles les postes correspondant aux emplois mentionnés au 4° du II de l'article L. 6132-2 sont portés à la connaissance des praticiens exerçant au sein des établissements parties au groupement hospitalier de territoire, ainsi que les modalités selon lesquelles ils sont pourvus, de manière à leur permettre de s'engager dans la mise en œuvre du projet médical ;

7° Les conditions de délégation des fonctions mentionnées à l'article L. 6132-3 au sein des groupements hospitaliers de territoire ;

(Ord. n° 2018-20 du 17 janv. 2018, art. 23) « 8° Les conditions selon lesquelles l'établissement support du groupement hospitalier de territoire auquel un hôpital des armées est associé peut signer, dans le cadre du groupement hospitalier de territoire, des conventions pour le compte de ces derniers. »

CHAPITRE III GROUPEMENTS DE COOPÉRATION SANITAIRE

(L. n° 2009-879 du 21 juill. 2009, art. 23-I)

BIBL. ▶ RENAUDIE, Qualité et coopération sanitaire transfrontalière, *RDSS 2014. 1039*. – CALMES, KEUNEBROECK et LELEUX, Évaluation des modèles économiques des structures de coopération sanitaire : le GCS de moyens, *Rev. hosp. France, juill.-août 2012, n° 547, p. 50*. – GALLET, Les enjeux de la réforme du groupement de coopération sanitaire, *Rev. dr. et santé 2009, n° 28, p. 114*.

Art. L. 6133-1 Le groupement de coopération sanitaire de moyens a pour objet de faciliter, de développer ou d'améliorer l'activité de ses membres.

Un groupement de coopération sanitaire de moyens peut être constitué pour :

1° Organiser ou gérer des activités administratives, logistiques, techniques, médico-techniques, d'enseignement ou de recherche *(Ord. n° 2017-28 du 12 janv. 2017, art. 1er-I-1°-a)* « pour le compte de ses membres » ;

2° Réaliser ou gérer des équipements d'intérêt commun ; il peut, le cas échéant, être titulaire à ce titre de l'autorisation d'installation d'équipements matériels lourds mentionnée à l'article L. 6122-1 ;

3° Permettre les interventions communes de professionnels médicaux et non médicaux exerçant dans les établissements ou centres de santé *(Ord. n° 2018-20 du 17 janv. 2018, art. 23)* « , les hôpitaux des armées ou les autres éléments du service de santé des armées » membres du groupement ainsi que des professionnels libéraux membres du groupement ;

(L. n° 2016-41 du 26 janv. 2016, art. 108) « 4° Exploiter sur un site unique les autorisations détenues par un ou plusieurs de ses membres, conformément aux articles L. 6122-1 et suivants. Dans ce cas, la convention constitutive du groupement fixe *(Ord. n° 2017-28 du 12 janv. 2017, art. 1er-I-1°-b)* « les règles de responsabilité à l'égard des patients », de responsabilité à leur égard et d'archivage des données médicales les concernant. *(Ord. n° 2017-28 du 12 janv. 2017, art. 1er-I-1°-b)* « Par dérogation à l'article L. 6122-4 et à l'article » L. 162-21 du code de la sécurité sociale, le directeur général de l'agence régionale de santé peut autoriser le groupement à facturer les soins délivrés aux patients pour le compte de ses membres, dans les conditions prévues à *l'article L. 6133-8 » (Abrogé par* Ord. n° 2017-28 du 12 janv. 2017, art. 1er-I-1°) *« du présent code »*. *(Ord. n° 2017-28 du 12 janv. 2017, art. 1er-I-1°)* « Lorsque le groupement de coopération sanitaire est autorisé à facturer les soins, il se substitue aux établissements membres qui ne facturent plus les soins délivrés au titre de l'autorisation d'activité de soins exploitée par le groupement. Les établissements de santé confient les informations relatives à l'exploitation commune des autorisations au groupement de coopération sanitaire qui en assure la transmission conformément aux dispositions de l'article L. 6113-8. »

Ce groupement poursuit un but non lucratif.

COMMENTAIRE

V. Commentaire reproduit sur Dalloz.fr.

1. Compétence juridictionnelle en cas de préjudice médical dans le cadre d'un groupement de coopération sanitaire. Si le juge administratif est seul compétent pour connaître de la responsabilité d'un praticien hospitalier ayant effectué une opération en clinique privée dans le cadre d'un groupement de coopération sanitaire, lorsqu'une demande concerne des mesures d'expertise, préalablement à tout litige sur le fond, le juge judiciaire ne peut décliner sa compétence, dans la mesure où il est susceptible de connaître, ne fût-ce que pour partie, du contentieux. • T. confl. 7 juill. 2014, *Mme A. c/ CH Côte de Lumière*, n° C.3951 : *Lebon 469 ; LPA 24 déc. 2014, n° 256, p. 6, note Lami ; AJDA 2014. 1802 ; JCP Adm. 2015. 2137, note Vioujas.*

2. Irrecevabilité des recours contre les mesures préparatoires à la constitution des GCS. Un protocole d'accord visant à la constitution d'un groupement de coopération sanitaire (GCS) constitue une mesure préparatoire insusceptible de recours. • TA Nancy, 22 janv. 2002, *M. Lhommée*, n° 001325. ♦ La délibération du conseil d'administration d'un CH approuvant un accord-cadre de coopération avec une clinique ne constitue qu'une mesure préparatoire insusceptible de faire l'objet d'un recours. • TA Dijon, 12 mai 2010, *Synd. CFDT des services de santé et sociaux de Saône-et-Loire*, n° 0902504.

3. Adhésion à un GCS et contrat de travail. Est régulier le licenciement, par le directeur d'un centre hospitalier, d'un agent non titulaire qui refuse une modification de son contrat de travail justifiée par une réorganisation du service de radiothérapie du centre hospitalier due à son adhésion à un GCS. • CAA Paris, 7 mars 2006, *CH Marc-Jacquet c/ Beugnon*, n° 04PA01080.

4. Outil juridique de coopération et règles de concurrence. Les modalités de coopération au sein d'un GCS ne sauraient avoir pour conséquence de porter atteinte à la liberté d'exercice, laquelle repose sur la possibilité effective pour tout praticien libéral qualifié d'accéder aux équipements matériels lourds, même s'il n'a pas participé à leur financement. Ainsi, la coopération instituée entre partenaires publics et privés en vue de l'utilisation d'un équipement matériel lourd ne saurait avoir pour objet ou pour conséquence d'exclure, sans motif juridiquement fondé, un praticien libéral de vacations lui permettant de prendre place sur le marché pertinent concerné, une telle situation étant susceptible de constituer une pratique concertée [art. L. 420-1 C. com.] ou un abus de position dominante [art. L. 420-2 C. com.]. • Aut. conc. 15 déc. 2011, *n° 11-D-18 : AJDA 2012. 532, note Hardy* (relative à des pratiques concernant l'accès au scanner et à l'IRM situés au centre hospitalier d'Arcachon).

Art. L. 6133-1-1 *(Ord. n° 2018-20 du 17 janv. 2018, art. 23)* **Pour l'application du 4° de l'article L. 6133-1 aux hôpitaux des armées, les activités mentionnées à la liste prévue à l'article L. 6147-7 sont regardées comme des autorisations détenues par ces hôpitaux.**

L'autorisation de facturer les soins prévue au 4° de l'article L. 6133-1 ne peut être donnée par le directeur général de l'agence régionale de santé qu'après accord du ministre de la défense.

Art. L. 6133-2 *(Ord. n° 2017-28 du 12 janv. 2017, art. 1er-I-2°)* **I. — Sans préjudice des dispositions de l'article** *(Ord. n° 2018-20 du 17 janv. 2018, art. 23)* **« L. 6147-14 », un groupement de coopération sanitaire de moyens peut être constitué par des établissements de santé publics ou privés, des établissements médico-sociaux mentionnés à l'article L. 312-1 du code de l'action sociale et des familles, des centres de santé et des maisons de santé, des personnes physiques ou morales exerçant une profession médicale à titre libéral. Il doit comprendre au moins un établissement de santé, sauf dans le cas prévu au deuxième alinéa de l'article L. 6133-7.**

Des personnes physiques ou morales exerçant une profession libérale de santé autre que médicale et d'autres organismes concourant à l'activité du groupement peuvent être membres de ce groupement sur autorisation du directeur général de l'agence régionale de santé.

Une personne physique ou morale qui poursuit un but lucratif en exerçant à titre principal une activité soit de fournisseur, de distributeur ou de fabricant de produit de santé, soit de prestataire de services ne peut être membre d'un groupement de coopération sanitaire.

II. — Lorsque, **en application du 4° de l'article L. 6133-1** *(Ord. n° 2018-20 du 17 janv. 2018, art. 23)* **« et de l'article L. 6133-1-1 », un groupement de coopération sanitaire de moyens exploite les autorisations détenues par un ou plusieurs de ses membres, seuls les établissements de santé** *(Ord. n° 2018-20 du 17 janv. 2018, art. 23)* **« , les hôpitaux des armées » et les personnes physiques ou morales mentionnées à l'article L. 6122-3 peuvent être membres de ce groupement.**

III. – Lorsque, en application de l'article L. 6223-2, un laboratoire de biologie médicale est exploité sous la forme d'un groupement de coopération sanitaire, ce groupement ne peut compter parmi ses membres un professionnel de santé libéral à titre individuel ou une société exerçant une profession de santé.

IV. – Lorsque, en application de l'article L. 6321-2, un réseau de santé est constitué en groupement de coopération sanitaire de moyens, ce groupement peut être composé de personnes mentionnées à l'article L. 6321-1 et d'hôpitaux des armées et autres éléments du service de santé des armées mentionnés à l'article *(Ord. n° 2018-20 du 17 janv. 2018, art. 23)* « L. 6147-14 ».

Art. L. 6133-2-1 *(Ord. n° 2017-28 du 12 janv. 2017, art. 1er-I-3°)* Lorsque, en application de l'article L. 6223-2, un laboratoire de biologie médicale est exploité sous la forme d'un groupement de coopération sanitaire, ce groupement peut facturer, aux tarifs des actes de biologie médicale fixés en application des articles L. 162-1-7 et L. 162-1-7-1 du code de la sécurité sociale, les examens de biologie médicale réalisés en dehors du cadre des prestations d'hospitalisation mentionnées au 1° de l'article L. 162-22-6 et dans le cadre des consultations et actes externes mentionnés aux articles L. 162-26 et L. 162-26-1 du même code.

Art. L. 6133-3 I. – Le groupement de coopération sanitaire de moyens peut être constitué avec ou sans capital. Sa convention constitutive *(Ord. n° 2017-28 du 12 janv. 2017, art. 1er-I-4°-a)* « , signée par l'ensemble de ses membres, » est soumise à l'approbation du directeur général de l'agence régionale de santé, qui en assure la publication.

Ce groupement acquiert la personnalité morale à dater de cette publication.

(L. n° 2011-940 du 10 août 2011, art. 31) « 1. Le groupement de coopération sanitaire de moyens est une personne morale de droit public lorsqu'il est constitué exclusivement par des personnes de droit public, ou par des personnes de droit public et *(Ord. n° 2017-28 du 12 janv. 2017, art. 1er-I-4°-b)* « des personnes physiques ou morales exerçant une profession de santé à titre libéral ».

« 2. Le groupement de coopération sanitaire de moyens est une personne morale de droit privé lorsqu'il est constitué exclusivement par des personnes de droit privé.

« Dans les autres cas, sa nature juridique est fixée par les membres dans la convention constitutive. »

Les modalités d'évaluation des apports ou des participations en nature sont déterminées par décret en Conseil d'État.

II. – Le groupement de coopération sanitaire de moyens peut être employeur.

Art. L. 6133-4 La convention constitutive du groupement de coopération sanitaire de moyens définit son objet.

Elle précise la répartition des droits statutaires de ses membres, proportionnellement à leurs apports ou à leur participation aux charges de fonctionnement, ainsi que les règles selon lesquelles les membres du groupement sont tenus de ses dettes.

Elle détermine, sous réserve des dispositions du présent chapitre, les modalités d'organisation et de fonctionnement du groupement.

L'assemblée générale des membres du groupement de coopération sanitaire de moyens est habilitée à prendre toute décision dans les conditions prévues par la convention. Elle élit, en son sein, un administrateur chargé de la mise en œuvre de ses décisions *(Ord. n° 2017-28 du 12 janv. 2017, art. 1er-I-5°)* « , ainsi que le suppléant de ce dernier ». L'administrateur représente le groupement dans tous les actes de la vie civile et en justice. Dans les rapports avec les tiers, il engage le groupement pour tout acte entrant dans l'objet de ce dernier.

Art. L. 6133-5 Lorsque le groupement de coopération sanitaire de moyens est une personne morale de droit public, le groupement est soumis aux règles de la comptabilité publique et il est doté d'un agent comptable désigné dans des conditions fixées par décret en Conseil d'État.

Lorsque ce groupement est une personne morale de droit privé, ses comptes sont certifiés par un commissaire aux comptes.

Art. L. 6133-6 Dans le cas prévu au 3° de l'article L. 6133-1, les professionnels médicaux des établissements de santé *(Ord. n° 2017-28 du 12 janv. 2017, art. 1er-I-6°-a)* « , des hôpitaux des armées et des autres éléments du service de santé des armées ainsi que » des centres de santé membres du groupement et *(Ord. n° 2017-28 du 12 janv. 2017, art. 1er-I-6°-a)* « les personnes physiques ou morales exerçant une profession médicale à titre libéral » membres du groupement peuvent assurer des prestations médicales au bénéfice des patients pris en charge par l'un ou l'autre des établissements de santé *(Ord. n° 2017-28 du 12 janv. 2017, art. 1er-I-6°)* « et, le cas échéant, des hôpitaux des armées, » membres du groupement, et participer à la permanence des soins.

(Ord. n° 2017-28 du 12 janv. 2017, art. 1er-I-6°-b) « Les personnes physiques ou morales exerçant une profession médicale à titre libéral, qui assurent des prestations médicales au bénéfice d'un patient pris en charge par un établissement public de santé membre du groupement, sont rémunérées par cet établissement sur la base des honoraires correspondant aux tarifs prévus au 1° du I de l'article L. 162-14-1 du code de la sécurité sociale. Lorsque ces personnes participent à la permanence des soins, elles peuvent être rémunérées forfaitairement dans des conditions définies par voie réglementaire. »

Les dépenses relatives aux soins dispensés aux patients pris en charge par des établissements publics de santé et par les établissements de santé mentionnés aux *b* et *c* de l'article L. 162-22-6 et à l'article L. 162-22-16 du code de la sécurité sociale sont supportées par l'établissement de santé concerné.

Les actes médicaux pratiqués par les professionnels médicaux employés par les établissements publics de santé ou par les établissements de santé mentionnés aux *b* et *c* de l'article L. 162-22-6 et à l'article L. 162-22-16 du même code, au bénéfice de patients pris en charge par les établissements de santé privés mentionnés aux *d* et *e* de l'article L. 162-22-6 du même code, sont facturés par l'établissement de santé employeur à l'établissement de santé dont relève le patient. Ce dernier assure le recouvrement des sommes correspondantes auprès du patient ou de la caisse d'assurance maladie.

Les professionnels médicaux libéraux exerçant une activité dans le cadre d'un groupement de coopération sanitaire continuent à relever à ce titre des professions mentionnées à l'article *(L. n° 2016-1827 du 23 déc. 2016, art. 50-IV)* « L. 640-1 » du même code.

Absence de soumission au code des marchés publics d'un contrat conclu en application de l'art. L. 6133-6. Un contrat (passé entre deux établissements de santé membres d'un groupement de coopération sanitaire) dont l'objet est de définir les modalités de l'exercice, par les médecins libéraux d'une SELARL, de leur activité d'imagerie médicale au sein d'un centre hospitalier, en les articulant avec les activités de même nature qu'ils exercent au sein d'une polyclinique, s'analyse comme une modalité de l'organisation interne du groupement de coopération sanitaire constitué par les deux établissements en vue de gérer un plateau technique commun d'imagerie médicale. Il n'est donc pas soumis au code des marchés publics et aux règles de publicité et de mise en concurrence qu'il détermine. • CAA Nantes, 12 avr. 2013, *SELARL Radiodiagnostic du Giennois,* n° 11NT03011.

Art. L. 6133-7 Lorsqu'il est titulaire d'une ou plusieurs autorisations d'activités de soins, le groupement de coopération sanitaire est un établissement de santé avec les droits et obligations afférents. Le groupement de coopération sanitaire de droit privé est érigé en établissement de santé privé et le groupement de coopération sanitaire de droit public est érigé en établissement public de santé, par décision du directeur général de l'agence régionale de santé.

Lorsque le groupement de coopération sanitaire est un établissement public de santé, les règles de fonctionnement et de gouvernance des établissements publics de santé s'appliquent, sous les réserves suivantes :

1° Les fonctions de l'administrateur du groupement sont exercées en sus des fonctions du directeur mentionnées à l'article L. 6143-7 ;

2° Le conseil de surveillance est composé comme suit :

a) Cinq représentants des collectivités territoriales ou de leurs groupements, désignés par les assemblées délibérantes des collectivités territoriales ou de leurs groupements sur le territoire desquels les établissements membres sont implantés ;

b) Cinq représentants du personnel médical et non médical du groupement de coopération sanitaire *(Ord. n° 2010-177 du 23 févr. 2010, art. 6-I-3°)* « érigé en » établissement public de santé, dont trois désignés par le comité technique d'établissement et deux désignés par la commission médicale d'établissement ;

c) Cinq personnalités qualifiées, parmi lesquelles deux désignées par le directeur général de l'agence régionale de santé et trois, dont deux représentants des usagers au sens de l'article L. 1114-1, désignées par le représentant de l'État dans le département. *(Ord. n° 2017-28 du 12 janv. 2017, art. 1er-I-7°)* « Par dérogation aux dispositions du premier alinéa, un groupement de coopération sanitaire de moyens dont la seule autorisation d'activité de soins dont il est titulaire est une autorisation d'activité biologique d'assistance médicale à la procréation n'est pas érigé en établissement de santé. »

Art. L. 6133-8 Lorsqu'un groupement de coopération sanitaire est un établissement de santé, il est financé sur le fondement des règles applicables aux établissements de santé.

Toutefois, lorsque l'activité exercée *(Ord. n° 2010-177 du 23 févr. 2010, art. 6-I-4°)* « relève du 1° de l'article L. 162-22 du code de la sécurité sociale », l'article 33 de la loi de financement de la sécurité sociale pour 2004 (n° 2003-1199 du 18 décembre 2003) n'est pas applicable au financement du groupement *(Ord. n° 2010-177 du 23 févr. 2010, art. 6-I-4°)* « , à l'exception du I, hormis le quatrième alinéa, et du II de cet article ».

Lorsque le groupement est composé, d'une part, d'établissements de santé mentionnés aux *a, b* ou *c* de l'article L. 162-22-6 du code de la sécurité sociale et, d'autre part, d'établissements de santé mentionnés au *d* du même article, il peut opter soit pour l'application des tarifs des prestations d'hospitalisation des établissements mentionnés aux *a, b* et *c* du même article, soit pour celle des tarifs applicables aux établissements de santé mentionnés au *d* du même article, selon des modalités définies par voie réglementaire. Le directeur général de l'agence régionale de santé décide de l'échelle tarifaire applicable.

Par dérogation à l'article L. 162-2 du même code, la rémunération des *(Ord. n° 2017-28 du 12 janv. 2017, art. 1er-I-8°-a)* « personnes physiques ou morales exerçant la profession de médecin à titre libéral » est versée par le groupement de coopération sanitaire lorsque ce dernier est financé par application des tarifs des prestations d'hospitalisation des établissements mentionnés aux *a, b* et *c* de l'article L. 162-22-6 du même code. Le tarif de l'acte ainsi versé au médecin *(Ord. n° 2017-28 du 12 janv. 2017, art. 1er-I-8°-a)* « ou à la personne morale » est réduit d'une redevance *(Ord. n° 2017-28 du 12 janv. 2017, art. 1er-I-8°-a)* « correspondant aux » moyens mis à sa disposition par le groupement de coopération sanitaire.

Lorsque le groupement de coopération sanitaire est financé par application des tarifs des prestations d'hospitalisation des établissements mentionnés au *d* du même article L. 162-22-6, la rémunération *(Ord. n° 2017-28 du 12 janv. 2017, art. 1er-I-8°-b)* « des personnes physiques ou morales exerçant la profession de médecin » est versée sous la forme d'honoraires. Ces honoraires sont versés directement par l'assurance maladie au médecin lorsque celui-ci est libéral *(Ord. n° 2017-28 du 12 janv. 2017, art. 1er-I-8°-b)* « ou à la personne morale exerçant la profession de médecin à titre libéral » et au groupement de coopération sanitaire lorsque le médecin est salarié.

Art. L. 6133-9 *(Ord. n° 2017-28 du 12 janv. 2017, art. 1er-I-10°)* Dans des conditions et modalités définies par décret en Conseil d'État, le groupement de coopération sanitaire est dissous sous réserve des dispositions prévues à l'article *(Ord. n° 2018-20 du 17 janv. 2018, art. 23)* « L. 6147-15 » :

1° Par décision de l'assemblée générale ;

2° De plein droit dans les cas prévus par la convention constitutive ;

3° Par décision motivée du directeur général de l'agence régionale de santé, en cas d'extinction de l'objet ou de manquement grave ou réitéré à ses obligations légales et réglementaires.

Dans tous les cas, le directeur général de l'agence régionale de santé assure la publicité de la dissolution.

Art. L. 6133-10 Des mesures réglementaires prises par décret en Conseil d'État déterminent, en tant que de besoin, les modalités d'application du présent chapitre.

CHAPITRE IV CONVENTIONS DE COOPÉRATION

BIBL. GÉN. ▶ APOLLIS, Les conventions de coopération interhospitalière, *RGDM 2007, n° spécial, p. 119*. – CORMIER, Le phénomène contractuel en droit de la santé, *RGDM 2007, n° spécial, p. 9*.

Art. L. 6134-1 Dans le cadre des missions qui leur sont imparties et dans les conditions définies par voie réglementaire, les *(L. n° 2016-41 du 26 janv. 2016, art. 121-6°)* **« établissements de santé publics ou privés à but non lucratif » peuvent participer à des actions de coopération, y compris internationales, avec des personnes de droit public et privé. Pour la poursuite de ces actions, ils peuvent signer des conventions, participer** *(Abrogé par Ord. n° 2010-177 du 23 févr. 2010, art. 6-I-5°)* ***« à des syndicats interhospitaliers et »*** **à des groupements d'intérêt public, des groupements d'intérêt économique ou des groupements de coopération sanitaire ou constituer entre eux des fédérations médicales interhospitalières.**

(Abrogé par Ord. n° 2010-177 du 23 févr. 2010, art. 6-I-5°) (Ord. n° 2003-850 du 4 sept. 2003, art. 15) ***« A compter du 1er janvier 2005, aucun syndicat interhospitalier ne peut être créé. »***

Pour les actions de coopération internationale, les *(L. n° 2016-41 du 26 janv. 2016, art. 121-6°)* **« établissements de santé publics ou privés à but non lucratif » peuvent également signer des conventions avec des personnes de droit public et privé, dans le respect des engagements internationaux souscrits par l'État français.**

COMMENTAIRE

V. Commentaire reproduit sur Dalloz.fr.

1. *Application du principe d'égalité devant le service public.* Dans leurs relations de coopération avec les praticiens libéraux, les établissements hospitaliers publics doivent respecter le principe d'égalité. • CE 13 oct. 1989, *Glogowski*, n° 74518 : *Lebon T. 455, 887 et 940* ; *RDSS 1990. 328, obs. de Forges*. ♦ Le principe d'égalité entre médecins libéraux désirant contracter en vue d'utiliser les équipements hospitaliers s'oppose à ce que seuls certains d'entre eux bénéficient des avantages que confère l'accès à ces équipements, indépendamment de tout motif d'intérêt général, et notamment des exigences de santé publique. • CAA Lyon, 15 oct. 2002, *Tebib*, n° 98LY02260 : *JCP Adm. 2004, n° 1075, comm. Ghérardi*.

2. *Outils juridiques de coopération et règles de concurrence.* Les modalités de coopération, par voie de convention d'utilisation ou de GCS, ne sauraient avoir pour conséquence de porter atteinte à la liberté d'exercice, laquelle repose sur la possibilité effective pour tout praticien libéral qualifié d'accéder aux équipements matériels lourds, même s'il n'a pas participé à leur financement. Ainsi, la coopération instituée entre partenaires publics et privés en vue de l'utilisation d'un équipement matériel lourd ne saurait avoir pour objet ou pour conséquence d'exclure, sans motif juridiquement fondé, un praticien libéral de vacations lui permettant de *prendre place sur le marché pertinent concerné*, une telle situation étant susceptible de constituer une pratique concertée [art. L. 420-1 C. com.] ou un abus de position dominante [art. L. 420-2 C. com.]. • Aut. conc. 15 déc. 2011, *n° 11-D-18* : *AJDA 2012. 532, note Hardy* (relative à des pratiques concernant l'accès au scanner et à l'IRM situés au centre hospitalier d'Arcachon). ♦ Aucune pratique d'entente, visant à écarter un établissement de santé de la possibilité d'obtenir une autorisation d'exercice d'une activité de soins (en l'espèce, le traitement de l'insuffisance rénale chronique), ne peut être déduite du refus non motivé, opposé par deux autres établissements de santé couvrant de manière complémentaire et partenariale les besoins en matière de traitement de l'insuffisance rénale chronique, de conclure avec cet établissement une convention de coopération pour l'autodialyse, dès lors que le saisissant n'apporte aucun commencement de preuve à l'appui de son affirmation. • Aut. conc. 23 janv. 2012, n° 12-D-03 : *RGDM déc. 2012, n° 4, p. 27, note Apollis et Hichri*.

3. *Lien de droit né de la convention passée entre un hôpital et une école paramédicale.* Une convention passée entre un CHR et une école de masseurs-kinésithérapeutes, aux termes de laquelle les élèves, en stage au CHR, sont directement rémunérés par l'établissement pour les soins qu'ils dispensent à ses patients, révèle un lien de droit direct entre le CHR et les stagiaires. Il s'ensuit que la décision de l'hôpital de ne plus recourir au service des moniteurs constitue un licenciement. • CE 18 mai 1994, *M. Pellegrini et a.*, nos 138693 et 13869 : *RDSS 1995. 105, obs. de Forges*.

4. *Convention d'utilisation privative d'un équipement hospitalier.* Les praticiens hospitaliers à temps partiel n'étant pas autorisés à exercer une activité libérale complémentaire au sein de l'établissement public de santé dans lequel ils exercent, ils ne peuvent signer une convention d'utilisation privative du scanographe de cet établissement, destinée à recevoir leur clientèle libérale. • CAA Lyon, 19 nov. 2002, *Viaud : JCP Adm. 2003, n° 2060, note Ghérardi.*

5. Objet de l'art. L. 6134-1. Les dispositions de l'art. L. 6134-1 n'ont pas pour objet de régir les conditions dans lesquelles un praticien libéral peut être autorisé à exercer une activité libérale au sein d'un centre hospitalier. • TA Caen, 14 mars 2008, *ARH de Basse-Normandie,* n° 0401697.

6. Limitation des formes juridiques de coopération entre établissements de santé. Des établissements de santé publics et privés ne peuvent constituer seuls, à l'exclusion de toute collectivité territoriale, une société d'économie mixte locale. • TA Poitiers, 19 déc. 2002, *ARH du Poitou-Charentes c/ CH de Royan,* n° 012778 : *JCP Adm. 2004, n° 1306, note Ghérardi.*

7. Coopération et responsabilité. Un centre hospitalier ne peut, pour s'exonérer de sa responsabilité pour défaut d'organisation du service, se prévaloir d'une convention de coopération conclue avec un autre centre hospitalier prévoyant que cet établissement cocontractant assume la responsabilité du fonctionnement d'un service hospitalier sur le plan médical. • CAA Nancy, 26 févr. 2004, *CHS de Rouffach,* n° 98NC02574. ♦ La mise à disposition au profit d'une clinique privée de deux praticiens hospitaliers, dans le cadre d'une convention spécifique, sans lien avec le fonctionnement du service public hospitalier, ne peut avoir d'incidence sur la nature privée des relations contractuelles existant entre la patiente et le médecin libéral qui a procédé à l'intervention, sous le contrôle et l'assistance des deux praticiens hospitaliers. La patiente n'est donc pas fondée à rechercher elle-même et directement, devant le juge administratif, la responsabilité du CHU ayant mis à disposition les deux praticiens. • CAA Nantes, 8 mars 2012, *CHU d'Angers,* n° 10NT01684.

8. Coopération hospitalière et respect des principes du service public. Aucune disposition législative ou réglementaire, relative à des actions de coopération entre les établissements publics de santé et des personnes de droit privé, à l'association de médecins au fonctionnement des établissements assurant le service public hospitalier et leur accès au plateau technique de ces établissements, ni les exigences du principe d'adaptabilité du service public, n'autorise les établissements public de santé à renoncer, par avance, à adapter le service public aux besoins, sans justification tirée de l'intérêt de la santé publique. • CAA Bordeaux, 29 mars 2005, *CH d'Oloron-Sainte-Marie,* n° 02BX00146. ♦ Sur la nullité de la convention de coopération conclue entre le centre hospitalier et des médecins libéraux, V. • CAA Bordeaux, 27 févr. 2007, *CH d'Oloron-Sainte-Marie,* n° 05BX00016. ♦ Solution confirmée par le Conseil d'État selon lequel aucune disposition législative ou réglementaire ni aucun principe n'autorise un centre hospitalier ou l'État à consentir à la réduction en volume d'activités de soins relevant de la mission de service public de l'établissement public de santé dans le seul but que l'installation dans ses locaux d'un équipement lourd de santé ne compromette pas l'activité d'établissements de santé privés ou de médecins libéraux, indépendamment de toute évaluation des besoins de santé de la population au regard de cette activité et de leur évolution, et ce alors même que ces établissements ou médecins participeraient au financement de cet équipement et l'utiliseraient. Au contraire, les dispositions de l'art. L. 6112-2 CSP imposent aux établissements qui concourent au service public hospitalier de garantir l'égal accès de tous aux soins qu'ils dispensent et d'être ouverts à toutes les personnes dont l'état requiert leurs services. • CE 14 mai 2008, *Nomblot et a.,* n° 305054 : *RDSS 2008. 777, obs. Cristol ; AJDA 2008. 966 ; JCP Adm. 2008. 2272, obs. Moquet-Anger.*

9. Coopération et fiscalité. Sur la soumission à l'impôt sur les sociétés d'un centre hospitalier à raison des bénéfices réalisés par un GIE, constitué entre ledit centre hospitalier et des radiologues libéraux pour l'exploitation d'un scanographe, dont la gestion n'a pu être regardée comme désintéressée, V. • CAA Douai, 14 déc. 2004, *CH de Beauvais,* n° 02DA00159.

10. Nature juridique du contrat de coopération liant un hôpital à un praticien hospitalier libéral. La convention de co-utilisation d'un équipement matériel lourd signée entre un centre hospitalier et un praticien hospitalier libéral a le caractère d'un contrat de droit public dès lors qu'elle prévoit expressément la participation du cocontractant du centre hospitalier à l'exécution du service public hospitalier. • TA Nice, 7 mai 2008, *M. Odiot c/ CHI de Toulon-La Seyne-sur-Mer,* n° 0504036.

11. Exploitation du système d'information hospitalier. Des établissements publics de santé peuvent coopérer par voie de simple convention pour l'exploitation d'un système d'information hospitalier dans la mesure où ce système participe aux missions qui leur sont imparties par le code de la santé publique. • TA Grenoble, 15 mai 2008, *Synd. nat. des industries d'information de santé,* n° 0404676.

12. Coopération internationale. Le juge administratif est compétent pour apprécier la légalité de la décision d'un centre hospitalier de passer avec des personnes morales de droit allemand un contrat de coopération régi par le droit étranger. • T. confl. 24 avr. 2006, *SCP des médecins Reichled et Sturtzer,* n° C3480 : *AJDA 2006. 2456, concl. Chauvaux ; Rev. dr. et santé 2006, n° 12, p. 377, obs. Sapède* • CE 10 janv. 2007, *SCP des médecins Reichled et Sturtzer,* n° 262964.

Art. L. 6134-2 Sont déterminées par décret en Conseil d'État les mesures réglementaires prévues au premier alinéa de l'article L. 6134-1, et, en tant que de besoin, les modalités d'application des autres dispositions de cet article. — *V. art. R. 6134-1 s.*

CHAPITRE V FÉDÉRATIONS MÉDICALES INTERHOSPITALIÈRES

Art. L. 6135-1 En vue du rapprochement d'activités médicales, deux ou plusieurs centres hospitaliers peuvent, *(Ord. nº 2010-177 du 23 févr. 2010, art. 4-7º)* « par décision conjointe de leurs directeurs prise » après avis de la commission médicale et du comité technique de chacun des établissements concernés, décider de regrouper *(Ord. nº 2005-1112 du 1er sept. 2005, art. 1er-III)* « certains de leurs pôles d'activité clinique ou médico-technique ou certaines des structures internes de ces pôles », en fédérations médicales interhospitalières, avec l'accord des responsables des structures susmentionnées.

(Ord. nº 2010-177 du 23 févr. 2010, art. 4-7º) « Cette décision définit » l'organisation, le fonctionnement et l'intitulé de la fédération. *(Ord. nº 2010-177 du 23 févr. 2010, art. 4-7º)* « Elle précise » notamment la nature et l'étendue des activités de la fédération, les modalités d'association des personnels des établissements concernés à ces activités ainsi que les conditions de désignation et le rôle du praticien hospitalier coordonnateur sous la responsabilité duquel elles sont placées. Le coordonnateur est assisté par une sage-femme, un cadre paramédical ou un membre du personnel soignant et par un membre du personnel administratif.

COMMENTAIRE

V. Commentaire reproduit sur Dalloz.fr.

TITRE QUATRIÈME ÉTABLISSEMENTS PUBLICS DE SANTÉ

BIBL. ▶ BONNICI, Régime administratif des établissements de santé, *Lamy droit de la santé, fasc. nº 213.* – Régime financier des établissements de santé, *Lamy droit de la santé, fasc. nº 214.* – CALMON, Établissements publics de santé, *in* « Droit médical et hospitalier », *Litec.* – CHOURY et GRIMAUD, La laïcité dans les établissements de santé, *ADSP, nº 95, juin 2016, p. 5.* – SAISON-DEMARS, Modernisation du système de santé : une gouvernance hospitalière à géométrie variable, *RDSS 2016. 633*. – L'hôpital public au début du XXIe siècle, *RDSS 2015, numéro Hors-série.* – COUTY, Le pacte de confiance pour l'hôpital, *Rapport, mars 2013.* VILLENEUVE, Le pacte de confiance pour l'hôpital ou l'esquisse de nouvelles réformes hospitalières, *JCP Adm. 2013. 312.* – PINEY et LALLEMAND, Une gouvernance hospitalière rénovée : analyse d'un président de CME et d'un directeur, *Rev. hosp. France, mai-juin 2012, nº 546, p. 58.* – BUGNON, La réforme de l'hôpital public, *RDP 2010, nº 1, p. 29* ; La loi HPST : une nouvelle répartition des pouvoirs au sein de la gouvernance hospitalière, *RGDM mars 2010, nº 34, p. 65.* – DEBROSSE, La nouvelle gouvernance hospitalière, *ADSP 2010, nº 72, p. 7.* – SAISON, Un patron à l'hôpital : mythe ou réalité, *AJDA 2010. 888*. – DUPONT, La nouvelle gouvernance des établissements publics de santé : l'aboutissement d'une longue mutation ?, *RDSS 2009. 791*. – EVIN, La nouvelle gouvernance de l'hôpital, *in* « la loi HPST, regards sur la réforme du système de santé », *Presses de l'EHESP, 2009, p. 85.* – LEMOYNE DE FORGES, L'apport de la loi HPST sur le fonctionnement et l'organisation des établissements publics de santé, *RGDM déc. 2009, nº 33, p. 51.* – PONTIER, Une réforme de l'hôpital sous le signe de la modernisation et de l'efficacité, *AJDA 2009. 2205*. – VIOUJAS, La « nouvelle nouvelle » gouvernance hospitalière après la loi HPST, *RGDM déc. 2009, nº 33, p. 69.*

CHAPITRE PREMIER ORGANISATION GÉNÉRALE

Art. L. 6141-1 *(L. nº 2009-879 du 21 juill. 2009, art. 8-I)* Les établissements publics de santé sont des personnes morales de droit public dotées de l'autonomie administrative et financière. Ils sont soumis au contrôle de l'État dans les conditions prévues par le présent titre. Leur objet principal n'est ni industriel ni commercial. *(L. nº 2016-41 du 26 janv. 2016, art. 104-1º)* « Ils sont dotés d'un statut spécifique, prévu notamment par le présent titre et par la loi nº 86-33 du 9 janvier 1986 portant dispositions statutaires relatives à la fonction publique hospitalière, qui tient compte en particulier de leur implantation locale et de leur rôle dans les stratégies territoriales pilotées par les collectivités territoriales. »

Le ressort des centres hospitaliers peut être communal, intercommunal, départemental, régional, interrégional ou national. Ils sont créés par décret lorsque leur ressort est national, interrégional ou régional et par arrêté du directeur général de l'agence régionale de santé dans les autres cas. *(Ord. nº 2010-331 du 25 mars 2010, art. 11)* **« A Saint-Barthélemy et à Saint-Martin, il est territorial. »**

(L. nº 2016-41 du 26 janv. 2016, art. 104-2º) **« Les collectivités territoriales participent à leur gouvernance. Elles sont étroitement associées à la définition de leurs stratégies afin de garantir le meilleur accès aux soins et la prise en compte des problématiques de santé dans les politiques locales. »**

Les établissements publics de santé sont dotés d'un conseil de surveillance et dirigés par un directeur assisté d'un directoire.

BIBL. ▶ VIOUJAS, Les établissements publics de santé sont des établissements publics de l'État, brèves considérations sur une révolution silencieuse, *JCP Adm. 2013, nº 2051.* – MAILLARD DESGRÉES DU LOÛ, La santé publique, les établissements de santé et les collectivités territoriales : les derniers développements, *AJDA 2006. 406*. – PELJAK, Pourquoi faut-il requalifier les hôpitaux publics en EPIC ?, *AJDA 2006. 1705*. – MOREAU, L'établissement public de santé, établissement public local, *in* Clés pour le siècle, *Dalloz 2000, p. 1625.* – VAREILLE, Faut-il modifier le rattachement communal des établissements d'hospitalisation publics ?, *RDSS 1987. 325.*

COMMENTAIRE

V. Commentaire reproduit sur Dalloz.fr.

Nature des relations patient/établissement et patient/médecin. Les patients d'un établissement public de santé ne sont placés dans une relation contractuelle ni avec l'établissement, ni, *a fortiori*, avec un praticien dudit établissement, sauf à ce que celui-ci exerce pour partie en secteur privé ; ils ne sont donc pas en droit d'exiger qu'un médecin plutôt qu'un autre les prenne en charge. • CAA Paris, 27 mai 2013, *M. B.*, nº 12PA01842.

Art. L. 6141-2 *(Abrogé par L. nº 2009-879 du 21 juill. 2009, art. 8-II)* ***« Les établissements publics de santé sont les centres hospitaliers et les hôpitaux locaux. »***

Les centres hospitaliers qui ont une vocation régionale liée à leur haute spécialisation et qui figurent sur une liste établie par décret sont dénommés centres hospitaliers régionaux ; ils assurent en outre les soins courants à la population proche.

Les centres hospitaliers régionaux ayant passé une convention au titre du chapitre II du présent titre avec une université comportant une ou plusieurs unités de formation et de recherche médicales, pharmaceutiques ou odontologiques sont dénommés centres hospitaliers universitaires.

COMMENTAIRE

V. Commentaire reproduit sur Dalloz.fr.

Notion de centre hospitalier universitaire. V. note ss. art. L. 6142-4.

Art. L. 6141-2-1 *(L. nº 2009-879 du 21 juill. 2009, art. 8-III)* **Les ressources des établissements publics de santé peuvent comprendre :**

1º Les produits de l'activité hospitalière et de la tarification sanitaire et sociale ;

2º Les subventions et autres concours financiers de l'État, des collectivités territoriales et de leurs groupements et de toute personne publique, ainsi que les dotations et *subventions des régimes* obligatoires de sécurité sociale ;

3º Les revenus de biens meubles ou immeubles et les redevances de droits de propriété intellectuelle ;

4º La rémunération des services rendus ;

5º Les produits des aliénations ou immobilisations ;

6º Les emprunts et avances *(L. nº 2010-1645 du 28 déc. 2010, art. 12-II)* **« , dans les limites et sous les réserves »** *(L. nº 2016-41 du 26 janv. 2016, art. 103-1º)* **« prévues à l'article L. 6145-16-1 » ;**

7º Les libéralités, dons, legs et leurs revenus ;

8º Toutes autres recettes autorisées par les lois et règlements en vigueur.

Art. L. 6141-3 **Les établissements publics de santé peuvent gérer des structures pour toxicomanes, financées dans les conditions fixées par l'article L. 3411-2.**

Art. L. 6141-4 Les centres hospitaliers régionaux définis à l'article L. 6141-2 peuvent comporter une unité chargée de donner avis et conseils spécialisés en matière de diagnostic, pronostic, traitement et éventuellement prévention des intoxications humaines, dénommée centre antipoison.

Les centres antipoison participent à l'aide médicale urgente telle qu'elle est définie à l'article L. 6311-1. *(Abrogé par L. nº 2016-41 du 26 janv. 2016, art. 171-5º-a) « Leurs missions et les moyens y afférents sont fixés par décret. » — V. art. D. 6141-37 s.*

(L. nº 2016-41 du 26 janv. 2016, art. 171-5º-b) « Ils apportent leur concours aux systèmes de vigilance. »

La liste nationale des centres hospitaliers régionaux comportant un centre antipoison est fixée par arrêté du ministre chargé de la santé.

(L. nº 2016-41 du 26 janv. 2016, art. 171-5º-c) « Leurs missions et les moyens y afférents sont fixés par décret. »

Art. L. 6141-5 Un ou plusieurs établissements publics de santé peuvent être spécifiquement destinés à l'accueil des personnes incarcérées *(L. nº 2008-174 du 25 févr. 2008, art. 8)* « ou des personnes faisant l'objet d'une rétention de sûreté ». Les dispositions des titres Ier, III et du présent titre sont adaptées par voie réglementaire aux conditions particulières de fonctionnement de ces établissements. Les dispositions du titre II ne leur sont pas applicables.

Le ministre de la justice affecte à ces établissements des personnels de direction et de surveillance ainsi que des personnels administratifs, sociaux, éducatifs et techniques, qui relèvent de l'administration pénitentiaire et demeurent soumis à leur statut particulier.

(L. nº 2008-174 du 25 févr. 2008, art. 8) « Dès lors qu'il existe un risque sérieux pour la sécurité des personnes au sein des établissements mentionnés au premier alinéa du présent article, les personnels soignants intervenant au sein de ces établissements et ayant connaissance de ce risque sont tenus de le signaler dans les plus brefs délais au directeur de l'établissement en lui transmettant, dans le respect des dispositions relatives au secret médical, les informations utiles à la mise en œuvre de mesures de protection.

« Les mêmes obligations sont applicables aux personnels soignants intervenant au sein des établissements pénitentiaires. »

(Ord. nº 2010-177 du 23 févr. 2010, art. 9-I-14º) « Les compétences de l'agence régionale de santé mentionnées aux articles L. 6114-1, L. 6143-3, L. 6143-3-1, L. 6143-4 et L. 6145-1 à L. 6145-5 du présent code et à l'article L. 162-22-13 du code de la sécurité sociale sont, en ce qui concerne ces établissements, exercées conjointement par le ministre de la justice et le ministre chargé de la santé. »

Art. L. 6141-6 Lorsqu'un service hospitalier de l'administration pénitentiaire est érigé en établissement public de santé, les dispositions du titre IV du statut général des fonctionnaires sont applicables aux fonctionnaires titulaires ou stagiaires de ce service qui y exercent des fonctions paramédicales, ainsi qu'aux agents contractuels exerçant les mêmes fonctions et occupant des emplois permanents à temps complet. Les conditions d'application du présent article sont fixées par voie réglementaire.

Art. L. 6141-7 Les établissements publics de santé sont soumis à un régime administratif, budgétaire, financier et comptable particulier, défini par le présent titre et précisé par voie réglementaire.

Les dispositions du code des marchés publics relatives à la passation des marchés sont adaptées, par voie réglementaire, aux conditions particulières de leur gestion.

BIBL. ▶ JOLIVET, Les nouveaux marchés globaux dans les établissements publics de santé, *Cah. dr. entr. nº 6, nov. 2016. 52.*

1. Sanction des infractions constituées dans le cadre de la gestion des établissements de santé. La Cour de discipline budgétaire et financière sanctionne les infractions constituées dans le cadre de la gestion des établissements hospitaliers, qu'il s'agisse, notamment, de la concomitance de plusieurs pratiques irrégulières ou d'une gestion déficiente ainsi qu'un défaut de suivi des effectifs rémunérés. • CDBF 9 déc. 2011, Groupe hospitalier Sud *Réunion*, nº 180-656 : *AJDA 2012. 1279, chron. Michaut et Sitbon* • CDBF 20 mars 2012, *CH de Marigot*, nº 181-587 : *ibid.*

2. Qualification des conventions ayant pour objet la mise à disposition de téléviseurs et de moyens de communication dans

les hôpitaux. Selon le Conseil d'État, le contrat ayant pour objet la mise à disposition des personnes hospitalisées d'abonnements de télévision, de téléphone et d'accès à internet constitue une convention de délégation de service public (et non un marché public), l'établissement public de santé ayant entendu confier à son cocontractant la gestion, sous son contrôle, du service public portant sur l'ensemble de la communication extérieure des patients, moyennant une rémunération assurée par les résultats de l'exploitation. • CE 7 mars 2014, *CHU Hôpitaux de Rouen*, n° 372897 : *Contrats Marchés publ. 2014, comm. 151, obs. Eckert ; AJDA 2014. 1497, note Hardy*. ♦ Le tribunal des conflits a, quant à lui, écarté la qualification de délégation de service public, le contrat ayant été conclu seulement pour les besoins d'un service public mais n'ayant pas pour objet de confier à son titulaire la gestion d'une partie du service public. • T. confl. 21 mai 2007, *Sté CODIAM*, n° 3609 : *AJDA 2008. 200, obs. Robbe ; Dr. adm. 2007. Comm. 100, obs. Méménis.* ♦ Les juges du fond ont, de leur côté, opté pour la qualification de marché public, la convention visant à satisfaire un besoin du pouvoir adjudicateur (en l'occurrence l'hôpital), dès lors que sa mission de service public hospitalier comprend notamment l'amélioration des conditions de séjour des malades et que la contrepartie des fournitures et des services est constituée par l'abandon des recettes tirées de la location des téléviseurs aux patients. • CAA Bordeaux, 6 févr. 2014, *CH d'Angoulême*, n° 13BX01407 : *Contrats Marchés publ. 2014, comm. 103, obs. Eckert.*

Art. L. 6141-7-1 *(Ord. n° 2017-47 du 19 janv. 2017, art. 1er)* **I. — La transformation d'un établissement public de santé résultant soit du changement de son ressort soit d'une fusion intervient dans les conditions définies respectivement au II et au III du présent article.**

II. — Le changement de ressort correspond à une diminution ou une extension du ressort de l'établissement public de santé tel que défini au deuxième alinéa de l'article L. 6141-1.

Le directeur de l'établissement public devant faire l'objet d'un changement de ressort prend toutes les décisions nécessaires à la mise en œuvre de ce changement.

Le changement de ressort d'un établissement public de santé est décidé, en fonction du ressort qui en résultera, soit par arrêté du directeur général de l'agence régionale de santé, soit par décret. La décision détermine la date du changement de ressort et en complète, en tant que de besoin, les modalités.

III. — La fusion entre deux ou plusieurs établissements publics de santé s'effectue soit par la création d'une nouvelle personne morale, soit par le maintien de la personnalité morale de l'un des établissements partie à la fusion. Cette fusion est réalisée à l'initiative des établissements partie à la fusion ou à la demande du directeur général de l'agence régionale de santé conformément à l'article L. 6131-2.

La fusion de plusieurs établissements publics de santé entraîne le transfert à titre gratuit de l'ensemble des biens, droits et obligations à l'établissement issu de la fusion. Ces transferts de biens, droits et obligations ne donnent lieu à aucune indemnité, taxe, contribution prévue à l'article 879 du code général des impôts ou honoraire.

Les décisions nécessaires à la mise en place de l'établissement issu de la fusion sont prises conjointement par les directeurs des établissements qui fusionnent, après que les conseils de surveillance de ces établissements se sont prononcés en application du 4° de l'article L. 6143-1 et après information des instances représentatives du personnel et du ou des comités stratégiques des groupements hospitaliers de territoire concernés.

Le directeur général de l'agence régionale de santé fixe les conditions dans lesquelles les autorisations prévues au chapitre VI du titre II du livre Ier de la cinquième partie et au chapitre II du titre II du livre Ier de la sixième partie du présent code, détenues par les établissements qui fusionnent, ainsi que les meubles et immeubles de leur domaine public et privé sont transférés à l'établissement issu de la fusion et atteste des transferts de propriété immobilière en vue de leur publication au fichier immobilier.

Les structures créées en application de l'article L. 6146-1 et les contrats conclus en application de l'article L. 6146-2 dans chaque établissement concerné avant la fusion sont transférés dans l'établissement qui en est issu. Il en va de même des emplois afférents aux structures considérées, créés avant l'intervention de la fusion.

Les procédures de recrutement et d'avancement, en cours avant la fusion, peuvent être valablement poursuivies dans l'établissement qui en est issu.

La fusion des établissements publics de santé est décidée, en fonction du ressort de l'établissement qui en est issu, soit par arrêté du directeur général de l'agence régio-

nale de santé, soit par décret dans des conditions définies par voie réglementaire. La décision détermine la date de fusion, le nom et le siège de l'établissement et en complète, en tant que de besoin, les modalités.

Obligation de consultation en cas de fusion d'établissements. Si une opération de fusion d'établissements de santé doit faire l'objet d'une consultation du comité d'hygiène, de sécurité et des conditions de travail (CHSCT) lorsqu'elle modifie par elle-même les conditions de travail, notamment en cas de transformation importante des postes de travail, un décret, qui se borne à créer un nouveau centre hospitalier régional par fusion de trois centres hospitaliers, à fixer son siège au siège de l'un des trois centres initiaux et à transférer les droits et obligations des deux autres établissements au nouveau centre, ne modifie pas, par lui-même, les conditions de travail des personnels concernés. • CE 17 juin 2014, *Synd. autonome de la santé en Martinique et a.*, n° 363216 : *Lebon T. ; AJDA 2014. 1294* • 17 juin 2014, *Collectif santé innovation Sud Réunion*, n° 354921.

Art. L. 6141-7-2 *Abrogé par Ord. n° 2017-46 du 19 janv. 2017, art. 2.*

Art. L. 6141-7-3 *(L. n° 2009-879 du 21 juill. 2009, art. 8-IV)* **Les établissements publics de santé peuvent créer une ou plusieurs fondations hospitalières, dotées de la personnalité morale, résultant de l'affectation irrévocable à l'établissement intéressé de biens, droits ou ressources apportés par un ou plusieurs fondateurs pour la réalisation d'une ou *[de]* plusieurs œuvres ou activités d'intérêt général et à but non lucratif, afin de concourir aux *(Ord. n° 2017-31 du 12 janv. 2017, art. 1er-10°)* « activités » de recherche mentionnées à l'article *(Ord. n° 2017-31 du 12 janv. 2017, art. 1er-10°)* « L. 6111-1 ».**

(L. n° 2011-940 du 10 août 2011, art. 20-1°) **« Les statuts des fondations hospitalières sont approuvés par décret. Ils définissent les conditions dans lesquelles une partie de la dotation peut être affectée à l'activité de la fondation. »**

Ces fondations disposent de l'autonomie financière.

Les règles applicables aux fondations d'utilité publique, prévues notamment par la loi n° 87-571 du 23 juillet 1987 sur le développement du mécénat, s'appliquent aux fondations hospitalières sous réserve des dispositions du présent article.

(L. n° 2011-940 du 10 août 2011, art. 20-2°) **« La fondation hospitalière est administrée par un conseil d'administration composé de représentants des établissements publics fondateurs. Les statuts peuvent en outre prévoir la présence de personnalités qualifiées. La fondation est soumise au contrôle du directeur général de l'agence régionale de santé.**

« Un décret en Conseil d'État détermine les modalités d'application du présent article. »

COMMENTAIRE

V. Commentaire reproduit sur Dalloz.fr.

Art. L. 6141-8 **Sont déterminées par décret en Conseil d'État les mesures réglementaires prévues aux articles L. 6141-1, L. 6141-2, L. 6141-6, L. 6141-7 et, sauf dispositions contraires et en tant que de besoin, les modalités d'application des autres dispositions du présent chapitre.** – *[Anc. art. L. 716-9].*

CHAPITRE II ORGANISATION HOSPITALIÈRE ET UNIVERSITAIRE

Art. L. 6142-1 *(L. n° 2002-73 du 17 janv. 2002, art. 65-I)* **« Les centres hospitaliers et universitaires sont des centres de soins où, dans le respect des malades, sont organisés les enseignements publics médical et pharmaceutique et post-universitaire, ainsi que, sans préjudice des attributions des autres établissements de recherche et d'enseignement, la recherche médicale et pharmaceutique » et les enseignements paramédicaux.**

Ils sont aménagés conformément **à la mission ainsi définie.**

COMMENTAIRE

V. Commentaire reproduit sur Dalloz.fr.

Art. L. 6142-2 **Comme il est dit à l'article L. 632-1 du code de l'éducation, ci-après reproduit :**

Art. L. 632-1 Les études médicales théoriques et pratiques sont organisées par les unités de formation et de recherche de médecine. Elles doivent permettre aux étudiants de participer effectivement à l'activité hospitalière.

Sous réserve des dispositions de l'article L. 632-2, le régime des études médicales et post-universitaires ainsi que l'organisation de la recherche sont fixés par arrêtés du ministre chargé de l'enseignement supérieur et du ministre chargé de la santé. En ce qui concerne la recherche, ces arrêtés sont également signés par les ministres intéressés.

COMMENTAIRE

V. Commentaire reproduit sur Dalloz.fr

Art. L. 6142-3 **Dans les villes sièges d'unités de formation et de recherche de médecine** *(L. n° 2002-73 du 17 janv. 2002, art. 65-I)* **« et de pharmacie », les universités, pour ce qui concerne ces unités, et les centres hospitaliers régionaux organisent conjointement l'ensemble de leurs services en centres hospitaliers et universitaires.**

Les universités et les centres hospitaliers régionaux conservent leur personnalité juridique et leurs organes d'administration respectifs ; ils sont tenus de conclure des conventions pour préciser *(L. n° 2009-879 du 21 juill. 2009, art. 34)* **« les axes stratégiques et les modalités de mise en œuvre de la politique hospitalo-universitaire entre l'université et le centre hospitalier régional.**

« Ces conventions sont élaborées en cohérence avec les contrats pluriannuels d'objectifs et de moyens mentionnés à l'article L. 6114-1, les projets d'établissement mentionnés à l'article L. 6143-2, les contrats pluriannuels d'établissement mentionnés à l'article L. 711-1 du code de l'éducation et les contrats de projets État-régions.

« Elles portent en particulier sur la politique de recherche impliquant la personne humaine de l'université et les modalités de son déploiement au sein du centre hospitalier et universitaire et les modalités de participation du centre hospitalier régional et le cas échéant des autres établissements de soins à l'enseignement universitaire et post-universitaire.

« Des établissements de santé ainsi que des établissements publics à caractère scientifique et technologique ou autres organismes de recherche peuvent être associés à ces conventions pour tout ou partie de leurs clauses.

« Ces conventions sont révisées tous les cinq ans. »

Les législations et réglementations universitaires et hospitalières restent respectivement applicables à ces centres, chacune dans son domaine propre, sous réserve des dérogations prévues par le présent chapitre et ses textes d'application.

COMMENTAIRE

V. Commentaire reproduit sur Dalloz.fr

Art. L. 6142-4 **Dans le ressort d'une même académie, deux ou plusieurs centres hospitaliers régionaux ont la possibilité de passer convention avec la ou les universités de cette académie, pour la constitution d'un centre hospitalier et universitaire unique.** — *[Anc. art. L. 711-15].*

Notion de centre hospitalier universitaire. Deux centres hospitaliers (Montpellier et Nîmes) liés à l'Université de Montpellier par une convention unique constituent avec cette université un CHU unique. • CE 10 janv. 1996, *CHR de Nîmes*, n° 165000 : *Lebon T. 1166*.

Art. L. 6142-5 **Des conventions peuvent être conclues par les universités et par les centres hospitaliers régionaux, agissant conjointement, avec d'autres établissements de santé ou organismes publics ou privés susceptibles d'être associés aux diverses missions définies à l'article L. 6142-1.** — *[Anc. art. 6, Ord. n° 58-1373].*

Art. L. 6142-6 *Abrogé par Ord. n° 2010-177 du 23 févr. 2010, art. 6-I-6°.*

Art. L. 6142-7 **Comme il est dit au I de l'article L. 713-4 du code de l'éducation, ainsi reproduit :**

Art. L. 713-4 *(L. n° 2007-1199 du 10 août 2007, art. 15)* I. — Par dérogation aux articles L. 712-2, L. 712-3 *(L. n° 2013-660 du 22 juill. 2013, art. 54-1°-a)* « et L. 712-6-1 », les unités de formation et de recherche de médecine, de pharmacie *(L. n° 2013-660 du 22 juill. 2013, art. 54-1°-a)* « , d'odontologie et de maïeutique » ou, à défaut, les *(L. n° 2013-660 du 22 juill. 2013, art. 54-1°-a)* « composantes » qui assurent ces formations concluent, conjointement avec les centres hospitaliers régionaux, conformément aux articles L. 713-5 et L. 713-6, et, le cas échéant, avec les centres de lutte contre le cancer *(L. n° 2013-660 du 22 juill. 2013, art. 54-1°-a)* « et les établissements de santé privés à but non lucratif », conformément à l'article L. 6142-5 du code de la santé publique, les conventions qui ont pour objet de déterminer la structure et les modalités de fonctionnement du centre hospitalier et universitaire. Elles respectent les orientations stratégiques de l'université définies dans le contrat pluriannuel d'établissement, notamment dans le domaine de la *(L. n° 2012-300 du 5 mars 2012, art. 1er-X)* « recherche impliquant la personne humaine ».

Le directeur de l'unité ou *(L. n° 2013-660 du 22 juill. 2013, art. 54-1°-b)* « de la composante » a qualité pour signer ces conventions au nom de l'université.

Ces conventions ne peuvent être exécutées qu'après avoir été approuvées par le président de l'université et votées par le conseil d'administration de l'université.

Le président de l'université peut déléguer sa signature au directeur pour ordonnancer les recettes et les dépenses de l'unité de formation et de recherche ou *(L. n° 2013-660 du 22 juill. 2013, art. 54-1°-b)* « de la composante ».

Les emplois du personnel enseignant et hospitalier des centres hospitaliers et universitaires sont affectés dans le respect des dispositions de l'article L. 952-21.

La révision des effectifs enseignants et hospitaliers prend en compte les besoins de santé publique, d'une part, et d'enseignement et de recherche, d'autre part.

Art. L. 6142-8 Comme il est dit à l'article L. 633-1 du code de l'éducation, ci-après reproduit :

Art. L. 633-1 *(L. n° 2002-73 du 17 janv. 2002, art. 64)* « Les études pharmaceutiques théoriques et pratiques sont organisées par les unités de formation et de recherche de sciences pharmaceutiques ou, le cas échéant, par les unités de formation et de recherche médicales et pharmaceutiques. Elles doivent permettre aux étudiants de participer effectivement à l'activité hospitalière ».

Les conventions mentionnées à l'article L. 6142-3 du code de la santé publique, cité à l'article L. 713-5 du présent code, fixent les modalités selon lesquelles les étudiants en pharmacie peuvent effectuer des stages dans les pharmacies à usage intérieur et dans les laboratoires de biologie du centre hospitalier universitaire.

Le directeur de l'unité de formation et de recherche de sciences pharmaceutiques et, dans le cas d'unités de formation et de recherche mixtes, médicales et pharmaceutiques, soit le directeur, soit, lorsque celui-ci n'est pas pharmacien, l'enseignant responsable de la section de pharmacie, sont habilités à proposer les conditions dans lesquelles les enseignements sont organisés par les unités de formation et de recherche de médecine et de sciences pharmaceutiques.

Les conditions d'application du présent article sont déterminées par décret.

Art. L. 6142-9 *Abrogé par L. n° 2002-73 du 17 janv. 2002, art. 65-I-3°.*

Art. L. 6142-10 Lorsque l'association d'une ou plusieurs structures médicales, pharmaceutiques ou odontologiques des établissements publics de santé ou d'un autre organisme public aux missions d'un centre hospitalier et universitaire définies à l'article L. 6142-1 s'avère indispensable, et que cet établissement ou organisme refuse de conclure une convention en application de l'article L. 6142-5, il peut être mis en demeure de le faire par décision conjointe des ministres chargés de l'enseignement supérieur et de la santé.

Cette décision impartit un délai pour la conclusion de la convention ; passé ce délai, les mesures nécessaires peuvent être imposées à l'établissement ou à l'organisme par *voie réglementaire. — [Anc. art. L. 711-13].*

Art. L. 6142-11 *(L. n° 2002-73 du 17 janv. 2002, art. 65-I-4° ; L. n° 2011-940 du 10 août 2011, art. 47-I-9°)* « Les difficultés qui s'élèvent à l'occasion de la conclusion ou de l'application des conventions prévues à l'article L. 6142-3 sont examinées par une commission comprenant le représentant de l'État dans le département, président, le directeur de l'unité de formation et de recherches médicales ou pharmaceutiques ou, lorsqu'il existe un comité de coordination de l'enseignement médical ou pharmaceutique, le président de ce comité et le médecin ou le pharmacien désigné par le directeur général de l'agence régionale de santé ».

A défaut d'accord intervenu devant cette commission, il est statué par décision commune des ministres de l'enseignement supérieur et de la santé, dans les conditions déterminées par voie réglementaire.

Art. L. 6142-12 *(L. n° 2002-73 du 17 janv. 2002, art. 65-I-5°)* « Lorsque la commission mentionnée à l'article L. 6142-11 se réunit pour régler des difficultés nées à l'occasion de la mise en œuvre des dispositions relatives à l'enseignement de la pharmacie et de la biologie dispensé aux étudiants en pharmacie dans les pharmacies à usage intérieur et laboratoires du centre hospitalier régional faisant partie du centre hospitalier et universitaire », le directeur de l'unité de formation et de recherche de sciences pharmaceutiques ou, dans le cas d'unités de formation et de recherche mixtes, médicales et pharmaceutiques, soit le directeur, soit, lorsque celui-ci n'est pas pharmacien, l'enseignant responsable de la section de pharmacie, est entendu par ladite commission.

A défaut d'accord intervenu entre la commission et le directeur de l'unité de formation et de recherche de sciences pharmaceutiques ou l'enseignant responsable de la section de pharmacie dans les deux mois qui suivent la réunion de la commission, les ministres chargés de l'enseignement supérieur et de la santé statuent au vu de l'avis émis par une Commission nationale élue dont la composition est fixée par voie réglementaire.

Art. L. 6142-13 *(Ord. n° 2005-406 du 2 mai 2005, art. 9)* Dans chaque centre hospitalier et universitaire, il est créé un comité de la recherche en matière biomédicale et de santé publique consulté sur des matières déterminées par voie réglementaire, notamment sur les conditions dans lesquelles l'établissement organise sa politique de recherche conjointement avec les universités et avec les établissements publics scientifiques et technologiques ou autres organismes de recherche ayant passé une convention d'association au fonctionnement du centre hospitalier universitaire dans les conditions prévues à l'article L. 6142-5.

Art. L. 6142-14 Comme il est dit à l'article L. 713-6 du code de l'éducation ci-après reproduit :

Art. L. 713-6 Les charges financières résultant de l'application des articles L. 632-1, L. 713-5, L. 952-21 à L. 952-23 sont supportées en totalité en ce qui concerne l'enseignement public médical *(L. n° 2002-73 du 17 janv. 2002, art. 65)* « pharmaceutique » et post-universitaire, par le budget du ministère de l'éducation nationale. En ce qui concerne la recherche médicale *(L. n° 2002-73 du 17 janv. 2002, art. 65)* « et pharmaceutique », les charges incombant à l'État sont réparties entre ce budget et celui du ministère chargé de la santé.

Art. L. 6142-15 Un haut comité hospitalo-universitaire est placé auprès des ministres de l'enseignement supérieur et de la santé.

Art. L. 6142-16 Sont déterminées par décret :

1° *(L. n° 2002-73 du 17 janv. 2002, art. 65-I-7°)* « Les conditions et modalités d'application de l'article L. 6142-12 » ;

2° La composition, les règles de fonctionnement et les questions sur lesquelles le haut comité hospitalo-universitaire est consulté ;*[.]*

Art. L. 6142-17 Sont déterminées par décret en Conseil d'État, les modalités d'application des dispositions du présent chapitre, à l'exception de celles fixées à l'article L. 6142-16 et notamment :

1° Les conditions dans lesquelles certains *(Ord. n° 2010-177 du 23 févr. 2010, art. 4-9°)* « pôles d'activité, structures internes ou » personnels médicaux des établissements de santé mentionnés à l'article L. 6142-3 peuvent être maintenus partiellement ou totalement en dehors de l'application du présent chapitre ;

2° Les conditions dans lesquelles sont établies les conventions prévues aux articles L. 6142-3 et L. 6142-5 ;

3° Les conditions dans lesquelles les dépenses d'enseignement et de recherches qui ne peuvent être isolées dans *(Ord. n° 2005-406 du 2 mai 2005, art. 13-II)* « l'état des prévisions de recettes et de dépenses » des établissements de santé font l'objet d'un versement forfaitaire du ministère de l'enseignement supérieur ;

4° Les conditions dans lesquelles certaines dispositions du présent chapitre sont rendues applicables aux études dentaires et aux chirurgiens-dentistes, ainsi qu'aux pharmaciens pour certaines disciplines biologiques ;

5° *(L. n° 2002-73 du 17 janv. 2002, art. 64-II et 65-I-8° et 9°)* « Les conditions dans lesquelles certaines dispositions du présent chapitre peuvent être rendues applicables aux études pharmaceutiques et aux pharmaciens, notamment les mesures transitoires nécessaires et les modalités du recrutement commun initial, hospitalier et universitaire, ainsi que les conditions dans lesquelles les enseignants des unités de formation de recherche de pharmacie ayant à la fois des fonctions hospitalières et universitaires peuvent demander à être intégrés dans le nouveau corps ou à conserver le régime du corps auquel ils appartiennent. »

CHAPITRE III CONSEIL DE SURVEILLANCE, DIRECTEUR ET DIRECTOIRE *(L. n° 2009-879 du 21 juill. 2009, art. 9-I).*

COMMENTAIRE

V. Commentaire reproduit sur Dalloz.fr.

Art. L. 6143-1 *(L. n° 2009-879 du 21 juill. 2009, art. 9-II)* Le conseil de surveillance se prononce sur la stratégie et exerce le contrôle permanent de la gestion de l'établissement. Il délibère sur :

1° Le projet d'établissement mentionné à l'article L. 6143-2 ;

2° La convention constitutive des centres hospitaliers universitaires et les conventions passées en application de l'article L. 6142-5 ;

3° Le compte financier et l'affectation des résultats ;

4° *(Abrogé par L. n° 2016-41 du 26 janv. 2016, art. 107-I-4°-a) « Toute mesure relative à la participation de l'établissement à une communauté hospitalière de territoire dès lors qu'un centre hospitalier universitaire est partie prenante ainsi que »* Tout projet tendant à la fusion avec un ou plusieurs établissements publics de santé ;

5° Le rapport annuel sur l'activité de l'établissement présenté par le directeur ;

6° Toute convention intervenant entre l'établissement public de santé et l'un des membres de son directoire ou de son conseil de surveillance ;

7° Les statuts des fondations hospitalières créées par l'établissement.

Il donne son avis sur :

— la politique d'amélioration continue de la qualité, de la sécurité des soins et de la gestion des risques ainsi que les conditions d'accueil et de prise en charge des usagers ;

— les acquisitions, aliénations, échanges d'immeubles et leur affectation, les baux de plus de dix-huit ans, les baux emphytéotiques et les contrats de partenariat mentionnés *(L. n° 2011-267 du 14 mars 2011, art. 96-II)* « à l'article L. 6148-2 » ;

— le règlement intérieur de l'établissement ;

(L. n° 2016-41 du 26 janv. 2016, art. 107-I-4°-b) « — la participation de l'établissement à un groupement hospitalier de territoire ; »

(L. n° 2015-990 du 6 août 2015, art. 177-1°) « 8° Les prises de participation et les créations de filiales mentionnées à l'article L. 6145-7. »

Le conseil de surveillance communique au directeur général de l'agence régionale de santé ses observations sur le rapport annuel présenté par le directeur et sur la gestion de l'établissement.

A tout moment, le conseil de surveillance opère les vérifications et les contrôles qu'il juge opportuns et peut se faire communiquer les documents qu'il estime nécessaires à l'accomplissement de sa mission.

Si les comptes de l'établissement sont soumis à certification en application de l'article L. 6145-16, le conseil de surveillance nomme, le cas échéant, le commissaire aux comptes.

Le conseil de surveillance entend le directeur sur l'état des prévisions de recettes et de dépenses ainsi que sur le programme d'investissement.

COMMENTAIRE

V. Commentaire reproduit sur Dalloz.fr.

Jurisprudence rendue sous l'empire de l'ancien art. L. 6143-1.

A. COMPÉTENCES RESPECTIVES DU DIRECTEUR ET DU CONSEIL D'ADMINISTRATION

1. Compétence du directeur. La passation des marchés conclus en vue de l'équipement des établissements relève de la compétence du directeur ; ce dernier est donc seul compétent pour déclarer infructueux un appel d'offre, cette décision pouvant, par ailleurs, être attaquée devant le juge de l'excès de pouvoir. • CE 10 oct. 1984, *Cie gén. de constructions téléphoniques*, n° 16234 : *Lebon 322*.

2. Compétence du conseil d'administration. La décision de fermeture d'un service d'un établissement public de santé participe de la politique générale de cet établissement et de l'organisation de celui-ci. En conséquence, elle relève des compétences dévolues à son conseil d'administration. • TA Poitiers, 15 févr. 2007, *Joly c/ CH de Royan*, n° 0502146. ♦ Sur la compétence du conseil d'administration en matière d'adoption de l'état prévisionnel des recettes et des dépenses, V. • TA Caen, 3 oct. 2006, *Cne de Granville*, n° 0601073.

B. ABSENCE DE DÉLIBÉRATION DU CONSEIL D'ADMINISTRATION

3. Nomination sur un emploi n'ayant pas préalablement été créé. Le recrutement irrégulier d'un directeur adjoint, sans création préalable, par délibération du conseil d'administration de l'établissement, de l'emploi, n'interdit pas à cette instance de créer postérieurement cet emploi pour régulariser la situation dès lors que l'intéressé exerce effectivement ses fonctions. • CE 17 janv. 2011, *M. Bernard A.*, n° 334513 : *AJDA 2011. 73*.

Art. L. 6143-2 *(Ord. n° 2005-406 du 2 mai 2005, art. 1er-III ; L. n° 2009-879 du 21 juill. 2009, art. 33)*. **Le projet d'établissement définit, notamment sur la base du projet médical, la politique générale de l'établissement. Il prend en compte les objectifs de formation et de recherche définis conjointement avec l'université dans la convention prévue à l'article L. 6142-3 du présent code et à l'article L. 713-4 du code de l'éducation. Il comporte un projet de prise en charge des patients en cohérence avec le projet médical et le projet de soins infirmiers, de rééducation et médico-techniques, ainsi qu'un** *(L. n° 2016-41 du 26 janv. 2016, art. 101)* **« projet psychologique et un » projet social. Le projet d'établissement, qui doit être compatible avec les objectifs du** *(Ord. n° 2018-21 du 17 janv. 2018, art. 1er)* **« schéma régional ou interrégional de santé », définit** *(Abrogé par Ord. n° 2018-21 du 17 janv. 2018, art. 1er)* **« , *dans le cadre des territoires de santé,* » la politique de l'établissement en matière de participation aux réseaux de santé mentionnés à l'article L. 6321-1 et d'actions de coopération mentionnées au titre III du présent livre. Il prévoit les moyens d'hospitalisation, de personnel et d'équipement de toute nature dont l'établissement doit disposer pour réaliser ses objectifs.** *(Abrogé par L. n° 2009-879 du 21 juill. 2009, art. 10-III)* **« *Il comprend également les programmes d'investissement et le plan global de financement pluriannuel.* »** *(L. n° 2016-41 du 26 janv. 2016, art. 69-I-16°)* **« Dans les établissements désignés pour assurer la mission de psychiatrie de secteur en application de l'article L. 3221-4, il précise les modalités d'organisation de cette mission au sein de la zone d'intervention qui lui a été affectée. »**

Le projet d'établissement est établi pour une durée maximale de cinq ans. Il peut être révisé avant ce terme.

COMMENTAIRE

V. Commentaire reproduit sur Dalloz.fr.

Art. L. 6143-2-1 *(L. n° 2002-73 du 17 janv. 2002, art. 1er-II)* **Le projet social définit les objectifs généraux de la politique sociale de l'établissement ainsi que les mesures permettant la réalisation de ces objectifs. Il porte notamment sur la formation,** *(L. n° 2016-41 du 26 janv. 2016, art. 195-2°)* **« le dialogue interne au sein des pôles dont le droit d'expression des personnels et sa prise en compte, » l'amélioration des conditions de travail, la gestion prévisionnelle et prospective des emplois et des qualifications et la valorisation des acquis professionnels.**

Le projet social est négocié par le directeur et les organisations syndicales *(L. n° 2010-751 du 5 juill. 2010, art. 25-II)* **« représentées au sein du comité technique d'établissement ».**

Le comité technique d'établissement est chargé de suivre, chaque année, l'application du projet social et en établit le bilan à son terme.

COMMENTAIRE

V. Commentaire reproduit sur Dalloz.fr.

Art. L. 6143-2-2 *(L. n° 2005-370 du 22 avr. 2005)* **Le projet médical comprend un volet "activité palliative des** *(Ord. n° 2010-177 du 23 févr. 2010, art. 4-10°)* **« pôles ou structures internes »". Celui-ci identifie les** *(Ord. n° 2010-177 du 23 févr. 2010, art. 4-10°)* **« pôles ou structures internes » de l'établissement au sein desquels sont dispensés des soins palliatifs. Il précise les mesures qui doivent être prises en application des dispositions du contrat pluriannuel mentionné aux articles L. 6114-1 et L. 6114-2.**

Art. L. 6143-3 *(L. n° 2009-879 du 21 juill. 2009, art. 10-V)* **Le directeur général de l'agence régionale de santé demande à un établissement public de santé de présenter un plan de redressement, dans le délai qu'il fixe, compris entre un et trois mois, dans l'un des cas suivants :**

1° Lorsqu'il estime que la situation financière de l'établissement l'exige ;

2° Lorsque l'établissement présente une situation de déséquilibre financier répondant à des critères définis par décret.

Les modalités de retour à l'équilibre prévues par ce plan donnent lieu à la signature d'un avenant au contrat pluriannuel d'objectifs et de moyens.

COMMENTAIRE

V. Commentaire reproduit sur Dalloz.fr.

Art. L. 6143-3-1 *(L. n° 2009-879 du 21 juill. 2009, art. 10-V)* **Par décision motivée et pour une durée n'excédant pas douze mois, le directeur général de l'agence régionale de santé place l'établissement public de santé sous administration provisoire** *(Abrogé par Ord. n° 2017-46 du 19 janv. 2017, art. 2) « soit de conseillers généraux des établissements de santé désignés dans les conditions prévues à l'article L. 6141-7-2, »* **soit d'inspecteurs du corps de l'inspection générale des affaires sociales ou de l'inspection générale des finances, soit de personnels de direction des établissements mentionnés** *(Ord. n° 2017-10 du 5 janv. 2017, art. 1er-III-2°)* **« aux 1° et 2° de l'article 2 » de la loi n° 86-33 du 9 janvier 1986 portant dispositions statutaires relatives à la fonction publique hospitalière, soit de toutes autres personnalités qualifiées, désignés par le ministre chargé de la santé,** *(L. n° 2011-940 du 10 août 2011, art. 61)* **« en cas de manquement grave portant atteinte à la sécurité des patients ou » lorsque, après qu'il a mis en œuvre la procédure prévue à l'article L. 6143-3, l'établissement ne présente pas de plan de redressement dans le délai requis, refuse de signer l'avenant au contrat pluriannuel d'objectifs et de moyens ou n'exécute pas le plan de redressement, ou lorsque le plan de redressement ne permet pas de redresser la situation de l'établissement.**

Le directeur général de l'agence peut au préalable saisir la chambre régionale des comptes en vue de recueillir son avis sur la situation financière de l'établissement et, le cas échéant, ses propositions de mesures de redressement. La chambre régionale des comptes se prononce dans un délai de deux mois après la saisine.

Pendant la période d'administration provisoire, les attributions du conseil de surveillance et du directeur, ou les attributions de ce conseil ou du directeur, sont assurées par les administrateurs provisoires. Le cas échéant, un des administrateurs provisoires, nommément désigné, exerce les attributions du directeur. Le directeur de l'établissement est alors placé en recherche d'affectation auprès du Centre national de gestion mentionné à l'article 116 de la loi n° 86-33 du 9 janvier 1986 précitée, sans que l'avis de la commission administrative compétente soit requis. Ce placement en recherche d'affectation peut être étendu à d'autres membres du personnel de direction ou à des directeurs des soins. Le directeur général de l'agence peut en outre décider la suspension du directoire. Les administrateurs provisoires tiennent le conseil de surveillance et le directoire régulièrement informés des mesures qu'ils prennent.

Deux mois au moins avant la fin de leur mandat, les administrateurs provisoires remettent un rapport de gestion au directeur général de l'agence. Au vu de ce rapport,

ce dernier peut décider de mettre en œuvre les mesures prévues aux articles L. 6131-1 et suivants. Il peut également proroger l'administration provisoire pour une durée maximum de douze mois. A défaut de décision en ce sens avant la fin du mandat des administrateurs, l'administration provisoire cesse de plein droit.

Les conseillers généraux des établissements de santé nommés avant la date d'entrée en vigueur de l'Ord. n° 2017-46 du 19 janv. 2017 demeurent régis par les dispositions antérieures de l'art. L. 6141-7-2 CSP, dans la limite de la durée totale de fonctions fixée par le statut d'emploi prévu audit article. Ils peuvent en outre, dans la même limite, exercer des fonctions d'administrateur provisoire dans les conditions prévues à l'art. L. 6143-3-1 dans sa rédaction antérieure à l'entrée en vigueur de la présente ordonnance (Ord. préc., art. 3).

COMMENTAIRE

V. Commentaire reproduit sur Dalloz.fr.

Art. L. 6143-3-2 *(L. n° 2009-879 du 21 juill. 2009, art. 10-IV)* **Toute convention entre l'établissement public de santé et l'un des membres de son directoire ou de son conseil de surveillance fait l'objet d'une délibération du conseil de surveillance.**

Il en est de même des conventions auxquelles l'une de ces personnes est indirectement intéressée ou dans lesquelles elle traite avec l'établissement par personne interposée.

A peine de révocation de ses fonctions au sein de l'établissement, la personne intéressée est tenue, avant la conclusion de la convention, de déclarer au conseil de surveillance qu'elle se trouve dans une des situations mentionnées ci-dessus.

Art. L. 6143-4 *(L. n° 2009-879 du 21 juill. 2009, art. 10-V)* **Les délibérations du conseil de surveillance mentionnées à l'article L. 6143-1 et les actes du directeur mentionnés à l'article L. 6143-7 sont exécutoires sous réserve des conditions suivantes :**

1° Les délibérations du conseil de surveillance mentionnées aux 2°, 5° *(L. n° 2015-990 du 6 août 2015, art. 177-2°)* **« , 7° et 8° » de l'article L. 6143-1 sont exécutoires si le directeur général de l'agence régionale de santé ne fait pas opposition dans les deux mois qui suivent soit la réunion du conseil de surveillance s'il y a assisté, soit la réception de la délibération dans les autres cas. Les délibérations mentionnées au 3° du même article sont exécutoires de plein droit dès réception par le directeur général de l'agence régionale de santé ;**

2° Les décisions du directeur mentionnées aux 1° à 10° et 12° à *(Ord. n° 2010-177 du 23 févr. 2010, art. 26-36°)* **« 16° » de l'article L. 6143-7 sont exécutoires de plein droit dès réception par le directeur général de l'agence régionale de santé, à l'exception des décisions mentionnées aux 1° et 5° du même article ;**

(L. n° 2014-1653 du 29 déc. 2014, art. 27-I-1°) **« 2° *bis* L'état des prévisions de recettes et de dépenses, à l'exclusion des annexes, ainsi que le plan global de financement pluriannuel, mentionnés au 5° de l'article L. 6143-7, sont réputés approuvés si le directeur général de l'agence régionale de santé n'a pas fait connaître son opposition dans des délais et pour des motifs déterminés par décret.**

« Pour les établissements de santé soumis à un plan de redressement en application de l'article L. 6143-3, l'état des prévisions de recettes et de dépenses et ses annexes ainsi que le plan global de financement pluriannuel, mentionnés au 5° de l'article L. 6143-7, sont soumis à l'approbation expresse du directeur général de l'agence régionale de santé.

« Dans le cas prévu au deuxième alinéa du présent 2° *bis*, l'état des prévisions de recettes et de dépenses ne peut être approuvé par le directeur général de l'agence régionale de santé si l'évolution des effectifs est manifestement incompatible avec l'évolution de l'activité de l'établissement de santé.

« Les modalités d'application des deuxième et troisième alinéas du présent 2° *bis* sont fixées par décret ; »

(L. n° 2016-41 du 26 janv. 2016, art. 107-I-5°) **« Pour chacun des établissements de santé parties à un groupement hospitalier de territoire, le directeur général de l'agence régionale de santé prend en compte l'ensemble des budgets des établissements du groupement hospitalier de territoire pour apprécier l'état des prévisions de recettes et de dépenses ainsi que le plan global de financement pluriannuel, mentionnés au 5° de l'article L. 6143-7 ; »**

3° Les décisions du directeur de l'Assistance publique-hôpitaux de Paris relatives au programme d'investissement et au plan global de financement pluriannuel mentionnées aux 4° et 5° de l'article L. 6143-7 sont réputées approuvées si le directeur général de l'agence régionale de santé et les ministres chargés de la santé, de la sécurité sociale et du budget n'ont pas fait connaître leur opposition dans des délais déterminés par voie réglementaire, du fait de leur non-conformité aux lois et règlements en vigueur ou de leur incompatibilité avec le maintien à l'équilibre ou le redressement de l'établissement.

Lorsque l'état des prévisions de recettes et de dépenses de l'Assistance publique-hôpitaux de Paris est présenté en déséquilibre, le directeur général de l'agence régionale de santé peut l'approuver dans les conditions fixées au *(L. n° 2014-1653 du 29 déc. 2014, art. 27-I-3°)* « 2° *bis* » du présent article, après avis conforme des ministres chargés de la santé, de la sécurité sociale et du budget.

Le contrat mentionné au 1° de l'article L. 6143-7 est exécutoire dès sa signature par l'ensemble des parties.

(Abrogé par L. n° 2014-1653 du 29 déc. 2014, art. 27-I-2°) ***« L'état des prévisions de recettes et de dépenses, à l'exclusion*** *(Abrogé par Ord. n° 2010-177 du 23 févr. 2010, art. 26-36°)* ***« du rapport préliminaire et » des annexes, ainsi que le plan global de financement pluriannuel, mentionnés au 5° de l'article L. 6143-7 sont réputés approuvés si le directeur général de l'agence régionale de santé n'a pas fait connaître son opposition dans des délais et pour des motifs déterminés par décret. »***

Le tribunal interrégional de la tarification sanitaire et sociale, mentionné à l'article L. 351-1 du code de l'action sociale et des familles, est compétent en premier ressort pour statuer en matière contentieuse sur les recours formés contre l'opposition du directeur général de l'agence régionale de santé faite à l'approbation de l'état des prévisions de recettes et de dépenses ou de ses modifications en application *(L. n° 2014-1653 du 29 déc. 2014, art. 27-I-4°)* « du 2° *bis* du présent article ». Il est également compétent pour connaître des décisions du directeur général de l'agence régionale de santé prises en application des articles L. 6145-1, L. 6145-2, L. 6145-3, L. 6145-4 et L. 6145-5.

Le directeur général de l'agence régionale de santé défère au tribunal administratif les délibérations et les décisions portant sur ces matières, à l'exception de celles relevant du 5° de l'article L. 6143-7, qu'il estime illégales dans les deux mois suivant leur réception. Il informe sans délai l'établissement et lui communique toute précision sur les motifs d'illégalité invoqués. Il peut assortir son recours d'une demande de sursis à exécution.

COMMENTAIRE

V. Commentaire reproduit sur Dalloz.fr.

1. Étendue des pouvoirs de l'autorité de tutelle. L'autorité de tutelle est habilitée non seulement à veiller à la conformité des délibérations aux lois et règlements, mais aussi à s'assurer de ce qu'elles ne sont pas contraires à l'intérêt du service public hospitalier. • CE 9 juin 1982, *CH de Besançon c/ Gille*, n° 25553 : *Lebon 214*.

2. Appréciations soumises au contrôle restreint. Le juge administratif exerce un contrôle restreint sur l'appréciation à laquelle se livre l'autorité de tutelle pour refuser d'approuver une délibération du conseil d'administration qu'elle *estime contraire à l'intérêt public. • CE 9 juin* 1982, *CH de Besançon c/ Gille*, n° 25553 : *préc. note 1.*

3. Champ des délibérations exécutoires de plein droit. A la seule exception de celles qui sont limitativement et expressément mentionnées au 2° de l'art. L. 714-5 [L. 6143-4], les délibérations des conseils d'administration sont, qu'elles soient ou non au nombre de celles auxquelles se réfère le 1° de l'art. L. 714-5 [L. 6143-4], exécutoires de plein droit, dès leur réception par l'autorité de contrôle. • CE 11 mars 1996, *CH de Moutiers*, n° 138486 : *Lebon 69*.

4. Autorité compétente en matière de déféré. Le pouvoir de saisir la juridiction administrative, dans le cadre d'un déféré, appartient au seul directeur de l'agence régionale de l'hospitalisation, agissant au nom de l'État, sans qu'il ait préalablement à solliciter l'avis de la commission exécutive de ladite agence. • TA Limoges, 9 déc. 2004, *CHU de Limoges*, n° 0400929.

Art. L. 6143-5 *(L. n° 2009-879 du 21 juill. 2009, art. 9-III)* Le conseil de surveillance est composé comme suit :

1° Au plus cinq représentants des collectivités territoriales *(L. n° 2014-58 du 27 janv. 2014, art. 43-VI-1°)* « , de leurs groupements ou de la métropole, » désignés en leur sein par les organes délibérants des collectivités territoriales *(L. n° 2014-58 du 27 janv. 2014, art. 43-VI-1°)* « , de leurs groupements ou de la métropole, » parmi lesquels figurent le maire de la commune siège de l'établissement principal ou son représentant *(L. n° 2014-58 du 27 janv. 2014, art. 43-VI-2°)* « , le président du conseil départemental ou son représentant *(Ord. n° 2016-1562 du 21 nov. 2016, art. 19, en vigueur le 1er janv. 2018)* « ou, en Corse, le président du conseil exécutif ou son représentant » et le président de la métropole ou son représentant, y compris dans les métropoles du Grand Paris, de Lyon et d'Aix-Marseille-Provence » ;

2° Au plus cinq représentants du personnel médical et non médical de l'établissement public, dont un représentant élu parmi les membres de la commission des soins infirmiers, de rééducation et médico-techniques, les autres membres étant désignés à parité respectivement par la commission médicale d'établissement et par les organisations syndicales les plus représentatives compte tenu des résultats obtenus lors des élections au comité technique d'établissement ;

3° Au plus cinq personnalités qualifiées, parmi lesquelles deux désignées par le directeur général de l'agence régionale de santé et trois, dont deux représentants des usagers au sens de l'article L. 1114-1, désignées par le représentant de l'État dans le département.

Le nombre de membres de chacun des collèges est identique.

Le conseil de surveillance élit son président parmi les membres mentionnés au 1° et au 3°. Le vice-président du directoire participe aux séances du conseil de surveillance de l'établissement de santé avec voix consultative.

Le directeur général de l'agence régionale de santé participe aux séances du conseil de surveillance avec voix consultative.

Le représentant de la structure chargée de la réflexion d'éthique au sein des établissements publics de santé, lorsqu'elle existe, participe aux séances du conseil de surveillance avec voix consultative.

Le directeur général de l'agence régionale de santé peut se faire communiquer toutes pièces, documents ou archives et procéder ou faire procéder à toutes vérifications pour son contrôle en application des articles L. 6116-1, L. 6116-2 et L. 6141-1.

Le directeur général de l'agence régionale de santé peut demander l'inscription de toute question à l'ordre du jour.

Le directeur de la caisse d'assurance maladie désignée en application du premier alinéa de l'article L. 174-2 du code de la sécurité sociale participe aux séances du conseil de surveillance avec voix consultative.

Dans les centres hospitaliers universitaires mentionnés à l'article L. 6141-2, le directeur de l'unité de formation et de recherche médicale ou le président du comité de coordination de l'enseignement médical participe aux séances du conseil de surveillance avec voix consultative.

Dans les établissements délivrant des soins de longue durée ou gérant un établissement d'hébergement pour personnes âgées mentionné au 6° du I de l'article L. 312-1 du code de l'action sociale et des familles, un représentant des familles de personnes accueillies participe, avec voix consultative, aux réunions du conseil de surveillance.

Le nombre des membres du conseil de surveillance par catégories, la durée de leur mandat, *les modalités de leur* nomination et les modalités de fonctionnement du conseil de surveillance sont fixés par décret.

COMMENTAIRE

V. Commentaire reproduit sur Dalloz.fr.

Art. L. 6143-6 *(L. n° 2009-879 du 21 juill. 2009, art. 9-III)* Nul ne peut être membre d'un conseil de surveillance :

1° A plus d'un titre ;

2° S'il encourt l'une des incapacités prévues par les articles L. 5 et L. 6 du code électoral ;

3° S'il est membre du directoire ;

4° S'il a personnellement ou par l'intermédiaire de son conjoint, de ses ascendants ou descendants en ligne directe un intérêt direct ou indirect dans la gestion d'un établissement de santé privé ; toutefois, cette incompatibilité n'est pas opposable aux représentants du personnel lorsqu'il s'agit d'établissements de santé privés *(Ord. n° 2017-31 du 12 janv. 2017, art. 1er-11°)* « assurant le service public hospitalier », hors d'une zone géographique déterminée par décret *(Abrogé par Ord. n° 2017-31 du 12 janv. 2017, art. 1er-11°)* « *, l'exécution d'une mission de service public dans les conditions prévues à l'article L. 6112-2* » ;

5° S'il est lié à l'établissement par contrat ; toutefois, cette incompatibilité n'est opposable ni aux personnes ayant conclu avec l'établissement un contrat mentionné aux articles L. 1110-11, L. 1112-5 et L. 6134-1, ni aux membres mentionnés au 2° de l'article L. 6143-5 ayant conclu un contrat mentionné aux articles L. 6142-3, L. 6142-5 et L. 6154-4 ou pris pour l'application des articles L. 6146-1, L. 6146-2 et L. 6152-1 ;

6° S'il est agent salarié de l'établissement. Toutefois, l'incompatibilité résultant de la qualité d'agent salarié n'est pas opposable aux représentants du personnel médical, pharmaceutique et odontologique, ni aux représentants du personnel titulaire de la fonction publique hospitalière ;

7° S'il exerce une autorité sur l'établissement en matière de tarification ou s'il est membre du conseil de surveillance de l'agence régionale de santé.

COMMENTAIRE

V. Commentaire reproduit sur Dalloz.fr.

Champ du régime d'incompatibilité. L'incompatibilité résultant de la possession d'intérêts dans un établissement de santé privé ne s'applique pas à des intérêts dans un simple cabinet médical. • CE 28 avr. 1989, *Mme Rouault,* n° 66130 : *RDSS 1990. 344, note Vareille.* ♦ Un médecin dont le gendre a un intérêt direct dans un établissement de soins privé peut, malgré tout, être membre du conseil d'administration, dans la mesure où son gendre n'est pas un descendant en ligne directe. • CE 20 févr. 1985, *Min. Santé c/ Giacomino,* n° 49801 : *Lebon T. 778.*

Art. L. 6143-6-1 *Abrogé par L. n° 2009-879 du 21 juill. 2009, art. 9-IV.*

Art. L. 6143-7 *(L. n° 2009-879 du 21 juill. 2009, art. 10-I)* Le directeur, président du directoire, conduit la politique générale de l'établissement. Il représente l'établissement dans tous les actes de la vie civile et agit en justice au nom de l'établissement.

Le directeur est compétent pour régler les affaires de l'établissement autres que celles énumérées aux 1° à 15° et autres que celles qui relèvent de la compétence du conseil de surveillance énumérées à l'article L. 6143-1. Il participe aux séances du conseil de surveillance. Il exécute ses délibérations.

Le directeur dispose d'un pouvoir de nomination dans l'établissement. Il propose au directeur général du Centre national de gestion la nomination des directeurs adjoints et des directeurs des soins. La commission administrative paritaire compétente émet un avis sur ces propositions. Sur proposition du chef de pôle ou, à défaut, du responsable de la structure interne, et après avis du président de la commission médicale d'établissement, il propose au directeur général du Centre national de gestion la nomination et la mise en recherche d'affectation des personnels médicaux, pharmaceutiques et odontologiques mentionnés au 1° de l'article L. 6152-1 dans les conditions fixées par voie réglementaire. L'avis du président de la commission médicale d'établissement est communiqué au directeur général du Centre national de gestion. *(L. n° 2016-41 du 26 janv. 2016, art. 136-I-1°)* « Le présent alinéa n'est pas applicable aux praticiens placés en position de remplaçant en application de l'article L. 6152-1-1. »

Le directeur exerce son autorité sur l'ensemble du personnel dans le respect des règles déontologiques ou professionnelles qui s'imposent aux professions de santé, des responsabilités qui sont les leurs dans l'administration des soins et de l'indépendance professionnelle du praticien dans l'exercice de son art.

Le directeur est ordonnateur des dépenses et des recettes de l'établissement. Il a le pouvoir de transiger. Il peut déléguer sa signature, dans des conditions déterminées par décret.

(L. n° 2016-41 du 26 janv. 2016, art. 107-I-6°) « Par dérogation, le directeur de l'établissement support du groupement exerce ces compétences pour le compte des établissements de santé parties au groupement hospitalier de territoire, pour l'ensemble des activités mentionnées à l'article L. 6132-3. »

Après concertation avec le directoire, le directeur :

1° Conclut le contrat pluriannuel mentionné à l'article L. 6114-1 ;

2° Décide, conjointement avec le président de la commission médicale d'établissement, de la politique d'amélioration continue de la qualité et de la sécurité des soins, ainsi que des conditions d'accueil et de prise en charge des usagers ;

3° Arrête le bilan social et définit les modalités d'une politique d'intéressement ;

4° Détermine le programme d'investissement après avis de la commission médicale d'établissement en ce qui concerne les équipements médicaux ;

5° Fixe l'état des prévisions de recettes et de dépenses prévu à l'article L. 6145-1, le plan global de financement pluriannuel et les propositions de tarifs de prestations mentionnés à l'article L. 174-3 du code de la sécurité sociale et, le cas échéant, de ceux des activités sociales et médico-sociales ;

6° Arrête le compte financier et le soumet à l'approbation du conseil de surveillance ;

7° Arrête l'organisation interne de l'établissement et signe les contrats de pôle d'activité en application de l'article L. 6146-1 ;

8° Peut proposer au directeur général de l'agence régionale de santé, ainsi qu'aux autres établissements et professionnels de santé, la constitution et la participation à une des formes de coopération prévues au titre III du livre Ier de la présente partie ou des réseaux mentionnés à l'article L. 6321-1 ;

9° Conclut les acquisitions, aliénations, échanges d'immeubles et leur affectation ainsi que les baux de plus de dix-huit ans ;

10° Conclut les baux emphytéotiques en application de l'article L. 6148-2, les contrats de partenariat en application de l'article 19 de l'ordonnance n° 2004-559 du 17 juin 2004 sur les contrats de partenariat et les conventions de location en application de l'article L. 6148-3 ;

11° Soumet au conseil de surveillance le projet d'établissement ;

12° Conclut les délégations de service public mentionnées à l'article 38 de la loi n° 93-122 du 29 janvier 1993 relative à la prévention de la corruption et à la transparence de la vie économique et des procédures publiques ;

13° Arrête le règlement intérieur de l'établissement ;

14° A défaut d'un accord sur l'organisation du travail avec les organisations syndicales représentant le personnel de l'établissement, décide de l'organisation du travail et des temps de repos ;

15° Présente à l'agence régionale de santé le plan de redressement mentionné au premier alinéa de l'article L. 6143-3 ;

(Ord. n° 2010-177 du 23 févr. 2010, art. 4-11°) « 16° Arrête le plan blanc de l'établissement mentionné à l'article L. 3131-7 ; »

(L. n° 2015-990 du 6 août 2015, art. 177-3°) « 17° Soumet au conseil de surveillance les prises de participation et les créations de filiale mentionnées à l'article L. 6145-7 » ;

(L. n° 2017-1836 du 30 déc. 2017, art. 58) « 18° Définit, après avis du président de la commission médicale d'établissement, les conditions de réalisation et d'encadrement des activités de présentation, d'information ou de promotion des produits de santé ou de formation notamment à leur utilisation, particulièrement en vue du respect des chartes mentionnées aux *articles* L. 162-17-8 et L. 162-17-9 du code de la sécurité sociale. »

Les conditions d'application du présent article, relatives aux modalités de consultation des instances représentatives du personnel, sont fixées par décret.

BIBL. ▶ AUBERTIN, Réflexions critiques sur le pouvoir de suspension d'urgence des praticiens hospitaliers reconnu aux directeurs d'établissements de santé, *RDSS 2015. 506*. – COLIN et LUCAS, La désignation des personnels hospitaliers afin de prévenir l'interruption du service public, *AJFP 2011. 21*. – BONNICI, CORMIER et DE CREVOISIER, *Vademecum* de l'administrateur de garde, *L'entreprise médicale, 2005*.

COMMENTAIRE

V. Commentaire reproduit sur Dalloz.fr

1. Rapports entre le directeur et le ministre en charge de la santé. Bien que le ministre de la Santé nomme le directeur, il n'a pas d'autorité hiérarchique sur lui. • CE 28 juill. 1989, *Grange : Dr. adm. 1989, n° 566.*

2. Exécution, par le directeur, des délibérations du conseil d'administration (devenu conseil de surveillance). Sur l'obligation, pour le directeur, d'exécuter les délibérations du conseil d'administration (devenu conseil de surveillance), V. • CE 20 nov. 1989, *CHR d'Orléans,* n° 46183 : *Dr. adm. 1990, n° 34.*

3. Compétences du directeur. Le directeur est seul compétent : pour nommer les personnels. • CE 23 avr. 1982, *Dame Viguères : Gaz. Pal. 1983. 1. Somm. 57.* ♦ ... Pour refuser aux agents une revalorisation de l'indemnité horaire. • CE 26 mars 1982, *Min. Santé c/ Carlotti et a. : Gaz. Pal. 1982. 2. Pan. 408.* ♦ ... Pour retirer à une sage-femme une concession de logement à titre gratuit. • CE 23 avr. 1982, *Dlle Forgeard,* n° 12898 : *Lebon T. 503, 618 et 754.*

4. Pouvoir de police générale du directeur au sein de l'établissement. Le directeur d'un hôpital psychiatrique peut décider, pour des raisons de sécurité, qu'un médecin généraliste extérieur à l'établissement ne pourra s'entretenir avec un patient hospitalisé d'office que sous la surveillance visuelle d'un infirmier. • CE 17 nov. 1997, *CHS de Rennes,* n° 168606 : *Dr. adm. 1998, n° 105, obs. Esper, et n° 178, obs. D. C.* ♦ Le directeur d'un établissement public de santé dispose d'un pouvoir de police lui permettant de limiter, voire d'interdire, le droit de visite d'un patient par un membre de sa famille. Mais l'atteinte à ce droit doit être proportionnée aux buts recherchés. • TA Versailles, 25 janv. 2012, n°s 0908664, 0908667 et 1000323 : *AJ fam. 2012. 283, obs. Verheyde.*

5. Interdiction du droit de visite par le directeur. Le directeur d'un hôpital psychiatrique viole le droit à une vie familiale normale quand il interdit, pendant 8 ans, toute visite d'un oncle à son neveu, hébergé en hospitalisation libre. • TA Versailles, 12 mars 1998, *M. Seidel c/ CH de Perray-Vaucluse,* n° 961195 : *RDSS 1998. 831.* ♦ Le directeur d'un établissement public de santé dispose d'un pouvoir de police lui permettant de limiter, voire d'interdire, le droit de visite d'un patient par un membre de sa famille. Mais l'atteinte à ce droit doit être proportionnée aux buts recherchés. • TA Versailles, 25 janv. 2012, n°s 0908664, 0908667 et 1000323 : *préc. note 4.*

6. Suspension d'un praticien par le directeur de l'hôpital. Le directeur d'un centre hospitalier qui exerce, aux termes de l'art. L. 6143-7, son autorité sur l'ensemble des personnels de son établissement, peut légalement, pour assurer la continuité du service et la sécurité des patients, décider de suspendre un praticien hospitalier de ses activités cliniques et thérapeutiques. Dans ce cadre, il est seulement tenu d'en référer immédiatement aux autorités compétentes pour prononcer la nomination du praticien concerné. • CE 1er mars 2006, *Bailly,* n° 279822 : *Lebon T. 1076* • CAA Douai, 22 juin 2006, *CH de Valenciennes,* n° 04DA00212 • CAA Bordeaux, 10 juin 2008, *Mme Florence B.,* n° 07BX00313 • CAA Bordeaux, 11 janv. 2011, *Mme Hawa X.,* n° 10BX01034.

7. Suspension d'un praticien : contrôle du juge de cassation. Le juge de cassation exerce un contrôle de qualification juridique des faits de nature à justifier une mesure de suspension des activités cliniques et thérapeutiques d'un praticien hospitalier décidée par le directeur d'un centre hospitalier, au titre de ses pouvoirs sur le personnel de l'établissement que lui confère l'art. L. 6143-7 CSP. • CE 4 déc. 2017, *Centre hospitalier national ophtalmologique des Quinze-Vingts,* n° 400224 : *Lebon.*

8. Refus de renouveler une convention de coopération. Le directeur d'établissement est compétent pour décider de ne pas renouveler une convention de coopération arrivée à son terme. • TA Poitiers, 21 janv. 2010, *SELARL Michel Gozy,* n° 0800193.

9. Mutation interne au sein de l'établissement de santé. Le directeur d'un centre hospitalier ne peut légalement décider la mutation d'un praticien hospitalier, au sein d'un pôle d'activité ou d'un pôle à un autre, sans avoir recueilli la proposition, prévue par l'art. R. 6152-11 CSP, du responsable du pôle où ce praticien est appelé à travailler et du président de la commission médicale d'établissement, à moins qu'il soit nécessaire, pour la sécurité des malades et la continuité du service, d'affecter immédiatement et à titre provisoire le praticien intéressé à de nouvelles fonctions. • CE 7 déc. 2011, *CH intercommunal Eure-Seine,* n° 337972.

10. Décision de retenue du traitement pour absence de service fait. Les juges du fond doivent, pour apprécier la légalité d'une décision prise par le directeur de retenue de traitement pour absence de service fait, vérifier si ce dernier avait satisfait à son obligation de placer ses agents dans une situation régulière, laquelle impliquait, si au terme de ses congés le praticien hospitalier n'avait pas été placé en position de recherche d'affectation au centre national de gestion des praticiens hospitaliers, qu'il fût inscrit au tableau de service, afin de pouvoir reprendre son activité dans l'établissement. • CE 6 févr. 2013, *M. A.,* n° 347988 : *AJDA 2013. 1084.*

11. Portée des compétences du directeur pour définir les cycles du temps de travail. Les dispositions de l'art. 9 du Décr. n° 2002-9 du 4 janv. 2002, qui confient au chef de l'établissement le soin d'arrêter des cycles de travail, après avis du comité technique d'établissement ou du comité technique, ne l'autorisent pas à déroger aux règles édictées par ailleurs par le décret, et notamment à celles prévues à son art. 6, relatives à la durée de travail effectif hebdomadaire maximale ainsi qu'au repos quotidien hebdomadaire. • CE 6 nov. 2013, *M. A.*, n° 359501 : *Lebon ; AJDA 2013. 2231*.

Art. L. 6143-7-1 *(Ord. n° 2005-406 du 2 mai 2005, art. 1er-XI)* **La protection prévue à l'article 11 de la loi n° 83-634 du 13 juillet 1983 portant droits et obligations des fonctionnaires est mise en œuvre au bénéfice des personnels de direction des établissements mentionnés au 1° de l'article 2 de la loi n° 86-33 du 9 janvier 1986 portant dispositions statutaires relatives à la fonction publique hospitalière, par le** *(Ord. n° 2010-177 du 23 févr. 2010, art. 9-I-4°)* **« directeur général de l'agence régionale de santé ».**

Art. L. 6143-7-2 *(L. n° 2009-879 du 21 juill. 2009, art. 10-II)* **Le directeur est nommé :**

1° Pour les centres hospitaliers universitaires, par décret pris sur le rapport du ministre chargé de la santé et du ministre chargé de l'université et de la recherche ;

2° Pour les centres hospitaliers régionaux, par décret pris sur le rapport du ministre chargé de la santé ;

3° Pour les établissements mentionnés au 1° de l'article 2 de la loi n° 86-33 du 9 janvier 1986 précitée, par arrêté du directeur général du Centre national de gestion, sur une liste comportant au moins trois noms de candidats proposés par le directeur général de l'agence régionale de santé, après avis du président du conseil de surveillance.

Dans le cadre de sa prise de fonction, le directeur suit une formation adaptée à sa fonction et dont le contenu est fixé par décret.

Après avis du président du conseil de surveillance, le directeur peut se voir retirer son emploi dans l'intérêt du service par l'autorité investie du pouvoir de nomination et, s'il relève de la fonction publique hospitalière, être placé en situation de recherche d'affectation après avis de la commission administrative paritaire compétente, sauf en cas de mise sous administration provisoire mentionnée à l'article L. 6143-3-1.

(L. n° 2012-347 du 12 mars 2012, art. 132-I) **« Les emplois de direction mentionnés aux 1° et 2° ouvrent droit à pension soit au titre de la Caisse nationale de retraites des agents des collectivités locales, lorsqu'ils sont occupés par des fonctionnaires de la fonction publique hospitalière ou de la fonction publique territoriale, soit au titre du code des pensions civiles et militaires de retraite, lorsqu'ils sont occupés par des fonctionnaires de l'État, des magistrats ou des militaires. Un décret en Conseil d'État fixe l'indice de traitement sur la base duquel est effectuée la retenue pour pension. Ces mêmes emplois ouvrent également droit à cotisation au régime public de retraite additionnel obligatoire. »**

BIBL. ▶ MANANGA, La rénovation du statut des directeurs d'établissements publics sanitaires, sociaux et médico-sociaux, *AJFP 2011. 14*.

COMMENTAIRE

V. Commentaire reproduit sur Dalloz.fr.

Art. L. 6143-7-3 *(L. n° 2009-879 du 21 juill. 2009, art. 10-II)* **Le président de la commission médicale d'établissement est le vice-président du directoire.** *(Abrogé par L. n° 2016-41 du 26 janv. 2016, art. 195-3°-a)* **«** ***Les modalités d'exercice de sa fonction sont précisées par décret.*** **» Il élabore, avec le directeur et en conformité avec le contrat pluriannuel d'objectifs et de moyens, le projet médical de l'établissement. Il coordonne la politique médicale de l'établissement.**

(L. n° 2016-41 du 26 janv. 2016, art. 195-3°-b) **« Un décret fixe :**

« 1° Les modalités d'exercice des fonctions de président de la commission médicale d'établissement ;

« 2° Les conditions dans lesquelles une charte de gouvernance est conclue entre le président de la commission médicale d'établissement et le directeur de l'établissement, qui prévoit :

« *a)* Les modalités des relations entre le président de la commission médicale d'établissement et les pôles d'activité clinique et médico-technique au sein de l'établissement ;

« *b)* Les modalités de la représentation de l'établissement auprès des autorités ou organismes extérieurs par le président de la commission médicale d'établissement ;

« *c)* Les moyens matériels et humains mis à disposition du président de la commission médicale d'établissement. »

COMMENTAIRE

V. Commentaire reproduit sur Dalloz.fr

Art. L. 6143-7-4 *(L. nº 2009-879 du 21 juill. 2009, art. 10-II)* Le directoire approuve le projet médical et prépare le projet d'établissement, notamment sur la base du projet de soins infirmiers, de rééducation et médico-techniques. Il conseille le directeur dans la gestion et la conduite de l'établissement.

COMMENTAIRE

V. Commentaire reproduit sur Dalloz.fr

Art. L. 6143-7-5 *(L. nº 2009-879 du 21 juill. 2009, art. 10-II)* Le directoire est composé de membres du personnel de l'établissement, dont une majorité de membres du personnel médical, pharmaceutique, maïeutique et odontologique.

Il comporte sept membres et neuf dans les centres hospitaliers universitaires :

– le directeur, président du directoire ;

– le président de la commission médicale d'établissement, vice-président. Dans les centres hospitaliers universitaires, il est premier vice-président, chargé des affaires médicales ; sont en outre vice-présidents un vice-président doyen, directeur de l'unité de formation et de recherche médicale ou président du comité de coordination de l'enseignement médical, et un vice-président chargé de la recherche nommé par le directeur sur proposition conjointe du président d'un établissement public à caractère scientifique et technologique placé sous la tutelle conjointe du ministre chargé de la recherche et du ministre chargé de la santé, ayant pour mission de promouvoir la recherche dans le champ des sciences de la vie et de la santé, du président de l'université dont relève l'unité de formation et de recherche médicale et du vice-président doyen ;

– le président de la commission des soins infirmiers, de rééducation et médico-techniques ;

– des membres nommés et, le cas échéant, révoqués par le directeur, après information du conseil de surveillance ; pour ceux de ces membres qui appartiennent aux professions médicales, le directeur les nomme sur présentation d'une liste de propositions établie par le président de la commission médicale d'établissement et, dans les centres hospitaliers universitaires, par le président de la commission médicale d'établissement conjointement avec le directeur de l'unité de formation et de recherche médicale ou du président du comité de coordination de l'enseignement médical ; en cas de désaccord, constaté dans des conditions fixées par voie réglementaire, le directeur peut demander une nouvelle liste ; en cas de nouveau désaccord, il nomme les membres *(L. nº 2016-41 du 26 janv. 2016, art. 195-4º)* « après avis du président de la commission médicale d'établissement ».

La durée du mandat des membres du directoire est déterminée par décret. Ce mandat prend fin si son titulaire quitte l'établissement ou cesse d'exercer les fonctions au titre desquelles il était membre du directoire.

COMMENTAIRE

V. Commentaire reproduit sur Dalloz.fr

Art. L. 6143-8 *(L. nº 2009-879 du 21 juill. 2009, art. 9-V)* Sauf disposition contraire, les modalités d'application du présent chapitre sont, en tant que de besoin, déterminées par décret.

CHAPITRE IV ORGANES REPRÉSENTATIFS ET EXPRESSION DES PERSONNELS

BIBL. : ► Vioujas, La réforme de la gouvernance hospitalière : vingt fois sur le métier remettez votre ouvrage..., *JCP Adm. 2013. Actu. 795.*

Art. L. 6144-1 *(L. nº 2009-879 du 21 juill. 2009, art. 5-I)* **Dans chaque établissement public de santé, la commission médicale d'établissement contribue à l'élaboration de la politique d'amélioration continue de la qualité et de la sécurité des soins ainsi que des conditions d'accueil et de prise en charge des usagers ; elle propose au** *(Ord. nº 2010-177 du 23 févr. 2010, art. 4-12º)* **« directeur » un programme d'actions assorti d'indicateurs de suivi. Ce programme prend en compte les informations contenues dans le rapport annuel de la commission des** *(L. nº 2016-41 du 26 janv. 2016, art. 183-1º)* **« usagers ».**

Elle est consultée sur les matières la concernant dans des conditions fixées par décret.

L'établissement public de santé met à la disposition du public les résultats, publiés chaque année, des indicateurs de qualité et de sécurité des soins dans des conditions définies par arrêté du ministre chargé de la santé.

Lorsque le directeur général de l'agence régionale de santé constate le non-respect des dispositions prévues à l'alinéa précédent, il peut prendre les mesures appropriées, notamment une modulation des dotations de financement mentionnées à l'article L. 162-22-13 du code de la sécurité sociale.

Un décret détermine les conditions d'application de l'alinéa précédent.

COMMENTAIRE

V. Commentaire reproduit sur Dalloz.fr.

Matières donnant lieu à consultation. La liste des compétences consultatives obligatoires est limitative. • CE 3 mai 1974, *Dame Badinier,* nº 85700 : *Lebon 265.*

Art. L. 6144-2 **La commission médicale d'établissement est composée des représentants des personnels médicaux, odontologiques** *(L. nº 2016-41 du 26 janv. 2016, art. 195-5º)* **« , maïeutiques » et pharmaceutiques. Elle élit son président.**

Sa composition et ses règles de fonctionnement sont fixées par voie réglementaire.

COMMENTAIRE

V. Commentaire reproduit sur Dalloz.fr.

Art. L. 6144-3 *(Ord. nº 2005-406 du 2 mai 2005, art. 3)* **Dans chaque établissement public de santé, il est créé un comité technique d'établissement doté de compétences consultatives dans des matières et dans des conditions fixées par voie réglementaire.**

(L. nº 2017-86 du 27 janv. 2017, art. 20-IV) **« Les modalités de mise en œuvre du service civique font l'objet d'une information annuelle du comité technique d'établissement. »**

COMMENTAIRE

V. Commentaire reproduit sur Dalloz.fr.

Légalité du décret relatif au comité technique d'établissement. Le Conseil d'État a rejeté l'ensemble des moyens présentés à l'appui de la contestation des dispositions du Décr. nº 2011-584 du 26 mai 2011, relatif au comité technique d'établissement des établissements publics de santé. • CE 6 févr. 2013, *Synd. Féd. Sud santé-sociaux,* nº 351266 : *AJDA 2012. 124 ; ibid. 1011, concl. Landais.*

Art. L. 6144-3-1 *(Ord. nº 2017-28 du 12 janv. 2017, art. 6-1º)* **Dans chaque groupement de coopération sanitaire de moyens de droit public, il est créé un comité technique d'établissement doté de compétences consultatives dans des matières et dans des conditions fixées par voie réglementaire.**

Les dispositions du 4º de l'article 45 de la loi nº 86-33 du 9 janvier 1986 portant dispositions statutaires relatives à la fonction publique hospitalière sont applicables aux membres des comités techniques d'établissement des groupements de coopération sanitaire de moyens de droit public.

(Abrogé par Ord. nº 2018-20 du 17 janv. 2018, art. 24) ***« Des autorisations spéciales d'absence, qui n'entrent pas en compte dans le calcul des congés annuels, sont accordées, sous***

réserve des nécessités de service, aux agents des hôpitaux des armées et des autres éléments du service de santé des armées, membres de ces comités techniques d'établissement. »

Les dispositions issues de l'Ord. n° 2017-28 du 12 janv. 2017 s'appliquent au plus tard à compter du prochain renouvellement général des organismes consultatifs de la fonction publique hospitalière (Ord. préc., art. 7-III).

Art. L. 6144-3-2 *(Ord. n° 2018-20 du 17 janv. 2018, art. 24)* **Les fonctionnaires, ouvriers de l'État et agents contractuels de droit public en fonction dans un hôpital des armées ou dans un autre élément du service de santé des armées, mis à disposition d'un groupement de coopération sanitaire de moyens de droit public, sont représentés au sein du comité technique d'établissement de ce groupement dans les conditions prévues à l'article L. 6144-3-1. Sous réserve des nécessités de service, des autorisations spéciales d'absence, qui n'entrent pas en compte dans le calcul des congés annuels, sont accordées à leurs représentants au titre de leur participation.**

Art. L. 6144-3-3 *(Ord. n° 2018-20 du 17 janv. 2018, art. 24)* **Les militaires en fonction dans un hôpital des armées ou dans un autre élément du service de santé des armées, mis à disposition d'un groupement de coopération sanitaire de moyens de droit public ou affectés selon les dispositions du 2° de l'article L. 4138-2 du code de la défense au sein d'un tel groupement, sont consultés selon des modalités fixées par décret en Conseil d'État sur les matières mentionnées à l'article L. 6144-3-1 du présent code.**

Art. L. 6144-4 *(L. n° 2010-751 du 5 juill. 2010, art. 25-I)* **Le comité technique d'établissement est présidé par le directeur. Celui-ci peut être suppléé par un membre du corps des personnels de direction de l'établissement.**

Le comité est composé de représentants des personnels de l'établissement *(Ord. n° 2017-28 du 12 janv. 2017, art. 6-2° et 7-III, en vigueur au plus tard à compter du prochain renouvellement général des organismes consultatifs de la fonction publique hospitalière)* **« ou du groupement », à l'exception des personnels mentionnés à l'avant-dernier alinéa de l'article 2 et** *(L. n° 2016-483 du 20 avr. 2016, art. 30-V)* **« à l'avant-dernier » alinéa de l'article 4 de la loi n° 86-33 du 9 janvier 1986 portant dispositions statutaires relatives à la fonction publique hospitalière. Ces représentants sont élus** *(Abrogé par L. n° 2012-347 du 12 mars 2012, art. 98-I)* ***« par collèges en fonction des catégories mentionnées à l'article 4 de la même loi, »*** **au scrutin de liste avec représentation proportionnelle dans les conditions définies à l'article 9 *bis* de la loi n° 83-634 du 13 juillet 1983 portant droits et obligations des fonctionnaires. Par dérogation, en cas d'insuffisance des effectifs, ces représentants peuvent être désignés après une consultation du personnel dans les conditions prévues par décret en Conseil d'État.**

Au plus tard à compter du prochain renouvellement général des organismes consultatifs de la fonction publique hospitalière, le 1er al. est remplacé par les dispositions suivantes : « Le comité technique d'établissement est présidé par le directeur de l'établissement ou l'administrateur du groupement. Le directeur de l'établissement peut être suppléé par un membre du corps des personnels de direction de l'établissement. L'administrateur du groupement peut être suppléé par un des membres de l'assemblée générale, conformément aux dispositions de l'article L. 6133-4. » (Ord. n° 2017-28 du 12 janv. 2017, art. 6-2° et 7-III).

COMMENTAIRE

V. Commentaire reproduit sur Dalloz.fr.

Acte ne constituant pas une décision susceptible de recours. En appréciant la représentativité syndicale à partir des élections aux CAP *locales du 28 mars 1988, la circulaire ministé*rielle du 19 oct. 1992 ne présente pas de caractère réglementaire et ne viole donc pas l'art. L. 714-17 [L. 6144-4] CSP. • CE 27 sept. 1993, *M. Rusti et Féd. nat. des synd. santé-sociaux et a.*, n° 142413 : *RDSS* 1994. 107, obs. de Forges.

Art. L. 6144-5 Un représentant du comité technique d'établissement et un représentant de la commission médicale d'établissement assistent, avec voix consultative, à chacune des réunions respectives de ces deux instances, dans des conditions fixées par décret.

Les modalités d'application des articles L. 6144-3 et L. 6144-4 et notamment le nombre de membres titulaires et suppléants des comités techniques d'établissement ainsi que les règles de fonctionnement de ces comités sont fixés par voie réglementaire.
Un décret définit les moyens dont disposent la commission médicale d'établissement et le comité technique d'établissement pour remplir leurs missions.

COMMENTAIRE

V. Commentaire reproduit sur Dalloz.fr.

Art. L. 6144-6 Les personnels des établissements publics de santé bénéficient soit des dispositions prévues à l'article L. 6146-2, soit, pour les personnels qui ne relèvent pas de ces dispositions, d'un droit à l'expression directe et collective sur le contenu, les conditions d'exercice et l'organisation de leur travail, dont les modalités d'exercice sont définies par voie réglementaire. – *[Anc. art. L. 714-28].*

COMMENTAIRE

V. Commentaire reproduit sur Dalloz.fr.

Art. L. 6144-6-1 *(Ord. nº 2005-406 du 2 mai 2005, art. 3 ; Ord. nº 2010-177 du 23 févr. 2010, art. 4-13º)* **« Le directeur peut décider, après avoir consulté le conseil de surveillance et sur » avis conforme de la commission médicale d'établissement et du comité technique d'établissement, de constituer à titre expérimental, pour une durée de quatre ans, un comité d'établissement se substituant à ces deux instances pour donner un avis sur les projets de délibération mentionnés à l'article L. 6143-1. Le comité d'établissement est composé à parité de représentants désignés par la commission médicale d'établissement, d'une part, de représentants désignés par le comité technique d'établissement proportionnellement au nombre de sièges détenus dans cette instance par les organisations syndicales et d'un collège des cadres, d'autre part. Le directeur préside le comité d'établissement.**

Art. L. 6144-7 Sont déterminées par décret en Conseil d'État les mesures réglementaires prévues aux articles L. 6144-2, L. 6144-5, L. 6144-6 et, sauf dispositions contraires et en tant que de besoin, les modalités d'application des autres dispositions du présent chapitre. – *[Anc. art. L. 716-9].*

CHAPITRE V ORGANISATION FINANCIÈRE

Art. L. 6145-1 *(Ord. nº 2005-406 du 2 mai 2005, art. 10-I)* **L'état des prévisions de recettes et de dépenses est établi, d'une part, en tenant compte des tarifs nationaux des prestations prévus au 1º du I de l'article L. 162-22-10** *(L. nº 2015-1702 du 21 déc. 2015, art. 78-II-2º-a)* **« et au 2º de l'article L. 162-23-4 » du code de la sécurité sociale, de ceux des consultations et actes mentionnés à l'article L. 162-26 du même code, de ceux des médicaments et produits et prestations mentionnés** *(L. nº 2015-1702 du 21 déc. 2015, art. 78-II-2º-b, en vigueur le 1er janv. 2017)* **« aux articles L. 162-22-7 et L. 162-23-6 » du même code, des forfaits annuels prévus** *(L. nº 2015-1702 du 21 déc. 2015, art. 78-II-2º-c)* **« aux articles L. 162-22-8 et L. 162-23-7 du même code, de la dotation prévue à l'article L. 162-23-15** *[ancienne rédaction : à l'article L. 162-22-8]* **» du même code, de la dotation de financement des activités d'intérêt général et d'aide à la contractualisation prévue** *(L. nº 2015-1702 du 21 déc. 2015, art. 78-II-2º-d)* **« aux articles L. 162-22-14 et L. 162-23-8** *[ancienne rédaction : à l'article L. 162-22-14]* **» du même code** *(L. nº 2009-879 du 21 juill. 2009, art. 48)* **« , des prestations prévues aux troisième et quatrième alinéas de l'article L. 1424-42 du code général des collectivités territoriales, » et, le cas échéant, des dotations annuelles prévues aux articles L. 162-22-16** *(L. nº 2015-1702 du 21 déc. 2015, art. 78-II-2º-e)* **« , L. 162-23-3 » et** *(L. nº 2009-879 du 21 juill. 2009, art. 48)* **« L. 174-1 du code de la sécurité sociale », ainsi que de l'activité prévisionnelle de l'établissement et, d'autre part, en cohérence avec les objectifs et les orientations du contrat pluriannuel d'objectifs et de moyens. L'état des prévisions de recettes et de dépenses donne lieu à révision du plan global de financement pluriannuel mentionné à l'article** *(Ord. nº 2010-177 du 23 févr. 2010, art. 4-14º)* **« L. 6143-7 ».** *(Abrogé par Ord. nº 2010-177 du 23 févr. 2010, art. 4-14º)* *« Il est* *présenté par le directeur de l'établissement au conseil d'administration et voté par ce dernier.* »

Dans le cas où l'état des prévisions de recettes et de dépenses n'est pas approuvé par le *(Ord. n° 2010-177 du 23 févr. 2010, art. 9-I-4°)* **« directeur général de l'agence régionale de santé », le directeur de l'établissement** *(Ord. n° 2010-177 du 23 févr. 2010, art. 4-14°)* **« fixe, après concertation avec le directoire, » un nouvel état des prévisions de recettes et de dépenses tenant compte des motifs du refus opposé par le** *(Ord. n° 2010-177 du 23 févr. 2010, art. 9-I-4°)* **« directeur général de l'agence régionale de santé ».**

Si *(Ord. n° 2010-177 du 23 févr. 2010, art. 4-14°)* **« le directeur ne fixe pas un nouvel état » ou si ce nouvel état ne tient pas compte des motifs du refus opposé par le** *(Ord. n° 2010-177 du 23 févr. 2010, art. 9-I-4°)* **« directeur général de l'agence régionale de santé », ce dernier arrête l'état des prévisions de recettes et de dépenses de l'établissement dans les conditions prévues à l'article** *(Ord. n° 2010-177 du 23 févr. 2010, art. 4-14°)* **« L. 6145-2 ».**

Les modifications de l'état des prévisions de recettes et de dépenses sont établies dans les mêmes conditions.

Le suivi et l'analyse de l'exécution de l'état des prévisions de recettes et de dépenses sont transmis *(Ord. n° 2010-177 du 23 févr. 2010, art. 9-I-15° et 26-37°)* **« au directeur général de l'agence régionale de santé selon des modalités fixées par voie réglementaire ».**

BIBL. ▶ ÉON, Contrôle externe T2A : quels recours juridiques ?, *Rev. hosp. France 2010, n° 536, p. 52*. – VIOUJAS, L'hôpital et l'assurance maladie : les stratégies d'un aveugle pour recouvrer la vue, *RDSS 2010. 677*. – LÉVY, Le contrôle juridictionnel des décisions de tarification sanitaire et sociale, *AJDA 1995. 361*.

COMMENTAIRE

V. Commentaire reproduit sur Dalloz.fr.

1. *Dotation globale : pouvoir du directeur de l'ARH et contrôle du juge.* Malgré le caractère limitatif de la dotation régionale, le directeur de l'agence régionale de l'hospitalisation ne dispose pas d'un pouvoir discrétionnaire pour fixer la dotation globale. • CITSS Paris, 10 déc. 1997, *Hôpital franco-britannique : RDSS 1998. 314, concl. Desticourt*. ♦ Le juge du tarif, adoptant la technique du contrôle du bilan, doit rechercher si les inconvénients résultant du montant de la dotation globale fixé par l'administration ne sont pas excessifs au regard des avantages, attendus des abattements pratiqués, pour la maîtrise des dépenses hospitalières. • Même arrêt.

2. *Conditions d'exécution des décisions définitives du juge de la tarification.* V. • CE 29 déc. 1999, *Mme Soinne et M. Bouville*, n° 203086 : *RDSS 2001. 754, obs. de Forges*.

3. *Sanction des infractions constituées dans le cadre de la gestion des établissements de santé.* La Cour de discipline budgétaire et financière sanctionne les infractions constituées dans le cadre de la gestion des établissements hospitaliers, qu'il s'agisse, notamment, de la concomitance de plusieurs pratiques irrégulières ou d'une gestion déficiente ainsi qu'un défaut de suivi des effectifs rémunérés. • CDBF 9 déc. 2011, *Groupe hospitalier Sud Réunion*, n° 180-656 : *AJDA 2012. 1279, chron. Michaut et Sitbon* • CDBF 20 mars 2012, *CH de Marigot*, n° 181-587 : *ibid.*

4. *Modification des conditions financières du séjour d'un patient.* Les personnes admises dans les services des hôpitaux et hospices publics ne sont pas placés dans une situation contractuelle vis-à-vis de ces établissements. Par suite, la modification apportée par un hôpital public aux conditions financières de séjour d'un malade n'a pas à être soumise à l'accord préalable de ce dernier. • CE 30 mars 1984, *Hôpital-hospice de Mayenne c/ Baras*, n° 24621 : *Lebon 142* • T. confl. 12 janv. 1987, *Mme Launay*, n° 02436 : *Lebon 443*. ♦ En cas de litige portant sur le transfert d'un patient vers un autre service, le tarif applicable est celui dans lequel il est effectivement hospitalisé, à condition que son état de santé relève bien de ce service. • CE, sect., 11 janv. 1991, *Mme Biancale*, n° 93348 : *AJDA 1991. 479, note Prétot*. ♦ Le défaut d'information du malade sur le recours contre les débiteurs d'aliments peut constituer une faute de service. • Même arrêt.

Art. L. 6145-2 *(Ord. n° 2005-1112 du 1er sept. 2005, art. 1er-X)* **Si l'état des prévisions de recettes et de dépenses n'est pas** *(Ord. n° 2010-177 du 23 févr. 2010, art. 4-15°)* **« fixé par le directeur » à une date fixée par voie réglementaire, le** *(Ord. n° 2010-*

177 du 23 févr. 2010, art. 9-I-4°) « directeur général de l'agence régionale de santé » arrête l'état des prévisions de recettes et de dépenses. Cet état a alors un caractère limitatif.

De même, le *(Ord. n° 2010-177 du 23 févr. 2010, art. 4-15° et 9-I-4°)* « directeur général de l'agence régionale de santé approuve le compte financier et décide de l'affectation des résultats » au vu du compte financier produit par le comptable lorsque le *(Ord. n° 2010-177 du 23 févr. 2010, art. 4-15°)* « conseil de surveillance » n'a pas pris la délibération prévue au *(Ord. n° 2010-177 du 23 févr. 2010, art. 4-15°)* « 3° » de l'article L. 6143-1 à une date fixée par voie réglementaire.

Art. L. 6145-3 *(Ord. n° 2005-406 du 2 mai 2005, art. 10-III ; Ord. n° 2005-1112 du 1er sept. 2005, art. 1er-X)* En cas de carence de l'ordonnateur, le *(Ord. n° 2010-177 du 23 févr. 2010, art. 9-I-4°)* « directeur général de l'agence régionale de santé » peut, après mise en demeure restée sans suite au terme d'un délai fixé par voie réglementaire, procéder au mandatement d'office d'une dépense ou au recouvrement d'une recette *(Ord. n° 2010-177 du 23 févr. 2010, art. 26-38°)* « qui devrait être » régulièrement inscrite à l'état des prévisions de recettes et de dépenses initial et aux décisions modificatives éventuelles.

BIBL. ► BERTUCCI et DOYELLE, Le contrôle des chambres régionales des comptes sur les établissements publics de santé, *AJDA 1997. 444*.

Art. L. 6145-4 *(Ord. n° 2005-406 du 2 mai 2005, art. 10-III)* I. — Pour permettre le respect de l'objectif national de dépenses d'assurance maladie ou des autres objectifs mentionnés au code de la sécurité sociale, en cas de révision de leur montant, ou en cas de révision des tarifs des prestations mentionnées au 1° du I de l'article L. 162-22-10 *(L. n° 2015-1702 du 21 déc. 2015, art. 78-II-3°-a)* « ou au 2° de l'article L. 162-23-4 » du code de la sécurité sociale, le *(Ord. n° 2010-177 du 23 févr. 2010, art. 9-I-4°)* « directeur général de l'agence régionale de santé » demande aux *(Ord. n° 2010-177 du 23 févr. 2010, art. 4-16°)* « directeurs des établissements de modifier » leur état des prévisions de recettes et de dépenses prenant en compte, le cas échéant, les éléments suivants :

1° Une modification des éléments mentionnés aux 1° à 3° du I de l'article L. 162-22-10 du code de la sécurité sociale ;

2° Une modification de la dotation mentionnée à l'article L. 162-22-14 *(L. n° 2015-1702 du 21 déc. 2015, art. 78-II-3°-b)* « et au II de l'article L. 162-23-8 » du même code ;

3° Une modification de la dotation mentionnée à l'article L. 174-1 du même code ; *(L. n° 2015-1702 du 21 déc. 2015, art. 78-II-3°-c)* « 4° Une modification des éléments mentionnés aux 1°, 2°, 3° et 6° de l'article L. 162-23-4 du même code. »

II. — Lorsqu'il apparaît que l'évolution de l'activité réelle de l'établissement ou du niveau de ses dépenses constatées sont manifestement incompatibles avec le respect de son état des prévisions de recettes et de dépenses, le *(Ord. n° 2010-177 du 23 févr. 2010, art. 9-I-4°)* « directeur général de l'agence régionale de santé » demande *(Ord. n° 2010-177 du 23 févr. 2010, art. 4-16°)* « au directeur de l'établissement de modifier cet état en » tenant compte de l'écart entre l'activité réelle et l'activité prévisionnelle ou de l'écart entre les dépenses constatées et les dépenses prévisionnelles prises en compte lors *(Ord. n° 2010-177 du 23 févr. 2010, art. 4-16°)* « de la fixation » de l'état des prévisions de recettes et de dépenses.

III. — A défaut *(Ord. n° 2010-177 du 23 févr. 2010, art. 4-16°)* « de décision du directeur de l'établissement sur la modification » mentionnée au I ou II ci-dessus, le *(Ord. n° 2010-177 du 23 févr. 2010, art. 9-I-4°)* « directeur général de l'agence régionale de santé » modifie l'état des prévisions de recettes et de dépenses.

COMMENTAIRE

V. Commentaire reproduit sur Dalloz.fr.

Art. L. 6145-5 *(L. n° 2013-100 du 28 janv. 2013, art. 41-II)* Lorsque les sommes dues au titre des intérêts moratoires et de l'indemnité forfaitaire pour frais de recouvrement mentionnés aux articles 39 et 40 de la loi n° 2013-100 du 28 janvier 2013 portant diverses dispositions d'adaptation de la législation au droit de l'Union européenne en matière économique et financière ne sont pas mandatées dans les trente jours suivant la date de paiement du principal, le directeur de l'agence régionale de santé adresse à l'ordonnateur, dans un délai de quinze jours après signalement par le créancier, le comptable public ou tout autre tiers, une mise en demeure de mandatement. A défaut d'exécution dans un délai d'un mois à compter de cette mise en demeure, le directeur de l'agence régionale de santé procède d'office, dans un délai de dix jours, au mandatement de la dépense.

Toutefois, si, dans le délai d'un mois dont il dispose pour mandater les sommes dues au titre des intérêts moratoires et de l'indemnité forfaitaire pour frais de recouvrement, l'ordonnateur notifie un refus d'exécution motivé par l'insuffisance de crédits disponibles, le directeur de l'agence régionale de santé, dans un délai de quinze jours à compter de cette notification, constate cette insuffisance et met en demeure l'établissement de prendre une décision modificatrice de l'état des prévisions de recettes et de dépenses. En cas de carence du directeur de l'établissement, le directeur de l'agence régionale de santé modifie l'état des prévisions de recettes et de dépenses et procède ensuite au mandatement d'office.

Art. L. 6145-6 *Abrogé par L. n° 2009-879 du 21 juill. 2009, art. 21-I.*

Art. L. 6145-7 *(Ord. n° 2010-177 du 23 févr. 2010, art. 26-40°)* « Sans porter préjudice à l'exercice de leurs missions, les établissements publics de santé peuvent, à titre subsidiaire, assurer des prestations de service, valoriser les activités de recherche et leurs résultats et exploiter des brevets et des licences dans le cadre de services industriels et commerciaux. »

(L. n° 2015-990 du 6 août 2015, art. 177-4°) « Les centres hospitaliers universitaires peuvent prendre des participations et créer des filiales pour assurer des prestations de services et d'expertise au niveau international, valoriser les activités de recherche et leurs résultats et exploiter des brevets et des licences, dans des conditions et limites fixées par décret en Conseil d'État.

« Le déficit éventuel des activités mentionnées aux deux premiers alinéas n'est pas opposable aux collectivités publiques et aux organismes qui assurent le financement des établissements. »

Les modalités d'application du présent article sont fixées par décret.

COMMENTAIRE

V. Commentaire reproduit sur Dalloz.fr.

1. Modalités d'application de l'art. L. 714-14 [L. 6145-7]. Les dispositions de l'art. L. 714-14 [L. 6145-7] CSP ne font pas obligation au pouvoir réglementaire de donner une énumération des prestations de service. • CE 7 juill. 1993, *Féd. hospitalière de France*, n° 140316 : *Lebon T. 574*.

2. Portée du principe de spécialité des établissements publics de santé. Un établissement public ne peut pas légalement fournir à un établissement privé une prestation de services sans rapport avec ses missions principales, telle que le traitement du linge. • CAA Nantes, 29 mars 2000, *CH de Morlaix*, n° 97NT00451 : *Dr. adm. 2000, n° 211 ; RDSS 2001. 311, obs. Cormier*.

3. Nature du contrat visant à la mise à disposition des patients de téléviseurs. Un contrat portant sur la gestion et l'exploitation d'un réseau d'appareils de télévision mis à disposition des patients d'un établissement public de santé n'a pas pour objet de faire participer l'exploitant privé à l'exécution du service public administratif et n'a pas pour effet de lui conférer la nature d'un contrat d'occupation du domaine public. • T. confl. 21 mai 2007, *SA Codiam*, n° C3609.

4. Blanchisseries hospitalières et droit de la concurrence. Sur l'applicabilité du droit de la concurrence à l'activité de blanchisserie des établissements publics de santé, V. • Aut. conc., avis n° 14-A-11, 31 juill. 2014 : *Journal de droit de la santé et de l'assurance maladie 2014, n° 4, p. 33, note Dupont ; ibid. p. 69, chron. Carreau.*

Art. L. 6145-8 Les comptables des établissements publics de santé sont des comptables *(Ord. n° 2010-420 du 27 avr. 2010, art. 118-6°)* « publics de l'État » ayant qualité de comptable principal.

Lorsque le comptable de l'établissement notifie à l'ordonnateur sa décision de suspendre une dépense, celui-ci peut lui adresser un ordre de réquisition. Le comptable est tenu de s'y conformer, sauf en cas :

1° D'insuffisance de fonds disponibles ;

2° *(Ord. n° 2005-406 du 2 mai 2005, art. 10-VI)* « De mauvaise imputation comptable des dépenses ; »

3° D'absence de justification de service fait ou de défaut de caractère libératoire du règlement ;

(Ord. n° 2005-406 du 2 mai 2005, art. 10-VI) « 4° De dépenses mandatées sur des crédits irrégulièrement ouverts ou insuffisants lorsque ces crédits ont un caractère limitatif. »

L'ordre de réquisition est porté à la connaissance du conseil d'administration de l'établissement et notifié *(Ord. n° 2010-177 du 23 févr. 2010, art. 26-41°)* « à l'autorité compétente de l'État » qui le transmet à la chambre régionale des comptes.

En cas de réquisition, le comptable est déchargé de sa responsabilité.

Le comptable assiste avec voix consultative au conseil d'administration de l'établissement lorsque celui-ci délibère sur des affaires de sa compétence.

Al. abrogé par L. n° 2003-1311 du 30 déc. 2003, art. 116-II.

A la demande de l'ordonnateur, le comptable informe ce dernier de la situation de paiement des mandats et du recouvrement des titres de recettes, de la situation de trésorerie et de tout élément utile à la bonne gestion de l'établissement. Il paie les mandats dans l'ordre de priorité indiqué par l'ordonnateur.

COMMENTAIRE

V. Commentaire reproduit sur Dalloz.fr.

Art. L. 6145-8-1 *(L. n° 2003-1311 du 30 déc. 2003, art. 116-II)* Les dispositions de l'article L. 1618-2 du code général des collectivités territoriales relatives aux dérogations à l'obligation de dépôt auprès de l'État des fonds des collectivités territoriales et de leurs établissements publics sont applicables aux établissements publics de santé sous réserve des dispositions suivantes :

a) Les établissements publics de santé peuvent déroger à l'obligation de dépôt auprès de l'État pour les fonds qui proviennent des recettes perçues au titre des activités définies à l'article L. 6145-7 du présent code ;

b) Les décisions mentionnées au III de l'article L. 1618-2 du code général des collectivités territoriales relèvent de la compétence du directeur de l'établissement public de santé, qui informe chaque année le *(Ord. n° 2010-177 du 23 févr. 2010, art. 4-1°)* « conseil de surveillance » des résultats des opérations réalisées.

Art. L. 6145-9 *(L. n° 2014-1545 du 20 déc. 2014, art. 38)* I. — Les créances des établissements publics de santé sont recouvrées selon les modalités définies aux articles L. 1611-5 et L. 1617-5 du code général des collectivités territoriales.

II. — Par dérogation au 4° du même article L. 1617-5, pour les prestations mentionnées à l'article L. 174-2-1 du code de la sécurité sociale, l'ordonnateur d'un établissement public de santé émet à la fois la facture dématérialisée à destination de l'organisme payeur mentionné à l'article L. 174-2 du même code et le titre de recettes correspondant à destination du comptable public assignataire, dans le délai prévu à l'article L. 162-25 dudit code, afin que cette facture ait la force exécutoire prévue au 6° de l'article L. 111-3 du code des procédures civiles d'exécution et à l'article L. 252 A du livre des procédures fiscales.

La réception, par l'organisme payeur mentionné à l'article L. 174-2 du code de la sécurité sociale, du fichier comprenant la facture dématérialisée vaut notification de l'ampliation du titre de recettes mentionné au 4° de l'article L. 1617-5 du code général des collectivités territoriales.

Par dérogation aux 4° et 6° du même article L. 1617-5, le comptable public assignataire de l'établissement public de santé adresse, sans lettre de relance préalable, une mise en demeure pour un ou plusieurs titres de recettes aux fins d'interrompre la prescription prévue au 3° dudit article L. 1617-5.

COMMENTAIRE

V. Commentaire reproduit sur Dalloz.fr.

1. Nécessaire indication des bases de la liquidation dans l'ordre de recettes. Est irrégulier le titre exécutoire émis à l'encontre de l'obligé alimentaire ne mentionnant pas le montant des sommes prélevées sur les ressources de la personne hospitalisée. • CAA Nantes, 30 juin 1994, *Mme Viaux*, n° 92NT00004 : *Lebon 649*. ♦ Sur la nécessaire motivation des états exécutoires, V. également • CE 15 mai 1995, *Administration générale de l'Assistance publique à Paris*, n° 132928 : *Lebon T. 735*.

2. Impossibilité pour un établissement de santé de demander une provision au titre d'une créance sur un usager. L'établissement de santé tenant de l'art. L. 6145-9 le pouvoir d'assurer l'exécution forcée du recouvrement de ses créances, il ne peut, lorsqu'il détient une créance sur un usager (lequel n'est pas dans une situation contractuelle, y compris lorsqu'il a conclu un contrat d'hébergement en application de l'art. L. 342-1 CASF), demander au juge des référés de condamner l'intéressé à lui verser une provision au titre de sa créance, une telle condamnation n'étant susceptible d'emporter aucun effet juridique qu'il n'avait les moyens de produire lui-même. • CE 9 févr. 2016, *Hôpital de Prades*, n° 388643 : *Lebon T.* ; *RDSS 2016. 322, concl. Decoult-Paolini*.

Art. L. 6145-10 **Lorsque, par suite d'un changement de circonstances, l'exécution des conditions et charges grevant une donation ou un legs fait à un établissement public de santé devient soit extrêmement difficile, soit sérieusement dommageable, la révision de ces conditions et charges peut être autorisée par arrêté du représentant de l'État dans le département si l'auteur de la libéralité ou ses ayants droit acceptent les mesures envisagées ; dans les autres cas, la révision est autorisée dans les conditions prévues aux articles 900-2 à 900-8 du code civil.** — *[Anc. art. L. 714-37].*

1. Pouvoirs du préfet. Le préfet ne peut modifier les conditions auxquelles un décret avait soumis l'acceptation d'un legs particulier par la commune. • CE 16 juill. 1930, *Cne de Saint-Pierre-d'Albigny : Lebon 734.*

2. Absence de consentement formel des ayants droit du testateur. L'intervention d'un décret est nécessaire dans l'hypothèse où les ayants droit du testateur n'ont pas donné formellement leur consentement aux propositions de la commission administrative (aujourd'hui conseil d'administration). • CE 15 juin 1934, *Cnes de Rouxménil-Bouteilles et a. : Lebon 683.*

3. Exécution de la charge assortissant le legs. A propos de l'exécution de la charge dont était assorti le legs à un hospice d'un ancien bien de fabrique : compétence du Conseil d'État, en vertu de la loi du 9 déc. 1905, pour veiller à cette exécution. • CE 26 févr. 1926, *Dlles Duriez et a. : Lebon 220.* ♦ Le recours exercé devant le Conseil d'État n'est pas un recours pour excès de pouvoir • Même arrêt.

4. Destination spéciale d'un bien immobilier. Sur la destination spéciale de biens immobiliers affectés aux hospices civils d'une ville à charge d'y recevoir les pauvres et malades protestants, V. • CE 11 déc. 1931, *Arbousse-Bastide : Lebon 1107.*

5. Legs à une commune. Il appartient au gouvernement, en autorisant un maire à accepter un legs en vue de la création d'un hospice, de prévoir que cet établissement sera administré par une commission administrative (aujourd'hui conseil d'administration). • CE 26 janv. 1906, *Royet : Lebon 74.* ♦ Sur la transformation d'un établissement privé légué à une ville en établissement communal, V. • CE 28 juill. 1952, *Chavaillon, Lespine et Chouin : Lebon 412* • 28 juill. 1935, *Hospices civils de Clermont-Ferrand : Lebon 733.* ♦ Sur l'irrégularité de la vente d'un immeuble légué à deux communes, V. • CE 3 mai 1912, *Cne de Saint-Roch : Lebon 529.*

Art. L. 6145-10-1 *(Ord. n° 2010-177 du 23 févr. 2010, art. 26-42°)* **Par dérogation aux articles L. 1121-2 et L. 1121-3 du code général de la propriété des personnes publiques, les dons et legs faits aux établissements publics de santé sont acceptés ou refusés librement par le directeur.**

Art. L. 6145-11 **Les établissements publics de santé peuvent toujours exercer leurs recours, s'il y a lieu, contre les hospitalisés, contre leurs débiteurs et contre les personnes désignées par les articles 205, 206, 207 et 212 du code civil.**

Ces recours relèvent de la compétence du juge aux affaires familiales. — *[Anc. art. L. 714-38.]*

BIBL. ► VIOUJAS, *Le recouvrement des produits* d'hospitalisation auprès de la famille du patient : de nouvelles possibilités pour les établissements de santé, *LPA 19 mars 2015, n° 56, p. 4.* – LION, Le recouvrement de l'obligation alimentaire par les établissements publics de santé à l'épreuve de la règle « aliments ne s'arréragent pas », note sous Civ. 21 mai 1997, *LPA 7 oct. 1998.* – MAUGÜÉ, Le recouvrement des frais d'hospitalisation par les hôpitaux, concl. sur avis, CE, 28 juill. 1995, *RFDA 1996. 386*. – ALFANDARI, Le recouvrement des frais hospitaliers sur les débiteurs d'aliments, *Mél. Auby, Dalloz, 1992.* – MASSIP, Les recours exercés contre les débiteurs d'aliments par les services de l'aide sociale ou les hôpitaux et hospices, *Gaz. Pal. 9-10 mai 1990, p. 2.* – GAGET, L'actualité de l'art. L. 708 du code de la santé publique, *Gaz. Pal. 1988. 1. Doctr. 33.* – GULPHE, A propos d'une nouvelle lecture de l'art. L. 708 du code de la santé publique, *JCP 1988. I. 3329.*

1. Action dirigée contre les débiteurs du malade. Le recours de l'art. L. 714-38 [L. 6145-11] peut être exercé contre ceux qui sont tenus, à l'égard de l'hospitalisé, des obligations découlant d'un bail à nourriture. • Civ. 1re, 18 déc. 1962 : *Bull.civ. I, n° 548 ; D. 1963. 165 ; Rev. aide soc. 1963. 115, note Lombois.* ♦ ... Ou d'une donation à charge de soins. • Poitiers, 15 avr. 1969 : *D. 1969. 695, note Meunier.* ♦ Le recours est ouvert contre tous les débiteurs de l'hospitalisé, y compris les assureurs des responsables de l'accident dont celui-ci a été victime. • Dijon, 25 nov. 1993 : *RDSS 1994. 469, obs. de Forges* . ♦ Le signataire d'un « certificat d'hébergement » d'un étranger ne peut se voir réclamer par un hôpital l'engagement de régler les frais d'hospitalisation de cet étranger. • Civ. 1re, 21 oct. 1997 : *Bull. civ. I, n° 282 ; RDSS 1998. 811* . ♦ Même s'il n'existe pas de hiérarchie entre les obligations des divers débiteurs d'aliments, les frais d'hospitalisation d'une femme mariée incombent avant tout à son époux, par application des art. 212 et 214 C. civ. • Grenoble, 23 janv. 1967 : *D. 1968. Somm. 1.* ♦ Si cependant l'importance des dépenses nécessitées par les soins excède les ressources du mari, la femme ou le centre hospitalier peuvent réclamer concurremment une aide au père de l'épouse. • Même arrêt.

2. Action contre une personne qui ne serait pas au nombre des débiteurs désignés par l'art. L. 6145-11. En principe, il résulte des dispositions de l'art. L. 6145-11 qu'un établissement public de santé ne peut légalement émettre un ordre de recettes ou un état exécutoire à l'encontre d'une personne prise en sa seule qualité de signataire de l'engagement d'acquitter les frais afférents à l'hospitalisation dans un établissement public de santé, prévu à l'art. R. 6145-4, alors qu'elle ne serait pas au nombre des personnes pouvant être légalement déclarées débitrices sur le fondement de l'art. L. 6145-11. • CE, sect., avis, 28 juill. 1995, *Kilou*, n° 168438 : *Lebon 315 ; RFDA 1996. 386, concl. Maugüé ; Dr. adm. 1995, n° 613, obs. C. M. ; JCP 1995. IV. 2723, obs. Rouault ; RDSS 1996. 326, obs. de Forges* . ♦ Toutefois, une société gestionnaire, pour le compte d'un assureur, d'un contrat d'assurance santé qui a contracté l'engagement d'acquitter les frais afférents à l'hospitalisation dans un établissement public de santé prévu à l'art. R. 6145-4, peut, dans les circonstances de l'espèce, être regardée comme débiteur au sens de l'art. L. 6145-11, alors même que son activité de gestionnaire de la couverture sociale des expatriés aurait seulement consisté à encaisser pour le compte de la compagnie d'assurances les cotisations correspondant aux prestations souscrites et à reverser les sommes payées par l'assureur aux établissements de soins. • CE 12 nov. 2014, *Mme C. B.*, n° 368876 : *Lebon.*

3. Dette de soins contractée par un conjoint. Sur l'application de l'art. 220 C. civ. au lieu et place de l'art. L. 6145-11 CSP, s'agissant d'une dette de soins contractée par un conjoint, V. • Civ. 1re, 17 déc. 2014, n° 13-25.117 : *AJ fam. 2015. 109, obs. Hilt ; RTD civ. 2015. 116, obs. Hauser ; D. 2015. 73* .

4. Conditions de l'action. L'action directe ne joue qu'en cas de défaillance de l'hospitalisé. • Civ. 20 juin 1928 : *DH 1928. 448.* ♦ Comp. • Lyon, 13 nov. 1952 : *D. 1953. 755, note Gervésie.* ♦ L'action ne peut être exercée qu'à titre supplémentaire, en tenant compte de la contribution du débiteur pendant la période d'hospitalisation. • TGI Seine, 8 juin 1965 : *D. 1966. Somm. 4 ; RDSS 1966. 166, obs. Imbert.* ♦ L'établissement hospitalier n'est pas tenu d'apporter la preuve que le malade n'avait pas les ressources suffisantes. • CAA Paris, 14 févr. 1989, *Administration gén. de l'Assistance publique c/ Mme Launay*, n° 89PA00183 : *Lebon T. 941 ; AJDA 1989. 333, concl. Arrighi de Casanova.*

5. Limites de l'obligation impartie aux débiteurs d'aliments. Le recours contre les débiteurs des personnes hospitalisées est à la mesure de ce dont ces débiteurs sont redevables. • Civ. 1re, 3 mars 1987 : *Bull. civ. I, n° 80.* ♦ Le remboursement des frais d'hospitalisation est subordonné à l'existence de l'obligation alimentaire et limité au montant de cette obligation lorsqu'elle existe. • CAA Paris, 14 févr. 1989, *Administration gén. de l'Assistance publique c/ Mme Launay*, n° 89PA00183 : *préc. note 4.* ♦ L'action de l'établissement ne pouvant s'exercer que dans les limites de l'obligation alimentaire des débiteurs, il en résulte que le principe selon lequel les aliments ne s'arréragent pas doit s'appliquer. • Civ. 1re, 19 déc. 1995 : *D. 1996. IR 29.* ♦ Rappr. • Civ. 1re, 14 janv. 2003 : *Bull. civ. I, n° 6 ; D. 2003. IR 396.* ♦ Le recours d'un établissement public de santé contre les débiteurs alimentaires d'une personne hospitalisée est à la mesure de ce dont ces débiteurs sont redevables et la règle « aliments ne s'arréragent pas » étant fondée sur l'absence de besoin et sur la présomption selon laquelle le créancier a renoncé à agir contre ses débiteurs alimentaires, elle s'apprécie en la seule personne du créancier d'aliments. • Civ. 1re, 24 juin 2015, n° 14-15.538 : *AJ fam. n° 10, oct. 2015, p. 540, obs. Berthet et Avena-Robardet ; D. 2015. 1444 ; RTD civ. 2015. 598, obs. Hauser* . ♦ Pour combattre la règle selon laquelle les aliments ne s'arréragent pas, il incombe à l'établissement public de santé de prouver l'état de besoin du créancier d'aliments et que celui-ci, qui n'est pas resté inactif ou qui a été dans l'impossibilité d'agir, n'a pas renoncé à réclamer à son débiteur alimentaire l'exécution de son obligation. • Civ. 1re, 23 sept. 2015, n° 14-22.367 : *JCP G, n° 41, 5 oct. 2015, note Musso.*

6. Absence d'effet de la renonciation à la succession. Le moyen fondé sur une renonciation à la succession est inopérant, l'obligation de prendre en charge les frais d'hospitalisation qui pèse sur le débiteur d'aliment ne pouvant s'éteindre de ce fait. • CAA Paris, 14 févr. 1989, *Administration gén. de l'Assistance publique c/ Mme Launay,* n° 89PA00183 : *préc. note 4.*

7. Date d'appréciation de la dette d'aliment. Compte tenu de la nature particulière de la créance d'aliments visée à l'art. L. 714-38 [L. 6145-11], il y a lieu de suivre les règles de l'art. 208 C. civ. pour déterminer les besoins et les ressources respectifs du créancier et du débiteur, ainsi que de tenir compte des ressources du débiteur au moment où son créancier était en vie et non à la date du jugement le condamnant à honorer sa dette. • Toulouse, 7 juin 1993 : *RDSS 1994. 108, obs. de Forges.*

8. Nécessaire indication des bases de la liquidation dans l'ordre de recettes. V. note ss. art. L. 6145-9.

9. Règlement par erreur des frais d'hospitalisation d'un parent. Sur la répétition de l'indu reconnue par le juge administratif en cas de règlement, par erreur, de frais hospitaliers d'un parent, V. • TA Versailles, 12 févr. 1996, *M. et Mme Gusella c/ Préfet de Seine-et-Marne et CH Marc-Jacquet,* n° 941681 : *AJDA 1996. 406, note Krulic.*

10. Conséquences contentieuses de la nature alimentaire de l'obligation. Selon la Cour de cassation, quelles qu'en soient les modalités et alors même qu'il s'agirait du recours direct, l'action exercée contre un débiteur d'aliments a toujours pour fondement les dispositions du code civil relatives à la dette d'aliments. • Civ. 1re, 1er déc. 1987 : *Bull. civ. I, n° 314 ; JCP 1988. II. 20952, rapp. Sargos.* ♦ Eu égard à la nature exclusivement civile de l'obligation alimentaire, seuls les tribunaux judiciaires sont compétents pour se prononcer sur l'existence de cette obligation, tant en ce qui concerne son principe que son étendue. • Même arrêt. ♦ Pour le juge administratif, toute difficulté sérieuse au sujet de l'existence de l'obligation d'assistance, qui a un caractère alimentaire, constitue une question préjudicielle renvoyée à l'autorité judiciaire. • CAA Paris, 14 févr. 1989, *Administration gén. de l'Assistance publique c/ Mme Launay, n° 89PA00183 : préc. note 4.* ♦ *Les ordonnateurs* ne peuvent, sans méconnaître le principe de la séparation des pouvoirs, émettre à l'encontre d'un débiteur d'aliments un état exécutoire correspondant à la dette de son créancier vis-à-vis d'une personne publique. • Même arrêt. ♦ Il n'appartient pas au juge administratif, d'ordonner la production du dossier social du débiteur. • Même arrêt. ♦ ... Ni de déclarer que la dette doit être partagée entre les débiteurs d'aliments. • Même arrêt. ♦ Toutefois, lorsque l'action est dirigée contre une personne prise en sa seule qualité de signataire de l'engagement prévu à l'art. R. 716-9-1 CSP (paiement d'une provision), le litige relève de la compétence du juge administratif. • CE, sect., avis, 28 juill. 1995, *Kilou,* n° 168438 : *préc. note 2* • T. confl. 12 mai 1997, *Mme Gillot et Mme Adjekhinne c/ AP Hôpitaux de Paris (2 arrêts) : Lebon 529 et 530* • CAA Lyon, plén., 28 juin 2001, *Groupama Rhône-Alpes c/ CH de Moutiers,* nos 00LY01518 et 99LY02940 : *AJDA 2001. 961, note Berthoud.* ♦ De même, le juge administratif demeure compétent pour juger de la contestation d'un titre de recette émis à l'encontre du père d'un enfant mineur hospitalisé, père tenu à l'obligation d'entretien de l'art. 203 C. civ. et dont la créance était insusceptible d'être rattachée aux art. 205, 206, 207 et 212 du même code visés à l'art. L. 714-38 [L. 6145-11] CSP. • CAA Paris, 14 nov. 1995, *M. Chalal,* n° 94PA00260 : *Lebon T. 1039 ; RDSS 1996. 327, obs. de Forges.* ♦ Le juge administratif a également compétence s'agissant d'un litige entre un hôpital et le fils d'une hospitalisée décédée, pris en sa seule qualité d'administrateur légal de sa mère. • T. confl. 27 sept. 1999, *M. Dargacha-Sable c/ AP-HP,* n° 3125. ♦ ... Ou pour statuer sur les litiges entre un établissement public de santé et les héritiers de la personne qui résidait dans l'établissement, les frais dus à titre principal par la personne hébergée constituant, après son décès, une dette de succession et non une dette alimentaire. • Com. 11 mars 2014, n° 13-12.153 : *RDSS 2014. 577, obs. Cristol.* ♦ ... Ou encore pour statuer sur une contestation relative au bien-fondé de créances hospitalières opposant un établissement public de santé à une société assurant, pour le compte d'organismes d'assurance maladie complémentaire, le bénéfice du tiers payant pour une part de dépenses non couvertes par la sécurité sociale. • CE 13 nov. 2013, *Sté Viamedis,* n° 350428 : *Lebon T. à mentionner ; JDSAM 2014, n° 2, p. 46, note X. C. ; AJDA 2013. 2287.* ♦ En revanche, si l'action de l'hôpital est fondée sur les art. 205, 206, 207 ou 212 C. civ., la compétence est judiciaire. Ainsi, dès lors que la personne recherchée en paiement des frais d'hospitalisation est au nombre des personnes désignées à l'art. 205 C. civ., la juridiction judiciaire est seule compétente, en vertu de l'art. L. 714-38 [L. 6145-11] CSP pour connaître du litige l'opposant à l'hôpital, alors même que l'intéressé aurait d'autres qualités, telles que celles d'héritier ou de signataire de l'engagement à payer, justifiant qu'il soit recherché en paiement par l'établissement. • CAA Paris, 9 avr. 1996, *Wehbi,* n° 94PA01915 : *Lebon T. 1167* • Civ. 1re, 22 juin 1999 : *Bull. civ. I, n° 215 ; D. 2000. 146, note Massip.*

Art. L. 6145-12 Les effets mobiliers, apportés par les personnes décédées dans les établissements publics de santé après y avoir été traitées gratuitement, appartiennent auxdits établissements publics de santé, à l'exclusion des héritiers et du domaine en cas de déshérence.

Les héritiers et légataires des personnes dont le traitement et l'entretien ont été acquittés de quelque manière que ce soit peuvent exercer leurs droits sur tous les effets apportés dans les établissements publics de santé par lesdites personnes malades ou valides ; dans le cas de déshérence, les mêmes effets appartiennent aux établissements publics de santé.

(Abrogé par Ord. n° 2018-20 du 17 janv. 2018, art. 24) ***« Le présent article n'est pas applicable aux militaires et marins soignés dans les établissements publics de santé. »*** — *[Anc. art. L. 714-39].*

Art. L. 6145-13 (Abrogé par Ord. n° 2018-20 du 17 janv. 2018, art. 24) ***L'État doit aux établissements publics de santé une allocation égale aux frais qui leur incombent par suite du traitement des malades militaires.*** — [Anc. art. L. 714-40].

Art. L. 6145-14 (Abrogé par Ord. n° 2018-20 du 17 janv. 2018, art. 24) ***La dépense des travaux de construction ou d'appropriation, reconnus nécessaires pour l'établissement, dans les établissements de santé, des services hospitaliers des garnisons est exclusivement à la charge de l'État. Nul travail ne peut être exécuté sans l'assentiment du*** (Ord. n° 2010-177 du 23 févr. 2010, art. 4-5°) ***« directeur » de l'établissement et sans l'accord préalable des ministres chargés de la défense et de la santé.***

Art. L. 6145-15 Les obligations imposées aux établissements publics de santé ne peuvent porter préjudice aux droits et obligations résultant des fondations faites à leur profit. — *[Anc. art. L. 714-42].*

Art. L. 6145-16 *(L. n° 2009-879 du 21 juill. 2009, art. 17-I)* **Les comptes des établissements publics de santé définis par décret sont certifiés.**

Les modalités de certification, par un commissaire aux comptes ou par la Cour des comptes, sont *[Dispositions déclarées non conformes à la Constitution par la décision du Conseil constitutionnel n° 2009-584 DC du 16 juillet 2009]* **fixées par voie réglementaire.**

Art. L. 6145-16-1 *(L. n° 2016-41 du 26 janv. 2016, art. 103-2°)* **I. — Les établissements publics de santé et leurs groupements ne peuvent souscrire des emprunts auprès des établissements de crédit que dans les limites et sous les réserves suivantes :**

1° L'emprunt est libellé en euros ;

2° Le taux d'intérêt peut être fixe ou variable ;

3° La formule d'indexation des taux variables doit répondre à des critères de simplicité ou de prévisibilité des charges financières des établissements publics de santé et de leurs groupements.

II. — Un contrat financier adossé à un emprunt auprès d'un établissement de crédit ne peut avoir pour conséquence de déroger au I.

III. — Un décret fixe les conditions d'application du présent article, notamment :

1° Les indices et les écarts d'indices autorisés pour les clauses d'indexation des taux d'intérêt variables mentionnés au 2° du I, ainsi que le taux maximal de variation du taux d'intérêt ;

2° Les critères prévus au 3° du I ;

3° Les conditions d'application du II.

Art. L. 6145-17 **Des mesures réglementaires déterminent en tant que de besoin les modalités d'application des dispositions du présent chapitre. Sauf dispositions contraires, elles sont prises par décret en Conseil d'État.** — *[Anc. art. L. 716-9].*

CHAPITRE VI **ORGANISATION INTERNE** *(Ord. n° 2005-406 du 2 mai 2005, art. 6).*

BIBL. ▶ Quel pilotage des pôles ?, Dossier, *Rev. hosp. France janv.-févr. 2011, n° 538, p. 256.* – Dupuy, Réforme de l'organisation interne des établissements publics de santé : quelle autorité des praticiens responsables de pôle ?, *Rev. dr. et santé 2006, n° 12, p. 340.* – Mathieu, Les comités d'éthique hospitaliers, étude sur un objet juridiquement non identifié, *RDSS 2000. 73* .

Art. L. 6146-1 *(L. n° 2009-879 du 21 juill. 2009, art. 13-I)* Pour l'accomplissement de leurs missions, les établissements publics de santé définissent librement leur organisation interne, sous réserve des dispositions du présent chapitre.

Le directeur définit l'organisation de l'établissement en pôles d'activité conformément au projet médical d'établissement, après avis du président de la commission médicale d'établissement et, dans les centres hospitaliers universitaires, du directeur de l'unité de formation et de recherche médicale. *(L. n° 2016-41 du 26 janv. 2016, art. 195-1°-a et b)* « Un décret fixe le nombre d'agents d'un établissement en dessous duquel la constitution de pôles est facultative et le nombre maximal d'agents que peut comporter un pôle.

« Les pôles d'activité sont composés, d'une part, de services, de départements et d'unités fonctionnelles ou de toutes autres structures de prise en charge du malade par les équipes médicales, soignantes ou médico-techniques ainsi que, d'autre part, des services, unités, départements ou structures médico-techniques qui leur sont associés. Dans les centres hospitaliers universitaires, les pôles d'activité clinique et médico-technique sont dénommés "pôles hospitalo-universitaires".

« Le directeur nomme les chefs de pôle. *(Ord. n° 2018-20 du 17 janv. 2018, art. 24)* « Lorsque le chef de pôle est un praticien des armées, la décision de nomination est prise conjointement par le directeur et le ministre de la défense. »

« Pour les pôles d'activité clinique ou médico-technique, il nomme les chefs de pôle sur proposition du président de la commission médicale d'établissement, et, dans les centres hospitalo-universitaires, sur proposition conjointe du président de la commission médicale d'établissement et du directeur de l'unité de formation et de recherche médicale ou, en cas de pluralité d'unités, du président du comité de coordination de l'enseignement médical.

« La durée du mandat des chefs de pôle est fixée par décret. Leur mandat peut être renouvelé dans les mêmes conditions. »

Peuvent exercer les fonctions de chef de pôle d'activité clinique ou médico-technique les praticiens mentionnés à l'article L. 6151-1 et aux 1°, 2° et 3° de l'article L. 6152-1 *(Ord. n° 2018-20 du 17 janv. 2018, art. 24)* « ainsi que les praticiens des armées ».

(L. n° 2016-41 du 26 janv. 2016, art. 195-1°-c) « Le directeur signe avec le chef de pôle un contrat de pôle précisant les objectifs et les moyens du pôle.

« Pour les pôles d'activité clinique et médico-technique, le président de la commission médicale d'établissement contresigne le contrat. Il atteste, ainsi, par sa signature, la conformité du contrat avec le projet médical de l'établissement.

« Dans les pôles hospitalo-universitaires, le directeur de l'unité de formation et de recherche médicale ou, en cas de pluralité d'unités, le président du comité de coordination du comité de l'enseignement médical, contresigne également le contrat. »

Le praticien chef d'un pôle d'activité clinique ou médico-technique met en œuvre la politique de l'établissement afin d'atteindre les objectifs fixés au pôle. Il organise, avec les équipes médicales, soignantes, administratives et d'encadrement du pôle, sur lesquelles il a autorité fonctionnelle, le fonctionnement du pôle et l'affectation des ressources humaines en fonction des nécessités de l'activité et compte tenu des objectifs prévisionnels du pôle, dans le respect de la déontologie de chaque praticien et des missions et responsabilités des *(L. n° 2016-41 du 26 janv. 2016, art. 195-1°-d)* « services, des unités fonctionnelles, des départements ou des autres structures », prévues par le projet de pôle. Dans l'exercice de ses fonctions, il peut être assisté par un ou plusieurs collaborateurs dont il propose la nomination au directeur d'établissement. Si le pôle comporte une unité obstétricale, l'un de ces collaborateurs est une sage-femme.

(L. n° 2016-41 du 26 janv. 2016, art. 195-1°-e) « Le chef de pôle organise la concertation interne et favorise le dialogue avec l'ensemble des personnels du pôle.

« Les principes essentiels de l'organisation en pôles de l'établissement et de leurs règles de fonctionnement figurent dans le règlement intérieur de l'établissement. »

COMMENTAIRE

V. Commentaire reproduit sur Dalloz.fr.

Organisation des soins et fonctionnement médical des établissements. La création de deux unités fonctionnelles relève nécessairement de l'art. L. 6146-1 CSP. • CAA Bordeaux, 28 juin 2001, *CHRU de Poitiers*, n° 97BX00697 : *RDSS 2002. 58, obs. Cormier*.

Art. L. 6146-2 *(L. n° 2009-879 du 21 juill. 2009, art. 13-II)* **Dans des conditions fixées par voie réglementaire, le directeur d'un établissement public de santé peut, sur proposition du chef de pôle, après avis du président de la commission médicale d'établissement, admettre des médecins, sages-femmes et odontologistes exerçant à titre libéral, autres que les praticiens statutaires exerçant dans le cadre des dispositions de l'article L. 6154-1, à participer à l'exercice des missions** *(Ord. n° 2017-31 du 12 janv. 2017, art. 1er-12°)* **« mentionnées aux articles L. 6111-1 et L. 6112-1 ». Des auxiliaires médicaux exerçant à titre libéral peuvent également participer aux activités de l'établissement lorsque les soins sont délivrés au domicile des patients, usagers de l'établissement public concerné. Les honoraires de ces professionnels de santé sont à la charge de l'établissement public de santé, qui peut recourir à des conditions de rémunération particulières, autres que le paiement à l'acte, pour les auxiliaires médicaux libéraux intervenant en hospitalisation à domicile. Par exception aux dispositions de l'article L. 162-2 du code de la sécurité sociale, l'établissement public de santé verse aux intéressés les honoraires aux tarifs prévus au 1° du I de l'article L. 162-14-1 du même code, minorés, le cas échéant, d'une redevance.**

Les professionnels de santé mentionnés au premier alinéa participent aux missions de l'établissement dans le cadre d'un contrat conclu avec l'établissement de santé, qui fixe les conditions et modalités de leur participation et assure le respect des garanties mentionnées à l'article L. 6112-3 du présent code. Ce contrat est approuvé par le directeur général de l'agence régionale de santé.

COMMENTAIRE

V. Commentaire reproduit sur Dalloz.fr

Art. L. 6146-3 *(L. n° 2016-41 du 26 janv. 2016, art. 136-I-2°)* **Les établissements publics de santé peuvent avoir recours à des personnels médicaux, odontologistes et pharmaceutiques pour des missions de travail temporaire, dans les conditions prévues à l'article 9-3 de la loi n° 86-33 du 9 janvier 1986 portant dispositions statutaires relatives à la fonction publique hospitalière. Les entreprises d'intérim mentionnées à l'article L. 1251-1 du code du travail attestent auprès des établissements de santé, avant le début de la mission de travail temporaire du professionnel proposé, qu'elles ont accompli les obligations prévues à l'article L. 1251-8 du même code.**

Le montant journalier des dépenses susceptibles d'être engagées par praticien par un établissement public de santé au titre d'une mission de travail temporaire prévue au premier alinéa du présent article ne peut excéder un plafond dont les conditions de détermination sont fixées par voie réglementaire.

Art. L. 6146-4 à L. 6146-6 *Abrogé par L. n° 2009-879 du 21 juill. 2009, art. 13-III.*

Art. L. 6146-7 **Les sages-femmes sont responsables de l'organisation générale des soins et des actes obstétricaux relevant de leur compétence. Elles participent** *(Abrogé par Ord. n° 2010-177 du 23 févr. 2010, art. 4-18°)* ***« , dans les conditions prévues à l'article*** *(Ord. n° 2005-1112 du 1er sept. 2005, art. 1er-XII)* ***« L. 6146-6, »*** **à leur évaluation et aux activités de recherche en collaboration avec les praticiens du pôle d'activité clinique ou médico-technique.**

Art. L. 6146-8 *Abrogé par Ord. n° 2005-406 du 2 mai 2005, art. 6.*

Art. L. 6146-9 *(Ord. n° 2005-406 du 2 mai 2005, art. 6)* **Dans chaque établissement, la coordination générale des soins infirmiers, de rééducation et médico-techniques est confiée à un directeur des soins infirmiers, de rééducation et médico-techniques, membre de l'équipe de direction et nommé par le directeur.**

Une commission des soins infirmiers, de rééducation et médico-techniques, présidée par le coordonnateur général des soins infirmiers, de rééducation et médico-techniques et composée des différentes catégories de personnels de soins, est consultée sur des matières et dans des conditions fixées par voie réglementaire.

COMMENTAIRE

V. Commentaire reproduit sur Dalloz.fr

Art. L. 6146-10 *Abrogé par L. n° 2009-879 du 21 juill. 2009, art. 13-III.*

Art. L. 6146-11 *(Ord. n° 2010-177 du 23 févr. 2010, art. 26-43°)* Sauf disposition contraire, les modalités d'application du présent chapitre sont déterminées par décret en Conseil d'État.

CHAPITRE VII DISPOSITIONS PARTICULIÈRES À CERTAINS ÉTABLISSEMENTS ET ORGANISMES

Art. L. 6147-1 Les conditions d'application du chapitre II du titre Ier et celles du présent titre à l'Assistance publique – hôpitaux de Paris, aux hospices civils de Lyon, à l'assistance publique de Marseille et aux établissements publics nationaux sont déterminées par voie réglementaire.

(L. n° 2016-41 du 26 janv. 2016, art. 102) « Le droit de priorité mentionné à l'article L. 240-1 du code de l'urbanisme s'applique, s'agissant des établissements publics de santé, à l'Assistance publique-hôpitaux de Paris. »

BIBL. ▸ Dossier, L'assistance publique/Hôpitaux de Paris, *RDSS 2016. 1001*.

COMMENTAIRE

V. Commentaire reproduit sur Dalloz.fr.

Art. L. 6147-2 Les missions exercées au sein d'unités distinctes par l'établissement public de la ville de Paris à caractère social et sanitaire, dénommé "centre d'accueil et de soins hospitaliers" et situé à Nanterre, comprennent :

1° L'accueil, la réadaptation sociale des personnes sans abri orientées par le préfet de police de Paris ainsi que l'hébergement et la réadaptation sociale des personnes mentionnées à l'article L. 345-1 du code de l'action sociale et des familles dans la limite des capacités autorisées par le représentant de l'État dans la région conformément aux dispositions de la loi n° 75-535 du 30 juin 1975 relative aux institutions sociales et médico-sociales ;

(Ord. n° 2017-31 du 12 janv. 2017, art. 1er-13°) « 2° L'exercice des missions mentionnées aux articles L. 6111-1 et L. 6112-1 dans les conditions prévues à l'article L. 6112-2 ; »

3° L'hébergement et les soins de personnes âgées et des personnes handicapées qui y résident.

La composition du conseil d'administration, dont la présidence est assurée par le *(L. n° 2017-257 du 28 févr. 2017, art. 31-II-1° et 30)* « maire de Nanterre » et où sont notamment représentés, d'une part, la ville de Paris et, d'autre part, le département des Hauts-de-Seine et la ville de Nanterre, est fixée par voie réglementaire.

Le directeur est nommé par arrêté des ministres chargés de l'action sociale, de l'intérieur et de la santé, après avis du président du conseil d'administration.

Le centre d'accueil et de soins hospitaliers est soumis, en ce qui concerne son budget et son fonctionnement, aux dispositions du présent livre. *(Abrogé par Ord. n° 2005-1112 du 1er sept. 2005, art. 1er-XIV)* *« Il est soumis à la tutelle de l'État »*. Les modalités d'application des dispositions du présent titre *(L. n° 2009-879 du 21 juill. 2009, art. 15)* « peuvent faire l'objet, par voie réglementaire, de dérogations en vue de les adapter » aux conditions particulières de fonctionnement de cet établissement.

A l'exception des dispositions concernant le budget, l'administration et le fonctionnement, la loi n° 75-535 du 30 juin 1975 relative aux institutions sociales et médico-sociales est applicable à l'établissement pour ses activités sociales et médico-sociales.

(L. n° 2017-257 du 28 févr. 2017, art. 31-II-2° et 30) « La désaffectation totale ou partielle du centre d'hébergement et d'assistance aux personnes sans abri ne peut être prononcée qu'après avis conforme de la Ville de Paris et du préfet de police. Les bâtiments et le terrain d'emprise concernés par une telle désaffectation sont, le cas échéant, restitués gratuitement à la Ville de Paris. En cas de cessation totale de l'activité hospitalière, les bâtiments et le terrain d'emprise consacrés à cette activité sont restitués gratuitement à la Ville de Paris. »

Art. L. 6147-3 *(L. n° 2002-303 du 4 mars 2002, art. 123-III)* L'établissement public de santé territorial de Saint-Pierre-et-Miquelon est chargé d'une mission générale de prévention et de soins comportant ou non hébergement.

Cet établissement reçoit le concours de l'État pour les services d'hébergement non pris en charge par l'assurance maladie.

Il exerce les missions définies aux chapitres Ier et II du titre Ier du livre Ier de la présente partie, notamment le diagnostic et le traitement des malades, des blessés et des femmes enceintes. Il dispense également les soins à domicile aux personnes qui en font la demande. *(L. nº 2002-303 du 4 mars 2002, art. 123-III)* « Il assure les transports sanitaires définis au titre Ier du livre III de la présente partie à l'exception des transports vers des destinations extérieures au territoire de l'archipel de Saint-Pierre-et-Miquelon ».

Il assure les missions dévolues au département dans les domaines définis par l'article L. 1423-1.

De plus, il est chargé :

1º De la vente au détail des médicaments, produits et objets mentionnés aux articles L. 4211-1 et L. 5111-1 *(L. nº 2002-303 du 4 mars 2002, art. 123-III)* « ainsi que les dispositifs médicaux définis à l'article L. 5211-1 ». Par dérogation aux dispositions *(Ord. nº 2016-1729 du 15 déc. 2016, art. 2-II-2º et 3-I)* « du 1º de l'article L. 5126-8 », l'autorisation de vente au public est permanente ;

2º Du contrôle sanitaire aux frontières défini au chapitre V du titre Ier du livre Ier de la partie III ;

3º Des examens et contrôles nécessaires à la protection de la santé publique prévus au livre III de la présente partie.

Il concourt à l'éducation sanitaire.

Il peut assurer la gestion des établissements sociaux existant dans la collectivité territoriale.

Art. L. 6147-4 *(Ord. nº 2010-331 du 25 mars 2010, art. 5)* L'établissement public de santé de Saint-Pierre-et-Miquelon est soumis aux dispositions du présent code sous la réserve tenant à ce que son conseil de surveillance comprend, outre les membres mentionnés aux 1º, 2º et 3º de l'article L. 6143-5, des représentants de la caisse de prévoyance sociale.

Art. L. 6147-5 *(L. nº 2002-303 du 4 mars 2002, art. 123-IV)* L'établissement public de santé territorial reçoit une subvention de l'État pour les missions prévues aux 2º et 3º de l'article L. 6147-3, qu'il exerce pour le compte de l'État.

Les missions mentionnées au 1º de l'article L. 6147-3 constituent une activité subsidiaire au sens de l'article L. 6145-7. Le prix de vente des médicaments et des dispositifs médicaux est déterminé respectivement dans les conditions de l'article L. 5123-1 du présent code pour les premiers et, dans les conditions de l'article L. 165-3 du code de la sécurité sociale, pour les seconds.

(L. nº 2003-1199 du 18 déc. 2003, art. 26-X) « Dans l'établissement public de santé territorial de Saint-Pierre-et-Miquelon, la part des dépenses prises en charge par les régimes obligatoires d'assurance maladie est financée par une dotation annuelle. Cette dotation est incluse dans l'objectif défini à l'article L. 174-1-1 du code de la sécurité sociale. Son montant ainsi que le montant total annuel des dépenses hospitalières autorisées sont fixés par les ministres chargés de la santé et de la sécurité sociale en fonction de l'objectif des dépenses d'assurance maladie défini au même article, des besoins de santé de la population, des orientations du schéma d'organisation sanitaire de Saint-Pierre-et-Miquelon et des priorités nationales ou locales en matière de politique sanitaire en tenant compte de l'activité et des coûts de l'établissement. Le montant des dépenses hospitalières autorisées représente la part des dépenses de l'établissement prises en compte pour la fixation de la dotation annuelle *(Ord. nº 2005-1112 du 1er sept. 2005, art. 1er-XVI-1º)* « de financement » et des tarifs de prestations. Ce montant a un caractère limitatif. »

La dotation *(Ord. nº 2005-1112 du 1er sept. 2005, art. 1er-XVI-2º)* « annuelle de financement » mentionnée à l'alinéa précédent couvre, pour les missions mentionnées au troisième alinéa de l'article L. 6147-3, la part des dépenses prises en charge par l'assurance maladie.

Par dérogation aux dispositions de l'article L. 174-2 du code de la sécurité sociale, la dotation *(Ord. nº 2005-1112 du 1er sept. 2005, art. 1er-XVI-2º)* « annuelle de financement » est versée par la caisse de prévoyance sociale mentionnée à l'article 3 de l'ordonnance n° 77-1102 du 26 septembre 1977 portant extension et adaptation au département de Saint-Pierre-et-Miquelon de diverses dispositions relatives aux affaires sociales. La contribution de l'Établissement national des invalides de la marine au financement de la dotation *(Ord. n° 2005-1112 du 1er sept. 2005, art. 1er-XVI-2°)* « annuelle de financement » versée par la caisse de protection sociale est fixée par accord entre les deux régimes. A défaut d'accord, la contribution de l'Établissement national des invalides de la marine est fixée par arrêté du ministre chargé de la sécurité sociale.

Art. L. 6147-6 Sont déterminées par décret en Conseil d'État les mesures réglementaires prévues aux articles L. 6147-1 et L. 6147-2 et, sauf dispositions contraires et en tant que de besoin, les modalités d'application des autres dispositions du présent chapitre. — *[Anc. art. L. 716-9].*

Art. L. 6147-7 *(L. n° 2002-73 du 17 janv. 2002, art. 11-III) (Ord. n° 2018-20 du 17 janv. 2018, art. 25)* « I. — » *(Ord. n° 2017-31 du 12 janv. 2017, art. 1er-14°)* « Les hôpitaux des armées, placés sous l'autorité du ministre de la défense, *(Ord. n° 2018-20 du 17 janv. 2018, art. 25)* « dans le respect de leur mission prioritaire » de soutien sanitaire des forces armées assurée avec les autres éléments du service de santé des armées, *(Ord. n° 2018-20 du 17 janv. 2018, art. 25)* « assurent le service public hospitalier dans les conditions définies par les articles L. 6112-1 et L. 6112-2, par le protocole prévu à l'article L. 6147-11 et les contrats spécifiques mentionnés à l'article L. 6147-12 ». » Ils dispensent des soins remboursables aux assurés sociaux dans les conditions fixées à l'article L. 174-15 du code de la sécurité sociale.

(Ord. n° 2018-20 du 17 janv. 2018, art. 25) « II. — » Le ministre de la défense et le ministre chargé de la santé arrêtent conjointement, *(Ord. n° 2018-20 du 17 janv. 2018, art. 25)* « après avis des directeurs généraux des agences régionales de santé concernées, tous les cinq ans », la liste des hôpitaux des armées qui peuvent, à ce titre, dispenser les soins définis *(Ord. n° 2010-177 du 23 févr. 2010, art. 1er-23°)* « à l'article L. 6111-1 » à toute personne requérant leurs services.

Cette liste précise, pour chacun de ces hôpitaux, les installations, y compris les équipements matériels lourds et les structures de soins alternatives à l'hospitalisation, ainsi que les activités de soins *(Abrogé par Ord. n° 2010-177 du 23 févr. 2010, art. 17-I-12°)* « , *correspondant à celles visées à l'article L. 6121-2* » qu'il met en œuvre *(Ord. n° 2018-20 du 17 janv. 2018, art. 25)* « , en distinguant, dans le respect de la liste mentionnée à l'article L. 6122-1 :

« 1° Les activités et équipements nécessaires au soutien sanitaire des forces armées ;

« 2° Les activités et équipements répondant principalement aux besoins de santé du territoire.

« Le même arrêté interministériel fixe, dans les mêmes conditions, la liste des laboratoires de biologie médicale relevant de l'autorité du ministre de la défense qui peuvent réaliser des prestations remboursables au bénéfice des assurés sociaux selon les modalités fixées à l'article L. 174-15 du code de la sécurité sociale.

« III. — » Ces hôpitaux doivent répondre aux conditions techniques de fonctionnement mentionnées à l'article L. 6122-2.

BIBL. ▶ ZACHARIE, Les hôpitaux d'instruction des armées, les missions de service public et le système de santé français : réflexions sur l'évolution du service de santé des armées, *RDSS 2013. 1064*.

Art. L. 6147-8 *(Ord. n° 2018-20 du 17 janv. 2018, art. 25)* Sans préjudice des dispositions de l'article L. 6132-4, les hôpitaux des armées figurant sur la liste prévue à l'article L. 6147-7 font l'objet de la certification prévue à l'article L. 6113-3.

Art. L. 6147-9 *(Ord. n° 2018-20 du 17 janv. 2018, art. 25)* Les personnels en fonction au sein du service de santé des armées peuvent exercer dans les établissements publics de santé dans des conditions prévues par leur statut. Une convention est alors établie entre le ministre de la défense ou son représentant et le représentant légal des établissements intéressés. Les dépenses afférentes au personnel mis à disposition sont remboursées par l'organisme d'accueil selon des modalités prévues par décret en Conseil d'État.

Art. L. 6147-10 *(Ord. n° 2018-20 du 17 janv. 2018, art. 25)* I. — Afin d'assurer sa mission prioritaire de soutien sanitaire des forces armées, le service de santé des armées s'appuie, en tant que de besoin, sur la contribution des autres acteurs du système de santé. Une convention précise les engagements de ces acteurs ainsi que les modalités de calcul de la compensation financière. Cette convention précise également les engagements du service de santé des armées. Elle est conclue dans les conditions prévues à l'article L. 6147-13.

Cette convention est transmise pour approbation au directeur général de l'agence régionale de santé et vaut, pour les acteurs du système de santé ayant conclu un contrat pluriannuel d'objectifs et de moyens, avenant à ce contrat.

II. — La contribution au soutien sanitaire des forces armées peut consister en :

1° Une participation à l'organisation et à la mise en œuvre d'un parcours de santé adapté à la situation particulière des militaires et des autres personnes ayant droit aux soins du service de santé des armées mentionnés à l'article L. 4123-2 du code de la défense ;

2° La réalisation d'expertises au profit du service de santé des armées pour les avis sur les décisions entraînant, conformément à l'article L. 713-12 du code de la sécurité sociale, des conséquences statutaires ou disciplinaires pour les militaires ou les candidats à l'engagement.

Art. L. 6147-11 *(Ord. n° 2018-20 du 17 janv. 2018, art. 25)* I. — Un protocole pluriannuel, d'une durée de cinq ans, est signé entre le ministre de la défense et les ministres chargés de la santé, de la sécurité sociale et du budget. Il définit les relations et les engagements réciproques de ces ministères, dans le but de mieux répondre aux besoins de santé de la population, notamment aux besoins spécifiques de la défense dans le domaine de la santé.

II. — Le protocole prévu au I précise :

1° Les missions réalisées par le service de santé des armées dans le cadre du service public hospitalier et sa contribution à toute autre mission relevant de la politique de santé ;

2° Les domaines d'action prioritaires, notamment en matière de contribution des acteurs du système de santé mentionnés au I de l'article L. 6147-10 du présent code au soutien sanitaire des forces armées et de réponse aux besoins spécifiques de la défense ;

3° Les objectifs de développement des relations entre ces acteurs du système de santé et le service de santé des armées.

III. — Le protocole prévu au I définit les modalités de calcul de la compensation financière :

1° De la contribution des acteurs du système de santé mentionnés au I de l'article L. 6147-10 au soutien sanitaire des forces armées ;

2° Des missions réalisées par le service de santé des armées dans le cadre du service public hospitalier ou de toute autre mission relevant de la politique de santé.

Art. L. 6147-12 *(Ord. n° 2018-20 du 17 janv. 2018, art. 25)* I. — Le ministère de la défense conclut avec l'agence régionale de santé un contrat spécifique d'une durée de cinq ans dans les cas suivants :

1° Un hôpital des armées est établi dans le ressort de l'agence régionale de santé concernée ;

2° Un ou plusieurs autres éléments du service de santé des armées mentionnés aux articles L. 1222-11, L. 5124-8 ou L. 6326-1 contribuent au projet régional de santé ;

3° Un ou plusieurs éléments du service de santé des armées autres que ceux mentionnés aux 1° et 2° contribuent au projet régional de santé ;

4° Des besoins spécifiques de la défense sont inscrits au schéma régional de santé prévu à l'article L. 1434-2 ;

II. — Ce contrat, qui décline au niveau régional le protocole prévu à l'article L. 6147-11, définit notamment les actions de coopération du service de santé des armées permettant de répondre aux besoins de santé du territoire et aux besoins spécifiques de la défense.

Après accord du ministre de la défense, des avenants à ce contrat peuvent être signés entre l'agence régionale de santé et les hôpitaux des armées et, le cas échéant, les autres éléments du service de santé des armées mentionnés aux articles L. 1222-11, L. 5124-8 et L. 6326-1.

III. – Le contrat spécifique prévu au I précise, le cas échéant, les besoins spécifiques de la défense identifiés par le schéma mentionné à l'article L. 1434-3. Ces besoins s'ajoutent aux conditions d'autorisation énumérées à l'article L. 6122-2.

IV. – Le contrat prévu au I et ses avenants prévoient les compensations financières des engagements des hôpitaux des armées et des autres éléments du service de santé des armées répondant aux besoins de santé du territoire.

Art. L. 6147-13 *(Ord. nº 2018-20 du 17 janv. 2018, art. 25)* I. – Les acteurs du système de santé mentionnés au I de l'article L. 6147-10 peuvent signer la convention, mentionnée au I de ce même article, avec les hôpitaux des armées et les autres éléments du service de santé des armées mentionnés au 2° du I de l'article L. 6147-12 et avec le ministre de la défense au titre des éléments du service de santé des armées mentionnés au 3° du I de l'article L. 6147-12.

Cette convention est établie et actualisée en cohérence avec le protocole mentionné à l'article L. 6147-11 et les contrats spécifiques mentionnés à l'article L. 6147-12.

II. – La convention prévue au I peut notamment prendre la forme de la convention constitutive prévue au IV de l'article L. 6132-1 ou de la convention constitutive prévue à l'article L. 6133-4.

Art. L. 6147-14 *(Ord. nº 2018-20 du 17 janv. 2018, art. 25)* Dans le respect de leur mission prioritaire mentionnée à l'article L. 6147-7, les hôpitaux des armées et les autres éléments du service de santé des armées peuvent être autorisés par le ministre de la défense à participer :

1° Aux groupements hospitaliers de territoire prévus à l'article L. 6132-1, dans les conditions définies aux articles L. 6132-1 à L. 6132-7 ;

2° Aux groupements de coopération sanitaire prévus à l'article L. 6133-1 ;

3° Aux groupements d'intérêt public prévus à l'article L. 6134-1 ;

4° Aux réseaux de santé prévus à l'article L. 6321-1.

Art. L. 6147-15 *(Ord. nº 2018-20 du 17 janv. 2018, art. 25)* Le ministre de la défense est consulté préalablement à toute dissolution prévue par le 3° de l'article L. 6133-9 d'un groupement de coopération sanitaire auquel participe un hôpital des armées ou un autre élément du service de santé des armées. Lorsque le ministre de la défense fait valoir que cette dissolution serait susceptible de compromettre la mission prioritaire de soutien sanitaire des forces armées assurée par les hôpitaux des armées et les autres éléments du service de santé des armées, celle-ci ne peut intervenir qu'après expiration d'un délai suffisant pour permettre d'assurer la continuité de cette mission. Ce délai, fixé par le ministre de la défense, ne peut excéder six mois.

Art. L. 6147-16 *(Ord. nº 2018-20 du 17 janv. 2018, art. 25)* I. – Les hôpitaux des armées implantés dans le ressort de l'agence régionale de santé d'Île-de-France et l'Institution nationale des invalides coopèrent au titre des activités mentionnées au 1° du II de l'article L. 6147-7 et aux 2° et 4° de l'article L. 621-2 du code des pensions militaires d'invalidité et des victimes de guerre. Dans ce cadre, ils mettent en œuvre un parcours de soins et de réhabilitation post-traumatique, essentiellement destiné aux bénéficiaires de ce même code et aux blessés susceptibles de relever de ses dispositions.

II. – Une convention soumise pour approbation au conseil d'administration de l'Institution nationale des invalides et signée par le ministre de la défense et le président du conseil d'administration sus-mentionné définit les conditions de cette coopération, et notamment :

1° Un projet médical de partenariat permettant la prise en charge commune des patients relevant notamment du code mentionné au I et la participation aux études et à la recherche en matière d'appareillage des handicapés ;

2° La composition d'un comité stratégique chargé de se prononcer sur la mise en œuvre de la convention et du projet médical de partenariat. Ce comité stratégique peut mettre en place un bureau restreint auquel il délègue tout ou partie de sa compétence ;

3° Les modalités de constitution d'équipes médicales communes et, le cas échéant, de pôles inter-établissements.

III. — Dans le cadre de cette coopération, les informations concernant une personne prise en charge par un hôpital des armées mentionné au I ou par l'Institution nationale des invalides peuvent être partagées entre ces établissements, dans les conditions prévues à l'article L. 1110-4.

IV. — Les modalités d'application du présent article, notamment celles relatives à l'élaboration du projet médical de partenariat et à la composition du comité stratégique, sont fixées par décret en Conseil d'État.

Art. L. 6147-17 *(Ord. nº 2018-20 du 17 janv. 2018, art. 25)* **Les modalités d'application des dispositions des articles L. 6147-7 à L. 6147-16 sont déterminées, en tant que de besoin, par décret en Conseil d'État.**

CHAPITRE VIII DOMAINE ET INVESTISSEMENT IMMOBILIER DES ÉTABLISSEMENTS DE SANTÉ

BIBL. ▶ Miloudia, Situation juridique des locaux commerciaux implantés sur le domaine public hospitalier, *AJDA 2012. 1619* ✐. – Cazaban, Bail emphytéotique hospitalier et contrat de partenariat hospitalier : véritables options ou regrettables doublons contractuels ?, *Rev. dr. et santé 2007, nº 18, p. 497.* – Yolka, Les partenariats hospitaliers (obs. crit.), *RGDM 2007, nº spécial, p. 137.* – Le domaine public, *Actualités JuriSanté, avr. 2006, nº 53.* – Le bail emphytéotique hospitalier, *Actualités JuriSanté, déc. 2005-janv. 2006, nº 52.* – Charat, La passation d'un BEH ou les nouvelles contrariétés des directeurs d'établissement public de santé, *Gest. hosp. 2005, nº 445, p. 308.* – Blémont, Nouveaux contrats pour construire et moderniser à l'hôpital, *BJCP 2004, nº 32, p. 2.* – Esper et a., Hôpital 2007, nouvelles modalités d'investissement des établissements de santé, *Gest. hosp., févr. 2004, p. 94.* – Terneyre, Utilisation du bail emphytéotique par et pour les établissements publics de santé, *BJCP 2004, nº 32, p. 70.* – Yolka, Le bail emphytéotique administratif : aspects hospitaliers, *JCP N 2004. 1460* ; Établissements publics de santé et bail emphytéotique administratif, *JCP Adm. 2004, nº 1364.* – Delacour, Naissance du « BEA hospitalier », *Contrats Marchés publics, oct. 2003. Comm. 167.* – Rayssac, La délégation de maîtrise d'ouvrage dans le plan hôpital 2007, *Actualités JuriSanté, déc. 2003, nºs 44-45, p. 39.*

Art. L. 6148-1 *(Ord. nº 2006-460 du 21 avr. 2006, art. 3-XIII)* **Conformément aux dispositions de l'article L. 3111-1 du code général de la propriété des personnes publiques, les propriétés qui relèvent du domaine public des établissements publics de santé et de structures de coopération sanitaire dotées de la personnalité morale publique sont inaliénables et imprescriptibles.**

Toutefois, les propriétés qui relèvent de ce domaine peuvent être cédées dans les conditions prévues à l'article L. 3112-1 du code général de la propriété des personnes publiques ou échangées dans les conditions fixées aux articles L. 3112-2 et L. 3112-3 du même code.

Les dispositions des articles L. 1311-13 et L. 1311-14 du code général des collectivités territoriales s'appliquent à ce domaine.

COMMENTAIRE

V. Commentaire reproduit sur Dalloz.fr.

1. Domaine public des établissements publics de santé. Sur la reconnaissance tardive d'un domaine public aux établissements publics *de santé, V.* • CE, sect. soc., avis, 28 avr. 1977, nº 319305 : *GACE, 2e éd., Dalloz, 2002, nº 9, p. 127, comm. Gaudemet ; AJDA 1978. 586.*

2. Évaluation du préjudice subi à raison d'une promesse non tenue de vente d'une parcelle du domaine public hospitalier. V. • CAA Marseille, 25 oct. 2004, *Mme X. c/ CH de Hyères,* nº 99MA01799.

3. Local commercial et domaine public hospitalier. Un local fait partie du domaine public hospitalier, même s'il est à usage commercial (local d'exploitation d'un commerce de librairie papeterie), dès lors qu'eu égard à la configuration des lieux il n'est pas divisible du reste du bâtiment et qu'il apparaît comme l'accessoire nécessaire d'un bien appartenant au domaine public hospitalier dans la mesure où le service public hospitalier comprend non seulement la dispensation des soins mais également l'aménagement des conditions de séjour des malades. • TA Grenoble, 1er juill. 2008, *CH de Montelimar,* nº 0402934.

4. Réaffectation d'un immeuble au service public hospitalier. Sur la légalité d'une décision de réaffectation d'un immeuble au service public hospitalier, intervenue après un déclassement en vue d'une cession, V. • CE 13 févr. 2015, *Sté Le Patio Lafayette,* nº 381412.

Art. L. 6148-2 (Abrogé par Ord. n° 2015-899 du 23 juill. 2015, art. 102-3°, au plus tard, à compter du 1er avr. 2016) (Ord. n° 2003-850 du 4 sept. 2003, art. 21-III) *Un bien immobilier appartenant à un établissement public de santé ou à une structure de coopération sanitaire dotée de la personnalité morale publique peut faire l'objet d'un bail emphytéotique prévu à l'article L. 451-1 du code rural et de la pêche maritime, en vue de l'accomplissement, pour le compte de l'établissement ou de la structure, d'une mission concourant à l'exercice du service public dont ils sont chargés ou en vue de la réalisation d'une opération d'intérêt général relevant de leur compétence.* (Ord. n° 2006-460 du 21 avr. 2006, art. 3-XIII) *« Ce bail emphytéotique est dénommé bail emphytéotique administratif. »*

Un tel bail peut être conclu même si le bien sur lequel il porte, en raison notamment de l'affectation du bien résultant soit du bail ou d'une convention non détachable de ce bail, soit des conditions de la gestion du bien ou du contrôle par la personne publique de cette gestion, constitue une dépendance du domaine public, sous réserve que cette dépendance demeure hors du champ d'application de la contravention de voirie.

Un bien immobilier appartenant à un établissement public de santé ou à une structure de coopération sanitaire dotée de la personnalité morale publique peut également faire l'objet d'un bail emphytéotique en vue de la réalisation d'une opération répondant aux besoins d'un autre établissement public de santé avec lequel ils conduisent une action de coopération.

Préalablement à la conclusion d'un des baux mentionnés aux précédents alinéas, l'établissement public de santé ou, le cas échéant, la structure de coopération sanitaire dotée de la personnalité morale publique définit dans un programme (L. n° 2004-806 du 9 août 2004, art. 153-I) *« fonctionnel, » les besoins que le preneur à bail doit s'engager à satisfaire.*

Ces baux satisfont aux conditions particulières énumérées à l'article L. 1311-3 du code général des collectivités territoriales. Ils peuvent comporter une clause permettant à l'établissement public de santé ou, le cas échéant, la structure de coopération sanitaire dotée de la personnalité morale publique d'acquérir, avant le terme fixé par le bail, les installations rénovées ou édifiées par le titulaire.

Le financement des constructions dans le cadre des baux emphytéotiques mentionnés au présent article (Ord. n° 2004-559 du 17 juin 2004, art. 22) *« ainsi que de celles qui sont réalisées dans le cadre de contrats de partenariat » peut donner lieu à la conclusion de contrats de crédit-bail. Dans ce cas, le contrat comporte des clauses permettant de préserver les exigences du service public.*

COMMENTAIRE

V. Commentaire reproduit sur Dalloz.fr.

1. *Bail emphytéotique administratif et établissement public de santé.* Pour une application du BEA classique institué par la L. n° 88-13 du 5 janv. 1988 aux établissements publics de santé, V. • CE, sect. soc., 16 juin 1994, avis n° 356101 : *EDCE 1994. 367 ; GACE, 1re éd., Dalloz, 1997, p. 571* • 24 janv. 1995, avis n° 356973 : *EDCE 1995. 467 ; GACE, 1re éd., Dalloz, 1997, p. 576.* ♦ Sur les modalités de résiliation d'un bail emphytéotique pour faute. • CAA Paris, 13 nov. 2007, *Sté Trois Moulins Habitat*, n° 05PA01822.

2. *Interdiction de conclure un bail emphytéotique de droit privé sur le domaine public hospitalier.* V. • CAA Bordeaux, 22 nov. 2001, *Assoc. Œuvre régionale de la transfusion sanguine*, n° 97BX02126 : *RFDA 2002. 1003* • T. confl. 21 mai 2001, *M. Clément c/ CH de Montpon-Ménestérol*, n° 3228.

3. *Interdiction de conclure un bail commercial sur le domaine public hospitalier.* V. • CAA Lyon, 17 déc. 1990, *Mme Uny*, n° 89LY00799.

Art. L. 6148-3 *Abrogé par L. n° 2011-267 du 14 mars 2011, art. 96-II.*

Art. L. 6148-4 *(Ord. n° 2003-850 du 4 sept. 2003, art. 21-III ; Ord. n° 2004-559 du 17 juin 2004, art. 23)* Les opérations mentionnées *(Abrogé par L. n° 2011-267 du 14 mars 2011, art. 96-II)* *« aux articles L. 1311-2 et L. 1311-4-1 du code général des collectivités territoriales, lorsqu'elles répondent aux besoins d'un établissement public de santé ou d'une structure de coopération sanitaire dotée de la personnalité morale publique, celles mentionnées »* à l'article L. 6148-2, ainsi que les contrats de partenariat conclus en application du titre Ier de l'ordonnance n° 2004-559 du 17 juin 2004 respectent, lorsqu'ils concernent les missions prévues *(Ord. n° 2010-177 du 23 févr. 2010, art. 1er-*

24°) « à l'article L. 6111-1 », les objectifs du *(Ord. n° 2018-21 du 17 janv. 2018, art. 1er)* **« schéma régional ou interrégional de santé ».**

COMMENTAIRE

V. Commentaire reproduit sur Dalloz.fr.

Art. L. 6148-5 à L. 6148-5-3 *Abrogés par Ord. n° 2015-899 du 23 juill. 2015, art. 102-3°.*

Art. L. 6148-6 *(L. n° 2009-179 du 17 févr. 2009, art. 19)* **L'article L. 2141-2 du code général de la propriété des personnes publiques s'applique au domaine des établissements publics de santé.**

COMMENTAIRE

V. Commentaire reproduit sur Dalloz.fr.

Art. L. 6148-7 (Abrogé par Ord. n° 2015-899 du 23 juill. 2015, art. 102-3°, à compter du 1er avr. 2016) (Ord. n° 2003-850 du 4 sept. 2003, art. 21-III) ***Par dérogation aux dispositions des articles 7 et 18 de la loi n° 85-704 du 12 juillet 1985 relative à la maîtrise d'ouvrage publique et à ses rapports avec la maîtrise d'œuvre privée, un établissement public de santé*** (L. n° 2009-879 du 21 juill. 2009, art. 125) ***« , un organisme visé à l'article L. 124-4 du code de la sécurité sociale gérant des établissements de santé » ou une structure de coopération sanitaire dotée de la personnalité morale publique peut confier à une personne ou à un groupement de personnes, de droit public ou privé, une mission portant à la fois sur la conception, la construction, l'aménagement, l'entretien et la maintenance de bâtiments ou d'équipements affectés à l'exercice de ses missions ou sur une combinaison de ces éléments. L'offre des candidats identifie la qualification et la mission de chacun des intervenants en charge d'un ou de plusieurs de ces éléments ; pour la conception, elle fait apparaître la composante architecturale du projet. L'exécution de cette mission résulte d'un marché passé entre l'établissement public de santé*** (L. n° 2009-879 du 21 juill. 2009, art. 125) ***« , un organisme visé à l'article L. 124-4 du code de la sécurité sociale gérant des établissements de santé » ou la structure de coopération sanitaire et la personne ou le groupement de personnes selon les procédures prévues par le code des marchés publics. Si le marché est alloti, les offres portant simultanément sur plusieurs lots peuvent faire l'objet d'un jugement global. Parmi les critères d'attribution, l'établissement public de santé peut faire figurer la part du contrat que le titulaire attribuera à des architectes, des concepteurs, des petites et moyennes entreprises et des artisans ainsi que les modalités de contrôle des engagements pris par le titulaire à cet effet. Le contrat distingue, au sein de son montant global, les parts respectives de l'investissement, du fonctionnement et des coûts financiers.***

COMMENTAIRE

V. Commentaire reproduit sur Dalloz.fr.

Art. L. 6148-7-1 *(L. n° 2016-41 du 26 janv. 2016, art. 105-I)* **Les établissements publics de santé et les structures de coopération sanitaire dotées de la personnalité morale publique ne peuvent conclure directement les contrats de crédit-bail, au sens des articles L. 313-7 à L. 313-11 du code monétaire et financier qui ont pour objet la *réalisation*, la modification ou la rénovation d'ouvrages immobiliers répondant à un besoin précisé par la collectivité publique et destinés à être mis à sa disposition ou à devenir sa propriété.**

Cette interdiction ne s'applique pas aux projets dont l'avis d'appel public à la concurrence a été publié avant le 1er janvier 2015.

Art. L. 6148-7-2 *(L. n° 2016-41 du 26 janv. 2016, art. 105-I)* **L'État peut conclure, pour le compte d'une personne publique mentionnée à l'article L. 6148-7-1, les contrats de crédit-bail mentionnés au même article, sous réserve que l'opération soit soutenable au regard de ses conséquences sur les finances publiques et sur la situation financière de la personne publique.**

Art. L. 6148-8 *(Ord. n° 2003-850 du 4 sept. 2003, art. 21-III)* **Des décrets en Conseil d'État fixent les modalités d'application des dispositions du présent chapitre.**

TITRE CINQUIÈME PERSONNELS MÉDICAUX ET PHARMACEUTIQUES

CHAPITRE PREMIER PERSONNELS ENSEIGNANTS ET HOSPITALIERS

Art. L. 6151-1 Comme il est dit à l'article L. 952-21 du code de l'éducation ci-après reproduit :

Art. L. 952-21 Les membres du personnel enseignant et hospitalier des centres hospitaliers et universitaires créés en application de l'article L. 6142-3 du code de la santé publique, cité à l'article L. 713-5 du présent code, exercent conjointement les fonctions universitaire et hospitalière. L'accès à leur double fonction est assuré par un recrutement commun.

Ils sont nommés par les ministres chargés de l'enseignement supérieur et de la santé ou sur le rapport de ces ministres.

Ils consacrent à leurs fonctions hospitalières, à l'enseignement et à la recherche la totalité de leur activité professionnelle, sous réserve des dérogations qui peuvent être prévues par leur statut.

Les effectifs du personnel faisant l'objet du présent article sont fixés, pour chaque centre et pour chaque catégorie, par décision commune des ministres chargés de l'enseignement supérieur et de la santé.

Art. L. 6151-2 Comme il est dit à l'article L. 952-22 du code de l'éducation ci-après reproduit :

Art. L. 952-22 Les membres du personnel enseignant et hospitalier sont soumis, pour leur activité hospitalière comme pour leur activité universitaire, à une juridiction disciplinaire unique instituée sur le plan national. Cette juridiction est présidée soit par un conseiller d'État, soit par un professeur d'enseignement supérieur, désigné conjointement par les ministres chargés de l'enseignement supérieur et de la santé ; elle est composée de membres pour moitié élus par les personnels intéressés et pour moitié nommés à parts égales par les mêmes ministres.

Art. L. 6151-3 Les fonctions hospitalières exercées par les professeurs des universités-praticiens hospitaliers cessent à la fin de l'année universitaire au cours de laquelle ils atteignent la limite d'âge fixée pour les praticiens hospitaliers.

Toutefois, les professeurs des universités-praticiens hospitaliers qui bénéficient d'une prolongation d'activité au-delà de l'âge de soixante-cinq ans conformément à l'article 2 de la loi n° 86-1304 du 23 décembre 1986 relative à la limite d'âge et aux modalités de recrutement de certains fonctionnaires civils de l'État peuvent demander à poursuivre, en qualité de consultants, des fonctions hospitalières à l'exclusion de celles de chef de *(Ord. n° 2010-177 du 23 févr. 2010, art. 4-19°)* « pôle ou de structure interne ».

Les candidatures et la nature des missions confiées aux consultants, dans ou en dehors de l'établissement, sont examinées par le *(Ord. n° 2010-177 du 23 févr. 2010, art. 4-19°)* « président de la commission médicale d'établissement qui émet » un avis motivé sur l'opportunité et le contenu de la demande. Le statut de consultant est fixé par décret.

Accès aux fonctions de consultant. Il résulte des dispositions de l'art. L. 6151-3 (ancien art. L. 714-21) que l'accès aux fonctions de consultant ne constitue pas un droit pour les professeurs d'université-praticiens hospitaliers qui en font la demande. • CE 20 oct. 1995, *Synd. nat. des prof. hospitalo-universitaires,* n° 162173 • 13 oct. 2008, *M. A.,* n° 309835 • 9 mars 2009, *M. A.,* n° 308341. ♦ Le juge limite son contrôle du refus de nomination en qualité de consultant à l'erreur manifeste d'appréciation. • CE 21 nov. 2008, *M. A.,* n° 300014.

CHAPITRE II PRATICIENS HOSPITALIERS

BIBL. ▸ AUBY, Fonction publique hospitalière, *J.-Cl. Adm., fasc. 192.* – MOQUET-ANGER, Statut des personnels médicaux hospitaliers, *Lamy droit de la santé, fasc. 209.* – C. MORNAT et J. MORNAT, Les praticiens hospitaliers à temps plein et le cumul d'activités : le rôle de l'ordre des médecins, *Méd. et Droit, n° 140, sept.-oct. 2016. 109.* – CLÉMENT, Les praticiens hospitaliers permanents, *RGDM 2000, n° 4, p. 33.* – LE TAILLANDIER, Le médecin hospitalier, *Berger-Levrault, 3e éd., 2000.* –

MOQUET-ANGER, Le statut des médecins hospitaliers publics, *PUF, 1994.* – GOMBAULT, La loi hospitalière et le praticien hospitalier, *Le Concours médical 1991. 2570.*

Art. L. 6152-1 *(Ord. n° 2005-1112 du 1er sept. 2005, art. 7)* **Le personnel des établissements publics de santé comprend, outre les agents relevant de la loi n° 86-33 du 9 janvier 1986 portant dispositions statutaires relatives à la fonction publique hospitalière** *(Ord. n° 2018-20 du 17 janv. 2018, art. 24)* **« , les personnels enseignants et hospitaliers mentionnés à l'article L. 952-21 du code de l'éducation et les personnels mentionnés à l'article L. 6147-9 qui y exercent » :**

1° Des médecins, des odontologistes et des pharmaciens dont le statut, qui peut prévoir des dispositions spécifiques selon que ces praticiens consacrent tout ou partie de leur activité à ces établissements, est établi par voie réglementaire ;

2° Des médecins, des odontologistes et des pharmaciens recrutés par contrat dans des conditions déterminées par voie réglementaire. *(L. n° 2009-879 du 21 juill. 2009, art. 5-VI et 19-I)* **« Les conditions dans lesquelles, à titre exceptionnel, ces personnels peuvent être recrutés par contrat de courte durée sans qu'il en résulte un manquement à la continuité des soins sont précisées par voie réglementaire ;**

« 3° Des médecins, des odontologistes et des pharmaciens recrutés par contrat sur des emplois présentant une difficulté particulière à être pourvus ;

« 4° » Des praticiens contractuels associés, exerçant sous la responsabilité directe d'un médecin, d'un odontologiste ou d'un pharmacien et qui participent à l'activité de médecine, d'odontologie ou de pharmacie.

1. Bénéfice du titre « assistant des hôpitaux ». Le seul fait pour un médecin d'avoir été nommé assistant antérieurement au Décr. du 28 sept. 1987 relatif aux assistants des hôpitaux ne lui permet pas de se prévaloir de ce titre en exercice libéral. • Soc. 13 janv. 2000 : *Bull. civ. V, n° 23 ; D. 2000. IR 60.*

2. Praticiens hospitaliers et tableau des gardes et astreintes. Les praticiens hospitaliers n'ont pas qualité pour contester le tableau des gardes et astreintes assurées par les médecins, arrêté par le directeur de l'établissement, dès lors que ce tableau ne porte pas atteinte à leurs prérogatives ni à leurs droits statutaires. • CE 14 mars 1994, *Mme Jean,* n° 116736 : *Lebon 130.*

3. Répartition des compétences entre autorités disposant du pouvoir réglementaire. Le ministre de la Santé ne tient d'aucun texte compétence pour organiser la formation médicale continue des praticiens hospitaliers. • CE 28 juill. 1999, *Synd. des psychiatres des hôpitaux et Conseil national de l'Ordre des chirurgiens-dentistes,* nos 188196 et 188948 : *Lebon T. 1026.*

4. Fin des relations contractuelles entre un établissement de santé et un praticien attaché. Dans la mesure où le contrat passé par un établissement public de santé pour recruter un praticien attaché doit être conclu pour une durée déterminée, il ne peut être renouvelé que par reconduction expresse et le maintien en fonction de l'agent à l'issue de son contrat initial a seulement pour effet de donner naissance à un nouveau contrat d'une durée identique à celle du contrat initial. Par conséquent, la décision par laquelle l'autorité administrative compétente met fin aux relations contractuelles entre l'établissement public de santé et le praticien attaché associé doit être regardée comme un refus de renouvellement du nouveau contrat, si elle intervient à l'échéance de celui-ci, et comme un licenciement, si elle intervient au cours de l'exécution du nouveau contrat. • CAA Nancy, 27 janv. 2011, *M. Paul-Joseph A.,* n° 10NC00406. ♦ Un praticien dont le contrat est arrivé à échéance n'a aucun droit au renouvellement de celui-ci et le renouvellement peut être refusé si l'intérêt du service le justifie. • CE 15 déc. 2014, *CH d'Avignon,* n° 366426. ♦ Aucun texte ne permet à un praticien contractuel dont le CDD a été renouvelé trois fois de se prévaloir d'un CDI, les dispositions de l'art. 19 de la loi du 26 juill. 2005 n'étant pas applicables aux praticiens contractuels recrutés sur le fondement de l'art. L. 6152-1 CSP. • Même décision. ♦ Un praticien contractuel dont le contrat est renouvelé implicitement après l'expiration de la période mentionnée à l'art. R. 6152-403 CSP ne peut, en l'absence de décision expresse en ce sens, être regardé comme titulaire d'un contrat à durée indéterminée. • CE 30 juin 2017, *M. C.,* n° 393583 : *Lebon ; AJDA 2017. 1357.* ♦ ... Il tient, en revanche, des dispositions de cet article, en cas d'interruption ultérieure de la relation d'emploi, un droit à l'indemnisation du préjudice qu'il a subi, évalué en fonction des avantages financiers auxquels il aurait pu prétendre en cas de licenciement, s'il avait été employé dans le cadre d'un contrat à durée indéterminé. • Même arrêt.

5. Situation particulière des médecins praticiens hospitaliers. Si l'art. 2 de la L. du 13 juill. 1983, portant droits et obligations des fonctionnaires, prévoit que cette loi s'applique aux fonctionnaires civils des établissements mentionnés à l'art. 2 du titre IV du statut général des fonctionnaires de l'État et des collectivités territoriales, lesquels comprennent les établissements publics de santé, ce renvoi ne vise pas les médecins praticiens hospitaliers mentionnés à l'art. L. 6152-1, qui font partie du personnel de ces établissements, mais auxquels les dispositions de la loi du 9 janv. 1986, portant dispositions statutaires relatives à la fonction publique hospitalière, qui constituent le titre IV du statut général, ne sont pas applicables. • CE 26 mars 2014, ⚖ *M. A.*, n° 366686.

Art. L. 6152-1-1 *(L. n° 2016-41 du 26 janv. 2016, art. 136-I-3°)* Pour assurer des missions de remplacement temporaire au sein des établissements publics de santé, les praticiens titulaires relevant du 1° de l'article L. 6152-1 peuvent, sur la base du volontariat, être placés en position de remplaçant dans une région auprès du Centre national de gestion mentionné à l'article 116 de la loi n° 86-33 du 9 janvier 1986 portant dispositions statutaires relatives à la fonction publique hospitalière, dans des conditions et pour une durée déterminées par le décret en Conseil d'État mentionné à l'article L. 6152-6.

Le Centre national de gestion exerce à l'égard de ces praticiens remplaçants toutes les prérogatives reconnues à l'autorité investie du pouvoir de nomination et les rémunère lorsqu'ils sont placés en position de remplaçant. Les conditions dans lesquelles l'établissement public de santé rembourse au Centre national de gestion les dépenses exposées à ce titre sont déterminées par décret en Conseil d'État.

Art. L. 6152-2 Lorsqu'un praticien hospitalier à plein temps, en activité dans un établissement public de santé, est hospitalisé dans l'un des établissements mentionnés à l'article 2 du titre IV du statut général des fonctionnaires, l'établissement employeur prend à sa charge, pendant une durée maximum de six mois, le montant des frais d'hospitalisation non remboursés par des organismes de sécurité sociale, à l'exception du forfait journalier hospitalier. Pour une hospitalisation dans un établissement autre que celui où le praticien est en fonctions, cette charge ne peut être toutefois assumée qu'en cas de nécessité reconnue par un médecin désigné par l'établissement employeur ou au vu d'un certificat délivré par l'établissement où l'intéressé a été hospitalisé et attestant de l'urgence de l'hospitalisation.

Les intéressés bénéficient, en outre, de la gratuité des soins médicaux qui leur sont dispensés dans l'établissement où ils exercent ainsi que de la gratuité des produits pharmaceutiques qui leur sont délivrés pour leur usage personnel par la pharmacie de l'établissement, sur prescription d'un médecin de l'établissement.

L'établissement est subrogé dans les droits qu'ouvre en faveur des praticiens le régime de sécurité sociale auquel il est soumis. – *[Anc. art. 12, L. n° 85-772].*

Art. L. 6152-3 *(L. n° 2009-879 du 21 juill. 2009, art. 19-II)* Les praticiens mentionnés au 1° de l'article L. 6152-1 peuvent être détachés sur un contrat mentionné au 3° du même article. Les médecins bénéficiant d'un contrat mentionné à ce même 3° sont dénommés cliniciens hospitaliers.

La rémunération contractuelle des praticiens bénéficiant d'un contrat mentionné audit 3° comprend des éléments variables qui sont fonction d'engagements particuliers et de la réalisation d'objectifs quantitatifs et qualitatifs conformes à la déontologie de leur profession.

Le nombre maximal, la nature et les spécialités des emplois de médecin, odontologiste ou pharmacien qui peuvent être pourvus dans un établissement public de santé par un contrat mentionné au 3° de l'article L. 6152-1 sont fixés par le contrat pluriannuel d'objectifs et de moyens mentionné à l'article L. 6114-1.

Art. L. 6152-4 *(L. n° 2016-483 du 20 avr. 2016, art. 10-II-I)* I. – Sont applicables aux personnels mentionnés aux 1° à 4° de l'article L. 6152-1 :

1° Les articles 11, 25 *septies* et 25 *octies* de la loi n° 83-634 du 13 juillet 1983 portant droits et obligations des fonctionnaires ;

2° Les articles L. 531-1 à L. 531-16 du code de la recherche.

II. – Les dispositions portant application de l'article 25 *septies* de la loi n° 83-634 du 13 juillet 1983 précitée aux personnels mentionnés aux 1° à 4° de l'article L. 6152-1 du présent code prévoient les conditions dans lesquelles ces personnels peuvent consacrer une partie de leur temps de service à la réalisation d'expertises ordonnées par un magistrat en application du code de procédure pénale.

(Ord. n° 2018-20 du 17 janv. 2018, art. 24) « III. – Les personnels mentionnés aux 1° à 4° de l'article L. 6152-1 ont droit à un congé avec traitement pour accomplir une période d'activité dans la réserve opérationnelle pour une durée inférieure ou égale à trente jours cumulés par année civile. »

Art. L. 6152-5 Les dispositions législatives et réglementaires régissant les praticiens des établissements publics de santé sont applicables aux médecins, *(Abrogé par Ord. n° 2010-177 du 23 févr. 2010, art. 26-44°) « biologistes, »* odontologistes et pharmaciens recrutés dans l'unité hospitalière du centre d'accueil et de soins hospitaliers de Nanterre, définie à l'article L. 6147-2.

Art. L. 6152-5-1 *(L. n° 2009-879 du 21 juill. 2009, art. 7)* Dans un délai de deux ans suivant leur démission, il peut être interdit aux praticiens hospitaliers ayant exercé plus de cinq ans à titre permanent dans le même établissement d'ouvrir un cabinet privé ou d'exercer une activité rémunérée dans un établissement de santé privé à but lucratif, un laboratoire privé d'examens de biologie médicale ou une officine de pharmacie où ils puissent rentrer en concurrence directe avec l'établissement public dont ils sont démissionnaires.

Les modalités d'application du présent article sont fixées par voie réglementaire.

BIBL. ▶ BALOT et CALMES, Obligation de non-concurrence, praticiens hospitaliers et praticiens contractuels démissionnaires, *RHF, n° 551, mars-avr. 2013, p. 62.*

Art. L. 6152-5-2 *(L. n° 2012-347 du 12 mars 2012, art. 130-II)* Les praticiens hospitaliers peuvent être placés en recherche d'affectation auprès du Centre national de gestion mentionné à l'article 116 de la loi n° 86-33 du 9 janvier 1986 portant dispositions statutaires relatives à la fonction publique hospitalière, pour une période maximale de deux ans. Pendant cette période, ils sont rémunérés par cet établissement, qui exerce à leur égard toutes les prérogatives reconnues à l'autorité investie du pouvoir de nomination.

Le Centre national de gestion établit, après consultation du praticien placé en recherche d'affectation, un projet personnalisé d'évolution professionnelle qui a pour objet de faciliter son affectation dans un établissement public de santé ou son accès à un autre emploi des secteurs public ou privé.

Il garantit au praticien placé en recherche d'affectation un suivi individualisé et régulier ainsi qu'un appui dans ses démarches pour retrouver un emploi.

Au cours de la période définie au premier alinéa du présent article, le directeur général du Centre national de gestion adresse au praticien hospitalier des propositions d'offres d'emploi public fermes et précises, correspondant à son projet personnalisé d'évolution professionnelle et tenant compte de sa situation de famille et de son lieu de résidence habituel.

Le praticien qui refuse successivement trois offres d'emploi formulées dans les conditions définies au quatrième alinéa est placé en position de disponibilité d'office ou admis à la retraite s'il remplit les conditions nécessaires.

Le Centre national de gestion verse les allocations mentionnées à l'article L. 5424-1 du code du travail aux praticiens involontairement privés d'emploi au cours de leur recherche d'affectation, au lieu et place de leur dernier employeur.

Lorsque, moins de quatre mois avant la fin de la période de la recherche d'affectation, le praticien hospitalier s'est vu présenter moins de trois offres d'emploi satisfaisant aux conditions prévues au quatrième alinéa du présent article, le directeur général du Centre national de gestion peut décider, après avis du directeur de l'établissement d'accueil et du président de la commission médicale d'établissement, une nomination en surnombre selon les modalités définies au quatrième alinéa de l'article 116 de la loi n° 86-33 du 9 janvier 1986 précitée. Cette nomination doit correspondre au projet personnalisé d'évolution professionnelle et tenir compte de la situation de famille et du lieu de résidence habituel. Le Centre national de gestion continue d'assurer un suivi individualisé et régulier ainsi qu'un appui dans les démarches du praticien ainsi placé en surnombre. La période prévue au premier alinéa du présent article est, dans ce cadre, prolongée pour permettre l'application du quatrième alinéa.

Art. L. 6152-6 *(L. n° 2002-73 du 17 janv. 2002, art. 61-II)* « Sont déterminées par décret en Conseil d'État les mesures réglementaires prévues aux articles L. 6152-1 et

L. 6152-4 » et, en tant que de besoin, les modalités d'application des autres dispositions du présent chapitre *(L. n° 2016-41 du 26 janv. 2016, art. 136-I-4°)* « et de l'article L. 6152-1-1 ».

BIBL. ▸ VIOUJAS, La réforme du régime de compte épargne temps des personnels hospitaliers ou comment tenter de désamorcer une bombe à retardement, *JCP Adm. 2013, n° 2046.*

CHAPITRE III ÉTUDIANTS EN MÉDECINE, ODONTOLOGIE, MAÏEUTIQUE ET PHARMACIE *(L. n° 2016-41 du 26 janv. 2016, art. 128-1°).*

Art. L. 6153-1 *(L. n° 2016-41 du 26 janv. 2016, art. 128-2°)* **Les étudiants en santé en formation comprennent :**

1° Des étudiants en deuxième cycle des études de médecine, odontologie, maïeutique et pharmacie ;

2° Des étudiants en troisième cycle des études de médecine, odontologie et pharmacie.

Art. L. 6153-2 *(L. n° 2016-41 du 26 janv. 2016, art. 128-3°)* **Le régime des étudiants mentionnés au 1° de l'article L. 6153-1 est déterminé par voie réglementaire.**

Art. L. 6153-3 *(L. n° 2016-41 du 26 janv. 2016, art. 128-3°)* **Le régime des étudiants mentionnés au 2° de l'article L. 6153-1 est déterminé par voie réglementaire.**

CHAPITRE IV ACTIVITÉ LIBÉRALE DES PRATICIENS TEMPS PLEIN

Art. L. 6154-1 *(Abrogé par Ord. n° 2017-31 du 12 janv. 2017, art. 1er-15°-a) **« Dès lors que** (Ord. n° 2010-177 du 23 févr. 2010, art. 1er-25°) **« l'exercice des missions de service public définies à l'article L. 6112-1 dans les conditions prévues à l'article L. 6112-3 » n'y fait pas obstacle, »*** **les praticiens statutaires** *(Ord. n° 2018-20 du 17 janv. 2018, art. 24)* **« mentionnés au 1° de l'article L. 6152-1 et à l'article L. 952-21 du code de l'éducation » exerçant à temps plein dans les établissements publics de santé** *(Abrogé par Ord. n° 2010-177 du 23 févr. 2010, art. 6-I-7°) (L. n° 2002-73 du 17 janv. 2002, art. 10-4°) **« et les syndicats interhospitaliers autorisés à exercer les missions d'un établissement de santé »*** **sont autorisés à exercer une activité libérale dans les conditions définies au présent chapitre** *(Ord. n° 2017-31 du 12 janv. 2017, art. 1er-15°-b)* **« , sous réserve que l'exercice de cette activité n'entrave pas l'accomplissement des missions définies aux articles L. 6111-1 à L. 6111-1-4 ainsi qu'à l'article L. 6112-1 ».** – *[Anc. art. L. 714-30].*

BIBL. ▸ DE FORGES, Où va la médecine libérale à l'hôpital public ?, *AJDA 2016. 281.* – CLÉMENT, L'activité libérale des praticiens hospitaliers à temps plein à l'hôpital, *BJPH 2007, n° 103, dossier, p. 1.* – APOLLIS, Le toilettage des dispositions relatives à l'activité libérale des praticiens hospitaliers, *Rev. dr. et santé 2006, n° 11, p. 303.* – MOQUET-ANGER, Médecines libérales et concurrence *in* Services de santé et concurrence, *RGDM 2005, hors-série* ; Le secteur d'activité libérale des praticiens hospitaliers, *JCP Adm. 2004, nos 22-23, p. 1366.* – AUBY, Sur quelques problèmes juridiques posés par l'activité libérale des praticiens hospitaliers à temps plein dans les établissements publics, *RGDM 1999, n° 1, p. 9.*

1. Position de principe du conseil d'administration relative à l'activité libérale. Le conseil d'administration ne peut pas légalement s'interdire par avance de refuser toute activité libérale. • CE 7 janv. 2000, *M. Dupuy,* n° 196820 : *Lebon T. 1247.*

2. Courrier exposant l'intention de diligenter une enquête. La lettre d'un directeur d'ARH informant les établissements publics de santé de son intention d'engager une enquête sur l'activité libérale ne comporte aucune décision susceptible d'être déférée au juge de l'excès de pouvoir. • CE 29 oct. 2007, *Synd. nat. de défense de l'exercice libéral de la médecine à l'hôpital,* n° 299060.

3. Activité réservée aux praticiens hospitaliers à temps plein. Un praticien des hôpitaux à temps partiel ne peut exercer une activité libérale, réservée aux seuls praticiens exerçant à temps plein au sein d'un établissement public de santé. • CE 27 juill. 2005, *Viaud,* n° 254232 : *Lebon T. 1104.*

4. Régime de responsabilité lié à l'exercice de l'activité libérale. Si les relations entre les praticiens exerçant une activité libérale au sein d'un hôpital et les patients relèvent du droit privé et, partant de la compétence du juge judiciaire (responsabilité contractuelle), tout dommage résultant d'un défaut dans l'organisation et le fonctionnement du service (organisation des soins, entretien des locaux, prestations d'hébergement, etc.) est soumis aux règles du droit public et à la compétence du juge administratif. • CE 10 oct. 1973, *Dlle de Saint-Louvent et*

CPAM du Calvados, n°s 84178 et 84273 : *Lebon 556.* ♦ La compétence judiciaire pour l'exercice libéral du praticien est strictement limitée : elle ne concerne que l'activité médicale exercée par ce praticien et non les litiges nés d'actes imputables à ses assistants, même s'ils sont médecins eux-mêmes, qui relèvent, pour leur part, du droit public et de la compétence du juge administratif. • T. confl. 19 févr. 1990, *Hervé*, n° 02594 : *Lebon 389 ; AJDA 1990. 556, obs. Moreau ; D. 1991. 352, obs. Penneau ; RFDA 1990. 457, concl. Stirn*.

Art. L. 6154-2 *(L. n° 2016-41 du 26 janv. 2016, art. 138-1°-a et b)* **« I. — Peuvent exercer une activité libérale les seuls praticiens adhérant à la convention régissant les rapports entre les organismes d'assurance maladie et les médecins mentionnée à l'article L. 162-5 du code de la sécurité sociale.**

« En cas de suspension de la possibilité d'exercer dans le cadre de cette convention, résultant d'une décision du directeur d'un organisme d'assurance maladie, et après expiration des voies de recours, l'autorisation mentionnée à l'article L. 6154-4 du présent code est suspendue pendant toute la durée de la mise hors convention.

« Les praticiens faisant l'objet d'une telle mesure ne peuvent pas siéger au sein des commissions locales et régionales de l'activité libérale, mentionnées, respectivement, aux articles L. 6154-5 et L. 6154-5-1, pendant la durée restante de leur contrat.

« Les conditions d'application de ces dispositions sont fixées par décret en Conseil d'État.

« II. — » L'activité libérale peut comprendre des consultations, des actes et des soins en hospitalisation *(L. n° 2016-41 du 26 janv. 2016, art. 138-1°-c)* **« ; elle est organisée de manière à garantir l'information des patients et la neutralité de leur orientation entre activité libérale et activité publique » ; elle s'exerce exclusivement au sein des établissements dans lesquels les praticiens ont été nommés ou, dans le cas d'une activité partagée, dans l'établissement où ils exercent la majorité de leur activité publique, à la triple condition :**

1° Que les praticiens exercent personnellement et à titre principal une activité de même nature dans le secteur hospitalier public ;

2° Que la durée de l'activité libérale n'excède pas 20 % de la durée de service hospitalier hebdomadaire à laquelle sont astreints les praticiens ;

3° Que le nombre de consultations et d'actes effectués au titre de l'activité libérale soit inférieur au nombre de consultations et d'actes effectués au titre de l'activité publique.

Aucun lit ni aucune installation médico-technique ne doit être réservé à l'exercice de l'activité libérale.

Des dispositions réglementaires *(Ord. n° 2017-31 du 12 janv. 2017, art. 1er-16°)* **« , qui peuvent, le cas échéant, déroger aux dispositions du 4° du I de l'article L. 6112-2, » fixent les modalités d'exercice de l'activité libérale.**

(L. n° 2016-41 du 26 janv. 2016, art. 138-1°-d) **« III. — Par dérogation à l'article L. 6152-5-1, seules les clauses prévues au IV du présent article s'appliquent aux praticiens hospitaliers autorisés à exercer une activité libérale.**

« IV. — Le contrat mentionné à l'article L. 6154-4 prévoit une clause engageant le praticien, en cas de départ temporaire ou définitif, excepté lorsqu'il cesse ses fonctions pour faire valoir ses droits à la retraite, à ne pas s'installer, pendant une période au minimum égale à six mois et au maximum égale à vingt-quatre mois, et dans un rayon au minimum égal à trois kilomètres et au maximum égal à dix kilomètres, à proximité de l'établissement public de santé qu'il quitte.

« En cas de non-respect de cette clause, une indemnité compensatrice est due par le praticien. Le montant de cette indemnité, dont les modalités de calcul sont prévues au contrat, ne peut être supérieur à 30 % du montant mensuel moyen des honoraires perçus au titre de l'activité libérale durant les six derniers mois, multiplié par le nombre de mois durant lesquels la clause prévue au premier alinéa du présent IV n'a pas été respectée.

« Dès que le non-respect de cette clause a été dûment constaté dans le respect du contradictoire, sur proposition du directeur de l'établissement et du président de la commission médicale d'établissement et après avis de la commission consultative régionale de l'activité libérale, le directeur général de l'agence régionale de santé notifie au

praticien, par tout moyen approprié, la décision motivée lui appliquant l'indemnité prévue au contrat et en déterminant le montant.

« Ces dispositions ne sont pas applicables aux praticiens exerçant à l'Assistance publique-hôpitaux de Paris, aux hospices civils de Lyon et à l'Assistance publique-hôpitaux de Marseille en raison des configurations particulières de l'offre de soins dans ces agglomérations urbaines.

« Les conditions d'application de ces dispositions sont fixées par décret en Conseil d'État. »

1. Restriction à l'exercice de l'activité libérale. Le Décr. du 25 nov. 1987 a pu légalement réserver l'activité libérale aux seuls praticiens statutaires à plein temps qui ne sont ni biologistes, ni radiologistes, ni anesthésistes-réanimateurs. • CE 6 mai 1996, *Peneau*, n° 143297 : *Lebon 158* ; *RDSS 1997. 331, obs. de Forges*.

2. Nécessité de pratiquer une activité de même nature à titre principal. La chambre disciplinaire de l'ordre doit rechercher si l'activité secondaire est de même nature que l'activité principale du praticien, conformément à l'art. L. 6154-2. Sur cette base, le Conseil d'État annule la décision de la Chambre nationale de l'ordre des médecins, laquelle avait annulé une sanction infligée en première instance au motif qu'aucune règle ne faisait obstacle à ce qu'un chirurgien d'un service d'ORL pratique, à titre secondaire, l'épilation du corps entier dans le service considéré. • CE 24 août 2011, *Conseil dptal de l'ordre des médecins de l'Indre*, n° 341236. ♦ Le juge de cassation exerce un contrôle de la qualification juridique des faits opérée par les juges du fond lorsqu'ils apprécient le respect, par un praticien exerçant une activité libérale dans un établissement public de santé, de la condition d'exercice d'une activité de même nature dans le secteur hospitalier public posée par l'art. L. 6154-2. • CE 31 mars 2014, *M. B.*, n° 358820.

Art. L. 6154-2-1 *(Ord. n° 2018-20 du 17 janv. 2018, art. 24)* **Par dérogation aux dispositions de l'article L. 6154-1, l'exercice dans un hôpital des armées ou un autre élément du service de santé des armées ne s'oppose pas à ce qu'un praticien statutaire mentionné au 1° de l'article L. 6152-1 et à l'article L. 952-21 du code de l'éducation soit autorisé à exercer l'activité libérale prévue à l'article L. 6154-1 du présent code.**

L'activité libérale s'exerce alors exclusivement au sein de l'établissement public de santé dans lequel le praticien a été nommé ou, dans le cas d'une activité partagée entre plusieurs établissements publics de santé, dans celui de ces établissements où il exerce la part la plus importante de son activité publique effectuée hors du service de santé des armées.

Art. L. 6154-3 *(Ord. n° 2003-850 du 4 sept. 2003, art. 30)* **« Le praticien exerçant une activité libérale choisit de percevoir ses honoraires directement ou, par dérogation aux dispositions de l'article L. 162-2 du code de la sécurité sociale, par l'intermédiaire de l'administration de l'hôpital.**

« Les organismes gestionnaires d'un régime de base d'assurance maladie communiquent au directeur et au président de la commission de l'activité libérale mentionnée à l'article L. 6154-5 de l'établissement public de santé dans lequel il exerce les informations sur ses recettes, le nombre de ses consultations » *(L. n° 2016-41 du 26 janv. 2016, art. 138-2°)* **« , le nombre et la nature des actes qu'il effectue et ses dépassements d'honoraires éventuels, en vue d'exercer les prérogatives prévues au présent chapitre ».**

L'activité libérale donne lieu au versement à l'établissement par le praticien d'une redevance dans des conditions déterminées par décret.

(L. n° 2004-1370 du 20 déc. 2004, art. 27-II) **« Les actes de scanographie donnent lieu au reversement, au bénéfice du praticien radiologue hospitalier par l'établissement public qui l'emploie, d'une quote-part du forfait technique lorsque ces actes sont réalisés dans le cadre de l'exercice libéral de ce praticien. Un décret en Conseil d'État fixe les conditions d'application de cette disposition. »**

Caractère de redevance pour service rendu. La redevance perçue au titre de l'activité libérale a le caractère de redevance pour service rendu. • CE, ass., 16 juill. 2007, *Synd. nat. de défense de l'exercice libéral de la médecine à l'hôpital, Synd. nat. de chirurgie plastique reconstructrice et esthétique*, n°s 293229 et 293254 : *AJDA 2007. 1807, chron. Boucher et Bourgeois-Machureau* ; *RDSS 2007. 1050, note Cristol*. ♦ Cette redevance pour service rendu est affranchie de la règle du plafonnement par les coûts. • Même arrêt.

Art. L. 6154-4 Les modalités d'exercice de l'activité libérale font l'objet d'un contrat conclu entre le praticien concerné et l'établissement public de santé sur la base d'un contrat type d'activité libérale établi par voie réglementaire.

(L. n° 2016-41 du 26 janv. 2016, art. 138-3°) « Ce contrat, d'une durée de cinq ans, est transmis par le directeur de l'établissement au directeur général de l'agence régionale de santé avec son avis ainsi que ceux du chef de pôle et du président de la commission médicale d'établissement. Le directeur général de l'agence régionale de santé approuve ce contrat. » L'approbation du contrat vaut autorisation d'exercice de l'activité libérale.

Des modalités différentes peuvent être prévues par les statuts mentionnés au 1° de l'article L. 6152-1 en ce qui concerne la protection sociale des praticiens hospitaliers selon qu'ils concluent ou non un contrat d'activité libérale, en application du présent article.

1. Création d'un traitement automatisé d'informations nominatives relatives à l'activité libérale. Le directeur de la politique médicale de l'AP-HP n'est pas compétent pour créer un nouveau système informatisé de contrôle de l'activité médicale libérale au sein des établissements de santé de l'AP-HP. • CE 15 déc. 2000, *M. Patel et a.*, n°s 206981, 210085 et 210086 : *Lebon 626 ; RDSS 2002. 55, obs. Cormier.*

2. Méconnaissance de stipulations substantielles du contrat d'activité libérale. La méconnaissance de stipulations substantielles du contrat d'activité libérale (omission de recueillir l'accord écrit des patients d'être pris en charge dans le secteur libéral, méconnaissance injustifiée des jours et heures de consultation, absence d'individualisation des actes effectués dans le relevé d'activité libérale transmis à la direction de l'hôpital, absence de déclaration de certains honoraires perçus en espèces) constitue un motif légal de refus de renouvellement d'un tel contrat. • CE 30 janv. 2002, *M. Bernard Z.*, n° 208642.

Art. L. 6154-5 Dans chaque établissement public de santé où s'exerce une activité libérale, une commission de l'activité libérale est chargée de veiller *(L. n° 2016-41 du 26 janv. 2016, art. 138-4°-a)* « à la bonne application des dispositions législatives et réglementaires régissant cette activité ainsi qu'au respect des clauses des contrats d'activité libérale ».

(Abrogé par L. n° 2016-41 du 26 janv. 2016, art. 138-4°-b) « Une Commission nationale de l'activité libérale siège auprès du ministre chargé de la santé. »

Les attributions, *(L. n° 2009-879 du 21 juill. 2009, art. 12)* « les conditions de fonctionnement et la composition de *(L. n° 2016-41 du 26 janv. 2016, art. 138-4°-c)* « cette commission, au sein de laquelle » doit notamment siéger un représentant des usagers du système de santé au sens de l'article L. 1114-1, » sont fixées par voie réglementaire.

(L. n° 2016-41 du 26 janv. 2016, art. 138-4°-d) « Sous réserve du respect du secret médical, cette commission a accès à toute information utile sur l'activité tant libérale que publique d'un praticien exerçant une activité libérale, en vue d'exercer les prérogatives prévues au présent chapitre. »

Art. L. 6154-5-1 *(L. n° 2016-41 du 26 janv. 2016, art. 138-5°)* Une commission régionale de l'activité libérale est placée auprès du directeur général de l'agence régionale de santé.

La commission établit périodiquement le bilan régional de l'activité libérale des praticiens statutaires à temps plein.

A la demande du directeur général de l'agence régionale de santé, la commission émet un avis sur les autorisations d'exercice délivrées en application de l'article L. 6154-4. Elle est obligatoirement consultée sur les mesures de suspension ou de retrait d'autorisation proposées en application de l'article L. 6154-6 ainsi que sur la décision d'appliquer l'indemnité prévue au deuxième alinéa du IV de l'article L. 6154-2. Elle peut également faire des propositions afin d'améliorer les conditions dans lesquelles il est veillé au respect des dispositions législatives et réglementaires applicables en matière d'activité libérale.

Elle est présidée par une personnalité indépendante nommée par le directeur général de l'agence régionale de santé.

La composition et les conditions de fonctionnement de cette commission consultative régionale de l'activité libérale, au sein de laquelle doit notamment siéger un représentant des usagers du système de santé, au sens de l'article L. 1114-1, sont fixées par voie réglementaire.

Sous réserve du respect du secret médical, le directeur général de l'agence régionale de santé et la commission consultative régionale ont accès à toute information utile sur l'activité tant libérale que publique d'un praticien exerçant une activité libérale, en vue d'exercer les prérogatives prévues au présent chapitre.

Art. L. 6154-6 *(L. n° 2016-41 du 26 janv. 2016, art. 138-6°)* Le directeur de l'établissement public de santé ou les présidents des commissions locales de l'activité libérale mentionnées à l'article L. 6154-5 portent à la connaissance du directeur général de l'agence régionale de santé tout manquement d'un praticien aux obligations qui lui incombent en vertu des lois et règlements ou des stipulations du contrat qu'il a conclu en application de l'article L. 6154-4.

Lorsqu'un praticien méconnaît ces obligations, l'autorisation mentionnée à l'article L. 6154-4 peut être suspendue ou retirée par le directeur général de l'agence régionale de santé, après avis de la commission régionale mentionnée à l'article L. 6154-5-1.

1. Faits justifiant la suspension du contrat d'activité libérale. Le dépassement du pourcentage des lits affectés à l'activité libérale justifie la suspension du contrat. • CAA Nantes, 7 oct. 1999, *CH de l'Estuaire de Honfleur*, n° 95NT00136. ♦ Même solution pour un cumul irrégulier de deux après-midi par semaine d'activité libérale et d'une activité d'intérêt général de deux heures par semaine et pour un nombre d'actes réalisés dans le cadre de l'activité libérale très largement supérieur à celui des actes réalisés dans le cadre de l'activité publique du praticien hospitalier concerné. • TA Strasbourg, 30 mars 2004, *M. Philippe T. c/ Préfet de Moselle*, n° 0102604 • TA Nîmes, 8 avr. 2008, *M. Jean-Lou H.*, n° 0624977. ♦ Même solution lorsque les consultations médicales données à titre privé dépassent depuis de nombreuses années et de façon importante la limite de 20 % de la durée du service hospitalier hebdomadaire mentionnée au 2° de l'art. L. 6154-2. • CAA Nancy, 29 janv. 2007, *Min. des Solidarités, de la Santé et de la Famille*, n° 05NC00648 : *AJFP 2007. 151*. ♦ En revanche, le recours aux seules consultations programmées en secteur public (à l'exclusion des consultations non programmées, des consultations de recours et des consultations effectuées durant les gardes) pour comparer le *quantum* d'activité libérale autorisé est insuffisamment probant et ne peut légalement justifier une suspension. • CAA Nancy, 29 janv. 2007, *Min. des Solidarités, de la Santé et de la Famille*, n° 05NC00649. ♦ Le contrôle du juge se limite à l'erreur manifeste d'appréciation de la situation. • Mêmes arrêts.

2. Réparation du préjudice résultant d'une suspension illégale. Sur l'indemnisation du préjudice subi (perte financière et préjudice moral) du fait de la suspension illégale par un directeur d'ARH d'une autorisation d'activité libérale d'un praticien hospitalier. • TA Poitiers, 21 nov. 2007, *M. Gangner c/ Min. Santé*, n° 0501826. ♦ V. également • CAA Bordeaux, 10 juill. 2001, *M. X.*, n° 97BX00774 (la suspension illégale d'un contrat d'exercice libérale par le préfet, compétent au moment des faits, constitue une faute de nature à engager la responsabilité de l'État).

Art. L. 6154-7 Sont déterminées par décret en Conseil d'État les mesures réglementaires prévues aux articles L. 6154-2, *(L. n° 2016-41 du 26 janv. 2016, art. 138-7°)* « L. 6154-3 à L. 6154-6 » et, sauf dispositions contraires et en tant que de besoin, les modalités d'application des autres dispositions du présent chapitre.

CHAPITRE V DÉVELOPPEMENT PROFESSIONNEL CONTINU

(L. n° 2009-879 du 21 juill. 2009, art. 59-XIII)

Art. L. 6155-1 *(L. n° 2002-303 du 4 mars 2002, art. 59-II ; L. n° 2004-806 du 9 août 2004, art. 98-IX ; L. n° 2009-879 du 21 juill. 2009, art. 59-XIV)* Les médecins, odontologistes et les pharmaciens exerçant leurs fonctions dans les établissements publics de santé, dans les hôpitaux des armées, ainsi que ceux exerçant leurs fonctions dans les établissements de santé privés d'intérêt collectif, sont soumis à une obligation de développement professionnel continu dans *(L. n° 2016-41 du 26 janv. 2016, art. 114-I-5°)* « le cadre du développement professionnel continu défini aux articles L. 4021-1 à L. 4021-8 ».

Art. L. 6155-2 et L. 6155-3 *Abrogés par L. n° 2009-879 du 21 juill. 2009, art. 59-XVI.*

Art. L. 6155-4 *(L. n° 2002-303 du 4 mars 2002, art. 59-II ; L. n° 2009-879 du 21 juill. 2009, art. 59-XV)* Les établissements de santé publics consacrent au développement professionnel continu de leurs médecins, pharmaciens et odontologistes, tel qu'il est organisé par les statuts de ces personnels, des crédits dont le montant ne peut être inférieur à un pourcentage, fixé par décret, de la masse salariale brute hors charges de ces personnels.

Des établissements publics de santé peuvent s'associer pour financer des actions de formation communes pour leurs médecins, biologistes, pharmaciens et odontologistes.

Art. L. 6155-5 *Abrogé par L. nº 2009-879 du 21 juill. 2009, art. 59-XVI.*

CHAPITRE VI DIALOGUE SOCIAL

(L. nº 2016-41 du 26 janv. 2016, art. 194)

SECTION PREMIÈRE DROIT SYNDICAL ET CRITÈRES DE REPRÉSENTATIVITÉ

Art. L. 6156-1 Le droit syndical est garanti aux personnels médicaux, odontologistes et pharmaceutiques des établissements publics de santé mentionnés aux chapitres Ier et II du présent titre. Les intéressés peuvent librement créer des organisations syndicales, y adhérer et y exercer des mandats. Ces organisations peuvent ester en justice.

Un décret prévoit la mise en œuvre des droits et moyens syndicaux de ces personnels.

Art. L. 6156-2 Sont appelées à participer aux négociations ouvertes par les autorités compétentes au niveau national les organisations syndicales des médecins, odontologistes et pharmaciens des établissements publics de santé mentionnés aux chapitres Ier et II du présent titre ayant obtenu, aux dernières élections du Conseil supérieur des personnels médicaux, odontologistes et pharmaceutiques, au moins 10 % des suffrages exprimés au sein de leur collège électoral respectif.

Pour les négociations concernant les personnels mentionnés au 1º de l'article L. 6152-1, leurs organisations syndicales doivent, en outre, avoir obtenu au moins un siège dans au moins deux sections du collège des praticiens hospitaliers de la commission statutaire nationale prévue à l'article L. 6156-6.

Art. L. 6156-3 Les règles définies pour la présentation aux élections professionnelles des personnels médicaux, odontologistes et pharmaceutiques des établissements publics de santé mentionnés aux chapitres Ier et II du présent titre sont celles prévues à l'article 9 *bis* de la loi nº 83-634 du 13 juillet 1983 portant droits et obligations des fonctionnaires, dont les modalités d'application sont précisées, pour ces personnels, par le décret prévu à l'article L. 6156-7.

SECTION II CONSEIL SUPÉRIEUR DES PERSONNELS MÉDICAUX, ODONTOLOGISTES ET PHARMACEUTIQUES DES ÉTABLISSEMENTS PUBLICS DE SANTÉ

Art. L. 6156-4 Il est institué un Conseil supérieur des personnels médicaux, odontologistes et pharmaceutiques des établissements publics de santé mentionnés aux chapitres Ier et II du présent titre. Son président est nommé par arrêté. Il comprend en outre :

1º Des représentants des organisations syndicales représentatives des personnels concernés ;

2º Des représentants des ministres concernés ;

3º Des représentants des établissements publics de santé désignés par les organisations les plus représentatives des établissements mentionnés à l'article 2 de la loi nº 86-33 du 9 janvier 1986 portant dispositions statutaires relatives à la fonction publique hospitalière.

Le décret prévu à l'article L. 6156-7 en précise la composition et l'organisation.

Art. L. 6156-5 Le Conseil supérieur des personnels médicaux, odontologistes et pharmaceutiques est saisi pour avis des projets de loi, des projets de décret de portée générale relatifs à l'exercice hospitalier de ces personnels et des projets de statuts particuliers qui leur sont applicables.

Il examine toute question relative aux personnels médicaux, odontologistes et pharmaceutiques dont il est saisi soit par les ministres compétents, soit à la demande écrite du tiers de ses membres à voix délibérative. Il formule, le cas échéant, des propositions.

SECTION III COMMISSION STATUTAIRE NATIONALE

Art. L. 6156-6 Il est institué une commission statutaire nationale qui peut être saisie des situations individuelles des praticiens hospitaliers mentionnés au 1° de l'article L. 6152-1.

La commission statutaire nationale comprend un collège des représentants des personnels mentionnés au même 1° et un collège des représentants des personnels enseignants et hospitaliers titulaires. Les collèges sont divisés en sections qui regroupent des spécialités en fonction de leur nature et de leurs effectifs.

Le décret prévu à l'article L. 6156-7 précise les attributions, la composition et le fonctionnement de la commission statutaire nationale, notamment la définition des spécialités mentionnées au deuxième alinéa du présent article.

SECTION IV DISPOSITIONS COMMUNES

Art. L. 6156-7 Les modalités d'application du présent chapitre sont fixées, sauf disposition contraire, par décret en Conseil d'État.

TITRE SIXIÈME ÉTABLISSEMENTS DE SANTÉ PRIVÉS

BIBL. ► Espesson-Vergeat, Le contrôle des opérations de concentration dans le secteur des établissements de santé : un enjeu économique, un impact de santé publique, *Revue Lamy de la concurrence, n° 65, oct. 2017.* – Cormier, Statut des établissements de santé privés, *Lamy droit de la santé, fasc. n° 217* ; Gestion des établissements de santé privés, *Lamy droit de la santé, fasc. n° 219.* – Pascal et Claveranne, La clinique privée, matrice et lieu d'expérimentation des formes juridiques d'organisation médicale collective, *RDSS 2014. 457*. – Cardon, La tarification à l'activité dans les établissements de soins privés : la transition amorcée, *RDSS 2005. 963*. – Tanti-Hardouin, L'hospitalisation privée, *Doc. fr. 1996.* – Moquet-Anger, La place des établissements privés à but non lucratif dans la réforme hospitalière, *Rev. jur. Ouest 1993. 549.* – Rossini, Les établissements de santé privés à but non lucratif, *LGDJ 1992.* – de Forges (dir.), L'hospitalisation privée, *RDSS 1990, n° spécial.*

CHAPITRE PREMIER DISPOSITIONS GÉNÉRALES

Art. L. 6161-1 Dans les établissements de santé privés, quel que soit leur statut, les salariés sont représentés dans les conseils d'administration ou dans les conseils de surveillance ou dans les organes qui en tiennent lieu selon des modalités prévues *(Ord. n° 2010-177 du 23 févr. 2010, art. 26-45°)* « aux articles L. 2323-62 à L. 2323-66 » du code du travail, sous réserve des adaptations nécessaires fixées par voie réglementaire et dans le respect des obligations imposées par *(Ord. n° 2010-177 du 23 févr. 2010, art. 26-45°)* « les articles L. 2143-21 et L. 2325-5 » du même code.

Un décret apporte aux modalités de la représentation des salariés les adaptations nécessaires en fonction de la nature juridique des établissements.

Art. L. 6161-1-1 *(L. n° 2016-41 du 26 janv. 2016, art. 195-6°)* Dans les établissements de santé privés habilités à assurer le service public hospitalier dans les conditions définies à l'article L. 6112-3, quel que soit leur statut, les usagers sont représentés par deux représentants issus d'associations d'usagers du système de santé mentionnées à l'article L. 1114-1 dans les conseils d'administration ou dans les conseils de surveillance ou dans les organes qui en tiennent lieu, selon des modalités prévues par voie réglementaire tenant compte de la nature juridique des établissements.

Art. L. 6161-2 *(L. n° 2016-41 du 26 janv. 2016, art. 195-7°)* Les praticiens qui exercent leur activité dans un établissement de santé privé à but lucratif forment de plein droit une conférence médicale, dont les attributions sont prévues au I de l'article L. 6161-2-2.

1. Capacité pour agir en justice. La conférence médicale n'est pas en principe dotée de la personnalité juridique et ne peut donc pas ester en justice. • Versailles, 25 mai 2000 : *D. 2000. IR 206.*

2. Vice de procédure. Selon le juge administratif, il résulte des dispositions de l'art. L. 6161-2 que lorsqu'elle est requise, la consultation de la conférence médicale d'établissement constitue une formalité substantielle dont la méconnaissance entache d'irrégularité la décision litigieuse. V., pour une illustration en matière d'autorisation sanitaire : • TA Nantes, 29 déc. 2006, *Dr Rémi B. et a.*, n° 031088. ♦ Toutefois, depuis 2011, le Conseil d'État peut neutraliser le vice de procédure, dans la mesure où il considère que seules les irrégularités susceptibles d'avoir eu une influence sur le sens de la décision ou d'avoir privé les intéressés d'une garantie sont de nature à entacher celle-ci d'illégalité. • CE, sect., 23 déc. 2011, *Danthony,* n° 335053.

Art. L. 6161-2-1 *(L. n° 2016-41 du 26 janv. 2016, art. 195-8°)* Dans les établissements de santé privés à but non lucratif, une commission médicale est élue par les praticiens qui y exercent. Ses attributions sont prévues au I de l'article L. 6161-2-2. Les matières sur lesquelles elle est consultée ainsi que ses modalités de fonctionnement sont précisées par le décret en Conseil d'État mentionné à l'article L. 6161-11.

Art. L. 6161-2-2 *(L. n° 2016-41 du 26 janv. 2016, art. 195-8°)* I. — La conférence et la commission mentionnées, respectivement, aux articles L. 6161-2 et L. 6161-2-1 sont chargées de veiller à l'indépendance professionnelle des praticiens et de participer à l'évaluation des soins. Elles donnent leur avis sur la politique médicale de l'établissement et sur l'élaboration des prévisions annuelles d'activité de l'établissement. Ces prévisions d'activité sont communiquées à l'agence régionale de santé selon les modalités définies par le contrat prévu aux articles L. 6114-1 et L. 6114-3. Elles contribuent à la définition de la politique médicale de l'établissement et à l'élaboration de la politique d'amélioration continue de la qualité et de la sécurité des soins ainsi que des conditions d'accueil et de prise en charge des usagers. Elles proposent au responsable de l'établissement un programme d'action assorti d'indicateurs de suivi prenant en compte les informations contenues dans le rapport de la commission des usagers. Elles sont consultées sur toute demande de l'établissement tendant à être habilité à assurer le service public hospitalier.

La conférence et la commission mentionnées, respectivement, aux articles L. 6161-2 et L. 6161-2-1 sont consultées sur les matières relevant de leurs attributions, dans des conditions fixées par le décret en Conseil d'État mentionné à l'article L. 6161-11.

Lorsque la consultation préalable est prévue par des dispositions légales ou réglementaires, l'avis de la conférence et de la commission mentionnées, respectivement, aux articles L. 6161-2 et L. 6161-2-1 est joint à toute demande d'autorisation ou d'agrément formée par un établissement de santé privé et annexé à toutes les conventions conclues par ce dernier.

II. — Les établissements de santé rendent publics, chaque année, les résultats des indicateurs de qualité et de sécurité des soins, dans des conditions définies par arrêté du ministre chargé de la santé.

Lorsque le directeur général de l'agence régionale de santé constate le non-respect de l'obligation prévue au premier alinéa du présent II, il peut prendre les mesures appropriées, notamment une modulation des dotations régionales de financement des missions d'intérêt général et d'aide à la contractualisation mentionnées à l'article L. 162-22-13 du code de la sécurité sociale, dans des conditions définies par le décret en Conseil d'État mentionné à l'article L. 6161-11.

Art. L. 6161-3 *(Ord. n° 2003-850 du 4 sept. 2003, art. 23)* Les comptes certifiés par le commissaire aux comptes des établissements de santé privés ainsi que ceux de leurs organismes gestionnaires sont transmis à l'autorité chargée de la tarification de ces établissements pour les besoins de leur contrôle. Ils sont transmis à l'*(Ord. n° 2010-177 du 23 févr. 2010, art. 9-I-2°-26 et 46°)* « agence régionale de santé dans les conditions fixées par voie réglementaire ». Toutes autres pièces comptables nécessaires au contrôle sont mises à disposition de l'autorité de tarification et, en tant que de besoin, communiquées par celle-ci aux services chargés de l'analyse économique et financière.

(L. n° 2016-41 du 26 janv. 2016, art. 109-II) « Les rapports de certification sont transmis à la Cour des comptes en application *(Ord. n° 2016-1360 du 13 oct. 2016, art. 51-V et 52)* « des articles L. 132-4 et L. 141-12 » du code des juridictions financières. »

L'Ord. n° 2016-1360 du 13 oct. 2016 modifiant la partie législative du CJF est ratifiée.

Art. L. 6161-3-1 *(L. n° 2016-41 du 26 janv. 2016, art. 112-I)* Les règles relatives à l'organisation financière des établissements publics de santé sont applicables aux établissements de santé privés mentionnés aux *b* et *c* de l'article L. 162-22-6 du code de la sécurité sociale, sous réserve des règles d'organisation et de fonctionnement de droit

privé ou des dispositions du code de la santé publique qui leur sont spécifiques, dans des conditions fixées par décret en Conseil d'État.

Légalité du dispositif d'administration provisoire. Légalité de l'art. 3-I de l'Ord. n° 2005-1112 du 1er sept. 2005 instituant l'art. L. 6161-3-1 autorisant le directeur de l'agence régionale de l'hospitalisation à désigner un administrateur provisoire dans un établissement de santé privé. • CE 12 févr. 2007, *Crédit coopératif et FEHAP,* n° 286692 : *Lebon T. 1089.*

Art. L. 6161-3-2 *(Ord. n° 2005-1112 du 1er sept. 2005, art. 3-II)* **En cas de fermeture définitive d'un établissement ou d'un service géré par un organisme privé, sont reversées** *(L. n° 2006-1640 du 21 déc. 2006, art. 93-III)* **« au fonds pour la modernisation des établissements de santé publics et privés mentionné à l'article 40 de la loi de financement de la sécurité sociale pour 2001 (n° 2000-1257 du 23 décembre 2000) » les sommes affectées à l'établissement ou service fermé apportées par l'État, les collectivités territoriales et leurs établissements publics ou par les organismes de sécurité sociale et ayant permis le financement de l'actif immobilisé de l'établissement ou du service. Ces sommes sont revalorisées selon des modalités fixées par décret.**

En outre, lorsqu'il s'agit d'un organisme à but non lucratif, il reverse *(L. n° 2006-1640 du 21 déc. 2006, art. 93-III)* **« au fonds mentionné au premier alinéa » les sommes énumérées ci-après :**

1° Les réserves de trésorerie de l'établissement ou du service constituées par majoration des produits de tarification et affectation des excédents d'exploitation réalisés avec les produits de la tarification ;

2° Des excédents d'exploitation provenant de la tarification affectés à l'investissement de l'établissement ou du service, revalorisées dans les conditions mentionnées au premier alinéa ;

3° Les provisions pour risques et charges, les provisions réglementées et les provisions pour dépréciation de l'actif circulant constituées grâce aux produits de la tarification et non employées le jour de la fermeture.

Al. abrogé par L. n° 2006-1640 du 21 déc. 2006, art. 93-III.

L'organisme gestionnaire de l'établissement ou du service fermé peut, avec l'accord de l'autorité de tarification, s'acquitter des obligations prévues au premier alinéa et au 2° ci-dessus en procédant à la dévolution de l'actif net immobilisé de l'établissement ou du service.

Obligation de reversement des sommes versées par les collectivités publiques. Légalité de l'art. 3-II de l'Ord. n° 2005-1112 du 1er sept. 2005 instituant l'art. L. 6161-3-2 relatif au reversement des fonds publics ou sociaux perçus par un établissement de santé privé après sa fermeture définitive. • CE 12 févr. 2007, *Crédit coopératif et FEHAP,* n° 286692 : *Lebon T. 1089.*

Art. L. 6161-4 *Abrogé par L. n° 2009-879 du 21 juill. 2009, art. 26.*

Art. L. 6161-5 *(L. n° 2016-41 du 26 janv. 2016, art. 99-I-C)* **Sont qualifiés d'établissements de santé privés d'intérêt collectif les centres de lutte contre le cancer définis à l'article L. 6162-1 et les établissements de santé privés gérés par les personnes morales de droit privé mentionnées au 1° du II de l'article 1er de la loi n° 2014-856 du 31 juillet 2014 relative à l'économie sociale et solidaire remplissant les conditions et ayant obtenu l'habilitation mentionnées à l'article L. 6112-3 du présent code et qui poursuivent un but non lucratif.**

Un décret précise les règles particulières d'organisation et de fonctionnement attachées à cette qualification.

BIBL. ▶ DUBOST, Les établissements de santé privés d'intérêt collectif : la participation du secteur privé aux missions de service public à l'aune de la loi HPST et de ses décrets d'application, *Rev. dr. et santé 2010, n° 38, p. 526.*

Art. L. 6161-5-1 *(L. n° 2009-879 du 21 juill. 2009, art. 13-V)* **Les établissements de santé privés autorisés à délivrer des soins au domicile de leurs patients peuvent recourir à des auxiliaires médicaux exerçant à titre libéral. Les honoraires de ces professionnels de santé sont à la charge de l'établissement privé de santé. Dans ce cas, il peut être envisagé des conditions particulières de rémunération autres que le paiement à l'acte.**

(L. n° 2011-940 du 10 août 2011, art. 7-I-1°) **« Sont présumés ne pas être liés par un contrat de travail avec l'établissement les auxiliaires médicaux intervenant dans les conditions prévues au présent article. »**

Art. L. 6161-6 (Abrogé par L. n° 2009-879 du 21 juill. 2009, art. 26) ***Les établissements de santé privés à but non lucratif sont admis à participer à l'exécution du service public hospitalier lorsqu'ils répondent à des conditions d'organisation et de fonctionnement fixées par décret et qu'ils établissent un projet d'établissement tel que défini à l'article L. 6143-2 compatible avec les objectifs du schéma d'organisation sanitaire.*** *— V. art. D. 6161-2 s.*

(Ord. n° 2003-850 du 4 sept. 2003, art. 3-IV) ***« La décision d'admission à participer au service public hospitalier est prise par le directeur de l'agence régionale de l'hospitalisation. Le refus d'admission doit être motivé. »*** *— [Anc. art. L. 715-6].*

1. Degré de contrôle du juge. Le juge n'exerce qu'un contrôle restreint sur la capacité de l'établissement candidat à la participation au service public à respecter les mêmes obligations que les établissements publics. • CE 5 févr. 1981, *Synd. des médecins du Bas-Rhin et a. : RDSS 1981. 277, obs. de Forges.*

2. Obligations des établissements participant au service public. L'administration ne peut légalement imposer à l'établissement des obligations qui ne pèsent pas sur les hôpitaux publics. • CE 29 avr. 1987, *Assoc. de gestion de la Résidence médicale des Sources*, n° 53527 : *Lebon 154 ; JCP 1987. IV. 256 ; RDSS 1987. 613, concl. Robineau.*

3. Compétence de l'ordre judiciaire. Les rapports entre les patients et les établissements privés assurant le service public hospitalier relèvent du droit privé, et donc de la compétence des tribunaux judiciaires. • TA Nice, 27 mai 1986, *Mlle Schnaitman : Rev. hosp. France 1987. 1027* • T. confl. 26 oct. 1987, *Sherman : RDSS 1988. 265, obs. de Forges* • T. confl. 25 janv. 1988, *Brunelier*, n° 02502 : *Lebon 483 ; D. 1989. Somm. 312, obs. Penneau.* ♦ ... Même lorsque le dommage est provoqué par la faute d'un médecin hospitalier public pratiquant dans l'établissement. • Paris, 28 mai 1982 : *D. 1983. IR 493, obs. Penneau ; RDSS 1982. 446, obs. de Forges.*

Art. L. 6161-7 *(L. n° 2016-41 du 26 janv. 2016, art. 122)* **Pour la mise en œuvre des conventions qu'ils concluent avec un centre hospitalier et universitaire en application de l'article L. 6142-5, les établissements de santé privés d'intérêt collectif peuvent, par dérogation aux articles L. 1242-1, L. 1242-2, L. 1242-7, L. 1242-8** *(Ord. n° 2017-1718 du 20 déc. 2017, art. 2-IV)* **« , L. 1242-8-1, L. 1243-13 et L. 1243-13-1 » du code du travail, recruter des praticiens par contrat à durée déterminée pour une durée maximale de quatre ans, renouvellements compris.**

Art. L. 6161-8 *(L. n° 2009-879 du 21 juill. 2009, art. 1er-X)* **Les établissements de santé privés d'intérêt collectif peuvent conclure, pour un ou plusieurs objectifs déterminés, soit avec un établissement public de santé, soit** *(Ord. n° 2017-31 du 12 janv. 2017, art. 1er-17°)* **« avec l'établissement support d'un groupement hospitalier de territoire et, le cas échéant, avec un ou plusieurs établissements parties au groupement, des accords de coopération ». Ces accords sont conclus sur la base du projet régional de santé défini à l'article L. 1434-1** *(Abrogé par L. n° 2016-41 du 26 janv. 2016, art. 158-I-9°-c)* ***« , notamment du schéma régional d'organisation des soins défini aux articles L. 1434-7 et L. 1434-9 ou du schéma interrégional défini à l'article L. 1434-10 ».*** **Ils sont approuvés par le directeur général de l'agence régionale de santé.**

Art. L. 6161-9 *(L. n° 2009-879 du 21 juill. 2009, art. 1er-XI)* **Un établissement de santé mentionné aux *b* et *c* de l'article L. 162-22-6 du code de la sécurité sociale peut être admis par le directeur général de l'agence régionale de santé à recourir à des professionnels médicaux et auxiliaires médicaux libéraux dans la mise en œuvre de ses missions** *(Ord. n° 2017-31 du 12 janv. 2017, art. 1er-18°-a)* **« telles que définies à l'article L. 6111-1 ainsi que, sous réserve pour l'établissement d'être habilité à assurer le service public hospitalier, celle définie à l'article L. 6112-1 »** *(Ord. n° 2018-21 du 17 janv. 2018, art. 1er)* **« du présent code ». Ils sont rémunérés par l'établissement sur la base des honoraires correspondant aux tarifs prévus au 1° du I de l'article L. 162-14-1** *(Ord. n° 2018-21 du 17 janv. 2018, art. 1er)* **« du code de la sécurité sociale », minorés d'une redevance. Les conditions d'application du présent alinéa sont fixées par décret.**

Les professionnels libéraux mentionnés au premier alinéa participent *(Ord. n° 2017-31 du 12 janv. 2017, art. 1er-18°-b)* **« aux activités et missions » de l'établissement dans le cadre d'un contrat conclu avec l'établissement, qui fixe les conditions et modalités de leur participation et assure le respect des garanties mentionnées à l'article L. 6112-3.**

(L. n° 2011-940 du 10 août 2011, art. 7-I-2°) « Ils sont présumés ne pas être liés par un contrat de travail avec l'établissement qui a recours à eux dans les conditions prévues au présent article. »

Art. L. 6161-10 *Abrogé par L. n° 2009-879 du 21 juill. 2009, art. 1er-XIX.*

Art. L. 6161-11 Sont déterminées par décret en Conseil d'État les mesures réglementaires prévues à l'article L. 6161-1 et, sauf dispositions contraires et en tant que de besoin, les modalités d'application des autres dispositions du présent chapitre. — *[Anc. art. L. 716-9].*

CHAPITRE II CENTRES DE LUTTE CONTRE LE CANCER

(Ord. n° 2005-406 du 2 mai 2005, art. 14)

BIBL. ▶ ESPER et DUPONT, La lutte contre le cancer, les institutions spécialisées, les centres de lutte contre le cancer, *in* « droit médical et hospitalier », *fasc. n° 167, Litec.*

Art. L. 6162-1 *(L. n° 2009-879 du 21 juill. 2009, art. 1er-XII)* « Les centres de lutte contre le cancer sont des établissements de santé qui exercent leurs missions dans le domaine de la cancérologie. »

A titre subsidiaire et en vue d'en optimiser l'utilisation, ils peuvent, dans des conditions définies par le contrat d'objectifs et de moyens, ouvrir leurs plateaux techniques et leurs équipements à des patients relevant d'autres pathologies.

Nature des missions exercées par les centres de lutte contre le cancer. Les centres de lutte contre le cancer assurent une mission de service public. • T. confl. 20 nov. 1961, *Centre de lutte contre le cancer Eugène Marquis : Lebon T. 879 ; D. 1962. 389, note de Laubadère ; JCP 1962. II. 12572, note Auby.* • CE 18 mai 1983, *Institut Gustave Roussy,* n° 29844 : *Lebon 202.* ♦ La loi « Hôpital, patients, santé et territoires » du 21 juill. 2009 leur attribue la qualification d'établissement de santé privé d'intérêt collectif (V. art. L. 6161-5).

Art. L. 6162-2 Ces établissements sont des personnes morales de droit privé. Ils peuvent recevoir des dons et legs.

Statut des centres de lutte contre le cancer. Les centres de lutte contre le cancer ne sont ni des fondations ni des associations. Dès lors, ils ne peuvent bénéficier des dispositions réservées aux fondations et associations reconnues d'utilité publique, notamment l'exonération des versements destinés au financement des transports en commun. • CE 26 nov. 1982, *Centre régional François Baclesse,* n° 24380 : *Lebon 609.*

Art. L. 6162-3 Le ministre chargé de la santé arrête la liste des centres de lutte contre le cancer.

Art. L. 6162-4 Chaque centre doit disposer d'une organisation pluridisciplinaire garantissant une prise en charge globale du patient et comprenant au moins des moyens en chirurgie, oncologie médicale, radiothérapie et anatomo-cyto-pathologie.

Art. L. 6162-5 Les centres de lutte contre le cancer passent avec les universités et les centres hospitaliers universitaires les conventions mentionnées à l'article L. 6142-5 en vue de définir une organisation commune en matière d'enseignement et de recherche cancérologiques.

Art. L. 6162-6 *Abrogé par Ord. n° 2010-177 du 23 févr. 2010, art. 26-23°.*

Art. L. 6162-7 Chaque centre est administré par un conseil d'administration comportant :

(L. n° 2009-879 du 21 juill. 2009, art. 128-I) « 1° Le représentant de l'État dans un des départements de la région où le centre a son siège, désigné par le représentant de l'État dans la région ; »

2° Le directeur de l'unité de formation et de recherche de médecine avec laquelle le centre a passé la convention prévue à l'article L. 6142-5 ou, en cas de pluralité d'unités de formation et de recherche, le président du comité de coordination de l'enseignement médical ;

3° Le directeur général du centre hospitalier universitaire avec lequel le centre a passé la convention prévue à l'article L. 6142-5 ou, en cas de contractualisation avec plusieurs centres hospitaliers universitaires, le directeur général de l'un d'entre eux, désigné par le *(Ord. n° 2010-177 du 23 févr. 2010, art. 9-I-4°)* « directeur général de l'agence régionale de santé » ;

4° Une personnalité scientifique désignée par l'Institut national du cancer ;

5° Un représentant du conseil économique, social et environnemental régional désigné par cette assemblée ;

6° Des personnalités qualifiées, des représentants des personnels du centre et des représentants des usagers, dans des conditions définies par voie réglementaire.

La présidence du conseil d'administration appartient au représentant de l'État *(L. n° 2009-879 du 21 juill. 2009, art. 128-I)* « désigné en application du 1°. »

Le directeur général du centre, accompagné des collaborateurs de son choix, et le *(Ord. n° 2010-177 du 23 févr. 2010, art. 9-I-4°)* « directeur général de l'agence régionale de santé » ou son représentant assistent au conseil avec voix consultative.

Art. L. 6162-8 Nul ne peut être membre d'un conseil d'administration :

1° A plus d'un titre ;

2° S'il encourt l'une des incapacités prévues par les articles L. 5 et L. 6 du code électoral ;

3° S'il a personnellement ou par l'intermédiaire de son conjoint, de ses ascendants ou descendants en ligne directe un intérêt direct ou indirect dans la gestion d'un établissement de santé privé qui *(Ord. n° 2010-177 du 23 févr. 2010, art. 1er-26°)* « n'est pas un établissement de santé privé d'intérêt collectif » ;

4° S'il est lié à l'établissement par contrat, notamment s'il est agent salarié de l'établissement ;

5° S'il a une autorité sur l'établissement en matière de tarification ou s'il est membre de *(L. n° 2011-940 du 10 août 2011, art. 47-I-19°)* « l'agence régionale de santé ».

Toutefois, l'incompatibilité prévue au 4° ci-dessus n'est opposable ni aux représentants des salariés mentionnés au 6° de l'article L. 6162-7 ni aux représentants mentionnés aux 2° et 3° du même article ayant passé avec le centre la convention prévue à l'article L. 6142-5 ni à ceux mentionnés au 6° ayant conclu avec lui les contrats prévus aux articles L. 1110-11 et L. 1112-5. Au cas où il est fait application d'une autre incompatibilité à ces représentants, la commission médicale, le comité d'entreprise, le conseil de l'unité de formation et de recherche, le comité de coordination de l'enseignement médical, ou le directeur *(L. n° 2011-940 du 10 août 2011, art. 47-I-19°)* « général de l'agence régionale de santé » désignent un remplaçant.

Art. L. 6162-9 Le conseil d'administration arrête la politique générale du centre ainsi que sa politique d'évaluation et de contrôle. A ce titre il procède aux contrôles et vérification qu'il juge opportuns et délibère sur :

1° Le projet d'établissement et le contrat pluriannuel d'objectifs et de moyens ;

2° La politique d'amélioration continue de la qualité et de la sécurité des soins ainsi que des conditions d'accueil et de prise en charge des usagers ;

(L. n° 2009-879 du 21 juill. 2009, art. 1er-XII) « 3° L'état des prévisions de recettes et de dépenses prévu à l'article L. 6145-1, le plan global de financement pluriannuel et les propositions de tarifs des prestations mentionnées à l'article L. 174-3 du code de la sécurité sociale ; »

4° Les comptes et l'affectation des résultats d'exploitation ;

5° Les dons et legs ;

6° La participation aux réseaux de santé mentionnés à l'article L. 6321-1 et les actions de coopération mentionnées au titre III du présent livre ;

7° Les acquisitions, aliénations, échanges d'immeubles et les conditions des baux de plus de dix-huit ans ;

8° Les conventions avec des organismes de recherche et les prises de participation nécessaires à la réalisation de projet de recherche ou à l'exploitation des résultats ;

9° *Les conventions* mentionnées à l'article *(Ord. n° 2005-1112 du 1er sept. 2005, art. 3-III)* « L. 6162-5 » ;

10° Le règlement intérieur ;

Le président du conseil d'administration dispose d'une voix prépondérante en cas de partage égal des voix.

Art. L. 6162-10 Le directeur général du centre est compétent pour régler les affaires du centre autres que celles énumérées à l'article L. 6162-9. Il assure la conduite générale de l'établissement et en rend compte au conseil d'administration. Il représente le centre en justice et dans tous les actes de la vie civile.

Le directeur général est nommé, pour une période de cinq ans renouvelable, par le ministre chargé de la santé après avis du conseil d'administration et de la fédération nationale la plus représentative des centres de lutte contre le cancer.

Le président du conseil d'administration peut demander au ministre chargé de la santé de mettre une fin anticipée au mandat du directeur du centre.

(L. n° 2009-879 du 21 juill. 2009, art. 128-I) « En cas de vacance des fonctions de directeur général, le directeur général de l'agence régionale de santé désigne, pour une durée d'au plus quatre mois, un directeur général à titre intérimaire après avis du président du conseil d'administration et de la fédération nationale des centres de lutte contre le cancer la plus représentative. »

Art. L. 6162-11 *(L. n° 2009-879 du 21 juill. 2009, art. 1er-XII)* Le contrat pluriannuel d'objectifs et de moyens mentionné au 1° de l'article L. 6162-9 est exécutoire dès sa signature par l'ensemble des parties.

(L. n° 2014-1653 du 29 déc. 2014, art. 27-II-1°) « Le 2° *bis* et l'avant-dernier alinéa de l'article L. 6143-4 sont applicables au 3° du même article L. 6162-9. »

Les délibérations mentionnées aux 5° à 9° *(L. n° 2014-1653 du 29 déc. 2014, art. 27-II-2°)* « dudit article L. 6162-9 » sont soumises au dernier alinéa de l'article L. 6143-4.

Art. L. 6162-12 *(L. n° 2009-879 du 21 juill. 2009, art. 1er-XII)* Le directeur général de l'agence régionale de santé demande à un centre de lutte contre le cancer de présenter un plan de redressement, dans le délai qu'il fixe, compris entre un et trois mois, dans l'un des cas suivants :

1° Lorsqu'il estime que la situation financière de l'établissement l'exige ;

2° Lorsque l'établissement présente une situation de déséquilibre financier répondant à des critères définis par décret.

Les modalités de retour à l'équilibre prévues par ce plan donnent lieu à la signature d'un avenant au contrat pluriannuel d'objectifs et de moyens.

S'il n'est pas satisfait à la demande de plan de redressement du directeur général de l'agence ou en cas de refus de l'établissement de signer l'avenant susmentionné, le directeur général de l'agence régionale de santé peut désigner un administrateur provisoire de l'établissement pour une durée qui ne peut être supérieure à six mois renouvelable une fois. L'administrateur doit satisfaire aux conditions définies aux deuxième à quatrième alinéas de l'article L. 811-2 du code de commerce.

L'administrateur provisoire accomplit, pour le compte de l'établissement, les actes d'administration urgents ou nécessaires pour mettre fin aux dysfonctionnements ou irrégularités constatés et préparer et mettre en œuvre un plan de redressement. La rémunération de l'administrateur est assurée par le centre concerné. L'administrateur justifie, pour ses missions, d'une assurance couvrant les conséquences financières de la responsabilité conformément à l'article L. 814-5 du code de commerce, prise en charge dans les mêmes conditions que la rémunération.

En cas d'échec de l'administration provisoire, le directeur général de l'agence régionale de santé peut saisir le commissaire aux comptes pour la mise en œuvre de l'article L. 612-3 du même code.

Art. L. 6162-13 Des décrets déterminent, en tant que de besoin, les conditions d'application du présent chapitre ainsi que les adaptations ou dérogations nécessaires aux conditions *(L. n° 2009-879 du 21 juill. 2009, art. 1er-XII)* « afférentes au » fonctionnement de l'institut Gustave Roussy et de la fondation Curie.

CHAPITRE III LES COOPÉRATIVES HOSPITALIÈRES DE MÉDECINS

(L. n° 2002-303 du 4 mars 2002, art. 88)

BIBL. ▶ BADIN, Les sociétés coopératives hospitalières de médecins, *RDSS 2002. 765*. – LACHAUD, Les sociétés coopératives hospitalières de médecins, *Gaz. Pal. 16-17 oct. 2002, p. 12.*

Art. L. 6163-1 Les *sociétés coopératives hospitalières* de médecins sont des sociétés d'exercice professionnel qui ont pour objet d'exercer en commun la médecine en qualité d'établissements de santé tels que définis par les articles L. 6111-1 et suivants, et ce, par la mise en commun de l'activité médicale de ses associés.

Elles sont régies par la loi n° 47-1775 du 10 septembre 1947 portant statut de la coopération et soumises aux dispositions du présent chapitre et, en ce qu'elles ne sont pas contraires à celui-ci, aux dispositions des articles L. 210-1 à L. 247-9 du code de commerce.

Elles sont constituées entre des médecins spécialistes ou généralistes, régulièrement inscrits au tableau du conseil des médecins, ou entre des médecins et d'autres acteurs de santé.

Les associés se choisissent librement et, sauf dérogation prévue par le présent code, disposent de droits égaux quelle que soit l'importance de la part du capital social détenue par chacun d'eux.

Art. L. 6163-2 Les sociétés coopératives hospitalières de médecins doivent être inscrites au tableau du Conseil départemental des médecins du lieu de leur siège social.

Les actes et documents émanant de la coopérative et destinés aux tiers, notamment les lettres, factures, annonces et publications diverses, doivent indiquer lisiblement la dénomination sociale de la coopérative, précédée ou suivie des mots "société coopérative hospitalière de médecins à capital variable" et accompagnée de la mention de la forme sous laquelle la société est constituée ainsi que du numéro d'inscription au tableau du conseil départemental.

Art. L. 6163-3 Les sociétés coopératives hospitalières de médecins sont des sociétés à capital variable constituées sous forme de société à responsabilité limitée, de société anonyme ou de société par actions simplifiée.

Art. L. 6163-4 Seuls peuvent être associés d'une société coopérative hospitalière de médecins :

1° En tant qu'associés coopérateurs :

– des médecins libéraux, personnes physiques, régulièrement inscrits au tableau du conseil des médecins ;

– des professionnels de santé libéraux non médecins contribuant à la réalisation de l'objet de la société coopérative.

Les statuts fixent les règles relatives à l'obligation qui est faite à chaque associé coopérateur d'apporter son activité hospitalière à la société et d'utiliser exclusivement les services de la société pour une durée déterminée, sauf dérogation expresse accordée selon une procédure définie par lesdits statuts et, corrélativement, de souscrire une quote-part du capital en fonction de cette activité, chaque coopérateur ayant ainsi la double qualité d'associé et d'usager ;

2° En tant qu'associés non coopérateurs :

– des salariés de la société coopérative, de ses filiales et des organismes coopératifs de santé auxquels elle adhère, directement ou par l'intermédiaire d'un fonds commun de placement gérant l'épargne salariale ;

– des personnes physiques ou morales, de droit public ou privé, à caractère professionnel ou interprofessionnel contribuant à la réalisation de l'objet de la société coopérative, dans le cadre de l'économie de la santé.

Les associés coopérateurs non médecins et les associés non coopérateurs ne peuvent détenir ensemble plus de 49 % des droits de vote. Les associés non coopérateurs seuls ne peuvent détenir plus de 35 % des droits de vote. En outre, aucun associé non coopérateur ne peut disposer ou représenter plus de 10 % des voix.

Chaque associé dispose d'une seule voix dans les assemblées sous réserve des dispositions statutaires permettant d'assurer le respect des dispositions du présent article.

Art. L. 6163-5 Les sociétés coopératives hospitalières de médecins peuvent admettre des tiers non associés à bénéficier de leurs services ou à participer à la réalisation des opérations entrant dans leur objet. Cette faculté doit être mentionnée dans les statuts.

Ce choix de tiers non associés s'effectuera à titre complémentaire et dans l'intérêt économique de la coopérative et de ses associés.

Les opérations réalisées avec des tiers non associés font l'objet d'une comptabilité séparée. Elles ne peuvent excéder 20 % du chiffre d'affaires total annuel de la coopérative. Si les comptes font apparaître un dépassement de cette proportion, la société dispose d'un délai d'un an pour régulariser la situation.

Art. L. 6163-6 Le capital social des sociétés coopératives hospitalières ayant des associés non coopérateurs est partagé en deux fractions distinguant les parts des associés coopérateurs et celles des associés non coopérateurs.

Le capital des sociétés coopératives hospitalières de médecins est représenté par des parts sociales nominatives. Leur valeur nominale est uniforme *(Abrogé par L. nº 2011-525 du 17 mai 2011, art. 140-II-2º)* « *et ne peut être inférieure à un montant fixé par décret* ».

Le capital est variable. Le capital ne peut être rémunéré, sauf disposition expresse des statuts, dans le cadre fixé par le présent chapitre, et qui ne pourra s'appliquer qu'aux associés non coopérateurs.

Dans les statuts, les règles relatives à la détermination des parts sociales que doivent souscrire les associés coopérateurs sont fixées en proportion de leurs apports ou des honoraires qui leur sont versés par la coopérative en rémunération de leurs apports. Le retrait d'un associé ou son exclusion oblige la société coopérative au remboursement des parts sociales à leur valeur nominale éventuellement réévaluée dans la limite fixée à l'article 18 de la loi nº 47-1775 du 10 septembre 1947 précitée et selon une règle qui ne peut être modifiée qu'après cinq ans de mise en œuvre.

Art. L. 6163-7 Le conseil d'administration ou le directoire nomment un directeur salarié sous contrat. Le directeur salarié assiste de droit aux réunions du bureau, du conseil d'administration ou, selon le cas, du directoire ou du conseil de surveillance ainsi qu'aux assemblées générales. Il a autorité sur les personnels salariés. Il représente le Conseil d'administration ou le directoire vis-à-vis des tiers, dans la limite des pouvoirs qui lui sont concédés. Ses autres pouvoirs sont précisés dans les statuts.

Art. L. 6163-8 Les établissements de santé privés constitués sous forme de coopératives hospitalières de médecins établissent un projet d'établissement tel que défini à l'article L. 6143-2.

Il doit faire l'objet d'une traduction dans le règlement intérieur de la société coopérative hospitalière.

Art. L. 6163-9 L'exercice de la médecine par les associés coopérateurs constitue leur apport à la société coopérative de médecins qu'ils forment. Quel que soit le payeur, le paiement ou le mode de paiement de cette activité médicale, les versements sont effectués à la société coopérative de médecins sur un compte nominatif ouvert à cet effet.

L'assemblée générale fixe les règles de détermination des honoraires payés et les modalités de versement, par ladite société, aux coopérateurs en prix de leurs apports, seuls les associés coopérateurs ayant droit de vote.

Ces règles sont communiquées à l'agence régionale de *(L. nº 2011-940 du 10 août 2011, art. 47-I-20º)* « santé » et au conseil départemental des médecins.

Les honoraires ainsi déterminés le sont à titre provisoire et ne deviennent définitifs qu'à la clôture des comptes, après imputation des résultats de l'exercice.

Art. L. 6163-10 La décision régulièrement prise par toute société, quelle qu'en soit la forme, ou tout groupement d'intérêt économique, de modifier ses statuts pour les adapter aux dispositions du présent chapitre n'entraîne pas création d'une personne morale nouvelle.

En cas de transformation d'un établissement de santé exploité sous forme de société commerciale, la décision de transformation est subordonnée au respect de deux conditions :

— que le montant de la situation nette soit au moins égal au montant du capital social ;

— que l'intégralité des réserves légales ou conventionnelles ait été incorporée au capital préalablement à la transformation.

LIVRE DEUXIÈME **BIOLOGIE MÉDICALE**

(Ord. nº 2010-49 du 13 janv. 2010, art. 1er, ratifiée par L. nº 2013-442 du 30 mai 2013)

V. Livre deuxième ancien « Laboratoires d'analyses de biologie médicale », reproduit sur Dalloz.fr

BIBL. ▸ AULOIS-GRIOT, Laboratoires d'analyses médicales, *in* Droit pharmaceutique, *Lexis Nexis, fasc. 50 s.* – DUNEAU, Laboratoires de biologie médicale, *Dict. perm. Bioéthique et Biotechnologies, Éd. Législatives.* – MONLEAUD, Biologie médicale, *in Lamy droit de la santé, Étude nº 256.* – CLÉMENT (dir.), La réforme de la biologie médicale, *RGDM mars 2011, nº 39, p. 155.* – AULOIS-GRIOT, La réforme de la biologie médicale : comment améliorer la fiabilité, l'accessibilité et l'efficience des examens biologiques ?, *RDSS 2010. 487*. – CHEMTOB-CONCÉ, Le nouveau cadre juridique de la biologie médicale, *Méd. et droit mai-juin 2010, nº 102, p. 96*. – MASCRET, La nouvelle réglementation relative à la biologie médicale, *Nouv. pharm. 2010, nº 406, p. 101* ; Les grandes lignes de l'ordonnance du 13 janvier 2010 relative à la biologie médicale, *Gaz. Pal. 25-26 juin 2010, nºs 176-177, p. 20*.

COMMENTAIRE

V. Commentaire reproduit sur Dalloz.fr.

TITRE PREMIER DÉFINITIONS ET PRINCIPES GÉNÉRAUX

(Ord. nº 2010-49 du 13 janv. 2010, art. 1er)

CHAPITRE PREMIER EXAMEN DE BIOLOGIE MÉDICALE

SECTION PREMIÈRE DÉFINITIONS ET CHAMP D'APPLICATION

Art. L. 6211-1 Un examen de biologie médicale est un acte médical qui concourt à la prévention, au dépistage, au diagnostic ou à l'évaluation du risque de survenue d'états pathologiques, à la décision et à la prise en charge thérapeutiques, à la détermination ou au suivi de l'état physiologique ou physiopathologique de l'être humain *(L. nº 2013-442 du 30 mai 2013, art. 4-1º)* **« , hormis les actes d'anatomie et de cytologie pathologiques, exécutés par des médecins spécialistes dans ce domaine ».**

1. Test salivaire de détection de produits stupéfiants. Le test salivaire de détection immédiate de produits stupéfiants ayant pour seul objet de révéler, par une lecture instantanée, l'existence d'une consommation récente de substance stupéfiante, il ne revêt pas le caractère d'un examen de biologie médicale au sens des dispositions de l'art. L. 6211-1 et n'est donc pas au nombre des actes qui, en vertu de l'art. L. 6211-7, doivent être réalisés par un biologiste médical ou sous sa responsabilité. • CE 5 déc. 2016, *Sté SOGEA Sud*, nº 394178 : *Lebon ; AJDA 2016. 2353 ; Dr. soc. 2017. 244, étude Mouly ; JCP Soc. 2017, nº 3, p. 1022, note Noël.*

2. Autopsie. L'autopsie constitue, au sens de l'art. L. 6211-1, un examen de biologie médicale pouvant être réalisé par des médecins non spécialistes dès lors que l'hôpital dispose d'une chambre mortuaire commune. • CE 31 mars 2017, *M. C.*, nº 393155 : *Lebon ; AJDA 2017. 716 ; AJCT 2017. 360, étude Ferradou et Faras ; JCP Adm. 2017, nº 14, p. 275, note Duranthon.*

COMMENTAIRE

V. Commentaire reproduit sur Dalloz.fr.

Art. L. 6211-2 Un examen de biologie médicale se déroule en trois phases :

1º La phase pré-analytique, qui comprend le prélèvement d'un échantillon biologique sur un être humain, le recueil des éléments cliniques pertinents, la préparation, le transport et la conservation de l'échantillon biologique jusqu'à l'endroit où il est analysé ;

2º La phase analytique, qui est le processus technique permettant l'obtention d'un résultat d'analyse biologique ;

3º La phase post-analytique, qui comprend la validation, l'interprétation contextuelle du résultat ainsi que la ***communication*** **appropriée du résultat au prescripteur et, dans les conditions fixées à l'article L. 1111-2, au patient, dans un délai compatible avec l'état de l'art.**

COMMENTAIRE

V. Commentaire reproduit sur Dalloz.fr.

Art. L. 6211-3 Ne constituent pas un examen de biologie médicale un test, un recueil et un traitement de signaux biologiques, à visée de dépistage, d'orientation diagnostique ou d'adaptation thérapeutique immédiate.

Un arrêté du ministre chargé de la santé établit la liste de ces tests, recueils et traitements de signaux biologiques, après avis de la commission mentionnée à l'article L. 6213-12 et du directeur général de *(L. nº 2011-2012 du 29 déc. 2011, art. 5-IV)*

« l'Agence nationale de sécurité du médicament et des produits de santé ». Cet arrêté détermine les catégories de personnes pouvant réaliser ces tests, recueils et traitements de signaux biologiques, ainsi que, le cas échéant, leurs conditions de réalisation.

(L. nº 2016-41 du 26 janv. 2016, art. 39-I) « Cet arrêté définit notamment les conditions dans lesquelles des tests rapides d'orientation diagnostique, effectués par un professionnel de santé ou par du personnel ayant reçu une formation adaptée et relevant de structures de prévention et associatives *(Ord. nº 2018-20 du 17 janv. 2018, art. 26)* « ou du service de santé des armées », contribuent au dépistage de maladies infectieuses transmissibles.

« Cet arrêté précise également les conditions particulières de réalisation de ces tests ainsi que les modalités dans lesquelles la personne est informée de ces conditions et des conséquences du test. »

COMMENTAIRE

V. Commentaire reproduit sur Dalloz.fr.

Arrêté fixant la liste des examens qui ne constituent pas des examens de biologie médicale. Le Conseil d'État ayant jugé sérieux l'argument selon lequel le législateur aurait méconnu sa compétence et, de ce fait, porté atteinte au droit à la protection de la santé découlant du 11ᵉ al. du Préambule de la Constitution du 27 oct. 1946, en prévoyant à l'art. L. 6211-3 qu'un arrêté du ministre de la Santé établit la liste des tests, recueils et traitements de signaux biologiques qui ne constituent pas des examens de biologie médicale, il a transmis au Conseil constitutionnel une QPC. • CE 6 févr. 2014, *Synd. national des médecins biologistes,* nº 371236. ♦ Le Conseil constitutionnel a estimé que l'art. L. 6211-3 était conforme à la Constitution, le renvoi à un arrêté pour fixer la liste des tests, recueils et traitements de signaux biologiques qui ne constituent pas des examens de biologie médicale ne méconnaissant pas le domaine de la loi. • Cons. const. 4 avr. 2014, Décis. nº 2014-389 QPC : *D. 2014. 828*. ♦ Sur l'annulation de l'arrêté ministériel du 11 juin 2013 fixant la liste des tests, recueils et traitements de signaux biologiques qui ne constituent pas des examens de biologie médicale, les catégories de personnes pouvant les réaliser et les conditions de réalisation de certains de ces tests, recueils et traitements de signaux biologiques, V. • CE 8 avr. 2015, *Syndicat national des médecins biologistes,* nº 371236.

Art. L. 6211-3-1 *(L. nº 2016-41 du 26 janv. 2016, art. 39-II)* Le dépistage de maladies infectieuses transmissibles au moyen d'un test rapide d'orientation diagnostique peut être réalisé sur une personne mineure par du personnel des structures mentionnées au troisième alinéa de l'article L. 6211-3.

Par dérogation à l'article 371-1 du code civil, le personnel mentionné au premier alinéa du présent article peut se dispenser d'obtenir le consentement du ou des titulaires de l'autorité parentale lorsque ce dépistage s'impose pour sauvegarder la santé d'une personne mineure et qui s'oppose expressément à la consultation du ou des titulaires de l'autorité parentale afin de garder le secret sur son état de santé. Toutefois, ce personnel doit, dans un premier temps, s'efforcer d'obtenir le consentement du mineur à cette consultation. Dans le cas où le mineur maintient son opposition, ce personnel peut mettre en œuvre le dépistage. Dans ce cas, le mineur se fait accompagner d'une personne majeure de son choix.

Art. L. 6211-4 Dans les départements mentionnés à l'article L. 3114-5, ne sont pas soumis aux dispositions du présent livre les examens réalisés en des lieux éloignés de tout laboratoire de biologie médicale en vue de diagnostiquer et de prendre en charge certaines des maladies mentionnées au même article, qui sont susceptibles de représenter un risque vital à court terme. Ces examens, dont la liste est fixée par décret, sont effectués par un infirmier ou par du personnel relevant de structures de soins ou de prévention ayant reçu une formation adaptée.

COMMENTAIRE

V. Commentaire reproduit sur Dalloz.fr.

Art. L. 6211-5 Un examen de biologie médicale réalisé en vue d'établir un diagnostic prénatal est soumis aux dispositions du présent livre ainsi qu'à celles du chapitre Iᵉʳ du titre III du livre Iᵉʳ de la deuxième partie.

COMMENTAIRE

V. Commentaire reproduit sur Dalloz.fr.

Art. L. 6211-6 **Un examen de biologie médicale portant sur les caractéristiques génétiques d'une personne ou sur son identification par empreintes génétiques est soumis aux dispositions du présent livre ainsi qu'à celles du chapitre Ier du titre III du livre Ier de la première partie.**

COMMENTAIRE

V. Commentaire reproduit sur Dalloz.fr.

Art. L. 6211-6-1 *(Ord. nº 2018-20 du 17 janv. 2018, art. 26)* **Les dispositions du titre Ier et du titre II du présent livre sont applicables aux laboratoires de biologie médicale relevant de l'autorité du ministre de la défense, sous réserve des dispositions du chapitre IV du titre Ier et du chapitre IV du titre II.**

SECTION II CONDITIONS ET MODALITÉS DE RÉALISATION

Art. L. 6211-7 **Un examen de biologie médicale est réalisé par un biologiste médical ou, pour certaines phases, sous sa responsabilité.**

COMMENTAIRE

V. Commentaire reproduit sur Dalloz.fr.

Art. L. 6211-8 **Un examen de biologie médicale est réalisé sur le fondement d'une prescription qui contient les éléments cliniques pertinents.**

Lorsqu'il l'estime approprié, le biologiste médical réalise, dans le respect de la nomenclature des actes de biologie médicale établie en application des articles L. 162-1-7 et L. 162-1-7-1 du code de la sécurité sociale, des examens de biologie médicale autres que ceux figurant sur la prescription, ou ne réalise pas tous les examens qui y figurent. Les modifications sont proposées au prescripteur, sauf en cas d'urgence ou d'indisponibilité. Lorsqu'elles sont refusées par le prescripteur, les examens sont réalisés conformément à la prescription.

COMMENTAIRE

V. Commentaire reproduit sur Dalloz.fr.

Art. L. 6211-8-1 *(L. nº 2013-442 du 30 mai 2013, art. 9)* **I. — Les examens de biologie médicale, y compris dans les situations d'urgence, sont réalisés dans des délais compatibles avec l'état de l'art, conformément aux informations dont dispose le biologiste sur l'état de santé du patient.**

Les agences régionales de santé prennent en compte ces situations dans l'organisation territoriale des soins.

II. — La liste des examens réputés urgents ainsi que les conditions de réalisation et de rendu des résultats sont fixées par arrêté du ministre chargé de la santé.

COMMENTAIRE

V. Commentaire reproduit sur Dalloz.fr.

Art. L. 6211-9 **Lorsqu'il existe des recommandations de bonnes pratiques mentionnées à l'article L. 161-37 du code de la sécurité sociale, le biologiste médical assure la conformité des examens de biologie médicale réalisés à ces recommandations, sauf avis contraire du prescripteur.**

Art. L. 6211-10 **Un examen de biologie médicale peut également être réalisé à la demande du patient, dans les conditions de remboursement et d'information déterminées à l'article L. 162-13-2 du code de la sécurité sociale.**

Art. L. 6211-11 **Le biologiste-responsable du laboratoire de biologie médicale auquel le patient s'est adressé conserve la responsabilité de l'ensemble des phases de l'examen**

de biologie médicale, y compris lorsque l'une d'elles, dans les cas prévus au présent titre, est réalisée, en tout ou en partie, par un autre laboratoire de biologie médicale que celui où il exerce, ou en dehors d'un laboratoire de biologie médicale.

Art. L. 6211-12 *(L. nº 2013-442 du 30 mai 2013, art. 8-I-1º)* **Lorsque le parcours de soins suivi par le patient comporte des tests, recueils et traitements de signaux biologiques ayant fait l'objet d'une prescription et nécessitant un appareil de mesure, le biologiste médical s'assure, à l'occasion d'un examen, dans des conditions fixées par décret, de la cohérence entre les données du dispositif médical ou du dispositif médical de diagnostic *in vitro* et le résultat de l'examen de biologie médicale qu'il réalise.**

COMMENTAIRE

V. Commentaire reproduit sur Dalloz.fr.

Art. L. 6211-13 *(L. nº 2013-442 du 30 mai 2013, art. 5-2º)* **Lorsque le prélèvement d'un examen de biologie médicale ne peut être réalisé dans le laboratoire de biologie médicale, il peut être réalisé dans un établissement de santé,** *(Ord. nº 2018-20 du 17 janv. 2018, art. 26)* **« dans un hôpital des armées, » au domicile du patient ou dans des lieux en permettant la réalisation, par un professionnel de santé autorisé conformément aux procédures déterminées avec le biologiste responsable du laboratoire mentionné à l'article L. 6211-11.**

Les catégories de professionnels de santé autorisés à réaliser le prélèvement et les lieux permettant sa réalisation sont fixés par arrêté du ministre chargé de la santé. – *V. Arr. du 13 août 2014 fixant les catégories de professionnels de santé autorisés à réaliser des prélèvements d'échantillons biologiques aux fins d'un examen de biologie médicale et la phase analytique de l'examen de biologie médicale en dehors d'un laboratoire de biologie médicale ainsi que les lieux de réalisation de ces phases.*

COMMENTAIRE

V. Commentaire reproduit sur Dalloz.fr.

Art. L. 6211-14 Lorsque *(L. nº 2013-442 du 30 mai 2013, art. 5-3º)* **« le prélèvement » de l'examen n'est** *(L. nº 2013-442 du 30 mai 2013, art. 5-3º)* **« réalisé » ni dans un laboratoire de biologie médicale, ni dans un établissement de santé, une convention signée entre le représentant légal du laboratoire et le professionnel de santé ou, le cas échéant, entre le représentant légal du laboratoire et le représentant légal de la structure dans laquelle exerce ce professionnel de santé fixe les procédures applicables.**

COMMENTAIRE

V. Commentaire reproduit sur Dalloz.fr.

Art. L. 6211-15 Lorsque *(L. nº 2013-442 du 30 mai 2013, art. 5-4º)* **« le prélèvement » de l'examen est** *(L. nº 2013-442 du 30 mai 2013, art. 5-4º)* **« réalisé » en dehors du laboratoire et dans un établissement de santé dont relève ce laboratoire et que le professionnel de santé qui réalise** *(L. nº 2013-442 du 30 mai 2013, art. 5-4º)* **« ce prélèvement » n'appartient pas au laboratoire mais exerce au sein de l'établissement de santé, les procédures applicables sont déterminées par le biologiste-responsable du laboratoire de biologie médicale. Le directeur de l'établissement veille à leur application.**

COMMENTAIRE

V. Commentaire reproduit sur Dalloz.fr.

Art. L. 6211-16 Le prélèvement d'un échantillon biologique est réalisé dans *(L. nº 2016-41 du 26 janv. 2016, art. 158-I-9º-d)* **« l'une des zones déterminées en application du *b* du 2º de l'article L. 1434-9 » d'implantation du laboratoire de biologie médicale, sauf dérogation pour des motifs de santé publique et dans des conditions déterminées par décret en Conseil d'État.**

COMMENTAIRE

V. Commentaire reproduit sur Dalloz.fr.

Art. L. 6211-17 **Lorsque le prélèvement d'un échantillon biologique est réalisé par un auxiliaire médical** *(L. n° 2013-442 du 30 mai 2013, art. 5-5°)* **« , le biologiste médical détermine au préalable » les procédures applicables.**

COMMENTAIRE

V. Commentaire reproduit sur Dalloz.fr.

Art. L. 6211-18 **I. — La phase analytique d'un examen de biologie médicale ne peut être réalisée en dehors d'un laboratoire de biologie médicale qu'au cas où elle est rendue nécessaire par une décision thérapeutique urgente. Dans ce cas, la phase analytique est réalisée :**

1° Soit dans un établissement de santé *(Ord. n° 2018-20 du 17 janv. 2018, art. 26)* **« ou un hôpital des armées » ;**

2° Soit, pour des motifs liés à l'urgence, dans des lieux déterminés *(L. n° 2013-442 du 30 mai 2013, art. 8-I-2°-a ; Ord. n° 2018-20 du 17 janv. 2018, art. 26)* **« par arrêté du ministre chargé de la santé et, le cas échéant, du ministre de la défense ».**

La lecture du résultat nécessaire à la décision thérapeutique est alors assurée par le médecin. Le biologiste médical conserve toutefois la responsabilité de la validation des résultats obtenus.

Les catégories de professionnels de santé habilités à réaliser la phase analytique en dehors d'un laboratoire *(Abrogé par L. n° 2013-442 du 30 mai 2013, art. 8-I-2°-b)* *« d'analyse »* **de biologie médicale sont fixées par arrêté du ministre chargé de la santé.**

II. — Les lieux de réalisation de l'examen et les procédures applicables, lorsque le laboratoire de biologie médicale relève de l'établissement de santé, sont déterminés par le biologiste-responsable. Le directeur de l'établissement veille à leur application.

Lorsque le laboratoire de biologie médicale ne relève pas de l'établissement de santé, une convention déterminant les lieux de réalisation de l'examen et fixant les procédures applicables est signée entre le représentant légal du laboratoire de biologie médicale, le représentant légal de l'établissement de santé et, le cas échéant, pour les établissements de santé privés, les médecins qui réalisent la phase analytique de l'examen de biologie médicale.

COMMENTAIRE

V. Commentaire reproduit sur Dalloz.fr.

Art. L. 6211-19 **I. — Lorsqu'un laboratoire de biologie médicale n'est pas en mesure de réaliser un examen de biologie médicale, il transmet à un autre laboratoire de biologie médicale les échantillons biologiques à des fins d'analyse et d'interprétation.**

Ces transmissions ne peuvent excéder, pour une année civile, un pourcentage fixé par voie réglementaire et compris entre 10 et 20 % du nombre total d'examens de biologie médicale réalisés par le laboratoire.

Par dérogation à l'alinéa précédent, lorsqu'à la suite de la suspension ou du retrait partiel de l'accréditation mentionnée à l'article L. 6221-1, le laboratoire n'est plus en mesure de respecter ce pourcentage maximum, le directeur général de l'agence régio-*nale de santé* peut l'autoriser à poursuivre la partie de son activité qui reste couverte par l'accréditation pendant une durée maximale de trois mois, renouvelable une fois.

(L. n° 2013-442 du 30 mai 2013, art. 11-1°) **« Les laboratoires de biologie médicale transmettent une déclaration annuelle des examens de biologie médicale qu'ils ont réalisés au directeur général de l'agence régionale de santé, dans des conditions fixées par décret. »**

II. — Le laboratoire de biologie médicale qui transmet des échantillons biologiques à un autre laboratoire n'est pas déchargé de sa responsabilité vis-à-vis du patient.

La communication appropriée du résultat d'un examen de biologie médicale dont l'analyse et l'interprétation ont été réalisées par un autre laboratoire de biologie médicale est, sauf urgence motivée, effectuée par le laboratoire qui a transmis l'échantillon conformément aux dispositions du 3° de l'article L. 6211-2. Celui-ci complète l'interprétation dans le contexte des autres examens qu'il a lui-même réalisés.

III. – Le laboratoire de biologie médicale qui a reçu un échantillon biologique d'un autre laboratoire ne peut le retransmettre à un autre laboratoire de biologie médicale, sauf s'il s'agit d'un laboratoire de référence. La liste des laboratoires de référence pour des examens de biologie médicale ou pour des pathologies déterminés est fixée par arrêté du ministre chargé de la santé.

COMMENTAIRE

V. Commentaire reproduit sur Dalloz.fr.

Art. L. 6211-20 Lorsque la transmission d'un échantillon biologique entre deux laboratoires de biologie médicale, définie à l'article L. 6211-19, s'effectue dans le cadre d'un contrat de coopération mentionné à l'article L. 6212-6, une retransmission de cet échantillon biologique à un autre laboratoire de biologie médicale pour compléter la réalisation de cet examen est autorisée dans les limites des possibilités de transmission qui découlent du deuxième alinéa de l'article L. 6211-19.

COMMENTAIRE

V. Commentaire reproduit sur Dalloz.fr.

Art. L. 6211-21 *(L. nº 2013-442 du 30 mai 2013, art. 6)* **Sous réserve des coopérations dans le domaine de la biologie médicale menées entre des établissements de santé dans le cadre de conventions, de groupements de coopération sanitaire ou de** *(L. nº 2016-41 du 26 janv. 2016, art. 107-I-8º)* **« groupements hospitaliers » de territoire et sous réserve des contrats de coopération mentionnés à l'article L. 6212-6, les examens de biologie médicale sont facturés au tarif des actes de biologie médicale fixé en application des articles L. 162-1-7 et L. 162-1-7-1 du code de la sécurité sociale.**

(Ord. nº 2018-20 du 17 janv. 2018, art. 26) **« Pour l'application des dispositions du présent article, les hôpitaux des armées sont regardés comme des établissements de santé. »**

COMMENTAIRE

V. Commentaire reproduit sur Dalloz.fr.

1. Critères d'attribution d'un marché de prestations d'analyse médicale. Les examens de biologie médicale étant, selon l'art. L. 6211-21, facturés au tarif de la nomenclature des actes de biologie médicale, la facturation des examens de biologie médicale n'est susceptible de donner lieu à aucune forme de remise (sauf exceptions prévues dans le code de la santé publique) de la part des entités en assurant l'exécution. Par conséquent, lorsqu'un pouvoir adjudicateur organise une mise en concurrence afin d'attribuer un marché de prestations d'analyse médicale, le critère du prix des prestations prévues par la nomenclature des actes de biologie médicale est dépourvu de toute pertinence pour départager les offres. • CE 7 mai 2013, *Dpt de Paris,* nº 364833.

2. Constitutionnalité de l'art. L. 6211-21. Après le renvoi par le Conseil d'État d'une question prioritaire de constitutionnalité au Conseil constitutionnel (• CE 1er oct. 2014, *Sté Laboratoires de biologie médicale Bio Dôme Unilabs,* nº 382500), l'art. L. 6211-21 a été déclaré conforme à la Constitution, les règles de tarification qui résultent de cette disposition n'entraînant pas une atteinte à la liberté d'entreprendre disproportionnée au regard des objectifs poursuivis (maintenir des compétences en biologie médicale dans les établissements de santé et sur l'ensemble du territoire et favoriser les contrats de coopération entre les laboratoires de biologie médicale pour qu'ils mutualisent leurs moyens) et les différences de traitement qui résultent des exceptions à la règle de facturation au tarif fixé étant en rapport direct avec l'objet de la loi. • Cons. Const. 5 déc. 2014, nº 2014-434 QPC : *AJDA 2014. 2393 ; D. 2014. 2528 ; Constitutions 2015. 110, note Sztulman.*

3. Interdiction faite aux laboratoires de consentir à des ristournes. L'art. L. 6211-21 CSP interdit aux laboratoires de biologie médicale de consentir à des ristournes lors de la facturation de leurs examens consistant en des actes médicaux et n'autorise le paiement de redevances à des établissements sanitaires et médico-sociaux qu'à la condition que celles-ci constituent exclusivement une contrepartie des prestations fournies pour la réalisation de tels examens. • Civ. 1re, 9 juin 2017, nº 16-22.094 : *D. 2017. 1254.*

Art. L. 6211-22 Les conditions de réalisation de certains examens de biologie médicale susceptibles de présenter un risque particulier pour la santé publique sont préci-

sées par arrêté du ministre chargé de la santé, pris après avis de la commission mentionnée à l'article L. 6213-12 et du directeur général de *(L. n° 2011-2012 du 29 déc. 2011, art. 5-IV)* **« l'Agence nationale de sécurité du médicament et des produits de santé ».**

Art. L. 6211-23 **L'exécution des examens de biologie médicale, des activités biologiques d'assistance médicale à la procréation et des examens d'anatomie et de cytologie pathologiques** *(L. n° 2013-442 du 30 mai 2013, art. 4-2°)* **« effectués dans un laboratoire de biologie médicale » qui requièrent une qualification spéciale, ou qui nécessitent le recours à des produits présentant un danger particulier, peut être réservée à certains laboratoires et à certaines catégories de personnes répondant à des critères de compétence spécifiques.**

La liste de ces examens ou de ces activités, ainsi que la liste des critères de compétence des laboratoires et des catégories de personnes habilitées à les effectuer sont fixées par arrêté du ministre chargé de la santé, pris après avis de la commission mentionnée à l'article L. 6213-12.

COMMENTAIRE

V. Commentaire reproduit sur Dalloz.fr.

CHAPITRE II LABORATOIRE DE BIOLOGIE MÉDICALE

Art. L. 6212-1 **Un laboratoire de biologie médicale est une structure au sein de laquelle sont effectués les examens de biologie médicale.**

Sous réserve des règles d'implantation territoriale mentionnées à l'article L. 6222-5, un même laboratoire peut être implanté sur un ou plusieurs sites.

COMMENTAIRE

V. Commentaire reproduit sur Dalloz.fr.

Transmission tardive des résultats d'un examen biologique. Viole l'art. L. 1142-1, I, CSP, la cour d'appel qui, après avoir relevé le manquement d'un laboratoire à son obligation de diligence dans la transmission des résultats de l'examen biologique mettant en évidence un syndrome inflammatoire important et présentant un caractère alarmant, énonce que la perte de chance n'est pas caractérisée, alors qu'une perte de chance présente un caractère direct et certain chaque fois qu'est constatée la disparition d'une éventualité favorable, de sorte que sa réparation ne peut être écartée que s'il peut être tenu pour certain que la faute n'a pas eu de conséquence sur l'état de santé du patient. • Civ. 1re, 5 juill. 2017, n° 16-21.510 : *RCA nov. 2017, n° 11, Comm. 282.*

Art. L. 6212-2 **Un laboratoire de biologie médicale peut également réaliser des activités biologiques d'assistance médicale à la procréation ainsi que des examens d'anatomie et de cytologie pathologiques.**

L'activité biologique d'assistance médicale à la procréation est soumise aux dispositions du chapitre Ier du titre II du présent livre ainsi qu'à celles du titre IV du livre Ier de la partie II.

Un examen d'anatomie et de cytologie pathologiques *(L. n° 2013-442 du 30 mai 2013, art. 4-3°)* **« effectué dans un laboratoire de biologie médicale » est réalisé par un** ***médecin spécialiste qualifié en*** **anatomie et cytologie pathologiques ou, pour certaines phases, sous sa responsabilité, dans les conditions déterminées par voie réglementaire.**

Art. L. 6212-3 **Le laboratoire de biologie médicale participe à des missions de santé publique. Il participe également à la permanence de l'offre de biologie médicale définie sur** *(L. n° 2016-41 du 26 janv. 2016, art. 158-I-9°-e)* **« la zone déterminée en application du *b* du 2° de l'article L. 1434-9 »** *(Abrogé par L. n° 2013-442 du 30 mai 2013, art. 8-I-12°)* **« *infrarégional* ». Il contribue auprès du patient à des programmes d'éducation thérapeutique. Il peut être appelé à participer à des programmes d'enseignement et de recherche.**

COMMENTAIRE

V. Commentaire reproduit sur Dalloz.fr.

Art. L. 6212-4 Les structures de biologie médicale qui réalisent des examens de biologie médicale et qui relèvent du ministère de la défense ou du ministère de l'intérieur ne sont pas soumises, lors d'opérations extérieures, aux dispositions du présent livre. *(Abrogé par L. nº 2013-442 du 30 mai 2013, art. 8-I-3º)* « *Elles répondent à des exigences particulières déterminées par décret en Conseil d'État.* »

COMMENTAIRE

V. Commentaire reproduit sur Dalloz.fr.

Art. L. 6212-5 Seules peuvent utiliser l'appellation de laboratoire de biologie médicale les structures qui répondent aux conditions fixées au présent livre.

Art. L. 6212-6 Un contrat de coopération est un contrat signé entre plusieurs laboratoires de biologie médicale, situés sur *(L. nº 2016-41 du 26 janv. 2016, art. 158-I-9º-f)* « une même zone déterminée en application du *b* du 2º de l'article L. 1434-9 ou sur de telles zones » limitrophes, en vue de la mutualisation de moyens pour la réalisation d'examens de biologie médicale déterminés.

Lors de la révision *(Ord. nº 2018-21 du 17 janv. 2018, art. 1er)* « des schémas régionaux de santé » ou lors d'un changement de délimitation des *(L. nº 2016-41 du 26 janv. 2016, art. 158-I-9º-f)* « zones mentionnées au premier alinéa du présent article », les conditions dans lesquelles les contrats de coopération peuvent être maintenus sont déterminées par voie réglementaire.

COMMENTAIRE

V. Commentaire reproduit sur Dalloz.fr.

CHAPITRE III BIOLOGISTE MÉDICAL

SECTION PREMIÈRE CONDITIONS D'EXERCICE

Art. L. 6213-1 Un biologiste médical est, au sens du présent livre :

1º Soit un médecin titulaire de l'un des titres de formation mentionnés à l'article L. 4131-1, ou un pharmacien titulaire de l'un des titres de formation mentionnés aux articles L. 4221-2, L. 4221-4 et L. 4221-5, qui dispose en outre :

a) Ou bien d'un diplôme de spécialité en biologie médicale dont la liste est fixée par arrêté du ministre chargé de la santé ;

b) Ou bien d'une qualification en biologie médicale délivrée par l'ordre des médecins ou par l'ordre des pharmaciens, *(Ord. nº 2018-20 du 17 janv. 2018, art. 26)* « ou par le ministre de la défense pour les praticiens des armées, » dans des conditions déterminées par décret en Conseil d'État ;

2º Soit un médecin autorisé à exercer la biologie médicale en application des articles L. 4111-2 et L. 4131-1-1 ou un pharmacien autorisé à exercer la biologie médicale en application *(L. nº 2013-442 du 30 mai 2013, art. 12-1º-a et b)* « des articles L. 4221-9, L. 4221-12, L. 4221-14-1 et L. 4221-14-2.

« Les médecins et les pharmaciens autorisés à exercer la médecine ou la pharmacie en France peuvent solliciter la délivrance d'une qualification en biologie médicale auprès de l'ordre compétent. »

COMMENTAIRE

V. Commentaire reproduit sur Dalloz.fr.

Art. L. 6213-2 Peut également exercer les fonctions de biologiste médical :

1º *(L. nº 2013-442 du 30 mai 2013, art. 8-I)* « A compter de la date d'entrée en vigueur de l'*ordonnance nº 2010-49 du 13 janvier 2010* relative à la biologie médicale, une personne qui remplit les conditions d'exercice de la biologie médicale ou qui a exercé la biologie médicale dans un établissement public de santé, dans un établissement de santé privé d'intérêt collectif *(Ord. nº 2018-20 du 17 janv. 2018, art. 26)* « , à l'Établissement français du sang, ou au sein du service de santé des armées », soit à temps plein, soit à temps partiel, pendant une durée équivalente à deux ans au cours des dix dernières années. Pour les personnes ayant commencé à exercer la biologie

médicale entre le 13 janvier 2008 et le 13 janvier 2010, la période des deux ans prise en compte s'achève au plus tard le 13 janvier 2012. » Toutefois, lorsque cette personne n'a exercé la biologie médicale que dans un domaine de spécialisation déterminé, elle ne peut exercer la fonction de biologiste médical que dans ce domaine de spécialisation. Lorsque la reconnaissance de ce domaine de spécialisation ne résulte pas soit d'un diplôme ou d'un concours, soit d'une autorisation ou d'un agrément délivré par l'autorité compétente, la validation en est réalisée par le ministre chargé de la santé après avis de la commission mentionnée à l'article L. 6213-12 ;

2° Un vétérinaire qui a commencé une formation de spécialité en biologie médicale avant la date de publication de l'ordonnance précitée et qui a obtenu sa spécialisation en biologie médicale au plus tard six ans après la date de publication de ladite ordonnance ;

(L. n° 2013-442 du 30 mai 2013, art. 8-I) **« 3° Le directeur ou directeur adjoint d'un centre national de référence pour la lutte contre les maladies transmissibles mentionné aux articles** *(Ord. n° 2016-462 du 14 avr. 2016, art. 3-I)* **« L. 1413-3 et L. 1413-8 », par autorisation du ministre chargé de la santé, après avis de la commission prévue à l'article L. 6213-12 ; »**

(Ord. n° 2018-20 du 17 janv. 2018, art. 26) **« 4° Dans le domaine de spécialisation de son laboratoire, par autorisation du ministre chargé de la santé, après avis de la commission prévue à l'article L. 6213-12, un médecin ou un pharmacien affecté dans un laboratoire de biologie médicale relevant de l'autorité du ministre de la défense et ne figurant pas sur la liste prévue à l'article L. 6147-7. »**

En application des art. L. 231-5 et L. 231-6 du CRPA, le silence gardé pendant deux mois par l'administration vaut décision de rejet pour les demandes de validation du domaine de spécialisation permettant l'exercice de la biologie médicale lorsque la reconnaissance de ce domaine de spécialisation ne résulte pas soit d'un diplôme ou d'un concours, soit d'une autorisation ou d'un agrément délivré par l'autorité compétente (Décr. n° 2014-1286 du 23 oct. 2014, art. 1er et 2).

En application des mêmes art., le silence gardé pendant deux mois par l'administration vaut décision de rejet pour les demandes d'autorisation d'exercice de la profession de biologiste médical accordée aux directeurs ou directeur adjoint d'un centre national de référence pour la lutte contre les maladies transmissibles (Décr. préc., art. 1er et 2).

COMMENTAIRE

V. Commentaire reproduit sur Dalloz.fr.

Art. L. 6213-2-1 *(L. n° 2013-442 du 30 mai 2013, art. 7)* **Dans les centres hospitaliers et universitaires et dans les établissements liés par convention en application de l'article L. 6142-5, des professionnels médecins ou pharmaciens, non qualifiés en biologie médicale et recrutés dans une discipline mixte, exercent, sur décision du ministre chargé de la santé et du ministre chargé de l'enseignement supérieur et de la recherche, les fonctions de biologiste médical, après avis de la commission mentionnée à l'article L. 6213-12, lorsqu'ils justifient d'un exercice effectif d'une durée de trois ans dans des structures et laboratoires de biologie médicale. Ces professionnels exercent leurs fonctions dans le domaine de spécialisation correspondant aux disciplines mixtes et biologiques définies par arrêté du ministre chargé de la santé et du ministre chargé de l'enseignement supérieur et de la recherche.**

En application des art. L. 231-5 et L. 231-6 du CRPA, le silence gardé pendant deux mois par l'administration vaut décision de rejet pour les demandes d'autorisation d'exercice des fonctions de biologiste médical, dans les centres hospitaliers et universitaires et les établissements liés par convention en application de l'art. L. 6142-5, des professionnels médecins ou pharmaciens, non qualifiés en biologie médicale et recrutés dans une discipline mixte, lorsqu'il justifient d'un exercice effectif d'une durée de trois ans dans des structures et laboratoires de biologie médicale (Décr. n° 2014-1286 du 23 oct. 2014, art. 1er et 2).

COMMENTAIRE

V. Commentaire reproduit sur Dalloz.fr.

Art. L. 6213-3 et L. 6213-4 *Abrogés par L. n° 2013-442 du 30 mai 2013, art. 8-I-5°.*

Art. L. 6213-5 Le biologiste médical, lors de la délivrance de l'autorisation d'exercice ou de la déclaration de prestation de services, doit posséder les connaissances linguistiques nécessaires à l'exercice de ces fonctions et celles relatives aux systèmes de poids et mesures utilisés en France.

Art. L. 6213-6 Sont déterminées par décret en Conseil d'État :

1° Les modalités d'exercice et les règles professionnelles ;

2° Les conditions dans lesquelles l'intéressé est soumis à une mesure de compensation.

Art. L. 6213-6-1 *(L. n° 2013-442 du 30 mai 2013, art. 13)* Un décret en Conseil d'État prévoit pour la Guadeloupe, la Guyane, la Martinique, Mayotte, Saint-Barthélemy, Saint-Martin et Saint-Pierre-et-Miquelon des modalités spécifiques d'aménagement de la procédure d'accréditation, prévue à l'article L. 6221-1, des laboratoires de biologie médicale, dans le respect de l'exigence de qualité.

COMMENTAIRE

V. Commentaire reproduit sur Dalloz.fr.

SECTION II MODALITÉS D'EXERCICE

Art. L. 6213-7 Le laboratoire de biologie médicale est dirigé par un biologiste médical dénommé biologiste-responsable. Le biologiste médical bénéficie des règles d'indépendance professionnelle reconnues au médecin et au pharmacien dans le code de déontologie qui leur est applicable. Le biologiste-responsable exerce la direction du laboratoire dans le respect de ces règles.

COMMENTAIRE

V. Commentaire reproduit sur Dalloz.fr.

Art. L. 6213-8 Lorsqu'un établissement public de santé, ou un établissement *(L. n° 2013-442 du 30 mai 2013, art. 8-I-7°)* « de santé privé » à but non lucratif, comporte un laboratoire de biologie médicale organisé sous la forme d'un pôle d'activité ou d'un pôle hospitalo-universitaire, le biologiste-responsable est le chef de ce pôle et en assure les fonctions. L'organisation du laboratoire est, suivant le cas, soit celle du pôle d'activité, soit celle du pôle hospitalo-universitaire.

Lorsqu'un établissement de santé comporte un laboratoire de biologie médicale qui n'est pas organisé sous la forme d'un pôle d'activité ou d'un pôle hospitalo-universitaire, ce laboratoire est dirigé par un biologiste-responsable.

COMMENTAIRE

V. Commentaire reproduit sur Dalloz.fr.

Art. L. 6213-9 A l'exception des laboratoires à but non lucratif, les laboratoires de biologie médicale privés sont dirigés par un biologiste-responsable qui en est le représentant légal.

Lorsque la structure juridique d'un laboratoire de biologie médicale permet l'existence de plusieurs représentants légaux, ces représentants sont dénommés biologistes-coresponsables. Les médecins spécialistes qualifiés en anatomie et cytologie pathologiques peuvent être désignés comme coresponsables.

Les biologistes-coresponsables et les médecins spécialistes qualifiés en anatomie et cytologie pathologiques désignés comme coresponsables exercent ensemble les fonctions et les attributions habituellement dévolues au biologiste-responsable.

COMMENTAIRE

V. Commentaire reproduit sur Dalloz.fr.

Art. L. 6213-10 Le biologiste-responsable, les biologistes-coresponsables et les médecins spécialistes qualifiés en anatomie et cytologie pathologiques coresponsables ne peuvent exercer cette fonction que dans un seul laboratoire de biologie médicale.

COMMENTAIRE

V. Commentaire reproduit sur Dalloz.fr.

Art. L. 6213-10-1 *(L. nº 2013-442 du 30 mai 2013, art. 8-I-8º)* **Un décret fixe les conditions dans lesquelles, par dérogation aux articles L. 6213-1 et L. 6213-2, les biologistes médicaux peuvent se faire remplacer à titre temporaire.**

Art. L. 6213-11 **Lorsque des décisions prises par la personne physique ou morale qui exploite le laboratoire de biologie médicale apparaissent au biologiste-responsable comme de nature à mettre en cause la santé des patients et la santé publique ou les règles de fonctionnement du laboratoire prévues au présent livre, le biologiste-responsable en informe le directeur général de l'agence régionale de santé qui prend les mesures appropriées.**

COMMENTAIRE

V. Commentaire reproduit sur Dalloz.fr.

Art. L. 6213-12 **Les arrêtés et décisions mentionnés aux articles L. 6211-3, L. 6211-22, L. 6211-23, L. 6213-2 et L. 6213-3 sont pris après avis d'une commission, comportant notamment des professionnels, dont la composition, les conditions de consultation et les attributions sont fixées par décret en Conseil d'État.**

COMMENTAIRE

V. Commentaire reproduit sur Dalloz.fr.

Absence de publication du décret relatif à la commission mentionnée à l'art. L. 6213-12. Le décret définissant les attributions, la composition et les conditions de consultation de la commission mentionnée à l'art. L. 6213-12 n'ayant pas été pris, le ministre ne peut valablement en tirer argument pour refuser de statuer sur une demande d'autorisation d'exercer la biologie médicale, et le Conseil d'État lui enjoint de réexaminer dans un délai de deux mois la demande à laquelle il avait refusé de répondre, injonction assortie d'une astreinte de 500 euros par jour de retard. • CE 26 nov. 2012, *Mme B.*, nº 355060 : *Dict. perm. Bioéthique et biotechnologies, bull. nº 232, déc. 2012, p. 10, obs. Duneau.*

CHAPITRE IV DISPOSITIONS PARTICULIÈRES AUX LABORATOIRES DE BIOLOGIE MÉDICALE RELEVANT DE L'AUTORITÉ DU MINISTRE DE LA DÉFENSE

(Ord. nº 2018-20 du 17 janv. 2018, art. 26)

Art. L. 6214-1 **Les dispositions des articles L. 6211-14 à L. 6211-16 ne sont pas applicables aux prélèvements réalisés au sein du service de santé des armées lorsque la phase analytique de l'examen de biologie médicale est réalisée dans un laboratoire de biologie médicale relevant de l'autorité du ministre de la défense.**

Lorsque le prélèvement de l'examen est réalisé au sein du service de santé des armées en dehors d'un laboratoire relevant de l'autorité du ministre de la défense par un professionnel du service de santé des armées qui ne relève pas d'un laboratoire relevant de l'autorité du ministre de la défense, les procédures applicables sont déterminées par le biologiste responsable du laboratoire de biologie médicale.

Art. L. 6214-2 **Pour les laboratoires de biologie médicale relevant de l'autorité du ministre de la défense, les dispositions des articles L. 6211-10, L. 6211-19 et L. 6212-3 ne sont applicables qu'aux laboratoires inscrits sur la liste prévue au II de l'article L. 6147-7.**

L'autorisation prévue au troisième alinéa du I de l'article L. 6211-19 est accordée, pour les laboratoires relevant du ministre de la défense :

1º Par décision de ce ministre si la suspension des activités est susceptible de compromettre la mission prioritaire de soutien sanitaire des forces armées mentionnée à l'article L. 6147-7 ;

2º Par décision commune de ce ministre et du directeur général de l'agence régionale de santé dans les autres cas.

La déclaration annuelle prévue à l'article L. 6211-19 est adressée au ministre de la défense et au directeur général de l'agence régionale de santé concernée.

Art. L. 6214-3 Pour les laboratoires de biologie médicale relevant de l'autorité du ministre de la défense, l'information prévue à l'article L. 6213-11 est réalisée auprès de ce ministre, qui prend les mesures appropriées. Pour les laboratoires inscrits sur la liste prévue à l'article L. 6147-7, le ministre de la défense informe le directeur de l'agence régionale de santé des signalements réalisés et des mesures prises.

TITRE DEUXIÈME ORGANISATION

(Ord. n° 2010-49 du 13 janv. 2010, art. 1er)

CHAPITRE PREMIER ACCRÉDITATION ET CONTRÔLE DE QUALITÉ

COMMENTAIRE

V. Commentaire reproduit sur Dalloz.fr.

Art. L. 6221-1 Un laboratoire de biologie médicale ne peut réaliser d'examen de biologie médicale sans accréditation.

L'accréditation porte sur les trois phases, définies à l'article L. 6211-2, de l'ensemble des examens de biologie médicale réalisés par le laboratoire.

L'accréditation porte également, lorsque le laboratoire réalise ces activités ou examens :

1° Sur les activités biologiques d'assistance médicale à la procréation ;

2° Sur les examens d'anatomie et de cytologie pathologiques *(L. n° 2013-442 du 30 mai 2013, art. 4-4°)* « figurant soit à la nomenclature des actes de biologie médicale, soit à la nomenclature générale des actes professionnels ».

Sur les modalités d'accréditation des laboratoires de biologie médicale, V. Décr. n° 2016-1430 du 24 oct. 2016.

COMMENTAIRE

V. Commentaire reproduit sur Dalloz.fr.

Légalité du décret n° 2015-205 du 23 févr. 2015. Le Décr. n° 2015-205 du 23 févr. 2015, relatif aux modalités de dépôt des demandes d'accréditation, ne porte atteinte ni au principe de sécurité juridique, par le calendrier qu'il fixe en matière d'accréditation, ni à la liberté du commerce et de l'industrie, dès lors que les échéances prévues entendent assurer l'objectif de santé publique poursuivi par l'entrée en vigueur des dispositions relatives à l'accréditation des laboratoires. • CE 27 oct. 2016, *Synd. des biologistes*, n° 389017.

Art. L. 6221-2 I. — L'accréditation du laboratoire de biologie médicale est délivrée, à sa demande, par l'instance nationale d'accréditation prévue au I de l'article 137 de la loi n° 2008-776 du 4 août 2008 de modernisation de l'économie, lorsqu'il satisfait aux critères définis par les normes harmonisées en vigueur applicables aux laboratoires de biologie médicale, dont les références sont fixées par un arrêté des ministres chargés de la santé et de l'industrie, pris après avis de la Haute Autorité de santé *(Ord. n° 2018-20 du 17 janv. 2018, art. 27)* « et tenant compte, le cas échéant, des spécificités du service de santé des armées ».

II. — Avant l'ouverture d'un nouveau laboratoire de biologie médicale, l'instance nationale d'accréditation lui délivre, à sa demande, une attestation provisoire établissant qu'il satisfait aux critères d'accréditation susceptibles d'être vérifiés avant son ouverture. Elle prend, après l'ouverture du laboratoire et dans un délai fixé par voie réglementaire, la décision d'accréditation relative aux examens ou activités que le laboratoire réalise conformément aux critères mentionnés au I.

III. — L'instance nationale d'accréditation suspend ou retire l'accréditation du laboratoire, pour une partie ou pour la totalité de son activité, lorsqu'il ne satisfait plus aux critères mentionnés au I.

COMMENTAIRE

V. Commentaire reproduit sur Dalloz.fr.

Art. L. 6221-3 Un laboratoire de biologie médicale établi dans un autre État membre de l'Union européenne ou partie à l'accord sur l'Espace économique européen peut ouvrir un site en France lorsque :

1° Soit le laboratoire dispose d'une accréditation délivrée par l'organisme compétent de l'État membre dans lequel il est établi ;

2° Soit l'activité liée à ce site est couverte par une accréditation délivrée dans les conditions mentionnées à l'article L. 6221-1 et répondant aux normes mentionnées à l'article L. 6221-2.

Art. L. 6221-4 Un laboratoire de biologie médicale établi dans un autre État membre de l'Union européenne ou partie à l'accord sur l'Espace économique européen peut réaliser la phase analytique d'un examen de biologie médicale commencé en France, pour des assurés d'un régime français de sécurité sociale, dans les conditions ci-après :

1° Lorsque le laboratoire est établi dans un État, membre ou partie, dont les conditions d'accréditation ont été préalablement reconnues équivalentes à celles du présent chapitre, il adresse une déclaration attestant qu'il bénéficie d'une accréditation délivrée par les autorités compétentes ;

2° Lorsque le laboratoire est établi dans un État, membre ou partie, dont les conditions d'autorisation ou d'agrément ont été préalablement reconnues comme assurant des normes de fonctionnement équivalentes à celles du présent chapitre, il adresse une déclaration attestant qu'il bénéficie d'une autorisation ou d'un agrément délivré par les autorités compétentes ;

3° Lorsque le laboratoire ne répond pas aux conditions définies au 1° ou au 2°, la réalisation des examens est subordonnée à l'obtention d'une autorisation administrative qui lui est délivrée après vérification que ses normes de fonctionnement sont équivalentes à celles mentionnées à l'article L. 6221-2.

COMMENTAIRE

V. Commentaire reproduit sur Dalloz.fr.

Art. L. 6221-5 Dans l'accomplissement des missions d'accréditation qu'il réalise pour le compte de l'instance nationale d'accréditation, un médecin, un pharmacien ou un autre professionnel de santé ne peut être traduit devant la juridiction disciplinaire de l'ordre dont il relève que par le ministre chargé de la santé, le procureur de la République ou le directeur général de l'agence régionale de santé.

Art. L. 6221-6 L'instance nationale d'accréditation transmet sans délai à la Haute Autorité de santé, à *(L. nº 2011-2012 du 29 déc. 2011, art. 5-IV)* « l'Agence nationale de sécurité du médicament et des produits de santé », à l'Agence de la biomédecine et à l'agence régionale de santé les décisions d'accréditation, de suspension ou de retrait d'accréditation des laboratoires de biologie médicale.

COMMENTAIRE

V. Commentaire reproduit sur Dalloz.fr.

Art. L. 6221-7 Sans préjudice des dispositions des articles L. 1221-13, L. 5212-1, L. 5222-3 et L. 5232-4, le biologiste-responsable du laboratoire de biologie médicale déclare immédiatement aux organismes mentionnés à l'article L. 6221-6 tout événement affectant son fonctionnement et susceptible d'entraîner un risque majeur pour la santé des patients.

COMMENTAIRE

V. Commentaire reproduit sur Dalloz.fr.

Art. L. 6221-8 Pour répondre à des situations d'urgence ou à une insuffisance grave de l'offre locale, le directeur général de l'agence régionale de santé peut autoriser le laboratoire de biologie médicale à poursuivre certaines activités pour lesquelles son accréditation a été suspendue ou retirée, pendant une durée maximale de trois mois renouvelable une fois. Sa décision est motivée. Le laboratoire de biologie médicale informe de cette décision les patients ainsi que les laboratoires de biologie médicale lorsqu'il leur transmet des échantillons biologiques en application de l'article L. 6211-19.

COMMENTAIRE

V. Commentaire reproduit sur Dalloz.fr.

Art. L. 6221-9 Un laboratoire de biologie médicale fait procéder au contrôle de la qualité des résultats des examens de biologie médicale qu'il réalise par des organismes d'évaluation externe de la qualité.

Les organismes d'évaluation externe de la qualité transmettent à *(L. n° 2011-2012 du 29 déc. 2011, art. 5-IV)* « l'Agence nationale de sécurité du médicament et des produits de santé » un rapport annuel, dont le contenu est déterminé par arrêté du *(L. n° 2013-442 du 30 mai 2013, art. 8-I-9°)* « ministre » chargé de la santé, pris sur proposition du directeur général de *(L. n° 2011-2012 du 29 déc. 2011, art. 5-IV)* « l'Agence nationale de sécurité du médicament et des produits de santé. L'Agence nationale de sécurité du médicament et des produits de santé » rend publique la synthèse annuelle de ces rapports.

Sans préjudice des articles L. 1221-13, L. 5212-2, L. 5222-3 et L. 5232-4 et après en avoir informé le laboratoire de biologie médicale concerné, les organismes d'évaluation externe de la qualité signalent immédiatement à l'agence régionale de santé les anomalies constatées au cours de leur contrôle et susceptibles d'entraîner un risque majeur pour la santé des patients.

COMMENTAIRE

V. Commentaire reproduit sur Dalloz.fr.

Art. L. 6221-10 *(L. n° 2011-2012 du 29 déc. 2011, art. 5-IV)* « L'Agence nationale de sécurité du médicament et des produits de santé » assure un contrôle national de la qualité des résultats des examens de biologie médicale, dont les modalités sont fixées par un décret qui détermine notamment les catégories d'examens de biologie médicale soumises à ce contrôle.

COMMENTAIRE

V. Commentaire reproduit sur Dalloz.fr.

Art. L. 6221-11 *Abrogé par L. n° 2011-1906 du 21 déc. 2011, art. 26-I-8°.*

Art. L. 6221-12 *Abrogé par L. n° 2013-442 du 30 mai 2013, art. 4-5°.*

Art. L. 6221-13 Sans préjudice des articles L. 1223-2 et L. 5313-1, les structures de l'Établissement français du sang qui assurent la qualification biologique du don sont soumises, au titre des activités susceptibles de donner lieu à la réalisation d'examens de biologie médicale, aux dispositions du présent chapitre.

COMMENTAIRE

V. Commentaire reproduit sur Dalloz.fr.

CHAPITRE II CONDITIONS D'OUVERTURE ET DE FONCTIONNEMENT

Art. L. 6222-1 L'ouverture d'un laboratoire de biologie médicale *(Abrogé par L. n° 2013-442 du 30 mai 2013, art. 8-I-10°)* « *, public ou privé,* » est subordonnée au dépôt préalable, par son représentant légal, d'une déclaration auprès de l'agence régionale de santé, dans un délai fixé par voie réglementaire. Le contenu de cette déclaration est également fixé par voie réglementaire.

Lorsque les sites du laboratoire sont localisés dans des régions relevant d'agences régionales de santé différentes, la déclaration est déposée auprès de chacune des agences régionales de santé.

Avant l'ouverture du laboratoire, son représentant légal communique à l'agence régionale de santé l'attestation provisoire délivrée par l'instance nationale d'accréditation en application du II de l'article L. 6221-2.

Le représentant légal déclare à l'agence régionale de santé toute modification relative à l'organisation générale du laboratoire ainsi que toute modification apportée à sa structure juridique et financière. Le délai dans lequel est effectuée cette déclaration et son contenu sont fixés par voie réglementaire.

COMMENTAIRE

V. Commentaire reproduit sur Dalloz.fr.

Art. L. 6222-2 Le directeur général de l'agence régionale de santé peut s'opposer à l'ouverture d'un laboratoire de biologie médicale ou d'un site d'un laboratoire de biologie médicale, lorsqu'elle aurait pour effet de porter, sur *(L. n° 2016-41 du 26 janv. 2016, art. 158-I-9°-g)* **« la zone déterminée en application du *b* du 2° de l'article L. 1434-9 considérée », l'offre d'examens de biologie médicale à un niveau supérieur de 25 % à celui des besoins de la population** *(L. n° 2016-41 du 26 janv. 2016, art. 158-I-9°-h)* **« tels qu'ils sont définis par le schéma régional de santé prévu à l'article L. 1434-2 ».**

COMMENTAIRE

V. Commentaire reproduit sur Dalloz.fr.

Art. L. 6222-3 Le directeur général de l'agence régionale de santé peut s'opposer, pour des motifs tenant au risque d'atteinte à la continuité de l'offre de biologie médicale, à une opération d'acquisition d'un laboratoire de biologie médicale *(L. n° 2013-442 du 30 mai 2013, art. 11-2°-a)* **« , d'un site de laboratoire de biologie médicale, à une opération de rachat de tout ou partie d'actifs d'une société exploitant un laboratoire de biologie médicale » ou à une opération de fusion de laboratoires de biologie médicale** *(L. n° 2013-442 du 30 mai 2013, art. 11-2°-b)* **« *[,]* y compris la transmission universelle de patrimoine », lorsque cette opération conduirait à ce que, sur** *(L. n° 2016-41 du 26 janv. 2016, art. 158-I-9°-g)* **« la zone déterminée en application du *b* du 2° de l'article L. 1434-9 considérée », la part réalisée par le laboratoire issu de cette acquisition ou de cette fusion dépasse le seuil de 25 % du total des examens de biologie médicale réalisés.**

COMMENTAIRE

V. Commentaire reproduit sur Dalloz.fr.

Art. L. 6222-4 Un établissement de santé ne peut *(L. n° 2013-442 du 30 mai 2013, art. 11-3°)* **« gérer » qu'un laboratoire de biologie médicale. Toutefois, les établissements publics de santé mentionnés au premier alinéa de l'article L. 6147-1 peuvent être autorisés par le directeur général de l'agence régionale de santé à disposer de plusieurs laboratoires de biologie médicale dans des conditions fixées par voie réglementaire.**

Un laboratoire de biologie médicale peut être commun à plusieurs établissements de santé.

COMMENTAIRE

V. Commentaire reproduit sur Dalloz.fr.

Art. L. 6222-5 Les sites du laboratoire de biologie médicale sont localisés soit sur *[localisés sur] (L. n° 2016-41 du 26 janv. 2016, art. 158-I-9°-i)* **« la même zone déterminée en application du *b* du 2° de l'article L. 1434-9, et au maximum sur trois de ces zones » limitrophes, sauf dérogation** *(L. n° 2013-442 du 30 mai 2013, art. 11-4°-b)* **« accordée par le directeur général de l'agence régionale de santé dans des conditions déterminées par décret en Conseil d'État et prévue par le** *(Ord. n° 2018-21 du 17 janv. 2018, art. 1er)* **« schéma régional de santé ». »**

Lorsqu'un laboratoire de biologie médicale comprend des sites localisés en France et à l'étranger, la distance maximale pouvant séparer les sites localisés sur le territoire

national de ceux localisés sur le territoire d'un ou de plusieurs autres États est déterminée par voie réglementaire, en tenant compte des circonstances locales.

Lors de la révision *(L. n° 2016-41 du 26 janv. 2016, art. 158-I-9°-i)* **« du schéma régional de santé » ou lors d'un changement de délimitation des** *(L. n° 2016-41 du 26 janv. 2016, art. 158-I-9°-i)* **« zones mentionnées au premier alinéa du présent article », les conditions dans lesquelles les sites d'un laboratoire de biologie médicale peuvent être maintenus, de manière temporaire ou définitive, sont déterminées par voie réglementaire.**

Constitutionnalité des alinéas 1 et 3 de l'article L. 6222-5. Les dispositions des al. 1er et 3 de l'art. L. 6222-5, dans leur rédaction issue de la L. n° 2013-442 du 30 mai 2013, aux termes desquelles les sites de laboratoires de biologie médicale sont implantés au maximum sur trois territoires de santé limitrophes et ne peuvent être maintenus (sauf dérogations accordées par voie réglementaire) dès lors que leur implantation devient irrégulière, soit en raison d'une modification de la délimitation des territoires de santé, soit du fait de la modification du document de planification sanitaire, ne portent atteinte ni au droit de propriété ni à la liberté d'entreprendre et sont, dès lors, conformes à la Constitution. • Cons. const. 21 oct. 2016, n° 2016-593 QPC : *D. 2016. 2122*.

COMMENTAIRE

V. Commentaire reproduit sur Dalloz.fr.

Art. L. 6222-6 *(L. n° 2013-442 du 30 mai 2013, art. 2)* **Sur chacun des sites, un biologiste du laboratoire doit être en mesure de répondre aux besoins du site et, le cas échéant, d'intervenir dans des délais compatibles avec les impératifs de sécurité des patients. Pour assurer le respect de cette obligation, le laboratoire doit comporter un nombre de biologistes au moins égal au nombre de sites qu'il a créés. Le biologiste assumant la responsabilité du site doit être identifiable à tout moment.**

COMMENTAIRE

V. Commentaire reproduit sur Dalloz.fr.

Art. L. 6222-7 Le laboratoire de biologie médicale informe les patients, par voie d'affichage dans les locaux d'accueil du public, de son accréditation, de ses modalités d'organisation et de fonctionnement et de l'identité du biologiste-responsable.

COMMENTAIRE

V. Commentaire reproduit sur Dalloz.fr.

Art. L. 6222-8 Toute forme de publicité ou de promotion, directe ou indirecte, en faveur d'un laboratoire de biologie médicale est interdite.

Toutefois, l'information scientifique auprès du corps médical et pharmaceutique ainsi que les indications relatives à l'existence et à la localisation du laboratoire de biologie médicale publiées au moment de l'ouverture de celui-ci ou de ses sites et la mention de l'accréditation du laboratoire ne constituent pas une publicité ou une promotion au sens du présent article.

COMMENTAIRE

V. Commentaire reproduit sur Dalloz.fr.

CHAPITRE III **STRUCTURES JURIDIQUES**

BIBL. ▶ Brignon, Sociétés de biologie médicale, entre modernité et classicisme, *Rev. sociétés 2016. 414*. – Siranyan, Rollux et Locher, Le partage du pouvoir entre associés exploitants et non exploitants d'une SELAS de biologistes médicaux : le piège de la liberté statutaire face aux *exigences de santé publique, Méd. et Droit, mai-juin 2010, n° 102, p. 90.*

Art. L. 6223-1 Un laboratoire de biologie médicale privé est exploité en nom propre, ou sous la forme :

1° D'une association, d'une fondation ou d'un autre organisme à but non lucratif ;

2° D'une société civile professionnelle régie par la loi n° 66-879 du 29 novembre 1966 relative aux sociétés civiles professionnelles ;

3° D'une société d'exercice libéral régie par la loi n° 90-1258 du 31 décembre 1990 relative à l'exercice sous forme de sociétés des professions libérales soumises à un statut législatif ou réglementaire ou dont le titre est protégé et aux sociétés de participations financières de professions libérales ;

4° D'une société coopérative régie par la loi n° 47-1775 du 10 septembre 1947 portant statut de la coopération.

COMMENTAIRE

V. Commentaire reproduit sur Dalloz.fr.

Art. L. 6223-2 **Un laboratoire de biologie médicale peut être exploité sous la forme d'un groupement de coopération sanitaire selon les règles définies au chapitre III du titre III du livre Ier de la sixième partie.**

COMMENTAIRE

V. Commentaire reproduit sur Dalloz.fr.

Art. L. 6223-3 **La** *(L. n° 2013-442 du 30 mai 2013, art. 8-I-14°)* **« société » qui exploite un laboratoire de biologie médicale privé est inscrite :**

1° Au tableau de l'ordre des médecins suivant les modalités et les conditions prévues au chapitre II du titre Ier du livre Ier de la quatrième partie, lorsqu'au moins un médecin biologiste détient une fraction du capital social de la société exploitant le laboratoire ;

2° Au tableau de l'ordre des pharmaciens suivant les modalités et les conditions prévues au chapitre II du titre II du livre II de la quatrième partie, lorsqu'au moins un pharmacien biologiste détient une fraction du capital social de la société exploitant le laboratoire.

La demande d'inscription à l'ordre comporte les éléments relatifs à la structure juridique et financière ainsi qu'à l'organisation générale du laboratoire de biologie médicale.

Le représentant légal du laboratoire est tenu au respect des obligations de communication prévues à l'article L. 4113-9, lorsqu'au moins un médecin biologiste détient une fraction du capital social de la société exploitant le laboratoire, et aux obligations de communication prévues à l'article L. 4221-19, lorsqu'au moins un pharmacien biologiste détient une fraction du capital social de la société exploitant le laboratoire.

COMMENTAIRE

V. Commentaire reproduit sur Dalloz.fr.

Art. L. 6223-4 **Sans préjudice de l'application des règles particulières de constitution des formes de sociétés mentionnées à l'article L. 6223-1, l'acquisition, par une personne physique ou morale, de** *(L. n° 2013-442 du 30 mai 2013, art. 11-5°-a)* **« droits sociaux » de sociétés exploitant un laboratoire de biologie médicale n'est pas autorisée lorsque cette acquisition aurait pour effet de permettre à** *(L. n° 2013-442 du 30 mai 2013, art. 11-5°-b)* **« une personne » de contrôler, directement ou indirectement, sur** *(L. n° 2016-41 du 26 janv. 2016, art. 158-I-9°-j)* **« une même zone déterminée en application du *b* du 2° de l'article L. 1434-9 »** *(Abrogé par L. n° 2013-442 du 30 mai 2013, art. 8-I-12°) « **infrarégional** »*, **une proportion de l'offre de biologie médicale supérieure à 33 % du total des examens de biologie médicale réalisés.**

(L. n° 2013-442 du 30 mai 2013, art. 11-5°-c) **« Le contrôle, par une même personne, d'une proportion de l'offre supérieure à 33 % du total des examens de biologie médicale réalisés sur** *(L. n° 2016-41 du 26 janv. 2016, art. 158-I-9°-j)* **« une même zone mentionnée au premier alinéa du présent article » est réputé effectif dès lors que cette personne détient, directement ou indirectement, la majorité du capital social de plusieurs sociétés exploitant un laboratoire de biologie médicale et que l'activité de ces sociétés représente au total plus de 33 % des examens de biologie médicale sur »** *(L. n° 2016-41 du 26 janv. 2016, art. 158-I-9°-j)* **« ladite zone ».**

COMMENTAIRE

V. Commentaire reproduit sur Dalloz.fr.

Art. L. 6223-5 Ne peuvent détenir directement ou indirectement une fraction du capital social d'une société exploitant un laboratoire de biologie médicale privé :

1° Une personne physique ou morale exerçant une profession de santé *(L. n° 2013-442 du 30 mai 2013, art. 8-I-15°-a)* « autre que celle de biologiste médical », une activité de fournisseur, de distributeur ou de fabricant de dispositif médical ou de dispositif médical de diagnostic *in vitro*, *(L. n° 2013-442 du 30 mai 2013, art. 8-I-15°-b)* « un établissement de santé, social ou médico-social de droit privé, » une entreprise d'assurance et de capitalisation, un organisme de prévoyance, de retraite et de protection sociale obligatoire ou facultatif ;

2° Une personne physique ou morale qui détient une fraction égale ou supérieure à 10 % du capital social d'une entreprise fournissant, distribuant ou fabriquant des dispositif *[dispositifs]* médicaux ou des dispositifs médicaux de diagnostic *in vitro*, d'une entreprise d'assurance et de capitalisation ou d'un organisme de prévoyance, de retraite et de protection sociale obligatoire ou facultatif ;

(L. n° 2013-442 du 30 mai 2013, art. 5-6°) « 3° Une personne physique ou morale qui détient, directement ou indirectement, une fraction du capital social d'une société de professionnels de santé autorisés à faire des prélèvements dans les conditions mentionnées à l'article L. 6211-13 et ne satisfaisant pas aux conditions du chapitre II du titre Ier du présent livre. »

COMMENTAIRE

V. Commentaire reproduit sur Dalloz.fr.

Assouplissement des règles d'actionnariat des sociétés exploitant les laboratoires : méconnaissance de l'habilitation législative. L'Ord. n° 2010-49 du 13 janv. 2010 a été validée par le Conseil d'État, à l'exception des dispositions introduites sous l'art. L. 6223-5, l'habilitation du législateur ne permettant pas au gouvernement d'assouplir les règles relatives au capital des sociétés autorisées à ouvrir et exploiter des laboratoires de biologie médicale. • CE 23 déc. 2010, *Conseil nat. de l'Ordre des médecins et Synd. nat. des médecins biologistes*, nos 337396 et 337625 : *Lebon T. 969 et 988.*

Art. L. 6223-6 Le nombre de biologistes médicaux en exercice au sein d'un laboratoire de biologie médicale détenant une fraction du capital social et travaillant au moins un mi-temps dans le laboratoire est égal ou supérieur au nombre de sites de ce laboratoire.

COMMENTAIRE

V. Commentaire reproduit sur Dalloz.fr.

Art. L. 6223-7 Les dispositions de l'article L. 227-13 du code de commerce sont applicables aux sociétés exploitant un laboratoire de biologie médicale.

COMMENTAIRE

V. Commentaire reproduit sur Dalloz.fr.

Art. L. 6223-8 *(L. n° 2013-442 du 30 mai 2013, art. 10-II)* I. — Le *(L. n° 2015-990 du 6 août 2015, art. 67-III-1°)* « 2° du I de l'article 6 » de la loi n° 90-1258 du 31 décembre 1990 relative à l'exercice sous forme de sociétés des professions libérales soumises à un statut législatif ou réglementaire ou dont le titre est protégé et aux sociétés de participations financières de professions libérales n'est pas applicable aux sociétés d'exercice libéral de biologistes médicaux.

II. — Les sociétés d'exercice libéral de biologistes médicaux créées antérieurement à la date de promulgation de la loi n° 2013-442 du 30 mai 2013 portant réforme de la biologie médicale et qui, à cette date, ne respectent pas le I du présent article ou le I de l'article 10 de la même loi conservent la faculté de bénéficier de la dérogation prévue *(L. n° 2015-990 du 6 août 2015, art. 67-III-2°-a)* « au 2° du I de l'article 6 » de la loi n° 90-1258 du 31 décembre 1990 précitée.

La cession de leurs parts sociales ou actions se fait prioritairement au bénéfice des biologistes exerçant dans ces sociétés. Si ces derniers se trouvent dans l'incapacité d'acquérir les parts sociales ou les actions qui leur sont proposées, la cession peut avoir lieu au bénéfice de toute personne physique ou morale exerçant la profession de biologiste médical ou de toute société de participations financières de profession libérale de biologistes médicaux. Sous réserve du respect des seuils prévus en application *(L. n° 2015-990 du 6 août 2015, art. 67-III-2°-b)* « du III » de l'article 6 de la loi n° 90-1258 du 31 décembre 1990 précitée, cette cession peut également avoir lieu au bénéfice d'une ou plusieurs personnes ne répondant pas aux conditions *(L. n° 2015-990 du 6 août 2015, art. 67-III-2°-b)* « du A du I de l'article 5 de la même loi ou des 1° et 5° du B du même I ».

III. — L'ensemble des contrats et des conventions signés dans le cadre des sociétés d'exercice libéral est communiqué à l'ordre compétent, en application des articles L. 4113-9 et L. 4221-19. Toute convention ou clause cachée est alors inopposable.

BIBL. ▶ Modalités de participation au capital d'une SEL exploitant un laboratoire de biologie médicale, *JCP E. 2013. Actu. 435.*

COMMENTAIRE

V. Commentaire reproduit sur Dalloz.fr.

CHAPITRE IV DISPOSITIONS PARTICULIÈRES CONCERNANT LES LABORATOIRES DE BIOLOGIE MÉDICALE RELEVANT DE L'AUTORITÉ DU MINISTRE DE LA DÉFENSE

(Ord. n° 2018-20 du 17 janv. 2018, art. 27)

SECTION PREMIÈRE ACCRÉDITATION

Art. L. 6224-1 Les décisions d'accréditation, de suspension ou de retrait d'accréditation des laboratoires de biologie médicale relevant de l'autorité du ministre de la défense prévues à l'article L. 6221-6 sont transmises sans délai à la Haute Autorité de santé, à l'Agence nationale de sécurité du médicament et des produits de santé, à l'Agence de la biomédecine et au ministre de la défense ainsi que, pour les laboratoires inscrits sur la liste prévue à l'article L. 6147-7, à l'agence régionale de santé concernée.

Art. L. 6224-2 Le biologiste responsable d'un laboratoire de biologie médicale relevant de l'autorité du ministre de la défense effectue la déclaration prévue à l'article L. 6221-7 auprès de ce ministre, qui informe sans délai la Haute Autorité de santé, l'Agence nationale de sécurité du médicament et des produits de santé, l'Agence de la biomédecine ainsi que, pour les laboratoires inscrits sur la liste prévue au II de l'article L. 6147-7, l'agence régionale de santé concernée.

Art. L. 6224-3 L'autorisation prévue à l'article L. 6221-8 est accordée, pour les laboratoires relevant de l'autorité du ministre de la défense :

1° Par décision de ce ministre si la suspension des activités est susceptible de compromettre la mission prioritaire de soutien sanitaire des forces armées mentionnée à l'article L. 6147-7 ;

2° Par décision conjointe de ce ministre et du directeur général de l'agence régionale de santé pour répondre à des situations d'urgence ou à une insuffisance grave de l'offre locale.

Art. L. 6224-4 Le signalement prévu au troisième alinéa de l'article L. 6221-9 est réalisé auprès du ministre de la défense pour les laboratoires relevant de son autorité. Ce ministre informe immédiatement l'agence régionale de santé concernée lorsque le signalement concerne un laboratoire inscrit sur la liste prévue à l'article L. 6147-7.

Art. L. 6224-5 Sans préjudice des articles L. 1223-2 et L. 5313-1, le centre de transfusion sanguine des armées est soumis, au titre des activités susceptibles de donner lieu à la réalisation d'examens de biologie médicale, aux dispositions du présent chapitre.

SECTION II CONDITIONS D'OUVERTURE ET DE FONCTIONNEMENT

Art. L. 6224-6 Les dispositions des articles L. 6222-1 à L. 6222-5 ne sont pas applicables aux laboratoires de biologie médicale relevant de l'autorité du ministre de la défense.

Les laboratoires de biologie médicale des hôpitaux des armées réalisant des prestations remboursables au bénéfice des assurés sociaux sont inscrits sur la liste prévue à l'article L. 6147-7.

Les dispositions des articles L. 6222-6 et L. 6222-7 ne sont pas applicables aux laboratoires de biologie médicale relevant de l'autorité du ministre de la défense qui ne sont pas inscrits sur cette liste.

TITRE TROISIÈME **INSPECTIONS**

(Ord. n° 2010-49 du 13 janv. 2010, art. 1er)

Art. L. 6231-1 Les agents mentionnés aux articles L. 1421-1 et L. 1435-7 sont compétents pour inspecter les laboratoires de biologie médicale, les lieux de réalisation des examens de biologie médicale prévus aux articles L. 6211-13 et L. 6211-18, les structures chargées de la logistique et de l'hébergement des données informatiques et les organismes d'évaluation externe de la qualité.

Les agents mentionnés au premier alinéa disposent également d'un droit d'accès aux dossiers détenus par l'instance nationale d'accréditation portant sur l'accréditation des laboratoires de biologie médicale.

Les agents mentionnés aux articles L. 1421-1 et L. 1435-7 ayant la qualité de médecin ou de pharmacien ont accès, dans le cadre de leur mission d'inspection pour la biologie médicale, à toutes données médicales individuelles nécessaires à l'accomplissement de leur mission dans le respect de l'article 226-13 du code pénal.

Les agents mentionnés aux alinéas précédents n'ont pas compétence pour inspecter *(L. n° 2011-2012 du 29 déc. 2011, art. 5-IV)* « l'Agence nationale de sécurité du médicament et des produits de santé » dans le cadre *(L. n° 2013-442 du 30 mai 2013, art. 8-I-16°)* « du contrôle de la qualité des examens de biologie médicale prévu à l'article L. 6221-10. »

(Ord. n° 2018-20 du 17 janv. 2018, art. 27) « Les laboratoires de biologie médicale relevant de l'autorité du ministre de la défense sont inspectés conformément aux dispositions de l'article L. 1421-3-1 et, pour les laboratoires inscrits sur la liste prévue à l'article L. 6147-7, de l'article L. 1435-7-3. »

Art. L. 6231-2 Le directeur général de l'agence régionale de santé peut, sous réserve du droit des tiers, rendre publics les rapports relatifs aux expertises qu'il a diligentées.

Art. L. 6231-3 *(L. n° 2013-442 du 30 mai 2013, art. 8-I-17°)* En cas d'urgence tenant à la sécurité des patients ou du personnel, le directeur général de l'agence régionale de santé peut prononcer l'interruption immédiate, totale ou partielle, du fonctionnement des moyens techniques nécessaires à la réalisation de l'activité, dans des conditions définies par décret en Conseil d'État.

(Ord. n° 2018-20 du 17 janv. 2018, art. 27) « En cas d'urgence tenant à la sécurité des patients ou du personnel et concernant les laboratoires relevant de l'autorité du ministre de la défense, le directeur général de l'agence régionale de santé informe immédiatement ce ministre, qui prend sans délai les mesures appropriées. »

COMMENTAIRE

V. Commentaire reproduit sur Dalloz.fr.

TITRE QUATRIÈME **SANCTIONS**

(Ord. n° 2010-49 du 13 janv. 2010, art. 1er)

CHAPITRE PREMIER **SANCTIONS ADMINISTRATIVES *ET DISCIPLINAIRES***

SECTION PREMIÈRE **SANCTIONS ADMINISTRATIVES**

Art. L. 6241-1 Constituent une infraction soumise à sanction administrative :

1° La réalisation, par un laboratoire de biologie médicale, d'examens de biologie médicale en vue d'établir un diagnostic prénatal en méconnaissance des dispositions de l'article L. 6211-5 ou d'examens de biologie médicale constituant un examen des caractéristiques génétiques d'une personne ou son identification par empreintes génétiques en méconnaissance des dispositions de l'article L. 6211-6 ;

(L. nº 2013-442 du 30 mai 2013, art. 8-I-18º-a) « 1° *bis* Le fait, pour un laboratoire de biologie médicale, de ne pas déclarer son activité dans les conditions prévues au dernier alinéa du I de l'article L. 6211-19 ou d'effectuer une fausse déclaration ; »

2° Le fait, pour un laboratoire de biologie médicale, de réaliser des examens de biologie médicale sans respecter les conditions et modalités prévues aux articles L. 6211-2, L. 6211-7 à L. 6211-9, L. 6211-11 à L. 6211-20 et L. 6211-22 ;

3° La facturation, par un laboratoire de biologie médicale, d'examens de biologie médicale en méconnaissance de l'article L. 6211-21 ;

4° La réalisation, par un laboratoire de biologie médicale ou par un biologiste médical, d'examens de biologie médicale, d'activités biologiques d'assistance médicale à la procréation et d'examens d'anatomie et de cytologie pathologiques qui requièrent une qualification spéciale ou qui nécessitent le recours à des produits présentant un danger particulier en méconnaissance de l'article L. 6211-23 ;

5° La réalisation, par un laboratoire de biologie médicale, d'activités d'assistance médicale à la procréation en méconnaissance des dispositions du deuxième alinéa de l'article L. 6212-2 ;

6° La réalisation, par un laboratoire de biologie médicale, d'examens d'anatomie et de cytologie pathologiques en méconnaissance des dispositions du troisième alinéa de l'article L. 6212-2 ;

7° La méconnaissance, par un laboratoire de biologie médicale, des obligations de participation à la permanence de l'offre de biologie médicale et aux missions prévues à l'article L. 6212-3 ;

8° Le fait, pour un laboratoire de biologie médicale privé, *(L. nº 2013-442 du 30 mai 2013, art. 8-I-18º-b)* « à l'exception des laboratoires exploités sous la forme d'organisme à but non lucratif, » de ne pas respecter les règles de fonctionnement prévues à l'article L. 6213-9 ;

9° Le fait, pour un biologiste-responsable, un biologiste-coresponsable ou un médecin spécialiste qualifié en anatomie et cytologie pathologiques coresponsable d'exercer cette fonction dans plusieurs laboratoires de biologie médicale en méconnaissance de l'article L. 6213-10 ;

10° La réalisation d'examens de biologie médicale, par un laboratoire de biologie médicale ne disposant pas de l'accréditation prévue à l'article L. 6221-1, sous réserve des dispositions prévues à l'article L. 6221-8, ou de l'accréditation prévue aux articles L. 6221-3 et L. 6221-4, ou de l'autorisation mentionnée *(L. nº 2013-442 du 30 mai 2013, art. 8-I-18º-c)* « au 3° de l'article L. 6221-4 ou n'ayant pas déposé la déclaration mentionnée aux 1° et 2° du même article » ;

11° Le fait, pour le biologiste-responsable, de ne pas procéder immédiatement à la déclaration prévue à l'article L. 6221-7 ;

12° Le fait, pour un laboratoire de biologie médicale ayant fait l'objet d'un retrait ou d'une suspension de son accréditation, de ne pas procéder à l'information prévue à l'article L. 6221-8 ;

(L. nº 2013-442 du 30 mai 2013, art. 8-I-18º-d) « 13° Le fait, pour un laboratoire de biologie médicale, de ne pas faire procéder au contrôle de la qualité des résultats des examens de biologie médicale qu'il réalise dans les conditions prévues à l'article L. 6221-9 ou de ne pas se soumettre au contrôle national de la qualité des résultats des examens de biologie médicale prévu à l'article L. 6221-10 ;

« 14° Le fait, pour un laboratoire de biologie médicale qui réalise des examens d'anatomie et de cytologie pathologiques, de méconnaître les exigences mentionnées au chapitre Ier du titre II du présent livre ; »

15° La méconnaissance par un laboratoire de biologie médicale de l'une des obligations de déclaration et de communication auprès de l'agence régionale de santé prévues à l'article L. 6222-1 ;

16° La méconnaissance par un laboratoire de biologie médicale des règles relatives à l'implantation des sites prévues à l'article L. 6222-5 ;

17° La méconnaissance, par un laboratoire de biologie médicale, des règles prévues en matière d'exercice et d'intervention du biologiste médical prévues à l'article L. 6222-6 ;

18° La méconnaissance par un laboratoire de biologie médicale des obligations relatives à l'information des patients prévues à l'article L. 6222-7 ;

19° La réalisation, par une personne physique ou morale, de toute forme de publicité ou de promotion directe ou indirecte en faveur d'un laboratoire de biologie médicale en méconnaissance de l'article L. 6222-8 ;

20° Le fait, pour un laboratoire de biologie médicale *(L. n° 2013-442 du 30 mai 2013, art. 8-I-18°-e)* « privé », d'être exploité sous une autre forme que celles mentionnées à l'article L. 6223-1 ;

21° Le fait, pour une personne physique ou morale, de contrôler une proportion de l'offre de biologie médicale sur *(L. n° 2016-41 du 26 janv. 2016, art. 158-I-9°-k)* « une zone déterminée en application du *b* du 2° de l'article L. 1434-9 » *(Abrogé par L. n° 2013-442 du 30 mai 2013, art. 8-I-12° « **infrarégional** »)*, en méconnaissance des règles prévues à l'article L. 6223-4 ;

22° Le fait, pour une des personnes physiques ou morales mentionnées à l'article L. 6223-5, de détenir directement ou indirectement une fraction du capital social d'une société exploitant un laboratoire de biologie médicale privé, ainsi que le fait pour une société exploitant un laboratoire de biologie médicale privé d'être détenue directement ou indirectement par l'une des personnes mentionnées au même article ;

23° Le fait, pour une société exploitant un laboratoire de biologie médicale privé, de ne pas respecter les règles prévues à l'article L. 6223-6.

COMMENTAIRE

V. Commentaire reproduit sur Dalloz.fr.

Art. L. 6241-2 I. — Lorsqu'une des infractions mentionnées à l'article précédent est commise par le laboratoire de biologie médicale *(Abrogé par L. n° 2013-442 du 30 mai 2013, art. 4-6°-a) « **ou la structure qui réalise des examens d'anatomie et de cytologie pathologiques** »*, le directeur général de l'agence régionale de santé peut prononcer une amende administrative à l'encontre de l'auteur de l'infraction.

Il peut assortir cette amende d'une astreinte journalière lorsque l'auteur de l'infraction ne s'est pas conformé à ses prescriptions à l'issue du délai fixé par une mise en demeure.

Le montant de l'amende administrative ne peut être supérieur à :

1° 500 000 euros pour les infractions mentionnées aux *(L. n° 2013-442 du 30 mai 2013, art. 8-I-19°)* « 1° *bis*, 3° », 7°, 8°, 15°, 16°, 18°, 19°, 20° et 23° de l'article L. 6241-1 ;

2° Deux millions d'euros pour les infractions mentionnées aux 1°, 2°, 4° lorsqu'il s'agit d'un laboratoire, 5°, 6°, 10°, 12°, 13°, 14° et 17° du même article.

II. — Lorsque les infractions mentionnées au 2° du I sont considérées comme graves ou sont répétées, le directeur général de l'agence régionale de santé peut également prononcer la fermeture temporaire ou définitive, partielle ou totale du laboratoire de biologie médicale *(Abrogé par L. n° 2013-442 du 30 mai 2013, art. 4-6°-b) « **ou de la structure qui réalise des examens d'anatomie et de cytologie pathologiques** »*, dans les cas où ce laboratoire *(Abrogé par L. n° 2013-442 du 30 mai 2013, art. 4-6°-b) « **ou cette structure** »* est l'auteur de l'infraction.

Le montant de l'astreinte mentionnée au deuxième alinéa ne peut excéder 5 000 euros par jour.

III. — Pour les infractions mentionnées aux 4°, 9° et 11° de l'article L. 6241-1, le directeur général de l'agence régionale de santé peut prononcer la suspension d'exer*cice du biologiste médical*, du biologiste-responsable, du biologiste-coresponsable ou du médecin spécialiste qualifié en anatomie et cytologie pathologique *[pathologiques]* coresponsable du laboratoire de biologie médicale lorsqu'il est l'auteur de l'infraction.

IV. — Pour les infractions mentionnées aux 19°, lorsque l'auteur de l'infraction n'est pas un laboratoire, 21° et 22°, le directeur général de l'agence régionale de santé peut prononcer une amende administrative dont le montant ne peut être supérieur à deux

millions d'euros pour une personne morale et 500 000 euros pour une personne physique.

COMMENTAIRE

V. Commentaire reproduit sur Dalloz.fr.

Art. L. 6241-3 **Le fait de ne pas respecter les dispositions des articles L. 6211-8 et L. 6211-9, lorsqu'il entraîne des dépenses injustifiées pour un organisme d'assurance maladie, est sanctionné par les pénalités prévues à l'article** *(L. nº 2015-1702 du 21 déc. 2015, art. 59-XII-C-1º, en vigueur le 1er janv. 2016)* **« L. 114-17-1 » du code de la sécurité sociale dans les conditions prévues à cet article.**

Art. L. 6241-4 **Les sanctions prononcées en vertu de la présente section peuvent être assorties d'une obligation d'affichage au sein des locaux d'accueil du public du laboratoire de biologie médicale, de la structure réalisant des examens d'anatomie et de cytologie pathologiques et d'une obligation de publication dans les journaux ou supports désignés par le directeur général de l'agence régionale de santé, à moins que cette publication ne cause un préjudice disproportionné aux parties en cause. Les frais en sont supportés par les personnes sanctionnées.**

Art. L. 6241-4-1 *(Ord. nº 2018-20 du 17 janv. 2018, art. 27)* **Lorsqu'il est constaté un fait constitutif d'une infraction mentionnée à l'article L. 6241-1 ou un manquement prévu à l'article L. 6241-3, le ministre de la défense prend, pour les laboratoires de biologie médicale relevant de son autorité, les mesures correctrices nécessaires pour y mettre fin.**

SECTION II **SANCTIONS DISCIPLINAIRES**

Art. L. 6241-5 **Le fait, pour un médecin ou un pharmacien, de ne pas communiquer les informations prévues respectivement aux articles L. 4113-9 et L. 4221-19, dans les cas mentionnés à l'article L. 6223-3, ou de communiquer de fausses informations, constitue une faute disciplinaire susceptible d'entraîner l'une des sanctions prévues respectivement aux articles L. 4124-6 et L. 4234-6.**

COMMENTAIRE

V. Commentaire reproduit sur Dalloz.fr.

Art. L. 6241-5-1 *(L. nº 2013-442 du 30 mai 2013, art. 8-I-20º)* **Les chambres disciplinaires de l'ordre des médecins ou de l'ordre des pharmaciens sont compétentes pour statuer sur une plainte déposée à l'encontre d'une société qui exploite un laboratoire de biologie médicale privé lorsque cette société est inscrite au tableau de l'ordre des pharmaciens ou de l'ordre des médecins.**

Lorsque la société mentionnée au premier alinéa est inscrite simultanément au tableau de l'ordre des médecins et au tableau de l'ordre des pharmaciens, est saisie soit la chambre disciplinaire de première instance de l'ordre des médecins si les biologistes médicaux exerçant au sein du laboratoire de biologie médicale sont majoritairement inscrits au tableau de l'ordre des médecins, soit la chambre disciplinaire de première instance de l'ordre des pharmaciens dans l'hypothèse inverse. Si le nombre de médecins biologistes et de pharmaciens biologistes est le même, le plaignant saisit la chambre de son choix.

Les sanctions mentionnées aux articles L. 4124-6 et L. 4234-6 sont applicables à la société exploitant un laboratoire de biologie médicale privé faisant l'objet de poursuites disciplinaires respectivement devant l'ordre des médecins ou devant l'ordre des pharmaciens. Dans ce cas :

1º L'interdiction mentionnée au 4º de l'article L. 4124-6 est, pour les sociétés exploitant un laboratoire de biologie médicale privé inscrites au tableau de l'ordre des médecins, une interdiction temporaire de pratiquer des examens de biologie médicale, avec ou sans sursis ; cette interdiction ne peut excéder un an ;

2º Les interdictions au titre des 4º ou 5º de l'article L. 4234-6 sont, pour les sociétés exploitant un laboratoire de biologie médicale privé inscrites au tableau de l'ordre des

pharmaciens, une interdiction temporaire de pratiquer des examens de biologie médicale d'une durée maximale d'un an, avec ou sans sursis.

COMMENTAIRE

V. Commentaire reproduit sur Dalloz.fr.

Contentieux disciplinaire. L'art. R. 6212-88 prévoyant que les sociétés d'exercice libéral sont soumises aux dispositions disciplinaires applicables aux directeurs et directeurs adjoints de laboratoire d'analyse de biologie médicale, ni les statuts, ni le règlement intérieur d'une SELARL ne peuvent exclure la responsabilité de cette dernière et il appartient au juge disciplinaire, saisi d'une plainte relative au fonctionnement d'un laboratoire et dirigée à la fois contre son directeur et contre la société d'exercice libéral qui en assure l'exploitation, de rechercher les éléments susceptibles de caractériser les responsabilités de l'un et de l'autre dans les manquements commis. • CE 4 juin 2014, *Selarl Labo XV*, n° 360342.

Art. L. 6241-6 Les modalités d'application du présent chapitre sont fixées par décret en Conseil d'État.

CHAPITRE II SANCTIONS PÉNALES

Art. L. 6242-1 L'usage sans droit de la qualité de biologiste médical ou d'un diplôme, certificat ou autre titre légalement requis pour l'exercice des fonctions correspondantes est puni comme le délit d'usurpation de titre prévu à l'article 433-17 du code pénal pour les personnes physiques, et aux articles 433-17 et 433-25 de ce même code pour les personnes morales.

Art. L. 6242-2 L'exercice illégal des fonctions de biologiste médical est puni de deux ans d'emprisonnement et de 30 000 euros d'amende. Exerce illégalement les fonctions de biologiste médical toute personne qui ne satisfait pas aux conditions prévues aux articles L. 6213-1 à L. 6213-5.

Art. L. 6242-3 Sont punis de six mois d'emprisonnement et de 7 500 euros d'amende le fait de ne pas se soumettre aux contrôles institués par les articles L. 6221-9 et L. 6221-10 et le fait de faire obstacle aux fonctions des agents chargés des missions d'inspection mentionnés *(L. n° 2013-442 du 30 mai 2013, art. 8-I-21°)* **« à l'article L. 6231-1 ».**

Art. L. 6242-4 Pour l'infraction mentionnée à l'article L. 6242-2, les personnes physiques encourent également les peines complémentaires suivantes :

1° L'affichage ou la diffusion de la décision prononcée, dans les conditions prévues par l'article 131-35 du code pénal ;

2° L'interdiction temporaire ou définitive d'exercer une ou plusieurs professions régies par le présent code ou tout autre activité professionnelle ou sociale à l'occasion de l'exercice de laquelle l'infraction a été commise, suivant les modalités prévues par l'article 131-27 du code pénal ;

3° La fermeture temporaire ou définitive du laboratoire de biologie médicale dans les conditions prévues à l'article 131-33 du même code ;

4° La confiscation de la chose qui a servi ou était destinée à commettre l'infraction ou de la chose qui en est le produit, conformément à l'article 131-21 du code pénal.

Art. L. 6242-5 Les personnes morales déclarées pénalement responsables, dans les conditions prévues par l'article 121-2 du code pénal, de l'infraction définie à l'article L. 6242-2 encourent, outre l'amende suivant les modalités prévues par l'article 131-38, les peines prévues par les articles 2° à 9° de l'article 131-39.

L'interdiction mentionnée au 2° de l'article 131-39 du même code porte sur une ou plusieurs professions régies par le présent code ou toute autre activité professionnelle ou sociale à l'occasion de l'exercice de laquelle l'infraction a été commise.

LIVRE TROISIÈME AIDE MÉDICALE URGENTE, PERMANENCE DES SOINS, TRANSPORTS SANITAIRES, TÉLÉMÉDECINE ET AUTRES SERVICES DE SANTÉ *(L. nº 2009-879 du 21 juill. 2009, art. 78-I).*

TITRE PREMIER AIDE MÉDICALE URGENTE, PERMANENCE DES SOINS, TÉLÉMÉDECINE ET TRANSPORTS SANITAIRES *(L. nº 2009-879 du 21 juill. 2009, art. 78-I).*

CHAPITRE PREMIER AIDE MÉDICALE URGENTE

Art. L. 6311-1 **L'aide médicale urgente a pour objet, en relation notamment avec les dispositifs communaux et départementaux d'organisation des secours, de faire assurer aux malades, blessés et parturientes, en quelque endroit qu'ils se trouvent, les soins d'urgence appropriés à leur état.** — *[Anc. art. 2, L. nº 86-11].*

COMMENTAIRE

V. Commentaire reproduit sur Dalloz.fr.

1. Faute commise à l'occasion d'un transfert médical d'urgence. Eu égard à l'étroite collaboration existant entre le service d'aide médicale urgente (SAMU), les services mobiles d'urgence et de réanimation (SMUR) et les services d'accueil et de traitement des urgences (SATU), la victime d'une faute commise à l'occasion du transfert d'un patient d'un établissement de santé vers un autre peut, lorsque les services impliqués dépendent d'établissements de santé différents, rechercher la responsabilité de l'un seulement de ces établissements ou leur responsabilité solidaire, sans préjudice des appels en garantie que peuvent former l'un contre l'autre les établissements ayant participé à la prise en charge des patients. • CE 18 janv. 2010, *Cts A.*, nº 318891 : *RDSS 2010. 370, obs. Cristol.*

2. Faute commise dans la prise en charge de l'appel par le SAMU. Le choix d'envoyer une ambulance non médicalisée, effectué après un interrogatoire qui n'a pas permis au médecin régulateur de procéder à une évaluation correcte de la gravité et de l'urgence de la situation et des moyens appropriés pour y répondre et qui a conduit à expédier sur place, sans mentionner d'urgence particulière, une équipe dépourvue des moyens humains et matériels susceptibles de permettre à un patient d'échapper à l'aggravation de son état, caractérise un manquement fautif dans la prise en charge de l'appel reçu par le SAMU. • CAA Marseille, 30 janv. 2014, *Sté nouvelle des ambulances hyéroises*, nº 11MA00403 : *AJDA 2014. 1215, concl. Chamot.*

3. Transfert du patient d'une structure hospitalière vers une autre et dotation MIGAC. Erreur de droit de la cour administrative d'appel (• CAA Marseille 10 août 2015, *CHU de Nice*, nº 15MA00226 : *Lebon)* qui a jugé que le transfert d'un patient entre deux établissements assuré par une structure mobile d'urgence et de réanimation ne relevait pas nécessairement de l'aide médicale urgente telle qu'elle est définie par l'art. L. 6311-1 CSP, ce dont elle a déduit que certaines des interventions d'une telle structure, au seul motif que le transfert n'avait pas pour objet de faire assurer au patient des soins d'urgence dans l'établissement de destination, ne relevaient pas d'un financement par la dotation nationale de financement des missions d'intérêt général et d'aide à la contractualisation, mentionnée aux art. L. 162-22-13 et D. 162-6 CSS, au titre de l'aide médicale urgente. • CE 8 févr. 2017, *Sté Polyclinique St-Jean*, nº 393311 : *Lebon ; AJDA 2017. 323 ; RDSS 2017. 469, concl. Decout-Paolini.* ♦ Dès lors qu'une structure mobile d'urgence ne peut légalement intervenir que dans le cadre de sa mission de service public d'aide médicale urgente, sur décision du médecin régulateur du SAMU, toutes ses interventions relèvent d'un financement par la dotation nationale de financement des missions d'intérêt général et d'aide à la contractualisation, mentionnée aux art. L. 162-22-13 et D. 162-6 CSS, au titre de l'aide médicale urgente. • Même décision. ♦ La décision de transporter un patient par une structure mobile d'urgence et de réanimation ne pouvant intervenir que dans le cadre de sa mission de service public d'aide médicale urgente, limitativement définie à l'art. R. 6123-15 CSP, sur décision du médecin régulateur du service d'aide médicale urgente, il en résulte qu'en l'absence de dispositions prévoyant un autre mode de financement des transports assurés par les structures mobiles d'urgence et de réanimation pour transférer des patients entre deux établissements de santé, sans retour dans l'établissement d'origine dans le délai de 48 heures, ces transports ont vocation à être financés par la dotation nationale de financement des missions d'intérêt général et d'aide à la contractualisation. • CE 8 nov. 2017, *Fédération hospitalière de France et a.*, n° 401402 : *Lebon.*

Art. L. 6311-2 *(L. n° 2009-879 du 21 juill. 2009, art. 1er-XIV)* Seuls les établissements de santé peuvent être autorisés, conformément au chapitre II du titre II du livre Ier de la présente partie, à comporter une ou plusieurs unités participant au service d'aide médicale urgente, dont les missions et l'organisation sont fixées par voie réglementaire.

Un centre de réception et de régulation des appels est installé dans les services d'aide médicale urgente. Ce centre peut être commun à plusieurs services concourant à l'aide médicale urgente.

Le fonctionnement de ces unités et centres peut être assuré, dans des conditions fixées par décret, avec le concours de médecins d'exercice libéral.

Dans le respect du secret médical, les centres de réception et de régulation des appels sont interconnectés avec les dispositifs des services de police et d'incendie et de secours.

Les services d'aide médicale urgente et les services concourant à l'aide médicale urgente sont tenus d'assurer le transport des patients pris en charge dans le plus proche des établissements offrant des moyens disponibles adaptés à leur état, sous réserve du respect du libre choix.

COMMENTAIRE

V. Commentaire reproduit sur Dalloz.fr.

1. Réparation des conséquences dommageables liées à l'activité d'aide médicale urgente. V. note ss. art. L. 6314-2.

2. Situation avant l'intervention de la loi du 21 juill. 2009. V. note ss. art. L. 6314-2.

3. Compétence du juge judiciaire. Il n'appartient qu'au juge judiciaire de connaître des litiges entre un patient et le médecin participant à la permanence des soins et sollicité par le centre régulateur du SAMU. • T. confl., 9 mai 2016, *AP-HP c/ Mme V. et al.*, n° 4046 : *JCP A 2016. 428, note Touzeil-Divina.*

CHAPITRE II TRANSPORTS SANITAIRES

BIBL. ▶ Chenillet et Prétot, La loi n° 86-11 du 6 janvier 1986 relative à l'aide médicale urgente et aux transports sanitaires : une consolidation législative ?, *RDSS 1986. 206.* – Dubouis, La loi n° 86-11 du 6 janvier 1986 relative à l'aide médicale urgente et aux transports sanitaires, *ALD 1986. 119.* – Steg, Rapport sur l'urgence médicale, *JO, Avis et rapports du Conseil économique et social, 1984, n° 15.* – Chenillet et Prétot, Le secours médical d'urgence : éléments pour une classification, *RDSS 1983. 659.* – Moderne, Les petites et moyennes entreprises et la concurrence directe des services publics : l'exemple des entreprises privées de transports sanitaires, *LPA 30 nov. 1983, p. 11.* – Jean, Rapport sur les problèmes posés par l'application des art. L. 51-1 et L. 51-3 CSP, *services Premier ministre, nov. 1982.* – Tixier, La coordination des transports sanitaires publics et privés, *AJDA 1982. 491.*

Art. L. 6312-1 Constitue un transport sanitaire, tout transport d'une personne malade, blessée ou parturiente, pour des raisons de soins ou de diagnostic, sur prescription médicale ou en cas d'urgence médicale, effectué à l'aide de moyens de transports terrestres, aériens ou maritimes, spécialement adaptés à cet effet.

(L. n° 2006-1640 du 21 déc. 2006, art. 48) « Le transport de personnes décédées, en vue de prélèvement à des fins thérapeutiques, effectué à l'aide de moyens de transports terrestres, aériens ou maritimes, spécialement adaptés à cet effet, est considéré comme un transport sanitaire depuis le lieu de prise en charge de la personne décédée jusqu'à l'établissement de santé autorisé à pratiquer ces prélèvements. »

(L. n° 2016-1827 du 23 déc. 2016, art. 79-IV-A) « Le transport médicalisé d'enfants décédés de cause médicalement inexpliquée, en vue de prélèvements à des fins diagnostiques et scientifiques, ainsi que le transport de leurs représentants légaux en vue d'une prise en charge adaptée, effectué à l'aide de moyens de transport terrestres, aériens ou maritimes spécialement adaptés à cet effet, est considéré comme un transport sanitaire depuis le lieu de prise en charge de l'enfant décédé jusqu'à l'établissement de santé appelé à réaliser les prélèvements. »

Les transports des personnels de défense effectués à l'aide des moyens propres aux armées ne constituent pas des transports sanitaires.

Art. L. 6312-2 **Toute personne effectuant un transport sanitaire doit avoir été préalablement agréée par** *(Ord. n° 2010-177 du 23 févr. 2010, art. 16-1°)* **« le directeur général de l'agence régionale de santé ». Le refus d'agrément doit être motivé.**

En application des art. L. 231-5 et L. 231-6 du CRPA, et par exception à l'application du délai de deux mois prévu à l'art. L. 231 du même code, le délai à l'expiration duquel le silence gardé par l'administration vaut acceptation est de quatre mois pour les demandes d'agrément de toute personne effectuant un transport sanitaire (Décr. n° 2014-1287 du 23 oct. 2014, art. 1er).

1. Retrait d'agrément. L'art. 4 du Décr. n° 87-965 du 30 nov. 1987 prévoit que le titulaire d'un agrément doit disposer du personnel nécessaire pour garantir la présence à bord de chaque véhicule d'un équipage conforme à la réglementation. L'entrepreneur individuel qui a confié son fonds de commerce en location-gérance à une SARL ne remplit plus cette condition : le préfet est tenu de retirer son agrément. • CE 30 avr. 1997, *Cts Nazon*, n° 141178 : *Lebon T. 1078*.

2. Prise en charge du transport sanitaire par l'assurance maladie. Seuls peuvent être pris en charge par l'assurance maladie les transports effectués par une entreprise agréée au moyen d'une ambulance ou d'un véhicule appartenant aux catégories mentionnées à l'art. R. 6312-8. • Civ. 2e, 2 avr. 2015, n° 14-15.291 P.

Art. L. 6312-3 **La législation en vigueur sur les prix s'applique aux tarifs de transports sanitaires. Ceux-ci sont établis par arrêté des ministres chargés du budget, de la consommation, de l'économie et des finances et de la sécurité sociale.**

L'inobservation de ces tarifs peut entraîner le retrait de l'agrément. — *[Anc. art. L. 51-4].*

Transports sanitaires urgents effectués par les sapeurs-pompiers. Sur la gratuité des transports sanitaires d'urgence effectués par les sapeurs-pompiers et ses limites, V. • CE 5 déc. 1984, *Ville de Versailles*, n° 48639 : *Lebon 399 ; AJDA 1985. 105, obs. J.-C. ; RFDA 1985. 522, note Prétot ; Dr. adm. 1985. 47.*

Art. L. 6312-4 **Dans chaque département, la mise en service par les personnes mentionnées à l'article L. 6312-2 de véhicules affectés aux transports sanitaires terrestres est soumise à l'autorisation** *(Ord. n° 2010-177 du 23 févr. 2010, art. 16-2°)* **« du directeur général de l'agence régionale de santé ».**

Aucune autorisation n'est délivrée si le nombre de véhicules déjà en service égale ou excède un nombre fixé en fonction des besoins sanitaires de la population.

Le retrait de l'agrément peut être prononcé à l'encontre de toute personne qui a mis ou maintenu en service un véhicule sans autorisation.

Les dispositions du présent article ne sont pas applicables aux véhicules exclusivement affectés aux transports sanitaires effectués dans le cadre de l'aide médicale urgente.

En application des art. L. 231-5 et L. 231-6 du CRPA, le silence gardé pendant deux mois par l'administration vaut décision de rejet pour les demandes d'autorisation de mise en service de véhicules affectés aux transports sanitaires terrestres (Décr. n° 2014-1286 du 23 oct. 2014, art. 1er et 2).

Art. L. 6312-5 **Sont déterminées par décret en Conseil d'État :**

— les conditions d'agrément de toute personne effectuant un transport sanitaire prévu à l'article L. 6312-2 ;

— les conditions dans lesquelles le nombre théorique de véhicules mentionné à l'article L. 6312-4 est fixé, ainsi que les conditions de délivrance, de transfert et de retrait des autorisations de mise en service, notamment au regard de l'agrément ;

— les catégories de moyens de transport affectés aux transports sanitaires ;

— les catégories de personnes habilitées à effectuer des transports sanitaires, leurs missions respectives ainsi que la qualification et la composition des équipages ;

— les modalités de délivrance par *(Ord. n° 2010-177 du 23 févr. 2010, art. 16-3°)* **« l'agence régionale de santé » aux personnes mentionnées à l'article L. 6312-2 de l'agrément pour effectuer des transports sanitaires ainsi que les modalités de son retrait ;**

— les obligations de ces personnes à l'égard du service de garde organisé par *(Ord. n° 2010-177 du 23 févr. 2010, art. 16-3°)* **« l'agence régionale de santé » et à l'égard des centres de réception et de régulation des appels mentionnés à l'article L. 6112-5 ;**

— *(L. n° 2002-1487 du 20 déc. 2002, art. 41-I ; Ord. n° 2004-637 du 1er juill. 2004, art. 25)* **« les conditions dans lesquelles** *(Ord. n° 2010-177 du 23 févr. 2010, art. 16-3°)*

« l'agence régionale de santé » organise la garde départementale assurant la permanence du transport sanitaire. »

1. Siège social des entreprises de transport sanitaire. Aucune disposition du Décr. du 27 mars 1973 modifié, pris en application des art. L. 51-1 à L. 51-3 [L. 6312-1 à L. 6312-5] CSP, ni aucune autre disposition réglementaire n'imposent aux entreprises privées de transports sanitaires de fixer leur siège social au lieu de leurs installations matérielles d'exploitation. • CE 6 nov. 1987, *Assoc. dptale des entreprises de transports sanitaires agréées de la Côte-d'Or*, n° 50324. ♦ ... Ou dans un local répondant aux normes exigées pour ces dernières installations. • Même arrêt.

2. Interprétation d'une convention liant un hôpital avec un ambulancier privé. V. • CE 22 juin 1990, *Navarret*, n° 80264.

3. Rapports entre une entreprise privée de transports sanitaires et un centre hospitalier. Les rapports entre une entreprise privée de transports sanitaires et un centre hospitalier peuvent être régis par les clauses d'un protocole d'accord passé entre l'établissement public et les organisations professionnelles d'entreprises d'ambulances. • CE 26 mai 1989, *Mme Mesplou*, n° 66896. ♦ Il n'appartient pas au juge administratif d'annuler une décision de résiliation d'un tel contrat. • Même arrêt. ♦ Sur l'application de la procédure contradictoire prévue par le protocole d'accord en vue de la suspension du tour de rôle des entreprises pour faute contractuelle : • Même arrêt. ♦ Une mesure de suspension définitive peut être prévue en cas de « récidive », même si les faits reprochés à l'intéressé ne sont pas de même nature. • Même arrêt. ♦ Constitue une faute contractuelle le fait de laisser un malade immobilisé pendant plusieurs heures dans un véhicule de l'entreprise sanctionnée. • Même arrêt.

4. Instauration d'un tour de garde. Sur la légalité de l'institution d'un tour de garde des entreprises privées de transports sanitaires dûment agréées, compte tenu des interventions effectuées par le service d'aide médicale urgente et les sapeurs-pompiers, V. • CE 22 févr. 1989, *Féd. française des entreprises de transports sanitaires agréées*, n° 58501. ♦ Le préfet peut légalement délimiter des « secteurs » de tour de garde à l'intérieur du département. • CE 9 oct. 1992, *Min. Aff. soc. et emploi c/ M. Lafarge*, n° 90299 : *Lebon 357*. ♦ ... Et réserver le tour de garde aux seules entreprises installées dans un secteur • Même arrêt. ♦ ... A condition de ne pas commettre d'erreur manifeste d'appréciation sur le point de savoir si ces entreprises suffisent pour assurer convenablement le tour de garde. • Même arrêt.

5. Compétence juridictionnelle pour statuer sur une exclusion du tour de rôle. La convention conclue entre un établissement public de santé et une société de transports sanitaires privée agréée, en vue d'organiser le transport des patients à leur sortie, soit pour un retour à domicile, soit pour le transfert vers un autre établissement, a notamment pour objet d'organiser et de déléguer le service public de transport des malades entre établissements hospitaliers, qui incombe en principe aux établissements hospitaliers eux-mêmes ; elle fait ainsi participer directement la société signataire au service public dont le CHRU a la charge et le juge administratif a compétence pour statuer sur l'action contentieuse liée à l'exclusion, à titre définitif, de la société cocontractante du tour de rôle des transports sanitaires. • CAA Marseille, 14 avr. 2014, *Sté Ambulance service languedocienne*, n° 13MA04562.

6. Compétence juridictionnelle pour statuer sur une action en responsabilité quasi délictuelle. Le juge administratif n'est pas compétent pour connaître de conclusions tendant à mettre en jeu la responsabilité quasi délictuelle d'une société privée d'ambulances requise par le SAMU pour transporter un malade à l'hôpital, dans la mesure où le dommage ne se rattache pas à l'exercice par cette personne morale de droit privé de prérogatives de puissance publique qui lui auraient été conférées pour l'exécution de la mission de service public dont elle a été investie. • CAA Marseille, 30 janv. 2014, *Sté nouvelle des ambulances hyéroises*, n° 11MA00403 : *AJDA 2014. 1215, concl. Chamot*.

7. Continuité du service d'urgence de transport et comptabilité publique. La Cour des comptes a commis une erreur de droit en refusant de prononcer un débet à l'encontre du comptable d'un groupement d'intérêt public ayant, en l'absence de budget exécutoire, effectué un paiement dans le but d'assurer la continuité d'un service d'urgence de transport héliporté de malades, alors qu'aucun texte de portée normative n'autorisait pour les GIP le paiement des dépenses indispensables à leur fonctionnement, en l'absence d'adoption du budget avant le commencement de l'exercice. • CE 20 mars 2013, *Parquet général près la Cour des comptes*, n° 347558 : *Lebon*.

CHAPITRE III DISPOSITIONS PÉNALES

Art. L. 6313-1 *(Ord. n° 2004-637 du 1er juill. 2004, art. 25 ; L. n° 2007-1786 du 19 déc. 2007, art. 51-II)* « Est puni d'une amende de 8 000 € le fait : »

1° D'effectuer un transport sanitaire sans agrément ou malgré le retrait d'agrément ;

2° De mettre ou de maintenir en service un véhicule affecté aux transports sanitaires terrestres sans l'autorisation prévue à l'article L. 6312-4.

Les personnes physiques coupables de l'infraction mentionnée à l'alinéa précédent encourent la peine complémentaire d'interdiction d'effectuer des transports sanitaires pendant un an. — *[Anc. art. L. 51-5].*

CHAPITRE IV PERMANENCE DES SOINS

Art. L. 6314-1 *(L. n° 2009-879 du 21 juill. 2009, art. 49-I, en vigueur le 1er janv. 2010)* **La mission de service public de permanence des soins est assurée, en collaboration avec les établissements de santé, par les médecins mentionnés à l'article L. 162-5 du code de la sécurité sociale, dans le cadre de leur activité libérale, et aux articles L. 162-5-10 et L. 162-32-1 du même code, dans les conditions définies à l'article L. 1435-5 du présent code. Tout autre médecin ayant conservé une pratique clinique a vocation à y concourir selon des modalités fixées contractuellement avec l'agence régionale de santé.** *(Ord. n° 2018-20 du 17 janv. 2018, art. 28)* **« Les praticiens des armées peuvent contribuer à la mission de service public de permanence des soins, notamment à la régulation téléphonique, selon des modalités fixées par décret. »**

Le directeur général de l'agence régionale de santé communique au représentant de l'État dans le département les informations permettant à celui-ci de procéder aux réquisitions éventuellement nécessaires à la mise en œuvre du premier alinéa.

(L. n° 2016-41 du 26 janv. 2016, art. 75) **« La régulation téléphonique de l'activité de permanence des soins ambulatoires est accessible gratuitement par un numéro national de permanence des soins ou par le numéro national d'aide médicale urgente. En application de l'article L. 1435-5, le directeur général de l'agence régionale de santé détermine, pour la région, lequel des deux numéros est utilisé pour la permanence des soins ambulatoires. Lorsqu'il choisit le numéro d'aide médicale urgente, l'accès à la régulation téléphonique de permanence des soins ambulatoires reste toutefois accessible par le numéro national de permanence des soins. Cette permanence est coordonnée avec les dispositifs de psychiatrie d'intervention en urgence.**

« La régulation téléphonique est également accessible par les numéros des associations de permanence des soins disposant de plates-formes d'appels interconnectées avec le numéro d'accès à la régulation de l'aide médicale urgente, dès lors que ces plates-formes assurent une régulation médicale des appels. »

Pour l'accomplissement de la mission de service public de permanence des soins, des modalités particulières de prescription sont fixées par voie réglementaire.

BIBL. ▶ GRIBEAUVAL, Réquisitions judiciaire et administrative des professionnels de santé en France, *Rev. Prescrire, janv. 2012, n° 339, p. 64.*

COMMENTAIRE

V. Commentaire reproduit sur Dalloz.fr.

1. Champ de la mission de permanence des soins et conséquences contentieuses. La permanence des soins constitue une mission de service public. Toutefois, il résulte des dispositions du CSP que le champ de cette mission se limite à *l'organisation de la régulation des appels* des patients et de l'accès à ceux-ci à un médecin de permanence, qui peut être libéral, la continuité des soins devant être assurée par la mise à disposition de moyens. • CAA Paris, 10 nov. 2011, *Mme A,* n° 11PA01228. ♦ Par conséquent, l'exercice propre des soins lors des consultations réalisées à domicile au cours des périodes de permanence par un médecin libéral, bien que ce dernier ait été sollicité par un centre de répartition des appels, relève de sa responsabilité personnelle, telle qu'elle est définie à l'art. R. 4127-69 CSP. • Même arrêt. ♦ Dans l'exercice de sa consultation, le médecin ne peut être regardé comme un collaborateur occasionnel du service public. • Même arrêt. ♦ Dans le même sens, la Cour de cassation considère que si la permanence des soins constitue une mission de service public, les actes de diagnostic et de soins réalisés par un médecin libéral lors de son service de garde engagent sa responsabilité personnelle, même lorsque son intervention a été sollicitée par le centre de régulation des appels. • Civ. 1re, 4 févr. 2015, n° 14-10.337 : *RDSS 2015. 672, note Lemaire ; AJDA 2015. 248 ; D. 2015. 379.* ♦ Le juge judiciaire est donc compétent pour connaître de l'action en responsabilité dirigée par une patiente contre le médecin libéral. • Même arrêt.

2. Abstention délibérée de déférer à un acte de réquisition. Alors même qu'il l'estimerait illégal, un médecin ne peut, sans commettre une faute professionnelle, s'abstenir délibérément de déférer à un acte de réquisition pris pour assurer la permanence des soins, qui constitue une mission de service public et une obligation déontologique, avant d'avoir obtenu du juge administratif l'annulation ou la suspension de cet acte, sans d'ailleurs que cela fasse obstacle à ce que soient, le cas échéant, réparés les préjudices subis par le médecin du fait de l'exécution de cet acte administratif au cas où il serait ultérieurement jugé illégal. • CE 23 janv. 2013, *M. A.*, n° 344706 : *AJDA 2013. 832*. ♦ Il n'en va autrement que lorsque des raisons impérieuses imposent à l'intéressé d'adopter une attitude différente. • Même arrêt. ♦ Le caractère injustifié de cette réquisition est sans incidence sur l'existence d'une faute disciplinaire du médecin récalcitrant. • Même arrêt.

3. Médecins spécialistes et permanence des soins. Il résulte des dispositions combinées des art. L. 6314-1 et R. 6315-1 s. CSP et L. 162-5 CSS que les médecins spécialistes participent également à la permanence des soins, selon des modalités définies notamment dans le cahier des charges arrêté par le préfet. • CAA Marseille, 8 oct. 2013, *M. A.*, n° 12MA03329 • 8 oct. 2013, *M. B.*, n° 12MA03330. ♦ Est entaché d'erreur de droit l'arrêté réquisitionnant, en l'absence de volontaire parmi les seuls médecins généralistes, un médecin spécialiste, alors que le tableau des médecins volontaires sur la base duquel a été pris l'arrêté en litige a été élaboré sans la participation des médecins spécialistes exerçant dans le secteur. • Mêmes arrêts.

Art. L. 6314-2 *(L. n° 2009-879 du 21 juill. 2009, art. 49-II)* **L'activité du médecin libéral assurant la régulation des appels au sein d'un service d'aide médicale urgente hébergé par un établissement public de santé est couverte par le régime de la responsabilité administrative qui s'applique aux agents de cet établissement public. Ce même régime s'applique dans le cas où, après accord exprès de l'établissement public en cause, le médecin libéral assure la régulation des appels depuis son cabinet ou son domicile. Toute clause d'une convention contraire aux principes énoncés dans le présent article est nulle.**

COMMENTAIRE

V. Commentaire reproduit sur Dalloz.fr

1. Champ de la mission de permanence des soins et conséquences contentieuses. V. note ss. art. L. 6314-1.

2. Réparation des conséquences dommageables liées à l'activité d'aide médicale urgente. La faute d'un médecin libéral de garde, dont l'intervention est étrangère aux attributions exercées par les services du SAMU, n'est de nature à exonérer que partiellement un établissement public de santé de sa responsabilité, dans la mesure où le médecin régulateur du SAMU a, lui aussi, commis une faute ayant concouru à la réalisation du dommage. • CAA Nantes, 12 avr. 2012, *FGTI c/ CH de Bourges*, n° 10NT00310.

3. Situation avant l'intervention de la loi du 21 juill. 2009. Lorsqu'une faute était commise lors du traitement des appels téléphoniques par un médecin libéral, mis à disposition, en qualité de médecin régulateur, du centre de réception et de régulation des appels du SAMU par une association de médecins ayant pour objet la réponse à l'urgence, l'association était condamnée à garantir l'hôpital de l'intégralité des condamnations prononcées à son encontre, dans la mesure où les stipulations de la convention passée entre l'hôpital et l'association laissaient à cette dernière et au médecins libéraux l'entière responsabilité à raison de leur décision médicale. • CE 20 déc. 2006, *AMUEL*, n° 262280 : *AJDA 2007. 488, concl. Chauvaux* ; *RDSS 2007. 155, obs. Cristol*. ♦ La loi du 21 juill. 2009 écarte désormais la responsabilité des médecins libéraux, toute clause contraire étant réputée nulle.

Art. L. 6314-3 *(L. n° 2009-879 du 21 juill. 2009, art. 49-II)* **Les modalités d'application de l'article L. 6314-1 sont fixées par décret en Conseil d'État.**

CHAPITRE V CONTINUITÉ DES SOINS EN MÉDECINE AMBULATOIRE

(L. n° 2009-879 du 21 juill. 2009, art. 49-V)

Art. L. 6315-1 La continuité des soins aux malades est assurée quelles que soient les circonstances. Lorsque le médecin se dégage de sa mission de soins pour des raisons professionnelles ou personnelles, il doit indiquer à ses patients le confrère auquel ils pourront s'adresser en son absence. *(Abrogé par L. n° 2011-940 du 10 août 2011, art. 10)* ***« Le médecin doit également informer le conseil départemental de l'ordre de ses absences programmées dans les conditions et selon les modalités définies par décret. »***

Le conseil départemental de l'ordre veille au respect de l'obligation de continuité des soins et en informe le directeur général de l'agence régionale de santé.

COMMENTAIRE

V. Commentaire reproduit sur Dalloz.fr.

CHAPITRE VI TÉLÉMÉDECINE

(L. n° 2009-879 du 21 juill. 2009, art. 78-I)

BIBL. ▶ VIOUJAS, La télémédecine : entre expérimentations réussies et généralisation au ralenti, *RDSS 2015. 681*. – CORGAS-BERNARD, Responsabilité civile médicale et nouvelles pratiques numériques : l'exemple de la télémédecine, *LPA 14-15-18 août 2014, n° 162-163-164, p. 27*. – BOSKOVIC, Télémédecine : aspects de droit international privé, *RDSS 2011. 1021*. – BOURDAIRE-MIGNOT, Téléconsultation : quelles exigences ? Quelles pratiques ?, *RDSS 2011. 1003*. – GRYNBAUM, La responsabilité des acteurs de la télémédecine, *RDSS 2011. 996*. – LE GOFFIC, Consentement et confidentialité à l'épreuve de la télémédecine, *RDSS 2011. 987*. – MEYER-MEURET, Les enjeux économiques de la télémédecine, *RDSS 2011. 1013*. – PALEY-VINCENT et GOMBAULT, Télémédecine, réglementation et responsabilité, *Rev. Responsabilité, déc. 2011, vol. 11, n° 44, p. 10*. – SAUER, Europe et télésanté, *RDSS 2011. 1029*.

Art. L. 6316-1 La télémédecine est une forme de pratique médicale à distance utilisant les technologies de l'information et de la communication. Elle met en rapport, entre eux ou avec un patient, un ou plusieurs professionnels de santé, parmi lesquels figure nécessairement un professionnel médical et, le cas échéant, d'autres professionnels apportant leurs soins au patient.

Elle permet d'établir un diagnostic, d'assurer, pour un patient à risque, un suivi à visée préventive ou un suivi post-thérapeutique, de requérir un avis spécialisé, de préparer une décision thérapeutique, de prescrire des produits, de prescrire ou de réaliser des prestations ou des actes, ou d'effectuer une surveillance de l'état des patients.

La définition des actes de télémédecine ainsi que leurs conditions de mise en œuvre *(Abrogé par L. n° 2017-1836 du 30 déc. 2017, art. 54) « et de prise en charge financière »* **sont fixées par décret, en tenant compte des déficiences de l'offre de soins dues à l'insularité et l'enclavement géographique.**

Sur le déploiement de la télémédecine, V. L. n° 2013-1203 du 23 déc. 2013 de financement de la sécurité sociale pour 2014, art. 36.

COMMENTAIRE

V. Commentaire reproduit sur Dalloz.fr.

TITRE DEUXIÈME AUTRES SERVICES DE SANTÉ

CHAPITRE PREMIER RÉSEAUX DE SANTÉ

(L. n° 2002-303 du 4 mars 2002, art. 84)

BIBL. ▶ BACACHE, Victimes d'actes à finalité esthétique : la porte fermée de la solidarité nationale, *RTD civ. 2015. 212*. – RAVELET, La recomposition de l'offre hospitalière publique et privée dans le cadre des réseaux de santé, *RDSS 2006. 879*. – Traité pratique des réseaux de santé, *Berger-Levrault, 2005 (collectif)*. – PARMENTIER et BERGEROT, L'accès au droit coopératif pour les professionnels de santé : genèse des sociétés coopératives hospitalières de médecins et des réseaux coopératifs de santé, *Actualités JuriSanté, déc. 2001-janv. 2002, nos 34-36, p. 35*.

Art. L. 6321-1 Les réseaux de santé ont pour objet de favoriser l'accès aux soins, la coordination, la continuité ou l'interdisciplinarité des prises en charge sanitaires, notamment de celles qui sont spécifiques à certaines populations, pathologies ou activités sanitaires. Ils assurent une prise en charge adaptée aux besoins de la personne tant sur le plan de l'éducation à la santé, de la prévention, du diagnostic que des soins. Ils peuvent participer à des actions de santé publique. Ils procèdent à des actions d'évaluation afin de garantir la qualité de leurs services et prestations.

(Ord. n° 2018-20 du 17 janv. 2018, art. 28) **« Sans préjudice des dispositions de l'article L. 6147-13, ils sont constitués » entre les professionnels de santé libéraux, les médecins du travail, des établissements de santé,** *(Ord. n° 2003-850 du 4 sept. 2003,*

art. 17-I) « des groupements de coopération sanitaire », des centres de santé, des institutions sociales ou médico-sociales et des organisations à vocation sanitaire ou sociale, ainsi qu'avec des représentants des usagers.

Les réseaux de santé qui satisfont à des critères de qualité ainsi qu'à des conditions d'organisation, de fonctionnement et d'évaluation fixés par décret peuvent bénéficier de subventions de l'État, dans la limite des crédits inscrits à cet effet chaque année dans la loi de finances, de subventions des collectivités territoriales ou de l'assurance maladie ainsi que de financements des régimes obligatoires de base d'assurance maladie pris en compte dans l'objectif national de dépenses d'assurance maladie visé au 4° du I de l'article L.O. 111-3 du code de la sécurité sociale.

COMMENTAIRE

V. Commentaire reproduit sur Dalloz.fr.

Adhésion d'un médecin traitant au réseau afin que le patient puisse bénéficier de certaines prestations. Une association, disposant de la liberté contractuelle et ayant constitué un réseau de santé, peut poser des conditions d'adhésion à ce réseau, notamment destinées à assurer la coordination des soins, dès lors qu'elles ne portent pas atteinte au principe du libre choix du patient en l'obligeant à recourir aux soins d'un professionnel de santé. • Civ. 1re, 22 sept. 2016, nº 15-23.664 : *D. 2016. 1933*. ♦ En l'espèce, la condition d'adhésion d'un médecin traitant au réseau afin que le patient puisse bénéficier de certaines prestations sans frais de séances est licite, dans la mesure où le patient a la possibilité de s'adresser au médecin sociétaire de son choix. • Même arrêt.

Art. L. 6321-2 *(Ord. nº 2003-850 du 4 sept. 2003, art. 17-II)* Afin de remplir les missions définies par l'article L. 6321-1, les réseaux de santé peuvent se constituer en groupements de coopération sanitaire, groupements d'intérêt économique, groupements d'intérêt public ou associations.

COMMENTAIRE

V. Commentaire reproduit sur Dalloz.fr.

CHAPITRE II CHIRURGIE ESTHÉTIQUE

(L. nº 2002-303 du 4 mars 2002, art. 52)

BIBL. ▸ CORMIER, La chirurgie esthétique, *RDSS 2002. 724*.

COMMENTAIRE

V. Commentaire reproduit sur Dalloz.fr.

Art. L. 6322-1 Une intervention de chirurgie esthétique, y compris dans les établissements de santé mentionnés au livre Ier, ne peut être pratiquée que dans des installations satisfaisant à des conditions techniques de fonctionnement. Celles-ci font l'objet d'une *(Ord. nº 2010-177 du 23 févr. 2010, art. 26-32º)* « certification » dans les conditions prévues à l'article L. 6113-3.

La création de ces installations est soumise à l'autorisation de l'autorité administrative territorialement compétente. L'autorisation, qui entraîne la possibilité de fonctionner, est accordée pour une durée limitée renouvelable. Elle est subordonnée au résultat d'une visite de conformité sollicitée par la personne autorisée et menée par l'autorité administrative compétente.

Elle est réputée caduque si l'installation n'a pas commencé à fonctionner dans un délai de trois ans. De même, sauf accord préalable de l'autorité administrative sur demande justifiée du titulaire de l'autorisation, l'arrêt du fonctionnement de l'installation pendant une durée supérieure à six mois entraîne la caducité de l'autorisation. La *caducité est constatée* par l'autorité administrative compétente.

L'autorisation est retirée si une publicité directe ou indirecte sous quelque forme que ce soit est effectuée en faveur de l'établissement titulaire de ladite autorisation.

L'autorisation peut être suspendue totalement ou partiellement, ou peut être retirée par l'autorité administrative compétente pour les motifs et dans les conditions prévues à l'article L. 6122-13. Toutefois, l'avis *(Ord. nº 2010-177 du 23 févr. 2010, art. 12-4º)*

« de la commission spécialisée de la conférence régionale de la santé et de l'autonomie compétente pour le secteur sanitaire » n'est pas exigé.

L'activité, objet de l'autorisation, n'entre pas dans le champ des prestations couvertes par l'assurance maladie au sens de l'article *(L. n° 2015-1702 du 21 déc. 2015, art. 59-XII-C-2°, en vigueur le 1er janv. 2016)* **« L. 160-8 » du code de la sécurité sociale.**

En application des art. L. 231-5 et L. 231-6 du CRPA, le silence gardé pendant quatre mois par l'administration vaut décision de rejet pour les demandes d'autorisation pour la création d'installations de chirurgie esthétique (Décr. n° 2014-1286 du 23 oct. 2014, art. 1er et 2).

COMMENTAIRE

V. Commentaire reproduit sur Dalloz.fr.

1. Entrée en vigueur du régime des autorisations de chirurgie esthétique. Il résulte des dispositions de la loi du 4 mars 2002 que l'entrée en vigueur du régime d'autorisation des activités de chirurgie esthétique qu'elles instituent, et dont il n'existait auparavant aucun équivalent, était nécessairement subordonnée à la publication d'un décret d'application, lequel a été pris seulement le 11 juillet 2005. Ces dispositions législatives n'ont pu avoir par elles-mêmes pour effet d'interdire, dans l'attente de ce décret, la création d'activités de chirurgie esthétique. • CAA Bordeaux, 15 avr. 2008, *Sté Institut Santé Vision*, n° 06BX02440.

2. Actes ne relevant pas d'une prise en charge par l'assurance maladie. En vertu des dispositions combinées des art. L. 6322-1 et R. 6322-1 CSP, les actes de chirurgie esthétique, qui n'entrent pas dans le champ des prestations couvertes par l'assurance maladie au sens de l'art. L. 321-1 CSS, sont des actes qui tendent à modifier l'apparence corporelle d'une personne, à sa demande, sans visée thérapeutique ou reconstructrice. • CE 5 juill. 2013, *Synd. nat. de chirurgie plastique, reconstructrice et esthétique*, n° 363118 : *Lebon à paraître.* ♦ Les actes de médecine ou de chirurgie esthétique à finalité thérapeutique relèvent des dispositions de l'art. L. 162-1-7 CSS, aux termes desquelles la prise en charge par l'assurance maladie est subordonnée à l'inscription sur la liste qu'elles mentionnent. Cette liste prévoit le remboursement des actes de médecine ou de chirurgie esthétique répondant, pour le patient, à une indication thérapeutique, évaluée le cas échéant sur entente préalable de l'assurance maladie. • Même décision.

3. Qualification des actes de chirurgie esthétique. Les actes de chirurgie esthétique, quand ils sont réalisés dans les conditions prévues aux art. L. 6322-1 et L. 6322-2, ainsi que les actes médicaux qui leur sont préparatoires, constituent des actes de soins au sens de l'art. L. 1142-1 CSP. • Civ. 1re, 5 févr. 2014, n° 12-29.140 : *D. 2014. 697, note Porchy-Simon ; JDSAM 2014, n° 2, p. 70, note Bacache ; RCA mai 2014. Comm. 166, note Hocquet-Berg ; RTD civ. 2014. 394, note Jourdain.* ♦ Les actes à finalité esthétique ont toutefois été exclus de la solidarité nationale par la L. n° 2014-1554 du 22 déc. 2014, de financement de la sécurité sociale pour 2015 : les demandes d'indemnisation présentées postérieurement au 29 déc. 2014 ne pourront plus donner lieu à réparation au titre de la solidarité nationale.

Art. L. 6322-2 **Pour toute prestation de chirurgie esthétique, la personne concernée, et, s'il y a lieu, son représentant légal, doivent être informés par le praticien responsable des conditions de l'intervention, des risques et des éventuelles conséquences et complications. Cette information est accompagnée de la remise d'un devis détaillé. Un délai minimum doit être respecté par le praticien entre la remise de ce devis et l'intervention éventuelle. Pendant cette période, il ne peut être exigé ou obtenu de la personne concernée une contrepartie quelconque ni aucun engagement à l'exception des honoraires *afférents aux consultations* préalables à l'intervention.**

COMMENTAIRE

V. Commentaire reproduit sur Dalloz.fr.

Actes de chirurgie esthétique. V. note 3 ss. art. L. 6322-1.

Art. L. 6322-3 **Les conditions d'autorisation des installations mentionnées à l'article L. 6322-1 sont fixées par décret en Conseil d'État. Les conditions techniques de leur fonctionnement et la durée du délai prévu à l'article L. 6322-2 sont fixées par décret.** — *V. art. R. 6322-1 s.*

CHAPITRE III CENTRES DE SANTÉ

(L. nº 2002-303 du 4 mars 2002, art. 53)

Art. L. 6323-1 *(Ord. nº 2018-17 du 12 janv. 2018, art. 1er, en vigueur au plus tard le 1er avr. 2018)* **Les centres de santé sont des structures sanitaires de proximité, dispensant des soins de premier recours et, le cas échéant, de second recours et pratiquant à la fois des activités de prévention, de diagnostic et de soins, au sein du centre, sans hébergement, ou au domicile du patient. Ils assurent, le cas échéant, une prise en charge pluriprofessionnelle, associant des professionnels médicaux et des auxiliaires médicaux.**

Par dérogation à l'alinéa précédent, un centre de santé peut pratiquer à titre exclusif des activités de diagnostic.

Tout centre de santé, y compris chacun de ses antennes, réalise, à titre principal, des prestations remboursables par l'assurance maladie.

Les centres de santé sont ouverts à toutes les personnes sollicitant une prise en charge médicale ou paramédicale relevant de la compétence des professionnels y exerçant.

Ancien art. L. 6323-1 (L. nº 2009-879 du 21 juill. 2009, art. 1er) *Les centres de santé sont des structures sanitaires de proximité dispensant principalement des soins de premier recours. Ils assurent des activités de soins sans hébergement* (L. nº 2016-41 du 26 janv. 2016, art. 209) *« , au centre ou au domicile du patient, aux tarifs mentionnés au 1º du I de l'article L. 162-14-1 du code de la sécurité sociale, et mènent des actions de santé publique, de prévention, d'éducation pour la santé et des actions sociales et pratiquent la délégation du paiement du tiers mentionnée à l'article L. 322-1 du même code. Ils peuvent mener des actions d'éducation thérapeutique des patients. » Ils peuvent pratiquer des interruptions volontaires de grossesse* (L. nº 2016-41 du 26 janv. 2016, art. 77) *« dans les conditions prévues aux articles L. 2212-1 à L. 2212-10 du présent code, selon des modalités définies par un cahier des charges établi par la Haute Autorité de santé, dans le cadre d'une convention conclue au titre de l'article L. 2212-2 ».*

(L. nº 2016-41 du 26 janv. 2016, art. 118) *« Un centre de santé pluriprofessionnel universitaire est un centre de santé, ayant signé une convention tripartite avec l'agence régionale de santé dont il dépend et un établissement public à caractère scientifique, culturel et professionnel comportant une unité de formation et de recherche de médecine, ayant pour objet le développement de la formation et de la recherche en soins primaires. Les modalités de fonctionnement, d'organisation et d'évaluation de ces centres de santé pluriprofessionnels universitaires sont fixées par arrêté conjoint des ministres chargés de la santé et de l'enseignement supérieur.*

« Les centres de santé » constituent des lieux de stages pour la formation des différentes professions de santé.

Ils peuvent soumettre à l'agence régionale de santé et appliquer les protocoles définis à l'article L. 4011-2 dans les conditions prévues à l'article L. 4011-3.

Ils sont créés et gérés soit par des organismes à but non lucratif, soit par des collectivités territoriales (L. nº 2016-41 du 26 janv. 2016, art. 209) *« ou des établissements publics de coopération intercommunale », soit par des établissements de santé.*

(L. nº 2016-41 du 26 janv. 2016, art. 209) *« L'identification du lieu de soins à l'extérieur des centres de santé et l'information du public sur les activités et les actions de santé publique ou sociales mises en œuvre, sur les modalités et les conditions d'accès aux soins ainsi que sur le statut du gestionnaire sont assurées par les centres de santé. »*

Les centres de santé élaborent un projet de santé incluant des dispositions tendant à favoriser l'accessibilité sociale, la coordination des soins et le développement d'actions de santé publique.

Le projet médical du centre de santé géré par un établissement de santé est distinct du projet d'établissement.

Les médecins qui exercent en centre de santé sont salariés.

Les centres de santé sont soumis pour leur activité à des conditions techniques de fonctionnement prévues par décret, après consultation des représentants des gestionnaires de centres de santé.

(L. nº 2011-940 du 10 août 2011, art. 15) *« Ce décret prévoit également les conditions dans lesquelles, en cas de manquement compromettant la qualité et la sécurité des soins dans un centre de santé, le directeur général de l'agence régionale de santé* (L. n° 2016-41 du 26 janv. 2016, art. 209) ***« doit » :***

« — enjoindre au gestionnaire du centre d'y mettre fin dans un délai déterminé ;

« — en cas d'urgence tenant à la sécurité des patients ou de non-respect de l'injonction, prononcer la suspension immédiate, totale ou partielle, de l'activité du centre, assortie d'une mise en demeure de prendre les mesures nécessaires ;

« — maintenir cette suspension jusqu'à ce que ces mesures aient pris effet. »

(L. n° 2016-41 du 26 janv. 2016, art. 209) ***« Seuls les services satisfaisant aux obligations mentionnées au présent article peuvent utiliser l'appellation de centre de santé. »***

COMMENTAIRE

V. Commentaire reproduit sur Dalloz.fr.

Absence de déclaration préalable obligatoire. Aucune des dispositions des art. L. 6323-1 et D. 6323-1 n'a eu pour effet de soumettre l'activité des centres de santé à un régime de déclaration préalable. • TA Paris, 23 oct. 2015, *Association COSEM*, n° 1420852/6-1 : *AJDA 2015. 2450, concl. Marthinet*.

Art. L. 6323-1-1 *(Ord. n° 2018-17 du 12 janv. 2018, art. 1er, en vigueur au plus tard le 1er avr. 2018)* **Outre les activités mentionnées à l'article L. 6323-1, les centres de santé peuvent :**

1° Mener des actions de santé publique, d'éducation thérapeutique du patient ainsi que des actions sociales, notamment en vue de favoriser l'accès aux droits et aux soins des personnes les plus vulnérables ou à *[de]* **celles qui ne bénéficient pas de droits ouverts en matière de protection sociale ;**

2° Contribuer à la permanence des soins ambulatoires ;

3° Constituer des lieux de stages, le cas échéant universitaires, pour la formation des professions médicales et paramédicales ;

4° Pratiquer des interruptions volontaires de grossesse dans les conditions prévues aux articles L. 2212-1 à L. 2212-10, selon des modalités définies par un cahier des charges établi par la Haute Autorité de santé, dans le cadre d'une convention conclue au titre de l'article L. 2212-2 ;

5° Soumettre et appliquer des protocoles définis à l'article L. 4011-2 dans les conditions définies à l'article L. 4011-3 ;

(Ord. n° 2018-20 du 17 janv. 2018, art. 28-III et 35, en vigueur au plus tard le 1er avr. 2018) **« 6° Contribuer, en application des dispositions de l'article L. 6147-10, à la mission de soutien sanitaire des forces armées. »**

Art. L. 6323-1-2 *(Ord. n° 2018-17 du 12 janv. 2018, art. 1er, en vigueur au plus tard le 1er avr. 2018)* **Un centre de santé pluriprofessionnel universitaire est un centre de santé, ayant signé une convention tripartite avec l'agence régionale de santé dont il dépend et un établissement public à caractère scientifique, culturel et professionnel comportant une unité de formation et de recherche de médecine, ayant pour objet le développement de la formation et de la recherche en soins primaires. Les modalités de fonctionnement, d'organisation et d'évaluation de ces centres de santé pluriprofessionnels universitaires sont fixées par arrêté conjoint des ministres chargés de la santé et de l'enseignement supérieur.**

Art. L. 6323-1-3 *(Ord. n° 2018-17 du 12 janv. 2018, art. 1er, en vigueur au plus tard le 1er avr. 2018)* **Les centres de santé sont créés et gérés soit par des organismes à but non lucratif, soit par des collectivités territoriales, soit par des établissements publics de coopération intercommunale, soit par des établissements publics de santé, soit par des personnes morales gestionnaires d'établissements privés de santé, à but non lucratif ou à but lucratif.**

Un centre de santé peut également être créé et géré par une société coopérative d'intérêt collectif régie par le titre II *ter* de la loi n° 47-1775 du 10 septembre 1947 portant statut de la coopération. Dans une telle hypothèse, par dérogation à l'article 19 *septies* de cette loi, les seules personnes morales pouvant être associées de la société coopérative d'intérêt collectif sont les personnes mentionnées au premier alinéa du présent article.

Art. L. 6323-1-4 *(Ord. nº 2018-17 du 12 janv. 2018, art. 1er, en vigueur au plus tard le 1er avr. 2018)* **Les bénéfices issus de l'exploitation d'un centre de santé ne peuvent pas être distribués.**

Ils sont mis en réserve ou réinvestis au profit du centre de santé concerné ou d'un ou plusieurs autres centres de santé ou d'une autre structure à but non lucratif, gérés par le même organisme gestionnaire.

Les comptes du gestionnaire permettent d'établir le respect de cette obligation pour chacun des centres de santé qu'il gère.

Art. L. 6323-1-5 *(Ord. nº 2018-17 du 12 janv. 2018, art. 1er, en vigueur au plus tard le 1er avr. 2018)* **Les professionnels qui exercent au sein des centres de santé sont salariés.**

Les centres de santé peuvent bénéficier de la participation de bénévoles à leurs activités.

Art. L. 6323-1-6 *(Ord. nº 2018-17 du 12 janv. 2018, art. 1er, en vigueur au plus tard le 1er avr. 2018)* **Les centres de santé peuvent être membres de communautés professionnelles territoriales de santé au sens de l'article L. 1434-12 et opérateurs ou composants de plateformes territoriales d'appui au sens de l'article L. 6327-2.**

Art. L. 6323-1-7 *(Ord. nº 2018-17 du 12 janv. 2018, art. 1er, en vigueur au plus tard le 1er avr. 2018)* **Les centres de santé pratiquent le mécanisme du tiers payant mentionné à l'article L. 160-10 du code de la sécurité sociale et ne facturent pas de dépassements des tarifs fixés par l'autorité administrative ou des tarifs mentionnés au 1º du I de l'article L. 162-14-1 du code de la sécurité sociale.**

Art. L. 6323-1-8 *(Ord. nº 2018-17 du 12 janv. 2018, art. 1er, en vigueur au plus tard le 1er avr. 2018)* **En cas d'orientation du patient vers une autre structure soin ou un professionnel de santé exerçant à l'extérieur du centre de santé, une information lui est fournie sur la pratique ou non, par l'offreur de soins proposé, du mécanisme du tiers payant et de dépassements des tarifs fixés par l'autorité administrative ou des tarifs mentionnés au 1º du I de l'article L. 162-14-1 du code de la sécurité sociale. La délivrance de cette information est mentionnée dans le dossier médical du patient.**

Art. L. 6323-1-9 *(Ord. nº 2018-17 du 12 janv. 2018, art. 1er, en vigueur au plus tard le 1er avr. 2018)* **L'identification du lieu de soins à l'extérieur des centres de santé et l'information du public sur les activités et les actions de santé publique ou sociales mises en œuvre, sur les modalités et les conditions d'accès aux soins ainsi que sur le statut du gestionnaire sont assurées par les centres de santé.**

Toute forme de publicité en faveur des centres de santé est interdite.

Art. L. 6323-1-10 *(Ord. nº 2018-17 du 12 janv. 2018, art. 1er, en vigueur au plus tard le 1er avr. 2018)* **Les centres de santé élaborent un projet de santé, portant, en particulier, sur l'accessibilité et la continuité des soins ainsi que sur la coordination des professionnels de santé au sein du centre et avec des acteurs de soins extérieurs.**

Le règlement de fonctionnement du centre de santé est annexé au projet de santé.

Le projet de santé du centre de santé géré par un établissement de santé est distinct du projet d'établissement.

Un arrêté du ministre chargé de la santé précise le contenu du projet de santé et les conditions dans lesquelles les professionnels de santé du centre sont associés à son élaboration ainsi que le contenu du règlement de fonctionnement.

Art. L. 6323-1-11 *(Ord. nº 2018-17 du 12 janv. 2018, art. 1er, en vigueur au plus tard le 1er avr. 2018)* **Préalablement à l'ouverture du centre de santé et, le cas échéant d'une ou plusieurs antennes, le représentant légal de l'organisme gestionnaire de ce centre remet au directeur de l'agence régionale de santé le projet de santé mentionné à l'article L. 6323-1-10 ainsi qu'un engagement de conformité du centre de santé dont le contenu est précisé par un arrêté du ministre chargé de la santé.**

Le récépissé de cet engagement, établi par le directeur général de l'agence régionale de santé*[,]* **est remis ou transmis au représentant légal de l'organisme gestionnaire. Il vaut autorisation de dispenser des soins aux assurés sociaux dans le centre ou l'antenne concerné.**

Les conditions d'application du présent article sont fixées par décret.

Les centres de santé en fonctionnement à la date d'entrée en vigueur de l'Ord. n° 2018-17 du 12 janv. 2018 disposent d'un an pour transmettre au directeur général de l'ARS l'engagement de conformité mentionné dans le présent art. (Ord. préc., art. 3).

Art. L. 6323-1-12 *(Ord. n° 2018-17 du 12 janv. 2018, art. 1er, en vigueur au plus tard le 1er avr. 2018)* **I. — Lorsqu'il est constaté un manquement compromettant la qualité ou la sécurité des soins, un manquement du représentant légal de l'organisme gestionnaire à l'obligation de transmission de l'engagement de conformité ou au respect des dispositions législatives et réglementaires relatives aux centres de santé ou en cas d'abus ou de fraude commise à l'égard des organismes de sécurité sociale ou des assurés sociaux, le directeur général de l'agence régionale de santé le notifie à l'organisme gestionnaire du centre de santé et lui demande de faire connaître, dans un délai qui ne peut être inférieur à huit jours, ses observations en réponse ainsi que les mesures correctrices adoptées ou envisagées.**

En l'absence de réponse dans ce délai ou si cette réponse est insuffisante, il adresse au gestionnaire du centre de santé une injonction de prendre toutes dispositions nécessaires et de faire cesser définitivement les manquements dans un délai déterminé. Il en constate l'exécution.

II. — En cas d'urgence tenant à la sécurité des patients ou lorsqu'il n'a pas été satisfait, dans le délai fixé, à l'injonction prévue au I, le directeur général de l'agence régionale de santé peut prononcer la suspension immédiate, totale ou partielle, de l'activité du centre et, lorsqu'elles existent, de ses antennes.

La décision est notifiée au représentant légal de l'organisme gestionnaire du centre de santé, accompagnée des constatations faites et assortie d'une mise en demeure de remédier aux manquements dans un délai déterminé.

S'il est constaté, au terme de ce délai, qu'il a été satisfait à la mise en demeure, le directeur général de l'agence régionale de santé, éventuellement après réalisation d'une visite de conformité, met fin à la suspension.

Dans le cas contraire, le directeur général de l'agence régionale de santé se prononce, soit sur le maintien de la suspension jusqu'à l'achèvement de la mise en œuvre des mesures prévues, soit sur la fermeture du centre de santé et, si elles existent, de ses antennes.

La procédure prévue au I de l'art. L. 6323-1-12 mise en œuvre en raison d'un manquement au respect des dispositions relatives aux centres de santé résultant de l'Ord. n° 2018-17 du 12 janv. 2018 est applicable aux centres de santé en fonctionnement à la date d'entrée en vigueur de l'Ord. préc. à compter de la date d'envoi du récépissé mentionné au deuxième al. de l'art. L. 6323-1-11 et, à défaut, au plus tard dans le délai d'un an à compter de la date d'entrée en vigueur de l'Ord. n° 2018-17 du 12 janv. 2018 (Ord. préc., art. 3).

Art. L. 6323-1-13 *(Ord. n° 2018-17 du 12 janv. 2018, art. 1er, en vigueur au plus tard le 1er avr. 2018)* **Chaque organisme gestionnaire de centres de santé transmet annuellement au directeur général de l'agence régionale de santé les informations relatives aux activités et aux caractéristiques de fonctionnement et de gestion des centres de santé et de leurs antennes dont il est le représentant légal. Les informations dont la transmission est exigée sont précisées par arrêté du ministre chargé de la santé.**

Les centres de santé en fonctionnement à la date d'entrée en vigueur de l'Ord. n° 2018-17 du 12 janv. 2018 doivent transmettre les informations mentionnées au présent art. relatives à l'année 2018 au plus tard le 1er mars 2019 (Ord. préc., art. 3).

Art. L. 6323-1-14 *(Ord. n° 2018-20 du 17 janv. 2018, art. 28-IV et 35, en vigueur au plus tard le 1er avr. 2018)* **Le service de santé des armées est habilité à recevoir des professionnels de santé des centres de santé pour suivre des enseignements, effectuer des stages ou participer à des activités de soins, de formation, de recherche, d'éducation pour la santé et à des actions de santé publique.**

Les centres de santé peuvent recevoir, pour participer aux activités mentionnées aux articles L. 6323-1 et L. 6323-1-1, des personnels du service de santé des armées, dans les conditions prévues par leur statut.

Dans tous les cas, une convention est établie entre le ministre de la défense ou son représentant et l'organisme gestionnaire du centre de santé.

Lorsqu'un centre de santé contribue à la mission définie au 6° de l'article L. 6323-1-1, le ministre de la défense est informé sans délai, d'une part, de tout manquement

compromettant la qualité et la sécurité des soins et, d'autre part, de toute suspension de l'activité du centre pouvant entraîner des conséquences pour cette mission.

Art. L. 6323-1-15 *(Ord. n° 2018-17 du 12 janv. 2018, art. 1er, en vigueur au plus tard le 1er avr. 2018)* **Les modalités d'application du présent chapitre sont définies par décret.**

Art. L. 6323-2 *Abrogé par L. n° 2009-879 du 21 juill. 2009, art. 1er.*

CHAPITRE III *BIS* MAISONS DE SANTÉ

(L. n° 2007-1786 du 19 déc. 2007, art. 44-V)

Art. L. 6323-3 *(L. n° 2011-940 du 10 août 2011, art. 2-I)* **La maison de santé est une personne morale constituée entre des professionnels médicaux, auxiliaires médicaux ou pharmaciens.**

(L. n° 2016-41 du 26 janv. 2016, art. 118-II-2°-a) **« Ces professionnels » assurent des activités de soins sans hébergement de premier recours au sens de l'article L. 1411-11 et, le cas échéant, de second recours au sens de l'article L. 1411-12 et peuvent participer à des actions de santé publique, de prévention, d'éducation pour la santé et à des actions sociales dans le cadre du projet de santé qu'ils élaborent et dans le respect d'un cahier des charges déterminé par arrêté du ministre chargé de la santé.**

(L. n° 2016-41 du 26 janv. 2016, art. 118-II-2°-b) **« Une maison de santé pluriprofessionnelle universitaire est une maison de santé, ayant signé une convention tripartite avec l'agence régionale de santé dont elle dépend et un établissement public à caractère scientifique, culturel et professionnel comportant une unité de formation et de recherche de médecine, ayant pour objet le développement de la formation et la recherche en soins primaires. Les modalités de fonctionnement, d'organisation et d'évaluation de ces maisons de santé pluriprofessionnelles universitaires sont fixées par arrêté conjoint des ministres chargés de la santé et de l'enseignement supérieur. »**

Le projet de santé est compatible avec les orientations des schémas régionaux mentionnés à l'article L. 1434-2. Il est transmis pour information à l'agence régionale de santé. Ce projet de santé est signé par chacun des professionnels de santé membres de la maison de santé. Il peut également être signé par toute personne dont la participation aux actions envisagées est explicitement prévue par le projet de santé.

BIBL. ▸ MARKUS, Réflexions mitigées sur les maisons de santé universitaires, *in* Mélanges en l'honneur de Jean-Marie Clément, *LEH 2014, p. 637.* – ROUSSET, Les maisons de santé, un mode d'exercice favorisant l'accès aux soins ?, *RDSS 2014. 451*.

COMMENTAIRE

V. Commentaire reproduit sur Dalloz.fr.

CHAPITRE III *TER [ABROGÉ]* PÔLES DE SANTÉ

(Abrogé par L. n° 2016-41 du 26 janv. 2016, art. 65-I-2°) (L. n° 2009-879 du 21 juill. 2009, art. 40)

Art. L. 6323-4 *Abrogé par L. n° 2016-41 du 26 janv. 2016, art. 65-I-2°.*

CHAPITRE III *QUATER* DOTATION DE FINANCEMENT DES SERVICES DE SANTÉ

(L. n° 2009-879 du 21 juill. 2009, art. 41)

Art. L. 6323-5 **Les réseaux de santé, centres de santé, maisons de santé et pôles de santé signataires du contrat mentionné à l'article L. 1435-3 peuvent percevoir une dotation de financement du fonds d'intervention** *(L. n° 2011-1906 du 21 déc. 2011, art. 65-I-7°, en vigueur le 1er janv. 2013)* **« régional prévu à l'article L. 1435-8 ». Cette *dotation contribue* à financer l'exercice coordonné des soins.** (Abrogé par L. n° 2011-1906 du 21 déc. 2011, *art. 65-I-7°, à compter du 1er janv. 2013)* ***« Son montant est fixé chaque année dans la loi de financement de la sécurité sociale. »***

COMMENTAIRE

V. Commentaire reproduit sur Dalloz.fr.

CHAPITRE IV DISPOSITIONS PÉNALES

(L. n° 2002-303 du 4 mars 2002, art. 54)

Art. L. 6324-1 *(L. n° 2002-303 du 4 mars 2002, art. 54)* Dans les locaux, lieux, installations et véhicules auxquels ils ont accès en application de l'article L. 1421-2, ainsi que dans les lieux publics, les médecins inspecteurs de santé publique *(Ord. n° 2010-177 du 23 févr. 2010, art. 19-I-30°)* « et les inspecteurs des agences régionales de santé ayant la qualité de médecin » habilités et assermentés dans des conditions fixées par décret en Conseil d'État ont qualité pour rechercher et constater les infractions prévues à l'article L. 6324-2 et les infractions aux règlements mentionnés à l'article L. 6322-3.

Les dispositions des articles L. 1421-3, L. 5411-2 et L. 5411-3 sont applicables à l'exercice de cette mission.

Les *(L. n° 2011-525 du 17 mai 2011, art. 94-XII-6°)* « agents » *(Ord. n° 2016-301 du 14 mars 2016, art. 17-10°)* « mentionnés aux articles L. 511-3 et L. 511-21 du code de la consommation » sont habilités à rechercher et constater les infractions définies au II de l'article L. 6324-2. A cet effet, ils disposent des pouvoirs prévus à l'article *(Ord. n° 2016-301 du 14 mars 2016, art. 17-10°)* « L. 511-6 » du code de la consommation.

Art. L. 6324-2 *(L. n° 2002-303 du 4 mars 2002, art. 54)* I. — Est puni d'une amende de 150 000 € le fait d'exercer des activités de chirurgie esthétique sans l'autorisation prévue à l'article L. 6322-1 ou lorsque cette autorisation est réputée caduque ou qu'elle a été suspendue ou retirée.

II. — Est puni d'une amende de 30 000 € le fait :

1° De ne pas remettre le devis détaillé prévu à l'article L. 6322-2 ;

2° De ne pas respecter le délai prévu au même article ;

3° D'exiger ou d'obtenir pendant ce même délai une contrepartie de quelque nature qu'elle soit.

(L. n° 2009-526 du 12 mai 2009, art. 125-XXI-42°) « III. — Les personnes morales déclarées responsables pénalement, dans les conditions prévues par l'article 121-2 du code pénal, des infractions définies au présent article encourent, outre l'amende suivant les modalités prévues par l'article 131-38 du code pénal, les peines prévues par les 2°, 4°, 8° et 9° de l'article 131-39 du même code. L'interdiction mentionnée au 2° de l'article 131-39 du même code porte sur l'activité dans l'exercice ou à l'occasion de l'exercice de laquelle l'infraction a été commise. »

CHAPITRE V CENTRES ET ÉQUIPES MOBILES DE SOINS AUX PERSONNES EN SITUATION DE PRÉCARITÉ OU D'EXCLUSION GÉRÉS PAR DES ORGANISMES À BUT NON LUCRATIF

(L. n° 2008-337 du 15 avr. 2008, art. 8-III)

Art. L. 6325-1 Les centres et structures disposant d'équipes mobiles de soins aux personnes en situation de précarité ou d'exclusion gérés par des organismes à but non lucratif peuvent délivrer, à titre gratuit et sous la responsabilité d'un médecin *(L. n° 2011-2012 du 29 déc. 2011, art. 48)* « , d'un chirurgien-dentiste » ou d'un pharmacien, les médicaments nécessaires à leurs soins. Cette activité de délivrance est soumise à une déclaration préalable auprès du *(Ord. n° 2010-177 du 23 févr. 2010, art. 16-4°)* « directeur général de l'agence régionale de santé ».

Les conditions d'application du présent article sont déterminées par décret en Conseil d'État.

COMMENTAIRE

V. Commentaire reproduit sur Dalloz.fr.

CHAPITRE VI CENTRES MÉDICAUX ET ÉQUIPES DE SOINS MOBILES DU SERVICE DE SANTÉ DES ARMÉES

(L. n° 2011-2012 du 29 déc. 2011, art. 25)

Art. L. 6326-1 Les centres médicaux du service de santé des armées et leurs équipes mobiles figurent parmi les éléments du service de santé des armées mentionnés à l'article *(Ord. nº 2018-20 du 17 janv. 2018, art. 28)* « L. 6147-7 ». Ces derniers peuvent, dans le cadre de leur mission prioritaire mentionnée *(Ord. nº 2018-20 du 17 janv. 2018, art. 28)* « au même article », délivrer, à titre gratuit et sous la responsabilité d'un médecin ou d'un pharmacien, les médicaments et dispositifs médicaux et, le cas échéant, les dispositifs médicaux de diagnostic *in vitro* nécessaires à leurs soins.

Les centres médicaux du service de santé des armées sont approvisionnés à titre gratuit par les établissements de ravitaillement sanitaire du service de santé des armées mentionnés à l'article L. 5124-8.

Les conditions d'application du présent article sont déterminées par décret en Conseil d'État.

COMMENTAIRE

V. Commentaire reproduit sur Dalloz.fr

CHAPITRE VII FONCTIONS D'APPUI AUX PROFESSIONNELS POUR LA COORDINATION DES PARCOURS DE SANTÉ COMPLEXES

(L. nº 2016-41 du 26 janv. 2016, art. 74-1º)

Art. L. 6327-1 Des fonctions d'appui à la prise en charge des patients relevant de parcours de santé complexes sont organisées en soutien des professionnels de santé, sociaux et médico-sociaux par les agences régionales de santé, en concertation avec les représentants des professionnels et des usagers. Elles contribuent à prévenir les hospitalisations inutiles ou évitables ainsi que les ruptures de parcours.

Le parcours de santé est dit complexe lorsque l'état de santé, le handicap ou la situation sociale du patient rend nécessaire l'intervention de plusieurs catégories de professionnels de santé, sociaux ou médico-sociaux.

Le recours aux fonctions d'appui est déclenché par le médecin traitant ou un médecin en lien avec ce dernier, en veillant à leur intégration dans la prise en charge globale du patient.

Les fonctions d'appui peuvent être mises en œuvre par une équipe de soins primaires ou une communauté professionnelle territoriale de santé.

Les fonctions d'appui font l'objet d'une évaluation annuelle en concertation avec les représentants des professionnels et des usagers.

Art. L. 6327-2 Pour assurer l'organisation des fonctions d'appui définies à l'article L. 6327-1, l'agence régionale de santé peut constituer, par convention avec un ou plusieurs acteurs du système de santé, une ou plusieurs plates-formes territoriales d'appui à la coordination des parcours de santé complexes. Les établissements autorisés à exercer sous la forme d'hospitalisation à domicile peuvent participer au fonctionnement d'une ou de plusieurs plates-formes territoriales d'appui à la coordination des parcours de santé complexes.

La convention définit les missions, les engagements et les apports des différents signataires.

Art. L. 6327-3 Les modalités d'application du présent chapitre sont fixées par décret.

CHAPITRE VIII MAISONS D'ACCUEIL HOSPITALIÈRES

(L. nº 2016-41 du 26 janv. 2016, art. 100-I)

Art. L. 6328-1 Les maisons d'accueil hospitalières respectent un cahier des charges national élaboré après concertation avec les organisations représentatives, fixé par un arrêté des ministres chargés des affaires sociales et de la santé. Le cahier des charges précise les conditions dans lesquelles les maisons d'accueil hospitalières peuvent établir des conventions avec les établissements de santé.

Les organismes gestionnaires des maisons d'accueil hospitalières adressent ces conventions au directeur général de l'agence régionale de santé.

Le directeur général de l'agence régionale de santé tient à jour un répertoire régional des maisons d'accueil hospitalières pour la mise en œuvre du service public d'information en santé mentionné à l'article L. 1111-1-1.

CHAPITRE IX UNITÉS D'INSTRUCTION ET D'INTERVENTION DE LA SÉCURITÉ CIVILE

(Ord. nº 2018-20 du 17 janv. 2018, art. 28)

Art. L. 6329-1 *(Ord. nº 2018-20 du 17 janv. 2018, art. 28)* Les unités d'instruction et d'intervention de la sécurité civile peuvent délivrer, à titre gratuit et sous la responsabilité d'un médecin ou d'un pharmacien, les médicaments et dispositifs médicaux nécessaires aux soins qu'elles dispensent lorsqu'elles concourent à des missions de sécurité nationale.

Les conditions d'application du présent article sont déterminées par décret en Conseil d'État.

LIVRE QUATRIÈME MAYOTTE, ÎLES WALLIS-ET-FUTUNA ET TERRES AUSTRALES ET ANTARCTIQUES FRANÇAISES, NOUVELLE-CALÉDONIE ET POLYNÉSIE FRANÇAISE

V. Dalloz.fr 🏛.

DEUXIÈME PARTIE : *RÉGLEMENTAIRE*

PREMIÈRE PARTIE PROTECTION GÉNÉRALE DE LA SANTÉ

LIVRE PREMIER PROTECTION DES PERSONNES EN MATIÈRE DE SANTÉ

TITRE PREMIER DROITS DES PERSONNES MALADES ET DES USAGERS DU SYSTÈME DE SANTÉ

CHAPITRE PRÉLIMINAIRE DROITS DE LA PERSONNE

SECTION PREMIÈRE CONDITIONS D'ÉCHANGE ET DE PARTAGE D'INFORMATIONS ENTRE PROFESSIONNELS DE SANTÉ ET AUTRES PROFESSIONNELS DES CHAMPS SOCIAL ET MÉDICO-SOCIAL

(Décr. nº 2016-994 du 20 juill. 2016, art. 1er)

Art. R. 1110-1 Les professionnels participant à la prise en charge d'une même personne peuvent, en application de l'article L. 1110-4, échanger ou partager des informations relatives à la personne prise en charge dans la double limite :

1° Des seules informations strictement nécessaires à la coordination ou à la continuité des soins, à la prévention, ou au suivi médico-social et social de ladite personne ;

2° Du périmètre de leurs missions.

Art. R. 1110-2 Les professionnels susceptibles d'échanger ou de partager des informations relatives à la même personne prise en charge appartiennent aux deux catégories suivantes :

1° Les professionnels de santé mentionnés à la quatrième partie du présent code, quel que soit leur mode d'exercice ;

2° Les professionnels relevant des sous-catégories suivantes :

a) Assistants de service social mentionnés à l'article L. 411-1 du code de l'action sociale et des familles ;

b) Ostéopathes, chiropracteurs, psychologues et psychothérapeutes non professionnels de santé par ailleurs, aides médico-psychologiques et accompagnants éducatifs et sociaux ;

c) Assistants maternels et assistants familiaux mentionnés au titre II du livre IV du code de l'action sociale et des familles ;

d) Éducateurs et aides familiaux, personnels pédagogiques occasionnels des accueils collectifs de mineurs, permanents des lieux de vie mentionnés au titre III du livre IV du même code ;

e) Particuliers accueillant des personnes âgées ou handicapées mentionnés au titre IV du livre IV du même code ;

f) Mandataires judiciaires à la protection des majeurs et délégués aux prestations familiales mentionnés au titre VII du livre IV du même code ;

g) Non-professionnels de santé salariés des établissements et services et lieux de vie et d'accueil mentionnés aux articles L. 312-1, L. 321-1 et L. 322-1 du même code, ou y exerçant à titre libéral en vertu d'une convention ;

h) Non-professionnels de santé mettant en œuvre la méthode prévue à l'article L. 113-3 du même code pour la prise en charge d'une personne âgée en perte d'autonomie ;

i) Non-professionnels de santé membres de l'équipe médico-sociale compétente pour l'instruction des demandes d'allocation personnalisée d'autonomie mentionnée aux articles L. 232-3 et L. 232-6 du même code, ou contribuant à cette instruction en vertu d'une convention.

Art. R. 1110-3 I. – Le professionnel relevant d'une des catégories de l'article R. 1110-2 souhaitant échanger des informations relatives à une personne prise en charge, au titre du II de l'article L. 1110-4, avec un professionnel relevant de l'autre catégorie, informe préalablement la personne concernée, d'une part, de la nature des informations devant faire l'objet de l'échange, d'autre part, soit de l'identité du destinataire et de la catégorie dont il relève, soit de sa qualité au sein d'une structure précisément définie.

II. – Lorsqu'ils sont membres d'une même équipe de soins, les professionnels relevant d'une des catégories mentionnées à l'article R. 1110-2, partagent, avec ceux qui relèvent de l'autre catégorie, les informations relatives à une personne prise en charge dans les strictes limites de l'article R. 1110-1 et en informent préalablement la personne concernée. Ils tiennent compte, pour la mise en œuvre de ce partage, des recommandations élaborées par la Haute Autorité de santé avec le concours des ordres professionnels, en particulier pour ce qui concerne les catégories d'informations qui leur sont accessibles.

III. – Lorsque la personne est hors d'état d'exprimer sa volonté, seule l'urgence ou l'impossibilité d'informer cette personne peut dispenser le professionnel ou la personne participant à sa prise en charge de l'obligation d'information préalable. La personne concernée est toutefois informée, dès que son état de santé le permet, de l'échange ou du partage des informations auquel il a été procédé. Il en est fait mention dans le dossier médical.

Art. D. 1110-3-1 *(Décr. nº 2016-1349 du 10 oct. 2016, art. 1er)* Lorsqu'une personne est prise en charge par un professionnel relevant des catégories de professionnels mentionnées à l'article R. 1110-2 et ne faisant pas partie de l'équipe de soins au sens de l'article L. 1110-12, ce professionnel recueille le consentement de la personne pour partager ces données dans le respect des conditions suivantes :

1° La personne et, le cas échéant, son représentant légal, est dûment informée, en tenant compte de ses capacités, avant d'exprimer son consentement, des catégories d'informations ayant vocation à être partagées, des catégories de professionnels fondés à en connaître, de la nature des supports utilisés pour les partager et des mesures prises pour préserver leur sécurité, notamment les restrictions d'accès ;

2° Le consentement préalable de la personne, ou de son représentant légal, est recueilli par tout moyen, y compris de façon dématérialisée, après qu'elle a reçu les informations prévues au 1°.

Art. D. 1110-3-2 *(Décr. nº 2016-1349 du 10 oct. 2016, art. 1er)* L'information préalable de la personne est attestée par la remise à celle-ci, par le professionnel qui a recueilli le consentement, d'un support écrit, qui peut être un écrit sous forme électronique, reprenant cette information. Ce support indique les modalités effectives d'exercice de ses droits par la personne ainsi que de ceux qui s'attachent aux traitements opérés sur l'information recueillie, en application de la loi du 6 janvier 1978 relative à l'informatique, aux fichiers et aux libertés.

Art. D. 1110-3-3 *(Décr. nº 2016-1349 du 10 oct. 2016, art. 1er)* Le consentement est recueilli par chaque professionnel mentionné à l'article D. 1110-3-1, par tout moyen, y compris sous forme dématérialisée, sauf en cas d'impossibilité ou d'urgence. Dans ce cas, il procède au recueil du consentement lorsque la personne est de nouveau en capacité ou en situation de consentir au partage d'informations la concernant. Il en est fait mention dans le dossier médical de la personne.

Le consentement est valable tant qu'il n'a pas été retiré par tout moyen, y compris sous forme dématérialisée. Il est strictement limité à la durée de la prise en charge de la personne. La prise en charge peut nécessiter une ou plusieurs interventions successives du professionnel.

La matérialisation du recueil des modifications ou du retrait du consentement est faite selon les modalités décrites à l'article D. 1110-3-2.

Art. D. 1110-3-4 *(Décr. nº 2016-996 du 20 juill. 2016, art. 1er)* Les structures de coopération, d'exercice partagé ou de coordination sanitaire ou médico-sociale mentionnées au 1° de l'article L. 1110-12 sont les suivantes :

1° Les groupements hospitaliers de territoire ;

2° Les fédérations médicales inter-hospitalières ;
3° Lorsqu'ils ont pour objet la prise en charge médicale coordonnée de personnes, les groupements de coopération sanitaire et les groupements de coopération sociaux et médico-sociaux, ainsi que les groupements d'intérêt public et les groupements d'intérêt économique ;
4° Les maisons et les centres de santé ;
5° Les sociétés d'exercice libéral et toute autre personne morale associant des professionnels de santé libéraux, lorsqu'elles ont pour objet la prise en charge médicale coordonnée de personnes ;
6° Les organisations mises en œuvre dans le cadre des protocoles de coopération prévus aux articles L. 4011-1 à L. 4011-3 ;
7° Les plateformes territoriales d'appui mentionnées à l'article L. 6327-2 ;
8° Les réseaux de santé mentionnés aux articles L. 6321-1 et L. 6321-2 ;
9° Les coordinations territoriales mises en œuvre en application de l'article 48 de la loi n° 2012-1404 du 17 décembre 2012 de financement de la sécurité sociale pour 2013 ;
10° Les équipes pluridisciplinaires prévues à l'article L. 146-8 du code de l'action sociale et des familles et les équipes médico-sociales intervenant au titre de l'allocation personnalisée d'autonomie prévue à l'article L. 232-6 du même code.

SECTION II ASSOCIATIONS DE BÉNÉVOLES

(Décr. n° 2007-960 du 15 mai 2007)

Art. R. 1110-4 La convention type prévue à l'article L. 1110-11 régissant les relations entre les associations de bénévoles et les établissements de santé, sociaux et médico-sociaux constitue l'annexe 11-1 du présent code. — *Sur la convention type relative aux conditions d'intervention des bénévoles accompagnant les personnes en soins palliatifs dans les établissements de santé et les établissements sociaux et médico-sociaux, V. l'Annexe 11-1 sur Dalloz.fr*

SECTION III MÉDIATION SANITAIRE ET INTERPRÉTARIAT LINGUISTIQUE

(Décr. n° 2017-816 du 5 mai 2017, art. 1er)

Art. D. 1110-5 *(Décr. n° 2017-816 du 5 mai 2017, art. 1er)* La médiation sanitaire, ou médiation en santé, désigne la fonction d'interface assurée entre les personnes vulnérables éloignées du système de santé et les professionnels intervenant dans leur parcours de santé, dans le but de faciliter l'accès de ces personnes aux droits prévus au présent titre, à la prévention et aux soins. Elle vise à favoriser leur autonomie dans le parcours de santé en prenant en compte leurs spécificités.

Art. D. 1110-6 *(Décr. n° 2017-816 du 5 mai 2017, art. 1er)* L'interprétariat linguistique dans le domaine de la santé désigne la fonction d'interface, reposant sur des techniques de traduction orale, assurée entre les personnes qui ne maîtrisent pas ou imparfaitement la langue française et les professionnels intervenant dans leur parcours de santé, en vue de garantir à ces personnes les moyens de communication leur permettant d'accéder de manière autonome aux droits prévus au présent titre, à la prévention et aux soins.

L'interprétariat linguistique dans le domaine de la santé garantit aux professionnels de santé les moyens d'assurer la prise en charge des personnes qui ne maîtrisent pas ou imparfaitement la langue française dans le respect de leurs droits prévus au présent titre, notamment du droit à l'information, du droit au consentement libre et éclairé, du droit au respect de leur vie privée et au secret des informations les concernant.

Art. D. 1110-7 *(Décr. n° 2017-816 du 5 mai 2017, art. 1er)* Les référentiels de compétences, de formation et de bonnes pratiques en matière de médiation sanitaire ou d'interprétariat linguistique mentionnés à l'article L. 1110-13 sont rendus publics par la Haute Autorité de santé.

CHAPITRE PREMIER INFORMATION DES USAGERS DU SYSTÈME DE SANTÉ ET EXPRESSION DE LEUR VOLONTÉ

SECTION PREMIÈRE PRINCIPES GÉNÉRAUX *(Décr. n° 2006-6 du 4 janv. 2006, art. 1er-I).*

SOUS-SECTION 1 ACCÈS AUX INFORMATIONS DE SANTÉ À CARACTÈRE PERSONNEL *(Décr. n° 2006-6 du 4 janv. 2006, art. 1er-I).*

Art. R. 1111-1 L'accès aux informations relatives à la santé d'une personne, mentionnées à l'article L. 1111-7 et détenues par un *(Décr. n° 2018-137 du 26 févr. 2018, art. 1er)* « professionnel de santé ou un établissement de santé », est demandé par la personne concernée, son ayant droit *(Décr. n° 2016-994 du 20 juill. 2016, art. 2-1°-a)* « , son concubin ou son partenaire lié par un pacte civil de solidarité » en cas de décès de cette personne, la personne ayant l'autorité parentale, *(Décr. n° 2016-994 du 20 juill. 2016, art. 2-1°-b)* « la personne en charge de l'exercice de la mesure de protection juridique habilitée à la représenter ou à l'assister » ou, le cas échéant, par le médecin qu'une de ces personnes a désigné comme intermédiaire.

La demande est adressée au professionnel de santé *(Abrogé par Décr. n° 2018-137 du 26 févr. 2018, art. 1er)* *« ou à l'hébergeur »* et, dans le cas d'un établissement de santé, au responsable de cet établissement ou à la personne qu'il a désignée à cet effet et dont le nom est porté à la connaissance du public par tous moyens appropriés.

Avant toute communication, le destinataire de la demande s'assure de l'identité du demandeur et s'informe, le cas échéant, de la qualité de médecin de la personne désignée comme intermédiaire.

Selon les cas prévus par l'article L. 1111-7 précité, le délai de huit jours ou de deux mois court à compter de la date de réception de la demande ; lorsque le délai de deux mois s'applique en raison du fait que les informations remontent à plus de cinq ans, cette période de cinq ans court à compter de la date à laquelle l'information médicale a été constituée.

Art. R. 1111-2 A son choix, le demandeur obtient du *(Décr. n° 2018-137 du 26 févr. 2018, art. 1er)* « professionnel de santé ou de l'établissement de santé » communication des informations demandées, soit par consultation sur place, avec, le cas échéant, remise de copies de documents, soit par l'envoi de copies des documents. Les frais de délivrance de ces copies sont laissés à la charge du demandeur dans les conditions fixées par l'article L. 1111-7.

(Décr. n° 2006-6 du 4 janv. 2006, art. 2-I) « Dans le cas où les informations demandées sont détenues par un établissement de santé et si les dispositifs techniques de l'établissement le permettent, le demandeur peut également consulter par voie électronique tout ou partie des informations en cause. »

Dans le cas d'une demande de consultation sur place adressée à un établissement de santé, le demandeur est informé du dispositif d'accompagnement médical organisé par l'établissement dans les conditions fixées à l'article R. 1112-1.

Les copies sont établies sur un support analogue à celui utilisé par le *(Décr. n° 2018-137 du 26 févr. 2018, art. 1er)* « professionnel de santé ou l'établissement de santé », ou sur papier, au choix du demandeur et dans la limite des possibilités techniques du professionnel ou de l'organisme concerné.

Art. R. 1111-3 Lorsque la demande est imprécise ou qu'elle n'exprime pas de choix quant aux modalités de communication des informations, le *(Décr. n° 2018-137 du 26 févr. 2018, art. 1er)* « professionnel de santé ou l'établissement » informe le demandeur des différentes modalités de communication ouvertes par la présente section et lui indique celles qui seront utilisées à défaut de choix de sa part.

Si, au terme du délai de huit jours ou [de] celui de deux mois prévu à l'article L. 1111-7, le demandeur n'a toujours pas précisé sa volonté, le *(Décr. n° 2018-137 du 26 févr. 2018, art. 1er)* « professionnel de santé ou l'établissement » mettent à sa disposition les informations sous la forme qu'ils lui avaient précédemment indiquée.

Art. R. 1111-4 Lorsque la présence d'une tierce personne lors de la consultation de certaines informations est recommandée par le médecin les ayant établies ou en étant dépositaire, celles-ci sont communiquées dès que le demandeur a exprimé son acceptation ou son refus de suivre la recommandation. En cas d'absence de réponse du demandeur au terme d'un des délais prévus à l'article L. 1111-7, les informations lui sont communiquées.

Art. R. 1111-5 Lorsque, dans les circonstances prévues au quatrième alinéa de l'article L. 1111-7, le détenteur des informations recueillies dans le cadre d'une hospitalisation d'office ou d'une hospitalisation sur demande d'un tiers estime que la communication de ces informations au demandeur ne peut avoir lieu *(Décr. n° 2006-904 du 19 juill. 2006, art. 1er)* « qu'en présence d'un médecin », il en informe l'intéressé. Si celui-ci refuse de désigner un médecin, le détenteur des informations saisit la commission départementale des hospitalisations psychiatriques, qui peut également être saisie par l'intéressé conformément aux dispositions de l'article L. 3223-1. *(Décr. n° 2006-904 du 19 juill. 2006, art. 1er)* « Le détenteur des informations fournit sans délai à la commission, sous pli confidentiel, les informations nécessaires relatives à la santé du demandeur et les éléments qui le conduisent à demander la présence d'un médecin. »

L'avis de la commission, qui s'impose au demandeur et au détenteur, leur est notifié *(Décr. n° 2006-904 du 19 juill. 2006, art. 1er)* « dans le délai de deux mois à compter de la date de réception de la demande initiale de l'intéressé ».

La saisine de la commission ne fait pas obstacle à la communication des informations si le demandeur revient sur son refus de désigner un médecin. Dans ce cas, lorsque la saisine a eu lieu, le détenteur en informe la commission.

Art. R. 1111-6 La personne mineure qui souhaite garder le secret sur *(Décr. n° 2016-994 du 20 juill. 2016, art. 2-2°-a)* « une action de prévention, un dépistage, un diagnostic, un traitement » ou une intervention dont elle fait l'objet dans les conditions prévues à l'article L. 1111-5 peut s'opposer à ce que le médecin *(Décr. n° 2016-994 du 20 juill. 2016, art. 2-2°-a)* « ou la sage-femme » qui a pratiqué *(Décr. n° 2016-994 du 20 juill. 2016, art. 2-2°-a)* « cette action de prévention, ce dépistage, ce diagnostic, ce traitement » ou cette intervention communique au titulaire de l'autorité parentale les informations qui ont été constituées à ce sujet.

(Décr. n° 2016-994 du 20 juill. 2016, art. 2-2°-b) « La personne mineure qui souhaite garder le secret sur une action de prévention, un dépistage ou un traitement dont elle fait l'objet dans les conditions prévues à l'article L. 1111-5-1 peut s'opposer à ce que l'infirmier qui a pratiqué cette action de prévention, ce dépistage ou ce traitement communique aux titulaires de l'autorité parentale les informations qui ont été constituées à ce sujet. »

Le médecin *(Décr. n° 2016-994 du 20 juill. 2016, art. 2-2°-c)* « , la sage-femme ou l'infirmier » fait mention écrite de cette opposition.

Tout médecin *(Décr. n° 2016-994 du 20 juill. 2016, art. 2-2°-d)* « , sage-femme ou infirmier » saisi d'une demande présentée par le titulaire de l'autorité parentale pour l'accès aux informations mentionnées *(Décr. n° 2016-994 du 20 juill. 2016, art. 2-2°-d)* « aux deux premiers alinéas » ci-dessus doit s'efforcer d'obtenir le consentement de la personne mineure à la communication de ces informations au titulaire de l'autorité parentale. Si en dépit de ces efforts le mineur maintient son opposition, la demande précitée ne peut être satisfaite tant que l'opposition est maintenue.

Lorsqu'en application de l'article L. 1111-7 la personne mineure demande que l'accès du titulaire de l'autorité parentale aux informations concernant son état de santé ait lieu par l'intermédiaire d'un médecin, ces informations sont, au choix du titulaire de l'autorité parentale, adressées au médecin qu'il a désigné ou consultées sur place en présence de ce médecin.

Art. R. 1111-7 L'ayant droit *(Décr. n° 2016-994 du 20 juill. 2016, art. 2-3°-a)* « , le concubin ou le partenaire lié par un pacte civil de solidarité » d'une personne décédée qui souhaite accéder aux informations médicales concernant cette personne, dans les conditions prévues au *(Décr. n° 2016-994 du 20 juill. 2016, art. 2-3°-b)* « neuvième » alinéa de l'article L. 1110-4, doit préciser, lors de sa demande, le motif pour lequel elle a besoin d'avoir connaissance de ces informations. Le refus d'une demande opposé à cet ayant droit *(Décr. n° 2016-994 du 20 juill. 2016, art. 2-3°-c)* « , ce concubin ou ce partenaire lié par un pacte civil de solidarité » est motivé.

Ce refus ne fait pas obstacle, le cas échéant, à la délivrance d'un certificat médical, dès lors que ce certificat ne comporte pas d'informations couvertes par le secret médical.

Art. R. 1111-8 (Abrogé par Décr. n° 2018-137 du 26 févr. 2018, art. 1er) *Pour l'application des dispositions mentionnées aux troisième à sixième alinéas de l'article L. 1111-7, les informations de santé qui ont été déposées auprès d'un hébergeur par un professionnel ou un établissement de santé ne peuvent être communiquées par cet hébergeur à la personne qu'elles concernent qu'avec l'accord du professionnel de santé ou de l'établissement qui en a le dépôt.*

SOUS-SECTION 1 *BIS* IDENTIFIANT NATIONAL DE SANTÉ

(Décr. n° 2017-412 du 27 mars 2017, art. 1er)

Sur les modalités d'application de l'identifiant national de santé, V. Décr. n° 2017-412 du 27 mars 2017, art. 2, reproduit ss. l'art. R. 1111-8-7.

Art. R. 1111-8-1 I. — L'identifiant national de santé défini à l'article L. 1111-8-1 est le numéro d'inscription au répertoire national d'identification des personnes physiques (NIR).

Pour les personnes en instance d'attribution d'un numéro d'inscription au répertoire national d'identification des personnes physiques et jusqu'à l'attribution de ce numéro, l'identifiant national de santé est le numéro identifiant d'attente (NIA), attribué par la Caisse nationale d'assurance vieillesse des travailleurs salariés à partir des données d'état civil et mentionné au 1° de l'article R. 114-26 du code de la sécurité sociale.

II. — Tout autre identifiant ne peut être utilisé qu'en cas d'impossibilité de pouvoir accéder à l'identifiant national de santé, afin de ne pas empêcher la prise en charge sanitaire et médico-sociale des personnes. Il est procédé au référencement des données mentionnées à l'article R. 1111-8-2 avec l'identifiant national de santé dès qu'il est possible d'y accéder.

III. — Lorsque l'identification d'une personne par un professionnel, un établissement, un service ou un organisme mentionné à l'article R. 1111-8-3, est nécessaire pour sa prise en charge à des fins sanitaires ou médico-sociales, cette identification ne peut être faite que par l'identifiant national de santé, dans le respect des conditions prévues aux articles R. 1111-8-2 à R. 1111-8-7.

Art. R. 1111-8-2 L'identifiant national de santé est utilisé pour référencer les données de santé et les données administratives de toute personne bénéficiant ou appelée à bénéficier d'un acte diagnostique, thérapeutique, de prévention, de soulagement de la douleur, de compensation du handicap ou de prévention de la perte d'autonomie, ou d'interventions nécessaires à la coordination de plusieurs de ces actes.

L'utilisation de l'identifiant national de santé ne peut avoir d'autre objet que ceux mentionnés au premier alinéa, sous réserve des dispositions du II de l'article L. 1111-8-1.

Art. R. 1111-8-3 Le référencement de données mentionnées à l'article R. 1111-8-2 à l'aide de l'identifiant national de santé ne peut être réalisé que par des professionnels, établissements, services et organismes mentionnés à l'article L. 1110-4 et des professionnels constituant une équipe de soins en application de l'article L. 1110-12 et intervenant dans la prise en charge sanitaire ou médico-sociale de la personne concernée.

Les dispositions de la loi n° 78-17 du 6 janvier 1978 relative à l'informatique, aux fichiers et aux libertés prescrivant une procédure particulière d'autorisation à raison de l'utilisation du numéro d'inscription au répertoire national d'identification des personnes physiques ne sont pas applicables aux opérations ayant pour seul objet le référencement de données prévu à l'alinéa précédent.

Art. R. 1111-8-4 L'utilisation de données de santé et de données administratives *référencées avec l'identifiant national* de santé n'est autorisée dans le cadre d'un traitement de données à caractère personnel que si les deux conditions suivantes sont remplies :

1° Le traitement a une finalité exclusivement sanitaire ou médico-sociale, y compris les fonctions nécessaires pour assurer le suivi social ou la gestion administrative des personnes prises en charge ;

2° Le traitement est mis en œuvre dans le respect des dispositions de la loi n° 78-17 du 6 janvier 1978 relative à l'informatique, aux fichiers et aux libertés.

Art. R. 1111-8-5 Le droit d'opposition prévu au premier alinéa de l'article 38 de la loi n° 78-17 du 6 janvier 1978 relative à l'informatique, aux fichiers et aux libertés ne s'applique pas aux traitements de données à caractère personnel ayant pour seul objet le référencement de données prévu aux articles R. 1111-8-2 et R. 1111-8-3 à l'aide de l'identifiant national de santé.

Art. R. 1111-8-6 Les professionnels, établissements, services ou organismes mentionnés à l'article R. 1111-8-3 accèdent au numéro d'inscription au répertoire national d'identification des personnes physiques en utilisant la carte électronique individuelle interrégimes mentionnée à l'article L. 161-31 du code de la sécurité sociale du bénéficiaire des actes ou actions mentionnés à l'article R. 1111-8-2, dénommée carte d'assurance maladie ou dite carte vitale, afin de procéder au référencement des données dans le respect des conditions prévues par les articles R. 1111-8-1 à R. 1111-8-5 et R. 1111-8-7.

Lorsque cette carte n'est pas accessible ou ne comporte pas l'information, ils y accèdent au moyen des services de recherche et de vérification de l'identifiant de santé mis en œuvre par la Caisse nationale de l'assurance maladie des travailleurs salariés dans le respect des dispositions de l'article 27 de la loi n° 78-17 du 6 janvier 1978 relative à l'informatique, aux fichiers et aux libertés.

Art. R. 1111-8-7 Un référentiel établi conformément aux règles fixées à l'article L. 1110-4-1 définit les modalités de mise en œuvre de l'obligation d'utilisation de l'identifiant national de santé prévue au III de l'article R. 1111-8-1. Il précise les procédures de surveillance et de gestion des risques et erreurs liés à l'identification des personnes prises en charge devant être mises en œuvre par les professionnels, établissements, services et organismes mentionnés à l'article R. 1111-8-3 ainsi que les mesures de sécurité applicables aux opérations de référencement de données à caractère personnel mentionnées au même article.

Sur les modalités d'application de l'identifiant national de santé, V. Décr. n° 2017-412 du 27 mars 2017, art. 2 🏛.

SOUS-SECTION 1 *TER* DISPOSITIONS GÉNÉRALES RELATIVES À L'HÉBERGEMENT DE DONNÉES DE SANTÉ À CARACTÈRE PERSONNEL

(Décr. n° 2018-137 du 26 févr. 2018, art. 2, en vigueur le 1er avr. 2018)

Art. R. 1111-8-8 I. — L'activité d'hébergement de données de santé à caractère personnel mentionnée au I de l'article L. 1111-8 consiste à héberger les données de santé à caractère personnel recueillies à l'occasion d'activités de prévention, de diagnostic, de soins ou de suivi social et médico-social :

1° Pour le compte de personnes physiques ou morales, responsables de traitement au sens de la loi n° 78-17 du 6 janvier 1978, à l'origine de la production ou du recueil de ces données ;

2° Pour le compte du patient lui-même.

Toutefois, ne constitue pas une activité d'hébergement, au sens de l'article L. 1111-8, le fait de se voir confier des données pour une courte période par les personnes physiques ou morales, à l'origine de la production ou du recueil de ces données, pour effectuer un traitement de saisie, de mise en forme, de matérialisation ou de dématérialisation de ces données.

II. — Les responsables de traitement mentionnés au 1° du I, qui confient l'hébergement de données de santé à caractère personnel à un tiers, s'assurent que celui-ci est titulaire du certificat de conformité mentionné au II de l'article L. 1111-8.

SOUS-SECTION 2 HÉBERGEMENT DES DONNÉES DE SANTÉ À CARACTÈRE PERSONNEL SUR SUPPORT INFORMATIQUE *(Décr. n° 2011-246 du 4 mars 2011, art. 1er-I).*

(Décr. n° 2006-6 du 4 janv. 2006, art. 1er-II)

Sur l'hébergement de données de santé à caractère personnel, V. Décr. n° 2018-137 du 26 févr. 2018, art. 3, ss. art. L. 1111-8.

Art. R. 1111-9 *(Décr. n° 2018-137 du 26 févr. 2018, art. 2, en vigueur le 1er avr. 2018)* **Est considérée** *[considéré]* **comme une activité d'hébergement de données de santé à caractère personnel sur support numérique au sens du II de l'article L. 1111-8 le fait d'assurer, pour le compte du responsable de traitement mentionné au 1° du I de l'article R. 1111-8-8 ou du patient mentionné au 2° du I de ce même article, tout ou partie des activités suivantes :**

1° La mise à disposition et le maintien en condition opérationnelle des sites physiques permettant d'héberger l'infrastructure matérielle du système d'information utilisé pour le traitement des données de santé ;

2° La mise à disposition et le maintien en condition opérationnelle de l'infrastructure matérielle du système d'information utilisé pour le traitement de données de santé ;

3° La mise à disposition et le maintien en condition opérationnelle de l'infrastructure virtuelle du système d'information utilisé pour le traitement des données de santé ;

4° La mise à disposition et le maintien en condition opérationnelle de la plateforme d'hébergement d'applications du système d'information ;

5° L'administration et l'exploitation du système d'information contenant les données de santé ;

6° La sauvegarde des données de santé.

Ancien art. R. 1111-9 (Abrogé par Décr. n° 2018-137 du 26 févr. 2018, art. 1er, à compter du 1er avr. 2018) *Toute personne physique ou morale souhaitant assurer l'hébergement de données de santé à caractère personnel* (Décr. n° 2011-246 du 4 mars 2011, art. 1er-II) *« sur support informatique », mentionné à l'article L. 1111-8, et bénéficier d'un agrément à ce titre doit remplir les conditions suivantes :*

1° Offrir toutes les garanties pour l'exercice de cette activité, notamment par le recours à des personnels qualifiés en matière de sécurité et d'archivage des données et par la mise en œuvre de solutions techniques, d'une organisation et de procédures de contrôle assurant la sécurité, la protection, la conservation et la restitution des données confiées, ainsi qu'un usage conforme à la loi ;

2° Définir et mettre en œuvre une politique de confidentialité et de sécurité, destinée notamment à assurer le respect des exigences de confidentialité et de secret prévues par les articles L. 1110-4 et L. 1111-7, la protection contre les accès non autorisés ainsi que la pérennité des données, et dont la description doit être jointe au dossier d'agrément dans les conditions fixées par l'article R. 1111-14 ;

3° Le cas échéant, identifier son représentant sur le territoire national au sens de l'article 5 de la loi du 6 janvier 1978 ;

4° Individualiser dans son organisation l'activité d'hébergement et les moyens qui lui sont dédiés, ainsi que la gestion des stocks et des flux de données ;

5° Définir et mettre en place des dispositifs d'information sur l'activité d'hébergement à destination des personnes à l'origine du dépôt, notamment en cas de modification substantielle des conditions de réalisation de cette activité ;

6° Identifier les personnes en charge de l'activité d'hébergement, dont un médecin, en précisant le lien contractuel qui les lie à l'hébergeur.

Art. R. 1111-10 *(Décr. n° 2018-137 du 26 févr. 2018, art. 2, en vigueur le 1er avr. 2018)* **I. — Le certificat de conformité mentionné au II de l'article L. 1111-8 est délivré par un organisme de certification sur le fondement d'un référentiel de certification élaboré par le groupement d'intérêt public mentionné à l'article L. 1111-24 et approuvé par arrêté du ministre chargé de la santé, pris après avis de la Commission** *nationale de l'informatique* **et des libertés.**

II. — L'organisme de certification mentionné au II de l'article L. 1111-8 est accrédité par le Comité français d'accréditation ou par tout autre organisme d'accréditation signataire d'un accord de reconnaissance mutuelle multilatéral pris dans le cadre de la coordination européenne des organismes d'accréditation conformément à un référentiel d'accréditation élaboré par le groupement d'intérêt public mentionné à l'article

L. 1111-24 en lien avec les organismes d'accréditation concernés et approuvé par arrêté du ministre chargé de la santé.

III. — Le groupement d'intérêt public mentionné à l'article L. 1111-24 assure le suivi et la mise à jour de ces référentiels.

Ancien art. R.* 1111-10 (Abrogé par Décr. n° 2018-137 du 26 févr. 2018, art. 1er, à compter du 1er avr. 2018) ***L'agrément nécessaire à l'activité d'hébergement de données de santé à caractère personnel*** (Décr. n° 2011-246 du 4 mars 2011, art. 1er-III) ***« sur support informatique » est délivré par le ministre chargé de la santé, qui se prononce après avis de la Commission nationale de l'informatique et des libertés et d'un comité d'agrément placé auprès de lui.***

A cet effet, la personne intéressée adresse au ministre chargé de la santé un dossier de demande d'agrément comprenant les éléments mentionnés à l'article R. 1111-12. Le ministre transmet le dossier à la Commission nationale de l'informatique et des libertés, qui apprécie les garanties présentées par le candidat à l'agrément en matière de protection des personnes à l'égard des traitements de données de santé à caractère personnel et de sécurité de ces données. La commission rend son avis dans un délai de deux mois à compter de la réception du dossier, délai pouvant être renouvelé une fois sur décision motivée de son président.

Dès que la commission s'est prononcée ou à l'expiration du délai qui lui était imparti, elle transmet la demande d'agrément, accompagnée, le cas échéant, de son avis, au comité d'agrément mentionné au premier alinéa. Ce comité se prononce sur tous les aspects du dossier, en particulier sur les garanties d'ordre éthique, déontologique, technique, financier et économique qu'offre le candidat. Il émet son avis dans le mois qui suit la réception du dossier transmis par la Commission nationale de l'informatique et des libertés. Il peut toutefois demander un délai supplémentaire d'un mois.

Le ministre chargé de la santé dispose, pour prendre sa décision, d'un délai de deux mois suivant l'avis du comité d'agrément. A l'issue de ce délai, son silence vaut décision (Décr. n° 2018-137 du 26 févr. 2018, art. 1er) ***« d'acceptation ».***

Art. R. 1111-11 *(Décr. n° 2018-137 du 26 févr. 2018, art. 2, en vigueur le 1er avr. 2018)* **I. — Le contrat d'hébergement mentionné au dernier alinéa du I de l'article L. 1111-8 est conclu entre l'hébergeur et son client. Il contient au moins les clauses suivantes :**

1° L'indication du périmètre du certificat de conformité obtenu par l'hébergeur, ainsi que ses dates de délivrance et de renouvellement ;

2° La description des prestations réalisées, comprenant le contenu des services et résultats attendus notamment aux fins de garantir la disponibilité, l'intégrité, la confidentialité et l'auditabilité des données hébergées ;

3° L'indication des lieux d'hébergement ;

4° Les mesures mises en œuvre pour garantir le respect des droits des personnes concernées par les données de santé dont notamment :

— les modalités d'exercice des droits de portabilité des données ;

— les modalités de signalement au responsable de traitement de la violation des données à caractère personnel ;

— les modalités de conduite des audits par le délégué à la protection des données ;

5° La mention du référent contractuel du client de l'hébergeur à contacter pour le traitement des incidents ayant un impact sur les données de santé hébergées ;

6° La mention des indicateurs de qualité et de performance permettant la vérification du niveau de service annoncé, le niveau garanti, la périodicité de leur mesure, ainsi que l'existence ou l'absence de pénalités applicables au non-respect de ceux-ci ;

7° Une information sur les conditions de recours à d'éventuels prestataires techniques externes et les engagements de l'hébergeur pour que ce recours assure un niveau de protection équivalent de garantie au regard des obligations pesant sur l'hébergeur ;

8° Les modalités retenues pour encadrer les accès aux données de santé à caractère personnel hébergées ;

9° Les obligations de l'hébergeur à l'égard de la personne physique ou morale pour le compte de laquelle il héberge les données de santé à caractère personnel en cas de modifications ou d'évolutions techniques introduites par lui ou imposées par le cadre légal applicable ;

10° Une information sur les garanties et les procédures mises en place par l'hébergeur permettant de couvrir toute défaillance éventuelle de sa part ;

11° La mention de l'interdiction pour l'hébergeur d'utiliser les données de santé hébergées à d'autres fins que l'exécution de l'activité d'hébergement de données de santé ;

12° Une présentation des prestations à la fin de l'hébergement, notamment en cas de perte ou de retrait de certification, et les modalités de mise en œuvre de la réversibilité de la prestation d'hébergement de données de santé ;

13° L'engagement de l'hébergeur de restituer, à la fin de la prestation, la totalité des données de santé au responsable de traitement ;

14° L'engagement de l'hébergeur de détruire, à la fin de la prestation, les données de santé après l'accord formel du responsable de traitement et sans en garder de copie.

II. — Lorsque le responsable de traitement de données de santé ou le patient mentionnés au I de l'article R. 1111-8-8 fait *[font]* **appel à un prestataire qui recourt lui-même pour l'hébergement des données à un hébergeur certifié, le contrat qui lie le responsable de traitement ou le patient avec son prestataire reprend les clauses mentionnées au I telles qu'elles figurent dans le contrat liant le prestataire et l'hébergeur certifié.**

Le 4° du présent art. entre en vigueur le 25 mai 2018 (Décr. n° 2018-137 du 26 févr. 2018, art. 3-II).

Ancien art. R. 1111-11 (Abrogé par Décr. n° 2018-137 du 26 févr. 2018, art. 1er, à compter du 1er avr. 2018) *I. — Le comité d'agrément mentionné à l'article R. 1111-10 comprend :*

1° Un membre de l'inspection générale des affaires sociales nommé sur proposition du chef de l'inspection générale des affaires sociales ;

2° Deux représentants des associations compétentes en matière de santé, agréées au niveau national dans les conditions prévues à l'article L. 1114-1 ;

3° Deux représentants des professions de santé, l'un nommé sur proposition du Conseil national de l'ordre des médecins et l'autre sur proposition de l'Union nationale des professions de santé ;

4° Trois personnalités qualifiées :

a) Une personne choisie en raison de ses compétences dans les domaines de l'éthique et du droit ;

b) Une personne choisie en raison de ses compétences en matière de sécurité des systèmes d'information et de nouvelles technologies ;

c) Une personne choisie en raison de ses compétences dans le domaine économique et financier.

Le directeur général de la santé, le directeur général de l'offre de soins, le directeur général des patrimoines, le directeur général des entreprises et le directeur général de la concurrence, de la consommation et de la répression des fraudes, ou leurs représentants, assistent aux séances du comité avec voix consultative.

II. — Les membres du comité d'agrément, dont celui qui, parmi eux, exercera la présidence du comité, sont nommés pour cinq ans par arrêté du ministre chargé de la santé. Leur mandat est renouvelable une fois.

(Décr. n° 2012-745 du 9 mai 2012, art. 4-I) *« Ils sont soumis aux dispositions de l'article L. 1451-1. »*

Des suppléants en nombre égal au nombre de titulaires sont désignés dans les mêmes conditions que ceux-ci. Un membre titulaire empêché ou intéressé par une affaire est remplacé par son suppléant.

Le remplacement d'un membre du comité en cas de cessation de fonction en cours de mandat est réalisé dans les mêmes conditions que sa nomination et pour la durée du mandat restant à courir.

Les fonctions de membre du comité ouvrent droit à des indemnités pour frais de déplacement et de séjour dans les conditions prévues par les dispositions législatives et réglementaires applicables aux fonctionnaires civils de l'État.

III. — Le comité d'agrément ne peut délibérer que si deux tiers au moins de ses membres sont présents. Dans le cas contraire, une nouvelle séance peut se tenir sans obligation de quorum après un délai de quinze jours.

Les avis rendus par le comité sont motivés. Ils sont pris à la majorité des voix exprimées des membres présents. En cas de partage égal des voix, celle du président est prépondérante.

IV. — Le comité d'agrément peut être saisi par le ministre chargé de la santé de tout sujet entrant dans son domaine de compétence.

Ancien art. R. 1111-12 (Abrogé par Décr. n° 2018-137 du 26 févr. 2018, art. 1er, à compter du 1er avr. 2018) *Le dossier de demande d'agrément comprend les éléments suivants :*

1° L'identité et l'adresse du responsable du service d'hébergement et, le cas échéant, de son représentant ; pour les personnes morales, les statuts sont produits ;

2° Les noms, fonctions et qualifications des opérateurs chargés de mettre en œuvre le service, ainsi que les catégories de personnes qui, en raison de leurs fonctions ou pour les besoins du service, ont accès aux données hébergées ;

3° L'indication des lieux dans lesquels sera réalisé l'hébergement ;

4° Une description du service proposé ;

5° Les modèles de contrats devant être conclus, en application du deuxième alinéa de l'article L. 1111-8, entre l'hébergeur de données de santé et les personnes physiques ou morales qui sont à l'origine du dépôt des données de santé à caractère personnel ; ces modèles sont établis conformément aux dispositions de l'article R. 1111-13 ;

6° Les dispositions prises pour assurer la sécurité des données et la garantie des secrets protégés par la loi, notamment la présentation de la politique de confidentialité et de sécurité prévue au 2° de l'article R. 1111-9 ;

7° Le cas échéant, l'indication du recours à des prestataires techniques externes et les contrats conclus avec eux ;

8° Un document présentant les comptes prévisionnels de l'activité d'hébergement et, éventuellement, les trois derniers bilans et la composition de l'actionnariat du demandeur, ainsi que, dans le cas d'une demande de renouvellement, les comptes de résultat et bilans liés à cette activité d'hébergement depuis le dernier agrément.

L'hébergeur déjà agréé informe sans délai le ministre chargé de la santé de tout changement affectant les informations mentionnées ci-dessus et de toute interruption, temporaire ou définitive, de son activité.

Ancien art. R. 1111-13 (Abrogé par Décr. n° 2018-137 du 26 févr. 2018, art. 1er, à compter du 1er avr. 2018) *Les modèles de contrats devant être joints à la demande d'agrément, mentionnés au 5° de l'article R. 1111-12, contiennent obligatoirement au moins les clauses suivantes :*

1° La description des prestations réalisées : contenu des services et résultats attendus ;

(Décr. n° 2018-137 du 26 févr. 2018, art. 1er) *« 2° Lorsque le contrat est souscrit par la personne concernée par les données hébergées, la description des modalités selon lesquelles les professionnels visés à l'article L. 1110-4 et, le cas échéant, la personne concernée accèdent à ces données dans le respect des dispositions des articles L. 1110-4 et L. 1110-4-1 ;*

« 3° Lorsque le contrat est souscrit par la personne physique ou morale à l'origine de la production ou du recueil des données de santé mentionnée au premier alinéa de l'article L. 1111-8, la description des modalités d'information de la personne concernée et d'enregistrement de l'absence d'opposition pour motif légitime de cette dernière à l'hébergement de ses données de santé, ainsi que des modalités selon lesquelles les professionnels visés à l'article L. 1110-4, et le cas échéant la personne concernée, accèdent à ces données dans le respect des dispositions des articles L. 1110-4 et L. 1110-4-1 ; »

4° La description des moyens mis en œuvre par l'hébergeur pour la fourniture des services ;

5° La mention des indicateurs de qualité et de performance permettant la vérification du niveau de service annoncé, ainsi que de la périodicité de leur mesure ;

6° Les obligations de l'hébergeur à l'égard de la personne à l'origine du dépôt des données de santé à caractère personnel en cas de modifications ou d'évolutions techniques introduites par lui ;

7° Une information sur les conditions de recours à d'éventuels prestataires techniques externes et les engagements de l'hébergeur pour que ce recours assure un niveau équivalent de garantie au regard des obligations pesant sur l'activité d'hébergement ;

8° Une information sur les garanties permettant de couvrir toute défaillance éventuelle de l'hébergeur ;

9° Une présentation des prestations à la fin de l'hébergement.

Ancien art. R. 1111-14 (Abrogé par Décr. n° 2018-137 du 26 févr. 2018, art. 1er, à compter du 1er avr. 2018) *Une présentation de la politique de confidentialité et de sécurité, prévue au 2° de l'article R. 1111-9, doit être fournie à l'appui de la demande d'agrément conformément au 6° de l'article R. 1111-12. Elle comporte notamment les précisions suivantes :*

1° En matière de respect des droits des personnes concernées par les données hébergées :

a) Les modalités permettant de s'assurer de l'existence (Décr. n° 2018-137 du 26 févr. 2018, art. 1er) *« de l'information et de l'absence d'opposition pour motif légitime » de l'intéressé à l'hébergement des données le concernant ;*

b) Les modalités retenues pour que l'accès aux données de santé à caractère personnel et leur transmission éventuelle (Décr. n° 2018-137 du 26 févr. 2018, art. 1er) *« soient réalisées* [réalisés] *dans le respect des dispositions de l'article L. 1110-4 » ;*

c) Les conditions dans lesquelles sont présentées et prises en compte les éventuelles demandes de rectification des données de santé à caractère personnel hébergées ;

d) Les moyens mis en œuvre pour assurer le respect des dispositions de l'article L. 1111-7 relatif à l'accès des personnes à leurs informations de santé, notamment en termes de délais et de modalités de consultation ;

e) Les procédures de signalement des incidents graves, dont l'altération des données ou la divulgation non autorisée des données personnelles de santé ;

f) La fourniture à la personne concernée par les données hébergées, à sa demande, de l'historique des accès aux données et des consultations ainsi que du contenu des informations consultées et des traitements éventuellement opérés.

2° En matière de sécurité de l'accès aux informations :

a) Les dispositions prises pour garantir la sécurité des accès et des transmissions des données de santé à caractère personnel vis-à-vis des (Décr. n° 2018-137 du 26 févr. 2018, art. 1er) *« personnes physiques ou morales à l'origine de la production ou du recueil des données de santé » et des personnes concernées par ces données ;*

b) Les mesures prises en matière de contrôle des droits d'accès et de traçabilité des accès et des traitements ;

c) Les conditions de vérification du contenu des traces des accès et des traitements afin de détecter les tentatives d'effraction ou d'accès non autorisés ;

d) Les modalités de vérification du registre des personnes habilitées à accéder aux données hébergées tenant compte des éventuelles mises à jour ;

e) Les procédés techniques retenus en matière d'identification et d'authentification ; en ce qui concerne les professionnels de santé, ces procédés techniques doivent (Décr. n° 2018-137 du 26 févr. 2018, art. 1er) *« être conformes aux référentiels de sécurité mentionnés à l'article L. 1110-4-1 ».*

3° En matière de pérennité des données hébergées :

a) Les procédures visant à assurer, au moment du transfert des données vers l'hébergeur, la réception sécurisée des données et l'intégrité de celles-ci, leur prise en compte dans le système d'information de l'hébergeur et le suivi de cette prise en charge ;

b) Les modalités de prise en compte et d'enrichissement tout au long de la durée de l'hébergement, de l'ensemble des informations concernant les données depuis leur création, telles que les données permettant de les identifier et de les décrire, de les gérer, de déterminer leurs propriétés techniques et d'en assurer la traçabilité ;

c) Les modalités de surveillance des supports en vue d'anticiper les changements technologiques et, le cas échéant, d'opérer des migrations de supports dans des conditions en garantissant la traçabilité ;

d) Les procédures liées à la réplication des données sur différents supports informatiques en des lieux distincts ;

e) Les conditions de mise en œuvre d'une alerte concernant les formats d'encodage des données, destinée à avertir la personne à l'origine du dépôt en cas d'obsolescence de ce format et, éventuellement, les procédures visant à réaliser, avec l'autorisation de la personne à l'origine du dépôt, des migrations de formats des données, si ces derniers ne permettent plus d'assurer la lisibilité des informations, et à assurer la traçabilité de ces migrations.

4° En matière d'organisation et de procédures de contrôle interne en vue d'assurer la sécurité des traitements et des données :

a) La désignation d'un responsable sécurité et d'un responsable qualité ;

b) La définition des missions, des pouvoirs et des obligations des personnels de l'hébergeur et de ses éventuels sous-traitants, habilités à traiter les données de santé à caractère personnel ;

c) Les spécifications techniques des logiciels et des mécanismes de sécurité propres à garantir la confidentialité des transmissions, notamment en ce qui concerne le mode de chiffrement des flux d'information ;

d) Les modalités retenues pour l'évaluation périodique des risques et l'audit des mesures de protection mises en place afin de garantir la sécurité des données, et en vue d'apporter les modifications nécessaires en cas de détection de défaillances ;

e) Les dispositifs de simulation régulière de défauts de fonctionnement pour vérifier l'efficacité des mécanismes destinés à garantir la continuité des services ;

f) Les moyens mis en œuvre pour sensibiliser et former le personnel aux mesures de protection mises en place et à leurs obligations en matière de confidentialité et de respect du secret professionnel ;

g) Les conditions de mise en œuvre de la sécurité physique des sites informatiques, des mesures de protection de l'infrastructure technique, notamment en termes de sécurité des réseaux, des serveurs et des postes de travail ;

h) Les dispositions prises en ce qui concerne l'exploitation de l'infrastructure technique ;

i) Les conditions de mise en œuvre du plan de secours informatique comportant notamment les dispositions prises pour informer du déclenchement de ce plan les personnes physiques ou morales à l'origine du dépôt des données de santé à caractère personnel ainsi que les dispositions prises pour la reprise des activités.

Ancien art. R. 1111-15 (Abrogé par Décr. n° 2018-137 du 26 févr. 2018, art. 1er, à compter du 1er avr. 2018) *L'agrément est délivré aux hébergeurs de données de santé à caractère personnel* (Décr. n° 2011-246 du 4 mars 2011, art. 1er-IV) *« sur support informatique » pour une durée de trois ans.*

La demande de renouvellement doit être déposée au plus tard six mois avant le terme de la période d'agrément. Elle comprend les documents mentionnés au 8° de l'article R. 1111-12 et un récapitulatif des modifications intervenues depuis la dernière demande d'agrément en ce qui concerne les autres documents mentionnés à cet article, ainsi qu'un audit externe réalisé aux frais de l'hébergeur, attestant de la mise en œuvre de la politique de confidentialité et de sécurité mentionnée à l'article R. 1111-14. Elle est instruite selon la même procédure que celle applicable à la demande initiale.

Les décisions d'agrément, ainsi que le renouvellement de cet agrément, sont publiées au Bulletin officiel du ministère de la santé.

Ancien art. R. 1111-15-1 (Abrogé par Décr. n° 2018-137 du 26 févr. 2018, art. 1er, à compter du 1er avr. 2018) *Le ministre chargé de la santé, lorsqu'il envisage de procéder au retrait d'un agrément en application du quatrième alinéa de l'article L. 1111-8, communique à l'hébergeur intéressé, par lettre recommandée avec demande d'avis de réception, les motifs de ce projet de retrait et l'appelle à formuler ses observations, écrites ou, à sa demande, orales, dans un délai de deux mois.*

En cas de divulgation non autorisée de données de santé à caractère personnel (Décr. n° 2011-246 du 4 mars 2011, art. 1er-V) *« sur support informatique » ou de manquements graves de l'hébergeur à ses obligations mettant notamment en cause l'intégrité, la sécurité et la pérennité des données hébergées, le ministre chargé de la santé peut, à titre conservatoire, dans l'attente qu'il soit statué définitivement sur le projet de retrait d'agrément, prononcer la suspension de l'activité d'hébergement.*

La décision de retrait est notifiée à l'hébergeur intéressé, par lettre recommandée avec demande d'avis de réception. Elle met fin de plein droit à l'hébergement des données confiées à l'hébergeur et entraîne la restitution de ces données aux personnes ayant contracté avec l'hébergeur.

Les décisions de suspension et de retrait font l'objet de la mesure de publicité prévue à l'article R. 1111-15. Elles sont transmises pour information au comité d'agrément mentionné à l'article R. 1111-10 ainsi qu'à la Commission nationale de l'informatique et des libertés.

SOUS-SECTION 3 HÉBERGEMENT DES DONNÉES DE SANTÉ À CARACTÈRE PERSONNEL SUR SUPPORT PAPIER

(*Décr. n° 2011-246 du 4 mars 2011, art. 2*)

Art. R. 1111-16 S'il est mis en œuvre, l'hébergement des données de santé à caractère personnel *sur support papier* mentionné à l'article L. 1111-8 est confié à une personne physique ou morale bénéficiant d'un agrément accordé par le ministre chargé de la culture dans les conditions définies par les articles 20-5 à 20-8 et 20-10 à 20-13 du décret n° 79-1037 du 3 décembre 1979 relatif à la compétence des services d'archives publics et à la coopération entre les administrations pour la collecte, la conservation et la communication des archives publiques et sous réserve des dispositions de l'article R. 1111-16-1.

Le contrat de prestation d'hébergement cité au deuxième alinéa de l'article L. 1111-8 contient au moins les clauses suivantes :

1° La description des prestations réalisées : contenu des services, nature et volume des données, caractère d'archives publiques ou non des données hébergées, résultats attendus ;

2° La description des moyens mis en œuvre par le dépositaire pour la fourniture des services ;

3° La description des moyens mis en œuvre par le dépositaire pour mettre les données hébergées à disposition des professionnels ou établissement de santé ayant souscrit le contrat ;

4° Les modalités retenues pour que l'accès aux données de santé à caractère personnel et leur transmission éventuelle n'aient lieu qu'avec l'accord des personnes concernées et par les personnes désignées par elles ainsi que les dispositifs permettant d'assurer cet accès et cette éventuelle transmission ;

5° Les obligations à l'égard du déposant si le dépositaire procède à des modifications ou des évolutions des conditions d'hébergement ;

6° Une information sur les garanties permettant de couvrir toute défaillance du dépositaire ;

7° Les dispositifs de restitution des archives déposées à la fin du contrat de dépôt dans les conditions définies au quatrième alinéa du R. 1112-7, assortis d'un engagement de destruction intégrale des copies que le dépositaire aurait pu effectuer pendant la durée du dépôt ;

8° Une information sur les conditions de recours à des prestataires externes ainsi que les engagements du dépositaire pour que ce recours assure un niveau équivalent de garantie au regard des obligations pesant sur l'activité de conservation ;

9° Les moyens mis en œuvre pour assurer le respect des dispositions de l'article L. 1111-7 relatif à l'accès des personnes à leurs informations de santé, notamment en termes de délais et de modalités de consultation ;

10° La mention des polices d'assurance que le dépositaire souscrit pour couvrir les dommages et pertes que pourraient subir les données déposées, faisant apparaître que celles-ci excluent expressément les archives déposées du champ d'application de la clause de délaissement.

Est réputée non écrite toute clause tendant à appliquer le droit de rétention aux données de santé à caractère personnel sur support papier.

Art. R. 1111-16-1 Les articles 20-1 à 20-3 du décret n° 79-1037 du 3 décembre 1979 relatif à la compétence des services d'archives publics et à la coopération entre les administrations pour la collecte, la conservation et la communication des archives publiques sont applicables au dépôt de données de santé à caractère personnel sur support papier revêtant le statut d'archives publiques.

SOUS-SECTION 4 CATÉGORIES D'INCIDENTS ET CONDITIONS DE MISE EN ŒUVRE DU SIGNALEMENT DES INCIDENTS GRAVES DE SÉCURITÉ DES SYSTÈMES D'INFORMATION

(Décr. n° 2016-1214 du 12 sept. 2016, art. 1er)

Art. D. 1111-16-2 I. — La déclaration des incidents graves de sécurité des systèmes d'information prévue par l'article L. 1111-8-2 est destinée à :

1° Fournir aux autorités compétentes de l'État les informations nécessaires pour décider des mesures de prévention en matière de sécurité des systèmes d'information ;

2° Aider les établissements de santé, organismes et services exerçant des activités de prévention, de diagnostic ou de soins à prendre toute mesure utile pour prévenir la survenue d'incidents graves de sécurité des systèmes d'information ou en limiter les effets.

II. — Sont considérés comme incidents graves de sécurité des systèmes d'information les événements générateurs d'une situation exceptionnelle au sein d'un établissement, organisme ou service, et notamment :

— les incidents ayant des conséquences potentielles ou avérées sur la sécurité des soins ;

— *les incidents ayant des cons*équences sur la confidentialité ou l'intégrité des données de santé ;

— les incidents portant atteinte au fonctionnement normal de l'établissement, de l'organisme ou du service.

III. — Parmi les incidents graves de sécurité des systèmes d'information, sont jugés significatifs les incidents ayant un retentissement potentiel ou avéré sur l'organisation

départementale, régionale ou nationale du système de santé et les incidents susceptibles de toucher d'autres établissements, organismes ou services.

Art. D. 1111-16-3 **La déclaration des incidents graves de sécurité des systèmes d'information, sans préjudice des autres déclarations obligatoires, est effectuée sans délai par le directeur de l'établissement de santé, de l'organisme ou du service exerçant des activités de prévention, de diagnostic ou de soins, ou la personne déléguée à cet effet, auprès du directeur général de l'agence régionale de santé. L'agence régionale de santé est responsable de la qualification des incidents signalés.**

Les incidents de sécurité des systèmes d'information jugés significatifs sont transmis sans délai par l'agence régionale de santé au groupement d'intérêt public mentionné à l'article L. 1111-24. Le groupement d'intérêt public assure :

– l'analyse des incidents significatifs ;

– l'appui aux agences régionales de santé, la prévention des incidents en organisant les retours d'expérience au niveau national, la proposition de mesures d'aide au traitement des incidents ;

– la gestion et la mise en œuvre du traitement automatisé de données à caractère personnel relatif aux signalements.

Le groupement d'intérêt public informe sans délai le service du haut fonctionnaire de défense et de sécurité des ministères chargés des affaires sociales de tout signalement analysé.

Le groupement d'intérêt public informe sans délai les services compétents de la direction générale de la santé de tout signalement susceptible d'avoir un impact sanitaire direct ou indirect, notamment en cas de dysfonctionnement de l'offre de soins.

Le groupement d'intérêt public établit, au vu des informations communiquées par les agences régionales de santé, un rapport annuel à caractère statistique relatif aux signalements anonymisés des incidents de sécurité des systèmes d'information. Ce rapport est rendu public.

Un arrêté du ministre chargé de la santé définit les modalités de signalement et de traitement des incidents, en définissant notamment un formulaire de déclaration.

Art. D. 1111-16-4 **Pour l'application de la présente sous-section, les établissements de santé, organismes et services exerçant des activités de prévention, de diagnostic ou de soins mentionnés à l'article D. 1111-16-2 sont :**

– les établissements de santé ;

– les hôpitaux des armées ;

– les laboratoires de biologie médicale ;

– les centres de radiothérapie.

SECTION II EXPRESSION DE LA VOLONTÉ RELATIVE À LA FIN DE VIE

(Décr. n° 2006-119 du 6 févr. 2006)

Art. R. 1111-17 *(Décr. n° 2016-1067 du 3 août 2016, art. 1er-1°)* **« Les directives anticipées mentionnées à l'article L. 1111-11 s'entendent d'un document écrit, daté et signé par leur auteur, majeur, dûment identifié par l'indication de ses nom, prénom, date et lieu de naissance. La personne majeure sous tutelle peut rédiger des directives anticipées avec** ***l'autorisation*** **du juge ou du conseil de famille s'il a été constitué. »**

Toutefois lorsque l'auteur de ces directives, bien qu'en état d'exprimer sa volonté, est dans l'impossibilité d'écrire et de signer lui-même le document, il peut demander à deux témoins, dont la personne de confiance lorsqu'elle est désignée en application de l'article L. 1111-6, d'attester que le document qu'il n'a pu rédiger lui-même est l'expression de sa volonté libre et éclairée. Ces témoins indiquent leur nom et qualité et leur attestation est jointe aux directives anticipées.

(Décr. n° 2016-1067 du 3 août 2016, art. 1er-2°) **« Les directives anticipées peuvent être, à tout moment, soit révisées, soit révoquées. Elles sont révisées selon les mêmes modalités que celles prévues au premier alinéa pour leur élaboration. En présence de plusieurs écrits répondant aux conditions de validité, le document le plus récent l'emporte. »**

Art. R. 1111-18 *(Décr. nº 2016-1067 du 3 août 2016, art. 2)* I. — Le modèle mentionné à l'article L. 1111-11, selon lequel peuvent être rédigées les directives anticipées, comporte :

1° Les informations suivantes :

a) Les éléments d'identification mentionnés à l'article R. 1111-17 relatifs à l'auteur des directives ;

b) Les éléments d'identification de la personne de confiance mentionnée à l'article L. 1111-6 ;

c) Le cas échéant, les mentions relatives aux autorisations nécessaires en cas de mesures de tutelle mentionnées au dernier alinéa de l'article L. 1111-6 ;

d) Lorsque la personne est dans l'impossibilité physique d'écrire ses directives anticipées, les informations relatives aux deux témoins prévus à l'article R. 1111-17 ;

2° La volonté de la personne sur les décisions médicales relatives à sa fin de vie concernant les conditions de la poursuite, de la limitation, de l'arrêt ou du refus de traitements ou d'actes médicaux dans le cas où elle ne serait plus en capacité de s'exprimer. Le modèle permet à la personne d'exprimer sa volonté selon l'un ou l'autre des cas suivants :

a) Dans le cas où elle est en fin de vie ou se sait atteinte d'une affection grave, la personne exprime sa volonté concernant son éventuelle situation future et sur la poursuite, la limitation, l'arrêt ou le refus de traitements et d'actes médicaux, notamment ceux entrepris dans le cadre de son affection ;

b) Dans le cas où elle ne pense pas être atteinte d'une affection grave, elle exprime sa volonté concernant son éventuelle situation future et la poursuite, la limitation, l'arrêt ou le refus de traitements et d'actes médicaux dans l'hypothèse où elle serait victime d'un accident grave ou atteinte par une affection grave ;

3° Une rubrique permettant à la personne d'exprimer sa volonté sur la possibilité de bénéficier d'une sédation profonde et continue jusqu'au décès lorsque, dans les hypothèses prévues par l'article L. 1110-5-2, les traitements la maintenant en vie sont arrêtés ;

4° Une rubrique relative à la révision ou la révocation des directives anticipées.

II. — Le modèle de directives anticipées, dont le contenu est conforme aux dispositions mentionnées au I, est précisé par arrêté du ministre chargé de la santé.

III. — Des guides élaborés par la Haute Autorité de santé pour aider le public et les professionnels de santé et du secteur médico-social et social à la rédaction des directives anticipées à partir du modèle mentionné au II sont consultables sur le site de la Haute Autorité de santé.

Art. R. 1111-19 *(Décr. nº 2016-1067 du 3 août 2016, art. 3)* I. — Les directives anticipées sont conservées selon des modalités les rendant aisément accessibles pour le médecin appelé à prendre une décision de limitation ou d'arrêt de traitement dans le cadre de la procédure collégiale définie à l'article *(Décr. nº 2017-499 du 6 avr. 2017, art. 2-1º)* « R. 4127-37-2 ».

II. — A cette fin, les directives anticipées peuvent être déposées et conservées, sur décision de la personne qui les a rédigées, dans l'espace de son dossier médical partagé prévu à cet effet et mentionné au *g* du 1° de l'article R. 1111-30. Ce dépôt vaut inscription au registre prévu à l'article L. 1111-11. La personne peut également décider de n'y mentionner que l'information de l'existence de telles directives ainsi que le lieu où elles se trouvent conservées et les coordonnées de la personne qui en est dépositaire. Lorsque les directives anticipées sont conservées dans le dossier médical partagé, un rappel de leur existence est régulièrement adressé à leur auteur.

Les modalités d'authentification, de conservation ainsi que d'accès et de révision et les garanties apportées afin de préserver la confidentialité des directives anticipées sont celles prévues pour le dossier médical partagé à la section IV du présent chapitre.

III. — Les directives anticipées peuvent également être conservées :

1° Par un médecin de ville, qu'il s'agisse du médecin traitant ou d'un autre médecin choisi par la personne qui les a rédigées ;

2° En cas d'hospitalisation, dans le dossier médical mentionné à l'article R. 1112-2 ;

3° En cas d'admission dans un établissement médico-social, dans le dossier de soins conforme au dossier type mentionné au 8° de l'article D. 312-158 du code de l'action sociale et des familles.

Dans ces cas, les directives anticipées relèvent des dispositions des articles L. 1110-4 et L. 1110-4-1 relatives au secret des informations concernant la personne prise en charge par un professionnel de santé ainsi qu'aux conditions d'échange, de partage et de sécurité de ces informations.

IV. — Lorsque les directives anticipées sont déposées dans l'un des dossiers mentionnés aux II et III du présent article, les personnes identifiées en application du *b* et *d* du I de l'article R. 1111-18 sont informées par l'auteur de ces directives de l'inscription des données les concernant.

V. — Les directives anticipées peuvent également être conservées par leur auteur ou confiées par celui-ci à la personne de confiance mentionnée à l'article L. 1111-6, à un membre de la famille ou à un proche. Dans ce cas, leur existence, leur lieu de conservation et l'identification de la personne qui en est détentrice peuvent être mentionnés, sur indication de leur auteur, dans le dossier médical partagé, dans le dossier constitué par le médecin de ville, dans le dossier médical défini à l'article R. 1112-2 du présent code ou dans le dossier conforme au dossier type mentionné au 8° de l'article D. 312-158 du code de l'action sociale et des familles.

Les éléments d'identification de la personne qui est détentrice des directives anticipées sont ses noms *[nom]*, prénoms et coordonnées. Cette personne est informée par l'auteur des directives anticipées de l'inscription des données la concernant dans l'un des dossiers mentionnés au précédent alinéa.

VI. — Tout établissement de santé ou établissement médico-social interroge chaque personne qu'il prend en charge sur l'existence de directives anticipées. Le dossier médical défini à l'article R. 1112-2 du présent code ou le dossier conforme au dossier type mentionné au 8° de l'article D. 312-158 du code de l'action sociale et des familles fait mention, le cas échéant, de cette existence ainsi que des coordonnées de la personne qui en est dépositaire.

VII. — Le Centre national des soins palliatifs et de la fin de vie, dans le cadre des missions qui lui ont été confiées par le décret n° 2016-5 du 5 janvier 2016, élabore des documents d'information relatifs à la possibilité de rédiger des directives anticipées et aux modalités concrètes d'accès au modèle mentionné à l'article R. 1111-18.

Art. R. 1111-20 *(Décr. n° 2016-1067 du 3 août 2016, art. 4)* Lorsqu'il envisage de prendre une décision de limitation ou d'arrêt de traitement en application de l'article L. 1111-4, et à moins que les directives anticipées ne figurent déjà dans le dossier en sa possession, le médecin interroge le dossier médical partagé. A défaut de directives anticipées conservées ou enregistrées dans le dossier médical ou le dossier médical partagé, il recherche l'existence et le lieu de conservation des directives anticipées auprès de la personne de confiance, auprès de la famille ou des proches, ou, le cas échéant, auprès du médecin traitant de la personne malade ou du médecin qui lui a adressé cette personne.

SECTION II *BIS* DOSSIER PHARMACEUTIQUE *(Décr. n° 2012-1131 du 5 oct. 2012, art. 1er-I).*

SOUS-SECTION 1 DISPOSITIONS GÉNÉRALES *(Décr. n° 2012-1131 du 5 oct. 2012, art. 1er-I-1°).*

Art. R. 1111-20-1 *(Décr. n° 2008-1326 du 15 déc. 2008 ; Décr. n° 2012-1131 du 5 oct. 2012, art. 1er-II)* Le dossier pharmaceutique prévu à l'article L. 1111-23 est créé par un pharmacien d'officine ou exerçant dans une pharmacie à usage intérieur avec le consentement exprès du bénéficiaire de l'assurance maladie concerné *(Décr. n° 2017-878 du 9 mai 2017, art. 1er-1°)* « ou de son représentant légal, qui présente à cette fin sa carte électronique individuelle interrégimes mentionnée à l'article L. 161-31 du code de la sécurité sociale, dénommée carte d'assurance maladie ou dite "carte vitale" ». Il est géré par voie électronique. Il est à l'usage des pharmaciens d'officine ou exerçant dans une pharmacie à usage intérieur *(Décr. n° 2017-878 du 9 mai 2017,* *art. 1er-1°)* « et des médecins exerçant dans un établissement de santé dans les conditions prévues au troisième alinéa de l'article L. 1111-23 ».

L'identifiant de santé prévu à l'article L. 1111-8-1 est utilisé pour son ouverture et sa gestion.

SOUS-SECTION 2 CONTENU DU DOSSIER PHARMACEUTIQUE *(Décr. n° 2012-1131 du 5 oct. 2012, art. 1er-I-2°).*

Art. R. 1111-20-2 *(Décr. n° 2008-1326 du 15 déc. 2008 ; Décr. n° 2012-1131 du 5 oct. 2012, art. 1er-III)* I. — Le dossier pharmaceutique comporte les informations relatives :

1° Au bénéficiaire de l'assurance maladie :

a) Nom de famille ou nom d'usage, prénom usuel, date de naissance ;

b) Sexe et, en cas de naissance multiple, rang de naissance.

2° A la dispensation des médicaments :

a) Identification et quantité des médicaments, produits et objets définis à l'article L. 4211-1 dispensés pour l'usage du bénéficiaire, avec ou sans prescription médicale ;

b) Dates de dispensation.

II. – Chaque intervention sur le dossier pharmaceutique aux fins de création, de consultation, d'alimentation de clôture ou, à la demande du bénéficiaire ou de son représentant légal, de rectification des informations ou édition d'une copie *(Décr. n° 2017-878 du 9 mai 2017, art. 1er-2°)* « fait l'objet d'une trace d'intervention consignée au dossier. Cette trace d'intervention comprend l'objet, la date de l'intervention en cause ainsi que l'identification du médecin mentionné à l'article L. 1111-23 ou celle du » pharmacien d'officine ou exerçant dans une pharmacie à usage intérieur qui a effectué cette intervention.

SOUS-SECTION 3 CRÉATION ET CLÔTURE DU DOSSIER PHARMACEUTIQUE *(Décr. n° 2012-1131 du 5 oct. 2012, art. 1er-I-3°).*

Art. R. 1111-20-3 *(Décr. n° 2008-1326 du 15 déc. 2008 ; Décr. n° 2012-1131 du 5 oct. 2012, art. 1er-IV)* Après avoir pris connaissance des informations relatives à la création, l'utilisation et la clôture du dossier pharmaceutique ainsi qu'à son droit à la rectification des données le concernant, communiquées par le pharmacien d'officine ou exerçant dans une pharmacie à usage intérieur, le bénéficiaire de l'assurance maladie ou son représentant légal autorise expressément sa création *(Décr. n° 2017-878 du 9 mai 2017, art. 1er-3°)* « et présente à cette fin sa carte électronique individuelle interrégimes mentionnée à l'article L. 161-31 du code de la sécurité sociale. Le recueil du consentement s'effectue par tout moyen, y compris de façon dématérialisée ». Une attestation de création mentionnant son autorisation expresse et son droit à rectification et à la clôture du dossier lui est remise par le pharmacien.

Lorsque le bénéficiaire devient majeur, le dossier pharmaceutique subsiste dès lors que le pharmacien a recueilli le consentement du bénéficiaire.

Art. R. 1111-20-3-1 *(Décr. n° 2017-878 du 9 mai 2017, art. 1er-4°)* Lorsque le bénéficiaire de l'assurance maladie ou son représentant légal saisit le Conseil national de l'ordre des pharmaciens afin de lui signaler son refus de bénéficier d'un dossier pharmaceutique, ce signalement, accessible aux pharmaciens d'officine et aux pharmaciens exerçant dans une pharmacie à usage intérieur, entraîne l'impossibilité de création d'un dossier pharmaceutique pour cette personne pendant trente-six mois.

S'il souhaite revenir sur ce refus, le bénéficiaire de l'assurance maladie ou son représentant légal en informe le Conseil national de l'ordre des pharmaciens. Un dossier pharmaceutique peut alors être créé pour lui, dans les conditions prévues à l'article R. 1111-20-3.

Art. R. 1111-20-4 *(Décr. n° 2008-1326 du 15 déc. 2008 ; Décr. n° 2012-1131 du 5 oct. 2012, art. 1er-V)* Le bénéficiaire de l'assurance maladie ou son représentant légal peut demander la clôture du dossier pharmaceutique à tout moment auprès d'un pharmacien d'officine ou exerçant dans une pharmacie à usage intérieur. Le pharmacien remet au bénéficiaire ou à son représentant légal une attestation de clôture mentionnant qu'elle a été réalisée à sa demande.

Le dossier pharmaceutique est automatiquement clos *(Abrogé par Décr. n° 2018-137 du 26 févr. 2018, art. 1er)* **« par l'hébergeur mentionné à l'article R. 1111-20-10 »**, s'il n'a fait l'objet d'aucun accès pendant une durée de trois ans.

Lorsque le dossier pharmaceutique est clos, son contenu est détruit *(Abrogé par Décr. n° 2017-878 du 9 mai 2017, art. 1er-5°)* **« dans sa totalité »** *(Abrogé par Décr. n° 2018-137 du 26 févr. 2018, art. 1er)* **« par l'hébergeur »**.

SOUS-SECTION 4 UTILISATION DU DOSSIER PHARMACEUTIQUE *(Décr. n° 2012-1131 du 5 oct. 2012, art. 1er-I-4°).*

Art. R. 1111-20-5 *(Décr. n° 2017-878 du 9 mai 2017, art. 1er-6°)* Sauf opposition du bénéficiaire ou de son représentant légal et dans le respect des règles déontologiques et professionnelles applicables :

1° Le pharmacien d'officine consulte et alimente le dossier pharmaceutique, en utilisant conjointement :

a) La carte électronique individuelle interrégimes du bénéficiaire, mentionnée à l'article L. 161-31 du code de la sécurité sociale ;

b) Sa propre carte de professionnel de santé, mentionnée au quatrième alinéa de l'article L. 161-33 du code de la sécurité sociale ;

2° Le pharmacien exerçant dans une pharmacie à usage intérieur d'un établissement de santé ou d'un hôpital des armées consulte et alimente le dossier pharmaceutique, en utilisant conjointement :

a) Les données de la carte électronique individuelle interrégimes du bénéficiaire, mentionnée à l'article L. 161-31 du code de la sécurité sociale, qui peuvent être conservées dans le système d'information hospitalier de l'établissement de santé ou de l'hôpital des armées au cours de la période de prise en charge du patient au sein de cet établissement ou de cet hôpital, dans des conditions de sécurité garanties par des moyens de chiffrement et en assurant la traçabilité de l'accès à ces données ;

b) Tout moyen d'authentification personnel conforme à un référentiel de sécurité élaboré par le groupement d'intérêt public mentionné à l'article L. 1111-24 ;

3° Au moment de la dispensation, le pharmacien d'officine ou exerçant dans une pharmacie à usage intérieur d'un établissement de santé ou d'un hôpital des armées :

a) Consulte le dossier pharmaceutique, afin de déceler et de signaler au bénéficiaire ou à son représentant légal et, le cas échéant, aux membres de l'équipe de soins mentionnée au 1° de l'article L. 1110-12, les éventuels risques de redondances de traitements ou d'interactions médicamenteuses pouvant entraîner des effets iatrogènes connus et, s'il l'estime justifié, de refuser la dispensation ou de délivrer un médicament ou produit autre que celui qui a été prescrit, dans les conditions respectivement des articles R. 4235-61 et L. 5125-23 ;

b) Reporte dans le dossier pharmaceutique les informations mentionnées au 2° du I de l'article R. 1111-20-2 ;

4° Lors de la prise en charge du patient, le médecin mentionné à l'article L. 1111-23 peut consulter le dossier pharmaceutique dans les conditions prévues au 2°.

Art. R. 1111-20-6 *(Décr. n° 2008-1326 du 15 déc. 2008 ; Décr. n° 2012-1131 du 5 oct. 2012, art. 1er-VII)* Le bénéficiaire du dossier pharmaceutique ou son représentant légal peut s'opposer à ce que le pharmacien *(Décr. n° 2017-878 du 9 mai 2017, art. 1er-7°)* « ou le médecin mentionné à l'article L. 1111-23 » consulte son dossier ou à ce que certaines informations mentionnées au 2° de l'article R. 1111-20-2 y soient enregistrées. Dans ce cas, le pharmacien *(Décr. n° 2017-878 du 9 mai 2017, art. 1er-7°)* « ou le médecin » mentionne l'existence d'un refus.

Art. R. 1111-20-7 *(Décr. n° 2008-1326 du 15 déc. 2008 ; Décr. n° 2012-1131 du 5 oct. 2012, art. 1er-VIII)* Les données issues du dossier pharmaceutique qui ne correspondent pas à des dispensations effectuées dans une officine ou dans une pharmacie à usage intérieur déterminée ne peuvent être enregistrées dans le système informatique de cette officine ou de cette pharmacie à usage intérieur.

Art. R. 1111-20-8 *(Décr. n° 2008-1326 du 15 déc. 2008 ; Décr. n° 2012-1131 du 5 oct. 2012, art. 1er-IX)* Les dispositions de la présente section s'appliquent, sous le contrôle et la responsabilité des pharmaciens d'officine ou exerçant dans une pharmacie à usage intérieur, aux professionnels de santé habilités par la loi à les seconder dans la dispensation des médicaments. Ces professionnels utilisent leur propre carte de professionnel de santé, délivrée dans les conditions mentionnées au III de l'article R. 161-55 du code de la sécurité sociale *(Décr. n° 2017-878 du 9 mai 2017, art. 1er-8°)* « ou, le cas échéant, le moyen d'authentification personnel prévu à l'article R. 1111-20-5, pour consulter et alimenter » le dossier pharmaceutique.

SOUS-SECTION 5 DROITS DES PERSONNES SUR LES INFORMATIONS FIGURANT DANS LE DOSSIER PHARMACEUTIQUE *(Décr. n° 2012-1131 du 5 oct. 2012, art. 1er-I-5°).*

Art. R. 1111-20-9 *(Décr. n° 2008-1326 du 15 déc. 2008 ; Décr. n° 2012-1131 du 5 oct. 2012, art. 1er-X)* Le bénéficiaire du dossier pharmaceutique ou son représentant légal peut obtenir auprès *(Décr. n° 2017-878 du 9 mai 2017, art. 1er-9°)* « d'un médecin mentionné à l'article L. 1111-23 ou » d'un pharmacien d'officine ou exerçant dans une pharmacie à usage intérieur une copie des informations mentionnées au I de l'article R. 1111-20-2 contenues dans le dossier ouvert à son nom.

Cette copie est communiquée uniquement sur papier et remise au bénéficiaire ou à son représentant légal. Dans ce cas, les frais de copie, qui ne peuvent excéder le coût de la reproduction, peuvent être laissés à la charge de la personne qui l'a demandée.

Il peut également obtenir communication des traces d'interventions mentionnées au II de l'article R. 1111-20-2 *(Décr. n° 2017-878 du 9 mai 2017, art. 1er-9°)* « auprès de l'établissement de santé, de l'officine ou de la pharmacie à usage intérieur de l'établissement de santé ou de l'hôpital des armées » où ces interventions ont été effectuées.

Le bénéficiaire ou son représentant légal peut, le cas échéant, exercer son droit de rectification auprès de tout pharmacien d'officine ou exerçant dans une pharmacie à usage intérieur. Lorsque la personne obtient une modification de l'enregistrement, elle est en droit d'obtenir le remboursement des éventuels frais de copie auprès du pharmacien qui les a perçus.

SOUS-SECTION 6 HÉBERGEMENT DU DOSSIER PHARMACEUTIQUE ET ACCÈS AUX DONNÉES QU'IL CONTIENT *(Décr. n° 2012-1131 du 5 oct. 2012, art. 1er-I-6°).*

Art. R. 1111-20-10 *(Décr. n° 2008-1326 du 15 déc. 2008 ; Décr. n° 2012-1131 du 5 oct. 2012, art. 1er-XI)* Les dossiers pharmaceutiques sont hébergés chez un hébergeur unique de données de santé à caractère personnel, *(Décr. n° 2018-137 du 26 févr. 2018, art. 1er)* « dans le respect des dispositions de l'article L. 1111-8 ». Cet hébergeur est sélectionné par le Conseil national de l'ordre des pharmaciens qui passe avec lui un contrat. Ce contrat précise notamment les conditions techniques nécessaires pour assurer la qualité et la continuité du service rendu, la conservation, la sécurité, la confidentialité et l'intégrité des données, ainsi que leur interopérabilité avec le *(Décr. n° 2017-878 du 9 mai 2017, art. 1er-10°)* « dossier médical partagé prévu à l'article L. 1111-14. Les informations composant le dossier pharmaceutique sont enregistrées, conservées et transférées dans des conditions de sécurité garanties par des moyens de chiffrement. »

Art. R. 1111-20-11 *(Décr. n° 2017-878 du 9 mai 2017, art. 1er-11°)* Les données mentionnées au 1° du I de l'article R. 1111-20-2, relatives au bénéficiaire de l'assurance maladie, sont conservées *(Décr. n° 2018-137 du 26 févr. 2018, art. 1er)* « dans le dossier pharmaceutique » et accessibles au médecin mentionné à l'article L. 1111-23, au pharmacien d'officine et au pharmacien exerçant dans une pharmacie à usage intérieur jusqu'à la clôture du dossier.

Par dérogation au dernier alinéa de l'article R. 1111-20-4, les données mentionnées au 1° du I de l'article R. 1111-20-2, relatives au bénéficiaire de l'assurance maladie, et la trace de la clôture du dossier pharmaceutique sont conservées *(Abrogé par Décr. n° 2018-137 du 26 févr. 2018, art. 1er)* « *par l'hébergeur* » durant trente-six mois après sa clôture.

(Décr. n° 2018-137 du 26 févr. 2018, art. 1er) « Le refus de création d'un dossier pharmaceutique est conservé dans l'application "dossier pharmaceutique" durant trente-six mois. »

Art. R. 1111-20-12 *(Décr. nº 2017-878 du 9 mai 2017, art. 1er-12º)* I. — Les données mentionnées au 2º du I de l'article R. 1111-20-2 relatives à la dispensation de médicaments, produits et objets définis à l'article L. 4211-1 sont, à compter de la date à laquelle elles ont été saisies, accessibles au médecin mentionné à l'article L. 1111-23, au pharmacien d'officine et au pharmacien exerçant dans une pharmacie à usage intérieur pendant quatre mois, puis *(Décr. nº 2018-137 du 26 févr. 2018, art. 1er)* « conservés dans le dossier pharmaceutique » pendant une durée complémentaire de trente-deux mois afin de permettre, en cas d'alerte sanitaire relative à un médicament, un produit ou un objet défini à l'article L. 4211-1, d'en informer les patients auxquels il a été dispensé.

Au terme de la durée totale de trois ans, *(Décr. nº 2018-137 du 26 févr. 2018, art. 1er)* « ces données sont détruites ».

II. — Par dérogation au I et au deuxième alinéa de l'article R. 1111-20-4 :

1º Les données mentionnées au 2º du I de l'article R. 1111-20-2 relatives à la dispensation de vaccins mentionnés au *b* du 6º de l'article L. 5121-1 sont, à compter de la date à laquelle elles ont été saisies, accessibles au médecin mentionné à l'article L. 1111-23, au pharmacien d'officine et au pharmacien exerçant dans une pharmacie à usage intérieur pendant vingt et un ans, puis *(Décr. nº 2018-137 du 26 févr. 2018, art. 1er)* « conservés *[conservées]* dans le dossier pharmaceutique » pendant une durée complémentaire de trente-deux mois afin de permettre d'informer les patients sur leurs vaccinations et, en cas d'alerte sanitaire relative à un vaccin, d'informer les patients auxquels ce vaccin a été dispensé.

Au terme de la durée totale de vingt-trois ans et huit mois, *(Décr. nº 2018-137 du 26 févr. 2018, art. 1er)* « ces données sont détruites » ;

2º Les données mentionnées au 2º du I de l'article R. 1111-20-2 relatives à la dispensation de médicaments biologiques mentionnés au 14º de l'article L. 5121-1 sont, à compter de la date à laquelle elles ont été saisies, accessibles au médecin mentionné à l'article L. 1111-23, au pharmacien d'officine et au pharmacien exerçant dans une pharmacie à usage intérieur pendant trois ans, puis *(Décr. nº 2018-137 du 26 févr. 2018, art. 1er)* « conservés *[conservées]* dans le dossier pharmaceutique » pendant une durée complémentaire de trente-deux mois afin de permettre la continuité du traitement et, en cas d'alerte sanitaire relative à un médicament biologique, d'informer les patients auxquels ce médicament a été dispensé.

Au terme de la durée totale de cinq ans et huit mois, *(Décr. nº 2018-137 du 26 févr. 2018, art. 1er)* « ces données sont détruites ».

Art. R. 1111-20-13 *(Décr. nº 2017-878 du 9 mai 2017, art. 1er-12º)* Les médecins mentionnés à l'article L. 1111-23, les pharmaciens d'officine et les pharmaciens exerçant dans une pharmacie à usage intérieur d'un établissement de santé ou d'un hôpital des armées ont accès aux traces des seules interventions effectuées dans l'établissement de santé, l'officine ou la pharmacie à usage intérieur de l'établissement de santé ou de l'hôpital des armées où ils exercent leurs fonctions.

SECTION III OBLIGATION D'AFFICHAGE DU PROFESSIONNEL DE SANTÉ

(Décr. nº 2009-152 du 10 févr. 2009)

Art. R. 1111-21 Les professionnels de santé mentionnés aux livres Ier et III de la quatrième partie du présent code et qui reçoivent des patients affichent, de manière visible et lisible, dans leur salle d'attente ou, à défaut, dans leur lieu d'exercice, les tarifs des honoraires ou fourchettes des tarifs des honoraires qu'ils pratiquent ainsi que le tarif de remboursement par l'assurance maladie en vigueur correspondant aux prestations suivantes dès lors qu'elles sont effectivement proposées :

1º Pour les médecins : consultation, visite à domicile et majoration de nuit, majoration de dimanche, majorations pratiquées dans le cadre de la permanence des soins et au moins cinq des prestations les plus couramment pratiquées ;

2º Pour les chirurgiens-dentistes : consultation et au moins cinq des prestations de soins conservateurs, chirurgicaux et de prévention les plus pratiqués et au moins cinq des traitements prothétiques et d'orthopédie dento-faciale les plus pratiqués ;

3º Pour les autres professionnels de santé : consultation, visite à domicile et au moins cinq des prestations les plus couramment pratiquées.

Art. R. 1111-22 Les médecins mentionnés à l'article précédent doivent également afficher, dans les mêmes conditions matérielles et selon leur situation conventionnelle, les phrases citées au *a, b* ou *c* ci-après :

a) Pour les médecins conventionnés qui pratiquent les tarifs fixés par la convention :

"Votre médecin applique les tarifs de remboursement de l'assurance maladie. Ces tarifs ne peuvent pas être dépassés, sauf dans deux cas :

– exigence exceptionnelle de votre part, s'agissant de l'horaire ou du lieu de la consultation ;

– non-respect par vous-même du parcours de soins.

Si votre médecin vous propose de réaliser certains actes qui ne sont pas remboursés par l'assurance maladie, il doit obligatoirement vous en informer.

Dans tous les cas cités ci-dessus où votre médecin fixe librement ses honoraires ou ses dépassements d'honoraires, leur montant doit être déterminé avec tact et mesure."

b) Pour les médecins conventionnés autorisés à pratiquer des honoraires supérieurs à ceux fixés par la convention :

"Votre médecin détermine librement ses honoraires. Ils peuvent donc être supérieurs au tarif du remboursement par l'assurance maladie.

Si votre médecin vous propose de réaliser certains actes qui ne sont pas remboursés par l'assurance maladie, il doit obligatoirement vous en informer.

Dans tous les cas, il doit fixer ses honoraires avec tact et mesure.

Si vous bénéficiez de la couverture maladie universelle complémentaire, votre médecin doit appliquer le tarif de remboursement de l'assurance maladie."

c) Pour les médecins non conventionnés avec l'assurance maladie, les phrases :

"Votre médecin n'est pas conventionné ; il détermine librement le montant de ses honoraires. Le remboursement de l'assurance maladie se fait sur la base des « tarifs d'autorité », dont le montant est très inférieur aux tarifs de remboursement pour les médecins conventionnés.

"Si votre médecin vous propose de réaliser certains actes qui ne sont pas remboursés par l'assurance maladie, il doit obligatoirement vous en informer.

"Dans tous les cas, il doit fixer ses honoraires avec tact et mesure."

Art. R. 1111-23 Les chirurgiens-dentistes mentionnés à l'article R. 1111-21 doivent également afficher, dans les mêmes conditions matérielles et selon leur situation conventionnelle, l'une des phrases citées aux *a, b* ou *c* ci-après :

a) Pour les chirurgiens-dentistes conventionnés qui pratiquent les tarifs fixés par la convention :

"Votre chirurgien-dentiste applique les tarifs de remboursement de l'assurance maladie. Ces tarifs ne peuvent être dépassés, sauf en cas d'exigence exceptionnelle de votre part, s'agissant de l'horaire ou du lieu de la consultation.

"Pour les traitements prothétiques et d'orthopédie dento-faciale, votre chirurgien-dentiste pratique des honoraires libres qui peuvent être supérieurs aux tarifs de remboursement par l'assurance maladie.

"Si vous bénéficiez de la couverture maladie universelle complémentaire, ces dépassements sont plafonnés.

"Si votre chirurgien-dentiste vous propose de réaliser certains actes qui ne sont pas remboursés par l'assurance maladie, il doit obligatoirement vous en informer.

"Dans les cas cités ci-dessus où votre chirurgien-dentiste fixe librement ses honoraires ou ses dépassements d'honoraires, leur montant doit être déterminé avec tact et mesure."

b) Pour les chirurgiens-dentistes conventionnés bénéficiant du droit permanent à dépassement :

"Votre chirurgien-dentiste détermine librement ses honoraires, qui peuvent être supérieurs au tarif de remboursement par l'assurance maladie.

"Si votre chirurgien-dentiste vous propose de réaliser certains actes qui ne sont pas remboursés par l'assurance maladie, il doit obligatoirement vous en informer.

"Dans tous les cas, votre chirurgien-dentiste doit fixer ses honoraires avec tact et mesure."

c) Pour les chirurgiens-dentistes non conventionnés avec l'assurance maladie, les phrases :

"Votre chirurgien-dentiste n'est pas conventionné avec l'assurance maladie ; il détermine librement le montant de ses honoraires. Le remboursement de l'assurance maladie se fait sur la base des "tarifs d'autorité", dont le montant est très inférieur aux tarifs de remboursement pour les chirurgiens-dentistes conventionnés.

"Si votre chirurgien-dentiste vous propose de réaliser certains actes qui ne sont pas remboursés par l'assurance maladie, il doit obligatoirement vous en informer.

"Dans tous les cas, votre chirurgien-dentiste doit fixer ses honoraires avec tact et mesure."

Art. R. 1111-24 Les professionnels de santé mentionnés à l'article R. 1111-21 autres que les médecins et les chirurgiens-dentistes doivent également afficher, dans les mêmes conditions matérielles et, selon leur situation conventionnelle, l'une des phrases citées au *a*, *b* ou *c* ci-après :

a) Pour les professionnels de santé conventionnés qui pratiquent les tarifs fixés par la convention dont ils relèvent :

"Votre professionnel de santé pratique des honoraires conformes aux tarifs de l'assurance maladie. Ces tarifs ne peuvent être dépassés, sauf en cas d'exigence exceptionnelle de votre part, s'agissant de l'horaire ou du lieu des actes pratiqués.

"Si votre professionnel de santé vous propose de réaliser certains actes qui ne sont pas remboursés par l'assurance maladie, il doit obligatoirement vous en informer.

"Dans le cas prévu ci-dessus où votre professionnel de santé peut déterminer librement ses honoraires ou ses dépassements d'honoraires, il en détermine le montant avec tact et mesure."

b) Pour les professionnels de santé qui n'ont pas adhéré à la convention dont leur profession relève :

"Votre professionnel de santé n'est pas conventionné avec l'assurance maladie ; il détermine librement le montant de ses honoraires. Le remboursement de l'assurance maladie se fait sur la base des « tarifs d'autorité », dont le montant est très inférieur aux tarifs de remboursement pour les professionnels de santé conventionnés.

"Si votre professionnel de santé vous propose de réaliser certains actes qui ne sont pas remboursés par l'assurance maladie, il doit obligatoirement vous en informer."

c) Pour les autres professionnels de santé d'exercice libéral dont les rapports avec l'assurance maladie ne sont pas régis par une convention, les phrases :

"Votre professionnel de santé fixe librement le montant de ses honoraires dans le respect du tact et de la mesure. Ils ne font pas l'objet d'un remboursement par l'assurance maladie."

Dans toutes les phrases mentionnées aux *a*, *b* et *c* ci-dessus, le professionnel peut remplacer les mots "professionnels de santé" par la dénomination de sa profession.

Art. R. 1111-25 Le fait de ne pas afficher les informations relatives aux honoraires dans les conditions prévues aux articles R. 1111-21 à R. 1111-24 est sanctionné comme suit :

En cas de première constatation d'un manquement, les agents habilités notifient au professionnel un rappel de réglementation mentionnant la date du contrôle, les faits constatés ainsi que le montant maximum de l'amende administrative encourue.

Le professionnel en cause dispose d'un délai de quinze jours pour se mettre en conformité avec la réglementation ainsi rappelée. Passé ce délai, en cas de nouvelle constatation d'un manquement chez le même professionnel, le représentant de l'État dans le département notifie les manquements reprochés et le montant de l'amende administrative envisagée au professionnel, afin qu'il puisse présenter ses observations écrites ou orales, le cas échéant assisté d'une personne de son choix, dans le délai de quinze jours francs à compter de la notification.

A l'issue de ce délai, le représentant de l'État peut prononcer une amende administrative dont le montant ne peut excéder 3 000 €. Il la notifie à l'intéressé en lui indiquant le délai dans lequel il doit s'en acquitter et les voies de recours qui lui sont ouvertes. L'amende est recouvrée conformément aux dispositions des *(Décr. n° 2012-1247 du 7 nov. 2012, art. 20-1°)* « articles 108 à 111 du décret n° 2012-1246 du 7 novembre 2012 relatif à la gestion budgétaire et comptable publique ».

SECTION IV DOSSIER MÉDICAL PARTAGÉ

(Décr. n° 2016-914 du 4 juill. 2016, art. 1er)

SOUS-SECTION 1 DISPOSITIONS GÉNÉRALES

Art. R. 1111-26 Le dossier médical partagé est un dossier médical numérique destiné à favoriser la prévention, la qualité, la continuité et la prise en charge coordonnée des soins des patients, dont les modalités de création, d'accès et de fonctionnement sont régies par la présente section.

Un dossier médical partagé peut être créé pour tout bénéficiaire de l'assurance maladie après recueil de son consentement exprès ou de celui de son représentant légal. Une fois son dossier créé, le bénéficiaire de l'assurance maladie en devient le titulaire.

Lorsque le titulaire du dossier médical partagé est une personne mineure ou une personne majeure faisant l'objet d'une mesure de protection juridique, les droits énoncés à la présente section sont mis en œuvre conformément aux articles 371-1 et suivants et 425 et suivants du code civil ainsi qu'aux articles L. 1110-4, L. 1111-2, L. 1111-5, L. 1111-5-1 et L. 1111-7 du présent code.

Tout professionnel de santé participant à la prise en charge du patient peut accéder au dossier médical partagé dans les conditions définies aux articles R. 1111-39, R. 1111-41 et R. 1111-43.

Sur la mise en place du dossier médical partagé, V. Décr. n° 2016-914 du 4 juill. 2016, art. 2 à 4 🏛.

Art. R. 1111-27 La Caisse nationale de l'assurance maladie des travailleurs salariés est responsable de traitement au sens de l'article 3 de la loi n° 78-17 du 6 janvier 1978 modifiée relative à l'informatique, aux fichiers et aux libertés.

Elle s'assure de la conformité du dossier médical partagé à l'article L. 1111-8 et aux référentiels d'interopérabilité et de sécurité mentionnés à l'article L. 1110-4-1.

Art. R. 1111-28 Le dossier médical partagé ne se substitue pas au dossier que tient chaque établissement de santé ou chaque professionnel de santé, quel que soit son mode d'exercice, dans le cadre de la prise en charge d'un patient.

Art. R. 1111-29 Le dossier médical partagé est accessible aux professionnels de santé par voie électronique notamment depuis un site internet ou via des logiciels respectant les référentiels d'interopérabilité et de sécurité mentionnés à l'article L. 1110-4-1 du code de la santé publique, selon les modalités techniques et organisationnelles définies par la Caisse nationale de l'assurance maladie des travailleurs salariés. Il est également accessible à son titulaire par voie électronique depuis un site internet ou dans les conditions prévues à l'article R. 1111-35.

SOUS-SECTION 2 CONTENU DU DOSSIER MÉDICAL PARTAGÉ

Art. R. 1111-30 Le dossier médical partagé contient :

1° Les données relatives au bénéficiaire de l'assurance maladie, titulaire du dossier médical partagé, et notamment :

a) Les données relatives à l'identité et à l'identification du titulaire ;

b) Les données relatives à la prévention, à l'état de santé et au suivi social et médico-social que les professionnels de santé estiment devoir être partagées dans le dossier médical partagé, afin de servir la coordination, la qualité et la continuité des soins, y compris en urgence, notamment l'état des vaccinations, les synthèses médicales, les lettres de liaison visées à l'article L. 1112-1, les comptes rendus de biologie médicale, d'examens d'imagerie médicale, d'actes diagnostiques et thérapeutiques, et les traitements prescrits.

Ces informations sont versées dans le dossier médical partagé le jour de la consultation, de l'examen ou de son résultat, à l'origine de leur production et au plus tard le jour de la sortie du patient après une hospitalisation ;

c) Les données consignées dans le dossier par le titulaire lui-même ;

d) Les données nécessaires à la coordination des soins issues des procédures de remboursement ou de prise en charge, détenues par l'organisme d'assurance maladie obligatoire, dont relève chaque bénéficiaire. A cette fin, la Caisse nationale de l'assurance maladie des travailleurs salariés met en œuvre pour l'ensemble des bénéficiaires de l'assurance maladie ayant créé un dossier médical partagé un traitement de données à caractère personnel visant à recevoir et organiser les données visées au présent point *d* ;

e) Les données relatives à la dispensation de médicaments, issues du dossier pharmaceutique mentionné à l'article L. 1111-23 ;

f) Les données relatives au don d'organes ou de tissus ;

g) Les données relatives aux directives anticipées mentionnées à l'article L. 1111-11 ;

2° Les données relatives à l'identité et les coordonnées des représentants légaux et des personnes chargées de la mesure de protection juridique, le cas échéant ;

3° Les données relatives à l'identité et les coordonnées de la personne de confiance mentionnée à l'article L. 1111-6 ;

4° Les données relatives à l'identité et les coordonnées des proches du titulaire à prévenir en cas d'urgence ;

5° Les données relatives à l'identité et les coordonnées du médecin traitant mentionné à l'article L. 162-5-3 du code de la sécurité sociale ;

6° Les données relatives au recueil des consentements pour la création et les accès du dossier médical partagé ;

7° La liste actualisée des professionnels de santé ayant déclaré être autorisés à accéder au dossier médical partagé dans les conditions prévues aux articles R. 1111-39, R. 1111-41 et R. 1111-43, ainsi que la liste des professionnels de santé auxquels le titulaire a interdit l'accès à son dossier médical partagé.

Art. R. 1111-31 Toutes les actions réalisées sur le dossier médical partagé, quel qu'en soit l'auteur, sont tracées et conservées dans le dossier médical partagé, et notamment la date, l'heure, et l'identité de la personne qui a créé ou modifié le dossier médical partagé. Ces traces sont accessibles au titulaire du dossier, au médecin traitant mentionné à l'article L. 162-5-3 du code de la sécurité sociale, aux professionnels de santé mentionnés au deuxième alinéa de l'article R. 1111-43 et au professionnel de santé auteur des informations faisant l'objet de ces traces.

SOUS-SECTION 3 CRÉATION, CLÔTURE ET DESTRUCTION DU DOSSIER MÉDICAL PARTAGÉ

Art. R. 1111-32 La création du dossier médical partagé nécessite le consentement exprès et éclairé du bénéficiaire. A cet effet, il est informé des finalités du dossier médical partagé ainsi que de ses modalités de création, de clôture et de destruction. Il est également informé de ses modalités d'accès par lui-même et par les professionnels de santé appelés à le prendre en charge au sein d'une équipe de soins ou en dehors de celle-ci, de ses droits sur les données contenues et des droits particuliers dont bénéficie son médecin traitant. Le recueil du consentement et sa notification au titulaire s'effectuent par tout moyen, y compris de façon dématérialisée.

La Caisse nationale de l'assurance maladie des travailleurs salariés établit et met à disposition les supports d'information adaptés au statut des bénéficiaires de l'assurance maladie, notamment les informations relatives aux modalités de création et d'accès au dossier médical partagé.

Si le titulaire était mineur au moment de la création de son dossier médical partagé et sous réserve qu'*il n'était* pas émancipé, l'atteinte de l'âge de la majorité nécessite de recueillir son consentement pour conserver son dossier médical partagé. Il peut à cette occasion en demander la clôture.

Le dossier médical partagé peut être créé par :

1° Le bénéficiaire de l'assurance maladie ;

2° Tout professionnel de santé, quel que soit son mode d'exercice, ainsi que par les personnes exerçant sous sa responsabilité ;

3° Les personnes assurant des fonctions d'accueil des patients au sein des établissements de santé, des laboratoires de biologie médicale, des services de santé du titre III du livre Ier et du livre III de la sixième partie du code de la santé publique, ou des établissements et services sociaux et médico-sociaux mentionnés au I de l'article L. 312-1 du code de l'action sociale et des familles ;

4° Les agents des organismes d'assurance maladie obligatoire qui interviennent directement auprès des bénéficiaires de l'assurance maladie.

Art. R. 1111-33 L'identifiant du dossier médical partagé est l'identifiant national de santé, mentionné à l'article L. 1111-8-1.

Art. R. 1111-34 Le titulaire peut décider à tout moment de clôturer son dossier médical partagé soit directement, soit en en formulant la demande à une des personnes mentionnées à l'article R. 1111-32.

Le décès du titulaire du dossier médical partagé entraîne sa clôture par la Caisse nationale de l'assurance maladie des travailleurs salariés.

A compter de sa clôture, le dossier médical partagé est archivé. Il reste néanmoins accessible pour tout recours gracieux ou contentieux. En l'absence d'accès postérieur, le dossier médical partagé est détruit dix ans après sa clôture, sinon il est détruit dix ans après le dernier accès.

Lorsqu'elle constate ou est informée d'une situation ou d'un événement révélant un dysfonctionnement grave ou une utilisation frauduleuse, la Caisse nationale de l'assurance maladie des travailleurs salariés en informe sans délai le titulaire et les professionnels de santé concernés, et prend toutes les mesures conservatoires nécessaires.

Si le titulaire ne peut être joint ou s'il apparaît que le dysfonctionnement grave ou l'utilisation frauduleuse ne peut, dans l'intérêt de la personne concernée, être corrigé, la Caisse nationale de l'assurance maladie peut procéder à la destruction du dossier médical concerné.

SOUS-SECTION 4 DROITS DU TITULAIRE SUR LES DONNÉES CONTENUES DANS SON DOSSIER MÉDICAL PARTAGÉ

Art. R. 1111-35 Sans préjudice des dispositions de l'article 39 de la loi n° 78-17 du 6 janvier 1978 précitée et de l'article L. 1111-7, le titulaire accède aux données contenues dans son dossier médical partagé :

1° Directement, en utilisant ses propres moyens d'identification et d'authentification ;

2° Par l'intermédiaire d'un professionnel de santé autorisé à accéder à son dossier médical partagé ;

(Décr. n° 2018-137 du 26 févr. 2018, art. 1er) « 3° Par l'intermédiaire de la Caisse nationale de l'assurance maladie. »

La Caisse nationale de l'assurance maladie des travailleurs salariés définit et met en œuvre les conditions techniques permettant au titulaire d'extraire ou de verser au moyen de logiciels des données dans son dossier médical partagé. Les logiciels permettant cette extraction ou ce versement doivent être conformes à des spécifications élaborées par la Caisse nationale de l'assurance maladie des travailleurs salariés visant à garantir le respect des obligations qui découlent de la loi n° 78-17 du 6 janvier 1978 précitée ainsi que des référentiels visés à l'article L. 1110-4-1 du présent code. La Caisse nationale de l'assurance maladie des travailleurs salariés tient à jour sur son site internet la liste des logiciels homologués.

Art. R. 1111-36 Une fois que le bénéficiaire de l'assurance maladie a consenti à la création de son dossier médical partagé, il ne peut, sauf motif légitime, s'opposer à ce que les professionnels de santé qui le prennent en charge versent dans son dossier médical partagé les informations utiles à la prévention, la continuité et la coordination des soins qui lui sont ou seront délivrés.

Art. R. 1111-37 Le droit de rectification du titulaire prévu par l'article 40 de la loi n° 78-17 du 6 janvier 1978 précitée s'exerce :

1° Auprès du professionnel de santé autorisé à accéder au dossier médical partagé et identifié dans le dossier médical partagé comme l'auteur de l'information à rectifier ;

2° Auprès de la Caisse nationale de l'assurance maladie des travailleurs salariés dans les conditions définies par celle-ci, dans le respect des règles de confidentialité précisées au premier alinéa de l'article L. 1110-4.

Le titulaire peut rectifier lui-même les informations qu'il a consignées dans son dossier médical partagé en accédant à son dossier en utilisant les moyens d'identification et d'authentification prévus à cet effet. Le titulaire ne peut pas supprimer les données reportées par un professionnel de santé dans son dossier médical partagé. Il peut en demander la suppression, s'il existe un motif légitime, auprès du professionnel de santé ou de l'établissement de santé qui en était l'auteur.

Art. R. 1111-38 Le titulaire peut décider que des informations le concernant contenues dans son dossier médical partagé ne soient pas accessibles aux professionnels de santé autorisés à accéder à son dossier. Ces informations restent cependant accessibles au professionnel de santé qui les a déposées dans le dossier médical partagé et aux professionnels de santé visés à l'article R. 1111-43. Cette décision est modifiable à tout moment par le titulaire.

Art. R. 1111-39 Le titulaire est informé de son droit d'opposition à l'accès à son dossier médical partagé dans les situations d'urgence prévues au I de l'article L. 1111-17. En l'absence d'opposition du titulaire, dans de telles situations, les professionnels de santé visés au I de l'article L. 1111-17 accèdent au dossier médical partagé. Le titulaire et son médecin traitant sont informés de cet accès *a posteriori* et de façon dématérialisée.

SOUS-SECTION 5 MODALITÉS D'ACCÈS AU DOSSIER MÉDICAL PARTAGÉ

Art. R. 1111-40 Pour accéder directement au dossier médical partagé, le titulaire dispose de moyens d'identification et d'authentification prévus par la Caisse nationale de l'assurance maladie des travailleurs salariés et conformes aux référentiels de sécurité mentionnés à l'article L. 1110-4-1.

Art. R. 1111-41 L'accès des professionnels de santé mentionnés à l'article L. 1111-15 est subordonné à l'autorisation préalable du titulaire selon les modalités ci-après.

Lorsque le professionnel de santé est membre d'une équipe de soins, telle que définie à l'article L. 1110-12, l'autorisation d'accès au dossier médical partagé est délivrée dans les conditions prévues au premier alinéa du III de l'article L. 1110-4. Elle est réputée donnée à l'ensemble des professionnels de santé membres de l'équipe de soins.

Lorsque le professionnel de santé ne fait pas partie de l'équipe de soins définie à l'article L. 1110-12, le consentement est recueilli dans les conditions prévues au deuxième alinéa du III de l'article L. 1110-4. Le cas échéant, un professionnel de santé bénéficiant de l'accès au titre de l'alinéa précédent peut recueillir ce consentement pour le compte d'un autre professionnel de santé en application du II de l'article L. 1111-17. A cet effet, le titulaire est informé des raisons qui motivent le recueil de son consentement et des règles qui s'appliquent à la consultation de son dossier médical partagé par le professionnel de santé concerné.

L'accès des professionnels de santé au dossier médical partagé est, dans tous les cas, réalisé dans le respect des règles de confidentialité précisées au I de l'article L. 1110-4 et des référentiels d'interopérabilité et de sécurité mentionnés à l'article L. 1110-4-1. Ces professionnels ont accès aux seules informations strictement nécessaires à la prise en charge du titulaire du dossier médical partagé dans le respect des règles de gestion des droits d'accès fixées par la Caisse nationale de l'assurance maladie des travailleurs salariés, en collaboration avec les conseils nationaux des ordres des professionnels de santé et après avis de la Commission nationale de l'informatique et des libertés. Ces règles sont publiées sur le site internet de la Caisse nationale de l'assurance maladie des travailleurs salariés.

Les personnes exerçant sous la responsabilité d'un professionnel de santé peuvent alimenter les dossiers médicaux partagés au nom et pour le compte du professionnel de santé.

Le titulaire peut indiquer dans son dossier médical partagé l'identité des professionnels de santé auxquels il entend interdire l'accès à son dossier. La liste de ces professionnels de santé peut être modifiée à tout moment par le titulaire.

Une notification est envoyée au titulaire par tout moyen pour l'informer du premier accès d'un professionnel de santé à son dossier médical partagé.

Art. R. 1111-42 Lorsqu'un professionnel de santé estime qu'une information sur l'état de santé versée dans le dossier médical partagé ne doit pas être portée à la connaissance du patient sans accompagnement, il peut rendre cette information provisoirement inaccessible au titulaire du dossier en attendant qu'elle soit délivrée à ce dernier par un professionnel de santé lors d'une consultation d'annonce. Dans un délai de deux semaines suivant le versement d'une information inaccessible, et en l'absence de la consultation d'annonce, le patient est informé par tout moyen y compris dématérialisé d'une mise à jour de son dossier médical partagé, l'invitant à consulter un professionnel de santé, notamment son médecin traitant, pour en prendre connaissance. Si la consultation d'annonce n'a pas eu lieu un mois après le versement de l'information dans le dossier médical partagé du patient, elle devient automatiquement accessible.

Art. R. 1111-43 Le médecin traitant mentionné à l'article L. 162-5-3 du code de la sécurité sociale accède à l'ensemble des informations contenues dans le dossier médical partagé, y compris celles rendues inaccessibles par son titulaire dans les conditions définies à l'article R. 1111-38, ou par un professionnel de santé dans les conditions définies à l'article R. 1111-42.

Le titulaire peut accorder à un ou plusieurs professionnels de santé autorisés à accéder à son dossier médical partagé les mêmes droits d'accès que ceux du médecin traitant définis au deuxième alinéa de l'article L. 1111-16 et à l'alinéa précédent.

CHAPITRE II PERSONNES ACCUEILLIES DANS LES ÉTABLISSEMENTS DE SANTÉ

SECTION PREMIÈRE INFORMATIONS DES PERSONNES ACCUEILLIES

BIBL. ▶ Banat-Berger et Maissonnier, La gestion des archives dans le secteur médical à l'ère numérique, *Méd. et droit 2015, p. 36.* – RGDM 2014, n° 53, p. 13 s., *Dossier, Le dossier médical : enjeux et perspectives* (dir. Saison-Demars et Leuzzi-Louchart). – Clément, Le dossier médical : constitution, gestion, conservation, *La gazette de l'hôpital, oct. 2007, Étude, p. 1.* – Dupont, Le dossier médical, *in* Droit médical et hospitalier, *Litec, fasc. n° 9-2.*

Art. R. 1112-1 Le directeur de l'établissement veille à ce que toutes mesures soient prises pour assurer la communication des informations définies à l'article L. 1111-7.

(Décr. n° 2016-1645 du 1er déc. 2016, art. 3-1°) « Les informations relatives à la santé d'une personne lui sont communiquées, selon les cas, par le médecin responsable de la structure concernée ou par tout membre du corps médical de l'établissement désigné par lui à cet effet ou par le médecin responsable de la prise en charge du patient. En l'absence de ce dernier, la communication est assurée par le ou les médecins désignés à cet effet par la commission ou la conférence médicale. »

Art. R. 1112-1-1 *(Décr. n° 2016-995 du 20 juill. 2016, art. 1er-2°)* Le praticien qui adresse un patient à un établissement de santé accompagne sa demande d'une lettre de liaison synthétisant les informations nécessaires à la prise en charge du patient dont il dispose sur son lieu d'intervention, dans le respect des conditions prévues à l'article L. 1110-4. Cette lettre comprend notamment les motifs de la demande d'hospitalisation, les traitements en cours et les allergies connus. Elle est adressée par messagerie sécurisée répondant aux conditions prévues à l'article L. 1110-4-1, ou par tout moyen garantissant la confidentialité des informations. Elle est versée dans le dossier médical partagé du patient si ce dossier a été créé, ou lui est remise.

Lorsqu'il est fait application de l'article L. 3213-1, le certificat médical circonstancié tient lieu de lettre de liaison pour l'admission dans l'établissement d'accueil.

Art. R. 1112-1-2 *(Décr. n° 2016-995 du 20 juill. 2016, art. 1er-2°)* I. — Lors de la sortie de l'établissement de santé, une lettre de liaison, rédigée par le médecin de l'établissement qui l'a pris en charge, est remise au patient par ce médecin, ou par un autre membre de l'équipe de soins mentionnée au 1° de l'article L. 1110-12 qui l'a pris en charge, et qui s'assure que les informations utiles à la continuité des soins ont été comprises.

Dans le respect des dispositions des articles L. 1110-4 et L. 1111-2, la lettre de liaison est transmise*[,]* le même jour, au médecin traitant et, le cas échéant, au praticien qui a adressé le patient. Elle est adressée par messagerie sécurisée répondant aux conditions prévues à l'article L. 1110-4-1, ou par tout moyen garantissant la confidentialité des informations, et versée dans le dossier médical partagé du patient si ce dossier a été créé.

II. – Cette lettre de liaison contient les éléments suivants :

1° Identification du patient, du médecin traitant, le cas échéant du praticien adresseur, ainsi que l'identification du médecin de l'établissement de santé qui a pris en charge le patient avec les dates et modalités d'entrée et de sortie d'hospitalisation ;

2° Motif d'hospitalisation ;

3° Synthèse médicale du séjour précisant*[,]* le cas échéant, les événements indésirables survenus pendant l'hospitalisation, l'identification de micro-organismes multirésistants ou émergents, l'administration de produits sanguins ou dérivés du sang, la pose d'un dispositif médical implantable ;

4° Traitements prescrits à la sortie de l'établissement (ou ordonnances de sortie) et ceux arrêtés durant le séjour et le motif d'arrêt ou de remplacement, en précisant, notamment pour les traitements médicamenteux, la posologie et la durée du traitement ;

5° Annonce, le cas échéant, de l'attente de résultats d'examens ou d'autres informations qui compléteront cette lettre de liaison ;

6° Suites à donner, le cas échéant, y compris d'ordre médico-social, tels que les actes prévus et à programmer, recommandations et surveillances particulières.

Art. R. 1112-2 Un dossier médical est constitué pour chaque patient hospitalisé dans un établissement de santé public ou privé. Ce dossier contient au moins les éléments suivants, ainsi classés :

1° Les informations formalisées recueillies lors des consultations externes dispensées dans l'établissement, lors de l'accueil au service des urgences ou au moment de l'admission et au cours du séjour hospitalier, et notamment :

a) La lettre du médecin qui est à l'origine de la consultation ou *(Décr. n° 2016-995 du 20 juill. 2016, art. 2-1° et 3)* « , en cas d'admission, la lettre de liaison prévue à l'article R. 1112-1-1 » ;

b) Les motifs d'hospitalisation ;

c) La recherche d'antécédents et de facteurs de risques ;

d) Les conclusions de l'évaluation clinique initiale ;

e) Le type de prise en charge prévu et les prescriptions effectuées à l'entrée ;

f) La nature des soins dispensés et les prescriptions établies lors de la consultation externe ou du passage aux urgences ;

g) Les informations relatives à la prise en charge en cours d'hospitalisation : état clinique, soins reçus, examens para-cliniques, notamment d'imagerie ;

h) Les informations sur la démarche médicale, adoptée dans les conditions prévues à l'article L. 1111-4 ;

i) Le dossier d'anesthésie ;

j) Le compte rendu opératoire ou d'accouchement ;

k) Le consentement écrit du patient pour les situations où ce consentement est requis sous cette forme par voie légale ou réglementaire ;

l) La mention des actes transfusionnels pratiqués sur le patient et, le cas échéant, copie de la fiche d'incident transfusionnel mentionnée au deuxième alinéa de l'article R. 1221-40 ;

m) Les éléments relatifs à la prescription médicale, à son exécution et aux examens complémentaires ;

n) Le dossier de soins infirmiers ou, à défaut, les informations relatives aux soins infirmiers ;

o) Les informations relatives aux soins dispensés par les autres professionnels de santé ;

p) Les correspondances échangées entre professionnels de santé ;

(Décr. n° 2006-119 du 6 févr. 2006) « *q)* Les directives anticipées mentionnées à l'article L. 1111-11 ou, le cas échéant, la mention de leur existence ainsi que les coordonnées de la personne qui en est détentrice. »

2° Les informations formalisées établies à la fin du séjour. Elles comportent notamment :

a) *(Décr. n° 2016-995 du 20 juill. 2016, art. 2-2° et 3)* « La lettre de liaison remise à la sortie prévue par l'article R. 1112-1-2 » ;

b) La prescription de sortie et les doubles d'ordonnance de sortie ;

c) Les modalités de sortie (domicile, autres structures) ;
d) La fiche de liaison infirmière ;
3° Les informations mentionnant qu'elles ont été recueillies auprès de tiers n'intervenant pas dans la prise en charge thérapeutique ou concernant de tels tiers.

Sont seules communicables les informations énumérées aux 1° et 2°.

Art. R. 1112-3 Le dossier comporte l'identification du patient ainsi que, le cas échéant, celle de la personne de confiance définie à l'article L. 1111-6 et celle de la personne à prévenir.

Chaque pièce du dossier est datée et comporte l'identité du patient avec son nom, son prénom, sa date de naissance ou son numéro d'identification, ainsi que l'identité du professionnel de santé qui a recueilli ou produit les informations. Les prescriptions médicales sont datées avec indication de l'heure et signées ; le nom du médecin signataire est mentionné en caractères lisibles.

Art. R. 1112-4 Dans le cas où le praticien qui a prescrit l'hospitalisation demande communication du dossier, cette communication ne peut intervenir qu'après accord du patient, de la personne ayant l'autorité parentale ou du tuteur, ou de ses ayants droit en cas de décès.

Art. R. 1112-5 Au cours de son séjour hospitalier, le patient auquel a été administré un produit sanguin labile en est informé par écrit. L'information est communiquée, pour les mineurs, aux titulaires de l'autorité parentale, sauf si le mineur a fait connaître l'opposition prévue à l'article L. 1111-5 et, pour les incapables, au tuteur.

Art. R. 1112-6 Les établissements publics de santé et les établissements de santé privés *(Décr. n° 2016-1645 du 1er déc. 2016, art. 3-2°-a)* « habilités à assurer le service public hospitalier » sont tenus d'informer par lettre le médecin désigné par le malade hospitalisé ou par sa famille de la date et de l'heure de l'admission et du service concerné. Ils l'invitent en même temps à prendre contact avec le service hospitalier, à fournir tous les renseignements utiles sur le malade et à manifester éventuellement le désir d'être informé sur l'évolution de l'état de ce dernier.

En cours d'hospitalisation, le chef de service *(Décr. n° 2016-1645 du 1er déc. 2016, art. 3-2°-b)* « ou, le cas échéant, le médecin responsable de la prise en charge du patient » communique au médecin désigné dans les conditions ci-dessus et qui en fait la demande écrite toutes les informations relatives à l'état du malade.

Art. R. 1112-7 *(Décr. n° 2006-6 du 4 janv. 2006)* Les informations concernant la santé des patients sont soit conservées au sein des établissements de santé qui les ont constituées, soit déposées par ces établissements auprès d'un hébergeur *(Décr. n° 2018-137 du 26 févr. 2018, art. 1er)* « dans le respect des dispositions de l'article L. 1111-8 ».

Le directeur de l'établissement veille à ce que toutes dispositions soient prises pour assurer la garde et la confidentialité des informations ainsi conservées ou hébergées.

Le dossier médical mentionné à l'article R. 1112-2 est conservé pendant une durée de vingt ans à compter de la date du dernier séjour de son titulaire dans l'établissement ou de la dernière consultation externe en son sein. Lorsqu'en application des dispositions qui précèdent, la durée de conservation d'un dossier s'achève avant le vingt-huitième anniversaire de son titulaire, la conservation du dossier est prorogée jusqu'à cette date. Dans tous les cas, si la personne titulaire du dossier décède moins de dix ans après son dernier passage dans l'établissement, le dossier est conservé pendant une durée de dix ans à compter de la date du décès. Ces délais sont suspendus par l'introduction de tout recours gracieux ou contentieux tendant à mettre en cause la responsabilité médicale de l'établissement de santé ou de professionnels de santé à raison de leurs interventions au sein de l'établissement.

A l'issue du délai de conservation mentionné à l'alinéa précédent et après, le cas échéant, restitution à l'établissement de santé des données ayant fait l'objet d'un hébergement en application de l'article L. 1111-8, le dossier médical peut être éliminé. La décision d'élimination est prise par le directeur de l'établissement après avis du médecin responsable de l'information médicale. Dans les établissements publics de santé et les établissements de santé privés *(Décr. n° 2016-1645 du 1er déc. 2016, art. 3-3°)* « habilités à assurer le » service public hospitalier, cette élimination est en outre subordonnée au visa de l'administration des archives, qui détermine ceux de ces dossiers dont elle entend assurer la conservation indéfinie pour des raisons d'intérêt scientifique, statistique ou historique.

BIBL. ▶ SÉGUI, Le délai de conservation de certaines archives hospitalières, *Rev. hosp. France, nº 496, janv. 2004, p. 62 ; ibid., nº 499, juill. 2004, p. 46.*

Art. R. 1112-8 Lorsqu'un établissement de santé privé (*Décr. nº 2016-1645 du 1er déc. 2016, art. 3-4º*) « qui n'est pas habilité à assurer le » service public hospitalier cesse ses activités, les informations concernant la santé des patients peuvent, sous réserve des tris nécessaires, faire l'objet d'un don à un service public d'archives par voie contractuelle entre le directeur de l'établissement et l'autorité administrative compétente.

Art. R. 1112-9 Les conditions d'accès aux informations de santé mentionnées à l'article L. 1111-7 ainsi que leur durée de conservation et les modalités de cette conservation sont mentionnées dans le livret d'accueil prévu à l'article L. 1112-2. Ces informations sont également fournies au patient reçu en consultation externe ou accueilli au service des urgences.

SECTION II DISPOSITIONS PARTICULIÈRES AUX ÉTABLISSEMENTS PUBLICS DE SANTÉ

SOUS-SECTION 1 CHAMP D'APPLICATION

Art. R. 1112-10 Les dispositions de la présente section sont applicables aux établissements publics de santé.

SOUS-SECTION 2 MODALITÉS D'ADMISSION DANS L'ÉTABLISSEMENT

§ 1er DISPOSITIONS GÉNÉRALES

Art. R. 1112-11 L'admission à l'hôpital est prononcée par le directeur sur avis d'un médecin ou d'un interne de l'établissement. Elle est décidée, hors les cas d'urgence reconnus par le médecin ou l'interne de garde de l'établissement, sur présentation d'un certificat d'un médecin traitant ou appartenant au service de consultation de l'établissement attestant la nécessité du traitement hospitalier. Ce certificat peut indiquer la discipline dans laquelle devrait être admis l'intéressé sans mentionner le diagnostic de l'affection qui motive l'admission. Il est accompagné d'une lettre cachetée du médecin traitant ou du médecin de consultation adressée au médecin du service hospitalier donnant tous renseignements d'ordre médical utiles à ce dernier pour le diagnostic et le traitement.

Art. R. 1112-12 En cas de refus d'admettre un malade qui remplit les conditions requises pour être admis, alors que les disponibilités en lits de l'établissement permettent de le recevoir, l'admission peut être prononcée par le (*Décr. nº 2010-344 du 31 mars 2010, art. 1er*) « directeur général de l'agence régionale de santé ».

Art. R. 1112-13 Si l'état d'un malade ou d'un blessé réclame des soins urgents, le directeur prend toutes mesures pour que ces soins urgents soient assurés. Il prononce l'admission, même en l'absence de toutes pièces d'état civil et de tout renseignement sur les conditions dans lesquelles les frais de séjour seront remboursés à *l'établissement.*

Art. R. 1112-14 Lorsqu'un médecin ou un interne de l'établissement constate que l'état d'un malade ou blessé requiert des soins urgents relevant d'une discipline ou d'une technique non pratiquée dans l'établissement ou nécessitant des moyens dont l'établissement ne dispose pas, ou encore lorsque son admission présente, du fait de manque de place, un risque certain pour le fonctionnement du service hospitalier, le directeur provoque les premiers secours et prend toutes les mesures nécessaires pour que le malade ou le blessé soit dirigé au plus tôt vers un établissement susceptible d'assurer les soins requis.

En particulier, si tous les incubateurs de l'établissement sont occupés, toutes dispositions sont prises pour le transport d'urgence d'un prématuré dans l'établissement le plus proche disposant d'incubateurs.

Art. R. 1112-15 Toutes mesures utiles sont prises pour que la famille des malades ou blessés hospitalisés en urgence soit prévenue.

Art. R. 1112-16 Tout malade ou blessé dont l'admission est prononcée en urgence et qui refuse de rester dans l'établissement signe une attestation traduisant expressément ce refus ; à défaut un procès-verbal du refus est dressé.

Art. R. 1112-17 Dans les disciplines qui comportent plusieurs services, les malades ont, sauf en cas d'urgence et compte tenu des possibilités en lits, le libre choix du service dans lequel ils désirent être admis.

Art. R. 1112-18 Les établissements peuvent comporter soit un régime unique d'hospitalisation qui constitue le régime commun, soit deux régimes d'hospitalisation, le régime commun et le régime particulier lequel comprend des *(Décr. n° 2005-1474 du 30 nov. 2005)* « chambres à un lit ».

Le régime commun est obligatoirement appliqué aux bénéficiaires de l'aide médicale de l'État *(Décr. n° 2005-1474 du 30 nov. 2005)* « et aux bénéficiaires des soins dispensés au titre de l'article L. 254-1 du code de l'action sociale et des familles ».

Art. R. 1112-19 Lorsque l'état d'un malade requiert son isolement en *(Décr. n° 2005-1474 du 30 nov. 2005)* « chambre à un lit », il y est admis dans les meilleurs délais, tout en demeurant placé sous le régime commun.

Art. R. 1112-20 *Abrogé par Décr. n° 2010-1325 du 5 nov. 2010, art. 2.*

Art. R. 1112-21 Les malades peuvent être admis sur leur demande, avec l'accord du médecin intéressé, au titre de l'activité libérale des praticiens hospitaliers *(Abrogé par Décr. n° 2010-344 du 31 mars 2010, art. 1er)* ***« ou dans une structure d'hospitalisation mentionnée à l'article L. 6146-10 »***.

Art. R. 1112-22 Lorsque les malades autres que les bénéficiaires de l'aide médicale optent pour le régime particulier *(Décr. n° 2010-344 du 31 mars 2010, art. 1er)* « ou » l'activité libérale des praticiens hospitaliers *(Abrogé par Décr. n° 2010-344 du 31 mars 2010, art. 1er)* ***« ou une structure d'hospitalisation mentionnée à l'article L. 6146-10 »***, l'option est formulée par écrit, dès l'entrée du malade, par lui-même, un membre de sa famille ou un proche, après que l'intéressé a pris connaissance des conditions particulières qu'implique le choix de l'une ou de l'autre de ces catégories. L'engagement de payer les suppléments au tarif de prestations, qui doivent être précisément indiqués, est signé en même temps, sous réserve, en ce qui concerne les assurés sociaux, des conventions entre les établissements publics de santé et les organismes prenant en charge les frais de soins.

Art. R. 1112-23 Aucun malade ne peut être transféré dans le secteur d'activité libérale des praticiens hospitaliers *(Abrogé par Décr. n° 2010-344 du 31 mars 2010, art. 1er)* ***« ou dans une structure d'hospitalisation mentionnée à l'article L. 6146-10 »***, s'il a été admis dans l'établissement au titre du secteur public, ni être transféré dans le secteur public s'il a été admis dans le secteur d'activité libérale des praticiens hospitaliers *(Abrogé par Décr. n° 2010-344 du 31 mars 2010, art. 1er)* ***« ou dans une structure d'hospitalisation mentionnée à l'article L. 6146-10 »***.

Le transfert d'un secteur à l'autre peut toutefois, à titre exceptionnel, être autorisé par le directeur sur la demande motivée du malade ou de ses ayants droit et après avis du chef de service.

§ 2 DISPOSITIONS PARTICULIÈRES

1 *BÉNÉFICIAIRES DES DIFFÉRENTS RÉGIMES DE SÉCURITÉ SOCIALE, DE L'AIDE MÉDICALE ET DE L'ARTICLE L. 115 DU CODE DES PENSIONS*

Art. R. 1112-24 Les bénéficiaires des différents régimes de sécurité sociale fournissent, lors de leur admission, tous documents nécessaires à l'obtention par l'établissement de la prise en charge des frais d'hospitalisation par l'organisme de sécurité sociale dont ils relèvent.

Art. R. 1112-25 Les bénéficiaires de l'aide médicale de l'État sont munis d'une décision d'admission d'urgence ou, à défaut, de tous documents nécessaires à l'obtention de la prise en charge de tout ou partie de leurs frais d'hospitalisation.

Art. R. 1112-26 Les bénéficiaires de l'article L. 115 du code des pensions militaires d'invalidité et des victimes de guerre laissent leur carnet de soins gratuits à la disposition de l'administration de l'établissement pendant la durée de leur hospitalisation.

2 *FEMMES ENCEINTES*

Art. R. 1112-27 Le directeur ne peut, s'il existe des lits vacants dans le service de maternité, refuser l'admission dans le mois qui précède la date présumée de l'accouchement d'une femme enceinte ou dans le mois qui suit l'accouchement d'une femme récemment accouchée et celle de son enfant.

Art. R. 1112-28 Si pour sauvegarder le secret de la grossesse ou de la naissance l'intéressée demande le bénéfice du secret de l'admission, dans les conditions prévues par l'article L. 222-6 du code de l'action sociale et des familles, aucune pièce d'identité n'est exigée et aucune enquête n'est entreprise. Cette admission est prononcée sous réserve qu'il n'existe pas de lits vacants dans un centre maternel du département ou dans ceux avec lesquels le département a passé convention.

Le directeur informe de cette admission le directeur départemental des affaires sanitaires et sociales.

3 *MILITAIRES*

Art. R. 1112-29 Si le directeur est appelé à prononcer l'admission d'un militaire dont l'état réclame des soins urgents, il signale cette admission à l'autorité militaire ou, à défaut, à la gendarmerie.

4 *DÉTENUS*

Art. R. 1112-30 Les détenus malades ou blessés qui ne peuvent être transférés dans un établissement pénitentiaire approprié ou spécialisé en raison de leur état de santé ou, s'ils sont prévenus, qui ne peuvent être éloignés des juridictions devant lesquelles ils ont à comparaître sont, sur autorisation du ministre de la justice et à la diligence du préfet, admis soit dans le service spécialement aménagé dans l'établissement, soit dans une chambre ou un local où un certain isolement est possible et où la surveillance par les services de police ou de gendarmerie peut être assurée sans entraîner de gêne pour l'exécution du service hospitalier ou pour les autres malades.

En cas d'urgence, il peut être procédé à l'hospitalisation avant réception de l'autorisation ministérielle.

Art. R. 1112-31 Les détenus sont hospitalisés en régime commun. Cependant, sur décision expresse du ministre de la justice, prise en application de l'article D. 382 du code de procédure pénale, ils peuvent être traités, à leurs frais, en régime particulier *(Décr. n° 2010-344 du 31 mars 2010, art. 1er)* « ou » dans le secteur de l'activité libérale des praticiens hospitaliers *(Abrogé par Décr. n° 2010-344 du 31 mars 2010, art. 1er)* *« ou dans une structure d'hospitalisation mentionnée à l'article L. 6146-10 »*, si la surveillance prévue à l'article R. 1112-30 ne gêne pas les autres malades.

Art. R. 1112-32 Tout incident grave est signalé aux autorités compétentes dans les conditions prévues par l'article D. 280 du code de procédure pénale.

Art. R. 1112-33 Les mesures de surveillance et de garde incombent exclusivement aux personnels de police ou de gendarmerie, et s'exercent sous la responsabilité de l'autorité militaire ou de police.

5 *MINEURS*

Art. R. 1112-34 L'admission d'un mineur est prononcée, sauf nécessité, à la demande d'une personne exerçant l'autorité parentale ou de l'autorité judiciaire.

L'admission d'un mineur, que l'autorité judiciaire, statuant en matière d'assistance éducative ou en application des textes qui régissent l'enfance délinquante, a placé dans un établissement d'éducation ou confié à un particulier, est prononcée à la demande du directeur de l'établissement ou à celle du gardien.

Lorsqu'il s'agit d'un mineur relevant du service de l'aide sociale à l'enfance, l'admission est prononcée à la demande de ce service sauf si le mineur lui a été confié par une personne exerçant l'autorité parentale. Toutefois, lorsque aucune personne exerçant l'autorité parentale ne peut être jointe en temps utile, l'admission est demandée par le service d'aide sociale à l'enfance.

Art. R. 1112-35 Sous réserve des dispositions de l'article L. 1111-5, si lors de l'admission d'un mineur il apparaît que l'autorisation écrite d'opérer celui-ci, et de pratiquer les actes liés à l'opération ne pourrait en cas de besoin être obtenue à bref délai de ses père, mère ou tuteur légal en raison de leur éloignement, ou pour toute autre cause, ceux-ci doivent, dès l'admission du mineur, signer une autorisation d'opérer et de pratiquer les actes liés à l'opération.

Dans le cas où les père, mère ou tuteur légal sont en mesure de donner une autorisation écrite à bref délai, celle-ci leur est demandée aussitôt qu'une intervention chirurgicale se révèle nécessaire.

En cas de refus de signer cette autorisation ou si le consentement du représentant légal du mineur ne peut être recueilli, il ne peut être procédé à aucune intervention chirurgicale hors les cas d'urgence.

Toutefois, lorsque la santé ou l'intégrité corporelle du mineur risquent d'être compromises par le refus du représentant légal du mineur ou l'impossibilité de recueillir le consentement de celui-ci, le médecin responsable du service peut saisir le ministère public afin de provoquer les mesures d'assistance éducative lui permettant de donner les soins qui s'imposent.

Art. R. 1112-36 Lorsque le malade relève d'un service départemental de l'aide sociale à l'enfance, le directeur adresse sous pli cacheté dans les quarante-huit heures de l'admission au service médical de l'aide à l'enfance le certificat confidentiel du médecin chef de service indiquant le diagnostic et la durée probable de l'hospitalisation.

6 *MAJEURS LÉGALEMENT PROTÉGÉS*

Art. R. 1112-37 Les biens des incapables majeurs, hospitalisés dans l'établissement sont administrés dans les conditions prévues par les articles 491-4, 499 et 500 du code civil et par les décrets n° 69-195 du 15 février 1969 pris pour l'application de l'article 499 du code civil et n° 69-196 du 15 février 1969 fixant les modalités de la gestion des biens de certains incapables majeurs dans les établissements de soins, d'hospitalisation et de cure publics.

7 *TOXICOMANES*

Art. R. 1112-38 Les toxicomanes qui se présentent spontanément dans un établissement afin d'y être traités peuvent, s'ils le demandent expressément, bénéficier de l'anonymat au moment de l'admission. Cet anonymat ne peut être levé que pour des causes autres que la répression de l'usage illicite de stupéfiants. Ces personnes peuvent demander aux médecins qui les ont traitées un certificat nominatif mentionnant les dates, la durée et l'objet du traitement.

Art. R. 1112-39 L'admission et le départ des personnes auxquelles l'autorité judiciaire ou l'autorité sanitaire ont enjoint de se soumettre à une cure de désintoxication ont lieu dans les conditions prévues par les articles L. 3413-1 à L. 3413-3.

SOUS-SECTION 3 CONDITIONS DE SÉJOUR

Art. R. 1112-40 L'accueil des malades et des accompagnants doit être assuré, à tous les niveaux, par un personnel spécialement préparé à cette mission.

Art. R. 1112-41 Dès son arrivée dans l'établissement, chaque hospitalisé reçoit le livret d'accueil prévu à l'article L. 1112-2.

Art. R. 1112-42 Les hospitalisés sont informés du nom des praticiens et des personnes appelées à leur donner des soins.

Art. R. 1112-43 Lorsqu'un malade n'accepte pas le traitement, l'intervention ou les soins qui lui sont proposés, sa sortie, sauf urgence médicalement constatée nécessitant d'autres soins, est prononcée par le directeur après signature par l'hospitalisé d'un document constatant son refus d'accepter les soins proposés. Si le malade refuse de signer ce document, un procès-verbal de ce refus est dressé.

Art. R. 1112-44 Dans chaque service, les médecins reçoivent les familles des hospitalisés soit sur rendez-vous, soit aux jours et heures qui sont portés à la connaissance des malades et de leurs familles.

Art. R. 1112-45 A l'exception des mineurs soumis à l'autorité parentale et sous réserve des dispositions de l'article L. 1111-5, les hospitalisés peuvent demander qu'aucune indication ne soit donnée sur leur présence dans l'établissement ou sur leur état de santé.

En l'absence d'opposition des intéressés, les indications d'ordre médical telles que diagnostic et évolution de la maladie ne peuvent être données que par les médecins dans les conditions définies par le code de déontologie ; les renseignements courants sur l'état du malade peuvent être fournis par les cadres infirmiers.

Art. R. 1112-46 Les hospitalisés doivent être mis en mesure de participer à l'exercice de leur culte. Ils reçoivent, sur demande de leur part adressée à l'administration de l'établissement, la visite du ministre du culte de leur choix.

Art. R. 1112-47 Les visiteurs ne doivent pas troubler le repos des malades ni gêner le fonctionnement des services. Lorsque cette obligation n'est pas respectée, l'expulsion du visiteur et l'interdiction de visite peuvent être décidées par le directeur.

Les journalistes, photographes, démarcheurs et représentants n'ont pas accès aux malades, sauf accord de ceux-ci et autorisation écrite donnée par le directeur.

Les malades peuvent demander aux cadres infirmiers du service de ne pas permettre aux personnes qu'ils désignent d'avoir accès à eux.

Art. R. 1112-48 Les visiteurs et les malades ne doivent introduire dans l'établissement ni boissons alcoolisées ni médicaments, sauf accord du médecin en ce qui concerne les médicaments.

Le cadre infirmier du service s'oppose, dans l'intérêt du malade, à la remise à celui-ci de denrées ou boissons même non alcoolisées qui ne sont pas compatibles avec le régime alimentaire prescrit.

Les denrées et boissons introduites en fraude sont restituées aux visiteurs ou à défaut détruites.

Les animaux domestiques, à l'exception des chiens-guides d'aveugles, ne peuvent être introduits dans l'enceinte de l'hôpital.

Art. R. 1112-49 Lorsqu'un malade, dûment averti, cause des désordres persistants, le directeur prend, avec l'accord du médecin chef de service, toutes les mesures appropriées pouvant aller éventuellement jusqu'au prononcé de la sortie de l'intéressé.

Art. R. 1112-50 Les hospitalisés veillent à respecter le bon état des locaux et objets qui sont à leur disposition.

Des dégradations sciemment commises peuvent, sans préjudice de l'indemnisation des dégâts causés, entraîner la sortie du malade dans les conditions prévues à l'article *R. 1112-49*.

Art. R. 1112-51 Aucune somme d'argent ne peut être versée aux personnels par les malades, soit à titre de gratification, soit à titre de dépôt.

Art. R. 1112-52 Toute personne est tenue d'observer au sein de l'établissement de santé, une stricte hygiène corporelle.

Art. R. 1112-53 Le vaguemestre est à la disposition des hospitalisés pour toutes les opérations postales.

Art. R. 1112-54 Les hospitalisés utilisant le téléphone acquittent les taxes correspondantes. Ils peuvent recevoir des communications téléphoniques dans la mesure où celles-ci ne gênent pas le fonctionnement des services.

Art. R. 1112-55 Les appareils de télévision ne peuvent être introduits à l'hôpital qu'avec l'autorisation du directeur.

En aucun cas, les récepteurs de radio, de télévision ou autres appareils sonores ne doivent gêner le repos du malade ou de ses voisins.

SOUS-SECTION 4 SORTIE DES HOSPITALISÉS

Art. R. 1112-56 Les hospitalisés peuvent, compte tenu de la longueur de leur séjour et de leur état de santé, bénéficier à titre exceptionnel, de permissions de sortie d'une durée maxima de quarante-huit heures.

Ces permissions de sortie sont données, sur avis favorable du médecin chef de service, par le directeur.

Lorsqu'un malade qui a été autorisé à quitter l'établissement ne rentre pas dans les délais qui lui ont été impartis, l'administration le porte sortant et il ne peut être admis à nouveau que selon les modalités prévues à la sous-section II de la présente section.

Art. R. 1112-57 Sous réserve des dispositions de l'article L. 1111-5 ou d'éventuelles décisions de l'autorité judiciaire, les mineurs ne peuvent être, pour les sorties en cours d'hospitalisation, confiés qu'aux personnes exerçant l'autorité parentale ou aux tierces personnes expressément autorisées par elles.

Art. R. 1112-58 Lorsque l'état de santé de l'hospitalisé ne requiert plus son maintien dans l'un des services de l'établissement, sa sortie est prononcée par le directeur sur proposition du médecin chef de service. Le directeur ou son délégué signe la formule d'exeat sur la fiche individuelle du malade.

Toutes dispositions sont prises, le cas échéant, et sur proposition médicale, en vue du transfert immédiat de l'hospitalisé dans un établissement dispensant des soins de suite *(Décr. nº 2008-377 du 17 avr. 2008, art. 1er-II)* « et » de réadaptation ou des soins de longue durée adapté à son cas.

Art. R. 1112-59 Le bulletin de sortie délivré au malade ne doit porter aucun diagnostic ni aucune mention d'ordre médical relative à la maladie qui a motivé l'hospitalisation.

Art. R. 1112-60 Le médecin traitant est informé *(Décr. nº 2016-995 du 20 juill. 2016, art. 2-3º)* « par la lettre de liaison prévue à l'article R. 1112-1-2 » après la sortie de l'hospitalisé des prescriptions médicales auxquelles le malade doit continuer à se soumettre. Il reçoit toutes indications propres à le mettre en état de poursuivre, s'il y a lieu, la surveillance du malade.

Art. R. 1112-61 Tout malade sortant reçoit *(Décr. nº 2016-995 du 20 juill. 2016, art. 2-4º)* « la lettre de liaison prévue à l'article R. 1112-1-2, » les certificats médicaux et les ordonnances nécessaires à la continuation de ses soins et de ses traitements et à la justification de ses droits.

Art. R. 1112-62 Sous réserve des dispositions de l'article L. 1111-5, à l'exception des mineurs et des personnes hospitalisées d'office, les malades peuvent, sur leur demande, quitter à tout moment l'établissement.

Si le médecin chef de service estime que cette sortie est prématurée et présente un danger pour leur santé, les intéressés ne sont autorisés à quitter l'établissement qu'après avoir rempli une attestation établissant qu'ils ont eu connaissance des dangers que cette sortie présente pour eux.

Lorsque le malade refuse de signer cette attestation, un procès-verbal de ce refus est dressé.

Art. R. 1112-63 Lorsque l'hospitalisé est en fin de vie, il est transféré à son domicile si lui-même ou sa famille en expriment le désir.

Art. R. 1112-64 Sous réserve des dispositions de l'article L. 1111-5, les personnes *mentionnées à l'article R. 1112-57* sont informées de la sortie prochaine du mineur. Elles font connaître à l'administration de l'établissement si le mineur peut ou non quitter seul l'établissement.

Art. R. 1112-65 Sous réserve du cas particulier des prématurés, de nécessité médicale, ou de cas de force majeure constatée par le médecin responsable du service, le nouveau-né quitte l'établissement en même temps que sa mère.

Art. R. 1112-66 L'administration de l'établissement tient à la disposition des hospitalisés la liste complète des entreprises de transport sanitaire terrestre du département.

Art. R. 1112-67 Tout hospitalisé reçoit avant sa sortie un questionnaire destiné à recueillir ses appréciations et ses observations. Ce questionnaire rempli est rendu à l'administration sous pli cacheté et sous une forme anonyme si le malade le désire.

Le directeur communique périodiquement au *(Décr. n° 2010-344 du 31 mars 2010, art. 1er)* « conseil de surveillance », à la commission médicale d'établissement et au comité technique d'établissement les résultats de l'exploitation de ces documents.

Ces questionnaires sont conservés et peuvent être consultés par les *(Décr. n° 2010-344 du 31 mars 2010, art. 1er)* « directeurs généraux des agences régionales de santé ».

Art. D. 1112-67-1 *(Décr. n° 2016-1471 du 28 oct. 2016, art. 1er et 2, en vigueur au plus tard le 1er mars 2022)* Pour l'application de l'article L. 1111-3-1, les établissements de santé mentionnés à l'article L. 162-22-6 du code de la sécurité sociale remettent à leurs patients, à la suite d'un séjour ou de la réalisation d'une prestation, un document destiné à les informer du montant des prestations qui leur ont été délivrées.

Ce document, remis au patient au plus tard à sa sortie de l'établissement, mentionne de manière distincte :

1° Le cas échéant, le montant des frais pris en charge par le régime obligatoire d'assurance maladie auquel est affilié le patient ;

2° Le cas échéant, le montant pris en charge par son organisme d'assurance maladie complémentaire, en distinguant :

a) La participation du patient due au titre des prestations réalisées ;

b) La somme due au titre des prestations pour exigences particulières mentionnées à l'article *(Décr. n° 2017-500 du 6 avr. 2017, art. 5-VII)* « R. 162-27 » du code de la sécurité sociale ;

3° Le cas échéant, la somme restant à la charge du patient, en distinguant :

a) La participation du patient due au titre des prestations réalisées ;

b) La somme due au titre des prestations pour exigences particulières mentionnées à l'article *(Décr. n° 2017-500 du 6 avr. 2017, art. 5-VII)* « R. 162-27 » du code de la sécurité sociale.

Ce document d'information ne préjuge pas de la fixation définitive des montants pris en charge par les régimes obligatoires d'assurance maladie, des montants définitivement facturés à l'organisme d'assurance maladie complémentaire et des montants définitivement facturés aux patients.

Le présent art. entre en vigueur selon des modalités calendaires arrêtées par le ministre chargé de la santé et au plus tard à la date mentionnée au A du III de l'art. 78 de la L. n° 2015-1702 du 21 déc. 2015 de financement de la sécurité sociale pour 2016, soit le 1er mars 2022 (Décr. n° 2016-1471 du 28 oct. 2016, art. 2).

SOUS-SECTION 5 **DÉCÈS DES PERSONNES HOSPITALISÉES ET MESURES RELATIVES AUX ENFANTS POUVANT ÊTRE DÉCLARÉS SANS VIE À L'ÉTAT CIVIL DANS LES ÉTABLISSEMENTS DE SANTÉ** *(Décr. n° 2006-965 du 1er août 2006, art. 1er)*.

Art. R. 1112-68 Lorsque l'hospitalisé est en fin de vie, il est transporté, avec toute la discrétion souhaitable, dans une chambre individuelle.

Ses proches sont admis à rester auprès de lui et à l'assister dans ses derniers instants. Ils peuvent être admis à prendre leur repas dans l'établissement et à y demeurer en dehors des heures de visite si les modalités d'hospitalisation du malade le permettent.

Art. R. 1112-69 La famille ou les proches sont prévenus dès que possible et par tous moyens appropriés de l'aggravation de l'état du malade et du décès de celui-ci.

Le décès est confirmé par tout moyen.

La notification du décès est faite pour :

1° Les étrangers dont la famille ne réside pas en France, au consulat le plus proche ;

2° Les militaires, à l'autorité militaire compétente ;

3° Les mineurs relevant d'un service départemental d'aide sociale à l'enfance, au président du conseil départemental.

Pour les mineurs relevant des dispositions relatives à la protection de l'enfance et de l'adolescence en danger, au directeur de l'établissement dont relève le mineur ou à la personne chez laquelle le mineur a son domicile habituel.

Art. R. 1112-70 Les décès sont attestés par le certificat prévu à l'article *(Décr. n° 2006-938 du 27 juill. 2006, art. 3 ; Décr. n° 2006-965 du 1er août 2006, art. 1er)* « L. 2223-42 » du code général des collectivités territoriales.

Art. R. 1112-71 Conformément à l'article 80 du code civil, les décès sont inscrits sur un registre spécial. Celui-ci est transmis dans les vingt-quatre heures au bureau d'état civil de la mairie.

Art. R. 1112-72 La déclaration d'enfant sans vie est établie dans les conditions prévues à l'article 79-1 du code civil. Cette déclaration est enregistrée sur le registre des décès de l'établissement.

Art. R. 1112-73 Dans les cas de signes ou d'indices de mort violente ou suspecte d'un hospitalisé, le directeur, prévenu par le médecin chef du service, avise l'autorité judiciaire, conformément à l'article 81 du code civil.

Art. R. 1112-74 Lorsque des mesures de police sanitaire y obligent, les effets et objets mobiliers ayant appartenu au défunt sont incinérés par mesure d'hygiène. Dans ce cas, aucune réclamation ne peut être présentée par les ayants droit qui ne peuvent exiger le remboursement de la valeur de ces objets et effets.

Art. R. 1112-75 *(Décr. n° 2006-965 du 1er août 2006, art. 1er)* La famille ou, à défaut, les proches disposent d'un délai de dix jours pour réclamer le corps de la personne décédée dans l'établissement. La mère ou le père dispose, à compter de l'accouchement, du même délai pour réclamer le corps de l'enfant pouvant être déclaré sans vie à l'état civil.

Art. R. 1112-76 *(Décr. n° 2006-965 du 1er août 2006, art. 1er)* I. – Dans le cas où le corps du défunt ou de l'enfant pouvant être déclaré sans vie à l'état civil est réclamé, il est remis sans délai aux personnes visées à l'article R. 1112-75.

II. – En cas de non-réclamation du corps dans le délai de dix jours mentionné à l'article R. 1112-75, l'établissement dispose de deux jours francs :

1° Pour faire procéder à l'inhumation du défunt dans des conditions financières compatibles avec l'avoir laissé par celui-ci ; en l'absence de ressources suffisantes, il est fait application des dispositions de l'article L. 2223-27 du code général des collectivités territoriales ; s'il s'agit d'un militaire, l'inhumation du corps s'effectue, en accord avec l'autorité militaire compétente ;

2° Pour prendre les mesures en vue de procéder, à sa charge, à la crémation du corps de l'enfant pouvant être déclaré sans vie à l'état civil ou, lorsqu'une convention avec la commune le prévoit, en vue de son inhumation par celle-ci.

III. – Lorsque, en application de l'article L. 1241-5, des prélèvements sont réalisés sur le corps d'un enfant pouvant être déclaré sans vie à l'état civil, les délais mentionnés aux I et II du présent article sont prorogés de la durée nécessaire à la réalisation de ces prélèvements sans qu'ils puissent excéder quatre semaines à compter de l'accouchement.

Art. R. 1112-76-1 *(Décr. n° 2006-965 du 1er août 2006, art. 1er)* Les établissements de santé tiennent un registre mentionnant les informations permettant le suivi du corps des personnes décédées et des enfants pouvant être déclarés sans vie à l'état civil, depuis le constat du décès des personnes ou de la date de l'accouchement des enfants pouvant être déclarés sans vie à l'état civil et jusqu'au départ des corps de l'établissement. Un arrêté du ministre chargé de la santé et du ministre de la culture et de la communication fixe les informations qui figurent obligatoirement dans ce registre, et notamment les modalités de son actualisation, les informations qu'il contient et leur *durée de conservation.*

Le représentant légal de l'établissement désigne une personne responsable de l'application des dispositions de la présente section.

Art. R. 1112-76-2 *(Décr. n° 2006-965 du 1er août 2006, art. 1er)* Pour l'application des dispositions de la présente sous-section, les hôpitaux d'instruction des armées sont regardés comme des établissements de santé.

SOUS-SECTION 6 RÈGLEMENT INTÉRIEUR DE L'ÉTABLISSEMENT

Art. R. 1112-77 Le règlement intérieur de l'établissement prévu au 13° de l'article L. 6143-1 peut préciser les modalités d'application de la présente section. Il peut comporter également les mentions énoncées dans l'arrêté prévu par l'article L. 1112-2.

Art. R. 1112-78 Le règlement intérieur de l'établissement ainsi que les dispositions des chapitres II et III du présent titre sont communiqués à toute personne qui en formule la demande.

SECTION III COMMISSION DES RELATIONS AVEC LES USAGERS ET DE LA QUALITÉ DE LA PRISE EN CHARGE

(Décr. n° 2005-213 du 2 mars 2005, art. 1er)

Les commissions des usagers sont installées au sein des établissements de santé dans un délai de six mois à compter de la publication du Décr. n° 2016-726 du 1er juin 2016.

Les établissements de santé procèdent aux élections du président et du vice-président de la commission dans les conditions prévues à l'art. R. 1112-81-1, tel qu'issu du II de l'art. 2 de ce même décret, dans un délai d'un mois à compter de l'installation de la commission des usagers au sein de l'établissement.

Jusqu'à l'installation dans chaque établissement de la commission des usagers et au plus tard jusqu'à l'expiration du délai de six mois mentionné au premier alinéa, la commission des relations avec les usagers et de la qualité de la prise en charge continue dans l'établissement concerné d'exercer ses missions conformément aux dispositions de la section III du chapitre II du titre Ier du livre Ier de la première partie, dans leur rédaction applicable à la date de publication du Décr. préc. (Décr. préc., art. 4).

SOUS-SECTION 1 CHAMP D'APPLICATION ET MISSIONS

Art. R. 1112-79 La *(Décr. n° 2016-726 du 1er juin 2016, art. 3)* « commission des usagers » mentionnée au deuxième alinéa de l'article L. 1112-3 est instituée dans chaque établissement de santé public ou privé ainsi que dans *(Abrogé par Décr. n° 2012-1483 du 27 déc. 2012, art. 11-I-1°) « les syndicats interhospitaliers et »* les groupements de coopération sanitaire autorisés à assurer les missions d'un établissement de santé.

Art. R. 1112-80 I. — La commission veille au respect des droits des usagers et facilite leurs démarches.

A cet effet, l'ensemble des plaintes et réclamations adressées à l'établissement de santé par les usagers ou leurs proches ainsi que les réponses qui y sont apportées par les responsables de l'établissement sont tenues à la disposition des membres de la commission, selon des modalités définies par le règlement intérieur de l'établissement. Dans les conditions prévues aux articles R. 1112-93 et R. 1112-94, la commission examine celles de ces plaintes et réclamations qui ne présentent pas le caractère d'un recours gracieux ou juridictionnel et veille à ce que toute personne soit informée sur les voies de recours et de conciliation dont elle dispose.

II. — La commission contribue par ses avis et propositions à l'amélioration de la politique d'accueil et de prise en charge des personnes malades et de leurs proches. A cet effet :

1° Elle reçoit toutes les informations nécessaires à l'exercice de ses missions, notamment :

a) Les mesures relatives à la politique d'amélioration continue de la qualité préparées par la commission médicale d'établissement conformément au 3° de l'article L. 6144-1 ainsi que les avis, vœux ou recommandations formulés dans ce domaine par les diverses instances consultatives de l'établissement ;

b) Une synthèse des réclamations et plaintes adressées à l'établissement de santé par les usagers ou leurs proches au cours des douze mois précédents ;

c) Le nombre de demandes de communication d'informations médicales formulées en vertu de l'article L. 1112-1 ainsi que les délais dans lesquels l'établissement satisfait à ces demandes ;

d) Le résultat des enquêtes concernant l'évaluation de la satisfaction des usagers prévue à l'article L. 1112-2, en particulier les appréciations formulées par les patients dans les questionnaires de sortie ;

e) Le nombre, la nature et l'issue des recours gracieux ou juridictionnels formés contre l'établissement par les usagers ;

(Décr. n° 2016-726 du 1er juin 2016, art. 1er-I-1°) « *f)* Une présentation, au moins une fois par an, des événements indésirables graves mentionnés à l'article L. 1413-14 survenus au cours des douze mois précédents ainsi que les actions menées par l'établissement pour y remédier.

(Abrogé par Décr. n° 2017-415 du 27 mars 2017, art. 1er-1°) « *Les informations relatives aux événements indésirables graves, à leur analyse et aux mesures correctives garantissent l'anonymat des patients et des professionnels concernés ;* »

(Décr. n° 2017-415 du 27 mars 2017, art. 1er-3°) « *g)* Une information sur chaque événement indésirable grave associé à des soins, lors de la réunion qui suit la transmission au directeur général de l'agence régionale de santé de la deuxième partie du formulaire mentionné à l'article R. 1413-69. Cette information, adressée par le représentant légal de l'établissement ou la personne qu'il désigne à cet effet, comprend une description synthétique des circonstances de l'événement indésirable grave survenu, des conséquences pour la ou les personnes concernées, des mesures immédiates prises pour ces personnes, ainsi que le plan d'actions correctives mis en œuvre par l'établissement. »

(Décr. n° 2017-415 du 27 mars 2017, art. 1er-2°) « *h)* » Les observations des associations de bénévoles ayant signé une convention avec l'établissement, qu'elle recueille au moins une fois par an. »

(Décr. n° 2017-415 du 27 mars 2017, art. 1er-4°) « Les informations mentionnées au *f* et au *g* sont délivrées dans des conditions qui garantissent l'anonymat du ou des patients et des professionnels concernés. Elles ne comportent notamment ni les noms et prénoms des patients, ni leur adresse, ni leur date de naissance, ni les noms et prénoms des professionnels ayant participé à leur prise en charge. »

2° A partir notamment de ces informations, la commission :

a) Procède à une appréciation des pratiques de l'établissement concernant les droits des usagers et la qualité de l'accueil et de la prise en charge, fondée sur une analyse de l'origine et des motifs des plaintes, des réclamations et des témoignages de satisfaction reçus dans les différents services ainsi que des suites qui leur ont été apportées ;

b) Recense les mesures adoptées au cours de l'année écoulée par le conseil d'administration ou l'organe collégial qui en tient lieu en ce qui concerne les droits des usagers et la qualité de l'accueil et de la prise en charge et évalue l'impact de leur mise en œuvre ;

c) Formule des recommandations, notamment en matière de formation des personnels, destinées à améliorer l'accueil et la qualité de la prise en charge des personnes malades et de leurs proches et à assurer le respect des droits des usagers ;

3° La commission rend compte de ses analyses et propositions dans le rapport mentionné à l'article L. 1112-3.

Ce rapport ne comporte que des données anonymes. Après avis des autres instances consultatives concernées, il est transmis au conseil d'administration ou à l'organe collégial qui en tient lieu, quinze jours au moins avant la séance au cours de laquelle ce dernier délibère sur la politique de l'établissement en ce qui concerne les droits des usagers et la qualité de l'accueil et de la prise en charge. Il est également transmis, avec les éléments d'information énumérés au 1°, à *(Décr. n° 2010-344 du 31 mars 2010, art. 2)* « l'agence régionale de santé » et *(Décr. n° 2010-344 du 31 mars 2010, art. 2)* « à la conférence régionale de la santé et de l'autonomie ».

(Décr. n° 2016-726 du 1er juin 2016, art. 1er-I-2°) « 4° La commission peut proposer un projet des usagers, après consultation de l'ensemble des représentants des usagers de l'établissement et des représentants des associations de bénévoles ayant signé une convention avec l'établissement et intervenant en son sein.

« Ce projet s'appuie sur les rapports d'activité établis en application de l'avant-dernier alinéa de l'article L. 1112-3. Il exprime les attentes et propositions des usagers au regard de la politique d'accueil, de la qualité et de la sécurité de la prise en charge et du respect des droits des usagers. La commission médicale d'établissement ou la conférence médicale d'établissement contribue à son élaboration. Il est transmis par la commission des usagers au représentant légal de l'établissement.

« Le projet des usagers est proposé par la commission des usagers en vue de l'élaboration du projet d'établissement des établissements publics de santé, de la politique médicale des établissements de santé privés ou du projet institutionnel des établissements de santé privés d'intérêt collectif.

« Toute analyse, tout rapport, toute proposition ou communication réalisé par la commission et relatif aux plaintes, réclamations et événements indésirables graves garantit le respect de l'anonymat du patient et du professionnel concerné. »

SOUS-SECTION 2 COMPOSITION

Art. R. 1112-81 I. — La commission est composée comme suit :

1° Le représentant légal de l'établissement ou la personne qu'il désigne à cet effet *(Abrogé par Décr. n° 2016-726 du 1er juin 2016, art. 2-I-1°)* « , *président* » ;

2° Deux médiateurs et leurs suppléants, désignés par le représentant légal de l'établissement dans les conditions prévues à l'article R. 1112-82 ;

3° Deux représentants des usagers et leurs suppléants, désignés par le *(Décr. n° 2010-344 du 31 mars 2010, art. 2)* « directeur général de l'agence régionale de santé » dans les conditions prévues à l'article R. 1112-83.

Le règlement intérieur de l'établissement peut compléter la composition de la commission dans les conditions prévues aux II à VI ci-dessous.

II. — Dans les établissements publics de santé, autres que l'Assistance publique-hôpitaux de Paris, la commission peut en outre comporter un ou plusieurs des membres suivants :

1° Le président de la commission médicale d'établissement ou le représentant qu'il désigne parmi les médecins membres de cette commission ;

2° Un représentant de la commission *(Décr. n° 2005-1656 du 26 déc. 2005)* « des soins infirmiers, de rééducation et médico-techniques et son suppléant, désignés par le directeur des soins infirmiers, de rééducation et médico-techniques » parmi les membres mentionnés au *b* de l'article R. 714-62-2 ;

3° Un représentant du personnel et son suppléant, choisis par les membres du comité technique d'établissement en son sein ;

4° Un représentant du *(Décr. n° 2010-344 du 31 mars 2010, art. 2)* « conseil de surveillance » et son suppléant, choisis par et parmi les représentants des collectivités locales et les personnalités qualifiées.

(Décr. n° 2016-726 du 1er juin 2016, art. 2-I-2°) « III. — Le directeur général de l'Assistance publique-hôpitaux de Paris institue une commission des usagers, dans les hôpitaux constituant les groupements d'hôpitaux et dans les hôpitaux ne faisant pas partie d'un groupement d'hôpitaux. Il en organise la coordination au sein des mêmes groupements. Le règlement intérieur de l'établissement en organise le fonctionnement par référence aux dispositions de la sous-section 3, ainsi que les modalités par lesquelles les représentants des instances représentatives locales mentionnées aux articles R. 6147-6 et suivants y participent. »

IV. — Dans les établissements de santé privés, la commission peut en outre comporter un ou plusieurs des membres suivants :

1° Le président de la commission médicale ou de la conférence médicale ou le représentant qu'il désigne parmi les médecins membres de cette commission ou de cette conférence ;

2° Un représentant du personnel infirmier ou aide-soignant et son suppléant, désignés par le représentant légal de l'établissement ;

3° Un représentant du *(Décr. n° 2010-344 du 31 mars 2010, art. 2)* « conseil de surveillance » ou de l'organe collégial qui en tient lieu et son suppléant, choisis par et parmi les membres qui n'y représentent pas les professionnels ou les usagers.

(Abrogé par Décr. n° 2012-1483 du 27 déc. 2012, art. 11-I-2°) « *V. — Dans les syndicats interhospitaliers autorisés à assurer les missions d'un établissement de santé, la commission peut en outre comporter un ou plusieurs des membres suivants :*

« 1° Le président de la commission médicale d'établissement ou le représentant qu'il désigne parmi les médecins membres de cette commission ;

« 2° Un représentant du personnel infirmier ou aide-soignant et son suppléant, désignés par le représentant légal de l'établissement ;

« 3° Un représentant du personnel et son suppléant, choisis par les membres du comité technique d'établissement en son sein ;

« 4° Un représentant du (Décr. n° 2010-344 du 31 mars 2010, art. 2) *« conseil de surveillance » et son suppléant, choisis par et parmi les représentants des établissements membres. »*

VI. — Dans les groupements de coopération sanitaire autorisés à assurer les missions d'un établissement de santé, la commission peut en outre comporter un ou plusieurs des membres suivants :

1° Un médecin et son suppléant, choisis par et parmi les médecins membres des commissions médicales d'établissement, commissions médicales et conférences médicales des établissements de santé membres du groupement ;

2° Un représentant du personnel infirmier ou aide-soignant et son suppléant, désignés par le représentant légal de l'établissement ;

3° Un représentant de l'assemblée générale du groupement et son suppléant, choisis en son sein par les membres de l'assemblée.

Art. R. 1112-81-1 *(Décr. n° 2016-726 du 1er juin 2016, art. 2-II)* I. — La présidence de la commission est assurée par un des membres mentionnés aux 1° à 3° du I de l'article R. 1112-81.

Le président est élu, pour un mandat de trois ans renouvelable deux fois, par l'ensemble des membres composant la commission prévus à l'article R. 1112-81.

Le vote a lieu au scrutin secret et uninominal, à la majorité absolue des suffrages exprimés. Si cette majorité n'est pas atteinte aux deux premiers tours, un troisième tour est organisé. La majorité relative suffit au troisième tour. En cas d'égalité entre les candidats ayant obtenu le plus grand nombre de voix, le plus âgé d'entre eux est déclaré élu.

La commission des usagers élit dans les conditions prévues aux deux alinéas précédents un vice-président parmi les membres figurant aux 1° à 3° du I de l'article R. 1112-81. Le vice-président est issu d'une autre de ces catégories de membres que celle du président. Son mandat est renouvelable deux fois.

II. — En cas d'empêchement, d'absence prolongée ou de démission du président de la commission des usagers, ses fonctions au sein de la commission sont assurées par le vice-président.

Art. R. 1112-82 Les médiateurs mentionnés au 2° du I de l'article R. 1112-81 sont un médiateur médecin et un médiateur non médecin.

Le médiateur non médecin et son suppléant sont désignés par le représentant légal de l'établissement parmi le personnel non médecin exerçant dans l'établissement.

Le médiateur médecin et son suppléant sont désignés par le représentant légal de l'établissement parmi les médecins exerçant dans l'un des établissements mentionnés aux II à VI de l'article R. 1112-81 ou ayant cessé d'y exercer la médecine ou des fonctions de médiateur depuis moins de cinq ans. Dans les établissements mentionnés aux II à V de l'article R. 1112-81, ces nominations interviennent après avis de la commission médicale d'établissement, du comité consultatif médical, de la commission médicale ou de la conférence médicale. Le médiateur médecin et son suppléant ne doivent pas exercer dans le même service.

En cas de vacance du siège de médiateur médecin pendant une période supérieure à six mois, le *(Décr. n° 2010-344 du 31 mars 2010, art. 2)* « directeur général de l'agence régionale de santé » en désigne un sur proposition du conseil départemental de l'ordre des médecins, parmi des praticiens remplissant les conditions d'exercice définies à l'alinéa précédent.

Une même personne ne peut assurer les missions de médiateur médecin titulaire ou suppléant auprès de plus de trois établissements simultanément. Si le médiateur médecin ou son suppléant ne sont pas salariés de l'établissement, ce dernier les assure pour les risques courus au titre de leurs missions.

Art. R. 1112-83 *(Décr. n° 2010-344 du 31 mars 2010, art. 2)* Les représentants des usagers et leurs suppléants sont désignés par le directeur général de l'agence régionale de santé parmi les personnes proposées par les associations agréées en application de l'article L. 1114-1.

Toutefois, lorsque les personnes siégeant en qualité de représentants des usagers au sein du conseil de surveillance ou de l'instance habilitée à cet effet dans l'établissement considéré demandent à siéger à ce titre au sein de la commission, le directeur général de l'agence est dispensé de solliciter de telles propositions.

Art. R. 1112-84 Le représentant légal de l'établissement arrête la liste nominative des membres de la commission. Cette liste actualisée est affichée dans l'établissement et transmise au *(Décr. n° 2010-344 du 31 mars 2010, art. 2)* « directeur général de l'agence régionale de santé ». Elle est remise à chaque patient avec le livret d'accueil, dans un document qui reproduit les dispositions des articles R. 1112-91 à R. 1112-94 et précise leurs modalités d'application au sein de l'établissement.

SOUS-SECTION 3 FONCTIONNEMENT

Art. R. 1112-85 La durée du mandat des médiateurs, des représentants des usagers et des représentants du personnel mentionnés aux 2° des IV, V et VI de l'article R. 1112-81 est fixée à trois ans renouvelable. Le mandat des autres membres de la commission prend fin en même temps que le mandat ou les fonctions au titres desquels les intéressés ont été désignés.

Art. R. 1112-86 *(Décr. n° 2016-726 du 1er juin 2016, art. 2-III)* « En cas de partage égal des voix, la voix du président est prépondérante. »

Le responsable de la politique de la qualité assiste aux séances de la commission avec voix consultative.

La commission peut entendre toute personne compétente sur les questions à l'ordre du jour.

Art. R. 1112-87 Les membres de la commission, autres que le président, qui sont concernés par une plainte ou une réclamation ne peuvent siéger lorsque la commission délibère sur le dossier en cause.

Un membre titulaire empêché ou concerné par une plainte ou une réclamation est remplacé par son suppléant.

Si le médiateur et son suppléant sont simultanément concernés par une plainte ou une réclamation, leur mission est assurée par un agent désigné par le représentant légal, lorsqu'il s'agit du médiateur non médecin, et par un praticien désigné par le président de la commission médicale d'établissement, du comité consultatif médical, de la commission médicale ou de la conférence médicale, lorsqu'il s'agit du médiateur médecin. Dans les établissements mentionnés au VI de l'article R. 1112-81, le praticien est désigné par le représentant légal de l'établissement.

Art. R. 1112-88 La commission se réunit sur convocation de son président au moins une fois par trimestre et aussi souvent que nécessaire pour procéder à l'examen des plaintes et réclamations qui lui sont transmises dans les conditions prévues à l'article R. 1112-94. La réunion est de droit à la demande de la moitié au moins des membres ayant voix délibérative.

L'ordre du jour, qui comporte notamment les questions dont l'inscription a été demandée par la moitié au moins des membres ayant voix délibérative, est arrêté par le président et communiqué aux membres de la commission au moins huit jours avant la réunion. En cas d'urgence, le délai peut être réduit sans pouvoir être inférieur à un jour franc.

Art. R. 1112-89 La commission établit son règlement intérieur. Le secrétariat est assuré à la diligence du représentant légal de l'établissement. Chaque établissement met à la disposition de la commission ainsi que des médiateurs les moyens matériels nécessaires à l'exercice de leurs missions.

Art. R. 1112-90 Les membres de la commission sont indemnisés au titre des frais de déplacement engagés dans le cadre de leur mission.

SOUS-SECTION 4 EXAMEN DES PLAINTES ET RÉCLAMATIONS

Art. R. 1112-91 Tout usager d'un établissement de santé doit être mis à même d'exprimer oralement ses griefs auprès des responsables des services de l'établissement.

En cas d'impossibilité ou si les explications reçues ne le satisfont pas, il est informé de la faculté qu'il a soit d'adresser lui-même une plainte ou réclamation écrite au représentant légal de l'établissement, soit de voir sa plainte ou réclamation consignée par écrit, aux mêmes fins. Dans la seconde hypothèse, une copie du document lui est délivrée sans délai.

Art. R. 1112-92 L'ensemble des plaintes et réclamations écrites adressées à l'établissement sont transmises à son représentant légal. Soit ce dernier y répond dans les meilleurs délais, en avisant le plaignant de la possibilité qui lui est offerte de saisir un médiateur, soit il informe l'intéressé qu'il procède à cette saisine. *(Décr. n° 2016-726 du 1er juin 2016, art. 1er-II)* « Le représentant légal de l'établissement informe l'auteur de la plainte ou de la réclamation qu'il peut se faire accompagner, pour la rencontre avec le médiateur prévue à l'article R. 1112-93, d'un représentant des usagers membre de la commission des usagers. »

Le médiateur médecin est compétent pour connaître des plaintes ou réclamations qui mettent exclusivement en cause l'organisation des soins et le fonctionnement médical du service tandis que le médiateur non médecin est compétent pour connaître des plaintes ou réclamations étrangères à ces questions. Si une plainte ou réclamation intéresse les deux médiateurs, ils sont simultanément saisis.

Art. R. 1112-93 Le médiateur, saisi par le représentant légal de l'établissement ou par l'auteur de la plainte ou de la réclamation, rencontre ce dernier. Sauf refus ou impossibilité de la part du plaignant, le rencontre a lieu dans les huit jours suivant la saisine. Si la plainte ou la réclamation est formulée par un patient hospitalisé, la rencontre doit intervenir dans toute la mesure du possible avant sa sortie de l'établissement. Le médiateur peut rencontrer les proches du patient s'il l'estime utile ou à la demande de ces derniers.

Art. R. 1112-94 Dans les huit jours suivant la rencontre avec l'auteur de la plainte ou de la réclamation, le médiateur en adresse le compte rendu au président de la commission qui le transmet sans délai, accompagné de la plainte ou de la réclamation, aux membres de la commission ainsi qu'au plaignant.

Au vu de ce compte rendu et après avoir, si elle le juge utile, rencontré l'auteur de la plainte ou de la réclamation, la commission formule des recommandations en vue d'apporter une solution au litige ou tendant à ce que l'intéressé soit informé des voies de conciliation ou de recours dont il dispose. Elle peut également émettre un avis motivé en faveur du classement du dossier.

Dans le délai de huit jours suivant la séance, le représentant légal de l'établissement répond à l'auteur de la plainte ou de la réclamation et joint à son courrier l'avis de la commission. Il transmet ce courrier aux membres de la commission.

CHAPITRE III RESPONSABILITÉ DES ÉTABLISSEMENTS À L'ÉGARD DES BIENS DES PERSONNES ACCUEILLIES

SECTION UNIQUE

Art. R. 1113-1 Toute personne admise ou hébergée dans un établissement mentionné à l'article L. 1113-1 est invitée, lors de son entrée, à effectuer le dépôt des choses mobilières dont la nature justifie la détention durant son séjour dans l'établissement.

A cette occasion, une information écrite et orale est donnée à la personne admise ou hébergée, ou à son représentant légal. Cette information fait référence au présent chapitre et comprend l'exposé des règles relatives aux biens détenus par les personnes admises ou hébergées dans l'établissement. Elle précise les principes gouvernant la responsabilité de celui-ci ou de l'État pour les hôpitaux des armées en cas de vol, perte *ou détérioration de ces biens*, selon qu'ils ont ou non été déposés, ainsi que le sort réservé aux objets non réclamés ou abandonnés dans ces établissements. Cette information figure aussi, le cas échéant, dans le règlement intérieur de l'établissement.

La personne admise ou hébergée, ou son représentant légal, certifie avoir reçu l'information prévue à l'alinéa précédent. Mention de cette déclaration est conservée par l'établissement.

Art. R. 1113-2 Dans les établissements dotés d'un comptable public, les dépôts s'effectuent entre les mains du comptable public ou d'un régisseur désigné à cet effet lorsqu'ils concernent des sommes d'argent, des titres et valeurs mobilières, des moyens de règlement ou des objets de valeur. Les autres objets sont déposés entre les mains d'un agent désigné à cet effet par le directeur de l'établissement.

Pour les établissements non dotés d'un comptable public, les dépôts s'effectuent entre les mains du directeur de l'établissement ou d'un préposé désigné par lui.

Art. R. 1113-3 Lorsque la personne admise ou hébergée décide de conserver auprès d'elle durant son séjour un ou plusieurs des objets susceptibles d'être déposés en application de l'article R. 1113-1, la responsabilité de l'établissement ou de l'État pour les hôpitaux des armées ne peut être engagée dans les conditions définies aux articles L. 1113-1 et L. 1113-2 que si :

1° Il ne s'agit pas de sommes d'argent, de titres ou valeurs mobilières, de moyens de règlement ou d'objets de valeur ;

2° Les formalités de dépôt prévues à l'article R. 1113-4 ont été accomplies ;

3° Le directeur d'établissement ou une personne habilitée a donné son accord à la conservation du ou des objets par cette personne.

Art. R. 1113-4 Le dépositaire remet au déposant un reçu contenant l'inventaire contradictoire et la désignation des objets déposés et, le cas échéant, conservés par lui conformément à l'article R. 1113-3.

Le reçu ou un exemplaire du reçu est versé au dossier administratif de l'intéressé.

Un registre spécial coté est tenu par le dépositaire. Les dépôts y sont inscrits au fur et à mesure de leur réalisation avec, le cas échéant, mention pour le ou les objets dont il s'agit, de leur conservation par le déposant.

Le retrait des objets par le déposant, son représentant légal ou toute personne mandatée par lui s'effectue contre signature d'une décharge. Mention du retrait est faite sur le registre spécial, en marge de l'inscription du dépôt.

Art. R. 1113-5 Dans le cas mentionné à l'article L. 1113-3, un inventaire de tous les objets dont la personne admise est porteuse est aussitôt dressé par le responsable du service des admissions, ou tout autre agent ou préposé de l'établissement, et l'accompagnant ou, à défaut, un autre agent ou préposé de l'établissement.

Les objets et l'inventaire sont remis au dépositaire qui procède à l'inscription du dépôt sur le registre mentionné à l'article R. 1113-4 et joint un exemplaire de l'inventaire au dossier administratif de la personne admise.

Dès que son état le permet, la personne admise est informée dans les conditions prévues à l'article R. 1113-1. Elle obtient le reçu contenant l'inventaire des objets déposés. Elle procède, le cas échéant, au retrait des objets qui ne peuvent rester en dépôt en raison de leur nature. La liste des objets maintenus en dépôt, dressée après un inventaire contradictoire, est inscrite au registre spécial mentionné à l'article R. 1113-4.

L'établissement prend, si nécessaire, toute mesure propre à assurer le retour des objets qui ne peuvent être maintenus en dépôt, au lieu désigné par la personne admise, à la charge de celle-ci, lorsqu'elle-même ne peut y procéder ou y faire procéder.

Art. R. 1113-6 Tous les objets abandonnés par la personne admise ou hébergée à sa *sortie* sont déposés s'il n'avait pas été procédé à leur dépôt auparavant et sauf instructions contraires de sa part. Ces objets sont également déposés en cas de décès. La personne admise ou hébergée, son représentant légal, sa famille ou ses proches en sont avisés.

Dans le cas prévu à l'article R. 1113-3, les objets sont remis au dépositaire, et mention en est faite sur le registre spécial.

Art. R. 1113-7 Lors de sa sortie définitive de l'établissement, le déposant se voit remettre, à l'occasion de l'accomplissement des formalités de sortie, un document l'invitant à procéder au retrait des objets déposés.

En cas de décès du déposant, un document est remis à ses héritiers les invitant à procéder au retrait des objets déposés et leur rappelant les dispositions de l'article L. 1113-7.

Art. R. 1113-8 La remise des sommes d'argent, titres et valeurs mobilières à la Caisse des dépôts et consignations s'effectue contre délivrance d'un reçu à l'établissement dépositaire. Mention de la remise est portée au dossier administratif de l'intéressé ainsi que sur le registre spécial par apposition d'une inscription marginale.

Avis de la remise est adressé au déposant, à son représentant légal, à sa famille ou à ses proches.

Art. R. 1113-9 La remise, *(Décr. n° 2014-551 du 27 mai 2014, art. 27-1°-a)* « à l'administration chargée des domaines », des autres biens mobiliers non réclamés dans les conditions prévues à l'article L. 1113-7 est constatée par procès-verbal établi par l'établissement détenteur.

A cette fin, la personne désignée à l'article R. 1113-2 adresse au *(Décr. n° 2014-551 du 27 mai 2014, art. 27-1°-b)* « directeur départemental ou, le cas échéant, régional des finances publiques » du lieu de situation de l'établissement un projet de procès-verbal de remise, par lettre recommandée avec demande d'avis de réception. Ce projet contient la description des objets. Il comprend également la valeur indicative de ces objets sauf lorsque la nature de ceux-ci rend impossible une telle indication.

Le *(Décr. n° 2014-551 du 27 mai 2014, art. 27-1°-b)* « directeur départemental ou, le cas échéant, régional des finances publiques » dispose d'un délai de trois mois à compter de la date d'avis de réception pour faire connaître s'il accepte, en tout ou partie, la remise des objets. Faute de réponse dans ce délai, il est réputé avoir refusé celle-ci.

Une mention de la remise, ou du refus de la remise, est faite au dossier administratif de l'intéressé ainsi que sur le registre spécial par apposition d'une inscription marginale.

Avis de remise est adressé au déposant, à son représentant légal, à sa famille ou à ses proches.

CHAPITRE IV PARTICIPATION DES USAGERS AU FONCTIONNEMENT DU SYSTÈME DE SANTÉ

(Décr. n° 2005-300 du 31 mars 2005)

SECTION PREMIÈRE CONDITIONS D'AGRÉMENT

Art. R. 1114-1 Les associations mentionnées à l'article L. 1114-1 peuvent être agréées si elles justifient *(Abrogé par Décr. n° 2016-898 du 30 juin 2016, art. 1er-1°)* « *, pour les trois années précédant la demande d'agrément,* » de l'exercice *(Décr. n° 2016-898 du 30 juin 2016, art. 1er-2°)* « , pour les trois années précédant la demande d'agrément, » d'une activité effective et publique en vue de la défense des droits des personnes malades et des usagers du système de santé ainsi que d'un fonctionnement conforme à leurs statuts.

L'activité effective et publique de l'association est notamment appréciée au regard des actions qu'elle conduit :

1° En faveur de la promotion des droits des personnes malades et des usagers du système de santé auprès des pouvoirs publics et au sein du système de santé ;

2° Pour la participation des personnes malades et des usagers à l'élaboration des politiques de santé et pour leur représentation dans les instances hospitalières ou de santé publique ;

3° En matière de prévention, d'aide et de soutien en faveur des personnes malades et des usagers du système de santé.

(Décr. n° 2011-932 du 1er août 2011, art. 1er-1°) « Les associations assurant à titre principal la défense des personnes malades et des usagers du système de santé victimes d'une affection ou d'un effet indésirable d'un produit de santé sont dispensées de justifier de trois années d'ancienneté si l'existence, la gravité ou l'ampleur de cette affection ou de cet effet indésirable n'ont été connues que dans les trois années précédant la demande d'agrément. »

Les unions d'associations sont dispensées de justifier de trois années d'ancienneté et d'une activité effective et publique en vue de la défense des droits des personnes malades et des usagers du système de santé si les associations qui les composent remplissent ces conditions *(Décr. n° 2011-932 du 1er août 2011, art. 1er-2°)* « ou, en ce qui concerne la condition d'ancienneté, si elles ont elles-mêmes été dispensées de la remplir en application des dispositions de l'alinéa précédent ».

Art. R. 1114-2 Les actions de formation mentionnées à l'article L. 1114-1 sont notamment celles que l'association conduit à l'égard de ses membres. Elles sont appréciées au regard de leur nature, de leur nombre, de leur fréquence et des moyens qui y sont consacrés.

Les actions d'information mentionnées au même article sont appréciées en tenant compte notamment de la réalisation et de la diffusion de publications ainsi que de la tenue de réunions d'information et de permanences.

Dans le cas des unions d'associations, il est tenu compte des actions de formation et d'information conduites par les associations qui les composent.

Art. R. 1114-3 La représentativité de l'association est attestée par un nombre suffisant de membres cotisant individuellement, eu égard au public auquel s'adresse l'association et au cadre territorial de ses activités. A défaut, l'association est regardée comme représentative si elle justifie d'une large audience auprès des personnes qu'elle entend représenter ou défendre.

Dans le cas des unions d'associations, il est tenu compte du nombre de membres des associations qui les composent ou de l'audience de ces associations auprès des personnes qu'elles entendent représenter ou défendre.

Art. R. 1114-4 Les statuts, financements et conditions d'organisation et de fonctionnement de l'association ne doivent pas être de nature à limiter son indépendance. En particulier, l'indépendance de l'association doit être garantie à l'égard des professionnels de santé, établissements de santé, services de santé et organismes dans lesquels sont réalisés des actes individuels de prévention, de diagnostic ou de soins ainsi que des producteurs, exploitants et fournisseurs de produits de santé.

L'association doit également présenter des garanties suffisantes au regard du respect des libertés individuelles.

Toutes les associations composant une union d'associations sont tenues au respect des conditions fixées par le présent article.

SECTION II **COMMISSION NATIONALE D'AGRÉMENT**

Art. R. 1114-5 La Commission nationale d'agrément, instituée par l'article L. 1114-1, est composée comme suit :

1° Quatre membres de droit :

a) Le directeur général de la santé ou son représentant ;

b) Le directeur général de l'offre de soins ou son représentant ;

c) *(Décr. n° 2008-247 du 11 mars 2008)* « Le directeur de la vie associative, de l'emploi et de la formation ou son représentant » ;

d) Le président de la mission interministérielle de vigilance et de lutte contre les dérives sectaires ou son représentant ;

2° Dix membres, nommés par arrêté du ministre chargé de la santé :

a) Un représentant de l'Assemblée nationale et un représentant du Sénat ;

b) Un membre du Conseil d'État, en activité ou honoraire, nommé sur proposition du vice-président du Conseil d'État ;

c) Un membre de la Cour de cassation, en activité ou honoraire, nommé sur proposition du premier président de la Cour de cassation ;

d) Trois personnalités choisies en raison de leur compétence dans le domaine de la santé ou des associations et trois personnalités choisies en raison de leur expérience de la vie associative.

Le président de la commission est nommé par arrêté du ministre chargé de la santé, parmi les membres mentionnés au 2°.

Art. R. 1114-6 Le mandat des membres de la commission prend fin en même temps que le mandat ou les fonctions au titre desquels ils ont été désignés. Les membres mentionnés aux *b*, *c* et *d* du 2° de l'article R. 1114-5 sont nommés pour une durée de cinq ans renouvelable.

Les membres de la commission ne peuvent siéger lorsqu'ils ont un intérêt direct ou indirect à l'affaire examinée.

Ils désignent parmi eux un vice-président chargé d'assurer la présidence de la commission si le président est empêché ou intéressé par une affaire.

Des suppléants en nombre égal au nombre de titulaires mentionnés au 2° de l'article R. 1114-5, non compris le président, sont désignés dans les mêmes conditions que ceux-ci. Un membre titulaire empêché ou intéressé par une affaire est remplacé par son suppléant.

Le remplacement d'un membre de la commission en cas de cessation de fonction en cours de mandat s'effectue dans les mêmes conditions que sa nomination et pour la durée du mandat restant à courir.

Art. R. 1114-7 La commission se réunit sur convocation de son président qui fixe l'ordre du jour.

Le président désigne, parmi les membres de la commission, un ou plusieurs rapporteurs.

La commission ne peut délibérer que si la moitié au moins des membres sont présents. Dans le cas contraire, une nouvelle séance peut se tenir sans obligation de quorum après un délai de quinze jours.

Les décisions sont prises à la majorité des membres présents. En cas de partage égal des voix, celle du président est prépondérante.

La commission établit son règlement intérieur *(Décr. n° 2016-898 du 30 juin 2016, art. 2)* « , qui précise les modalités selon lesquelles, lorsqu'elle l'estime nécessaire, il est procédé à l'audition des représentants des associations, à l'occasion d'une demande d'agrément ». Elle rédige un rapport annuel d'activité qui est transmis au ministre chargé de la santé et rendu public. Le secrétariat de la commission est assuré par la direction générale de la santé, qui procède en particulier à l'instruction des demandes d'agrément.

Art. R. 1114-8 Les fonctions de membre titulaire ou suppléant de la commission sont exercées à titre gracieux. Elles ouvrent droit aux indemnités pour frais de déplacement et de séjour dans les conditions prévues par le décret n° 2006-781 du 3 juillet 2006 fixant les conditions et les modalités de règlement des frais occasionnés par les déplacements temporaires des personnels civils de l'État.

Par dérogation à l'alinéa précédent, une indemnité de fonction, non soumise à retenue pour pension civile de retraite, est attribuée au président de la commission et, lorsqu'il le supplée, au vice-président. Son montant est fixé par arrêté des ministres chargés du budget et de la santé.

SECTION III PROCÉDURE D'AGRÉMENT

Art. R.* 1114-9 Peuvent faire l'objet d'un agrément national, délivré par le ministre chargé de la santé, les associations qui justifient soit d'au moins 5 000 membres cotisant individuellement, soit de membres cotisant individuellement répartis sur au moins *(Décr. n° 2016-898 du 30 juin 2016, art. 3-1°)* « quatre » régions, dont aucune ne représente plus de 50 % du nombre total de membres. *(Décr. n° 2016-898 du 30 juin 2016, art. 3-2°)* « Mayotte, la Guyane et la Martinique sont considérées comme des régions pour l'application de ces dispositions. » Dans le cas des unions d'associations, il est tenu compte du nombre de membres des associations qui les composent.

Peuvent également faire l'objet d'un agrément national les associations qui démontrent le caractère national de leur activité.

Les associations qui ne remplissent pas les conditions mentionnées aux deux premiers alinéas peuvent être agréées au niveau régional par le *(Décr. n° 2010-344 du 31 mars 2010, art. 3)* « directeur général de l'agence régionale de santé » de chaque région dans laquelle elles exercent leur activité.

Art. R. 1114-10 La demande d'agrément est adressée par lettre recommandée avec demande d'avis de réception ou par voie électronique par le représentant légal de l'association, selon le cas, au ministre chargé de la santé ou au *(Décr. n° 2010-344 du 31 mars 2010, art. 3)* « directeur général de l'agence régionale de santé ». La composition du dossier joint à cette demande est fixée par arrêté du ministre chargé de la santé.

Le ministre chargé de la santé ou le *(Décr. n° 2010-344 du 31 mars 2010, art. 3)* « directeur général de l'agence régionale de santé » transmet le dossier à la Commission nationale d'agrément.

La Commission nationale d'agrément rend son avis dans un délai de quatre mois à compter de la date de réception du dossier complet par l'administration. Elle se prononce, le cas échéant, sur le respect des conditions définies à l'article R. 1114-9.

Art. R. 1114-11 La décision prise sur avis conforme de la Commission nationale d'agrément est notifiée à l'association, par lettre recommandée avec demande d'avis de réception. Le silence gardé par l'autorité administrative compétente pendant plus de six mois à compter de la date de réception du dossier complet par l'autorité administrative initialement saisie vaut décision de rejet.

Art. R. 1114-12 Les associations sont agréées pour une durée de cinq ans à compter de la date de la décision d'agrément.

Les décisions d'agrément font l'objet d'une publication, selon le cas, au recueil des actes administratifs de la préfecture de région ou au *Journal officiel* de la République française.

L'agrément est renouvelé dans les mêmes conditions. La demande de renouvellement d'agrément est déposée au plus tard pendant le septième mois précédant la date d'expiration de l'agrément en cours.

Art. R. 1114-13 Les membres d'une association agréée au niveau national peuvent représenter les usagers du système de santé dans les instances hospitalières ou de santé publique nationales, régionales, départementales ou locales.

Les membres d'une association agréée au niveau régional peuvent représenter les usagers du système de santé dans les instances hospitalières ou de santé publique régionales, départementales ou locales situées dans cette région.

Dans le cas des unions d'associations, les fonctions de représentation des usagers du système de santé peuvent être assurées par les membres des associations qui les composent.

Lorsqu'une association agréée ou une association membre d'une union agréée gère un service ou une structure assurant des actes de prévention, de diagnostic ou de soins, ses membres ne peuvent représenter les usagers du système de santé dans les instances d'un service ou d'une structure ayant un champ d'activité analogue dans le même département.

Art. R. 1114-14 L'agrément d'une union d'associations n'entraîne pas de droit l'agrément des associations qui la composent.

En cas de fusion d'associations, dont l'une au moins est agréée, l'agrément doit être à nouveau sollicité mais la condition d'ancienneté prévue à l'article R. 1114-1 n'est pas exigible.

En cas de changement dans sa composition, une union d'associations agréée en informe dans les meilleurs délais l'autorité administrative qui a délivré l'agrément.

Art. R. 1114-15 Les associations agréées rendent compte annuellement de leur activité à l'autorité administrative qui a délivré l'agrément, selon des modalités fixées par arrêté du ministre chargé de la santé.

Art. R. 1114-16 L'agrément peut être retiré, sur avis conforme de la Commission *nationale d'agrément*, lorsque l'association cesse de satisfaire aux conditions requises pour l'agrément ou lorsqu'elle ne respecte pas l'obligation prévue à l'article R. 1114-15.

L'autorité administrative qui envisage de procéder au retrait d'un agrément informe l'association intéressée, par lettre recommandée avec demande d'avis de réception, des motifs de ce retrait et l'appelle à formuler ses observations dans un délai d'un mois.

La proposition de retrait d'agrément et les observations de l'association sont transmises à la Commission nationale d'agrément, qui rend son avis dans un délai de deux mois.

La décision de retrait est notifiée à l'association intéressée, par lettre recommandée avec demande d'avis de réception. Elle fait l'objet de la mesure de publicité prévue à l'article R. 1114-12.

Art. R. 1114-17 Le retrait de l'agrément ou la dissolution d'une association entraîne la déchéance des mandats exercés par les représentants des usagers nommés sur proposition de cette association dans les instances mentionnées à l'article L. 1114-1.

SECTION IV MISSIONS ET FONCTIONNEMENT DE L'UNION NATIONALE DES ASSOCIATIONS AGRÉÉES D'USAGERS DU SYSTÈME DE SANTÉ

(Décr. nº 2017-90 du 26 janv. 2017)

SOUS-SECTION 1 ORGANISATION AU NIVEAU NATIONAL

Art. R. 1114-18 L'Union nationale des associations agréées d'usagers du système de santé mentionnée à l'article L. 1114-6 est composée des associations d'usagers du système de santé agréées au niveau national qui apportent librement leur adhésion.

Les associations non agréées peuvent participer aux activités de l'Union selon des modalités fixées par ses statuts et son règlement intérieur.

Art. R. 1114-19 L'Union nationale comporte un siège national et des délégations territoriales dénommées unions régionales des associations agréées d'usagers du système de santé.

Conformément aux statuts et au règlement intérieur de l'Union, les délégations territoriales ont le statut d'établissement juridique rattaché au siège national et sont inscrites au répertoire prévu à l'article R. 123-220 du code de commerce.

Lorsque des spécificités territoriales le justifient, les statuts de l'Union peuvent prévoir la création d'une ou des antennes locales de la délégation.

Art. R. 1114-20 L'Union nationale est administrée par :

1º L'assemblée générale ;

2º Le conseil d'administration ;

3º Le bureau ;

4º Le directeur général.

Art. R. 1114-21 L'assemblée générale regroupe l'ensemble des associations agréées au niveau national qui sont adhérentes à l'Union. Elle peut s'adjoindre également la participation de représentants des unions régionales et de personnalités qualifiées dans le domaine de la santé.

Chaque association agréée au niveau national dispose au sein de l'assemblée générale d'une voix délibérative.

Les statuts et le règlement intérieur de l'Union fixent les missions de l'assemblée générale et ses modalités de délibération ainsi que les modalités de désignation des représentants des unions régionales et des personnalités qualifiées.

L'assemblée générale désigne les membres du conseil d'administration selon des modalités prévues par les statuts de l'Union, de manière à respecter la diversité des champs d'action des associations adhérentes. Ces modalités peuvent prévoir une désignation de ces membres par collège.

Art. R. 1114-22 Le conseil d'administration prépare le budget annuel ainsi que la stratégie d'animation du réseau national des associations agréées d'usagers du système de santé qui sont proposés à l'assemblée générale.

Les statuts et le règlement intérieur de l'Union nationale prévoient les autres missions et les modalités d'organisation et de délibération du conseil d'administration. Ils prévoient également le nombre de ses membres et de leurs suppléants ainsi que la durée de leur mandat.

Art. R. 1114-23 Le président du conseil d'administration de l'Union nationale, le trésorier, et les membres du bureau sont élus en son sein par le conseil d'administration selon les règles précisées par les statuts et le règlement intérieur de l'Union.

Le président peut être assisté par un ou plusieurs vices*[-]*présidents élus en son sein par le conseil d'administration.

Les statuts et le règlement intérieur de l'Union précisent les compétences du président du conseil d'administration, du trésorier et des membres du bureau.

Art. R. 1114-24 Le bureau est composé du président, du ou des vice-présidents, du trésorier, et de membres élus par le conseil d'administration en son sein.

Les statuts et le règlement intérieur de l'Union nationale précisent les missions et les modalités d'organisation et de délibérations du bureau.

Art. R. 1114-25 Le directeur général est nommé par le président, après avis du conseil d'administration.

Les pouvoirs du directeur général sont précisés par les statuts et le règlement intérieur de l'Union.

Art. R. 1114-26 Sous réserve du second alinéa du présent article, les fonctions de membres de l'assemblée générale, du conseil d'administration et du bureau sont exercées à titre gratuit.

Les fonctions de président du conseil d'administration, de vice-président et de trésorier peuvent donner lieu à une indemnité prévue par les statuts et le règlement intérieur de l'Union. L'indemnité versée pour le président ne peut excéder deux fois le montant du plafond fixé en application de l'article L. 241-3 du code de la sécurité sociale. Pour les autres membres du bureau, cette indemnité ne peut excéder le montant de ce plafond.

Art. R. 1114-27 Il est institué un comité de déontologie chargé d'élaborer une charte des valeurs que les associations agréées au niveau national et, le cas échéant, dans leur représentation régionale s'engagent à respecter dans le cadre d'une démarche d'adhésion à l'Union nationale. La charte des valeurs est adoptée par l'assemblée générale de l'Union.

Le comité de déontologie est chargé de veiller au respect des valeurs inscrites dans la charte de l'Union nationale par ses adhérents ainsi qu'à la prévention des situations de conflits d'intérêts au sein de ses instances. Les missions et la composition du comité sont précisées dans les statuts et le règlement intérieur de l'Union.

SOUS-SECTION 2 ORGANISATION AU NIVEAU RÉGIONAL

Art. R. 1114-28 Chaque union régionale des associations agréées d'usagers du système de santé comprend :

1° Une assemblée régionale ;

2° Un comité régional ;

3° Un bureau ;

4° Un coordinateur régional.

Les unions régionales sont composées des représentants régionaux d'associations agréées au niveau national et des représentants des associations agréées au niveau régional.

Les modalités de participation des associations agréées au niveau régional aux instances de gouvernance des unions régionales sont définies dans les statuts de l'Union nationale.

Les associations non agréées peuvent participer aux activités des unions régionales, selon des modalités fixées par les statuts et le règlement intérieur de l'Union nationale.

Une union régionale est créée en Guyane et en Martinique.

Art. R. 1114-29 L'assemblée régionale est composée de l'ensemble des représentants régionaux des associations nationales adhérentes et de représentants des associations agréées au niveau régional.

Les statuts et le règlement intérieur de l'Union nationale fixent les modalités de désignation des membres de l'assemblée régionale, les attributions et les modalités de délibération de cette assemblée, ainsi que l'élection des représentants au comité régional de manière à respecter la diversité des champs d'action des associations.

Art. R. 1114-30 Les statuts et le règlement intérieur de l'Union nationale prévoient les attributions et les modalités d'organisation et de délibération du comité régional. Ils prévoient également le nombre de ses membres et de leurs suppléants ainsi que la durée de leur mandat.

Les statuts et le règlement intérieur de l'Union définissent les modalités de participation, au comité régional, des associations agréées au niveau régional.

Les fonctions de membres de l'assemblée régionale, du comité régional et du bureau sont exercées à titre gratuit.

Art. R. 1114-31 Le président de l'union régionale est élu par le comité régional selon les règles précisées par les statuts et le règlement intérieur de l'Union nationale. L'Union nationale peut, selon des modalités prévues par ses statuts et son règlement intérieur, déléguer à l'union régionale le pouvoir d'engager les dépenses afférentes aux actions conduites au niveau régional, de signer les conventions de coopération avec les associations ou structures partenaires et de signer les conventions de cofinancement avec les partenaires publics.

Le coordinateur régional est nommé par le directeur général de l'Union nationale, sur proposition du président de l'union régionale après avis de son bureau.

Le bureau est élu par le comité régional selon les règles fixées par les statuts et le règlement intérieur de l'Union nationale.

Les statuts et le règlement intérieur de l'Union nationale précisent les attributions et les durées du mandat du président de l'union régionale et du bureau ainsi que les modalités de délibération des membres du bureau.

SOUS-SECTION 3 MISSIONS

Art. R. 1114-32 L'Union nationale élabore un projet stratégique national qui définit les orientations pluriannuelles et les actions prioritaires à mener au niveau national et régional au titre de l'article L. 1114-6.

Les actions menées par les unions régionales s'inscrivent dans le cadre des missions confiées à l'Union nationale au titre de l'article L. 1114-6 et du projet stratégique national qu'elle élabore dans ce cadre.

Les unions régionales peuvent mener des actions spécifiques au niveau régional et local.

Art. R. 1114-33 L'Union nationale peut rendre des avis aux pouvoirs publics et élaborer des propositions sur les questions relatives au fonctionnement du système de santé et sur les thèmes mentionnés à l'article L. 1411-1. Les avis et propositions sont émis par le conseil d'administration.

Les statuts et le règlement intérieur de l'Union fixent une procédure d'urgence permettant au bureau d'émettre des avis et des propositions sur les questions relatives au fonctionnement du système de santé. Conformément à cette procédure d'urgence, le bureau informe le conseil d'administration des avis et propositions qu'il a émis.

Les unions régionales, par délégation de l'Union nationale, peuvent émettre des avis et des propositions aux directeurs généraux des agences régionales de santé sur les questions relatives au fonctionnement du système de santé au niveau régional. Les avis et propositions sont adoptés par le comité régional ou, en urgence, par le bureau selon des modalités prévues par le règlement intérieur de l'Union nationale.

Art. R. 1114-34 I. – L'assemblée générale de l'Union nationale définit la stratégie d'animation du réseau national des associations agréées d'usagers du système de santé.

Les unions régionales assurent, par délégation de l'Union nationale, l'animation du réseau au niveau régional pour les associations nationales agréées comportant une représentation régionale et les associations agréées au niveau régional, selon les règles précisées par les statuts et le règlement intérieur de l'Union nationale. La stratégie d'animation du réseau régional est fixée par l'assemblée régionale dans le cadre de la politique d'animation du réseau national.

II. – Dans le cadre de cette mission d'animation du réseau, l'Union nationale au niveau national et les unions régionales au niveau régional, par délégation de l'Union nationale, exercent une mission d'information, de documentation, de formation et de soutien aux associations membres.

Dans ce même cadre, elles contribuent à l'information au grand public, à l'organisation de débats publics, à la promotion des nouvelles technologies de l'information et *de la communication dans le champ* de la santé, ainsi qu'aux actions d'observation et de recherche dans les matières sanitaires, économiques et sociales et relatives aux droits des usagers et à la démocratie sanitaire.

L'Union nationale contribue à assurer le déploiement des actions nationales de formation, notamment la formation de base pour les représentants des associations adhérentes et des associations composant les délégations territoriales. Les unions régionales, par délégation de l'Union nationale, peuvent assurer la formation au niveau régional, dont la formation de base.

Art. R. 1114-35 L'Union nationale agit en justice pour défendre ses propres intérêts moraux et matériels comme ceux des usagers du système de santé, selon les modalités définies par ses statuts et son règlement intérieur.

A cet effet, l'Union nationale exerce une mission de soutien et d'expertise juridique auprès du réseau national et régional des associations agréées d'usagers du système de santé.

L'Union nationale peut mener une action de groupe mentionnée à l'article L. 1143-1.

Art. R. 1114-36 L'Union nationale, au niveau national, peut proposer des représentants d'usagers du système de santé auprès des conseils, assemblées et organismes pour lesquels il est fixé réglementairement en leur sein une représentation des usagers du système de santé, notamment dans le cadre de l'article L. 1114-1.

Les unions régionales peuvent proposer également des représentants d'usagers du système de santé auprès des instances hospitalières et de santé publique aux niveaux régional et départemental pour lesquels il est fixé règlementairement en leur sein une représentation des usagers du système de santé.

L'Union nationale et les unions régionales veillent à ce que les représentants d'usagers en situation de handicap ou en grande précarité et d'exclusion puissent bénéficier d'accompagnement dans l'exercice de leur mission auprès des conseils, assemblées et organismes.

Les statuts et le règlement intérieur de l'Union nationale définissent la procédure de consultation et de concertation de ses membres pour désigner les candidats à la représentation des usagers au niveau national et régional dans les instances mentionnées au premier alinéa du présent article.

Les statuts et le règlement intérieur de l'Union nationale définissent une charte du représentant des usagers qui précise les conditions d'exercice du mandat de représentant des usagers du système de santé.

Les statuts et le règlement intérieur précisent les modalités d'application de la procédure de consultation et de concertation et les modalités de publication des vacances de sièges des représentants des usagers au niveau national pour l'Union nationale et au niveau régional pour les unions régionales, par délégation de l'Union nationale.

SOUS-SECTION 4 FINANCEMENT ET RESSOURCES

Art. R. 1114-37 Les ressources de l'Union nationale et des unions régionales sont constituées par :

1° Une dotation de la Caisse nationale de l'assurance maladie des travailleurs salariés au titre du fonds national pour la démocratie sanitaire prévu à l'article L. 221-1-3 du code de la sécurité sociale ;

2° Les cotisations des membres ;

3° Des subventions publiques ;

4° Des financements conventionnels privés, à l'exception des financements versés par des entreprises fabriquant ou distribuant l'un des produits mentionnés au II de l'article L. 5311-1 ;

5° Des dons et legs.

Art. R. 1114-38 *Le budget* de l'Union nationale est approuvé par l'assemblée générale, sur proposition du conseil d'administration, selon les modalités précisées par ses statuts et son règlement intérieur.

L'Union nationale alloue chaque année aux unions régionales, selon une clef de répartition votée annuellement en assemblée générale qui tient compte notamment du nombre d'habitants et d'indicateurs de santé publique, les crédits attribués pour l'exercice des missions prévues au deuxième alinéa de l'article R. 1114-32, selon des modalités et procédures budgétaires fixées par ses statuts et son règlement intérieur.

Pour leurs actions régionales et locales mentionnées au troisième alinéa de l'article R. 1114-32, les unions régionales peuvent recevoir des financements provenant des agences régionales de santé au titre du fonds d'intervention régional prévu à l'article L. 1435-8 ou des collectivités territoriales.

Art. D. 1114-38-1 *(Décr. nº 2017-709 du 2 mai 2017, art. 2-1º)* La convention financière conclue avec l'Union nationale en application du II de l'article D. 221-35 du code de la sécurité sociale est établie notamment sur la base d'un programme de travail annuel et d'un budget prévisionnel.

SECTION V MODALITÉS DE FINANCEMENT DE LA FORMATION DE BASE DES REPRÉSENTANTS DES USAGERS DU SYSTÈME DE SANTÉ

(Décr. nº 2016-1768 du 19 déc. 2016, art. 1er)

Art. D. 1114-39 Les associations agréées au niveau national ou régional figurant sur la liste mentionnée au II de l'article L. 1114-1 perçoivent une subvention publique destinée à financer l'indemnité versée aux représentants d'usagers tenus de suivre la formation de base prévue au même article et les actions de formation de base délivrées par ces mêmes associations.

Cette subvention est versée aux associations :

1º Par la Caisse nationale de l'assurance maladie des travailleurs salariés, pour les associations agréées au niveau national ;

2º Par les agences régionales de santé, pour les associations agréées au niveau régional.

Art. D. 1114-40 Le montant de la subvention attribuée à chaque association agréée au niveau national est fixé *(Décr. nº 2017-709 du 2 mai 2017, art. 2-2º)* « par l'arrêté prévu au IV de l'article L. 221-1-3 du code de la sécurité sociale ».

Le montant de la subvention attribuée à chaque association agréée au niveau régional est fixé et versé dans les conditions prévues aux articles R. 1435-16 et R. 1435-17 *(Décr. nº 2017-709 du 2 mai 2017, art. 2-2º)* « du présent code ».

Art. D. 1114-41 L'indemnité de formation ne peut être versée qu'une seule fois à un même représentant des usagers tenu de suivre la formation de base, quel que soit le nombre de mandats exercés par ce dernier.

Art. D. 1114-42 *(Décr. nº 2017-709 du 2 mai 2017, art. 2-3º)* I. — Pour les associations agréées au niveau national, une convention financière est conclue dans les conditions prévues au II de l'article D. 221-35 du code de la sécurité sociale.

II. — Pour les associations agréées au niveau régional, une convention financière est conclue par l'agence régionale de santé avec chaque bénéficiaire pour préciser l'objet, la durée, les modalités de versement et les conditions d'utilisation de la subvention attribuée. Elle prévoit en outre la justification des dépenses, la production d'un bilan d'exécution et les modalités d'une éventuelle régularisation.

CHAPITRE V DISPOSITIONS PÉNALES

Le présent chapitre ne comporte pas de dispositions réglementaires.

TITRE DEUXIÈME RECHERCHES IMPLIQUANT LA PERSONNE HUMAINE *(Décr. nº 2017-884 du 9 mai 2017, art. 1er).*

CHAPITRE PREMIER PRINCIPES GÉNÉRAUX

(Décr. nº 2006-477 du 26 avr. 2006, art. 1er)

SECTION PREMIÈRE DÉFINITIONS

Art. R. 1121-1 *(Décr. nº 2017-884 du 9 mai 2017, art. 2-II)* I. — Sont des recherches impliquant la personne humaine au sens du présent titre les recherches organisées et pratiquées sur des personnes volontaires saines ou malades, en vue du développement *des connaissances biologiques ou médicales* qui visent à évaluer :

1º Les mécanismes de fonctionnement de l'organisme humain, normal ou pathologique ;

2º L'efficacité et la sécurité de la réalisation d'actes ou de l'utilisation ou de l'administration de produits dans un but de diagnostic, de traitement ou de prévention d'états pathologiques.

II. – 1° Ne sont pas des recherches impliquant la personne humaine au sens du présent titre les recherches qui, bien qu'organisées et pratiquées sur des personnes saines ou malades, n'ont pas pour finalités celles mentionnées au I, et qui visent :
a) Pour les produits cosmétiques, conformément à leur définition mentionnée à l'article L. 5131-1, à évaluer leur capacité à nettoyer, parfumer, modifier l'aspect, protéger, maintenir en bon état le corps humain ou corriger les odeurs corporelles ;
b) A effectuer des enquêtes de satisfaction du consommateur pour des produits cosmétiques ou alimentaires ;
c) A effectuer toute autre enquête de satisfaction auprès des patients ;
d) A réaliser des expérimentations en sciences humaines et sociales dans le domaine de la santé.

2° Ne sont pas des recherches impliquant la personne humaine au sens du présent titre les recherches qui ne sont pas organisées ni pratiquées sur des personnes saines ou malades et n'ont pas pour finalités celles mentionnées au I, et qui visent à évaluer des modalités d'exercice des professionnels de santé ou des pratiques d'enseignement dans le domaine de la santé.

3° Ne sont pas des recherches impliquant la personne humaine au sens du présent titre les recherches ayant une finalité d'intérêt public de recherche, d'étude ou d'évaluation dans le domaine de la santé conduites exclusivement à partir de l'exploitation de traitement de données à caractère personnel mentionnées au I de l'article 54 de la loi n° 78-17 du 6 janvier 1978 modifiée relative à l'informatique, aux fichiers et aux libertés et qui relèvent de la compétence du comité d'expertise pour les recherches, les études et les évaluations prévu au 2° du II du même article.

Art. R. 1121-1-1 Les recherches *(Décr. n° 2016-1537 du 16 nov. 2016, art. 1er-1°-a)* « impliquant la personne humaine » portant sur un médicament sont entendues comme tout essai clinique d'un ou plusieurs médicaments visant à déterminer ou à confirmer leurs effets cliniques, pharmacologiques et les autres effets pharmacodynamiques ou à mettre en évidence tout effet indésirable, ou à en étudier l'absorption, la distribution, le métabolisme et l'élimination, dans le but de s'assurer de leur innocuité ou de leur efficacité.

Les recherches *(Décr. n° 2016-1537 du 16 nov. 2016, art. 1er-1°-b)* « impliquant la personne humaine » portant sur un dispositif médical sont entendues comme *(Décr. n° 2016-1537 du 16 nov. 2016, art. 1er-1°-b)* « toute » investigation clinique d'un ou plusieurs dispositifs médicaux visant à déterminer ou à confirmer leurs performances ou à mettre en évidence leurs effets indésirables et à évaluer si ceux-ci constituent des risques au regard des performances assignées au dispositif.

Les autres catégories de recherches *(Décr. n° 2016-1537 du 16 nov. 2016, art. 1er-1°-c) (Abrogé par Décr. n° 2017-884 du 9 mai 2017, art. 3-1°) « mentionnées au 1° de l'article L. 1121-1 »* font l'objet, en tant que de besoin, d'une définition *(Décr. n° 2016-1537 du 16 nov. 2016, art. 1er-1°-c ; Décr. n° 2017-884 du 9 mai 2017, art. 3-2° et 3°)* « prise par arrêté du ministre chargé de la santé ou par décision du directeur général de l'Agence nationale de sécurité du médicament et des produits de santé pour les recherches relevant de sa compétence ».

L'art. R. 1121-1 devient l'art. R. 1121-1-1 (Décr. n° 2017-884 du 9 mai 2017, art. 2-I).

Art. R. 1121-2 *(Abrogé par Décr. n° 2016-1537 du 16 nov. 2016, art. 1er-2°-a) « Les recherches définies au 1° de l'article L. 1121-1 appelées "recherches non interventionnelles" sont des recherches pour lesquelles la stratégie médicale destinée à une personne qui se prête à la recherche n'est pas fixée à l'avance par un protocole et relève de la pratique courante. »*

Les recherches non interventionnelles portant sur des produits mentionnés à l'article L. 5311-1 sont entendues comme toute recherche dans le cadre de laquelle le ou les produits sont prescrits ou utilisés de manière habituelle *(Abrogé par Décr. n° 2017-884 du 9 mai 2017, art. 4-1°) « sans procédure inhabituelle de diagnostic, de traitement ou de surveillance »* *(Décr. n° 2016-1537 du 16 nov. 2016, art. 1er-2°-b)* « et qui se conforment : » *(Abrogé par Décr. n° 2016-1537 du 16 nov. 2016, art. 1er-2°-b) «. Elles se conforment : »*

1° Pour les recherches portant sur les médicaments, à l'autorisation de mise sur le marché mentionnée à l'article L. 5121-8 ;

2° *(Décr. n° 2016-1537 du 16 nov. 2016, art. 1er-2°-c)* « Pour les recherches portant sur les dispositifs médicaux et les dispositifs médicaux de diagnostic *in vitro*, à l'utilisation prévue dans le cadre du marquage CE telle que mentionnée, notamment, lorsqu'elle existe dans la notice d'instruction pour les dispositifs médicaux, dans la notice d'utilisation pour les dispositifs médicaux de diagnostic *in vitro*, ou à défaut sur l'étiquetage ; »

3° Pour les recherches portant sur les produits sanguins labiles, à la décision mentionnée au 1° de l'article L. 1221-8 ;

4° Pour les recherches portant sur les tissus issus du corps humain et sur les préparations de thérapie cellulaire, à l'autorisation mentionnée à l'article *(Décr. n° 2016-1537 du 16 nov. 2016, art. 1er-2°-d)* « L. 1243-2 » ;

(Abrogé par Décr. n° 2017-884 du 9 mai 2017, art. 4-2° et 3°) « 5° *(Décr. n° 2016-1537 du 16 nov. 2016, art. 1er-2°-e et f)* « ***Les recherches non interventionnelles portant sur les produits cosmétiques ou les produits de tatouage se définissent comme toute étude menée chez des volontaires sains, à l'aide de méthodes d'investigations à risque négligeable, sur des produits dont la sécurité d'emploi est établie, lorsqu'ils sont utilisés dans des conditions normales d'emploi ou selon des méthodes reproduisant ces conditions.***

« A l'exception des recherches définies au sixième alinéa du présent article, » La décision de prescription ou d'utilisation des produits mentionnés ci-dessus est indépendante de celle d'inclure dans le champ de la recherche la personne qui se prête à celle-ci.

(Décr. n° 2017-884 du 9 mai 2017, art. 4-4°) « Les autres catégories de recherches non interventionnelles font l'objet, en tant que de besoin, d'une définition prise par arrêté du ministre chargé de la santé. »

SECTION II DISPOSITIONS FINANCIÈRES

Art. R. 1121-3 *(Décr. n° 2016-1537 du 16 nov. 2016, art. 2-1°)* Pour l'application du 2° du III de l'article L. 1121-16-1, le promoteur peut, dès lors qu'il dispose d'un avis favorable du comité de protection des personnes, demander aux ministres chargés de la santé et de la sécurité sociale la prise en charge à titre dérogatoire par les caisses d'assurance maladie des médicaments expérimentaux ou auxiliaires autorisés ou produits faisant l'objet de la recherche, lorsqu'ils ne sont pas utilisés dans les conditions ouvrant droit au remboursement. Un arrêté des ministres chargés de la santé et de la sécurité sociale pris après avis de la Haute Autorité de santé et de l'Union nationale des caisses d'assurance maladie précise les données devant être communiquées par le promoteur à l'appui de sa demande de prise en charge.

La décision des ministres chargés de la santé et de la sécurité sociale portant sur la prise en charge des médicaments expérimentaux ou auxiliaires autorisés ou des produits faisant l'objet de la recherche est prise sur avis conforme de la Haute Autorité de santé et du directeur de l'Union nationale des caisses d'assurance maladie. Les ministres chargés de la santé et de la sécurité sociale les saisissent dès réception de la demande.

Ceux-ci disposent de deux mois pour transmettre leur avis à compter de la date de la saisine.

Lorsque les ministres chargés de la santé et de la sécurité sociale prennent une décision favorable, les médicaments ou produits sont alors pris en charge dans les conditions prévues aux articles R. 160-5 et R. 160-8 du code de la sécurité sociale.

En cas d'avis défavorable, la décision de refus de prise en charge est communiquée au promoteur dans les trois mois à compter de la réception de la demande par les ministres. Cette décision est motivée et comporte les voies et délais de recours qui leur sont applicables.

Art. R. 1121-3-1 *(Décr. n° 2016-1538 du 16 nov. 2016, art. 1er)* I. — Lorsqu'une recherche mentionnée au 1° et au 2° de l'article L. 1121-1 à finalité commerciale est réalisée dans des établissements de santé, ou des maisons ou des centres de santé, elle fait l'objet de la convention prévue au deuxième alinéa du IV de l'article L. 1121-16-1, entre le représentant légal du lieu de la recherche et le représentant légal du promoteur de la recherche.

Cette convention est dénommée convention unique. Elle est exclusive de tout autre contrat à titre onéreux conclu pour la recherche à finalité commerciale dont il s'agit dans l'établissement de santé, la maison ou le centre de santé concerné.

Lorsque la recherche se déroule dans plusieurs lieux, la convention conclue entre le promoteur et le représentant légal des établissements, maisons ou centres de santé, dénommés établissements associés, comporte les mêmes stipulations que celles de la convention conclue entre le promoteur et l'établissement coordonnateur, notamment pour l'identification, la facturation et le paiement que le promoteur doit prendre en charge.

Le promoteur est tenu de :

1° Fournir gratuitement les produits faisant l'objet de la recherche, ou de les mettre gratuitement à disposition pendant le temps de la recherche, sauf dans les cas où la loi en dispose autrement ;

2° Prendre en charge les frais définis ci-dessous qui sont engagés par l'établissement de santé, *[une]* maison ou un centre de santé :

– d'une part, les frais de mise en œuvre du protocole de la recherche non liés à la prise en charge médicale du patient ou du volontaire sain, dénommés "coûts", notamment les tâches d'investigation nécessaires à la recherche et les tâches administratives et logistiques liées à la recherche ;

– d'autre part, les frais supplémentaires, dénommés "surcoûts", qui s'entendent des frais liés à la prise en charge médicale du patient ou du volontaire sain, et requis par la mise en œuvre du protocole. Il s'agit des frais exposés au titre d'actes nécessaires à la mise en œuvre de la recherche, qui doivent être pratiqués en plus de ceux qui sont cités dans les recommandations de bonnes pratiques cliniques élaborées ou validées par la Haute Autorité de santé, lorsqu'elles existent, ou à défaut, des actes relevant de la pratique courante pour la prise en charge de l'affection concernée, et qui ne peuvent pas faire l'objet d'une facturation à l'assurance maladie ou au patient.

La convention conclue par le promoteur avec l'établissement coordonnateur et les conventions similaires conclues le cas échéant avec les établissements associés sont conformes à une convention type définie par arrêté du ministre chargé de la santé, qui fixe notamment les modalités de calcul des coûts et surcoûts générées par la recherche.

II. – Des contreparties prévues par la convention unique au titre de la qualité escomptée des données issues de la recherche *(Décr. n° 2017-884 du 9 mai 2017, art. 5)* « impliquant la personne humaine » peuvent être versées par le promoteur.

La convention peut prévoir que tout ou partie des contreparties mentionnées à l'alinéa précédent soient directement versées à une structure tierce distincte, participant à la recherche mais ne relevant pas de l'autorité du représentant légal de l'établissement ou de la maison ou du centre de santé où se déroule également la recherche. Des contreparties ne peuvent être accordées que si la structure tierce remplit les conditions suivantes :

1° Elle est désignée par le représentant légal de l'établissement de santé, de la maison ou du centre de santé conformément au droit de la commande publique s'il y a lieu ;

2° Elle dispose d'une gouvernance qui soit propre à la prémunir, ainsi que ses dirigeants, d'un risque de mise en cause de leur responsabilité, notamment au regard du risque de conflit d'intérêt ou de la violation des principes et règles de protection des personnes participant à la recherche ;

3° Elle utilise les fonds reçus du promoteur à des fins de recherche.

III. – Le représentant légal de l'établissement de santé, maison ou centre de santé ainsi que le représentant légal du promoteur et, le cas échéant, le représentant légal de la personne morale tierce susmentionnée signent la convention.

L'investigateur responsable de la recherche dans l'établissement de santé, la maison ou le centre de santé, vise la convention, attestant ainsi qu'il en a pris connaissance.

La convention unique est conclue au plus tard quarante-cinq jours après réception de la proposition du promoteur par l'établissement, la maison ou le centre de santé et, le cas échéant, la structure tierce. Lorsque la recherche se déroule sur plusieurs lieux, ce délai s'applique à la convention conclue avec l'établissement coordonnateur, et un délai subséquent de quinze jours est applicable pour la conclusion du ou des conventions avec des établissements associés, à compter du jour où ils reçoivent du promoteur les documents nécessaires.

La convention unique est ensuite transmise pour information, sans délai, par le promoteur au Conseil national de l'ordre des médecins.

Le présent art. est applicable aux nouvelles recherches à finalité commerciale pour lesquelles la proposition de convention a été transmise après la date de publication du Décr. n° 2016-1538 du 16 nov. 2016 (Décr. préc., art. 2).

L'art. R. 1121-4 devient l'art. R. 1121-3-1 (Décr. n° 2016-1537 du 16 nov. 2016, art. 2-2°).

SECTION III **ASSURANCE DES PROMOTEURS DE RECHERCHES** *[RECHERCHE] (Décr. n° 2016-1537 du 16 nov. 2016, art. 3-1°).*

Art. R. 1121-4 Les contrats d'assurance *(Décr. n° 2016-1537 du 16 nov. 2016, art. 3-3°)* « des recherches mentionnées au 1° et au 2° de l'article L. 1121-1 » garantissant, dans les conditions prévues à l'article L. 1121-10, les conséquences pécuniaires de la responsabilité civile du promoteur et celle de tout intervenant ne peuvent pas déroger aux dispositions définies à la présente section, sauf dans un sens plus favorable à l'intérêt des victimes ou de leurs ayants droit.

Art. R. 1121-5 Les contrats mentionnés à l'article *(Décr. n° 2016-1537 du 16 nov. 2016, art. 3-4°-a)* « R. 1121-4 » ne peuvent prévoir de clauses excluant de la garantie les dommages subis par les victimes ou leurs ayants droit que dans les cas suivants :

1° Les recherches *(Abrogé par Décr. n° 2016-1537 du 16 nov. 2016, art. 3-4°-b) « biomédicales »* n'ont pas lieu dans les conditions prévues *(Décr. n° 2016-1537 du 16 nov. 2016, art. 3-4°-b)* « aux deuxième et troisième alinéas de l'article L. 1121-3, telles qu'elles ont été approuvées par le comité de protection des personnes en application de l'article L. 1123-7 et, le cas échéant, par l'Agence nationale de sécurité du médicament et des produits de santé » ;

2° Le consentement des personnes qui se prêtent à la recherche *(Abrogé par Décr. n° 2016-1537 du 16 nov. 2016, art. 3-4°-c) « biomédicale »* n'est pas recueilli dans les conditions prévues aux articles L. 1122-1-1, *(Décr. n° 2016-1537 du 16 nov. 2016, art. 3-4°-c)* « L. 1122-1-3 » ou L. 1122-2 ;

3° La recherche est réalisée sans que l'avis favorable du comité de protection des personnes et *(Décr. n° 2016-1537 du 16 nov. 2016, art. 3-4°-d)* « , le cas échéant, » l'autorisation de l'autorité compétente prévus aux articles L. 1123-6 et L. 1123-8 aient été obtenus ;

4° Les dispositions de l'article L. 1121-13 ne sont pas respectées ;

5° La recherche a lieu en dépit d'une décision d'interdiction ou de suspension prise par l'autorité compétente mentionnée à l'article L. 1123-12.

Art. R. 1121-6 Les contrats mentionnés à l'article *(Décr. n° 2016-1537 du 16 nov. 2016, art. 3-5°)* « R. 1121-4 » ne peuvent pas stipuler des garanties d'un montant inférieur à :

1° 1 000 000 euros par victime ;

2° 6 000 000 euros par protocole de recherche ;

3° 10 000 000 euros pour l'ensemble des réclamations présentées pendant une année d'assurance au titre de plusieurs protocoles de recherche.

Art. R. 1121-7 Les contrats mentionnés à l'article *(Décr. n° 2016-1537 du 16 nov. 2016, art. 3-5°)* « R. 1121-4 » peuvent prévoir une franchise par victime.

Art. R. 1121-8 L'assureur ne peut pas opposer à la victime ou à ses ayants droit :

1° Le fait que la recherche a été réalisée alors que le consentement n'avait pas été donné dans les conditions prévues aux articles L. 1122-1-1, *(Décr. n° 2016-1537 du 16 nov. 2016, art. 3-6°)* « L. 1122-1-3 » ou L. 1122-2 ou avait été retiré ;

2° La franchise prévue à l'article *(Décr. n° 2016-1537 du 16 nov. 2016, art. 3-6°) « R. 1121-7 »* ;

3° La réduction proportionnelle de l'indemnité prévue à l'article L. 113-9 du code des assurances ;

4° La déchéance du contrat.

Toutefois, il peut exercer une action en remboursement des sommes versées à la victime ou à ses ayants droit et payées au lieu et place de l'assuré.

Art. R. 1121-9 La souscription des contrats mentionnés à l'article *(Décr. n° 2016-1537 du 16 nov. 2016, art. 3-5°)* « R. 1121-4 » est justifiée par la production d'une attestation délivrée par l'assureur qui vaut présomption de garantie.

Cette attestation comporte les mentions suivantes :

1° Les références aux dispositions législatives et réglementaires applicables ;

2° La raison sociale de l'entreprise d'assurance ;

3° Le numéro du contrat d'assurance ;

4° La dénomination et l'adresse du souscripteur du contrat ;

5° La dénomination précise de la recherche couverte par l'assurance telle que prévue dans la demande d'autorisation *(Décr. n° 2016-1537 du 16 nov. 2016, art. 3-7°)* « avec son numéro d'enregistrement, les dates prévisionnelles de début et de fin de la recherche ainsi que le nombre de personnes qu'il est prévu d'inclure et le nom du promoteur ».

SECTION IV CONDITIONS D'AUTORISATION DE CERTAINS LIEUX DE RECHERCHE *(Décr. n° 2016-1537 du 16 nov. 2016, art. 4-1°).*

Art. R. 1121-10 La délivrance de l'autorisation de lieu prévue au deuxième alinéa de l'article L. 1121-13 est subordonnée au respect des conditions suivantes :

(Décr. n° 2016-1537 du 16 nov. 2016, art. 4-3°-a) « 1° La possibilité d'assurer une surveillance adaptée des personnes se prêtant à la recherche et, en cas d'urgence, les soins d'urgence ainsi qu'un transfert immédiat dans un service de soins approprié ; »

2° Le cas échéant, un nombre de lits en rapport avec les activités prévues ;

3° Une organisation permettant d'assurer la conservation et la confidentialité des données et des informations relatives aux recherches et aux personnes qui s'y prêtent et, le cas échéant :

a) De recueillir *(Décr. n° 2016-1537 du 16 nov. 2016, art. 4-3°-b)* « , de préparer » et de conserver des échantillons biologiques ;

b) D'entreposer, dans des conditions appropriées de conservation, les produits utilisés au cours de la recherche ;

(Décr. n° 2016-1537 du 16 nov. 2016, art. 4-3°-c) « *c)* D'assurer la maintenance des équipements et dispositifs médicaux et le contrôle de qualité des équipements et des dispositifs médicaux tels que mentionnés à l'article R. 5212-26 ; »

d) En cas de préparation *(Décr. n° 2016-1537 du 16 nov. 2016, art. 4-3°-d)* « de repas », de disposer de locaux séparés réservés à cet effet ;

4° Les conditions d'aménagement, d'équipement *(Décr. n° 2016-1537 du 16 nov. 2016, art. 4-3°-e)* « , d'hygiène, » d'entretien et de fonctionnement ainsi que les qualifications nécessaires du personnel intervenant dans ces lieux de recherches *(Décr. n° 2016-1537 du 16 nov. 2016, art. 4-3°-e)* « permettant d'assurer la sécurité des personnes et la qualité des données recueillies, et qui sont » précisées, en tant que de besoin, par arrêté du ministre chargé de la santé ;

5° La mise en place d'un système d'assurance de la qualité ;

6° Lorsque l'autorisation inclut les opérations prévues au *(Décr. n° 2016-1537 du 16 nov. 2016, art. 4-3°-f)* « quatrième alinéa » de l'article L. 1121-13, le lieu dispose :

a) D'un pharmacien justifiant d'une expérience pratique d'au moins un an en matière de conditionnement et d'étiquetage de médicaments expérimentaux ;

b) De locaux, de moyens en équipements et personnels adaptés aux activités d'approvisionnement, de conditionnement, d'étiquetage des médicaments expérimentaux ainsi que des opérations de stockage correspondantes, nécessaires aux recherches *(Abrogé par Décr. n° 2016-1537 du 16 nov. 2016, art. 4-3°-f)* « *biomédicales* » menées dans ces lieux.

Dans le cas de recherches pratiquées en ambulatoire, des dispositions sont prévues pour assurer les mêmes garanties de sécurité.

Lorsque la recherche porte sur des personnes malades dont l'état de santé nécessite une hospitalisation, la recherche ne peut avoir lieu en dehors d'un établissement de santé.

Art. R. 1121-11 Les opérations mentionnées au *(Décr. n° 2016-1537 du 16 nov. 2016, art. 4-4°)* « quatrième alinéa » de l'article L. 1121-13 ne peuvent être effectuées dans les lieux régis par la présente section que lorsque les recherches envisagées ne permettent pas de réaliser ces opérations dans un établissement pharmaceutique autorisé au titre de l'article L. 5124-1.

Les catégories de recherches correspondantes sont définies par arrêté du ministre chargé de la santé pris sur proposition du directeur général de l'*(Décr. nº 2012-597 du 27 avr. 2012, art. 5-I-1º)* « Agence nationale de sécurité du médicament et des produits de santé ».

Ces opérations ne peuvent être effectuées que sur des lots de médicaments fabriqués ou importés dans les conditions prévues aux articles *(Décr. nº 2016-1537 du 16 nov. 2016, art. 4-4º)* « R. 5124-49 à R. 5124-57-6 ».

Art. R. 1121-12 La demande d'autorisation est adressée au *(Décr. nº 2010-344 du 31 mars 2010, art. 4)* « directeur général de l'agence régionale de santé », ou au ministre de la défense lorsque les recherches sont réalisées dans des lieux relevant de son autorité, qui en accuse réception.

Elle comporte les éléments suivants :

1º Les nom, qualités et fonctions du demandeur ;

2º Les nom, adresse et localisation du lieu de recherches ;

3º La nature des recherches envisagées ;

4º La description précise des éléments mentionnés à l'article *(Décr. nº 2016-1537 du 16 nov. 2016, art. 4-5º)* « R. 1121-10 » ;

5º Les coordonnées du service de soins auquel il pourra être fait appel en cas d'urgence ;

6º Les nom, diplôme et expérience du pharmacien mentionné au *(Décr. nº 2016-1537 du 16 nov. 2016, art. 4-5º)* « quatrième alinéa » de l'article L. 1121-13.

(Décr. nº 2016-1537 du 16 nov. 2016, art. 4-5º) « Le contenu du dossier de demande d'autorisation est précisé par arrêté du ministre chargé de la santé.

« Le silence gardé par l'administration dans un délai de quatre mois à compter de la réception de la demande complète vaut rejet de la demande. »

Art. R. 1121-13 L'autorisation mentionnée à l'article L. 1121-13 est délivrée après enquête effectuée par un médecin inspecteur de santé publique *(Décr. nº 2010-344 du 31 mars 2010, art. 4)* « ou un inspecteur de l'agence régionale de santé ayant la qualité de médecin » et, lorsque les recherches impliquent l'emploi de médicaments ou de dispositifs médicaux stériles, un pharmacien inspecteur de santé publique *(Décr. nº 2010-344 du 31 mars 2010, art. 4)* « ou un inspecteur de l'agence régionale de santé ayant la qualité de pharmacien ». Le ministre de la défense est préalablement averti de leur visite lorsque *(Abrogé par Décr. nº 2016-1537 du 16 nov. 2016, art. 4-6º-a) « que »* la recherche est réalisée dans un lieu relevant de son autorité.

En tant que de besoin, ces inspecteurs vérifient que les conditions d'aménagement, d'équipements, *(Décr. nº 2016-1537 du 16 nov. 2016, art. 4-6º-b)* « d'hygiène, » de fonctionnement et d'entretien des lieux autorisés sont conformes aux dispositions du présent livre et des livres I et II de la cinquième partie du présent code.

Cette autorisation est délivrée pour une durée de *(Décr. nº 2016-1537 du 16 nov. 2016, art. 4-6º-c)* « sept » ans. *(Décr. nº 2016-1537 du 16 nov. 2016, art. 4-6º-c)* « Toutefois, lorsque des essais cliniques de première administration à l'homme d'un médicament doivent se dérouler dans ce lieu, cette autorisation est délivrée pour une durée de trois ans. Les agences régionales de santé rendent publiques les autorisations qu'elles délivrent sur leur site internet. »

Art. R. 1121-14 Toute modification relative aux éléments énumérés à l'article *(Décr. nº 2016-1537 du 16 nov. 2016, art. 4-7º)* « R. 1121-12 » nécessite la délivrance d'une nouvelle autorisation qui fait l'objet d'une demande *(Décr. nº 2016-1537 du 16 nov. 2016, art. 4-7º)* « complète » dans les formes prévues à l'article *(Décr. nº 2016-1537 du 16 nov. 2016, art. 4-7º)* « R. 1121-12 », accompagnée des justifications appropriées. *Le silence gardé par l'administration*, au-delà de deux mois à compter de la réception de la nouvelle demande, vaut autorisation, sauf suspension de ce délai par l'autorité administrative avant épuisement de ce délai.

Art. R. 1121-15 L'autorisation peut être retirée *(Décr. nº 2016-1537 du 16 nov. 2016, art. 4-8º-a)* « ou suspendue » par l'autorité qui l'a délivrée si les conditions d'aménagement, d'équipement, *(Décr. nº 2016-1537 du 16 nov. 2016, art. 4-8º-a)* « d'hygiène, » d'entretien ou de fonctionnement ne sont plus adaptées à la nature des recherches ou compatibles avec les impératifs de sécurité des personnes qui s'y prêtent, après que le titulaire de l'autorisation a été mis à même de présenter ses observations.

En cas d'urgence, l'autorité qui a délivré l'autorisation peut, sans formalité préalable, la suspendre et adresse dans ce cas au titulaire de l'autorisation une mise en demeure assortie d'un délai raisonnable par laquelle elle lui signifie les mesures correctives à prendre. Passé ce délai, l'autorisation est retirée si les mesures prescrites n'ont pas été prises.

(Décr. n° 2016-1537 du 16 nov. 2016, art. 4-8°-b) « La décision de retrait ou de suspension de l'autorisation est transmise pour information à l'Agence nationale de sécurité du médicament et des produits de santé et à la Commission nationale des recherches impliquant la personne humaine. »

SECTION V RÉPERTOIRE DES RECHERCHES IMPLIQUANT LA PERSONNE HUMAINE *(Décr. n° 2016-1537 du 16 nov. 2016, art. 5-1°).*

Art. R. 1121-17 *Abrogé par Décr. n° 2016-1537 du 16 nov. 2016, art. 5-2°.*

Art. R. 1121-18 *Abrogé par Décr. n° 2016-1537 du 16 nov. 2016, art. 5-2°.*

SECTION VI FICHIER NATIONAL DES PERSONNES QUI SE PRÊTENT À DES RECHERCHES IMPLIQUANT LA PERSONNE HUMAINE *(Décr. n° 2017-884 du 9 mai 2017, art. 6).*

Art. R. 1121-16 Le fichier national mentionné à l'article L. 1121-16 est géré par le ministre chargé de la santé et est alimenté par les investigateurs des recherches *(Décr. n° 2016-1537 du 16 nov. 2016, art. 6-2°-a)* « mentionnées au 1° de l'article L. 1121-1 ». Sa mise en œuvre et ses modalités sont déterminées dans les conditions définies par la loi n° 78-17 du 6 janvier 1978 relative à l'informatique, aux fichiers et aux libertés.

Lorsque le comité de protection des personnes demande, conformément au deuxième alinéa de l'article L. 1121-16, d'inscrire dans le fichier des personnes qui participent à une recherche *(Décr. n° 2016-1537 du 16 nov. 2016, art. 6-2°-b)* « mentionnée au 1° de l'article L. 1121-1 », il détermine pour ces personnes une interdiction de participer simultanément à une autre recherche ou une période d'exclusion.

CHAPITRE II CONSENTEMENT DE LA PERSONNE

Le présent chapitre ne comporte pas de dispositions réglementaires.

CHAPITRE III COMITÉ DE PROTECTION DES PERSONNES, COMMISSION NATIONALE DES RECHERCHES IMPLIQUANT LA PERSONNE HUMAINE ET AUTORITÉ COMPÉTENTE *(Décr. n° 2016-1537 du 16 nov. 2016, art. 7-I).*

(Décr. n° 2006-477 du 26 avr. 2006, art. 2)

SECTION PREMIÈRE COMITÉS DE PROTECTION DES PERSONNES

SOUS-SECTION 1 CONDITIONS D'AGRÉMENT

Art. R. 1123-1 *(Décr. n° 2010-344 du 31 mars 2010, art. 5)* L'agrément d'un comité est délivré par le ministre chargé de la santé sur proposition du directeur général de l'agence régionale de santé de la région concernée. La demande d'agrément mentionne l'adresse du siège social du comité et est accompagnée d'un budget prévisionnel et, pour les demandes de renouvellement, d'un rapport d'activité pour la période écoulée depuis le précédent agrément. Le contenu du budget prévisionnel et du rapport d'activité est fixé par arrêté du ministre chargé de la santé. Les demandes de renouvellement d'agrément sont adressées au plus tard trois mois avant l'expiration de l'agrément en cours.

L'agrément est délivré pour une durée de six ans. *(Abrogé par Décr. n° 2016-1537 du 16 nov. 2016, art. 7-II)* « *L'arrêté prononçant l'agrément détermine la compétence territoriale du comité. Le ministre peut toutefois, sans attendre le renouvellement, modifier la compétence territoriale d'un comité, sur proposition du directeur général de l'agence régionale de santé concernée.* »

Le renouvellement de l'agrément est prononcé dans les mêmes formes.

Art. R. 1123-2 Toute modification concernant les informations mentionnées à l'article R. 1123-1 est communiquée par le président du comité au *(Décr. n° 2010-344 du 31 mars 2010, art. 5)* « directeur général de l'agence régionale de santé ».

Art. R. 1123-3 Lorsque le ministre chargé de la santé envisage de retirer l'agrément d'un comité, il en informe le *(Décr. n° 2010-344 du 31 mars 2010, art. 5)* « directeur général de l'agence régionale de santé », qui le notifie au président du comité. Ce dernier dispose d'un délai de trente jours pour faire valoir ses observations.

Le retrait d'agrément est prononcé après avis du *(Décr. n° 2010-344 du 31 mars 2010, art. 5)* « directeur général de l'agence régionale de santé ».

SOUS-SECTION 2 COMPOSITION ET NOMINATION

Art. R. 1123-4 Les comités de protection des personnes comprennent quatorze membres titulaires répartis en deux collèges :

(Décr. n° 2016-1537 du 16 nov. 2016, art. 7-III-a) « I. — » Le premier collège est composé de :

1° Quatre personnes ayant une qualification et une expérience approfondie en matière de recherche *(Décr. n° 2016-1537 du 16 nov. 2016, art. 7-III-b)* « impliquant la personne humaine », dont au moins deux médecins et une personne qualifiée en raison de sa compétence en matière de biostatistique ou d'épidémiologie ;

2° Un médecin généraliste ;

3° Un pharmacien hospitalier ;

4° Un infirmier ;

(Décr. n° 2016-1537 du 16 nov. 2016, art. 7-III-c) « II. — » Le deuxième collège est composé de :

1° Une personne qualifiée en raison de sa compétence à l'égard des questions d'éthique ;

2° Un psychologue ;

3° Un travailleur social ;

4° Deux personnes qualifiées en raison de leur compétence en matière juridique ;

5° Deux représentants des associations agréées *(Décr. n° 2016-1537 du 16 nov. 2016, art. 7-III-d)* « conformément aux dispositions de l'article L. 1114-1 ».

(Décr. n° 2016-1537 du 16 nov. 2016, art. 7-III-e) « Chaque comité comporte parmi ses membres une personne qualifiée en matière de protection des données conformément à l'article L. 1123-7. »

Des membres suppléants en nombre égal au nombre de membres titulaires sont désignés pour chaque catégorie dans les mêmes conditions.

Art. R. 1123-5 Nul ne peut être membre, à titre de titulaire ou de suppléant, de plus d'un comité de protection des personnes.

(Décr. n° 2016-1537 du 16 nov. 2016, art. 7-IV) « Nul ne peut être membre d'un comité de protection des personnes, à titre de titulaire ou de suppléant s'il exerce des fonctions exécutives au sein d'un établissement promoteur de recherches. »

Art. R. 1123-6 Afin de procéder à la nomination des membres du comité par le *(Décr. n° 2010-344 du 31 mars 2010, art. 5)* « directeur général de l'agence régionale de santé », un appel à candidatures pour chacune des catégories mentionnées à l'article R. 1123-4 est diffusé par tout moyen approprié.

Art. R. 1123-7 Le mandat des membres des comités est de trois ans renouvelable et prend fin au terme de l'agrément du comité.

Art. R. 1123-8 En cas de vacance d'un siège survenant en cours de mandat, le remplacement intervient dans les mêmes conditions que la nomination pour la durée du mandat restant à courir.

Art. R. 1123-9 Au-delà de trois absences consécutives non justifiées d'un membre titulaire aux séances du comité, ce membre est réputé démissionnaire. Le *(Décr. nº 2010-344 du 31 mars 2010, art. 5)* « directeur général de l'agence régionale de santé » procède à son remplacement dans les conditions prévues à l'article R. 1123-8.

Art. R. 1123-10 Les membres titulaires élisent parmi eux le président du comité à la majorité absolue des présents. Si cette majorité n'a pu être atteinte à l'issue de deux tours de scrutin, le président est élu à la majorité relative. En cas de partage égal des voix entre les deux candidats les mieux placés, la présidence du comité est attribuée au doyen d'âge de ces deux candidats. Le vice-président est élu dans les mêmes conditions.

Pour ces élections, le quorum est fixé aux deux tiers des membres du comité.

Si le président fait partie du premier collège mentionné à l'article R. 1123-4, le vice-président est élu parmi les membres du deuxième collège et inversement.

La durée du mandat du président et du vice-président est de trois ans renouvelable une fois.

SOUS-SECTION 3 ORGANISATION ET FONCTIONNEMENT

Art. R. 1123-11 Pour être valables, les délibérations du comité requièrent la présence de sept membres au moins, dont au moins trois appartiennent au premier collège mentionné à l'article R. 1123-4 comprenant au moins une personne qualifiée en raison de sa compétence en matière de biostatistique ou d'épidémiologie *(Décr. nº 2016-1537 du 16 nov. 2016, art. 8-1º)* « y compris lorsqu'ils prennent part aux débats au moyen d'une conférence téléphonique ou audiovisuelle » et trois appartiennent au deuxième collège comprenant au moins un représentant des associations agréées *(Décr. nº 2016-1537 du 16 nov. 2016, art. 8-1º)* « conformément aux dispositions de l'article L. 1114-1 ».

Art. R. 1123-12 Le président ou, en son absence, le vice-président fixe l'ordre du jour des séances du comité.

Les séances du comité ne sont pas publiques. Le membre suppléant siège aux séances du comité en l'absence du membre titulaire.

Les avis sont rendus à la majorité simple des membres présents *(Décr. nº 2016-1537 du 16 nov. 2016, art. 8-2º-a)* « au sens de l'article R. 1123-11 », sur rapport d'un membre de chacun des collèges mentionnés à l'article R. 1123-4 désigné *(Décr. nº 2016-1537 du 16 nov. 2016, art. 8-2º-a)* « par le président et, le cas échéant[,] » d'un expert appelé à participer aux travaux du comité dans les conditions prévues dans l'article R. 1123-13 ou *(Décr. nº 2016-1537 du 16 nov. 2016, art. 8-2º-a)* « d'un » des spécialistes mentionnés à l'article R. 1123-14 *(Décr. nº 2016-1537 du 16 nov. 2016, art. 8-2º-a)* « ou R. 1125-19 ».

Le vote au scrutin secret est de droit sur demande d'un membre présent *(Décr. nº 2016-1537 du 16 nov. 2016, art. 8-2º-b)* « sauf lorsque les membres prennent part aux débats au moyen d'une conférence téléphonique ou audiovisuelle ».

En cas de vote avec partage égal des voix, le président de séance a voix prépondérante.

Si un membre du comité prend part à une délibération en violation des dispositions du dernier alinéa de l'article L. 1123-3, le président ne prend pas en compte son vote.

Art. R. 1123-13 Le comité peut associer à ses travaux un ou plusieurs experts, sans voix délibérative, dont la compétence particulière est exigée par la nature du projet de recherche.

(Décr. nº 2016-1537 du 16 nov. 2016, art. 8-3º-a) « Lorsque la recherche porte sur un produit de santé émettant des rayonnements ionisants ou met en œuvre des rayonnements ionisants, le comité fait appel à une personne qualifiée en matière de radioprotection si le comité ne comprend pas en son sein un tel spécialiste.

« Lorsqu'une recherche mentionnée au 1º de l'article L. 1121-1 porte sur la première administration à l'homme ou utilisation chez l'homme d'un produit de santé mentionné à l'article L. 5311-1, le comité fait appel à un expert en la matière si le comité ne comprend pas en son sein un tel spécialiste.

« L'avis des experts doit faire l'objet d'un rapport écrit. »

Les experts et les spécialistes mentionnés à l'article *[aux articles]* R. 1123-14 *(Décr. nº 2016-1537 du 16 nov. 2016, art. 8-3º-b)* « et R. 1125-19 » sont également tenus aux obligations de déclarations mentionnées *(Décr. n° 2012-745 du 9 mai 2012, art. 4-II)* « à l'article L. 1451-1 ». Ces déclarations sont également annexées au rapport d'activité mentionné à l'article R. 1123-19.

Art. R. 1123-14 Lorsque le projet de recherche porte sur des personnes mineures de moins de seize ans, le comité s'adjoint la compétence d'un pédiatre si le comité ne comprend pas en son sein un tel spécialiste. De même, lorsque le projet de recherche porte sur des personnes majeures hors d'état d'exprimer leur consentement, le comité s'adjoint une personne qualifiée au regard de la spécificité de la maladie et de la population concernées si le comité ne comprend pas en son sein un tel spécialiste.

Ces spécialistes participent aux séances du comité pour les besoins de la recherche considérée et prennent part aux délibérations relatives à cette recherche.

Art. R. 1123-15 Le comité adopte un règlement intérieur conforme à un document type défini par arrêté du ministre chargé de la santé. Ce règlement est transmis *(Décr. n° 2016-1537 du 16 nov. 2016, art. 8-4°)* « à la Commission nationale des recherches impliquant la personne humaine qui s'assure de cette conformité et le rend public ».

Art. R. 1123-16 Les dossiers, rapports, délibérations et avis sont conservés par le comité, dans des conditions assurant leur confidentialité, pendant une période de *(Décr. n° 2016-1537 du 16 nov. 2016, art. 8-5°)* « vingt-cinq » ans après la fin de la recherche ou son interruption anticipée.

Art. R. 1123-17 Chaque comité a son siège *(Abrogé par Décr. n° 2010-344 du 31 mars 2010, art. 5)* ***« soit au sein de la direction régionale des affaires sanitaires et sociales, soit dans une direction départementale des affaires sanitaires et sociales, soit »*** dans un *(Décr. n° 2016-1537 du 16 nov. 2016, art. 8-6°)* « établissement public » avec le représentant légal duquel le *(Décr. n° 2010-344 du 31 mars 2010, art. 5)* « directeur général de l'agence régionale de santé » *(Décr. n° 2016-1537 du 16 nov. 2016, art. 8-6°)* « et le comité de protection des personnes » *(Décr. n° 2017-884 du 9 mai 2017, art. 7)* « passent » convention aux fins de mettre à la disposition du comité les moyens en locaux, matériels et personnel *(Décr. n° 2016-1537 du 16 nov. 2016, art. 8-6°)* « assurant les fonctions de secrétariat » nécessaires pour assurer sa mission moyennant une rémunération forfaitaire.

Art. R. 1123-18 Les fonctions de membre d'un comité de protection des personnes sont exercées à titre gracieux.

Les membres du comité qui subissent une perte de revenu du fait de leur participation aux séances, les experts, les spécialistes et les rapporteurs bénéficient d'une indemnité *(Abrogé par Décr. n° 2016-1537 du 16 nov. 2016, art. 8-7°)* ***« compensatrice »*** dont le montant et les conditions sont fixés par arrêté des ministres chargés du budget et de la santé.

Les fonctions de membres, d'experts ou de spécialistes ouvrent droit aux indemnités pour frais de déplacement et de séjour dans les conditions prévues par la réglementation applicable aux fonctionnaires de l'État.

Art. R. 1123-19 *(Décr. n° 2013-45 du 14 janv. 2013, art. 1er)* I. — Par dérogation aux dispositions de l'article 3 du décret n° 2012-1246 du 7 novembre 2012 relatif à la gestion budgétaire et comptable publique, les comités de protection des personnes sont soumis au régime budgétaire, financier et comptable défini par les titres Ier et III de ce même décret, à l'exception des 1° et 2° de l'article 175, des articles 178 à 185, 204 à 208, de la dernière phrase de l'article 210 et des articles 215 à 228, sous réserve des articles R. 1123-19-1 à R. 1123-19-3 ci-après.

II. — Les membres du comité de protection des personnes, réunis dans les conditions prévues à l'article R. 1123-11, exercent les attributions de l'organe délibérant pour l'application des dispositions du décret du 7 novembre 2012 précité.

III. — Les comités de protection des personnes sont soumis aux dispositions du décret n° 55-733 du 26 mai 1955 relatif au contrôle économique et financier de l'État.

Art. R. 1123-19-1 *(Décr. n° 2013-45 du 14 janv. 2013, art. 1er)* I. — Les membres du comité, réunis dans les conditions prévues à l'article R. 1123-11, délibèrent sur proposition du président du comité sur :

1° Le budget initial, au plus tard le 1er novembre de l'année civile précédant celle pour laquelle il est établi ;

2° Le ou les budgets rectificatifs ;

3° Le compte financier ;

4° Le rapport d'activité.

Les délibérations du comité sont adoptées à la majorité simple des membres présents. Les conditions de vote et de partage des voix prévues à l'article R. 1123-12 sont applicables.

II. – Avant le 7 novembre de l'année civile précédant celle pour laquelle il est établi, chaque comité adresse au directeur général de l'agence régionale de santé le budget initial. Le directeur général de l'agence régionale de santé le transmet au ministre chargé de la santé et au ministre chargé du budget accompagné de son avis au plus tard le 30 novembre de la même année.

Par dérogation à l'article 176 du décret n° 2012-1246 du 7 novembre 2012 relatif à la gestion budgétaire et comptable publique, dans le cas où aucune décision expresse n'a été notifiée dans le délai d'un mois à compter du 1er décembre, le budget initial est réputé approuvé.

III. – Le ou les budgets rectificatifs sont adressés au directeur général de l'agence régionale de santé, qui communique ce ou ces documents au ministre chargé de la santé et au ministre chargé du budget. Le délai dont dispose le directeur général de l'agence régionale de santé pour adresser son avis au ministre chargé de la santé et au ministre chargé du budget est ramené à dix jours à compter de la réception du budget rectificatif.

Par dérogation à l'article 176 du décret du 7 novembre 2012 précité, dans le cas où aucune décision expresse n'a été notifiée dans le délai de vingt-cinq jours à compter de la réception de sa transmission au directeur général de l'agence régionale de santé, le ou les budgets rectificatifs sont réputés approuvés.

IV. – Le compte financier est adressé au ministre chargé de la santé et au ministre chargé du budget pour approbation. Il est adressé simultanément au directeur général de l'agence régionale de santé.

V. – Le rapport d'activité est joint au compte financier. Le contenu du rapport d'activité est défini par arrêté du ministre chargé de la santé *(Décr. n° 2016-1537 du 16 nov. 2016, art. 8-8°)* « et rendu public sur le site internet de l'agence régionale de santé ».

Art. R. 1123-19-2 *(Décr. n° 2013-45 du 14 janv. 2013, art. 1er)* Le président du comité de protection des personnes est ordonnateur des dépenses et des recettes.

Art. R. 1123-19-3 *(Décr. n° 2013-45 du 14 janv. 2013, art. 1er)* L'agent comptable du comité de protection des personnes est nommé par arrêté du ministre chargé du budget.

SOUS-SECTION 4 PROCÉDURE D'AVIS

Art. R. 1123-20 *(Décr. n° 2017-884 du 9 mai 2017, art. 8-1°)* « I. – » *(Décr. n° 2016-1537 du 16 nov. 2016, art. 9-1°-a)* « La demande d'avis sur un projet de recherche impliquant la personne humaine est adressée au secrétariat de la Commission nationale des recherches impliquant la personne humaine prévu à l'article D. 1123-34 par le promoteur, par tout moyen permettant de conférer à cette demande date certaine.

« La désignation du comité compétent est réalisée par le secrétariat de la Commission nationale des recherches impliquant la personne humaine dans les conditions prévues à l'article D. 1123-34. »

Le dossier de demande comprend :

1° Un dossier administratif ;

2° Un dossier sur la recherche *(Décr. n° 2016-1537 du 16 nov. 2016, art. 9-1°-b)* « impliquant la personne humaine » comportant notamment le protocole constitué par un document daté, intégrant, le cas échéant, les modifications successives et décrivant le ou les objectifs, la conception, la méthode, les aspects statistiques et l'organisation de la recherche *(Décr. n° 2016-1537 du 16 nov. 2016, art. 9-1°-b)* « ainsi que, le cas échéant, » *(Décr. n° 2017-884 du 9 mai 2017, art. 8-2°)* « une » brochure pour l'investigateur.

Le contenu et les modalités de présentation *(Décr. n° 2016-1537 du 16 nov. 2016, art. 9-1°-c)* « du dossier de demande d'avis » sont précisés par arrêté du ministre chargé de la santé, pris sur proposition du directeur général de l'*(Décr. n° 2012-597 du 27 avr. 2012, art. 5-I-1°)* « Agence nationale de sécurité du médicament et des produits de santé » pour les recherches relevant de sa compétence.

(Décr. n° 2017-884 du 9 mai 2017, art. 8-3°) « II. — Pour les recherches mentionnées au 3° de l'article L. 1121-1 pour lesquelles l'intervention sur la personne humaine ne donne lieu qu'à des questionnaires ou des entretiens, le dossier de demande comprend, signés du promoteur :

« 1° Un document attestant que la recherche est conçue et réalisée conformément aux dispositions législatives et réglementaires du présent titre ;

« 2° Une déclaration de conformité des questionnaires et entretiens à une méthodologie de référence homologuée par la commission nationale de l'informatique et des libertés conformément à l'article 11 de la loi n° 78-17 du 6 janvier 1978 modifiée relative à l'informatique, aux fichiers et aux libertés ;

« 3° Un résumé du protocole établi selon un format défini par arrêté du ministre chargé de la santé. »

Art. R. 1123-21 Outre les demandes d'avis sur les projets initiaux de recherches *(Décr. n° 2016-1537 du 16 nov. 2016, art. 9-2°-a et b)* « impliquant la personne humaine, le comité se prononce :

« 1° Sur » Les projets de modifications substantielles ;

(Décr. n° 2016-1537 du 16 nov. 2016, art. 9-2°-c) « 2° En application du deuxième alinéa de l'article L. 1211-2 ;

« 3° En application du deuxième alinéa de l'article L. 1131-1-1 ;*[.]* »

Art. R. 1123-22 *(Décr. n° 2007-1220 du 10 août 2007, art. 5)* *(Abrogé par Décr. n° 2016-1537 du 16 nov. 2016, art. 9-5°)* « *Le dossier faisant l'objet des demandes d'avis mentionnées au 3° de l'article R. 1123-21 est défini selon les modalités prévues aux articles R. 1243-51 et R. 1243-63.* »

En cas d'utilisation d'éléments et de produits du corps humain à des fins scientifiques relevant d'un changement de finalité par rapport au consentement initialement donné, le comité, le cas échéant, vérifie que le promoteur s'est assuré de l'absence d'opposition des personnes, conformément à l'article L. 1211-2.

Art. R. 1123-23 *(Décr. n° 2016-1537 du 16 nov. 2016, art. 9-6°)* I. — Le comité saisi des demandes d'avis se prononce dans un délai de quarante-cinq jours. *(Décr. n° 2017-884 du 9 mai 2017, art. 9-1° et 2°)* « Le silence gardé par le comité au terme de ce délai vaut rejet de la demande.

« Ce délai court à compter de la date de notification au demandeur par la commission nationale des recherches impliquant la personne humaine de la réception du dossier complet. Cette notification intervient dans un délai de dix jours à compter de la réception du dossier. » Si le dossier n'est pas complet, le comité notifie dans ce délai au promoteur une liste des documents manquants et lui fixe un délai pour les transmettre. En l'absence de réponse dans ce délai le demandeur est réputé avoir renoncé à sa demande.

Le comité peut, une fois qu'il dispose du dossier complet, formuler une seule demande d'informations complémentaires qu'il estime nécessaires à l'examen du dossier. Il peut également demander de manière itérative une modification du projet portant sur ces points.

Lorsqu'elles concernent des recherches mentionnées au 1° de l'article L. 1121-1, ces demandes sont transmises par le promoteur à l'autorité compétente, pour information, dès qu'il a connaissance de ces demandes. Dans ces hypothèses, le délai de réponse imparti au comité mentionné au premier alinéa ci-dessus est porté à soixante jours. Ce délai est suspendu par la demande d'informations complémentaires ou la demande *de modifications* formulée par le comité de protection des personnes jusqu'à réception des éléments demandés.

II. — Les demandes d'avis sur les recherches mentionnées au 2° ou au 3° de l'article L. 1121-1 et les demandes de modifications substantielles des recherches impliquant la personne humaine font l'objet d'une procédure allégée d'évaluation par le comité de protection des personnes.

Dans ce cas, les demandes sont examinées par un comité restreint composé de deux représentants de chacun des collèges mentionnés à l'article R. 1123-4 dont au moins une personne qualifiée en raison de sa compétence en matière de biostatistique ou d'épidémiologie et du président ou, à défaut, du vice-président.

Ce comité se réunit y compris au moyen d'une conférence téléphonique ou audiovisuelle et rend son avis sur rapport d'un des membres désignés par le président à la majorité simple des membres dans un délai de quarante-cinq jours.

Ce comité peut renvoyer en séance plénière un dossier en raison notamment de sa complexité ou si le comité envisage de rendre un avis défavorable.

III. — Sur la demande du comité de protection des personnes y compris lorsqu'il se réunit dans les conditions fixées au II, le promoteur ou son représentant mandaté à cet effet, éventuellement accompagné de l'investigateur ou, le cas échéant, de l'investigateur coordonnateur, peut être entendu par le comité. Dans ce cas, le comité, par décision du président, soit l'entend en comité plénier ou en comité restreint, soit le fait entendre par le rapporteur désigné. Cette audition peut être réalisée au moyen d'une conférence téléphonique ou audiovisuelle et la convocation à cette audition doit être notifiée au moins sept jours avant la date prévue.

IV. — Le comité de protection des personnes transmet pour information à la Commission nationale des recherches impliquant la personne humaine et à l'Agence nationale de sécurité du médicament et des produits de santé les avis défavorables qu'il rend.

Art. R. 1123-24 L'avis du comité comporte :

1° L'identification et l'intitulé de la recherche ;

2° Le nom de l'investigateur ou, le cas échéant, de l'investigateur coordonnateur ;

3° Le nom du promoteur ;

4° L'identification datée des documents sur lesquels le comité s'est prononcé, et notamment le protocole, le document d'information mentionné à l'article L. 1122-1 et, le cas échéant, la brochure pour l'investigateur ;

5° Le cas échéant, l'identification des modifications intervenues en cours d'instruction du dossier ou après le commencement de la recherche ;

6° Le lieu où se déroule la recherche, lorsqu'il est soumis à autorisation ;

7° La date de la séance durant laquelle l'avis a été rendu et le nom des personnes ayant délibéré sur le projet, la catégorie à laquelle ils appartiennent, leur qualité de titulaire ou de suppléant *(Décr. n° 2016-1537 du 16 nov. 2016, art. 9-7°)* « , leur qualité d'expert ou de spécialiste » ;

8° Sa motivation.

Le comité de protection des personnes communique, pour information, tout avis à l'autorité compétente.

Art. R. 1123-25 Dans le délai *(Décr. n° 2016-1537 du 16 nov. 2016, art. 9-10°-a)* « d'un mois » suivant la notification de l'avis défavorable du comité, le promoteur peut saisir le *(Décr. n° 2016-1537 du 16 nov. 2016, art. 9-10°-a)* « secrétariat de la Commission nationale des recherches impliquant la personne humaine mentionné à l'article D. 1123-34 » d'une demande de réexamen de son projet par un autre comité. *Il en informe* l'autorité compétente. Cette demande dont la forme et le contenu sont déterminés par l'article R. 1123-20 est accompagnée de l'avis défavorable du comité. Une telle demande ne peut être faite qu'une seule fois. Le nouveau comité, désigné *(Abrogé par Décr. n° 2016-1537 du 16 nov. 2016, art. 9-10°-b)* ***« par le ministre chargé de la santé »***, instruit la demande dans les conditions prévues par l'article *(Décr. n° 2016-1537 du 16 nov. 2016, art. 9-10°-b)* « R. 1123-23 ».

Art. R. 1123-26 Si, dans le délai *(Décr. n° 2016-1537 du 16 nov. 2016, art. 9-11°)* « de deux ans » suivant l'avis du comité de protection des personnes, la *(Décr. n° 2017-884 du 9 mai 2017, art. 10)* « recherche impliquant la personne humaine » n'a pas débuté, cet avis devient caduc. Toutefois, sur justification produite avant l'expiration dudit délai, celui-ci peut être prorogé par le comité concerné.

SECTION II COMMISSION NATIONALE DES RECHERCHES IMPLIQUANT LA PERSONNE HUMAINE

(Décr. nº 2016-1537 du 16 nov. 2016, art. 11)

SOUS-SECTION 1 MISSIONS

Art. D. 1123-27 La Commission nationale des recherches impliquant la personne humaine exerce les missions prévues à l'article L. 1123-1-1 et, à ce titre, elle :

1° Assure la coordination et l'harmonisation du fonctionnement des comités de protection des personnes, notamment au moyen des recommandations qu'elle élabore ;

2° Réunit les comités de protection des personnes au moins une fois par an ;

3° Transmet aux comités de protection des personnes les demandes d'avis du ministre sur tout projet d'organisation susceptible d'impacter leur fonctionnement ;

4° Donne son avis sur toute question relative à l'interprétation des textes relevant de la compétence exclusive des comités de protection des personnes ;

5° Élabore une synthèse des rapports annuels d'activité des comités de protection des personnes ;

6° Diffuse à l'ensemble des comités de protection des personnes pour information les avis défavorables et les analyse en vue d'élaborer des recommandations ;

7° Élabore le référentiel d'évaluation des comités de protection des personnes et organise leur évaluation ;

8° Élabore un programme de formation des membres des comités de protection des personnes.

SOUS-SECTION 2 COMPOSITION ET NOMINATION DES MEMBRES

Art. D. 1123-28 La Commission nationale des recherches impliquant la personne humaine comprend vingt-deux membres nommés par arrêté du ministre chargé de la santé, parmi lesquels :

1° Huit personnes désignées parmi les membres des comités de protection des personnes après appel à candidature ;

2° Quatorze personnes qualifiées en matière de recherche impliquant la personne humaine dont :

a) Deux représentants du ministère chargé de la santé ;

b) Un représentant du ministère chargé de la recherche ;

c) Un représentant de l'Agence nationale de sécurité du médicament et des produits de santé ;

d) Un représentant du comité d'expertise pour les recherches, les études et les évaluations dans le domaine de la santé ;

e) Deux représentants des associations agréées conformément aux dispositions de l'article L. 1114-1.

Le président et le vice-président de la Commission nationale des recherches impliquant la personne humaine sont désignés par arrêté du ministre chargé de la santé parmi les personnes mentionnées au 2°.

Art. D. 1123-29 Le mandat des membres de la commission, y compris celui du président, est de trois ans renouvelable une fois.

Art. D. 1123-30 En cas de vacance d'un siège survenant en cours de mandat, le remplacement intervient dans les mêmes conditions que la nomination pour la durée restant à courir du mandat.

Art. D. 1123-31 Au-delà de trois absences consécutives non justifiées d'un membre aux séances de la commission, ce membre est réputé démissionnaire.

SOUS-SECTION 3 *ORGANISATION ET FONCTIONNEMENT*

Art. D. 1123-32 La commission se réunit au moins deux fois par an sur convocation de son président ou à la demande du ministre chargé de la santé.

Art. D. 1123-33 Le secrétariat de la commission est assuré par la direction générale de la santé.

Art. D. 1123-34 Le secrétariat de la commission a pour mission, sous l'autorité du président, de procéder par tirage au sort à la désignation du comité de protection des personnes compétent pour se prononcer sur chaque demande d'avis prévue à l'article L. 1123-6, à l'article R. 1123-25 ou aux 2° ou 3° de l'article R. 1123-21.

Il assure :

1° Les échanges entre les promoteurs et les comités de protection des personnes. A ce titre, il reçoit les dossiers des promoteurs, il informe les promoteurs des demandes de documents complémentaires, des questions et des délais fixés pour y répondre par le comité de protection des personnes, il informe les comités de protection des personnes des retraits et des suspensions des autorisations de lieux de recherche et il délivre au comité de protection des personnes l'information prévue à l'article R. 1123-41 ;

2° Les échanges entre les comités de protection des personnes et l'Agence nationale de sécurité du médicament et des produits de santé. Il informe notamment l'Agence des avis rendus par les comités de protection des personnes ;

3° Les échanges entre la commission et le secrétariat unique mentionné à l'article 54 de la loi n° 78-17 du 6 janvier 1978 relative à l'informatique, aux fichiers et aux libertés.

A ces fins, il met en œuvre un système d'information disposant d'un espace de stockage sécurisé dont les modalités de fonctionnement sont définies par arrêté du ministre chargé de la santé.

Sur les dispositions relatives au système d'information mentionné à l'art. D. 1123-34, V. Décr. n° 2016-1537 du 16 nov. 2016, art. 24.

Art. D. 1123-35 Les fonctions des membres sont exercées à titre gracieux et ouvrent droit aux indemnités pour frais de déplacement et de séjour dans les conditions prévues par la réglementation applicable aux fonctionnaires de l'État.

Art. D. 1123-36 Le président fixe l'ordre du jour des séances. Il en informe le directeur général de la santé qui peut demander l'ajout de questions nouvelles.

Les avis sont rendus à la majorité simple des membres présents et, en cas de vote avec partage égal des voix, le président de séance a voix prépondérante. Les dispositions de l'article R. 133-10 du code des relations entre le public et l'administration sont applicables à la commission.

SECTION III **AUTORITÉ COMPÉTENTE** *(Décr. n° 2016-1537 du 16 nov. 2016, art. 10-2°).*

Art. R. 1123-37 *(Décr. n° 2016-1537 du 16 nov. 2016, art. 12-1°)* **Le contenu, le format et les modalités de présentation du dossier de demande d'autorisation sont définis par décision du directeur général de l'Agence nationale de sécurité du médicament et des produits de santé.**

Art. R. 1123-38 **L'autorité compétente notifie au promoteur la date de réception du dossier ainsi que la date à laquelle, à défaut d'une autorisation expresse, la recherche est réputée autorisée.**

Si le dossier n'est pas complet, elle notifie au promoteur une liste des documents manquants et lui fixe un délai pour les transmettre *(Décr. n° 2016-1537 du 16 nov. 2016, art. 12-2°-a)* **« au-delà duquel le promoteur est réputé avoir renoncé à sa demande ».**

(Décr. n° 2016-1537 du 16 nov. 2016, art. 12-2°-b) **« A l'exception des recherches mentionnées à l'article R. 1125-7 devant faire l'objet d'une autorisation expresse, » le délai d'instruction de la demande d'autorisation ne peut excéder soixante jours à compter de la réception du dossier complet.** *(Abrogé par Décr. n° 2016-1537 du 16 nov. 2016, art. 12-2°-b)* ***« Ce délai peut être réduit pour certaines catégories de recherches ne nécessitant pas une expertise complexe et définies par arrêté du ministre chargé de la santé, pris sur proposition du directeur général de l'****(Décr. n° 2012-597 du 27 avr. 2012, art. 5-I-1°)* ***« Agence nationale de sécurité du médicament et des produits de santé » pour les produits relevant de sa compétence. »*** **Le silence gardé par l'autorité compétente au terme de ce délai vaut autorisation.**

L'autorité compétente peut, à tout moment, demander au promoteur toute information complémentaire qu'elle estime nécessaire pour se prononcer sur sa demande ou

notifier au promoteur ses objections motivées à la mise en œuvre de la recherche et en informe le comité de protection des personnes concerné. L'autorité compétente fixe un délai au promoteur pour lui adresser son projet modifié ou les informations complémentaires demandées. Ce délai ne suspend pas le délai dont dispose l'autorité compétente pour se prononcer sur sa demande. Le promoteur qui ne produit pas les éléments demandés dans les délais impartis est réputé avoir renoncé à sa demande.

Si le promoteur est le ministre de la défense, la demande d'autorisation est adressée par l'intermédiaire du haut fonctionnaire de défense auprès du ministre chargé de la santé.

La décision de l'autorité compétente est transmise pour information par le promoteur au comité de protection des personnes concerné.

Art. R. 1123-39 Si, dans le délai *(Décr. n° 2016-1537 du 16 nov. 2016, art. 12-3°)* « de deux ans » suivant l'autorisation de la recherche *(Décr. n° 2016-1537 du 16 nov. 2016, art. 12-3°)* « impliquant la personne humaine », celle-ci n'a pas débuté, cette autorisation devient caduque. Toutefois, sur justification produite avant l'expiration dudit délai, celui-ci peut être prorogé par décision de l'autorité compétente.

Art. R. 1123-40 Le promoteur informe sans délai l'autorité compétente et le comité de protection des personnes de la date effective de commencement de la recherche, correspondant à la date de la signature du consentement par la première personne qui se prête à la recherche en France.

Art. R. 1123-41 *(Décr. n° 2016-1537 du 16 nov. 2016, art. 12-4°)* Le promoteur informe sans délai la Commission nationale des recherches impliquant la personne humaine et l'Agence nationale de sécurité du médicament et des produits de santé des situations dans lesquelles il a mis fin à la participation d'un investigateur ou de toute autre personne impliquée dans la recherche en raison d'une déviation grave ou délibérément répétée par rapport au protocole, ou d'une méconnaissance grave des dispositions législatives et réglementaires en vigueur ou des bonnes pratiques prévues à l'article L. 1121-3 et susceptibles de porter atteinte à la sécurité des personnes qui se prêtent à cette recherche ou à la fiabilité des données de cette recherche.

SECTION IV **MODIFICATIONS SUBSTANTIELLES DE LA RECHERCHE** *(Décr. n° 2016-1537 du 16 nov. 2016, art. 10-2°).*

Art. R. 1123-42 Les modifications substantielles mentionnées à l'article L. 1123-9 sont celles qui *(Décr. n° 2016-1537 du 16 nov. 2016, art. 13-1°-a)* « interviennent après l'autorisation de la recherche par l'autorité compétente et l'avis favorable du comité de protection des personnes et » ont un impact significatif sur tout aspect de la recherche, notamment sur la protection des personnes, y compris à l'égard de leur sécurité, sur les conditions de validité de la recherche, le cas échéant sur la qualité et la sécurité des produits expérimentés, sur l'interprétation des documents scientifiques qui viennent appuyer le déroulement de la recherche ou sur les modalités de conduite de celle-ci.

L'autorité compétente et le comité de protection des personnes *(Décr. n° 2016-1537 du 16 nov. 2016, art. 13-1°-b)* « ayant rendu un avis sur le projet de recherche initial » se prononcent sur les modifications substantielles apportées par rapport aux éléments du dossier qui leur ont été initialement soumis.

(Décr. n° 2016-1537 du 16 nov. 2016, art. 13-1°-c) « Le promoteur informe le comité de protection des personnes et, le cas échéant, l'autorité compétente des modifications non substantielles apportées par rapport aux éléments du dossier qui leur ont été initialement soumis. »

Les demandes prévues à l'article L. 1123-9 sont accompagnées des justifications appropriées dont le contenu et les modalités de présentation sont fixés par arrêté du ministre chargé de la santé, pris sur proposition du directeur général de l'*(Décr. n° 2012-597 du 27 avr. 2012, art. 5-I-1°)* « Agence nationale de sécurité du médicament et des produits de santé » *(Décr. n° 2016-1537 du 16 nov. 2016, art. 13-1°-d)* « pour les recherches mentionnées au 1° de l'article L. 1121-1 ». Le promoteur informe l'autorité compétente et le comité des modifications substantielles apportées aux éléments du dossier qui ne leur ont pas été préalablement soumis.

Art. R. 1123-43 *(Décr. n° 2016-1537 du 16 nov. 2016, art. 13-2°)* Le comité rend son avis dans les conditions prévues à l'article R. 1123-23.

Si l'avis du comité est défavorable, le promoteur ne peut mettre en œuvre la modification de la recherche.

Art. R. 1123-44 A l'exception de recherches devant faire l'objet d'une autorisation expresse, le silence gardé par l'autorité compétente sur une demande de modification substantielle du promoteur vaut autorisation à l'expiration d'un délai de trente-cinq jours à compter de la réception de l'ensemble des informations requises concernant cette demande. Elle peut notifier sa décision au promoteur avant l'expiration du délai précité. *(Décr. n° 2016-1537 du 16 nov. 2016, art. 13-3°-a)* « Ce délai peut être prolongé pour une durée maximale de dix jours si l'autorité compétente estime que des informations complémentaires sont nécessaires pour lui permettre de se prononcer sur la demande. Dans ce cas, elle informe le promoteur de la durée et des motifs de la prolongation. » Si l'autorité compétente estime que la demande de modification ne peut être acceptée, elle en informe le promoteur *(Abrogé par Décr. n° 2016-1537 du 16 nov. 2016, art. 13-3°-b) « dans un délai de quinze jours à compter de la date de réception de la demande »* et lui fixe un délai pour présenter ses observations. Ce délai ne suspend pas le délai dont dispose l'autorité compétente pour se prononcer sur sa demande. Sans réponse dans les délais impartis, le promoteur est réputé avoir renoncé à sa demande.

(Décr. n° 2016-1537 du 16 nov. 2016, art. 13-3°-c) « L'autorité compétente transmet pour information sa décision au comité de protection des personnes. »

SECTION V VIGILANCE ET MESURES URGENTES DE SÉCURITÉ *(Décr. n° 2016-1537 du 16 nov. 2016, art. 10-2°).*

SOUS-SECTION 1 VIGILANCE

Art. R. 1123-45 *(Décr. n° 2016-1537 du 16 nov. 2016, art. 14-1°)* Les dispositions de la présente section sont applicables sans préjudice des dispositions des articles R. 1221-22 à R. 1221-52 relatives à l'hémovigilance.

Art. R. 1123-46 Pour l'application de la présente section, on entend par :

1° Événement indésirable, toute manifestation nocive survenant chez une personne qui se prête à une recherche *(Décr. n° 2016-1537 du 16 nov. 2016, art. 14-2°-a)* « impliquant la personne humaine » que cette manifestation soit liée ou non à la recherche ou au produit sur lequel porte cette recherche ;

(Décr. n° 2016-1537 du 16 nov. 2016, art. 14-2°-b) « 2° Effet indésirable, événement indésirable survenant chez une personne qui se prête à une recherche impliquant la personne humaine, lorsque cet événement est lié à la recherche ou au produit sur lequel porte cette recherche ; »

3° Effet indésirable d'un médicament expérimental, toute réaction nocive et non désirée à un médicament expérimental quelle que soit la dose administrée. Cette définition est également applicable aux préparations de thérapie cellulaire définies à l'article L. 1243-1 ;

4° Effet indésirable d'un dispositif médical ou d'un dispositif médical de diagnostic *in vitro*, toute réaction nocive et non désirée à un dispositif médical ou tout incident qui aurait pu entraîner cette réaction si une action appropriée n'avait pas été effectuée, chez une personne qui se prête à la recherche ou chez l'utilisateur du dispositif médical ou tout effet lié à une défaillance ou une altération d'un dispositif médical de diagnostic *in vitro* et néfaste pour la santé d'une personne qui se prête à la recherche ;

5° Effet indésirable d'un produit cosmétique, ou d'un produit de tatouage, toute réaction nocive et non désirée se produisant avec le produit cosmétique testé ou le produit de tatouage testé ;

(Décr. n° 2016-1537 du 16 nov. 2016, art. 14-2°-d) « 6° Effet indésirable grave d'un produit cosmétique ou d'un produit de tatouage : tout effet indésirable entraînant une incapacité fonctionnelle temporaire ou permanente, un handicap, une hospitalisation, des anomalies congénitales, un risque vital immédiat ou un décès ; »

(Décr. n° 2016-1537 du 16 nov. 2016, art. 14-2°-c) « 7° » Événement ou effet indésirable grave, tout événement ou effet indésirable qui entraîne la mort, met en danger

la vie de la personne qui se prête à la recherche, nécessite une hospitalisation ou la prolongation de l'hospitalisation, provoque une incapacité ou un handicap importants ou durables, ou bien se traduit par une anomalie ou une malformation congénitale, et s'agissant du médicament, quelle que soit la dose administrée. Cette définition ne s'applique pas aux produits mentionnés à l'article R. 1211-29 et aux produits sanguins labiles ;

(Décr. n° 2016-1537 du 16 nov. 2016, art. 14-2°-c et e) « 8° Pour les recherches portant sur un médicament, effet indésirable inattendu : tout effet indésirable du produit dont la nature, la sévérité, la fréquence ou l'évolution ne concordent*[concorde]* pas avec les informations de référence sur la sécurité mentionnées dans le résumé des caractéristiques du produit ou dans la brochure pour l'investigateur lorsque le produit n'est pas autorisé ;

(Décr. n° 2016-1537 du 16 nov. 2016, art. 14-2°-c) « 9° » Pour les autres recherches *(Décr. n° 2016-1537 du 16 nov. 2016, art. 14-2°-f)* « impliquant la personne humaine », effet indésirable inattendu : tout effet indésirable dont la nature, la sévérité ou l'évolution ne concorde pas avec les informations relatives aux produits, actes pratiqués et méthodes utilisées au cours de la recherche.

(Décr. n° 2016-1537 du 16 nov. 2016, art. 14-2°-g) « 10° Pour les recherches portant sur les produits mentionnés au I de l'article R. 1211-29 à l'exception des préparations de thérapie cellulaire, les définitions mentionnées à l'article R. 1211-31 sont applicables ;

« 11° Pour les recherches impliquant la personne humaine portant sur les produits sanguins labiles, les définitions mentionnées à l'article R. 1221-23 sont applicables ;

« 12° Pour les recherches impliquant la personne humaine, fait nouveau : toute nouvelle donnée pouvant conduire à une réévaluation du rapport des bénéfices et des risques de la recherche ou du produit objet de la recherche, à des modifications dans l'utilisation de ce produit, dans la conduite de la recherche, ou des documents relatifs à la recherche, ou à suspendre ou interrompre ou modifier le protocole de la recherche ou des recherches similaires. Pour les essais portant sur la première administration ou utilisation d'un produit de santé chez des personnes qui ne présentent aucune affection : tout effet indésirable grave. »

Art. R. 1123-47 L'autorité compétente définie à l'article L. 1123-12 met en œuvre le système de vigilance relatif aux recherches *(Décr. n° 2016-1537 du 16 nov. 2016, art. 14-3°)* « impliquant la personne humaine ». Elle prend, le cas échéant, les mesures appropriées pour assurer la sécurité des personnes qui se prêtent à des recherches *(Décr. n° 2016-1537 du 16 nov. 2016, art. 14-3°)* « impliquant la personne humaine ».

Art. R. 1123-48 Pour les recherches *(Abrogé par Décr. n° 2016-1537 du 16 nov. 2016, art. 14-4°)* « ***biomédicales*** » portant sur le médicament, le directeur général de l'*(Décr. n° 2012-597 du 27 avr. 2012, art. 5-I-1°)* « Agence nationale de sécurité du médicament et des produits de santé » s'assure que toutes les suspicions d'effet indésirable grave inattendu survenues en France et portées à sa connaissance sont enregistrées et introduites dans la base européenne de données mise en place par l'Agence européenne des médicaments.

Art. R. 1123-49 *(Décr. n° 2016-1537 du 16 nov. 2016, art. 14-5°)* L'investigateur notifie au promoteur sans délai à compter du jour où il en a connaissance tous les événements indésirables graves ainsi que tous les effets indésirables et les incidents graves survenus au cours d'une recherche mentionnée au 1° de l'article L. 1121-1, à l'exception de ceux qui sont recensés dans le protocole ou dans la brochure pour l'investigateur comme ne nécessitant pas une notification sans délai. L'investigateur notifie ces événements dans un délai approprié en tenant compte des spécificités de la recherche et de l'événement indésirable grave ainsi que d'éventuelles indications figurant dans le protocole ou la brochure pour l'investigateur. Cette notification fait l'objet d'un rapport écrit et est suivie de rapports complémentaires écrits détaillés.

(Abrogé par Décr. n° 2017-884 du 9 mai 2017, art. 11-1°) « ***L'investigateur notifie au promoteur sans délai à compter du jour où il en a connaissance tous les événements indésirables graves, survenus au cours d'une recherche mentionnée au 2° de l'article L. 1121-1, à l'exception de ceux qui sont recensés dans le protocole et, le cas échéant, dans la brochure pour l'investigateur comme ne nécessitant pas de notification.*** »

(Décr. n° 2017-884 du 9 mai 2017, art. 11-2°) « Pour les recherches mentionnées au 1° de l'article L. 1121-1 », l'investigateur notifie au promoteur les événements indésirables et les résultats d'examens de biologie médicale anormaux définis dans le protocole comme déterminants pour l'évaluation de la sécurité des personnes qui se prêtent à la recherche *(Abrogé par Décr. n° 2017-884 du 9 mai 2017, art. 11-2°)* ***« impliquant la personne humaine »***, conformément aux exigences de notification définies dans le protocole et dans les délais spécifiés par celui-ci.

Dans les notifications comme dans les rapports ultérieurs, les personnes qui se prêtent à la recherche sont identifiées par un numéro de code.

L'investigateur communique au promoteur des informations complémentaires concernant les événements indésirables graves.

Art. R. 1123-50 *(Décr. n° 2016-1537 du 16 nov. 2016, art. 14-5°)* *(Décr. n° 2017-884 du 9 mai 2017, art. 11-3°)* « Pour les recherches mentionnées au 1° de l'article L. 1121-1 » portant sur les produits mentionnés au I de l'article R. 1211-29 à l'exception des préparations de thérapie cellulaire, l'investigateur qui a connaissance de la survenue d'un incident ou d'un effet indésirable lié au produit chez une personne se prêtant à la recherche le signale sans délai au promoteur.

(Décr. n° 2017-884 du 9 mai 2017, art. 11-3°) « Pour les recherches mentionnées au 1° de l'article L. 1121-1 » portant sur un produit sanguin labile, l'investigateur qui constate ou qui a connaissance d'un incident grave ou d'un effet indésirable le signale sans délai au promoteur.

Art. R. 1123-51 Le promoteur tient des registres détaillés de tous les événements indésirables qui lui sont notifiés par le ou les investigateurs. Ces registres sont transmis à l'autorité compétente mentionnée à l'article L. 1123-12, à sa demande.

(Abrogé par Décr. n° 2016-1537 du 16 nov. 2016, art. 14-6°) ***« Le promoteur adresse à l'autorité compétente une copie de la déclaration semestrielle mentionnée à l'article R. 1123-43. »***

Art. R. 1123-52 Pour toutes les recherches *(Décr. n° 2016-1537 du 16 nov. 2016, art. 14-7°)* « impliquant la personne humaine », le promoteur transmet aux investigateurs concernés toute information susceptible d'affecter la sécurité des personnes.

Art. R. 1123-53 *(Décr. n° 2016-1537 du 16 nov. 2016, art. 14-8°)* *(Décr. n° 2017-884 du 9 mai 2017, art. 11-3°)* « Pour les recherches mentionnées au 1° de l'article L. 1121-1 » autres que celles mentionnées aux articles R. 1123-54 à R. 1123-58, le promoteur déclare à l'autorité compétente toute suspicion d'effet indésirable grave inattendu survenue en France et en dehors du territoire national et, dans les délais suivants :

1° Dans le cas d'effet indésirable grave inattendu ayant entraîné la mort ou mis la vie en danger, sans délai à compter du jour où le promoteur en a eu connaissance ;

2° Dans le cas des autres effets indésirables graves inattendus, au plus tard dans un délai de quinze jours à compter du jour où le promoteur en a eu connaissance.

Le promoteur déclare sous forme d'un rapport de suivi à l'Agence nationale de sécurité du médicament et des produits de santé les informations complémentaires pertinentes concernant les effets indésirables graves inattendus. Dans le cas de suspicion d'effet indésirable grave inattendu ayant entraîné la mort ou mis la vie en danger, ces *informations* complémentaires sont notifiées dans un délai de huit jours à compter de la déclaration mentionnée au 1°. Dans les autres cas de suspicion d'effet indésirable grave inattendu *(Décr. n° 2017-884 du 9 mai 2017, art. 11-4°)* « et en cas de fait nouveau mentionné à l'article L. 1123-10 », les informations complémentaires pertinentes sont transmises dans un nouveau délai de huit jours à compter du délai mentionné au 2°.

Art. R. 1123-54 *(Décr. n° 2017-884 du 9 mai 2017, art. 11-3°)* « Pour les recherches mentionnées au 1° de l'article L. 1121-1 » portant sur le médicament et sur les préparations de thérapie cellulaire définies à l'article L. 1243-1, le promoteur déclare à l'*(Décr. n° 2012-597 du 27 avr. 2012, art. 5-I-1°)* « Agence nationale de sécurité du médicament et des produits de santé » les suspicions d'effets indésirables graves inattendus survenues en France et en dehors du territoire national *(Abrogé par Décr.*

n° 2016-1537 du 16 nov. 2016, art. 14-9°-a) ***« et au comité de protection des personnes concerné celles survenues en France au cours de la recherche »*** dans les délais suivants :

1° Dans le cas d'effet indésirable grave inattendu ayant entraîné la mort ou mis la vie en danger, sans délai *(Abrogé par Décr. n° 2016-1537 du 16 nov. 2016, art. 14-9°-b)* ***« et au plus tard dans un délai de sept jours »*** à compter du jour où le promoteur en a eu connaissance ;

2° Dans le cas des autres effets indésirables graves inattendus, au plus tard dans un délai de quinze jours à compter du jour où le promoteur en a eu connaissance.

(Décr. n° 2016-1537 du 16 nov. 2016, art. 14-9°-c) « Pour les recherches portant sur des personnes qui ne présentent aucune affection et se prêtent volontairement à des recherches impliquant la personne humaine, le promoteur déclare sans délai à l'Agence nationale de sécurité du médicament et des produits de santé les événements ou effets mentionnés au 7° de l'article **R. 1123-46**. »

Le promoteur déclare sous forme d'un rapport de suivi à l'*(Décr. n° 2012-597 du 27 avr. 2012, art. 5-I-1°)* « Agence nationale de sécurité du médicament et des produits de santé » *(Abrogé par Décr. n° 2016-1537 du 16 nov. 2016, art. 14-9°-d)* ***« et au comité de protection des personnes concerné »*** les informations complémentaires pertinentes concernant les effets indésirables graves inattendus. Dans le cas *(Décr. n° 2016-1537 du 16 nov. 2016, art. 14-9°-e)* « de suspicion » d'effet indésirable grave inattendu ayant entraîné la mort ou mis la vie en danger, ces informations complémentaires sont notifiées dans un *(Abrogé par Décr. n° 2016-1537 du 16 nov. 2016, art. 14-9°-e)* ***« nouveau »*** délai de huit jours *(Décr. n° 2016-1537 du 16 nov. 2016, art. 14-9°-e)* « à compter du délai de notification mentionné au 1° ». Dans les autres cas *(Décr. n° 2016-1537 du 16 nov. 2016, art. 14-9°-f)* « de suspicion » d'effet indésirable grave inattendu et en cas de faits nouveaux mentionnés à l'article **L. 1123-10**, y compris les incidents graves définis au 4° de l'article **R. 1211-31** pour les préparations de thérapie cellulaire mentionnées à l'article **L. 1243-1**, les informations complémentaires pertinentes sont transmises dans un nouveau délai de huit jours à compter du délai de quinze jours mentionné *(Décr. n° 2016-1537 du 16 nov. 2016, art. 14-9°-f)* « au 2° ».

Art. R. 1123-55 Pour les recherches *(Décr. n° 2017-884 du 9 mai 2017, art. 11-5°-a)* « mentionnées au 1° de l'article **L. 1121-1** » *(Abrogé par Décr. n° 2016-1537 du 16 nov. 2016, art. 14-10°-a)* ***« biomédicales »*** portant sur les dispositifs médicaux et sur les dispositifs médicaux de diagnostic *in vitro*, le promoteur déclare à l'*(Décr. n° 2012-597 du 27 avr. 2012, art. 5-I-1°)* « Agence nationale de sécurité du médicament et des produits de santé » toute suspicion d'effet indésirable grave inattendu et tout événement indésirable grave pouvant être lié au geste de mise en œuvre du dispositif médical survenus en France et en dehors du territoire national *(Abrogé par Décr. n° 2017-884 du 9 mai 2017, art. 11-5°-a)* ***« et au comité de protection des personnes concerné, ceux survenus en France au cours de la recherche dans les délais suivants »*** :

1° Dans le cas d'effet indésirable grave inattendu et d'événement indésirable grave pouvant être lié au geste de mise en œuvre du dispositif médical et ayant entraîné la mort ou mis la vie en danger, sans délai *(Abrogé par Décr. n° 2016-1537 du 16 nov. 2016, art. 14-10°-b)* ***« et au plus tard dans un délai de sept jours »*** à compter du jour où le promoteur en a connaissance.

2° Dans le cas d'autres effets indésirables graves inattendus et d'autres événements indésirables graves pouvant être liés au geste de mise en œuvre du dispositif médical, au plus tard dans un délai de quinze jours à compter du jour où le promoteur en a eu connaissance.

Dans le cas d'effet indésirable grave inattendu ou d'événement indésirable grave pouvant être lié au geste de mise en œuvre du dispositif médical ayant entraîné la mort ou mis la vie en danger, les informations complémentaires pertinentes sont notifiées dans un *(Abrogé par Décr. n° 2016-1537 du 16 nov. 2016, art. 14-10°-c)* ***« nouveau » délai de huit jours*** à compter du délai *(Décr. n° 2016-1537 du 16 nov. 2016, art. 14-10°-c)* « mentionné au 1° ».

Dans les autres cas d'effets indésirables graves inattendus et d'événements indésirables graves pouvant être liés au geste de mise en œuvre du dispositif médical ainsi que les faits nouveaux mentionnés à l'article **L. 1123-10**, les informations complémentaires pertinentes sont transmises à l'*(Décr. n° 2012-597 du 27 avr. 2012, art. 5-I-1°)*

« Agence nationale de sécurité du médicament et des produits de santé » et *(Décr. n° 2017-884 du 9 mai 2017, art. 11-5°-b)* « , le cas échéant, » au comité de protection des personnes concerné dans un nouveau délai de quinze jours à compter du délai de quinze jours mentionné au *(Décr. n° 2016-1537 du 16 nov. 2016, art. 14-10°-d)* « 2° ».

Art. R. 1123-56 *(Décr. n° 2017-884 du 9 mai 2017, art. 11-3°)* « Pour les recherches mentionnées au 1° de l'article **L. 1121-1** » portant sur les produits cosmétiques ou les produits de tatouage, le promoteur déclare à l'*(Décr. n° 2012-597 du 27 avr. 2012, art. 5-I-1°)* « Agence nationale de sécurité du médicament et des produits de santé » toute suspicion d'effet indésirable grave survenu en France et hors du territoire national *(Abrogé par Décr. n° 2016-1537 du 16 nov. 2016, art. 14-11°-a)* *« et au comité de protection des personnes concerné ceux survenus en France au cours de la recherche »*. La notification est faite sans délai et au plus tard dans un délai de sept jours à compter du jour où il en a eu connaissance.

En outre, il notifie à l'*(Décr. n° 2012-597 du 27 avr. 2012, art. 5-I-1°)* « Agence nationale de sécurité du médicament et des produits de santé » toutes les suspicions d'autres effets indésirables ayant nécessité un traitement médical *(Décr. n° 2016-1537 du 16 nov. 2016, art. 14-11°-b)* « et les suspicions d'effets indésirables » paraissant revêtir un caractère de gravité justifiant une déclaration, survenus en France et hors du territoire national *(Abrogé par Décr. n° 2016-1537 du 16 nov. 2016, art. 14-11°-b)* *« et au comité de protection des personnes ceux survenus en France »* le plus rapidement possible et dans un délai de quinze jours à compter du jour où il en a eu connaissance.

Les informations complémentaires concernant les effets indésirables graves et ceux ayant nécessité un traitement médical ainsi que les faits nouveaux mentionnés à l'article **L. 1123-10** sont transmis à l'*(Décr. n° 2012-597 du 27 avr. 2012, art. 5-I-1°)* « Agence nationale de sécurité du médicament et des produits de santé » *(Abrogé par Décr. n° 2016-1537 du 16 nov. 2016, art. 14-11°-c)* *« et au comité de protection des personnes »* sans délai à compter du jour où il en a eu connaissance.

Il notifie à l'*(Décr. n° 2012-597 du 27 avr. 2012, art. 5-I-1°)* « Agence nationale de sécurité du médicament et des produits de santé » *(Décr. n° 2016-1537 du 16 nov. 2016, art. 14-11°-d)* « toutes les autres suspicions d' » effets indésirables à la fin de la recherche pour les recherches d'une durée inférieure à trois mois ou trimestriellement, dans les autres cas.

Art. R. 1123-57 *(Décr. n° 2017-884 du 9 mai 2017, art. 11-3°)* « Pour les recherches mentionnées au 1° de l'article **L. 1121-1** » portant sur les produits mentionnés *(Décr. n° 2016-1537 du 16 nov. 2016, art. 14-12°-a)* « au I de l'article **R. 1211-29** » à l'exception des préparations de thérapie cellulaire, le promoteur déclare à l'*(Décr. n° 2012-597 du 27 avr. 2012, art. 5-I-1°)* « Agence nationale de sécurité du médicament et des produits de santé » *(Décr. n° 2016-1537 du 16 nov. 2016, art. 14-12°-a)* « tout » effet indésirable grave et tout incident grave survenus en France et en dehors du territoire national *(Abrogé par Décr. n° 2016-1537 du 16 nov. 2016, art. 14-12°-a)* *« et au comité de protection des personnes concerné ceux survenus en France »* *(Décr. n° 2016-1537 du 16 nov. 2016, art. 14-12°-a)* « dans la recherche qu'il conduit », sans délai à compter du jour où il en a connaissance.

Les informations complémentaires pertinentes concernant les effets indésirables graves, les incidents graves et les faits nouveaux mentionnés à l'article **L. 1123-10** sont transmises à l'*(Décr. n° 2012-597 du 27 avr. 2012, art. 5-I-1°)* « Agence nationale de sécurité du médicament et des produits de santé » *(Abrogé par Décr. n° 2016-1537 du 16 nov. 2016, art. 14-12°-b)* *« et au comité de protection des personnes concerné »* sans délai à compter du jour où il en a connaissance.

Art. R. 1123-58 *(Décr. n° 2017-884 du 9 mai 2017, art. 11-3°)* « Pour les recherches mentionnées au 1° de l'article **L. 1121-1** » portant sur les produits sanguins labiles, le promoteur déclare à l'*(Décr. n° 2012-597 du 27 avr. 2012, art. 5-I-1°)* « Agence nationale de sécurité du médicament et des produits de santé » *(Décr. n° 2016-1537 du 16 nov. 2016, art. 14-13°-a)* « tout effet indésirable survenu chez une personne se prêtant à ces recherches » et les incidents graves survenus en France et en dehors du territoire national *(Abrogé par Décr. n° 2016-1537 du 16 nov. 2016, art. 14-13°-a)* *« et au comité de protection des personnes concerné ceux survenus en France au cours de la recherche, »* sans délai à compter du jour où il en a connaissance.

Les informations complémentaires pertinentes concernant les effets *(Abrogé par Décr. nº 2016-1537 du 16 nov. 2016, art. 14-13º-b) « inattendus ou »* indésirables *(Décr. nº 2016-1537 du 16 nov. 2016, art. 14-13º-b)* « , les incidents graves » et les faits nouveaux mentionnés à l'article L. 1123-10 sont transmises à l'*(Décr. nº 2012-597 du 27 avr. 2012, art. 5-I-1º)* « Agence nationale de sécurité du médicament et des produits de santé » *(Abrogé par Décr. nº 2016-1537 du 16 nov. 2016, art. 14-13º-b) « et au comité de protection des personnes concerné »* sans délai à compter du jour où il en a connaissance.

Art. R. 1123-59 *(Décr. nº 2016-1537 du 16 nov. 2016, art. 14-14º)* Le promoteur informe sans délai l'autorité compétente et le comité de protection des personnes des faits nouveaux définis au 12º de l'article R. 1123-46 et, le cas échéant, des mesures prises.

Le promoteur informe sans délai le directeur général de l'Agence régionale de santé des faits nouveaux mettant en cause des personnes ne présentant aucune affection et qui se prêtent volontairement à des recherches et, le cas échéant, des mesures prises.

Art. R. 1123-60 La forme, le contenu et les modalités des déclarations d'effets indésirables et des faits nouveaux définis à l'article L. 1123-10 ainsi que, le cas échéant, les modalités de levée de l'insu sont fixés par *(Décr. nº 2016-1537 du 16 nov. 2016, art. 14-15º)* « décision » du directeur général de l'*(Décr. nº 2012-597 du 27 avr. 2012, art. 5-I-1º)* « Agence nationale de sécurité du médicament et des produits de santé » pour les recherches relevant de sa compétence.

Art. R. 1123-61 Une fois par an pendant toute la durée de la recherche *(Décr. nº 2016-1537 du 16 nov. 2016, art. 14-16º)* « mentionnée au 1º de l'article L. 1121-1 » ou sur demande, le promoteur transmet à l'autorité compétente définie à l'article L. 1123-12 et au comité de protection des personnes concerné un rapport de sécurité tenant compte de toutes les informations de sécurité disponibles. Ce rapport dont les modalités de déclaration, la forme et le contenu sont précisés par arrêté du ministre chargé de la santé, pris sur proposition du directeur général de l'*(Décr. nº 2012-597 du 27 avr. 2012, art. 5-I-1º)* « Agence nationale de sécurité du médicament et des produits de santé » *(Abrogé par Décr. nº 2016-1537 du 16 nov. 2016, art. 14-16º) « pour les recherches relevant de sa compétence, »* comprend notamment la liste de toutes les suspicions d'effets indésirables graves et une analyse des informations au regard de la sécurité des personnes qui se prêtent à la recherche *(Décr. nº 2016-1537 du 16 nov. 2016, art. 14-16º)* « mentionnée au 1º de l'article L. 1121-1 ».

SOUS-SECTION 2 MESURES URGENTES DE SÉCURITÉ

Art. R. 1123-62 Les mesures urgentes de sécurité prises conformément au *(Décr. nº 2016-1537 du 16 nov. 2016, art. 15-1º)* « quatrième » alinéa de l'article L. 1123-10, consistant en l'arrêt de la recherche ou en la prise de mesures immédiates sont suivies, selon les cas, soit d'une déclaration concernant la fin de la recherche, soit d'une demande de modification substantielle. Les demandes d'avis et *(Décr. nº 2016-1537 du 16 nov. 2016, art. 15-1º)* « , le cas échéant, » d'autorisation sur les modifications substantielles sont déposées, dans un délai de quinze jours suivant l'introduction des mesures urgentes de sécurité, auprès de l'autorité compétente définie à l'article L. 1123-12 et du comité de protection des personnes concerné, et dans les conditions mentionnées aux articles *(Décr. nº 2016-1537 du 16 nov. 2016, art. 15-1º)* « R. 1123-42 à R. 1123-44 ». La déclaration concernant la fin de la recherche est réalisée conformément aux articles *(Décr. nº 2016-1537 du 16 nov. 2016, art. 15-1º)* « R. 1123-66 et R. 1123-67 ».

(Décr. nº 2016-1537 du 16 nov. 2016, art. 15-2º) « Lorsque, dans le cas d'essais de première administration ou de première utilisation d'un médicament ou d'un produit *de santé mentionné à l'article* L. 5311-1 chez les personnes ne présentant aucune affection, survient un fait nouveau tel que défini au 12º de l'article R. 1123-46, le promoteur :

« 1º Suspend l'administration ou l'utilisation du médicament ou du produit chez les personnes participant à la recherche dans l'attente de l'adoption de mesures définitives ;

« 2° Prend les mesures de sécurité urgentes appropriées ;

« 3° Informe sans délai l'autorité compétente et le comité de protection des personnes. »

SECTION VI **SUSPENSION, INTERDICTION ET FIN DE RECHERCHE** *(Décr. n° 2016-1537 du 16 nov. 2016, art. 10-2°).*

Art. R. 1123-63 Si l'autorité compétente définie à l'article L. 1123-12 considère que le promoteur, l'investigateur ou toute autre personne impliquée dans la conduite de la recherche ne remplit plus ses obligations, elle adresse au promoteur ou à toute personne en charge de la recherche une mise en demeure par laquelle elle lui prescrit les mesures correctives à prendre assortie d'un délai. La mise en demeure est transmise sans délai, par le promoteur, au comité de protection des personnes ayant rendu un avis sur la recherche concernée.

Pour les recherches *(Décr. n° 2016-1537 du 16 nov. 2016, art. 16-1°)* « mentionnés *[mentionnées]* au 1° de l'article L. 1121-1 » portant sur le médicament, l'autorité compétente communique sans délai ce plan d'action aux autorités compétentes des autres États membres de *(Décr. n° 2016-1537 du 16 nov. 2016, art. 16-1°)* « l'Union » européenne et à la Commission européenne.

Le promoteur établit un rapport à l'autorité compétente et au comité de protection des personnes concerné sur la mise en œuvre effective du plan d'action dans un délai fixé par l'autorité compétente.

Art. R. 1123-64 En application du troisième alinéa de l'article L. 1123-11, sauf en cas de risque imminent, le promoteur dispose d'un délai d'une semaine pour présenter ses observations à compter, soit de la réception de la demande de modification du protocole, soit de la décision de suspension ou d'interdiction.

Art. R. 1123-65 L'autorité compétente informe sans délai le comité de protection des personnes et *(Décr. n° 2016-1537 du 16 nov. 2016, art. 16-2°-a)* « la Commission nationale des recherches impliquant la personne humaine et » pour les recherches *(Décr. n° 2016-1537 du 16 nov. 2016, art. 16-2°-b)* « mentionnées au 1° de l'article L. 1121-1 » portant sur le médicament *(Décr. n° 2016-1537 du 16 nov. 2016, art. 16-2°-c)* « et les dispositifs médicaux », les autorités compétentes des autres États membres de *(Décr. n° 2016-1537 du 16 nov. 2016, art. 16-2°-d)* « l'Union européenne, la Commission européenne et, le cas échéant, » l'Agence européenne des médicaments *(Abrogé par Décr. n° 2016-1537 du 16 nov. 2016, art. 16-2°-e) « et la Commission européenne »* des décisions d'interdiction et de suspension qu'elle a prises.

Art. R. 1123-66 Dans un délai de quatre-vingt-dix jours suivant la fin de la recherche *(Décr. n° 2016-1537 du 16 nov. 2016, art. 16-3°-a)* « impliquant la personne humaine », le promoteur informe l'autorité compétente ainsi que le comité de protection des personnes concerné de la date effective de la fin de la recherche correspondant au terme de la participation de la dernière personne qui se prête à la recherche ou, le cas échéant, au terme défini dans le protocole.

Si l'arrêt de la recherche *(Décr. n° 2016-1537 du 16 nov. 2016, art. 16-3°-b)* « impliquant la personne humaine » est anticipé, le promoteur procède à cette information dans un délai de quinze jours et communique les motifs.

Le contenu et les modalités de présentation des informations relatives à la fin de la recherche sont fixés, en tant que de besoin, par arrêté du ministre chargé de la santé, pris sur proposition du directeur général de l'*(Décr. n° 2012-597 du 27 avr. 2012, art. 5-I-1°)* « Agence nationale de sécurité du médicament et des produits de santé » pour les recherches relevant de sa compétence.

Art. R. 1123-67 Dans un délai d'un an suivant la fin de la recherche *(Décr. n° 2016-1537 du 16 nov. 2016, art. 16-4°-a)* « impliquant la personne humaine » ou son interruption, un rapport final est établi et signé par le promoteur et l'investigateur, et en cas de recherche multicentrique, par tous les investigateurs ou à défaut par l'investigateur coordonnateur. Dans ce dernier cas, tous les investigateurs sont informés des résultats de la recherche par l'investigateur coordonnateur ou le promoteur. Ce rapport est tenu à la disposition de l'autorité compétente.

Le promoteur transmet à l'autorité compétente *(Décr. nº 2016-1537 du 16 nov. 2016, art. 16-4º-b)* « et au comité de protection des personnes » les résultats de la recherche sous forme d'un résumé du rapport final dans un délai d'un an après la fin de la recherche.

Le contenu du rapport et du résumé sont fixés, en tant que de besoin, par *(Décr. nº 2016-1537 du 16 nov. 2016, art. 16-4º-c)* « décision » du directeur général de l'*(Décr. nº 2012-597 du 27 avr. 2012, art. 5-I-1º)* « Agence nationale de sécurité du médicament et des produits de santé » pour les recherches relevant de sa compétence.

Après la fin de la recherche, si le promoteur a connaissance d'un fait nouveau susceptible d'avoir un impact significatif sur la sécurité des personnes qui se sont prêtées à la recherche, il en informe sans délai l'autorité compétente et précise les mesures appropriées qu'il envisage de mettre en place. Si l'autorité compétente estime les mesures envisagées insuffisantes, elle peut prescrire au promoteur les mesures appropriées.

Art. R. 1123-68 Les documents et données *(Décr. nº 2016-1537 du 16 nov. 2016, art. 16-5º-a)* « relatifs » à la recherche sont conservés par le promoteur et l'investigateur pendant une période fixée par arrêté du ministre chargé de la santé *(Décr. nº 2016-1537 du 16 nov. 2016, art. 16-5º-b)* « pris » sur proposition du directeur général de l'*(Décr. nº 2012-597 du 27 avr. 2012, art. 5-I-1º)* « Agence nationale de sécurité du médicament et des produits de santé ».

SECTION VII DES INFORMATIONS COMMUNIQUÉES PAR LE PROMOTEUR

(Décr. nº 2016-1537 du 16 nov. 2016, art. 17-1º).

Art. R. 1123-69 Lorsqu'une recherche *(Décr. nº 2016-1537 du 16 nov. 2016, art. 17-2º-a)* « impliquant la personne humaine » est conduite dans un établissement de santé, le promoteur fait connaître préalablement au directeur de l'établissement, pour information :

1º Le titre de la recherche ;

2º L'identité du ou des investigateurs et le ou les lieux concernés dans l'établissement ;

3º La date à laquelle il est envisagé de commencer la recherche et la durée prévue de celle-ci ;

4º Les éléments du protocole et, le cas échéant, toutes autres informations utiles concernant la prise en charge des produits expérimentés ou utilisés comme référence dans le cadre de la recherche.

(Décr. nº 2016-1537 du 16 nov. 2016, art. 17-2º-b) « Le promoteur transmet au directeur de l'établissement les mises à jour des informations transmises initialement. »

Art. R. 1123-70 Lorsqu'une recherche *(Décr. nº 2016-1537 du 16 nov. 2016, art. 17-3º-a)* « impliquant la personne humaine » est conduite dans un établissement *(Abrogé par Décr. nº 2016-1537 du 16 nov. 2016, art. 17-3º-a) « de santé »* disposant d'une pharmacie à usage intérieur, le promoteur communique préalablement au pharmacien chargé de la gérance, pour information :

1º Le titre et l'objectif de la recherche ;

2º Le cas échéant, les renseignements mentionnés aux 2º, 3º et 4º de l'article R. 5121-15 pour les recherches concernant un médicament expérimental ;

3º Le cas échéant, la brochure pour l'investigateur mentionnée à l'article R. 1123-20 ;

4º Le cas échéant, les éléments du protocole de la recherche utiles pour la détention *(Décr. nº 2016-1537 du 16 nov. 2016, art. 17-3º-b)* « , la préparation, la reconstitution, l'utilisation et la dispensation des médicaments et produits nécessaires à la recherche » ;

5º L'identité du ou des investigateurs et le ou les lieux concernés dans *l'établissement* ;

6º La date à laquelle il est envisagé de commencer la recherche et la durée prévue de celle-ci.

(Décr. nº 2016-1537 du 16 nov. 2016, art. 17-3º-c) « Le promoteur transmet au pharmacien chargé de la gérance les mises à jour des informations transmises initialement. »

Art. R. 1123-71 *(Décr. n° 2016-1537 du 16 nov. 2016, art. 17-4°)* Le promoteur communique aux investigateurs de recherches impliquant la personne humaine :

1° Le protocole de la recherche impliquant la personne humaine mentionné à l'article R. 1123-20 ;

2° Le cas échéant, la forme pharmaceutique, le ou les numéros de lot et la date de péremption du ou des médicaments nécessaires à la recherche ;

3° Le cas échéant, pour le médicament expérimenté ou utilisé comme référence, sa dénomination spéciale ou scientifique ou son nom de code, sa composition qualitative et quantitative en principe actifs et en constituants de l'excipient dont la connaissance est nécessaire à une bonne administration du médicament, en utilisant les dénominations communes internationales lorsqu'elles existent ou, à défaut, les dénominations de la pharmacopée européenne ou française ;

4° Le cas échéant, pour un placebo, sa composition ;

5° Les informations qui seront données, en application de l'article L. 1122-1, aux personnes sollicitées pour se prêter à la recherche et les modalités de recueil du consentement de ces personnes, y compris le ou les documents qui leur seront remis ;

6° Une copie de l'attestation d'assurance ;

7° Le cas échéant, la période d'exclusion mentionnée à l'article L. 1121-12 ;

8° L'avis du comité de protection des personnes consulté sur le projet en application de l'article L. 1123-6, si l'investigateur n'en dispose pas déjà ;

9° Le cas échéant, la brochure pour l'investigateur mentionnée à l'article R. 1123-20, accompagnée des références des principaux travaux exploités pour cette synthèse ;

10° Le cas échéant, les références des autorisations de mise sur le marché éventuellement obtenues en France ou à l'étranger pour le médicament ainsi que celles des éventuelles décisions de refus, de suspension ou de retrait de telles autorisations ;

11° L'identité des autres investigateurs qui participent à la recherche et les lieux où ils conduisent leurs travaux ;

12° L'autorisation de l'autorité compétente prévue aux articles L. 1123-8 et L. 1124-1 ;

13° Le cas échéant, les numéros de lot/numéro de série ou code unique, le cas échéant la date de péremption des dispositifs médicaux ou des dispositifs médicaux de diagnostic *in vitro* faisant l'objet de la recherche et, si elles existent leur notice d'utilisation.

Les investigateurs peuvent demander au promoteur tout document ou recherche complémentaire s'ils s'estiment insuffisamment éclairés par les informations fournies.

Le promoteur transmet aux investigateurs les mises à jour des informations transmises initialement.

CHAPITRE IV DISPOSITIONS PARTICULIÈRES RELATIVES AUX ESSAIS CLINIQUES PORTANT SUR LE MÉDICAMENT

(Décr. n° 2016-1537 du 16 nov. 2016, art. 18)

Art. R. 1124-1 Lorsque la recherche porte sur un médicament composé en tout ou partie d'organismes génétiquement modifiés, les dispositions des articles R. 533-1 à R. 533-17 du code de l'environnement sont applicables.

CHAPITRE V *DISPOSITIONS PARTICULIÈRES À CERTAINES RECHERCHES*

(Décr. n° 2006-477 du 26 avr. 2006, art. 4-I)

SECTION PREMIÈRE RECHERCHES PORTANT SUR LES PRODUITS COMPOSÉS EN TOUT OU PARTIE D'ORGANISMES GÉNÉTIQUEMENT MODIFIÉS MENTIONNÉES À L'ARTICLE L. 1125-3

(Décr. n° 2015-692 du 18 juin 2015, art. 2)

Art. R. 1125-1 à R. 1125-6-1 *Abrogés par Décr. n° 2016-1537 du 16 nov. 2016, art. 19.*

SECTION II RECHERCHES MENTIONNÉES AU 1° DE L'ARTICLE L. 1121-1 NÉCESSITANT UNE AUTORISATION EXPRESSE PORTANT SUR LES PRODUITS MENTIONNÉS AUX ARTICLES L. 1125-1 À L. 1125-3 *(Décr. n° 2016-1537 du 16 nov. 2016, art. 20-1°).*

Art. R. 1125-7 *(Décr. n° 2015-692 du 18 juin 2015, art. 3-2°)* Les recherches qui portent sur les produits suivants font l'objet d'une autorisation expresse du directeur général de l'Agence nationale de sécurité du médicament et des produits de santé :

1° Les organes et les tissus d'origine humaine et les produits sanguins labiles ;

(Décr. n° 2016-1537 du 16 nov. 2016, art. 20-2°-a) « 2° Les cellules d'origine humaine et les préparations de thérapie cellulaire mentionnées à l'article L. 1243-1 ; »

3° Les préparations de thérapie cellulaire xénogénique mentionnées au 13° de l'article L. 5121-1 ;

(Abrogé par Décr. n° 2016-1537 du 16 nov. 2016, art. 20-2°-b) « 4° Les médicaments de thérapie génique définis à l'article 2 du règlement (CE) n° 1394/2007 du Parlement et du Conseil du 13 novembre 2007 et les médicaments de thérapie génique figurant au 17° de l'article L. 5121-1 ;

« 5° Les médicaments dont le principe actif contient des composants d'origine biologique humaine ou animale ou dans la fabrication desquels entrent de tels composants et les médicaments mentionnés au 1 de l'annexe du règlement (CE) n° 726/2004 du 31 mars 2004 établissant des procédures communautaires pour l'autorisation et la surveillance en ce qui concerne les médicaments à usage humain et à usage vétérinaire et instituant une Agence européenne des médicaments et qui n'ont pas d'autorisation de mise sur le marché au sens de l'article L. 5121-8 ; »

(Décr. n° 2016-1537 du 16 nov. 2016, art. 20-2°-c) « 4° » Les dispositifs médicaux incorporant des produits d'origine humaine ou animale ou dans la fabrication desquels interviennent des produits d'origine humaine ou animale ne disposant pas de marquage CE ;

(Décr. n° 2016-1537 du 16 nov. 2016, art. 20-2°-c) « 5° » Les produits cosmétiques contenant des ingrédients d'origine animale dont la liste est fixée par arrêté du ministre chargé de la santé sur proposition du directeur général de l'Agence nationale de sécurité du médicament et des produits de santé ;

(Décr. n° 2016-1537 du 16 nov. 2016, art. 20-2°-c) « 6° » Les organes et les tissus d'origine animale qui ne sont ni des dispositifs médicaux ni destinés à des médicaments.

(Décr. n° 2016-1537 du 16 nov. 2016, art. 20-2°-c) « 7° Les produits, autres que les médicaments, composés en tout ou partie d'organismes génétiquement modifiés. »

Art. R. 1125-8 La demande d'autorisation relative aux recherches *(Décr. n° 2016-1537 du 16 nov. 2016, art. 20-3°-a)* « mentionnées au 1° de l'article L. 1121-1 » portant sur les produits mentionnés à l'article R. 1125-7 est adressée au directeur général de l'*(Décr. n° 2012-597 du 27 avr. 2012, art. 5-I-1°)* « Agence nationale de sécurité du médicament et des produits de santé » qui se prononce sur la recevabilité du dossier en s'assurant que la demande comporte l'ensemble des informations *(Abrogé par Décr. n° 2016-1537 du 16 nov. 2016, art. 20-3°-a) « mentionnées à l'article R. 1123-30 »*. Il en accuse réception auprès du promoteur et lui notifie la date de réception du dossier ainsi que la date à laquelle, à défaut d'une autorisation expresse, la demande est réputée rejetée.

Si le directeur général estime que des informations complémentaires, des consultations ou des études particulières sont nécessaires pour lui permettre de se prononcer sur la demande, il en informe le promoteur et lui fixe un délai pour lui fournir les éventuelles informations demandées. *(Décr. n° 2015-692 du 18 juin 2015, art. 3-3° ; Décr. n° 2016-1537 du 16 nov. 2016, art. 20-3°-b)* « Sans réponse dans le délai imparti, le promoteur est réputé avoir renoncé à sa demande. »

Art. R. 1125-9 *(Abrogé par Décr. n° 2015-692 du 18 juin 2015, art. 3-4°-a) « Lorsque la demande porte sur les produits mentionnés aux 2° et 3° de l'article R. 1125-7, le directeur général de l'(Décr. n° 2012-597 du 27 avr. 2012, art. 5-I-1°) « Agence nationale de sécurité du médicament et des produits de santé » se prononce sur la demande d'autorisation*

mentionnée à l'article R. 1123-30 *(Abrogé par Décr. nº 2012-597 du 27 avr. 2012, art. 3-2º)* ***« après avoir recueilli l'avis d'un groupe d'experts qu'il constitue à cet effet ».*** **»**

(Décr. nº 2015-692 du 18 juin 2015, art. 3-4º-b) **« Lorsque la demande porte sur les organes et les tissus d'origine humaine ou d'origine animale mentionnés aux** *(Décr. nº 2016-1537 du 16 nov. 2016, art. 20-4º)* **« 1º et 6º de l'article R. 1125-7 »,** *(Abrogé par Décr. nº 2017-884 du 9 mai 2017, art. 12)* ***« sur les médicaments »*** **et les préparations de thérapie cellulaire mentionnées au 2º de l'article R. 1125-7 ainsi que sur les préparations de thérapie cellulaire xénogénique mentionnées au 3º de l'article R. 1125-7, le directeur général de l'Agence nationale de sécurité du médicament et des produits de santé transmet pour avis un exemplaire du dossier complet au directeur général de l'Agence de la biomédecine. » Le directeur général de l'Agence de la biomédecine transmet son avis au directeur général de l'** *(Décr. nº 2012-597 du 27 avr. 2012, art. 5-I-1º)* **« Agence nationale de sécurité du médicament et des produits de santé » dans un délai de quarante jours à compter de la date de transmission du dossier. L'absence de réponse de l'Agence de la biomédecine dans ce délai vaut avis favorable.**

Art. R. 1125-10 *(Décr. nº 2015-692 du 18 juin 2015, art. 3-5º)* **Les délais dans lesquels le directeur général de l'Agence nationale de sécurité du médicament et des produits de santé notifie sa réponse au demandeur sont fixés comme suit :**

1º Soixante jours à compter de la date de réception du dossier complet pour les recherches portant sur les produits mentionnés aux *(Décr. nº 2016-1537 du 16 nov. 2016, art. 20-5º-a)* **« 4º et 5º de l'article R. 1125-7 » ;**

2º Quatre-vingt-dix jours à compter de la date de réception du dossier complet pour les recherches portant sur les produits mentionnés aux *(Décr. nº 2016-1537 du 16 nov. 2016, art. 20-5º-b)* **« 1º et 6º de l'article R. 1125-7 » ;**

3º Quatre-vingt-dix jours à compter de la date de réception du dossier complet pour les recherches portant sur les produits mentionnés au *[aux] (Décr. nº 2016-1537 du 16 nov. 2016, art. 20-5º-c)* **« 2º et 3º de l'article R. 1125-7 » ;**

(Décr. nº 2016-1537 du 16 nov. 2016, art. 20-5º-d) **« 4º Quatre-vingt-dix jours à compter de la date de réception du dossier complet pour les recherches portant sur des produits mentionnés au 7º de l'article R. 1125-7. »**

Le délai mentionné *(Décr. nº 2016-1537 du 16 nov. 2016, art. 20-5º-e)* **« aux 3º et 4º » peut être prolongé de quatre-vingt-dix jours si le directeur général de l'Agence nationale de sécurité du médicament et des produits de santé estime que des informations complémentaires, des consultations ou des études particulières sont nécessaires pour lui permettre de se prononcer sur la demande.**

Dans tous les cas, le silence gardé par le directeur général de l'Agence nationale de sécurité du médicament et des produits de santé vaut refus d'autorisation à l'expiration des délais mentionnés ci-dessus.

Art. R. 1125-11 *(Décr. nº 2015-692 du 18 juin 2015, art. 3-6º)* **Le directeur général de l'Agence nationale de sécurité du médicament et des produits de santé peut notifier par lettre motivée au promoteur ses objections à la mise en œuvre de la recherche. Il en informe le comité de protection des personnes concerné. Il fixe un délai au promoteur pour lui adresser son projet modifié. Le promoteur peut modifier le contenu de son projet de recherche et l'adresser au directeur général de l'Agence dans le délai imparti. Ce délai ne suspend pas le délai dont dispose le directeur général pour se prononcer sur la demande d'autorisation en application de l'article R. 1125-10. Cette procédure de *modification* ne peut être appliquée qu'une seule fois à chaque projet de recherche. Le promoteur qui ne produit pas un projet modifié dans les délais impartis est réputé avoir renoncé à sa demande.**

Art. R. 1125-12 **Toute modification substantielle nécessite la délivrance d'une nouvelle autorisation dans les conditions prévues à l'article R. 1125-8. Le silence gardé par le directeur général de l'Agence française de sécurité sanitaire sur une demande de modification substantielle du promoteur vaut refus de la demande à l'expiration d'un délai de trente-cinq jours à compter de la réception de l'ensemble des informations requises concernant la demande de modification.**

Si le directeur général estime que des informations complémentaires, des consultations ou des études particulières sont nécessaires pour lui permettre de se prononcer sur la demande, le délai prévu au premier alinéa peut être prolongé *(Abrogé par Décr.*

nº 2015-692 du 18 juin 2015, art. 3-7º-a) « dans la limite de soixante jours excepté pour les médicaments mentionnés au quatrième alinéa de l'article R. 1125-7 ». Dans ce cas, il en informe le promoteur et lui fixe un délai pour fournir les éventuelles informations demandées. *(Décr. nº 2015-692 du 18 juin 2015, art. 3-7º-b)* « Sans réponse dans les délais impartis, le promoteur est réputé avoir renoncé à sa demande. »

Si le directeur général estime que la demande de modification ne peut être acceptée, il informe de son intention le promoteur et lui fixe un délai pour présenter ses observations. *(Décr. nº 2016-1537 du 16 nov. 2016, art. 20-6º)* « Le promoteur qui ne produit pas les éléments demandés dans les délais impartis est réputé avoir renoncé à sa demande. »

Art. R. 1125-13 *(Décr. nº 2016-1537 du 16 nov. 2016, art. 20-8º)* Les dispositions des articles R. 533-1 à R. 533-17 du code de l'environnement sont applicables aux recherches portant sur des produits, autres que les médicaments, composés en tout ou partie d'organismes génétiquement modifiés.

Art. R. 1125-13-1 *(Décr. nº 2016-1537 du 16 nov. 2016, art. 20-7º-a)* « L'annexe II du règlement (CE) 1223/2009 » fixant la liste des substances qui ne peuvent entrer dans la composition des produits cosmétiques est applicable pour la composition des produits cosmétiques utilisés dans le cadre d'une recherche *(Décr. nº 2016-1537 du 16 nov. 2016, art. 2-7º-b)* « impliquant la personne humaine ».

SECTION III DISPOSITIONS PARTICULIÈRES AUX RECHERCHES MENÉES DANS LE CADRE DE LA PROCRÉATION MÉDICALEMENT ASSISTÉE *(Décr. nº 2016-1537 du 16 nov. 2016, art. 21-I).*

(Décr. nº 2015-155 du 11 févr. 2015, art. 3)

SOUS-SECTION 1 DÉFINITIONS ET CONDITIONS PARTICULIÈRES

Art. R. 1125-14 Les *(Décr. nº 2016-1537 du 16 nov. 2016, art. 23-I)* « recherches impliquant la personne humaine » menées dans le cadre d'une assistance médicale à la procréation s'entendent des recherches qui respectent les conditions fixées au titre II du livre Ier de la première partie du présent code sous réserve des dispositions particulières prévues par la présente section. Ces recherches portent sur les activités cliniques et biologiques d'assistance médicale à la procréation.

Art. R. 1125-15 La *(Décr. nº 2016-1537 du 16 nov. 2016, art. 23-I)* « recherche impliquant la personne humaine » menée dans le cadre d'une assistance médicale à la procréation ne peut être réalisée que si les conditions d'accès et de réalisation de l'assistance médicale à la procréation mentionnées aux articles L. 2141-2 à L. 2141-12 sont respectées. En outre, ces recherches ne peuvent être pratiquées que dans les établissements de santé, laboratoires de biologie médicale et autres organismes mentionnés à l'article L. 2142-1.

Art. R. 1125-16 Lorsqu'un couple recourant à l'assistance médicale à la procréation est sollicité pour participer à une *(Décr. nº 2016-1537 du 16 nov. 2016, art. 23-I)* « recherche impliquant la personne humaine » menée dans le cadre de cette assistance médicale à la procréation, la délivrance de l'information et le recueil de consentement sont requis, en application des articles L. 1122-1, L. 1122-1-1 et L. 2141-2 pour chacun des membres du couple.

Art. R. 1125-17 Le délai d'instruction de la demande d'autorisation est fixé à quatre-vingt-dix jours à compter de la date de réception du dossier complet. Il peut être prolongé de quatre-vingt-dix jours si le directeur général de l'Agence nationale de sécurité du médicament et des produits de santé estime que des informations complémentaires, *des consultations ou des études particulières* sont nécessaires pour lui permettre de se prononcer.

Art. R. 1125-18 Pour toute demande d'autorisation de *(Décr. nº 2016-1537 du 16 nov. 2016, art. 23-I)* « recherche impliquant la personne humaine » menée dans le cadre d'une assistance médicale à la procréation, le directeur général de l'Agence nationale de sécurité du médicament et des produits de santé transmet pour avis un exemplaire du dossier complet au directeur général de l'Agence de la biomédecine. Le directeur général de l'Agence de la biomédecine rend son avis au directeur général de l'Agence nationale de sécurité du médicament et des produits de santé dans un délai de quarante jours à compter de la date de transmission du dossier. L'absence de réponse du directeur général de l'Agence de la biomédecine dans ce délai vaut avis favorable. Le directeur général de l'Agence nationale de sécurité du médicament et des produits de santé transmet une copie de sa décision au directeur général de l'Agence de la biomédecine. Il transmet également au directeur général de l'Agence de la biomédecine une copie de la décision de modification substantielle de la recherche lorsque celle-ci concerne l'Agence de la biomédecine.

Art. R. 1125-19 Lorsque le projet de recherche est mené dans le cadre d'une assistance médicale à la procréation, le comité de protection des personnes s'adjoint la compétence d'au moins un praticien mentionné au cinquième alinéa de l'article L. 2142-1 et d'un pédiatre si le comité ne comprend pas en son sein un tel spécialiste. Ces spécialistes prennent part aux séances du comité pour les besoins de la recherche considérée ainsi qu'aux délibérations relatives à cette recherche.

Art. R. 1125-20 Le délai d'instruction d'une demande de *(Décr. n° 2017-884 du 9 mai 2017, art. 13)* « modification substantielle » est fixé à trente-cinq jours à compter de la réception de l'ensemble des informations requises concernant cette demande.

Lorsque le directeur général de l'Agence nationale de sécurité du médicament et des produits de santé estime que des informations complémentaires, des consultations ou des études particulières sont nécessaires pour lui permettre de se prononcer sur la demande, le délai prévu à l'alinéa précédent peut être prolongé dans la limite de soixante jours.

Si le directeur général de l'Agence nationale de sécurité du médicament et des produits de santé estime que la demande de modification ne peut être acceptée, il en informe le promoteur et lui fixe un délai pour présenter ses observations. Ce délai ne s'ajoute pas au délai dont il dispose pour se prononcer sur sa demande. Sans réponse dans les délais impartis, le promoteur est réputé avoir renoncé à sa demande.

La décision du directeur général de l'Agence nationale de sécurité du médicament et des produits de santé est transmise pour information par le promoteur au comité de protection des personnes.

Art. R. 1125-20-1 Le silence gardé à l'expiration du délai d'instruction de la demande d'autorisation mentionnée à l'article R. 1125-17 vaut rejet.

Le silence gardé à l'expiration du délai d'instruction de la demande de modification substantielle mentionnée à l'article R. 1125-20 vaut également rejet.

SOUS-SECTION 2 **VIGILANCE**

Art. R. 1125-21 Pour l'application de la présente sous-section, on entend par :

1° Événement indésirable, toute manifestation nocive survenant chez un donneur, chez une personne qui se prête à une *(Décr. n° 2016-1537 du 16 nov. 2016, art. 23-I)* « recherche impliquant la personne humaine » menée dans le cadre d'une assistance médicale à la procréation ou chez l'enfant né ou à naître suite à cette assistance médicale à la procréation, que cette manifestation soit liée ou non à la recherche ou au produit expérimental utilisé dans le cadre de cette recherche ;

2° Effet indésirable, tout événement indésirable dû à la recherche ;

3° Incident, tout accident ou erreur susceptible d'entraîner un effet indésirable chez un donneur, chez une personne qui se prête à une *(Décr. n° 2017-884 du 9 mai 2017, art. 14)* « recherche impliquant la personne humaine » menée dans le cadre d'une assistance médicale à la procréation, chez l'enfant né ou à naître suite à cette assistance médicale à la procréation, ou une perte de gamètes, tissus germinaux ou embryons sans disparition des chances de procréation ;

4° Événement ou effet indésirable grave, tout événement ou effet indésirable qui entraîne la mort, met en danger la vie du donneur, de la personne qui se prête à une *(Décr. n° 2016-1537 du 16 nov. 2016, art. 23-I)* « recherche impliquant la personne humaine » menée dans le cadre d'une assistance médicale à la procréation ou de l'enfant né ou à naître, nécessite leur hospitalisation ou la prolongation de leur hospitalisation, provoque une incapacité ou un handicap importants ou durables, ou bien se traduit par une anomalie ou une malformation congénitale ;

5° Effet indésirable inattendu, tout effet indésirable dont la nature, la sévérité ou l'évolution ne concorde pas avec les informations relatives aux produits, actes pratiqués et méthodes utilisées au cours de la recherche ;

6° Incident grave, tout incident susceptible d'entraîner des effets indésirables graves. Doit également être considéré comme incident grave tout incident susceptible d'occasionner une erreur d'attribution ou une perte de gamètes, tissus germinaux ou embryons avec disparition des chances de procréation.

Art. R. 1125-22 Le promoteur déclare à l'Agence nationale de sécurité du médicament et des produits de santé toute suspicion d'effet indésirable grave inattendu et tout incident grave survenu en France et en dehors du territoire national et, au comité de protection des personnes concerné, ceux survenus en France au cours de la recherche, sans délai et au plus tard dans un délai de sept jours à compter du jour où il en a eu connaissance.

Les informations complémentaires pertinentes concernant les effets indésirables graves inattendus, les incidents graves et les faits nouveaux mentionnés à l'article L. 1123-10 sont transmises à l'Agence nationale de sécurité du médicament et des produits de santé et au comité de protection des personnes concerné sans délai à compter du jour où le promoteur en a connaissance. Ce dernier transmet pour information copie des déclarations et des informations complémentaires susmentionnées à l'Agence de la biomédecine.

Art. R. 1125-23 Le promoteur déclare semestriellement au comité de protection des personnes, sous forme d'une liste accompagnée d'une synthèse, les suspicions d'effets indésirables graves inattendus et les incidents graves survenus dans une autre recherche qu'il conduit en France, ou survenus hors du territoire national.

Le promoteur adresse au directeur général de l'Agence nationale de sécurité du médicament et des produits de santé et, pour information, au directeur général de l'Agence de la biomédecine, une copie de la déclaration semestrielle mentionnée à l'alinéa précédent.

Le comité de protection des personnes reçoit, une fois par an, le rapport de sécurité mentionné à l'article R. 1123-53.

Art. R. 1125-24 Le promoteur transmet aux investigateurs concernés toute information susceptible d'affecter la sécurité du donneur, de la personne qui a recours à l'assistance médicale à la procréation ou de l'enfant né ou à naître.

Art. R. 1125-25 L'investigateur notifie au promoteur, sans délai à compter du jour où il en a connaissance, tous les événements indésirables graves et incidents graves. Cette notification fait l'objet d'un rapport écrit et est suivie de rapports complémentaires écrits détaillés.

L'investigateur notifie au promoteur les événements indésirables et les résultats d'analyse anormaux définis dans le protocole comme déterminants pour l'évaluation de la sécurité du donneur, de la personne qui a recours à l'assistance médicale à la procréation ou de l'enfant né ou à naître, conformément aux exigences de notification définies dans le protocole et dans les délais spécifiés par celui-ci.

Dans les notifications comme dans les rapports ultérieurs, le donneur, la personne qui a recours à l'assistance médicale à la procréation ou l'enfant né ou à naître sont identifiés par un numéro de code.

L'investigateur communique au promoteur des informations complémentaires concernant les événements indésirables graves. Le promoteur communique tous les renseignements complémentaires demandés par le comité de protection des personnes concernant les cas notifiés de décès d'une personne.

SECTION IV RECHERCHES INTÉRESSANT LA DÉFENSE NATIONALE

(Décr. n° 2016-1537 du 16 nov. 2016, art. 21-II)

Art. R. 1125-26 *(Décr. n° 2016-1537 du 16 nov. 2016, art. 21-III)* Les recherches relevant du secret de la défense nationale ne sont pas soumises aux dispositions du présent titre, à l'exception des sections I à IV du chapitre Ier et du chapitre II.

CHAPITRE VI DISPOSITIONS PÉNALES

Le présent chapitre ne comporte pas de dispositions réglementaires.

TITRE TROISIÈME MÉDECINE PRÉDICTIVE, IDENTIFICATION GÉNÉTIQUE ET RECHERCHE GÉNÉTIQUE

CHAPITRE PREMIER PRINCIPES GÉNÉRAUX

(*Décr. nº 2008-321 du 4 avr. 2008*)

SECTION PREMIÈRE EXAMEN DES CARACTÉRISTIQUES GÉNÉTIQUES D'UNE PERSONNE ET IDENTIFICATION PAR EMPREINTES GÉNÉTIQUES À DES FINS MÉDICALES

SOUS-SECTION 1 DISPOSITIONS GÉNÉRALES

Art. R. 1131-1 L'examen des caractéristiques génétiques d'une personne ou son identification par empreintes génétiques à des fins médicales consiste à analyser ses caractéristiques génétiques héritées ou acquises à un stade précoce du développement prénatal.

Cette analyse a pour objet :

1° Soit de poser, de confirmer ou d'infirmer le diagnostic d'une maladie à caractère génétique chez une personne ;

2° Soit de rechercher les caractéristiques d'un ou plusieurs gènes susceptibles d'être à l'origine du développement d'une maladie chez une personne ou les membres de sa famille potentiellement concernés ;

3° Soit d'adapter la prise en charge médicale d'une personne selon ses caractéristiques génétiques.

Art. R. 1131-2 Constituent des analyses aux fins de détermination des caractéristiques génétiques d'une personne ou de son identification par empreintes génétiques à des fins médicales :

1° Les analyses de cytogénétique, y compris les analyses de cytogénétique moléculaire ;

2° Les analyses de génétique moléculaire ;

3° Toute autre analyse de biologie médicale prescrite dans l'intention d'obtenir des informations pour la détermination des caractéristiques génétiques d'une personne équivalentes à celles obtenues par les analyses mentionnées aux 1° et 2° ci-dessus. Ces analyses sont récapitulées dans un arrêté du ministre chargé de la santé pris après avis de l'Agence de la biomédecine.

Art. R. 1131-3 La prescription et la réalisation de l'examen des caractéristiques génétiques d'une personne à des fins médicales, ainsi que les modalités particulières des consultations adaptées en matière de génétique, font l'objet de règles de bonnes pratiques définies par arrêté du ministre chargé de la santé, pris sur proposition du directeur général de l'Agence de la biomédecine après avis de l'(*Décr. nº 2012-597 du 27 avr. 2012, art. 5-I-1º*) « Agence nationale de sécurité du médicament et des produits de santé ». Ces règles tiennent compte des recommandations de la Haute Autorité de *santé, en application* du 2° de l'article L. 161-37 du code de la sécurité sociale.

SOUS-SECTION 2 CONDITIONS DE PRESCRIPTION

Art. R. 1131-4 Préalablement à l'expression écrite de son consentement, la personne est informée des caractéristiques de la maladie recherchée, des moyens de la détecter, du degré de fiabilité des analyses ainsi que des possibilités de prévention et de traitement. En outre, elle est informée des modalités de transmission génétique de la maladie recherchée et de leurs possibles conséquences chez d'autres membres de sa famille.

Les informations mentionnées au précédent alinéa sont portées à la connaissance de la personne de confiance, de la famille ou d'un proche lorsque ces personnes sont consultées en application du deuxième alinéa de l'article L. 1131-1.

Lorsque la personne intéressée est un mineur ou un majeur sous tutelle, le consentement est donné, dans les conditions du premier alinéa, par les titulaires de l'autorité parentale ou le représentant légal. En outre, le consentement du mineur ou du majeur sous tutelle est systématiquement recherché s'il est apte à exprimer sa volonté et à participer à la décision.

Art. R. 1131-5 Chez un patient présentant un symptôme d'une maladie génétique, la prescription d'un examen des caractéristiques génétiques ne peut avoir lieu que dans le cadre d'une consultation médicale individuelle.

Chez une personne asymptomatique mais présentant des antécédents familiaux, la prescription d'un examen des caractéristiques génétiques ne peut avoir lieu que dans le cadre d'une consultation médicale individuelle. Cette consultation est effectuée par un médecin œuvrant au sein d'une équipe pluridisciplinaire rassemblant des compétences cliniques et génétiques. Cette équipe se dote d'un protocole type de prise en charge et se déclare auprès de l'Agence de la biomédecine selon des modalités fixées par décision du directeur général de l'agence.

Les examens ne peuvent être prescrits chez un mineur ou chez un majeur sous tutelle que si celui-ci ou sa famille peuvent personnellement bénéficier de mesures préventives ou curatives immédiates.

Le médecin consulté délivre une attestation certifiant qu'il a apporté à la personne concernée les informations définies à l'article R. 1131-4 et qu'il en a recueilli le consentement dans les conditions prévues au même article. Cette attestation est remise, selon le cas, soit au praticien agréé réalisant l'examen mentionné au 1° et au 2° de l'article R. 1131-2, soit au praticien responsable de la réalisation de l'examen mentionné au 3° du même article ; le double de cette attestation est versé au dossier médical de la personne concernée.

SOUS-SECTION 3 CONDITIONS D'AGRÉMENT ET D'AUTORISATION DE LA PRATIQUE DES EXAMENS DES CARACTÉRISTIQUES GÉNÉTIQUES D'UNE PERSONNE

§ 1er CONDITIONS D'AGRÉMENT DES PRATICIENS

Art. R. 1131-6 Les analyses définies aux 1° et 2° de l'article R. 1131-2 sont réalisées sous la responsabilité d'un praticien agréé à cet effet dans les conditions fixées à l'article R. 1131-9 et exerçant dans un des établissements ou organismes mentionnés à l'article R. 1131-13.

Le praticien agréé est seul habilité à signer les comptes rendus d'analyse.

Art. R. 1131-7 Le praticien agréé mentionné à l'article R. 1131-6 doit être médecin ou pharmacien, titulaire du diplôme d'études spécialisées de biologie médicale ou d'un diplôme équivalent ou, à titre exceptionnel, une personnalité scientifique justifiant de titres ou travaux spécifiques dans les domaines des analyses définies aux 1° et 2° de l'article R. 1131-2.

Ce praticien agréé doit en outre justifier, selon les catégories d'analyses sur lesquelles porte la demande d'agrément, d'une formation spécialisée et d'une expérience professionnelle jugées suffisantes, pour la catégorie d'analyses concernée, au regard des critères d'appréciation définis par le conseil d'orientation de l'Agence de la biomédecine en application de l'article L. 1418-4. Ces critères portent sur la durée ainsi que le contenu de la formation et de l'expérience et, le cas échéant, sur l'évolution des fonctions exercées par le praticien.

Art. R. 1131-8 Lorsque les analyses définies aux 1° et 2° de l'article R. 1131-2 sont pratiquées dans un laboratoire d'analyses de biologie médicale mentionné à l'article *L. 6211-2, le praticien agréé mentionné* à l'article R. 1131-6 doit être directeur ou directeur adjoint du laboratoire.

Art. R. 1131-9 L'agrément des praticiens mentionné à l'article R. 1131-6 est délivré par le directeur général de l'Agence de la biomédecine, pour une durée de cinq ans. Il peut être limité à certaines des analyses mentionnées aux 1° et 2° de l'article R. 1131-2.

La demande d'agrément est formulée selon un dossier type établi par le directeur général de l'agence, qui comprend l'identité du demandeur, ses titres et qualités, des éléments permettant d'apprécier sa formation et son expérience et, éventuellement, l'identification de la ou des structures dans lesquelles il exerce.

La demande d'agrément est adressée au directeur général de l'Agence de la biomédecine sous pli recommandé avec demande d'avis de réception ou déposée contre récépissé auprès de l'agence dans les mêmes conditions.

Le directeur de l'agence accuse réception du dossier de demande d'agrément. Lorsque des pièces indispensables à l'instruction de la demande sont manquantes, l'accusé de réception fixe le délai dans lequel ces pièces doivent être fournies.

Dans le cadre de l'instruction du dossier d'agrément, le directeur général de l'agence peut demander, par lettre recommandée avec demande d'avis de réception, toute information complémentaire qu'il estime nécessaire à l'instruction du dossier d'agrément. Il indique au demandeur le délai dans lequel ces informations doivent lui être fournies. Cette demande d'informations suspend le délai mentionné à l'alinéa précédent.

Art. R. 1131-10 Le renouvellement de l'agrément du praticien est délivré par le directeur général de l'Agence de la biomédecine. Il est subordonné à l'évaluation de son activité, selon les critères suivants :

1° Participation du praticien à la formation continue dans le domaine de l'examen des caractéristiques génétiques ;

2° Obtention de titres, réalisation de travaux, publications durant la période de validité de l'agrément.

Ces critères sont précisés par le directeur général de l'agence, après avis de son conseil d'orientation.

Le dossier de demande de renouvellement de l'agrément doit être déposé par le praticien, auprès de l'Agence de la biomédecine, au moins six mois avant la date d'échéance de cet agrément.

En cas de refus de renouvellement, le directeur général de l'Agence de la biomédecine informe de cette décision le praticien, l'*(Décr. n° 2010-344 du 31 mars 2010, art. 6)* « agence régionale de santé » compétente, ainsi que l'établissement ou organisme titulaire de l'autorisation mentionnée à l'article R. 1131-13 au sein duquel exerce le praticien.

Art. R. 1131-11 Le retrait de l'agrément du praticien mentionné à l'article R. 1131-6 est encouru en cas de violation des prescriptions prévues au présent chapitre ou en cas de violation des termes de l'agrément.

La décision motivée de retrait est prise par le directeur général de l'Agence de la biomédecine. Le praticien est informé par lettre recommandée avec demande d'avis de réception du directeur général de l'ouverture d'une procédure de retrait. Il est invité à présenter préalablement à cette décision ses observations orales ou écrites et peut se faire assister d'un défenseur de son choix.

En cas d'urgence, l'agrément peut, à titre conservatoire, être suspendu pour une durée maximale de trois mois par le directeur général de l'Agence de la biomédecine.

Le directeur général de l'Agence de la biomédecine informe de la décision de retrait ou de suspension le praticien, l'*(Décr. n° 2010-344 du 31 mars 2010, art. 6)* « agence régionale de santé » compétente, ainsi que l'établissement ou organisme titulaire de l'autorisation mentionnée à l'article R. 1131-13 au sein duquel exerce le praticien.

Art. R. 1131-12 L'Agence de la biomédecine publie au Bulletin officiel du ministère de la santé les décisions relatives à l'agrément des praticiens, au renouvellement, à la suspension et au retrait de cet agrément.

Elle tient à jour la liste des praticiens agréés et la met à la disposition du public.

§ 2 CONDITIONS D'AUTORISATION DES LABORATOIRES

Art. R. 1131-13 Les analyses mentionnées aux 1° et 2° de l'article R. 1131-2 ne peuvent être pratiquées que dans les laboratoires de biologie médicale des établissements publics de santé, les laboratoires des centres de lutte contre le cancer, les laboratoires d'analyses de biologie médicale mentionnés à l'article L. 6211-2 et les laboratoires d'analyses de biologie médicale de l'Établissement français du sang autorisés dans les conditions définies aux articles R. 1131-14 et suivants.

Ces analyses peuvent également être effectuées dans un laboratoire d'un autre État membre de la Communauté européenne ou partie à l'accord sur l'Espace économique européen déclaré ou autorisé dans les conditions définies aux articles R. 6211-48 à R. 6211-64. Les dispositions de la présente sous-section ne sont pas applicables à ces laboratoires.

Les laboratoires mentionnés au premier alinéa doivent disposer des équipements nécessaires à la réalisation des analyses définies aux 1° et 2° de l'article R. 1131-2. La liste de ces équipements est fixée par arrêté du ministre chargé de la santé après avis de l'Agence de la biomédecine.

Les locaux et les équipements peuvent être communs avec ceux qui sont utilisés en application de l'article R. 2131-6 pour le diagnostic prénatal.

Art. R. 1131-14 Sans préjudice des conditions définies aux 1° et 2° de l'article L. 6122-2, l'octroi ou le renouvellement de l'autorisation, mentionnée à l'article R. 1131-13, de pratiquer les analyses mentionnées aux 1° et 2° de l'article R. 1131-2 est subordonné au respect des règles fixées par le présent paragraphe. Ces règles constituent les conditions d'implantation et les conditions techniques de fonctionnement prévues au 3° de l'article L. 6122-2.

L'autorisation est délivrée par *(Décr. n° 2010-344 du 31 mars 2010, art. 6)* « le directeur général de l'agence régionale de santé ». Elle peut être limitée à certaines des catégories d'analyses mentionnées au précédent alinéa.

L'autorisation précise le site d'exercice. Lorsque l'autorisation est délivrée à un laboratoire d'analyses de biologie médicale mentionné à l'article L. 6211-2, elle précise le lieu où sont implantés les locaux réservés à ces activités dans le respect des dispositions de l'article R. 6211-11.

Art. R. 1131-15 L'autorisation prévue à l'article R. 1131-13 est délivrée, pour une durée de cinq ans, dans les conditions prévues aux articles R. 6122-23 à R. 6122-44. Toutefois, avant de prendre l'avis *(Décr. n° 2010-344 du 31 mars 2010, art. 6)* « de la commission spécialisée de la conférence régionale de la santé et de l'autonomie compétente pour le secteur sanitaire, l'agence régionale de santé » recueille, en vertu du 12° de l'article L. 1418-1, l'avis de l'Agence de la biomédecine sur la demande d'autorisation et, le cas échéant, sur la demande de renouvellement.

Le directeur général de l'Agence de la biomédecine transmet son avis au *(Décr. n° 2010-344 du 31 mars 2010, art. 6)* « directeur général de l'agence régionale de santé » dans un délai de deux mois à compter de la date de réception du dossier.

Le directeur général de l'Agence de la biomédecine est informé par le *(Décr. n° 2010-344 du 31 mars 2010, art. 6)* « directeur général de l'agence régionale de santé » des autorisations accordées et refusées, ainsi que des décisions relatives au renouvellement des autorisations et des décisions prises en application de la procédure prévue à l'article L. 6122-12.

L'Agence de la biomédecine tient à jour une liste des laboratoires d'analyses de biologie médicale autorisés et la met à la disposition du public sur son site internet.

La composition du dossier justificatif prévu à l'article R. 6122-32-1 est fixée par arrêté du ministre chargé de la santé, pris après avis du directeur général de l'Agence de la biomédecine.

Art. R. 1131-16 Lorsqu'il est fait application des dispositions du troisième alinéa de l'article L. 6122-10 relatives au renouvellement d'autorisation, la demande est déposée comme il est prévu à l'article R. 6122-28. Dans ce cas, le titulaire de l'autorisation adresse un exemplaire de cette demande au directeur général de l'Agence de la biomédecine.

Art. R. 1131-17 En cas de manquement aux dispositions législatives et réglementaires du présent titre et des livres Ier et II de la sixième partie du présent code ou de violation des conditions fixées dans l'autorisation, la suspension ou le retrait de l'autorisation est encouru dans les conditions prévues par l'article L. 6122-13.

Lorsqu'il est fait application des dispositions du dernier alinéa de cet article relatives au maintien de la suspension ou de retrait de l'autorisation, le *(Décr. n° 2010-344 du 31 mars 2010, art. 6)* « directeur général de l'agence régionale de santé » peut recueillir l'avis de l'Agence de la biomédecine.

Art. R. 1131-18 Le titulaire de l'autorisation mentionnée à l'article R. 1131-13 est tenu de déclarer à l'*(Décr. n° 2010-344 du 31 mars 2010, art. 6)* « agence régionale de santé » compétente et à l'Agence de la biomédecine, le nom des praticiens agréés préalablement à la mise en œuvre de l'autorisation, ainsi que le nom de tout nouveau praticien agréé préalablement à sa prise de fonction. Il est également tenu d'informer l'*(Décr. n° 2010-344 du 31 mars 2010, art. 6)* « agence régionale de santé » et l'Agence de la biomédecine de la cessation d'activité de ces praticiens.

Tout laboratoire d'analyses de biologie médicale autorisé mentionné à l'article R. 1131-13 est tenu de présenter à l'*(Décr. n° 2010-344 du 31 mars 2010, art. 6)* « agence régionale de santé » et à l'Agence de la biomédecine un rapport annuel d'activité dont la forme et le contenu sont définis par arrêté du ministre chargé de la santé, pris après avis de l'Agence de la biomédecine.

La forme, la périodicité, le contenu de l'évaluation périodique, ainsi que les modalités d'appréciation des résultats des activités régies par le présent chapitre et mentionnée à l'article L. 6122-10 sont également définis par arrêté du ministre chargé de la santé, pris après avis de l'Agence de la biomédecine.

SOUS-SECTION 4 CONDITIONS DE COMMUNICATION DES RÉSULTATS

Art. R. 1131-19 Le compte rendu des analyses mentionnées aux 1° et 2° de l'article R. 1131-2 est commenté et signé par le praticien agréé conformément à l'article R. 1131-6 et celui des analyses de biologie médicale mentionnées au 3° de l'article R. 1131-2 par le praticien responsable de ces analyses.

Le médecin prescripteur communique les résultats de l'examen des caractéristiques génétiques à la personne concernée ou, le cas échéant, aux personnes mentionnées au deuxième alinéa de l'article L. 1131-1, dans le cadre d'une consultation médicale individuelle.

La personne concernée peut refuser que les résultats de l'examen lui soient communiqués. Dans ce cas, et sous réserve des dispositions du quatrième alinéa de l'article L. 1111-2, le refus est consigné par écrit dans le dossier de la personne.

SOUS-SECTION 5 CONDITIONS DE CONSERVATION DES DOCUMENTS

Art. R. 1131-20 Le consentement écrit et les doubles de la prescription de l'examen des caractéristiques génétiques et des comptes rendus d'analyses de biologie médicale commentés et signés sont conservés par le médecin prescripteur dans le dossier médical de la personne concernée, dans le respect du secret professionnel.

Les comptes rendus d'analyses de biologie médicale et leur commentaire explicatif sont conservés par les laboratoires d'analyses de biologie médicale mentionnés à l'article R. 1131-13 pendant une durée de trente ans.

Dans tous les cas, l'archivage de ces résultats est effectué dans les conditions de sécurité et de confidentialité.

SOUS-SECTION 6 CONDITIONS DE MISE EN ŒUVRE DE L'INFORMATION DE LA PARENTÈLE

(Décr. n° 2013-527 du 20 juin 2013, art. 1er)

Art. R. 1131-20-1 I. – Préalablement à la prescription, dans les conditions fixées par l'article R. 1131-5, d'un examen des caractéristiques génétiques susceptible d'identifier une anomalie génétique pouvant être responsable d'une affection grave justifiant de mesures de prévention, y compris de conseil génétique, ou de soins, le médecin prescripteur informe la personne qu'elle est tenue, si le diagnostic de cette anomalie est confirmé, d'informer les membres de sa famille potentiellement concernés dont elle ou, le cas échéant, son représentant légal possède ou peut raisonnablement obtenir les coordonnées.

Conformément aux dispositions prévues par l'article L. 1131-1-2, ce médecin informe également la personne que, dans l'hypothèse où cette dernière exprimerait par écrit sa volonté d'être tenue dans l'ignorance du diagnostic ou ne souhaiterait pas informer elle-même les intéressés ou certains d'entre eux, elle peut l'autoriser à procéder à cette information dans les conditions prévues par la loi et par la présente sous-section.

Ce médecin l'informe, en outre, des conséquences d'un éventuel refus de sa part de transmettre, soit elle-même, soit par son intermédiaire, l'information aux membres de sa famille potentiellement concernés dans les conditions prévues par l'article L. 1131-1-2.

Lorsqu'il existe une forte probabilité que l'information de la parentèle n'aura pour objet que le conseil génétique donné dans le cadre d'un projet parental, le médecin, initialement envisagé comme prescripteur, oriente la personne vers un médecin œuvrant au sein d'une équipe pluridisciplinaire mentionnée au deuxième alinéa de l'article R. 1131-5. Dans cette circonstance, la prescription de l'examen des caractéristiques génétiques et la mise en œuvre de la procédure d'information de la parentèle prévue par la présente sous-section sont dévolues à ce médecin.

II. — Lors de l'établissement du document d'information écrit mentionné au premier alinéa de l'article L. 1131-1-2 ayant pour objet de définir l'objet et les modalités de l'information destinée aux membres de la famille, le médecin prescripteur détermine, en fonction des éléments médicaux dont il dispose à ce stade et conformément aux bonnes pratiques définies par l'article R. 1131-20-5, les catégories de membres de la famille potentiellement concernés par l'information, eu égard au lien de parenté avec la personne et à la nature de l'anomalie recherchée.

III. — Si la personne exprime son souhait d'informer elle-même les intéressés ou certains d'entre eux, le médecin prescripteur mentionne cette information au dossier médical et précise l'identité des tiers qui seront informés directement par la personne. Outre la réalisation du document écrit mentionné à l'alinéa précédent, le médecin peut, à la demande de la personne et conformément aux bonnes pratiques définies par l'article R. 1131-20-5, proposer des mesures d'accompagnement relatives à la préparation et à la délivrance de l'information aux membres de la famille potentiellement concernés désignés par la personne.

IV. — Si la personne exprime son souhait de ne pas informer elle-même les intéressés ou certains d'entre eux, ou a exprimé par écrit sa volonté d'être tenue dans l'ignorance du diagnostic, elle indique par une demande écrite au médecin prescripteur si elle consent à ce qu'il soit procédé par son intermédiaire à l'information des membres de sa famille potentiellement concernés qu'elle n'entend pas informer elle-même dans les conditions prévues au quatrième alinéa de l'article L. 1131-1-2.

Lorsque cette demande écrite est réalisée, le médecin prescripteur en accuse réception. Elle doit être accompagnée de la communication des coordonnées des membres de la famille préalablement identifiés que la personne ne souhaite pas informer personnellement.

V. — En l'absence d'une telle demande, le médecin mentionne dans le dossier médical le refus de la personne.

VI. — Lorsque la personne informe son médecin de son changement d'avis sur les modalités de transmission de l'information à sa parentèle, il le mentionne au dossier médical et, le cas échéant, met en œuvre la procédure souhaitée par la personne.

Art. R. 1131-20-2 En cas de diagnostic d'une anomalie génétique pouvant être responsable d'une affection grave justifiant de mesures de prévention ou de soins, le médecin, hormis l'hypothèse où la personne a demandé à être tenue dans l'ignorance du diagnostic, communique le résultat de l'examen à la personne puis lui remet le document résumant cette information mentionné au deuxième alinéa de l'article L. 1131-1-2 dans les conditions fixées par cette disposition. Au vu des résultats de l'examen réalisé, il communique également à la personne la liste, le cas échéant modifiée, des membres de la famille potentiellement concernés par l'anomalie génétique ainsi identifiée qui doivent être informés. Les copies de ces documents sont versées au *dossier médical.*

Lorsque la personne ne souhaite pas informer elle-même les membres de sa famille potentiellement concernés et demande au médecin à ce qu'il procède à la transmission de l'information selon la procédure prévue au quatrième alinéa de l'article L. 1131-1-2, ce dernier, par lettre recommandée, porte à la connaissance des membres de la famille potentiellement concernés dont les coordonnées lui ont été préalablement transmises l'existence d'une information médicale à caractère familial susceptible de les concerner. Un modèle de lettre adressée aux membres de la famille potentiellement concernés en application du quatrième alinéa de l'article L. 1131-1-2 est fixé par arrêté du ministre chargé de la santé.

Art. R. 1131-20-3 Préalablement à la prescription de l'examen des caractéristiques génétiques mentionné à l'article R. 1131-20-1, le médecin prescripteur interroge la personne sur l'existence éventuelle de sa part d'un don de gamètes ou, le cas échéant, d'un consentement du couple dont elle est membre à l'accueil de ses embryons par un autre couple. Dans ces situations, le médecin prescripteur informe la personne qu'il peut, avec son autorisation, porter à la connaissance du responsable du centre d'assistance médicale à la procréation l'existence de l'anomalie génétique en cause dès lors que le diagnostic est confirmé afin que celui-ci procède à l'information des personnes nées du don.

Lorsque la personne y consent, elle donne par écrit au médecin prescripteur, qui en atteste, l'autorisation d'informer le responsable du centre d'assistance médicale à la procréation. La personne communique au médecin les coordonnées du centre d'assistance médicale à la procréation où le don a eu lieu ou celles du centre où les embryons sont ou étaient conservés.

En l'absence d'une telle autorisation, le médecin mentionne dans le dossier médical le refus de la personne.

Art. R. 1131-20-4 Le médecin consulté par la personne apparentée ayant reçu la lettre d'information médicale à caractère familial mentionnée au quatrième alinéa de l'article L. 1131-1-2 se rapproche du médecin prescripteur qui a adressé cette lettre pour obtenir l'information relative à l'anomalie génétique en cause.

Le médecin prescripteur ne transmet que l'information relative à l'anomalie génétique en cause, à l'exclusion de toute autre information couverte par le secret médical, et notamment de l'identité de la personne chez qui l'anomalie génétique pouvant être responsable d'une affection grave justifiant de mesures de prévention et de soins a été diagnostiquée.

Art. R. 1131-20-5 Sont définies par arrêté du ministre chargé de la santé, pris sur proposition de l'Agence de la biomédecine et de la Haute Autorité de santé, les règles de bonnes pratiques relatives :

1° Aux critères permettant d'identifier les affections graves causées par des anomalies génétiques ;

2° Aux critères permettant d'identifier les affections graves pour lesquelles il existe une forte probabilité qu'aucune mesure de prévention ou de soin n'existe et que l'information à la parentèle se limitera à permettre des choix en matière de conseil génétique dans le cadre d'un projet parental ;

3° Aux critères médicaux permettant de faciliter, en fonction du type d'anomalie, l'identification des tiers potentiellement concernés ;

4° Aux informations que le médecin doit délivrer à la personne, relatives aux conséquences d'un éventuel refus de sa part de transmettre l'information aux membres de sa famille potentiellement concernés ;

5° Aux éléments susceptibles de figurer dans le document écrit mentionné au premier alinéa de l'article L. 1131-1-2 ;

6° A l'accompagnement de la personne s'étant engagée à délivrer elle-même l'information aux membres de sa famille potentiellement concernés afin de l'aider dans sa démarche, notamment dans la préparation de la délivrance de l'information.

SECTION II DÉPISTAGE DES MALADIES NÉONATALES

Art. R. 1131-21 Le dépistage néonatal s'entend de celui des maladies à expression néonatale, à des fins de prévention secondaire. Il est effectué auprès de tous les nouveau-nés ou, dans certains cas, auprès de ceux qui présentent un risque particulier de développer l'une de ces maladies. La liste de ces maladies est fixée par arrêté du ministre chargé de la santé après avis de l'Agence de la biomédecine.

Art. R. 1131-22 Les dispositions de l'article R. 1131-4 s'appliquent au dépistage néonatal. Les informations délivrées aux titulaires de l'autorité parentale précisent notamment les finalités de ce dépistage.

SECTION III MODALITÉS D'APPLICATION AU SERVICE DE SANTÉ DES ARMÉES

Art. R. 1131-23 Pour l'application des dispositions du présent chapitre, les hôpitaux des armées sont regardés comme des établissements publics de santé.

Pour les laboratoires d'analyses de biologie médicale de ces hôpitaux, le ministre de la défense exerce les attributions de l'*(Décr. n° 2010-344 du 31 mars 2010, art. 7)* « agence régionale de santé ». Les praticiens qui réalisent dans ces hôpitaux les analyses mentionnées aux 1° et 2° de l'article R. 1131-2 sont agréés par le directeur général de l'Agence de la biomédecine selon les conditions fixées aux articles R. 1131-6 à R. 1131-12.

CHAPITRE II PROFESSION DE CONSEILLER EN GÉNÉTIQUE

(Décr. n° 2007-1429 du 3 oct. 2007, art. 1er)

SECTION PREMIÈRE RESSORTISSANTS D'UN ÉTAT MEMBRE DE L'UNION EUROPÉENNE OU D'UN AUTRE ÉTAT PARTIE À L'ACCORD SUR L'ESPACE ÉCONOMIQUE EUROPÉEN

(Décr. n° 2010-334 du 26 mars 2010, art. 1er)

SOUS-SECTION 1 LIBRE ÉTABLISSEMENT

Art. R. 1132-1 Le préfet de la région *(Décr. n° 2017-1520 du 2 nov. 2017, art. 2-I)* « désignée par arrêté du ministre chargé de la santé » délivre, après avis de la commission des conseillers en génétique mentionnée à l'article R. 1132-4-1, l'autorisation d'exercice prévue à l'article L. 1132-3, au vu d'une demande accompagnée d'un dossier présenté et instruit selon les modalités fixées par l'arrêté mentionné à l'article R. 1132-3.

Il accuse réception de la demande dans le délai d'un mois à compter de sa réception.

Le silence gardé par le préfet de région à l'expiration d'un délai de quatre mois à compter de la réception du dossier complet vaut décision de rejet de la demande.

Art. R. 1132-2 *(Décr. n° 2017-1520 du 2 nov. 2017, art. 2-II)* La commission examine les connaissances, aptitudes et compétences acquises au cours de la formation initiale, de l'expérience professionnelle et de la formation tout au long de la vie ayant fait l'objet d'une validation par un organisme compétent, de l'intéressé, selon les modalités prévues aux articles R. 4311-35 et R. 4311-36.

Art. R. 1132-3 Sont fixées par arrêté du ministre chargé de la santé :

1° La composition du dossier produit à l'appui de la demande d'autorisation ;

2° La composition du jury de l'épreuve d'aptitude et les modalités d'organisation de cette épreuve ;

(Décr. n° 2017-1520 du 2 nov. 2017, art. 2-III) « 3° Les modalités et les conditions dans lesquelles un stage d'adaptation, une épreuve d'aptitude ou les deux sont imposés ;

« 4° » Les modalités d'organisation et d'évaluation du stage d'adaptation ;

(Décr. n° 2017-1520 du 2 nov. 2017, art. 2-III) « 5° » Les informations à fournir dans les états statistiques.

SOUS-SECTION 2 LIBRE PRESTATION DE SERVICES

Art. R. 1132-4 Les dispositions des articles R. 4331-12 à R. 4331-15 sont applicables à la prestation de services des conseillers en génétique dont la déclaration est prévue à l'article L. 1132-5. *(Abrogé par Décr. n° 2017-1520 du 2 nov. 2017, art. 2-VI)* *« Le ministre chargé de la santé se prononce après avis de la commission mentionnée à l'article R. 1132-4-1. Il est également compétent pour l'application de l'article R. 4331-14. »*

SOUS-SECTION 3 DISPOSITIONS COMMUNES

Art. R. 1132-4-1 La commission des conseillers en génétique mentionnée aux articles L. 1132-3 et L. 1132-5 comprend :

1° Le directeur général de l'offre de soins ou son représentant, président ;

2° Le directeur général de l'enseignement supérieur et de l'insertion professionnelle ou son représentant ;

3° Un généticien ;

4° Un oncogénéticien ;

5° Un conseiller en génétique ;

6° Un conseiller en oncogénétique.

Un arrêté du ministre chargé de la santé nomme, pour une durée de cinq ans renouvelable, les membres titulaires et suppléants mentionnés aux 3° à 6°.

Art. R. 1132-4-2 La direction générale de l'offre de soins assure le secrétariat de la commission.

Art. R. 1132-4-3 *(Décr. n° 2017-1520 du 2 nov. 2017, art. 2-VIII)* Le contrôle par l'autorité compétente de la maîtrise de la langue française par le demandeur donne lieu à une décision qui peut faire l'objet d'un recours devant le tribunal administratif territorialement compétent.

SECTION II CONDITIONS D'EXERCICE ET RÈGLES PROFESSIONNELLES

SOUS-SECTION 1 CONDITIONS D'EXERCICE

Art. R. 1132-5 Le conseiller en génétique exerce sur prescription médicale sous la responsabilité d'un médecin qualifié en génétique et par délégation de celui-ci. Il a un exercice salarié au sein d'une équipe pluridisciplinaire dans un établissement de santé, notamment au sein des centres pluridisciplinaires de diagnostic prénatal mentionnés à l'article R. 2131-12.

Art. R. 1132-6 Le conseiller en génétique ne peut exercer une autre activité professionnelle que si un tel cumul est compatible avec la dignité et la qualité qu'exige son exercice professionnel.

SOUS-SECTION 2 RÈGLES PROFESSIONNELLES

Art. R. 1132-7 Le conseiller en génétique exerce sa profession dans le respect de la vie et de la personne humaine.

Il agit en toutes circonstances dans l'intérêt des personnes, qui le consultent dont il respecte la dignité et l'intimité.

Art. R. 1132-8 Lorsque le conseiller en génétique a accepté la prise en charge d'une personne, il est tenu d'assurer le suivi et la continuité de cette prise en charge.

Art. R. 1132-9 Le conseiller en génétique n'accomplit que les actes professionnels qui relèvent de sa compétence en vertu des dispositions prévues à l'article L. 1132-1.

Art. R. 1132-10 Les conseillers en génétique et les stagiaires en cours de formation de conseiller en génétique sont soumis au secret professionnel dans les conditions *énoncées aux articles* 226-13 et 223-14 du code pénal.

Le secret couvre non seulement ce qui a été confié, mais aussi ce qui a été vu, lu, entendu, constaté ou compris.

Le conseiller en génétique instruit les personnes qui l'assistent de leurs obligations en matière de secret professionnel et veille à ce qu'elles s'y conforment.

Art. R. 1132-11 Le conseiller en génétique applique et respecte la prescription médicale, ainsi que, le cas échéant, les protocoles de prise en charge que le médecin prescripteur a définis.

Il demande au médecin prescripteur un complément d'information chaque fois qu'il le juge utile, notamment s'il s'estime insuffisamment éclairé.

Le conseiller en génétique communique au médecin prescripteur toute information en sa possession susceptible de concourir à l'établissement du diagnostic ou de permettre une meilleure adaptation du traitement en fonction de l'état de santé du patient et de son évolution.

Art. R. 1132-12 Le conseiller en génétique fournit aux personnes qui le consultent toutes les informations et explications requises de façon complète adaptée, intelligible et loyale fondées sur des données scientifiques précises et validées en les aidant à faire un choix éclairé.

Il établit avec soin les documents nécessaires aux personnes qui le consultent. Il lui est interdit d'en faire ou d'en favoriser une utilisation frauduleuse, ainsi que d'établir des documents de complaisance.

Art. R. 1132-13 Le conseiller en génétique aide chaque personne qui le consulte avec la même conscience et sans discrimination, quels que soient les sentiments qu'il peut éprouver à son égard et sans chercher à exploiter sa confiance en vue d'un avantage personnel ou financier.

Il respecte la liberté et les choix personnels des personnes qui le consultent.

Art. R. 1132-14 Le conseiller en génétique veille à la protection de tous les documents qu'il peut détenir contre toute indiscrétion en préservant sur le lieu de son exercice, autant qu'il lui est possible, la confidentialité des données recueillies et de leur analyse et en prenant toutes précautions en son pouvoir pour éviter que des personnes non autorisées puissent avoir accès aux données qu'il est appelé à utiliser dans le cadre de son exercice.

Art. R. 1132-15 Le conseiller en génétique a l'obligation de mettre à jour ses connaissances et de se tenir informé de l'évolution des législations, réglementations et des bonnes pratiques professionnelles concernant son activité.

Il doit reconnaître les limites de ses connaissances et de ses compétences et orienter, si nécessaire, le consultant et sa famille vers un autre professionnel de santé susceptible de répondre à leurs besoins.

Art. R. 1132-16 Le conseiller en génétique respecte le droit des personnes qui le consultent de s'adresser au professionnel de santé de leur choix.

Art. R. 1132-17 Le conseiller en génétique entretient avec les membres de l'équipe en charge des personnes qui le consultent des rapports de bonne confraternité.

Il établit avec eux une coopération dans l'intérêt de ces personnes.

Il lui est interdit de calomnier un professionnel de la santé, de médire de lui ou de se faire écho de propos susceptibles de lui nuire dans l'exercice de sa profession.

Un conseiller en génétique en conflit avec un confrère doit rechercher la conciliation.

Art. R. 1132-18 Le conseiller en génétique ne doit pas user de sa situation professionnelle pour tenter d'obtenir pour lui-même ou pour autrui un avantage ou un profit injustifié ou pour commettre un acte contraire à la probité.

Art. R. 1132-19 Dans le cas où il est interrogé à l'occasion d'une procédure disciplinaire, le conseiller en génétique est tenu, dans la mesure compatible avec le respect du secret professionnel, de révéler les faits utiles à l'instruction parvenus à sa connaissance.

Art. R. 1132-20 Lorsqu'il participe à des *(Décr. n° 2016-1537 du 16 nov. 2016, art. 23-I)* « recherches impliquant la personne humaine », le conseiller en génétique doit le faire dans le respect des dispositions du titre II du livre Ier de la partie I du présent code.

CHAPITRE III **DISPOSITIONS PÉNALES** *(Décr. n° 2007-1429 du 3 oct. 2007, art. 1er).*

Le présent chapitre ne comporte pas de dispositions réglementaires.

TITRE QUATRIÈME RÉPARATION DES CONSÉQUENCES DES RISQUES SANITAIRES

CHAPITRE PREMIER ACCÈS À L'ASSURANCE CONTRE LES RISQUES D'INVALIDITÉ OU DE DÉCÈS

SECTION PREMIÈRE RISQUES AGGRAVÉS

(*Décr. nº 2017-147 du 7 févr. 2017, art. 1er*)

Art. R. 1141-1 Conformément aux dispositions combinées des articles L. 133-1 du code des assurances, L. 112-4 du code de la mutualité, L. 932-39 du code de la sécurité sociale et des articles L. 313-6-1, L. 612-1 et L. 612-39 du code monétaire et financier, les manquements à l'obligation énoncée à l'article L. 1141-5 du présent code sont passibles de sanctions dans les conditions prévues à la sous-section 1 de la section VII du chapitre II du titre Ier du livre VI du code monétaire et financier.

Art. D. 1141-2 (*Décr. nº 2017-173 du 13 févr. 2017, art. 1er-I*) I. — L'instance de suivi et de propositions mentionnée au 10º de l'article L. 1141-2-1 établit un document d'information relatif aux dispositions de l'article L. 1141-5 qui précise :

1º Les conditions et les délais dans lesquels les candidats à l'assurance ne sont pas tenus de déclarer leurs antécédents médicaux ;

2º Les conditions et les délais dans lesquels les candidats à l'assurance ne pourront se voir appliquer une majoration de tarifs ou une exclusion de garanties ;

3º Les modalités de consultation de la grille de référence prévue à l'article L. 1141-5.

II. — Ce document d'information est remis par les organismes assureurs à chaque candidat à l'assurance ayant pour objet le remboursement d'un crédit relevant de la convention mentionnée à l'article L. 1141-2, simultanément au formulaire de déclaration de risque mentionné aux articles L. 113-2 du code des assurances, L. 221-13 du code de la mutualité et L. 932-5 du code de la sécurité sociale.

Le document d'information et le formulaire de déclaration de risque peuvent être assemblés dans un document unique.

CHAPITRE II RISQUES SANITAIRES RÉSULTANT DU FONCTIONNEMENT DU SYSTÈME DE SANTÉ

SECTION PREMIÈRE PRINCIPES GÉNÉRAUX

SOUS-SECTION 1 CARACTÈRE DE GRAVITÉ DU PRÉJUDICE OUVRANT DROIT À RÉPARATION AU TITRE DE LA SOLIDARITÉ NATIONALE

Art. D. 1142-1 Le pourcentage mentionné au dernier alinéa de l'article L. 1142-1 est fixé à 24 %.

(*Décr. nº 2011-76 du 19 janv. 2011*) « Présente également le caractère de gravité mentionné au II de l'article L. 1142-1 un accident médical, une affection iatrogène ou une infection nosocomiale ayant entraîné, pendant une durée au moins égale à six mois consécutifs ou à six mois non consécutifs sur une période de douze mois, un arrêt temporaire des activités professionnelles ou des gênes temporaires constitutives d'un déficit fonctionnel temporaire supérieur ou égal à un taux de 50 %. »

A titre exceptionnel, le caractère de gravité peut être reconnu :

1º Lorsque la victime est déclarée définitivement inapte à exercer l'activité professionnelle qu'elle exerçait avant la survenue de l'accident médical, de l'affection iatrogène ou de l'infection nosocomiale ;

2º Ou lorsque l'accident médical, l'affection iatrogène ou l'infection nosocomiale occasionne des troubles particulièrement graves, y compris d'ordre économique, dans ses conditions d'existence.

Sur le taux d'incapacité des victimes d'accidents médicaux, d'affections iatrogènes ou d'infections nosocomiales, V. annexe 11-2 ⌂.

Fixation du taux. En exprimant le seuil de gravité sous la forme d'un taux, le Décr. n° 2011-76 du 19 janv. 2011 ne méconnaît ni l'art. L. 1142-1-II, ni l'objectif à valeur constitutionnelle d'intelligibilité de la norme, ni le principe de sécurité juridique, ni le principe d'égalité. • CE 2 déc. 2011, *FNTH et APF*, n° 347609.

Art. D. 1142-2 Le barème d'évaluation des taux d'incapacité des victimes d'accidents médicaux, d'affections iatrogènes ou d'infections nosocomiales mentionné à l'article L. 1142-1 constitue l'annexe 11-2 du présent code.

Art. D. 1142-3 L'expert médical appelé à évaluer l'incapacité de la victime d'une lésion à laquelle le barème ne comporte pas de référence informe, par avis motivé, la commission *(Abrogé par Décr. n° 2012-298 du 2 mars 2012, art. 7-1°)* « ***régionale*** » de conciliation et d'indemnisation des accidents médicaux, des affections iatrogènes et des infections nosocomiales compétente des références à l'aide desquelles il procède à cette évaluation.

Cette information est transmise à la Commission nationale des accidents médicaux ainsi qu'aux parties intéressées et, le cas échéant, à leurs assureurs.

La commission *(Décr. n° 2012-298 du 2 mars 2012, art. 7-1°)* « mentionnée au premier alinéa » fixe un taux d'incapacité sur la base de cette évaluation.

SOUS-SECTION 2 PLAFONDS DE GARANTIE DES CONTRATS D'ASSURANCE

Art. R. 1142-4 Les plafonds mentionnés à l'article L. 1142-2 ne peuvent être inférieurs à *(Décr. n° 2011-2030 du 29 déc. 2011, art. 1er)* « 8 » millions d'euros par sinistre et à *(Décr. n° 2011-2030 du 29 déc. 2011, art. 1er)* « 15 » millions d'euros par année d'assurance.

SECTION II PROCÉDURE DE RÈGLEMENT AMIABLE EN CAS D'ACCIDENTS MÉDICAUX, D'AFFECTIONS IATROGÈNES OU D'INFECTIONS NOSOCOMIALES

SOUS-SECTION 1 COMMISSION DE CONCILIATION ET D'INDEMNISATION DES ACCIDENTS MÉDICAUX, DES AFFECTIONS IATROGÈNES ET DES INFECTIONS NOSOCOMIALES *(Décr. n° 2012-298 du 2 mars 2012, art. 1er-1°)*.

Art. R. 1142-4-1 *(Décr. n° 2012-298 du 2 mars 2012, art. 1er-2°)* La commission définie à l'article L. 1142-5 a pour ressort une région ou les régions que désigne l'arrêté mentionné au deuxième alinéa du même article. Cet arrêté précise dans quelle région la commission a son siège.

Toutefois, plusieurs commissions peuvent être créées dans une même région, par arrêté des ministres chargés de la santé, de la sécurité sociale et du budget, pour tenir compte du nombre de demandes d'indemnisation formulées auprès de la commission régionale existante, du nombre d'habitants de la région ainsi que du nombre de professionnels, établissements, services et organismes mentionnés à l'article L. 1142-1. Le ressort de la commission comprend alors un ou plusieurs départements.

L'arrêté précise le ressort et la date d'entrée en fonction des nouvelles commissions. L'instruction des demandes dont la commission régionale est saisie à cette date se poursuit devant la nouvelle commission compétente, pour chaque demande, en vertu du premier alinéa de l'article R. 1142-13. Le délai mentionné à l'article L. 1142-8 court de la date de saisine de la commission régionale.

Art. R. 1142-5 *(Décr. n° 2012-298 du 2 mars 2012, art. 1er-3°)* « Chaque commission comprend, outre son président : »

1° *(Décr. n° 2014-19 du 9 janv. 2014, art. 1er-1°-a)* « Trois » représentants *(Décr. n° 2012-298 du 2 mars 2012, art. 6)* « des usagers proposés par des » associations d'usagers du système de santé ayant fait l'objet d'un agrément au niveau régional dans les conditions prévues à l'article L. 1114-1 ou ayant fait l'objet d'un agrément au niveau national et ayant une représentation au niveau régional ;

2° Au titre des professionnels de santé :

(Décr. n° 2014-19 du 9 janv. 2014, art. 1er-1°-b) « — un représentant des professionnels de santé exerçant à titre libéral désigné après avis des instances régionales des organisations syndicales représentatives ; »

— un praticien hospitalier désigné après avis des instances régionales des organisations syndicales représentatives ;

3° Au titre des responsables des institutions et établissements publics et privés de santé :

— un responsable d'établissement public de santé proposé par les organisations d'hospitalisation publique les plus représentatives au plan régional ;

— deux responsables d'établissements de santé privés désignés par les organisations d'hospitalisation privée les plus représentatives au plan régional, dont un représentant des organisations d'hospitalisation privée à but non lucratif *(Abrogé par Décr. n° 2016-1645 du 1er déc. 2016, art. 3-5°)* ***« participant au service public hospitalier »*** ;

4° *(Abrogé par Décr. n° 2014-19 du 9 janv. 2014, art. 1er-1°-c)* ***« Le président du conseil d'administration et »*** *(Décr. n° 2004-775 du 29 juill. 2004, art. 2)* « Le directeur de l'Office national d'indemnisation des accidents médicaux, des affections iatrogènes et des infections nosocomiales ou » *(Décr. n° 2014-19 du 9 janv. 2014, art. 1er-1°-c)* « son représentant » ;

5° *(Décr. n° 2014-19 du 9 janv. 2014, art. 1er-1°-d)* « Un représentant » des entreprises pratiquant l'assurance de responsabilité civile médicale prévue à l'article L. 1142-2 ;

6° *(Décr. n° 2014-19 du 9 janv. 2014, art. 1er-1°-e)* « Deux personnalités qualifiées » dans le domaine de la réparation des préjudices corporels.

(Décr. n° 2004-775 du 29 juill. 2004, art. 2) « Lorsqu'ils sont désignés comme membres d'une commission interrégionale, les représentants des usagers sont proposés par les associations d'usagers du système de santé ayant fait l'objet d'un agrément au niveau de l'une au moins des régions concernées ou ayant fait l'objet d'un agrément au niveau national et ayant une représentation au niveau de l'une au moins des régions. Les professionnels de santé et les responsables des institutions et établissements publics et privés de santé sont proposés ou désignés, selon le cas, par les instances de la région dans le ressort de laquelle ils exercent. »

(Décr. n° 2014-19 du 9 janv. 2014, art. 1er-1°-f) « Sont nommés dans les mêmes conditions que le titulaire deux membres suppléants. En cas d'empêchement du titulaire, seul un des deux suppléants assiste à la séance de la commission. »

(Décr. n° 2004-775 du 29 juill. 2004, art. 2) « Lorsque le nombre de dossiers le justifie, peuvent être nommés un ou plusieurs présidents adjoints. »

(Décr. n° 2014-19 du 9 janv. 2014, art. 1er-1°-g) « En cas de décès, de démission, de cessation de fonctions pour toute autre cause d'un membre titulaire de la commission, il est remplacé par l'un de ses suppléants qui devient titulaire pour la durée du mandat restant à accomplir. Le président peut proposer, après avoir dûment entendu l'intéressé, qu'il soit procédé dans les mêmes conditions au remplacement d'un membre titulaire ayant été absent à plus de trois séances consécutives auxquelles il ne s'est pas fait suppléer. Un nouveau suppléant est alors nommé dans les conditions prévues au présent article. »

Art. R. 1142-6 Les membres de la commission sont nommés pour une durée de trois ans renouvelable.

Art. R. 1142-7 Le président de la commission et son ou ses adjoints sont nommés par arrêté du ministre de la justice. Lorsqu'il s'agit de magistrats de l'ordre administratif, cette nomination intervient sur proposition du vice-président du Conseil d'État.

Les magistrats mentionnés ci-dessus peuvent être détachés auprès de l'Office national d'indemnisation des accidents médicaux, des affections iatrogènes et des infections nosocomiales aux fins de présider une commission *(Abrogé par Décr. n° 2012-298 du 2 mars 2012, art. 1er-4°)* ***« régionale ou interrégionale »***.

Ils ne sont pas, dans l'exercice de ces attributions, soumis à l'autorité hiérarchique du président du conseil d'administration ou du directeur de l'office. Ils sont notés par le président de la Commission nationale des accidents médicaux.

(Décr. n° 2003-1086 du 17 nov. 2003, art. 1er) « Un même magistrat peut présider plusieurs commissions *(Abrogé par Décr. n° 2012-298 du 2 mars 2012, art. 1er-4°)* ***« régionales »*** en qualité de président ou président adjoint ».

(Décr. n° 2012-298 du 2 mars 2012, art. 1er-4°) « Les membres des commissions autres que le président et son ou ses adjoints sont nommés par arrêté du directeur

général de l'agence régionale de santé. Les membres des commissions interrégionales sont nommés par arrêté du directeur général de l'agence régionale de santé dans le ressort de laquelle la commission a son siège, après avis conforme des directeurs généraux des autres agences régionales de santé intéressées. » *(Décr. n° 2004-775 du 29 juill. 2004, art. 2-2°)* « L'arrêté est publié au recueil des actes administratifs de la ou des régions intéressées. »

Art. R. 1142-8 Le président de la commission, lorsqu'il n'est pas détaché auprès de l'office, et, le cas échéant, son ou ses adjoints perçoivent des indemnités eu égard aux sujétions particulières auxquelles ils sont soumis.

Il en va de même des médiateurs indépendants prévus au *(Décr. n° 2004-775 du 29 juill. 2004, art. 2-3°)* « quatrième » alinéa de l'article L. 1142-5.

Des indemnités sont attribuées aux autres membres ou à leurs suppléants lorsque leur participation aux séances de la commission entraîne pour eux une perte de revenus.

Le montant de ces indemnités est fixé par arrêté des ministres chargés du budget et de la santé.

Les membres de la commission et leurs suppléants ainsi que les médiateurs bénéficient du remboursement des frais de transport et de séjour qu'ils sont susceptibles d'engager dans le cadre de leur mission dans les conditions fixées par le décret n° 2006-781 du 3 juillet 2006 fixant les conditions et les modalités de règlement des frais occasionnés par les déplacements temporaires des personnels civils de l'État.

Art. R. 1142-9 La commission se réunit soit en formation de règlement amiable, soit en formation de conciliation sur convocation de son président qui fixe l'ordre du jour et désigne les rapporteurs, soit parmi les membres de la commission, soit en tant que de besoin parmi des fonctionnaires ou agents publics compétents.

Elle ne peut délibérer que si *(Décr. n° 2014-19 du 9 janv. 2014, art. 1er-2°-a)* « cinq » au moins de ses membres en exercice sont présents. Dans le cas contraire, une nouvelle séance se tient, sans obligation de quorum, au terme d'un délai de quinze jours.

(Décr. n° 2014-19 du 9 janv. 2014, art. 1er-2°-b) « Un ou plusieurs membres, médecins ou chirurgiens-dentistes de la Commission nationale des accidents médicaux, désignés par son président ou son vice-président, peuvent assister, avec l'accord du président ou du président adjoint de la commission, à une ou plusieurs de ses séances, sans voix délibérative ni consultative. »

Les avis de la commission sont adoptés à la majorité des membres présents. En cas de partage égal des voix, celle du président est prépondérante.

Art. R. 1142-10 Le secrétariat de la commission est placé sous l'autorité *(Décr. n° 2014-19 du 9 janv. 2014, art. 1er-3°-a)* « fonctionnelle » du président. Il est assuré par des personnels mis à sa disposition par l'office.

La commission adopte un règlement intérieur conforme à un règlement type établi par un arrêté du ministre chargé de la santé qui définit les conditions de son fonctionnement. Ce règlement précise les modalités d'organisation du travail et de préparation des avis, la répartition des tâches entre le président, le cas échéant les présidents adjoints et les membres de la commission ainsi que les travaux qui peuvent être confiés à des personnels de l'office mis à disposition de la commission en application de l'article L. 1142-6.

(Décr. n° 2014-19 du 9 janv. 2014, art. 1er-3°-b) « Le président et le ou les présidents adjoints ainsi que les membres titulaires et suppléants des commissions sont soumis aux dispositions des articles L. 1451-1 et R. 1451-1 à R. 1451-4. »

Les membres de la commission et les médiateurs mentionnés à l'article R. 1142-23 déclarent, s'il y a lieu, qu'ils ont un lien direct ou indirect, d'ordre familial, professionnel ou financier, avec les personnes dont la demande est examinée ou avec les professionnels de santé, *établissements de santé,* services ou organismes de santé *(Décr. n° 2012-298 du 2 mars 2012, art. 1er-5°)* «, producteurs, exploitants ou distributeurs de produits de santé ou promoteurs de » *(Décr. n° 2016-1537 du 16 nov. 2016, art. 23-I)* « recherche impliquant la personne humaine » concernés par cette demande.

Lorsque tel est le cas, ils ne peuvent participer à la préparation des avis, siéger durant les travaux de la commission ou réaliser une mission de conciliation relatifs à cette demande. *(Décr. n° 2005-1768 du 30 déc. 2005)* « Lorsqu'il s'agit du président, il est alors remplacé par le président adjoint. S'ils se trouvent tous les deux dans ce cas ou en cas d'empêchement du président adjoint ou à défaut de président adjoint de ce dernier, le dossier est transmis à une autre commission. »

Art. R. 1142-11 La commission adopte chaque année :

— un rapport relatif à son fonctionnement et à son activité, en formation de règlement amiable et en formation de conciliation, qu'elle remet à l'office *(Décr. n° 2004-775 du 29 juill. 2004, art. 2-4°)* « et, *(Décr. n° 2012-298 du 2 mars 2012, art. 1er-6°)* « dans le respect des dispositions des articles R. 1142-41-1 et R. 1142-41-2 pour les » informations nominatives et relatives à des données de santé à caractère personnel, à la Commission nationale des accidents médicaux » ;

— *(Décr. n° 2004-775 du 29 juill. 2004, art. 2-4°)* « un rapport relatif aux expertises diligentées par elle, qu'elle transmet à la Commission nationale des accidents médicaux ».

***Al. 4** abrogé par Décr. n° 2004-775 du 29 juill. 2004, art. 2-4°.*

Art. R. 1142-12 La commission peut, par un rapport motivé, demander à la Commission nationale des accidents médicaux la radiation de la liste nationale des experts en accidents médicaux d'un expert inscrit près d'une cour d'appel dont le siège est situé dans son ressort. Elle rend un avis sur une demande de radiation d'un expert formulée par la Commission nationale dans un délai de deux mois.

La demande de radiation ou l'avis sont adoptés par la commission siégeant en formation de règlement amiable.

SOUS-SECTION 2 PROCÉDURE DE RÈGLEMENT AMIABLE

Art. R. 1142-13 *(Décr. n° 2012-298 du 2 mars 2012, art. 2-1°)* « La demande en vue de l'indemnisation d'un dommage imputable à un acte de prévention, de diagnostic ou de soins ou réalisé dans le cadre d'une *(Décr. n° 2016-1537 du 16 nov. 2016, art. 23-I)* « recherche impliquant la personne humaine » est présentée à la commission dans le ressort de laquelle a été effectué l'acte en cause. Cette commission demeure compétente même si, au cours de l'instruction de la demande, des actes réalisés dans le ressort d'autres commissions sont susceptibles d'être également impliqués dans le dommage dont le demandeur sollicite l'indemnisation. » La demande est présentée au moyen d'un formulaire conforme au modèle approuvé par le conseil d'administration de l'office.

La demande est envoyée à la commission par lettre recommandée avec accusé de réception ou déposée auprès du secrétariat de la commission contre récépissé.

Elle est accompagnée de pièces justificatives dont la liste, fixée par arrêté du ministre chargé de la santé, après avis de l'office, est reproduite dans le formulaire. Outre les renseignements mentionnés aux deuxième et troisième alinéas de l'article L. 1142-7, cette liste inclut notamment un certificat médical attestant la consistance précise des dommages dont le demandeur a été ou s'estime victime. *(Décr. n° 2012-298 du 2 mars 2012, art. 2-1°)* « En outre, celui-ci joint à sa demande tout autre document de nature à l'appuyer, et notamment, sauf si l'acte auquel il impute le dommage a été réalisé dans le cadre d'une *(Décr. n° 2016-1537 du 16 nov. 2016, art. 23-I)* « recherche impliquant la personne humaine », à établir que les dommages subis présentent le caractère de gravité mentionné au II de l'article L. 1142-1. »

La commission accuse réception du dossier, enregistre la demande et, le cas échéant, demande les pièces manquantes dans les formes et conditions prévues par l'article L. 114-5 du code des relations entre le public et l'administration.

Dès réception de la demande initiale, la commission informe par lettre recommandée avec accusé de réception le professionnel, l'établissement, le centre, l'organisme de santé *(Décr. n° 2012-298 du 2 mars 2012, art. 2-1°)* « , le producteur, l'exploitant ou le distributeur de produits de santé ou le promoteur de » *(Décr. n° 2016-1537 du 16 nov. 2016, art. 23-I)* « recherche impliquant la personne humaine » dont la responsabilité est mise en cause, le cas échéant, par le demandeur *(Décr. n° 2007-1747 du 12 déc. 2007, art. 4)* « ainsi que l'organisme de sécurité sociale auquel était affiliée la victime lors du dommage qu'elle a subi ». La partie mise en cause indique sans délai à la commission le nom de l'assureur qui garantit sa responsabilité civile, au moment de la demande d'indemnisation ainsi qu'à l'époque des faits incriminés.

Art. R. 1142-14 Afin d'apprécier si les dommages subis présentent le caractère de gravité prévu au II de l'article L. 1142-1, *(Décr. n° 2012-298 du 2 mars 2012, art. 2-2°)* « le président ou un président-adjoint peut » soumettre pour observation les pièces justificatives mentionnées à l'article R. 1142-13 à un ou plusieurs experts.

Les parties concernées sont informées de l'identité et des titres du ou des experts.

Art. R. 1142-15 *(Décr. n° 2014-19 du 9 janv. 2014, art. 2)* « Lorsque le président ou un président adjoint considère, soit au vu des pièces justificatives de la demande mentionnées à l'article R. 1142-13, soit au regard des observations du ou des experts auxquels il aura soumis ces pièces en application de l'article R. 1142-14, soit, après l'expertise prévue à l'article R. 1142-15-2, que les dommages subis ne présentent manifestement pas le caractère de gravité prévu au II de l'article L. 1142-1, il déclare la commission incompétente. Dans les autres cas, il soumet la décision à la délibération de la commission. Le demandeur ainsi que le professionnel, l'établissement, le centre, l'organisme de santé ou le producteur, l'exploitant ou le distributeur de produits de santé concerné par la demande, ainsi que son assureur et l'organisme de sécurité sociale auquel était affiliée la victime, en sont informés par lettre recommandée avec accusé de réception. »

La lettre recommandée envoyée au demandeur informe celui-ci de la possibilité de saisir la commission en vue d'une conciliation.

Art. R. 1142-15-1 *(Décr. n° 2012-298 du 2 mars 2012, art. 2-4°)* Les dispositions des articles R. 1142-14 et R. 1142-15 ne sont pas applicables aux demandes d'indemnisation des conséquences dommageables d'un acte réalisé dans le cadre d'une *(Décr. n° 2016-1537 du 16 nov. 2016, art. 23-I)* « recherche impliquant la personne humaine ».

Art. R. 1142-15-2 *(Décr. n° 2004-1405 du 23 déc. 2004, art. 2-1°)* Lorsque la commission estime que les dommages subis présentent le *(Décr. n° 2012-298 du 2 mars 2012, art. 2-3°)* « caractère de gravité prévu au II de l'article L. 1142-1 ou lorsqu'elle est saisie d'une demande d'indemnisation des conséquences dommageables d'un acte réalisé dans le cadre d'une *(Décr. n° 2016-1537 du 16 nov. 2016, art. 23-I)* « recherche impliquant la personne humaine », le président ou un président-adjoint » désigne aux fins d'expertise un collège d'experts choisis dans les conditions prévues à l'article L. 1142-12, dont l'un est obligatoirement inscrit sur la liste nationale des experts en accidents médicaux à raison de ses compétences dans le domaine de la réparation du dommage corporel ou possède des connaissances en matière de réparation du dommage corporel vérifiées dans les conditions prévues aux articles R. 1142-30-2 ou R. 1142-31-1. Toutefois, *(Décr. n° 2012-298 du 2 mars 2012, art. 2-3°)* « le président ou son adjoint » peut ne désigner qu'un seul expert si celui-ci réunit l'ensemble des compétences nécessaires à la conduite de cette expertise.

Art. R. 1142-16 *(Décr. n° 2004-1405 du 23 déc. 2004, art. 2-2°)* « Dans le cas prévu à l'article *(Décr. n° 2012-298 du 2 mars 2012, art. 2-5°)* « R. 1142-15-2 », les parties concernées ainsi que les assureurs des parties mises en cause sont avisés par lettre recommandée avec accusé de réception de la date à laquelle la commission se réunit en vue de rendre l'avis prévu à l'article L. 1142-8. » Le rapport d'expertise leur est transmis avant la réunion de la commission.

A tout moment, les parties sont informées, à leur demande, de l'état de la procédure.

Les parties sont entendues sur leur demande ou à la demande de la commission. Elles peuvent se faire assister ou représenter par une personne de leur choix.

(Décr. n° 2004-1405 du 23 déc. 2004, art. 2-2°) « La commission peut entendre le ou les experts qu'elle a désignés. »

L'avis de la commission prévu à l'article L. 1142-8 précise pour chaque chef de préjudice les circonstances, les causes, la nature et l'étendue des dommages subis ainsi que son appréciation sur les responsabilités encourues. *(Décr. n° 2004-775 du 29 juill. 2004, art. 2-5°)* « Il indique si les dommages répondent aux conditions prévues à l'article L. 1142-1-1. »

Il précise également si, à la date où il est rendu, l'état de la victime est consolidé ou non.

Art. R. 1142-17 L'avis est adressé par lettre recommandée avec accusé de réception au demandeur, à l'office ainsi qu'au professionnel, à l'établissement, au centre, à l'organisme de santé *(Décr. n° 2012-298 du 2 mars 2012, art. 2-6°)* « [,] au producteur, à l'exploitant ou au distributeur de produits de santé ou au promoteur de recherche biomédicale » dont la responsabilité a été mise en cause par le demandeur et à son assureur. Lorsque l'avis indique que le dommage engage la responsabilité de plusieurs personnes, il est adressé à chacune des personnes considérées ainsi qu'à leurs assureurs respectifs. *(Décr. n° 2004-775 du 29 juill. 2004, art. 2-6°)* « L'avis est également adressé au service médical des organismes de sécurité sociale auxquels est ou était affiliée la victime lors du dommage qu'elle a subi, ainsi qu'à celui des autres tiers payeurs des prestations versées du chef de ce dommage. »

L'avis précise, le cas échéant, que la personne considérée par la commission comme responsable des dommages n'a pas communiqué le nom de son assureur ou qu'elle a indiqué ne pas être assurée.

Lorsque la commission estime que la responsabilité d'une des personnes mentionnées au premier alinéa de l'article L. 1142-14 *(Décr. n° 2012-298 du 2 mars 2012, art. 2-6°)* « ou d'un promoteur de recherche biomédicale » est engagée, l'avis adressé au demandeur précise qu'il peut saisir l'office si l'assureur de la personne considérée comme responsable ne lui a pas fait parvenir une offre d'indemnisation dans le délai de quatre mois prévu à l'article L. 1142-17.

Outre son avis et le rapport d'expertise, la commission transmet à l'assureur ou à l'office, selon le cas, l'ensemble des documents communiqués par le demandeur afin de leur permettre d'établir une offre. Les informations à caractère médical sont transmises dans le respect du secret médical.

Art. R. 1142-18 Lorsque la consolidation de l'état de la personne ayant subi des dommages est postérieure à la date à laquelle la commission a rendu un premier avis ou lorsque des préjudices nouveaux imputables à une aggravation de l'état de la personne nécessitent une nouvelle évaluation des dommages, une nouvelle expertise peut être diligentée, soit à l'initiative de la commission, soit à la requête de la personne, afin qu'une nouvelle offre d'indemnisation puisse être, le cas échéant, proposée à cette dernière.

La demande est présentée dans les conditions prévues aux articles R. 1142-13 à R. 1142-17 sans qu'il y ait toutefois lieu de rechercher si les dommages faisant l'objet de la demande présentent le caractère de gravité prévu au II de l'article L. 1142-1.

SOUS-SECTION 3 PROCÉDURE DE CONCILIATION

Art. R. 1142-19 *(Décr. n° 2012-298 du 2 mars 2012, art. 3-1°)* La commission réunie en formation de conciliation examine :

1° Les contestations relatives aux droits des malades et des usagers du système de santé mettant en cause un professionnel ou un établissement de santé de son ressort ;

2° Les demandes relatives aux litiges ou difficultés nés à l'occasion d'un acte de prévention, de diagnostic ou de soins, ou réalisé dans le cadre d'une recherche biomédicale, effectué dans son ressort.

Art. R. 1142-20 La commission est saisie par lettre recommandée avec avis de réception. La demande de conciliation mentionne les nom et adresse du demandeur, ceux du professionnel, de l'établissement, du centre ou du service de santé *(Décr. n° 2012-298 du 2 mars 2012, art. 3-2°)* « [,] du producteur, de l'exploitant ou du distributeur de produits de santé ou du promoteur de recherche biomédicale » mis en cause, ainsi que l'objet du litige.

Art. R. 1142-21 Si cela est de nature à favoriser la solution du litige et avec l'accord du demandeur, le président de la commission peut se dessaisir de la demande de conciliation et la transmettre soit à la commission des relations des usagers et de la qualité de la prise en charge concernée, soit à l'assemblée interprofessionnelle régionale prévue à l'article L. 4393-2, soit au *(Décr. n° 2004-775 du 29 juill. 2004, art. 2-7°)* « conseil départemental intéressé de l'Ordre national des médecins, chirurgiens-dentistes ou sages-femmes, soit, selon le cas, au conseil régional ou central intéressé de l'Ordre national des pharmaciens ».

Art. R. 1142-22 La commission entend les personnes intéressées au litige et s'efforce de les concilier. En cas de conciliation, totale ou partielle, elle constate la conciliation dont les termes font l'objet d'un document de conciliation. Ce document fait également apparaître les points de désaccord qui subsistent lorsque la conciliation est partielle. Il est signé par les intéressés et par le président de la commission ou son représentant.

Un exemplaire original du document de conciliation est remis ou adressé à chacun des intéressés.

Art. R. 1142-23 La commission peut déléguer la conciliation à *(Décr. n° 2004-775 du 29 juill. 2004, art. 2-8°)* « l'un de ses membres ou à » un ou *[à]* plusieurs médiateurs indépendants qui, en raison de leurs qualifications et de leur expérience, présentent des garanties de compétence et d'indépendance.

(Décr. n° 2004-775 du 29 juill. 2004, art. 2-8°) « Les personnes mentionnées à l'alinéa précédent » mènent la conciliation dans les conditions et formes prévues à l'article R. 1142-22. En cas de conciliation totale ou partielle, ils signent personnellement le document de conciliation dont une copie est communiquée à la commission.

SECTION III **PROCÉDURE D'EXPERTISE EN MATIÈRE D'ACCIDENTS MÉDICAUX**

SOUS-SECTION 1 **COMPOSITION ET FONCTIONNEMENT DE LA COMMISSION NATIONALE DES ACCIDENTS MÉDICAUX**

Art. R. 1142-24 La Commission nationale des accidents médicaux, instituée par l'article L. 1142-10, se compose des membres suivants :

1° *(Décr. n° 2014-19 du 9 janv. 2014, art. 3-1°)* « Quatre » experts professionnels de santé figurant sur l'une des listes dressées par la Cour de cassation et les cours d'appel en application de l'article 2 de la loi n° 71-498 du 29 juin 1971 relative aux experts judiciaires, à raison de :

a) *(Décr. n° 2014-19 du 9 janv. 2014, art. 3-2°)* « Deux » exerçant à titre libéral, proposés par le Centre national des professions *(Décr. n° 2012-298 du 2 mars 2012, art. 4-1°)* « libérales » de santé, dont au moins *(Décr. n° 2014-19 du 9 janv. 2014, art. 3-2°)* « un médecin » ;

b) Deux praticiens des établissements publics de santé mentionnés au 1° de l'article L. 6152-1, proposés conjointement par les présidents des conférences nationales de présidents de commission médicale d'établissements publics de santé ;

2° *(Décr. n° 2014-19 du 9 janv. 2014, art. 3-3°)* « Trois » représentants des usagers proposés par des associations mentionnées à l'article L. 1114-1 et ayant fait l'objet d'un agrément au niveau national ;

3° *(Décr. n° 2014-19 du 9 janv. 2014, art. 3-4°)* « Douze » personnalités qualifiées à raison de :

a) *(Décr. n° 2014-19 du 9 janv. 2014, art. 3-5°)* « Six » personnalités choisies en raison de leurs compétences dans le domaine du droit de la réparation des accidents médicaux ou de la responsabilité médicale ou dans la formation en matière d'expertise, dont un représentant du Conseil national de l'ordre des médecins et un membre du Conseil d'État ou un magistrat *(Abrogé par Décr. n° 2006-665 du 7 juin 2006, art. 47) « de l'ordre administratif ou »* de l'ordre judiciaire, en activité ou honoraire, président de la Commission nationale ;

b) *(Décr. n° 2014-19 du 9 janv. 2014, art. 3-5°)* « Six » personnalités choisies en raison de leurs compétences scientifiques.

Art. R. 1142-25 Le président et les membres de la commission sont nommés par arrêté du ministre de la justice et du ministre chargé de la santé pour une période de cinq ans renouvelable. Des suppléants en nombre égal au nombre de titulaires, non compris le président, sont désignés dans les mêmes conditions que ceux-ci. Ils siègent *aux séances de la* commission en l'absence du titulaire.

Lors de la première séance de la commission, les membres présents désignent parmi eux un vice-président chargé d'assurer la présidence de la commission en cas d'absence du président.

En cas de décès, de démission ou de cessation de fonctions pour toute autre cause d'un membre de la commission, celui-ci est remplacé par son suppléant qui devient titulaire pour la durée du mandat restant à accomplir. Le président peut proposer, après avoir dûment entendu l'intéressé, qu'il soit procédé dans les mêmes conditions au remplacement d'un membre ayant été absent à plus de trois séances consécutives auxquelles il ne s'est pas fait suppléer. Un nouveau suppléant est alors nommé dans les conditions prévues au présent article.

Art. R. 1142-25-1 *(Décr. n° 2004-775 du 29 juill. 2004, art. 3)* Les fonctions de membre titulaire ou suppléant *(Décr. n° 2005-1768 du 30 déc. 2005)* « ou de rapporteur » de la commission ouvrent droit aux indemnités de déplacement et de séjour dans les conditions prévues par le décret n° 2006-781 du 3 juillet 2006 fixant les conditions et les modalités de règlement des frais occasionnés par les déplacements temporaires des personnels civils de l'État.

Il est attribué une indemnité de fonction, non soumise à retenue pour pension civile de retraite, au président et, le cas échéant, au vice-président. Des indemnités sont attribuées aux autres membres ou à leurs suppléants lorsque leur participation aux séances de la commission entraîne pour eux une perte de revenus.

Le montant des indemnités mentionnées à l'alinéa précédent est fixé par arrêté des ministres chargés du budget et de la santé.

(Décr. n° 2005-1768 du 30 déc. 2005) « Les rapporteurs désignés en application de l'article R. 1142-30-2 perçoivent en rémunération des rapports qu'ils réalisent une indemnité dont le montant est fixé par arrêté des ministres chargés de la santé et du budget. »

Art. R. 1142-26 La commission se réunit sur convocation de son président. La convocation est de droit, lorsqu'elle est demandée par le ministre de la justice ou le ministre chargé de la santé ou par six des membres de la commission.

Le président fixe l'ordre du jour où figurent obligatoirement les sujets dont l'inscription est demandée par le ministre de la justice ou le ministre *(Décr. n° 2012-298 du 2 mars 2012, art. 4-2°)* « chargé de la santé ou par six des membres de la commission ».

La commission ne peut délibérer que si la moitié au moins des membres en exercice, non compris le président ou, en son absence, le vice-président, sont présents. Dans le cas contraire, une nouvelle séance peut se tenir sans obligation de quorum après un délai de quinze jours.

Les délibérations sont prises à la majorité des membres présents. En cas de partage égal des voix, celle du président ou, en son absence, du vice-président est prépondérante.

Art. R. 1142-27 Les membres de la commission et les personnes qui prennent part à ses travaux sont soumis aux obligations prévues à l'article *(Décr. n° 2012-745 du 9 mai 2012, art. 4-III)* « L. 1451-1 ».

Art. R. 1142-28 La commission établit un règlement intérieur qui fixe notamment ses conditions de fonctionnement. Il est transmis aux commissions *(Abrogé par Décr. n° 2012-298 du 2 mars 2012, art. 4-3°) « régionales et interrégionales »* de conciliation et d'indemnisation des accidents médicaux, des affections iatrogènes et des infections nosocomiales qui le tiennent à la disposition du public.

Art. R. 1142-29 Le secrétariat de la commission est assuré par le ministère de la santé.

SOUS-SECTION 2 MISSIONS DE LA COMMISSION NATIONALE DES ACCIDENTS MÉDICAUX

§ 1er ÉTABLISSEMENT ET MISE À JOUR DE LA LISTE NATIONALE DES EXPERTS EN ACCIDENTS MÉDICAUX

Art. R. 1142-29-1 *(Décr. n° 2004-1405 du 23 déc. 2004, art. 3-1°)* Les experts sont inscrits sur la liste prévue à l'article L. 1142-10 à raison d'un ou plusieurs domaines de compétence.

Art. R. 1142-30 La demande d'inscription sur la liste nationale des experts en accidents médicaux prévue par l'article L. 1142-10 est adressée au président de la Commission nationale des accidents médicaux par lettre recommandée avec demande d'avis de réception, accompagnée des pièces justifiant de la qualification du demandeur pour l'exercice de l'expertise médicale.

Art. R. 1142-30-1 *(Décr. n° 2004-1405 du 23 déc. 2004, art. 3-3°)* Une personne physique ne peut être inscrite sur la liste que si elle réunit les conditions suivantes :

1° Avoir exercé son activité pendant une durée de dix années consécutives au moins dans le ou les domaines de compétence à raison desquels elle demande son inscription ;

2° Ne pas avoir cessé d'exercer cette activité depuis plus de deux ans avant la date de la demande d'inscription ;

3° Pour tout candidat sollicitant son inscription à raison de ses compétences dans le domaine de la réparation du dommage corporel, justifier d'une participation à au moins quatre-vingts expertises dans ce domaine, dans les cinq dernières années précédant la demande d'inscription ;

4° Avoir suivi une formation en responsabilité médicale ;

(Abrogé par Décr. n° 2012-298 du 2 mars 2012, art. 5-1°) « *5° Pour les candidats non inscrits sur l'une des listes d'experts judiciaires, attester de leur qualification en accidents médicaux ;* »

5° Signer une déclaration sur l'honneur :

a) Qui mentionne ses liens directs ou indirects avec tout établissement, service ou organisme dans lesquels sont réalisés des actes individuels de prévention, de diagnostic ou de soins, tout producteur ou distributeur de produits de santé, tout promoteur de recherches biomédicales, ainsi que tout organisme intervenant dans l'assurance, le conseil ou la défense de ces organismes ou des victimes d'accidents médicaux, d'affections iatrogènes ou d'infections nosocomiales ;

b) Et par laquelle il s'engage à ne pas effectuer, pendant la durée de son inscription sur la liste, de mission ou d'expertise incompatible avec l'indépendance et l'impartialité nécessaires à l'exercice de missions d'expertise.

Un arrêté du ministre de la justice et du ministre chargé de la santé pris après avis de la Commission nationale des accidents médicaux détermine la composition du dossier de candidature *(Décr. n° 2012-298 du 2 mars 2012, art. 5-1°)* « , qu'il s'agisse d'une première inscription ou d'un renouvellement ».

Art. R. 1142-30-2 *(Décr. n° 2004-1405 du 23 déc. 2004, art. 3-3°)* Pour instruire le dossier de candidature, le président désigne un ou plusieurs rapporteurs choisis au sein ou à l'extérieur de la commission en fonction des compétences qu'ils détiennent dans les domaines à raison desquels l'inscription est sollicitée. *(Décr. n° 2012-298 du 2 mars 2012, art. 5-2°)* « Ils instruisent la demande au vu des documents fournis en application de l'article R. 1142-30-1 et de rapports d'expertise en réparation du dommage corporel que le candidat choisit parmi ceux qu'il a établis dans un cadre amiable ou juridictionnel et, le cas échéant, après s'être entretenus avec lui. Le candidat efface au préalable les mentions permettant d'identifier la ou les personnes dont il a examiné le cas. »

Le ou les rapporteurs vérifient les connaissances théoriques, notamment en matière de responsabilité médicale et de réparation du dommage corporel, ainsi que l'étendue de sa pratique professionnelle. Ils s'assurent qu'il possède une connaissance suffisante des techniques de l'expertise.

Ils recueillent, le cas échéant, l'avis du président de l'ordre professionnel compétent ou de la juridiction auprès de laquelle le candidat est inscrit en qualité d'expert judiciaire, ainsi que tout autre avis qui leur paraît utile.

Art. R. 1142-31 *(Décr. n° 2004-1405 du 23 déc. 2004, art. 3-4°)* « La commission entend le ou les rapporteurs désignés pour instruire la demande d'inscription sur la liste.

« *Elle peut se faire* communiquer tout renseignement ou document et procéder à toutes auditions utiles, dont celle du candidat. »

(Décr. n° 2005-1768 du 30 déc. 2005) « Les rapporteurs extérieurs ainsi que les membres suppléants, lorsqu'ils ne siègent pas en remplacement de leurs titulaires, participent, avec voix consultative, aux délibérations de la commission sur les candidatures dont ils ont instruit les dossiers. »

Lorsque la commission décide d'inscrire un candidat sur la liste, cette décision est notifiée à l'intéressé et prend effet le premier jour du mois civil suivant la date de sa notification.

Art. R. 1142-31-1 *(Décr. nº 2017-1288 du 21 août 2017, art. 1er-2º)* I. — Les candidats qui n'ont jamais réalisé d'expertises ou dont les expertises produites à l'occasion de la demande d'inscription sur la liste mentionnée à l'article L. 1142-11 ne permettent pas de considérer qu'ils disposent des connaissances suffisantes en matière de techniques de l'expertise en responsabilité médicale, peuvent être inscrits à titre probatoire pour une durée maximale de deux ans. Pendant cette période, le candidat est affecté auprès d'une commission de conciliation et d'indemnisation. Il ne peut être désigné seul pour procéder à une expertise. Il ne peut intervenir qu'auprès d'un ou plusieurs experts inscrits sur la liste nationale des experts en accidents médicaux et désignés par le président de la commission de conciliation et d'indemnisation concernée. La commission nationale des accidents médicaux précise, dans le cadre des recommandations mentionnées au deuxième alinéa de l'article L. 1142-10, les conditions dans lesquelles est organisée la période probatoire.

II. — A l'issue de la période probatoire, et en vue de son inscription sur la liste mentionnée à l'article L. 1142-11 pour une période de 5 ans, la commission nationale des accidents médicaux examine le dossier du candidat, au regard notamment des rapports d'expertise réalisés au cours de cette période, pour évaluer ses connaissances et pratiques professionnelles.

Art. R. 1142-31-2 *(Décr. nº 2004-1405 du 23 déc. 2004, art. 3-5º)* Lorsque la commission est saisie d'une demande de renouvellement de son inscription par un expert, outre les conditions mentionnées à l'article R. 1142-30-1, le ou les rapporteurs désignés vérifient que ses connaissances dans le ou les domaines de compétence à raison desquels il a été inscrit sur la liste ont été actualisées et, s'il a acquis des connaissances dans le domaine de la réparation du dommage corporel, vérifiées selon les modalités prévues à l'article R. 1142-30-2. Ils évaluent également les conditions dans lesquelles l'expert a réalisé les missions qui lui ont été confiées au cours de la période écoulée depuis sa précédente inscription.

Ils s'assurent que le candidat a actualisé ses connaissances en matière de responsabilité médicale et procèdent à leur évaluation. *(Décr. nº 2014-19 du 9 janv. 2014, art. 4-1º)* « Ils recueillent l'avis des présidents des commissions mentionnées à l'article L. 1142-5 et, le cas échéant, les avis mentionnés au troisième alinéa de l'article R. 1142-30-2. »

(Décr. nº 2005-1768 du 30 déc. 2005) « La demande de renouvellement de l'inscription sur la liste nationale des experts en accidents médicaux est adressée dans les conditions de l'article R. 1142-30, au moins six mois avant la date d'échéance de l'inscription en cours. »

L'art. R. 1142-31-1 devient l'art. R. 1142-31-2 (Décr. nº 2017-1288 du 21 août 2017, art. 1er-1º).

Art. R. 1142-32 *(Décr. nº 2004-1405 du 23 déc. 2004, art. 3-6º)* « Le défaut de réponse dans le délai de quatre mois à compter de l'accusé de réception d'une demande d'inscription ou de renouvellement d'inscription sur la liste nationale des experts en accidents médicaux vaut *(Décr. nº 2017-1288 du 21 août 2017, art. 2)* « *acceptation* ». Le délai au terme duquel, à défaut de décision expresse, la demande est réputée *(Décr. nº 2017-1288 du 21 août 2017, art. 2)* « acceptée » ne court qu'à compter de la réception de la totalité des pièces requises.

Art. R. 1142-32-1 *(Décr. nº 2004-1405 du 23 déc. 2004, art. 3-7º)* Afin de permettre à la Commission nationale des accidents médicaux de s'assurer du respect de l'engagement souscrit au titre du 6º (*b*) de l'article R. 1142-30-1, les experts l'informent, sans délai, de toute mission ou expertise qu'ils effectueraient pour ou en lien avec un organisme public ou privé dans le ou les domaines de compétence à raison desquels ils sont inscrits sur la liste. Ils font de même immédiatement savoir au président de la commission *(Décr. nº 2012-298 du 2 mars 2012, art. 5-3º)* « mentionnée à l'article L. 1142-5 » qui leur propose la réalisation d'une expertise les liens qui les unissent aux parties en présence, à leurs assureurs ou à leurs conseils.

Ils font connaître à la Commission nationale tout changement intervenu dans l'exercice de l'activité dont ils se sont prévalus lors de leur demande d'inscription sur la liste.

Art. R. 1142-33 La commission procède sans délai à la radiation de la liste nationale des experts en accidents médicaux des experts radiés des listes instituées par l'article 2 de la loi n° 71-498 du 29 juin 1971 relative aux experts judiciaires.

Art. R. 1142-34 Lorsque, en application de l'article L. 1142-11, la commission envisage de procéder de sa propre initiative à la radiation d'un expert de la liste nationale des experts en accidents médicaux, elle saisit pour avis la *(Décr. n° 2012-298 du 2 mars 2012, art. 5-4°)* « commission mentionnée à l'article L. 1142-5 » dans le ressort de laquelle est situé le siège de la cour d'appel près de laquelle est inscrit l'expert.

En outre, la Commission nationale est saisie des demandes de radiation d'un expert de la liste nationale des experts en accidents médicaux présentées à l'initiative des commissions *(Décr. n° 2012-298 du 2 mars 2012, art. 5-4°)* « mentionnées à l'article L. 1142-5 », conformément à l'article *(Décr. n° 2012-298 du 2 mars 2012, art. 5-4°)* « R. 1142-12 ».

A réception de la demande ou de l'avis *(Abrogé par Décr. n° 2012-298 du 2 mars 2012, art. 5-4°)* *« d'une commission régionale ou interrégionale »*, la Commission nationale informe l'expert dont la radiation est demandée, par lettre recommandée avec demande d'accusé de réception, des motifs invoqués à l'appui de la mesure envisagée et l'appelle à formuler ses observations dans le délai de deux mois.

L'expert concerné peut prendre connaissance de l'ensemble des pièces du dossier.

Il est informé par lettre recommandée avec accusé de réception de la date de la séance au cours de laquelle est examinée la demande de radiation le concernant.

La Commission nationale entend l'expert, et le cas échéant son avocat, à sa demande. Elle statue par une décision motivée.

La décision est notifiée à l'intéressé par lettre recommandée avec accusé de réception, ainsi qu'à la commission *(Décr. n° 2012-298 du 2 mars 2012, art. 5-4°)* « mentionnée à l'article L. 1142-5 » qui est à l'origine de la demande ou dont l'avis a été sollicité.

Art. R. 1142-35 La Commission nationale informe sans délai les commissions *(Abrogé par Décr. n° 2012-298 du 2 mars 2012, art. 5-5°)* *« régionales et interrégionales »* mentionnées à l'article L. 1142-5 ainsi que les juridictions mentionnées à l'article L. 1142-11 de la radiation des experts de la liste nationale des experts en accidents médicaux.

Art. R. 1142-36 La liste nationale des experts en accidents médicaux est publiée au *Journal officiel* de la République française.

La liste initiale ainsi que ses actualisations annuelles publiées dans les mêmes conditions sont adressées aux juridictions mentionnées à l'article L. 1142-11 ainsi qu'aux commissions *(Décr. n° 2012-298 du 2 mars 2012, art. 5-6°)* « mentionnées à l'article L. 1142-5 » qui les tiennent à la disposition du public.

Art. R. 1142-37 Par dérogation au 4° de l'article R. 311-1 du code de justice administrative, les litiges nés des décisions de la Commission nationale sont portés devant le tribunal administratif dans le ressort duquel cette commission a son siège.

§ 2 AUTRES MISSIONS

Art. R. 1142-38 *(Décr. n° 2012-298 du 2 mars 2012, art. 5-7°)* La Commission nationale des accidents médicaux évalue les conditions de réalisation des expertises diligentées par les commissions mentionnées à l'article L. 1142-5 et formule des recommandations sur la conduite de telles expertises médicales. Elle formule également, au vu de l'examen du fonctionnement de ces commissions, de l'analyse des avis qu'elles rendent et de comparaisons portant sur les modalités d'accès pour les demandeurs, des recommandations pour atteindre l'objectif, défini à l'article L. 1142-10, de mise en œuvre homogène du dispositif de réparation des conséquences des risques sanitaires.

Les recommandations sont adressées aux commissions mentionnées à l'article L. 1142-5, qui tiennent notamment à la disposition des experts celles relatives à la conduite des expertises.

Ces commissions rendent compte, dans le rapport annuel prévu à l'article R. 1142-11, des suites qu'elles ont données aux recommandations de la Commission nationale.

Art. R. 1142-39 *(Décr. n° 2012-298 du 2 mars 2012, art. 5-8°)* La Commission nationale peut adresser au ministre de la justice et au ministre chargé de la santé des propositions tendant à l'amélioration et à la mise en œuvre homogène du dispositif de réparation des conséquences des risques sanitaires. Elle informe de ces propositions les commissions mentionnées à l'article L. 1142-5.

Art. R. 1142-40 Le rapport annuel dont est chargée la commission en application du deuxième alinéa de l'article L. 1142-10 est élaboré à partir des informations recueillies tant auprès des commissions *(Décr. n° 2012-298 du 2 mars 2012, art. 5-9°)* « mentionnées à l'article L. 1142-5 » que de l'Office national d'indemnisation des accidents médicaux, des affections iatrogènes et des infections nosocomiales.

Ce rapport fait apparaître en particulier le nombre de règlements amiables intervenus et porte une appréciation sur le déroulement des procédures d'indemnisation, notamment en ce qui concerne leurs délais et leurs résultats.

Art. R. 1142-41 Pour l'application des articles R. 1142-38 à R. 1142-40, la commission peut demander aux commissions *(Décr. n° 2012-298 du 2 mars 2012, art. 5-10°)* « mentionnées à l'article L. 1142-5 » et à l'office toutes informations relatives à leur fonctionnement et à leur activité, *(Décr. n° 2012-298 du 2 mars 2012, art. 5-10°)* « dans les conditions prévues aux articles R. 1142-41-1 et R. 1142-41-2 pour » celles qui sont nominatives et relatives à des données de santé à caractère personnel.

§ 3 ACCÈS DE LA COMMISSION NATIONALE AUX INFORMATIONS COUVERTES PAR LE SECRET MÉDICAL

(Décr. n° 2012-298 du 2 mars 2012, art. 5-11°)

Art. R. 1142-41-1 La communication à la Commission nationale des accidents médicaux, en application de l'article L. 1142-10, d'informations couvertes par le secret médical fait l'objet d'une demande écrite et motivée de son président ou de son vice-président dans laquelle il désigne, parmi les médecins ou, le cas échéant, les chirurgiens-dentistes, le ou les membres auxquels ces informations sont rendues accessibles et, lorsque la demande concerne l'accès prévu au sixième alinéa du présent article, la durée pour laquelle ce dernier doit être ouvert. Cette communication concerne, notamment, les informations détenues par l'office mentionné à l'article L. 1142-22 concernant les activités des commissions mentionnées à l'article L. 1142-5 et nécessaires à la Commission nationale pour l'exercice de ses missions, comme les missions d'expertise, les avis rendus et les rapports d'expertise sur lesquels ils sont fondés.

Les informations sont transmises ou rendues accessibles par des moyens permettant d'en garantir la confidentialité à l'égard des tiers.

Lorsque ces informations sont transmises sous pli, elles sont adressées par lettre recommandée avec demande d'avis de réception sous double enveloppe, celle placée à l'intérieur portant la mention "secret médical".

Lorsque ces informations sont adressées par télétransmission, elles doivent au préalable être chiffrées. *Elles sont alors transmises* après apposition de sa signature électronique par le destinataire de la demande conformément aux dispositions du *(Décr. n° 2017-1416 du 28 sept. 2017, art. 2)* « décret n° 2017-1416 du 28 septembre 2017 relatif à la signature électronique », dans des conditions conformes aux règles de l'art.

Les opérations auxquelles la commission doit procéder pour exploiter les informations reçues par télétransmission doivent être conformes aux dispositions de la loi n° 78-17 du 6 janvier 1978 relative à l'informatique, aux fichiers et aux libertés et de l'ordonnance n° 2005-1516 du 8 décembre 2005 relative aux échanges électroniques entre les usagers et les autorités administratives et entre les autorités administratives.

Lorsque ces informations sont rendues accessibles sous la forme d'un accès extranet à une base de données, il est attribué à cet effet, et pour une durée déterminée, un code d'accès aux membres désignés en application du premier alinéa.

Le formulaire prévu à l'article R. 1142-13 comporte une mention précisant au demandeur que les informations qu'il transmet à la commission qu'il a saisie peuvent être communiquées à la Commission nationale pour l'accomplissement de ses missions *(Décr. nº 2014-19 du 9 janv. 2014, art. 4-2º)* « et que des membres de cette commission peuvent assister aux séances de la commission de conciliation et d'indemnisation dans les conditions prévues à l'article R. 1142-9 ».

Une information sur l'utilisation des données personnelles par la Commission nationale figure sur son site internet ainsi que sur celui de l'office mentionné à l'article L. 1142-22 et des commissions mentionnées à l'article L. 1142-5.

Art. R. 1142-41-2 Les informations communiquées en application de l'article R. 1142-41-1 sont utilisées et conservées dans des conditions de lieu ou de support préservant leur confidentialité, sous la responsabilité de la Commission nationale. Seuls peuvent y accéder les membres médecins ou, le cas échéant, chirurgiens-dentistes de la commission, dans des conditions arrêtées par le président, après avis de la commission.

Ces membres ne peuvent en aucun cas utiliser ces informations à d'autres finalités que celles ayant justifié leur collecte et leur conservation.

Après écoulement du délai nécessaire pour atteindre ces finalités, qui ne peut excéder un an, les informations en cause, au choix de la personne ou de l'organisme qui les a transmises, lui sont restituées dans des conditions identiques à celles prévues pour leur transmission à la Commission nationale ou sont détruites.

SECTION IV INDEMNISATION DES VICTIMES

SOUS-SECTION 1 OFFICE NATIONAL D'INDEMNISATION DES ACCIDENTS MÉDICAUX, DES AFFECTIONS IATROGÈNES ET DES INFECTIONS NOSOCOMIALES

§ 1er ORGANISATION ET FONCTIONNEMENT

1 CONSEIL D'ADMINISTRATION

Art. R. 1142-42 Le président du conseil d'administration est nommé pour une durée de trois ans, renouvelable une fois, par décret pris sur proposition du ministre chargé de la santé.

(Décr. nº 2011-1577 du 17 nov. 2011, art. 1er) « La limite d'âge du président est fixée à soixante-sept ans. »

Il a un suppléant, nommé dans les mêmes conditions parmi les membres du conseil d'administration.

En cas d'empêchement définitif du président ou de son suppléant, un remplaçant est nommé dans les mêmes conditions pour la durée du mandat restant à accomplir.

Art. R. 1142-43 Le conseil d'administration comprend, outre le président :

1º Onze membres représentant l'État :

a) Le directeur général de la santé ou son représentant ;

b) Le directeur de la sécurité sociale ou son représentant ;

c) Le directeur général de l'offre de soins ou son représentant ;

d) Le directeur général de la cohésion sociale ou son représentant ;

e) Le secrétaire général des ministères chargés des affaires sociales ou son représentant ;

f) Le directeur du budget ou son représentant ;

g) Le directeur du Trésor ou son représentant ;

h) Le directeur des affaires civiles et du sceau ou son représentant ;

i) *(Décr. nº 2004-775 du 29 juill. 2004, art. 4-1º)* « Le directeur général de la forêt et des affaires rurales ou son représentant » ;

j) Le directeur général des entreprises ou son représentant ;

k) Le directeur général du travail ou son représentant ;

2º Neuf membres, désignés par arrêté du ministre chargé de la santé, pour une durée de trois ans renouvelable, soit :

a) Deux personnalités qualifiées en matière de responsabilité médicale et de réparation du risque sanitaire ;

(Décr. n° 2016-1348 du 10 oct. 2016, art. 1er-1°) « *b)* Deux représentants des associations d'usagers du système de santé ayant fait l'objet d'un agrément au niveau national dans les conditions prévues à l'article L. 1114-1 » ;

c) Un représentant des organisations d'hospitalisation publique les plus représentatives ;

d) Un représentant des organisations d'hospitalisation privée les plus représentatives ;

e) Un représentant de la Caisse nationale de l'assurance maladie des travailleurs salariés ;

f) Un représentant des professionnels de santé exerçant à titre libéral, proposé par le Centre national des professions *(Décr. n° 2012-298 du 2 mars 2012, art. 7-2°)* « libérales » de santé ;

g) Un représentant des professionnels de santé exerçant dans les établissements publics de santé, désigné après avis des organisations syndicales représentatives au plan national ;

3° Deux représentants du personnel de l'office élus par ce personnel pour trois ans selon les modalités prévues par le règlement intérieur de l'office.

Pour chacun des membres mentionnés au 2° et au 3° du présent article, un suppléant est désigné dans les mêmes conditions. En cas de vacance d'un siège de titulaire ou de suppléant au conseil d'administration, pour quelque cause que ce soit, un autre titulaire ou suppléant est nommé dans les mêmes conditions. Le mandat de ce nouveau membre expire à la date à laquelle aurait normalement pris fin celui de son prédécesseur.

Nouvel art. R. 1142-43 *Le conseil d'administration comprend, outre le président :*

(Décr. n° 2017-1781 du 27 déc. 2017, art. 3) *« 1° Onze membres représentant l'État :*

« a) Quatre représentants des ministres chargés de la santé et de l'action sociale ;

« b) Un représentant du ministre chargé de la sécurité sociale ;

« c) Un représentant du ministre chargé du budget ;

« d) Deux représentants du ministre chargé de l'économie et des finances ;

« e) Un représentant du ministre chargé de la justice ;

« f) Un représentant du ministre chargé de l'agriculture ;

« g) Un représentant du ministre chargé du travail ; »

2° Neuf membres, (Décr. n° 2017-1781 du 27 déc. 2017, art. 3) *« nommés » par arrêté du ministre chargé de la santé, pour une durée de trois ans renouvelable, soit :*

a) Deux personnalités qualifiées en matière de responsabilité médicale et de réparation du risque sanitaire ;

(Décr. n° 2016-1348 du 10 oct. 2016, art. 1er) *« b) Deux représentants des associations d'usagers du système de santé ayant fait l'objet d'un agrément au niveau national dans les conditions prévues à l'article L. 1114-1 » ;*

c) Un représentant des organisations d'hospitalisation publique les plus représentatives ;

d) Un représentant des organisations d'hospitalisation privée les plus représentatives ;

e) Un représentant de la Caisse nationale de l'assurance maladie des travailleurs salariés ;

f) Un représentant des professionnels de santé exerçant à titre libéral, proposé par le Centre national des professions (Décr. n° 2012-298 du 2 mars 2012, art. 7) *« libérales » de santé ;*

g) Un représentant des professionnels de santé exerçant dans les établissements publics de santé, désigné après avis des organisations syndicales représentatives au plan national ;

3° Deux représentants du personnel de l'office élus par ce personnel pour trois ans selon les modalités prévues par le règlement intérieur de l'office.

(Décr. n° 2017-1781 du 27 déc. 2017, art. 3) *« Pour chacun des membres du conseil d'administration, un suppléant est nommé dans les mêmes conditions.*

« Il est procédé aux nominations au sein du conseil d'administration dans le respect des règles définies aux deux premiers alinéas de l'article L. 1411-5-2, précisées à la section III du chapitre Ier du titre Ier du livre IV de la première partie.

« En cas de vacance d'un siège de titulaire ou de suppléant au conseil d'administration, pour quelque cause que ce soit, un autre titulaire ou suppléant est nommé dans les mêmes conditions. Le mandat de ce nouveau membre expire à la date à laquelle aurait normalement pris fin celui de son prédécesseur. »

Le nouvel art. entre en vigueur à compter du prochain renouvellement du conseil d'administration (Décr. n° 2017-1781 du 27 déc. 2017, art. 8).

Art. R. 1142-44 *(Décr. nº 2005-1768 du 30 déc. 2005)* Les fonctions de membre titulaire ou suppléant du conseil d'administration sont exercées à titre gracieux.

Par dérogation à l'alinéa précédent, il est attribué une indemnité de fonction, non soumise à retenue pour pension civile de retraite, au président du conseil d'administration et, le cas échéant, à son suppléant ; le montant de ces indemnités est fixé par arrêté des ministres chargés du budget et de la santé.

Les fonctions de membre titulaire ou suppléant du conseil d'administration de l'office ouvrent droit au remboursement des frais de déplacement qu'ils sont susceptibles d'engager à l'occasion de l'exercice de ces fonctions, dans les conditions prévues par la réglementation applicable aux fonctionnaires de l'État. La même disposition est applicable aux membres titulaires et suppléants de l'Observatoire des risques médicaux mentionné à l'article L. 1142-29.

Art. R. 1142-45 Le conseil d'administration se réunit au moins trois fois par an sur convocation de son président. La convocation du conseil est de droit lorsqu'elle est demandée par le ministre chargé de la santé ou par un tiers au moins des membres du conseil.

Le président fixe l'ordre du jour où figurent obligatoirement les points ayant fait l'objet d'une demande formulée par le ministre chargé de la santé ou par un tiers au moins des membres du conseil.

Le conseil siège valablement si au moins la moitié de ses membres sont présents. Dans le cas contraire, une nouvelle séance se tient après un délai de quinze jours sans obligation de quorum.

Les délibérations sont prises à la majorité des membres présents. En cas de partage égal des voix, celle du président est prépondérante.

Le directeur, l'agent comptable et le *(Décr. nº 2012-1247 du 7 nov. 2012, art. 2)* « contrôleur budgétaire » participent avec voix consultative aux travaux du conseil d'administration.

Art. R. 1142-46 Le conseil d'administration définit les principes généraux relatifs aux offres d'indemnisation incombant à l'office. *(Décr. nº 2017-810 du 5 mai 2017, art. 1er-1º)* « En ce qui concerne les dommages mentionnés aux articles L. 1142-24-1, L. 1142-24-9, L. 1221-14, L. 3111-9, L. 3122-1 et L. 3131-4, il le fait sur la base des propositions du conseil mentionné aux articles L. 1142-24-3, L. 1142-24-13, L. 3111-9 et L. 3122-1. »

Il délibère en outre sur les matières suivantes :

1º L'organisation générale de l'office et son règlement intérieur ;

2º Le budget et ses modifications, ainsi que le compte financier ;

3º Les emprunts et les encours maximaux de crédit de trésorerie ;

4º Les contrats d'objectifs et de moyens passés avec l'État ;

5º L'acceptation et le refus des dons et legs ;

6º Les acquisitions, les aliénations et les échanges d'immeubles ;

7º Les contrats ainsi que les marchés publics et conventions d'un montant supérieur à un seuil qu'il détermine ;

8º *(Décr. nº 2005-1768 du 30 déc. 2005 ; Décr. nº 2010-251 du 11 mars 2010, art. 2-3º ; Décr. nº 2011-932 du 1er août 2011, art. 2-1º ; Décr. nº 2017-810 du 5 mai 2017, art. 1er-1º)* « Les actions en justice et les transactions, à l'exception de celles résultant de l'application des articles L. 1142-3, L. 1142-14, L. 1142-15, L. 1142-17, L. 1142-20, L. 1142-21, L. 1142-24-6, L. 1142-24-7, L. 1142-24-16, L. 1142-24-17, L. 1221-14, L. 3111-9, L. 3122-3, L. 3122-4 et L. 3131-4 » ;

9º La convention avec la caisse primaire d'assurance maladie mentionnée à l'article R. 1142-53 ;

10º Les conditions générales d'emploi et de recrutement du personnel ;

***11º La désignation des représentants de l'office** dans les commissions* *(Décr. nº 2012-298 du 2 mars 2012, art. 7-3º)* « mentionnées à l'article L. 1142-5 » ;

12º Les questions relatives aux offres d'indemnisation et aux transactions auxquelles elles peuvent donner lieu, susceptibles d'avoir soit une portée exceptionnelle selon l'appréciation du directeur, et à son initiative, soit une incidence financière supérieure à un seuil fixé par le conseil lui-même ;

13° *(Décr. n° 2004-775 du 29 juill. 2004, art. 4-2°)* « Les rapports semestriels relatifs à son fonctionnement et à son activité qu'il transmet au ministre chargé de la santé en vue de la préparation de la loi de financement de la sécurité sociale ».

Les décisions du conseil d'administration sont exécutoires trente jours après leur réception par le ministre chargé de la santé et par le ministre chargé du budget, à moins que l'un d'entre eux n'y fasse opposition pendant ce délai. Lorsque l'un de ces deux ministres demande par écrit des informations ou des documents complémentaires, le délai est prorogé jusqu'à la production de ces informations ou documents.

(Décr. n° 2012-1247 du 7 nov. 2012, art. 41-1°) « Toutefois, les délibérations portant sur le budget et le compte financier sont exécutoires dans les conditions prévues par le titre III du décret n° 2012-1246 du 7 novembre 2012 relatif à la gestion budgétaire et comptable publique. »

2 *CONSEIL D'ORIENTATION*

(Décr. n° 2010-251 du 11 mars 2010, art. 2-4°)

Art. R. 1142-47 Le conseil d'orientation mentionné *(Décr. n° 2011-932 du 1er août 2011, art. 2-2° ; Décr. n° 2017-810 du 5 mai 2017, art. 1er-2°)* « aux articles L. 1142-24-3, L. 1142-24-13, L. 3111-9 » et L. 3122-1 est présidé par le président du conseil d'administration de l'office. Outre son président, le conseil d'orientation comprend :

1° Un représentant du directeur général de la santé ;

2° Un représentant du directeur de la sécurité sociale ;

3° Un représentant du directeur des affaires civiles et du sceau ;

4° Un représentant du directeur de l'hospitalisation et de l'organisation des soins ;

5° Un représentant du directeur général de *(Décr. n° 2014-19 du 9 janv. 2014, art. 5-1°)* « la cohésion sociale » ;

6° Un représentant du directeur général du Trésor ;

7° Trois personnalités qualifiées ;

8° Trois représentants des usagers désignés parmi les membres des associations des personnes malades et des usagers du système de santé ayant fait l'objet d'un agrément au niveau national dans les conditions prévues à l'article L. 1114-1.

Les membres mentionnés aux 7° et 8° sont nommés pour trois ans par arrêté du ministre chargé de la santé. *(Décr. n° 2011-932 du 1er août 2011, art. 2-2°)* « Les membres mentionnés au 7° ont chacun un suppléant et les membres mentionnés au 8° chacun *(Décr. n° 2017-810 du 5 mai 2017, art. 1er-2°)* « trois » suppléants, nommés dans les mêmes conditions, qui ne participent aux séances du conseil qu'en l'absence du titulaire et, le cas échéant, de l'autre suppléant. En outre, pour chacun des membres mentionnés au 8°, ce membre ou l'un de ses suppléants est désigné pour siéger à titre principal, dans des conditions précisées par le règlement intérieur, lorsque le conseil est saisi de questions relatives à l'indemnisation des dommages mentionnés au troisième alinéa de l'article L. 1142-22 ».

En cas de vacance, un nouveau membre est nommé dans les mêmes conditions que son prédécesseur pour la durée du mandat restant à courir.

(Décr. n° 2011-932 du 1er août 2011, art. 2-2°) « Les membres du conseil d'orientation sont soumis aux dispositions » *(Décr. n° 2012-745 du 9 mai 2012, art. 4-IV)* « de l'article L. 1451-1 ».

Par dérogation au 8° du présent art. et jusqu'au 31 août 2020, peuvent être désignés au titre de ces dispositions des membres d'associations assurant à titre principal la défense des personnes malades et des usagers du système de santé victimes du valproate de sodium ou de ses dérivés et ayant fait l'objet d'un agrément au niveau régional dans les conditions prévues à l'art. L. 1114-1 CSP (Décr. n° 2017-810 du 5 mai 2017, art. 3-IV).

Art. R. 1142-48 Les membres du conseil peuvent prétendre au remboursement des frais de déplacement qu'ils sont susceptibles d'engager à l'occasion de l'exercice de leurs fonctions dans les conditions prévues par la réglementation applicable aux fonctionnaires de l'État.

Art. R. 1142-49 Le conseil se réunit au moins deux fois par an sur convocation de son président. La convocation du conseil est de droit, lorsqu'elle est demandée par un tiers au moins des membres dudit conseil.

(Décr. n° 2011-68 du 18 janv. 2011, art. 1er-2°) « Si, dans le cadre de l'indemnisation des dommages mentionnés à l'article L. 3131-4, l'urgence le requiert, le ministre chargé de la santé peut demander une réunion exceptionnelle du conseil d'orientation, qui se tient dans un délai qui ne peut être inférieur à huit jours à compter de la demande ; *[.]* »

Le président fixe l'ordre du jour où figurent obligatoirement les points ayant fait l'objet d'une demande formulée par un tiers au moins des membres du conseil.

Il ne peut délibérer que si la moitié au moins des membres en exercice sont présents, non compris le président. Dans le cas contraire, une nouvelle séance se tient, sans obligation de quorum, au terme d'un délai de quinze jours.

Le directeur de l'office participe aux réunions du conseil, sans voix délibérative, et peut en outre se faire assister de toute personne de son choix.

Les orientations du conseil sont adoptées à la majorité des membres présents. En cas de partage égal des voix, la voix du président est prépondérante.

Les modalités de fonctionnement du conseil d'orientation sont fixées par son règlement intérieur.

Art. R. 1142-50 Le conseil d'orientation peut, sur l'initiative de son président ou d'un tiers au moins de ses membres, procéder à l'audition de toute personne ou autorité, compétente dans les domaines mentionnés à l'article R. 1142-51 et susceptible de lui permettre d'éclairer ses orientations.

Art. R. 1142-51 Le conseil propose au conseil d'administration les orientations de la politique de l'office *(Décr. n° 2011-932 du 1er août 2011, art. 2-3°)* « pour l'accomplissement de sa mission en matière de règlement amiable des litiges relatifs aux dommages causés par le benfluorex *(Décr. n° 2017-810 du 5 mai 2017, art. 1er-3°)* « et par le valproate de sodium ou l'un de ses dérivés » définie au troisième alinéa de l'article L. 1142-22 et les orientations de sa politique » relatives à l'indemnisation des préjudices résultant de la contamination par le *(Décr. n° 2014-19 du 9 janv. 2014, art. 5-2°)* « virus de l'hépatite B ou C ou le virus T-lymphotropique humain » ou par le virus d'immunodéficience humaine causée par une transfusion de produits sanguins ou une injection de médicaments dérivés du sang, *(Décr. n° 2011-68 du 18 janv. 2011, art. 1er-3°)* « des préjudices directement imputables à une vaccination obligatoire réalisée en application de l'article L. 3111-4 et de préjudices imputables à une activité de prévention, de diagnostic ou de soins réalisée en application de mesures prises conformément aux articles L. 3131-1 ou L. 3134-1 ».

Ces orientations concernent :

1° Les principes applicables pour l'instruction des dossiers et de réparation des préjudices ;

2° Les règles relatives à la réalisation des expertises et au choix des experts, propres à garantir le respect des principes de l'indépendance et du contradictoire ;

(Décr. n° 2011-932 du 1er août 2011, art. 2-3°) « 3° Les orientations relatives à l'accompagnement des victimes dans l'ensemble de la procédure régie par la section IV *bis* *(Décr. n° 2017-810 du 5 mai 2017, art. 1er-3°)* « et par la section IV *ter* », notamment par l'élaboration de guides portant sur le cadre juridique des transactions et sur les références indemnitaires afférentes aux offres transactionnelles, permettant en particulier d'apprécier si l'offre est manifestement insuffisante. »

Elles peuvent également être relatives aux questions qui lui sont soumises par le président du conseil d'administration ou le directeur de l'office.

Les orientations proposées par le conseil d'orientation ainsi que les principes définis par le conseil d'administration saisi de ces orientations figurent dans le rapport mentionné à l'article L. 1142-22-1 publié après délibération du conseil d'administration.

3 *DIRECTEUR*

Art. R. 1142-52 *Le directeur est nommé* par décret sur proposition du ministre chargé de la santé, pour une durée de trois ans renouvelable.

Il assure la direction de l'établissement. Il accomplit tous les actes qui ne sont pas réservés au conseil d'administration en vertu des dispositions de l'article R. 1142-46.

Il prépare et exécute les délibérations du conseil d'administration, auquel il rend compte de sa gestion.

Il prépare le budget et l'exécute.

(Décr. n° 2005-1768 du 30 déc. 2005) « Il est ordonnateur des recettes et des dépenses, y compris pour l'Observatoire des risques médicaux institué en application de l'article L. 1142-29. »

Il recrute, nomme et gère les agents contractuels de l'office et les affecte, le cas échéant, dans les commissions *(Décr. n° 2012-298 du 2 mars 2012, art. 7-3°)* « mentionnées à l'article L. 1142-5 » de conciliation et d'indemnisation des accidents médicaux, des affections iatrogènes et des infections nosocomiales.

(Décr. n° 2014-19 du 9 janv. 2014, art. 5-3°-a) « Il exerce l'autorité hiérarchique » sur l'ensemble des personnels, à l'exception des magistrats placés en détachement pour exercer la présidence des commissions *(Décr. n° 2012-298 du 2 mars 2012, art. 7-3°)* « mentionnées à l'article L. 1142-5 » ou la suppléance de la présidence.

Il représente l'établissement en justice et dans tous les actes de la vie civile.

Il conclut les marchés publics, les contrats et les baux.

(Décr. n° 2010-251 du 11 mars 2010, art. 2-5° ; Décr. n° 2011-932 du 1er août 2011, art. 2-4°) « Sous réserve des dispositions de l'article R. 1142-46, il détermine les offres d'indemnisation proposées aux demandeurs ainsi que le montant des provisions à leur verser, et il décide, le cas échéant, des actions en justice liées aux indemnisations mentionnées aux articles L. 1142-15, L. 1142-17, L. 1142-21, L. 1142-24-7, *(Décr. n° 2017-810 du 5 mai 2017, art. 1er-4°)* « L. 1142-24-17, » L. 1221-14, L. 3111-9, L. 3122-4 et L. 3131-4. »

Le directeur informe le conseil d'administration des modalités d'indemnisation, de l'état des procédures et du suivi des dossiers ainsi que des actions récursoires exercées en application des *(Décr. n° 2005-1768 du 30 déc. 2005 ; Décr. n° 2010-251 du 11 mars 2010, art. 2-5° ; Décr. n° 2011-932 du 1er août 2011, art. 2-4° ; Décr. n° 2017-810 du 5 mai 2017, art. 1er-4°)* « articles L. 1142-15, L. 1142-17, L. 1142-21, L. 1142-24-7, L. 1142-24-17, L. 1221-14, L. 3111-9, L. 3122-4 et L. 3131-4. »

Le directeur informe chaque commission *(Abrogé par Décr. n° 2012-298 du 2 mars 2012, art. 7-4°)* *« régionale ou interrégionale »* de conciliation et d'indemnisation des accidents médicaux, des affections iatrogènes et des infections nosocomiales de la suite donnée par l'office à ses avis. *(Décr. n° 2014-19 du 9 janv. 2014, art. 5-3°-b)* « Lorsqu'il refuse de suivre l'avis d'une commission, il communique à celle-ci les motifs de sa décision. »

(Décr. n° 2004-775 du 29 juill. 2004, art. 5 ; Décr. n° 2010-344 du 31 mars 2010, art. 8) « Il informe le directeur de l'agence régionale de santé concerné des infections nosocomiales dont il indemnise les victimes en application de l'article L. 1142-21. »

Le directeur peut déléguer sa signature à ses collaborateurs dans les conditions prévues par le règlement intérieur de l'office.

§ 2 DISPOSITIONS FINANCIÈRES ET COMPTABLES

Art. R. 1142-53 *(Décr. n° 2012-1247 du 7 nov. 2012, art. 41-2°)* L'établissement public est soumis aux dispositions des titres Ier et III du décret n° 2012-1246 du 7 novembre 2012 relatif à la gestion budgétaire et comptable publique.

Art. R. 1142-54 *Abrogé par Décr. n° 2012-1247 du 7 nov. 2012, art. 41-3°.*

Art. R. 1142-55 Des régies de recettes et d'avances peuvent être instituées conformément aux dispositions du décret n° 92-681 du 20 juillet 1992 relatif aux régies de recettes et aux régies d'avances des organismes publics.

Art. R. 1142-56 et R. 1142-57 *Abrogés par Décr. n° 2012-1247 du 7 nov. 2012, art. 41-3°.*

Art. R. 1142-58 et R. 1142-59 *Abrogés par Décr. n° 2013-827 du 16 sept. 2013, art. 4-1°.*

Art. D. 1142-59-1 *(Décr. n° 2010-252 du 11 mars 2010, art. 1er)* L'Établissement français du sang mentionné à l'article L. 1222-1 inscrit annuellement dans son *(Décr. n° 2012-1247 du 7 nov. 2012, art. 2)* « budget » la dotation mentionnée au 7° de l'article L. 1142-23. Pour la détermination de son montant, l'Office national d'indemnisation des accidents médicaux, des affections iatrogènes et des infections nosocomiales communique le 1er octobre de chaque année à l'Établissement français du sang un montant prévisionnel des dépenses liées à l'indemnisation des préjudices mentionnés à l'article L. 1221-14 pour l'année suivante.

Si le montant initial de la dotation est insuffisant pour couvrir les dépenses constatées, la modification de ce montant intervient dans les mêmes conditions et donne lieu à une décision budgétaire modificative.

Cette dotation est destinée à couvrir l'ensemble des dépenses liées à l'indemnisation des préjudices mentionnés à l'article L. 1221-14.

Elle comprend, d'une part, le montant des indemnisations des préjudices mentionnés à l'article L. 1221-14, des frais d'expertises liés à ces indemnisations et de tous frais liés aux contentieux résultant de contaminations par le virus de l'hépatite C causées par une transfusion de produits sanguins ou une injection de médicaments dérivés du sang mis à la charge de l'office par l'article 67 de la loi n° 2008-1330 du 17 décembre 2008 de financement de la sécurité sociale pour 2009 et, d'autre part, le montant des autres dépenses de fonctionnement et des dépenses d'investissement directement liées à la gestion du dispositif.

La dotation est versée selon des modalités ayant pour effet de faire supporter par l'Office national d'indemnisation des accidents médicaux, des affections iatrogènes et des infections nosocomiales l'avance des dépenses liées à l'indemnisation des préjudices mentionnés à l'article L. 1221-14.

Une convention conclue entre les deux établissements et soumise à l'approbation de leur conseil d'administration précise les échéances de remboursement ainsi que les pièces et les conditions techniques utiles à sa réalisation, la nature et la méthode de transmission des informations communiquées par l'office à l'établissement permettant à ce dernier de procéder au calcul de la provision pour risque transfusionnel.

Un bilan de sa mise en œuvre est dressé, annuellement, en conseil d'administration de chacun des établissements.

Art. D. 1142-59-2 *(Décr. n° 2010-252 du 11 mars 2010, art. 1er)* L'ensemble des charges et des produits résultant du transfert à l'office de l'indemnisation des préjudices mentionnés à l'article L. 1221-14 font l'objet d'une gestion individualisée dans une comptabilité distincte de celle des autres activités de l'office.

SOUS-SECTION 2 PROCÉDURE D'INDEMNISATION PAR SUBSTITUTION DE L'OFFICE

Art. R. 1142-60 Lorsque, en application de l'article L. 1142-15, l'office est substitué à l'assureur de la personne responsable des dommages, il est procédé à l'indemnisation de la victime dans les conditions prévues aux articles *(Décr. n° 2014-19 du 9 janv. 2014, art. 6-1°)* « R. 1142-61 à R. 1142-63 ».

Art. R. 1142-61 Lorsque à l'issue du délai de quatre mois dont il dispose, conformément à l'article L. 1142-14, l'assureur n'a pas fait d'offre d'indemnisation, la victime ou ses ayants droit peuvent adresser à l'office, par lettre recommandée avec accusé de réception, une demande aux fins d'obtenir une indemnisation de sa part.

Il en va de même lorsque, alors que la commission *(Décr. n° 2012-298 du 2 mars 2012, art. 7-5°)* « de conciliation et d'indemnisation des accidents médicaux, des affections iatrogènes et des infections nosocomiales » estime qu'un dommage est imputable à plusieurs responsables, les assureurs de ces derniers n'ont pas fait d'offre conjointe à l'issue des quatre mois dont ils disposent pour ce faire.

L'office enregistre la demande et en informe l'auteur.

Le délai de quatre mois prévu à l'article L. 1142-14 court à compter de la date de réception par l'office de la demande faite par la victime ou ses ayants droit.

Art. R. 1142-62 *(Décr. n° 2012-298 du 2 mars 2012, art. 7-6°)* Lorsque la personne regardée comme responsable des dommages par la commission de conciliation et d'indemnisation des accidents médicaux, des affections iatrogènes et des infections nosocomiales n'est pas assurée, le délai prévu à l'article L. 1142-14 court à compter de la date de réception par l'office de l'avis de cette commission.

Art. R. 1142-63 *(Décr. n° 2014-19 du 9 janv. 2014, art. 6-2°)* « Lorsque la couverture d'assurance de la personne responsable des dommages est épuisée ou expirée, l'assureur avertit sans délai, par lettre recommandée avec accusé de réception, la victime ou ses ayants droit, la personne considérée comme responsable, l'office et, si les dommages entrent dans son champ d'intervention, le fonds institué à l'article L. 426-1 du code des assurances. »

Le délai de quatre mois prévu à l'article L. 1142-14 court à compter de la date de la réception par l'office de la lettre de l'assureur.

SECTION IV *BIS* INDEMNISATION DES VICTIMES DU BENFLUOREX

(Décr. nº 2011-932 du 1er août 2011, art. 3)

SOUS-SECTION 1 COMPOSITION ET FONCTIONNEMENT DU COLLÈGE D'EXPERTS

Art. R. 1142-63-1 Le collège d'experts mentionné à l'article L. 1142-24-4 comprend, outre son président :

1º *(Décr. nº 2014-19 du 9 janv. 2014, art. 7-1º)* « Deux médecins compétents » dans le domaine de la cardiologie ;

(Abrogé par Décr. nº 2014-19 du 9 janv. 2014, art. 7-2º) « 2º Un médecin compétent dans le domaine de la pneumologie ; »

2º Une personne compétente en réparation du dommage corporel ;

3º Un médecin proposé par le président du Conseil national de l'ordre des médecins ;

4º Un médecin proposé par les associations de personnes malades et d'usagers du système de santé ayant fait l'objet d'un agrément au niveau national dans les conditions prévues à l'article L. 1114-1 ;

5º Un médecin proposé par les exploitants de médicaments contenant du benfluorex. Chaque exploitant peut confier le soin de formuler la proposition en son nom à son assureur ;

6º Un médecin proposé par le directeur de l'office mentionné à l'article L. 1142-22.

Les *(Décr. nº 2014-19 du 9 janv. 2014, art. 7-4º)* « médecins mentionnés aux 3º à 5º » sont choisis sur la liste nationale des experts en accidents médicaux mentionnée à l'article L. 1142-10 ou sur l'une des listes instituées par l'article 2 de la loi nº 71-498 du 29 juin 1971 relative aux experts judiciaires.

(Décr. nº 2014-19 du 9 janv. 2014, art. 7-5º-a) « Trois suppléants » à chacun des membres du collège sont nommés dans les mêmes conditions que le titulaire. *(Décr. nº 2014-19 du 9 janv. 2014, art. 7-5º-b)* « Toutefois, les suppléants de l'un des deux médecins compétents dans le domaine de la cardiologie peuvent être des médecins compétents dans le domaine de la pneumologie. » Chaque suppléant n'assiste aux séances du collège qu'en l'absence du titulaire *(Décr. nº 2014-19 du 9 janv. 2014, art. 7-5º-c)* « et des deux autres suppléants ».

En cas de décès, de démission, de cessation de fonctions pour toute autre cause d'un membre du collège, celui-ci est remplacé par l'un de ses suppléants qui devient titulaire pour la durée du mandat restant à accomplir. Le président peut proposer, après avoir dûment entendu l'intéressé, qu'il soit procédé dans les mêmes conditions au remplacement d'un membre ayant été absent à plus de trois séances consécutives auxquelles il ne s'est pas fait suppléer. Un nouveau suppléant est alors nommé dans les conditions prévues au présent article.

Art. R. 1142-63-2 Le président du collège et ses suppléants sont nommés par arrêté *du ministre* de la justice et du ministre chargé de la santé pour une durée de trois ans renouvelable. Les autres membres du collège sont nommés par arrêté du ministre chargé de la santé pour une durée de trois ans renouvelable.

Art. R. 1142-63-3 Les membres du collège sont soumis aux dispositions *(Décr. nº 2012-745 du 9 mai 2012, art. 4-V)* « de l'article L. 1451-1 ».

Lors de chaque séance, les membres du collège signalent, s'il y a lieu, qu'ils ont un lien direct ou indirect, d'ordre familial, professionnel ou financier, avec les personnes dont la demande est examinée ou avec les professionnels de santé, établissements de santé, services ou organismes de santé ou producteurs, exploitants ou distributeurs de produits de santé concernés par cette demande.

Lorsque tel est le cas, ils ne peuvent participer à la préparation des avis ni siéger durant les travaux du collège.

Art. R. 1142-63-4 Les membres du collège peuvent prétendre au remboursement des frais de déplacement qu'ils sont susceptibles d'engager à l'occasion de l'exercice de leurs fonctions dans les conditions prévues par la réglementation applicable aux fonctionnaires de l'État.

Des indemnités sont attribuées aux membres titulaires ou suppléants. Le montant de ces indemnités est fixé par arrêté des ministres chargés du budget et de la santé.

Art. R. 1142-63-5 Le secrétariat du collège est assuré par l'office.

A ce titre, le directeur de l'office assiste aux réunions du collège, sans voix délibérative. Il peut se faire représenter ou assister par toute personne de son choix.

Le collège adopte un règlement intérieur qui définit les conditions de son fonctionnement. Ce règlement précise les modalités d'organisation du travail et de préparation des avis par l'office et la répartition des tâches entre le président et les membres du collège.

Art. R. 1142-63-6 Le collège se réunit sur convocation de son président qui fixe l'ordre du jour.

Il ne peut délibérer que si la moitié au moins des membres en exercice sont présents, non compris le président. Dans le cas contraire, une nouvelle séance se tient, sans obligation de quorum, au terme d'un délai de quinze jours.

Les avis du collège sont adoptés à la majorité des membres en exercice présents. En cas de partage égal des voix, celle du président est prépondérante.

Le collège peut, sur l'initiative de son président ou d'un tiers au moins de ses membres, procéder à l'audition de toute personne ou autorité compétente dans le domaine mentionné au troisième alinéa de l'article L. 1142-22 et susceptible de lui permettre d'éclairer son avis.

SOUS-SECTION 2 PROCÉDURE D'INSTRUCTION DES DEMANDES

Art. R. 1142-63-7 La demande mentionnée à l'article L. 1142-24-2 est adressée à l'office par lettre recommandée avec demande d'avis de réception ou déposée auprès de l'office contre récépissé.

Elle est accompagnée d'un dossier comportant l'ensemble des informations mentionnées aux deuxième et troisième alinéas de l'article L. 1142-7 et à l'article L. 1142-24-2. Elle comporte également un ou des certificats médicaux précisant l'étendue des dommages dont le demandeur a été ou s'estime victime. En outre, celui-ci joint à sa demande tout autre document de nature à l'appuyer, et notamment à établir qu'il présente le déficit fonctionnel mentionné à l'article L. 1142-24-2.

La personne informe l'office des procédures juridictionnelles relatives aux mêmes faits éventuellement en cours. Si une action en justice est intentée, la personne informe le juge de la saisine de l'office.

Art. R. 1142-63-8 L'office enregistre la demande et, le cas échéant, demande les pièces manquantes.

Dès réception de la demande initiale, l'office informe le ou les exploitants du médicament concerné et les autres personnes mentionnées à l'article L. 1142-2 à qui le demandeur a souhaité rendre la procédure opposable ainsi que l'organisme de sécurité sociale auquel est ou était affiliée la victime lors du dommage qu'elle a subi.

L'office informe les autres personnes mentionnées à l'article L. 1142-2 auxquelles la procédure est rendue opposable dans les conditions mentionnées à la dernière phrase du deuxième alinéa de l'article L. 1142-24-2.

Les parties mises en cause par le demandeur ou le ou les exploitants indiquent sans délai à l'office le nom de l'assureur qui garantit leur responsabilité civile, au moment de la demande d'indemnisation ainsi qu'à l'époque de réalisation du dommage.

Art. R. 1142-63-9 Dès réception du dossier complet, l'office le transmet au président du collège.

Le collège s'assure que le demandeur justifie de l'existence d'un déficit fonctionnel imputable au benfluorex. Il peut, pour ce faire, diligenter une expertise.

L'office en est aussitôt informé.

Toute personne physique ou morale détenant des informations de nature à éclairer le collège sur les demandes d'indemnisation dont l'office est saisi est tenue, à la demande de ce dernier, de lui transmettre ces informations en application du premier alinéa de l'article L. 1142-24-4. Les informations couvertes par le secret médical ne peuvent être transmises que par un médecin.

L'office communique les informations à caractère médical au demandeur par l'intermédiaire d'un médecin de l'office.

SOUS-SECTION 3 PROCÉDURE D'EXPERTISE

Art. R. 1142-63-10 *(Décr. nº 2014-19 du 9 janv. 2014, art. 8-1º)* « Lorsqu'une expertise est diligentée par le président du collège d'experts », le ou les experts chargés d'y procéder sont choisis, en fonction de leur compétence dans le ou les domaines concernés, sur la liste nationale des experts en accidents médicaux mentionnée à l'article L. 1142-10 ou une des listes instituées par l'article 2 de la loi nº 71-498 du 29 juin 1971 relative aux experts judiciaires ou, à titre exceptionnel, en dehors de ces listes.

L'office informe alors les parties à la procédure, telles que définies au deuxième alinéa de l'article L. 1142-24-2, quinze jours au moins avant la date de l'examen, de l'identité et des titres du ou des experts chargés d'y procéder et de la mission d'expertise qui leur est confiée.

L'office fait également savoir aux parties qu'elles peuvent se faire assister d'une personne de leur choix.

Art. R. 1142-63-11 *(Décr. nº 2014-19 du 9 janv. 2014, art. 8-2º)* I. — Lorsque le collège d'experts procède lui-même à l'expertise à partir du dossier de la demande, l'office adresse son rapport aux parties et, le cas échéant, à leurs conseils, aux personnes mentionnées au deuxième alinéa de l'article L. 1142-24-2 ainsi qu'à leurs assureurs éventuels, qui disposent alors d'un délai de quinze jours pour lui faire parvenir leurs éventuelles observations.

II. — Les experts désignés par le président du collège adressent leur projet de rapport aux parties et, le cas échéant, à leurs conseils, aux personnes mentionnées au deuxième alinéa de l'article L. 1142-24-2 ainsi qu'à leurs assureurs éventuels, qui disposent alors d'un délai de quinze jours pour faire parvenir à ces experts leurs éventuelles observations.

Dans les trois mois suivant la date de leur désignation, les experts adressent au collège d'experts leur rapport d'expertise comprenant leur réponse aux éventuelles observations des parties.

Le collège d'experts établit alors son rapport en prenant en compte le rapport du ou des experts extérieurs et l'adresse aux parties et, le cas échéant, à leurs conseils, aux personnes mentionnées au deuxième alinéa de l'article L. 1142-24-2 ainsi qu'à leurs assureurs éventuels, qui disposent alors d'un délai de quinze jours pour lui faire parvenir leurs éventuelles observations.

III. — Dans tous les cas, le collège prend en considération les observations des parties et joint, sur leur demande, à son rapport tous documents y afférents.

Le rapport du collège est également adressé au service médical des organismes de sécurité sociale auxquels est ou était affiliée la victime lors du dommage subi ainsi qu'à celui des autres tiers payeurs des prestations versées du chef de ce dommage.

Art. R. 1142-63-12 L'office prend en charge le coût des expertises, sous réserve de son remboursement par la ou les personnes responsables ou leurs assureurs, en application des articles L. 1142-24-6 ou L. 1142-24-7.

Art. R. 1142-63-13 L'avis du collège prévu à l'article L. 1142-24-5 précise pour chaque chef de préjudice les circonstances, les causes, la nature et l'étendue des dommages subis ainsi que son appréciation sur les responsabilités encourues. Il précise également si, à la date où il est rendu, l'état de la victime est consolidé ou non.

L'office adresse l'avis par lettre recommandée avec demande d'avis de réception au demandeur et aux personnes auxquelles la procédure a été rendue opposable ainsi qu'à leurs assureurs. L'avis du collège précise, le cas échéant, si la ou les personnes considérées comme responsables n'ont pas communiqué le nom de leur assureur ou si elles ont indiqué ne pas être assurées. Il est aussi adressé au service médical des organismes de sécurité sociale auxquels est ou était affiliée la victime lors du dommage subi ainsi qu'à celui des autres tiers payeurs des prestations versées du chef de ce dommage.

L'avis informe le demandeur qu'il peut saisir l'office si l'assureur ou la personne responsable ne lui a pas fait parvenir une offre d'indemnisation dans le délai de trois mois suivant la réception de l'avis. Il est accompagné des documents établis en application du 3° de l'article R. 1142-51.

Art. R. 1142-63-14 Outre son avis et le rapport d'expertise, le collège transmet aux assureurs et aux personnes qu'il considère comme responsables l'ensemble des documents communiqués par le demandeur afin de leur permettre d'établir une offre. Les informations à caractère médical sont transmises dans le respect du secret médical.

(Décr. n° 2016-401 du 5 avr. 2016, art. 1er) « L'offre mentionnée à l'alinéa précédent indique le montant d'indemnisation proposé pour chacun des chefs de préjudice précisés par l'avis du collège mentionné à l'article R. 1142-63-13. L'offre précise, le cas échéant, pour chaque chef de préjudice, l'écart par rapport à l'avis du collège en ce qui concerne l'étendue des dommages subis. Elle précise également, pour chaque chef de préjudice, la différence entre le montant de l'indemnisation proposée et celui qui résulterait de l'application des références indemnitaires afférentes aux offres transactionnelles approuvées par le conseil d'administration de l'Office national d'indemnisation des accidents médicaux en application de l'article R. 1142-46.

« La proposition faite par la personne considérée comme responsable indique que, si le demandeur estime l'offre manifestement insuffisante au regard de l'avis émis par le collège et des chefs de préjudice précisés dans cet avis, il peut adresser à l'office une demande aux fins d'obtenir une indemnisation de sa part, dans les termes prévus à l'article R. 1142-63-17. La proposition et le protocole transactionnel indiquent également que l'indemnisation n'a pour objet de réparer que les préjudices sur lesquels le collège d'experts s'est prononcé et ne préjuge pas d'une éventuelle aggravation de l'état de santé du demandeur qui peut, le cas échéant, faire l'objet d'une nouvelle demande d'indemnisation. »

Art. R. 1142-63-15 Lorsque le collège ne constate pas l'existence d'un déficit fonctionnel imputable au benfluorex, l'office en informe par lettre recommandée avec demande d'avis de réception le demandeur et les personnes auxquelles la procédure a été rendue opposable ainsi que leurs assureurs.

Art. R. 1142-63-16 Lorsque la consolidation de l'état de la personne ayant subi des dommages est postérieure à la date à laquelle le collège a rendu un premier avis ou lorsque des préjudices nouveaux imputables à une aggravation de l'état de la personne nécessitent une nouvelle évaluation des dommages, cette personne ou ses ayants droit peuvent demander au collège d'experts d'émettre un nouvel avis.

La demande est instruite dans les conditions prévues aux articles R. 1142-63-7 à R. 1142-63-14, sans qu'il y ait toutefois lieu de rechercher à nouveau si le demandeur justifie d'un déficit fonctionnel imputable au benfluorex.

SOUS-SECTION 4 PROCÉDURE D'INDEMNISATION PAR SUBSTITUTION DE L'OFFICE

Art. R. 1142-63-17 Lorsque, à l'issue du délai prévu au troisième alinéa de l'article R. 1142-63-13, les personnes considérées comme responsables par le collège ou leurs assureurs n'ont pas fait parvenir une offre d'indemnisation au demandeur, lorsqu'ils ont refusé explicitement de faire une offre ou lorsque le demandeur estime que l'offre qui lui est faite est manifestement insuffisante au regard de l'avis émis par le collège, le demandeur peut adresser à l'office, par lettre recommandée avec demande d'avis de réception, une demande aux fins d'obtenir une indemnisation de sa part.

Le délai de trois mois dont dispose l'office pour faire au demandeur une offre en substitution du ou des responsables ou de leurs assureurs court à partir de la date de réception de la demande de substitution par l'office.

(Décr. n° 2016-401 du 5 avr. 2016, art. 2) « L'offre mentionnée à l'alinéa précédent indique le montant d'indemnisation proposé pour chacun des chefs de préjudice précisés par l'avis du collège mentionné à l'article R. 1142-63-13. »

SECTION IV *TER* INDEMNISATION DES VICTIMES DU VALPROATE DE SODIUM OU DE SES DÉRIVÉS

(Décr. n° 2017-810 du 5 mai 2017, art. 2, en vigueur le 1er juin 2017)

Quand, usant de la faculté définie au III de l'art. 150 de la L. n° 2016-1917 du 29 déc. 2016 de finances pour 2017, une personne ayant intenté une action en justice tendant à la réparation des préjudices qu'elle impute au valproate de sodium ou à l'un de ses dérivés saisit l'office mentionné à l'art. L. 1142-22 CSP en vue d'obtenir réparation de ces préjudices dans les conditions définies à la sect. IV ter du chap. II du tit. IV du livre Ier de la première partie du même code, elle en informe la juridiction qu'elle a saisie. Elle informe également l'office de l'identité des parties en cause dans la procédure juridictionnelle et lui signale auxquelles de ces parties elle souhaite rendre la procédure de règlement amiable opposable. Au terme de la procédure de règlement amiable, le demandeur informe de son issue la juridiction qu'il avait saisie (Décr. n° 2017-810 du 5 mai 2017, art. 3-V).

SOUS-SECTION 1 COMPOSITION ET FONCTIONNEMENT DU COLLÈGE D'EXPERTS

Art. R. 1142-63-18 I. — Le collège d'experts mentionné à l'article L. 1142-24-11 comprend, outre son président, membre du Conseil d'État, magistrat de l'ordre administratif ou de l'ordre judiciaire :

1° Un médecin compétent dans le domaine de la pédopsychiatrie ;

2° Un médecin compétent dans le domaine de la neuropédiatrie ;

3° Une personne compétente dans le domaine de la réparation du dommage corporel ;

4° Un médecin proposé par le président du Conseil national de l'ordre des médecins ;

5° Un médecin proposé par les associations d'usagers du système de santé ayant fait l'objet d'un agrément au niveau national dans les conditions prévues à l'article L. 1114-1 ;

6° Un médecin proposé par les exploitants de médicaments contenant du valproate de sodium et de ses dérivés. Chaque exploitant peut confier le soin de formuler la proposition en son nom à son assureur.

II. — Trois suppléants à chacun des membres du collège sont nommés dans les mêmes conditions que le titulaire. Chaque suppléant n'assiste aux séances du collège qu'en l'absence du titulaire et des deux autres suppléants.

III. — En cas de décès, de démission, de cessation de fonctions pour toute autre cause d'un membre du collège, celui-ci est remplacé par l'un de ses suppléants qui devient titulaire pour la durée du mandat restant à accomplir. Le président peut proposer, après avoir dûment entendu l'intéressé, qu'il soit procédé dans les mêmes conditions au remplacement d'un membre ayant été absent à plus de trois séances consécutives auxquelles il ne s'est pas fait suppléer.

Un nouveau suppléant est alors nommé dans les conditions prévues au présent article.

Le collège d'experts mentionné à l'art. L. 1142-24-11 se réunit valablement dès la publication de la nomination de ses membres et de leurs suppléants. Toutefois, il se réunit valablement en l'absence de nomination d'un ou de plusieurs membres mentionnés aux 4° à 6° de l'art. R. 1142-63-18, ou d'un ou de plusieurs de leurs suppléants, si cette nomination n'a pu intervenir dans le délai d'un mois après l'entrée en vigueur des art. 1er et 2 du Décr. n° 2017-810 du 5 mai 2017, faute de proposition ou d'approbation par le ministre chargé de la santé des propositions qui lui ont été faites, et aussi longtemps que cette nomination n'est pas intervenue (Décr. préc., art. 3-II).

Les dispositions du 1er al. sont applicables au comité d'indemnisation en l'absence de nomination d'un ou plusieurs membres mentionnés au 2° de l'art. R. 1142-63-31 du même code, à l'exception de la personne désignée par le ministre de la santé, ou de leurs suppléants (Décr. préc., art. 3-II).

Art. R. 1142-63-19 Le président du collège et les présidents suppléants sont nommés par arrêté du ministre de la justice et du ministre chargé de la santé pour une durée de trois ans renouvelable. Les autres membres du collège sont nommés par arrêté du ministre chargé de la santé pour une durée de trois ans renouvelable.

Art. R. 1142-63-20 Les membres du collège sont soumis aux dispositions de l'article L. 1451-1.

Lors de chaque séance, les membres du collège signalent, s'il y a lieu, qu'ils ont un lien direct ou indirect, d'ordre familial, professionnel ou financier, avec les personnes dont la demande est examinée ou avec les professionnels de santé, établissements de santé, services ou organismes de santé ou producteurs, exploitants ou distributeurs de produits de santé concernés par cette demande.

Lorsque tel est le cas, ils ne peuvent pas participer à la préparation des rapports ni siéger durant les travaux du collège.

Art. R. 1142-63-21 Les membres du collège peuvent prétendre au remboursement des frais de déplacement qu'ils sont susceptibles d'engager à l'occasion de l'exercice de leurs fonctions dans les conditions prévues par la réglementation applicable aux fonctionnaires de l'État.

Des indemnités sont attribuées aux membres titulaires ou suppléants. Le montant de ces indemnités est fixé par arrêté des ministres chargés du budget et de la santé.

Art. R. 1142-63-22 Le secrétariat du collège est placé sous l'autorité fonctionnelle du président. Il est assuré par des personnels de l'office.

Le directeur de l'office ou son représentant assiste aux réunions du collège sans voix délibérative.

Le collège adopte un règlement intérieur qui définit les règles de procédure et les conditions de son fonctionnement. Ce règlement précise notamment les modalités d'organisation du travail et de préparation des avis.

Art. R. 1142-63-23 Le collège se réunit sur convocation de son président qui fixe l'ordre du jour.

Il ne peut délibérer que si la moitié au moins des membres en exercice sont présents, non compris le président. Dans le cas contraire, une nouvelle séance se tient, sans obligation de quorum, au terme d'un délai de quinze jours.

Les rapports du collège sont adoptés à la majorité des membres en exercice présents. En cas de partage égal des voix, celle du président est prépondérante.

Le collège peut, sur l'initiative de son président ou d'un tiers au moins de ses membres, procéder à l'audition de toute personne ou autorité compétente dans le domaine mentionné au troisième alinéa de l'article L. 1142-22 et susceptible de lui permettre d'éclairer son rapport.

SOUS-SECTION 2 PROCÉDURE D'INSTRUCTION DES DEMANDES

Art. R. 1142-63-24 La demande mentionnée à l'article L. 1142-24-10 est déposée auprès de l'office contre récépissé ou adressée à l'office par tout moyen permettant d'attester de la date de son envoi.

Elle est accompagnée d'un dossier comportant l'ensemble des informations mentionnées au deuxième alinéa de l'article L. 1142-7. Elle comporte également des certificats médicaux précisant l'étendue des dommages dont le demandeur a été ou s'estime victime. En outre, celui-ci joint à sa demande tout autre document de nature à l'appuyer et notamment à établir l'existence d'une malformation ou d'un trouble du comportement mentionné à l'article L. 1142-24-10. La personne informe le collège des procédures juridictionnelles relatives aux mêmes faits éventuellement en cours. Si une action en justice est intentée, la personne informe le juge de la saisine de l'office.

Le formulaire de demande ainsi que la liste des pièces nécessaires à la recevabilité du dossier sont établis par arrêté du ministre chargé de la santé. L'office demande, le cas échéant, les pièces manquantes. Lorsque le dossier est complet, l'office adresse au demandeur un récépissé mentionnant la date de réception de toutes les pièces.

Le délai prévu au quatrième alinéa de l'article L. 1142-24-11 court à compter de la réception par l'office de toutes les pièces prévues par l'arrêté mentionné à l'alinéa précédent.

Dès l'entrée en vigueur des art. 1er et 2 du Décr. no 2017-810 du 5 mai 2017, l'office mentionné à l'art. L. 1142-22 enregistre les demandes dans les conditions définies à l'art. R. 1142-63-24, même si le collège d'experts n'est pas encore constitué. Quand il accuse réception de demandes qui lui sont parvenues avant la date de cette entrée en vigueur, le délai mentionné au quatrième al. de l'art. L. 1142-24-11 ne court qu'à compter de la date d'entrée en vigueur (Décr. préc., art. 3-III).

Art. R. 1142-63-25 L'instruction des demandes est conduite par le président du collège assisté du secrétariat. Il peut demander toute pièce complémentaire nécessaire à l'instruction de la demande.

A l'issue de l'instruction, le président du collège l'inscrit à l'ordre du jour d'une séance du collège.

Art. R. 1142-63-26 Toute personne physique ou morale détenant des informations de nature à éclairer le collège sur les demandes d'indemnisation dont l'office est saisi est tenue, à la demande de ce dernier, de lui transmettre ces informations en application du premier alinéa de l'article L. 1142-24-11. Les informations couvertes par le secret médical ne peuvent être transmises que par un médecin.

Le collège communique les informations de caractère médical au demandeur par l'intermédiaire d'un médecin de l'office.

SOUS-SECTION 3 PROCÉDURE D'EXPERTISE

Art. R. 1142-63-27 Le président du collège peut ordonner toute expertise complémentaire qu'il juge utile. Il en informe le demandeur qui peut se faire assister de toute personne de son choix.

Art. R. 1142-63-28 I. – Lorsque le collège d'experts procède lui-même à l'expertise à partir du dossier de la demande, le collège adresse son projet de rapport au demandeur et, le cas échéant, à son conseil, qui disposent alors d'un délai de quinze jours pour lui faire parvenir ses observations.

II. – Les experts désignés par le président du collège adressent leur projet de rapport au demandeur et, le cas échéant, à son conseil, qui dispose *[disposent]* alors d'un délai de quinze jours pour faire parvenir à ces experts leurs observations.

Dans les trois mois suivant la date de leur désignation, les experts adressent au collège d'experts leur rapport d'expertise comprenant leur réponse aux éventuelles observations.

Le collège d'experts établit son projet de rapport en prenant en compte le rapport du ou des experts extérieurs et l'adresse au demandeur et, le cas échéant, à son conseil, qui disposent d'un délai de quinze jours pour lui faire parvenir leurs observations.

III. – Dans tous les cas, le collège prend en considération les observations du demandeur et, le cas échéant, de son conseil, et joint à son rapport, sur sa demande, tous documents y afférents.

Le rapport du collège est également adressé au service médical des organismes de sécurité sociale auxquels est ou était affiliée la victime lors du dommage subi ainsi qu'à celui des autres tiers payeurs des prestations versées du chef de ce dommage.

Art. R. 1142-63-29 L'office prend en charge le coût des expertises. Dans la limite de leur part de responsabilité respective, il en demande le remboursement par les personnes considérées comme responsables autres que l'État ou leurs assureurs, en application des articles L. 1142-24-16 ou L. 1142-24-17.

Art. R. 1142-63-30 Lorsqu'il constate l'imputabilité des dommages au valproate de sodium ou à l'un de ses dérivés, le collège d'experts informe, le cas échéant, le demandeur de la filière de soins et de prise en charge appropriée et transmet son dossier au comité d'indemnisation mentionné à l'article L. 1142-24-14.

SOUS-SECTION 4 COMITÉ D'INDEMNISATION

Art. R. 1142-63-31 Le comité d'indemnisation mentionné à l'article L. 1142-24-14 comprend, outre son président :

1° L'un des médecins mentionné *[mentionnés]* au 1° ou au 2° de l'article R. 1142-63-18, désigné par le président du collège d'experts ;

2° Cinq personnes *compétentes* en réparation du dommage corporel proposées par le ministre chargé de la santé, l'office, le Conseil national de l'ordre des médecins, les associations de personnes malades et d'usagers du système de santé ayant fait l'objet d'un agrément au niveau national dans les conditions prévues à l'article L. 1114-1 et les exploitants de médicaments contenant du valproate de sodium et *[ou un]* de ses dérivés. Chaque exploitant peut confier le soin de formuler la proposition en son nom à son assureur.

Trois suppléants à chacun des membres du comité sont nommés dans les mêmes conditions que le titulaire. Chaque suppléant n'assiste aux séances du collège qu'en l'absence du titulaire et des autres suppléants.

En cas de décès, de démission, de cessation de fonctions pour toute autre cause d'un membre du comité, celui-ci est remplacé par l'un de ses suppléants qui devient titulaire pour la durée du mandat restant à accomplir. Le président peut proposer, après avoir dûment entendu l'intéressé, qu'il soit procédé dans les mêmes conditions au remplacement d'un membre ayant été absent à plus de trois séances consécutives auxquelles il ne s'est pas fait suppléer. Un nouveau suppléant est alors nommé dans les conditions prévues au présent article.

Art. R. 1142-63-32 Le président du comité et ses suppléants sont nommés par arrêté du ministre de la justice et du ministre chargé de la santé pour une durée de trois ans renouvelable. Les autres membres du comité sont nommés par arrêté du ministre chargé de la santé pour une durée de trois ans renouvelable.

Art. R. 1142-63-33 Les dispositions des articles R. 1142-63-20 à R. 1142-63-23, R. 1142-63-25 et R. 1142-63-26 s'appliquent au comité d'indemnisation.

Art. R. 1142-63-34 I. – Le comité d'indemnisation précise pour chaque chef de préjudice les circonstances, les causes, la nature et l'étendue des dommages subis ainsi que son appréciation sur les responsabilités encourues.

Les parties mises en cause indiquent sans délai à l'office le nom de l'assureur qui garantit leur responsabilité civile, au moment de la demande d'indemnisation ainsi qu'à l'époque de réalisation du dommage.

II. – Le comité adresse le projet d'avis aux parties et, le cas échéant, à leurs conseils, à l'État et aux personnes mentionnées au premier alinéa de *[l'article]* L. 1142-24-15 ainsi qu'à leurs assureurs éventuels, qui disposent alors d'un délai de quinze jours pour lui faire parvenir leurs éventuelles observations.

Dans tous les cas, le comité prend en considération les observations des parties et joint à son projet d'avis, sur leur demande, tous documents y afférents.

Le projet d'avis du comité est également adressé au service médical des organismes de sécurité sociale auxquels est ou était affiliée la victime lors du dommage subi ainsi qu'à celui des autres tiers payeurs des prestations versées du chef de ce dommage.

III. – Le comité adresse l'avis par tout moyen permettant d'attester sa date d'envoi au demandeur et aux personnes auxquelles la procédure a été rendue opposable, ainsi qu'à leurs assureurs. L'avis du comité précise, le cas échéant, si la ou les personnes considérées comme responsables n'ont pas communiqué le nom de leur assureur ou si elles ont indiqué ne pas être assurées. Il est aussi adressé au service médical des organismes de sécurité sociale auxquels est ou était affiliée la victime lors du dommage subi, ainsi qu'à celui des autres tiers payeurs des prestations versées du chef de ce dommage.

L'avis informe le demandeur qu'il peut saisir l'office si l'assureur ou la personne responsable ne lui a pas fait parvenir une offre d'indemnisation dans le délai d'un mois suivant la réception de l'avis. Il est accompagné des documents établis en application du 3° de l'article R. 1142-51.

Art. R. 1142-63-35 Outre son avis, le comité transmet aux assureurs et aux personnes qu'il considère comme responsables l'ensemble des documents communiqués par le demandeur afin de leur permettre d'établir une offre. Les informations à caractère médical sont transmises dans le respect du secret médical.

L'offre mentionnée à l'alinéa précédent indique le montant d'indemnisation proposé pour chacun des chefs de préjudice précisés par l'avis du comité mentionné à l'article R. 1142-63-34. L'offre précise et justifie, le cas échéant, pour chaque chef de préjudice, l'écart par rapport à l'avis du comité en ce qui concerne l'étendue des dommages subis. Elle précise et justifie également, pour chaque chef de préjudice, la différence entre le montant de l'indemnisation proposée et celui qui résulterait de l'application des références indemnitaires afférentes aux offres transactionnelles approuvées par le conseil d'administration de l'Office national d'indemnisation des accidents médicaux *en application* de *l'article* R. 1142-46.

La proposition faite par toute autre personne que l'État considérée comme responsable indique que, si le demandeur estime l'offre manifestement insuffisante au regard des chefs de préjudice précisés dans l'avis du comité, il peut adresser à l'office une demande aux fins d'obtenir une indemnisation de sa part, dans les termes prévus à l'article R. 1142-63-38.

La proposition et le protocole transactionnel indiquent que l'indemnisation n'a pour objet de réparer que les préjudices sur lesquels le comité s'est prononcé et ne préjuge pas de l'apparition de dommages ultérieurs ou d'une éventuelle aggravation de l'état de santé du demandeur qui peut, le cas échéant, faire l'objet d'une nouvelle demande d'indemnisation.

Art. R. 1142-63-36 I. – Lorsque le comité ne retient aucune responsabilité, il en informe par lettre recommandée avec demande d'avis de réception le demandeur et les personnes auxquelles la procédure a été rendue opposable, ainsi que leurs assureurs.

II. – Lorsque le comité estime que les conditions prévues par le II de l'article L. 1142-24-16 sont remplies, il informe le demandeur que l'office lui adressera dans le délai d'un mois suivant la réception de son avis une offre d'indemnisation.

Art. R. 1142-63-37 Lorsque la consolidation de l'état de la personne ayant subi des dommages est postérieure à la date à laquelle le comité a rendu un premier avis ou lorsque des préjudices nouveaux consécutifs à une aggravation de l'état de santé de la personne imputable au valproate de sodium ou à l'un de ses dérivés nécessitent une nouvelle évaluation des dommages, cette personne ou ses ayants droit peuvent demander au collège d'experts d'émettre une nouvelle appréciation, qui est transmise au comité d'indemnisation.

La demande est instruite dans les conditions prévues aux articles R. 1142-63-24 à R. 1142-63-36, sans qu'il y ait toutefois lieu de rechercher à nouveau si le demandeur justifie d'un dommage corporel imputable au valproate de sodium ou à l'un de ses dérivés.

SOUS-SECTION 5 PROCÉDURE D'INDEMNISATION PAR SUBSTITUTION DE L'OFFICE

Art. R. 1142-63-38 Lorsque, à l'issue du délai prévu au troisième alinéa de l'article R. 1142-63-34, les personnes considérées comme responsables par le comité ou leurs assureurs n'ont pas fait parvenir une offre d'indemnisation au demandeur, lorsqu'ils ont refusé explicitement de faire une offre ou lorsque le demandeur estime que l'offre qui lui est faite est manifestement insuffisante au regard de l'avis émis par le comité, le demandeur peut adresser à l'office, par lettre recommandée avec demande d'avis de réception, une demande aux fins d'obtenir une indemnisation de sa part.

Le délai de trois mois dont dispose l'office pour faire au demandeur une offre en substitution du ou des responsables ou de leurs assureurs court à partir de la date de réception de la demande de substitution par l'office.

SECTION V DISPOSITIONS PÉNALES

La présente section ne comporte pas de dispositions réglementaires.

SECTION VI PRESCRIPTION EN MATIÈRE DE RESPONSABILITÉ MÉDICALE

La présente section ne comporte pas de dispositions réglementaires.

SECTION VII OBSERVATOIRE DES RISQUES MÉDICAUX

(Décr. nº 2008-526 du 3 juin 2008)

Art. D. 1142-64 L'Observatoire des risques médicaux comprend dix-neuf membres :

1° Le président de la Haute Autorité de santé mentionnée à l'article L. 161-37 du code de la sécurité sociale ;

2° Le directeur de l'*(Décr. nº 2016-523 du 27 avr. 2016, art. 4-I-3°, en vigueur le 1er mai 2016)* « Agence nationale de santé publique » ;

3° Le directeur général de l'Union nationale des caisses d'assurance maladie ;

4° Le directeur de l'Office national d'indemnisation des accidents médicaux, des affections iatrogènes et des infections nosocomiales ;

5° Un responsable d'établissement public de santé, proposé par les organisations d'hospitalisation publique représentatives sur le plan national ;

6° Deux responsables d'établissements de santé privés, proposés par les organisations d'hospitalisation privée représentatives sur le plan national ;

7° Deux praticiens hospitaliers exerçant dans des établissements publics de santé, proposés par les organisations syndicales représentatives sur le plan national ;

8° Un médecin exerçant dans les établissements de santé privés, proposé par les organisations syndicales de médecins exerçant à titre libéral représentatives sur le plan national ;

9° Un représentant des établissements de santé dispensés de l'obligation d'assurance mentionnés à l'article L. 1142-2 ;

10° Deux représentants des médecins exerçant à titre libéral proposés par les organisations syndicales représentatives sur le plan national ;

11° Quatre représentants des assureurs, proposés par la Fédération française des sociétés d'assurance et par le Groupement des entreprises mutuelles d'assurances ;

12° Deux représentants des usagers proposés par les associations d'usagers du système de santé ayant fait l'objet d'un agrément au niveau national dans les conditions prévues à l'article L. 1114-1.

Des représentants des ministres chargés de la santé, de la sécurité sociale, du budget et de l'économie assistent avec voix consultative aux séances de l'observatoire.

Art. D. 1142-65 Les membres de l'Observatoire des risques médicaux mentionnés aux 5° à 12° de l'article D. 1142-59 sont nommés par arrêté des ministres chargés de la santé, de la sécurité sociale et de l'économie pour une durée de trois ans renouvelable.

Le président et le vice-président sont nommés dans les mêmes conditions parmi les membres de l'observatoire.

Le vice-président est chargé d'assurer la présidence de l'observatoire en cas d'absence ou d'empêchement du président.

Pour chacun des membres mentionnés aux 5° à 12° de l'article D. 1142-59, un suppléant est nommé dans les mêmes conditions.

Art. D. 1142-66 Le secrétariat de l'Observatoire des risques médicaux est assuré par l'Office national d'indemnisation des accidents médicaux, des affections iatrogènes et des infections nosocomiales.

Les frais de fonctionnement de l'observatoire sont à la charge de l'office.

Art. D. 1142-67 L'Observatoire des risques médicaux ne peut délibérer que si au moins la moitié de ses membres en exercice, dont le président ou, en son absence, le vice-président, sont présents.

Les délibérations sont prises à la majorité des membres présents. En cas de partage égal des voix, celle du président ou, en son absence, du vice-président, est prépondérante.

L'Observatoire des risques médicaux a la faculté d'entendre toute personne qualifiée.

Art. D. 1142-68 L'Observatoire des risques médicaux procède, dans l'intérêt de la santé publique, à l'analyse des données définies au premier alinéa de l'article L. 1142-29 à des fins de connaissance des risques médicaux, dans le cadre de son rapport annuel. Il met ainsi en évidence les grandes caractéristiques de la sinistralité et du coût de l'indemnisation qui en découle, y compris leur évolution dans le temps. Il fait ressortir les relations existant notamment entre le type de spécialité concernée, la nature du sinistre, le montant de l'indemnisation due par sinistre et la durée moyenne de règlement. Il en dégage le coût pour l'ensemble des acteurs et détaille la répartition des charges d'indemnisation entre les différents organismes mentionnés à l'article L. 1142-29.

Son rapport est adressé aux ministres chargés de l'économie, du budget, de la santé et de la sécurité sociale.

Sur demande conjointe des ministres destinataires du rapport annuel, l'observatoire peut être chargé d'études sur des sujets particuliers en lien avec sa mission. Une synthèse de chaque étude est annexée au rapport annuel de l'observatoire correspondant à l'année de remise de l'étude.

Art. D. 1142-69 L'Observatoire des risques médicaux arrête son règlement intérieur qui précise notamment ses conditions de fonctionnement.

Art. D. 1142-70 Les membres de l'Observatoire des risques médicaux et les personnes qui prennent part à ses travaux sont soumis aux obligations prévues *(Décr. n° 2012-745 du 9 mai 2012, art. 4-VI)* « à l'article L. 1451-1 ».

CHAPITRE III ACTION DE GROUPE

(Décr. n° 2016-1249 du 26 sept. 2016, art. 1er-2°)

SECTION PREMIÈRE DISPOSITIONS PRÉLIMINAIRES

Art. R. 1143-1 L'action de groupe prévue par l'article L. 1143-1 est introduite et régie selon les règles prévues par le code de procédure civile ou le code de justice administrative, selon l'ordre de juridiction compétent, sous réserve des dispositions du présent chapitre.

Art. R. 1143-2 Les professions judiciaires réglementées auxquelles appartient la personne que les associations peuvent s'adjoindre conformément à l'article L. 1143-14 sont :

– les avocats ;

– les huissiers de justice. – *[Anc. art. R. 1143-3.]*

SECTION II COMPOSITION DE LA COMMISSION DE MÉDIATION

Art. R. 1143-3 La commission de médiation mentionnée à l'article L. 1143-7 comprend, outre le médiateur désigné par le juge, qui en assure la présidence, les membres suivants, nommés par ordonnance du juge :

1° Deux experts professionnels de santé, proposés par le président de la commission et pris sur une des listes dressées par la Cour de cassation et les cours d'appel en application de l'article 2 de la loi n° 71-498 du 29 juin 1971 relative aux experts judiciaires ou sur la liste des médecins agréés mentionnée à l'article L. 1142-11 et compétents dans la ou les pathologies susceptibles d'être imputables au produit de santé en cause ;

2° Une personnalité qualifiée dans le domaine de la réparation des préjudices corporels, proposée par le président de la commission ;

3° Un professionnel de santé compétent dans la ou les pathologies susceptibles d'être imputables au produit de santé en cause proposé par l'association requérante ;

4° Un professionnel de santé compétent dans la ou les pathologies susceptibles d'être imputables au produit de santé en cause proposé par le producteur ou le fournisseur du produit mis en cause, ou le prestataire utilisant le produit mis en cause ;

5° Un représentant des entreprises pratiquant l'assurance de responsabilité médicale prévue à l'article L. 1142-2, proposé par le président de la commission ;

6° Un représentant de l'Office national d'indemnisation des accidents médicaux, des affections iatrogènes et des infections nosocomiales désigné par le président de cet office ;

7° Un représentant des organismes de sécurité sociale, désigné par le directeur de l'Union nationale des caisses de sécurité sociale.

Le médiateur définit les modalités de fonctionnement de la commission. – *[Anc. art. R. 1143-6.]*

CHAPITRE IV DISPOSITIONS COMMUNES *(Décr. n° 2016-1249 du 26 sept. 2016, art. 1er-1°).*

Le présent chapitre ne comporte pas de dispositions réglementaires.

TITRE CINQUIÈME PRÉVENTION DES RISQUES LIÉS À CERTAINES ACTIVITÉS DIAGNOSTIQUES ET THÉRAPEUTIQUES

CHAPITRE UNIQUE

Le présent chapitre ne comporte pas de dispositions réglementaires.

TITRE SIXIÈME ÉDUCATION THÉRAPEUTIQUE DU PATIENT

(Décr. nº 2010-906 du 2 août 2010, art. 1er)

CHAPITRE PREMIER DISPOSITIONS GÉNÉRALES

SECTION PREMIÈRE COMPÉTENCES NÉCESSAIRES ET RÉGIME D'AUTORISATION

SOUS-SECTION 1 COMPÉTENCES NÉCESSAIRES POUR DISPENSER OU COORDONNER L'ÉDUCATION THÉRAPEUTIQUE DU PATIENT *(Décr. nº 2013-449 du 31 mai 2013, art. 1er).*

Art. D. 1161-1 *(Décr. nº 2010-906 du 2 août 2010, art. 1er)* L'éducation thérapeutique du patient peut être dispensée par les professionnels de santé mentionnés aux livres Ier et II et aux titres Ier à VII du livre III de la quatrième partie du présent code.

Elle peut être assurée avec le concours d'autres professionnels.

Les membres des associations agréées conformément à l'article L. 1114-1 et des organismes œuvrant dans le champ de la promotion de la santé, la prévention ou l'éducation pour la santé peuvent participer à l'éducation thérapeutique du patient dans le champ déterminé par les cahiers des charges mentionnés à l'article L. 1161-2 et à l'article L. 1161-3.

Art. R. 1161-2 *(Décr. nº 2013-449 du 31 mai 2013, art. 2-2º)* Pour dispenser ou coordonner l'éducation thérapeutique du patient, les personnes mentionnées aux articles D. 1161-1 et R. 1161-3 disposent des compétences suivantes :

1º Des compétences techniques permettant de favoriser une information utile du patient sur la maladie et le traitement, de fournir les éléments nécessaires au suivi et à l'organisation. Pour la coordination, ces compétences sont adaptées à la conception des dispositifs d'intervention et d'analyse des données ainsi qu'à la stratégie d'animation des équipes ;

2º Des compétences relationnelles et pédagogiques permettant de développer un partenariat avec les patients. Pour la coordination, ces compétences sont adaptées au développement des apprentissages et aux échanges au sein des équipes et avec les partenaires ;

3º Des compétences organisationnelles permettant de planifier des actions et de conduire un projet d'éducation thérapeutique du patient. Pour la coordination, ces compétences sont adaptées à la planification et à l'évaluation des actions menées, à l'identification des canaux de communication les plus appropriés.

Les référentiels déclinant ces compétences et les recommandations relatives à leur acquisition sont fixés par arrêté du ministre chargé de la santé.

SOUS-SECTION 2 RÉGIME D'AUTORISATION DES PROGRAMMES D'ÉDUCATION THÉRAPEUTIQUE

(Décr. nº 2010-904 du 2 août 2010, art. 1er)

Art. R. 1161-3 Les programmes d'éducation thérapeutique du patient mentionnés aux articles L. 1161-2 à L. 1161-4 sont coordonnés par un médecin, par un autre professionnel de santé ou par un représentant dûment mandaté d'une association de patients agréée au titre de l'article L. 1114-1.

Un programme doit être mis en œuvre par au moins deux professionnels de santé de professions différentes, régies par les dispositions des livres Ier et II et des titres Ier à VII du livre III de la quatrième partie.

Lorsque le programme n'est pas coordonné par un médecin, l'un de ces deux professionnels *de santé est un médecin.*

Art. R. 1161-4 I. – La demande d'autorisation d'un programme d'éducation thérapeutique du patient, mentionnée à l'article L. 1161-2, est adressée, par pli recommandé avec demande d'avis de réception, au directeur général de l'agence régionale de santé dans le ressort territorial de laquelle le programme d'éducation thérapeutique est destiné à être mis en œuvre.

Lorsque le programme relève de la compétence territoriale de plusieurs agences régionales de santé, la demande est transmise au directeur général de l'une d'entre elles. Le directeur de l'agence régionale de santé qui prend la décision en informe les autres agences.

Ce dossier comprend des informations relatives :

1° Aux objectifs du programme et à ses modalités d'organisation ;

2° Aux effectifs et à la qualification du coordonnateur et des personnels intervenant dans le programme ;

3° A la population concernée par le programme ;

4° Aux sources prévisionnelles de financement.

La composition du dossier de demande d'autorisation est fixée par arrêté du ministre chargé de la santé.

II. — Le directeur général de l'agence régionale de santé se prononce dans un délai de deux mois à compter de la présentation d'une demande complète. L'autorisation est réputée acquise au terme de ce délai.

Le dossier est réputé complet si le directeur général a délivré un accusé de réception ou n'a pas fait connaître, dans le délai d'un mois à compter de sa réception, au demandeur, par lettre recommandée avec demande d'avis de réception, la liste des pièces manquantes ou incomplètes.

III. — L'autorisation est valable pour une durée de quatre ans. Elle peut être renouvelée par le directeur général de l'agence régionale de santé, pour une durée identique, sur demande du titulaire de l'autorisation adressée au plus tard quatre mois avant sa date d'expiration, par lettre recommandée avec demande d'avis de réception. Les dispositions du II s'appliquent à ces demandes de renouvellement.

Art. R. 1161-5 I. — Pour délivrer l'autorisation mentionnée à l'article R. 1161-4, le directeur général de l'agence régionale de santé s'assure que la demande d'autorisation répond aux exigences suivantes :

1° Le programme est conforme au cahier des charges mentionné à l'article L. 1161-2 ;

2° Les obligations mentionnées aux articles L. 1161-1 et L. 1161-4 relatives aux incompatibilités et interdictions pour l'élaboration des programmes et leur mise en œuvre sont respectées ;

3° La coordination du programme répond aux obligations définies à l'article R. 1161-3.

II. — Lorsqu'un programme autorisé ne remplit plus les conditions mentionnées au I ou pour des motifs de santé publique, le directeur général de l'agence régionale de santé peut retirer l'autorisation délivrée.

Le retrait est prononcé par décision motivée après l'expiration d'un délai de trente jours suivant la notification d'une mise en demeure au titulaire de l'autorisation précisant les griefs formulés à son encontre.

Lorsque le programme est mis en œuvre selon des modalités susceptibles de mettre en danger la santé des patients, le directeur général de l'agence régionale de santé suspend, sans délai, l'autorisation accordée.

Art. R. 1161-6 Toutes modifications portant sur le changement du coordonnateur mentionné à l'article R. 1161-3, sur les objectifs du programme ou la source de financement du programme sont subordonnées à une autorisation préalable après avoir été notifiées au directeur général de l'agence régionale de santé par pli recommandé avec demande d'avis de réception. Le silence gardé par le directeur général de l'agence régionale de santé pendant un délai de trente jours à compter de la date de délivrance de l'accusé de réception du pli recommandé vaut acceptation de ces modifications.

Les autres modifications des éléments de l'autorisation initiale font l'objet d'une déclaration annuelle.

Art. R. 1161-7 L'autorisation mentionnée à l'article L. 1161-2 délivrée par l'agence régionale de santé devient caduque si :

1° Le programme n'est pas mis en œuvre dans les douze mois qui suivent sa délivrance ;

2° Le programme mis en œuvre ne l'est plus pendant six mois consécutifs.

Toutefois, les dispositions des 1° et 2° ne trouvent pas à s'appliquer lorsque le directeur général de l'agence régionale de santé prend une décision en ce sens en raison de circonstances particulières.

SECTION II PROGRAMMES D'APPRENTISSAGE

(Décr. n° 2010-1031 du 31 août 2010, art. 1er)

SOUS-SECTION 1 DISPOSITIONS GÉNÉRALES

Art. R. 1161-8 Les programmes d'apprentissage ont pour objet d'améliorer la prise en charge médicale du patient et le bon usage du médicament. Ils sont destinés à favoriser et à suivre l'appropriation de gestes techniques réalisés par le patient lui-même.

Ils peuvent être mis en place à la demande de l'*(Décr. n° 2012-597 du 27 avr. 2012, art. 5-I-1°)* « Agence nationale de sécurité du médicament et des produits de santé » ou de la Commission européenne, notamment dans le cadre des plans de gestion des risques prévus soit au 3° de l'article R. 5121-25 et à l'article R. 5121-37-2, soit à l'article 6 du règlement (CE) n° 726/2004 du Parlement européen et du Conseil du 31 mars 2004 établissant des procédures communautaires pour l'autorisation et la surveillance en ce qui concerne les médicaments à usage humain et à usage vétérinaire, et instituant une Agence européenne des médicaments.

Art. R. 1161-9 Le programme d'apprentissage est composé d'éléments destinés au patient, au professionnel de santé, au médecin ou pharmacien responsable du programme, au médecin traitant et au médecin prescripteur le cas échéant. Ces éléments peuvent revêtir la forme de documents, supports ou actions.

Art. R. 1161-10 Les programmes d'apprentissage sont conçus en cohérence avec les actions de santé publique menées par les autorités sanitaires, les organismes d'assurance maladie et les établissements de santé lorsqu'elles existent. Ils sont conçus et mis en œuvre conformément aux recommandations formulées par les autorités compétentes et notamment celles de l'*(Décr. n° 2012-597 du 27 avr. 2012, art. 5-I-1°)* « Agence nationale de sécurité du médicament et des produits de santé » et de la Haute Autorité de santé.

Art. R. 1161-11 L'information sur les programmes d'apprentissage doit être dissociée de toute communication promotionnelle portant sur le médicament objet du programme et ne peut faire l'objet d'aucune communication directe auprès du public.

SOUS-SECTION 2 CONDITIONS D'AUTORISATION DU PROGRAMME D'APPRENTISSAGE

Art. R. 1161-12 L'autorisation du programme d'apprentissage porte sur les éléments du programme, sur les modalités de sa mise en œuvre, ainsi que sur le choix de l'opérateur.

Elle est subordonnée aux conditions suivantes :

1° L'existence d'un bénéfice pour un patient atteint d'une pathologie dont le traitement médicamenteux nécessite des gestes techniques, notamment lorsqu'il s'agit d'un traitement chronique ;

2° L'adéquation du programme à ce qu'exige l'apprentissage du geste technique, eu égard à la durée de ce programme et aux moyens mis en œuvre ;

3° Le caractère pédagogique et non promotionnel du programme ;

4° Le respect des dispositions des articles R. 1161-10, R. 1161-11, R. 1161-13 et R. 1161-14 ;

5° L'engagement à respecter les conditions relatives à l'opérateur telles que définies à l'article R. 1161-24.

Art. R. 1161-13 Seuls les médicaments ayant obtenu l'autorisation de mise sur le marché délivrée par l'Union européenne en application du règlement (CE) n° 726/2004 du Parlement européen et du Conseil du 31 mars 2004 établissant des procédures communautaires pour l'autorisation et la surveillance en ce qui concerne les médicaments à usage humain et à usage vétérinaire, et instituant une Agence européenne des médicaments ou l'autorisation de mise sur le marché délivrée par l'*(Décr. n° 2012-597 du 27 avr. 2012, art. 5-I-1°)* « Agence nationale de sécurité du médicament et des produits de santé », mentionnée à l'article L. 5121-8 peuvent faire l'objet d'un programme d'apprentissage. Les éléments composant le programme sont conformes aux dispositions de l'autorisation de mise sur le marché de ce médicament et n'ont pas de caractère promotionnel.

Art. R. 1161-14 Les éléments du programme comportent notamment :

1° Le nom du médicament, ainsi que sa dénomination commune internationale ;

2° Les informations indispensables pour l'appropriation des gestes techniques nécessités par le traitement et pour un bon usage du médicament ;

3° Le rappel des droits du patient vis-à-vis du programme, comprenant l'information préalable à fournir au patient ainsi que le formulaire de recueil de son consentement écrit sur lequel figurent :

a) Le nom et les indications permettant de contacter les professionnels de santé employés par l'opérateur ;

b) Une mention précisant que les données à caractère personnel recueillies dans le cadre du programme ne seront conservées que pendant la durée de sa participation au programme.

SOUS-SECTION 3 PROCÉDURE D'AUTORISATION DU PROGRAMME D'APPRENTISSAGE

Art. R. 1161-15 La demande d'autorisation mentionnée à l'article L. 1161-5 est adressée par l'entreprise exploitant le médicament au directeur général de l'*(Décr. n° 2012-597 du 27 avr. 2012, art. 5-I-1°)* « Agence nationale de sécurité du médicament et des produits de santé ». Elle mentionne :

1° Le nom et l'adresse du demandeur de l'autorisation et, le cas échéant, ceux du titulaire de l'autorisation de mise sur le marché ;

2° Le nom du médicament, ainsi que sa dénomination commune internationale, et le nom du programme.

Art. R. 1161-16 La demande est accompagnée d'un dossier comprenant :

1° Le résumé des caractéristiques du produit ainsi que sa notice ;

2° Le nom et l'adresse du siège social de l'opérateur choisi ;

3° L'ensemble des éléments composant le programme ;

4° Les modalités de la mise en œuvre du programme;

5° Le nombre de patients concernés estimés par l'entreprise exploitant le médicament ;

6° Le bilan de suivi mentionné à l'article R. 1161-25, en cas de demande de renouvellement d'autorisation ;

7° L'autorisation de la Commission nationale de l'informatique et des libertés de création du traitement de données à caractère personnel visé au 6° de l'article R. 1161-24 en application de l'article 25 de la loi n° 78-17 du 6 janvier 1978 relative à l'informatique, aux fichiers et aux libertés.

Art. R. 1161-17 I. – Le directeur général de l'*(Décr. n° 2012-597 du 27 avr. 2012, art. 5-I-1°)* « Agence nationale de sécurité du médicament et des produits de santé » se prononce sur la demande d'autorisation après avis d'une ou *[de]* plusieurs associations mentionnées à l'article L. 1114-1 et concernées par la pathologie (Abrogé par *Décr. n° 2012-597 du 27 avr. 2012, art. 3-3°)* ***« ainsi qu'après avis de la commission chargée du contrôle de la publicité et de la diffusion de recommandations sur le bon usage des médicaments ».***

Lorsque la demande est incomplète, la procédure est suspendue jusqu'à ce que les informations complémentaires requises aient été fournies.

La demande est réputée complète si le directeur général a délivré un accusé de réception ou n'a pas fait connaître, dans le délai d'un mois après sa réception, au demandeur, par lettre recommandée avec demande d'avis de réception, la liste des pièces manquantes ou incomplètes.

II. – S'il n'existe pas d'association concernée par la pathologie en cause, ou si un conflit d'intérêt*[s]* fait obstacle à la consultation de l'unique association concernée, l'*(Décr. n° 2012-597 du 27 avr. 2012, art. 5-I-1°)* « Agence nationale de sécurité du médicament et des produits de santé » consulte une autre association de son choix.

L'avis de l'association consultée est rendu dans le mois qui suit la saisine par l'*(Décr. n° 2012-597 du 27 avr. 2012, art. 5-I-1°)* « Agence nationale de sécurité du médicament et des produits de santé ».

(Abrogé par Décr. n° 2012-741 du 9 mai 2012, art. 13-I) ***« Après réception de l'avis de l'association consultée ou expiration du délai qui lui est imparti, le directeur général saisit la commission chargée du contrôle de la publicité et de la diffusion de recommandations sur le bon usage des médicaments. »***

(Décr. n° 2012-741 du 9 mai 2012, art. 13-I) « A compter de la réception de l'avis de l'association consultée ou de l'expiration du délai qui est imparti, le directeur général se prononce sur la demande dans le délai de deux mois. » Au terme de ce délai, l'autorisation est réputée acquise. Le demandeur en est informé.

Art. R. 1161-18 L'autorisation est délivrée pour une durée de trois ans et peut être renouvelée pour une durée identique, sur demande du titulaire de l'autorisation adressée au directeur général de l'*(Décr. n° 2012-597 du 27 avr. 2012, art. 5-I-1°)* « Agence nationale de sécurité du médicament et des produits de santé », au plus tard six mois avant sa date d'expiration.

Tout renouvellement d'autorisation est examiné dans les mêmes conditions que l'autorisation initiale, *(Décr. n° 2012-597 du 27 avr. 2012, art. 3-4°)* « et après transmission à l'Agence nationale de sécurité du médicament et des produits de santé » du bilan mentionné à l'article R. 1161-25.

Art. R. 1161-19 *(Décr. n° 2010-1031 du 31 août 2010, art. 1er ; Décr. n° 2012-597 du 27 avr. 2012, art. 3-5° et 5-I-1°)* Le retrait ou la suspension de l'autorisation est prononcé par le directeur général de l'Agence nationale de sécurité du médicament et des produits de santé. L'entreprise exploitant le médicament est mise à même de présenter ses observations écrites.

En cas d'urgence, le directeur général de l'Agence nationale de sécurité du médicament et des produits de santé peut suspendre l'autorisation pour une durée de trois mois.

Art. R. 1161-20 Toute modification de l'un des éléments du dossier de demande d'autorisation du programme donne lieu à une nouvelle autorisation, délivrée dans les mêmes conditions que l'autorisation initiale.

Art. R. 1161-21 Les décisions d'autorisation ou de retrait prises en application de l'article L. 1161-5 sont publiées *(Décr. n° 2016-183 du 23 févr. 2016, art. 3-I)* « sur le site internet de l'agence ».

Les décisions de retrait de l'autorisation du programme peuvent être assorties d'une obligation d'information dont le contenu a été préalablement approuvé par l'*(Décr. n° 2012-597 du 27 avr. 2012, art. 5-I-1°)* « Agence nationale de sécurité du médicament et des produits de santé », et diffusée par l'exploitant, à ses frais, auprès des professionnels de santé, des associations et des patients concernés.

SOUS-SECTION 4 MISE EN ŒUVRE DU PROGRAMME D'APPRENTISSAGE

Art. R. 1161-22 Le programme est conduit par un opérateur, choisi et conventionné à cet effet par l'entreprise exploitant le médicament.

L'opérateur est choisi en fonction des garanties d'indépendance qu'il présente, notamment celles mentionnées au 1° de l'article R. 1161-24, de ses compétences et des moyens humains et matériels dont il dispose pour exécuter les tâches qui relèvent de la mise en œuvre du programme d'apprentissage.

La convention précise que l'entreprise et l'opérateur ne disposeront que de données anonymisées concernant les patients.

Art. R. 1161-23 *L'entreprise informe les médecins de l'existence de programmes d'apprentissage. Le médecin prescripteur du traitement peut proposer à ses patients susceptibles de bénéficier de ce programme d'y participer.*

En cas d'accord du patient, le formulaire de recueil de son consentement écrit est adressé par le médecin prescripteur aux professionnels de santé employés par l'opérateur. Une copie de ce formulaire est conservée par le patient.

Lorsque le patient prend contact avec le professionnel de santé mentionné sur le formulaire de consentement, le médecin traitant est informé par ce dernier de l'inscription de son patient dans un programme. Le médecin traitant ainsi que le médecin prescripteur sont destinataires des informations sur le déroulement du programme.

L'opérateur met en place un centre d'appels téléphoniques disponible en continu, pour répondre aux patients du programme. Les appels sont gérés par des professionnels de santé qu'il emploie. Ces derniers sont placés sous la responsabilité du pharmacien ou médecin employé par l'opérateur.

L'opérateur met à disposition des professionnels de santé qu'il emploie, les moyens d'anonymiser les données collectées. Les données recueillies dans le cadre du programme d'apprentissage ne peuvent être utilisées à d'autres fins que celles du programme et de son évaluation.

En cas de nécessité, un professionnel de santé, intervenant pour le compte de l'opérateur, peut se rendre chez le patient pour lui expliquer les modalités d'administration de son traitement. Chaque contact entre ce professionnel de santé et le patient ou entre les professionnels de santé du centre d'appels et le patient est consigné par écrit, et comporte les questions et les réponses apportées. Ces informations sont transmises au médecin ou pharmacien responsable du programme qui les adresse au médecin prescripteur et au médecin traitant ; elles sont conservées par le médecin ou pharmacien responsable du programme pendant la durée de participation du patient au programme.

Le médecin ou pharmacien responsable du programme procède à l'anonymisation des informations et les transmet à l'opérateur et à l'entreprise exploitant le médicament.

Art. R. 1161-24 Les opérateurs satisfont à l'ensemble des obligations suivantes :

1° Le directeur salarié de l'opérateur et les professionnels de santé chargés d'exécuter les opérations prévues par le programme n'ont aucun lien professionnel ou financier avec l'entreprise exploitant le médicament, en dehors du contrat qui lie l'opérateur à ladite entreprise pour la mise en œuvre du programme d'apprentissage ;

2° Les professionnels de santé en charge du programme d'apprentissage et de sa mise en œuvre n'assurent aucune mission à caractère commercial ;

3° L'exécution des opérations est conduite conformément aux règles de déontologie et aux règles de l'art ;

4° Les professionnels de santé employés par l'opérateur acquièrent une formation préalable et continue sur la pathologie objet du programme d'apprentissage et les traitements adaptés, ainsi que sur les opérations à mettre en œuvre dans le cadre du programme ;

5° L'opérateur ne peut pas sous-traiter tout ou partie des opérations prévues par le programme d'apprentissage. Il s'engage à ne conserver que des données anonymisées à l'issue de la durée de participation du patient au programme ;

6° L'opérateur se conforme aux dispositions de l'article 25 de la loi n° 78-17 du 6 janvier 1978 relative à l'informatique, aux fichiers et aux libertés en demandant une autorisation à la Commission nationale de l'informatique et des libertés pour le traitement de données à caractère personnel qu'il met en œuvre.

Art. R. 1161-25 L'entreprise exploitant le médicament produit un bilan de suivi à la fin de chaque programme ou au plus tard au moment de son renouvellement.

Le bilan est transmis au médecin traitant, au médecin prescripteur et à l'*(Décr. n° 2012-597 du 27 avr. 2012, art. 5-I-1°)* « Agence nationale de sécurité du médicament et des produits de santé ».

SOUS-SECTION 5 CONSENTEMENT AU PROGRAMME D'APPRENTISSAGE

Art. R. 1161-26 Un patient peut accepter ou non de participer à un programme d'apprentissage défini à l'article L. 1161-5, qui lui est proposé par le médecin prescripteur du traitement médicamenteux. Cette acceptation est formulée par écrit. De la même manière, il peut y mettre fin à tout moment et en informe son médecin prescripteur, son médecin traitant et un des professionnels de santé employé *[employés]* par l'opérateur.

TITRE SEPTIÈME PRÉVENTION DES FACTEURS DE RISQUES POUR LA SANTÉ

(Décr. n° 2016-1990 du 30 déc. 2016, art. 1er)

CHAPITRE II PRESCRIPTION D'ACTIVITÉ PHYSIQUE

Art. D. 1172-1 On entend par activité physique adaptée*[,]* au sens de l'article L. 1172-1, la pratique dans un contexte d'activité du quotidien, de loisir, de sport ou d'exercices programmés, des mouvements corporels produits par les muscles squelettiques, basée sur les aptitudes et les motivations des personnes ayant des besoins spécifiques qui les empêchent de pratiquer dans des conditions ordinaires.

La dispensation d'une activité physique adaptée a pour but de permettre à une personne d'adopter un mode de vie physiquement actif sur une base régulière afin de réduire les facteurs de risques et les limitations fonctionnelles liés à l'affection de longue durée dont elle est atteinte. Les techniques mobilisées relèvent d'activités physiques et sportives et se distinguent des actes de rééducation qui sont réservés aux professionnels de santé, dans le respect de leurs compétences.

Art. D. 1172-2 En accord avec le patient atteint d'une affection de longue durée, et au vu de sa pathologie, de ses capacités physiques et du risque médical qu'il présente, le médecin traitant peut lui prescrire une activité physique dispensée par l'un des intervenants suivants :

1° Les professionnels de santé mentionnés aux articles L. 4321-1, L. 4331-1 et L. 4332-1 ;

2° Les professionnels titulaires d'un diplôme dans le domaine de l'activité physique adaptée délivré selon les règles fixées à l'article L. 613-1 du code de l'éducation ;

3° Les professionnels et personnes qualifiées suivants, disposant des prérogatives pour dispenser une activité physique aux patients atteints d'une affection de longue durée :

— les titulaires d'un diplôme figurant sur la liste mentionnée à l'article R. 212-2 du code du sport ou enregistrés au répertoire national des certifications professionnelles, ainsi que les fonctionnaires et les militaires mentionnés à l'article L. 212-3 du code du sport ;

— les professionnels et personnes qualifiées titulaires d'un titre à finalité professionnelle ou d'un certificat de qualifications figurant sur la liste mentionnée à l'article R. 212-2 du code du sport ou enregistrés au répertoire national des certifications professionnelles qui sont énumérés dans une liste d'aptitude fixée par arrêté conjoint des ministres chargés des sports, de l'enseignement supérieur et de la santé ;

4° Les personnes qualifiées titulaires d'une certification, délivrée par une fédération sportive agréée, répondant aux compétences précisées dans l'annexe 11-7-1 *[reproduite ci-dessous]* et garantissant la capacité de l'intervenant à assurer la sécurité des patients dans la pratique de l'activité. La liste de ces certifications est fixée par arrêté conjoint des ministres chargés des sports et de la santé, sur proposition du Comité national olympique et sportif français.

Cette prescription est établie par le médecin traitant sur un formulaire spécifique.

Sur les compétences requises pour la validation des certifications fédérales à des fins d'encadrement des patients reconnus en affection de longue durée, V. Annexe 11-7-1 sur Dalloz.fr.

Art. D. 1172-3 Pour les patients présentant des limitations fonctionnelles sévères telles que qualifiées par le médecin prescripteur en référence à l'annexe 11-7-2 *[reproduite ci-dessous]*, seuls les professionnels de santé mentionnés au 1° de l'article D. 1172-2 sont habilités à leur dispenser des actes de rééducation ou une activité physique, adaptée à la pathologie, aux capacités physiques et au risque médical.

Lorsque les patients ont atteint une autonomie suffisante et présentent une atténuation des altérations mentionnées dans l'annexe 11-7-2 relative aux limitations fonctionnelles sévères, les professionnels mentionnés au 2° de l'article D. 1172-2 interviennent en complémentarité des professionnels de santé mentionnés au premier alinéa, dans le cadre de la prescription médicale s'appuyant sur le bilan fonctionnel établi par ces derniers.

Sur les limitations classées comme sévères pour les patients porteurs d'affections de longue durée au regard des altérations fonctionnelles, sensorielles, cérébrales et du niveau de douleur ressentie, V. Annexe 11-7-2 sur Dalloz.fr.

Art. D. 1172-4 La prise en charge des patients est personnalisée et progressive en termes de forme, d'intensité et de durée de l'exercice.

Art. D. 1172-5 Avec l'accord des patients, l'intervenant transmet périodiquement un compte rendu sur le déroulement de l'activité physique adaptée au médecin prescripteur et peut formuler des propositions quant à la poursuite de l'activité et aux risques inhérents à celle-ci. Les patients sont destinataires de ce compte rendu.

TITRE HUITIÈME RÉDUCTION DES RISQUES RELATIFS À LA PROSTITUTION

(*Décr. nº 2017-281 du 2 mars 2017, art. 1er-I*)

CHAPITRE UNIQUE ACTIONS DE RÉDUCTION DES RISQUES EN DIRECTION DES PERSONNES PROSTITUÉES

SECTION UNIQUE RÉFÉRENTIEL NATIONAL

Art. D. 1181-1 Est approuvé le référentiel national de réduction des risques en direction des personnes prostituées, pris pour l'application de l'article L. 1181-1 et reproduit à l'annexe 11-3 du présent code.

Sur le référentiel national des actions de réduction des risques en direction des personnes prostituées, V. Annexe 11-3 Dalloz.fr.

LIVRE DEUXIÈME DON ET UTILISATION DES ÉLÉMENTS ET PRODUITS DU CORPS HUMAIN

TITRE PREMIER PRINCIPES GÉNÉRAUX

CHAPITRE UNIQUE

SECTION PREMIÈRE BÉNÉVOLAT DES DONS D'ÉLÉMENTS ET PRODUITS DU CORPS HUMAIN

SOUS-SECTION 1 DISPOSITIONS COMMUNES

Art. R. 1211-1 Les dispositions de la présente section ne sont pas applicables aux dons du sang, de ses composants et de leurs dérivés au sens de l'article L. 1221-8.

SOUS-SECTION 2 PRÉLÈVEMENTS EFFECTUÉS SUR UNE PERSONNE VIVANTE

Art. R. 1211-2 A l'occasion du prélèvement d'éléments ou de la collecte de produits du corps humain, y compris des gamètes, réalisés à des fins thérapeutiques, l'établissement de santé qui réalise le prélèvement rembourse au donneur, sur production des justificatifs nécessaires, les frais de transport et d'hébergement.

Art. R. 1211-3 La prise en charge des frais de transport est effectuée sur la base du tarif le moins onéreux du moyen de transport en commun le mieux adapté au déplacement ; les frais de transport par voie aérienne peuvent être pris en charge dès lors que les autres moyens de transport requièrent un temps de trajet supérieur à trois heures.

Les frais occasionnés par l'utilisation de l'automobile personnelle du donneur ou de la personne qui l'accompagne sont remboursés dans les conditions prévues au premier alinéa de l'article 30 du décret nº 92-566 du 25 juin 1992 fixant les conditions et les modalités de règlement des frais occasionnés par les déplacements des fonctionnaires et agents relevant de la fonction publique hospitalière sur le territoire métropolitain de la France. Les frais résultant de l'utilisation d'autres moyens de transport terrestres individuels sanitaires ou non sanitaires ou d'un moyen de transport aérien, en dehors du cas prévu à l'alinéa précédent, sont remboursés si leur prescription est médicalement justifiée par l'état du donneur. La prescription médicale indique le moyen de transport le moins onéreux compatible avec l'état du donneur.

Art. R. 1211-4 Les frais d'hébergement hors hospitalisation du donneur sont pris en charge sur la base des dépenses réelles engagées, sur présentation des justificatifs nécessaires et dans la limite d'un montant maximal par journée, égal à dix fois le montant du forfait journalier prévu à l'article L. 174-4 du code de la sécurité sociale.

Art. R. 1211-5 L'établissement de santé qui réalise le prélèvement prend le cas échéant à sa charge l'indemnisation de la perte de rémunération subie par le donneur.

L'indemnité pour perte de rémunération est versée sur présentation des justificatifs nécessaires et ne peut être supérieure au *(Décr. nº 2009-217 du 24 févr. 2009, art. 1er)* « quadruple » de l'indemnité journalière maximale de l'assurance maladie du régime général prévue à l'article L. 323-4 du code de la sécurité sociale.

Art. R. 1211-6 Les dispositions des articles R. 1211-2 à R. 1211-5 s'appliquent aux déplacements afférents aux examens et soins qui précèdent ou suivent le prélèvement *(Décr. nº 2009-217 du 24 févr. 2009, art. 1er)* « ou la collecte, » ainsi qu'aux déplacements effectués pour l'expression du consentement du donneur conformément aux articles L. 1231-1, L. 1231-3 et L. 1244-2 et les auditions par le comité d'experts prévu à l'article L. 1231-3.

Art. R. 1211-7 Les dispositions des articles R. 1211-2 à R. 1211-6 s'appliquent à la personne accompagnant un donneur dont l'état nécessite l'assistance d'un tiers, aux titulaires de l'autorité parentale ou au représentant légal du donneur.

Art. R. 1211-8 L'établissement de santé qui réalise le prélèvement *(Décr. nº 2009-217 du 24 févr. 2009, art. 1er)* « ou la collecte » prend à sa charge les frais d'examens et de traitement prescrits en vue du prélèvement, la totalité des frais d'hospitalisation, y compris le forfait mentionné à l'article L. 174-4 du code de la sécurité sociale ainsi que les frais de suivi et de soins assurés au donneur en raison du prélèvement dont il a fait l'objet.

Art. R. 1211-9 Lorsque des éléments du corps humain sont recueillis à l'occasion d'une intervention médicale dans les conditions prévues à l'article L. 1245-2, l'établissement de santé prend à sa charge les frais d'analyses de biologie médicale prévues aux articles R. 1211-15 et R. 1211-16.

SOUS-SECTION 3 PRÉLÈVEMENTS EFFECTUÉS SUR UNE PERSONNE DÉCÉDÉE

Art. R. 1211-10 Les frais de transport du patient d'un établissement de santé vers un autre établissement de santé, en vue d'établir le diagnostic de mort encéphalique et d'effectuer des prélèvements à des fins thérapeutiques, sont à la charge de ce dernier établissement. L'établissement de santé qui effectue les prélèvements prend à sa charge les frais entraînés par le constat du décès du donneur et l'assistance médicale du corps avant le prélèvement.

De même, les frais de transport du corps d'une personne décédée vers un établissement de santé, en vue d'effectuer des prélèvements *(Décr. nº 2009-217 du 24 févr. 2009, art. 1er)* « d'organes et » de tissus à des fins thérapeutiques, sont à la charge de cet établissement.

Dans tous les cas l'établissement qui a procédé au prélèvement assure les frais de conservation et de restauration du corps après l'acte de prélèvement. Il prend, en outre, en charge les frais de restitution du corps du donneur à sa famille dans des conditions telles que celle-ci n'ait pas à exposer de dépenses supérieures à celles qu'elle aurait supportées si le prélèvement n'avait pas eu lieu.

SOUS-SECTION 4 DISPOSITIONS FINANCIÈRES

Art. R. 1211-11 Les établissements de santé déterminent au vu de leur comptabilité analytique, et par type de produit ou élément du corps humain, *(Décr. nº 2005-1474 du 30 nov. 2005)* « à l'exception des organes, » les coûts des prélèvements à fins thérapeutiques tels qu'ils résultent des articles R. 1211-2 à R. 1211-10.

(Décr. n° 2009-217 du 24 févr. 2009, art. 1er) « Selon les cas, ces coûts sont facturés soit à l'établissement qui réalise la greffe, l'administration ou l'insémination, soit à l'établissement ou organisme autorisé à conserver des tissus et leurs dérivés ou des préparations de thérapie cellulaire en application de l'article L. 1243-1. »

SECTION II RÈGLES DE SÉCURITÉ SANITAIRE

SOUS-SECTION 1 ORGANES, TISSUS ET CELLULES PRÉLEVÉS À DES FINS THÉRAPEUTIQUES POUR AUTRUI *(Décr. n° 2014-1066 du 19 sept. 2014, art. 1er-1°).*

Art. R. 1211-12 Sont soumis aux dispositions de la présente sous-section, tout prélèvement d'organe, *(Abrogé par Décr. n° 2005-1618 du 21 déc. 2005) « de moelle osseuse, »* de tissu, de cellule et toute collecte de produits effectués en vue de leur utilisation ou de celle de leurs dérivés à des fins thérapeutiques pour autrui, y compris dans le cadre de recherches biomédicales au sens de l'article L. 1121-1. Les dispositions de la présente sous-section sont également applicables en cas d'incorporation de ces éléments ou produits, notamment dans des dispositifs médicaux utilisés à des fins thérapeutiques chez l'homme ou en cas de leur utilisation en vue de préparer des spécialités pharmaceutiques ou d'autres médicaments fabriqués industriellement.

En sont exclus :

1° Les gamètes ;

2° Le sang, ses composants et leurs dérivés au sens de l'article L. 1221-8 ;

3° Les réactifs mentionnés à l'article L. 5133-1.

Art. R. 1211-13 *(Décr. n° 2014-1066 du 19 sept. 2014, art. 1er-2°)* I. — Avant tout prélèvement ou collecte d'éléments et produits du corps humain à des fins thérapeutiques sur une personne vivante ou décédée, les médecins et, dans la situation mentionnée au IV, les sages-femmes s'assurent de l'identité du donneur potentiel et du respect des règles de sécurité sanitaires *[sanitaire]* en vigueur.

II. — Les médecins et, le cas échéant, les sages-femmes procèdent à une sélection des donneurs potentiels. Cette sélection vise à écarter les personnes dont le don pourrait soit comporter un risque pour leur propre santé, soit comporter pour le receveur un risque supérieur à l'avantage escompté.

Pour évaluer ces risques, ils doivent :

1° Rechercher les antécédents médicaux et chirurgicaux personnels et familiaux du donneur potentiel ;

2° S'informer de l'état clinique de celui-ci, en procédant à son examen clinique, le cas échéant *post mortem* ;

3° Consulter tout document comportant les informations pertinentes et notamment son dossier médical.

III. — Lorsque le prélèvement ou la collecte est envisagé sur un donneur vivant, le médecin procède à un entretien médical avec le donneur potentiel et, le cas échéant, avec son représentant légal afin d'obtenir les informations complémentaires nécessaires à sa sélection. Lors de cet entretien, il informe le donneur sur le risque de transmission de maladies au receveur et il s'assure que le donneur, ainsi que, le cas échéant, son représentant légal :

1° Ont compris les informations données ;

2° Ont eu la possibilité de poser des questions et ont reçu des réponses satisfaisantes ;

3° Ont confirmé que toutes les informations qu'ils ont fournies sont, à leur connaissance, exactes.

IV. — Lorsque le prélèvement envisagé porte sur des cellules prélevées dans le sang de cordon ou sur le recueil de placenta, cette sélection peut être également assurée par une sage-femme.

V. — Lorsque le prélèvement ou la collecte est envisagé sur un donneur décédé, le médecin recueille, dans la mesure du possible, les informations complémentaires nécessaires à la sélection clinique du donneur auprès des proches du donneur décédé ou des personnes susceptibles de les lui fournir.

VI. — Les informations ainsi recueillies sont inscrites au dossier médical du donneur qui est conservé sur le site de prélèvement. Les informations relatives aux antécédents médicaux du donneur et, le cas échéant, les *[aux]* facteurs de risque ayant été découverts lors de sa sélection clinique sont transmises, le cas échéant sous forme anonyme, aux équipes de greffe ou aux établissements mentionnées *[mentionnés]* à l'article L. 1243-2 qui les tiennent par la suite à la disposition des équipes de greffes *[greffe]*.

VII. — A l'issue de la sélection clinique des donneurs opérée dans les conditions mentionnées aux II, III, IV et V, le médecin ou la sage-femme, ainsi que, le cas échéant, le médecin en charge du receveur, écarte du don les personnes vivantes ou décédées qui présentent une contre-indication.

VIII. — Outre les dispositions figurant au présent article, des dispositions particulières sont applicables, concernant les prélèvements d'organes, à l'article R. 1231-1 et, concernant ceux de tissus et de cellules, aux articles R. 1241-19-1 à R. 1241-19-3.

Art. R. 1211-14 *(Décr. n° 2010-1625 du 23 déc. 2010, art. 1er)* La sélection clinique du donneur mentionnée à l'article R. 1211-13 est complétée pour tout prélèvement ou collecte d'éléments et produits du corps humain à des fins thérapeutiques par des analyses de biologie médicale destinées à faire le diagnostic de certaines maladies infectieuses transmissibles. En cas de diagnostic positif, la greffe ou l'utilisation à des fins thérapeutiques des produits du corps humain est interdite.

La liste des maladies infectieuses mentionnées à l'alinéa précédent est fixée par un arrêté du ministre chargé de la santé. Cet arrêté énonce également les cas dans lesquels le médecin peut, dans l'intérêt du receveur, procéder à la greffe ou à l'utilisation à des fins thérapeutiques des produits du corps humain en dépit de la présence de certains marqueurs infectieux révélés par les analyses de biologie médicale, si le risque prévisible encouru par le receveur en l'état des connaissances scientifiques n'est pas hors de proportion avec le bénéfice escompté.

Le médecin peut procéder à la greffe d'organes lorsque le résultat de l'analyse mentionnée au 3° de l'article R. 1211-17 n'a pu être obtenu dans les délais compatibles avec la réalisation de la greffe.

La délivrance de l'information au receveur est effectuée dans le respect de bonnes pratiques édictées dans les conditions fixées par le sixième alinéa de l'article L. 1111-2.

Lorsque le don n'est pas anonyme, le médecin qui prend en charge le donneur l'informe que la présence de marqueurs infectieux dans les résultats des analyses de biologie médicale auxquelles il s'est soumis sera nécessairement connue du receveur.

Art. R. 1211-15 *(Décr. n° 2005-1618 du 21 déc. 2005)* Lorsque les éléments du corps humain utilisés sur le territoire français sont importés d'un État dans lequel une ou des analyses de biologie médicale mentionnées à l'article R. 1211-14 ne sont pas exécutées, ils sont accompagnés d'un échantillon biologique permettant l'exécution de ces analyses en France avant toute utilisation thérapeutique. La ou les maladies infectieuses susceptibles de faire l'objet de cette procédure sont fixées par un arrêté du ministre chargé de la santé.

Lorsque le résultat d'une ou plusieurs de ces analyses fait ressortir un risque de transmission, l'utilisation à des fins thérapeutiques des éléments et produits du corps humain importés est interdite.

Toutefois, dans les cas définis par l'arrêté mentionné au premier alinéa, le médecin peut dans l'intérêt du receveur déroger à cette interdiction dans les conditions et selon les modalités prévues à l'article R. 1211-14.

Art. R. 1211-16 *(Décr. n° 2005-1618 du 21 déc. 2005)* Les analyses prévues à l'article R. 1211-14 sont complétées, en fonction de la nature des prélèvements envisagés, par d'autres analyses de biologie médicale destinées à faire le diagnostic de maladies infectieuses transmissibles dont le résultat, même s'il fait ressortir un risque de transmission ou s'il n'est pas encore connu au moment de la greffe, n'interdit pas cette greffe.

La liste des *maladies infectieuses ainsi que les* conditions de réalisation des analyses *sont* fixées par un arrêté du ministre chargé de la santé.

Le médecin, avant de décider de greffer, évalue dans chaque cas si le bénéfice escompté l'emporte sur le risque prévisible encouru.

Art. R. 1211-17 *(Décr. n° 2010-1625 du 23 déc. 2010, art. 1er)* Un arrêté du ministre chargé de la santé fixe :

1° La nature et les conditions de réalisation des analyses de biologie médicale pour la recherche des marqueurs d'infection ;

2° Lorsque cela est techniquement possible, la nature et les conditions de réalisation des analyses de biologie médicale pour la recherche des marqueurs d'infectivité ;

3° La nature de l'analyse consistant à rechercher le génome du virus ;

4° Les modalités d'exploitation des résultats des analyses définies par le présent article.

Art. R. 1211-18 Un ou des échantillons du produit biologique ayant servi à effectuer les analyses de biologie médicale prévues aux articles R. 1211-14 à R. 1211-16 sont conservés dans des conditions fixées par arrêté du ministre chargé de la santé.

Art. R. 1211-19 *(Décr. n° 2017-544 du 13 avr. 2017, art. 1er-1°)* I. – Pour être utilisé à des fins thérapeutiques, tout élément ou produit du corps humain prélevé ou collecté doit être accompagné d'informations relatives notamment à la sélection clinique et biologique des donneurs, à l'étiquetage et à la traçabilité de l'élément ou du produit, dont le contenu est précisé par arrêté du ministre chargé de la santé.

II. – Le médecin utilisateur ou le chirurgien dentiste est tenu de prendre connaissance de ces informations.

Art. R. 1211-19-1 *(Décr. n° 2017-544 du 13 avr. 2017, art. 1er-2°)* I. – La traçabilité des éléments et produits du corps humains *[humain]* a pour objet d'établir le lien entre le donneur et le receveur en partant du prélèvement jusqu'à l'utilisation thérapeutique ou la destruction et inversement.

Cette traçabilité est établie :

1° Par des informations dont la nature et le contenu sont fixés par arrêté du ministre chargé de la santé ;

2° Et, en ce qui concerne les tissus et les cellules, sur la base d'une codification préservant l'anonymat des personnes selon les modalités prévues aux articles R. 1245-31 à R. 1245-37.

II. – Lorsque des tissus ou des cellules sont exclus de l'application du code européen unique dans le cas mentionné au premier alinéa de l'article R. 1245-32, une traçabilité de ces tissus ou cellules est mise en place pour l'ensemble des étapes du prélèvement ou de la collecte jusqu'à l'utilisation thérapeutique.

Art. R. 1211-20 *(Décr. n° 2005-1618 du 21 déc. 2005)* Quand la nature de l'élément ou du produit du corps humain prélevé ou collecté et les utilisations qui en sont envisagées le permettent sans nuire à l'efficacité de ces utilisations, des traitements, notamment physiques ou chimiques, d'élimination ou d'inactivation des agents infectieux propres à réduire les risques de transmission sont effectués.

Art. R. 1211-21 *(Décr. n° 2010-1625 du 23 déc. 2010, art. 1er)* Le médecin peut déroger à l'interdiction mentionnée au premier alinéa de l'article R. 1211-14 lorsqu'en dépit du risque de transmission d'un virus par le donneur les alternatives thérapeutiques à la greffe ou à l'utilisation à des fins thérapeutiques de produits du corps humain sont inappropriées et que le pronostic vital est engagé.

Un arrêté du ministre chargé de la santé précise les cas dans lesquels, malgré le risque de transmission d'un virus par le donneur, la greffe ou l'utilisation à des fins thérapeutiques de produits du corps humain peut avoir lieu dans l'intérêt du receveur *conformément au* premier alinéa de l'article L. 1211-6, ainsi que les organes et les cellules concernés.

La greffe ou l'utilisation à des fins thérapeutiques de produits du corps humain mentionnée au premier alinéa du présent article est effectuée dans le respect des protocoles édictés par arrêté du ministre chargé de la santé pris après avis de l'Agence de la biomédecine et de l'*(Décr. n° 2012-597 du 27 avr. 2012, art. 5-I-1°)* « Agence nationale de sécurité du médicament et des produits de santé ». Ces protocoles incluent les modalités de mise en œuvre de ces greffes et notamment des recommandations de suivi thérapeutique adapté.

Art. R. 1211-22 *(Décr. n° 2010-1625 du 23 déc. 2010, art. 1er)* Dans les situations d'urgence vitale et en l'absence d'alternatives thérapeutiques, le médecin peut également déroger à l'interdiction mentionnée au premier alinéa de l'article R. 1211-14.

Un arrêté du ministre chargé de la santé précise les cas dans lesquels, malgré le risque de transmission d'un virus par le donneur, la greffe ou l'utilisation à des fins thérapeutiques de produits du corps humain peut avoir lieu dans l'intérêt du receveur conformément au premier alinéa de l'article L. 1211-6, ainsi que les organes et les cellules concernés.

La greffe ou l'utilisation à des fins thérapeutiques de produits du corps humain mentionnée au premier alinéa du présent article est effectuée dans le respect des protocoles édictés par arrêté du ministre chargé de la santé pris après avis de l'Agence de la biomédecine et de l'*(Décr. nº 2012-597 du 27 avr. 2012, art. 5-I-1º)* « Agence nationale de sécurité du médicament et des produits de santé ». Ces recommandations incluent les modalités de mise en œuvre de ces greffes et notamment de suivi thérapeutique adapté.

SOUS-SECTION 1 *BIS* ORGANES, TISSUS ET CELLULES PRÉLEVÉS À DES FINS THÉRAPEUTIQUES AUTOLOGUES

(Décr. nº 2014-1066 du 19 sept. 2014, art. 1er-3º)

Art. R. 1211-22-1 Lorsque les prélèvements mentionnés au premier alinéa de l'article R. 1211-12 sont réalisés à des fins d'administration autologue et qu'ils portent sur des éléments ou des produits du corps humain destinés à être préparés ou conservés, des analyses destinées à dépister des maladies infectieuses sont réalisées. La liste de ces maladies ainsi que les conditions de réalisation de ces analyses sont fixées par arrêté du ministre chargé de la santé.

Art. R. 1211-22-2 Pour être utilisé à des fins thérapeutiques autologues, tout élément ou produit du corps humain prélevé ou collecté doit être accompagné d'un document comportant un compte rendu d'analyses signé par le responsable des analyses pratiquées mentionnant les résultats individuels de ces analyses conformément à l'article R. 1211-22-1. Ce compte rendu mentionne également le laboratoire ayant pratiqué ces analyses. Il est produit sous la forme d'original, de télécopie ou sous toute autre forme présentant des garanties d'authenticité. Il prend, le cas échéant, la forme d'un certificat établi par le responsable de l'organisme de conservation de tissus ou de cellules.

Figurent en outre sur ce document :

1º Les informations contenues sur l'étiquette apposée sur le conditionnement extérieur et le conditionnement primaire de l'élément ou produit du corps humain prélevé ;

2º Les informations permettant d'assurer la traçabilité des éléments et produits du corps humain en partant du prélèvement jusqu'à la greffe. Le contenu de ces informations complémentaires est fixé par arrêté du ministre chargé de la santé. Le médecin utilisateur est tenu de prendre connaissance de ce document.

Art. R. 1211-23 à R. 1211-24 *Abrogés par Décr. nº 2005-1618 du 21 déc. 2005.*

SOUS-SECTION 2 GAMÈTES PROVENANT DE DONS

Art. R. 1211-25 *(Décr. nº 2016-273 du 4 mars 2016, art. 2-1º)* Le praticien répondant aux critères mentionnés aux articles R. 2142-10 et R. 2142-11 réalisant le recueil de sperme ou le prélèvement d'ovocytes en vue de don est tenu :

1º De s'enquérir des antécédents personnels et familiaux du donneur de gamètes et des données cliniques qu'il estime nécessaire de recueillir. Le cas échéant, il fait pratiquer les examens complémentaires qu'il juge utiles, en particulier si le donneur a été exposé en zone d'endémie, et peut recourir à un avis spécialisé ;

Le praticien identifie les donneurs de gamètes à risque potentiel de transmission de la maladie de Creutzfeldt-Jakob ou d'autres encéphalopathies subaiguës spongiformes, notamment ceux qui déclarent avoir eu dans leurs antécédents familiaux des proches décédés de ces affections, ou qui déclarent avoir reçu des produits extractifs humains susceptibles d'avoir été contaminants ou avoir subi des explorations neurochirurgicales invasives ;

2º De s'assurer que les résultats des examens de biologie médicale pratiqués chez le donneur de gamètes ne mettent pas en évidence un risque de transmission virale ou bactérienne responsable d'une pathologie infectieuse et notamment des affections suivantes :

a) Infection par les virus VIH 1 et 2, HTLV 1 et 2 ;
b) Infection par les virus des hépatites B et C ;
c) Infection par le cytomégalovirus ;
d) Syphilis ;
e) Infection par *chlamydiae.*

3° S'il s'agit de sperme, d'en faire pratiquer l'examen microbiologique.

Lorsqu'un risque de transmission est identifié à l'une des étapes prévues aux 1°, 2° ou 3° ci-dessus, confirmé par le praticien mentionné au premier alinéa, le cas échéant à l'issue d'examens complémentaires et de l'avis du spécialiste, le donneur de gamètes ne peut être retenu.

Art. R. 1211-26 *(Décr. n° 2017-544 du 13 avr. 2017, art. 3)* I. — En cas de don de sperme, le praticien mentionné à l'article R. 1211-25 est tenu de renouveler la recherche des marqueurs biologiques des infections cités aux *a*, *b* et *d* du 2° de l'article R. 1211-25, à l'exclusion des virus HTLV, au moment du don ou lors du dernier recueil si les dons sont réalisés à plusieurs dates. Cette recherche comporte notamment le dépistage génomique viral pour les virus VIH1, VHB et VHC. Il renouvelle également la recherche des marqueurs biologiques d'infection par le cytomégalovirus si le résultat de la recherche mentionnée au *c* du 2° de l'article R. 1211-25 fait apparaître un doute. Les paillettes de sperme concernées ne sont cédées qu'au vu des résultats de ces contrôles.

II. — En cas de don d'ovocytes, le praticien mentionné à l'article R. 1211-25 est tenu de renouveler la recherche des marqueurs biologiques des infections citées aux *a*, *b* et *d* du 2° de l'article R. 1211-25, à l'exclusion des virus HTLV, dès les premiers jours de la stimulation ovarienne préalable au don. Cette recherche comporte notamment le dépistage génomique pour les virus VIH 1 *[VIH1]*, VHB, VHC. Il renouvelle également la recherche des marqueurs biologiques d'infection par le cytomégalovirus si le résultat de la recherche mentionnée au *c* du 2° de l'article R. 1211-25 fait apparaitre un doute. L'attribution des ovocytes n'est possible qu'au vu des résultats de ces contrôles.

III. — Lorsque le dépistage génomique du VIH1, VHB et VHC n'est pas réalisé, le praticien est tenu de renouveler la recherche des marqueurs biologiques d'infection cités aux *a*, *b* et *d* du 2° de l'article R. 1211-25, à l'exclusion des virus HTLV, six mois après le don ou après le dernier recueil si les dons ont été réalisés à plusieurs dates. L'attribution des gamètes n'est possible qu'au vu des résultats de ces contrôles.

Art. R. 1211-27 Les gamètes ne peuvent être *(Décr. n° 2008-588 du 19 juin 2008)* « mis à disposition » *(Abrogé par Décr. n° 2016-273 du 4 mars 2016, art. 2-3°-a) « et les embryons issus des ovocytes (Décr. n° 2008-588 du 19 juin 2008) « mis à disposition » ne peuvent être transférés »* que s'ils sont accompagnés d'un document établi par le praticien *(Abrogé par Décr. n° 2015-150 du 10 févr. 2015, art. 2-II-1°) « agréé »* mentionné à l'article R. 1211-25 et précisant :

1° Le nom et l'adresse de l'établissement autorisé ayant recueilli ces gamètes et, le cas échéant, le nom et l'adresse de l'établissement autorisé ayant procédé à la fécondation *in vitro* des ovocytes *(Décr. n° 2008-588 du 19 juin 2008)* « mis à disposition » ;

2° Les résultats des *(Décr. n° 2015-150 du 10 févr. 2015, art. 2-II-2°)* « examens de biologie médicale prévus » aux articles R. 1211-25 et R. 1211-26, sans aucune mention permettant d'identifier le donneur de gamètes ;

3° L'identité du couple destinataire des gamètes ;

(Décr. n° 2016-273 du 4 mars 2016, art. 2-3°-b) « 4° Le code européen unique. »

Sur les modalités d'application du présent art. à la conservation des gamètes et des embryons, V. Décr. n° 2016-273 du 4 mars 2016, art. 6-II, 🏛.

Art. R. 1211-28 *(Décr. n° 2016-273 du 4 mars 2016, art. 2-4°)* Le praticien mettant en œuvre l'assistance médicale à la procréation, qu'il s'agisse d'insémination artificielle ou de fécondation *in vitro* avec les gamètes issus d'un don, est tenu de disposer au préalable du document mentionné à l'article R. 1211-27, de prendre connaissance des résultats des examens mentionnés au 2° de l'article R. 1211-25 et à l'article

R. 1211-26 et de s'assurer qu'ils ne révèlent pas un risque de transmission d'une infection.

Art. R. 1211-28-1 *(Décr. nº 2008-588 du 19 juin 2008)* **La recherche de facteurs de risque de transmission d'une anomalie génétique ne peut être effectuée qu'avec l'accord du donneur et dans le respect des articles R. 1131-4 et R. 1131-5 et des règles de bonnes pratiques définies par l'arrêté prévu à l'article L. 1131-2.**

Les donneurs de gamètes qui refusent de se soumettre à cette recherche ne peuvent être retenus.

SECTION III BIOVIGILANCE

(Décr. nº 2016-1622 du 29 nov. 2016, art. 1er)

Les produits thérapeutiques annexes autorisés par le directeur général de l'Agence nationale de sécurité du médicament et des produits de santé, en application de l'art. L. 1261-2 dans sa rédaction antérieure à la L. nº 2016-41 du 26 janv. 2016 de modernisation de notre système de santé, demeurent régis par les règles de biovigilance qui leur étaient applicables avant la publication du Décr. nº 2016-1622 du 29 nov. 2016 jusqu'à la mise en conformité des produits concernés avec le nouveau régime juridique qui leur est applicable, et au plus tard jusqu'au 26 janv. 2019 (Décr. préc., art. 3).

SOUS-SECTION 1 DISPOSITIONS GÉNÉRALES

Art. R. 1211-29 **I. — Le dispositif de biovigilance porte sur :**

1° Les éléments et produits du corps humain et leurs dérivés utilisés à des fins thérapeutiques ainsi que sur les dispositifs médicaux les incorporant ;

2° Les activités relatives à ces éléments, produits ou dérivés telles que mises en œuvre par les personnes mentionnées à l'article R. 1211-32 ;

3° Les donneurs d'éléments ou de produits du corps humain, les patients et les receveurs qui ont recours à la greffe ou à l'administration à des fins thérapeutiques de ces éléments, produits ou dérivés.

II. — Les dispositions de la présente section ne s'appliquent pas :

1° Aux produits sanguins labiles qui sont soumis au dispositif mentionné à l'article L. 1221-13 ;

2° Aux gamètes, aux tissus germinaux et aux embryons qui sont soumis au dispositif mentionné aux articles R. 2142-39 à R. 2142-49 ;

3° Aux médicaments et aux dispositifs médicaux autres que ceux mentionnés au 1° du I ;

4° Aux recherches impliquant la personne humaine portant sur le 1° du I du présent article.

Art. R. 1211-30 **La biovigilance a pour objet de :**

1° Surveiller de façon systématique tous les incidents et tous les effets indésirables ;

2° Signaler sans délai les incidents graves et les effets indésirables inattendus au correspondant local de biovigilance ;

3° Déclarer sans délai à compter de leur signalement les incidents graves et les effets indésirables inattendus à l'Agence de la biomédecine ;

4° Analyser, évaluer et exploiter ces informations en vue de limiter la probabilité de survenue de tout nouvel incident grave ou effet indésirable inattendu ou d'en diminuer la gravité ;

5° Réaliser toute investigation ou étude portant sur les incidents graves et les effets indésirables inattendus.

Art. R. 1211-31 **Pour l'application de la présente section, on entend par :**

1° Incident : accident *ou erreur lié aux activités* portant sur les éléments, produits ou *dérivés* mentionnés au 1° du I de l'article R. 1211-29 entraînant ou susceptible d'entraîner :

***a)* Un effet indésirable chez les personnes mentionnées au 3° du I de l'article R. 1211-29 ;**

***b)* Une perte de l'élément, produit ou dérivé ;**

***c)* Un défaut de qualité ou de sécurité de l'élément, produit ou dérivé ;**

2° Incident grave :

a) Tout incident entraînant ou susceptible d'entraîner :

– un effet indésirable grave ou un effet indésirable inattendu chez les personnes mentionnées au 3° du I de l'article R. 1211-29 ;

– toute perte importante de l'élément, produit ou dérivé empêchant la réalisation de la greffe ou de l'administration du produit ;

b) Toute fréquence anormalement élevée de survenue d'incidents ou d'effets indésirables attendus ;

c) Toute information concernant le donneur ou le don, découverte de façon fortuite après le prélèvement et dont les conséquences sont susceptibles d'entraîner un risque pour la santé des patients et des receveurs ;

3° Effet indésirable : réaction nocive survenant chez les personnes mentionnées au 3° du I de l'article R. 1211-29 liée ou susceptible d'être liée à un élément, produit ou dérivé mentionné au 1° du I de l'article R. 1211-29 ou aux activités mentionnées au 2° du même I ;

4° Effet indésirable grave : effet indésirable ayant entraîné la mort ou ayant mis la vie en danger, entraîné une invalidité ou une incapacité, ou provoqué ou prolongé une hospitalisation ou tout autre état morbide ;

5° Effet indésirable inattendu : effet indésirable grave ou non grave dont la nature, la sévérité, l'évolution n'est pas attendue au regard des critères définis par l'Agence de la biomédecine dans les conditions prévues au 7° de l'article R. 1211-33 ou compte tenu de l'état de santé des personnes mentionnées au 3° du I de l'article R. 1211-29 ;

6° Surveillance : le fait pour les professionnels intervenant dans les activités mentionnées au 2° du I de l'article R. 1211-29 d'enregistrer tous les incidents et effets indésirables ;

7° Signalement : le fait pour les professionnels intervenant dans les activités mentionnées au 2° du I de l'article R. 1211-29 d'informer le correspondant local de biovigilance de tout incident grave ou effet indésirable inattendu qu'ils ont repéré dans le cadre de leur mission de surveillance ;

8° Déclaration : le fait pour les correspondants locaux de biovigilance ou, le cas échéant, pour tout professionnel intervenant dans les activités mentionnées au 2° du I de l'article R. 1211-29, de porter à la connaissance de l'Agence de la biomédecine au moyen de la déclaration mentionnée au 9° de l'article R. 1211-33 les éléments d'information relatifs aux incidents graves ou effets indésirables inattendus permettant à cette agence de mettre en œuvre les actions mentionnées aux 3° et 4° de l'article R. 1211-33 et à l'article R. 1211-34.

SOUS-SECTION 2 SYSTÈME NATIONAL DE BIOVIGILANCE

Art. R. 1211-32 Les acteurs du dispositif de biovigilance sont :

1° L'Agence de la biomédecine ;

2° L'Agence nationale de sécurité du médicament et des produits de santé ;

3° Les établissements ou organismes suivants :

a) Les établissements et organismes autorisés à effectuer les activités de prélèvement et de collecte en application des articles L. 1233-1, L. 1242-1 et L. 2323-1 ;

b) Les établissements et organismes autorisés à effectuer les activités de préparation, de traitement, de conservation, de distribution, de cession, de délivrance, d'importation et d'exportation en application des articles L. 1243-2, L. 1245-5 et L. 2323-1 ;

c) Les établissements et organismes autorisés à effectuer les activités de greffe et d'administration d'éléments et produits du corps humain en application des articles L. 1234-2 et L. 1243-6 ;

4° Les professionnels suivants :

a) Tout professionnel intervenant dans les activités mentionnées au 3° ;

b) Tout professionnel intervenant dans la fabrication, la distribution, l'importation et l'exportation de dispositifs médicaux incorporant des éléments, produits ou dérivés mentionnés au 1° du I de l'article R. 1211-29 ;

c) Tout professionnel de santé impliqué dans la prise en charge thérapeutique des personnes mentionnées au 3° du I de l'article R. 1211-29 ou ayant connaissance d'un effet indésirable qui, au vu des informations en sa possession, lui semble lié aux activités mentionnées au 2° du même I.

Art. R. 1211-33 L'Agence de la biomédecine assure la mise en œuvre du dispositif de biovigilance.

Dans ce cadre, l'agence :

1° Anime et coordonne les actions des différents intervenants ;

2° Veille au respect des procédures organisées par la présente section ;

3° Évalue les informations qui lui sont déclarées, y compris les résultats des investigations menées par le correspondant local de biovigilance et les mesures correctives mises en place ;

4° Après évaluation de ces informations, met en œuvre les dispositions prévues à l'article R. 1211-34 ;

5° Peut demander aux correspondants locaux de biovigilance de mener toute investigation et toute étude ;

6° Procède ou fait procéder, sous son contrôle, à des enquêtes épidémiologiques et à des études ;

7° Élabore, en lien avec l'Agence nationale de sécurité du médicament et des produits de santé et les sociétés savantes, les critères destinés à aider les professionnels à identifier les effets indésirables attendus liés aux activités mentionnées au 2° du I de l'article R. 1211-29. Ces critères sont établis, par indication thérapeutique, sur la base des données de la littérature scientifique jugées pertinentes et sont mis à disposition des professionnels de santé et des correspondants locaux de biovigilance. Ils sont fixés par décision du directeur général de l'Agence de la biomédecine. En l'absence de tels critères pour une indication thérapeutique, tout effet indésirable est déclaré à l'Agence de la biomédecine ;

8° Établit, en lien avec les professionnels concernés, des seuils au-delà desquels la fréquence de survenue des incidents et effets indésirables attendus nécessite un signalement et une déclaration sans délai. Ces seuils sont fixés par décision du directeur général de l'Agence de la biomédecine ;

9° Établit un modèle pour la déclaration mentionnée au 8° de l'article R. 1211-30 ;

10° Établit le modèle du rapport annuel mentionné au 10° de l'article R. 1211-37 ;

11° Établit et tient à jour la liste des correspondants locaux de biovigilance ;

12° Établit un rapport annuel du dispositif de biovigilance sur la base des rapports annuels des correspondants locaux de biovigilance. Ce rapport est adressé chaque année au ministre chargé de la santé, ainsi qu'à la Commission européenne au plus tard le 30 juin. Il est également adressé au directeur général de l'Agence nationale de sécurité du médicament et des produits de santé.

Art. R. 1211-34 Après évaluation des informations qui lui sont déclarées, le directeur général de l'Agence de la biomédecine analyse la pertinence des mesures correctives mises en place. Si ces dernières lui semblent insuffisantes ou inappropriées, il en informe, sans délai, le correspondant local de biovigilance qui lui a déclaré l'événement, et le cas échéant, il propose des recommandations.

Il élabore, le cas échéant, des recommandations en vue de limiter la probabilité de survenue des incidents graves ou effets indésirables inattendus, et d'en diminuer la gravité. Il informe de ces recommandations les correspondants locaux de biovigilance concernés.

S'il constate, après évaluation des informations qui lui sont déclarées, que celles-ci nécessitent des mesures relevant des prérogatives de l'Agence nationale de sécurité du médicament et des produits de santé ou de l'agence régionale de santé, il transmet aux directeurs des agences concernées les éléments leur permettant de prendre les mesures nécessaires.

Les modalités de transmission de ces informations, notamment les délais de transmission et les procédures mises en œuvre, sont fixées par voie de convention entre le directeur général de l'Agence de la biomédecine et, d'une part, le directeur général de l'Agence nationale de sécurité du médicament et des produits de santé et, d'autre part, les directeurs généraux de chacune des agences régionales de santé.

SOUS-SECTION 3 SYSTÈME LOCAL DE BIOVIGILANCE

Art. R. 1211-35 Les établissements et organismes mentionnés au 3° de l'article R. 1211-32 organisent la mise en place du système local de biovigilance en mettant notamment à la disposition des professionnels les outils nécessaires à la mise en œuvre de leurs missions de surveillance, de signalement ou de déclaration des incidents et effets indésirables. L'Agence de la biomédecine propose les outils de méthodologie pour ce faire.

Le système local de biovigilance prévoit les modalités d'information du directeur de l'établissement et de la commission médicale d'établissement, de la commission médicale ou de la conférence médicale.

Art. R. 1211-36 I. — Les établissements et organismes mentionnés au 3° de l'article R. 1211-32 désignent au moins un correspondant local de biovigilance et un suppléant.

Dès leur désignation, l'identité, la qualité, l'expérience et les coordonnées du correspondant local de biovigilance et de son suppléant sont communiquées à l'Agence de la biomédecine par le responsable de la structure dans laquelle le correspondant et son suppléant exercent leurs fonctions.

Les dispositions de la présente sous-section s'appliquent également au suppléant du correspondant local de biovigilance.

II. — Le correspondant local du dispositif de biovigilance est un médecin ou, en l'absence de médecin, un pharmacien ou un infirmier disposant d'une expérience d'au moins trois ans dans les domaines de compétence couverts par les activités mentionnées dans la présente section.

Art. R. 1211-37 I. — Le correspondant local de biovigilance est chargé de :

1° S'assurer de la mise en place d'une surveillance des incidents et des effets indésirables par les professionnels de santé impliqués dans les activités mentionnées au 2° du I de l'article R. 1211-29 ;

2° Recueillir, conserver et rendre accessibles les informations qui lui sont communiquées relatives aux incidents et aux effets indésirables ;

3° Identifier et déclarer sans délai à l'Agence de la biomédecine les incidents graves et les effets indésirables inattendus ;

4° Informer, le cas échéant, les autres correspondants locaux de biovigilance ;

5° Informer les correspondants des autres vigilances si d'autres systèmes de vigilance sont concernés ;

6° Procéder aux investigations des incidents graves et effets indésirables inattendus qui lui sont signalés ou en assurer la coordination et s'assurer de la mise en place, le cas échéant, des mesures correctives par le professionnel de santé concerné ;

7° Informer l'Agence de la biomédecine des résultats de ces investigations et des mesures correctives mises en place, le cas échéant ;

8° Avertir l'Agence de la biomédecine de toute difficulté susceptible de compromettre le bon fonctionnement du dispositif ;

9° Transmettre chaque année avant le 31 mars à l'Agence de la biomédecine un rapport annuel comportant une synthèse de tous les incidents et effets indésirables ainsi que leur fréquence de survenue au regard des activités. Le modèle de rapport est fixé par le directeur général de l'Agence de la biomédecine.

II. — Outre les missions mentionnées au I du présent article, le correspondant local de biovigilance qui exerce ses missions dans un établissement ou organisme mentionné au *a* ou au *c* du 3° de l'article R. 1211-32, est chargé de :

1° S'assurer de la mise en place, par les professionnels concernés par ces activités, *des procé*dures de recueil et de conservation de toute information utile à la traçabilité de ces éléments ou produits de façon à permettre d'établir un lien entre donneur et receveurs et à établir tout lien entre les éléments ou produits qui ont été utilisés à des fins thérapeutiques et les produits qui sont entrés en contact avec eux ;

2° Veiller à la qualité et à la fiabilité des informations mentionnées au 1° ;

3° Collaborer, dans le cadre de ses missions, avec les équipes de prélèvement ou de greffe de l'établissement de santé ou de la structure à laquelle il est rattaché, ainsi que, le cas échéant, avec la structure de coordination hospitalière du prélèvement.

III. — Lors des investigations portant sur des incidents graves ou des effets indésirables inattendus, les correspondants locaux de biovigilance des établissements ou organismes mentionnés au *a* et au *c* du 3° de l'article R. 1211-32 mettent à la disposition des correspondants locaux de biovigilance des établissements ou organismes mentionnés au *b* du 3° du même article :

1° Les données permettant d'assurer la traçabilité de ces éléments ou produits ainsi qu'à celle des produits entrant en contact avec ces derniers ;
2° Les échantillons biologiques ayant servi à réaliser les recherches des marqueurs biologiques d'infection chez le donneur ou sur l'élément prélevé aux fins d'analyses ultérieures.

Art. R. 1211-38 Chaque établissement ou organisme mentionné au *a* ou au *c* du 3° de l'article R. 1211-32, veille à ce qu'une procédure soit mise en place permettant d'empêcher l'utilisation des éléments, produits ou dérivés mentionnés au 1° du I de l'article R. 1211-29 susceptibles de présenter un défaut de qualité ou de sécurité.

Art. R. 1211-39 Sans préjudice de l'obligation mentionnée à l'article L. 1413-14 :
1° Tout professionnel de santé exerçant dans un établissement ou une structure disposant d'un correspondant local de biovigilance et qui a connaissance de la survenue d'un incident grave ou effet indésirable inattendu le signale sans délai à ce correspondant ou, à défaut, à son suppléant. En cas d'empêchement du correspondant local et de son suppléant, le professionnel de santé déclare sans délai à l'Agence de la biomédecine tout incident grave ou effet indésirable inattendu ;
2° Tout professionnel de santé exerçant dans un établissement ou une structure ne disposant pas d'un correspondant local qui a connaissance de la survenue d'un incident grave ou d'un effet indésirable inattendu le déclare sans délai à l'Agence de la biomédecine ;
3° Tout autre professionnel de santé ayant connaissance d'un effet indésirable qui, au vu des informations en sa possession, lui semble lié aux éléments, produits ou dérivés mentionnés au 1° du I de l'article R. 1211-29 ou aux activités mentionnées au 2° de ce même I le signale sans délai au correspondant local de la structure qui est intervenue dans le cadre des activités en cause ou qui a pris en charge la personne concernée par l'effet indésirable.

SECTION IV PRODUITS DU CORPS HUMAIN NON SOUMIS AUX DISPOSITIONS DU PRÉSENT TITRE

Art. R. 1211-49 *(Décr. n° 2003-462 du 21 mai 2003 ; Décr. n° 2003-1206 du 12 déc. 2003, art. 1er)* Ne sont pas soumis aux dispositions du présent titre les produits du corps humain désignés ci-après :
1° Les cheveux ;
2° Les ongles ;
3° Les poils ;
4° Les dents.

SECTION V INFORMATION DES PERSONNES ÂGÉES DE SEIZE À VINGT-CINQ ANS ET EN FAVEUR DU DON D'ORGANES

(Décr. n° 2006-1620 du 18 déc. 2006, art. 1er)

Art. R. 1211-50 Tout médecin traitant qui suit un patient âgé de seize à vingt-cinq ans s'assure, à un moment qu'il juge opportun, de sa connaissance de la possibilité du don d'organes à fins de greffe, ainsi que des modalités de consentement à ce don, prévues par les dispositions du titre Ier et du chapitre II du titre III du livre II de la première partie du présent code.

Le médecin précise au jeune patient les sources d'information disponibles émanant de l'Agence de la biomédecine, notamment l'existence de son site internet. Il l'invite à accéder lui-même à ce site, et, s'il l'estime souhaitable, lui remet personnellement une version imprimée des pages spécialement éditées par l'agence à destination des jeunes. Il répond, le cas échéant, aux demandes d'information complémentaires.

Art. R. 1211-51 Les médecins de l'éducation nationale et les médecins de médecine préventive des établissements d'enseignement supérieur apportent leurs concours à l'action d'information des élèves et des étudiants âgés de seize à vingt-cinq ans sur le don d'organes à fins de greffe et les modalités de consentement à ce don prévues par les dispositions du titre Ier et du chapitre II du titre III du livre II de la première partie du présent code.

Ils mettent en œuvre les modalités d'information prévues au deuxième alinéa de l'article R. 1211-50, vis-à-vis des élèves et étudiants de seize à vingt-cinq ans, dans toute circonstance jugée opportune.

TITRE DEUXIÈME SANG HUMAIN

CHAPITRE PREMIER COLLECTE, PRÉPARATION ET CONSERVATION DU SANG, DE SES COMPOSANTS ET DES PRODUITS SANGUINS LABILES

SECTION PREMIÈRE BÉNÉVOLAT DU DON DU SANG

Art. D. 1221-1 Le don de sang ou de composants du sang ne peut donner lieu à aucune rémunération, directe ou indirecte.

Sont notamment prohibés à ce titre, outre tout paiement en espèces, toute remise de bons d'achat, coupons de réduction et autres documents permettant d'obtenir un avantage consenti par un tiers, ainsi que tout don d'objet de valeur, toute prestation ou tout octroi d'avantages.

Art. D. 1221-2 La rémunération versée par l'employeur au donneur, au titre de l'exercice de son activité professionnelle, peut être maintenue pendant la durée consacrée au don sans constituer un paiement au sens de l'article L. 1211-4 pour autant que la durée de l'absence n'excède pas le temps nécessaire au déplacement entre lieu de travail et lieu de prélèvement et, le cas échéant, au retour, ainsi qu'à l'entretien et aux examens médicaux, aux opérations de prélèvement et à la période de repos et de collation jugée médicalement nécessaire.

Art. D. 1221-3 Sont également autorisées la remise au donneur des marques de reconnaissance prévues par la réglementation en vigueur ainsi que l'offre d'une collation consécutive au don.

Art. D. 1221-4 Est autorisé le remboursement aux donneurs de sang, par *(Décr. nº 2017-1199 du 27 juill. 2017, art. 2)* « l'Établissement français du sang », des frais de transports exposés lors du don, à l'exclusion de tout remboursement forfaitaire.

SECTION II QUALIFICATION BIOLOGIQUE DU DON DE SANG

(Décr. nº 2006-99 du 1er févr. 2006)

SOUS-SECTION 1 SÉLECTION DES DONNEURS

Art. R. 1221-5 Avant l'entretien préalable au don du sang, le candidat à ce don remplit un questionnaire dont la forme et le contenu sont définis par décision du directeur général de l'*(Décr. nº 2012-597 du 27 avr. 2012, art. 5-I-1º)* « Agence nationale de sécurité du médicament et des produits de santé » après avis de l'Établissement français du sang et du Centre de transfusion sanguine des armées.

A l'issue de l'entretien préalable au don, le candidat atteste avoir :
– lu et compris les informations détaillées qui lui ont été fournies ;
– eu la possibilité de poser les questions et obtenu à celles-ci des réponses ;
– donné un consentement éclairé à la poursuite du processus de don ;
– été informé, en cas de prélèvement autologue, de l'éventualité que des produits sanguins labiles autologues ne puissent suffire aux exigences de la transfusion prévue.

Il atteste, en outre, que tous les renseignements qu'il a fournis sont, à sa connaissance, exacts, en apposant sa signature sur la partie du questionnaire prévue à cet effet. Cette partie est contresignée par la personne habilitée à procéder à la sélection des donneurs et qui a obtenu les renseignements relatifs à l'état de santé et aux antécédents médicaux de ceux-ci. *(Décr. nº 2007-1324 du 7 sept. 2007)* « Un arrêté du ministre chargé de la santé, pris après avis du directeur général de l'*(Décr. nº 2012-597 du 27 avr. 2012, art. 5-I-1º)* « Agence nationale de sécurité du médicament et des produits de santé », fixe les critères de sélection des donneurs en distinguant notamment ceux qui conduisent à une contre-indication permanente au don de sang et ceux qui conduisent à une contre-indication temporaire. » Une décision du directeur général de l'*(Décr. nº 2012-597 du 27 avr. 2012, art. 5-I-1º)* « Agence nationale de sécurité du médicament et des produits de santé » précise les données relatives à la sélection du donneur qui doivent être conservées par l'Établissement français du sang *(Décr. nº 2006-1589 du 12 déc. 2006, art. 4)* « et le Centre de transfusion sanguine des armées ».

SOUS-SECTION 2 ANALYSES BIOLOGIQUES ET TEST DE DÉPISTAGE

Art. D. 1221-6 Les analyses biologiques et tests de dépistage suivants sont effectués *(Décr. nº 2013-104 du 29 janv. 2013, art. 1er-1º)* « à l'occasion de chaque don » de sang ou de composant du sang destiné à la préparation de produits sanguins labiles à usage thérapeutique direct *(Abrogé par Décr. nº 2013-104 du 29 janv. 2013, art. 1er-1º)* ***« ainsi que sur chaque donneur avant tout prélèvement de cellules souches hématopoïétiques ou de cellules somatiques mononucléées destinées à la réalisation de préparations cellulaires »*** :

1º La détermination des groupes sanguins érythrocytaires, qui comprend :

(Décr. nº 2013-104 du 29 janv. 2013, art. 1er-2º) « *a)* La détermination des groupes ABO et Rh(D) encore dénommés Rh 1 (RH1) ;

« *b)* La détermination du phénotype Rh : C(RH2), E(RH3), c(RH4) et e(RH5) et Kell(KEL1) lors des deux premiers dons ; »

2º La recherche des anticorps anti-érythrocytaires pouvant avoir une incidence clinique transfusionnelle ;

3º La détection des anticorps anti-A et anti-B immuns ;

4º Le dosage de l'hémoglobine *(Abrogé par Décr. nº 2013-104 du 29 janv. 2013, art. 1er-3º)* ***« ou la détermination de l'hématocrite »*** ;

5º Les tests et analyses biologiques suivants en vue du dépistage de maladies transmissibles :

a) Le dépistage sérologique de la syphilis *(Abrogé par Décr. nº 2013-104 du 29 janv. 2013, art. 1er-4º) (Décr. nº 2003-1153 du 28 nov. 2003, art. 1er)* ***« , la recherche de l'infection par l'agent de la syphilis peut être réalisée en différé, dans les heures ouvrables suivant le prélèvement de cellules souches hématopoïétiques ou de cellules somatiques mononucléées destinées à la réalisation de préparations cellulaires »*** ;

b) La détection de l'antigène HBs ;

c) La détection des anticorps anti-VIH 1 et anti-VIH 2 ;

d) La détection des anticorps anti-VHC ;

e) La détection des anticorps anti-HTLV-I et anti-HTLV-II ;

(Décr. nº 2009-802 du 24 juin 2009) « *f)* La détection des anticorps antipaludéens *(Abrogé par Décr. nº 2013-104 du 29 janv. 2013, art. 1er-5º)* ***« chez les donneurs ayant séjourné dans une zone d'endémie »*** dans les conditions fixées par l'arrêté prévu à l'article R. 1221-5 » ;

g) La détection des anticorps anti-HBc ;

(Décr. nº 2013-104 du 29 janv. 2013, art. 1er-6º) « *h)* La détection du génome viral des virus VIH-1 et VHC ;

« *i)* La détection des anticorps anti-Trypanosoma cruzi dans les conditions fixées par l'arrêté prévu à l'article R. 1221-5. »

Art. D. 1221-7 *(Décr. nº 2003-1153 du 28 nov. 2003)* Le sang ou ses composants ne peuvent être utilisés en vue de préparer des produits sanguins labiles destinés à un usage thérapeutique direct que si les résultats des tests de dépistage prévus au 5º de l'article D. 1221-6 sont négatifs.

Art. D. 1221-8 Des dérogations aux dispositions des articles D. 1221-6 et D. 1221-7 peuvent être prévues par arrêté du ministre chargé de la santé, lorsque le sang ou ses composants sont prélevés en vue de préparer des produits sanguins labiles destinés à la transfusion autologue *(Décr. nº 2014-1042 du 12 sept. 2014, art. 1er-I)* « programmée ».

Art. D. 1221-9 *Abrogé par Décr. nº 2013-104 du 29 janv. 2013, art. 2.*

Art. D. 1221-10 Un arrêté du ministre chargé de la santé peut prévoir :

1º Des analyses biologiques et tests de dépistage à effectuer pour la sélection des donneurs d'hématies destinées à stimuler la synthèse d'anticorps anti-D chez des donneurs de plasma Rh-immunisés en vue de la préparation d'immunoglobulines anti-D ;

2° Des analyses biologiques et tests de dépistage à effectuer pour la sélection des donneurs de plasma Rh-immunisés en vue de la préparation d'immunoglobulines anti-D ;

3° Des analyses biologiques et tests de dépistage à effectuer, en supplément des analyses et tests mentionnés à l'article D. 1221-6 sur tout prélèvement d'hématies destinées à restimuler la synthèse d'anticorps anti-D chez des donneurs de plasma en vue de la préparation d'immunoglobulines anti-D ;

4° Les conditions d'utilisation des prélèvements en cause au vu des résultats des tests et analyses supplémentaires ;

5° Des analyses biologiques et tests de dépistage à effectuer chez des donneurs de plasma.

Art. D. 1221-11 *Abrogé par Décr. n° 2013-104 du 29 janv. 2013, art. 2.*

Art. D. 1221-12 Par dérogation aux dispositions des articles D. 1221-6 à *(Décr. n° 2013-104 du 29 janv. 2013, art. 3-2°)* « D. 1221-8 », un arrêté du ministre chargé de la santé prévoit les conditions dans lesquelles, afin de répondre à des nécessités thérapeutiques impérieuses *(Décr. n° 2013-104 du 29 janv. 2013, art. 3-2°)* « ou de tenir compte de la rareté de certains groupes sanguins érythrocytaires », peuvent être utilisés des produits sanguins labiles à usage thérapeutique direct, préparés à partir de sang ou de composants du sang sur lesquels n'a pas été effectué l'ensemble des tests et analyses mentionnés aux articles précités ou pour lesquels les résultats de certains de ces tests et analyses sont positifs.

Art. D. 1221-13 *(Décr. n° 2013-104 du 29 janv. 2013, art. 4)* Tout établissement de transfusion sanguine collectant le sang et ses composants, qui prépare, outre des produits sanguins labiles à usage thérapeutique direct, des produits sanguins labiles destinés à la préparation de produits intermédiaires ou de médicaments dérivés du sang, est tenu d'appliquer à tous les prélèvements correspondants l'ensemble des dispositions des articles D. 1221-6 et D. 1221-7.

Le sang ou ses composants ne peuvent être utilisés aux fins mentionnées au précédent alinéa que si les résultats des tests de dépistage *[mentionnés]* au 5° de l'article D. 1221-6 sont négatifs.

Toutefois, par dérogation aux dispositions de l'alinéa précédent, un arrêté du ministre chargé de la santé peut autoriser l'utilisation de prélèvements pour lesquels le résultat du test de détection des anticorps anti-HBc est positif, en vue de la préparation de produits intermédiaires et de médicaments, à condition que ces anticorps soient associés à des anticorps anti-HBs.

Art. D. 1221-14 *Abrogé par Décr. n° 2013-104 du 29 janv. 2013, art. 5.*

Art. D. 1221-15 Le sang et ses composants ne peuvent être utilisés en vue de préparer des *(Décr. n° 2013-104 du 29 janv. 2013, art. 6-1°)* « dispositifs médicaux de diagnostic *in vitro* » que si les résultats des tests et analyses prévus aux *b), c)* et *d)* du 5° de l'article D. 1221-6 sont négatifs.

Toutefois, un *(Décr. n° 2013-104 du 29 janv. 2013, art. 6-2°)* « dispositif médical de diagnostic *in vitro* peut être fabriqué » à partir d'un prélèvement contenant un ou plusieurs anticorps ou antigènes recherchés par les tests et analyses mentionnés à l'alinéa ci-dessus et nécessaires à l'usage de ce *(Décr. n° 2013-104 du 29 janv. 2013, art. 6-2°-a)* « dispositif médical de diagnostic *in vitro* » *(Abrogé par Décr. n° 2013-104 du 29 janv. 2013, art. 6-2°-c)* « , *à condition que le prélèvement ait subi une inactivation virale* ».

Art. D. 1221-16 Le sang et ses composants ne peuvent être cédés à un établissement d'enseignement ou à un organisme de formation professionnelle qu'à des fins d'enseignement, à l'exclusion de toute administration à l'homme, et à condition que :

— les tests et analyses prévus au 5° de l'article D. 1221-6, aient été pratiqués sur chaque prélèvement ;

— les résultats soient conformes aux dispositions de l'article D. 1221-7.

SECTION III DISTRIBUTION ET DÉLIVRANCE DES PRODUITS SANGUINS LABILES

(Décr. nº 2006-99 du 1er févr. 2006)

Art. R. 1221-17 Pour l'application de la présente section, on entend par : *(Décr. nº 2014-1042 du 12 sept. 2014, art. 2-1º-a)* « 1º Distribution de produits sanguins labiles :

« *a)* La fourniture de produits sanguins labiles par un établissement de transfusion sanguine à d'autres établissements de transfusion sanguine, aux établissements de santé *(Décr. nº 2017-631 du 25 avr. 2017, art. 2-1º)* « et aux groupements de coopération sanitaire autorisés à gérer un dépôt de sang » et aux fabricants de produits de santé dérivés du sang humain ou de ses composants ;

« *b)* La fourniture de produits sanguins labiles entre différents sites d'un même établissement de transfusion sanguine. »

2º Délivrance de produits sanguins labiles : la mise à disposition de produits sanguins labiles sur prescription médicale en vue de leur administration à un patient déterminé. Elle est effectuée en veillant à la compatibilité immunologique, dans le respect de la prescription médicale et de la mise en œuvre des règles d'hémovigilance *(Décr. nº 2014-1042 du 12 sept. 2014, art. 2-1º-b)* « et de sécurité transfusionnelle ».

Art. R. 1221-17-1 *Abrogé par Décr. nº 2016-1706 du 12 déc. 2016, art. 1er-1º.*

Art. R. 1221-18 *(Décr. nº 2014-1042 du 12 sept. 2014, art. 2-2º)* I. — La distribution et la délivrance des produits sanguins labiles nécessaires aux besoins des établissements de santé *(Décr. nº 2017-631 du 25 avr. 2017, art. 2-2º-a)* « et des groupements de coopération sanitaire autorisés à gérer un dépôt de sang » sont assurées par un établissement de transfusion sanguine unique, dit "établissement de transfusion sanguine référent", déterminé en application du schéma d'organisation de la transfusion sanguine établi dans les conditions fixées par les articles R. 1224-1 à R. 1224-4.

II. — Lorsque des changements de fait ou de droit sont susceptibles de remettre en cause le schéma d'organisation de la transfusion sanguine, l'établissement de santé *(Décr. nº 2017-631 du 25 avr. 2017, art. 2-2º-b)* « ou le groupement de coopération sanitaire autorisé à gérer un dépôt de sang » en informe sans délai le directeur général de l'agence régionale de santé compétente ainsi que le directeur de l'établissement de transfusion sanguine référent.

III. — L'Établissement français du sang transmet à l'Agence nationale de sécurité du médicament et des produits de santé la liste des établissements de santé *(Décr. nº 2017-631 du 25 avr. 2017, art. 2-2º-a)* « et des groupements de coopération sanitaire autorisés à gérer un dépôt de sang » que les établissements de transfusion sanguine référents fournissent. Le Centre de transfusion sanguine des armées transmet également à l'agence la liste des établissements qu'il fournit.

Art. R. 1221-19 Les établissements de santé conservent des produits sanguins labiles destinés à une utilisation thérapeutique directe dans des unités dénommées dépôts de sang. Un dépôt de sang est une unité qui conserve et délivre, sous l'autorité d'un médecin ou d'un pharmacien, les produits sanguins labiles destinés exclusivement à être administrés dans les services de l'établissement de santé et fait effectuer le cas échéant des tests de compatibilité. Il conserve également des produits sanguins labiles délivrés par son établissement de transfusion sanguine référent en vue de l'administration à des patients de l'établissement de santé.

Un établissement de santé ne peut délivrer un produit sanguin labile pour un patient hospitalisé dans un autre établissement de santé qu'en cas d'urgence vitale ***transfusionnelle.***

Les produits *(Décr. nº 2014-1042 du 12 sept. 2014, art. 2-3º)* « délivrés dans les conditions mentionnées au précédent alinéa » ne peuvent être ultérieurement délivrés pour un autre patient.

La qualification des personnels affectés à la délivrance des produits sanguins labiles répond aux dispositions de l'article R. 1222-23.

Art. R. 1221-19-1 *(Décr. nº 2017-631 du 25 avr. 2017, art. 2)* Les groupements de coopération sanitaire mentionnés aux articles L. 1221-10 et L. 6133-1 peuvent être autorisés à gérer un dépôt de sang.

L'autorisation de dépôt de sang est délivrée par le directeur général de l'agence régionale de santé pour les besoins de plusieurs établissements de santé membres du groupement dans le respect des conditions cumulatives suivantes :

1º Le délai de délivrance ou de transfert des produits sanguins labiles par le dépôt de sang du groupement aux établissements de santé membres du groupement concernés est compatible avec les règles de sécurité transfusionnelle telles que précisées dans les bonnes pratiques prévues à l'article L. 1222-12 ;

2º Les établissements de santé membres du groupement concernés par l'autorisation de dépôt de sang ne peuvent être eux-mêmes autorisés à gérer un dépôt de sang.

Sous réserve des dispositions spécifiques prévues par le présent article, l'autorisation de dépôt de sang est soumise à l'ensemble des dispositions de la présente section, l'administrateur du groupement exerçant pour son application les compétences du directeur d'établissement de santé.

Les conditions techniques d'autorisation de dépôt de sang sont définies par arrêté du ministre chargé de la santé et du ministre de la défense.

La convention constitutive du groupement comporte les mentions obligatoires mentionnées au IV de l'article R. 6133-1.

Le groupement fait l'objet d'une nouvelle autorisation de dépôt de sang, dans les conditions prévues par la présente section, lorsqu'il est décidé l'adhésion, le retrait ou l'exclusion d'un établissement de santé membre concerné par l'autorisation de dépôt de sang initiale.

L'autorisation initiale perdure jusqu'à la date de la décision du directeur général de l'agence régionale de santé si elle est favorable et, en cas de refus, pendant deux mois supplémentaires à compter de la date de ce refus.

Art. D. 1221-20 *(Décr. nº 2007-1324 du 7 sept. 2007)* Les autorisations de dépôt de sang sont attribuées au titre de l'une des catégories suivantes :

1º Dépôt de délivrance : dépôt qui conserve des produits sanguins labiles distribués par l'établissement de transfusion sanguine référent et les délivre pour un patient hospitalisé dans l'établissement de santé ;

2º Dépôt d'urgence : dépôt qui conserve seulement des concentrés de globules rouges de groupe O et des plasmas de groupe AB distribués par l'établissement de transfusion sanguine référent et les délivre en urgence vitale pour un patient hospitalisé dans l'établissement de santé. Le nombre maximum d'unités de produits sanguins labiles qui peuvent être conservées et délivrées par un dépôt d'urgence est fixé dans la convention prévue à l'article R. 1221-20-2 passée entre l'établissement de santé et l'établissement de transfusion sanguine référent ;

3º Dépôt relais : dépôt qui conserve des produits sanguins labiles délivrés par l'établissement de transfusion sanguine référent en vue de les transférer à un patient hospitalisé dans l'établissement de santé.

Un dépôt de délivrance autorisé peut exercer les activités d'un dépôt d'urgence, ainsi que celles d'un dépôt relais, sans demander d'autorisation supplémentaire à l'*(Décr. nº 2010-344 du 31 mars 2010, art. 10)* « agence régionale de santé ».

Art. R. 1221-20-1 *(Décr. nº 2007-1324 du 7 sept. 2007)* *(Décr. nº 2015-100 du 2 févr. 2015, art. 1er-2º-a)* Pour être autorisé, un dépôt de sang doit remplir les conditions suivantes :

1º Disposer d'une organisation et de moyens lui permettant d'exercer ses activités selon des modalités définies par arrêté du ministre chargé de la santé, assurant l'approvisionnement en produits sanguins labiles, la sécurité de ces produits et leur traçabilité ;

2º Disposer d'un médecin ou d'un pharmacien justifiant des qualifications mentionnées à l'article R. 1222-23 et d'une personne au moins appartenant à l'une des catégories mentionnées aux 1º, 2º, 3º ou 4º de cet article et justifiant des qualifications particulières mentionnées au même article ;

3º Pour les dépôts de délivrance, disposer de moyens de réception des analyses d'immuno-hématologie respectant les conditions mentionnées à l'article R. 6211-13 ;

4° Pour les dépôts de délivrance, être en mesure de délivrer un volume annuel de produits sanguins labiles au moins égal à un seuil défini par le même arrêté ;

5° Pour les dépôts relais et les dépôts de délivrance, disposer d'un système informatisé permettant d'assurer la gestion et la traçabilité des produits sanguins labiles et répondant aux exigences résultant des principes de bonnes pratiques transfusionnelles mentionnés à l'article *(Décr. n° 2016-1706 du 12 déc. 2016, art. 1er-2°-b)* « L. 1222-12 ».

L'autorisation ne peut être accordée que si le dépôt répond à des besoins identifiés dans les schémas régionaux *(Décr. n° 2010-344 du 31 mars 2010, art. 10)* « d'organisation des soins » et si la mise en œuvre et le fonctionnement du dépôt figurent dans le projet médical de l'établissement et dans son contrat pluriannuel d'objectifs et de moyens.

Le cinquième et le septième alinéas du présent article ne sont pas applicables aux hôpitaux des armées.

Art. R. 1221-20-2 *(Décr. n° 2007-1324 du 7 sept. 2007)* L'autorisation de gérer un dépôt de sang mentionnée à l'article L. 1221-10 est accordée par l'*(Décr. n° 2010-344 du 31 mars 2010, art. 10)* « agence régionale de santé » territorialement compétente *(Décr. n° 2017-631 du 25 avr. 2017, art. 2-4°)* « , après avis de l'Établissement français du sang pour les établissements de santé et les groupements de coopération sanitaire mentionnés à l'article L. 6133-1 ». Lorsqu'un établissement de santé *(Décr. n° 2017-631 du 25 avr. 2017, art. 2-4°)* « ou un groupement de coopération sanitaire » sollicite l'autorisation de gérer un dépôt de sang, il passe préalablement avec l'établissement de transfusion sanguine référent une convention portant sur le fonctionnement du dépôt et sur les modalités de surveillance des produits sanguins labiles conservés. Cette convention prend effet à la date de l'autorisation du dépôt de sang.

Un arrêté du ministre chargé de la santé, pris après avis du président de l'Établissement français du sang, du directeur du Centre de transfusion sanguine des armées et du directeur général de l'*(Décr. n° 2012-597 du 27 avr. 2012, art. 5-I-1°)* « Agence nationale de sécurité du médicament et des produits de santé », définit le modèle type de la convention, qui comporte obligatoirement des clauses relatives au fonctionnement du dépôt de sang, aux personnels et à leurs qualifications et aux matériels de conservation des produits sanguins labiles.

Art. R. 1221-20-3 *(Décr. n° 2007-1324 du 7 sept. 2007)* La demande d'autorisation initiale de dépôt de sang ainsi que celle de son renouvellement est *[sont]* adressée*[s]* par le directeur de l'établissement de santé à l'*(Décr. n° 2010-344 du 31 mars 2010, art. 10)* « agence régionale de santé », par lettre recommandée avec accusé de réception. Cette demande est accompagnée de la convention prévue à l'article R. 1221-20-2.

L'arrêté du ministre chargé de la santé prévu à l'article R. 1221-20-1 définit le contenu du dossier de demande d'autorisation qui comprend notamment :

1° Les justifications de toute nature à l'appui de la demande ;

2° Les modalités de fonctionnement du dépôt incluant notamment la liste et les qualifications des personnels, le plan des locaux et la liste des matériels utilisés ;

3° Les modalités de sécurisation du dépôt et des produits sanguins labiles ;

4° Les modalités de délivrance ou de transfert des produits sanguins labiles.

Le *(Décr. n° 2010-344 du 31 mars 2010, art. 10)* « directeur général de l'agence régionale de santé » se prononce sur la demande après avoir recueilli l'avis *(Abrogé par Décr. n° 2014-1042 du 12 sept. 2014, art. 2-4°-a)* « ***du président*** » de l'Établissement français du sang ou, le cas échéant, du Centre de transfusion sanguine des armées, lorsque celui-ci est l'établissement de transfusion référent du demandeur, et celui du coordonnateur régional d'hémovigilance *(Décr. n° 2014-1042 du 12 sept. 2014, art. 2-4°-a)* « et de sécurité transfusionnelle ». En l'absence de réponse de ces derniers dans ***un délai de deux mois***, leur avis est réputé donné.

Le *(Décr. n° 2010-344 du 31 mars 2010, art. 10)* « directeur général de l'agence régionale de santé » notifie sa décision au directeur de l'établissement de santé dans un délai de quatre mois à compter de la date de réception de la demande accompagnée d'un dossier complet. A défaut de réponse à l'expiration de ce délai, l'autorisation est réputée refusée lorsqu'il s'agit d'une demande d'autorisation initiale. Elle est réputée accordée dans les termes de l'autorisation précédente, sous réserve des modifications déjà autorisées ou déclarées, lorsqu'il s'agit d'une demande de renouvellement.

L'autorisation est délivrée pour une durée de cinq ans. Elle précise la catégorie à laquelle appartient le dépôt de sang autorisé. Une copie de la décision d'autorisation est adressée à l'Établissement français du sang ou, le cas échéant, au Centre de transfusion sanguine des armées et au coordonnateur régional d'hémovigilance *(Décr. nº 2014-1042 du 12 sept. 2014, art. 2-4º-b)* « et de sécurité transfusionnelle ».

Art. R. 1221-20-4 *(Décr. nº 2007-1324 du 7 sept. 2007)* Sont soumises à autorisation écrite préalable de l'*(Décr. nº 2010-344 du 31 mars 2010, art. 10)* « agence régionale de santé » les modifications des éléments de l'autorisation relatives à un changement de catégorie de dépôt *[dépôts]* ou à un changement de locaux. La demande est déposée et instruite dans les mêmes conditions que la demande d'autorisation initiale.

La modification de l'autorisation ne prolonge pas la durée de l'autorisation initiale. Une copie de la décision de modification de l'autorisation est adressée au coordonnateur régional d'hémovigilance *(Décr. nº 2014-1042 du 12 sept. 2014, art. 2-5º-a)* « et de sécurité transfusionnelle » et à l'Établissement français du sang ou, le cas échéant, au Centre de transfusion sanguine des armées.

Les modifications relatives à la nomination d'un nouveau responsable de dépôt ou à un changement de matériel, figurant dans une liste définie par arrêté du ministre chargé de la santé, sont soumises à déclaration à l'*(Décr. nº 2010-344 du 31 mars 2010, art. 10)* « agence régionale de santé » avec copie à l'Établissement français du sang ou, le cas échéant, au Centre de transfusion sanguine des armées et au coordonnateur régional d'hémovigilance *(Décr. nº 2014-1042 du 12 sept. 2014, art. 2-5º-b)* « et de sécurité transfusionnelle ». La déclaration est faite au plus tard dans le mois suivant la mise en œuvre des modifications. Elle est adressée au *(Décr. nº 2010-344 du 31 mars 2010, art. 10)* « directeur général de l'agence régionale de santé », accompagnée d'un courrier exposant l'objet et les incidences éventuelles de la modification sur les activités autorisées. Le *(Décr. nº 2010-344 du 31 mars 2010, art. 10)* « directeur général de l'agence régionale de santé » peut demander toute information complémentaire sur la déclaration.

En application des art. L. 231-5 et L. 231-6 CRPA, et par exception à l'application du délai de deux mois prévu à l'art. L. 231-1 du même code, le délai à l'expiration duquel le silence gardé par l'administration vaut acceptation est de quatre mois pour les demandes de modification des éléments de l'autorisation de dépôt de sang relative à un changement de catégorie de dépôts de sang ou à un changement de locaux (Décr. nº 2014-1287 du 23 oct. 2014, art. 1er).

Art. R. 1221-20-5 *(Décr. nº 2007-1324 du 7 sept. 2007) (Décr. nº 2014-1042 du 12 sept. 2014, art. 2-6º-a)* « I. — » Le refus de l'autorisation, de son renouvellement ou de la modification des éléments de l'autorisation est notifié au directeur de l'établissement de santé par le *(Décr. nº 2010-344 du 31 mars 2010, art. 10)* « directeur général de l'agence régionale de santé ».

Une copie de cette décision est adressée au coordonnateur régional d'hémovigilance *(Décr. nº 2014-1042 du 12 sept. 2014, art. 2-6º-b)* « et de sécurité transfusionnelle » et à l'Établissement français du sang ou, le cas échéant, au Centre de transfusion sanguine des armées, lorsque celui-ci est l'établissement de transfusion sanguine référent du demandeur.

(Décr. nº 2014-1042 du 12 sept. 2014, art. 2-6º-c) « II. — L'arrêt de fonctionnement d'un dépôt de sang est déclaré dans le délai d'un mois à compter de cet arrêt, à l'agence régionale de santé ainsi qu'à l'Établissement français du sang ou, le cas échéant, au Centre de transfusion sanguine des armées. »

Art. D. 1221-20-6 *(Décr. nº 2007-1324 du 7 sept. 2007)* Les dépôts de sang font l'objet d'au moins une inspection par l'*(Décr. nº 2010-344 du 31 mars 2010, art. 10)* « agence régionale de santé » pendant la durée de validité de l'autorisation.

Art. D. 1221-20-7 *(Décr. nº 2007-1324 du 7 sept. 2007)* Pour l'application de la présente section, le ministre de la défense exerce pour les hôpitaux des armées les attributions confiées à l'*(Décr. nº 2010-344 du 31 mars 2010, art. 10)* « agence régionale de santé » territorialement compétente dont il peut, en tant que de besoin, solliciter l'avis technique.

Art. R. 1221-21 Les établissements de transfusion sanguine *(Décr. nº 2017-631 du 25 avr. 2017, art. 2-5º)* « , les établissements de santé et les groupements de coopération sanitaire » autorisés à conserver les produits sanguins labiles destinés à une utilisation thérapeutique doivent être dotés d'une procédure permettant le retrait du circuit de toute unité de tels produits.

(Décr. nº 2006-1589 du 12 déc. 2006, art. 2) « Un arrêté du ministre chargé de la santé fixe les conditions dans lesquelles les établissements de santé peuvent entreposer dans leurs services des produits sanguins labiles délivrés, en vue d'un acte transfusionnel, par leur établissement de transfusion sanguine référent ou par le dépôt de sang de l'établissement *(Décr. nº 2017-631 du 25 avr. 2017, art. 2-5º)* « ou du groupement de coopération sanitaire dont ils sont membres ». »

SECTION IV **HÉMOVIGILANCE ET SÉCURITÉ TRANSFUSIONNELLE** *(Décr. nº 2014-1042 du 12 sept. 2014, art. 3-1).*

SOUS-SECTION 1 **DISPOSITIONS GÉNÉRALES**

Art. R. 1221-22 *(Décr. nº 2014-1042 du 12 sept. 2014, art. 3-2º-a)* « La sécurité transfusionnelle a pour objectif d'identifier les dangers ayant causé, causant ou susceptible *[susceptibles]* de causer des incidents ou des effets indésirables qui ont menacé, menacent ou peuvent menacer la santé des donneurs ou des receveurs afin d'en éliminer ou d'en réduire les risques associés. »

L'hémovigilance est un élément de la sécurité transfusionnelle. Elle comporte, pour tout don de sang *(Décr. nº 2014-1042 du 12 sept. 2014, art. 3-2º-b)* « ou de composants sanguins » et pour tout produit sanguin labile :

1º Le signalement et la déclaration de tout incident grave ;

2º Le signalement et la déclaration de tout effet indésirable grave survenu chez un donneur de sang ;

3º Le signalement et la déclaration de tout effet indésirable survenu chez un receveur de produits sanguins labiles ;

(Décr. nº 2014-1042 du 12 sept. 2014, art. 3-2º-c et d) « 4º Le signalement et la déclaration des informations post-don ;

« 5º Le recueil, la conservation et l'accessibilité des informations relatives aux prélèvements de sang, à la préparation, à l'utilisation de produits sanguins labiles ainsi qu'aux incidents, effets et informations mentionnés aux 1º, 2º, 3º et 4º ci-dessus ;

« 6º L'évaluation et l'exploitation des signalements et déclarations mentionnés aux 1º, 2º, 3º et 4º ci-dessus en vue de tirer les conséquences de ces incidents, effets ou informations ;

« 7º La réalisation de toutes études ou tous travaux concernant les incidents ou les risques d'incidents, les effets indésirables et les informations post-don liés aux activités précitées. »

Elle comporte en outre le recueil, la conservation et l'accessibilité des informations relatives à l'épidémiologie des donneurs de sang et des candidats à la transfusion autologue programmée.

Art. R. 1221-23 Pour l'application de la présente section, on entend par :

1º Effet indésirable : la réaction nocive survenue chez les donneurs et liée ou susceptible d'être liée aux prélèvements de sang ou survenue chez les receveurs et liée ou susceptible d'être liée à l'administration d'un produit sanguin labile ;

2º Effet indésirable grave : l'effet indésirable entraînant la mort ou mettant la vie en danger, entraînant une invalidité ou une incapacité, ou provoquant ou prolongeant une hospitalisation ou tout autre état morbide ;

(Décr. nº 2014-1042 du 12 sept. 2014, art. 3-3º-a) « 3º Incident : l'incident lié aux *prélèvements de sang*, à la qualification biologique du don, à la préparation, à la conservation, au transport, à la distribution, à la délivrance, à la réalisation des analyses prétransfusionnelles ou à l'utilisation de produits sanguins labiles, au retard ou à l'absence de leur transfusion, dû à un accident ou une erreur, susceptible d'affecter la sécurité ou la qualité de ces produits et d'entraîner des effets indésirables ; les dysfonctionnements associés aux systèmes d'information et à l'identification des patients sont

également des incidents dès lors qu'ils sont susceptibles d'affecter la sécurité ou la qualité des produits et d'entraîner des effets indésirables ; »

4° Incident grave : l'incident susceptible d'entraîner des effets indésirables graves ;

(Décr. n° 2014-1042 du 12 sept. 2014, art. 3-3°-b) « 5° Information post-don : information concernant le donneur ou le don, découverte après un don et susceptible de compromettre la qualité ou la sécurité des produits sanguins issus de ce don ou de dons antérieurs. »

Art. R. 1221-23-1 *Abrogé par Décr. n° 2016-1706 du 12 déc. 2016, art. 2.*

SOUS-SECTION 2 SYSTÈME NATIONAL D'HÉMOVIGILANCE

Art. R. 1221-24 Le système national d'hémovigilance *(Décr. n° 2014-1042 du 12 sept. 2014, art. 3-4°)* « et de sécurité transfusionnelle » comprend :

– l'*(Décr. n° 2012-597 du 27 avr. 2012, art. 5-I-1°)* « Agence nationale de sécurité du médicament et des produits de santé » ;

(Abrogé par Décr. n° 2012-597 du 27 avr. 2012, art. 3-8°) « *– la Commission nationale d'hémovigilance ;* »

– les coordonnateurs régionaux d'hémovigilance *(Décr. n° 2014-1042 du 12 sept. 2014, art. 3-4°)* « et de sécurité transfusionnelle » mentionnés à l'article R. 1221-32 ;

– l'Établissement français du sang et le Centre de transfusion sanguine des armées ;

– l'*(Décr. n° 2016-523 du 27 avr. 2016, art. 4-I-3°)* « Agence nationale de santé publique » ;

– les établissements de santé et les hôpitaux des armées ;

– tout professionnel de santé.

SOUS-SECTION 3 RÔLE DE L'AGENCE NATIONALE DE SÉCURITÉ DU MÉDICAMENT ET DES PRODUITS DE SANTÉ *(Décr. n° 2012-597 du 27 avr. 2012, art. 5-I-2°)*.

Art. R. 1221-25 L'*(Décr. n° 2012-597 du 27 avr. 2012, art. 5-I-1°)* « Agence nationale de sécurité du médicament et des produits de santé » assure la mise en œuvre de l'hémovigilance *(Décr. n° 2014-1042 du 12 sept. 2014, art. 3-5°-a)* « et de la sécurité transfusionnelle ». Elle en définit les orientations, anime et coordonne les actions des différents intervenants et veille au respect des procédures de surveillance organisées par la présente section. Elle prend, le cas échéant, les mesures appropriées en vue d'assurer la sécurité transfusionnelle ou saisit les autorités compétentes.

Pour l'exercice de cette mission, l'agence est destinataire des documents et informations suivants :

(Décr. n° 2014-1042 du 12 sept. 2014, art. 3-5°-b) « 1° Dans les conditions prévues aux articles R. 1221-50 et R. 1221-51, des déclarations d'incident grave, d'effet indésirable grave survenu chez les donneurs de sang et d'effet indésirable survenu chez les receveurs de produits sanguins labiles ainsi que des déclarations d'informations post-don ; »

2° De toute information recueillie, lors des différentes étapes de la chaîne transfusionnelle, susceptible de compromettre la qualité et la sécurité des produits sanguins labiles ;

3° Des données issues de la surveillance épidémiologique des donneurs de sang et des candidats à la transfusion autologue programmée effectuée par l'*(Décr. n° 2016-523 du 27 avr. 2016, art. 4-I-3°)* « Agence nationale de santé publique ».

(Décr. n° 2014-1042 du 12 sept. 2014, art. 3-5°-c) « L'agence procède, en outre, ou fait procéder à des enquêtes épidémiologiques et à des études relatives au prélèvement, à la qualification biologique du don, à la préparation et aux conditions d'utilisation des produits sanguins labiles. »

Art. R. 1221-26 L'*(Décr. n° 2012-597 du 27 avr. 2012, art. 5-I-1°)* « Agence nationale de sécurité du médicament et des produits de santé » communique à l'Établissement français du sang et au Centre de transfusion sanguine des armées les informations relatives à la sécurité et à la qualité des produits sanguins labiles provenant *(Décr. n° 2014-1042 du 12 sept. 2014, art. 3-6°)* « du système d'hémovigilance et » des autres systèmes de vigilance.

Art. R. 1221-27 L'*(Décr. n° 2012-597 du 27 avr. 2012, art. 5-I-1°)* « Agence nationale de sécurité du médicament et des produits de santé » établit annuellement un rapport de synthèse relatif à l'hémovigilance *(Décr. n° 2014-1042 du 12 sept. 2014, art. 3-7°)* « et à la sécurité transfusionnelle ». Ce rapport est adressé au ministre chargé de la santé ainsi qu'à la Commission européenne au plus tard le 30 juin de l'année suivante.

SOUS-SECTION 4 *[ABROGÉE]* COMMISSION NATIONALE D'HÉMOVIGILANCE

(Abrogée par Décr. n° 2012-597 du 27 avr. 2012, art. 3-9°)

Art. R. 1221-28 à R. 1221-31 *Abrogés par Décr. n° 2012-597 du 27 avr. 2012, art. 3-9°.*

SOUS-SECTION 5 COORDONNATEURS RÉGIONAUX D'HÉMOVIGILANCE

Art. R. 1221-32 *(Décr. n° 2014-1042 du 12 sept. 2014, art. 3-8°)* Dans chaque région, *(Décr. n° 2017-885 du 9 mai 2017, art. 1er-1°)* « des coordonnateurs régionaux » d'hémovigilance et de sécurité transfusionnelle, *(Décr. n° 2017-885 du 9 mai 2017, art. 1er-1°)* « placés » auprès du directeur général de l'agence régionale de santé, *(Décr. n° 2017-885 du 9 mai 2017, art. 1er-1°)* « sont chargés » :

1° De suivre la mise en œuvre par les établissements de santé et de transfusion sanguine de la région des dispositions de la présente section ainsi que, le cas échéant, des décisions du directeur général de l'Agence nationale de sécurité du médicament et des produits de santé et des actions proposées par les commissions médicales d'établissement dans les établissements publics de santé et par les conférences médicales d'établissement dans les établissements de santé privés ;

2° D'entretenir des relations directes avec chacun des correspondants d'hémovigilance et de sécurité transfusionnelle de la région, de veiller avec eux à la qualité et à la fiabilité des informations recueillies en application des articles R. 1221-39 et R. 1221-43 et de se tenir informé de toute difficulté que les correspondants rencontreraient dans l'exercice de leur mission ;

3° D'informer le directeur général de l'agence régionale de santé et le directeur général de l'Agence nationale de sécurité du médicament et des produits de santé de son activité, notamment par un rapport annuel d'activité, dont il adresse copie à l'Établissement français du sang et, le cas échéant, au Centre de transfusion sanguine des armées ;

4° D'informer, en tant que de besoin, le directeur général de l'agence régionale de santé et le directeur général de l'Agence nationale de sécurité du médicament et des produits de santé du contenu des comptes rendus, rapports et autres documents intéressant la sécurité transfusionnelle et l'hémovigilance élaborés par les commissions médicales d'établissement dans les établissements publics de santé et les conférences médicales d'établissement dans les établissements de santé privés ;

5° De proposer, le cas échéant, à l'Agence nationale de sécurité du médicament et des produits de santé sous couvert du directeur général de l'agence régionale de santé, l'adoption de toute mesure susceptible d'améliorer la qualité, la fiabilité et la cohérence du dispositif d'hémovigilance et de sécurité transfusionnelle ;

6° De saisir sans délai le directeur général de l'agence régionale de santé et le directeur général de l'Agence nationale de sécurité du médicament et des produits de santé de toute difficulté susceptible de compromettre la sécurité transfusionnelle et d'en informer simultanément l'Établissement français du sang ou le Centre de transfusion sanguine des armées, chacun en ce qui le concerne ;

7° De proposer, le cas échéant, au directeur général de l'agence régionale de santé les mesures à prendre au vu des fiches de déclarations reçues en application de l'article R. 1221-50 ;

8° De suivre la mise en place des mesures préventives et correctives proposées par les établissements de santé et par les établissements de transfusion sanguine dans les suites de la prise en charge d'un incident grave ou d'un effet indésirable survenu dans l'établissement ou au niveau régional. Ce suivi fait l'objet d'informations adressées au directeur général de l'agence régionale de santé et au directeur général de l'Agence nationale de sécurité du médicament et des produits de santé ;

9° De veiller à la mise en place et au bon fonctionnement de l'échange des données transfusionnelles mentionnées à l'article R. 1221-42.

(Décr. n° 2017-885 du 9 mai 2017, art. 1er-2°) « Les coordonnateurs régionaux d'hémovigilance et de sécurité transfusionnelle sont membres du réseau régional de vigilances et d'appui mentionné à l'article R. 1413-62. »

Art. R. 1221-33 A la demande de l'*(Décr. n° 2012-597 du 27 avr. 2012, art. 5-I-1°)* « Agence nationale de sécurité du médicament et des produits de santé » ou du *(Décr. n° 2010-344 du 31 mars 2010, art. 11)* « directeur général de l'agence régionale de santé », ou de sa propre initiative, le coordonnateur régional d'hémovigilance *(Décr. n° 2014-1042 du 12 sept. 2014, art. 3-9°)* « et de sécurité transfusionnelle » se fait communiquer par le ou les correspondants d'hémovigilance *(Décr. n° 2014-1042 du 12 sept. 2014, art. 3-9°)* « et de sécurité transfusionnelle » compétents toute information que les établissements de transfusion sanguine ou de santé recueillent et détiennent en application du présent chapitre.

A partir de ces informations, le coordonnateur procède ou fait procéder par les correspondants d'hémovigilance *(Décr. n° 2014-1042 du 12 sept. 2014, art. 3-9°)* « et de sécurité transfusionnelle » à toute recherche utile à l'hémovigilance et concernant notamment :

1° L'identification de toute unité de produit sanguin labile préparée à partir d'un don ;

2° L'identification de toutes les unités administrées à un patient déterminé ou la recherche de tous effets indésirables liés, ou susceptibles d'être liés, à l'administration d'une unité ou d'un type de produit sanguin labile déterminé ;

3° Les données épidémiologiques concernant les donneurs de sang dont proviennent les unités de produits sanguins labiles mentionnées au 1° et au 2°.

Dans le respect de l'anonymat des donneurs et des receveurs, le coordonnateur régional d'hémovigilance *(Décr. n° 2014-1042 du 12 sept. 2014, art. 3-9°)* « et de sécurité transfusionnelle » transmet les résultats des investigations prévues ci-dessus au *(Décr. n° 2010-344 du 31 mars 2010, art. 11)* « directeur général de l'agence régionale de santé » et à l'*(Décr. n° 2012-597 du 27 avr. 2012, art. 5-I-1°)* « Agence nationale de sécurité du médicament et des produits de santé ».

Une décision du directeur général de l'*(Décr. n° 2012-597 du 27 avr. 2012, art. 5-I-1°)* « Agence nationale de sécurité du médicament et des produits de santé » prise après avis de l'Établissement français du sang et du Centre de transfusion sanguine des armées peut fixer les modalités des échanges d'information, liés à ces investigations, entre, d'une part, les établissements et le coordonnateur et, d'autre part, entre le coordonnateur et l'agence.

Art. R. 1221-34 Lorsque cela est nécessaire dans l'intérêt de l'hémovigilance *(Décr. n° 2014-1042 du 12 sept. 2014, art. 3-10°)* « et de la sécurité transfusionnelle », le coordonnateur régional d'hémovigilance *(Décr. n° 2014-1042 du 12 sept. 2014, art. 3-10°)* « et de sécurité transfusionnelle » transmet à un autre coordonnateur régional une information dont il est détenteur. Il en informe l'*(Décr. n° 2012-597 du 27 avr. 2012, art. 5-I-1°)* « Agence nationale de sécurité du médicament et des produits de santé ».

Art. R. 1221-35 Le coordonnateur régional d'hémovigilance *(Décr. n° 2014-1042 du 12 sept. 2014, art. 3-11°)* « et de sécurité transfusionnelle » est un médecin praticien hospitalier ou possédant des qualifications équivalentes, doté d'une expérience en matière de transfusion sanguine. Il est nommé pour une durée de trois ans renouvelable par *(Décr. n° 2010-344 du 31 mars 2010, art. 11)* « décision du directeur général de l'agence régionale de santé prise » après avis de l'*(Décr. n° 2012-597 du 27 avr. 2012, art. 5-I-1°)* « Agence nationale de sécurité du médicament et des produits de santé ».

SOUS-SECTION 6 RÔLE DES ÉTABLISSEMENTS DE TRANSFUSION SANGUINE

Art. R. 1221-36 I. — Chaque établissement de transfusion sanguine est tenu de recueillir et de conserver, pour chaque unité de produit sanguin labile dont il assure la préparation, les informations suivantes :

1° L'identification du don de sang ou de composants du sang dont sont issues l'unité et l'identification du donneur ;

2° Les résultats des analyses biologiques et des tests de dépistage auxquels il a été procédé sur le don ;

3° L'identification de l'établissement de transfusion sanguine destinataire de l'unité préparée, lorsque celle-ci a été distribuée à un autre établissement de transfusion sanguine.

II. — Chaque établissement de transfusion sanguine est tenu de recueillir et de conserver, pour chaque unité de produits sanguins labiles, dont il assure la distribution ou la délivrance, les informations suivantes :

1° L'identification de l'établissement de santé auquel des unités de produits sanguins labiles ont été distribuées ou délivrées ainsi que, lorsqu'un établissement de santé délivre un produit sanguin labile pour un patient hospitalisé dans un autre établissement de santé, les circonstances de cette délivrance et l'identification de ce dernier ;

2° L'identification du prescripteur et l'identification du patient auquel a été administrée l'unité ou, le cas échéant, la date de destruction de l'unité ou de sa restitution à l'établissement de transfusion sanguine.

III. — Chaque établissement de transfusion sanguine transmet à l'*(Décr. n° 2016-523 du 27 avr. 2016, art. 4-I-3°)* « Agence nationale de santé publique » les données nécessaires à la surveillance épidémiologique des donneurs de sang et des candidats à la transfusion autologue programmée.

Art. R. 1221-37 A la demande de l'*(Décr. n° 2012-597 du 27 avr. 2012, art. 5-I-1°)* « Agence nationale de sécurité du médicament et des produits de santé », l'établissement de transfusion sanguine recueille et conserve toutes les informations nécessaires à l'hémovigilance *(Décr. n° 2014-1042 du 12 sept. 2014, art. 3-12°)* « et à la sécurité transfusionnelle » auxquelles il a accès et qui portent sur :

1° Les transfusions autologues *(Décr. n° 2014-1042 du 12 sept. 2014, art. 3-12°)* « programmées » auxquelles l'établissement a participé ;

2° Les examens prétransfusionnels et, le cas échéant, post-transfusionnels pratiqués sur le patient ;

3° La conservation, aux fins d'analyses ultérieures, d'échantillons biologiques prélevés sur le don du sang.

Art. R. 1221-38 Les établissements de santé font parvenir à leur établissement de transfusion sanguine référent les informations mentionnées au II de l'article R. 1221-36 et au 2° de l'article R. 1221-37.

Des décisions du directeur général de l'*(Décr. n° 2012-597 du 27 avr. 2012, art. 5-I-1°)* « Agence nationale de sécurité du médicament et des produits de santé » prises après avis de l'Établissement français du sang et du Centre de transfusion sanguine des armées peuvent préciser le contenu des informations mentionnées au présent article et fixer les modalités de leur recueil par l'établissement de transfusion sanguine ou de leur transmission par les établissements de santé.

Art. R. 1221-39 Dans chaque établissement de transfusion sanguine, un correspondant d'hémovigilance *(Décr. n° 2014-1042 du 12 sept. 2014, art. 3-13°-a)* « et de sécurité transfusionnelle » est chargé d'assurer, sous l'autorité de la personne responsable :

1° Le recueil et la conservation des informations mentionnées aux articles R. 1221-36 à R. 1221-38 en veillant à leur qualité et à leur fiabilité ;

(Décr. n° 2014-1042 du 12 sept. 2014, art. 3-13°-b) « 2° La déclaration, dans les conditions et selon les modalités prévues aux articles R. 1221-49 à R. 1221-49-4, de tout effet indésirable grave survenu chez un donneur de sang, de tout effet indésirable survenu chez un receveur de produits sanguins labiles, de tout incident grave ainsi que des informations post-don ; »

3° La communication à l'*(Décr. n° 2012-597 du 27 avr. 2012, art. 5-I-1°)* « Agence nationale de sécurité du médicament et des produits de santé » et au coordonnateur régional d'hémovigilance *[et de sécurité transfusionnelle]* mentionné à l'article R. 1221-32 des informations qu'ils sollicitent en application de l'article R. 1221-33 ;

4° La communication à l'*(Décr. n° 2016-523 du 27 avr. 2016, art. 4-I-3°)* « Agence nationale de santé publique » des informations mentionnées au III de l'article R. 1221-36 ;

5° L'information des établissements de santé sur l'usage des produits sanguins labiles distribués ou délivrés par son établissement de transfusion sanguine référent et la transmission à ces établissements des informations mentionnées au premier alinéa de l'article R. 1221-42 ;

6° Le signalement à l'*(Décr. n° 2012-597 du 27 avr. 2012, art. 5-I-1°)* « Agence nationale de sécurité du médicament et des produits de santé » et au coordonnateur régional d'hémovigilance de toute difficulté susceptible de compromettre la sécurité transfusionnelle ;

7° Les investigations à entreprendre en cas d'urgence suite à des effets indésirables *(Décr. n° 2014-1042 du 12 sept. 2014, art. 3-13°-c)* « , » des incidents graves *(Décr. n° 2014-1042 du 12 sept. 2014, art. 3-13°-c)* « ou des informations post-don ». Dans ce cas, il informe sans délai l'*(Décr. n° 2012-597 du 27 avr. 2012, art. 5-I-1°)* « Agence nationale de sécurité du médicament et des produits de santé », qui décide de la poursuite ou de l'interruption de ces investigations, ainsi que le coordonnateur régional d'hémovigilance *[et de sécurité transfusionnelle]*.

Le correspondant d'hémovigilance de l'Établissement de transfusion sanguine est nommé, selon le cas, par le président de l'Établissement français du sang sur proposition de la personne responsable ou par le directeur du Centre de transfusion sanguine des armées. Il doit être médecin ou pharmacien.

Des conditions particulières de qualification et de formation de ce correspondant peuvent être imposées par arrêté du ministre chargé de la santé pris sur proposition du directeur général de l'*(Décr. n° 2012-597 du 27 avr. 2012, art. 5-I-1°)* « Agence nationale de sécurité du médicament et des produits de santé ».

Le nom du correspondant est communiqué par l'Établissement français du sang ou par le Centre de transfusion sanguine des armées à l'*(Décr. n° 2012-597 du 27 avr. 2012, art. 5-I-1°)* « Agence nationale de sécurité du médicament et des produits de santé » et au coordonnateur régional d'hémovigilance *[et de sécurité transfusionnelle]* concerné.

SOUS-SECTION 7 RÔLE DES ÉTABLISSEMENTS DE SANTÉ

Art. R. 1221-40 Chaque établissement de santé, public ou privé *(Abrogé par Décr. n° 2012-1483 du 27 déc. 2012, art. 11-I-6°)* ***« ainsi que chaque syndicat interhospitalier »*** *(Abrogé par Décr. n° 2014-1042 du 12 sept. 2014, art. 3-14°-a) (Décr. n° 2006-550 du 15 mai 2006, art. 2-I-2°)* ***« et chaque groupement de coopération sanitaire autorisés*** *(Abrogé par Décr. n° 2010-344 du 31 mars 2010, art. 11)* ***« en vertu des articles L. 6132-2 et L. 6133-1 » à assurer les missions d'un établissement de santé, »*** est tenu de recueillir et de conserver, pour chaque unité de produit sanguin labile qui lui est distribuée ou délivrée pour un patient hospitalisé, les informations suivantes :

1° Le numéro d'identification de l'unité préparée conformément à la codification nationale approuvée par l'*(Décr. n° 2012-597 du 27 avr. 2012, art. 5-I-1°)* « Agence nationale de sécurité du médicament et des produits de santé » ;

2° L'identification du code produit conformément à la codification nationale approuvée par cette agence ;

3° Les circonstances du transport et de la conservation de l'unité ;

4° L'identification du prescripteur et celle de la personne chargée de l'administration du produit sanguin labile ;

5° L'identification du patient auquel a été administrée l'unité et les circonstances de cette administration, ou, le cas échéant, la date à laquelle l'unité a été détruite ou restituée à l'établissement de transfusion sanguine référent ;

6° *(Décr. n° 2006-550 du 15 mai 2006, art. 2-I-2°)* « Lorsqu'un établissement mentionné au premier alinéa délivre un produit sanguin labile à un patient hospitalisé dans un autre de ces établissements, l'identification de cet établissement ainsi que la date et les circonstances de cette délivrance ; »

7° Tout effet indésirable survenu chez un receveur de produits sanguins labiles *(Décr. n° 2014-1042 du 12 sept. 2014, art. 3-14°-b)* « , » tout incident grave *(Décr. n° 2014-1042 du 12 sept. 2014, art. 3-14°-b)* « ainsi que toute information post-don concernant des produits sanguins labiles transfusés dans cet établissement ».

Art. R. 1221-41 A la demande de l'*(Décr. n° 2012-597 du 27 avr. 2012, art. 5-I-1°)* « Agence nationale de sécurité du médicament et des produits de santé », *(Décr. n° 2006-550 du 15 mai 2006, art. 2-I-3°)* « les établissements mentionnés au premier alinéa de l'article R. 1221-40 recueillent et conservent toutes les informations relatives à l'hémovigilance *(Décr. n° 2014-1042 du 12 sept. 2014, art. 3-15°-a)* « et à la sécurité transfusionnelle » auxquelles ils ont » accès et qui portent sur :

(Décr. n° 2014-1042 du 12 sept. 2014, art. 3-15°-b) « 1° Les transfusions autologues programmées ; »

2° Les examens prétransfusionnels et, le cas échéant, post-transfusionnels pratiqués sur le patient ;

3° L'administration, dans le cadre d'un même traitement, d'un médicament dérivé du sang et d'un produit sanguin labile ;

4° La conservation, aux fins d'analyses ultérieures, d'échantillons biologiques prélevés sur le patient.

Art. R. 1221-42 L'établissement de transfusion sanguine référent fait parvenir *(Décr. n° 2006-550 du 15 mai 2006, art. 2-I-4°)* « aux établissements mentionnés au premier alinéa de l'article R. 1221-40, les informations relatives aux 1° et 2° du même article » et, le cas échéant, au 2° de l'article R. 1221-41.

Des décisions du directeur général de l'*(Décr. n° 2012-597 du 27 avr. 2012, art. 5-I-1°)* « Agence nationale de sécurité du médicament et des produits de santé » prises après avis de l'Établissement français du sang *(Décr. n° 2014-1042 du 12 sept. 2014, art. 3-16°)* « et du Centre de transfusion sanguine des armées » peuvent préciser le contenu des informations mentionnées au présent article et fixer les modalités de leur recueil par *(Décr. n° 2006-550 du 15 mai 2006, art. 2-I-4°)* « ces établissements » ou de leur transmission par l'établissement de transfusion sanguine.

Art. R. 1221-43 *(Décr. n° 2014-1042 du 12 sept. 2014, art. 3-17°-a)* « I. — » Au sein de *(Décr. n° 2006-550 du 15 mai 2006, art. 2-I-5°)* « chacun des établissements mentionnés au premier alinéa de l'article R. 1221-40 », un correspondant d'hémovigilance *(Décr. n° 2014-1042 du 12 sept. 2014, art. 3-17°-a)* « et de sécurité transfusionnelle » est chargé d'assurer :

1° La déclaration, dans les conditions et selon les modalités prévues *(Décr. n° 2014-1042 du 12 sept. 2014, art. 3-17°-b)* « aux articles R. 1221-49 et R. 1221-49-2 », de tout effet indésirable survenu chez un receveur de produits sanguins labiles ainsi que de tout incident grave ;

2° Le recueil et la conservation des informations mentionnées aux articles R. 1221-40 à R. 1221-42, en veillant à la qualité et à la fiabilité de ces informations ;

3° La communication à l'*(Décr. n° 2012-597 du 27 avr. 2012, art. 5-I-1°)* « Agence nationale de sécurité du médicament et des produits de santé » et au coordonnateur régional d'hémovigilance *(Décr. n° 2014-1042 du 12 sept. 2014, art. 3-17°-c)* « et de sécurité transfusionnelle » des informations qu'ils sollicitent, en application de l'article R. 1221-33 ;

4° La transmission à l'établissement de transfusion sanguine référent des informations mentionnées au premier alinéa de l'article R. 1221-38 ;

5° Le signalement à l'*(Décr. n° 2012-597 du 27 avr. 2012, art. 5-I-1°)* « Agence nationale de sécurité du médicament et des produits de santé » et au coordonnateur régional d'hémovigilance *(Décr. n° 2014-1042 du 12 sept. 2014, art. 3-17°-c)* « et de sécurité transfusionnelle » de toute difficulté susceptible de compromettre la sécurité transfusionnelle ;

6° Les investigations à entreprendre en cas d'urgence à la suite des effets indésirables survenus chez les receveurs de produits sanguins labiles ou des incidents graves. Dans ce cas, il informe sans délai le coordonnateur régional *(Décr. n° 2014-1042 du 12 sept. 2014, art. 3-17°-d)* « *d'hémovigilance et de sécurité transfusionnelle* », qui décide de la poursuite ou de l'interruption de ces investigations, et l'*(Décr. n° 2012-597 du 27 avr. 2012, art. 5-I-1°)* « Agence nationale de sécurité du médicament et des produits de santé ».

(Décr. n° 2014-1042 du 12 sept. 2014, art. 3-17°-e) « II. — Par dérogation au premier alinéa du présent article, les établissements mentionnés au premier alinéa de l'article R. 1221-40, qui ne réalisent pas de transfusion sanguine, peuvent passer des conven-

tions avec des établissements qui réalisent des transfusions sanguines situés à proximité pour désigner un correspondant d'hémovigilance et de sécurité transfusionnelle conjoint aux deux établissements.

« III. — Le correspondant d'hémovigilance et de sécurité transfusionnelle est un médecin. Toutefois, le correspondant d'hémovigilance et de sécurité transfusionnelle peut être un pharmacien dans des conditions fixées par arrêté du ministre chargé de la santé sur proposition du directeur général de l'Agence nationale de sécurité du médicament et des produits de santé.

« IV. — Des conditions particulières de qualification et de formation peuvent être imposées aux correspondants de certains établissements par arrêté du ministre chargé de la santé, pris sur proposition du directeur général de l'Agence nationale de sécurité du médicament et des produits de santé. »

Art. R. 1221-44 *(Décr. n° 2014-1042 du 12 sept. 2014, art. 3-18°)* I. — Le correspondant d'hémovigilance et de sécurité transfusionnelle est désigné, dans les établissements publics de santé et les groupements de coopération sanitaire érigés en établissement public de santé, par le directeur. Cette désignation intervient *(Décr. n° 2017-631 du 25 avr. 2017, art. 2-6°-a)* « après avis du » président de la commission médicale d'établissement.

II. — Le correspondant d'hémovigilance et de sécurité transfusionnelle est désigné, dans les établissements de santé privés, par le représentant légal de l'établissement, et*[,]* dans les groupements de coopération sanitaire érigés en établissement de santé privé, par l'administrateur. Cette désignation intervient après avis de la conférence médicale d'établissement.

III. — Le correspondant d'hémovigilance et de sécurité transfusionnelle d'un groupement de coopération sanitaire peut être le correspondant d'hémovigilance et de sécurité transfusionnelle d'un établissement de santé membre de ce groupement. Si le groupement de coopération sanitaire concerné ne dispose pas de personnel en propre, le correspondant d'hémovigilance et de sécurité transfusionnelle de ce groupement est désigné parmi les correspondants d'hémovigilance et de sécurité transfusionnelle des établissements de santé membre *[membres]* du groupement, en concertation avec le président de la commission médicale ou après avis de la conférence médicale des établissements de santé membres.

(Décr. n° 2017-631 du 25 avr. 2017, art. 2-6°-c) « IV. — Le correspondant d'hémovigilance et de sécurité transfusionnelle est désigné, dans les groupements de coopération sanitaire de moyens et les groupements de coopération sanitaire érigés en établissement *[établissements]* de santé autorisés à gérer un dépôt de sang pour le compte de leurs membres, par l'administrateur du groupement. Cette désignation intervient après avis du président de la commission médicale ou après avis de la conférence médicale des établissements de santé membres du groupement. »

(Décr. n° 2017-631 du 25 avr. 2017, art. 2-6°-b) « V. — » Le nom du correspondant est communiqué par l'établissement à l'Agence nationale de sécurité du médicament et des produits de santé, au coordonnateur régional d'hémovigilance et de sécurité transfusionnelle concerné et à l'établissement de transfusion sanguine référent.

Art. R. 1221-45 *(Décr. n° 2014-1042 du 12 sept. 2014, art. 3-19°)* I. — Les commissions médicales d'établissement dans les établissements publics de santé et les conférences médicales d'établissement dans les établissements de santé privés ont notamment pour mission de contribuer par leurs études et propositions à l'amélioration de la sécurité des patients transfusés dans les établissements de santé où elles sont constituées.

Ces instances veillent à la mise en œuvre des règles et procédures d'hémovigilance et de sécurité transfusionnelle prévues par la présente section et notamment à la coordination des actions d'hémovigilance et de sécurité transfusionnelle entreprises en ce domaine au sein de chacun des établissements mentionnés à l'alinéa précédent.

II. — A ce titre, ces instances :

1° Sont saisies de toute question relative à la collaboration des correspondants d'hémovigilance et de sécurité transfusionnelle de l'établissement de transfusion sanguine et de l'établissement de santé, et plus généralement de toute question portant sur les circuits de transmission des informations, en vue d'améliorer l'efficacité de l'hémovigilance et de la sécurité transfusionnelle ;

2° Se tiennent informées des conditions de fonctionnement des dépôts de sang ;

3° Sont averties des incidents graves survenus dans l'établissement de santé, ainsi que des effets indésirables survenus chez les receveurs, et proposent toute mesure destinée à y remédier ;

4° Sont averties des informations post-don ayant une relation avec l'activité transfusionnelle de l'établissement de santé ;

5° Établissent un programme de formation en sécurité transfusionnelle destiné aux personnels concernés dans le cadre du programme d'actions mentionné à l'article L. 6144-1 pour les établissements de santé publics et L. 6161-2 pour les établissements de santé privés ;

6° Élaborent, dans leur rapport annuel d'activité mentionné au 2° de l'article R. 6144-2-2 pour les établissements publics de santé et au 2° de l'article R. 6164-5 pour les établissements de santé privés, un bilan relatif à l'hémovigilance et à la sécurité transfusionnelle.

III. — La convention constitutive du groupement de coopération sanitaire érigé en établissement de santé précise les conditions dans lesquelles les propositions, avis, études et rapports annuels d'activité des commissions médicales d'établissement et des conférences médicales d'établissement sont transmis aux instances constituées au sein du groupement et de chaque établissement de santé membre de celui-ci.

Art. R. 1221-46 *(Décr. n° 2014-1042 du 12 sept. 2014, art. 3-20°)* Lorsque l'ordre du jour intéresse la sécurité transfusionnelle et l'hémovigilance, assistent de droit aux séances de la commission médicale d'établissement dans les établissements publics de santé ou de la conférence médicale d'établissement dans les établissements de santé privés :

1° Le coordonnateur régional d'hémovigilance et de sécurité transfusionnelle ;

2° Le correspondant d'hémovigilance et de sécurité transfusionnelle de l'établissement de transfusion sanguine référent ;

3° Le correspondant d'hémovigilance et de sécurité transfusionnelle de l'établissement de santé ;

4° Le responsable du centre régional de pharmacovigilance ;

5° Le correspondant au sein de l'établissement du centre régional de pharmacovigilance pour les médicaments dérivés du sang.

Art. R. 1221-47 *(Décr. n° 2014-1042 du 12 sept. 2014, art. 3-21°)* Le coordonnateur régional d'hémovigilance et de sécurité transfusionnelle est destinataire des comptes rendus, rapports et autres documents intéressant la sécurité transfusionnelle et l'hémovigilance élaborés par la commission médicale d'établissement ou la conférence médicale d'établissement.

Il en informe en tant que de besoin l'Agence nationale de sécurité du médicament et des produits de santé, le directeur général de l'agence régionale de santé et le directeur central du service de santé des armées.

Art. R. 1221-48 *(Décr. n° 2014-1042 du 12 sept. 2014, art. 3-22°)* I. — La commission médicale d'établissement ou la conférence médicale d'établissement peut saisir le coordonnateur régional d'hémovigilance et de sécurité transfusionnelle et l'Agence nationale de sécurité du médicament et des produits de santé de toute question relative à la mise en œuvre des règles d'hémovigilance dans l'établissement de santé.

II. — Dans les établissements publics de santé et les groupements de coopération sanitaires érigés en établissement de santé public, le directeur, lorsqu'il est saisi par la commission médicale d'établissement à cet effet, demande au coordonnateur régional d'hémovigilance et de sécurité transfusionnelle de faire procéder à toute investigation sur les circonstances de la survenue d'un incident grave ou d'un effet indésirable dans l'établissement de santé.

III. — Dans les établissements de santé privés, le représentant légal, lorsqu'il est saisi par la conférence médicale d'établissement à cet effet, demande au coordonnateur régional d'hémovigilance et de sécurité transfusionnelle de faire procéder à toute investigation sur les circonstances de la survenue d'un incident grave ou d'un effet indésirable dans l'établissement de santé.

IV. — Dans les groupements de coopération sanitaire érigés en établissement de santé privé, l'administrateur, lorsqu'il est saisi par la conférence médicale d'établissement à cet effet, demande au coordonnateur régional d'hémovigilance et de sécurité transfusionnelle de faire procéder à toute investigation sur les circonstances de la survenue d'un incident grave ou d'un effet indésirable dans l'établissement de santé.

SOUS-SECTION 8 OBLIGATION DE SIGNALEMENT ET DE DÉCLARATION

Art. R. 1221-49 *(Décr. nº 2014-1042 du 12 sept. 2014, art. 3-23º)* I. — Tout professionnel de santé qui constate ou a connaissance d'un incident grave le signale sans délai au correspondant d'hémovigilance et de sécurité transfusionnelle de l'établissement où l'incident a eu lieu ou à celui de l'établissement dans lequel l'incident a été découvert. A défaut de pouvoir l'identifier, il le signale à tout correspondant d'hémovigilance et de sécurité transfusionnelle d'un établissement de transfusion sanguine ou d'un établissement de santé, qui transmet cette information au correspondant d'hémovigilance et de sécurité transfusionnelle compétent.

II. — Le correspondant d'hémovigilance et de sécurité transfusionnelle *[compétent]* procède aux investigations et examens appropriés. Il rédige une fiche de déclaration d'incident grave lorsque l'incident ne concerne que son établissement.

III. — Lorsque l'incident concerne à la fois un établissement de transfusion sanguine et un établissement de santé, le correspondant d'hémovigilance et de sécurité transfusionnelle, qui a procédé aux investigations, informe le correspondant de l'autre établissement et rédige, en concertation avec lui, une fiche de déclaration d'incident grave.

Art. R. 1221-49-1 *(Décr. nº 2014-1042 du 12 sept. 2014, art. 3-24º)* I. — Tout professionnel de santé qui constate ou a connaissance d'un effet indésirable grave survenu chez un donneur de sang le signale sans délai au correspondant d'hémovigilance et de sécurité transfusionnelle de l'établissement de transfusion sanguine dans lequel a été prélevé le produit. A défaut de pouvoir l'identifier, il le signale à tout correspondant d'hémovigilance et de sécurité transfusionnelle d'un établissement de transfusion sanguine ou d'un établissement de santé, qui transmet cette information au correspondant d'hémovigilance et de sécurité transfusionnelle compétent.

II. — Le correspondant d'hémovigilance et de sécurité transfusionnelle compétent procède aux investigations et examens appropriés et rédige une fiche de déclaration d'effet indésirable survenu chez un donneur dont copie est versée au dossier du donneur.

Art. R. 1221-49-2 *(Décr. nº 2014-1042 du 12 sept. 2014, art. 3-24º)* I. — Tout professionnel de santé qui constate ou a connaissance d'un effet indésirable survenu chez un receveur de produits sanguins labiles le signale sans délai au correspondant d'hémovigilance et de sécurité transfusionnelle de l'établissement de santé dans lequel a été administré le produit. A défaut de pouvoir l'identifier, il le signale à tout correspondant d'hémovigilance et de sécurité transfusionnelle d'un établissement de transfusion sanguine, qui transmet cette information au correspondant d'hémovigilance et de sécurité transfusionnelle compétent.

II. — Le correspondant d'hémovigilance et de sécurité transfusionnelle de l'établissement de santé dans lequel a eu lieu l'administration du produit en cause procède aux investigations et examens appropriés dans le service concerné. Il informe le correspondant de l'établissement de transfusion sanguine référent et rédige, en concertation avec lui, une fiche de déclaration d'effet indésirable survenu chez un receveur dont copie est versée au dossier médical de ce dernier.

Art. R. 1221-49-3 *(Décr. nº 2014-1042 du 12 sept. 2014, art. 3-24º)* Si des effets indésirables constatés chez un donneur de sang ou chez un receveur sont susceptibles d'être dus à un produit mentionné au II de l'article L. 5311-1 relevant d'une autre vigilance, une copie de la fiche de déclaration d'effet indésirable survenu chez ce donneur ou receveur est communiquée par le correspondant d'hémovigilance et de sécurité transfusionnelle saisi au correspondant de la vigilance concernée.

Art. R. 1221-49-4 *(Décr. nº 2014-1042 du 12 sept. 2014, art. 3-24º)* I. — Tout professionnel de santé qui constate ou a connaissance d'une information post-don la signale sans délai au correspondant d'hémovigilance et de sécurité transfusionnelle de l'établissement de transfusion sanguine où a été effectué le don de sang. A défaut de pouvoir l'identifier, il le *[la]* signale à tout correspondant d'hémovigilance et de sécurité transfusionnelle d'un établissement de transfusion sanguine qui transmet cette information au correspondant d'hémovigilance et de sécurité transfusionnelle compétent.

II. – Le correspondant d'hémovigilance et de sécurité transfusionnelle de l'établissement de transfusion sanguine informe le correspondant d'hémovigilance et de sécurité transfusionnelle de l'établissement de santé dans lequel la distribution ou la délivrance du produit en cause a été faite ou dans lequel a eu lieu l'administration du produit en cause. Il procède aux investigations et examens appropriés et rédige une fiche de déclaration d'information post-don dont le contenu est versé au dossier du donneur.

Art. R. 1221-50 *(Décr. n° 2014-1042 du 12 sept. 2014, art. 3-25°)* « L'Agence nationale de sécurité du médicament et des produits de santé et le coordonnateur régional d'hémovigilance et de sécurité transfusionnelle sont destinataires simultanément des fiches de déclarations *[déclaration]* d'incident grave, des fiches de déclaration d'effet indésirable survenu chez un donneur ou un receveur et des fiches de déclaration des informations post-don. » L'Établissement français du sang et le Centre de transfusion sanguine des armées sont chacun destinataires des fiches de déclaration les concernant.

Art. R. 1221-51 *(Décr. n° 2014-1042 du 12 sept. 2014, art. 3-26°)* « Des décisions du directeur général de l'Agence nationale de sécurité des médicaments et des produits de santé fixent, après l'avis de l'Établissement français du sang et du Centre de transfusion sanguine des armées, la forme et le contenu des fiches de déclaration d'incident grave, des fiches de déclaration d'effet indésirable survenu chez un donneur ou chez un receveur, des fiches de déclaration d'informations post-don ainsi que les modalités de leur transmission. » Cette décision peut définir les cas et situations dans lesquels il y aura lieu de transmettre la fiche.

Art. R. 1221-52 Les dispositions de la présente section sont applicables aux recherches biomédicales sur les produits sanguins labiles, sans préjudice des dispositions du titre II du livre Ier de la première partie du présent code.

SECTION V **APPLICATION AU SERVICE DE SANTÉ DES ARMÉES**

(Décr. n° 2006-99 du 1er févr. 2006)

Art. D. 1221-53 *(Décr. n° 2014-1042 du 12 sept. 2014, art. 4-1°-a)* « I. – » Pour l'application des dispositions des sections I à IV du présent chapitre, les hôpitaux des armées et le Centre de transfusion sanguine des armées sont, sauf en matière d'opérations extérieures, regardés respectivement comme des établissements de santé et comme un établissement de transfusion sanguine.

(Décr. n° 2014-1042 du 12 sept. 2014, art. 4-1°-b) « II. – Pour l'application des dispositions des sections I à IV du présent chapitre, les attributions des commissions médicales d'établissement intéressant la sécurité transfusionnelle et l'hémovigilance sont exercées, dans les hôpitaux des armées, par les comités de sécurité transfusionnelle et d'hémovigilance.

« Le comité de sécurité transfusionnelle et d'hémovigilance d'un hôpital des armées réunit le médecin-chef de cet hôpital et le directeur de l'établissement de transfusion sanguine référent ou leurs représentants, les correspondants d'hémovigilance et de sécurité transfusionnelle de ces deux établissements et des représentants des personnels médicaux, soignants, médico-techniques et administratifs de l'hôpital. Sont notamment représentés les principaux services prescripteurs de transfusion sanguine de cet établissement.

« Le règlement intérieur de l'hôpital des armées fixe les modalités de composition, d'organisation et de fonctionnement du comité de sécurité transfusionnelle et d'hémovigilance d'établissement.

« III. – Pour l'application des articles R. 1221-32, R. 1221-33 et R. 1221-47 aux hôpitaux des armées, le ministre de la Défense exerce les attributions confiées au directeur général de l'agence régionale de santé et est destinataire des informations, saisines et propositions dont le directeur général de l'agence régionale de santé est destinataire. »

SECTION VI PHARMACIENS CHARGÉS DE LA SURVEILLANCE DE CERTAINS PRODUITS SANGUINS LABILES DANS LES ÉTABLISSEMENTS DE TRANSFUSION SANGUINE

(Décr. n° 2006-99 du 1er févr. 2006)

Art. R. 1221-54 *(Décr. n° 2014-1042 du 12 sept. 2014, art. 5)* « A l'exception des pharmaciens des armées, » les pharmaciens chargés, en application de l'article L. 1221-10, de la surveillance des produits sanguins labiles destinés à une utilisation thérapeutique directe dans les établissements de transfusion sanguine doivent être inscrits *(Décr. n° 2006-1589 du 12 déc. 2006, art. 3)* « aux sections G ou H » de l'Ordre national des pharmaciens ou à la section E s'ils exercent dans un département d'outre-mer ou dans la collectivité territoriale de Saint-Pierre-et-Miquelon.

Art. R. 1221-55 *(Décr. n° 2014-1042 du 12 sept. 2014, art. 5)* « A l'exception des pharmaciens des armées, » les pharmaciens exerçant dans les établissements de santé, lorsqu'ils sont chargés de la surveillance d'un dépôt de sang mentionné à l'article R. 1221-20, doivent, pour cette activité, être inscrits *(Décr. n° 2006-1589 du 12 déc. 2006, art. 3)* « aux sections G ou H » de l'Ordre national des pharmaciens *(Abrogé par Décr. n° 2006-1589 du 12 déc. 2006, art. 3)* « ***, même s'ils sont déjà inscrits dans une autre section*** », ou à la section E s'ils exercent dans un département d'outre-mer ou dans la collectivité territoriale de Saint-Pierre-et-Miquelon.

SECTION VII IMPORTATION DES PRODUITS SANGUINS LABILES ET DES PÂTES PLASMATIQUES

(Décr. n° 2006-215 du 22 févr. 2006)

SOUS-SECTION 1 DISPOSITIONS COMMUNES

Art. D. 1221-56 La présente section s'applique aux pâtes plasmatiques et aux produits sanguins labiles destinés à la préparation de produits de santé. Elle s'applique également aux produits sanguins labiles à usage thérapeutique direct inscrits sur la liste mentionnée au 1° de l'article L. 1221-8, ainsi qu'à ceux qui font l'objet d'un protocole de recherche biomédicale préalable à leur inscription sur la liste précitée.

Les dispositions de la présente section sont applicables au Centre de transfusion sanguine des armées.

Art. D. 1221-57 Constitue une pâte plasmatique tout produit intermédiaire issu du fractionnement du plasma, quel que soit son niveau de transformation, non utilisable en l'état pour l'administration à l'homme, et destiné à la préparation de produits de santé.

Art. D. 1221-58 Toute opération d'importation d'un produit sanguin labile ou d'une pâte plasmatique est subordonnée à une autorisation préalable délivrée par le directeur général de l'*(Décr. n° 2012-597 du 27 avr. 2012, art. 5-I-1°)* « Agence nationale de sécurité du médicament et des produits de santé ».

L'autorisation d'importation peut être suspendue ou abrogée par le directeur général de l'*(Décr. n° 2012-597 du 27 avr. 2012, art. 5-I-1°)* « Agence nationale de sécurité du médicament et des produits de santé ». Sauf en cas d'urgence, ces décisions ne peuvent intervenir qu'après que le titulaire de l'autorisation a été mis à même de présenter ses observations.

Art. D. 1221-59 L'autorisation mentionnée à l'article D. 1221-58 indique notamment le nom et l'adresse de l'établissement fournisseur, de la personne physique ou morale responsable de l'importation et le cas échéant de l'établissement destinataire si celui-ci n'est pas l'importateur, la nature et la quantité du produit importé et l'usage auquel il est destiné. Elle mentionne sa durée de validité et doit être présentée à l'occasion d'un contrôle douanier.

L'autorisation d'importation est valable pour une seule opération dans un délai de trois mois à compter de sa délivrance. Elle doit être conservée par l'importateur pendant une durée d'au moins trente ans.

Art. D. 1221-60 L'importation d'un produit sanguin labile ou d'une pâte plasmatique ne peut être autorisée que si les prélèvements de sang ou de ses composants à partir desquels ce produit a été préparé répondent aux prescriptions de la section II du présent chapitre.

Art. D. 1221-61 La demande d'autorisation d'importation doit comporter :

a) Le nom et l'adresse de l'importateur ;

b) La nature et la quantité du produit importé ;

c) Le cas échéant, le nom et l'adresse du fournisseur si celui-ci n'est pas le collecteur ainsi que son autorisation délivrée par les autorités sanitaires locales s'il y a lieu ;

d) Le nom et l'adresse des établissements qui ont effectué la collecte ou les prélèvements ;

e) Le nom et l'adresse de l'établissement destinataire si celui-ci n'est pas l'importateur des produits ;

f) L'utilisation prévue du produit et la justification de la nécessité d'importer le produit, notamment lorsqu'il s'agit d'un produit sanguin labile destiné à un patient identifié ou d'un produit sanguin labile de groupe rare ;

g) La nature et les résultats des tests et analyses répondant aux prescriptions de la section II du présent chapitre. La nature et les résultats des tests et analyses sont attestés par la personne physique ou morale habilitée à effectuer ces opérations dans le pays d'origine ;

h) Le numéro d'identification du produit permettant d'en assurer la traçabilité ;

i) Les exigences relatives à l'admissibilité des donneurs de sang et de plasma et le dépistage pratiqué sur les dons de sang, y compris les critères d'exclusion permanente et les dérogations éventuelles, ainsi que les critères d'exclusion temporaire.

Art. D. 1221-62 L'importateur est tenu de :

1° S'assurer que l'établissement qui a effectué la collecte ou le prélèvement s'engage à transmettre toute information qui pourrait remettre en cause la qualité et la sécurité du produit concerné ;

2° Prendre toutes les mesures nécessaires pour s'assurer que le transport et le stockage soient effectués dans des conditions garantissant la bonne conservation, l'intégrité et la sécurité du produit concerné ;

3° Prendre les dispositions nécessaires pour s'assurer du respect des règles de sécurité de l'emballage tout au long de l'opération d'importation. Sur l'emballage est apposée une étiquette portant la mention : "produits sanguins" et précisant la nature du produit, sa quantité, le nombre de contenants et leur volume, le nom et l'adresse de l'établissement fournisseur et de l'importateur ;

4° Conserver l'ensemble des informations fournies à l'appui de la demande d'autorisation d'importation pendant une durée d'au moins trente ans et de les produire à leur demande aux autorités sanitaires.

SOUS-SECTION 2 DISPOSITIONS PARTICULIÈRES À L'IMPORTATION DES PRODUITS SANGUINS LABILES À USAGE THÉRAPEUTIQUE DIRECT

Art. D. 1221-63 L'autorisation d'importation des produits sanguins labiles à usage thérapeutique direct est délivrée par l'*(Décr. n° 2012-597 du 27 avr. 2012, art. 5-I-1°)* « Agence nationale de sécurité du médicament et des produits de santé » au Centre de transfusion sanguine des armées et aux établissements de transfusion sanguine qui assurent la conservation des produits sanguins labiles à usage thérapeutique direct en vue de leur distribution et de leur délivrance en application de l'article L. 1221-10.

Art. D. 1221-64 Par dérogation aux dispositions du *g* de l'article D. 1221-61, lorsque des produits sanguins labiles provenant de plusieurs prélèvements sont importés en vue d'une transfusion autologue programmée et que la date prévue de l'intervention l'exige, l'importateur peut ne fournir que les résultats des tests et analyses pratiqués sur le premier prélèvement.

L'autorisation d'importation peut être délivrée sur la base des résultats des tests et analyses pratiqués sur ce premier prélèvement. Toutefois, l'importateur ne peut mettre les produits prélevés à disposition de l'établissement de santé qu'après avoir obtenu confirmation que l'ensemble des résultats des tests et analyses est conforme aux prescriptions de la section II du présent chapitre.

SOUS-SECTION 3 DISPOSITIONS PARTICULIÈRES À L'IMPORTATION DES PÂTES PLASMATIQUES ET DES PRODUITS SANGUINS LABILES DESTINÉS À LA PRÉPARATION DE PRODUITS DE SANTÉ

Art. D. 1221-65 Lorsque l'importation porte sur des pâtes plasmatiques ou des produits sanguins labiles destinés à la préparation de produits de santé, l'autorisation mentionnée à l'article D. 1221-58 est délivrée aux organismes ou établissements suivants :

1° L'Établissement français du sang ;

2° Le Centre de transfusion sanguine des armées ;

3° Les établissements pharmaceutiques autorisés conformément aux dispositions de l'article L. 5124-3 et fabricant des médicaments ;

4° Les fabricants d'autres produits de santé incorporant des produits relevant de la présente sous-section ou entrant en contact avec ces produits ;

5° Toute autre entreprise ou tout autre organisme important des produits sanguins labiles ou des pâtes plasmatiques destinés à des établissements ou des fabricants mentionnés aux 3 et 4.

Art. D. 1221-66 Lors de la demande d'autorisation d'importation, l'importateur atteste, par dérogation aux dispositions du *g* de l'article D. 1221-61, que les prélèvements de sang ou de ses composants, à partir desquels le produit faisant l'objet de la demande d'autorisation d'importation a été préparé, répondent aux prescriptions de la section II du présent chapitre. A défaut et à condition qu'il le justifie, l'importateur fournit un engagement précisant que les produits importés sont conformes aux exigences de la réglementation française.

Lorsque la demande d'autorisation porte sur une pâte plasmatique, l'importateur communique en outre l'autorisation d'établissement de préparation de pâtes plasmatiques délivrée, le cas échéant, par les autorités sanitaires locales.

Lorsque la demande d'autorisation porte sur un produit sanguin labile ou une pâte plasmatique destinés à la préparation de médicaments dérivés du sang, l'importateur communique de plus, le cas échéant, la copie de la déclaration d'exportation prévue à l'article L. 5124-11 visée par l'*(Décr. n° 2012-597 du 27 avr. 2012, art. 5-I-1°)* « Agence nationale de sécurité du médicament et des produits de santé ».

L'importateur adresse à l'*(Décr. n° 2012-597 du 27 avr. 2012, art. 5-I-1°)* « Agence nationale de sécurité du médicament et des produits de santé » un état récapitulatif annuel exact de l'utilisation de ces produits.

Art. D. 1221-67 Par dérogation aux dispositions du premier alinéa de l'article D. 1221-58, l'autorisation d'importation peut être délivrée sur la base d'un programme annuel présenté par l'importateur. Elle est alors requise pour une série d'opérations d'importation envisagées pendant une période d'une durée maximale d'un an et pour une quantité globale déterminée ; à l'issue de la période d'autorisation, l'importateur dresse un bilan des opérations effectuées et de la quantité importée pendant la période.

Art. D. 1221-67-1 *(Décr. n° 2016-981 du 19 juill. 2016, art. 1er)* Par dérogation aux dispositions du premier alinéa de l'article D. 1221-58, lorsque le Centre de transfusion sanguine des armées importe des produits sanguins labiles en vue de procéder à un travail à façon à destination d'armées étrangères, l'autorisation d'importation est délivrée par l'Agence nationale de sécurité du médicament et des produits de santé sur la base d'un programme triennal et dans la limite d'une quantité globale maximale déterminée.

Ces produits doivent répondre aux exigences de la réglementation du pays concerné et ne peuvent faire l'objet d'un travail à façon par le Centre de transfusion sanguine des armées que s'ils répondent aux prescriptions des articles D. 1221-6 et D. 1221-7.

SECTION VIII IMPORTATION ET EXPORTATION À DES FINS SCIENTIFIQUES

(Décr. n° 2008-891 du 2 sept. 2008)

Art. R. 1221-68 Les dispositions de la section 4 du chapitre V du titre III du présent livre sont applicables à l'importation et à l'exportation à des fins scientifiques de sang, de ses composants et de ses produits dérivés.

SECTION IX INDEMNISATION DES VICTIMES DE PRÉJUDICES RÉSULTANT DE CONTAMINATIONS PAR LE VIRUS DE L'HÉPATITE C CAUSÉES PAR UNE TRANSFUSION DE PRODUITS SANGUINS OU UNE INJECTION DE MÉDICAMENTS DÉRIVÉS DU SANG

(Décr. n° 2010-251 du 11 mars 2010, art. 1er)

Art. R. 1221-69 I. — Les demandes d'indemnisation par la voie de la procédure amiable prévue à l'article L. 1221-14 au titre des préjudices définis au même article sont adressées à l'Office national d'indemnisation des accidents médicaux, des affections iatrogènes et des infections nosocomiales mentionné à l'article L. 1142-22.

Ces demandes d'indemnisation comportent, outre la justification des préjudices, les éléments justificatifs mentionnés au deuxième alinéa de l'article L. 1221-14. Les victimes ou leurs ayants droit font connaître à l'office tous les éléments d'information dont ils disposent.

Les demandes sont adressées à l'office par lettre recommandée avec demande d'avis de réception.

L'office accuse réception de la demande.

Le cas échéant, il demande les pièces manquantes.

Il informe le demandeur sans délai du caractère complet de son dossier, par lettre recommandée avec demande d'avis de réception.

II. — Les personnes qui ont à connaître des documents et informations fournis à l'office sont tenues au secret professionnel, dans les conditions et sous les peines prévues aux articles 226-13 et 226-14 du code pénal.

Les documents à caractère médical relèvent des dispositions relatives au secret médical.

Art. R. 1221-70 Les dispositions de la présente section sont également applicables en cas d'aggravation d'un préjudice mentionné au premier alinéa de l'article L. 1221-14.

Art. R. 1221-71 Afin d'apprécier l'importance des dommages et de déterminer leur imputabilité, le directeur de l'office diligente, s'il y a lieu, une expertise.

Le médecin chargé de procéder à l'expertise est choisi, en fonction de sa compétence dans le ou les domaines concernés, sur la liste nationale des experts en accidents médicaux mentionnée à l'article L. 1142-10 ou une des listes instituées par l'article 2 de la loi n° 71-498 du 29 juin 1971 relative aux experts judiciaires ou, à titre exceptionnel, en dehors de ces listes.

L'office informe alors le demandeur, quinze jours au moins avant la date de l'examen, de l'identité et des titres du ou des médecins chargés d'y procéder et de la mission d'expertise qui lui *[leur]* est confiée.

L'office fait également savoir au demandeur qu'il peut se faire assister d'une personne de son choix.

L'expert adresse son projet de rapport au demandeur qui dispose alors d'un délai de quinze jours pour lui faire parvenir ses éventuelles observations.

Dans les trois mois suivant la date de sa désignation, l'expert adresse à l'office son rapport d'expertise comprenant sa réponse aux observations du demandeur.

L'office adresse sans délai ce rapport au demandeur qui dispose d'un délai de quinze jours pour lui faire parvenir ses éventuelles observations.

Art. R. 1221-72 *L'office prend* en charge le coût des expertises, sous réserve du remboursement exigible à l'occasion des actions subrogatoires prévues au sixième alinéa de l'article L. 1221-14 et à l'article L. 3122-4.

Art. R. 1221-73 L'office se prononce sur la demande d'indemnisation, dans un délai de six mois à compter du jour où il a reçu un dossier complet, par lettre recommandée avec demande d'avis de réception.

Les décisions de l'office rejetant totalement ou partiellement la demande d'indemnisation sont motivées.

Le silence gardé par l'office pendant le délai mentionné au premier alinéa fait naître une décision implicite de rejet.

Art. R. 1221-74 En cas d'acceptation, le directeur de l'office présente au demandeur l'offre d'indemnisation arrêtée dans les conditions fixées au troisième alinéa de l'article L. 1221-14.

Le demandeur fait connaître à l'office, par lettre recommandée avec demande d'avis de réception, s'il accepte ou non l'offre d'indemnisation qui lui est faite.

Lorsque le demandeur accepte l'offre, l'office dispose d'un délai d'un mois pour verser la somme correspondante.

Art. R. 1221-75 Le tribunal administratif territorialement compétent pour connaître des actions mentionnées au quatrième alinéa de l'article L. 1221-14 est déterminé conformément à l'article R. 312-14-1 du code de justice administrative.

Art. R. 1221-76 L'office peut, pour exercer l'action subrogatoire prévue à l'article L. 1221-14 contre les personnes tenues à un titre quelconque d'en assurer la réparation totale ou partielle, intervenir même pour la première fois devant toute juridiction de l'ordre administratif ou judiciaire.

Art. R. 1221-77 Les greffes et secrétariats-greffes des juridictions des ordres administratif et judiciaire adressent à l'office, par tous moyens de nature à établir la date certaine de sa réception, copie des actes de procédure saisissant celles-ci, à titre initial ou additionnel, de toute demande en justice relative à la réparation des préjudices définis au premier alinéa de l'article L. 1221-14.

Art. R. 1221-78 L'indemnisation des chefs de préjudices retenus en application du présent chapitre prend en compte, le cas échéant, l'indemnisation des préjudices accordée antérieurement en application des articles L. 1142-15 à L. 1142-21 et L. 3122-1 à L. 3122-6.

CHAPITRE II ÉTABLISSEMENT FRANÇAIS DU SANG

SECTION PREMIÈRE ORGANISATION GÉNÉRALE

SOUS-SECTION 1 CONSEIL D'ADMINISTRATION

Art. R. 1222-1 Le conseil d'administration de l'Établissement français du sang comprend, outre le président de l'établissement :

1° Onze membres de droit représentant l'État :

a) Le directeur général de la santé ou son représentant ;

b) Le directeur général de l'offre de soins ou son représentant ;

c) Le secrétaire général des ministères chargés des affaires sociales ou son représentant ;

d) Le directeur de la sécurité sociale ou son représentant ;

e) Le directeur central du service de santé des armées ou son représentant au ministère de la défense ;

f) Le directeur du budget ou son représentant ;

g) Le directeur général de la concurrence, de la consommation et de la répression des fraudes ou son représentant ;

h) Le directeur des stratégies industrielles au ministère de l'économie et des finances ou son représentant ;

i) Le directeur de la recherche au ministère de l'éducation nationale ou son représentant ;

j) Le directeur de l'enseignement supérieur au ministère de l'enseignement supérieur ou son représentant ;

k) Le directeur des affaires économiques, sociales et culturelles de l'outre-mer au ministère de l'outre-mer ou son représentant ;

2° Sept représentants des organismes et associations mentionnés ci-après, dont :

a) Deux représentants de l'assurance maladie nommés sur proposition conjointe des conseils d'administration de la Caisse nationale de l'assurance maladie des travailleurs salariés, de la Caisse nationale d'assurance maladie et maternité des travailleurs non salariés et de la Caisse centrale de la mutualité sociale agricole ;

b) Un représentant des associations (*Décr. n° 2016-1348 du 10 oct. 2016, art. 1er-2°*) « d'usagers du système de santé agréées dans les conditions prévues à l'article L. 1114-1 » ;

c) Deux représentants des associations de donneurs de sang nommés sur proposition de la Fédération française de donneurs de sang bénévoles ;

d) Un représentant de la Fédération hospitalière de France ;

e) Un représentant des organismes d'hospitalisation privée ;

3° Deux représentants des personnels de l'Établissement français du sang, élus selon des modalités définies par le règlement intérieur de l'établissement ; pour chacun de ces représentants, un suppléant est désigné dans les mêmes conditions.

4° Deux personnalités qualifiées, dont une au moins est médecin ou pharmacien, choisies en raison de leurs compétences en matière de transfusion sanguine.

Les membres du conseil d'administration mentionnés aux *a*, *b* et *e* du 2° sont proposés conjointement par les organismes concernés. En cas de désaccord, chacun de ces organismes propose un nom au ministre chargé de la santé.

Les membres du conseil d'administration mentionnés aux 2° et 4° sont nommés par décret pour une durée de trois ans renouvelable.

En cas de vacance d'un siège, pour quelque cause que ce soit, un autre membre est désigné dans les mêmes conditions jusqu'à l'expiration du mandat en cours.

Le président du conseil scientifique de l'Établissement français du sang siège au conseil d'administration avec voix consultative.

Nouvel art. R. 1222-1 *Le conseil d'administration de l'Établissement français du sang comprend, outre le président de l'établissement :*

(Décr. n° 2017-1781 du 27 déc. 2017, art. 4) *« 1° Onze membres représentant l'État :*

« a) Trois représentants des ministres chargés de la santé et de l'action sociale ;

« b) Un représentant du ministre chargé de la sécurité sociale ;

« c) Un représentant du ministre chargé de la défense ;

« d) Un représentant du ministre chargé du budget ;

« e) Deux représentants du ministre chargé de l'économie et des finances ;

« f) Un représentant du ministre chargé de la recherche ;

« g) Un représentant du ministre chargé de l'enseignement supérieur ;

« h) Un représentant du ministre chargé des outre-mer ;

« Pour chacun de ces représentants, un suppléant est désigné dans les mêmes conditions. »

2° Sept représentants des organismes et associations mentionnés ci-après, dont :

a) Deux représentants de l'assurance maladie nommés sur proposition conjointe des conseils d'administration de la Caisse nationale de l'assurance maladie des travailleurs salariés, de la Caisse nationale d'assurance maladie et maternité des travailleurs non salariés et de la Caisse centrale de la mutualité sociale agricole ;

b) Un représentant des associations (Décr. n° 2016-1348 du 10 oct. 2016, art. 1er) *« d'usagers du système de santé agréées dans les conditions prévues à l'article L. 1114-1 » ;*

c) Deux représentants des associations de donneurs de sang nommés sur proposition de la Fédération française de donneurs de sang bénévoles ;

d) Un représentant de la Fédération hospitalière de France ;

e) Un représentant des organismes d'hospitalisation privée ;

3° Deux représentants des personnels de l'Établissement français du sang, élus selon des modalités définies par le règlement intérieur de l'établissement ; pour chacun de ces représentants, un suppléant est désigné dans les mêmes conditions.

4° Deux personnalités qualifiées, dont une au moins est médecin ou pharmacien, choisies en raison de leurs compétences en matière de transfusion sanguine.

Les membres du conseil d'administration mentionnés aux a, b et e du 2° sont proposés conjointement par les organismes concernés. En cas de désaccord, chacun de ces organismes propose un nom au ministre chargé de la santé.

Les membres du conseil d'administration mentionnés aux 2° et 4° sont nommés par décret pour une durée de trois ans renouvelable.

En cas de vacance d'un siège, pour quelque cause que ce soit, un autre membre est désigné dans les mêmes conditions jusqu'à l'expiration du mandat en cours.

Le président du conseil scientifique de l'Établissement français du sang siège au conseil d'administration avec voix consultative.

(Décr. n° 2017-1781 du 27 déc. 2017, art. 4) « *Il est procédé aux nominations au sein du conseil d'administration dans le respect des règles définies aux deux premiers alinéas de l'article L. 1411-5-2, précisées à la section III du chapitre Ier du titre Ier du livre IV de la première partie.* »

Le nouvel art. entre en vigueur à compter du prochain renouvellement du conseil d'administration (Décr. n° 2017-1781 du 27 déc. 2017, art. 8).

Art. R. 1222-2 Les fonctions de membre du conseil d'administration sont incompatibles avec celles de membre du conseil scientifique de l'établissement ou du conseil scientifique de l'*(Décr. n° 2012-597 du 27 avr. 2012, art. 5-I-1°)* « Agence nationale de sécurité du médicament et des produits de santé ».

Art. R. 1222-3 Les fonctions de membre du conseil d'administration autres que celles de son président sont gratuites. Elles ouvrent droit à remboursement des frais de déplacement et de séjour dans les conditions fixées par le règlement intérieur de l'établissement.

Art. R. 1222-4 Le conseil d'administration se réunit au moins trois fois par an sur convocation de son président, qui fixe l'ordre du jour.

La convocation et l'inscription à l'ordre du jour sont de droit lorsqu'elles sont demandées par le ministre chargé de la santé ou le tiers au moins des membres. La réunion du conseil d'administration doit se tenir dans le mois qui suit la demande.

Le *(Décr. n° 2012-1247 du 7 nov. 2012, art. 2)* « contrôleur budgétaire » et l'agent comptable de l'établissement assistent aux réunions avec voix consultative.

Le conseil peut entendre toute personne dont il estime l'audition utile à son information.

Art. R. 1222-5 Le conseil d'administration ne peut valablement délibérer que si la moitié au moins de ses membres ayant voix délibérative sont présents. Si le quorum n'est pas atteint, le conseil est à nouveau convoqué avec le même ordre du jour dans les quinze jours. Il délibère alors valablement quel que soit le nombre d'administrateurs présents.

Les délibérations sont adoptées à la majorité simple des membres présents. En cas de partage égal des voix, celle du président est prépondérante.

Art. R. 1222-6 Le conseil d'administration fixe les orientations générales de la politique de l'établissement, notamment celles concernant *(Décr. n° 2017-1199 du 27 juill. 2017, art. 3-I-1°-a)* « le déploiement des activités de l'établissement, » la promotion du don et la politique médicale et de recherche. Il délibère en outre sur les matières suivantes :

1° L'organisation générale de l'établissement et son règlement intérieur ;

(Décr. n° 2017-1199 du 27 juill. 2017, art. 3-I-1°-b) « 1° *bis* Les modalités d'exercice des activités transfusionnelles et des autres activités mentionnées à l'article R. 1222-40 ; »

2° *(Décr. n° 2012-1247 du 7 nov. 2012, art. 41-4°* « Le budget », le compte financier et l'affectation des résultats ;

3° Les orientations générales de la politique des ressources humaines ;

4° Les contrats d'objectifs et de moyens passés entre l'établissement et l'État ;

5° Les emprunts et encours maximaux des crédits de trésorerie ;

6° L'acceptation ou le refus de dons et legs ;

7° Les acquisitions, aliénations, échanges d'immeubles d'un montant supérieur à un seuil qu'il fixe ; les baux d'une durée et d'un montant supérieurs à un seuil qu'il fixe ;

8° Les participations de l'établissement à des groupements d'intérêt public, des groupements d'intérêt économique, la création de filiales, les prises de participations financières ;

9° Les règles relatives aux contrats et marchés ;

10° Le rapport annuel d'activité mentionné au dernier alinéa de l'article L. 1222-1 ;

Le conseil d'administration peut déléguer au président les décisions mentionnées aux 6° et 7° du présent article.

Art. R. 1222-7 Les délibérations du conseil d'administration sont transmises au ministre chargé de la santé. *(Décr. n° 2012-1247 du 7 nov. 2012, art. 41-5°* « Les délibérations portant sur le budget et le compte financier sont exécutoires dans les conditions prévues par le titre III du décret n° 2012-1246 du 7 novembre 2012 relatif à la gestion budgétaire et comptable publique. Les autres délibérations » sont exécutoires quinze jours après leur réception par le ministre à moins que ce dernier n'y ait fait opposition. En cas d'urgence, le ministre chargé de la santé peut autoriser l'exécution immédiate d'une délibération du conseil d'administration.

Toutefois, les délibérations mentionnées aux *(Abrogé par Décr. n° 2012-1247 du 7 nov. 2012, art. 41-5°)* « 2°, » 5°, *(Décr. n° 2017-1199 du 27 juill. 2017, art. 3-I-2°)* « 8° et 9° » de l'article R. 1222-6 doivent faire l'objet d'une approbation conjointe des ministres chargés du budget et de la santé dans le délai d'un mois à compter de leur réception. A l'expiration de ce délai, faute d'une approbation explicite, ces délibérations sont exécutoires.

SOUS-SECTION 2 PRÉSIDENT

Art. R. 1222-8 Le président de l'Établissement français du sang est nommé par décret pour *(Décr. n° 2013-1098 du 2 déc. 2013, art. 1er)* « une durée de cinq ans. Son mandat peut être renouvelé pour une durée de trois ans ».

Il assure la direction de l'établissement dans le cadre des orientations définies par le conseil d'administration, conformément aux dispositions de l'article L. 1222-5. Il accomplit tous les actes qui ne sont pas réservés au conseil d'administration en vertu de l'article R. 1222-6.

Il propose chaque année au conseil d'administration les orientations générales de la politique de l'établissement.

Il prépare les délibérations du conseil d'administration et en assure l'exécution.

(Décr. n° 2017-1199 du 27 juill. 2017, art. 3-II-1°-a) « Il prend les décisions relatives aux schémas régionaux d'organisation de la transfusion sanguine mentionnés à l'article R. 1222-48, dans le respect du schéma directeur national de la transfusion sanguine prévu à l'article L. 1222-15. »

Il recrute, nomme et gère les personnels de l'établissement. Il a autorité sur l'ensemble de ces personnels.

Il peut ester en justice et transiger et en rend compte au conseil d'administration. Il représente l'établissement dans tous les actes de la vie civile. Il passe, au nom de l'établissement, les contrats, conventions et marchés ainsi que les actes d'acquisition et de vente, sous réserve des attributions du conseil d'administration mentionnées à l'article R. 1222-6.

(Décr. n° 2017-1199 du 27 juill. 2017, art. 3-II-1°-b) « Le président peut déléguer une partie de ses pouvoirs ou sa signature aux cadres exerçant des fonctions de direction générale au sein de l'Établissement français du sang. Il peut également déléguer une partie de ses pouvoirs ou de sa signature aux directeurs des établissements de transfusion sanguine pour l'exercice des activités de l'Établissement français du sang dans le ressort géographique d'exercice de celles-ci. Il peut par ailleurs déléguer sa signature aux cadres exerçant des fonctions de direction au sein de l'établissement. »

Art. R. 1222-9 Le président informe le conseil d'administration de l'établissement lors de sa plus prochaine séance :

1° Des décisions prises en application de l'article L. 1222-3 ;

2° *(Décr. n° 2017-1199 du 27 juill. 2017, art. 3-II-2°-a)* « Des nominations prononcées en application de l'article L. 1222-6 » ;

3° Des décisions qui lui sont notifiées par le directeur général de l'*(Décr. n° 2012-597 du 27 avr. 2012, art. 5-I-1°)* « Agence nationale de sécurité du médicament et des produits de santé » en application de l'article *(Décr. n° 2017-1199 du 27 juill. 2017, art. 3-II-2°-b)* « L. 1222-13 ».

SOUS-SECTION 3 PERSONNE RESPONSABLE

(Décr. n° 2006-99 du 1er févr. 2006)

Art. R. 1222-9-1 La personne responsable du respect, *(Décr. n° 2017-1199 du 27 juill. 2017, art. 3-III-1°)* « au sein de l'Établissement français du sang », de la réglementation relative à la qualité et à la sécurité des produits sanguins mentionné à l'article L. 1222-2 est chargée :

— de garantir que chaque unité de sang ou de composants sanguins, quel que soit l'usage auquel elle est destinée, est collectée, contrôlée et, lorsqu'elle est destinée à la transfusion, préparée, conservée, distribuée ou délivrée conformément aux dispositions législatives et réglementaires en vigueur ;

— de communiquer à l'*(Décr. n° 2012-597 du 27 avr. 2012, art. 5-I-1°)* « Agence nationale de sécurité du médicament et des produits de santé » les informations relatives à l'agrément des établissements de transfusion sanguine, mentionné à l'article *(Décr. n° 2017-1199 du 27 juill. 2017, art. 3-III-2°)* « L. 1222-11 » ;

— de veiller à la mise en place, à l'évaluation et à l'actualisation du système *(Décr. n° 2014-1042 du 12 sept. 2014, art. 6-2°-a)* « de management des risques et de la qualité » dans le respect des bonnes pratiques mentionnées à l'article *(Décr. n° 2017-1199 du 27 juill. 2017, art. 3-III-3°)* « L. 1222-12 » ;

— de prendre les mesures nécessaires pour assurer la traçabilité complète des produits sanguins labiles quelle que soit leur destination ;

— de mettre en place le dispositif d'hémovigilance *(Décr. n° 2014-1042 du 12 sept. 2014, art. 6-2°-b)* « et de sécurité transfusionnelle » au sein de l'Établissement français du sang *(Décr. n° 2014-1042 du 12 sept. 2014, art. 6-2°-b)* « , » de veiller à l'application des procédures correspondantes *(Décr. n° 2014-1042 du 12 sept. 2014, art. 6-2°-b)* « et à la réalisation de toutes études et de tous travaux mentionnées *[mentionnés]* au 7° de l'article R. 1221-22 sur demande de l'Agence nationale de sécurité du médicament et des produits de santé ».

La personne responsable donne des instructions aux directeurs des établissements de transfusion sanguine et aux correspondants d'hémovigilance *(Décr. n° 2014-1042 du 12 sept. 2014, art. 6-2°-c)* « et de sécurité transfusionnelle » pour la mise en œuvre des dispositions prévues au présent article.

(Décr. n° 2017-1199 du 27 juill. 2017, art. 3-III-4°) « La personne responsable a autorité sur les directeurs des établissements de transfusion sanguine pour l'exercice de la mission définie à l'article L. 1222-2. »

Cette personne peut être le président de l'Établissement français du sang sous réserve qu'il*[elle]* remplisse les conditions de qualification prévues à l'article R. 1222-9-2. Dans ce cas, le décret de nomination de ce président le prévoit expressément.

Art. R. 1222-9-2 La personne responsable doit satisfaire aux conditions d'exercice de la médecine ou de la pharmacie, et justifier, dans le domaine de la transfusion sanguine, d'une expérience pratique d'au moins deux ans acquise dans un ou plusieurs établissements de transfusion sanguine.

Art. R. 1222-9-3 Le président de l'Établissement français du sang désigne en même temps que la personne responsable une ou plusieurs personnes responsables intérimaires. La personne responsable intérimaire se voit conférer pour la période de remplacement les mêmes pouvoirs et attributions que ceux conférés à la personne responsable et doit les exercer effectivement pendant la durée du remplacement.

La personne responsable intérimaire doit répondre aux conditions de qualification et d'expérience mentionnées à l'article R. 1222-9-2.

Art. R. 1222-9-4 Le président de l'Établissement français du sang adresse au directeur général de l'*(Décr. n° 2012-597 du 27 avr. 2012, art. 5-I-1°)* « Agence nationale de sécurité du médicament et des produits de santé » copie de tout acte portant désignation de la personne responsable et des personnes responsables intérimaires.

Lorsque la personne responsable est remplacée temporairement, le président de l'Établissement français du sang communique immédiatement au directeur général de l'agence le nom et la date de prise de fonction de la personne responsable intérimaire qu'il a désignée.

Art. R. 1222-9-5 Pour l'application de la présente sous-section au Centre de transfusion sanguine des armées, les responsabilités et les missions attribuées à la personne responsable sont assurées par le directeur de ce centre.

SOUS-SECTION 4 CONSEIL SCIENTIFIQUE *(Décr. n° 2006-99 du 1er févr. 2006).*

Art. R. 1222-10 Le conseil scientifique prévu au dernier alinéa de l'article L. 1222-5 est composé de membres nommés, en raison de leur compétence dans le domaine de la transfusion sanguine, pour une durée de trois ans renouvelable par arrêté du ministre chargé de la santé. Il comprend :

1° Un membre proposé par le directeur général de l'Institut national de la santé et de la recherche médicale ;

2° Un membre proposé par le directeur général du Centre national de la recherche scientifique ;

3° Un membre proposé par le président de la Société française de transfusion sanguine ;

4° Un membre proposé par la conférence des directeurs d'unité de formation et de recherche de médecine;

5° Un membre proposé par le président de la Société française de greffe de moelle ;

6° Cinq personnalités qualifiées.

Le ministre chargé de la santé nomme le président du conseil scientifique parmi les membres de ce conseil.

Le directeur général de la santé ou son représentant et le président du conseil scientifique de l'*(Décr. n° 2012-597 du 27 avr. 2012, art. 5-I-1°)* « Agence nationale de sécurité du médicament et des produits de santé » peuvent assister aux séances du conseil scientifique avec voix consultative.

Le conseil scientifique se réunit au moins trois fois par an, sur convocation de son président, à son initiative ou à la demande du président de l'Établissement français du sang.

Le président de l'établissement peut, de sa propre initiative ou à la demande du conseil d'administration, consulter le conseil scientifique sur toute question de nature médicale, scientifique ou technique ayant une incidence sur l'exercice des missions de l'établissement.

Le conseil scientifique peut transmettre au président de l'établissement des observations sur toute question de nature médicale, scientifique ou technique ayant une incidence sur la qualité ou la sécurité de la transfusion sanguine.

Il participe à la définition de la politique de recherche en transfusion sanguine et à l'évaluation des programmes de recherche conduits par l'établissement.

Les avis du conseil scientifique sont transmis au président de l'établissement qui les communique au conseil d'administration.

Les dispositions de l'article R. 1222-3 sont applicables aux membres du conseil scientifique.

SOUS-SECTION 5 ÉTABLISSEMENTS DE TRANSFUSION SANGUINE

(Décr. n° 2017-1199 du 27 juill. 2017, art. 3-V)

Art. R. 1222-10-1 L'Établissement français du sang est organisé en établissements de transfusion sanguine sur l'ensemble du territoire. Les établissements de transfusion sanguine sont des établissements locaux de l'Établissement français du sang, sans personnalité morale.

Art. D. 1222-10-2 Les directeurs d'établissements de transfusion sanguine sont nommés par le président de l'Établissement français du sang pour une durée de quatre ans renouvelable.

L'acte de nomination précise, le cas échéant, la nature et l'étendue de la délégation consentie au titre du dernier alinéa de l'article R. 1222-8 par le président de l'Établissement français du sang pour la gestion de l'établissement de transfusion sanguine concerné.

SOUS-SECTION 6 ORGANISATION BUDGÉTAIRE ET COMPTABLE *(Décr. n° 2017-1199 du 24 juill. 2017, art. 3-IV).*

Art. R. 1222-11 Le président de l'établissement présente chaque année au conseil *d'administration un* *(Décr. n° 2012-1247 du 7 nov. 2012, art. 2)* « budget » qui comprend :

1° Une section de fonctionnement ;

2° Une section d'opérations en capital à caractère limitatif.

Lors de la présentation du compte financier, le président rend compte au conseil d'administration de l'exécution *(Décr. n° 2012-1247 du 7 nov. 2012, art. 2)* « du budget » et des engagements hors bilan. Le conseil d'administration reçoit communication des comptes annuels de tous organismes dans lesquels l'établissement détient une participation financière.

Art. R. 1222-12 *(Décr. n° 2012-1247 du 7 nov. 2012, art. 41-6°)* « L'Établissement français du sang est soumis aux dispositions des titres Ier et III du décret n° 2012-1246 du 7 novembre 2012 relatif à la gestion budgétaire et comptable publique à l'exception des 1° et 2° de l'article 175, des articles 178 à 185, 204 à 208 et 220 à 228. »

Ordonnateur principal des recettes et des dépenses, le président du conseil d'administration peut désigner des ordonnateurs secondaires. L'agent comptable est nommé par arrêté des ministres chargés du budget et de la santé.

Les agents comptables secondaires sont nommés par le président, après avis conforme de l'agent comptable principal. Ces agents peuvent également exercer les fonctions de chef des services financiers d'un établissement de transfusion sanguine.

Art. R. 1222-13 Des régies de recettes et d'avances peuvent être instituées dans les conditions prévues par le décret n° 92-681 du 20 juillet 1992 relatif aux régies de recettes et aux régies d'avances des organismes publics.

Art. R. 1222-14 L'Établissement français du sang et ses filiales dans lesquelles l'établissement, seul ou avec l'État ou d'autres établissements publics, détient plus de la moitié du capital ou de la moitié des voix au sein des organes délibérants sont soumis aux règles de tutelle financière prévues par le décret n° 53-707 du 9 août 1953 relatif au contrôle de l'État sur les entreprises publiques nationales et certains organismes ayant un objet d'ordre économique ou social, ainsi qu'au contrôle économique et financier de l'État prévu par le décret n° 55-733 du 26 mai 1955 portant codification, en application de la loi n° 55-360 du 3 avril 1955 et aménagement des textes relatifs au contrôle économique et financier de l'État. Les conditions d'application du contrôle économique et financier de l'État tenant compte de l'organisation administrative et financière de l'établissement, et notamment de l'organisation de son contrôle interne, sont fixées par arrêté des ministres chargés du budget et de l'économie et des finances.

Art. R. 1222-15 Les fonds de l'établissement peuvent être déposés dans un établissement bancaire, avec l'autorisation du ministre chargé du budget.

Art. R. 1222-16 Au sein *(Décr. n° 2012-1247 du 7 nov. 2012, art. 2)* « du budget », les charges financières découlant du transfert à l'établissement des obligations à l'égard des victimes des contaminations transfusionnelles font l'objet d'une gestion individualisée dans une comptabilité distincte de celle de l'activité transfusionnelle de l'établissement.

SECTION II QUALIFICATIONS REQUISES DES PERSONNELS

SOUS-SECTION 1 PRÉLÈVEMENT DE PRODUITS SANGUINS LABILES

Art. R. 1222-17 *(Décr. n° 2017-309 du 10 mars 2017, art. 1er)* I. — La fonction de prise en charge du prélèvement comporte la sélection du donneur et la surveillance du déroulement du prélèvement.

II. — La surveillance du déroulement du prélèvement est assurée par des personnes qui satisfont aux conditions d'exercice de la médecine et qui sont titulaires du diplôme d'études spécialisées complémentaires d'hémobiologie-transfusion, de la capacité en technologie transfusionnelle, du diplôme universitaire de transfusion sanguine ou d'un diplôme de médecine du don figurant sur une liste fixée par arrêté du ministre chargé de la santé.

Les personnes qui satisfont aux conditions d'exercice de la médecine sans être titulaires de l'un de ces diplômes ou titres peuvent assurer la surveillance du déroulement du prélèvement et conduire l'entretien préalable au don sous la responsabilité d'un médecin titulaire de l'un de ces diplômes ou titres, sous réserve d'acquérir l'un d'eux dans les deux ans qui suivent leur prise de fonctions.

III. — L'entretien préalable au don du sang mentionné à l'article R. 1221-5 est conduit par :

1° Des personnes qui satisfont aux conditions mentionnées au II ;

2° Des personnes qui satisfont aux conditions d'exercice de la profession d'infirmier ou d'infirmière, dès lors qu'elles justifient de l'équivalent de deux ans d'expérience dans l'activité de collecte et qu'elles ont suivi une formation à l'entretien préalable au don.

IV. — Lorsqu'au cours d'un entretien préalable au don, apparaît un risque de contre-indication prévu par l'arrêté fixant les critères de sélection des donneurs de sang mentionné à l'article R. 1221-5, dont l'appréciation relève uniquement d'un médecin, l'infirmier ou l'infirmière qui réalise cet entretien en application du III du présent article fait appel à un médecin mentionné au II présent sur le site de collecte.

Lorsqu'une cause de contre-indication au don est incomprise du candidat au don ou lorsque le candidat au don le demande, l'infirmier ou l'infirmière qui réalise l'entretien préalable au don en application du III du présent article fait appel à un médecin mentionné au II présent sur le site de collecte.

Dans un délai de quinze mois à compter de la date de publication du Décr. n° 2017-309 du 10 mars 2017, soit le 11 juin 2018, l'Établissement français du sang et le Centre de transfusion sanguine des armées remettent, chacun, au directeur général de l'Agence nationale de sécurité du médicament et des produits de santé, un rapport d'évaluation des entretiens préalables au don du sang réalisés après l'entrée en vigueur des dispositions de ce même décret au regard de ceux réalisés antérieurement (Décr. préc., art. 2).

Art. R. 1222-18 La fonction de prélèvement de sang total comporte l'opération de prélèvement proprement dite et la participation à la surveillance de son bon déroulement.

Peuvent seuls exercer cette fonction au sein d'un établissement de transfusion sanguine :

1° Les infirmiers et infirmières ;

2° Les personnes remplissant les conditions fixées par *(Décr. n° 2012-461 du 6 avr. 2012, art. 1er-1°)* « l'article R. 1222-21 ; ces personnes justifient, en outre, de la possession d'une attestation de formation aux gestes et soins d'urgence, en cours de validité, dont le contenu est défini par arrêté du ministre chargé de la santé ».

Art. R. 1222-19 *(Décr. n° 2006-99 du 1er févr. 2006)* « Seuls les médecins, » les infirmiers et infirmières peuvent exercer la fonction de prélèvement de produits sanguins labiles par aphérèse ou de prélèvement en vue d'une transfusion autologue programmée.

(Décr. n° 2017-1199 du 27 juill. 2017, art. 4-I-1°) « Les étudiants en médecine ayant validé la deuxième année du deuxième cycle des études médicales et ayant suivi une formation dispensée par l'Établissement français du sang pour effectuer des prélèvements sanguins peuvent également exercer la fonction de prélèvement en vue d'une transfusion autologue programmée. »

Art. R. 1222-20 *(Décr. n° 2014-1042 du 12 sept. 2014, art. 7-1°)* I. — La fonction de responsable de l'activité de collecte pour l'ensemble de l'établissement de transfusion sanguine comprend, sous l'autorité du directeur, l'organisation, la coordination et l'évaluation de l'activité de collecte de sang de l'établissement ainsi que la participation à la promotion du don.

II. — Peuvent seules exercer cette fonction les personnes qui satisfont aux conditions d'exercice de la médecine et qui possèdent en outre, d'une part, des compétences particulières reconnues par des diplômes ou, le cas échéant, une formation et, d'autre part, justifient d'une expérience, dans des conditions fixées par arrêté du ministre chargé de la santé et, le cas échéant, du ministre de la défense.

III. — *Le responsable de l'activité de collecte* mentionné au I du présent article veille à ce que chaque collecte de sang organisée par l'établissement de transfusion sanguine concerné soit réalisée sous la responsabilité d'un médecin répondant aux critères mentionnés au II du présent article.

Art. R. 1222-21 Dans les établissements de transfusion sanguine, les prélèvements de sang veineux au pli du coude *(Décr. n° 2014-1042 du 12 sept. 2014, art. 7-2°-a)* « et les prélèvements de sang capillaire » sur un donneur peuvent être effectués, sous la direction et la responsabilité d'un médecin pouvant contrôler ou intervenir à tout moment, par :

(Décr. n° 2012-461 du 6 avr. 2012, art. 1er-2°) « 1° Les techniciens de laboratoire médical mentionnés à l'article L. 4352-2, entrés en fonctions après la date d'entrée en vigueur du premier arrêté pris en application du 2° de cet article ;

« 2° Les techniciens de laboratoire médical mentionnés à l'article L. 4352-2, entrés en fonctions avant la date d'entrée en vigueur de l'arrêté mentionné au 1° et titulaires du certificat de capacité pour effectuer des prélèvements sanguins mentionné à l'article R. 4352-13 ou du certificat analogue délivré antérieurement au 9 décembre 1980 ;

« 3° Les techniciens de laboratoire médical mentionnés à l'article L. 4352-3, titulaires du certificat de capacité pour effectuer des prélèvements sanguins mentionné à l'article R. 4352-13 ou du certificat analogue délivré antérieurement au 9 décembre 1980 ; »

(Décr. n° 2014-1042 du 12 sept. 2014, art. 7-2°-b) « 4° Les personnes exerçant les fonctions de technicien de laboratoire médical mentionnées aux articles L. 4352-3-1 et L. 4352-3-2, titulaires du certificat de capacité pour effectuer des prélèvements sanguins mentionné à l'article R. 4352-13 ou du certificat analogue délivré antérieurement au 9 décembre 1980 ; »

(Décr. n° 2017-1199 du 27 juill. 2017, art. 4-I-2°) « 5° Les étudiants en médecine ayant validé la deuxième année du deuxième cycle des études médicales et ayant suivi une formation dispensée par l'Établissement français du sang pour effectuer des prélèvements sanguins ».

Art. R. 1222-22 Dans les établissements de transfusion sanguine, les personnes énumérées à l'article R. 1222-21 peuvent effectuer, en vue d'*(Décr. n° 2012-461 du 6 avr. 2012, art. 1er-3°)* « examens » de biologie médicale et sur prescription médicale, des prélèvements de sang veineux ou capillaire au lobule de l'oreille, à la pulpe des doigts, au pli du coude, au dos de la main et en région malléollaire. Ces prélèvements sont effectués soit sous le contrôle d'un médecin, soit sous le contrôle du responsable du laboratoire de l'établissement de transfusion sanguine, qui, s'il n'est pas médecin, doit être habilité à faire des prélèvements.

SOUS-SECTION 2 DISTRIBUTION ET DÉLIVRANCE DES PRODUITS SANGUINS LABILES *(Décr. n° 2006-99 du 1er févr. 2006)*.

Art. R. 1222-23 *(Décr. n° 2014-1042 du 12 sept. 2014, art. 7-3°)* I. — La fonction de responsable de l'activité de délivrance de l'établissement de transfusion sanguine et celle de responsable de l'activité de délivrance sur un site de l'établissement sont exercées par un médecin ou un pharmacien justifiant de compétences particulières déterminées par arrêté du ministre chargé de la santé et du ministre de la défense.

II. — La fonction de responsable de la distribution de l'établissement de transfusion sanguine est exercée par un médecin, un pharmacien ou par une personne titulaire d'un diplôme d'ingénieur ou d'un diplôme national de troisième cycle de l'enseignement supérieur en sciences de la vie, chimie ou physique.

III. — Seuls peuvent, sous l'autorité d'un des responsables de l'activité de délivrance mentionné au I, exercer les activités de délivrance des produits sanguins labiles, à *condition de justifier* de compétences particulières déterminées par arrêté du ministre chargé de la santé et du ministre de la défense :

1° Les sages-femmes ;

2° Les infirmiers ;

3° Les personnes remplissant les conditions pour être employées en qualité de technicien de laboratoire médical mentionnées aux articles L. 4352-2 à L. 4352-3-2 ;

4° Les personnes titulaires d'une licence de biologie.

IV. — Peuvent sous l'autorité du responsable de la distribution exercer les activités de distribution des produits sanguins labiles, les personnes titulaires d'un diplôme sanctionnant le premier cycle d'études secondaires.

Art. R. 1222-24 *(Décr. n° 2014-1042 du 12 sept. 2014, art. 7-4°)* I. — La fonction de conseil transfusionnel comporte l'aide au choix de la thérapeutique transfusionnelle, à la prescription de produits sanguins labiles, à la réalisation de l'acte transfusionnel, au suivi des receveurs et à l'application des conditions de conservation et de transport des produits sanguins labiles.

II. – Cette fonction est exercée par une personne qui satisfait aux conditions d'exercice de la médecine et qui possède en outre des compétences particulières reconnues par des diplômes ou des formations et, le cas échéant, une expérience, déterminés par arrêté du ministre chargé de la santé et du ministre de la défense.

III. – Le conseil transfusionnel, lorsqu'il ne porte que sur des avis ou interprétations des résultats des examens transfusionnels ou sur le choix de l'utilisation des produits sanguins labiles, peut être exercé par un pharmacien-biologiste qui, d'une part, satisfait aux conditions prévues aux articles L. 6213-1 à L. 6213-6, et, d'autre part, exerce dans un laboratoire d'immuno-hématologie associé à un service de délivrance de produits sanguins labiles. Ce pharmacien-biologiste possède, en outre, des compétences particulières reconnues par des diplômes ou des formations et, le cas échéant, une expérience déterminés par arrêté du ministre chargé de la santé et du ministre de la défense.

IV. – Lorsque le professionnel de santé qui sollicite le conseil transfusionnel en fait la demande ou lorsque le pharmacien-biologiste exerçant le conseil transfusionnel considère que la demande de conseil nécessite un avis médical, ce dernier fait appel au médecin chargé de cette fonction au sein de l'établissement de transfusion sanguine.

Art. R. 1222-24-1 *Abrogé par Décr. nº 2016-1706 du 12 déc. 2016, art. 3.*

SOUS-SECTION 3 PRÉPARATION, ÉTIQUETAGE, STOCKAGE ET TRANSFORMATION DES PRODUITS SANGUINS LABILES

Art. R. 1222-25 La fonction de préparation, d'étiquetage et de stockage des produits sanguins labiles ne peut être exercée, sous la surveillance des personnels d'encadrement mentionnés *(Décr. nº 2014-1042 du 12 sept. 2014, art. 7-5º-a)* « au II de » l'article R. 1222-27, que par une personne titulaire au moins *(Décr. nº 2014-1042 du 12 sept. 2014, art. 7-5º-b)* « d'un diplôme sanctionnant le premier cycle d'études secondaires ».

Art. R. 1222-26 *(Décr. nº 2014-1042 du 12 sept. 2014, art. 7-6º)* Les activités de transformation des produits sanguins labiles ne peuvent être exercées que par une personne titulaire d'un diplôme sanctionnant le premier cycle des études secondaires.

Art. R. 1222-27 *(Décr. nº 2014-1042 du 12 sept. 2014, art. 7-7º)* I. – La fonction de responsable de l'activité de préparation, conservation, étiquetage et transformation des produits sanguins labiles ne peut être exercée que par un médecin ou un pharmacien ou une personne possédant un diplôme d'ingénieur ou un diplôme national *(Décr. nº 2017-1199 du 27 juill. 2017, art. 4-II)* « de deuxième ou » de troisième cycle de l'enseignement supérieur en sciences de la vie, chimie ou physique.

II. – La fonction d'encadrement des personnels assurant les opérations de préparation, conservation, étiquetage et transformation des produits sanguins labiles ne peut être exercée, sous la responsabilité de l'une des personnes mentionnée à l'alinéa précédent, que par :

1º Les infirmiers et infirmières ;

2º Les personnes remplissant les conditions pour être employées en qualité de technicien de laboratoire médical mentionnées aux articles L. 4352-2 à L. 4352-3-2 ;

3º Les personnes titulaires d'une licence de biologie.

Ces personnes doivent, en outre, justifier d'une formation à l'encadrement.

SOUS-SECTION 4 MANAGEMENT DES RISQUES ET DE LA QUALITÉ ET CONTRÔLE DE LA QUALITÉ *(Décr. nº 2014-1042 du 12 sept. 2014, art. 7-8º).*

Art. R. 1222-28 *(Décr. nº 2014-1042 du 12 sept. 2014, art. 7-9º)* I. – La fonction de responsable du management des risques et de la qualité comporte la mise en place, l'évaluation et l'actualisation du système de management des risques et de la qualité de l'établissement de transfusion sanguine.

II. – Cette fonction est exercée par un médecin, un pharmacien ou une personne qui possède un diplôme d'ingénieur ou un diplôme national *(Décr. nº 2017-1199 du*

27 juill. 2017, art. 4-III) « de deuxième ou » de troisième cycle de l'enseignement supérieur en sciences de la vie, en chimie, en physique ou en qualité, et qui, d'autre part, justifie de conditions de formation et d'expérience professionnelle déterminées par arrêté du ministre chargé de la santé et du ministre de la défense. Cet arrêté précise, pour ce qui est de l'expérience, les secteurs et les activités concernés ainsi que la durée requise. Il précise également les modalités de la formation requise en fonction de la nature de l'expérience qui est justifiée.

Art. R. 1222-29 *(Décr. n° 2014-1042 du 12 sept. 2014, art. 7-10°)* I. — La fonction de responsable du contrôle de la qualité de l'établissement de transfusion sanguine comporte la vérification de la conformité des produits sanguins labiles, des dispositifs médicaux et des matériels à des normes ou à des spécifications préétablies.

II. — Cette fonction est exercée par un médecin, un pharmacien ou une personne qui possède un diplôme d'ingénieur ou un diplôme national *(Décr. n° 2017-1199 du 27 juill. 2017, art. 4-III)* « de deuxième ou » de troisième cycle de l'enseignement supérieur en sciences de la vie, chimie ou physique, et qui, d'autre part, justifie de conditions d'expérience professionnelle déterminées par arrêté du ministre chargé de la santé et du ministre de la défense.

III. — Les tests de contrôle de la qualité ne peuvent être effectués, sous la responsabilité de l'une des personnes mentionnées à l'alinéa précédent, que par les techniciens de laboratoire mentionnés aux articles L. 4352-2 et L. 4352-3, les personnes exerçant les fonctions de technicien de laboratoire médical mentionnées aux articles L. 4352-3-1 et L. 4352-3-2 ou par des personnes justifiant d'une expérience de deux ans dans cette activité.

SOUS-SECTION 5 LABORATOIRE CHARGÉ DE LA QUALIFICATION BIOLOGIQUE DU DON *(Décr. n° 2014-1042 du 12 sept. 2014, art. 7-11°)*.

Art. R. 1222-30 *(Décr. n° 2014-1042 du 12 sept. 2014, art. 7-12°)* Les analyses au sein du laboratoire de qualification biologique du don ne peuvent être effectuées que par les personnes habilitées à être employées en qualité de technicien de laboratoire médical mentionnées aux articles L. 4352-2 à L. 4352-3-2 sous la responsabilité de la personne mentionnée à l'alinéa premier de l'article R. 1222-31.

Art. R. 1222-31 *(Décr. n° 2014-1042 du 12 sept. 2014, art. 7-13°)* I. — Le responsable du laboratoire de qualification biologique du don veille au respect de la mise en œuvre de la réglementation applicable aux analyses relatives à la qualification biologique du don ainsi qu'à la bonne transmission des informations et des résultats entre son laboratoire et les responsables des activités des établissements de transfusion sanguine dont le laboratoire qualifie les dons. Il est garant de la qualité des analyses effectuées. Il est chargé de l'organisation générale du laboratoire, de la formation et de l'évaluation du personnel de laboratoire, ainsi que de la vérification de la conformité des dispositifs médicaux de diagnostic *in vitro* à des normes ou à des spécifications préétablies.

II. — Peuvent seules exercer cette fonction les personnes qui satisfont aux conditions prévues aux articles L. 6213-1 à L. 6213-6. Elle doivent, en outre, posséder ou acquérir dans les deux ans qui suivent leur nomination des compétences particulières reconnues par des diplômes ou, le cas échéant, des formations dans des conditions fixées par arrêté du ministre chargé de la santé et du ministre de la défense.

Art. R. 1222-32 Les établissements de transfusion sanguine proposent aux personnels qui exercent les fonctions définies par la présente section des formations aux bonnes pratiques et aux nouvelles techniques afférentes à leur activité, selon des modalités et une périodicité fixées par arrêté du ministre chargé de la santé.

Art. R. 1222-33 Les dispositions de la présente section sont applicables au Centre de transfusion sanguine des armées.

SECTION III MODALITÉS D'EXERCICE DES ACTIVITÉS DE L'ÉTABLISSEMENT FRANÇAIS DU SANG *(Décr. n° 2017-1199 du 27 juill. 2017, art. 5-I)*.

Art. R. 1222-34 *(Décr. n° 2017-1199 du 27 juill. 2017, art. 5)* Les activités de l'Établissement français du sang sont réalisées conformément :

1° A l'agrément mentionné au III de l'article L. 1222-11 délivré par l'Agence nationale du médicament et des produits de santé à l'Établissement français du sang ou à ses établissements de transfusion sanguine selon le ressort géographique d'exercice des activités transfusionnelles ;

2° Aux règles applicables à ces activités ;

3° Aux modalités d'exercice définies par son conseil d'administration ;

4° Aux champs géographiques et techniques d'activité déterminés dans le cadre du schéma directeur national de la transfusion sanguine.

SOUS-SECTION 1 ACTIVITÉS DES ÉTABLISSEMENTS *(Décr. n° 2017-1199 du 27 juill. 2017, art. 5).*

§ 1er ACTIVITÉS DE TRANSFUSION SANGUINE *(Décr. n° 2017-1199 du 27 juill. 2017, art. 5).*

Art. R. 1222-35 *(Décr. n° 2006-99 du 1er févr. 2006)* La collecte du sang et de ses composants, leur qualification biologique, la préparation, la transformation, la distribution et la délivrance des produits sanguins labiles sont effectuées dans le respect des bonnes pratiques définies par décision du directeur général de l'*(Décr. n° 2012-597 du 27 avr. 2012, art. 5)* « Agence nationale de sécurité du médicament et des produits de santé », pris *[prise]* en application de l'article *(Décr. n° 2016-1706 du 12 déc. 2016, art. 5-1°)* « L. 1222-12 ». Pour chacune de ces activités et sur chacun des sites où elles sont exercées, l'établissement de transfusion sanguine doit affecter du personnel possédant les qualifications requises en application de l'article L. 1222-10, disposer des équipements prévus par les bonnes pratiques pour chacune des activités de transfusion sanguine et respecter les normes de fonctionnement prévues à la présente *(Décr. n° 2017-1199 du 27 juill. 2017, art. 5)* « sous-section ».

L'Établissement français du sang et le Centre de transfusion sanguine des armées adressent chaque année au directeur général de l'*(Décr. n° 2012-597 du 27 avr. 2012, art. 5)* « Agence nationale de sécurité du médicament et des produits de santé », pour chacun de leurs établissements, un état d'activité dont la forme et le contenu sont fixés *(Décr. n° 2017-1199 du 27 juill. 2017, art. 5)* « par décision du directeur général de l'Agence nationale de sécurité du médicament et des produits de santé ». – *[Anc. art. R. 1223-8.]*

Art. R. 1222-36 Tout établissement de transfusion sanguine dispose des moyens lui permettant d'assurer le contrôle de qualité de ses produits. Toutefois, l'établissement de transfusion sanguine peut confier le contrôle de qualité, par une convention, soit à un autre établissement de transfusion sanguine, soit à un laboratoire extérieur autorisé à exercer l'activité correspondante ; il peut également passer convention pour l'irradiation des produits qu'il prépare avec un autre établissement de transfusion sanguine ou, le cas échéant, avec un établissement de santé. – *[Anc. art. R. 1223-9.]*

Art. R. 1222-37 *(Décr. n° 2006-99 du 1er févr. 2006)* « Le personnel qui effectue en équipe les prélèvements de sang total en site fixe ou mobile doit au moins comprendre, au sein de chaque équipe, outre la présence d'au moins un médecin, une personne habilitée à effectuer le prélèvement et répondant aux conditions prévues à l'article R. 1222-18. Toute équipe de trois personnes ou plus qui effectuent les prélèvements de sang total en site fixe ou mobile doit comprendre, outre la présence d'un médecin, au moins un infirmier ou une infirmière.

« Le personnel qui effectue les prélèvements de produits sanguins labiles par aphérèse ou en vue de prélèvements autologues en site fixe ou mobile doit comprendre au sein de chaque équipe, outre la présence d'au moins un médecin, un ou plusieurs infirmiers. »

Au sein d'un même établissement de transfusion sanguine, les activités en rapport avec un protocole de transfusion autologue *(Décr. n° 2014-1042 du 12 sept. 2014, art. 1er)* « programmée » doivent être distinctes des activités concernant les dons de sang homologues. – *[Anc. art. R. 1223-10.]*

Art. R. 1222-38 Le laboratoire de qualification biologique du don de l'établissement de transfusion sanguine, qui est placé sous la responsabilité d'un médecin ou d'un pharmacien, doit disposer, dans chaque site affecté à cette activité, d'au moins deux techniciens possédant les qualifications requises tel que prévu à l'article L. 1222-10. – *[Anc. art. R. 1223-11.]*

Art. R. 1222-39 Tout établissement de transfusion sanguine assure la continuité du service public transfusionnel *(Abrogé par Décr. n° 2014-1042 du 12 sept. 2014, art. 9)* *« pour les activités relevant de l'agrément »*. Il présente, lors de la demande d'agrément *(Abrogé par Décr. n° 2017-1199 du 27 juill. 2017, art. 5)* *« ou de son renouvellement »* ainsi qu'à la demande de l'inspecteur de l'*(Décr. n° 2012-597 du 27 avr. 2012, art. 5)* « Agence nationale de sécurité du médicament et des produits de santé », les éléments justifiant du respect de cette obligation.

(Décr. n° 2006-99 du 1er févr. 2006) « Pour les activités *(Abrogé par Décr. n° 2014-1042 du 12 sept. 2014, art. 9)* *« de distribution, »* de délivrance, de conseil transfusionnel et, le cas échéant, *(Abrogé par Décr. n° 2014-1042 du 12 sept. 2014, art. 9)* *« de laboratoire »* d'immuno-hématologie, une permanence, par garde ou astreinte, est assurée vingt-quatre heures sur vingt-quatre par l'établissement de transfusion sanguine *(Décr. n° 2014-1042 du 12 sept. 2014, art. 9)* « selon les modalités suivantes : »

(Décr. n° 2014-1042 du 12 sept. 2014, art. 9) « 1° Pour l'activité de délivrance, et sur chaque site, la permanence sur place vingt-quatre heures sur vingt-quatre ou à défaut une disponibilité par astreinte est assurée par les personnels mentionnés à l'article R. 1222-23.

« Par dérogation à l'alinéa précédent et en dehors des heures ouvrables, l'activité de délivrance, lorsque le volume d'activité du site le permet, peut être exercée par un autre site du même établissement de transfusion sanguine exerçant cette même activité à condition que l'organisation de cette permanence et les délais de délivrance ainsi modifiés soient compatibles avec les règles de sécurité transfusionnelle telles que précisées dans les bonnes pratiques mentionnées à l'article *(Décr. n° 2017-1199 du 27 juill. 2017, art. 5)* « L. 1222-12 ». L'établissement en informe alors les établissements de santé concernés et l'agence régionale de santé territorialement compétente ;

« 2° Pour l'activité de conseil transfusionnel, la permanence, vingt-quatre heures sur vingt-quatre, sur place ou par astreinte, est assurée par au moins un médecin ;

« 3° Pour l'activité d'immuno-hématologie, en ce qui concerne les examens d'immuno-hématologie dits "receveur" et les examens complexes d'immuno-hématologie, une permanence vingt-quatre heures sur vingt-quatre ou, à défaut, une disponibilité par astreinte est assurée. Cette activité répond également aux conditions prévues aux articles L. 6212-3 et L. 6222-6.

« Par dérogation à l'alinéa précédent et en dehors des heures ouvrables, cette activité, lorsque le volume d'activité du site le permet, peut être exercée par un autre site du même établissement de transfusion sanguine exerçant cette même activité à condition que l'organisation de cette permanence et les délais d'examens ainsi modifiés soient compatibles avec les règles de sécurité transfusionnelle telles que précisées dans les bonnes pratiques mentionnées à l'article L. 1223-3. L'établissement en informe alors les établissements de santé concernés et l'agence régionale de santé territorialement compétente. » – *[Anc. art. R. 1223-13.]*

§ 2 AUTRES ACTIVITÉS DES ÉTABLISSEMENTS *(Décr. n° 2017-1199 du 27 juill. 2017, art. 5-IV-2°)*.

Art. R. 1222-40 En application *(Décr. n° 2014-1042 du 12 sept. 2014, art. 10)* « des articles L. 1222-1 et » *(Décr. n° 2017-1199 du 27 juill. 2017, art. 5)* « L. 1222-1-1 », les activités autres que transfusionnelles qui peuvent être exercées *(Décr. n° 2017-1199 du 27 juill. 2017, art. 5)* « au sein des » établissements de transfusion sanguine sont les suivantes :

1° Parmi les activités liées à la transfusion sanguine :

a) Les *(Décr. n° 2014-1042 du 12 sept. 2014, art. 10)* « examens » immuno-hématologiques ;

(Décr. n° 2017-1199 du 27 juill. 2017, art. 5) « *b)* » La dispensation des médicaments dérivés du sang ;

(Décr. n° 2014-1042 du 12 sept. 2014, art. 10) « 2° Au titre des activités exercées à titre accessoire :

« *a)* Le prélèvement, la préparation, la conservation, la cession, l'importation, l'exportation de sang ou de ses composants utilisés pour les réactifs de laboratoires mentionnés au 4° de l'article L. 1221-8, pour les finalités mentionnées au dernier alinéa de l'article L. 1221-8, pour celles mentionnées à l'article L. 1221-8-1 et à des fins d'enseignement ;

« *b)* Le prélèvement de cellules du sang pour les finalités autres que thérapeutiques mentionnées au premier alinéa de l'article L. 1241-1 ou à des fins d'enseignement ;

« *c)* La préparation, la conservation, la cession, l'importation, l'exportation de tissus ou de cellules pour les finalités autres que thérapeutiques ou scientifiques mentionnées au premier alinéa de l'article L. 1241-1 ou à des fins d'enseignement ;

« *d)* La conservation et la cession à des fins scientifiques d'embryons ou de cellules souches embryonnaires dans les conditions prévues à l'article L. 2151-7 ainsi que l'importation et l'exportation de cellules souches embryonnaires dans les conditions prévues à l'article L. 2151-6 ;

« *e)* La fabrication et la distribution de produits thérapeutiques annexes, de dispositifs médicaux de diagnostic *in vitro* et de substances ou matériaux destinés à entrer dans la composition d'un dispositif médical de diagnostic *in vitro* ;

« *f)* La préparation, la conservation, la distribution, la cession, l'importation et l'exportation à des fins thérapeutiques de tissus humains ou de cellules autres que les cellules sanguines visées au 1° de l'article L. 1221-8, ainsi que des préparations de thérapie cellulaire mentionnées à l'article L. 1243-2, des préparations de thérapie génique mentionnées au 12° de l'article L. 5121-1 et des préparations de thérapie cellulaire xénogénique mentionnées au 13° de l'article L. 5121-1 ;

« *g)* La préparation, la conservation, la cession, l'importation et l'exportation à des fins scientifiques de tissus et de cellules prévues aux articles L. 1243-3, L. 1243-4 et L. 1245-5 ;

« *h)* Les activités prévues à l'article L. 4211-9-1 et à l'article L. 5124-9-1 portant sur les médicaments de thérapie innovante ;

« *i)* Les examens de biologie médicale dans les disciplines médicales en lien avec les activités exercées par les établissements de transfusion sanguine ;

« *j)* La dispensation de soins ; »

(Décr. n° 2017-1199 du 27 juill. 2017, art. 5) « *k)* » *(Décr. n° 2014-1042 du 12 sept. 2014, art. 10)* « Le prélèvement, dans le sang périphérique, de cellules du sang et de cellules hématopoïétiques destinées à la préparation des produits cellulaires à finalité thérapeutique, sous réserve du respect des dispositions des articles R. 1242-8 à R. 1242-13 ; »

(Décr. n° 2017-1199 du 27 juill. 2017, art. 5) « *l)* » *(Décr. n° 2014-1042 du 12 sept. 2014, art. 10)* « Selon des modalités définies par convention avec l'Agence de la biomédecine, la participation à la promotion du don de cellules hématopoïétiques, à la sélection clinique et biologique des donneurs et à leur inscription sur le fichier des donneurs volontaires mentionné au 8° de l'article L. 1418-1. »

« Les activités mentionnées au présent article sont réalisées conformément aux dispositions qui leur sont applicables. » – *[Anc. art. R. 1223-14.]*

Art. R. 1222-41 *(Décr. n° 2014-1042 du 12 sept. 2014, art. 10)* Les examens de biologie médicale réalisés par l'Établissement français du sang et le Centre de transfusion sanguine des armées, notamment les examens d'immuno-hématologie dits "receveur" et les examens complexes d'immuno-hémathologie, sont soumis à l'ensemble des dispositions prévues au livre II de la sixième partie du code de la santé publique. – *[Anc. art. R. 1223-15.]*

SOUS-SECTION 2 AGRÉMENTS *(Décr. n° 2017-1199 du 27 juill. 2017, art. 5-V-1°).*

Art. R. 1222-42 *(Décr. n° 2017-1199 du 27 juill. 2017, art. 5-V-2°)* I. — Un arrêté du ministre chargé de la santé, pris sur proposition du directeur général de l'Agence nationale de sécurité du médicament et des produits de santé, précise les modalités de présentation de la demande d'agrément et de modification de l'agrément prévu à l'article L. 1222-11, ainsi que le contenu du dossier accompagnant la demande.

II. — La décision du directeur général de l'Agence nationale de sécurité du médicament et des produits de santé portant sur la demande d'agrément intervient dans un délai de trois mois à compter de la date de réception de la demande accompagnée d'un dossier complet. A défaut de réponse à l'expiration de ce délai, l'agrément est réputé refusé.

III. — La décision portant agrément précise, parmi les activités transfusionnelles mentionnées à l'article L. 1222-11, celles qui peuvent être exercées par l'Établissement français du sang ou par l'établissement de transfusion sanguine, ainsi que les sites de l'établissement dans lesquels ces activités peuvent être réparties.

Art. R. 1222-43 *(Décr. n° 2017-1199 du 27 juill. 2017, art. 5-V-3°)* I. — Est soumise à autorisation écrite préalable du directeur général de l'Agence nationale de sécurité du médicament et des produits de santé toute modification de l'agrément relative :

1° A une nouvelle activité transfusionnelle ;

2° Aux locaux dans lesquels sont assurées ces activités ainsi qu'aux équipements techniques soumis à une qualification au sens des bonnes pratiques mentionnées à l'article L. 1222-12 lorsque ces modifications de locaux ou d'équipements entraînent un changement de la circulation des personnes et des produits ;

3° A la création de nouveaux locaux dans lesquels sont exercées les activités ;

4° A la modification du ressort géographique d'exercice d'une activité transfusionnelle.

La décision du directeur général intervient dans un délai de trois mois à compter de la date de réception de la demande accompagnée d'un dossier complet. A défaut de réponse à l'expiration de ce délai, l'autorisation de modification est réputée refusée.

II. — Est soumise à déclaration toute modification relative :

1° Au nom ou à l'adresse du siège social de l'établissement de transfusion sanguine ou de l'Établissement français du sang ;

2° A la nomination du directeur de l'établissement de transfusion sanguine ;

3° A la nomination de nouveaux responsables des activités mentionnées aux articles R. 1222-35 à R. 1222-39 effectuées dans un établissement de transfusion sanguine ou à l'Établissement français du sang ;

4° A la suppression d'une activité transfusionnelle ou à la fermeture d'un site dans lequel cette activité est exercée conformément aux schémas régionaux d'organisation de la transfusion sanguine ;

5° A la préparation de produits sanguins labiles mettant en œuvre une nouvelle technologie ;

6° A la distribution ou à la délivrance de produits sanguins labiles par l'établissement de transfusion sanguine à un nouveau dépôt de sang ;

7° A la mise en œuvre d'un nouveau logiciel médico-technique utilisé pour les activités autorisées ;

8° A tout changement des modalités mises en place pour assurer la continuité du service public transfusionnel.

La déclaration est faite au plus tard dans le mois suivant la mise en œuvre des modifications susmentionnées. Elle est adressée par le président de l'Établissement français du sang au directeur général de l'Agence nationale de sécurité du médicament et des produits de santé par tout moyen permettant de conférer date certaine à la réception de cette déclaration. Elle est accompagnée d'un courrier explicitant l'objet et les incidences éventuelles de la modification sur les activités autorisées. Le directeur général de l'agence peut requérir du demandeur toutes informations complémentaires nécessaires relatives à cette déclaration.

Art. R. 1222-44 *(Décr. n° 2006-99 du 1er févr. 2006)* Les modifications autres que celles soumises à autorisation ou déclaration sont décrites dans l'état annuel d'activité prévu à l'article *(Décr. n° 2017-1199 du 27 juill. 2017, art. 5-V-4°)* « R. 1222-35 ». — *[Anc. art. R. 1223-4-3.]*

Art. R. 1222-45 Le directeur de l'*(Décr. n° 2012-597 du 27 avr. 2012, art. 5-I-1°)* « Agence nationale de sécurité du médicament et des produits de santé » peut requérir du demandeur toutes informations complémentaires nécessaires à l'instruction de la demande. La demande d'information complémentaire fixe le délai dans lequel l'Établissement français du sang doit répondre. *(Décr. n° 2017-1199 du 27 juill. 2017, art. 5-V-6°-a et b)* « Le délai de trois mois prévu pour une demande d'agrément ou de modification de l'agrément est suspendu jusqu'à réception des informations demandées.

« Le directeur général peut subordonner l'agrément ou la modification de l'agrément à une inspection diligentée par l'Agence nationale de sécurité du médicament et des produits de santé afin de s'assurer de la conformité des activités d'un établissement de transfusion sanguine ou de l'Établissement français du sang avec les bonnes pratiques mentionnées à l'article L. 1222-12 ainsi que du respect des normes de fonctionnement et d'équipement des établissements de transfusion sanguine qui sont prévues dans la présente section ». — *[Anc. art. R. 1223-6.]*

Art. R. 1222-46 La décision du directeur général de l'*(Décr. n° 2012-597 du 27 avr. 2012, art. 5-I-1°)* « Agence nationale de sécurité du médicament et des produits de santé » portant agrément *(Abrogé par Décr. n° 2017-1199 du 27 juill. 2017, art. 5-V-7°)* « *, renouvellement d'agrément* » ou autorisation de modification des éléments de l'agrément est notifiée au président de l'Établissement français du sang par lettre recommandée avec demande d'avis de réception. Une copie de cette décision est adressée au ministre chargé de la santé. — *[Anc. art. R. 1223-7.]*

SOUS-SECTION 3 SCHÉMA DIRECTEUR NATIONAL D'ORGANISATION DE LA TRANSFUSION SANGUINE ET SCHÉMAS RÉGIONAUX D'ORGANISATION DE LA TRANSFUSION SANGUINE

(Décr. n° 2017-1199 du 27 juill. 2017, art. 7-II)

Les premiers schémas régionaux d'organisation de la transfusion sanguine pris en application des art. R. 1222-48, R. 1222-49, R. 1222-50 et R. 1222-51 sont établis par décision du président de l'Établissement français du sang, au plus tard le 12 avr. 2018 (Décr. n° 2017-1199 du 27 juill. 2017, art. 10-IV).

Art. R. 1222-47 Le schéma directeur national de la transfusion sanguine mentionné à l'article L. 1222-15 est préparé par l'Établissement français du sang.

Il est arrêté par le ministre chargé de la santé, après avis du ministre de la défense et du Conseil national de pilotage des agences régionales de santé mentionné à l'article L. 1433-1. Le conseil se prononce dans un délai de deux mois à compter de la réception du projet de schéma de l'Établissement français du sang.

Le schéma directeur national de la transfusion sanguine est modifié et révisé selon la même procédure.

Il est établi pour une durée de cinq ans.

La mise en œuvre du schéma directeur national de la transfusion sanguine fait l'objet d'une information au moins une fois par an, adressée au ministre chargé de la santé et au directeur de l'Agence nationale de sécurité du médicament et des produits de santé.

Le premier schéma directeur national de la transfusion sanguine pris en application de l'art. R. 1222-47 est arrêté par le ministre chargé de la santé au plus tard le 1er janv. 2018 (Décr. n° 2017-1199 du 27 juill. 2017, art. 10-III).

Art. R. 1222-48 Le président de l'Établissement français du sang établit, dans le respect du schéma directeur national mentionné à l'article L. 1222-15, les schémas régionaux d'organisation de la transfusion sanguine, qui précisent les modalités d'exercice des activités transfusionnelles de l'Établissement français du sang en lien avec les établissements de santé.

Chaque schéma régional d'organisation de la transfusion sanguine détermine :

1° Les sites fixes de collecte ;

2° Les plateaux techniques de qualification biologique des dons ;

3° Les plateaux techniques de préparation des produits sanguins labiles ;

4° Les sites de distribution des produits sanguins labiles aux établissements de santé gérant un dépôt de sang ;

5° Les sites de délivrance de produits sanguins labiles de l'établissement de transfusion sanguine ;

6° La liste des établissements de santé autorisés à délivrer des produits sanguins labiles en application de l'article L. 1221-10 ;

7° Les sites de réalisation des analyses immunohématologiques receveurs associés aux activités mentionnées aux 5° et 6°.

Art. R. 1222-49 Le ressort territorial de chaque schéma régional d'organisation de la transfusion sanguine est déterminé par le président de l'Établissement français du sang.

Chaque schéma régional d'organisation de la transfusion sanguine est établi pour une durée de cinq ans.

Art. R. 1222-50 Le président de l'Établissement français du sang soumet le projet de schéma régional pour avis, par tout moyen conférant date certaine à sa réception, à chaque agence régionale de santé concernée ainsi qu'au ministre chargé de la santé, ainsi que, au cas où un hôpital des armées ou un autre élément du service de santé des armées est concerné, au ministre de la défense. Les avis de l'agence régionale de santé, du ministre chargé de la santé et, le cas échéant, du ministre de la défense sont transmis au président de l'Établissement français du sang dans un délai de deux mois à compter de la date de réception du projet par chacune de ces autorités. L'absence de réponse dans ce délai vaut avis favorable.

Art. R. 1222-51 Les schémas régionaux peuvent être modifiés ou abrogés par décision du président de l'Établissement français du sang selon la procédure prévue à l'article R. 1222-50. Toutefois, pour les modifications des schémas relatives aux sites fixes de collecte, aux plateaux techniques de préparation des produits sanguins labiles et aux plateaux techniques de qualification biologique du don, l'avis de l'agence régionale de santé n'est pas requis.

Art. R. 1222-52 Les dispositions de la présente sous-section ne sont pas applicables au Centre de transfusion sanguine des armées, sous réserve des dispositions prévues aux articles R. 1222-47, R. 1222-50 et R. 1222-51.

SECTION IV STATUT DU CENTRE DE TRANSFUSION SANGUINE DES ARMÉES

(Décr. n° 2017-1199 du 27 juill. 2017, art. 5-VII-1°)

Art. R. 1222-53 Le Centre de transfusion sanguine des armées est un organisme du service de santé des armées. Il est placé sous l'autorité hiérarchique du directeur central de ce service.

Le Centre de transfusion sanguine des armées a pour mission de collecter le sang et ses composants et de préparer, conserver et distribuer aux armées les produits sanguins labiles qui leur sont nécessaires.

A cette fin, le Centre de transfusion sanguine des armées :

1° Effectue des collectes de sang ou de ses composants dans les locaux des unités, services et organismes relevant du *(Décr. n° 2004-106 du 29 janv. 2004, art. 10)* « ministre de la défense » ou dans ceux des établissements publics placés sous sa tutelle ; toutefois, en cas d'événements exceptionnels ou en cas d'urgence, le centre peut effectuer des collectes en d'autres lieux ;

2° Procède dans ses laboratoires à la préparation et au conditionnement des produits *sanguins labiles* issus de ces collectes ;

(Décr. n° 2014-1042 du 12 sept. 2014, art. 11-1°) « 3° Fournit en produits sanguins labiles, en fonction des besoins, les hôpitaux des armées et les autres structures de soins relevant de l'autorité ou de la tutelle du ministre de la défense ou du ministre chargé des anciens combattants ; »

4° Constitue des réserves de ces produits en vue d'assurer la satisfaction des besoins opérationnels prévisibles des armées.

Le Centre de transfusion sanguine des armées peut également exercer les activités énumérées à l'article *(Décr. n° 2017-1199 du 27 juill. 2017, art. 5-VII-2°-a)* « R. 1222-40 ». — *[Anc. art. R. 1223-28.]*

Art. R. 1222-54 Le Centre de transfusion sanguine des armées est constitué d'une structure centrale et de structures extérieures, dénommées *(Décr. n° 2014-1042 du*

12 sept. 2014, art. 11-2°) « sites » de transfusion sanguine, *(Décr. n° 2014-1042 du 12 sept. 2014, art. 11-2°)* « implantés » dans certains hôpitaux des armées.

L'organisation et le fonctionnement du Centre, y compris la liste des hôpitaux des armées où sont *(Décr. n° 2014-1042 du 12 sept. 2014, art. 11-2°)* « implantés les sites » de transfusion sanguine, sont fixés par arrêté du ministre de la défense.

La gestion administrative et financière du Centre de transfusion sanguine des armées est exercée et contrôlée conformément à la réglementation en vigueur au sein du ministère de la défense. – *[Anc. art. R. 1223-29.]*

Art. R. 1222-55 *(Décr. n° 2006-99 du 1er févr. 2006)* Le directeur du Centre, choisi parmi les médecins des armées répondant aux conditions fixées par l'article R. 1222-9-2, est nommé par le ministre de la défense, après avis du ministre chargé de la santé. – *[Anc. art. R. 1223-30.]*

Art. R. 1222-56 *(Décr. n° 2014-1042 du 12 sept. 2014, art. 11-3°)* I. – Au titre des missions relatives aux produits mentionnés à l'article L. 5311-1 et après avoir préalablement averti de leur visite le ministre de la défense, les inspecteurs de l'Agence nationale de sécurité du médicament et des produits de santé habilités par le ministre de la défense, dans les conditions prévues aux articles R. 2311-1 et suivants du code de la défense diligentent des inspections au sein du Centre de transfusion sanguine des armées à un rythme au moins biennal.

Ces inspections visent à s'assurer de la conformité des activités de transfusion sanguine du centre avec les bonnes pratiques mentionnées à l'article L. 1223-3 ainsi qu'avec les normes de fonctionnement et d'équipement qui leur sont applicables.

II. – Le directeur général de l'Agence nationale de sécurité du médicament et des produits de santé peut requérir à cet effet du Centre de transfusion sanguine des armées toutes informations nécessaires.

Les inspecteurs de l'Agence nationale de sécurité du médicament et des produits de santé peuvent être accompagnés de l'inspecteur technique des services médicaux et chirurgicaux des armées ou de son représentant.

III. – Le directeur général de l'Agence nationale de sécurité du médicament et des produits de santé adresse copie du rapport d'inspection au ministre de la défense et au ministre chargé de la santé.

L'art. R. 1225-31, qui avait été abrogé, est rétabli et devient l'art. R. 1222-56 (Décr. n° 2017-1199 du 27 juill. 2017, art. 5-VII-2°).

Art. R. 1222-57 L'État assume, même sans faute, la responsabilité des risques encourus par les donneurs à raison des opérations de prélèvement effectuées par le Centre de transfusion sanguine des armées. – *[Anc. art. R. 1223-32.]*

Art. R. 1222-58 Les exportations de produits sanguins labiles effectuées par le Centre de transfusion sanguine des armées ne sont pas soumises à la procédure prévue à l'article L. 1222-3 lorsqu'elles ont lieu dans le cadre de la mission du Centre définie au 3° de l'article *(Décr. n° 2017-1199 du 27 juill. 2017, art. 5-VII-2°-b)* « R. 1222-53 ». – *[Anc. art. R. 1223-33.]*

Art. R. 1222-59 Le Centre de transfusion sanguine des armées est tenu de se conformer aux conditions techniques, sanitaires et médicales définies *(Décr. n° 2017-1199 du 27 juill. 2017, art. 5-VII-2°-d)* « aux articles R. 1222-35 à R. 1222-39 ».

Afin de permettre à l'*(Décr. n° 2012-597 du 27 avr. 2012, art. 5-I-1°)* « Agence nationale de sécurité du médicament et des produits de santé » de vérifier cette conformité, le Centre de transfusion sanguine des armées lui fournit un dossier qui indique les sites où sont exercées ses activités transfusionnelles, ainsi que la nature et l'importance de celles-ci, et qui comporte les pièces justificatives nécessaires. Un nouveau dossier est adressé à l'agence en cas de modification des activités du Centre de transfusion sanguine des armées ou des conditions de leur exercice.

L'*(Décr. n° 2012-597 du 27 avr. 2012, art. 5-I-1°)* « Agence nationale de sécurité du médicament et des produits de santé » notifie au ministre de la défense la décision par laquelle elle apprécie la conformité des sites du Centre de transfusion sanguine des armées aux conditions techniques, sanitaires et médicales mentionnées ci-dessus.

Lorsque l'agence constate un défaut de conformité auxdites conditions, son directeur général notifie au ministre de la défense un procès-verbal de non-conformité et lui indique les mesures correctives nécessaires. Le ministre de la défense prend ces mesures dans les meilleurs délais.

Il est procédé de la même façon lorsqu'un défaut de conformité est constaté lors d'une visite des services d'inspection de l'*(Décr. n° 2012-597 du 27 avr. 2012, art. 5-I-1°)* « Agence nationale de sécurité du médicament et des produits de santé ».

Tout procès-verbal de non-conformité est transmis pour information au ministre chargé de la santé. – *[Anc. art. R. 1223-34.]*

Art. R. 1222-60 En vue d'assurer une meilleure utilisation des ressources et des moyens dans le domaine de la transfusion sanguine, des conventions concernant la collecte du sang et de ses composants ainsi que la préparation, le stockage, la cession et l'échange de produits sanguins labiles *(Décr. n° 2014-1042 du 12 sept. 2014, art. 11-4°-a)* « sont » conclues entre le Centre de transfusion sanguine des armées et l'Établissement français du sang.

Ces conventions doivent respecter des clauses types définies par un arrêté du ministre de la défense et du ministre chargé de la santé.

(Décr. n° 2014-1042 du 12 sept. 2014, art. 11-4°-b) « Si le Centre de transfusion sanguine des armées n'est pas en mesure de répondre aux besoins des armées en produits sanguins labiles, l'Établissement français du sang, sauf impossibilité, lui fournit les produits sanguins labiles nécessaires. » – *[Anc. art. R. 1223-35.]*

Art. R. 1222-61 *(Décr. n° 2014-1042 du 12 sept. 2014, art. 11-5°)* Par dérogation aux dispositions de l'article R. 1221-18, le Centre de transfusion sanguine des armées peut distribuer et délivrer des produits sanguins labiles dont il est seul à disposer aux hôpitaux des armées dont il n'est pas l'établissement de transfusion sanguine référent. – *[Anc. art. R. 1223-36.]*

CHAPITRE III COMMUNICATION À CARACTÈRE PROMOTIONNEL

(Décr. n° 2017-1199 du 27 juill. 2017, art. 6)

Art. R. 1223-1 La communication à caractère promotionnel relative aux plasmas mentionnés à l'article L. 1223-3 précise la date à laquelle elle a été établie ou révisée en dernier lieu et comporte au moins les informations suivantes :

1° La dénomination du produit telle qu'elle figure dans la décision du directeur général de l'Agence nationale de sécurité du médicament et des produits de santé mentionnée au 1° de l'article L. 1221-8 ;

2° Le nom et l'adresse de l'établissement préparant le produit ;

3° La forme du produit ;

4° La composition et le volume tels qu'ils figurent dans la décision du directeur général de l'Agence nationale de sécurité du médicament et des produits de santé mentionnée au 1° de l'article L. 1221-8 ;

5° Les indications, les contre-indications, les précautions d'emploi et les effets indésirables chez le receveur conformément aux recommandations de la Haute Autorité de santé mentionnées à l'article L. 1223-2.

Art. R. 1223-2 Les éléments contenus dans la communication à caractère promotionnel des plasmas mentionnés à l'article L. 1223-3 sont conformes aux renseignements figurant dans la partie correspondante de la décision du directeur général de l'Agence nationale de sécurité du médicament et des produits de santé mentionnée au 1° de l'article L. 1221-8 et aux recommandations de la Haute Autorité de santé mentionnées à l'article L. 1223-2.

Art. R. 1223-3 L'établissement préparant le produit conserve un exemplaire de chaque communication à caractère promotionnel qu'il émet durant trois années à compter de la date de la dernière diffusion de celle-ci et tient cet exemplaire à la disposition de l'Agence nationale de sécurité du médicament et des produits de santé, ainsi que les informations relatives à ses destinataires, au mode de diffusion et à la date de première diffusion.

Art. R. 1223-4 I. – Lorsque l'un des plasmas mentionnés à l'article L. 1223-3 fait l'objet d'une réévaluation mentionnée au deuxième alinéa de l'article L. 1221-8-2, le directeur général de l'Agence nationale de sécurité du médicament et des produits de santé en informe sans délai l'établissement préparant le produit. Il l'informe également sans délai du résultat de cette réévaluation.

II. – Si la réévaluation impose une modification des mentions figurant dans une communication à caractère promotionnel qui bénéficiait précédemment d'une autorisation mentionnée à l'article L. 1223-4, l'établissement préparant le produit ne peut reprendre cette communication, interrompue en application du deuxième alinéa de l'article L. 1223-3, qu'après avoir obtenu une nouvelle autorisation. Dans ce cas, par dérogation aux dispositions mentionnées à l'article R. 1223-8, la demande d'autorisation peut être déposée en dehors des périodes de dépôt déterminées par décision du directeur général de l'Agence. Cette demande d'autorisation est réputée acceptée en l'absence de décision du directeur général de l'Agence nationale de sécurité du médicament et des produits de santé dans un délai de deux mois à compter de la date de réception de la demande.

Art. R. 1223-5 Les informations contenues dans la communication à caractère promotionnel sont exactes, à jour, vérifiables et suffisamment complètes pour permettre aux professionnels de santé d'apprécier la valeur thérapeutique du produit.

Les citations, tableaux et autres illustrations empruntés à des revues médicales ou à des ouvrages scientifiques, qui sont utilisés dans la communication promotionnelle, sont reproduits fidèlement et la source exacte est précisée.

Une communication à caractère promotionnel qui reproduit la position prise à l'égard d'un plasma mentionné à l'article L. 1223-3, par une autorité administrative ou une instance consultative*[,]* l'effectue sans altération du sens de cette position.

Toutes les informations figurent de manière suffisamment claire et lisible dans des conditions normales de lecture.

Art. R. 1223-6 La présentation verbale d'un plasma mentionné à l'article L. 1223-3 est réalisée par un professionnel cité à l'article L. 1223-7. Elle s'accompagne de la remise en mains propres par ce dernier au professionnel de santé d'un document écrit dans lequel figurent les informations mentionnées à l'article R. 1223-1. Ce document comporte des informations suffisamment claires et lisibles. Il comporte également la date de sa rédaction ou de sa dernière révision.

Art. R. 1223-7 I. – La demande d'autorisation mentionnée à l'article L. 1223-4 est effectuée pour toutes communications réalisées auprès de professionnels de santé habilités à prescrire, délivrer ou utiliser ce produit et notamment à l'occasion :

1° De la présentation du produit par les professionnels mentionnées*[mentionnés]* à l'article L. 1223-7 ;

2° D'études ou d'enquêtes réalisées auprès de ces professionnels de santé ;

3° De réunions ou de congrès scientifiques auxquels assistent ces professionnels, en particulier lorsque les réunions ou les congrès font l'objet de soutien financier ;

4° D'émissions de télévision destinées à ces professionnels, en particulier lorsqu'elles font l'objet d'un parrainage dans les conditions et limites fixées par la réglementation relative à la communication audiovisuelle.

La demande d'autorisation est adressée au directeur général de l'Agence nationale de sécurité du médicament et des produits de santé par la personne au profit de laquelle la communication à caractère promotionnel est effectuée.

II. – Chaque demande d'autorisation est accompagnée des documents suivants :

1° Le projet de communication à caractère promotionnel qui comprend :

a) Les informations mentionnées à l'article R. 1223-1 ;

b) Pour chacun des supports prévus*[,]* un numéro interne de référencement établi selon les règles fixées par le directeur général de l'Agence national*[nationale]* de sécurité du médicament et des produits de santé ;

2° Un dossier explicatif des informations présentées dans le projet.

La forme et les précisions techniques nécessaires à la demande d'autorisation sont fixées par décision du directeur général de l'Agence nationale de sécurité du médicament et des produits de santé.

III. – Le directeur général de l'Agence nationale de sécurité du médicament et des produits de santé peut exiger la communication de tout élément d'information complémentaire nécessaire à la délivrance de l'autorisation.

En cas de dossier incomplet, le directeur général de l'Agence nationale de sécurité du médicament et des produits de santé adresse au demandeur la liste des documents manquants et fixe un délai pour leur transmission. En l'absence de transmission de ces documents dans les délais impartis, la demande est rejetée.

Art. R. 1223-8 Le calendrier et la période de dépôt des demandes d'autorisation mentionnés à l'article L. 1223-5 sont fixés, pour chaque année, avant le 1*er* novembre de l'année précédente. Le calendrier détermine au minimum quatre périodes par an, d'une durée comprise entre une semaine et deux mois chacune, au cours desquelles les demandes peuvent être déposées.

La demande d'autorisation est réputée acceptée en l'absence de décision dans un délai de deux mois à compter du jour suivant la fin de la période au cours de laquelle elles ont *[elle a]* été déposées *[déposée]*.

La durée de validité de l'autorisation est de deux ans.

Par dérogation aux dispositions de l'art. R. 1223-8, le calendrier des périodes de dépôt des demandes d'autorisation mentionné à l'art. L. 1223-5 pour l'année 2017 est fixé par décision du directeur général de l'Agence nationale de sécurité du médicament et des produits de santé, prise dans le mois suivant la publication du Décr. n° 2017-1199 du 27 juill. 2017 (Décr. préc., art. 10-I).

Art. R. 1223-9 I. – En cas d'urgence, le directeur général de l'Agence nationale de sécurité du médicament et des produits de santé peut suspendre l'autorisation, pour une durée de trois mois au plus.

II. – Le retrait de l'autorisation peut être prononcé par le directeur général de l'Agence nationale de sécurité du médicament et des produits de santé, dans les conditions du dernier alinéa de l'article L. 1223-4, après que le bénéficiaire de l'autorisation a été invité, par tout moyen conférant date certaine à la réception de cette invitation, à présenter ses observations écrites ou orales dans un délai fixé par le directeur général, qui ne peut être inférieur à un mois.

Art. R. 1223-10 I. – La remise d'échantillons gratuits d'un plasma mentionnée au deuxième alinéa de l'article L. 1223-6, n'est admise que pendant les deux années suivant sa première inscription ou sa modification sur la liste des caractéristiques figurant dans la décision de l'Agence nationale de sécurité du médicament et des produits de santé mentionnée au 1° de l'article L. 1221-8.

II. – La remise d'échantillons gratuits respecte en outre les conditions suivantes :

1° Chaque fourniture d'échantillons répond à une demande écrite, datée et signée, émanant du professionnel demandeur ;

2° Pour chaque plasma mentionné à l'article L. 1223-3, il ne peut être remis qu'au plus quatre échantillons par an et par destinataire ; chaque échantillon étant identique au plus petit conditionnement commercialisé ;

3° Chaque personne remettant des échantillons organise le contrôle de ces remises et assure le suivi des échantillons ;

4° Chaque échantillon est accompagné d'une copie du document écrit dans lequel figurent les informations mentionnées à l'article R. 1223-1.

Conformément aux dispositions de l'article L. 5312-1, le directeur général de l'Agence nationale de sécurité du médicament et des produits de santé peut restreindre ou suspendre, en raison d'un danger pour la santé humaine, la distribution d'échantillons de certains plasmas mentionnés à l'article L. 1223-3, notamment leur nombre et la fréquence de leur distribution.

Par dérogation aux dispositions de l'art. R. 1223-10 dans sa rédaction issue du Décr. n° 2017-1199 du 27 juill. 2017, la remise d'échantillons d'un plasma inscrit sur la liste mentionnée au même art. avant l'entrée en vigueur dudit décr. est admise pendant les deux années suivant sa publication (Décr. préc., art. 10-II).

SECTION IV *[ABROGÉE]* NOMINATION DES DIRECTEURS

(Abrogée par Décr. n° 2017-1199 du 27 juill. 2017, art. 5)

Art. D. 1223-21 à D. 1223-27 *Abrogés par Décr. n° 2017-1199 du 27 juill. 2017, art. 5-VI.*

CHAPITRE IV **CONSERVATION ET PRÉPARATION DU SANG, DE SES COMPOSANTS ET DE SES PRODUITS DÉRIVÉS À DES FINS SCIENTIFIQUES** *(Décr. nº 2017-1199 du 27 juill. 2017, art. 8).*

(Décr. nº 2007-1220 du 10 août 2007, art. 7)

Art. R. 1224-1 Les activités de conservation et de préparation du sang, de ses composants et de ses produits dérivés à des fins scientifiques sont régies par les dispositions de la *(Décr. nº 2017-1549 du 8 nov. 2017, art. 5-I)* « section II » du chapitre III du titre IV du présent livre. Ces activités incluent la constitution et l'utilisation de collections d'échantillons biologiques humains définies à l'article L. 1243-3, y compris lorsque ces collections sont constituées et utilisées à des fins de recherche génétique.

TITRE TROISIÈME **ORGANES**

CHAPITRE PRÉLIMINAIRE **SÉLECTION CLINIQUE DES DONNEURS D'ORGANES**

(Décr. nº 2014-1066 du 19 sept. 2014, art. 2-II)

Art. R. 1231-1 Avant toute greffe, et dans le cadre des obligations générales mentionnées à l'article R. 1211-13, l'équipe médicale de prélèvement procède à une collecte d'informations permettant de sélectionner les donneurs et de caractériser les organes pouvant faire l'objet d'une greffe.

Les informations recueillies doivent au moins comprendre des données minimales fixées par arrêté du ministre chargé de la santé pris après avis du directeur général de l'Agence nationale de sécurité du médicament et des produits de santé et du directeur général de l'Agence de la biomédecine. Cet arrêté détermine également les données complémentaires qui sont recueillies à la demande de l'équipe médicale en fonction de leur disponibilité et de la spécificité de chaque situation.

Par dérogation aux dispositions du premier alinéa, lorsque dans une situation particulière, notamment dans les situations d'urgence vitale, une analyse des risques et des avantages fait apparaître que les avantages escomptés pour le receveur l'emportent sur les risques qui découlent de données incomplètes, la greffe de cet organe peut être envisagée, même si toutes les données minimales précisées dans l'arrêté mentionné au deuxième alinéa du présent article ne sont pas disponibles.

CHAPITRE PREMIER **PRÉLÈVEMENT SUR UNE PERSONNE VIVANTE**

(Décr. nº 2005-443 du 10 mai 2005)

SECTION PREMIÈRE **INFORMATION**

Art. R. 1231-1-1 Le médecin responsable du service, du département ou de la structure de soins de l'établissement de santé dans lequel le prélèvement est envisagé *(Décr. nº 2012-1035 du 7 sept. 2012, art. 2-1º)* « , le cas échéant dans le cadre d'un don croisé*[,]* » saisit le comité d'experts compétent mentionné à l'article R. 1231-5. Il informe de cette saisine le directeur de l'établissement.

L'information délivrée au donneur par le comité d'experts ou, en cas d'urgence vitale, par le médecin qui a posé l'indication de greffe ou par tout autre médecin du choix du donneur porte sur les risques courus par le donneur, sur les conséquences prévisibles d'ordre physique et psychologique du prélèvement *(Décr. nº 2012-1035 du 7 sept. 2012, art. 2-1º)* « , sur les répercussions éventuelles de ce prélèvement sur la vie personnelle, familiale et professionnelle du donneur ainsi que, le cas échéant, sur les modalités d'un don croisé. » Elle porte également sur les résultats qui peuvent être attendus de la greffe pour le receveur. *(Décr. nº 2014-1066 du 19 sept. 2014, art. 2-I-2º)* « *Le donneur est* également informé de la nécessité de prélever et de conserver des échantillons biologiques à visée de biovigilance ainsi que de leur possible utilisation à des fins scientifiques dans le respect des dispositions de l'article L. 1211-2. »

Le comité d'experts compétent procède à l'audition du donneur et s'assure que ce dernier a mesuré les risques et les conséquences du prélèvement au vu de l'information qui lui a été délivrée.

SECTION II CONSENTEMENT

Art. R. 1231-2 *(Décr. nº 2012-1035 du 7 sept. 2012, art. 2-2º)* « Le donneur exprime son consentement, le cas échéant à un don croisé, devant le président du tribunal de grande instance ou son délégué saisi par simple requête. Si le recours à un don croisé est prévu, la requête en fait mention. » Le ministère d'avocat n'est pas obligatoire.

Sous réserve des dispositions des deux alinéas suivants, le tribunal de grande instance territorialement compétent est le tribunal dans le ressort duquel demeure le donneur.

Lorsqu'il a dû s'éloigner de son lieu de résidence habituel pour être auprès du receveur hospitalisé dans un établissement de santé, le donneur saisit soit le tribunal de grande instance dans le ressort duquel il demeure soit le tribunal de grande instance dans le ressort duquel est situé cet établissement.

Lorsque le donneur demeure *(Abrogé par Décr. nº 2011-806 du 5 juill. 2011, art. 1er) « en Nouvelle-Calédonie, en Polynésie française, à Mayotte, à Wallis-et-Futuna, dans les Terres australes et antarctiques françaises ou »* à l'étranger, le tribunal de grande instance territorialement compétent est celui dans le ressort duquel est situé l'établissement de santé où le prélèvement est envisagé.

Art. R. 1231-3 L'acte par lequel est recueilli le consentement *(Décr. nº 2012-1035 du 7 sept. 2012, art. 2-3º)* « , le cas échéant à un don croisé[,] » est dressé par écrit. Il est signé par le magistrat et par le donneur.

Lorsque le magistrat estime que le prélèvement doit être autorisé par le comité d'experts compétent en application du *(Décr. nº 2012-1035 du 7 sept. 2012, art. 2-3º)* « sixième » alinéa de l'article L. 1231-1, il en fait mention dans l'acte par lequel est recueilli le consentement.

La minute de l'acte par lequel est recueilli le consentement est conservée au greffe du tribunal. Une copie en est adressée au donneur et au médecin responsable du service, du département ou de la structure de soins de l'établissement de santé dans lequel le prélèvement est envisagé, qui la transmet au directeur de l'établissement.

Art. R. 1231-4 Lorsque l'urgence vitale est attestée auprès du procureur de la République par le médecin responsable du service, du département ou de la structure de soins de l'établissement de santé dans lequel le prélèvement est envisagé, qui précise que le donneur a reçu une information sur les risques et les conséquences du prélèvement, le donneur adresse par tout moyen au procureur de la République un document signé dans lequel il fait part de son consentement au don et atteste de la nature de son lien avec le receveur.

Le procureur de la République atteste par écrit qu'il a recueilli le consentement du donneur. Il communique cet écrit par tout moyen au donneur et au médecin responsable du service, du département ou de la structure de soins de l'établissement de santé dans lequel le prélèvement est envisagé, qui le transmet au directeur de l'établissement.

SECTION III COMITÉS D'EXPERTS

Art. R. 1231-5 Le nombre de comités d'experts institués par l'article L. 1231-3 est fixé à *(Décr. nº 2009-5 du 2 janv. 2009)* « neuf ». Le ressort territorial de chacun d'eux est défini par un arrêté du ministre chargé de la santé pris après avis du directeur général de l'Agence de la biomédecine.

Sous réserve des dispositions des deux alinéas suivants, le comité d'experts compétent pour autoriser le prélèvement est celui dans le ressort duquel demeure le donneur.

Lorsqu'il a dû s'éloigner de son lieu de résidence habituel pour être auprès du receveur hospitalisé dans un établissement de santé, le donneur peut saisir soit le comité d'experts dans le ressort duquel il demeure, soit le comité d'experts dans le ressort duquel est situé cet établissement.

Lorsque le donneur demeure *(Abrogé par Décr. nº 2011-806 du 5 juill. 2011, art. 1er) « en Nouvelle-Calédonie, en Polynésie française, à Mayotte, à Wallis-et-Futuna, dans les Terres australes et antarctiques françaises ou »* à l'étranger, le comité d'experts compétent est celui dans le ressort duquel est situé l'établissement de santé où le prélèvement est envisagé.

Art. R. 1231-6 Les membres des comités d'experts sont nommés par arrêté du ministre chargé de la santé sur proposition du directeur général de l'Agence de la biomédecine. *(Décr. nº 2009-5 du 2 janv. 2009)* « Quatre » suppléants sont nommés pour chaque titulaire.

En cas d'urgence vitale, si un membre titulaire d'un comité d'experts et ses suppléants sont empêchés, le directeur général de l'Agence de la biomédecine nomme en remplacement un membre, titulaire ou suppléant, d'un autre comité figurant sur l'arrêté mentionné au premier alinéa.

Art. R. 1231-7 Les membres des comités d'experts sont rémunérés sous la forme de vacations forfaitaires versées en contrepartie de leur contribution à la préparation et au suivi des séances. Ceux qui subissent une perte financière dûment attestée du fait de leur participation à ces travaux perçoivent en outre une indemnisation sous la forme de vacations forfaitaires.

Les vacations forfaitaires mentionnées au premier alinéa sont calculées en fonction du nombre de séances auxquelles les membres des comités ont participé. Les taux de ces vacations sont fixés par arrêté conjoint des ministres chargés de la santé et du budget. Ces vacations sont versées par l'Agence de la biomédecine.

Les membres des comités d'experts sont remboursés de leurs frais de déplacement par l'Agence de la biomédecine dans les conditions prévues par la réglementation applicable aux fonctionnaires de l'État.

Chaque comité d'experts a son siège dans les locaux de l'Agence de la biomédecine situés dans son ressort. Toutefois, en vue de limiter les déplacements imposés aux donneurs et à leur famille, le comité peut se réunir dans un local mis à sa disposition par *(Décr. nº 2010-344 du 31 mars 2010, art. 15)* « l'agence régionale de santé » ou par un établissement de santé.

Le secrétariat des comités d'experts est assuré par les services de l'Agence de la biomédecine qui conservent une copie des décisions rendues par les comités dans des conditions propres à garantir leur confidentialité.

SECTION IV **AUTORISATION**

Art. R. 1231-8 Le donneur adresse au comité d'experts compétent mentionné à l'article R. 1231-5 une demande d'autorisation de prélèvement *(Décr. nº 2012-1035 du 7 sept. 2012, art. 2-4º)* «, le cas échéant dans le cadre d'un don croisé, qu'il accompagne » d'une copie de l'acte par lequel a été recueilli son consentement.

Le comité d'experts procède à toutes les investigations et à toutes les consultations qu'il estime nécessaires pour éclairer sa décision. Il peut solliciter les explications écrites ou orales du médecin qui doit procéder au prélèvement, du médecin responsable du service, du département ou de la structure de soins dans lequel le prélèvement doit être effectué ou du médecin qui a posé l'indication de greffe.

Art. R. 1231-9 Le comité d'experts ne peut délibérer valablement que si ses cinq membres, titulaires ou suppléants, sont présents. Il statue à la majorité. La décision est signée par les membres du comité.

En cas d'urgence vitale, les membres du comité d'experts peuvent délibérer en utilisant des moyens de communication qui ne les obligent pas à siéger en formation. La décision du comité est communiquée par tous moyens permettant d'en garder une trace écrite.

Art. R. 1231-10 Le comité d'experts communique sa décision par écrit au donneur et au médecin responsable du service, du département ou de la structure de soins de l'établissement de santé dans lequel le prélèvement est envisagé, qui la transmet au directeur de l'établissement.

(Décr. nº 2012-1035 du 7 sept. 2012, art. 3) « En cas de recours à un don croisé d'organes, le médecin responsable de la structure de soins de l'établissement de santé dans lequel le prélèvement est envisagé transmet à l'Agence de la biomédecine une copie de l'acte par lequel a été recueilli le consentement du donneur aux fins d'inscription dans le registre des paires associant donneurs vivants et receveurs potentiels ayant consenti à un don croisé d'organes, mentionné au 7º de l'article L. 1418-1, ainsi qu'une copie de l'autorisation de prélèvement accordée par le comité d'experts compé-

tent, lorsque cette autorisation est requise en application des cinquième ou sixième alinéas de l'article L. 1231-1. Après réception de ces documents, l'agence peut émettre une proposition d'appariement de donneurs vivants et de receveurs potentiels ayant consenti à un don croisé d'organes, dans le respect du principe d'anonymat posé par le troisième alinéa de l'article L. 1231-1. Lorsqu'une telle proposition est émise, elle est transmise au médecin responsable de la structure de soins de l'établissement de santé dans lequel le prélèvement est envisagé. »

CHAPITRE II PRÉLÈVEMENT SUR UNE PERSONNE DÉCÉDÉE

SECTION PREMIÈRE CONSTAT DE LA MORT PRÉALABLE AU PRÉLÈVEMENT ET CONDITIONS DE RÉALISATION DES PRÉLÈVEMENTS *(Décr. nº 2005-949 du 2 août 2005).*

BIBL. ► DE GOUSTINE, Le nouveau constat de la mort en cas d'utilisation du cadavre, *RDSS 1997. 524* ✐.

Art. R. 1232-1 Si la personne présente un arrêt cardiaque et respiratoire persistant, le constat de la mort ne peut être établi que si les trois critères cliniques suivants sont simultanément présents :

1° Absence totale de conscience et d'activité motrice spontanée ;
2° Abolition de tous les réflexes du tronc cérébral ;
3° Absence totale de ventilation spontanée.

Art. R. 1232-2 Si la personne, dont le décès est constaté cliniquement, est assistée par ventilation mécanique et conserve une fonction hémodynamique, l'absence de ventilation spontanée est vérifiée par une épreuve d'hypercapnie.

De plus, en complément des trois critères cliniques mentionnés à l'article R. 1232-1, il est recouru pour attester du caractère irréversible de la destruction encéphalique :

1° Soit à deux électrœncéphalogrammes nuls et aréactifs effectués à un intervalle minimal de quatre heures, réalisés avec amplification maximale sur une durée d'enregistrement de trente minutes et dont le résultat est immédiatement consigné par le médecin qui en fait l'interprétation ;

2° Soit à une angiographie objectivant l'arrêt de la circulation encéphalique et dont le résultat est immédiatement consigné par le radiologue qui en fait l'interprétation.

Art. R. 1232-3 Le procès-verbal du constat de la mort, mentionné à l'article L. 1232-1, est établi sur un document dont le modèle est fixé par arrêté du ministre chargé de la santé.

Lorsque le constat de la mort est établi pour une personne présentant un arrêt cardiaque et respiratoire persistant, le procès-verbal indique les résultats des constatations cliniques ainsi que la date et l'heure de ce constat. Ce procès-verbal est établi et signé par un médecin répondant à la condition mentionnée à l'article L. 1232-4.

Lorsque le constat de la mort est établi pour une personne assistée par ventilation mécanique et conservant une fonction hémodynamique, le procès-verbal de constat de la mort indique les résultats des constatations cliniques concordantes de deux médecins répondant à la condition mentionnée à l'article L. 1232-4. Il mentionne, en outre, le résultat des examens définis au 1° ou au 2° de l'article R. 1232-2, ainsi que la date et l'heure de ce constat. Ce procès-verbal est signé par les deux médecins *susmentionnés.*

Le procès-verbal du constat de la mort est signé concomitamment au certificat de décès prévu par arrêté du ministre chargé de la santé.

Art. R. 1232-4 Le ou les médecins signataires du procès-verbal du constat de la mort en conservent un exemplaire. Un exemplaire est remis au directeur de l'établissement de santé dans lequel le constat de la mort a été établi. L'original est conservé dans le dossier médical de la personne décédée.

Art. R. 1232-4-1 *(Décr. nº 2005-949 du 2 août 2005)* Les prélèvements d'organes sur une personne décédée ne peuvent être effectués que si celle-ci est assistée par ventilation mécanique et conserve une fonction hémodynamique.

Toutefois, les prélèvements des organes figurant sur une liste fixée par arrêté du ministre chargé de la santé, pris sur proposition de l'agence de la biomédecine, peuvent être pratiqués sur une personne décédée présentant un arrêt cardiaque et respiratoire persistant.

Art. R. 1232-4-2 *(Décr. nº 2005-949 du 2 août 2005)* Les prélèvements mentionnés au deuxième alinéa de l'article R. 1232-4-1 sont réalisés dans le respect de protocoles édictés par l'agence de la biomédecine. Ces protocoles déterminent notamment les situations dans lesquelles ces prélèvements peuvent être effectués ainsi que les conditions de leur réalisation.

Art. R. 1232-4-3 *(Décr. nº 2016-1118 du 11 août 2016, art. 1er)* Il est mis fin aux mesures médicales prises avant le prélèvement pour assurer la conservation des organes d'une personne dont la mort a été dûment constatée s'il apparaît que cette personne avait manifesté de son vivant une opposition au don d'organes dans les conditions prévues à la section II du présent chapitre.

SECTION II MODALITÉS D'EXPRESSION DU REFUS DE PRÉLÈVEMENT *(Décr. nº 2016-1118 du 11 août 2016, art. 2-1º).*

SOUS-SECTION 1 DISPOSITIONS GÉNÉRALES

(Décr. nº 2016-1118 du 11 août 2016, art. 2-2º)

Art. R. 1232-4-4 I. – Une personne peut refuser qu'un prélèvement d'organes soit pratiqué sur elle après son décès, à titre principal en s'inscrivant sur le registre national automatisé des refus de prélèvement dans les conditions prévues à la sous-section 2 de la présente section.

II. – Une personne peut également exprimer son refus par écrit et confier ce document à un proche. Ce document est daté et signé par son auteur dûment identifié par l'indication de ses nom, prénom, date et lieu de naissance.

Lorsqu'une personne, bien qu'en état d'exprimer sa volonté, est dans l'impossibilité d'écrire et de signer elle-même ce document, elle peut demander à deux témoins d'attester que le document qu'elle n'a pu rédiger elle-même est l'expression de sa volonté libre et éclairée. Ces témoins indiquent leur nom et qualité et leur attestation est jointe au document exprimant le refus.

Le document est transmis par un proche à l'équipe de coordination hospitalière de prélèvement définie au 3º de l'article R. 1233-7.

III. – Un proche de la personne décédée peut faire valoir le refus de prélèvement d'organes que cette personne a manifesté expressément de son vivant.

Ce proche ou l'équipe de coordination hospitalière de prélèvement transcrit par écrit ce refus en mentionnant précisément le contexte et les circonstances de son expression. Ce document est daté et signé par le proche qui fait valoir ce refus et par l'équipe de coordination hospitalière de prélèvement.

IV. – Les documents mentionnés au II ou au III sont déposés dans le dossier médical de la personne en cause.

Art. R. 1232-4-5 Le refus de prélèvement peut concerner l'ensemble des organes et des tissus susceptibles d'être prélevés ou seulement certains de ces organes ou tissus.

Art. R. 1232-4-6 Le refus de prélèvement des organes est révisable et révocable à tout moment. L'équipe de coordination hospitalière de prélèvement prend en compte l'expression de volonté la plus récente.

Art. R. 1232-4-7 Les modalités d'expression du refus définies à l'article R. 1232-4-4 font l'objet d'une information auprès du public mise en œuvre par l'Agence de la biomédecine.

SOUS-SECTION 2 REGISTRE NATIONAL AUTOMATISÉ DES REFUS DE PRÉLÈVEMENT *(Décr. nº 2016-1118 du 11 août 2016, art. 2-3º).*

Art. R. 1232-5 Le fonctionnement et la gestion du registre national automatisé institué par l'article L. 1232-1 sont assurés par l'*(Décr. nº 2010-344 du 31 mars 2010, art. 16)* « Agence de la biomédecine » dans les conditions fixées par la présente section.

Art. R. 1232-6 Toute personne majeure ou mineure âgée de treize ans au moins peut s'inscrire sur le registre afin de faire connaître qu'elle refuse qu'un prélèvement d'organes soit opéré sur son corps après son décès soit à des fins thérapeutiques, soit pour rechercher les causes du décès, soit à d'autres fins scientifiques, soit dans plusieurs de ces trois cas.

Le refus prévu à l'alinéa précédent ne peut faire obstacle aux expertises, constatations et examens techniques ou scientifiques éventuellement diligentés dans le cadre d'une enquête judiciaire ou d'une mesure d'instruction.

Art. R. 1232-7 *(Décr. nº 2016-1118 du 11 août 2016, art. 2-4º)* La demande d'inscription sur le registre est faite sur papier libre ou en remplissant le formulaire mis à disposition du public par l'Agence de la biomédecine.

La demande d'inscription est adressée à l'Agence de la biomédecine par tout moyen permettant de lui conférer une date certaine de réception : elle est datée, signée, accompagnée de la photocopie de tout document susceptible de justifier de l'identité de son auteur, notamment de la carte nationale d'identité en cours de validité, du passeport périmé depuis moins de cinq ans, du permis de conduire ou d'un titre de séjour.

Art. R. 1232-8 Une attestation d'inscription sur le registre est envoyée à l'auteur de la demande dès l'enregistrement de son inscription, sauf s'il a expressément mentionné qu'il ne souhaitait pas recevoir d'attestation.

Art. R. 1232-9 Le refus de prélèvement peut à tout moment être révoqué par l'intéressé, selon les mêmes modalités que celles qui sont fixées pour la demande d'inscription par l'article R. 1232-7. Une attestation de radiation du registre est adressée à l'intéressé, sauf s'il a expressément mentionné qu'il ne souhaitait pas recevoir d'attestation.

Art. R. 1232-10 Sans préjudice des dispositions de l'article L. 1232-2 concernant les mineurs et les majeurs faisant l'objet d'une mesure de protection légale, aucun prélèvement d'organes à des fins thérapeutiques, ou aux fins de recherche des causes du décès, ou à d'autres fins scientifiques, ne peut être opéré sur une personne décédée âgée de plus de treize ans sans interrogation obligatoire et préalable du registre sur l'existence éventuelle d'un refus de prélèvement formulé par la personne décédée.

Art. R. 1232-11 La demande d'interrogation du registre fait l'objet d'un document écrit, daté et signé par le directeur de l'établissement de santé dans lequel le prélèvement est envisagé ou, à défaut, par un autre responsable de l'établissement expressément habilité à cet effet par le directeur.

Ce document comporte la copie du procès-verbal du constat de la mort prévu par l'article R. 1232-3.

Art. R. 1232-12 La réponse à la demande d'interrogation du registre est faite par un document écrit, daté et signé par un responsable de l'*(Décr. nº 2010-344 du 31 mars 2010, art. 16)* « Agence de la biomédecine » expressément habilité à cet effet par le directeur général de cet établissement.

Art. R. 1232-13 Le directeur général de l'*(Décr. nº 2010-344 du 31 mars 2010, art. 16)* « Agence de la biomédecine » prend toutes les mesures nécessaires pour garantir la sécurité et la confidentialité de l'ensemble des informations nominatives contenues dans le registre, conformément aux dispositions de la loi nº 78-17 du 6 janvier 1978 relative à l'informatique, aux fichiers et aux libertés.

En outre, il diffuse une information sur l'existence du registre et les modalités d'inscription sur celui-ci ; il met à la disposition du public un imprimé destiné à faciliter cette inscription.

Art. R. 1232-14 Le directeur général de l'*(Décr. nº 2010-344 du 31 mars 2010, art. 16)* « Agence de la biomédecine », après avis du conseil d'administration, transmet au ministre chargé de la santé un rapport annuel sur l'activité et le fonctionnement du registre national automatisé des refus de prélèvement.

SECTION III PRÉLÈVEMENTS D'ORGANES À DES FINS SCIENTIFIQUES

(Décr. nº 2007-1220 du 10 août 2007, art. 1er)

Art. R. 1232-15 Tout établissement ou organisme qui envisage de procéder à une recherche nécessitant le recours à un organe prélevé sur une personne dont la mort a été dûment constatée adresse au directeur général de l'Agence de la biomédecine, sous pli recommandé avec demande d'avis de réception, un protocole comprenant notamment une description du programme de recherche ainsi que la nature et le nombre des prélèvements envisagés. Ce protocole est inclus dans un dossier dont la forme et le contenu sont fixés par arrêté du ministre chargé de la recherche après avis du directeur général de l'Agence de la biomédecine.

Le dossier comprend notamment l'objet, le titre et la durée des protocoles de recherche, l'identification du déclarant et des participants au protocole ainsi que leurs titres et qualité, la nature des prélèvements envisagés, les éléments permettant de s'assurer du respect des conditions légales et réglementaires des prélèvements.

Art. R. 1232-16 Le directeur général de l'agence délivre un accusé de réception lorsque le dossier mentionné à l'article R. 1232-15 est complet et adresse simultanément ce dossier au ministre chargé de la recherche.

En cas de dossier incomplet, il demande, par lettre recommandée avec accusé de réception, toute pièce ou information complémentaire qu'il estime nécessaire en indiquant le délai imparti pour la fournir.

Art. R. 1232-17 Le directeur général de l'agence transmet, le cas échéant, au ministre de la recherche, dans le délai de deux mois fixé à l'article R. 1232-18, les informations dont il dispose et qui sont de nature à permettre d'apprécier la nécessité du prélèvement ou la pertinence de la recherche.

Art. R. 1232-18 La mise en œuvre du protocole peut débuter à l'expiration du délai de deux mois suivant la délivrance de l'accusé de réception, sauf décision d'interdiction opposée par le ministre chargé de la recherche en application de l'article L. 1232-3 après que l'établissement ou l'organisme a été mis en mesure de présenter ses observations dans un délai imparti qui ne saurait excéder un mois.

Art. R. 1232-19 Toute modification des éléments figurant dans le dossier durant la mise en œuvre du protocole doit être portée à la connaissance du directeur général de l'Agence de la biomédecine. Ce dernier en informe le ministre chargé de la recherche.

Art. R. 1232-20 L'établissement ou l'organisme doit être en mesure de fournir à tout moment, à la demande du ministre chargé de la recherche ou du directeur général de l'Agence de la biomédecine, les éléments suivants :

1° Le nombre et la nature des organes prélevés ;

2° Le lieu et la date de prélèvement ;

3° Tout document attestant, suivant les cas prévus aux articles L. 1232-1 et L. 1232-2, l'absence d'opposition ou l'existence du consentement au prélèvement ;

4° L'état d'avancement de la recherche sur les organes prélevés.

Art. R. 1232-21 La mise en œuvre du protocole est suspendue ou interdite si les conditions ayant justifié son autorisation ne sont plus remplies et après que l'établissement ou l'organisme a été invité à présenter ses observations.

Le ministre chargé de la recherche et l'Agence de la biomédecine s'informent mutuellement de tout fait qui serait susceptible de justifier une décision de suspension ou d'interdiction de la mise en œuvre d'un protocole en application de l'article L. 1232-3.

Art. R. 1232-22 Préalablement à toute décision de suspension ou d'interdiction, le ministre chargé de la recherche met en demeure l'établissement ou l'organisme responsable de la mise en œuvre du protocole de mettre fin à ses manquements ou de présenter ses observations dans un délai qui lui est imparti.

La période de suspension ne peut être supérieure à un an.

La décision de suspension ou d'interdiction est communiquée au directeur général de l'Agence de la biomédecine.

CHAPITRE III ÉTABLISSEMENTS AUTORISÉS À PRÉLEVER DES ORGANES À DES FINS THÉRAPEUTIQUES OU PARTICIPANT À CETTE ACTIVITÉ *(Décr. nº 2007-1220 du 10 août 2007, art. 1er).*

SECTION PREMIÈRE PROCÉDURE D'AUTORISATION

Art. R. 1233-1 Pour l'application des dispositions de la présente section, les prélèvements effectués dans le cadre des recherches biomédicales définies à l'article L. 1121-1 sont regardés comme des prélèvements à des fins thérapeutiques.

Art. R. 1233-2 L'autorisation d'effectuer des prélèvements d'organes à des fins thérapeutiques *(Abrogé par Décr. nº 2005-949 du 2 août 2005) « sur une personne décédée »* est délivrée pour cinq ans par *(Décr. nº 2010-344 du 31 mars 2010, art. 17)* « le directeur général de l'agence régionale de santé », après avis du directeur général de l'*(Décr. nº 2005-949 du 2 août 2005)* « agence de la biomédecine ». Elle précise le type d'organes que l'établissement est autorisé à prélever. Elle est renouvelable dans les mêmes conditions.

Art. R. 1233-3 L'autorisation d'effectuer des prélèvements d'organes à des fins thérapeutiques sur une personne vivante ne peut être accordée qu'aux établissements de santé ayant, sur le même site que celui sur lequel seront effectués les prélèvements, une activité de transplantation des organes pour le prélèvement desquels l'autorisation est demandée.

Art. R. 1233-4 L'autorisation peut être suspendue ou retirée en tout ou partie, dans les cas et conditions prévus à l'article L. 1245-1, par le *(Décr. nº 2010-344 du 31 mars 2010, art. 17)* « directeur général de l'agence régionale de santé », après avis motivé du directeur général de l'*(Décr. nº 2005-949 du 2 août 2005)* « agence de la biomédecine ».

Dans le cas d'urgence *(Décr. nº 2005-949 du 2 août 2005)* « prévu au deuxième alinéa de l'article L. 1245-1 », la suspension provisoire de l'autorisation peut intervenir sans avis préalable du directeur général de l'*(Décr. nº 2005-949 du 2 août 2005)* « agence de la biomédecine » ; celui-ci est immédiatement tenu informé de la décision.

Tout retrait ou suspension d'autorisation est immédiatement porté à la connaissance du ministre chargé de la santé.

Art. R. 1233-5 *(Décr. nº 2010-344 du 31 mars 2010, art. 17)* La demande d'autorisation ou de renouvellement de l'autorisation est adressée en cinq exemplaires, sous pli recommandé avec demande d'avis de réception, au directeur général de l'agence régionale de santé. Elle peut également être déposée contre récépissé. La demande de renouvellement de l'autorisation est adressée au directeur général de l'agence régionale de santé sept mois avant la fin de la date d'expiration de l'autorisation.

La demande d'autorisation ou de renouvellement d'autorisation n'est instruite et transmise pour avis au directeur général de l'agence de la biomédecine que si elle est accompagnée d'un dossier complet, dont le modèle est défini par arrêté du ministre chargé de la santé ; Ce dossier doit notamment comprendre des informations relatives aux modalités d'organisation de l'activité de prélèvement et faire apparaître les engagements du demandeur en ce qui concerne les effectifs et la qualification des personnels nécessaires.

Le dossier est réputé complet si, dans le délai d'un mois à compter de sa réception, le directeur général de l'agence régionale de santé n'a pas fait connaître au demandeur, par lettre recommandée avec demande d'avis de réception, la liste des pièces manquantes ou incomplètes.

L'absence de réponse du directeur général de l'agence de la biomédecine dans un délai de trois mois vaut avis favorable.

Pour les besoins de l'instruction, le directeur général de l'agence régionale de santé peut procéder ou faire procéder à toute investigation et demander toute pièce complémentaire.

Art. R. 1233-6 *(Décr. nº 2010-344 du 31 mars 2010, art. 17)* Le directeur général de l'agence régionale de santé notifie sa décision au demandeur dans un délai de six mois à compter de la date à laquelle le dossier complet lui a été transmis. L'absence de décision dans ce délai vaut rejet de la demande d'autorisation.

Le directeur général de l'agence régionale de santé établit et tient à jour une liste des établissements de santé autorisés dans la région ; il la transmet au ministre chargé de la santé et au directeur général de l'agence de la biomédecine.

SECTION II CONDITIONS D'AUTORISATION

Art. R. 1233-7 Pour être autorisés à effectuer des prélèvements d'organes à des fins thérapeutiques sur une personne décédée, les établissements de santé doivent :

1° Disposer du personnel et de l'équipement nécessaires à l'établissement du constat de la mort, dans les conditions définies au chapitre II du présent titre *(Abrogé par Décr. n° 2005-949 du 2 août 2005)* « *, d'une personne assistée par ventilation mécanique et conservant une fonction hémodynamique* » ;

2° Justifier d'une organisation et de conditions de fonctionnement permettant l'exécution satisfaisante des opérations de prélèvement ;

3° Désigner un médecin coordonnateur de l'activité de prélèvement, après avis de l'instance médicale consultative de l'établissement et un ou, le cas échéant, des coordonnateurs hospitaliers infirmiers ; la liste de ces personnes est communiquée à l'instance délibérative de l'établissement de santé ;

4° Disposer du personnel médical et des autres personnels nécessaires à l'exercice de l'activité de prélèvement, et au moins, en service continu, d'un médecin spécialiste en anesthésiologie-réanimation chirurgicale, ou d'un médecin qualifié spécialiste en anesthésie-réanimation, ou d'un médecin compétent qualifié en anesthésie-réanimation ou en réanimation, ou d'un médecin titulaire du diplôme d'études spécialisées complémentaires de réanimation médicale ;

5° Disposer des locaux nécessaires à l'exercice de cette activité, et au moins :

a) D'un local adapté à l'accueil des familles ;

b) D'une zone permettant l'isolement des donneurs, et facilement accessible aux familles, relevant d'un service, d'un département, d'une unité ou d'une structure n'effectuant pas de transplantations, équipée du matériel nécessaire à la prise en charge respiratoire et circulatoire des donneurs ;

c) D'une salle d'opération dotée du matériel nécessaire et de taille suffisante pour la réalisation de l'explantation des organes et pour la restauration décente du corps du donneur.

Art. R. 1233-8 Pour être autorisés à effectuer des prélèvements d'organes sur une personne vivante, les établissements de santé doivent :

1° Justifier d'une organisation et de conditions de fonctionnement permettant l'exécution satisfaisante des opérations de prélèvement ;

2° Disposer sur le site d'un service de réanimation ;

3° Disposer du personnel médical et des autres personnels nécessaires à l'exercice de l'activité de prélèvement ;

4° Disposer des locaux, et au moins d'une salle d'opération, dotés du matériel nécessaire à l'exécution des actes chirurgicaux de prélèvement.

Art. R. 1233-9 Les établissements de santé autorisés à effectuer des prélèvements d'organes prennent les dispositions nécessaires pour assurer *(Décr. n° 2012-1035 du 7 sept. 2012, art. 4-1°)* « , pendant trente ans après le don, » la conservation de l'ensemble des documents relatifs au prélèvement mentionnés par les règles de bonnes pratiques de prélèvement d'organes homologuées par arrêté du ministre chargé de la santé.

(Décr. n° 2012-1035 du 7 sept. 2012, art. 4-2°) « En cas d'échanges internationaux d'organes, la conservation des documents incombe également à l'Agence de la biomédecine. »

Art. R. 1233-10 Les établissements de santé autorisés à effectuer des prélèvements d'organes à des fins thérapeutiques transmettent chaque année, au *(Décr. n° 2010-344 du 31 mars 2010, art. 18)* « directeur général de l'agence régionale de santé » et au directeur général de l'*(Décr. n° 2005-949 du 2 août 2005)* « agence de la biomédecine », les informations nécessaires à l'évaluation de leur activité, selon des modalités précisées par arrêté du ministre chargé de la santé pris après avis du directeur général de l'*(Décr. nº 2005-949 du 2 août 2005)* « agence de la biomédecine. Ces établissements transmettent également au directeur général de l'agence de biomédecine les informations nécessaires à la mise en œuvre d'un suivi de l'état de santé des donneurs vivants. »

Art. R. 1233-11 *(Décr. nº 2005-949 du 2 août 2005)* Indépendamment de l'autorisation prévue à l'article R. 1233-2, les établissements de santé qui souhaitent effectuer les prélèvements d'organes mentionnés au deuxième alinéa de l'article R. 1232-4-1, définissent par voie de convention avec l'agence de la biomédecine les moyens qu'ils s'engagent à mettre au service de cette activité. Cette convention définit également le contenu et la périodicité des informations qu'ils doivent transmettre à cette agence pour lui permettre d'évaluer cette activité.

SECTION III MODALITÉS D'APPLICATION AU SERVICE DE SANTÉ DES ARMÉES

(Décr. nº 2005-364 du 18 avr. 2005)

Art. R. 1233-12 Pour l'application des dispositions du présent chapitre, les hôpitaux des armées sont regardés comme des établissements publics de santé.

Pour ces hôpitaux, le ministre de la défense exerce les attributions *(Décr. nº 2010-344 du 31 mars 2010, art. 19)* « du directeur général de l'agence régionale de santé ».

SECTION IV RÉSEAUX DE PRÉLÈVEMENT

(Décr. nº 2005-949 du 2 août 2005)

Art. R. 1233-13 Les établissements de santé mentionnés au troisième alinéa de l'article L. 1233-1 qui ne sont pas autorisés à prélever des organes définissent, par voie de convention avec les établissements autorisés à pratiquer ces prélèvements, les modalités de leur participation à un réseau de prélèvement. Ces conventions sont transmises au directeur général de l'agence de la biomédecine.

CHAPITRE IV TRANSPLANTATIONS D'ORGANES

Art. D. 1234-1 Les dispositions de l'article L. 1243-1 sont applicables à la mœlle osseuse.

Pour l'application à la mœlle osseuse de ces dispositions, la délivrance de l'autorisation mentionnée à l'article L. 1243-1 est subordonnée aux conditions prévues à l'article L. 1243-5.

Art. R. 1234-2 *(Décr. nº 2012-1035 du 7 sept. 2012, art. 5)* Les établissements de santé autorisés à effectuer des greffes d'organes prennent les dispositions nécessaires pour assurer, pendant trente ans après la transplantation, la conservation de l'ensemble des documents relatifs à la greffe.

En cas d'échanges internationaux d'organes, la conservation des documents incombe également à l'Agence de la biomédecine.

CHAPITRE V DISPOSITIONS COMMUNES

SECTION PREMIÈRE CONSERVATION ET PRÉPARATION À DES FINS SCIENTIFIQUES

(Décr. nº 2007-1220 du 10 août 2007, art. 6)

Art. R. 1235-1 Les activités de conservation et de préparation des organes à des fins scientifiques sont régies par les dispositions de la *(Décr. nº 2017-1549 du 8 nov. 2017, art. 5-II)* « section II » du chapitre III du titre IV du présent livre. Ces activités incluent la constitution et l'utilisation de collections d'échantillons biologiques humains définies à l'article L. 1243-3, y compris lorsque ces collections sont constituées et utilisées à des fins de recherche génétique.

SECTION II DISPOSITIONS GÉNÉRALES RELATIVES À L'IMPORTATION ET À L'EXPORTATION

Art. R. 1235-2 L'importateur d'organes s'assure que ceux-ci ont été prélevés avec le consentement préalable du donneur et sans qu'aucun paiement, quelle qu'en soit la forme, n'ait été alloué à ce dernier. Il doit pouvoir justifier qu'il s'en est assuré.

Art. R. 1235-3 *(Décr. n° 2008-891 du 2 sept. 2008)* Toute opération d'importation ou d'exportation d'organes, à l'exclusion du transit, est subordonnée à l'apposition sur le colis des informations suivantes :

1° La mention : "éléments ou produits d'origine humaine" ;

2° La désignation de l'organe *(Décr. n° 2012-1035 du 7 sept. 2012, art. 6-1°)* « , mentionnant, le cas échéant, s'il s'agit d'un organe droit ou gauche » ;

3° La ou les finalités, mentionnées aux articles L. 1211-1 et L. 1235-1, auxquelles l'organe est destiné ;

4° Pour l'importation, les nom, adresse et numéro de téléphone du fournisseur, de l'établissement de santé ou de l'organisme autorisé à importer et du destinataire final ; pour l'exportation, les nom, adresse et numéro de téléphone de l'expéditeur, de l'établissement de santé ou de l'organisme autorisés à exporter, ainsi que du destinataire final ;

5° La mention : "fragile" ;

6° La mention : "ne pas irradier".

7° Les conditions de transport, notamment la température de transport *(Décr. n° 2012-1035 du 7 sept. 2012, art. 6-2°)* « , et la position appropriée du colis ».

Le colis est accompagné de l'autorisation délivrée en application des articles L. 1233-1, L. 1234-2 et L. 1235-1.

SECTION III IMPORTATION ET EXPORTATION À DES FINS THÉRAPEUTIQUES

Art. R. 1235-4 Tout établissement ou organisme qui importe ou qui exporte des organes à des fins thérapeutiques, incluant les recherches biomédicales au sens de l'article L. 1121-1, ne doit divulguer aucune information qui permettrait d'identifier celui qui a fait don d'un organe, et celui qui le recevra.

Art. R. 1235-5 Tout établissement ou organisme qui importe ou qui exporte à des fins thérapeutiques, incluant les recherches biomédicales au sens de l'article L. 1121-1, des organes *(Abrogé par Décr. n° 2008-891 du 2 sept. 2008)* « ***, hormis ceux destinés à un usage autologue,*** » s'assure que ceux-ci ont été prélevés dans le respect de normes de protection au moins aussi exigeantes que les règles de sécurité sanitaire mentionnées à l'article L. 1211-6 *(Décr. n° 2008-891 du 2 sept. 2008)* « et de normes de bonnes pratiques au moins équivalentes à celles que prévoit l'article L. 1235-5 ». Il doit pouvoir justifier qu'il s'en est assuré.

L'organe importé ou exporté doit en outre être accompagné du document mentionné à l'article R. 1211-19.

Art. R. 1235-6 *(Décr. n° 2008-891 du 2 sept. 2008)* La liste des établissements de santé autorisés à prélever ou à greffer des organes en application des articles L. 1233-1 et L. 1234-2 est établie et tenue à jour par le *(Décr. n° 2010-344 du 31 mars 2010, art. 20)* « directeur général de l'agence régionale de santé » compétente pour délivrer les autorisations. Cette liste est transmise au ministre chargé de la santé, au ministre chargé des douanes, à l'*(Décr. n° 2012-597 du 27 avr. 2012, art. 5-I-1°)* « Agence nationale de sécurité du médicament et des produits de santé » et à l'Agence de la biomédecine.

SECTION IV IMPORTATION ET EXPORTATION À DES FINS SCIENTIFIQUES

Art. R. 1235-7 *(Décr. n° 2008-891 du 2 sept. 2008)* « Peuvent » obtenir, dans les conditions prévues à la présente section, l'autorisation d'importer et celle d'exporter des organes, lorsque ceux-ci sont utilisés à des fins scientifiques, les organismes publics ou privés ayant des activités de recherche et utilisant des organes, pour les besoins de leurs propres programmes de recherche.

(*Décr. nº 2008-891 du 2 sept. 2008*) « Peuvent obtenir, dans les conditions prévues à la présente section, l'autorisation d'importer et celle d'exporter des organes en vue de leur cession, pour un usage scientifique, les organismes bénéficiant de l'autorisation prévue à l'article L. 1243-4. »

Art. R. 1235-8 La demande d'autorisation est adressée, accompagnée d'un dossier, au ministre chargé de la recherche, en quatre exemplaires, sous pli recommandé avec demande d'avis de réception ou déposée contre récépissé.

Le dossier comporte :

(*Décr. nº 2008-891 du 2 sept. 2008*) « 1° La copie de l'accusé de réception par le ministre chargé de la recherche de la déclaration prévue à l'article L. 1243-3 ou la copie de l'autorisation prévue à l'article L. 1243-4 ; »

2° La désignation précise des produits concernés ;

3° Le cas échéant, le nom et l'adresse de chaque fournisseur ;

4° La description des programmes scientifiques pour lesquels ces importations ou exportations sont envisagées.

Un arrêté du ministre chargé de la recherche fixe le modèle du dossier ainsi que la liste des pièces et des informations complémentaires nécessaires à l'instruction de la demande.

Art. R. 1235-9 Le ministre chargé de la recherche transmet un exemplaire du dossier au directeur général de l'(*Décr. nº 2008-891 du 2 sept. 2008*) « Agence de la biomédecine » et, lorsque l'organisme demandeur bénéficie par ailleurs d'une autorisation prévue (*Décr. nº 2008-891 du 2 sept. 2008*) « à l'article L. 1243-2 », au directeur général de l'(*Décr. nº 2012-597 du 27 avr. 2012, art. 5-I-1º*) « Agence nationale de sécurité du médicament et des produits de santé », qui font connaître leur avis dans un délai d'un mois. L'absence de réponse passé ce délai vaut avis favorable. Le ministre chargé de la recherche se prononce dans un délai de trois mois à compter de la réception de la demande complète par ses services. L'absence de réponse dans ce délai vaut rejet de la demande.

Le ministre chargé de la recherche peut demander, par lettre recommandée avec demande d'avis de réception, toute information complémentaire qu'il estime nécessaire. Dans ce cas, le délai d'instruction du dossier est suspendu jusqu'à ce que les informations complémentaires requises aient été fournies.

(*Décr. nº 2008-891 du 2 sept. 2008*) « Les autorisations sont délivrées pour une durée de cinq ans.

« Toute modification des éléments figurant dans le dossier de demande d'autorisation d'importation et d'exportation initial doit être déclarée au ministre chargé de la recherche.

« S'il estime que la modification apporte un changement substantiel aux conditions d'exercice de l'activité de l'organisme bénéficiaire de l'autorisation, le ministre chargé de la recherche peut, dans un délai d'un mois à compter de la date de réception de la déclaration, demander à celui-ci de présenter une nouvelle demande d'autorisation.

« Toute nouvelle demande d'autorisation est déposée et instruite dans les mêmes conditions que la demande initiale. »

Art. R. 1235-10 Les autorisations peuvent être modifiées, suspendues ou retirées en tout ou partie par le ministre chargé de la recherche, en cas de non-respect des dispositions du présent chapitre. La suspension ou le retrait intervient dans les conditions prévues au (*Décr. nº 2008-891 du 2 sept. 2008*) « deuxième » alinéa de l'article L. 1245-1.

En cas d'incident susceptible d'affecter la sécurité sanitaire, le ministre chargé de la recherche en informe immédiatement le directeur général de l'(*Décr. nº 2012-597 du 27 avr. 2012, art. 5-I-1º*) « Agence nationale de sécurité du médicament et des produits de santé ». Il peut prononcer une suspension provisoire, à titre conservatoire, de tout ou partie de l'autorisation.

(*Décr. nº 2008-891 du 2 sept. 2008*) « Le ministre chargé de la recherche informe le ministre chargé des douanes, le directeur général de l'Agence de la biomédecine et le directeur général de l'(*Décr. nº 2012-597 du 27 avr. 2012, art. 5-I-1º*) « Agence nationale de sécurité du médicament et des produits de santé » des décisions ainsi prononcées. »

Art. R. 1235-11 La liste des organismes autorisés est régulièrement mise à jour et communiquée par le ministre chargé de la recherche au ministre chargé des douanes, à l'*(Décr. n° 2008-891 du 2 sept. 2008)* « Agence de la biomédecine » et à l'*(Décr. n° 2012-597 du 27 avr. 2012, art. 5-I-1°)* « Agence nationale de sécurité du médicament et des produits de santé ».

Cette liste mentionne les noms et adresses des établissements et organismes, le type d'organes, que chacun d'eux est autorisé à importer ou à exporter.

SECTION V MODALITÉS D'APPLICATION AU SERVICE DE SANTÉ DES ARMÉES

(Décr. n° 2008-891 du 2 sept. 2008)

Art. R. 1235-12 Les dispositions du présent chapitre sont applicables aux hôpitaux des armées.

Pour ces hôpitaux, le ministre de la défense exerce les attributions du *(Décr. n° 2010-344 du 31 mars 2010, art. 21)* « directeur général de l'agence régionale de santé ».

TITRE QUATRIÈME TISSUS, CELLULES ET PRODUITS

CHAPITRE PREMIER PRÉLÈVEMENT ET COLLECTE

SECTION PREMIÈRE PRÉLÈVEMENT SUR UNE PERSONNE DÉCÉDÉE *(Décr. n° 2005-443 du 10 mai 2005)*.

SOUS-SECTION 1 PRÉLÈVEMENT À DES FINS THÉRAPEUTIQUES

(Décr. n° 2007-1220 du 10 août 2007, art. 2)

Art. R. 1241-1 Les prélèvements de tissus, de cellules et la collecte des produits du corps humain sur une personne décédée ne peuvent être effectués que dans les conditions prévues à la section I du chapitre II du titre III du livre II de la présente partie.

Art. R. 1241-2 Le refus de prélèvement d'organes après décès exprimé *(Abrogé par Décr. n° 2016-1118 du 11 août 2016, art. 3) « par l'inscription sur le registre »* dans les conditions figurant à la section II du chapitre II du titre III du livre II de la présente partie vaut également refus de prélèvement de tissus et cellules et de collecte de produits du corps humain, après décès.

Art. R. 1241-2-1 *(Décr. n° 2005-949 du 2 août 2005)* Les prélèvements de tissus et de cellules sur une personne décédée ne peuvent être effectués que si celle-ci est assistée par ventilation mécanique et conserve une fonction hémodynamique.

Toutefois, les prélèvements de tissus et cellules figurant sur une liste fixée par arrêté du ministre chargé de la santé, pris sur proposition du directeur général de l'agence de la biomédecine, peuvent être pratiqués sur une personne décédée présentant un arrêt cardiaque et respiratoire persistant.

SOUS-SECTION 2 PRÉLÈVEMENT À DES FINS SCIENTIFIQUES

(Décr. n° 2007-1220 du 10 août 2007, art. 2)

Art. R. 1241-2-2 Les dispositions de la section III du chapitre II du titre III du présent livre sont applicables aux prélèvements de tissus ou de cellules définis à l'article L. 1241-6.

SECTION II PRÉLÈVEMENT SUR UNE PERSONNE VIVANTE

(Décr. n° 2005-443 du 10 mai 2005)

SOUS-SECTION 1 *DISPOSITIONS* COMMUNES AUX PRÉLÈVEMENTS SUR DONNEUR MAJEUR

(Décr. n° 2014-1066 du 19 sept. 2014, art. 3-1°)

Art. R. 1241-3 I. — Dans le respect des exigences mentionnées à l'article L. 1211-2, toute personne majeure qui se prête à un prélèvement ou à un recueil de tissus ou de

cellules reçoit, préalablement à son consentement au don ou à sa non-opposition à l'utilisation de ces tissus ou de ces cellules lorsqu'ils ont été prélevés à l'occasion d'une intervention chirurgicale pratiquée dans son intérêt, une information sur les finalités, les modalités et les conséquences de ce prélèvement ou de ce recueil.

Cette information est délivrée par une personne de l'équipe de prélèvement, formée et apte à la transmettre d'une manière claire et adaptée.

Ces informations portent sur :

1° La nature et l'objectif du don à finalité thérapeutique, notamment ses avantages potentiels pour le receveur ;

2° Les risques éventuels encourus par le donneur et, le cas échéant, sur les conséquences prévisibles d'ordre physique et psychologique du don ainsi que ses répercussions éventuelles sur la vie personnelle, familiale et professionnelle du donneur et l'éventuelle nécessité d'un suivi après le prélèvement ;

3° La nécessité de réaliser des analyses de biologie médicale destinées notamment à faire le dépistage de certaines maladies infectieuses transmissibles et sur la possibilité d'être tenu informé des résultats ;

4° La nécessité de réaliser une évaluation de l'état de santé du donneur lors d'un entretien médical ainsi qu'un examen clinique ;

5° La nécessité de prélever et de conserver des échantillons biologiques à visée de biovigilance ainsi que sur leur possible utilisation à des fins scientifiques, ou encore en vue de la réalisation ou du contrôle des dispositifs médicaux de diagnostic *in vitro* ou en vue du contrôle de qualité des examens de biologie médicale ou dans le cadre d'expertises et de contrôles techniques réalisés par l'Agence nationale de sécurité du médicament et des produits de santé ;

6° La protection des données à caractère personnel concernant le donneur et, en cas de dons non apparentés, sur le caractère anonyme du don vis-à-vis des receveurs.

II. — Sous réserve des dispositions spécifiques applicables aux donneurs de cellules hématopoïétiques recueillies dans la moelle osseuse ou le sang périphérique mentionnées à l'article R. 1241-4, et des dispositions spécifiques relatives aux donneurs majeurs bénéficiant de mesures de protection légale qui doivent exprimer leur consentement dans les conditions mentionnées respectivement à l'article L. 1241-3 et à l'article L. 1241-4, le consentement ou la non-opposition du donneur est recueilli par écrit par une personne de l'équipe de prélèvement. L'original du document exprimant ce consentement ou cette non-opposition est conservé dans le dossier médical du donneur et une copie est transmise à l'établissement autorisé en application de l'article L. 1243-2.

SOUS-SECTION 1 *BIS* PRÉLÈVEMENT DE CELLULES HÉMATOPOÏÉTIQUES RECUEILLIES DANS LA MOELLE OSSEUSE OU LE SANG PÉRIPHÉRIQUE SUR UN DONNEUR MAJEUR

(Décr. nº 2014-1066 du 19 sept. 2014, art. 3-2º)

Art. R. 1241-4 **Lorsqu'une personne souhaite faire l'objet d'un prélèvement de cellules hématopoïétiques recueillies dans la moelle osseuse ou le sang périphérique, elle exprime son consentement devant le président du tribunal de grande instance ou son délégué dans les conditions définies aux articles R. 1231-2 et R. 1231-3.**

En cas d'urgence vitale, le consentement est recueilli par le procureur de la République dans les conditions définies à l'article R. 1231-4.

SOUS-SECTION 2 PRÉLÈVEMENT DE CELLULES HÉMATOPOÏÉTIQUES PRÉLEVÉES RECUEILLIES DANS LA MOELLE OSSEUSE OU DANS LE SANG PÉRIPHÉRIQUE SUR UN DONNEUR MAJEUR FAISANT L'OBJET D'UNE MESURE DE CURATELLE OU DE SAUVEGARDE DE JUSTICE *(Décr. nº 2014-1066 du 19 sept. 2014, art. 3-3º-a).*

Art. R. 1241-5 *(Décr. nº 2014-1066 du 19 sept. 2014, art. 3-3º-b)* **Lorsque le donneur de cellules hématopoïétiques prélevées dans la moelle osseuse ou dans le sang périphérique fait l'objet d'une mesure de curatelle, l'information délivrée au majeur protégé mentionnée à l'article R. 1241-3 est également délivrée au curateur.**

Art. R. 1241-6 La personne faisant l'objet d'une mesure de curatelle, assistée de son curateur, ou la personne faisant l'objet d'une mesure de sauvegarde de justice saisit par simple requête le juge des tutelles.

Le juge des tutelles territorialement compétent est le juge qui a ordonné ou qui suit la mesure de protection juridique. Toutefois, lorsqu'il a dû s'éloigner de son lieu de résidence habituel pour être auprès du receveur hospitalisé dans un établissement de santé, le donneur peut également saisir le juge des tutelles du tribunal dans le ressort duquel est situé cet établissement. Dans ce cas, le juge recueille, par tout moyen, l'avis du juge des tutelles qui a ordonné ou qui suit la mesure de protection juridique.

Le juge des tutelles entend la personne faisant l'objet d'une mesure de curatelle ou de sauvegarde de justice en vue de s'assurer de sa faculté de consentir au prélèvement et l'informe du déroulement ultérieur de la procédure.

Art. R. 1241-7 Si le juge des tutelles estime que la personne est apte à consentir au prélèvement, il le déclare par ordonnance. L'ordonnance est notifiée à la personne protégée et, si elle fait l'objet d'une mesure de curatelle, au curateur. La notification de cette ordonnance rappelle la procédure applicable.

Art. R. 1241-8 La personne faisant l'objet d'une mesure de curatelle, assistée de son curateur, ou la personne faisant l'objet d'une mesure de sauvegarde de justice déclarée apte à consentir au prélèvement saisit le président du tribunal de grande instance ou son délégué dans les conditions définies à l'article R. 1231-2. L'ordonnance du juge des tutelles déclarant que la personne est apte à consentir au prélèvement est jointe à la requête.

Le magistrat recueille le consentement du donneur dans les conditions définies à l'article R. 1231-3.

En cas d'urgence vitale, le consentement est recueilli par le procureur de la République dans les conditions définies à l'article R. 1231-4.

Une copie de l'acte par lequel est recueilli le consentement est adressée au juge des tutelles et, si la personne fait l'objet d'une mesure de curatelle, au curateur.

Art. R. 1241-9 La personne faisant l'objet d'une mesure de curatelle ou la personne faisant l'objet d'une mesure de sauvegarde de justice déclarée apte à consentir au prélèvement adresse au comité d'experts compétent mentionné à l'article R. 1231-5 une demande d'autorisation de prélèvement, accompagnée d'une copie de l'acte par lequel a été recueilli son consentement.

Le comité d'experts procède à l'audition du donneur et s'assure que ce dernier a mesuré les risques et les conséquences du prélèvement. Il se prononce dans les conditions prévues aux articles R. 1231-8 et R. 1231-9. Il demande au médecin qui a posé l'indication de greffe d'apporter la preuve que tous les moyens ont été mis en œuvre pour trouver un donneur majeur non protégé compatible avec le receveur.

Art. R. 1241-10 Le comité d'experts communique sa décision par écrit au donneur, au médecin responsable du service, du département ou de la structure de soins de l'établissement de santé dans lequel le prélèvement est envisagé, au juge des tutelles et, si la personne fait l'objet d'une mesure de curatelle, au curateur. Le médecin la transmet au directeur de l'établissement.

Art. R. 1241-11 Si le juge des tutelles estime que la personne protégée n'est pas apte à consentir au prélèvement et que celui-ci est envisagé au bénéfice des personnes mentionnées au quatrième alinéa de l'article L. 1241-4, il déclare l'inaptitude de la personne et constate l'impossibilité du prélèvement par ordonnance. L'ordonnance est notifiée à la personne protégée et, si elle fait l'objet d'une mesure de curatelle, au curateur.

Si le juge des tutelles estime que la personne protégée n'est pas apte à consentir au prélèvement et que celui-ci est envisagé au bénéfice des personnes mentionnées au premier alinéa de l'article L. 1241-4, il recueille l'avis du curateur ou du mandataire spécial désigné à cet effet et il saisit pour avis le comité d'experts compétent mentionné à l'article R. 1231-5. Les dispositions des articles R. 1241-14 et R. 1241-15 sont alors applicables, la mission dévolue au tuteur par ces articles étant accomplie par le curateur ou par le mandataire spécial.

SOUS-SECTION 3 PRÉLÈVEMENT DE CELLULES HÉMATOPOÏÉTIQUES RECUEILLIES DANS LA MOELLE OSSEUSE OU LE SANG PÉRIPHÉRIQUE SUR UN DONNEUR MAJEUR FAISANT L'OBJET D'UNE MESURE DE TUTELLE *(Décr. n° 2014-1066 du 19 sept. 2014, art. 3-4°-a).*

Art. R. 1241-12 *(Décr. n° 2014-1066 du 19 sept. 2014, art. 3-4°-b)* Lorsque le donneur de cellules hématopoïétiques recueillies dans la moelle osseuse ou le sang périphérique fait l'objet d'une mesure de tutelle, l'information délivrée au majeur protégé mentionnée à l'article R. 1241-3 est également délivrée au tuteur.

Art. R. 1241-13 Le tuteur saisit par simple requête le juge des tutelles compétent mentionné à l'article R. 1241-6. Le juge des tutelles entend la personne sous tutelle et recueille son avis sur le prélèvement, dans la mesure où son état le permet. Il recueille également l'avis du tuteur.

Le juge des tutelles saisit pour avis le comité d'experts compétent mentionné à l'article R. 1231-5.

Art. R. 1241-14 Le comité d'experts procède à l'audition du donneur. Il s'assure qu'il n'existe de sa part aucun refus de l'intervention et, qu'eu égard à son degré de discernement, il a mesuré les risques et les conséquences du prélèvement. Le comité se prononce dans les conditions prévues aux articles R. 1231-8 et R. 1231-9. Il demande au médecin qui a posé l'indication de greffe d'apporter la preuve que tous les moyens ont été mis en œuvre pour trouver un donneur majeur non protégé compatible avec le receveur.

Le comité d'experts adresse son avis motivé au juge des tutelles.

L'avis du comité d'experts peut être consulté au greffe du juge des tutelles par la personne protégée et par son tuteur. Toutefois, en l'absence d'avocat, lorsque cette consultation est susceptible de faire courir un danger moral grave à la personne protégée, le juge des tutelles peut, par décision motivée, exclure de la consultation par cette personne tout ou partie des pièces composant l'avis.

Art. R. 1241-15 Le juge des tutelles se prononce après avoir entendu ou convoqué la personne protégée et son tuteur.

Le jugement est notifié à la personne protégée et à son tuteur. Une copie en est adressée au comité d'experts ainsi qu'au médecin responsable du service, du département ou de la structure de soins de l'établissement de santé dans lequel le prélèvement est envisagé, qui la transmet au directeur de l'établissement.

SOUS-SECTION 4 PRÉLÈVEMENT DE CELLULES HÉMATOPOÏÉTIQUES RECUEILLIES DANS LA MOELLE OSSEUSE OU LE SANG PÉRIPHÉRIQUE SUR UN DONNEUR MINEUR *(Décr. n° 2014-1066 du 19 sept. 2014, art. 3-5°-a).*

Art. R. 1241-16 *(Décr. n° 2014-1066 du 19 sept. 2014, art. 3-5°-b)* Lorsqu'un prélèvement de cellules hématopoïétiques recueillies par prélèvement dans la moelle osseuse ou dans le sang périphérique est envisagé sur la personne d'un mineur dans les conditions définies à l'article L. 1241-3, l'information prévue à l'article R. 1241-3 est délivrée à chacun des titulaires de l'autorité parentale ou au représentant légal du mineur par le praticien qui a posé l'indication de greffe ou par tout autre praticien de son choix. Une information appropriée est délivrée au mineur si son âge et son degré de maturité le permettent.

Art. R. 1241-17 Chacun des titulaires de l'autorité parentale ou le représentant légal du mineur exprime son consentement devant le président du tribunal de grande instance ou son délégué dans les conditions définies aux articles R. 1231-2 et R. 1231-3.

En cas d'urgence vitale, le consentement de chacun des titulaires de l'autorité parentale ou du représentant légal du mineur est recueilli par le procureur de la République dans les conditions définies à l'article R. 1231-4.

Art. R. 1241-18 Les titulaires de l'autorité parentale ou le représentant légal du mineur adressent au comité d'experts compétent mentionné à l'article R. 1231-5 une demande d'autorisation de prélèvement, accompagnée d'une copie des actes par lesquels a été recueilli leur consentement.

Le comité d'experts entend le mineur si son âge et son degré de maturité le permettent. Il s'assure qu'il n'existe de la part du mineur apte à exprimer sa volonté aucun refus du prélèvement. Il se prononce sur le prélèvement dans les conditions prévues aux articles R. 1231-8 et R. 1231-9. Il demande au médecin qui a posé l'indication de greffe d'apporter la preuve que tous les moyens ont été mis en œuvre pour trouver un donneur majeur compatible avec le receveur.

Art. R. 1241-19 Le comité d'experts communique sa décision par écrit aux titulaires de l'autorité parentale ou au représentant légal du mineur ainsi qu'au médecin responsable du service, du département ou de la structure de soins de l'établissement de santé dans lequel le prélèvement est envisagé, qui la transmet au directeur de l'établissement.

SECTION II *BIS* SÉLECTION CLINIQUE DES DONNEURS DE TISSUS ET DE CELLULES

(Décr. n° 2014-1066 du 19 sept. 2014, art. 4)

SOUS-SECTION 1 DISPOSITIONS COMMUNES À LA SÉLECTION CLINIQUE DES DONNEURS VIVANTS ET DES DONNEURS DÉCÉDÉS

Art. R. 1241-19-1 Avant tout prélèvement, et dans le cadre des obligations générales mentionnées à l'article R. 1211-13, les donneurs de tissus ou de cellules doivent répondre à des critères de sélection.

Les critères généraux et les situations qui fondent les contre-indications au don de tissus et de cellules sont fixés par arrêté du ministre chargé de la santé, pris après avis du directeur général de l'Agence nationale de sécurité du médicament et des produits de santé et du directeur général de l'Agence de la biomédecine.

A moins qu'une analyse documentée des risques liés à l'utilisation des tissus et des cellules du donneur, approuvée par la personne responsable mentionnée à l'article R. 1243-12, ne le justifie, les personnes vivantes ou décédées qui présentent une contre-indication sont écartées du don.

SOUS-SECTION 2 DISPOSITIONS SPÉCIFIQUES À LA SÉLECTION CLINIQUE DES DONNEURS VIVANTS

Art. R. 1241-19-2 L'entretien médical mentionné au III de l'article R. 1211-13 s'effectue à l'aide d'un questionnaire qui a pour objet de détecter les antécédents ou critères cliniques contre*[-]*indiquant le prélèvement.

Ce questionnaire est établi sur la base des critères généraux et des situations qui fondent les contre-indications au don de tissus et de cellules figurant dans l'arrêté mentionné à l'article R. 1241-19-1. Toutes les informations demandées relatives à l'état de santé du donneur potentiel ainsi que *[qu'à]* ses antécédents personnels médicaux et chirurgicaux sont renseignées par le médecin ou la sage-femme mentionné au IV de l'article R. 1211-13.

Un modèle type de questionnaire, établi par l'Agence de la biomédecine après avis de l'Agence nationale de sécurité du médicament et des produits de santé, est adressé par l'Agence de la biomédecine aux équipes en charge du prélèvement.

SOUS-SECTION 3 DISPOSITIONS SPÉCIFIQUES À LA SÉLECTION CLINIQUE DES DONNEURS DÉCÉDÉS

Art. R. 1241-19-3 L'ensemble des informations recueillies lors de la sélection clinique des donneurs en application des *II, III* et *V* de l'article R. 1211-13 sont consi*gnées dans* un document dont l'objectif est de détecter les antécédents ou les critères cliniques contre-indiquant le prélèvement. Ce document est établi par l'Agence de la biomédecine après avis de l'Agence nationale de sécurité du médicament et des produits de santé sur la base des critères généraux et des situations qui fondent les contre-indications au don de tissus et de cellules figurant dans l'arrêté mentionné à l'article R. 1241-19-1. Ce document peut revêtir une forme électronique.

SECTION III PRÉLÈVEMENT À DES FINS SCIENTIFIQUES DE TISSUS OU DE CELLULES EMBRYONNAIRES OU FŒTAUX À L'ISSUE D'UNE INTERRUPTION DE GROSSESSE

(Décr. n° 2007-1220 du 10 août 2007, art. 2)

Art. R. 1241-20 Les dispositions des articles R. 1232-15, R. 1232-16, R. 1232-18 à R. 1232-19 et R. 1232-21 sont applicables aux prélèvements de tissus ou cellules embryonnaires ou fœtaux à des fins scientifiques mentionnés à l'article L. 1241-5.

Art. R. 1241-21 Le directeur général de l'Agence de la biomédecine transmet au ministre chargé de la recherche, dans le délai fixé à l'article R. 1232-18, en tant que de besoin, les informations révélant que les recherches envisagées sont de nature à mettre en cause le respect des principes éthiques, la nécessité du prélèvement ou la pertinence de la recherche.

Art. R. 1241-22 L'établissement ou organisme doit être en mesure de fournir, à tout moment, à la demande du ministre chargé de la recherche ou du directeur général de l'Agence de la biomédecine, les éléments suivants :

1° La nature des tissus ou cellules prélevés ainsi que le nombre de prélèvements effectués ;

2° Le lieu et la date de prélèvement ;

3° Tout document attestant l'existence du consentement écrit des personnes ayant subi une interruption de grossesse ;

4° L'état d'avancement des recherches portant sur les tissus ou cellules prélevés.

Art. R. 1241-23 Dans les cas prévus à l'article L. 1241-5, le ministre de la recherche peut suspendre ou interdire la mise en œuvre du protocole dans les conditions décrites aux articles R. 1232-18 et R. 1232-22. La décision de suspension ou d'interdiction est communiquée au directeur général de l'Agence de la biomédecine.

CHAPITRE II ÉTABLISSEMENTS AUTORISÉS À EFFECTUER DES PRÉLÈVEMENTS OU PARTICIPANT À CETTE ACTIVITÉ *(Décr. n° 2005-949 du 2 août 2005).*

SECTION PREMIÈRE ÉTABLISSEMENTS AUTORISÉS À PRÉLEVER DES TISSUS À DES FINS THÉRAPEUTIQUES *(Décr. n° 2007-519 du 5 avr. 2007).*

Art. R. 1242-1 Pour l'application des dispositions du présent chapitre, les prélèvements effectués dans le cadre des recherches biomédicales définies à l'article L. 1121-1 sont regardés comme des prélèvements à des fins thérapeutiques.

Art. R. 1242-2 L'autorisation d'effectuer des prélèvements de tissus à des fins thérapeutiques sur une personne décédée est délivrée, suspendue ou retirée dans les mêmes conditions que celles fixées *(Décr. n° 2005-364 du 18 avr. 2005 ; Décr. n° 2005-949 du 2 août 2005)* « à l'article R. 1233-2 et aux articles R. 1233-4 à R. 1233-6 et R. 1233-11 ».

Art. R. 1242-3 Pour être autorisés à effectuer des prélèvements de tissus à des fins thérapeutiques sur une personne décédée, les établissements de santé doivent :

1° Justifier d'une organisation et de conditions de fonctionnement permettant l'exécution satisfaisante des opérations de prélèvement ;

2° Désigner un médecin coordonnateur de l'activité de prélèvement, après avis de l'instance médicale consultative de l'établissement, et un ou, le cas échéant, des coordonnateurs hospitaliers, infirmiers ; la liste de ces personnes est communiquée à l'instance délibérative de l'établissement de santé ; le coordonnateur médical de l'activité de prélèvement et le (ou les) coordonnateur(s) hospitalier(s) peuvent être les mêmes que ceux prévus à l'article R. 1233-7 ;

3° Disposer, en propre ou par le biais de conventions avec d'autres établissements de santé *(Décr. n° 2007-519 du 5 avr. 2007)* « ou des établissements ou organismes autorisés en application de l'article L. 1243-2 », du personnel médical qualifié pour la réalisation des actes chirurgicaux de prélèvement et des autres personnels, en nombre suffisant pour l'exercice de cette activité ;

4° Disposer des locaux nécessaires à l'exercice de cette activité et au moins :

a) D'un local adapté à l'accueil des familles ; le cas échéant, ce local peut être le même que celui prévu *(Décr. n° 2005-949 du 2 août 2005)* « au 5° *a* de l'article R. 1233-7 » ;

b) D'un local de prélèvement isolé et équipé de manière adaptée aux gestes à effectuer et au maintien des conditions d'asepsie et d'hygiène indispensables au respect de l'environnement et des personnes, notamment d'un point d'eau et d'un système d'élimination des déchets ; lorsqu'il est réalisé sur une personne décédée assistée par ventilation mécanique et conservant une fonction hémodynamique, le prélèvement de tissus peut être effectué dans la salle d'opération mentionnée *(Décr. n° 2005-949 du 2 août 2005)* « au 5° *c* de l'article R. 1233-7 » ;

5° Justifier et être en mesure de disposer pour chaque type de tissus prélevées, des moyens matériels nécessaires à la restauration décente du corps ;

6° *(Décr. n° 2007-519 du 5 avr. 2007)* « Justifier d'une organisation permettant d'assurer ou de faire assurer de façon satisfaisante le transport des tissus prélevés en liaison avec les établissements ou organismes autorisés en application des dispositions de l'article *[des articles]* L. 1243-2 » *(Décr. n° 2014-1066 du 19 sept. 2014, art. 5-1°)* « , L. 4211-9-1, L. 5124-1 ou L. 5124-9-1. »

Art. R. 1242-4 Les établissements de santé autorisés à effectuer des prélèvements de tissus prennent les dispositions nécessaires pour assurer la conservation de l'ensemble des documents relatifs au prélèvement mentionné par les règles de bonnes pratiques de prélèvement de tissus homologués par arrêté du ministre chargé de la santé.

Art. R. 1242-5 Les établissements de santé autorisés à effectuer des prélèvements de tissus transmettent chaque année au *(Décr. n° 2010-344 du 31 mars 2010, art. 22)* « directeur général de l'agence régionale de santé » et au directeur général de l'*(Décr. n° 2005-949 du 2 août 2005)* « agence de la biomédecine » les informations nécessaires à l'évaluation de leur activité, selon des modalités précisées par arrêté du ministre chargé de la santé pris après avis du directeur général de l'*(Décr. n° 2005-949 du 2 août 2005)* « agence de la biomédecine ». *(Abrogé par Décr. n° 2005-949 du 2 août 2005) « Ces informations sont transmises au conseil médical et scientifique de l'Établissement français des greffes, en vue de l'établissement du rapport prévu à l'article R. 1252-15. »*

Art. R. 1242-6 *(Décr. n° 2005-949 du 2 août 2005)* Les établissements de santé mentionnés au troisième alinéa de l'article L. 1233-1 qui ne sont pas autorisés à prélever des tissus, définissent par voie de convention avec les établissements autorisés à pratiquer ces prélèvements les modalités de leur participation à un réseau de prélèvement. Ces conventions sont transmises au directeur général de l'agence de la biomédecine.

Art. R. 1242-7 *(Décr. n° 2007-519 du 5 avr. 2007)* Les inspections réalisées en application des articles L. 1421-1 et L. 5313-1 dans les établissements autorisés à prélever des tissus sont diligentées à un rythme au moins biennal.

SECTION II ÉTABLISSEMENTS AUTORISÉS À PRÉLEVER DES CELLULES À DES FINS THÉRAPEUTIQUES

(Décr. n° 2007-519 du 5 avr. 2007)

Art. R. 1242-8 L'autorisation d'effectuer des prélèvements de cellules à des fins thérapeutiques est délivrée, suspendue ou retirée dans les mêmes conditions que celles fixées à l'article R. 1233-2 et aux articles R. 1233-4 à R. 1233-6.

Art. R. 1242-9 Pour être autorisés à effectuer des prélèvements de cellules à des fins thérapeutiques, les établissements demandeurs doivent :

1° Justifier d'une organisation et de conditions de fonctionnement permettant l'exécution satisfaisante des opérations de prélèvement conformément aux règles de bonnes pratiques de prélèvement des cellules prévues à l'article L. 1245-6, et notamment d'une organisation permettant de réaliser séparément les prélèvements à fin d'administration autologue et les prélèvements à fin d'administration allogénique ;

2° Disposer, en propre ou par l'intermédiaire d'une convention avec un établissement de santé ou avec des établissements ou organismes autorisés en application des dispositions de l'article L. 1243-2 du personnel nécessaire à l'activité de prélèvement, soit :

– un médecin nommément désigné, responsable de l'activité de prélèvement ;

– le cas échéant, des médecins qualifiés pour la réalisation d'actes chirurgicaux ;

– du personnel paramédical, technique et administratif.

Le nombre, la qualification et l'expérience de ces personnels doivent être adaptés au type de prélèvement envisagé conformément aux règles de bonnes pratiques de prélèvement des cellules.

3° Disposer des locaux et du matériel adaptés au type de prélèvement envisagé conformément aux règles de bonnes pratiques de prélèvement des cellules, et permettant notamment une prise en charge opératoire lorsque la nature du prélèvement nécessite la réalisation d'actes chirurgicaux ;

4° Justifier d'une organisation permettant d'assurer ou de faire assurer de façon satisfaisante le transport des cellules prélevées en liaison avec les établissements ou organismes autorisés en application des dispositions de l'article *[des articles]* L. 1243-2 *(Décr. n° 2014-1066 du 19 sept. 2014, art. 5-2°)* « *[,]* L. 4211-9-1, L. 5124-1 ou L. 5124-9-1 ».

Art. R. 1242-10 Lorsque le personnel d'un établissement de transfusion sanguine réalise dans un établissement des prélèvements de cellules du sang destinés à réaliser des préparations de thérapie cellulaire à finalité thérapeutique, une convention entre l'établissement de transfusion sanguine et l'établissement de santé fixe les conditions d'exercice de cette activité.

Art. R. 1242-11 Les établissements autorisés à effectuer des prélèvements de cellules prennent les dispositions nécessaires pour assurer la conservation de l'ensemble des documents relatifs au prélèvement conformément aux règles de bonnes pratiques de prélèvement des cellules.

Art. R. 1242-12 Les établissements autorisés à effectuer des prélèvements de cellules transmettent chaque année au directeur de l'agence régionale de l'hospitalisation *[agence régionale de santé]* et au directeur général de l'Agence de la biomédecine les informations nécessaires à l'évaluation de leur activité, selon des modalités précisées par arrêté du ministre chargé de la santé pris après avis du directeur général de l'Agence de la biomédecine.

Art. R. 1242-13 Les dispositions des articles R. 1242-6 et R. 1242-7 sont applicables aux activités de prélèvements de cellules autorisés en application de la présente section.

SECTION III MODALITÉS D'APPLICATION AU SERVICE DE SANTÉ DES ARMÉES

(Décr. n° 2005-364 du 18 avr. 2005)

Art. R. 1242-14 *(Décr. n° 2007-519 du 5 avr. 2007)* Pour l'application des dispositions du présent chapitre, les hôpitaux des armées et le Centre de transfusion sanguine des armées sont regardés respectivement comme des établissements publics de santé et comme un établissement de transfusion sanguine.

Pour ces hôpitaux et pour ce centre, le ministre de la défense exerce les attributions *(Décr. n° 2010-344 du 31 mars 2010, art. 23)* « du directeur général de l'agence régionale de santé ».

CHAPITRE III PRÉPARATION, CONSERVATION, DISTRIBUTION ET CESSION DES TISSUS, DE LEURS DÉRIVÉS, DES CELLULES ET DES PRÉPARATIONS DE THÉRAPIE CELLULAIRE

(Décr. nº 2008-968 du 16 sept. 2008)

SECTION PREMIÈRE AUTORISATION DES ACTIVITÉS DE PRÉPARATION, DE CONSERVATION, DE DISTRIBUTION ET DE CESSION DES TISSUS, DE LEURS DÉRIVÉS, DES CELLULES ET DES PRÉPARATIONS DE THÉRAPIE CELLULAIRE

(Décr. nº 2008-968 du 16 sept. 2008)

SOUS-SECTION 1 DISPOSITIONS GÉNÉRALES

(Décr. nº 2008-968 du 16 sept. 2008)

Art. R. 1243-1 *(Décr. nº 2015-509 du 6 mai 2015, art. 1er-1º)* « I. — » Les dispositions de la présente section s'appliquent aux activités mentionnées à l'article L. 1243-2 relatives à la préparation, la conservation, la distribution ou la cession de tissus, de leurs dérivés, de cellules ou de préparations de thérapie cellulaire, quel qu'en soit le niveau de transformation, utilisés à des fins thérapeutiques chez l'homme.

(Décr. nº 2015-509 du 6 mai 2015, art. 1er-2º et 3º) « II. — L'utilisation à des fins thérapeutiques inclut notamment les recherches mentionnées à l'article L. 1121-1. En application de l'article L. 1245-4, les dispositions des sous-sections 3 et 4 de la présente section sont applicables à ces recherches. »

« III. — » Pour l'application de la présente section on entend par :

1º Cession : le transfert de tissus, de leurs dérivés ou de cellules ou de préparations de thérapie cellulaire d'un établissement ou d'un organisme autorisé en application de l'article L. 1243-2 vers un autre établissement ou organisme autorisé en application de ce même article ou vers un fabricant de dispositifs médicaux de diagnostic *in vitro* ou de spécialités pharmaceutiques ou de médicaments fabriqués industriellement ou de produits thérapeutiques annexes.

2º Distribution : la mise à disposition d'un tissu ou de son dérivé ou d'une préparation de thérapie cellulaire sur prescription médicale en vue de sa greffe ou de son administration à un patient déterminé.

Art. R. 1243-2 L'autorisation prévue à l'article L. 1243-2 peut porter sur une ou plusieurs des activités mentionnées à cet article.

Art. R. 1243-3 Les établissements ou organismes qui conservent et distribuent des tissus ou leurs dérivés ou des préparations de thérapie cellulaire qui leur ont été cédés par un établissement ou un organisme autorisé à préparer, conserver, distribuer ou céder ces produits doivent être autorisés *(Décr. nº 2015-509 du 6 mai 2015, art. 1er-4)* « , en application de l'article L. 1243-2, » à effectuer ces activités de conservation et de distribution dans les conditions prévues par la présente section, à l'exception des articles R. 1243-19 et R. 1243-24 qui ne leur sont pas applicables.

SOUS-SECTION 2 PROCÉDURE D'AUTORISATION

(Décr. nº 2008-968 du 16 sept. 2008)

Art. R. 1243-4 *(Décr. nº 2015-509 du 6 mai 2015, art. 2-I)* I. — La demande d'autorisation prévue à l'article L. 1243-2 est adressée au directeur général de l'Agence nationale de sécurité du médicament et des produits de santé par la personne morale qui sollicite cette autorisation, par tout moyen permettant d'en accuser réception. Cette demande précise, pour chaque établissement ou organisme et, le cas échéant, pour chacun des sites de cet établissement, les activités pour lesquelles l'autorisation est sollicitée ainsi que, pour chaque activité, les tissus, leurs dérivés, les cellules ou les préparations de thérapie cellulaire concernés.

II. — Cette demande ne peut être examinée que si elle est accompagnée d'un dossier justificatif dont la forme et le contenu sont précisés par décision du directeur général de l'Agence nationale de sécurité du médicament et des produits de santé, prise après avis de l'Agence de la biomédecine, publiée sur le site internet de l'Agence nationale de sécurité du médicament et des produits de santé.

Ce dossier comprend :

1° Des informations sur les locaux, les équipements et matériels, le personnel, les procédures et les conventions passées avec les tiers ;

2° Des informations sur le prélèvement des tissus et cellules ;

3° Des informations sur le procédé de préparation mis en œuvre ;

4° Les informations sur le produit fini ;

5° La liste des produits et matériels entrant en contact avec les tissus, leurs dérivés, les cellules et les préparations de thérapie cellulaire ;

6° Les données précliniques, en fonction du produit qui fait l'objet de la demande, ainsi que les données cliniques, y compris les résultats d'essais cliniques et les indications thérapeutiques revendiquées ;

7° Le cas échéant, les informations relatives à la mise en place des procédures mentionnées à l'article R. 1243-17 ;

8° Lorsque la demande émane d'un établissement de santé, une copie du courrier et de l'avis de réception l'accompagnant, attestant que le ou les directeurs généraux des agences régionales de santé compétents dans la région où se situent les sites de l'établissement ont été informés de la demande d'autorisation de mise en œuvre des activités mentionnées à l'article R. 1243-1, ainsi que, le cas échéant, une copie de tout courrier indiquant les observations éventuelles de l'agence régionale de santé sur la mise en œuvre de telles activités.

III. – Le dossier est réputé complet si, dans un délai d'un mois à compter de sa réception, le directeur général de l'Agence nationale de sécurité du médicament et des produits de santé n'a pas fait connaître au demandeur, par tout moyen permettant d'assurer date certaine, les informations manquantes ou incomplètes et mentionnant le délai imparti pour les fournir.

Art. R. 1243-5 Un exemplaire du dossier complet est transmis par le directeur général de l'*(Décr. n° 2012-597 du 27 avr. 2012, art. 5-I)* « Agence nationale de sécurité du médicament et des produits de santé » au directeur général de l'Agence de la biomédecine.

Le directeur général de l'Agence de la biomédecine transmet son avis au directeur général de l'*(Décr. n° 2012-597 du 27 avr. 2012, art. 5-I)* « Agence nationale de sécurité du médicament et des produits de santé », dans un délai de *(Décr. n° 2015-509 du 6 mai 2015, art. 2-II)* « deux mois » à compter de la date à laquelle le dossier est réputé complet. L'absence de réponse dans ce délai vaut avis favorable.

Art. R. 1243-6 Le directeur général de l'*(Décr. n° 2012-597 du 27 avr. 2012, art. 5-I-1°)* « Agence nationale de sécurité du médicament et des produits de santé » notifie sa décision au demandeur dans un délai de *(Décr. n° 2015-509 du 6 mai 2015, art. 2-III-a)* « quatre mois » à compter de la date à laquelle le dossier est réputé complet.

S'il estime que des informations complémentaires sont nécessaires pour lui permettre de se prononcer sur la demande, il peut interrompre l'examen de celle-ci jusqu'à réception des informations manquantes dans la limite d'un délai de *(Décr. n° 2015-509 du 6 mai 2015, art. 2-III-a)* « quatre mois ». Il doit dans ce cas notifier au demandeur les motifs de cette interruption et lui préciser le délai au terme duquel ces informations doivent lui être adressées. Cette demande d'information complémentaire suspend le délai mentionné au premier alinéa.

L'absence de décision à l'expiration du délai prévu vaut rejet de la demande.

(Décr. n° 2015-509 du 6 mai 2015, art. 2-III-b et c) « Les autorisations précisent l'adresse de l'établissement ou de l'organisme et, le cas échéant, celle du site, le type d'activités autorisé, la catégorie de tissus et leurs dérivés, de cellules ou de préparations de thérapie cellulaire, mentionnent les accords passés entre un établissement et des tiers pour la réalisation de ces activités, les procédés de préparation et de conservation mis en œuvre ainsi que les indications thérapeutiques reconnues.

« Le directeur général de l'Agence nationale de sécurité du médicament et des produits de santé transmet les autorisations accordées au directeur général de l'Agence de la biomédecine et au directeur général de l'agence régionale de santé dans le ressort de laquelle se situe l'établissement ou le site autorisé. »

Le directeur général de l'*(Décr. n° 2012-597 du 27 avr. 2012, art. 5-I-1°)* « Agence nationale de sécurité du médicament et des produits de santé » tient à jour la liste des établissements ou organismes autorisés qui mentionne les activités pour lesquelles chaque établissement ou organisme a été autorisé ainsi que les tissus, leurs dérivés, les cellules ou les préparations de thérapie cellulaire sur lesquels portent ces activités. Cette liste est accessible au public.

Art. R. 1243-7 *(Décr. n° 2015-509 du 6 mai 2015, art. 2-IV)* I. – Sont soumises à autorisation écrite préalable du directeur général de l'Agence nationale de sécurité du médicament et des produits de santé, après avis du directeur général de l'Agence de la biomédecine, les modifications substantielles de l'autorisation mentionnée à l'article R. 1243-6.

Sont considérées comme des modifications substantielles celles relatives :

1° Aux types d'activités et aux catégories de tissus, dérivés, cellules ou aux préparations de thérapie cellulaire mentionnés à l'article R. 1243-1 ;

2° Aux modifications de locaux ayant une incidence sur les conditions de réalisation des activités ;

3° A la création de nouveaux locaux dans lesquels sont exercées les activités autorisées ;

4° Aux produits ou à ses procédés de préparation et de conservation qui sont susceptibles d'avoir un impact sur la qualité, la sécurité et l'efficacité du produit et qui figurent, à ce titre, sur une liste fixée par décision du directeur général de l'Agence nationale de sécurité du médicament et des produits de santé publiée sur le site internet de l'Agence nationale de sécurité du médicament et des produits de santé.

II. – La demande précise la nature de la modification sollicitée. Elle est accompagnée d'un dossier technique dont la forme et le contenu sont précisés par décision du directeur général de l'Agence nationale de sécurité du médicament et des produits de santé, après avis du directeur général de l'Agence de la biomédecine, publiée sur le site internet de l'Agence nationale de sécurité du médicament et des produits de santé.

III. – La demande est adressée au directeur général de l'Agence nationale de sécurité du médicament et des produits de santé par la personne morale qui sollicite cette autorisation, par tout moyen permettant d'en accuser réception.

IV. – Le dossier est réputé complet si, dans un délai d'un mois à compter de sa réception, le directeur général de l'Agence nationale de sécurité du médicament et des produits de santé n'a pas fait connaître au demandeur les informations manquantes ou incomplètes et mentionnant le délai imparti pour les fournir.

V. – Les dispositions de l'article R. 1243-5 sont applicables.

VI. – La décision du directeur général de l'Agence nationale de sécurité du médicament et des produits de santé intervient dans un délai de quatre mois à compter de la date à laquelle le dossier est réputé complet.

VII. – Si le directeur général de l'Agence nationale de sécurité du médicament et des produits de santé estime que des informations complémentaires sont nécessaires pour lui permettre de se prononcer sur la demande, il peut interrompre l'examen de celle-ci jusqu'à réception des informations manquantes dans la limite d'un délai de quatre mois. Il doit dans ce cas notifier au demandeur les motifs de cette interruption et lui préciser le délai au terme duquel ces informations doivent lui être adressées. Cette demande d'information complémentaire suspend le délai mentionné au VI.

VIII. – L'absence de réponse dans les délais mentionnés au VI et au VII vaut rejet de la demande de modification.

IX. – Le directeur général de l'Agence nationale de sécurité du médicament et des produits de santé informe le directeur général de l'Agence de la biomédecine et le directeur général de l'agence régionale de santé de l'établissement ou du site autorisé de la modification de l'autorisation.

Art. R. 1243-8 Sont soumises à déclaration toutes modifications relatives :

1° Au nom ou à l'adresse administrative de l'établissement ou de l'organisme *(Décr. n° 2015-509 du 6 mai 2015, art. 2-V-a)* « , le cas échéant du site » autorisé ;

2° A la nomination d'un nouveau directeur de l'établissement ou de l'organisme autorisé ou en ce qui concerne l'Établissement français du sang à la nomination d'un directeur d'établissement de transfusion sanguine ;

3° A la mise en œuvre d'un nouvel équipement technique y compris d'un nouveau logiciel médico-technique utilisé pour la traçabilité des produits liés aux activités ;

4° Aux tiers et aux conventions passées avec ces tiers mentionnées au 5° de l'article R. 1243-4 *(Décr. n° 2015-509 du 6 mai 2015, art. 2-V-b)* « dès lors que cette modification est sans conséquence sur le produit » ;

5° A la nomination d'une nouvelle personne responsable définie au premier alinéa de l'article R. 1243-12 ;

6° A la désignation d'un nouveau responsable des activités défini au dernier alinéa de l'article R. 1243-12 ;

(Décr. n° 2015-509 du 6 mai 2015, art. 2-V-c) « 7° A la fermeture de l'établissement ou de l'organisme et du site ;

« 8° Au procédé et au produit qui ne sont pas des modifications substantielles et figurant, à ce titre, sur une liste fixée par décision du directeur général de l'Agence nationale de sécurité du médicament et des produits de santé, publiée sur le site internet de l'Agence nationale de sécurité du médicament et des produits de santé. »

La déclaration est faite au plus tard dans le mois suivant la mise en œuvre des modifications susmentionnées.

Elle est adressée par la personne morale titulaire de l'autorisation au directeur général de l'*(Décr. n° 2012-597 du 27 avr. 2012, art. 5-I-1°)* « Agence nationale de sécurité du médicament et des produits de santé » *(Décr. n° 2015-509 du 6 mai 2015, art. 2-V-d)* « par tout moyen permettant d'en accuser réception ».

Cette demande est accompagnée d'un courrier explicitant l'objet et les incidences éventuelles des modifications sur les activités autorisées. Le directeur général de l'*(Décr. n° 2012-597 du 27 avr. 2012, art. 5-I-1°)* « Agence nationale de sécurité du médicament et des produits de santé » peut requérir de l'établissement ou de l'organisme toutes informations complémentaires sur la déclaration.

(Décr. n° 2017-389 du 23 mars 2017, art. 3) « Lorsque l'établissement ou l'organisme se procure un élément ou produit issu du corps humain mentionné à l'article R. 1243-1 en provenance d'un État membre de l'Union européenne ou partie à l'accord sur l'Espace économique européen dont le procédé a été autorisé au titre de l'article 6.2 de la directive 2004/23/CE, il le déclare à l'Agence nationale de sécurité du médicament et des produits de santé dans les mêmes conditions. »

Art. R. 1243-9 Les modifications autres que celles mentionnées aux articles R. 1243-7 et R. 1243-8 sont déclarées dans le rapport d'activité annuel prévu à l'article R. 1243-22.

Art. R. 1243-10 Les autorisations mentionnées à l'article R. 1243-6 sont suspendues ou retirées en tout ou partie, en application de l'article L. 1245-1, et notamment en cas de *(Décr. n° 2015-509 du 6 mai 2015, art. 2-VI-a)* « danger pour la santé publique ou pour l'environnement ou de » violation des règles de bonnes pratiques prévues par l'article L. 1245-6, par le directeur général de l'*(Décr. n° 2012-597 du 27 avr. 2012, art. 5-I-1°)* « Agence nationale de sécurité du médicament et des produits de santé », après avis motivé du directeur général de l'Agence de la biomédecine. Toutefois, cet avis n'est pas requis dans le cas d'une suspension provisoire d'urgence prévue par le deuxième alinéa de l'article L. 1245-1.

La décision de suspension se prolonge jusqu'à la mise en œuvre des mesures correctives demandées par l'*(Décr. n° 2012-597 du 27 avr. 2012, art. 5-I-1°)* « Agence nationale de sécurité du médicament et des produits de santé » à l'établissement et sa vérification par l'agence.

Avant toute décision de retrait, le directeur général de l'*(Décr. n° 2012-597 du 27 avr. 2012, art. 5-I-1°)* « Agence nationale de sécurité du médicament et des produits de santé » adresse, un mois avant le retrait, sous pli recommandé avec demande d'avis de réception, une mise en demeure à la personne morale bénéficiaire de l'autorisation mentionnée à l'article R. 1243-6 dans laquelle il lui précise les griefs et lui demande de mettre en œuvre des mesures correctives pour que l'établissement ou l'organisme soit en conformité avec les règles en vigueur.

La personne morale bénéficiaire de l'autorisation adresse sans délais une copie de cette mise en demeure à la personne responsable mentionnée à l'article R. 1243-12.

A compter de la date de réception de cette mise en demeure, la personne morale bénéficiaire de l'autorisation dispose d'un délai *(Décr. n° 2015-509 du 6 mai 2015, art. 2-VI-b)* « fixé par le directeur général de l'Agence nationale de sécurité du médicament et des produits de santé » pour présenter ses observations au directeur général de l'*(Décr. n° 2012-597 du 27 avr. 2012, art. 5-I-1°)* « Agence nationale de sécurité du médicament et des produits de santé ». Elle adresse une copie de ces observations à la personne responsable.

Le directeur général de l'*(Décr. n° 2012-597 du 27 avr. 2012, art. 5-I-1°)* « Agence nationale de sécurité du médicament et des produits de santé » transmet au directeur général de l'Agence de la biomédecine et au directeur de l'agence régionale de l'hospitalisation *[agence régionale de santé]* les mesures de suspension ou de retrait qu'il a prononcées.

(Décr. n° 2015-509 du 6 mai 2015, art. 2-VI-c) « Ces décisions sont rendues publiques. »

Art. R. 1243-11 Sous réserve des dispositions mentionnées au troisième alinéa, tout établissement ou organisme bénéficiaire de l'autorisation mentionnée à l'article R. 1243-6 doit avoir mis en place des accords ou des procédures avec un autre ou d'autres établissements ou organismes autorisés au titre de ce même article, garantissant qu'en cas d'interruption ou de cessation d'activité, les tissus, leurs dérivés, les cellules ou les préparations de thérapie cellulaire y soient transférés.

Ces accords ou procédures sont transmis au directeur général de l'*(Décr. n° 2012-597 du 27 avr. 2012, art. 5-I-1°)* « Agence nationale de sécurité du médicament et des produits de santé » dans un délai de six mois à compter de la notification de l'autorisation *(Abrogé par Décr. n° 2015-509 du 6 mai 2015, art. 2-VII-a)* ***« ou de son renouvellement »***.

Par dérogation au premier et au deuxième alinéa, lorsque les établissements *(Abrogé par Décr. n° 2015-509 du 6 mai 2015, art. 2-VII-b)* ***« autorisés au titre de l'article R. 1243-6 »*** préparent des tissus ou leurs dérivés ou des préparations de thérapie cellulaire destinés à être utilisés dans une recherche *(Décr. n° 2015-509 du 6 mai 2015, art. 2-VII-b)* « mentionnée à l'article L. 1121-1 » et qu'ils interrompent ou cessent leur activité, le promoteur de cette recherche peut soit y mettre fin, soit la poursuivre. S'il décide de la poursuivre, il met en place des accords ou des procédures pour transférer les tissus, leurs dérivés, les cellules ou les préparations de thérapie cellulaire dans un autre ou d'autres établissements ou organismes *(Abrogé par Décr. n° 2015-509 du 6 mai 2015, art. 2-VII-b)* ***« autorisés au titre de l'article R. 1243-6 »***. Il signale au directeur général de l'*(Décr. n° 2012-597 du 27 avr. 2012, art. 5-I-1°)* « Agence nationale de sécurité du médicament et des produits de santé » soit l'arrêt de la recherche, soit le nom de l'établissement ou de l'organisme dans lequel les tissus, leurs dérivés, les cellules ou les préparations de thérapie cellulaire sont transférés.

Par dérogation au premier alinéa, en cas d'interruption ou de cessation d'activité, les établissements autorisés au titre de l'article R. 1243-3 transfèrent les tissus ou leurs dérivés ou les préparations de thérapie cellulaire non utilisés aux établissements ou organismes qui les leur ont cédés, dès lors que ces derniers sont autorisés pour les activités de conservation et de distribution.

SOUS-SECTION 3 CONDITIONS D'AUTORISATION

(Décr. n° 2008-968 du 16 sept. 2008)

Art. R. 1243-12 Les établissements ou organismes demandeurs nomment une personne responsable qui s'assure du respect de la réglementation relative à la qualité et à la sécurité des tissus ou de leurs dérivés ou des préparations de thérapie cellulaire ainsi qu'une ou plusieurs personnes responsables intérimaires qui se voient confier pour la période de remplacement les mêmes pouvoirs et attributions que ceux conférés à la personne responsable et les exerce effectivement pendant la durée du remplacement.

La personne responsable est chargée de :

— garantir que les tissus ou leurs dérivés ou les préparations de thérapie cellulaire utilisés à des fins thérapeutiques sont préparés, conservés, distribués ou cédés conformément aux dispositions législatives et réglementaires en vigueur ;
— veiller à la mise en place, à l'évaluation et à l'actualisation du système d'assurance de la qualité dans le respect des règles de bonnes pratiques ;
— veiller à l'application du dispositif de biovigilance.

A l'exception des établissements ou organismes autorisés au titre de l'article R. 1243-3, lorsqu'un établissement ou un organisme exerce les activités mentionnées à l'article R. 1243-1 sur des sites différents, un responsable des activités est désigné par la personne responsable pour chaque site où sont réalisées les activités.

Le responsable des activités exerce pour chaque site les missions mentionnées au premier et au deuxième alinéa sous l'autorité de la personne responsable. Dans le cas d'un établissement de transfusion sanguine, ce responsable des activités est désigné par le directeur de cet établissement et agit sous son autorité.

(Décr. nº 2014-1066 du 19 sept. 2014, art. 6-1º) « En cas d'empêchement dûment justifié, le responsable des activités est remplacé par un responsable intérimaire des activités désigné par la personne responsable qui peut être responsable des activités d'un autre site du même établissement ou organisme. Le responsable intérimaire des activités se voit confier, pour la période de remplacement, les mêmes pouvoirs et attributions que ceux conférés au responsable des activités du site et les exerce effectivement pendant la durée du remplacement. »

Art. R. 1243-13 La personne responsable mentionnée à l'article R. 1243-12 et les personnes responsables intérimaires ainsi que le responsable des activités sont titulaires des diplômes permettant l'exercice de la médecine ou de la pharmacie, ou sont titulaires d'un doctorat dans le domaine des sciences de la vie et de la santé. Ils justifient d'une expérience pratique d'au moins deux ans dans les domaines d'activité définis par la présente section.

Art. R. 1243-14 L'établissement ou l'organisme autorisé adresse au directeur général de l'*(Décr. nº 2012-597 du 27 avr. 2012, art. 5-I-1º)* « Agence nationale de sécurité du médicament et des produits de santé » copie de tout acte portant nomination de la personne responsable mentionnée à l'article R. 1243-12 et des personnes responsables intérimaires. Lorsque la personne responsable ou la personne intérimaire est remplacée temporairement ou définitivement, il communique immédiatement au directeur général de l'*(Décr. nº 2012-597 du 27 avr. 2012, art. 5-I-1º)* « Agence nationale de sécurité du médicament et des produits de santé » le nom et la date de prise de fonction de la personne responsable intérimaire qu'il a désignée.

Art. R. 1243-15 *(Décr. nº 2014-1066 du 19 sept. 2014, art. 6-2º)* I. — Les établissements ou organismes demandeurs disposent de personnels médicaux, paramédicaux et techniques qui exercent leurs missions sous l'autorité de la personne responsable ou de la personne responsable des activités mentionnée à l'article R. 1243-12. Ces établissements disposent au moins :

1º D'un responsable de la préparation. Peuvent seules exercer cette fonction les personnes qui, d'une part, satisfont aux conditions d'exercice de la médecine ou de la pharmacie, ou possèdent un doctorat dans le domaine des sciences de la vie et de la santé ou un diplôme d'ingénieur et qui, d'autre part, justifient de conditions d'expérience professionnelle, dont les modalités sont précisées dans un arrêté du ministre chargé de la santé. Les personnes titulaires du diplôme permettant l'exercice de la profession de technicien de laboratoire médical au sens des articles L. 4352-2 et L. 4352-3 peuvent également exercer cette fonction sous réserve de remplir les conditions prévues par l'arrêté susmentionné et de bénéficier d'un avis favorable de la personne responsable mentionnée à l'article R. 1243-12 ;

2º D'un responsable du contrôle de la qualité. Peuvent seules exercer cette fonction les personnes qui, d'une part, satisfont aux conditions d'exercice de la médecine ou de la pharmacie, ou possèdent un doctorat dans le domaine des sciences de la vie et de la santé ou un diplôme national de master dans le domaine des sciences de la vie et de la santé et qui, d'autre part, justifient de conditions d'expérience professionnelle dont les modalités sont précisées dans un arrêté du ministre chargé de la santé. Les personnes titulaires d'un diplôme d'ingénieur peuvent également exercer cette fonction sous réserve de remplir les conditions prévues par l'arrêté susmentionné et de bénéficier d'un avis favorable de la personne responsable mentionnée à l'article R. 1243-12.

II. – Le personnel paramédical et technique doit être en nombre suffisant pour assurer pendant les horaires d'ouverture de l'établissement ou de l'organisme demandeur les activités mentionnées à l'article L. 1243-2. Toutefois, pour répondre aux situations d'urgence et lorsque la nature des tissus, de leurs dérivés ou des préparations de thérapie cellulaire le justifie, leur distribution est possible en dehors des horaires d'ouverture.

III. – Dans le cadre de leurs missions, les personnels mentionnés au I respectent les bonnes pratiques définies en application de l'article L. 1245-6.

Art. R. 1243-16 Les établissements ou organismes demandeurs disposent de locaux permettant de garantir la qualité et la sécurité sanitaire des tissus ou de leurs dérivés ou des préparations de thérapie cellulaire, conformément aux règles de bonnes pratiques prévues par l'article L. 1245-6.

Art. R. 1243-17 Pour éviter tout risque de contamination croisée, lorsque des activités de conservation, de préparation et de cession à des fins scientifiques de tissus ou de leurs dérivés ou de cellules sont réalisées dans les mêmes locaux que ceux dédiés aux produits préparés ou conservés à des fins thérapeutiques, l'établissement ou l'organisme sollicitant l'autorisation prévoit la mise en place de procédures garantissant le respect des règles d'hygiène et de sécurité ainsi que des circuits séparés selon la finalité de ces activités.

Art. R. 1243-18 Les établissements ou organismes demandeurs disposent des matériels décrits dans les règles de bonnes pratiques prévues par l'article L. 1245-6, permettant de garantir la qualité, la sécurité sanitaire et la traçabilité des tissus, de leurs dérivés ou des cellules ou des préparations de thérapie cellulaire et de réduire les risques, notamment de contamination, pour les receveurs et le personnel.

Art. R. 1243-19 L'établissement ou l'organisme autorisé communique au directeur général de l'*(Décr. n° 2012-597 du 27 avr. 2012, art. 5-I-1°)* « Agence nationale de sécurité du médicament et des produits de santé » le nom d'un ou de plusieurs médecins référents auquel les personnels réalisant les activités mentionnées à l'article R. 1243-1 peuvent faire appel sur toute question relative aux activités médicales de cet établissement ou organisme, notamment la sélection clinique et biologique des donneurs et sur toute question relative aux relations éventuelles avec les praticiens utilisateurs de ces produits. Ce ou ces médecins référents sont membres du conseil scientifique ou du comité médico-technique mentionné à l'article R. 1243-20.

SOUS-SECTION 4 RÈGLES APPLICABLES AUX ÉTABLISSEMENTS ET ORGANISMES AUTORISÉS

(Décr. n° 2008-968 du 16 sept. 2008)

Art. R. 1243-20 Sous réserve de la disposition du deuxième alinéa relative aux établissements de transfusion sanguine, l'établissement ou l'organisme autorisé met en place un conseil scientifique ou un comité médico-technique, chargé notamment d'assurer l'orientation scientifique et technique, de suivre l'activité et les résultats, de proposer et faciliter la mise en place de travaux de recherche dans le domaine de la préparation, de la conservation et du contrôle de la qualité des tissus ou de leurs dérivés ou des préparations de thérapie cellulaire.

Les établissements de transfusion sanguine mettent en place un comité médicotechnique, chargé notamment de suivre l'activité et les résultats, de proposer et faciliter la mise en place de mesures d'amélioration dans le domaine de la préparation, de la conservation et du contrôle de la qualité des tissus ou de leurs dérivés ou des préparations de thérapie cellulaire.

Art. R. 1243-21 Une comptabilité analytique portant sur les données économiques, financières et comptables relatives aux activités mentionnées à l'article R. 1243-1 est mise en place au sein de l'établissement ou de l'organisme autorisé.

Art. R. 1243-22 L'établissement ou l'organisme autorisé adresse au directeur général de l'*(Décr. n° 2012-597 du 27 avr. 2012, art. 5-I-1°)* « Agence nationale de sécurité du médicament et des produits de santé » et au directeur général de l'Agence de la biomédecine ainsi que, le cas échéant, au *(Décr. n° 2010-344 du 31 mars 2010, art. 25)* « directeur général de l'agence régionale de santé » un rapport d'activité annuel contenant notamment *(Décr. n° 2017-20 du 9 janv. 2017, art. 1er-1°)* « les données actualisées sur les personnels, les équipements et » toute information nécessaire à l'évaluation de l'ensemble des activités pour lesquelles il est autorisé. La forme et le contenu de ce rapport sont fixés par décision du directeur général de l'*(Décr. n° 2012-597 du 27 avr. 2012, art. 5-I-1°)* « Agence nationale de sécurité du médicament et des produits de santé » après avis du directeur général de l'Agence de la biomédecine *(Décr. n° 2015-509 du 6 mai 2015, art. 3-I)* « , publiée sur le site internet de l'Agence nationale de sécurité du médicament et des produits de santé ». Ce rapport est accessible au public, sur demande formulée auprès de la personne morale bénéficiaire de l'autorisation mentionnée à l'article R. 1243-6.

Art. R. 1243-23 Les établissements ou les organismes autorisés établissent et tiennent à jour la liste complète des conventions qu'ils concluent avec les tiers dont l'intervention a une influence sur la qualité et la sécurité des tissus ou de leurs dérivés ou des préparations de thérapie cellulaire. Ils tiennent ces conventions à la disposition de l'*(Décr. n° 2012-597 du 27 avr. 2012, art. 5-I-1°)* « Agence nationale de sécurité du médicament et des produits de santé » et des personnes chargées d'effectuer les inspections conformément aux dispositions de l'article R. 1243-28.

Art. R. 1243-24 Un établissement ou un organisme autorisé peut céder à un autre établissement ou organisme autorisé des tissus, leurs dérivés ou des cellules ou des préparations de thérapie cellulaire en vue de leur préparation, de leur conservation et de leur distribution par ce second établissement ou organisme selon les modalités prévues à l'article R. 1243-26.

Lorsqu'ils sont cédés en vue d'être distribués, les tissus, leurs dérivés ou les préparations de thérapie cellulaire sont conformes aux règles de qualité et de sécurité sanitaire prises en application de l'article L. 1211-6 ainsi qu'à celles prévues par les règles de bonnes pratiques et aux exigences mentionnées dans l'autorisation prévue à l'article L. 1243-5.

Lorsque les tissus, leurs dérivés ou les cellules ou les préparations de thérapie cellulaire sont cédés en vue d'être préparés par l'établissement ou l'organisme à qui ils sont cédés, ils doivent être conformes aux règles de qualité et de sécurité sanitaire prises en application de l'article L. 1211-6.

Art. R. 1243-25 Les tissus ou leurs dérivés ou les préparations de thérapie cellulaire sont distribués sous la responsabilité de la personne responsable mentionnée à l'article R. 1243-12 ou le cas échéant du responsable des activités mentionné à l'article R. 1243-12 à un praticien identifié, sur la base d'une prescription médicale nominative.

Ils ne peuvent être distribués que s'ils sont reconnus conformes aux règles de qualité et de sécurité sanitaire prises en application de l'article L. 1211-6, ainsi qu'à celles prévues par les règles de bonne pratique et s'ils sont reconnus conformes aux exigences mentionnées dans l'autorisation prévue à l'article *(Décr. n° 2015-509 du 6 mai 2015, art. 3-II)* « L. 1243-2 ».

Toutefois, des tissus ou leurs dérivés ou des préparations de thérapie cellulaire non *conformes* aux exigences mentionnées dans l'autorisation prévue à l'article *(Décr. n° 2015-509 du 6 mai 2015, art. 3-II)* « L. 1243-2 » peuvent être distribués si le praticien mentionné au premier alinéa atteste que l'état de santé du receveur justifie le recours à de tels produits et qu'en l'état des connaissances scientifiques et médicales l'avantage escompté pour le receveur est supérieur au risque encouru par celui-ci.

Art. R. 1243-26 Lors de leur distribution ou de leur cession, les tissus, leurs dérivés, les cellules ou les préparations de thérapie cellulaire sont accompagnés des documents qui sont mentionnés à l'article R. 1211-19 *(Décr. n° 2014-1066 du 19 sept. 2014, art. 6-3°)* « et à l'article R. 1211-22-2 » ainsi que dans les règles de bonnes pratiques prévues à l'article L. 1245-6 et permettant d'assurer leur traçabilité et leur sécurité.

Art. R. 1243-27 Les établissements et les organismes autorisés mettent en place une procédure de rappel des tissus ou de leurs dérivés ou des préparations de thérapie cellulaire conforme aux règles de bonnes pratiques prévues à l'article L. 1245-6 et comprenant une description des responsabilités et des mesures à prendre. La personne responsable mentionnée à l'article R. 1243-12 entreprend et coordonne les actions nécessaires.

La personne responsable notifie au directeur général de l'*(Décr. n° 2012-597 du 27 avr. 2012, art. 5-I-1°)* « Agence nationale de sécurité du médicament et des produits de santé » toute mesure de rappel. Elle adresse une copie de cette notification au directeur général de l'Agence de la biomédecine.

Art. R. 1243-28 *Abrogé par Décr. n° 2017-20 du 9 janv. 2017, art. 1er-2°.*

Art. R. 1243-29 Par dérogation aux dispositions de la présente section, lorsque les tissus, leurs dérivés ou les cellules ou les préparations de thérapie cellulaire sont destinés à la fabrication d'une spécialité pharmaceutique ou d'un médicament fabriqué industriellement ou selon une méthode dans laquelle intervient un processus industriel, l'autorisation prévue à l'article L. 5124-3 vaut autorisation, pour les fabricants de produits pharmaceutiques mentionnés à l'article R. 5124-2, à exercer les activités mentionnées à l'article R. 1243-1, à l'exception de celles de distribution et de cession des tissus, de leurs dérivés ou des cellules ou des préparations de thérapie cellulaire.

Art. R. 1243-30 Les établissements ou les organismes bénéficiaires de l'autorisation mentionnée à l'article R. 1243-6 peuvent céder les tissus, leurs dérivés, les cellules ou les préparations de thérapie cellulaire à un fabricant de produits pharmaceutiques *(Décr. n° 2014-1066 du 19 sept. 2014, art. 6-4°)* « et à des établissements ou organismes autorisés au titre des articles L. 4211-9-1, L. 5124-1 ou L. 5124-9-1 à fabriquer des médicaments de thérapie innovante préparés ponctuellement » dans le respect des règles éthiques et sanitaires en vigueur, en vue de la distribution du produit fini. Ces cessions se font sur la base de conventions qui sont communiquées au directeur général de l'*(Décr. n° 2012-597 du 27 avr. 2012, art. 5-I-1°)* « Agence nationale de sécurité du médicament et des produits de santé ».

Art. R. 1243-31 *(Décr. n° 2008-968 du 16 sept. 2008)* Les établissements ou les organismes bénéficiaires de l'autorisation mentionnée à l'article R. 1243-6 peuvent céder les tissus, leurs dérivés, les cellules ou les préparations de thérapie cellulaire à des fabricants de dispositifs médicaux de diagnostic *in vitro* ou de produits thérapeutiques annexes, lorsque ces produits sont destinés à la fabrication :

– de dispositifs de diagnostic *in vitro* répondant aux exigences auxquelles ils sont soumis pour leur mise sur le marché ;

– de produits thérapeutiques annexes ayant fait l'objet de l'autorisation mentionnée à l'article L. 1261-2.

SOUS-SECTION 5 MODALITÉS D'APPLICATION AUX HÔPITAUX DES ARMÉES ET AU CENTRE DE TRANSFUSION SANGUINE DES ARMÉES

(Décr. n° 2008-968 du 16 sept. 2008)

Art. R. 1243-32 Pour l'application des dispositions des sous-sections 1 à 4, les hôpitaux des armées et le Centre de transfusion sanguine des armées sont regardés respectivement comme des établissements de santé et comme un établissement de transfusion sanguine.

Pour ces hôpitaux et pour ce centre, le ministre de la défense exerce les attributions du *(Décr. n° 2010-344 du 31 mars 2010, art. 25)* « directeur général de l'agence régionale de santé ».

SECTION II *[ABROGÉE]* AUTORISATION DE PROCÉDÉS CONCERNANT *LES TISSUS, LEURS DÉRIVÉS ET LES PRÉPARATIONS DE THÉRAPIE CELLULAIRE*

(Abrogée par Décr. n° 2015-509 du 6 mai 2015, art. 13)

SOUS-SECTION 1 *[ABROGÉE]* CONDITIONS D'AUTORISATION

Art. R. 1243-33 à R. 1243-37 *Abrogés par Décr. n° 2015-509 du 6 mai 2015, art. 13.*

SOUS-SECTION 2 *[ABROGÉE]* COMMISSION DE THÉRAPIE GÉNIQUE ET CELLULAIRE

(Abrogée par Décr. n° 2012-597 du 27 avr. 2012, art. 3-11°)

V. la note de rédaction située ss. le titre II du livre III de la cinquième partie.

Art. R. 1243-38 *à* R. 1243-47 *Abrogés par Décr. n° 2012-597 du 27 avr. 2012, art. 3-11°.*

SOUS-SECTION 3 *[ABROGÉE]* MODALITÉS D'APPLICATION AUX HÔPITAUX DES ARMÉES ET AU CENTRE DE TRANSFUSION SANGUINE DES ARMÉES

Art. R. 1243-48 *Abrogé par Décr. n° 2015-509 du 6 mai 2015, art. 13.*

SECTION II CONSERVATION ET PRÉPARATION À DES FINS SCIENTIFIQUES DE TISSUS ET CELLULES ISSUS DU CORPS HUMAIN *(Décr. n° 2017-1549 du 8 nov. 2017, art. 1er).*

(Décr. n° 2007-1220 du 10 août 2007, art. 4)

SOUS-SECTION 1 ORGANISMES ASSURANT LA CONSERVATION ET LA PRÉPARATION DE TISSUS ET DE CELLULES ISSUS DU CORPS HUMAIN POUR LES BESOINS DE LEURS PROPRES PROGRAMMES DE RECHERCHE

Art. R. 1243-49 Les dispositions de la présente sous-section s'appliquent aux organismes assurant la conservation et la préparation à des fins scientifiques de tissus et de cellules issus du corps humain et de leurs dérivés lorsque ces activités sont exercées pour les besoins de leurs propres programmes de recherche, quelle que soit la finalité en vue de laquelle a été effectué le prélèvement. *(Abrogé par Décr. n° 2017-1549 du 8 nov. 2017, art. 2-1°)* ***« Sont également soumises aux dispositions de la présente sous-section les activités ainsi définies portant sur des éléments conservés à l'issue d'un projet de recherche biomédicale. »***

Les activités mentionnées à l'alinéa précédent incluent la constitution et l'utilisation de collections d'échantillons biologiques humains définies à l'article L. 1243-3, y compris lorsque ces collections sont constituées et utilisées à des fins de recherche génétique.

(Décr. n° 2017-1549 du 8 nov. 2017, art. 2-1°) « Lorsque les activités prévues au premier alinéa sont exercées dans le cadre d'une recherche impliquant la personne humaine au sens de l'article L. 1121-1, elles sont régies par les seules dispositions du titre II du livre Ier de la présente partie relatif aux recherches impliquant la personne humaine.

« Sont soumises aux dispositions de la présente sous-section, les activités prévues au premier alinéa exercées pour les besoins de programmes de recherche n'impliquant pas la personne humaine. »

Art. R. 1243-50 Lorsque les activités mentionnées à l'article R. 1243-49 sont exercées dans des lieux distincts, l'organisme peut déposer plusieurs déclarations en déterminant le périmètre couvert par chacune d'elles.

Art. R. 1243-51 *(Décr. n° 2017-1549 du 8 nov. 2017, art. 2-2°)* « La déclaration est constituée d'une lettre signée du représentant légal de l'organisme déposant et d'un dossier justificatif, saisis au moyen d'un téléservice. La lettre présente l'activité et atteste que le signataire a bien approuvé le dossier justificatif. Elle est transmise au moyen du téléservice au ministre chargé de la recherche et, le cas échéant, au directeur général de l'agence régionale de santé. La prise en compte du dossier justificatif est subordonnée à la réception de cette lettre.

« Les modalités de saisie du dossier justificatif au moyen du téléservice et le modèle de dossier justificatif sont fixés par arrêté du ministre chargé de la recherche. Le dossier comprend notamment : »

1° L'identité du ou des responsables scientifiques des activités déclarées ; en cas de pluralité de responsables scientifiques, un responsable scientifique coordonnateur est désigné ;

2° La description des locaux, des équipements et des matériels utilisés pour chacune des activités ;

(Décr. nº 2017-1549 du 8 nov. 2017, art. 2-2º) « 3° La description des échantillons ou des collections, leur provenance et leurs modalités d'obtention ; »

4° Les conditions d'information des personnes dont sont issus les éléments biologiques et, suivant les cas prévus par l'article L. 1211-2, les modalités de recueil du consentement ou les modalités de vérification de l'absence d'opposition ;

(Abrogé par Décr. nº 2017-1549 du 8 nov. 2017, art. 2-2º) « ***5º Un document attestant le respect des formalités relatives à la mise en œuvre du traitement de données à caractère personnel ;*** »

6° En cas d'existence sur le même site d'activités de conservation ou de préparation réalisées à des fins thérapeutiques, des précisions sur les moyens destinés à éviter les risques de contamination.

(Décr. nº 2017-1549 du 8 nov. 2017, art. 2-2º) « Le ministre chargé de la recherche transmet à l'Agence nationale de sécurité du médicament et des produits de santé le nom de chaque organisme ayant déclaré des activités de conservation ou de préparation à des fins scientifiques de tissus et cellules du corps humain réalisées sur le même site que des activités de même nature exercées à des fins thérapeutiques. S'il l'estime nécessaire, le directeur général de l'agence peut demander que lui soient transmis des dossiers d'organismes déclarants dont il a reçu les noms. Les dossiers qui lui sont transmis comportent les précisions apportées par l'organisme déclarant sur les moyens destinés à éviter les risques de contamination. »

Art. R. 1243-52 Le dossier est réputé complet si, dans un délai d'un mois à compter de sa réception, le ministre chargé de la recherche *(Abrogé par Décr. nº 2017-1549 du 8 nov. 2017, art. 2-3º)* « ***, le président du comité de protection des personnes,*** » ou, le cas échéant, le *(Décr. nº 2010-344 du 31 mars 2010, art. 26)* « directeur général de l'agence régionale de santé », n'ont pas fait connaître à l'organisme *(Abrogé par Décr. nº 2017-1549 du 8 nov. 2017, art. 2-3º)* « ***par lettre recommandée avec demande d'avis de réception*** » les informations manquantes ou incomplètes en indiquant le délai imparti pour les fournir.

Ces autorités s'informent mutuellement des demandes d'informations complémentaires qu'elles adressent à l'organisme déclarant et des réponses reçues. Sans réponse dans le délai imparti l'organisme déclarant est réputé avoir renoncé à sa demande.

Art. R. 1243-53 Dans un délai de deux mois à compter de la date à laquelle le dossier est réputé complet, le ministre chargé de la recherche et, le cas échéant, le *(Décr. nº 2010-344 du 31 mars 2010, art. 26)* « directeur général de l'agence régionale de santé » peuvent, dans les cas prévus à l'article L. 1243-3, s'opposer à ce que l'organisme assure les activités faisant l'objet de la déclaration.

A défaut d'une notification de la décision d'opposition dans ce délai, l'organisme peut exercer les activités décrites dans la déclaration.

(Décr. nº 2017-1549 du 8 nov. 2017, art. 2-5º) « Lorsque le ministre chargé de la recherche ou le directeur général de l'agence régionale de santé ont demandé à l'organisme de compléter le dossier, le délai prévu au présent article est suspendu jusqu'à la réception des éléments demandés. »

L'art. R. 1243-54 devient l'art. R. 1243-53 (Décr. nº 2017-1549 du 8 nov. 2017, art. 2-5º).

Art. R. 1243-54 Dans le périmètre couvert par la déclaration, les organismes doivent être en mesure de fournir à tout moment les éléments suivants :

1° La nature des échantillons détenus ainsi que *(Abrogé par Décr. nº 2017-1549 du 8 nov. 2017, art. 2-7º)* « ***, pour chaque collection,*** » leur nombre ;

2° Les caractéristiques des échantillons détenus ;

3° *(Décr. nº 2017-1549 du 8 nov. 2017, art. 2-7º)* « La provenance et » les modalités *d'obtention* des échantillons ;

4° Les procédés de préparation des échantillons ;

5° Le projet de recherche ;

6° Suivant les cas prévus par l'article L. 1211-2, les éléments relatifs au consentement ou à l'absence d'opposition ;

7° Le lieu de conservation ;

8° La destination des échantillons à la fin du projet de recherche ;

(Abrogé par Décr. n° 2017-1549 du 8 nov. 2017, art. 2-7°) « *9° En cas de cession, en application des dispositions du dernier alinéa de l'article L. 1243-3, l'identité du cessionnaire, la nature et le nombre d'échantillons cédés, le programme de recherche en vue duquel la cession a été réalisée.* »

Le ministre chargé de la recherche ou, le cas échéant, le *(Décr. n° 2010-344 du 31 mars 2010, art. 26)* « directeur général de l'agence régionale de santé » peut, en outre, demander à tout moment à l'organisme des informations lui permettant de s'assurer que les activités sont bien poursuivies dans le respect des dispositions législatives et réglementaires en vigueur et répondent aux exigences mentionnées à l'article L. 1243-3.

L'art. R. 1243-56 devient l'art. R. 1243-54 (Décr. n° 2017-1549 du 8 nov. 2017, art. 2-7°).

Art. R. 1243-55 Toute modification des éléments figurant dans le dossier de déclaration de nature à entraîner un changement substantiel dans les conditions d'exercice des activités déclarées, en particulier le changement du ou des responsables scientifiques des activités déclarées *(Décr. n° 2017-1549 du 8 nov. 2017, art. 2-8°)* « , le changement de nature des éléments et des produits préparés ou conservés, leur provenance et leurs modalités d'obtention » ou la constitution, l'acquisition, le transfert ou la destruction d'une collection, est portée sans délai par l'organisme à la connaissance du ministre chargé de la recherche et, le cas échéant, du *(Décr. n° 2010-344 du 31 mars 2010, art. 26)* « directeur général de l'agence régionale de santé ».

(Abrogé par Décr. n° 2017-1549 du 8 nov. 2017, art. 2-8°) « *Lorsque la modification porte sur la constitution d'une collection, l'organisme adresse, en outre, au comité de protection des personnes, concomitamment à l'envoi aux autorités mentionnées à l'alinéa précédent, les éléments complétant la déclaration. Le comité rend un avis dans les conditions mentionnées à l'article R. 1243-53. Toutefois, lorsque la collection a déjà fait l'objet d'un avis du comité de protection des personnes en application des dispositions des articles L. 1121-1 et suivants, l'organisme est dispensé de la saisine du comité de protection des personnes si le consentement des personnes dont sont issus les éléments biologiques inclut la possibilité de conserver les éléments à l'issue de la recherche, sans préjudice de l'application des dispositions du deuxième alinéa de l'article L. 1211-2 relatives au changement de finalité. Dans ce cas, l'organisme joint l'avis rendu par le comité aux éléments complétant la déclaration.* »

L'article R. 1243-57 devient l'art. R. 1243-55 (Décr. n° 2017-1549 du 8 nov. 2017, art. 2-8°).

Art. R. 1243-56 Le ministre chargé de la recherche peut à tout moment suspendre ou interdire l'exercice des activités ne répondant plus aux exigences mentionnées à l'article L. 1243-3. Lorsque l'organisme est un établissement de santé, la décision de suspension ou d'interdiction est prise conjointement par le ministre de la recherche et le *(Décr. n° 2010-344 du 31 mars 2010, art. 26)* « directeur général de l'agence régionale de santé ».

Avant toute décision de suspension ou d'interdiction, l'organisme est mis en demeure par le ministre chargé de la recherche, après accord, le cas échéant, du *(Décr. n° 2010-344 du 31 mars 2010, art. 26)* « directeur général de l'agence régionale de santé », de mettre fin aux manquements constatés dans un délai qui lui est fixé ou de présenter ses observations. Les responsables de l'organisme peuvent être entendus à leur demande. Si les mesures prises ne sont pas de nature à mettre un terme aux manquements constatés ou si les mesures prescrites ne sont pas mises en œuvre dans le délai imparti, le ministre chargé de la recherche et, le cas échéant, le *(Décr. n° 2010-344 du 31 mars 2010, art. 26)* « directeur général de l'agence régionale de santé » notifient à l'organisme la décision de suspension ou d'interdiction.

La décision de suspension précise les prescriptions auxquelles l'organisme doit se conformer pour recouvrer le bénéfice de la déclaration. La période de suspension ne peut être supérieure à un an. La décision d'interdiction peut être assortie de prescriptions portant sur la conservation des tissus, des cellules et de leurs dérivés ; elle peut organiser leur transfert auprès d'un autre organisme ou ordonner leur destruction.

L'art. R. 1243-58 devient l'art. R. 1243-56 (Décr. n° 2017-1549 du 8 nov. 2017, art. 2-9°).

SOUS-SECTION 2 ORGANISMES ASSURANT LA CONSERVATION ET LA PRÉPARATION DE TISSUS ET DE CELLULES ISSUS DU CORPS HUMAIN EN VUE DE LEUR CESSION POUR UN USAGE SCIENTIFIQUE

Art. R. 1243-57 *(Décr. nº 2017-1549 du 8 nov. 2017, art. 3-1º)* Tout organisme qui assure la conservation et la préparation des tissus ou des cellules issus du corps humain et leurs dérivés, en vue de leur cession pour un usage scientifique, y compris à des fins de recherche génétique, est titulaire d'une autorisation délivrée par le ministre chargé de la recherche et, le cas échéant, par le directeur général de l'agence régionale de santé. Au sens de la présente sous-section, le terme de cession recouvre les cessions consenties à titre gratuit ou onéreux.

Sont également soumises aux dispositions de la présente sous-section les activités définies au premier alinéa portant sur des éléments conservés à l'issue d'une recherche impliquant la personne humaine telle que définie à l'article L. 1121-1.

Art. R. 1243-58 *(Décr. nº 2017-1549 du 8 nov. 2017, art. 3-1º)* Ne sont pas considérés comme des cessions au sens de la présente sous-section les transferts opérés par un organisme dans les cas suivants :

1º L'organisme conduit des recherches en collaboration avec un ou plusieurs autres organismes dans le cadre d'un contrat qui prévoit que ces partenaires ne peuvent utiliser les tissus, les cellules et leurs dérivés que pour mener les recherches décrites par ce contrat et qui fixe le devenir des échantillons à l'issue de ces recherches ;

2º L'organisme a recours aux services ou aux moyens matériels ou techniques d'un autre organisme dans le cadre d'un contrat prévoyant que ce dernier ne peut procéder sur les tissus, les cellules et leurs dérivés à d'autres opérations que celles qui lui sont demandées et qu'il est tenu de restituer les éléments restants à l'issue de la prestation ainsi effectuée. Les contractants peuvent toutefois convenir de la destruction des échantillons par l'organisme prestataire à l'issue des opérations.

Art. R. 1243-59 Lorsque les activités mentionnées à l'article *(Décr. nº 2017-1549 du 8 nov. 2017, art. 3-2º)* « R. 1243-57 » sont exercées dans des lieux distincts, l'organisme peut déposer plusieurs demandes d'autorisation en déterminant le périmètre couvert par chacune d'elles.

L'art. R. 1243-62 devient l'art. R. 1243-59 (Décr. nº 2017-1549 du 8 nov. 2017, art. 3-2º).

Art. R. 1243-60 *(Décr. nº 2017-1549 du 8 nov. 2017, art. 3-3º)* « La demande d'autorisation est constituée d'une lettre signée du représentant légal de l'organisme déposant et d'un dossier justificatif, saisis au moyen d'un téléservice. La lettre présente l'activité et atteste que le signataire a bien approuvé le dossier justificatif. Elle est transmise au moyen du téléservice au ministre chargé de la recherche et, le cas échéant, au directeur général de l'agence régionale de santé. La prise en compte du dossier justificatif est subordonnée à la réception de cette lettre.

« Les modalités de saisie du dossier justificatif au moyen du téléservice et le modèle de dossier justificatif sont fixés par arrêté du ministre chargé de la recherche. Le dossier comprend notamment : »

1º L'identité du responsable scientifique des activités faisant l'objet de la demande d'autorisation ; en cas de pluralité de responsables scientifiques, un responsable scientifique coordonnateur est désigné ;

2º Le nombre d'agents affectés à ces activités ainsi que leur qualification ;

3º La description des locaux, équipements et matériels utilisés pour chacune des activités ;

(Décr. nº 2017-1549 du 8 nov. 2017, art. 3-3º) « 4º La description des échantillons ou des collections, leur provenance et leurs modalités d'obtention ; »

5º La description des procédures utilisées pour réaliser les activités ;

6º Les conditions d'exploitation telles que les modalités de cession des tissus, des cellules et de leurs dérivés ;

7º Les conditions d'information des personnes dont sont issus les éléments biologiques et, suivant les cas prévus par l'article L. 1211-2, les modalités de recueil du consentement ou les modalités de vérification de l'absence d'opposition ;

(Décr. n° 2017-1549 du 8 nov. 2017, art. 3-3°) « 8° Dans les cas prévus au second alinéa de l'article R. 1243-57, tout document permettant aux autorités compétentes de s'assurer que les personnes dont sont issus les éléments biologiques ont été dûment informées de leur conservation à des fins scientifiques à l'issue de la recherche et qu'elles n'y sont pas opposées, une copie de l'avis rendu par le comité de protection des personnes en application des dispositions des articles L. 1121-1 et suivants et, le cas échéant, une copie de l'autorisation délivrée en applications des mêmes dispositions ; »

9° En cas d'existence sur le même site d'activités de conservation ou de préparation réalisées à des fins thérapeutiques, des précisions sur les moyens destinés à éviter les risques de contamination.

L'art. R. 1243-63 devient l'art. R. 1243-60 (Décr. n° 2017-1549 du 8 nov. 2017, art. 3-3°).

Art. R. 1243-61 Le dossier est réputé complet si, dans le délai d'un mois à compter de sa réception, le ministre chargé de la recherche *(Abrogé par Décr. n° 2017-1549 du 8 nov. 2017, art. 3-4°)* « ***, le président du comité de protection des personnes*** » ou, le cas échéant, le *(Décr. n° 2010-344 du 31 mars 2010, art. 26)* « directeur général de l'agence régionale de santé », n'ont pas fait connaître au demandeur *(Abrogé par Décr. n° 2017-1549 du 8 nov. 2017, art. 3-4°)* « ***par lettre recommandée avec demande d'avis de réception*** » les informations manquantes ou incomplètes en indiquant le délai imparti pour les fournir.

Ces autorités s'informent mutuellement des demandes d'informations complémentaires qu'elles adressent à l'établissement ou organisme demandeur.

L'art. R. 1243-64 devient l'art. R. 1243-61 (Décr. n° 2017-1549 du 8 nov. 2017, art. 3-4°).

Art. R. 1243-62 La décision du ministre chargé de la recherche ou, le cas échéant, la décision conjointe du ministre chargé de la recherche et du *(Décr. n° 2010-344 du 31 mars 2010, art. 26)* « directeur général de l'agence régionale de santé » est notifiée au demandeur dans un délai de trois mois à compter de la date à laquelle le dossier est réputé complet. L'absence de réponse dans ce délai vaut décision implicite de rejet.

Le ministre chargé de la recherche et, le cas échéant, le *(Décr. n° 2010-344 du 31 mars 2010, art. 26)* « directeur général de l'agence régionale de santé » apprécient, en particulier, si les conditions d'approvisionnement, de conservation et d'utilisation des tissus et des cellules issus du corps humain et de leurs dérivés présentent des garanties suffisantes pour assurer le respect des dispositions du titre Ier du livre II de la première partie du présent code, des règles en vigueur en matière de santé et de sécurité au travail des personnes exerçant une activité professionnelle sur le site ainsi que des dispositions applicables en matière de protection de l'environnement. Ils apprécient également, *(Abrogé par Décr. n° 2017-1549 du 8 nov. 2017, art. 3-6°)* « ***dans le cas de la constitution d'une collection*** » la qualité de l'information des personnes dont sont issus les éléments biologiques, les modalités de recueil de leur consentement ou les modalités de vérification de l'absence d'opposition et la pertinence éthique et scientifique du projet *(Décr. n° 2017-1549 du 8 nov. 2017, art. 3-6°)* « d'activité ».

Le ministre chargé de la recherche et, le cas échéant, le *(Décr. n° 2010-344 du 31 mars 2010, art. 26)* « directeur général de l'agence régionale de santé », *(Abrogé par Décr. n° 2017-1549 du 8 nov. 2017, art. 3-6°)* « ***ainsi que le président du comité consultatif sur le traitement de l'information en matière de recherche dans le domaine de la santé et le président du comité de protection des personnes,*** » peuvent demander (Abrogé par Décr. n° 2017-1549 du 8 nov. 2017, art. 3-6°) « ***, par lettre recommandée avec demande d'avis de réception,*** » toute information complémentaire qu'ils estiment nécessaire. Ces informations peuvent inclure des données financières et comptables relatives à l'organisme demandeur. En cas de demande d'information complémentaire, les délais mentionnés *(Abrogé par Décr. n° 2017-1549 du 8 nov. 2017, art. 3-6°)* « ***à l'article R. 1243-65, R. 1243-66 et*** » au premier alinéa du présent article sont suspendus jusqu'à ce que les informations complémentaires aient été fournies.

L'art. R. 1243-67 devient l'art. R. 1243-62 (Décr. n° 2017-1549 du 8 nov. 2017, art. 3-6°).

Art. R. 1243-63 Les autorisations sont délivrées pour une durée de cinq ans. La demande de renouvellement est accompagnée du dossier justificatif mentionné à l'article *(Décr. n° 2017-1549 du 8 nov. 2017, art. 3-7°)* « R. 1243-60 » ainsi que d'un rapport d'activité. Elle s'effectue selon les mêmes modalités et conditions que la demande initiale.

L'art. R. 1243-68 devient l'art. R. 1243-63 (Décr. n° 2017-1549 du 8 nov. 2017, art. 3-7°).

Art. R. 1243-64 Les organismes autorisés doivent être en mesure de fournir à tout moment les éléments suivants :

1° La nature des échantillons détenus ainsi que *(Abrogé par Décr. n° 2017-1549 du 8 nov. 2017, art. 3-8°)* ***« lorsqu'il s'agit d'une collection, »*** leur nombre ;

2° Les caractéristiques des échantillons détenus ;

3° Les modalités de préparation des échantillons ;

4° *(Décr. n° 2017-1549 du 8 nov. 2017, art. 3-8°)* « La provenance et » les modalités d'obtention des échantillons ;

5° Suivant les cas prévus à l'article L. 1211-2, les éléments relatifs au consentement ou à l'absence d'opposition ;

(Décr. n° 2017-1549 du 8 nov. 2017, art. 3-8°) « 6° Les coordonnées des cessionnaires et des précisions sur leur activité de recherche ; »

7° Le lieu de conservation.

Le ministre chargé de la recherche et, le cas échéant, le *(Décr. n° 2010-344 du 31 mars 2010, art. 26)* « directeur général de l'agence régionale de santé » peuvent, en outre, demander à tout moment à l'organisme des informations leur permettant de s'assurer que les activités sont bien poursuivies dans le respect des dispositions législatives et réglementaires et des exigences mentionnées au deuxième alinéa de l'article *(Décr. n° 2017-1549 du 8 nov. 2017, art. 3-8°)* « R. 1243-62 ».

L'art. R. 1243-69 devient l'art. R. 1243-64 (Décr. n° 2017-1549 du 8 nov. 2017, art. 3-8°).

Art. R. 1243-65 Toute modification des éléments figurant dans le dossier de demande d'autorisation ou de renouvellement d'autorisation est portée sans délai à la connaissance du ministre chargé de la recherche et, le cas échéant, du *(Décr. n° 2010-344 du 31 mars 2010, art. 26)* « directeur général de l'agence régionale de santé ». Ces derniers peuvent demander toute information complémentaire afin de s'assurer que la modification en cause n'affecte pas le respect des dispositions législatives et réglementaires ou des exigences mentionnées au deuxième alinéa de l'article *(Décr. n° 2017-1549 du 8 nov. 2017, art. 3-9°)* « R. 1243-62 ».

Doivent, en particulier, être portés à la connaissance du ministre chargé de la recherche et, le cas échéant, du *(Décr. n° 2010-344 du 31 mars 2010, art. 26)* « directeur général de l'agence régionale de santé » :

1° Le changement du ou des responsables scientifiques des activités autorisées ;

2° Le changement de nature des éléments et des produits préparés ou conservés *(Décr. n° 2017-1549 du 8 nov. 2017, art. 3-9°)* « , leur provenance et leurs modalités d'obtention ; »

3° La constitution, l'acquisition, la cession ou la destruction d'une collection.

(Abrogé par Décr. n° 2017-1549 du 8 nov. 2017, art. 3) ***« L'information portant sur la constitution ou l'acquisition d'une collection est adressée simultanément par le titulaire de l'autorisation au comité de protection des personnes qui rend un avis dans les conditions mentionnées à l'article R. 1243-66. Toutefois, lorsque la collection a déjà fait l'objet d'un avis du comité de protection des personnes en application des dispositions des articles L. 1121-1 et suivants, l'organisme est dispensé de la saisine du comité de protection des personnes dans les conditions énoncées au deuxième alinéa de l'article R. 1243-63 ; dans ce cas, il joint l'avis rendu par le comité.***

« Le ministre chargé de la recherche informe le président du comité consultatif sur le traitement de l'information en matière de recherche dans le domaine de la santé des modifications ainsi déclarées. »

En cas de modification substantielle des conditions d'exercice des activités, le ministre chargé de la recherche et, le cas échéant, le *(Décr. n° 2010-344 du 31 mars 2010, art. 26)* « directeur général de l'agence régionale de santé » peuvent demander à l'organisme de présenter une nouvelle demande d'autorisation déposée et instruite selon les mêmes modalités et dans les mêmes conditions que la demande initiale.

L'art. R. 1243-70 devient l'art. R. 1243-65 (Décr. n° 2017-1549 du 8 nov. 2017, art. 3-9°).

Art. R. 1243-66 En cas d'infraction aux dispositions législatives et réglementaires ou en cas de non-respect des exigences mentionnées au deuxième alinéa de l'article *(Décr. n° 2017-1549 du 8 nov. 2017, art. 3-10°)* « R. 1243-62 », l'autorisation peut être suspendue ou retirée par le ministre chargé de la recherche. Lorsque l'organisme est un établissement de santé, la décision de suspension ou de retrait est prise conjointement par le ministre chargé de la recherche et le *(Décr. n° 2010-344 du 31 mars 2010, art. 26)* « directeur général de l'agence régionale de santé ».

Avant toute décision de suspension ou de retrait, l'organisme est mis en demeure par le ministre chargé de la recherche de mettre fin aux manquements constatés dans un délai qui lui est fixé ou de présenter ses observations. Les responsables de l'organisme et la personne responsable de l'activité peuvent être entendus à leur demande. Si les mesures prises ne sont pas de nature à mettre un terme aux manquements constatés ou si les mesures prescrites ne sont pas mises en œuvre dans le délai imparti, le ministre chargé de la recherche et, le cas échéant, le *(Décr. n° 2010-344 du 31 mars 2010, art. 26)* « directeur général de l'agence régionale de santé », notifient à l'organisme la décision de suspension ou d'interdiction.

La décision de suspension précise les prescriptions auxquelles l'organisme doit se conformer pour recouvrer le bénéfice de l'autorisation. La période de suspension ne peut être supérieure à un an.

La décision d'interdiction peut être assortie de prescriptions portant sur la conservation des tissus, des cellules et de leurs dérivés ; elle peut organiser leur transfert auprès d'un autre organisme ou, le cas échéant, ordonner leur destruction.

L'article R. 1243-71 devient l'article R. 1243-66 (Décr. n° 2017-1549 du 8 nov. 2017, art. 3-10°).

SOUS-SECTION 3 APPLICATION AUX HÔPITAUX DES ARMÉES

Art. R. 1243-67 Pour l'application des dispositions de la présente section, les hôpitaux des armées sont regardés comme des établissements de santé.

Pour ces hôpitaux, le ministre de la défense exerce les attributions du *(Décr. n° 2010-344 du 31 mars 2010, art. 26)* « directeur général de l'agence régionale de santé ».

(Décr. n° 2017-1549 du 8 nov. 2017, art. 4-2°) « Pour l'application des articles R. 1243-51 et R. 1243-60, la lettre requise est signée par le médecin-chef de l'hôpital des armées déposant la déclaration ou la demande. »

L'art. R. 1243-73 devient l'art. R. 1243-67 (Décr. n° 2017-1549 du 8 nov. 2017, art. 4-1°).

CHAPITRE IV DON ET UTILISATION DE GAMÈTES

SECTION UNIQUE

Art. R. 1244-1 *(Décr. n° 2008-588 du 19 juin 2008)* La disposition des locaux ainsi que les modalités d'accueil des donneurs et des couples receveurs sont de nature à assurer l'anonymat du don et la confidentialité des activités.

Une pièce est aménagée pour les entretiens préalables au don ou à la mise à disposition de gamètes.

Art. R. 1244-2 *(Décr. n° 2015-1281 du 13 oct. 2015, art. 1er-1°)* I. — Le consentement du donneur et, s'il fait partie d'un couple, celui de l'autre membre du couple, prévus à l'article L. 1244-2 ainsi que le recueil ou le prélèvement des gamètes, *(Décr. n° 2016-273 du 4 mars 2016, art. 3-1°)* « sont précédés d'entretiens avec le donneur et, s'il fait partie d'un couple, avec l'autre membre du couple », et les membres de l'équipe médicale pluridisciplinaire.

Ces entretiens ont pour but notamment :

1° De vérifier que le donneur remplit les conditions prévues, soit aux premier et deuxième alinéas, soit au troisième alinéa de l'article L. 1244-2 ;

2° D'informer des dispositions législatives et réglementaires relatives au don de gamètes et de leurs conséquences au regard de la filiation ;

3° De préciser qu'une évaluation préalable de la faisabilité du don sera faite par l'équipe mentionnée au I du présent article, conformément aux règles de bonnes pratiques définies par l'arrêté prévu à l'article L. 2141-1 ;

4° De préciser la nature des examens à effectuer par le donneur avant le don ;

5° D'indiquer au donneur qu'il devra consentir à la conservation dans le dossier mentionné à l'article R. 1244-5 d'informations à caractère personnel relatives à sa santé sous une forme rendue anonyme.

II. – La donneuse d'ovocytes est informée des conditions de la stimulation ovarienne et du prélèvement ovocytaire ainsi que des risques et des contraintes liés à ces techniques.

III. – Le donneur, homme ou femme, n'ayant pas encore procréé est en outre informé de la nécessité de se soumettre, préalablement au don, à un ou plusieurs entretiens avec un médecin qualifié en psychiatrie ou un psychologue.

IV. – Le donneur, homme ou femme, n'ayant pas procréé qui souhaite conserver une partie de ses gamètes en vue d'une éventuelle réalisation ultérieure à son bénéfice d'une assistance médicale à la procréation dans les conditions prévues au titre IV du livre Ier de la deuxième partie du présent code est informé :

1° Des conditions à remplir pour la réalisation ultérieure d'une assistance médicale à la procréation recourant aux gamètes conservés à son bénéfice, notamment les conditions prévues à l'article L. 2141-2 ;

2° De l'existence de règles de répartition des gamètes entre ceux conservés en vue de don et ceux conservés à son bénéfice ; ces règles prennent en compte la nécessité d'obtenir des gamètes en quantité suffisante pour constituer un don ;

3° Des modalités de son interrogation régulière sur le devenir des gamètes conservés à son bénéfice conformément à l'article R. 1244-7.

V. – La donneuse d'ovocytes n'ayant pas procréé qui souhaite conserver une partie de ses gamètes en vue d'une éventuelle réalisation ultérieure, à son bénéfice, d'une assistance médicale à la procréation dans les conditions prévues au titre IV du livre Ier de la deuxième partie du présent code est informée :

1° De ses chances ultérieures de procréation à partir des ovocytes conservés à son bénéfice ;

2° Qu'au moins la moitié des ovocytes matures d'un même prélèvement seront orientés vers le don ;

3° De l'éventualité d'une impossibilité de conservation d'ovocytes à son bénéfice en cas d'obtention d'une quantité insuffisante de gamètes.

Art. R. 1244-3 *(Décr. n° 2006-1660 du 22 déc. 2006 ; Décr. n° 2008-588 du 19 juin 2008)* Sans préjudice des dispositions de l'article L. 2141-10, toute mise à disposition de gamètes est précédée d'un ou plusieurs entretiens du couple destinataire du don avec une équipe médicale clinico-biologique pluridisciplinaire à laquelle doit s'adjoindre un médecin qualifié en psychiatrie ou un psychologue.

(Décr. n° 2015-1281 du 13 oct. 2015, art. 1er-2°) « Le ou les entretiens avec un médecin qualifié en psychiatrie ou un psychologue, prévus au III de l'article R. 1244-2, ont pour but d'identifier les motivations du donneur et l'existence éventuelle d'une pression exercée sur lui. »

Art. R. 1244-4 *(Décr. n° 2008-588 du 19 juin 2008)* Les gamètes provenant d'un don ne peuvent être mis à disposition que du praticien réalisant l'assistance médicale à la procréation ou du couple destinataire du don.

Art. R. 1244-5 *(Décr. n° 2006-1660 du 22 déc. 2006 ; Décr. n° 2008-588 du 19 juin 2008)* Pour remplir les obligations prévues à l'article L. 1244-6, les organismes *(Décr. n° 2017-631 du 25 avr. 2017, art. 3-1°)* « , établissements de santé et groupements de coopération sanitaire » autorisés pour les activités mentionnées au *d* du 1° et au *c* et *d* du 2° de l'article R. 2142-1 conservent des informations sur le donneur.

Le dossier du donneur contient, sous forme rendue anonyme :

1° Les antécédents médicaux personnels et familiaux nécessaires à la mise en œuvre de l'assistance médicale à la procréation avec tiers donneur ;

2° Les résultats des tests de dépistage sanitaire prévus aux articles R. 1211-25 et R. 1211-26 ;

3° Le nombre d'enfants issus du don ;

4° S'il s'agit d'un don de sperme, la date des dons, le nombre de paillettes conservées, la date des mises à disposition et le nombre de paillettes mises à disposition ;

5° S'il s'agit d'un don d'ovocyte, la date de la ponction et le nombre d'ovocytes donnés ;

6° Le consentement écrit du donneur et, s'il fait partie d'un couple, celui de l'autre membre du couple ;

(Décr. n° 2015-1281 du 13 oct. 2015, art. 1er-3°) « 7° S'il s'agit d'un donneur n'ayant pas encore procréé : l'attestation qu'il s'est soumis à l'entretien prévu au III de l'article R. 1244-2 et la mention, le cas échéant, d'une conservation d'une partie de ses gamètes en vue d'une éventuelle réalisation ultérieure à son bénéfice d'une assistance médicale à la procréation dans les conditions prévues au titre IV du livre Ier de la deuxième partie du présent code. »

(Décr. n° 2015-150 du 10 févr. 2015, art. 2-III-1°) « Les praticiens répondant aux critères mentionnés aux articles R. 2142-10 et R. 2142-11 pour exercer les activités mentionnées au premier alinéa du présent article » sont responsables de la bonne tenue du dossier et de l'exactitude des informations qui y sont consignées.

Ce dossier est conservé pour une durée minimale de quarante ans et quel que soit son support sous forme anonyme. L'archivage est effectué dans des conditions garantissant la confidentialité.

Le donneur doit, avant le recueil ou le prélèvement des gamètes, donner expressément son consentement à la conservation de ce dossier.

Les informations touchant à l'identité des donneurs, à l'identification des enfants nés et aux liens biologiques existant entre eux sont conservées, quel que soit le support, de manière à garantir strictement leur confidentialité. Seuls *(Décr. n° 2015-150 du 10 févr. 2015, art. 2-III-2°)* « les praticiens répondant aux critères mentionnés aux articles R. 2142-10 et R. 2142-11 pour exercer » les activités mentionnées au premier alinéa ont accès à ces informations.

Art. R. 1244-6 *(Décr. n° 2006-1660 du 22 déc. 2006 ; Décr. n° 2008-588 du 19 juin 2008)* En vue de se conformer aux prescriptions de l'article L. 1244-4 et pour permettre l'accès aux informations médicales dans les conditions prévues à la deuxième phrase de l'article L. 1244-6, l'établissement *(Décr. n° 2017-631 du 25 avr. 2017, art. 3-2°)* « , le groupement de coopération sanitaire » ou l'organisme conserve toute information relative à l'évolution des grossesses induites par un don de gamètes, y compris leur éventuelle interruption, la date de naissance et l'état de santé des nouveau-nés et des enfants.

Art. R. 1244-7 *(Décr. n° 2015-1281 du 13 oct. 2015, art. 1er-4°)* Les donneurs dont une partie des gamètes est conservée en vue d'une éventuelle réalisation à leur bénéfice d'une assistance médicale à la procréation[,] dans les conditions prévues au titre IV du livre Ier de la deuxième partie du présent code, sont consultés chaque année par écrit sur le point de savoir s'ils maintiennent cette modalité de conservation.

S'ils ne souhaitent plus la maintenir, ils le confirment par écrit après un délai de réflexion de trois mois.

La conservation des gamètes se poursuit en vue de don :

1° A la demande exprimée par le donneur de ne plus maintenir de gamètes à son bénéfice ;

2° En l'absence de réponse du donneur, consulté à plusieurs reprises, lorsque la durée de conservation a dépassé dix ans ;

3° En cas de décès du donneur ;

4° *Si le donneur n'est plus en âge de procréer.*

Art. R. 1244-8 *(Décr. n° 2015-1281 du 13 oct. 2015, art. 1er-4°)* Sont écartées du don les personnes qui ne remplissent pas les conditions législatives et règlementaires prévues au chapitre IV du titre IV du livre II de la première partie et au chapitre Ier du titre Ier du livre II de la première partie du présent code ou qui refusent de se soumettre aux entretiens prévus aux mêmes chapitres.

Art. R. 1244-9 *(Décr. n° 2015-1281 du 13 oct. 2015, art. 1er-4°)* L'arrêté fixant les règles de bonnes pratiques applicables à l'*(Décr. n° 2016-273 du 4 mars 2016, art. 3-2°)* « assistance médicale à la procréation » avec tiers donneur pris en application du dernier alinéa de l'article L. 2141-1 précise les règles de répartition des gamètes mentionnées au 2° du IV de l'article R. 1244-2 ainsi que les situations n'offrant pas de possibilité de conservation d'ovocytes au bénéfice de la donneuse prévues au 3° du V du même article.

CHAPITRE V DISPOSITIONS COMMUNES

(Décr. n° 2017-389 du 23 mars 2017, art. 1er)

SECTION PREMIÈRE DISPOSITIONS GÉNÉRALES

Art. R. 1245-1 Les dispositions du présent chapitre s'appliquent aux personnes morales et physiques mentionnées au II de l'article L. 1245-5 et à l'article L. 1245-5-1 qui, pour les fins mentionnées à ces articles, font entrer ou sortir du territoire national des tissus, leurs dérivés*[,]* ou des cellules issus du corps humain, quel que soit leur niveau de transformation*[,]* et des préparations de thérapie cellulaire, à l'exception des gamètes.

Art. R. 1245-2 Les personnes morales ou physiques mentionnées à l'article R. 1245-1 qui font entrer dans le territoire national des éléments ou des produits du corps humain mentionnés à ce même article s'assurent :

1° Que ceux-ci ont été prélevés ou collectés avec le consentement préalable du donneur ;

2° Qu'aucun paiement, quelle qu'en soit la forme, n'ait *[a]* été alloué à ce dernier.

Art. R. 1245-3 Toute opération d'entrée et de sortie du territoire national des produits mentionnés à l'article R. 1245-1, à l'exclusion du transit, est subordonnée à l'apposition sur le colis des informations définies par arrêté du ministre chargé de la santé et du ministre chargé de la recherche en application de l'annexe IV 1.7 de la directive 2006/17/CE de la Commission du 8 février 2006 portant application de la directive 2004/23/CE du Parlement européen et du Conseil concernant certaines exigences techniques relatives au don, à l'obtention et au contrôle de tissus et de cellules d'origine humaine.

Le colis est accompagné, le cas échéant, des autorisations délivrées par le ministre chargé de la recherche et par le directeur général de l'Agence nationale de sécurité du médicament et des produits de santé ainsi que des autorisations prévues au 2 de l'article 6 de la directive 2004/23/CE relative à l'établissement de normes de qualité et de sécurité pour le don, l'obtention, le contrôle, la transformation, la conservation, le stockage et la distribution des tissus et cellules humains.

SECTION II CONDITIONS D'ENTRÉE OU DE SORTIE DU TERRITOIRE NATIONAL DES ÉLÉMENTS OU PRODUITS DU CORPS HUMAIN MENTIONNÉS À L'ARTICLE R. 1245-1, À DES FINS THÉRAPEUTIQUES

Art. R. 1245-4 Les personnes morales ou physiques mentionnées à l'article R. 1245-1 qui se procurent, qui fournissent, qui importent ou qui exportent à des fins thérapeutiques*[,]* incluant les recherches impliquant la personne humaine au sens de l'article L. 1121-1, des éléments ou des produits du corps humain mentionnés à l'article R. 1245-1, ne divulguent aucune information qui permettrait d'identifier le donneur et le receveur. Elles s'assurent du respect des dispositions mentionnées à l'article R. 1245-2.

Les personnes morales ou physiques mentionnées au premier alinéa qui se procurent, qui fournissent, qui importent ou exportent des éléments ou des produits mentionnés à ce même alinéa, s'assurent que ceux-ci :

1° Ont été prélevés ou collectés dans le respect de normes de protection au moins aussi exigeantes que les règles de sécurité sanitaire mentionnées à l'article L. 1211-6. Elles s'assurent également que ces éléments ou produits sont accompagnés des informations mentionnées à l'article R. 1211-19 ou R. 1211-22-2 ;

2° Sont prélevés et préparés selon des règles au moins équivalentes aux règles de bonnes pratiques mentionnées à l'article L. 1245-6.

Seuls peuvent entrer ou sortir du territoire national les éléments ou produits mentionnés à l'article R. 1245-1 qui satisfont aux exigences de la directive 2004/23/CE, aux dispositions du premier alinéa de l'article L. 1211-4 et aux dispositions de la présente section.

SOUS-SECTION 1 DISPOSITIONS RELATIVES À L'IMPORTATION ET À L'EXPORTATION DES ÉLÉMENTS OU PRODUITS DU CORPS HUMAIN MENTIONNÉS À L'ARTICLE R. 1245-1, EN PROVENANCE OU À DESTINATION DES PAYS TIERS À L'UNION EUROPÉENNE ET À L'ESPACE ÉCONOMIQUE EUROPÉEN

§ 1er PROCÉDURE D'AUTORISATION D'IMPORTATION ET D'EXPORTATION DES ÉLÉMENTS OU PRODUITS DU CORPS HUMAIN MENTIONNÉS À L'ARTICLE R. 1245-1 À DES FINS THÉRAPEUTIQUES PRÉVUE AUX PREMIER ET TROISIÈME ALINÉAS DU II DE L'ARTICLE L. 1245-5

Art. R. 1245-5 I. — La demande d'autorisation d'importation à des fins thérapeutiques, prévue au premier alinéa du II de l'article L. 1245-5, est adressée par les personnes morales ou physiques mentionnées à ce même alinéa au directeur général de l'Agence nationale de sécurité du médicament et des produits de santé par tout moyen permettant de donner date certaine à cette demande.

La demande d'autorisation d'exportation à des fins thérapeutiques, prévue au troisième alinéa du II de l'article L. 1245-5, est adressée par les établissements ou organismes autorisés au titre de l'article L. 1243-2 au directeur général de l'Agence nationale de sécurité du médicament et des produits de santé par tout moyen permettant de donner date certaine à cette demande.

II. — La demande est accompagnée d'un dossier qui comporte :

1° La désignation précise du produit ;

2° Le cas échéant, la copie de l'autorisation délivrée au titre de l'article L. 1243-2 et celle de l'autorisation délivrée par les autorités compétentes des fournisseurs ainsi que leur traduction en français ;

3° Toute information ou tout document permettant d'établir que les exigences mentionnées à l'article R. 1245-4 sont satisfaites par les établissements demandeurs ;

4° Le nom et l'adresse de chaque fournisseur ou destinataire ainsi que les copies des accords écrits conclus avec les fournisseurs établis dans un État non membre de l'Union européenne ou n'étant pas partie à l'accord sur l'Espace économique européen ;

5° La description des moyens mis en place pour assurer la traçabilité des produits, des méthodes de conservation et des conditions de transport des produits ;

6° Les informations sur le prélèvement des tissus, et de cellules issues du corps humain, le procédé de préparation mis en œuvre, les produits et matériels entrant en contact avec les tissus*[,]* éléments ou produits mentionnés à l'article R. 1245-1, et, pour les produits finis, les informations sur le produit fini ;

7° Les données précliniques et cliniques, y compris les résultats d'essais cliniques et les indications thérapeutiques revendiquées *[revendiqués]*, pour l'importation de produit fini.

III. — Les personnes morales ou physiques qui déposent une demande d'autorisation tiennent à la disposition du directeur général de l'Agence nationale de sécurité du médicament et des produits de santé les autres informations mentionnées à l'annexe III de la directive (UE) 2015/566 de la Commission du 8 avril 2015 portant application de la directive 2004/23/CE en ce qui concerne les procédures de vérification des normes équivalentes de qualité et de sécurité des tissus et cellules importés. Elles lui transmettent ces informations à sa demande.

IV. — Une décision du directeur général de l'Agence nationale de sécurité du médicament et des produits de santé, après avis du directeur général de l'Agence de la biomédecine, précise la forme et le contenu du dossier, ainsi que la liste des pièces et des informations complémentaires nécessaires à l'instruction de la demande. Elle est publiée sur le site internet de l'Agence nationale de sécurité du médicament et des produits de santé.

V. — Le dossier est réputé complet si, dans un délai d'un mois à compter de sa réception, le directeur général de l'Agence nationale de sécurité du médicament et des produits de santé n'a pas fait connaître au demandeur, par tout moyen permettant de donner date certaine à cette démarche, les informations manquantes ou incomplètes et mentionnant le délai imparti pour les fournir.

Art. R. 1245-6 Le directeur général de l'Agence nationale de sécurité du médicament et des produits de santé transmet un exemplaire du dossier au directeur général de l'Agence de la biomédecine qui fait connaître son avis dans un délai d'un mois. L'absence de réponse dans ce délai vaut avis favorable.

Le directeur général de l'Agence nationale de sécurité du médicament et des produits de santé se prononce dans un délai de trois mois à compter de la réception de la demande complète par ses services. A défaut de réponse à l'expiration de ce délai, l'autorisation est réputée refusée.

Le directeur général de l'Agence nationale de sécurité du médicament et des produits de santé peut demander, par tout moyen permettant d'en assurer date certaine, toute information complémentaire qu'il estime nécessaire. Dans ce cas, le délai prévu au deuxième alinéa est suspendu jusqu'à ce que les informations complémentaires requises aient été fournies.

Art. R. 1245-7 Les autorisations précisent notamment le type de l'activité autorisée et la catégorie des produits importés ou exportés et pour les produits finis importés, les indications thérapeutiques. Pour l'importation, elles mentionnent en outre les éléments figurant à l'annexe II de la directive (UE) 2015/566.

Les autorisations ainsi délivrées peuvent être modifiées, suspendues ou retirées en tout ou partie par le directeur général de l'Agence nationale de sécurité du médicament et des produits de santé dans les conditions prévues à l'article L. 1245-1.

Art. R. 1245-8 Toute modification des éléments figurant dans le dossier de demande d'autorisation d'importation et d'exportation initial, concernant la nature ou l'origine des produits, ainsi que les modifications substantielles mentionnées au 4° de l'article R. 1243-7, font l'objet d'une autorisation délivrée par le directeur général de l'Agence nationale de sécurité du médicament et des produits de santé. La demande de modification est déposée et instruite dans les mêmes conditions que la demande initiale.

Toute modification des autres éléments figurant dans le dossier initial fait l'objet d'une déclaration auprès du directeur général de l'Agence nationale de sécurité du médicament et des produits de santé dans le mois qui suit sa mise en œuvre.

Art. R. 1245-9 I. – Les établissements ou organismes demandeurs nomment une personne responsable qui s'assure du respect de la réglementation relative à la qualité et à la sécurité des tissus ou de leurs dérivés ou des préparations de thérapie cellulaire ainsi qu'une ou plusieurs personnes responsables intérimaires qui se voient confier pour la période de remplacement les mêmes pouvoirs et attributions que ceux conférés à la personne responsable et les exercent effectivement pendant la durée du remplacement.

La personne responsable est chargée de :

1° Garantir que les tissus ou leurs dérivés ou les préparations de thérapie cellulaire utilisés à des fins thérapeutiques sont importés conformément aux dispositions législatives et réglementaires en vigueur ;

2° Veiller à la mise en place, à l'évaluation et à l'actualisation du système d'assurance de la qualité dans le respect des règles de bonnes pratiques ;

3° Veiller à l'application du dispositif de biovigilance.

Pour les établissements ou organismes titulaires d'une autorisation au titre de l'article L. 1243-2, la personne responsable est la même que celle mentionnée à l'article R. 1243-12.

Lorsqu'un établissement ou un organisme exerce les activités sur des sites différents, un responsable des activités est désigné par la personne responsable pour chaque site où sont réalisées les activités.

Les dispositions des septième et huitième alinéas de l'article R. 1243-12 et celles de l'article R. 1243-13 sont applicables à cette personne responsable.

II. – Les personnes morales ou physiques mentionnées à l'article R. 1245-1 qui importent des éléments ou des produits mentionnés au même article concluent des accords écrits avec les fournisseurs établis dans les États non membres de l'Union européenne ou n'étant pas partie *[parties]* à l'accord sur l'Espace économique européen, lorsque l'une des activités liées au prélèvement, à la préparation, à la conservation ou à l'exportation vers l'Union européenne des tissus, de leurs dérivés, des cellules et des préparations de thérapie cellulaire destinés à être importés dans l'Union est exercée en dehors de l'Union européenne.

Ces accords fixent les exigences de qualité et de sécurité auxquelles il doit être satisfait pour garantir l'équivalence entre les normes de qualité et de sécurité applicables aux tissus et cellules destinés à être importés et les normes établies par la directive 2004/23/CE. En particulier, l'accord écrit porte, au minimum, sur les points énumérés à l'annexe IV de la directive (UE) 2015/566 de la Commission du 8 avril 2015 portant application de la directive 2004/23/CE en ce qui concerne les procédures de vérification des normes équivalentes de qualité et de sécurité des tissus et cellules importés.

Ils mentionnent le droit d'inspection par l'Agence nationale de sécurité du médicament et des produits de santé des activités et des installations de tout fournisseur établi dans un État non membre de l'Union européenne ou n'étant pas partie à l'accord sur l'Espace économique européen, pendant la période de validité de l'accord écrit et pendant une période supplémentaire de deux ans à compter de l'expiration de l'accord écrit.

Art. R. 1245-10 I. — Les personnes morales ou physiques titulaires de l'autorisation mentionnée à l'article R. 1245-7 informent l'Agence nationale de sécurité du médicament et des produits de santé de leur décision de cesser totalement ou partiellement leurs activités d'importation.

II. — Lorsqu'elles exercent l'activité d'importation, elles notifient sans délai à l'Agence nationale de sécurité du médicament et des produits de santé tout retrait ou suspension, total ou partiel, de l'autorisation d'exporter des tissus et cellules d'un fournisseur établi dans un État non membre de l'Union européenne ou n'étant pas partie à l'accord sur l'Espace économique européen ainsi que toute autre décision motivée par le non-respect de la législation, prise par les autorités compétentes du pays dans lequel le fournisseur est établi et qui peut être en rapport avec la qualité et la sécurité des tissus et cellules importés.

III. — Ces personnes tiennent un registre de leurs activités dans lequel elles enregistrent notamment les types et quantités de tissus et cellules importés et exportés ainsi que leur origine et leur destination. Elles adressent au directeur général de l'Agence nationale de sécurité du médicament et des produits de santé et au directeur général de l'Agence de la biomédecine un rapport d'activité annuel contenant toutes les informations relatives à l'activité d'importation et d'exportation. La forme et le contenu de ce rapport sont fixés par décision du directeur général de l'Agence nationale de sécurité du médicament et des produits de santé après avis du directeur général de l'Agence de la biomédecine.

Pour les établissements ou organismes autorisés au titre de l'article L. 1243-2, les informations relatives à l'importation et l'exportation sont transmises dans le cadre du rapport annuel d'activité mentionné à l'article R. 1243-22.

Art. R. 1245-11 Le directeur général de l'Agence nationale de sécurité du médicament et des produits de santé tient à jour la liste des personnes morales ou physiques autorisées qui mentionne les noms et adresses de ces personnes et la catégorie des produits que chacun *[chacune]* d'eux *[d'elle]* est autorisé *[autorisée]* à importer ou à exporter. Cette liste est accessible au public sur le site internet de l'Agence.

§ 2 PROCÉDURE D'AUTORISATION D'IMPORTATION ET D'EXPORTATION DES ÉLÉMENTS OU PRODUITS DU CORPS HUMAIN MENTIONNÉS À L'ARTICLE R. 1245-1, DANS LES SITUATIONS RELEVANT DE L'URGENCE PRÉVUES AU III DE L'ARTICLE L. 1245-5

Art. R. 1245-12 La demande d'autorisation prévue au III de l'article L. 1245-5 est adressée au directeur général de l'Agence nationale de sécurité du médicament et des produits de santé, par tout moyen permettant de donner date certaine à sa réception, par un établissement ou un organisme déjà autorisé au titre de l'article L. 1243-2, accompagnée d'une lettre du demandeur justifiant la nécessité d'importer ou d'exporter en urgence les éléments ou produits définis à l'article R. 1245-1 et destinés à un patient.

Elle est accompagnée d'un dossier technique dont le contenu est fixé par décision du directeur général de l'Agence nationale de sécurité du médicament et des produits de santé après avis du directeur général de l'Agence de la biomédecine, publiée sur le site internet de l'Agence nationale de sécurité du médicament et des produits de santé.

Ce dossier comporte le nom du patient, la désignation précise du produit et du nombre d'unités, le nom et l'adresse du fournisseur ou du destinataire et les informations essentielles sur le procédé mis en œuvre et le produit obtenu.

La décision d'autorisation, prise après avis du directeur général de l'Agence de la biomédecine, comporte notamment les nom et adresse de l'établissement fournisseur, de l'établissement ou de l'organisme qui importe ou qui exporte, les initiales du patient, la nature du produit ou de l'élément qui fait l'objet de l'autorisation, son code d'identification, le nombre d'unités de l'élément ou du produit transporté et sa durée de validité.

Elle est valable pour une seule opération.

§ 3 PROCÉDURE D'AUTORISATION D'IMPORTATION DES ÉLÉMENTS OU PRODUITS DU CORPS HUMAIN MENTIONNÉS À L'ARTICLE R. 1245-1 POUR L'USAGE PERSONNEL D'UN OU *[DE]* PLUSIEURS RECEVEURS PRÉVUE AU DEUXIÈME ALINÉA DU II DE L'ARTICLE L. 1245-5

Art. R. 1245-13 La demande d'autorisation prévue au deuxième alinéa du II de l'article L. 1245-5 est adressée au directeur général de l'Agence nationale de sécurité du médicament et des produits de santé, par tout moyen permettant de donner date certaine à sa réception, par un établissement ou un organisme déjà autorisé au titre de l'article L. 1243-2.

Cette demande est accompagnée d'une lettre du demandeur justifiant la nécessité d'importer des éléments ou produits issus du corps humain mentionnés à l'article R. 1245-1, destinés à l'usage personnel d'un ou *[de]* plusieurs receveurs connus de ces établissements ou organismes et du fournisseur, dans les situations dans lesquelles les personnes ont fait stocker des tissus ou cellules dans un État non membre de l'Union européenne ou non partie à l'Espace économique européen, en vue de leur utilisation future, après importation en leur nom, en particulier dans les cas de dons autologues ou de dons destinés à des parents proches.

Elle est également accompagnée d'un dossier technique dont le contenu est fixé par décision du directeur général de l'Agence nationale de sécurité du médicament et des produits de santé après avis du directeur général de l'Agence de la biomédecine, publiée sur le site internet de l'Agence nationale de sécurité du médicament et des produits de santé.

Ce dossier comporte le *[les]* nom et adresse du fournisseur établi dans le pays tiers, le nom du ou des patients concernés, la désignation précise du produit et du nombre d'unités, et les informations essentielles sur le procédé mis en œuvre et le produit obtenu.

Le directeur général de l'Agence nationale de sécurité du médicament et des produits de santé s'assure que ces importations ne proviennent pas de manière régulière ou répétée du même fournisseur établi dans un État non membre de l'Union européenne ou non partie à l'accord sur l'Espace économique européen, qu'elles n'aient lieu qu'une fois pour un même patient et que les éléments ou produits importés ne sont pas destinés à des personnes autres que les receveurs prévus.

Les dispositions du V de l'article R. 1245-5 et les dispositions de l'article R. 1245-6 sont applicables à ces demandes.

La décision d'autorisation, prise après avis du directeur général de l'Agence de la biomédecine, mentionne les éléments figurant à l'annexe II de la directive (UE) 2015/566.

Elle est valable pour une seule opération.

Art. R. 1245-14 Les établissements ou organismes autorisés à réaliser des importations en application du deuxième alinéa du II et du III de l'article L. 1245-5 mentionnent dans le rapport d'activité annuel prévu à l'article R. 1243-22 les types et quantités de tissus et cellules importés ainsi que leur origine et leur destination.

SOUS-SECTION 2 DISPOSITIONS RELATIVES À L'ENTRÉE OU À LA SORTIE DU TERRITOIRE NATIONAL, À DES FINS THÉRAPEUTIQUES, D'ÉLÉMENTS OU DE PRODUITS ISSUS DU CORPS HUMAIN MENTIONNÉS À L'ARTICLE R. 1245-1 EN PROVENANCE OU À DESTINATION DES ÉTATS MEMBRES DE L'UNION EUROPÉENNE OU PARTIE*[S]* À L'ACCORD SUR L'ESPACE ÉCONOMIQUE EUROPÉEN

§ 1er DISPOSITIONS RELATIVES À L'ENTRÉE SUR LE TERRITOIRE NATIONAL DES ÉLÉMENTS OU PRODUITS DU CORPS HUMAIN MENTIONNÉS À L'ARTICLE R. 1245-1 LORSQU'ILS NE SONT PAS AUTORISÉS DANS L'ÉTAT MEMBRE D'ORIGINE

Art. R. 1245-15 I. — La demande d'autorisation prévue au deuxième alinéa du I de l'article L. 1245-5 pour les produits en provenance des États membres de l'Union européenne ou partie *[parties]* à l'accord sur l'Espace économique européen ne disposant pas de l'autorisation prévue au 2 de l'article 6 de la directive 2004/23/CE relative à l'établissement de normes de qualité et de sécurité pour le don, l'obtention, le contrôle, la transformation, la conservation, le stockage et la distribution des tissus et cellules humains est adressée au directeur général de l'Agence nationale de sécurité du médicament et des produits de santé, accompagnée d'un dossier justificatif, par l'établissement ou l'organisme autorisé au titre de l'article L. 1243-2 qui sollicite cette autorisation par tout moyen permettant de donner date certaine à la demande d'autorisation.

II. — Ce dossier comporte la copie de l'autorisation délivrée au titre du 1 de l'article 6 de la directive 2004/23/CE par les autorités compétentes des fournisseurs, accompagnée de sa traduction en français, ainsi que les éléments mentionnés aux 1°, 6° et 7° du II de l'article R. 1245-5. Sa forme et son contenu sont précisés par décision du directeur général de l'Agence nationale de sécurité du médicament et des produits de santé, après avis du directeur général de l'Agence de la biomédecine, publiée sur le site internet de l'Agence nationale de sécurité du médicament et des produits de santé.

III. — Le dossier est réputé complet si, dans un délai d'un mois à compter de sa réception, le directeur général de l'Agence nationale de sécurité du médicament et des produits de santé n'a pas fait connaître au demandeur, par tout moyen permettant de donner date certaine à cette démarche, les informations manquantes ou incomplètes et mentionnant le délai imparti pour les fournir.

IV. — Le directeur général de l'Agence nationale de sécurité du médicament et des produits de santé transmet un exemplaire du dossier au directeur général de l'Agence de la biomédecine qui fait connaître son avis dans un délai d'un mois. L'absence de réponse dans ce délai vaut avis favorable.

Art. R. 1245-16 I. — Le directeur général de l'Agence nationale de sécurité du médicament et des produits de santé notifie sa décision au demandeur dans un délai de trois mois à compter de la date à laquelle le dossier est réputé complet.

II. — Il peut demander, par tout moyen permettant de donner date certaine à cette demande, toute information complémentaire qu'il estime nécessaire. Dans ce cas, le délai prévu à l'alinéa précédent est suspendu jusqu'à ce que les informations complémentaires requises aient été fournies.

III. — *L'absence de réponse à l'expiration* de ce délai vaut rejet de la demande.

IV. — Les autorisations précisent la catégorie des produits entrant dans le territoire national.

V. — Les autorisations ainsi délivrées peuvent être modifiées, suspendues ou retirées en tout ou partie par le directeur général de l'Agence nationale de sécurité du médicament et des produits de santé dans les conditions prévues à l'article L. 1245-1. Une copie des décisions d'autorisation, de suspension ou de retrait est transmise au ministre chargé de la santé, au ministre chargé des douanes et à l'Agence de la biomédecine.

VI. — Toute modification des éléments figurant dans le dossier de demande d'autorisation initial, concernant la nature ou l'origine des produits ainsi que les modifications substantielles mentionnées au 4° de l'article R. 1243-7*[,]* fait l'objet d'une autorisation délivrée par le directeur général de l'Agence nationale de sécurité du médicament et des produits de santé. La demande de modification est déposée et instruite dans les mêmes conditions que la demande initiale.

VII. – Toute modification des autres éléments figurant dans le dossier initial fait l'objet d'une déclaration auprès du directeur général de l'Agence nationale de sécurité du médicament et des produits de santé dans le mois qui suit leur mise en œuvre.

VIII. – L'Agence nationale de sécurité du médicament et des produits de santé tient à jour la liste des établissements ou organismes autorisés qui mentionne les noms et adresses de ces établissements ou organismes et la catégorie des produits que chacun d'eux est autorisé à se procurer. Cette liste est accessible au public sur le site internet de l'Agence.

§ 2 CONDITIONS DE SORTIE DU TERRITOIRE NATIONAL DES ÉLÉMENTS OU PRODUITS DU CORPS HUMAIN MENTIONNÉS À L'ARTICLE R. 1245-1 LORSQU'ILS NE BÉNÉFICIENT PAS DE L'AUTORISATION MENTIONNÉE À L'ARTICLE L. 1243-2

Art. R. 1245-17 En application du quatrième alinéa du I de l'article L. 1245-5, lorsque les éléments produits mentionnés à l'article R. 1245-1 ne bénéficient pas de l'autorisation mentionnée à l'article L. 1243-2, les établissements ou organismes qui envisagent de fournir ces éléments ou produits à un État membre de l'Union européenne ou partie à l'accord sur l'Espace économique européen adressent à l'Agence nationale de sécurité du médicament et des produits de santé, avant leur sortie du territoire national*[,]* un dossier contenant les éléments suivants :

1° La désignation précise du tissu, de ses dérivés, des cellules issus du corps humain ou de la préparation de thérapie cellulaire et, le cas échéant, leur dénomination commerciale ;

2° Le pays destinataire ainsi que le nom et l'adresse du destinataire ;

3° Les motifs pour lesquels l'élément ou le produit n'est pas autorisé ;

4° Les informations permettant de garantir la qualité et la sécurité des éléments ou produits au regard des exigences de la directive 2004/23/CE, le cas échéant.

Une décision du directeur général de l'Agence nationale de sécurité du médicament et des produits de santé après avis du directeur général de l'Agence de la biomédecine précise la forme et le contenu du dossier, ainsi que la liste des pièces et des informations complémentaires nécessaires à l'étude de ce dossier. Elle est publiée sur le site internet de l'Agence nationale de sécurité du médicament et des produits de santé.

Art. R. 1245-18 L'Agence nationale de sécurité du médicament et des produits de santé dispose d'un délai de quatre mois pour évaluer les informations transmises.

A l'issue de ces quatre mois maximum, lorsque, en application du dernier alinéa du I de l'article L. 1245-5, le directeur général de l'Agence nationale de sécurité du médicament et des produits de santé envisage d'interdire la sortie du territoire national d'un élément ou d'un produit mentionné à l'article R. 1245-1 vers un État membre de l'Union européenne ou partie à l'accord sur l'Espace économique européen, il notifie au préalable son intention et ses motifs, relatifs au risque lié à la qualité ou à la sécurité de l'élément ou du produit ou à l'insuffisance des données, à l'établissement ou à l'organisme qui envisage d'effectuer cette opération.

Celui-ci dispose d'un délai d'un mois pour présenter ses observations.

Les décisions d'interdiction sont motivées. Elles sont notifiées par le directeur général de l'Agence au ministre chargé des douanes et à l'établissement ou à l'organisme sollicitant cette opération.

Toutes modifications des éléments transmis dans le dossier prévu à l'article R. 1245-17 et relatives aux produits ou à ses procédés de préparation et de conservation qui sont susceptibles d'avoir un impact sur la qualité ou la sécurité du produit sont transmises à l'Agence nationale de sécurité du médicament et des produits de santé et à l'Agence de la biomédecine. Elles sont évaluées dans les mêmes conditions.

SECTION III CONDITIONS D'ENTRÉE OU DE SORTIE DU TERRITOIRE NATIONAL DES ÉLÉMENTS OU PRODUITS DU CORPS HUMAIN MENTIONNÉS À L'ARTICLE R. 1245-1 À DES FINS SCIENTIFIQUES

Art. R. 1245-19 Les dispositions de la section IV du chapitre V du titre III du présent livre sont applicables aux opérations d'entrée et de sortie du territoire national en provenance ou à destination d'un État membre de l'Union européenne ou partie à l'accord sur l'Espace économique européen, à l'importation et à l'exportation des tissus, de leurs dérivés et des cellules du corps humain définis à l'article R. 1245-1 à des fins scientifiques.

SECTION IV CONDITIONS D'ENTRÉE OU DE SORTIE DU TERRITOIRE NATIONAL DES ÉLÉMENTS OU PRODUITS DU CORPS HUMAIN MENTIONNÉS À L'ARTICLE R. 1245-1 DESTINÉS À LA FABRICATION DE DISPOSITIFS MÉDICAUX DE DIAGNOSTIC *IN VITRO*

SOUS-SECTION 1 DISPOSITIONS RELATIVES À L'IMPORTATION ET À L'EXPORTATION DES ÉLÉMENTS OU PRODUITS DU CORPS HUMAIN MENTIONNÉS À L'ARTICLE R. 1245-1 EN PROVENANCE OU À DESTINATION DES PAYS TIERS À L'UNION EUROPÉENNE ET À L'ESPACE ÉCONOMIQUE EUROPÉEN ET DESTINÉS À LA FABRICATION DE DISPOSITIFS MÉDICAUX DE DIAGNOSTIC *IN VITRO*

Art. R. 1245-20 Les fabricants de dispositifs médicaux de diagnostic *in vitro* peuvent importer ou exporter des tissus, leurs dérivés*[,]* et des cellules issus du corps humain, quel que soit leur niveau de transformation, lorsque ces produits sont destinés à la fabrication de dispositifs médicaux de diagnostic *in vitro* répondant aux exigences auxquelles ils sont soumis pour leur mise sur le marché.

Les fabricants concernés déclarent leur activité d'importation préalablement à sa réalisation au directeur général de l'Agence nationale de sécurité du médicament et des produits de santé.

SOUS-SECTION 2 DISPOSITIONS RELATIVES AUX OPÉRATIONS D'ENTRÉE OU DE SORTIE DU TERRITOIRE NATIONAL DES ÉLÉMENTS OU PRODUITS DU CORPS HUMAIN MENTIONNÉS À L'ARTICLE R. 1245-1 EN PROVENANCE OU À DESTINATION DES ÉTATS MEMBRES DE L'UNION EUROPÉENNE OU PARTIE*[S]* À L'ACCORD SUR L'ESPACE ÉCONOMIQUE EUROPÉEN ET DESTINÉS À LA FABRICATION DE DISPOSITIFS MÉDICAUX DE DIAGNOSTIC *IN VITRO*

Art. R. 1245-21 Les fabricants de dispositifs médicaux de diagnostic *in vitro* peuvent se procurer dans un État membre de l'Union européenne ou partie à l'accord sur l'Espace économique européen des tissus, leurs dérivés*[,]* et des cellules issus du corps humain, quel que soit leur niveau de transformation. Ces mêmes établissements peuvent fournir des tissus, leurs dérivés*[,]* et des cellules issus du corps humain, quel que soit leur niveau de transformation*[,]* à un État membre de l'Union européenne ou partie à l'accord sur l'Espace économique européen.

Les tissus, leurs dérivés et les cellules mentionnés au premier alinéa sont destinés à la fabrication de dispositifs médicaux de diagnostic *in vitro* répondant aux exigences auxquelles ils sont soumis pour leur mise sur le marché.

Les fabricants mentionnés au premier alinéa déclarent les opérations mentionnés *[mentionnées]* à ce même alinéa, préalablement à leur réalisation, au directeur général de l'Agence nationale de sécurité du médicament et des produits de santé.

SECTION V CONDITIONS D'ENTRÉE OU DE SORTIE DU TERRITOIRE NATIONAL DES ÉLÉMENTS OU PRODUITS DU CORPS HUMAIN MENTIONNÉS À L'ARTICLE R. 1245-1 DESTINÉS À LA FABRICATION DE MÉDICAMENTS

Art. R. 1245-22 Les dispositions de la présente section s'appliquent aux tissus, *[à]* leurs dérivés et aux cellules issus du corps humain, quel que soit leur niveau de transformation, qui ne sont pas des substances actives au sens du 1 du I de l'article L. 5138-2.

SOUS-SECTION 1 DISPOSITIONS RELATIVES À L'IMPORTATION ET À L'EXPORTATION DES ÉLÉMENTS OU PRODUITS DU CORPS HUMAIN MENTIONNÉS À L'ARTICLE R. 1245-1 EN PROVENANCE OU À DESTINATION DES PAYS TIERS À L'UNION EUROPÉENNE ET À L'ESPACE ÉCONOMIQUE EUROPÉEN ET DESTINÉS À LA FABRICATION DE MÉDICAMENTS

Art. R. 1245-23 I. – La demande d'autorisation d'importation de tissus, de leurs dérivés ou de cellules issus du corps humain, quel que soit leur niveau de transformation, prévue au premier alinéa du II de l'article L. 1245-5-1, est adressée par les établissements pharmaceutiques et par les établissements autorisés au titre des articles L. 4211-9-1 et L. 4211-9-2 au directeur général de l'Agence nationale de sécurité du médicament et des produits de santé par tout moyen permettant de donner date certaine à cette demande.

II. – La demande est accompagnée d'un dossier qui comporte :

1° La désignation précise des tissus, de leurs dérivés et des cellules issus du corps humain destinés à être importés ;

2° Toute information ou tout document permettant d'établir que les exigences mentionnées aux articles R. 1245-2 et R. 1245-4 sont satisfaites par l'établissement ou l'organisme demandeur ;

3° Le nom et l'adresse de chaque fournisseur ainsi que les copies des accords écrits conclus avec les fournisseurs établis dans un État non membre de l'Union européenne ou n'étant pas partie à l'accord sur l'Espace économique européen ;

4° La description des moyens mis en place pour assurer la traçabilité des tissus, *[de]* leurs dérivés ou des cellules issus du corps humain, leur conservation et leurs transport ;

5° Les informations sur les conditions de prélèvement des tissus et cellules.

III. – Les établissements qui déposent une demande d'autorisation tiennent à la disposition du directeur général de l'Agence nationale de sécurité du médicament et des produits de santé les informations mentionnées à l'annexe III de la directive (UE) 2015/566 de la Commission du 8 avril 2015 portant application de la directive 2004/23/CE en ce qui concerne les procédures de vérification des normes équivalentes de qualité et de sécurité des tissus et cellules importés. Ils lui transmettent ces informations à sa demande.

IV. – Une décision du directeur général de l'Agence nationale de sécurité du médicament et des produits de santé précise la forme et le contenu du dossier, ainsi que la liste des pièces et des informations complémentaires nécessaires à l'instruction de la demande. Elle est publiée sur le site internet de l'Agence nationale de sécurité du médicament et des produits de santé.

V. – Le dossier est réputé complet si, dans un délai d'un mois à compter de sa réception, le directeur général de l'Agence nationale de sécurité du médicament et des produits de santé n'a pas fait connaître au demandeur, par tout moyen permettant de donner date certaine à cette démarche, les informations manquantes ou incomplètes et mentionnant le délai imparti pour les fournir.

Art. R. 1245-24 Le directeur général de l'Agence nationale de sécurité du médicament et des produits de santé se prononce dans un délai de trois mois à compter de la réception de la demande complète par ses services. A défaut de réponse à l'expiration de ce délai, l'autorisation est réputée refusée.

Le directeur général de l'Agence nationale de sécurité du médicament et des produits de santé peut demander, par tout moyen permettant de donner date certaine à cette demande, toute information complémentaire qu'il estime nécessaire. Dans ce cas, le délai prévu au premier alinéa est suspendu jusqu'à ce que les informations complémentaires requises aient été fournies.

Art. R. 1245-25 Les autorisations précisent les éléments figurant à l'annexe II de la directive (UE) 2015/566.

Les autorisations ainsi délivrées peuvent être modifiées, suspendues ou retirées en tout ou partie par le directeur général de l'Agence nationale de sécurité du médicament et des produits de santé dans les conditions prévues à l'article L. 1245-1.

Une copie des décisions d'autorisation, de suspension ou de retrait est transmise au ministre chargé de la santé, au ministre chargé des douanes et à l'Agence de la biomédecine.

Art. R. 1245-26 Toute modification des éléments figurant dans le dossier initial de demande d'autorisation d'importation, concernant la nature ou l'origine des tissus, *[de]* leurs dérivés ou des cellules importés, les activités exercées dans les pays tiers qui peuvent avoir une influence sur la qualité et la sécurité des tissus et cellules importés ou les fournisseurs établis dans ces pays, fait l'objet d'une autorisation délivrée par le directeur général de l'Agence nationale de sécurité du médicament et des produits de santé. La demande de modification est déposée et instruite dans les mêmes conditions que la demande initiale.

Toute modification des autres éléments figurant dans le dossier initial fait l'objet d'une déclaration auprès du directeur général de l'Agence nationale de sécurité du médicament et des produits de santé, dans le mois qui suit sa mise en œuvre.

Art. R. 1245-27 Le directeur général de l'Agence nationale de sécurité du médicament et des produits de santé tient à jour la liste des établissements autorisés qui mentionne les nom et adresse de ces établissements et la catégorie des produits que chacun d'eux est autorisé à importer. Cette liste est accessible au public sur le site internet de l'Agence.

Les établissements autorisés mentionnent cette activité dans l'état annuel de leur établissement prévu aux articles R. 5124-46, R. 4211-47 ou R. 4211-62.

Art. R. 1245-28 Les dispositions des articles R. 1245-4 et R. 1245-9 sont applicables aux établissements ou organismes autorisés au titre de l'article R. 1245-24.

Pour l'application de l'article R. 1245-9, la personne responsable est le pharmacien responsable pour les établissements pharmaceutiques, la personne responsable mentionnée à l'article R. 4211-37 pour les établissements autorisés au titre de l'article L. 4211-9-1 et la personne responsable mentionnée à l'article R. 4211-55 pour les établissements autorisés au titre de l'article L. 4211-9-2.

SOUS-SECTION 2 DISPOSITIONS RELATIVES AUX OPÉRATIONS D'ENTRÉE OU DE SORTIE DU TERRITOIRE NATIONAL DES ÉLÉMENTS OU PRODUITS DU CORPS HUMAIN MENTIONNÉS À L'ARTICLE R. 1245-1 EN PROVENANCE OU À DESTINATION DES ÉTATS MEMBRES DE L'UNION EUROPÉENNE OU PARTIE*[S]* À L'ACCORD SUR L'ESPACE ÉCONOMIQUE EUROPÉEN ET DESTINÉS À LA FABRICATION DE MÉDICAMENTS

Art. R. 1245-29 Les établissements pharmaceutiques et les établissements autorisés au titre des articles L. 4211-9-1 et L. 4211-9-2 peuvent se procurer dans un État membre de l'Union européenne ou partie à l'accord sur l'Espace économique européen des tissus, leurs dérivés*[,]* et des cellules issus du corps humains, quel que soit leur niveau de transformation. Ces mêmes établissements peuvent fournir des tissus, leurs dérivés*[,]* et des cellules issus du corps humain, quel que soit leur niveau de transformation, à un État membre de l'Union européenne ou partie à l'accord sur l'Espace économique européen.

Les éléments et produits du corps humain mentionnés au premier alinéa sont destinés à la fabrication de spécialités pharmaceutiques ou de médicaments fabriqués industriellement.

SECTION VI CONDITIONS D'ENTRÉE OU DE SORTIE DU TERRITOIRE NATIONAL DES ÉCHANTILLONS BIOLOGIQUES

Art. R. 1245-30 Peuvent se procurer dans un État membre de l'Union européenne ou fournir à un État membre de l'Union européenne ou importer ou exporter les échantillons biologiques mentionnés au troisième alinéa du II de l'article L. 1245-5-1 :

1° Tout laboratoire de biologie médicale, tout laboratoire ou service de biologie médicale d'un établissement public de santé ou d'un établissement de transfusion sanguine ainsi que tout médecin spécialiste ou service hospitalier exécutant des actes d'anatomocytopathologie, lorsque ces échantillons sont utilisés à des fins exclusivement diagnostiques ou de contrôle de qualité ou d'évaluation, notamment de dispositifs médicaux de diagnostic *in vitro* ;

2° Tout laboratoire dont le personnel est chargé d'expertises, de constatations ou d'examens techniques ou scientifiques, lorsque ces échantillons sont utilisés dans le cadre d'une enquête judiciaire ou d'une mesure d'instruction ;

3° Tout utilisateur des tissus ou des cellules d'origine humaine pour exécuter des contrôles de qualité ou d'évaluation de produits ou de procédures.

SECTION VII CODE EUROPÉEN UNIQUE

(Décr. nº 2017-544 du 13 avr. 2017, art. 2-2°)

Sur l'application de la présente section, V. Décr. nº 2017-544 du 13 avr. 2017, art. 5 .

SOUS-SECTION 1 DISPOSITIONS GÉNÉRALES

Art. R. 1245-31 Pour l'application des dispositions de la présente section, on entend par :

1° Code européen unique : identifiant unique appliqué aux tissus et cellules circulant dans l'Union européenne. Ce code est composé de deux parties :

a) La séquence d'identification du don définie au 2°;

b) La séquence d'identification du produit défini au 3° ;

2° Séquence d'identification du don : elle constitue la première partie du code européen unique. Elle est composée :

a) Du code d'établissement de tissus constitué, d'une part, du code ISO de l'État membre, et, d'autre part, du numéro attribué aux établissements autorisés par les autorités compétentes de chaque État membre de l'Union européenne à effectuer des activités portant sur les tissus et les cellules. La liste des codes attribués à ces établissements figure sur un registre informatisé hébergé par la Commission européenne ;

b) D'un numéro unique de don attribué à chaque don de tissus et de cellules par les établissements ou organismes autorisés au titre de l'article L. 1243-2, des premier et deuxième alinéas du II de l'article L. 1245-5, du premier alinéa du II de l'article L. 1245-5-1, et des articles L. 4211-9-1, L. 4211-9-2, L. 5124-3 et L. 5124-9-1 ;

3° Séquence d'identification du produit : elle constitue la deuxième partie du code européen unique comportant :

a) Le code produit constitué, d'une part, de l'identifiant du système de codification du produit utilisé par les établissements autorisés en application des articles L. 1243-2 et L. 1245-5, et, d'autre part, du code produit tissulaire ou cellulaire tel que défini dans le système de codification retenu.

La liste de ces codes de produits figure sur un registre informatisé hébergé par la Commission européenne ;

b) Le numéro de sous-lot ;

c) La date de péremption de l'utilisation des tissus et des cellules ;

4° Libération pour mise en circulation :

a) Soit, directement pour des finalités de greffe ou d'administration :

— la distribution définie au 2° de l'article R. 1243-1, d'un tissu ou de son dérivé ou d'une préparation de thérapie cellulaire ;

— ou leur transfert vers un autre État membre de l'Union européenne ou partie à l'accord sur l'Espace économique européen ;

b) Soit le transfert à un autre opérateur à des fins thérapeutiques autres que la greffe ou l'administration directe :

— la cession telle que définie au 1° de l'article R. 1243-1 d'un tissu ou de son dérivé ou de cellules ou d'une préparation de thérapie cellulaire ;

— ou leur transfert vers un autre État membre de l'Union européenne ou partie à l'accord sur l'Espace économique européen.

Art. R. 1245-32 *Le* code européen unique est attribué à tous les tissus, leurs dérivés et aux cellules ou préparations de thérapie cellulaires utilisés à des fins thérapeutiques, quel que soit leur pays d'origine, avant leur distribution en France ou leur transfert à des fins de greffe ou d'administration vers un autre État membre de l'Union européenne ou partie à l'accord sur l'Espace économique européen, à l'exception de l'importation de ces tissus et cellules en urgence prévue au III de l'article L. 1245-5.

Les établissements ou organismes autorisés au titre de l'article L. 1243-2, des premier et deuxième alinéas du II de l'article L. 1245-5, du premier alinéa du II de l'article L. 1245-5-1, et des articles L. 4211-9-1, L. 4211-9-2, L. 5124-3 et L. 5124-9-1 qui réceptionnent des tissus ou des cellules dans les situations mentionnées au *b* du 4° de l'article R. 1245-31 doivent au minimum attribuer la séquence d'identification du don lorsque cette séquence n'a pas déjà été attribuée à des tissus ou des cellules provenant d'un État membre de l'Union européenne ou partie à l'accord sur l'Espace économique européen.

Art. R. 1245-33 Un arrêté du ministre chargé de la santé pris sur proposition du directeur général de l'Agence nationale de sécurité du médicament et des produits de santé, après avis du directeur général de l'Agence de la biomédecine, définit :

1° La structure du code européen unique figurant dans l'annexe VIII de la directive 2015/565/UE de la Commission du 8 avril 2015 modifiant la directive 2006/86/CE en ce qui concerne certaines exigences techniques relatives à la codification des tissus et cellules d'origine humaine ;

2° La structure du numéro unique de don mentionné au *b* du 2° de l'article R. 1245-31 ainsi que les personnes morales et physiques responsables de l'apposition de ce numéro.

Les modalités pratiques de mise en œuvre du code européen unique sont définies, que les tissus et cellules soient ou non directement destinés à un usage thérapeutique, dans la décision de bonnes pratiques du directeur général de l'Agence nationale de sécurité du médicament et des produits de santé prise en application de l'article L. 1245-6. Cette décision précise notamment les exigences attachées à la mise en place du numéro unique de don, ainsi que les situations et les conditions dans lesquelles le code européen unique figure dans les documents qui accompagnent les tissus et les cellules lorsqu'il s'avère impossible pour des raisons techniques de l'appliquer.

SOUS-SECTION 2 OBLIGATIONS DE L'AGENCE NATIONALE DE SÉCURITÉ DU MÉDICAMENT ET DES PRODUITS DE SANTÉ

Art. R. 1245-34 L'Agence nationale de sécurité du médicament et des produits de santé est chargée :

1° D'attribuer le code défini au *a* du 2° de l'article R. 1245-31 aux établissements qu'elle autorise en application de l'article L. 1243-2, des premier et deuxième alinéas du II de l'article L. 1245-5, du premier alinéa du II de l'article L. 1245-5-1, et des articles L. 4211-9-1, L. 4211-9-2, L. 5124-3 et L. 5124-9-1 ;

2° D'assurer la mise en œuvre, l'information et le suivi du code européen unique, notamment en veillant à ce que les personnes morales et physiques mentionnées respectivement aux articles R. 1245-35 et R. 1245-36 attribuent le code européen unique ou la séquence d'identification du don dans le respect des dispositions de l'arrêté et de la décision de bonnes pratiques mentionnés à l'article R. 1245-33 ;

3° De s'assurer qu'une traçabilité est mise en place pour les tissus et les cellules mentionnés au premier alinéa de l'article R. 1245-32 qui sont exclus de l'application du code européen unique ;

4° De mettre à jour le registre de l'Union européenne des établissements autorisés au titre de l'article L. 1243-2, des premier et deuxième alinéas du II de l'article L. 1245-5, du premier *alinéa du II* de l'article L. 1245-5-1, et des articles L. 4211-9-1, L. 4211-9-2, L. 5124-3 et L. 5124-9-1. Cette mise à jour est faite dans un délai maximum de dix jours ouvrables à compter des modifications des autorisations, notamment lorsqu'un nouvel établissement est autorisé, que les informations mentionnées à l'annexe VIII de la directive 2015/565/UE de la Commission du 8 avril 2015 modifiant la directive 2006/86/CE en ce qui concerne certaines exigences techniques relatives à la codification des tissus et cellules d'origine humaine sont modifiées, que l'autorisation est retirée, suspendue ou en cas de cessation d'activité au sens des articles R. 1243-11, R. 1245-10, R. 4211-42 ou R. 4211-57 ;

5° D'alerter les autorités compétentes d'un autre État membre de l'Union européenne lorsqu'elle découvre des informations inexactes relatives à cet autre État membre dans le registre de l'Union européenne des établissements ou qu'elle constate un cas de non-respect significatif des dispositions relatives au code unique européen concernant cet autre État membre ;

6° D'alerter la Commission européenne et les autres autorités compétentes lorsqu'elle estime que le registre des produits tissulaires et cellulaires hébergé par la Commission européenne nécessite une mise à jour.

SOUS-SECTION 3 OBLIGATIONS DES ÉTABLISSEMENTS MENTIONNÉS AU *b* DU 2° DE L'ARTICLE R. 1245-31

Art. R. 1245-35 I. — Sauf si le code unique européen a déjà été attribué à des tissus ou des cellules provenant d'un État membre de l'Union européenne, le code unique européen est attribué au plus tard avant la distribution des tissus ou des cellules en France ou leur transfert, à des fins de greffe ou d'administration, vers un autre État membre de l'Union européenne ou partie à l'accord sur l'Espace économique européen, par les établissements ou les organismes autorisés par l'Agence nationale de sécurité du médicament et des produits de santé, en application de l'article L. 1243-2 et des premier et deuxième alinéas du II de L. 1245-5.

II. — Le code unique européen est attribué au plus tard avant la greffe ou l'administration des tissus ou des cellules par :

1° Les établissements de santé effectuant les activités mentionnées au premier alinéa de l'article L. 1243-6 et qui sont autorisés à importer à des fins thérapeutiques des tissus et des cellules en application du premier alinéa du II de l'article L. 1245-5 ;

2° Les médecins et les chirurgiens-dentistes mentionnés au deuxième alinéa de l'article L. 1243-6 et qui sont autorisés à importer à des fins thérapeutiques des tissus et des cellules en application du premier alinéa du II de l'article L. 1245-5.

Art. R. 1245-36 Sauf si la séquence d'identification du don a déjà été attribuée à des tissus ou des cellules provenant d'un État membre de l'Union européenne, la séquence d'identification du don est attribuée par les établissements ou organismes autorisés au titre de l'article L. 1243-2, des premier et deuxième alinéas du II de l'article L. 1245-5, du premier alinéa du II de l'article L. 1245-5-1, et des articles L. 4211-9-1, L. 4211-9-2, L. 5124-3 et L. 5124-9-1 qui réceptionnent des tissus et cellules d'un établissement de santé effectuant des prélèvements en France ou qui les importent, lorsque ces tissus et cellules sont utilisés à d'autres fins que la distribution. Elle figure dans les documents qui accompagnent les tissus et cellules.

Art. R. 1245-37 Les établissements ou organismes mentionnés au *b* du 2° de l'article R. 1241-31 s'assurent du caractère unique du numéro unique de don qu'ils attribuent sur la base des dispositions de l'arrêté et des bonnes pratiques prévus à l'article R. 1245-33.

SECTION VIII MODALITÉS D'APPLICATION AU SERVICE DE SANTÉ DES ARMÉES (*Décr. n° 2017-544 du 13 avr. 2017, art. 2-1°*).

Art. R. 1245-38 Pour l'application du présent chapitre, les hôpitaux des armées et le Centre de transfusion sanguine des armées sont regardés respectivement comme des établissements de santé et comme un établissement de transfusion sanguine.

TITRE CINQUIÈME *[ABROGÉ]* ÉTABLISSEMENT FRANÇAIS DES GREFFES

Art. R. 1251-1 à R. 1252-29 *Abrogés par Décr. n° 2005-420 du 4 mai 2005.*

V. les art. R. 1418-1 s. relatifs à l'Agence de la biomédecine.

TITRE SIXIÈME DISPOSITIONS RELATIVES AUX PRODUITS THÉRAPEUTIQUES ANNEXES

(Décr. nº 2008-891 du 2 sept. 2008)

CHAPITRE UNIQUE PRODUITS THÉRAPEUTIQUES ANNEXES

(Décr. nº 2008-891 du 2 sept. 2008)

SECTION PREMIÈRE DÉFINITIONS

(Décr. nº 2008-891 du 2 sept. 2008)

Art. R. 1261-1 Pour l'application du présent chapitre, on entend par :

1º Fabricant, toute personne physique ou morale se livrant, en vue de leur vente en gros ou au détail, de leur cession à titre gratuit ou de leur utilisation, à la fabrication de produits thérapeutiques annexes définis à l'article L. 1261-1.

La fabrication comprend les opérations concernant l'achat de matières premières et des articles de conditionnement, les opérations de préparation, de production, de contrôle de la qualité, de libération des lots, ainsi que les opérations de stockage correspondantes, telles qu'elles sont définies par les bonnes pratiques prévues à l'article L. 1261-3 applicables à cette activité ;

2º Importateur, toute personne physique ou morale se livrant, en vue de leur vente en gros ou au détail, de leur cession à titre gratuit ou de leur utilisation, à l'importation, au stockage, au contrôle de la qualité et à la libération des lots de produits thérapeutiques annexes ;

3º Distributeur, toute personne physique ou morale se livrant à l'achat et au stockage de produits thérapeutiques annexes en vue de leur distribution en gros ou au détail et en l'état, ou de leur exportation en l'état ;

4º Utilisateur, toute personne physique ou morale se livrant à l'utilisation de produits thérapeutiques annexes dans le cadre des activités mentionnées à l'article L. 1261-1. L'utilisation de ces produits comprend les opérations allant de l'achat à l'emploi du produit dans les conditions fixées par l'autorisation et pour l'effet *in vitro* revendiqué.

SECTION II AUTORISATION PRÉALABLE À LA MISE SUR LE MARCHÉ DES PRODUITS THÉRAPEUTIQUES ANNEXES

(Décr. nº 2008-891 du 2 sept. 2008)

Art. R. 1261-2 La demande d'autorisation prévue à l'article L. 1261-2 est adressée sous pli recommandé avec demande d'avis de réception ou déposée contre récépissé au directeur général de l'*(Décr. nº 2012-597 du 27 avr. 2012, art. 5-I-1º)* « Agence nationale de sécurité du médicament et des produits de santé » par le fabricant ou par l'importateur du produit thérapeutique annexe pour lequel l'autorisation est sollicitée.

Elle est accompagnée d'un dossier technique dont le contenu est fixé par arrêté du ministre chargé de la santé sur proposition du directeur général de cette agence.

Ce dossier comporte notamment tous les renseignements permettant d'établir et de garantir la qualité, l'innocuité et l'efficacité du produit dans les conditions normales de son utilisation *in vitro*.

Art. R. 1261-3 Le directeur général de l'Agence française de sécurité sanitaire des produits de santé *[Agence nationale de sécurité du médicament et des produits de santé]* se prononce sur la demande mentionnée à l'article R. 1261-2 *(Abrogé par Décr. nº 2012-597 du 27 avril 2012, art. 3-12º)* ***« après avoir recueilli l'avis d'un groupe d'experts qu'il constitue à cet effet et »*** *[après avoir recueilli]* l'avis du directeur général de l'Agence de la biomédecine.

Ce dernier dispose d'un délai de quarante-cinq jours à compter de la réception de la demande d'avis pour se prononcer. L'absence de réponse dans ce délai vaut avis favorable.

Art. R. 1261-4 Le directeur général de l'*(Décr. nº 2012-597 du 27 avr. 2012, art. 5-I-1º)* « Agence nationale de sécurité du médicament et des produits de santé » notifie sa décision au demandeur dans un délai de quatre-vingt-dix jours à compter de la date de réception du dossier de demande complet.

Il peut requérir de ce dernier toute information complémentaire et peut procéder à toute consultation ou étude particulière qu'il juge nécessaire pour lui permettre de se prononcer sur la demande. Il peut, à cette fin, prolonger le délai prévu à l'alinéa précédent pour une durée qui ne peut excéder six mois. En ce cas, il doit notifier au demandeur les motifs de cette prolongation ainsi que sa durée. Le délai prévu au premier alinéa est suspendu jusqu'à la fourniture de ces éléments.

L'absence de décision à l'expiration du délai prévu vaut rejet de la demande.

Le refus d'autorisation est motivé.

Le directeur général de l'Agence de la biomédecine est informé des décisions prises en application du présent article.

Art. R. 1261-5 L'autorisation est délivrée pour une durée de cinq ans. Elle peut être assortie de prescriptions spéciales relatives aux conditions d'utilisation du produit. Sur demande du titulaire présentée au plus tard trois mois avant la date normale d'expiration, l'autorisation initiale est renouvelable pour une durée de cinq ans, après examen de l'*(Décr. nº 2012-597 du 27 avr. 2012, art. 5-I-1º)* « Agence nationale de sécurité du médicament et des produits de santé » d'un dossier décrivant notamment l'état des données relatives aux effets indésirables susceptibles d'être dus à ce produit. Le contenu de ce dossier est fixé par arrêté du ministre chargé de la santé sur proposition du directeur général de cette agence.

Le directeur général de l'*(Décr. nº 2012-597 du 27 avr. 2012, art. 5-I-1º)* « Agence nationale de sécurité du médicament et des produits de santé » se prononce sur cette demande de renouvellement dans les conditions et délais prévus à l'article R. 1261-4.

A défaut de cette demande, l'autorisation est réputée caduque à compter de sa date d'expiration.

En application des art. L. 231-5 et L. 231-6 CRPA, et par exception à l'application du délai de deux mois prévu à l'art. L. 231-1 du même code, le délai à l'expiration duquel le silence gardé par l'administration vaut acceptation est de quatre-vingt-dix jours, qui peut être prolongé pour une durée qui ne peut excéder six mois, pour les demandes de renouvellement de l'autorisation préalable à la mise sur le marché d'un produit thérapeutique annexe (Décr. nº 2014-1287 du 23 oct. 2014, art. 1er).

Art. R. 1261-6 Tout projet de modification de l'un des éléments de l'autorisation initiale doit faire l'objet d'une nouvelle demande d'autorisation déposée et instruite dans les mêmes conditions que la demande de l'autorisation initiale. Celle-ci continue à courir jusqu'à son terme initial.

En cas de refus de la modification, l'autorisation initiale demeure si ce refus n'est pas de nature à remettre en cause cette autorisation.

Art. R. 1261-7 L'autorisation peut être modifiée, suspendue ou retirée par le directeur général de l'*(Décr. nº 2012-597 du 27 avr. 2012, art. 5-I-1º)* « Agence nationale de sécurité du médicament et des produits de santé » lorsque le produit thérapeutique annexe ne présente pas les conditions garantissant sa qualité, son innocuité et son efficacité lors de son utilisation *in vitro*, dans des conditions normales d'emploi ou en cas d'infraction aux dispositions législatives et réglementaires en vigueur, notamment en cas de non-respect des règles de bonnes pratiques mentionnées à l'article L. 1261-3.

La modification ou le retrait ne peut intervenir qu'après que le titulaire a été invité à présenter ses observations dans un délai fixé par le directeur général de l'*(Décr. nº 2012-597 du 27 avr. 2012, art. 5-I-1º)* « Agence nationale de sécurité du médicament et des produits de santé », qui ne peut être inférieur à un mois.

Toutefois, en cas d'urgence, l'autorisation peut être immédiatement suspendue pour une durée ne pouvant excéder un an, ou modifiée.

Le directeur général de l'*(Décr. nº 2012-597 du 27 avr. 2012, art. 5-I-1º)* « Agence nationale de sécurité du médicament et des produits de santé » informe le directeur général de l'Agence de la biomédecine des mesures de modification, de suspension ou de retrait qu'il a prononcées.

SECTION III SUIVI DES PRODUITS THÉRAPEUTIQUES ANNEXES

(Décr. nº 2008-891 du 2 sept. 2008)

Art. R. 1261-8 Le fabricant, l'importateur ou le distributeur de produits thérapeutiques annexes doit assurer la traçabilité de ces produits depuis leur fabrication jusqu'à leur cession conformément aux règles de bonnes pratiques mentionnées à l'article L. 1261-3.

Pour l'application de l'article *(Décr. nº 2006-626 du 29 mai 2006)* « L. 1211-7 », il doit en outre mettre en œuvre le dispositif de vigilance prévu à la section III du chapitre unique du titre Ier du présent livre.

Art. R. 1261-9 Le fabricant ou l'importateur transmet au directeur général de l'*(Décr. nº 2012-597 du 27 avr. 2012, art. 5-I-1º)* « Agence nationale de sécurité du médicament et des produits de santé » un rapport présentant la synthèse des informations relatives à l'ensemble des incidents et effets indésirables qu'il a déclarés ou qui lui ont été signalés et de toutes les informations utiles à l'évaluation des risques et des bénéfices liés à l'emploi du produit thérapeutique annexe.

La transmission de ce rapport s'effectue dans les conditions suivantes :

– immédiatement sur demande ;

– semestriellement durant les deux ans suivant l'autorisation de mise sur le marché du produit thérapeutique annexe ou de sa modification ;

– annuellement les deux années suivantes, ainsi qu'au moment du renouvellement quinquennal de l'autorisation.

TITRE SEPTIÈME DISPOSITIONS PÉNALES

CHAPITRE PREMIER SANG

Le présent chapitre ne comporte pas de dispositions réglementaires.

CHAPITRE II ORGANES, TISSUS, CELLULES ET PRODUITS

Le présent chapitre ne comporte pas de dispositions réglementaires.

CHAPITRE III GAMÈTES

Le présent chapitre ne comporte pas de dispositions réglementaires.

CHAPITRE IV DISPOSITIONS COMMUNES

Le présent chapitre ne comporte pas de dispositions réglementaires.

LIVRE TROISIÈME PROTECTION DE LA SANTÉ ET ENVIRONNEMENT

TITRE PREMIER DISPOSITIONS GÉNÉRALES

CHAPITRE PRÉLIMINAIRE *PLAN NATIONAL DE PRÉVENTION* DES RISQUES POUR LA SANTÉ LIÉS À L'ENVIRONNEMENT

(Décr. nº 2010-344 du 31 mars 2010, art. 29)

Art. R. 1310-1 Le préfet de région arrête les dispositions nécessaires à la mise en œuvre du plan national de prévention des risques pour la santé liés à l'environnement après examen des propositions concertées du directeur général de l'agence régionale de santé et du directeur régional de l'environnement, de l'aménagement et du logement. Pour ce qui relève des compétences de l'agence régionale de santé définies aux articles L. 1431-1 et L. 1431-2, le projet arrêté par le préfet de région reprend les actions définies par le directeur général de l'agence régionale de santé.

CHAPITRE PREMIER TATOUAGE PAR EFFRACTION CUTANÉE ET PERÇAGE

(Décr. nº 2008-149 du 19 févr. 2008, art. 1er-I)

SECTION PREMIÈRE TATOUAGE PAR EFFRACTION CUTANÉE ET PERÇAGE CORPOREL

Art. R. 1311-1 Les dispositions de la présente section s'appliquent à la mise en œuvre des techniques de tatouage par effraction cutanée, y compris la technique du maquillage permanent, et du perçage corporel, à l'exception du perçage du pavillon de l'oreille et de l'aile du nez quand il est réalisé par la technique du pistolet perce-oreille.

Art. R. 1311-2 Les personnes qui mettent en œuvre les techniques citées à l'article R. 1311-1 déclarent cette activité auprès du *(Décr. nº 2010-344 du 31 mars 2010, art. 30)* « directeur général de l'agence régionale de santé compétent pour le » lieu d'exercice de cette activité. La cessation de cette activité est déclarée auprès de la même autorité. Les modalités de ces déclarations sont fixées par arrêté du ministre chargé de la santé.

Art. R. 1311-3 Les personnes qui mettent en œuvre les techniques citées à l'article R. 1311-1 doivent avoir suivi une formation aux conditions d'hygiène et de salubrité prévues par l'article R. 1311-4. Un arrêté du ministre chargé de la santé détermine les catégories d'établissements et les organismes habilités par le *(Décr. nº 2010-344 du 31 mars 2010, art. 30)* « directeur général de l'agence régionale de santé » à délivrer cette formation, ainsi que le contenu de celle-ci et les diplômes acceptés en équivalence.

Art. R. 1311-4 La mise en œuvre des techniques mentionnées à l'article R. 1311-1 s'exerce dans le respect des règles générales d'hygiène et de salubrité. Elle respecte en particulier les règles suivantes :

– le matériel pénétrant la barrière cutanée ou entrant en contact avec la peau ou la muqueuse du client et les supports directs de ce matériel sont soit à usage unique et stériles, soit stérilisés avant chaque utilisation ;

– les locaux comprennent une salle exclusivement réservée à la réalisation de ces techniques.

Les modalités d'application du présent article sont fixées par arrêté du ministre chargé de la santé.

Art. R. 1311-5 Les déchets produits sont assimilés aux déchets d'activités de soins à risques infectieux. Leur élimination est soumise aux dispositions des articles R. 1335-1 à R. 1335-8, R. 1335-13 et R. 1335-14.

SECTION II DISPOSITIONS SPÉCIFIQUES AU PERÇAGE DU PAVILLON DE L'OREILLE ET DE L'AILE DU NEZ

Art. R. 1311-6 La présente section s'applique au perçage du pavillon de l'oreille et de l'aile du nez par la technique du pistolet perce-oreille.

Art. R. 1311-7 La technique citée à l'article R. 1311-6 ne peut être mise en œuvre que par :

– les personnes qui ont effectué la déclaration prévue à l'article R. 1311-2 ;

– les personnes relevant de conventions collectives ou ayant une activité principale référencée dans la nomenclature d'activités française dont les listes sont fixées par arrêté du ministre chargé de la santé.

Art. R. 1311-8 Les personnes qui mettent en œuvre la technique mentionnée à l'*article R. 1311-6* sont soumises au respect des règles générales d'hygiène et de salubrité. Elles respectent en particulier les règles suivantes :

– la peau du client est isolée des éléments permanents du pistolet perce-oreille par un élément jetable et à usage unique servant de support au bijou de pose ;

– le bijou de pose et son support sont fournis stériles dans un emballage hermétique qui en garantit la stérilité jusqu'à son utilisation.

Les modalités d'application du présent article sont fixées par arrêté du ministre chargé de la santé.

Art. R. 1311-9 L'emballage hermétique de chaque unité constituée par le bijou de pose et son support, mis sur le marché à titre gratuit ou onéreux, comporte les indications suivantes, inscrites de manière à être facilement lisibles, clairement compréhensibles et indélébiles :

1° La dénomination du produit ;

2° La date de durabilité maximale, définie comme étant la date jusqu'à laquelle ce produit, conservé dans des conditions appropriées, continue à remplir sa fonction initiale ; cette date est annoncée par la mention : "A utiliser avant", suivie soit de la date elle-même, soit de l'indication de l'endroit de l'étiquetage où elle figure ; la date se compose de l'indication, en clair et dans l'ordre, du mois et de l'année ;

3° Le numéro de lot de fabrication ou la référence permettant l'identification de la fabrication ;

4° La mention : "stérile" ;

5° Le nom ou la raison sociale et la ou les adresses du fabricant ou du responsable de la mise sur le marché ; ces mentions peuvent être abrégées lorsque l'abréviation permet l'identification de l'entreprise.

SECTION III DISPOSITIONS COMMUNES

Art. R. 1311-10 Un tatouage par effraction cutanée ne peut être réalisé qu'avec des produits de tatouage respectant les dispositions prévues par les articles L. 513-10-1 à *(Décr. n° 2015-1417 du 4 nov. 2015, art. 1er)* « L. 513-10-10 ».

Les tiges utilisées lors d'un perçage initial jusqu'à cicatrisation et les tiges utilisées après cicatrisation sont conformes aux dispositions de l'article R. 5132-45 et aux textes réglementaires relatifs au nickel pris pour son application.

Art. R. 1311-11 Il est interdit de pratiquer les techniques mentionnées aux articles R. 1311-1 et R. 1311-6 sur une personne mineure sans le consentement écrit d'une personne titulaire de l'autorité parentale ou de son tuteur. Les personnes réalisant ces pratiques sur une personne mineure doivent être en mesure, pendant trois ans, de présenter la preuve de ce consentement aux autorités de contrôle mentionnées à l'article L. 1312-1.

Art. R. 1311-12 Les personnes qui mettent en œuvre les techniques mentionnées aux articles R. 1311-1 et R. 1311-6 informent leurs clients, avant qu'ils se soumettent à ces techniques, des risques auxquels ils s'exposent et, après la réalisation de ces techniques, des précautions à respecter. Cette information est affichée de manière visible dans le local où ces techniques sont pratiquées et est remise par écrit aux clients. Le contenu de cette information est fixé par arrêté du ministre chargé de la santé.

Art. R. 1311-13 Les dispositions du présent chapitre ne sont pas applicables aux professionnels de santé lorsqu'ils réalisent des actes de soins. Ils restent régis, pour ces activités, par les dispositions législatives et réglementaires les concernant.

CHAPITRE PREMIER *BIS* ENTRETIEN DES CHAUDIÈRES

(Décr. n° 2009-649 du 9 juin 2009, art. 2)

Art. R. 1311-14 Les dispositions relatives à l'entretien des chaudières installées dans les locaux d'habitation sont fixées par les articles R. 224-41-4 à R. 224-41-9 du code de l'environnement.

CHAPITRE II DISPOSITIONS PÉNALES

SECTION PREMIÈRE CONSTAT DES INFRACTIONS

(Décr. n° 2007-75 du 22 janv. 2007, art. 1er-II)

Art. R. 1312-1 *(Décr. n° 2010-344 du 31 mars 2010, art. 31)* Peuvent être habilités, dans les limites de leurs compétences respectives, à constater les infractions mentionnées à l'article L. 1312-1, outre les agents mentionnés aux articles L. 1421-1 et

L. 1435-7, les médecins territoriaux, les ingénieurs territoriaux, les techniciens supérieurs territoriaux et les contrôleurs territoriaux de travaux exerçant leurs fonctions *(Décr. nº 2015-694 du 18 juin 2015, art. 3)* « dans les communes, les groupements de communes mentionnés à l'article L. 1422-1 ou la métropole de Lyon », les inspecteurs de salubrité de la ville de Paris et les inspecteurs de salubrité de la préfecture de police.

Peuvent également être habilités les agents non titulaires des collectivités territoriales qui exercent depuis plus de six mois des fonctions administratives et techniques analogues à celles exercées par les fonctionnaires mentionnés au premier alinéa.

Sur la légalité du Décr. nº 2007-75 du 22 janv. 2007. • CE 8 oct. 2008, *Synd. nat. des personnels de santé environnementale : JCP 2008. 2281, note Jean-Pierre ; ibid., Actu. 633 ; ibid. IV. 2763.*

Art. R. 1312-2 *(Décr. nº 2010-344 du 31 mars 2010, art. 31)* Les agents mentionnés à l'article R. 1312-1 sont habilités par arrêté nominatif des autorités suivantes :

1º Le préfet de département pour les agents territoriaux exerçant leurs fonctions dans *(Décr. nº 2015-694 du 18 juin 2015, art. 3)* « les communes, les groupements de communes ou la métropole de Lyon » ;

2º Le directeur général de l'agence régionale de santé pour les agents placés sous son autorité ;

3º Le ministre de la santé pour les agents exerçant leurs fonctions au niveau national.

Art. R. 1312-3 Les *(Décr. nº 2010-344 du 31 mars 2010, art. 31)* « agents des collectivités territoriales » sont habilités par le préfet de département sur proposition *(Décr. nº 2015-694 du 18 juin 2015, art. 3)* « du maire, du président de l'établissement public de coopération intercommunale ou du président du conseil de la métropole de Lyon ».

Pour les inspecteurs de salubrité de la ville de Paris, l'agrément prononcé en application des articles R. 2512-15-1 à R. 2512-15-7 du code général des collectivités territoriales vaut habilitation.

Les inspecteurs de salubrité de la préfecture de police sont habilités par le préfet de police.

Art. R. 1312-4 Pour accorder l'habilitation mentionnée à l'article R. 1312-1, l'autorité compétente tient compte de l'affectation de l'agent, de son niveau de formation ou de son expérience au regard des exigences requises pour l'exercice des missions de police judiciaire.

Art. R. 1312-5 Les agents habilités conformément aux articles R. 1312-2 à R. 1312-4 prêtent, devant le tribunal de grande instance dans le ressort duquel se trouve leur résidence administrative, le serment suivant :

"Je jure et promets de bien et loyalement remplir mes fonctions et d'observer en tout les devoirs qu'elles m'imposent. Je jure également de ne rien révéler ou utiliser de ce qui sera porté à ma connaissance à l'occasion de l'exercice de mes fonctions."

Le greffier du tribunal de grande instance porte la mention de l'accomplissement de cette prestation de serment, de sa date et de son lieu sur la carte professionnelle ou, à défaut, sur l'arrêté d'habilitation de l'agent.

Les agents et fonctionnaires régulièrement habilités ne peuvent refuser d'être assermentés. • CE 8 oct. 2008, *Synd. nat. des personnels de santé environnementale : Lebon 355.*

Art. R. 1312-6 Les agents habilités et assermentés exercent leurs prérogatives dans les limites territoriales de leur affectation.

Art. R. 1312-7 En cas de changement d'affectation en dehors du ressort de compétence territoriale de l'autorité d'habilitation, l'habilitation est caduque. Une nouvelle habilitation peut, le cas échéant, être délivrée dans les conditions prévues aux articles *R. 1312-2 à R. 1312-4*.

Lorsque l'agent habilité a déjà été assermenté, à quelque titre que ce soit, pour constater des infractions, il n'a pas à renouveler sa prestation de serment. Sur justification, le greffier du tribunal de grande instance dans le ressort duquel se trouve sa résidence administrative enregistre cette prestation de serment sur la carte professionnelle ou à défaut sur l'arrêté d'habilitation de l'agent.

SECTION II SANCTIONS PÉNALES *(Décr. nº 2007-75 du 22 janv. 2007, art. 1er-I).*

Art. R. 1312-8 Est puni de l'amende prévue pour les contraventions de la cinquième classe le fait de ne pas exécuter les mesures ordonnées par le préfet en application de l'article L. 1311-4.

La récidive de la contravention prévue au premier alinéa est réprimée conformément à l'article 132-11 du code pénal.

Art. R. 1312-9 *(Décr. nº 2008-149 du 19 févr. 2008, art. 1er-II)* Est puni de l'amende prévue pour les contraventions de la 5e classe le fait de mettre en œuvre une technique de tatouage par effraction cutanée ou une technique de perçage corporel citée à l'article R. 1311-1 :

1° Sans avoir déclaré son activité conformément aux dispositions de l'article R. 1311-2 ;

2° Sans respecter les conditions d'hygiène et de salubrité prévues à l'article R. 1311-4 ;

3° Sans avoir reçu la formation prévue à l'article R. 1311-3 ;

4° Sans procéder à l'information et à l'affichage prévus à l'article R. 1311-12 ;

5° Sans respecter les dispositions de l'article R. 1311-5 relatives au traitement des déchets ;

6° En utilisant des produits ou des matériaux non conformes aux dispositions de l'article R. 1311-10 ;

7° Sur un mineur sans avoir préalablement recueilli l'accord du titulaire de l'autorité parentale ou du tuteur, dans les conditions prévues à l'article R. 1311-11.

Art. R. 1312-10 *(Décr. nº 2008-149 du 19 févr. 2008, art. 1er-II)* Est puni de l'amende prévue pour les contraventions de la 5e classe le fait de pratiquer le perçage du pavillon de l'oreille ou de l'aile du nez par la technique du pistolet perce-oreille :

1° Sans remplir les conditions de déclaration ou d'exercice prévues à l'article R. 1311-7 ;

2° Sans respecter les conditions d'hygiène prévues à l'article R. 1311-8 ;

3° Sans procéder à l'information et à l'affichage prévus à l'article R. 1311-12 ;

4° En utilisant des matériaux non conformes aux dispositions de l'article R. 1311-10 ;

5° Sur un mineur sans avoir préalablement recueilli l'accord du titulaire de l'autorité parentale ou du tuteur, dans les conditions prévues à l'article R. 1311-11.

Art. R. 1312-11 *(Décr. nº 2008-149 du 19 févr. 2008, art. 1er-II)* Les personnes coupables des infractions prévues aux articles R. 1312-9 et R. 1312-10 encourent également la peine complémentaire de confiscation de la chose qui a servi ou était destinée à commettre l'infraction ou de la chose qui en est le produit.

Art. R. 1312-12 *(Décr. nº 2010-671 du 18 juin 2010, art. 5-XIII)* Les personnes morales déclarées responsables pénalement, dans les conditions prévues par l'article 121-2 du code pénal, des infractions définies au présent chapitre encourent, outre l'amende suivant les modalités prévues par l'article 131-41 du code pénal, la peine de confiscation de la chose qui a servi ou était destinée à commettre l'infraction ou de la chose qui en est le produit.

Art. R. 1312-13 *(Décr. nº 2008-149 du 19 févr. 2008, art. 1er-II)* La récidive des contraventions prévues aux articles R. 1312-9 et R. 1312-10 est réprimée conformément aux articles 132-11 et 132-15 du code pénal.

CHAPITRE III AGENCE NATIONALE CHARGÉE DE LA SÉCURITÉ SANITAIRE DE L'ALIMENTATION, DE L'ENVIRONNEMENT ET DU TRAVAIL

(Décr. nº 2010-719 du 28 juin 2010, art. 1er)

SECTION PREMIÈRE DISPOSITIONS GÉNÉRALES

Art. R. 1313-1 L'Agence nationale de sécurité sanitaire de l'alimentation, de l'environnement et du travail, établissement public à caractère administratif placé sous la tutelle des ministres chargés de l'agriculture, de la consommation, de l'environnement, de la santé et du travail, exerce les missions et prérogatives mentionnées à l'article L. 1313-1.

En vue de l'accomplissement de ses missions, l'agence :

1° Organise l'expertise dans son domaine de compétence défini à l'article L. 1313-1, en s'appuyant notamment sur les comités d'experts spécialisés mentionnés à l'article L. 1313-6 ;

2° Met en place un réseau d'organismes et coordonne leurs travaux à des fins d'évaluation des risques sanitaires dans son champ de compétence ;

3° Contribue à l'information, à la formation et à la diffusion d'une documentation scientifique et technique et au débat public, qu'elle suscite et nourrit ;

4° Contribue à la définition des politiques nationales et communautaires de recherche dans ses champs de compétence ;

5° Crée des bases de données scientifiques et techniques dans ses champs de compétence ou contribue à leur création ;

(Décr. n° 2015-1184 du 25 sept. 2015, art. 1er-I-1°) « 6° Organise des systèmes *(Décr. n° 2016-1744 du 15 déc. 2016, art. 1er-1°)* « nationaux » de vigilances *[vigilance]* dans les conditions fixées au chapitre III du titre II *(Décr. n° 2016-1744 du 15 déc. 2016, art. 1er-2°)* « et au chapitre préliminaire du titre IV » du présent livre, et à la section IX du titre IV du livre Ier de la cinquième partie du présent code et à l'article L. 253-8-1 du code rural et de la pêche maritime, et *(Décr. n° 2016-1744 du 15 déc. 2016, art. 1er-3°)* « coordonne les activités de vigilance des centres antipoison mentionnés à l'article L. 6141-4 » du présent code ; »

(Décr. n° 2016-1117 du 11 août 2016, art. 2) « 6° *bis* Participe au recueil et au suivi des informations relatives aux produits mentionnés au titre Ier du livre V de la troisième partie du présent code ; »

7° Exerce des activités de laboratoire national de référence dans son domaine de compétence ;

(Décr. n° 2015-1184 du 25 sept. 2015, art. 1er-I-2° et 3°) « 8° Fournit aux autorités compétentes son expertise et son appui scientifique et technique.

« L'agence est informée par les ministères compétents des programmes de contrôle et de surveillance sanitaires mis en œuvre. Elle accède à sa demande aux résultats des inspections et contrôles ayant mis en évidence un risque entrant dans son champ de compétence, notamment par les agents mentionnés à l'article L. 215-1 du code de la consommation. »

Art. R. 1313-2 Pour l'exercice de ses missions, l'Agence nationale de sécurité sanitaire de l'alimentation, de l'environnement et du travail peut notamment :

1° Acquérir les biens meubles et immeubles nécessaires ;

2° Attribuer, sur son budget propre, des subventions, prêts à titre gratuit ou onéreux ou avances aux personnes publiques ou privées qui réalisent des études, recherches, travaux, équipements ou ouvrages concourant à l'accomplissement de ses missions ;

3° Conclure des conventions ou participer à des groupements d'intérêt public avec toute personne publique ou privée, française ou étrangère, et notamment avec des établissements d'enseignement et de recherche qui ont des missions complémentaires des siennes ou lui apportent leur concours.

L'agence recourt à ses moyens propres ou s'assure le concours des personnes avec lesquelles elle passe des accords à cet effet, et notamment celui des organismes du réseau mentionné à l'article R. 1313-1.

Les laboratoires des services de l'État chargés du contrôle de la sécurité sanitaire des aliments et ceux qui leur sont rattachés sont en tant que de besoin mis à la disposition de l'agence pour l'accomplissement de ses missions.

Art. R. 1313-3 Le réseau mentionné à l'article R. 1313-1 comprend, notamment :

*1° L'Agence de l'*environnement et de la maîtrise de l'énergie ;

2° L'*(Décr. n° 2012-597 du 27 avr. 2012, art. 5-I-1°)* « Agence nationale de sécurité du médicament et des produits de santé » ;

3° L'Agence nationale pour l'amélioration des conditions de travail ;

4° Le Bureau de recherches géologiques et minières ;

5° La Caisse centrale de la mutualité sociale agricole ;

6° La Caisse nationale de l'assurance maladie des travailleurs salariés ;
7° Le Centre international de recherche agronomique pour le développement ;
8° Le Centre national de la recherche scientifique ;
9° Le Centre scientifique et technique du bâtiment ;
10° Le Centre national du machinisme agricole, du génie rural, des eaux et des forêts ;
11° Le Commissariat à l'énergie atomique ;
12° L'École des hautes études en santé publique ;
13° L'École nationale vétérinaire de Maisons-Alfort ;
14° L'École nationale vétérinaire de Toulouse ;
15° L'École nationale vétérinaire, agroalimentaire et de l'alimentation, Nantes-Atlantique ;
16° L'Institut d'enseignement supérieur et de recherche en alimentation, santé animale, sciences agronomiques et de l'environnement ;
17° L'Institut de recherche pour le développement ;
18° L'*(Décr. n° 2016-523 du 27 avr. 2016, art. 4)* « Agence nationale de santé publique » ;
19° L'Institut des sciences et industries du vivant et de l'environnement ;
20° L'Institut français de recherche pour l'exploitation de la mer ;
21° L'Institut national du cancer ;
22° L'Institut national de la recherche agronomique ;
23° L'Institut national de recherche et de sécurité pour la prévention des accidents du travail et des maladies professionnelles ;
24° L'Institut national de la santé et de la recherche médicale ;
25° L'Institut national de l'environnement industriel et des risques ;
26° L'Institut de radioprotection et de sûreté nucléaire ;
27° L'Institut national de recherche sur les transports et leur sécurité ;
28° L'Institut Pasteur ;
29° L'Institut français des sciences et technologies des transports, de l'aménagement et des réseaux ;
30° Le Laboratoire national de métrologie et d'essais ;
31° *(Décr. n° 2016-1842 du 26 déc. 2016, art. 3)* « L'Agence française pour la biodiversité ».

Les relations entre l'agence et ces établissements et organismes sont fixées par convention.

SECTION II ORGANISATION

SOUS-SECTION 1 CONSEIL D'ADMINISTRATION

Art. R. 1313-4 Le conseil d'administration comprend, outre son président :

1° Un collège composé de huit membres représentant l'État :
a) Un représentant du ministre chargé de la santé ;
b) Un représentant du ministre chargé de l'environnement ;
c) Un représentant du ministre chargé du travail ;
d) Un représentant du ministre chargé de l'agriculture ;
e) Un représentant du ministre chargé de la consommation ;
f) Un représentant du ministre chargé du budget ;
g) Un représentant du *ministre* chargé de la recherche ;
h) Un représentant du ministre chargé de l'industrie ;

2° Un collège composé de :
a) Deux membres représentant les associations de protection de l'environnement agréées au niveau national, conformément aux dispositions de l'article L. 141-1 du code de l'environnement ;
b) Deux membres représentant les associations de défense des consommateurs agréées au niveau national, conformément aux dispositions de l'article L. 411-1 du code de la consommation ;
c) Un membre représentant les associations ayant une activité dans le domaine de la qualité de la santé et de la prise en charge des malades agréées au niveau national, conformément aux dispositions de l'article L. 1114-1 du présent code ;

d) Deux membres représentant les associations d'aide aux victimes d'accidents du travail ou de maladies professionnelles représentées au sein du Fonds d'indemnisation des victimes de l'amiante ;

3° Un collège composé de six représentants d'organisations professionnelles désignées par les ministres de tutelle, dont l'activité des membres relève du domaine de compétence de l'agence ;

4° Un collège composé de :

a) Cinq membres représentant les organisations syndicales de salariés les plus représentatives au niveau national ;

b) Trois membres représentant les organisations interprofessionnelles d'employeurs au niveau national ;

5° Un collège composé de deux élus désignés par l'Association des maires de France et l'Assemblée des départements de France, et d'une personnalité qualifiée choisie en raison de ses compétences dans les domaines relevant des missions de l'agence ;

6° Trois représentants du personnel de l'agence élus par ce personnel selon les modalités définies par le règlement intérieur de l'agence.

Art. R. 1313-5 Le mandat des membres du conseil d'administration est de trois ans. Il est renouvelable.

La personnalité qualifiée mentionnée au 5° est nommée par arrêté des ministres de tutelle. Les représentants du personnel élus conformément au 6° de l'article R. 1313-4 sont nommés par arrêté des ministres de tutelle. Les membres des collèges mentionnés aux 2°, 3° et 4° sont nommés par arrêté des ministres de tutelle sur la proposition des organisations qu'ils représentent.

Pour chacun des membres des collèges mentionnés aux 2°, 3°, 4°, 5° et 6° de l'article R. 1313-4, un suppléant est nommé dans les mêmes conditions que le membre titulaire.

Art. R. 1313-6 Le mandat de président du conseil d'administration, nommé pour trois ans, est renouvelable une fois. Cette disposition ne fait pas obstacle à ce que le président exerce avant ou après ses fonctions un mandat d'administrateur, le cas échéant pour une durée renouvelée de trois ans. Les fonctions de président du conseil d'administration sont incompatibles avec celles de directeur général de l'agence.

(Décr. nº 2014-570 du 3 juin 2014, art. 1er) « La limite d'âge du président est fixée à soixante-sept ans. »

Le conseil d'administration élit en son sein un vice-président choisi parmi les membres des collèges mentionnés aux 2°, 3°, 4° ou 5° de l'article R. 1313-4, qui exerce toutes les prérogatives du président en cas d'absence ou d'empêchement de ce dernier.

Art. R. 1313-7 En cas de vacance d'un siège du fait de l'empêchement définitif de son titulaire ou de la perte par un membre de la qualité au titre de laquelle il a été désigné, il est procédé à la désignation d'un nouveau membre dans les conditions prévues à l'article R. 1313-5 ou du président, dans les conditions prévues à l'article L. 1313-4. Le mandat de ce membre ou du président ainsi nommé expire en même temps que celui des autres membres du conseil d'administration. Dans ces mêmes circonstances, les représentants du personnel sont remplacés dans les conditions prévues par le règlement intérieur.

Art. R. 1313-8 Les fonctions de membre du conseil d'administration sont incompatibles avec la qualité de membre du conseil scientifique *(Décr. nº 2015-1184 du 25 sept. 2015, art. 1er-II)* « , de membre du comité de suivi des autorisations de mise sur le marché » et de membre du comité de déontologie et de prévention des conflits d'intérêts.

Art. R. 1313-9 Le directeur général, *(Décr. nº 2012-1247 du 7 nov. 2012, art. 2, en vigueur le 1er janv. 2013)* « le contrôleur budgétaire », l'agent comptable et le président du conseil scientifique assistent aux séances du conseil d'administration avec voix consultative. Le directeur général peut en outre se faire assister de toute personne de son choix.

Le président du conseil d'administration peut également inviter à assister aux séances, avec voix consultative, toute personne dont il estime la présence utile.

Art. R. 1313-10 Les fonctions de membre du conseil d'administration sont exercées à titre gracieux.

Les frais occasionnés par leurs déplacements et leurs séjours sont remboursés dans les conditions prévues par la réglementation applicable aux personnels civils de l'État.

Art. R. 1313-11 Le conseil d'administration se réunit au moins trois fois par an sur convocation de son président.

En outre, la convocation est de droit dans les trente jours suivant la demande qui en est faite par l'un des ministres de tutelle, par le directeur général, ou par le tiers au moins des membres du conseil d'administration.

En cas d'urgence, les délibérations du conseil d'administration peuvent être adoptées selon des modalités de consultation électronique ou audiovisuelle préservant la collégialité des débats selon les modalités définies par le règlement intérieur du conseil d'administration.

Art. R. 1313-12 Le président arrête l'ordre du jour sur proposition du directeur général.

Les questions dont l'un des ministres de tutelle ou dont le tiers au moins des membres du conseil d'administration demandent l'inscription à l'ordre du jour de la séance la plus proche y sont inscrites de plein droit.

Sauf en cas d'urgence, lorsqu'elles doivent faire l'objet d'une délibération, ces questions doivent être déposées quinze jours au moins avant la date du conseil d'administration.

Art. R. 1313-13 Les décisions du conseil d'administration sont prises à la majorité simple. Les membres du conseil disposent chacun d'une voix à l'exception des représentants des ministres mentionnés aux *a, b, c, d* et *e* du 1° de l'article R. 1313-4 qui disposent chacun de cinq voix.

Le conseil d'administration ne peut délibérer valablement que si un quart au moins de ses membres détenant au moins la moitié des voix sont présents. Si le quorum n'est pas atteint, le conseil est convoqué sur le même ordre du jour dans les quinze jours. Il délibère alors valablement quel que soit le nombre de membres présents.

Art. R. 1313-14 Le conseil d'administration fixe par ses délibérations les orientations générales de l'agence.

Il adopte son règlement intérieur.

Il délibère sur :

1° Les orientations stratégiques pluriannuelles ;

2° Le programme de travail annuel ;

3° Le contrat de performance conclu avec l'État ;

4° Le rapport d'activité ;

5° Le programme d'investissement ;

6° Le budget initial et les décisions modificatives ;

7° Le compte financier ;

8° Les contrats, concours et subventions, au-delà de seuils qu'il définit ;

9° L'organisation générale de l'agence, notamment la création de comités d'experts spécialisés ;

10° Le règlement intérieur de l'agence ;

11° Les conditions générales d'emploi et de recrutement du personnel et les conditions de rémunération des autres personnes qui apportent leur concours à l'agence ;

12° Les acquisitions, aliénations, échanges d'immeubles et les baux et locations d'une durée supérieure à celle qu'il fixe ;

13° Les emprunts ;

14° L'acceptation des dons et legs d'un montant supérieur à un seuil qu'il détermine ;

15° Les redevances pour services rendus et rémunérations de toute nature dues à l'agence d'un montant supérieur à un seuil qu'il détermine ;

16° L'autorisation d'engager les actions en justice et de négocier et conclure les transactions ;

17° La participation à des groupements d'intérêt public ou à tous autres organismes, quelle que soit leur nature juridique, ainsi que les conventions ;

18° Les modalités de mise en œuvre des règles de déontologie applicables aux agents, collaborateurs, membres des structures et cocontractants de l'agence précisant les obligations d'impartialité, de confidentialité, de secret et de réserve ;

19° La liste des membres du comité de déontologie et de prévention des conflits d'intérêts qu'il propose aux ministres ;

20° Les règles de recevabilité des saisines de l'agence autres que celles régies par l'article R. 1313-32.

Art. R. 1313-15 Le conseil d'administration peut déléguer à son président ou au directeur général certaines de ses compétences à l'exception des matières mentionnées aux 1°, 3°, 4°, 6°, 7°, 10°, 18° et 20° dans des limites qu'il détermine et selon des modalités permettant qu'il lui soit rendu compte.

Art. R. 1313-16 *(Décr. n° 2012-1247 du 7 nov. 2012, art. 41)* « Les délibérations portant sur le budget et le compte financier sont exécutoires dans les conditions prévues par le titre III du décret n° 2012-1246 du 7 novembre 2012 relatif à la gestion budgétaire et comptable publique. » Les délibérations relatives au personnel de droit privé sont exécutoires quinze jours après leur transmission aux ministres de tutelle, au ministre chargé du budget et au ministre chargé de la fonction publique. Les autres délibérations sont immédiatement exécutoires sauf intention exprimée en séance par l'un des représentants des ministres d'exercer son droit d'opposition dans les quinze jours qui suivent la délibération.

SOUS-SECTION 2 DIRECTEUR GÉNÉRAL

Art. R. 1313-17 Le directeur général est nommé pour une durée de trois ans renouvelable.

Il dirige l'établissement. Il accomplit tous les actes qui ne sont pas réservés au conseil d'administration en vertu des dispositions de l'article R. 1313-14.

Il prépare les délibérations du conseil d'administration et en assure l'exécution.

Art. R. 1313-18 Le directeur général recrute, nomme et gère les fonctionnaires dont la situation est régie par le décret n° 98-695 du 30 juillet 1998, modifié par le décret n° 99-242 du 26 mars 1999, relatif au statut particulier des chercheurs de l'Agence française de sécurité sanitaire des aliments. Il est consulté et son avis favorable est requis préalablement à l'affectation à l'agence des fonctionnaires appelés à y servir.

Il recrute, nomme et gère le personnel contractuel dans le respect des dispositions du décret n° 2003-224 du 7 mars 2003 modifié fixant les règles applicables aux personnels contractuels de droit public recrutés par certains établissements publics intervenant dans le domaine de la santé publique et de la sécurité sanitaire.

Il a autorité sur l'ensemble des personnels de l'établissement.

Art. R. 1313-19 Le directeur général représente l'établissement en justice et dans tous les actes de la vie civile. Il passe au nom de l'établissement les contrats et marchés, les actes d'acquisition et de vente et les transactions, sous réserve des attributions conférées au conseil d'administration par l'article R. 1313-14 et dans les limites fixées par le conseil d'administration.

Art. R. 1313-20 Il est ordonnateur principal des dépenses et des recettes. Il peut désigner des ordonnateurs secondaires qui peuvent avec son accord déléguer leur signature.

Art. R. 1313-21 Le directeur général communique aux ministres chargés de l'agriculture, de la consommation, de l'environnement, de la santé et du travail, ainsi qu'aux autres ministres concernés, les avis et recommandations de l'agence et assure leur publicité.

Il adresse chaque année au Premier ministre, aux ministres concernés et aux présidents des deux assemblées parlementaires et du Conseil économique, social et environnemental le rapport d'activité de l'agence et assure sa publicité.

Art. R. 1313-22 *(Décr. n° 2015-1184 du 25 sept. 2015, art. 1er-III)* Le directeur général prend, au nom de l'État :

1° Les décisions relatives aux produits phytopharmaceutiques et à leurs adjuvants mentionnés à l'article L. 253-1 du code rural et de la pêche maritime et aux matières fertilisantes et supports de culture et leurs adjuvants mentionnés à l'article L. 255-1 du même code, qui relèvent de la compétence de l'agence en application du neuvième alinéa de l'article L. 1313-1 du présent code ;

2° En matière de pharmacie vétérinaire les décisions qui relèvent de la compétence de l'agence, en application du titre IV du livre Ier de la cinquième partie du présent code, du décret n° 2007-358 du 19 mars 2007 relatif à la dissémination volontaire à toute autre fin que la mise sur le marché de produits composés en tout ou en partie d'organismes génétiquement modifiés et du décret n° 2007-359 du 19 mars 2007 relatif à la procédure d'autorisation de mise sur le marché de produits non destinés à l'alimentation composés en tout ou partie d'organismes génétiquement modifiés.

Art. R. 1313-23 Le directeur général est assisté de directeurs selon l'organisation de l'agence dont un directeur général adjoint qui le supplée en cas de vacance, d'absence ou d'empêchement.

Le directeur général peut déléguer sa signature aux personnels placés sous son autorité.

Il peut déléguer à des agents désignés pour exercer des fonctions de responsabilité administrative ou scientifique dans l'établissement ou dans une unité commune avec d'autres organismes une partie de ses pouvoirs, à l'exception des avis et recommandations mentionnés à l'article R. 1313-21 et des décisions mentionnés à l'article R. 1313-22.

Toutefois, il peut déléguer au directeur de l'Agence nationale du médicament vétérinaire ses pouvoirs pour prendre les décisions mentionnées à l'article R. 1313-22.

Les personnels bénéficiant d'une délégation de pouvoir peuvent déléguer leur signature.

Les délégations de pouvoir mentionnées aux troisième et quatrième alinéas font l'objet d'une publication au *Journal officiel* de la République française.

SOUS-SECTION 3 CONSEIL SCIENTIFIQUE ET COMITÉS D'EXPERTS

Art. R. 1313-24 Le conseil scientifique comprend :

1° Deux membres de droit :

a) Le président du conseil scientifique de l'*(Décr. n° 2012-597 du 27 avr. 2012, art. 5-I-1°)* « Agence nationale de sécurité du médicament et des produits de santé », ou son représentant ;

b) Le président du conseil scientifique de l'*(Décr. n° 2016-523 du 27 avr. 2016, art. 4)* « Agence nationale de santé publique », ou son représentant ;

2° Trois membres à voix consultative désignés parmi les personnels scientifiques de l'agence par leurs pairs pour une durée de trois ans renouvelable selon des modalités fixées par le règlement intérieur ;

3° Vingt-quatre membres, nommés pour une durée de trois ans renouvelable par arrêté des ministres chargés de l'agriculture, de la consommation, de l'environnement, de la recherche, de la santé et du travail, sur proposition du directeur général, choisis parmi les personnalités scientifiques compétentes dans le domaine de compétence de l'agence.

Le président du conseil scientifique est nommé parmi les membres mentionnés au 3° par *arrêté des ministres* chargés de l'agriculture, de la consommation, de l'environnement, de la santé et du travail après avis du *conseil scientifique*.

En cas de vacance d'un siège, pour quelque cause que ce soit, il est procédé à la désignation d'un nouveau membre dans les conditions prévues aux 2° et 3° pour achever le mandat de celui qu'il remplace.

Sous réserve des dispositions de l'article R. 1313-27, les fonctions de membre du conseil scientifique sont exercées à titre gracieux.

Art. R. 1313-25 Le conseil scientifique est convoqué par son président, ou à la demande du directeur général, ou à l'initiative motivée d'au moins un tiers de ses membres, ou à la demande du conseil d'administration. Il se réunit au moins deux fois par an.

Le conseil scientifique a pour missions de :

1° Donner un avis sur les orientations de recherche et d'expertise de l'institution ainsi que sur la politique de partenariat scientifique et de programmation de l'agence ;

2° Assister la direction de l'agence dans l'élaboration de la procédure d'appels à projets ;

3° Valider et superviser le processus d'évaluation de l'activité de recherche de l'agence, et émettre, sur la base des résultats obtenus, des recommandations à la direction ;

4° Donner un avis sur la liste, les règles de fonctionnement, les nominations des membres des commissions scientifiques spécialisées prévues par le décret n° 98-695 du 30 juillet 1998, modifié par le décret n° 99-242 du 26 mars 1999, relatif au statut particulier des corps des chercheurs de l'Agence française de sécurité sanitaire des aliments ;

5° Donner un avis sur la composition des jurys d'admissibilité et d'admission des concours d'accès au corps des chargés de recherche et des directeurs de recherche de l'agence et, d'une manière générale, sur les questions relevant de ses attributions en application du même décret ;

6° Donner un avis sur la composition des comités d'experts spécialisés mentionnés à l'article L. 1313-6 et les conditions d'organisation des expertises collectives ;

7° Donner un avis sur les programmes de recherche et d'appui scientifique et technique.

Il assiste l'agence dans sa mission de contribution à la définition des politiques nationale et européenne de recherche. Il peut formuler des recommandations sur toute question scientifique et technique entrant dans le champ de compétence de l'établissement. Celles-ci sont transmises au directeur général et au président du conseil d'administration.

Le conseil scientifique est consulté sur les dispositions du règlement intérieur de l'agence qui le concernent.

Art. R. 1313-26 Les membres des comités d'experts spécialisés créés par l'agence et leur président sont nommés par décision du directeur général de l'établissement, après avis du conseil scientifique. Les modalités de fonctionnement des comités d'experts spécialisés sont fixées par le règlement intérieur de l'agence.

SOUS-SECTION 3-1 COMITÉ DE SUIVI DES AUTORISATIONS DE MISE SUR LE MARCHÉ

(Décr. n° 2015-1184 du 25 sept. 2015, art. 1er-IV)

Art. R. 1313-27-1 Le comité de suivi mentionné à l'article L. 1313-6-1 peut être consulté par le directeur général de l'Agence sur :

1° Les conditions d'applicabilité de mesures de gestion des risques en matière d'autorisations de mise sur le marché ;

2° La sécurité d'emploi des produits en relation avec la santé humaine et animale et l'environnement ;

3° L'intérêt agronomique et socio-économique des différentes solutions phytosanitaires disponibles dans le respect des principes de l'agroécologie, y compris les solutions de biocontrôle ;

(Décr. n° 2016-970 du 15 juill. 2016, art. 1er-1°) « 4° L'intérêt sanitaire, environnemental et socio-économique de certains produits biocides et de leurs conditions d'emploi ;

« 5° L'utilisation des signaux collectés dans le cadre de la phytopharmacovigilance et de la toxicovigilance ;

« 6° L'identification des sujets d'études prioritaires à réaliser en matière d'utilisation des produits phytopharmaceutiques et de leurs adjuvants, des matières fertilisantes, des supports de culture et de leurs adjuvants ainsi que des produits biocides ;

« 7° L'identification des sujets prioritaires concernant le contrôle de la production, de la formulation, de l'emballage et de l'étiquetage des produits phytopharmaceutiques et adjuvants, et des matières fertilisantes et supports de culture et leurs adjuvants. »

Art. D. 1313-27-2 *(Décr. n° 2016-970 du 15 juill. 2016, art. 1er-2°)* « Le comité de suivi comprend de onze à dix-huit membres. Sa composition est fixée par arrêté conjoint des ministres respectivement chargés de l'environnement, de la santé, du travail, de l'agriculture et de la consommation, sur proposition du directeur général de l'agence. Ses membres sont choisis parmi des personnalités reconnues pour leurs connaissances et compétences en matière de produits mentionnés à l'article L. 253-1 du code rural et de la pêche maritime, de matières fertilisantes, supports de culture et leurs adjuvants mentionnés à l'article L. 255-1 du même code et de produits biocides mentionnés à l'article L. 522-1 du code de l'environnement.

« Le président et les autres membres du comité de suivi sont nommés, sur proposition du directeur général de l'agence, pour une durée de trois ans par arrêté conjoint des ministres mentionnés au premier alinéa. »

En cas de vacance d'un siège du fait de l'empêchement définitif de son titulaire ou de la perte par un membre de la qualité au titre de laquelle il a été désigné, il est procédé à la désignation d'un nouveau membre dans les conditions prévues à l'alinéa précédent. Le mandat de ce membre ainsi nommé expire en même temps que celui des autres membres du comité de suivi.

Art. R. 1313-27-3 Les fonctions de membre du comité de suivi sont incompatibles avec la qualité de membre du conseil scientifique et de membre du comité de déontologie et de prévention des conflits d'intérêts.

Art. R. 1313-27-4 Le comité de suivi se réunit à la demande du directeur général de l'Agence.

Il élabore son règlement intérieur et le soumet à l'approbation du directeur général de l'Agence. Il en informe le conseil d'administration.

Le directeur général de l'Agence met à la disposition du comité les moyens nécessaires à son fonctionnement ainsi que les informations détenues par l'agence nécessaires à l'exercice de ses missions.

SOUS-SECTION 4 DÉONTOLOGIE ET PRÉVENTION DES CONFLITS D'INTÉRÊTS

Art. R. 1313-28 Le comité de déontologie et de prévention des conflits d'intérêts est composé de cinq à huit membres. Ces membres sont nommés pour une durée de cinq ans par arrêté des ministres chargés de la tutelle sur proposition du conseil d'administration parmi des personnalités reconnues pour leurs connaissances et compétences en matière de déontologie. En cas de vacance, ils sont remplacés dans les mêmes conditions pour la durée restant à courir du mandat de la personne qu'ils remplacent.

Les fonctions de membre du comité sont incompatibles avec l'appartenance à une autre instance de l'agence, avec toute relation contractuelle avec elle, et sont soumises à la totalité des obligations déontologiques applicables à l'agence.

Art. R. 1313-29 Le comité de déontologie et de prévention des conflits d'intérêts peut être saisi dans son champ de compétence par un membre du conseil d'administration, du conseil scientifique ou d'un comité d'experts spécialisé, par le directeur général de l'agence ou par un des agents de l'agence.

Le comité de déontologie et de prévention des conflits d'intérêts transmet ses avis et recommandations à la personne ou à l'instance qui l'a saisi, au conseil d'administration, et au directeur général de l'agence qui en informe les ministres chargés de la tutelle de l'agence.

Art. R. 1313-30 Le comité de déontologie et de prévention des conflits d'intérêts élit son président et arrête ses modalités de fonctionnement. Il en informe le conseil d'administration et le directeur général. Le comité a accès à toutes les informations détenues par l'agence nécessaires à l'exercice de ses compétences.

Le directeur général met à la disposition du comité les moyens nécessaires à son fonctionnement et prend les décisions nécessaires à la mise en œuvre de ses avis et recommandations.

Art. R. 1313-31 L'information du public par une personne assujettie aux dispositions *(Décr. n° 2012-745 du 9 mai 2012, art. 4-VII, en vigueur le 1er juill. 2012)* « du second alinéa de l'article L. 1451-2 » est réalisée soit de façon écrite lorsqu'il s'agit d'un article destiné à la presse écrite ou diffusé sur internet, soit de façon écrite ou orale au début de son intervention, lorsqu'il s'agit d'une manifestation publique ou d'une communication réalisée pour la presse audiovisuelle.

SOUS-SECTION 4-1 RÉMUNÉRATION ET INDEMNISATION DES MEMBRES ET DES EXPERTS

(Décr. nº 2015-1184 du 25 sept. 2015, art. 1er-V)

Art. R. 1313-31-1 *(Décr. nº 2010-719 du 28 juin 2010, art. 1er) (Décr. nº 2015-1184 du 25 sept. 2015, art. 1er-V-1º)* « Les membres du comité de suivi, » les membres des comités d'experts spécialisés, les membres du conseil scientifique issus du collège des personnalités scientifiques qualifiées, les membres du comité de déontologie et de prévention des conflits d'intérêts ainsi que les autres experts auxquels l'agence a recours peuvent être rémunérés pour leur participation aux réunions de ces instances ainsi que pour l'ensemble des travaux, rapports et études réalisés pour l'agence, dans des conditions fixées par le conseil d'administration.

(Décr. nº 2015-1184 du 25 sept. 2015, art. 1er-V-2º) « Les membres et experts mentionnés à l'alinéa précédent » ont droit aux indemnités pour frais de déplacement et de séjour dans les conditions prévues pour les personnels civils de l'État. — *[Anc. art. R. 1313-27.]*

SOUS-SECTION 5 SAISINES DE L'AGENCE PAR LES ASSOCIATIONS MENTIONNÉES À L'ARTICLE L. 1313-3

Art. R. 1313-32 La saisine effectuée par les associations habilitées en application du deuxième alinéa de l'article L. 1313-3 doit être adressée par le dirigeant de l'association, ou par son représentant expressément désigné par voie de procuration, au directeur général de l'agence. Elle doit être dûment motivée et, le cas échéant, accompagnée de toutes pièces justificatives. En cas de saisine conjointe par plusieurs organismes, il est possible d'adresser une saisine unique contresignée par les différents pétitionnaires.

Une copie de la saisine est envoyée par le directeur général de l'agence aux ministères de tutelle concernés.

Le directeur général accuse réception de cette saisine et en envoie copie aux ministères de tutelle concernés. Il décide, conformément à la procédure adoptée par le conseil d'administration, de la suite à donner, en tenant compte notamment des moyens et des priorités de l'agence. Il en rend compte au conseil d'administration et en informe le demandeur, en précisant, le cas échéant, les délais nécessaires pour son examen.

L'avis émis par l'agence est adressé à l'auteur de la saisine par courrier recommandé avec avis de réception. Il est communiqué aux ministres chargés de la tutelle de l'agence ainsi qu'aux autres ministres concernés.

SOUS-SECTION 6 RÉGIME FINANCIER ET COMPTABLE

Art. R. 1313-33 *(Décr. nº 2012-1247 du 7 nov. 2012, art. 41)* L'agence est soumise aux dispositions des titres Ier et III du décret nº 2012-1246 du 7 novembre 2012 relatif à la gestion budgétaire et comptable publique.

Art. R. 1313-34 Le budget comprend notamment :

1º En recettes :

a) Les subventions de l'État, des collectivités territoriales et d'autres organismes publics ;

b) Les subventions des organismes internationaux et de l'Union européenne ;

c) Le produit des droits progressifs perçus en application de l'article L. 5141-8 ;

d) Les fonds de contrat sur programme ;

e) Les produits de redevances et contributions, notamment les produits de la propriété intellectuelle ;

f) La rémunération des services rendus et toutes ressources que l'agence tire de son activité ;

g) Le produit des publications et actions de formation ;

h) Le produit de l'aliénation des biens, meubles et immeubles ;

i) Les produits financiers, le remboursement des prêts et avances ;

j) Les emprunts ;

k) Le produit des dons et legs ;

l) Toutes autres recettes autorisées par les lois et règlements ;
2° En dépenses :
a) Les dépenses de personnel ;
b) Les dépenses de fonctionnement ;
c) Les dépenses d'investissement.

Art. R. 1313-35 Le budget est soumis au vote du conseil d'administration avant le 25 novembre de l'année précédente.

Art. R. 1313-36 *Abrogé par Décr. n° 2012-1247 du 7 nov. 2012, art. 41.*

Art. R. 1313-37 L'agent comptable est nommé par arrêté des ministres chargés de l'agriculture, du budget, de la consommation, de l'environnement, de la santé et du travail.

Des comptables secondaires peuvent être désignés par le directeur général après avis de l'agent comptable et avec l'agrément du ministre chargé du budget.

Art. R. 1313-38 Un état retraçant les résultats de la comptabilité analytique est joint au compte financier adressé aux ministres de tutelle.

Art. R. 1313-39 L'agence peut, avec l'autorisation des ministres chargés du budget, de l'économie, de l'agriculture, de la consommation, de l'environnement, de la santé et du travail, recourir à l'emprunt.

Art. R. 1313-40 Des régies de recettes et d'avances peuvent être instituées conformément aux dispositions du décret n° 92-681 modifié du 20 juillet 1992 relatif aux régies de recettes et aux régies d'avances des organismes publics.

TITRE DEUXIÈME SÉCURITÉ SANITAIRE DES EAUX ET DES ALIMENTS

CHAPITRE PREMIER EAUX POTABLES

SECTION PREMIÈRE EAUX DESTINÉES À LA CONSOMMATION HUMAINE À L'EXCLUSION DES EAUX MINÉRALES NATURELLES

SOUS-SECTION 1 DISPOSITIONS GÉNÉRALES

§ 1er CHAMP D'APPLICATION, LIMITES ET RÉFÉRENCES DE QUALITÉ

(Décr. n° 2007-49 du 11 janv. 2007, art. 1er-I)

Art. R. 1321-1 La présente section est applicable aux eaux destinées à la consommation humaine définies ci-après :

1° Toutes les eaux qui, soit en l'état, soit après traitement, sont destinées à la boisson, à la cuisson, à la préparation d'aliments ou à d'autres usages domestiques, qu'elles soient fournies par un réseau de distribution, à partir *(Décr. n° 2007-49 du 11 janv. 2007, art. 1er-II)* « d'une citerne, » d'un camion-citerne ou d'un bateau-citerne, en bouteilles ou en conteneurs, y compris les eaux de source ;

2° Toutes les eaux utilisées dans les entreprises alimentaires pour la fabrication, la transformation, la conservation ou la commercialisation de produits ou de substances, *destinés à la consommation* humaine, qui peuvent affecter la salubrité de la denrée alimentaire finale, y compris la glace alimentaire d'origine hydrique.

La présente section n'est pas applicable aux eaux minérales naturelles et aux eaux relevant de l'article L. 5111-1.

Art. R. 1321-2 Les eaux destinées à la consommation humaine doivent, dans les conditions prévues à la présente section :

– ne pas contenir un nombre ou une concentration de micro-organismes, de parasites ou de toutes autres substances constituant un danger potentiel pour la santé des personnes ;

– être conformes aux limites de qualité *(Décr. n° 2007-49 du 11 janv. 2007, art. 1er-III)* « , portant sur des paramètres microbiologiques et chimiques, définies par arrêté du ministre chargé de la santé ».

Art. R. 1321-3 *(Décr. nº 2007-49 du 11 janv. 2007, art. 1er-IV)* Les eaux destinées à la consommation humaine doivent satisfaire à des références de qualité, portant sur des paramètres microbiologiques, chimiques et radiologiques, établies à des fins de suivi des installations de production, de distribution et de conditionnement d'eau et d'évaluation des risques pour la santé des personnes, fixées par arrêté du ministre chargé de la santé *(Décr. nº 2007-1582 du 7 nov. 2007, art. 33)* « , après avis de l'Autorité de sûreté nucléaire ».

Art. R. 1321-4 Les mesures prises pour mettre en œuvre la présente section ne doivent pas entraîner, directement ou indirectement :

– une dégradation de la qualité, telle que constatée à la date d'entrée en vigueur de ces mesures, des eaux destinées à la consommation humaine qui a une incidence sur la santé des personnes ;

– un accroissement de la pollution des eaux brutes utilisées pour la production d'eau destinée à la consommation humaine.

Art. R. 1321-5 Les limites et références de qualité définies aux articles R. 1321-2 et R. 1321-3 doivent être respectées ou satisfaites aux points de conformité suivants :

1° Pour les eaux fournies par un réseau de distribution, au point où, à l'intérieur de locaux ou d'un établissement, elles sortent des robinets qui sont normalement utilisés pour la consommation humaine sauf pour certains paramètres pour lesquels des points spécifiques sont définis *(Décr. nº 2007-49 du 11 janv. 2007, art. 1er-V)* « par les arrêtés mentionnés aux articles R. 1321-2 et R. 1321-3 » ;

2° Pour les eaux mises en bouteilles ou en conteneurs, aux points où les eaux sont mises en bouteilles ou en conteneurs et dans les contenants ; pour les eaux de source, également à l'émergence, sauf pour les paramètres qui peuvent être modifiés par un traitement autorisé ;

3° Pour les eaux utilisées dans une entreprise alimentaire, au point où les eaux sont utilisées dans l'entreprise ;

4° Pour les eaux servant à la fabrication de la glace alimentaire, au point de production de la glace et dans le produit fini ;

5° *(Décr. nº 2007-49 du 11 janv. 2007, art. 1er-V)* « Pour les eaux fournies à partir de citernes, de camions-citernes ou de bateaux-citernes, au point où elles sortent de la citerne, du camion-citerne ou du bateau-citerne ; »

6° Pour les eaux qui sont fournies à partir d'appareils distributeurs d'eau non préemballée eux-mêmes approvisionnés en eau par des récipients amovibles, au point où ces eaux sortent de l'appareil distributeur.

§ 2 PROCÉDURE D'AUTORISATION

(Décr. nº 2007-49 du 11 janv. 2007, art. 1er-VI)

Art. R. 1321-6 La demande d'autorisation d'utilisation d'eau en vue de la consommation humaine, prévue au I de l'article L. 1321-7, est adressée au préfet du ou des départements dans lesquels sont situées les installations.

Le dossier de la demande comprend :

1° Le nom de la personne responsable de la production, de la distribution ou du conditionnement d'eau ;

2° Les informations permettant d'évaluer la qualité de l'eau de la ressource utilisée et ses variations possibles ;

3° L'évaluation des risques de dégradation de la qualité de l'eau ;

4° En fonction du débit de prélèvement, une étude portant sur les caractéristiques géologiques et hydrogéologiques du secteur aquifère ou du bassin versant concerné, sur la vulnérabilité de la ressource et sur les mesures de protection à mettre en place ;

5° L'avis de l'hydrogéologue agréé en matière d'hygiène publique, spécialement désigné par le *(Décr. nº 2010-344 du 31 mars 2010, art. 32)* « directeur général de l'agence régionale de santé » pour l'étude du dossier, portant sur les disponibilités en eau, sur les mesures de protection à mettre en œuvre et sur la définition des périmètres de protection mentionnés à l'article L. 1321-2 ;

6° La justification des produits et des procédés de traitement à mettre en œuvre ;

7° La description des installations de production et de distribution d'eau ;

8° La description des modalités de surveillance de la qualité de l'eau.

Les informations figurant au dossier ainsi que le seuil du débit de prélèvement mentionné au 4° sont précisés par arrêté du ministre chargé de la santé, pris après avis de l'*(Décr. n° 2011-385 du 11 avr. 2011, art. 1er)* « Agence nationale de sécurité sanitaire de l'alimentation, de l'environnement et du travail ».

Les frais de constitution du dossier sont à la charge du demandeur.

L'utilisation d'une eau ne provenant pas du milieu naturel ne peut être autorisée.

Art. R. 1321-7 I. — Le préfet soumet un rapport de synthèse *(Décr. n° 2010-344 du 31 mars 2010, art. 32)* « établi par le directeur général de l'agence régionale de santé » et un projet d'arrêté motivé à l'avis du conseil départemental de l'environnement et des risques sanitaires et technologiques.

Le préfet transmet le projet d'arrêté au demandeur et l'informe de la date et du lieu de la réunion du conseil départemental. Le demandeur ou son mandataire peut demander à être entendu par le conseil départemental ou lui présenter ses observations écrites.

Dans le cas où les installations sont situées dans des départements différents, les préfets de ces départements choisissent le préfet coordonnateur de la procédure.

II. — Le préfet adresse le dossier de la demande au ministre chargé de la santé qui le transmet pour avis à l'*(Décr. n° 2011-385 du 11 avr. 2011, art. 1er)* « Agence nationale de sécurité sanitaire de l'alimentation, de l'environnement et du travail » lorsque la demande d'autorisation porte sur l'utilisation d'une eau prélevée dans le milieu naturel ne respectant pas une des limites de qualité, portant sur certains des paramètres microbiologiques et physico-chimiques, définis par arrêté du ministre chargé de la santé.

Le préfet peut également transmettre le dossier au ministre en cas de risque ou de situation exceptionnels.

Les dispositions du présent II ne s'appliquent pas aux eaux de source définies à l'article R. 1321-84.

Art. R. 1321-8 I. — La décision statuant sur la demande d'autorisation d'utilisation d'eau en vue de la consommation humaine est prise par arrêté préfectoral. Cet arrêté est motivé.

L'arrêté préfectoral d'autorisation indique notamment l'identification du titulaire de l'autorisation et l'objet de cette utilisation, les localisations des captages et leurs conditions d'exploitation, les mesures de protection, y compris les périmètres de protection prévus à l'article L. 1321-2, les lieux et zones de production, de distribution et de conditionnement d'eau et, le cas échéant, les produits et procédés de traitement utilisés, les modalités de la mise en œuvre de la surveillance ainsi que les mesures de protection des anciens captages abandonnés.

Lorsqu'il détermine les périmètres de protection prévus à l'article L. 1321-2, cet arrêté déclare d'utilité publique lesdits périmètres.

Lorsque les travaux et ouvrages de prélèvement sont situés à l'intérieur du périmètre d'une forêt de protection au sens de l'article L. 411-1 du code forestier, cet arrêté déclare d'utilité publique lesdits travaux et ouvrages en application de l'article R. 412-19 du même code et autorise, le cas échéant, les défrichements nécessaires au titre de l'article L. 311-1 ou de l'article L. 312-1 du même code.

S'il s'agit d'une eau conditionnée, l'arrêté préfectoral précise en outre les mentions prévues aux articles R. *1321-87* à R. 1321-90 ou à l'article R. 1321-92 du présent code.

Une mention de l'arrêté d'autorisation d'utilisation d'eau en vue de la consommation humaine est publiée au recueil des actes administratifs de l'État dans le département.

Le silence gardé par le préfet pendant plus de quatre mois sur la demande d'autorisation d'utilisation d'eau en vue de la consommation humaine vaut décision de rejet. Ce délai est suspendu pendant le délai imparti pour la production de pièces réclamées par le préfet ou porté à six mois lorsque l'avis de l'*(Décr. n° 2011-385 du 11 avr. 2011, art. 1er)* « Agence nationale de sécurité sanitaire de l'alimentation, de l'environnement et du travail » est requis.

II. — Lorsque l'eau distribuée ne respecte pas les dispositions de l'article R. 1321-2 et que la mise en service d'un nouveau captage permet la distribution d'une eau conforme à ces dispositions, une demande de dérogation à la procédure définie au I de l'article R. 1321-7 peut être déposée auprès du préfet afin qu'il soit statué d'urgence sur une autorisation d'utilisation d'eau en vue de la consommation humaine avant que les périmètres de protection prévus à l'article L. 1321-2 n'aient été déclarés d'utilité publique.

L'arrêté préfectoral d'autorisation, pris conformément à la procédure prévue au I de l'article R. 1321-7, contient les éléments mentionnés au I du présent article, à l'exclusion des dispositions relatives aux périmètres de protection.

Le préfet statue sur l'autorisation définitive par un arrêté complémentaire comportant les dispositions relatives aux périmètres de protection, pris après avis du conseil départemental de l'environnement et des risques sanitaires et technologiques.

Les dispositions du présent II ne s'appliquent pas aux eaux conditionnées mentionnées à l'article R. 1321-69.

Art. R. 1321-9 A titre exceptionnel, une autorisation temporaire d'utilisation d'eau en vue de la consommation humaine peut être accordée par le préfet lorsque :

1° Une restriction dans l'utilisation ou une interruption de la distribution est imminente ou effective, du fait de perturbations majeures liées à des circonstances climatiques exceptionnelles ou à une pollution accidentelle de la ressource ;

2° *(Décr. n° 2010-344 du 31 mars 2010, art. 32)* « Un rapport du directeur général de l'agence régionale de santé établit que » l'utilisation de l'eau ne constitue pas un danger pour la santé des personnes.

Le dossier de la demande d'autorisation temporaire comprend les éléments mentionnés aux 1°, 2°, 6°, 7° et 8° de l'article R. 1321-6, ainsi que des éléments d'appréciation sur les caractéristiques géologiques et hydrogéologiques du secteur aquifère ou du bassin versant concerné, sur la vulnérabilité de la ressource et sur les mesures de protection à mettre en place. Son contenu est précisé par un arrêté du ministre chargé de la santé.

S'il l'estime nécessaire, le préfet demande l'avis d'un hydrogéologue agréé en matière d'hygiène publique dans les conditions prévues à l'article R. 1321-14 et consulte le conseil départemental de l'environnement et des risques sanitaires et technologiques. Dans tous les cas, le préfet informe le conseil départemental des mesures mises en œuvre.

L'arrêté préfectoral d'autorisation temporaire fixe notamment les modalités de suivi de la qualité des eaux, la date de fin de l'autorisation et le délai maximal de mise en place des moyens de sécurisation de l'alimentation en eau destinée à la consommation humaine. Il peut restreindre l'utilisation de l'eau pour des usages spécifiques, dont le titulaire de l'autorisation informe la population concernée.

L'autorisation ne peut pas excéder six mois et est renouvelable une fois.

Les dispositions du présent article ne s'appliquent pas aux eaux conditionnées.

En application de l'art. L. 231-4 CRPA, le silence gardé par l'administration vaut décision de rejet pour les demandes d'autorisation temporaire exceptionnelle pour l'utilisation d'eau en vue de la consommation humaine (Décr. n° 2014-1288 du 23 oct. 2014, art. 1er).

Art. R. 1321-10 I. – Avant que le titulaire de l'autorisation mentionnée à l'article R. 1321-8 ne mette en service ses installations, *(Décr. n° 2010-344 du 31 mars 2010, art. 32)* « le directeur général de l'agence régionale de santé fait effectuer », aux frais du titulaire de l'autorisation et dans le délai de deux mois après avoir été saisi, des analyses de vérification de la qualité de l'eau produite, dont les caractéristiques sont fixées par arrêté du ministre chargé de la santé.

Lorsque les résultats des analyses sont conformes, le préfet permet la distribution de l'eau au public. Dans le cas contraire, il refuse la distribution par une décision motivée. La distribution est différée jusqu'à ce qu'une nouvelle vérification, effectuée dans les conditions prévues ci-dessus, ait constaté la conformité.

II. – En l'*absence de mise en service de l'*installation dans un délai de cinq ans à compter de la notification de l'autorisation mentionnée à l'article R. 1321-8 ou lorsque, s'agissant d'une eau conditionnée, l'exploitation a été interrompue pendant plus de trois années consécutives, l'autorisation est réputée caduque.

Art. R. 1321-11 I. – Le titulaire d'une autorisation déclare au préfet tout projet de modification des installations et des conditions d'exploitation mentionnées dans l'arrêté préfectoral d'autorisation et lui transmet tous les éléments utiles pour l'appréciation du projet, préalablement à son exécution.

Le préfet statue sur cette déclaration dans un délai de deux mois, ou bien en prenant un arrêté modificatif, ou bien en invitant le titulaire de l'autorisation, le cas échéant après consultation d'un hydrogéologue agréé en matière d'hygiène publique dans les conditions prévues à l'article R. 1321-14, à solliciter une révision de l'autorisation initiale. A défaut de décision dans ce délai, le projet de modification est réputé accepté.

II. — Le changement du titulaire de l'autorisation, sans modification des conditions d'exploitation, fait l'objet d'une déclaration au préfet, qui modifie l'arrêté d'autorisation existant.

Art. R. 1321-12 Le préfet peut prendre, à son initiative *(Décr. n° 2010-344 du 31 mars 2010, art. 32)* « sur proposition du directeur général de l'agence régionale de santé » ou à la demande du titulaire de l'autorisation et conformément à la procédure prévue au I de l'article R. 1321-7, un arrêté modificatif de l'arrêté d'autorisation, s'il estime que le maintien de certaines dispositions n'est plus justifié ou que des prescriptions complémentaires s'imposent afin d'assurer la sécurité sanitaire de l'eau distribuée.

Avant de prendre son arrêté, le préfet peut prescrire au titulaire de l'autorisation, par une décision motivée, la fourniture ou la mise à jour des éléments contenus dans le dossier de la demande d'autorisation et la production de bilans de fonctionnement supplémentaires. Ces mesures sont à la charge du titulaire de l'autorisation.

Art. R. 1321-13 Les périmètres de protection mentionnés à l'article L. 1321-2 pour les prélèvements d'eau destinés à l'alimentation des collectivités humaines peuvent porter sur des terrains disjoints.

A l'intérieur du périmètre de protection immédiate, dont les limites sont établies afin d'interdire toute introduction directe de substances polluantes dans l'eau prélevée et d'empêcher la dégradation des ouvrages, les terrains sont clôturés, sauf dérogation prévue dans l'acte déclaratif d'utilité publique, et sont régulièrement entretenus. Tous les travaux, installations, activités, dépôts, ouvrages, aménagement ou occupation des sols y sont interdits, en dehors de ceux qui sont explicitement autorisés dans l'acte déclaratif d'utilité publique.

A l'intérieur du périmètre de protection rapprochée, sont interdits les travaux, installations, activités, dépôts, ouvrages, aménagement ou occupation des sols susceptibles d'entraîner une pollution de nature à rendre l'eau impropre à la consommation humaine. Les autres travaux, installations, activités, dépôts, ouvrages, aménagement ou occupation des sols peuvent faire l'objet de prescriptions, et sont soumis à une surveillance particulière, prévues dans l'acte déclaratif d'utilité publique. Chaque fois qu'il est nécessaire, le même acte précise que les limites du périmètre de protection rapprochée seront matérialisées et signalées.

A l'intérieur du périmètre de protection éloignée, peuvent être réglementés les travaux, installations, activités, dépôts, ouvrages, aménagement ou occupation des sols qui, compte tenu de la nature des terrains, présentent un danger de pollution pour les eaux prélevées ou transportées, du fait de la nature et de la quantité de produits polluants liés à ces travaux, installations, activités, dépôts, ouvrages, aménagement ou occupation des sols ou de l'étendue des surfaces que ceux-ci occupent.

Art. R. 1321-13-1 *(Décr. n° 2007-1581 du 7 nov. 2007, art. 1er)* L'acte portant déclaration d'utilité publique des travaux de prélèvement d'eau destinée à l'alimentation des collectivités humaines mentionné à l'article L. 1321-2 est publié au recueil des actes administratifs de l'État dans le département et est affiché à la mairie de chacune des communes intéressées pendant au moins deux mois. Une mention de cet affichage est insérée en caractères apparents dans deux journaux locaux.

Un extrait de cet acte est par ailleurs adressé par le bénéficiaire des servitudes à chaque propriétaire intéressé afin de l'informer des servitudes qui grèvent son terrain, par lettre recommandée avec demande d'avis de réception. Lorsque l'identité ou l'adresse d'un propriétaire est inconnue, la notification est faite au maire de la commune sur le territoire de laquelle est située la propriété soumise à servitudes, qui en assure l'affichage et, le cas échéant, la communique à l'occupant des lieux.

Les maires des communes concernées conservent l'acte portant déclaration d'utilité publique et délivrent à toute personne qui le demande les informations sur les servitudes qui y sont rattachées.

Art. R. 1321-13-2 *(Décr. n° 2007-1581 du 7 nov. 2007, art. 1er)* Les servitudes afférentes aux périmètres de protection mentionnées au cinquième alinéa de l'article L. 1321-2 sont annexées au plan local d'urbanisme dans les conditions définies *(Décr. n° 2015-1783 du 28 déc. 2015, art. 9)* « à l'article L. 153-60 » du code de l'urbanisme.

Art. R. 1321-13-3 *(Décr. n° 2007-1581 du 7 nov. 2007, art. 1er)* Le droit de préemption urbain prévu à l'article L. 1321-2 peut être institué même en l'absence de plan local d'urbanisme.

Art. R. 1321-13-4 *(Décr. n° 2007-1581 du 7 nov. 2007, art. 1er)* I. — La collectivité publique, propriétaire de terrains situés à l'intérieur des périmètres de protection rapprochée des points de prélèvement d'eau destinée à l'alimentation des collectivités humaines, qui entend prescrire au preneur des modes d'utilisation du sol afin de préserver la qualité de la ressource en eau, à l'occasion du renouvellement des baux ruraux portant sur ces terrains, notifie ces prescriptions au preneur dix-huit mois au moins avant l'expiration du bail en cours.

Si la collectivité notifie au preneur de nouvelles prescriptions avant la fin de son bail, mais au-delà du délai de dix-huit mois prévu au premier alinéa, celles-ci ne peuvent entrer en vigueur qu'après un délai de dix-huit mois à compter de cette notification.

II. — La notification prévue au I est faite par lettre recommandée avec demande d'avis de réception ou par acte extrajudiciaire. Elle indique les motifs justifiant les prescriptions et les parcelles concernées et précise que la décision peut faire l'objet d'un recours devant le tribunal administratif dans un délai de deux mois.

Art. R. 1321-14 Les hydrogéologues doivent obtenir un agrément en matière d'hygiène publique du *(Décr. n° 2010-344 du 31 mars 2010, art. 32)* « directeur général de l'agence régionale de santé » pour émettre des avis dans le cadre des procédures prévues aux chapitres Ier et II du présent titre. Un arrêté du ministre chargé de la santé fixe les modalités d'agrément et de désignation des hydrogéologues agréés en matière d'hygiène publique, notamment la constitution du dossier de la demande d'agrément, les compétences requises et la durée de l'agrément.

Le silence gardé par le *(Décr. n° 2010-344 du 31 mars 2010, art. 32)* « directeur général de l'agence régionale de santé » pendant plus de quatre mois sur la demande d'agrément vaut décision de rejet.

Les frais supportés pour indemniser les hydrogéologues sont à la charge du demandeur de l'autorisation de l'utilisation d'eau en vue de la consommation humaine. Un arrêté des ministres chargés des collectivités territoriales, de l'économie et des finances, de la fonction publique et de la santé fixe les conditions de rémunération des hydrogéologues.

En application des art. L. 231-5 et L. 231-6 du CRPA, et par exception à l'application du délai de deux mois prévu à l'art. L. 231-1 du même code, le délai à l'expiration duquel le silence gardé par l'administration vaut acceptation est de quatre mois pour les demandes d'agrément en matière d'hygiène publique accordé aux hydrogéologues pour émettre des avis dans le cadre des procédures prévues aux chapitres Ier et II du titre II du livre III de la première partie (Décr. n° 2014-1287 du 23 oct. 2014, art. 1er).

§ 3 CONTRÔLE SANITAIRE ET SURVEILLANCE

Art. R. 1321-15 *(Décr. n° 2007-49 du 11 janv. 2007, art. 1er-VII)* Le contrôle sanitaire mentionné au 2° du I de l'article L. 1321-4 est exercé par *(Décr. n° 2010-344 du 31 mars 2010, art. 33)* « l'agence régionale de santé ». Il comprend toute opération de vérification du respect des dispositions législatives et réglementaires relatives à la sécurité sanitaire des eaux destinées à la consommation humaine.

Il comprend notamment :

1° L'inspection des installations ;

2° Le contrôle des mesures de sécurité sanitaire mises en œuvre ;

3° La réalisation d'un programme d'analyses de la qualité de l'eau.

Le contenu du programme d'analyses, ses modalités d'adaptation et les fréquences de prélèvements et d'analyses sont précisés, selon les caractéristiques des installations, par arrêté du ministre chargé de la santé.

Les lieux de prélèvement sont déterminés par *(Décr. n° 2010-344 du 31 mars 2010, art. 33)* « décision du directeur général de l'agence régionale de santé ».

Pour les eaux conditionnées, le programme est celui défini à l'article R. 1322-41.

Légalité des dispositions réglementaires relatives aux eaux destinées à la consommation humaine (issues du décret n° 2001-1220 du 20 déc. 2001). • CE 5 juill. 2004, *Assoc. France nature environnement et Assoc. eau rivière de Bretagne : AJDA 2004. 2293*.

Art. R. 1321-16 *(Décr. n° 2010-344 du 31 mars 2010, art. 33)* Le programme d'analyses des échantillons d'eau prélevés dans les installations de production et de distribution peut être modifié par le directeur général de l'agence régionale de santé, à son initiative ou à la demande du préfet, et selon les modalités prévues par l'arrêté ministériel mentionné à l'article R. 1321-15, si les conditions de protection du captage de l'eau et du fonctionnement des installations, les vérifications effectuées et la qualité de l'eau le nécessitent ou le permettent.

Art. R. 1321-17 *(Décr. n° 2007-49 du 11 janv. 2007, art. 1er-IX ; Décr. n° 2010-344 du 31 mars 2010, art. 33)* « Le directeur général de l'agence régionale de santé peut, à son initiative ou à la demande du préfet, faire effectuer à la charge de la personne responsable de la production ou de la distribution d'eau des analyses complémentaires dans les cas suivants : »

1° La qualité des eaux destinées à la consommation humaine ne respecte pas les limites de qualité fixées *(Décr. n° 2007-49 du 11 janv. 2007, art. 1er-IX)* « par l'arrêté mentionné à l'article R. 1321-2 » ;

2° Les limites de qualité des eaux brutes définies *(Décr. n° 2007-49 du 11 janv. 2007, art. 1er-IX)* « par l'arrêté mentionné au II de l'article R. 1321-7 » ne sont pas respectées ou la ressource en eau est susceptible d'être affectée par des développements biologiques ;

3° L'eau de la ressource ou l'eau distribuée présente des signes de dégradation ;

4° Les références de qualité fixées *(Décr. n° 2007-49 du 11 janv. 2007, art. 1er-IX)* « par l'arrêté mentionné à l'article R. 1321-3 » ne sont pas satisfaites ;

5° Une dérogation est accordée en application des articles R. 1321-31 à R. 1321-36 ;

6° *(Décr. n° 2007-49 du 11 janv. 2007, art. 1er-IX)* « Certaines personnes présentent des troubles ou les symptômes d'une maladie en relation avec l'usage de l'eau distribuée ; »

7° Des éléments ont montré qu'une substance, un élément figuré ou un micro-organisme, pour lequel aucune limite de qualité n'a été fixée, peut être présent en quantité ou en nombre constituant un danger potentiel pour la santé des personnes ;

8° Lorsque des travaux ou aménagements en cours de réalisation au point de prélèvement ou sur le réseau de distribution d'eau sont susceptibles de porter atteinte à la santé des personnes.

(Décr. n° 2007-49 du 11 janv. 2007, art. 1er-IX) « Pour les eaux conditionnées, les dispositions applicables sont celles de l'article R. 1322-42. »

Art. R. 1321-18 Le préfet *(Décr. n° 2010-344 du 31 mars 2010, art. 33)* « ou, pour les établissements sanitaires et médico-sociaux, le directeur général de l'agence régionale de santé » *peut faire réaliser* des analyses complémentaires, à la charge du ou des propriétaires, lorsque leurs installations de distribution peuvent être à l'origine d'une non-conformité aux limites de qualité définies *(Décr. n° 2007-49 du 11 janv. 2007, art. 1er-X)* « par l'arrêté mentionné à l'article R. 1321-2 ».

Art. R. 1321-19 Pour la réalisation du programme d'analyse prévu aux articles R. 1321-15 et R. 1321-16 et pour les analyses complémentaires prévues aux articles R. 1321-17 et R. 1321-18, les prélèvements d'échantillons d'eau sont effectués par les agents de *(Décr. n° 2010-344 du 31 mars 2010, art. 33)* « l'agence régionale de santé ou par » les agents d'un laboratoire agréé dans les conditions mentionnées à l'article R.* 1321-21.

Les frais de prélèvement sont, à l'exception des cas prévus à l'article R. 1321-18, à la charge de la *(Décr. n° 2007-49 du 11 janv. 2007, art. 1er-XI)* « personne responsable de la production, de la distribution ou du conditionnement d'eau » aux tarifs et selon les modalités fixés par arrêté des ministres chargés des collectivités territoriales, de la consommation, de l'économie et des finances et de la santé.

Art. R. 1321-20 *(Décr. n° 2007-1582 du 7 nov. 2007, art. 33)* Un arrêté du ministre chargé de la santé pris après avis de l'*(Décr. n° 2011-385 du 11 avr. 2011, art. 1er)* « Agence nationale de sécurité sanitaire de l'alimentation, de l'environnement et du travail » détermine les conditions d'échantillonnage à mettre en œuvre pour mesurer les paramètres plomb, cuivre et nickel dans l'eau.

Les radionucléides à prendre en compte pour le calcul de la dose totale indicative figurant dans l'arrêté mentionné à l'article R. 1321-3 et au B du II de l'annexe 13-1 ainsi que les méthodes utilisées pour ce calcul sont définis par un arrêté du ministre chargé de la santé pris après avis de l'Autorité de sûreté nucléaire.

Art. R.* 1321-21 Les analyses des échantillons d'eau mentionnées à l'article R. 1321-19 sont réalisées par des laboratoires qui doivent obtenir un agrément préalable du ministre chargé de la santé. Cet agrément peut concerner des laboratoires ayant leur siège dans un autre État membre de la Communauté européenne et justifiant qu'ils possèdent des moyens et utilisent des méthodes équivalentes. Le silence gardé pendant plus de six mois sur cette demande d'agrément vaut décision de rejet.

Les conditions d'agrément de ces laboratoires sont fixées par un arrêté du ministre chargé de la santé, pris après avis de l'*(Décr. n° 2011-385 du 11 avr. 2011, art. 1er)* « Agence nationale de sécurité sanitaire de l'alimentation, de l'environnement et du travail ».

Les méthodes d'analyse des échantillons d'eau ainsi que leurs performances doivent être soit les méthodes de référence fixées par un arrêté du ministre chargé de la santé, pris après avis de l'*(Décr. n° 2011-385 du 11 avr. 2011, art. 1er)* « Agence nationale de sécurité sanitaire de l'alimentation, de l'environnement et du travail », soit des méthodes conduisant à des résultats équivalents.

Les frais d'analyse sont, à l'exception des cas prévus à l'article R. 1321-18, supportés par la *(Décr. n° 2007-49 du 11 janv. 2007, art. 1er-XIII)* « personne responsable de la production, de la distribution ou du conditionnement d'eau », aux tarifs et selon des modalités fixés par arrêté des ministres chargés de la santé, de l'économie et des finances, de la consommation et des collectivités territoriales.

Art. R. 1321-22 *(Décr. n° 2007-49 du 11 janv. 2007, art. 1er-XIV)* Les laboratoires agréés adressent les résultats des analyses auxquelles ils procèdent *(Décr. n° 2010-344 du 31 mars 2010, art. 33)* « au directeur général de l'agence régionale de santé qui les transmet au préfet avec ses observations » et à la personne responsable de la production, de la distribution ou du conditionnement d'eau.

Le préfet met à la disposition des maires, des présidents d'établissements publics de coopération intercommunale et des syndicats mixtes concernés les résultats d'analyses de la qualité des eaux fournies par un service public de distribution réalisées dans le cadre du contrôle sanitaire.

Art. R. 1321-23 *(Décr. n° 2007-49 du 11 janv. 2007, art. 1er-XIV)* Sans préjudice du programme d'analyses de la qualité de l'eau prévu aux articles R. 1321-15 et R. 1321-16 et des analyses complémentaires prévues aux articles R. 1321-17 et R. 1321-18, la personne responsable de la production ou de la distribution d'eau est tenue de surveiller en permanence la qualité des eaux destinées à la consommation humaine.

Cette surveillance comprend notamment :

1° Une vérification régulière des mesures prises par la personne responsable de la production ou de la distribution d'eau pour la protection de la ressource utilisée et du fonctionnement des installations ;

2° Un programme de tests et d'analyses effectués sur des points déterminés en fonction des dangers identifiés que peuvent présenter les installations ;

3° La tenue d'un fichier sanitaire recueillant l'ensemble des informations collectées à ce titre.

Lorsque la préparation ou la distribution des eaux destinées à la consommation humaine comprend un traitement de désinfection, l'efficacité du traitement appliqué est vérifiée par la personne responsable de la production ou de la distribution d'eau, qui s'assure que toute contamination par les sous-produits de la désinfection est maintenue au niveau le plus bas possible sans compromettre la désinfection.

Pour les installations de production et les unités de distribution d'eau desservant une population de plus de 10 000 habitants, la personne responsable de la production ou de la distribution d'eau réalise régulièrement une étude caractérisant la vulnérabilité de ses installations de production et de distribution d'eau vis-à-vis des actes de malveillance et la transmet au préfet, selon des modalités fixées par un arrêté des ministres chargés de l'intérieur et de la santé. *(Décr. n° 2010-344 du 31 mars 2010, art. 33)* « Le préfet communique ces informations au directeur général de l'agence régionale de santé. »

Pour les eaux conditionnées, les dispositions applicables sont celles des articles *(Décr. n° 2007-1581 du 7 nov. 2007, art. 1er)* « R. 1322-29, » R. 1322-30 et R. 1322-43 à R. 1322-44-1. Pour les eaux de source et les eaux conditionnées rendues potables par traitements, le laboratoire mentionné au 1° de l'article R. 1322-44 est agréé dans les conditions prévues à l'article R.* 1321-21.

Art. R. 1321-24 *(Décr. n° 2007-49 du 11 janv. 2007, art. 1er-XIV)* Pour les eaux fournies par un service public de distribution, des analyses du programme mentionné à l'article R. 1321-23 peuvent se substituer à celles réalisées en application de l'article R. 1321-15 lorsque les deux conditions suivantes sont remplies :

1° Un système de gestion de la qualité est mis en place par la personne responsable de la production ou de la distribution d'eau, comprenant notamment :

a) L'analyse et la maîtrise des dangers du système de production ou de distribution d'eau, régulièrement mises à jour ;

b) La mise en œuvre de vérifications et de suivis efficaces au niveau des points à maîtriser dans le système de production ou de distribution d'eau ;

c) La formation et l'information des agents intervenant dans cette démarche.

Un arrêté du ministre chargé de la santé précise les modalités selon lesquelles les analyses effectuées par la personne responsable de la production ou de la distribution d'eau sont prises en compte et les pièces justificatives à produire ;

2° Les prélèvements et les analyses de surveillance sont réalisés par un laboratoire répondant à des exigences définies par arrêté du ministre chargé de la santé. Ces prélèvements et analyses sont effectués par le laboratoire situé dans l'usine de traitement d'eau ou, à défaut, par un laboratoire :

a) Soit agréé, dans les conditions prévues à l'article R.* 1321-21, pour la réalisation des prélèvements et des analyses du contrôle sanitaire des eaux pour les paramètres concernés ;

b) Soit accrédité par le Comité français d'accréditation ou par tout autre organisme d'accréditation signataire d'un accord de reconnaissance multilatéral pris dans le cadre de la coordination européenne des organismes d'accréditation, pour la réalisation des prélèvements et des analyses des paramètres concernés.

Les prélèvements peuvent être réalisés par un agent de l'usine de traitement d'eau à condition que l'activité de prélèvement soit incluse dans le domaine d'application du système de gestion de la qualité mentionné au 1°.

(Décr. n° 2010-344 du 31 mars 2010, art. 33) « Les résultats de ces analyses de surveillance sont transmis au minimum une fois par mois au directeur général de l'agence régionale de santé qui les communique au préfet avec ses observations. »

Ces dispositions peuvent s'appliquer à certaines des analyses, dans les conditions fixées par l'arrêté ministériel mentionné à l'article R. 1321-15.

Un arrêté préfectoral, pris après avis du conseil départemental de l'environnement et des risques sanitaires et technologiques, définit les conditions de prise en compte de la surveillance assurée par la personne responsable de la production ou de la distribution d'eau.

Art. R. 1321-25 *(Décr. n° 2010-344 du 31 mars 2010, art. 33)* La personne responsable de la production ou de la distribution d'eau tient à la disposition du directeur général de l'agence régionale de santé les résultats de la surveillance de la qualité des eaux ainsi que toute information en relation avec cette qualité. Elle porte à sa connaissance tout incident pouvant avoir des conséquences pour la santé publique.

La personne responsable de la production ou de la distribution d'eau adresse chaque année au directeur général de l'agence régionale de santé, pour les installations de production et les unités de distribution d'eau desservant une population de plus de 3 500 habitants, un bilan de fonctionnement du système de production et de distribution, comprenant notamment le programme de surveillance défini à l'article R. 1321-23 et les travaux réalisés et indique, pour l'année suivante, les éventuelles modifications apportées à ce programme de surveillance. Le directeur général de l'agence transmet ce bilan au préfet avec ses observations.

§ 4 MESURES CORRECTIVES, RESTRICTIONS D'UTILISATION, INTERRUPTION DE DISTRIBUTION, DÉROGATIONS, INFORMATION ET CONSEILS AUX CONSOMMATEURS

Art. R. 1321-26 Sans préjudice des dispositions prévues à l'article R. 1321-47, si les limites de qualité définies *(Décr. n° 2007-49 du 11 janv. 2007, art. 1er-XV)* « par l'arrêté mentionné à l'article R. 1321-2 », ne sont pas respectées aux points de conformité définis à l'article R. 1321-5, la *(Décr. n° 2007-49 du 11 janv. 2007, art. 1er-XV)* « personne responsable de la production ou de la distribution d'eau » destinée à la consommation humaine est tenue :

1° D'en informer immédiatement le maire et *(Décr. n° 2010-344 du 31 mars 2010, art. 34)* « le directeur général de l'agence régionale de santé, qui transmet cette information au préfet territorialement compétent » ;

2° D'effectuer immédiatement une enquête afin d'en déterminer la cause ;

3° De porter immédiatement les constatations et les conclusions de l'enquête aux autorités mentionnées au 1° du présent article.

(Décr. n° 2007-49 du 11 janv. 2007, art. 1er-XV) « Pour les eaux conditionnées, les dispositions applicables sont celles de l'article R. 1322-44-6. »

Art. R. 1321-27 Sans préjudice des dispositions prévues à l'article R. 1321-47, lorsque les limites de qualité ne sont pas respectées et que ce non-respect soit ou non imputable à l'installation privée de distribution, la *(Décr. n° 2007-49 du 11 janv. 2007, art. 1er-XVI)* « personne responsable de la production ou de la distribution d'eau » doit prendre le plus rapidement possible les mesures correctives nécessaires afin de rétablir la qualité de l'eau.

Elle en informe le maire et *(Décr. n° 2010-344 du 31 mars 2010, art. 34)* « le directeur général de l'agence régionale de santé, qui transmet cette information au préfet territorialement compétent ». Elle accorde la priorité à l'application de ces mesures, compte tenu, entre autres, de la mesure dans laquelle la limite de qualité a été dépassée et du danger potentiel pour la santé des personnes.

(Décr. n° 2007-49 du 11 janv. 2007, art. 1er-XVI) « Pour les eaux conditionnées, les dispositions applicables sont celles de l'article R. 1322-44-7. »

Art. R. 1321-28 Lorsque les références de qualité ne sont pas satisfaites et que le préfet *(Décr. n° 2010-344 du 31 mars 2010, art. 34)* « , sur le rapport du directeur général de l'agence régionale de santé, » estime que la distribution présente un risque pour la santé des personnes, il demande à la *(Décr. n° 2007-49 du 11 janv. 2007, art. 1er-XVII)* « personne responsable de la production ou de la distribution d'eau » de prendre des mesures correctives pour rétablir la qualité des eaux. Elle informe le maire et *(Décr. n° 2010-344 du 31 mars 2010, art. 34)* « le directeur général de l'agence régionale de santé, qui transmet cette information au préfet territorialement compétent » de l'application effective des mesures prises.

Art. R. 1321-29 Sans préjudice des dispositions des articles R. 1321-27 et R. 1321-28, que les limites et les références de qualité aient été ou non respectées ou satisfaites, le préfet *(Décr. n° 2010-344 du 31 mars 2010, art. 34)* « , sur le rapport du directeur général de l'agence régionale de santé », lorsqu'il estime *(Décr. n° 2010-344 du 31 mars 2010, art. 34)* « , sur le rapport du directeur général de l'agence régionale de santé, » que la distribution de l'eau constitue un risque pour la santé des personnes, demande à la *(Décr. n° 2007-49 du 11 janv. 2007, art. 1er-XVIII)* « personne responsable de la production ou de la distribution d'eau », en tenant compte des risques que leur ferait courir une interruption de la distribution ou une restriction dans l'utilisation des eaux destinées à la consommation humaine, de restreindre, voire d'interrompre la distribution ou de prendre toute autre mesure nécessaire pour protéger la santé des personnes.

La *(Décr. n° 2007-49 du 11 janv. 2007, art. 1er-XVIII)* « personne responsable de la production ou de la distribution d'eau » informe le maire et *(Décr. n° 2010-344 du 31 mars 2010, art. 34)* « le directeur général de l'agence régionale de santé, qui transmet cette information au préfet territorialement compétent » de l'application effective des mesures prises.

(Décr. n° 2007-49 du 11 janv. 2007, art. 1er-XVIII) « Pour les eaux conditionnées, les dispositions applicables sont celles de l'article R. 1322-44-8. »

Art. R. 1321-30 Lorsque des mesures correctives sont prises au titre des articles R. 1321-27, R. 1321-28 et R. 1321-29, les consommateurs en sont informés par la *(Décr. n° 2007-49 du 11 janv. 2007, art. 1er-XVII)* « personne responsable de la production ou de la distribution d'eau ». Dans les cas prévus à l'article R. 1321-29, l'information est immédiate et assortie des conseils nécessaires.

Art. R. 1321-31 *(Décr. n° 2007-49 du 11 janv. 2007, art. 1er-XIX)* « Lorsque les mesures correctives prises en application de l'article R. 1321-27 ne permettent pas de rétablir la qualité de l'eau, la personne responsable de la distribution d'eau dépose auprès du préfet une demande de dérogation aux limites de qualité, portant sur les paramètres chimiques, définies par l'arrêté mentionné à l'article R. 1321-2.

« La délivrance par le préfet d'une dérogation *(Décr. n° 2010-344 du 31 mars 2010, art. 34)* « , sur le rapport du directeur général de l'agence régionale de santé, » est soumise aux conditions suivantes :

« 1° *(Décr. n° 2010-344 du 31 mars 2010, art. 34)* « Le rapport du directeur général de l'agence régionale de santé établit que » l'utilisation de l'eau ne constitue pas un danger potentiel pour la santé des personnes ;

« 2° La personne responsable de la distribution d'eau apporte la preuve qu'il n'existe pas d'autres moyens raisonnables pour maintenir la distribution de l'eau destinée à la consommation humaine dans le secteur concerné ;

« 3° Un plan d'actions concernant les mesures correctives permettant de rétablir la qualité de l'eau est établi par la personne responsable de la distribution d'eau. »

Les dispositions du présent article ne s'appliquent pas aux eaux vendues en bouteilles ou en conteneurs.

La durée de cette dérogation, renouvelable dans les conditions définies aux articles R. 1321-33 et R. 1321-34, est aussi limitée dans le temps que possible et ne peut excéder trois ans.

Un arrêté du ministre chargé de la santé définit les modalités d'application du présent article et notamment la composition du dossier de demande de dérogation.

Art. R. 1321-32 Lors de la première demande, le préfet *(Décr. n° 2010-344 du 31 mars 2010, art. 34)* « , sur le rapport du directeur général de l'agence régionale de santé » :

1° Ou bien estime que le non-respect de la limite de qualité est sans gravité et que les mesures correctives prises permettent de corriger la situation dans un délai maximum de trente jours. Dans ce cas, il fixe par arrêté la valeur maximale admissible pour le paramètre concerné et le délai imparti pour corriger la situation.

Le recours à cette disposition n'est plus possible lorsqu'une limite de qualité n'a pas été respectée pendant plus de trente jours au total au cours des douze mois précédents ;

2° Ou bien considère que les conditions du 1° ne sont pas remplies et prend, après avis du conseil départemental de l'environnement et des risques sanitaires et technologiques sauf urgence, un arrêté dans lequel il mentionne les éléments suivants :

a) L'unité de distribution concernée ;

b) Le cas échéant, les dispositions concernant les entreprises alimentaires concernées ;

c) Les motifs de la demande de la dérogation ;

d) La valeur maximale admissible pour le(s) paramètre(s) concerné(s) ;

e) Le délai imparti pour corriger la situation ;

f) Le programme de surveillance et de contrôle sanitaire prévu.

Sont précisés en annexe de l'arrêté les éléments suivants :

– en ce qui concerne l'unité de distribution, la description du système de production et de distribution intéressé, la quantité d'eau distribuée chaque jour et la population touchée ;

– en ce qui concerne la qualité de l'eau, les résultats pertinents de contrôles antérieurs du suivi de la qualité ;

– un résumé du plan concernant les mesures correctives nécessaires comprenant un calendrier des travaux, une estimation des coûts et les indicateurs pertinents prévus pour le bilan.

Le silence gardé par le préfet pendant plus de quatre mois vaut décision de rejet.

En application des art. L. 231-5 et L. 231-6 CRPA, et par exception à l'application du délai de deux mois prévu à l'art. L. 231-1 du même code, le délai à l'expiration duquel le silence gardé par l'administration vaut acceptation est de quatre mois pour les demandes de première dérogation au respect des limites de qualité de l'eau délivrée au robinet (Décr. nº 2014-1287 du 23 oct. 2014, art. 1er).

Art. R. 1321-33 Une seconde dérogation, d'une durée maximale de trois ans, peut être accordée par le préfet *(Décr. nº 2010-344 du 31 mars 2010, art. 34)* « , sur le rapport du directeur général de l'agence régionale de santé ». La demande, accompagnée du dossier, doit être adressée au préfet au plus tard six mois avant la fin de la période dérogatoire et comporter un bilan provisoire justifiant cette deuxième demande. L'arrêté du préfet comprend les éléments indiqués au 2° de l'article R. 1321-32.

Le silence gardé par le préfet pendant plus de six mois vaut décision de rejet.

En application des art. L. 231-5 et L. 231-6 CRPA, et par exception à l'application du délai de deux mois prévu à l'art. L. 231-1 du même code, le délai à l'expiration duquel le silence gardé par l'administration vaut acceptation est de six mois pour les demandes de deuxième dérogation au respect des limites de qualité de l'eau délivrée au robinet (Décr. nº 2014-1287 du 23 oct. 2014, art. 1er).

Art. R. 1321-34 Dans des cas exceptionnels, une troisième dérogation d'une durée maximale de trois ans peut être sollicitée auprès du préfet au plus tard huit mois avant la fin de la période dérogatoire. L'arrêté du préfet comprend les éléments indiqués au 2° de l'article R. 1321-32.

Le silence gardé par le préfet pendant plus de huit mois vaut décision de rejet.

Art. R. 1321-35 A l'issue de chaque période dérogatoire, un bilan de situation portant sur les travaux engagés et sur les résultats du programme de surveillance et de contrôle mis en œuvre pendant la durée de la dérogation est établi par la personne responsable de la distribution d'eau et transmis *(Décr. nº 2010-344 du 31 mars 2010, art. 34)* « au directeur général de l'agence régionale de santé qui le communique au préfet avec ses observations ».

Art. R. 1321-36 Dans les cas prévus au 2° de l'article R. 1321-32, aux articles R. 1321-33 et R. 1321-34, le préfet s'assure auprès de la personne responsable de la distribution d'eau que la population concernée par une dérogation est informée rapidement et de manière appropriée de la dérogation et des conditions dont elle est assortie et veille à ce que *(Décr. nº 2010-344 du 31 mars 2010, art. 34)* « les conseils élaborés par le directeur général de l'agence régionale de santé » soient donnés aux groupes de population spécifiques pour lesquels la dérogation pourrait présenter un risque particulier.

SOUS-SECTION 2 EAUX DOUCES SUPERFICIELLES UTILISÉES OU DESTINÉES À ÊTRE UTILISÉES POUR LA PRODUCTION D'EAU DESTINÉE À LA CONSOMMATION HUMAINE

Art. R. 1321-37 Au sens de la présente section, les eaux douces superficielles utilisées ou destinées à être utilisées pour la production d'eau destinée à la consommation humaine *sont celles des cours d'eau,* des canaux, des lacs et des étangs appartenant ou non au domaine public.

Art. R. 1321-38 Les eaux douces superficielles sont classées selon leur qualité dans les groupes A1, A2 et A3 en fonction des critères définis *(Décr. nº 2007-49 du 11 janv. 2007, art. 1er-XXI)* « par arrêté du ministre chargé de la santé relatif aux limites de qualité des eaux douces superficielles utilisées pour la production d'eau destinée à la consommation humaine ». Leur utilisation pour la consommation humaine est subordonnée pour les eaux classées en :

1° Groupe A1 : à un traitement physique simple et à une désinfection ;

2° Groupe A2 : à un traitement normal physique, chimique et à une désinfection ;

3° Groupe A3 : à un traitement physique et chimique poussé, à des opérations d'affinage et de désinfection.

(Décr. n° 2007-49 du 11 janv. 2007, art. 1er-XXI) « L'arrêté préfectoral mentionné à l'article R. 1321-8 fixe les valeurs que doivent respecter les caractéristiques physiques, chimiques et microbiologiques de ces eaux pour chaque point de prélèvement. Ces valeurs ne peuvent être moins strictes que les valeurs limites impératives fixées pour les eaux douces superficielles par l'arrêté mentionné au premier alinéa et elles tiennent compte des valeurs guides fixées par cet arrêté. »

Art. R. 1321-39 Ces eaux sont regardées comme conformes aux limites de qualité fixées *(Décr. n° 2007-49 du 11 janv. 2007, art. 1er-XXII)* « par l'arrêté mentionné au premier alinéa de l'article R. 1321-38 » lorsque sont respectées les règles suivantes :

1° Les échantillons d'eau sont prélevés, avant traitement, à intervalles réguliers en un même lieu ;

2° Les valeurs des paramètres sont inférieures aux valeurs limites impératives pour 95 % des échantillons et conformes aux valeurs guides pour 90 % des échantillons ;

3° Pour les autres 5 % ou 10 % des échantillons, selon le cas :

a) Les valeurs des paramètres ne s'écartent pas de plus de 50 % de celles fixées, exception faite pour la température, le pH, l'oxygène dissous et les paramètres microbiologiques ;

b) Il ne peut en découler aucun danger pour la santé publique ;

c) Des échantillons consécutifs d'eau prélevés à une fréquence statistiquement appropriée ne s'écartent pas des valeurs qui s'y rapportent.

Les dépassements de valeurs limites impératives et des valeurs guides fixées *(Décr. n° 2007-49 du 11 janv. 2007, art. 1er-XXII)* « par l'arrêté mentionné au premier alinéa de l'article R. 1321-38 » ne sont pas pris en compte lorsqu'ils résultent d'inondations, de catastrophes naturelles ou de circonstances météorologiques exceptionnelles.

Art. R. 1321-40 Le préfet *(Décr. n° 2010-344 du 31 mars 2010, art. 35)* « , après vérification par le directeur général de l'agence régionale de santé que la décision n'aura pas de conséquences contraires à la santé des personnes, » peut déroger aux limites de qualité fixées *(Décr. n° 2007-49 du 11 janv. 2007, art. 1er-XXIII)* « par l'arrêté mentionné au premier alinéa de l'article R. 1321-38 » :

1° En cas d'inondations ou de catastrophes naturelles ;

2° En raison de circonstances météorologiques ou géographiques exceptionnelles ;

3° Lorsque les eaux superficielles subissent un enrichissement naturel en certaines substances susceptible de provoquer le dépassement des valeurs fixées *(Décr. n° 2007-49 du 11 janv. 2007, art. 1er-XXIII)* « par l'arrêté mentionné au premier alinéa de l'article R. 1321-38 » ; on entend par enrichissement naturel le processus par lequel une masse d'eau déterminée reçoit du sol des substances contenues dans celui-ci sans intervention humaine ;

4° Dans le cas d'eaux superficielles de lacs d'une profondeur ne dépassant pas vingt mètres, dont le renouvellement en eau prend plus d'un an et qui ne reçoivent pas d'eaux usées.

Art. R. 1321-41 Les dérogations prévues à l'article R. 1321-40 portent sur les valeurs des paramètres suivants :

1° En ce qui concerne le 2° :

a) Coloration (après filtration simple) ;

b) Température ;

c) Sulfates ;

d) Nitrates ;

e) Ammonium ;

2° En ce qui concerne le 4° :

a) Demande biochimique en oxygène (DBO_5) à 20° C sans nitrification ;

b) Demande chimique en oxygène (DCO) ;

c) Taux de saturation en oxygène dissous ;

d) Nitrates ;
e) Fer dissous ;
f) Manganèse ;
g) Phosphore.

Art. R. 1321-42 *(Décr. nº 2007-49 du 11 janv. 2007, art. 1er-XXIV)* **Les eaux superficielles dont les caractéristiques physiques, chimiques et microbiologiques sont supérieures aux limites de qualité des eaux brutes fixées par l'arrêté mentionné au II de l'article R. 1321-7 ne peuvent pas être utilisées pour la production d'eau destinée à la consommation humaine. Toutefois, l'emploi d'une eau d'une telle qualité peut être exceptionnellement autorisé par le préfet, en application des articles R. 1321-7 à R. 1321-9, lorsque les deux conditions suivantes sont remplies :**

1° Il est employé un traitement approprié, y compris le mélange, permettant de ramener toutes les caractéristiques de qualité de l'eau à un niveau conforme aux limites de qualité fixées dans l'arrêté mentionné à l'article R. 1321-2 ou aux valeurs maximales admissibles fixées par la dérogation accordée en application de l'article R. 1321-31 ;

2° Un plan de gestion des ressources en eau a été défini à l'intérieur de la zone intéressée, sauf pour certains paramètres mentionnés dans l'arrêté prévu au II de l'article R. 1321-7.

En application des art. L. 231-5 et L. 231-6 CRPA, et par exception à l'application du délai de deux mois prévu à l'art. L. 231-1 du même code, le délai à l'expiration duquel le silence gardé par l'administration vaut acceptation est de six mois pour les demandes d'autorisation exceptionnelle d'utiliser les eaux superficielles dont les caractéristiques physiques, chimiques et microbiologiques sont supérieures aux limites de qualité des eaux brutes fixées par l'arrêté mentionné au II de l'art. R. 1321-7 (Décr. nº 2014-1287 du 23 oct. 2014, art. 1er).

SOUS-SECTION 3 INSTALLATIONS DE PRODUCTION, DE DISTRIBUTION ET DE CONDITIONNEMENT D'EAU, PARTAGE DES RESPONSABILITÉS ET RÈGLES D'HYGIÈNE *(Décr. nº 2007-49 du 11 janv. 2007, art. 1er-XXV).*

§ 1er INSTALLATIONS DE PRODUCTION, DE DISTRIBUTION ET DE CONDITIONNEMENT D'EAU, PARTAGE DES RESPONSABILITÉS *(Décr. nº 2007-49 du 11 janv. 2007, art. 1er-XXV).*

Art. R. 1321-43 **Les dispositions de la présente sous-section s'appliquent aux installations, publiques ou privées, qui servent à la production** *(Décr. nº 2007-49 du 11 janv. 2007, art. 1er-XXV)* **« , à la distribution et au conditionnement » des eaux destinées à la consommation humaine. Outre les installations de production** *(Décr. nº 2007-49 du 11 janv. 2007, art. 1er-XXV)* **« , qui regroupent notamment les captages et les installations de traitement d'eau », les installations comprennent :**

1° Les réseaux publics de distribution qui incluent les branchements publics reliant le réseau public au réseau intérieur de distribution ;

2° *(Décr. nº 2007-49 du 11 janv. 2007, art. 1er-XXV)* **« Les installations non raccordées aux réseaux publics de distribution et autorisées conformément aux articles R. 1321-7 à R. 1321-9 ; »**

3° Le réseau intérieur de distribution équipant les immeubles desservis par les réseaux ou installations mentionnés aux 1° et 2° qui comprend :

– l'installation privée de distribution d'eau destinée à la consommation humaine, c'est-à-dire les canalisations et appareillages installés entre les robinets qui sont normalement utilisés pour la consommation humaine et le réseau public de distribution, qu'elle fournisse ou non de l'eau au public ;

– les autres réseaux de canalisations, réservoirs et équipements raccordés de manière permanente ou temporaire.

Art. R. 1321-44 *(Décr. nº 2007-49 du 11 janv. 2007, art. 1er-XXV)* **La personne responsable de la production ou de la distribution d'eau doit, afin de réduire ou d'éliminer le risque, lorsqu'il est imputable au service de production ou de distribution d'eau, de non-respect après la fourniture, pour les eaux mentionnées au 1° de l'article R. 1321-5, des limites de qualité fixées par l'arrêté mentionné à l'article R. 1321-2,**

prendre toute mesure technique appropriée pour modifier la nature ou la propriété des eaux avant qu'elles ne soient fournies.

Art. R. 1321-45 *(Décr. n° 2007-49 du 11 janv. 2007, art. 1er-XXV)* La personne responsable du réseau public de distribution d'une eau destinée à la consommation humaine dont les limites de qualité fixées par l'arrêté mentionné à l'article R. 1321-2 ne sont pas respectées au point de conformité cité au 1° de l'article R. 1321-5 est réputée avoir rempli ses obligations lorsqu'il peut être établi que ce fait est imputable à l'installation privée de distribution ou à son entretien, ou à la qualité de l'eau que cette installation privée fournit.

Art. R. 1321-46 *(Décr. n° 2007-49 du 11 janv. 2007, art. 1er-XXV)* La personne responsable de la distribution intérieure de locaux ou établissements où de l'eau est fournie au public, tels que les écoles, les hôpitaux et les restaurants, doit répondre aux exigences de l'article L. 1321-1, notamment en respectant les règles d'hygiène fixées par la présente sous-section.

Art. R. 1321-47 Lorsqu'il y a un risque que les limites et références de qualité définies aux articles R. 1321-2 et R. 1321-3 ne soient pas respectées au point de conformité mentionné au 1° de l'article R. 1321-5 et que ce risque n'est pas lié aux installations publiques ou privées de distribution d'eau au public, le préfet veille néanmoins à ce que des mesures appropriées soient prises pour réduire ou éliminer ce risque en s'assurant *(Décr. n° 2010-344 du 31 mars 2010, art. 36)* « avec le concours du directeur général de l'agence régionale de santé » que :

– les propriétaires des installations mentionnées au 3° de l'article R. 1321-43 sont informés des mesures correctives éventuelles qu'ils pourraient prendre ;

– les consommateurs concernés sont dûment informés et conseillés au sujet d'éventuelles mesures correctives supplémentaires qu'ils devraient prendre.

§ 2 MATÉRIAUX EN CONTACT AVEC L'EAU

(Décr. n° 2007-49 du 11 janv. 2007, art. 1er-XXV)

Art. R. 1321-48 I. – Les matériaux et objets mis sur le marché et destinés aux installations de production, de distribution et de conditionnement qui entrent en contact avec l'eau destinée à la consommation humaine doivent être conformes à des dispositions spécifiques définies par arrêté du ministre chargé de la santé, visant à ce qu'ils ne soient pas susceptibles, dans les conditions normales ou prévisibles de leur emploi, de présenter un danger pour la santé humaine ou d'entraîner une altération de la composition de l'eau définie par référence à des valeurs fixées par cet arrêté.

Ces dispositions s'appliquent en tout ou partie, selon les groupes de matériaux et objets et en fonction de leurs usages, et concernent notamment :

1° La liste des substances et matières autorisées pour la fabrication de matériaux et d'objets ;

2° Les critères de pureté de certaines substances et matières mentionnées au 1° ;

3° Les conditions particulières d'emploi des substances et matières mentionnées au 1° ainsi que celles des matériaux et objets dans lesquels ces substances et matières ont été utilisées ;

4° Le cas échéant, les limites spécifiques de migration de constituants ou de groupes de constituants dans l'eau ;

5° Les limites globales de migration des constituants dans l'eau ;

6° Les règles relatives à la nature des échantillons de matériaux ou d'objets à utiliser et aux méthodes d'analyse à mettre en œuvre en vue du contrôle du respect des dispositions prévues aux 1° à 5°.

II. – L'arrêté mentionné au I précise les conditions d'attestation du respect des dispositions de ce I. Cette attestation est produite, selon les groupes de matériaux et objets et en fonction de leurs usages :

1° Soit par le responsable de la première mise sur le marché ;

2° Soit par un laboratoire habilité par le ministre chargé de la santé.

III. – La demande tendant à obtenir la modification d'un arrêté pris en application du I est adressée au ministre chargé de la santé.

La composition du dossier de la demande est fixée par arrêté du ministre chargé de la santé, pris après avis de l'*(Décr. n° 2011-385 du 11 avr. 2011, art. 1er)* « Agence nationale de sécurité sanitaire de l'alimentation, de l'environnement et du travail ».

Le ministre se prononce après avis de l'*(Décr. n° 2011-385 du 11 avr. 2011, art. 1er)* « Agence nationale de sécurité sanitaire de l'alimentation, de l'environnement et du travail ».

Art. R. 1321-49 I. – La personne responsable de la production, de la distribution ou du conditionnement d'eau utilise, dans des installations nouvelles ou parties d'installations faisant l'objet d'une rénovation, depuis le point de prélèvement dans la ressource jusqu'aux points de conformité définis à l'article R. 1321-5, des matériaux et objets entrant en contact avec l'eau destinée à la consommation humaine conformes aux dispositions de l'article R. 1321-48.

II. – Sans préjudice des dispositions prévues au I, la mise en place de canalisations en plomb ou de tout élément en plomb dans les installations de production, de distribution ou de conditionnement d'eau destinée à la consommation humaine est interdite.

Un arrêté du ministre chargé de la santé, pris après avis de l'*(Décr. n° 2011-385 du 11 avr. 2011, art. 1er)* « Agence nationale de sécurité sanitaire de l'alimentation, de l'environnement et du travail », définit les modalités d'évaluation du potentiel de dissolution du plomb dans l'eau.

§ 3 PRODUITS ET PROCÉDÉS DE TRAITEMENT ET DE NETTOYAGE

(Décr. n° 2007-49 du 11 janv. 2007, art. 1er-XXV)

Art. R. 1321-50 I. – Les produits et procédés mis sur le marché et destinés au traitement de l'eau destinée à la consommation humaine doivent, dans les conditions normales ou prévisibles de leur emploi, être conformes à des dispositions spécifiques définies par arrêté du ministre chargé de la santé, visant à ce que :

1° Ils ne soient pas susceptibles, intrinsèquement ou par l'intermédiaire de leurs résidus, de présenter directement ou indirectement un danger pour la santé humaine ou d'entraîner une altération de la composition de l'eau définie par référence à des valeurs fixées par cet arrêté ;

2° Ils soient suffisamment efficaces.

Ces dispositions s'appliquent en tout ou partie, selon les groupes de produits et procédés de traitement et en fonction de leurs usages, et concernent notamment :

1° La liste des substances et matières autorisées pour la fabrication de produits ou de supports de traitement ;

2° Les critères de pureté de certaines substances et matières mentionnées au 1° ;

3° Les conditions particulières d'emploi des substances et matières mentionnées au 1° et des produits dans lesquels ces substances et matières ont été utilisées ;

4° Le cas échéant, les limites spécifiques de migration de constituants ou groupes de constituants dans l'eau ;

5° Les limites globales de migration des constituants dans l'eau ;

6° Les règles relatives à la nature des échantillons des produits à utiliser et aux méthodes d'analyse à mettre en œuvre en vue du contrôle du respect des dispositions prévues aux 1° à 5° ;

7° Les modalités de vérification de l'efficacité du procédé de traitement et, le cas échéant, les critères minima en termes d'efficacité de traitement ;

8° Les obligations minimales à respecter en matière d'information des consommateurs.

II. – L'arrêté mentionné au I précise les conditions d'attestation du respect des dispositions de ce I. Cette attestation est produite, selon les groupes de produits et procédés de traitement et en fonction de leurs usages :

1° Soit par le responsable de la première mise sur le marché ;

2° Soit par un laboratoire habilité par le ministre chargé de la santé.

III. – La demande tendant à obtenir la modification d'un arrêté pris en application du I est adressée au ministre chargé de la santé.

La composition du dossier de la demande est fixée par arrêté du ministre chargé de la santé, pris après avis de l'*(Décr. n° 2011-385 du 11 avr. 2011, art. 1er)* « Agence nationale de sécurité sanitaire de l'alimentation, de l'environnement et du travail ».

Le ministre se prononce après avis de l'*(Décr. n° 2011-385 du 11 avr. 2011, art. 1er)* « Agence nationale de sécurité sanitaire de l'alimentation, de l'environnement et du travail ».

IV. — La personne responsable de la mise sur le marché d'un produit ou d'un procédé de traitement ne correspondant pas à un groupe ou à un usage prévus au I doit, avant la première mise sur le marché, adresser une demande au ministre de la santé. Les preuves de l'innocuité et de l'efficacité du produit ou du procédé de traitement fournies par le responsable de la première mise sur le marché sont jointes au dossier de la demande, dont la composition est fixée par arrêté du ministre chargé de la santé, pris après avis de l'*(Décr. n° 2011-385 du 11 avr. 2011, art. 1er)* « Agence nationale de sécurité sanitaire de l'alimentation, de l'environnement et du travail ».

Le ministre soumet la demande à l'avis de l'*(Décr. n° 2011-385 du 11 avr. 2011, art. 1er)* « Agence nationale de sécurité sanitaire de l'alimentation, de l'environnement et du travail ».

En l'absence d'avis favorable, la mise sur le marché de ces produits et procédés de traitement pour l'eau destinée à la consommation humaine est interdite.

(Décr. n° 2016-859 du 29 juin 2016, art. 2) « V. — Les dispositions du présent article ne sont pas applicables aux produits biocides autorisés à l'issue d'une procédure d'autorisation de mise à disposition sur le marché en application du règlement (UE) n° 528/2012 du 22 mai 2012. »

En application des art. L. 231-5 et L. 231-6 CRPA, et par exception à l'application du délai de deux mois prévu à l'art. L. 231-1 du même code, le délai à l'expiration duquel le silence gardé par l'administration vaut acceptation est de six mois pour les demandes d'autorisation de mise sur le marché des produits et procédés de traitement ne correspondant pas à un groupe ou un usage prévus au I de l'art. R. 1321-50 (Décr. n° 2014-1287 du 23 oct. 2014, art. 1er).

Art. R. 1321-51 La personne responsable de la production, de la distribution ou du conditionnement d'une eau, autre que l'eau de source, utilise des produits et procédés de traitement d'eau destinée à la consommation humaine, conformes aux dispositions de l'article R. 1321-50.

Pour l'eau de source, les dispositions applicables sont celles de l'article R. 1321-85.

Art. R.* 1321-52 Les demandes d'habilitation des laboratoires mentionnés au II de l'article R. 1321-48 et au II de l'article R. 1321-50 sont adressées au ministre chargé de la santé.

Un arrêté du ministre chargé de la santé, pris après avis de l'*(Décr. n° 2011-385 du 11 avr. 2011, art. 1er)* « Agence nationale de sécurité sanitaire de l'alimentation, de l'environnement et du travail », fixe les conditions administratives et techniques d'habilitation de ces laboratoires, portant notamment sur leurs moyens humains et matériels ainsi que sur les méthodes d'analyse mises en œuvre.

L'habilitation des laboratoires peut concerner des laboratoires ayant leur siège social dans un autre État membre de l'Union européenne et justifiant qu'ils possèdent des moyens et utilisent des méthodes équivalentes.

Le silence gardé pendant plus de six mois sur une demande d'habilitation vaut décision de rejet.

En application des art. L. 231-5 et L. 231-6 CRPA, et par exception à l'application du délai de deux mois prévu à l'art. L. 231-1 du même code, le délai à l'expiration duquel le silence gardé par l'administration vaut acceptation est de six mois pour les demandes d'habilitation des laboratoires contrôlant les matériaux en contact avec l'eau et les produits de traitement de l'eau (Décr. n° 2014-1287 du 23 oct. 2014, art. 1er).

Art. R. 1321-53 Le réseau intérieur de distribution mentionné au 3° de l'article R. 1321-43 peut comporter, dans le cas d'installations collectives, un dispositif de traitement complémentaire de la qualité de l'eau, sous réserve que le consommateur final dispose également d'une eau froide non soumise à ce traitement complémentaire.

Un arrêté des ministres chargés de la construction et de la santé, pris après avis de l'*(Décr. n° 2011-385 du 11 avr. 2011, art. 1er)* « Agence nationale de sécurité sanitaire de l'alimentation, de l'environnement et du travail », définit :

1° Les modalités d'application des dispositions du premier alinéa pour les installations réalisées avant le 22 décembre 2001 ;

2° Les délais éventuellement nécessaires à la mise en conformité desdites installations ;

3° Dans les cas où, compte tenu de l'ancienneté des installations, il s'avérerait impossible, pour des raisons techniques ou financières, de procéder à cette mise en conformité, les conditions particulières de surveillance de la qualité des eaux ainsi distribuées.

Art. R. 1321-54 Les produits utilisés pour le nettoyage et la désinfection des installations de production, de distribution et de conditionnement d'eau destinée à la consommation humaine sont composés de constituants autorisés dans les conditions fixées par l'article 11 du décret n° 73-138 du 12 février 1973 portant application de la loi du 1er août 1905 sur les fraudes et falsifications en ce qui concerne les procédés et produits utilisés pour le nettoyage des matériaux et objets destinés à entrer en contact avec les denrées, produits et boissons pour l'alimentation de l'homme et des animaux.

Les modalités d'emploi de ces produits et les procédés physiques de nettoyage et de désinfection des installations font l'objet de prescriptions particulières édictées par arrêté des ministres chargés de la consommation et de la santé, pris après avis de l'*(Décr. n° 2011-385 du 11 avr. 2011, art. 1er)* « Agence nationale de sécurité sanitaire de l'alimentation, de l'environnement et du travail ».

L'évacuation des eaux utilisées pour le nettoyage et le rinçage des installations ainsi que l'élimination des produits issus du traitement des eaux ne doivent pas être susceptibles de porter atteinte à la santé des personnes et à l'environnement, ou de constituer une source d'insalubrité.

§ 4 ENTRETIEN ET FONCTIONNEMENT DES INSTALLATIONS

(Décr. n° 2007-49 du 11 janv. 2007, art. 1er-XXV)

Art. R. 1321-55 Les installations de distribution d'eau mentionnées à l'article R. 1321-43 doivent être conçues, réalisées et entretenues de manière à empêcher l'introduction ou l'accumulation de micro-organismes, de parasites ou de substances constituant un danger potentiel pour la santé des personnes ou susceptibles d'être à l'origine d'une dégradation de la qualité de l'eau destinée à la consommation humaine distribuée, telle qu'il ne soit plus satisfait aux exigences fixées aux articles R. 1321-2 et R. 1321-3.

A l'issue du traitement, l'eau distribuée ne doit pas être agressive, corrosive ou gêner la désinfection.

Ces installations doivent, dans les conditions normales d'entretien, assurer en tout point la circulation de l'eau. Elles doivent pouvoir être entièrement nettoyées, rincées, vidangées et désinfectées.

Les parties de réseau de distribution d'eau réservées à un autre usage que la consommation humaine doivent être distinguées de celles déterminées par la présente section au moyen de signes particuliers. Sur tout point de puisage accessible au public et délivrant une eau réservée à un autre usage que la consommation humaine, une information doit être apposée afin de signaler le danger encouru.

Des arrêtés des ministres chargés de la santé et de la construction, pris après avis de l'*(Décr. n° 2011-385 du 11 avr. 2011, art. 1er)* « Agence nationale de sécurité sanitaire de l'alimentation, de l'environnement et du travail », définissent :

1° Les modalités techniques d'application des dispositions du présent article ainsi que les délais éventuellement nécessaires pour mettre en conformité les installations existantes ;

2° Les règles d'hygiène particulières, applicables aux puits, aux fontaines et aux sources accessibles au public, ainsi que celles concernant les citernes et bâches utilisées temporairement pour mettre à disposition des usagers des eaux destinées à la consommation humaine.

Art. R. 1321-56 Les réseaux et installations définis aux 1° et 2° de l'article R. 1321-43 doivent être nettoyés, rincés et désinfectés avant toute mise ou remise en service. La personne responsable de la production ou de la distribution d'eau doit s'assurer de l'efficacité de ces opérations et de la qualité de l'eau avant la première mise en service ainsi qu'après toute intervention susceptible d'être à l'origine d'une dégradation de cette qualité.

Les réservoirs équipant ces réseaux et installations doivent être vidés, nettoyés, rincés et désinfectés au moins une fois par an. Toutefois, lorsque les conditions d'exploitation le permettent et que l'eau distribuée ne présente aucun signe de dégradation de sa qualité, la personne responsable de la production ou de la distribution d'eau peut demander au préfet que la fréquence de vidange, de nettoyage, de rinçage et de désinfection soit réduite. Le silence gardé pendant plus de quatre mois sur cette demande d'autorisation vaut décision de rejet.

Le *(Décr. nº 2010-344 du 31 mars 2010, art. 37)* « directeur général de l'agence régionale de santé » est tenu informé par la personne responsable de la production ou de la distribution d'eau des opérations de désinfection réalisées en cours d'exploitation.

En application des art. L. 231-5 et L. 231-6 CRPA, et par exception à l'application du délai de deux mois prévu à l'art. L. 231-1 du même code, le délai à l'expiration duquel le silence gardé par l'administration vaut acceptation est de quatre mois pour les demandes de réduction dérogatoire de la fréquence de vidange, de nettoyage, de rinçage et de désinfection des réservoirs (Décr. nº 2014-1287 du 23 oct. 2014, art. 1er).

Art. R. 1321-57 Les réseaux intérieurs mentionnés au 3° de l'article R. 1321-43 ne peuvent pas, sauf dérogation du préfet, être alimentés par une eau issue d'une ressource qui n'a pas été autorisée en application de l'article L. 1321-7. Ils ne doivent pas pouvoir, du fait des conditions de leur utilisation, notamment à l'occasion de phénomènes de retour d'eau, perturber le fonctionnement du réseau auquel ils sont raccordés ou engendrer une contamination de l'eau distribuée dans les installations privées de distribution.

Un arrêté des ministres chargés de la santé et de la construction, pris après avis de l'*(Décr. nº 2011-385 du 11 avr. 2011, art. 1er)* « Agence nationale de sécurité sanitaire de l'alimentation, de l'environnement et du travail », définit les cas où il y a lieu de mettre en place des dispositifs de protection et les prescriptions techniques applicables à ces dispositifs. Il appartient aux propriétaires des installations de mettre en place et d'entretenir ces dispositifs.

Art. R. 1321-58 La hauteur piézométrique de l'eau distribuée par les réseaux intérieurs mentionnés au 3° de l'article R. 1321-43 doit, pour chaque réseau et en tout point de mise à disposition, être au moins égale à trois mètres, à l'heure de pointe de consommation.

Lorsque les réseaux desservent des immeubles de plus de six étages, des surpresseurs et des réservoirs de mise sous pression, conformes aux dispositions de l'article R. 1321-55, peuvent être mis en œuvre.

Les dispositions du présent article ne sont pas applicables aux installations de distribution existant avant le 7 avril 1995.

Art. R. 1321-59 L'utilisation des canalisations intérieures d'eau pour la mise à la terre des appareils électriques est interdite.

Toutefois, pour les installations de distribution existant avant le 22 décembre 2001 et lorsqu'il n'existe pas de dispositif de mise à la terre, cette interdiction peut, à titre dérogatoire, ne pas être appliquée à condition que la sécurité des usagers et des personnels d'exploitation des installations de distribution d'eau soit assurée.

Un arrêté des ministres chargés de la construction et de la santé définit les modalités d'application du présent article.

Art. R. 1321-60 L'entretien des réservoirs et des bâches de stockage équipant les réseaux intérieurs mentionnés au 3° de l'article R. 1321-43 doit être réalisé et vérifié aussi souvent que nécessaire et au moins une fois par an.

Art. R. 1321-61 Les dispositifs de protection et de traitement mentionnés aux articles R. 1321-53 et R. 1321-57 équipant les installations collectives de distribution doivent être vérifiés et entretenus.

Un arrêté des ministres chargés de la santé et de la construction, pris après avis de l'*(Décr. nº 2011-385 du 11 avr. 2011, art. 1er)* « Agence nationale de sécurité sanitaire de l'alimentation, de l'environnement et du travail », définit les fréquences et les modalités de la vérification et de l'entretien des dispositifs de protection.

SOUS-SECTION 4 DISPOSITIONS PARTICULIÈRES

Art. R. 1321-62 *Abrogé par Décr. nº 2007-49 du 11 janv. 2007, art. 1er-XXVII.*

Art. R. 1321-63 *(Décr. nº 2010-378 du 14 avr. 2010)* Pour les installations, services et organismes relevant de l'autorité ou placés sous la tutelle du ministre de la défense, un arrêté de ce ministre fixe les modalités spécifiques d'application des dispositions de la présente section pour tenir compte :

1º Des prérogatives respectives des autorités civiles et des autorités militaires ;

2º Des moyens propres de contrôle sanitaire et de surveillance de la qualité des eaux dont disposent les autorités militaires.

Art. R. 1321-64 à R. 1321-66 *Abrogés par Décr. nº 2007-49 du 11 janv. 2007, art. 1er.*

Art. D. 1321-67 et D. 1321-68 *Abrogés par Décr. nº 2010-344 du 31 mars 2010, art. 62.*

SECTION II DISPOSITIONS SPÉCIFIQUES AUX EAUX DE CONSOMMATION HUMAINE CONDITIONNÉES, À L'EXCLUSION DES EAUX MINÉRALES NATURELLES *(Décr. nº 2007-49 du 11 janv. 2007, art. 2-I).*

SOUS-SECTION 1 CHAMP D'APPLICATION

Art. R. 1321-69 *(Décr. nº 2007-49 du 11 janv. 2007, art. 2-I)* La présente section est applicable aux eaux de source et aux eaux rendues potables par traitements conditionnées.

Art. R. 1321-70 à R. 1321-83 *Abrogés par Décr. nº 2007-49 du 11 janv. 2007, art. 2.*

SOUS-SECTION 2 EAUX DE SOURCE CONDITIONNÉES *(Décr. nº 2007-49 du 11 janv. 2007, art. 2-I).*

Art. R. 1321-84 *(Décr. nº 2007-49 du 11 janv. 2007, art. 2-I)* « Une eau de source est une eau d'origine souterraine, micro-biologiquement saine et protégée contre les risques de pollution. A l'émergence et au cours de la commercialisation, elle respecte ou satisfait les limites ou références de qualité, portant sur des paramètres microbiologiques et physico-chimiques, définies par arrêté des ministres chargés de la consommation et de la santé. »

Toutefois, lorsque les éléments instables ou les constituants indésirables doivent être séparés d'une eau de source à l'aide de traitements autorisés pour cette eau conformément à l'article R. 1321-85, le respect des caractéristiques de qualité chimique mentionnées à l'alinéa précédent s'applique à l'eau de source *(Décr. nº 2007-49 du 11 janv. 2007, art. 2-I)* « conditionnée ».

Une eau de source est exploitée par une ou plusieurs émergences naturelles ou forées. Elle doit être introduite à la source dans des récipients autorisés destinés à la livraison au consommateur.

Art. R. 1321-85 *(Décr. nº 2007-49 du 11 janv. 2007, art. 2-I)* Les eaux de source ne peuvent faire l'objet que de traitements ou adjonctions déterminés par arrêté des ministres chargés de la consommation et de la santé.

Cet arrêté fixe les conditions techniques d'utilisation et, le cas échéant, les délais à respecter pour appliquer les différents types de traitement autorisés ainsi que la procédure de demande d'utilisation de nouveaux types de traitements.

Art. R. 1321-86 *(Décr. nº 2007-49 du 11 janv. 2007, art. 2-I)* Lorsque l'étiquetage d'une *boisson rafraîchissante sans alcool* fait apparaître qu'elle est fabriquée à partir *d'une eau de source*, cette eau doit être conforme aux dispositions de la présente section.

Art. R. 1321-87 Les eaux de source *(Décr. nº 2007-49 du 11 janv. 2007, art. 2-I)* « conditionnées » sont détenues en vue de la vente, mises en vente, vendues ou distribuées à titre gratuit, sous l'une des dénominations suivantes :

1° "Eau de source" ;

2° "Eau de source avec adjonction de gaz carbonique" qui désigne une eau de source effervescente par addition de gaz carbonique.

Art. R. 1321-88 L'étiquetage des eaux de source *(Décr. n° 2007-49 du 11 janv. 2007, art. 2-I)* « conditionnées » qui sont détenues en vue de la vente, mises en vente, vendues ou distribuées à titre gratuit doit comporter, outre les mentions prévues à l'article R. 112-9 *[abrogé]* du code de la consommation, les mentions suivantes :

1° Le nom de la source exploitée par une ou plusieurs émergences naturelles ou forées ;

2° L'indication du lieu d'exploitation et, dans les cas prévus par les dispositions de l'article R. 112-9 *[abrogé]* du code de la consommation, la mention du pays d'origine ;

3° L'indication se rapportant au traitement à l'aide d'air enrichi en ozone ;

4° L'indication se rapportant aux autres traitements ayant pour objet la séparation de certains constituants indésirables, à l'exception de l'opération de filtration ou de décantation.

Un arrêté des ministres chargés de la consommation et de la santé fixe, en tant que de besoin, les modalités d'application des dispositions mentionnées aux 3° et au 4° du présent article.

Art. R. 1321-89 Si la désignation commerciale d'une eau de source déterminée diffère du nom de la source ou du lieu de son exploitation, l'indication de ce nom, ou de ce lieu, doit être portée en caractères dont la hauteur et la largeur sont au moins égales à une fois et demie celles du plus grand des caractères utilisés pour l'indication de la désignation commerciale.

La commercialisation d'une eau de source déterminée sous plusieurs désignations commerciales est interdite.

Les dispositions du présent article sont applicables à toute forme d'étiquetage ou de publicité.

Art. R. 1321-90 Sans préjudice des dispositions de l'article R. 112-7 *[R. 412-8]* du code de la consommation, est interdite, tant sur les emballages ou les étiquettes que dans la publicité, sous quelque forme que ce soit, toute indication, dénomination, marque de fabrique ou de commerce, image ou autre signe figuratif ou non, qui, étant appliqué à une eau de source, est susceptible de créer une confusion avec une eau minérale naturelle, notamment par l'indication de propriétés favorables à la santé, par la mention d'expressions comportant le mot "minéral" ou des dérivés de ce mot, ou par la mise en exergue d'un ou de plusieurs éléments particuliers relatifs à la composition de l'eau.

(Décr. n° 2007-49 du 11 janv. 2007, art. 2-I) « Toutefois, la mention du caractère approprié d'une eau de source pour l'alimentation des nourrissons est autorisée dans les mêmes conditions que celles prévues aux articles R. 1322-44-12 et R. 1322-44-13 pour les eaux minérales naturelles. »

SOUS-SECTION 3 EAUX RENDUES POTABLES PAR TRAITEMENT CONDITIONNÉES *(Décr. n° 2007-49 du 11 janv. 2007, art. 2-I)*.

Art. R. 1321-91 Une eau rendue potable par traitements, *(Décr. n° 2007-49 du 11 janv. 2007, art. 2-I)* « conditionnée », autre qu'une eau minérale naturelle ou qu'une eau de source, doit satisfaire les exigences de qualité *(Décr. n° 2007-49 du 11 janv. 2007, art. 2-I)* « , portant sur des paramètres *microbiologiques* et physico-chimiques, définies par arrêté des ministres chargés de la consommation et de la santé ».

Art. R. 1321-92 Les eaux rendues potables par traitements, *(Décr. n° 2007-49 du 11 janv. 2007, art. 2-I)* « conditionnées », sont détenues en vue de la vente, mises en vente, vendues ou distribuées à titre gratuit, sous l'une des dénominations de vente suivantes :

1° "Eau rendue potable par traitements" ;

2° "Eau rendue potable par traitements et avec adjonction de gaz carbonique" qui désigne toute eau rendue potable par traitements, *(Décr. n° 2007-49 du 11 janv. 2007, art. 2-I)* « conditionnée », qui a été rendue effervescente par addition de gaz carbonique.

Cette dénomination doit être complétée par l'indication des traitements mis en œuvre. Une telle indication doit rendre compte, parmi les catégories de traitements fixés par les dispositions réglementaires prises en application de l'article L. 1321-10, de ceux de ces traitements qui sont réellement utilisés pour l'eau considérée.

Art. R. 1321-93 Sans préjudice des dispositions de l'article R. 112-7 *[R. 412-8]* du code de la consommation, est interdite, tant sur les emballages ou les étiquettes que dans la publicité, sous quelque forme que ce soit, toute indication, dénomination, marque de fabrique ou de commerce, image ou autre signe figuratif ou non, qui, étant appliqué à une eau rendue potable par traitements, est susceptible de créer une confusion avec une eau minérale naturelle ou avec une eau de source, notamment par l'indication de propriétés favorables à la santé, par la mention d'expressions comportant le mot minéral ou des dérivés de ce mot, par la mention d'expressions comportant le mot source ou des dérivés de ce mot, ou par la mise en exergue d'un ou de plusieurs éléments particuliers relatifs à la composition de l'eau.

SOUS-SECTION 4 DISPOSITIONS COMMUNES

(Décr. nº 2007-49 du 11 janv. 2007, art. 2-I-13º)

Art. R. 1321-94 La composition d'une eau faisant l'objet d'une description chiffrée figurant tant sur les emballages ou étiquettes que dans la publicité ne doit pas être différente de celle présentée par l'eau à laquelle se rapporte ladite mention.

Toutefois, les écarts de composition d'une eau de source qui résultent de variations dues à des fluctuations naturelles n'affectant pas la stabilité des caractéristiques essentielles de l'eau ne sont pas considérés comme des différences au sens du présent article.

Tout récipient utilisé pour le conditionnement des eaux de source doit être muni d'un dispositif de fermeture conçu pour éviter toute possibilité de falsification ou de contamination.

Art. R. 1321-95 *(Décr. nº 2007-49 du 11 janv. 2007, art. 2-I)* Les matériaux utilisés pour le conditionnement doivent satisfaire les conditions fixées par l'article R. 1322-36.

SECTION III IMPORTATION DES EAUX POTABLES CONDITIONNÉES *(Décr. nº 2007-49 du 11 janv. 2007, art. 2-II).*

Art. R. 1321-96 *(Décr. nº 2007-49 du 11 janv. 2007, art. 2-II)* L'importation d'eaux potables conditionnées, autres que les eaux minérales naturelles, et de glace alimentaire d'origine hydrique est soumise à autorisation délivrée par le préfet du département où siège l'importateur demandeur de l'autorisation de la première mise à la consommation en France, sous réserve qu'elle réponde aux exigences du présent code. Le silence gardé pendant plus de six mois sur la demande d'autorisation d'importation vaut décision de rejet. Une copie de l'autorisation préfectorale est présentée lors d'un contrôle douanier.

Toutefois, n'est pas soumise à autorisation l'importation d'eaux conditionnées et de glace alimentaire d'origine hydrique en provenance d'un État membre de l'Union européenne ou d'un autre État Partie à l'accord sur l'Espace économique européen et importées sous les mêmes désignations que dans le pays d'origine.

Art. R. 1321-97 *(Décr. nº 2007-49 du 11 janv. 2007, art. 2-II)* Les dispositions des articles R. 1322-44-19 à R. 1322-44-23 sont applicables pour l'importation d'eaux potables conditionnées, autres que les eaux minérales naturelles, et de glace alimentaire d'origine hydrique.

SECTION IV INFORMATION SUR L'EAU DE DISTRIBUTION PUBLIQUE *(Décr. nº 2007-49 du 11 janv. 2007, art. 2-III).*

Art. D. 1321-103 Les données relatives à la qualité de l'eau distribuée comprennent notamment :

— les résultats de l'analyse des prélèvements prévus aux articles R. 1321-15 à R. 1321-22 et leur interprétation sanitaire faite par le *(Décr. n° 2010-344 du 31 mars 2010, art. 38)* « directeur général de l'agence régionale de santé » ;

— les synthèses commentées que peut établir *(Décr. n° 2010-344 du 31 mars 2010, art. 38)* « le directeur général de l'agence », sous la forme de bilans sanitaires de la situation pour une période déterminée.

Art. D. 1321-104 Sauf en cas de situation d'urgence où toutes les mesures sont prises pour informer les usagers dans les meilleurs délais possibles par des moyens adaptés, le maire affiche en mairie, dans les deux jours ouvrés suivant la date de leur réception, l'ensemble des documents que lui transmet le préfet sur les données relatives à la qualité de l'eau distribuée ou seulement la synthèse commentée permettant une bonne compréhension des données. Ces documents restent affichés jusqu'à ce que de nouveaux documents soient disponibles.

En complément à l'affichage en mairie, une note de synthèse annuelle *(Décr. n° 2010-344 du 31 mars 2010, art. 38)* « du directeur général de l'agence régionale de santé » sur les données relatives à la qualité des eaux distribuées, transmise par le préfet, est publiée par le maire au recueil des actes administratifs prévu à l'article R. 2121-10 du code général des collectivités territoriales, dans les communes de 3 500 habitants et plus.

Lorsque, en complément à l'affichage en mairie, il est procédé à une autre forme de publicité sur les données relatives à la qualité des eaux, l'information doit être basée, pour la période prise en compte, sur l'ensemble des résultats correspondants disponibles. En cas de sélection de l'information, celle-ci ne doit pas être de nature à tromper le consommateur.

Sur le même panneau d'affichage, ou, dans le même message, en cas d'utilisation de façon complémentaire d'autres modes d'information, il est mentionné que, pour l'application de l'article L. 1321-9, toutes les données relatives à la qualité de l'eau peuvent être consultées en un lieu indiqué, situé éventuellement dans une autre commune en cas d'intervention d'un groupement de communes dans la distribution de l'eau. En ce lieu, auquel le public peut facilement avoir accès pendant les heures normales d'ouverture, sont tenues à la disposition directe du public les données relatives au moins aux trois dernières années. Lorsqu'elles sont portées sur un système informatisé, les données sont présentées sous une forme équivalente à celle d'origine et permettant une lecture simple.

Art. D. 1321-105 Lorsque, par quelque moyen que ce soit, les résultats des analyses effectuées dans le cadre de la surveillance prévue à l'article R. 1321-23 sont portés à l'information du public, toute disposition doit être prise pour éviter que ces données puissent être confondues avec celles obtenues dans le cadre du programme réglementaire d'analyses réalisé au titre des articles R. 1321-15 à R. 1321-22. De plus, sur la période concernée, l'ensemble des résultats d'analyse de surveillance doit être pris en compte.

CHAPITRE II **EAUX MINÉRALES NATURELLES** *(Décr. n° 2007-4 du 11 janv. 2007, art. 3-I).*

SECTION PREMIÈRE **CHAMP D'APPLICATION, DÉFINITION, CARACTÉRISTIQUES**

(Décr. n° 2007-49 du 11 janv. 2007, art. 3-II)

Art. R. 1322-1 Le présent chapitre est applicable à l'exploitation des eaux minérales naturelles pour :

1° Le conditionnement de l'eau ou son importation sous forme conditionnée ;

2° L'utilisation à des fins thérapeutiques dans un établissement thermal de l'eau et de ses produits dérivés ;

3° La distribution en buvette publique de l'eau, en dehors du cadre d'une cure thermale.

Art. R. 1322-2 Une eau minérale naturelle est une eau microbiologiquement saine, répondant aux conditions fixées par l'article R. 1322-3, provenant d'une nappe ou d'un gisement souterrain exploité à partir d'une ou plusieurs émergences naturelles ou forées constituant la source. Elle témoigne, dans le cadre des fluctuations naturelles connues, d'une stabilité de ses caractéristiques essentielles, notamment de sa composition et de sa température à l'émergence, qui n'est pas affectée par le débit de l'eau prélevée.

Elle se distingue des autres eaux destinées à la consommation humaine :

1° Par sa nature, caractérisée par sa teneur en minéraux, oligoéléments ou autres constituants ;

2° Par sa pureté originelle,

l'une et l'autre caractéristiques ayant été conservées intactes en raison de l'origine souterraine de cette eau qui a été tenue à l'abri de tout risque de pollution.

Ces caractéristiques doivent avoir été appréciées sur les plans géologique et hydrogéologique, physique, chimique, microbiologique et, si nécessaire, pharmacologique, physiologique et clinique, conformément aux dispositions des articles R. 1322-5 et R. 1322-6.

Art. R. 1322-3 Une eau minérale naturelle ne doit pas contenir un nombre ou une concentration de micro-organismes, de parasites ou de toute autre substance constituant un danger pour la santé publique.

Elle répond en outre à des critères de qualité microbiologiques et physico-chimiques, définis par arrêté du ministre chargé de la santé et, s'il s'agit d'une eau conditionnée, par arrêté conjoint des ministres chargés de la consommation et de la santé.

Les constituants physico-chimiques faisant l'objet d'une limite réglementaire de concentration sont naturellement présents dans l'eau minérale naturelle et ne résultent ni d'une contamination de la source ni d'un traitement.

Les exigences indiquées ci-dessus sont respectées aux points de conformité suivants :

1° A l'émergence, pour tous les paramètres de qualité des eaux, en tenant compte de la mise en œuvre ultérieure d'un traitement autorisé ;

2° Et, selon les cas, au point où les eaux sont conditionnées, aux points d'utilisation thermale ou aux points de distribution en buvette publique.

Au cours de sa commercialisation, l'eau minérale naturelle conditionnée répond aux critères de qualité définis ci-dessus.

Art. R. 1322-4 Lorsque l'étiquetage d'une boisson rafraîchissante sans alcool fait apparaître qu'elle est fabriquée à partir d'une eau minérale naturelle, cette eau doit être conforme aux dispositions du présent chapitre.

SECTION II DISPOSITIONS RELATIVES À L'EXPLOITATION D'UNE SOURCE D'EAU MINÉRALE NATURELLE

(Décr. n° 2007-49 du 11 janv. 2007, art. 3-II)

SOUS-SECTION 1 AUTORISATION D'EXPLOITER ET RECONNAISSANCE ADMINISTRATIVE D'UNE EAU MINÉRALE NATURELLE

§ 1er PROCÉDURE D'AUTORISATION

Art. R. 1322-5 La demande d'autorisation d'exploiter une source d'eau minérale naturelle, prévue à l'article L. 1322-1, portant sur un projet de conditionnement, d'utilisation à des fins thérapeutiques dans un établissement thermal ou de distribution en buvette publique, est adressée par le propriétaire ou par l'exploitant au préfet du ou des départements sur lesquels sont situées les installations.

Le dossier de la demande comprend :

1° La désignation du demandeur ;

2° Une étude portant sur les caractéristiques géologiques et hydrogéologiques du secteur aquifère concerné déterminant les caractéristiques de l'eau ;

3° Les résultats d'analyses *des caractéristiques chimiques*, physico-chimiques, micro*biologiques* permettant d'évaluer la pureté de l'eau de la ressource utilisée et sa stabilité ;

4° *Abrogé par Décr. n° 2010-344 du 31 mars 2010, art. 39.*

5° L'avis de l'hydrogéologue agréé en matière d'hygiène publique, spécialement désigné par le *(Décr. n° 2010-344 du 31 mars 2010, art. 39)* « directeur général de l'agence régionale de santé » pour l'étude du dossier ;

6° La justification des produits et des procédés de traitement à mettre éventuellement en œuvre ;

7° La description des installations de production et de distribution d'eau ;

8° La description des modalités de surveillance de la qualité de l'eau.

Les informations figurant au dossier sont précisées par arrêté du ministre chargé de la santé.

Les frais de constitution du dossier, y compris l'indemnisation de l'hydrogéologue agréé en matière d'hygiène publique dans les conditions prévues à l'article R. 1321-14, sont à la charge du demandeur.

Art. R. 1322-6 Le préfet du département d'implantation du lieu d'exploitation final de la source, après avoir recueilli l'avis de l'hydrogéologue agréé en matière d'hygiène publique, spécialement désigné à cet effet, soumet un rapport de synthèse *(Décr. n° 2010-344 du 31 mars 2010, art. 39)* « établi par le directeur général de l'agence régionale de santé » et un projet d'arrêté motivé à l'avis du conseil départemental de l'environnement et des risques sanitaires et technologiques.

Le préfet transmet le projet d'arrêté au demandeur et l'informe de la date et du lieu de la réunion du conseil départemental. Le demandeur ou son mandataire peut demander à être entendu par le conseil départemental ou présenter ses observations écrites au préfet.

Dans le cas où les installations sont situées dans des départements différents, le préfet du département où est envisagé le lieu d'exploitation final de la source coordonne la procédure.

Art. R. 1322-7 *(Décr. n° 2010-344 du 31 mars 2010, art. 39)* « Lorsqu'il est projeté d'utiliser l'eau à des fins thérapeutiques dans un établissement thermal ou lorsque le demandeur souhaite faire état d'effets favorables à la santé d'une eau destinée au conditionnement ou à la distribution en buvette publique, et sous réserve de l'avis favorable du conseil départemental de l'environnement et des risques sanitaires et technologiques sur la demande d'autorisation d'exploiter la source d'eau minérale, le dossier mentionné à l'article R. 1322-5 est complété par des études cliniques et thérapeutiques. »

Le préfet transmet un exemplaire de la demande au ministre chargé de la santé qui saisit pour avis l'Académie nationale de médecine.

L'Académie nationale de médecine se prononce dans le délai de quatre mois à compter de la réception du dossier. Le ministre chargé de la santé transmet immédiatement son avis au préfet *(Décr. n° 2010-344 du 31 mars 2010, art. 39)* « et au directeur général de l'agence de santé ». En l'absence d'avis exprimé au terme du délai de quatre mois, l'avis est réputé défavorable.

Dans le cas d'une révision de l'autorisation d'exploiter, l'avis de l'Académie nationale de médecine n'est pas requis si les caractéristiques de l'eau minérale sont inchangées par rapport à l'autorisation d'exploiter en vigueur.

Art. R. 1322-8 La décision statuant sur la demande d'autorisation d'exploiter une source d'eau minérale naturelle est prise par arrêté préfectoral avant la mise en œuvre du projet. Dans le cas d'une procédure coordonnée, il est statué par arrêté conjoint des préfets concernés. Ces arrêtés sont motivés.

L'arrêté préfectoral d'autorisation indique notamment l'identification du titulaire de l'autorisation d'exploiter, l'usage de l'eau minérale naturelle, les noms et lieux des émergences qui constituent la source, le nom de la source, le lieu d'exploitation final de la source, les mesures de protection et les conditions d'exploitation des captages, la description du périmètre sanitaire d'émergence, les modalités du contrôle sanitaire, le cas échéant les mesures de surveillance des anciens captages abandonnés, les modalités de surveillance, y compris le type de laboratoire, les caractéristiques de l'eau de chaque émergence et de la source, les produits et les procédés de traitement utilisés.

S'il s'agit d'une eau minérale naturelle conditionnée, l'arrêté précise en outre la désignation commerciale et les mentions d'étiquetage.

Une mention de l'arrêté d'autorisation d'exploiter est publiée au recueil des actes administratifs de l'État dans le département.

Le silence gardé par le préfet pendant plus de quatre mois sur la demande d'autorisation d'exploiter vaut décision de rejet. Ce délai est suspendu pendant le délai imparti pour la production de pièces réclamées par le préfet ou porté à six mois lorsque l'avis de l'Académie nationale de médecine est requis.

L'autorisation d'exploiter une source d'eau minérale naturelle vaut reconnaissance administrative de sa qualité d'eau minérale naturelle au sens de l'article L. 1322-2.

Art. R. 1322-9 Avant que le titulaire de l'autorisation mentionnée à l'article R. 1322-8 ne mette à la disposition du public de l'eau minérale naturelle, *(Décr. nº 2010-344 du 31 mars 2010, art. 39)* « le préfet fait procéder par l'agence régionale de santé », dans le délai de deux mois après avoir été saisi, la vérification de la conformité des éléments sur la base desquels l'autorisation a été accordée.

Le récolement des installations et la nature des prélèvements et analyses d'échantillons de vérification de la qualité de l'eau sont déterminés par arrêté du ministre chargé de la santé. Ils sont effectués aux frais de l'exploitant.

(Décr. nº 2010-344 du 31 mars 2010, art. 39) « Lorsque les résultats des analyses et du récolement sont conformes, le préfet en informe le titulaire de l'autorisation, qui peut alors assurer la distribution de l'eau au public. Dans le cas contraire, le refus du préfet est motivé. La distribution de l'eau est différée jusqu'à ce qu'une nouvelle vérification, effectuée dans les conditions prévues ci-dessus, ait constaté la conformité.

« Dans tous les cas, le rapport de l'agence régionale de santé est transmis au titulaire de l'autorisation. »

Art. R. 1322-10 En l'absence de mise en service des installations dans un délai de cinq ans à compter de la date de notification de l'arrêté mentionné à l'article R. 1322-8 ou lorsque l'exploitation a été interrompue pendant plus de trois années consécutives, l'autorisation d'exploiter une eau minérale naturelle est réputée caduque.

Art. R. 1322-11 Lorsqu'il s'agit d'une eau minérale naturelle conditionnée et que le résultat de la vérification mentionnée à l'article R. 1322-9 est conforme, le préfet adresse une copie de l'arrêté d'autorisation d'exploitation au ministre chargé de la santé, pour notification à la Commission européenne aux fins de publication au *Journal officiel de l'Union européenne.* Il en est de même en cas d'arrêté modificatif.

§ 2 PROCÉDURES MODIFICATIVES

Art. R. 1322-12 Le titulaire d'une autorisation d'exploiter déclare au préfet tout projet de modification des installations et des conditions d'exploitation mentionnées dans l'arrêté préfectoral d'autorisation et lui transmet tous les éléments utiles pour l'appréciation du projet, préalablement à son exécution.

Le préfet statue sur cette déclaration dans un délai de deux mois, ou bien en prenant un arrêté modificatif, ou bien, en application du II de l'article L. 1322-1, en invitant le titulaire de l'autorisation, le cas échéant après consultation d'un hydrogéologue agréé en matière d'hygiène publique dans les conditions prévues à l'article R. 1321-14, à solliciter une révision de l'autorisation initiale. A défaut de décision dans ce délai, le projet de modification est réputé accepté.

La consultation d'un hydrogéologue est obligatoire lorsque les modifications demandées concernent le débit d'exploitation.

Art. R. 1322-13 Le titulaire de l'autorisation d'exploiter une source d'eau minérale naturelle qui en sollicite la révision peut, lorsque les prélèvements issus d'une ou plusieurs émergences supplémentaires ont pour conséquence de tarir une émergence déjà exploitée ou d'affecter fortement son débit, déposer une demande de dérogation à la procédure définie aux articles R. 1322-5 à R. 1322-11, afin d'obtenir une autorisation provisoire d'exploiter la source dans sa nouvelle configuration avant d'avoir fourni la totalité des analyses exigées.

L'autorisation provisoire ne peut être accordée que si l'eau provient du même gisement et si aucune différence notable des caractéristiques de l'eau n'est constatée.

Le silence gardé par le préfet pendant plus de quatre mois sur la demande de dérogation vaut décision de rejet.

L'arrêté préfectoral accordant une autorisation provisoire, pris après avis de l'hydrogéologue agréé en matière d'hygiène publique dans les conditions prévues à l'article R. 1321-14 et du conseil départemental de l'environnement et des risques sanitaires et technologiques, précise notamment :

1° Le délai imparti pour fournir les analyses manquantes ;

2° Si nécessaire, les prescriptions spécifiques d'exploitation et les modalités particulières de la surveillance exercée par l'exploitant ainsi que celles du contrôle sanitaire.

A l'issue de la vérification mentionnée à l'article R. 1322-9, la mise à disposition du public de l'eau minérale naturelle ne peut être maintenue qu'avec l'accord du préfet.

A l'issue du délai fixé par l'arrêté préfectoral mentionné au quatrième alinéa, le préfet statue sur l'autorisation définitive par un arrêté complémentaire, pris après avis du conseil départemental de l'environnement et des risques sanitaires et technologiques.

Art. R. 1322-14 Le préfet peut prendre, à son initiative *(Décr. n° 2010-344 du 31 mars 2010, art. 40)* « , sur proposition du directeur général de l'agence régionale de santé, » ou à la demande de l'exploitant et conformément à la procédure prévue à l'article R. 1322-6, un arrêté modificatif de l'arrêté d'autorisation, s'il estime que le maintien de certaines dispositions n'est plus justifié ou que des prescriptions complémentaires s'imposent afin d'assurer la sécurité sanitaire de l'eau distribuée.

Avant de prendre son arrêté, le préfet peut prescrire à l'exploitant, par une décision motivée, la fourniture ou la mise à jour des éléments contenus dans le dossier de la demande d'autorisation et la production de bilans de fonctionnement supplémentaires. Ces mesures sont à la charge de l'exploitant.

Art. R. 1322-15 Le changement du nom de la source, du propriétaire ou de l'exploitant, sans modification des conditions d'exploitation, fait l'objet d'une déclaration au préfet.

En cas de cession, la personne nouvellement titulaire de l'autorisation apporte la preuve qu'elle remplit les conditions fixées par l'article R. 1322-16 relatives au périmètre sanitaire d'émergence existant.

SOUS-SECTION 2 PROTECTION DE LA RESSOURCE

§ 1er PÉRIMÈTRE SANITAIRE D'ÉMERGENCE

Art. R. 1322-16 L'arrêté d'autorisation d'exploiter une source d'eau minérale naturelle détermine un périmètre sanitaire d'émergence pour lequel le propriétaire doit disposer, pour chaque émergence, de la pleine propriété ou acquérir des servitudes garantissant sa protection contre les pollutions ponctuelles ou accidentelles. Les terrains compris dans ce périmètre sont clôturés.

§ 2 DÉCLARATION D'INTÉRÊT PUBLIC ET PÉRIMÈTRE DE PROTECTION

Art. R. 1322-17 La demande tendant à faire déclarer d'intérêt public une source d'eau minérale naturelle et à lui assigner un périmètre de protection, tel que prévu à l'article L. 1322-3, est adressée au préfet.

Cette demande peut être jointe à la demande d'autorisation d'exploiter, présentée en application de l'article L. 1322-1.

Le dossier de la demande comprend notamment :

1° Pour une demande de déclaration d'intérêt public, la motivation de la demande et la description des conditions d'exploitation de la source ;

2° Pour une demande d'assignation d'un périmètre de protection, une justification de l'emprise et des servitudes *sollicitées*, ainsi que l'avis de l'hydrogéologue agréé en matière d'hygiène publique, spécialement désigné par le *(Décr. n° 2010-344 du 31 mars 2010, art. 41)* « directeur général de l'agence régionale de santé » pour l'étude du dossier.

Les informations figurant au dossier sont précisées par un arrêté du ministre chargé de la santé.

Le *(Décr. n° 2010-344 du 31 mars 2010, art. 41)* « directeur général de l'agence régionale de santé » recueille l'avis de l'hydrogéologue agréé en matière d'hygiène publique dans les conditions prévues à l'article R. 1321-14. Cet avis porte notamment sur le débit d'exploitation, la justification et la détermination du périmètre de protection et les mesures de protection à mettre en œuvre.

Dans le cas où le périmètre de protection sollicité est situé dans des départements différents, le préfet du département où est envisagé le lieu d'exploitation de la source coordonne la procédure.

Art. R. 1322-18 Lorsque la demande est jugée régulière et complète, elle est soumise à enquête publique. Celle-ci est effectuée dans les conditions prévues *(Décr. nº 2016-308 du 17 mars 2016, art. 6-VII)* « par le chapitre IV du titre III du livre Ier du code des relations entre le public et l'administration ».

L'arrêté du préfet ou des préfets concernés, pris en application de l'article R. 11-4 du même code, désigne les communes où un dossier et un registre d'enquête doivent être tenus à la disposition du public. Il est publié par voie d'affiches dans les communes sur le territoire desquelles est situé le périmètre de protection sollicité.

Après la clôture de l'enquête, le commissaire enquêteur ou le président de la commission d'enquête convoque le pétitionnaire, avec un délai de huit jours, et lui communique sur place les observations écrites et orales recueillies au cours de l'enquête publique et consignées dans un procès-verbal, en l'invitant à produire sa réponse dans un délai de vingt-deux jours.

Le commissaire enquêteur ou le président de la commission d'enquête envoie le dossier de l'enquête, avec ses conclusions motivées, au préfet, dans les quinze jours à compter de la réponse du demandeur, ou de l'expiration du délai imparti à ce dernier pour produire sa réponse.

Sur l'application du Décr. nº 2014-1635 du 26 déc. 2014, V. Décr. préc., art. 6.

Art. R. 1322-19 Le conseil municipal de chaque commune sur le territoire de laquelle est situé le périmètre de protection sollicité est appelé à donner son avis sur la demande, dès l'ouverture de l'enquête publique. Ne peuvent être pris en considération que les avis exprimés au plus tard dans les quinze jours suivant la clôture du registre d'enquête.

Art. R. 1322-20 Au vu du dossier de l'enquête et des avis émis, *(Décr. nº 2010-344 du 31 mars 2010, art. 41)* « le préfet confie au directeur général de l'agence régionale de santé l'établissement d'un rapport » de synthèse sur la demande et sur les résultats de l'enquête, accompagné de propositions motivées sur la suite à donner à la demande, et les soumet pour avis au conseil départemental de l'environnement et des risques sanitaires et technologiques des départements concernés.

La procédure prévue à l'article R. 1322-6 est applicable.

Art. R. 1322-21 Le préfet transmet le dossier, auquel est joint l'ensemble des avis recueillis, au ministre chargé de la santé.

Art. R.* 1322-22 Il est statué sur la demande de déclaration d'intérêt public d'une source d'eau minérale naturelle et d'assignation d'un périmètre de protection par décret en Conseil d'État, pris sur le rapport du ministre chargé de la santé.

Le silence gardé pendant plus de six mois sur la demande vaut décision de rejet. Ce délai peut être suspendu pendant le délai imparti pour la production des pièces manquantes réclamées par le préfet.

§ 3 TRAVAUX DANS LE PÉRIMÈTRE DE PROTECTION

Art. R. 1322-23 La demande d'autorisation préalable prévue au premier alinéa de l'article L. 1322-4 pour pratiquer un sondage ou un travail souterrain dans le périmètre de protection *(Décr. nº 2010-344 du 31 mars 2010, art. 42)* « et la demande d'occupation d'un terrain prévue à l'article L. 1322-10 sont adressées » au préfet.

Le contenu du dossier, qui comprend notamment une description des ouvrages projetés, est défini par arrêté du ministre chargé de la santé.

Art. R. 1322-24 Le préfet, après avoir recueilli l'avis de l'hydrogéologue agréé en matière d'hygiène publique dans les conditions prévues à l'article R. 1321-14, spécialement désigné à cet effet, soumet un rapport de synthèse *(Décr. nº 2010-344 du 31 mars 2010, art. 42)* « établi par le directeur général de l'agence régionale de santé » et un projet d'arrêté motivé à l'avis du conseil départemental de l'environnement et des risques sanitaires et technologiques.

Le préfet transmet le projet d'arrêté au titulaire de l'autorisation d'exploiter la source et l'informe de la date et du lieu de la réunion du conseil départemental, conformément à la procédure prévue à l'article R. 1322-6. *(Décr. n° 2010-344 du 31 mars 2010, art. 42)* « Il procède de même pour le propriétaire du terrain dont l'occupation est demandée en application de l'article L. 1322-10. »

Le silence gardé par le préfet pendant plus de quatre mois sur la demande vaut décision de rejet. Ce délai est suspendu pendant le délai imparti pour la production de pièces manquantes réclamées par le préfet et porté à six mois dans le cas où ce dernier sollicite l'expertise d'un organisme compétent à l'échelon national.

Art. R. 1322-25 Lorsqu'il est saisi, en application de l'article L. 1322-5, par le propriétaire d'une source d'eau minérale naturelle d'une demande tendant à interdire des travaux entrepris dans le périmètre de protection, le préfet fait évaluer, aux frais du demandeur, par l'hydrogéologue agréé en matière d'hygiène publique dans les conditions prévues à l'article R. 1321-14, spécialement désigné à cet effet *(Décr. n° 2010-344 du 31 mars 2010, art. 42)* « par le directeur général de l'agence régionale de santé », les risques d'altération ou de diminution de la source.

Art. R. 1322-26 Il est procédé, en présence des parties intéressées, aux opérations de traçage, de jaugeage et à toutes autres investigations jugées utiles pour établir l'influence des travaux qui ont donné lieu à la demande d'interdiction sur le régime hydrogéologique de la source et sur la composition de ses eaux. Il est dressé un procès-verbal détaillé signé conjointement par les parties. Le préfet statue conformément aux dispositions de l'article L. 1322-5.

Art. R. 1322-27 Il est procédé conformément aux dispositions de l'article R. 1322-26 dans le cas où le propriétaire d'une source d'eau minérale naturelle déclarée d'intérêt public demande au préfet d'ordonner provisoirement, en application de l'article L. 1322-6, la suspension d'un sondage ou d'un travail souterrain entrepris en dehors du périmètre de protection et qu'il signale comme étant de nature à altérer ou à diminuer le débit de la source.

SOUS-SECTION 3 RÈGLES D'HYGIÈNE

§ 1er DISPOSITIONS GÉNÉRALES

Art. R. 1322-28 Les installations destinées à l'exploitation d'une eau minérale naturelle sont conçues, réalisées et entretenues de façon à éviter toute possibilité de contamination ou de modification des caractéristiques essentielles de l'eau telle qu'elle se présente à l'émergence. Elles comportent des dispositifs adéquats de suivi quantitatif et qualitatif de l'eau, permanent et enregistré.

Les conditions d'exploitation satisfont aux exigences de l'hygiène et ne doivent pas porter atteinte à la santé.

Art. R. 1322-29 L'exploitant veille à ce que toutes les étapes de la production et de la distribution de l'eau minérale naturelle sous sa responsabilité soient conformes aux règles d'hygiène. Il applique des procédures permanentes d'analyse des dangers et de maîtrise des points critiques fondées sur les principes suivants :

1° Identifier tout danger qu'il y a lieu de prévenir, d'éliminer ou de ramener à un niveau acceptable ;

2° Identifier les points critiques aux niveaux desquels une surveillance est indispensable pour prévenir ou éliminer un danger ou pour le ramener à un niveau acceptable ;

3° Établir, aux points critiques de surveillance, les limites qui différencient l'acceptabilité de l'inacceptabilité pour la prévention, l'élimination ou la réduction des dangers identifiés ;

4° Établir et appliquer des procédures de surveillance efficaces des points critiques ;

5° Établir les actions correctives à mettre en œuvre lorsque la surveillance révèle qu'un point critique n'est pas maîtrisé ;

6° Établir des procédures exécutées périodiquement pour vérifier l'efficacité des mesures mentionnées aux 1° à 5° ;

7° Établir des documents et des dossiers adaptés à la nature et à la taille de l'exploitation pour prouver l'application effective des mesures mentionnées aux 1° à 6°.

L'exploitant adapte la procédure à la suite de chaque modification du produit, du procédé ou de l'une des étapes de la production.

Art. R. 1322-30 L'exploitant transmet au *(Décr. n° 2010-344 du 31 mars 2010, art. 43)* « directeur général de l'agence régionale de santé » un bilan synthétique annuel comprenant notamment un tableau des résultats d'analyses ainsi que toute information sur la qualité de l'eau minérale naturelle et sur le fonctionnement du système d'exploitation, notamment la surveillance, les travaux et les dysfonctionnements. Il indique également les modifications des procédures de surveillance, mentionnées à l'article R. 1322-29, prévues pour l'année suivante. *(Décr. n° 2010-344 du 31 mars 2010, art. 43)* « Le directeur général transmet ce rapport au préfet avec ses observations. »

Les documents établis à l'occasion de la surveillance effectuée par l'exploitant sont tenus à la disposition des agents *(Abrogé par Décr. n° 2010-344 du 31 mars 2010, art. 43) « des administrations »* chargés des contrôles sur le lieu des établissements pendant une période de trois ans. Ils indiquent les références du laboratoire habilité à effectuer, en application de l'article R. 1322-44, les analyses de surveillance.

Art. R. 1322-31 Les dispositions du I de l'article R. 1321-49 sont applicables à l'exploitant d'une eau minérale naturelle.

En outre, l'exploitant doit utiliser des matériaux en contact avec l'eau minérale naturelle compatibles avec sa composition de manière à empêcher toute altération chimique, physico-chimique, microbiologique et organoleptique de la qualité de l'eau telle qu'elle se présente à l'émergence.

Art. R. 1322-32 Les traitements ou adjonctions dont les eaux minérales naturelles peuvent faire l'objet sont ceux figurant sur une liste déterminée par arrêté du ministre chargé de la santé et, s'il s'agit d'une eau conditionnée, par arrêté des ministres chargés de la consommation et de la santé, dans les conditions fixées par le 4° du II de l'article L. 1322-2. L'arrêté fixe les conditions techniques d'utilisation des traitements ou adjonctions et, le cas échéant, les délais à respecter entre les différents types de traitement et d'adjonction ainsi que la procédure de demande d'utilisation de nouveaux types de traitement ou d'adjonction de l'eau minérale naturelle.

Art. R. 1322-33 Les produits utilisés pour le nettoyage et la désinfection des installations sont composés de constituants qui répondent aux conditions fixées par l'article R. 1321-54.

Des modalités particulières d'emploi des produits et procédés utilisés dans un établissement thermal sont fixées, en tant que de besoin, par arrêté du ministre chargé de la santé.

Leur utilisation ne doit pas présenter un danger pour la santé humaine ou entraîner une modification de la composition de l'eau. L'évacuation des eaux utilisées pour le nettoyage et le rinçage des installations ainsi que l'élimination des produits issus du traitement des eaux ne doivent *[pas]* porter atteinte à la santé des personnes et à l'environnement ou constituer une source d'insalubrité.

Art. R. 1322-34 Le réseau de distribution en eau minérale naturelle est spécifique et identifié par rapport aux autres réseaux de distribution en eau.

§ 2 DISPOSITIONS PARTICULIÈRES AU CONDITIONNEMENT

Art. R. 1322-35 L'eau minérale naturelle est une denrée alimentaire au sens du règlement (CE) n° 852/2004 du 29 avril 2004 du Parlement européen et du Conseil relatif à l'hygiène des denrées alimentaires.

Art. R. 1322-36 Les matériaux utilisés pour le conditionnement de l'eau minérale naturelle, au sens du règlement (CE) n° 1935/2004 du Parlement européen et du Conseil *du 27 octobre 2004* concernant les matériaux et objets destinés à entrer en contact avec les denrées alimentaires, sont traités ou fabriqués et utilisés de manière à éviter que les caractéristiques chimiques, microbiologiques et organoleptiques de l'eau ne s'en trouvent altérées.

Art. R. 1322-37 Le transport de l'eau minérale naturelle conditionnée est effectué dans les récipients destinés au consommateur final.

§ 3 DISPOSITIONS PARTICULIÈRES AU THERMALISME

Art. R. 1322-38 **La réutilisation d'une eau minérale naturelle recyclée dans un établissement thermal à des fins thérapeutiques est interdite, sauf dans les bains collectifs.**

SOUS-SECTION 4 SURVEILLANCE ET CONTRÔLE SANITAIRE DE L'EAU MINÉRALE NATURELLE

§ 1er DISPOSITIONS COMMUNES ET PROGRAMMES D'ANALYSES

Art. R. 1322-39 **La surveillance incombe à l'exploitant et comprend toute opération de vérification du respect des dispositions législatives et réglementaires relatives aux eaux considérées.**

Art. R. 1322-40 **Le contrôle sanitaire est exercé par le** *(Décr. nº 2010-344 du 31 mars 2010, art. 44)* **« directeur général de l'agence régionale de santé ». Il comprend toute opération de vérification mentionnée à l'article R. 1321-15.**

Art. R. 1322-41 **La vérification de la qualité de l'eau minérale naturelle est assurée selon un programme d'analyses comprenant les opérations de surveillance et de contrôle sanitaire prévues aux articles R. 1322-9, R. 1322-39 et R. 1322-40. Un arrêté du ministre chargé de la santé précise la nature et la fréquence des analyses, en fonction du type d'exploitation de l'eau, ainsi que les modalités d'adaptation du programme.**

Les lieux de prélèvement des échantillons sont déterminés par *(Décr. nº 2010-344 du 31 mars 2010, art. 44)* **« décision du directeur général de l'agence régionale de santé ».**

Art. R. 1322-42 **Dans le cadre des dispositions prévues à l'article R. 1322-14, le préfet peut imposer à l'exploitant** *(Décr. nº 2010-344 du 31 mars 2010, art. 44)* **« sur proposition du directeur général de l'agence régionale de santé » des analyses supplémentaires à celles définies à l'article R. 1322-41 dans les hypothèses suivantes :**

1º L'eau ne respecte pas les critères de qualité fixés par l'arrêté mentionné à l'article R. 1322-3 ;

2º L'eau présente des signes d'instabilité ou de dégradation ;

3º Certaines personnes présentent des troubles ou les symptômes d'une maladie en relation avec l'usage de l'eau distribuée ;

4º Des éléments ont montré qu'une substance, un élément figuré ou un micro-organisme pour lequel aucun critère de qualité n'est fixé peut être présent en quantité ou en nombre constituant un danger potentiel pour la santé des personnes ;

5º Des travaux ou des aménagements en cours de réalisation sur les installations sont susceptibles de porter atteinte à la santé des personnes.

§ 2 SURVEILLANCE

Art. R. 1322-43 **Le programme d'analyses de surveillance de l'eau minérale naturelle comprend une partie principale définie à l'article R. 1322-41 et une partie complémentaire définie par l'exploitant en fonction des dangers identifiés en application des dispositions de l'article** *(Décr. nº 2007-1581 du 7 nov. 2007, art. 1er)* **« R. 1322-29 ».**

Art. R. 1322-44 **Les prélèvements et les analyses de surveillance des eaux minérales naturelles sont réalisés par un laboratoire répondant à des exigences définies par arrêté du ministre chargé de la santé. Ces prélèvements et analyses sont effectués par le laboratoire situé dans l'usine de conditionnement d'eau ou dans l'établissement thermal ou, à défaut, par un laboratoire :**

1º Soit agréé, dans les conditions prévues à l'article R.* 1322-44-3, pour la réalisation des prélèvements et des analyses du contrôle sanitaire des eaux pour les paramètres concernés ;

2º Soit accrédité par le Comité français d'accréditation ou par tout autre organisme d'accréditation signataire d'un accord de reconnaissance multilatéral pris dans le cadre de la coordination européenne des organismes d'accréditation, pour la réalisation des prélèvements et des analyses des paramètres concernés.

Les prélèvements peuvent être réalisés par un agent de l'usine de conditionnement d'eau ou de l'établissement thermal à condition que l'activité de prélèvement soit incluse dans le domaine d'application du système de gestion de la qualité mis en place par l'exploitant.

(Décr. nº 2010-344 du 31 mars 2010, art. 44) « Les résultats de ces analyses de surveillance sont transmis au directeur général de l'agence régionale de santé qui les communique au préfet avec ses observations. »

Art. R. 1322-44-1 L'exploitant porte immédiatement à la connaissance du *(Décr. nº 2010-344 du 31 mars 2010, art. 44)* « directeur général de l'agence régionale de santé, qui en informe aussitôt le » préfet tout incident pouvant avoir des conséquences pour la santé publique, concernant notamment la ressource en eau et les modalités de son aménagement, les conditions de transport de l'eau et de sa conservation jusqu'aux points d'usage ainsi que les mesures prises pour y remédier.

§ 3 CONTRÔLE SANITAIRE

Art. R. 1322-44-2 La vérification de la qualité de l'eau réalisée par *(Décr. nº 2010-344 du 31 mars 2010, art. 44)* « l'agence régionale de santé », dans le cadre des dispositions prévues à l'article R. 1322-40, comporte un programme d'analyse du contrôle sanitaire de l'eau minérale naturelle.

Pour la réalisation de ce programme, les prélèvements d'échantillons d'eau sont effectués par *(Décr. nº 2010-344 du 31 mars 2010, art. 44)* « les services de l'agence » ou les agents d'un laboratoire agréé par le ministre chargé de la santé dans les conditions mentionnées à l'article R.* 1322-44-3.

Art. R.* 1322-44-3 Les analyses des échantillons d'eau effectuées lors du contrôle sanitaire prévu à l'article R. 1322-40 et leurs caractéristiques de performances sont définies par un arrêté du ministre chargé de la santé, pris après avis de l'*(Décr. nº 2011-385 du 11 avr. 2011, art. 1er)* « Agence nationale de sécurité sanitaire de l'alimentation, de l'environnement et du travail ».

Elles sont réalisées par un laboratoire qui doit obtenir un agrément préalable du ministre chargé de la santé. Cet agrément peut concerner des laboratoires ayant leur siège dans un autre État membre de l'Union européenne et justifiant qu'ils possèdent des moyens et utilisent des méthodes équivalentes. Un arrêté du ministre chargé de la santé, pris après avis de l'*(Décr. nº 2011-385 du 11 avr. 2011, art. 1er)* « Agence nationale de sécurité sanitaire de l'alimentation, de l'environnement et du travail », fixe les conditions administratives et techniques d'agrément de ces laboratoires, portant notamment sur leurs moyens humains et matériels ainsi que sur les méthodes d'analyse mises en œuvre.

Le silence gardé pendant plus de six mois sur la demande d'agrément vaut décision de rejet.

En application des art. L. 231-5 et L. 231-6 CRPA, et par exception à l'application du délai de deux mois prévu à l'art. L. 231-1 du même code, le délai à l'expiration duquel le silence gardé par l'administration vaut acceptation est de six mois pour les demandes d'agrément des laboratoires chargés des analyses d'échantillon d'eaux minérales naturelles (Décr. nº 2014-1287 du 23 oct. 2014, art. 1er).

Art. R. 1322-44-4 Les laboratoires agréés adressent les résultats des analyses auxquelles ils procèdent au *(Décr. nº 2010-344 du 31 mars 2010, art. 44)* « directeur général de l'agence régionale de santé » et à l'exploitant. *(Décr. nº 2010-344 du 31 mars 2010, art. 44)* « Le directeur général de l'agence transmet au préfet une synthèse de ces résultats. »

Art. R. 1322-44-5 Les frais des prélèvements et des analyses de la surveillance et du contrôle sanitaire de l'eau minérale naturelle prévus à la présente sous-section sont fixés selon les modalités mentionnées au second alinéa de l'article R. 1321-19. Ils sont à la charge de l'exploitant.

SOUS-SECTION 5 MODALITÉS DE GESTION DES SITUATIONS DE NON-CONFORMITÉ DE LA QUALITÉ DE L'EAU MINÉRALE NATURELLE

Art. R. 1322-44-6 Lorsque les limites de qualité de l'eau minérale naturelle fixées par l'arrêté mentionné à l'article R. 1322-3 ne sont pas respectées, l'exploitant est tenu :

(Décr. n° 2010-344 du 31 mars 2010, art. 45) « 1° D'en informer immédiatement le directeur général de l'agence régionale de santé qui transmet l'information au préfet ; »

2° De prendre sans délai toute mesure nécessaire pour que l'eau non conforme ne puisse pas être consommée par l'utilisateur final, y compris si elle a été commercialisée, ni être distribuée dans des postes de soins thermaux et de procéder à une information immédiate des consommateurs ou des curistes, assortie des conseils adaptés ;

3° D'effectuer immédiatement une enquête afin de déterminer la cause du dépassement des limites de qualité et de porter sans délai à la connaissance du préfet les constatations et les conclusions de l'enquête ;

(Décr. n° 2010-344 du 31 mars 2010, art. 45) « 4° D'informer le directeur général de l'agence des mesures prises pour supprimer la cause du dépassement des limites de qualité. Le directeur général transmet ces informations au préfet avec ses observations. »

Art. R. 1322-44-7 Dans l'hypothèse mentionnée à l'article R. 1322-44-6, la commercialisation de l'eau conditionnée, sa distribution en buvette publique ou son utilisation dans un établissement thermal ne peuvent être reprises tant que la qualité de l'eau n'est pas redevenue conforme aux critères de qualité fixés par l'arrêté mentionné à l'article R. 1322-3.

Art. R. 1322-44-8 Sans préjudice des dispositions des articles R. 1322-44-6 et R. 1322-44-7 et que les critères de qualité aient été ou non respectés, le préfet, lorsqu'il estime *(Décr. n° 2010-344 du 31 mars 2010, art. 45)* « , sur le rapport du directeur général de l'agence régionale de santé, » que l'exploitation ou l'usage de l'eau constitue un danger pour la santé des personnes, demande à l'exploitant de prendre toute mesure nécessaire pour protéger la santé des personnes ou d'interrompre l'exploitation.

L'exploitant informe le préfet de l'application effective des mesures prises.

Responsabilité sans faute. L'interruption de l'exploitation n'entraîne réparation du fait des actes administratifs réguliers qu'en cas de préjudice spécial et anormal (non en l'espèce). • CAA Lyon, 9 mars 2017, *SARL Gagnepain*, n° 15LY01903.

SECTION III INFORMATION DES CONSOMMATEURS

(Décr. n° 2007-49 du 11 janv. 2007, art. 3-II)

SOUS-SECTION 1 INFORMATION DES CONSOMMATEURS D'EAU MINÉRALE NATURELLE CONDITIONNÉE

Art. R. 1322-44-9 Les eaux minérales naturelles conditionnées sont détenues en vue de la vente, mises en vente, vendues ou distribuées à titre gratuit, sous l'une des dénominations de vente suivantes :

1° "Eau minérale naturelle" ou "eau minérale naturelle non gazeuse", qui désigne une eau minérale naturelle non effervescente, c'est-à-dire ne dégageant pas spontanément de gaz carbonique à l'émergence de façon nettement perceptible dans des conditions normales ;

2° "Eau minérale naturelle naturellement gazeuse" ou "eau minérale naturelle gazeuse", qui désigne une eau effervescente dont la teneur en gaz carbonique provenant de la source, après décantation éventuelle et conditionnement, est la même qu'à l'émergence, compte tenu, s'il y a lieu, de la réincorporation d'une quantité de gaz provenant de la même nappe ou du même gisement équivalente à celle du gaz libéré au cours de ces opérations et sous réserve des tolérances techniques usuelles ;

3° "Eau minérale naturelle renforcée au gaz de la source", qui désigne une eau effervescente dont la teneur en gaz carbonique provenant de la même nappe ou du même gisement, après décantation éventuelle et conditionnement, est supérieure à celle constatée à l'émergence ;

4° "Eau minérale naturelle avec adjonction de gaz carbonique", qui désigne une eau rendue effervescente par l'addition de gaz carbonique d'une autre origine que la nappe ou le gisement dont elle provient.

La dénomination de vente est accompagnée de la mention "totalement dégazéifiée", lorsque l'eau à laquelle ladite mention s'applique a fait l'objet d'un traitement d'élimination totale de son gaz carbonique libre, ou bien par la mention "partiellement dégazéifiée" lorsque cette élimination est partielle. Ces éliminations ne peuvent résulter que de l'emploi de procédés exclusivement physiques.

Art. R. 1322-44-10 L'étiquetage des eaux minérales naturelles conditionnées détenues en vue de la vente, mises en vente, vendues ou distribuées à titre gratuit, comporte, outre les mentions prévues à l'article R. 112-9 *[abrogé]* du code de la consommation, les mentions suivantes :

1° Le nom de la source constituée d'une ou plusieurs émergences naturelles ou forées ;

2° Le lieu d'exploitation et, dans les cas prévus par les dispositions de l'article R. 112-9 du même code, la mention du pays d'origine ;

3° La composition analytique de l'eau minérale naturelle conditionnée se rapportant à ses constituants caractéristiques ;

4° Le cas échéant, l'indication se rapportant au traitement à l'aide d'air enrichi en ozone ;

5° Le cas échéant, la mention d'autres traitements ayant pour objet la séparation de certains constituants indésirables, à l'exception de l'opération de filtration ou de décantation ;

6° Les avertissements se rapportant à des teneurs en certains constituants ;

7° La désignation commerciale, lorsqu'elle diffère du nom de la source ;

8° La dénomination de vente mentionnée à l'article R. 1322-44-9 du présent code.

Un arrêté des ministres chargés de la consommation et de la santé fixe les modalités d'application des dispositions mentionnées aux 4°, 5° et 6°, notamment les limites de concentration au-dessus desquelles une mention est requise sur l'étiquetage des eaux conditionnées et les délais d'application de cette disposition.

Art. R. 1322-44-11 Lorsque la désignation commerciale d'une eau minérale naturelle déterminée diffère du nom de la source ou du lieu de son exploitation, l'indication de ce nom ou de ce lieu est portée en caractères dont la hauteur et la largeur sont au moins égales à une fois et demie celles du plus grand des caractères utilisés pour l'indication de la désignation commerciale.

La commercialisation d'une eau minérale naturelle provenant d'une même source sous plusieurs désignations commerciales est interdite.

Les dispositions du présent article sont applicables à toute forme d'étiquetage ou de publicité.

Art. R. 1322-44-12 Les mentions relatives à la minéralisation, si elles ont été établies sur la base d'analyses physico-chimiques officiellement reconnues, peuvent figurer sur les emballages, les étiquettes d'une eau minérale naturelle et dans la publicité concernant cette eau.

Art. R. 1322-44-13 Est interdite toute indication attribuant à une eau minérale naturelle des propriétés de prévention, de traitement ou de guérison d'une maladie humaine, à l'exception des mentions, établies sur la base d'analyses physico-chimiques officiellement reconnues, dont la liste est fixée par arrêté des ministres chargés de la santé et de la consommation.

Art. R. 1322-44-14 *Est* interdite sur les emballages, les étiquettes et dans la publicité, sous quelque forme que ce soit, toute indication, dénomination, marque de fabrique ou de commerce, image ou autre signe figuratif ou non, qui, étant appliqué à une eau minérale naturelle, suggère une caractéristique que cette eau ne possède pas en ce qui concerne notamment l'origine, la date de l'autorisation d'exploiter, les résultats d'analyses ou toute référence analogue aux garanties d'authenticité.

Art. R. 1322-44-15 La composition analytique d'une eau faisant l'objet d'une description chiffrée figurant sur les emballages, les étiquettes et dans la publicité n'est pas différente de celle présentée par l'eau à laquelle se rapporte ladite mention. Toutefois, les écarts de composition d'une eau minérale naturelle résultant de fluctuations naturelles n'affectant pas la stabilité des caractéristiques essentielles de l'eau ne sont pas considérés comme des différences au sens du présent article.

Tout récipient utilisé pour le conditionnement des eaux minérales naturelles est muni d'un dispositif de fermeture conçu pour éviter toute possibilité de falsification ou de contamination.

SOUS-SECTION 2 INFORMATION DES CURISTES

Art. R. 1322-44-16 Le responsable de l'établissement thermal affiche les éléments d'information des curistes et du personnel amené à intervenir dans l'établissement, portant notamment sur :

1° Les qualités thérapeutiques de l'eau minérale naturelle utilisée et ses éventuelles restrictions d'usage ;

2° Les caractéristiques essentielles de l'eau ;

3° Le cas échéant, le traitement mis en œuvre ;

4° Le cas échéant, le réchauffage ou le refroidissement de l'eau ;

5° La date du dernier contrôle sanitaire et les résultats des analyses.

SOUS-SECTION 3 INFORMATION DES CONSOMMATEURS DE BUVETTE PUBLIQUE

Art. R. 1322-44-17 Le responsable de la distribution en buvette publique d'une eau minérale naturelle affiche sur place les éléments d'information portant notamment sur :

1° L'autorisation de distribuer cette eau au public ;

2° Les caractéristiques essentielles de cette eau ;

3° Le cas échéant, le traitement mis en œuvre ;

4° Le cas échéant, les effets favorables sur la santé et les risques associés à la consommation prolongée de cette eau ;

5° La date du dernier contrôle sanitaire et les résultats des analyses.

SECTION IV IMPORTATION DES EAUX MINÉRALES NATURELLES CONDITIONNÉES

(Décr. n° 2007-49 du 11 janv. 2007, art. 3-II)

Art. R. 1322-44-18 Une eau minérale naturelle conditionnée est librement importée si elle est inscrite sur la liste, publiée au *Journal officiel de l'Union européenne*, des eaux minérales naturelles reconnues comme telles par les États membres de l'Union européenne.

Est également librement importée une eau minérale naturelle conditionnée en provenance d'un État membre de l'Union européenne ou d'un autre État partie à l'accord sur l'Espace économique européen et importée sous les mêmes désignations que dans le pays d'origine.

Dans les autres cas, une eau minérale naturelle peut être importée après délivrance d'une autorisation par le préfet du département où siège l'importateur demandeur de l'autorisation de la première mise à la consommation en France, sous réserve que l'eau réponde aux exigences du présent code. La décision du préfet est motivée. Le silence gardé pendant plus de quatre mois sur la demande d'autorisation d'importation vaut décision de rejet.

L'autorisation fait l'objet d'une mention au recueil des actes administratifs de l'État dans le département. Elle vaut reconnaissance comme eau minérale naturelle au titre du paragraphe 2 de l'article 1er de la directive 80/777/CEE du 15 juillet 1980 du Conseil relative au rapprochement des législations des États membres concernant l'exploitation et la mise dans le commerce des eaux minérales naturelles.

Le préfet transmet au ministre chargé de la santé une copie de l'arrêté d'autorisation d'importation, aux fins de notification à la Commission européenne et de publication au *Journal officiel de l'Union européenne.*

Une copie de l'autorisation préfectorale est présentée lors d'un contrôle douanier.

V. Décr. n° 2014-1288 du 23 oct. 2014 relatif aux exceptions à l'application du principe « silence vaut acceptation » sur le fondement du 4° du I de l'art. 21 de la L. n° 2000-321 du 12 avr. 2000 relative aux droits des citoyens dans leurs relations avec les administrations.

Art. R. 1322-44-19 L'autorisation d'importation est accordée pour une période de cinq ans, renouvelable s'il est certifié par l'autorité habilitée à cet effet par le pays d'origine, avant l'expiration de sa validité, que l'eau répond aux exigences du présent code.

Art. R. 1322-44-20 Un arrêté des ministres chargés des douanes et de la santé détermine les modalités administratives et techniques de délivrance de l'autorisation d'importation, portant notamment sur les éléments mentionnés aux 1° à 3° et 6° à 8° de l'article R. 1322-5.

Art. R. 1322-44-21 Le titulaire d'une autorisation d'importation doit immédiatement signaler au préfet toute modification apportée aux conditions d'exploitation.

Le préfet ayant délivré l'autorisation d'importer une eau minérale naturelle peut, en cas de variation de la qualité de l'eau constatée par les autorités de contrôle ou signalée par le titulaire de l'autorisation et si cette eau présente un danger pour la santé publique ou ne répond plus aux exigences de qualité réglementaires suspendre, par une décision motivée, sa commercialisation pour une durée maximum de quatre mois. Il informe le ministre chargé de la santé de cette décision aux fins de notification à la Commission européenne.

A l'issue de ce délai, l'autorisation peut être retirée par le préfet.

Art. R. 1322-44-22 L'importation d'une eau conditionnée n'est pas soumise au régime d'autorisation préalable lorsqu'elle est seulement destinée à l'usage personnel d'un particulier et à l'avitaillement.

Il en est de même lorsqu'elle est destinée à la diffusion sous forme d'échantillons ou à une consommation lors de manifestations particulières dans lesquelles elle ne fait pas l'objet d'un acte de vente. Dans ce cas, l'opérateur présente aux services chargés du contrôle douanier un document dans lequel il atteste de l'absence d'intention de vente de l'eau.

Art. R. 1322-44-23 Les frais entraînés par les procédures d'autorisation d'importer une eau minérale naturelle sont à la charge du demandeur.

SECTION V **SURVEILLANCE DES ÉTABLISSEMENTS THERMAUX**

Art. R. 1322-45 *(Décr. n° 2010-344 du 31 mars 2010, art. 46)* « Les médecins inspecteurs de santé publique et les inspecteurs de l'agence régionale de santé ayant la qualité de médecin exercent » la surveillance sur toutes les parties de l'établissement affectées à l'administration des eaux et au traitement des curistes, ainsi que sur l'exécution des dispositions qui s'y rapportent.

Les dispositions de l'alinéa précédent ne peuvent être entendues de manière à restreindre la liberté qu'ont les malades de suivre la prescription de leurs propres médecins sans préjudice du libre usage des eaux, prévue à l'article R. 1322-46.

Art. R. 1322-46 Les établissements doivent être ouverts, au moins pendant toute la durée de la saison, aux personnes qui ont à faire usage des eaux.

Dans les communes classées comme stations hydrominérales, la durée de la saison est la même que celle de la perception de la taxe de séjour dans la station. Toutefois, au commencement et à la fin de la saison, le préfet peut, par arrêté, autoriser l'ouverture partielle des établissements. Dans les autres communes, la durée de la saison est fixée par arrêté préfectoral.

Art. R. 1322-47 *Dans tous les* cas où les besoins du service l'exigent, des règlements arrêtés par le préfet, après avis des exploitants, déterminent les mesures qui ont pour objet :

1° La salubrité des cabinets, bains, douches, piscines et, en général, de tous les locaux affectés à l'administration des eaux ;

2° Le libre usage des eaux ;

3° L'exclusion de toute préférence dans les heures, pour les bains et douches ;

4° Les tarifs, sauf les réductions qui peuvent être accordées aux personnes dénuées de ressources ;

5° La protection particulière due aux malades ;

6° Les mesures d'ordre et de police à observer par le public, soit à l'intérieur, soit aux abords.

Art. R. 1322-48 Les règlements prévus à l'article R. 1322-47 sont affichés à l'intérieur de l'établissement et sont obligatoires pour les personnes qui le fréquentent et le personnel qui y est employé.

Art. R. 1322-49 Un mois avant l'ouverture de chaque saison, les exploitants envoient au préfet le tarif détaillé des prix correspondant aux modes divers suivant lesquels les eaux sont administrées, et des accessoires qui en dépendent.

Il ne peut y être apporté aucun changement pendant la saison.

Sous aucun prétexte, il n'est exigé ni perçu aucun prix supérieur au tarif, ni aucune somme en dehors du tarif pour l'emploi des eaux.

Art. R. 1322-50 Le tarif prévu à l'article R. 1322-49 est affiché en permanence à la porte principale et dans l'intérieur de l'établissement.

Art. R. 1322-51 A l'issue de la saison des eaux, l'exploitant d'un établissement d'eaux minérales transmet *(Décr. n° 2010-344 du 31 mars 2010, art. 46)* « au directeur général de l'agence régionale de santé » un état indiquant le nombre des personnes qui ont fréquenté l'établissement, ainsi que les renseignements statistiques dont la nomenclature est fixée par un arrêté du ministre chargé de la santé. Cet état est adressé *(Décr. n° 2010-344 du 31 mars 2010, art. 46)* « par le directeur général de l'agence au préfet et » au ministre chargé de la santé.

SECTION VI **ÉTABLISSEMENTS THERMAUX**

Art. R. 1322-52 Sont considérés comme établissements thermaux, les établissements qui utilisent sur place ou par adduction directe, pour le traitement interne ou externe des malades, l'eau d'une ou plusieurs sources minérales régulièrement autorisées ou ses dérivés : boues ou gaz.

L'organisation générale, le personnel, le matériel et tous les services d'un établissement thermal doivent être fonction de sa capacité réelle d'utilisation, c'est-à-dire du nombre maximum de personnes pouvant y être normalement traitées au cours d'une même journée, selon l'importance de l'établissement, son alimentation en eaux minérales ou leurs dérivés et le rythme de cette alimentation.

Art. R. 1322-53 La construction des locaux doit comporter partout un sol imperméable ou revêtu de substances permettant le lavage fréquent. Les murs et les cloisons sont enduits d'une peinture lavable, claire de préférence.

Les fenêtres doivent être dépourvues de doubles rideaux et le sol de tout tapis en tissus qui ne soit pas facilement lavable.

Art. R. 1322-54 Les locaux sont aérés et nettoyés chaque jour.

Le lavage complet des locaux doit être effectué une fois tous les quinze jours.

Art. R. 1322-55 L'aération doit être permanente et conçue de manière à fonctionner en toutes saisons, sans occasionner de gêne aux malades.

La température minimum des locaux ne doit jamais être inférieure à 18° C.

Art. R. 1322-56 Tout établissement thermal doit se conformer rigoureusement aux règlements concernant le captage des eaux, leur analyse, leur adduction, leur distribution et leur utilisation.

Art. R. 1322-57 L'évacuation des eaux usées doit être assurée conformément aux règles d'hygiène.

Les toilettes et les w.-c. doivent être en nombre suffisant, bien aérés et ventilés.

Art. R. 1322-58 Contre le risque d'incendie, l'établissement thermal doit disposer :

1° De postes d'eau ;

2° D'extincteurs en nombre suffisant ;

3° D'un moyen d'appel rapide à la caserne des pompiers la plus proche. La construction et l'aménagement des locaux doivent permettre leur prompte évacuation en cas de sinistre.

Art. R. 1322-59 Tout établissement thermal doit posséder le téléphone.

Les adresses et les numéros de téléphone dont on peut avoir besoin d'urgence sont affichés en évidence et à proximité de l'appareil.

Art. R. 1322-60 Chaque établissement thermal doit posséder et maintenir en parfait état de fonctionnement l'installation et l'appareillage correspondant aux indications médicales de la station. L'importance de ceux-ci est proportionnelle au chiffre de la clientèle fréquentant l'établissement.

Les établissements thermaux comportant plusieurs classes doivent posséder, dans chacune de ces classes, la totalité des installations nécessaires à l'exécution intégrale de la cure, ainsi que tout le matériel et tout l'équipement permettant l'application de tous les traitements sans exception.

Les mêmes mesures rigoureuses d'hygiène doivent être appliquées dans toutes les classes.

Les appareils destinés à l'usage individuel doivent être désinfectés chaque fois qu'ils ont été utilisés.

Les établissements destinés au traitement des affections respiratoires doivent posséder en nombre suffisant et dans tous les locaux où ils sont nécessaires des crachoirs à eau courante, aseptisés en permanence et maintenus rigoureusement propres.

Le linge utilisé par chaque curiste doit être désinfecté après usage, ainsi que les baignoires et tous les objets individuels de cure.

Une signalisation sonore et lumineuse doit permettre d'indiquer le début et la fin des traitements.

L'établissement doit être pourvu de déshabilloirs en nombre suffisant afin de réduire au minimum l'attente des curistes.

Art. R. 1322-61 Un moyen de transport doit être prévu en faveur des malades qui ne peuvent se déplacer.

Chaque curiste doit posséder une fiche médicale sur laquelle figure un relevé des examens pratiqués et des traitements prescrits. Ces fiches, régulièrement mises à jour, sont classées dans un meuble fermant à clé. Le personnel médical a, seul, qualité pour le consulter.

Art. R. 1322-62 Un médecin doit être attaché à chaque établissement thermal en qualité de directeur ou de conseiller technique. A défaut et provisoirement, un médecin praticien de la station doit assurer la surveillance médicale de l'établissement.

Un infirmier ou une infirmière au moins doit se trouver en permanence à l'établissement pendant les heures de cure.

Les inspecteurs ou surveillants qualifiés chargés de veiller à l'application exacte des traitements prescrits doivent être affectés à chaque service ou groupe de services.

Le personnel doit posséder des connaissances techniques suffisantes pour que soit assurée l'application correcte des traitements prescrits.

Le secret médical doit être observé par tout le personnel.

Art. R. 1322-63 Avant son entrée en fonctions, tout membre du personnel doit être soumis à un examen médical général comportant notamment :

– une radiographie ou une radiophotographie pulmonaire à moins qu'un cliché datant de moins de deux mois ne puisse être fourni ;

– une épreuve cutanée à la tuberculine.

En outre, les agents sont tenus de subir chaque année un examen clinique à la suite duquel le médecin du travail peut prescrire les investigations complémentaires qu'il juge nécessaires.

Art. R. 1322-64 Chaque établissement thermal doit établir et tenir à jour une fiche pour chaque malade. Cette fiche doit comporter l'indication des conditions financières dans lesquelles sont pratiqués les traitements.

Art. R. 1322-65 Un établissement thermal dispensant au cours de cures thermales des pratiques de rééducation fonctionnelle de l'appareil locomoteur ne peut être agréé que s'il remplit, outre les conditions ci-dessus, communes à tous les établissements thermaux privés, celle d'appartenir à une station dont la spécialisation comprend les atteintes de l'appareil locomoteur.

Art. R. 1322-66 En ce qui concerne les locaux et l'équipement, l'établissement thermal doit comprendre :

1° Essentiellement, un service de kinésibalnéothérapie dont les postes de traitement doivent être dotés des moyens classiques permettant la mobilisation sous l'eau.

A ce service, il y a lieu d'annexer :

a) Des cabines de déshabillage dont certaines pour malades allongés ;

b) Un dispositif pour le séchage des peignoirs de bain ;

c) Des salles d'une capacité suffisante pour assurer sur place un repos de durée convenable à chaque malade traité ;

d) Une salle d'examen pouvant éventuellement servir de salle de soins d'urgence et contenant au moins une table d'examen ;

e) Un local-remise pour entreposer les fauteuils roulants et les brancards utilisés pour le transport des malades.

L'utilisation des piscines, et notamment le rythme de leurs remplissages et de leurs évacuations, leur désinfection et leur contrôle bactériologique doivent faire l'objet d'un règlement strict donnant les garanties d'hygiène indispensables.

Elles doivent être munies de moyens de sécurité suffisants.

2° Éventuellement, une salle de rééducation pourvue du matériel permettant la mobilisation individuelle des malades.

Les autres locaux ou équipements prévus dans les centres ou services de réadaptation fonctionnelle sont ici facultatifs.

Art. R. 1322-67 Le personnel technique paramédical habilité à exécuter les pratiques de rééducation fonctionnelle doit comprendre un ou plusieurs masseurs-kinésithérapeutes suivant l'importance du service.

Le reste du personnel d'exécution doit être en nombre suffisant et présenter la compétence nécessaire.

CHAPITRE III VIGILANCE ALIMENTAIRE

(Décr. n° 2010-688 du 23 juin 2010)

SECTION PREMIÈRE DISPOSITIONS GÉNÉRALES

Art. R. 1323-1 *(Décr. n° 2017-885 du 9 mai 2017, art. 2-I)* I. — La vigilance alimentaire, dite nutrivigilance, a pour objet la surveillance, l'évaluation, la prévention du risque d'effet indésirable lié à l'absorption des denrées et aliments mentionnés au II du présent article.

II. — La nutrivigilance s'exerce sur :

1° Les nouveaux aliments au sens de l'article 2 du règlement (UE) n° 2015/2283 du Parlement européen et du Conseil du 25 novembre 2015 relatif aux nouveaux aliments ;

2° Les aliments qui font l'objet d'adjonction de substances à but nutritionnel ou physiologique au sens des articles 1er et 2 du règlement (CE) n° 1925/2006 concernant l'adjonction de vitamines, de minéraux et de certaines autres substances aux denrées alimentaires ;

3° Les compléments alimentaires au sens de l'article 2 du décret n° 2006-352 du 20 mars 2006 relatif aux compléments alimentaires ;

4° Les denrées alimentaires couvertes par le règlement (UE) n° 609/2013 du Parlement européen et du Conseil du 12 juin 2013 concernant les denrées alimentaires destinées aux nourrissons et aux enfants en bas âge, les denrées alimentaires destinées à des fins médicales spéciales et les substituts de la ration journalière totale pour contrôle du poids.

Art. R. 1323-2 La vigilance alimentaire prévue à l'article R. 1323-1 comporte :

1° La déclaration des effets indésirables effectuée par les professionnels de santé à l'Agence nationale de sécurité sanitaire de l'alimentation, de l'environnement et du travail ;

2° La transmission à cette même agence des informations sur les effets indésirables reçues dans le cadre de leurs missions par l'*(Décr. nº 2016-523 du 27 avr. 2016, art. 4)* « Agence nationale de santé publique », l'*(Décr. nº 2012-597 du 27 avr. 2012, art. 5-I-1º)* « Agence nationale de sécurité du médicament et des produits de santé », l'Agence française de lutte contre le dopage, la Direction générale de la concurrence, de la consommation et de la répression des fraudes et la Direction générale de l'alimentation ;

3° L'enregistrement de la déclaration des effets indésirables et des informations mentionnés au 1° et au 2° du présent article et leur évaluation, dans un but de prévention, par l'Agence nationale de sécurité sanitaire de l'alimentation, de l'environnement et du travail ainsi que la formulation par l'agence d'avis et de recommandations concernant la sécurité d'emploi de ces denrées alimentaires ;

4° Le suivi des mesures de nature à préserver la santé publique arrêtées par les ministres compétents.

Art. R. 1323-3 Pour l'application du présent chapitre, on entend par :

1° Effet indésirable une réaction nocive se produisant dans les conditions normales d'emploi d'une denrée alimentaire chez l'homme ou résultant d'une utilisation non conforme à sa destination, à son usage habituel ou à son mode d'emploi ou aux précautions particulières d'emploi mentionnées sur son étiquetage ;

2° Effet indésirable grave, un effet indésirable qui justifie soit une hospitalisation, soit entraîne une incapacité fonctionnelle permanente ou temporaire, une invalidité, une mise en jeu du pronostic vital immédiat, un décès ou une anomalie ou une malformation congénitale.

SECTION II ORGANISATION DE LA VIGILANCE ALIMENTAIRE

Art. R. 1323-4 Participent au système national de vigilance mis en œuvre par l'Agence nationale de sécurité sanitaire de l'alimentation, de l'environnement et du travail :

1° Les professionnels de santé qui l'acceptent ;

2° La Direction générale de la concurrence, de la consommation et de la répression des fraudes, la Direction générale de l'alimentation et la Direction générale de la santé ;

3° Les producteurs et les distributeurs dans le cadre des dispositions prévues à l'article *(Décr. nº 2017-885 du 9 mai 2017, art. 2-II)* « L. 423-3 » du code de la consommation ;

4° L'*(Décr. nº 2016-523 du 27 avr. 2016, art. 4)* « Agence nationale de santé publique », l'*(Décr. nº 2012-597 du 27 avr. 2012, art. 5-I-1º)* « Agence nationale de sécurité du médicament et des produits de santé » et l'Agence française de lutte contre le dopage dans le cadre de leurs missions.

Art. R. 1323-5 Le directeur général de l'Agence nationale de sécurité sanitaire de l'alimentation, de l'environnement et du travail informe les autorités compétentes des effets indésirables portés à sa connaissance. Le directeur général de la concurrence, de la consommation et de la répression des fraudes informe le producteur ou le distributeur concerné des effets indésirables portés à sa connaissance.

Art. R. 1323-6 En cas d'effets indésirables, le directeur général de la concurrence, de la consommation et de la répression des fraudes adresse, à sa demande, au directeur général de l'Agence nationale de sécurité sanitaire de l'alimentation, de l'environnement et du travail les informations relatives à la composition de chacun des produits mentionnés à l'article R. 1323-1 qu'il peut exiger dans le cadre de l'accomplissement de ses missions, en particulier la concentration exacte du ou des ingrédients entrant dans la composition de la denrée alimentaire, sa dénomination commerciale, la catégorie à laquelle elle appartient, les contenances des différents conditionnements commercialisés, ses conditions d'emploi ainsi que toute autre information utile relative notamment à la qualité des matières premières et du produit fini, au procédé de fabrication ou d'extraction et aux autocontrôles.

Dans le cas d'un produit fabriqué ou commercialisé dans un autre État membre de l'Union européenne, le distributeur responsable de la première mise sur le marché national transmet à la Direction générale de la concurrence, de la consommation et de la répression des fraudes les informations résultant de l'étiquetage ainsi que les autres informations dont il dispose dans le cadre des obligations résultant de l'article 19, paragraphe 2, du règlement (CE) n° 178/2002 susvisé.

En cas d'effets indésirables graves, les producteurs et les distributeurs responsables de la première mise sur le marché national sont tenus de fournir les informations prévues respectivement au premier et au deuxième alinéa du présent article au directeur général de l'Agence nationale de sécurité sanitaire de l'alimentation, de l'environnement et du travail lorsqu'il leur en fait la demande motivée. Celui-ci informe le directeur général de la concurrence, de la consommation et de la répression des fraudes de sa demande.

CHAPITRE IV **DISPOSITIONS PÉNALES**

SECTION UNIQUE

Art. R. 1324-1 *(Décr. n° 2007-49 du 11 janv. 2007, art. 4-I)* Les infractions aux dispositions du I de l'article R. 1321-48, des I, IV et V de l'article R. 1321-50, du premier alinéa de l'article R. 1321-54, des articles R. 1321-86 à R. 1321-95, du dernier alinéa de l'article R. 1322-3, des articles R. 1322-4, R. 1322-36 et R. 1322-37 et des articles R. 1322-44-9 à R. 1322-44-15 sont constatées dans les conditions définies aux chapitres II à VI du titre Ier du livre II du code de la consommation et sont punies des peines prévues à l'article L. 214-2 de ce code.

Art. R. 1324-2 Le fait, par imprudence ou négligence, de dégrader des ouvrages publics ou communaux destinés à recevoir ou à conduire des eaux d'alimentation, ou de laisser introduire des matières susceptibles de nuire à la salubrité, dans l'eau de source, des fontaines, des puits, des citernes, conduites, aqueducs, réservoirs d'eau servant à l'alimentation publique, est puni de l'amende prévue pour les contraventions de la troisième classe.

Art. R. 1324-3 *Abrogé par Décr. n° 2007-49 du 11 janv. 2007, art. 4-II.*

Art. R. 1324-4 *(Décr. n° 2007-49 du 11 janv. 2007, art. 4-III)* Le fait de modifier les conditions d'exploitation, de traitement et d'utilisation, autorisées par arrêté, sans obtenir la révision préalable de cette autorisation est puni de l'amende prévue pour les contraventions de la 5e classe.

Art. R. 1324-5 Le fait de ne pas faire figurer sur les étiquettes des bouteilles les mentions spéciales devant y apparaître selon l'arrêté d'autorisation défini à l'article L. 1322-13 est puni conformément aux dispositions de l'article L. 214-2 du code de la consommation.

Est puni pareillement le fait de faire figurer sur les étiquettes des bouteilles des mentions spéciales autres que celles pouvant y figurer selon l'arrêté d'autorisation défini à l'article L. 1322-13.

Art. R. 1324-6 *(Décr. n° 2007-49 du 11 janv. 2007, art. 4-IV)* Le fait de mettre de l'eau à la disposition du public sans disposer de l'accord du préfet prévu à l'article R. 1321-10 ou à l'article R. 1322-9 est puni de l'amende prévue pour les contraventions de la 5e classe.

TITRE TROISIÈME **PRÉVENTION DES RISQUES SANITAIRES LIÉS À L'ENVIRONNEMENT ET AU TRAVAIL** *(Décr. n° 2006-676 du 8 juin 2006, art. 2).*

CHAPITRE PREMIER **SALUBRITÉ DES IMMEUBLES ET DES AGGLOMÉRATIONS**

SECTION UNIQUE

Art. R. 1331-1 *(Décr. n° 2006-503 du 2 mai 2006, art. 7)* L'*(Décr. n° 2011-385 du 11 avr. 2011, art. 4)* « Agence nationale de sécurité sanitaire de l'alimentation, de l'environnement et du travail » peut être saisie de tout projet d'assainissement à la demande du préfet.

Art. R. 1331-2 *(Décr. nº 2006-503 du 2 mai 2006, art. 3-II)* Il est interdit d'introduire dans les systèmes de collecte des eaux usées :

a) Directement ou par l'intermédiaire de canalisations d'immeubles, toute matière solide, liquide ou gazeuse susceptible d'être la cause, soit d'un danger pour le personnel d'exploitation ou pour les habitants des immeubles raccordés au système de collecte, soit d'une dégradation des ouvrages d'assainissement et de traitement, soit d'une gêne dans leur fonctionnement ;

b) Des déchets solides, y compris après broyage ;

c) Des eaux de source ou des eaux souterraines, y compris lorsqu'elles ont été utilisées dans des installations de traitement thermique ou des installations de climatisation ;

d) Des eaux de vidange des bassins de natation.

Toutefois, les communes agissant en application de l'article L. 1331-10 peuvent déroger aux *c* et *d* de l'alinéa précédent à condition que les caractéristiques des ouvrages de collecte et de traitement le permettent et que les déversements soient sans influence sur la qualité du milieu récepteur du rejet final. Les dérogations peuvent, en tant que de besoin, être accordées sous réserve de prétraitement avant déversement dans les systèmes de collecte.

Art. R. 1331-3 En cas de recours hiérarchique formé devant le ministre chargé de la santé contre les décisions prises par le préfet en application des articles *(Décr. nº 2006-1359 du 8 nov. 2006, art. 5)* « L. 1331-25 » et L. 1331-28, le silence gardé pendant plus de quatre mois sur ce recours vaut décision de rejet.

Art. R. 1331-4 *(Décr. nº 2006-1359 du 8 nov. 2006, art. 3)* Avant d'ordonner la réparation ou la démolition d'un immeuble insalubre en application de l'article L. 1331-28, le préfet sollicite l'avis de l'architecte des Bâtiments de France dans les cas où cet immeuble est :

1º Soit inscrit au titre des monuments historiques en application de l'article L. 621-25 du code du patrimoine ;

(Décr. nº 2017-456 du 29 mars 2017, art. 11) « 2º Soit situé dans les abords des monuments historiques définis à l'article L. 621-30 du même code ;

« 3º Soit situé dans le périmètre d'un site patrimonial remarquable classé en application de l'article L. 631-1 du même code ; »

4º Soit protégé au titre des articles L. 341-1, L. 341-2 ou L. 341-7 du code de l'environnement.

L'avis est réputé émis en l'absence de réponse dans le délai de quinze jours.

Art. R. 1331-5 *(Décr. nº 2006-1359 du 8 nov. 2006, art. 3)* Lorsque les mesures prescrites en application du II de l'article L. 1331-28 concernent des parties communes d'un immeuble en copropriété et n'ont pas été exécutées dans le délai imparti pour leur réalisation, la mise en demeure prévue par le II de l'article L. 1331-29 est adressée au syndicat des copropriétaires, pris en la personne du syndic de copropriété, qui, dans le délai de vingt et un jours à compter de la réception, la transmet à tous les copropriétaires.

Art. R. 1331-6 *(Décr. nº 2006-1359 du 8 nov. 2006, art. 3)* Lorsque l'inexécution des mesures prescrites résulte de la défaillance de certains copropriétaires, le syndic en informe l'auteur de la mise en demeure en lui indiquant les démarches effectuées pour faire réaliser les mesures prescrites et en lui fournissant une attestation de défaillance.

Sont réputés défaillants au sens de l'alinéa précédent les copropriétaires qui, après avoir été mis en demeure de le faire par le syndic, n'ont pas répondu ou n'ont répondu que partiellement aux appels de fonds destinés à financer les mesures prescrites *dans le délai de quinze jours* à compter de la sommation de payer.

Art. R. 1331-7 *(Décr. nº 2006-1359 du 8 nov. 2006, art. 3)* La commune dispose d'un délai d'un mois pour décider de se substituer aux copropriétaires défaillants. En ce cas, sa décision est notifiée par le maire au syndicat des copropriétaires, pris en la personne du syndic, ainsi qu'aux copropriétaires défaillants, auxquels sont notifiées les sommes versées pour leur compte.

Lorsque tous les copropriétaires sont défaillants, la commune ne peut recourir à la procédure de substitution.

Art. R. 1331-8 *(Décr. n° 2006-1359 du 8 nov. 2006, art. 3)* Lorsque la collectivité publique ou la personne publique a recouvré la totalité de la créance qu'elle détient sur un copropriétaire défaillant auquel elle s'est substituée, elle en informe le syndic de copropriété. A défaut, lorsqu'un lot appartenant à un copropriétaire défaillant fait l'objet d'une mutation, le syndic notifie sans délai cette mutation à la collectivité publique ou à la personne publique afin de lui permettre de faire valoir ses droits auprès du notaire qui en est chargé.

Art. R. 1331-9 *(Décr. n° 2006-1359 du 8 nov. 2006, art. 3)* La créance de la collectivité publique sur les propriétaires ou exploitants née de l'exécution d'office des mesures prescrites en application de l'article L. 1331-28 comprend le coût de l'ensemble des mesures que cette exécution a rendu nécessaires, notamment celui des travaux destinés à assurer la sécurité et la salubrité de l'ouvrage ou celles des bâtiments mitoyens ainsi que les frais exposés par la commune agissant en qualité de maître d'ouvrage public.

Art. R. 1331-10 *(Décr. n° 2006-1359 du 8 nov. 2006, art. 3)* Les notifications et formalités prévues par les articles R. 1331-5, R. 1331-6, R. 1331-7 et R. 1331-8 sont effectuées par lettre remise contre signature.

Art. R. 1331-11 *(Décr. n° 2006-1359 du 8 nov. 2006, art. 3)* Les modalités d'application des articles R. 1331-5, R. 1331-6, R. 1331-7 et R. 1331-9 sont précisées en tant que de besoin par un arrêté conjoint du ministre de la justice, du ministre chargé du logement et du ministre chargé de la santé.

Art. R. 1331-12 *(Décr. n° 2015-1608 du 7 déc. 2015, art. 2)* Les conditions d'application de l'astreinte mentionnée au III de l'article L. 1331-29 sont fixées par les dispositions de la section IV du chapitre unique du titre Ier du livre V de la partie réglementaire du code de la construction et de l'habitation.

Le titre exécutoire nécessaire au recouvrement des astreintes mentionnées au III de l'article L. 1331-29 est établi et émis par le préfet et recouvré selon les règles de gestion des créances étrangères à l'impôt, dans les conditions prévues aux articles 23 à 28 et 112 à 124 du décret n° 2012-1246 du 7 novembre 2012 relatif à la gestion budgétaire et comptable publique.

CHAPITRE II PISCINES ET BAIGNADES

SECTION PREMIÈRE RÈGLES SANITAIRES APPLICABLES AUX PISCINES *(Décr. n° 2008-990 du 18 sept. 2008).*

Art. D. 1332-1 Les normes définies dans la présente section s'appliquent aux piscines autres que celles réservées à l'usage personnel d'une famille.

Une piscine est un établissement ou une partie d'établissement qui comporte un ou plusieurs bassins artificiels utilisés pour les activités de bain ou de natation. Les piscines thermales et les piscines des *(Décr. n° 2008-376 du 17 avr. 2008, art. 2-I)* « établissements de santé autorisés à dispenser des soins de suite et de réadaptation », *d'usage exclusivement* médical, ne sont pas soumises aux dispositions de la présente section.

Art. D. 1332-2 L'eau des bassins des piscines doit répondre aux normes physiques, chimiques et microbiologiques suivantes :

1° Sa transparence permet de voir parfaitement au fond de chaque bassin les lignes de nage ou un repère sombre de 0,30 mètre de côté, placé au point le plus profond ;

2° Elle n'est pas irritante pour les yeux, la peau et les muqueuses ;

3° La teneur en substance oxydable au permanganate de potassium à chaud en milieu alcalin exprimée en oxygène ne doit pas dépasser de plus de 4 mg/l la teneur de l'eau de remplissage des bassins ;

4° Elle ne contient pas de substances dont la quantité serait susceptible de nuire à la santé des baigneurs ;

5° Le pH est compris entre 6,9 et 8,2 ;

6° Le nombre de bactéries aérobies revivifiables à 37° C dans un millilitre est inférieur à 100 ;

7° Le nombre de coliformes totaux dans 100 millilitres est inférieur à 10 avec absence de coliformes fécaux dans 100 millilitres ;

8° Elle ne contient pas de germes pathogènes, notamment pas de staphylocoques pathogènes dans 100 ml pour 90 % des échantillons.

Art. D. 1332-3 Les ministres concernés déterminent par arrêté pris après avis *(Décr. nº 2006-1677 du 22 déc. 2006 ; Décr. nº 2011-385 du 11 avr. 2011, art. 4)* « de l'Agence nationale de sécurité sanitaire de l'alimentation, de l'environnement et du travail » les produits et les procédés qui permettent de satisfaire aux exigences prévues *(Décr. nº 2008-990 du 18 sept. 2008)* « à l'article D. 1332-2 ». Le silence gardé pendant plus de six mois sur la demande d'autorisation d'utilisation de ces produits et procédés vaut décision de rejet.

(Décr. nº 2006-1677 du 22 déc. 2006, art. 2-II) « Les dispositions du présent article ne s'appliquent pas aux produits *(Décr. nº 2016-859 du 29 juin 2016, art. 2)* « autorisés à l'issue d'une procédure d'autorisation de mise à disposition sur le marché en application du règlement (UE) nº 528/2012 du 22 mai 2012 ». »

En application des art. L. 231-5 et L. 231-6 CRPA, et par exception à l'application du délai de deux mois prévu à l'art. L. 231-1 du même code, le délai à l'expiration duquel le silence gardé par l'administration vaut acceptation est de six mois pour les demandes d'autorisation des produits et procédés de traitement des eaux de piscine autres que celles réservées à l'usage personnel d'une famille (Décr. nº 2014-1287 du 23 oct. 2014, art. 1er).

Art. D. 1332-4 L'eau des bassins doit être filtrée, désinfectée et désinfectante.

L'alimentation en eau des bassins doit être assurée à partir d'un réseau de distribution publique. Toute utilisation d'eau d'une autre origine doit faire l'objet d'une autorisation prise par arrêté préfectoral sur proposition du *(Décr. nº 2010-344 du 31 mars 2010, art. 47)* « directeur général de l'agence régionale de santé » après avis du conseil départemental de l'environnement et des risques sanitaires et technologiques.

Art. D. 1332-5 Sauf pour les pataugeoires et les bassins à vagues, pendant la période de production des vagues, la couche d'eau superficielle des bassins est éliminée ou reprise en continu pour au moins 50 % des débits de recyclage définis à l'article *(Décr. nº 2008-990 du 18 sept. 2008)* « D. 1332-6 », par un dispositif situé à la surface. Les écumeurs de surface ne peuvent être installés que dans les bassins dont la superficie du plan d'eau est inférieure ou égale à 200 mètres carrés ; il doit, dans ce cas, y avoir au moins un écumeur de surface pour 25 mètres carrés de plan d'eau.

Art. D. 1332-6 L'installation de recyclage et de traitement est dimensionnée pour pouvoir fournir, à tout moment et à chaque bassin qu'elle alimente, un débit d'eau filtrée et désinfectée de qualité conforme aux normes fixées à l'article D. 1332-2. Pour les piscines dont la surface totale de plan d'eau est supérieure à 240 mètres carrés, cette installation assure une durée du cycle de l'eau inférieure ou égale à :

1° Huit heures pour un bassin de plongeon ou une fosse de plongée subaquatique ;

2° Trente minutes pour une pataugeoire ;

3° Une heure trente pour les autres bassins ou parties de bassins de profondeur inférieure ou égale à 1,50 mètre ;

4° Quatre heures pour les autres bassins ou parties de bassins de profondeur supérieure à 1,50 mètre.

Des débitmètres permettent de s'assurer que l'eau de chaque bassin est recyclée conformément aux dispositions du présent article.

Il peut n'être réalisé qu'une seule installation de traitement de l'eau pour plusieurs bassins, à condition que chaque bassin possède ses propres dispositifs d'alimentation et *d'évacuation* et que les apports de désinfectant correspondent aux besoins. Toutes dispositions sont prises pour que les réparations puissent être effectuées sur les canalisations et les appareils de traitement de l'eau sans qu'une vidange générale soit nécessaire.

Des robinets de puisage d'accès facile, à fins de prélèvements, doivent être installés au moins avant filtration et injection de réactifs, immédiatement avant l'entrée de

l'eau dans chaque filtre, après filtration et avant injection de désinfectant, le plus près possible de l'arrivée à chaque bassin, sur la vidange des filtres.

Les eaux coulant sur les plages ne doivent pas pouvoir pénétrer dans un bassin. Elles sont évacuées par un dispositif spécial distinct du circuit emprunté par l'eau des bassins. – *[Anc. art. D. 1332-7]*.

Art. D. 1332-7 **L'assainissement des établissements doit être réalisé de manière à éviter tout risque de pollution des eaux de baignade.**

La conception et le nombre des installations sanitaires, déterminé en fonction de la capacité d'accueil de l'installation, doivent être conformes aux dispositions de l'annexe 13-6. – *[Anc. art. D. 1332-8.]*

Sur les installations sanitaires dans les piscines, V. annexe 13-6 .

Art. D. 1332-8 **Les piscines comprennent un poste de secours situé à proximité directe des plages.** – *[Anc. art. D. 1332-9]*.

Art. D. 1332-9 **La capacité d'accueil de l'établissement, fixée par le maître d'ouvrage, doit être affichée à l'entrée. Elle distingue les fréquentations maximales instantanées en baigneurs et en autres personnes.**

La fréquentation maximale instantanée en baigneurs présents dans l'établissement ne doit pas dépasser trois personnes pour 2 mètres carrés de plan d'eau en plein air et une personne par mètre carré de plan d'eau couvert. Pour l'application du présent article, la surface des pataugeoires et celle des bassins de plongeon ou de plongée réservés en permanence à cet usage ne sont pas prises en compte dans le calcul de la surface des plans d'eau.

Les personnes autres que les baigneurs, notamment les spectateurs, visiteurs ou accompagnateurs, ne peuvent être admises dans l'établissement que si des espaces distincts des zones de bain et comportant un équipement sanitaire spécifique ont été prévus à cette fin. – *[Anc. art. D. 1332-10]*.

Art. D. 1332-10 **Dans les établissements où la superficie des bassins est supérieure ou égale à 240 mètres carrés, les accès aux plages en provenance des locaux de déshabillage comportent un ensemble sanitaire comprenant des cabinets d'aisance, des douches corporelles et des pédiluves ou des rampes d'aspersion pour pieds alimentées en eau désinfectante. Les autres accès aux plages comportent des pédiluves et, si nécessaire, des douches corporelles. Les pédiluves sont conçus de façon que les baigneurs ne puissent les éviter. Ils sont alimentés en eau courante et désinfectante non recyclée et vidangés quotidiennement.** – *[Anc. art. D. 1332-11]*.

Art. D. 1332-11 **Les revêtements de sol rapportés, semi-fixes ou mobiles, notamment les caillebotis, sont interdits, exception faite des couvertures de goulotte.** – *[Anc. art. D. 1332-12]*.

Art. D. 1332-12 **Un arrêté préfectoral fixe, selon les types d'installation, la nature et la fréquence des analyses de surveillance de la qualité des eaux que doivent réaliser les responsables des installations. Toutefois, cette fréquence ne doit pas être inférieure, pour les piscines, à une fois par mois.**

Les prélèvements d'échantillons sont effectués à la diligence de *(Décr. nº 2010-344 du 31 mars 2010, art. 47)* **« l'agence régionale de santé ». Ils sont analysés par un laboratoire agréé par le ministre chargé de la santé. Les frais correspondants sont à la charge du déclarant de la piscine. Le silence gardé pendant plus de six mois sur la demande d'agrément d'un laboratoire vaut décision de rejet.**

Les résultats, transmis à *(Décr. nº 2010-344 du 31 mars 2010, art. 47)* **« l'agence régionale de santé », sont affichés par le déclarant de manière visible pour les usagers.**

Les méthodes d'analyse employées par les laboratoires doivent être soit les méthodes de référence fixées par un arrêté du ministre chargé de la santé *(Décr. nº 2006-1677 du 22 déc. 2006, art. 1er-II ; Décr. nº 2011-385 du 11 avr. 2011, art. 4)* **« dont il peut saisir pour avis l'Agence nationale de sécurité sanitaire de l'alimentation, de l'environnement et du travail », soit des méthodes conduisant à des résultats équivalents.**

En application des art. L. 231-5 et L. 231-6 CRPA, et par exception à l'application du délai de deux mois prévu à l'art. L. 231-1 du même code, le délai à l'expiration duquel le silence gardé par l'administration vaut acceptation est de six mois pour les demandes d'agrément des laboratoires chargés des analyses des eaux de piscine (Décr. n° 2014-1287 du 23 oct. 2014, art. 1er).

Art. D. 1332-13 Lorsque l'une au moins des normes de la présente section n'est pas respectée, le préfet *(Décr. n° 2010-344 du 31 mars 2010, art. 47)* « , sur le rapport du directeur général de l'agence régionale de santé, » peut interdire ou limiter l'utilisation de l'établissement ou de la partie concernée de celui-ci. L'interdiction ne peut être levée que lorsque le déclarant a fait la preuve que ces normes sont de nouveau respectées.

(Décr. n° 2008-990 du 18 sept. 2008) L'application des dispositions de la présente section ne peut avoir pour effet de dégrader directement ou indirectement la qualité des eaux des piscines.

SECTION II RÈGLES SANITAIRES APPLICABLES AUX EAUX DE BAIGNADE

(Décr. n° 2008-990 du 18 sept. 2008)

Art. D. 1332-14 Les dispositions de la présente section s'appliquent aux eaux de baignade définies à l'article L. 1332-2. Leur application ne peut avoir pour effet de dégrader directement ou indirectement la qualité des eaux des baignades.

Art. D. 1332-15 1° Une eau de baignade est caractérisée par une zone où l'eau est de qualité homogène.

2° La saison balnéaire définie pour chaque eau de baignade est la période pendant laquelle la présence d'un grand nombre de baigneurs est prévisible. Lorsque la saison balnéaire s'étend sur l'année entière, elle commence le 1er octobre et s'achève le 30 septembre.

3° Un grand nombre de baigneurs correspond à une fréquentation estimée élevée, compte tenu notamment des tendances passées ou des infrastructures et des services mis à disposition ou de toute autre mesure prise pour encourager la baignade.

4° Une pollution correspond à la présence :

– d'une contamination microbiologique en *Escherichia coli*, en entérocoques intestinaux ou en micro-organismes pathogènes ;

– ou d'autres organismes tels que les cyanobactéries, de macroalgues ou de phytoplancton marin ;

– ou de déchets tels que, notamment, résidus goudronneux, verre, plastique ou caoutchouc,

affectant la qualité des eaux de baignade et présentant un risque pour la santé des baigneurs.

5° Une pollution à court terme est une contamination microbiologique portant sur les paramètres *Escherichia coli* ou entérocoques intestinaux ou sur des micro-organismes pathogènes qui a des causes aisément identifiables, qui ne devrait normalement pas affecter la qualité des eaux de baignade pendant plus de soixante-douze heures environ à partir du moment où la qualité de ces eaux a commencé à être affectée.

6° Une situation anormale est un événement ou une combinaison d'événements affectant la qualité des eaux de baignade à un endroit donné et ne se produisant généralement pas plus d'une fois tous les quatre ans en moyenne.

7° Les mesures de gestion adéquates en cas de pollution sont les mesures visant à prévenir l'exposition des baigneurs à la pollution, à améliorer la qualité de l'eau de baignade et à assurer la fourniture d'informations au public, régulièrement mises à jour, sur la qualité de l'eau de baignade et sa gestion. Elles relèvent des obligations qui incombent à la personne responsable de l'eau de baignade aux termes de l'article L. 1332-3.

Art. D. 1332-16 La procédure de recensement engagée par la commune, prévue à l'article L. 1332-1, vise à établir avant chaque saison balnéaire la liste des eaux de baignade soumises aux dispositions de la présente section. Cette procédure prévoit les modalités d'information et de participation du public pendant la saison balnéaire qui précède.

La commune engage, chaque année, la procédure de recensement des eaux de baignade définies à l'article L. 1332-2 situées sur son territoire au plus tard le 1er juillet *(Décr. n° 2011-1239 du 4 oct. 2011, art. 1er-1°)* « ou, dans les départements d'outre-mer, à Mayotte, à Saint-Barthélemy et à Saint-Martin, au plus tard le 1er novembre ».

La commune informe le public de la mise en œuvre de cette procédure et de ses modalités par affichage en mairie et, dans la mesure du possible, à proximité des eaux dans lesquelles la baignade est habituellement pratiquée. Durant la période allant du 1er juillet au 30 septembre de chaque année *(Décr. nº 2011-1239 du 4 oct. 2011, art. 1er-1º)* « ou, dans les départements d'outre-mer, à Mayotte, à Saint-Barthélemy et à Saint-Martin, du 1er novembre au 31 janvier », le public peut faire part de ses observations sur les eaux qu'il considère comme pouvant être qualifiées d'eau de baignade lors de la saison balnéaire suivante. Ces observations sont consignées sur un registre mis à la disposition du public en mairie, où il est conservé un an. La commune élabore une synthèse des observations exprimées par le public.

La commune informe les déclarants de baignades aménagées définies à l'article D. 1332-39, ouvertes lors de la saison balnéaire en cours que, sauf opposition écrite de leur part au plus tard le 30 novembre de l'année en cours *(Décr. nº 2011-1239 du 4 oct. 2011, art. 1er-1º)* « ou, dans les départements d'outre-mer, à Mayotte, à Saint-Barthélemy et à Saint-Martin, au plus tard le 31 mars de l'année en cours », leur baignade sera inscrite dans la liste des eaux de baignade recensées par la commune pour la saison balnéaire suivante et que la durée prévisible de la saison balnéaire suivante sera la durée effective de la saison balnéaire en cours.

Les personnes souhaitant ouvrir une baignade aménagée sur le territoire de la commune durant la saison balnéaire suivante en font la déclaration, prévue à l'article L. 1332-1, auprès de la commune au plus tard le 30 novembre de l'année en cours *(Décr. nº 2011-1239 du 4 oct. 2011, art. 1er-1º)* « ou, dans les départements d'outre-mer, à Mayotte, à Saint-Barthélemy et à Saint-Martin, au plus tard le 31 mars de l'année en cours ». Cette déclaration précise la durée prévisible de la saison balnéaire suivante.

Le préfet met en demeure le maire de la commune de satisfaire à ces obligations lorsque la commune ne respecte pas les modalités de recensement prévues au présent article.

Art. D. 1332-17 La commune établit la liste des eaux de baignade recensées pour la saison balnéaire suivante, sur la base de la synthèse des observations exprimées par le public, des réponses des déclarants de baignade aménagée et des eaux de baignade dont la commune est responsable. Cette liste inclut les eaux de baignade de la saison balnéaire précédente. Toutefois, les eaux de baignade dont les caractéristiques ont été modifiées et pour lesquelles la définition d'une eau de baignade prévue à l'article L. 1332-2 ne s'applique plus peuvent être exclues de cette liste, sous réserve qu'une justification soit apportée.

Les informations à fournir par la commune pour chaque eau de baignade sont les suivantes :

1º Nom du site ;

2º Nom de la commune et numéro INSEE ;

3º Nom de la personne physique ou morale responsable de l'eau de baignade ;

4º Coordonnées géographiques de l'eau de baignade ;

5º Baignade aménagée ou non aménagée ;

6º Type d'eau : eau douce, eau salée ;

7º Durée et dates prévisibles de la saison balnéaire.

Art. D. 1332-18 *La liste* des eaux de baignade, telle que résultant de la procédure de recensement prévue à l'article D. 1332-16 ainsi que toute modification de cette liste par rapport à l'année précédente, accompagnée de sa motivation, les informations mentionnées à l'article D. 1332-17 ainsi que la synthèse des observations du public sont communiquées par la commune au préfet *(Décr. nº 2010-344 du 31 mars 2010, art. 48)* « et au directeur général de l'agence régionale de santé » au plus tard le 31 janvier de chaque année *(Décr. nº 2011-1239 du 4 oct. 2011, art. 1er-2º)* « ou, dans les départements d'outre-mer, à Mayotte, à Saint-Barthélemy et à Saint-Martin, au plus tard le 31 mai ».

En l'absence de transmission au préfet par la commune de la liste des eaux de baignade issues du recensement dans les délais fixés ci-dessus ou en l'absence de transmission de la justification d'une exclusion d'une eau de baignade, la liste des eaux de baignade de la saison balnéaire précédente ainsi que les dates de la saison balnéaire sont reconduites par le préfet.

Art. D. 1332-19 Les eaux de baignade recensées sont inscrites au registre des zones protégées mentionné à l'article R. 212-4 du code de l'environnement. Le préfet de département transmet au préfet coordonnateur de bassin la liste des eaux de baignade recensées dans son département.

Le préfet notifie chaque année au ministre chargé de la santé, au plus tard le 30 avril *(Décr. n° 2011-1239 du 4 oct. 2011, art. 1er-3°)* « ou, pour les départements d'outre-mer, Mayotte, Saint-Barthélemy et Saint-Martin, au plus tard le 31 août », la liste des eaux recensées comme eaux de baignade dans son département, ainsi que les motifs de toute modification apportée à la liste de l'année précédente.

Art. D. 1332-20 Chaque personne responsable d'une eau de baignade élabore le profil de celle-ci prévu à l'article L. 1332-3. Ce profil comprend notamment les éléments suivants :

1° Une description des caractéristiques physiques, géographiques et hydrogéologiques des eaux de baignade et des autres eaux de surface du bassin versant des eaux de baignade concernées, qui pourraient être sources de pollution *(Décr. n° 2011-1239 du 4 oct. 2011, art. 1er-4°)* « pertinentes aux fins de l'objectif de la présente section et tel que prévu par la directive 2000/60/CE du Parlement européen et du Conseil du 23 octobre 2000 établissant un cadre pour une politique communautaire dans le domaine de l'eau » ;

2° Une identification et une évaluation des sources de pollution qui pourraient affecter la qualité des eaux de baignade et altérer la santé des baigneurs ;

3° Une évaluation du potentiel de prolifération des cyanobactéries ;

4° Une évaluation du potentiel de prolifération des macroalgues et du phytoplancton ;

5° Si l'évaluation des sources de pollution *(Décr. n° 2011-1239 du 4 oct. 2011, art. 1er-4°)* « mentionnées au 2° » laisse apparaître un risque de pollution à court terme définie à l'article D. 1332-15, les informations suivantes :

a) La nature, la cause, la fréquence et la durée prévisibles de la pollution à court terme à laquelle on peut s'attendre ;

(Décr. n° 2011-1239 du 4 oct. 2011, art. 1er-4°) « *b)* Le détail de toutes les sources de pollution restantes, y compris des mesures de gestion prises et du calendrier prévu pour leur élimination ; »

c) Les mesures de gestion qui seront prises durant la pollution à court terme et l'identité et les coordonnées des instances responsables de la mise en œuvre de ces mesures ;

6° Si l'évaluation des sources de pollution laisse apparaître soit un risque de pollution par des cyanobactéries, des macroalgues, du phytoplancton ou des déchets, soit un risque de pollution entraînant une interdiction ou une décision de fermeture du site de baignade durant toute une saison balnéaire au moins, les informations suivantes :

a) Le détail de toutes les sources de pollution ;

b) Les mesures de gestion qui seront prises pour éviter, réduire et éliminer les sources de pollution et leur calendrier de mise en œuvre ;

7° L'emplacement du ou des points de surveillance ;

8° Les données pertinentes disponibles, obtenues lors des surveillances et des évaluations effectuées en application des dispositions de la présente section et du code de l'environnement.

Les informations mentionnées aux 1°, 2° et 6° sont également fournies sur une carte détaillée, lorsque cela est faisable.

Pour les eaux de baignade contiguës soumises à des sources de pollution communes, un profil commun peut être établi par la ou les personnes responsables des eaux de baignade.

Art. D. 1332-21 La personne responsable de l'eau de baignade élabore, en vue de sa diffusion au public, un document de synthèse correspondant à la description générale de l'eau de baignade fondée sur le profil de celle-ci.

La personne responsable de l'eau de baignade transmet au maire le profil et le document de synthèse, accompagnés, le cas échéant, de toute autre information utile.

Le maire transmet au *(Décr. n° 2010-344 du 31 mars 2010, art. 48)* « directeur général de l'agence régionale de santé » l'ensemble des profils et des documents de synthèse relatifs aux eaux de baignade de sa commune, élaborés par les personnes responsables d'eaux de baignade.

Le *(Décr. n° 2010-344 du 31 mars 2010, art. 48)* « directeur général de l'agence régionale de santé » peut demander communication de toute autre information nécessaire, notamment en cas de risque de pollution particulier.

Art. D. 1332-22 Le profil des eaux de baignade classées, en application de l'article D. 1332-27, comme étant de qualité "bonne", "suffisante", ou "insuffisante", doit être révisé régulièrement afin de le mettre à jour. La fréquence et l'ampleur des révisions doivent être adaptées à la nature, à la fréquence et à la gravité des risques de pollution auxquels est exposée l'eau de baignade.

Il est procédé à une révision prévoyant un réexamen de tous les éléments du profil au moins :

— tous les quatre ans pour les eaux de baignade classées comme étant de qualité "bonne" ;

— tous les trois ans pour les eaux de baignade classées comme étant de qualité "suffisante" ;

— tous les deux ans pour les eaux de baignade classées comme étant de qualité "insuffisante".

Le profil d'une eau de baignade classée précédemment comme étant de qualité "excellente" ne doit être réexaminé et, le cas échéant, mis à jour que si le classement passe à la qualité "bonne", "suffisante" ou "insuffisante". Le réexamen doit porter sur tous les éléments du profil.

En cas de travaux de construction importants ou de changements importants dans les infrastructures, effectués dans les zones de baignade ou à proximité, le profil des eaux de baignade doit être mis à jour avant le début de la saison balnéaire suivante.

Les mises à jour et les révisions des profils prévues au présent article sont transmises au maire et au *(Décr. n° 2010-344 du 31 mars 2010, art. 48)* « directeur général de l'agence régionale de santé » dans les conditions fixées à l'article D. 1332-21.

Art. D. 1332-23 *(Décr. n° 2011-1239 du 4 oct. 2011, art. 1er-5°)* Le programme de surveillance établi par la personne responsable de l'eau de baignade prévu à l'article L. 1332-3 comporte, au minimum, une surveillance visuelle quotidienne pendant la saison balnéaire. Il peut également comporter un suivi d'indicateurs sélectionnés sur la base du profil de l'eau, permettant de détecter une pollution à court terme.

Le contrôle sanitaire, mentionné à l'article L. 1332-3, effectué par le directeur général de l'agence régionale de santé comprend toute opération de vérification du respect des dispositions législatives et réglementaires relatives à la sécurité sanitaire des eaux de baignade.

Il comprend notamment :

1° L'inspection des eaux de baignade ;

2° Le contrôle des mesures de gestion et de sécurité sanitaire mises en œuvre par la personne responsable de l'eau de baignade et le maire, notamment l'information du public et les mesures d'interdiction de baignade ;

3° La réalisation de prélèvements et d'analyses de la qualité de l'eau de baignade, des contrôles visuels de pollution et l'interprétation sanitaire de leurs résultats.

Le contenu du programme d'analyses du contrôle sanitaire, ses modalités d'adaptation et les fréquences de prélèvements et d'analyses sont précisés par arrêté du ministre chargé de la santé.

Dans le cadre du contrôle sanitaire, chaque eau de baignade fait l'objet d'un prélèvement effectué entre dix et vingt jours avant le début de chaque saison balnéaire. Compte tenu de ce prélèvement, la fréquence d'échantillonnage de chaque eau de baignade, définie dans le cadre du contrôle sanitaire, ne peut être inférieure à quatre prélèvements et analyses par saison balnéaire.

Toutefois, dans le cas d'une eau de baignade pour laquelle la saison balnéaire ne dépasse pas huit semaines ou qui est située dans une région soumise à des contraintes géographiques particulières, la fréquence d'échantillonnage est limitée à trois échantillons prélevés et analysés par saison balnéaire.

Les prélèvements prévus dans le cadre du contrôle sanitaire des eaux de baignade sont réalisés en des points, définis par l'agence régionale de santé, où l'on s'attend à trouver le plus de baigneurs ou qui présentent le plus grand risque de pollution, compte tenu du profil de l'eau.

Le directeur général de l'agence régionale de santé peut, selon les modalités prévues par l'arrêté du ministre chargé de la santé mentionné au présent article, modifier le programme d'analyse du contrôle sanitaire des eaux de baignade s'il estime que les risques liés à la qualité de l'eau de baignade le nécessitent.

Art. D. 1332-24 Les prélèvements et analyses d'eau *(Décr. nº 2011-1239 du 4 oct. 2011, art. 1er-6º)* « prévus dans le cadre du contrôle sanitaire » sont réalisés par un ou plusieurs laboratoires agréés par le ministre chargé de la santé dans les conditions prévues à l'article L. 1332-6. Les résultats sont transmis par le laboratoire *(Décr. nº 2011-1239 du 4 oct. 2011, art. 1er-6º)* « au directeur général de l'agence régionale de santé qui en informe la personne responsable de l'eau de baignade et le maire » dans les plus brefs délais. Les prélèvements peuvent également être réalisés par les agents de *(Décr. nº 2010-344 du 31 mars 2010, art. 48)* « l'agence régionale de santé ».

Les modalités de prélèvements et la nature des analyses de surveillance de la qualité des eaux de baignade sont fixées par arrêté du ministre de chargé de la santé.

En application des art. L. 231-5 et L. 231-6 CRPA, et par exception à l'application du délai de deux mois prévu à l'art. L. 231-1 du même code, le délai à l'expiration duquel le silence gardé par l'administration vaut acceptation est de six mois pour les demandes d'agrément des laboratoires chargés de réaliser les prélèvements et analyses d'eau prévus dans le cadre du contrôle sanitaire (Décr. nº 2014-1287 du 23 oct. 2014, art. 1er).

Art. D. 1332-25 La personne responsable de l'eau de baignade établit les procédures nécessaires à la mise en œuvre des mesures de gestion prévues afin de prévenir et gérer les pollutions à court terme.

La personne responsable d'une eau de baignade informe le maire et le *(Décr. nº 2010-344 du 31 mars 2010, art. 48)* « directeur général de l'agence régionale de santé » dès qu'elle a connaissance de situations ayant ou pouvant avoir une incidence négative sur la qualité d'une eau de baignade et sur la santé des baigneurs. Elle transmet au maire et au *(Décr. nº 2010-344 du 31 mars 2010, art. 48)* « directeur général de l'agence régionale de santé » des informations générales sur les conditions susceptibles de conduire à une pollution à court terme, la probabilité de survenue d'une telle pollution et sa durée probable, ses sources et les mesures prises en vue de prévenir l'exposition des baigneurs à ces pollutions et d'éviter, réduire ou éliminer les sources de pollution. La personne responsable de l'eau de baignade prend les mesures de gestion adéquates afin d'améliorer la qualité de l'eau de baignade, d'assurer l'information du public et de prévenir l'exposition des baigneurs à la pollution, y compris la fermeture préventive et temporaire du site.

La personne responsable de l'eau de baignade signale également, dans les meilleurs délais, au maire et au *(Décr. nº 2010-344 du 31 mars 2010, art. 48)* « directeur général de l'agence régionale de santé » toute situation anormale telle que définie à l'article D. 1332-15. Dans ce cas, *(Décr. nº 2011-1239 du 4 oct. 2011, art. 1er-7º)* « le programme d'analyses du contrôle sanitaire » de l'eau de baignade prévu à l'article D. 1332-23 peut être suspendu.

(Décr. nº 2010-344 du 31 mars 2010, art. 48) « Le directeur général de l'agence régionale de santé transmet au préfet les informations qu'il reçoit en application du présent article, accompagnées de ses observations. »

Art. D. 1332-26 Lorsque le profil d'une eau de baignade défini à l'article D. 1332-20 indique :

— un risque potentiel de prolifération de cyanobactéries, c'est-à-dire d'accumulation de cyanobactéries sous la forme d'efflorescences, de nappes ou d'écume ;

— *ou une tendance à la* prolifération de macroalgues ou de phytoplancton marin,

la personne responsable de l'eau de baignade en assure une surveillance appropriée, détermine si leur présence est acceptable pour la santé publique et identifie en temps utile les risques sanitaires et les mesures de gestion adéquates qu'ils nécessitent. *(Décr. nº 2011-1239 du 4 oct. 2011, art. 1er-8º)* « Elle en informe le directeur général de l'agence régionale de santé. »

En cas de prolifération de cyanobactéries, de macroalgues ou de phytoplancton marin et lorsqu'un risque sanitaire a été identifié ou est présumé, la personne responsable de l'eau de baignade prend immédiatement les mesures de gestion adéquates visant notamment à prévenir l'exposition des baigneurs et en informe le public.

Art. D. 1332-27 **A l'issue de chaque saison balnéaire, le** *(Décr. n° 2010-344 du 31 mars 2010, art. 48)* **« directeur général de l'agence régionale de santé » évalue la qualité de chaque eau de baignade sur la base de l'ensemble des données relatives à la qualité de l'eau recueillies** *(Décr. n° 2011-1239 du 4 oct. 2011, art. 1er-9°)* **« dans le cadre du contrôle sanitaire » conformément aux dispositions des articles D. 1332-23 et D. 1332-24, pendant la saison balnéaire de l'année en cours et les trois saisons balnéaires précédentes.**

A la suite de l'évaluation de la qualité de chaque eau de baignade et en considérant les mesures de gestion prises au cours de la période concernée, le *(Décr. n° 2010-344 du 31 mars 2010, art. 48)* **« directeur général de l'agence régionale de santé » classe les eaux de baignade comme étant, selon le cas, de qualité : "insuffisante", "suffisante", "bonne" ou "excellente".**

Les modalités de l'évaluation et du classement de la qualité des eaux sont fixées par arrêté des ministres chargés de la santé et de l'environnement et du ministre de l'intérieur.

Art. D. 1332-28 **La personne responsable d'une eau de baignade prend les mesures appropriées, réalistes et proportionnées, pour que l'eau de baignade soit au moins de qualité "suffisante"** *(Décr. n° 2011-1239 du 4 oct. 2011, art. 1er-10°)* **« et en vue d'atteindre la qualité "excellente" ou "bonne" ». Elle porte l'ensemble de ces mesures à la connaissance, à leur demande, du maire et du** *(Décr. n° 2010-344 du 31 mars 2010, art. 48)* **« directeur général de l'agence régionale de santé ».**

(Décr. n° 2014-1044 du 12 sept. 2014, art. 1er-I) **« A la fin de la saison balnéaire 2015, toutes les eaux de baignade sont au moins de qualité "suffisante". »**

Art. D. 1332-29 *(Décr. n° 2011-1239 du 4 oct. 2011, art. 1er-11°)* **Sans préjudice de l'exigence prévue à l'article D. 1332-28, le classement temporaire d'une eau de baignade comme étant de qualité "insuffisante" est permis, sans pour autant entraîner la non-conformité à la présente section.**

La personne responsable d'une eau de baignade classée temporairement comme étant de qualité "insuffisante" est tenue de prendre les mesures suivantes, avec effet à partir de la saison balnéaire qui suit le classement :

a) **Des mesures de gestion adéquates, comprenant une interdiction de baignade ou un avis déconseillant la baignade, en vue d'éviter que les baigneurs ne soient exposés à une pollution ;**

b) **L'identification des causes et des raisons pour lesquelles une qualité "suffisante" n'a pu être atteinte ;**

c) **Des mesures adéquates pour éviter, réduire ou éliminer les sources de pollution ;**

d) **L'avertissement du public par un signal simple et clair, ainsi que son information des causes de la pollution et des mesures adoptées sur la base du profil des eaux de baignade.**

Les informations relatives aux mesures prises mentionnées aux *a* **à** *d* **sont transmises au maire et au directeur général de l'agence régionale de santé par la personne responsable d'une eau de baignade.**

Art. D. 1332-30 **Lorsqu'une eau de baignade est classée comme étant de qualité "insuffisante" pendant cinq années consécutives, une décision de fermeture du site de baignade est prise par la personne responsable de l'eau de baignade pour une durée couvrant au moins toute la saison balnéaire suivante.**

Si la personne responsable de l'eau de baignade estime qu'il est impossible ou exagérément coûteux d'atteindre l'état de qualité "suffisante", elle peut, le cas échéant, prendre une décision de fermeture du site de baignade avant le délai de cinq ans.

La personne responsable d'une eau de baignade informe le maire de la décision de fermeture de son site de baignade ainsi que de la durée et des motifs de cette décision. Ce dernier les communique au préfet aux fins de modification de la liste des eaux de

baignade prévue à l'article D. 1332-17 *(Décr. nº 2010-344 du 31 mars 2010, art. 48)* « ainsi qu'au directeur général de l'agence régionale de santé ».

Art. D. 1332-31 Lorsque la personne responsable d'une eau de baignade est une commune ou un groupement de collectivités, les transmissions d'informations prévues aux articles D. 1332-21 *(Décr. nº 2011-1239 du 4 oct. 2011, art. 1er-12º)* « , D. 1332-22 », D. 1332-24 et D. 1332-28 à D. 1332-30 s'effectuent directement entre la personne responsable de l'eau de baignade et le préfet. *(Décr. nº 2010-344 du 31 mars 2010, art. 48)* « Le directeur général de l'agence régionale de santé transmet au préfet les informations qu'il reçoit en application de ces articles, accompagnées de ses observations. »

Art. D. 1332-32 La personne responsable de l'eau de baignade met à la disposition du public par affichage, durant la saison balnéaire, à un endroit facilement accessible et situé à proximité immédiate de chaque eau de baignade et, le cas échéant, par tout autre moyen de communication approprié, les informations suivantes, en français et éventuellement dans d'autres langues :

1º Le classement de l'eau de baignade établi à la fin de la saison balnéaire précédente et, le cas échéant, tout avis déconseillant ou interdisant la baignade, au moyen d'un signe ou d'un symbole simple et clair ;

2º Les résultats des analyses du dernier prélèvement réalisé *(Décr. nº 2011-1239 du 4 oct. 2011, art. 1er-13º)* « au titre du contrôle sanitaire », accompagnés de leur interprétation sanitaire prévue au 2º de l'article D. 1332-36, dans les plus brefs délais ;

3º Le document de synthèse prévu à l'article D. 1332-21 donnant une description générale de l'eau de baignade et de son profil ;

4º L'indication, le cas échéant, que l'eau de baignade est exposée à des pollutions à court terme, le nombre de jours pendant lesquels la baignade a été interdite au cours de la saison balnéaire précédente en raison d'une pollution à court terme et l'avertissement chaque fois qu'une pollution à court terme est prévue ou se produit pendant la saison balnéaire en cours ;

5º Des informations sur la nature et la durée prévue des situations anormales au cours de tels événements ;

6º En cas d'interdiction ou de décision de fermeture du site de baignade, un avis d'information au public qui en explique les raisons ;

7º En cas d'interdiction ou de décision de fermeture du site de baignade durant toute une saison balnéaire au moins, un avis d'information au public expliquant les raisons pour lesquelles la zone concernée n'est plus une eau de baignade ;

8º Les sources où des informations complémentaires peuvent être fournies.

Art. D. 1332-33 Le *(Décr. nº 2010-344 du 31 mars 2010, art. 48)* « directeur général de l'agence régionale de santé » diffuse les informations prévues à l'article D. 1332-32 ainsi que les informations suivantes par les moyens de communication et les technologies appropriés, y compris l'internet, si nécessaire en plusieurs langues :

– la liste recensant les eaux de baignade du département mentionnée à l'article D. 1332-19, qui doit être disponible chaque année avant le début de la saison balnéaire ;

– le classement de chaque eau de baignade au cours des trois dernières années, son profil et les résultats *(Décr. nº 2011-1239 du 4 oct. 2011, art. 1er-14º)* « du contrôle sanitaire » ;

– les informations prévues aux articles D. 1332-25 et *(Décr. nº 2011-1239 du 4 oct. 2011, art. 1er-14º)* « D. 1332-29 ».

Le *(Décr. nº 2010-344 du 31 mars 2010, art. 48)* « directeur général de l'agence régionale de santé » veille à une diffusion, dans les meilleurs délais, de toute mise à jour des informations énumérées au présent article.

Art. D. 1332-34 Les communes et les personnes responsables d'eaux de baignade veillent à ce que le public soit associé à la mise en œuvre des dispositions prévues par la présente section, en l'informant des modalités possibles de participation en recueillant ses suggestions, remarques ou réclamations.

Art. D. 1332-35 Le maire s'assure du respect par les personnes responsables des eaux de baignade, autres que la commune ou le groupement de collectivités, des obligations qui leur incombent en application des dispositions de la présente section.

Le maire met en demeure la personne responsable de l'eau de baignade mentionnée au premier alinéa de répondre sans délai aux réserves qu'il émet sur :

1° Les dates prévisibles de début et de fin de saison balnéaire déterminées selon la définition figurant à l'article D. 1332-15 et transmises dans les conditions définies à l'article D. 1332-16 ;

2° Les profils lors de leur élaboration, leur révision et leur actualisation, déterminés selon les règles définies aux articles D. 1332-20 et D. 1332-22 et transmis dans les conditions définies aux articles D. 1332-21 et D. 1332-22 ;

3° Les raisons justifiant une décision de fermeture lorsque les eaux de baignade sont de qualité "insuffisante", conformément à l'article D. 1332-30.

En ce qui concerne *(Décr. n° 2011-1239 du 4 oct. 2011, art. 1er-15°)* « le 1° », les observations du maire sont transmises à la personne responsable de l'eau de baignade avant la date prévue pour le début de la saison balnéaire.

Le préfet est informé par le maire des nouvelles informations communiquées par la personne responsable de l'eau de baignade dans les conditions susvisées.

Art. D. 1332-36 Le préfet fait connaître au maire le cas échéant ses observations sur les informations mentionnées aux 1°, 2° *(Décr. n° 2011-1239 du 4 oct. 2011, art. 1er-17°)* « et 3° » de l'article D. 1332-35.

En ce qui concerne *(Décr. n° 2011-1239 du 4 oct. 2011, art. 1er-17°)* « le 1° » de l'article D. 1332-35, les observations du préfet sont transmises avant la date prévue pour le début de la saison balnéaire.

Ces observations sont communiquées par le maire à la personne responsable de l'eau de baignade concernée.

La personne responsable de l'eau de baignade répond sans délai au préfet, ainsi qu'au maire si la personne responsable de l'eau de baignade n'est ni la commune ni le groupement de collectivités.

Art. D. 1332-37 Le *(Décr. n° 2010-344 du 31 mars 2010, art. 48)* « directeur général de l'agence régionale de santé » adresse chaque année avant le 15 octobre au ministre chargé de la santé, aux fins de rapport à la Commission européenne, les résultats de la surveillance, l'évaluation de la qualité des eaux de baignade *(Décr. n° 2010-344 du 31 mars 2010, art. 48)* « de son ressort » ainsi qu'une description des mesures de gestion qui ont été prises.

Art. D. 1332-38 *(Décr. n° 2011-1239 du 4 oct. 2011, art. 1er-18°)* Lorsqu'un bassin hydrographique induit des incidences transfrontalières sur la qualité des eaux de baignade, les préfets coordonnateurs de bassin coopèrent avec les personnes concernées des autres États membres de l'Union européenne de manière appropriée à la mise en œuvre de la présente section, y compris au moyen d'un échange approprié d'informations et d'actions conjointes visant à contrôler ces incidences.

Art. D. 1332-38-1 *(Décr. n° 2011-1239 du 4 oct. 2011, art. 1er-18°)* Pour l'application du présent chapitre à Saint-Barthélemy et à Saint-Martin, les références au président du conseil territorial, à la collectivité territoriale et à l'hôtel de la collectivité se substituent respectivement aux références au maire, à la commune et à la mairie.

SECTION III BAIGNADES AMÉNAGÉES

(Décr. n° 2008-990 du 18 sept. 2008)

Art. D. 1332-39 Une baignade aménagée comprend une portion de terrain contiguë à une eau de baignade sur laquelle des aménagements ont été réalisés afin de favoriser la pratique de la baignade.

Art. D. 1332-40 La composition du dossier justificatif accompagnant la déclaration, mentionnée à l'article L. 1332-1, d'une personne qui procède à l'aménagement d'une baignade, publique ou privée à usage collectif, est fixée par un arrêté des ministres chargés de la santé et de l'environnement et du ministre de l'intérieur.

Art. D. 1332-41 Les baignades aménagées comprennent un poste de secours situé à proximité directe des plages.

Art. D. 1332-42 Des cabinets d'aisance, dont l'emplacement est signalé, sont installés à proximité des baignades aménagées ; ils sont au moins au nombre de deux. L'assainissement des installations est réalisé de manière à éviter tout risque de pollution des eaux de baignade.

CHAPITRE III RAYONNEMENTS IONISANTS

SECTION PREMIÈRE MESURES GÉNÉRALES DE PROTECTION DE LA POPULATION CONTRE LES RAYONNEMENTS IONISANTS

Sur les définitions des termes utilisés en matière de protection contre les rayonnements ionisants, V. Annexe 13-7.

Art. R. 1333-1 Les dispositions de la présente section s'appliquent à toutes les activités nucléaires telles que définies à l'article L. 1333-1, à l'exclusion de l'utilisation de tout appareil électrique émettant des rayonnements ionisants et dont les éléments fonctionnent sous une différence de potentiel inférieure à 5 kilovolts.

Art. R. 1333-2 *(Décr. n° 2007-1582 du 7 nov. 2007, art. 2)* Est interdite toute addition intentionnelle de radionucléides artificiels et naturels, y compris lorsqu'ils sont obtenus par activation, dans les produits de construction, les biens de consommation et les denrées alimentaires au sens du règlement CE n° 178/2002 du Parlement européen et du Conseil du 28 janvier 2002 établissant les principes généraux et les prescriptions générales de la législation alimentaire, instituant l'Autorité européenne de sécurité des aliments et fixant les procédures relatives à la sécurité des denrées alimentaires. Ne sont pas concernés par cette interdiction les radionucléides présents naturellement soit dans les constituants originels utilisés pour fabriquer des produits de construction et des biens de consommation, soit dans les denrées alimentaires.

Sont également interdites l'importation et l'exportation, s'il y a lieu sous tout régime douanier, ainsi que le placement en magasin et aire de dépôt temporaire de tels biens, produits et denrées qui auraient subi cette addition.

Art. R. 1333-3 Est également interdite l'utilisation, pour la fabrication des biens de consommation et des produits de construction, des matériaux et des déchets provenant d'une activité nucléaire, lorsque ceux-ci sont contaminés ou susceptibles de l'être par des radionucléides, y compris par activation, du fait de cette activité. *(Décr. n° 2007-1582 du 7 nov. 2007, art. 3)* « Une décision de l'Autorité de sûreté nucléaire, homologuée par les ministres chargés de la santé, de l'industrie et de l'environnement » détermine, en tant que de besoin, les catégories de déchets et de matériaux concernés par les dispositions du présent article.

Art. R. 1333-4 En application du 1° de l'article L. 1333-1, des dérogations aux interdictions énoncées aux *[articles]* R. 1333-2 et R. 1333-3 peuvent, si elles sont justifiées par les avantages qu'elles procurent au regard des risques sanitaires qu'elles peuvent présenter, être accordées par arrêté du ministre chargé de la santé et, selon le cas, du ministre chargé de la consommation ou du ministre chargé de la construction après avis *(Décr. n° 2007-1582 du 7 nov. 2007, art. 4)* « de l'Autorité de sûreté nucléaire et » du *(Décr. n° 2006-1675 du 22 déc. 2006)* « Haut Conseil de la santé publique ». Les denrées alimentaires, les matériaux placés en contact avec des denrées alimentaires et des eaux destinées à la consommation humaine, les jouets, les parures ou les produits cosmétiques ne sont pas concernés par ces dérogations.

En application des art. L. 231-5 et L. 231-6 CRPA, le silence gardé pendant deux ans par l'administration vaut décision de rejet pour les demandes de dérogation au principe d'interdiction d'addition intentionnelle de radioactivité dans des biens de consommations ou des matériaux de construction (Décr. n° 2014-1273 du 30 oct. 2014, art. 1er et 2).

Art. R. 1333-5 Un arrêté des ministres chargés de la consommation, de la santé, et le cas échéant de la construction *(Décr. n° 2007-1582 du 7 nov. 2007, art. 5)* « pris après avis de l'Autorité de sûreté nucléaire », définit les éléments qui doivent être joints à toute demande de dérogation ainsi que les modalités suivant lesquelles il est procédé à l'information des consommateurs. La liste des biens de consommation et des produits de construction pour lesquels une dérogation a été accordée, ainsi que ceux pour lesquels cette dérogation a été refusée, est publiée au *Journal officiel* de la République française.

Légalité. L'arrêté du 5 mai 2009 ne méconnaît pas l'art. 6 de la convention d'Aarhus du 25 juin 1998, qui ne régit que certaines activités particulières mentionnées à l'annexe 1, laquelle n'inclut pas l'addition ou l'utilisation de substances radioactives dans les biens de consommation et les produits de construction. • CE 23 mars 2011, *CRIIRAD*, n° 329642.

Art. R. 1333-6 *(Décr. n° 2007-1582 du 7 nov. 2007, art. 6)* Les fabricants, les fournisseurs et les utilisateurs de biens de consommation et de produits de construction bénéficiant d'une dérogation accordée en application de l'article R. 1333-4 sont soumis aux dispositions de la section III du présent chapitre.

Art. R. 1333-7 Pour l'application de l'article L. 1333-1, le chef d'établissement ou le chef d'entreprise est tenu de mettre à disposition de la personne physique, *(Décr. n° 2007-1582 du 7 nov. 2007, art. 7)* « responsable » d'une activité nucléaire, tous les moyens nécessaires pour atteindre et maintenir un niveau optimal de protection de la population contre les rayonnements ionisants, dans le respect des prescriptions réglementaires qui lui sont applicables. En outre, il met en œuvre un contrôle interne visant à assurer le respect des dispositions applicables en matière de protection contre les rayonnements ionisants et, en particulier, il contrôle l'efficacité des dispositifs techniques prévus à cet effet, réceptionne et étalonne périodiquement les instruments de mesure et vérifie qu'ils sont en bon état et utilisés correctement.

(Décr. n° 2007-1582 du 7 nov. 2007, art. 7) « Une décision de l'Autorité de sûreté nucléaire homologuée par le ministre chargé de la santé ou, pour les activités et installations intéressant la défense, du délégué à la sûreté nucléaire et à la radioprotection *(Décr. n° 2015-159 du 11 févr. 2015, art. 7-I)* « pour les installations et activités intéressant la défense mentionné à l'article R.* 1333-67-5 du code de la défense », précise en tant que de besoin les modalités d'application du présent article, compte tenu du risque auquel est soumise la population. »

Art. R. 1333-8 La somme des doses efficaces reçues par toute personne n'appartenant pas aux catégories mentionnées à l'article R. 1333-9, du fait des activités nucléaires, ne doit pas dépasser 1 mSv par an. Sans préjudice de la limite définie pour les doses efficaces, les limites de dose équivalente admissibles sont fixées, pour le cristallin, à 15 mSv par an et, pour la peau, à 50 mSv par an en valeur moyenne pour toute surface de 1 cm^2 de peau, quelle que soit la surface exposée.

Art. R. 1333-9 Les limites de dose définies à l'article R. 1333-8 ne sont pas applicables aux personnes soumises aux expositions suivantes :

1° Exposition des patients au titre d'un diagnostic ou d'un traitement médical dont ils bénéficient ;

2° Exposition des personnes qui, en connaissance de cause et de leur plein gré, participent à titre privé au soutien et au réconfort de ces patients ;

3° Exposition des personnes participant volontairement à des programmes de recherche médicale et biomédicale ;

4° Exposition des personnes ou des intervenants en cas de situation d'urgence auxquels s'appliquent *des dispositions* particulières ;

5° Exposition des travailleurs lorsque celle-ci résulte de leur activité professionnelle et auxquels s'appliquent des dispositions particulières ;

6° Exposition des personnes aux rayonnements ionisants d'origine naturelle.

Art. R. 1333-10 Pour l'application des articles R. 1333-8, R. 1333-9, R. 1333-11 et R. 1333-13, il est procédé à une estimation des doses résultant de l'exposition externe et de l'incorporation de radionucléides, en considérant l'ensemble de la population concernée et les groupes de référence de celle-ci en tous lieux où ils peuvent exister. Pour le calcul des doses efficaces et des doses équivalentes, *(Décr. n° 2007-1582 du 7 nov. 2007, art. 8)* « une décision de l'Autorité de sûreté nucléaire, homologuée par les ministres chargés de la santé et du travail, prise » après avis de l'Institut de radioprotection et de sûreté nucléaire, définit, compte tenu des effets des radionucléides sur les différents tissus et organes du corps humain :

1° Les méthodes de calcul et les facteurs de pondération qui doivent être utilisés ;

2° Les valeurs de doses efficaces engagées par unité d'activité incorporée, pour chaque radionucléide, ingéré ou inhalé.

Dans le cas particulier d'activités soumises à autorisation en application de l'article L. 1333-4, et lorsque la connaissance des paramètres de l'exposition permet une estimation plus précise, d'autres méthodes peuvent être utilisées dès lors qu'elles ont été approuvées par *(Décr. n° 2007-1582 du 7 nov. 2007, art. 8)* « une décision de l'Autorité de sûreté nucléaire homologuée par le ministre chargé de la santé », après avis de l'Institut de radioprotection et de sûreté nucléaire.

Art. R. 1333-11 *(Décr. n° 2007-1582 du 7 nov. 2007, art. 9)* I. — Le réseau national de mesures de la radioactivité de l'environnement a pour mission de contribuer à l'estimation des doses dues aux rayonnements ionisants auxquels la population est exposée et à l'information du public.

Il rassemble :

1° Les résultats de mesures de la radioactivité de l'environnement effectuées soit par l'Institut de radioprotection et de sûreté nucléaire, soit par des laboratoires agréés par l'Autorité de sûreté nucléaire pour ce type de mesure ;

2° Des documents d'information sur l'évaluation des doses reçues par la population.

II. — Les résultats de mesures de la radioactivité de l'environnement regroupés au sein du réseau sont ceux obtenus :

1° Dans le cadre de la mise en œuvre de dispositions législatives ou réglementaires contribuant à l'évaluation des doses auxquelles la population est exposée, en particulier les résultats de la surveillance de l'impact des activités nucléaires sur l'environnement ;

2° Par l'Autorité de sûreté nucléaire, par des collectivités territoriales, des services de l'État ou des établissements publics qui font effectuer des mesures par des laboratoires agréés ou par l'Institut de radioprotection et de sûreté nucléaire ;

3° Par toute association ou tout autre organisme privé qui fait effectuer des mesures par des laboratoires agréés ou par l'Institut de radioprotection et de sûreté nucléaire dès lors que la transmission des résultats au réseau est demandée par l'organisme détenteur de ces résultats. Les résultats de mesures de la radioactivité de l'environnement faites au titre de la recherche, hors ceux obtenus dans le cadre du 1° ci-dessus, peuvent être exclus du réseau.

III. — Les objectifs du réseau de mesures de la radioactivité de l'environnement sont fixés par l'Autorité de sûreté nucléaire. La gestion de ce réseau est assurée par l'Institut de radioprotection et de sûreté nucléaire.

Une décision de l'Autorité de sûreté nucléaire, homologuée par le ministre chargé de la santé, définit les modalités d'organisation du réseau national de mesures de la radioactivité de l'environnement, la nature des informations qui lui sont transmises et les modalités selon lesquelles ces informations sont mises à la disposition du public.

Art. R. 1333-11-1 *(Décr. n° 2007-1582 du 7 nov. 2007, art. 9)* La demande d'agrément ou de renouvellement d'agrément présentée par les laboratoires mentionnés à l'article R. 1333-11 est adressée à l'Autorité de sûreté nucléaire accompagnée d'un dossier comprenant :

1° Des informations sur le laboratoire, son organisation, sa qualité, son activité, la qualification de ses personnels et sur ses performances techniques ;

2° La liste et les résultats des essais de comparaison inter-laboratoires auxquels le laboratoire a participé en vue de l'agrément qu'il sollicite.

Le dossier est réputé complet si, dans un délai de trois mois à compter de sa réception, l'Autorité de sûreté nucléaire n'a pas sollicité la fourniture d'informations ou de documents complémentaires. Lorsque l'Autorité précitée demande des informations ou documents complémentaires, le délai est suspendu jusqu'à réception de ces informations ou documents. L'Autorité de sûreté nucléaire, sur la base de ce dossier, notamment des résultats du laboratoire aux essais de comparaison inter-laboratoires, publie sa décision dans un délai maximum de huit mois à compter de la date à laquelle le dossier est réputé complet. L'absence de réponse dans ce délai vaut rejet de la demande.

Une décision de l'Autorité de sûreté nucléaire, homologuée par le ministre chargé de la santé, définit la liste détaillée des informations à joindre à la demande d'agrément, les critères de qualification auxquels doivent satisfaire les laboratoires agréés ainsi que les modalités de délivrance, de renouvellement, de contrôle, de suspension ou de retrait de cet agrément.

En application des art. L. 231-5 et L. 231-6 du CRPA, le silence gardé pendant huit mois par l'administration vaut décision de rejet pour les demandes d'agrément des laboratoires pour les mesures de la radioactivité de l'environnement (Décr. nº 2014-1273 du 30 oct. 2014, art. 1er et 2).

Art. R. 1333-12 *(Décr. nº 2007-1582 du 7 nov. 2007, art. 10)* Les effluents et les déchets contaminés par les radionucléides, ou susceptibles de l'être du fait d'une activité nucléaire, de quelque nature qu'elle soit, doivent être collectés, traités ou éliminés, en tenant compte des caractéristiques et des quantités de ces radionucléides, du risque d'exposition encouru ainsi que des exutoires retenus pour leur élimination. Une décision de l'Autorité de sûreté nucléaire, homologuée par les ministres chargés de la santé et de l'environnement, fixe les règles techniques auxquelles doit satisfaire l'élimination des effluents et déchets provenant :

1º De toutes les activités nucléaires destinées à la médecine, à la biologie humaine ou à la recherche biomédicale ;

2º De toute autre activité nucléaire, à l'exception de celles exercées :

a) Dans les installations nucléaires de base *(Décr. nº 2015-159 du 11 févr. 2015, art. 3-I-1º)* « mentionnées à l'article L. 593-2 du code de l'environnement » ;

b) Dans les installations et activités nucléaires intéressant la défense *(Décr. nº 2015-159 du 11 févr. 2015, art. 3-I-2º)* « mentionnées à l'article L. 1333-15 du code de la défense » ;

c) Dans les installations classées pour la protection de l'environnement soumises à autorisation en application des articles L. 511-1 à L. 517-2 du code de l'environnement ;

d) Dans les installations soumises à autorisation *(Décr. nº 2015-159 du 11 févr. 2015, art. 3-I-3º)* « en application de l'article L. 162-1 du code minier ».

Pour les installations mentionnées aux *a* à *d* du 2º, ces règles sont fixées par les réglementations particulières qui leur sont applicables.

Lorsque l'activité nucléaire est soumise à autorisation en application des dispositions de la section III du présent chapitre, tout projet de rejet des effluents liquides et gazeux ainsi que d'élimination des déchets contaminés par des radionucléides, ou susceptibles de l'être du fait de l'activité nucléaire, doit faire l'objet d'un examen et d'une approbation dans le cadre de ladite autorisation. Le titulaire de l'autorisation doit tenir à la disposition du public un inventaire des effluents et des déchets éliminés, en précisant les exutoires retenus. Cet inventaire doit être mis à jour chaque année.

SECTION II EXPOSITION AUX RAYONNEMENTS IONISANTS D'ORIGINE NATURELLE

Art. R. 1333-13 *(Décr. nº 2007-1582 du 7 nov. 2007, art. 11)* I. – Conformément aux dispositions de l'article L. 1333-10 et sous réserve des dispositions du code du travail relatives à la protection des travailleurs, le chef de l'entreprise met en place, pour toute activité professionnelle dont les caractéristiques répondent à une des conditions définies ci-après, une surveillance de l'exposition aux rayonnements ionisants d'origine *naturelle et fait* réaliser une estimation des doses auxquelles les personnes sont susceptibles d'être soumises du fait de cette activité. Sont concernées :

1º Les activités professionnelles au cours desquelles ces personnes sont soumises à une exposition interne ou externe impliquant les éléments des familles naturelles de l'uranium et du thorium ;

2º Les activités professionnelles comportant l'emploi ou le stockage de matières non utilisées en raison de leurs propriétés radioactives mais contenant naturellement des radionucléides ;

3º Les activités professionnelles entraînant la production de résidus contenant naturellement des radionucléides.

Un arrêté des ministres chargés de la santé et de l'environnement pris après avis de l'Autorité de sûreté nucléaire définit les catégories d'activités professionnelles auxquelles s'appliquent les dispositions du présent article, compte tenu des quantités de radionucléides détenues ou des niveaux d'exposition susceptibles d'être mesurés.

Pour les activités professionnelles mentionnées aux 2° et 3°, l'estimation des doses concerne la population voisine des installations ainsi que toutes les personnes mentionnées à l'article R. 1333-8 lorsque ces activités produisent des biens de consommation ou des produits de construction.

II. – Les études préalables nécessaires à l'évaluation des expositions aux rayonnements ionisants d'origine naturelle et à l'estimation des doses doivent être réalisées dans un délai de deux ans suivant la publication de l'arrêté prévu au 5e alinéa du I. Elles comportent également une étude des actions à réaliser pour réduire, si nécessaire, l'exposition des personnes. Au vu des résultats, une décision de l'Autorité de sûreté nucléaire, homologuée par les ministres chargés de la santé et de l'environnement, fixe, par catégorie d'activités, les mesures de surveillance et de protection contre les rayonnements ionisants à mettre en place. Ces mesures ne peuvent aller au-delà de celles qui sont imposées aux activités nucléaires en application du présent code et du code du travail.

III. – Pour les activités professionnelles relevant d'une autorisation délivrée en application de l'article L. 512-1 du code de l'environnement :

1° L'étude d'impact, lorsqu'elle contient une estimation des doses auxquelles les personnes sont susceptibles d'être soumises du fait de l'activité, tient lieu des études mentionnées au II ;

2° Les mesures de surveillance de l'exposition aux rayonnements ionisants d'origine naturelle et, le cas échéant, les mesures de protection figurant dans l'autorisation tiennent également lieu des mesures de surveillance et de protection à réaliser en application du II.

Art. R. 1333-14 En cas de présence dans les biens de consommation et dans les produits de construction de radionucléides naturels non utilisés pour leurs propriétés radioactives, fissiles ou fertiles, les ministres chargés de la santé et de la consommation conjointement, selon le cas, avec les ministres chargés de la construction ou de l'agriculture peuvent *(Décr. n° 2007-1582 du 7 nov. 2007, art. 12)* « , après avis de l'Autorité de sûreté nucléaire, » fixer des contraintes de fabrication, notamment des limites de radioactivité dans les produits commercialisés, et définir les modalités suivant lesquelles il doit être procédé à une information des consommateurs.

Art. R. 1333-15 *(Décr. n° 2007-1582 du 7 nov. 2007, art. 13)* Dans les zones géographiques où le radon d'origine naturelle est susceptible d'être mesuré en concentration élevée dans les lieux ouverts au public, les propriétaires ou, à défaut, les exploitants de ces lieux sont tenus, conformément aux dispositions de l'article L. 1333-10, de faire procéder à des mesures de l'activité du radon et de ses descendants dans les locaux où le public est susceptible de séjourner pendant des durées significatives. Ces mesures sont réalisées soit par l'Institut de radioprotection et de sûreté nucléaire soit par des organismes agréés par l'Autorité de sûreté nucléaire. Un arrêté des ministres chargés de la santé, du travail, de la construction et de l'environnement, pris après avis de l'Autorité de sûreté nucléaire, définit :

1° La liste des départements ou parties de départements dans lesquels ces mesures doivent être réalisées, compte tenu du contexte géologique local et des résultats d'analyses en radon disponibles ;

2° Les catégories d'établissements concernés du fait du temps de séjour prévisible du public dans ces lieux ;

3° Les niveaux d'activité en radon au-delà desquels les propriétaires ou exploitants sont tenus de mettre en œuvre les actions nécessaires pour réduire l'exposition des personnes ainsi que les délais de leur mise en œuvre.

Les conditions suivant lesquelles il est procédé à la mesure de l'activité du radon, notamment *les méthodes d'échantillonnage et les* modalités d'évaluation des dispositifs *de mesure utilisés*, sont définies par décision de l'Autorité de sûreté nucléaire, homologuée par les ministres chargés de la santé et de la construction.

Les mesures de l'activité du radon et de ses descendants dans les lieux définis en application du présent article sont réalisées dans un délai de deux ans suivant la date de publication de l'arrêté mentionné au premier alinéa du présent article. Ces mesures

doivent être répétées tous les dix ans et, le cas échéant, chaque fois que sont réalisés des travaux modifiant la ventilation des lieux ou l'étanchéité des locaux au radon.

Art. R. 1333-15-1 *(Décr. n° 2007-1582 du 7 nov. 2007, art. 13)* **Le dossier de demande d'agrément des organismes chargés de la mesure des expositions au radon mentionnés à l'article R. 1333-15 comprend des informations sur l'organisme, son organisation, sa qualité, son activité, la qualification de ses personnels et sur les méthodes et matériels de mesure qu'il utilise. Le dossier est réputé complet si, dans un délai de trois mois à compter de sa réception, l'Autorité de sûreté nucléaire n'a pas sollicité la fourniture d'informations ou de documents complémentaires. En cas de demande d'informations ou de documents complémentaires, le délai est suspendu jusqu'à la réception de ceux-ci. L'Autorité de sûreté nucléaire publie sa décision dans un délai maximum de six mois à compter de la date à laquelle le dossier est réputé complet. L'absence de réponse dans ce délai vaut rejet de la demande.**

Une décision de l'Autorité de sûreté nucléaire, homologuée par les ministres chargés de la santé, du travail et de la construction, définit, d'une part, la liste détaillée des informations à joindre à la demande d'agrément et les modalités de délivrance, de contrôle et de retrait de l'agrément, d'autre part, les critères d'agrément des organismes ainsi que les objectifs, la durée et le contenu des programmes de formation des personnes qui réalisent les mesures.

En application des art. L. 231-5 et L. 231-6 CRPA, le silence gardé pendant six mois par l'administration vaut décision de rejet pour les demandes d'agrément pour les organismes chargés des mesures de radon (Décr. n° 2014-1273 du 30 oct. 2014, art. 1er et 2).

Art. R. 1333-16 *(Décr. n° 2007-1582 du 7 nov. 2007, art. 14)* **Les résultats des mesures du radon effectuées en application de l'article R. 1333-15 sont communiqués au chef d'établissement, aux représentants du personnel ainsi qu'aux médecins du travail et aux médecins de prévention lorsque l'immeuble comporte des locaux de travail. Ils sont portés à la connaissance des personnes qui fréquentent l'établissement. Ils sont tenus à la disposition des inspecteurs de la radioprotection mentionnés à l'article L. 1333-17 et des agents mentionnés à l'article L. 1333-18, des agents ou services mentionnés au premier alinéa de l'article L. 1312-1 et au deuxième alinéa de l'article L. 1422-1, des inspecteurs du travail, des inspecteurs d'hygiène et sécurité et des agents relevant des services de prévention des organismes de sécurité sociale, de l'organisme de prévention du bâtiment et des travaux publics et de l'Institut de radioprotection et de sûreté nucléaire.**

Les organismes agréés pour la mesure du radon communiquent les résultats des mesures à un organisme désigné par le ministre chargé de la santé après avis de l'Autorité de sûreté nucléaire. Une décision de ladite autorité, homologuée par le ministre chargé de la santé, fixe les modalités d'accès aux informations ainsi recueillies ainsi que les règles techniques de leur transmission.

SECTION III **RÉGIME DES AUTORISATIONS ET DÉCLARATIONS**

(Décr. n° 2007-1582 du 7 nov. 2007, art. 15)

SOUS-SECTION 1 **CHAMP D'APPLICATION**

Art. R. 1333-17 **I. — Sont soumises au régime d'autorisation ou de déclaration mentionné à l'article L. 1333-4, les activités nucléaires suivantes, sous réserve qu'elles ne bénéficient pas d'une exemption au titre de l'article R. 1333-18 :**

1° Pour les radionucléides et produits ou dispositifs en contenant :

***a)* La fabrication ;**

***b)* L'utilisation ou la détention ;**

***c)* La distribution, l'importation ou l'exportation, que ces radionucléides, produits ou dispositifs soient détenus ou non dans l'établissement ;**

2° Pour les accélérateurs de tout type de particules et les appareils électriques émettant des rayonnements ionisants autres que les microscopes électroniques :

***a)* La fabrication ;**

***b)* L'utilisation ou la détention ;**

***c)* La distribution ;**

3° L'irradiation de produits de quelque nature que ce soit, y compris les denrées alimentaires.

II. – Le transport de matières radioactives est soumise à autorisation ou déclaration dans les conditions énoncées à l'article R. 1333-44.

III. – Les autorisations relatives aux activités nucléaires mentionnées au I, délivrées conformément aux réglementations particulières qui leur sont applicables, tiennent lieu de l'autorisation prévue à l'article L. 1333-4 lorsque ces activités sont réalisées dans les installations suivantes :

a) Les installations nucléaires de base *(Décr. n° 2015-159 du 11 févr. 2015, art. 3-II-1°)* « mentionnées à l'article L. 593-2 du code de l'environnement » ;

b) Les installations et activités nucléaires *(Décr. n° 2015-159 du 11 févr. 2015, art. 3-II-2°)* « intéressant la défense mentionnées à l'article L. 1333-15 du code de la défense » ;

c) Les installations classées pour la protection de l'environnement soumises à autorisation en application des articles L. 512-1 du code de l'environnement ;

d) Les installations soumises à autorisation *(Décr. n° 2015-159 du 11 févr. 2015, art. 3-II-3°)* « en application de l'article L. 162-1 du code minier ».

Les autorisations concernant les opérations de distribution, d'importation ou d'exportation mentionnées au *c* du 1° du I, réalisées dans une installation classée pour la protection de l'environnement soumise à autorisation en application de l'article L. 512-1 du code de l'environnement, sont délivrées par l'Autorité de sûreté nucléaire.

Art. R. 1333-18 I. – Sont exemptées de l'autorisation ou de la déclaration prévue à l'article L. 1333-4 :

1° Les activités nucléaires utilisant des sources radioactives mentionnées aux 1° et 3° du I de l'article R. 1333-17, si elles respectent l'une des deux conditions suivantes :

a) Les quantités de radionucléides présentes à un moment quelconque sur le lieu où la pratique est exercée ne dépassent pas au total les seuils d'exemption fixés au tableau A de l'annexe 13-8, quelle que soit la valeur de la concentration d'activité de ces substances ;

b) La concentration par unité de masse des radionucléides présents à un moment quelconque sur le lieu où la pratique est exercée ne dépasse pas les seuils d'exemption fixés au tableau A de l'annexe 13-8 [ ], pour autant que les masses des substances mises en jeu soient au plus égales à une tonne.

Pour les radionucléides ne figurant pas au tableau A de l'annexe 13-8 [ ], des valeurs d'exemption peuvent être établies, à titre provisoire, par décision de l'Autorité de sûreté nucléaire, homologuée par les ministres chargés de la santé et du travail, après avis de l'Institut de radioprotection et de sûreté nucléaire.

2° La détention ou l'utilisation d'appareils électriques mentionnés au 2° du I de l'article R. 1333-17 ne créant, dans les conditions normales d'utilisation, en aucun point situé à une distance de 0,1 m de sa surface accessible, un débit d'équivalent de dose supérieur à 1 $\mu v.h^{-1}$ et répondant à l'une des prescriptions suivantes :

a) L'appareil électrique utilisé est d'un type certifié conforme aux normes dont les références sont fixées par décision de l'Autorité de sûreté nucléaire homologuée par les ministres chargés de la santé, du travail et de l'industrie ;

b) L'appareil bénéficie d'un certificat d'exemption délivré par décision de l'Autorité de sûreté nucléaire homologuée par les ministres chargés de la santé et du travail du fait que, de par sa conception, il assure une protection efficace des personnes et de l'environnement contre les rayonnements ionisants dans des conditions normales d'utilisation ;

c) L'appareil électrique utilisé est un tube cathodique destiné à l'affichage d'images, ou tout autre appareil électrique fonctionnant sous une différence de potentiel inférieure ou égale à 30 kV ;

(Décr. n° 2014-1175 du 13 oct. 2014, art. 5-2°) « 3° Tout ou partie des activités mentionnées au 1° du I de l'article R. 1333-17 pour les biens de consommation et produits de construction qui bénéficient d'une dérogation accordée en application de l'article R. 1333-4, lorsque ladite dérogation prévoit une telle exemption pour cette ou ces activités ; »

4° L'utilisation, la détention et la distribution de tout appareil électrique émettant des rayonnements ionisants et dont les éléments fonctionnent sous une différence de potentiel inférieure à 5 kV.

II. — Les activités nucléaires destinées à la médecine, à l'art dentaire, à la biologie humaine et à la recherche biomédicale ne peuvent bénéficier de l'exemption d'autorisation ou de déclaration prévue au I.

Sur les seuils d'exemption, V. annexe 13-8 sur Dalloz.fr.

SOUS-SECTION 2 RÉGIME DES DÉCLARATIONS

Art. R. 1333-19 Les dispositions de la présente sous-section définissent les modalités de déclaration requises, en application de l'article L. 1333-4, pour les activités nucléaires suivantes :

1° La détention ou l'utilisation d'appareils électriques générant des rayons X à des fins de *(Décr. n° 2016-1537 du 16 nov. 2016, art. 23-I)* « recherche impliquant la personne humaine » ou de diagnostic médical, dentaire, médico-légal ou vétérinaire, pour les catégories d'appareils inscrites sur une liste établie par décision de l'Autorité de sûreté nucléaire homologuée par le ministre chargé de la santé ;

2° La détention ou l'utilisation de radionucléides en sources radioactives scellées en quantité supérieure aux seuils d'exemption définis au 1° de l'article R. 1333-18, pour des activités nucléaires inscrites sur une liste établie par décision de l'Autorité de sûreté nucléaire homologuée par le ministre chargé de la santé ;

3° La détention ou l'utilisation à des fins non médicales d'appareils électriques générant des rayons X qui ne présentent en aucun point situé à une distance de 0,1 m de leur surface accessible dans les conditions normales d'utilisation, du fait de leur conception, un débit d'équivalent de dose supérieur à 10 $\mu Sv.h^{-1}$.

Les listes d'activités nucléaires ou d'appareils à rayons X mentionnées aux 1° et 2° sont établies en tenant compte des caractéristiques des sources de rayonnements ionisants et des appareils qui les contiennent, de leur conception, de leurs conditions d'utilisation et des dispositifs prévus pour assurer une protection efficace des personnes et de l'environnement.

Il semble que le Décr. n° 2016-1537 du 16 nov. 2016 vise l'art. R. 1333-19, l'art. R. 1333-19-1 n'existant pas dans le présent code.

Art. R. 1333-20 Les activités nucléaires mentionnées à l'article R. 1333-19 sont soumises à déclaration auprès de l'Autorité de sûreté nucléaire. Toutefois, les activités nucléaires mentionnées aux 2° et 3° du même article, lorsqu'elles sont exercées dans un établissement où se déroulent des activités nucléaires soumises à autorisation, ne sont pas soumises à déclaration. Dans ce cas, elles sont mentionnées dans la demande d'autorisation prévue à l'article R. 1333-23.

La liste des documents qui doivent être joints à la déclaration est établie dans les conditions prévues par l'article R. 1333-43, compte tenu des caractéristiques des sources de rayonnements ionisants, des installations les abritant et des finalités d'utilisation.

Art. R. 1333-21 L'Autorité de sûreté nucléaire accuse réception de la déclaration déposée par la personne physique ou morale responsable de l'activité nucléaire, ci-après dénommée "le déclarant". La déclaration est mise à jour sans délai par le déclarant lorsque les informations qu'elle contient sont modifiées et, en particulier, lorsque le déclarant cesse son activité.

Lorsque les activités nucléaires mentionnées au 1° de l'article R. 1333-19 se déroulent dans des sites relevant du ministre chargé de la défense, la déclaration est déposée auprès du service désigné par ce ministre. Ce service accuse réception de la déclaration.

Art. R. 1333-22 Dans le cas de sources mobiles émettrices de rayonnements ionisants, le déclarant tient à la disposition de l'Autorité de sûreté nucléaire la liste des lieux où la source mobile est utilisée.

SOUS-SECTION 3 RÉGIME DES AUTORISATIONS

Art. R. 1333-23 Les dispositions de la sous-section 3 définissent les modalités d'autorisation applicables aux activités nucléaires définies à l'article R. 1333-17, lorsqu'elles ne bénéficient pas des exemptions prévues à l'article R. 1333-18 et qu'elles ne sont pas soumises à déclaration en application de l'article R. 1333-19.

Art. R. 1333-24 La demande d'autorisation ou son renouvellement est présentée par la personne physique ou par le représentant de la personne morale qui sera le responsable de l'activité nucléaire envisagée et cosignée par le chef d'établissement s'il existe.

Cette demande indique le nom de la personne compétente en radioprotection qui a participé à la constitution du dossier, conformément aux dispositions de l'article *(Décr. nº 2010-750 du 2 juill. 2010, art. 5-II)* « R. 4451-112 » du code du travail.

Art. R. 1333-25 La demande d'autorisation est accompagnée d'un dossier justificatif comportant des informations générales sur l'établissement, l'organisation de la radioprotection et des informations détaillées sur les sources de rayonnements ionisants, l'installation les abritant et les équipements de radioprotection mis en œuvre. Le contenu de ces informations est précisé dans les conditions prévues par l'article R. 1333-43, compte tenu des finalités et des conditions d'utilisation ou de détention des sources.

Dans le cas où la demande porte sur une utilisation, en dehors de tout établissement, de sources de rayonnements ionisants, de produits ou de dispositifs en contenant, le dossier contient la description des conditions de leur transport, de leur utilisation et de leur stockage.

L'Autorité de sûreté nucléaire peut demander des informations sur la justification du recours à des sources de rayonnements ionisants, produits ou dispositifs en contenant. Le cas échéant, elle peut demander qu'une expertise complémentaire, réalisée aux frais du demandeur, évalue la pertinence de ces informations.

Art. R. 1333-26 I. — Dans le cas où la demande porte sur une utilisation des rayonnements ionisants à des fins médicales, le dossier de demande d'autorisation est complété par des informations d'ordre médical sur la justification de la nouvelle application et sur ses conséquences éventuelles pour le patient et les personnes de son entourage.

Dans le cas où la demande porte sur une utilisation des rayonnements ionisants à des fins de recherche biomédicale, le dossier de demande d'autorisation est complété par des informations indiquant les modalités suivant lesquelles sont appliquées les dispositions prévues à l'article R. 1333-65.

II. — Lorsque la demande porte sur la distribution, l'importation ou l'exportation de sources radioactives, de produits ou dispositifs en contenant, le dossier de demande d'autorisation est complété par :

1° Des informations complémentaires sur le fabricant, le cas échéant, son mandataire et ses fournisseurs et, dans le cas de sources radioactives scellées, sur les modalités prévues pour la reprise des sources et les garanties financières qui y sont associées ;

2° Les guides et manuels d'utilisation et de maintenance ;

3° Les résultats des essais effectués pour évaluer leurs performances et la sécurité.

Les informations mentionnées aux 2° et 3° sont également jointes à toute demande d'autorisation de distribution d'appareils électriques émettant des rayonnements ionisants.

Art. R. 1333-27 Pour la fabrication, la distribution ou l'importation en vue de leur distribution de médicaments radiopharmaceutiques, de générateurs ou de précurseurs tels que définis à l'article L. 5121-1, la demande d'autorisation est accompagnée d'un document établissant qu'une demande d'autorisation d'ouverture d'établissement pharmaceutique a été déposée conformément à l'article L. 5124-3 ou que le demandeur dispose d'une autorisation d'établissement pharmaceutique en vigueur. Toute délivrance, toute modification, tout retrait, tout refus et toute suspension d'autorisation au titre du présent décret doit être porté à la connaissance de l'autorité qui en est l'auteur, *ainsi que de l'autorité qui a autorisé* l'établissement pharmaceutique.

Art. R. 1333-28 La demande d'autorisation ou de renouvellement d'autorisation est adressée, sous pli recommandé avec demande d'avis de réception, ou déposée contre récépissé à l'Autorité de sûreté nucléaire.

Le dossier est réputé complet si, dans un délai de trois mois à compter de sa réception, l'Autorité de sûreté nucléaire n'a pas sollicité la fourniture d'informations ou de documents complémentaires. Lorsque l'Autorité de sûreté nucléaire demande des informations ou des documents complémentaires, le délai prévu au présent article est suspendu jusqu'à réception de ces informations ou documents.

L'Autorité de sûreté nucléaire peut solliciter, préalablement à la délivrance de l'autorisation, l'avis de l'Institut de radioprotection et de sûreté nucléaire, de l'*(Décr. n° 2012-597 du 27 avr. 2012, art. 5-I-1°)* « Agence nationale de sécurité du médicament et des produits de santé » ou d'un autre organisme.

Art. R. 1333-29 L'Autorité de sûreté nucléaire notifie sa décision dans un délai maximum de six mois à compter de la date à laquelle le dossier est réputé complet. L'absence de réponse dans ce délai vaut rejet de la demande. Lorsque l'Autorité de sûreté nucléaire demande des informations ou documents complémentaires nécessaires à l'instruction de la demande, le délai prévu au présent article est suspendu jusqu'à réception de ces informations ou documents.

Art. R. 1333-30 L'autorisation accordée en application de la présente section est délivrée à la personne physique ou morale responsable de l'activité et n'est pas transférable.

Les éléments sur lesquels portent les prescriptions que comporte l'autorisation sont déterminés dans les conditions prévues à l'article R. 1333-43.

Art. R. 1333-31 Pour les activités nucléaires mettant en œuvre des radionucléides en sources radioactives non scellées, l'autorisation prise en application de la présente section fixe en outre :

1° Les prescriptions techniques applicables aux déchets et effluents produits en vue de leur élimination dans les installations autorisées ;

2° Si nécessaire, la fréquence selon laquelle il est procédé à une estimation des doses auxquelles la population est soumise suivant les modalités prévues aux articles R. 1333-10 et R. 1333-11.

Art. R. 1333-32 L'installation fait l'objet, de la part du titulaire de l'autorisation, d'une réception au cours de laquelle est vérifiée la conformité des locaux où sont reçus, stockés et utilisés les radionucléides, produits ou dispositifs en contenant ainsi que celle des locaux où les dispositifs émettant des rayonnements ionisants doivent être essayés ou utilisés. Cette réception ne peut intervenir qu'après la réalisation des contrôles et vérifications prévus par le fabricant et, le cas échéant, par l'autorisation délivrée en application de la présente section.

Art. R. 1333-33 Lorsque des sources radioactives de haute activité sont mises en œuvre, l'autorisation impose l'obligation d'établir un plan d'urgence interne tel que défini à l'article L. 1333-6. Ce plan tient compte des risques d'exposition interne et externe aux rayonnements ionisants de toutes les personnes susceptibles d'être menacées. Les caractéristiques des sources radioactives de haute activité sont définies à l'annexe 13-8 du présent code.

Sur les niveaux d'activité définissant une source scellée de haute activité, V. annexe 13-8, ss. l'art. R. 1333-18 🏛.

Art. R. 1333-34 L'autorisation est délivrée pour une période n'excédant pas dix ans. La durée de cette période est fonction des spécificités de l'établissement, de l'installation, des locaux et des caractéristiques des sources de rayonnements ionisants ou de leurs conditions d'utilisation et de la nature des activités nucléaires. L'autorisation peut être renouvelée sur demande du titulaire de l'autorisation, présentée au plus tard six mois avant la date d'expiration. La demande doit mentionner les modifications apportées à l'installation depuis la date de délivrance de l'autorisation en cours, être accompagnée des rapports de contrôle réalisés en application du code du travail et confirmer la validité des documents déjà transmis, notamment lors des précédentes demandes d'autorisation ou, à défaut, comprendre des informations actualisées. Si, après le dépôt de cette demande de renouvellement, n'est notifiée au demandeur aucune décision, ni aucune demande de justification complémentaire avant la date d'expiration de l'autorisation, celle-ci est réputée renouvelée à cette dernière date, dans des conditions et pour une durée identiques à celles de l'autorisation précédente.

Art. R. 1333-35 Si une activité nucléaire ayant fait l'objet d'une autorisation n'a pas commencé à être mise en œuvre dans un délai d'un an après la délivrance de l'autorisation, celui-ci devient caduque. L'Autorité de sûreté nucléaire doit en être tenue informée par l'Institut de radioprotection et de sûreté nucléaire.

Lorsque le titulaire de l'autorisation ne respecte pas les dispositions du présent code ou les prescriptions qui lui ont été notifiées, l'autorisation peut faire l'objet d'un retrait temporaire ou définitif par l'Autorité de sûreté nucléaire, selon les modalités définies à l'article L. 1333-5. Le retrait temporaire ne peut excéder quatre-vingt-dix jours.

En cas de retrait définitif, l'Autorité de sûreté nucléaire détermine les conditions suivant lesquelles il doit être procédé à l'élimination des sources et des déchets actuels ou futurs aux frais du titulaire de l'autorisation.

Art. R. 1333-36 Outre les interdictions qui peuvent être prononcées en application de l'article L. 1333-2, l'Autorité de sûreté nucléaire peut procéder à une révision de l'autorisation délivrée chaque fois que des éléments nouveaux permettent de réévaluer la justification de l'activité nucléaire autorisée. Dans le cas où l'autorisation concerne une activité nucléaire destinée à la médecine, à l'art dentaire, à la biologie humaine ou à la recherche biomédicale, l'Autorité de sûreté nucléaire en informe l'*(Décr. n° 2012-597 du 27 avr. 2012, art. 5)* « Agence nationale de sécurité du médicament et des produits de santé ».

Pour les fournisseurs de sources radioactives scellées et de produits ou dispositifs en contenant, le retrait de l'autorisation de distribuer ne dispense pas le fournisseur de prendre les mesures nécessaires pour remplir les obligations qui lui incombent en application de la section 4, notamment celles qui concernent la reprise et l'élimination des sources mentionnées à l'article R. 1333-52.

Art. R. 1333-37 Tout refus de soumettre l'installation au contrôle mentionné à l'article R. 1333-95 peut entraîner le retrait de l'autorisation délivrée en application de la présente section.

SOUS-SECTION 4 DISPOSITIONS COMMUNES APPLICABLES AUX RÉGIMES D'AUTORISATION ET DE DÉCLARATION

Art. R. 1333-38 La personne responsable d'une activité nucléaire déclarée ou autorisée en application respectivement des articles R. 1333-19 et R. 1333-23 doit présenter, selon qu'il s'agit d'une personne physique ou morale, les qualifications ou capacités requises prévues à l'article R. 1333-43.

Art. R. 1333-39 Tout changement concernant le déclarant ou le titulaire de l'autorisation, tout changement d'affectation des locaux destinés à recevoir des radionucléides ou des dispositifs émetteurs de rayonnements ionisants, toute extension du domaine couvert par l'autorisation initiale, toute modification des caractéristiques d'une source de rayonnements ionisants détenue, utilisée ou distribuée, doit faire l'objet d'une nouvelle déclaration ou d'une nouvelle demande d'autorisation auprès de l'Autorité de sûreté nucléaire dans les formes mentionnées, selon le cas, aux sous-sections 2 ou 3 de la présente section. L'absence de dépôt d'une nouvelle demande d'autorisation expose le titulaire de l'autorisation à ce qu'il soit immédiatement mis fin à celle-ci, sans préjudice des poursuites éventuelles prévues par l'article L. 1337-5 du code de la santé publique.

Art. R. 1333-40 Tout changement de personne compétente en radioprotection, ainsi que toute autre modification concernant l'équipement technique des installations où sont utilisés les radionucléides et les dispositifs émetteurs de rayonnements ionisants, doit faire l'objet d'une information de l'Autorité de sûreté nucléaire.

Art. R. 1333-41 *La cessation* d'une activité nucléaire soumise à déclaration ou à autorisation en application des articles R. 1333-19 et R. 1333-23 est portée à la connaissance de l'Autorité de sûreté nucléaire au moins six mois avant la date prévue de cette cessation. L'Autorité de sûreté nucléaire notifie au titulaire de l'autorisation ou au déclarant les mesures à mettre en œuvre, qui peuvent notamment porter sur la reprise des sources radioactives scellées, la vérification de l'absence de contamination radioactive, l'élimination des éventuels déchets radioactifs et la réalisation, le cas échéant, de travaux visant à permettre la réutilisation, pour un autre usage, des locaux dans lesquels sont exercées ces activités nucléaires.

Art. R. 1333-42 Le titulaire de l'autorisation ou le déclarant est dégagé de ses obligations lorsqu'il apporte la preuve que les radionucléides et produits ou dispositifs en contenant ont été éliminés des locaux et qu'il a rempli l'ensemble des obligations qui lui ont été notifiées en application de l'article R. 1333-41. L'Autorité de sûreté nucléaire, selon le cas, lui notifie la décision mettant fin à l'autorisation ou lui délivre une attestation le dégageant de ses obligations.

En application des art. L. 231-5 et L. 231-6 CRPA, le silence gardé pendant six mois par l'administration vaut décision de rejet pour les demandes de décision mettant fin à l'autorisation ou délivrance d'une attestation dégageant le responsable d'une activité nucléaire de ses obligations (Décr. nº 2014-1273 du 30 oct. 2014, art. 1er et 2).

Art. R. 1333-43 Des décisions de l'Autorité de sûreté nucléaire homologuées par le ministre chargé de la santé définissent les modalités d'application des dispositions des sous-sections 2, 3 et 4, et en particulier celles qui concernent :

1° Les qualifications et les capacités requises des personnes mentionnées à l'article R. 1333-38 ;

2° Le contenu détaillé des informations qui doivent être jointes aux déclarations ou aux demandes d'autorisation ou de renouvellement d'autorisation mentionnées respectivement aux articles R. 1333-20, R. 1333-25 et R. 1333-30 ;

3° Les éléments sur lesquels portent les prescriptions de l'autorisation pour ce qui concerne les sources utilisées et leurs conditions d'emploi et, en tant que de besoin, les prescriptions complémentaires concernant l'organisation de la radioprotection dans les locaux où les sources sont utilisées ou détenues ;

4° Les conditions particulières d'emploi applicables à certaines sources de rayonnements ionisants, compte tenu des modes d'exposition et des caractéristiques de ces derniers ;

5° Les règles techniques minimales de conception, d'exploitation et de maintenance auxquelles doivent répondre les installations dans lesquelles sont exercées les activités nucléaires autorisées ou déclarées en application de la présente section.

Les décisions portant sur les points mentionnés aux 1°, 3°, 4° et 5° sont homologuées également par le ministre chargé du travail.

SOUS-SECTION 5 AUTORISATION OU DÉCLARATION DE TRANSPORT DE MATIÈRES RADIOACTIVES

Art. R. 1333-44 I. – Sans préjudice de la réglementation concernant le transport des marchandises dangereuses, les entreprises réalisant des transports de matières radioactives sont soumises, pour l'acheminement sur le territoire national, à une déclaration ou à une autorisation de l'Autorité de sûreté nucléaire. Une décision de l'Autorité de sûreté nucléaire, homologuée par les ministres chargés de la sûreté nucléaire et des transports, fixe notamment les caractéristiques des matières radioactives relevant soit de l'autorisation, soit de la déclaration, la composition du dossier de demande d'autorisation et des éléments joints à la déclaration, les modalités d'instruction et les conditions de renouvellement, de retrait et de suspension.

Toutefois, les transports assurés par des navires pénétrant dans les eaux territoriales mais ne faisant pas escale dans un port français sont exemptés de déclaration et d'autorisation.

II. – Les autorisations de transport aérien de matières radioactives délivrées en application de l'article R. 330-1-1 du code de l'aviation civile tiennent lieu de l'autorisation prévue au présent article.

En application des art. L. 231-5 et L. 231-6 CRPA, le silence gardé pendant six mois par l'administration vaut décision de rejet pour les demandes d'autorisation de transport de matières radioactives (Décr. nº 2014-1273 du 30 oct. 2014, art. 1er et 2).

SECTION IV ACQUISITION, DISTRIBUTION, IMPORTATION, EXPORTATION, CESSION, REPRISE ET ÉLIMINATION DES SOURCES RADIOACTIVES

Art. R. 1333-45 Les dispositions de la présente section définissent les modalités d'application des articles L. 1333-7 et L. 1333-9 et, en particulier, les conditions suivant lesquelles il est procédé à l'acquisition, la distribution, l'importation, l'exportation, la cession, la reprise et l'élimination de radionucléides sous forme de *(Décr. n° 2007-1582 du 7 nov. 2007, art. 16)* « sources radioactives », de produits ou dispositifs en contenant, y compris les médicaments, de biens de consommation et produits de construction pour lesquels une dérogation autorisant une addition de radionucléides a été accordée en application de l'article R. 1333-4.

(Décr. n° 2007-1582 du 7 nov. 2007, art. 17) « Sont exclus de l'application des dispositions de la présente section :

« 1° Les sources radioactives et les produits et dispositifs en contenant énumérés au premier alinéa, lorsque le détenteur n'est pas soumis à la déclaration ou à l'autorisation prévue à l'article L. 1333-4 ;

« 2° Les déchets radioactifs *(Décr. n° 2015-159 du 11 févr. 2015, art. 3-III-1°)* « tels que définis par l'article L. 542-1-1 du code de l'environnement » ;

« 3° Les matières, équipements et produits contaminés par une substance radioactive provenant d'une activité nucléaire mentionnée à l'article L. 1333-1 ;

« 4° Les matériaux contenant des radionucléides naturels non utilisés pour leurs propriétés radioactives, fissiles ou fertiles, mentionnés à l'article L. 1333-10 ;

« 5° Les matières nucléaires définies en application de l'article L. 1333-1 du code de la défense, sauf si elles sont destinées à la fabrication de sources radioactives ou utilisées comme source radioactive, ainsi que les matières utilisées comme combustibles nucléaires, irradiés ou non, dans les installations nucléaires de base ou les installations classées pour la protection de l'environnement autorisées à cet effet ;

« 6° Les échantillons radioactifs ou éprouvettes activées, qui sont destinés à être caractérisés ou analysés, à produire des sources radioactives ou à servir à des mesures d'intercomparaison, dès lors que ces activités sont décrites dans les autorisations de ces installations ;

« 7° Les opérations liées au transport de matières radioactives.

« Les autorisations mentionnées dans la présente section sont soit les autorisations délivrées en application de la section III, soit les autorisations concernant :

« *a)* Les installations nucléaires de base *(Décr. n° 2015-159 du 11 févr. 2015, art. 3-III-2°)* « mentionnées à l'article L. 593-2 du code de l'environnement » ;

« *b)* Les installations et activités nucléaires *(Décr. n° 2015-159 du 11 févr. 2015, art. 3-III-3°)* « intéressant la défense mentionnées à l'article L. 1333-15 du code de la défense » ;

« *c)* Les installations classées pour la protection de l'environnement soumises à autorisation en application des articles L. 512-1 du code de l'environnement ;

« *d)* Les installations soumises à autorisation *(Décr. n° 2015-159 du 11 févr. 2015, art. 3-III-4°)* « en application de l'article L. 162-1 du code minier ». »

Les autorisations mentionnées dans la présente section sont soit les autorisations délivrées en application de la section III, soit les autorisations délivrées en application de l'article L. 83 du code minier, des articles L. 511-1 à L. 517-2 du code de l'environnement ou des décrets du 11 décembre 1963 et du 5 juillet 2001 relatifs aux installations nucléaires de base.

Art. R. 1333-46 *(Décr. n° 2007-1582 du 7 nov. 2007, art. 18)* La cession à titre onéreux ou gratuit, temporaire ou définitif, de radionucléides sous forme de sources radioactives, des produits ou dispositifs en contenant, à toute personne ne possédant pas un récépissé de déclaration délivré en application de l'article R. 1333-20 ou une autorisation mentionnée à l'article R. 1333-45 ainsi que l'acquisition par ces mêmes personnes de ces radionucléides sont interdites.

Art. R. 1333-47 *(Décr. n° 2007-1582 du 7 nov. 2007, art. 19)* « Sauf dans les cas définis par la décision prévue au 1° de l'article R. 1333-54-1, » toute cession ou acquisition de radionucléides sous forme de *(Décr. n° 2007-1582 du 7 nov. 2007, art. 16)* « sources radioactives », de produits ou dispositifs en contenant, doit donner

lieu à un enregistrement préalable auprès de l'Institut de radioprotection et de sûreté nucléaire, suivant un formulaire délivré par cet organisme.

En application du 4° de l'art. L. 231-4 CRPA, le silence gardé pendant deux mois par un organisme chargé d'une mission de service public vaut décision de rejet pour les demandes d'enregistrement des sources radioactives en préalable à leur cession ou acquisition (Institut de radioprotection et de sûreté nucléaire) (Décr. n° 2015-1452 du 10 nov. 2015, art. 1er).

Art. R. 1333-48 *(Décr. n° 2007-1582 du 7 nov. 2007, art. 20)* **La déclaration prévue à l'article 4 du règlement EURATOM n° 1493/93 du Conseil du 8 juin 1993 concernant les transferts de substances radioactives entre les États membres est déposée auprès de l'Institut de radioprotection et de sûreté nucléaire. Le relevé des livraisons prévu par l'article 6 du même règlement est effectué à chaque transfert et déposé auprès de l'Institut de radioprotection et de sûreté nucléaire.**

Art. R. 1333-49 *(Décr. n° 2007-1582 du 7 nov. 2007, art. 21)* **Toute importation ou exportation de radionucléides sous forme de sources radioactives, de produits ou dispositifs en contenant, en provenance ou à destination des États non membres de la Communauté européenne, doit être préalablement enregistrée auprès de l'Institut de radioprotection et de sûreté nucléaire. L'exportateur ou l'importateur remplit et joint à sa demande d'enregistrement un formulaire délivré par l'Institut précisant notamment la nature et les quantités de radionucléides importés ou exportés. Le formulaire enregistré par l'Institut de radioprotection et de sûreté nucléaire est présenté à l'appui de la déclaration en douane.**

En application du 4° de l'art. L. 231-4 CRPA, le silence gardé pendant deux mois par un organisme chargé d'une mission de service public vaut décision de rejet pour les demandes d'enregistrement des sources radioactives en préalable à leur importation ou exportation (Institut de radioprotection et de sûreté nucléaire) (Décr. n° 2015-1452 du 10 nov. 2015, art. 1er).

Art. R. 1333-50 **Tout détenteur de radionucléides sous forme de** *(Décr. n° 2007-1582 du 7 nov. 2007, art. 16)* **« sources radioactives », de produits ou dispositifs en contenant, doit être en mesure de justifier en permanence de l'origine et de la destination des radionucléides présents dans son établissement à quelque titre que ce soit. A cet effet, il organise dans l'établissement un suivi permettant de connaître, à tout moment, l'inventaire des produits détenus, conformément aux dispositions prises en application de l'article** *(Décr. n° 2010-750 du 2 juill. 2010, art. 5-II)* **« L. 4451-2 » du code du travail.**

(Décr. n° 2007-1582 du 7 nov. 2007, art. 22) **« Un relevé trimestriel des cessions et acquisitions doit être adressé par le fournisseur à l'Institut de radioprotection et de sûreté nucléaire dans la forme qui lui est notifiée lors de la délivrance de l'autorisation dont il bénéficie ou après réception de la déclaration mentionnée à la section III.**

« Aux fins de mise à jour de l'inventaire prévu à l'article L. 1333-9, une copie du récépissé des déclarations et des autorisations mentionnées respectivement aux articles R. 1333-20 et R. 1333-45 est transmise à l'Institut de radioprotection et de sûreté nucléaire par l'autorité qui a délivré l'autorisation ou reçu la déclaration. Une liste de ces autorisations et déclarations est tenue à jour par cette autorité et transmise à l'Institut de radioprotection et de sûreté nucléaire. »

Art. R. 1333-51 *(Décr. n° 2007-1582 du 7 nov. 2007, art. 23)* **Toute mesure appropriée doit être prise pour empêcher l'accès non autorisé aux sources radioactives, leur perte, leur vol ou les dommages par le feu ou l'eau qu'elles pourraient subir.**

Après tout événement susceptible d'avoir endommagé une source, notamment un incendie ou une inondation, le chef d'établissement fait procéder à une vérification de l'intégrité de chaque source.

Art. R. 1333-52 *(Décr. n° 2007-1582 du 7 nov. 2007, art. 23)* **I. — Une source radioactive scellée est considérée comme périmée dix ans au plus tard après la date du premier enregistrement apposé sur le formulaire de fourniture ou, à défaut, après la date de sa première mise sur le marché, sauf prolongation accordée par l'autorité compétente.**

(Décr. n° 2015-231 du 27 févr. 2015, art. 1er) **« II. — Tout détenteur de sources radioactives scellées périmées ou en fin d'utilisation est tenu de les faire reprendre, quel**

que soit leur état, par un fournisseur qui y est habilité par l'autorisation prévue à l'article L. 1333-4.

« Les sources qui ne sont pas recyclables dans les conditions techniques et économiques du moment peuvent être reprises en dernier recours par l'Agence nationale pour la gestion des déchets radioactifs. Les frais afférents à la reprise de ces sources sont à la charge du détenteur.

« Si le détenteur fait reprendre ses sources par un autre fournisseur que celui d'origine ou si celles-ci sont reprises par l'Agence nationale pour la gestion des déchets radioactifs, il transmet, dans le délai d'un mois à compter de la réception de l'attestation de reprise délivrée par le repreneur, copie de cette attestation au fournisseur d'origine et à l'Institut de radioprotection et de sûreté nucléaire.

« III. – » Le fournisseur de sources radioactives scellées, de produits ou dispositifs en contenant, est dans l'obligation de récupérer, sans condition et sur simple demande, toute source scellée qu'il a distribuée, notamment lorsque cette source est périmée ou que son détenteur n'en a plus l'usage. Lorsque la source est utilisée dans un dispositif ou un produit, il est également tenu de le reprendre en totalité si le détenteur en fait la demande.

(Décr. nº 2015-231 du 27 févr. 2015, art. 1er) « Il déclare auprès de l'Autorité de sûreté nucléaire et de l'Institut de radioprotection et de sûreté nucléaire le défaut de restitution dans les délais requis, à lui-même, un autre fournisseur ou l'Agence nationale pour la gestion des déchets radioactifs, de toute source scellée qu'il a distribuée ou de produit ou dispositif en contenant.

« IV. – Tout fournisseur peut soit procéder ou faire procéder à l'élimination des sources reprises dans une installation autorisée à cet effet, soit les retourner à son fournisseur ou au fabricant. Il doit disposer d'un site d'entreposage, dans des conditions compatibles avec la protection de la santé et de l'environnement, d'une capacité suffisante pour recevoir des sources en fin d'utilisation pendant la période précédant leur élimination ou leur recyclage.

« V. – » La décision prise en vertu de l'article R. 1333-54-1 précise les conditions d'application du présent article.

En application des art. L. 231-5 et L. 231-6 CRPA, le silence gardé par l'administration pendant six mois vaut décision de rejet pour les demandes d'autorisation de prolongation de la durée d'utilisation d'une source radioactive (Décr. nº 2014-1273 du 30 oct. 2014, art. 1er et 2).

Art. R. 1333-53 *(Décr. nº 2007-1582 du 7 nov. 2007, art. 23)* Au titre du présent article, est considéré comme fournisseur celui qui :

1° Distribue des sources radioactives scellées, des produits ou dispositifs en contenant à un détenteur ou utilisateur final ;

2° Importe, en vue de leur distribution à un détenteur ou utilisateur final ou pour son usage propre, des sources radioactives scellées, des produits ou dispositifs en contenant, acquis auprès d'une entreprise étrangère ne détenant pas d'autorisation en application de l'article L. 1333-4 du code de la santé publique.

Avant toute importation, transfert entre États membres de la Communauté européenne, ou distribution de sources radioactives scellées ou de produits ou dispositifs en contenant, le fournisseur doit être en mesure de présenter la garantie financière prévue à l'article L. 1333-7. Les modalités de mise en œuvre et d'acquittement de cette garantie sont fixées par l'arrêté prévu à l'article R. 1333-54-2, à concurrence du montant fixé conformément à l'article R. 1333-54.

L'obligation du fournisseur de présenter une garantie financière dans les conditions fixées à l'alinéa précédent subsiste nonobstant la garantie financière dont pourraient bénéficier ces sources, produits ou dispositifs dans un autre État membre de la Communauté européenne.

Art. R. 1333-54 *(Décr. nº 2007-1582 du 7 nov. 2007, art. 24)* Le montant de la garantie financière exigée à l'article R. 1333-53 est établi sur la base d'un barème national qui définit, par famille de sources, un coût de reprise des sources radioactives scellées et des *produits ou dispositifs* en contenant. Les familles de sources radioactives *sont déterminées* en prenant en compte la nature du radionucléide, l'activité initiale de la source et l'existence ou l'absence d'une filière d'élimination en France.

Lorsque le fournisseur importe, transfère depuis un autre État membre ou distribue une seule famille de sources radioactives scellées et de produits ou dispositifs en contenant, le montant de la garantie financière exigée à l'article R. 1333-53 correspond au coût de reprise fixé par le barème national pour la famille de sources considérée multiplié par le nombre de sources radioactives qui devront être reprises aux utilisateurs.

Lorsque le fournisseur importe, transfère depuis un autre État membre ou distribue plusieurs familles de sources radioactives et de produits ou dispositifs en contenant, le montant de la garantie financière correspond à la somme des produits obtenus en application de l'alinéa précédent pour chaque famille de sources.

L'Autorité de sûreté nucléaire fait mettre en œuvre la garantie financière en cas de défaillance du fournisseur dans l'exécution de son obligation de reprise telle que prévue *(Décr. n° 2015-231 du 27 févr. 2015, art. 1er)* « à l'article R. 1333-52 ».

Art. R. 1333-54-1 *(Décr. n° 2007-1582 du 7 nov. 2007, art. 24)* Une décision de l'Autorité de sûreté nucléaire, homologuée par les ministres chargés de la santé et de l'environnement, définit les modalités d'application des dispositions de la présente section et en particulier celles qui concernent :

1° L'enregistrement des radionucléides et produits ou dispositifs en contenant mentionnés aux articles R. 1333-47 à R. 1333-49 ;

2° Les règles de suivi des sources radioactives et des produits ou dispositifs en contenant édictées à l'article R. 1333-50, compte tenu de leurs caractéristiques et de leur destination ;

3° Les règles générales selon lesquelles la publicité prévue à l'article L. 1333-14 peut être faite ainsi que les informations minimales qui doivent être portées sur les emballages de sources radioactives et de produits ou dispositifs en contenant ;

4° Les critères techniques sur lesquels reposent les prolongations accordées au titre de l'article R. 1333-52 ;

5° La reprise et l'élimination des sources prévues à l'article R. 1333-52 ;

6° L'identification et le marquage des sources scellées de haute activité ainsi que la nature des informations sur ces sources que le détenteur doit réunir.

Art. R. 1333-54-2 *(Décr. n° 2007-1582 du 7 nov. 2007, art. 24)* Un arrêté des ministres chargés de la santé et de l'économie, pris après avis de l'Autorité de sûreté nucléaire, de l'Agence nationale de gestion des déchets radioactifs et de l'Institut de radioprotection et de sûreté nucléaire, définit :

a) Les modalités de calcul du barème national de la garantie financière mentionnée à l'article R. 1333-54 ;

b) Les modalités de mise en œuvre et d'acquittement de cette garantie et les conditions transitoires associées pour ce qui concerne les sources distribuées avant la date de publication dudit arrêté.

SECTION V **PROTECTION DES PERSONNES EXPOSÉES À DES RAYONNEMENTS IONISANTS À DES FINS MÉDICALES OU MÉDICO-LÉGALES** *(Décr. n° 2007-1582 du 7 nov. 2007, art. 26)*.

SOUS-SECTION 1 **CHAMP D'APPLICATION**

Art. R. 1333-55 Les dispositions de la présente section s'appliquent :

1° Aux personnes exposées aux rayonnements ionisants à des fins médicales, à titre diagnostique ou thérapeutique, ou dans le cadre soit de la surveillance médicale professionnelle, soit d'un dépistage organisé d'une maladie déterminée ;

2° Aux personnes participant volontairement à des programmes de *(Décr. n° 2016-1537 du 16 nov. 2016, art. 23-I)* « recherche impliquant la personne humaine » ;

3° Aux personnes exposées lors de procédures médico-légales.

SOUS-SECTION 2 **APPLICATION DU PRINCIPE DE JUSTIFICATION DES EXPOSITIONS AUX RAYONNEMENTS IONISANTS**

Art. R. 1333-56 Pour l'application du principe mentionné au 1° de l'article L. 1333-1, toute exposition d'une personne à des rayonnements ionisants, dans un but diagnostique, thérapeutique, de médecine du travail ou de dépistage, fait l'objet d'une analyse préalable permettant de s'assurer que cette exposition présente un avantage médical direct suffisant au regard du risque qu'elle peut présenter et qu'aucune autre technique d'efficacité comparable comportant de moindres risques ou dépourvue d'un tel risque n'est disponible.

Pour les expositions aux rayonnements ionisants lors de programmes de recherche biomédicale et lors de procédures médico-légales, il est tenu compte des avantages pour la personne concernée par l'exposition et de ceux de la recherche médicale.

La justification d'une exposition aux rayonnements ionisants à des fins médicales et médico-légales s'appuie soit sur les recommandations de pratique clinique de *(Décr. n° 2007-1582 du 7 nov. 2007, art. 26)* « la Haute Autorité de santé », soit sur l'avis concordant d'experts formulé dans les conditions prévues à l'article R. 1333-70.

Dans le cas où une exposition n'est habituellement pas justifiée au regard des recommandations ou avis mentionnés ci-dessus mais où elle paraît cependant nécessaire pour un patient déterminé dans un cas particulier, le médecin prescripteur et le médecin réalisateur de l'acte indiquent les motifs la justifiant dans la demande d'examen et le compte rendu d'examen.

Art. R. 1333-57 Préalablement à la prescription et à la réalisation de l'acte, le médecin ou le chirurgien-dentiste procède à l'analyse mentionnée à l'article R. 1333-56. En cas de désaccord entre le praticien demandeur et le praticien réalisateur de l'acte, la décision appartient à ce dernier.

Art. R. 1333-58 Les examens de radioscopie effectués au moyen d'appareils sans intensification d'image ou de technique équivalente sont interdits.

Un arrêté du ministre chargé de la santé précise les modalités de mise hors service de ces appareils.

SOUS-SECTION 3 APPLICATION DU PRINCIPE D'OPTIMISATION LORS D'EXPOSITION AUX RAYONNEMENTS IONISANTS

Art. R. 1333-59 Pour l'application du principe mentionné au 2° de l'article L. 1333-1, sont mises en œuvre lors du choix de l'équipement, de la réalisation de l'acte, de l'évaluation des doses de rayonnements ou de l'activité des substances radioactives administrées des procédures et opérations tendant à maintenir la dose de rayonnements au niveau le plus faible raisonnablement possible. Sont applicables à ces procédures et opérations les obligations de maintenance et d'assurance de qualité, y compris le contrôle de qualité prévu à l'article L. 5212-1.

Art. R. 1333-60 Toute personne qui utilise les rayonnements ionisants à des fins médicales doit faire appel à une personne spécialisée d'une part en radiophysique médicale, notamment en dosimétrie, en optimisation, en assurance de qualité, y compris en contrôle de qualité, d'autre part en radioprotection des personnes exposées à des fins médicales.

La formation, les missions et les conditions d'intervention de la personne spécialisée en radiophysique médicale sont définies par arrêté du ministre chargé de la santé *(Décr. n° 2007-1582 du 7 nov. 2007, art. 26)* « , après avis de l'Autorité de sûreté nucléaire » selon le type d'installation, la nature des actes pratiqués et le niveau d'exposition.

Art. R. 1333-61 Lorsque l'exposition aux rayonnements ionisants concerne une femme en âge de procréer, le médecin demandeur et le médecin réalisateur de l'acte doivent rechercher s'il existe un éventuel état de grossesse.

Si la femme est en état de grossesse ou allaitante ou si l'éventualité d'une grossesse ne peut être exclue, une attention particulière doit être accordée par chacun d'entre eux à la justification de l'acte. Celle-ci doit être assurée en tenant compte de l'urgence, de l'exposition de la femme et de celle de l'enfant à naître.

Si, après justification, une exposition par des radionucléides est réalisée chez une femme en état de grossesse ou allaitante, ou si l'éventualité d'une grossesse ne peut être exclue, l'optimisation de l'acte tient compte de cet état.

Des conseils doivent, le cas échéant, être donnés à la femme pour suspendre l'allaitement pendant une durée adaptée à la nature des radionucléides utilisés.

Art. R. 1333-62 Les médecins pratiquant les actes de radiothérapie externe ou de curiethérapie déterminent, au cas par cas, les expositions des tissus et organes visés par le rayonnement, en maintenant au niveau le plus faible possible les doses reçues par les organes et tissus autres que ceux faisant directement l'objet du rayonnement.

Art. R. 1333-63 Pour les patients qui acceptent volontairement de se soumettre à une pratique de radiothérapie externe expérimentale, et qui devraient en retirer un avantage, le médecin réalisateur prévoit au cas par cas un niveau cible de dose.

Art. R. 1333-64 Pour les actes de médecine nucléaire à visée diagnostique, les médecins réalisateurs doivent mettre en œuvre les moyens nécessaires pour maintenir la quantité de radioactivité des produits administrés à la personne au niveau le plus faible possible compatible avec l'obtention d'une information de qualité.

Pour les actes de médecine nucléaire à visée thérapeutique, les expositions des tissus et organes sont déterminées au cas par cas, en veillant à ce que les doses susceptibles d'être reçues par les organes et tissus autres que ceux directement visés par l'exposition soient maintenues au niveau le plus faible possible, compatible avec le but thérapeutique et la nature du ou des radionucléides utilisés.

Avant de réaliser un acte diagnostique ou thérapeutique utilisant des radionucléides, le médecin doit donner au patient, sous forme orale et écrite, les conseils de radioprotection utiles pour l'intéressé, son entourage, le public et l'environnement. Il tient compte, pour la justification, l'optimisation et les conditions de réalisation de l'acte, des informations qui lui sont données sur la possibilité pour le patient de suivre ces conseils.

A l'issue d'un acte de médecine nucléaire à visée diagnostique ou thérapeutique, le médecin réalisateur fournit au patient ou à son représentant légal toutes informations adaptées et nécessaires pour limiter l'exposition aux rayonnements ionisants des personnes qui seront en contact avec lui. Ces informations comportent des éléments obligatoires définis par *(Décr. n° 2007-1582 du 7 nov. 2007, art. 26)* « décision de l'Autorité de sûreté nucléaire, homologuée par le ministre chargé de la santé ».

Art. R. 1333-65 Lorsqu'une exposition aux rayonnements ionisants à des fins médicales ne présente pas *(Décr. n° 2007-1582 du 7 nov. 2007, art. 26)* « d'avantage » médical direct pour la personne exposée, en particulier lors des expositions effectuées dans le cadre de la recherche *(Décr. n° 2007-1582 du 7 nov. 2007, art. 26)* « biomédicale », le médecin réalisant l'acte doit accorder une attention particulière à la justification et à l'optimisation de celui-ci, en déterminant notamment une dose maximale de rayonnement. Une mention relative à l'utilisation des rayonnements ionisants et à cette contrainte de dose doit figurer dans le document d'information prévu par l'article L. 1122-1.

Une contrainte de dose est également établie par le médecin ou le chirurgien-dentiste lors d'une exposition aux rayonnements ionisants des personnes qui, en connaissance de cause et de leur plein gré, en dehors de leur profession, participent au soutien et au réconfort de patients à l'occasion du diagnostic ou du traitement médical de ces derniers.

Art. R. 1333-66 Aucun acte exposant aux rayonnements ionisants ne peut être pratiqué sans un échange préalable d'information écrit entre le demandeur et le réalisateur de l'acte.

Le demandeur fournit au réalisateur les informations nécessaires à la justification de l'exposition demandée dont il dispose. Il précise notamment le motif, la finalité, les circonstances particulières de l'exposition envisagée, notamment l'éventuel état de grossesse, les examens ou actes antérieurement réalisés et toute information nécessaire au respect du principe mentionné au 2° de l'article L. 1333-1.

Le médecin réalisateur de l'acte indique sur un compte rendu les informations au vu desquelles il a estimé l'acte justifié, les procédures et les opérations réalisées ainsi que toute information utile à l'estimation de la dose reçue par le patient. *(Décr. n° 2007-1582 du 7 nov. 2007, art. 26)* « Une décision de l'Autorité de sûreté nucléaire, homologuée par le ministre chargé de la santé » précise la nature de ces informations.

SOUS-SECTION 4 **DISPOSITIONS DIVERSES**

Art. R. 1333-67 L'emploi des rayonnements ionisants sur le corps humain est réservé aux médecins et chirurgiens-dentistes réunissant les qualifications prévues *(Décr. nº 2007-1582 du 7 nov. 2007, art. 26)* « à l'article R. 1333-38 ».

Sous la responsabilité et la surveillance directe de ceux-ci, les manipulateurs en électroradiologie médicale peuvent exécuter les actes définis par le décret pris en application de l'article L. 4351-1.

Art. R. 1333-68 Les dispositifs médicaux exposant aux rayonnements ionisants et les dispositifs médicaux utilisés dans le cadre des expositions aux rayonnements ionisants doivent satisfaire aux dispositions réglementaires prises en application de l'article L. 5212-1.

Les médicaments et produits radiopharmaceutiques doivent être utilisés conformément aux articles L. 1333-2 et suivants.

Pour les examens exposant aux rayonnements ionisants les plus courants et pour les examens les plus irradiants, des niveaux de référence diagnostiques de dose sont fixés par arrêté du ministre chargé de la santé, pour des examens types sur des groupes de patients types ou sur des matériaux simulant le corps humain. Ces niveaux de référence sont constitués par des niveaux de dose pour des examens types de radiologie et par des niveaux de radioactivité de produits radiopharmaceutiques en médecine nucléaire diagnostique.

Le médecin ou le chirurgien-dentiste qui réalise un acte exposant aux rayonnements ionisants à des fins de diagnostic prend les mesures nécessaires pour ne pas dépasser les niveaux de référence diagnostiques.

Art. R. 1333-69 Les médecins ou chirurgiens-dentistes qui réalisent des actes établissent, pour chaque équipement, un protocole écrit pour chaque type d'acte de radiologie ou de médecine nucléaire diagnostique qu'ils effectuent de façon courante, en utilisant des guides de procédures prévus à l'article R. 1333-71. Ces protocoles écrits sont disponibles, en permanence, à proximité de l'équipement concerné.

Art. R. 1333-70 En liaison avec les professionnels et en s'appuyant soit sur les recommandations de pratiques cliniques établies par *(Décr. nº 2007-1582 du 7 nov. 2007, art. 26)* « la Haute Autorité de santé », conformément aux articles L. 1414-2 et L. 1414-3, soit sur l'avis concordant d'experts, *(Décr. nº 2007-1582 du 7 nov. 2007, art. 26)* « l'Autorité de sûreté nucléaire » établit et diffuse un guide de prescription des actes et examens courants exposant à des rayonnements ionisants. Ce guide contient notamment les niveaux de référence diagnostiques mentionnés à l'article R. 1333-68.

Il est périodiquement mis à jour en fonction de l'évolution des techniques et des pratiques et fait l'objet d'une diffusion auprès des prescripteurs et réalisateurs d'actes.

Art. R. 1333-71 Des guides de procédure de réalisation des actes exposant aux rayonnements ionisants sont publiés et mis à jour en fonction de l'état de la science.

Art. R. 1333-72 Les guides de prescription et de procédure de réalisation des actes prévus aux articles R. 1333-70 et R. 1333-71 doivent contenir des informations spécifiques pour :

– les actes concernant les enfants ;
– les actes concernant les femmes enceintes ;
– les actes de médecine nucléaire concernant les femmes qui allaitent ;
– les examens effectués dans le cadre d'un dépistage organisé des maladies mentionnées à l'article L. 1411-2.

Art. R. 1333-73 Conformément aux dispositions du 3º de l'article L. 1414-1, *(Décr. nº 2007-1582 du 7 nov. 2007, art. 26)* « la Haute Autorité de santé » définit, en liaison avec les professionnels, les modalités de mise en œuvre de l'évaluation des pratiques cliniques exposant les personnes à des rayonnements ionisants à des fins médicales. Elle favorise la mise en place d'audits cliniques dans ce domaine.

Art. R. 1333-74 *(Décr. nº 2007-1582 du 7 nov. 2007, art. 26)* Une décision de l'Autorité de sûreté nucléaire, homologuée par le ministre chargé de la santé, détermine les objectifs, la durée et le contenu des programmes de formation des professionnels de santé à la radioprotection des patients, prévue à l'article L. 1333-11 ainsi que les modalités de reconnaissance de formations équivalentes.

SECTION VI **SITUATION D'URGENCE RADIOLOGIQUE ET D'EXPOSITION DURABLE AUX RAYONNEMENTS IONISANTS** *(Décr. n° 2007-1582 du 7 nov. 2007, art. 27).*

SOUS-SECTION 1 **DISPOSITIONS GÉNÉRALES**

Art. R. 1333-75 Les dispositions de la présente section s'appliquent aux interventions mentionnées à l'article L. 1333-1, réalisées en situation d'urgence radiologique ou résultant d'une exposition durable aux rayonnements ionisants, telles que définies aux articles R. 1333-76 et R. 1333-77 *(Décr. n° 2007-1582 du 7 nov. 2007, art. 27)* « ou lors de la découverte d'une source radioactive orpheline ».

Art. R. 1333-76 *(Décr. n° 2005-1179 du 13 sept. 2005)* Il y a situation d'urgence radiologique lorsqu'un événement risque d'entraîner une émission de matières radioactives ou un niveau de radioactivité susceptibles de porter atteinte à la santé publique, notamment en référence aux limites et niveaux d'intervention fixés respectivement en application des articles R. 1333-8 et R. 1333-80.

Cet événement peut résulter :

1° D'un incident ou d'un accident survenant lors de l'exercice d'une activité nucléaire définie à l'article L. 1333-1, y compris le transport de substances radioactives ;

2° D'un acte de malveillance ;

3° D'une contamination de l'environnement détectée par le réseau de mesures de la radioactivité de l'environnement mentionné à l'article R. 1333-11 ;

4° D'une contamination de l'environnement portée à la connaissance de l'autorité compétente au sens des conventions ou accords internationaux, ou des décisions prises par la Communauté européenne en matière d'information en cas d'urgence radiologique.

Art. R. 1333-77 La situation d'exposition durable aux rayonnements ionisants est la conséquence soit des suites d'une situation d'urgence radiologique, soit de l'exercice, passé ou ancien, d'une activité nucléaire définie à l'article L. 1333-1 ou d'une des activités professionnelles mentionnées à l'article R. 1333-13.

Art. R. 1333-78 Les interventions mentionnées à l'article L. 1333-1 concernent :

1° La source de rayonnement, afin de réduire ou d'arrêter l'émission de rayonnements et la dispersion de radionucléides ;

2° L'environnement, afin de réduire ou d'arrêter la contamination des personnes et des biens par des substances radioactives ;

3° Les personnes, afin de réduire ou d'arrêter l'exposition et d'organiser le traitement des victimes.

SOUS-SECTION 2 **INTERVENTIONS EN SITUATION D'URGENCE RADIOLOGIQUE**

Art. R. 1333-79 En situation d'urgence radiologique, le responsable de l'activité nucléaire dont l'exercice est à l'origine de la situation prend les mesures qui lui incom*bent en* matière de sûreté nucléaire et de radioprotection, procède à une première évaluation des circonstances et des conséquences de la situation, met en œuvre, le cas échéant, le plan d'urgence interne et informe immédiatement les autorités compétentes de la survenance de l'incident ou de l'accident.

(Décr. n° 2005-1179 du 13 sept. 2005) « Dans les conditions prescrites par les plans de secours mentionnés à l'article L. 741-6 du code de la sécurité intérieure, le responsable de l'activité nucléaire dont l'exercice est à l'origine de la situation participe à la mise en œuvre des actions de protection décidées par les pouvoirs publics, notamment en informant sans délai les populations avoisinantes du risque couru. »

Art. R. 1333-80 En situation d'urgence radiologique, *(Décr. n° 2005-1179 du 13 sept. 2005)* « le préfet se tient prêt » à mettre en œuvre des actions de protection de la population dès lors que les prévisions d'exposition aux rayonnements ionisants et leurs conséquences sanitaires dépassent les niveaux d'intervention définis par *(Décr. n° 2007-1582 du 7 nov. 2007, art. 27)* « une décision de l'Autorité de sûreté nucléaire homologuée par le ministre chargé de la santé, et prise après avis de l'Institut de radioprotection et de sûreté nucléaire et de l'autorité compétente pour les activités et installations nucléaires intéressant la défense ».

Dans les conditions prévues à l'article R. 1333-81, le préfet décide de la mise en œuvre de tout ou partie des actions de protection en appréciant notamment si le préjudice associé à l'intervention n'est pas disproportionné par rapport au bénéfice attendu.

(Décr. n° 2005-1179 du 13 sept. 2005) « Le préfet informe immédiatement la population de la situation d'urgence radiologique, du comportement à adopter et des actions de protection sanitaire applicables. Un arrêté des ministres chargés de la santé, de l'intérieur et de la sécurité civile *(Décr. n° 2007-1582 du 7 nov. 2007, art. 27)* « , après avis de l'Autorité de sûreté nucléaire, » précise les conditions d'information de la population ainsi que le contenu et la fréquence des messages. »

Art. R. 1333-81 Compte tenu des informations fournies par le responsable de l'activité nucléaire en cause ou par les services de secours, le préfet déclenche et met en œuvre le ou les plans d'urgence prévus par la loi n° 87-565 du 22 juillet 1987 relative à l'organisation de la sécurité civile, à la protection de la forêt contre l'incendie et à la prévention des risques majeurs.

Il fait appel aux moyens d'évaluation mis à sa disposition par les départements ministériels compétents et les organismes placés sous leur tutelle *(Décr. n° 2007-1582 du 7 nov. 2007, art. 27)* « , et par l'Autorité de sûreté nucléaire, » tant au niveau local que national.

Ceux-ci lui fournissent, dans les meilleurs délais, les informations et les avis, notamment les informations concernant la répartition dans le temps et dans l'espace des substances radioactives susceptibles d'être dispersées et les expositions potentielles aux rayonnements ionisants en résultant pour les populations et les intervenants, lui permettant d'apprécier la situation et son évolution potentielle et de mettre en œuvre les mesures appropriées de protection des populations et des intervenants.

Les expositions aux rayonnements ionisants sont évaluées selon les modalités définies en application de l'article R. 1333-10.

Le préfet dirige les opérations de secours et assure l'information des populations. Pour satisfaire aux obligations internationales en matière de notification, d'échange d'informations et d'assistance, il informe *(Décr. n° 2005-1179 du 13 sept. 2005)* « les ministres chargés de la sûreté nucléaire et de la radioprotection » *(Décr. n° 2007-1582 du 7 nov. 2007, art. 27)* « et l'Autorité de sûreté nucléaire » de ses décisions. En liaison avec les départements ministériels concernés, il met en œuvre, le cas échéant, les accords bilatéraux avec les États frontaliers.

Art. R. 1333-82 Après toute situation d'urgence ayant entraîné un risque radiologique avéré pour la population, les conséquences de ce risque sont évaluées et enregistrées, notamment sous forme de bilans dosimétriques. Sont prises en considération les doses reçues par exposition externe et par incorporation pendant la durée de l'exposition, selon les modalités définies en application de l'article R. 1333-10.

L'efficacité de l'intervention est mesurée par différence entre ces bilans dosimétriques et les bilans analogues établis par les départements ministériels compétents et les organismes d'expertise placés sous leur tutelle en supposant une absence d'intervention. *(Décr. n° 2007-1582 du 7 nov. 2007, art. 27)* « Ces bilans sont transmis pour avis à l'Autorité de sûreté nucléaire. »

SOUS-SECTION 3 INTERVENANTS EN SITUATION D'URGENCE RADIOLOGIQUE

Art. R. 1333-83 *La présente sous-section* vise en tant qu'intervenants les différentes *catégories de* personnels susceptibles d'être engagés dans la gestion d'une situation d'urgence radiologique telle que définie à l'article R. 1333-76 ainsi que toutes les personnes agissant soit dans le cadre de conventions avec les pouvoirs publics, soit dans le cadre des réquisitions prévues *(Décr. n° 2007-1582 du 7 nov. 2007, art. 27)* « par l'article L. 742-2 du code de la sécurité intérieure, sous l'autorité du directeur des opérations de secours, notamment au titre des plans d'urgence et de secours prévus par cette loi. »

Art. R. 1333-84 En vue de déterminer leurs conditions de sélection, de formation et de surveillance médicale et radiologique, les intervenants sont classés en deux groupes :

— le premier groupe est composé des personnels formant les équipes spéciales d'intervention technique, médicale ou sanitaire préalablement constituées pour faire face à une situation d'urgence radiologique ;

— le second groupe est constitué des personnes n'appartenant pas à des équipes spéciales mais intervenant au titre des missions relevant de leur compétence.

Les femmes enceintes ou allaitant et les personnes âgées de moins de dix-huit ans ne peuvent être intégrées dans les équipes du premier groupe. Lorsque le risque d'exposition aux rayonnements ionisants est avéré, les femmes enceintes ou allaitant et les personnes âgées de moins de dix-huit ans du second groupe sont exclues du périmètre du danger radiologique.

Art. R. 1333-85 Les personnels appartenant au premier groupe font l'objet d'une surveillance radiologique et d'un contrôle d'aptitude médicale. Ils bénéficient d'une formation portant en particulier sur le risque associé à une exposition aux rayonnements ionisants. Ils disposent d'un équipement adapté à la nature particulière du risque radiologique lorsqu'ils sont engagés en opération.

Les personnes appartenant au second groupe bénéficient d'une information adaptée portant sur le risque associé à une exposition aux rayonnements ionisants.

Art. R. 1333-86 Pour une intervention en situation d'urgence radiologique identifiée, des niveaux de référence d'exposition individuelle, constituant des repères pratiques, exprimés en termes de dose efficace, sont fixés comme suit :

— la dose efficace susceptible d'être reçue par les personnels du groupe 1, pendant la durée de leurs missions, est de 100 millisieverts. Elle est fixée à 300 millisieverts lorsque l'intervention est destinée à protéger des personnes ;

— la dose efficace susceptible d'être reçue par les personnels du groupe 2 est de 10 millisieverts.

Un dépassement des niveaux de référence *(Abrogé par Décr. n° 2005-1179 du 13 sept. 2005) « du second groupe »* peut être admis exceptionnellement, afin de sauver des vies humaines, pour des intervenants volontaires et informés du risque que comporte leur intervention.

La dose efficace intègre l'ensemble des doses reçues par exposition interne et externe. Elle est évaluée selon les modalités définies en application de l'article R. 1333-10.

Les personnels appelés à intervenir doivent bénéficier de protections individuelles et être munis de dispositifs dosimétriques appropriés.

(Décr. n° 2005-1179 du 13 sept. 2005) « En aucun cas la dose efficace totalisée sur la vie entière d'un intervenant ne doit dépasser 1 sievert. »

Art. R. 1333-87 Après toute intervention ayant présenté un risque radiologique avéré, un bilan dosimétrique individuel et une surveillance médicale des intervenants, quel que soit le groupe auquel ils appartiennent, sont effectués. Les résultats en sont remis à chacun d'entre eux et consignés dans leur dossier médical.

Les expositions antérieures sont prises en compte pour se prononcer sur l'aptitude de la personne à exercer les missions relevant de sa compétence en application des réglementations propres à chaque catégorie d'intervenant.

Art. R. 1333-88 *(Décr. n° 2005-1179 du 13 sept. 2005)* Un arrêté pris par les ministres chargés de la santé, du travail, de l'intérieur et de la sécurité civile *(Décr. n° 2007-1582 du 7 nov. 2007, art. 27)* « , après avis de l'Autorité de sûreté nucléaire, » précise les modalités d'application des articles R. 1333-84 et R. 1333-85. Il énumère les catégories de personnels relevant de chacun des deux groupes mentionnés à l'article R. 1333-84 et fixe le contenu des actions de formation ou d'information, leur durée, leur périodicité et l'organisme qui en a la charge ainsi que les conditions d'une surveillance radiologique et du contrôle d'aptitude médicale des personnels appartenant au premier groupe.

SOUS-SECTION 4 INTERVENTIONS EN CAS D'EXPOSITION DURABLE

Art. R. 1333-89 Le responsable d'une activité nucléaire ou d'une activité professionnelle, passée ou ancienne, à l'origine d'un cas d'exposition durable de personnes à des rayonnements ionisants, est tenu de mettre en place un dispositif de surveillance des expositions et de procéder à un assainissement du site selon des modalités arrêtées par *(Décr. nº 2005-1179 du 13 sept. 2005)* « le préfet ». Il collabore à l'information des populations et à la mise en œuvre des mesures de protection décidées par *(Décr. nº 2005-1179 du 13 sept. 2005)* « le préfet ».

En l'absence de responsable connu ou solvable, les mêmes obligations peuvent être imposées au propriétaire du site.

Art. R. 1333-90 *(Décr. nº 2005-1179 du 13 sept. 2005)* En cas d'exposition durable de personnes aux rayonnements ionisants, le préfet met en œuvre *(Décr. nº 2007-1582 du 7 nov. 2007, art. 27)* « , après avis de l'Autorité de sûreté nucléaire, » une ou plusieurs des mesures suivantes :

1° Délimitation du périmètre à l'intérieur duquel il est procédé à la mise en œuvre de mesures pour réduire cette exposition ;

2° Mise en place d'un dispositif de surveillance des expositions et, si nécessaire, de surveillance épidémiologique des populations ;

3° Réglementation de l'accès ou de l'usage des terrains et des bâtiments situés dans le périmètre délimité ;

4° Restriction de la commercialisation ou de la consommation des denrées alimentaires et des eaux produites et distribuées à l'intérieur du périmètre délimité ;

(Décr. nº 2007-1582 du 7 nov. 2007, art. 27) « 5° Modalités de la prise en charge des matériaux contaminés ».

Un arrêté des ministres chargés de la santé, de l'agriculture et de l'environnement *(Décr. nº 2007-1582 du 7 nov. 2007, art. 27)* « , après avis de l'Autorité de sûreté nucléaire, » détermine les niveaux de dose à partir desquels ces actions sont mises en œuvre.

Le préfet informe sans délai la population concernée par un cas d'exposition durable sur le risque couru et sur les actions entreprises en application des alinéas précédents.

Art. R. 1333-91 Pour apprécier la situation et son évolution à long terme et mettre en place les mesures énoncées à l'article R. 1333-90, *(Décr. nº 2005-1179 du 13 sept. 2005)* « le préfet » bénéficie des moyens d'évaluation mis à sa disposition par les départements ministériels compétents et les organismes d'expertise placés sous leur tutelle *(Décr. nº 2007-1582 du 7 nov. 2007, art. 27 ; Décr. nº 2010-344 du 31 mars 2010, art. 49)* « , par l'agence régionale de santé et par l'Autorité de sûreté nucléaire ». Ceux-ci lui fournissent toutes informations et avis utiles, notamment les informations concernant la répartition dans le temps et dans l'espace des substances radioactives dispersées et les expositions aux rayonnements ionisants en résultant pour les populations et les personnes susceptibles d'intervenir.

Les expositions aux rayonnements ionisants sont évaluées selon les modalités définies en application de l'article R. 1333-10.

(Décr. nº 2005-1179 du 13 sept. 2005) « Le préfet prend, s'il y a lieu, les contacts nécessaires avec les autorités des États frontaliers. »

Art. R. 1333-92 Dans les situations d'exposition durable, si les doses estimées le justifient, les intervenants bénéficient de la protection accordée par la réglementation en vigueur aux travailleurs exposés aux rayonnements ionisants.

SOUS-SECTION 4 *[5]* SOURCES RADIOACTIVES ORPHELINES

(Décr. nº 2007-1582 du 7 nov. 2007, art. 27)

Art. R. 1333-93 Dans chaque département, le préfet, après avis de l'Autorité de sûreté nucléaire et de l'Agence nationale pour la gestion des déchets radioactifs, détermine les modalités de prise en charge des sources radioactives orphelines susceptibles d'y être découvertes ainsi que les actions à mener pour faire face à des situations d'urgence radiologique dues à ces sources.

Les mesures définies par le préfet doivent être compatibles avec les prescriptions du plan national de gestion des matières et déchets radioactifs telles qu'établies par le décret prévu au III de l'article L. 542-1-1 du code de l'environnement.

Après mise en sécurité du site où a été découverte une source orpheline, le préfet procède à la recherche de l'identité du détenteur final ou du fournisseur. Après avis de l'Autorité de sûreté nucléaire et, le cas échéant, de l'autorité compétente pour les activités et installations nucléaires intéressant la défense, il organise, en tant que de besoin, le transfert des sources radioactives orphelines vers un organisme autorisé à les recueillir, et fait appel aux conseils et aux moyens d'assistance technique mis à sa disposition par les départements ministériels compétents et aux organismes d'expertise placés sous leur tutelle.

Le préfet tient l'Autorité de sûreté nucléaire et, le cas échéant, l'autorité compétente pour les activités et installations nucléaires intéressant la défense informées des mesures qu'il compte prendre ou qu'il a prises pour assurer la mise en sécurité du site.

SOUS-SECTION 5 *[6]* DISPOSITIONS DIVERSES *(Décr. nº 2007-1582 du 7 nov. 2007, art. 27).*

Art. R. 1333-94 *(Décr. nº 2005-1179 du 13 sept. 2005)* Les compétences attribuées au préfet par la présente section sont exercées :

1º Par le préfet du département du lieu concerné ;

2º Par le préfet de police à Paris ;

3º Par le préfet maritime en mer,

ou, s'il y a lieu :

a. par le préfet désigné comme directeur des opérations de secours par le plan de secours ;

b. par le préfet désigné à cet effet par le Premier ministre en raison de la nature et de l'étendue des risques.

SECTION VII CONTRÔLE

(Décr. nº 2007-1582 du 7 nov. 2007, art. 28)

SOUS-SECTION 1 CONTRÔLE PAR LES ORGANISMES AGRÉÉS

Art. R. 1333-95 Sans préjudice des contrôles internes prévus à l'article R. 1333-7 et des contrôles prévus aux articles *(Décr. nº 2010-750 du 2 juill. 2010, art. 5-II)* « R. 4451-29, R. 4451-30 et R. 4451-32 » du code du travail et, le cas échéant, de ceux réalisés en application de l'article L. 521-21 du code de l'environnement, le chef d'établissement est tenu de faire contrôler par l'Institut de radioprotection et de sûreté nucléaire ou par un organisme agréé par l'Autorité de sûreté nucléaire :

1º L'efficacité de l'organisation et des dispositifs techniques qu'il a mis en place en application de l'article R. 1333-7 ;

2º Les règles qui ont été mises en place en application des articles R. 1333-45 à R. 1333-54 pour gérer les sources radioactives, scellées et non scellées, les produits ou dispositifs en contenant, ainsi que les appareils électriques émettant des rayonnements ionisants ;

3º Les règles techniques auxquelles doivent satisfaire la collecte, le traitement et l'élimination des effluents et des déchets contaminés par des radionucléides ou susceptibles de l'être du fait d'une activité nucléaire, définies en application de l'article R. 1333-12.

Art. R. 1333-96 Les contrôles réalisés par l'Institut de radioprotection et de sûreté nucléaire ou les organismes agréés mentionnés à l'article R. 1333-95 font l'objet de rapports écrits, mentionnant la date et la nature des vérifications, les noms et qualités des personnes les ayant effectuées ainsi que les éventuelles non-conformités relevées. Ces rapports sont transmis au titulaire de l'autorisation ou au déclarant de l'appareil ou de l'installation contrôlée ainsi qu'au chef d'établissement qui les conserve pendant dix ans. Ils sont tenus à la disposition des inspecteurs du travail et des inspecteurs de la radioprotection.

En cas de constat d'une non-conformité susceptible d'entraîner une exposition des personnes au-delà des limites réglementaires prévues à l'article R. 1333-8 ainsi qu'aux articles *(Décr. nº 2010-750 du 2 juill. 2010, art. 5-II)* « D. 4152-5, D. 4153-34, R. 4451-12 et R. 4451-13 » du code du travail, l'organisme qui a effectué le contrôle doit, sans délai, transmettre une recommandation motivée de placer hors service l'appareil ou l'installation contrôlée au titulaire de l'autorisation ou au déclarant de cet appareil ou de cette installation ainsi qu'au chef d'établissement. Cette recommandation est adressée par le chef d'établissement à l'inspecteur du travail, à l'Autorité de sûreté nucléaire *(Décr. nº 2010-344 du 31 mars 2010, art. 50)* « , au préfet et, pour les établissements de santé et les organismes responsables de services de santé, au directeur général de l'agence régionale de santé ». Le chef d'établissement précise les mesures qu'il compte prendre pour remédier à cette non-conformité.

Art. R. 1333-97 Une décision de l'Autorité de sûreté nucléaire homologuée par les ministres chargés de la santé et du travail définit, pour les organismes agréés :

1° La liste détaillée des informations à joindre à la demande d'agrément mentionnée à l'article R. 1333-95 et les modalités d'agrément de ces organismes ainsi que les modalités et fréquences des contrôles qu'il réalise ;

2° Les modalités de suspension des agréments des organismes de contrôle mentionnés à l'article R. 1333-95 ;

3° Les cas de non-conformité mentionnés à l'article R. 1333-96, ainsi que les modalités de leur déclaration.

Le dossier de demande d'agrément des organismes de contrôle comprend des informations sur l'organisme, son organisation, sa qualité, son activité, la qualification de ses personnels et sur les méthodes et matériels de mesure qu'il utilise. Le dossier est réputé complet si, dans un délai de deux mois à compter de sa réception, l'Autorité de sûreté nucléaire n'a pas sollicité la fourniture d'informations ou de documents complémentaires. Lorsque l'Autorité demande des informations ou documents complémentaires, ce délai est suspendu jusqu'à réception de ces informations ou documents. L'Autorité de sûreté nucléaire notifie sa décision dans un délai maximum de quatre mois à compter de la date à laquelle le dossier est réputé complet. L'absence de réponse dans ce délai vaut rejet de la demande.

SOUS-SECTION 2 INSPECTEURS DE LA RADIOPROTECTION

Art. R. 1333-98 Sont chargés du contrôle de l'application des dispositions du présent chapitre et des annexes 13-7 et 13-8 du présent code, qui en définissent les termes techniques et fixent les seuils d'exemption de déclaration ou d'autorisation, les inspecteurs de la radioprotection mentionnés aux articles L. 1333-17 et L. 1333-18.

Sur les définitions des termes utilisés en matière de protection contre les rayons ionisants, V. annexe 13-7 sur Dalloz.fr.

Art. R. 1333-99 Les inspecteurs de la radioprotection peuvent se faire communiquer, à leur demande, par le chef de l'établissement où sont préparées, fabriquées, détenues ou utilisées des sources de rayonnements ionisants justifiant une autorisation ou une déclaration mentionnée à l'article L. 1333-4, toute information utile permettant de justifier les mesures prises pour l'application des dispositions du présent chapitre. Une décision de l'Autorité de sûreté nucléaire, homologuée par les ministres chargés de la santé et du travail définit la nature des informations qui doivent être transmises aux inspecteurs de la radioprotection.

Art. R. 1333-100 I. — L'Autorité de sûreté nucléaire désigne, par décision, parmi ses agents, qu'ils soient affectés ou mis à sa disposition, les inspecteurs de la radioprotection mentionnés au 1° de l'article L. 1333-17.

II. — L'*Autorité de sûreté nucléaire* désigne, par décision prise après avis du ministre chargé des mines, les inspecteurs de la radioprotection mentionnés au 2° de l'article L. 1333-17. A défaut d'avis rendu par ce ministre dans un délai d'un mois, l'avis est réputé favorable.

III. — L'Autorité de sûreté nucléaire désigne, par décision prise après avis du ministre chargé de la santé, les inspecteurs de la radioprotection mentionnés au 3° de l'article

L. 1333-17. A défaut d'avis rendu par ce ministre dans un délai d'un mois, l'avis est réputé favorable.

Art. R. 1333-101 *(Décr. n° 2006-694 du 13 juin 2006, art. 1er ; Décr. n° 2007-1582 du 7 nov. 2007, art. 30)* La décision mentionnée à l'article R. 1333-100 précise, parmi les domaines suivants, ceux qui se rattachent au champ de compétence du service ou de l'établissement dont relève l'agent et dans lesquels il peut procéder en qualité d'inspecteur de la radioprotection aux contrôles prévus à l'article L. 1333-17 :

1° Utilisation industrielle des rayonnements ionisants ;

2° Utilisation médicale des rayonnements ionisants ;

3° Utilisation des rayonnements ionisants autre que celles destinées à l'industrie et à la médecine.

Art. R. 1333-102 *(Décr. n° 2006-694 du 13 juin 2006, art. 1er)* Les inspecteurs de la radioprotection mentionnés à l'article L. 1333-18 sont désignés :

(Décr. n° 2017-539 du 13 avr. 2017, art. 16) « 1° Par arrêté du ministre de la défense, sur proposition du délégué à la sûreté nucléaire et à la radioprotection pour les installations et activités intéressant la défense mentionné à l'article R.* 1333-67-5 du code de la défense, pour les installations et activités nucléaires intéressant la défense mentionnées à l'article L. 1333-15 du code de la défense ; »

2° Par arrêté du ministre de la défense pour l'inspection des autres installations intéressant la défense, pour lesquelles s'applique l'article *(Décr. n° 2010-750 du 2 juill. 2010, art. 5-II)* « R. 8111-12 » du code du travail.

Art. R. 1333-103 *(Décr. n° 2006-694 du 13 juin 2006, art. 1er ; Décr. n° 2007-1582 du 7 nov. 2007, art. 30)* Les demandes de désignation mentionnées à l'article R. 1333-100 sont transmises pour avis à l'Autorité de sûreté nucléaire :

1° Pour les services départementaux de l'État, par le préfet du département dont relève l'agent ;

2° Pour les services régionaux de l'État, par le préfet de la région dont relève l'agent ;

3° Pour les services centraux de l'État, par le directeur d'administration centrale dont relève l'agent ;

4° Pour les établissements publics, par le directeur ou le chef d'établissement dont relève l'agent ;

5° Pour les services de l'État dans les régions et départements d'outre-mer, par le préfet de région ;

6° Pour les services de l'État dans la collectivité territoriale de Saint-Pierre-et-Miquelon, par le préfet.

Art. R. 1333-104 Avant de procéder à une désignation, les autorités mentionnées à l'article R. 1333-100 ou à l'article R. 1333-102 vérifient que l'expérience professionnelle et les connaissances juridiques et techniques de l'agent en matière de radioprotection dans un ou plusieurs domaines mentionnés à l'article R. 1333-101 sont adaptées à l'exercice des missions qui lui seront confiées.

A cette fin, l'agent produit à l'appui de sa demande de désignation tous les justificatifs utiles à l'appréciation de ses qualifications et compétences, ainsi que l'avis motivé de son chef de service relatif aux nécessités du service de disposer d'un agent chargé de l'inspection de la radioprotection. Des justificatifs ou renseignements complémentaires peuvent être demandés par les autorités compétentes mentionnées aux articles R. 1333-100 et R. 1333-102.

Art. R. 1333-105 *(Décr. n° 2006-694 du 13 juin 2006, art. 1er)* Les autorités mentionnées à l'article *(Décr. n° 2007-1582 du 7 nov. 2007, art. 30)* « R. 1333-100 » ou à l'article *(Décr. n° 2007-1582 du 7 nov. 2007, art. 30)* « R. 1333-102 » statuent sur la demande de désignation dans un délai de six mois à compter de la réception d'un dossier complet incluant l'avis motivé du chef de service mentionné à l'article *(Décr. n° 2007-1582 du 7 nov. 2007, art. 30)* « R. 1333-104 ». Le silence gardé à l'expiration de ce délai vaut rejet de la demande.

(Décr. n° 2007-1582 du 7 nov. 2007, art. 30) « La décision et l'arrêté de désignation mentionnés respectivement aux articles R. 1333-100 et R. 1333-102 sont notifiés à l'intéressé et publiés, selon le cas, aux Bulletins officiels de l'Autorité de sûreté

nucléaire, du ministère chargé de la santé, du ministère chargé des mines *(Décr. n° 2017-539 du 13 avr. 2017, art. 17)* « ou du ministère de la défense ». »

Art. R. 1333-106 L'Autorité de sûreté nucléaire délivre à chaque agent désigné en application de l'article R. 1333-100 une carte professionnelle précisant son domaine de compétence. – *[Anc. art. R. 1333-54-7.]*

Art. R. 1333-107 *(Décr. n° 2006-694 du 13 juin 2006, art. 1er)* Pour l'exercice de leur mission, les inspecteurs de la radioprotection désignés en application de l'article *(Décr. n° 2007-1582 du 7 nov. 2007, art. 30)* « R. 1333-102 » sollicitent leur habilitation au secret de la défense nationale dans les conditions prévues aux articles R. 2311-7 et R. 2311-8 du code de la défense relatifs à la protection du secret de la défense nationale.

Art. R. 1333-108 Le *(Décr. n° 2015-159 du 11 févr. 2015, art. 7-III)* « délégué à la sûreté nucléaire et à la radioprotection pour les installations et activités intéressant la défense mentionné à l'article R.* 1333-67-5 du code de la défense » délivre à chaque agent désigné en application de l'article R. 1333-102 une carte professionnelle précisant son domaine de compétence.

SOUS-SECTION 3 ÉVÉNEMENTS, INCIDENTS ET ACCIDENTS

Art. R. 1333-109 *(Décr. n° 2010-457 du 4 mai 2010)* « I. – En application de l'article L. 1333-3, la personne responsable d'une activité nucléaire déclare à l'Autorité de sûreté nucléaire ainsi qu'au préfet tout incident ou accident ayant entraîné ou susceptible d'entraîner une exposition individuelle ou collective à des rayonnements ionisants supérieure aux limites prescrites par les dispositions du présent chapitre.

« Dans le cas d'exposition de patients aux rayonnements ionisants à des fins médicales, les professionnels de santé participant au traitement ou au suivi de ces patients, ayant connaissance d'un incident ou d'un accident lié à cette exposition, en font la déclaration sans délai à l'Autorité de sûreté nucléaire et au directeur de l'agence régionale de santé territorialement compétente. Le directeur général de l'agence régionale de santé en informe immédiatement le préfet dans les conditions prévues à l'article L. 1435-1.

« II. – Les événements ou incidents mentionnés au I sont qualifiés d'événements significatifs. »

(Décr. n° 2007-1582 du 7 nov. 2007, art. 31 ; Décr. n° 2010-457 du 4 mai 2010) « III. – La personne responsable d'une activité nucléaire fait procéder à l'analyse des événements significatifs afin de prévenir de futurs événements, incidents ou accidents. »

Art. R. 1333-110 La perte ou le vol de radionucléides sous forme de sources radioactives, produits ou dispositifs en contenant ainsi que tout fait susceptible d'engendrer une dissémination radioactive, tout incident ou accident ayant pour résultat l'exposition non intentionnelle d'une personne ou tout événement susceptible d'avoir endommagé une source doivent être immédiatement déclarés au préfet du département du lieu de survenance par le chef d'établissement. Celui-ci indique également les mesures qu'il a prises pour assurer la protection des personnes. Le préfet informe l'Autorité de sûreté nucléaire ou le *(Décr. n° 2015-159 du 11 févr. 2015, art. 7-IV)* « délégué à la sûreté nucléaire et à la radioprotection pour les installations et activités intéressant la défense » et l'Institut de radioprotection et de sûreté nucléaire.

(Décr. n° 2010-344 du 31 mars 2010, art. 50) « Lorsque la perte ou le vol concerne un établissement de santé ou un organisme responsable d'un service de santé, la déclaration doit en outre être adressée au directeur général de l'agence régionale de santé. »

Art. R. 1333-111 Une décision de l'Autorité de sûreté nucléaire, homologuée par le ministre de la santé, précise les critères permettant de considérer un événement ou un incident comme un événement significatif. Cette décision précise les modalités de leur déclaration à l'Autorité de sûreté nucléaire et les modalités de leur analyse.

SECTION VIII HOMOLOGATION DES DÉCISIONS TECHNIQUES DE L'AUTORITÉ DE SÛRETÉ NUCLÉAIRE

(Décr. n° 2007-1582 du 7 nov. 2007, art. 32)

Art. R. 1333-112 L'homologation de décisions de l'Autorité de sûreté nucléaire prévues au présent chapitre est prononcée dans les conditions suivantes.

Le président de l'Autorité de sûreté nucléaire adresse la décision au ministre chargé de la santé qui la transmet, le cas échéant, aux autres ministres intéressés.

Lorsque ce ou ces ministres sont favorables à l'homologation, le ministre chargé de la santé notifie à l'Autorité de sûreté nucléaire, dans un délai de trois mois à compter de la date de réception de la décision, suivant le cas, son arrêté, ou l'arrêté pris conjointement avec les autres ministres intéressés, homologuant cette décision.

Lorsque l'un de ces ministres refuse l'homologation, le ministre chargé de la santé notifie à l'Autorité de sûreté nucléaire, dans le même délai, la décision de refus motivée.

Passé le délai mentionné ci-dessus, l'homologation est réputée acquise en l'absence d'arrêté.

CHAPITRE IV LUTTE CONTRE LA PRÉSENCE DE PLOMB OU D'AMIANTE ET CONTRE LES NUISANCES SONORES *(Décr. n° 2006-1099 du 31 août 2006, art. 1er).*

SECTION PREMIÈRE LUTTE CONTRE LA PRÉSENCE DE PLOMB

SOUS-SECTION 1 SIGNALEMENT DES CAS DE SATURNISME ET DES RISQUES D'EXPOSITION AU PLOMB DES PERSONNES MINEURES – PRESCRIPTION ET CONTRÔLE DES TRAVAUX

(Décr. n° 2006-474 du 25 avr. 2006, art. 1er)

Art. R. 1334-1 Le signalement des cas de saturnisme dans les conditions prévues à l'article L. 1334-1 est régi par les dispositions des articles R. 3113-4 et R. 3113-5. La fiche de signalement est conforme au modèle défini par arrêté du ministre chargé de la santé.

Art. R. 1334-2 L'enquête environnementale mentionnée à l'article L. 1334-1 vise à rechercher les sources de plomb dans l'environnement du mineur, afin de déterminer l'origine de l'intoxication. Le médecin ayant reçu le signalement d'un cas de saturnisme chez une personne mineure communique au *(Décr. n° 2010-344 du 31 mars 2010, art. 51)* « directeur général de l'agence régionale de santé » les informations nécessaires permettant de procéder à l'enquête environnementale prévue à l'article L. 1334-1.

Art. R. 1334-3 Constitue un risque d'exposition au plomb au sens de l'article L. 1334-1 le fait qu'un immeuble ou partie d'immeuble construit avant le 1er janvier 1949 comporte des revêtements dégradés et qu'il est habité ou fréquenté régulièrement par un mineur. Le signalement du risque d'exposition au plomb pour un mineur est adressé au préfet par tout moyen avec mention de l'adresse de l'immeuble concerné.

Art. R. 1334-4 Le diagnostic mentionné à l'article L. 1334-1 identifie les éléments de construction comportant un revêtement dégradé, précise la concentration en plomb de ces revêtements et la méthode d'analyse utilisée pour la mesurer et décrit l'état de conservation des revêtements contenant du plomb, selon un protocole précisé par un arrêté conjoint des ministres chargés du logement et de la santé.

Art. R. 1334-5 Les travaux prévus par l'article *[les articles]* L. 1334-2 et L. 1334-9 consistent à mettre en place des matériaux de recouvrement sur les revêtements dégradés contenant du plomb mis en évidence lors du diagnostic et incluent, le cas échéant, le remplacement de certains éléments de construction et les travaux nécessaires pour supprimer les causes immédiates de la dégradation des revêtements.

Les travaux ne doivent pas entraîner de dissémination nuisible de poussières de plomb.

Art. R. 1334-6 Le préfet notifie les conclusions du diagnostic et l'injonction de travaux par lettre recommandée avec demande d'avis de réception au propriétaire ou au syndicat des copropriétaires ou à l'exploitant du local d'hébergement.

Art. R. 1334-7 Lorsque le préfet fait exécuter les travaux en application du dernier alinéa de l'article L. 1334-2, il établit un état des frais de réalisation des travaux et, le cas échéant, de l'hébergement provisoire des occupants. Il émet le titre de perception correspondant revêtu de la formule exécutoire, à l'encontre des personnes mentionnées au deuxième alinéa de l'article L. 1334-2.

Art. R. 1334-8 Les contrôles après travaux prévus à l'article L. 1334-3 comprennent :

1° Une inspection des lieux permettant de vérifier la réalisation des travaux prescrits ;

2° Une analyse des poussières prélevées sur le sol permettant de mesurer le niveau de contamination des locaux.

A l'issue des travaux, la concentration en plomb des poussières au sol, par unité de surface, ne doit pas excéder un seuil défini par arrêté conjoint des ministres chargés du logement et de la santé. Cet arrêté détermine également les modalités de réalisation des contrôles.

Art. R. 1334-9 *(Décr. n° 2010-344 du 31 mars 2010, art. 51)* L'agrément mentionné au dernier alinéa de l'article L. 1334-1 pour les activités de diagnostic et de contrôle est délivré par le directeur général de l'agence régionale de santé au vu des compétences du demandeur en matière d'utilisation des appareils de mesure du plomb dans les revêtements et de techniques de prélèvement des écailles et poussières. Lorsque l'agrément a pour objet la réalisation de diagnostics, le demandeur doit en outre répondre aux conditions fixées à l'article L. 271-6 du code de la construction et de l'habitation et des textes pris pour son application.

L'agrément mentionné au dernier alinéa de l'article L. 1334-4 pour la réalisation de travaux est délivré par le préfet au vu des compétences du demandeur en matière de réalisation de travaux, de maîtrise d'œuvre ou d'assistance à maîtrise d'ouvrage, de travaux de réhabilitation en présence de peintures contenant du plomb et de conduite de ces mêmes travaux dans des locaux occupés.

SOUS-SECTION 2 CONSTAT DE RISQUE D'EXPOSITION AU PLOMB

(Décr. n° 2006-474 du 25 avr. 2006, art. 1er)

Art. R. 1334-10 L'auteur du constat de risque d'exposition au plomb établi en application de l'article L. 1334-5 identifie les éléments comportant un revêtement, précise la concentration en plomb de ces revêtements et la méthode d'analyse utilisée pour la mesurer et décrit l'état de conservation des revêtements contenant du plomb, selon un protocole précisé par un arrêté conjoint des ministres chargés du logement et de la santé. Il consigne, le cas échéant, dans le rapport du constat la liste des facteurs de dégradation du bâti mentionnés à l'article L. 1334-5 qu'il a relevés.

Lorsque l'auteur du constat transmet une copie du constat au *(Décr. n° 2010-344 du 31 mars 2010, art. 51)* « directeur général de l'agence régionale de santé » en application de l'article L. 1334-10, il en informe le propriétaire, le syndicat des copropriétaires ou l'exploitant du local d'hébergement.

Art. R. 1334-11 *(Décr. n° 2006-1114 du 5 sept. 2006, art. 4-II)* Le constat de risque d'exposition au plomb est dressé par une personne répondant aux conditions de l'article L. 271-6 du code de la construction et de l'habitation.

Pour l'application de l'article L. 1334-7, le constat de risque d'exposition au plomb doit avoir été établi depuis moins de six ans à la date de signature du contrat de location. *Sa validité n'est toutefois pas limitée* dans le temps si le constat atteste l'absence de revêtements contenant du plomb ou indique une concentration de plomb dans des revêtements inférieure aux seuils définis par l'arrêté prévu par le même article L. 1334-7.

Art. R. 1334-12 L'information des occupants et des personnes amenées à exécuter des travaux prévue par l'article L. 1334-9 est réalisée par la remise d'une copie du constat de risque d'exposition au plomb par le propriétaire ou l'exploitant du local d'hébergement.

Le constat de risque d'exposition au plomb est tenu par le propriétaire ou l'exploitant du local d'hébergement à disposition des agents ou services mentionnés *(Décr. nº 2010-344 du 31 mars 2010, art. 51)* « aux articles L. 1421-1 et L. 1435-7 » ainsi que, le cas échéant, des agents chargés du contrôle de la réglementation du travail et des agents des services de prévention des organismes de sécurité sociale.

SOUS-SECTION 3 TRAVAUX À RISQUE

(Décr. nº 2006-474 du 25 avr. 2006, art. 1er)

Art. R. 1334-13 Sont présumés à risque au sens de l'article L. 1334-11 les travaux réalisés dans un logement ou immeuble construit avant le 1er janvier 1949, qui sont à l'origine d'émission de poussières et dès lors que les mesures de protection des occupants sont insuffisantes.

La présomption de risque est levée lorsqu'un constat de risque d'exposition au plomb atteste que les revêtements concernés par les travaux ne contiennent pas de plomb à des concentrations supérieures aux seuils définis par l'arrêté mentionné à l'article L. 1334-2 ou lorsqu'une analyse de poussières telle que définie au 2° de l'article R. 1334-8 conclut à une concentration en plomb des poussières au sol n'excédant pas le seuil mentionné dans cet article.

Le préfet établit l'état des dépenses qu'il a engagées au titre des mesures conservatoires mentionnées à l'article L. 1334-11 et émet un titre de perception correspondant revêtu de la formule exécutoire à l'encontre du propriétaire, du syndicat de copropriétaires ou de l'exploitant du local d'hébergement défaillant.

SECTION II PRÉVENTION DES RISQUES LIÉS À L'AMIANTE DANS LES IMMEUBLES BÂTIS

(Décr. nº 2011-629 du 3 juin 2011, art. 1er)

Art. R. 1334-14 I. — Les articles de la présente section s'appliquent, sauf disposition contraire, aux immeubles bâtis dont le permis de construire a été délivré avant le 1er juillet 1997, qu'ils appartiennent à des personnes privées ou publiques.

II. — Dans cette section, on entend par les termes "le propriétaire" :

1° Pour les immeubles mentionnés à l'article R. 1334-15, le ou les propriétaires de l'immeuble bâti ;

2° Pour les parties privatives d'immeubles mentionnées à l'article R. 1334-16, le ou les propriétaires de la partie privative ;

3° Pour les immeubles mentionnés à l'article R. 1334-17, le ou les propriétaires de l'immeuble, ou, en cas de copropriété, le syndicat des copropriétaires ;

4° Pour les immeubles mentionnés à l'article R. 1334-18, le ou les propriétaires de l'immeuble, ou le syndicat des copropriétaires en cas de copropriété.

III. — A défaut que le ou les propriétaires mentionnés au 4° du II du présent article aient pu être identifiés, les obligations leur incombant en application des dispositions de la présente section sont à la charge du ou des exploitants de l'immeuble.

IV. — Les listes A, B et C de matériaux et produits susceptibles de contenir de l'amiante, mentionnées dans la présente section, sont détaillées à l'annexe 13-9 du présent code.

Sur la protection de la population contre les risques sanitaires liés à une exposition à l'amiante dans les immeubles bâtis, V. Décr. nº 2011-629 du 3 juin 2011, art. 4 à 10.

SOUS-SECTION 1 OBLIGATIONS DES PROPRIÉTAIRES DE TOUT OU PARTIE D'IMMEUBLES BÂTIS EN MATIÈRE DE REPÉRAGE

Art. R. 1334-15 Les propriétaires d'immeubles d'habitation ne comportant qu'un seul logement font réaliser, pour constituer l'état prévu à l'article L. 1334-13 en cas de vente, un repérage des matériaux et produits des listes A et B contenant de l'amiante.

Art. R. 1334-16 Les propriétaires des parties privatives d'immeubles collectifs d'habitation y font réaliser un repérage des matériaux et produits de la liste A contenant de l'amiante.

Ils font également réaliser un repérage des matériaux et produits de la liste B contenant de l'amiante, pour constituer l'état prévu à l'article L. 1334-13 en cas de vente.

Art. R. 1334-17 Les propriétaires des parties communes d'immeubles collectifs d'habitation y font réaliser un repérage des matériaux et produits des listes A et B contenant de l'amiante.

Art. R. 1334-18 Les propriétaires des immeubles bâtis autres que ceux mentionnés aux articles R. 1334-15 à R. 1334-17 y font réaliser un repérage des matériaux et produits des listes A et B contenant de l'amiante.

Art. R. 1334-19 Les propriétaires des immeubles bâtis mentionnés à l'article R. 1334-14 font réaliser, préalablement à la démolition de ces immeubles, un repérage des matériaux et produits de la liste C contenant de l'amiante.

SOUS-SECTION 2 ÉTABLISSEMENT DES REPÉRAGES ET RAPPORTS DE REPÉRAGE

Art. R. 1334-20 I. – On entend par "repérage des matériaux et produits de la liste A contenant de l'amiante" la mission qui consiste à :

1° Rechercher la présence des matériaux et produits de la liste A accessibles sans travaux destructifs ;

2° Identifier et localiser les matériaux et produits qui contiennent de l'amiante ;

3° Évaluer l'état de conservation des matériaux et produits contenant de l'amiante.

II. – Lorsque la recherche révèle la présence de matériaux ou produits de la liste A, et si un doute persiste sur la présence d'amiante dans ces matériaux ou produits, un ou plusieurs prélèvements de matériaux ou produits sont effectués par la personne réalisant la recherche. Ces prélèvements font l'objet d'analyses selon les modalités définies à l'article R. 1334-24.

III. – A l'issue du repérage, la personne qui l'a réalisé établit un rapport de repérage qu'elle remet au propriétaire contre accusé de réception.

IV. – En fonction du résultat de l'évaluation de l'état de conservation, le rapport de repérage préconise :

1° Soit une évaluation périodique de l'état de conservation des matériaux et produits contenant de l'amiante mentionnés au I ;

2° Soit une mesure d'empoussièrement dans l'air ;

3° Soit des travaux de confinement ou de retrait de l'amiante.

V. – Un arrêté conjoint des ministres chargés de la construction, de la santé et du travail précise les critères d'évaluation de l'état de conservation des matériaux et produits et le contenu du rapport de repérage.

Sur les programmes de repérage de l'amiante, V. annexe 13-9 🏛.

Art. R. 1334-21 I. – On entend par "repérage des matériaux et produits de la liste B contenant de l'amiante" la mission qui consiste à :

1° Rechercher la présence des matériaux et produits de la liste B accessibles sans travaux destructifs ;

2° Identifier et localiser les matériaux et produits qui contiennent de l'amiante ;

3° Évaluer l'état de conservation des matériaux et produits contenant de l'amiante et leur risque de dégradation lié à leur environnement.

II. – Lorsque la recherche révèle la présence de matériaux ou produits de la liste B et si un doute persiste sur la présence d'amiante dans ces matériaux ou produits, un ou plusieurs prélèvements de matériaux ou produits sont effectués par la personne réalisant la recherche. Ces prélèvements font l'objet d'analyses selon les modalités définies à l'article R. 1334-24.

III. – A l'issue du repérage, la personne qui l'a réalisé établit un rapport de repérage qu'elle remet au propriétaire contre accusé de réception.

IV. – Si l'état de certains matériaux ou produits contenant de l'amiante est dégradé ou présente un risque de dégradation rapide, le rapport de repérage émet des recommandations de gestion adaptées aux besoins de protection des personnes.

V. – Un arrêté conjoint des ministres chargés de la construction, de la santé et du travail précise les critères d'évaluation de l'état de conservation des matériaux et produits et du risque de dégradation lié à l'environnement ainsi que le contenu du rapport de repérage.

Sur les programmes de repérage de l'amiante, V. annexe 13-9, ss. l'art. R. 13334-20 .

Art. R. 1334-22 I. – On entend par "repérage des matériaux et produits de la liste C contenant de l'amiante" la mission qui consiste à :

1° Rechercher la présence des matériaux et produits de la liste C ;

2° Rechercher la présence de tout autre matériau et produit réputé *[réputés]* contenir de l'amiante dont la personne qui effectue le repérage aurait connaissance ;

3° Identifier et localiser les matériaux et produits qui contiennent de l'amiante.

II. – Lorsque la recherche révèle la présence de matériaux ou produits de la liste C ou de tout autre matériau et produit réputé *[réputés]* contenir de l'amiante et si un doute persiste sur la présence d'amiante dans ces matériaux ou produits, un ou plusieurs prélèvements de matériaux ou produits sont effectués par la personne réalisant la recherche. Ces prélèvements font l'objet d'analyses selon les modalités définies à l'article R. 1334-24.

III. – A l'issue du repérage, la personne qui l'a réalisé établit un rapport de repérage qu'elle remet au propriétaire contre accusé de réception.

IV. – Un arrêté conjoint des ministres chargés de la construction, de la santé et du travail précise notamment le contenu du rapport de repérage.

V. note ss. art. R. 1334-21.

SOUS-SECTION 3 COMPÉTENCES DES PERSONNES ET DES ORGANISMES QUI EFFECTUENT LES REPÉRAGES, LES MESURES D'EMPOUSSIÈREMENT ET LES ANALYSES DES MATÉRIAUX ET PRODUITS

Art. R. 1334-23 Les repérages prévus aux articles R. 1334-20 à R. 1334-22 ainsi que l'évaluation périodique de l'état de conservation prévue à l'article R. 1334-27 et l'examen visuel prévu à l'article R. 1334-29-3 sont réalisés par des personnes répondant aux conditions posées par les dispositions de l'article L. 271-6 du code de la construction et de l'habitation.

Lorsque le résultat de l'évaluation de l'état de conservation conduit aux préconisations prévues au *[aux]* 2° ou 3° du IV de l'article R. 1334-20, la personne ayant effectué le repérage des matériaux et produits de la liste A dans un immeuble bâti mentionné à l'article R. 1334-17 ou à l'article R. 1334-18 transmet une copie du rapport de repérage au préfet du département du lieu d'implantation de l'immeuble bâti. Un arrêté des ministres chargés de la construction et de la santé précise les modalités de cette transmission.

Comme prévu à l'article R. 271-2-1 du code de la construction et de l'habitation, les personnes mentionnées au premier alinéa adressent aux ministres chargés de la construction et de la santé un rapport annuel d'activité.

Art. R. 1334-24 Les analyses de matériaux et produits susceptibles de contenir de l'amiante sont réalisées par un organisme accrédité répondant aux exigences définies par un arrêté du ministre chargé de la santé. Cet arrêté précise notamment les compétences des personnes chargées d'effectuer les analyses et les méthodes qui doivent être mises en œuvre pour vérifier la présence d'amiante dans le matériau ou le produit.

Les organismes accrédités adressent au ministre chargé de la santé un rapport d'activité portant sur l'année écoulée, dont les modalités et le contenu sont définis par arrêté du ministre chargé de la santé.

Art. R. 1334-25 Les mesures d'empoussièrement dans l'air comprennent l'activité de prélèvement d'air et celle d'analyse et de comptage des fibres d'amiante. Elles sont réalisées selon des modalités définies par arrêté des ministres chargés de la construction, de la santé et du travail.

Ces mesures sont réalisées par des organismes accrédités qui adressent au ministre chargé de la santé un rapport annuel d'activité. Un arrêté des ministres chargés de la santé et du travail définit les modalités et conditions d'accréditation de ces organismes, notamment les compétences des personnes chargées d'effectuer les mesures ainsi que le contenu et les conditions de transmission du rapport annuel d'activité.

SOUS-SECTION 4 OBLIGATIONS ISSUES DES RÉSULTATS DES REPÉRAGES

Art. R. 1334-26 Les articles de la présente sous-section s'appliquent aux propriétaires des immeubles bâtis mentionnés aux articles R. 1334-16 à R. 1334-18.

Art. R. 1334-27 Le propriétaire met en œuvre les préconisations mentionnées à l'article R. 1334-20 selon les modalités suivantes :

1° L'évaluation périodique de l'état de conservation des matériaux et produits de la liste A contenant de l'amiante est effectuée dans un délai maximal de trois ans à compter de la date de remise au propriétaire du rapport de repérage ou des résultats de la dernière évaluation de l'état de conservation ou à l'occasion de toute modification substantielle de l'ouvrage ou de son usage. La personne ayant réalisé cette évaluation en remet les résultats au propriétaire contre accusé de réception ;

2° La mesure d'empoussièrement dans l'air est effectuée dans les conditions définies à l'article R. 1334-25, dans un délai de trois mois à compter de la date de remise au propriétaire du rapport de repérage ou des résultats de la dernière évaluation de l'état de conservation. L'organisme qui réalise les prélèvements d'air remet les résultats des mesures d'empoussièrement au propriétaire contre accusé de réception ;

3° Les travaux de confinement ou de retrait de l'amiante sont mis en œuvre selon les modalités prévues à l'article R. 1334-29.

Art. R. 1334-28 Si le niveau d'empoussièrement mesuré dans l'air en application de l'article R. 1334-27 est inférieur ou égal à la valeur de cinq fibres par litre, le propriétaire fait procéder à l'évaluation périodique de l'état de conservation des matériaux et produits de la liste A contenant de l'amiante prévue à l'article R. 1334-20, dans un délai maximal de trois ans à compter de la date de remise des résultats des mesures d'empoussièrement ou à l'occasion de toute modification substantielle de l'ouvrage ou de son usage.

Si le niveau d'empoussièrement mesuré dans l'air en application de l'article R. 1334-27 est supérieur à cinq fibres par litre, le propriétaire fait procéder à des travaux de confinement ou de retrait de l'amiante selon les modalités prévues à l'article R. 1334-29.

Art. R. 1334-29 Les travaux de retrait ou de confinement mentionnés à la présente sous-section sont achevés dans un délai de trente-six mois à compter de la date à laquelle sont remis au propriétaire le rapport de repérage ou les résultats des mesures d'empoussièrement ou de la dernière évaluation de l'état de conservation.

Pendant la période précédant les travaux, des mesures conservatoires appropriées sont mises en œuvre afin de réduire l'exposition des occupants et de la maintenir au niveau le plus bas possible, et, dans tous les cas, à un niveau d'empoussièrement inférieur à cinq fibres par litre. Les mesures conservatoires ne doivent conduire à aucune sollicitation des matériaux et produits concernés par les travaux.

Le propriétaire informe le préfet du département du lieu d'implantation de l'immeuble concerné, dans un délai de deux mois à compter de la date à laquelle sont remis le rapport de repérage ou les résultats des mesures d'empoussièrement ou de la dernière évaluation de l'état de conservation, des mesures conservatoires mises en œuvre, et, dans un délai de douze mois, des travaux à réaliser et de l'échéancier proposé.

Art. R. 1334-29-1 Dans les communes présentant des zones naturellement amiantifères, il peut être dérogé aux obligations de mesures d'empoussièrement et, le cas échéant, de travaux prévus aux articles R. 1334-27 et R. 1334-28 ainsi qu'aux obligations de mesures d'empoussièrement à l'issue des travaux, prévues à l'article R. 1334-29-3. La liste des *communes concernées et les modalités* de cette dérogation sont *définies, le cas échéant*, par arrêté des ministres chargés de l'environnement et de la santé, pris après avis du Haut Conseil de la santé publique.

Art. R. 1334-29-2 I. — Par dérogation aux dispositions de l'article R. 1334-29, le délai d'achèvement des travaux peut, à la demande du propriétaire, être prorogé pour les travaux concernant les immeubles de grande hauteur mentionnés à l'article

R. 122-2 du code de la construction et de l'habitation et les établissements recevant du public définis à l'article R. 123-2 de ce même code, classés de la première à la troisième catégorie au sens de l'article R. 123-19, lorsque les matériaux et produits de la liste A contenant de l'amiante y ont été utilisés à des fins de traitement généralisé.

II. – La demande de prorogation doit être adressée par le propriétaire au préfet du département du lieu d'implantation de l'immeuble, dans un délai de vingt-sept mois à compter de la date de remise du rapport de repérage ou des résultats des mesures d'empoussièrement ou de l'évaluation de l'état de conservation qui ont conclu à la nécessité de réaliser des travaux, sauf lorsque des circonstances imprévisibles, dûment justifiées, ne permettent pas le respect de ce délai.

III. – La prorogation est accordée, pour une durée maximale de trente-six mois, par arrêté du préfet pris après avis du Haut Conseil de la santé publique, en tenant compte des risques spécifiques à l'immeuble ou à l'établissement concerné, de l'occupation du site et des mesures conservatoires mises en œuvre en application du deuxième alinéa de l'article R. 1334-29. Le silence gardé pendant plus de quatre mois par le préfet vaut décision de rejet de la demande.

IV. – La prorogation peut être renouvelée une fois dans les mêmes conditions et pour la durée strictement nécessaire au vu des éléments transmis au préfet, lorsque, du fait de circonstances exceptionnelles, les travaux ne peuvent être achevés dans les délais fixés par la première prorogation.

En application des art. L. 231-5 et L. 231-6 CRPA et par exception à l'application du délai de deux mois prévu à l'art. L. 231-1 du même code, le délai à l'expiration duquel le silence gardé par l'administration vaut acceptation est de six mois pour les demandes de dérogation aux dispositions de l'art. R. 1334-29 afin d'obtenir la prorogation des délais d'achèvement des travaux concernant les immeubles de grande hauteur mentionnés à l'art. R. 122-2 CCH et les établissements recevant du public définis à l'art. R. 123-2 de ce même code, classés de la 1re à la 3e catégorie au sens de l'art. R. 123-19, lorsque les matériaux et produits de la liste A de l'amiante y ont été utilisés à des fins de traitement généralisé (Décr. no 2014-1287 du 23 oct. 2014, art. 1er).

Art. R. 1334-29-3 **I. – A l'issue des travaux de retrait ou de confinement de matériaux et produits de la liste A mentionnés à l'article R. 1334-29, le propriétaire fait procéder par une personne mentionnée au premier alinéa de l'article R. 1334-23, avant toute restitution des locaux traités, à un examen visuel de l'état des surfaces traitées. Il fait également procéder, dans les conditions définies à l'article R. 1334-25, à une mesure du niveau d'empoussièrement dans l'air après démantèlement du dispositif de confinement. Ce niveau doit être inférieur ou égal à cinq fibres par litre. L'organisme qui réalise les prélèvements d'air remet les résultats des mesures d'empoussièrement au propriétaire contre accusé de réception.**

II. – Si les travaux ne conduisent pas au retrait total des matériaux et produits de la liste A contenant de l'amiante, il est procédé à une évaluation périodique de l'état de conservation de ces matériaux et produits résiduels dans les conditions prévues par l'arrêté mentionné à l'article R. 1334-20, dans un délai maximal de trois ans à compter de la date à laquelle sont remis les résultats du contrôle ou à l'occasion de toute modification substantielle de l'ouvrage ou de son usage.

III. – Lorsque des travaux de retrait ou de confinement de matériaux ou produits de la liste B contenant de l'amiante sont effectués à l'intérieur de bâtiments occupés ou fréquentés, le propriétaire fait procéder, avant toute restitution des locaux traités, à l'examen visuel et à la mesure du niveau d'empoussièrement dans l'air mentionnée au premier alinéa du présent article.

SOUS-SECTION 5 CONSTITUTION ET COMMUNICATION DES DOCUMENTS ET INFORMATIONS RELATIFS À LA PRÉSENCE D'AMIANTE

Art. R. 1334-29-4 **I. – Les propriétaires des parties privatives d'immeubles collectifs d'habitation constituent, conservent et actualisent un dossier intitulé "dossier amiante – parties privatives" comprenant les informations et documents suivants :**

1° Le rapport de repérage des matériaux et produits de la liste A contenant de l'amiante ;

2° Le cas échéant, la date, la nature, la localisation et les résultats des évaluations périodiques de l'état de conservation, des mesures d'empoussièrement, des travaux de

retrait ou de confinement de matériaux et produits de la liste A contenant de l'amiante ou des mesures conservatoires mises en œuvre.

II. — Le "dossier amiante — parties privatives" mentionné au I ci-dessus est :

1° Tenu par le propriétaire à la disposition des occupants des parties privatives concernées. Ceux-ci sont informés de l'existence et des modalités de consultation de ce dossier ;

2° Communiqué par le propriétaire à toute personne physique ou morale appelée à organiser ou effectuer des travaux dans l'immeuble bâti. Une attestation écrite de cette communication est conservée par les propriétaires ;

3° Communiqué par le propriétaire aux personnes suivantes, sur leur demande et dans le cadre de leurs attributions respectives :

a) Agents ou services mentionnés au premier alinéa de l'article L. 1312-1, à l'article L. 1421-1 et au troisième alinéa de l'article L. 1422-1 ;

b) Inspecteurs et contrôleurs du travail ;

c) Agents du service de prévention des organismes de sécurité sociale ;

d) Agents du ministère chargé de la construction mentionnés à l'article L. 151-1 du code de la construction et de l'habitation.

Art. R. 1334-29-5 I. — Les propriétaires mentionnés aux articles R. 1334-17 et R. 1334-18 constituent et conservent un dossier intitulé "dossier technique amiante" comprenant les informations et documents suivants :

1° Les rapports de repérage des matériaux et produits des listes A et B contenant de l'amiante ;

2° Le cas échéant, la date, la nature, la localisation et les résultats des évaluations périodiques de l'état de conservation, des mesures d'empoussièrement, des travaux de retrait ou de confinement de matériaux et produits contenant de l'amiante et des mesures conservatoires mises en œuvre ;

3° Les recommandations générales de sécurité à l'égard de ces matériaux et produits, notamment *[les]* procédures d'intervention, y compris les procédures de gestion et d'élimination des déchets ;

4° Une fiche récapitulative.

Le "dossier technique amiante" est tenu à jour par le propriétaire et intègre les éléments relatifs aux matériaux et produits contenant de l'amiante découverts à l'occasion de travaux ou d'opérations d'entretien.

Un arrêté conjoint des ministres chargés de la construction, de la santé et du travail précise les modalités d'application du présent article et définit le contenu de la fiche récapitulative et les recommandations générales de sécurité mentionnés aux 3° et 4° du présent I.

II. — Le "dossier technique amiante" mentionné au I est :

1° Tenu par le propriétaire à la disposition des occupants de l'immeuble bâti concerné, des employeurs, des représentants du personnel et des médecins du travail lorsque l'immeuble comporte des locaux de travail. Ces personnes sont informées des modalités de consultation du dossier ;

2° Communiqué par le propriétaire aux personnes et instances suivantes, sur leur demande et dans le cadre de leurs attributions respectives :

a) Agents ou services mentionnés au premier alinéa de l'article L. 1312-1, aux articles L. 1421-1 et L. 1435-7 et au deuxième alinéa de l'article L. 1422-1 ;

b) Inspecteurs et contrôleurs du travail ;

c) Inspecteurs d'hygiène et sécurité ;

d) Agents du service de prévention des organismes de sécurité sociale et de l'organisme professionnel de prévention du bâtiment et des travaux publics ;

e) Agents du ministère chargé de la construction mentionnés à l'article L. 151-1 du code de la construction et de l'habitation ;

f) Inspecteurs de la jeunesse et des sports ;

g) Personnes chargées de l'inspection des installations classées et des installations nucléaires de base mentionnées à l'article L. 514-5 du code de l'environnement ;

h) Commission consultative départementale de sécurité et d'accessibilité ;

i) Toute personne physique ou morale appelée à effectuer des travaux dans l'immeuble bâti.

Le propriétaire conserve une attestation écrite de la communication du dossier à ces personnes.

III. — La fiche récapitulative du "dossier technique amiante" est communiquée par le propriétaire dans un délai d'un mois après sa constitution ou sa mise à jour aux occupants de l'immeuble bâti et, si cet immeuble comporte des locaux de travail, aux employeurs.

Art. R. 1334-29-6 Le rapport du repérage des matériaux et produits de la liste C contenant de l'amiante prévu à l'article R. 1334-22 est communiqué à toute personne physique ou morale appelée à organiser ou effectuer des travaux de démolition dans l'immeuble.

Art. R. 1334-29-7 L'état mentionnant la présence ou l'absence de matériaux et produits contenant de l'amiante prévu à l'article L. 1334-13 est constitué :

1° Dans le cas de vente d'immeubles d'habitation ne comportant qu'un seul logement : du rapport de repérage des matériaux et produits des listes A et B contenant de l'amiante ;

2° Dans le cas de vente de tout ou partie d'immeubles collectifs d'habitation :

a) Des rapports de repérage des matériaux et produits des listes A et B contenant de l'amiante relatifs aux parties privatives, objet de la vente ;

b) De la fiche récapitulative relative aux parties communes du "dossier technique amiante" mentionné à l'article R. 1334-29-5 ;

3° Dans le cas de vente d'autres immeubles : de la fiche récapitulative du "dossier technique amiante" mentionné à l'article R. 1334-29-5.

SOUS-SECTION 6 INTERVENTION DU REPRÉSENTANT DE L'ÉTAT DANS LE DÉPARTEMENT

Art. R. 1334-29-8 En application du 1° de l'article L. 1334-15, en cas d'inobservation des obligations de repérage définies aux articles R. 1334-17 à R. 1334-19, de réalisation de mesures d'empoussièrement, de surveillance de l'état de conservation des matériaux, de mise en œuvre de mesures conservatoires, de réalisation de travaux de retrait ou de confinement ou de transmission d'information, le préfet peut prescrire au propriétaire de tout ou partie d'un immeuble collectif d'habitation mentionné à l'article R. 1334-17 ou d'un immeuble bâti mentionné à l'article R. 1334-18 de mettre en œuvre ces obligations dans des délais qu'il fixe.

Art. R. 1334-29-9 I. — En application du 2° de l'article L. 1334-15, le préfet peut exiger la réalisation, aux frais du propriétaire de l'immeuble, d'une expertise ayant pour objet de vérifier que les mesures envisagées ou mises en œuvre au titre des obligations mentionnées au 1° du même article sont adaptées et de déterminer les éventuelles mesures complémentaires nécessaires. Cette expertise est effectuée par un organisme expert indépendant sélectionné par le propriétaire en accord avec le préfet et avec le directeur général de l'agence régionale de santé.

II. — L'expertise mentionnée au I peut notamment porter sur :

1° La vérification du respect des obligations de repérage, de surveillance et de mesures d'empoussièrement ;

2° La vérification de la conformité à la réglementation des rapports et des documents constitués ;

3° La vérification du caractère approprié et de la mise en œuvre des éventuelles mesures conservatoires ;

4° L'évaluation de la pertinence des travaux proposés et, le cas échéant, la vérification des conditions de leur mise en œuvre ;

5° L'évaluation de la pertinence des échéanciers de travaux proposés ;

6° L'émission de recommandations relatives notamment à :

a) La réalisation de repérages ou de mesures d'empoussièrement complémentaires ;

b) La mise en place de mesures conservatoires complémentaires.

III. — Lorsque l'expertise mentionnée au présent article s'accompagne de repérages de matériaux et produits contenant de l'amiante, de mesures d'empoussièrement ou d'analyses de matériaux, l'organisme les fait réaliser par des personnes et organismes disposant des qualifications mentionnées aux articles R. 1334-23 à R. 1334-25.

SECTION III *[ABROGÉE]* LUTTE CONTRE LE BRUIT

(Abrogée par Décr. n° 2017-1244 du 7 août 2017, art. 1er) (Décr. n° 2006-1099 du 31 août 2006, art. 1er)

BIBL. ▸ Dict. perm. Environnement et nuisances. Étude « Bruit », *Éd. législatives.*

Art. R. 1334-30 (Abrogé par Décr. n° 2017-1244 du 7 août 2017, art. 1er) ***Les dispositions des articles R. 1334-31 à R. 1334-37 s'appliquent à tous les bruits de voisinage*[,] *à l'exception de ceux qui proviennent des infrastructures de transport et des véhicules qui y circulent, des aéronefs, des activités et installations particulières de la défense nationale, des installations nucléaires de base, des installations classées pour la protection de l'environnement ainsi que des ouvrages des réseaux publics et privés de transport et de distribution de l'énergie électrique soumis à la réglementation prévue à l'article 19 de la loi du 15 juin 1906 sur les distributions d'énergie.***

Lorsqu'ils proviennent de leur propre activité ou de leurs propres installations, sont également exclus les bruits perçus à l'intérieur des mines, des carrières, de leurs dépendances et des établissements mentionnés à l'article L. 231-1 [L. 4111-1 s.] ***du code du travail.***

Art. R. 1334-31 (Abrogé par Décr. n° 2017-1244 du 7 août 2017, art. 1er) ***Aucun bruit particulier ne doit, par sa durée, sa répétition ou son intensité, porter atteinte à la tranquillité du voisinage ou à la santé de l'homme, dans un lieu public ou privé, qu'une personne en soit elle-même à l'origine ou que ce soit par l'intermédiaire d'une personne, d'une chose dont elle a la garde ou d'un animal placé sous sa responsabilité.***

Conv. EDH. Les art. R. 1334-31 et R. 1337-7, dont les termes sont suffisamment clairs et précis, ne sont pas contraires aux art. 6 et 7 Conv. EDH. • Crim. 7 oct. 2008, n° 08-80.852.

Ancien art. R. 1334-32 (Abrogé par Décr. n° 2017-1244 du 7 août 2017, art. 1er) ***Lorsque le bruit mentionné à l'article R. 1334-31 a pour origine une activité professionnelle autre que l'une de celles mentionnées à l'article R. 1334-36 ou une activité sportive, culturelle ou de loisir, organisée de façon habituelle ou soumise à autorisation, et dont les conditions d'exercice relatives au bruit n'ont pas été fixées par les autorités compétentes, l'atteinte à la tranquillité du voisinage ou à la santé de l'homme est caractérisée si l'émergence globale de ce bruit perçu par autrui, telle que définie à l'article R. 1334-33, est supérieure aux valeurs limites fixées au même article.***

Lorsque le bruit mentionné à l'alinéa précédent, perçu à l'intérieur des pièces principales de tout logement d'habitation, fenêtres ouvertes ou fermées, est engendré par des équipements d'activités professionnelles, l'atteinte est également caractérisée si l'émergence spectrale de ce bruit, définie à l'article R. 1334-34, est supérieure aux valeurs limites fixées au même article.

Toutefois, l'émergence globale et, le cas échéant, l'émergence spectrale ne sont recherchées que lorsque le niveau de bruit ambiant mesuré, comportant le bruit particulier, est supérieur à 25 dB (A) si la mesure est effectuée à l'intérieur des pièces principales d'un logement d'habitation, fenêtres ouvertes ou fermées, ou à 30 dB (A) dans les autres cas.

1. Activités sportives. Il appartient aux fédérations sportives d'édicter les règles générales relatives au bruit émis par les véhicules terrestres à moteur participant à des manifestations organisées dans des lieux non ouverts à la circulation publique et, le cas échéant, au ministre de l'Intérieur ou au préfet de département, lors de la procédure d'homologation des circuits de vitesse et d'autorisation des concentrations et manifestations, de définir les conditions d'exercice spécifiques relatives au bruit de ces manifestations ; il s'ensuit que les riverains ne peuvent utilement se prévaloir des dispositions des art. R. 1334-30 à R. 1337-10-1. • CE 11 *janv. 2008, Assoc. Vigilance nature environnement Bresse-Revermont* et a., n° 303726. ♦ A propos de l'aménagement d'un court de tennis créant une nuisance sonore revêtant un caractère grave et spécial pour deux riverains et justifiant qu'ils soient indemnisés. • CE 16 déc. 2013, *M. et Mme B.*, n° 355077. ♦ V. aussi à propos d'un « skate-park » créé en centre ville. • CAA Marseille, 3 avr. 2017, n° 15MA03230.

2. Cloches. Le fait que les cloches d'une église sonnent toutes les heures entre 21 h et 7 h du matin, et le restant de la journée deux fois l'heure et tous les quarts d'heure, crée une nuisance sonore entre 20 h et 8 h ; en s'abstenant de tenir compte du caractère excessif du bruit produit par les sonneries en cause, le maire a violé la loi. • CAA Nancy, 5 déc. 2011, n° 10NC01532. ♦ Inversement, pour des cloches *sonnant* les heures et les demi-heures de 7 h à 19 h ainsi que l'angélus et la sonnerie de midi. • CAA Nantes, 21 févr. 2014, n° 12NT00123. ♦ La décision du maire ayant pour objet de réglementer les conditions de fonctionnement d'une activité exercée par une association de ball-trap a le caractère d'une mesure individuelle de police et non d'un acte réglementaire ; il en résulte que sont irrecevables les moyens tirés de la méconnaissance de l'art. 7 de la Charte envir. et de l'art. L. 120-1 C. envir., faute de définition des zones géographiques autorisées pour la pratique du ball-trap. • CAA Nantes, 29 mars 2017, n° 16NT00436.

3. Autres bruits. Sont constitutifs d'un trouble manifestement illicite (C. pr. civ., art. 809, al. 1er) les criaillements de paons domestiques durant la saison des amours. • Civ. 2e, 4 juill. 2013, n° 12-23.276. ♦ V. à propos de séances de ball-trap qui, malgré l'émergence sonore de certains tirs excédant la norme réglementaire, ne constituent ni un trouble excédant les inconvénients normaux de voisinage, ni un trouble manifestement illicite. • Civ. 2e, 18 avr. 2013, n° 12-19.865. ♦ Commet une faute le maire qui se borne à saisir le juge des référés et le préfet au lieu de prendre lui-même les mesures appropriées pour faire cesser les nuisances sonores engendrées par l'activité d'un studio d'enregistrement. • CAA Versailles, 9 avr. 2013, n° 12VE02010. ♦ ... Ou le maire qui s'abstient trois ans durant de remédier aux nuisances sonores liées à l'activité autorisée de bar de nuit, se bornant à prendre un arrêté temporaire d'interdiction de stationnement inefficace. • CAA Nantes, 31 mai 2016, n° 14NT02117.

4. Indépendance des législations. Les art. R. 1334-32 et R. 1334-34 n'ont ni pour objet ni pour effet de définir le contenu de l'étude d'impact imposée par le code de l'environnement dans le cadre d'un projet d'aménagement ou de construction. • CAA Lyon, 2 févr. 2014, *Assoc. Chambaran sans éolienne industrielle*, n° 13LY00156 : *AJDA 2014. 1190* • CAA Douai, 19 mai 2016, n° 14DA01461. ♦ La décision du maire ayant pour objet de réglementer les conditions de fonctionnement d'une activité exercée par une association de ball-trap a le caractère d'une mesure individuelle de police et non d'un acte réglementaire ; il en résulte que sont irrecevables les moyens tirés de la méconnaissance de l'art. 7 de la Charte de l'environnement et de l'art. L. 120-1 C. envir., faute de définition des zones géographiques autorisées pour la pratique du ball-trap. • CAA Nantes 29 mars 2017, n° 16NT00436 : *Lebon.*

5. Contrôle juridictionnel. Une autorisation d'ouverture nocturne d'un restaurant conduisant à dépasser les limites prescrites par l'art. R. 1334-32 est illégale (contrôle normal). • CE 4 nov. 2016, *M. et Mme A.*, n° 386694. ♦ Dans le sens du contrôle restreint d'un permis de construire. • CAA Nancy, 13 mars 2014, n° 13NC01069.

Art. R. 1334-33 (Abrogé par Décr. n° 2017-1244 du 7 août 2017, art. 1er) ***L'émergence globale dans un lieu donné est définie par la différence entre le niveau de bruit ambiant, comportant le bruit particulier en cause, et le niveau du bruit résiduel constitué par l'ensemble des bruits habituels, extérieurs et intérieurs, correspondant à l'occupation normale des locaux et au fonctionnement habituel des équipements, en l'absence du bruit particulier en cause.***

Les valeurs limites de l'émergence sont de 5 dB (A) en période diurne (de 7 heures à 22 heures) et de 3 dB (A) en période nocturne (de 22 heures à 7 heures), valeurs auxquelles s'ajoute un terme correctif en dB (A), fonction de la durée cumulée d'apparition du bruit particulier :

1° Six pour une durée inférieure ou égale à 1 minute, la durée de mesure du niveau de bruit ambiant étant étendue à 10 secondes lorsque la durée cumulée d'apparition du bruit particulier est inférieure à 10 secondes ;

2° Cinq pour une durée supérieure à 1 minute et inférieure ou égale à 5 minutes ;

3° Quatre pour une durée supérieure à 5 minutes et inférieure ou égale à 20 minutes ;

4° Trois pour une durée supérieure à 20 minutes et inférieure ou égale à 2 heures ;

5° Deux pour une durée supérieure à 2 heures et inférieure ou égale à 4 heures ;

6° Un pour une durée supérieure à 4 heures et inférieure ou égale à 8 heures ;

7° Zéro pour une durée supérieure à 8 heures.

Art. R. 1334-34 (Abrogé par Décr. n° 2017-1244 du 7 août 2017, art. 1er) ***L'émergence spectrale est définie par la différence entre le niveau de bruit ambiant dans une bande d'octave normalisée, comportant le bruit particulier en cause, et le niveau de bruit résiduel dans la même bande d'octave, constitué par l'ensemble des bruits habituels, extérieurs et intérieurs, correspondant à l'occupation normale des locaux mentionnés au deuxième alinéa de l'article R. 1334-32, en l'absence du bruit particulier en cause.***

Les valeurs limites de l'émergence spectrale sont de 7 dB dans les bandes d'octave normalisées centrées sur 125 Hz et 250 Hz et de 5 dB dans les bandes d'octave normalisées centrées sur 500 Hz, 1 000 Hz, 2 000 Hz et 4 000 Hz.

Art. R. 1334-35 (Abrogé par Décr. n° 2017-1244 du 7 août 2017, art. 1er) ***Les mesures de bruit mentionnées à l'article R. 1334-32 sont effectuées selon les modalités définies par arrêté des ministres chargés de la santé, de l'écologie et du logement.***

Art. R. 1334-36 (Abrogé par Décr. n° 2017-1244 du 7 août 2017, art. 1er) *Si le bruit mentionné à l'article R. 1334-31 a pour origine un chantier de travaux publics ou privés, ou des travaux intéressant les bâtiments et leurs équipements soumis à une procédure de déclaration ou d'autorisation, l'atteinte à la tranquillité du voisinage ou à la santé de l'homme est caractérisée par l'une des circonstances suivantes :*

1° Le non-respect des conditions fixées par les autorités compétentes en ce qui concerne soit la réalisation des travaux, soit l'utilisation ou l'exploitation de matériels ou d'équipements ;

2° L'insuffisance de précautions appropriées pour limiter ce bruit ;

3° Un comportement anormalement bruyant.

Caractérisation. L'appréciation d'un comportement anormalement bruyant au sens de l'art. R. 1334-36 n'est pas subordonnée à sa constatation par l'autorité administrative, d'autant que cela revient à remettre en question l'appréciation souveraine, par les juges du fond, des faits et circonstances de la cause, ainsi que des éléments de preuve contradictoirement débattus. • Crim. 25 oct. 2016, n° 15-85.431.

Art. R. 1334-37 (Abrogé par Décr. n° 2017-1244 du 7 août 2017, art. 1er) *Lorsqu'elle a constaté l'inobservation des dispositions prévues aux articles R. 1334-32 à R. 1334-36, l'autorité administrative compétente peut prendre une ou plusieurs des mesures prévues au II de l'article L. 571-17 du code de l'environnement, dans les conditions déterminées aux II et III du même article.*

CHAPITRE V POLLUTIONS ATMOSPHÉRIQUES ET DÉCHETS

SECTION PREMIÈRE DÉCHETS D'ACTIVITÉS DE SOINS À RISQUES INFECTIEUX ET ASSIMILÉS

SOUS-SECTION 1 DISPOSITIONS GÉNÉRALES (*Décr. n° 2010-1263 du 22 oct. 2010, art. 1er*).

Art. R. 1335-1 Les déchets d'activités de soins sont les déchets issus des activités de diagnostic, de suivi et de traitement préventif, curatif ou palliatif, dans les domaines de la médecine humaine et vétérinaire.

Parmi ces déchets, sont soumis aux dispositions de la présente section ceux qui :

1° Soit présentent un risque infectieux, du fait qu'ils contiennent des micro-organismes viables ou leurs toxines, dont on sait ou dont on a de bonnes raisons de croire qu'en raison de leur nature, de leur quantité ou de leur métabolisme, ils causent la maladie chez l'homme ou chez d'autres organismes vivants ;

2° Soit, même en l'absence de risque infectieux, relèvent de l'une des catégories suivantes :

a) Matériels et matériaux piquants ou coupants destinés à l'abandon, qu'ils aient été ou non en contact avec un produit biologique ;

b) Produits sanguins à usage thérapeutique incomplètement utilisés ou arrivés à péremption ;

c) Déchets anatomiques humains, correspondant à des fragments humains non aisément identifiables.

(*Décr. n° 2016-1590 du 24 nov. 2016, art. 1er*) « Sont assimilés aux déchets d'activités de soins, pour l'application des dispositions de la présente section, les déchets issus des activités d'enseignement, de recherche et de production industrielle dans les domaines de la médecine humaine et vétérinaire, ainsi que ceux issus des activités de thanatopraxie, des activités de chirurgie esthétique, des activités de tatouage par effraction cutanée et des essais cliniques ou non cliniques conduits sur les produits cosmétiques et les produits de tatouage, lorsqu'ils présentent les caractéristiques mentionnées aux 1° ou 2° du présent article. »

Art. R. 1335-2 Toute personne qui produit des déchets définis à l'article R. 1335-1 est tenue de les éliminer. Cette obligation incombe :

1° *A l'établissement de santé, l'établissement* d'enseignement, l'établissement de recherche ou l'établissement industriel, lorsque ces déchets sont produits dans un tel établissement ;

2° A la personne morale pour le compte de laquelle un professionnel de santé exerce son activité productrice de déchets ;

3° Dans les autres cas, à la personne physique qui exerce (*Décr. n° 2010-1263 du 22 oct. 2010, art. 1er*) « à titre professionnel » l'activité productrice de déchets.

Art. R. 1335-3 Les personnes mentionnées à l'article R. 1335-2 peuvent, par une convention qui doit être écrite, confier l'élimination de leurs déchets d'activités de soins et assimilés à une autre personne qui est en mesure d'effectuer ces opérations. Un arrêté des ministres chargés de l'environnement et de la santé fixe les stipulations que doivent obligatoirement comporter ces conventions.

Art. R. 1335-4 Les personnes mentionnées à l'article R. 1335-2 doivent, à chaque étape de l'élimination des déchets, établir les documents qui permettent le suivi des opérations d'élimination. Ces documents sont définis par un arrêté des ministres chargés de l'environnement et de la santé.

Art. R. 1335-5 Les déchets d'activités de soins et assimilés définis à l'article R. 1335-1 doivent être, dès leur production, séparés des autres déchets.

Art. R. 1335-6 Les déchets d'activités de soins et assimilés sont collectés dans des emballages à usage unique. Ces emballages doivent pouvoir être fermés temporairement et ils doivent être fermés définitivement avant leur enlèvement. Les emballages sont obligatoirement placés dans des grands récipients pour vrac, sauf dans les cas définis par arrêté des ministres chargés de l'environnement et de la santé.

Le conditionnement, le marquage, l'étiquetage et le transport des déchets d'activités de soins et assimilés sont soumis aux dispositions réglementaires prises pour l'application de la loi n° 42-263 du 5 février 1942 relative au transport des matières dangereuses et de l'article L. 543-8 du code de l'environnement, auxquelles peuvent s'ajouter des prescriptions complémentaires définies par arrêté des ministres chargés de l'agriculture, de l'environnement et de la santé, et après avis du *(Décr. n° 2006-1675 du 22 déc. 2006)* « Haut Conseil de la santé publique ».

Art. R. 1335-7 Les modalités d'entreposage des déchets d'activités de soins et assimilés, notamment la durée d'entreposage ainsi que les caractéristiques et les conditions d'entretien des locaux d'entreposage, sont définies par arrêté des ministres chargés de l'environnement et de la santé, pris après avis du *(Décr. n° 2006-1675 du 22 déc. 2006)* « Haut Conseil de la santé publique ».

Art. R. 1335-8 *(Décr. n° 2016-1590 du 24 nov. 2016, art. 1er)* Les déchets d'activités de soins et assimilés sont soit incinérés, soit prétraités par des appareils de prétraitement par désinfection de telle manière qu'ils puissent ensuite être collectés et traités par les communes et les groupements de communes dans les conditions définies à l'article L. 2224-14 du code général des collectivités territoriales.

Un arrêté des ministres chargés de l'environnement et de la santé, pris *[après]* avis du Haut Conseil de santé publique, définit les limites et les prescriptions relatives à la valorisation de la matière des déchets issus du prétraitement par désinfection, compte tenu de l'impératif de protection de la santé publique.

Art. R. 1335-8-1 A *(Décr. n° 2016-1590 du 24 nov. 2016, art. 1er)* I. — On entend par prétraitement par désinfection, tout processus de désinfection physique ou chimique, associé à une modification de l'apparence des déchets d'activités de soins à risques infectieux et assimilés.

II. — Les appareils de prétraitement par désinfection sont conçus de telle manière :

a) Qu'ils prétraitent des déchets d'activités de soins à risques infectieux et assimilés emballés ;

b) Qu'ils réduisent la contamination microbiologique des déchets d'activités de soins à *risques infectieux* et assimilés ;

c) Qu'ils modifient l'apparence des déchets d'activités de soins à risques infectieux et assimilés afin d'en réduire le risque mécanique et de les rendre non reconnaissables ;

d) Qu'ils procèdent par étapes réalisées dans une même unité de lieu ;

e) Qu'ils ne puissent conduire à la manipulation de déchets d'activités de soins à risques infectieux et assimilés qui ne soient pas emballés dans un emballage à usage unique mentionné à l'article R. 1335-6.

III. — Avant leur première mise sur le marché, chaque modèle d'appareil de prétraitement par désinfection doit obtenir une attestation de conformité d'une durée de cinq ans délivrée par un organisme agréé par le ministre chargé de la santé. L'organisme agréé peut renouveler pour une même période cette attestation. Il peut la retirer après avoir invité son détenteur à présenter ses observations.

IV. – Un arrêté des ministres chargés de l'environnement et de la santé fixe :

1° Les modalités de vérification de l'efficacité de la réduction de la contamination microbiologique et de la modification de l'apparence des déchets d'activités de soins à risques infectieux ;

2° Les conditions d'agrément des organismes mentionnés au III, tenant notamment compte de leurs compétences techniques et des règles déontologiques ;

3° Les conditions de délivrance de l'attestation mentionnée au III.

Art. R. 1335-8-1 B *(Décr. n° 2016-1590 du 24 nov. 2016, art. 1er)* I. – On entend par installation de prétraitement par désinfection, toute unité technique dans laquelle un ou plusieurs appareils de prétraitement par désinfection sont mis en œuvre.

Sans préjudice des dispositions du code de l'environnement sur les installations classées pour la protection de l'environnement, toute installation de prétraitement par désinfection de déchets d'activités de soins à risques infectieux et assimilés, est soumise aux dispositions du présent chapitre.

II. – Toute installation de prétraitement par désinfection ne met en œuvre que des appareils de prétraitement par désinfection disposant d'une attestation de conformité, conformément aux dispositions du III de l'article R. 1335-8-1 A.

III. – Toute installation, tout transfert de prétraitement par désinfection, toute modification apportée à l'installation de prétraitement par désinfection, qui concerne un changement d'appareil de prétraitement mis en œuvre ou un changement de la provenance des déchets d'activités de soins à risques infectieux et assimilés soumis au prétraitement par désinfection*[,]* ou toute cession d'activités, fait l'objet d'une déclaration adressée par l'exploitant de l'installation, au moins un mois avant sa mise en service, son transfert, sa modification ou sa cessation au directeur général de l'agence régionale de santé de la région dans laquelle celle-ci est ou sera implantée ou transférée.

Le directeur général de l'agence régionale de santé délivre récépissé de toute déclaration mentionnée au III, qui peut être effectuée par voie électronique.

IV. – Toute installation de prétraitement par désinfection est soumise à des conditions d'aménagement et d'exploitation, notamment à une surveillance régulière des paramètres de désinfection et autres paramètres de fonctionnement des appareils de prétraitement qu'elle met en œuvre. Les frais occasionnés sont supportés par l'exploitant de l'installation.

V. – En cas de signalement ou de constat d'un risque grave pour la santé publique, le directeur général de l'agence régionale de santé du lieu d'implantation de l'installation prononce la suspension de l'utilisation de l'appareil de prétraitement.

En cas de signalement de nuisances sonores, le directeur général de l'agence régionale de santé du lieu d'implantation peut demander que des contrôles du respect des dispositions relatives au bruit de voisinage soient effectués par un organisme indépendant, justifiant des compétences professionnelles appropriées. Les frais occasionnés sont supportés par l'exploitant de l'appareil.

VI. – Un arrêté des ministres chargés de la santé et de l'environnement fixe :

1° Le contenu du dossier de déclaration, mentionné au III ;

2° Les conditions d'aménagement et d'exploitation d'une installation de prétraitement par désinfection, mentionnées au IV ;

3° Les modalités de la surveillance régulière, mentionnée au même IV, dont la fréquence peut être variable selon le tonnage traité, sans être supérieure à un semestre.

SOUS-SECTION 2 DÉCHETS D'ACTIVITÉS DE SOINS PRODUITS PAR LES PATIENTS EN AUTOTRAITEMENT ET LES UTILISATEURS D'AUTOTESTS *(Décr. n° 2016-1275 du 29 sept. 2016, art. 1er-1°).*

(Décr. n° 2010-1263 du 22 oct. 2010, art. 1er)

Art. R. 1335-8-1 *(Décr. n° 2011-763 du 28 juin 2011, art. 1er)*I. – La présente sous-section s'*applique aux déchets d'activités* de soins à risques infectieux perforants produits par les patients en autotraitement, dans le cadre d'un traitement médical ou d'une surveillance mis en œuvre en dehors d'une structure de soin et sans l'intervention d'un professionnel de santé *(Décr. n° 2016-1275 du 29 sept. 2016, art. 1er-2°-a)* « et à ceux produits par les utilisateurs d'autotests mentionnés à l'article L. 3121-2-2 ».

II. — Pour l'application de la présente sous-section, on entend par :

1° Déchets d'activités de soins à risques infectieux perforants : les déchets d'activités de soins à risques infectieux définis au *a* du 2° de l'article R. 1335-1 ;

2° Médicament, associé ou non à des dispositifs médicaux, dont l'utilisation conduit directement à la production de déchets d'activités de soins : tout médicament dont la dénomination ou la forme pharmaceutique comporte le terme injectable ou parentéral, incluant ou non le matériel ou le dispositif d'injection, pouvant être auto-injecté par le patient lui-même ou être administré par son entourage sans l'intervention d'un professionnel de santé et utilisé dans le traitement d'une des pathologies figurant sur une liste fixée par arrêté des ministres chargés de la santé et de l'environnement après l'avis de l'*(Décr. n° 2016-1275 du 29 sept. 2016, art. 1er-2°-b)* « Agence nationale de sécurité du médicament et des produits de santé » ;

3° Dispositifs médicaux et dispositifs médicaux de diagnostic *in vitro*, dont l'utilisation conduit directement à la production de déchets d'activités de soins à risques infectieux perforants : les dispositifs piquants ou coupants pouvant être utilisés par le patient lui-même ou par son entourage sans l'intervention d'un professionnel de santé *(Décr. n° 2016-1275 du 29 sept. 2016, art. 1er-2°-c)* « et par les utilisateurs d'autotests mentionnés à l'article L. 3121-2-2 ».

Art. R. 1335-8-2 Les exploitants, tels que définis au 3° de l'article R. 5124-2, et les fabricants ou leurs mandataires, tels que définis aux 3° et 4° de l'article R. 5211-4, mettent gratuitement à la disposition des officines de pharmacie et des pharmacies à usage intérieur des collecteurs destinés à recueillir les déchets mentionnés à l'article R. 1335-8-1 produits par les patients *(Décr. n° 2016-1275 du 29 sept. 2016, art. 1er-3°)* « en auto-traitement et par les utilisateurs d'autotests mentionnés à l'article L. 3121-2-2 ». Ces collecteurs respectent les prescriptions relatives aux emballages définies à l'article R. 1335-6.

La quantité de collecteurs correspond à la quantité de matériels ou matériaux piquants ou coupants, associés ou non à un médicament ou à un dispositif médical, mis sur le marché.

Art. R. 1335-8-3 Les officines de pharmacie et les pharmacies à usage intérieur remettent gratuitement aux patients dont l'autotraitement comporte l'usage de matériels ou matériaux piquants ou coupants *(Décr. n° 2016-1275 du 29 sept. 2016, art. 1er-4°)* « et aux utilisateurs d'autotests mentionnés à l'article L. 3121-2-2 » un collecteur de déchets d'un volume correspondant à celui des produits délivrés.

Art. R. 1335-8-4 Les personnes mentionnées au premier alinéa de l'article R. 1335-8-2 tiennent à la disposition des services du ministre chargé de la santé, pendant trois ans, les données relatives à la quantité de matériels ou matériaux piquants ou coupants mis sur le marché ainsi qu'à la quantité de collecteurs fournis.

Art. R. 1335-8-5 *(Décr. n° 2011-763 du 28 juin 2011, art. 1er)* I. — Les personnes mentionnées à l'article R. 1335-8-2 mettent en place des dispositifs de collecte de proximité spécifiques des déchets d'activités de soins à risques infectieux perforants produits par les patients en autotraitement *(Décr. n° 2016-1275 du 29 sept. 2016, art. 1er-5°)* « et par les utilisateurs d'autotests mentionnés à l'article L. 3121-2-2 », conformément aux dispositions des articles R. 1335-6 et R. 1335-7.

Ces dispositifs de collecte sont répartis sur tout le territoire national à des endroits qui sont *facilement accessibles* à leurs utilisateurs.

Les collectivités territoriales ou leurs groupements ainsi que les établissements de santé ou les groupements de coopération sanitaire de moyens peuvent participer à la mise en place de ces dispositifs de collecte.

Les associations agréées dans le domaine de la santé peuvent également participer, notamment par la diffusion d'informations, à la mise en place de ces dispositifs de collecte.

II. — En l'absence de dispositif de collecte de proximité spécifique sur une partie du territoire national au regard des critères définis par le cahier des charges prévu à l'article R. 1335-8-8, les officines de pharmacies*[pharmacie]*, les pharmacies à usage intérieur et les laboratoires de biologie médicale collectent gratuitement les déchets d'activités de soins à risques infectieux perforants produits par les patients en autotraitement *(Décr. n° 2016-1275 du 29 sept. 2016, art. 1er-5°)* « et par les utilisateurs d'autotests mentionnés à l'article L. 3121-2-2 » qui leur sont apportés par les particuliers dans les collecteurs mentionnés à l'article R. 1335-8-2 ;

La liste de ces officines de pharmacie, pharmacies à usage intérieur et laboratoires de biologie médicale est fixée, dans chaque région, par arrêté du préfet de région, après consultation de l'Agence régionale de santé.

Art. R. 1335-8-6 *(Décr. n° 2011-763 du 28 juin 2011, art. 1er)* Les personnes mentionnées à l'article R. 1335-8-2 sont chargées de l'enlèvement et du traitement des déchets collectés séparément dans les conditions fixées aux articles R. 1335-4 à R. 1335-8.

Art. R. 1335-8-7 *(Décr. n° 2011-763 du 28 juin 2011, art. 1er)* Le financement des obligations relatives à la mise en place de dispositifs de collecte et aux opérations d'enlèvement et de traitement des déchets d'activités de soins à risques infectieux perforants produits par les patients en autotraitement *(Décr. n° 2016-1275 du 29 sept. 2016, art. 1er-5°)* « et par les utilisateurs d'autotests mentionnés à l'article L. 3121-2-2 » est réparti entre les personnes mentionnées à l'article R. 1335-8-2, au prorata des quantités de médicaments, associés ou non à des dispositifs médicaux, et des quantités de dispositifs médicaux et de dispositifs médicaux de diagnostic *in vitro*, dont l'utilisation conduit directement à la production de ces déchets, qui sont mises sur le marché national par ces personnes au cours de l'année civile précédente.

Le montant de la contribution due par les personnes mentionnées à l'article R. 1335-8-2 peut être modulé en fonction de leurs efforts pour réduire le volume des déchets d'activités de soins à risques infectieux perforants produits par les patients en autotraitement *(Décr. n° 2016-1275 du 29 sept. 2016, art. 1-5°)* « et par les utilisateurs d'autotests mentionnés à l'article L. 3121-2-2 », ou prévenir leurs risques sanitaires.

Art. R. 1335-8-8 *(Décr. n° 2011-763 du 28 juin 2011, art. 1er)* Les personnes mentionnées à l'article R. 1335-8-2 s'acquittent des obligations qui leur incombent au titre des articles R. 1335-8-5 à R. 1335-8-7 soit en adhérant à un organisme agréé, soit en mettant en place un système individuel agréé, dans les conditions définies au présent article et à l'article R. 1335-8-9.

La délivrance de cet agrément est subordonnée au respect des conditions d'un cahier des charges fixé par un arrêté conjoint des ministres chargés de l'environnement, des collectivités territoriales et de la santé.

Cet agrément est délivré pour une durée maximale de six ans renouvelable dans les mêmes conditions.

Le cahier des charges comporte les clauses suivantes :

1° Les critères de la répartition entre les personnes mentionnées à l'article R. 1335-8-2 de la charge financière relative à la mise en place de dispositifs de collecte et aux opérations d'enlèvement et de traitement des déchets d'activités de soins à risque infectieux perforants produits par les patients en autotraitement *(Décr. n° 2016-1275 du 29 sept. 2016, art. 1er-5°)* « et par les utilisateurs d'autotests mentionnés à l'article L. 3121-2-2 », conformément aux règles définies au premier alinéa de l'article R. 1335-8-7 ;

2° Les modalités de modulation de la charge financière supportée par les personnes mentionnées à l'article R. 1335-8-2 en fonction des critères définis au second alinéa de l'article R. 1335-8-7 ;

3° Les modalités de prise en charge des coûts de la mise en place des dispositifs de collecte de proximité spécifiques des déchets ;

4° Les critères visant à assurer la couverture territoriale des dispositifs de collecte et leur accessibilité pour leurs utilisateurs ;

5° Les caractéristiques des collecteurs mentionnés à l'article R. 1335-8-2 ;

6° Les caractéristiques des emballages à usage unique mentionnés à l'article R. 1335-6 permettant le regroupement des collecteurs ;

7° Les objectifs chiffrés à atteindre en matière de collecte de ces déchets ;

8° Les conditions d'enlèvement, de regroupement et de transport de ces déchets collectés dans les conditions fixées à l'article R. 1335-8-5 ;

9° Les conditions de traitement de ces déchets compte tenu des meilleures techniques disponibles, en privilégiant un traitement des déchets au plus près de leur lieu de collecte ;

10° L'établissement des documents permettant le suivi des opérations de gestion de ces déchets selon les modalités définies à l'article R. 1335-4 ;

11° Les actions de communication et d'information menées par le titulaire de l'agrément ;

12° En cas de recours à un organisme agréé :

– les modalités d'adhésion à cet organisme ;

– les relations entre cet organisme et les prestataires de collecte et de traitement, notamment en matière de concurrence.

Art. R. 1335-8-9 *(Décr. n° 2011-763 du 28 juin 2011, art. 1er)* L'agrément est délivré aux personnes mentionnées à l'article R. 1335-8-2 ou à l'organisme auquel elles recourent s'ils justifient de leurs capacités techniques et financières à mener à bonne fin les opérations nécessaires à la gestion des déchets d'activités de soins à risques infectieux perforants produits par les patients en autotraitement *(Décr. n° 2016-1275 du 29 sept. 2016, art. 1er-5°)* « et par les utilisateurs d'autotests mentionnés à l'article L. 3121-2-2 » et des conditions dans lesquelles ils s'engagent à respecter les clauses du cahier des charges dont cet agrément est assorti.

Le silence gardé par les ministres chargés de l'environnement, des collectivités territoriales et de la santé pendant un délai de quatre mois à compter de la réception du dossier complet de la demande d'agrément vaut décision de rejet.

Art. R. 1335-8-10 *(Décr. n° 2011-763 du 28 juin 2011, art. 1er)* Le titulaire de l'agrément est tenu de communiquer chaque année aux ministres chargés de l'environnement, des collectivités territoriales et de la santé, ainsi qu'à l'Agence de l'environnement et de la maîtrise de l'énergie, un rapport d'activité comprenant notamment les quantités de déchets traités et les informations relatives à la mise en place de dispositifs de leur collecte. Cette communication peut être effectuée par voie électronique après apposition de sa signature électronique par le titulaire de l'agrément conformément aux dispositions du *(Décr. n° 2017-1416 du 28 sept. 2017, art. 2)* « décret n° 2017-1416 du 28 septembre 2017 relatif à la signature électronique ».

Art. R. 1335-8-11 *(Décr. n° 2011-763 du 28 juin 2011, art. 1er)* En cas d'inobservation par le titulaire de l'agrément des clauses du cahier des charges annexé à son agrément, les ministres chargés de l'environnement, des collectivités territoriales et de la santé le mettent en demeure de satisfaire à ses obligations dans un délai qu'ils fixent et qui ne saurait être inférieur à un mois.

A défaut pour le titulaire de l'agrément de s'être conformé à ses obligations dans ce délai, les ministres chargés de l'environnement, des collectivités territoriales et de la santé peuvent décider le retrait de l'agrément après que le titulaire de l'agrément a été amené à présenter ses observations.

SECTION II ÉLIMINATION DES PIÈCES ANATOMIQUES

Art. R. 1335-9 Les pièces anatomiques sont des organes ou des membres, aisément identifiables par un non-spécialiste, recueillis à l'occasion des activités de soins ou des activités déterminées au dernier alinéa de l'article R. 1335-1.

Art. R. 1335-10 Les articles R. 1335-2 à R. 1335-7 sont applicables à l'élimination des pièces anatomiques.

Art. R. 1335-11 Les pièces anatomiques d'origine humaine destinées à l'abandon doivent être incinérées. L'incinération a lieu dans un crématorium autorisé conformément à l'article L. 2223-40 du code général des collectivités territoriales et dont le gestionnaire est titulaire de l'habilitation prévue à l'article L. 2223-41 de ce code. Les dispositions des articles R. 2213-34 à R. 2213-39 du code général des collectivités territoriales ne leur sont pas applicables. L'incinération est effectuée en dehors des heures d'ouverture du crématorium au public. Les cendres issues de l'incinération des pièces anatomiques d'origine humaine peuvent être collectées et traitées par les communes et les groupements de communes dans les conditions définies à l'article L. 2224-14 du code général des collectivités territoriales.

Art. R. 1335-12 Les pièces anatomiques d'origine animale destinées à l'abandon sont acheminées vers les établissements d'équarrissage conformément aux dispositions du code rural et de la pêche maritime.

SECTION III DISPOSITIONS DIVERSES

Art. R. 1335-13 *(Décr. n° 2010-344 du 31 mars 2010, art. 53)* Les personnes mentionnées à l'article R. 1335-2 tiennent à la disposition des agents de contrôle compétents, notamment des agents mentionnés aux articles L. 1421-1 et L. 1435-7, la convention et les documents de suivi mentionnés aux articles R. 1335-3 et R. 1335-4.

Art. R. 1335-14 Les personnes mentionnées à l'article R. 1335-2 sont tenues d'informer leur personnel des mesures retenues pour l'élimination des déchets d'activités de soins et assimilés et des pièces anatomiques.

SECTION IV PRÉVENTION DES RISQUES SANITAIRES LIÉS AUX SYSTÈMES COLLECTIFS DE BRUMISATION D'EAU

(Décr. n° 2017-657 du 27 avr. 2017, art. 1er, en vigueur le 1er janv. 2018)

Art. R. 1335-15 I. – Au sens de la présente section, on entend par :

– systèmes collectifs de brumisation d'eau : les dispositifs générant des aérosols d'eau, au sein des établissements recevant du public et des lieux accessibles au public, visant spécifiquement à la dispersion de fines gouttelettes d'eau, directement dans les volumes d'air auxquels le public est exposé, à des fins de divertissement, de rafraîchissement ou d'humidification de l'air ou des denrées alimentaires, à l'exclusion des dispositifs utilisés pour la protection contre les incendies et *[de]* ceux utilisés au sein des centrales de traitement de l'air. Ces systèmes sont notamment des systèmes fonctionnant avec un mélange d'air et d'eau dits d'atomisation, des systèmes fonctionnant avec des ultrasons dits de nébulisation, ou des systèmes fonctionnant avec de l'eau sous pression ;

– réseau de distribution d'eau destinée à la consommation humaine : les installations mentionnées aux 1° et 2° de l'article R. 1321-43 ainsi que les installations privées de distribution d'eau mentionnées au 3° du même article. L'eau circulant dans ces installations respecte les dispositions réglementaires de la section I du chapitre Ier du titre II du livre III de la première partie du code de la santé publique ;

– retour d'eau : le mouvement de l'eau de l'aval vers l'amont dans un réseau de distribution d'eau.

II. – Les dispositions de la présente section s'appliquent sans préjudice des dispositions en vigueur en matière d'hygiène des denrées alimentaires.

SOUS-SECTION 1 RÈGLES D'UTILISATION ET D'HYGIÈNE APPLICABLES AUX SYSTÈMES COLLECTIFS DE BRUMISATION D'EAU

Art. R. 1335-16 Les exploitants utilisent des systèmes collectifs de brumisation d'eau adaptés de façon à ne pas engendrer de contamination de l'eau brumisée et à ne pas perturber le fonctionnement du réseau de distribution d'eau auquel il est raccordé, à l'occasion notamment de phénomènes de retour d'eau du système collectif de brumisation d'eau vers le réseau de distribution d'eau.

Art. R. 1335-17 I. – Les systèmes collectifs de brumisation d'eau sont alimentés directement par de l'eau provenant d'un réseau de distribution d'eau destinée à la consommation humaine n'ayant subi aucun traitement thermique.

II. – En cas d'impossibilité de raccordement à un réseau d'eau destinée à la consommation humaine, le système est alimenté par un réseau d'eau qui respecte les conditions définies aux articles R. 1321-2 et R. 1321-3 pendant toute la période d'utilisation *du système collectif de brumisation*.

III. – Est interdit l'ajout de toute substance, mélange de substances ou préparation commerciale dans l'eau alimentant le système collectif de brumisation d'eau pour en modifier sa qualité physico-chimique, microbiologique, ou ses propriétés olfactives et visuelles, à l'exception des produits de traitement de l'eau destinée à la consommation humaine utilisés dans les conditions définies à l'article R. 1321-50.

Art. R. 1335-18 I. – Les systèmes collectifs de brumisation d'eau doivent être raccordés en permanence au réseau de distribution d'eau qui les alimente.

II. – En cas d'impossibilité de raccordement permanent, les systèmes sont équipés d'un réservoir de stockage d'eau conçu et exploité dans les conditions fixées par l'arrêté du ministre chargé de la santé mentionné à l'article R. 1335-20.

Art. R. 1335-19 L'exploitant d'un système collectif de brumisation d'eau est tenu :

1° D'effectuer un entretien du système permettant d'assurer son bon fonctionnement ;

2° D'assurer une surveillance de la qualité de l'eau présente dans le système à une fréquence adaptée aux risques qu'il peut présenter, en faisant appel, pour la réalisation des prélèvements d'eau et des analyses nécessaires, à un laboratoire accrédité par le Comité français d'accréditation ou tout autre organisme d'accréditation équivalent européen signataire de l'accord multilatéral pris dans le cadre de la coordination européenne des organismes d'accréditation ;

3° D'assurer, dans la situation évoquée au II de l'article R. 1335-17 et en complément de la surveillance prévue au 2° du présent article, une surveillance de la qualité de l'eau alimentant le système ;

4° De mettre en œuvre les mesures nécessaires, pouvant engendrer le cas échéant l'arrêt du système, afin de prévenir et corriger les dysfonctionnements du système de nature à créer un risque pour la santé des personnes.

Art. R. 1335-20 Un arrêté du ministre chargé de la santé définit les règles techniques et procédurales d'application de la présente sous-section, visant à assurer la sécurité sanitaire, notamment :

1° Les dispositions techniques applicables aux systèmes collectifs de brumisation d'eau ;

2° Les modalités de mise en œuvre de la surveillance de la qualité de l'eau mentionnée au 2° et au 3° de l'article R. 1335-19 ;

3° Les conditions d'exploitation du réservoir de stockage mentionnées au II de l'article R. 1335-18 ;

4° Les mesures à mettre en œuvre en cas de dysfonctionnement du système collectif de brumisation d'eau pour rétablir la qualité de l'eau et assurer la santé des personnes.

SOUS-SECTION 2 CONTRÔLE ET INTERDICTION DES SYSTÈMES COLLECTIFS DE BRUMISATION D'EAU

Art. R. 1335-21 Dans le cadre de ses missions de contrôle, le directeur général de l'agence régionale de santé peut procéder au contrôle de la mise en œuvre des dispositions prévues à la sous-section 1. A ce titre, il peut demander à l'exploitant communication des pièces attestant du respect de ces dispositions.

Art. R. 1335-22 Si le préfet, saisi par le directeur général de l'agence régionale de santé, considère qu'une des exigences résultant des articles R. 1335-16 à R. 1335-20 n'est pas respectée, il met en demeure l'exploitant, par tout moyen permettant de conférer date certaine à la notification de cette mise en demeure, de prendre les mesures préventives ou correctives dans un délai déterminé. L'exploitant dispose d'un délai de sept jours pour présenter ses observations à compter de la notification.

En l'absence de réponse ou en cas d'insuffisance des observations présentées par *l'exploitant*, le préfet peut, après avis du directeur général de l'agence régionale de santé, interdire l'utilisation du dispositif collectif de brumisation.

L'exploitant communique au directeur général de l'agence régionale de santé, qui en informe le préfet, les mesures préventives ou correctives mises en œuvre. Le préfet, après avis du directeur général de l'agence régionale de santé, peut lever l'interdiction d'utilisation du dispositif collectif de brumisation.

En cas de risque imminent pour la santé publique, le préfet peut, sans formalité préalable, interdire l'utilisation d'un système collectif de brumisation d'eau.

Art. R. 1335-23 Les frais relatifs au contrôle portant sur la qualité de l'eau des systèmes, et notamment lorsque le contrôle est réalisé à la suite de la déclaration d'un ou de plusieurs cas de légionellose potentiellement en lien avec le système, sont à la charge de l'exploitant du système collectif de brumisation d'eau.

CHAPITRE VI PRÉVENTION DES RISQUES LIÉS AU BRUIT

(Décr. nº 2017-1244 du 7 août 2017, art. 1er-I)

SECTION PREMIÈRE DISPOSITIONS APPLICABLES AUX ACTIVITÉS IMPLIQUANT LA DIFFUSION DE SONS AMPLIFIÉS À DES NIVEAUX SONORES ÉLEVÉS

Les dispositions du Décr. nº 2017-1244 du 7 août 2017 s'appliquent aux lieux nouveaux mentionnés au I de l'art. R. 1336-1 dès la parution de l'arrêté prévu aux art. R. 1336-1 et, pour ceux existants, un an à compter de la publication du même arrêté et au plus tard le 1er oct. 2018 (Décr. préc., art. 3).

Art. R. 1336-1 I. — Les dispositions du présent chapitre s'appliquent aux lieux ouverts au public ou recevant du public, clos ou ouverts, accueillant des activités impliquant la diffusion de sons amplifiés dont le niveau sonore est supérieur à la règle d'égale énergie fondée sur la valeur de 80 décibels pondérés A équivalents sur 8 heures.

II. — L'exploitant du lieu, le producteur, le diffuseur qui dans le cadre d'un contrat a reçu la responsabilité de la sécurité du public, ou le responsable légal du lieu de l'activité qui s'y déroule, est tenu de respecter les prescriptions suivantes :

1° Ne dépasser, à aucun moment et en aucun endroit accessible au public, les niveaux de pression acoustique continus équivalents 102 décibels pondérés A sur 15 minutes et 118 décibels pondérés C sur 15 minutes.

Lorsque ces activités impliquant la diffusion de sons amplifiés sont spécifiquement destinées aux enfants jusqu'à l'âge de six ans révolus, ces niveaux de pression acoustique ne doivent pas dépasser 94 décibels pondérés A sur 15 minutes et 104 décibels pondérés C sur 15 minutes ;

2° Enregistrer en continu les niveaux sonores en décibels pondérés A et C auxquels le public est exposé et conserver ces enregistrements ;

3° Afficher en continu à proximité du système de contrôle de la sonorisation les niveaux sonores en décibels pondérés A et C auxquels le public est exposé ;

4° Informer le public sur les risques auditifs ;

5° Mettre à la disposition du public à titre gratuit des protections auditives individuelles adaptées au type de public accueilli dans les lieux ;

6° Créer des zones de repos auditif ou, à défaut, ménager des périodes de repos auditif, au cours desquels*[desquelles]* le niveau sonore ne dépasse pas la règle d'égale énergie fondée sur la valeur de 80 décibels pondérés A équivalents sur 8 heures.

A l'exception des discothèques, les dispositions prévues aux 2° et 3° ne sont exigées que pour les lieux dont la capacité d'accueil est supérieure à 300 personnes.

A l'exception des festivals, les dispositions prévues aux 2°, 3°, 4°, 5° et 6° ne s'appliquent qu'aux lieux diffusant des sons amplifiés à titre habituel.

Les dispositions prévues aux 2°, 3°, 4°, 5° et 6° ne s'appliquent pas aux établissements de spectacles cinématographiques et aux établissements d'enseignement spécialisé ou supérieur de la création artistique.

Un arrêté des ministres chargés de la santé, de l'environnement et de la culture précise les conditions de mise en œuvre des dispositions mentionnées aux 1° à 6°.

Art. R. 1336-2 Les contrôles de l'application des dispositions de l'article R. 1336-1 et de l'arrêté pris pour son application sont réalisés par les agents chargés du contrôle mentionnés à l'article L. 571-18 du code de l'environnement.

L'exploitant du lieu, le producteur, le diffuseur qui*[,]* dans le cadre d'un contrat*[,]* a reçu la responsabilité de la sécurité du public ou le responsable légal du lieu de l'activité qui s'y déroule tient à la disposition des agents chargés du contrôle toute information et document relatifs aux dispositions prévues à l'article R. 1336-1 et *[à]* celles *prises pour son application*, ainsi qu'aux dispositions de l'article R. 571-27 du code de l'environnement.

Art. R. 1336-3 Lorsqu'il constate l'inobservation des dispositions prévues à l'article R. 1336-1, le préfet ou, à Paris, le préfet de police met en œuvre les mesures définies à l'article L. 171-8 du code de l'environnement.

SECTION II DISPOSITIONS APPLICABLES AUX BRUITS DE VOISINAGE

Art. R. 1336-4 Les dispositions des articles R. 1336-5 à R. 1336-11 s'appliquent à tous les bruits de voisinage*[,]* à l'exception de ceux qui proviennent des infrastructures de transport et des véhicules qui y circulent, des aéronefs, des activités et installations particulières de la défense nationale, des installations nucléaires de base, des installations classées pour la protection de l'environnement ainsi que des ouvrages des réseaux publics et privés de transport et de distribution de l'énergie électrique soumis à la réglementation prévue à l'article 19 de la loi du 15 juin 1906 sur les distributions d'énergie.

Lorsqu'ils proviennent de leur propre activité ou de leurs propres installations, sont également exclus les bruits perçus à l'intérieur des mines, des carrières, de leurs dépendances et des établissements mentionnés aux articles L. 4111-1 et L. 4111-3 du code du travail*[,]* à l'exclusion de ceux exerçant une activité définie à l'article R. 1336-1.

Des prescriptions applicables aux lieux ouverts au public ou recevant du public accueillant des activités de diffusion de sons amplifiés à des niveaux sonores élevés sont énoncées aux articles R. 571-25 et suivants du code de l'environnement. — *[Anc. art. R. 1334-30.]*

Art. R. 1336-5 Aucun bruit particulier ne doit, par sa durée, sa répétition ou son intensité, porter atteinte à la tranquillité du voisinage ou à la santé de l'homme, dans un lieu public ou privé, qu'une personne en soit elle-même à l'origine ou que ce soit par l'intermédiaire d'une personne, d'une chose dont elle a la garde ou d'un animal placé sous sa responsabilité. — *[Anc. art. R. 1334-31.]*

Art. R. 1336-6 Lorsque le bruit mentionné à l'article R. 1336-5 a pour origine une activité professionnelle autre que l'une de celles mentionnées à l'article R. 1336-10 ou une activité sportive, culturelle ou de loisir, organisée de façon habituelle ou soumise à autorisation, l'atteinte à la tranquillité du voisinage ou à la santé de l'homme est caractérisée si l'émergence globale de ce bruit perçu par autrui, telle que définie à l'article R. 1336-7, est supérieure aux valeurs limites fixées au même article.

Lorsque le bruit mentionné à l'alinéa précédent, perçu à l'intérieur des pièces principales de tout logement d'habitation, fenêtres ouvertes ou fermées, est engendré par des équipements d'activités professionnelles, l'atteinte est également caractérisée si l'émergence spectrale de ce bruit, définie à l'article R. 1336-8, est supérieure aux valeurs limites fixées au même article.

Toutefois, l'émergence globale et, le cas échéant, l'émergence spectrale ne sont recherchées que lorsque le niveau de bruit ambiant mesuré, comportant le bruit particulier, est supérieur à 25 décibels pondérés A si la mesure est effectuée à l'intérieur des pièces principales d'un logement d'habitation, fenêtres ouvertes ou fermées, ou à 30 décibels pondérés A dans les autres cas. — *[Anc. art. R. 1334-32.]*

Art. R. 1336-7 L'émergence globale dans un lieu donné est définie par la différence entre le niveau de bruit ambiant, comportant le bruit particulier en cause, et le niveau du bruit résiduel constitué par l'ensemble des bruits habituels, extérieurs et intérieurs, correspondant à l'occupation normale des locaux et au fonctionnement habituel des équipements, en l'absence du bruit particulier en cause.

Les valeurs limites de l'émergence sont de 5 décibels pondérés A en période diurne (de 7 heures à 22 heures) et de 3 décibels pondérés A en période nocturne (de *22 heures à 7 heures*), valeurs auxquelles s'ajoute un terme correctif en décibels pondérés A, fonction de la durée cumulée d'apparition du bruit particulier :

1° Six pour une durée inférieure ou égale à 1 minute, la durée de mesure du niveau de bruit ambiant étant étendue à 10 secondes lorsque la durée cumulée d'apparition du bruit particulier est inférieure à 10 secondes ;

2° Cinq pour une durée supérieure à 1 minute et inférieure ou égale à 5 minutes ;

3° Quatre pour une durée supérieure à 5 minutes et inférieure ou égale à 20 minutes ;

4° Trois pour une durée supérieure à 20 minutes et inférieure ou égale à 2 heures ;

5° Deux pour une durée supérieure à 2 heures et inférieure ou égale à 4 heures ;

6° Un pour une durée supérieure à 4 heures et inférieure ou égale à 8 heures ;

7° Zéro pour une durée supérieure à 8 heures. — *[Anc. art. R. 1334-33.]*

Art. R. 1336-8 L'émergence spectrale est définie par la différence entre le niveau de bruit ambiant dans une bande d'octave normalisée, comportant le bruit particulier en cause, et le niveau de bruit résiduel dans la même bande d'octave, constitué par l'ensemble des bruits habituels, extérieurs et intérieurs, correspondant à l'occupation normale des locaux mentionnés au deuxième alinéa de l'article R. 1336-6, en l'absence du bruit particulier en cause.

Les valeurs limites de l'émergence spectrale sont de 7 décibels dans les bandes d'octave normalisées centrées sur 125 Hz et 250 Hz et de 5 décibels dans les bandes d'octave normalisées centrées sur 500 Hz, 1 000 Hz, 2 000 Hz et 4 000 Hz. – *[Anc. art. R. 1334-34.]*

Art. R. 1336-9 Les mesures de bruit mentionnées à l'article R. 1336-6 sont effectuées selon les modalités définies par arrêté des ministres chargés de la santé, de l'écologie et du logement. – *[Anc. art. R. 1334-35.]*

Art. R. 1336-10 Si le bruit mentionné à l'article R. 1336-5 a pour origine un chantier de travaux publics ou privés, ou des travaux intéressant les bâtiments et leurs équipements soumis à une procédure de déclaration ou d'autorisation, l'atteinte à la tranquillité du voisinage ou à la santé de l'homme est caractérisée par l'une des circonstances suivantes :

1° Le non-respect des conditions fixées par les autorités compétentes en ce qui concerne soit la réalisation des travaux, soit l'utilisation ou l'exploitation de matériels ou d'équipements ;

2° L'insuffisance de précautions appropriées pour limiter ce bruit ;

3° Un comportement anormalement bruyant. – *[Anc. art. R. 1334-36.]*

Art. R. 1336-11 Lorsqu'elle a constaté l'inobservation des dispositions prévues aux articles R. 1336-6 à R. 1336-10, l'autorité administrative compétente peut prendre une ou plusieurs des mesures prévues à l'article L. 171-8 du code de l'environnement *(Abrogé par Décr. nº 2017-1244 du 7 août 2017, art. 1er-II-9°-c)* « *, dans les conditions déterminées aux II et III du même article* ». – *[Anc. art. R. 1334-37.]*

Art. R. 1336-12 Pour son application à Saint-Barthélemy, le premier alinéa de l'article R. 1336-2 est ainsi rédigé :

"Les contrôles de l'application des dispositions de l'article R. 1336-1 et de l'arrêté pris pour leur application sont réalisés, outre par les officiers et agents de police judiciaire, par les agents chargés du contrôle mentionnés aux 1° et 2° du I et au II de l'article L. 571-18 du code de l'environnement, sans préjudice des contrôles réalisés par les agents de la collectivité et de ses établissements publics en application de la réglementation prévue localement".

Art. R. 1336-13 Pour l'application à Mayotte de l'article R. 1336-4, les références aux articles L. 4111-1 et L. 4111-3 du code du travail sont remplacées par la référence à l'article L. 233-1 du code du travail de Mayotte.

SECTION III SANCTIONS PÉNALES

Art. R. 1336-14 Est puni de l'amende prévue pour les contraventions de 5e classe le fait pour toute personne visée au deuxième alinéa de l'article R. 1336-1 de ne pas respecter les prescriptions mentionnées aux 1°, 2° et 3° de ce même article.

Art. R. 1336-15 Est puni de l'amende prévue pour les contraventions de 5e classe le fait pour toute personne visée au deuxième alinéa de l'article R. 1336-1 de ne pas remettre aux agents chargés du contrôle :

1° Les données d'enregistrements des six derniers mois des niveaux sonores prévus au 2° de l'article R. 1336-1 ;

2° L'attestation de vérification de l'enregistreur et de l'afficheur telle que définie dans l'arrêté visé à l'article R. 1336-1.

Art. R. 1336-16 Les personnes physiques encourent également la peine complémentaire de confiscation des dispositifs ou matériels de sonorisation ayant servi à la commission de l'infraction.

Les personnes morales déclarées responsables, dans les conditions prévues par l'article 121-2 du code pénal, des infractions définies aux *[articles]* R. 1336-14 et

R. 1336-15 encourent la peine de confiscation des dispositifs ou matériels de sonorisation qui ont servi à commettre l'infraction.

CHAPITRE VII **DISPOSITIONS PÉNALES** *(Décr. nº 2006-676 du 8 juin 2006, art. 1er).*

SECTION PREMIÈRE **SALUBRITÉ DES IMMEUBLES ET DES AGGLOMÉRATIONS**

Art. R. 1337-1 Le fait, en violation de l'article L. 1331-10, de déverser, sans autorisation, dans les égouts publics, des eaux usées, autres que domestiques, est puni de l'amende prévue pour les contraventions de la cinquième classe.

La récidive de la contravention prévue au présent article est punie conformément à l'article 132-11 du code pénal.

SECTION II **EXPOSITION À L'AMIANTE DANS LES IMMEUBLES BÂTIS**

Art. R. 1337-2 *(Décr. nº 2011-629 du 3 juin 2011, art. 3)* Dans cette section, les termes "le propriétaire" désignent les personnes définies au II et au III de l'article R. 1334-14.

Art. R. 1337-2-1 *(Décr. nº 2011-629 du 3 juin 2011, art. 3)* Le fait, pour les propriétaires des immeubles mentionnés aux articles R. 1334-16 à R. 1334-18, de ne pas faire réaliser, à l'issue des travaux, l'examen visuel et la mesure du niveau d'empoussièrement exigés à la première phrase de l'article R. 1334-29-3 est puni de l'amende prévue pour les contraventions de la troisième classe.

Art. R. 1337-3 *(Décr. nº 2011-629 du 3 juin 2011, art. 3)* Est puni de l'amende prévue pour les contraventions de la cinquième classe le fait, pour les propriétaires des immeubles mentionnés à l'article R. 1334-14, de ne pas satisfaire à l'une des obligations définies au premier alinéa de l'article R. 1334-16, aux articles R. 1334-17 à R. 1334-19 et à l'article R. 1334-29-6.

Art. R. 1337-3-1 *(Décr. nº 2011-629 du 3 juin 2011, art. 3)* Est puni de l'amende prévue pour les contraventions de la cinquième classe le fait, pour les propriétaires mentionnés à l'article R. 1334-16, de ne pas satisfaire à l'une des obligations définies aux articles R. 1334-27 à R. 1334-29, à l'article R. 1334-29-2, aux premier et deuxième alinéas de l'article R. 1334-29-3 et à l'article R. 1334-29-4.

Art. R. 1337-3-2 *(Décr. nº 2011-629 du 3 juin 2011, art. 3)* Est puni de l'amende prévue pour les contraventions de la cinquième classe le fait, pour les propriétaires des parties communes des immeubles collectifs d'habitation mentionnés à l'article R. 1334-17 et des bâtiments mentionnés à l'article R. 1334-18, de ne pas satisfaire à l'une des obligations définies aux articles R. 1334-27 à R. 1334-29-2, aux premier et deuxième alinéas de l'article R. 1334-29-3 et à l'article R. 1334-29-5.

Art. R. 1337-4 *(Décr. nº 2011-629 du 3 juin 2011, art. 3)* Est puni de l'amende prévue pour les contraventions de la cinquième classe le fait, pour une personne chargée des repérages mentionnés aux articles R. 1334-20 à R. 1334-22, de l'évaluation de l'état de conservation périodique mentionnée au deuxième alinéa de l'article R. 1334-27, ou de l'examen visuel mentionné à l'article R. 1334-29-3, de ne pas respecter les critères de compétence, d'organisation et de moyens ou les conditions d'assurance, d'impartialité et d'indépendance exigés à l'article L. 271-6 du code de la construction et de l'habitation.

Art. R. 1337-5 La récidive des contraventions prévues *(Décr. nº 2011-629 du 3 juin 2011, art. 3)* « aux articles R. 1337-3 et R. 1337-4 » est punie conformément aux dispositions des articles 132-11 et 132-15 du code pénal.

SECTION III **BRUITS DE VOISINAGE**

BIBL. ▶ Dict. perm. Environnement et nuisances, Étude « Bruits de voisinage », *Éd. législatives.*

Art. R. 1337-6 *(Décr. nº 2006-1099 du 31 août 2006, art. 2)* Est puni de la peine d'amende prévue pour les contraventions de la cinquième classe :

1° Le fait, lors d'une activité professionnelle ou d'une activité culturelle, sportive ou de loisir organisée de façon habituelle ou soumise à autorisation, et dont les conditions d'exercice relatives au bruit n'ont pas été fixées par les autorités compétentes, d'être à l'origine d'un bruit de voisinage dépassant les valeurs limites de l'émergence globale ou de l'émergence spectrale conformément à l'article *(Décr. n° 2017-1244 du 7 août 2017, art. 1er-IV-1°)* « R. 1336-6 » ;

2° Le fait, lors d'une activité professionnelle ou d'une activité culturelle, sportive ou de loisir organisée de façon habituelle ou soumise à autorisation, dont les conditions d'exercice relatives au bruit ont été fixées par les autorités compétentes, de ne pas respecter ces conditions ;

3° Le fait, à l'occasion de travaux prévus à l'article *(Décr. n° 2017-1244 du 7 août 2017, art. 1er-IV-1°)* « R. 1336-10 », de ne pas respecter les conditions de leur réalisation ou d'utilisation des matériels et équipements fixées par les autorités compétentes, de ne pas prendre les précautions appropriées pour limiter le bruit ou d'adopter un comportement anormalement bruyant.

Réglementation excessive. Illégalité d'un arrêté municipal interdisant le fonctionnement d'une éolienne agricole antigel dont le bruit provoquait des plaintes des voisins, car, dans les circonstances de l'espèce, cet arrêté portait une atteinte excessive à la liberté du commerce et de l'industrie, s'agissant d'une nuisance limitée : • CAA Marseille, 6 mars 2006, *Franchisse*, n° 04MA01701 : *AJDA 2006. 1399, note A. M.*

Art. R. 1337-7 *(Décr. n° 2006-1099 du 31 août 2006, art. 2)* Est puni de la peine d'amende prévue pour les contraventions de la troisième classe le fait d'être à l'origine d'un bruit particulier, autre que ceux relevant de l'article R. 1337-6, de nature à porter atteinte à la tranquillité du voisinage ou à la santé de l'homme dans les conditions prévues à l'article *(Décr. n° 2017-1244 du 7 août 2017, art. 1er-IV-2°)* « R. 1336-5 ».

1. Conv. EDH. Les art. R. 1334-31 et R. 1337-7, dont les termes sont suffisamment clairs et précis, ne sont pas contraires aux art. 6 et 7 Conv. EDH. • Crim. 7 oct. 2008, n° 08-80.852. ♦ Pour une application de cette disposition à des aboiements fréquents et à toute heure : • Crim. 28 févr. 2012, n° 11-85.975.

2. Bruit non professionnel. L'exploitant d'une plage privée à l'origine d'un bruit de forte intensité sonore provenant d'un appareil diffusant de la musique amplifiée sur la plage se rend coupable, non pas d'un bruit d'activité, mais d'un bruit de comportement relevant de l'art. R. 1337-7. • Crim. 18 mai 2016, n° 15-83.481. ♦ Il en va de même des bruits de musique, rires et éclats de voix provenant d'un restaurant. • Crim. 8 mars 2016, n° 15-83.503 P • Crim. 21 sept. 2016, n° 15-83.408.

Art. R. 1337-8 *(Décr. n° 2006-1099 du 31 août 2006, art. 2)* Les personnes physiques coupables des infractions prévues aux articles R. 1337-6 et R. 1337-7 encourent également la peine complémentaire de confiscation de la chose qui a servi ou était destinée à commettre l'infraction ou de la chose qui en est le produit.

Art. R. 1337-9 *(Décr. n° 2006-1099 du 31 août 2006, art. 2)* Le fait de faciliter sciemment, par aide ou assistance, la préparation ou la consommation des contraventions prévues aux articles R. 1337-6 et R. 1337-7 est puni des mêmes peines.

Art. R. 1337-10 *(Décr. n° 2010-671 du 18 juin 2010, art. 5-XIII)* Les personnes morales déclarées responsables pénalement, dans les conditions prévues par l'article 121-2 du code pénal, des infractions définies à la présente section encourent, outre l'amende suivant les modalités prévues par l'article 131-41 du code pénal, la peine de confiscation de la chose qui a servi ou était destinée à commettre l'infraction ou de la chose qui en est le produit.

Art. R. 1337-10-1 *(Décr. n° 2006-1099 du 31 août 2006, art. 2)* La récidive des infractions prévues à l'article R. 1337-6 est punie conformément aux dispositions des articles 132-11 et 132-15 du code pénal.

Art. R. 1337-10-2 *(Décr. n° 2007-1467 du 12 oct. 2007, art. 14)* Sont habilités à constater et à rechercher les infractions au bruit de voisinage, outre les agents mentionnés à l'article R. 1312-1 dans les conditions fixées par les articles R. 1312-2 à R. 1312-7, les autres agents des communes dans les conditions fixées par les articles *(Décr. n° 2017-1244 du 7 août 2017, art. 1er-IV-3°)* « R. 571-92 » et R. 571-93 du code de l'environnement.

SECTION IV RAYONNEMENTS IONISANTS

(Décr. n° 2006-694 du 13 juin 2006, art. 2)

Art. R. 1337-11 *(Décr. n° 2007-1582 du 7 nov. 2007, art. 34)* Les agents désignés en qualité d'inspecteurs de la radioprotection en application de l'article R. 1333-100 peuvent être habilités, par l'autorité administrative qui a qualité pour les désigner, pour la recherche et la constatation des infractions prévues à l'article L. 1337-1-1 relevant de leur compétence, selon les modalités prévues aux articles R. 1333-103 à R. 1333-106.

Art. R. 1337-12 *(Décr. n° 2007-1582 du 7 nov. 2007, art. 34)* Les agents habilités dans les conditions prévues à l'article R. 1337-11 prêtent, devant le tribunal de grande instance dans le ressort duquel se trouve leur résidence administrative, le serment de bien et loyalement remplir leurs fonctions, d'observer en tout les devoirs qu'elles leur imposent et de ne pas révéler ou utiliser d'informations protégées au titre de la loi portées à leur connaissance à l'occasion de l'exercice de leurs fonctions.

Le greffier du tribunal de grande instance porte la mention de cette prestation de serment, de sa date et de son lieu sur la carte professionnelle de l'intéressé.

Art. R. 1337-13 *(Décr. n° 2007-1582 du 7 nov. 2007, art. 34)* Les agents habilités et assermentés exercent leurs prérogatives dans les limites territoriales de leur service ou établissement d'affectation et, pour les agents appartenant aux services de l'administration centrale, sur toute l'étendue du territoire national.

Art. R. 1337-14 *(Décr. n° 2007-1582 du 7 nov. 2007, art. 34)* Les désignations faites en application de l'article R. 1333-100 prennent fin à compter de la date à laquelle l'agent cesse les fonctions qu'il exerçait au moment de sa désignation ou par décision de l'autorité qui l'a désigné prise dans les mêmes formes que la désignation.

L'agent qui n'a plus la qualité d'inspecteur de la radioprotection ou à qui il est interdit, en application de l'article 227 du code de procédure pénale, d'exercer temporairement ou définitivement ses fonctions d'agent de police judiciaire est tenu de remettre sans délai sa carte professionnelle à l'autorité qui l'a désigné.

Art. R. 1337-14-1 *(Décr. n° 2015-231 du 27 févr. 2015, art. 2)* Est puni de l'amende prévue pour les contraventions de la cinquième classe le fait pour un détenteur de sources radioactives scellées de ne pas respecter :

1° L'obligation prévue au premier alinéa du II de l'article R. 1333-52 ;

2° L'obligation prévue au troisième alinéa du même II du même article.

SECTION V DÉCHETS D'ACTIVITÉS DE SOINS À RISQUES INFECTIEUX ET ASSIMILÉS *(Décr. n° 2016-1590 du 24 nov. 2016, art. 1er)*.

(Décr. n° 2010-1263 du 22 oct. 2010, art. 2)

Art. R. 1337-15 Le fait, pour les personnes mentionnées au premier alinéa de l'article R. 1335-8-2, de ne pas mettre à la disposition des officines de pharmacie ou des pharmacies à usage intérieur des collecteurs de déchets dans les conditions définies à cet article est puni de l'amende prévue pour les contraventions de la cinquième classe.

Art. R. 1337-16 Le fait, pour les pharmaciens d'officine ou pour les pharmaciens assurant la gérance d'une pharmacie à usage intérieur, de ne pas remettre gratuitement aux patients un collecteur de déchets dans les conditions définies à l'article R. 1335-8-3 *est puni* de l'amende prévue pour les contraventions de la troisième classe.

Art. R. 1337-17 *(Décr. n° 2011-763 du 28 juin 2011, art. 2)* Le fait pour un pharmacien d'officine ou un pharmacien assurant la gérance d'une pharmacie à usage intérieur ou un exploitant de laboratoire de biologie médicale figurant sur la liste prévue au II de l'article R. 1335-8-5 de ne pas collecter ou de ne pas collecter gratuitement les déchets d'activités de soins à risques infectieux perforants produits par les patients en autotraitement qui leur sont apportés par les particuliers est puni de l'amende prévue pour les contraventions de la quatrième classe.

Art. R. 1337-18 *(Décr. n° 2016-1590 du 24 nov. 2016, art. 1er)* Est punie de l'amende prévue pour les contraventions de cinquième classe :

1° La mise sur le marché d'un appareil de prétraitement par désinfection qui ne dispose pas d'une attestation de conformité délivrée dans les conditions définies au III de l'article R. 1335-8-1 A ;

2° L'utilisation d'un appareil de prétraitement par désinfection qui ne dispose pas d'une attestation de conformité délivrée dans les conditions définies *[au]* III de l'article R. 1335-8-1 A.

Les personnes morales déclarées responsables pénalement, dans les conditions prévues par l'article 121-2 du code pénal, des contraventions prévues à l'article R. 1337-18 encourent, outre l'amende suivant les modalités prévues par l'article 131-41 du code pénal, la peine de confiscation de la chose qui a servi ou était destinée à commettre l'infraction ou de la chose qui en est le produit.

La récidive des contraventions prévues aux 1° et 2° est réprimée conformément aux articles 132-11 et 132-15 du code pénal.

CHAPITRE VIII LUTTE CONTRE LES ESPÈCES VÉGÉTALES ET ANIMALES NUISIBLES À LA SANTÉ HUMAINE

(Décr. n° 2017-645 du 26 avr. 2017, art. 1er)

Art. D. 1338-1 Les espèces dont la prolifération constitue une menace pour la santé humaine sont les suivantes :

1° L'ambroisie à feuilles d'armoise *(Ambrosia artemisiifolia L.)* ;

2° L'ambroisie à épis lisses *(Ambrosia psilostachya DC.)* ;

3° L'ambroisie trifide *(Ambrosia trifida L.)*.

Art. D. 1338-2 I. — Les mesures susceptibles d'être prises en application de l'article L. 1338-1 pour prévenir l'apparition ou lutter contre la prolifération des espèces mentionnées à l'article D. 1338-1 sont les suivantes :

1° La surveillance de la présence de ces espèces sur le territoire et l'évaluation de leurs impacts sur la santé humaine et les milieux ;

2° La prévention du développement et de la prolifération de ces espèces ;

3° La gestion et l'entretien de tous les espaces, agricoles ou non, où se développent ou peuvent se développer ces espèces ;

4° La destruction de spécimens de ces espèces sous quelque forme que ce soit au cours de leur développement, dans des conditions permettant d'éviter leur dissémination et leur reproduction ;

5° La prise de toute mesure permettant de réduire ou d'éviter les émissions de pollens des espèces mentionnées aux 1°, 2° et 3° de l'article D. 1338-1 ;

6° L'information du public, notamment sur les résultats de la surveillance mentionnée au 1°, sur les effets sur la santé humaine associés à ces espèces et sur les mesures de prévention et de lutte contre ces espèces ;

7° La valorisation et la diffusion des connaissances scientifiques relatives à ces espèces et à leurs impacts sur la santé humaine et les milieux ainsi que la réalisation des travaux et recherches et, le cas échéant, de leurs applications ;

8° La valorisation, la diffusion et la coordination des actions de prévention, de lutte, de formation et d'information menées sur l'ensemble du territoire.

II. — L'application de ces mesures prend en compte les dispositions du présent code, du code rural et de la pêche maritime et du code de l'environnement poursuivant d'autres finalités que la lutte contre les espèces dont la prolifération constitue une menace pour la santé humaine, notamment celles qui sont relatives à la préservation de la biodiversité.

III. — Les informations susmentionnées susceptibles de porter atteinte aux intérêts de la défense nationale et de la sécurité publique, au secret industriel et commercial et à tout secret protégé par la loi ne peuvent faire l'objet d'une diffusion au public.

Art. D. 1338-3 Les organismes désignés par arrêté des ministres chargés de la santé, *de l'environnement* et de l'agriculture peuvent contribuer aux mesures mentionnées à l'article D. 1338-2, lorsqu'elles ont une portée nationale. Cet arrêté précise les missions de ces organismes.

Art. R. 1338-4 I. — Lorsque la présence d'une des espèces figurant sur la liste prévue à l'article L. 1338-1 est constatée ou susceptible d'être constatée dans le département, le préfet détermine par arrêté les modalités d'application des mesures mentionnées à la présente section de nature à prévenir l'apparition de ces espèces ou à lutter contre leur prolifération, après avis du directeur général de l'agence régionale de santé et du conseil départemental de l'environnement et des risques sanitaires et technologiques et en tant que de besoin de tout organisme susceptible de contribuer utilement à l'élaboration et à la mise en œuvre des modalités d'application.

II. — Les maires des communes concernées peuvent participer aux côtés du représentant de l'État à l'élaboration et à la mise en œuvre de ces mesures dans leur ressort.

Art. R. 1338-5 Afin de prévenir l'apparition ou de lutter contre la prolifération des espèces figurant sur la liste prévue à l'article L. 1338-1 et qui sont de nature à porter atteinte à la santé humaine, tout propriétaire, locataire, exploitant, gestionnaire de terrains bâtis et non bâtis, ayant droit ou occupant à quelque titre que ce soit met en œuvre, dans un délai défini par l'arrêté préfectoral mentionné à l'article R. 1338-4, les mesures déterminées dans ce même arrêté.

Art. R. 1338-6 Afin de prévenir l'apparition ou de lutter contre la prolifération des espèces figurant sur la liste prévue à l'article L. 1338-1 et qui sont de nature à porter atteinte à la santé humaine, tout maître d'ouvrage, maître d'œuvre, *[ou]* entrepreneur de travaux publics et privés se conforme, pour la conception des ouvrages, la conduite et la finition des chantiers, aux prescriptions définies par l'arrêté préfectoral mentionné à l'article R. 1338-4.

Art. R. 1338-7 L'autorité administrative compétente peut confier, par convention, la réalisation des mesures définies par l'arrêté préfectoral mentionné à l'article R. 1338-4 à un organisme de droit public ou de droit privé.

Pour les emprises relevant des dispositions de l'article L. 1142-1 du code de la défense, cette faculté est ouverte au ministre de la défense.

Art. R. 1338-8 I. — Les collectivités territoriales concernées par la présence de l'une des espèces figurant sur la liste prévue à l'article L. 1338-1 peuvent désigner un ou plusieurs référents territoriaux dont le rôle est, sous leur autorité, de :

1° Repérer la présence de ces espèces ;

2° Participer à leur surveillance ;

3° Informer les personnes concernées des mesures à mettre en œuvre pour prévenir l'apparition de ces espèces ou pour lutter contre leur prolifération en application de l'arrêté préfectoral mentionné à l'article R. 1338-4 ;

4° Veiller et participer à la mise en œuvre de ces mesures.

II. — En cas de non-application ou d'application insuffisante de ces mesures, les référents territoriaux en informent les autorités exécutives des collectivités territoriales dont ils relèvent. En l'absence de diligences de la part de ces autorités dans un délai raisonnable, les référents informent de la situation les agents mentionnés au I de l'article L. 1338-4.

Art. R. 1338-9 Le préfet de région s'assure de la cohérence des mesures mentionnées à l'article L. 1338-1 et déterminées dans les arrêtés préfectoraux mentionnés à l'article R. 1338-4 avec les schémas, programmes ou plans concernant la santé ou l'environnement pris en application notamment des dispositions du présent code, du code de l'environnement et du code rural et de la pêche maritime. Il rend compte aux ministres chargés de la santé, de l'environnement, de l'agriculture et de la justice et au ministre de l'intérieur de la mise en œuvre de ces mesures.

Art. R. 1338-10 Le fait de ne pas se conformer à l'arrêté pris en application de l'article L. 1338-2 est puni de l'amende prévue pour les contraventions de la quatrième classe.

TITRE QUATRIÈME **TOXICOVIGILANCE** *(Décr. n° 2014-128 du 14 févr. 2014, art. 1er-I).*

CHAPITRE PRÉLIMINAIRE **DISPOSITIONS GÉNÉRALES**

(Décr. n° 2016-1744 du 15 déc. 2016, art. 2-I)

SECTION PREMIÈRE **ORGANISATION DE LA TOXICOVIGILANCE**

(Décr. n° 2016-1744 du 15 déc. 2016, art. 2-II)

Art. R. 1340-1 *(Décr. n° 2014-128 du 14 févr. 2014, art. 4)* **Le système national de toxicovigilance comprend :**

(Décr. n° 2016-1744 du 15 déc. 2016, art. 2) **« 1° L'Agence nationale de sécurité sanitaire de l'alimentation, de l'environnement et du travail ; »**

(Décr. n° 2016-1744 du 15 déc. 2016, art. 2) **« 2° » Les organismes chargés de la toxicovigilance définis à l'article** *(Décr. n° 2016-1744 du 15 déc. 2016, art. 2)* **« R. 1340-4 » ;**

(Décr. n° 2016-1744 du 15 déc. 2016, art. 2) **« 3° » Les agences régionales de santé ;**

(Décr. n° 2016-1744 du 15 déc. 2016, art. 2) **« 4° L'Agence nationale de santé publique ;**

« 5° L'Agence nationale de sécurité sanitaire du médicament et des produits de santé ; »

6° Les professionnels de santé et les fabricants, importateurs, utilisateurs en aval et distributeurs de substances ou de mélanges ;

7° L'organisme chargé de la gestion du système d'information mentionné à l'article *(Décr. n° 2016-1744 du 15 déc. 2016, art. 2)* **« R. 1340-6 ».**

Art. R. 1340-2 *(Décr. n° 2017-885 du 9 mai 2017, art. 3-1°)* **« L'Agence nationale de sécurité sanitaire de l'alimentation, de l'environnement et du travail assure la mise en œuvre du système de toxicovigilance. Elle en définit les orientations, coordonne les actions des différents intervenants et participe à l'évaluation scientifique des informations recueillies. A ce titre : »**

1° *(Décr. n° 2016-1744 du 15 déc. 2016, art. 2-II-2°-b)* **« Elle » définit les modalités de fonctionnement du système national de toxicovigilance ainsi que les missions et modalités d'évaluation des organismes chargés de la toxicovigilance ;**

2° *(Décr. n° 2016-1744 du 15 déc. 2016, art. 2-II-2°-b)* **« Elle » s'assure de la mise en œuvre des dispositifs de recueil et de transmission des informations nécessaires à la toxicovigilance** *(Décr. n° 2016-1744 du 15 déc. 2016, art. 2-II-2°-c)* **« en lien avec les agences régionales de santé » et définit les orientations stratégiques du système d'information mentionné à l'article** *(Décr. n° 2016-1744 du 15 déc. 2016, art. 2-II-2°-c)* **« R. 1340-6 » ;**

3° *(Décr. n° 2016-1744 du 15 déc. 2016, art. 2-II-2°-b)* **« Elle » organise et coordonne la collecte, la communication et l'analyse des données ainsi que l'expertise en matière de risques toxiques, en liaison avec** *(Décr. n° 2016-1744 du 15 déc. 2016, art. 2-II-2°-d)* **« l'Agence nationale de santé publique, l'Agence nationale de sécurité du médicament et des produits de santé et les agences régionales de santé » ;**

4° *(Décr. n° 2016-1744 du 15 déc. 2016, art. 2-II-2°-b)* **« Elle » analyse les risques encourus par la population et formule toutes recommandations utiles pour prévenir les risques toxiques ;**

5° *(Décr. n° 2016-1744 du 15 déc. 2016, art. 2-II-2°-b)* **« Elle » alerte, en cas de menace pour la santé publique, le ministre chargé de la santé et lui recommande toute mesure ou action appropriée pour prévenir la réalisation ou atténuer l'impact de cette menace et, dans le cadre de leurs missions respectives,** *(Décr. n° 2016-1744 du 15 déc. 2016, art. 2-II-2°-e)* **« l'Agence nationale de santé publique et l'Agence nationale de sécurité du médicament et des produits de santé » ;**

6° *(Décr. n° 2016-1744 du 15 déc. 2016, art. 2-II-2°-b)* **« Elle » répond à toute demande des autorités sanitaires en matière de risques toxiques, notamment en cas d'urgence.**

(Décr. n° 2016-1744 du 15 déc. 2016, art. 2-II-2°-f) **« Dans l'exercice de ses missions de coordination des activités de vigilance des organismes chargés de la toxicovigilance,**

l'Agence nationale de sécurité sanitaire de l'alimentation, de l'environnement et du travail s'appuie sur un comité stratégique placé auprès d'elle, qui regroupe notamment les acteurs mentionnés aux 1° à 5° et au 7° de l'article R. 1340-1, et dont elle assure la présidence et le secrétariat. La composition de ce comité est précisée par arrêté du ministre chargé de la santé. »

Art. D. 1340-3 *(Décr. nº 2016-1744 du 15 déc. 2016, art. 2-II-3º)* Le comité stratégique des vigilances des organismes chargés de la toxicovigilance émet un avis sur :

1° L'organisation générale des activités de vigilance de ces organismes, ainsi que sur les orientations et les évolutions nécessaires en matière de surveillance, d'expertise et de gestion des risques toxiques, en s'appuyant notamment sur les rapports d'activité des organismes chargés de la toxicovigilance et les indicateurs qui y figurent ;

2° Les orientations stratégiques du système d'information défini à l'article R. 1340-6.

Art. R. 1340-4 *(Décr. nº 2014-128 du 14 févr. 2014, art. 4)* Les organismes chargés de la toxicovigilance comprennent les centres antipoison mentionnés à l'article L. 6141-4 et les établissements de santé figurant sur une liste établie par arrêté du ministre chargé de la santé sur proposition du directeur général de *(Décr. nº 2016-1744 du 15 déc. 2016, art. 2-II-4º)* « l'Agence nationale de sécurité sanitaire de l'alimentation, de l'environnement et du travail après avis des directeurs généraux des agences régionales de santé concernées ».

Art. R. 1340-5 *(Décr. nº 2014-128 du 14 févr. 2014, art. 4)* Les organismes chargés de la toxicovigilance ont pour mission :

1° La surveillance dans leur zone de compétence, en liaison avec les agences régionales de santé, des intoxications humaines *(Décr. nº 2016-1744 du 15 déc. 2016, art. 2-II-5º-a)* « entrant dans le champ de la toxicovigilance telle que définie à l'article L. 1340-2 ». A cet effet, ils recueillent toutes informations utiles, notamment sur les circonstances, les causes et la gravité des intoxications ;

2° L'enregistrement des données utiles à la toxicovigilance dans le système d'information mentionné à l'article *(Décr. nº 2016-1744 du 15 déc. 2016, art. 2-II-5º-b)* « R. 1340-6 » ;

3° L'alerte, en cas de menace pour la santé publique, de *(Décr. nº 2016-1744 du 15 déc. 2016, art. 2-II-5º-c)* « l'Agence nationale de sécurité sanitaire de l'alimentation, de l'environnement et du travail » ainsi que des agences régionales de santé territorialement compétentes *(Décr. nº 2017-885 du 9 mai 2017, art. 3-2º)* « dans les conditions définies à l'article R. 1413-59 » ;

4° L'expertise toxicologique à la demande des services de l'État compétents en matière de sécurité sanitaire, des agences régionales de santé *(Décr. nº 2016-1744 du 15 déc. 2016, art. 2-II-5º-d)* « , de l'Agence nationale de sécurité sanitaire de l'alimentation, de l'environnement et du travail, de l'Agence nationale de santé publique et de l'Agence nationale de sécurité du médicament et des produits de santé ».

(Décr. nº 2017-885 du 9 mai 2017, art. 3-2º) « Les organismes chargés de la toxicovigilance sont membres des réseaux régionaux de vigilances et d'appui mentionnés à l'article à l'article R. 1413-62 et constitués dans leur zone de compétence territoriale. »

Un arrêté du ministre chargé de la santé détermine leur compétence territoriale.

Art. R. 1340-6 *(Décr. nº 2014-128 du 14 févr. 2014, art. 4)* Le système d'information *(Décr. nº 2016-1744 du 15 déc. 2016, art. 2-II-6º-a)* « des centres antipoison et » de la *toxicovigilance intègre toutes* les données relatives aux cas d'intoxication et celles relatives aux substances et aux mélanges. Ce système assure les échanges sécurisés de données entre les personnes physiques et morales mentionnées à l'article *(Décr. nº 2016-1744 du 15 déc. 2016, art. 2-II-6º-a)* « R. 1340-1 ».

Les modalités de *(Décr. nº 2016-1744 du 15 déc. 2016, art. 2-II-6º-b)* « mise en œuvre et de » fonctionnement du système d'information ainsi que les spécifications techniques des dispositifs visant à garantir la transmission des informations et la sécurité des échanges par voie électronique, la préservation de la confidentialité et de l'intégrité des données sont définies par arrêté du ministre chargé de la santé pris après avis de la Commission nationale de l'informatique et des libertés et dans le respect des référentiels d'interopérabilité et de sécurité définis par le groupement mentionné à l'article L. 1111-24.

Le développement et la gestion du système d'information sont confiés au groupement mentionné à l'article L. 1111-24.

Art. R. 1340-7 *(Décr. nº 2014-128 du 14 févr. 2014, art. 4)* Les données du système d'information mentionné à l'article *(Décr. nº 2016-1744 du 15 déc. 2016, art. 2-II-7º-a)* « R. 1340-6 » sont accessibles, pour l'exercice de leurs missions respectives et dans le respect des règles garantissant la confidentialité des informations couvertes par le secret médical ou le secret industriel et commercial :

1º Aux organismes chargés de la toxicovigilance ;

(Décr. nº 2016-1744 du 15 déc. 2016, art. 2-II-7º-b) « 2º A l'Agence nationale de sécurité sanitaire de l'alimentation, de l'environnement et du travail ; »

3º Aux agences régionales de santé dans le respect des conditions définies à l'article R. 1341-7 ;

(Décr. nº 2016-1744 du 15 déc. 2016, art. 2-II-7º-c) « 4º A l'Agence nationale de santé publique et, pour l'exercice de ses missions d'enquête, à l'Agence nationale de sécurité du médicament et des produits de santé ; »

5º A d'autres organismes ou établissements compétents en matière de surveillance ou de prévention des risques pour la population, sous réserve de leur habilitation par arrêté du ministre chargé de la santé précisant le champ et la durée de la mission justifiant l'accès aux données du système d'information et les conditions de préservation de la confidentialité de ces informations.

(Décr. nº 2016-1744 du 15 déc. 2016, art. 2-II-7º-e) « Au sein de ces organismes, seules peuvent accéder aux données confidentielles les personnes nominativement désignées par le directeur général de chacun de ces organismes ou la personne qui en est responsable. Les données couvertes par le secret médical ne sont accessibles aux personnes des organismes mentionnés au *[aux]* 2º, 4º et 5º désignées pour y accéder qu'après avoir été rendues anonymes, et sous la responsabilité d'un médecin. »

Art. R. 1340-8 *(Décr. nº 2014-128 du 14 févr. 2014, art. 4)* Pour l'exercice de leurs missions, les organismes chargés de la toxicovigilance ont accès *(Décr. nº 2016-1744 du 15 déc. 2016, art. 2-II-8º)* « , à leur demande, » aux données rendues anonymes détenues par *(Décr. nº 2016-1744 du 15 déc. 2016, art. 2-II-8º)* « l'Agence nationale de sécurité sanitaire de l'alimentation, de l'environnement et du travail et l'Agence nationale de sécurité du médicament et des produits de santé » dans le cadre des systèmes de vigilance relatifs aux produits mentionnés aux articles L. 5311-1, L. 5141-1 et R. 1323-1.

SECTION II DÉCLARATION DES CAS D'INTOXICATION AUX ORGANISMES CHARGÉS DE LA TOXICOVIGILANCE

(Décr. nº 2016-1744 du 15 déc. 2016, art. 2-III)

Art. R. 1340-9 *(Décr. nº 2014-128 du 14 févr. 2014, art. 3)* La survenue de tout effet toxique pour l'homme faisant suite à une exposition unique ou répétée à un mélange ou une substance, naturelle ou de synthèse, disponible sur le marché ou présent dans l'environnement, constitue un cas d'intoxication.

Art. R. 1340-10 *(Décr. nº 2014-128 du 14 févr. 2014, art. 3)* I. – Les professionnels de santé déclarent sans délai à l'organisme chargé de la toxicovigilance territorialement compétent tout cas d'intoxication humaine qu'ils constatent et présentant pour la personne intoxiquée l'un des critères de gravité suivants :

1º Décès ;

2º Mise en jeu du pronostic vital ;

(Décr. nº 2016-1744 du 15 déc. 2016, art. 2-III-1º-a) « 3º Déficit fonctionnel temporaire ou permanent ; »

4º Hospitalisation de plus de vingt-quatre heures.

II. – Les professionnels de santé déclarent en outre :

1º Les cas d'intoxication faisant l'objet des dispositifs de surveillance spécialisée *(Décr. nº 2016-1744 du 15 déc. 2016, art. 2-III-1º-b)* « définis par arrêtés » du ministre chargé de la santé ;

2° Les cas d'intoxication qui, bien que ne répondant pas à l'un des critères mentionnés au I, leur paraissent avoir un caractère inhabituel ou présenter un risque pour la santé publique.

III. — Les professionnels de santé informent la personne ou, en cas de décès et dans le respect des dispositions de l'article L. 1110-4, ses ayants droit de la transmission des données de santé la concernant.

IV. — Les dispositions du présent article ne s'appliquent pas lorsque la déclaration relève d'un autre système réglementé de vigilance relatif aux produits définis aux articles L. 5311-1, L. 5141-1 et R. 1323-1.

Art. R. 1340-11 *(Décr. nº 2014-128 du 14 févr. 2014, art. 3)* Le fabricant, l'importateur, l'utilisateur en aval ou le distributeur d'une substance ou d'un mélange déclare sans délai à l'organisme chargé de la toxicovigilance territorialement compétent en vertu de l'article *(Décr. nº 2016-1744 du 15 déc. 2016, art. 2-III-2º)* « R. 1340-5 » tout cas d'intoxication humaine lié à cette substance ou à ce mélange, porté à sa connaissance.

Cette disposition ne s'applique pas lorsque la déclaration relève d'un autre système réglementé de vigilance relatif aux produits définis aux articles L. 5311-1, L. 5141-1 et R. 1323-1.

Art. R. 1340-12 *(Décr. nº 2014-128 du 14 févr. 2014, art. 3)* Les professionnels de santé et les fabricants, importateurs, utilisateurs en aval et distributeurs de substances ou de mélanges sont tenus de fournir, à la demande des organismes chargés de la toxicovigilance, des agences régionales de santé ou de *(Décr. nº 2016-1744 du 15 déc. 2016, art. 2-III-3º)* « l'Agence nationale de sécurité sanitaire de l'alimentation, de l'environnement et du travail », toute information complémentaire dont ils ont connaissance sur les cas qu'ils ont déclarés et sur les cas qui ont fait l'objet d'une déclaration par un tiers. Les organismes qui ont reçu ces informations complémentaires s'assurent qu'elles sont enregistrées dans le système d'information mentionné à l'article *(Décr. nº 2016-1744 du 15 déc. 2016, art. 2-III-3º)* « R. 1340-6 » et veillent au respect des dispositions des articles *(Décr. nº 2016-1744 du 15 déc. 2016, art. 2-III-3º)* « R. 1340-6 et R. 1340-7 ».

Cette disposition ne s'applique pas lorsque la déclaration relève d'un autre système de vigilance relatif aux produits définis aux articles L. 5311-1, L. 5141-1 et R. 1323-1.

Art. R. 1340-13 *(Décr. nº 2014-128 du 14 févr. 2014, art. 3)* Les déclarations et transmissions d'informations prévues aux articles *(Décr. nº 2016-1744 du 15 déc. 2016, art. 2-III-4º)* « R. 1340-10 à R. 1340-12 » comme l'exploitation de ces données sont réalisées dans le respect des dispositions des articles *(Décr. nº 2016-1744 du 15 déc. 2016, art. 2-III-4º)* « R. 1340-6 et R. 1340-7 ». Un arrêté du ministre chargé de la santé, pris après avis du directeur général de *(Décr. nº 2016-1744 du 15 déc. 2016, art. 2-III-4º)* « l'Agence nationale de sécurité sanitaire de l'alimentation, de l'environnement et du travail » et de la Commission nationale de l'informatique et des libertés, précise :

1° Le contenu des déclarations des cas d'intoxication par les professionnels de santé ou par les fabricants, importateurs, utilisateurs en aval et distributeurs de substances ou de mélanges ;

2° Les modalités de transmission de ces déclarations aux organismes chargés de la toxicovigilance ;

3° Les modalités de conservation et d'accès aux données déclarées.

CHAPITRE PREMIER INFORMATION SUR LES SUBSTANCES ET MÉLANGES *(Décr. nº 2016-1744 du 15 déc. 2016, art. 3-1º).*

SECTION PREMIÈRE INFORMATIONS SUR LES SUBSTANCES ET MÉLANGES *(Abrogé par Décr. nº 2016-1744 du 15 déc. 2016, art. 3-2º).*

Art. R. 1341-1 *Abrogé par Décr. nº 2014-128 du 14 févr. 2014, art. 2.*

Art. R. 1341-2 *(Décr. nº 2014-128 du 14 févr. 2014, art. 2-3º)* Les informations transmises en application de l'article L. 1341-1 aux organismes chargés de la toxicovigilance et à l'organisme mentionné à l'article L. 4411-4 du code du travail, sur la demande de ceux-ci, comprennent :

1° La ou les désignations existantes de la substance ou du mélange considéré ;

2° La composition qualitative et quantitative du mélange ; lorsque le mélange comprend un ou plusieurs mélanges dont la composition n'est pas connue par le fabricant, l'importateur ou l'utilisateur en aval, celui-ci indique le nom commercial et les coordonnées du fournisseur du ou de ces mélanges et transmet la fiche de données de sécurité lorsqu'elle est requise en vertu des dispositions de l'article R. 4411-73 du code du travail ;

3° Les types de conditionnements commerciaux ;

4° Les types d'utilisation ;

5° Les propriétés physiques ;

6° La fiche de données de sécurité lorsqu'elle est requise selon les dispositions de l'article R. 4411-73 du code du travail ;

7° L'étiquette prévue à l'article 17 du règlement (CE) n° 1272/2008 du Parlement européen et du Conseil du 16 décembre 2008.

Les pièces à fournir sont rédigées en langue française. Elles sont transmises dans un délai qui ne peut excéder soixante-douze heures, par tout moyen, notamment par le système d'information sécurisé mentionné à l'article *(Décr. n° 2016-1744 du 15 déc. 2016, art. 3-3°)* « R. 1340-6 », et selon les modalités définies par arrêté des ministres chargés de la santé, du travail, de l'environnement, de l'industrie et de l'agriculture dans le respect des dispositions des articles *(Décr. n° 2016-1744 du 15 déc. 2016, art. 3-3°)* « R. 1340-6 et R. 1340-7 ».

Sur demande des organismes mentionnés au premier alinéa, les fabricants, importateurs ou utilisateurs en aval sont, en outre, tenus de fournir, dès qu'ils en reçoivent la demande, les éléments complémentaires nécessaires, notamment en cas d'urgence sanitaire, à l'appréciation du risque et à la prescription de mesures curatives.

Les fabricants, importateurs ou utilisateurs en aval de ces substances ou mélanges, mis sur le marché sur le territoire national, font connaître, le cas échéant, à l'organisme demandeur celles des informations dont la diffusion leur paraîtrait de nature à entraîner la divulgation de secrets industriels et commerciaux. Ces dispositions ne peuvent cependant faire obstacle à la fourniture des renseignements mentionnés aux articles R. 4411-44 et R. 4411-45 du code du travail. Si, ultérieurement, le déclarant rend lui-même publiques des informations auparavant confidentielles, il est tenu d'en informer l'organisme demandeur.

Art. R. 1341-3 *(Décr. n° 2014-128 du 14 févr. 2014, art. 2-4°)* Si le fabricant, importateur ou utilisateur en aval d'une substance ou d'un mélange ne peut pas fournir, dans les délais impartis, tout ou partie des informations mentionnées à l'article R. 1341-2, il indique à l'organisme demandeur le nom de la personne physique ou morale qui est en mesure de le faire.

Art. R. 1341-4 Si le fabricant, l'importateur ou *(Décr. n° 2014-128 du 14 févr. 2014, art. 2-5°-a)* « l'utilisateur en aval » entend contester la demande qui lui est faite, il saisit le ministre chargé de la santé et envoie copie de son recours *(Décr. n° 2014-128 du 14 févr. 2014, art. 2-5°-b)* « à l'organisme demandeur ». Ce recours doit être formé avant l'expiration du délai fixé par le demandeur pour la fourniture des informations. Le ministre chargé de la santé statue et notifie sa décision, dans un délai de quinze jours, au fabricant, importateur ou *(Décr. n° 2014-128 du 14 févr. 2014, art. 2-5°-a)* « utilisateur en aval » et *(Décr. n° 2014-128 du 14 févr. 2014, art. 2-5°-b)* « à l'organisme demandeur ». A défaut de notification dans ce délai, la contestation est réputée rejetée.

Lorsque *(Décr. n° 2014-128 du 14 févr. 2014, art. 2-5°-b)* « l'organisme demandeur » a fait état dans sa demande d'une situation d'urgence, le recours présenté au ministre ne dispense pas le fabricant, l'importateur ou *(Décr. n° 2014-128 du 14 févr. 2014, art. 2-5°-a)* « l'utilisateur en aval » de transmettre les informations demandées dans le délai prescrit.

Art. R. 1341-5 Toute personne qui a fourni des informations mentionnées à l'article R. 1341-2 bénéficie, pour celles-ci, d'un droit d'accès et s'il y a lieu de rectification auprès de l'organisme *(Décr. n° 2014-128 du 14 févr. 2014, art. 2-6°)* « demandeur ».

Art. R. 1341-6 *Abrogé par Décr. n° 2014-128 du 14 févr. 2014, art. 2.*

Art. R. 1341-7 *(Décr. n° 2014-128 du 14 févr. 2014, art. 2-8°)* L'organisme mentionné à l'article L. 4411-4 du code du travail et les organismes chargés de la toxicovigilance qui ont reçu des informations en application de l'article R. 1341-2 du présent code en assurent la conservation, l'exploitation et la transmission dans le respect des dispositions des articles *(Décr. n° 2016-1744 du 15 déc. 2016, art. 3-4°)* « R. 1340-6 et R. 1340-7 ».

En cas d'intoxication, le personnel désigné au sein des agences régionales de santé et ayant qualité de médecin, pharmacien ou ingénieur peut avoir accès par l'intermédiaire des organismes chargés de la toxicovigilance et dans les conditions assurant la confidentialité des données, à tout renseignement utile concernant les substances et les mélanges suspects. S'il s'agit de données couvertes par le secret médical, seuls des médecins ainsi désignés peuvent y avoir accès.

Art. R. 1341-8 *(Décr. n° 2014-128 du 14 févr. 2014, art. 2-9°)* « L'organisme mentionné à l'article L. 4411-4 du code du travail, les organismes chargés de la toxicovigilance, l'organisme chargé de la gestion du système d'information mentionné à l'article *(Décr. n° 2016-1744 du 15 déc. 2016, art. 3-5°)* « R. 1340-6, l'Agence nationale de santé publique, l'Agence nationale de sécurité sanitaire de l'alimentation, de l'environnement et du travail et l'Agence nationale de sécurité du médicament et des produits de santé », *(Décr. n° 2014-128 du 14 févr. 2014, art. 2-9°)* « les agences régionales de santé et les services de l'État compétents en matière de sécurité sanitaire » prennent toutes dispositions utiles pour que les informations dont ils disposent et qui leur ont été signalées comme relevant du secret industriel et commercial ne soient accessibles qu'aux personnes qu'ils ont désignées pour en assurer la garde et qui sont astreintes au secret professionnel.

Art. R. 1341-9 *(Décr. n° 2014-128 du 14 févr. 2014, art. 2-10°)* L'organisme mentionné à l'article L. 4411-4 du code du travail et les organismes chargés de la toxicovigilance s'assurent de la transmission des informations relatives aux substances et aux mélanges et de leur actualisation en application des articles R. 1341-2 et R. 1342-13 à l'organisme chargé de la gestion du système d'information mentionné à l'article *(Décr. n° 2016-1744 du 15 déc. 2016, art. 3-6°)* « R. 1340-6 ».

Art. R. 1341-10 Les dispositions prévues aux articles R. 1341-2 à R. 1341-9 ne s'appliquent pas :

1° Aux médicaments à usage humain ou vétérinaire définis aux articles L. 5111-1 et L. 5141-2 ;
2° Aux produits cosmétiques, définis à l'article L. 5131-1 ;
3° *Abrogé par Décr. n° 2008-109 du 5 févr. 2008, art. 1er.*
4° *Abrogé par Décr. n° 2014-128 du 14 févr. 2014, art. 2.*
5° Aux denrées alimentaires et leurs composants ;
6° Aux aliments pour animaux et leurs composants ;
7° Aux déchets régis par le titre IV du livre V du code de l'environnement.

SECTION II *[ABROGÉE]* DÉCLARATION DES CAS D'INTOXICATION AUX ORGANISMES CHARGÉS DE LA TOXICOVIGILANCE

(Abrogée par Décr. n° 2016-1744 du 15 déc. 2016, art. 3)

Art. R. 1341-11 à R. 1341-15 *devenus art. R. 1340-9 à R. 1340-13* (Décr. n° 2016-1744 *du 15 déc. 2016, art. 2).*

SECTION III *[ABROGÉE]* ORGANISATION DE LA TOXICOVIGILANCE

(Abrogée par Décr. n° 2016-1744 du 15 déc. 2016, art. 3)

Art. R. 1341-16 *Abrogé par Décr. n° 2016-1744 du 15 déc. 2016, art. 3.*

Art. R. 1341-17 à D. 1341-19 *devenus art. R. 1340-1 à D. 1340-3 (Décr. n° 2016-1744 du 15 déc. 2016, art. 2-II).*

Art. D. 1341-20 à D. 1341-25 *Abrogés par Décr. n° 2016-1744 du 15 déc. 2016, art. 3.*

Art. R. 1341-26 à R. 1341-30 *devenus art. R. 1340-4 à R. 1340-8 (Décr. n° 2016-1744 du 15 déc. 2016, art. 2).*

CHAPITRE II **DISPOSITIONS PROPRES AUX SUBSTANCES ET MÉLANGES DANGEREUX** *(Décr. n° 2014-128 du 14 févr. 2014, art. 5).*

SECTION PREMIÈRE **CLASSEMENT ET RESTRICTIONS D'EMPLOI DES SUBSTANCES ET MÉLANGES DANGEREUX** *(Décr. n° 2014-128 du 14 févr. 2014, art. 6-1°).*

Art. R. 1342-1 *(Décr. n° 2014-128 du 14 févr. 2014, art. 6-2°)* **Un arrêté des ministres chargés de l'agriculture, de la consommation, de l'environnement, de l'industrie et de la santé détermine, conformément aux dispositions communautaires en vigueur, le symbole d'identification et l'indication du danger de chacune des catégories de substances et mélanges définies à l'article L. 1342-2, les phrases types mentionnant les risques particuliers d'emploi et les phrases types mentionnant les conseils de prudence.**

Lorsque l'étiquetage d'une substance ou d'un mélange dangereux doit comporter plusieurs symboles d'identification, un arrêté des mêmes ministres peut rendre facultatif l'emploi de certains de ces symboles.

Art. R. 1342-2 **Des arrêtés des ministres chargés de l'agriculture, de la consommation, de l'environnement, de l'industrie et de la santé classent les substances dangereuses dans les catégories mentionnées à l'article** *(Décr. n° 2014-128 du 14 févr. 2014, art. 6-3°)* **« L. 1342-2 » et fixent la référence des phrases types devant figurer sur l'emballage.**

Le classement des *(Décr. n° 2014-128 du 14 févr. 2014, art. 6-4°)* **« mélanges dangereux » résulte :**

1° Du classement des substances dangereuses *(Décr. n° 2014-128 du 14 févr. 2014, art. 6-4°)* **« qu'ils » contiennent et de la concentration de celles-ci ;**

2° Du type *(Décr. n° 2014-128 du 14 févr. 2014, art. 6-4°)* **« de mélange ».**

Des arrêtés des ministres mentionnés au premier alinéa du présent article fixent, conformément à ces règles, les modalités du classement des *(Décr. n° 2014-128 du 14 févr. 2014, art. 6-4°)* **« mélanges » dans les catégories mentionnées à l'article** *(Décr. n° 2014-128 du 14 févr. 2014, art. 6-3°)* **« L. 1342-2 » et les phrases types devant figurer sur l'emballage. Si l'intérêt de la santé publique l'exige, le ministre chargé de la santé peut, avant l'intervention d'un arrêté interministériel, classer une substance ou** *(Décr. n° 2014-128 du 14 févr. 2014, art. 6-4°)* **« un mélange » dans les catégories mentionnées ci-dessus. Cet arrêté est pris pour une durée de trois mois renouvelable une fois.**

Art. R. 1342-3 **Sont interdites la production et la mise sur le marché, c'est-à-dire le transport, l'importation, l'exportation, la détention, l'offre, la cession et l'acquisition des substances ou** *(Décr. n° 2014-128 du 14 févr. 2014, art. 6-5°)* **« mélanges mentionnés » à l'article** *(Décr. n° 2014-128 du 14 févr. 2014, art. 6-3°)* **« L. 1342-2 » sous une présentation ou une dénomination susceptible de créer une confusion avec un aliment, un médicament ou un produit cosmétique.**

Toute publicité, sous quelque forme que ce soit, concernant une substance ou *(Décr. n° 2014-128 du 14 févr. 2014, art. 6-5°)* **« un mélange mentionné » à l'article** *(Décr. n° 2014-128 du 14 févr. 2014, art. 6-3°)* **« L. 1342-2 », doit comporter la mention "Dangereux. Respecter les précautions d'emploi".**

Pour des raisons d'hygiène ou de santé publique, la mise sur le marché, la publicité et l'emploi de ces substances et *(Décr. n° 2014-128 du 14 févr. 2014, art. 6-5°)* **« mélanges » peuvent faire l'objet de mesures d'interdiction ou de restriction ou de prescriptions particulières définies, après** *avis du (Décr. n° 2006-1675 du 22 déc. 2006)* **« Haut** *Conseil de la* **santé publique », par arrêté des ministres chargés de l'industrie et de la santé, et, le cas échéant, du ministre chargé de l'agriculture.**

Art. R. 1342-4 **Sans préjudice de la réglementation du transport des matières dangereuses, il est interdit de mettre sur le marché des substances ou** *(Décr. n° 2014-128 du 14 févr. 2014, art. 6-6°)* **« mélanges mentionnés » à l'article** *(Décr. n° 2014-128 du*

14 févr. 2014, art. 6-3°) « L. 1342-2 » autrement que dans des contenants et des emballages conformes aux prescriptions de la présente section.

Art. R. 1342-5 Les contenants et emballages prévus à l'article R. 1342-4 doivent être aménagés et fermés de manière à empêcher toute déperdition du contenu.

Les matières dont ils sont constitués, ainsi que celles de leur fermeture, ne doivent pas être susceptibles d'être attaquées par le contenu ni de former avec ce dernier des combinaisons dangereuses.

Les contenants, emballages et fermetures doivent dans toutes leurs parties être assez solides et robustes pour exclure toute déperdition du contenu et permettre en toute sécurité les manutentions nécessaires.

Les contenants disposant d'un système de fermeture pouvant être remis en place doivent être conçus de manière que le contenant puisse être refermé à plusieurs reprises sans déperdition du contenu.

Art. R. 1342-6 Pour des raisons d'hygiène ou de santé publique, des arrêtés pris après avis du *(Décr. n° 2006-1675 du 22 déc. 2006)* « Haut Conseil de la santé publique » par les ministres chargés de l'agriculture, de l'industrie et de la santé peuvent notamment :

1° Interdire l'usage de certains types de contenants ou d'emballages pour des substances ou *(Décr. n° 2014-128 du 14 févr. 2014, art. 6-7°)* « mélanges dangereux » ;

2° Rendre obligatoires des systèmes de protection à l'épreuve des enfants et refermables ;

3° Imposer une indication du danger détectable au toucher.

Art. R. 1342-7 Aucun contenant ou emballage d'une substance ayant été en contact avec des substances ou *(Décr. n° 2014-128 du 14 févr. 2014, art. 6-6°)* « mélanges mentionnés » à l'article *(Décr. n° 2014-128 du 14 févr. 2014, art. 6-3°)* « L. 1342-2 » ne doit recevoir des produits destinés à l'alimentation humaine ou animale.

Art. R. 1342-8 Sans préjudice de la réglementation du transport des matières dangereuses, il est interdit de mettre sur le marché des substances ou *(Décr. n° 2014-128 du 14 févr. 2014, art. 6-6°)* « mélanges mentionnés » à l'article *(Décr. n° 2014-128 du 14 févr. 2014, art. 6-3°)* « L. 1342-2 » autrement que sous un étiquetage conforme aux prescriptions de la présente section.

Art. R. 1342-9 Tout contenant ou emballage d'une substance ou *(Décr. n° 2014-128 du 14 févr. 2014, art. 6-8°)* « d'un mélange mentionné » à l'article *(Décr. n° 2014-128 du 14 févr. 2014, art. 6-3°)* « L. 1342-2 » doit porter les mentions suivantes :

1° Le nom de la substance tel qu'il figure à l'arrêté de classement ou, lorsqu'il *(Décr. n° 2014-128 du 14 févr. 2014, art. 6-8°)* « s'agit d'un mélange », la désignation ou le nom commercial *(Décr. n° 2014-128 du 14 févr. 2014, art. 6-8°)* « dudit mélange » ainsi que le nom de la (ou des) substance(s) vénéneuse(s) *(Décr. n° 2014-128 du 14 févr. 2014, art. 6-8°)* « qu'il contient », selon les conditions définies par l'arrêté prévu à l'article R. 1342-10 ;

2° Le nom ou la raison sociale et l'adresse ou le siège social du fabricant ou du distributeur ou de l'importateur ;

3° Le ou les symboles d'identification de la catégorie à laquelle appartient la substance *(Décr. n° 2014-128 du 14 févr. 2014, art. 6-8°)* « ou le mélange » ;

4° Les phrases types prévues par l'arrêté de classement concernant les risques particuliers que comporte son emploi ;

5° Les phrases types prévues par l'arrêté de classement concernant les conseils de prudence.

Ces mentions doivent être apposées sur le contenant ou l'emballage de façon apparente, lisible et en caractères indélébiles. Elles sont rédigées en langue française lorsque les substances ou *(Décr. n° 2014-128 du 14 févr. 2014, art. 6-8°)* « mélanges sont destinés » au marché intérieur.

Art. R. 1342-10 Un arrêté des ministres chargés de l'agriculture, de la consommation, de l'environnement, de l'industrie et de la santé détermine les modalités d'application des dispositions des articles R. 1342-8 et R. 1342-9, et notamment :

1° Les dimensions minimales de l'étiquette et les conditions dans lesquelles les mentions exigées doivent être apposées sur celle-ci ;

2° La présentation et la couleur des mentions portées sur l'emballage ou l'étiquette.

Il est interdit de faire figurer sur les contenants ou emballages les indications Non toxique, Non nocif, ou toutes autres indications analogues.

Art. R. 1342-11 Lorsqu'il est fait usage d'un seul emballage extérieur renfermant un ou plusieurs emballages intérieurs, pour une ou plusieurs substances ou *(Décr. n° 2014-128 du 14 févr. 2014, art. 6-9°)* « mélanges mentionnés » à l'article *(Décr. n° 2014-128 du 14 févr. 2014, art. 6-3°)* « L. 1342-2 », cet emballage peut ne porter que les mentions prévues par la réglementation des transports des matières dangereuses. Dans ce cas, l'emballage intérieur ou le contenant de chaque substance ou *(Décr. n° 2014-128 du 14 févr. 2014, art. 6-9°)* « mélange » doit porter les mentions prévues à l'article R. 1342-9.

Dans le cas d'un emballage unique, celui-ci peut ne porter que les mentions prévues par la réglementation des transports des matières dangereuses ainsi que les mentions prévues aux 1°, 2°, 4° et 5° de l'article R. 1342-9.

Art. R. 1342-12 *(Décr. n° 2006-1177 du 22 sept. 2006, art. 2)* L'emploi des produits phytopharmaceutiques contenant des substances mentionnées à l'article *(Décr. n° 2014-128 du 14 févr. 2014, art. 6-3°)* « L. 1342-2 » du présent code est réglementé dans les conditions prévues par le chapitre III du titre V du livre II du code rural et de la pêche maritime.

SECTION II DÉCLARATION DES MÉLANGES DANGEREUX

(Décr. n° 2014-128 du 14 févr. 2014, art. 7)

Les dispositions relatives à la déclaration des mélanges dangereux du Décr. n° 2014-128 du 14 févr. 2014 entrent en vigueur de manière différée du 1er avr. 2014 au 1er juin 2022 en fonction de leur classification, dans les conditions définies à l'art. 12 dudit décret.

Art. R. 1342-13 La déclaration prévue à l'article L. 1342-1 est établie pour tout mélange classé comme dangereux dans les trente jours qui suivent sa mise sur le marché. Elle est adressée à un organisme désigné par arrêté des ministres chargés de la santé, du travail, de l'environnement et de l'agriculture, qui garantit la sécurité des déclarations par voie électronique, la confidentialité de l'ensemble des données lors de leur transmission et de leur conservation et le respect des dispositions des articles *(Décr. n° 2016-1744 du 15 déc. 2016, art. 4)* « R. 1340-6 et R. 1340-7 ».

La déclaration est transmise par cet organisme aux organismes chargés de la toxicovigilance et à l'organisme mentionné à l'article L. 4411-4 du code du travail.

Art. R. 1342-14 Les importateurs et les utilisateurs en aval sont tenus d'informer l'organisme désigné mentionné à l'article R. 1342-13, du retrait du marché, de tout changement de nom commercial et de toute modification de la composition ou de la classification des mélanges pour lesquels une déclaration a été effectuée en vertu de l'article R. 1342-13. Cette information est transmise dans un délai de trente jours selon les modalités prévues par l'arrêté mentionné à l'article R. 1342-15.

Art. R. 1342-15 La déclaration prévue à l'article R. 1342-13 comprend les informations suivantes :

1° La ou les désignations existantes du mélange considéré ;

2° La composition qualitative et quantitative du mélange ; lorsque le mélange comprend un ou plusieurs mélanges dont la composition n'est pas connue par le déclarant, celui-ci indique le nom commercial et les coordonnées du fournisseur du ou de ces mélanges et transmet la fiche de données de sécurité lorsqu'elle est requise en vertu des dispositions de l'article R. 4411-73 du code du travail ;

3° Les types de conditionnements commerciaux ;

4° Les types d'utilisation ;

5° Les propriétés physiques ;

6° *La nature et les caractéristiques* des effets dangereux ;

7° Les précautions particulières d'emploi ;

8° La fiche de données de sécurité lorsqu'elle est requise selon les dispositions de l'article R. 4411-73 du code du travail ;

9° L'étiquette prévue à l'article 17 du règlement (CE) n° 1272/2008 du Parlement européen et du Conseil du 16 décembre 2008.

Les pièces à fournir sont rédigées en langue française. Elles sont transmises par voie électronique ou, en cas d'impossibilité, par tout autre moyen, selon les modalités définies par arrêté des ministres chargés de la santé, du travail, de l'environnement, de l'industrie et de l'agriculture.

Les importateurs ou les utilisateurs en aval font connaître, le cas échéant, à l'organisme désigné mentionné à l'article R. 1342-13 celles des informations dont la diffusion leur paraîtrait de nature à entraîner la divulgation de secrets industriels et commerciaux. Ces dispositions ne peuvent cependant faire obstacle à la fourniture des renseignements mentionnés au deuxième alinéa de l'article R. 1342-18. Si, ultérieurement, le déclarant rend lui-même publiques des déclarations auparavant confidentielles, il est tenu d'en informer l'organisme désigné mentionné à l'article R. 1342-13.

Art. R. 1342-16 Si l'importateur ou l'utilisateur en aval ne peut pas fournir, dans les délais impartis, tout ou partie des informations mentionnées à l'article R. 1342-15, il indique à l'organisme désigné mentionné à l'article R. 1342-13 le nom de la personne physique ou morale qui est en mesure de le faire.

Art. R. 1342-17 Toute personne qui a fourni les informations demandées à l'article R. 1342-15 bénéficie, pour celles-ci, d'un droit d'accès et, s'il y a lieu, d'un droit de rectification auprès de l'organisme désigné mentionné à l'article R. 1342-13.

Art. R. 1342-18 Les informations contenues dans la déclaration mentionnée à l'article R. 1342-13 ne peuvent être utilisées que pour répondre à des demandes de renseignements ayant pour but de prévenir les effets des substances ou mélanges concernés sur la santé ou d'assurer le traitement des affections induites par ces substances ou mélanges.

Les organismes chargés de la toxicovigilance et l'organisme mentionné à l'article L. 4411-4 du code du travail sont habilités à fournir aux personnes qui en font la demande et qui justifient d'une qualité dans le domaine de la protection sanitaire des populations les renseignements qu'ils détiennent au sujet des dangers que présente une substance ou un mélange et des précautions à prendre dans son emploi, son stockage, son transport et son élimination, à l'exclusion de toute autre information relevant du secret industriel et commercial.

Art. R. 1342-19 Les dispositions de la présente section ne s'appliquent pas :

1° Aux produits à finalité sanitaire destinés à l'homme *(Décr. n° 2015-1417 du 4 nov. 2015, art. 2)* « , aux produits cosmétiques et aux produits de tatouage mentionnés à l'article L. 5311-1 » ;

2° Aux médicaments vétérinaires définis à l'article L. 5141-1 ;

3° Aux substances et mélanges radioactifs ;

4° Aux denrées alimentaires et leurs composants ;

5° Aux aliments pour animaux et leurs composants ;

6° Aux substances et aux mélanges destinés à la recherche et au développement qui ne sont pas mis sur le marché à destination du public ;

7° Aux déchets régis par le titre IV du livre V du code de l'environnement.

CHAPITRE III DISPOSITIONS PÉNALES

SECTION UNIQUE

Art. R. 1343-1 *Est puni de l'amende prévue pour les contraventions de la cinquième classe :*

1° La production ou la mise sur le marché des substances ou *(Décr. n° 2014-128 du 14 févr. 2014, art. 8-1°)* « mélanges mentionnés à l'article L. 1342-2 », sous une présentation ou une dénomination susceptible de créer une confusion avec un aliment, un médicament ou un produit cosmétique, conformément au premier alinéa de l'article R. 1342-3 ;

2° La publicité concernant ces mêmes substances et *(Décr. n° 2014-128 du 14 févr. 2014, art. 8-2°)* « mélanges » sans la mention imposée par le deuxième alinéa de l'article R. 1342-3 ;

3° La mise sur le marché, la publicité ou l'emploi de ces mêmes substances et *(Décr. n° 2014-128 du 14 févr. 2014, art. 8-2°)* « mélanges », en violation des interdictions, restrictions ou prescriptions définies par arrêté en application du troisième alinéa de l'article R. 1342-3 ;

4° L'emploi de produits antiparasitaires à usage agricole ou de produits assimilés en violation des dispositions de l'article R. 1342-12.

Les peines complémentaires prévues à l'article *(Décr. n° 2014-128 du 14 févr. 2014, art. 8-3°)* « L. 216-8 » du code de la consommation sont applicables aux condamnations prononcées sur le fondement du présent article.

Art. R. 1343-2 La récidive des contraventions prévues à l'article R. 1343-1 est réprimée conformément à l'article 132-11 du code pénal.

LIVRE QUATRIÈME ADMINISTRATION GÉNÉRALE DE LA SANTÉ

TITRE PREMIER INSTITUTIONS

CHAPITRE PREMIER POLITIQUE DE SANTÉ PUBLIQUE

SECTION PREMIÈRE STRATÉGIE NATIONALE DE SANTÉ

(Décr. n° 2016-1621 du 28 nov. 2016, art. 1er-3°)

SOUS-SECTION 1 DÉFINITION DE LA STRATÉGIE NATIONALE DE SANTÉ

Art. R. 1411-1 La stratégie nationale de santé est définie par décret pour une durée qui ne peut excéder dix années. Ce décret précise les domaines d'action prioritaires et les objectifs d'amélioration de la santé et de la protection sociale contre les conséquences de la maladie, de l'accident et du handicap, poursuivis par la stratégie nationale de santé. Il comporte des dispositions relatives aux priorités de la politique de santé de l'enfant.

Cette stratégie est élaborée au vu d'une analyse des principaux problèmes de santé de la population et des déterminants de son état de santé, tels que mentionnés au 1° de l'article L. 1411-1, et des stratégies d'action envisageables.

Art. R. 1411-2 I. – La stratégie nationale de santé est mise en œuvre par des plans et des programmes opérationnels à portée nationale, définis ou révisés par arrêté du ministre chargé de la santé et, le cas échéant, du ou des autres ministres intéressés, ainsi que par les projets régionaux de santé mentionnés à l'article L. 1434-1.

Ces plans, programmes et projets constituent le cadre, au niveau national et au niveau régional, de l'action de l'État et de ses établissements sur les déterminants de santé et sur l'organisation de la prévention collective, de la sécurité sanitaire et des services de santé, y compris des services médico-sociaux. Ils sont établis en tenant compte de l'évaluation des plans, programmes et projets antérieurs.

En outre, les plans, programmes et projets suivants concourent à la mise en œuvre de la stratégie nationale de santé :

1° Le plan national de prévention des risques pour la santé liés à l'environnement mentionné à l'article L. 1311-6 ;

2° Les programmes de santé destinés à éviter l'apparition, le développement ou l'aggravation de maladies ou incapacités mentionnés à l'article L. 1411-6 ;

3° Le pacte territoire-santé mentionné à l'article L. 1434-14 ;

4° Les projets territoriaux de santé mentale mentionnés à l'article L. 3221-2 ;

5° Le programme national relatif à la nutrition et à la santé mentionné à l'article L. 3231-1 ;

6° Les programmes et actions de lutte contre les inégalités sociales et territoriales de *santé mentionnés à l'article R. 1413-1* ;

7° Le programme national relatif à l'activité de télémédecine et à son organisation mentionné à l'article R. 6316-6 ;

8° Le plan national de gestion du risque et d'efficience du système de soins et les programmes nationaux de gestion du risque mentionnés à l'article L. 182-2-1-1 du code de la sécurité sociale ;

9° Les programmes pluriannuels régionaux de gestion du risque mentionnés à l'article R. 1434-10 du présent code et les plans d'actions pluriannuels régionaux d'amélioration de la pertinence des soins mentionnés à l'article L. 162-30-4 du code de la sécurité sociale ;

10° Les programmes interdépartementaux d'accompagnement des handicaps et de la perte d'autonomie mentionnés à l'article L. 312-5-1 du code de l'action sociale et des familles.

L'élaboration des plans, programmes et projets mentionnés au premier alinéa donne lieu, en tant que de besoin, à la réalisation d'études complémentaires, d'études d'impact ou d'évaluation de projets pilotes, qui permettent de comparer les coûts et les effets attendus de différentes modalités d'action envisagées, ou de préciser les conditions et les ressources nécessaires à leur mise en œuvre.

II. – Les programmes d'action définis par les organismes gestionnaires de régime d'assurance maladie et les organismes mentionnés aux articles L. 1222-1, L. 1313-1, L. 1413-1, L. 1415-2, L. 1418-1 et L. 5311-1 du présent code et ainsi qu'à l'article L. 592-45 du code de l'environnement concourent à la mise en œuvre de la politique de santé et des plans, programmes et projets mentionnés au I.

Sont notamment soumis aux dispositions du premier alinéa les programmes suivants :

1° Les programmes d'accompagnement des patients atteints de maladies chroniques mentionnés à l'article L. 162-1-11 du code de la sécurité sociale ;

2° Les programmes d'aide au sevrage tabagique mentionnés à l'article L. 162-1-11 du même code.

SOUS-SECTION 2 ADOPTION, RÉVISION ET ÉVALUATION DE LA STRATÉGIE NATIONALE DE SANTÉ

Art. R. 1411-3 Préalablement à l'adoption ou à la révision de la stratégie nationale de santé, une consultation publique est organisée à l'initiative du ministre chargé de la santé. Elle porte sur les objectifs et les priorités du projet de stratégie nationale de santé. Cette consultation publique peut être effectuée par voie dématérialisée. Sa date d'ouverture et sa date de clôture ainsi que ses modalités d'organisation sont fixées par arrêté du ministre chargé de la santé.

La Conférence nationale de santé et le Haut Conseil de la santé publique sont consultés par le ministre chargé de la santé sur le projet de stratégie nationale de santé et peuvent lui adresser toute proposition susceptible de contribuer à sa définition ou à sa révision.

Le ministre chargé de la santé peut également proposer à la Conférence nationale de la santé d'organiser des débats publics sur certains thèmes du projet de stratégie nationale de santé. A cette fin, la Conférence nationale de la santé peut organiser des débats dans les régions, le cas échéant en concertation avec les conférences régionales de la santé et de l'autonomie, les conseils territoriaux de santé et les espaces régionaux ou interrégionaux de réflexion éthique.

La synthèse des avis recueillis à l'occasion de la consultation publique est rendue publique par le ministre chargé de la santé dans un délai de quatre mois à compter de la date de clôture de la consultation publique.

Art. R. 1411-4 I. – La stratégie nationale de santé et les plans et programmes nationaux *mentionnés au I de l'article* R. 1411-2 donnent lieu à un suivi annuel ainsi qu'à des évaluations pluriannuelles permettant d'apprécier les résultats sanitaires obtenus et l'impact sanitaire, social et économique de ces plans et programmes au regard des ressources mobilisées, et d'en tirer les enseignements nécessaires à l'adaptation des politiques publiques.

Les résultats du suivi annuel et des évaluations sont soumis pour avis à la Conférence nationale de santé et au Haut Conseil de la santé publique, avant d'être rendus publics.

II. – Les conditions d'organisation du suivi annuel et des évaluations pluriannuelles ainsi que les modalités et le montant prévisionnels de leur financement sont définis, par arrêté des ministres chargés de la santé et des outre-mer, lors de l'élaboration de la stratégie nationale de santé et des plans et programmes mentionnés au I de l'article

R. 1411-2, en fonction de l'importance des ressources affectées aux actions et de l'importance des impacts économiques et sociaux attendus de leur mise en œuvre.

SOUS-SECTION 3 SUIVI DE L'ÉTAT DE SANTÉ DE LA POPULATION, DES INÉGALITÉS DE SANTÉ ET DE LEURS DÉTERMINANTS

Art. R. 1411-5 Le Haut Conseil de la santé publique identifie, en lien avec les services du ministère chargé de la santé et les autorités et agences sanitaires, les besoins d'information sur l'évolution de l'état de santé de la population et des inégalités de santé ainsi que sur les effets de la mise en œuvre des politiques susceptibles d'avoir un impact sur la santé, et propose, le cas échéant, au ministre chargé de la santé les études et recherches d'informations permettant d'y répondre. Cette analyse fait l'objet d'une réévaluation au moins tous les dix ans.

Art. R. 1411-6 Le ministre chargé de la santé fixe, en prenant en compte les résultats des travaux du Haut Conseil de la santé publique mentionnés à l'article R. 1411-5, la liste des enquêtes et des opérations de recueil et de traitement de données nécessaires à la production des informations requises pour le suivi de l'évolution de l'état de santé de la population et des inégalités de santé ainsi que pour l'analyse des effets de la mise en œuvre des politiques susceptibles d'avoir un impact sur la santé.

SOUS-SECTION 4 PRISE EN COMPTE DE LA STRATÉGIE NATIONALE DE SANTÉ EN CORSE, DANS LES COLLECTIVITÉS MENTIONNÉES À L'ARTICLE 73 DE LA CONSTITUTION ET À SAINT-BARTHÉLEMY, À SAINT-MARTIN ET À SAINT-PIERRE-ET-MIQUELON

Art. R. 1411-7 La stratégie nationale de santé comporte un volet propre à la Corse, à chaque collectivité d'outre-mer régie par l'article 73 de la Constitution et à celles de Saint-Barthélemy, de Saint-Martin et de Saint-Pierre-et-Miquelon, prenant notamment en compte les données épidémiologiques et les risques sanitaires spécifiques de la collectivité.

Art. R. 1411-8 Les plans et les programmes nationaux prévus au I de l'article R. 1411-2 comportent un volet propre à chaque collectivité mentionnée à l'article R. 1411-7, élaboré en concertation avec la collectivité et l'agence régionale de santé compétente.

La stratégie nationale de santé peut comporter des plans et programmes spécifiques à l'une ou plusieurs des collectivités mentionnées à l'article R. 1411-7.

Chacune des collectivités mentionnées à l'alinéa précédent est consultée, avant son établissement, sur le volet du ou des plans ou programmes qui la concernent.

Art. R. 1411-9 La consultation prévue au premier alinéa de l'article R. 1411-3 est adaptée aux caractéristiques et à la situation sanitaire de chaque collectivité mentionnée à l'article R. 1411-7.

Art. R. 1411-10 Le suivi annuel et les évaluations pluriannuelles de la stratégie nationale de la santé prévus à l'article R. 1411-4 ainsi que le suivi de l'état de santé de la population des inégalités de santé et de leurs déterminants comportent des données propres à chaque collectivité mentionnée à l'article R. 1411-7.

Art. R. 1411-11 Lors de l'élaboration et de l'évaluation de la stratégie nationale de santé, sont prises en compte les actions de coopération régionale organisées par des acteurs des secteurs sanitaire et médico-social, avec chacune des collectivités mentionnées à l'article R. 1411-7.

La coopération régionale, mentionnée à l'article L. 1411-10, est notamment développée dans le cadre :

1° Des conventions conclues par les établissements de santé sur le fondement de *l'article L. 6134-1* ;

2° Des conventions conclues par les agences régionales de santé sur le fondement de l'article L. 1434-2 ;

3° De conventions concernant l'action sanitaire ou médico-sociale, conclues par les collectivités mentionnées à l'article R. 1411-7 avec des autorités locales étrangères en application de l'article L. 1115-1 du code général des collectivités territoriales.

Les services de l'État dans la collectivité concernée, l'agence régionale de santé compétente et les établissements de santé informent le ministre chargé de la santé de l'étendue et du développement des actions de coopération régionale en matière sanitaire ou médico-sociale dont ils ont connaissance.

SECTION II **INSTITUTIONS NATIONALES**

(Décr. nº 2005-1539 du 8 déc. 2005)

SOUS-SECTION 1 **COMITÉ INTERMINISTÉRIEL POUR LA SANTÉ**

(Décr. nº 2014-629 du 18 juin 2014, art. 1er)

Art. D. 1411-30 I. – Le comité interministériel pour la santé est chargé :

1° De veiller à l'amélioration de l'état de santé de la population et à la réduction des inégalités de santé ;

2° De favoriser la prise en compte de l'éducation pour la santé et la promotion de la santé dans l'ensemble des politiques publiques ;

3° De veiller à ce que la coordination des politiques publiques en faveur de la santé soit assurée au niveau régional.

II. – Pour l'exercice de ses missions, le comité, sur proposition du ministre chargé de la santé :

1° Adopte un rapport annuel sur l'état de santé de la population et sur les inégalités de santé ;

2° Suit l'élaboration et la mise en œuvre des plans ou programmes d'actions préparés par les ministres dans le cadre de leurs attributions lorsque les mesures envisagées sont susceptibles d'avoir un impact significatif sur la santé de la population ou sur les inégalités de santé ;

3° Adopte une synthèse des bilans d'activité des commissions de coordination des politiques publiques dans les domaines de la prévention, de la santé scolaire, de la santé au travail et de la protection maternelle et infantile mentionnées à l'article D. 1432-1 du code de la santé publique.

Art. D. 1411-31 Le comité interministériel pour la santé est présidé par le Premier ministre ou, par délégation de celui-ci, par le ministre chargé de la santé. Il est composé de l'ensemble des ministres et du secrétaire d'État chargé du budget. Selon les questions inscrites à l'ordre du jour, les autres membres du Gouvernement peuvent être appelés à y siéger.

Le comité se réunit au moins une fois par an. Son secrétariat est assuré par le secrétariat général du gouvernement.

Le comité peut entendre en tant que de besoin notamment le président de la Conférence nationale de santé, le président du Haut Conseil pour l'avenir de l'assurance maladie et le président du Haut Conseil de la santé publique.

Art. D. 1411-32 Chaque ministre désigne un haut fonctionnaire chargé de préparer la contribution de son administration à la mise en œuvre de la politique du Gouvernement en matière de santé et de réduction des inégalités de santé. Ce haut fonctionnaire coordonne l'élaboration et le suivi des plans d'actions de son administration visant à intégrer la santé dans les politiques publiques. Il suit les travaux relatifs à la prise en compte de la santé et des inégalités de santé dans les projets de textes législatifs et réglementaires.

Un comité permanent restreint, présidé par le directeur général de la santé, réunit les hauts fonctionnaires des ministères chargés des affaires sociales, de l'agriculture, de l'économie et des finances, de l'éducation, de l'environnement, de l'enseignement supérieur et de la recherche, de l'aménagement du territoire, du logement, de la jeunesse, des sports et du travail. Il associe, en tant que de besoin, les hauts fonctionnaires des autres ministères.

Ce comité prépare les travaux et délibérations du comité interministériel pour la santé et coordonne leur mise en œuvre. Il anime et coordonne l'action des hauts fonctionnaires en faveur de la prise en compte de la santé dans les politiques publiques. Il est rendu destinataire des projets de textes suivis par ces hauts fonctionnaires au titre des dispositions du premier alinéa.

SOUS-SECTION 2 CONFÉRENCE NATIONALE DE SANTÉ

(*Décr. n° 2011-503 du 9 mai 2011, art. 1er*)

§ 1er COMPOSITION

Art. D. 1411-37 La Conférence nationale de santé est composée de cent vingt membres ayant voix délibérative.

Ses membres sont répartis en huit collèges composés comme suit :

1° Un collège des représentants des collectivités territoriales comprenant six membres :

a) Deux représentants des régions, désignés sur proposition de l'Association des régions de France ;

b) Deux représentants des départements, désignés sur proposition de l'Assemblée des départements de France ;

c) Deux représentants des communes et des communautés d'agglomération, désignés sur proposition de l'Association des maires de France ;

2° Un collège des représentants des usagers du système de santé comprenant dix-huit membres, désignés sur proposition des associations agréées au titre de l'article L. 1114-1 du code de la santé publique, incluant celles œuvrant dans le champ médico-social, à l'issue d'un appel à candidatures organisé dans des conditions fixées par arrêté des ministres chargés de la santé, de l'assurance maladie, des personnes âgées et des personnes handicapées ; — *V. Arr. du 3 juin 2011 (JO 12 juin).*

3° Un collège des représentants des conférences régionales de la santé et de l'autonomie comprenant vingt-sept membres, désignés par les commissions permanentes de ces conférences, conformément au dernier alinéa de l'article D. 1432-34 ;

4° Un collège des partenaires sociaux comprenant dix membres :

a) Un représentant de chacune des cinq organisations syndicales de salariés les plus représentatives au niveau national, désigné sur proposition de chacune de ces organisations ;

b) Un représentant de chacune des trois organisations d'employeurs les plus représentatives au niveau national, désigné sur proposition de chacune de ces organisations ;

c) Un représentant des employeurs de l'économie sociale œuvrant dans le secteur sanitaire, social et médico-social privé à but non lucratif, désigné sur proposition d'une organisation professionnelle représentative dans ce secteur ;

d) Un représentant des organisations les plus représentatives des exploitants agricoles, désigné sur proposition du président de l'assemblée permanente des chambres d'agriculture ;

5° Un collège des acteurs de la cohésion et de la protection sociales comprenant seize membres :

a) Trois représentants des organismes d'assurance maladie obligatoire, désignés sur proposition du président de l'Union nationale des caisses d'assurance maladie ;

b) Un représentant de la branche vieillesse, désigné sur proposition du président du conseil d'administration de la Caisse nationale d'assurance vieillesse ;

c) Un représentant de la branche accidents du travail-maladies professionnelles, désigné sur proposition du président de la commission des accidents du travail et des maladies professionnelles mentionnée à l'article L. 221-5 du code de la sécurité sociale ;

d) Un représentant de la branche famille, désigné sur proposition du président du conseil d'administration de la Caisse nationale d'allocations familiales ;

e) Deux représentants des organismes d'assurance maladie complémentaire, désignés sur proposition du président du conseil de l'Union nationale des organismes d'assurance maladie complémentaire ;

f) Deux représentants des associations œuvrant en faveur des personnes handicapées, désignés sur proposition du Conseil national consultatif des personnes handicapées ;

g) Deux représentants des associations œuvrant en faveur des personnes âgées, désignés sur proposition du (*Décr. n° 2017-882 du 9 mai 2017, art. 6-II-1°*) « Haut Conseil de la famille, de l'enfance et de l'âge » ;

h) Deux représentants des associations œuvrant dans le champ de la lutte contre la précarité, désignés sur proposition du Conseil national des politiques de lutte contre la pauvreté et l'exclusion sociale ;

i) Deux représentants des associations œuvrant dans les champs de la santé, de l'action sociale et du secteur médico-social, désignés sur proposition d'associations représentatives dans ce secteur ;

6° Un collège des acteurs de la prévention comprenant onze membres :

a) Quatre représentants des médecins de prévention : un représentant de la médecine scolaire, un représentant de la médecine universitaire, un représentant des services de santé au travail et un représentant des services départementaux de protection et de promotion de la santé maternelle et infantile, désignés sur proposition d'une organisation professionnelle représentative des médecins salariés ;

b) Trois représentants des organismes œuvrant dans le champ de la promotion de la santé, la prévention ou l'éducation pour la santé, désignés par le ministre chargé de la santé ;

c) Deux représentants des organismes œuvrant dans les domaines de l'observation de la santé et de l'autonomie, désignés par les ministres chargés de la santé, de l'assurance maladie, des personnes âgées et des personnes handicapées ;

d) Deux représentants des associations de protection de l'environnement agréées au titre de l'article L. 141-1 du code de l'environnement, désignés à l'issue d'un appel à candidature organisé dans des conditions fixées par les ministres chargés de la santé, de l'assurance maladie, des personnes âgées et des personnes handicapées ;

7° Un collège des offreurs des services de santé comprenant vingt-six membres :

a) Treize représentants des institutions et établissements de santé et médico-sociaux comprenant :

i) Un représentant des organisations de l'hospitalisation publique, un représentant des organisations de l'hospitalisation privée à but lucratif et un représentant des organisations de l'hospitalisation privée à but non lucratif, désignés sur proposition, dans chaque secteur, d'une organisation représentative ;

ii) Trois représentants des conférences des présidents de commissions et conférences médicales d'établissement, dont un désigné sur proposition conjointe de la Conférence des présidents de commissions médicales d'établissement de centres hospitaliers universitaires, la Conférence des présidents de commissions médicales d'établissement des centres hospitaliers et la Conférence nationale des présidents de commissions médicales d'établissement de centres hospitaliers spécialisés, un désigné sur proposition de la Conférence nationale des présidents de conférences médicales d'établissement des établissements privés à but non lucratif et un désigné sur proposition de la Conférence nationale des conférences médicales des établissements de l'hospitalisation privée ;

iii) Un représentant des établissements assurant une activité d'hospitalisation à domicile, désigné sur proposition d'une organisation représentative dans cette activité ;

iv) Un représentant des services de soins infirmiers à domicile, désigné sur proposition d'une organisation représentative de ces services ;

v) Deux représentants des personnes morales gestionnaires d'institutions accompagnant des personnes handicapées, dont l'une dans le champ de l'enfance handicapée, désignés sur proposition du Conseil national consultatif des personnes handicapées ;

vi) Un représentant des personnes morales gestionnaires d'institutions accompagnant des personnes âgées, désigné sur proposition de la section sociale du Comité national *de l'organisation sanitaire* et *sociale* ;

vii) Un représentant des personnes morales gestionnaires d'institutions accompagnant des personnes en difficulté sociale désigné sur proposition de la section sociale du Comité national de l'organisation sanitaire et sociale ;

viii) Un représentant des personnes morales gestionnaires d'institutions assurant l'accueil et l'accompagnement de personnes confrontées à des difficultés spécifiques mentionnées au 9° de l'article L. 312-1 du code de l'action sociale et des familles, désigné sur proposition d'une organisation représentative de cette activité ;

b) Dix représentants des professionnels de santé exerçant à titre libéral, désignés sur proposition de l'Union nationale des professionnels de santé, dont au moins un représentant des médecins généralistes, un représentant des médecins spécialistes et un représentant des infirmiers ;

c) Un représentant des réseaux de santé, désigné sur proposition d'une organisation représentative de ces réseaux ;

d) Un représentant des maisons et pôles de santé, désigné sur proposition d'une organisation représentative de ces structures ;

e) Un représentant des centres de santé, désigné sur proposition d'une organisation représentative de ces structures ;

8° Un collège des représentants des organismes de recherche, des industries des produits de santé et des personnalités qualifiées comprenant six membres :

a) Deux représentants d'organismes de recherche œuvrant dans les domaines des sciences de la vie et de la santé et des sciences humaines et sociales, désignés sur proposition des organisations regroupant ces organismes ;

b) Deux représentants des industries des produits de santé, désignés sur proposition des organisations les plus représentatives ;

c) Deux personnalités désignées par les ministres chargés de la santé, de l'assurance maladie, des personnes âgées et des personnes handicapées à raison de leur qualification dans les domaines de compétence de la conférence.

Art. D. 1411-38 Participent, avec voix consultative, aux travaux de la Conférence nationale de santé et au sein de ses différentes formations :

– le président du Conseil économique, social et environnemental ou son représentant ;

– le chef de l'inspection générale des affaires sociales ou son représentant ;

– le secrétaire général du comité interministériel du handicap ou son représentant ;

– le secrétaire général des ministères chargés des affaires sociales ou son représentant ;

– le directeur général de la santé ou son représentant ;

– le directeur général de l'offre de soins ou son représentant ;

– le directeur général de la cohésion sociale ou son représentant ;

– le directeur de la sécurité sociale ou son représentant ;

– le directeur général du travail ou son représentant ;

– le directeur général de l'enseignement scolaire ou son représentant ;

– le directeur général de l'Agence nationale chargée de la sécurité sanitaire, de l'alimentation, de l'environnement et du travail ou son représentant ;

– le directeur général de l'*(Décr. n° 2016-523 du 27 avr. 2016, art. 4)* « Agence nationale de santé publique » ou son représentant ;

– le directeur de l'École des hautes études en santé publique ou son représentant ;

– le directeur général de l'Union nationale des caisses d'assurance maladie ou son représentant ;

– le directeur de la Caisse nationale de solidarité pour l'autonomie ou son représentant ;

– le directeur de la Haute Autorité de santé ou son représentant ;

– le directeur de l'Agence nationale de l'évaluation et de la qualité des établissements et services sociaux et médico-sociaux ou son représentant ;

– le secrétaire général du Haut Conseil de la santé publique ou son représentant ;

– le secrétaire général du Haut Conseil pour l'avenir de l'assurance maladie ou son représentant ;

– le secrétaire général du Comité consultatif national d'éthique ou son représentant ;

– le secrétaire général du Conseil national du sida ou son représentant.

La Conférence nationale de santé veille à l'articulation de ses travaux avec ceux du Comité national de santé publique et des organismes consultatifs compétents dans le domaine de la santé, en particulier avec le Comité national de l'organisation sanitaire et sociale, le Conseil national des politiques de lutte contre la pauvreté et l'exclusion sociale, le Conseil national consultatif des personnes handicapées, le *(Décr. n° 2017-882 du 9 mai 2017, art. 6-II-2°)* « Haut Conseil de la famille, de l'enfance et de l'âge », le Conseil d'orientation sur les conditions de travail et le Conseil national des villes.

Art. D. 1411-39 Pour chacun des membres prévus à l'article D. 1411-37, à l'exception des personnalités qualifiées, des membres suppléants sont désignés dans les mêmes conditions que les titulaires.

Nul ne peut siéger au sein de la conférence à plus d'un titre.

Les personnes physiques ou morales mentionnées à l'article D. 1411-37, chargées de proposer ou de désigner des représentants titulaires et suppléants, communiquent leurs noms au ministre chargé de la santé, dans un délai de deux mois suivant la vacance ou précédant l'expiration des mandats.

La liste des membres titulaires et suppléants de la Conférence nationale de santé est fixée par arrêté du ministre chargé de la santé.

§ 2 ORGANISATION DES TRAVAUX

Art. D. 1411-40 La Conférence nationale de santé organise ses travaux au sein des formations suivantes :

– l'assemblée plénière prévue à l'article D. 1411-41 ;

– la commission permanente prévue à l'article D. 1411-42 ;

– la commission spécialisée dans le domaine des droits des usagers du système de santé prévue à l'article D. 1411-43.

La Conférence nationale de santé peut, en outre, constituer des groupes de travail. Ces groupes réunissent des membres de la Conférence nationale de santé et des personnes choisies en raison de leur compétence ou de leur qualification au regard des sujets à traiter. Ils peuvent recueillir tous avis utiles dans les domaines dont ils sont chargés.

Art. D. 1411-41 L'assemblée plénière de la Conférence nationale de santé réunit les membres des collèges définis à l'article D. 1411-37 ainsi que les membres mentionnés à l'article D. 1411-38.

Elle élit son président.

Elle adopte le règlement intérieur de la Conférence nationale de santé, qui précise, notamment, les modalités de fonctionnement de ses différentes formations et de vote par procuration.

Elle rend un avis sur :

– le projet de loi définissant les finalités et priorités de la politique de santé ;

– les finalités et axes stratégiques de la politique nationale de santé ;

– les plans et programmes nationaux de santé.

Elle adopte le rapport annuel sur le respect des droits des usagers du système de santé préparé par la commission spécialisée prévue par l'article D. 1411-43.

Elle peut formuler tout avis ou proposition visant à améliorer le système de santé.

Elle établit tous les ans un rapport sur son activité.

Elle détermine les questions de santé, qui donnent lieu aux débats publics qu'elle organise selon des modalités fixées par le règlement intérieur.

Art. D. 1411-42 En dehors des séances plénières, la commission permanente exerce l'ensemble des attributions dévolues à la Conférence nationale de santé.

Elle est chargée, notamment :

– de préparer les avis rendus par la Conférence nationale de santé sur le projet de loi définissant les finalités et priorités de la politique de santé publique, sur les finalités et axes stratégiques de la politique nationale de santé et sur les plans et programmes nationaux de santé ;

– de préparer les éléments soumis au débat public;

– de préparer le règlement intérieur et le rapport d'activité de la Conférence nationale de santé visés à l'article D. 1411-41.

Outre son président, qui est celui de la Conférence nationale de santé, la commission permanente comprend le président de la commission spécialisée dans le domaine des droits des usagers du système de santé et un nombre de membres assurant l'équilibre de la représentation des huit collèges mentionnés à l'article D. 1411-37. La composition de la commission permanente et les modalités d'élection de ses membres sont précisées par arrêté du ministre chargé de la santé.

Art. D. 1411-43 Chaque année, la commission spécialisée dans le domaine des droits des usagers du système de santé est chargée de l'élaboration d'un rapport spécifique sur l'évaluation des conditions dans lesquelles sont appliqués et respectés les droits des usagers du système de santé, de l'égalité d'accès aux services de santé et de la qualité des prises en charge dans les domaines sanitaire et médico-social. Ce rapport est établi sur la base des rapports transmis annuellement par les conférences régionales de la santé et de l'autonomie.

La composition de cette commission et les modalités d'élection de ses membres sont précisées par arrêté du ministre chargé de la santé.

§ 3 FONCTIONNEMENT

Art. D. 1411-44 Nul ne peut être membre de la Conférence nationale de santé s'il est privé de ses droits civiques.

La durée du mandat des membres de la Conférence nationale de santé est de trois ans, renouvelable une fois.

Tout membre perdant la qualité pour laquelle il a été désigné cesse de faire partie de la Conférence nationale de santé.

Tout membre de la Conférence nationale de santé dont l'absence non motivée, à au moins deux séances successives de l'une quelconque des formations à laquelle il aura été convoqué, aura été constatée par la commission permanente est déclaré démissionnaire.

Lorsqu'un membre cesse, quel qu'en soit le motif, de faire partie de la Conférence nationale de santé, un nouveau membre est désigné, dans les deux mois, dans les mêmes conditions, pour la durée restant à courir du mandat.

Art. D. 1411-45 Pour sa séance d'installation et à chaque renouvellement, l'assemblée plénière de la Conférence nationale de santé est convoquée par le ministre chargé de la santé. Elle est présidée par le doyen d'âge, qui fait procéder à l'élection du président. Les membres de la commission permanente et de la commission spécialisée mentionnées à l'article D. 1411-40 sont élus par et parmi les membres de chacun des collèges.

Art. D. 1411-45-1 La Conférence nationale de santé se réunit en assemblée plénière au moins deux fois par an, sur convocation de son président ou à la demande du ministre chargé de la santé. Les membres suppléants n'assistent à cette assemblée qu'en cas d'absence ou d'empêchement des membres titulaires.

La Conférence nationale de santé se réunit en commissions permanente et spécialisée au moins quatre fois par an, sur convocation du président de chacune de ces formations ou à la demande d'au moins un tiers des membres de la formation concernée.

Chacune des formations mentionnées à l'article D. 1411-40 peut, sur décision de son président, entendre toute personne extérieure dont l'audition est de nature à éclairer ses travaux. Les personnes ainsi entendues ne participent pas au vote.

Art. D. 1411-45-2 Les délibérations sont prises à la majorité absolue des voix des membres présents ou représentés. En cas de partage égal des voix, celle du président est prépondérante.

Le quorum est atteint lorsque la moitié au moins des membres composant la Conférence nationale de santé est présente ou a donné mandat. Lorsque le quorum n'est pas atteint, une deuxième convocation est envoyée dans les huit jours, portant sur le même ordre du jour. La Conférence nationale de santé délibère alors valablement quel que soit le nombre des présents.

Lorsque son suppléant ne peut le remplacer, le membre titulaire peut donner mandat à un autre membre titulaire, qui ne peut recevoir plus d'un mandat. Le président de la Conférence nationale de santé ne peut donner ni recevoir de mandat.

En cas d'urgence, la commission permanente peut adopter des avis et propositions selon les mêmes modalités. La commission permanente rend compte des avis et propositions adoptés selon la procédure d'urgence à l'occasion de la prochaine assemblée plénière de la conférence. En cas d'extrême urgence dûment motivée, la consultation des membres de la Conférence nationale de santé au sein de ces formations peut intervenir par tout moyen approprié permettant leur identification et leur participation effective à une délibération collégiale.

Art. D. 1411-45-3 Les séances plénières de la conférence, ainsi que celles des commissions permanente et spécialisée et des groupes de travail, ne sont pas publiques, sauf décision contraire de leur président, dans les conditions fixées par le règlement intérieur.

Art. D. 1411-45-4 Lorsque son avis est requis, la consultation de la Conférence nationale de santé est réputée effectuée si aucune suite n'est donnée dans les deux mois à compter de la réception de la demande d'avis, accompagnée des documents nécessaires, formulée par le ministre chargé de la santé ou le ministre chargé de l'assurance maladie, des personnes âgées et des personnes handicapées. A la demande de ces derniers, ce délai est ramené à quinze jours en cas d'urgence et à huit jours en cas d'extrême urgence.

Toutefois, lorsqu'elle est consultée sur la préparation du projet de loi définissant les objectifs de la politique de santé publique mentionné à l'article L. 1411-2, son avis est réputé rendu dans les conditions prévues à l'article R. 133-14 du code des relations entre le public et l'administration.

Art. D. 1411-45-5 L'ordre du jour des réunions de chacune des formations mentionnées à l'article D. 1411-40 est fixé par son président.

Le président de l'une de ces formations ne peut refuser d'inscrire les questions demandées par au moins un tiers de ses membres ou par le ministre chargé de la santé ou le ministre chargé de l'assurance maladie, des personnes âgées et des personnes handicapées.

La convocation peut être envoyée par tous moyens, y compris par courrier électronique. Il en est de même des pièces ou documents nécessaires à la préparation de la réunion ou établis à l'issue de celle-ci.

Sauf urgence, les membres des différentes formations reçoivent, dix jours au moins avant la date de la réunion, une convocation comportant l'ordre du jour et, le cas échéant, les documents nécessaires à l'examen des affaires qui y sont inscrites.

Art. D. 1411-45-6 Les avis, propositions, rapports, études et travaux produits par l'une quelconque des formations de la Conférence nationale de santé sont adressés au président de la conférence ainsi qu'aux ministres chargés de la santé, de l'assurance maladie, des personnes âgées et des personnes handicapées, et rendus publics.

Les opinions minoritaires peuvent être exposées et annexées aux avis et aux propositions de la conférence.

Les ministres chargés de la santé, de l'assurance maladie, des personnes âgées et des personnes handicapées rendent compte à la Conférence nationale de santé, au moins une fois par an, de la mise en œuvre de la politique nationale de santé et l'informent des suites qui ont été données à ses avis et rapports. Cette communication est rendue publique.

Art. D. 1411-45-7 Les membres de la conférence exercent leur mandat à titre gratuit. Ils peuvent être indemnisés des frais de transports et de séjour qu'ils sont susceptibles d'engager à l'occasion des déplacements effectués dans le cadre de leur mission dans les conditions prévues par la réglementation applicable aux fonctionnaires civils de l'État.

Le président de la Conférence nationale de santé perçoit pour sa participation aux séances plénières une indemnité dont le montant est fixé par arrêté des ministres chargés de la santé et du budget.

Art. D. 1411-45-8 Les services du ministre chargé de la santé assurent le secrétariat général de la Conférence nationale de santé. Les ministres chargés de la santé, de l'assurance maladie, des personnes âgées et des personnes handicapées contribuent au fonctionnement de la conférence.

SOUS-SECTION 3 HAUT CONSEIL DE LA SANTÉ PUBLIQUE

(Décr. n° 2006-1676 du 22 déc. 2006, art. 1er)

§ 1er COMPOSITION

Art. R. 1411-46 Le Haut Conseil de la santé publique comprend un collège et des commissions spécialisées créées par arrêté du ministre chargé de la santé.

(Décr. n° 2010-1732 du 30 déc. 2010) « Des comités techniques permanents rattachés *(Décr. n° 2017-323 du 13 mars 2017, art. 1er)* « au collège ou » aux commissions spécialisées peuvent être créés par le ministre chargé de la santé. »

Art. R. 1411-47 *(Décr. nº 2017-323 du 13 mars 2017, art. 1er)* Le collège est composé, outre le président et le vice-président élus dans les conditions prévues à l'article R. 1411-50 :

1° En qualité de personnalités qualifiées, du président de chaque commission spécialisée et de chaque comité technique permanent, que ce comité soit rattaché au collège ou à une commission spécialisée, ainsi que de cinq personnes nommées par le ministre chargé de la santé pour leurs compétences dans les domaines d'expertise du Haut Conseil ;

2° En qualité de membres de droit, du directeur général de la santé, du directeur général de l'offre de soins, du directeur général de la cohésion sociale, du directeur de la sécurité sociale, du directeur de la recherche, des études, de l'évaluation et des statistiques, du directeur de l'Union nationale des caisses d'assurance maladie, du président du collège de la Haute Autorité de santé, du président de l'Autorité de sûreté nucléaire, du directeur général de l'Agence nationale de santé publique, du président-directeur général de l'Institut national de la santé et de la recherche médicale, du président du Haut Conseil de l'évaluation de la recherche et de l'enseignement supérieur, du secrétaire général des ministères chargés des affaires sociales et d'un directeur général d'agence régionale de santé nommé par le ministre ainsi que son suppléant ; ces membres de droit autres que le directeur général d'agence régionale de santé peuvent se faire représenter.

Art. R. 1411-48 Chaque commission spécialisée est composée de membres de droit et de personnalités qualifiées. Ses membres de droit sont les directeurs des agences sanitaires ou autres organismes publics dont le domaine de compétence recouvre au moins partiellement celui de la commission ; ces agences et organismes sont désignés par l'arrêté créant la commission. Les membres de droit des commissions spécialisées peuvent se faire représenter.

Art. R. 1411-49 *(Décr. nº 2010-1732 du 30 déc. 2010)* « Les personnalités qualifiées membres *(Décr. nº 2017-323 du 13 mars 2017, art. 1er) en vigueur le 15 mars 2017)* « du collège ou » d'une commission spécialisée du Haut Conseil de la santé publique ou d'un comité technique permanent sont nommées par le ministre chargé de la santé pour une durée de quatre ans renouvelable deux fois. »

Si une commission spécialisée nouvelle est créée en cours de mandat des personnalités qualifiées membres du Haut Conseil de la santé publique, les personnalités qualifiées qui en sont membres sont nommées pour la durée de ce mandat restant à courir.

Si une personnalité qualifiée membre du *(Décr. nº 2017-323 du 13 mars 2017, art. 1er)* « Haut Conseil » cesse ses fonctions avant le terme de son mandat, son remplaçant est nommé pour la durée du mandat restant à courir.

Si une personnalité qualifiée membre du *(Décr. nº 2017-323 du 13 mars 2017, art. 1er)* « Haut Conseil » s'abstient pendant six mois d'assister aux séances du collège ou de la commission spécialisée à laquelle elle appartient, elle peut, sur demande du président du Haut Conseil, être déclarée démissionnaire d'office par le ministre chargé de la santé.

Art. R. 1411-50 *(Décr. nº 2010-1732 du 30 déc. 2010)* « Le président du Haut Conseil de la santé publique est élu par les personnalités qualifiées *(Décr. nº 2017-323 du 13 mars 2017, art. 1er)* « de l'ensemble du Haut Conseil parmi les personnalités qualifiées membres du collège », au scrutin uninominal à deux tours, pour une durée de quatre ans renouvelable *(Décr. nº 2017-323 du 13 mars 2017, art. 1er)* « deux fois ». A égalité de voix au deuxième tour, le candidat le plus âgé est déclaré élu. »

Un vice-président, chargé de suppléer temporairement le président, est élu dans les mêmes conditions.

En cas d'empêchement définitif du président ou du vice-président, le ministre chargé de la santé fait procéder, en tant que de besoin, à une nouvelle élection pour la durée du mandat des personnalités qualifiées restant à courir.

Il ne peut être procédé valablement à l'élection du président et du vice-président que si la moitié au moins des électeurs sont présents. Si ce quorum n'est pas atteint, une nouvelle réunion des électeurs est convoquée dans un délai n'excédant pas vingt et un jours. Il est alors valablement procédé à l'élection, quel que soit le nombre d'électeurs présents.

(Décr. n° 2017-323 du 13 mars 2017, art. 1er) « Lorsqu'une commission spécialisée ou un comité technique permanent est créé ou supprimé en cours de mandat du président et du vice-président, ce mandat se poursuit jusqu'à son terme. »

Art. R. 1411-51 *(Décr. n° 2010-1732 du 30 déc. 2010)* « Les membres de chaque commission spécialisée et de chaque comité technique permanent élisent leur président parmi les personnalités qualifiées pour une durée de quatre ans renouvelable *(Décr. n° 2017-323 du 13 mars 2017, art. 1er)* « deux fois ». »

Les règles de quorum et de scrutin fixées à l'article R. 1411-50 sont applicables à ces élections.

§ 2 FONCTIONNEMENT

Art. R. 1411-52 Les membres de droit du collège et des commissions spécialisées n'ont pas voix délibérative. Ils peuvent participer, sans voix délibérative, aux travaux d'une commission spécialisée à laquelle ils n'appartiennent pas.

Les personnalités qualifiées du collège ou d'une commission spécialisée peuvent participer, sans voix délibérative, aux travaux d'une commission spécialisée à laquelle ils n'appartiennent pas.

Art. R. 1411-53 Le collège et les commissions spécialisées ne peuvent délibérer valablement que si la moitié au moins de leurs membres ayant voix délibérative sont présents. Si le quorum n'est pas atteint, une nouvelle réunion est convoquée dans un délai n'excédant pas vingt et un jours. Les délibérations sont alors valables quel que soit le nombre de membres présents. Le vote a lieu à la majorité simple. En cas de partage des voix, la voix du président est prépondérante.

Art. R. 1411-54 Les membres du collège et des commissions spécialisées se réunissent sur convocation du ministre chargé de la santé, pour procéder à l'élection du président ou du vice-président.

Art. R. 1411-55 *(Décr. n° 2017-323 du 13 mars 2017, art. 1er)* Le collège assure la cohérence et la coordination des travaux du Haut Conseil de la santé publique, en veillant au respect de la charte de l'expertise sanitaire mentionnée à l'article L. 1452-2.

Il coordonne notamment l'élaboration des réflexions prospectives sur les questions de santé publique, les contributions du Haut Conseil à l'élaboration, au suivi annuel et à l'évaluation pluriannuelle de la stratégie nationale de santé et à la conception et à l'évaluation des stratégies de promotion de la santé, de prévention et de sécurité sanitaire, y compris dans leur dimension économique au regard des ressources qu'elles mobilisent et des bénéfices qui en sont attendus pour la santé publique, ainsi que ses contributions à l'élaboration d'une politique de santé de l'enfant globale et concertée.

Il coordonne également les travaux relatifs à l'identification des besoins d'information sur l'évolution de l'état de santé de la population, ainsi que sur les inégalités de santé et leurs déterminants.

Il coordonne en outre les travaux d'organisation, par les commissions spécialisées compétentes, en liaison avec les agences sanitaires et la Haute Autorité de santé, de la production de l'expertise nécessaire à la gestion des risques sanitaires.

Art. R. 1411-55-1 *(Décr. n° 2017-323 du 13 mars 2017, art. 1er)* Le collège élabore et adopte le règlement intérieur du Haut Conseil. Ce règlement fixe, notamment, les règles d'organisation et de fonctionnement du collège, des commissions spécialisées, des comités techniques permanents qui ne sont pas définies par les dispositions de la présente sous-section. Il prévoit les modalités selon lesquelles des groupes de travail temporaires peuvent être constitués et les conditions dans lesquelles il peut être fait appel à des experts extérieurs. Le règlement intérieur est approuvé par arrêté du ministre chargé de la santé.

Le collège se réunit sur convocation du président du Haut Conseil qui le préside. Il établit chaque année son programme de travail. Ce programme comporte, au minimum trois fois par an, l'examen du bien-fondé des mesures prises en application de l'article L. 3110-1.

Les ordres du jour du collège, des commissions spécialisées et des comités techniques permanents sont établis par leurs présidents.

Toute question soumise au Haut Conseil par le ministre chargé de la santé est inscrite de plein droit à l'ordre du jour du collège qui l'attribue si nécessaire à la commission spécialisée ou au comité technique permanent compétent.

Art. R. 1411-55-2 *(Décr. nº 2017-323 du 13 mars 2017, art. 1er)* Le ministre chargé de la santé établit chaque année, dans le cadre de l'instance de coordination prévue par l'article L. 1411-5-1, la liste prévisionnelle des saisines qu'il envisage d'adresser au Haut Conseil. Il peut par ailleurs, en cas d'urgence, saisir le collège ou une commission spécialisée d'une demande d'avis à rendre dans un délai déterminé.

Lorsque le Haut Conseil est saisi d'une question relevant en partie des compétences d'une ou de plusieurs des agences sanitaires, ou de la Haute Autorité de santé, le commanditaire à l'origine de la saisine, le président du collège ou de la commission spécialisée compétente et les membres de droit représentant les organismes concernés déterminent conjointement, avant le début des travaux sur le sujet donnant lieu à la saisine, l'objet, le calendrier et les modalités suivant lesquelles le Haut Conseil et les organismes concernés collaborent ou travaillent de façon complémentaire pour répondre à la saisine, dans le respect des principes de la charte de l'expertise sanitaire mentionnée à l'article L. 1452-2.

Art. R. 1411-56 Les avis du collège ou d'une commission spécialisée sont rendus au nom du Haut Conseil de la santé publique.

Le président d'une commission spécialisée peut demander au collège d'approuver une proposition d'avis qu'elle a élaborée.

Les rapports et avis du Haut Conseil, en particulier son rapport annuel d'activité adopté par le collège, sont rendus publics, sous réserve des secrets protégés par la loi.

Art. R. 1411-57 La direction générale de la santé assure le secrétariat général du Haut Conseil de la santé publique.

Art. R. 1411-58 I. — Sauf lorsque leur rémunération principale est totalement ou partiellement à la charge de l'État, le président du Haut Conseil de la santé publique, d'une commission spécialisée ou d'un comité technique permanent perçoivent une indemnité non soumise à retenue pour pension, dont le montant est fixé par arrêté des ministres chargés de la santé et du budget.

II. — Des vacations forfaitaires peuvent indemniser de la perte de revenus résultant de leur participation aux travaux du Haut Conseil les membres du collège, d'une commission spécialisée, d'un comité technique permanent ou d'un groupe de travail temporaire, ainsi que les experts extérieurs auxquels fait appel le Haut Conseil. Les modalités d'attribution de ces vacations et leur montant sont fixés par arrêté du ministre chargé de la santé.

Les membres du Haut Conseil de la santé publique mentionnés à l'alinéa précédent et les experts, figurant sur une liste établie par le président du Haut Conseil, peuvent percevoir des vacations forfaitaires en rémunération des travaux qu'ils réalisent. Ces vacations forfaitaires, dont les modalités générales d'attribution et les montants unitaires sont fixés par arrêté du ministre chargé de la santé, sont attribuées, après consultation du collège, par le directeur général de la santé.

Les membres du Haut Conseil et les experts qui participent à ses travaux ont droit aux indemnités pour frais de déplacement et de séjour dans les conditions fixées par la réglementation applicable aux fonctionnaires de l'État.

SOUS-SECTION 4 COMITÉ D'ANIMATION DU SYSTÈME D'AGENCES

(Décr. nº 2017-1590 du 20 nov. 2017, art. 1er)

Art. R. 1411-58-1 I. — L'instance mentionnée à l'article L. 1411-5-1 est dénommée Comité d'animation du système d'agences.

Elle est présidée par le directeur général de la santé.

II. — Le comité comprend, outre son président, neuf membres de droit :

1° Le président de l'Établissement français du sang ;

2° Le directeur général de l'Agence nationale chargée de la sécurité sanitaire de l'alimentation, de l'environnement et du travail ;

3° Le directeur général de l'Agence nationale de santé publique ;

4° Le président de l'Institut national du cancer ;
5° Le directeur général de l'Agence de la biomédecine ;
6° Le directeur général de l'Agence nationale de sécurité du médicament et des produits de santé ;
7° Le président de la Haute Autorité de santé ;
8° Le président de l'Autorité de sûreté nucléaire ;
9° Le directeur général de l'Institut de radioprotection et de sûreté nucléaire.

III. — Prennent également part aux réunions du comité, s'ils le souhaitent, en fonction de l'ordre du jour :
1° Le secrétaire général des ministères chargés des affaires sociales ;
2° Le directeur de la sécurité sociale ;
3° Le directeur général de l'offre de soins ;
4° Le directeur général de la cohésion sociale ;
5° Le directeur général de l'alimentation ;
6° Le directeur général de la concurrence, de la consommation et de la répression des fraudes ;
7° Le directeur général de l'énergie et du climat ;
8° Le directeur général de la prévention des risques ;
9° Le directeur général du travail ;
10° Le directeur général de l'armement ;
11° Le directeur général de la recherche et de l'innovation ;
12° Le directeur général des outre-mer ;
13° Le directeur central du service de santé des armées ;
14° Le président-directeur général de l'Institut national de la santé et de la recherche médicale ;
15° Le président du Haut Conseil de la santé publique ;
16° Un représentant des directeurs généraux des agences régionales de santé, désigné par le collège des directeurs généraux des agences régionales de santé.

IV. — Le président peut inviter, en tant que de besoin, au regard de l'ordre du jour, toute autre personne dont il estime utile l'audition par le comité.

V. — Les membres mentionnés aux I à III peuvent se faire représenter par une personne faisant partie de la direction de l'organisme concerné ou, le cas échéant, de son collège. Le membre mentionné au 16° du III peut être suppléé par un autre représentant nommé dans les conditions prévues au même alinéa.

Art. R. 1411-58-2 I. — Le comité se réunit sur convocation de son président ou à la demande de la majorité de ses membres de droit.

Le président fixe l'ordre du jour, en fonction du programme de travail annuel adopté par le comité et des questions proposées par les membres de droit. Il le transmet aux membres mentionnés aux II et III de l'article R. 1411-58-1.

II. — Lorsque le comité rend l'avis prévu par l'article L. 1411-5-3 du code de la santé publique, seuls votent, outre le président, les membres de droit mentionnés au II de l'article R. 1411-58-1. En cas de partage égal des voix, celle du président est prépondérante.

III. — Le règlement intérieur adopté par le comité précise ses modalités de fonctionnement.

Art. R. 1411-58-3 La direction générale de la santé assure le secrétariat du comité et lui fournit les moyens matériels nécessaires à son activité.

SECTION III PARITÉ AU SEIN DES CONSEILS D'ADMINISTRATION MENTIONNÉS À L'ARTICLE L. 1411-5-2

(Décr. n° 2017-1781 du 27 déc. 2017, art. 2)

La section III entre en vigueur à compter du prochain renouvellement des conseils d'administration mentionnés aux art. L. 1142-22, L. 1222-5, L. 1413-1, L. 1418-3 et L. 5322-1 (Décr. n° 2017-1781 du 27 déc. 2017, art. 8). — V. également note ss. art. L. 1418-3.

SOUS-SECTION 1 RÈGLES GÉNÉRALES DE PARITÉ

(Décr. n° 2017-1781 du 27 déc. 2017, art. 2 et 8, en vigueur à compter du prochain renouvellement des conseils d'administration)

Art. R. 1411-58-4 Le nouveau membre nommé en cas de vacance d'un siège de titulaire ou de suppléant au sein d'un conseil d'administration est de même sexe que celui qu'il remplace.

Art. R. 1411-58-5 Lorsqu'il est prévu un suppléant, le membre titulaire et le membre suppléant sont de sexe différent.

SOUS-SECTION 2 RÈGLES PROPRES AU TIRAGE AU SORT

(Décr. n° 2017-1781 du 27 déc. 2017, art. 2 et 8, en vigueur à compter du prochain renouvellement des conseils d'administration)

Art. D. 1411-58-6 Lorsque le tirage au sort prévu au II de l'article L. 1411-5-2 est réalisé, il est effectué par le président du conseil d'administration, en présence d'un représentant du ministre chargé de la santé, au plus tard trois mois avant l'échéance du mandat du conseil d'administration.

Les personnes mentionnées au deuxième alinéa du I de l'article L. 1411-5-2 qui désignent autant de femmes que d'hommes ne sont pas concernées par le tirage au sort.

Chacune des personnes appelées à prendre part au renouvellement du conseil d'administration et concernées par la désignation au tirage au sort, peut désigner un représentant pour y assister.

Art. D. 1411-58-7 Au titre du renouvellement de chacun des conseils d'administration mentionnés à l'article L. 1411-5-2, le tirage au sort détermine, parmi les personnes appelées à désigner un seul membre ou un nombre impair de membres, au besoin compte tenu des membres dont le mandat a été renouvelé dans les conditions prévues à l'article R. 1411-58-13, celles qui désignent une femme ou un homme, ou un nombre supérieur de femmes ou un nombre supérieur d'hommes.

Art. D. 1411-58-8 Le nombre de bulletins à établir est égal au nombre de personnes appelées à désigner un seul membre ou un nombre impair de membres mentionnées à l'article D. 1411-58-7. Le nombre de bulletins portant la mention "femme" et le nombre de bulletins portant la mention "homme" est déterminé, de sorte que la règle de parité définie au premier alinéa du I de l'article L. 1411-5-2 soit respectée en fonction du nombre de femmes et d'hommes qu'il reste à désigner compte tenu des renouvellements des membres sortants.

Chacun des bulletins tirés successivement au sort indique le sexe du membre à désigner ou le sexe surreprésenté parmi les membres à désigner par chaque personne, dans le respect de l'ordre des dispositions réglementaires fixant la composition du conseil d'administration concerné.

Art. D. 1411-58-9 Les opérations de tirage au sort font l'objet d'un procès-verbal signé par le président du conseil d'administration et par le représentant du ministre chargé de la santé ayant été présent.

Le procès-verbal est transmis à chacune des personnes mentionnées au dernier alinéa de l'article D. 1411-58-6 ainsi qu'au ministre chargé de la santé.

SOUS-SECTION 3 RÈGLES PROPRES À L'ÉLECTION DES REPRÉSENTANTS DU PERSONNEL

(Décr. n° 2017-1781 du 27 déc. 2017, art. 2 et 8, en vigueur à compter du prochain renouvellement des conseils d'administration)

Art. R. 1411-58-10 Les élections des représentants du personnel au sein des conseils d'administration mentionnés à la présente section sont organisées selon les modalités suivantes, sous réserve des dispositions des articles R. 1411-58-11 et R. 1411-58-12 :

1° En cas de scrutin nominal ou plurinominal : pour chaque siège de représentant du personnel, le candidat et son suppléant sont de sexe différent. Si une organisation syn-

dicale présente plusieurs candidats, l'écart entre le nombre de femmes et le nombre d'hommes se portant candidats en tant que titulaires ne peut être supérieur à un ;

2° En cas de scrutin de liste : chaque liste est composée alternativement d'un candidat titulaire de chaque sexe. Sur chacune des listes, l'écart entre le nombre des candidats titulaires de chaque sexe ne peut être supérieur à un. Chaque candidat et son suppléant sont de sexe différent.

Art. R. 1411-58-11 **Lorsque le nombre des représentants du personnel au sein des conseils d'administration mentionnés à la présente section est impair, leur élection est organisée au plus tard quatre mois avant le renouvellement du conseil d'administration au sein duquel ils sont nommés.**

Art. R. 1411-58-12 **Les représentants du personnel ne sont pas pris en compte pour l'application du premier alinéa du I de l'article L. 1411-5-2 :**

1° Lorsqu'il est constaté, à la date d'établissement des listes électorales en vue de l'élection des représentants du personnel au conseil d'administration, que la proportion de l'un ou l'autre sexe parmi les personnes éligibles à cette élection est inférieure à 40 % ;

2° Lorsqu'après les résultats du scrutin, l'écart entre le nombre d'élus titulaires femmes et le nombre d'élus titulaires hommes est supérieur à un, malgré le respect des règles prévues à l'article R. 1411-58-10.

SOUS-SECTION 4 RÈGLES PROPRES AU RENOUVELLEMENT DE MANDAT

(Décr. n° 2017-1781 du 27 déc. 2017, art. 2 et 8, en vigueur à compter du prochain renouvellement des conseils d'administration)

Art. R. 1411-58-13 **Lors du renouvellement de chacun des conseils d'administration mentionnés à l'article L. 1411-5-2, les personnes appelées à prendre part à une désignation, qui souhaitent reconduire le mandat d'un ou plusieurs de leurs membres sortants, transmettent leur proposition au ministre chargé de la santé au plus tard quatre mois avant la fin du mandat du membre faisant l'objet du renouvellement.**

S'il apparaît que les propositions de reconduction de mandats transmises au ministre chargé de la santé ne permettent pas d'assurer le respect de la règle de parité prévue au premier alinéa de l'article L. 1411-5-2 sur la totalité de l'instance, un tirage au sort est organisé par ce ministre pour désigner la ou les personnes mentionnées à cet article qui doivent renoncer à cette reconduction.

Ces personnes peuvent assister ou se faire représenter lors du tirage au sort.

SECTION IV PROGRAMMES RÉGIONAUX D'ACCÈS À LA PRÉVENTION ET AUX SOINS *(Décr. n° 2016-1621 du 28 nov. 2016, art. 1er ; Décr. n° 2017-1781 du 27 déc. 2017, art. 1er).*

Art. D. 1411-59 **Le programme régional pour l'accès à la prévention et aux soins des personnes les plus démunies est arrêté par le** *(Décr. n° 2016-1621 du 28 nov. 2016, art. 1er-2°-a)* **« directeur général de l'agence régionale de santé », après consultation du comité régional prévu à l'article L. 1411-5.**

Le programme régional a pour objet d'améliorer l'accès à la prévention et aux soins des personnes les plus démunies.

A partir d'une analyse préalable des difficultés d'accès à la prévention et aux soins des personnes en situation de précarité, il fixe des actions prioritaires et détermine les modalités de leur mise en œuvre au niveau régional et aux niveaux des départements de la région.

Il comporte des dispositions propres à l'évaluation de son application et de ses conditions de mise en œuvre. Il est établi pour trois ans.

Art. D. 1411-60 **Le comité régional prévu à l'article L. 1411-5 est consulté sur le programme régional d'accès à la prévention et aux soins et en suit la mise en œuvre.**

Il est également consulté sur les méthodes d'évaluation de ce programme d'action et est tenu informé des résultats de ces évaluations.

Il comprend, outre son président :

1° Le directeur de l'*(Décr. n° 2016-1621 du 28 nov. 2016, art. 1er)* « agence régionale de santé » ou son représentant ;

2° *Abrogé par Décr. n° 2016-1621 du 28 nov. 2016, art. 1er* ;

3° Le *(Décr. n° 2015-1616 du 10 déc. 2015, art. 11)* « recteur de région académique » ou son représentant ;

4° Un représentant du conseil régional désigné par son assemblée ;

5° Un représentant de chaque conseil départemental désigné par son assemblée ;

6° Deux représentants des communes désignés par l'association des maires la plus représentative.

7° *Abrogé par Décr. n° 2016-1621 du 28 nov. 2016, art. 1er.*

Le comité comprend, en outre, le délégué régional du fonds d'action sociale pour les travailleurs immigrés et leurs familles, ou son représentant, dans les régions où il existe une délégation régionale de ce fonds.

Ses membres sont nommés par arrêté du préfet de région ou du préfet de Corse.

D'autres représentants de services de l'État, d'associations et des personnes qualifiées peuvent, sur invitation de son président, participer aux travaux du comité en fonction de l'ordre du jour.

Ce comité fait appel en tant que de besoin à toute personne qualifiée, en particulier aux coordonnateurs des programmes régionaux de santé.

Art. D. 1411-61 Le *(Décr. n° 2016-1621 du 28 nov. 2016, art. 1er-2°)* « directeur général de l'agence régionale de santé » préside le comité régional.

(Décr. n° 2016-1621 du 28 nov. 2016, art. 1er-2°) « L'agence régionale de santé » assure son secrétariat.

Le mandat des membres est de trois ans. Il est renouvelable.

Le remplacement d'un membre, en cas de cessation de fonctions en cours de mandat, s'effectue dans les mêmes conditions que la nomination et pour la durée du mandat restant à accomplir.

CHAPITRE II ÉTHIQUE

SECTION PREMIÈRE COMITÉ CONSULTATIF NATIONAL D'ÉTHIQUE POUR LES SCIENCES DE LA VIE ET DE LA SANTÉ

(Décr. n° 2005-390 du 28 avr. 2005)

Art. R. 1412-1 Le président du Comité consultatif national d'éthique pour les sciences de la vie et de la santé peut, à l'expiration de son mandat, être nommé président d'honneur par décret du Président de la République.

Art. R. 1412-2 La liste des membres du comité est publiée au *Journal officiel* de la République française.

Art. R. 1412-3 Le comité est renouvelé par moitié tous les deux ans.

En cas de décès, de démission ou de cessation de fonctions pour toute autre cause d'un membre du comité en cours de mandat, son remplacement s'effectue dans les mêmes conditions que sa nomination et pour la durée du mandat restant à courir.

En cas d'absence prolongée d'un membre du comité, un collège composé du président du comité, du vice-président et du président de la section technique peut déclarer le poste vacant ; ce membre est remplacé dans les conditions prévues à l'article L. 1412-2 et pour la durée du mandat restant à courir.

Le premier mandat d'un membre du comité appelé à en remplacer un autre en cours de mandat n'est pas pris en compte pour la limitation de la possibilité de renouvellement prévue à l'article L. 1412-2 s'il a occupé ces fonctions de remplacement pendant moins de deux ans.

Art. R. 1412-4 Le Comité consultatif national d'éthique pour les sciences de la vie et de la santé peut être saisi par le Président de la République, le président de l'Assemblée nationale, le président du Sénat ou un membre du Gouvernement, ainsi que par un établissement d'enseignement supérieur, un établissement public ou une fondation, reconnue d'utilité publique. Ces établissements ou fondations doivent avoir pour activité principale la recherche, le développement technologique ou la promotion et la protection de la santé.

Il peut également se saisir de questions posées par des personnes autres que celles qui sont mentionnées à l'alinéa ci-dessus ou par un ou plusieurs de ses membres.

Art. R. 1412-5 Le comité élit en son sein un vice-président appelé à suppléer le président.

Art. R. 1412-6 Au sein du comité, une section technique instruit les dossiers inscrits à l'ordre du jour par le président. La section technique a compétence, dans les conditions fixées par le règlement intérieur du comité, pour traiter les autres dossiers dont le comité est saisi.

Art. R. 1412-7 La section technique est composée de huit membres choisis parmi les personnalités appartenant aux catégories définies au 3° de l'article L. 1412-2 et de quatre membres choisis parmi les personnalités appartenant aux catégories définies au 2° du même article. Ils sont désignés par le comité sur proposition de son président.

La section technique élit son président parmi les huit membres mentionnés au premier alinéa.

Art. R. 1412-8 Les séances du comité et de sa section ne sont pas publiques. Le vote au scrutin secret est de droit sur décision du président ou sur demande d'un ou plusieurs membres présents. En cas de vote avec partage égal des voix, le président a voix prépondérante.

Le comité et sa section technique ne peuvent délibérer que si la moitié au moins de leurs membres est présente.

Art. R. 1412-9 Le comité et sa section technique peuvent entendre des personnalités qualifiées appelées à fournir un avis ou une expertise relatifs à tout point inscrit à l'ordre du jour.

Art. R. 1412-10 Le comité se dote d'un règlement intérieur qui définit ses modalités de fonctionnement ainsi que celles de sa section technique.

Art. R. 1412-11 Les fonctions de membre du comité consultatif national d'éthique pour les sciences de la vie et de la santé sont exercées à titre gratuit. *(Décr. n° 2008-1408 du 19 déc. 2008)* « Toutefois, le président de ce comité perçoit une indemnité forfaitaire mensuelle dont le montant est fixé par arrêté conjoint du Premier ministre et des ministres chargés de la santé et du budget. Le président et les autres membres ont droit » aux indemnités de déplacement et de séjour prévues par la réglementation applicable aux fonctionnaires de l'État.

Art. R. 1412-12 Le président du comité consultatif national d'éthique pour les sciences de la vie et de la santé est ordonnateur principal des crédits inscrits au budget du Premier ministre au bénéfice de ce comité. Il peut donner délégation à un agent de catégorie A ou un agent contractuel de même niveau placé sous son autorité pour signer tous actes relatifs au fonctionnement du comité.

Art. R. 1412-13 Le Comité consultatif national d'éthique pour les sciences de la vie et de la santé assure auprès du public une mission de documentation et d'information sur les questions d'éthique posées par les sciences de la vie et de la santé.

Art. R. 1412-14 Le comité organise chaque année une conférence publique sur les questions d'éthique posées par les sciences de la vie et de la santé.

Il organise des rencontres régionales avec le concours des espaces de réflexion éthique mentionnés à l'article L. 1412-6 et participe aux manifestations internationales dans son domaine de compétence.

CHAPITRE III VEILLE SANITAIRE, URGENCE SANITAIRE ET PROMOTION DE LA SANTÉ *(Décr. n° 2016-523 du 27 avr. 2016, art. 1er-1°).*

SECTION PREMIÈRE AGENCE NATIONALE DE SANTÉ PUBLIQUE

(Décr. n° 2016-523 du 27 avr. 2016, art. 1er-2°)

SOUS-SECTION 1 DISPOSITIONS GÉNÉRALES

Art. R. 1413-1 Pour l'exercice de ses missions, l'Agence nationale de santé publique :

1° Identifie, rassemble, analyse, actualise et diffuse les informations, données et connaissances sur l'état de santé des populations et sur les risques sanitaires les menaçant, leurs causes et leurs évolutions. Elle crée, à cet effet, des systèmes d'information lui permettant d'accéder, dans les meilleurs délais, à des données scientifiques, sanitaires, démographiques, comportementales, sociales, climatiques, environnementales, statistiques, industrielles et commerciales, notamment en matière de déterminants, de morbidité et de mortalité ;

2° Assure, conjointement avec l'Institut national du cancer, et dans le cadre de leurs missions respectives, le pilotage et le financement des registres des pathologies cancéreuses ;

3° Assure une mission de coordination de la surveillance, des études et de l'expertise en matière de lutte et de prévention contre les infections associées aux soins, notamment les infections nosocomiales, et la résistance aux antibiotiques ;

4° Détecte les facteurs de risques ou les menaces susceptibles de modifier ou d'altérer la santé de la population ou de certaines de ses composantes. A cette fin, elle élabore des systèmes de surveillance et d'alerte permettant aux pouvoirs publics d'intervenir, dans les meilleurs délais, en cas de menace sanitaire et de gestion des crises sanitaires ;

5° Étudie, pour chaque type de risque, l'état de santé des populations les plus fragiles ou menacées et contribue à l'évaluation des inégalités sociales et territoriales de santé et à la production des indicateurs de santé nécessaires à l'élaboration et à la conduite des politiques publiques de santé ;

6° Contribue à la préparation et à l'évaluation des projets régionaux de santé mentionnés à l'article L. 1434-1 ainsi qu'à la construction de programmes ou actions de lutte contre les inégalités sociales et territoriales de santé, notamment en faveur des populations vulnérables ;

7° Met en œuvre, pour le compte de l'État et de ses établissements publics, les programmes de santé publique prévus par l'article L. 1411-6 ;

8° Participe au développement de l'évaluation de l'impact sur la santé des politiques publiques, notamment par l'élaboration de méthodes et d'outils ;

9° Exerce une fonction d'expertise et d'appui en matière de promotion de la santé, de prévention et d'éducation pour la santé ;

10° Conçoit, produit, évalue et, le cas échéant, expérimente des méthodes, des stratégies et des actions de promotion de la santé, de prévention et d'éducation pour la santé, ainsi que des supports d'information et d'intervention, notamment des campagnes nationales de communication et des dispositifs de prévention par l'aide à distance. Elle veille à l'accessibilité aux personnes handicapées des programmes de promotion de la santé, de prévention et d'éducation pour la santé ;

11° Établit des programmes de formation à l'éducation pour la santé ;

12° Contribue au développement des compétences et pratiques en santé publique des professionnels de la santé ainsi qu'au transfert de connaissances nécessaire au développement de la promotion de la santé, de la prévention, et de l'éducation pour la santé sur l'ensemble du territoire ;

13° Contribue à la préparation et à la gestion des situations de crise et à la mise en œuvre des plans de réponse aux menaces, alertes et crises sanitaires, notamment en fournissant à l'État une expertise logistique et en mobilisant les moyens dont elle dispose ;

14° Procède à l'ensemble des opérations nécessaires au recrutement, à la formation, à la mobilisation, à l'affectation et à l'indemnisation des réservistes sanitaires ;

15° Exerce une fonction d'alerte sur les menaces sanitaires. Elle est chargée de l'évaluation des signaux susceptibles de révéler une menace sanitaire grave ou de portée nationale pour la santé humaine et mène, à cette fin, des investigations, le cas échéant, *en lien avec les agences régionales de santé* et les agences nationales de sécurité sanitaire ;

16° Alerte sans délai les autorités sanitaires en cas de menace pour les populations et propose aux autorités compétentes toute mesure de nature à préserver la santé publique ;

17° Organise des auditions publiques sur des thèmes de santé publique ;

18° Contribue à l'information, à la formation et à la diffusion d'une documentation scientifique et technique et au débat public ;

19° Soutient ou réalise des formations, des études, des recherches et des évaluations en rapport avec ses missions ou participe à de telles actions ;

20° Participe, dans le cadre de ses missions, à des actions et instances internationales et européennes, notamment à des réseaux internationaux de santé publique, et y représente la France, à la demande du Gouvernement.

L'agence peut demander aux ministres concernés de faire intervenir les agents habilités à contrôler l'application des dispositions législatives et réglementaires visant à préserver la santé humaine.

L'agence est autorisée à employer l'appellation "Santé Publique France".

Art. R. 1413-2 Pour l'exercice de ses missions, l'Agence nationale de santé publique peut notamment :

1° Acquérir les biens meubles et immeubles nécessaires ;

2° Attribuer, sur son budget propre, des subventions, prêts ou avances aux personnes publiques ou privées qui réalisent des études, recherches, travaux, équipements ou ouvrages concourant à l'accomplissement de ses missions ;

3° Conclure des conventions ou participer à des groupements d'intérêt public avec toute personne publique ou privée, française ou étrangère ;

4° Se constituer en centrale d'achat, régie par les dispositions de l'article 26 de l'ordonnance n° 2015-899 du 23 juillet 2015 relative aux marchés publics, lorsque cette modalité s'avère la solution la plus adaptée pour répondre à des situations sanitaires exceptionnelles.

SOUS-SECTION 2 ORGANISATION GÉNÉRALE

§ 1er CONSEIL D'ADMINISTRATION

Art. R. 1413-3 I. – Le conseil d'administration comprend, outre son président :

1° Neuf membres représentant l'État :

a) Deux représentants des ministres chargés de la santé et de l'action sociale ;

b) Un représentant du ministre chargé du travail ;

c) Un représentant du ministre chargé de la recherche ;

d) Un représentant du ministre chargé de l'environnement ;

e) Un représentant du ministre chargé de l'éducation nationale ;

f) Un représentant du ministre de la défense ;

g) Un représentant du ministre chargé du budget ;

h) Un représentant du ministre chargé des outre-mer ;

(Décr. n° 2017-1262 du 9 août 2017, art. 1er-1°) « 1° *bis* Deux députés et deux sénateurs, désignés par le président de leur*[leurs]* assemblée*[assemblées]* respective*[respectives]* ; »

2° Un représentant des régimes obligatoires d'assurance maladie ;

3° Quatre représentants des partenaires institutionnels de l'agence :

a) Un représentant des agences régionales de santé ;

b) Un représentant de la Conférence nationale de santé ;

c) Un représentant de la Caisse nationale de solidarité pour l'autonomie ;

d) Un représentant de l'Institut national de la santé et de la recherche médicale ;

4° Trois professionnels de santé :

a) Un membre du Collège de la médecine générale ;

b) Un membre de l'Académie de médecine ;

c) Un membre de la Société française de santé publique ;

5° Quatre représentants d'associations :

a) Un membre représentant les associations ayant une activité dans le domaine de la qualité de la santé et de la prise en charge des malades agréées au niveau national, conformément aux dispositions de l'article L. 1114-1 ;

b) Un membre représentant les associations de défense des consommateurs agréées au niveau national, conformément aux dispositions de l'article L. 411-1 du code de la consommation ;

c) Un membre représentant les associations de protection de l'environnement agréées au niveau national, conformément aux dispositions de l'article L. 141-1 du code de l'environnement ;

d) Un membre représentant les associations d'aide aux victimes d'accidents du travail ou de maladies professionnelles représentées au sein du Fonds d'indemnisation des victimes de l'amiante ;

6° Deux élus représentant les collectivités territoriales :

a) Un élu désigné par l'Association des maires de France ;

b) Un élu désigné par l'Association des départements de France ;

(Décr. n° 2017-1262 du 9 août 2017, art. 1er-2°) « 7° » Deux personnalités qualifiées choisies en raison de leurs compétences dans les domaines relevant des missions de l'agence ;

(Décr. n° 2017-1262 du 9 août 2017, art. 1er-3°) « 8° » Trois représentants du personnel de l'agence élus selon les modalités définies par le règlement intérieur de l'agence.

II. — La formation restreinte du conseil d'administration, prévue au II de l'article L. 1413-9, comprend, outre le président du conseil d'administration qui la préside :

1° Les représentants des ministres chargés de la santé et de l'action sociale ;

2° Le représentant du ministre de la défense ;

3° Le représentant du ministère chargé du budget ;

4° Le représentant des régimes obligatoires d'assurance maladie.

Art. R. 1413-4 *(Décr. n° 2017-1262 du 9 août 2017, art. 2-1° et 2°)* « Le mandat des membres du conseil d'administration est de quatre ans, à l'exception de celui des membres mentionnés au 1° *bis* de l'article R. 1413-3. Pour ces derniers, le mandat des députés prend fin avec la législature au titre de laquelle ils ont été élus et le mandat des sénateurs prend fin lors de chaque renouvellement partiel du Sénat. Le mandat des membres du conseil d'administration est renouvelable une fois. »

« Les membres mentionnés au 1° *bis* de l'article R. 1413-3 sont nommés par arrêté du ministre chargé de la santé, après désignation par le président de *[leurs]* assemblée*[assemblées]* respective*[respectives]*. » Le membre mentionné au 2° du I de l'article R. 1413-3 est nommé par arrêté du ministre chargé de la santé, sur la proposition de l'Union nationale des caisses d'assurance maladie.

Les membres mentionnés au *[aux]* *b*, *c* et *d* du 3°, 4° et *a* et *b* du 6° du I de l'article R. 1413-3 sont nommés par arrêté du ministre chargé de la santé sur la proposition des organismes ou organisations qu'ils représentent.

Les personnalités qualifiées mentionnées au *(Décr. n° 2017-1262 du 9 août 2017, art. 2-3°)* « 7° » du I de l'article R. 1413-3, les représentants d'associations mentionnés au 5° du I de l'article R. 1413-3 et le représentant des agences régionales de santé mentionné au *a* du 3° de l'article R. 1413-3 sont nommés par arrêté du ministre chargé de la santé.

Les représentants du personnel, élus conformément au *(Décr. n° 2017-1262 du 9 août 2017, art. 2-4°)* « 8° » de l'article R. 1413-3, sont nommés par arrêté du ministre chargé de la santé.

Pour chacun des membres du conseil d'administration, *(Décr. n° 2017-1262 du 9 août 2017, art. 2-5°)* « à l'exception de ceux mentionnés au 1° *bis* et au 7° de l'article R. 1413-3, » un suppléant est nommé dans les mêmes conditions que le membre titulaire.

Nouvel art. R. 1413-4 (Décr. n° 2017-1262 du 9 août 2017, art. 2-1° et 2°) *« Le mandat des membres du conseil d'administration est de quatre ans, à l'exception de celui des membres mentionnés au 1° bis de l'article R. 1413-3. Pour ces derniers, le mandat des députés prend fin avec la législature au titre de laquelle ils ont été élus et le mandat des sénateurs prend fin lors de chaque renouvellement partiel du Sénat. Le mandat des membres du conseil d'administration est renouvelable une fois. »*

(*Décr. n° 2017-1781 du 27 déc. 2017*, art. 5-1°) *« Sont nommés par arrêté du ministre chargé de la santé :*

« 1° Les membres mentionnés au 1° bis du I de l'article R. 1413-3, après désignation par le président de leur assemblée respective ;

« 2° Le membre mentionné au 2° du I de l'article R. 1413-3, sur la proposition de l'Union nationale des caisses d'assurance maladie ;

« 3° Les membres mentionnés au[x] b, c et d du 3°, 4° et a et b du 6° du I de l'article R. 1413-3, sur proposition des organismes ou organisations qu'ils représentent ;

« 4° Le représentant des agences régionales de santé mentionné au a du 3° de l'article R. 1413-3, les représentants d'associations mentionnés au 5° du I de l'article R. 1413-3, les personnalités qualifiées mentionnées au 7° du I de l'article R. 1413-3 ;

« 5° Les représentants du personnel, élus conformément au 8° du I de l'article R. 1413-3. »

Pour chacun des membres du conseil d'administration, (Décr. n° 2017-1262 du 9 août 2017, art. 2-5°) *« à l'exception de ceux mentionnés au 1° bis et au 7° de l'article R. 1413-3, » un suppléant est nommé dans les mêmes conditions que le membre titulaire.*

(Décr. n° 2017-1781 du 27 déc. 2017, art. 5-2°) *« Il est procédé aux nominations au sein du conseil d'administration dans le respect des règles définies aux deux premiers alinéas de l'article L. 1411-5-2, précisées à la section III du chapitre Ier du titre Ier du livre IV de la première partie. »*

Ce nouvel art. entre en vigueur à compter du prochain renouvellement du conseil d'administration (Décr. n° 2017-1781 du 27 déc. 2017, art. 8).

Art. R. 1413-5 Le président du conseil d'administration est nommé pour une durée de quatre ans, renouvelable une fois. Cette disposition ne fait pas obstacle à ce que le président exerce avant ou après ses fonctions un mandat d'administrateur. Les fonctions de président du conseil d'administration sont incompatibles avec celles de directeur général de l'agence.

La limite d'âge du président est fixée à soixante-sept ans.

Art. R. 1413-6 En cas de vacance d'un siège du fait de l'empêchement définitif de son titulaire ou de la perte par un membre de la qualité au titre de laquelle il a été désigné, il est procédé à la désignation d'un nouveau membre dans les conditions prévues à l'article R. 1413-4. Le mandat de ce membre ainsi nommé expire en même temps que celui des autres membres du conseil d'administration *(Décr. n° 2017-1262 du 9 août 2017, art. 3)* « , à l'exception de celui nommé en remplacement d'un des membres mentionnés au 1° *bis* de l'article R. 1413-3, dont le mandat prend fin dans les conditions prévues au premier alinéa de l'article R. 1413-4 ». Dans ces mêmes circonstances, les représentants du personnel sont remplacés dans les conditions prévues par le règlement intérieur.

Art. R. 1413-7 Les fonctions de membre du conseil d'administration sont incompatibles avec la qualité de membre du conseil scientifique, de membre du comité d'éthique et de déontologie, et de membre du comité d'orientation et de dialogue.

Les fonctions de membre du conseil d'administration sont exercées à titre gracieux.

Les frais occasionnés par leurs déplacements et leurs séjours sont remboursés dans les conditions prévues par la réglementation applicable aux personnels civils de l'État.

Art. R. 1413-8 Le conseil d'administration se réunit au moins trois fois par an sur convocation de son président ou, en cas d'empêchement du président, du directeur général si l'urgence le justifie.

En outre, la convocation est de droit dans le mois de la demande qui en est faite par le ministre chargé de la santé ou par le tiers au moins des membres du conseil d'administration.

En cas d'urgence, les délibérations du conseil d'administration peuvent être adoptées selon des modalités de consultation électronique ou audiovisuelle préservant la collégialité des débats selon les modalités définies par le règlement intérieur du conseil d'administration.

Art. R. 1413-9 L'ordre du jour est fixé par le président sur proposition du directeur général ou, en cas d'empêchement du président, par le directeur général.

Lorsque le ministre chargé de la santé, le directeur général de l'agence ou le tiers au moins des membres du conseil d'administration demande l'inscription d'une question à l'ordre du jour, cette question est inscrite de plein droit à l'ordre du jour de la séance la plus proche. Sauf en cas d'urgence, lorsqu'elles doivent faire l'objet d'une délibération, ces questions doivent être déposées quinze jours au moins avant la date du conseil d'administration.

Art. R. 1413-10 Les délibérations du conseil sont adoptées à la majorité des voix des membres présents ou représentés.

Le président et les membres du conseil d'administration mentionnés *(Décr. n° 2017-1262 du 9 août 2017, art. 4)* « aux 1° *bis*, 3°, 4°, 5°, 6°, 7° et 8° » du I de l'article R. 1413-3 disposent chacun d'une voix.

Les représentants du ministre chargé de la santé disposent chacun de dix voix, le représentant du ministre chargé du budget dispose de quatre voix, les représentants des autres ministres mentionnés au 1° du I de l'article R. 1413-3 disposent chacun de deux voix et le représentant des régimes obligatoires d'assurance maladie dispose de trois voix.

Le conseil d'administration ne peut délibérer valablement que si la moitié au moins de ses membres en exercice, détenant au moins la moitié des voix, sont présents. Si ce quorum n'est pas atteint, le conseil est à nouveau convoqué dans un délai maximum de quinze jours. Il délibère alors valablement sur des questions inscrites au précédent ordre du jour, quel que soit le nombre d'administrateurs présents.

En cas d'empêchement du président, le conseil d'administration désigne un président de séance.

La voix du président est prépondérante en cas de partage égal des voix.

Lorsqu'il n'est pas suppléé, un membre du conseil d'administration peut donner un mandat à un autre membre. Nul ne peut détenir plus de deux mandats.

Lorsque le conseil d'administration siège en formation restreinte, le président et les représentants des ministres chargés de la santé et de l'action sociale, de la défense et du budget ainsi que le représentant des régimes obligatoires d'assurance maladie disposent du même nombre de voix que celui dont ils disposent dans la formation plénière du conseil.

Art. R. 1413-11 Le directeur général de l'agence, l'agent comptable, le contrôleur budgétaire, le président du conseil scientifique, le président du comité d'éthique et de déontologie et le président du comité d'orientation et de dialogue assistent aux séances du conseil d'administration avec voix consultative.

Le directeur général peut se faire assister de toute personne de son choix.

Le conseil d'administration peut entendre toute personne dont il estime l'audition utile à son information.

Art. R. 1413-12 Le conseil d'administration fixe par ses délibérations les orientations générales de l'agence.

Il délibère sur :

1° Les orientations stratégiques pluriannuelles ;

2° Le contrat d'objectifs et de performance conclu avec l'État ;

3° Le programme de travail et le rapport annuel d'activité ;

4° Le plan pluriannuel d'investissement ;

5° Le budget initial de l'établissement et les budgets rectificatifs, le compte financier, l'affectation des résultats, le tableau des emplois ainsi que les emprunts ;

6° Les contrats, marchés publics, concours et subventions, d'un montant supérieur à des seuils qu'il fixe, et ceux comportant des engagements d'une durée supérieure à une durée qu'il définit, et sous réserve des dispositions prévues au II de l'article L. 1413-9 pour ceux passés à la demande du ministre chargé de la santé en application des dispositions de l'article L. 1413-4 ;

7° L'organisation générale de l'agence ;

8° Le règlement intérieur de l'agence ;

9° Les conditions générales d'emploi et de recrutement du personnel et les conditions de rémunération des autres personnes qui apportent leur concours à l'agence ;

10° Les acquisitions, aliénations, échanges d'immeubles et les baux et locations les concernant ;

11° L'acceptation des dons et legs d'un montant supérieur à un seuil qu'il détermine ;

12° Les redevances pour services rendus et rémunérations de toute nature dues à l'agence d'un montant supérieur à un seuil qu'il détermine ;

13° L'autorisation d'engager les actions en justice et de négocier et conclure les transactions ;

14° La participation à des groupements d'intérêt public ou à tous autres organismes, quelle que soit leur nature juridique ;

15° Les modalités de mise en œuvre des règles de déontologie applicables aux membres des conseils et des comités de l'agence, à ses agents, aux réservistes sanitaires et aux personnes qui apportent occasionnellement leur concours à l'agence ou à ses instances ;

16° Les modalités de mise en œuvre des règles de déontologie applicables aux cocontractants de l'agence ;

17° La liste des membres du conseil scientifique ;

18° La liste des membres du comité d'éthique et de déontologie ;

19° La liste des membres du comité d'orientation et de dialogue ;

20° Les règles de recevabilité des saisines de l'agence autres que celles régies par l'article R. 1413-28 ;

21° Les règles de détermination des indemnités dues aux réservistes sanitaires ou à leurs employeurs pour les périodes d'activité et de formation dans la réserve sanitaire.

Il est informé chaque année de l'ensemble des contrats, marchés ou conventions conclus pendant l'année précédente, à l'exception de ceux conclus en application de délibérations de sa formation restreinte.

Art. R. 1413-13 Le conseil d'administration peut déléguer à son président ou au directeur général certaines de ses compétences, à l'exception des matières mentionnées aux 1°, 2°, 3°, 5°, 7°, 8°, 15°, 16°, 17°, 18°, 19° et 20° de l'article R. 1413-12, dans des limites qu'il détermine et selon des modalités permettant qu'il lui soit rendu compte.

Art. R. 1413-14 Les délibérations mentionnées au 5° de l'article R. 1413-12 sont exécutoires dans les conditions prévues par le titre III du décret n° 2012-1246 du 7 novembre 2012 relatif à la gestion budgétaire et comptable publique.

Les délibérations mentionnées aux 1°, 2° et 10° du même article ne sont exécutoires qu'après approbation expresse par les ministres chargés de la santé et du budget.

Les délibérations mentionnées au 9° du même article sont transmises aux ministres chargés du budget, de la fonction publique et de la santé ; elles sont exécutoires un mois après leur transmission, sauf opposition expresse de l'un ou des ministres concernés.

Les autres délibérations sont exécutoires quinze jours après leur transmission au ministre chargé de la santé sauf opposition expresse de ce dernier et, s'agissant des délibérations d'ordre budgétaire ou financier, quinze jours après leur transmission au ministre chargé de la santé et au ministre chargé du budget, sauf opposition expresse de l'un de ces ministres.

Lorsque l'un des ministres mentionnés au deuxième ou au troisième alinéa du présent article demande par écrit des informations ou documents complémentaires portant sur les délibérations mentionnées au deuxième ou au troisième alinéa, le délai est suspendu jusqu'à la production de ces informations ou documents.

En cas d'urgence, le ministre chargé de la santé peut autoriser l'exécution immédiate des délibérations mentionnées aux 6° ou 13° de l'article R. 1413-12.

§ 2 DIRECTEUR GÉNÉRAL

Art. R. 1413-15 Le directeur général est nommé pour une durée de trois ans renouvelable. La limite d'âge du directeur général est fixée à soixante-sept ans.

Il dirige l'agence. Il accomplit tous les actes qui ne sont pas réservés au conseil *d'administration en vertu* des dispositions des articles R. 1413-12 et R. 1413-13.

Il propose chaque année au conseil d'administration les orientations stratégiques de l'agence.

Il prépare les délibérations du conseil d'administration et en assure l'exécution.

Le directeur général communique au ministre chargé de la santé les avis et recommandations de l'agence et en assure la publicité.

Il adresse chaque année au Premier ministre et au ministre chargé de la santé, aux présidents des deux assemblées parlementaires et du Conseil économique, social et environnemental, le rapport d'activité de l'agence et assure sa publicité.

Il recrute, nomme et gère le personnel de l'établissement. Il a autorité sur l'ensemble des personnels de l'établissement.

Il représente l'établissement en justice et dans tous les actes de la vie civile.

Il passe au nom de l'établissement, ou au nom de l'État lorsqu'il agit en application des dispositions du onzième alinéa de l'article L. 1413-1 et de celles de l'article R. 1413-17, les contrats, marchés et conventions et les actes d'acquisition, de vente et de transaction, qui ne relèvent pas des attributions conférées au conseil d'administration par l'article R. 1413-12 et dans les limites fixées par le conseil d'administration.

Art. R. 1413-16 Le directeur général est ordonnateur principal des recettes et des dépenses du budget de l'agence. Il peut désigner des ordonnateurs secondaires.

Art. R. 1413-17 Le directeur général organise l'engagement, la formation et l'équipement des réservistes sanitaires et signe au nom de l'État leurs contrats d'engagement ainsi que les conventions mentionnées aux articles R. 3133-3 et L. 3134-2-1.

Le directeur général prend, au nom de l'État, les décisions en matière de gestion des stocks des produits, équipements et matériels ainsi que de gestion des services mentionnés aux articles L. 1413-1 et R. 1413-1.

Art. R. 1413-18 Le directeur général est assisté d'au moins un directeur général adjoint qui le supplée en cas de vacance, d'absence ou d'empêchement.

Lorsque l'agence dispose d'un ou plusieurs établissements pharmaceutiques, en application de l'article L. 1413-4, le ou les pharmaciens responsables sont membres de la direction de l'agence.

Le directeur général peut déléguer sa signature aux personnels placés sous son autorité.

Il peut déléguer une partie de ses pouvoirs relevant des missions de l'agence mentionnées au 5° et au onzième alinéa de l'article L. 1413-1 à des agents désignés pour exercer des fonctions de responsabilité administrative ou scientifique. Ces délégations de pouvoir font l'objet d'une publication au *Journal officiel* de la République française.

§ 3 CONSEIL SCIENTIFIQUE ET COMITÉS D'EXPERTS

Art. R. 1413-19 Le conseil scientifique comprend vingt-sept membres, y compris son président, dont au moins quatre membres exerçant ou ayant exercé à l'étranger ou dans des organisations européennes ou internationales.

Les membres sont nommés sur proposition du directeur général, pour une durée de quatre ans, renouvelable, par décision du président du conseil d'administration, après validation par le conseil d'administration de la liste des membres. Ils sont choisis parmi les personnalités scientifiques compétentes dans le domaine de compétence de l'agence et recrutés à la suite d'un appel à candidatures, après examen de leur parcours professionnel et de leurs liens d'intérêts, au sens des dispositions de l'article L. 1451-1.

Les fonctions de membre du comité sont incompatibles avec l'appartenance à une autre instance de l'agence et avec toute relation contractuelle avec elle.

Le président du conseil scientifique est nommé parmi ses membres par arrêté du ministre chargé de la santé, après avis du conseil scientifique.

En cas de vacance d'un siège, pour quelque cause que ce soit, il est procédé à la désignation d'un nouveau membre dans les conditions prévues au deuxième alinéa du présent article pour achever le mandat de celui qu'il remplace.

Le conseil peut s'adjoindre le concours de toute personne compétente.

Le conseil scientifique est convoqué par son président, ou à la demande du directeur général, ou à l'initiative motivée d'au moins un tiers de ses membres, ou à la demande du conseil d'administration. Il se réunit au moins trois fois par an.

Art. R. 1413-20 Le conseil scientifique a pour missions de :

1° Donner un avis sur les orientations de recherche, d'expertise et d'études de l'agence ainsi que sur sa politique de partenariat scientifique et de programmation ;

2° Assister la direction de l'agence dans l'élaboration de procédures d'appels à projets ;

3° Valider et superviser le processus d'évaluation de l'activité scientifique de l'agence, et émettre, sur la base des résultats obtenus, des recommandations à la direction ;

4° Donner un avis sur la nécessité de constituer des comités d'experts.

Il assiste l'agence dans sa mission de contribution à l'élaboration et à la mise en œuvre des politiques nationale et européenne de santé publique. Il peut, de sa propre initiative, formuler des observations et recommandations sur toute question scientifique et technique entrant dans le champ de compétence de l'établissement. Celles-ci sont transmises au directeur général et au président du conseil d'administration.

Il élabore un rapport annuel relatif aux aspects scientifiques et techniques de l'activité de l'agence. Ce rapport est transmis au conseil d'administration et à la direction générale de la santé.

Le conseil scientifique est consulté sur les dispositions du règlement intérieur de l'agence qui le concernent.

Art. R. 1413-21 Le directeur général crée, après avis du conseil scientifique, les comités d'experts nécessaires à la conduite des missions de l'agence et en nomme les membres.

Les modalités de fonctionnement des comités d'experts sont fixées par le règlement intérieur de l'agence.

§ 4 COMITÉ D'ÉTHIQUE ET DE DÉONTOLOGIE

Art. R. 1413-22 Le comité d'éthique et de déontologie est composé de sept membres.

Ces membres sont nommés pour une durée de quatre ans par décision du président du conseil d'administration, après validation de la liste des membres par le conseil d'administration, parmi des personnalités reconnues pour leurs connaissances et compétences en matière de déontologie et d'éthique, et après examen de leurs liens d'intérêts, au sens des dispositions de l'article L. 1451-1.

En cas de vacance, ils sont remplacés dans les mêmes conditions pour la durée restant à courir du mandat de la personne qu'ils remplacent.

Les fonctions de membre du comité sont incompatibles avec l'appartenance à une autre instance de l'agence et avec toute relation contractuelle avec elle.

Art. R. 1413-23 Le comité d'éthique et de déontologie peut être saisi dans son champ de compétence par un membre du conseil d'administration, du conseil scientifique ou d'un comité d'experts, par le déontologue de l'agence désigné en application de l'article L. 1451-4, par le directeur général de l'agence ou par un autre agent de l'agence.

Il est notamment chargé :

1° D'assurer une fonction de veille permanente sur les meilleures pratiques dans le domaine de la prévention des conflits d'intérêts dans des institutions analogues, notamment à l'étranger ;

2° De contribuer, par ses avis et ses évaluations, à la mise en œuvre de la politique de prévention des conflits d'intérêts et des règles en vigueur en matière de conflits d'intérêts, en lien avec le déontologue de l'agence. Il est en particulier consulté par le conseil d'administration sur les modalités de mise en œuvre des règles de déontologie mentionnées aux 15° et 16° de l'article R. 1413-12 ;

3° D'évaluer et formuler un avis sur le dispositif mis en place pour garantir l'indépendance des agents lors de leur expression dans des manifestations publiques, en particulier lorsqu'elles sont organisées ou soutenues par des entreprises privées, des syndicats professionnels, des associations et sociétés savantes ou tout autre acteur économique ou social ;

4° De formuler un avis, à la demande du directeur général ou de sa propre initiative, sur toute situation particulière de nature à mettre en cause le respect des règles déontologiques applicables aux travaux de l'agence ;

5° De formuler des avis et recommandations, à la demande du directeur général ou du conseil scientifique sur toute question éthique posée par la mise en place de programmes et d'activités scientifiques de l'agence.

Il élabore un rapport annuel d'activité transmis au conseil d'administration. Le comité transmet ses avis et recommandations à la personne ou à l'instance qui l'a saisi, au conseil d'administration et au directeur général de l'agence. Ses avis sont rendus publics dans le respect des règles garantissant le respect de la vie privée.

Art. R. 1413-24 Le comité d'éthique et de déontologie élit son président parmi ses membres. Il définit ses modalités de fonctionnement dans le respect du règlement intérieur de l'établissement et des moyens qui lui sont attribués. Il en informe le conseil d'administration et le directeur général.

Le comité a accès à toutes les informations détenues par l'agence nécessaires à l'exercice de ses compétences.

Le directeur général met à la disposition du comité les moyens nécessaires à son fonctionnement dans les conditions prévues par les délibérations du conseil d'administration et prend les décisions qu'il estime appropriées pour la mise en œuvre de ses avis et recommandations.

§ 5 COMITÉ D'ORIENTATION ET DE DIALOGUE

Art. R. 1413-25 Le comité d'orientation et de dialogue est composé d'au moins dix membres et d'au plus vingt membres. Le nombre de ses membres est fixé dans ces limites par le conseil d'administration.

Ces membres sont nommés pour une durée de quatre ans, renouvelable une fois, par décision du président du conseil d'administration après approbation de la liste des membres par le conseil d'administration, parmi des personnalités reconnues pour leurs connaissances et expériences dans les domaines de compétence de l'agence, et après examen de leurs liens d'intérêts, au sens des dispositions de l'article L. 1451-1.

En cas de vacance, ils sont remplacés dans les mêmes conditions pour la durée restant à courir du mandat de la personne qu'ils remplacent.

Les fonctions de membre du comité sont incompatibles avec l'appartenance à une autre instance de l'agence et avec toute relation contractuelle avec elle.

Le comité élit son président parmi ses membres.

Il est convoqué par son président ou à la demande du directeur général et se réunit au moins deux fois par an.

Les modalités de fonctionnement du comité sont définies par le règlement intérieur de l'agence.

Art. R. 1413-26 Le comité d'orientation et de dialogue a pour missions de :

1° Contribuer à la qualité et à la pertinence des actions de l'agence en lui apportant sa vision des problématiques actuelles et futures de la santé publique et des questions de société qu'elles posent ;

2° Proposer des priorités dans les domaines d'activité de l'agence et des orientations pour son programme annuel de travail ;

3° Contribuer à l'amélioration des modalités de communication de l'agence, notamment en situation de crise sanitaire dans le cadre des orientations définies par le ministère chargé de la santé, et des conditions de diffusion des connaissances en santé publique auprès des différentes composantes de la population ;

4° Permettre à l'agence de contribuer aux débats publics sur les questions de santé publique, notamment en présentant les connaissances scientifiques disponibles, et*[,]* le cas échéant, le contexte d'incertitude scientifique dans lequel les décisions sanitaires doivent être prises.

Art. R. 1413-27 Les membres du conseil scientifique, des comités d'experts, du comité d'éthique et de déontologie, du comité d'orientation et de dialogue, ainsi que les autres experts auxquels l'agence a recours peuvent être indemnisés pour leur participation aux réunions de ces instances ainsi que pour l'ensemble des travaux, rapports et études réalisés pour l'agence, dans des conditions fixées par le conseil d'administration. En outre, ils ont droit aux indemnités pour frais de déplacement et de séjour dans les conditions prévues pour les personnels civils de l'État.

§ 6 SAISINES DE L'AGENCE PAR LES ORGANISMES REPRÉSENTÉS À SON CONSEIL D'ADMINISTRATION

Art. R. 1413-28 La saisine de l'agence, effectuée par les organismes représentés au conseil d'administration en application du premier alinéa de l'article L. 1413-5, doit être adressée par le dirigeant de l'organisme, ou par son représentant expressément désigné par voie de procuration, au directeur général de l'agence. Elle doit être dûment motivée et, le cas échéant, accompagnée de toutes pièces justificatives. En cas de saisine conjointe par plusieurs organismes, il est possible d'adresser une saisine unique contresignée par les différents pétitionnaires.

Le directeur général accuse réception de cette saisine et en adresse copie aux ministères concernés.

Il décide, conformément à la procédure adoptée par le conseil d'administration, de la suite à donner, en tenant compte notamment des moyens et des priorités de l'agence. Il en rend compte au conseil d'administration et en informe le demandeur, en précisant, le cas échéant, les délais nécessaires pour son examen.

L'avis émis par l'agence est adressé à l'auteur de la saisine. Il est communiqué au ministre chargé de la santé ainsi qu'aux autres ministres concernés et rendu public.

§ 7 ORGANISATION FINANCIÈRE ET COMPTABLE

Art. R. 1413-29 L'agence est soumise aux dispositions des titres Ier et III du décret n° 2012-1246 du 7 novembre 2012 relatif à la gestion budgétaire et comptable publique.

Le montant de la dotation des régimes obligatoires d'assurance maladie mentionnée à l'article L. 1413-12 est fixé par arrêté des ministres chargés de la santé, de la sécurité sociale et du budget.

Art. R. 1413-30 Des agents comptables secondaires peuvent être désignés par le directeur général de l'agence après avis de l'agent comptable et avec l'agrément du ministre chargé du budget.

Art. R. 1413-31 L'agence peut, avec l'autorisation des ministres chargés de la santé et du budget, recourir à l'emprunt.

Art. R. 1413-32 Des régies de recettes et d'avances peuvent être instituées conformément aux dispositions du décret n° 92-681 du 20 juillet 1992 relatif aux régies de recettes et aux régies d'avances des organismes publics.

§ 8 PERSONNEL

Art. R. 1413-33 Les agents de droit public de l'agence sont soumis aux dispositions du décret n° 86-83 du 17 janvier 1986 relatif aux dispositions générales applicables aux agents contractuels de l'État pris pour l'application de l'article 7 de la loi n° 84-16 du 11 janvier 1984 portant dispositions statutaires relatives à la fonction publique de l'État, sous réserve des dispositions du décret n° 2003-224 du 7 mars 2003 fixant les règles applicables aux personnes *[personnels]* contractuels de droit public recrutés par certains établissements publics intervenant dans le domaine de la santé publique ou de la sécurité sanitaire.

Les modalités particulières de mise en œuvre du décret du 7 mars 2003 font, en tant que de besoin, l'objet d'une délibération du conseil d'administration.

§ 9 COMMUNICATION À L'AGENCE D'INFORMATIONS COUVERTES PAR LE SECRET MÉDICAL OU INDUSTRIEL *(Décr. n° 2016-523 du 27 avr. 2016, art. 1er-3°)*

Art. R. 1413-34 *(Décr. n° 2003-701 du 28 juill. 2003, art. 1er)* La communication à l'*(Décr. n° 2016-523 du 27 avr. 2016, art. 1er-3°-b-i)* « Agence nationale de santé publique », en application de *(Décr. n° 2016-523 du 27 avr. 2016, art. 1er-3°-b-i)* « l'article L. 1413-8 », d'informations couvertes par le secret médical ou industriel fait l'objet d'une demande écrite et motivée de son directeur général.

Celui-ci désigne la personne qui est habilitée au sein de l'*(Décr. n° 2016-523 du 27 avr. 2016, art. 1er-3°-b-i)* « Agence nationale de santé publique » à recevoir ces informations. La demande mentionne son nom, ainsi que ses adresses administrative et électronique.

S'il s'agit d'informations couvertes par le secret médical, la personne désignée est un médecin.

Art. R. 1413-35 *(Décr. n° 2003-701 du 28 juill. 2003, art. 1er)* Le destinataire de la demande transmet sans délai les informations requises à la personne désignée dans les conditions prévues à l'article précédent, par des moyens permettant d'en garantir la confidentialité.

Lorsque les informations susmentionnées sont adressées sous pli à l'*(Décr. n° 2016-523 du 27 avr. 2016, art. 1er-3°-b-ii)* « Agence nationale de santé publique », elles le sont sous double enveloppe, celle placée à l'intérieur devant porter la mention "secret médical" ou "secret industriel".

Lorsque ces informations sont adressées à l'*(Décr. n° 2016-523 du 27 avr. 2016, art. 1er-3°-b-ii)* « Agence nationale de santé publique » par télétransmission, elles doivent au préalable être chiffrées. Elles sont alors transmises après apposition de sa signature électronique par le destinataire de la demande conformément aux dispositions du *(Décr. n° 2017-1416 du 28 sept. 2017, art. 2)* « décret n° 2017-1416 du 28 septembre 2017 relatif à la signature électronique ».

Les opérations auxquelles l'*(Décr. n° 2016-523 du 27 avr. 2016, art. 1er-3°-b-ii)* « Agence nationale de santé publique » doit procéder pour exploiter les informations reçues par télétransmission sont régies par les dispositions du *(Décr. n° 2016-523 du 27 avr. 2016, art. 1er-3°-b-ii)* « chapitre IV » de la loi n° 78-17 du 6 janvier 1978 relative à l'informatique, aux fichiers et aux libertés.

Art. R. 1413-36 *(Décr. n° 2003-701 du 28 juill. 2003, art. 1er)* Les informations communiquées en application de *(Décr. n° 2016-523 du 27 avr. 2016, art. 1er-3°-b-iii)* « l'article R. 1413-34 » sont conservées dans des conditions de lieu ou de support préservant leur confidentialité. Seules peuvent y accéder les personnes de l'*(Décr. n° 2016-523 du 27 avr. 2016, art. 1er-3°-b-iii)* « Agence nationale de santé publique » nominativement désignées par le directeur général. En ce qui concerne les informations couvertes par le secret médical, cet accès est placé sous la responsabilité d'un médecin.

Après écoulement du délai nécessaire pour atteindre les finalités ayant justifié leur collecte et leur conservation, les informations précitées sont archivées, quel qu'en soit le support, dans les conditions prévues pour les archives publiques par *(Décr. n° 2016-523 du 27 avr. 2016, art. 1er-3°-b-iii)* « le code du patrimoine », les informations couvertes par le secret médical ayant été préalablement rendues anonymes.

Art. R. 1413-37 *(Décr. n° 2003-701 du 28 juill. 2003, art. 1er)* Lorsque, dans l'exercice de la mission d'alerte confiée à l'*(Décr. n° 2016-523 du 27 avr. 2016, art. 1er-3°-b-iv)* « Agence nationale de santé publique » par le *(Décr. n° 2016-523 du 27 avr. 2016, art. 1er-3°-b-iv)* « 6° de l'article L. 1413-1 », la transmission d'informations couvertes par le secret médical ou industriel est indispensable à l'autorité destinataire pour la mise en œuvre de mesures adaptées, individuelles ou collectives, de prévention ou de maîtrise des risques, *(Décr. n° 2016-523 du 27 avr. 2016, art. 1er-3°-b-iv)* « l'agence transmet » ces informations aux autorités publiques mentionnées *(Décr. n° 2016-523 du 27 avr. 2016, art. 1er-3°-b-iv)* « au ministre chargé de la santé *[transmet ces informations au ministre chargé de la santé]* », selon les modalités prévues à *(Décr. n° 2016-523 du 27 avr. 2016, art. 1er-3°-b-iv)* « l'article R. 1413-35 ».

La personne à laquelle sont transmises les informations couvertes par le secret médical est un médecin.

Art. R. 1413-38 *(Décr. n° 2010-1008 du 30 août 2010, art. 1er)* Lorsque *(Décr. n° 2016-523 du 27 avr. 2016, art. 1er-3°-b-v)* « l'Agence nationale de santé publique*[,]* pour l'exercice des missions mentionnées aux 1°, 2° et 6° de l'article L. 1413-1 », a besoin des données individuelles mentionnées *(Décr. n° 2016-523 du 27 avr. 2016, art. 1er-3°-b-v)* « aux articles L. 1413-6 et L. 1413-7 », son directeur général détermine la nature des données qui sont transmises par les différents professionnels de santé ainsi que la finalité de cette transmission. *(Décr. n° 2016-523 du 27 avr. 2016, art. 1er-3°-b-v)* « L'agence informe » ces derniers par tout moyen de la finalité de cette transmission et précise la périodicité, les formats et les délais de transmission ainsi que la liste des personnes de *(Décr. n° 2016-523 du 27 avr. 2016, art. 1er-3°-b-v)* « l'agence habilitées » par son directeur général à recevoir ces informations.

Les modalités de transmission de ces données sont conformes aux référentiels d'interopérabilité arrêtés par le ministre chargé de la santé après avis du groupement d'intérêt public chargé du développement des systèmes d'information de santé partagés mentionné à l'article L. 1111-24.

L'institut informe les professionnels de santé participant à la transmission des données individuelles des résultats de l'exploitation de celles-ci.

Art. R. 1413-39 *(Décr. n° 2010-1008 du 30 août 2010, art. 1er)* Afin de garantir la confidentialité et la sécurité de la transmission des données individuelles mentionnées *(Décr. n° 2016-523 du 27 avr. 2016, art. 1er-3°-b-vi)* « aux articles L. 1413-6 et L. 1413-

7 », les dispositions *(Décr. n° 2016-523 du 27 avr. 2016, art. 1er-3°-b-vi)* **« des articles R. 1413-34 à R. 1413-36 » sont applicables à ces transmissions.**

Art. R. 1413-40 *(Décr. n° 2010-1008 du 30 août 2010, art. 1er)* **Lorsque la transmission d'informations individuelles mentionnées** *(Décr. n° 2016-523 du 27 avr. 2016, art. 1er-3°-b-vii)* **« aux articles L. 1413-6, L. 1413-7 et L. 1413-8 » est indispensable aux membres du réseau national de santé publique pour l'exercice de leur mission d'appui à l'***(Décr. n° 2016-523 du 27 avr. 2016, art. 1er-3°-b-vii)* **« Agence nationale de santé publique » prévue par** *(Décr. n° 2016-523 du 27 avr. 2016, art. 1er-3°-b-vii,)* **« le 1° de l'article L. 1413-3 », les professionnels de santé transmettent ces informations aux membres désignés par le** *(Décr. n° 2016-523 du 27 avr. 2016, art. 1er-3°-b-vii)* **« directeur général de l'agence », selon les modalités prévues** *(Décr. n° 2016-523 du 27 avr. 2016, art. 1er-3°-b-vii)* **« aux articles R. 1413-38 et R. 1413-39 ».**

Art. R. 1413-41 L'*(Décr. n° 2016-523 du 27 avr. 2016, art. 1er-3°-b-viii)* **« agence » met à la disposition du ministre chargé du travail et des autres ministres chargés de la prévention des risques professionnels ainsi qu'à la disposition du** *(Décr. n° 2016-523 du 27 avr. 2016, art. 1er-3°-b-viii)* **« conseil d'orientation sur les conditions de travail » les informations et observations sur la santé des travailleurs nécessaires à la définition et à la conduite de la politique de prévention des risques professionnels. Ces données sont collectées chaque année et établies selon des modalités définies par voie de convention passée entre l'État, représenté par les ministres concernés, et l'***(Décr. n° 2016-523 du 27 avr. 2016, art. 1er-3°-b-viii)* **« agence », après délibération du conseil d'administration.**

§ 10 LIENS AVEC LES ENTREPRISES

(Décr. n° 2016-523 du 27 avr. 2016, art. 1er-4°)

Art. R. 1413-42 Les dispositions de l'article R. 4113-110 sont applicables, lorsqu'ils n'appartiennent pas aux professions de santé, aux membres des conseils et comités siégeant auprès de l'agence ainsi qu'aux personnes collaborant occasionnellement à leurs travaux.

§ 11 DISPOSITIONS PÉNALES

(Décr. n° 2016-523 du 27 avr. 2016, art. 1er-4°)

Art. R. 1413-43 Est puni de l'amende prévue pour les contraventions de la 5e classe le fait de ne pas communiquer les informations demandées par l'Agence nationale de santé publique dans les conditions prévues aux articles R. 1413-34 et R. 1413-35.

SOUS-SECTION 3 RELATIONS DE L'AGENCE AVEC LES DIRECTEURS GÉNÉRAUX DES AGENCES RÉGIONALES DE SANTÉ

Art. R. 1413-44 Pour assurer l'exercice de ses missions et compétences prévues aux articles L. 1413-1, L. 1413-2 et L. 1413-3, le directeur général de l'agence conclut avec chaque directeur général d'agence régionale de santé une convention, conforme à une convention type fixée par arrêté du ministre chargé de la santé, qui précise notamment les modalités :

1° D'adoption du programme de travail annuel des cellules d'interventions en région mentionnées à l'article L. 1413-2 et de mise à disposition des moyens de fonctionnement de ces cellules, ainsi que les modalités de remboursement de leur coût à l'agence régionale de santé ;

2° Dans lesquelles le directeur général de l'agence régionale de santé émet un avis sur les activités et le fonctionnement de la cellule d'intervention en région ;

3° D'accès aux données détenues par l'agence régionale de santé, nécessaires à l'exercice de ses missions mentionnées aux 1°, 2° et 6° de l'article L. 1413-1 ;

4° D'information de l'agence régionale de santé en cas d'autosaisine de l'Agence nationale de santé publique d'une problématique régionale de santé publique, notamment afin de mener une évaluation ou des investigations complémentaires ;

5° De définition des critères de saisine de l'Agence nationale de santé publique par l'agence régionale de santé, pour mener une évaluation et une investigation et des conditions dans lesquelles l'agence régionale de santé est destinataire des résultats ;

6° De mise à disposition des productions de données régionalisées de surveillance ;

7° De mise à disposition du public d'études produites par l'agence intéressant l'agence régionale de santé ;

8° De mise à disposition de l'agence régionale de santé d'une expertise en prévention et promotion de la santé ou en logistique ;

9° De mise en œuvre de projets de recherche interventionnelle ou de conduite de projets d'évaluation d'impacts sur la santé, en lien avec l'agence régionale de santé ;

10° De contribution des agences régionales de santé au développement de la réserve sanitaire ;

11° De remboursement par les agences régionales de santé du coût des interventions de la réserve sanitaire réalisées en application des articles L. 3134-1 et L. 3134-2 et d'information sur la mobilisation des réservistes de la région concernée ;

12° D'appui à la gestion des stocks de produits et matériels détenus par les établissements de santé et susceptibles de contribuer à la protection de la population face aux menaces sanitaires graves.

Art. R. 1413-45 *(Décr. nº 2016-523 du 27 avr. 2016, art. 2-III)* Pour assurer l'exercice des missions de l'Agence nationale de santé publique à Saint-Pierre-et-Miquelon, le directeur général de l'agence signe avec le préfet de Saint-Pierre-et-Miquelon une convention précisant notamment les modalités d'intervention de l'agence prévues à l'article R. 1413-44.

SECTION II CENTRES NATIONAUX DE RÉFÉRENCE POUR LA LUTTE CONTRE LES MALADIES TRANSMISSIBLES

(Décr. nº 2016-806 du 16 juin 2016, art. 1er et 2)

SOUS-SECTION 1 MISSIONS DES CENTRES NATIONAUX DE RÉFÉRENCE

Art. D. 1413-46 I. — Les centres nationaux de référence ont pour missions :

1° L'expertise concernant la microbiologie et la pathologie des agents infectieux, le développement, l'optimisation, la validation et la diffusion d'examens de biologie médicale ; l'identification et la confirmation des agents pathogènes, en particulier ceux pour lesquels il n'existe pas de dispositif médical de diagnostic *in vitro* répondant aux conditions fixées par les articles L. 5221-2 ou L. 5221-5 du code de la santé publique ;

2° Le conseil scientifique ou technique en réponse à toute demande du ministre chargé de la santé, de l'Agence nationale de santé publique et des professionnels de santé ;

3° La contribution à la surveillance épidémiologique :

a) Par l'animation d'un réseau de laboratoires auxquels peuvent être confiés la réalisation d'examens et qui en transmettent ensuite les résultats,

b) Par la réalisation des analyses nécessaires à la surveillance des agents pathogènes ;

4° L'alerte immédiate de l'Agence nationale de santé publique, du ministère chargé de la santé et, le cas échéant, de l'agence régionale de la santé de toute constatation de nature à présenter un risque ou une menace sur l'état de santé de la population.

II. — Les structures qui ne remplissent que les missions mentionnées aux 1° et 2° du I sont désignées "Centre national de référence-Laboratoire expert" conformément au cahier des charges général mentionné à l'article D. 1413-47.

III. — Pour répondre à l'ensemble des missions mentionnées au I, un laboratoire coordonnateur, centre national de référence, peut s'associer au maximum à trois laboratoires dits "Centres nationaux de référence-Laboratoires associés".

Art. D. 1413-47 *(Décr. nº 2016-806 du 16 juin 2016, art. 1er et 2)* Pour l'exercice de leurs missions, les centres nationaux de référence se conforment :

1° A un cahier des charges général arrêté par le ministre chargé de la santé après avis de l'Agence nationale de santé publique ;

2° A un cahier des charges spécifique à leur domaine de compétence établi par le directeur général de l'Agence nationale de santé publique.

Le cahier des charges général précise notamment les obligations des centres nationaux de référence relatives :

1° Au respect des dispositions des articles L. 1451-1 à L. 1452-3 du code de la santé publique ;

2° A la gestion des échantillons biologiques collectés et des bases de données qui leur sont relatives, dans les conditions mentionnées à l'article L. 1413-8 pendant la durée de leur mandat. Ces échantillons restent la propriété de l'État et ne peuvent être conservés par le centre national de référence à l'issue de son mandat ;

3° A l'élaboration et la transmission d'un rapport annuel d'activités et d'un compte d'emploi financier au ministre chargé de la santé et à l'Agence nationale de santé publique ;

4° Aux conditions dans lesquelles, dans le cadre de leurs missions, ils peuvent réaliser des actes de biologie médicale courante ;

5° Aux conditions dans lesquelles ils s'engagent dans une "démarche qualité" adaptée à leur activité de centres nationaux de référence.

SOUS-SECTION 2 PROCÉDURES ET MODALITÉS DE DÉSIGNATION

Art. D. 1413-48 *(Décr. nº 2016-806 du 16 juin 2016, art. 1er et 2)* Seules peuvent être désignées en tant que centres nationaux de référence, les structures :

1° Qui s'engagent à répondre aux missions mentionnées à l'article D. 1413-46 et précisées dans le cahier des charges général et dans les cahiers des charges spécifiques ;

2° Qui disposent des personnels qualifiés, des locaux et des équipements leur permettant d'accomplir les missions qui leur incombent, le cas échéant en s'associant au plus à trois laboratoires, ces derniers étant désignés "Centres nationaux de référence-Laboratoires associés" ;

3° Qui présentent, conformément aux dispositions de l'article L. 1452-3, des garanties en matière de prévention des conflits d'intérêts et s'assurent du respect de la confidentialité des informations couvertes par le secret médical ou le secret industriel et commercial ou de la défense nationale.

Art. D. 1413-49 *(Décr. nº 2016-806 du 16 juin 2016, art. 1er et 2)* Le ministre chargé de la santé arrête pour cinq ans, sur proposition du directeur général de l'Agence nationale de santé publique, la liste des centres nationaux de référence, en précisant, le cas échéant, s'ils sont désignés en qualité de "centre national de référence-Laboratoire associés" ou "centre national de référence-Laboratoire expert".

Ces centres constituent le réseau des centres nationaux de référence.

Art. D. 1413-50 Pour répondre à un besoin ou une priorité de santé publique non satisfaite, de nouveaux centres nationaux de référence, "centres nationaux de référence-Laboratoire associés" ou "centres nationaux de référence-Laboratoire expert" peuvent être ajoutés à la liste mentionnée à l'article D. 1413-49, au cours de la période quinquennale de validité de cette liste, sur proposition du comité des centres nationaux de référence mentionné à l'article D. 1413-53 et dans le respect de la procédure définie à l'article R. 1413-48. Ils sont nommés, par arrêté du ministre chargé de la santé, pour la durée de validité restant à courir de cette liste.

Art. D. 1413-51 En cas de situation sanitaire exceptionnelle liée à un agent pathogène non couvert par un centre national de référence, et après avis du comité des centres nationaux de référence, une structure peut être ajoutée, sur proposition du directeur général de l'agence nationale de santé publique, et à titre provisoire pour une période maximale de douze mois, à la liste des centres nationaux de référence, par arrêté du ministre chargé de la santé.

Art. D. 1413-52 Les centres nationaux de référence, les "centres nationaux de référence-Laboratoire associés" et les "centres nationaux de référence-Laboratoire expert" exercent leurs missions dans le cadre de conventions passées avec l'Agence nationale de santé publique, qui comprennent :

1° Un programme de travail quinquennal élaboré dans le respect des cahiers des charges mentionnés à l'article D. 1413-47 ;

2° Le descriptif des moyens de la structure : nombre et qualification des personnels et nature du plateau technique.

SOUS-SECTION 3 COORDINATION ET ÉVALUATION

Art. D. 1413-53 *(Décr. nº 2016-806 du 16 juin 2016, art. 1er et 2)* Un comité des centres nationaux de référence est placé auprès du directeur général de l'Agence nationale de santé publique.

Ce comité a pour mission :

1° De proposer au directeur général de l'Agence nationale de santé publique, pour cinq ans, au regard de la situation épidémiologique, la liste des agents pathogènes nécessitant un centre national de référence ;

2° D'élaborer les cahiers des charges spécifiques mentionnés à l'article D. 1413-47 ;

3° D'analyser les projets et classer les candidatures dans le cadre d'un appel à candidatures ;

4° D'évaluer l'activité des centres nationaux de référence annuellement et à l'issue des cinq années d'activité.

Art. D. 1413-54 *(Décr. nº 2016-806 du 16 juin 2016, art. 1er et 2)* Le comité des centres nationaux de référence est composé au plus de vingt membres. Il comprend :

1° Des représentants du ministère chargé de la santé ;

2° Des représentants de l'Agence nationale de santé publique ;

3° Des experts en épidémiologie, microbiologie, infectiologie ou santé publique nommés en raison de leurs compétences, après appel à candidature par le directeur général de l'Agence nationale de santé publique pour cinq ans.

Art. D. 1413-55 Le responsable du centre national de référence ou du "centre national de référence-Laboratoire expert" adresse chaque année un rapport d'activité, comportant notamment un bilan comptable et un compte d'emploi financier au ministre chargé de la santé et à l'Agence nationale de santé publique.

Lorsque les missions d'un centre national de référence sont exercées en liaison avec un ou plusieurs "centre national de référence-Laboratoire associé", le responsable du centre national de référence est chargé de la coordination de l'ensemble des activités et rend un rapport annuel faisant la synthèse des activités réalisées par les différents laboratoires.

L'activité de chaque centre national de référence est soumise, au moins une fois au cours du mandat, à une évaluation menée par le comité des centres nationaux de référence.

Art. D. 1413-56 Toute modification des conditions d'exercice des activités du centre national de référence telles qu'énoncées dans le cahier des charges doit être portée sans délai à la connaissance du ministre chargé de la santé et du directeur général de l'Agence nationale de santé publique.

Si un centre national de référence souhaite mettre fin à l'exercice de ses missions, il en informe le ministre chargé de la santé et le directeur général de l'Agence nationale de santé publique au moins six mois avant l'arrêt de ses activités.

A tout moment, en cas de manquement aux obligations résultant de la présente section, sur proposition du directeur général de l'Agence nationale de santé publique, et après avis du comité des centres nationaux de référence, un centre national de référence, un "centre national de référence-Laboratoire associé" ou un "centre national de référence-Laboratoire expert", peut être suspendu ou radié de la liste par arrêté du ministre chargé de la santé.

Art. D. 1413-57 Le financement des missions prévues à l'article D. 1413-46 est assuré selon les modalités suivantes :

1° Pour les structures relevant d'établissements de santé :

a) Les missions mentionnées aux 1° et 2° du I de l'article D. 1413-46 sont financées dans le cadre des missions d'intérêt général et d'aide à la contractualisation prévues à *l'article L. 162-22-13* du code de la sécurité sociale. En cas de nécessité, ces missions peuvent faire l'objet d'une dotation complémentaire versée par l'Agence nationale de santé publique.

b) Les missions mentionnées aux 3° et 4° du I de l'article D. 1413-46 du code de la santé publique font l'objet d'une subvention annuelle versée par l'Agence nationale de santé publique, dans la limite des crédits inscrits à son budget.

2° Pour les structures ne relevant pas d'établissements de santé, les missions mentionnées au I de l'article D. 1413-46 sont financées par une subvention de l'Agence nationale de santé publique, dans les mêmes conditions que celles prévues au 1° du présent article.

Le versement de ces dotations est conditionné à la remise du rapport et du compte d'emploi financier mentionnés au 3° de l'article D. 1413-47.

SECTION II *[ABROGÉE]* COMITÉ NATIONAL DE SANTÉ PUBLIQUE

(Abrogée par Décr. n° 2015-1469 du 13 nov. 2015, art. 22-3°) *(Décr. n° 2005-1202 du 22 sept. 2005)*

Art. R. 1413-25 à R. 1413-32 *Abrogés par Décr. n° 2015-1469 du 13 nov. 2015, art. 22-3°.*

SECTION III PORTAIL DE SIGNALEMENT DES ÉVÉNEMENTS SANITAIRES INDÉSIRABLES

(Décr. n° 2016-1151 du 24 août 2016, art. 1er)

Art. D. 1413-58 I. – Un site internet, développé et mis en œuvre par le groupement mentionné à l'article L. 1111-24, est mis à disposition du public, des professionnels de santé et des professionnels des secteurs sanitaire et médico-social pour faciliter, promouvoir et recueillir la déclaration ou le signalement des événements sanitaires indésirables figurant sur une liste arrêtée par le ministre chargé de la santé.

Ce site internet permet la transmission des déclarations ou signalements aux autorités et établissements chargés de leur traitement, mentionnés aux articles L. 1431-1, L. 1313-1, L. 1413-1, L. 1418-1 et L. 5311-1 ainsi qu'à l'article L. 592-1 du code de l'environnement, ou aux structures chargées d'une mission de sécurité sanitaire désignées par ces autorités et établissements ou par le ministre chargé de la santé.

Lorsqu'une déclaration est effectuée au moyen de ce site internet, le déclarant est réputé avoir satisfait aux obligations de déclaration d'événements sanitaires indésirables résultant des dispositions du présent code et figurant sur la liste mentionnée au premier alinéa.

II. – Un arrêté du ministre chargé de la santé pris après avis de la Commission nationale de l'informatique et des libertés détermine les conditions de fonctionnement de ce site internet. Il précise également les modalités de transmission et de conservation des données recueillies dans les conditions garantissant leur confidentialité.

SECTION IV VEILLE ET SÉCURITÉ SANITAIRE

(Décr. n° 2016-1644 du 1er déc. 2016, art. 1er)

SOUS-SECTION 1 ORGANISATION DE LA VEILLE ET DE LA SÉCURITÉ SANITAIRE EN RÉGION

Art. R. 1413-59 Le directeur général de l'agence régionale de santé organise, en lien avec les personnes et structures mentionnées à l'article R. 1413-62 et les cellules d'intervention en région mentionnées à l'article L. 1413-2, le recueil et la transmission vers l'agence, et le traitement partagé :

1° Des données relatives aux maladies notifiées ou signalées dans les conditions prévues par les articles R. 3113-2 et R. 3113-4 ;

2° Des déclarations d'infections associées aux soins et d'événements indésirables graves *(Décr. n° 2017-885 du 9 mai 2017, art. 4-1°)* « associés à des soins », mentionnés à l'article L. 1413-14 ;

3° Des signalements effectués en application de l'article L. 1413-15.

Les structures mentionnées au premier alinéa de l'article R. 1413-62 transmettent en outre au directeur général de l'agence régionale de santé les signalements recueillis dans l'exercice de leurs missions de sécurité sanitaire qui sont de nature à rendre nécessaire une intervention de l'agence régionale de santé dans l'exercice de ses missions et qui répondent à des critères définis par un arrêté du ministre chargé de la santé.

Art. R. 1413-60 Une convention passée entre le directeur général de l'agence régionale de santé et le directeur général de l'Autorité de sûreté nucléaire mentionnée à l'article L. 592-1 du code de l'environnement ou son représentant en région précise les modalités de collaboration de ces institutions dans le domaine de la radioprotection, notamment pour la gestion des événements significatifs susceptibles d'avoir un impact sur la santé humaine.

Art. R. 1413-61 Le directeur général de l'agence régionale de santé tient une réunion régionale de sécurité sanitaire afin d'assurer les échanges d'informations sur les événements sanitaires en cours, de coordonner le traitement des signaux et d'organiser leur gestion en veillant, le cas échéant, à la mise en œuvre de mesures correctives ou préventives. Cette réunion rassemble, outre les services de l'agence régionale de santé :

1° Les représentants de l'Agence nationale de santé publique mentionnée à l'article L. 1413-1 et le cas échéant, de l'Agence de la biomédecine mentionnée à *[l'article]* L. 1418-1 du même code ;

2° Les représentants des structures membres du réseau régional de vigilances et d'appui défini à l'article R. 1413-62.

Les représentants de l'Autorité de sûreté nucléaire mentionnée à l'article L. 592-1 du code de l'environnement sont invités à participer à la réunion régionale de sécurité sanitaire.

SOUS-SECTION 2 RÉSEAU RÉGIONAL DE VIGILANCES ET D'APPUI

Art. R. 1413-62 En application de l'article L. 1435-12, le directeur général de l'agence régionale de santé constitue et anime un réseau régional de vigilances et d'appui comprenant les personnes et les représentants des structures mentionnées aux articles R. 1221-32, *(Décr. nº 2016-1744 du 15 déc. 2016, art. 5)* « R. 1340-4 », *(Décr. nº 2017-1483 du 18 oct. 2017, art. 2-II-1º)* « R. 1413-75, R. 1413-83, R. 1413-90, » R. 5121-158 et R. 5132-112. Il associe au réseau toute autre structure chargée d'améliorer la qualité et la sécurité des prises en charge en santé dans la région. Il coordonne l'activité régionale de ces structures dans le respect de leurs missions et *[de]* leurs obligations respectives.

Dans le cadre de ce réseau, le directeur général de l'agence régionale de santé, en lien avec les agences et autorités nationales compétentes :

1° Définit le programme de travail auquel contribuent les membres du réseau régional de vigilances et d'appui pour la mise en œuvre, dans le ressort territorial de l'agence régionale de santé, de la politique de développement de la qualité et de la sécurité des prises en charge en santé, et organise, dans ce champ, la coordination de leurs actions ;

2° Favorise les mutualisations entre membres du réseau régional de vigilances et d'appui, portant notamment sur les outils, les méthodes et les moyens.

Les cellules d'intervention en région mentionnées à l'article L. 1413-2 apportent leur concours au réseau régional de vigilances et d'appui dans les conditions prévues à l'article R. 1413-44.

Art. R. 1413-63 En l'absence dans une région d'une personne ou structure constitutive du réseau régional de vigilances et d'appui, le directeur général de l'agence régionale de santé sollicite la personne ou structure homologue de la région chef-lieu de la zone de défense et de sécurité, ou, à défaut, d'une autre région, et à ce titre, l'invite à faire partie du réseau régional de vigilances et d'appui de son ressort. Il informe de cette sollicitation le directeur général de l'agence régionale de santé de zone ou le directeur général de l'agence régionale de santé dans le ressort de laquelle la personne *ou [la] structure sollicitée* est compétente.

SOUS-SECTION 3 ADAPTATION AUX OUTRE-MER

V. Dalloz.fr 🏛.

SECTION V DÉCLARATION DES ÉVÉNEMENTS INDÉSIRABLES GRAVES ASSOCIÉS À DES SOINS

(Décr. n° 2016-1606 du 25 nov. 2016, art. 1er)

Art. R. 1413-67 Un événement indésirable grave associé à des soins réalisés lors d'investigations, de traitements, d'actes médicaux à visée esthétique ou d'actions de prévention est un événement inattendu au regard de l'état de santé et de la pathologie de la personne et dont les conséquences sont le décès, la mise en jeu du pronostic vital, la survenue probable d'un déficit fonctionnel permanent y compris une anomalie ou une malformation congénitale.

Art. R. 1413-68 Tout professionnel de santé quels que soient son lieu et son mode d'exercice ou tout représentant légal d'établissement de santé, d'établissement *(Décr. n° 2017-885 du 9 mai 2017, art. 4-3°)* « de service médico-social ou d'installation autonome de chirurgie esthétique, » ou la personne qu'il a désignée à cet effet qui constate un événement indésirable grave associé à des soins le déclare au directeur général de l'agence régionale de santé au moyen du formulaire prévu à l'article R. 1413-70.

Un professionnel de santé qui informe par écrit le représentant légal de l'établissement de santé ou de l'établissement ou du service médico-social dans lequel il exerce de la survenue d'un événement indésirable grave associé à des soins dans cet établissement ou service est réputé avoir satisfait à son obligation de déclaration prévue à l'article L. 1413-14.

Le premier alinéa s'entend sans préjudice des déclarations obligatoires prévues aux articles *(Décr. n° 2017-885 du 9 mai 2017, art. 4-3°)* « L. 1123-10, L. 1211-7-1, L. 1221-13, L. 1333-3, L. 1340-4, L. 5121-25, L. 5212-2, L. 5222-3 et R. 1413-79 » ainsi que de la déclaration à l'Agence nationale de sécurité du médicament et des produits de santé des événements indésirables liés à un produit mentionné à l'article L. 5311-1.

La déclaration des événements indésirables graves vaut déclaration au titre de l'article L. 331-8-1 du code de l'action sociale et des familles.

Art. R. 1413-69 I. — La déclaration mentionnée à l'article R. 1413-68 est composée de deux parties.

II. — La première partie est adressée sans délai par l'une des personnes mentionnées à ce même article. Elle comporte :

1° La nature de l'événement et les circonstances de sa survenue *(Décr. n° 2017-885 du 9 mai 2017, art. 4-4°)* « ou, à défaut, de sa constatation » ;

2° L'énoncé des premières mesures prises localement au bénéfice du patient et en prévention de la répétition d'événements de même nature ;

3° La mention de l'information du patient et, le cas échéant, de sa famille, de ses proches ou de la personne de confiance qu'il a désignée.

III. — La seconde partie est adressée au plus tard dans les trois mois par le représentant légal de l'établissement de santé ou de l'établissement ou du service médico-social où s'est produit l'événement, ou par le professionnel de santé déclarant. Elle comporte :

1° Le descriptif de la gestion de l'événement ;

2° Les éléments de retour d'expérience issus de l'analyse approfondie des causes de l'événement effectuée par les professionnels de santé concernés avec l'aide de la structure régionale d'appui à la qualité des soins et à la sécurité des patients mentionnée à l'article R. 1413-74 ;

3° Un plan d'actions correctrices comprenant les échéances de mise en œuvre et d'évaluation.

Art. R. 1413-70 Un arrêté du ministre chargé de la santé précise la forme et le contenu des deux parties du formulaire de déclaration ainsi que les modalités de leur transmission par voie électronique.

Cette déclaration est faite dans des conditions qui garantissent l'anonymat du ou des patients et des professionnels concernés à l'exception du déclarant. Le formulaire ne comporte notamment ni les noms et prénoms des patients, ni leur adresse, ni leur date de naissance, ni les noms et prénoms des professionnels ayant participé à leur prise en charge.

Art. R. 1413-71 Le directeur général de l'agence régionale de santé accuse réception au déclarant de la déclaration reçue en application des articles R. 1413-68 et R. 1413-69.

Art. R. 1413-72 Les deux parties du formulaire de déclaration de l'événement indésirable grave associé à des soins sont transmises par le directeur général de l'agence régionale de santé à la Haute Autorité de santé, selon les modalités définies par arrêté du ministre chargé de la santé. Cette transmission ne comporte ni les nom et prénoms du déclarant ni l'adresse du lieu de survenue de l'événement.

Art. R. 1413-73 La Haute Autorité de santé élabore un bilan annuel des déclarations qu'elle a reçues en application des dispositions de la présente section accompagné des préconisations pour l'amélioration de la sécurité des patients. Ce rapport est transmis au ministre chargé de la santé et est rendu public sur le site de la Haute Autorité de santé.

SECTION VI STRUCTURES RÉGIONALES D'APPUI À LA QUALITÉ DES SOINS ET À LA SÉCURITÉ DES PATIENTS

(Décr. n° 2016-1606 du 25 nov. 2016, art. 1er)

Art. R. 1413-74 Dans le cadre des missions mentionnées au *e* du 2° de l'article L. 1431-2, les agences régionales de santé organisent l'appui à la qualité des soins et à la sécurité des patients en mettant en place des structures régionales d'appui.

Art. R. 1413-75 La structure régionale d'appui à la qualité des soins et à la sécurité des patients aide les professionnels de santé concernés à analyser les déclarations des événements indésirables graves mentionnés à l'article R. 1413-67 et contribue ainsi à éclairer le directeur général de l'agence régionale de santé sur les conclusions à en tirer.

Elle apporte, notamment à la demande du directeur général de l'agence régionale de santé, une expertise médicale, technique et scientifique aux établissements de santé, aux établissements ou services médico-sociaux et à tout professionnel de santé quel*[s]* que soit son *[soient ses]* lieu et mode d'exercice. Cet apport se traduit par :

1° Un soutien méthodologique pour la promotion de la déclaration, la gestion et l'analyse des causes immédiates et des causes profondes des événements indésirables graves associés à des soins mentionnés à l'article R. 1413-67 ainsi que pour la mise en place de plans d'actions comprenant les actions correctives et leur évaluation ;

2° Un soutien méthodologique à la définition et à la mise en œuvre, dans les structures de soins ambulatoires, les établissements de santé, les établissements ou services médico-sociaux, d'un programme de gestion des risques associés aux soins ;

3° Une expertise en vue d'améliorer la qualité des soins et la sécurité des patients et de prévenir la survenue des événements indésirables associés à des soins, tout au long du parcours de la prise en charge du patient ;

4° L'organisation de formations et d'informations sur la qualité des soins et la sécurité des patients ;

5° La participation à des recherches dans le domaine de l'organisation des soins en vue d'optimiser la qualité des soins et la sécurité des patients.

Art. R. 1413-76 Le directeur général de l'agence régionale de santé désigne dans sa région une ou des structures régionales d'appui à la qualité des soins et à la sécurité des patients, coordonnées entre elles, après appel à candidature, pour une durée de cinq ans renouvelable par tacite reconduction. Ces structures, dotées de la personnalité morale, se conforment à un cahier des charges défini par arrêté du ministre chargé de la santé précisant notamment les critères de compétences professionnelles, d'indépendance de leurs travaux et de gouvernance.

La liste des structures régionales d'appui à la qualité des soins et la sécurité des patients désignées par le directeur général de l'agence régionale de santé pour sa région est publiée sur le site de l'agence régionale de santé.

Un contrat pluriannuel passé entre une structure régionale d'appui à la qualité des soins et la sécurité des patients et le directeur général de l'agence régionale de santé prévoit notamment les modalités de financement de la structure pour les missions réalisées à la demande de l'agence régionale de santé.

Art. R. 1413-77 Les structures régionales d'appui à la qualité des soins et à la sécurité des patients désignées dans le cadre de l'article R. 1413-76 sont membres du réseau régional de *(Décr. n° 2017-885 du 9 mai 2017, art. 4-5°)* « vigilances » et d'appui de leur région mentionné à l'article R. 1413-62.

Art. R. 1413-78 La structure régionale d'appui à la qualité des soins et la sécurité des patients établit un programme prévisionnel annuel de travail. Elle rédige un rapport d'activité annuel, avant le 31 mars de l'année civile suivante. Elle remet ce rapport à l'agence régionale de santé et à la Haute Autorité de santé. Ce rapport est rendu public sur le site de l'agence régionale de santé.

SECTION VII PRÉVENTION DES INFECTIONS ASSOCIÉES AUX SOINS

(Décr. n° 2017-129 du 3 févr. 2017, art. 1er)

SOUS-SECTION 1 DÉCLARATION DES INFECTIONS ASSOCIÉES AUX SOINS

Art. R. 1413-79 Tout professionnel de santé ou tout représentant légal d'établissement de santé, d'établissement ou service médico-social ou d'installation autonome de chirurgie esthétique déclare sans délai au directeur général de l'agence régionale de santé la survenue de toute infection associée aux soins répondant à l'un au moins des critères suivants :

1° L'infection associée aux soins est inattendue ou inhabituelle du fait :

a) Soit de la nature, des caractéristiques, notamment du profil de résistance aux anti-infectieux, de l'agent pathogène en cause ;

b) Soit de la localisation ou des circonstances de survenue de l'infection chez les personnes atteintes ;

2° L'infection associée aux soins survient sous forme de cas groupés ;

3° L'infection associée aux soins a provoqué un décès ;

4° L'infection associée aux soins relève d'une transmission obligatoire de données individuelles à l'autorité sanitaire en application de l'article L. 3113-1.

Cette déclaration est réalisée sans préjudice des obligations de déclaration mentionnées aux articles *(Décr. n° 2017-885 du 9 mai 2017, art. 4-6°)* « L. 1123-10, L. 1211-7-1, L. 1221-13, L. 1340-4, L. 5121-25, L. 5212-2, L. 5222-3, R. 1413-68, et L. 3113-1 ».

La déclaration au titre de l'infection associée aux soins vaut déclaration au titre de l'article L. 331-8-1 du code de l'action sociale et des familles.

Art. R. 1413-80 La déclaration mentionnée à l'article R. 1413-79 comporte :

1° La nature de l'infection et les dates et circonstances de sa survenue ou, à défaut, de sa constatation ;

2° La mention des investigations réalisées à la date de la déclaration ;

3° L'énoncé des premières mesures prises pour lutter contre cette infection et prévenir sa propagation.

Elle est complétée par les éléments de l'analyse des causes de l'infection effectuée par les professionnels de santé concernés et par un plan d'actions correctrices visant à prévenir sa récidive.

Un arrêté du ministre chargé de la santé précise le contenu du formulaire de déclaration ainsi que les modalités de sa transmission par voie électronique.

Cette déclaration est faite dans des conditions qui garantissent l'anonymat du ou des patients et des professionnels concernés à l'exception du déclarant. Elle ne comporte notamment ni les noms et prénoms des patients, ni leur adresse, ni leur date de naissance, ni les noms et prénoms des professionnels ayant participé à leur prise en charge.

Art. R. 1413-81 Dans chaque établissement ou service médico-social ou installation autonome de chirurgie esthétique, le représentant légal de l'établissement organise le recueil des déclarations relatives aux infections associées aux soins et leur transmission au directeur général de l'agence régionale de santé.

Dans les établissements de santé, le recueil et la transmission des déclarations d'infections associées aux soins, dénommées infections nosocomiales aux termes de l'article R. 6111-6, sont organisés conformément aux dispositions des articles R. 6111-14 à R. 6111-17.

Dans les centres de santé et les maisons de santé, une organisation interne de recueil et de transmission de ces informations peut également être définie.

Un professionnel de santé qui, dans la structure dans laquelle il exerce ou intervient, informe sans délai de la survenue d'une infection associée aux soins le représentant légal ou la personne désignée par celui-ci conformément à l'organisation adoptée est réputé avoir satisfait à l'obligation de déclaration prévue à l'article L. 1413-14.

Art. R. 1413-82 Le directeur général de l'agence régionale de santé accuse réception de la déclaration reçue au titre de l'article R. 1413-79 et s'assure de sa transmission au centre d'appui pour la prévention des infections associées aux soins mentionné à l'article R. 1413-83 ainsi qu'à l'Agence nationale de santé publique.

SOUS-SECTION 2 CENTRES D'APPUI POUR LA PRÉVENTION DES INFECTIONS ASSOCIÉES AUX SOINS

Art. R. 1413-83 Dans chaque région, pour la mise en œuvre des orientations de la politique de santé définie à l'article L. 1411-1 concourant à la prévention des infections associées aux soins, un centre d'appui pour la prévention des infections associées aux soins assure les missions suivantes :

1° L'expertise et l'appui aux professionnels de santé, quels que soient leurs lieux et modes d'exercice, pour la prévention des infections associées aux soins et de la résistance aux anti-infectieux ;

2° La coordination ou l'animation de réseaux de professionnels de santé concourant à la prévention des infections associées aux soins ;

3° L'investigation, le suivi des déclarations mentionnées à l'article R. 1413-79 et l'appui à leur gestion à la demande des professionnels de santé concernés ou de l'agence régionale de santé.

Le centre est membre du réseau régional *(Décr. n° 2017-885 du 9 mai 2017, art. 4-7°)* « de vigilances » et d'appui de sa région mentionné à l'article R. 1413-62. Il participe aux travaux de celui-ci, notamment sur l'organisation de la veille sanitaire et des vigilances.

Art. R. 1413-84 Le directeur général de l'agence régionale de santé désigne un établissement de santé dans lequel le centre d'appui pour la prévention des infections associées aux soins est implanté, pour une durée de cinq ans renouvelable, après avis du directeur général de l'Agence nationale de santé publique. Le centre est implanté dans un établissement de santé et peut comporter plusieurs unités hébergées dans d'autres établissements de santé de la région.

Cette désignation a lieu après appel à candidatures selon un cahier des charges auquel les centres doivent se conformer et qui est défini par un arrêté du ministre chargé de la santé. Ce cahier des charges précise notamment la nature des travaux des centres et leur organisation.

Le responsable du centre, dont l'identité figure dans l'acte de candidature, est un médecin ou un pharmacien compétent en hygiène hospitalière ou en prévention des risques infectieux.

Le directeur général de l'agence régionale de santé peut recourir au centre d'appui pour la prévention des infections associées aux soins d'une autre région pour mutualiser l'accomplissement de certaines des missions mentionnées à l'article R. 1413-83, avec l'accord du directeur général de l'agence régionale de santé compétent.

Art. R. 1413-85 Les modalités de fonctionnement du centre font l'objet d'une convention conclue entre le directeur général de l'agence régionale de santé et l'établissement de santé dans lequel le centre est implanté et, le cas échéant, d'une convention conclue entre l'établissement de santé dans lequel le centre est principalement implanté et les autres établissements où sont situées des unités du centre. Cette dernière convention est approuvée par le directeur général de l'agence régionale de santé.

Un programme annuel de travail est établi conjointement par le directeur général de l'agence régionale de santé et le responsable du centre, à partir des orientations de la politique de santé définie à l'article L. 1411-1. Ce responsable remet au directeur général de l'agence régionale de santé un rapport d'activité annuel qui est communiqué au ministre chargé de la santé et à l'Agence nationale de santé publique.

Art. R. 1413-86 L'Agence nationale de santé publique peut faire appel aux centres d'appui pour la prévention des infections associées aux soins pour exercer des missions nationales de surveillance et d'expertise en matière de lutte et de prévention contre les infections associées aux soins et la résistance aux anti-infectieux, prévues au 3° de l'article R. 1413-1.

L'Agence nationale de santé publique désigne le ou les centres chargés d'une mission nationale sur la base d'un appel à projet, après avis du directeur général de l'agence régionale de santé concernée.

Les modalités de définition et d'exercice de cette mission font l'objet d'une convention conclue entre le directeur général de l'Agence nationale de santé publique et l'établissement de santé d'implantation du centre désigné. Cette convention précise notamment les conditions de validation et de diffusion des rapports d'analyses des données produites. L'Agence nationale de santé publique communique les conventions conclues au ministre chargé de la santé et aux directeurs généraux des agences régionales de santé concernées.

SOUS-SECTION 3 COORDINATION NATIONALE

Art. R. 1413-87 Le ministre chargé de la santé définit les orientations nationales en matière de prévention et de gestion des infections associées aux soins et assure la coordination et le suivi de cette politique.

Le ministre chargé de la santé peut donner pour mission à un ou plusieurs centres définis à l'article R. 1413-83 de conduire des études et travaux concernant la prévention des infections associées aux soins et de la résistance aux anti-infectieux.

L'Agence nationale de santé publique remet chaque année au ministre chargé de la santé un rapport sur les actions conduites au titre du 3° de l'article R. 1413-1.

SECTION VIII ADAPTATION AUX OUTRE-MER

V. Dalloz.fr 🏛.

SECTION IX OBSERVATOIRES DU MÉDICAMENT, DES DISPOSITIFS MÉDICAUX ET DE L'INNOVATION THÉRAPEUTIQUE

(*Décr. n° 2017-1483 du 18 oct. 2017, art. 1er*)

Art. R. 1413-90 Dans chaque région, un observatoire du médicament, des dispositifs médicaux et de l'innovation thérapeutique assure les missions suivantes :

1° L'appui à l'élaboration des contrats mentionnés à l'article L. 162-30-2 du code de la sécurité sociale et à l'analyse des rapports annuels d'évaluation, portant sur le contrat d'amélioration de la qualité et de l'efficience des soins, notamment le bon usage des médicaments, des produits et des prestations dudit contrat. Dans ce cadre, l'observatoire propose et conduit toute action d'accompagnement pour l'amélioration des résultats par rapport aux objectifs dudit contrat ;

2° L'expertise médico-économique, ainsi que le suivi et l'analyse des prescriptions, dispensations et utilisations des médicaments, des produits et des prestations observées au niveau régional. Dans ce cadre, l'observatoire propose un appui aux établissements de santé, aux établissements et services médico-sociaux et à tout professionnel de santé, quels que soient ses lieux et modes d'exercice, pour améliorer la qualité, la sécurité et la pertinence de l'usage des médicaments, des produits et des prestations et contribuer à la lutte contre l'iatrogénie. Il met à disposition des structures et professionnels de santé des informations, des formations et des outils adaptés, sans préjudice des missions de l'Agence nationale de sécurité du médicament et des produits de santé mentionnées à l'article L. 5311-1 et des missions des centres régionaux de pharmacovigilance mentionnées aux articles R. 5121-158 et R. 5121-159, avec lesquels il collabore et organise des échanges réguliers sur les pratiques relatives à l'usage des médicaments, des produits et des prestations, notamment ceux mentionnés à l'article L. 162-22-7 du code de la sécurité sociale ;

3° La participation aux travaux du réseau régional de vigilances et d'appui, mentionné à l'article R. 1413-62, de sa région, dont il est membre. A la demande de l'agence régionale de santé, il contribue à la gestion des événements indésirables graves associés à des soins, en appui des autres structures membres du réseau régional de vigilances et d'appui, si des défauts dans l'usage des médicaments, des produits et des prestations sont à l'origine de ces événements ou y ont contribué.

Le ministre chargé de la santé peut saisir un ou plusieurs observatoires pour conduire des études et travaux dans leurs champs de compétence respectifs après information du ou des directeurs généraux des agences régionales de santé concernées.

Un observatoire interrégional peut être constitué auprès de plusieurs agences régionales de santé en lieu et place des observatoires régionaux.

Art. R. 1413-91 Le directeur général de l'agence régionale de santé nomme le responsable de l'observatoire mentionné à l'article R. 1413-90, pour une durée de cinq ans renouvelable.

L'observatoire peut comporter plusieurs unités hébergées en agence régionale de santé ou en établissement de santé. Les modalités de fonctionnement de l'observatoire font l'objet d'une convention entre le directeur général de l'agence régionale de santé et le ou les représentants légaux du ou des établissements de santé dans lesquels est hébergé l'observatoire.

Un programme annuel de travail est proposé par le responsable de l'observatoire et arrêté par le directeur général de l'agence régionale de santé. Le rapport annuel d'activité de l'observatoire est transmis au ministre chargé de la santé après validation du directeur général de l'agence régionale de santé.

En cas d'observatoire interrégional, les conditions de mise en œuvre du présent article sont précisées par convention entre les directeurs généraux des agences régionales de santé concernées.

CHAPITRE IV ACCRÉDITATION ET ÉVALUATION EN SANTÉ

Art. R. 1414-1 à R. 1414-48 *Abrogés par Décr. n° 2004-1139 du 26 oct. 2004, art. 4-VI, à compter du 1er janv. 2005.*

SECTION II COMITÉ NATIONAL POUR L'ÉVALUATION MÉDICALE

Art. D. 1414-49 *Abrogé par Décr. n° 2010-344 du 31 mars 2010, art. 62.*

Art. D. 1414-50 Le Comité national pour l'évaluation médicale comprend :

1° Le président de l'Académie nationale de médecine ;

2° Le président de l'Ordre national des médecins ;

3° Le président de la conférence des doyens des facultés de médecine ;

4° Le président de la Caisse nationale de l'assurance maladie des travailleurs salariés ;

5° Le président de la conférence des présidents des commissions médicales d'établissements des centres hospitalo-universitaires ;

6° Le président de la conférence des présidents des commissions médicales d'établissements des hôpitaux généraux ;

7° Le président de l'Union nationale d'associations de formation médicale continue ;

8° Les présidents des syndicats médicaux français les plus représentatifs.

Chacun des membres du comité national désigne un suppléant.

Art. D. 1414-51 Le comité choisit parmi ses membres son président qui est agréé par le ministre chargé de la santé. Son mandat est de trois ans renouvelable.

Le directeur général de la santé, le directeur général de l'offre de soins, le directeur de la sécurité sociale, le directeur de l'*(Décr. n° 2012-597 du 27 avr. 2012, art. 5-I-1°)* « *Agence nationale de sécurité du médicament et des produits de santé* », le directeur général de l'Institut national de la santé et de la recherche médicale et le directeur de l'agence pour le développement de l'évaluation médicale assistent avec voix consultative aux réunions du Comité national pour l'évaluation médicale.

La direction générale de la santé assure le secrétariat du Comité national pour l'évaluation médicale.

Art. D. 1414-52 Le fonctionnement du comité est régi par un règlement intérieur élaboré par les membres du comité. Ce règlement est approuvé par le ministre chargé de la santé.

SECTION III *[ABROGÉE]* ÉVALUATION DES PRATIQUES PROFESSIONNELLES

(Abrogée par Décr. nº 2005-346 du 14 avr. 2005)

Art. D. 1414-53 *à* D. 1414-65 *Abrogés par Décr. nº 2005-346 du 14 avr. 2005.*

CHAPITRE V *[ABROGÉ]* ENSEIGNEMENT ET RECHERCHE

Art. R. 1415-1 *à* D. 1415-50 *Abrogés par Décr. nº 2006-1546 du 7 déc. 2006, art. 32.*

Sur l'École des hautes études en santé publique, V. Décr. nº 2006-1546 du 7 déc. 2006 🏛.

CHAPITRE V-1 LUTTE CONTRE LE CANCER

(Décr. nº 2005-419 du 3 mai 2005)

Art. D. 1415-1-1 La convention constitutive de l'Institut national du cancer est approuvée par *(Décr. nº 2005-840 du 20 juill. 2005, art. 9)* « arrêté des ministres chargés du budget, de la recherche et de la santé ».

(Décr. nº 2012-91 du 26 janv. 2012, art. 10) « Elle fixe, notamment, l'étendue des pouvoirs exercés par le président du conseil d'administration et le directeur général.

« La convention constitutive peut prévoir que le président du conseil d'administration exécute et met en œuvre les délibérations de l'assemblée générale et du conseil d'administration, qu'il dirige l'Institut et dispose de tous les pouvoirs nécessaires à sa gestion. Elle peut notamment prévoir que le président du conseil d'administration :

« 1º Recrute les personnels de l'Institut et en assure l'encadrement hiérarchique ;

« 2º Prépare les délibérations du conseil d'administration ;

« 3º Prépare le budget, le programme annuel d'activité et le rapport annuel de l'Institut ;

« 4º Passe au nom de l'Institut les contrats, conventions et marchés et les actes d'acquisition de vente et de transaction, sous réserve des missions conférées au conseil d'administration ;

« 5º Représente l'Institut à l'égard des tiers pour tout acte entrant dans l'objet de celui-ci ainsi qu'en justice.

« La convention constitutive prévoit que le président du conseil d'administration peut déléguer sa signature et une partie de ses pouvoirs.

« La convention constitutive peut également prévoir que le directeur général agit sous l'autorité du président du conseil d'administration et dans le cadre des délégations qu'il lui confie.

« La convention constitutive prévoit que le directeur général peut déléguer sa signature. »

Art. D. 1415-1-2 L'*(Décr. nº 2005-840 du 20 juill. 2005, art. 9)* « institut » jouit de la personnalité morale à compter de la publication au *Journal officiel* de l'arrêté d'approbation prévu à l'article *(Décr. nº 2005-840 du 20 juill. 2005, art. 9)* « D. 1415-1-1 », accompagné d'extraits de la convention constitutive.

La publication fait notamment mention :

1º De l'objet du groupement constituant l'*(Décr. nº 2005-840 du 20 juill. 2005, art. 9)* « institut » ;

2º De l'identité de ses membres ;

3º Du siège social ;

4º Des règles de responsabilité des membres entre eux et à l'égard des tiers.

Toute modification de la convention constitutive est approuvée par *(Décr. nº 2005-840 du 20 juill. 2005, art. 9)* « arrêté des ministres chargés du budget, de la recherche et de la santé », qui fait l'objet d'une publication dans les mêmes conditions que la publication de l'arrêté d'approbation de la convention.

Art. D. 1415-1-3 Le président du conseil d'administration de l'*(Décr. nº 2005-840 du 20 juill. 2005, art. 9)* « institut » est nommé après avis de ce conseil.

Art. D. 1415-1-4 La durée du mandat des membres du conseil d'administration et du conseil scientifique de l'*(Décr. n° 2005-840 du 20 juill. 2005, art. 9)* « institut » est de cinq ans renouvelable. Les mandats du président du conseil d'administration et du président du conseil scientifique sont renouvelables.

Art. D. 1415-1-5 L'Institut dispose de la capacité à emprunter auprès d'organismes financiers.

Tout emprunt est soumis à l'approbation *(Décr. n° 2005-840 du 20 juill. 2005, art. 9)* « des ministres chargés du budget, de la recherche et de la santé ».

Art. D. 1415-1-6 *Abrogé par Décr. n° 2012-1247 du 7 nov. 2012, art. 41.*

Art. D. 1415-1-7 *(Décr. n° 2012-1247 du 7 nov. 2012, art. 41)* La comptabilité de l'institut est tenue selon les dispositions des titres Ier et III du décret n° 2012-1246 du 7 novembre 2012 relatif à la gestion budgétaire et comptable publique à l'exception des articles 220 à 228. L'agent comptable est désigné par un arrêté du ministre chargé du budget, après accord du président du conseil d'administration de l'institut.

Art. D. 1415-1-8 Au titre de sa mission de coordination des actions de lutte contre le cancer mentionnée à l'article L. 1415-2, l'Institut :

1° S'appuie, en tant que de besoin, d'une part sur les professionnels, les industriels de santé et les représentants des usagers *(Décr. n° 2005-840 du 20 juill. 2005, art. 9)* « mentionnés » à l'article L. 1415-2, d'autre part sur les administrations centrales de l'État, ses services déconcentrés, ses services à compétence nationale, ses établissements publics *(Décr. n° 2010-344 du 31 mars 2010, art. 56)* « notamment les agences régionales de santé » ;

2° Recueille et diffuse, le cas échéant, les informations relatives à l'organisation, aux moyens, à l'activité et aux résultats du dispositif de lutte contre le cancer, ainsi que celles relatives à l'évaluation des actions engagées pour améliorer ce dispositif, fournies notamment par les services centraux et déconcentrés de l'État, ses établissements publics, l'Union nationale des caisses d'assurance maladie, *(Décr. n° 2010-344 du 31 mars 2010, art. 56)* « les caisses primaires d'assurance maladie » et l'ensemble des prestataires de soins, de recherche, de prévention ou impliqués dans la lutte contre le cancer. L'Institut recueille également les informations fournies par les associations de patients ou d'usagers, les institutions représentatives des professionnels de santé et les prestataires industriels de la lutte contre le cancer ;

3° Émet toute proposition ou recommandation à l'attention *(Décr. n° 2005-840 du 20 juill. 2005, art. 9)* « des ministres chargés de l'enseignement supérieur, de la recherche et de la santé » permettant d'améliorer le dispositif de lutte contre le cancer ;

4° Donne à la demande *(Décr. n° 2005-840 du 20 juill. 2005, art. 9)* « des ministres chargés de l'enseignement supérieur, de la recherche et de la santé » un avis sur tout projet de texte réglementaire ou de circulaire relatif à l'organisation, au développement ou au financement de la lutte contre le cancer, notamment en ce qui concerne la surveillance, la prévention, le dépistage, les soins, l'évaluation et la recherche sur le cancer, ainsi que sur la formation et l'enseignement médical et paramédical en cancérologie ;

5° Identifie et évalue, par les procédures qu'il définit, le cas échéant dans le cadre d'une labellisation, les organisations qui œuvrent dans le domaine du cancer et qui justifient d'une capacité d'expertise ou d'évaluation particulière en raison de leur caractère de référence en matière de recherche, d'enseignement ou de soins de recours, notamment les réseaux régionaux du cancer pour leurs missions spécifiques de promotion de la qualité et de coordination, les organisations hospitalières exerçant des missions d'intérêt national ou interrégional telles que les centres de recours en oncologie pédiatrique et les centres d'hadronthérapie.

En application des art. L. 231-5 et L. 231-6 CRPA, le silence gardé par l'administration pendant deux mois vaut décision de rejet pour une demande d'identification, par l'Institut national du cancer, des organisations justifiant d'une capacité d'expertise ou d'évaluation particulière en matière de cancer (« labellisation ») (Décr. n° 2015-1451 du 10 nov. 2015, art. 1er à 5).

Art. D. 1415-1-9 Les critères d'agrément des établissements de santé mentionnés au 2° de l'article L. 1415-2 sont définis *(Décr. n° 2008-559 du 13 juin 2008)* « par délibération du conseil d'administration de l'Institut ».

CHAPITRE VI HYGIÈNE PUBLIQUE

SECTION PREMIÈRE CONSEIL DÉPARTEMENTAL DE L'ENVIRONNEMENT ET DES RISQUES SANITAIRES ET TECHNOLOGIQUES (*Décr. nº 2010-345 du 31 mars 2010, art. 2*).

(*Décr. nº 2006-665 du 7 juin 2006, art. 19-I*)

Art. R. 1416-1 Le conseil départemental de l'environnement et des risques sanitaires et technologiques concourt à l'élaboration, à la mise en œuvre et au suivi, dans le département, des politiques publiques dans les domaines de la protection de l'environnement, de la gestion durable des ressources naturelles et de la prévention des risques sanitaires et technologiques. Il est régi par les dispositions des articles 8 et 9 du décret nº 2006-665 du 7 juin 2006.

Il exerce les attributions prévues par l'article L. 1416-1 et est également chargé d'émettre un avis, dans les cas et selon les modalités prévus par les dispositions législatives et réglementaires en vigueur, sur les projets d'actes réglementaires et individuels en matière d'installations classées, de déchets, de protection de la qualité de l'air et de l'atmosphère, de police de l'eau et des milieux aquatiques, de polices administratives spéciales liées à l'eau, d'eaux destinées à la consommation humaine et d'eaux minérales naturelles, de piscines et de baignades, de risques sanitaires liés à l'habitat et de lutte contre les moustiques.

Il peut examiner toute question intéressant la santé publique liée à l'environnement et peut être associé à tout plan ou programme d'action dans ses domaines de compétence. – [*Anc. art. R. 1416-16*].

Art. R. 1416-2 Le conseil départemental de l'environnement et des risques sanitaires et technologiques est présidé par le préfet et, à Paris, par le préfet de police pour les affaires relevant de ses attributions.

Il comprend :

(*Décr. nº 2010-344 du 31 mars 2010, art. 57*) « 1º Six représentants des services de l'État ;

« 1º *bis* Le directeur général de l'agence régionale de santé ou son représentant ; »

2º Cinq représentants des collectivités territoriales ;

3º Neuf personnes réparties à parts égales entre des représentants d'associations agréées de consommateurs, de pêche et de protection de l'environnement, des membres de professions ayant leur activité dans les domaines de compétence (*Décr. nº 2008-297 du 1er avr. 2008, art. 2*) « du conseil » et des experts dans ces mêmes domaines ;

4º Quatre personnalités qualifiées, dont au moins un médecin.

Le préfet peut nommer des suppléants aux membres désignés au titre du 4º dans les mêmes conditions que les membres titulaires.

A Paris, les membres du conseil désignés au titre des 2º, 3º et 4º sont nommés par arrêté conjoint du préfet et du préfet de police.

(*Décr. nº 2010-344 du 31 mars 2010, art. 57*) « En cas de partage égal des voix, la voix du président est prépondérante. »

Art. R. 1416-3 Sans préjudice des dispositions prévoyant une procédure particulière, le conseil, lorsqu'il est appelé à émettre un avis sur une affaire individuelle, invite l'intéressé à formuler ses observations et l'entend s'il en fait la demande. – [*Anc. art. R. 1416-18*].

Art. R. 1416-4 Sur proposition du président et avec l'accord des deux tiers de ses membres, le conseil est réuni en formation restreinte sur un ordre du jour déterminé. La formation restreinte comprend au moins un membre de chacune des catégories énumérées à l'article R. 1416-17. – [*Anc. art. R. 1416-19*].

Art. R. 1416-5 Lorsqu'il est consulté sur les déclarations d'insalubrité, le conseil peut se réunir en formation spécialisée, présidée par le préfet et comprenant :

(*Décr. nº 2010-344 du 31 mars 2010, art. 57*) « 1º Deux représentants des services de l'État et le directeur général de l'agence régionale de santé ou son représentant ; »

2º Deux représentants des collectivités territoriales ;

3° Trois représentants d'associations et d'organismes, dont un représentant d'associations d'usagers et un représentant de la profession du bâtiment ;

4° Deux personnalités qualifiées dont un médecin.

Art. R. 1416-6 A l'exception des fonctionnaires en activité, les rapporteurs peuvent percevoir une indemnité, dans des conditions et selon des modalités qui sont fixées par un arrêté conjoint du ministre chargé de la santé et du ministre chargé du budget. – *[Anc. R. 1416-21].*

SECTION II CONSEIL TERRITORIAL DE L'ENVIRONNEMENT ET DES RISQUES SANITAIRES

(Décr. n° 2010-1091 du 16 sept. 2010, art. 1er)

Art. R. 1416-7 Pour l'application à Saint-Martin et à Saint-Barthélemy de l'article R. 1416-1, les mots : "conseil départemental" sont remplacés par les mots : "conseil territorial" et les mots : "dans le département" sont supprimés.

Art. R. 1416-8 A Saint-Barthélemy et à Saint-Martin, le conseil territorial de l'environnement et des risques sanitaires et technologiques est présidé par le représentant de l'État.

Le conseil comprend :

1° Trois représentants des services de l'État ;

2° Deux représentants du conseil territorial, désignés par celui-ci ;

3° Six personnes réparties de la manière suivante :

a) Deux représentants d'associations agréées de consommateurs, de pêche et de protection de l'environnement ;

b) Deux membres de professions ayant leur activité dans les domaines de compétence du conseil ;

c) Deux experts dans ces mêmes domaines ;

4° Deux personnalités qualifiées, dont au moins un médecin.

Le représentant de l'État désigne les membres mentionnés aux 1°, 3° et 4°. Il peut nommer des suppléants aux membres désignés au titre du 4° dans les mêmes conditions que les membres titulaires.

Art. R. 1416-9 L'article R. 1416-5 n'est pas applicable à Saint-Barthélemy et *[ni]* à Saint-Martin.

CHAPITRE VII *[ABROGÉ]* POLITIQUE DE PRÉVENTION

(Abrogé par Décr. n° 2016-523 du 27 avr. 2016, art. 4)

BIBL. ▶ TEISSEIRE, DURAND-ZALESKI et CAMPION (dir.), Les politiques de prévention, Institut d'étude des politiques de santé, *Flammarion 2003.*

SECTION UNIQUE *[ABROGÉE]* INSTITUT NATIONAL DE PRÉVENTION ET D'ÉDUCATION POUR LA SANTÉ

Art. R. 1417-1 à R. 1417-19 *Abrogés par Décr. n° 2016-523 du 27 avr. 2016, art. 4.*

CHAPITRE VIII BIOMÉDECINE

(Décr. n° 2005-420 du 4 mai 2005)

SECTION UNIQUE AGENCE DE LA BIOMÉDECINE

SOUS-SECTION 1 MISSIONS

Art. R. 1418-1 *Au titre des missions qui lui* sont conférées par l'article L. 1418-1, l'Agence de la biomédecine est notamment chargée d'assurer :

1° La gestion de la liste nationale des patients en attente de greffes d'organes et de cornées mentionnée à l'article L. 1251-1 *(Décr. n° 2012-1035 du 7 sept. 2012, art. 1er)* « , du registre des paires associant donneurs vivants et receveurs potentiels ayant consenti à un don croisé d'organes mentionné au 7° de l'article L. 1418-1 » ;

2° La gestion et le fonctionnement du registre national automatisé des refus de prélèvement d'organes mentionné à l'article L. 1232-1 ;

3° L'encadrement et la coordination des activités de prélèvement et de greffe d'organes, de tissus et de cellules issus du corps humain, y compris les échanges internationaux dont les greffons font l'objet ;

(Décr. n° 2016-539 du 3 mai 2016, art. 1er-2°) « 4° La gestion et le fonctionnement du registre national relatif aux donneurs de cellules souches hématopoïétiques, de cellules mononucléées du sang périphérique et aux unités de sang placentaire dans les conditions mentionnées à l'article R. 1418-1-1. »

Art. R. 1418-1-1 *(Décr. n° 2016-539 du 3 mai 2016, art. 2)* I. — Le registre national mentionné au 4° de l'article R. 1418-1 comprend trois fichiers :

1° Le fichier relatif aux donneurs volontaires de cellules souches hématopoïétiques et de cellules mononucléées du sang périphérique ;

2° Le fichier relatif aux unités de sang placentaire ;

3° Le fichier relatif aux patients en attente d'une greffe de cellules souches hématopoïétiques sur le territoire national ou à l'étranger.

II. — L'Agence est chargée :

1° De la gestion du fichier national des donneurs volontaires de cellules souches hématopoïétiques et de cellules mononucléées du sang périphérique et de celle du fichier national des unités de sang placentaire ;

2° De l'inscription des patients nationaux ou étrangers pour lesquels une indication de greffe de cellules souches hématopoïétiques non apparentées a été posée ;

3° De la recherche et de la mise à disposition auprès des équipes de greffe françaises et étrangères de cellules souches hématopoïétiques en provenance de France ou de l'étranger.

III. — En application du II, l'Agence de la biomédecine fixe :

1° Au titre du 1° et du 2°, le tarif d'accès des équipes françaises de greffe au fichier national ainsi qu'aux fichiers internationaux de donneurs et d'unités de sang placentaire ;

2° Au titre du 3°, les tarifs rémunérant les prestations permettant la mise à disposition de cellules souches hématopoïétiques, de cellules mononucléées du sang périphérique ou d'unités de sang placentaire auprès des équipes de greffe françaises ou étrangères, ainsi que, le cas échéant, le montant des frais de gestion correspondant à la mise à disposition de ces cellules ou unités.

IV. — Afin d'assurer les activités mentionnées au II, l'Agence coordonne l'action des établissements ou organismes qui, sur la base du volontariat, participent à l'information, à la sélection, à l'inscription et à la gestion des donneurs volontaires de cellules souches hématopoïétiques et de cellules mononucléées sanguines sur le fichier mentionné au 1° du I ainsi qu'à l'action de ceux qui participent à l'inscription des unités de sang placentaire sur le fichier mentionné au 2° du I.

Ces établissements ou organismes participent à ces activités dans le cadre de protocoles établis par l'Agence de la biomédecine.

Ces protocoles mentionnent :

1° L'ensemble des règles auxquelles ces établissements ou organismes doivent se conformer en application des principes éthiques, notamment celles relatives au don, à la confidentialité et à la protection des données relatives au donneur ou à l'unité de sang placentaire ;

2° Le montant forfaitaire d'indemnisation proposé aux établissements ou organismes mentionnés au premier alinéa du présent IV. Ce montant peut évoluer en fonction, notamment, de l'évolution des techniques de typage HLA.

Art. R. 1418-2 Afin d'assurer le suivi, l'évaluation et, le cas échéant, le contrôle des activités médicales et biologiques prévus au 4° de l'article L. 1418-1, l'agence procède à l'analyse quantitative et qualitative des informations dont elle dispose sur ces activités et sur les techniques utilisées, y compris les alternatives thérapeutiques à la greffe, ainsi qu'à celle des résultats obtenus.

Art. R. 1418-3 Afin d'assurer le suivi de l'état de santé des personnes ayant fait un don d'organes ou d'ovocytes mentionné au 6° de l'article L. 1418-1, l'agence utilise les répertoires les concernant dont la création, le contenu et les modalités d'utilisation

sont déterminés dans les conditions définies par la loi n° 78-17 du 6 janvier 1978 relative à l'informatique, aux fichiers et aux libertés.

Art. R. 1418-4 **L'agence est informée par les** *(Décr. n° 2010-344 du 31 mars 2010, art. 58)* **« agences régionales de santé » de tout manquement aux règles applicables aux activités médicales et biologiques relevant de son champ de compétence. Elle propose au ministre chargé de la santé toutes mesures utiles pour y remédier.**

Elle signale à l'*(Décr. n° 2012-597 du 27 avr. 2012, art. 5-I-1°)* **« Agence nationale de sécurité du médicament et des produits de santé » les manquements aux règles de bonnes pratiques mentionnées aux articles L. 1235-5 et L. 1245-6. Elle l'informe également de toute autre pratique susceptible de nuire à la qualité ou à la sécurité des produits mentionnés à l'article L. 5311-1.**

Art. R. 1418-5 **A la demande du ministre chargé de la santé et sous son autorité, l'agence participe, dans les domaines relevant de sa compétence, à l'élaboration des règles communautaires et des accords internationaux, ainsi qu'à la représentation de la France dans toute instance internationale.**

Elle intervient en outre, dans le cadre de la coopération internationale, en faveur du développement à l'étranger des activités relevant de son champ de compétence.

SOUS-SECTION 2 ORGANISATION ET FONCTIONNEMENT

§ 1er CONSEIL D'ADMINISTRATION

Art. R. 1418-6 **Le conseil d'administration de l'agence comprend, outre son président :**

1° *(Décr. n° 2016-1348 du 10 oct. 2016, art. 1er-3°-a et 2-II, en vigueur au plus tard le 25 janv. 2017)* **« Dix-huit » membres de droit :**

(Décr. n° 2016-1348 du 10 oct. 2016, art. 1er-3°-a et 2-II, en vigueur au plus tard le 25 janv. 2017) **« *a)* Deux représentants de la direction générale de la santé dont le directeur général de la santé ou son représentant ; »**

***b)* Le directeur général de l'offre de soins ou son représentant ;**

c)* Le secrétaire général** *(Décr. n° 2016-1348 du 10 oct. 2016, art. 1er-3°-a et 2-II, en vigueur au plus tard le 25 janv. 2017)* **« des ministères chargés des affaires sociales »,** *(Abrogé par Décr. n° 2016-1348 du 10 oct. 2016, art. 1er-3°-a et 2-II, à compter au plus tard du 25 janv. 2017)* ***« du personnel et du budget au ministère chargé de la santé » **ou son représentant ;**

***d)* Le directeur de la sécurité sociale ou son représentant ;**

***e)* Le directeur général de la** *(Décr. n° 2016-1348 du 10 oct. 2016, art. 1er-3°-a et 2-II, en vigueur au plus tard le 25 janv. 2017)* **« mondialisation » ou son représentant ;**

***f)* Le directeur du budget ou son représentant ;**

***g)* Le directeur des affaires civiles et du sceau ou son représentant ;**

***h)* Le directeur** *(Décr. n° 2016-1348 du 10 oct. 2016, art. 1er-3°-a et 2-II, en vigueur au plus tard le 25 janv. 2017)* **« général » de la recherche** *(Décr. n° 2016-1348 du 10 oct. 2016, art. 1er-3°-a et 2-II, en vigueur au plus tard le 25 janv. 2017)* **« et de l'innovation » ou son représentant ;**

***i)* Le** *(Décr. n° 2016-1348 du 10 oct. 2016, art. 1er-3°-a et 2-II, en vigueur au plus tard le 25 janv. 2017)* **« président » de l'Institut national de la santé et de la recherche médicale ou son représentant ;**

***j)* Le** *(Décr. n° 2016-1348 du 10 oct. 2016, art. 1er-3°-a et 2-II, en vigueur au plus tard le 25 janv. 2017)* **« président » du Centre national de la recherche scientifique ou son représentant ;**

***k)* Le président de l'Établissement français du sang ou son représentant ;**

l)* Le directeur général de l'(Décr. n° 2012-597 du 27 avr. 2012, art. 5-I-1°)* **« Agence *nationale de sécurité du médicament* et des produits de santé » ou son représentant ;**

(Abrogé par Décr. n° 2010-344 du 31 mars 2010, art. 58) ***« m) Un directeur régional ou départemental des affaires sanitaires et sociales ;***

« n) Un médecin inspecteur de santé publique ; »

(Décr. n° 2010-344 du 31 mars 2010, art. 58) **« *o)* Trois représentants des agences régionales de santé, dont un médecin ; »**

(Décr. n° 2016-1348 du 10 oct. 2016, art. 1er-3°-a et 2-II, en vigueur au plus tard le 25 janv. 2017) « *p)* Deux représentants de la Caisse nationale de l'assurance maladie des travailleurs salariés, désignés par le conseil de la caisse » ;

2° Quatorze personnalités qualifiées :

a) Un représentant désigné par le Conseil national de l'Ordre des médecins ainsi qu'un représentant désigné par le Conseil central de la section G de l'ordre des pharmaciens ;

b) Quatre personnalités qualifiées en matière de prélèvement et de greffe d'organes, de tissus et de cellules ;

c) Quatre personnalités qualifiées dans le domaine de la médecine de la reproduction, de la biologie de la reproduction, de la génétique et du diagnostic prénatal et préimplantatoire ;

d) Trois représentants d'établissements de santé proposés respectivement par la Fédération hospitalière de France, la Fédération de l'hospitalisation privée et la Fédération des établissements hospitaliers et d'assistance privés à but non lucratif ;

e) Un membre nommé par le ministre chargé de la santé en qualité de représentant des organisations syndicales et professionnelles de biologie médicale choisi sur des listes d'au moins trois noms présentées par ces organisations ;

(Décr. n° 2016-1348 du 10 oct. 2016, art. 1er-3°-b et c et 2-II, en vigueur au plus tard le 25 janv. 2017) « 3° Deux représentants d'associations d'usagers du système de santé agréées dans les conditions prévues à l'article L. 1114-1 ;

« 4° » Deux représentants du personnel de l'agence, élus par ce personnel selon des modalités définies par le règlement intérieur de l'agence.

Le président et les membres du conseil d'administration, à l'exclusion des membres de droit *(Décr. n° 2008-332 du 9 avr. 2008, art. 1er)* « et des représentants du personnel de l'agence », sont nommés pour une durée de trois ans, renouvelable une fois sur proposition du ministre chargé de la santé.

Pour chacun des membres mentionnés *(Décr. n° 2010-344 du 31 mars 2010, art. 58)* « des *[aux]* *o* et *p* » du 1° et aux 2° *(Décr. n° 2016-1348 du 10 oct. 2016, art. 1er-3°-d et 2-II, en vigueur au plus tard le 25 janv. 2017)* « , 3 *[3°]* et 4° » du présent article, un suppléant est nommé dans les mêmes conditions que le titulaire.

Nouvel art. R. 1418-6 *Le conseil d'administration de l'agence comprend, outre son président :*

(Décr. n° 2017-1781 du 27 déc. 2017, art. 6-1°) *« 1° Dix-huit membres représentant l'État et des organismes publics :*

« a) Quatre représentants des ministres chargés de la santé et de l'action sociale ;

« b) Un représentant du ministre chargé de la sécurité sociale ;

« c) Un représentant du ministre chargé des affaires étrangères ;

« d) Un représentant du ministre chargé du budget ;

« e) Un représentant du ministre chargé de la justice ;

« f) Un représentant du ministre chargé de la recherche ;

« g) Un représentant de l'Institut national de la santé et de la recherche médicale ;

« h) Un représentant du Centre national de la recherche scientifique ;

« i) Un représentant de l'Établissement français du sang ;

« j) Un représentant de l'Agence nationale de sécurité du médicament et des produits de santé ou son représentant ;

« k) Trois représentants des agences régionales de santé, dont un médecin ;

« l) Deux représentants de la Caisse nationale de l'assurance maladie des travailleurs salariés, désignés par le conseil de la caisse ; »

2° Quatorze personnalités qualifiées :

a) Un représentant désigné par le Conseil national de l'Ordre des médecins ainsi qu'un représentant désigné par le Conseil central de la section G de l'ordre des pharmaciens ;

b) Quatre personnalités qualifiées en matière de prélèvement et de greffe d'organes, de tissus et de cellules ;

c) Quatre personnalités qualifiées dans le domaine de la médecine de la reproduction, de la biologie de la reproduction, de la génétique et du diagnostic prénatal et préimplantatoire ;

d) Trois représentants d'établissements de santé proposés respectivement par la Fédération hospitalière de France, la Fédération de l'hospitalisation privée et la Fédération des établissements hospitaliers et d'assistance privés à but non lucratif ;

e) Un membre nommé par le ministre chargé de la santé en qualité de représentant des organisations syndicales et professionnelles de biologie médicale choisi sur des listes d'au moins trois noms présentées par ces organisations ;

(Décr. n° 2016-1348 du 10 oct. 2016, art. 1er) *« 3° Deux représentants d'associations d'usagers du système de santé agréées dans les conditions prévues à l'article L. 1114-1 ;*

« 4° » Deux représentants du personnel de l'agence, élus par ce personnel selon des modalités définies par le règlement intérieur de l'agence.

Le président et les membres du conseil d'administration, à l'exclusion des membres (Décr. n° 2017-1781 du 27 déc. 2017, art. 6-2°) *« mentionnés au 1° »* (Décr. n° 2008-332 du 9 avr. 2008, art. 1er) *« et des représentants du personnel de l'agence », sont nommés pour une durée de trois ans, renouvelable une fois sur proposition du ministre chargé de la santé.*

Pour chacun des membres mentionnés (Décr. n° 2017-1781 du 27 déc. 2017, art. 6-3°) *« au » présent article, un suppléant est nommé dans les mêmes conditions que le titulaire.*

(Décr. n° 2017-1781 du 27 déc. 2017, art. 6-4°) *« Il est procédé aux nominations au sein du conseil d'administration dans le respect des règles définies aux deux premiers alinéas de l'article L. 1411-5-2, précisées à la section III du chapitre Ier du titre Ier du livre IV de la première partie. »*

Le nouvel art. entre en vigueur à compter du prochain renouvellement du conseil d'administration (Décr. n° 2017-1781 du 27 déc. 2017, art. 8).

Art. R. 1418-7 En cas de vacance d'un siège du fait de l'empêchement définitif de son titulaire ou de la perte de la qualité au titre de laquelle il a été nommé, un autre membre est nommé dans les mêmes conditions que celui qu'il remplace et pour la durée du mandat restant à accomplir.

Art. R. 1418-8 Les fonctions de membre du conseil d'administration sont incompatibles avec la qualité de membre du conseil d'orientation de l'agence.

Art. R. 1418-9 Le directeur général de l'agence, le *(Décr. n° 2012-1247 du 7 nov. 2012, art. 2, en vigueur le 1er janv. 2013)* « contrôleur budgétaire », l'agent comptable et le président du conseil d'orientation participent aux séances du conseil d'administration avec voix consultative.

Le directeur général peut se faire assister de toute personne de son choix.

Le président du conseil d'administration peut inviter à participer aux séances, avec voix consultative, toute personne dont il estime la présence utile.

Art. R. 1418-10 Les fonctions de membre du conseil d'administration sont exercées à titre gracieux.

Les frais occasionnés par leurs déplacements et leurs séjours sont remboursés dans les conditions prévues par la réglementation applicable aux fonctionnaires de l'État.

Art. R. 1418-11 Le conseil d'administration se réunit au moins trois fois par an sur convocation de son président qui fixe l'ordre du jour.

En cas d'empêchement du président, le conseil est convoqué par le directeur général si l'urgence le justifie.

La convocation est de droit dans les trente jours de la demande qui en est faite par le ministre chargé de la santé, le directeur général de l'agence ou par le tiers au moins des membres du conseil d'administration en vue de l'examen des questions dont l'inscription à l'ordre du jour a été demandée.

Art. R. 1418-12 Le conseil d'administration ne peut délibérer valablement que si la moitié au moins de ses membres ayant voix délibérative sont présents. Si ce quorum n'est pas atteint, le conseil est à nouveau convoqué dans les quinze jours avec le même ordre du jour. Il délibère alors valablement, quel que soit le nombre d'administrateurs présents.

En cas d'empêchement du président, le conseil d'administration désigne un président *de séance.*

Le vote au scrutin secret est de droit sur demande d'un membre présent.

Les délibérations du conseil sont adoptées à la majorité des membres présents. La voix du président est prépondérante en cas de partage égal des voix.

Art. R. 1418-13 Le conseil d'administration fixe les orientations générales de l'agence et délibère sur les matières suivantes :

1° L'organisation générale de l'agence, au plan national et territorial, et son règlement intérieur ;

2° Les orientations stratégiques pluriannuelles qui peuvent être intégrées dans un contrat d'objectifs et de moyens passé entre l'agence et l'État ;

3° Le budget de l'agence et ses décisions modificatives, le compte financier, l'affectation des résultats ainsi que le tableau des emplois ;

4° Les conditions générales d'emploi et de recrutement du personnel ;

5° Les contrats, marchés publics ou conventions d'un montant supérieur à un seuil qu'il détermine ou comportant des engagements d'une durée supérieure à celle qu'il fixe ;

6° Les programmes d'investissement, ainsi que les acquisitions, aliénations, échanges d'immeubles, baux et locations les concernant ;

7° Les emprunts ;

8° L'acceptation et le refus des dons et legs d'un montant supérieur à un seuil qu'il détermine ;

9° Les redevances pour services rendus et rémunérations de toute nature dues à l'agence d'un montant supérieur à un seuil qu'il détermine ;

10° Les subventions accordées par l'agence d'un montant supérieur à un seuil qu'il détermine ;

11° Les actions en justice et les transactions ;

12° Les participations de l'agence à des groupements d'intérêt public, à des groupements d'intérêt économique ou à tous autres organismes, quelle que soit leur nature juridique ;

(Décr. nº 2016-539 du 3 mai 2016, art. 3) « 13° Le montant forfaitaire d'indemnisation défini au 2° du IV de l'article R. 1418-1-1 ; »

14° Le rapport annuel sur l'activité de l'agence mentionné à l'article L. 1418-1 ;

15° Le nombre maximal de vacations mentionnées à l'article R. 1418-22 ainsi que leur montant.

A l'exception des programmes d'investissement, le conseil d'administration peut déléguer au directeur général les décisions mentionnées aux 6° et 11° du présent article. Celui-ci lui rend compte chaque année des décisions prises.

Le directeur général informe chaque année le conseil d'administration des contrats, marchés publics ou conventions conclus l'année précédente dans les conditions prévues *(Décr. nº 2011-1000 du 25 août 2011, art. 50-II)* « à l'article 133 du code des marchés publics » *(Décr. nº 2008-332 du 9 avr. 2008, art. 1er)* « , ainsi que des nouveaux traitements de données à caractère personnel mis en œuvre par l'agence. »

Art. R. 1418-14 Sous réserve des dispositions prévues aux deuxième et troisième alinéas ci-dessous, les délibérations du conseil d'administration sont exécutoires quinze jours après leur transmission au ministre chargé de la santé, à moins que ce dernier n'y fasse opposition. Lorsque le ministre chargé de la santé demande par écrit des informations ou documents complémentaires, ce délai est suspendu jusqu'à la production de ces informations ou documents. En cas d'urgence, le ministre chargé de la santé peut autoriser l'exécution immédiate.

Les délibérations portant sur les matières énoncées aux 2°, 6°, 7°, 10° et 12° de l'article R. 1418-13 sont approuvées conjointement par les ministres chargés de la santé et du budget. Elles sont exécutoires, à défaut d'approbation expresse déjà notifiée, à l'expiration d'un délai d'un mois partant de la date de réception par chacun de ces ministres de la délibération et des documents correspondants, à moins que l'un d'entre eux n'y fasse opposition dans ce délai. Lorsque les ministres chargés de la santé ou du budget demandent par écrit des informations ou documents complémentaires, ce délai est suspendu jusqu'à la production de ces informations ou documents. *(Décr. nº 2012-1247 du 7 nov. 2012, art. 41)* « Les délibérations portant sur le budget et le compte financier sont exécutoires dans les conditions prévues par le titre III du décret nº 2012-1246 du 7 novembre 2012 relatif à la gestion budgétaire et comptable publique. »

Les délibérations portant sur les matières énoncées aux 4° et 15° de l'article R. 1418-13 sont transmises aux ministres chargés de la santé, du budget et de la fonction publique. Elles sont exécutoires un mois après leur transmission, sauf opposition expresse de l'un ou des ministres concernés. Lorsque les ministres chargés de la santé, du budget et de la fonction publique demandent par écrit des informations ou documents complémentaires, ce délai est suspendu jusqu'à la production de ces informations ou documents.

§ 2 DIRECTEUR GÉNÉRAL

Art. R. 1418-15 1° Le directeur général de l'agence est nommé pour une durée de trois ans renouvelable, sur proposition du ministre chargé de la santé.

Il assure la direction de l'agence. Il accomplit tous les actes qui ne sont pas réservés au conseil d'administration en vertu des dispositions de l'article R. 1418-13.

Il propose chaque année au conseil d'administration les orientations générales de la politique de l'agence.

Il prépare et exécute les délibérations du conseil d'administration.

Il a autorité sur l'ensemble des personnels de l'agence ; il recrute, nomme et gère le personnel contractuel dans le respect du tableau des emplois fixé par le conseil d'administration.

Il représente l'agence en justice et dans tous les actes de la vie civile. Il passe au nom de l'agence les contrats, les marchés publics, les actes d'acquisition, de vente et de transaction, sous réserve des attributions conférées au conseil d'administration par les dispositions des 5° et 6° de l'article R. 1418-13.

Il est ordonnateur des recettes et des dépenses du budget de l'agence. Il peut désigner des ordonnateurs secondaires.

Le directeur général peut déléguer sa signature à ceux de ses collaborateurs qui exercent une fonction de direction au sein de l'agence ;

2° Le directeur général soumet au conseil d'administration le rapport annuel d'activité de l'agence.

Ce rapport comprend notamment :

a) Un bilan des activités de prélèvement et de greffe d'organes, de tissus et de cellules, de l'assistance médicale à la procréation, du diagnostic prénatal et du diagnostic préimplantatoire, de l'embryologie, et de génétique médicale ;

b) Une analyse des autorisations et agréments délivrés au titre de l'article L. 1418-1 ;

c) Une évaluation de l'état d'avancement des recherches sur l'embryon et sur les cellules souches ;

d) Un état des lieux des éventuels trafics d'organes ou de gamètes et des mesures de lutte contre ces trafics ;

e) Une évaluation des conditions de mise en œuvre des dispositions prévues par l'article L. 2131-4-1 et l'examen de l'opportunité de les maintenir ;

f) Un bilan financier et des éléments permettant d'évaluer la performance de l'établissement.

Il est joint à ce rapport la synthèse annuelle des travaux du conseil d'orientation de l'agence.

Le rapport annuel ainsi que les avis et recommandations de l'agence mentionnés au dernier alinéa de l'article L. 1418-3 et relevant de leurs attributions sont communiqués aux ministres chargés de la santé, de la recherche et aux autres ministres concernés.

Art. R. 1418-16 A la demande des ministres chargés de la recherche ou de la santé, le directeur général leur communique toute information et réalise tout rapport ou étude entrant dans le domaine de compétence de l'agence. Ces informations, rapports ou études sont soumis à l'avis du conseil d'orientation, lorsqu'ils entrent dans le champ de compétence de celui-ci, tel que prévu à l'article L. 1418-4.

§ 3 CONSEIL D'ORIENTATION

Art. R. 1418-17 Le conseil d'orientation examine la politique médicale et scientifique de l'agence au regard des questions d'ordre éthique susceptibles de se poser dans son champ de compétence, notamment lorsqu'il est consulté sur les demandes d'autorisation mentionnées au *b* du 10° de l'article L. 1418-1, ainsi que sur toute question relative à la recherche médicale et scientifique.

Il veille à la cohérence éthique et scientifique des décisions, avis, recommandations et publications de l'agence.

Le conseil d'orientation peut proposer au directeur général la conduite d'expertises, d'études ou d'évaluations scientifiques.

Il émet son avis sur :

1° Les demandes d'autorisation mentionnées au *b* du 10° de l'article L. 1418-1 ;

2° Les questions de nature médicale, scientifique, technique ou éthique qui lui sont soumises par le directeur général ou le président du conseil d'administration ;

3° Les actions de recherche et d'enseignement auxquelles l'agence participe ;

4° La composition du comité médical et scientifique ;

5° Les règles de bonnes pratiques relevant des domaines de compétence de l'agence ;

6° Les critères et les résultats de l'évaluation des activités médicales et biologiques ;

7° Les règles de répartition et d'attribution des greffons ;

8° L'organisation des prélèvements et les conditions d'accueil des donneurs et de leur famille.

Le conseil d'orientation peut faire toute recommandation qu'il estime propre à favoriser la bonne application de la réglementation en vigueur. Il détermine les critères d'appréciation de la formation et de l'expérience nécessaires à l'agrément des praticiens mentionnés au 11° de l'article L. 1418-1.

Il élabore une synthèse annuelle de ses travaux ; elle comporte en annexe ses avis et recommandations.

Art. R. 1418-18 Le conseil d'orientation se réunit sur convocation de son président, à l'initiative d'au moins un tiers de ses membres ou à la demande du président du conseil d'administration ou du directeur général.

Les délibérations du conseil sont prises à la majorité des membres présents. La voix du président est prépondérante en cas de partage égal des voix.

Les modalités de fonctionnement du conseil d'orientation, notamment les règles de quorum, sont fixées par son règlement intérieur.

Art. R. 1418-19 *(Décr. n° 2015-509 du 6 mai 2015, art. 14)* « Le conseil d'orientation de l'agence comprend, outre son président, trente membres :

« 1° Quatre députés et quatre sénateurs désignés par leur assemblée respective ; »

2° Un membre ou un ancien membre du Conseil d'État d'un grade au moins égal à celui de conseiller désigné par le vice-président de ce conseil ;

3° Un membre ou un ancien membre de la Cour de cassation d'un grade au moins égal à celui de conseiller désigné par le premier président de cette cour ;

4° Un membre du Comité consultatif national d'éthique pour les sciences de la vie et de la santé, désigné par le président de ce comité ;

5° Un membre de la Commission nationale consultative des droits de l'homme, désigné par le président de cette commission ;

6° Six experts scientifiques, dont :

a) Trois spécialisés dans le domaine de la médecine de la reproduction, de la biologie de la reproduction, de la génétique et du diagnostic prénatal et préimplantatoire ;

b) Trois spécialisés en matière de prélèvement et de greffe d'organes, de tissus et de cellules ;

7° Six personnes qualifiées reconnues pour leur expérience dans les domaines d'activité de l'agence ou dans le domaine des sciences humaines, sociales, morales ou politiques ;

8° Six représentants d'associations, dont :

a) Deux représentants d'associations de personnes malades et d'usagers du système de santé ;

b) Un représentant d'associations de personnes handicapées ;

c) Deux représentants d'associations familiales ;

d) Un représentant des associations intervenant dans le domaine de la protection des droits des personnes.

Le président du conseil d'orientation peut, sur son initiative ou sur celle d'un des membres du conseil, inviter aux séances du conseil toute personne dont il estime la présence utile. Le directeur général de l'Agence de la biomédecine participe à ces séances et peut en outre se faire assister de toute personne de son choix.

Le président du comité médical et scientifique assiste également, en tant que de besoin, avec voix consultative, aux séances du conseil d'orientation de l'agence.

Art. R. 1418-20 Le président du conseil d'orientation et ses membres sont nommés pour une durée de trois ans renouvelable une fois.

En cas de vacance d'un siège du fait de l'empêchement définitif de son titulaire ou de la perte de la qualité au titre de laquelle il a été nommé, un autre membre est nommé dans les mêmes conditions que celui qu'il remplace et pour la durée du mandat restant à accomplir.

Art. R. 1418-21 Pour l'accomplissement de sa mission d'expertise, l'agence est assistée, d'une part, par un comité médical et scientifique, dont le président et les membres sont nommés par le directeur général de l'agence après avis du conseil d'orientation et, d'autre part, par des groupes d'experts nommés par le directeur général qui détermine l'étendue et la durée de leur mission.

Les modalités de fonctionnement de ce comité et de ces groupes sont déterminées *(Décr. n° 2008-332 du 9 avr. 2008, art. 1er)* « selon les mêmes modalités que » le règlement intérieur de l'agence *(Décr. n° 2008-332 du 9 avr. 2008, art. 1er)* « et » après avis du conseil d'orientation.

Art. R. 1418-22 Les fonctions de membres du conseil d'orientation, du comité médical et scientifique et des groupes d'experts sont exercées à titre gracieux.

Lorsque leur participation aux séances entraîne une perte de revenus, les membres salariés et les membres ayant la qualité de travailleurs indépendants siégeant au conseil d'orientation ou au comité médical et scientifique ou dans des groupes d'experts, ainsi que les experts extérieurs à ces instances ou groupes peuvent percevoir une indemnité sous forme de vacations forfaitaires.

Les membres des instances ou des groupes d'experts mentionnés au précédent alinéa, ainsi que les experts extérieurs à ces instances ou groupes et figurant sur une liste établie par le directeur général de l'agence, perçoivent en rémunération des travaux, rapport et étude qu'ils réalisent des indemnités sous forme de vacations forfaitaires. Le nombre maximal de ces vacations ainsi que leur montant sont déterminés par une délibération du conseil d'administration. Leurs modalités d'attribution sont fixées par décision du directeur général de l'agence après délibération du conseil d'administration. *(Décr. n° 2008-332 du 9 avr. 2008, art. 1er)* « Le directeur général de l'agence fixe également le nombre des vacations effectuées par les membres de ces instances, par les membres des groupes d'experts ou par les experts extérieurs mentionnés au présent article. »

En outre, les membres du conseil d'orientation et les membres du comité médical et scientifique ainsi que des groupes d'experts ont droit au remboursement des frais de déplacement et de séjour dans les conditions prévues à l'article R. 1418-10.

SOUS-SECTION 3 L'INSPECTION DE L'AGENCE DE LA BIOMÉDECINE

Art. R. 1418-23 En application de l'article L. 1418-2, l'agence peut diligenter des inspections auprès des personnes morales et physiques titulaires des autorisations ou agréments mentionnés à l'article L. 1418-1.

Art. R. 1418-24 La désignation en qualité d'inspecteur de l'agence fait l'objet d'une décision du directeur général.

Art. R. 1418-25 Les informations recueillies dans le cadre de la mission d'inspection font l'objet d'un rapport transmis par l'inspecteur chargé de la mission au directeur général de l'agence. Ce rapport est communiqué à la personne ayant fait l'objet de l'inspection. Elle peut faire valoir ses observations dans un délai de quinze jours.

Au vu des manquements constatés par le rapport d'inspection et de ces observations, le directeur général peut décider la suspension immédiate de l'autorisation ou de l'agrément jusqu'à ce que la personne en cause se soit mise en conformité avec les dispositions législatives et réglementaires en vigueur. Sauf cas d'urgence, elle est mise à même de présenter ses observations avant l'intervention de cette mesure de suspension.

Dans le cas où il n'appartient pas au directeur général de procéder à cette suspension, il informe l'autorité compétente des manquements constatés par le rapport d'inspection.

Art. R. 1418-26 En accord avec le directeur général de l'*(Décr. nº 2012-597 du 27 avr. 2012, art. 5-I-1º)* « Agence nationale de sécurité du médicament et des produits de santé », le directeur général de l'agence peut décider une inspection conjointe notamment lorsque celle-ci porte sur un établissement ou un organisme réalisant sur le même site des activités autorisées par l'une et l'autre de ces agences en application des dispositions législatives et réglementaires en vigueur.

SOUS-SECTION 4 DISPOSITIONS FINANCIÈRES ET COMPTABLES

§ 1er RESSOURCES

Art. R. 1418-27 La dotation globale prévue à l'article L. 1418-7 est fixée par arrêté des ministres chargés de la santé, de la sécurité sociale et du budget. Elle est révisée selon les mêmes modalités.

Art. R. 1418-28 *Abrogé par Décr. nº 2013-827 du 16 sept. 2013, art. 4.*

Art. R. 1418-29 Outre la dotation globale prévue à l'article L. 1418-7, les ressources de l'agence comprennent :

1º Les dotations, subventions et autres versements des collectivités publiques et de tous les organismes publics et privés, nationaux et internationaux ;

2º Le produit des participations mentionnées au 12º de l'article R. 1418-13 ;

3º Les rémunérations des services rendus ;

4º Le produit des taxes fiscales et redevances instituées à son profit ;

5º Les emprunts contractés par l'agence ;

6º Le produit des intérêts et des remboursements des prêts et avances consentis ;

7º Le produit des cessions d'actifs ;

8º Les revenus tirés des brevets et inventions ;

9º Les revenus de biens meubles ou immeubles ;

10º Les dons et legs et, d'une manière générale, toutes les recettes autorisées par la loi et les règlements en vigueur.

§ 2 DÉPENSES

Art. R. 1418-30 Les dépenses de l'Agence de la biomédecine comprennent les frais de personnel, de fonctionnement et d'investissement ainsi que, d'une manière générale, toutes celles que justifie son activité.

Dans le cadre des relations avec des organismes étrangers, l'agence est habilitée à procéder à des dépôts de garantie.

Les comptes bancaires permettant la réalisation des opérations financières avec des organismes étrangers sont ouverts sur autorisation du ministre chargé de l'économie.

Art. R. 1418-31 Pour l'exercice de ses missions, l'Agence de la biomédecine peut notamment :

1º Acquérir les biens meubles ou immeubles nécessaires ;

2º Attribuer sur son budget propre des subventions, prêts ou avances à des personnes publiques ou privées qui réalisent des études, recherches, travaux ou équipements concourant à l'accomplissement de ses missions ;

3º Payer, avant service fait, au profit des établissements de santé étrangers et *(Décr. nº 2012-1247 du 7 nov. 2012, art. 41)* « par dérogation à l'article 33 du décret nº 2012-1246 du 7 novembre 2012 relatif à la gestion budgétaire et comptable publique », les dépenses relatives à la mise à disposition des greffons prévues à l'article L. 1418-1 (8º).

§ 3 RÉGIME COMPTABLE ET FINANCIER

Art. R. 1418-32 Des comptables secondaires peuvent être désignés par le directeur général après avis de l'agent comptable et avec l'agrément du ministre chargé du budget.

Art. R. 1418-33 *(Décr. nº 2012-1247 du 7 nov. 2012, art. 41)* L'Agence de la biomédecine est soumise aux dispositions des titres Ier et III du décret nº 2012-1246 du 7 novembre 2012 relatif à la gestion budgétaire et comptable publique.

Art. R. 1418-34 *Abrogé par Décr. nº 2012-1247 du 7 nov. 2012, art. 41.*

Art. R. 1418-35 Des régies de recettes et d'avances peuvent être instituées conformément aux dispositions du décret n° 92-681 du 20 juillet 1992 relatif aux régies de recettes et aux régies d'avances des organismes publics.

SOUS-SECTION 5 CONDITIONS DE SAISINE DE L'AGENCE PAR LES ACADÉMIES, LES SOCIÉTÉS SAVANTES MÉDICALES OU SCIENTIFIQUES ET LES ASSOCIATIONS AGRÉÉES

(Décr. n° 2006-1563 du 8 déc. 2006)

Art. D. 1418-36 En application de l'article L. 1418-1, les académies, les sociétés savantes médicales ou scientifiques et les associations agréées mentionnées à l'article L. 1114-1 peuvent saisir l'Agence de la biomédecine de toute demande d'avis ou d'information sur les questions d'ordre médical, scientifique ou éthique relevant des domaines de compétence de l'agence.

Art. D. 1418-37 La demande est adressée par le responsable de l'organisme ou de l'association demandeur par lettre simple ou par voie électronique au directeur général de l'agence. Elle est motivée et accompagnée de toutes les pièces utiles à son examen.

Plusieurs organismes ou associations agréées peuvent saisir l'agence d'une demande conjointe.

Art. D. 1418-38 Le directeur général de l'Agence de la biomédecine accuse réception de la demande en précisant les délais nécessaires à son examen.

Si la demande nécessite des moyens excessifs par rapport à ceux que l'agence est en mesure d'apporter pour la traiter ou si elle ne relève pas du domaine de compétence de l'agence, il informe ses auteurs de l'impossibilité de la traiter.

Dans le cas contraire, il décide de la suite à lui donner, éventuellement après consultation du conseil d'administration, du conseil d'orientation ou du conseil médical et scientifique.

Art. D. 1418-39 Le directeur général de l'Agence de la biomédecine communique la réponse adressée aux auteurs de la saisine au ministre chargé de la santé, ainsi qu'aux autres ministres intéressés, dans les meilleurs délais.

SOUS-SECTION 6 LIENS AVEC LES ENTREPRISES

(Décr. n° 2007-454 du 25 mars 2007, art. 4)

Art. R. 1418-40 Les dispositions de l'article R. 4113-110 sont applicables, lorsqu'ils n'appartiennent pas aux professions de santé, aux membres des conseils et commissions siégeant auprès de l'agence ainsi qu'aux personnes collaborant occasionnellement à *(Décr. n° 2012-745 du 9 mai 2012, art. 4)* « leurs » travaux.

CHAPITRE IX DISPOSITIONS PÉNALES

SECTION UNIQUE

(Décr. n° 2004-802 du 29 juill. 2004, art. 8-VIII)

Art. R. 1419-1 *Abrogé par Décr. n° 2016-523 du 27 avr. 2016, art. 4.*

TITRE DEUXIÈME ADMINISTRATIONS

CHAPITRE PREMIER SERVICES DE L'ÉTAT

SECTION PREMIÈRE SERVICES CENTRAUX DU MINISTÈRE DE LA SANTÉ

SOUS-SECTION 1 DIRECTION GÉNÉRALE DE LA SANTÉ

Art. D. 1421-1 *(Décr. n° 2012-1143 du 10 oct. 2012, art. 1er)* La direction générale de la santé prépare la politique de santé publique définie à l'article L. 1411-1 et contribue à sa mise en œuvre, en liaison avec les autres directions et services du ministère chargé de la santé et des autres départements ministériels compétents, de leurs services déconcentrés et des établissements ou organismes qui en dépendent.

A ce titre :

1° A partir des analyses stratégiques et prospectives qu'elle conduit et des travaux de recherche qu'elle promeut, elle propose les objectifs et les priorités de la politique de santé publique en veillant, notamment, à la prévention des risques, à l'amélioration de l'état de santé général de la population, à l'égal accès au système de santé ainsi qu'à la qualité et à la sécurité de ce dernier et à la qualité de vie des personnes malades. Elle élabore les textes législatifs et réglementaires ;

2° Elle élabore des plans de santé publique et des programmes nationaux de santé ; elle veille à leur mise en œuvre. Elle définit les indicateurs permettant d'en suivre et d'en évaluer la réalisation ;

Elle élabore et contribue à mettre en œuvre la politique de santé propre aux différents âges de la vie. Elle propose les objectifs et assure le suivi des politiques de santé mentale. Elle est chargée du volet sanitaire de la politique de lutte contre les pratiques addictives. Elle conduit la politique de prévention des maladies chroniques et des cancers. Elle participe à la mise en œuvre des politiques de lutte contre la douleur et d'accompagnement de la fin de vie. Elle apporte son concours à la protection de la santé des populations en situation de précarité et des personnes victimes de violence. Elle prend en compte les difficultés propres aux populations fragilisées ;

3° Elle participe à l'élaboration des politiques relatives aux droits des personnes malades et des usagers du système de santé, aux questions d'éthique, de bioéthique et d'indemnisation des victimes d'accidents médicaux. Elle contribue au respect des droits des personnes malades et des usagers du système de santé. Elle veille à la participation des citoyens à la définition des politiques de santé et des usagers au fonctionnement du système de santé, et en fixe les modalités ; elle veille au respect des règles de déontologie et de prévention des conflits d'intérêts, notamment en matière d'expertise sanitaire ;

4° Elle veille à la qualité et à la sécurité des soins, des pratiques professionnelles, des recherches biomédicales et des produits de santé, et contribue à garantir l'accès des patients aux innovations ;

Elle participe à la définition de la politique du médicament et des autres produits de santé et à celle relative aux éléments et produits issus du corps humain ;

Elle prépare, conjointement avec la direction de la sécurité sociale, les décisions permettant leur prise en charge par l'assurance maladie. Elle assure une fonction de veille sur les pratiques non conventionnelles ;

5° Elle élabore la politique de prévention et de gestion du risque infectieux, et en particulier la politique vaccinale, ainsi que la politique de prévention des risques iatrogènes non infectieux ;

6° Elle participe à la définition et contribue à la mise en œuvre des actions de prévention, de surveillance et de gestion des risques sanitaires liés à l'environnement, au milieu de travail, aux accidents de la vie courante, à l'eau et à l'alimentation. Elle contribue également à la définition de la politique nutritionnelle ;

7° Elle centralise les alertes sanitaires. En liaison avec les autres ministères et institutions concernés, elle organise et assure la gestion des situations d'urgence sanitaire ; elle coordonne ou participe à la préparation des réponses aux situations sanitaires exceptionnelles ;

8° Elle apporte son concours à la direction générale de l'organisation des soins pour la détermination des besoins en professionnels de santé, la délimitation de leurs compétences, la définition des règles déontologiques qui leur sont applicables. Elle participe également à la détermination des besoins de formation des professions médicales, paramédicales ou contribuant à la satisfaction des besoins de santé de la population ;

9° Elle participe au Conseil national de pilotage des agences régionales de santé et assure le suivi de l'action de ces agences dans son champ de compétence. Elle assure la tutelle des autres établissements publics et organismes exerçant leur activité dans les domaines de la santé publique et de la sécurité sanitaire. Elle prépare les contrats passés avec ces établissements ;

10° Elle participe à la définition de la position française lors de l'examen des questions de santé publique et de sécurité sanitaire au sein des instances européennes et internationales ainsi qu'à l'élaboration des textes au sein de ces instances.

(Décr. n° 2014-334 du 13 mars 2014) « La direction générale de la santé est dirigée par un directeur général, assisté, pour l'ensemble de ses attributions, par un directeur portant le titre de directeur général adjoint. »

SOUS-SECTION 2 DIRECTION GÉNÉRALE DE L'OFFRE DE SOINS

(Décr. n° 2010-271 du 15 mars 2010)

Art. D. 1421-2 La direction générale de l'offre de soins participe à l'élaboration et à la mise en œuvre de la politique de santé définie à l'article L. 1411-1. Elle est chargée de l'élaboration, du pilotage et de l'évaluation de la politique de l'offre de soins en fonction des objectifs et des priorités de la politique de santé.

A ce titre, en liaison avec les autres directions et services concernés du ministère et des autres départements ministériels, les caisses d'assurance maladie et les organismes publics et privés intervenant dans le domaine de l'offre de soins :

1° Elle assure le respect de la dignité et des droits des usagers de l'offre de soins.

2° Elle est responsable de la régulation de l'offre de soins, notamment des établissements de santé. Elle assure, à cet effet, l'égal accès aux soins ainsi que la qualité et la sécurité des soins en veillant à réduire les inégalités territoriales. Elle est compétente pour toute question relative à la détermination et à l'emploi des ressources nécessaires à l'offre de soins, notamment en matière de ressources humaines, de régulation financière ou d'organisation territoriale.

3° Elle contribue à la mise en œuvre des plans de santé publique qui intéressent l'offre de soins.

4° Elle définit et évalue les politiques relatives à l'accès aux soins de premier recours, à la prise en charge continue des malades ainsi qu'à l'adaptation des parcours de soins, notamment ceux des malades chroniques, et veille à la cohérence des politiques d'offre de soins développées dans les champs sanitaire et médico-social.

5° Elle est chargée de la réglementation relative aux pharmacies et aux laboratoires de biologie médicale et veille à son application.

6° Elle est responsable de l'organisation de l'offre de soins au bénéfice des personnes détenues et retenues.

7° Elle est chargée des questions relatives à la déontologie, aux règles d'organisation et d'exercice et à la démographie des professions de santé. Elle organise et anime le dialogue social avec les professionnels de santé et définit les modalités de leur représentation. Elle détermine les conditions d'exercice et les besoins de formation des professions médicales et paramédicales, en liaison avec les ministères chargés de l'enseignement supérieur et de la recherche, ainsi que l'usage des titres relevant du ministère chargé de la santé.

8° Elle oriente et anime les politiques de ressources humaines des établissements publics de santé et des établissements sociaux et médico-sociaux, en lien pour ces derniers avec la direction générale de la cohésion sociale, y compris s'agissant de la prévention des risques professionnels. Elle élabore les règles relatives à la fonction publique hospitalière et aux praticiens hospitaliers ainsi qu'au personnel hospitalo-universitaire pour ce qui concerne leur mission hospitalière et veille à leur application.

9° Elle assure la conception, la mise en œuvre et le suivi des règles de tarification et de régulation financière des établissements de santé, publics et privés. Elle est consultée sur les conditions de rémunération des structures et des professionnels de santé exerçant en dehors des établissements de santé.

10° Elle est responsable du pilotage de la performance des acteurs de l'offre de soins, *qu'ils exercent en cabinet ou en structure de soins*, à titre libéral ou salarié, ou dans des établissements. Elle concourt à l'élaboration, au contrôle et à l'évaluation des règles et des procédures garantissant la qualité et la sécurité des soins et leur efficience médico-économique. Elle promeut le développement des coopérations et des mutualisations entre les acteurs de l'offre de soins. Elle élabore les mesures d'organisation et de fonctionnement applicables aux activités de soins des établissements de santé. Elle élabore les règles relatives à l'organisation générale et à la gestion des établissements publics de santé.

11° Elle veille à l'expression des besoins d'information de l'ensemble des acteurs de l'offre de soins et à la définition des normes et des règles de gestion de l'information médicale et médico-économique ainsi qu'au développement de l'utilisation efficiente des systèmes d'information par les professionnels et les établissements de santé.

12° Elle définit les principes d'organisation permettant de garantir le haut niveau des activités de soins et de recherche associées aux activités de formation universitaire, en lien avec les ministères chargés de l'enseignement supérieur et de la recherche.

13° Elle contribue à la définition des priorités de la recherche, en particulier sur le champ clinique, et veille à la conduite d'études prospectives sur l'offre de soins. Elle favorise et oriente le développement et la diffusion des processus de soins et des produits de santé innovants.

14° Elle assure la tutelle d'établissements publics nationaux et d'organismes nationaux exerçant leur activité dans le domaine de l'offre de soins.

15° Elle participe à la définition de la position française au sein des instances européennes et internationales pour les questions relatives à l'offre de soins, notamment s'agissant de la qualité et de la sécurité des soins, et celles concernant les professionnels de santé.

SOUS-SECTION 3 LIENS AVEC LES ENTREPRISES *(Décr. n° 2007-454 du 25 mars 2007, art. 4)*.

Néant.

SECTION II *[ABROGÉE]* SERVICES DÉCONCENTRÉS DES MINISTÈRES DE LA SANTÉ, DES AFFAIRES SOCIALES ET DE LA PROTECTION SOCIALE

(Abrogée par Décr. n° 2010-1582 du 17 déc. 2010, art. 37-1°)

Art. R. 1421-3 et R. 1421-12 *Abrogés par Décr. n° 2010-1582 du 17 déc. 2010, art. 37-1°.*

SECTION III CORPS D'INSPECTION DU MINISTÈRE DE LA SANTÉ

SOUS-SECTION 1 PHARMACIENS INSPECTEURS DE SANTÉ PUBLIQUE

Art. R. 1421-13 Les pharmaciens inspecteurs de santé publique participent à la conception de la politique de santé publique et sont chargés *(Décr. n° 2010-344 du 31 mars 2010, art. 60)* « , dans les agences régionales de santé », de la mise en œuvre, de l'exécution et du contrôle de cette politique dans le domaine de leur compétence. Ils contrôlent l'application des lois et règlements relatifs à l'exercice de la pharmacie et de la biologie médicale, *(Décr. n° 2007-75 du 22 janv. 2007, art. 2-I)* « aux professions de la pharmacie, » aux activités et aux produits mentionnés à l'article L. 5311-1 et aux médicaments vétérinaires.

Ils contribuent à l'organisation du système sanitaire et à la promotion de la santé.

Dans le cadre de leurs attributions, ils peuvent être chargés d'études et de missions spéciales.

Ils peuvent être associés à l'enseignement, à la formation et à la recherche dans le domaine de la santé publique.

Dans l'exercice de leur mission, ils veillent au respect du secret professionnel et aux règles professionnelles.

SOUS-SECTION 2 MÉDECINS INSPECTEURS DE SANTÉ PUBLIQUE

BIBL. ▶ SAISON-DEMARS, Le médecin inspecteur de santé publique : contribution à la réhabilitation d'un fonctionnaire méconnu, *RDSS 2007. 458*. – BRÉCHAT, SALINES et SEGOUIN (dir.), Médecins de santé publique, *éd. ENSP, 2006.*

Art. R. 1421-14 Les membres du corps des médecins inspecteurs de santé publique participent à la conception, à la mise en œuvre, à l'exécution et à l'évaluation de la politique de santé publique.

Ils assurent *(Décr. n° 2010-344 du 31 mars 2010, art. 60)* « , dans les agences régionales de santé, » le contrôle de cette politique et les missions permanentes et temporaires d'inspection.

(Décr. n° 2007-75 du 22 janv. 2007, art. 2-II) « Ils participent au contrôle de l'application des dispositions du présent code et des règlements pris pour son application. »

Ils contribuent à l'organisation du système sanitaire et à la promotion de la santé.

Dans le cadre de leurs attributions, ils peuvent être chargés d'études et de missions spéciales.

Ils peuvent être associés à l'enseignement, à la formation et à la recherche dans le domaine de la santé publique.

Dans l'exercice de leurs fonctions, ils veillent au respect du secret médical et des règles professionnelles.

SOUS-SECTION 3 INSPECTEURS DE L'ACTION SANITAIRE ET SOCIALE

Art. R. 1421-15 *Abrogé par Décr. n° 2016-470 du 14 avr. 2016, art. 16.*

SOUS-SECTION 4 INGÉNIEURS DU GÉNIE SANITAIRE

Art. R. 1421-16 *Abrogé par Décr. n° 2017-233 du 23 févr. 2017, art. 23.*

SOUS-SECTION 5 INGÉNIEURS D'ÉTUDES SANITAIRES

Art. R. 1421-17 *Abrogé par Décr. n° 2017-1376 du 20 sept. 2017, art. 23.*

SOUS-SECTION 6 TECHNICIENS SANITAIRES

Art. R. 1421-18 *Abrogé par Décr. n° 2013-176 du 27 févr. 2013, art. 38.*

CHAPITRE II SERVICES COMMUNAUX D'HYGIÈNE ET DE SANTÉ

Le présent chapitre ne comporte pas de dispositions réglementaires.

CHAPITRE III *[ABROGÉ]* COLLECTIVITÉS TERRITORIALES

(Abrogé par Décr. n° 2010-345 du 31 mars 2010)

SECTION PREMIÈRE *[ABROGÉE]* LUTTE CONTRE LE CANCER

Art. D. 1423-1 à D. 1423-9 *Abrogés par Décr. n° 2005-1608 du 19 déc. 2005.*

SECTION II *[ABROGÉE]* STATISTIQUES SANITAIRES ET SOCIALES

(Abrogée par Décr. n° 2010-345 du 31 mars 2010, art. 1er)

Art. R. 1423-10 à R. 1423-16-6 *Abrogés par Décr. n° 2010-345 du 31 mars 2010, art. 1er.*

SECTION III *[ABROGÉE]* COLLECTIVITÉ TERRITORIALE DE SAINT-PIERRE-ET-MIQUELON

V. Dalloz.fr.

SECTION IV *[ABROGÉE]* COLLECTIVITÉS DE SAINT-BARTHÉLEMY ET DE SAINT-MARTIN

(Abrogée par Décr. n° 2010-345 du 31 mars 2010, art. 1er)

Les art. R. 1423-18 à R. 1423-21 deviennent les art. R. 1416-6 à R. 1416-9.

....

CHAPITRE V SAINT-PIERRE-ET-MIQUELON

(Décr. n° 2010-345 du 31 mars 2010, art. 1er)

V. Dalloz.fr.

CHAPITRE VI SAINT-BARTHÉLEMY ET SAINT-MARTIN

(Décr. n° 2010-345 du 31 mars 2010, art. 2)

V. Dalloz.fr.

TITRE TROISIÈME AGENCES RÉGIONALES DE SANTÉ *(Décr. n° 2010-346 du 31 mars 2010, art. 1er).*

....

CHAPITRE II ORGANISATION ET FONCTIONNEMENT DES AGENCES RÉGIONALES DE SANTÉ *(Décr. n° 2010-346 du 31 mars 2010, art. 1er).*

SECTION PREMIÈRE ORGANISATION DES AGENCES *(Décr. n° 2010-346 du 31 mars 2010, art. 1er).*

SOUS-SECTION 1 COMMISSIONS DE COORDINATION

(Décr. n° 2010-346 du 31 mars 2010, art. 1er)

Art. D. 1432-1 I. – Sont membres de la commission de coordination dans les domaines de la prévention, de la santé scolaire, de la santé au travail et de la protection maternelle et infantile :

1° Le directeur général de l'agence régionale de santé ou son représentant ;

2° Le représentant du préfet de région ;

3° Des représentants de l'État exerçant des compétences dans le domaine de la prévention et de la promotion de la santé :

(Décr. n° 2015-1616 du 10 déc. 2015, art. 11) « *a)* Le recteur de région académique ; »

b) Le directeur régional de la jeunesse, des sports et de la cohésion sociale *(Décr. n° 2015-1878 du 30 déc. 2015, art. 1er)* « ou le directeur régional et départemental de la jeunesse, des sports et de la cohésion sociale » ;

c) Le directeur régional des entreprises, de la consommation, du travail et de l'emploi ;

d) Le directeur régional de l'environnement, de l'aménagement et du logement ;

e) Le directeur régional de l'alimentation, de l'agriculture et de la forêt ;

f) Le directeur interrégional de la protection judiciaire de la jeunesse ;

g) Le directeur départemental de la cohésion sociale ou le directeur départemental de la cohésion sociale et de la protection des populations du département chef-lieu de la région ;

h) Pour la région Île-de-France, le directeur régional et interdépartemental de l'hébergement et du logement ;

4° Des représentants des collectivités territoriales :

a) Deux conseillers régionaux, ou en Corse, deux conseillers de la collectivité territoriale, élus en son sein par l'assemblée délibérante ;

b) Le président du conseil départemental, ou son représentant, de chacun des départements situés dans le ressort territorial de la conférence régionale de la santé et de l'autonomie ;

c) Quatre représentants, au plus, des communes et des groupements de communes, désignés par l'Association des maires de France ;

5° Des représentants des organismes de sécurité sociale, œuvrant dans le domaine de la prévention et de la promotion de la santé :

a) Le directeur de la caisse d'assurance retraite et de la santé au travail *(Décr. n° 2015-1878 du 30 déc. 2015, art. 1er)* « . Quand plusieurs caisses sont situées dans le ressort de l'agence régionale de santé, le directeur de la Caisse nationale de l'assurance maladie désigne, parmi les directeurs des caisses concernées, la personne appelée à siéger à la commission de coordination des politiques publiques ;

« *b)* Le directeur d'organisme ou de service, mentionné à l'article R. 1434-12, représentant, au niveau régional, de chaque régime d'assurance maladie dont la caisse nationale est membre de l'Union nationale des caisses d'assurance maladie ; »

c) Le directeur de la caisse de base du régime social des indépendants ou, quand plusieurs caisses sont situées dans la circonscription de l'agence régionale, le directeur de la caisse de base désigné par le directeur de la caisse nationale ;

d) Le directeur de la caisse régionale de la Mutualité sociale agricole ou, en l'absence d'une caisse régionale, le directeur désigné par l'association régionale des caisses de mutualité sociale agricole *(Décr. n° 2015-1878 du 30 déc. 2015, art. 1er)* « ou, à défaut, conjointement par les directeurs des caisses de mutualité sociale agricole du ressort de l'agence ».

Art. D. 1432-2 *(Décr. n° 2015-1878 du 30 déc. 2015, art. 1er-II)* « Deux » membres suppléants sont nommés dans les mêmes conditions que les membres titulaires, pour ceux mentionnés aux 4° et 5° de l'article D. 1432-1.

Art. D. 1432-3 La commission peut décider, à l'unanimité, d'admettre des membres supplémentaires, choisis parmi les autres contributeurs financiers de la prévention et de la promotion de la santé au niveau régional.

Art. D. 1432-4 Pour assurer les missions qui lui sont dévolues par le 2° de l'article L. 1432-1, la commission :

1° Peut décider de travaux à conduire pour contribuer à l'élaboration du projet régional de santé, notamment du schéma régional de prévention ;

2° Favorise, sur la base du plan stratégique régional de santé et du schéma régional de prévention, la complémentarité des actions dans les domaines de la prévention, de la santé scolaire, de la santé au travail et de la protection maternelle et infantile qui sont financées par chacun de ses membres et détermine les modalités de leur éventuel cofinancement ;

3° Définit les conditions dans lesquelles les contributeurs financiers membres de cette commission pourront s'associer à l'agence régionale de santé pour organiser une procédure d'appel à projets destinée à sélectionner et à financer les actions de prévention et de promotion de la santé dans la région ;

4° Permet le rapprochement entre les acteurs régionaux de l'observation sanitaire et sociale pour améliorer la qualité et la disponibilité des informations nécessaires aux politiques régionales de santé.

Art. D. 1432-5 La commission recueille les éléments d'information nécessaires à l'exercice de ses missions, notamment à l'évaluation de la politique de prévention et de promotion de la santé et à l'élaboration du schéma régional de prévention.

Elle fait connaître à ses membres et aux administrations de l'État ses besoins en termes de travaux statistiques et d'études.

Art. D. 1432-6 Sont membres de la commission de coordination dans le domaine des prises en charge et des accompagnements médico-sociaux :

1° Le directeur de l'agence régionale de santé ou son représentant ;

2° Le représentant du préfet de région ;

3° Des représentants de l'État exerçant des compétences dans le domaine de l'accompagnement médico-social :

(Décr. n° 2015-1616 du 10 déc. 2015, art. 11) « *a)* Le recteur de région académique ; »

b) Le directeur régional de la jeunesse, des sports et de la cohésion sociale *(Décr. n° 2015-1878 du 30 déc. 2015, art. 1er)* « ou le directeur régional et départemental de la jeunesse, des sports et de la cohésion sociale » ;

c) Le directeur régional des entreprises, de la consommation, du travail et de l'emploi ;

d) Le directeur départemental de la cohésion sociale ou le directeur départemental de la cohésion sociale et de la protection des populations du département chef-lieu de la région ;

4° Des représentants des collectivités territoriales :

a) Deux conseillers régionaux ou, en Corse, deux conseillers de la collectivité territoriale, élus en son sein par l'assemblée délibérante ;

b) Le président du conseil départemental, ou son représentant, de chacun des départements situés dans le ressort territorial de la conférence régionale de la santé et de l'autonomie ;

c) Quatre représentants au plus des communes et groupements de communes, désignés par l'Association des maires de France ;

5° Des représentants des organismes de sécurité sociale, œuvrant dans le domaine de l'accompagnement médico-social :

a) Le directeur de la caisse d'assurance retraite et de la santé au travail *(Décr. n° 2015-1878 du 30 déc. 2015, art. 1er)* « *[.]* Quand plusieurs caisses sont situées dans le ressort de l'agence régionale de santé, le directeur de la Caisse nationale de l'assurance maladie désigne, parmi les directeurs des caisses concernées, la personne appelée à siéger à la commission de coordination des politiques publiques ;

« *b)* Le directeur d'organisme ou de service, mentionné à l'article R. 1434-12, représentant, au niveau régional, de chaque régime d'assurance maladie dont la caisse nationale est membre de l'Union nationale des caisses d'assurance maladie ; »

c) Le directeur de la caisse de base du régime social des indépendants ou, quand plusieurs caisses sont situées dans la circonscription de l'agence régionale, le directeur de la caisse de base désigné par le directeur de la caisse nationale ;

d) Le directeur de la caisse régionale de la Mutualité sociale agricole ou, en l'absence d'une caisse régionale, le directeur désigné par l'association régionale des caisses de mutualité sociale agricole *(Décr. n° 2015-1878 du 30 déc. 2015, art. 1er)* « ou, à défaut, conjointement par les directeurs des caisses de mutualité sociale agricole du ressort de l'agence ».

Art. D. 1432-7 *(Décr. n° 2015-1878 du 30 déc. 2015, art. 1er)* « Deux » membres suppléants sont nommés dans les mêmes conditions que les membres titulaires, pour ceux mentionnés aux 4° et 5° de l'article D. 1432-6.

Art. D. 1432-8 La commission peut décider, à l'unanimité, d'admettre des membres supplémentaires, choisis parmi les autres contributeurs financiers de l'action sociale en faveur des personnes âgées ou des personnes handicapées.

Art. D. 1432-9 Pour assurer les missions qui lui sont dévolues par le 2° de l'article L. 1432-1, la commission :

1° Peut décider d'un commun accord entre ses membres de travaux à conduire pour contribuer à l'élaboration du projet régional de santé, notamment du schéma régional d'organisation médico-sociale et du programme mentionné à l'article L. 312-5-1 du code de l'action sociale et des familles ;

2° Favorise l'adoption d'outils partagés d'analyse des besoins et de l'offre médico-sociale ;

3° Examine les projets de schéma régional d'organisation médico-sociale et de ou des programmes qui en découlent ;

4° Examine les schémas départementaux d'organisation sociale et médico-sociale relatifs aux personnes handicapées ou en perte d'autonomie mentionnés à l'article L. 312-5 du code de l'action sociale et des familles ;

5° Favorise la complémentarité des actions arrêtées et financées par chacun de ses membres, sur la base du plan stratégique régional, du schéma régional d'organisation médico-sociale et du programme mentionné à l'article L. 312-5-1 du code de l'action sociale et des familles.

Art. D. 1432-10 La commission recueille les éléments d'information nécessaires à l'exercice de ses missions, notamment à l'évaluation de la politique menée en faveur *de l'accompagnement* des personnes en perte d'autonomie et à l'élaboration du schéma régional d'organisation médico-sociale et du programme mentionné à l'article L. 312-5-1 du code de l'action sociale et des familles.

Elle fait connaître à ses membres et aux administrations de l'État ses besoins en termes de travaux statistiques et d'études.

Art. D. 1432-11 Les personnes physiques ou morales mentionnées à l'article *[aux articles]* D. 1432-1 et D. 1432-6, chargées de proposer ou de désigner des représentants titulaires et suppléants, communiquent leurs noms au directeur général de l'agence régionale de santé, dans un délai de deux mois suivant la vacance ou précédant l'expiration des mandats.

La liste des membres titulaires et suppléants de chacune des commissions est fixée par arrêté du directeur général de l'agence régionale de santé.

Art. D. 1432-12 Les commissions sont présidées par le directeur général de l'agence régionale de santé, ou son représentant.

Elles se réunissent sur convocation de leur président, qui fixe l'ordre du jour, ou à la demande d'un tiers de leurs membres.

Chaque commission se réunit au moins une fois par an.

Les commissions peuvent entendre toute personne extérieure dont l'avis est de nature à éclairer ses travaux. Elles peuvent constituer en leur sein les comités techniques de leur choix.

Art. D. 1432-13 Chaque commission établit son règlement intérieur.

Art. D. 1432-14 Un bilan d'activité de chaque commission est établi chaque année par le directeur général de l'agence régionale de santé.

Le bilan, accompagné le cas échéant des observations des différents membres de la commission, est transmis au président de la conférence régionale de santé et de l'autonomie. Il est porté à la connaissance de l'assemblée plénière de la conférence ainsi qu'à sa formation spécialisée en charge des questions relevant du champ de compétence de la commission.

SOUS-SECTION 2 CONSEIL DE SURVEILLANCE

(Décr. n° 2012-1286 du 22 nov. 2012)

§ 1er COMPOSITION

Art. D. 1432-15 I. — *(Décr. n° 2015-1880 du 30 déc. 2015, art. 1er)* « Outre le représentant de l'État dans la région qui le préside, le conseil de surveillance comprend les membres suivants qui ont voix délibérative : »

1° Trois représentants de l'État :

a) *(Décr. n° 2015-1616 du 10 déc. 2015, art. 11)* « Le recteur de région académique » ou son représentant ;

b) Le directeur régional de la jeunesse, des sports et de la cohésion sociale *(Décr. n° 2015-1880 du 30 déc. 2015, art. 1er)* « ou, le cas échéant, le directeur régional et départemental de la jeunesse, des sports et de la cohésion sociale ou leur représentant » ;

c) Un préfet de département ou un chef des services déconcentrés de l'État désigné par le préfet de région ou son représentant ;

Pour la région Île-de-France, à ces trois représentants s'ajoute le préfet de police ou son représentant ;

2° Dix membres des conseils ou conseils d'administration des organismes locaux d'assurance maladie de son ressort :

a) Cinq membres des conseils des organismes locaux d'assurance maladie relevant du régime général désignés par les représentants nationaux des organisations syndicales de salariés représentatives au niveau national et interprofessionnel ;

b) Trois membres des conseils des organismes locaux d'assurance maladie relevant du régime général désignés par les représentants nationaux des organisations d'employeurs représentatives au niveau national et interprofessionnel ;

c) Le président de la caisse régionale de mutualité sociale agricole ou le président d'une des caisses situées dans le ressort de l'agence régionale de santé, désigné par l'association régionale des caisses de mutualité sociale agricole *(Décr. n° 2015-1880 du 30 déc. 2015, art. 1er)* « ou, à défaut, conjointement par les présidents des caisses de mutualité sociale agricole du ressort de l'agence » ;

d) Le président de la caisse de base du régime social des indépendants. Quand plusieurs caisses sont situées dans le ressort de l'agence régionale de santé, le président de la caisse nationale désigne parmi les présidents des caisses concernées la personne *appelée à siéger au conseil de surveillance* ;

3° Quatre *(Décr. n° 2015-1880 du 30 déc. 2015, art. 1er)* « ou cinq » représentants des collectivités territoriales du ressort géographique de l'agence, dont :

a) Un conseiller régional désigné par le président du conseil régional et, en Corse, *(Décr. n° 2017-1787 du 27 déc. 2017, art. 1er)* « deux conseillers » à l'Assemblée de Corse, *(Décr. n° 2017-1787 du 27 déc. 2017, art. 1er)* « désignés par » cette assemblée ;

b) *(Décr. nº 2015-1880 du 30 déc. 2015, art. 1er)* « Trois conseillers départementaux pour les régions comprenant de neuf à treize départements et deux conseillers pour les autres régions, » désignés par l'Assemblée des départements de France *(Décr. nº 2017-1787 du 27 déc. 2017, art. 1er)* « et, en Corse, un conseiller exécutif, désigné par le président du conseil exécutif ; »

c) Le maire d'une commune ou le président d'un groupement de communes désigné par l'Association des maires de France ;

4º Trois représentants d'associations de patients, de personnes âgées et de personnes handicapées, désignés par le collège de la conférence régionale de la santé et de l'autonomie réunissant les associations œuvrant dans les domaines de compétences de l'agence régionale de santé :

a) Un représentant d'une association de patients œuvrant dans le domaine de la qualité des soins et de la prise en charge des malades et agréée au niveau national ou régional en application de l'article L. 1114-1 du présent code ;

b) Un représentant d'une association œuvrant en faveur des personnes handicapées ;

c) Un représentant d'une association œuvrant en faveur des personnes âgées ;

5º Quatre personnalités qualifiées dans les domaines de compétence de l'agence, désignées par les ministres chargés de la santé, de l'assurance maladie, des personnes âgées et des personnes handicapées.

II. — Un suppléant est désigné pour chaque membre titulaire mentionné aux *[au]* 2º du I dans les mêmes conditions que celui-ci, à l'exception :

1º Du suppléant du membre titulaire au titre du régime social des indépendants, qui est désigné par le président de la caisse de base concernée ou par le président de la caisse nationale quand plusieurs caisses sont situées dans la circonscription de l'agence régionale de santé ;

2º Du suppléant du membre titulaire au titre de la mutualité sociale agricole, qui est, selon les cas prévus au *c* du 2º du I du présent article, soit le premier vice-président de la caisse concernée, soit le premier vice-président d'une des caisses situées dans le ressort de l'agence, désigné par l'association régionale des caisses de mutualité sociale agricole.

Chaque membre titulaire mentionné au *[aux]* 3º *(Décr. nº 2015-1880 du 30 déc. 2015, art. 1er)* « et 4º » du I dispose de deux suppléants, qui sont désignés dans les mêmes conditions que celui-ci.

Le membre suppléant remplace le membre titulaire lorsque ce dernier se trouve dans l'empêchement de siéger. Lorsque le membre titulaire cesse de faire partie du conseil de surveillance où il siégeait, il est remplacé par le membre suppléant jusqu'à la désignation d'un nouveau membre titulaire dans les conditions prévues à l'article D. 1432-19.

III. — Les personnes physiques ou morales, mentionnées aux 2º, 3º et 4º du I du présent article, chargées de désigner des représentants titulaires et suppléants communiquent leurs noms aux ministres chargés de la santé, de l'assurance maladie, des personnes âgées et handicapées *(Décr. nº 2014-658 du 23 juin 2014, art. 2)* « dans un délai de deux mois précédant l'expiration des mandats ».

IV. — Siègent avec voix consultative au conseil de surveillance :

1º Deux représentants du personnel élus par leurs pairs au sein du comité d'agence prévu à l'article L. 1432-10 du code de la santé publique ; chaque représentant du personnel dispose d'un suppléant qui est désigné dans les mêmes conditions que *celui-ci et qui ne peut siéger* qu'en cas d'absence ou d'empêchement du titulaire ;

2º Le directeur général, celui-ci peut se faire assister des personnes de son choix.

Sur les conseils de surveillance des agences régionales de santé, V. Décr. nº 2015-1880 du 30 déc. 2015 🏛.

Art. D. 1432-16 Peuvent participer avec voix consultative aux travaux du conseil de surveillance :

1º L'agent comptable ;

2º Le *(Décr. nº 2014-552 du 27 mai 2014, art. 14)* « direceur régional des finances publiques » ou, pour la région Île-de-France, le contrôleur budgétaire et comptable du ministère chargé de la santé ;

3º Le président de la conférence régionale de la santé et de l'autonomie.

Art. D. 1432-17 Les membres du conseil de surveillance sont nommés par arrêté des ministres chargés de la santé, de l'assurance maladie, des personnes âgées et des personnes handicapées. *(Décr. n° 2015-1880 du 30 déc. 2015, art. 1er)* « Ceux-ci peuvent, par arrêté publié au *Journal officiel* de la République française, donner délégation au secrétaire général des ministères chargés des affaires sociales pour signer en leur nom les arrêtés de nomination. »

Les membres désignés au titre des 1°, 4° et 5° du I de l'article D. 1432-15 sont nommés pour une durée de quatre ans.

Les membres mentionnés aux 2° et 3° du I sont renouvelés à chaque renouvellement des conseils, assemblées au sein desquels ils ont été désignés. Toutefois, *(Décr. n° 2015-1880 du 30 déc. 2015, art. 1er)* « par dérogation aux dispositions du premier alinéa de l'article D. 1432-19, » ces membres continuent de siéger au conseil de surveillance jusqu'à la désignation de leurs remplaçants par les nouveaux conseils ou assemblées.

Les membres mentionnés au *a* du 2° du I cessent de faire partie du conseil de surveillance sur décision des organisations syndicales qui les ont désignés.

Le mandat des membres du conseil de surveillance est renouvelable sans limite, sous réserve du mandat des membres désignés aux *a* et *b* du 2° ainsi qu'au 4° et au 5° du I de l'article D. 1432-15 qui n'est renouvelable qu'une fois.

Art. D. 1432-18 Si, au cours de son mandat, un membre du conseil de surveillance vient à relever d'une incompatibilité ou incapacité prévue au II de l'article L. 1432-3 du présent code, il est mis fin à ses fonctions par un arrêté conjoint des ministres chargés de la santé, de l'assurance maladie, des personnes âgées et des personnes handicapées.

Art. D. 1432-19 Tout membre perdant la qualité pour laquelle il a été désigné cesse de faire partie du conseil de surveillance.

Lorsqu'un membre cesse de faire partie du conseil de surveillance où il siégeait, un nouveau membre est désigné, dans les trois mois, dans les mêmes conditions pour la durée restant à courir du mandat.

Lorsque le membre titulaire du conseil de surveillance n'a pas assisté personnellement à trois réunions consécutives, le président du conseil de surveillance procède à son remplacement, dans les conditions prévues à l'alinéa précédent.

§ 2 FONCTIONNEMENT

Art. D. 1432-20 Le conseil de surveillance établit son règlement intérieur.

Art. D. 1432-21 Le conseil de surveillance peut être présidé par la personne que le préfet de région, en cas d'absence ou d'empêchement, désigne à cet effet parmi les membres mentionnés au 1° du I de l'article D. 1432-15.

Le conseil élit en son sein un vice-président parmi les membres mentionnés au 2° du I de l'article D. 1432-15.

Art. D. 1432-22 Chaque membre avec voix délibérative dispose d'une voix, sous réserve des membres mentionnés au 1° du I de l'article D. 1432-15 et du président, qui disposent, chacun, de trois voix.

Sous réserve des dispositions de l'article R. 1432-56 relatives à l'approbation du budget de l'agence, les délibérations et avis sont adoptés à la majorité des voix des membres présents ou représentés. En cas de partage égal des voix, celle du président est prépondérante.

Le conseil siège valablement lorsque la moitié au moins de ses membres sont présents ou représentés. Lorsque ce quorum n'est pas atteint, le conseil de surveillance est à nouveau convoqué dans un délai maximal de huit jours avec le même ordre du jour. Il délibère alors valablement quel que soit le nombre de membres représentés.

Art. D. 1432-23 *Un membre* du conseil de surveillance peut, si lui-même et son suppléant sont empêchés, être représenté par un autre membre du conseil muni d'une procuration.

La disposition prévue à l'alinéa précédent ne s'applique pas aux membres mentionnés au 1° du I de l'article D. 1432-15.

Nul ne peut détenir plus d'une procuration.

Art. D. 1432-24 Le conseil de surveillance est réuni au moins deux fois par an, sur convocation de son président ou à la demande écrite et motivée du tiers de ses membres. Il est obligatoirement convoqué, dans un délai maximal d'un mois, lorsque le président est destinataire d'une demande de la majorité de ses membres ayant voix délibérative, du directeur général de l'agence régionale de santé ou de l'un des ministres chargés de la santé, de l'assurance maladie, des personnes âgées et des personnes handicapées. Le conseil peut décider le renvoi de la discussion pour tout ou partie de cet ordre du jour à une séance ultérieure.

L'ordre du jour, fixé par le président, est adressé par tous moyens à l'ensemble des membres, au moins sept jours avant la date de la séance.

En cas d'urgence, ce délai peut être abrégé par le président sans pouvoir toutefois être inférieur à un jour franc.

Les questions dont l'inscription est demandée par le directeur général de l'agence régionale de santé, la majorité des membres du conseil ou l'un des ministres chargés de la santé, de l'assurance maladie, des personnes âgées et des personnes handicapées sont inscrites de plein droit à l'ordre du jour.

Art. D. 1432-25 Le directeur général de l'agence régionale de santé adresse au président du conseil de surveillance les documents relatifs à l'élaboration, la mise en œuvre, l'évaluation et la révision du plan stratégique régional de santé ainsi qu'au contrat pluriannuel d'objectifs et de moyens de l'agence et nécessaires à l'exercice des missions du conseil.

Art. D. 1432-26 I. — Les délibérations du conseil de surveillance sont exécutoires quinze jours après leur réception par les ministres chargés de la santé, de l'assurance maladie, des personnes âgées et des personnes handicapées, sauf opposition motivée des ministres dans ce délai.

En cas d'opposition des ministres, le président du conseil de surveillance soumet à un nouvel examen du conseil la délibération modifiée pour tenir compte des motifs invoqués par les ministres. A défaut d'approbation par le conseil dans le délai d'un mois, la délibération modifiée peut être rendue exécutoire par décision conjointe des ministres chargés de la santé, de l'assurance maladie, des personnes âgées et des personnes handicapées.

Les délibérations relatives au budget de l'agence et à ses modifications sont exécutoires dans les conditions fixées à l'article R. 1432-56.

II. — En cas d'urgence, les ministres chargés de la santé, de l'assurance maladie, des personnes âgées et des personnes handicapées peuvent autoriser, par décision conjointe, l'exécution immédiate d'une délibération.

Art. D. 1432-27 Les fonctions de membre du conseil de surveillance sont gratuites. Toutefois, les intéressés peuvent être indemnisés au titre des frais de déplacement.

SOUS-SECTION 3 CONFÉRENCE RÉGIONALE DE LA SANTÉ ET DE L'AUTONOMIE

(Décr. n° 2010-348 du 31 mars 2010, art. 1er)

§ 1er COMPOSITION

Art. D. 1432-28 La conférence régionale de la santé et de l'autonomie est composée de *(Décr. n° 2015-1879 du 30 déc. 2015, art. 1er-I-1°)* « cent huit » membres au plus ayant voix délibérative.

Ses membres sont répartis en huit collèges composés comme suit :

1° Un collège des représentants des collectivités territoriales du ressort géographique de l'agence comprenant :

a) Trois conseillers régionaux désignés par le président du conseil régional ; et, en Corse, trois conseillers à l'Assemblée de Corse désignés par *(Abrogé par Décr. n° 2017-1787 du 27 déc. 2017, art. 1er)* « *le président de* » cette assemblée ;

b) Le président du conseil départemental, ou son représentant, de chacun des départements du ressort *(Décr. n° 2017-1787 du 27 déc. 2017, art. 1er)* « et, en Corse, le président du conseil exécutif, ou son représentant » ;

c) Trois représentants des groupements de communes du ressort, désignés par l'Assemblée des communautés de France ;

d) Trois représentants des communes du ressort, désignés par l'Association des maires de France ;

2° Un collège des représentants des usagers de services de santé ou médico-sociaux comprenant :

a) *(Décr. n° 2015-1879 du 30 déc. 2015, art. 1er-I-2°)* « Neuf représentants des associations agréées au titre de l'article L. 1114-1 pour les régions comprenant de neuf à treize départements et huit représentants pour les autres régions », désignés à l'issue d'un appel à candidature organisé dans des conditions fixées par le directeur général de l'agence régionale de santé ;

b) *(Décr. n° 2015-1879 du 30 déc. 2015, art. 1er-I-3°)* « Cinq représentants des associations de retraités et personnes âgées pour les régions comprenant de neuf à treize départements et quatre représentants pour les autres régions », désignés par le directeur général de l'agence régionale de santé *(Décr. n° 2016-1206 du 7 sept. 2016, art. 2-1°)* « sur proposition des conseils départementaux de la citoyenneté et de l'autonomie » mentionnés à l'article L. 149-1 du code de l'action sociale et des familles ;

c) *(Décr. n° 2015-1879 du 30 déc. 2015, art. 1er-I-4°)* « Cinq représentants des associations des personnes handicapées pour les régions comprenant de neuf à treize départements et quatre représentants pour les autres régions », dont une intervenant dans le champ de l'enfance handicapée, désignés par le directeur général de l'agence régionale de santé *(Décr. n° 2016-1206 du 7 sept. 2016, art. 2-2°)* « sur proposition des conseils départementaux de la citoyenneté et de l'autonomie mentionnés à l'article L. 149-1 du code de l'action sociale et des familles » ;

3° Un collège des représentants des conférences de territoire mentionnées à l'article L. 1434-17 comprenant *(Décr. n° 2015-1879 du 30 déc. 2015, art. 1er-I-5°)* « cinq membres pour les régions comprenant de neuf à treize départements et quatre membres pour les autres régions », désignés par le directeur général de l'agence régionale de santé sur proposition des conférences de territoire du ressort ;

4° Un collège des partenaires sociaux comprenant :

a) Cinq représentants des organisations syndicales de salariés représentatives désignés par celles-ci, sur proposition de leurs instances régionales ;

b) Trois représentants des organisations professionnelles d'employeurs représentatives *(Décr. n° 2015-1879 du 30 déc. 2015, art. 1er-I-6°)* « au niveau national et interprofessionnel, » désignés par celles-ci, sur proposition de leurs instances régionales ;

c) Un représentant des organisations syndicales représentatives des artisans, des commerçants et des professions libérales, désigné par le directeur général de l'agence régionale de santé sur la proposition conjointe de la chambre régionale de métiers et de l'artisanat, de la chambre de commerce et d'industrie de région et d'une organisation représentative des professions libérales ;

d) Un représentant des organisations syndicales représentatives des exploitants agricoles, désigné par la chambre régionale de l'agriculture ;

5° Un collège des acteurs de la cohésion et de la protection sociales comprenant :

a) Deux représentants des associations œuvrant dans le champ de la lutte contre la précarité, désignés à l'issue d'un appel à candidature organisé dans des conditions fixées par le directeur général de l'agence régionale de santé ;

b) Au titre de l'assurance vieillesse et de la branche accidents du travail-maladies professionnelles mentionnée à l'article R. 221-9 du code de la sécurité sociale, deux représentants de la caisse d'assurance retraite et de la santé au travail *(Décr. n° 2015-1879 du 30 déc. 2015, art. 1er-I-7°)* « . Lorsque plusieurs caisses sont situées dans le ressort de l'agence régionale de santé, les deux représentants sont désignés, de manière conjointe, par les caisses concernées ; » en Île-de-France, les deux représentants sont désignés, respectivement, par le président de la Caisse nationale d'assurance vieillesse des travailleurs salariés au sein de cette même caisse nationale, et par le directeur de *la caisse mentionnée* à l'article L. 215-3 du code de la sécurité sociale compétente pour cette région ; pour les conférences régionales de la Guadeloupe, de la Guyane, de la Martinique et de la Réunion, ces deux représentants sont désignés respectivement par le président et le directeur des caisses générales de sécurité sociale ;

c) Un représentant des caisses d'allocations familiales, désigné par le conseil d'administration de la caisse d'allocations familiales *(Décr. n° 2015-1879 du 30 déc. 2015, art. 1er-I-8°)* « dans le ressort de laquelle est situé le siège de l'agence régionale de santé » ou des départements d'outre-mer ;

d) Un représentant de la mutualité française, désigné par le président de la Fédération nationale de la mutualité française ;

6° Un collège des acteurs de la prévention et de l'éducation pour la santé comprenant :

a) Deux représentants des services de santé scolaire et universitaire, désignés par le *(Décr. n° 2015-1616 du 10 déc. 2015, art. 11-IV)* « recteur de région académique » ;

b) Deux représentants des services de santé au travail, désignés par le directeur régional des entreprises, de la concurrence, de la consommation, du travail et de l'emploi ;

(Décr. n° 2015-1879 du 30 déc. 2015, art. 1er-I-9°) « *c)* Deux représentants des services départementaux de protection et de promotion de la santé maternelle et infantile, désignés par le président du conseil départemental dans le ressort duquel est situé le siège de l'agence régionale de santé ; »

d) Deux représentants des organismes œuvrant dans le champ de la promotion de la santé, la prévention ou l'éducation pour la santé, désignés par le directeur général de l'agence régionale de santé, dont un œuvrant dans le domaine médico-social ou de la cohésion sociale ;

e) Un représentant des organismes œuvrant dans les domaines de l'observation de la santé, de l'enseignement et de la recherche, désigné par le directeur général de l'agence régionale de santé ;

f) Un représentant des associations de protection de l'environnement agréées au titre de l'article L. 141-1 du code de l'environnement, désigné à l'issue d'un appel à candidature organisé dans des conditions fixées par le directeur général de l'agence régionale de santé ;

7° Un collège des offreurs des services de santé comprenant :

a) Cinq représentants des établissements publics de santé, désignés par le directeur général de l'agence régionale de santé, dont au moins *(Décr. n° 2010-938 du 24 août 2010, art. 1er-2°)* « trois présidents de commissions médicales d'établissement de centres hospitaliers, de centres hospitaliers universitaires et de centres hospitaliers spécialisés en psychiatrie », sur proposition de la fédération représentant ces établissements ;

b) Deux représentants des établissements privés de santé à but lucratif, désignés par le directeur général de l'agence régionale de santé, dont au moins un président de conférence médicale d'établissement, sur proposition de la fédération représentant ces établissements ;

c) Deux représentants des établissements privés de santé à but non lucratif désignés par le directeur général de l'agence régionale de santé, dont au moins un président de conférence médicale d'établissement, sur proposition *(Décr. n° 2010-938 du 24 août 2010, art. 1er-3°)* « des organisations existant en région » représentant ces établissements ;

d) Un représentant des établissements assurant des activités *(Décr. n° 2010-938 du 24 août 2010, art. 1er-4°)* « d'hospitalisation » à domicile, désigné par le directeur général de l'agence régionale de santé sur proposition de l'organisation regroupant, au niveau régional, le nombre le plus important de ces établissements ;

e) Quatre représentants des personnes morales gestionnaires d'institutions accueillant des personnes handicapées, désignés par le directeur général de l'agence régionale de santé sur proposition des organisations regroupant, au niveau régional, le nombre le plus important de ces institutions ;

f) Quatre représentants des personnes morales gestionnaires d'institutions accueillant des personnes âgées, désignés par le directeur général de l'agence régionale de santé sur proposition des organisations regroupant, au niveau régional, le nombre le plus important de ces institutions ;

g) Un représentant des personnes morales gestionnaires d'institutions accueillant des personnes en difficultés sociales, désigné par le directeur général de l'agence régionale de santé sur proposition des organisations regroupant, au niveau régional, le nombre le plus important de ces institutions ;

h) Un représentant désigné par le directeur général de l'agence régionale de santé parmi les responsables des centres de santé, des maisons de santé et des pôles de santé implantés dans la région ;

i) Un représentant désigné par le directeur général de l'agence régionale de santé parmi les responsables des réseaux de santé implantés dans la région ;

j) Un représentant des associations de permanence des soins intervenant dans le dispositif de permanence des soins, désigné par le directeur général de l'agence régionale de santé ;

k) Un médecin responsable d'un service d'aide médicale urgente ou d'une structure d'aide médicale d'urgence et de réanimation, désigné par le directeur général de l'agence régionale de santé sur proposition d'une organisation représentant ces services ou structures ;

l) Un représentant des transporteurs sanitaires, désigné par le directeur général de l'agence régionale de santé parmi ceux développant l'activité la plus importante dans ce domaine ;

m) Un représentant de services départementaux d'incendie et de secours, désigné par le directeur général de l'agence régionale de santé sur proposition des présidents des conseils départementaux des départements de la région *(Décr. n° 2010-938 du 24 août 2010, art. 1er-5°)* « ou, pour la région Île-de-France, un représentant de la brigade de sapeurs-pompiers de Paris désigné par le préfet de police et, pour la région Provence-Alpes-Côte d'Azur, un représentant du bataillon de marins-pompiers de Marseille désigné par le maire de Marseille ; »

n) Un représentant des organisations syndicales représentatives de médecins des établissements publics de santé désigné, de manière conjointe, par les organisations membres de la commission régionale paritaire mentionnée à l'article R. 6152-325 ;

o) Six membres des unions régionales des professionnels de santé, désignés par la fédération régionale regroupant ces unions mentionnée à l'article L. 4031-1 *(Décr. n° 2014-637 du 18 juin 2014, art. 1er)* « ou, à défaut de constitution de cette fédération, par le directeur général de l'agence régionale de santé sur proposition conjointe des unions régionales des professionnels de santé. A défaut de proposition conjointe des unions régionales des professionnels de santé, le directeur général de l'agence régionale de santé désigne ces membres » ;

p) Un représentant de l'ordre des médecins, désigné par le président du conseil régional de l'ordre ;

q) Un représentant des internes en médecine de la ou des subdivisions situées sur le territoire de la région, désigné par l'une de leurs structures représentatives locales ;

8° Un collège de personnalités qualifiées comprenant deux personnalités désignées par le directeur de l'agence régionale de santé à raison de leur qualification dans les domaines de compétence de la conférence.

V. jurisprudence ss. art. L. 1432-4.

Sur la conférence régionale de la santé et de l'autonomie, V. Décr. n° 2015-1879 du 30 déc. 2015, art. 2 à 4.

Art. D. 1432-29 Participent, avec voix consultative, aux travaux de la conférence régionale de santé et de l'autonomie et au sein de ses différentes formations :

– le préfet de région ;

– le président du conseil économique, social et environnemental régional ;

– les chefs de services de l'État en région ;

– le directeur général de l'agence régionale de santé ;

– un membre des conseils des organismes locaux d'assurance maladie relevant du régime général et, dans les régions d'Alsace et de Lorraine, un représentant du régime local d'Alsace-Moselle ;

– un administrateur d'un organisme local d'assurance maladie relevant de la mutualité sociale agricole ;

– le président de la caisse de base du régime social des indépendants. Quand plusieurs caisses sont situées dans la circonscription de l'agence régionale de santé, le président de la caisse nationale désigne, parmi les présidents des caisses concernées, la personne appelée à siéger à la conférence régionale de la santé et de l'autonomie.

Art. D. 1432-30 *(Décr. nº 2015-1879 du 30 déc. 2015, art. 1er)* « Deux membres suppléants pour chaque titulaire », à l'exception des personnes qualifiées, sont désignés dans les mêmes conditions que les titulaires.

Les personnes physiques ou morales mentionnées à l'article D. 1432-28, chargées de proposer ou de désigner des représentants titulaires et suppléants, communiquent leurs noms au directeur général de l'agence régionale de santé, dans un délai de deux mois suivant la vacance ou précédant l'expiration des mandats.

Chaque membre ne peut siéger qu'au sein d'un seul collège mais peut être membre d'une ou de plusieurs commissions spécialisées mentionnées à l'article D. 1432-31.

Un membre désigné en raison de son mandat électif ne peut se faire suppléer que par un élu de la même assemblée délibérante.

La liste des membres titulaires et suppléants de la conférence régionale de la santé et de l'autonomie est fixée par arrêté du directeur général de l'agence régionale de santé.

§ 2 ORGANISATION DES TRAVAUX

Art. D. 1432-31 La conférence régionale de la santé et de l'autonomie organise ses travaux au sein des formations suivantes :

– la commission permanente prévue aux articles D. 1432-33 et D. 1432-34 ;

– quatre commissions spécialisées prévues aux articles D. 1432-35 à D. 1432-43.

La composition de chacune de ces commissions est fixée par arrêté du directeur général de l'agence régionale de santé.

La conférence régionale de la santé et de l'autonomie peut, en outre, constituer des groupes de travail permanents. Ces groupes réunissent des membres de la conférence régionale de la santé et de l'autonomie et des personnes choisies en raison de leur compétence ou de leur qualification au regard des questions pour lesquelles ils ont été constitués. Ils peuvent recueillir tous avis utiles dans les domaines dont ils sont chargés.

Art. D. 1432-32 L'assemblée plénière de la conférence régionale de la santé et de l'autonomie réunit les membres des collèges définis à l'article D. 1432-28 ainsi que les membres mentionnés à l'article D. 1432-29.

Lors de sa première réunion, elle élit son président.

Elle établit le règlement intérieur de la conférence régionale de la santé et de l'autonomie qui précise, notamment, les modalités de fonctionnement de ses différentes formations.

Elle rend un avis sur :

– le projet régional de santé ;

– le plan stratégique régional de santé prévu au 1° de l'article L. 1434-1, préparé par la commission permanente mentionnée à l'article D. 1432-33 ;

– les projets de schémas régionaux de prévention, d'organisation des soins et de l'organisation médico-sociale préparés par chacune des commissions spécialisées dans ces domaines mentionnées aux articles D. 1432-36, D. 1432-38 et D. 1432-40 ;

– le rapport annuel sur le respect des droits des usagers du système de santé préparé par la commission spécialisée mentionnée à l'article D. 1432-42.

Elle établit chaque année un rapport sur son activité.

Elle détermine les questions de santé qui donnent lieu aux débats publics qu'elle organise selon des modalités fixées par le règlement intérieur.

Art. D. 1432-33 En dehors des séances plénières, la commission permanente exerce l'ensemble des attributions dévolues à la conférence régionale de la santé et de l'autonomie.

Elle est chargée, notamment :

– de préparer l'avis rendu par la conférence régionale de la santé et de l'autonomie sur le plan stratégique régional de santé mentionné au 1° de l'article L. 1434-2 ;

– de préparer le rapport annuel d'activité de la conférence régionale de la santé et de l'autonomie visé à l'article D. 1432-32 ;

– sous réserve des dispositions de ce dernier article, de formuler un avis lorsque la consultation de la conférence implique l'avis de plus de deux commissions spécialisées ;

– de préparer les éléments soumis au débat public.

Le président de la conférence régionale de la santé et de l'autonomie peut confier à cette commission tous travaux entrant dans le champ de compétence de la conférence.

Art. D. 1432-34 Outre son président, la commission permanente comprend :

– les présidents des commissions spécialisées, qui ont qualité de vice-présidents de la commission permanente ;

– et au plus quinze membres issus des collèges mentionnés à l'article D. 1432-28 et élus selon des modalités précisées par le règlement intérieur, dont au moins deux membres des associations représentant les usagers des établissements et services médico-sociaux ou les personnes morales gestionnaires d'institutions accueillant les personnes âgées et handicapées.

La composition de la commission assure l'équilibre de la représentation des collèges mentionnés à l'article D. 1432-28. Elle comprend au moins un représentant des collectivités territoriales, des usagers et associations œuvrant dans les domaines de compétence de l'agence régionale de santé, des conférences de territoire, des organisations représentatives des salariés, des employeurs et des professions indépendantes, des professionnels du système de santé, des organismes gestionnaires des établissements et services de santé et médico-sociaux et des organismes de protection sociale.

Elle désigne en son sein le représentant de la conférence régionale de la santé et de l'autonomie à la conférence nationale de santé.

Art. D. 1432-35 Les commissions spécialisées sont composées de membres issus des collèges mentionnés à l'article D. 1432-28, ces derniers désignent, chacun pour ce qui le concerne, dans les conditions prévues par le règlement intérieur mentionné à l'article D. 1432-32, le ou les représentants appelés à siéger à l'une ou l'autre de ces commissions.

Art. D. 1432-36 La commission spécialisée de prévention contribue à la définition et à la mise en œuvre de la politique régionale de prévention et à ce titre :

1° Elle prépare un avis sur le projet de schéma régional de prévention, ainsi que sur sa révision, son suivi et les résultats de son évaluation ;

2° Elle formule toute proposition sur la politique régionale de prévention, notamment pour réduire les inégalités sociales et géographiques de santé dans la région ;

3° Elle est informée :

– des mécanismes mis en place par la commission de coordination compétente dans le secteur de la prévention pour assurer la complémentarité des actions de prévention et de promotion de la santé et la cohérence de leurs financements ;

– du bilan d'activité de la commission de coordination compétente dans le secteur de la prévention, établi chaque année par le directeur général de l'agence régionale de santé ;

– des résultats de l'agence en matière de veille et de sécurité sanitaires.

Art. D. 1432-37 La commission spécialisée de prévention comprend :

1° Un conseiller régional ;

2° Deux présidents de conseil départemental ;

3° Un représentant des groupements de communes ;

4° Un représentant des communes ;

5° Quatre représentants des associations agréées au titre de l'article L. 1114-1 ;

6° Un représentant des associations de retraités et personnes âgées ;

7° Un représentant des associations des personnes handicapées ;

8° Un représentant des conférences de territoire ;

9° Un représentant des organisations syndicales de salariés ;

10° Un représentant des organisations syndicales d'employeurs ;

11° Un représentant des organisations syndicales des artisans, des commerçants et des professions libérales ;

12° Un représentant des organisations syndicales des exploitants agricoles ;

13° Un représentant des associations œuvrant dans le champ de la lutte contre la précarité ;

14° Un représentant de la caisse d'assurance retraite et de la santé au travail ou de la structure équivalente, au titre de l'assurance vieillesse ;

15° Un représentant des caisses d'allocations familiales ;

16° Un représentant de la mutualité française ;

17° Un représentant des services de santé scolaire et universitaire ;

18° Un représentant des services de santé au travail ;

19° Un représentant des services départementaux de protection et de promotion de la santé maternelle et infantile ;

20° Un représentant des organismes œuvrant dans le champ de la promotion de la santé, la prévention ou l'éducation pour la santé ;

21° Un représentant des organismes œuvrant dans le domaine de l'observation de la santé ;

22° Un représentant des associations de protection de l'environnement ;

23° Quatre représentants des offreurs des services de santé :

– un représentant mentionné *(Décr. n° 2010-938 du 24 août 2010, art. 1er-6°)* « au *a*, *b*, *c* ou *d* » du collège des offreurs des services de santé ;

– un représentant mentionné *(Décr. n° 2010-938 du 24 août 2010, art. 1er-6°)* « au *e* ou *f* » du collège des offreurs des services de santé ;

– deux membres des unions régionales des professionnels de santé.

Art. D. 1432-38 I. – La commission spécialisée de l'organisation des soins contribue à la définition et à la mise en œuvre de la politique régionale d'organisation des soins.

1° Elle prépare un avis sur le projet de schéma régional d'organisation des soins, dans ses volets hospitalier et ambulatoire, incluant la détermination des zones de mise en œuvre des mesures prévues pour l'installation et le maintien des professionnels de santé libéraux, des maisons de santé et des centres de santé.

2° Elle est consultée par l'agence régionale de santé sur :

– les projets de schémas interrégionaux d'organisation des soins ;

– les demandes d'autorisation et de renouvellement d'autorisation relatives aux projets mentionnés à l'article L. 6122-1, *(Décr. n° 2018-117 du 19 févr. 2018, art. 2)* « les renouvellements des autorisations dérogatoires prévues à l'article L. 6122-9-1, » les projets de décisions portant révision ou retrait d'autorisation prévues à l'article L. 6122-12 ainsi que les projets de décisions de maintien de la suspension, de retrait ou de modification d'autorisation prévues à l'article L. 6122-13 ;

– la politique en matière d'implantation et de financement de maisons de santé, centres de santé, réseaux de santé et maisons médicales de garde ;

– les projets et actions visant au maintien de l'activité et à l'installation de professionnels de santé sur les territoires ;

– les projets d'expérimentations dans le champ de l'organisation des soins, concourant à l'amélioration de la qualité et de la coordination des soins ;

– l'organisation et l'adéquation aux besoins de la population de l'aide médicale urgente et de la permanence des soins, en ambulatoire et dans les établissements de santé ;

– l'organisation des transports sanitaires et son adéquation aux besoins de la population ;

– la création des établissements publics de santé autres que nationaux et des groupements de coopération sanitaire mentionnés au deuxième alinéa de l'article L. 6133-7, en application de l'article L. 6141-1, ainsi que la modification de la liste des centres hospitaliers régionaux, en application de l'article R. 6141-14 ;

– les projets de mesures de recomposition de l'offre que le directeur général de l'agence régionale de santé envisage de prendre en vertu des dispositions de l'article L. 6122-15 dans sa rédaction antérieure à l'intervention de la loi n° 2009-879 du 21 juillet 2009 portant réforme de l'hôpital et relative aux patients, à la santé et aux territoires ;

– la politique en matière de contractualisation avec les titulaires d'autorisation ainsi que les autres offreurs de services en santé.

II. – L'agence régionale de santé informe la commission au moins une fois par an sur :

– les renouvellements d'autorisation intervenus dans les conditions définies au dernier alinéa de l'article L. 6122-10 ;

– les contrats pluriannuels d'objectifs et de moyens signés entre l'agence régionale de santé et les titulaires d'autorisation, les centres de santé, les maisons de santé et réseaux de santé ;
– l'évolution du nombre de professionnels de santé libéraux installés sur les territoires ;
– les résultats des évaluations et certifications menées au cours de l'année écoulée.
(Décr. n° 2018-117 du 19 févr. 2018, art. 2) « L'agence régionale de santé informe également la commission des autorisations dérogatoires accordées en application de l'article L. 6122-9-1. »

Art. D. 1432-39 La commission spécialisée de l'organisation des soins comprend :
1° Un conseiller régional ;
2° Un président de conseil départemental ;
3° Un représentant des groupements de communes ;
4° Un représentant des communes ;
5° Deux représentants des associations agréées au titre de l'article L. 1114-1 ;
6° Un représentant des associations de retraités et personnes âgées ;
7° Un représentant des associations des personnes handicapées ;
8° Un représentant des conférences de territoire ;
9° Trois représentants des organisations syndicales de salariés ;
10° Un représentant des organisations syndicales d'employeurs ;
11° Un représentant des organisations syndicales des artisans, des commerçants et des professions libérales ;
12° Un représentant des organisations syndicales des exploitants agricoles ;
13° Un représentant de la caisse d'assurance retraite et de la santé au travail ou de la structure équivalente, au titre de la branche accidents du travail-maladies professionnelles ;
14° Un représentant de la mutualité française ;
15° Un représentant des organismes œuvrant dans le champ de la promotion de la santé, la prévention ou l'éducation pour la santé ;
16° Un représentant des organismes œuvrant dans les domaines de l'observation de la santé, sanitaire, de l'enseignement et de la recherche ;
17° Cinq représentants des établissements publics de santé, dont *(Décr. n° 2010-938 du 24 août 2010, art. 1er-2°)* « trois présidents de commissions médicales d'établissement de centres hospitaliers, de centres hospitaliers universitaires et de centres hospitaliers spécialisés en psychiatrie » ;
18° Deux représentants des établissements privés de santé à but lucratif, dont un président de conférence médicale d'établissement ;
19° Deux représentants des établissements privés de santé à but non lucratif, dont un président de conférence médicale d'établissement ;
20° Un représentant des établissements assurant des activités *(Décr. n° 2015-1879 du 30 déc. 2015, art. 1er-III, en vigueur le 1er janv. 2016)* « d'hospitalisation » à domicile ;
21° Un représentant des centres de santé, des maisons de santé et des pôles de santé ;
22° Un représentant des réseaux de santé ;
23° Un représentant des associations de permanence des soins intervenant dans le dispositif de permanence des soins ;
24° Un médecin responsable d'un service d'aide médicale urgente ou d'une structure d'aide médicale d'urgence et de réanimation ;
25° Un représentant des transporteurs sanitaires ;
26° Un représentant de services départementaux d'incendie et de secours *(Décr. n° 2010-938 du 24 août 2010, art. 1er-7°)* « ou, pour la région Île-de-France, un représentant de la brigade de sapeurs-pompiers de Paris désigné par le préfet de police et, pour la région Provence-Alpes-Côte d'Azur, un représentant du bataillon de marins-pompiers de Marseille désigné par le maire de Marseille » ;
27° Un représentant des organisations syndicales représentatives des médecins des établissements publics de santé ;
28° Quatre membres des unions régionales des professionnels de santé ;
29° Un représentant de l'ordre des médecins ;

30° Un représentant des internes en médecine ;

31° Deux membres issus de la commission spécialisée pour les prises en charge et accompagnements médico-sociaux. — *V. jurisprudence ss. art. L. 1432-4.*

Art. D. 1432-40 La commission spécialisée pour les prises en charge et accompagnements médico-sociaux est chargée :

1° De préparer un avis sur le projet de schéma régional de l'organisation médico-sociale ;

2° De contribuer à l'évaluation des besoins médico-sociaux et d'analyser leur évolution ;

3° De proposer à l'assemblée plénière des priorités pour l'action médico-sociale ;

4° D'émettre un avis sur l'élaboration et l'actualisation du programme interdépartemental d'accompagnement des handicaps et de la perte d'autonomie ;

5° De formuler toute proposition sur les conditions d'accès des personnes handicapées et en perte d'autonomie aux services médico-sociaux, sur la qualité des accompagnements et prises en charge médico-sociaux et sur les principes de contractualisation mis en œuvre par l'agence régionale de la santé avec les professionnels, les établissements, les services, les associations et les autres services publics ;

6° D'élaborer, tous les quatre ans, un rapport d'activité qui est transmis pour information aux conseils départementaux et aux ministres concernés, ainsi qu'à la Caisse nationale de solidarité pour l'autonomie.

Art. D. 1432-41 La commission spécialisée pour les prises en charge et accompagnements médico-sociaux comprend :

1° Un conseiller régional ;

2° Deux présidents de conseil départemental ;

3° Un représentant des groupements de communes ;

4° Un représentant des communes ;

5° Deux représentants des associations agréées au titre de l'article L. 1114-1 et œuvrant dans le domaine sanitaire ;

6° Deux représentants des associations de retraités et personnes âgées ;

7° Deux représentants des associations des personnes handicapées dont une association intervenant dans le champ de l'enfance handicapée ;

8° Un représentant des conférences de territoire ;

9° Un représentant des organisations syndicales de salariés ;

10° Un représentant des organisations syndicales d'employeurs ;

11° Un représentant des organisations syndicales des artisans, des commerçants et des professions libérales ;

12° Un représentant des organisations syndicales des exploitants agricoles ;

13° Un représentant des associations œuvrant dans le champ de la lutte contre la précarité ;

14° Un représentant de la mutualité française ;

15° Quatre représentants des personnes morales gestionnaires d'institutions accueillant des personnes handicapées ;

16° Quatre représentants des personnes morales gestionnaires d'institutions accueillant des personnes âgées ;

17° Un représentant des personnes morales gestionnaires d'institutions accueillant des personnes en difficultés sociales ;

18° Un membre des unions régionales des professionnels de santé ayant la qualité de médecin ;

19° Deux membres issus de la commission spécialisée de l'organisation des soins.

Art. D. 1432-42 Chaque année, la commission spécialisée dans le domaine des droits des usagers du système de santé est chargée, en collaboration avec les autres commissions spécialisées, de l'élaboration d'un rapport spécifique sur l'évaluation des conditions dans lesquelles sont appliqués et respectés les droits des usagers du système de santé, de l'égalité d'accès aux services de santé et de la qualité des prises en charge dans les domaines sanitaire et médico-social.

Ce rapport est établi selon un cahier des charges fixé par les ministres chargés de la santé, des personnes âgées, des personnes handicapées et de l'assurance maladie. — *V. Arr. du 5 avr. 2012 (JO 10 mai).*

Il est transmis, avec les recommandations qu'il formule, au directeur général de l'agence régionale de santé et à la conférence nationale de santé mentionnée à l'article L. 1411-3.

Cette commission est composée d'au plus douze membres dont six sont issus de chacun des collèges 1°, 3°, 4°, 5°, 6° et 7° mentionnés à l'article D. 1432-28 et six sont issus du collège 2° à parité entre les membres relevant des *a*, *b* et *c* de ce collège.

Ses membres sont élus par chacun des collèges susvisés, selon des modalités définies par le règlement intérieur.

Art. D. 1432-43 La commission spécialisée chargée de préparer un avis sur le schéma relevant de sa compétence peut recueillir les observations des autres commissions spécialisées.

Lorsque la consultation requiert l'intervention de deux commissions spécialisées, l'avis est rendu de manière conjointe. Si au moins trois commissions spécialisées sont concernées, l'avis est rendu par la commission permanente ou, sur la demande de cette dernière, par l'assemblée plénière.

Les commissions spécialisées préparent un avis sur le ou les programmes mentionnés au 3° de l'article L. 1434-2 et qui entrent dans le champ de leurs compétences respectives.

§ 3 FONCTIONNEMENT

Art. D. 1432-44 Nul ne peut être membre de la conférence régionale de la santé et de l'autonomie s'il est privé de ses droits civiques.

La durée du mandat des membres de la conférence régionale de la santé et de l'autonomie est de quatre ans, renouvelable une fois.

Tout membre perdant la qualité pour laquelle il a été désigné cesse de faire partie de la conférence régionale de la santé et de l'autonomie.

Lorsqu'un membre cesse, pour une raison quelconque, de faire partie de la conférence régionale de la santé et de l'autonomie où il siégeait, un nouveau membre est désigné, dans les deux mois, dans les mêmes conditions, pour la durée restant à courir du mandat.

Tout membre de la conférence régionale de la santé et de l'autonomie dont l'absence non motivée, à au moins deux séances successives de l'une quelconque des formations à laquelle il aura été convoqué, aura été constatée pourra être déclaré démissionnaire par le président de la conférence, sur proposition de la commission permanente.

Art. D. 1432-45 Au cours de sa séance d'installation, la conférence régionale de la santé et de l'autonomie réunie en assemblée plénière élit son président et constitue la commission permanente et les commissions spécialisées mentionnées à l'article D. 1432-31.

Lorsqu'elle procède à son renouvellement, la conférence régionale de la santé et de l'autonomie est présidée par le doyen d'âge.

Chacune de ces formations élit un président et un vice-président, à l'exception de la commission permanente dont le président est celui de la conférence régionale de la santé et de l'autonomie.

Art. D. 1432-46 La conférence régionale de la santé et de l'autonomie se réunit en assemblée plénière sur convocation de son président au moins une fois par an.

Chaque formation de la conférence régionale de la santé et de l'autonomie se réunit au moins une fois par an, sur convocation de son président ou à la demande d'un tiers de ses membres.

Le président de la conférence régionale de la santé et de l'autonomie décide de la répartition entre les différentes formations des affaires que le présent décret ne réserve pas à une formation déterminée.

Sous réserve de l'application de l'article D. 1432-32, les propositions et avis rendus par la commission permanente et par les commissions spécialisées sont émis au nom de la conférence régionale de la santé et de l'autonomie.

Chacune des commissions mentionnées à l'article D. 1432-31 peut, sur décision de son président, entendre toute personne extérieure dont l'avis est de nature à éclairer ses délibérations.

Art. D. 1432-47 Dans tous les cas, les délibérations sont prises à la majorité des voix des membres présents. En cas de partage des voix, celle du président est prépondérante.

Le quorum est atteint lorsque la moitié au moins des membres de la conférence régionale de la santé et de l'autonomie ou de l'une de ses formations sont présents.

Lorsque ce quorum n'est pas atteint, une deuxième convocation est envoyée dans les huit jours portant sur le même ordre du jour. La conférence ainsi que chacune de ses formations délibère alors valablement quel que soit le nombre de membres présents.

En cas d'extrême urgence dûment motivée, la consultation des membres de la conférence régionale de la santé et de l'autonomie au sein de ces formations peut intervenir par tout moyen approprié permettant leur identification et leur participation effective à une délibération collégiale.

(Décr. nº 2012-1331 du 29 nov. 2012, art. 1er) « Lorsque son suppléant ne peut le remplacer, le membre titulaire peut donner mandat à un autre membre titulaire, qui ne peut recevoir plus d'un mandat.

« Les présidents de la conférence régionale de la santé et de l'autonomie et de chacune de ses formations ne peuvent donner ni recevoir de mandat. »

Art. D. 1432-48 Les séances de la commission permanente, des commissions spécialisées ainsi que celles des groupes de travail permanents ne sont pas publiques, sauf décision contraire de leur président, dans des conditions fixées par le règlement intérieur.

Art. D. 1432-49 Lorsque son avis est requis, la consultation de la conférence régionale de la santé et de l'autonomie est réputée effectuée si aucune suite n'est donnée dans les deux mois à compter de la réception de la demande d'avis, accompagnée des documents nécessaires, formulée par le directeur général de l'agence régionale de santé. Ce délai est ramené à quinze jours en cas d'urgence et à huit jours en cas d'extrême urgence.

Art. D. 1432-50 L'ordre du jour des réunions de chacune des commissions spécialisées mentionnées à l'article D. 1432-31 est fixé par son président. Le président de la conférence régionale de la santé et de l'autonomie assure l'information auprès de chacun des présidents des autres commissions spécialisées des ordres du jour ainsi fixés.

Le président de l'une de ces commissions ne peut refuser d'inscrire les questions demandées par la moitié au moins de ses membres ou par le président de la conférence régionale de la santé et de l'autonomie.

La convocation peut être envoyée par tous moyens, y compris par télécopie ou par courrier électronique. Il en est de même des pièces ou documents nécessaires à la préparation de la réunion ou établis à l'issue de celle-ci.

Sauf urgence, les membres des différentes formations reçoivent dix jours au moins avant la date de la réunion, une convocation comportant l'ordre du jour et le cas échéant, les documents nécessaires à l'examen des affaires qui y sont inscrites.

Art. D. 1432-51 Les avis rendus et les rapports, études et travaux produits par l'une quelconque des formations de la conférence régionale de la santé et de l'autonomie sont adressés au président de la conférence ainsi qu'au directeur général de l'agence régionale de santé.

Le président peut demander une nouvelle délibération.

Art. D. 1432-52 Les membres de la conférence exercent leur mandat à titre gratuit. Ils peuvent être remboursés des frais de transports et de séjour qu'ils sont susceptibles d'engager à l'occasion des déplacements effectués dans le cadre de leur mission dans les conditions prévues par la réglementation applicable aux fonctionnaires civils de l'État.

Art. D. 1432-53 L'agence régionale de santé assure le secrétariat de la conférence régionale de la santé et de l'autonomie et contribue au fonctionnement de la conférence. Les moyens alloués, dont le montant est établi sur proposition de la conférence, font l'objet d'une inscription dans le budget de l'agence régionale de santé.

SOUS-SECTION 4 COORDINATION INTERRÉGIONALE

(Décr. n° 2011-1638 du 23 nov. 2011)

Art. D. 1432-53-1 *(Décr. n° 2011-1638 du 23 nov. 2011)* L'agence régionale de santé de la région dans laquelle le comité de bassin mentionné à l'article L. 213-7 du code de l'environnement a son siège assure la coordination et l'harmonisation, à l'échelle du bassin hydrographique, de la politique de santé publique dans le domaine de l'eau.

Elle assure le regroupement, l'exploitation et la diffusion des informations relatives à l'état des eaux du bassin hydrographique détenues par les agences régionales de santé compétentes sur ce territoire au titre du contrôle sanitaire qu'elles exercent en application des dispositions prévues par le code de la santé publique, notamment celles relatives aux eaux destinées à l'alimentation humaine et aux eaux de baignade.

SOUS-SECTION 5 SIÈGE DES AGENCES

(Décr. n° 2015-1689 du 17 déc. 2015, art. 8, en vigueur le 1er janv. 2016)

Art. R. 1432-53-2 Le siège de l'agence régionale de santé est situé au chef-lieu de la région. Il peut être fixé dans un autre lieu par arrêté des ministres chargés de la santé, de l'assurance maladie, des personnes âgées et des personnes handicapées.

Le présent art. peut être modifié par décret en Conseil d'État (Décr. n° 2015-1689 du 17 déc. 2015, art. 21).

SECTION II RÉGIME FINANCIER ET REPRÉSENTATION EN JUSTICE DES AGENCES *(Décr. n° 2012-1331 du 29 nov. 2012, art. 1er).*

(Décr. n° 2010-339 du 31 mars 2010, art. 1er)

Art. R. 1432-54 *(Décr. n° 2012-1247 du 7 nov. 2012, art. 41)* A l'exception de celles des dispositions de la présente section *(Décr. n° 2015-1230 du 2 oct. 2015, art. 3)* « et de la section V consacrée au fonds d'intervention régional » qui y dérogent, l'agence régionale de santé est soumise aux dispositions des titres Ier et III du décret n° 2012-1246 du 7 novembre 2012 relatif à la gestion budgétaire et comptable publique.

Art. R. 1432-55 *(Décr. n° 2015-1230 du 2 oct. 2015, art. 3)* « I. — » Le budget de l'agence régionale de santé comporte une répartition des charges par nature, en quatre enveloppes consacrées respectivement :

1° Aux dépenses de personnel ;

2° Aux autres dépenses de fonctionnement ;

3° Aux dépenses d'investissement ;

4° Aux dépenses d'intervention.

Le montant de chacune de ces enveloppes est limitatif.

L'enveloppe consacrée aux dépenses de personnel est assortie d'un plafond des emplois autorisés de l'agence.

(Décr. n° 2015-1230 du 2 oct. 2015, art. 3) « II. — Le budget annexe consacré à la gestion des crédits du fonds d'intervention régional comporte une répartition des charges par nature, en deux enveloppes consacrées respectivement :

« 1° Aux dépenses d'intervention ;

« 2° Aux dépenses de fonctionnement rattachables aux missions du fonds. »

Art. R. 1432-56 *(Décr. n° 2015-1230 du 2 oct. 2015, art. 3)* Le budget de l'agence régionale de santé et le budget annexe consacré à la gestion des crédits du fonds d'intervention régional sont préparés par le directeur général, en tant qu'ordonnateur, et approuvés par le conseil de surveillance de l'agence, sauf vote contraire à la majorité des deux tiers des voix des membres présents ou représentés.

Lorsque l'un de ces budgets n'a pas été approuvé, le directeur général de l'agence soumet à nouveau au conseil de surveillance un projet de budget modifié dans un délai de quinze jours suivant la délibération de rejet. A l'expiration de ce délai, ou en cas de nouveau rejet, le budget est arrêté par décision conjointe des ministres chargés de la santé, des personnes âgées, des personnes handicapées et du budget.

Les délibérations du conseil de surveillance approuvant le budget de l'agence et le budget annexe ou leurs modifications sont exécutoires à l'issue d'un délai de quinze jours à compter de leur réception par les ministres chargés de la santé, des personnes âgées et des personnes handicapées, sauf opposition de l'un d'entre eux dans ce délai.

Art. D. 1432-57 L'état financier prévu à l'article L. 1432-3 est transmis au conseil de surveillance au plus tard le 15 avril suivant la fin de l'exercice considéré.

Art. R. 1432-58 *Abrogé par Décr. n° 2012-1247 du 7 nov. 2012, art. 41.*

Art. R. 1432-59 L'agent comptable de l'agence régionale de santé est nommé par arrêté conjoint des ministres chargés de la santé, de l'assurance maladie, des personnes âgées, des personnes handicapées et du budget.

Il peut exercer les fonctions de chef des services financiers de l'agence. A ce titre, il apporte son concours à l'ordonnateur pour la préparation du *(Décr. n° 2015-1230 du 2 oct. 2015, art. 3)* « budget initial et des budgets rectificatifs, ainsi que du budget annexe et de ses modifications ». Il est chargé de la tenue des comptabilités budgétaire, générale, du suivi des coûts et de la gestion des opérations de trésorerie.

Il veille à ce que les comptes annuels soient réguliers, sincères et donnent une image fidèle du patrimoine, de la situation financière et du résultat de l'agence.

Art. R. 1432-60 Des régies de recettes et d'avances peuvent être instituées dans les conditions prévues par le décret n° 92-681 du 20 juillet 1992 relatif aux régies de recettes et aux régies d'avances des organismes publics.

Art. R. 1432-61 Le contrôle des dépenses exercé par l'agent comptable *(Décr. n° 2012-1247 du 7 nov. 2012, art. 41)* « en application de l'article 19 du décret n° 2012-1246 du 7 novembre 2012 relatif à la gestion budgétaire et comptable publique » est adapté et proportionné aux risques liés au montant et à la nature de la dépense.

Les modalités de mise en œuvre de ce contrôle sont déterminées par l'agent comptable après information du directeur général de l'agence.

Art. R. 1432-62 Un service facturier placé sous l'autorité de l'agent comptable est chargé de centraliser la réception des factures.

La certification du service fait par l'ordonnateur autorise le paiement par l'agent comptable dès lors que celui-ci a vérifié la conformité de la facture à l'engagement et au service fait.

Cette certification du service fait tient lieu d'ordonnancement de la dépense.

Art. R. 1432-63 Le directeur général de l'agence régionale de santé met en place un contrôle interne portant sur l'ensemble des activités et des procédures de l'agence et destiné à détecter et prévenir les risques financiers et comptables. L'agent comptable est chargé de la mise en œuvre du contrôle interne pour les procédures dont il a la charge.

Le directeur général met également en place un audit interne destiné à évaluer régulièrement les procédures et établir des recommandations.

Les modalités du contrôle interne et de l'audit interne sont fixées par arrêté des ministres chargés de la santé, de l'assurance maladie, des personnes âgées, des personnes handicapées et du budget, pris après avis du Conseil national de pilotage des agences régionales de santé.

Art. R. 1432-64 *(Décr. n° 2012-1247 du 7 nov. 2012, art. 2)* Le contrôle budgétaire de l'agence régionale de santé est exercé par le directeur régional des finances publiques. Le contrôle budgétaire de l'agence régionale de santé d'Île-de-France est exercé par le contrôleur budgétaire et comptable du ministère chargé de la santé.

Le contrôle budgétaire des agences régionales de santé est coordonné par le contrôleur budgétaire et comptable du ministère chargé de la santé.

Art. R. 1432-65 Le service du contrôle général économique et financier est chargé d'une mission d'audit des activités des agences régionales de santé ayant un impact financier pour les organismes d'assurance maladie obligatoire et la Caisse nationale de solidarité pour l'autonomie. Les thèmes des audits sont arrêtés par le ministre chargé du budget après avis du Conseil national de pilotage des agences régionales de santé. Les audits font l'objet de rapports adressés aux ministres chargés de la santé, de l'assurance maladie, des personnes âgées, des personnes handicapées et du budget ainsi qu'au Conseil national de pilotage des agences régionales de santé.

Pour la réalisation de sa mission, ce service a tous pouvoirs d'investigation sur pièces et sur place et dispose, en tant que de besoin, des données et restitutions produites par les systèmes d'information concourant à l'élaboration de l'état financier mentionné à l'article L. 1432-3.

Art. R. 1432-66 Le directeur général de l'agence régionale de santé peut transiger. *(Décr. n° 2012-1331 du 29 nov. 2012, art. 1er)* « Il représente l'État devant le tribunal administratif dans tous les litiges relatifs aux décisions qu'il prend en application du premier alinéa de l'article L. 1432-2.

« Dans les litiges relatifs aux actes qu'elle prend au nom de l'État, l'agence régionale de santé bénéficie de la dispense du ministère d'avocat prévue à l'article R. 431-7 du code de justice administrative. »

SECTION III PERSONNEL DES AGENCES

(Décr. n° 2010-1733 du 30 déc. 2010)

SOUS-SECTION 1 EMPLOIS DE DIRECTION

Art. R. 1432-67 Les agences régionales de santé sont réparties en cinq groupes selon l'importance de la population de leur ressort territorial.

Art. R. 1432-68 Les emplois de direction des agences régionales de santé ouvrant droit à pension pour les fonctionnaires qui les occupent sont les suivants :

1° Directeur général ;

2° Directeurs.

Ces emplois sont répartis en quatre niveaux, auxquels correspondent des échelonnements indiciaires fixés par décret, sur la base desquels sont acquittées les retenues prévues à l'article L. 61 du code des pensions civiles et militaires.

Art. R. 1432-69 Sont fixés par arrêté des ministres chargés de la santé, du travail, de la solidarité, de la fonction publique et du budget, après avis du Conseil national de pilotage des agences régionales de santé, pour chaque agence :

1° Le groupe auquel elle appartient ;

2° Le nombre des emplois de direction ;

3° Le ou les niveaux des emplois de direction correspondants.

SOUS-SECTION 2 COMITÉ D'AGENCE

§ 1er ATTRIBUTIONS ET FINANCEMENT DU COMITÉ D'AGENCE

Art. R. 1432-70 Le comité d'agence connaît :

1° Des questions relatives à l'organisation et aux conditions générales de fonctionnement de l'agence ;

2° Des questions relatives à l'ensemble des matières mentionnées aux articles L. 2323-1 à L. 2323-82 du code du travail, à l'exception des articles L. 2323-7, L. 2323-8, L. 2323-10 à L. 2323-12, L. 2323-21 à L. 2323-26, L. 2323-44, L. 2323-45 et L. 2323-61 à L. 2323-67.

Chaque année, un bilan social établi par le directeur général de l'agence est présenté au comité d'agence.

Art. R. 1432-71 Le comité d'agence est doté de la personnalité civile et gère son patrimoine dans les conditions prévues par l'article L. 2325-1 du code du travail. Le comité mandate soit le directeur général de l'agence ou son représentant, soit un représentant du personnel pour le représenter et ester en justice.

Art. R. 1432-72 L'agence régionale de santé verse au comité d'agence une subvention de fonctionnement telle que définie par l'article L. 2325-43 du code du travail.

Art. R. 1432-73 Le comité d'agence assure, contrôle ou participe à la gestion de toutes activités sociales et culturelles conformément aux articles L. 2323-83 à L. 2323-85 du code du travail.

Les ressources du comité d'agence en matière d'activités sociales et culturelles sont constituées par :

1° La contribution versée par l'agence pour le fonctionnement des institutions sociales de l'agence qui ne sont pas à sa charge en application d'une disposition législative ou réglementaire ;

2° Le remboursement obligatoire par l'agence des primes d'assurance dues par le comité d'agence pour couvrir sa responsabilité civile ;

3° Les cotisations facultatives des agents de l'agence dont le comité d'agence fixe éventuellement les conditions de perception et les effets ;

4° Les dons et les legs ;

5° Les recettes procurées par les manifestations organisées par le comité d'agence ;

6° Les revenus des biens meubles et immeubles du comité.

Art. R. 1432-74 La contribution versée par l'agence au titre du 1° de l'article R. 1432-73 est fixée par arrêté des ministres exerçant la tutelle de l'agence. – *V. Arr. du 17 déc. 2010 (JO 26 déc.).*

Art. R. 1432-75 A la fin de chaque année, le comité d'agence fait un compte rendu de sa gestion financière dans les conditions prévues par l'article R. 2323-37 du code du travail.

Art. R. 1432-76 Les membres du comité sortant rendent compte de leur gestion au nouveau comité dans les conditions fixées par l'article R. 2323-38 du code du travail.

§ 2 COMPOSITION DU COMITÉ D'AGENCE

Art. R. 1432-77 Le comité d'agence comprend le directeur général de l'agence, ou son représentant, et des représentants élus du personnel.

La délégation du personnel comprend un nombre égal de titulaires et de suppléants.

Art. R. 1432-78 Pour leur représentation au sein du comité d'agence, les personnels sont répartis entre les deux collèges suivants :

1° Le premier collège qui comprend les fonctionnaires, les praticiens mentionnés au 1° de l'article L. 6152-1 et les agents contractuels de droit public ;

2° Le second collège qui comprend les agents de droit privé régis par les conventions collectives applicables au personnel des organismes de sécurité sociale.

Art. R. 1432-79 La composition de la délégation du personnel au sein du comité d'agence est fixée comme suit, pour chacun des deux collèges de personnels mentionnés à l'article R. 1432-78 :

1° Moins de 20 agents : un titulaire et un suppléant ;

2° De 20 à 49 agents : deux titulaires et deux suppléants ;

3° De 50 à 99 agents : trois titulaires et trois suppléants ;

4° De 100 à 299 agents : quatre titulaires et quatre suppléants ;

(Décr. n° 2016-450 du 12 avr. 2016, art. 1er) « 5° De 300 à 399 agents : cinq titulaires et cinq suppléants ;

« 6° De 400 à 499 agents : six titulaires et six suppléants ;

« 7° De 500 à 699 agents : sept titulaires et sept suppléants ;

« 8° De 700 à 799 agents : huit titulaires et huit suppléants ;

« 9° A partir de 800 agents : neuf titulaires et neuf suppléants. »

Art. R. 1432-80 Le second collège est subdivisé en deux sous-collèges :

1° Le sous-collège des employés et ouvriers ;

2° Le sous-collège des ingénieurs, chefs de service, techniciens, agents de maîtrise et assimilés.

Toutefois, dans les agences régionales de santé employant moins de vingt agents de droit privé régis par les conventions collectives applicables au personnel des organismes de sécurité sociale, le second collège ne comporte pas de sous-collèges.

Art. R. 1432-81 Les représentants du personnel au sein du comité d'agence sont élus pour une période de quatre ans. Leur mandat peut être renouvelé.

(Décr. n° 2015-22 du 13 janv. 2015, art. 1er-1°) « Dans l'intérêt du service, la durée du mandat des représentants du personnel au sein des comités d'agence peut être

réduite ou prorogée, par arrêté conjoint des ministres chargés de la santé, de l'assurance maladie, des personnes âgées et des personnes handicapées, pris après avis du Comité national de concertation des agences régionales de santé. Cette réduction ou prorogation ne peut excéder dix-huit mois. »

Art. R. 1432-82 Les fonctions des représentants du personnel prennent fin par démission, décès, perte des conditions requises pour être éligible, ainsi que lorsque le représentant quitte l'agence.

Pour les représentants du premier collège, ces fonctions prennent fin également par la mise en congé de longue durée ou de grave maladie ou la mise en congé non rémunéré pour raisons familiales ou personnelles.

Art. R. 1432-83 Le membre remplaçant est nommé, pour la durée du mandat restant à courir, selon les modalités suivantes :

1° Lorsqu'un représentant titulaire élu du personnel se trouve dans l'impossibilité d'exercer ses fonctions, son suppléant est nommé titulaire et est remplacé par le premier candidat non élu restant de la même liste ;

2° Lorsqu'un représentant suppléant se trouve dans l'impossibilité d'exercer ses fonctions de membre, il est remplacé par le premier candidat non élu restant de la même liste ;

3° Lorsqu'une liste se trouve dans l'impossibilité de pourvoir, dans les conditions prévues aux deux alinéas précédents, aux sièges de membres titulaires ou suppléants auxquels elle a droit et si cela n'a pas pour effet de réduire de moitié ou plus la représentation du personnel, l'organisation syndicale qui a présenté la liste désigne des remplaçants pour pourvoir les sièges devenus vacants parmi les agents remplissant les conditions d'éligibilité.

Art. R. 1432-84 Il est procédé au renouvellement du comité d'agence si, pour l'un des deux collèges, le nombre des membres titulaires de la représentation du personnel est réduit de moitié ou plus, sauf si le mandat arrive à son terme dans les six mois. Dans ce cas, il est fait application des modalités définies à l'article R. 1432-83.

Art. R. 1432-84-1 *(Décr. n° 2015-22 du 13 janv. 2015, art. 1er-2°)* La date du renouvellement des mandats des représentants du personnel au sein des comités d'agence est fixée par arrêté conjoint des ministres chargés de la santé, de l'assurance maladie, des personnes âgées et des personnes handicapées.

Art. R. 1432-85 Le directeur général de l'agence informe, par voie d'affichage, les organisations syndicales mentionnées à l'article R. 1432-93 de l'organisation des élections, et les invite à participer à la négociation du protocole d'accord préélectoral.

Le directeur général invite, par courrier, les organisations syndicales reconnues représentatives, celles ayant constitué une section syndicale ainsi que celles qui sont affiliées à une organisation syndicale représentative au niveau national et interprofessionnel à participer à la négociation du protocole d'accord préélectoral. Dans le cas d'un renouvellement, cette invitation est faite au moins deux mois avant l'expiration du mandat des membres en exercice.

Le directeur général informe le personnel, par voie d'affichage, de l'organisation des élections. Le document affiché indique la date envisagée pour le scrutin, qui ne saurait intervenir plus de deux mois suivant la date de l'affichage, sauf en cas de renouvellement anticipé.

Art. R. 1432-86 Les représentants du personnel sont élus au scrutin de liste avec représentation proportionnelle à la plus forte moyenne. Le quotient électoral est calculé par collège ou, s'il existe, par sous-collège.

Les représentants du personnel sont élus par collège, ou, s'ils existent, sous-collèges, sur des listes établies par les organisations syndicales remplissant les conditions énoncées à l'article R. 1432-93.

Le protocole d'accord préélectoral peut prévoir, en fonction des circonstances propres à chaque agence régionale de santé et à l'unanimité des organisations syndicales représentant les personnels de l'assurance maladie participant à sa négociation, la modification de la composition des sous-collèges ou la constitution d'un collège unique des agents de droit privé régis par les conventions collectives applicables au personnel des organismes de sécurité sociale.

Art. R. 1432-87 Les listes doivent être déposées au moins six semaines avant la date fixée pour les élections.

Chaque organisation syndicale ayant déposé une liste désigne un représentant pour l'ensemble des opérations électorales.

Chaque organisation syndicale ne peut présenter qu'une liste de candidats pour un même collège ou sous-collège. Cette liste peut être incomplète.

Nul ne peut être candidat sur plusieurs listes d'un même scrutin.

Une même organisation syndicale peut présenter une liste pour chacun des collèges et sous-collèges.

Le dépôt de chaque liste doit être accompagné d'une déclaration individuelle de candidature signée par chaque candidat. Le dépôt fait l'objet d'un récépissé remis au représentant de l'organisation syndicale.

Art. R. 1432-88 La validité du protocole d'accord préélectoral conclu entre le directeur général de l'agence et les organisations syndicales intéressées est subordonnée à sa signature par la majorité des organisations syndicales ayant participé à sa négociation, dont les organisations syndicales représentatives ayant recueilli la majorité des suffrages exprimés lors des dernières élections du comité d'agence ou, lorsque ces résultats ne sont pas disponibles, la majorité des organisations syndicales représentatives au sein de l'agence.

A défaut de signature à l'issue de la négociation prévue à l'alinéa précédent, le directeur général de l'agence fixe les règles d'organisation des élections.

Art. R. 1432-89 Sont électeurs pour les représentants du personnel au sein du comité d'agence les personnels âgés de seize ans révolus et ne faisant l'objet d'aucune interdiction, déchéance ou incapacité relatives à leurs droits civiques.

Ces personnels doivent remplir, au sein de l'agence, les conditions suivantes :

1° Lorsqu'ils ont la qualité de fonctionnaire titulaire ou de praticien mentionné au 1° de l'article L. 6152-1, être en position d'activité ou de congé parental ou être accueillis en détachement ou par voie de mise à disposition ;

2° Lorsqu'ils ont la qualité de fonctionnaire stagiaire, être en position d'activité ou de congé parental ;

3° Lorsqu'ils sont agents contractuels de droit public ou agents de droit privé régis par les conventions collectives applicables au personnel des organismes de sécurité sociale, être employés depuis au moins trois mois par l'agence ; en outre, ils doivent exercer leurs fonctions ou être en congé rémunéré ou en congé parental.

La qualité d'électeur s'apprécie au jour du scrutin.

Art. R. 1432-90 Les modalités d'organisation des opérations électorales, la création des bureaux et des sections de vote, leur organisation et les conditions dans lesquelles le directeur général de l'agence désigne, pour chacun d'eux, un président, un secrétaire et, le cas échéant, un représentant de chaque liste en présence, la répartition des électeurs entre les bureaux et les sections de vote ainsi que les règles de déroulement du scrutin le jour de l'élection et de son dépouillement sont définies dans le protocole d'accord préélectoral.

Art. R. 1432-91 La liste des électeurs appelés à voter dans une section de vote est arrêtée par le directeur général, ou son représentant, auprès duquel est placée la *section*.

La liste électorale est affichée au moins un mois avant la date du scrutin. Dans les huit jours suivant leur publication, les électeurs peuvent vérifier les inscriptions et, le cas échéant, présenter des demandes d'inscription. Dans ce même délai et dans les trois jours suivants, des réclamations peuvent être formulées contre les inscriptions ou omissions sur la liste électorale.

Le directeur général statue sans délai sur ces réclamations.

Art. R. 1432-92 Sont éligibles au comité d'agence les personnels remplissant les conditions requises pour être électeur à ce comité et âgés de dix-huit ans révolus.

Toutefois, ne sont pas éligibles le conjoint du directeur général de l'agence, son partenaire lié par un pacte civil de solidarité, son concubin, ses ascendants, descendants, frères, sœurs ou alliés au même degré.

Lorsque le directeur général de l'agence constate qu'un candidat ne satisfait pas aux conditions énoncées aux alinéas précédents, il prend une décision motivée relative à son inéligibilité, qu'il notifie à l'intéressé et à l'organisation syndicale ayant présenté le candidat.

Art. R. 1432-93 Les listes de candidats sont présentées par les organisations syndicales qui remplissent les conditions suivantes :

1° Pour le premier collège, celles prévues par l'article 9 *bis* de la loi n° 83-634 du 13 juillet 1983 portant droits et obligations des fonctionnaires ;

2° Pour le second collège, celles prévues par l'article L. 2324-4 du code du travail.

Art. R. 1432-94 Aucune candidature ne peut être déposée ou modifiée après la date de dépôt des listes prévue à l'article R. 1432-87. De même, aucun retrait de candidature ne peut être opéré après le dépôt des candidatures.

Cependant, si un ou plusieurs candidats inscrits sur une liste sont reconnus inéligibles, sous réserve des dispositions du dernier alinéa de l'article R. 1432-92, dans un délai de trois jours suivant la date limite de dépôt des listes, le directeur général de l'agence informe sans délai le représentant de la liste concernée, qui peut alors procéder, dans un délai de six jours suivant la date limite de dépôt des listes, aux rectifications nécessaires.

Si le fait motivant l'inéligibilité est intervenu après la date limite de dépôt des candidatures, le candidat inéligible peut être remplacé jusqu'au quinzième jour précédant la date du scrutin.

Art. R. 1432-95 Les listes de candidats sont affichées dans l'ensemble des sites de l'agence régionale de santé.

Art. R. 1432-96 Lorsque, pour une même élection, plusieurs organisations syndicales affiliées à une même union de syndicats ont déposé des candidatures concurrentes dans le premier collège, le directeur général de l'agence en informe, dans un délai de trois jours à compter de la date limite de dépôt des candidatures, les représentants de chacune des listes concernées. Ces derniers disposent alors de trois jours pour procéder aux modifications ou retraits de candidatures nécessaires.

Si, à l'expiration de ce délai, les modifications ou retraits de candidatures ne sont pas intervenus, le directeur général informe dans un délai de trois jours l'union de syndicats dont les candidatures se réclament. Celle-ci dispose alors d'un délai de cinq jours pour indiquer au directeur général, par lettre recommandée, avec demande d'avis de réception, la candidature qui pourra se prévaloir de l'appartenance à l'union.

En l'absence de cette indication, les organisations syndicales ayant déposé les listes en cause ne peuvent bénéficier des dispositions du *(Décr. n° 2012-1331 du 29 nov. 2012, art. 1er)* « 2° » de l'article 9 *bis* de la loi n° 83-634 du 13 juillet 1983 portant droits et obligations des fonctionnaires et ne peuvent se prévaloir sur les bulletins de vote de l'appartenance à une union.

Lorsque la recevabilité d'une des listes n'est pas reconnue par l'administration, la procédure décrite ci-dessus est mise en œuvre dans un délai de trois jours francs à compter de la notification du jugement du tribunal administratif lorsque celui-ci est saisi d'une contestation de la décision de l'administration, en application des dispositions du dernier alinéa de l'article 9 *bis* de la loi n° 83-634 du 13 juillet 1983 susmentionnée.

Art. R. 1432-97 *(Décr. n° 2015-22 du 13 janv. 2015, art. 1er-3°)* « Le scrutin et la proclamation des résultats sont régis selon les modalités définies à l'article 27 et aux I et II de l'article 28 du décret n° 2011-184 du 15 février 2011 relatif aux comités techniques dans les administrations et les établissements publics de l'État. »

A l'issue des dépouillements, un procès-verbal des opérations électorales est établi par le bureau de vote et transmis immédiatement aux représentants des listes de candidats.

Il est affiché, dans les quarante-huit heures, dans l'ensemble des locaux de l'agence régionale de santé.

Art. R. 1432-98 Les dispositions du dernier alinéa de l'article 9 *bis* de la loi n° 83-634 du 13 juillet 1983 modifiée portant droits et obligations des fonctionnaires s'appliquent aux contestations sur la recevabilité des listes déposées.

Les contestations relatives aux opérations électorales sont portées, dans un délai de cinq jours à compter de la proclamation des résultats, devant le directeur général de l'agence. Celui-ci se prononce dans un délai de cinq jours. Sa décision peut être contestée devant la juridiction administrative dans un délai de cinq jours.

§ 3 FONCTIONNEMENT DU COMITÉ D'AGENCE

Art. R. 1432-99 Le comité d'agence est présidé par le directeur général de l'agence régionale de santé auprès duquel il est placé. En cas d'empêchement ou d'absence, le directeur général désigne un autre membre de la direction de l'agence pour le représenter. Il en est fait mention au procès-verbal de la réunion.

Art. R. 1432-100 Les représentants du personnel titulaires au comité d'agence désignent, en leur sein, un secrétaire du comité.

Après chaque réunion, un procès-verbal est établi par le secrétaire. Il est signé par le président et contresigné par le secrétaire, puis communiqué aux membres du comité. Il est soumis à l'approbation du comité d'agence lors de la séance du comité suivant sa signature.

Art. R. 1432-101 Le comité arrête son règlement intérieur. Celui-ci détermine les modalités de son fonctionnement et celles de ses rapports avec les personnels de l'agence régionale de santé pour l'exercice de ses missions.

Art. R. 1432-102 Le comité d'agence se réunit au moins une fois tous les deux mois sur convocation de son président, à son initiative, ou, dans le délai maximum d'un mois, sur demande écrite de la moitié au moins des représentants titulaires du personnel.

La convocation du comité d'agence fixe l'ordre du jour de la séance arrêté par le président et le secrétaire du comité. A défaut d'accord, l'ordre du jour est fixé par le président du comité.

L'ordre du jour des réunions du comité d'agence est communiqué aux membres huit jours au moins avant la séance.

Art. R. 1432-103 Les délégués syndicaux assistent de droit aux séances du comité sans voix délibérative.

Les suppléants peuvent assister aux séances du comité. Ils n'ont voix délibérative qu'en l'absence des titulaires qu'ils remplacent.

Art. R. 1432-104 Le président du comité, à son initiative, ou à la demande d'un membre titulaire du comité, peut convoquer des experts afin qu'ils soient entendus sur un point inscrit à l'ordre du jour.

Les experts n'ont pas voix délibérative. Ils ne peuvent assister qu'à la partie des débats relative aux questions pour lesquelles leur présence a été demandée, à l'exclusion du vote.

Art. R. 1432-105 Le comité ne délibère valablement que si la moitié des représentants du personnel ayant voix délibérative sont présents à l'ouverture de la réunion. Lorsque le quorum n'est pas atteint, une nouvelle convocation est adressée dans un délai de huit jours aux membres du comité qui siège alors valablement sur le même ordre du jour quel que soit le nombre de membres présents.

Art. R. 1432-106 Le comité émet ses avis à la majorité des membres présents ayant voix délibérative.

Pour les délibérations relatives à la gestion des activités sociales et culturelles, votent les représentants du personnel et le président du comité.

Le vote a lieu à main levée. Toutefois, le vote a lieu à bulletin secret dans le cas d'une demande d'avis sur le projet de licenciement d'un salarié protégé pour lequel l'avis est requis en application des dispositions du code du travail. Les abstentions sont admises.

Art. R. 1432-107 Les séances du comité ne sont pas publiques.

Les membres du comité et les experts qui y sont entendus sont tenus à une obligation de discrétion professionnelle à raison des pièces et documents dont ils ont eu connaissance en ces qualités.

Art. R. 1432-108 Toutes facilités sont données aux membres du comité pour exercer leurs fonctions. Communication leur est donnée de tous les documents et pièces nécessaires à l'accomplissement de leurs fonctions au plus tard huit jours avant la date de la séance.

Art. R. 1432-109 Les représentants du personnel bénéficient des formations nécessaires à l'exercice de leurs fonctions.

Art. R. 1432-110 Une autorisation d'absence est accordée, sur simple présentation de leur convocation, aux représentants du personnel, titulaires ou suppléants, au sein du comité d'agence, ainsi qu'aux experts appelés à prendre part aux séances du comité, pour leur permettre de participer aux réunions. La durée de cette autorisation est calculée en tenant compte des délais de route, de la durée prévisible de la réunion et augmentée d'un temps égal à cette durée afin de mettre les intéressés en mesure d'assurer la préparation et le compte rendu des travaux du comité. Ce temps est considéré comme temps de travail et payé à l'échéance normale.

Les membres titulaires et suppléants du comité et les experts convoqués ne perçoivent aucune indemnité du fait de leurs fonctions. Ils sont indemnisés de leurs frais de déplacement et de séjour dans les conditions fixées par les textes en vigueur applicables au personnel concerné.

Art. R. 1432-111 Le directeur général de l'agence laisse aux membres titulaires élus du comité d'agence le temps nécessaire à l'exercice des fonctions relatives aux activités sociales et culturelles, dans la limite d'une durée qui ne peut excéder vingt heures par mois. Les délais de route afférents à ces fonctions ne peuvent excéder une durée de dix heures par mois. Le temps passé dans l'exercice de leur mandat de représentant du personnel est de plein droit considéré comme temps de travail et payé à l'échéance normale.

Art. R. 1432-112 Les membres élus du comité d'agence peuvent, tant durant les heures d'exercice de leur mandat de représentant du personnel qu'en dehors de leurs heures habituelles de travail, circuler librement dans l'agence et y prendre tous les contacts nécessaires à l'accomplissement de leur mission, notamment auprès de personnels à leurs postes de travail, sous réserve de ne pas troubler l'accomplissement de leur travail.

Art. R. 1432-113 Le directeur général de l'agence met à la disposition du comité d'agence un local aménagé approprié et le matériel nécessaire à l'exercice de ses fonctions.

Les représentants du personnel au comité d'agence peuvent organiser, dans le local mis à la disposition de ce dernier, des réunions d'information, internes au personnel. Ils peuvent inviter des personnalités extérieures à y participer, sous réserve d'en avertir le directeur général, trois jours avant la réunion. Ces réunions ont lieu en dehors du temps de travail des participants. Toutefois, les représentants du personnel au sein du comité peuvent se réunir pendant le temps d'exercice de leur mandat.

Art. R. 1432-114 Les délibérations et les avis émis par le comité d'agence sont portés, par tout moyen approprié, à la connaissance des personnels de l'agence, dans un délai d'un mois.

Le comité d'agence doit être informé des suites données à ses délibérations et avis, dans un délai de deux mois, par une communication écrite du président à chacun des membres.

Art. R. 1432-115 Le comité d'agence peut créer, dans les conditions prévues à l'article L. 2325-22 du code du travail, des commissions, notamment pour la gestion des activités sociales et culturelles ou pour l'examen de problèmes particuliers.

Il peut adjoindre aux commissions, avec voix consultative, des experts.

Les rapports des commissions sont soumis à la délibération du comité d'agence.

SOUS-SECTION 3 DÉLÉGUÉS DU PERSONNEL

Art. R. 1432-116 Les délégués du personnel représentent les agents de droit privé régis par les conventions collectives applicables au personnel des organismes de sécurité sociale.

Art. R. 1432-117 Les délégués du personnel sont élus par les agents appartenant au second collège mentionné à l'article R. 1432-78, dans les conditions prévues au chapitre IV du titre Ier du livre III de la deuxième partie du code du travail, sous réserve des dispositions des articles R. 1432-118 à R. 1432-120 du code de la santé publique.

Le nombre des délégués du personnel est celui mentionné à l'article R. 2314-1 du code du travail, appliqué à l'effectif du second collège.

Le nombre d'heures de délégation est celui mentionné à l'article L. 2315-1 du code du travail, appliqué à l'effectif du second collège.

L'élection des délégués du personnel fait l'objet d'un protocole d'accord préélectoral avec les organisations syndicales qui remplissent les conditions fixées à l'article L. 2314-3 du code du travail dans le champ professionnel des organismes de sécurité sociale.

Le premier tour de l'élection des délégués du personnel a lieu à la même date que celle des représentants du personnel au comité d'agence.

(Décr. no 2015-22 du 13 janv. 2015, art. 1er-4o) « La durée du mandat des délégués du personnel peut être réduite ou prorogée dans les conditions prévues au second alinéa de l'article R. 1432-81. »

Art. R. 1432-118 Le remplacement d'un délégué du personnel ayant cessé ses fonctions ou momentanément absent pour une cause quelconque s'effectue selon les mêmes modalités que celles fixées à l'article R. 1432-83.

Art. R. 1432-119 A défaut de protocole d'accord préélectoral conclu entre le directeur général de l'agence et les organisations syndicales intéressées sur ceux des établissements qui ont le caractère d'établissement distinct, la décision est prise par le directeur général de l'agence.

Art. R. 1432-120 Les contestations relatives aux opérations électorales sont portées, dans un délai de cinq jours à compter de la proclamation des résultats, devant le directeur général de l'agence. Celui-ci se prononce dans un délai de cinq jours. Sa décision peut être contestée devant la juridiction administrative dans un délai de cinq jours.

SOUS-SECTION 4 REPRÉSENTATION SYNDICALE ET CONDITIONS DE VALIDITÉ DES ACCORDS COLLECTIFS DE TRAVAIL

§ 1er REPRÉSENTATION SYNDICALE

Art. R. 1432-121 Pour l'appréciation de la représentativité des organisations syndicales :

1o Le pourcentage des voix exprimées aux élections aux comités d'agence en faveur des organisations mentionnées aux articles L. 2122-1 à L. 2122-3 du code du travail s'apprécie au niveau de chacun des deux collèges ou sous-collèges pour les organisations syndicales mentionnées à l'article L. 2122-2 du même code ;

2o Pour l'application de l'article L. 2143-3 du code du travail, le pourcentage des voix exprimées aux élections aux comités d'agence en faveur du candidat s'apprécie au niveau du collège ou du sous-collège dans lequel il s'est présenté.

Légalité. Sur la légalité de cette disposition : • CE 15 mai 2012, ⚖ *Féd. nat. interco CFDT,* no 347101 : *Lebon T.*

Art. R. 1432-122 Le nombre d'heures de délégation dont dispose chaque délégué syndical est celui mentionné à l'article L. 2143-13 du code du travail, appliqué à l'effectif de chacun des deux collèges mentionnés à l'article R. 1432-78 du code de la santé publique.

Art. R. 1432-123 Les organisations syndicales mentionnées à l'article L. 2142-1-1 du code du travail peuvent désigner des représentants des sections syndicales dans les conditions fixées à la section II du chapitre II du titre IV du livre Ier de la deuxième partie du même code.

§ 2 VALIDITÉ DES ACCORDS COLLECTIFS DE TRAVAIL

Art. R. 1432-124 La validité des accords collectifs de travail prévus par le livre II de la deuxième partie du code du travail est subordonnée à leur signature par des organisations syndicales dans les conditions prévues à l'article L. 2232-12 du même code, en se référant aux résultats des élections du comité d'agence. Le pourcentage des voix exprimées, tel que prévu par le même article du code du travail, s'apprécie au niveau du second collège mentionné à l'article R. 1432-78 du code de la santé publique.

SOUS-SECTION 5 COMITÉ NATIONAL DE CONCERTATION

§ 1er ATTRIBUTIONS

Art. R. 1432-125 Le Comité national de concertation des agences régionales de santé est une instance d'information et de débat. Il connaît des questions communes à tout ou partie des agences.

Sous réserve des compétences dévolues aux comités techniques ministériels placés auprès des ministres de tutelle et de celles dévolues à l'instance de concertation prévue au 5° de l'article L. 224-5-2 du code de la sécurité sociale, le Comité national de concertation :

1° Débat de la politique et de la gestion des ressources humaines ainsi que des conditions d'exercice du dialogue social dans les agences régionales de santé ;

2° Est informé des orientations pluriannuelles des politiques menées par les agences, de leurs objectifs avec les indicateurs associés et de leurs moyens de fonctionnement ;

3° Est destinataire, chaque année, d'un rapport d'activité et d'un bilan social du réseau des agences régionales de santé.

Les avis émis par le Comité national de concertation sont portés à la connaissance des membres du Conseil national de pilotage des agences régionales de santé.

§ 2 COMPOSITION

Art. R. 1432-126 Les ministres chargés de la santé, de l'assurance maladie, des personnes âgées et des personnes handicapées président le Comité national de concertation des agences régionales de santé. En cas d'absence ou d'empêchement des ministres chargés de la santé, de l'assurance maladie, des personnes âgées et des personnes handicapées, le secrétaire général des ministères chargés des affaires sociales préside le comité national de concertation.

Le comité comprend dix-sept représentants du personnel des agences régionales de santé, dont :

1° Douze représentants titulaires des personnels fonctionnaires, contractuels de droit public et praticiens mentionnés au 1° de l'article L. 6152-1 des agences régionales de santé et autant de représentants suppléants ;

2° Cinq représentants titulaires des agents de droit privé des agences régionales de santé régis par les conventions collectives applicables au personnel des organismes de sécurité sociale et autant de représentants suppléants.

Le comité comprend, en outre :

1° Le directeur des ressources humaines du ministère chargé de la santé ou son représentant ;

2° Le directeur de l'Union nationale des caisses d'assurance maladie ou son représentant ;

3° Le directeur de l'Union des caisses nationales de sécurité sociale ou son représentant ;

4° Deux directeurs généraux d'agence régionale de santé désignés par le ministre chargé de la santé ou leurs représentants.

Art. R. 1432-127 *(Décr. n° 2016-450 du 12 avr. 2016, art. 4)* « Les représentants du personnel au sein du comité sont désignés, parmi les agents des agences régionales de santé mentionnés à l'article L. 1432-9, par les organisations syndicales représentées dans les comités d'agence. »

Les sièges sont répartis entre les organisations syndicales, sur la base des résultats des dernières élections, proportionnellement aux suffrages cumulés qu'elles ont obtenus dans chacun des collèges lors des élections des représentants du personnel au sein des comités d'agence, avec répartition des restes à la plus forte moyenne.

Les représentants du personnel au sein du comité sont désignés pour une période de quatre ans.

Leurs fonctions sont renouvelables.

Art. R. 1432-128 La liste des organisations syndicales habilitées à désigner des représentants ainsi que le nombre de sièges auquel elles ont droit sont fixés par arrêté des ministres chargés de la santé, de l'assurance maladie, des personnes âgées et des personnes handicapées. Cet arrêté impartit un délai pour la désignation des représentants du personnel.

Art. R. 1432-129 Un représentant du personnel désigné par une organisation syndicale cesse de faire partie du comité si cette organisation en fait la demande, par écrit, au président du comité. La cessation des fonctions est effective un mois après la réception de la demande. L'organisation syndicale procède à son remplacement dans le même délai.

Art. R. 1432-130 Lorsqu'un représentant du personnel, membre titulaire ou suppléant, au sein du comité, vient à *(Décr. n° 2015-22 du 13 janv. 2015, art. 1er-5°)* « perdre son mandat au sein du comité d'agence dans lequel il a été élu ou *[à]* » cesser ses fonctions au sein des agences régionales de santé, il est remplacé, dans un délai d'un mois, par l'organisation syndicale qui l'avait désigné.

Le mandat des remplaçants prend fin en même temps que celui des autres membres du comité.

§ 3 FONCTIONNEMENT

Art. R. 1432-131 Le comité se réunit au moins deux fois par an sur convocation de son président. Il est réuni dans le délai maximum de deux mois, sur demande écrite de la moitié, au moins, des représentants titulaires du personnel.

Art. R. 1432-132 Les représentants du personnel titulaires du comité national de concertation désignent, en leur sein, un secrétaire du comité.

Art. R. 1432-133 La convocation du comité fixe l'ordre du jour de la séance arrêté par le président en concertation avec le secrétaire du comité et, en cas de désaccord, par le président seul. Il est adressé aux membres du comité au moins quinze jours avant la date de la réunion.

Les questions entrant dans la compétence du comité dont l'examen est demandé par au moins la moitié des représentants titulaires du personnel sont inscrites à cet ordre du jour.

Les représentants suppléants peuvent assister aux séances du comité. Ils n'ont voix délibérative qu'en l'absence des titulaires qu'ils remplacent.

Art. R. 1432-134 Le comité national de concertation arrête son règlement intérieur. Celui-ci précise les modalités de son fonctionnement pour l'exercice de ses missions.

Art. R. 1432-135 Le comité ne délibère valablement que si la moitié des représentants du personnel ayant voix délibérative sont présents à l'ouverture de la réunion. Lorsque le quorum n'est pas atteint, une nouvelle convocation est adressée aux membres du comité dans un délai maximum de huit jours suivant la date initiale de convocation qui siège alors valablement sur le même ordre du jour quel que soit le nombre de membres ayant voix délibérative présents.

Art. R. 1432-136 Le comité national de concertation émet ses avis à la majorité des membres présents. S'il est procédé à un vote, seuls les représentants du personnel ayant voix délibérative y prennent part. Le vote a lieu à main levée. Les abstentions sont admises.

Art. R. 1432-137 Après chaque réunion, un procès-verbal est établi par le secrétaire. Il est signé par le président et contresigné par le secrétaire, puis communiqué aux membres du comité. Il est soumis à l'approbation du comité national de concertation lors de la séance du comité suivant sa signature.

Il est ensuite diffusé au comité d'agence de chaque agence régionale de santé et mis à la disposition des agents selon des modalités précisées par le règlement intérieur du comité national de concertation.

Art. R. 1432-138 Le président du comité, à son initiative ou à la demande d'un représentant du personnel titulaire du comité, peut convoquer des experts afin qu'ils soient entendus sur l'un des points inscrits à l'ordre du jour.

Les experts n'ont pas voix délibérative. Ils ne peuvent assister qu'à la partie des débats relative aux questions pour lesquelles leur présence a été demandée, à l'exclusion du vote.

Art. R. 1432-139 Les séances du comité ne sont pas publiques.

Les personnes participant à quelque titre que ce soit aux travaux du comité sont tenues à l'obligation de discrétion professionnelle à raison des informations et documents dont elles ont eu connaissance à l'occasion de ces travaux.

Art. R. 1432-140 Toutes facilités sont données aux membres du comité pour exercer leurs fonctions.

Communication leur est donnée de tous les documents et pièces nécessaires à l'accomplissement de leurs fonctions au plus tard huit jours avant la date de la séance.

Art. R. 1432-141 Une autorisation d'absence est accordée aux représentants du personnel, titulaires et suppléants, au sein du comité ainsi que, le cas échéant, aux experts appelés à prendre part aux séances, pour leur permettre de participer aux réunions sur simple présentation de leur convocation. La durée de cette autorisation est calculée en tenant compte des délais de route, de la durée prévisible de la réunion et augmentée d'un temps égal à cette durée afin de mettre les intéressés en mesure d'assurer la préparation et le compte rendu des travaux du comité.

Les représentants du personnel titulaires et suppléants du comité et les experts convoqués ne perçoivent aucune indemnité du fait de leurs fonctions. Ils sont indemnisés de leurs frais de déplacement et de séjour dans les conditions fixées par les textes dont ils relèvent.

SOUS-SECTION 6 COMITÉ D'HYGIÈNE, DE SÉCURITÉ ET DES CONDITIONS DE TRAVAIL

§ 1er ATTRIBUTIONS

Art. R. 1432-142 Le comité d'hygiène, de sécurité et des conditions de travail exerce les missions définies aux articles L. 4612-1 à L. 4612-6 du code du travail.

Le comité est informé en cas de changement de médecin du travail.

Le comité intervient lorsqu'un salarié fait usage du droit d'alerte et du droit de retrait conformément aux articles 5-5 et 5-6 du décret n° 82-453 du 28 mai 1982 relatif à l'hygiène et à la sécurité du travail ainsi qu'à la prévention médicale dans la fonction publique.

§ 2 COMPOSITION

Art. R. 1432-143 Le comité d'hygiène, de sécurité et des conditions de travail est présidé par le directeur général de l'agence ou son représentant.

Il comprend :

1° Une délégation du personnel dont le nombre est fixé en tenant compte de l'effectif de l'agence ;

2° Des représentants de l'agence, nommés par son directeur général. Leur nombre, qui inclut le directeur général de l'agence, est inférieur de deux à celui des représentants du personnel.

Art. R. 1432-144 La délégation du personnel au comité d'hygiène, de sécurité et des conditions de travail est composée comme suit :

(Décr. n° 2016-450 du 12 avr. 2016, art. 2) « 1° Agence comptant jusqu'à 249 agents : quatre représentants titulaires ;

« 2° Agence de 250 à 499 agents : six représentants titulaires ;

« 3° Agence de 500 agents et plus : neuf représentants titulaires. »

Un représentant suppléant est désigné avec chaque représentant titulaire.

Art. R. 1432-145 La liste nominative des membres du comité est affichée dans les locaux affectés au travail. Elle indique le lieu de travail habituel des membres du comité.

Art. R. 1432-146 Peuvent également siéger au comité d'hygiène, de sécurité et des conditions de travail, à titre consultatif, le médecin du travail, l'agent chargé des fonctions d'inspection et l'agent chargé de la mise en œuvre des règles d'hygiène et de sécurité mentionnés aux articles R. 1432-156, R. 1432-160 et R. 1432-161.

Art. R. 1432-147 *(Décr. nº 2016-450 du 12 avr. 2016, art. 3)* Les représentants du personnel au sein du comité sont désignés par les organisations syndicales représentées au sein du comité d'agence selon les règles suivantes :

1° Le nombre total de sièges est réparti entre les deux collèges du comité d'agence mentionnés à l'article R. 1432-78, à due proportion des effectifs selon la règle de la plus forte moyenne ;

2° La délégation du personnel comprend au minimum un agent de chacun des collèges. Un siège est attribué dans chaque collège à l'organisation syndicale ayant obtenu le plus grand nombre de suffrages ;

3° Les autres sièges sont répartis proportionnellement aux suffrages obtenus dans chacun des collèges lors de l'élection des représentants du personnel au comité d'agence selon la règle de la plus forte moyenne, en tenant compte du siège attribué au titre du 2°.

Pour l'application du présent article, en cas d'égalité de moyenne pour un siège restant à attribuer, l'attribution se fait à l'organisation syndicale ayant obtenu le plus grand nombre de suffrages. Si les listes en cause ont recueilli le même nombre de voix, le siège est attribué à celle qui a présenté le plus grand nombre de candidats au titre du comité d'agence. Si plusieurs de ces listes ont obtenu le même nombre de voix et ont présenté le même nombre de candidats, le siège est attribué par voie de tirage au sort.

Art. R. 1432-148 Les représentants du personnel au sein du comité d'hygiène, de sécurité et des conditions de travail sont désignés pour une période de quatre ans. Leur mandat peut être renouvelé.

Lorsque, pendant la durée normale de son mandat, un représentant du personnel cesse ses fonctions, il est remplacé dans le délai d'un mois, pour la période du mandat restant à courir.

§ 3 FONCTIONNEMENT

Art. R. 1432-149 Les représentants du personnel titulaires du comité d'hygiène, de sécurité et des conditions de travail désignent, en leur sein, un secrétaire du comité.

Le comité d'hygiène, de sécurité et des conditions de travail établit son règlement intérieur.

Art. R. 1432-150 Le directeur général de l'agence laisse à chacun des représentants du personnel au comité d'hygiène, de sécurité et des conditions de travail le temps nécessaire à l'exercice de ses fonctions dans les conditions prévues par les articles *L. 4614-3 à L. 4614-6 du code* du travail.

Art. R. 1432-151 Le comité d'hygiène, de sécurité et des conditions de travail peut faire appel, à titre consultatif et occasionnel, au concours de tout personnel de l'agence qui lui paraîtrait qualifié.

Art. R. 1432-152 Le comité d'hygiène, de sécurité et des conditions de travail peut faire appel à un expert agréé dans les conditions fixées par *(Décr. nº 2015-22 du 13 janv. 2015, art. 1er-6°)* « l'article 55 » du décret nº 82-453 du 28 mai 1982 relatif à l'hygiène et à la sécurité du travail ainsi qu'à la prévention médicale dans la fonction publique.

Art. R. 1432-153 Le comité d'hygiène, de sécurité et des conditions de travail se réunit au moins une fois par trimestre sur convocation du directeur général de l'agence, dans les conditions prévues aux articles L. 4614-8 à L. 4614-10 du code du travail. A défaut d'accord entre le président et le secrétaire sur l'ordre du jour, le président le fixe.

Art. R. 1432-154 Les décisions et résolutions du comité d'hygiène, de sécurité et des conditions de travail sont adoptées dans les conditions prévues à l'article L. 4614-2 du code du travail.

Art. R. 1432-155 Les représentants du personnel au comité d'hygiène, de sécurité et des conditions de travail bénéficient de la formation nécessaire à l'exercice de leurs missions telles que prévues aux articles L. 4614-15 et L. 4614-16 du code du travail. Cette formation est renouvelée lorsqu'ils ont exercé leur mandat pendant quatre ans, consécutifs ou non.

(Abrogé par Décis. CE n° 347101 du 15 mai 2012) ***« Pour les représentants appartenant au premier collège, mentionné à l'article R. 1432-78, les jours de congés obtenus en application de l'alinéa précédent s'imputent sur leurs droits à congés de formation syndicale prévus par le 7° de l'article 34 de la loi du 11 janvier 1984 portant dispositions statutaires relatives à la fonction publique de l'État. »***

Illégalité. Si un décret peut fixer des règles de cumul applicables au nouveau congé qu'il institue, de telles règles ne sauraient avoir pour effet de diminuer le nombre de jours de congé de formation syndicale dont les représentants au comité d'hygiène, de sécurité et des conditions de travail qui sont fonctionnaires de l'État peuvent bénéficier au titre de l'art. 34 de la loi du 11 janv. 1984 : annulation du second alinéa de l'art. R. 1432-155. • CE 15 mai 2012, *Féd. nat. interco CFDT*, n° 347101.

SOUS-SECTION 7 SANTÉ AU TRAVAIL

Art. R. 1432-156 Un médecin du travail, régi par les dispositions des articles L. 4623-1 à L. 4623-7 du code du travail, intervient dans chaque agence régionale de santé conformément aux dispositions de l'article L. 4622-3 du code du travail.

Il exerce, en outre, les missions dévolues au médecin chargé de la prévention telles que prévues à l'article 18 du décret du 14 mars 1986 et à l'article 1er du décret du 30 novembre 1984 pris en application de l'article 63 de la loi n° 84-16 du 11 janvier 1984 portant dispositions statutaires relatives à la fonction publique de l'État.

Art. R. 1432-157 Par dérogation au décret n° 82-453 du 28 mai 1982 relatif à l'hygiène et à la sécurité du travail ainsi qu'à la prévention médicale dans la fonction publique, les dispositions du titre II du livre VI de la quatrième partie de la partie réglementaire du code du travail sont applicables aux fonctionnaires et aux contractuels de droit public exerçant leurs fonctions en agence régionale de santé, à l'exception des articles R. 4624-10 à R. 4624-15.

Art. R. 1432-158 Les dispositions prévues aux articles R. 4624-19 et R. 4624-20 du code du travail sont applicables aux fonctionnaires, aux praticiens mentionnés au 1° de l'article L. 6152-1 et aux contractuels de droit public qui exercent leurs fonctions en agence régionale de santé lorsqu'ils sont réintégrés après un congé de longue maladie, un congé de longue durée ou un congé de grave maladie ou lorsqu'ils souffrent de pathologies particulières déterminées par le médecin du travail.

Art. R. 1432-159 Le dossier médical des fonctionnaires et des contractuels de droit public est constitué par le médecin du travail à compter de leur prise de fonction au sein de l'agence régionale de santé.

Art. R. 1432-160 Un agent chargé d'assurer des fonctions d'inspection en matière d'hygiène et de sécurité intervient dans l'agence dans les conditions prévues par le décret n° 82-453 du 28 mai 1982 relatif à l'hygiène et à la sécurité du travail ainsi qu'à la prévention médicale dans la fonction publique.

L'inspection du travail peut être sollicitée dans les conditions prévues par les articles 5-4 à 5-7 du même décret.

Art. R. 1432-161 Un agent chargé de la mise en œuvre des règles d'hygiène et de sécurité est nommé par le directeur de l'agence. Il intervient dans l'agence dans les conditions prévues par le décret n° 82-453 du 28 mai 1982 relatif à l'hygiène et à la sécurité du travail ainsi qu'à la prévention médicale dans la fonction publique.

Cet agent est associé, à l'initiative du médecin du travail, aux travaux de réalisation de la fiche d'entreprise.

CHAPITRE III COORDINATION DES AGENCES RÉGIONALES DE SANTÉ

(Décr. nº 2010-786 du 8 juill. 2010)

Art. D. 1433-1 Les ministres chargés de la santé, de l'assurance maladie, des personnes âgées et des personnes handicapées président le Conseil national de pilotage des agences régionales de santé. Les ministres chargés du budget et de la sécurité sociale en sont membres.

Le Conseil national de pilotage comprend en outre :

1° Le secrétaire général des ministères chargés des affaires sociales et le secrétaire général adjoint ;

2° Le directeur de la sécurité sociale ;

3° Le directeur général de la santé et son adjoint ;

4° Le directeur général de l'offre de soins ;

5° Le directeur général de la cohésion sociale ;

6° Le directeur de la recherche, des études, de l'évaluation et des statistiques ;

7° Le directeur des affaires financières, juridiques et des services ;

8° Le directeur des ressources humaines ;

9° Le directeur du budget ;

10° Le chef de l'inspection générale des affaires sociales ;

11° Le directeur général de la Caisse nationale de l'assurance maladie des travailleurs salariés ;

12° Le directeur général de la Caisse nationale du régime social des indépendants ;

13° Le directeur général de la Caisse centrale de la mutualité sociale agricole ;

14° Le directeur de la Caisse nationale de solidarité pour l'autonomie.

En cas d'empêchement, les ministres mentionnés à cet article désignent leur représentant.

Le secrétaire général des ministères chargés des affaires sociales préside le Conseil national de pilotage en l'absence des ministres chargés de la santé, de l'assurance maladie, des personnes âgées et des personnes handicapées.

A l'initiative de l'un des ministres ou sur proposition d'un membre du Conseil national de pilotage des agences régionales de santé et avec l'accord du Conseil national, toute personne peut être entendue par ce dernier.

Art. D. 1433-2 Le Conseil national de pilotage des agences régionales de santé formule des orientations générales sur les politiques et les mesures mises en œuvre par les agences régionales de santé. Il veille à la cohérence des objectifs, du contenu et de l'application des politiques conduites par les agences régionales de santé dans les domaines de la santé publique, de l'organisation de l'offre de soins, de la prise en charge médico-sociale et de la gestion du risque.

Art. D. 1433-3 Le Conseil national de pilotage des agences régionales de santé formule des recommandations afin que la répartition entre les agences des financements qui leur sont attribués soit cohérente avec les politiques qu'elles ont à mettre en œuvre, notamment avec l'objectif de réduction des inégalités de santé. Ces recommandations portent, en particulier, sur les critères utilisés.

Art. D. 1433-4 Le Conseil national de pilotage des agences régionales de santé adresse aux agences régionales de santé des directives qui donnent des indications sur l'application des orientations générales de la politique nationale de santé dans le ressort territorial de chaque agence.

Art. D. 1433-5 Le Conseil national de pilotage des agences régionales de santé examine le contrat pluriannuel d'objectifs et de moyens prévu à l'article L. 1433-2 avant sa signature avec chaque agence, ainsi que, le cas échéant, ses avenants. Il en suit l'exécution et évalue le résultat de l'action des agences.

Le Conseil national de pilotage des agences régionales de santé approuve les objectifs assignés à chaque agence régionale de santé dans les contrats pluriannuels d'objectifs et de moyens.

Les directeurs généraux des agences régionales de santé présentent, chaque année, au Conseil national de pilotage des agences régionales de santé, s'il le souhaite, un bilan de leurs réalisations et leurs priorités d'action pour l'année à venir.

Art. D. 1433-6 Le Conseil national de pilotage des agences régionales de santé conduit l'animation du réseau des agences. Il contribue au suivi et à la comparaison des indicateurs de performance des agences régionales de santé, à la diffusion de bonnes pratiques et à la mutualisation de certaines fonctions, ainsi qu'à l'élaboration d'outils méthodologiques, dans le domaine de la gestion des ressources humaines, des opérations budgétaires et comptables, des autres fonctions support, et en ce qui concerne le schéma directeur du système d'information des agences.

Art. D. 1433-7 Les dispositions du présent décret ne font pas obstacle à ce que le ministre chargé de la santé, en cas de menace sanitaire grave, au titre des mesures mentionnées à l'article L. 3131-1 du code de la santé publique, adresse des instructions aux agences régionales de santé.

Le Conseil national de pilotage des agences régionales de santé est tenu informé des instructions données dans ce cadre à ces dernières.

Art. D. 1433-8 Le Conseil national de pilotage des agences régionales de santé définit les modalités de son fonctionnement et arrête le programme de ses travaux.

Le Conseil national de pilotage des agences régionales de santé peut se réunir par tout moyen approprié permettant l'identification et la participation effective de ses membres à une délibération collégiale.

Les travaux du Conseil national de pilotage sont préparés par un comité permanent, présidé par le secrétaire général des ministères chargés des affaires sociales ou son représentant, réunissant l'ensemble des membres du Conseil national de pilotage des agences régionales de santé ou leurs représentants. En tant que de besoin, un ou plusieurs directeurs généraux d'agence régionale de santé peuvent y participer.

Le secrétaire général des ministères chargés des affaires sociales réunit périodiquement, pour le compte du Conseil national de pilotage des agences régionales de santé, l'ensemble des directeurs généraux des agences régionales de santé. Il associe à ces réunions les membres du Conseil national de pilotage des agences régionales de santé ou leurs représentants.

CHAPITRE IV TERRITORIALISATION DE LA POLITIQUE DE SANTÉ

(Décr. n° 2016-1023 du 26 juill. 2016, art. 1er)

SECTION PREMIÈRE PROJET RÉGIONAL DE SANTÉ

Art. R. 1434-1 I. — Le projet régional de santé est arrêté par le directeur général de l'agence régionale de santé après avis, dans le champ de leurs compétences respectives :

1° De la conférence régionale de la santé et de l'autonomie ;

2° Des conseils départementaux de la citoyenneté et de l'autonomie prévus à l'article L. 149-1 du code de l'action sociale et des familles ;

3° Du préfet de région ;

4° Des collectivités territoriales de la région.

Le conseil de surveillance de l'agence régionale de santé donne un avis sur le projet régional de santé.

II. — Le délai pour rendre l'avis est de trois mois pour la révision à cinq ans prévue au 2° de l'article L. 1434-2 et de deux mois pour les autres révisions. A défaut d'avis émis dans ces délais à compter de la publication de l'avis de consultation sous forme électronique au recueil des actes administratifs de la préfecture de région, l'avis est réputé rendu.

Art. R. 1434-2 Le cadre d'orientation stratégique, le schéma régional de santé et le programme régional d'accès à la prévention et aux soins des personnes les plus démunies qui constituent le projet régional de santé peuvent être arrêtés séparément selon la procédure prévue à l'article R. 1434-1.

Les décisions arrêtant les documents mentionnés à l'alinéa précédent sont publiées au recueil des actes administratifs de la préfecture de région dans laquelle l'agence a son siège. Elles mentionnent le site internet où ces documents peuvent être consultés.

Ces documents peuvent être révisés à tout moment par arrêté du directeur général de l'agence régionale de santé, en suivant la même procédure.

La conférence régionale de la santé et de l'autonomie est informée chaque année du suivi de la mise en œuvre du projet régional de santé.

SOUS-SECTION 1 CADRE D'ORIENTATION STRATÉGIQUE

Art. R. 1434-3 Le cadre d'orientation stratégique détermine les objectifs généraux et les résultats attendus à dix ans pour améliorer l'état de santé de la population, lutter contre les inégalités sociales et territoriales de santé, en particulier celles relatives à l'accès à la prévention, aux soins et à l'accompagnement médico-social.

Il comporte les domaines d'action prioritaires de la stratégie nationale de santé définie à l'article L. 1411-1-1. Les objectifs et les résultats attendus sont établis en cohérence avec ses objectifs d'amélioration de la santé et de la protection sociale contre la maladie, mentionnés au même article.

Ces objectifs portent notamment sur :

1° L'organisation des parcours de santé ;

2° Le renforcement de la pertinence, de la qualité, de la sécurité, de la continuité et de l'efficience des prises en charge et des accompagnements ;

3° Les effets sur les déterminants de santé ;

4° Le respect et la promotion des droits des usagers.

Le cadre d'orientation stratégique s'inscrit dans la perspective d'une amélioration de la coordination avec les autres politiques publiques ayant un impact sur la santé.

Le cadre d'orientation stratégique est révisé, après son évaluation, au moins tous les dix ans.

SOUS-SECTION 2 SCHÉMA RÉGIONAL DE SANTÉ

Art. R. 1434-4 Le schéma régional de santé est élaboré par l'agence régionale de santé sur le fondement d'une évaluation des besoins. A cette fin, elle effectue un diagnostic comportant une dimension prospective des besoins de santé, sociaux et médico-sociaux et des réponses existantes à ces besoins, y compris celles mises en œuvre dans le cadre d'autres politiques publiques.

Le diagnostic porte également sur la continuité des parcours de santé, l'identification d'éventuels points de rupture au sein de ces parcours et les difficultés de coordination entre professionnels, établissements ou services.

Le diagnostic tient compte notamment :

1° De la situation démographique et épidémiologique ainsi que de ses perspectives d'évolution ;

2° Des déterminants de santé et des risques sanitaires ;

3° Des inégalités sociales et territoriales de santé ;

4° De la démographie des professionnels de santé et de sa projection ;

5° Des évaluations des projets régionaux de santé antérieurs.

Art. R. 1434-5 Au terme du diagnostic mentionné à l'article R. 1434-4, l'agence régionale de santé élabore un schéma régional de santé en cohérence avec le cadre d'orientation stratégique et avec les dispositions des lois de financement de la sécurité sociale.

Le schéma tient compte :

1° Des exigences d'accessibilité, de qualité, de sécurité, de permanence, de continuité des prises en charge ;

2° Des exigences d'efficience du service rendu et d'optimisation de la ressource publique ;

3° Des spécificités des quartiers prioritaires de la politique de la ville, des zones de revitalisation rurale et des zones mentionnées au 1° de l'article L. 1434-4 ;

4° Des orientations des plans ou programmes nationaux de santé ;

5° Des objectifs du programme coordonné élaboré par les conférences départementales des financeurs de la prévention de la perte d'autonomie prévues par l'article L. 233-1 du code de l'action sociale et des familles.

Art. R. 1434-6 Le schéma régional de santé comporte des objectifs visant à :

1° Développer la prévention et la promotion de la santé ;

2° Améliorer l'organisation des parcours de santé en favorisant la coordination et la coopération des acteurs de l'offre sanitaire, sociale et médico-sociale, en particulier en mobilisant les équipes de soins primaires mentionnées à l'article L. 1411-11-1 et les communautés professionnelles territoriales de santé mentionnées à l'article L. 1434-12 ;

3° Favoriser l'accès aux soins, à la prévention et à l'accompagnement, sur les plans social, géographique et de l'organisation, notamment des personnes en situation de handicap ou de perte d'autonomie et des personnes les plus démunies ;

4° Préparer le système de santé à la gestion des situations sanitaires exceptionnelles déclinées dans le dispositif ORSAN mentionné à l'article L. 3131-11.

Art. R. 1434-7 Le schéma régional de santé comporte en outre des objectifs quantitatifs et qualitatifs visant à prévoir l'évolution de l'offre de soins par activité de soins et équipements matériels lourds mentionnés à l'article L. 6122-1 et de l'offre des établissements et services médico-sociaux.

Le schéma régional de santé est opposable, pour ce qui les concerne, aux établissements de santé, aux autres titulaires d'autorisations d'activités de soins et d'équipements matériels lourds, ainsi qu'aux établissements et services qui sollicitent de telles autorisations. Il est également opposable, dans les conditions prévues aux articles L. 313-4, L. 313-8 et L. 313-9 du code de l'action sociale et des familles, aux établissements et services sociaux et médico-sociaux.

Le schéma régional de santé indique, dans le respect de la liberté d'installation, les besoins en implantation pour l'exercice des soins de premier recours mentionnés à l'article L. 1411-1 et de deuxième recours mentionnés à l'article L. 1411-12. Les dispositions qu'il comporte à cet égard ne sont pas opposables aux professionnels de santé libéraux.

Art. R. 1434-8 L'agence régionale de santé précise les modalités de suivi et d'évaluation des dispositions prévues par le schéma, notamment en ce qui concerne l'efficience de ses dispositions.

Le schéma régional de santé est révisé, après évaluation de l'atteinte de ses objectifs au moins tous les cinq ans.

Art. R. 1434-9 Pour atteindre ses objectifs, le schéma régional de santé mobilise notamment les leviers suivants :

1° La surveillance et l'observation de la santé ;

2° Les démarches d'amélioration continue de la qualité des soins et de la sécurité des usagers ;

3° La contractualisation avec les professionnels, structures et établissements de santé, les établissements et services médico-sociaux, et les acteurs de la prévention et de la promotion de la santé ;

4° La coordination ou la contractualisation avec les autres services de l'État et les collectivités territoriales et leurs groupements ;

5° Les mesures d'aide à l'installation des professionnels de santé ;

6° Les systèmes d'information, la télémédecine et la e-santé ;

7° Les outils d'appui et de coordination des acteurs du soin et des accompagnements sociaux et médico-sociaux, de la prévention et de la promotion de la santé ;

8° La formation et l'évolution des métiers et des compétences des acteurs de santé ;

9° La formation des représentants des usagers dans les instances où leur présence est nécessaire ;

10° La mobilisation de la démocratie sanitaire ;

11° Les investissements immobiliers et les équipements.

Ces leviers figurent dans le schéma régional de santé.

SOUS-SECTION 3 SCHÉMA INTERRÉGIONAL DE SANTÉ ET SCHÉMA RÉGIONAL DE SANTÉ SPÉCIFIQUE

Art. R. 1434-10 I. – Le ministre chargé de la santé fixe par arrêté la liste des équipements matériels lourds et activités de soins, de prévention ou médico-sociales, présentant des spécificités, tenant notamment à leur caractère hautement technique ou hautement spécialisé, à la rareté du besoin ou de l'offre, pour lesquels plusieurs agences régionales de santé, qu'il détermine, sont tenues d'établir un schéma interrégional de santé.

Il peut prévoir en fonction des caractéristiques géographiques et démographiques spécifiques des régions et des besoins des populations un regroupement différent de régions pour les différentes activités de soins, de prévention ou médico-sociales, ou équipements matériels lourds.

Le schéma interrégional de santé est arrêté par les directeurs généraux des agences régionales de santé après avis de la conférence régionale de la santé et de l'autonomie de chacune des régions. Il comporte une partie opposable relative à l'offre de soins des établissements de santé et autres titulaires d'autorisations d'activités de soins et d'équipements matériels lourds.

II. — Le ministre chargé de la santé peut fixer par arrêté la liste des équipements et activités mentionnés au I qui peuvent faire l'objet, dans des régions caractérisées par l'importance de leur population, de leur offre de soins, ou leur insularité, d'un schéma régional de santé spécifique. Ce schéma est arrêté selon les mêmes procédures et modalités que le schéma régional de santé.

SOUS-SECTION 4 PROGRAMME RÉGIONAL D'ACCÈS À LA PRÉVENTION ET AUX SOINS DES PERSONNES LES PLUS DÉMUNIES

Art. R. 1434-11 Le programme régional d'accès à la prévention et aux soins des personnes les plus démunies détermine, à échéance de cinq ans :

1° Les actions à conduire ;

2° Les moyens à mobiliser ;

3° Les résultats attendus ;

4° Le calendrier de mise en œuvre ;

5° Les modalités de suivi et d'évaluation.

SOUS-SECTION 5 COOPÉRATION AVEC LES PAYS VOISINS

Art. R. 1434-12 Les projets régionaux de santé des agences régionales de santé frontalières et des agences régionales de santé des régions d'outre-mer organisent, lorsqu'un accord cadre international le permet, la coopération sanitaire et médico-sociale avec les autorités du pays voisin par des conventions de coopération. A ce titre, les projets régionaux de ces agences comportent des objectifs et des actions prenant en compte la dimension transfrontalière dans leurs politiques sanitaire et médico-sociale.

La ou les conférences régionales de la santé et de l'autonomie ainsi que les conseils territoriaux de santé concernés sont informés des conventions de coopération mentionnées au premier alinéa et de leur mise en œuvre.

SECTION II MODALITÉS DE PARTENARIAT ENTRE LES AGENCES RÉGIONALES DE SANTÉ ET LES ORGANISMES D'ASSURANCE MALADIE

(Décr. n° 2016-1025 du 26 juill. 2016, art. 1er)

SOUS-SECTION 1 COMMISSION RÉGIONALE DE COORDINATION DES ACTIONS DE L'AGENCE RÉGIONALE DE SANTÉ ET DE L'ASSURANCE MALADIE

Art. R. 1434-13 La commission régionale de coordination des actions de l'agence régionale de santé et de l'assurance maladie a pour missions :

1° D'organiser la participation des organismes d'assurance maladie à l'élaboration et à la mise en œuvre du projet régional de santé et du plan pluriannuel régional de gestion du risque et d'efficience du système de soins ;

2° D'élaborer les conventions prévues aux articles L. 1434-6 du présent code et L. 182-2-1-1 du code de la sécurité sociale nécessaires à la mise en œuvre de ces plans ainsi que de suivre et d'évaluer ces conventions ;

3° De veiller à la coordination des conventions mentionnées au 2° avec les actions prévues dans le cadre des conventions d'objectifs et de gestion signées entre l'autorité compétente de l'État et les organismes d'assurance maladie ;

4° De donner un avis sur le projet de plan pluriannuel régional de gestion du risque et d'efficience du système de soins mentionné à l'article R. 1434-19 ;

5° De donner un avis sur le projet de plan d'actions pluriannuel régional d'amélioration de la pertinence des soins mentionné à l'article R. 162-44 du code de la sécurité sociale ;

6° D'élaborer et de définir les modalités de mise en œuvre des actions complémentaires spécifiques prévues à l'article R. 1434-24 ;

7° De donner un avis sur le ou les projets de conventions avec les organismes d'assurance maladie complémentaires mentionnées à l'article R. 1434-28.

Art. R. 1434-14 I. – La commission de coordination des actions de l'agence régionale de santé et de l'assurance maladie est présidée par le directeur général de l'agence régionale de santé.

II. – Sa formation plénière comprend, outre le président de la commission, le directeur d'organisme, représentant, au niveau régional, chaque régime d'assurance maladie dont la caisse nationale est membre de l'Union nationale des caisses d'assurance maladie, ainsi que les directeurs des organismes d'assurance maladie du ressort de la région.

La formation plénière rend les avis mentionnés aux 4° et 5° de l'article R. 1434-13.

III. – Sa formation restreinte comprend, outre le président de la commission, le directeur d'organisme, représentant, au niveau régional, chaque régime d'assurance maladie dont la caisse nationale est membre de l'Union nationale des caisses d'assurance maladie et, en fonction de l'ordre du jour, un ou plusieurs directeurs des organismes d'assurance maladie du ressort de la région concernés.

La formation restreinte rend les avis et examine les questions mentionnées aux 1°, 2°, 3°, 6° et 7° de l'article R. 1434-13.

Un représentant des organismes complémentaires d'assurance maladie désigné par l'Union nationale des organismes complémentaires d'assurance maladie participe aux travaux de la commission lorsqu'elle examine les questions mentionnées au 7° de l'article R. 1434-13.

SOUS-SECTION 2 CONVENTION ENTRE LES AGENCES RÉGIONALES DE SANTÉ ET LES ORGANISMES D'ASSURANCE MALADIE

Art. R. 1434-15 I. – La convention prévue au 3° de l'article L. 1434-6, conclue entre le directeur général de l'agence régionale de santé et le représentant de chacun des régimes d'assurance maladie de la région, détermine, dans le respect de leurs compétences respectives, leurs modalités de collaboration dans les domaines suivants :

1° La prévention et la promotion de la santé ;

2° L'offre sanitaire et médico-sociale ;

3° L'accès à la santé ;

4° La mise en œuvre des parcours de santé ;

5° La mise en œuvre d'expérimentations régionales d'organisation et de financement.

II. – La convention prévue au I précise en outre :

1° La participation et les contributions respectives des agences régionales de santé et des organismes d'assurance maladie pour l'analyse des données et des dépenses régionales de santé et le suivi des actions conduites dans les domaines mentionnés au I ;

2° L'éventuelle participation des régimes de l'assurance maladie aux actions de veille et sécurité sanitaire des agences régionales de santé ;

3° Les modalités d'information réciproque concernant l'accès aux droits des populations ;

4° Les modalités d'information réciproque relatives aux missions d'inspection et de contrôle.

Elle peut être établie sur la base de clauses types adoptées par le Conseil national de pilotage des agences régionales de santé prévu par l'article L. 1433-1.

Art. R. 1434-16 La convention, d'une durée de cinq ans, est signée par le directeur général de l'agence régionale de santé et le représentant, à l'échelon régional, de chacun des régimes d'assurance maladie.

Elle peut faire l'objet d'avenants conclus dans les mêmes conditions.

Art. R. 1434-17 La convention respecte le contrat pluriannuel d'objectifs et de moyens de l'agence régionale de santé prévu à l'article L. 1433-2 du présent code et le contrat pluriannuel de gestion de chaque organisme d'assurance maladie prévu à l'article L. 227-3 du code de la sécurité sociale.

Art. R. 1434-18 Le Conseil national de pilotage des agences régionales de santé peut être saisi par un de ses membres ou par un directeur général d'agence régionale de santé afin d'examiner les difficultés rencontrées dans la mise en œuvre de cette convention.

SOUS-SECTION 3 PLAN PLURIANNUEL RÉGIONAL DE GESTION DU RISQUE ET D'EFFICIENCE DU SYSTÈME DE SOINS

Art. R. 1434-19 Le directeur général de l'agence régionale de santé prépare, arrête après avis de la commission mentionnée à l'article R. 1434-13, met en œuvre et évalue le plan pluriannuel régional de gestion du risque et d'efficience du système de soins prévu à l'article L. 182-2-1-1 du code de la sécurité sociale.

Art. R. 1434-20 La durée du plan pluriannuel régional de gestion du risque et d'efficience du système de soins arrêté par le directeur général de l'agence régionale de santé est de deux ans. Le plan peut faire l'objet d'une révision par avenants arrêtés dans les mêmes conditions.

Art. R. 1434-21 Le plan pluriannuel régional de gestion du risque et d'efficience du système de soins décline les programmes nationaux de gestion du risque et d'efficience du système de soins établis par le Comité national de la gestion du risque et de l'efficience du système de soins prévu à l'article L. 182-2-1-1 du code de la sécurité sociale, conformément aux objectifs définis par le plan national de gestion du risque et d'efficience du système de soins prévu au même article.

Il en précise les conditions de mise en œuvre, en respectant les objectifs fixés à chaque agence dans son contrat pluriannuel d'objectifs et de moyens.

Art. R. 1434-22 Le programme national de gestion du risque et d'efficience du système de soins est décliné, en ce qui concerne la pertinence des soins, au sein de chaque plan pluriannuel régional de gestion du risque et d'efficience du système de soins, par le plan régional mentionné à l'article R. 162-44 du code de la sécurité sociale.

Art. R. 1434-23 Les agences régionales de santé sont destinataires, de la part du Conseil national de pilotage des agences régionales de santé, des programmes nationaux de gestion du risque et d'efficience du système de soins mentionnés à l'article R. 1434-21, établis par le Comité national de la gestion du risque et de l'efficience du système de soins, en vue de leur intégration dans le plan pluriannuel régional de gestion du risque et d'efficience du système de soins.

Art. R. 1434-24 La convention mentionnée à l'article L. 182-2-1-1 du code de la sécurité sociale peut prévoir des actions régionales complémentaires spécifiques dont elle définit les modalités de mise en œuvre.

Art. R. 1434-25 Le directeur général de l'agence régionale de santé est informé par le représentant désigné par le directeur général de l'Union nationale des caisses d'assurance maladie mentionné à l'article L. 182-2-1-1 du code de la sécurité sociale des actions de gestion du risque et d'efficience du système de soins qui ne sont pas inscrites au plan pluriannuel régional de gestion du risque et d'efficience du système de soins.

Art. R. 1434-26 Le plan pluriannuel régional de gestion du risque et d'efficience du système de soins est mis en œuvre dans le respect des conventions d'objectifs et de gestion conclues entre l'autorité compétente de l'État et les caisses nationales mentionnées aux articles L. 227-1 et L. 611-7 du code de la sécurité sociale et à l'article L. 723-12 du code rural et de la pêche maritime qui déterminent les règles d'affectation des moyens nécessaires.

Les contrats pluriannuels de gestion des organismes d'assurance maladie, établis en application des articles L. 227-3 et L. 611-7 du code de la sécurité sociale et de l'article L. 723-12 du code rural et de la pêche maritime, prennent en compte les objectifs du plan national de gestion du risque et d'efficience du système de soins prévu à l'article L. 182-2-1-1 du code de la sécurité sociale.

Art. R. 1434-27 Le Comité national de la gestion du risque et d'efficience du système de soins, lorsqu'il est saisi soit par un de ses membres soit par un directeur général d'agence régionale de santé, examine les difficultés rencontrées dans la mise en œuvre des plans pluriannuels régionaux de gestion du risque et d'efficience du système de soins.

SOUS-SECTION 4 CONVENTION ENTRE LES AGENCES RÉGIONALES DE SANTÉ ET LES ORGANISMES D'ASSURANCE MALADIE COMPLÉMENTAIRES

Art. R. 1434-28 Les engagements d'un ou *[de]* plusieurs organismes d'assurance maladie complémentaires définis dans le cadre du plan pluriannuel régional de gestion du risque et d'efficience du système de soins ainsi que les engagements en matière de mise en œuvre du projet régional de santé mentionné à l'article L. 1434-1 peuvent faire l'objet d'une ou *[de]* plusieurs conventions, signées avec le directeur général de l'agence régionale de santé, après avis de la commission mentionnée à l'article R. 1434-13.

SECTION III TERRITOIRES DE DÉMOCRATIE SANITAIRE, ZONES DU SCHÉMA RÉGIONAL DE SANTÉ ET CONSEILS TERRITORIAUX DE SANTÉ

(Décr. n° 2016-1024 du 26 juill. 2016, art. 1er)

SOUS-SECTION 1 TERRITOIRES DE DÉMOCRATIE SANITAIRE ET ZONES DU SCHÉMA RÉGIONAL DE SANTÉ

§ 1er TERRITOIRES DE DÉMOCRATIE SANITAIRE

Art. R. 1434-29 I. – Le directeur général de l'agence régionale de santé délimite, au sein de la région, les territoires de démocratie sanitaire afin de permettre, dans chaque territoire :

1° La mise en cohérence des projets de l'agence régionale de santé, des professionnels et des collectivités territoriales ;

2° La prise en compte de l'expression des acteurs du système de santé et notamment *[de]* celle des usagers.

II. – Le directeur général de l'agence régionale de santé recueille au préalable l'avis du préfet de région, de la conférence régionale de la santé et de l'autonomie et des collectivités territoriales concernées qui disposent de deux mois, à compter de la publication sous forme électronique de l'avis de consultation, pour transmettre leur avis à l'agence régionale de santé.

Passé ce délai, l'avis est réputé rendu.

III. – Les directeurs généraux des agences régionales de santé peuvent délimiter conjointement un territoire de démocratie sanitaire commun du ressort de leurs agences selon la même procédure.

§ 2 ZONES DU SCHÉMA RÉGIONAL DE SANTÉ

Art. R. 1434-30 Les zones du schéma régional de santé donnant lieu à la répartition des activités de soins et des équipements matériels lourds définis au 2° du I de l'article L. 1434-3 sont délimitées par le directeur général de l'agence régionale de santé pour chaque activité de soins définie à l'article R. 6122-25 et équipement matériel lourd défini à l'article R. 6122-26. Ces zones peuvent être communes à plusieurs activités de soins et équipements matériels lourds.

Au sein de ces zones sont définis des objectifs quantifiés pour chaque activité de soins ou équipement matériel lourd.

La délimitation de ces zones prend en compte, pour chaque activité de soins et équipement matériel lourd :

1° Les besoins de la population ;

2° L'offre existante et ses adaptations nécessaires ainsi que les évolutions techniques et scientifiques ;

3° La démographie des professionnels de santé et leur répartition ;

4° La cohérence entre les différentes activités de soins et équipements matériels lourds soumis à autorisation ;

5° Les coopérations entre acteurs de santé.

La délimitation des zones concourt à garantir pour chaque activité de soins et équipement matériel lourd la gradation des soins organisée pour ces activités, la continuité des prises en charge et la fluidification des parcours, l'accessibilité aux soins, notamment aux plans géographique et financier, la qualité et la sécurité des prises en charge et l'efficience de l'offre de soins.

Art. R. 1434-31 Les zones du schéma régional de santé définies pour l'application aux laboratoires de biologie médicale des règles de territorialité mentionnées au *b* du 2° de l'article L. 1434-9 sont délimitées par le directeur général de l'agence régionale de santé. Elles peuvent être communes à plusieurs régions.

Cette délimitation prend en compte l'accessibilité géographique des patients aux sites des laboratoires de biologie médicale en vue des prélèvements biologiques, la communication des résultats des analyses dans des délais compatibles avec l'urgence ou les besoins et l'absence de risque d'atteinte à la continuité de l'offre de biologie médicale mentionnée à l'article L. 6222-3.

Art. R. 1434-32 Les zones définies aux articles R. 1434-30 et R. 1434-31 sont arrêtées par le directeur général de l'agence régionale de santé, après avis du préfet de région et de la commission spécialisée de l'organisation des soins de la conférence régionale de la santé et de l'autonomie.

Les zones interrégionales, au sein desquelles est déterminée l'implantation des activités de soins et équipements matériels lourds mentionnés à l'article R. 1434-10, sont définies conjointement par les agences régionales concernées, après avis des préfets de région et des commissions spécialisées de l'organisation des soins des conférences régionales de la santé et de l'autonomie.

Les avis sont rendus dans un délai d'un mois à compter de la réception de la demande d'avis. Passé ce délai, l'avis est réputé rendu.

SOUS-SECTION 2 CONSEILS TERRITORIAUX DE SANTÉ

Art. R. 1434-33 Les conseils territoriaux de santé sont composés de trente-quatre membres au moins et de cinquante membres au plus, répartis comme suit :

1° Collège des professionnels et offreurs des services de santé, composé d'au moins vingt et d'au plus vingt-huit représentants des établissements, professionnels et structures de santé, des établissements et services médico-sociaux, de la prévention et de la promotion de la santé, et des représentants d'organismes œuvrant dans le champ de la lutte contre la pauvreté et la précarité ;

2° Collège des usagers et associations d'usagers œuvrant dans les domaines de compétence de l'agence régionale de santé, composé d'au moins six et d'au plus dix membres ;

3° Collège des collectivités territoriales ou de leurs groupements, du territoire de démocratie sanitaire concerné, composé d'au moins quatre et d'au plus sept membres ;

4° Collège des représentants de l'État et des organismes de sécurité sociale, composé d'au moins deux et d'au plus trois membres ;

5° Deux personnalités qualifiées.

Les membres du collège des professionnels et offreurs des services de santé, du collège des usagers et des associations d'usagers œuvrant dans les domaines de compétence de l'agence régionale de santé et du collège des représentants de l'État et des organismes de sécurité sociale sont désignés par arrêté du directeur de l'agence régionale de santé, sur proposition des organisations ou des instances qui les représentent, quand elles existent, ou, dans le cas contraire, à l'issue d'un appel à candidatures.

Les membres du collège des collectivités territoriales et de leurs groupements sont désignés par arrêté du directeur de l'agence régionale de santé, sur proposition, selon le cas, du président de l'assemblée délibérante concernée, ou de l'association représentant au niveau national les collectivités territoriales ou leurs groupements.

Les personnalités qualifiées sont nommées par le directeur général de l'agence et choisies en raison de leur compétence ou de leur expérience dans les domaines de compétence du conseil territorial de santé.

Nul ne peut siéger au sein des conseils territoriaux de santé à plus d'un titre.

Des membres suppléants, à l'exception des personnalités qualifiées mentionnées au sixième alinéa, sont désignés dans les mêmes conditions que les titulaires.

La composition, le nombre de sièges au sein de chacun des collèges et les modalités de désignation de chacun des membres sont précisés par arrêté des ministres chargés de la santé, de l'assurance maladie, des personnes handicapées et des personnes âgées.

Art. R. 1434-34 Le mandat des membres des conseils territoriaux de santé est de cinq ans, renouvelable une fois.

La qualité de membre se perd lorsque la personne intéressée cesse d'exercer le mandat ou les fonctions au titre desquels elle a été élue ou désignée. Lorsqu'un membre cesse d'exercer ses fonctions avant l'expiration de son mandat, il est remplacé par une personne désignée dans les mêmes conditions pour la durée du mandat restant à courir.

Les représentants élus du collège des collectivités territoriales ou de leurs groupements mentionnés au 3° de l'article R. 1434-33 sont renouvelés à chaque renouvellement des assemblées au sein desquelles ils ont été désignés.

Tout membre qui, sans motif légitime, s'abstient pendant un an d'assister aux séances du conseil est réputé démissionnaire. Le directeur général de l'agence régionale de santé constate cette démission et la notifie à l'intéressé, qui est remplacé par une personne désignée dans les mêmes conditions pour la durée du mandat restant à courir.

Art. R. 1434-35 Le directeur général de l'agence régionale de santé saisit le conseil territorial de santé de toute question relevant des missions des conseils territoriaux de santé définies aux articles L. 1434-10, L. 1434-14 et L. 3221-2.

Les conseils territoriaux de santé peuvent adresser au directeur général de l'agence régionale de santé des propositions pour améliorer la réponse aux besoins de la population sur le territoire, notamment sur l'organisation des parcours de santé.

Les présidents des conseils territoriaux de santé et le président de la conférence régionale de la santé et de l'autonomie de la région peuvent se saisir mutuellement de toute question relevant de la compétence des conseils territoriaux de santé.

Art. R. 1434-36 Chaque conseil territorial de santé est constitué d'une assemblée plénière, d'un bureau, d'une commission spécialisée en santé mentale et d'une formation spécifique organisant l'expression des usagers.

La commission spécialisée en santé mentale comprend au plus vingt et un membres élus au sein de l'assemblée plénière, dont au plus douze issus du collège mentionné au 1°, au plus quatre issus du collège mentionné au 2°, au plus trois issus du collège mentionné au 3° et au plus deux issus du collège mentionné au 4° de l'article R. 1434-33.

La formation spécifique organisant l'expression des usagers comprend au plus douze membres, dont au plus six issus des collèges mentionnés au *[aux]* 1°, 3° et 4° et au plus six issus du collège mentionné au 2° de l'article R. 1434-33.

Art. R. 1434-37 Lors de sa première réunion, chaque conseil territorial de santé élit en son sein, en assemblée plénière, un président et un vice-président.

Art. R. 1434-38 L'assemblée plénière du conseil territorial de santé établit un règlement intérieur.

Le règlement intérieur :

1° *Fixe les modalités* de convocation et d'établissement des ordres du jour et les règles de quorum applicables au conseil territorial ;

2° Fixe la composition du bureau ;

3° Précise la composition et les modalités de l'élection des membres de la formation spécifique et de la commission spécialisée mentionnées à l'article R. 1434-36.

Le secrétariat du conseil est assuré par l'agence régionale de santé, selon des modalités définies par le directeur général de l'agence et reprises dans le règlement intérieur.

Les fonctions de membre du conseil territorial de santé sont exercées à titre gratuit. Les frais de déplacement sont remboursés dans les conditions prévues par la réglementation applicable aux fonctionnaires de l'État.

Art. R. 1434-39 Le directeur général de l'agence régionale de santé, ou son représentant, peut, sans prendre part aux votes, assister aux réunions du conseil territorial de santé. Il peut se faire assister des personnes de son choix.

Les conseils territoriaux de santé, leur formation spécifique ou *[leur]* commission mentionnées *[mentionnés]* à l'article R. 1434-36 peuvent entendre et consulter toute personne ayant une compétence particulière dans le champ de leurs missions, notamment le délégué du Défenseur des droits compétent sur le ressort territorial du conseil, et les *[l']* inviter à participer à leurs travaux.

Art. R. 1434-40 Les avis et les propositions des conseils territoriaux sont transmis à la conférence régionale de la santé et de l'autonomie et à sa commission spécialisée dans le domaine des droits des usagers. Ils sont rendus publics.

Le directeur général de l'agence régionale de santé communique aux conseils territoriaux de santé les suites qui ont été réservées à leurs avis et propositions dans un délai de trois mois suivant leur transmission.

SECTION IV DÉTERMINATION DES ZONES CARACTÉRISÉES PAR UNE OFFRE DE SOINS INSUFFISANTE OU PAR DES DIFFICULTÉS DANS L'ACCÈS AUX SOINS OU DANS LESQUELLES LE NIVEAU DE L'OFFRE EST PARTICULIÈREMENT ÉLEVÉ

(Décr. n° 2017-632 du 25 avr. 2017, art. 1er)

Art. R. 1434-41 I. — Le directeur général de l'agence régionale de santé détermine par arrêté pour chaque profession les zones prévues aux 1° et 2° de l'article L. 1434-4 selon les critères suivants et leur évolution prévisible sur trois ans :

1° Le nombre, la répartition géographique par classe d'âge, le niveau d'activité et les modalités d'exercice des professionnels de santé en exercice ;

2° Les caractéristiques sanitaires, démographiques et sociales de la population ;

3° Les particularités géographiques ;

4° La présence de structures de soins.

II. — Les indicateurs et les seuils ainsi que leurs modalités d'utilisation, applicables à la détermination des zones caractérisées par une offre de soins insuffisante ou par des difficultés dans l'accès aux soins selon les critères et leur évolution précisés au I du présent article, sont fixés par un arrêté du ministre chargé de la santé et du ministre chargé de la sécurité sociale. Le même arrêté précise les modalités de mise en œuvre des mesures prévues au quatrième alinéa de l'article L. 1434-4 au sein de ces mêmes zones.

III. — La méthodologie applicable, pour chaque profession de santé concernée, à la détermination des zones où le niveau de l'offre de soins est particulièrement élevé est déterminée dans les conventions prévues à l'article L. 162-14-1 du code de la sécurité sociale.

Sur les conditions de détermination des zones caractérisées par une offre de soins insuffisante ou par des difficultés dans l'accès aux soins ou dans lesquelles le niveau de l'offre est particulièrement élevé, V. Décr. n° 2017-632 du 25 avr. 2017, art. 4.

Art. R. 1434-42 Les arrêtés du directeur général de l'agence régionale de santé mentionnés au I de l'article R. 1434-41 sont pris après concertation avec les représentants de chaque profession de santé concernée siégeant au sein de l'union régionale des professions de santé et après avis de la conférence régionale de la santé et de l'autonomie, qui se prononce dans un délai de deux mois à compter de la réception de la demande d'avis. En l'absence d'avis émis au terme de ce délai, l'avis de la conférence régionale de la santé et de l'autonomie est réputé rendu.

Art. R. 1434-43 Les arrêtés du directeur général de l'agence régionale de santé mentionnés au I de l'article R. 1434-41 sont révisés au moins tous les trois ans dans les conditions prévues à l'article R. 1434-42.

CHAPITRE V MODALITÉS ET MOYENS D'INTERVENTION DES AGENCES RÉGIONALES DE SANTÉ

(Décr. n° 2010-338 du 31 mars 2010, art. 1er)

SECTION PREMIÈRE VEILLE, SÉCURITÉ ET POLICE SANITAIRES

Art. R. 1435-1 Pour l'application des dispositions des deuxième et cinquième alinéas de l'article L. 1435-1 et du dernier alinéa de l'article L. 1435-7, et de l'article 13 du décret n° 2004-374 du 29 avril 2004, l'agence régionale de santé met en œuvre les actions, y compris d'inspection, et les prestations nécessaires à l'exercice par le préfet de département de ses compétences dans les domaines de la veille, de la sécurité et de la police sanitaires, de la salubrité et de l'hygiène publiques.

Ces actions et prestations sont mises en œuvre à la demande du préfet et sous l'autorité du directeur général de l'agence. Ce dernier informe le préfet des moyens mis en œuvre pour répondre à ses demandes et des résultats de l'intervention.

Le directeur général de l'agence régionale de santé et le préfet de département s'informent réciproquement et sans délai de tout événement sanitaire dont ils ont connaissance présentant un risque pour la santé de la population ou susceptible de présenter un risque de trouble à l'ordre public.

Dans le cas prévu au cinquième alinéa de *[l'article]* L. 1435-1, les services de l'agence sont placés pour emploi sous l'autorité du préfet de département.

Art. R. 1435-2 I. – Dans chaque département, le préfet de département et le directeur général de l'agence régionale de santé établissent un protocole relatif aux actions et prestations mises en œuvre par l'agence pour le préfet de département.

II. – Le protocole départemental précise les modalités suivant lesquelles l'agence régionale de santé intervient pour préparer et, le cas échéant, mettre en œuvre les décisions relevant de la compétence du préfet de département au titre de la veille, de la sécurité et de la police sanitaires, ainsi que de la salubrité et de l'hygiène publiques. Il précise notamment ses interventions en ce qui concerne :

1° La préparation ou la mise en œuvre des décisions relatives aux hospitalisations sans consentement prévues aux articles L. 3211-11, L. 3211-11-1, L. 3212-8, L. 3213-1 à L. 3213-9, L. 3214-3 et L. 3214-4 ;

2° La protection contre les risques sanitaires liés à l'environnement, y compris les risques liés à l'habitat ;

3° Le volet sanitaire des plans de secours et de défense prévus au sixième alinéa de l'article L. 1435-1 ;

4° La fourniture des avis sanitaires nécessaires à l'élaboration des plans et programmes ou de toute décision impliquant une évaluation de leurs effets sur la santé humaine ;

5° La lutte contre les maladies transmises par l'intermédiaire d'insectes dans les départements mentionnés à l'article L. 3114-5 et la lutte contre les moustiques dans les départements mentionnés au 2° de l'article 1er de la loi n° 64-1246 du 16 décembre 1964 relative à la lutte contre les moustiques ;

6° Le contrôle sanitaire aux frontières dans les départements concernés par la mise en œuvre du règlement sanitaire international ;

7° Les inspections et contrôles prévus au dernier alinéa de l'article L. 1435-7 ;

8° Les décisions de réquisition prises en application de l'article L. 6314-1.

Art. R. 1435-3 Le protocole départemental précise :

1° La liste des actes, arrêtés, décisions, documents, correspondances administratives établis sous la responsabilité du préfet de département, dont la préparation est assurée par l'agence régionale de santé ;

2° Le dispositif d'astreinte mis en place par l'agence ;

3° Les modalités suivant lesquelles le préfet demande dans chacun des domaines l'intervention de l'agence régionale de santé ;

4° Les actions confiées par le directeur général de l'agence au responsable de la délégation départementale prévue à l'article L. 1432-1, dans les domaines mentionnés à l'article R. 1435-2 ;

5° Les modalités d'association du directeur général de l'agence régionale de santé à la préparation et le cas échéant à la mise en œuvre des mesures prises par le préfet de département concourant à la sécurité nationale ;

6° Les procédures d'information réciproque entre le préfet de département et le directeur général de l'agence, notamment en ce qui concerne la transmission par le préfet des déclarations dont il est destinataire, relatives aux établissements ou activités relevant d'un régime de déclaration obligatoire ;

7° Les modalités selon lesquelles le directeur général de l'agence transmet au préfet de département les éléments utiles à l'information du public, des médias et des élus.

Art. R. 1435-4 Le protocole départemental prévu aux articles précédents précise en outre les modalités selon lesquelles les moyens de l'agence régionale de santé sont, en cas d'événement porteur d'un risque sanitaire pouvant constituer un trouble à l'ordre public, placés pour emploi sous l'autorité du préfet de département, notamment en ce qui concerne la gestion des alertes sanitaires et la participation de l'agence au centre opérationnel départemental prévu par le décret du 13 septembre 2005 susvisé.

Art. R. 1435-5 Le protocole départemental est conclu pour trois ans et renouvelé par tacite reconduction. Il peut être révisé, à tout moment, à la demande d'un des signataires. La révision n'est effective qu'avec l'accord des deux signataires.

Art. R. 1435-6 Dans chaque région, un comité régional de sécurité sanitaire est consulté sur les projets de protocoles établis entre les préfets de département de la région et l'agence régionale de santé, et les conditions de leur mise en œuvre.

Ce comité est, en outre, chargé de développer les échanges d'information sur la situation sanitaire de la région, la survenue d'événements ou de risques susceptibles de porter atteinte à la santé de la population et de coordonner, à l'échelle de la région, les moyens mis en œuvre par l'agence régionale de santé pour l'exercice des compétences des préfets de département.

Le comité régional de sécurité sanitaire est présidé par le préfet de région. Il réunit les préfets de département de la région et le directeur général de l'agence régionale de santé. Il se réunit au moins une fois par an et, notamment en cas d'urgence, sur demande de l'un de ses membres.

Les responsables des services déconcentrés des administrations civiles de l'État à compétence régionale peuvent être associés, en tant que de besoin et à la demande de l'un de ses membres, aux travaux du comité régional de sécurité sanitaire.

Art. R. 1435-7 Le directeur général de l'agence régionale de santé de zone définie à l'article L. 1435-2 assiste le préfet de zone de défense et de sécurité mentionné à l'article L. 1311-1 du code de la défense.

Pour l'application des dispositions de l'article L. 1435-2, le directeur général de l'agence régionale de santé de zone participe à la préparation et, le cas échéant, à la mise en œuvre des mesures de défense et de sécurité nationale prises par le préfet de zone.

A ce titre, pour l'exercice de ses attributions d'animation et de coordination de l'action de l'ensemble des agences régionales de santé de la zone de défense et de sécurité, le directeur général de l'agence régionale de santé de zone adresse *(Décr. nº 2013-15 du 7 janv. 2013, art. 6-1º)* « les orientations et les priorités d'action » aux directeurs généraux des autres agences de santé de la zone de défense et de sécurité.

Le directeur général de l'agence régionale de santé de zone et le préfet de zone de défense et de sécurité s'informent réciproquement et sans délai de tout événement sanitaire dont ils ont connaissance présentant un risque pour la santé de la population ou susceptible de présenter un risque de trouble à l'ordre public *(Décr. nº 2013-15 du 7 janv. 2013, art. 6-1º)* « lorsque celui-ci correspond aux situations prévues à l'article R.* 1311-7 du code de la défense ».

Art. R. 1435-8 I. — Dans chaque zone de défense et de sécurité, un protocole est établi entre le directeur général de l'agence régionale de santé de zone et le préfet de zone de défense et de sécurité. Ce protocole précise notamment :

1° Le dispositif d'astreinte mis en place par l'agence ;

2° Les modalités d'information réciproque entre le directeur général de l'agence régionale de santé de zone et le préfet de zone de défense et de sécurité, pour l'exercice de leurs compétences respectives ;

3° Les modalités suivant lesquelles le préfet de zone de défense et de sécurité demande l'intervention de l'agence régionale de santé de zone ;

4° Les modalités de la participation de l'agence régionale de santé de zone à l'état-major interministériel de zone de défense et de sécurité mentionné à l'article R. 1311-26 du code de la défense.

II. — Le protocole de zone précise également les modalités selon lesquelles les moyens des agences régionales de santé de la zone sont, en cas d'événement porteur d'un risque sanitaire pouvant entraîner un trouble à l'ordre public au sein de la zone, placés pour emploi sous l'autorité du préfet de zone. Il précise notamment les modalités retenues pour la gestion des alertes sanitaires *(Décr. n° 2013-15 du 7 janv. 2013, art. 6-2°)* « s'y rattachant ».

Le protocole de zone est établi pour trois ans. En l'absence d'actualisation, ce protocole est renouvelé par tacite reconduction. Chaque signataire peut, à tout moment, en demander la révision. La révision n'est effective qu'avec l'accord des deux signataires.

Art. R. 1435-9 Les attributions du préfet de département mentionnées aux articles R. 1435-1 à R. 1435-6 sont exercées dans le département de Paris par le préfet de région Île-de-France, préfet de Paris, et le préfet de police au titre de leurs compétences respectives.

Pour le département de Paris, le protocole est signé par le préfet de région Île-de-France, préfet de Paris, et le préfet de police au titre de leurs compétences respectives.

SECTION II CONTRACTUALISATION AVEC LES OFFREURS DE SERVICES DE SANTÉ

(Décr. n° 2013-736 du 14 août 2013, art. 2)

SOUS-SECTION 1 CONTRAT DE PRATICIEN TERRITORIAL DE MÉDECINE GÉNÉRALE

§ 1er OBJET ET DURÉE DU CONTRAT

Art. R. 1435-9-1 Le contrat de praticien territorial de médecine générale, prévu à l'article L. 1435-4-2, conclu entre une agence régionale de santé et un médecin spécialiste en médecine générale, définit notamment les modalités et les lieux d'exercice des activités de soins du praticien ainsi que les conditions de versement d'une rémunération complémentaire aux revenus d'activité perçus par celui-ci.

Art. R. 1435-9-2 Le médecin exerce, en tant que praticien territorial de médecine générale, une activité libérale.

Il informe l'agence régionale de santé de toute modification de ses modalités d'exercice imposant une modification des clauses du contrat.

Art. R. 1435-9-3 Le contrat prévu à l'article L. 1435-4-2 est conclu pour une durée qui ne peut excéder un an, à compter de la date de sa signature. Il est renouvelé par tacite reconduction pour la même durée si l'exécution d'un nouveau contrat ne peut conduire le praticien à exercer ses fonctions pendant une durée totale supérieure à deux ans.

En cas de rupture ou de non-renouvellement par l'une des parties au contrat, le préavis est de deux mois. Il est notifié par lettre recommandée avec demande d'avis de réception.

Lorsque, du fait du médecin, les conditions d'exercice requises pour prétendre au contrat ne sont plus réunies, ce dernier est rompu sans préavis.

En cas de modification législative, réglementaire ou conventionnelle entraînant un changement substantiel dans les clauses du contrat, il est mis fin au contrat sans préavis, sur la demande du praticien.

Art. R. 1435-9-4 Un médecin spécialiste en médecine générale ne peut exercer simultanément les fonctions de praticien territorial de médecine générale au titre de plusieurs contrats conclus avec une ou plusieurs agences régionales de santé.

Il ne peut exercer en qualité de praticien territorial de médecine générale que pendant une période maximale de deux ans, quel que soit le nombre de contrats conclus à ce titre.

Art. R. 1435-9-5 La date d'installation, mentionnée au I de l'article L. 1435-4-2, permettant la conclusion d'un contrat de praticien territorial de médecine générale entre une agence régionale de santé et un médecin spécialiste en médecine générale, est celle de la première inscription du médecin sur le tableau d'un conseil départemental de l'ordre des médecins pour un exercice en clientèle privée.

Art. R. 1435-9-6 Le contrat est conforme à un contrat type fixé par arrêté du ministre chargé de la santé et du ministre chargé de la sécurité sociale, dans les conditions fixées par la présente sous-section.

§ 2 CONDITIONS D'EXERCICE

Art. R. 1435-9-7 Le praticien territorial de médecine générale exerce en clientèle privée, en tant que médecin installé en cabinet libéral ou médecin collaborateur libéral.

Art. R. 1435-9-8 Lorsque le praticien territorial de médecine générale n'exerçait pas d'activité médicale libérale avant la conclusion du contrat, il est inscrit, en application de l'article R. 4127-85, au tableau du conseil départemental au titre de sa résidence professionnelle habituelle telle qu'elle résulte du contrat. Lorsque le contrat prévoit plusieurs sites d'exercice, le praticien obtient préalablement à la conclusion du contrat l'autorisation mentionnée au même article.

Lorsque le praticien territorial de médecine générale exerce simultanément une autre activité médicale et que le contrat prévoit un exercice dans un site distinct de son lieu habituel d'exercice, il obtient, préalablement à la conclusion du contrat, l'autorisation mentionnée à l'article R. 4127-85 auprès du conseil départemental au tableau duquel il est inscrit au titre de sa résidence professionnelle habituelle.

Art. R. 1435-9-9 Le praticien territorial de médecine générale communique le contrat au conseil départemental de l'ordre dont il relève.

Art. R. 1435-9-10 I. — Les lieux d'exercice des praticiens territoriaux de médecine générale sont situés dans les zones caractérisées par une offre médicale insuffisante ou des difficultés dans l'accès aux soins, *(Décr. nº 2017-632 du 25 avr. 2017, art. 2-I)* « déterminées en application du 1° de l'article L. 1434-4 ».

II. — Le nombre de contrats de praticien territorial de médecine générale est fixé par arrêté du ministre chargé de la santé et du ministre chargé de la sécurité sociale. La répartition régionale est déterminée par arrêté du ministre chargé de la santé.

§ 3 RÉMUNÉRATION

Art. R. 1435-9-11 I. — Pour bénéficier de la rémunération complémentaire mentionnée à l'article L. 1435-4-2, le praticien territorial de médecine générale doit justifier d'une activité libérale correspondant à un nombre minimum d'actes à tarif opposable réalisés chaque mois. Ce niveau minimum d'activité, qui ne peut être inférieur à une activité de soins ouvrant droit à une rémunération correspondant à 165 consultations de médecine générale au tarif opposable, est déterminé conformément au contrat type prévu par l'arrêté mentionné à l'article R. 1435-9-6. Il est apprécié séparément pour chaque mois civil.

II. — Le montant de la rémunération, qui est versée au praticien territorial de médecine générale en complément des revenus de ses activités de soins, est égal à la différence entre un montant plafond forfaitaire mensuel et les honoraires à tarif opposable perçus par le praticien en contrepartie de l'activité de soins réalisée au cours de chaque mois civil. Lorsque le résultat de cette différence est nul ou négatif, la rémunération complémentaire n'est pas due.

III. — Le montant plafond forfaitaire mensuel mentionné au II est déterminé conformément au contrat type prévu par l'arrêté mentionné à l'article R. 1435-9-6. Il ne peut excéder un montant correspondant à la rémunération de 300 consultations de médecine générale au tarif opposable. La rémunération complémentaire est calculée au titre de chaque mois civil séparément.

IV. – Les actes réalisés, les honoraires et rémunérations forfaitaires perçus au titre de la permanence des soins organisée ne sont pris en compte ni pour vérifier le respect du seuil minimum d'actes, ni pour le calcul de la rémunération complémentaire.

Art. R. 1435-9-12 Le praticien territorial de médecine générale adresse à l'agence régionale de santé une déclaration récapitulant, pour chaque mois civil, le nombre d'actes réalisés à tarif opposable ainsi que le montant des honoraires perçus à ce titre, selon la périodicité suivante :

1° Au cours des six premiers mois civils d'activité, la déclaration est mensuelle ;

2° Au terme de cette période, la déclaration est trimestrielle.

La rémunération complémentaire est versée selon la périodicité définie aux alinéas précédents.

Les dates d'échéance des déclarations et des versements sont fixées conformément au contrat type prévu par l'arrêté mentionné à l'article R. 1435-9-6.

Art. R. 1435-9-13 La rémunération complémentaire continue d'être versée en cas d'incapacité du praticien territorial de médecine générale à assurer son activité de soins pour cause de maladie ou de maternité, selon les modalités définies à l'article R. 1435-9-14 et dès lors que les conditions suivantes sont remplies :

1° Le médecin a exercé l'activité de praticien territorial de médecine générale au cours du trimestre civil précédant le mois au cours duquel débute l'arrêt de travail, attesté par la constatation médicale de son incapacité à assurer son activité de soins ;

2° Il a réalisé, au cours de l'un des mois du trimestre civil précédant cet arrêt de travail, le nombre minimum d'actes exigé en application de l'article R. 1435-9-11 ;

3° La durée de l'arrêt de travail, en cas d'incapacité pour cause de maladie, est supérieure à sept jours.

La condition relative au respect du nombre minimal d'actes à réaliser chaque mois, prévue à l'article R. 1435-9-11, n'est pas applicable pendant les mois au cours desquels le praticien justifie d'un arrêt de travail attesté par la constatation médicale de son incapacité à assurer son activité de soins, soit pour cause de maladie et pour une durée de plus de sept jours, soit pour cause de maternité.

Art. R. 1435-9-14 I. – En cas d'incapacité pour cause de maladie, la rémunération complémentaire est forfaitaire. Elle est égale à la moitié de la différence entre les montants correspondant respectivement au plafond et au seuil minimal d'activité mentionnés à l'article R. 1435-9-11.

La rémunération complémentaire ainsi calculée est versée à compter du mois au cours duquel intervient le huitième jour de l'arrêt de travail. Elle est due chaque mois civil, dans la limite de trois mois par arrêt de travail.

II. – En cas d'incapacité pour cause de maternité, la rémunération complémentaire est forfaitaire. Elle est égale à la différence entre les montants correspondant respectivement au plafond et au seuil minimal d'activité mentionnés à l'article R. 1435-9-11.

La rémunération complémentaire ainsi calculée est versée à compter du mois au cours duquel débute l'arrêt de travail attesté par le certificat médical mentionnant la durée de l'arrêt de travail. Elle est due chaque mois civil, dans la limite des durées d'attribution de l'indemnité prévue, selon le régime dont relève l'intéressée, aux articles L. 613-19 ou L. 722-8 du code de la sécurité sociale.

III. – En cas d'incapacité pour cause de maladie, une lettre d'avis d'interruption de travail est adressée par le praticien à l'agence régionale de santé signataire du contrat dans les quarante-huit heures suivant le début de l'arrêt de travail.

En cas de maternité, un certificat médical est adressé par le praticien à l'agence régionale de santé signataire du contrat dans les quarante-huit heures suivant le début de l'arrêt de travail.

IV. – *Les modalités* de calcul prévues à l'article R. 1435-9-11 s'appliquent dès le mois suivant celui au cours duquel prend fin l'arrêt de travail.

Art. R. 1435-9-15 Lorsque le praticien territorial de médecine générale se fait remplacer dans les conditions prévues par l'article R. 4127-65, il n'est pas tenu compte, pour le calcul de la rémunération complémentaire, des honoraires résultant de l'activité de son remplaçant.

Art. R. 1435-9-16 Lorsque l'activité du praticien territorial de médecine générale correspond à un nombre de demi-journées qui est égal au maximum à huit par semaine, le seuil minimal d'activité et le montant correspondant au plafond mentionnés à l'article R. 1435-9-11 sont divisés par deux pour le calcul de la rémunération complémentaire.

SOUS-SECTION 2 CONTRAT DE PRATICIEN TERRITORIAL DE MÉDECINE AMBULATOIRE

(Décr. n° 2015-1357 du 26 oct. 2015, art. 1er)

§ 1er OBJET ET DURÉE DU CONTRAT

Art. R. 1435-9-17-1 Le contrat de praticien territorial de médecine ambulatoire, prévu à l'article L. 1435-4-3, conclu entre une agence régionale de santé et un médecin conventionné, définit notamment les engagements du praticien pour la durée du contrat, les modalités et conditions de versement d'une rémunération forfaitaire en cas d'interruption de son activité de praticien pour cause de maternité ou paternité *(Décr. n° 2017-703 du 2 mai 2017, art. 1er-I)* « , ou pour cause de maladie, » ainsi que les lieux d'exercice des activités de soins du praticien. — *[Anc. art. R. 1435-9-17.]*

Art. R. 1435-9-18 Le contrat prévu à l'article L. 1435-4-3 est conclu pour une durée de trente-six mois. Il peut être renouvelé, par tacite reconduction, pour la même durée.

En cas de rupture ou de non-renouvellement par l'une des parties au contrat, le préavis est de deux mois. Il est notifié par lettre recommandée avec demande d'avis de réception.

Lorsque, du fait du médecin, les conditions d'exercice requises pendant la durée du contrat ne sont pas respectées, notamment celles prévues à l'article R. 1435-9-23, le contrat peut être rompu à l'initiative de l'administration après que le médecin a été mis à même de présenter ses observations. L'administration peut demander le reversement de tout ou partie de la rémunération perçue.

En cas de modification législative, réglementaire ou conventionnelle entraînant un changement substantiel dans les clauses du contrat, il est mis fin au contrat sans préavis, sur la demande du praticien.

Art. R. 1435-9-19 Un praticien territorial de médecine ambulatoire ne peut exercer simultanément ses fonctions au titre de plusieurs contrats conclus avec une ou plusieurs agences régionales de santé.

Il ne peut exercer en qualité de praticien territorial de médecine ambulatoire que pendant une période maximale de soixante-douze mois.

Art. R. 1435-9-20 Le contrat est conforme à un contrat type fixé par arrêté du ministre chargé de la santé et du ministre chargé de la sécurité sociale, dans les conditions fixées par la présente sous-section.

§ 2 CONDITIONS D'EXERCICE

Art. R. 1435-9-21 Le praticien territorial de médecine ambulatoire exerce en clientèle privée, en tant que médecin installé en cabinet libéral ou médecin collaborateur *libéral.*

Art. R. 1435-9-22 Les dispositions des articles R. 1435-9-8, R. 1435-9-9 et le I de l'article R. 1435-9-10 sont applicables au praticien territorial de médecine ambulatoire.

Art. R. 1435-9-23 Pendant toute la durée du contrat, le praticien territorial de médecine ambulatoire respecte les tarifs opposables ou, lorsqu'il est autorisé à pratiquer des honoraires différents des tarifs conventionnels, adhère au contrat d'accès aux soins instauré par la convention nationale mentionnée à l'article L. 162-5 du code de la sécurité sociale.

Art. R. 1435-9-24 Le praticien territorial de médecine ambulatoire informe sans délai l'agence régionale de santé de toute modification de ses modalités d'exercice imposant une modification des clauses du contrat.

§ 3 RÉMUNÉRATION

Art. R. 1435-9-25 La rémunération forfaitaire mentionnée à l'article L. 1435-4-3 est versée au praticien territorial de médecine ambulatoire lorsqu'il interrompt son activité de soins pour cause de maternité ou paternité *(Décr. n° 2017-703 du 2 mai 2017, art. 1er-II-1°)* « ou pour cause de maladie », selon les modalités définies à l'article R. 1435-9-26 et dès lors que les conditions suivantes sont remplies :

1° Le médecin a exercé l'activité de praticien territorial de médecine ambulatoire au cours des trois derniers mois précédant le mois au cours duquel il interrompt son activité pour cause de maternité ou paternité *(Décr. n° 2017-703 du 2 mai 2017, art. 1er-II-2°)* « ou pour cause de maladie » ;

2° Il a réalisé, au cours de l'un des trois derniers mois précédant cet arrêt de travail, une activité correspondant à un montant minimal d'honoraires pris en charge par les régimes obligatoires d'assurance maladie déterminé conformément au contrat type prévu par l'arrêté mentionné à l'article R. 1435-9-20 ;

3° Il a mis en œuvre les engagements requis pour se faire remplacer, pendant toute la période d'interruption de son activité *(Décr. n° 2017-703 du 2 mai 2017, art. 1er-II-3°)* « pour cause de maternité ou de paternité », dans les conditions prévues par l'article R. 4127-65 ;

(Décr. n° 2017-703 du 2 mai 2017, art. 1er-II-4°) « 4° La durée de l'arrêt de travail, en cas d'incapacité pour cause de maladie, est supérieure à sept jours. »

Art. R. 1435-9-26 I. – En cas d'interruption pour cause de maternité, la rémunération forfaitaire est versée et calculée selon les dispositions prévue au II de l'article R. 1435-9-14, au vu d'une copie de la ou des pièces justificatives mentionnées au premier alinéa de l'article D. 613-10 du code de la sécurité sociale.

II. – En cas d'interruption pour cause de paternité, la rémunération forfaitaire est égale à 36 % de la rémunération mensuelle forfaitaire versée pour cause de maternité. Elle est versée à compter du mois suivant celui de l'arrêt de travail au vu d'une copie de la ou des pièces justificatives mentionnées au deuxième alinéa de l'article D. 613-10 du code de la sécurité sociale et qui ouvrent droit à l'indemnité prévue, selon le régime dont relève l'intéressé, aux articles L. 613-19-2 et L. 722-8-3 du code de la sécurité sociale.

III. – En cas de paternité ou de maternité, la copie de la ou des pièces justificatives mentionnées au I et au II du présent article, est adressée par le praticien à l'agence régionale de santé signataire du contrat dans les quarante-huit heures suivant le début de l'arrêt de travail.

(Décr. n° 2017-703 du 2 mai 2017, art. 2-I) « IV. – En cas d'incapacité pour cause de maladie, la rémunération forfaitaire est versée et calculée selon les dispositions prévues au I de l'article R. 1435-9-14. Une lettre d'avis d'interruption de travail est adressée par le praticien à l'agence régionale de santé signataire du contrat dans les quarante-huit heures suivant le début de l'arrêt de travail. »

Art. R. 1435-9-27 Lorsque l'activité du praticien territorial de médecine ambulatoire mentionnée au 1° de l'article R. 1435-9-25 correspond à un nombre de demi-journées par semaine ne dépassant pas huit, le montant de la rémunération forfaitaire de maternité ou de paternité *(Décr. n° 2017-703 du 2 mai 2017, art. 2-II)* « ou pour cause de maladie » prévue à l'article R. 1435-9-26 est divisé par deux.

Art. R. 1435-9-28 Les compléments de rémunération versés aux praticiens territoriaux de médecine ambulatoire sont financés par le fonds d'intervention régional au titre des actions mentionnées *(Décr. n° 2017-703 du 2 mai 2017, art. 4)* « au 4° du III de l'article R. 1435-16 ».

SOUS-SECTION 3 CONTRAT DE PRATICIEN ISOLÉ À ACTIVITÉ SAISONNIÈRE

(Décr. n° 2015-1358 du 26 oct. 2015, art. 1er)

§ 1er OBJET ET DURÉE DU CONTRAT

Art. R. 1435-9-29 Le contrat de praticien isolé à activité saisonnière, prévu à l'article L. 1435-4-4, conclu entre une agence régionale de santé et un médecin spécialiste en médecine générale, définit notamment les modalités et les lieux d'exercice des activités de soins du praticien ainsi que les conditions de versement d'une rémunération complémentaire aux revenus d'activités perçus par celui-ci.

Art. R. 1435-9-30 Le médecin exerce, en tant que praticien isolé à activité saisonnière, une activité libérale.

Il informe l'agence régionale de santé de toute modification de ses modalités d'exercice imposant une modification des clauses du contrat.

Art. R. 1435-9-31 Le contrat prévu à l'article L. 1435-4-4 est conclu pour une durée minimale de trente-six mois et ne peut excéder soixante-douze mois, à compter de la date de sa signature. Il est renouvelé par tacite reconduction sans toutefois que la durée totale ne puisse excéder soixante-douze mois.

En cas de rupture ou de non-renouvellement par l'une des parties au contrat, le préavis est de deux mois. Il est notifié par lettre recommandée avec demande d'avis de réception.

Lorsque, du fait du médecin, les conditions d'exercice requises pendant la durée du contrat ne sont pas respectées, le contrat peut être rompu à l'initiative de l'administration après que le médecin a été mis à même de présenter ses observations. L'administration peut demander le reversement de tout ou partie de la rémunération perçue.

En cas de modification législative, réglementaire ou conventionnelle entraînant un changement substantiel dans les clauses du contrat, il est mis fin au contrat sans préavis, sur la demande du praticien.

Art. R. 1435-9-32 Un médecin spécialiste en médecine générale ne peut exercer simultanément les fonctions de praticien isolé à activité saisonnière au titre de plusieurs contrats conclus avec une ou plusieurs agences régionales de santé.

Art. R. 1435-9-33 Le contrat est conforme à un contrat type fixé par arrêté du ministre chargé de la santé et du ministre chargé de la sécurité sociale, dans les conditions fixées par la présente sous-section.

§ 2 CONDITIONS D'EXERCICE

Art. R. 1435-9-34 Le praticien isolé à activité saisonnière exerce en clientèle privée, en tant que médecin installé en cabinet libéral ou médecin collaborateur libéral.

Art. R. 1435-9-35 Les dispositions des articles R. 1435-9-8 et R. 1435-9-9 sont applicables au praticien isolé à activité saisonnière.

Art. R. 1435-9-36 Le praticien isolé à activité saisonnière ne bénéficie pas du dispositif mentionné à l'article L. 1435-4-2.

Art. R. 1435-9-37 Le praticien isolé à activité saisonnière respecte les tarifs opposables.

Art. R. 1435-9-38 Le praticien isolé a une activité marquée par une forte saisonnalité. Pour l'application de la présente sous-section, on entend par activité marquée par une forte saisonnalité l'activité, en dehors de celle effectuée dans le cadre de la permanence des soins ambulatoire, qui vérifie, pour la période d'activité réalisée, la condition exprimée ci-dessous :

$$\frac{Hmax}{Hmin} \geqslant 1{,}25$$

H max est égal au montant total des honoraires perçus par le praticien au cours de la moitié des mois de la période d'activité réalisée pour lesquels l'activité a été la plus importante. H min est égal au montant total des honoraires perçus les autres mois de cette période.

Art. R. 1435-9-39 I. — Le praticien isolé à activité saisonnière exerce dans les zones satisfaisant l'ensemble des critères suivants :

(Décr. n° 2017-632 du 25 avr. 2017, art. 2-II) « 1° Une offre de soins insuffisante ou des difficultés dans l'accès aux soins, déterminées en application du 1° de l'article L. 1434-4 ; »

2° Un éloignement de plus de 30 minutes par rapport au service d'urgence le plus proche ;

3° Une densité de population inférieure à 100 habitants par km^2.

Ces zones sont arrêtées par le directeur général de l'agence régionale de santé, après consultation de la commission spécialisée de l'organisation des soins mentionnée à l'article D. 1432-38.

II. – Le nombre de contrats de praticien isolé à activité saisonnière est fixé par arrêté du ministre chargé de la santé et du ministre chargé de la sécurité sociale. La répartition régionale est déterminée par arrêté du ministre chargé de la santé.

§ 3 RÉMUNÉRATION

Art. R. 1435-9-40 Pour bénéficier de la rémunération complémentaire mentionnée à l'article L. 1435-4-4, le praticien doit justifier d'un montant d'honoraires annuel, tiré de son activité régie par les articles L. 162-5 et L. 162-14-1 du code de la sécurité sociale à tarif opposable, inférieur au montant régional moyen d'honoraires annuel sans dépassements des médecins spécialisés en médecine générale. Un arrêté du ministre chargé de la santé et du ministre chargé de la sécurité sociale constate pour chaque région le montant moyen d'honoraires annuel sans dépassements des médecins spécialisés en médecine générale.

Art. R. 1435-9-41 I. – La rémunération complémentaire versée au praticien isolé à activité saisonnière au titre du contrat est composée d'une aide à l'investissement et d'une aide à l'activité. Cette rémunération est calculée au titre de chaque année civile. Elle est versée une fois par an.

II. – L'aide à l'investissement est forfaitaire. Elle ne peut excéder un montant correspondant à la rémunération de 100 consultations de médecine générale au tarif opposable.

III. – Le montant de l'aide à l'activité est égal à un pourcentage des honoraires perçus l'année précédente par le praticien au titre de son activité de soins. Il ne peut excéder un montant correspondant à la rémunération de 200 consultations de médecine générale au tarif opposable.

Le pourcentage mentionné à l'alinéa précédent est fixé conformément au contrat type prévu par l'arrêté mentionné à l'article R. 1435-9-34.

Art. R. 1435-9-42 Les honoraires et rémunérations forfaitaires perçus au titre de la permanence des soins ambulatoire ne sont pris en compte ni pour définir le caractère saisonnier de l'activité mentionné à l'article R. 1435-9-39, ni pour vérifier le respect du seuil d'honoraires maximum mentionné à l'article R. 1435-9-41, ni pour le calcul du montant de l'aide à l'activité mentionné à l'article R. 1435-9-42.

Art. R. 1435-9-43 Lorsque le praticien isolé à activité saisonnière se fait remplacer dans les conditions prévues par l'article R. 4127-65, il n'est pas tenu compte, pour le calcul de l'aide à l'activité, des honoraires résultant de l'activité de son remplaçant.

Art. R. 1435-9-44 Le praticien isolé à activité saisonnière peut cumuler la rémunération complémentaire mentionnée à l'article L. 1435-4-4 et les mesures prévues au 20° de l'article L. 162-5 du code de la sécurité sociale dans la limite d'un montant fixé conformément au contrat type prévu par l'arrêté mentionné à l'article R. 1435-9-34. Ce montant ne peut excéder un montant correspondant à la rémunération de 1 000 consultations de médecine générale au tarif opposable.

Art. R. 1435-9-45 Le praticien isolé à activité saisonnière adresse à l'agence régionale de santé une déclaration annuelle récapitulant, pour chaque mois civil, le montant des honoraires perçus en précisant le montant relatif aux actes réalisés.

Les dates d'échéance de la déclaration et du versement de la rémunération complémentaire sont fixées conformément au contrat type prévu par l'arrêté mentionné à l'article R. 1435-9-34.

Art. R. 1435-9-46 Les compléments de rémunération versés aux praticiens isolés à activité saisonnière sont financés par le fonds d'intervention régional au titre des actions mentionnées *(Décr. nº 2017-703 du 2 mai 2017, art. 4)* « au 4° du III de l'article R. 1435-16 ».

SOUS-SECTION 4 CONTRATS DE PRATICIEN TERRITORIAL MÉDICAL DE REMPLACEMENT

(Décr. n° 2017-703 du 2 mai 2017, art. 3-1°)

§ 1er OBJET ET DURÉE DU CONTRAT

Art. R. 1435-9-47 Les praticiens visés au deuxième alinéa de l'article L. 1435-4-5 peuvent conclure un contrat de praticien territorial médical de remplacement avec une agence régionale de santé, sous réserve d'être autorisés à effectuer des remplacements en tant qu'interne *[internes]* ou d'avoir soutenu avec succès leur thèse en médecine depuis moins de trois ans à la date de signature ou de reconduction du contrat.

Art. R. 1435-9-48 Le contrat de praticien territorial médical de remplacement définit notamment les engagements de ce praticien à exercer, pour la durée du contrat, une activité de soins en tant que praticien remplaçant, les modalités et conditions permettant à celui-ci de bénéficier d'un service d'appui visant à faciliter la gestion de son activité, les modalités et conditions du versement des rémunérations garanties.

Art. R. 1435-9-49 Le contrat de praticien territorial médical de remplacement est conclu pour une durée de douze mois. Il est renouvelé par tacite reconduction sans toutefois que la durée totale ne puisse excéder soixante-douze mois.

En cas de rupture ou de non-renouvellement par l'une des parties au contrat, le préavis est de deux mois. Il est notifié par lettre recommandée avec demande d'avis de réception.

Lorsque, du fait du praticien remplaçant, les conditions d'exercice et d'engagement requises pendant la durée du contrat ne sont pas respectées, notamment celles prévues aux articles R. 1435-9-50 à R. 1435-9-54, le contrat peut être rompu à l'initiative de l'agence régionale de santé après que le praticien a été mis à même de présenter ses observations. L'administration peut demander le reversement de tout ou partie de la rémunération perçue.

En cas de modification législative, réglementaire ou conventionnelle entraînant un changement substantiel dans les clauses du contrat, il est mis fin au contrat sans préavis, sur la demande du praticien.

Art. R. 1435-9-50 Les praticiens ayant conclu un contrat de praticien territorial médical de remplacement ne peuvent bénéficier simultanément du contrat de praticien territorial de médecine générale prévu par l'article L. 1435-4-2 et du contrat d'engagement de service public prévu par l'article L. 632-6 du code de l'éducation.

Art. R. 1435-9-51 Le contrat de praticien territorial médical de remplacement est conforme à un contrat type fixé par arrêté du ministre chargé de la santé et du ministre chargé de la sécurité sociale, dans les conditions fixées par la présente sous-section.

Art. R. 1435-9-52 Le praticien territorial médical de remplacement informe sans délai l'agence régionale de santé de toute modification de ses modalités d'exercice imposant une modification des clauses du contrat.

§ 2 RÉMUNÉRATIONS

Art. R. 1435-9-53 I. – Pour bénéficier des rémunérations prévues à l'article L. 1435-4-5, le praticien territorial médical de remplacement doit justifier d'une activité libérale de remplacement de médecins libéraux conventionnés installés dans les zones définies au 1° de l'article L. 1434-4, correspondant à un nombre minimal de consultations réalisées chaque année. Ce niveau minimum d'activité, qui ne peut être inférieur à une activité de soins ouvrant droit à une rémunération correspondant à 5 000 consultations par an pour une activité exercée à temps plein et 2 500 consultations par an pour une activité exercée à temps partiel, est déterminé conformément au contrat type prévu par l'arrêté mentionné à l'article R. 1435-9-51. Il est apprécié annuellement, à la date anniversaire du contrat.

II. – Les actes réalisés, les honoraires et rémunérations forfaitaires perçus au titre de la permanence des soins organisée ne sont pas pris en compte pour vérifier le respect du seuil minimal d'activité.

III. – Le praticien fournit à l'agence régionale de santé les pièces justifiant de son activité minimale suivant les modalités définies dans le contrat type prévu par l'arrêté mentionné à l'article R. 1435-9-51.

Art. R. 1435-9-54 Dès lors qu'il satisfait à la condition d'activité minimale mentionnée à l'article R. 1435-9-53, le praticien territorial médical de remplacement perçoit une rémunération forfaitaire destinée à compenser les périodes d'interruption d'activité entre les remplacements. Le montant de cette rémunération correspond à 200 consultations de médecine générale au tarif opposable pour une activité à temps plein et 100 consultations de médecine générale au tarif opposable pour une activité exercée à temps partiel.

Art. R. 1435-9-55 En cas d'interruption d'activité pour cause de maladie, de maternité ou de paternité, une rémunération complémentaire est versée au praticien territorial médical de remplacement selon les modalités définies à l'article R. 1435-9-56 et dès lors que les conditions suivantes sont remplies :

1° Le praticien a exercé ses remplacements au titre du contrat de praticien territorial médical de remplacement au cours du trimestre civil précédant le mois au cours duquel débute l'arrêt de travail ;

2° La durée de l'arrêt de travail en cas d'incapacité pour cause de maladie attestée par une constatation médicale d'incapacité à assurer son activité de soins est supérieure à sept jours.

Art. R. 1435-9-56 I. – En cas d'incapacité pour cause de maladie, la rémunération est calculée et versée selon les modalités prévues au I de l'article R. 1435-9-14. Une lettre d'avis d'interruption de travail est adressée par le praticien à l'agence régionale de santé signataire du contrat dans les quarante-huit heures suivant le début de l'arrêt de travail pour cause de maladie.

II. – En cas d'interruption d'activité pour cause de maternité ou de paternité, les dispositions prévues à l'article R. 1435-9-26 s'appliquent pour le calcul et le versement de la rémunération forfaitaire et pour la transmission des pièces justificatives.

Art. R. 1435-9-57 Pour les praticiens territoriaux médicaux de remplacement exerçant à temps partiel, les montants des rémunérations prévues aux articles R. 1435-9-54 et R. 1435-9-55 sont divisés par deux.

La condition d'activité minimale prévue à l'article R. 1435-9-53 est requise pour le versement des rémunérations prévues aux articles R. 1435-9-54 et R. 1435-9-55. Toutefois, en cas d'interruption d'activité pour cause de maladie ou de maternité d'une durée égale ou supérieure à trois mois, le seuil d'activité minimale applicable correspond à 3 750 consultations par an pour une activité exercée à temps plein et 1 875 consultations par an pour une activité exercée à temps partiel.

Art. R. 1435-9-58 Les rémunérations prévues aux articles R. 1435-9-54 et R. 1435-9-55 sont financées par le fonds d'intervention régional au titre des actions mentionnées au 4° du III de l'article R. 1435-16.

Le nombre de contrats de praticien territorial médical de remplacement et la répartition régionale sont fixés par arrêté du ministre chargé de la santé et du ministre chargé de la sécurité sociale.

§ 3 INSTALLATION EN CABINET LIBÉRAL

Art. R. 1435-9-59 Les dispositions de l'article R. 4127-86 ne sont pas applicables au praticien territorial médical de remplacement souhaitant s'installer dans les zones géographiques où il a effectué ses remplacements au titre du présent contrat à la fin de celui-ci, que la fin du contrat intervienne à son terme ou, de manière anticipée, à la demande du praticien. Son installation peut prendre effet immédiatement et n'est soumis ni à l'accord du médecin remplacé concerné, ni à l'accord du conseil départemen*tal de l'ordre*.

SECTION III SERVICE D'APPUI À LA GESTION DES REMPLACEMENTS

(Décr. nº 2017-703 du 2 mai 2017, art. 3-2°)

Art. R. 1435-9-60 L'agence régionale de santé met à la disposition des praticiens remplaçants un service d'appui à la gestion de ses *[leurs]* remplacements. A ce titre, elle assure une fonction de suivi des besoins de remplacement dans les zones définies au 1° de l'article L. 1434-4 de sa région de compétence, ainsi qu'une fonction de coordination de ces besoins avec l'offre de remplacement proposée par les praticiens remplaçants.

L'agence régionale de santé assure également une fonction d'assistance aux praticiens quant aux modalités et démarches administratives concernant leurs conventions de remplacement.

Conformément à l'article L. 1435-4-5, ce service d'appui est mis à la disposition de tous les médecins remplaçants.

Ce dispositif est applicable au contrat de praticien territorial médical de remplacement.

SECTION IV INSPECTIONS ET CONTRÔLES

(Décr. n° 2011-70 du 19 janv. 2011, art. 1er)

Art. R. 1435-10 Lorsqu'il désigne des inspecteurs et des contrôleurs pour exercer les missions de contrôle prévues à l'article L. 1421-1 du présent code et à l'article L. 313-13 du code de l'action sociale et des familles, le directeur général de l'agence régionale de santé précise la nature des missions susceptibles de leur être confiées.

Art. R. 1435-11 Le contrôleur exerce ses missions sous l'autorité d'un inspecteur, d'un pharmacien inspecteur de santé publique, d'un médecin inspecteur de santé publique, d'un inspecteur de l'action sanitaire et sociale, d'un ingénieur du génie sanitaire ou d'un ingénieur d'études sanitaires.

Art. R. 1435-12 Un agent de l'agence régionale de santé ne peut être désigné en qualité d'inspecteur ou de contrôleur que s'il remplit les conditions suivantes :

1° Être de nationalité française ;

2° Jouir de ses droits civiques et se trouver en position régulière au regard du code du service national ;

3° Ne pas avoir fait l'objet d'une condamnation pénale devenue définitive à une peine incompatible avec l'exercice de ces fonctions.

Art. R. 1435-13 Un agent ne peut être désigné en qualité d'inspecteur que s'il remplit l'une des conditions suivantes :

1° Être titulaire d'une licence ou d'un diplôme ou titre classé au moins au niveau II ;

2° Appartenir au corps des directeurs des soins de la fonction publique hospitalière ou à celui des attachés d'administration des affaires sociales ou à celui des conseillers techniques de service social des administrations de l'État ou au corps interministériel des infirmières et infirmiers de l'État.

Art. R. 1435-14 Un agent ne peut être désigné en qualité de contrôleur que s'il remplit l'une des conditions suivantes :

1° Être titulaire du baccalauréat ou d'un diplôme ou titre classé au moins au niveau IV ;

2° *Appartenir au corps* d'assistants de service social des administrations de l'État ou à celui des secrétaires administratifs relevant des ministères chargés des affaires sociales ou à celui des adjoints sanitaires.

Art. R. 1435-15 Un inspecteur ou un contrôleur ne peut exercer les missions mentionnées à l'article R. 1435-10 que s'il a suivi une formation d'au moins 120 heures dispensée conjointement par l'École des hautes études en santé publique et par l'École nationale supérieure de sécurité sociale et sanctionnée par un examen organisé par l'École des hautes études en santé publique.

Le contenu de la formation et de l'examen est fixé par arrêté des ministres chargés de la santé, des personnes âgées et des personnes handicapées.

SECTION V FONDS D'INTERVENTION RÉGIONAL

(Décr. nº 2012-271 du 27 févr. 2012, art. 1er)

SOUS-SECTION 1 MISSIONS

(Décr. nº 2015-1230 du 2 oct. 2015, art. 1er)

Art. R. 1435-16 I. – Au titre des missions mentionnées au 1° de l'article L. 1435-8, le fonds participe notamment au financement :

1° Des actions de pilotage régional et de soutien dans le domaine de la prévention et de l'observation en santé, de l'évaluation des programmes de santé et de la diffusion des bonnes pratiques ;

2° Des actions en matière de promotion de la santé, d'éducation à la santé et de prévention des maladies, des comportements à risque ainsi que des risques environnementaux, en particulier d'éducation thérapeutique des patients ;

3° Des actions destinées à assurer le dépistage et le diagnostic de maladies transmissibles ;

4° Des actions mises en œuvre dans le cadre de la prévention et de la gestion des situations sanitaires exceptionnelles ;

5° Des actions de prévention des traumatismes, des handicaps et de la perte d'autonomie.

II. – Au titre des missions mentionnées au 2° de l'article L. 1435-8, le fonds participe notamment au financement :

1° Du développement des parcours de santé coordonnés et des modes d'exercice dont l'objectif est d'expérimenter de nouvelles pratiques, organisations ou coopérations entre les structures sanitaires et médico-sociales et les professionnels de santé, en particulier grâce aux systèmes d'information de santé ;

2° Des réseaux de santé mentionnés à l'article L. 6321-1 ;

3° Des actions visant à améliorer la qualité et la sécurité des soins et des prises en charge de l'offre sanitaire ;

4° Des actions visant à améliorer la qualité et la sécurité des soins et des prises en charge de l'offre médico-sociale, particulièrement lorsque la complexité et l'urgence des situations le nécessitent ;

5° Des actions favorisant un exercice pluridisciplinaire et regroupé des professionnels de santé ;

6° Des actions des centres périnataux de proximité mentionnés à l'article R. 6123-50, en vue d'améliorer la qualité et la sécurité des soins.

III. – Au titre des missions mentionnées au 3° de l'article L. 1435-8, le fonds participe notamment au financement :

1° Des rémunérations forfaitaires versées en application de l'article R. 6315-6 aux médecins qui participent à la permanence des soins ;

2° Des actions ou des structures qui concourent à l'amélioration de la permanence des soins ambulatoires, en particulier les maisons médicales de garde ;

3° De la permanence des soins en établissement de santé mentionnée *(Décr. nº 2016-1645 du 1er déc. 2016, art. 3-6°)* « à l'article L. 6111-1-3 », dans le respect des dispositions de l'article *(Décr. nº 2016-1505 du 8 nov. 2016, art. 3-3°)* « R. 6111-49 » ;

4° Des actions favorisant une meilleure répartition géographique des professionnels de santé, en particulier au sein des dispositifs mentionnés à l'article L. 6323-5.

IV. – Au titre des missions mentionnées au 4° de l'article L. 1435-8, le fonds participe notamment au financement :

1° Des frais de conseil, de pilotage et d'accompagnement de la mise en œuvre des actions visant à améliorer la performance des structures sanitaires ;

2° Des opérations de modernisation, d'adaptation et de restructuration des établissements de santé ou de leurs groupements. Ces opérations peuvent comprendre des subventions d'investissement dans la limite d'un montant fixé par arrêté des ministres chargés de la santé, de la sécurité sociale et du budget ;

3° Des actions permettant la mutualisation des moyens des professionnels et structures sanitaires de la région, en matière de systèmes d'information, de groupement d'achats, d'accompagnement de la modernisation et des restructurations ou d'ingénierie de projets ;

4° De contrats locaux d'amélioration des conditions de travail ayant préalablement fait l'objet d'un diagnostic de situation réalisé par le comité d'hygiène, de sécurité et des conditions de travail ainsi que d'un accord négocié entre le responsable et les organisations syndicales représentatives de la structure sanitaire concernée ;

5° D'actions visant à l'efficience dans les structures sanitaires, spécialement en matière de gestion prévisionnelle des métiers, des emplois et des compétences ;

6° D'aides individuelles, de prestations et de compléments de rémunération destinés à favoriser l'efficience des structures sanitaires engagées dans des opérations de modernisation et d'adaptation, spécialement la mobilité et l'adaptation de leurs personnels. Ces mesures ont pour objet de financer les dépenses liées aux actions de reconversion, aux indemnités de départ volontaire, aux aides à la mobilité, au remboursement du différentiel de rémunération et à la prise en charge des coûts de fonctionnement de cellules d'accompagnement social.

Les actions mentionnées du 1° au 6° peuvent également faire l'objet d'un financement en faveur des structures médico-sociales. Les opérations citées au 2° en faveur de ces structures peuvent comprendre des dépenses d'investissement dans la limite d'un montant fixé par arrêté des ministres chargés de la santé, de la sécurité sociale, du budget, des personnes âgées et des personnes handicapées.

Dans les établissements privés, les aides en faveur des personnels prévues au présent article ne peuvent se substituer aux financements ayant le même objet prévus par les dispositions du titre deuxième du livre Ier de la cinquième partie du code du travail ou par des accords ou conventions collectifs.

V. — Au titre des missions mentionnées au 5° de l'article L. 1435-8, le fonds participe notamment au financement d'une part de toute action visant à améliorer la prise en compte des attentes et des besoins des usagers du système de santé et d'autre part des formations des représentants de ces derniers.

Art. R. 1435-17 Les sommes engagées par les agences régionales de santé au titre des missions mentionnées à l'article R. 1435-16 sont versées aux professionnels, aux collectivités publiques ou aux organismes, quel que soit leur statut, chargés de leur mise en œuvre. Les rémunérations forfaitaires engagées au titre du 1° du III de l'article R. 1435-16 peuvent être attribuées au centre de santé employant un médecin salarié qui participe à la permanence des soins.

Le fonds d'intervention régional peut également rémunérer des prestataires extérieurs qui contribuent à ces missions, dans le cadre de contrats passés selon les règles de la commande publique. Les articles R. 1435-30, R. 1435-31 et R. 1435-33 ne s'appliquent pas à ces rémunérations.

SOUS-SECTION 2 ORGANISATION ET FONCTIONNEMENT

Art. R. 1435-24 *(Décr. nº 2015-1230 du 2 oct. 2015, art. 2)* « Le montant de la charge de la dotation fixé chaque année par l'arrêté mentionné au 1° de l'article L. 1435-9 est réparti entre les régimes obligatoires de base d'assurance maladie au prorata du montant des prestations en nature de l'assurance maladie et maternité du dernier exercice connu servies par chacun des régimes. »

Un arrêté conjoint des ministres chargés de la sécurité sociale et du budget détermine les conditions de versement de ces montants à la Caisse nationale de l'assurance maladie des travailleurs salariés par les autres régimes.

Art. R. 1435-25 Chaque année, avant le 1er mars, l'arrêté interministériel mentionné au deuxième alinéa de l'article L. 1435-10 fixe, après avis du Conseil national de pilotage des agences régionales de santé, le montant des crédits attribués à chaque agence régionale de santé. Il précise pour chaque région le montant des crédits mentionnés aux *a* et *b* de l'article L. 1435-9.

Des dotations complémentaires peuvent être attribuées en cours d'année, dans les mêmes conditions que celles prévues à l'alinéa précédent.

(Décr. nº 2015-1230 du 2 oct. 2015, art. 2) « En l'absence de budget annexe adopté dans les conditions fixées par l'article R. 1432-56 », les agences régionales de santé peuvent engager *(Décr. nº 2015-1230 du 2 oct. 2015, art. 2)* « [,] liquider et mettre au paiement » des crédits dans la limite mensuelle du douzième du montant attribué l'année précédente au titre du premier alinéa.

Art. R. 1435-26 *(Décr. nº 2015-1230 du 2 oct. 2015, art. 2)* Chaque agence régionale de santé, dans le cadre de son budget annexe, assure la gestion financière et comptable des crédits attribués au titre du fonds d'intervention régional, conformément aux règles fixées par les articles R. 1432-54 à R. 1432-66.

L'agent comptable de l'agence régionale de santé établit le compte financier du budget annexe. Le directeur général de l'agence arrête le compte financier, le soumet au conseil de surveillance pour approbation et le transmet aux ministres chargés de la santé et de la sécurité sociale.

Le compte financier du budget annexe relatif au fonds d'intervention régional est constitué d'un compte de résultat, d'un bilan et d'une annexe qui retracent l'ensemble de l'activité du fonds.

Art. R. 1435-27 *(Décr. nº 2015-1230 du 2 oct. 2015, art. 2)* Les ministres en charge de la santé et de la sécurité sociale, les agences régionales de santé et les organismes chargés de la gestion d'un régime obligatoire de l'assurance maladie chargés du paiement de certaines dépenses relevant des missions du fonds d'intervention régional pour le compte des agences régionales de santé en application de l'article L. 1435-10 échangent les informations comptables et financières nécessaires au suivi national et régional du fonds.

Les ministres chargés de la santé et de la sécurité sociale élaborent les comptes du fonds d'intervention régional, qui se fondent sur une consolidation des comptes financiers des budgets annexes établis par les agences régionales de santé, et les transmettent au Conseil national de pilotage et aux directeurs généraux des agences régionales de santé avant le 30 avril de l'exercice suivant.

Un arrêté des ministres chargés de la santé et de la sécurité sociale précise les modalités techniques d'application du présent article.

Art. R. 1435-28 Dans le cadre des orientations définies par le Conseil national de pilotage des agences régionales de santé et de celles résultant du projet régional de santé, le directeur général de l'agence régionale de santé établit chaque année *(Décr. nº 2012-1247 du 7 nov. 2012, art. 2)* « un budget » du fonds dans la région, qu'il transmet pour information au Conseil national de pilotage.

Art. R. 1435-29 Les décisions de financement mentionnées à l'article L. 1435-8 déterminent chaque année le montant des sommes à verser au bénéficiaire, y compris lorsque le financement est prévu sur une base pluriannuelle dont la durée maximale ne peut excéder cinq ans.

Pour la mission mentionnée au 1° de l'article R. 1435-16, le cahier des charges mentionné à l'article R. 6315-6 vaut décision de financement.

Lorsque l'opération à financer concerne plusieurs régions, les directeurs généraux des agences régionales de santé compétentes prennent une décision commune d'attribution de financement.

Art. R. 1435-30 A l'exception du financement des actions mentionnées au 1° de l'article R. 1435-16, l'octroi des financements est subordonné à la conclusion entre l'agence régionale de santé et l'organisme ou le bénéficiaire concerné :

1° Soit de l'un des contrats prévus aux articles L. 1435-3 et L. 1435-4 ;

2° Soit d'un contrat spécifique.

Ce contrat mentionne l'objet des actions, des expérimentations ou des structures financées, les conditions de leur prise en charge financière et de leur évaluation ainsi que les engagements pris par le bénéficiaire.

Art. R. 1435-31 Lorsque le bénéficiaire du financement est un réseau de santé, la décision de financement est prise en application des dispositions de l'article L. 162-45 du code de la sécurité sociale. Les conditions de prise en charge financière des prestations et l'application des dérogations prévues à cet article sont annexées au contrat mentionné à l'article précédent.

Art. R. 1435-32 *(Décr. nº 2015-1230 du 2 oct. 2015, art. 2)* Les organismes d'assurance maladie chargés par l'arrêté mentionné au troisième alinéa de l'article L. 1435-10 du paiement de certaines dépenses relevant des missions du fonds d'intervention régional versées directement aux professionnels de santé effectuent le paie-

ment des sommes pour le compte des agences régionales de santé, qui en assurent l'ordonnancement, dans les conditions fixées par l'article 40 de la loi n° 2014-1545 du 20 décembre 2014 relative à la simplification de la vie des entreprises.

Art. R. 1435-33 **En cas d'inexécution partielle ou totale des engagements prévus au contrat mentionné à l'article R. 1435-30, le directeur général de l'agence régionale de santé adresse au titulaire du contrat une mise en demeure motivée de prendre, dans un délai d'un mois, les mesures nécessaires au respect de ses engagements. Le titulaire du contrat peut présenter des observations écrites ou orales dans ce délai. Compte tenu de ces éléments de réponse, ce délai peut être renouvelé une fois pour la même durée.**

Si, au terme du délai accordé par l'agence régionale de santé, les mesures nécessaires au respect des engagements n'ont pas été prises sans justification valable, le directeur général de l'agence régionale de santé peut modifier ou résilier le contrat. Il peut décider le reversement de tout ou partie des financements déjà versés au titre des engagements non mis en œuvre.

Art. R. 1435-34 **L'agence régionale de santé procède à une évaluation des résultats de chaque action financée et la prend en compte pour le renouvellement éventuel du financement de l'action.**

Le directeur général de l'agence régionale de santé établit chaque année un rapport relatif aux actions financées par le fonds dans la région.

Art. R. 1435-35 **Le Conseil national de pilotage des agences régionales de santé est chargé du contrôle et du suivi de la gestion du fonds. A ce titre, il est rendu destinataire, chaque année avant le 31 mai, des rapports mentionnés à l'article R. 1435-34 et d'un rapport financier relatif à l'exercice antérieur présenté par la Caisse nationale de l'assurance maladie des travailleurs salariés. Il arrête le bilan mentionné à l'article L. 1435-10. Il élabore les instructions budgétaires et comptables nécessaires à l'application de la présente section.**

Art. R. 1435-36 **Le fonds d'intervention régional est soumis au contrôle économique et financier de l'État dans les conditions fixées par le décret n° 55-733 du 26 mai 1955.**

SOUS-SECTION 3 REPORT ET DÉCHÉANCE

(Décr. n° 2017-814 du 5 mai 2017, art. 1er)

Art. D. 1435-36-1 **Le montant des reports est déterminé en autorisations d'engagement et en crédits de paiement dans la limite du plafond, prévu au quatrième alinéa de l'article L. 1435-10, arrêté sur la base des autorisations d'engagement des budgets annexes par les ministres chargés de la santé, du budget, de la sécurité sociale, des personnes âgées et des personnes handicapées.**

Dans le cas où les crédits des budgets annexes non reportés non consommés ne font pas l'objet d'un reversement à l'État, à la Caisse nationale de l'assurance maladie des travailleurs salaires *[salariés]* **ou à la Caisse nationale de solidarité pour l'autonomie, ces crédits sont pris en compte pour le calcul du montant des crédits attribués l'année suivante au titre du fonds d'intervention régional fixé par l'arrêté prévu à l'article R. 1435-25.**

Art. D. 1435-36-2 **Les sommes notifiées par les agences régionales de santé correspondant aux autorisations d'engagement consommées sont prescrites en application du quatrième alinéa de l'article L. 1435-10 au profit du fonds d'intervention régional.**

Ces sommes sont prises en compte pour le calcul du montant des crédits attribués l'année suivante au titre du fonds d'intervention régional fixé par l'arrêté prévu à l'article R. 1435-25.

SECTION VI MISE EN ŒUVRE DES SANCTIONS FINANCIÈRES

(Décr. n° 2014-73 du 30 janv. 2014, art. 1er)

Art. R. 1435-37 **I. – Sur la base d'inspections réalisées en application des dispositions de l'article L. 1435-7, de résultats de contrôles ou d'éléments mettant en évi-**

dence des manquements constatés au titre des articles L. 5472-1 et L. 5472-2, le directeur général de l'agence régionale de santé territorialement compétente peut engager une procédure de sanction financière à l'encontre des auteurs de ces manquements.

II. – Le directeur général de l'agence indique à la personne physique ou morale concernée les faits de nature à justifier l'engagement de la procédure de sanction et les manquements constatés, la sanction financière encourue, et lui communique les éléments justifiant de ces manquements. Il :

1° Met à même la personne physique ou morale concernée de présenter ses observations, écrites ou orales, avec l'indication de la possibilité de se faire assister d'un conseil ;

2° Le cas échéant, la met en demeure de régulariser la situation ;

3° La met en demeure de lui transmettre le chiffre d'affaires constituant l'assiette de la sanction financière.

Il fixe à la personne concernée un délai qui ne peut être inférieur à huit jours pour satisfaire aux demandes mentionnées aux 1° à 3° ci-dessus. Lorsqu'il fait usage du 2°, ce délai peut être réduit en cas d'urgence.

III. – A l'issue du délai fixé, le directeur général de l'agence régionale de santé peut prononcer une sanction financière.

Si la personne concernée n'a pas régularisé la situation dans le délai fixé, cette sanction peut être assortie d'une astreinte journalière, qui commence à courir à compter de la date de la notification à la personne concernée de la sanction financière et qui cesse de courir le jour de la régularisation de la situation, le cas échéant, constatée par une nouvelle inspection.

IV. – La décision de sanction est notifiée à la personne concernée, par tout moyen permettant de lui conférer une date certaine. Elle indique la nature des faits constitutifs du manquement, le montant de la sanction prononcée et, le cas échéant, de l'astreinte, les modalités d'acquittement ainsi que les voies et délais de recours.

V. – La décision de sanction financière prononcée peut être publiée sur le site internet de l'agence pendant une durée qui ne peut excéder un mois ou, le cas échéant, jusqu'à la régularisation de la situation, si celle-ci n'est pas intervenue à l'issue de cette durée.

Art. R. 1435-38 *(Décr. nº 2015-373 du 31 mars 2015, art. 1er)* Le ministre chargé de la santé est l'ordonnateur compétent pour l'émission des titres de perception relatifs aux sanctions et astreintes prononcées en application des articles L. 1435-7-1, L. 5472-1 et L. 5472-2.

Le titre de perception est émis et rendu exécutoire dans les conditions fixées aux articles 112 à 124 du décret nº 2012-1246 du 7 novembre 2012 relatif à la gestion budgétaire et comptable publique.

Art. R. 1435-39 *(Décr. nº 2015-373 du 31 mars 2015, art. 1er)* Les astreintes sont liquidées au moins une fois chaque année.

TITRE QUATRIÈME DISPOSITIONS PARTICULIÈRES À CERTAINES COLLECTIVITÉS D'OUTRE-MER *(Décr. nº 2010-345 du 31 mars 2010, art. 1er).*

V. Dalloz.fr

TITRE CINQUIÈME RÈGLES DÉONTOLOGIQUES ET EXPERTISE SANITAIRE

(Décr. nº 2012-745 du 9 mai 2012, art. 1er)

CHAPITRE PREMIER LIENS D'INTÉRÊTS ET TRANSPARENCE

SECTION PREMIÈRE DÉCLARATION PUBLIQUE D'INTÉRÊTS

Art. R. 1451-1 I. – En application du I de l'article L. 1451-1, les personnes suivantes remettent la déclaration d'intérêts prévue par les dispositions de cet article au

ministre, au président de l'autorité ou au directeur ou directeur général de l'établissement ou du groupement d'intérêt public auprès duquel ils exercent leurs fonctions ou remplissent une mission :

1° Les membres des commissions et conseils siégeant auprès des ministres chargés de la santé et de la sécurité sociale et auxquels la loi ou le règlement confie la mission de prendre des décisions, d'émettre des recommandations, d'établir des références ou de rendre des avis sur des questions de santé publique ou de sécurité sanitaire ;

2° Les membres des cabinets des ministres chargés de la santé et de la sécurité sociale ;

3° Les personnels des autorités, des établissements et du groupement d'intérêt public mentionnés au I de l'article L. 1451-1 exerçant des fonctions de direction ou d'encadrement ;

4° Les membres des organes dirigeants des mêmes autorités, établissements et groupement et de leurs autres instances collégiales, commissions, groupes de travail et conseils auxquels la loi, le règlement ou une mesure d'organisation interne confie la mission de prendre des décisions, d'émettre des recommandations, d'établir des références ou de rendre des avis :

***a)* Pour les instances relevant d'une autorité, d'un établissement ou d'un groupement autre que l'Autorité de sûreté nucléaire ou l'Institut de radioprotection et de sûreté nucléaire, sur des questions de santé publique ou de sécurité sanitaire ;**

***b)* Pour les instances relevant de l'Autorité de sûreté nucléaire ou de l'Institut de radioprotection et de sûreté nucléaire, sur des questions de sécurité des produits de santé.**

II. – En application de l'article L. 1452-3, remettent, aux mêmes autorités, la même déclaration les personnes invitées à apporter leur expertise dans les domaines de la santé publique et de la sécurité sanitaire au ministre chargé de la santé ou aux commissions, conseils et instances collégiales mentionnés aux 1° et 4° du I.

III. – En application du II de l'article L. 1451-1, remettent, aux mêmes autorités, la même déclaration :

1° Pour l'autorité, les établissements et le groupement d'intérêt public *(Décr. nº 2016-523 du 27 avr. 2016, art. 4)* **« mentionnés aux articles L. 1222-1, L. 1313-1, L. 1413-1, L. 1415-2, L. 1418-1, L. 1431-1 et L. 5311-1 du présent code » et à l'article L. 161-37 du code de la sécurité sociale, les agents participant à la préparation des décisions, recommandations, références et avis relatifs à des questions de santé publique ou de sécurité sanitaire mentionnés au 4° du I ;**

2° Pour la même autorité, les mêmes établissements et le même groupement, les agents exerçant des fonctions d'inspection, d'évaluation, de surveillance et de contrôle relatives aux activités, techniques ou produits entrant dans le champ de compétence en matière de santé publique et de sécurité sanitaire de l'autorité, de l'établissement ou du groupement ;

3° Le personnel des commissions de conciliation et d'indemnisation et de l'Office national d'indemnisation des accidents médicaux, des affections iatrogènes et des infections nosocomiales, collaborant à la désignation des experts mentionnés aux articles L. 1142-9, L. 1142-24-4, R. 1221-71, R. 3111-29, R. 3122-3 et R. 3131-3-1 ;

4° Les agents de l'Institut de radioprotection et de sûreté nucléaire chargés de l'élaboration d'avis aux autorités compétentes en matière d'évaluation de produits de santé utilisant les propriétés des rayonnements ionisants ou participant à l'inspection, au contrôle ou à la surveillance de ces produits.

(Décr. nº 2016-779 du 10 juin 2016, art. 2-1° et 2°) **« IV. – En application du II de l'article L. 1451-1, le déontologue[,] mentionné au II de l'article L. 1451-4 et au V de l'article L. 162-17-3 du code de la sécurité sociale, remet à la personne qui le nomme la même déclaration.**

« V. – » Pour chaque administration, autorité, établissement ou groupement d'intérêt public, le ministre, le président de l'autorité ou le directeur ou directeur général de l'établissement ou du groupement établit la liste des fonctions et des instances collégiales remplissant les critères définis aux I et III.

Art. R. 1451-2 *(Décr. nº 2012-745 du 9 mai 2012, art. 1er)* **I. – La déclaration remise au ministre, au président de l'autorité ou au directeur ou directeur général de l'établissement ou du groupement d'intérêt public comporte les informations suivantes :**

1° Les nom et prénom du déclarant ;

2° La qualité au titre de laquelle le déclarant est tenu d'établir la déclaration et la mention de l'administration, de l'autorité, de l'établissement ou du groupement auprès duquel il exerce ses fonctions ou sa mission ainsi que, le cas échéant, de l'instance ou des instances collégiales dont il est membre ou auprès desquelles il est invité à apporter son expertise ;

3° L'activité principale actuelle, rémunérée ou non ;

4° Les activités principales et accessoires, rémunérées ou non, exercées au cours des cinq années précédentes dans des sociétés, établissements, organismes et associations dont les activités, les techniques ou les produits entrent dans le champ de compétence en matière de santé publique et de sécurité sanitaire de l'administration, de l'autorité, de l'établissement ou du groupement ou de l'instance collégiale mentionnés au 2° ou, s'il s'agit de l'Autorité de sûreté nucléaire, de l'Institut de radioprotection et de sûreté nucléaire ou d'une de leurs instances collégiales, dans le champ de compétence de l'autorité ou de l'institut en matière de sécurité des produits de santé.

Sont également déclarés à ce titre et dans les mêmes conditions :

a) Les activités exercées auprès de sociétés ou organismes de conseil intervenant dans les mêmes secteurs ;

b) La participation à une instance décisionnelle d'un organisme public ou privé ;

c) L'exercice d'une activité de consultant, de conseil ou d'expertise auprès d'un organisme ;

d) Les travaux scientifiques et études pour des organismes publics ou privés ;

e) La rédaction d'article et les interventions, rémunérées ou prises en charge, dans des congrès, des conférences, des colloques, des réunions publiques ou des formations organisées ou soutenues financièrement par des entreprises privées ;

f) La détention ou l'invention d'un brevet ou l'invention d'un produit, procédé ou tout autre forme de propriété intellectuelle non brevetée, en relation avec le champ de compétence mentionné ci-dessus.

Le déclarant précise, le cas échéant, les rémunérations perçues soit à titre personnel, soit par un organisme dont il est membre ou salarié ;

5° Les activités que le déclarant dirige ou a dirigées au cours des cinq années précédentes et qui ont bénéficié d'un financement par un organisme à but lucratif dont l'objet social entre dans le champ de compétence mentionné au 4° ainsi que le montant de ce financement ;

6° Les participations financières directes, sous forme d'actions ou d'obligations détenues et gérées directement ou de capitaux propres, dans le capital d'une société dont l'objet social entre dans le champ de compétence mentionné au 4°. Le déclarant en précise le montant en valeur absolue et en pourcentage du capital ;

7° Si elle est connue du déclarant, toute activité mentionnée au 4° et au 5°, exercée ou dirigée actuellement ou au cours des cinq années précédentes par ses parents et enfants, par son conjoint, concubin ou partenaire lié par un pacte de solidarité ou par les parents et enfants de ce dernier ainsi que toute participation mentionnée au 6° supérieure à un montant de 5 000 euros ou à 5 % du capital détenue par les mêmes personnes. Le déclarant identifie le tiers concerné par la seule mention de son lien de parenté ;

(Décr. nº 2016-1939 du 28 déc. 2016, art. 1er) « 8° Les fonctions et mandats électifs ainsi que tout autre lien dont le déclarant a connaissance et qui est de nature à faire naître des situations de conflits d'intérêts et les sommes reçues au titre de ce lien. »

II. — La déclaration est présentée conformément à un document type défini par arrêté des ministres chargés de la santé et de la sécurité sociale.

(Décr. nº 2016-1939 du 28 déc. 2016, art. 1er) « III. — La mention des liens de parenté et les montants des participations financières prévus au 7° du I ne sont pas rendus publics. »

Art. R. 1451-3 *(Décr. nº 2012-745 du 9 mai 2012, art. 1er) (Décr. nº 2016-1939 du 28 déc. 2016, art. 1er)* « I. — Les déclarations d'intérêts sont établies et actualisées, selon les spécifications conformes au document type prévu au II de l'article R. 1451-2, par télédéclaration sur un site internet unique.

« Elles sont actualisées à l'initiative du déclarant chaque fois qu'une modification intervient dans sa situation. Le déclarant est tenu, dans tous les cas, de vérifier chaque année sa déclaration. »

II. — La publicité de toutes les déclarations publiques d'intérêts régies par les dispositions de la présente section est assurée, pendant la durée des fonctions ou de la mission au titre desquelles elles ont été établies et les cinq années suivant la fin de ces fonctions ou de cette mission, sur le site unique mentionné au I.

III. — Un arrêté des ministres chargés de la santé et de la sécurité sociale, pris après avis de la Commission nationale de l'informatique et des libertés, détermine les conditions de fonctionnement du site mentionné au I, notamment :

1° L'autorité qui en est responsable ;

2° Les modalités d'établissement, d'authentification et de transmission sécurisée des télédéclarations ;

3° Les conditions dans lesquelles les administrations, les autorités, les établissements ou le groupement d'intérêt public mentionnés au I de l'article L. 1451-1 ont accès, chacun pour ce qui le concerne, à la déclaration d'intérêts ;

4° Les modalités selon lesquelles les personnes mentionnées au 7° du I de l'article R. 1451-2 sont informées du recueil et de la publicité des données les concernant.

(Décr. n° 2016-1939 du 28 déc. 2016, art. 1er) « L'autorité responsable du site internet unique prend les mesures techniques nécessaires pour assurer l'intégrité du site sur lequel elle rend publiques les déclarations d'intérêts, la sécurité et la protection des seules données permettant une identification directe de la personne contre l'indexation par des moteurs de recherche externes et la confidentialité des données qui ne sont pas rendues publiques. » Elle se conforme aux dispositions de la loi n° 78-17 du 6 janvier 1978 relative à l'informatique, aux fichiers et aux libertés en accomplissant auprès de la Commission nationale de l'informatique et des libertés les formalités nécessaires pour le traitement de données qu'elle met en œuvre pour l'application de la présente section.

Art. R. 1451-4 Les déclarations d'intérêts sont conservées pendant une durée de dix ans, à compter de leur dépôt ou de leur actualisation, par l'administration, l'autorité, l'établissement ou le groupement auquel elles sont remises.

SECTION II **TRANSPARENCE**

Art. R. 1451-5 Les dispositions de l'article R. 4113-110 sont applicables, lorsqu'elles n'appartiennent pas aux professions de santé, aux personnes mentionnées à l'article L. 1451-1 et aux personnes collaborant occasionnellement aux travaux des commissions consultatives siégeant auprès des ministres chargés de la santé et de la sécurité sociale.

Art. R. 1451-6 Font l'objet de l'enregistrement intégral et de la diffusion de procès-verbaux prévus à l'article L. 1451-1-1 les débats des commissions, conseils et instances collégiales mentionnés au I de l'article R. 1451-1 conduisant à l'adoption d'un avis sur une question de santé publique ou de sécurité sanitaire recueilli, à titre obligatoire ou facultatif, par l'autorité compétente préalablement à une décision administrative.

Les participants sont informés de l'enregistrement au plus tard au début des débats concernés.

Art. R. 1451-7 Les procès-verbaux mentionnés à l'article R. 1451-6 sont mis en ligne dans les meilleurs délais, dans le respect des secrets protégés par la loi, sur le site internet de l'administration, de l'autorité, de l'établissement ou du groupement concerné, sous l'autorité, selon le cas, du ministre, du président de l'autorité, du directeur ou du directeur général de l'établissement ou du groupement. Ils demeurent accessibles en ligne pour une durée fixée par ce dernier et qui ne peut être inférieure à un an.

Art. R. 1451-8 La mise en ligne, dans le respect des secrets protégés par la loi, des enregistrements mentionnés à l'article R. 1451-6 sur le site internet de l'administration, de l'autorité, de l'établissement ou du groupement concerné peut être décidée, selon le cas, par le ministre, le président de l'autorité, le directeur ou le directeur général de l'établissement ou du groupement. Ils demeurent alors accessibles en ligne pour une durée fixée par ce dernier et qui ne peut être inférieure à un an.

Lorsqu'il est fait application de ces dispositions, les participants aux débats concernés en sont informés au plus tard au moment de la mise en ligne.

Art. R. 1451-9 Les procès-verbaux et les enregistrements mentionnés à l'article R. 1451-6 sont conservés par l'administration, l'autorité, l'établissement ou le groupement concerné pendant une durée de dix ans.

SECTION III DÉONTOLOGUE DANS LES AUTORITÉS ET ORGANISMES SANITAIRES

(Décr. n° 2016-779 du 10 juin 2016, art. 1er)

Art. R. 1451-10 Le déontologue est nommé, au sein de chacun des organismes et autorités mentionnés au II de l'article L. 1451-4, par leur président, lorsqu'il a des fonctions exécutives, à défaut par leur directeur général, et à défaut par leur directeur, et, au sein du comité économique des produits de santé, par les ministres auprès desquels il est placé.

Le déontologue est nommé, sous réserve des dispositions propres à chaque autorité ou organisme, soit parmi les agents de ces autorités ou organismes, soit parmi les personnalités qualifiées membres du comité chargé de la déontologie s'il existe, soit parmi des personnalités extérieures, après avis du comité chargé de la déontologie s'il existe. Le déontologue est désigné pour une période de trois ans renouvelable.

Le déontologue, dans l'exercice de ses fonctions, ne rend compte qu'à la personne qui l'a nommé.

Art. R. 1451-11 I. — L'autorité ou l'organisme auprès duquel est placé le déontologue met à sa disposition les moyens lui permettant d'exercer en toute indépendance sa mission de contrôle de l'application du dispositif de déclaration des liens d'intérêts et de prévention des conflits d'intérêts.

II. — Lorsque le déontologue est une personnalité extérieure à l'autorité ou à l'organisme, ses frais de déplacement sont pris en charge. Il peut lui être attribué une indemnité dont le montant est fixé, en fonction de l'ampleur de la mission, par un arrêté des ministres chargés du budget et de la santé.

Art. R. 1451-12 Le déontologue a accès directement aux déclarations d'intérêts déposées sur le site internet dédié. Lorsque les déclarations d'intérêts ne sont pas déposées sur ce site internet dédié, elles sont remises au déontologue.

Art. R. 1451-13 I. — Le déontologue s'assure que l'autorité ou l'organisme au sein duquel il est nommé prend les mesures appropriées pour garantir le recueil des déclarations d'intérêts des personnes qui y sont soumises et pour procéder à l'analyse des liens qui y sont mentionnés. A cet effet, il propose à la personne qui l'a nommé les mesures d'organisation nécessaires au respect des obligations de déclaration des liens d'intérêts et de prévention des conflits d'intérêts.

II. — Le déontologue vérifie que l'autorité ou l'organisme met en place les mesures appropriées pour prévenir ou faire cesser toute situation de conflits d'intérêts.

Art. R. 1451-14 En cas de difficulté à obtenir des personnes mentionnées aux articles L. 1451-1 et L. 1452-3 la réponse aux demandes d'informations qu'il leur adresse, le déontologue en informe sans délai la personne qui l'a nommé.

Art. R. 1451-15 Lorsque l'autorité ou l'organisme est doté d'un comité chargé de la déontologie, le rapport mentionné au deuxième alinéa du II de l'article L. 1451-4 tient compte des avis, recommandations et rapports élaborés par ce comité.

Art. R. 1451-16 Le déontologue est tenu au secret et à la discrétion professionnels dans les mêmes conditions que celles définies à l'article 26 de la loi n° 83-634 du 13 juillet 1983 portant droits et obligations des fonctionnaires.

CHAPITRE III **AVANTAGES CONSENTIS ET CONVENTIONS CONCLUES PAR LES ENTREPRISES PRODUISANT OU COMMERCIALISANT DES PRODUITS MENTIONNÉS À L'ARTICLE L. 5311-1 OU DES MÉDICAMENTS VÉTÉRINAIRES** *(Décr. n° 2016-1939 du 28 déc. 2016, art. 2 ; Décr. n° 2017-89 du 26 janv. 2017).*

(Décr. n° 2013-414 du 21 mai 2013, art. 1er)

Art. D. 1453-1 *(Décr. n° 2016-1939 du 28 déc. 2016, art. 2)* **Sont rendus publics :**

1° Les rémunérations dont le montant est supérieur ou égal à 10 euros ;

2° Les avantages d'un même montant toutes taxes comprises.

SECTION PREMIÈRE **DISPOSITIONS APPLICABLES AUX CONVENTIONS CONCLUES ET AUX AVANTAGES PROCURÉS PAR LES ENTREPRISES PRODUISANT OU COMMERCIALISANT DES PRODUITS À FINALITÉ SANITAIRE OU À FINALITÉ COSMÉTIQUE DESTINÉS À L'HOMME** *(Décr. n° 2016-1939 du 28 déc. 2016, art. 2-2°).*

SOUS-SECTION 1 **PRODUITS À FINALITÉ SANITAIRE**

(Décr. n° 2016-1939 du 28 déc. 2016, art. 2)

Art. R. 1453-2 *(Décr. n° 2016-1939 du 28 déc. 2016, art. 2)* **Les entreprises produisant ou commercialisant des produits mentionnés au II de l'article L. 5311-1, à l'exception de ceux mentionnés aux 14°, 15° et 17°, ou assurant des prestations associées à ces produits, rendent publics, dans les conditions définies à la présente sous-section :**

1° Les informations mentionnées au I du R. 1453-3 contenues dans les conventions qu'elles concluent avec les personnes physiques ou morales mentionnées au I de l'article L. 1453-1 ;

2° Les rémunérations versées dans le cadre des conventions mentionnées au I de l'article L. 1453-1 ;

3° Les avantages qu'elles procurent directement ou indirectement aux personnes physiques ou morales mentionnées au I de l'article L. 1453-1, y compris dans le cadre des conventions mentionnées au premier alinéa de ce I.

Art. R. 1453-3 *(Décr. n° 2013-414 du 21 mai 2013, art. 1er)* **I. — Pour les conventions mentionnées** *(Décr. n° 2016-1939 du 28 déc. 2016, art. 2)* **« au 1° » de l'article R. 1453-2, chaque entreprise rend publiques les informations suivantes** *(Décr. n° 2016-1939 du 28 déc. 2016, art. 2)* **« en plus de sa propre identité comportant sa dénomination sociale, son objet social et l'adresse du siège social » :**

1° L'identité des parties à chaque convention, soit :

***a)* Lorsqu'il s'agit d'un professionnel de santé, le nom, le prénom, la qualité, l'adresse professionnelle et, le cas échéant, le titre, la spécialité, l'identifiant personnel dans le répertoire partagé des professionnels de santé** *(Décr. n° 2016-1939 du 28 déc. 2016, art. 2)* **« ou, à défaut, le numéro d'inscription à l'ordre » ;**

***b)* Lorsqu'il s'agit d'un étudiant se destinant à l'une des professions relevant de la quatrième partie du code, le nom, le prénom,** *(Décr. n° 2016-1939 du 28 déc. 2016, art. 2)* **« le nom et l'adresse de » l'établissement d'enseignement** *(Décr. n° 2016-1939 du 28 déc. 2016, art. 2)* **« ou de l'organisme de rattachement » et, le cas échéant, l'identifiant personnel dans le répertoire partagé des professionnels de santé ;**

***c)* Lorsqu'il s'agit d'une personne morale : la dénomination sociale, l'objet social et l'adresse du siège social ;**

2° La date de signature de la convention *(Décr. n° 2016-1939 du 28 déc. 2016, art. 2)* **« et sa date d'échéance si elle est connue au moment de la signature » ;**

3° L'objet *(Décr. n° 2016-1939 du 28 déc. 2016, art. 2-7°)* **« précis » de la convention** *(Décr. n° 2016-1939 du 28 déc. 2016, art. 2)* **« selon la typologie thématique prévue par l'arrêté mentionné à l'article R. 1453-4, » formulé dans le respect des secrets protégés par la loi, notamment du secret industriel et commercial ;**

4° Lorsque la convention a pour objet une manifestation mentionnée au troisième alinéa de l'article L. 4113-6, *(Décr. n° 2016-1939 du 28 déc. 2016, art. 2)* « l'organisateur, le nom, la date et le lieu de la manifestation ;

« 5° Le montant total de la convention.

« Afin d'assurer la traçabilité des avantages et rémunérations consentis, les cocontractants sont tenus de fournir au télédéclarant l'ensemble des informations dont ils ont connaissance permettant d'identifier les éventuels bénéficiaires indirects et finaux.

« I *bis*. — Pour les rémunérations mentionnées au 2° de l'article R. 1453-2, chaque entreprise rend publiques les informations suivantes, en sus de sa propre identité comportant sa dénomination sociale, son objet social et l'adresse du siège social :

« 1° L'identité de chaque personne bénéficiaire selon les modalités prévues au 1° du I ;

« 2° La date et le montant arrondi à l'euro le plus proche de chaque rémunération versée aux bénéficiaires au cours d'un semestre civil. Les rémunérations sont rendues publiques à chaque échéance de versement suivant les modalités prévues par la convention ;

« 3° Le semestre civil au cours duquel les rémunérations ont été versées. »

II. — Pour les avantages mentionnés *(Décr. n° 2016-1939 du 28 déc. 2016, art. 2)* « au 3° » de l'article R. 1453-2, chaque entreprise rend publiques les informations suivantes *(Décr. n° 2016-1939 du 28 déc. 2016, art. 2)* « , en sus de sa propre identité comportant sa dénomination sociale, son objet social et l'adresse du siège social » :

1° L'identité de la personne bénéficiaire *(Abrogé par Décr. n° 2016-1939 du 28 déc. 2016, art. 2) « et de l'entreprise »* selon les modalités prévues au 1° du I du présent article ;

2° Le montant, toutes taxes comprises, arrondi à l'euro le plus proche, la date et la nature de chaque avantage perçu par le bénéficiaire au cours d'un semestre civil ;

3° Le semestre civil au cours duquel les avantages ont été consentis.

Art. R. 1453-4 I. — Les informations mentionnées à l'article R. 1453-3 sont rendues publiques, en langue française, sur *(Décr. n° 2016-1939 du 28 déc. 2016, art. 2)* « le site internet public unique mentionné au I de l'article L. 1453-1 *[ancienne rédaction : un site internet public unique]* » et sont transmises à l'autorité responsable de ce site.

II. — Un arrêté du ministre chargé de la santé pris après avis de la Commission nationale de l'*(Décr. n° 2016-1939 du 28 déc. 2016, art. 2)* « informatique » et des libertés détermine les conditions de fonctionnement du site mentionné au présent article, notamment l'autorité qui en est responsable, les modalités d'établissement, d'authentification et de transmission sécurisée des déclarations électroniques à distance.

Sur les informations relatives aux conventions conclues et avantages consentis au cours de l'année 2012, V. Décr. n° 2013-414 du 21 mai 2013, art. 3.

V. Arr. du 3 déc. 2013 relatif aux conditions de fonctionnement du site internet public unique mentionné à l'art. R. 1453-4.

Art. R. 1453-5 *(Décr. n° 2016-1939 du 28 déc. 2016, art. 2)* L'entreprise transmet les informations mentionnées à l'article R. 1453-3 à l'autorité responsable du site internet public unique :

1° Au plus tard le 1er septembre pour les conventions conclues, les rémunérations versées et les autres avantages consentis au cours du premier semestre de l'année en cours ;

2° Au plus tard le 1er mars de l'année suivante pour les conventions conclues, les rémunérations versées et les autres avantages consentis au cours du second semestre de l'année précédente.

Art. R. 1453-6 L'autorité responsable du site internet public unique rend publiques les informations relatives aux conventions conclues *(Décr. n° 2016-1939 du 28 déc. 2016, art. 2)* « , aux rémunérations versées et aux autres avantages » consentis au cours du premier semestre civil au plus tard le 1er octobre de l'année en cours et au cours du second semestre civil au plus tard le 1er avril de l'année suivante. Elles demeurent accessibles au public, dans les conditions prévues à l'article R. 1453-3, pendant une durée de cinq ans à compter de leur mise en ligne. Si une convention est applicable au-delà d'une durée de cinq ans, les informations relatives à cette convention sont à nouveau rendues publiques au terme de ce délai.

Art. R. 1453-7 L'autorité responsable du site internet public unique prend les mesures techniques nécessaires pour assurer l'intégrité du site sur lequel elle rend publiques les informations mentionnées à l'article R. 1453-3, leur sécurité et la protection des seules données directement identifiantes contre l'indexation par des moteurs de recherche *(Décr. n° 2016-1939 du 28 déc. 2016, art. 2)* « externes ». Elle assure l'information des personnes sur le recueil et la publicité des données les concernant.

Elle se conforme aux dispositions de la loi n° 78-17 du 6 janvier 1978 relative à l'informatique, aux fichiers et aux libertés en accomplissant auprès de la Commission nationale de l'informatique et des libertés les formalités nécessaires pour les traitements de données qu'elle met en œuvre pour l'application de la présente section. Elle indique sur le site internet la possibilité pour la personne d'exercer son droit de rectification des informations les concernant et l'absence d'application du droit d'opposition.

Elle conserve les données recueillies à cette fin, sur tout support, pendant une durée de dix ans à compter de la date à laquelle est intervenue leur dernière modification.

SOUS-SECTION 2 PRODUITS À FINALITÉ COSMÉTIQUE

(Décr. n° 2016-1939 du 28 déc. 2016, art. 2)

Art. R. 1453-8 *(Décr. n° 2013-414 du 21 mai 2013, art. 1er)* I. — Les entreprises produisant ou commercialisant des produits mentionnés aux 14°, 15° et 17° de l'article L. 5311-1 ou assurant des prestations associées à ces produits rendent publique*[s]*, dans les conditions définies à la *(Décr. n° 2016-1939 du 28 déc. 2016, art. 2)* « présente sous-section, les informations relatives aux conventions portant sur la conduite de travaux d'évaluation de la sécurité, de vigilance ou de recherches biomédicales sur ces produits » des conventions qu'elles concluent avec les personnes *(Décr. n° 2016-1939 du 28 déc. 2016, art. 2)* « physiques ou morales mentionnées » au I de l'article L. 1453-1.

(Décr. n° 2016-1939 du 28 déc. 2016, art. 2) « I *bis*. — Les entreprises produisant ou commercialisant les produits mentionnés aux 14°, 15° et 17° de l'article L. 5311-1, ou assurant des prestations associées à ces produits, rendent publiques, dans les conditions définies à la présente sous-section, les rémunérations versées dans le cadre des conventions mentionnées au I. »

II. — Les mêmes entreprises rendent publics les avantages en nature ou en espèces qu'elles procurent directement ou indirectement aux personnes *(Décr. n° 2016-1939 du 28 déc. 2016, art. 2)* « physiques ou morales mentionnées » au I de l'article L. 1453-1, y compris dans le cadre des conventions mentionnées au I du présent article, dans les conditions prévues à l'article R. 1453-9.

Art. R. 1453-9 Les dispositions de l'article R. 1453-3, à l'exception *(Décr. n° 2016-1939 du 28 déc. 2016, art. 2)* « des trois derniers alinéas *[ancienne rédaction : du 4°]* » du I, et les dispositions des articles R. 1453-4 à R. 1453-7 s'appliquent aux conventions conclues par les entreprises produisant ou commercialisant des produits mentionnés aux 14°, 15° et 17° de l'article L. 5311-1 *(Décr. n° 2016-1939 du 28 déc. 2016, art. 2)* « , aux rémunérations qu'elles versent, ainsi qu'aux autres avantages qu'elles *procurent* ».

SECTION II DISPOSITIONS APPLICABLES AUX CONVENTIONS CONCLUES ET AUX AVANTAGES PROCURÉS PAR LES ENTREPRISES PRODUISANT OU COMMERCIALISANT DES MÉDICAMENTS VÉTÉRINAIRES

(Décr. n° 2017-89 du 26 janv. 2017)

Art. R. 1453-10 Les entreprises produisant ou commercialisant des médicaments vétérinaires ou assurant des prestations associées à ces produits rendent publics, dans les conditions définies à la présente section :

1° Les informations mentionnées au I du R. 1453-11 contenues dans les conventions qu'elles concluent avec les personnes physiques ou morales mentionnées au I de l'article L. 1453-2 ;

2° Les rémunérations versées dans le cadre des conventions mentionnées au I de l'article L. 1453-2 ;

3° Les avantages qu'elles procurent directement ou indirectement aux personnes physiques ou morales mentionnées au I de l'article L. 1453-2, y compris dans le cadre des conventions mentionnées au premier alinéa de ce I.

Art. R. 1453-11 I. – Pour les conventions mentionnées au 1° de l'article R. 1453-10, chaque entreprise rend publiques les informations suivantes, en plus de sa propre identité comportant sa dénomination sociale, son objet social et l'adresse du siège social :

1° L'identité de chaque bénéficiaire de chaque convention, soit :

a) Lorsqu'il s'agit d'un professionnel mentionné au 1° de l'article L. 1453-2, le nom, le prénom, la qualité, l'adresse professionnelle et, le cas échéant, son numéro d'inscription à l'ordre professionnel ou l'identifiant personnel dans le répertoire partagé des professionnels de santé ;

b) Lorsqu'il s'agit d'un étudiant se destinant à la profession de vétérinaire ou de pharmacien, le nom, le prénom, le nom et l'adresse de l'établissement d'enseignement et, le cas échéant, le numéro d'inscription à l'ordre ou l'identifiant personnel dans le répertoire partagé des professionnels de santé ;

c) Lorsqu'il s'agit d'une personne morale, la dénomination sociale, l'objet social et l'adresse du siège ;

2° La date de signature de la convention et sa date d'échéance si elle est connue au moment de la signature ;

3° L'objet de la convention, formulé dans le respect des secrets protégés par la loi, notamment du secret industriel et commercial ;

4° Lorsque la convention a pour objet une manifestation à caractère scientifique et professionnel ou de promotion l'organisateur, le nom, la date et le lieu de la manifestation.

II. – Pour les rémunérations mentionnées au 2° de l'article R. 1453-10, chaque entreprise rend publiques les informations suivantes, en plus de sa propre identité comportant sa dénomination sociale, son objet social et l'adresse du siège social :

1° L'identité de la personne bénéficiaire et de l'entreprise selon les modalités prévues au 1° du I du présent article ;

2° La date et le montant net arrondi à l'euro le plus proche de chaque rémunération versée à chaque bénéficiaire au cours d'un semestre civil. Les rémunérations sont rendues publiques à chaque échéance de versement suivant les modalités de versement prévues par la convention ;

3° Le semestre civil au cours duquel les rémunérations ont été versées.

III. – Pour les avantages mentionnés au 3° de l'article R. 1453-10, chaque entreprise rend publiques les informations suivantes, en plus de sa propre identité comportant sa dénomination sociale, son objet social et l'adresse du siège social :

1° L'identité de la personne bénéficiaire selon les modalités prévues au 1° du I du présent article ;

2° La date, le montant toutes taxes comprises arrondi à l'euro le plus proche et la nature de chaque avantage perçu par le bénéficiaire au cours d'un semestre civil.

Art. R. 1453-12 Les informations mentionnées à l'article R. 1453-11 sont rendues publiques sur le site internet public unique mentionné au I de l'article L. 1453-1 dans les conditions prévues aux articles R. 1453-5 à R. 1453-7.

TITRE SIXIÈME MISE À DISPOSITION DES DONNÉES DE SANTÉ

(Décr. nº 2016-1871 du 26 déc. 2016, art. 1er)

CHAPITRE PREMIER SYSTÈME NATIONAL DES DONNÉES DE SANTÉ

SECTION PREMIÈRE ORGANISATION DU SYSTÈME NATIONAL DES DONNÉES DE SANTÉ

Art. R. 1461-1 Le traitement de données à caractère personnel dénommé système national des données de santé (SNDS), institué à l'article L. 1461-1, est mis en œuvre par la Caisse nationale de l'assurance maladie des travailleurs salariés (CNAMTS) dans les conditions fixées par le présent chapitre.

Il a pour finalité, en application des dispositions de l'article L. 1461-1, de mettre à disposition des données qu'il rassemble dans les conditions définies aux articles L. 1461-2 à L. 1461-6 afin de contribuer :

1° A l'information sur la santé ainsi que sur l'offre de soins, la prise en charge médico-sociale et leur qualité, l'orientation des usagers dans le système de santé, en permettant la comparaison des pratiques de soins, des équipements et des tarifs des établissements et des professionnels de santé ;

2° A la définition, à la mise en œuvre et à l'évaluation des politiques de santé et de protection sociale, en favorisant l'identification des parcours de soins des patients, le suivi et l'évaluation de leur état de santé et de leur consommation de soins et de services d'accompagnement social, l'analyse de la couverture sociale des patients, la surveillance de la consommation de soins en fonction d'indicateurs de santé publique ou de risques sanitaires ;

3° A la connaissance des dépenses de santé, des dépenses de l'assurance maladie et des dépenses médico-sociales, en permettant d'analyser les dépenses des régimes d'assurance maladie par circonscription géographique, par nature de dépense, par catégorie de professionnels ou de prescripteurs et par professionnel ou établissement, les dépenses d'assurance maladie au regard des objectifs sectoriels de dépenses fixés, dans le cadre de l'objectif national de dépenses d'assurance maladie, par les lois de financement de la sécurité sociale, l'analyse quantitative des déterminants de l'offre de soins et la mesure de leurs impacts sur l'évolution des dépenses d'assurance maladie ;

4° A l'information des professionnels de santé, des structures et des établissements de santé ou médico-sociaux sur leur activité, en permettant la transmission aux prestataires de soins des informations pertinentes relatives à leur activité, à leurs recettes et, s'il y a lieu, à leurs prescriptions et la mise à la disposition de leurs représentants de données ne faisant pas apparaître l'identité des professionnels de santé ;

5° A la surveillance, à la veille et à la sécurité sanitaires, en développant l'observation de l'état de santé des populations, l'évaluation et la production d'indicateurs relatifs à l'état de santé de la population et l'analyse de leur variation dans le temps et dans l'espace, la détection d'événements de santé inhabituels pouvant représenter une menace pour la santé publique et l'évaluation de leurs liens éventuels avec des facteurs d'exposition et l'évaluation d'actions de santé publique ;

6° A la recherche, aux études, à l'évaluation et à l'innovation dans les domaines de la santé et de la prise en charge médico-sociale.

Art. R. 1461-2 Pour garantir le respect des dispositions du I de l'article L. 1461-4, les données à caractère personnel, présentes dans le système national des données de santé, sont rattachées à chaque personne concernée par un pseudonyme. Ce pseudonyme est produit selon les modalités mentionnées au 1° de l'article R. 1461-7.

Le rattachement des données d'une même personne provenant de sources différentes est réalisé, selon des modalités fixées par le directeur général de la Caisse nationale de l'assurance maladie des travailleurs salariés, en concertation avec les organismes gérant les bases de données formant les composantes du système national des données de santé.

Art. R. 1461-3 I. — La Caisse nationale de l'assurance maladie des travailleurs salariés met les données qu'elle rassemble, dans le cadre du système national des données de santé, à disposition des responsables des traitements prévus aux 1° et 2° du I de l'article L. 1461-3.

L'Institut national de la santé et de la recherche médicale peut, en tant que coordinateur national d'infrastructures de recherche utilisant des données de santé, être chargé, dans le cadre d'une convention conclue avec la Caisse nationale de l'assurance maladie des travailleurs salariés, d'assurer la réalisation des extractions et la mise à disposition effective de données du système national des données de santé, pour des traitements mis en œuvre à des fins de recherche, d'étude ou d'évaluation. La convention précise le service de l'Institut chargé d'assurer ces opérations, les conditions de suivi des demandes de mise à disposition de données, des extractions de données réalisées, des personnels habilités à réaliser des extractions ainsi que les mesures de sécurité mises en œuvre.

II. – Sans préjudice des dispositions du I, les organismes gérant les composantes du système national des données de santé mentionnées aux 1° à 5° de l'article L. 1461-1 mettent à disposition, dans les conditions prévues aux articles L. 1461-1 à L. 1461-6, les données issues des systèmes d'information dont ils assurent la gestion.

Art. R. 1461-4 I. – Les catégories de données réunies au sein du système national des données de santé sont les suivantes :

1° Les informations relatives aux bénéficiaires de soins et de prestations médico-sociales :

a) Le pseudonyme, constitué d'un code non signifiant obtenu par un procédé cryptographique irréversible du numéro d'inscription au Répertoire national d'identification des personnes physiques ;

b) Le sexe, le mois et l'année de naissance, le rang de naissance et le lieu de résidence, à l'exclusion de toute adresse ;

c) Les informations médico-administratives, notamment, s'il y a lieu, celles liées aux affections de longue durée figurant sur la liste mentionnée à l'article D. 160-4 du code de la sécurité sociale, et aux maladies professionnelles ;

d) Le cas échéant, les informations relatives au décès :

i) La date du décès ;

ii) La commune et le lieu du décès ;

iii) Les causes et les circonstances du décès ;

iv) La situation familiale et la profession à la date du décès ;

2° Les informations relatives aux organismes d'assurance maladie obligatoire et, s'il y a lieu, aux organismes d'assurance maladie complémentaire intervenant dans la prise en charge financière du bénéficiaire des soins et prestations :

a) L'identification des organismes ;

b) Les caractéristiques de la prise en charge par l'assurance maladie obligatoire et, le cas échéant, les organismes d'assurance maladie complémentaire ;

3° Les informations relatives à la prise en charge sanitaire, médico-sociale et financière associées à chaque bénéficiaire :

a) Les informations relatives aux prestations servies pour des soins de ville : nature des actes, biens et services, codes des actes médicaux, des dispositifs médicaux, des actes de pharmacie, biologie et de transport sanitaire, date des soins, date de grossesse ;

b) Les informations relatives aux prestations et séjours réalisés en établissement de santé ou en établissement et service médico-social, y compris les soins externes et l'accueil aux urgences, ainsi que les diagnostics médicaux associés à la description de la prise en charge ;

c) Le montant de l'acte ou de la prestation, sa cotation ou coefficient, le tarif appliqué et la part prise en charge par l'assurance maladie obligatoire, le cas échéant la modulation ou l'exonération du ticket modérateur et son motif, ainsi que la date de remboursement ou de paiement ;

d) Les données comptables relatives aux prestations prises en charge par l'assurance maladie obligatoire ;

e) Le type de contrat, la nature des risques couverts et les informations relatives à la couverture assurée par l'assurance maladie complémentaire s'il y a lieu ;

4° Les informations relatives aux professionnels et services de santé intervenant dans la prise en charge des bénéficiaires mentionnés au I :

a) Le numéro d'identification du professionnel et, le cas échéant, de l'établissement de rattachement ;

b) Le sexe, la date de naissance ;

c) La profession et, s'il y a lieu, la spécialité, le mode d'exercice, le statut conventionnel, la caisse de rattachement ;

d) Le lieu de réalisation de l'acte par le professionnel de santé ;

5° Les informations médico-sociales relatives à la situation des personnes en situation de handicap transmises à la Caisse nationale de solidarité pour l'autonomie dans le cadre du système d'information mentionné à l'article L. 247-2 du code de l'action sociale et des familles :

a) Les données relatives au handicap et à la prise en charge des personnes concernées ;

b) Les données concernant les décisions mentionnées à l'article L. 241-6 du code de l'action sociale et des familles ;

c) Les données relatives aux suites réservées aux orientations prononcées par la commission des droits pour l'autonomie des personnes handicapées, notamment auprès des établissements et services susceptibles d'accueillir ou d'accompagner les personnes concernées ;

6° Les informations relatives aux arrêts de travail et aux prestations en espèces : les données relatives aux arrêts de travail, au versement d'indemnités journalières pour les risques maladie, maternité, paternité, accidents du travail et maladies professionnelles et au versement de pensions d'invalidité, de rentes consécutives à un accident du travail ou à une maladie professionnelle ou de capitaux décès.

Les numéros d'identification des professionnels de santé mentionnés au *a* du 4° sont conservés et gérés par la Caisse nationale de l'assurance maladie des travailleurs salariés, au sein du système national des données de santé, dans des tables distinctes de celles dans lesquelles figurent les autres données du système national des données de santé, conformément aux dispositions du I de l'article L. 1461-4.

Le système national des données de santé ne comporte aucune autre donnée que celles de ses composantes énumérées à l'article L. 1461-1. La liste précise de ces données et les caractéristiques des échantillons constitués en application de l'article R. 1461-5 sont publiées par le directeur général de la Caisse nationale de l'assurance maladie des travailleurs salariés sur le site du système national des données de santé (www.snds.gouv. fr). Son actualisation fait l'objet d'une information de la Commission nationale de l'informatique et des libertés.

II. — Les données individuelles mentionnées aux 1° à 6° du I portent sur la totalité des bénéficiaires de l'assurance maladie. Elles sont conservées pendant une durée de dix-neuf ans en plus de l'année au cours de laquelle elles ont été recueillies. Passé ce délai, ces données sont archivées de façon à rester utilisables pour une durée de dix ans.

Art. R. 1461-5 Sont constitués à partir du système national des données de santé :

1° Des jeux de données anonymes mis à disposition du public dans les conditions prévues au premier alinéa de l'article L. 1461-2 ;

2° Des jeux de données agrégées et semi-agrégées adaptés à différents types de recherches, d'études ou d'évaluation. Les données semi-agrégées sont individualisées pour les professionnels ou les établissements de santé et agrégées pour les bénéficiaires des soins ;

3° Des échantillons généralistes représentatifs de l'ensemble des bénéficiaires de l'assurance maladie, comprenant tout ou partie des données relatives aux personnes les constituant.

Art. R. 1461-6 Afin de mettre à disposition les données du système national des données de santé en application de l'article R. 1461-3, sont habilités à accéder aux données du système national des données de santé, nécessaires à l'exercice de leurs missions :

1° Les personnels ou les prestataires de la Caisse nationale de l'assurance maladie des travailleurs salariés agissant en tant que responsable du traitement, habilités et nommément désignés par son directeur général en raison de leurs missions ;

2° Les personnels ou les prestataires de l'Institut national de la santé et de la recherche médicale dont les missions le justifient, habilités et nommément désignés par son président-directeur général agissant en application de la convention mentionnée à l'article R. 1461-3.

Art. R. 1461-7 Les règles de la gestion sécurisée du système national des données de santé, définies dans un référentiel de sécurité arrêté par les ministres chargés de la santé, de la sécurité sociale et du numérique après avis de la Commission nationale de l'informatique et des libertés sont établies dans le respect des principes suivants :

1° Pseudonymisation :

a) Le système national des données de santé ne comporte aucune donnée directement identifiante : ni le nom ni le prénom ni l'adresse ni le numéro d'inscription au Répertoire national d'identification des personnes physiques des personnes. Un pseudonyme, constitué d'un code non signifiant obtenu par un procédé cryptographique irréversible du numéro d'inscription au Répertoire national d'identification des personnes physiques tel que prévu au 1° du I de l'article R. 1461-4, est associé aux données se rapportant à chaque personne ;

b) Le procédé cryptographique irréversible mentionné ci-dessus est utilisé pour alimenter le système national des données de santé et pour apparier les données extraites du système national des données de santé et des données relatives à des bénéficiaires de l'assurance maladie figurant dans d'autres systèmes. Cette procédure est organisée de sorte que nul ne puisse disposer à la fois de l'identité des personnes, notamment de leur numéro d'inscription au Répertoire national d'identification des personnes physiques, d'une part, et du pseudonyme mentionné au III de l'article R. 1461-1, d'autre part. Les personnes intervenant dans cette procédure sont tenues au secret professionnel ;

2° Traçabilité :

Les modalités de conservation et d'utilisation des données permettent d'en contrôler les usages et de fournir des preuves en cas d'usage non autorisé.

Art. R. 1461-8 Les personnes autorisées à accéder aux données du système national des données de santé dans le cadre d'une autorisation délivrée par la Commission nationale de l'informatique et des libertés en application des dispositions du II de l'article L. 1461-3 et du chapitre IX de la loi n° 78-17 du 6 janvier 1978 sont nommément désignées et habilitées conformément aux dispositions de l'article 34 et, le cas échéant, de l'article 35 de ladite loi.

Art. R. 1461-9 I. — Les modalités d'information des personnes auxquelles les données se rapportent sont fixées aux articles 32 et 57 de la loi n° 78-17 du 6 janvier 1978 et aux articles 35 et 36 du décret n° 2005-1309 du 20 octobre 2005 pris pour l'application de la loi n° 78-17 du 6 janvier 1978 relative à l'informatique, aux fichiers et aux libertés.

II. — Les droits d'accès, de rectification et d'opposition s'exercent, dans les conditions définies aux articles 92 à 95 du décret n° 2005-1309 du 20 octobre 2005 modifié, auprès du directeur de l'organisme gestionnaire du régime d'assurance maladie obligatoire auquel la personne est rattachée.

III. — Le droit d'opposition prévu aux premier et troisième alinéas de l'article 56 de la loi n° 78-17 du 6 janvier 1978 précitée porte sur l'utilisation des données dans les traitements mentionnés au 1° du I de l'article L. 1461-3 du code de la santé publique. Il ne s'applique pas aux traitements prévus au 2° du I du même article.

Art. R. 1461-10 I. — Les ministres chargés des affaires sociales et de la santé fixent les orientations de développement du système national des données de santé. Ils réunissent, à cet effet, un comité stratégique comprenant des représentants des organismes responsables des bases de données alimentant le système national des données de santé, le président de l'Institut national des données de santé et une personnalité qualifiée.

II. — Pour la mise en œuvre du système national des données de santé, la Caisse nationale de l'assurance maladie des travailleurs salariés réunit un comité de pilotage opérationnel afin de planifier et de coordonner les actions engagées. Ce comité est composé de représentants de la direction de la recherche, des études, de l'évaluation et des statistiques, de l'Agence technique de l'information sur l'hospitalisation, de l'Institut national de la santé et de la recherche médicale, de la Caisse nationale de solidarité pour l'autonomie et des organismes d'assurance maladie complémentaires contribuant à l'alimentation du système national des données de santé.

III. — Un arrêté des ministres chargés des affaires sociales, de la santé et de la recherche fixe la composition, les missions et les modalités de fonctionnement des comités mentionnés aux I et II.

Sur les dispositions transitoires, V. Décr. n° 2016-1871 du 26 déc. 2016, art. 2-III.

SECTION II ACCÈS PERMANENT DE CERTAINS SERVICES PUBLICS AU SYSTÈME NATIONAL DES DONNÉES DE SANTÉ

Art. R. 1461-11 I. — Les services de l'État, les établissements publics et les organismes chargés d'une mission de service public, mentionnés à l'article R. 1461-12, sont autorisés à traiter des données à caractère personnel du système national des données de santé, dans des limites définies aux articles R. 1461-13 et R. 1461-14, en fonction des exigences des missions de service public qu'ils remplissent.

L'étendue de cette autorisation est définie :

1° Par la profondeur historique des données utilisées, l'aire géographique ou les caractéristiques d'une population déterminée au regard des finalités sanitaires ou sociales du traitement ;

2° Par la possibilité ou non d'utiliser de manière simultanée dans un même traitement, en sus des autres informations relatives aux soins et à la prise en charge, plusieurs variables, dénommées identifiants potentiels, dont la combinaison accroît le risque de réidentification. Ces identifiants potentiels sont la période de naissance exprimée en mois et année, le code de la commune de résidence et les données infracommunales de localisation, la date des soins, la date du décès et le code de la commune de décès.

Pour chaque traitement effectué sur le fondement des dispositions du III de l'article L. 1461-3, seules les données nécessaires à ce traitement qui entrent dans le champ de l'autorisation dont dispose, en application des articles R. 1461-13 et R. 1461-14, le service, l'établissement ou l'organisme qui le met en œuvre, peuvent être utilisées.

II. — Pour les traitements de données autorisés sur le fondement des dispositions du III de l'article L. 1461-3, seuls les organismes de l'assurance maladie obligatoire et les agences régionales de santé peuvent disposer sur leur champ de compétence territoriale, en tant que de besoin, du numéro d'identification du professionnel de santé. Les autres organismes peuvent avoir accès à un pseudonyme construit à partir de ce numéro.

Art. R. 1461-12 Les services de l'État, les établissements publics et les organismes chargés d'une mission de service public autorisés à traiter des données à caractère personnel du système national des données de santé en application du III de l'article L. 1461-3 sont les suivants :

1° La direction de la recherche, des études, de l'évaluation et des statistiques, la direction générale de la santé et la direction générale de l'offre de soins, la direction de la sécurité sociale, la direction du budget et le service de santé des armées ;

2° Les agences régionales de santé ;

3° Les caisses nationales des régimes de l'assurance maladie obligatoire, les organismes locaux et régionaux de l'assurance maladie obligatoire ;

4° La Caisse nationale de solidarité pour l'autonomie ;

5° La Haute Autorité de santé ;

6° L'Autorité de sûreté nucléaire ;

7° L'Agence nationale de santé publique ;

8° L'Agence nationale de sécurité du médicament et des produits de santé ;

9° L'Agence de biomédecine ;

10° L'Institut de radioprotection et de sûreté nucléaire ;

11° L'Institut national du cancer;

12° L'Établissement français du sang ;

13° L'Agence technique de l'information sur l'hospitalisation ;

14° L'Agence nationale d'appui à la performance des établissements de santé et médico-sociaux ;

15° L'Institut national des données de santé ;

16° L'Institut de recherche et documentation en économie de la santé ;

17° L'Institut national d'études démographiques ;

18° L'Observatoire français des drogues et toxicomanies ;

19° Le Haut Conseil pour l'avenir de l'assurance maladie ;

20° Le Fonds de financement de la couverture maladie universelle ;

21° Les observatoires régionaux de la santé ;

22° Les unions régionales de professionnels de santé ;

23° Les équipes de recherche de l'Institut national de la santé et de la recherche médicale ;

24° Les équipes de recherche des centres hospitaliers universitaires et des centres de lutte contre le cancer ;

25° Les équipes de recherche et de formation de l'École des hautes études en santé publique.

V. égal. Décr. n° 2016-1871 du 26 déc. 2016, art. 2-II.

Art. R. 1461-13 Les traitements mentionnés à l'article R. 1461-11 portent sur des données du système national des données de santé dont la profondeur historique maximale est de :

1° 19 ans, en plus de l'année en cours, pour l'Agence nationale de santé publique, l'Agence nationale de sécurité du médicament et des produits de santé, l'Agence de la biomédecine, l'Institut national du cancer, l'Établissement français du sang et la Haute Autorité de santé ;

2° 9 ans, en plus de l'année en cours, pour la direction de la recherche, des études, de l'évaluation et des statistiques du ministère chargé de la santé et des affaires sociales, l'Institut de recherche et documentation en économie de la santé, les agences régionales de santé, la Caisse nationale de l'assurance maladie des travailleurs salariés, la Caisse nationale de solidarité pour l'autonomie et l'Agence technique de l'information sur l'hospitalisation ;

3° 5 ans, en plus de l'année en cours, pour les autres services de l'État, établissements ou organismes autorisés à traiter des données à caractère personnel du système national des données de santé en application des dispositions du III de l'article L. 1461-3.

Par dérogation aux quatre alinéas précédents, lorsque le traitement porte sur un échantillon généraliste mentionné au 3° de l'article R. 1461-5, la profondeur historique des données traitées est de 19 ans plus l'année en cours.

Art. R. 1461-14 Les traitements mentionnés à l'article R. 1461-11 portent sur des catégories de données du système national des données de santé qui ne peuvent excéder les limites suivantes :

1° L'ensemble des données individuelles du système national des données de santé avec croisement des identifiants potentiels, les échantillons généralistes avec croisement des identifiants potentiels, les données semi-agrégées, individualisées pour les professionnels ou établissements de santé et agrégées pour les bénéficiaires, et les données agrégées présentant un risque résiduel de réidentification, pour la direction de la recherche, des études, de l'évaluation et des statistiques, la direction générale de la santé et la direction générale de l'offre de soins, les caisses nationales des régimes de l'assurance maladie obligatoire, la Caisse nationale de solidarité pour l'autonomie, la Haute Autorité de santé, l'Agence nationale de santé publique, l'Agence nationale de sécurité du médicament et des produits de santé, l'Agence de biomédecine, l'Institut national du cancer, l'Établissement français du sang, l'Agence technique de l'information sur l'hospitalisation, l'Institut national des données de santé, l'Institut de recherche et documentation en économie de la santé et l'Institut national d'études démographiques ;

2° L'ensemble des données individuelles du système national des données de santé avec croisement des identifiants potentiels sur leur champ de compétence territoriale, le cas échéant, interrégionale, en ce qui concerne le lieu de résidence du bénéficiaire ou le lieu de réalisation de l'acte par le professionnel de santé, l'ensemble des données issues des systèmes d'informations mentionnés à l'article L. 6113-7 avec croisement des identifiants potentiels, les échantillons généralistes avec croisement des identifiants potentiels, les données semi-agrégées, individualisées pour les professionnels ou établissements de santé et agrégées pour les bénéficiaires ainsi que les données agrégées présentant un risque résiduel de réidentification, pour les agences régionales de santé, les organismes locaux et régionaux de l'assurance maladie obligatoire et les observatoires régionaux de santé ;

3° L'ensemble des données individuelles du système national des données de santé avec croisement des identifiants potentiels sur le champ des personnes affiliées à la Caisse nationale militaire de sécurité sociale, les échantillons généralistes avec croisement des identifiants potentiels, les données semi-agrégées, individualisées pour les professionnels ou établissements de santé et agrégées pour les bénéficiaires, et les données agrégées présentant un risque résiduel de réidentification, pour le service de santé des armées ;

4° Les échantillons généralistes avec croisement des identifiants potentiels, les données semi-agrégées, individualisées pour les professionnels ou établissements de santé et agrégées pour les bénéficiaires, et les données agrégées présentant un risque résiduel de réidentification, pour les équipes de recherche de l'Institut national de la santé et *de la recherche médicale*, des centres hospitaliers universitaires et des centres de lutte contre le cancer ainsi que pour les équipes de recherche et de formation de l'École des hautes études en santé publique ;

5° Les échantillons généralistes avec au maximum l'utilisation de deux identifiants potentiels, les données semi-agrégées, individualisées pour les professionnels ou établissements de santé et agrégées pour les bénéficiaires, et les données agrégées présentant un risque résiduel de réidentification, pour la direction de la sécurité sociale, la direction du budget, l'Autorité de sûreté nucléaire, l'Institut de radioprotection et de sûreté nucléaire, le Haut Conseil pour l'avenir de l'assurance maladie, le Fonds de financement de la couverture maladie universelle, l'Observatoire français des drogues et toxicomanies et l'Agence nationale d'appui à la performance des établissements de santé et médico-sociaux ;

6° Les données semi-agrégées, individualisées pour les professionnels ou établissements de santé et agrégées pour les bénéficiaires, et les données agrégées présentant un risque résiduel de réidentification, pour les unions régionales de professionnels de santé.

Art. R. 1461-15 Lorsque les besoins d'un traitement particulier ou d'une catégorie de traitements de données du système national des données de santé excèdent l'étendue de l'autorisation dont bénéficie, sur le fondement des dispositions du III de l'article L. 1461-3, le service de l'État, l'établissement ou l'organisme qui entend le mettre en œuvre, ce dernier soumet à la Commission nationale de l'informatique et des libertés une demande d'autorisation dans les conditions mentionnées au II de l'article L. 1461-3.

Art. R. 1461-16 Les responsables des services de l'État, des établissements ou des organismes mentionnés à l'article R. 1461-12 habilitent, sous leur responsabilité, au sein de la structure qu'ils dirigent ou, le cas échéant, dans le cadre d'un contrat de sous-traitance et dans le respect des dispositions de l'article 35 de la loi n° 78-17 du 6 janvier 1978, des personnes nommément désignées pour accéder aux données du système national des données de santé.

Le nombre des personnes habilitées est limité à ce qui est strictement nécessaire pour assurer l'exécution des traitements de données autorisés. Ces personnes doivent avoir été spécialement formées, dans le cadre de leurs fonctions, pour l'accomplissement de leurs missions.

Art. R. 1461-17 Chacun des services de l'État, des établissements publics ou des organismes chargés d'une mission de service public mentionnés à l'article R. 1461-12 désigne un correspondant informatique et liberté qui tient à jour la liste et les caractéristiques des traitements portant sur des données individuelles du système national des données de santé et mis en œuvre dans le cadre de l'autorisation de traiter ces données dont il bénéficie sur le fondement des dispositions du III de l'article L. 1461-3.

Cette liste et les caractéristiques des traitements, présentées conformément à un modèle établi par arrêté des ministres chargés de la santé et de la sécurité sociale et consultable sur le site du système national des données de santé, sont transmises annuellement au comité stratégique mentionné à l'article R. 1461-10 et à la Commission nationale de l'informatique et des libertés.

Art. R. 1461-18 Chacun des services de l'État, des établissements publics ou des organismes chargés d'une mission de service public mentionnés à l'article R. 1461-12 tient à jour des documents indiquant la ou les personnes compétentes en son sein pour délivrer l'habilitation à accéder aux données du système national des données de santé, la liste des personnes habilitées à accéder à ces données, leurs profils d'accès respectifs et les modalités d'attribution, de gestion et de contrôle des habilitations, conformément à un modèle établi par arrêté des ministres chargés de la santé et de la sécurité sociale et consultable sur le site du système national des données de santé.

Ces documents sont communiqués à la Commission nationale de l'informatique et des libertés, sur sa demande.

Art. R. 1461-19 Un comité des services, des établissements et organismes bénéficiant d'une autorisation de traiter des données du système national des données de santé sur le fondement des dispositions du III de l'article L. 1461-3 est animé par l'Agence nationale de santé publique. Il est consulté régulièrement par le comité stratégique mentionné à l'article R. 1461-10.

LIVRE CINQUIÈME MAYOTTE, ÎLES WALLIS-ET-FUTUNA, TERRES AUSTRALES ET ANTARCTIQUES FRANÇAISES, NOUVELLE-CALÉDONIE, POLYNÉSIE FRANÇAISE

V. Dalloz.fr

DEUXIÈME PARTIE SANTÉ DE LA FAMILLE, DE LA MÈRE ET DE L'ENFANT

LIVRE PREMIER PROTECTION ET PROMOTION DE LA SANTÉ MATERNELLE ET INFANTILE

TITRE PREMIER ORGANISATION ET MISSIONS

CHAPITRE PREMIER DISPOSITIONS GÉNÉRALES

Le présent chapitre ne comporte pas de dispositions réglementaires.

CHAPITRE II SERVICE DÉPARTEMENTAL DE PROTECTION MATERNELLE ET INFANTILE

SECTION PREMIÈRE MISSIONS ET ORGANISATION

Art. R. 2112-1 Le service départemental de protection maternelle et infantile exerce les missions qui lui sont dévolues par les articles L. 2112-1 et L. 2112-2 en organisant notamment, soit directement, soit par voie de convention dans les conditions prévues à l'article L. 2112-4 les consultations, visites à domicile et autres actions médico-sociales, individuelles ou collectives, de promotion de la santé maternelle et infantile.

La répartition géographique de ces consultations et de ces actions est déterminée en fonction des besoins sanitaires et sociaux de la population, en tenant compte prioritairement des spécificités socio-démographiques du département et en particulier de l'existence de populations vulnérables et de quartiers défavorisés.

Art. R. 2112-2 Les actions médico-sociales mentionnées au 1° et au 4° de l'article L. 2112-2 et concernant les femmes enceintes ont notamment pour objet d'assurer une surveillance régulière du bon déroulement de la grossesse et de la croissance fœtale par le dépistage précoce des pathologies maternelle et fœtale et leur prise en charge en relation avec les équipes obstétricales concernées.

Art. R. 2112-3 Les actions médico-sociales mentionnées aux 2° et 4° de l'article L. 2112-2 et concernant les enfants de moins de six ans ont notamment pour objet d'assurer, grâce aux consultations et aux examens préventifs des enfants pratiqués notamment en école maternelle, la surveillance de la croissance staturo-pondérale et du développement physique, psychomoteur et affectif de l'enfant ainsi que le dépistage précoce des anomalies ou déficiences et la pratique des vaccinations.

Art. R. 2112-4 Les activités de planification familiale et d'éducation familiale mentionnées au 3° de l'article L. 2112-2 sont organisées dans les conditions prévues au chapitre Ier du titre Ier du livre III de la présente partie.

Art. R. 2112-5 Outre les actions de prévention médico-sociale individuelles ou collectives, le service départemental doit, soit directement, soit par voie de convention, organiser chaque semaine au moins seize demi-journées de consultations prénatales et de planification ou éducation familiale pour 100 000 habitants âgés de quinze à cinquante ans résidant dans le département, dont au moins quatre demi-journées de consultations prénatales.

Art. R. 2112-6 Outre les actions de prévention médico-sociale individuelles ou collectives, menées notamment à l'école maternelle, le service doit, soit directement, soit par voie de convention, organiser chaque semaine pour les enfants de moins de six ans une demi-journée de consultation pour 200 enfants nés vivants au cours de l'année civile précédente, de parents résidant dans le département.

Art. R. 2112-7 Le service départemental doit disposer :

1° D'une sage-femme à plein temps ou son équivalent pour 1 500 enfants nés vivants au cours de l'année civile précédente, de parents résidant dans le département ;

2° D'une puéricultrice à plein temps ou son équivalent pour 250 enfants nés vivants au cours de l'année civile précédente, de parents résidant dans le département.

En cas d'impossibilité de recruter des puéricultrices, le service peut faire appel à des infirmiers ou infirmières ayant acquis une expérience appropriée.

Art. R. 2112-8 Les états statistiques concernant, d'une part, les activités du service départemental et, d'autre part, la situation sanitaire au titre de la protection maternelle et infantile, transmis au préfet par le président du conseil départemental en application des 1° et 3° de l'article R. 1614-30 du code général des collectivités territoriales, sont établis par ce service.

Ces documents sont présentés et analysés par le service départemental au cours d'une réunion organisée chaque année par le président du conseil départemental à laquelle participent les personnes et organismes concourant à la promotion de la santé de la mère et de l'enfant, notamment les représentants des établissements de santé et des établissements libéraux, des organismes de sécurité sociale et des services concernés de l'État.

Le service s'attache également à présenter et analyser, lors de cette réunion, d'autres indicateurs sanitaires, sociaux et démographiques utiles à la détermination des besoins de la population et des actions à entreprendre en matière de protection maternelle et infantile tels que :

1° Le nombre d'interruptions volontaires de grossesse chez les femmes de moins de dix-huit ans ;

2° Le nombre de grossesses non ou mal suivies ;

3° La mortalité maternelle ;

4° Le nombre d'enfants présentant un handicap ;

5° Le nombre de décès d'enfants de moins de six ans.

Le ministre chargé de la santé fournit chaque année aux départements, pour ces indicateurs, les moyennes nationales et régionales dont il dispose.

SECTION II QUALIFICATIONS PROFESSIONNELLES DES PERSONNELS

Art. R. 2112-9 Les médecins titulaires du service départemental de protection maternelle et infantile doivent être :

1° Soit spécialistes ou compétents qualifiés en pédiatrie ;

2° Soit spécialistes ou compétents qualifiés en gynécologie médicale, en obstétrique ou en gynécologie-obstétrique, ou titulaires du diplôme d'études spécialisés complémentaires de médecine de la reproduction et gynécologie médicale ;

3° Soit spécialistes ou compétents qualifiés en psychiatrie, option psychiatrie de l'enfant et de l'adolescent, ou titulaires du diplôme d'études spécialisées complémentaires de psychiatrie de l'enfant et de l'adolescent ;

4° Soit spécialistes qualifiés en santé publique, ou spécialistes qualifiés en santé communautaire et médecine sociale ou en santé publique et médecine sociale, ou titulaires du certificat d'études spéciales de santé publique.

Art. R. 2112-10 En cas d'impossibilité de recruter des médecins titulaires remplissant l'une des conditions définies à l'article R. 2112-9, une dérogation exceptionnelle peut être donnée par le *(Décr. n° 2010-344 du 31 mars 2010, art. 63)* « directeur général de l'agence régionale de santé » pour le recrutement de médecins généralistes possédant une expérience particulière dans les matières énumérées à cet article.

Art. R. 2112-11 Le médecin responsable du service départemental de protection maternelle et infantile doit avoir la qualité d'agent titulaire et remplir les conditions fixées à l'article R. 2112-9 ; il doit, en outre, avoir acquis une expérience professionnelle de trois ans au moins dans un service départemental de protection maternelle et infantile.

Art. R. 2112-12 Pour occuper un emploi de direction dans un établissement ou une consultation publics de protection maternelle et infantile, les personnes non médecins doivent remplir les conditions pour exercer la profession de puéricultrice.

La même disposition s'applique à l'égard des organismes privés qui renforcent ou suppléent en ce domaine l'action des pouvoirs publics et bénéficient à ce titre du concours financier de l'État ou des collectivités locales.

Toutefois, à titre dérogatoire, la direction des consultations prénatales peut être confiée aux personnes remplissant les conditions d'exercice de la profession de sage-femme.

Art. R. 2112-13 Lorsque, en application de l'article L. 2112-4, le département passe convention avec une collectivité publique ou une personne morale de droit privé à but non lucratif pour exercer une ou plusieurs des activités mentionnées à l'article L. 2112-2, les personnels mentionnés à la présente section qui concourent à ces activités doivent remplir les conditions fixées aux articles R. 2112-9 à R. 2112-12.

SECTION III INTERRUPTION VOLONTAIRE DE GROSSESSE PAR VOIE MÉDICAMENTEUSE

(Décr. n° 2009-516 du 6 mai 2009)

Art. R. 2112-14 Pour organiser la pratique d'interruptions volontaires de grossesse par voie médicamenteuse, le président du conseil départemental peut passer convention avec un centre de planification ou d'éducation familiale, un centre de santé ou un praticien.

Pour l'application du premier alinéa à Saint-Pierre-et-Miquelon, Saint-Barthélemy et Saint-Martin, les mots : "président du conseil départemental" sont remplacés par les mots : "président du conseil territorial".

SECTION IV TRANSMISSION D'INFORMATIONS AU SERVICE DE PROTECTION MATERNELLE ET INFANTILE

Art. R. 2112-21 Les officiers de l'état civil adressent un extrait d'acte de naissance établi conformément aux dispositions de l'article 11 du décret n° 62-921 du 3 août 1962 modifiant certaines règles relatives aux actes de l'état civil dans les quarante-huit heures de la déclaration de naissance, au médecin responsable du service de protection maternelle et infantile du département dans lequel résident les parents.

Ils adressent à ce médecin dans les mêmes conditions une copie de l'acte de décès des enfants âgés de moins de six ans dont les parents résident dans le département.

CHAPITRE III COMMISSION NATIONALE DE MÉDECINE ET DE BIOLOGIE DE LA REPRODUCTION ET DU DIAGNOSTIC PRÉNATAL

Art. R. 2113-1 à R. 2113-22 *Abrogés par Décr. n° 2006-1660 du 22 déc. 2006.*

TITRE DEUXIÈME ACTIONS DE PRÉVENTION CONCERNANT LES FUTURS CONJOINTS ET PARENTS

CHAPITRE PREMIER *[ABROGÉ]* EXAMEN MÉDICAL PRÉNUPTIAL

(Abrogé par Décr. n° 2010-344 du 31 mars 2010, art. 80)

Art. R. 2121-1 *Abrogé par Décr. n° 2010-344 du 31 mars 2010, art. 80.*

CHAPITRE II EXAMENS DE PRÉVENTION DURANT ET APRÈS LA GROSSESSE

SECTION PREMIÈRE EXAMENS MÉDICAUX OBLIGATOIRES

Art. R. 2122-1 Les examens médicaux obligatoires des femmes enceintes prévus à l'article L. 2122-1 sont au nombre de sept pour une grossesse évoluant jusqu'à son terme.

Le premier examen médical prénatal doit avoir lieu avant la fin du troisième mois de grossesse. Les autres examens doivent avoir une périodicité mensuelle à partir du premier jour du quatrième mois et jusqu'à l'accouchement.

Art. R. 2122-2 Chaque examen doit comporter un examen clinique, une recherche de l'albuminurie et de la glycosurie.

De plus sont effectués :

1° Lors du premier examen prénatal :

a) En cas de première grossesse, une détermination des groupes sanguins (A, B, O, phénotypes rhésus complet et Kell) si la patiente ne possède pas de carte de groupe sanguin complète (deux déterminations) ;

b) Dans tous les cas, les dépistages de la syphilis, de la rubéole et de la toxoplasmose en l'absence de résultats écrits permettant de considérer l'immunité comme acquise, ainsi que la recherche d'anticorps irréguliers, à l'exclusion des anticorps dirigés contre les antigènes A et B ; si la recherche est positive, l'identification et le titrage des anticorps sont obligatoires ;

2° Au cours du quatrième examen prénatal (sixième mois de grossesse), un dépistage de l'antigène HBs, une numération globulaire, et chez les femmes à rhésus négatif ou précédemment transfusées, la recherche d'anticorps irréguliers, à l'exclusion des anticorps dirigés contre les antigènes A et B ; si la recherche est positive, l'identification et le titrage des anticorps sont obligatoires ;

3° Au cours du sixième ou du septième examen prénatal (huitième ou neuvième mois de grossesse), une deuxième détermination du groupe sanguin A, B, O, rhésus standard si nécessaire ;

4° Au cours des sixième et septième examens prénatals (huitième et neuvième mois de grossesse), chez les femmes à rhésus négatif ou précédemment transfusées, la recherche d'anticorps irréguliers, à l'exclusion des anticorps dirigés contre les antigènes A et B ; si la recherche est positive, l'identification et le titrage des anticorps sont obligatoires.

En outre, la sérologie toxoplasmique est répétée chaque mois à partir du deuxième examen prénatal si l'immunité n'est pas acquise.

Art. R. 2122-3 Un examen médical postnatal doit être obligatoirement effectué dans les huit semaines qui suivent l'accouchement.

SECTION II **NORMES MINIMALES APPLICABLES AUX CONSULTATIONS PRÉNATALES**

Art. R. 2122-4 L'organisation générale, le personnel, le matériel et tous les services d'une consultation prénatale doivent être adaptés au nombre maximum de femmes enceintes pouvant y être normalement examinées au cours d'une même séance.

Art. R. 2122-5 Les locaux doivent comporter partout un sol imperméable ou revêtu de substances permettant le lavage fréquent. Les murs et les cloisons sont enduits d'une peinture lavable.

Les locaux sont nettoyés et aérés après chaque consultation.

Le lavage complet des locaux doit être effectué au moins une fois tous les quinze jours.

Art. R. 2122-6 L'aération doit être permanente et conçue de manière à fonctionner en toutes saisons sans occasionner de gêne aux consultantes.

La température minimum des locaux ne doit jamais être inférieure à 18°C.

Art. R. 2122-7 L'établissement doit disposer d'eau potable. L'évacuation des eaux usées doit être assurée conformément aux règles d'hygiène. Les toilettes et les cabinets, en nombre suffisant, doivent être aérés et ventilés.

Art. R. 2122-8 Contre le risque d'incendie, la consultation prénatale doit disposer :

1° De postes d'eau ;

2° D'extincteurs en nombre suffisant ;

3° D'un moyen d'appel rapide à la caserne des pompiers la plus proche. La construction et l'aménagement des locaux doivent permettre leur prompte évacuation en cas de sinistre.

Art. R. 2122-9 Chaque consultation prénatale doit posséder au moins :

1° Un bureau médical pourvu du matériel nécessaire à l'examen correct des consultantes et comportant notamment une table gynécologique.

Deux déshabilloirs au moins doivent être annexés à ce bureau et disposés de manière que les consultantes accèdent directement dans le bureau ;

2° Une salle spéciale dans laquelle une sage-femme ou un infirmier ou une infirmière recueille les urines des consultantes et en effectue l'analyse (recherche du sucre et de l'albumine) ;

3° Une salle de stérilisation ou au moins une étuve sèche et des armoires pour conserver les instruments et objets de pansements ;

4° Une réserve de pharmacie avec placards fermant à clé pour les toxiques ;

5° Une salle d'attente spacieuse et contenant un nombre de sièges proportionné au nombre de consultantes pouvant être admises à chaque consultation. A cette salle est annexé un bureau pour la personne chargée d'accueillir et de renseigner les consultantes ;

6° Un fichier médical et social. Chaque consultante doit posséder une fiche médicale régulièrement mise à jour sur laquelle figure notamment un relevé des examens pratiqués et des traitements prescrits. Le personnel médical a seul qualité pour consulter ces fiches.

De plus, l'aménagement d'une consultation prénatale doit comprendre dans toute la mesure du possible :

– une pièce spéciale où sont effectuées les prises de sang ;

– une installation radiophotographique.

Les consultations prénatales importantes qui ne possèdent pas d'installation radiologique doivent pouvoir recourir à une installation située à proximité.

Art. R. 2122-10 Le fonctionnement technique de la consultation prénatale est placé sous la responsabilité d'un médecin.

Art. R. 2122-11 Les médecins attachés aux consultations prénatales doivent être agréés par le médecin responsable du service de protection maternelle et infantile.

Le médecin agréé assure en personne la consultation et, sauf le cas de congé annuel ou de maladie, ne peut se faire remplacer qu'à titre exceptionnel ; le remplacement doit toujours être confié à une personne remplissant les conditions exigées par la loi.

Il doit avoir, dans la pratique des examens collectifs, le même respect de la personne humaine que dans l'exercice de la clientèle privée ; il doit, en conséquence, procéder toujours à l'examen individuel des consultantes et consacrer un temps suffisant à chacune d'elles.

Le médecin signe lui-même les certificats, les feuilles de maladie ainsi que les ordonnances ; en aucun cas, il ne peut déléguer sa signature.

Il lui est interdit d'user de ses fonctions pour augmenter sa clientèle privée. S'il remet une ordonnance à une consultante du dispensaire, cette ordonnance doit porter son nom, sa fonction, l'adresse du dispensaire et sa propre signature ; en aucun cas ne doit être mentionnée l'adresse de son cabinet personnel de consultation.

Il ne doit avoir aucun rapport financier avec les consultantes.

La consultation prénatale, dans toute la mesure du possible, met simultanément à la disposition des consultantes un accoucheur et un praticien de médecine générale.

Art. R. 2122-12 Toute consultation prénatale doit s'attacher les services d'au moins un infirmier ou une infirmière ou une sage-femme, qui peut être secondé par un ou plusieurs infirmiers, infirmières ou sages-femmes. Dans la limite des lois et règlements en vigueur, des infirmiers ou infirmières ou sages-femmes stagiaires peuvent être autorisés.

Les infirmiers, les infirmières et les sages-femmes ne doivent avoir aucun rapport financier avec les consultantes.

Art. R. 2122-13 Le service social est assuré par une assistante sociale. Si l'importance de la consultation ne justifie pas la participation d'une assistante sociale à plein temps, le service social peut être assuré par une assistante sociale déléguée par un organisme de service social.

Art. R. 2122-14 Dans toute consultation prénatale, une personne qualifiée se trouve en permanence durant les heures d'ouverture pour coordonner l'activité des différents services, répondre aux demandes de renseignements, recevoir éventuellement les doléances et, d'une manière générale, assurer les rapports avec l'extérieur. Cette personne ne peut être l'infirmier ou l'infirmière responsable.

V. — La médecine fœtale s'entend de la prise en charge adaptée ou des traitements apportés au fœtus en cas de pathologie.

(Décr. nº 2017-702 du 2 mai 2017, art. 1er) « VI. — Les échographies obstétricales et fœtales prévues au III ne peuvent être réalisées que par des médecins et des sages-femmes disposant de compétences reconnues par un diplôme en attestant ou un titre de formation équivalent les autorisant à pratiquer ces actes dans un État membre de l'Union européenne ou partie à l'accord sur l'Espace économique européen. Un arrêté du ministre chargé de la santé précise les qualifications requises. »

Art. R. 2131-2 I. — Lors du premier examen médical mentionné au second alinéa de l'article R. 2122-1 ou, à défaut, au cours d'une autre consultation médicale, toute femme enceinte est informée par le médecin ou la sage-femme de la possibilité d'effectuer, à sa demande, un ou plusieurs des examens mentionnés au I de l'article R. 2131-1.

Sauf opposition de la femme enceinte, celle-ci reçoit une information claire, adaptée à sa situation personnelle, qui porte sur les objectifs des examens, les résultats susceptibles d'être obtenus, leurs modalités, leurs éventuelles contraintes, risques, limites et leur caractère non obligatoire.

Le médecin ou la sage-femme établit une attestation, cosignée par la femme enceinte, certifiant que les informations susvisées lui ont été fournies ou que celle-ci n'a pas souhaité recevoir de telles informations.

Lorsqu'elle demande à bénéficier de ces examens, son consentement est recueilli par écrit. Concernant les examens échographiques, la femme enceinte donne, avant la réalisation du premier examen, son consentement écrit pour l'ensemble des examens échographiques relevant du 1° du III de l'article R. 2131-1 qui seront réalisés durant la grossesse. Le consentement est révocable à tout moment selon les mêmes formes.

II. — En cas de risque avéré, le médecin, le cas échéant membre d'un centre pluridisciplinaire de diagnostic prénatal, peut, au cours d'une consultation médicale adaptée à l'affection recherchée, informer la femme enceinte de la possibilité d'effectuer, à sa demande, un ou plusieurs des examens mentionnés au II de l'article R. 2131-1.

Sauf opposition de la femme enceinte, celle-ci reçoit une information claire, adaptée à sa situation personnelle, qui porte sur les objectifs des examens, les résultats susceptibles d'être obtenus, leurs modalités, leurs éventuelles contraintes, risques, limites et leur caractère non obligatoire. Le médecin délivre également une information portant sur les caractéristiques de l'affection recherchée, les moyens de la détecter, les possibilités de médecine fœtale et, le cas échéant, de traitement ou de prise en charge à partir de la naissance. Le médecin propose de mettre à disposition de la femme enceinte la liste d'associations mentionnée au III de l'article L. 2131-1.

Le médecin établit une attestation, cosignée par la femme enceinte, certifiant que les informations susvisées lui ont été fournies ou que celle-ci n'a pas souhaité recevoir de telles informations.

Lorsqu'elle demande à bénéficier de ces examens, son consentement est recueilli par écrit. Concernant les examens échographiques, la femme enceinte donne, avant la réalisation du premier examen, son consentement écrit pour l'ensemble des examens échographiques relatifs à l'affection suspectée et relevant du 2° du III de l'article R. 2131-1 réalisés durant la grossesse. Le consentement est révocable à tout moment selon les mêmes formes.

III. — L'attestation mentionnant soit le refus d'être informé soit que l'information claire et complète a été délivrée et, le cas échéant, le consentement écrit de la femme enceinte à réaliser les examens mentionnés au I et au II de l'article R. 2131-1 est recueilli sur un formulaire conforme à des modèles fixés par arrêté du ministre chargé de la santé pris après avis de l'Agence de la biomédecine. L'original de cette attestation et, le cas échéant, du consentement écrit est conservé dans le dossier médical. Une copie de ce document et une copie de l'attestation sont remises à la femme enceinte et au praticien qui effectue les examens.

Art. R. 2131-2-1 *(Décr. nº 2017-808 du 5 mai 2017, art. 1er-2°)* I. — Les conditions de prescription et de réalisation des examens mentionnés à l'article R. 2131-1, telles que définies à la présente section, peuvent être précisées par arrêté du ministre chargé de la santé pris sur proposition du directeur général de l'Agence de la biomédecine après avis de l'Agence nationale de sécurité du médicament et des produits de santé.

Art. R. 2131-2-2 Le ministre chargé de la santé détermine par arrêté pris :

1° Sur proposition du directeur général de l'Agence de la biomédecine, les recommandations de bonnes pratiques relatives aux modalités d'accès, de prise en charge des femmes enceintes et des couples, d'organisation et de fonctionnement des centres pluridisciplinaires de diagnostic prénatal en matière de diagnostic prénatal et de diagnostic préimplantatoire ;

2° Sur proposition du directeur général de l'Agence de la biomédecine et après avis de l'Agence nationale de sécurité du médicament et des produits de santé, les recommandations de bonnes pratiques relatives aux modalités de prescription, de communication des résultats et de réalisation des examens biologiques concourant au diagnostic biologique prénatal ;

3° Après avis de l'Agence nationale de sécurité du médicament et des produits de santé, les recommandations de bonnes pratiques relatives aux modalités de réalisation des examens d'imagerie concourant au diagnostic prénatal et aux modalités de prise en charge des femmes enceintes et des couples lors de ces examens.

Les arrêtés susmentionnés tiennent compte des recommandations de la Haute Autorité de santé, en application du 2° de l'article L. 161-37 du code de la sécurité sociale.

Sur les recommandations de bonnes pratiques relatives aux modalités d'accès, de prise en charge des femmes enceintes et des couples, d'organisation et de fonctionnement des centres pluridisciplinaires de diagnostic prénatal en matière de diagnostic prénatal et de diagnostic préimplantatoire, V. Arr. du 1er juin 2015 🏛.

Art. R. 2131-2-3 *(Décr. n° 2016-545 du 3 mai 2016)* Un arrêté du ministre chargé de la santé précise les conditions dans lesquelles :

1° A des fins d'évaluation du risque mentionné au premier alinéa du I de l'article R. 2131-1, les médecins ou les sages-femmes effectuant les examens mentionnés au 2° du I de cet article transmettent aux biologistes médicaux effectuant les examens prévus au 1° du I du même article les données nécessaires pour le calcul de risque ;

2° A des fins de contrôle de qualité des examens mentionnés au II de l'article R. 2131-2-1 et d'évaluation de leurs résultats :

a) Les praticiens effectuant les examens mentionnés au 1° du II de l'article R. 2131-1 transmettent aux biologistes médicaux mentionnés au 1° du présent article les données utiles à l'évaluation et au contrôle de qualité ;

b) Les biologistes médicaux mentionnés au 1° du présent article transmettent à l'Agence de la biomédecine les données anonymisées dont ils sont détenteurs ou destinataires en vue de l'exercice par l'agence de sa mission d'évaluation du diagnostic prénatal ;

c) L'Agence de la biomédecine transmet aux organismes intervenant dans le processus de contrôle de qualité les données qu'elle reçoit en application de l'alinéa précédent ;

d) La Haute Autorité de santé définit avec les professionnels intervenant dans la réalisation des examens les modalités de l'assurance qualité de leurs pratiques professionnelles ;

e) L'Agence de la biomédecine transmet périodiquement des données agrégées issues de l'évaluation qu'elle réalise aux autorités sanitaires compétentes et aux organismes intervenant dans le processus de contrôle de qualité pour les besoins de l'exercice de leurs missions ou activités.

SOUS-SECTION 2 COMPÉTENCE REQUISE DES PRATICIENS

(Décr. n° 2015-245 du 2 mars 2015, art. 1er)

Art. R. 2131-3 I. — Sont réputés être en mesure de prouver leur compétence pour réaliser un ou plusieurs des examens de biologie médicale mentionnés à l'article R. 2131-1 les praticiens répondant aux conditions de formation et d'expérience cumulatives suivantes :

1° Être biologiste médical au sens des articles L. 6213-1, L. 6213-2 ou L. 6213-2-1 ;

2° Posséder un diplôme universitaire dans les spécialités biologiques relatives au diagnostic prénatal et dans les conditions précisées par arrêté du ministre chargé de la santé ;

3° Justifier de conditions de durée et de nature d'expérience permettant de réaliser les activités biologiques de diagnostic prénatal dans les conditions définies par ce même arrêté.

II. — Sont également réputés être en mesure de prouver leur compétence pour exercer ces activités biologiques en diagnostic prénatal pour une durée maximale d' *[de un]* un an, renouvelable une fois, les biologistes médicaux satisfaisant aux conditions mentionnées au 1° du I et inscrits en vue d'obtenir le ou les diplômes universitaires mentionnés au 2° du I, ne satisfaisant pas aux conditions d'expérience mentionnées au 3°, à condition de pouvoir faire appel dans leur exercice, en tant que de besoin, à un biologiste médical justifiant de l'ensemble des conditions mentionnées au I et exerçant au sein de la même structure.

Art. R. 2131-4 Les praticiens ayant été agréés par l'Agence de la biomédecine sur le fondement des dispositions antérieures à l'entrée en vigueur de la loi n° 2011-814 du 7 juillet 2011 relative à la bioéthique pour exercer une ou plusieurs activités de diagnostic prénatal en exercice au jour de l'entrée en vigueur du décret n° 2015-245 du 2 mars 2015 fixant les critères de compétence des praticiens exerçant au sein de structures autorisées pour pratiquer des activités de diagnostic prénatal sont réputés, pour l'application de l'article L. 2131-1, avoir prouvé leur compétence pour l'exercice de cette ou ces activités.

SOUS-SECTION 3 CONDITIONS D'AUTORISATION ET DE FONCTIONNEMENT DES ÉTABLISSEMENTS PUBLICS DE SANTÉ ET DES LABORATOIRES D'ANALYSES DE BIOLOGIE MÉDICALE

(Décr. n° 2006-1661 du 22 déc. 2006)

Art. R. 2131-5-5 *(Décr. n° 2017-808 du 5 mai 2017, art. 1er-3°)* Sans préjudice des conditions définies aux 1° et 2° de l'article L. 6122-2, l'octroi ou le renouvellement de l'autorisation, mentionnée à l'article L. 2131-1, accordée aux établissements publics de santé et aux laboratoires de biologie médicale pour pratiquer une ou plusieurs des activités biologiques figurant au I et au II de l'article R. 2131-1, est subordonné au respect des règles fixées dans la présente section du présent chapitre. Ces règles constituent les conditions techniques de fonctionnement prévues au 3° de l'article L. 6122-2.

Cette autorisation est délivrée à l'établissement public de santé ou au laboratoire de biologie médicale par le directeur général de l'agence régionale de santé dans les conditions fixées par l'article L. 2131-1.

Pour chaque activité mentionnée au premier alinéa du présent article, l'autorisation peut être limitée à une partie de cette activité.

Lorsque l'établissement de santé comporte plusieurs sites, l'autorisation précise les sites d'exercice des activités. Lorsque l'autorisation est délivrée à un laboratoire de biologie médicale, elle précise le lieu où sont implantés les locaux réservés à ces activités dans le respect des dispositions de l'article R. 6211-11.

Art. R. 2131-6 *(Décr. n° 2017-808 du 5 mai 2017, art. 1er-4°)* Pour obtenir l'autorisation mentionnée à l'article R. 2131-5-5, l'établissement public de santé ou le laboratoire de biologie médicale doit disposer des équipements nécessaires à la mise en œuvre de ces activités dans des conditions en garantissant la qualité et la sécurité, telles que définies par les règles de bonnes pratiques prévues à l'article R. 2131-2-2.

Il doit en outre disposer d'une pièce destinée aux entretiens avec les familles concernées par le diagnostic prénatal.

Art. R. 2131-7 L'autorisation prévue à l'article R. 2131-5-5 est délivrée, pour une durée de cinq ans, dans les conditions prévues aux articles R. 6122-23 à R. 6122-44. Toutefois, avant de prendre l'avis *(Décr. n° 2010-344 du 31 mars 2010, art. 64)* « de la commission spécialisée de la conférence régionale de la santé et de l'autonomie compétente pour le secteur sanitaire », l'*(Décr. n° 2010-344 du 31 mars 2010, art. 64)* « agence régionale de santé » recueille, en vertu du 12° de l'article L. 1418-1, l'avis de l'Agence de la biomédecine sur la demande d'autorisation et le cas échéant sur la demande de renouvellement.

Le directeur général de l'Agence de la biomédecine transmet son avis *(Décr. n° 2010-344 du 31 mars 2010, art. 64)* « à l'agence régionale de santé » dans un délai de deux mois à compter de la date de réception du dossier.

Le directeur général de l'Agence de la biomédecine est informé par l'*(Décr. n° 2010-344 du 31 mars 2010, art. 64)* « agence régionale de santé » des autorisations accordées et refusées, ainsi que des décisions relatives au renouvellement des autorisations et des décisions prises en application de la procédure prévue à l'article L. 6122-12.

L'Agence de la biomédecine tient à jour la liste des établissements de santé et des laboratoires d'analyses de biologie médicale autorisés et la met à la disposition du public.

Les pièces du dossier justificatif prévu à l'article R. 6122-32 sont complétées ou remplacées par les pièces d'un dossier particulier dont la composition est fixée par arrêté du ministre chargé de la santé, pris après avis du directeur général de l'Agence de la biomédecine.

(Décr. n° 2015-245 du 2 mars 2015, art. 2) « Ce dossier contient les documents permettant de prouver la compétence des praticiens prévus à l'article R. 2131-3. »

Art. R. 2131-8 Lorsqu'il est fait application des dispositions du troisième alinéa de l'article L. 6122-10 relatives au renouvellement d'autorisation, la demande est déposée comme il est prévu à l'article R. 6122-28. Dans ce cas, le titulaire de l'autorisation adresse un exemplaire de sa demande au directeur général de l'Agence de la biomédecine.

Lorsqu'il est fait application des dispositions du dernier alinéa de l'article L. 6122-13 relatives au maintien de la suspension ou de retrait de l'autorisation, le *(Décr. n° 2010-344 du 31 mars 2010, art. 64)* « directeur général de l'agence régionale de santé » recueille l'avis de l'Agence de la biomédecine. L'absence d'avis de l'Agence de la biomédecine dans les quinze jours qui suivent la consultation du *(Décr. 2010-344 du 31 mars 2010, art. 64)* « directeur général de l'agence régionale de santé » vaut acceptation de la mesure proposée par ce dernier.

Art. R. 2131-9 La forme, la périodicité et le contenu de l'évaluation périodique des activités régies par la présente section et mentionnée à l'article L. 6122-10 ainsi que la forme et le contenu du rapport annuel mentionné à l'article L. 2131-2 sont définis par arrêté du ministre chargé de la santé, pris après avis du directeur général de l'Agence de la biomédecine.

SECTION II CENTRES PLURIDISCIPLINAIRES DE DIAGNOSTIC PRÉNATAL

SOUS-SECTION 1 MISSIONS ET AUTORISATION *(Décr. n° 2006-1661 du 22 déc. 2006).*

Art. R. 2131-10 *(Décr. n° 2006-1661 du 22 déc. 2006)* Seuls peuvent être dénommés centres pluridisciplinaires de diagnostic prénatal les centres qui ont reçu l'autorisation mentionnée *(Décr. n° 2014-32 du 14 janv. 2014, art. 2-1°)* « au VIII de l'article L. 2131-1 » délivrée par décision du directeur général de l'Agence de la biomédecine après avis du conseil d'orientation de l'agence. La durée de l'autorisation est de cinq ans.

Art. R. 2131-10-1 *(Décr. n° 2006-1661 du 22 déc. 2006)* « Outre les attributions qui leur sont confiées aux articles L. 2131-4 et L. 2213-1, les centres pluridisciplinaires » de diagnostic prénatal ont pour mission :

1° De favoriser l'accès à l'ensemble des activités de diagnostic prénatal et d'assurer leur mise en œuvre en constituant un pôle de compétences cliniques et biologiques au service des patients et des praticiens ;

2° De donner des avis et conseils, en matière de diagnostic, de thérapeutique et de pronostic, aux cliniciens et aux biologistes qui s'adressent à eux lorsqu'ils suspectent une affection de l'embryon ou du fœtus ;

(Décr. n° 2006-1661 du 22 déc. 2006) « 3° De poser l'indication de recourir au *(Décr. n° 2014-32 du 14 janv. 2014, art. 2-2°)* « diagnostic préimplantatoire », telle que mentionnée aux articles R. 2131-23 et R. 2131-26-1 ;

« 4° » D'organiser des actions de formation théorique et pratique destinées aux praticiens concernés par le diagnostic prénatal des diverses affections de l'embryon et du fœtus.

Art. R. 2131-11 *(Décr. nº 2006-1661 du 22 déc. 2006)* « L'autorisation » d'un centre, prévu à l'article L. 2131-5, est subordonné aux conditions suivantes :

1° Le centre doit fonctionner au sein d'un organisme ou établissement de santé public ou *(Décr. nº 2014-32 du 14 janv. 2014, art. 2-3°)* « privé d'intérêt collectif », *(Décr. nº 2006-1661 du 22 déc. 2006)* « sur un site » disposant d'une unité d'obstétrique ;

2° Il doit constituer l'équipe pluridisciplinaire dont la composition est définie à l'article R. 2131-12 ;

3° Il doit assurer l'ensemble des missions définies à l'article R. 2131-10.

Art. R. 2131-12 *(Décr. nº 2014-32 du 14 janv. 2014, art. 2-4°)* Chaque centre est constitué :

1° D'une équipe de praticiens comportant au moins :

a) Un médecin exerçant sur le site mentionné au 1° de l'article R. 2131-11, titulaire du diplôme d'études spécialisées de gynécologie-obstétrique ou d'un diplôme équivalent ;

b) Un praticien exerçant sur ce site, justifiant d'une formation et d'une expérience en échographie du fœtus ;

c) Un médecin exerçant sur ce site, titulaire du diplôme d'études spécialisées de pédiatrie ou d'un diplôme équivalent et d'un diplôme d'études spécialisées complémentaires de néonatologie ou d'un diplôme équivalent ;

d) Un médecin titulaire du diplôme d'études spécialisées de génétique médicale ou d'un diplôme équivalent ;

2° L'équipe mentionnée au 1° est complétée par des personnes pouvant ne pas avoir d'activité dans l'organisme ou l'établissement de santé au sein duquel le centre est créé, dont au moins :

a) Un médecin titulaire du diplome d'études spécialisées de psychiatrie ou d'un diplôme équivalent ou un psychologue ;

b) Un médecin titulaire du diplôme d'études spécialisées complémentaires de fœtopathologie ou d'un diplôme équivalent ou d'une expérience équivalente ;

c) Un praticien mentionné au VII de l'article L. 2131-1 ;

d) Un conseiller en génétique.

L'équipe pluridisciplinaire ainsi constituée peut s'adjoindre le concours d'autres personnes possédant des compétences ou une expérience utiles à l'exercice des missions définies à l'article R. 2131-10.

Art. R. 2131-13 *(Décr. nº 2006-1661 du 22 déc. 2006)* La demande d'autorisation du centre pluridisciplinaire de diagnostic prénatal est présentée par le directeur de l'organisme ou de l'établissement de santé au sein duquel le centre est créé. Elle est formulée selon un dossier type dont la composition est fixée par le directeur général de l'Agence de la biomédecine.

Cette demande est adressée par le directeur de l'organisme ou de l'établissement de santé au directeur général de l'Agence de la biomédecine sous pli recommandé avec demande d'avis de réception ou déposée contre récépissé auprès de l'agence dans les mêmes conditions.

Le directeur de l'agence accuse réception du dossier de demande d'autorisation et indique les voies et les délais de recours. Lorsque des pièces indispensables à l'instruction de la demande sont manquantes, l'accusé de réception fixe le délai dans lequel ces pièces doivent être fournies.

Dans le délai maximum de quatre mois suivant la date de réception du dossier de demande complet, le directeur général de l'Agence de la biomédecine notifie au demandeur la décision d'autorisation ou de refus d'autorisation. A l'issue de ce délai, l'absence de décision du directeur général vaut décision implicite de refus d'autorisation.

Le directeur général de l'agence peut demander, par lettre recommandée avec demande d'avis de réception, toute information complémentaire qu'il estime nécessaire à l'instruction du dossier d'autorisation. Il indique au demandeur le délai dans lequel il doit fournir ces éléments. Cette demande d'informations complémentaires suspend le délai mentionné au quatrième alinéa.

Dès réception du dossier de demande d'autorisation complet, l'Agence de la biomédecine adresse pour avis un exemplaire de ce dossier au *(Décr. n° 2010-344 du 31 mars 2010, art. 65)* « directeur général de l'agence régionale de santé ».

Le *(Décr. n° 2010-344 du 31 mars 2010, art. 65)* « directeur général de l'agence régionale de santé » transmet son avis à l'Agence de la biomédecine dans un délai de deux mois à compter de la date à laquelle ce dossier lui a été adressé. L'absence de réponse du *(Décr. n° 2010-344 du 31 mars 2010, art. 65)* « directeur général de l'agence régionale de santé » dans ce délai vaut avis favorable.

Le renouvellement de l'autorisation s'effectue dans les conditions définies au présent article et tient compte, en outre, des résultats de l'évaluation du centre pluridisciplinaire de diagnostic prénatal.

Le directeur général de l'Agence de la biomédecine informe le *(Décr. n° 2010-344 du 31 mars 2010, art. 65)* « directeur général de l'agence régionale de santé » concerné des autorisations accordées ou refusées, ainsi que des décisions relatives au renouvellement des autorisations.

Art. R. 2131-14 *(Décr. n° 2006-1661 du 22 déc. 2006)* La demande d'autorisation comporte notamment le nom des praticiens mentionnés au 1° de l'article R. 2131-12 et le projet de règlement intérieur du centre.

Art. R. 2131-15 *(Décr. n° 2006-1661 du 22 déc. 2006)* L'Agence de la biomédecine publie au *Bulletin officiel* du ministère chargé de la santé les décisions relatives aux autorisations, au renouvellement, à la suspension et au retrait de ces autorisations.

Elle tient à jour la liste des centres pluridisciplinaires de diagnostic prénatal autorisés et la met à la disposition du public.

Art. R. 2131-15-1 *(Décr. n° 2006-1661 du 22 déc. 2006)* Lorsque dans un centre pluridisciplinaire de diagnostic prénatal autorisé en application de l'article R. 2131-13 sont constatés des manquements aux dispositions du présent chapitre, le directeur général de l'Agence de la biomédecine peut, à tout moment, retirer l'autorisation de ce centre après avis de son conseil d'orientation *(Décr. n° 2014-32 du 14 janv. 2014, art. 2-5°-a)* « et information de l'agence régionale de santé concernée ».

En cas d'urgence, l'autorisation peut, à titre conservatoire, être suspendue pour une durée maximale de trois mois *(Décr. n° 2014-32 du 14 janv. 2014, art. 2-5°-b)* « après information de l'agence régionale de santé concernée ».

Avant toute décision de suspension ou de retrait d'autorisation, le titulaire de l'autorisation est mis en demeure de mettre fin à ces manquements ou de présenter ses observations dans le délai imparti par le directeur général de l'Agence de la biomédecine.

Art. R. 2131-16 Le centre peut être consulté soit directement par la femme enceinte ou le couple *(Décr. n° 2014-32 du 14 janv. 2014, art. 2-6°)* « dès lors qu'un risque avéré a été identifié en application du III de l'article L. 2131-1 », soit par le médecin traitant qui adresse au centre le dossier médical.

(Décr. n° 2006-1661 du 22 déc. 2006) « Dans ce dernier cas, le dossier doit contenir le consentement écrit de la femme enceinte ou du couple à la démarche du médecin traitant et une attestation mentionnant qu'ils ont été avertis de ce que le centre conservera des documents les concernant. »

Art. R. 2131-17 La femme *(Décr. n° 2006-1661 du 22 déc. 2006)* « enceinte » ou le couple est, à sa demande, entendu par tout ou partie des membres de l'équipe pluridisciplinaire préalablement à la concertation mentionnée ci-après.

Le centre propose des investigations complémentaires ou recourt à des avis extérieurs spécialisés s'il y a lieu d'étayer le diagnostic ou le pronostic.

(Décr. n° 2014-32 du 14 janv. 2014, art. 2-7°) « Un médecin du centre indique à la femme enceinte, au couple ou au médecin traitant les éventuelles possibilités de médecine fœtale, de traitement ou de prise en charge à partir de la naissance. Il propose, le cas échéant, une orientation vers des structures spécialisées. »

Ces propositions et avis sont présentés *(Décr. n° 2006-1661 du 22 déc. 2006)* « à la femme enceinte ou au couple » ou au médecin traitant par un ou plusieurs membres de l'équipe pluridisciplinaire, après concertation au sein de celle-ci.

Lorsque l'équipe pluridisciplinaire se réunit en application du 2° de l'article R. 2131-10, un médecin choisi par la femme est associé, à la demande de celle-ci, à la concertation mentionnée ci-dessus.

Art. R. 2131-18 Si, au terme de la concertation prévue à l'article R. 2131-17, il apparaît à deux des médecins mentionnés au 1° de l'article R. 2131-12 qu'existe une forte probabilité que l'enfant à naître soit atteint d'une affection d'une particulière gravité reconnue comme incurable au moment du diagnostic, et si la femme enceinte en fait la demande, ceux-ci établissent, après que l'équipe pluridisciplinaire a rendu son avis consultatif conformément à l'article L. 2213-1, les attestations prévues au premier alinéa de ce dernier article.

(Décr. n° 2014-32 du 14 janv. 2014, art. 2-8°-a et b) « Hors les cas d'urgence médicale, la femme enceinte est informée qu'elle peut, si elle le souhaite, bénéficier d'un délai de réflexion d'au moins une semaine en application du troisième alinéa de l'article L. 2213-1.

« Quand la femme enceinte fait la demande mentionnée au premier alinéa, un médecin, le cas échéant, membre de l'équipe pluridisciplinaire, établit un document, cosigné par la femme enceinte, attestant que l'information mentionnée à l'alinéa précédent lui a été fournie et indiquant si la femme enceinte a souhaité ou non bénéficié *[bénéficier]* du délai de réflexion. Ce document, dont l'original est conservé dans le dossier médical, se conforme à un modèle fixé par arrêté du ministre chargé de la santé.

« Les attestations mentionnées au premier alinéa » comportent les noms et les signatures des médecins et mentionnent leur appartenance au centre pluridisciplinaire de diagnostic prénatal.

(Décr. n° 2006-1661 du 22 déc. 2006) « Une copie des attestations est remise à l'intéressée. »

Art. R. 2131-19 *(Décr. n° 2006-1661 du 22 déc. 2006)* « Le centre conserve, pour chaque demande d'avis relatif à une grossesse en cours, les éléments du dossier médical, les avis, conseils et conclusions du centre et, le cas échéant, la date de l'interruption volontaire de grossesse pour motif médical ainsi que les résultats des examens fœtopathologiques pratiqués. En cas d'établissement des attestations mentionnées aux articles R. 2131-2, R. 2131-18, R. 2131-23 et R. 2131-26-1, une copie de celles-ci est conservée par le centre. »

Les documents mentionnés au présent article sont conservés dans les locaux affectés au centre dans des conditions garantissant leur confidentialité.

SOUS-SECTION 2 FONCTIONNEMENT

Art. R. 2131-20 Les membres de l'équipe pluridisciplinaire dont la composition est fixée à l'article R. 2131-12 désignent, parmi les médecins mentionnés au 1° de cet article et pour une durée de deux ans renouvelable, un coordonnateur chargé notamment de veiller à l'organisation des activités du centre et d'établir le rapport annuel d'activité prévu à l'article L. 2131-2.

(Décr. n° 2006-1661 du 22 déc. 2006) « Le nom du coordonnateur ainsi que le règlement intérieur définitif du centre sont communiqués par le directeur de l'organisme ou de l'établissement de santé au directeur général de l'Agence de la biomédecine dans un délai de trois mois à compter de la notification de la décision d'autorisation. »

Art. R. 2131-21 Le directeur de l'organisme ou de l'établissement de santé au sein duquel est créé le centre déclare *(Décr. n° 2006-1661 du 22 déc. 2006)* « au directeur général de l'Agence de la biomédecine » toute modification de la composition de l'équipe *(Décr. n° 2006-1661 du 22 déc. 2006)* « pluridisciplinaire » du centre.

En cas de départ d'un praticien qui était seul à exercer l'une des disciplines mentionnées à l'article R. 2131-12, le directeur désigne, dans un délai de trois mois, un praticien pour le remplacer. *(Décr. n° 2006-1661 du 22 déc. 2006)* « Si le praticien à remplacer est un de ceux qui sont mentionnés au 1° de l'article R. 2131-12, le directeur général de l'Agence de la biomédecine donne son approbation à la modification de l'équipe après avis du conseil d'orientation. » Le défaut de remplacement des praticiens peut entraîner *(Décr. n° 2006-1661 du 22 déc. 2006)* « la suspension de l'autorisation » du centre.

(Décr. n° 2006-1661 du 22 déc. 2006 ; Décr. n° 2010-344 du 31 mars 2010, art. 65) « Le directeur général de l'agence régionale de santé dont dépend l'organisme ou l'établissement de santé au sein duquel le centre est créé est informé par le directeur général de l'Agence de la biomédecine de la suspension de cette autorisation. »

Art. R. 2131-22 *(Décr. n° 2006-1661 du 22 déc. 2006)* La forme et le contenu du rapport annuel d'activité mentionné à l'article L. 2131-2 sont définis par arrêté du ministre chargé de la santé, pris après avis du directeur général de l'Agence de la biomédecine.

SECTION III **DIAGNOSTIC PRÉIMPLANTATOIRE** *(Décr. n° 2014-32 du 14 janv. 2014, art. 3-1°).*

SOUS-SECTION 1 **DÉFINITION ET CONDITIONS DE RÉALISATION DU DIAGNOSTIC PRÉIMPLANTATOIRE** *(Décr. n° 2014-32 du 14 janv. 2014, art. 3-2°-a).*

(Décr. n° 2006-1661 du 22 déc. 2006)

Art. R. 2131-22-1 *(Décr. n° 2006-1661 du 22 déc. 2006)* La réalisation d'un *(Décr. n° 2014-32 du 14 janv. 2014, art. 3-2°-b)* « diagnostic préimplantatoire » mentionné à l'article L. 2131-4 ne peut intervenir que si le couple remplit les conditions nécessaires à la mise en œuvre d'une assistance médicale à la procréation fixées à l'article L. 2141-2.

Art. R. 2131-22-2 *(Décr. n° 2006-1661 du 22 déc. 2006) (Décr. n° 2014-32 du 14 janv. 2014, art. 3-2°-c)* « Le diagnostic préimplantatoire » comprend les activités suivantes :

1° Le prélèvement cellulaire sur l'embryon obtenu par fécondation *in vitro* ;

2° Les *(Décr. n° 2014-32 du 14 janv. 2014, art. 3-2°-c)* « examens » de cytogénétique, y compris moléculaire, sur la ou les cellules embryonnaires ;

3° Les *(Décr. n° 2014-32 du 14 janv. 2014, art. 3-2°-c)* « examens » de génétique moléculaire sur la ou les cellules embryonnaires.

Art. R. 2131-23 *(Décr. n° 2006-1661 du 22 déc. 2006)* « L'indication de recourir au diagnostic biologique mentionné à l'article R. 2131-22-1 fait l'objet d'une attestation établie après concertation au sein d'un centre pluridisciplinaire de diagnostic prénatal associant l'équipe médicale clinico-biologique pluridisciplinaire d'assistance médicale à la procréation et le praticien agréé pour les activités mentionnées à l'article R. 2131-22-2. Cette attestation est signée par le médecin titulaire du diplôme d'études spécialisées de génétique médicale ou d'un diplôme équivalent, mentionné au *d* du 1° de l'article R. 2131-12. Elle est remise au couple et comporte le nom de ce médecin et du centre pluridisciplinaire de diagnostic prénatal dans lequel celui-ci exerce. » Le centre conserve une copie de l'attestation, dans des conditions en garantissant la confidentialité. Le couple est informé que seule la pathologie liée à l'anomalie génétique parentale susceptible d'être transmise peut être recherchée chez l'embryon au cours des *(Décr. n° 2014-32 du 14 janv. 2014, art. 3-2°-d)* « examens » conduisant à ce diagnostic.

Si l'indication d'un diagnostic sur l'embryon n'est pas retenue, les motifs en sont précisés par écrit au couple demandeur, au terme d'un entretien avec le *(Décr. n° 2006-1661 du 22 déc. 2006)* « médecin » cité à l'alinéa précédent.

L'art. 3-2°-d du Décr. n° 2014-32 du 14 janv. 2014 vise l'art. R. 2131-23 et non l'art. R. 2131-22-3.

Art. R. 2131-24 *(Décr. n° 2006-1661 du 22 déc. 2006)* « Lorsque l'indication d'un diagnostic sur l'embryon est retenue, le couple est pris en charge par l'équipe médicale clinico-biologique pluridisciplinaire responsable de l'assistance médicale à la procréation et par le praticien agréé pour réaliser, sur la ou les cellules embryonnaires, l'*(Décr. n° 2014-32 du 14 janv. 2014, art. 3-2°-e)* « examen » de cytogénétique, y compris moléculaire, ou l'*(Décr. n° 2014-32 du 14 janv. 2014, art. 3-2°-e)* « examen » de génétique moléculaire sur la ou les cellules embryonnaires. »

Le couple est pris en charge par l'équipe pluridisciplinaire clinique et biologique responsable de cette assistance et par le praticien réalisant l'*(Décr. nº 2014-32 du 14 janv. 2014, art. 3-2º-e)* « examen » génétique sur la ou les cellules embryonnaires.

Avant la mise en œuvre de l'assistance médicale à la procréation permettant la fécondation *in vitro*, et sans préjudice des conditions fixées à l'article L. 2141-10, *(Décr. nº 2014-32 du 14 janv. 2014, art. 3-2º-e)* « les praticiens de l'équipe clinico-biologique » précisent au couple les contraintes médicales et techniques qui permettront d'aboutir à ce diagnostic.

(Décr. nº 2014-32 du 14 janv. 2014, art. 3-2º-e) « Le praticien qui réalise, sur la ou les cellules embryonnaires, l'examen de cytogénétique, y compris moléculaire, ou l'examen de génétique moléculaire informe le couple des différentes phases du diagnostic génétique et du degré de fiabilité des examens. »

Art. R. 2131-25 *(Décr. nº 2006-1661 du 22 déc. 2006)* « Au vu de l'attestation remise par le couple demandeur du *(Décr. nº 2014-32 du 14 janv. 2014, art. 3-2º-f)* « diagnostic préimplantatoire », un des praticiens de l'équipe médicale clinico-biologique pluridisciplinaire recueille le consentement écrit des deux membres de ce couple, avant la mise en œuvre de l'assistance médicale à la procréation. » Ce consentement est exprimé sur un formulaire dont le contenu est fixé par arrêté du ministre chargé de la santé *(Décr. nº 2006-1661 du 22 déc. 2006)* « , pris après avis du directeur général de l'Agence de la biomédecine ». — *V. Arr. du 5 févr. 2009 (JO 18 févr.).*

Le praticien *(Décr. nº 2006-1661 du 22 déc. 2006)* « agréé pour » l'activité de prélèvement mentionnée *(Décr. nº 2006-1661 du 22 déc. 2006)* « au 1º de l'article R. 2131-22-2 » ne peut procéder au prélèvement sur l'embryon qu'au vu de l'attestation établissant l'indication du diagnostic, et du consentement du couple.

(Décr. nº 2006-1661 du 22 déc. 2006) « La ou les cellules embryonnaires prélevées sont transmises, accompagnées d'une copie de l'attestation établissant l'indication du diagnostic et du formulaire de recueil du consentement du couple, au praticien agréé pour réaliser l'*(Décr. nº 2014-32 du 14 janv. 2014, art. 3-2º-f)* « examen » de cytogénétique, y compris moléculaire, ou l'*(Décr. nº 2014-32 du 14 janv. 2014, art. 3-2º-f)* « examen » de génétique moléculaire. »

Art. R. 2131-26 Préalablement au transfert embryonnaire, *(Décr. nº 2006-1661 du 22 déc. 2006)* « un des praticiens de l'équipe médicale clinico-biologique pluridisciplinaire d'assistance médicale à la procréation » remet au couple les résultats du diagnostic biologique en lui apportant les commentaires nécessaires.

Art. R. 2131-26-1 *(Décr. nº 2006-1661 du 22 déc. 2006)* Lorsqu'un couple souhaite avoir recours au *(Décr. nº 2014-32 du 14 janv. 2014, art. 3-2º-g)* « diagnostic préimplantatoire » dans les conditions fixées à l'article L. 2131-4-1, un ou des médecins de l'équipe du centre pluridisciplinaire de diagnostic prénatal procède à un ou plusieurs entretiens avec les deux membres du couple.

Cet entretien doit notamment permettre de les informer :

1º Des dispositions législatives et réglementaires relatives au *(Décr. nº 2014-32 du 14 janv. 2014, art. 3-2º-g)* « diagnostic préimplantatoire » mentionné à l'article L. 2131-4-1 ;

2º Des différentes étapes de la procédure d'autorisation ;

3º Des résultats susceptibles d'être obtenus à l'issue de ce diagnostic et de leurs éventuelles conséquences sur les plans médical, psychologique et éthique.

Au terme de cet entretien, le ou les médecins consultés établissent une attestation cosignée par les deux membres du couple certifiant que ces informations leur ont été fournies.

Si, après concertation, l'équipe pluridisciplinaire estime justifié le recours au *(Décr. nº 2014-32 du 14 janv. 2014, art. 3-2º-g)* « diagnostic préimplantatoire » mentionné à l'article L. 2131-4-1, un ou des médecins de l'équipe recueille le consentement des deux membres du couple et remplit avec eux une demande d'autorisation pour la réalisation de ce diagnostic. Cette demande est cosignée par les deux membres du couple et le ou les médecins concernés. Une copie de ces documents est remise au couple.

Dans le cas contraire, les motifs en sont précisés par écrit au couple demandeur, au terme d'un entretien avec un ou des médecins de l'équipe pluridisciplinaire. L'Agence de la biomédecine est informée de ces motifs.

Art. R. 2131-26-2 *(Décr. nº 2006-1661 du 22 déc. 2006)* La demande d'autorisation pour la réalisation du diagnostic biologique prévu à l'article R. 2131-26-1 est adressée au directeur général de l'Agence de la biomédecine par le centre pluridisciplinaire de diagnostic prénatal accompagnée d'un dossier conforme à un dossier type dont le contenu est défini par décision du directeur général de l'Agence de la biomédecine.

Cette demande est adressée sous pli recommandé avec demande d'avis de réception ou déposée contre récépissé auprès de l'agence dans les mêmes conditions.

Le directeur de l'agence accuse réception du dossier de demande d'autorisation. Lorsque des pièces indispensables à l'instruction de la demande sont manquantes, l'accusé de réception fixe le délai dans lequel ces pièces doivent être fournies.

La décision du directeur général de l'Agence de la biomédecine est prise, après avis du conseil d'orientation de l'agence, dans un délai de deux mois à compter de la date à laquelle le dossier est complet.

La décision motivée du directeur général de l'Agence de la biomédecine est transmise au couple concerné et au centre pluridisciplinaire de diagnostic prénatal, qui en conserve une copie, dans des conditions en garantissant la confidentialité. En cas de décision négative, elle mentionne les voies et délais de recours.

Le couple doit être informé de la possibilité de rencontrer, s'il le souhaite, le ou les médecins du centre pluridisciplinaire de diagnostic prénatal mentionnés à l'article R. 2131-26-1.

Lorsque la réalisation du diagnostic biologique mentionné à l'article L. 2131-4-1 est autorisée, les deux membres du couple remettent à un des praticiens de l'équipe médicale clinico-biologique pluridisciplinaire mentionnée au premier alinéa de l'article R. 2131-25 une copie de l'autorisation délivrée par le directeur général de l'Agence de la biomédecine en vue de la réalisation de ce diagnostic. Préalablement à la mise en œuvre de l'assistance médicale à la procréation, les deux membres du couple réitèrent par écrit leur consentement auprès de ce praticien. Il est fait application, dans ce cas, des deuxième et troisième alinéas de l'article R. 2131-25 et de l'article R. 2131-26.

Chacun des membres du couple peut révoquer à tout moment son consentement.

Le praticien agréé mentionné au premier alinéa de l'article R. 2131-24 informe le centre pluridisciplinaire de diagnostic prénatal de la décision prise par le couple.

Art. R. 2131-26-3 *(Décr. nº 2006-1661 du 22 déc. 2006)* En vue de l'application de la thérapeutique mentionnée au troisième alinéa de l'article L. 2131-4-1, le prélèvement des cellules issues du sang de cordon ombilical de l'enfant né du transfert de l'embryon *in utero* s'opère à la naissance dans les conditions définies à l'article L. 1221-5. Ce prélèvement est réalisé dans un établissement de santé autorisé selon les dispositions de l'article L. 1242-1. Ces cellules sont préparées, conservées, distribuées et cédées en vue de cette thérapeutique dans les conditions prévues à l'article L. 1243-2.

SOUS-SECTION 2 CONDITIONS D'AUTORISATION DES ÉTABLISSEMENTS PRATIQUANT LE DIAGNOSTIC PRÉIMPLANTATOIRE *(Décr. nº 2014-32 du 14 janv. 2014, art. 3-3º-a)*.

(Décr. nº 2006-1661 du 22 déc. 2006)

Art. R. 2131-27 *(Décr. nº 2006-1661 du 22 déc. 2006)* L'autorisation de pratiquer le *(Décr. nº 2014-32 du 14 janv. 2014, art. 3-3º-b)* « diagnostic préimplantatoire » délivrée à un établissement en application de l'article L. 2131-4 porte sur l'ensemble des trois activités mentionnées à l'article R. 2131-22-2.

L'établissement est autorisé, pour une durée de cinq ans, par le directeur général de l'Agence de la biomédecine pour la pratique de chacune de ces activités, après avis du conseil d'orientation de l'agence conformément à l'article L. 1418-4.

Lorsqu'un établissement comporte plusieurs sites, l'autorisation précise le ou les sites *d'exercice de la ou des activités.*

Art. R. 2131-28 *(Décr. nº 2006-1661 du 22 déc. 2006)* La demande d'autorisation est formulée selon un dossier type dont la composition est fixée par le directeur général de l'Agence de la biomédecine.

Cette demande est adressée par le directeur de l'établissement au directeur général de l'Agence de la biomédecine sous pli recommandé avec demande d'avis de réception ou déposée contre récépissé auprès de l'Agence dans les mêmes conditions. Cette demande est signée par les praticiens agréés *(Décr. n° 2015-245 du 2 mars 2015, art. 3)* « pour les activités mentionnées à l'article R. 2131-22-2 ».

Les demandes d'autorisation ou de renouvellement d'autorisation sont instruites par l'Agence de la biomédecine et font l'objet d'un avis du *(Décr. n° 2010-344 du 31 mars 2010, art. 66)* « directeur général de l'agence régionale de santé » compétente et d'une décision du directeur général de l'Agence de la biomédecine dans les conditions prévues à l'article R. 2131-13.

Le directeur général de l'Agence de la biomédecine informe le *(Décr. n° 2010-344 du 31 mars 2010, art. 66)* « directeur général de l'agence régionale de santé » concernée des autorisations accordées ou refusées, ainsi que des décisions relatives au renouvellement des autorisations.

L'Agence de la biomédecine publie au *Bulletin officiel* du ministère chargé de la santé les décisions relatives aux autorisations, au renouvellement, à la suspension et au retrait de ces autorisations. Elle tient à jour la liste des établissements autorisés et la met à la disposition du public.

Art. R. 2131-29 Pour obtenir l'autorisation d'exercer l'activité mentionnée au 1° de l'article *(Décr. n° 2006-1661 du 22 déc. 2006)* « R. 2131-22-2 », les établissements doivent être autorisés, en application de l'article L. 2142-1 et dans les conditions fixées aux articles R. 2142-1 et suivants, à pratiquer la fécondation *in vitro* avec micro-manipulation.

(Décr. n° 2006-1661 du 22 déc. 2006) « Pour obtenir les autorisations correspondantes aux activités mentionnées aux 2° et 3° de l'article R. 2131-22-2, les établissements doivent être autorisés en application de l'article L. 2131-1 à pratiquer les analyses prévues aux 1° et 2° de l'article R. 2131-1. »

Art. R. 2131-30 *Abrogé par Décr. n° 2014-32 du 14 janv. 2014, art. 3.*

Art. R. 2131-31 L'activité de prélèvement embryonnaire ne peut être effectuée que dans la pièce exclusivement affectée à la fécondation *in vitro* mentionnée à l'article *(Décr. n° 2006-1661 du 22 déc. 2006)* « R. 2142-26 ».

Art. R. 2131-32 *(Décr. n° 2006-1661 du 22 déc. 2006)* Tout établissement autorisé à pratiquer le *(Décr. n° 2014-32 du 14 janv. 2014, art. 3-3°-d)* « diagnostic préimplantatoire » en application de l'article R. 2131-27 est tenu de présenter à l'*(Décr. n° 2010-344 du 31 mars 2010, art. 66)* « agence régionale de santé » et à l'Agence de la biomédecine un rapport annuel d'activité dont la forme et le contenu sont définis par arrêté du ministre chargé de la santé, pris après avis du directeur général de l'Agence de la biomédecine.

Art. R. 2131-33 Les établissements autorisés en application de l'article R. 2131-27 conservent les informations relatives aux diagnostics effectués dans des conditions en garantissant la confidentialité.

Art. R. 2131-34 *(Décr. n° 2006-1661 du 22 déc. 2006)* Lorsque sont constatés dans un établissement autorisé à pratiquer le *(Décr. n° 2014-32 du 14 janv. 2014, art. 3-3°-e)* « diagnostic préimplantatoire » en application de l'article R. 2131-27 des manquements aux dispositions du présent chapitre, le directeur général de l'Agence de la biomédecine peut, à tout moment, retirer l'autorisation de cet établissement après avis de son conseil d'orientation *(Décr. n° 2014-32 du 14 janv. 2014, art. 3-3°-e)* « et information de l'agence régionale de santé concernée ».

En cas d'urgence, l'autorisation peut, à titre conservatoire, être suspendue pour une durée maximale de trois mois *(Décr. n° 2014-32 du 14 janv. 2014, art. 3-3°-e)* « après information de l'agence régionale de santé ».

Avant toute décision de suspension ou de retrait d'autorisation, le titulaire de l'autorisation est mis en demeure de mettre fin à ces manquements ou de présenter ses observations dans le délai imparti par le directeur général de l'Agence de la biomédecine.

SOUS-SECTION 3 CONDITIONS D'AGRÉMENT DES PRATICIENS EFFECTUANT UN DIAGNOSTIC PRÉIMPLANTATOIRE

(Décr. n° 2014-32 du 14 janv. 2014, art. 3-4°)

Art. R. 2131-35 Le prélèvement cellulaire et les examens mentionnés à l'article R. 2131-22-2 sont réalisés sous la responsabilité d'un ou plusieurs praticiens agréés en application de l'article L. 2131-4-2. Ils sont seuls habilités à signer les comptes rendus d'examens.

Art. R. 2131-36 Le praticien agréé pour l'une des activités mentionnées à l'article R. 2131-22-2 doit être médecin ou pharmacien qualifié en biologie médicale ou doit répondre aux conditions d'exercice prévues par l'article L. 6213-2 ou L. 6213-2-1.

En fonction de l'activité pour laquelle il est agréé, il doit en outre posséder une formation spécialisée et une expérience particulière, jugées suffisantes au regard des critères d'appréciation définis par le conseil d'orientation de l'Agence de biomédecine.

Art. R. 2131-37 I. — L'agrément des praticiens mentionnés à l'article L. 2131-4-2 est délivré par le directeur général de l'Agence de la biomédecine, pour une durée de cinq ans.

II. — La demande d'agrément est formulée selon un dossier type dont la composition est fixée par le directeur général de l'agence.

Elle lui est adressée sous pli recommandé avec demande d'avis de réception ou déposée contre récépissé auprès de l'agence dans les mêmes conditions.

III. — Le directeur général de l'agence accuse réception du dossier de demande d'agrément et indique les voies et les délais de recours. Lorsque des pièces indispensables à l'instruction de la demande sont manquantes, l'accusé de réception fixe le délai dans lequel ces pièces doivent être fournies.

IV. — Dans le délai de deux mois suivant la date de réception du dossier de demande d'agrément complet, le directeur général de l'agence notifie au praticien demandeur la décision d'agrément ou de refus d'agrément. A l'issue de ce délai, l'absence de décision du directeur général vaut décision implicite de refus d'agrément.

V. — Dans le cadre de l'instruction du dossier d'agrément, le directeur général de l'agence peut demander, par lettre recommandée avec demande d'avis de réception, toute information complémentaire qu'il estime nécessaire à l'instruction du dossier d'agrément. Il indique au demandeur le délai dans lequel ces informations doivent lui être fournies. Cette demande d'informations suspend le délai mentionné à l'alinéa précédent.

VI. — Le titulaire de l'autorisation mentionnée à l'article L. 2131-4 est tenu de déclarer à l'agence régionale de santé compétente et à l'Agence de la biomédecine le nom des praticiens agréés préalablement à la mise en œuvre de l'autorisation, ainsi que le nom de tout nouveau praticien agréé préalablement à sa prise de fonction. Il est également tenu d'informer l'agence régionale de santé et l'Agence de la biomédecine de la cessation d'activité de ces praticiens.

Art. R. 2131-38 Le renouvellement de l'agrément d'un praticien est délivré par le directeur général de l'Agence de la biomédecine. Il est subordonné à l'évaluation de son activité, selon des critères fixés par le directeur général de cette agence après avis du conseil d'orientation de celle-ci. Cette évaluation est réalisée sur la base des rapports d'activité des établissements dans lesquels il a exercé durant les cinq années de son agrément.

Le dossier de demande de renouvellement de l'agrément doit être déposé par le praticien, auprès de l'Agence de la biomédecine, au moins six mois avant la date d'échéance de cet agrément.

*En cas de non-renou*vellement, le directeur général de l'agence informe de cette décision le praticien, l'agence régionale de santé compétente, ainsi que l'établissement et le laboratoire où le praticien exerçait.

Art. R. 2131-39 Le retrait de l'agrément du praticien est encouru en cas de violation des prescriptions législatives et réglementaires du présent chapitre ou de violation des conditions fixées par l'agrément, ainsi qu'en cas d'insuffisance de qualité des résultats au regard des critères fixés par le directeur général de l'Agence de la biomédecine, après avis du conseil d'orientation.

En cas d'urgence, l'agrément peut, à titre conservatoire, être suspendu pour une durée maximale de trois mois.

La décision motivée de suspension ou de retrait est prise par le directeur général de l'Agence de la biomédecine. Le praticien est invité à présenter ses observations.

Le directeur général de l'agence informe de cette décision le praticien, l'agence régionale de santé compétente, ainsi que l'établissement de santé et le laboratoire où le praticien exerce.

Art. R. 2131-40 Les décisions relatives à l'agrément des praticiens, au renouvellement, à la suspension et au retrait de cet agrément sont publiées au *Bulletin officiel* du ministère chargé de la santé. L'Agence de la biomédecine tient à jour la liste des praticiens agréés et la met à la disposition du public.

CHAPITRE II CARNET DE SANTÉ ET EXAMENS OBLIGATOIRES

SECTION PREMIÈRE EXAMENS OBLIGATOIRES

Art. R. 2132-1 Les enfants sont soumis à des examens médicaux obligatoires dont le nombre est fixé à neuf au cours de la première année, dont un dans les huit jours de la naissance et un au cours du neuvième ou dixième mois, trois du treizième au vingt-cinquième mois dont un au cours du vingt-quatrième mois ou du vingt-cinquième mois, et à deux par an pour les quatre années suivantes. Le calendrier des examens est fixé par arrêté du ministre chargé de la santé.

Les examens sont faits soit par un médecin d'une consultation de protection maternelle et infantile, soit par un médecin choisi par les parents de l'enfant ou par la personne ayant la garde de celui-ci. Ils ont pour objet la surveillance de la croissance staturo-pondérale et du développement physique, psychomoteur et affectif de l'enfant ainsi que le dépistage précoce des anomalies ou déficiences et la pratique des vaccinations.

Les résultats de ces examens sont mentionnés dans le carnet de santé institué par l'article L. 2132-1.

Art. R. 2132-2 Donnent lieu à l'établissement d'un certificat de santé les examens subis dans les huit jours de la naissance, au cours du neuvième mois et au cours du vingt-quatrième mois.

Art. R. 2132-3 *(Décr. nº 2006-463 du 20 avr. 2006)* Le médecin qui a pratiqué l'examen médical établit le certificat de santé correspondant à l'âge de l'enfant et l'adresse, dans un délai de huit jours, au médecin responsable du service de la protection maternelle et infantile du département de résidence des parents ou de la personne chargée de la garde de l'enfant, dans le respect du secret médical, et par envoi confidentiel.

Il mentionne les résultats de l'examen dans le carnet de santé prévu à l'article L. 2132-1.

Le modèle des certificats de santé est établi par arrêté du ministre chargé de la santé.

Les imprimés destinés à établir les certificats de santé sont insérés dans le carnet de santé de l'enfant qui est remis aux personnes mentionnées à l'article L. 2132-1.

SECTION II *NORMES MINIMALES* APPLICABLES AUX CONSULTATIONS DE NOURRISSONS

Art. R. 2132-4 L'organisation générale, le personnel, le matériel et tous les services d'une consultation de nourrissons doivent être adaptés au nombre d'enfants pouvant y être normalement examinés au cours d'une même séance.

Art. R. 2132-5 Les locaux doivent comporter partout un sol imperméable ou revêtu de substances permettant le lavage fréquent. Les murs et les cloisons sont enduits d'une peinture lavable.

Les locaux sont nettoyés et aérés après chaque consultation.

Le lavage complet des locaux doit être effectué au moins une fois tous les quinze jours.

Après le passage d'un enfant atteint d'une maladie contagieuse, les locaux doivent être désinfectés.

Art. R. 2132-6 L'aération doit être permanente et conçue de manière à fonctionner en toutes saisons sans occasionner de gêne.

La température minimum des locaux ne doit jamais être inférieure à 18°C.

Art. R. 2132-7 L'établissement doit disposer d'eau potable. L'évacuation des eaux usées doit être assurée conformément aux règles d'hygiène. Les toilettes et les cabinets, en nombre suffisant, doivent être aérés et ventilés.

Art. R. 2132-8 Contre le risque d'incendie, la consultation doit disposer :

1° De postes d'eau ;

2° D'extincteurs en nombre suffisant ;

3° D'un moyen d'appel rapide à la caserne de pompiers la plus proche. La construction et l'aménagement des locaux doivent permettre leur prompte évacuation en cas de sinistre.

Art. R. 2132-9 Chaque consultation de nourrissons doit posséder au moins :

1° Un bureau médical pourvu du matériel nécessaire à l'examen des enfants ;

2° Une réserve de pharmacie, avec placards fermant à clé pour les toxiques ;

3° Une salle d'attente spacieuse, bien aérée, s'ouvrant directement dans une salle de pesée et pourvue de sièges en nombre suffisant. Chaque mère est pourvue d'une corbeille dans laquelle elle place les vêtements de son enfant lorsqu'elle le déshabille avant de passer dans la salle de pesée.

A cette salle est annexé un bureau pour la personne chargée d'accueillir et de renseigner les mères ;

4° Un ou deux boxes d'isolement au moins, situés près de l'entrée de la consultation, afin d'y placer les enfants suspects de maladies contagieuses ;

5° Une salle de pesée, où chaque nourrisson est pesé et où est inscrit sur une fiche individuelle le poids constaté ;

6° Un fichier médical et social. Chaque enfant doit posséder une fiche médicale régulièrement mise à jour sur laquelle figure notamment un relevé des examens pratiqués et des traitements prescrits. Le personnel médical a seul qualité pour consulter ces fiches ;

7° Un garage pour les voitures d'enfants.

Art. R. 2132-10 Le fonctionnement technique de la consultation prénatale est placé sous la responsabilité d'un médecin.

Art. R. 2132-11 Les médecins attachés aux consultations de nourrissons doivent être agréés par le médecin responsable du service départemental de protection maternelle et infantile. Ces médecins doivent justifier de connaissances spéciales en pédiatrie et n'avoir jamais été l'objet de sanctions d'ordre professionnel.

Le médecin agréé assure en personne la consultation et, sauf le cas de congé annuel ou de maladie, ne peut se faire remplacer qu'à titre exceptionnel ; le remplacement doit toujours être confié à une personne remplissant les conditions exigées par la loi.

Il doit toujours procéder à l'examen individuel des enfants et consacrer un temps suffisant à l'examen de chacun d'eux.

Le médecin signe lui-même les certificats, les feuilles de maladie, ainsi que les ordonnances ; en aucun cas, il ne peut déléguer sa signature.

Il lui est interdit d'user de ses fonctions pour augmenter sa clientèle particulière ; s'il remet une ordonnance, celle-ci doit comporter son nom, sa fonction, l'adresse de la consultation, la date et sa propre signature. En aucun cas, il ne doit être mentionné l'adresse de son cabinet personnel de consultation.

Il ne doit pas avoir de rapports financiers avec les personnes présentant les enfants à *la consultation.*

Art. R. 2132-12 Toute consultation de nourrissons doit s'attacher les services d'au moins une puéricultrice ou un infirmier ou une infirmière ou une sage-femme qui peut être secondé par un ou plusieurs infirmiers, infirmières, puéricultrices ou sages-femmes. Dans les limites des lois et règlements en vigueur, des infirmiers ou infirmières ou sages-femmes stagiaires peuvent être autorisés.

Les puéricultrices, les infirmiers, les infirmières et les sages-femmes ne doivent avoir aucun rapport financier avec les consultantes.

Art. R. 2132-13 Le service social est assuré par une assistante sociale. Si l'importance de la consultation ne justifie pas la participation d'une assistante à plein temps, le service social peut être assuré par une assistante sociale déléguée par un organisme de service social.

Art. R. 2132-14 Dans toute consultation de nourrissons, une personne qualifiée se trouve en permanence durant les heures d'ouverture pour coordonner l'activité des différents services, répondre aux demandes de renseignements, recevoir éventuellement les doléances et, d'une manière générale, assurer les rapports avec l'extérieur. Cette personne ne peut être l'infirmier ou l'infirmière responsable.

Art. R. 2132-15 Tout le personnel de l'établissement est tenu d'observer les règles du secret médical et les fiches de la consultation doivent être mises, sous la responsabilité du médecin responsable, à l'abri de toute indiscrétion.

Art. R. 2132-16 Avant son entrée en fonctions, tout membre du personnel doit être soumis à un examen général médical comportant notamment :

— une radiophotographie pulmonaire à moins qu'un cliché datant de moins de deux mois ne puisse être fourni ;

— une épreuve cutanée à la tuberculine.

En outre, les agents sont tenus de subir chaque année un examen clinique à la suite duquel le médecin du travail peut prescrire les investigations complémentaires qu'il juge nécessaires.

Art. R. 2132-17 La présentation du carnet de santé de l'enfant doit être exigée.

Art. R. 2132-18 L'observation des conditions de la présente section est exigée de toute organisation collective ou individuelle à partir du moment où il ne s'agit plus du cabinet personnel d'un médecin praticien.

CHAPITRE III ALIMENTATION, PUBLICITÉ ET PROMOTION

(Décr. n° 2007-263 du 27 févr. 2007)

SECTION PREMIÈRE PUBLICITÉ POUR CERTAINES BOISSONS ET POUR LES PRODUITS ALIMENTAIRES MANUFACTURÉS

(Décr. n° 2017-738 du 4 mai 2017, art. 1er)

Art. R. 2133-1 Le contenu de l'information à caractère sanitaire que doivent contenir les messages publicitaires et promotionnels mentionnés à l'article L. 2133-1 est fixé par arrêté interministériel, après avis de l'*(Décr. n° 2011-385 du 11 avr. 2011, art. 1er)* « Agence nationale de sécurité sanitaire de l'alimentation, de l'environnement et du travail » et de l'*(Décr. n° 2016-523 du 27 avr. 2016, art. 4)* « Agence nationale de santé publique ».

Cet arrêté fixe une liste des informations à caractère sanitaire à utiliser par les annonceurs ou les promoteurs et leurs adaptations en fonction du support et des modalités techniques de diffusion du message publicitaire ou promotionnel, du public intéressé, des catégories de boissons et d'aliments et de leur composition.

Art. R. 2133-2 Le message à caractère sanitaire mentionné au quatrième alinéa de l'article L. 3323-4 tient lieu d'information à caractère sanitaire au sens de l'article L. 2133-1.

Art. R. 2133-3 Chaque année, l'*(Décr. n° 2016-523 du 27 avr. 2016, art. 4)* « Agence nationale de santé publique » consulte les organisations représentatives des annonceurs et des promoteurs sur les orientations, pour l'année suivante, des actions d'information et d'éducation nutritionnelles financées par le produit de la contribution mentionnée à l'article L. 2133-1 et portant notamment sur les thèmes et supports des actions envisagées.

SECTION II PHOTOGRAPHIES DE MANNEQUINS

(Décr. n° 2017-738 du 4 mai 2017, art. 1er)

Art. R. 2133-4 L'obligation prévue à l'article L. 2133-2 est applicable aux photographies à usage commercial de mannequins insérées dans des messages publicitaires diffusés notamment par voie d'affichage, par voie de communication au public en ligne au sens de l'article 1er de la loi n° 2004-575 du 21 juin 2004 pour la confiance dans l'économie numérique, dans les publications de presse au sens de l'article 1er de la loi n° 86-897 du 1er août 1986 portant réforme du régime juridique de la presse, dans la correspondance publicitaire destinée aux particuliers et dans les imprimés publicitaires destinés au public.

Art. R. 2133-5 La mention "Photographie retouchée" prévue à l'article L. 2133-2, qui accompagne la communication commerciale, est apposée de façon accessible, aisément lisible et clairement différenciée du message publicitaire ou promotionnel. La présentation des messages respecte les règles et usages de bonnes pratiques définis par la profession, notamment par l'autorité de régulation professionnelle de la publicité.

Art. R. 2133-6 L'annonceur veille au respect des obligations posées aux articles L. 2133-2, R. 2133-4 et R. 2133-5 du présent code. A cette fin, il s'assure que les photographies à usage commercial qu'il achète en direct ou par l'intermédiaire de différents prestataires ont fait l'objet ou pas d'une modification par un logiciel de traitement d'image afin d'affiner ou d'épaissir la silhouette du mannequin.

TITRE QUATRIÈME ASSISTANCE MÉDICALE À LA PROCRÉATION

CHAPITRE PREMIER DISPOSITIONS GÉNÉRALES

SECTION PREMIÈRE PROCÉDÉS BIOLOGIQUES UTILISÉS EN ASSISTANCE MÉDICALE À LA PROCRÉATION

(Décr. n° 2012-360 du 14 mars 2012, art. 1er)

Art. R. 2141-1 Les procédés biologiques utilisés en assistance médicale à la procréation mentionnés aux articles L. 2141-1 et L. 2141-11 s'entendent des méthodes de préparation et de conservation des gamètes et tissus germinaux, de fécondation *in vitro* et de conservation des embryons, que ce soit à des fins d'assistance médicale à la procréation ou de préservation de la fertilité.

Sur la conservation des gamètes ou des tissus germinaux, V. Décr. n° 2016-273 du 4 mars 2016, art. 6-I 🏛.

Art. R. 2141-1-1 Un procédé ne peut être inscrit sur la liste des procédés biologiques utilisés en assistance médicale à la procréation mentionnée à l'article L. 2141-1 que si sa mise en œuvre ne contrevient pas aux principes mentionnés aux articles 16 à 16-8 du code civil et aux articles L. 2151-2 et L. 2151-3, si elle est compatible avec l'objectif mentionné au cinquième alinéa de l'article L. 2141-1 et si son efficacité, sa reproductibilité et, en l'état actuel des connaissances, la sécurité de son utilisation pour la santé de la femme et celle de l'enfant à naître sont suffisamment établies.

Art. R. 2141-1-2 Le ministre chargé de la santé procède à l'inscription d'un procédé sur la liste mentionnée par l'article L. 2141-1, à son initiative ou sur demande d'un établissement, d'un laboratoire *(Décr. n° 2017-631 du 25 avr. 2017, art. 3-3°)* « , d'un groupement de coopération sanitaire » ou d'un organisme mentionnés à l'article *R. 2141-1-6, après avoir* consulté l'Agence de la biomédecine. Celle-ci rend son avis dans un délai de quatre mois, accompagné de l'avis motivé de son conseil d'orientation et du dossier technique mentionné à l'article R. 2141-1-3. Ce délai est porté à six mois si l'agence l'estime nécessaire.

Art. R. 2141-1-3 I. — Pour vérifier le respect des conditions mentionnées à l'article R. 2141-1-1, l'Agence de la biomédecine constitue un dossier technique qui précise :

1° La caractérisation ou la nature du procédé ;

2° Les procédures et modes opératoires qu'il suppose ainsi que l'identification des étapes critiques ;

3° L'analyse des risques prévisibles et, le cas échéant, la justification des contraintes supplémentaires du procédé étudié par rapport aux risques et aux contraintes des procédés régulièrement utilisés ;

4° Le cas échéant, l'impact du procédé sur le nombre d'embryons conservés ;

5° Toute autre donnée scientifique pertinente.

II. — Ce dossier comprend, en outre, les éléments de preuve scientifique disponibles en France ou à l'étranger, établis à partir notamment :

1° Du recueil de la littérature scientifique pertinente et des études qui y sont citées, y compris les enquêtes épidémiologiques et les éventuelles *(Décr. n° 2016-1537 du 16 nov. 2016, art. 23-I)* « recherches impliquant la personne humaine » ;

2° Des rapports d'essais, chez l'animal ou *in vitro*.

(Décr. n° 2016-273 du 4 mars 2016, art. 4-1°) « III. — Si elle est défavorable à l'inscription du procédé sur la liste mentionnée à l'article L. 2141-1, l'Agence de la biomédecine peut assortir son avis de recommandations afin que soient conduites des recherches, notamment des *(Décr. n° 2016-1537 du 16 nov. 2016, art. 23-I)* « recherches impliquant la personne humaine » dans les conditions mentionnées aux articles R. 1125-14 à R. 1125-24. »

(Décr. n° 2015-155 du 11 févr. 2015, art. 2-II-1°) « IV. — En cas d'inscription du procédé sur la liste mentionnée à l'article L. 2141-1, les éléments mentionnés aux 1° et 2° du I sont rendus publics sur le site internet de l'Agence de la biomédecine. »

Art. R. 2141-1-4 I. — Les procédés biologiques inscrits sur la liste mentionnée à l'article L. 2141-1 font l'objet d'une réévaluation par l'Agence de la biomédecine au regard des critères mentionnés à l'article R. 2141-1-1 et des résultats constatés, selon un programme que celle-ci détermine. Lorsqu'à l'issue de cette réévaluation, il apparaît qu'un procédé ne remplit plus les conditions posées à l'article R. 2141-1-1 ou présente un risque pour la santé publique, le directeur général de l'Agence de la biomédecine propose au ministre chargé de la santé son retrait de la liste en le motivant.

II. — Il peut être procédé à tout moment au retrait, temporaire ou définitif, d'un procédé biologique de la liste mentionnée à l'article L. 2141-1, si les conditions posées à la présente section ne sont plus satisfaites ou pour tout motif de santé publique.

III. — Le retrait est prononcé par arrêté motivé du ministre chargé de la santé, soit à son initiative et, en cas de retrait d'une durée supérieure à trois mois, après avis motivé de l'Agence de la biomédecine, soit sur proposition motivée de cette dernière. L'arrêté précise les conditions de son application aux activités d'assistance médicale à la procréation en cours.

L'Agence de la biomédecine informe sans délai les laboratoires *(Décr. n° 2017-631 du 25 avr. 2017, art. 3-4°)* « , groupements de coopération sanitaire » et organismes qui utilisent un procédé du retrait de celui-ci de la liste mentionnée à l'article L. 2141-1, en vue notamment de la mise en œuvre, s'il y a lieu, des dispositions du premier alinéa de l'article L. 1111-2.

Art. R. 2141-1-5 Une technique modifiant un procédé figurant sur la liste mentionnée à l'article L. 2141-1 ne peut être mise en œuvre qu'après autorisation par l'Agence de la biomédecine.

La technique est autorisée si, sans constituer un nouveau procédé, elle améliore l'efficacité, la reproductibilité et la sécurité du procédé qu'elle modifie.

Art. R. 2141-1-6 La demande d'autorisation d'une technique modifiant un procédé figurant sur la liste mentionnée à l'article L. 2141-1 peut être présentée par tout établissement de santé, laboratoire de biologie médicale *(Décr. n° 2017-631 du 25 avr. 2017, art. 3-5°)* « , groupement de coopération sanitaire » ou organisme autorisé à exercer des activités d'assistance médicale à la procréation en application de l'article L. 2142-1.

Le demandeur joint à sa demande un dossier qui comprend tous les éléments nécessaires à l'évaluation de la technique et dont le modèle est fixé par décision du directeur général de l'Agence de la biomédecine.

Le directeur général de l'Agence de la biomédecine peut demander, par lettre recommandée avec demande d'avis de réception, toute information complémentaire qu'il estime nécessaire à l'instruction du dossier. Il indique au demandeur le délai dans lequel ces informations doivent être fournies. Cette demande d'information complémentaire suspend le délai mentionné à l'article R. 2141-1-8.

Art. R. 2141-1-7 Lorsque l'autorisation d'une technique modifiant un procédé figurant sur la liste mentionnée à l'article L. 2141-1 est demandée, le directeur général de l'Agence de la biomédecine saisit le conseil d'orientation de cette agence. Celui-ci se prononce, par un avis motivé, sur la nature et sur l'intérêt de la modification proposée et apprécie en particulier, au vu du dossier technique du procédé dont la modification est envisagée et des éléments fournis par le demandeur, s'il s'agit de l'amélioration d'un procédé existant ou d'un nouveau procédé. Constitue notamment un nouveau procédé toute modification introduisant, par rapport au procédé existant, une étape critique supplémentaire ou une manipulation supplémentaire des gamètes, tissus germinaux ou embryons.

Art. R. 2141-1-8 Le directeur général de l'Agence de la biomédecine statue sur la demande d'autorisation d'une technique modifiant un procédé figurant sur la liste mentionnée à l'article L. 2141-1 dans un délai de quatre mois. A défaut, la demande est réputée rejetée.

Si le conseil d'orientation de l'agence considère que la modification proposée doit être regardée comme un nouveau procédé, le directeur général rejette la demande. Dans ce cas, il peut proposer au ministre chargé de la santé l'inscription de ce procédé sur la liste mentionnée à l'article L. 2141-1 ; il en informe alors le demandeur. Si elle est accompagnée de l'avis motivé du conseil d'orientation se prononçant sur les conditions prévues à l'article R. 2141-1-1 et du dossier technique mentionné à l'article R. 2141-1-3, la proposition vaut avis au sens de l'article R. 2141-1-2.

Si le conseil d'orientation de l'agence considère que la modification proposée ne constitue pas un nouveau procédé, le directeur général l'autorise ou rejette la demande selon que la mise en œuvre de la technique améliore ou non l'efficacité, la reproductibilité et la sécurité du procédé existant. Il peut également, s'il l'estime nécessaire pour apprécier l'amélioration qu'elle apporte, inviter le demandeur à solliciter l'autorisation de conduire une *(Décr. n° 2016-1537 du 16 nov. 2016, art. 22-I)* « recherche impliquant la personne humaine » *(Décr. n° 2015-155 du 11 févr. 2015, art. 2-II-2°)* « dans les conditions mentionnées à l'article R. 1125-14 ».

En cas d'autorisation, l'Agence de la biomédecine en informe sans délai les laboratoires *(Décr. n° 2017-631 du 25 avr. 2017, art. 3-4°)* « , groupements de coopération sanitaire » et organismes autorisés à pratiquer des activités biologiques d'assistance médicale à la procréation. La mise en œuvre de la nouvelle technique respecte les règles de bonnes pratiques définies par arrêté du ministre chargé de la santé, en application de l'article R. 2142-27.

Art. R. 2141-1-9 Le directeur général de l'Agence de la biomédecine peut à tout moment suspendre ou retirer l'autorisation de mise en œuvre d'une technique si les conditions posées à la présente section ne sont plus satisfaites ou pour tout motif de santé publique. La suspension pour une durée supérieure à trois mois et le retrait sont décidés après avis du conseil d'orientation de l'agence. La décision est motivée et précise les conditions de son application aux activités d'assistance médicale à la procréation en cours. L'Agence de la biomédecine informe sans délai les laboratoires *(Décr. n° 2017-631 du 25 avr. 2017, art. 3-4°)* « , groupements de coopération sanitaire » et organismes qui utilisent cette technique de la suspension ou du retrait de son autorisation, en vue notamment de la mise en œuvre, s'il y a lieu, des dispositions du premier alinéa de l'article L. 1111-2.

SECTION II ACCUEIL DE L'EMBRYON

(Décr. n° 2006-1660 du 22 déc. 2006)

Art. R. 2141-2 Le consentement écrit mentionné à l'article L. 2141-5 à un accueil de l'embryon par un couple tiers est précédé d'au moins un entretien entre d'une part, les deux membres du couple à l'origine de la conception de l'embryon ou le membre survivant et d'autre part, l'équipe médicale clinico-biologique pluridisciplinaire du centre d'assistance médicale à la procréation *(Décr. nº 2016-273 du 4 mars 2016, art. 4-3º-a)* « mentionné à l'article R. 2142-7 ».

Ces entretiens permettent notamment :

1º D'informer les deux membres du couple ou le membre survivant des dispositions législatives et réglementaires relatives à l'accueil de l'embryon et notamment des prescriptions s'opposant à ce que le couple accueillant l'embryon et celui y ayant renoncé connaissent leurs identités respectives, ainsi que des conséquences de ces dispositions au regard de la filiation ;

2º De leur préciser la nature des examens à effectuer s'ils ne l'ont déjà été dans les conditions définies à l'article R. 2141-4, en vue d'assurer le respect des règles de sécurité sanitaire mentionnées à l'article L. 2141-6 ;

3º De leur indiquer que leur consentement à l'accueil de l'embryon par un couple tiers implique leur consentement à la conservation des informations relatives à leur santé, mentionnées à l'article R. 2141-7 ;

(Décr. nº 2016-273 du 4 mars 2016, art. 4-3º-b et c) « 4º De les informer que leur consentement doit être confirmé par écrit après un délai de réflexion de trois mois à compter de la signature du consentement initial, prévu à l'article L. 2141-4 ; »

« 5º De leur préciser qu'en cas de refus » d'au moins un des membres du couple ou du membre survivant de satisfaire aux obligations mentionnés aux 2º et 3º ci-dessus, les embryons ne peuvent faire l'objet d'un accueil.

Art. R. 2141-3 Seuls les centres autorisés conformément aux dispositions de l'article R. 2142-7 peuvent conserver les embryons en vue de leur accueil et mettre en œuvre celui-ci.

(Décr. nº 2016-273 du 4 mars 2016, art. 4-4º) « Les centres non autorisés à conserver les embryons en vue de leur accueil et *[à]* mettre en œuvre celui-ci remettent les embryons conservés à un centre autorisé ainsi qu'une copie du dossier du couple mentionné à l'article R. 2142-9, dans les conditions propres à garantir la confidentialité des informations qu'il contient. »

Art. R. 2141-4 *(Décr. nº 2016-273 du 4 mars 2016, art. 4-5º)* Un praticien répondant aux critères mentionnés aux articles R. 2142-10 et R. 2142-11 exerçant au sein du centre mentionné au premier alinéa de l'article R. 2141-3 s'enquiert des antécédents personnels et familiaux des deux membres du couple à l'origine de la conception des embryons et des données cliniques qu'il estime nécessaire de recueillir. Le cas échéant, il fait pratiquer les examens complémentaires qu'il juge utiles.

Si la recherche des marqueurs biologiques pour le VIH 1 et 2, le VHB, le VHC et la syphilis n'a pas été réalisée au moins six mois après la date de la congélation des embryons, une nouvelle recherche de ces marqueurs est prescrite à chaque membre du couple. Les embryons ne peuvent être accueillis si cette recherche est impossible à réaliser chez l'un ou l'autre des membres du couple.

Lorsque l'embryon conçu est issu d'un don de gamètes, le praticien s'assure du respect des règles de sécurité sanitaire prévues aux articles R. 1211-25 à R. 1211-28.

Le praticien mentionné au premier alinéa s'assure que les résultats des examens de biologie médicale pratiqués chez les deux membres du couple à l'origine de la conception des embryons ne révèlent pas un risque de transmission virale ou bactérienne responsable d'une pathologie infectieuse et notamment des affections suivantes :

1º Infection par les virus VIH 1 et 2 ;

2º Infection par les virus des hépatites B et C ;

3º Syphilis.

Lorsqu'un risque de transmission est identifié, l'embryon ne peut être cédé en vue de son accueil.

L'embryon ne peut être cédé en vue de son accueil lorsqu'il existe un risque potentiel de transmission de la maladie de Creutzfeldt-Jakob ou d'autres encéphalopathies subaiguës spongiformes. Les critères ou antécédents faisant suspecter l'existence de ce risque sont précisés par l'arrêté mentionné aux articles R. 2142-24 et R. 2142-27.

Art. R. 2141-5 *(Décr. nº 2016-273 du 4 mars 2016, art. 4-6º-a)* « Après un délai de réflexion d'au moins trois mois, » les deux membres du couple à l'origine de la conception des embryons ou le membre survivant de ce couple confirment par écrit au praticien *(Abrogé par Décr. nº 2015-150 du 10 févr. 2015, art. 2-V-1º)* « *agréé* » mentionné à l'article R. 2141-4, sur un document daté et revêtu de leur signature, leur consentement à l'accueil d'un ou plusieurs de leurs embryons. Ce document mentionne que les informations mentionnées à l'article R. 2141-2 leur ont été données ; un arrêté du ministre chargé de la santé, pris après avis du directeur général de l'Agence de la biomédecine, fixe le contenu de ce document.

(Décr. nº 2015-150 du 10 févr. 2015, art. 2-V-2º) « Le praticien mentionné au premier alinéa » s'assure que le couple a pu avoir accès à un médecin qualifié en psychiatrie ou à un psychologue.

Le document mentionné au premier alinéa du présent article est adressé par *(Décr. nº 2015-150 du 10 févr. 2015, art. 2-V-3º)* « le praticien mentionné au premier alinéa », en deux exemplaires au président du tribunal de grande instance dans le ressort duquel est situé le centre d'assistance médicale à la procréation mentionné au premier alinéa de l'article R. 2141-3. Le président du tribunal de grande instance ou son délégué procède, le cas échéant, à l'audition des deux membres du couple ayant consenti à l'accueil de leurs embryons ou du membre survivant de ce couple. Il retourne un exemplaire de ce document, visé par ses soins, au *(Décr. nº 2016-273 du 4 mars 2016, art. 4-6º-b)* « praticien mentionné au premier alinéa ».

Ce document est conservé par le centre mentionné au premier alinéa de l'article R. 2141-3.

Art. R. 2141-6 Les documents mentionnés à l'article R. 2141-5 sont transmis et conservés dans des conditions propres à garantir le respect de la confidentialité des informations qu'ils contiennent.

Art. R. 2141-7 A réception du document visé par le président du tribunal de grande instance mentionné à l'article R. 2141-5, le centre mentionné au premier alinéa de l'article R. 2141-3 constitue un dossier contenant les informations sur les deux membres du couple à l'origine de la conception qui peuvent être portées à la connaissance d'un médecin, sur sa demande, en cas de nécessité thérapeutique.

Ces informations portent notamment, sous forme rendue anonyme, sur :

1º Les antécédents médicaux personnels et familiaux de chacun des membres du couple et les données cliniques actuelles jugées nécessaires par les praticiens ;

2º Les résultats des tests de dépistages sanitaires obligatoires prévus à l'article R. 2141-4. Le praticien mentionné à l'article R. 2141-4 est responsable de la tenue du dossier et de l'exactitude des informations qui y sont consignées.

(Décr. nº 2016-273 du 4 mars 2016, art. 4-7º) « L'anonymisation du dossier ainsi que l'attribution du code européen unique sont réalisées par le centre mentionné à l'article R. 2142-7. »

L'archivage de ce dossier doit être effectué dans des conditions garantissant la confidentialité des informations qu'il contient.

Sur les modalités d'application du présent art. à la conservation des gamètes et des embryons, V. Décr. nº 2016-273 du 4 mars 2016, art. 6-II 🏛.

Art. R. 2141-8 Le centre autorisé à conserver les embryons en vue de leur accueil et à mettre en œuvre celui-ci conserve, pour chaque couple à l'origine de la conception des embryons, outre le dossier défini à l'article R. 2141-7, les informations suivantes :

1º Le nombre d'embryons accueillis ;

2º La date des transferts en vue d'implantation ;

3º Toute information relative à l'évolution des grossesses induites par un accueil d'embryon, y compris leur éventuelle interruption, la date de naissance et l'état de santé des nouveau-nés et des enfants.

Les informations permettant d'établir un lien entre le couple à l'origine de la conception des embryons et les enfants à naître ou nés après accueil sont conservées pour une durée minimale de quarante ans dans *(Décr. nº 2016-273 du 4 mars 2016, art. 4-8º-b)* « des conditions garantissant la sécurité et la confidentialité des données, » à laquelle ont accès uniquement les *(Décr. nº 2015-150 du 10 févr. 2015, art. 2-VII)* « praticiens répondant aux critères mentionnés aux articles R. 2142-10 pour l'exercice des activités cliniques de mise en œuvre de l'accueil d'embryon mentionnées au *e* du 1º de l'article R. 2142-1 et aux critères mentionnés au *[à l'article]* R. 2142-11 pour les activités biologiques de conservation des embryons en vue de leur accueil et de la mise en œuvre de celui-ci mentionnées au *g* du 2° de l'article R. 2142-1 ».

Art. R. 2141-9 *(Décr. n° 2016-273 du 4 mars 2016, art. 4-9°-a)* « Sans préjudice de l'application des dispositions de l'article L. 2141-10, tout accueil d'embryon doit être précédé d'au moins un entretien du couple désireux d'accueillir un embryon avec l'équipe médicale clinico-biologique pluridisciplinaire du centre, en particulier avec le médecin qualifié en psychiatrie ou le psychologue. Ce centre est autorisé à conserver les embryons en vue de leur accueil et à mettre en œuvre celui-ci. »

Un praticien de ce centre, *(Décr. n° 2015-150 du 10 févr. 2015, art. 2-VIII)* « répondant aux critères mentionnés à l'article R. 2142-10 pour l'exercice des activités cliniques de mise en œuvre de l'accueil d'embryon mentionnées au *e* du 1° de l'article R. 2142-1 », établit un document certifiant que le couple souhaitant accueillir un embryon :

(Décr. n° 2016-273 du 4 mars 2016, art. 4-9°-b) « — a été informé des dispositions législatives et réglementaires en matière d'assistance médicale à la procréation ainsi que des contraintes et risques en l'état des connaissances ; »

— répond aux conditions prévues à l'article L. 2141-2 et au premier alinéa de l'article L. 2141-6 ;

— ne présente pas de contre-indication médicale à l'accueil d'un embryon.

Une copie de ce document est transmise au président du tribunal de grande instance mentionné à l'article R. 2141-10.

Art. R. 2141-10 La demande aux fins d'autorisation d'accueil d'embryon ou la demande de renouvellement de cette autorisation, formulée par un couple répondant aux conditions de l'article L. 2141-6, est portée devant le président du tribunal de grande instance ou son délégué.

(Décr. n° 2016-273 du 4 mars 2016, art. 4-10°) « Le tribunal compétent est, soit celui du lieu où demeure le couple requérant si celui-ci est en France, soit, quel que soit le lieu de résidence du couple, celui du lieu où est situé le centre autorisé dans lequel est envisagé le transfert de l'embryon en vue de son implantation. »

La demande est dispensée de ministère d'avocat.

Art. R. 2141-11 Avant de statuer sur la demande d'un couple aux fins d'autorisation d'accueil d'embryon, le président du tribunal de grande instance, ou son délégué, s'assure, au vu du document mentionné à l'article R. 2141-9, que les conditions relevant d'une appréciation médicale, fixées par l'article L. 2141-2 et par le premier alinéa de l'article L. 2141-6, ont fait l'objet d'un contrôle par l'équipe médicale.

S'il envisage de statuer favorablement sur la demande du couple, le président du tribunal de grande instance, ou son délégué, s'assure auprès *(Décr. n° 2016-273 du 4 mars 2016, art. 4-11°-a)* « des membres de ce couple » qu'ils ont préalablement exprimé leur consentement à une assistance médicale à la procréation *(Abrogé par Décr. n° 2016-273 du 4 mars 2016, art. 4-11°-b)* ***« nécessitant l'intervention d'un tiers donneur »***, dans les conditions prévues par l'article 311-20 du code civil ainsi que par les articles 1157-2 et 1157-3 du *(Décr. n° 2008-484 du 22 mai 2008, art. 22)* « code de procédure civile ».

Si tel n'est pas le cas, il recueille ce consentement.

A la demande du couple, au terme de la durée de trois ans de validité de l'autorisation d'accueil d'embryon prévue par l'article L. 2141-6, le président du tribunal de grande instance ou son délégué peut renouveler cette autorisation dans les mêmes conditions que celles prévues au premier alinéa du présent article.

La décision rendue par le juge saisi de la demande aux fins d'autorisation d'accueil d'embryon ou d'une demande de renouvellement de celle-ci est notifiée par lettre recommandée avec demande d'avis de réception au couple demandeur.

Art. R. 2141-12 *(Décr. n° 2015-150 du 10 févr. 2015, art. 2-IX-1°)* « Le praticien répondant aux critères mentionnés à l'article R. 2142-11 pour l'exercice des activités biologiques de conservation des embryons en vue de leur accueil et de la mise en œuvre de celui-ci, mentionnées au *g* du 2° de l'article R. 2142-1, ne peut remettre l'embryon en vue de son accueil qu'à un praticien répondant aux critères mentionnés à l'article R. 2142-11 pour l'exercice des activités biologiques et appelé à effectuer la préparation de l'embryon préalablement à son transfert.

« Avant de remettre l'embryon, le praticien répondant aux critères mentionnés à l'article R. 2142-11 pour l'exercice des activités biologiques de conservation des embryons en vue de leur accueil et de la mise en œuvre de celui-ci mentionnées au *g* du 2° de l'article R. 2142-1 dispose du document mentionné à l'article R. 2142-5. Il s'assure que le couple à l'origine de la conception de l'embryon remplit les conditions sanitaires prévues à l'article R. 2141-4. »

L'embryon est remis accompagné d'un document précisant :

1° Le nom et l'adresse du centre conservant le dossier mentionné à l'article R. 2141-7 ;

2° Les résultats des *(Décr. n° 2015-150 du 10 févr. 2015, art. 2-IX-2°)* « examens prévus » à l'article R. 2141-4 sans aucune mention permettant d'identifier le couple à l'origine de la conception de l'embryon ;

3° L'identité du couple accueillant l'embryon.

Art. R. 2141-13 Le *(Décr. n° 2015-150 du 10 févr. 2015, art. 2-X)* « praticien répondant aux critères mentionnés à l'article R. 2142-10 pour l'exercice des activités cliniques de transfert d'embryon en vue de leur implantation mentionnées au » *c* du 1° de l'article R. 2142-1 ne peut effectuer le transfert de l'embryon que sur production par le couple d'une copie de la décision d'autorisation judiciaire d'accueil d'embryon mentionnée à l'article R. 2141-11.

SECTION III AUTORISATION DE DÉPLACEMENTS TRANSFRONTALIERS D'EMBRYONS

(Décr. n° 2006-1660 du 22 déc. 2006)

Art. R. 2141-14 *(Décr. n° 2016-273 du 4 mars 2016, art. 4-12°)* L'autorisation de déplacement d'embryons mentionnée à l'article L. 2141-9 est délivrée par le directeur général de l'Agence de la biomédecine à un établissement, organisme ou laboratoire de biologie médicale autorisés à pratiquer les activités biologiques d'assistance médicale à la procréation mentionnées au 2° de l'article R. 2142-1 pour permettre à un couple de poursuivre son projet parental.

Art. R. 2141-15 *(Décr. n° 2016-273 du 4 mars 2016, art. 4-13°)* La demande d'autorisation est adressée au directeur général de l'Agence de la biomédecine sous pli recommandé avec demande d'avis de réception ou déposée contre récépissé auprès de l'agence.

Cette demande comprend un dossier qui comporte tous les éléments nécessaires à la vérification du respect des articles 16 à 16-8 du code civil et des dispositions du présent titre, dont le modèle est fixé par décision du directeur général de l'Agence de la biomédecine.

Art. R. 2141-16 *(Décr. n° 2016-273 du 4 mars 2016, art. 4-14°)* Le directeur général de l'Agence de la biomédecine se prononce dans un délai de deux mois à compter de la réception de la demande complète. Le silence de l'administration à l'expiration de ce délai vaut rejet de la demande.

Le directeur général de l'agence peut demander, par lettre recommandée avec demande d'avis de réception, toute information complémentaire qu'il estime nécessaire à l'instruction du dossier d'autorisation. Il indique au demandeur le délai dans lequel ces informations doivent être fournies. Cette demande d'information complémentaire suspend le délai mentionné au premier alinéa.

SECTION IV DEVENIR DES GAMÈTES ET TISSUS GERMINAUX CONSERVÉS

(Décr. n° 2016-273 du 4 mars 2016, art. 4-15°)

Art. R. 2141-17 I. – La personne, dont les gamètes ont été recueillis ou prélevés et conservés dans le cadre d'une assistance médicale à la procréation pour un projet parental en application de l'article L. 2141-1, est consultée chaque année par écrit sur le point de savoir si elle maintient cette modalité de conservation.

Si elle ne souhaite plus la maintenir, elle peut consentir en application de l'article L. 1211-2 :

1° A ce que ses gamètes fassent l'objet d'un don en application du chapitre IV du titre IV du livre II de la première partie du présent code après vérification des conditions précisées à la présente section ; si elle fait partie d'un couple, le consentement de l'autre membre du couple est également recueilli en application de l'article L. 1244-2 ;

2° A ce que ses gamètes fassent l'objet d'une recherche dans les conditions des articles L. 1243-3 et L. 1243-4 ;

3° A ce qu'il soit mis fin à la conservation de ses gamètes.

II. — Dans tous les cas, le consentement est exprimé par écrit au moyen du document de consultation mentionné au premier alinéa et fait l'objet d'une confirmation par écrit après un délai de réflexion de trois mois à compter de la date de signature du consentement initial. Le consentement est révocable jusqu'à l'utilisation des gamètes ou jusqu'à ce qu'il soit mis fin à leur conservation.

III. — Il est mis fin à la conservation des gamètes en cas de décès de la personne. Il en est de même si, n'ayant pas répondu à la consultation selon les modalités fixées par l'arrêté prévu aux articles R. 2142-24 et R. 2142-27, elle n'est plus en âge de procréer.

IV. — Les modèles de consultation annuelle de la personne et de confirmation du consentement sont fixés par décision du directeur général de l'Agence de la biomédecine.

Art. R. 2141-18 I. — Les titulaires de l'autorité parentale d'une personne mineure, dont les gamètes ou les tissus germinaux sont conservés pour la préservation de la fertilité, en application de l'article L. 2141-11, sont contactés chaque année par écrit pour recueillir les informations utiles à la conservation dont un éventuel changement de coordonnées.

Il ne peut être mis fin à la conservation des gamètes ou des tissus germinaux d'une personne mineure qu'en cas de décès.

Dans l'année où elle atteint l'âge de la majorité, la personne dont les gamètes ou les tissus germinaux sont conservés en application de l'article L. 2141-11 est convoquée par le centre où sont conservés ses gamètes ou ses tissus germinaux pour bénéficier d'une consultation pluridisciplinaire au cours de laquelle une information actualisée lui est délivrée. Cette information porte également sur les consultations écrites mentionnées au II du présent article.

II. — La personne majeure, dont les gamètes ou les tissus germinaux sont conservés pour la préservation de la fertilité, en application de l'article L. 2141-11, est consultée chaque année par écrit sur le point de savoir si elle maintient cette modalité de conservation.

Si elle ne souhaite plus la maintenir, elle peut alors consentir en application de l'article L. 1211-2 :

1° A ce que ses gamètes fassent l'objet d'un don en application du chapitre IV du titre IV du livre II de la première partie du code après vérification des conditions précisées à la présente section ; si elle fait partie d'un couple, le consentement de l'autre membre du couple est également recueilli en application de l'article L. 1244-2 ;

2° A ce que ses gamètes ou ses tissus germinaux fassent l'objet d'une recherche dans les conditions des articles L. 1243-3 et L. 1243-4 ;

3° A ce qu'il soit mis fin à la conservation de ses gamètes ou de ses tissus germinaux.

Dans tous les cas, le consentement est exprimé par écrit au moyen du document de consultation mentionné au premier alinéa du II et fait l'objet d'une confirmation par écrit après un délai de réflexion de trois mois à compter de la date de signature du consentement initial. Le consentement est révocable jusqu'à l'utilisation des gamètes ou des tissus germinaux ou jusqu'à ce qu'il soit mis fin à leur conservation.

III. — Il est mis fin à la conservation des gamètes ou des tissus germinaux en cas de décès de la personne. Il en est de même si, n'ayant pas répondu à la consultation selon les modalités fixées par l'arrêté prévu aux articles R. 2142-24 et R. 2142-27, elle n'est plus en âge de procréer.

Les modèles de consultation annuelle de la personne et de confirmation du consentement sont fixés par décision du directeur général de l'Agence de la biomédecine.

Art. R. 2141-19 Toute personne dont les gamètes ou les tissus germinaux sont conservés, en vue d'une assistance médicale à la procréation ou en application de l'article L. 2141-11, est informée au préalable qu'elle sera consultée chaque année par écrit sur le point de savoir si elle maintient cette modalité de conservation. Les titulaires de l'autorité parentale reçoivent la même information lorsque la personne dont les gamètes ou les tissus germinaux vont être conservés en application de l'article L. 2141-11 est mineure.

La personne mentionnée au premier alinéa est également informée qu'elle pourra consentir à un don de gamètes, à une recherche sur ses gamètes ou ses tissus germinaux ainsi qu'à la fin de la conservation de ses gamètes ou de ses tissus germinaux, dans les conditions précisées aux articles R. 2141-17 et R. 2141-18, dès lors qu'elle est majeure.

Art. R. 2141-20 Le consentement écrit mentionné aux articles R. 2141-17 et R. 2141-18 à un don de gamètes est précédé d'au moins un entretien avec l'équipe médicale clinico-biologique pluridisciplinaire du centre d'assistance médicale à la procréation où sont conservés les gamètes.

Ces entretiens permettent notamment :

1° D'informer les personnes concernées des dispositions législatives et réglementaires relatives au don de gamètes et de leurs conséquences au regard de la filiation ;

2° De leur préciser la nature des examens à effectuer en vue d'assurer le respect des règles de sécurité sanitaire mentionnées aux articles R. 1211-25 à R. 1211-28-1 ;

3° De leur indiquer que leur consentement au don de gamètes implique leur consentement à la conservation des informations relatives à leur santé, mentionnées à l'article R. 1244-5.

En cas de refus de la personne de satisfaire aux obligations mentionnés aux 2° et 3° ci-dessus, les gamètes ne peuvent faire l'objet d'un don.

Art. R. 2141-21 Seuls les laboratoires de biologie médicale autorisés pour les activités mentionnées au *c* et au *d* du 2° de l'article R. 2142-1 peuvent conserver les gamètes en vue de don.

Si le laboratoire, sous la responsabilité duquel le consentement a été recueilli dans les conditions fixées à l'article R. 2141-20 n'est pas autorisé à conserver des gamètes en vue de don, il les remet à un centre autorisé. Il lui transmet également la copie du dossier de la personne concernée, dans les conditions propres à garantir la confidentialité des informations qu'il contient.

L'anonymisation du dossier du donneur ainsi que l'attribution du code européen unique sont réalisées par le centre autorisé à conserver des gamètes en vue de don.

Art. R. 2141-22 Un praticien répondant aux critères mentionnés aux articles R. 2142-10 et R. 2142-11 exerçant au sein d'un laboratoire de biologie médicale autorisé pour les activités mentionnées au *c* et au *d* du 2° de l'article R. 2142-1 s'assure que les résultats des examens de biologie pratiqués chez la personne faisant un don de gamètes ne font pas apparaître l'un des risques mentionnés à l'article R. 1211-25.

Ces examens doivent avoir été effectués au moins six mois après la date de congélation des gamètes susceptibles de faire l'objet d'un don.

Lorsque les résultats de l'un ou plusieurs des examens mentionnés ci-dessus sont en faveur d'un risque de transmission d'une maladie infectieuse, les gamètes ne peuvent faire l'objet d'un don.

Le praticien mentionné au premier alinéa s'enquiert également des antécédents personnels et familiaux des personnes concernées et des données cliniques actuelles qu'il estime nécessaire de recueillir. Au vu de ces antécédents et de ces données cliniques, il fait pratiquer les examens complémentaires qu'il juge utiles.

Les gamètes ne peuvent faire l'objet d'un don lorsqu'il existe un risque potentiel de transmission de la maladie de Creutzfeldt-Jakob ou d'autres encéphalopathies subaiguës spongiformes. Les critères ou antécédents faisant suspecter l'existence de ce risque sont précisés par l'arrêté mentionné aux articles R. 2142-24 et R. 2142-27.

Art. R. 2141-23 Dès lors que les gamètes, initialement conservés en vue d'une assistance médicale à la procréation ou en application de l'article L. 2141-11, font l'objet d'un don, les dispositions du chapitre IV du titre IV du livre II de la première partie du code ainsi que les règles de sécurité sanitaire relatives aux gamètes en vue de don, s'appliquent.

SECTION V IMPORTATION ET EXPORTATION DE GAMÈTES ET DE TISSUS GERMINAUX À DES FINS D'ASSISTANCE MÉDICALE À LA PROCRÉATION OU DE PRÉSERVATION DE LA FERTILITÉ

(Décr. n° 2008-588 du 19 juin 2008)

Art. R. 2141-24 L'autorisation d'importation ou d'exportation de gamètes ou de tissus germinaux est délivrée pour répondre à la demande d'un couple à des fins d'assistance médicale à la procréation ou à la demande d'une personne dont les gamètes ou les tissus germinaux sont conservés à des fins d'assistance médicale à la procréation ou de préservation et de restauration de la fertilité en application de l'article L. 2141-11.

Art. R. 2141-25 Seuls peuvent obtenir l'autorisation d'importer et celle d'exporter des gamètes ou des tissus germinaux les établissements, organismes *(Décr. n° 2017-631 du 25 avr. 2017, art. 3-6°)* « , groupements de coopération sanitaire » et laboratoires autorisés à pratiquer les activités biologiques d'assistance médicale à la procréation mentionnées au 2° de l'article R. 2142-1.

L'autorisation mentionnée à l'article R. 2141-24 est délivrée pour chaque opération d'importation ou d'exportation envisagée.

Art. R. 2141-26 Tout établissement de santé, organisme *(Décr. n° 2017-631 du 25 avr. 2017, art. 3-7°)* « , groupement de coopération sanitaire » ou laboratoire *(Abrogé par Décr. n° 2016-273 du 4 mars 2016, art. 4-16°)* « *d'analyses* » de biologie médicale mentionné à l'article R. 2141-25 et qui importe ou exporte des gamètes issus de dons à des fins d'assistance médicale à la procréation s'assure qu'ils ont été obtenus conformément aux principes mentionnés à l'article L. 2141-11-1 et applicables à de tels dons.

Les établissements de santé, organismes *(Décr. n° 2017-631 du 25 avr. 2017, art. 3-6°)* « , groupements de coopération sanitaire » ou laboratoires *(Abrogé par Décr. n° 2016-273 du 4 mars 2016, art. 4-16°)* « *d'analyses* » de biologie médicale ne doivent divulguer aucune information qui permettrait d'identifier à la fois la personne qui a fait don de ses gamètes et les personnes qui les recevront.

Art. R. 2141-27 *(Décr. n° 2016-273 du 4 mars 2016, art. 4-17°)* La demande d'autorisation est adressée au directeur général de l'Agence de la biomédecine sous pli recommandé avec demande d'avis de réception ou déposée contre récépissé auprès de l'agence. Le directeur général accuse réception du dossier de demande d'autorisation.

Le demandeur joint à sa demande un dossier qui comprend tous les éléments nécessaires à la vérification du respect des dispositions de l'article L. 2141-11-1 et du présent titre, dont le modèle est fixé par décision du directeur général de l'Agence de la biomédecine.

Art. R. 2141-28 *(Décr. n° 2016-273 du 4 mars 2016, art. 4-18°)* Les modalités d'instruction du dossier et de réponse du directeur général de l'Agence de la biomédecine sont conformes à l'article R. 2141-16.

Art. R. 2141-29 Lors de leur transport, les gamètes ou les tissus germinaux sont accompagnés d'un document qui ne peut être disjoint du conditionnement primaire. Il comporte les informations suivantes :

1° La copie de l'autorisation d'importation ou d'exportation délivrée par l'Agence de la biomédecine ;

2° La désignation précise des gamètes ou des tissus germinaux concernés ;

3° Les informations permettant d'assurer la traçabilité des gamètes ou des tissus germinaux, y compris la date de recueil ou de prélèvement ainsi que le lieu et la date de leur congélation ;

4° Des éléments d'identification du couple ou de la personne concernés par l'opération d'importation ou d'exportation ;

5° Dans le cas d'une assistance médicale à la procréation en intraconjugal ou lorsque les gamètes ou les tissus germinaux sont conservés en application de l'article L. 2141-11, la mention "pour usage autologue uniquement" ;

6° L'identification de la structure à partir de laquelle les gamètes ou les tissus germinaux sont expédiés (nom, adresse et numéro de téléphone) et d'une personne à contacter en cas d'incident se produisant lors de l'opération d'importation ou d'exportation ;

7° L'identification de la structure destinataire (nom, adresse et numéro de téléphone) et d'une personne à contacter pour assurer la livraison ;

8° Les résultats des *(Décr. n° 2016-273 du 4 mars 2016, art. 4-19°)* « examens » de biologie médicale mentionnées *[mentionnés]* à l'article R. 2142-27 et, lorsqu'il s'avère qu'un produit est positif pour un marqueur de maladie infectieuse, la mention "risque biologique" ;

9° Les recommandations en matière de transport, de conservation et de déconditionnement des gamètes ou des tissus germinaux ;

10° Les instructions relatives à la notification des incidents ou effets indésirables susceptibles de se produire au cours du transport des gamètes ou des tissus germinaux.

Art. R. 2141-30 Toute opération d'importation ou d'exportation de gamètes ou de tissus germinaux est subordonnée à l'apposition sur l'emballage externe, en sus des informations mentionnées du 4° au 7° de l'article R. 2142-29, des mentions suivantes :

1° "Gamètes" ou "tissus germinaux", "fragile" et "ne pas irradier" ;

2° La date et l'heure de l'envoi.

Art. R. 2141-31 Tout incident ou effet indésirable se produisant lors de l'opération d'importation ou d'exportation et susceptible d'affecter la qualité ou la sécurité sanitaire des gamètes ou des tissus germinaux doit faire l'objet d'une information à la personne visée au 6° et au 7° de l'article R. 2141-29.

Art. R. 2141-32 Lorsqu'il constate une méconnaissance des prescriptions fixées par l'autorisation d'importation ou d'exportation, le directeur général de l'Agence de la biomédecine peut immédiatement en prononcer la suspension. Après mise en demeure adressée au titulaire de l'autorisation, lui permettant de faire valoir ses observations dans un délai de quinze jours, le directeur peut prononcer le retrait de l'autorisation.

SECTION VI INSPECTION

(Décr. n° 2008-588 du 19 juin 2008)

Art. R. 2141-33 Les établissements de santé, organismes *(Décr. n° 2017-631 du 25 avr. 2017, art. 3-6°)* « , groupements de coopération sanitaire » et laboratoires de biologie médicale autorisés à pratiquer des activités d'assistance médicale à la procréation font l'objet d'une inspection ou d'un contrôle, par les agents mentionnés à l'article L. 1421-1, à un rythme au moins biennal.

(Décr. n° 2016-273 du 4 mars 2016, art. 4-20°-b) « Sous l'autorité du ministre chargé de la santé, le directeur général de l'agence régionale de santé communique aux autorités compétentes des autres États membres de l'Union européenne ou partie *[parties]* à l'accord sur l'Espace économique européen ainsi qu'à la Commission européenne *(Décr. n° 2017-631 du 25 avr. 2017, art. 3-8°)* « toutes les informations » sur les résultats des inspections et les autres mesures de contrôle relatives aux établissements qui importent des gamètes et tissus germinaux. »

Art. R. 2141-34 L'Agence de la biomédecine effectue chaque année une synthèse des rapports de contrôle et d'inspection relatifs aux activités d'assistance médicale à la procréation qui lui sont transmis conformément à l'article L. 1418-2. Elle adresse ce rapport au ministre chargé de la santé avant le 28 février de l'année suivante.

SECTION VII CONDITIONS PARTICULIÈRES APPLICABLES À LA STIMULATION OVARIENNE

(Décr. n° 2012-360 du 14 mars 2012, art. 2)

Art. R. 2141-35 Les règles de bonnes pratiques applicables à la stimulation ovarienne, y compris lorsqu'elle est mise en œuvre indépendamment d'une technique d'assistance médicale à la procréation, sont fixées par arrêté du ministre chargé de la santé, pris après avis de l'Agence de la biomédecine et de l'*(Décr. n° 2012-597 du*

27 avr. 2012, art. 5-I-1°) « Agence nationale de sécurité du médicament et des produits de santé ».

CHAPITRE II CONDITIONS D'AUTORISATION ET DE FONCTIONNEMENT DES ÉTABLISSEMENTS DE SANTÉ, DES LABORATOIRES D'ANALYSES DE BIOLOGIE MEDICALE ET DES AUTRES ORGANISMES *(Décr. n° 2008-588 du 19 juin 2008).*

SECTION PREMIÈRE RÉGIME DES AUTORISATIONS *(Décr. n° 2006-1660 du 22 déc. 2006).*

Art. R. 2142-1 *(Décr. n° 2008-588 du 19 juin 2008)* Les activités cliniques et biologiques d'assistance médicale à la procréation mentionnées à l'article L. 2142-1 comprennent :

1° Les activités cliniques suivantes :

a) Prélèvement d'ovocytes en vue d'une assistance médicale à la procréation ;

b) Prélèvement de spermatozoïdes ;

c) Transfert des embryons en vue de leur implantation ;

d) Prélèvement d'ovocytes en vue d'un don ;

e) Mise en œuvre de l'accueil des embryons ;

2° Les activités biologiques suivantes :

a) Préparation et conservation du sperme en vue d'une insémination artificielle ;

b) Activités relatives à la fécondation *in vitro* sans ou avec micromanipulation, comprenant notamment :

– le recueil, la préparation et la conservation du sperme ;

(Décr. n° 2016-273 du 4 mars 2016, art. 5-1°-a) « – la préparation et la conservation des ovocytes ; »

c) Recueil, préparation, conservation et mise à disposition du sperme en vue d'un don ;

d) Préparation, conservation et mise à disposition d'ovocytes en vue d'un don ;

(Décr. n° 2016-273 du 4 mars 2016, art. 5-1°-b et c) « *e)* Conservation à usage autologue des gamètes et préparation et conservation à usage autologue des tissus germinaux en application de l'article L. 2141-11 ;

« *f)* Conservation des embryons en vue d'un projet parental ou en application du 2° du II de l'article L. 2141-4 ; »

g) Conservation des embryons en vue de leur accueil et mise en œuvre de celui-ci.

On entend par :

– recueil : le processus naturel permettant l'obtention des spermatozoïdes ;

– prélèvement : le processus interventionnel permettant l'obtention des gamètes ou tissus germinaux ;

– préparation : toute activité liée au traitement, à la manipulation, au conditionnement et à la congélation des gamètes, des tissus germinaux ou des embryons ainsi que le fait d'utiliser des agents chimiques, de modifier le milieu ambiant ou d'utiliser d'autres procédés afin d'empêcher ou de retarder la détérioration biologique ou physique des gamètes, des tissus germinaux et des embryons ;

– conservation : le maintien des gamètes, des tissus germinaux et des embryons sous conditions contrôlées et appropriées jusqu'à leur mise à disposition ;

– mise à disposition : la remise à un *(Décr. n° 2015-150 du 10 févr. 2015, art. 2-XI)* « praticien répondant aux critères mentionnés à l'article *[aux articles]* R. 2142-10 et R. 2142-11 » des gamètes, des tissus germinaux ou des embryons. – *Les établissements, organismes et laboratoires autorisés, ainsi que les praticiens agréés pour pratiquer les activités énumérées à l'art. R. 2142-1 au 21 juin 2008 et reprises dans la colonne A du tableau* 🏛, *sont réputés autorisés et agréés pour pratiquer, à compter de cette date, les activités correspondantes figurant à l'art. R. 2142-1 et reprises dans la colonne B du même tableau (Décr. n° 2008-588 du 19 juin 2008, art. 7-I).*

Art. R. 2142-2 Sans préjudice du respect des conditions définies aux 1° et 2° de l'article L. 6122-2, l'octroi ou le renouvellement de l'autorisation de pratiquer une ou plusieurs des activités cliniques ou biologiques d'assistance médicale à la procréation définies à l'article R. 2142-1, est subordonné au respect des règles de fonctionnement fixées au présent chapitre en application du quatrième alinéa de l'article L. 2142-1. Ces règles constituent les conditions techniques de fonctionnement mentionnées au 3° de l'article L. 6122-2.

Lorsqu'un établissement de santé *(Décr. n° 2017-631 du 25 avr. 2017, art. 3-10°)* « , un organisme ou un groupement de coopération sanitaire » comporte plusieurs sites, l'autorisation précise le ou les sites d'exercice de la ou des activités. L'autorisation délivrée à un laboratoire de biologie médicale précise le lieu où sont implantés les locaux consacrés à cette activité dans le respect des dispositions de l'article R. 6211-11.

(Décr. n° 2008-588 du 19 juin 2008) « En cas de méconnaissance des prescriptions de l'autorisation, la suspension ou le retrait de cette autorisation peut intervenir conformément aux dispositions de l'article L. 6122-13. »

Art. R. 2142-3 *(Décr. n° 2008-588 du 19 juin 2008)* L'autorisation est délivrée en application de l'article L. 2142-1, par *(Décr. n° 2010-344 du 31 mars 2010, art. 67)* « le directeur général de l'agence régionale de santé », dans les conditions prévues aux articles R. 6122-23 à R. 6122-44.

Les pièces du dossier justificatif prévu à l'article R. 6122-32-1 sont complétées ou remplacées par les pièces d'un dossier particulier dont la composition est fixée par arrêté du ministre chargé de la santé, après avis du directeur général de l'Agence de la biomédecine. Ce dossier comprend notamment :

1° Des informations sur les procédés mis en œuvre en matière de recueil, préparation, conservation et mise à disposition de gamètes, tissus germinaux ou embryons ;

2° La copie des conventions passées entre le demandeur et le tiers extérieur intervenant dans la mise en œuvre d'une assistance médicale à la procréation. Ces conventions précisent les responsabilités de chaque partie ainsi que les procédures à suivre par les tiers extérieurs pour satisfaire aux exigences de qualité et de sécurité sanitaire ;

(Décr. n° 2015-150 du 10 févr. 2015, art. 2-XII) « 3° Les documents permettant de prouver la compétence des praticiens et prévus aux articles R. 2142-10 et R. 2142-11. »

Avant de prendre l'avis *(Décr. n° 2010-344 du 31 mars 2010, art. 67)* « de la commission spécialisée de la conférence régionale de la santé et de l'autonomie compétente pour le secteur sanitaire », l'*(Décr. n° 2010-344 du 31 mars 2010, art. 67)* « agence régionale de santé » recueille l'avis de l'Agence de la biomédecine, en vertu du 12° de l'article L. 1418-1, sur la demande d'autorisation et, le cas échéant, sur la demande de renouvellement.

Lorsque la demande d'autorisation concerne une ou plusieurs activités biologiques mentionnées au 2° de l'article R. 2142-1, l'Agence de la biomédecine donne son avis en particulier sur les procédés mentionnés au troisième alinéa.

Le directeur général de l'Agence de la biomédecine transmet son avis au *(Décr. n° 2010-344 du 31 mars 2010, art. 67)* « directeur général de l'agence régionale de santé » dans un délai de deux mois à compter de la date de réception de ce dossier.

Toute modification des éléments figurant dans l'autorisation initiale doit faire l'objet d'une autorisation modificative.

L'Agence de la biomédecine est informée par l'*(Décr. n° 2010-344 du 31 mars 2010, art. 67)* « agence régionale de santé » des délivrances et des refus d'autorisations, ainsi que des décisions relatives à leur renouvellement et des décisions prises en application de la procédure prévue à l'article L. 6122-10.

L'Agence de la biomédecine tient à jour la liste des établissements de santé, des organismes *(Décr. n° 2017-631 du 25 avr. 2017, art. 3-12°)* « , des groupements de coopération sanitaire » et des laboratoires de biologie médicale autorisés et la met à la disposition du public.

Lorsque des tiers extérieurs interviennent dans la mise en œuvre d'une assistance médicale à la procréation, la demande d'autorisation est accompagnée de la copie de la ou des conventions passées entre ce tiers extérieur ou l'établissement, l'organisme *(Décr. n° 2017-631 du 25 avr. 2017, art. 3-13°)* « , le groupement de coopération sanitaire » ou le laboratoire. Ces conventions précisent les responsabilités de chaque partie ainsi que les procédures à suivre par les tiers extérieurs pour satisfaire aux exigences de qualité et de sécurité sanitaire.

Les établissements, organismes *(Décr. n° 2017-631 du 25 avr. 2017, art. 3-6°)* « , groupements de coopération sanitaire » ou laboratoires autorisés tiennent à jour une liste complète des conventions conclues avec des tiers extérieurs.

Art. R. 2142-4 Lorsqu'il est fait application des dispositions du troisième alinéa de l'article L. 6122-10 relatives au renouvellement d'autorisation, la demande est déposée comme il est prévu à l'article R. 6122-28. Dans ce cas, le titulaire de l'autorisation adresse un exemplaire de sa demande au directeur général de l'Agence de la biomédecine.

Lorsqu'il est fait application des dispositions du dernier alinéa de l'article L. 6122-13 relatives au maintien de la suspension ou de retrait de l'autorisation, le *(Décr. n° 2010-344 du 31 mars 2010, art. 67)* « directeur général de l'agence régionale de santé » recueille l'avis de l'agence de la biomédecine. L'absence d'avis de celle-ci dans les quinze jours qui suivent la consultation du *(Décr. n° 2010-344 du 31 mars 2010, art. 67)* « directeur général de l'agence régionale de santé » vaut acceptation de la mesure proposée par ce dernier.

Art. R. 2142-5 La forme, la périodicité et le contenu de l'évaluation périodique des activités cliniques et biologiques d'assistance médicale à la procréation mentionnée à l'article L. 6122-10 ainsi que la forme et le contenu du rapport annuel *(Décr. n° 2008-588 du 19 juin 2008)* « d'activités » mentionné à l'article L. 2142-2 sont définis par arrêté du ministre chargé de la santé, après avis du directeur général de l'Agence de la biomédecine.

(Décr. n° 2008-588 du 19 juin 2008) « Ce rapport annuel d'activités est accessible au public. »

Art. R. 2142-6 La réunion des autorisations clinique et biologique d'assistance médicale à la procréation mentionnée au dernier alinéa de l'article L. 2142-1 est réalisée lorsque l'autorisation de pratiquer les activités biologiques mentionnées au *b* du 2° de l'article R. 2142-1 et l'autorisation de pratiquer les activités cliniques mentionnées au *a* et au *c* et éventuellement au *d* du 1° de l'article R. 2142-1 ont été respectivement délivrées :

– soit à un même établissement de santé ;

– soit à deux établissements de santé liés par convention ;

– soit à un établissement de santé et à un laboratoire d'analyses de biologie médicale *(Décr. n° 2008-588 du 19 juin 2008)* « ou *[à un]* organisme » liés par convention.

L'obtention de l'autorisation de pratiquer les activités cliniques mentionnées au premier alinéa est subordonnée à l'obtention de l'autorisation de pratiquer les activités biologiques et inversement.

La convention mentionnée au présent article doit être produite au moment de la visite de conformité prévue à l'article L. 6122-4.

Art. R. 2142-7 Peuvent seuls conserver des embryons destinés à être accueillis et mettre en œuvre leur accueil, les centres définis à l'article R. 2142-6 réunissant en outre les autorisations pour exercer les activités mentionnées au *e* du 1° et *(Décr. n° 2008-588 du 19 juin 2008)* « au *g* du 2° » de l'article R. 2142-1.

Ces autorisations ne peuvent être délivrées qu'aux établissements de santé publics et privés à but non lucratif ou aux laboratoires d'analyses de biologie médicale mentionnés aux 4°, 5° et 6° de l'article L. 6212-1, en ce qui concerne l'activité mentionnée *(Décr. n° 2008-588 du 19 juin 2008)* « au *g* du 2° » de l'article R. 2142-1.

Art. R. 2142-8 Le ou les titulaires des autorisations à pratiquer les activités clinique et biologique nécessaires à la mise en œuvre de la fécondation *in vitro* telles que mentionnées à l'article R. 2142-6 mettent en place conjointement, sur un même site, un centre d'assistance médicale à la procréation. Ce centre est implanté dans l'établissement de santé autorisé à pratiquer les activités cliniques. Il comporte une équipe médicale clinico-biologique pluridisciplinaire et bénéficie du concours du psychologue ou du médecin qualifié en psychiatrie mentionnés à l'article R. 2142-22.

Cette équipe établit pour chaque couple un dossier médical commun.

Le ou les titulaires des autorisations établissent en commun le règlement intérieur du centre, après avis de l'équipe médicale clinico-biologique. Ils approuvent le rapport annuel d'activité commun, élaboré dans les conditions fixées à l'article *(Décr. n° 2008-*

588 du 19 juin 2008) « R. 2142-37 » et le transmettent à l'*(Décr. n° 2010-344 du 31 mars 2010, art. 67)* « agence régionale de santé » et à l'Agence de la biomédecine.

Lorsque le titulaire de l'autorisation de pratiquer les activités biologiques mentionnées à l'article R. 2142-6 est un laboratoire d'analyses de biologie médicale, il réalise ces activités dans des locaux distincts des locaux principaux du laboratoire, en application de l'article R. 6211-11, et conformes aux dispositions de l'article R. 2142-26.

Art. R. 2142-9 Le centre d'assistance médicale à la procréation conserve, sous la responsabilité conjointe des titulaires des autorisations et dans le respect de la confidentialité, les informations suivantes dans le dossier médical commun mentionné à l'article R. 2142-8 :

1° L'indication médicale de la mise en œuvre et du choix de la technique d'assistance médicale à la procréation ;

2° La date des ponctions de gamètes et le nombre d'ovocytes *(Décr. n° 2008-588 du 19 juin 2008)* « prélevés et préparés » lors de chacune des ponctions ;

3° La date des transferts et le nombre d'embryons transférés ;

4° Toute information disponible relative au devenir des embryons, à l'évolution des grossesses et à l'état de santé des nouveau-nés et des enfants ;

5° Toute information relative aux incidents et *(Décr. n° 2008-588 du 19 juin 2008)* « effets indésirables » survenus dans la mise en œuvre de l'assistance médicale à la procréation.

SECTION II COMPÉTENCE REQUISE DES PRATICIENS

(Décr. n° 2015-150 du 10 févr. 2015, art. 1er)

Art. R. 2142-10 I. — Sont réputés être en mesure de prouver leur compétence pour exercer les activités cliniques d'assistance médicale à la procréation mentionnées au 1° de l'article R. 2142-1 les praticiens répondant aux conditions de formation et d'expérience cumulatives suivantes :

1° Être médecin qualifié spécialiste en gynécologie-obstétrique, en gynécologie médicale, en urologie, en chirurgie générale ou en endocrinologie, diabètes, maladies métaboliques ou qualifié compétent en gynécologie et obstétrique ou obstétrique ou en gynécologie médicale ou en endocrinologie selon le type d'activité exercée et dans les conditions précisées par arrêté du ministre chargé de la santé ;

2° Posséder un diplôme d'études spécialisées complémentaires ou, à défaut, un droit d'exercice dans les spécialités permettant de réaliser les activités cliniques d'assistance médicale à la procréation et dans les conditions fixées par ce même arrêté ;

3° Justifier de conditions de durée et de nature d'expérience dans ces activités dans les conditions définies par ce même arrêté.

II. — Sont également réputés être en mesure de prouver leur compétence pour exercer les activités cliniques d'assistance médicale à la procréation pour une durée d'un an, renouvelable une fois, les médecins satisfaisant aux conditions mentionnées au 1° du I et inscrits en vue d'obtenir un diplôme d'études spécialisées complémentaires mentionné au 2° du I, à condition de pouvoir faire appel dans leur exercice, en tant que de besoin, à un médecin justifiant de l'ensemble des conditions mentionnées au I et exerçant au sein de la même structure.

Art. R. 2142-11 I. — Sont réputés être en mesure de prouver des compétences particulières pour exercer les activités biologiques d'assistance médicale à la procréation mentionnées au 2° de l'article R. 2142-1 les praticiens répondant aux conditions de formation et d'expérience cumulatives suivantes :

1° Être biologiste médical au sens des articles L. 6213-1, L. 6213-2 ou L. 6213-2-1 et posséder un ou des diplômes universitaires en biologie de la reproduction totalisant une durée de formation pratique au moins égale à un an ;

2° Justifier de conditions de durée et de nature d'expérience permettant de réaliser les activités biologiques d'assistance médicale à la procréation dans les conditions définies par arrêté du ministre chargé de la santé.

II. — Sont également réputés être en mesure de prouver leur compétence pour exercer les activités biologiques d'assistance médicale à la procréation pour une durée d'un an, renouvelable une fois, les biologistes médicaux inscrits en vue d'obtenir le ou les diplômes universitaires en biologie de la reproduction mentionnés au 1° du I ne satisfaisant pas aux conditions d'expérience mentionnées au 2°, à condition de pouvoir faire appel dans leur exercice, en tant que de besoin, à un biologiste médical justifiant de l'ensemble des conditions mentionnées au I et exerçant au sein de la même structure.

Art. R. 2142-12 Les praticiens ayant été agréés par l'Agence de la biomédecine sur le fondement des dispositions antérieures à l'entrée en vigueur de la loi n° 2011-814 du 7 juillet 2011 relative à la bioéthique pour exercer une ou plusieurs activités d'assistance médicale à la procréation, en exercice au jour de l'entrée en vigueur du décret "fixant les critères de compétence des praticiens exerçant au sein de structures autorisées pour pratiquer des activités d'assistance médicale à la procréation", sont réputés, pour l'application de l'article L. 2142-1, avoir prouvé leur compétence pour l'exercice de cette ou ces activités.

SECTION III CONDITIONS D'ORGANISATION DES ACTIVITÉS D'ASSISTANCE MÉDICALE À LA PROCRÉATION

(Décr. n° 2006-1660 du 22 déc. 2006)

Art. R. 2142-19 *(Décr. n° 2008-588 du 19 juin 2008)* Les membres de l'équipe médicale clinico-biologique pluridisciplinaire, exerçant dans un centre d'assistance médicale à la procréation tel que défini à l'article R. 2142-8, désignent parmi eux, pour une durée de deux ans renouvelable, dans des conditions fixées par le règlement intérieur du centre, un coordinateur pour l'ensemble des activités qui y sont pratiquées. Le nom de ce coordinateur est communiqué à l'*(Décr. n° 2010-344 du 31 mars 2010, art. 69)* « agence régionale de santé » et à l'Agence de la biomédecine. Le praticien coordinateur est chargé d'organiser la concertation pluridisciplinaire préalable à la mise en œuvre de toute assistance médicale à la procréation.

Art. R. 2142-20 *(Décr. n° 2008-588 du 19 juin 2008) (Décr. n° 2015-150 du 10 févr. 2015, art. 2-XIII-1°)* « Les praticiens répondant aux critères mentionnés à l'article R. 2142-11 pour l'exercice *[d']*activités biologiques », qui exercent dans un *(Décr. n° 2015-150 du 10 févr. 2015, art. 2-XIII-1°)* « laboratoires *[laboratoire]* de biologie médicale » autorisé à pratiquer les activités mentionnées au *a* du 2° de l'article R. 2142-1, désignent parmi eux un coordinateur. Le nom de ce coordinateur est communiqué à l'*(Décr. n° 2010-344 du 31 mars 2010, art. 69)* « agence régionale de santé » et à l'Agence de la biomédecine.

Le praticien coordinateur est chargé de veiller, préalablement à la mise en œuvre de toute assistance médicale à la procréation, à la concertation entre *(Décr. n° 2015-150 du 10 févr. 2015, art. 2-XIII-2°)* « les praticiens mentionnés au premier alinéa » et les cliniciens concernés.

SECTION IV CONDITIONS DE FONCTIONNEMENT DES ÉTABLISSEMENTS DE SANTÉ, DES LABORATOIRES DE BIOLOGIE MÉDICALE ET DES AUTRES ORGANISMES *(Décr. n° 2017-631 du 25 avr. 2017, art. 3-20°).*

SOUS-SECTION 1 CONDITIONS DE FONCTIONNEMENT COMMUNES AUX ACTIVITÉS CLINIQUES ET BIOLOGIQUES D'ASSISTANCE MÉDICALE À LA PROCRÉATION

(Décr. n° 2008-588 du 19 juin 2008)

Art. R. 2142-21 Chaque établissement de santé, organisme *(Décr. n° 2017-631 du 25 avr. 2017, art. 3-7°)* « , groupement de coopération sanitaire » ou laboratoire de biologie médicale autorisé à pratiquer des activités d'assistance médicale à la procréation met en place et tient à jour un système d'assurance qualité.

La documentation du système d'assurance qualité comprend notamment les procédures et modes opératoires validés.

Art. R. 2142-21-1 *(Décr. n° 2016-273 du 4 mars 2016, art. 5-3°)* La traçabilité des gamètes en vue de don ainsi que des embryons destinés à être accueillis est assurée par l'utilisation du code européen unique du don dont la structure et les modalités d'attribution sont définies à l'arrêté mentionné aux articles R. 2142-24 et R. 2142-27.

Ce code est apposé sur la fiche de traçabilité qui accompagne les gamètes et embryons concernés.

Sur les modalités d'application du présent art. à la conservation des gamètes et des embryons, V. Décr. n° 2016-273 du 4 mars 2016, art. 6-II.

Art. R. 2142-21-2 *(Décr. n° 2016-273 du 4 mars 2016, art. 5-5°)* Les établissements de santé et les organismes autorisés à pratiquer une ou plusieurs activités biologiques d'assistance médicale à la procréation sont responsables :

1° De l'attribution du code européen unique du don au plus tard avant la mise à disposition des gamètes en vue de don et des embryons destinés à être accueillis ;

2° De l'apposition du code européen unique du don sur la fiche de traçabilité et, le cas échéant, sur l'étiquette des gamètes et embryons concernés ;

3° De l'information de l'Agence de la biomédecine en cas de constat d'un non-respect significatif des exigences relatives au code européen unique du don concernant des gamètes en vue de don ou des embryons destinés à être accueillis.

Art. R. 2142-21-3 *(Décr. n° 2016-273 du 4 mars 2016, art. 5-5°)* Dans le cadre du dispositif relatif au code européen unique du don, l'Agence de la biomédecine est responsable :

1° De l'attribution d'un numéro unique d'établissement à tous les établissements de santé et les *[aux]* organismes autorisés à pratiquer une ou plusieurs activités biologiques d'assistance médicale à la procréation sur le territoire national ;

2° Du choix du ou des systèmes d'attribution de numéros de don uniques utilisés sur le territoire national ;

3° Du suivi et de la mise en œuvre du dispositif relatif au code européen unique du don sur le territoire national ;

4° De la validation des données relatives aux établissements de santé et aux organismes autorisés à pratiquer une ou plusieurs activités biologiques d'assistance médicale à la procréation figurant au registre des établissements de tissus de l'Union européenne et de la mise à jour de ce registre sans retard injustifié ;

5° De l'alerte de l'autorité compétente d'un autre État membre lorsqu'elle découvre des informations inexactes relatives à cet autre État membre dans le registre des établissements de tissus de l'Union européenne ;

6° De l'alerte de la Commission européenne et des autorités compétentes concernées lorsqu'elle estime que le registre des produits tissulaires et cellulaires de l'Union européenne nécessite une mise à jour.

Art. R. 2142-21-4 Les données relatives à la traçabilité sont conservées pendant quarante ans après l'insémination des gamètes, la greffe des tissus germinaux ou le transfert d'embryons.

SOUS-SECTION 2 ACTIVITÉS CLINIQUES D'ASSISTANCE MÉDICALE À LA PROCRÉATION

Art. R. 2142-22 L'établissement de santé dans lequel sont pratiquées les activités définies au 1° de l'article R. 2142-1 doit disposer d'un médecin expérimenté en échographie et d'un anesthésiste réanimateur. En outre, l'établissement doit s'assurer le concours d'un psychologue ou d'un médecin qualifié en psychiatrie.

Lorsque *(Décr. n° 2015-150 du 10 févr. 2015, art. 2-XIV)* « le prélèvement » d'ovocytes est réalisée *[réalisé]* par un *(Décr. n° 2015-150 du 10 févr. 2015, art. 2-XIV)* « praticien répondant aux critères mentionnés à l'article R. 2142-10 » n'ayant pas de qualification chirurgicale, un praticien possédant cette qualification doit être présent dans l'établissement de santé et prêt à intervenir à tout moment.

Art. R. 2142-23 Les activités définies aux *a*, *c*, *d* et *e* du 1° de l'article R. 2142-1 doivent être exercées au sein d'un établissement autorisé à pratiquer les activités de *(Décr. n° 2008-588 du 19 juin 2008)* « chirurgie ou de » gynécologie-obstétrique, dans un centre comprenant au minimum :

— une pièce pour les entretiens des couples avec l'équipe médicale, prévus à l'article L. 2141-10 ;

— une pièce destinée au transfert des embryons ;

— une salle de *(Décr. nº 2016-273 du 4 mars 2016, art. 5-6º)* « prélèvement » équipée conformément aux dispositions de l'arrêté mentionné à l'article R. 2142-24, située à proximité ou dans un bloc opératoire et permettant une pratique de l'anesthésie conforme aux dispositions de la sous-section 5 de la section I du chapitre IV du titre II du livre Ier de la partie VI du présent code ;

— des locaux destinés au secrétariat et à l'archivage des dossiers dans le respect des règles de confidentialité.

L'accès à des lits d'hospitalisation doit être organisé.

Les activités définies au *b* du 1º de l'article R. 2142-1 sont réalisées au sein d'un établissement autorisé à pratiquer les activités de chirurgie ou de gynécologie-obstétrique.

Art. R. 2142-24 L'établissement de santé *(Décr. nº 2008-588 du 19 juin 2008)* « ou l'organisme » doit respecter les règles de bonnes pratiques définies par arrêté du ministre chargé de la santé, pris sur proposition du directeur général de l'Agence de la biomédecine après avis de l'*(Décr. nº 2012-597 du 27 avr. 2012, art. 5-I-1º)* « Agence nationale de sécurité du médicament et des produits de santé ». Ces règles tiennent compte des recommandations de la Haute Autorité de santé conformément aux dispositions du 2º de l'article L. 161-37 du code de la sécurité sociale.

Art. R. 2142-25 L'établissement de santé doit conserver, dans le respect de leur confidentialité :

1º La copie des pièces attestant du respect des conditions prévues au troisième alinéa de l'article L. 2141-2 ;

2º Le consentement écrit du couple bénéficiaire de l'assistance médicale à la procréation, formulé avant la mise en œuvre de celle-ci et avant le transfert de l'embryon ou avant l'insémination, ainsi que, dans le cas où *(Décr. nº 2016-273 du 4 mars 2016, art. 5-7º)* « le recours aux gamètes » d'un tiers donneur est nécessaire, la mention de la date et du lieu de la déclaration conjointe du couple prévue aux articles 311-20 du code civil et 1157-2 du *(Décr. nº 2008-484 du 22 mai 2008, art. 22)* « code de procédure civile ».

SOUS-SECTION 3 ACTIVITÉS BIOLOGIQUES D'ASSISTANCE MÉDICALE À LA PROCRÉATION

Art. R. 2142-26 *(Décr. nº 2008-588 du 19 juin 2008) (Décr. nº 2016-273 du 4 mars 2016, art. 5-8º-a)* « Les recueil, préparation, conservation et mise à disposition de gamètes ou de tissus germinaux » ainsi que *(Décr. nº 2016-273 du 4 mars 2016, art. 5-8º-b)* « les préparation, conservation et mise à disposition d'embryons » sont mis en œuvre, conformément aux règles de bonnes pratiques d'assistance médicale à la procréation mentionnées aux articles R. 2142-24 et R. 2142-27, dans chaque établissement de santé, organisme *(Décr. nº 2017-631 du 25 avr. 2017, art. 3-7º)* « , groupement de coopération sanitaire » ou laboratoire de biologie médicale dans lesquels sont pratiquées les activités définies au 2º de l'article R. 2142-1.

Art. R. 2142-26-1 L'établissement de santé *(Décr. nº 2008-588 du 19 juin 2008)* « , l'organisme » *(Décr. nº 2017-631 du 25 avr. 2017, art. 3-13º)* « , le groupement de coopération sanitaire » ou le laboratoire de biologie médicale dans lequel sont pratiquées les activités définies au 2º de l'article R. 2142-1 doit comprendre une pièce exclusivement affectée au recueil du sperme, une pièce exclusivement affectée *(Décr. nº 2008-588 du 19 juin 2008)* « à la préparation » des gamètes et à la fécondation *in vitro* et une pièce exclusivement affectée à la conservation des gamètes, des tissus germinaux et des embryons. *(Décr. nº 2016-273 du 4 mars 2016, art. 5-9º-b)* « Il doit disposer en outre de l'équipement et du matériel nécessaire à la mise en œuvre de ces activités conformes aux dispositions en vigueur, notamment en matière de décontamination, et conformes à l'arrêté mentionné à l'article R. 2142-27. »

La pièce affectée à la conservation des gamètes, des tissus germinaux et des embryons doit être équipée d'une protection contre le vol.

Art. R. 2142-27 L'établissement de santé *(Décr. nº 2008-588 du 19 juin 2008)* « , l'organisme » *(Décr. nº 2017-631 du 25 avr. 2017, art. 3-13º)* « , le groupement de coopération sanitaire » ou le laboratoire doit respecter les règles de bonnes pratiques définies par arrêté du ministre chargé de la santé, pris sur proposition du directeur général de l'Agence de la biomédecine après avis de l'*(Décr. n° 2012-597 du 27 avr. 2012, art. 5-I-1°)* « Agence nationale de sécurité du médicament et des produits de santé ». Ces règles tiennent compte des recommandations de la Haute Autorité de santé conformément aux dispositions du 2° de l'article L. 161-37 du code de la sécurité sociale.

Art. R. 2142-28 L'établissement de santé *(Décr. n° 2008-588 du 19 juin 2008)* « , l'organisme » *(Décr. n° 2017-631 du 25 avr. 2017, art. 3-13°)* « , le groupement de coopération sanitaire » ou le laboratoire autorisé au titre des activités mentionnées au *a* du 2° de l'article R. 2142-1 conserve, dans le respect de la confidentialité, pour chaque couple qui a recours à une insémination artificielle, les informations suivantes :

1° L'indication médicale de la mise en œuvre et du choix de la technique d'assistance médicale à la procréation ;

2° Le nombre et la qualité des spermatozoïdes recueillis et inséminés ;

3° La date et l'issue de l'insémination ;

4° Toute information disponible relative à l'évolution des grossesses et à l'état de santé des nouveau-nés et des enfants.

Art. R. 2142-29 L'établissement de santé *(Décr. n° 2008-588 du 19 juin 2008)* « , l'organisme » *(Décr. n° 2017-631 du 25 avr. 2017, art. 3-13°)* « , le groupement de coopération sanitaire » ou le laboratoire autorisé au titre des activités mentionnées au *(Décr. n° 2008-588 du 19 juin 2008)* « *e* du 2° de l'article R. 2142-1 » conserve, dans le respect de la confidentialité, pour chaque personne dont il conserve des gamètes ou des tissus germinaux, en application des dispositions de l'article L. 2141-11 :

1° Le consentement écrit de la personne et, le cas échéant, celui du titulaire de l'autorité parentale s'il s'agit d'un mineur, ou du tuteur s'il s'agit d'une personne faisant l'objet d'une mesure de tutelle ;

2° Le motif et l'indication de la conservation des gamètes ou des tissus germinaux posée conjointement avec le médecin qui prend en charge la pathologie susceptible d'altérer *(Décr. n° 2008-588 du 19 juin 2008)* « la fertilité de la personne ».

SECTION V **CONSERVATION DES GAMÈTES, DES TISSUS GERMINAUX ET DES EMBRYONS**

(Décr. n° 2006-1660 du 22 déc. 2006)

Art. R. 2142-30 L'interruption ou la cessation d'activité d'un établissement, *(Décr. n° 2008-588 du 19 juin 2008)* « d'un organisme » *(Décr. n° 2017-631 du 25 avr. 2017, art. 3-14°)* « , d'un groupement de coopération sanitaire » ou d'un laboratoire autorisé à conserver les gamètes, les tissus germinaux ou les embryons ne doit pas entraîner l'arrêt de leur conservation.

A cette fin, tout établissement de santé *(Décr. n° 2008-588 du 19 juin 2008)* « tout organisme » *(Décr. n° 2017-631 du 25 avr. 2017, art. 3-15°)* « , tout groupement de coopération sanitaire » ou tout laboratoire autorisé à conserver des gamètes, des tissus germinaux ou des embryons doit conclure un accord avec un autre établissement *(Décr. n° 2017-631 du 25 avr. 2017, art. 3-14°)* « , groupement » ou laboratoire autorisé à pratiquer la même activité, en vue du déplacement éventuel de ces gamètes, tissus germinaux ou embryons. Cet accord doit être transmis à l'agence régionale de *(Décr. n° 2010-344 du 31 mars 2010, art. 70)* « santé » préalablement à la visite de conformité prévue à l'article L. 6122-4.

Le déplacement des gamètes, tissus germinaux ou embryons réalisé doit, dans ce cas, être signalé préalablement aux agences régionales de *(Décr. n° 2010-344 du 31 mars 2010, art. 70)* « santé » compétentes et à l'Agence de la biomédecine. Si ce déplacement ne s'effectue pas dans le cadre de l'accord prévu au précédent alinéa, il doit être autorisé par l'agence régionale de *(Décr. n° 2010-344 du 31 mars 2010, art. 70)* « santé », après avis de l'Agence de la biomédecine.

Lorsque les circonstances l'exigent, l'agence régionale de *(Décr. n° 2010-344 du 31 mars 2010, art. 70)* « santé » peut désigner un centre autorisé à pratiquer la même activité pour recevoir les gamètes, les tissus germinaux ou les embryons. Elle en informe l'Agence de la biomédecine.

Art. R. 2142-31 A l'exclusion du donneur de gamètes mentionné à l'article L. 1244-2, toute personne ayant consenti à la conservation des gamètes, des tissus germinaux ou des embryons doit être préalablement informée de leur déplacement ainsi que du nouveau lieu de leur conservation.

Art. R. 2142-32 Les registres de gamètes, de tissus germinaux et d'embryons prévus aux articles R. 2142-33 et R. 2142-34, ainsi que, le cas échéant, les informations mentionnées à l'article *(Décr. nº 2008-588 du 19 juin 2008)* « R. 1244-5 » concernant le donneur de gamètes, doivent être transmis à l'établissement de santé *(Décr. nº 2008-588 du 19 juin 2008)* « , à l'organisme » *(Décr. nº 2017-631 du 25 avr. 2017, art. 3-16º)* « , au groupement de coopération sanitaire » ou au laboratoire accueillant les gamètes, les tissus germinaux ou les embryons dans des conditions garantissant leur confidentialité.

SECTION VI REGISTRES DES GAMÈTES, DES TISSUS GERMINAUX OU DES EMBRYONS

(Décr. nº 2006-1660 du 22 déc. 2006)

Art. R. 2142-33 Les registres des gamètes ou des tissus germinaux que doit tenir tout établissement de santé, *(Décr. nº 2008-588 du 19 juin 2008)* « tout organisme » *(Décr. nº 2017-631 du 25 avr. 2017, art. 3-15º)* « , tout groupement de coopération sanitaire » ou tout laboratoire autorisé à conserver ces gamètes ou tissus doivent mentionner :

1º L'identité de la personne *(Décr. nº 2008-588 du 19 juin 2008)* « dont les gamètes ont été recueillis ou prélevés » lorsqu'il s'agit d'une assistance médicale à la procréation sans le recours à un tiers donneur ou l'identité de la personne dont des gamètes ou des tissus germinaux sont conservés en application de l'article L. 2141-11 ;

(Décr. nº 2016-273 du 4 mars 2016, art. 5-10º) « 2º Le code européen unique du don ou le code d'anonymisation du donneur de gamètes dans le cas d'une assistance médicale à la procréation avec recours à un tiers donneur ; »

3º Le lieu et les dates de congélation des gamètes ou des tissus ;

4º Leurs dates et modes d'utilisation ;

5º Les indications précises du lieu de leur conservation dans la pièce affectée à cet effet ;

6º En cas de don de gamètes, les éléments permettant l'identification du couple receveur.

Sur les modalités d'application du présent art. à la conservation des gamètes et des embryons, V. Décr. nº 2016-273 du 4 mars 2016, art. 6-II.

Art. R. 2142-34 Le registre d'embryons que doit tenir tout établissement de santé, *(Décr. nº 2008-588 du 19 juin 2008)* « tout organisme » *(Décr. nº 2017-631 du 25 avr. 2017, art. 3-15º)* « , tout groupement de coopération sanitaire » ou tout laboratoire autorisé à conserver des embryons doit mentionner :

(Décr. nº 2016-273 du 4 mars 2016, art. 5-11º-a) « 1º L'identité du couple qui est à l'origine de l'embryon et, le cas échéant, le code européen unique du don ou le code d'anonymisation du donneur de gamètes dans le cas d'un embryon conçu avec recours à un tiers donneur ; »

2º Le nombre d'embryons conservés pour chaque couple ;

3º Le lieu et les dates de fécondation et de congélation ;

4º Les indications précises du lieu de conservation des embryons dans *(Décr. nº 2016-273 du 4 mars 2016, art. 5-11º-b)* « les conteneurs dans » la pièce affectée à cet effet ;

5º Le cas échéant, les lieux de conservation antérieure ;

6º Les informations relatives au devenir de chaque embryon, notamment les dates et résultats de la consultation annuelle des membres du couple sur le maintien de leur projet parental et *(Décr. nº 2008-588 du 19 juin 2008)* « la date de décongélation de chaque embryon » ;

(Décr. nº 2016-273 du 4 mars 2016, art. 5-11º-c) « 7º En cas d'accueil d'embryon, le code européen unique du don. »

Sur les modalités d'application du présent art. à la conservation des gamètes et des embryons, V. Décr. nº 2016-273 du 4 mars 2016, art. 6-II.

Art. R. 2142-35 Les *(Décr. n° 2015-150 du 10 févr. 2015, art. 2-XV)* « praticiens répondant aux critères mentionnés à l'article R. 2142-11 » pour la conservation des gamètes, tissus germinaux ou embryons *(Décr. n° 2016-273 du 4 mars 2016, art. 5-12°)* « sont responsables de la tenue des registres » mentionnés aux articles R. 2142-33 et R. 2142-34 et de veiller à l'exactitude des informations qu'ils y consignent.

Art. R. 2142-36 Ces registres doivent être gardés dans des locaux situés à proximité de ceux où sont conservés les gamètes, les tissus germinaux ou les embryons, dans des conditions garantissant la confidentialité.

SECTION VII PERSONNE RESPONSABLE

(Décr. n° 2008-588 du 19 juin 2008)

Art. R. 2142-37 La personne responsable mentionnée à l'article L. 2142-3-1 doit satisfaire à l'une des *(Décr. n° 2015-150 du 10 févr. 2015, art. 2-XVI)* « exigences prévues à l'article R. 2142-11 » et justifier d'une expérience pratique d'au moins deux ans en médecine et en biologie de la reproduction.

Elle est chargée :

1° De veiller à ce que les gamètes, les tissus germinaux et les embryons utilisés à des fins d'assistance médicale à la procréation ou à des fins de préservation de la fertilité soient recueillis, prélevés, préparés, conservés, mis à disposition et transportés, conformément aux dispositions législatives et réglementaires en vigueur, y compris en cas d'intervention d'un tiers extérieur visé à l'article R. 2142-3 ;

2° De mettre en œuvre des mesures de contrôle appropriées afin d'assurer la qualité et la sécurité des gamètes, des tissus germinaux et des embryons ;

(Décr. n° 2016-273 du 4 mars 2016, art. 5-13°-a) « 3° D'établir le rapport annuel d'activités prévu à l'article L. 2142-2 et de veiller à la qualité des données individuelles transmises à l'Agence de la biomédecine ; »

4° De veiller à ce que l'Agence de la biomédecine soit avertie de tous les incidents et effets indésirables mentionnés à l'article R. 2142-40 et reçoive un rapport en analysant la cause et les conséquences ;

(Décr. n° 2016-273 du 4 mars 2016, art. 5-13°-b) « 5° De veiller au respect des critères médicaux ayant trait à l'évaluation des risques présentés par les donneurs de gamètes et par les personnes qui ont recours à l'assistance médicale à la procréation ainsi qu'à l'acceptation des donneurs de gamètes ; »

6° De mettre en place et de tenir à jour le système d'assurance qualité prévue à l'article R. 2142-21 ;

7° De veiller à ce que le personnel participant aux activités biologiques d'assistance médicale à la procréation possède les qualifications nécessaires et reçoive la formation appropriée ;

8° De transmettre à l'Agence de la biomédecine, dans le respect de leur confidentialité, et conformément aux dispositions du 4° de l'article L. 1418-1, les informations nécessaires à l'évaluation des conséquences éventuelles de l'assistance médicale à la procréation sur la santé des personnes qui y ont recours ou sur celle des enfants qui en sont issus.

Le directeur de l'établissement, de l'organisme ou du laboratoire *(Décr. n° 2017-631 du 25 avr. 2017, art. 3-17°)* « ou l'administrateur du groupement de coopération sanitaire » autorisé adresse au directeur général de l'Agence de la biomédecine *(Décr. n° 2016-273 du 4 mars 2016, art. 5-13°-c)* « ainsi qu'au directeur général de l'agence régionale de santé » une copie de l'acte portant désignation de la personne responsable. Lorsque la personne responsable est remplacée, il communique immédiatement au directeur général de l'agence le nom et la date de prise de fonction de la personne nouvellement désignée.

Art. R. 2142-38 Pour faciliter l'exercice des missions de la personne responsable, des conventions sont conclues entre les structures autorisées à pratiquer une ou plusieurs activités cliniques d'assistance médicale à la procréation et celles autorisées à pratiquer une ou plusieurs activités biologiques d'assistance médicale à la procréation.

SECTION VIII DISPOSITIF DE VIGILANCE EN ASSISTANCE MÉDICALE À LA PROCRÉATION

(Décr. n° 2016-1622 du 29 nov. 2016, art. 2)

SOUS-SECTION 1 DISPOSITIONS GÉNÉRALES

Art. R. 2142-39 I. – Le dispositif de vigilance en assistance médicale à la procréation porte sur :

1° Les gamètes, les tissus germinaux et les embryons utilisés à des fins d'assistance médicale à la procréation ;

2° Les activités relatives à ces gamètes, tissus germinaux et embryons telles que mises en œuvre par les personnes mentionnées à l'article L. 2142-1 ;

3° Les personnes qui ont recours à l'assistance médicale à la procréation ou en sont issues, les donneurs de gamètes, les personnes prises en charge en vue d'une préservation de la fertilité.

II. – Les dispositions de la présente section ne s'appliquent pas aux autres tissus et cellules qui sont soumis au dispositif mentionné à l'article L. 1211-7 ni aux recherches biomédicales menées dans le cadre de l'assistance médicale à la procréation mentionnées à l'article R. 1125-14.

Art. R. 2142-40 La vigilance en assistance médicale à la procréation a pour objet de :

1° Surveiller de façon systématique tous les incidents et tous les effets indésirables ;

2° Signaler sans délai les incidents graves et les effets indésirables inattendus au correspondant local ;

3° Déclarer, sans délai à compter de leur signalement, les incidents graves et les effets indésirables inattendus à l'Agence de la biomédecine ;

4° Analyser, évaluer et exploiter ces informations en vue de limiter la probabilité de survenue de tout nouvel incident grave ou effet indésirable inattendu ou d'en diminuer la gravité ;

5° Réaliser toute investigation ou étude portant sur les incidents graves et les effets indésirables inattendus.

Art. R. 2142-41 Pour l'application de la présente section, on entend par :

1° Incident : accident ou erreur lié aux activités portant sur les gamètes, tissus germinaux ou embryons mentionnés au 1° du I de l'article R. 2142-39, entraînant ou susceptible d'entraîner :

a) Un effet indésirable chez les personnes mentionnées au 3° du I de l'article R. 2142-39 ;

b) Une perte *(Abrogé par Décr. n° 2017-544 du 13 avr. 2017, art. 4-1°-a)* « *importante* » de ces gamètes, tissus germinaux ou embryons ;

c) Un défaut de qualité ou de sécurité de ces gamètes, tissus germinaux ou embryons ;

2° Incident grave :

a) Tout incident entraînant ou susceptible d'entraîner :

– un effet indésirable grave ou un effet indésirable inattendu chez les personnes mentionnées au 3° du I de l'article R. 2142-39 ;

– toute erreur d'attribution des gamètes, tissus germinaux ou embryons mentionnés au 1° du I du même article ;

– *toute perte importante des mêmes éléments au cours* (Décr. n° 2017-544 du 13 avr. 2017, art. 4-1°-b) « de l'assistance médicale à la procréation » ;

b) Toute fréquence anormalement élevée de survenue d'incidents ou d'effets indésirables attendus ;

c) Toute information concernant le donneur ou le don, découverte de façon fortuite après le prélèvement et dont les conséquences sont susceptibles d'entraîner un risque pour la santé des personnes qui ont recours à un don dans le cadre de l'assistance médicale à la procréation ou en sont issues ;

3° Effet indésirable : réaction nocive survenant chez les personnes mentionnées au 3° du I de l'article R. 2142-39 liée ou susceptible d'être liée aux gamètes, tissus germinaux ou embryons mentionnés au 1° du I de ce même article ou aux activités mentionnées au 2° du même I ;

4° Effet indésirable grave : effet indésirable ayant entraîné la mort ou ayant mis la vie en danger, entraîné une invalidité ou une incapacité, ou provoqué ou prolongé une hospitalisation ou tout autre état morbide ;

5° Effet indésirable inattendu : effet indésirable grave ou non grave dont la nature, la sévérité, l'évolution n'est pas attendue au regard des critères définis par l'Agence de la biomédecine dans les conditions prévues au 7° de l'article R. 2142-43 ou compte tenu de l'état de santé des personnes mentionnées au 3° du I de l'article R. 2142-39 ;

6° Surveillance : le fait pour les professionnels intervenant dans les activités mentionnées au 2° de l'article R. 2142-39 d'enregistrer tous les incidents et effets indésirables ;

7° Signalement : le fait pour les professionnels intervenant dans les activités mentionnées au 2° de l'article R. 2142-39 d'informer sans délai le correspondant local du dispositif de vigilance en assistance médicale à la procréation de tout incident grave ou effet indésirable inattendu qu'ils ont repéré dans le cadre de leur mission de surveillance ;

8° Déclaration : le fait pour les correspondants locaux ou, le cas échéant, pour tout professionnel de santé intervenant dans les activités mentionnées au 2° de l'article R. 2142-39 de porter à la connaissance de l'Agence de la biomédecine au moyen de la déclaration mentionné au 9° de l'article R. 2142-43 les éléments d'information relatifs aux incidents graves ou effets indésirables inattendus permettant à cette agence de mettre en œuvre les dispositions figurant aux 3° et 4° de l'article R. 2142-43 et à l'article R. 2142-44.

SOUS-SECTION 2 SYSTÈME NATIONAL DE VIGILANCE EN ASSISTANCE MÉDICALE À LA PROCRÉATION

Art. R. 2142-42 Les acteurs du dispositif de vigilance relatif à l'assistance médicale à la procréation sont :

1° L'Agence de la biomédecine ;

2° Les établissements de santé, les laboratoires de biologie médicale et les organismes autorisés à exercer les activités mentionnées à l'article L. 2142-1 ;

3° Les professionnels suivants :

a) Les praticiens intervenant dans les établissements de santé, laboratoires de biologie médicale ou organismes mentionnés au 2° ;

b) Tout autre professionnel de santé ayant connaissance d'un effet indésirable qui, au vu des informations en sa possession, lui semble lié aux activités mentionnées à l'article R. 2142-1.

Art. R. 2142-43 Le directeur général de l'Agence de la biomédecine assure la mise en œuvre du dispositif de vigilance relatif à l'assistance médicale à la procréation.

Dans ce cadre, l'agence :

1° Anime et coordonne les actions des différents intervenants ;

2° Veille au respect des procédures organisées par la présente section ;

3° Évalue les informations qui lui sont déclarées y compris les résultats des investigations menées par le correspondant local et les mesures correctives mises en place ;

4° Après évaluation de ces informations, met en œuvre les dispositions prévues à l'article R. 2142-44 ;

5° Peut demander aux correspondants locaux de mener à bien toute investigation et toute étude ;

6° Procède ou fait procéder, sous son contrôle, à des enquêtes épidémiologiques et à des études ;

7° Élabore, en lien avec les sociétés savantes, les critères destinés à aider les professionnels à identifier les effets indésirables attendus liés aux activités mentionnées au 2° du I de l'article R. 2142-39. Ces critères sont établis, par indication thérapeutique, sur la base des données de la littérature scientifique jugées pertinentes et sont mis à disposition des professionnels de santé et des correspondants locaux. Ils sont fixés par décision du directeur général de l'Agence de la biomédecine. En l'absence de tels critères pour une indication thérapeutique, tout effet indésirable doit être déclaré à l'Agence de la biomédecine ;

8° Établit, en lien avec les professionnels concernés, des seuils au-delà desquels la fréquence de survenue des incidents et effets indésirables attendus nécessite un signalement et une déclaration sans délai. Ces seuils sont fixés par décision du directeur général de l'Agence de la biomédecine ;

9° Établit un modèle pour la déclaration mentionnée à l'article R. 2142-41 ;

10° Établit le modèle du rapport annuel mentionné au 8° de l'article R. 2142-47 ;

11° Établit et tient à jour la liste des correspondants locaux du dispositif de vigilance relatif à l'assistance médicale à la procréation ;

12° Établit un rapport annuel du dispositif de vigilance relatif à l'assistance médicale à la procréation sur la base des rapports annuels des correspondants locaux du dispositif de vigilance relatif à l'assistance médicale à la procréation. Ce rapport est adressé au ministre chargé de la santé, ainsi qu'à la Commission européenne au plus tard le 30 juin de l'année suivant celle qui est analysée.

Art. R. 2142-44 Après évaluation des informations qui lui sont déclarées, le directeur général de l'Agence de la biomédecine analyse la pertinence des mesures correctives mises en place. Si ces dernières lui semblent insuffisantes ou inappropriées, il en informe, sans délai, le correspondant local du dispositif de vigilance en assistance médicale à la procréation qui lui a déclaré l'événement, et le cas échéant, propose des recommandations.

Il élabore, le cas échéant, des recommandations en vue de limiter la probabilité de survenue des incidents graves ou effets indésirables inattendus, et d'en diminuer la gravité. Il informe de ces recommandations les correspondants locaux du dispositif de vigilance en assistance médicale à la procréation concernés.

S'il constate, après évaluation des informations qui lui sont déclarées, que celles-ci nécessitent des mesures relevant des prérogatives de l'agence régionale de santé, il transmet aux directeurs concernés les éléments leur permettant de prendre les mesures nécessaires.

Les modalités de transmission de ces informations, notamment les délais de transmissions et les procédures mises en œuvre, sont fixées par voie de convention entre le directeur général de l'Agence de la biomédecine et les directeurs généraux de chacune des agences régionales de santé.

SOUS-SECTION 3 SYSTÈME LOCAL DE VIGILANCE EN ASSISTANCE MÉDICALE À LA PROCRÉATION

Art. R. 2142-45 Les établissements et organismes mentionnés au 2° de l'article R. 2142-42 organisent la mise en place du système local de vigilance en assistance médicale à la procréation en mettant notamment à la disposition des professionnels les outils nécessaires à la mise en œuvre de leurs missions de surveillance, de signalement ou de déclaration des incidents et effets indésirables. L'Agence de la biomédecine propose des outils de méthodologie pour ce faire.

Le système local de *(Décr. n° 2017-544 du 13 avr. 2017, art. 4-2°)* « vigilance en assistance médicale à la procréation » prévoit les modalités d'information du directeur de l'établissement et de la commission médicale d'établissement, de la commission médicale ou de la conférence médicale.

Art. R. 2142-46 I. — Les établissements et organismes mentionnés au 2° de l'article R. 2142-42 désignent *(Abrogé par Décr. n° 2017-544 du 13 avr. 2017, art. 4-3°) « au moins »* un correspondant local et son suppléant.

Dès leur désignation, l'identité, la qualité, l'expérience et les coordonnées du correspondant local et de son suppléant sont communiquées à l'Agence de la biomédecine par le responsable de la structure dans laquelle le correspondant et son suppléant exercent leurs fonctions.

Les dispositions du présent décret s'appliquent également au suppléant du correspondant local.

II. — Le correspondant local du dispositif de vigilance relatif à l'assistance médicale à la procréation est un professionnel de santé doté d'une expérience dans ce domaine.

Art. R. 2142-47 Le correspondant local du dispositif de vigilance relatif à l'assistance médicale à la procréation est chargé de :

1° S'assurer de la mise en place d'une surveillance des incidents et des effets indésirables par les professionnels de santé impliqués dans les activités mentionnées au 2° du I de l'article R. 2142-39 ;

2° Recueillir, conserver et rendre accessible les informations qui lui sont communiquées relatives aux incidents et aux effets indésirables ;

3° Identifier et déclarer sans délai à l'Agence de la biomédecine les incidents graves et les effets indésirables inattendus ;

4° Informer, le cas échéant, les autres correspondants locaux du dispositif de vigilance relatif à l'assistance médicale à la procréation ;

5° Informer les correspondants des autres vigilances concernées si d'autres systèmes de vigilance sont concernées ;

6° Procéder aux investigations des incidents graves et effets indésirables inattendus qui lui sont signalés ou en assurer la coordination et s'assurer de la mise en place, le cas échéant, des mesures correctives par le professionnel de santé concerné ;

7° Informer l'Agence de la biomédecine des résultats de ces investigations et des mesures correctives mises en place, le cas échéant ;

8° Avertir l'Agence de la biomédecine de toute difficulté susceptible de compromettre le bon fonctionnement du dispositif ;

9° Transmettre chaque année avant le 31 mars à l'Agence de la biomédecine un rapport annuel comportant une synthèse de tous les incidents et effets indésirables relevés au cours de l'année civile précédente ainsi que leur fréquence de survenue au regard des activités. Le modèle de rapport est fixé par le directeur général de l'Agence de la biomédecine.

Art. R. 2142-48 Chaque établissement ou organisme mentionné au 2° de l'article R. 2142-42 veille à ce qu'une procédure soit mise en place permettant d'empêcher l'utilisation des gamètes, tissus germinaux ou embryons mentionnés au 1° du I de l'article R. 2142-39 susceptibles de présenter un défaut de qualité ou de sécurité.

Art. R. 2142-49 Sans préjudice de l'obligation mentionnée à l'article L. 1413-14 :

1° Tout professionnel de santé exerçant dans une structure disposant d'un correspondant local du dispositif de vigilance relatif à l'assistance médicale à la procréation et qui a connaissance de la survenue de tout incident grave ou effet indésirable inattendu le signale sans délai à ce correspondant. En cas d'empêchement du correspondant local ou de son suppléant, le professionnel de santé déclare sans délai à l'Agence de la biomédecine tout incident grave ou effet indésirable inattendu ;

2° Tout professionnel de santé exerçant dans un établissement ou une structure ne disposant pas d'un correspondant local qui a connaissance de la survenue d'un incident grave ou d'un effet indésirable inattendu le déclare sans délai à l'Agence de la biomédecine ;

3° Tout autre professionnel de santé ayant connaissance d'un effet indésirable qui, au vu des informations en sa possession, lui semble lié aux activités mentionnées au 2° du I de l'article R. 2142-39 le signale sans délai au correspondant local de la structure qui est intervenue dans le cadre des activités en cause ou qui a pris en charge la personne concernée par l'effet indésirable.

TITRE CINQUIÈME RECHERCHE SUR L'EMBRYON ET LES CELLULES SOUCHES EMBRYONNAIRES

(Décr. n° 2006-121 du 6 févr. 2006)

CHAPITRE UNIQUE

SECTION PREMIÈRE MISE EN ŒUVRE DE LA RECHERCHE

Art. R. 2151-1 *(Décr. n° 2015-155 du 11 févr. 2015, art. 1er-1°)* Le directeur général de l'Agence de la biomédecine peut autoriser, dans les conditions fixées par l'article L. 2151-5, un protocole de recherche sur l'embryon ou sur les cellules souches embryonnaires, après avis du conseil d'orientation, pour une durée déterminée qui ne peut excéder cinq ans, renouvelable dans les mêmes conditions.

Art. R. 2151-2 Outre la vérification des conditions fixées à l'article L. 2151-5, l'agence de la biomédecine s'assure de la faisabilité du protocole et de la pérennité de l'organisme et de l'équipe de recherche. Elle prend en considération les titres, diplômes, expérience et travaux scientifiques du responsable de la recherche et des membres de l'équipe. En outre, l'agence de la biomédecine tient compte des locaux, des matériels, des équipements ainsi que des procédés et techniques mis en œuvre par le demandeur. Elle évalue les moyens et dispositifs garantissant la sécurité, la qualité et la traçabilité des embryons et des cellules *(Décr. nº 2012-467 du 11 avr. 2012, art. 1er-II-1º)* « souches » embryonnaires.

Art. R. 2151-3 I. — Seuls peuvent obtenir l'autorisation de procéder à une recherche sur l'embryon :

1º Les établissements publics de santé et les laboratoires de biologie médicale autorisés à conserver des embryons en application de l'article L. 2142-1, ainsi que les établissements autorisés à pratiquer le diagnostic *(Décr. nº 2012-467 du 11 avr. 2012, art. 1er-III-1º)* « préimplantatoire » en application de l'article L. 2131-4 ;

2º Les établissements et organismes ayant conclu une convention avec l'un au moins des établissements ou laboratoires mentionnés au 1º. Cette convention prévoit les conditions dans lesquelles l'établissement ou le laboratoire mentionné au 1º conserve et met à disposition des embryons au bénéfice de cet établissement ou organisme. La mise à disposition d'embryons n'est autorisée que pour la seule durée de la recherche.

II. — Seuls peuvent obtenir l'autorisation de procéder à une recherche sur des cellules *(Décr. nº 2012-467 du 11 avr. 2012, art. 1er-III-2º)* « souches » embryonnaires :

1º Les établissements et organismes poursuivant une activité de recherche et titulaires de l'autorisation de conservation des cellules souches embryonnaires à des fins *(Décr. nº 2012-467 du 11 avr. 2012, art. 1er-III-3º)* « de recherche » mentionnée à l'article L. 2151-7 ;

2º Les établissements et organismes publics et privés poursuivant une activité de recherche ayant conclu une convention avec un établissement ou organisme mentionné au 1º dans laquelle ce dernier s'engage à fournir et à conserver des cellules souches embryonnaires pour la réalisation de la recherche des premiers.

Art. R. 2151-4 *(Décr. nº 2012-467 du 11 avr. 2012, art. 1er-IV)* La délivrance de l'information préalable et le recueil par écrit du consentement libre et éclairé de chacun des membres du couple ou du membre survivant du couple, prévus au dernier alinéa de l'article L. 2131-4 et aux articles L. 2141-3, L. 2141-4 et L. 2151-5, sont réalisés, en cas de diagnostic préimplantatoire, par le praticien agréé en application de l'article L. 2131-4-2 et, dans les autres cas, par le praticien intervenant, conformément au cinquième alinéa de l'article L. 2142-1, dans un établissement, laboratoire ou organisme autorisé en application du même article.

(Décr. nº 2015-155 du 11 févr. 2015, art. 1er-3º) « Une information sur les différentes catégories de recherches susceptibles d'être mises en œuvre dans le cadre de l'article L. 2151-5 est délivrée. » Il est précisé au couple ou au membre survivant du couple que les embryons ayant fait l'objet d'une recherche ne peuvent être transférés à des fins de gestation et qu'ils sont détruits au cours de la recherche. Lorsqu'il est fait application du II de l'article L. 2141-4, le couple ou le membre survivant est également informé que, le cas échéant, les cellules dérivées à partir des embryons peuvent entrer dans une préparation de thérapie cellulaire à des fins exclusivement *thérapeutiques.*

Le responsable de la recherche doit pouvoir justifier à tout moment au cours de celle-ci du recueil des consentements mentionnés au premier alinéa.

Art. R. 2151-5 *(Décr. nº 2012-467 du 11 avr. 2012, art. 1er-V-1º)* « Les embryons ne peuvent être remis au responsable de la recherche mentionné à l'article R. 2151-8 que par le titulaire de l'autorisation prévue à l'article L. 2151-7, par le praticien agréé en application de l'article L. 2131-4-2 ou par le praticien intervenant, conformément au cinquième alinéa de l'article L. 2142-1, dans un établissement, laboratoire ou organisme autorisé en application du même article. Le responsable de la recherche doit produire l'autorisation du protocole de recherche. Le titulaire de l'autorisation ou le praticien lui remet le document attestant du recueil des consentements mentionné à l'article R. 2151-4. »

La remise de cellules *(Décr. n° 2012-467 du 11 avr. 2012, art. 1er-V-2°)* « souches » embryonnaires au responsable de la recherche par le titulaire de l'autorisation d'importation prévue à l'article L. 2151-6 ou de l'autorisation de conservation prévue à l'article L. 2151-7 s'effectue sur production des documents mentionnés au précédent alinéa. *(Décr. n° 2012-467 du 11 avr. 2012, art. 1er-V-3°)* « Si les cellules souches embryonnaires ont été importées, le titulaire de l'autorisation remet au responsable de la recherche les documents attestant de leur obtention dans le respect des principes mentionnés aux articles 16 à 16-8 du code civil et du recueil des consentements mentionnés à l'article R. 2151-13. »

Aucune information susceptible de permettre l'identification du couple ou du membre survivant du couple à l'origine des embryons faisant l'objet de la recherche ne peut être communiquée au responsable de la recherche.

Art. R. 2151-6 La demande d'autorisation d'un protocole de recherche sur l'embryon ou sur les cellules *(Décr. n° 2012-467 du 11 avr. 2012, art. 1er-VI-1°)* « souches » embryonnaires est adressée au directeur général de l'agence de la biomédecine sous pli recommandé avec demande d'avis de réception ou déposée contre récépissé auprès de l'agence dans les mêmes conditions. Cette demande est accompagnée d'un dossier *(Décr. n° 2012-467 du 11 avr. 2012, art. 1er-VI-1°)* « qui comprend tous les éléments permettant de vérifier que les conditions légales sont remplies et » dont la forme et le contenu sont fixés par décision du directeur général de l'agence.

Le directeur général fixe également les périodes pendant lesquelles peuvent être déposés des dossiers de demande d'autorisation. La date de clôture de ces périodes fait courir le délai de quatre mois prévu ci-dessous *(Décr. n° 2012-467 du 11 avr. 2012, art. 1er-VI-2°)* « pour les demandes accompagnées d'un dossier complet ».

Lorsque des pièces indispensables à l'instruction de la demande font défaut, l'avis de réception fixe le délai dans lequel ces pièces doivent être fournies.

Dans le délai de quatre mois suivant la date de clôture de la période au cours de laquelle a été déposé le dossier complet, le directeur général de l'agence de la biomédecine notifie à l'établissement ou à l'organisme demandeur la décision d'autorisation ou de refus d'autorisation. A l'issue de ce délai, l'absence de décision du directeur général vaut décision implicite de refus d'autorisation.

La décision du directeur général accordant l'autorisation de recherche fait mention du nom de la personne responsable de la recherche. Cette décision est publiée au *Journal officiel* de la République française.

Le directeur général de l'agence peut demander, par lettre recommandée avec demande d'avis de réception, toute information complémentaire, qu'il estime nécessaire à l'instruction du dossier d'autorisation. Il indique au demandeur le délai dans lequel il doit fournir ces éléments. Cette demande d'information complémentaire suspend le délai mentionné au quatrième alinéa.

Art. R. 2151-7 *(Décr. n° 2015-155 du 11 févr. 2015, art. 1er-4°)* Toute décision du directeur général d'autorisation ou de refus de recherche et l'avis du conseil d'orientation sont transmis simultanément aux ministres chargés de la santé et de la recherche, qui disposent d'un délai d'un mois pour demander conjointement un nouvel examen du dossier de demande d'autorisation, en application des 1° et 2° du III de l'article L. 2151-5.

Lorsqu'une demande de réexamen d'un protocole autorisé est formulée par les ministres, le directeur général suspend l'autorisation délivrée pour une durée de deux mois. La décision de suspension est notifiée au titulaire de l'autorisation.

A l'issue de la période de trente jours durant laquelle l'agence procède au nouvel examen de la demande, le silence de l'administration vaut confirmation de la décision initiale du directeur général de l'agence.

Art. R. 2151-8 Toute recherche autorisée au titre de l'article L. 2151-5 est placée sous la direction d'une personne responsable désignée par la demande mentionnée à l'article R. 2151-6.

La personne responsable de la recherche adresse au directeur général de l'agence de la biomédecine un rapport annuel. Elle lui fait parvenir le rapport final de la recherche dès l'achèvement de celle-ci. Ces rapports contiennent en particulier les informations relatives à la destination des embryons et des cellules *(Décr. n° 2012-467 du 11 avr. 2012, art. 1er-VIII)* « souches » embryonnaires ayant fait l'objet du protocole.

Le directeur général de l'agence peut à tout moment demander à la personne responsable de la recherche de rendre compte de l'état d'avancement des travaux.

Art. R. 2151-9 L'établissement ou l'organisme qui souhaite modifier un élément substantiel du protocole autorisé au titre de l'article L. 2151-5 doit déposer un nouveau dossier de demande d'autorisation. Ce dernier est instruit dans les mêmes conditions que la demande initiale.

Art. R. 2151-10 En cas de violation des dispositions législatives ou réglementaires ou de prescriptions fixées par l'autorisation, cette dernière peut être suspendue à tout moment pour une durée maximale de trois mois par le directeur général de l'agence de la biomédecine, qui en informe le conseil d'orientation dans les meilleurs délais. L'autorisation peut également être retirée après avis du conseil d'orientation. La décision du directeur général est notifiée au titulaire de l'autorisation et communiquée aux ministres chargés de la santé et de la recherche.

Avant toute décision de suspension ou de retrait d'autorisation, le titulaire de l'autorisation est mis en demeure de mettre fin à ses manquements ou de présenter ses observations dans un délai imparti par le directeur général.

Art. R. 2151-11 I. — Les établissements et organismes autorisés au titre des première et troisième sections du présent chapitre tiennent un registre des embryons et des cellules *(Décr. n° 2012-467 du 11 avr. 2012, art. 1er-IX-1°)* « souches » embryonnaires qu'ils détiennent.

Ce registre mentionne :

1° L'organisme ayant fourni les embryons ou les cellules *(Décr. n° 2012-467 du 11 avr. 2012, art. 1er-IX-1°)* « souches » embryonnaires et leur code d'identification après anonymisation ;

2° L'intitulé du protocole de recherche ;

3° Le nom du responsable de la recherche ou de l'activité de conservation ;

4° Le nombre d'embryons et de lignées de cellules *(Décr. n° 2012-467 du 11 avr. 2012, art. 1er-IX-1°)* « souches » embryonnaires faisant l'objet d'une recherche ;

(Décr. n° 2012-467 du 11 avr. 2012, art. 1er-IX-2°) « 5° Le nombre, la désignation et les caractéristiques des lignées de cellules souches embryonnaires conservées ou obtenues au cours de la recherche ; »

6° Les résultats des analyses concernant les marqueurs biologiques d'infection ;

7° Le(s) lieu(x) de la recherche et de la conservation ;

8° La destination des embryons et cellules *(Décr. n° 2012-467 du 11 avr. 2012, art. 1er-IX-1°)* « souches » embryonnaires.

La personne responsable de la recherche ou de la conservation est chargée de la tenue de ce registre. Elle veille à l'exactitude des informations qui sont consignées dans ce registre ainsi qu'à sa conservation dans des conditions de sécurité propres à en garantir l'intégrité et la confidentialité.

II. — L'Agence de la biomédecine tient un registre national des embryons et cellules *(Décr. n° 2012-467 du 11 avr. 2012, art. 1er-IX-1°)* « souches » embryonnaires, qui comporte notamment :

(Décr. n° 2012-467 du 11 avr. 2012, art. 1er-IX-4°) « 1° Les numéros d'autorisation et *les noms des établissements* ou organismes autorisés à réaliser des recherches ou à conserver des embryons ou des cellules souches embryonnaires ;

« 2° Pour chaque autorisation, les informations mentionnées aux 2° à 5° et aux 7° et 8° du I, avec, pour les embryons et les lignées de cellules souches embryonnaires faisant l'objet d'une recherche, leur code d'identification. »

La personne responsable de la recherche ou de la conservation à l'occasion du rapport annuel prévu à l'article R. 2151-8 communique au directeur général de l'agence de la biomédecine les informations nécessaires à ce dernier pour tenir à jour ce registre national.

Le code d'identification attribué à chaque embryon, répertorié dans les registres mentionnés ci-dessus, et à chaque lignée de cellules *(Décr. n° 2012-467 du 11 avr. 2012, art. 1er-IX-1°)* « souches » embryonnaires qui en est dérivée, est établi et rendu anonyme selon le système de codage défini par décision du directeur général de l'agence, après avis de la Commission nationale informatique et libertés.

L'anonymisation de ce code a un caractère réversible afin, le cas échéant, d'accéder aux données permettant d'identifier les personnes à l'origine de l'embryon lorsqu'une finalité médicale ou de sécurité sanitaire l'exige.

Art. R. 2151-12 Tout établissement ou organisme qui procède à des recherches sur les embryons ou sur des cellules *(Décr. n° 2012-467 du 11 avr. 2012, art. 1er-X)* « souches » embryonnaires est tenu de conserver pendant dix ans à compter de la fin de cette recherche le protocole prévu à l'article L. 2151-5, *(Décr. n° 2012-467 du 11 avr. 2012, art. 1er-X)* « les documents attestant du recueil des consentements mentionnés aux articles R. 2151-4 et R. 2151-13 » ainsi que le rapport final de la recherche et le registre mentionné au I de l'article R. 2151-11.

SECTION II **IMPORTATION ET EXPORTATION DE CELLULES SOUCHES EMBRYONNAIRES À DES FINS DE RECHERCHE** *(Décr. n° 2012-467 du 11 avr. 2012, art. 2-I).*

Art. R. 2151-13 *(Décr. n° 2012-467 du 11 avr. 2012, art. 2-II)* Tout organisme qui importe ou exporte des cellules souches embryonnaires doit être en mesure de justifier qu'elles ont été obtenues dans le respect des principes mentionnés aux articles 16 à 16-8 du code civil, avec le consentement préalable du couple géniteur de l'embryon qui a été conçu dans le cadre d'une assistance médicale à la procréation et ne fait plus l'objet d'un projet parental, et sans qu'aucun paiement, quelle qu'en soit la forme, n'ait été alloué au couple.

Art. R. 2151-14 *(Décr. n° 2012-467 du 11 avr. 2012, art. 2-III-1°)* « Seuls peuvent obtenir une autorisation d'importer ou d'exporter à des fins de recherche des cellules souches embryonnaires les organismes : »

1° Titulaires de l'autorisation de procéder à une recherche sur l'embryon et les cellules *(Décr. n° 2012-467 du 11 avr. 2012, art. 2-III-2°)* « souches » embryonnaires prévue à l'article L. 2151-5 ;

2° Titulaires de l'autorisation de conserver *(Décr. n° 2012-467 du 11 avr. 2012, art. 2-III-3°)* « des embryons ou » des cellules souches embryonnaires prévue à l'article L. 2151-7.

Art. R. 2151-15 *(Décr. n° 2012-467 du 11 avr. 2012, art. 2-IV)* « Le directeur général de l'Agence de la biomédecine autorise l'importation et l'exportation de cellules souches embryonnaires à des fins de recherche, après avis du conseil d'orientation. Cette autorisation est valable pour une durée de deux ans. »

Cette autorisation est délivrée pour chaque opération envisagée et comporte les informations mentionnées à l'article R. 2151-16.

Les dispositions des articles R. 2151-6, R. 2151-9, R. 2151-10 et R. 2151-12 s'appliquent aux autorisations prévues à la présente section.

Art. R. 2151-16 Toute opération d'importation ou d'exportation à des fins de recherche, à l'exclusion du transit et de l'emprunt du territoire douanier à l'occasion d'un transfert entre deux autres États membres de *(Décr. n° 2012-467 du 11 avr. 2012, art. 2-V-1°)* « l'Union européenne, de cellules souches embryonnaires » est subordonnée à l'apposition sur le conditionnement extérieur des informations suivantes :

(Décr. n° 2012-467 du 11 avr. 2012, art. 2-V-2°) « 1° La mention "cellules souches embryonnaires" ; »

2° La désignation *(Décr. n° 2012-467 du 11 avr. 2012, art. 2-V-3°)* « des cellules concernées » ;

3° L'usage auquel *(Décr. n° 2012-467 du 11 avr. 2012, art. 2-V-4°)* « ces cellules sont destinées » ;

4° Pour l'importation, le nom et l'adresse de l'organisme étranger fournisseur, de l'organisme autorisé à importer et du destinataire ;

5° Pour l'exportation le nom et l'adresse de l'organisme autorisé à exporter et du destinataire.

Art. R. 2151-17 Tout incident se produisant lors du *(Décr. n° 2012-467 du 11 avr. 2012, art. 2-VI)* « transport des cellules souches embryonnaires » doit faire l'objet d'une déclaration au directeur général de l'agence de la biomédecine par le titulaire de l'autorisation d'importation ou d'exportation.

En cas d'incident susceptible d'affecter la sécurité sanitaire, le directeur général de l'agence de la biomédecine en informe immédiatement le directeur général de l'*(Décr. n° 2012-597 du 27 avr. 2012, art. 5-I-1°)* « Agence nationale de sécurité du médicament et des produits de santé » et le ministre chargé de la santé.

SECTION III **CONSERVATION DES EMBRYONS ET DES CELLULES SOUCHES EMBRYONNAIRES À DES FINS DE RECHERCHE** *(Décr. n° 2012-467 du 11 avr. 2012, art. 3-I).*

Art. R. 2151-18 *(Décr. n° 2012-467 du 11 avr. 2012, art. 3-II)* Tout organisme qui conserve des embryons et des cellules souches embryonnaires à des fins de recherche doit être en mesure de justifier du recueil des consentements mentionnés à l'article R. 2151-4.

Lorsque les cellules souches embryonnaires ont été importées, l'organisme doit être en mesure de justifier qu'elles ont été obtenues dans le respect des principes mentionnés aux articles 16 à 16-8 du code civil, avec le consentement préalable du couple géniteur de l'embryon qui a été conçu dans le cadre d'une assistance médicale à la procréation et ne fait plus l'objet d'un projet parental, et sans qu'aucun paiement, quelle qu'en soit la forme, n'ait été alloué au couple.

Art. R. 2151-19 Le directeur général de l'agence de la biomédecine autorise la conservation *(Décr. n° 2012-467 du 11 avr. 2012, art. 3-III-1°)* « d'embryons et » de cellules souches embryonnaires, après avis du conseil d'orientation, pour une durée déterminée, qui ne peut excéder cinq ans *(Décr. n° 2012-467 du 11 avr. 2012, art. 3-III-1°)* « , renouvelable dans les mêmes conditions ». L'autorisation fait mention du nom de la personne responsable de l'activité de conservation.

Préalablement à la décision du directeur général, l'agence de la biomédecine évalue les conditions de mise en œuvre de la conservation.

A cet effet, l'agence vérifie notamment que les conditions d'approvisionnement, de conservation des *(Décr. n° 2012-467 du 11 avr. 2012, art. 3-III-2°)* « embryons et des » cellules souches embryonnaires présentent des garanties suffisantes pour assurer le respect des dispositions du titre Ier du livre II de la première partie du présent code, des règles en vigueur en matière de sécurité des personnes exerçant une activité professionnelle sur le site, *(Décr. n° 2012-467 du 11 avr. 2012, art. 3-III-2°)* « des dispositions applicables en matière de protection de l'environnement et des règles de sécurité sanitaire ».

L'agence s'assure de la compétence de l'équipe chargée de la conservation. Elle prend en considération les titres, diplômes, expérience et travaux scientifiques des membres de l'équipe. En outre, l'agence de la biomédecine tient compte des locaux, des matériels, des équipements ainsi que des procédés et techniques mis en œuvre par le demandeur. Elle évalue les moyens et dispositifs mis en œuvre garantissant la sécurité, la qualité et la traçabilité des *(Décr. n° 2012-467 du 11 avr. 2012, art. 3-III-3°)* « embryons et des » cellules souches embryonnaires.

Lorsque l'organisme demandeur d'une autorisation de conservation exerce simultanément sur le même site des activités prévues aux articles L. 1243-2 et L. 1243-5, le directeur général vérifie que l'organisme a prévu des procédures garantissant contre tout risque de contamination.

Art. R. 2151-20 Les dispositions des articles R. 2151-6 et R. 2151-8 à R. 2151-12 s'appliquent aux autorisations prévues à la présente section.

Art. R. 2151-21 Lorsqu'il *(Décr. n° 2012-467 du 11 avr. 2012, art. 3-IV)* « suspend ou » retire une autorisation de conservation *(Décr. n° 2012-467 du 11 avr. 2012, art. 3-IV)* « d'embryons ou » de cellules souches embryonnaires, le directeur général de l'agence de la biomédecine organise le transfert de ces *(Décr. n° 2012-467 du 11 avr. 2012, art. 3-IV)* « embryons ou de ces » cellules vers un autre organisme autorisé à les conserver.

En cas d'incident susceptible d'affecter la sécurité sanitaire, le directeur général de l'agence de la biomédecine en informe immédiatement le directeur général de l'*(Décr.*

n° 2012-597 du 27 avr. 2012, art. 5-I-1°) « Agence nationale de sécurité du médicament et des produits de santé ».

TITRE SIXIÈME DISPOSITIONS PÉNALES *(Décr. n° 2006-121 du 6 févr. 2006).*

CHAPITRE PREMIER DIAGNOSTIC PRÉNATAL

Le présent chapitre ne comporte pas de dispositions réglementaires.

CHAPITRE II ASSISTANCE MÉDICALE À LA PROCRÉATION

Le présent chapitre ne comporte pas de dispositions réglementaires.

CHAPITRE III DISPOSITIONS COMMUNES

Le présent chapitre ne comporte pas de dispositions réglementaires.

LIVRE DEUXIÈME INTERRUPTION VOLONTAIRE DE GROSSESSE

TITRE PREMIER DISPOSITIONS GÉNÉRALES

CHAPITRE PREMIER PRINCIPE GÉNÉRAL

Le présent chapitre ne comporte pas de dispositions réglementaires.

CHAPITRE II INTERRUPTION PRATIQUÉE AVANT LA FIN DE LA DOUZIÈME SEMAINE DE GROSSESSE

SECTION PREMIÈRE CONSULTATION PRÉCÉDANT L'INTERRUPTION VOLONTAIRE DE GROSSESSE

Art. R. 2212-1 La consultation mentionnée à l'article L. 2212-4 est donnée :

1° Soit dans un établissement d'information, de consultation ou de conseil familial, créé en application de l'article *(Décr. n° 2010-344 du 31 mars 2010, art. 72)* « L. 2311-1 » ;

2° Soit dans un centre de planification ou d'éducation familiale agréé en application de l'article L. 2311-2 ;

3° Abrogé par Décr. n° 2010-344 du 31 mars 2010, art. 80.

4° Soit dans un organisme agréé dans les conditions fixées aux articles R. 2212-2 et R. 2212-3. — *Sur les organismes agréés en application de l'art. L. 2212-4, V. Arr. du 28 nov. 1975, ss. art. R. 2212-3* 🏛.

Art. R. 2212-2 Pour bénéficier d'un agrément pour l'application de l'article L. 2212-4, les organismes mentionnés au 4° de l'article R. 2212-1 doivent satisfaire aux conditions suivantes :

1° Être gérés par une personne morale de droit public ou par une personne morale de droit privé à but non lucratif et à vocation sociale ;

2° Disposer de locaux appropriés à la nature de l'entretien prévu à l'article L. 2212-4 ;

3° Disposer d'un personnel assurant les consultations présentant les aptitudes et l'expérience nécessaires et n'ayant pas été condamné pour des faits contraires à l'honneur, à la probité et aux bonnes mœurs, ou pour une infraction prévue aux articles *(Décr. n° 2010-344 du 31 mars 2010, art. 72)* « 226-13 et 226-14 » du code pénal, au *titre II du présent livre* et au chapitre IV du titre III du livre IV de la partie V du présent code ;

4° S'engager à assurer une périodicité au moins hebdomadaire des consultations.

Art. R. 2212-3 L'agrément est accordé par le préfet du département, après consultation d'une commission dont la composition est fixée par arrêté du ministre chargé de la santé.

Cette commission comprend notamment des fonctionnaires des services relevant du ministre chargé de *(Décr. n° 2010-344 du 31 mars 2010, art. 72)* « l'action sociale, un médecin de l'agence régionale de santé », des représentants des associations familiales et des personnes qualifiées en matière familiale et sociale.

L'agrément peut être donné à titre provisoire ou pour une durée limitée.

Il est retiré selon la même procédure, après que l'organisme a été invité à présenter ses observations, lorsque cet organisme méconnaît les prescriptions du deuxième alinéa de l'article L. 2212-4, ou cesse de satisfaire aux conditions posées à l'article R. 2212-2.

Sur l'agrément permettant d'assurer une consultation avant un IVG, V. Arr. du 28 nov. 1975 🏛.

SECTION II PRATIQUE DES INTERRUPTIONS VOLONTAIRES DE GROSSESSE DANS LES ÉTABLISSEMENTS DE SANTÉ

Art. R. 2212-4 Les établissements publics définis aux articles L. 6132-1, L. 6132-2, L. 6141-1, *(Décr. n° 2009-516 du 6 mai 2009)* « L. 6141-2 et L. 6147-3 » qui disposent de lits ou de places autorisés en gynécologie-obstétrique ou en chirurgie ne peuvent refuser de pratiquer des interruptions volontaires de grossesse.

Art. R. 2212-5 Pour pratiquer des interruptions volontaires de grossesse, les établissements privés doivent disposer de lits ou de places autorisés en gynécologie-obstétrique ou en chirurgie.

Art. R. 2212-6 Les établissements publics ou privés qui pratiquent les interruptions volontaires de grossesse disposent de capacités leur permettant de prendre en charge, sans délai, au sein de leurs installations de médecine, de gynécologie-obstétrique ou de chirurgie, toute complication, même différée, survenant aux femmes ayant eu recours à une interruption volontaire de grossesse.

Art. R. 2212-7 Les établissements publics qui pratiquent des interruptions volontaires de grossesse comportent un centre de planification ou d'éducation familiale agréé ou passent une convention afin que ce centre exerce, dans l'établissement, les activités définies par les articles R. 2311-7 à R. 2311-18.

Les établissements privés qui pratiquent des interruptions volontaires de grossesse passent une convention avec un centre de planification ou d'éducation familiale agréé afin que ce centre exerce les activités définies par les articles R. 2311-7 à R. 2311-18.

Art. R. 2212-8 *Abrogé par Décr. n° 2009-516 du 6 mai 2009.*

SECTION III CONDITIONS DE RÉALISATION DES INTERRUPTIONS VOLONTAIRES DE GROSSESSE HORS ÉTABLISSEMENTS DE SANTÉ

Art. R. 2212-9 *(Décr. n° 2009-516 du 6 mai 2009)* La convention prévue à l'article L. 2212-2 est conforme à la convention type constituant l'annexe 22-1.

Sur la convention type fixant les conditions dans lesquelles les médecins et les sages-femmes réalisent, hors établissement de santé, les IVG par voie médicamenteuse, V. annexe 22-1 🏛.

Art. R. 2212-10 *(Décr. n° 2004-636 du 1er juill. 2004, art. 1er-II)* Les interruptions volontaires de grossesse pratiquées par un médecin *(Décr. n° 2016-743 du 2 juin 2016, art. 1er-1°)* « ou une sage-femme » dans le cadre de la convention mentionnée à l'article R. 2212-9 sont exclusivement réalisées par voie médicamenteuse et jusqu'à la fin de la cinquième semaine de grossesse. Le médecin *(Décr. n° 2016-743 du 2 juin 2016, art. 1er-1°)* « ou la sage-femme » assure le suivi de la femme, conformément aux recommandations professionnelles validées par *(Décr. n° 2009-516 du 6 mai 2009, art. 2-4°)* « la Haute Autorité de santé ».

Art. R. 2212-11 *(Décr. n° 2016-743 du 2 juin 2016, art. 1er-2°)* Le médecin ou la sage-femme effectuant des interruptions volontaires de grossesse par voie médicamenteuse, dans le cadre de la convention mentionnée à l'article R. 2212-9, justifie d'une expérience professionnelle adaptée qui est constituée :

1° Pour le médecin :

a) Par une qualification universitaire en gynécologie médicale ou en gynécologie-obstétrique ;

b) Ou par une pratique suffisante et régulière des interruptions volontaires de grossesse médicamenteuses dans un établissement de santé, attestée par le directeur de cet établissement sur justificatif présenté par le responsable médical concerné ;

2° Pour la sage-femme, par la pratique mentionnée au *b* du 1°.

Art. R. 2212-12 Avant de recueillir le consentement écrit de la femme dont l'âge de la grossesse et dont l'état médical et psycho-social permet la réalisation d'une interruption volontaire de grossesse par mode médicamenteux, le médecin *(Décr. n° 2016-743 du 2 juin 2016, art. 1er-3°)* « ou la sage-femme » l'informe sur les différentes méthodes d'interruption volontaire de grossesse et sur leurs éventuelles complications.

Le médecin *(Décr. n° 2016-743 du 2 juin 2016, art. 1er-3°)* « ou la sage-femme » rappelle à la femme la possibilité de rencontrer une personne ayant satisfait à une formation qualifiante en conseil conjugal ou toute autre personne qualifiée dans un établissement ou organisme agréé dans les conditions prévues à l'article L. 2212-4.

Le médecin *(Décr. n° 2016-743 du 2 juin 2016, art. 1er-3°)* « ou la sage-femme » délivre à la femme une information complète sur la contraception et les maladies sexuellement transmissibles.

Art. R. 2212-13 Le médecin *(Décr. n° 2016-743 du 2 juin 2016, art. 1er-4°-a)* « ou la sage-femme » précise par écrit à la femme le protocole à respecter pour la réalisation de l'interruption volontaire de grossesse par mode médicamenteux.

(Décr. n° 2016-743 du 2 juin 2016, art. 1er-4°-b) « La femme est invitée » à se faire accompagner par la personne de son choix, notamment à l'occasion des consultations au cours desquelles sont administrés les médicaments.

Art. R. 2212-14 *(Décr. n° 2016-743 du 2 juin 2016, art. 1er-5°)* Le médecin ou la sage-femme informe la femme sur les mesures à prendre en cas de survenance d'effets secondaires et s'assure qu'elle dispose d'un traitement analgésique et qu'elle peut se rendre dans l'établissement de santé signataire de la convention dans un délai de l'ordre d'une heure.

Art. R. 2212-15 Le médecin *(Décr. n° 2016-743 du 2 juin 2016, art. 1er-6°-a)* « ou la sage-femme » remet à la femme un document écrit dans lequel sont indiqués l'adresse précise et le numéro de téléphone du service concerné de l'établissement de santé signataire de la convention. *(Décr. n° 2016-743 du 2 juin 2016, art. 1er-6°-a)* « Le médecin ou la sage-femme » lui indique la possibilité d'être accueillie à tout moment par cet établissement.

(Décr. n° 2016-743 du 2 juin 2016, art. 1er-6°-b) « Il est remis » également à la femme une fiche de liaison, définie conjointement avec l'établissement de santé signataire de la convention, contenant les éléments utiles de son dossier médical. Ce document est remis par la femme au médecin *(Décr. n° 2016-743 du 2 juin 2016, art. 1er-6°-b)* « ou à la sage-femme » de l'établissement de santé, lors de son admission.

Art. R. 2212-16 *(Décr. n° 2009-516 du 6 mai 2009)* « Seuls les médecins, *(Décr. n° 2016-743 du 2 juin 2016, art. 1er-7°-a)* « les sages-femmes, » les centres de planification ou d'éducation familiale et les centres de santé ayant conclu la convention mentionnée à l'article R. 2212-9 peuvent s'approvisionner en médicaments nécessaires à la réalisation d'une interruption volontaire de grossesse par voie médicamenteuse. »

(Décr. n° 2004-636 du 1er juill. 2004, art. 1er-III) « Pour s'approvisionner en médicaments nécessaires à la réalisation de cette interruption volontaire de grossesse, *(Décr. n° 2016-743 du 2 juin 2016, art. 1er-7°-b)* « il est passé » commande à usage professionnel auprès d'une pharmacie d'officine. Cette commande, rédigée dans les conditions prévues à *(Décr. n° 2016-743 du 2 juin 2016, art. 1er-7°-b)* « l'article R. 5132-4 », indique en outre le nom de l'établissement de santé, public ou privé, *(Décr. n° 2016-743 du 2 juin 2016, art. 1er-7°-b)* « avec lequel le médecin ou la sage-femme » a conclu la convention mentionnée à l'article R. 2212-9 et la date de cette convention. »

Art. R. 2212-17 *(Décr. n° 2016-743 du 2 juin 2016, art. 1er-8°)* Le médecin ou la sage-femme procède à la délivrance à la femme des médicaments nécessaires à la réalisation de l'interruption volontaire de grossesse.

La première prise de ces médicaments est effectuée en présence du médecin ou de la sage-femme.

Art. R. 2212-18 Une consultation de contrôle et de vérification de l'interruption de la grossesse est réalisée *(Décr. n° 2004-636 du 1er juill. 2004, art. 1er-IV)* « au minimum dans les quatorze jours et au maximum dans les vingt et un jours » suivant l'interruption volontaire de grossesse.

Art. R. 2212-19 Pour l'application dans la collectivité territoriale de Saint-Pierre-et-Miquelon des dispositions des articles R. 2212-9 à R. 2212-18, aux mots : "Établissement de santé" et "établissement de santé satisfaisant aux dispositions de l'article L. 2322-1" sont substitués les mots : "l'Établissement public de santé territorial de Saint-Pierre-et-Miquelon".

CHAPITRE III INTERRUPTION DE GROSSESSE PRATIQUÉE POUR MOTIF MÉDICAL

SECTION UNIQUE

Art. R. 2213-1 Lorsqu'une femme enceinte envisage de recourir à une interruption de grossesse au motif que la poursuite de sa grossesse met en péril grave sa santé, elle en fait la demande auprès d'un *(Décr. n° 2014-32 du 14 janv. 2014, art. 4-I)* « médecin titulaire du diplôme d'études spécialisées de gynécologie-obstétrique ou d'un diplôme équivalent, exerçant son activité dans un établissement de santé public ou privé » satisfaisant aux conditions de l'article L. 2322-1.

Art. R. 2213-2 Le *(Décr. n° 2014-32 du 14 janv. 2014, art. 4-II)* « médecin mentionné à l'article R. 2213-1 » saisi de la demande mentionnée ci-dessus constitue et réunit, pour avis consultatif, l'équipe pluridisciplinaire prévue au deuxième alinéa de l'article L. 2213-1.

Art. R. 2213-3 *(Décr. n° 2014-32 du 14 janv. 2014, art. 4-III)* L'équipe pluridisciplinaire prévue au deuxième alinéa de l'article L. 2213-1 comprend au moins :

1° Un médecin titulaire du diplôme d'études spécialisées de gynécologie-obstétrique ou d'un diplôme équivalent, membre d'un centre pluridisciplinaire de diagnostic prénatal ;

2° Un médecin choisi par la femme ;

3° Un assistant social ou un psychologue ;

4° Un ou des praticiens spécialistes de l'affection dont la femme est atteinte.

Un procès-verbal de la réunion de cette équipe est établi.

Art. R. 2213-4 La femme concernée ou le couple est entendu, à sa demande, par tout ou partie des membres de l'équipe pluridisciplinaire préalablement à la concertation mentionnée à l'article R. 2213-5.

Art. R. 2213-5 Si, au terme de la concertation menée par l'équipe pluridisciplinaire, il apparaît à deux médecins que la poursuite de la grossesse met en péril grave la santé de la femme, ceux-ci établissent les attestations prévues au premier alinéa de l'article L. 2213-1.

Art. R. 2213-6 L'établissement de santé mentionné à l'article R. 2213-1 conserve pour chaque demande d'avis les éléments du dossier médical transmis par le médecin traitant, les attestations mentionnées à l'article R. 2213-5 ainsi que le procès-verbal de la réunion de l'équipe pluridisciplinaire et, le cas échéant, les résultats des examens médicaux pratiqués. Les documents mentionnés au présent article sont conservés dans des conditions garantissant leur confidentialité.

CHAPITRE IV DISPOSITIONS COMMUNES

Le présent chapitre ne comporte pas de dispositions réglementaires.

TITRE DEUXIÈME DISPOSITIONS PÉNALES

CHAPITRE II INTERRUPTION ILLÉGALE DE GROSSESSE

SECTION UNIQUE

Art. R. 2222-1 Le fait pour un directeur d'établissement de santé où une femme est admise en vue d'une interruption volontaire de grossesse de ne pas se faire remettre ou de ne pas conserver pendant un an les attestations justifiant que l'intéressée a satisfait aux consultations prescrites aux articles L. 2212-3 à L. 2212-5, est puni de l'amende prévue pour les contraventions de la cinquième classe.

Est puni de la même peine le fait pour le directeur d'un établissement de santé de ne pas se faire remettre ou de ne pas conserver pendant trois ans l'attestation médicale prévue par l'article L. 2213-1.

Art. R. 2222-2 Le fait pour un médecin *(Décr. n° 2016-743 du 2 juin 2016, art. 2)* « ou une sage-femme » de ne pas établir la déclaration prévue par l'article L. 2212-10 est puni de l'amende prévue pour les contraventions de cinquième classe.

Est puni de la même peine le fait pour le directeur d'un établissement de santé de ne pas adresser cette déclaration au médecin *(Décr. n° 2010-344 du 31 mars 2010, art. 73)* « de l'agence régionale de santé désigné par le directeur général de l'agence » dans les conditions prévues à l'article L. 2212-10.

Art. R. 2222-3 La récidive des contraventions prévues aux articles R. 2222-1 et R. 2222-2 est réprimée conformément à l'article 132-11 du code pénal.

CHAPITRE III ENTRAVE À L'INTERRUPTION LÉGALE DE GROSSESSE

Le présent chapitre ne comporte pas de dispositions réglementaires.

LIVRE TROISIÈME ÉTABLISSEMENTS, SERVICES ET ORGANISMES

TITRE PREMIER ORGANISMES DE PLANIFICATION, D'ÉDUCATION ET DE CONSEIL FAMILIAL

CHAPITRE PREMIER CENTRES ET ÉTABLISSEMENTS

SECTION PREMIÈRE ÉTABLISSEMENTS D'INFORMATION, DE CONSULTATION OU DE CONSEIL FAMILIAL

(Décr. n° 2018-169 du 7 mars 2018, art. 1er)

Art. R. 2311-1 I. – Les établissements d'information, de consultation ou de conseil familial mettent en œuvre les missions suivantes :

1° Informer sur les droits en matière de vie affective, relationnelle et sexuelle et éduquer à leur appropriation, ainsi que contribuer au renforcement de l'estime de soi et au respect de l'autre dans la vie affective, relationnelle et sexuelle.

Cette mission comprend notamment :

a) La délivrance d'informations et l'accompagnement à leur appropriation, sur les droits liés à la personne en matière de santé sexuelle et de sexualité, tenant notamment à la contraception, l'interruption volontaire de grossesse et à la prévention des infections sexuellement transmissibles ;

b) La conduite d'entretiens préalables à l'interruption volontaire de grossesse prévus à l'article L. 2212-4 et plus généralement l'accompagnement des femmes envisageant de recourir ou ayant recouru à une interruption volontaire de grossesse ;

c) La proposition d'une éducation à la vie affective, relationnelle et sexuelle dans une approche globale, neutre et bienveillante ;

d) La promotion de l'égalité entre les filles et les garçons et entre les femmes et les hommes ;

e) La promotion du respect des orientations sexuelles, des identités de genre, des personnes intersexuées ;

f) La promotion du respect de l'intimité des personnes âgées, des personnes en situation de handicap et de toutes les personnes vulnérables ;

g) La prévention des violences, notamment celles faites aux femmes, et des violences sexuelles ;

2° Accompagner les personnes dans leur vie affective, relationnelle et sexuelle.

Cette mission comprend notamment :

_a)_ L'accompagnement des situations de crise conjugale et familiale ;

_b)_ L'accompagnement du désir ou du non-désir d'enfant, des grossesses menées à leur terme ou interrompues, des souhaits d'adoption ou démarches de procréation médicalement assistée menés à leur terme ou interrompus ;

_c)_ L'accompagnement des situations fragilisantes pour la famille ;

_d)_ Le soutien, l'accompagnement et l'orientation des personnes et des familles confrontées à des situations de dérive sectaire ou radicale et d'emprise mentale.

II. — Les établissements d'information, de consultation ou de conseil familial ne font appel, pour la direction et l'encadrement ainsi que pour leur personnel technique, à aucune personne ayant été condamnée pénalement ou sanctionnée disciplinairement pour des faits contraires à l'honneur, à la probité et aux bonnes mœurs ou pour une infraction au titre II du livre II de la présente partie et au chapitre IV du titre III du livre IV de la partie V du présent code.

Pour l'exercice de leurs missions, les établissements d'information, de consultation ou de conseil familial font appel à des personnes formées à l'éducation à la vie affective, relationnelle et sexuelle ou au conseil conjugal et familial en matière de vie affective, relationnelle et sexuelle. Ces personnes écoutent, informent et favorisent la parole, accompagnant les personnes accueillies dans la construction de leurs propres choix.

Un arrêté des ministres chargés de la famille et de la santé précise le contenu et les conditions de délivrance de ces formations.

Sur les demandes d'agrément, V. Décr. n° 2018-169 du 7 mars 2018, art. 2.

Décret n° 2018-169 du 7 mars 2018,

Relatif aux conditions de fonctionnement des établissements d'information, de consultation ou de conseil familial.

Art. 2 I. — Par dérogation aux dispositions de l'article 1er du présent décret, les établissements mentionnés à l'article R. 2311-1 du code de la santé publique et déclarés à la date de publication du présent décret sollicitent l'agrément du représentant de l'État dans le département de leur lieu d'implantation selon une procédure simplifiée.

Cette demande d'agrément simplifiée est transmise au représentant de l'État dans le délai de six mois suivant la publication du présent décret par tout moyen conférant date certaine.

Cette demande d'agrément simplifiée est constituée d'un dossier composé des éléments suivants :

1° L'identité de la personne gestionnaire de l'établissement ;

2° L'adresse et les coordonnées de l'établissement ;

3° Un document précisant les objectifs de l'établissement, ses modalités d'accueil du public, ses modalités d'organisation et de fonctionnement ainsi que les moyens que l'établissement met en œuvre notamment en ce qui concerne ses personnels permanents ou occasionnels. Sont précisés en particulier les noms, qualifications et fonctions de l'ensemble de ces personnels. Sont précisés en outre les moyens par lesquels l'établissement s'organise pour remplir les missions qu'il n'assurait pas précédemment, le cas échéant, et la durée prévisionnelle de la période à l'issue de laquelle il accomplira l'intégralité de celles-ci ;

4° Les rapports d'activité ou tout élément justifiant de l'activité couvrant les trois dernières *années d'exercice de l'établissement.*

II. — Le représentant de l'État dans le département du lieu d'implantation de l'établissement accorde l'agrément après examen du dossier lorsque :

1° Les modalités d'accueil et les moyens mis en œuvre permettent d'assurer des conditions satisfaisantes de sécurité, d'hygiène et de confort ;

2° Les rapports d'activité attestent que :

a) Les qualifications en matière de vie affective, relationnelle et sexuelle des personnes auxquelles l'établissement fait appel pour l'exercice de ses missions sont adaptées ;

b) L'établissement a satisfait avec rigueur à l'ensemble des obligations qui lui incombent tant en application du code de la santé publique que des conventions passées avec l'État sur le fondement de l'article R. 2311-3 du même code lui ouvrant le bénéfice d'une aide financière.

Le représentant de l'État dans le département du lieu d'implantation de l'établissement informe le demandeur de sa décision dans un délai de deux mois à compter de la réception de la demande, par tout moyen conférant date certaine. Sans préjudice de l'application des dispositions de l'article L. 114-5 du code des relations entre le public et l'administration en cas de demande incomplète, le représentant de l'État peut, dans ce délai, demander toute information complémentaire permettant au demandeur de prouver qu'il remplit les obligations indiquées au *b* du 2° du présent article. Le représentant de l'État fixe dans cette hypothèse un délai pour la réception de ces informations complémentaires. Le délai de deux mois au terme duquel, à défaut de décision expresse, la demande est réputée acceptée ne court qu'à compter de la réception des informations complémentaires requises.

III. — Par dérogation aux dispositions de l'article 1er du présent décret, les établissements mentionnés à l'article R. 2311-1 du même code, déclarés à la date de publication du présent décret, peuvent conclure jusqu'au 31 décembre 2018 avec l'État, représenté par le représentant de l'État dans le département, une convention leur ouvrant le bénéfice d'une aide financière pour une durée inférieure à deux ans.

Art. R. 2311-2 I. — Les personnes qui créent ou gèrent un établissement mentionné à l'article R. 2311-1 font une demande d'agrément par tout moyen conférant date certaine au représentant de l'État dans le département du lieu d'implantation de celui-ci.

Cette demande d'agrément est transmise au représentant de l'État susmentionné au moins deux mois avant l'ouverture de l'établissement, ou, lorsque la demande porte sur un renouvellement d'agrément, au moins deux mois avant le terme de la période d'agrément en cours.

Lorsqu'il est accordé, l'agrément porte sur une durée de dix années à compter de sa notification.

II. — La demande d'agrément mentionnée au I est constituée des éléments suivants :

1° L'identité de la personne gestionnaire de l'établissement, attestée par :

a) Dans le cas d'une personne physique, copie de toute pièce justificative d'identité ;

b) Dans le cas d'une personne morale, copie de ses statuts ;

2° L'adresse et les coordonnées de l'établissement ;

3° Un document précisant les objectifs de l'établissement, ses modalités d'accueil du public, ses modalités d'organisation et de fonctionnement ainsi que les moyens que l'établissement met en œuvre, notamment ses personnels permanents ou occasionnels. Sont précisés en particulier les noms, qualifications, formations reçues conformément au II de l'article R. 2311-1 et fonctions de l'ensemble de ces personnels ;

4° Le plan des locaux avec la superficie et la destination des pièces ;

5° L'autorisation d'ouverture au public délivrée par le maire attestant la sécurité et l'accessibilité des locaux ou à défaut l'avis de la commission de sécurité, lorsque cela est nécessaire ;

6° Les attestations d'assurance concernant l'établissement.

Pour les établissements gérés par une personne morale de droit privé, les pièces susmentionnées sont complétées par les statuts de l'organisme gestionnaire et la liste des membres des organes dirigeants.

III. — Le représentant de l'État dans le département du lieu d'implantation de l'établissement accorde l'agrément après examen des éléments mentionnés au II lorsque :

1° Les modalités d'accueil et les moyens mis en œuvre permettent d'assurer les missions de l'établissement prévues au I de l'article R. 2311-1 dans des conditions satisfaisantes de sécurité, d'hygiène et de confort ;

2° Les conditions relatives aux personnels prévues au II de l'article R. 2311-1 sont remplies.

Le représentant de l'État dans le département informe le demandeur de sa décision dans un délai de deux mois à compter de la réception de la demande, par tout moyen *conférant date certaine.*

IV. — L'agrément est retiré par le représentant de l'État dans le département du lieu d'implantation de l'établissement lorsque les conditions requises au III ne sont plus réunies.

La personne gestionnaire de l'établissement qui ne remplit plus les conditions de l'agrément en est informée par tout moyen conférant date certaine.

V. – Les établissements ainsi agréés sont inscrits sur une liste tenue à jour annuellement par le représentant de l'État dans le département du lieu de leur implantation.

Cette liste est transmise annuellement au préfet de région et au directeur général de l'agence régionale de santé aux fins notamment de contribuer à l'élaboration du plan régional de santé.

Art. R. 2311-3 I. – Les personnes qui créent ou gèrent un établissement agréé selon la procédure mentionnée à l'article R. 2311-2 peuvent bénéficier d'une aide financière de l'État.

Cette aide est versée dans des conditions définies par une convention conclue entre le représentant de l'État dans le département et chaque personne gérant l'établissement.

II. – Cette convention précise :

1° La durée pour laquelle elle est conclue, qui ne peut être inférieure à deux années ;

2° Les objectifs prioritaires de l'établissement compte tenu des caractéristiques de son territoire d'intervention ;

3° Les personnes avec lesquelles l'établissement a préalablement conclu une convention de partenariat en vue notamment de :

a) Faciliter la mise en œuvre des missions décrites au 1° du I de l'article R. 2311-1 notamment lorsqu'elles sont exercées au bénéfice d'élèves, d'étudiants ou de personnes accueillies en établissements sociaux ou médico-sociaux ;

b) Faciliter l'orientation, dès qu'elle apparaît nécessaire, des personnes accueillies ou accompagnées vers les services spécialisés compétents, notamment en matière de médiation familiale, de soutien à la parentalité et d'accès à la contraception d'urgence ;

4° Les moyens par lesquels l'établissement se présente au public principalement sous le nom d'"Espace vie affective, relationnelle et sexuelle" ;

5° Le montant prévisionnel et les modalités de versement de l'aide financière accordée, dans le respect des règles de la comptabilité publique.

III. – La convention mentionnée au I donne lieu à un rapport d'activité transmis annuellement au représentant de l'État dans le département du lieu d'implantation de l'établissement, qui signale notamment les changements d'activités ou de personnels survenus dans l'année écoulée. Le silence gardé par le représentant de l'État susmentionné pendant les deux mois qui suivent cette transmission vaut acceptation des changements qui tiennent aux conditions d'agrément.

IV. – Un arrêté des ministres chargés de la famille et de la santé fixe les modèles de cette convention et du rapport d'activité auquel elle donne lieu.

Art. R. 2311-4 Le ministre chargé de la famille réunit au moins une fois par an les représentants des personnes physiques ou morales qui gèrent les établissements mentionnés à l'article R. 2311-1 en vue notamment d'élaborer une synthèse nationale de leurs activités.

SECTION II CENTRES DE PLANIFICATION OU D'ÉDUCATION FAMILIALE

SOUS-SECTION 1 DISPOSITIONS GÉNÉRALES

Art. R. 2311-7 Les centres de planification ou d'éducation familiale exercent les activités suivantes :

1° Consultations médicales relatives à la maîtrise de la fécondité ;

2° Diffusion d'informations et actions individuelles et collectives de prévention portant sur la sexualité et l'éducation familiale, organisées dans les centres et à l'extérieur de ceux-ci en liaison avec les autres organismes et collectivités concernés ;

3° Préparation à la vie de couple et à la fonction parentale, entretiens de conseil conjugal et familial ;

4° Entretiens préalables à l'interruption volontaire de grossesse prévus par l'article L. 2212-4 ;

5° Entretiens relatifs à la régulation des naissances faisant suite à une interruption volontaire de grossesse.

Seuls peuvent être dénommés centres d'éducation ou de planification familiale les centres qui exercent l'ensemble de ces activités et remplissent les conditions fixées par la présente sous-section.

Art. R. 2311-8 L'agrément prévu au premier alinéa de l'article L. 2311-2 ne peut être donné qu'aux centres remplissant les conditions fixées par les articles R. 2311-7, R. 2311-9 et R. 2311-13.

Un arrêté du ministre chargé de la santé fixe la composition du dossier de demande d'agrément.

Art. R. 2311-9 Les centres doivent remplir les conditions suivantes :

1° Être dirigés par un médecin soit spécialiste qualifié ou compétent qualifié en gynécologie médicale, en obstétrique ou en gynécologie-obstétrique, soit titulaire du diplôme d'études spécialisées complémentaires de médecine de la reproduction et gynécologie médicale ; en cas d'impossibilité de recruter un médecin remplissant ces conditions, une dérogation peut être accordée par le *(Décr. n° 2010-344 du 31 mars 2010, art. 75)* « directeur général de l'agence régionale de santé » à un médecin justifiant de connaissances particulières en gynécologie et en régulation des naissances ;

2° Disposer au minimum pour leurs consultations, et de façon permanente, d'une personne compétente en matière de conseil conjugal et familial ;

3° S'assurer, si les besoins de la population l'exigent, le concours d'une sage-femme, d'un infirmier ou d'une infirmière, d'un assistant ou d'une assistante de service social et d'un psychologue ;

4° Ne comprendre dans leur personnel de direction et d'encadrement ainsi que dans leur personnel technique aucune personne ayant été condamnée pour des faits contraires à l'honneur, à la probité et aux bonnes mœurs ou pour une infraction prévue au titre II du livre II de la présente partie et au chapitre IV du titre III du livre IV de la partie V du présent code ;

5° Satisfaire aux conditions techniques d'installation et de fonctionnement fixées par arrêté du ministre chargé de la santé.

Art. R. 2311-10 Sans préjudice des dispositions de l'article R. 2311-16, le contrôle de l'activité des centres a lieu sur pièces et sur place ; il est assuré par le médecin responsable du service départemental de protection maternelle et infantile ou par un médecin de ce service délégué par le médecin responsable.

Art. R. 2311-11 Les centres doivent porter sans délai à la connaissance du président du conseil départemental les modifications intervenues en ce qui concerne leurs personnels, leurs activités et leurs installations.

Ils doivent fournir au président du conseil départemental un rapport annuel sur leur fonctionnement technique, administratif et financier.

Les centres doivent adresser au médecin responsable du service départemental de la protection maternelle et infantile les documents statistiques nécessaires notamment à l'établissement des états définis par l'article R. 1423-11.

Art. R. 2311-12 Si un centre ne remplit pas ou cesse de remplir les conditions énumérées aux articles R. 2311-7, R. 2311-9 et R. 2311-13, ou refuse de se soumettre au contrôle prévu par l'article R. 2311-10, le président du conseil départemental le met en demeure de se conformer aux prescriptions de ces articles dans un délai maximum de trois mois.

Dans le cas où il n'a pas été satisfait aux injonctions du président du conseil départemental, le centre perd sa dénomination et, s'il a passé convention avec le département en application de l'article L. 2112-4, cette convention est résiliée. Lorsqu'il s'agit de centres ne relevant pas d'une collectivité publique, le président du conseil départemental procède au retrait de l'agrément.

SOUS-SECTION 2 DÉLIVRANCE DE PRODUITS OU OBJETS CONTRACEPTIFS

Art. R. 2311-13 Lorsque le centre délivre à titre gratuit aux personnes mentionnées à l'article L. 2311-4 des médicaments, produits ou objets contraceptifs, il doit s'assurer *le concours d'un pharmacien inscrit* au tableau de la section D ou E de l'Ordre national des pharmaciens.

Si le centre relève d'un établissement de santé, ce pharmacien peut être l'un des pharmaciens de la pharmacie à usage intérieur de cet établissement qui approvisionne le centre dans les conditions de l'article *(Décr. n° 2009-516 du 6 mai 2009)* « R. 5126-3 ».

(Décr. n° 2009-516 du 6 mai 2009) « A défaut de pharmacien, le directeur ou un autre médecin du centre, nommément désigné, peut être autorisé par le *(Décr. n° 2010-344 du 31 mars 2010, art. 75)* « directeur général de l'agence régionale de santé », à assurer la détention, le contrôle et la gestion des médicaments, produits ou objets contraceptifs. Le silence gardé par le *(Décr. n° 2010-344 du 31 mars 2010, art. 75)* « directeur général de l'agence régionale de santé » vaut autorisation tacite à l'expiration d'un délai de deux mois à compter de la date de réception de la demande.

« Les médicaments, produits ou objets contraceptifs sont délivrés aux personnes mentionnées au premier alinéa par un médecin ou une sage-femme du centre, dans les conditions prévues à l'article L. 5134-1. »

SOUS-SECTION 3 DÉPISTAGE ET TRAITEMENT DE CERTAINES MALADIES SEXUELLEMENT TRANSMISSIBLES

Art. R. 2311-14 Les centres peuvent effectuer le dépistage et le traitement de maladies transmises par la voie sexuelle, soit à la demande des consultants, soit avec l'accord de ceux-ci, sur proposition du médecin qui fait connaître les résultats des examens au cours d'une consultation médicale ultérieure.

Les centres ne peuvent en aucun cas enregistrer ni communiquer à quiconque l'identité des consultants.

Art. R. 2311-15 Tout centre qui décide d'exercer les activités de dépistage ou de traitement mentionnées à l'article R. 2311-14 est tenu d'en faire la déclaration auprès du *(Décr. n° 2010-344 du 31 mars 2010, art. 75)* « directeur général de l'agence régionale de santé », qui en informe le président du conseil départemental, en justifiant :

1° De la présence permanente d'un médecin ayant la formation requise pour procéder aux investigations cliniques et biologiques préalables à l'établissement d'un diagnostic ;

2° De l'accès à un laboratoire d'analyses de biologie médicale autorisé en application des dispositions de l'article L. 6211-2 ou d'un laboratoire d'un établissement public de santé suffisamment proche pour que les prélèvements ne soient pas affectés par leur transport, qui doit s'effectuer dans des conditions garantissant leur préservation.

Si ces prescriptions ne sont pas respectées, le *(Décr. n° 2010-344 du 31 mars 2010, art. 75)* « directeur général de l'agence régionale de santé » met le centre en demeure de s'y conformer dans le délai qu'il fixe ; à défaut, le centre doit cesser immédiatement de procéder au dépistage et aux traitements mentionnés à l'article R. 2311-14.

Art. R. 2311-16 Les activités de dépistage et de traitement mentionnées à l'article R. 2311-14 sont soumises au contrôle prévu par le 4° de l'article R. 1421-6.

Le contrôle médical défini à l'article L. 315-1 du code de la sécurité sociale s'exerce sur les appréciations et les prescriptions des médecins des centres qui participent aux activités mentionnées à l'article R. 2311-14.

Art. R. 2311-17 Lorsque les centres délivrent à titre gratuit aux personnes mentionnées à l'article L. 2311-5 des médicaments en vue du traitement des maladies mentionnées à l'article R. 2311-14, ils doivent s'assurer le concours d'un pharmacien inscrit au tableau de la section D ou E de l'Ordre national des pharmaciens.

Si le centre relève d'un établissement de santé, ce pharmacien peut être l'un des pharmaciens de la pharmacie à usage intérieur de cet établissement qui approvisionne le centre dans les conditions de l'article R. 5104-10.

A défaut de pharmacien, le directeur ou un autre médecin du centre, nommément désigné, peut être autorisé par le *(Décr. n° 2010-344 du 31 mars 2010, art. 75)* « directeur général de l'agence régionale de santé » à gérer et à délivrer directement ces médicaments aux personnes mentionnées au premier alinéa.

(Décr. n° 2004-802 du 29 juill. 2004, art. 9-I) « Le silence gardé par le *(Décr. n° 2010-344 du 31 mars 2010, art. 75)* « directeur général de l'agence régionale de santé » vaut autorisation tacite à l'expiration d'un délai de deux mois à compter de la date de réception de la demande. »

Art. R. 2311-18 Dans le cadre de la surveillance épidémiologique des maladies sexuellement transmissibles effectuée au niveau national, les centres qui exercent les activités mentionnées à l'article R. 2311-14 ont l'obligation de remplir, dans les conditions fixées par arrêté du ministre chargé de la santé, un recueil standardisé de données individuelles anonymes, faisant l'objet d'un état récapitulatif transmis chaque trimestre au *(Décr. n° 2010-344 du 31 mars 2010, art. 75)* « directeur général de l'agence régionale de santé ».

SOUS-SECTION 4 INTERRUPTION VOLONTAIRE DE GROSSESSE PAR VOIE MÉDICAMENTEUSE

(Décr. n° 2009-516 du 6 mai 2009)

Art. R. 2311-19 Les centres ayant conclu la convention mentionnée à l'article L. 2212-2 peuvent pratiquer des interruptions volontaires de grossesse par voie médicamenteuse.

Art. R. 2311-20 Lorsqu'il pratique des interruptions volontaires de grossesse par voie médicamenteuse, le centre doit s'assurer le concours d'un pharmacien inscrit au tableau de la section E ou H de l'Ordre national des pharmaciens.

Si le centre relève d'un établissement de santé, ce pharmacien peut être l'un des pharmaciens de la pharmacie à usage intérieur de cet établissement qui approvisionne le centre dans les conditions de l'article R. 5126-3.

A défaut de pharmacien, le directeur ou *(Décr. n° 2016-743 du 2 juin 2016, art. 3-1°)* « un autre médecin ou une sage-femme du centre », nommément désigné, peut être autorisé par le *(Décr. n° 2010-344 du 31 mars 2010, art. 75)* « directeur général de l'agence régionale de santé », à assurer la détention, le contrôle et la gestion des médicaments nécessaires à la pratique d'interruptions volontaires de grossesse par voie médicamenteuse. Le silence gardé par le *(Décr. n° 2010-344 du 31 mars 2010, art. 75)* « directeur général de l'agence régionale de santé » vaut autorisation tacite à l'expiration d'un délai de deux mois à compter de la date de réception de la demande.

Art. R. 2311-21 *(Décr. n° 2016-743 du 2 juin 2016, art. 3-2°)* Les médicaments sont administrés par un médecin ou une sage-femme du centre dans les conditions prévues aux articles R. 2212-9 à R. 2212-19.

CHAPITRE II CONSEIL SUPÉRIEUR DE L'INFORMATION SEXUELLE, DE LA RÉGULATION DES NAISSANCES ET DE L'ÉDUCATION FAMILIALE

SECTION UNIQUE

Art. R. 2312-1 à R. 2312-7 *Abrogés par Décr. n° 2014-132 du 17 févr. 2014, art. 29.*

TITRE DEUXIÈME AUTRES ÉTABLISSEMENTS ET SERVICES

CHAPITRE PREMIER MAISONS D'ENFANTS À CARACTÈRE SANITAIRE

SECTION PREMIÈRE ENFANTS ADMIS

Art. R. 2321-1 *(Décr. n° 2008-377 du 17 avr. 2008)* La délivrance de l'autorisation d'ouverture d'une maison d'enfants à caractère sanitaire exerçant l'activité de soins de suite et de réadaptation, en application des dispositions des articles R. 6123-123 à R. 6123-126, est subordonnée à l'agrément du directeur, délivré dans les conditions prévues à l'article R. 2321-4.

Art. R. 2321-2 Dans les dix jours qui suivent la date de l'ouverture de l'établissement, le directeur de la maison d'enfants à caractère sanitaire fait parvenir au directeur *(Décr. n° 2010-344 du 31 mars 2010, art. 76)* « général de l'agence régionale de santé » une déclaration accompagnée des certificats médicaux mentionnés à l'article R. 2321-25 comportant :

1° Les nom, prénoms, titres et lieu de résidence du médecin chargé de la surveillance médicale de l'établissement sous réserve de l'agrément du directeur *(Décr. n° 2010-344 du 31 mars 2010, art. 76)* « général de l'agence régionale de santé » ;

2° Les noms, prénoms, dates de naissance et titres du personnel d'encadrement ;

3° Les noms, prénoms et titres des infirmiers ou infirmières et, le cas échéant, des techniciens de laboratoire et des diététiciens ;

4° Les noms, avec indication de leur qualité, des personnes autres que celles précédemment désignées, résidant dans l'établissement, à quelque titre que ce soit, ou y exerçant une fonction sans y résider.

Toute personne appelée à être employée dans l'établissement et n'ayant pas été comprise dans la déclaration initiale fait l'objet dans les dix jours de son entrée en fonctions d'une déclaration faite en conformité aux dispositions indiquées ci-dessus.

Art. R. 2321-3 Pour l'application de l'article L. 2321-6, l'arrêté préfectoral de fermeture ne peut intervenir qu'après mise en demeure et lorsque l'établissement n'a pas remédié, dans le délai fixé par le préfet, sur proposition du directeur *(Décr. n° 2010-344 du 31 mars 2010, art. 76)* « général de l'agence régionale de santé », aux manquements qui lui sont reprochés.

La décision de fermeture est prise sans mise en demeure préalable dans les cas de danger immédiat pour la vie, la santé ou la moralité des enfants.

SECTION II **CRÉATION, EXTENSION OU TRANSFORMATION**

Art. R. 2321-4 L'agrément du directeur est prononcé par le *(Décr. n° 2010-344 du 31 mars 2010, art. 77)* « directeur général de l'agence régionale de santé après avis du préfet », préalablement à toute prise de fonctions.

Cet agrément ne peut intervenir que s'il ressort du dossier constitué et instruit suivant les dispositions des articles R. 2321-19 et R. 2321-20 qui suivent, ainsi que des enquêtes de moralité concernant le postulant et les personnes de son entourage appelées à résider dans l'établissement, que :

1° Le postulant offre les garanties de moralité, de santé et de capacité professionnelle nécessaires pour assurer la garde et l'éducation d'enfants, ainsi que le bon fonctionnement d'un établissement ;

2° Les personnes de son entourage offrent toutes garanties de moralité et que leur état de santé n'est pas susceptible de faire courir un risque aux enfants. – *[Anc. art. R. 2321-18.]*

Art. R. 2321-5 Les directeurs de maisons d'enfants à caractère sanitaire doivent être âgés au minimum de vingt-cinq ans et au maximum de soixante-cinq ans. – *[Anc. art. R. 2321-17].*

Art. R. 2321-6 Ne peuvent être agréés comme directeur de maisons d'enfant à caractère sanitaire que les postulants réunissant les conditions ci-après :

1° Posséder une formation générale du niveau minimum du brevet des collèges ;

2° Avoir effectué deux années d'études médicales, para médicales, sociales, de formation pédagogique ou d'économat ;

3° Avoir pendant deux ans au moins exercé des fonctions dans un établissement d'enfants, ou des activités comparables définies par arrêté du ministre chargé de la santé. – *[Anc. art. R. 2321-18].*

Art. R. 2321-7 Toute personne qui sollicite l'agrément pour diriger une maison d'enfants à caractère sanitaire doit fournir à l'appui de sa demande :

1° Un extrait de casier judiciaire de moins de trois mois ;

2° Une copie de ses diplômes et un état de ses titres avec justifications à l'appui ;

3° Un *curriculum vitae* indiquant en particulier ses lieux de résidence pendant les dix dernières années et les professions exercées ;

4° La liste des personnes de son entourage appelées à résider dans l'établissement ;

5° Un certificat médical délivré par un médecin de son choix attestant :

a) Que l'intéressé présente les aptitudes physiques et l'état de santé lui permettant de remplir les fonctions de directeur de maison d'enfants à caractère sanitaire ;

b) Qu'il a satisfait aux obligations fixées par la législation relative aux vaccinations.

La demande et les pièces qui l'accompagnent doivent être *(Décr. n° 2010-344 du 31 mars 2010, art. 77)* « adressées au directeur général de l'agence régionale de santé ». – *[Anc. art. R. 2321-19.]*

Art. R. 2321-8 Dès réception du dossier, le directeur *(Décr. n° 2010-344 du 31 mars 2010, art. 77)* « général de l'agence régionale de santé » provoque l'examen du postulant dans un centre médico-psychologique.

Les résultats de ces examens sont adressés au directeur *(Décr. n° 2010-344 du 31 mars 2010, art. 77)* « général de l'agence régionale de santé » par les centres où ils ont été pratiqués.

Les garanties sanitaires mentionnées à l'article R. 2321-4 ne peuvent être considérées comme remplies que si les conclusions des examens pratiqués attestent que le postulant est indemne de toute affection mentale.

Tout refus d'agrément doit être motivé. – *[Anc. art. R. 2321-20.]*

Art. R. 2321-9 Lorsqu'un directeur change d'établissement, il doit solliciter son agrément pour la nouvelle maison d'enfants à caractère sanitaire qu'il se propose de diriger.

Le *(Décr. n° 2010-344 du 31 mars 2010, art. 77)* « directeur général de l'agence régionale de santé » statue au vu du dossier établi pour l'agrément précédemment accordé et après enquête complémentaire, si cela est jugé utile, que le changement ait, ou non, lieu à l'intérieur *(Décr. n° 2010-344 du 31 mars 2010, art. 77)* « de la région ». – *[Anc. art. R. 2321-21].*

Art. R. 2321-10 Lorsqu'il apparaît qu'un directeur ne remplit plus les conditions à raison desquelles il avait été agréé, l'agrément lui est retiré par le *(Décr. n° 2010-344 du 31 mars 2010, art. 77)* « directeur général de l'agence régionale de santé ». Le retrait d'agrément est notifié par lettre recommandée à l'intéressé, d'une part, et à l'exploitant de la maison d'enfants, d'autre part. La lettre adressée à l'intéressé indique les motifs de la décision.

L'exploitant est en même temps informé que, sous peine du retrait d'autorisation, il doit, dans un délai qui lui est imparti, faire parvenir au directeur *(Décr. n° 2010-344 du 31 mars 2010, art. 77)* « général de l'agence régionale de santé » le dossier de demande d'agrément d'un nouveau directeur. – *[Anc. art. R. 2321-22].*

Art. R. 2321-11 *Devient l'art. R. 2321-2 (Décr. n° 2008-377 du 17 avr. 2008).*

Art. R. 2321-12 *Abrogé par Décr. n° 2008-377 du 17 avr. 2008.*

Art. R. 2321-13 *Devient l'art. R. 2321-3 (Décr. n° 2008-377 du 17 avr. 2008).*

Art. R. 2321-14 *Abrogé par Décr. n° 2008-377 du 17 avr. 2008.*

SECTION III PERSONNEL

Art. R. 2321-15 *Abrogé par Décr. n° 2008-377 du 17 avr. 2008.*

Art. R. 2321-16 à R. 2321-22 *Deviennent les art. R. 2321-4 à R. 2321-10 (Décr. n° 2008-377 du 17 avr. 2008).*

Art. R. 2321-23 à R. 2321-26 *Abrogés par Décr. n° 2008-377 du 17 avr. 2008.*

SECTION IV CONTRÔLE ET SURVEILLANCE

Art. R. 2321-27 *Abrogé par Décr. n° 2008-377 du 17 avr. 2008.*

CHAPITRE II ÉTABLISSEMENTS DE SANTÉ RECEVANT DES FEMMES ENCEINTES

SECTION UNIQUE

Art. R. 2322-1 Les établissements de santé privés qui reçoivent habituellement à titre onéreux ou gratuit et en nombre quelconque des femmes en état réel, apparent ou présumé de grossesse doivent répondre aux conditions définies au présent chapitre.

Art. R. 2322-2 Sans préjudice des dispositions du livre Ier de la partie VI du présent code, toute personne physique ou morale qui se propose d'entreprendre ou de poursuivre l'exploitation d'un établissement de santé mentionné à l'article L. 2322-1, qu'elle en assure ou non la direction médicale, doit adresser au *(Décr. n° 2010-344 du 31 mars 2010, art. 78)* « directeur général de l'agence régionale de santé de la région dans laquelle » fonctionne ou fonctionnera l'établissement, une demande tendant à obtenir l'autorisation prévue à cet article.

Cette demande doit être accompagnée d'un dossier contenant notamment tous renseignements utiles sur la personne physique ou morale qui la présente ainsi que sur la personne chargée de la direction médicale de l'établissement dans les cas où cette direction n'est pas assurée par l'exploitant.

Art. R. 2322-3 Le *(Décr. n° 2010-344 du 31 mars 2010, art. 78)* « directeur général de l'agence régionale de santé » délivre récépissé de la demande. Il fait procéder à une enquête. Il doit notifier sa décision aux intéressés dans un délai de deux mois à compter de la réception de la demande.

Art. R. 2322-4 Dans le mois qui suit la notification de l'autorisation accordée, l'exploitant fait parvenir au *(Décr. n° 2010-344 du 31 mars 2010, art. 78)* « directeur général de l'agence régionale de santé » une déclaration mentionnant médecins et sages-femmes appelés à exercer habituellement dans l'établissement.

Toute modification de la composition de ce personnel doit faire l'objet d'une déclaration immédiate.

Art. R. 2322-5 La personne chargée de la direction médicale de l'établissement ou à défaut de la direction médicale de la section de l'établissement recevant des femmes enceintes doit, préalablement à sa prise de fonction, être agréée par le *(Décr. n° 2010-344 du 31 mars 2010, art. 78)* « directeur général de l'agence régionale de santé de la région dans laquelle » est situé l'établissement.

La direction médicale doit être assurée par un médecin présentant les qualifications ou les connaissances particulières correspondant à l'activité de l'établissement.

Un médecin suppléant doit être agréé dans les mêmes conditions pour remplacer le directeur médical agréé en cas d'empêchement de ce dernier.

La direction médicale doit être effective et permanente.

Art. R. 2322-6 L'autorisation et les agréments prévus aux articles R. 2322-2 et R. 2322-5 ne peuvent être accordés qu'à des personnes présentant toutes garanties de moralité.

Art. R. 2322-7 L'agrément donné à la personne chargée de la direction médicale peut être retiré par décision motivée du *(Décr. n° 2010-344 du 31 mars 2010, art. 78)* « directeur général de l'agence régionale de santé » lorsque les conditions d'agrément ne sont plus remplies ou en cas de méconnaissance des dispositions du présent chapitre. Le retrait d'agrément est notifié à l'intéressé et à l'exploitant.

Art. R. 2322-8 Un arrêté du ministre chargé de la santé fixe la composition du dossier présenté à l'appui de la demande d'autorisation formulée par l'exploitant de l'établissement ainsi que celle du dossier des demandes d'agrément des personnels médicaux mentionnés à l'article R. 2322-5.

Art. R. 2322-9 Tout établissement ou section d'accouchement doit disposer d'un médecin qualifié en pédiatrie. Sauf recours de la femme à un autre praticien, ce médecin qualifié en pédiatrie est chargé notamment, en liaison avec la personne qui a pratiqué l'accouchement, de l'examen médical du nouveau-né et de l'établissement du certificat de santé obligatoire. Il doit également porter sur le carnet de santé de l'enfant les observations médicales, les interventions et les prescriptions qu'il juge utile de mentionner.

Art. R. 2322-10 Les établissements soumis aux dispositions du présent chapitre doivent tenir, sous la responsabilité du directeur médical :

1° Un cahier de visites régulièrement mis à jour dans lequel médecins et sages-femmes consignent leurs observations d'ordre médical et leurs prescriptions et apposent leur signature à chaque visite ;

2° Des dossiers médicaux individuels pour chaque entrante et chaque nouveau-né ;

3° Un cahier de protocole opératoire sur lequel sont inscrits les interventions chirurgicales, les interruptions volontaires de grossesse, les accouchements et les manœuvres de réanimation.

En cas de transfert dans un autre établissement de santé, un double du dossier médical doit accompagner l'intéressée ou le nouveau-né.

Art. R. 2322-11 Lorsque les établissements mentionnés à l'article R. 2322-1 pratiquent des interruptions volontaires de grossesse, ils doivent en outre respecter les obligations prévues aux articles R. 2322-12 à R. 2322-14.

Art. R. 2322-12 Les établissements doivent être en mesure de dispenser aux femmes pour lesquelles une interruption volontaire de la grossesse a été pratiquée une information complète en matière de contraception ou, à défaut, être en liaison, à cette fin, avec un centre de planification ou d'éducation familiale.

Art. R. 2322-13 Les établissements doivent conserver pendant un an :

1° Les attestations fournies par les femmes justifiant qu'elles ont satisfait aux prescriptions des articles L. 2212-3 à L. 2212-5 ;

2° Le document faisant état des consentements prévus à l'article L. 2212-7 s'il s'agit d'une mineure célibataire.

Ils doivent conserver pendant trois ans les attestations médicales prévues à l'article L. 2213-1 s'il s'agit d'une interruption volontaire de la grossesse pratiquée pour motif thérapeutique.

Art. R. 2322-14 Les établissements doivent adresser à la fin de chaque mois au médecin *(Décr. nº 2010-344 du 31 mars 2010, art. 78)* « de l'agence régionale de santé désigné par le directeur général de l'agence » les déclarations prévues à l'article L. 2212-10.

Le modèle de la déclaration est fixé par arrêté du ministre chargé de la santé.

CHAPITRE III LACTARIUMS

(Décr. nº 2010-805 du 13 juill. 2010, art. 1er)

SECTION PREMIÈRE MISSIONS ET AUTORISATION

Art. D. 2323-1 Les lactariums exercent leurs activités selon deux modalités :

1° Les lactariums à usage intérieur et extérieur ;

2° Les lactariums à usage intérieur.

Les lactariums participent à la promotion de l'allaitement maternel et du don de lait maternel.

Le don de lait ne peut donner lieu à aucune rémunération, directe ou indirecte.

SOUS-SECTION 1 LACTARIUM À USAGE INTÉRIEUR ET EXTÉRIEUR

Art. D. 2323-2 Le lactarium à usage intérieur et extérieur a pour mission d'assurer :

1° La collecte du lait maternel ;

2° La préparation, la qualification et le traitement du lait maternel ;

3° La conservation du lait maternel ;

4° La distribution et la délivrance du lait maternel sur prescription médicale.

Ces missions s'exercent à partir de dons de lait anonymes et de dons de lait personnalisés.

Le don personnalisé se définit comme le don de lait d'une mère à son propre enfant.

Le don anonyme se définit comme le don de lait d'une femme à un autre enfant que le sien.

Ces missions sont réalisées au bénéfice de nouveau-nés hospitalisés dans un établissement de santé et de nouveau-nés présents à leur domicile.

Art. D. 2323-3 Le lactarium à usage intérieur et extérieur peut disposer soit d'un site unique assurant toutes les activités mentionnées à l'article D. 2323-2, soit d'un site principal et d'une ou plusieurs antennes. Le site principal assure les activités de préparation, qualification, traitement, conservation, distribution et délivrance du lait maternel. Les antennes assurent l'activité de collecte du lait anonyme et éventuellement du lait personnalisé. Elles assurent également la conservation du lait avant son envoi au site principal du lactarium.

Lorsque les antennes sont implantées dans des établissements de santé autorisés à assurer une activité de soins de gynécologie-obstétrique, de néonatologie, de réanimation néonatale ou une activité de pédiatrie elles peuvent également assurer des activités de distribution et de délivrance du lait humain.

Le titulaire de l'autorisation de lactarium prévue à l'article D. 2323-6 est responsable des conditions de réalisation de leurs missions par les antennes. Une convention passée entre l'établissement de santé siège du lactarium et les établissements de santé où sont situées les antennes règle leurs conditions d'implantation au sein de ces derniers, notamment en ce qui concerne la mise à disposition de locaux et de personnels et les prestations fournies par le lactarium à ces établissements.

SOUS-SECTION 2 LACTARIUM À USAGE INTÉRIEUR

Art. D. 2323-4 Le lactarium à usage intérieur a pour mission d'assurer :

1° La collecte du lait maternel recueilli par la mère à son domicile ou sur le site d'implantation du lactarium ;

2° La préparation, la qualification et le traitement du lait maternel ;

3° La conservation du lait maternel ;

4° La délivrance du lait maternel sur prescription médicale.

Ces missions s'exercent uniquement à partir de dons de lait personnalisés au bénéfice de nouveau-nés hospitalisés dans un établissement de santé siège de l'implantation du lactarium. A titre exceptionnel, en cas de transfert d'un nouveau-né vers un autre établissement de santé, le lait personnalisé destiné à ce nouveau-né, précédemment collecté et pasteurisé par le lactarium à usage intérieur, peut être transféré vers le nouvel établissement qui accueille le nouveau-né, dans le respect des règles de bonnes pratiques prévues à l'article L. 2323-1.

Art. D. 2323-5 Le lactarium à usage intérieur est implanté dans un établissement de santé autorisé à assurer une activité de réanimation néonatale ou une activité de soins intensifs de néonatalogie prévues aux articles R. 6123-42 et R. 6123-44.

SOUS-SECTION 3 AUTORISATION

Art. D. 2323-6 Le lactarium est autorisé pour une durée de cinq ans par le directeur général de l'agence régionale de santé de la région siège du lactarium après avis du directeur général de l'*(Décr. n° 2012-597 du 27 avr. 2012, art. 5-I-1°)* « Agence nationale de sécurité du médicament et des produits de santé ». L'autorisation est notifiée dans un délai maximal de deux mois à compter de la date de réception de la demande. L'autorisation est renouvelée dans les mêmes conditions.

L'autorisation précise la modalité d'exercice de l'activité selon la définition donnée à l'article D. 2323-1, le site du lactarium ainsi que, le cas échéant, la localisation des antennes. Elle précise la répartition des missions assurées par le site principal et les antennes.

Lorsque le site principal et les antennes du lactarium sont implantés dans plusieurs régions, le lactarium est autorisé par le directeur général de l'agence régionale de santé de la région siège du site principal, après avis du directeur général de l'agence régionale de santé de chaque région siège des antennes et du directeur général de l'*(Décr. n° 2012-597 du 27 avr. 2012, art. 5-I-1°)* « Agence nationale de sécurité du médicament et des produits de santé ».

Lorsqu'il est constaté que les conditions de fonctionnement et d'organisation du lactarium mettent en danger la vie ou la santé des enfants, le directeur général de l'agence régionale de santé ayant délivré l'autorisation le notifie au titulaire de l'autorisation de fonctionnement du lactarium. Il transmet également les éléments de ce constat au directeur général de l'*(Décr. n° 2012-597 du 27 avr. 2012, art. 5-I-1°)* « Agence nationale de sécurité du médicament et des produits de santé ». Il demande au titulaire de l'autorisation de faire connaître, sous huit jours, ses observations ainsi que les mesures correctrices adoptées ou envisagées. En l'absence de réponse dans ce délai ou si cette réponse est insuffisante, il adresse au titulaire de l'autorisation une injonction de prendre toute disposition nécessaire afin de faire cesser définitivement les manquements dans un délai déterminé. Le directeur général de l'agence régionale de santé en constate l'exécution.

En cas d'urgence tenant à la sécurité de l'enfant, du personnel, de la mère, ou de la donneuse ou lorsqu'il n'a pas été satisfait dans le délai fixé à l'injonction prévue à l'alinéa précédent, le directeur général de l'agence régionale de santé peut prononcer la suspension partielle ou totale de l'autorisation ou l'interruption immédiate de fonctionnement des moyens techniques de toute nature contribuant à l'activité du lactarium.

La décision est notifiée au titulaire de l'autorisation, accompagnée des constatations faites et assortie d'une mise en demeure de remédier aux manquements dans un délai déterminé. Le directeur général de l'agence régionale de santé informe le directeur général de l'*(Décr. nº 2012-597 du 27 avr. 2012, art. 5-I-1º)* « Agence nationale de sécurité du médicament et des produits de santé » de toute décision d'interruption de fonctionnement ou de suspension de l'autorisation.

S'il est constaté, au terme de ce délai, qu'il a été satisfait à la mise en demeure, le directeur général de l'agence régionale de santé met fin à l'interruption.

Dans le cas contraire, le directeur général de l'agence régionale de santé se prononce à titre définitif soit sur le maintien de la suspension jusqu'à l'achèvement des mesures prévues, soit sur la modification du contenu de l'autorisation, soit sur son retrait.

SECTION II CONDITIONS TECHNIQUES D'ORGANISATION ET DE FONCTIONNEMENT

SOUS-SECTION 1 CONDITIONS GÉNÉRALES

Art. D. 2323-7 Le titulaire de l'autorisation désigne un médecin chargé de l'organisation et du fonctionnement du lactarium pour le site principal et pour ses antennes.

Le médecin est assisté d'une sage-femme ou d'un cadre de santé ou d'un infirmier de puériculture chargés, notamment pour les lactariums à usage intérieur et extérieur, de la coordination de l'activité de collecte et des liens avec les établissements de santé sièges des antennes de collecte du lait maternel.

Art. D. 2323-8 Le temps de travail du personnel du lactarium peut être partagé avec d'autres activités assurées par le titulaire de l'autorisation.

Art. D. 2323-9 Les lactariums mettent en œuvre leurs activités de collecte, de qualification, de traitement, de conservation, de distribution et de délivrance sur prescription médicale, du lait maternel, dans le respect des règles de bonnes pratiques mentionnées au deuxième alinéa de l'article L. 2323-1.

Art. D. 2323-10 Les tarifs de cession du lait maternel recueilli et traité dans les lactariums et le remboursement sont fixés par arrêté des ministres chargés de la santé et de la sécurité sociale.

SOUS-SECTION 2 CONDITIONS RELATIVES À LA COLLECTE

Art. D. 2323-11 La collecte du lait maternel comprend :

1º L'information préalable de la candidate au don de lait sur les conditions requises pour le don de lait ;

2º L'entretien préalable de la candidate au don de lait avec un médecin ou une sage-femme ou un infirmier ;

3º L'information de la donneuse sur les conditions d'hygiène et d'asepsie de recueil du lait et de conservation du lait recueilli ;

4º Le contrôle des conditions de conservation du lait avant la collecte ;

5º Le recueil du lait maternel.

Art. D. 2323-12 Les candidates aux dons anonymes et aux dons personnalisés de lait maternel font l'objet de tests obligatoires de dépistage sanguins de maladies transmissibles.

Ces tests de dépistage et leurs conditions de réalisation sont fixés par arrêté du ministre chargé de la santé.

SOUS-SECTION 3 CONDITIONS RELATIVES À LA PRÉPARATION, À LA QUALIFICATION, AU TRAITEMENT, À LA CONSERVATION ET AU TRANSPORT DU LAIT MATERNEL

Art. D. 2323-13 Le lactarium est tenu d'assurer :

1º La préparation du conditionnement du lait ;

2° La qualification biologique et les analyses bactériologiques des dons de lait ;
3° Le traitement du lait maternel par pasteurisation ;
4° L'étiquetage des contenants du lait ;
5° La conservation du lait après congélation ou lyophilisation.

Art. D. 2323-14 Les contrôles biologiques sont réalisés soit par le titulaire de l'autorisation, soit par un laboratoire de biologie médicale avec lequel il a passé convention.

Art. D. 2323-15 Le lactarium peut assurer le transport du lait maternel.

CHAPITRE IV ÉTABLISSEMENTS D'ACCUEIL DES ENFANTS DE MOINS DE SIX ANS

Dans les établissements mentionnés au présent chapitre, l'installation d'un équipement terminal fixe équipé d'un accès sans fil à internet est interdite dans les espaces dédiés à l'accueil, au repos et aux activités des enfants de moins de trois ans (L. n° 2015-136 du 9 févr. 2015, art. 7-I).

SECTION PREMIÈRE POUPONNIÈRES À CARACTÈRE SANITAIRE

Art. R. 2324-1 Les pouponnières ont pour objet de garder jour et nuit les enfants de moins de trois ans accomplis qui ne peuvent ni rester au sein de leur famille ni bénéficier d'un placement familial surveillé.

Les pouponnières sont divisées en deux catégories :

1° Les pouponnières à caractère social qui reçoivent des enfants dont l'état de santé ne nécessite pas de soins médicaux particuliers et qui relèvent de l'article L. 312-1 du code de l'action sociale et des familles ;

2° Les pouponnières à caractère sanitaire qui reçoivent les enfants dont l'état de santé exige des soins que leur famille ne peut leur donner.

Doit être considérée comme pouponnière toute réunion chez une même personne dans les conditions fixées au premier alinéa du présent article de plus de trois enfants de moins de trois ans étrangers à la famille.

Art. R. 2324-2 Les pouponnières à caractère social et les pouponnières à caractère sanitaire peuvent être réunies dans un même établissement à condition que celui-ci comprenne deux services distincts.

Art. R. 2324-3 L'autorisation mentionnée à l'article L. 2324-1 n'est accordée par le président du conseil départemental que si :

1° L'établissement s'est assuré le concours d'un médecin qualifié en pédiatrie ;

2° Le personnel attaché à l'établissement présente les garanties sanitaires, morales et professionnelles exigées ;

3° Les locaux satisfont aux conditions techniques d'hygiène et de sécurité requises par la réglementation en vigueur ;

4° Le règlement intérieur a été agréé par le président du conseil départemental.

Art. R. 2324-4 L'autorisation d'ouverture d'une pouponnière à caractère sanitaire fixe le nombre des enfants qui pourront y être admis. Le nombre de cinquante ne peut y être dépassé qu'à titre exceptionnel.

Art. R. 2324-5 La direction d'une pouponnière à caractère sanitaire ne peut être assurée que par une personne âgée de vingt-cinq ans au moins et de soixante-cinq ans au plus.

Cette personne doit être médecin ou puéricultrice. Elle doit justifier de cinq ans au moins d'exercice de cette profession avant son entrée en fonctions.

La personne assurant la direction doit être agréée par le président du conseil départemental.

Art. R. 2324-6 Les pouponnières font l'objet de visites régulières d'un médecin qualifié en pédiatrie, agréé par le président du conseil départemental et qui doit, notamment, confirmer après examen, l'admission des enfants, surveiller leur santé, prescrire s'il y a lieu l'exclusion des malades, décider après guérison de leur retour dans l'établissement.

Art. R. 2324-7 Les directeurs des pouponnières à caractère sanitaire sont tenus de fournir tous renseignements utiles et de donner toute facilité pour visiter leurs établissements aux personnes régulièrement mandatées par les ministres chargés de la santé et de la sécurité sociale.

Art. R. 2324-8 Les pouponnières qui reçoivent des enfants atteints d'infirmité motrice cérébrale doivent pour la réadaptation des enfants être conformes aux normes fixées par l'annexe XXIV *bis* du décret n° 56-284 du 9 mars 1956 complétant le décret n° 46-1834 du 20 août 1946 modifié fixant les conditions d'autorisation des établissements privés de cure et de prévention pour les soins aux assurés sociaux, tant en ce qui concerne les personnels nécessaires à cette réadaptation qu'en ce qui concerne les locaux affectés à celle-ci.

Art. R. 2324-9 Les ministres chargés de la santé et de la sécurité sociale déterminent :

1° Les conditions techniques et de fonctionnement auxquelles doivent répondre les pouponnières à caractère sanitaire ;

2° Les garanties exigées du personnel employé ;

3° Les modalités du contrôle administratif permanent auquel elles sont soumises.

SECTION II CENTRES DE VACANCES, DE LOISIRS ET DE PLACEMENT DE VACANCES

SOUS-SECTION 1 PROCÉDURE D'AUTORISATION

Art. R. 2324-10 L'organisateur *(Décr. n° 2009-679 du 11 juin 2009)* « d'un séjour de vacances ou d'un accueil de loisirs » adresse la demande d'autorisation mentionnée au troisième alinéa de l'article L. 2324-1 au préfet du département du lieu d'accueil des mineurs.

Le silence gardé pendant plus de trois mois sur cette demande vaut décision de rejet.

La liste des pièces à fournir à l'appui de la demande d'autorisation est fixée par arrêté des ministres chargés des affaires sociales, de l'intérieur et de la jeunesse.

Art. R. 2324-11 A la réception des informations mentionnées à l'article R. 2324-10, le préfet du département dans lequel est implanté *(Décr. n° 2009-679 du 11 juin 2009)* « le séjour de vacances ou l'accueil de loisirs » saisit le président du conseil départemental en vue de la consultation du médecin responsable du service départemental de protection maternelle et infantile. Cet avis porte sur l'adaptation aux besoins et aux rythmes de vie des enfants de moins de six ans des locaux et des modalités d'organisation et de fonctionnement *(Décr. n° 2009-679 du 11 juin 2009)* « de l'accueil ».

A défaut de réponse du président du conseil départemental à l'expiration du délai de deux mois, l'avis est réputé avoir été donné au préfet.

L'autorisation délivrée par le préfet à l'organisateur *(Décr. n° 2009-679 du 11 juin 2009)* « d'un séjour de vacances ou d'un accueil de loisirs » mentionne les capacités d'accueil, les conditions d'hébergement ainsi que l'âge des enfants pouvant être accueillis.

Art. R. 2324-12 L'organisateur d'un *(Décr. n° 2009-679 du 11 juin 2009)* « séjour de vacances dans une famille » adresse la demande d'autorisation mentionnée au troisième alinéa de l'article L. 2324-1 au préfet du lieu de son domicile ou de son siège social.

Le silence gardé pendant plus de trois mois sur cette demande vaut décision de rejet.

Le dossier accompagnant cette demande comporte des informations sur le mode de sélection et de contrôle des familles d'accueil par l'organisateur.

La liste des pièces à fournir à l'appui de la demande d'autorisation mentionnée au présent article est fixée par arrêté des ministres chargés des affaires sociales, de l'intérieur et de la jeunesse.

Art. R. 2324-13 A la réception des informations mentionnées au deuxième alinéa de l'article R. 2324-12, le préfet du département du domicile ou du siège social de l'organisateur du *(Décr. n° 2009-679 du 11 juin 2009)* « séjour de vacances dans une famille » saisit le président du conseil départemental en vue de la consultation du médecin responsable du service départemental de protection maternelle et infantile.

A défaut de réponse du président du conseil départemental dans le délai de deux mois, l'avis est réputé avoir été donné au préfet.

SOUS-SECTION 2 SURVEILLANCE ET CONTRÔLE

Art. R. 2324-14 Dans le cadre de sa mission de contrôle et de surveillance prévue à l'article L. 2324-2, le médecin responsable du service départemental de protection maternelle et infantile s'assure que l'organisation, le fonctionnement et l'aménagement des locaux *(Décr. n° 2009-679 du 11 juin 2009)* « d'un séjour de vacances ou d'un accueil de loisirs » sont adaptés aux besoins et aux rythmes de vie des mineurs accueillis.

Il peut obtenir, auprès de l'organisateur *(Décr. n° 2009-679 du 11 juin 2009)* « de l'accueil », communication du projet éducatif prévu par le décret pris en application de l'article L. 227-4 du code de l'action sociale et des familles.

Il transmet ses observations au préfet du département qui a délivré l'autorisation, afin que celui-ci prenne, le cas échéant, les mesures prévues à l'article L. 2324-3.

Art. R. 2324-15 Un mois au moins avant le début de chaque séjour, l'organisateur du *(Décr. n° 2009-679 du 11 juin 2009)* « séjour de vacances dans une famille » adresse au préfet du lieu de déroulement du séjour les noms et adresses des familles d'accueil et des mineurs accueillis ainsi que les dates de leur séjour.

Ce dernier en informe le président du conseil départemental afin que le médecin responsable du service départemental de protection maternelle et infantile puisse exercer sa mission de contrôle et de surveillance.

SECTION III AUTRES ÉTABLISSEMENTS

SOUS-SECTION 1 MISSIONS

Art. R. 2324-16 *(Décr. n° 2007-230 du 20 févr. 2007 ; Décr. n° 2010-613 du 7 juin 2010, art. 1er)* Sous réserve des dérogations prévues aux articles R. 2324-46 à R. 2324-47-1, sont soumis aux dispositions de la présente section, les établissements et services mentionnés à l'article L. 2324-1, à l'exception des pouponnières à caractère sanitaire et des accueils mentionnés au troisième alinéa de l'article L. 2324-1, ainsi que des services d'accueil collectif recevant des enfants âgés de plus de deux ans scolarisés, avant et après la classe.

Art. R. 2324-17 *(Décr. n° 2010-613 du 7 juin 2010, art. 2)* Les établissements et les services d'accueil non permanent d'enfants veillent à la santé, à la sécurité, au bien-être et au développement des enfants qui leur sont confiés. Dans le respect de l'autorité parentale, ils contribuent à leur éducation. Ils concourent à l'intégration des enfants présentant un handicap ou atteints d'une maladie chronique qu'ils accueillent. Ils apportent leur aide aux parents pour favoriser la conciliation de leur vie professionnelle et de leur vie familiale.

Ils comprennent :

1° Les établissements d'accueil collectif, notamment les établissements dits "crèches collectives" et "haltes-garderies", et les services assurant l'accueil familial non permanent d'enfants au domicile d'assistants maternels dits "services d'accueil familial" ou "crèches familiales" ;

2° *Les établissements* d'accueil collectif gérés par une association de parents qui participent à l'accueil, dits "crèches parentales" ;

3° Les établissements d'accueil collectif qui reçoivent exclusivement des enfants âgés de plus de deux ans non scolarisés ou scolarisés à temps partiel, dits "jardins d'enfants" ;

4° Les établissements d'accueil collectif dont la capacité est limitée à dix places, dits "micro-crèches" ;

L'ensemble de ces établissements et services peuvent organiser l'accueil des enfants de façon uniquement occasionnelle ou saisonnière en application de l'article R. 2324-46-1.

Un même établissement ou service dit "multi-accueil" peut associer l'accueil collectif et l'accueil familial ou l'accueil régulier et l'accueil occasionnel.

SOUS-SECTION 2 CRÉATION, EXTENSION ET TRANSFORMATION

Art. R. 2324-18 L'autorisation ou l'avis mentionnés à l'article L. 2324-1 doivent être sollicités auprès du président du conseil départemental du département dans lequel est implanté l'établissement ou le service demandeur.

Tout dossier de demande d'autorisation ou d'avis doit comporter les éléments suivants :

1° Une étude des besoins ;

2° L'adresse de l'établissement ou du service d'accueil ;

3° Les statuts de l'établissement ou du service d'accueil ou de l'organisme gestionnaire, pour les établissements et services gérés par une personne de droit privé ;

4° Les objectifs, les modalités d'accueil et les moyens mis en œuvre, en fonction du public accueilli et du contexte local, notamment en ce qui concerne les capacités d'accueil et les effectifs ainsi que la qualification des personnels ;

5° Le projet d'établissement ou de service prévu à l'article R. 2324-29 et le *(Décr. n° 2007-230 du 20 févr. 2007)* « règlement de fonctionnement » prévu à l'article R. 2324-30, ou les projets de ces documents s'ils n'ont pas encore été adoptés ;

6° Le plan des locaux avec la superficie et la destination des pièces ;

(Décr. n° 2010-613 du 7 juin 2010, art. 3) « 7° Copie de la décision d'autorisation d'ouverture au public prévue à l'article L. 111-8-3 du code de la construction et de l'habitat *[habitation]* et des pièces justifiant l'autorisation prévue à l'article R. 111-19-29 du même code ;

« 8° Le cas échéant, copie de la déclaration au préfet prévue pour les établissements de restauration collective à caractère social et des avis délivrés dans le cadre de cette procédure. »

Art. R. 2324-19 *(Décr. n° 2010-613 du 7 juin 2010, art. 4)* Le président du conseil départemental dispose d'un délai de trois mois, à compter de la date à laquelle le dossier est réputé complet, pour notifier sa décision d'accorder ou de refuser l'autorisation prévue au premier alinéa de l'article L. 2324-1. L'absence de réponse vaut autorisation d'ouverture.

Le dossier est réputé complet lorsque, dans un délai d'un mois à compter de sa réception, le président du conseil départemental n'a pas fait connaître au demandeur, par lettre recommandée avec avis de réception, les informations manquantes ou incomplètes.

Après réception du dossier complet, le président du conseil départemental sollicite l'avis du maire de la commune d'implantation. Cet avis lui est notifié dans un délai d'un mois. A défaut de notification dans ce délai, l'avis est réputé avoir été donné.

Les délais prévus aux trois premiers alinéas sont applicables aux demandes portant sur la transformation ou l'extension d'établissements ou services d'accueil existants.

Le refus d'autorisation ne peut être fondé sur des exigences supérieures à celles fixées aux articles R. 2324-18, R. 2324-29, R. 2324-30, R. 2324-31, R. 2324-33, R. 2324-34, R. 2324-36, R. 2324-36-1, R. 2324-37, R. 2324-37-2, R. 2324-41, R. 2324-42, aux premier, deuxième, troisième et sixième alinéas de l'article R. 2324-43 et à l'article R. 2324-44.

L'autorisation peut être délivrée, à titre conditionnel, si le nom et la qualification du directeur, du référent technique, ou, dans les établissements à gestion parentale, du responsable technique, ne sont pas connus à sa date de délivrance. En ce cas, le gestionnaire établit au plus tard quinze jours avant l'ouverture de l'établissement ou du service qu'il satisfait aux exigences des articles R. 2324-34, R. 2324-35, R. 2324-36 et R. 2324-46.

Art. R. 2324-20 *(Décr. n° 2010-613 du 7 juin 2010, art. 5)* L'autorisation délivrée par *le président du conseil départemental* mentionne les prestations proposées, les capacités d'accueil et l'âge des enfants accueillis, les conditions de fonctionnement, notamment les jours et horaires d'ouverture, les effectifs ainsi que la qualification du personnel.

Sous réserve de l'application du dernier alinéa de l'article R. 2324-19, l'autorisation mentionne également le nom du directeur, du référent technique ou, pour les établis-

sements à gestion parentale, du responsable technique, lorsque celui-ci dirige l'établissement ou le service en vertu des dispositions de l'article R. 2324-46.

L'autorisation peut prévoir des capacités d'accueil différentes suivant les périodes de l'année, de la semaine ou de la journée, compte tenu des variations prévisibles des besoins d'accueil.

Art. R. 2324-21 *(Décr. n° 2010-613 du 7 juin 2010, art. 6)* **Le président du conseil départemental dispose d'un délai de trois mois à compter de la date à laquelle le dossier est réputé complet pour notifier à la collectivité publique intéressée l'avis prévu au deuxième alinéa de l'article L. 2334-1. L'absence de réponse vaut avis favorable.**

Les dispositions des deuxième et quatrième alinéas de l'article R. 2324-19 et, sauf dans le cas d'une demande formée par la commune d'implantation, du troisième alinéa de cet article sont applicables à la demande d'avis.

L'avis ne peut être défavorable que dans les cas prévus au cinquième alinéa de l'article R. 2324-19.

Art. R. 2324-22 L'avis du président du conseil départemental porte notamment sur les prestations proposées, sur les capacités d'accueil *[,]* **sur l'adéquation des locaux, sur les conditions de fonctionnement de l'établissement ou du service, sur les effectifs ainsi que sur la qualification des personnels.**

Art. R. 2324-23 Dans le cadre de la procédure d'autorisation ou d'avis de création, d'extension ou de transformation, une visite sur place de l'établissement ou du service est effectuée préalablement par le médecin responsable du service de protection maternelle et infantile, ou *(Décr. n° 2010-613 du 7 juin 2010, art. 7)* **« par un médecin ou une puéricultrice appartenant à ce service ou, à défaut, par un professionnel qualifié dans le domaine de la petite enfance, appartenant à ce service, qu'il délègue ».**

Cette visite a pour objet d'évaluer si les locaux et leur aménagement répondent aux objectifs et aux conditions définis à l'article R. 2324-28, compte tenu de l'âge et des besoins des enfants accueillis.

Art. R. 2324-24 Tout projet de modification portant sur un des éléments du dossier de demande d'autorisation ou d'avis, ou sur une des mentions de l'autorisation, est porté sans délai à la connaissance du président du conseil départemental par le directeur ou le gestionnaire de l'établissement ou du service. Le président du conseil départemental peut, dans un délai d'un mois, selon le cas, refuser la modification ou émettre un avis défavorable à l'exécution de celle-ci. Le refus est prononcé s'il estime que la modification ne respecte pas les conditions d'organisation, de fonctionnement et de qualification des personnels prévues par les dispositions *(Décr. n° 2007-230 du 20 févr. 2007)* **« de la présente section », ou qu'elle est de nature à compromettre la santé, la sécurité ou le bien-être des enfants accueillis.**

En application des art. L. 231-5 et L. 231-6 CRPA, le silence gardé par l'administration pendant un mois vaut décision d'acceptation pour une demande de modification de l'autorisation des établissements d'accueil du jeune enfant (Décr. n° 2015-1460 du 10 nov. 2015, art. 1er).

SOUS-SECTION 3 ORGANISATION ET FONCTIONNEMENT

Art. R. 2324-25 *(Décr. n° 2007-230 du 20 févr. 2007 ; Décr. n° 2010-613 du 7 juin 2010, art. 8)* **Les établissements d'accueil collectif doivent être organisés de telle sorte que la capacité de chaque unité d'accueil ne dépasse pas soixante places.**

La capacité des établissements à gestion parentale ne peut dépasser vingt places. A titre exceptionnel, eu égard aux besoins des familles et aux conditions de fonctionnement de l'établissement, elle peut être portée à vingt-cinq places, par décision du président du conseil départemental, après avis du médecin responsable du service de protection maternelle et infantile, ou d'un médecin du même service qu'il délègue.

La capacité des jardins d'enfants est limitée à quatre-vingts places par unité d'accueil.

En application des art. L. 231-5 et L. 231-6 CRPA, le silence gardé par l'administration pendant trois mois vaut décision d'acceptation pour une demande d'autorisation de porter la capacité des établissements d'accueil collectif des enfants de moins de 6 ans à gestion parentale à 25 places (Décr. n° 2015-1460 du 10 nov. 2015, art. 1er).

Sur les établissements et services d'accueil des enfants de moins de six ans, V. Décr. n° 2000-762 du 1er août 2000 🏛.

Art. R. 2324-26 La capacité des services d'accueil familial ne peut être supérieure à cent cinquante places.

Un établissement multi-accueil assurant à la fois de l'accueil collectif et de l'accueil familial ne peut avoir une capacité globale supérieure à cent places.

Art. R. 2324-27 *(Décr. n° 2010-613 du 7 juin 2010, art. 9)* Sous réserve du respect des dispositions du premier alinéa de l'article R. 2324-17 et de l'article R. 2324-43 et à condition que la moyenne hebdomadaire du taux d'occupation n'excède pas cent pour cent de la capacité d'accueil prévue par l'autorisation du président du conseil départemental ou figurant dans la demande d'avis qui lui a été adressée, des enfants peuvent être accueillis en surnombre certains jours de la semaine, dans le respect des limites suivantes :

1° Dix pour cent de la capacité d'accueil pour les établissements ou services d'une capacité inférieure ou égale à vingt places ;

2° Quinze pour cent de la capacité d'accueil pour les établissements ou services d'une capacité comprise entre vingt et une et quarante places ;

3° Vingt pour cent de la capacité d'accueil pour les établissements ou services d'une capacité supérieure ou égale à quarante et une places.

Art. R. 2324-28 Les locaux et leur aménagement doivent permettre la mise en œuvre du *(Décr. n° 2010-613 du 7 juin 2010, art. 10)* « projet d'établissement ou de service mentionné à l'article R. 2324-29 de la présente section ».

Les personnels des établissements doivent pouvoir y accomplir leurs tâches dans des conditions satisfaisantes de sécurité, d'hygiène et de confort, en portant aux enfants une attention constante et en organisant de manière adaptée à leurs besoins les repas, le sommeil, le repos, les soins corporels et les activités de jeu et d'éveil.

(Décr. n° 2010-613 du 7 juin 2010, art. 10) « Une unité d'accueil est un espace aménagé pour offrir, de façon autonome, aux enfants qui y sont accueillis l'ensemble des prestations et des activités prévues par le projet d'établissement. Un même établissement peut comprendre plusieurs unités d'accueil distinctes. »

L'aménagement intérieur des établissements doit favoriser en outre l'accueil des parents et l'organisation de réunions pour le personnel.

Les services d'accueil familial doivent disposer d'un local réservé à l'accueil des assistantes maternelles et des parents, d'une salle de réunion et d'un espace réservé aux activités d'éveil des enfants.

Art. R. 2324-29 Les établissements et services d'accueil élaborent un projet d'établissement ou de service qui comprend les éléments suivants :

(Décr. n° 2010-613 du 7 juin 2010, art. 11) « 1° Un projet éducatif précisant les dispositions prises pour assurer l'accueil, le soin, le développement, l'éveil et le bien-être des enfants ;

« 2° Un projet social, précisant notamment les modalités d'intégration de l'établissement ou du service dans son environnement social et les dispositions prises pour la mise en œuvre du droit prévu par le dernier alinéa de l'article L. 214-2 et de l'article L. 214-7 du code de l'action sociale et des familles ; »

(Décr. n° 2007-230 du 20 févr. 2007) « 3° Les prestations d'accueil proposées, en précisant notamment les durées et les rythmes d'accueil ; »

4° Le cas échéant, les dispositions particulières prises pour l'accueil d'enfants *(Décr. n° 2010-613 du 7 juin 2010, art. 11)* « présentant un handicap ou atteints d'une maladie chronique » ;

5° La présentation des compétences professionnelles mobilisées ;

6° Pour les services d'accueil familial, les modalités de formation *(Décr. n° 2010-613 du 7 juin 2010, art. 11)* « continue » des assistantes maternelles, du soutien professionnel qui leur est apporté et du suivi des enfants au domicile de celles-ci ;

7° La définition de la place des familles et de leur participation à la vie de l'établissement ou du service ;

8° Les modalités des relations avec les organismes extérieurs.

Art. R. 2324-30 Les établissements et services d'accueil élaborent un *(Décr. n° 2007-230 du 20 févr. 2007)* « règlement de fonctionnement » qui précise les modalités d'organisation et de fonctionnement de l'établissement ou du service, et notamment :

1° Les fonctions du directeur ou, pour les établissements à gestion parentale, du responsable technique ;

2° Les modalités permettant d'assurer, en toutes circonstances, la continuité de la fonction de direction *(Décr. n° 2010-613 du 7 juin 2010, art. 12)* « , dans les conditions fixées à l'article R. 2324-36-1 de la présente section » ;

3° Les modalités d'admission des enfants ;

4° Les horaires et les conditions *(Décr. n° 2010-613 du 7 juin 2010, art. 12)* « d'arrivée et » de départ des enfants ;

5° Le mode de calcul des tarifs ;

6° *(Décr. n° 2007-230 du 20 févr. 2007, art. 6)* « Les modalités du concours du médecin, ainsi que, le cas échéant, de la puéricultrice ou de l'infirmier attachés à l'établissement ou au service, et des professionnels mentionnés à l'article R. 2324-38 ; »

7° Les modalités de délivrance de soins spécifiques, occasionnels ou réguliers, le cas échéant avec le concours de professionnels médicaux ou paramédicaux extérieurs à la structure ;

8° Les modalités d'intervention médicale en cas d'urgence ;

9° Les modalités d'information et de participation des parents à la vie de l'établissement ou du service.

(Décr. n° 2007-230 du 20 févr. 2007, art. 6) « Les dispositions du règlement de fonctionnement prennent en compte l'objectif d'accessibilité défini au sixième alinéa de l'article L. 214-2 du code de l'action sociale et des familles, ainsi que les dispositions de l'article L. 214-7 du même code. »

Dans les établissements à gestion parentale, le *(Décr. n° 2007-230 du 20 févr. 2007, art. 26)* « règlement de fonctionnement » précise en outre les responsabilités respectives et les modalités de collaboration des parents et des professionnels assurant l'encadrement des enfants, ainsi que les fonctions déléguées au responsable technique.

Art. R. 2324-31 Le projet d'établissement ou de service et le *(Décr. n° 2007-230 du 20 févr. 2007)* « règlement de fonctionnement » sont transmis au président du conseil départemental après leur adoption définitive.

Ils sont affichés dans un lieu de l'établissement ou du service accessible aux familles.

(Décr. n° 2007-230 du 20 févr. 2007) « Un exemplaire du règlement de fonctionnement est communiqué, à leur demande, aux familles dont un enfant est inscrit dans l'établissement ou le service. »

Art. R. 2324-32 Lorsqu'il existe un conseil d'établissement ou de service, le projet d'établissement ou de service et le *(Décr. n° 2007-230 du 20 févr. 2007)* « règlement de fonctionnement » lui sont soumis pour avis avant leur adoption.

SOUS-SECTION 4 PERSONNELS

Art. R. 2324-33 *(Décr. n° 2007-230 du 20 févr. 2007)* Les personnes gestionnaires des établissements et services d'accueil s'assurent, dans les conditions prévues à l'article 776 du code de procédure pénale, que les personnes qu'elles recrutent pour exercer des fonctions, à quelque titre que ce soit, dans ces établissements et services, satisfont aux dispositions de l'article L. 133-6 du code de l'action sociale et des familles.

Art. R. 2324-34 *(Décr. n° 2007-230 du 20 févr. 2007)* Sous réserve de l'application des dispositions des articles R. 2324-35 et R. 2324-37, la direction d'un établissement ou d'un service d'accueil peut être confiée :

1° Soit à une personne titulaire du diplôme d'État de docteur en médecine ;

2° Soit à une personne titulaire du diplôme d'État de puéricultrice justifiant de trois ans d'expérience professionnelle ;

3° Soit à une personne titulaire du diplôme d'État d'éducateur de jeunes enfants, à condition :

— qu'elle justifie d'une certification au moins de niveau II enregistrée au répertoire national des certifications professionnelles prévu à l'article L. 335-6 du code de l'éducation, attestant de compétences dans le domaine de l'encadrement ou de la direction ;

— qu'elle justifie de trois ans d'expérience professionnelle ;

— que l'établissement ou le service comprenne dans son effectif une puéricultrice diplômée d'État ou, à défaut, un infirmier ou une infirmière diplômé d'État justifiant au moins d'une année d'expérience professionnelle auprès de jeunes enfants.

Art. R. 2324-35 *(Décr. nº 2010-613 du 7 juin 2010, art. 13)* « La direction d'un établissement ou d'un service d'accueil d'une capacité inférieure ou égale à quarante places peut être confiée soit à une puéricultrice diplômée d'État justifiant de trois ans d'expérience professionnelle, soit à un éducateur de jeunes enfants diplômé d'État justifiant de trois ans d'expérience professionnelle, sous réserve qu'il s'adjoigne le concours, dans les conditions définies par l'article R. 2324-40-1, d'une puéricultrice diplômée d'État ou, à défaut, d'un infirmier ou d'une infirmière diplômé d'État justifiant au moins d'une année d'expérience professionnelle auprès de jeunes enfants. »

(Décr. nº 2007-230 du 20 févr. 2007) « La direction d'un établissement ou d'un service d'accueil d'une capacité inférieure ou égale à vingt places et la responsabilité technique d'un établissement à gestion parentale peuvent être confiées :

« 1° Soit à une puéricultrice diplômée d'État justifiant de trois ans d'expérience professionnelle ;

« 2° Soit à un éducateur de jeunes enfants diplômé d'État justifiant de trois ans d'expérience professionnelle.

« Les dispositions des deux alinéas précédents s'entendent sous réserve de l'application des dispositions de l'article R. 2324-41-1. »

Art. R. 2324-36 *(Décr. nº 2007-230 du 20 févr. 2007)* Le directeur d'un établissement ou d'un service d'une capacité supérieure à soixante places est assisté d'un adjoint répondant aux conditions de qualification et d'expérience prévues aux articles R. 2324-34, R. 2324-35 ou R. 2324-46.

Art. R. 2324-36-1 *(Décr. nº 2010-613 du 7 juin 2010, art. 14)* Sous réserve du dernier alinéa du présent article, les établissements mentionnés au 4° de l'article R. 2324-17 sont dispensés de l'obligation de désigner un directeur. En ce cas, les dispositions des articles R. 2324-34, R. 2324-35 et R. 2324-40-1 ne leur sont pas applicables.

Le gestionnaire de l'établissement est tenu de désigner une personne physique, dénommée référent technique, pouvant être distincte des personnes chargées de l'encadrement des enfants accueillis, pour assurer le suivi technique de l'établissement ainsi que l'élaboration et le suivi de la mise en œuvre du projet d'accueil.

Le référent technique a pour missions d'accompagner et de coordonner l'activité des personnes chargées de l'encadrement des enfants.

Si cette personne n'est pas titulaire d'une des qualifications mentionnées aux articles R. 2324-34, R. 2324-35 ou R. 2324-46, le gestionnaire s'assure du concours régulier d'une personne répondant à l'une de ces qualifications.

Lorsque plusieurs établissements mentionnés au 4° de l'article R. 2324-17 sont gérés par une même personne, celle-ci est tenue de désigner un directeur dans les conditions prévues aux articles R. 2324-34 à R. 2324-37 et R. 2324-46 si la capacité totale de ces établissements est supérieure à vingt places.

Art. R. 2324-36-2 *(Décr. nº 2010-613 du 7 juin 2010, art. 15)* En l'absence de la personne habituellement chargée des fonctions de direction, la continuité de ces fonctions est assurée par une personne présente dans l'établissement ou service, disposant de la qualification prévue à l'article R. 2324-42 et d'une expérience professionnelle auprès de jeunes enfants. Le règlement de fonctionnement prévoit, en application du 2° de l'article R. 2324-30, les conditions dans lesquelles cette personne est désignée et les conditions de suppléance.

Ces dispositions ne sont pas applicables aux établissements mentionnés au 4° de l'article R. 2324-17.

Art. R. 2324-37 *(Décr. nº 2007-230 du 20 févr. 2007)* Pour l'application des articles R. 2324-34 et R. 2324-35, les jardins d'enfants sont, quelle que soit leur capacité d'accueil, dispensés de l'obligation de compter dans leur personnel une personne titulaire du diplôme d'État de puéricultrice ou d'infirmier ou de faire appel à son concours.

La certification de niveau II mentionnée au 3° de l'article R. 2324-34 n'est pas requise des personnes titulaires du diplôme d'État d'éducateur de jeunes enfants assurant la direction d'un jardin d'enfants.

Art. R. 2324-37-1 *(Décr. n° 2007-230 du 20 févr. 2007)* Sous réserve de l'autorisation du président du conseil départemental pour les établissements et services gérés par des personnes de droit privé, ou de son avis pour les établissements et services gérés par une collectivité publique, délivrés dans les conditions prévues aux articles R. 2324-19 et R. 2324-21, et du respect des dispositions du 2° de l'article R. 2324-30, la direction de trois établissements et services, chacun d'une capacité inférieure ou égale à vingt places, peut être assurée par une même personne, lorsque la capacité totale desdits établissements et services n'excède pas cinquante places.

Le président du conseil départemental prend en compte, pour donner son autorisation ou formuler son avis, les difficultés éventuelles de recrutement, la capacité des établissements et services concernés, leur amplitude d'ouverture, la distance qui les sépare, ainsi que les compétences des autres professionnels qui y sont employés.

Il est tenu compte de la capacité globale des établissements et services concernés pour l'application des dispositions des articles R. 2324-34, R. 2324-35 et R. 2324-46. Toutefois, le concours d'une puéricultrice ou d'une infirmière n'est pas requis dans ce cadre.

Art. R. 2324-37-2 *(Décr. n° 2007-230 du 20 févr. 2007)* La personne gestionnaire d'un établissement ou d'un service précise par écrit les compétences et les missions confiées par délégation au professionnel qu'elle a chargé de la direction de l'établissement ou du service.

Une copie de ce document est adressée au président du conseil départemental du département qui a délivré l'autorisation ou donné l'avis prévus respectivement aux articles R. 2324-20 et R. 2324-22, ainsi que, le cas échéant, au conseil de l'établissement ou du service.

Le document précise la nature et l'étendue des délégations notamment en matière de :

1° Conduite de la définition et de la mise en œuvre du projet d'établissement ou de service ;

2° Animation et gestion des ressources humaines ;

3° Gestion budgétaire, financière et comptable ;

4° Coordination avec les institutions et les intervenants extérieurs.

Art. R. 2324-38 Les établissements et services *(Décr. n° 2010-613 du 7 juin 2010, art. 16)* « d'une capacité supérieure à dix places » veillent à s'assurer, compte tenu du nombre, de l'âge et des besoins des enfants qu'ils accueillent et de leur projet éducatif et social, le concours d'une équipe pluridisciplinaire composée de professionnels qualifiés, notamment dans les domaines psychologique, social, sanitaire, éducatif et culturel.

Art. R. 2324-39 *(Décr. n° 2010-613 du 7 juin 2010, art. 17)* I. — Les établissements et services d'une capacité supérieure à dix places s'assurent du concours régulier d'un médecin spécialiste ou qualifié en pédiatrie, ou, à défaut, de celui d'un médecin généraliste possédant une expérience particulière en pédiatrie, dénommé médecin de l'établissement ou du service.

II. — Le médecin de l'établissement ou du service veille à l'application des mesures préventives d'hygiène générale et des mesures à prendre en cas de maladie contagieuse ou d'épidémie, ou d'autres situations dangereuses pour la santé. Il définit les protocoles d'actions dans les situations d'urgence, en concertation avec le directeur de l'établissement ou du service et, le cas échéant, le professionnel de santé mentionné aux *articles R. 2324-34 et R. 2324-35*, et organise les conditions du recours aux services d'aide médicale d'urgence.

III. — Le médecin de l'établissement ou du service assure, en collaboration avec le professionnel de santé mentionné à l'article R. 2324-35 présent ou apportant son concours à l'établissement ou au service, les actions d'éducation et de promotion de la santé auprès du personnel et, le cas échéant, auprès des parents participant à l'accueil.

IV. — En liaison avec la famille, le médecin de l'enfant et l'équipe de l'établissement ou du service, et en concertation avec son directeur ou le professionnel de santé mentionné à l'article R. 2324-35, le médecin de l'établissement ou du service s'assure que les conditions d'accueil permettent le bon développement et l'adaptation des enfants dans l'établissement ou le service. En particulier, il veille à l'intégration des enfants présentant un handicap, d'une affection chronique, ou de tout problème de santé nécessitant un traitement ou une attention particulière, et, le cas échéant, met en place un projet d'accueil individualisé ou y participe.

V. — Le médecin de l'établissement ou du service établit le certificat médical autorisant l'admission de l'enfant. Toutefois, pour l'enfant de plus de quatre mois qui ne présente pas de handicap et qui n'est atteint ni d'une affection chronique ni d'un problème de santé nécessitant un traitement ou une attention particulière, ce certificat peut être établi par un autre médecin au choix de la famille.

VI. — Pour l'exercice de ses missions et lorsqu'il l'estime nécessaire, le médecin de l'établissement ou du service, à son initiative ou à la demande du professionnel de santé présent ou apportant son concours à l'établissement ou au service et avec l'accord des parents, examine les enfants.

Art. R. 2324-40 Les modalités du concours du médecin sont fixées par voie conventionnelle entre l'établissement ou le service et le médecin, ou l'organisme qui l'emploie, conformément au *(Décr. n° 2007-230 du 20 févr. 2007)* « règlement de fonctionnement », en fonction du nombre des enfants accueillis et de leur état de santé, à moins que le médecin et l'établissement ou le service ne relèvent de la même collectivité publique.

Dans le cas d'un accueil occasionnel et des établissements d'accueil régulier de vingt places au plus, et notamment dans les établissements à gestion parentale, un médecin du service de protection maternelle et infantile, non chargé du contrôle de la structure d'accueil, peut, par voie de convention, assurer tout ou partie des missions définies à l'article R. 2324-39.

Art. R. 2324-40-1 *(Décr. n° 2007-230 du 20 févr. 2007)* I. — La puéricultrice, l'infirmier ou l'infirmière de l'établissement ou du service mentionnés à l'article R. 2324-35 apporte, chacun dans l'exercice de ses compétences, son concours au directeur de l'établissement pour la mise en œuvre des mesures nécessaires au bien-être et au développement des enfants.

Il veille notamment, en concertation avec le médecin de l'établissement ou du service et la famille :

1° A la bonne adaptation des enfants et au respect de leurs besoins ;

2° A l'intégration des enfants *(Décr. n° 2010-613 du 7 juin 2010, art. 18)* « présentant un handicap » ou atteints d'une affection nécessitant des soins ou une attention particulière ;

3° Le cas échéant, aux modalités de la délivrance des soins dont les enfants ont besoin et à la mise en œuvre des prescriptions médicales.

En concertation avec le médecin de l'établissement ou du service et le directeur, il définit le cadre et les modalités d'intervention des soins d'urgence, assure la mise en œuvre des préconisations et protocoles définis par *(Décr. n° 2010-613 du 7 juin 2010, art. 18)* « le médecin de l'établissement ou du service » et enseigne au personnel de l'établissement ou du service les attitudes et les gestes efficaces en vue de la sécurité des enfants.

II. — Les modalités et l'importance de ce concours sont définies en liaison entre le gestionnaire de l'établissement ou du service et le président du conseil départemental, à raison de quatre heures hebdomadaires par tranche de dix places d'accueil au minimum, et en fonction :

1° De la capacité d'accueil de l'établissement ou du service ;

2° De la durée et du rythme d'accueil des enfants accueillis ou susceptibles de l'être et, le cas échéant, de leurs besoins particuliers ;

3° Des compétences en matière de santé des professionnels présents dans l'établissement ou le service lui apportant leur concours.

Art. R. 2324-41 *(Décr. n° 2007-230 du 20 févr. 2007)* Les établissements d'accueil collectif d'une capacité égale ou supérieure à vingt-cinq places disposent d'éducateurs de jeunes enfants diplômés d'État à raison d'au moins un demi-poste, auquel il est ajouté un demi-poste de plus par tranche complète de vingt places supplémentaires au-delà de vingt-cinq.

Les services d'accueil familial d'une capacité égale ou supérieure à trente places disposent d'éducateurs de jeunes enfants diplômés d'État à raison d'au moins un demi-poste, auquel il est ajouté un demi-poste de plus par tranche complète de trente places supplémentaires au-delà de trente.

Art. R. 2324-41-1 *(Décr. n° 2007-230 du 20 févr. 2007)* Pour les professions autres que celles de médecin, d'infirmier et d'assistant de service social, couvertes par les articles L. 4111-2, L. 4311-3 et L. 4331-4 et par l'article L. 411-1 du code de l'action sociale et des familles, l'employeur peut procéder, dans le respect de la libre circulation des travailleurs et, le cas échéant, des dispositions statutaires ou conventionnelles applicables à l'emploi considéré, au recrutement de toute personne justifiant d'un diplôme de l'Union européenne permettant d'occuper un emploi équivalent dans son pays d'obtention.

Art. R. 2324-42 *(Décr. n° 2010-613 du 7 juin 2010, art. 19)* Le personnel chargé de l'encadrement des enfants est constitué :

1° Pour quarante pour cent au moins de l'effectif, des puéricultrices diplômées d'État, des éducateurs de jeunes enfants diplômés d'État, des auxiliaires de puériculture diplômés, des infirmiers diplômés d'État ou des psychomotriciens diplômés d'État ;

2° Pour soixante pour cent au plus de l'effectif, des titulaires ayant une qualification définie par arrêté du ministre chargé de la famille, qui doivent justifier d'une expérience ou bénéficier d'un accompagnement définis par le même arrêté.

Dans les établissements mentionnés au 4° de l'article R. 2324-17, les professionnels mentionnés au 1° peuvent être remplacés par des personnes qui justifient d'une certification au moins de niveau V, enregistrée au répertoire national de certifications professionnelles prévu à l'article L. 335-6 du code de l'éducation, attestant de compétences dans le champ de l'accueil des jeunes enfants et de deux années d'expérience professionnelle, ou d'une expérience professionnelle de trois ans comme assistant maternel agréé.

Art. R. 2324-43 L'effectif du personnel *(Décr. n° 2010-613 du 7 juin 2010, art. 20)* « encadrant directement les enfants » est d'un professionnel pour cinq enfants qui ne marchent pas, et d'un professionnel pour huit enfants qui marchent.

Toutefois, dans les jardins d'enfants, l'effectif du personnel placé auprès des enfants âgés de trois à six ans est calculé de manière à assurer la présence d'un professionnel pour quinze enfants en moyenne.

Les enfants et assistantes maternelles qui les accompagnent, présents occasionnellement dans un établissement d'accueil collectif, notamment dans le cadre d'une structure multi-accueil, ne sont pas comptés dans les effectifs des enfants et des personnels retenus pour le calcul des taux d'encadrement prévus aux premier et deuxième alinéas du présent article.

(Décr. n° 2007-230 du 20 févr. 2007) « Pour les établissements d'une capacité inférieure ou égale à trente places, la personne assurant la direction de l'établissement ou du service peut être partiellement prise en compte dans le calcul de l'effectif du personnel placé auprès des enfants. Cette prise en compte est limitée à un demi-poste au maximum pour les établissements ou services d'une capacité supérieure à seize places et inférieure ou égale à trente places. L'usage de cette faculté est subordonné à l'autorisation du président du conseil départemental pour les établissements gérés par une personne de droit privé, ou à son avis pour les établissements gérés par une collectivité publique, délivrés dans les conditions prévues aux articles R. 2324-19 et R. 2324-21. Le président du conseil départemental prend en compte, pour donner son autorisation ou formuler son avis, la capacité de l'établissement et son amplitude d'ouverture, les missions déléguées au directeur, les aides dont il dispose, ainsi que la qualification et l'expérience des personnels chargés des enfants. Cette possibilité ne peut être cumulée avec celle ouverte par les dispositions de l'article R. 2324-37-1. »

(Décr. n° 2010-613 du 7 juin 2010, art. 20) « Pour les établissements ou services d'une capacité supérieure à soixante places, la personne assurant les fonctions de directeur adjoint peut être partiellement prise en compte dans le calcul de l'effectif du personnel encadrant directement les enfants dans la limite d'une quotité de travail égale au quart de son temps de travail. »

En application des art. L. 231-5 et L. 231-6 CRPA, le silence gardé par l'administration pendant trois mois vaut décision d'acceptation pour une demande d'autorisation de prise en compte de la per-

sonne assurant la direction dans le calcul de l'effectif du personnel placé auprès des enfants (Décr. n° 2015-1460 du 10 nov. 2015, art. 1er).

Art. R. 2324-43-1 *(Décr. n° 2010-613 du 7 juin 2010, art. 21)* **Pour des raisons de sécurité, l'effectif du personnel encadrant directement les enfants ne peut pas être inférieur à deux, dont, pour les établissements et services d'une capacité supérieure à vingt places, au moins un des professionnels mentionnés au 1° de l'article R. 2324-42.**

Les établissements mentionnés au 4° de l'article R. 2324-17 sont soumis aux dispositions du précédent alinéa dès lors qu'ils accueillent quatre enfants ou plus.

Art. R. 2324-44 **Dans les établissements à gestion parentale, il est tenu compte de la participation des parents à l'accueil des enfants pour l'application du ratio défini au premier alinéa de l'article R. 2324-43.**

L'effectif des personnes présentes dans ces établissements comprend au minimum et en permanence un professionnel répondant aux conditions de qualification fixées par l'arrêté prévu à l'article R. 2324-42, assisté d'un parent ou d'une deuxième personne. Ce professionnel assure, auprès des enfants, la responsabilité technique liée aux compétences définies par son diplôme ou sa qualification professionnelle. Exceptionnellement, ce professionnel peut être remplacé par un parent participant régulièrement à l'accueil des enfants, sous réserve que la responsabilité de celui-ci soit précisée dans le *(Décr. n° 2007-230 du 20 févr. 2007)* **« règlement de fonctionnement ».**

Art. R. 2324-44-1 *(Décr. n° 2007-230 du 20 févr. 2007)* **Les gestionnaires des établissements et services d'accueil garantissent contre les conséquences de leur responsabilité civile à l'occasion des dommages qu'ils peuvent causer aux enfants ou que ces derniers peuvent causer à autrui :**

1° Les personnes qu'ils emploient ;

2° Les bénévoles et intervenants extérieurs non salariés, qui participent à l'accueil des enfants, sont présents dans l'établissement ou le service ou participent avec les enfants à des activités qu'il organise.

Ils sont tenus de déclarer sans délai au président du conseil départemental tout décès ou tout accident ayant entraîné une hospitalisation survenu à un enfant qui leur était confié.

Art. R. 2324-45 **Le service d'accueil familial organise régulièrement, en collaboration avec le service départemental de protection maternelle et infantile, des rencontres d'information pour les assistantes maternelles, auxquelles les parents peuvent être associés. Il prévoit l'accueil des enfants lors de ces activités d'information.**

SOUS-SECTION 5 DISPOSITIONS PARTICULIÈRES ET DÉROGATOIRES *(Décr. n° 2007-230 du 20 févr. 2007).*

Art. R. 2324-46 *(Décr. n° 2007-230 du 20 févr. 2007)* **I. — En l'absence de candidats répondant aux conditions exigées par les articles R. 2324-34 à R. 2324-37, il peut être dérogé, pour la direction d'un établissement ou d'un service d'accueil, selon la capacité d'accueil de celui-ci, aux conditions relatives à la durée de l'expérience professionnelle ou à la qualification prévues par ces articles, en faveur de candidats justifiant d'une qualification dans le domaine sanitaire ou social et d'une expérience de l'encadrement d'un établissement ou d'un service d'accueil de jeunes enfants, dans des conditions définies aux alinéas ci-dessous.**

II. — Pour les établissements ou services d'une capacité supérieure à quarante places, il peut être dérogé aux conditions relatives à la durée de l'expérience professionnelle pour les personnes satisfaisant aux conditions de qualification exigées pour cette catégorie d'établissements.

***Si ces conditions de qualification* ne sont pas remplies, la direction de l'établissement ou du service peut être confiée :**

1° A une personne titulaire du diplôme d'État d'éducateur de jeunes enfants justifiant de *(Décr. n° 2010-613 du 7 juin 2010, art. 22)* **« trois » ans d'expérience professionnelle, dont deux au moins comme directeur, directeur adjoint ou responsable technique d'un établissement ou d'un service relevant de la présente section ;**

2° A une personne titulaire du diplôme d'État de sage-femme ou d'infirmier justifiant :

– de *(Décr. n° 2010-613 du 7 juin 2010, art. 22)* « trois » ans d'expérience comme directeur ou directeur adjoint d'un établissement ou d'un service relevant de la présente section ;

– ou d'une certification au moins de niveau II enregistrée au répertoire national des certifications professionnelles prévu à l'article L. 335-6 du code de l'éducation attestant de compétences dans le domaine de l'encadrement ou de la direction et d'une expérience de *(Décr. n° 2010-613 du 7 juin 2010, art. 22)* « trois » ans auprès d'enfants de moins de trois ans.

III. – Pour les établissements ou services d'une capacité comprise entre vingt et une et quarante places, il peut être dérogé aux conditions relatives à la durée de l'expérience professionnelle pour les personnes satisfaisant aux conditions de qualification exigées pour cette catégorie d'établissements.

Si ces conditions de qualification ne sont pas remplies, la direction de l'établissement ou du service peut être confiée à une personne titulaire du diplôme d'État d'assistant de service social, d'éducateur spécialisé, de conseillère en économie sociale et familiale, de psychomotricien, ou d'un DESS ou d'un master II de psychologie justifiant :

– de *(Décr. n° 2010-613 du 7 juin 2010, art. 22)* « trois » ans d'expérience comme directeur, directeur adjoint ou responsable technique d'un établissement ou d'un service relevant de la présente section ;

– ou d'une certification au moins de niveau II enregistrée au répertoire national des certifications professionnelles prévu à l'article L. 335-6 du code de l'éducation attestant de compétences dans le domaine de l'encadrement ou de la direction et d'une expérience de *(Décr. n° 2010-613 du 7 juin 2010, art. 22)* « trois » ans auprès d'enfants de moins de trois ans.

IV. – Pour les établissements ou services d'une capacité inférieure ou égale à vingt places, il peut être dérogé aux conditions relatives à la durée de l'expérience professionnelle pour les personnes satisfaisant aux conditions de qualification exigées pour cette catégorie d'établissements.

Si ces conditions de qualification ne sont pas remplies, la direction de l'établissement ou du service peut être confiée à une personne titulaire du diplôme d'État de sage-femme, d'infirmier, d'assistant de service social, d'éducateur spécialisé, de conseillère en économie sociale et familiale, de psychomotricien, ou d'un DESS ou d'un master II de psychologie justifiant de trois ans d'expérience comme directeur, directeur adjoint ou responsable technique d'un établissement ou d'un service relevant de la présente section ou de trois ans d'expérience auprès de jeunes enfants.

Pour les établissements et services gérés par une personne de droit privé, la direction peut être confiée à une personne ayant assuré pendant trois ans la direction d'un établissement ou d'un service relevant de la présente section ou la responsabilité technique d'un établissement à gestion parentale.

V. – En outre, la direction d'un jardin d'enfants peut être confiée à une personne ayant exercé comme instituteur ou professeur des écoles justifiant de trois ans d'expérience professionnelle auprès de jeunes enfants.

Art. R. 2324-46-1 *(Décr. n° 2007-230 du 20 févr. 2007)* Sont considérés comme des établissements et services d'accueil occasionnels ou saisonniers, soumis aux dispositions de l'article L. 2324-1, les accueils organisés de plus de six mineurs et fonctionnant pendant une durée supérieure à quinze jours et inférieure à cinq mois par an.

Des dérogations aux dispositions des articles R. 2324-18, R. 2324-25, R. 2324-29, R. 2324-30, R. 2324-34 à R. 2324-41, R. 2324-42 à R. 2324-44, R. 2324-45 et R. 2324-46 peuvent être accordées aux établissements et services occasionnels ou saisonniers, qui rencontrent des difficultés pour satisfaire à ces dispositions. Ces dérogations tiennent compte des prestations proposées.

Ces dérogations peuvent être assorties de toute condition, de nature à garantir la qualité de l'accueil, portant sur l'âge des enfants accueillis, les prestations proposées, les moyens à mettre en œuvre, ou la durée de la dérogation accordée.

Art. R. 2324-46-2 *(Décr. nº 2007-230 du 20 févr. 2007)* Les dérogations prévues aux articles R. 2324-46, R. 2324-46-1 *(Décr. nº 2010-613 du 7 juin 2010, art. 23)* « et aux quatrième et cinquième alinéas de l'article R. 2324-47-1 » sont décidées :

1º Pour les établissements et services gérés par une personne de droit privé, par le président du conseil départemental, après avis du médecin responsable du service départemental de protection maternelle et infantile ou d'un médecin de ce service qu'il délègue ;

2º Pour les établissements et services publics, par la collectivité publique gestionnaire, après avis du président du conseil départemental, sur avis du médecin responsable du service départemental de protection maternelle et infantile ou d'un médecin de ce service qu'il délègue.

Le gestionnaire qui sollicite une dérogation justifie de ses recherches infructueuses pour trouver des candidats répondant aux exigences prévues aux articles R. 2324-34, R. 2324-35 et R. 2324-37.

En application des art. L. 231-5 et L. 231-6 CRPA, le silence gardé par l'administration pendant trois mois vaut décision d'acceptation pour une demande de dérogation aux conditions de formation du personnel de direction d'établissements d'accueil pour jeune enfant (Décr. nº 2015-1460 du 10 nov. 2015, art. 1er).

Art. R. 2324-47 *Abrogé par Décr. nº 2010-613 du 7 juin 2010, art. 24.*

Art. R. 2324-47-1 *(Décr. nº 2010-613 du 7 juin 2010, art. 25)* Dans les conditions prévues aux articles R. 2324-18 à R. 2324-24, il peut être créé un établissement relevant du 1º de l'article R. 2324-17 dit "jardin d'éveil". Cet établissement accueille simultanément entre douze et quatre-vingts enfants de deux ans ou plus en vue de faciliter leur intégration dans l'enseignement du premier degré.

Au moins la moitié du personnel chargé de l'encadrement des enfants détient l'une des qualifications prévues au 1º de l'article R. 2324-42. L'autre partie du personnel détient une qualification ou justifie d'une expérience dans le domaine de la petite enfance, définies par arrêté du ministre chargé de la famille.

La direction d'un jardin d'éveil est assurée par une des personnes mentionnées aux articles R. 2324-34, R. 2324-35 et R. 2324-46, ou à défaut par une personne détenant une qualification et une expérience dans le domaine de la petite enfance définies par arrêté du ministre chargé de la famille. Les fonctions de direction peuvent être exercées à temps partiel, pour une durée au moins égale au quart de la durée légale du travail.

Un jardin d'éveil accueillant moins de vingt-quatre enfants peut être autorisé à déroger aux articles R. 2324-38, R. 2324-39, R. 2324-40 et R. 2324-41 dans les conditions prévues aux articles R. 2324-46-2.

Par dérogation au premier alinéa de l'article R. 2324-43, l'effectif du personnel encadrant les enfants est calculé de manière à assurer la présence d'un professionnel pour douze enfants.

Les dispositions de l'article R. 2324-27 ne sont pas applicables aux jardins d'éveil.

Le projet éducatif prévu au 1º de l'article R. 2323-29 répond aux conditions fixées par arrêté du ministre chargé de la famille.

Art. R. 2324-48 *(Décr. nº 2007-230 du 20 févr. 2007)* Dans le cadre de sa mission de contrôle prévue à l'article L. 2324-2, le médecin responsable du service départemental de protection maternelle et infantile demande aux personnes gestionnaires des établissements et services relevant de la présente section de lui transmettre chaque année des informations relatives aux enfants accueillis au cours de l'année précédente, ainsi qu'aux caractéristiques de l'accueil. Ces informations, ainsi que les modalités de leur transmission, sont définies par arrêté du ministre chargé de la famille.

CHAPITRE V SERVICES DE SANTÉ SCOLAIRE ET UNIVERSITAIRE

Le présent chapitre ne comporte pas de dispositions réglementaires.

CHAPITRE VI DISPOSITIONS PÉNALES

Le présent chapitre ne comporte pas de dispositions réglementaires.

TROISIÈME PARTIE LUTTE CONTRE LES MALADIES ET DÉPENDANCES

LIVRE PREMIER LUTTE CONTRE LES MALADIES TRANSMISSIBLES

TITRE PREMIER LUTTE CONTRE LES ÉPIDÉMIES ET CERTAINES MALADIES TRANSMISSIBLES

CHAPITRE PREMIER VACCINATIONS

SECTION PREMIÈRE VACCINATIONS OBLIGATOIRES

Art. R. 3111-1 Les vaccinations obligatoires sont régies par la présente section, par la section I du chapitre II et par la section II du chapitre IV du présent titre.

Art. R. 3111-2 *(Décr. n° 2018-42 du 25 janv. 2018, art. 1er)* Les vaccinations mentionnées au I de l'article L. 3111-2 sont pratiquées dans les dix-huit premiers mois de l'enfant, selon les âges fixés par le calendrier prévu à l'article L. 3111-1.

Art. R. 3111-3 *(Décr. n° 2018-42 du 25 janv. 2018, art. 1er)* Lorsque les vaccinations mentionnées au I de l'article L. 3111-2 n'ont pas été pratiquées dans les conditions d'âge définies à l'article R. 3111-2, elles le sont suivant des modalités spécifiques déterminées par le calendrier prévu à l'article L. 3111-1.

Art. R. 3111-4 *(Décr. n° 2018-42 du 25 janv. 2018, art. 1er)* Les vaccinations obligatoires sont réalisées par les professionnels de santé autorisés à cet effet par la réglementation qui leur est applicable.

Elles peuvent l'être notamment dans les établissements et organismes habilités mentionnés à l'article L. 3111-11, ainsi que dans le cadre des consultations des services départementaux de protection maternelle et infantile et de celles autorisées par le conseil départemental.

Art. R. 3111-4-1 *(Décr. n° 2016-1758 du 16 déc. 2016, art. 1er)* La vaccination contre l'hépatite B des thanatopracteurs en formation pratique et en exercice est effectuée dans les conditions prévues aux articles L. 3111-1 et L. 4151-2.

Cette vaccination est réalisée conformément au calendrier des vaccinations mentionné à l'article L. 3111-1.

Il est procédé à la vérification de l'immunisation de la personne selon des conditions définies par arrêté du ministre chargé de la santé.

La preuve de la vaccination est apportée par la présentation d'un certificat médical, établi après vérification de l'immunisation de la personne, indiquant qu'elle répond aux obligations légales de vaccination contre l'hépatite B.

Art. R. 3111-4-2 *(Décr. n° 2016-1758 du 16 déc. 2016, art. 1er)* L'obligation de vaccination contre l'hépatite B ne concerne pas les personnes infectées ou ayant eu une infection par le virus de l'hépatite B ni les personnes mentionnées à l'article R. 3111-4-1 qui justifient d'une contre-indication à cette vaccination. Ces personnes doivent présenter un certificat médical indiquant qu'elles répondent aux obligations légales de vaccination contre l'hépatite B. Ce certificat ne comporte ni indication de diagnostic ni information clinique ou biologique.

Art. R. 3111-5 (Abrogé par Décr. n° 2018-42 du 25 janv. 2018, art. 1er) *Les dispositions de l'article L. 3111-8 sont applicables lorsqu'une personne ne peut justifier avoir été vaccinée ou revaccinée avec succès depuis moins de trois ans.*

SECTION II DÉCLARATION OBLIGATOIRE DES VACCINATIONS

Art. D. 3111-6 *(Décr. n° 2018-42 du 25 janv. 2018, art. 2)* La déclaration prévue à l'article L. 3111-5 est faite :

1° Sur le carnet de santé et, en outre, pour les enfants âgés de deux ans ou moins, sur les certificats de santé prévus à l'article L. 2132-2 ;

2° Pour les personnes ne possédant pas de carnet de santé, sur un document remis par un professionnel de santé autorisé à pratiquer les vaccinations attestant de la situation de la personne au regard des vaccinations obligatoires.

Les certificats de santé mentionnés au 1° sont adressés au médecin responsable du service départemental de protection maternelle et infantile dans les conditions fixées par l'article L. 2132-3.

Art. D. 3111-7 *(Décr. n° 2018-42 du 25 janv. 2018, art. 2)* « Le document mentionné au 2° de l'article D. 3111-6 » contient les précisions ci-après :

1° Nom, prénoms, date de naissance et adresse de la personne vaccinée ;

2° Examens médicaux et *(Décr. n° 2018-42 du 25 janv. 2018, art. 2)* « , le cas échéant, » tests biologiques effectués préalablement à la vaccination ;

3° Date de ces examens, date de la vaccination ;

4° Numéro du lot du vaccin et nom du fabricant ;

5° Le nom et l'adresse du vaccinateur ;

6° Date et signature du vaccinateur.

Art. R. 3111-8 *(Décr. n° 2018-42 du 25 janv. 2018, art. 2)* I. – L'admission du mineur est subordonnée à la présentation du carnet de santé ou de tout autre document mentionné à l'article D. 3111-6 attestant du respect de l'obligation prévue à l'article L. 3111-2 :

a) Dans les établissements et services mentionnés aux deux premiers alinéas de l'article L. 2324-1 ;

b) Dans les écoles et les établissements d'enseignement scolaire et les accueils sans hébergement organisés en application du troisième alinéa de l'article L. 2324-1 et du II de l'article R. 227-1 du code de l'action sociale et des familles ;

c) En cas d'accueil par un assistant maternel agréé mentionné à l'article L. 421-1 du code de l'action sociale et des familles ;

d) Dans les pouponnières et maisons d'enfants à caractère sanitaire relevant de l'article L. 2321-1 ;

e) Dans les établissements mentionnés aux 1°, 2° et 3° du I de l'article L. 312-1 du code de l'action sociale et des familles ;

f) Dans les autres modes d'accueil organisés en application du troisième alinéa de l'article L. 2324-1 et de l'article L. 227-4 du code de l'action sociale et des familles ;

g) Et dans toute autre collectivité d'enfants.

II. – Dans les cas mentionnés aux *a* à *e* du I, lorsqu'une ou plusieurs des vaccinations obligatoires font défaut, le mineur est provisoirement admis. Le maintien du mineur dans la collectivité d'enfants est subordonné à la réalisation des vaccinations faisant défaut qui peuvent être effectuées dans les trois mois de l'admission provisoire conformément au calendrier prévu à l'article L. 3111-1. Les vaccinations n'ayant pu être réalisées dans ce délai sont poursuivies suivant le calendrier susmentionné. La réalisation des vaccinations est justifiée par l'un des documents mentionnés au premier alinéa du présent article.

SECTION III ORGANISATION DU SERVICE DES VACCINATIONS

Art. R. 3111-9 (Abrogé par Décr. n° 2018-42 du 25 janv. 2018, art. 3) *Le maire établit chaque année la liste des personnes soumises aux vaccinations antidiphtérique-antitétanique et antipoliomyélitique, dans le délai imparti par le président du conseil départemental.*

Les modalités d'établissement de ces listes sont fixées par arrêté du ministre chargé de la santé.

Art. R. 3111-10 *(Décr. n° 2018-42 du 25 janv.* 2018, art. 3) « Pour les consultations de vaccination autorisées par le conseil départemental en application du deuxième alinéa de l'article R. 3111-4, » le président du conseil départemental désigne les médecins chargés des vaccinations et des examens médicaux préalables et les auxiliaires techniques et administratifs, sur proposition du maire en ce qui concerne les auxiliaires administratifs.

Les auxiliaires techniques sont choisis parmi le personnel des services sanitaires ou assimilés ; les médecins ou auxiliaires appartenant au service de santé scolaire sont désignés sur avis conforme du chef de service intéressé.

Les taux de rémunération des vaccinations sont fixés par le président du conseil départemental.

Art. R. 3111-11 Le président du conseil départemental arrête, après avis de chaque commune, les dates et lieux des séances de vaccination dans la commune, portés à la connaissance du public *(Abrogé par Décr. nº 2018-42 du 25 janv. 2018, art. 3) « par la voie de presse et d'affiche.*

« Il y est fait mention des obligations qui incombent aux parents ou aux tuteurs et des peines encourues en cas de manquement. »

Lorsque les circonstances le rendent nécessaire, le président du conseil départemental autorise dans certaines communes la pratique de la vaccination gratuite au domicile du médecin.

Le taux de rémunération des médecins vaccinateurs est alors fixé conformément à l'article R. 3111-10.

(Abrogé par Décr. nº 2018-42 du 25 janv. 2018, art. 3) « En cas d'épidémie, les vaccinations peuvent être ajournées par arrêté préfectoral. »

Art. R. 3111-12 (Abrogé par Décr. nº 2018-42 du 25 janv. 2018, art. 3) *Les parents ou tuteurs prennent toutes dispositions utiles pour que les enfants ou pupilles soient présentés aux séances prescrites ; les adultes doivent s'y présenter. En cas d'empêchement par maladie, un certificat médical doit être adressé au médecin responsable du service départemental de la protection maternelle et infantile.*

Sont dispensés de se présenter :

1º Les personnes qui, ayant été vaccinées par un médecin de leur choix, ont remis avant la séance un certificat délivré par ce médecin et indiquant la nature du vaccin, les dates et les doses des injections ;

2º Les personnes qui ont remis, avant la séance, un certificat médical justifiant d'une contre-indication.

Art. R. 3111-13 (Abrogé par Décr. nº 2018-42 du 25 janv. 2018, art. 3) *Les règles techniques de vaccination, les modalités de la première vaccination et celles des rappels de vaccination, ainsi que les conditions dans lesquelles sont constatées les contre-indications éventuelles sont fixées par arrêté du ministre chargé de la santé, pris après avis de l'Académie nationale de médecine et du* (Décr. nº 2006-1675 du 22 déc. 2006) *« Haut Conseil de la santé publique ».*

Art. R. 3111-14 (Abrogé par Décr. nº 2018-42 du 25 janv. 2018, art. 3) *Au cours de chaque séance est inscrite sur la liste prévue à l'article R. 3111-9 pour chaque personne assujettie :*

— soit la vaccination pratiquée, avec mention de la nature du vaccin, de la date de l'opération et de la dose de vaccin injecté ;

— soit la contre-indication et sa durée.

Si la vaccination est effectuée gratuitement au domicile du médecin, celui-ci porte ces indications sur des fiches qui lui sont remises à cet effet.

Dans tous les cas, ces mêmes mentions sont inscrites sur le carnet de santé ou le carnet de vaccination de l'intéressé.

Art. R. 3111-15 (Abrogé par Décr. nº 2018-42 du 25 janv. 2018, art. 3) *A la fin de la série des vaccinations, le vaccinateur remet les listes ainsi complétées au maire pour la tenue du fichier des vaccinations. Le président du conseil départemental en reçoit copie.*

Au cas où la vaccination est pratiquée gratuitement au domicile du médecin, celui-ci adresse les fiches vaccinales au maire.

Art. R. 3111-16 (Abrogé par Décr. nº 2018-42 du 25 janv. 2018, art. 3) *Le service de vaccination notifie aux adultes et aux parents ou tuteurs de mineurs n'ayant pas satisfait aux obligations de vaccination d'avoir à s'y conformer dans un délai qui ne peut excéder la date de la prochaine séance de vaccination organisée dans leur commune de résidence.*

Dans les communes où la vaccination est pratiquée gratuitement au domicile du médecin, ce délai est de trois mois.

Dans le cas où les intéressés ne se sont pas conformés à leurs obligations, le président du conseil départemental en informe le procureur de la République.

Art. R. 3111-17 (Abrogé par Décr. n° 2018-42 du 25 janv. 2018, art. 3) *L'admission dans tout établissement d'enfants, à caractère sanitaire ou scolaire, est subordonnée à la présentation soit du carnet de santé, soit des documents en tenant lieu attestant de la situation de l'enfant au regard des vaccinations obligatoires.*

A défaut, les vaccinations obligatoires sont effectuées dans les trois mois de l'admission.

Art. R. 3111-18 (Abrogé par Décr. n° 2018-42 du 25 janv. 2018, art. 3) *Le président du conseil départemental adresse chaque année au ministre chargé de la santé un rapport sur les opérations de vaccination de l'année précédente.*

SECTION IV VACCINATION ANTIVARIOLIQUE

Art. D. 3111-19 (Abrogé par Décr. n° 2018-42 du 25 janv. 2018, art. 5) *La vaccination antivariolique des personnes affectées, au niveau national, à la prise en charge des premiers cas de variole en cas de réapparition de la maladie, quelle qu'en soit l'origine, est rendue obligatoire.*

La liste de ces personnes est dressée par arrêté du ministre chargé de la santé.

Art. D. 3111-20 (Abrogé par Décr. n° 2018-42 du 25 janv. 2018, art. 5) *Lorsque survient un cas de variole confirmé par les instances sanitaires nationales ou internationales compétentes, et pour empêcher la propagation d'une épidémie en France, le préfet met en œuvre une ou plusieurs des mesures suivantes :*

1° Vaccination et revaccination antivariolique :

— de tout sujet contact d'un cas de variole ou potentiellement exposé au virus de la variole ;

— de toutes les personnes susceptibles de prendre en charge les sujets suspects ou atteints de variole ainsi que les prélèvements biologiques de ces sujets.

2° Prise en charge des sujets contacts, des cas suspects ou confirmés :

a) Sujets contacts asymptomatiques : vaccination ou revaccination le plus tôt possible, suivi médical strict y compris contrôle de l'efficacité vaccinale pendant 18 jours après le contact supposé et maintien dans une zone géographique limitée ;

b) Cas suspects de variole : isolement et suivi médical jusqu'à confirmation ou infirmation du diagnostic ;

c) Cas confirmés de variole : hospitalisation et isolement jusqu'à la chute des croûtes, 3 à 4 semaines ;

3° Acquisition ou réquisition de matériels et de produits, de locaux et de moyens humains :

a) Réquisition de tous locaux nécessaires à la vaccination des personnels amenés à prendre en charge les sujets suspects ou atteints de variole ;

b) Réquisition de tous locaux ou établissements de soins nécessaires à l'accueil et à la prise en charge des sujets ayant été en contact avec un malade ou des sujets exposés à la dissémination initiale du virus, des cas suspects ou confirmés de variole ;

c) Acquisition ou réquisition de tous moyens ou produits destinés au traitement des malades, à la protection individuelle, au nettoyage de locaux et à la désinfection, au traitement des déchets potentiellement contaminés, notamment par incinération ;

d) Acquisition ou réquisition de tous moyens ou locaux nécessaires au traitement des échantillons biologiques à des fins de diagnostic ou de surveillance biologique ;

e) Acquisition ou réquisition de tous moyens ou locaux nécessaires à la prise en charge des corps présumés contagieux ;

f) Acquisition et réquisition des moyens destinés au transport des malades, des échantillons biologiques, des corps présumés contagieux et des déchets potentiellement contaminés ainsi qu'au transport des produits à visée thérapeutique, des produits de nettoyage et de désinfection ;

g) Réquisition de personnels de santé ainsi que de tous personnels techniques, civils ou militaires, nécessaires pour combattre l'épidémie ;

4° Mesures d'ordre et de salubrité publique :

a) Substitution, sans mise en demeure préalable, dans la mise en œuvre des pouvoirs de police qui sont dévolus aux maires par le 5° de l'article L. 2212-2 du code général des collectivités territoriales ;

b) Contrôle et fermeture d'établissements publics ou privés afin d'éviter la dissémination du virus ;

c) Annulation des rassemblements de masse ;

d) Limitation des déplacements de population ;

e) Renforcement des contrôles aux frontières ;

f) Saisie et destruction de tout objet, vêtement ou colis potentiellement contaminé ;

5° Information et communication :

— réquisition de tous moyens de communication nécessaires pour rechercher les sujets contacts et pour informer les professionnels et le public.

Art. D. 3111-21 (Abrogé par Décr. n° 2018-42 du 25 janv. 2018, art. 5) *Les mesures mentionnées à l'article D. 3111-20 sont maintenues pendant une période de deux mois à compter de la survenue du dernier cas.*

SECTION V ÉTABLISSEMENTS ET ORGANISMES HABILITÉS À RÉALISER LES VACCINATIONS

(Décr. n° 2005-1608 du 19 déc. 2005)

Art. D. 3111-22 Peuvent être habilités comme centres de vaccination pour réaliser les vaccinations prévues aux articles L. 3111-1 à L. 3111-8 *(Décr. n° 2013-30 du 9 janv. 2013, art. 5-III)* « et » L. 3112-1 :

(Décr. n° 2016-1645 du 1er déc. 2016, art. 3-7°) « 1° Les établissements de santé ;

« 2° Les centres de santé mentionnés à l'article L. 6323-1. »

Art. D. 3111-23 La demande d'habilitation est adressée au *(Décr. n° 2010-344 du 31 mars 2010, art. 81)* « directeur général de l'agence régionale de santé de la région » où sera situé le centre de vaccination, accompagnée d'un dossier dont le contenu est défini par arrêté du ministre chargé de la santé.

Cette demande précise les modalités de fonctionnement du centre de vaccination, en particulier celles qui permettent d'assurer la gratuité des vaccinations, et garantissent :

1° Le maintien ou la constitution d'une équipe de professionnels dont la composition et l'effectif sont adaptés aux besoins locaux et à l'activité du centre ;

2° La disponibilité de locaux adaptés à l'activité du centre ainsi que de l'équipement et du matériel nécessaires aux vaccinations ;

3° La présence d'un médecin sur les lieux aux heures d'ouverture ;

4° Un entretien individuel d'information et de conseil ;

5° La disponibilité du matériel et des médicaments nécessaires au traitement des éventuelles réactions indésirables graves ;

6° La déclaration au centre régional de pharmacovigilance, dans les conditions prévues par la section XIII du chapitre Ier du titre II du livre Ier de la cinquième partie du présent code, des effets indésirables susceptibles d'être dus aux vaccins ;

7° Des actions d'information dans le cadre de la politique vaccinale.

Art. D. 3111-24 L'habilitation est accordée pour trois ans.

Art. D. 3111-25 Les établissements et organismes habilités comme centres de vaccination fournissent annuellement au *(Décr. n° 2010-344 du 31 mars 2010, art. 81)* « directeur général de l'agence régionale de santé » un rapport d'activité et de performance conforme à un modèle fixé par arrêté du ministre chargé de la santé.

Art. D. 3111-26 Lorsque les modalités de fonctionnement d'un centre de vaccination ne permettent plus de répondre aux obligations fixées aux articles D. 3111-23 et D. 3111-25, le *(Décr. n° 2010-344 du 31 mars 2010, art. 81)* « directeur général de l'agence régionale de santé » met en demeure l'établissement ou l'organisme habilité de s'y conformer dans le délai qu'il fixe. En cas d'urgence tenant à la sécurité des usagers, l'habilitation peut être suspendue.

Si la mise en demeure n'est pas suivie d'effet dans le délai imparti, l'habilitation peut être retirée.

SECTION VI RÉPARATION DES PRÉJUDICES IMPUTABLES À UNE VACCINATION OBLIGATOIRE

Art. R. 3111-27 La demande en vue de l'indemnisation d'un dommage considéré comme imputable à une vaccination obligatoire est adressée à l'Office national d'indemnisation des accidents médicaux, des affections iatrogènes et des infections nosocomiales mentionné à l'article L. 1142-22, par lettre recommandée avec demande d'avis de réception, ou déposée auprès du secrétariat de l'office contre récépissé.

Elle est accompagnée d'un dossier rapportant le caractère obligatoire de la vaccination, eu égard, s'il y a lieu, à l'activité professionnelle de la victime, la réalisation des injections et la nature du dommage imputé à la vaccination.

L'office accuse réception du dossier et, le cas échéant, demande les pièces manquantes.

Art. R. 3111-28 Le silence de l'office pendant un délai de six mois à compter de la date de réception du dossier complet vaut rejet de la demande.

Art. R. 3111-29 *(Décr. n° 2010-251 du 11 mars 2010, art. 3-2°)* Si la vaccination avait un caractère obligatoire au moment de sa réalisation, le directeur de l'office diligente, s'il y a lieu, une expertise, afin d'apprécier l'importance des dommages et de déterminer leur imputabilité.

Le médecin chargé de procéder à l'expertise est choisi, en fonction de sa compétence dans le ou les domaines concernés, sur la liste nationale des experts en accidents médicaux mentionnée à l'article L. 1142-10 ou une des listes instituées par l'article 2 de la loi n° 71-498 du 29 juin 1971 relative aux experts judiciaires ou, à titre exceptionnel, en dehors de ces listes.

L'office informe alors le demandeur, quinze jours au moins avant la date de l'examen, de l'identité et des titres du ou des médecins chargés d'y procéder et de la mission d'expertise qui lui *[leur]* est confiée.

L'office fait également savoir au demandeur qu'il peut se faire assister d'une personne de son choix.

L'expert adresse son projet de rapport au demandeur qui dispose alors d'un délai de quinze jours pour lui faire parvenir ses éventuelles observations.

Dans les trois mois suivant la date de sa désignation, l'expert adresse à l'office son rapport d'expertise comprenant sa réponse aux observations du demandeur.

L'office adresse ce rapport sans délai au demandeur qui dispose d'un délai de quinze jours pour lui faire parvenir ses éventuelles observations.

Art. R. 3111-30 *(Décr. n° 2010-251 du 11 mars 2010, art. 3-2°)* L'office national prend en charge le coût des expertises, sous réserve du remboursement exigible à l'occasion des actions subrogatoires visées à l'article L. 3111-9.

Art. R. 3111-31 *(Décr. n° 2010-251 du 11 mars 2010, art. 3-2°)* L'office se prononce par une décision motivée :

1° Sur le caractère obligatoire de la vaccination ;

2° Le cas échéant, sur l'existence d'un lien de causalité entre le dommage subi par la victime et la vaccination à laquelle il est imputé ;

Lorsque l'office estime que le dommage est indemnisable au titre de l'article L. 3111-9, la décision énumère les différents chefs de préjudice et en détermine l'étendue. La décision précise également si, à la date où elle est rendue, l'état de la victime est consolidé ou non.

L'office adresse alors à la victime, ou à ses ayants droit en cas de décès, par lettre recommandée avec demande d'avis de réception, une offre d'indemnisation visant à la réparation intégrale des préjudices subis.

Art. R. 3111-32 *(Décr. n° 2010-251 du 11 mars 2010, art. 3-2°)* La victime ou ses ayants droit font connaître à l'office, par lettre recommandée avec demande d'avis de réception, s'ils acceptent ou non l'offre d'indemnisation qui leur est faite.

Art. R. 3111-33 *(Décr. n° 2010-251 du 11 mars 2010, art. 3-2°)* Le paiement doit intervenir dans un délai d'un mois à compter de la réception par l'office de l'acceptation de son offre par le ou les demandeurs, que cette offre ait un caractère partiel, provisionnel ou définitif.

CHAPITRE II **LUTTE CONTRE LA TUBERCULOSE ET LA LÈPRE** *(Décr. nº 2005-1608 du 19 déc. 2005).*

SECTION PREMIÈRE **VACCINATION OBLIGATOIRE**

Art. R. 3112-1 Sont soumis à la vaccination obligatoire par le vaccin antituberculeux BCG :

A. — Les enfants de moins de six ans accueillis :

1° Dans les établissements, services et centres mentionnés à l'article L. 2324-1 ;

2° Dans les écoles maternelles ;

3° Chez les assistantes maternelles ;

4° Dans les pouponnières et maisons d'enfants à caractère sanitaire relevant de l'article L. 2321-1 ;

5° Dans les établissements mentionnés aux 1°, 2° et 3° de l'article L. 312-1 du code de l'action sociale et des familles.

B. — Les enfants de plus de six ans, les adolescents et les jeunes adultes qui fréquentent :

1° Les établissements d'enseignement du premier et du second degré ;

2° Les établissements mentionnés aux 1°, 2°, 3° et 4° de l'article L. 312-1 du code de l'action sociale et des familles.

C. — Les étudiants en médecine, en chirurgie dentaire et en pharmacie ainsi que les étudiants sages-femmes et les personnes qui sont inscrites dans les écoles et établissements préparant aux professions de caractère sanitaire ou social énumérées ci-après :

1° Professions de caractère sanitaire :

a) Aides-soignants ;

b) Ambulanciers ;

c) Audio-prothésistes ;

d) Auxiliaires de puériculture ;

e) Ergothérapeutes ;

f) Infirmiers et infirmières ;

g) Manipulateurs d'électro-radiologie médicale ;

h) Masseurs-kinésithérapeutes ;

i) Orthophonistes ;

j) Orthoptistes ;

k) Pédicures-podologues ;

l) Psychomotriciens ;

m) Techniciens d'analyses biologiques ;

2° Professions de caractère social :

a) Aides médico-psychologiques ;

b) Animateurs socio-éducatifs ;

c) Assistants de service social ;

d) Conseillers en économie sociale et familiale ;

e) Éducateurs de jeunes enfants ;

f) Éducateurs spécialisés ;

g) Éducateurs techniques spécialisés ;

h) Moniteurs-éducateurs ;

i) Techniciens de l'intervention sociale et familiale.

Sur l'obligation vaccinale par le vaccin antituberculeux BCG, V. Décr. nº 2007-1111 du 17 juill. 2007, art. 1er.

Art. R. 3112-2 Sont également soumis à la vaccination obligatoire par le vaccin antituberculeux BCG :

1° Les personnes qui exercent une activité professionnelle dans les établissements ou services mentionnés au A de l'article R. 3112-1 ainsi que les assistantes maternelles ;

2° Les personnes qui exercent une activité professionnelle dans les laboratoires d'analyses de biologie médicale ;

3° Les personnels des établissements pénitentiaires, des services de probation et des établissements ou services de la protection judiciaire de la jeunesse ;

4° Le personnel soignant des établissements et services énumérés ci-après ainsi que les personnes qui, au sein de ces établissements, sont susceptibles d'avoir des contacts répétés avec des malades tuberculeux :

a) Établissements de santé publics et privés, y compris les établissements mentionnés à l'article L. 6141-5 ;

b) Hôpitaux des armées et Institution nationale des invalides ;

c) *(Décr. n° 2010-344 du 31 mars 2010, art. 82)* « Établissements d'hospitalisation à domicile mentionnés à l'article L. 6125-2 ; »

d) Dispensaires ou centres de soins, centres et consultations de protection maternelle et infantile ;

e) Établissements d'hébergement et services pour personnes âgées ;

f) Structures prenant en charge des malades porteurs du virus de l'immuno-déficience humaine ou des toxicomanes ;

g) Centres d'hébergement et de réinsertion sociale ;

h) Structures contribuant à l'accueil, même temporaire, de personnes en situation de précarité, y compris les cités de transit ou de promotion familiale ;

i) Foyers d'hébergement pour travailleurs migrants ;

(Décr. n° 2004-635 du 30 juin 2004, art. 1er) « 5° Les sapeurs-pompiers des services d'incendie et de secours. »

Art. R. 3112-3 Sont dispensées de l'obligation vaccinale, les personnes mentionnées aux articles R. 3112-1 et R. 3112-2 lorsqu'un certificat médical atteste que cette vaccination est contre-indiquée.

Les contre-indications à la vaccination par le vaccin antituberculeux BCG sont définies par arrêté du ministre chargé de la santé, pris après avis du *(Décr. n° 2006-1675 du 22 déc. 2006)* « Haut Conseil de la santé publique ».

Art. R. 3112-4 *(Décr. n° 2004-635 du 30 juin 2004, art. 2)* Sont considérées comme ayant satisfait à l'obligation de vaccination par le vaccin antituberculeux BCG les personnes apportant la preuve écrite de cette vaccination. Satisfont également à cette obligation les étudiants énumérés au C de l'article R. 3112-1 et les personnes mentionnées à l'article R. 3112-2 qui présentent une cicatrice vaccinale. Un arrêté du ministre chargé de la santé après avis du *(Décr. n° 2006-1675 du 22 déc. 2006)* « Haut Conseil de la santé publique » détermine les conditions dans lesquelles la cicatrice peut être considérée comme une preuve d'une vaccination par le BCG.

Art. R. 3112-5 Les techniques et les modalités d'exécution de la vaccination par le BCG ainsi que les personnes habilitées à la pratiquer sont définies par arrêté du ministre chargé de la santé.

SECTION II ÉTABLISSEMENTS ET ORGANISMES HABILITÉS POUR LA LUTTE CONTRE LA TUBERCULOSE

(Décr. n° 2005-1608 du 19 déc. 2005)

Art. D. 3112-6 Peuvent être habilités comme centres de lutte contre la tuberculose pour l'application de l'article L. 3112-3 :

(Décr. n° 2016-1645 du 1er déc. 2016, art. 3-7°) « 1° Les établissements de santé ;

« 2° Les centres de santé mentionnés à l'article L. 6323-1. »

Art. D. 3112-7 La demande d'habilitation est adressée au *(Décr. n° 2010-344 du 31 mars 2010, art. 83)* « directeur général de l'agence régionale de santé de la région » où sera situé le centre de lutte contre la tuberculose, accompagnée d'un dossier dont le contenu est défini par arrêté du ministre chargé de la santé.

Cette demande précise les modalités de fonctionnement du centre de lutte contre la tuberculose, en particulier celles qui permettent d'assurer la gratuité de la vaccination par le vaccin antituberculeux, du suivi médical et de la délivrance des médicaments, et garantissent :

1° Le maintien ou la constitution d'une équipe de professionnels dont la composition et l'effectif sont adaptés aux besoins locaux et à l'activité du centre ;

2° La disponibilité de locaux, d'équipement et de matériel adaptés à l'activité du centre ;

3° Un entretien individuel d'information et de conseil ;

4° La réalisation des consultations médicales par un médecin ayant une expérience dans le domaine de la lutte contre la tuberculose ;

5° La réalisation d'enquêtes dans l'entourage des cas ;

6° La réalisation d'actions ciblées de dépistage ;

7° La réalisation d'actions de prévention, ciblées sur les personnes présentant le plus de risques ;

8° Le concours à la formation des professionnels ;

9° La vaccination par le vaccin antituberculeux ;

10° La disponibilité du matériel et des médicaments nécessaires au traitement des éventuelles réactions indésirables graves ;

11° Le suivi médical des personnes atteintes et la délivrance des médicaments antituberculeux ;

12° La conclusion d'une convention avec au moins un établissement de santé susceptible de prendre en charge des personnes atteintes de tuberculose ;

13° La déclaration au centre régional de pharmacovigilance, dans les conditions prévues par la section XIII du chapitre Ier du titre II du livre Ier de la cinquième partie du présent code, des effets indésirables susceptibles d'être dus au vaccin ou au traitement ;

14° Le développement de partenariats avec les professionnels, établissements et organismes qui participent à la lutte contre la tuberculose dans le département et à la prise en charge des personnes atteintes.

Art. D. 3112-8 L'habilitation est accordée pour trois ans.

Art. D. 3112-9 Les établissements et organismes habilités comme centres de lutte contre la tuberculose fournissent annuellement au *(Décr. n° 2010-344 du 31 mars 2010, art. 83)* « directeur général de l'agence régionale de santé » un rapport d'activité et de performance conforme à un modèle fixé par arrêté du ministre chargé de la santé.

Art. D. 3112-10 Lorsque les modalités de fonctionnement d'un centre de lutte contre la tuberculose ne permettent plus de répondre aux obligations fixées aux articles D. 3112-7 et D. 3112-9, le *(Décr. n° 2010-344 du 31 mars 2010, art. 83)* « directeur général de l'agence régionale de santé » met en demeure l'établissement ou l'organisme habilité de s'y conformer dans le délai qu'il fixe. En cas d'urgence tenant à la sécurité des usagers, l'habilitation peut être suspendue.

Si la mise en demeure n'est pas suivie d'effet dans le délai imparti, l'habilitation peut être retirée.

SECTION III ÉTABLISSEMENTS ET ORGANISMES HABILITÉS POUR LA LUTTE CONTRE LA LÈPRE

(Décr. n° 2005-1608 du 19 déc. 2005)

Art. D. 3112-12 Peuvent être habilités comme centres de lutte contre la lèpre pour l'application de l'article L. 3112-3 :

(Décr. n° 2016-1645 du 1er déc. 2016, art. 3-7°) « 1° Les établissements de santé ;

« 2° Les centres de santé mentionnés à l'article L. 6323-1. »

L'habilitation est accordée et, le cas échéant, retirée ou suspendue, dans les conditions fixées aux articles D. 3112-8 et D. 3112-10.

Art. D. 3112-13 La demande d'habilitation est adressée au *(Décr. n° 2010-344 du 31 mars 2010, art. 84)* « directeur général de l'agence régionale de santé de la région » où sera situé le centre de lutte contre la lèpre, accompagnée d'un dossier dont le contenu est défini par arrêté du ministre chargé de la santé.

Cette demande précise les modalités de fonctionnement du centre de lutte contre la lèpre, en particulier celles qui permettent d'assurer la gratuité du suivi médical et de la délivrance des médicaments, et garantissent :

1° Le maintien ou la constitution d'une équipe de professionnels dont la composition et l'effectif sont adaptés aux besoins locaux et à l'activité du centre ;

2° La disponibilité de locaux, d'équipement et de matériel adaptés à l'activité du centre ;

3° Un entretien individuel d'information et de conseil ;

4° La réalisation des consultations médicales par un médecin ayant une expérience dans le domaine de la lutte contre la lèpre ;

5° La réalisation d'enquêtes dans l'entourage des cas ;

6° La délivrance des médicaments nécessaires au traitement de la maladie ;

7° La disponibilité du matériel et des médicaments nécessaires au traitement des éventuelles réactions indésirables graves ;

8° La conclusion d'une convention avec au moins un établissement de santé susceptible de prendre en charge les personnes atteintes de la lèpre ;

9° La déclaration au centre régional de pharmacovigilance, dans les conditions prévues par la section XIII du chapitre Ier du titre II du livre Ier de la cinquième partie du présent code, des effets indésirables susceptibles d'être dus au traitement.

SECTION IV DÉLIVRANCE DES MÉDICAMENTS

(*Décr. n° 2005-1765 du 30 déc. 2005*)

Art. R. 3112-14 Dans les établissements et organismes mentionnés à l'article L. 3112-3, les médicaments sont dispensés par un pharmacien inscrit au tableau de la section E ou de la section H de l'Ordre national des pharmaciens.

Si l'établissement habilité est un établissement de santé, cette dispensation est assurée par la pharmacie à usage intérieur, ou à défaut, selon la procédure prévue à l'article L. 5126-6.

Art. R. 3112-15 Dans les établissements et organismes autres que les établissements de santé, à titre dérogatoire, le (*Décr. n° 2010-344 du 31 mars 2010, art. 85*) « directeur général de l'agence régionale de santé » peut autoriser un médecin de l'organisme, nommément désigné, à assurer l'approvisionnement, la détention, le contrôle et la gestion des médicaments et à les dispenser directement aux malades. Cette autorisation ne peut être accordée que pour un remplacement n'excédant pas trois mois ou lorsque l'activité ne justifie pas la présence d'un pharmacien à temps plein.

Pour l'application du présent article, le silence gardé par le (*Décr. n° 2010-344 du 31 mars 2010, art. 85*) « directeur général de l'agence régionale de santé » vaut autorisation à l'expiration d'un délai de deux mois à compter de la date de réception de la demande.

Les médicaments sont détenus dans un lieu où n'ont pas librement accès les personnes étrangères à l'organisme et conservés dans les conditions prévues par l'autorisation de mise sur le marché, sous la responsabilité du médecin autorisé par le (*Décr. n° 2010-344 du 31 mars 2010, art. 85*) « directeur général de l'agence régionale de santé ».

CHAPITRE III TRANSMISSION OBLIGATOIRE DE DONNÉES INDIVIDUELLES À L'AUTORITÉ SANITAIRE

SECTION PREMIÈRE PROCÉDURES DE TRANSMISSION

Art. R. 3113-1 Les cas de maladies mentionnées à l'article L. 3113-1 font l'objet d'une notification, dans les conditions fixées à l'article R. 3113-2.

Les cas de maladies qui justifient une intervention urgente locale, nationale ou internationale font en outre l'objet d'une procédure de signalement, dans les conditions fixées à l'article R. 3113-4.

Art. R. 3113-2 La notification des données individuelles nécessaires à la surveillance épidémiologique consiste en la transmission d'une fiche qui comporte :

1° Les nom, prénom et adresse du déclarant. Lorsque la notification est effectuée par *le responsable du service de biologie* ou du laboratoire, sont mentionnés en outre sur la fiche le nom, le prénom et l'adresse du prescripteur ;

2° Un numéro d'anonymat établi par codage informatique irréversible à partir des trois premières lettres des nom, prénom, date de naissance et sexe de la personne. Lorsque le diagnostic de la maladie repose sur une anomalie biologique, ce codage informatique est assuré par le responsable du service de biologie ou du laboratoire.

Dans les autres cas, l'établissement du numéro d'anonymat est assuré, dans les mêmes conditions, par le déclarant ou par le médecin *(Décr. n° 2010-344 du 31 mars 2010, art. 86)* « de l'agence régionale de santé désigné par le directeur général de l'agence ». Dans le cas où le codage est fait par le médecin *(Décr. n° 2010-344 du 31 mars 2010, art. 86)* « de l'agence régionale de santé désigné par le directeur général de l'agence », le déclarant joint à la fiche les trois premières lettres du nom, le prénom, la date de naissance et le sexe de la personne ;

3° Les informations destinées à la surveillance épidémiologique. Un arrêté du ministre chargé de la santé, pris après avis de la Commission nationale de l'informatique et des libertés, fixe, pour chaque maladie, les données cliniques, biologiques et sociodémographiques que le déclarant ou, en cas de diagnostic biologique, le prescripteur porte sur la fiche de notification.

Pour les maladies dont un des modes de transmission est par voie sexuelle, les médecins déclarants, les médecins *(Décr. n° 2010-344 du 31 mars 2010, art. 86)* « des agences régionales de santé » et le médecin de l'*(Décr. n° 2016-523 du 27 avr. 2016, art. 4)* « Agence nationale de santé publique » mentionné à l'article R. 3113-3 sont autorisés à enregistrer et conserver, dans les conditions définies au même article, des données à caractère personnel qui, étant relatives aux pratiques sexuelles des personnes, relèvent des données mentionnées par l'article 31 de la loi n° 78-17 du 6 janvier 1978 relative à l'informatique, aux fichiers et aux libertés.

Art. R. 3113-3 Le déclarant transmet la fiche, soit par voie postale sous pli confidentiel portant la mention : "secret médical", soit par télétransmission après chiffrement des données, au médecin *(Décr. n° 2010-344 du 31 mars 2010, art. 86)* « de l'agence régionale de santé désigné par le directeur général de l'agence » qui la transmet à son tour, dans les mêmes conditions de confidentialité, au médecin de l'*(Décr. n° 2016-523 du 27 avr. 2016, art. 4)* « Agence nationale de santé publique » désigné par son directeur général.

Le déclarant ou le médecin *(Décr. n° 2010-344 du 31 mars 2010, art. 86)* « de l'agence régionale de santé désigné par le directeur général de l'agence » qui établit la correspondance entre le numéro d'anonymat et les éléments d'identité de la personne en assure la conservation, aux fins de validation et d'exercice du droit d'accès, dans des conditions garantissant la confidentialité des informations et la détruit *(Décr. n° 2012-1255 du 13 nov. 2012, art. 1er)* « douze » mois après la date d'envoi portée par le déclarant sur la fiche de notification. Dans le même délai, le médecin de l'*(Décr. n° 2016-523 du 27 avr. 2016, art. 4)* « Agence nationale de santé publique » supprime de la fiche les coordonnées du prescripteur et celles du responsable du service de biologie ou du laboratoire.

Collecte des données individuelles concernant les malades. La version de l'art. R. 11-2 [art. R. 3113-3], issue du Décr. n° 99-362 du 6 mai 1999, avait été partiellement annulée, en tant qu'elle renvoyait à un arrêté les modalités substantielles de protection de l'anonymat des personnes. • CE, ass., 30 juin 2000, *Ligue française pour la défense des droits de l'homme et du citoyen*, n° 210412 : *Lebon 252 ; AJDA 2000. 831, concl. Fombeur ; JCP 2000. IV. 2742, obs. Rouault ; RFDA 2000. 913.*

Art. R. 3113-4 Nonobstant la notification prévue à l'article R. 3113-2, les cas, avérés ou suspectés, de maladies ou d'anomalie biologique mentionnées au 1° de l'article L. 3113-1 sont signalés sans délai par le médecin ou le responsable du service de biologie ou du laboratoire d'analyses de biologie médicale, public ou privé, au médecin *(Décr. n° 2010-344 du 31 mars 2010, art. 86)* « de l'agence régionale de santé désigné par le directeur général de l'agence ».

Le destinataire du signalement évalue la nécessité de mettre en place d'urgence des mesures de prévention individuelle et collective et, le cas échéant, de déclencher des investigations pour identifier l'origine de la contamination ou de l'exposition.

Sur la demande du médecin destinataire du signalement, le déclarant est tenu de lui fournir toute information nécessaire à la mise en œuvre des mesures d'investigation et d'intervention, notamment l'identité et l'adresse du patient.

Ces informations peuvent être transmises à d'autres professionnels lorsque leur intervention est indispensable pour la mise en œuvre des mesures de prévention individuelle et collective. Elles ne sont conservées que le temps nécessaire à l'investigation et à l'intervention.

Légalité de l'ancien art. R. 11-3 [art. R. 3113-4] CSP. V. • CE, ass., 30 juin 2000, *Ligue française pour la défense des droits de l'homme et du citoyen*, n° 210412 : *préc. note ss. art. R. 3113-3.*

Art. R. 3113-5 Toute personne appelée à connaître, à quelque titre que ce soit, les données individuelles transmises en application de la présente section est astreinte au secret professionnel sous les peines prévues à l'article 226-13 du code pénal.

SECTION II LISTE DES MALADIES

Art. D. 3113-6 La liste des maladies qui relèvent de la procédure de signalement prévue à l'article R. 3113-4 est la suivante :

1° Maladies infectieuses :

a) Botulisme ;

b) Brucellose ;

c) Charbon ;

(Décr. n° 2006-473 du 24 avr. 2006) « *c)* 1. Chikungunya ;

d) Choléra ;

(Décr. n° 2006-473 du 24 avr. 2006) « *d)* 1. Dengue *(Abrogé par Décr. n° 2016-745 du 2 juin 2016, art. 1er-2°)* « ***, dans les départements figurant sur une liste fixée par arrêté du ministre chargé de la santé ;*** » ;

e) Diphtérie ;

f) Fièvres hémorragiques africaines ;

g) Fièvre jaune ;

h) Fièvre typhoïde et fièvres paratyphoïdes ;

i) *(Décr. n° 2005-1395 du 10 nov. 2005)* « Hépatite A aiguë ;

« *j)* Infection invasive à méningocoque ;

« *k)* Légionellose ;

« *l)* Listériose ;

« *m)* Orthopoxviroses, dont la variole ;

« *n)* Paludisme autochtone ;

« *o)* Paludisme d'importation dans les départements d'outre-mer ;

« *p)* Peste ;

« *q)* Poliomyélite ;

« *r)* Rage ;

« *s)* Rougeole ;

(Décr. n° 2016-745 du 2 juin 2016, art. 1er-3°) « *s)* 1. Schistosomiase (Bilharziose) urogénitale autochtone ; »

« *t)* Suspicion de maladie de Creutzfeldt-Jakob et autres encéphalopathies subaiguës spongiformes transmissibles humaines ;

« *u)* Toxi-infections alimentaires collectives ;

« *v)* Tuberculose ;

« *w)* Tularémie ;

« *x)* Typhus exanthématique ; »

(Décr. n° 2016-745 du 2 juin 2016, art. 1er-4°) « *y)* Zika ; »

2° Autre maladie :

— saturnisme chez les enfants mineurs ;

(Décr. n° 2016-745 du 2 juin 2016, art. 1er-5°) « Une maladie peut être retirée de cette liste, par arrêté du ministre chargé de la santé, pour tout département ou collectivité dont la situation épidémique le justifie. »

Art. D. 3113-7 La liste des maladies qui relèvent de la procédure de notification prévue à *l'article R. 3113-2 est la suivante* :

1° Maladies mentionnées à l'article D. 3113-6 ;

2° Autres maladies infectieuses :

a) Infection aiguë symptomatique par le virus de l'hépatite B ;

b) Infection par le virus de l'immunodéficience humaine, quel que soit le stade ;

c) Tétanos ;

(Décr. n° 2012-47 du 16 janv. 2012, art. 1er) « 3° Autres maladies :
« – mésothéliomes. »

CHAPITRE IV AUTRES MESURES DE LUTTE

SECTION PREMIÈRE PROCÉDÉS, PRODUITS ET APPAREILS DESTINÉS À LA DÉSINFECTION OBLIGATOIRE

Art. R. 3114-1 Les procédés et appareils destinés à la désinfection prévue à l'article L. 3114-1 sont soumis aux dispositions de la présente section, nonobstant l'application des dispositions de la loi du 28 octobre 1943 relative aux appareils à pression de vapeur et à pression de gaz à terre ou à bord des bateaux de navigation intérieure.

Art. R. 3114-2 Les appareils d'un type agréé portent une lettre de série correspondant au type auquel ils appartiennent et un numéro d'ordre dans cette série.

Art. R. 3114-3 Les expériences préalables à l'agrément sont effectuées sous le contrôle de l'*(Décr. n° 2012-597 du 27 avr. 2012, art. 5-I-1°)* « Agence nationale de sécurité du médicament et des produits de santé » et ont pour objet d'établir si le procédé et l'appareil répondent aux critères d'efficacité et d'innocuité fixés par arrêté du ministre chargé de la santé.

Cet arrêté détermine également le contenu du dossier de demande d'agrément et notamment les indications nécessaires sur la description et les plans de l'appareil ainsi que le mode d'utilisation.

Art. R. 3114-4 Le demandeur fournit les éléments nécessaires aux expériences et, en cas de besoin, sur demande, le personnel nécessaire à l'exécution de ces expériences.

Art. R. 3114-5 Les procès-verbaux des expériences sont communiqués aux intéressés. Ceux-ci ont un délai de quinze jours pour faire parvenir leurs observations.

Art. R. 3114-6 La décision *(Décr. n° 2006-1675 du 22 déc. 2006, art. 4-II)* « d'agrément » est notifiée à l'intéressé. Le silence gardé pendant plus de quatre mois *(Abrogé par Décr. n° 2006-1675 du 22 déc. 2006, art. 4-II)* « *par le ministre* » sur la demande d'agrément vaut décision de rejet.

Art. R. 3114-7 L'agrément est attribué pour une période de dix ans.

Art. R. 3114-8 Les appareils de désinfection agréés, leur emploi ainsi que celui des procédés utilisés pour la désinfection sont soumis à la surveillance *(Décr. n° 2010-344 du 31 mars 2010, art. 87)* « de l'agence régionale de santé et de l' » *(Décr. n° 2012-597 du 27 avr. 2012, art. 5-I-1°)* « Agence nationale de sécurité du médicament et des produits de santé ».

SECTION II MALADIES TRANSMISES PAR DES INSECTES

Art. R. 3114-9 *(Décr. n° 2010-344 du 31 mars 2010, art. 88)* « Les mesures susceptibles d'être prises en application de l'article L. 3114-5 sont les suivantes :

« 1° Le recueil des données épidémiologiques sur les cas humains de maladies transmises par les insectes et, en tant que de besoin, sur les cas de résistance des agents infectieux aux traitements, ainsi que la surveillance entomologique des insectes vecteurs et, en particulier, de leur résistance aux produits insecticides. Ces missions sont *exercées par l'agence régionale de santé* ;

« 2° La mise en œuvre d'actions d'information et d'éducation sanitaire de la population aux fins de réduire la prolifération des insectes vecteurs. Cette mission est exercée par l'agence régionale de santé ;

« 3° L'investigation autour des cas humains de maladies mentionnés au 1°, comprenant si nécessaire le dépistage clinique et biologique, en cas de menace épidémique ou aux fins de limiter l'extension d'une épidémie. Cette mission est exercée par l'agence régionale de santé, qui met à la disposition de la population les moyens permettant le traitement par prophylaxie du paludisme ;

« 4° La surveillance, par les services de l'État compétents et selon des modalités fixées par arrêté du ministre chargé de l'agriculture, des animaux susceptibles d'être contaminés par des agents pathogènes transmis par des insectes vecteurs ;

« 5° La prescription, lorsque les insectes sont des moustiques et dans les zones délimitées conformément au 1° de l'article 1er de la loi n° 64-1246 du 16 décembre 1964 relative à la lutte contre les moustiques, des prospections, traitements, travaux et contrôles au sens du dernier alinéa de cet article, ainsi que de toutes mesures utiles à la lutte contre les moustiques dans les conditions prévues à l'article 7-1 de cette loi. Cette mission est exercée par le préfet sur le rapport du directeur général de l'agence régionale de santé ; »

6° En tant que de besoin, la vaccination contre la fièvre jaune. Celle-ci est obligatoire sauf contre-indication médicale pour toutes les personnes âgées de plus d'un an et résidant en Guyane ou y séjournant ;

(Décr. n° 2013-30 du 9 janv. 2013, art. 1er-I) « 7° La mise en œuvre par le préfet d'un programme de surveillance entomologique et de lutte contre les vecteurs et les réservoirs dans les conditions fixées par l'article R. 3115-11, dans un périmètre d'au moins 400 mètres autour des installations du point d'entrée qui sont utilisées pour les opérations concernant les voyageurs, moyens de transport, conteneurs, cargaisons et colis postaux. »

SECTION III DÉRATISATION ET DÉSINSECTISATION DES NAVIRES

SOUS-SECTION 1 *[ABROGÉE]* AUTORISATIONS

(Abrogée par Décr. n° 2014-1175 du 13 oct. 2014, art. 5-3°)

Art. R. 3114-10 à R. 3114-14 *Abrogés par Décr. n° 2014-1175 du 13 oct. 2014, art. 5-3°.*

SOUS-SECTION 2 *[ABROGÉE]* DÉROULEMENT D'UNE OPÉRATION

(Abrogée par Décr. n° 2017-471 du 3 avr. 2017, art. 1er)

Art. R. 3114-15 à R. 3114-27 *Abrogés par Décr. n° 2017-471 du 3 avr. 2017, art. 1er.*

CHAPITRE V LUTTE CONTRE LA PROPAGATION INTERNATIONALE DES MALADIES *(Décr. n° 2010-344 du 31 mars 2010, art. 90).*

SECTION PREMIÈRE CONTRÔLE SANITAIRE AUX FRONTIÈRES *(Décr. n° 2013-30 du 9 janv. 2013, art. 1er-II-1°).*

Art. R. 3115-1 Le contrôle sanitaire aux frontières a pour objet la prévention de la propagation par voie terrestre, maritime ou aérienne des maladies transmissibles, conformément aux dispositions des articles L. 3115-1, L. 3116-3 et L. 3116-5 et notamment la mise en œuvre du règlement sanitaire international de l'Organisation mondiale de la santé.

Art. R. 3115-2 *Abrogé par Décr. n° 2010-344 du 31 mars 2010, art. 107.*

Art. R. 3115-3 *(Décr. n° 2013-30 du 9 janv. 2013, art. 1er-II-1°)* Pour l'application du présent chapitre et conformément au règlement sanitaire international (2005), on entend par :

1° Libre pratique, l'autorisation pour un navire d'entrer dans un port, d'y procéder à l'embarquement ou au débarquement, au déchargement ou au chargement de cargaisons ou de provisions ; pour un aéronef, l'autorisation, après atterrissage, de procéder à l'embarquement ou au débarquement, au déchargement ou au chargement de cargaisons ou de provisions ;

2° Point d'entrée, un point de passage pour l'entrée ou la sortie internationales des voyageurs, bagages, cargaisons, conteneurs, moyens de transport, marchandises et colis postaux ainsi que les organismes et secteurs leur apportant des services à l'entrée ou à la sortie ;

3° Point focal national, le centre national qui doit être à tout moment à même de communiquer avec les points de contact (RSI) à l'Organisation mondiale de la santé ;

4° Réservoir, un animal, une plante ou une substance qui héberge normalement un agent infectieux et dont la présence peut constituer un risque pour la santé publique ;

5° Risque pour la santé publique, la probabilité d'un événement qui peut nuire à la santé des populations humaines, plus particulièrement d'un événement pouvant se propager au niveau international ou présenter un danger grave et direct ;

6° Trafic international, mouvement des personnes, bagages, cargaisons, conteneurs, moyens de transport, marchandises ou colis postaux qui traversent une frontière internationale, y compris des échanges commerciaux internationaux ;

7° Vecteur, un insecte ou tout animal qui véhicule normalement un agent infectieux constituant un risque pour la santé publique ;

8° Voyage international :

a) Dans le cas d'un moyen de transport, d'un voyage entre des points d'entrée situés sur les territoires de plus d'un État ou d'un voyage entre des points d'entrée situés sur le ou les territoires d'un même État si, pendant son voyage, le moyen de transport est en contact avec le territoire de tout autre État, mais uniquement pour ces contacts ;

b) Dans le cas d'un voyageur, d'un voyage comportant l'entrée sur le territoire d'un État autre que le territoire de l'État d'où part le voyageur.

Art. R. 3115-3-1 *(Décr. nº 2017-471 du 3 avr. 2017, art. 3-I)* I. — Pour lutter contre la propagation des maladies, le préfet peut prescrire sur proposition du directeur général de l'agence régionale de santé :

1° Des mesures de placement et de maintien en isolement, au sens de l'article 1er du règlement sanitaire international, en établissement de santé ou dans tout autre lieu adapté, des personnes affectées ;

2° Des mesures ayant pour objet la mise en quarantaine, au sens de l'article 1er du règlement sanitaire international, à leur domicile ou tout autre lieu d'hébergement adapté notamment ceux mentionnés aux articles D. 3115-18 et D. 3115-19 des personnes susceptibles d'être affectées.

II. — Le préfet prescrit les mesures mentionnées au 1° du I, par arrêté motivé pris après avis du directeur général de l'agence régionale de santé lorsque les conditions suivantes sont réunies :

1° La personne a été diagnostiquée porteuse d'une maladie contagieuse grave ;

2° La personne a refusé, pour partie ou totalement, une prise en charge sanitaire adaptée à son état de santé, notamment son isolement et le suivi de son traitement, et ce, en dépit des demandes répétées des professionnels de santé et des services de santé.

III. — Les mesures de mise en quarantaine, mentionnées au 2° du I, au sein d'un point d'entrée militaire sont prescrites par le préfet, après avis du gestionnaire du point d'entrée militaire mentionné à l'article R. 3115-15-1, lorsqu'elles concernent une personne entrée sur le territoire par un point d'entrée militaire.

Les mesures de mise en quarantaine mentionnées au 2° du I sont prescrites par le préfet, après information du ministre de la défense, lorsqu'elles concernent un moyen de transport militaire ou un moyen de transport spécifiquement affrété par l'autorité militaire, stationné au sein d'un point d'entrée qui ne relève pas de l'article R. 3115-15-1.

Art. R. 3115-4 *(Décr. nº 2013-30 du 9 janv. 2013, art. 1er-II-1°)* Les missions du contrôle sanitaire aux frontières comprennent :

(Décr. nº 2017-471 du 3 avr. 2017, art. 3-II-1°) « 1° Le contrôle des règles d'hygiène des points d'entrée mentionnés à l'article R. 3115-6 et des points d'entrée du territoire mentionnés aux articles R. 3115-16 et R. 3115-17, notamment la surveillance des vecteurs et des réservoirs d'agents pathogènes ; »

2° Le contrôle sanitaire des moyens de transport ;

3° Le contrôle sanitaire des voyageurs ;

(Décr. nº 2017-471 du 3 avr. 2017, art. 3-II-2°) « 4° La préparation et la réponse aux urgences de santé publique au niveau des points d'entrée mentionnés à l'article R. 3115-6 et des points d'entrée du territoire mentionnés aux articles R. 3115-16 et R. 3115-17. »

Les missions du contrôle sanitaire aux frontières sont réalisées sous l'autorité du préfet.

Art. R. 3115-5 *(Décr. nº 2013-30 du 9 janv. 2013, art. 1er-II-1º)* I. — Les agents mentionnés à l'article L. 3116-3 sont habilités dans les limites de leurs compétences respectives par arrêté du préfet :

1º Pour les agents de l'agence régionale de santé, sur proposition de leur directeur général ;

2º Pour les agents des services de l'État placés sous son autorité, sur proposition de leur chef de service.

II. — Les agents mentionnés au I sont habilités et assermentés dans les conditions prévues aux articles R. 1312-4 à R. 1312-7 du présent code.

(Décr. nº 2017-471 du 3 avr. 2017, art. 3-III-2º) « III. — Les agents mentionnés au quatrième alinéa de l'article L. 3115-1 peuvent être habilités dans les limites de leurs compétences pour exercer les missions mentionnées aux 1º, 2º et 3º de l'article R. 3115-4 par arrêté du préfet.

« Le gestionnaire du point d'entrée soumet au préfet la liste des agents susceptibles d'être habilités, ainsi que la nature des missions susceptibles de leur être confiées.

« Un agent du point d'entrée ne peut être désigné que s'il remplit les conditions suivantes :

« *a)* Jouir de ses droits civiques et se trouver en position régulière au regard du code du service national ;

« *b)* Ne pas avoir fait l'objet d'une condamnation pénale devenue irrévocable à une peine incompatible avec l'exercice de ces missions.

« IV. — Les agents contrôlant les points d'entrée militaires, les moyens de transport militaires et les moyens de transport spécifiquement affrétés par l'autorité militaire mentionnés à l'article L. 3115-1 sont habilités par arrêté du ministre de la défense. Ils peuvent réaliser les inspections sanitaires des moyens de transports militaires et de tout moyen de transport desservant un port ou un aérodrome militaire tels que définis à l'article R. 3115-15-1 et délivrer les certificats mentionnés à l'article R. 3115-29 sans notion de limites territoriales. »

SECTION II CONTRÔLE SANITAIRE DES POINTS D'ENTRÉE

(Décr. nº 2013-30 du 9 janv. 2013, art. 1er-II-2º)

SOUS-SECTION 1 DISPOSITIONS GÉNÉRALES

Art. R. 3115-6 Sont soumis aux obligations prévues par la présente sous-section les points d'entrée figurant sur une liste fixée par arrêté pris par les ministres chargés de l'intérieur, de la santé et des transports.

Sur la liste des ports et aérodromes en application des art. R. 3115-6 et R. 3821-3, V. Arr. du 5 nov. 2013 🏛.

Art. R. 3115-7 Les gestionnaires de point d'entrée sont :

1º Pour un aéroport, l'exploitant de l'aérodrome ;

2º Pour un port, le délégataire chargé de la gestion des principaux équipements portuaires ou, en l'absence de délégataire, l'autorité portuaire.

Art. R. 3115-8 Le gestionnaire d'un point d'entrée tient à jour la liste des exploitants d'aéronefs ou des agents consignataires des navires ou de leur représentant, et des personnes morales prestataires de services intervenant au sein de ce point d'entrée. Cette liste est tenue à la disposition du préfet.

Le gestionnaire tient à jour la liste des liaisons ou des lignes régulières en provenance ou à destination de son point d'entrée. Cette liste est tenue à la disposition du préfet.

Le gestionnaire désigne un coordonnateur fonctionnel chargé des échanges d'informations avec le préfet et, le cas échéant, avec le directeur général de l'agence régionale de santé. Cette fonction doit être opérationnelle pendant les heures d'ouverture du point d'entrée.

Art. D. 3115-9 Le gestionnaire d'un point d'entrée informe les prestataires de services intervenant au sein de son point d'entrée sur les règles générales d'hygiène définies notamment au livre III de la première partie du présent code.

La personne responsable de la production ou de la distribution d'eau en vue de la consommation humaine met à la disposition des exploitants d'aéronefs ou des agents consignataires du navire ou de leur représentant qui en font la demande les résultats des analyses de la qualité de l'eau de ses installations au sein du point d'entrée.

Art. R. 3115-10 Lors d'une inspection réalisée sous l'autorité du préfet, le gestionnaire d'un point d'entrée met à disposition des agents chargés de l'inspection tous les documents nécessaires, et notamment les résultats des analyses prévues à l'article R. 1321-23 *[,]* et les documents de suivi du système de gestion de la qualité de l'eau défini à l'article R. 1321-24 lorsque celui-ci est mis en place.

Art. R. 3115-11 Le préfet définit, dans les départements mentionnés au 1° ou au 2° de l'article 1er de la loi n° 64-1246 du 16 décembre 1964 modifiée relative à la lutte contre les moustiques, un programme de surveillance entomologique et de lutte contre les vecteurs et les réservoirs dans un périmètre d'au moins quatre cents mètres autour des installations du point d'entrée qui sont utilisées pour les opérations concernant les voyageurs, moyens de transport, conteneurs, cargaisons et colis postaux.

Le gestionnaire d'un point d'entrée situé dans un de ces départements met en œuvre le programme mentionné au premier alinéa *(Décr. n° 2017-471 du 3 avr. 2017, art. 3-IV)* « , au sein de son point d'entrée ».

Les opérations de lutte sont menées dans les conditions prévues aux articles 1er, 5 et 7 de la loi du 16 décembre 1964 susmentionnée.

Art. R. 3115-12 I. — Le préfet définit un plan d'intervention pour les urgences de santé publique dans les points d'entrée où il existe un risque pour la santé publique. Ce plan constitue un volet du plan national d'action de santé publique d'urgence tel que prévu par le règlement sanitaire international (2005). Il s'appuie sur les dispositions générales du plan d'organisation de la réponse de sécurité civile départemental.

Le plan d'intervention pour les urgences de santé publique définit les modalités d'information, d'alerte et de mobilisation des moyens au sein du point d'entrée ainsi que de réalisation d'exercice et d'entraînement en vue de la protection des populations et des travailleurs du site face à un risque pour la santé publique sur le territoire national.

II. — Le préfet demande au gestionnaire du point d'entrée de fournir, dans un délai qu'il fixe, toute information nécessaire à la préparation de ce plan.

Un arrêté pris par les ministres chargés de l'intérieur, de la santé et des transports précise le contenu du plan et fixe ses modalités d'élaboration.

III. — Des exercices de mise en œuvre du plan d'intervention sont obligatoires. Un exercice est réalisé au moins tous les trois ans sous l'autorité du préfet.

Le gestionnaire et, le cas échéant, les opérateurs de transports et les prestataires de services s'assurent de la participation de leurs services aux exercices et entraînements d'application du plan.

Sur le contenu des plans d'intervention pour la gestion des urgences sanitaires dans les points d'entrée, V. Arr. du 5 nov. 2013 🏛.

Art. R. 3115-13 Le gestionnaire d'un point d'entrée s'assure de la transmission immédiate au directeur général de l'agence régionale de santé, par le coordonnateur mentionné à l'article R. 3115-8, de toute information relative à un événement sanitaire répondant à l'un des critères mentionnés à l'article R. 3115-68.

Art. D. 3115-14 I. — Pour les aéroports figurant sur l'arrêté mentionné à l'article R. 3115-6, le gestionnaire du point d'entrée s'assure que les agents chargés d'une mission de secours médical d'urgence ont accès à toutes les installations du point d'entrée. Il peut également organiser l'accès de ces installations à un service de transport sanitaire privé.

II. — Pour les ports figurant sur l'arrêté mentionné à l'article R. 3115-6, les exploitants des installations portuaires et le gestionnaire du port prennent, chacun en ce qui le concerne, les mesures nécessaires pour permettre l'accès aux agents chargés d'une mission de secours médical d'urgence à toutes *[les]* installations du point d'entrée. Ils peuvent également organiser l'accès de ces installations à un service de transport sanitaire privé.

Art. D. 3115-15 Le gestionnaire d'un point d'entrée identifie les lieux qui sont, le cas échéant, affectés aux mesures de désinfection, désinsectisation ou dératisation d'un moyen de transport ou de biens transportés.

Art. R. 3115-15-1 *(Décr. n° 2017-471 du 3 avr. 2017, art. 3-V)* I. – Les ports militaires mentionnés à l'article R. 3223-61 du code de la défense et les aérodromes militaires figurant sur une liste fixée par arrêté du ministre de la défense constituent des points d'entrée soumis aux dispositions de la présente sous-section, sous réserve des dispositions du présent article.

II. – Dans le cadre de la mise en œuvre des dispositions du I, les missions du préfet définies dans la présente sous-section sont exercées par le ministre de la défense, sous réserve des dispositions du III du présent article.

Dans le cadre de la mise en œuvre du I et pour l'application de la présente sous-section, les gestionnaires de points d'entrée sont :

1° Pour un aérodrome militaire, le directeur de l'aérodrome ;

2° Pour un port militaire, le directeur du port.

III. – Le programme de surveillance prévu à l'article R. 3115-11 et le plan d'intervention prévu à l'article R. 3115-12 tiennent compte, le cas échéant, de la présence d'un point d'entrée militaire.

Le programme de surveillance et le plan d'intervention sont définis, s'agissant des points d'entrée militaires, conjointement par le gestionnaire du point d'entrée et le préfet. Le ministre de la défense précise par arrêté les modalités et les moyens nécessaires à l'élaboration des programmes de surveillance et les plans d'intervention.

La mise en œuvre du plan d'intervention, de même que les exercices mentionnés au III de l'article R. 3115-12, dans les points d'entrée militaires sont réalisés sous l'autorité du ministre de la défense.

IV. – Le gestionnaire du point d'entrée militaire s'assure que les agents chargés d'une mission d'aide médicale urgente ont accès à toutes les installations du point d'entrée.

SOUS-SECTION 2 ORGANISATION DE LA SURVEILLANCE AUX POINTS D'ENTRÉE DU TERRITOIRE

§ 1er POINTS D'ENTRÉE DU TERRITOIRE

Art. R. 3115-16 Les aéroports métropolitains dont le trafic annuel moyen, évalué sur trois années consécutives, est supérieur à un nombre de passagers en provenance d'un voyage international défini par arrêté pris par les ministres chargés de l'intérieur, de la santé et des transports ont la qualité de point *[points]* d'entrée du territoire.

Pour *(Décr. n° 2017-471 du 3 avr. 2017, art. 3-V)* « la Guadeloupe, la Guyane, la Martinique, La Réunion, » Mayotte, Saint-Barthélemy, Saint-Martin et Saint-Pierre-et-Miquelon, les aéroports dont le trafic annuel est supérieur à un nombre de passagers en provenance d'un voyage international défini par un arrêté pris par les ministres chargés de l'intérieur, de l'outre-mer, de la santé et des transports ont la qualité de points d'entrée du territoire. Le nombre d'aéroport *[aéroports]* est limité à un pour chaque collectivité. Celui-ci est l'aéroport dont le trafic annuel est le plus important.

La liste des aéroports retenus fait l'objet d'un décret.

Sur le nombre de passagers en provenance d'un voyage international en tant que critère de désignation des points d'entrée du territoire au sens des art. R. 3115-16, R. 3115-17 et R. 3821-11, V. Arr. du 5 nov. 2013 🏛.

Art. D. 3115-16-1 *(Décr. n° 2014-51 du 22 janv. 2014)* Les aéroports suivants sont points d'entrée du territoire au sens de l'article R. 3115-16 :

1° Paris-Charles-de-Gaulle ;

2° Paris-Orly ;

3° Marseille-Provence ;

4° Lyon-Saint-Exupéry ;

5° Toulouse-Blagnac ;

6° Nice-Côte d'Azur ;

7° Bâle-Mulhouse ;

8° Beauvais-Tillé ;
9° Martinique-Aimé Césaire ;
10° Pointe-à-Pitre-Le Raizet ;
11° La Réunion-Roland Garros ;
12° Dzaoudzi-Pamandzi ;
13° Saint-Barthélemy.

Art. R. 3115-17 Les grands ports maritimes mentionnés à l'article R. 5312-1 du code des transports ont la qualité de points d'entrée du territoire.

Pour *(Décr. n° 2017-471 du 3 avr. 2017, art. 3-V)* « la Guadeloupe, la Guyane, la Martinique, La Réunion, » Mayotte, Saint-Barthélemy, Saint-Martin et Saint-Pierre-et-Miquelon, les ports dont le trafic annuel est supérieur à un nombre de passagers défini par un arrêté pris par les ministres chargés de l'intérieur, de l'outre-mer, de la santé et des transports ont la qualité de point *[points]* d'entrée du territoire. Le nombre de port *[ports]* est limité à un pour chaque collectivité. Celui-ci est le port dont le trafic annuel est le plus important.

La liste des ports retenus fait l'objet d'un décret.

Sur les points d'entrée du territoire, V. note ss. art. R. 3115-16.

Sur les dispositions transitoires, V. Décr. n° 2017-471 du 3 avr. 2017, art. 6-I .

Art. R. 3115-17-1 Les points d'entrée du territoire mentionnés aux articles R. 3115-16 et R. 3115-17 disposent des capacités techniques énoncées au paragraphe 2 de la présente sous-section.

Art. D. 3115-17-2 *(Décr. n° 2014-51 du 22 janv. 2014)* Les ports suivants sont points d'entrée du territoire au sens de l'article R. 3115-17 :
1° Grand port maritime de Rouen ;
2° Grand port maritime de Dunkerque ;
3° Grand port maritime du Havre ;
4° Grand port maritime de Nantes-Saint-Nazaire ;
5° Grand port maritime de La Rochelle ;
6° Grand port maritime de Bordeaux ;
7° Grand port maritime de Marseille ;
8° Grand port maritime de Guyane ;
9° Grand port maritime de Guadeloupe ;
10° Grand port maritime de Martinique ;
11° Grand port maritime de La Réunion ;
12° Gare maritime de Dzaoudzi.

§ 2 CAPACITÉS TECHNIQUES DES POINTS D'ENTRÉE DU TERRITOIRE

Art. D. 3115-18 Les gestionnaires des points d'entrée du territoire dotent leur point d'entrée :

1° De locaux sécurisés et adaptés, à l'écart des principaux lieux fréquentés par le public, destinés à la prise en charge médicale de personnes. Ces locaux sont mis à la disposition du service médical prévu à l'article D. 3115-20 et bénéficient de circuits spécifiques pour le transfert des voyageurs malades vers une structure de soins adaptée. Dans les ports, la prise en charge médicale est pratiquée à bord des navires ;

2° De locaux adaptés et mis à la disposition des agents chargés du contrôle sanitaire aux frontières et des services de surveillance entomologique, le cas échéant ;

3° De locaux, d'aménagements et de moyens permettant l'accueil et la prise en charge des animaux dont la situation sanitaire est incertaine dans des conditions fixées par arrêté pris par les ministres chargés de l'agriculture et des transports.

Art. D. 3115-19 Les gestionnaires des points d'entrée du territoire identifient, sur le site de leur point d'entrée :

1° Des espaces sécurisés pouvant être, le cas échéant, dédiés aux entretiens privés entre les agents du service médical assurant des missions du contrôle sanitaire aux frontières et les voyageurs. Ces espaces sont accessibles par un circuit spécifique pour le transfert des voyageurs pouvant constituer un risque pour la santé publique. Ils bénéficient également d'un accès spécifique aux structures de prise en charge des voyageurs pouvant constituer un risque pour la santé publique. Si un moyen de transport présente toutes les caractéristiques nécessaires à l'exécution de ces mesures, celui-ci peut être utilisé en lieu et place d'un espace dédié ;

2° Des locaux pouvant permettre, le cas échéant, de conserver, dans des conditions de sécurité adaptées à leur contenu, les fiches de traçabilité prévues à l'article R. 3115-67 ;

3° Des lieux isolés, organisés et équipés pouvant permettre, le cas échéant, l'accueil de moyens de transports *[transport]* en provenance de zones affectées et l'application des mesures sanitaires nécessaires pour limiter les risques pour la santé publique.

Art. D. 3115-20 Le gestionnaire d'un point d'entrée du territoire dispose, en propre ou par convention, d'un service médical chargé de l'examen médical et de la prise en charge sur place des personnes aux heures d'ouverture du point d'entrée au public. Ce service médical est doté de personnels médical et paramédical formés à la gestion des urgences, des équipements et matériels adaptés à la réalisation de ces missions et des équipements de protection individuels de ses agents. La convention comprend les modalités d'habilitation nécessaires pour assurer la rapidité de l'accès aux zones réservées et aux zones d'accès restreint du point d'entrée pour le personnel intervenant sur le site.

Art. R. 3115-20-1 *(Décr. nº 2017-471 du 3 avr. 2017, art. 3-VI)* I. — Les services médicaux mentionnés au quatrième alinéa de l'article L. 3115-8 et au deuxième alinéa de l'article L. 3115-9 concourent à l'offre de soins de premier recours définie à l'article L. 1411-11.

Pour la rémunération des activités de soins réalisées dans les mêmes conditions que *[dans]* les centres de santé mentionnés à l'article L. 6323-1, les dispositions des articles D. 162-22 et D. 162-24 du code de la sécurité sociale sont applicables à ces services médicaux. — *Al. en vigueur à compter de la publication de la décision mentionnée au 3e al., au plus tard le 5 oct. 2017 (Décr. nº 2017-471 du 3 avr. 2017, art. 6-II).*

Un modèle-type de convention organisant les rapports entre les organismes gestionnaires des services médicaux des points d'entrée tels que définis à l'article L. 3115-9 et les caisses d'assurance maladie est établi par décision du directeur général de l'Union nationale des caisses d'assurance maladie. Ce modèle-type détermine les modalités de calcul et de versement de la subvention mentionnée à l'article D. 162-22 du code de la sécurité sociale au titre des activités de soins mentionnées à l'alinéa précédent, de paiement des actes, honoraires et rémunérations mentionnés à l'article L. 162-1-7 du code de la sécurité sociale selon la procédure de dispense d'avance des frais mentionnés à l'article L. 162-32 du code de la sécurité sociale et de mise à disposition des téléservices prévus par l'accord mentionné à l'article L. 162-32-1 du code de la sécurité sociale.

II. — Les médecins intervenant dans ces services médicaux peuvent participer également à l'aide médicale urgente telle qu'elle est définie à l'article L. 6311-1, selon des modalités prévues par une convention conclue entre le gestionnaire du point d'entrée, le directeur général de l'agence régionale de santé et l'établissement de santé siège de SAMU. Cette convention précise notamment les missions confiées à ce service et ses modalités d'interventions.

Ces services médicaux participent à la mise en œuvre du plan ORSEC sous l'autorité du préfet.

III. — Les dispositions du présent article ne s'appliquent pas aux services médicaux des points d'entrée militaires.

Art. R. 3115-21 Le préfet procède à un audit des capacités techniques existantes des points d'entrée du territoire et prépare un programme d'actions, en concertation avec le gestionnaire du point d'entrée du territoire pour atteindre et maintenir les capacités techniques requises.

Art. R. 3115-22 Le plan d'intervention pour le point d'entrée du territoire et ses mises à jour successives sont transmis par le préfet au ministre chargé de la santé et au préfet de zone de défense et de sécurité.

La fréquence des exercices pour la mise en œuvre du plan d'intervention prévue *[prévu]* à l'article R. 3115-12 est de deux ans pour les points d'entrée.

SECTION III SURVEILLANCE SANITAIRE DES MOYENS DE TRANSPORT

(Décr. n° 2013-30 du 9 janv. 2013, art. 1er-II-2°)

SOUS-SECTION 1 DISPOSITIONS GÉNÉRALES

Art. R. 3115-23 *(Décr. n° 2017-471 du 3 avr. 2017, art. 3-VII)* **La présente section n'est pas applicable aux aéronefs militaires et aux navires de guerre ainsi qu'aux aéronefs et navires spécifiquement affrétés par l'autorité militaire.**

Les agents réalisant les inspections sanitaires et délivrant les certificats prévus à l'article R. 3115-29 sont habilités par le ministre de la défense selon les dispositions du IV de l'article R. 3115-5.

Art. R. 3115-24 **Si une source d'infection ou de contamination est découverte à bord d'un moyen de transport, le préfet fait procéder à une inspection du moyen de transport et prescrit la réalisation des mesures sanitaires nécessaires.**

SOUS-SECTION 2 SURVEILLANCE SANITAIRE DES NAVIRES

§ 1er DISPOSITIONS GÉNÉRALES

Art. R. 3115-25 **Tout événement sanitaire survenant à bord d'un navire effectuant un voyage international et susceptible de constituer un risque pour la santé publique fait l'objet d'une notification obligatoire à la capitainerie du port dans lequel il fait escale. Cette notification s'effectue par la transmission vingt-quatre heures avant son entrée dans le port de la déclaration maritime de santé mentionnée à l'article 37 du règlement sanitaire international (2005). La capitainerie transmet la déclaration maritime de santé à l'agence régionale de santé. Le préfet peut soumettre le navire à une inspection par les agents mentionnés à l'article L. 3115-1.**

Le représentant de l'État territorialement compétent, après avis de l'agence régionale de santé, peut en toutes circonstances demander à un navire de transmettre la déclaration maritime de santé selon les dispositions prévues au premier alinéa.

Art. R. 3115-26 *(Décr. n° 2017-471 du 3 avr. 2017, art. 3-VIII-1°)* « I. — » **Le capitaine d'un navire qui constate un risque pour la santé publique à bord informe sans délai le centre régional opérationnel de surveillance et de sauvetage compétent lorsque le navire est en mer ou la capitainerie lorsque le navire est dans les limites administratives du port. Lorsque le navire se trouve dans la partie maritime de la zone maritime et fluviale de régulation, le capitaine du navire alerte la capitainerie du port et le centre régional opérationnel de surveillance et de sauvetage dans le ressort duquel se trouve cette zone. L'information est transmise sans délai au centre de consultations médicales maritimes.**

Le centre de consultations médicales maritimes transmet immédiatement aux agences régionales de santé toute information relative à un événement sanitaire répondant aux critères définis à l'article R. 3115-68.

(Décr. n° 2017-471 du 3 avr. 2017, art. 3-VIII-2°) « II. — Lorsqu'une opération de sauvetage maritime, réalisée dans les conditions fixées par l'article R. 742-11 du code de la sécurité intérieure, a pour conséquence l'entrée sur le territoire national de personnes provenant d'un navire circulant au large des côtes françaises, alors même que ce navire et ces personnes n'avaient pas un port français pour origine ou pour destination, *et en cas de risque pour la santé publique* au sens de l'article 1er du règlement sanitaire international de 2005, des mesures d'alerte ayant été diffusées à l'échelle nationale, le centre régional opérationnel de surveillance et de sauvetage compétent, ou à défaut l'organisme exerçant ses fonctions, coordonne l'opération de sauvetage maritime en liaison avec le centre de consultation médicale maritime. Ce dernier confie au service d'aide médicale urgente territorialement compétent l'organisation médicale de l'évacuation à terre et l'information du directeur général de l'agence régionale de santé.

« Le centre régional opérationnel de surveillance et de sauvetage en informe le représentant de l'État en mer. Il en informe également le préfet du département et le préfet de zone de défense et de sécurité dont relève le point d'entrée sur le territoire vers lequel ces personnes seront acheminées par les moyens opérationnels de sauvetage.

« Le préfet de département, après avis du préfet de zone de défense et de sécurité, fixe le point de débarquement à terre et détermine, sur proposition du directeur général de l'agence régionale de santé, les mesures sanitaires d'urgence.

« Lorsque le point de débarquement à terre envisagé se trouve dans une emprise utilisée par le ministère de la défense, le préfet de département recueille préalablement l'avis de l'autorité militaire compétente.

« Le centre régional opérationnel de surveillance et de sauvetage est tenu informé des décisions des autorités compétentes. »

Art. R. 3115-27 En cas de risque pour la santé publique, les navires peuvent être soumis par le préfet à une inspection effectuée par les agents mentionnés à l'article L. 3115-1.

Art. R. 3115-28 Les agents mentionnés à l'article L. 3115-1 peuvent prescrire, dans leur champ de compétence, toutes mesures visant à la suppression des sources d'infection ou de contamination qu'ils constatent. Les mesures correctives, mentionnées à l'article R. 3115-33, mises en œuvre sont annexées au certificat de contrôle sanitaire ou d'exemption de contrôle sanitaire mentionné au paragraphe 2 de la présente sous-section.

§ 2 CERTIFICATS DE CONTRÔLE SANITAIRE ET CERTIFICATS D'EXEMPTION DE CONTRÔLE SANITAIRE DES NAVIRES

SOUS-§ 1er *MODALITÉS DE DÉLIVRANCE DES CERTIFICATS*

Art. R. 3115-29 Un certificat de contrôle sanitaire ou un certificat d'exemption de contrôle sanitaire d'un navire est délivré au vu d'une inspection dont les modalités sont fixées par arrêté pris par les ministres chargés de la santé et des transports.

Ces certificats sont valables six mois.

Le certificat de contrôle sanitaire est délivré si l'inspecteur constate des signes d'infection et de contamination exigeant des mesures correctives.

Le certificat d'exemption de contrôle sanitaire est délivré si l'inspecteur ne constate pas de signes d'infection ou de contamination exigeant des mesures correctives.

Les navires qui disposent d'un certificat d'exemption de contrôle sanitaire datant de moins de six mois sont dispensés d'inspection, à moins qu'une source d'infection ou de contamination n'ait été signalée à la suite de l'inspection précédente.

Art. R. 3115-30 Les résultats des inspections et les copies des certificats de contrôle sanitaire ou d'exemption de contrôle sanitaire délivrés au nom de l'État sont conservés pendant une durée de cinq ans par *(Décr. nº 2017-471 du 3 avr. 2017, art. 3-IX-1º)* « les personnes ou les organismes » mentionnés à l'article R. 3115-31 et sont tenus à disposition du directeur général de l'agence régionale de santé.

(Décr. nº 2017-471 du 3 avr. 2017, art. 3-IX-2º) « La personne ou l'organisme agréé » donne au directeur général de l'agence régionale de santé un accès gratuit à toutes les informations pertinentes concernant les navires pour lesquels il délivre des certificats, notamment l'accès direct aux documents et rapports de visites appropriés.

Art. R. 3115-31 *(Décr. nº 2017-471 du 3 avr. 2017, art. 3-X)* I. — Les inspections des navires et la délivrance du certificat de contrôle sanitaire ou d'exemption de contrôle sanitaire sont réalisées par des personnes ou des organismes agréés dans les conditions définies aux articles R. 3115-38 à R. 3115-41.

II. — Les certificats de contrôle sanitaire ou d'exemption de contrôle sanitaire ont une durée de validité de six mois et sont délivrés dans les ports dont la liste est fixée par arrêté des ministres chargés de la santé et des transports. Ces ports doivent pouvoir disposer des services de personnes ou d'organismes agréés.

Art. R. 3115-32 *Les capitaines* de navire facilitent l'organisation et la tenue des inspections nécessaires à la délivrance d'un certificat de contrôle sanitaire ou *[d']* un certificat d'exemption de contrôle sanitaire d'un navire. Les *(Décr. nº 2017-471 du 3 avr. 2017, art. 3-XI-1º)* « personnes ou les » organismes agréés mentionnés à l'article R. 3115-31 ont accès à tous les locaux et peuvent consulter tous les documents nécessaires.

Art. R. 3115-33 *(Décr. nº 2017-471 du 3 avr. 2017, art. 3-XII-1º)* « Les personnes ou les » organismes agréés mentionnés à l'article R. 3115-31 prescrivent toute mesure propre à supprimer les sources d'infection ou de contamination qu'ils constatent.

Ils rédigent un rapport d'inspection exposant les conclusions de leur visite et mentionnent, le cas échéant, les mesures correctives et les recommandations sur le modèle de certificat donné à l'annexe 3 du règlement sanitaire international.

Si les mesures correctives peuvent être mises en œuvre dans le port, ils les supervisent. Une nouvelle inspection est diligentée pour vérifier l'effectivité de ces mesures et délivrer le certificat de contrôle sanitaire du navire.

En dehors des cas prévus à l'article R. 3115-34, si les mesures ne peuvent être effectuées dans le port, un certificat de contrôle sanitaire du navire est émis, mentionnant les sources d'infection ou de contamination découvertes.

Art. R. 3115-34 Si l'inspection révèle des sources de contamination ou d'infection à bord présentant un risque grave pour la santé publique, les *(Décr. nº 2017-471 du 3 avr. 2017, art. 3-XII-1º)* « personnes ou les » organismes agréés mentionnés à l'article R. 3115-31 transmettent sans délai toutes les informations nécessaires à l'agence régionale de santé.

Un arrêté pris par le ministre chargé de la santé précise les modalités d'information de l'agence régionale de santé.

Art. R. 3115-35 Le préfet peut, en fonction de la gravité du risque pour la santé publique constaté, informer les autorités du port d'escale suivant de la situation sanitaire du navire et prescrire les mesures nécessaires pour remédier aux sources d'infection ou de contamination constatées.

Art. R. 3115-36 Les *(Décr. nº 2017-471 du 3 avr. 2017, art. 3-XIII-1º)* « personnes ou les » organismes agréés mentionnés à l'article R. 3115-31 peuvent délivrer des prolongations d'un mois de la validité des certificats de contrôle sanitaire ou d'exemption de contrôle sanitaire des navires dans les ports mentionnés *(Décr. nº 2017-471 du 3 avr. 2017, art. 3-XIII-3º)* « au deuxième alinéa de l'article R. 3115-31. »

Les modalités d'octroi de cette prolongation de certificat sont fixées par arrêté des ministres chargés de l'intérieur, de la santé, des transports et, le cas échéant, de l'outre-mer.

SOUS-§ 2 *MODALITÉS DE TRANSMISSION DES CERTIFICATS*

Art. R. 3115-37 Vingt-quatre heures avant son entrée dans l'un des ports figurant sur l'arrêté mentionné à l'article R. 3115-6, le capitaine d'un navire d'une jauge brute égale ou supérieure à 500 Universal Measurement System (UMS) transmet à la capitainerie *[du port]* dans lequel il fait escale son certificat de contrôle sanitaire ou un certificat d'exemption de contrôle sanitaire.

En cas d'urgence de santé publique, le préfet étend les dispositions du premier alinéa à l'ensemble des navires, après avis du directeur général de l'agence régionale de santé.

SOUS-§ 3 *MODALITÉS D'AGRÉMENT DES ORGANISMES RÉALISANT LES INSPECTIONS*

Art. R. 3115-38 *(Décr. nº 2017-471 du 3 avr. 2017, art. 3-XIV-1º)* « Les personnes ou les organismes réalisant les inspections en vue de délivrer un certificat de contrôle sanitaire ou d'exemption de contrôle sanitaire sont agréés par le préfet, sur proposition du directeur général de l'agence régionale de santé, pour une durée de cinq ans renouvelable. L'agrément précise les ports dans lesquels ils peuvent réaliser les inspections. »

La demande d'agrément est soit *(Décr. nº 2017-471 du 3 avr. 2017, art. 3-XIV-2º-a)* « adressée au préfet par le demandeur » par lettre avec demande d'avis de réception, soit déposée contre récépissé, soit transmise par voie électronique avec signature électronique sécurisée dans les conditions prévues à l'article 1316-4 *[1367]* du code civil et par le *(Décr. nº 2017-1416 du 28 sept. 2017, art. 2)* « décret nº 2017-1416 du 28 septembre 2017 » pris pour son application. *(Décr. nº 2017-471 du 3 avr. 2017, art. 3-XIV-2º-b)* « Le préfet » en accuse réception.

Art. R. 3115-39 La délivrance de l'agrément est subordonnée :

(Décr. nº 2017-471 du 3 avr. 2017, art. 3-XV-2º) « 1º » A la capacité *(Décr. nº 2017-471 du 3 avr. 2017, art. 3-XV-3º)* « du demandeur » de disposer d'un effectif de per-

sonnels suffisant et propre à garantir le bon déroulement des missions qui lui sont confiées ;

(Décr. n° 2017-471 du 3 avr. 2017, art. 3-XV-2°) « 2° » Au fait de disposer des équipements nécessaires à la protection du personnel pendant l'inspection et des matériels nécessaires à la réalisation de l'inspection, des prélèvements et des analyses sur site ;

(Décr. n° 2017-471 du 3 avr. 2017, art. 3-XV-2°) « 3° » A ce que *(Décr. n° 2017-471 du 3 avr. 2017, art. 3-XV-4°)* « le demandeur » et son personnel ne soient pas engagés dans des activités incompatibles avec leur indépendance de jugement et leur intégrité en ce qui concerne les activités d'inspection ;

Les conditions de transmission du dossier de demande d'agrément, *(Décr. n° 2017-471 du 3 avr. 2017, art. 3-XV-6°)* « et » la liste des sociétés agréées sont fixées par arrêté du ministre chargé de la santé.

Art. R. 3115-40 I. – La demande d'agrément est accompagnée d'un dossier comprenant :

1° Le nom et l'adresse *(Décr. n° 2017-471 du 3 avr. 2017, art. 3-XVI-1°)* « du » demandeur ;

2° *(Décr. n° 2017-471 du 3 avr. 2017, art. 3-XVI-2°)* « Le cas échéant, les statuts et » la composition du conseil d'administration de l'organisme demandeur ;

3° La description des activités principales *(Décr. n° 2017-471 du 3 avr. 2017, art. 3-XVI-3°)* « du » demandeur ;

(Décr. n° 2017-471 du 3 avr. 2017, art. 3-XVI-4°) « 4° Le cas échéant, l'organigramme de l'organisme réalisant les inspections sanitaires des navires ; »

5° Les nom et prénom, la fonction, la qualification professionnelle et les diplômes de la personne responsable des inspections sanitaires des navires ;

6° Le port pour lequel un agrément est sollicité ;

(Décr. n° 2017-471 du 3 avr. 2017, art. 3-XVI-6° et 7°) « 7° L'organisation mise en place par le demandeur pour assurer la prestation, en précisant les équipements et matériels mis à leur disposition, les modalités d'organisation pour faire face à d'éventuelles demandes d'inspection et, lorsque le demandeur est un organisme, le nombre d'employés par site pouvant procéder aux inspections sanitaires ;

« 8° » L'expérience acquise éventuellement dans le domaine de l'inspection sanitaire ou dans le domaine de l'inspection des navires ;

(Décr. n° 2017-471 du 3 avr. 2017, art. 3-XVI-6°) « 9° » Une attestation sur l'honneur *(Abrogé par Décr. n° 2017-471 du 3 avr. 2017, art. 3-XVI-8°) « du responsable de l'organisme »* certifiant son engagement de confidentialité, d'impartialité et d'indépendance en ce qui concerne les activités d'inspection sanitaire des navires.

II. – La demande est réputée complète si le *(Décr. n° 2017-471 du 3 avr. 2017, art. 3-XVI-9°)* « préfet » a délivré un accusé de réception ou n'a pas fait connaître, dans un délai d'un mois après sa réception, au demandeur, par lettre avec demande d'avis de réception, la liste des pièces manquantes ou incomplètes.

(Décr. n° 2017-471 du 3 avr. 2017, art. 3-XVI-10°) « Une personne ou un organisme », légalement établi dans un autre État membre de l'Union européenne ou partie à l'accord sur l'Espace économique européen, produit à l'appui de sa demande d'agrément les documents exigés par le présent article. *(Décr. n° 2017-471 du 3 avr. 2017, art. 3-XVI-10°)* « Si cette personne ou cet organisme » a obtenu dans son pays d'origine un titre d'effet équivalent ou présente des capacités techniques équivalentes à celles mentionnées à l'article R. 3115-39, il produit les justificatifs nécessaires pour en attester.

Art. R. 3115-41 I. – Toute demande de renouvellement de l'agrément est adressée au *(Décr. n° 2017-471 du 3 avr. 2017, art. 3-XVII-1°-a)* « préfet » au moins quatre-*vingt-dix jours avant* la date d'expiration de l'agrément dans les conditions prévues à l'article R. 3115-39 *(Décr. n° 2017-471 du 3 avr. 2017, art. 3-XVII-1°-b)* « et selon les modalités prévues à l'article R. 3115-38 ».

II. – Le dossier de demande de renouvellement est composé des documents suivants :

1° Les pièces mises à jour du dossier de demande d'agrément mentionnées au I de l'article R. 3115-41 ;

2° Un rapport décrivant l'activité pendant la période écoulée depuis le précédent agrément.

III. — La demande est réputée complète si le *(Décr. n° 2017-471 du 3 avr. 2017, art. 3-XVII-2°)* « préfet » a délivré un accusé de réception ou n'a pas fait connaître, dans un délai d'un mois après sa réception, au demandeur, par lettre avec demande d'avis de réception, la liste des pièces manquantes ou incomplètes.

Art. R. 3115-42 L'organisme agréé autorise les agents mentionnés à l'article L. 3115-1 à accéder à ses locaux, à ses instructions internes, à ses systèmes de documentation, y compris aux systèmes utilisés, se rapportant à la réalisation des fonctions attribuées dans la présente sous-section. Ce contrôle peut être complété par une contre-visite d'un navire choisi par l'administration.

Art. R. 3115-43 *(Décr. n° 2017-471 du 3 avr. 2017, art. 3-XVIII-1°-a)* « La personne ou l' » organisme agréé adresse au *(Décr. n° 2017-471 du 3 avr. 2017, art. 3-XVIII-1°-b)* « préfet » par lettre recommandée avec demande d'avis de réception ou dépôt contre récépissé, ou transmission par voie électronique avec signature électronique sécurisée dans les conditions prévues à l'article 1316-4 *[1367]* du code civil et par le *(Décr. n° 2017-1416 du 28 sept. 2017, art. 2)* « décret n° 2017-1416 du 28 septembre 2017 » pris pour son application, un rapport annuel d'activité, au plus tard le 1er mars de l'année civile suivante. Le *(Décr. n° 2017-471 du 3 avr. 2017, art. 3-XVIII-1°-b)* « préfet » en accuse réception.

Le rapport annuel transmis par *(Décr. n° 2017-471 du 3 avr. 2017, art. 3-XVIII-2°)* « la personne ou l' » organisme agréé comprend notamment :

1° Un bilan statistique des prestations effectuées pour l'activité agréée et une synthèse des résultats d'inspection *(Décr. n° 2017-471 du 3 avr. 2017, art. 3-XVIII-3°)* « et des principales mesures préconisées », répartis suivant les types de certificats délivrés ;

2° Une synthèse des principales sources de contamination découvertes à bord des navires inspectés.

Art. R. 3115-44 *Abrogé par Décr. n° 2017-471 du 3 avr. 2017, art. 3-XIX.*

Art. R. 3115-45 Le défaut de réception du rapport annuel d'activité de *(Décr. n° 2017-471 du 3 avr. 2017, art. 3-XX-1°)* « la personne ou l' » organisme agréé mentionné à l'article R. 3115-43 ou l'envoi d'un rapport annuel incomplet, dans un délai de sept jours à compter du 1er mars de l'année civile suivante, fait l'objet d'une mise en demeure de produire ce document par le *(Décr. n° 2017-471 du 3 avr. 2017, art. 3-XX-2°)* « préfet ». Le défaut de réponse dans un délai d'un mois entraîne la suspension de l'agrément jusqu'à la production du rapport annuel ou des documents mentionnés dans la décision.

Le non-respect des autres conditions prévues à l'article R. 3115-39 entraîne une suspension de l'agrément. Dans un délai de six mois, *(Décr. n° 2017-471 du 3 avr. 2017, art. 3-XX-1°)* « la personne ou » l'organisme informe le *(Décr. n° 2017-471 du 3 avr. 2017, art. 3-XX-2°)* « préfet » des mesures mises en œuvre pour se conformer à ces dispositions. L'absence de mise en conformité dans ce délai, le défaut de transmission des informations relatives à cette mise en conformité ou la production de fausses déclarations entraînent le retrait de l'agrément.

Art. R. 3115-46 Les décisions de suspension ou de retrait de l'agrément prises par le *(Décr. n° 2017-471 du 3 avr. 2017, art. 3-XXI-1°)* « préfet » sont notifiées à *(Décr. n° 2017-471 du 3 avr. 2017, art. 3-XXI-2°)* « la personne ou l' » organisme agréé selon *les modalités mentionnées au premier* alinéa de l'article R. 3115-43.

SOUS-SECTION 3 SURVEILLANCE SANITAIRE DES AÉRONEFS

Art. R. 3115-47 Le commandant de bord d'un aéronef avertit, par l'intermédiaire du transporteur aérien ou du contrôle aérien, l'exploitant de l'aéroport d'arrivée de la présence d'un risque pour la santé publique à bord dès qu'il en a connaissance. Il consigne ces éléments dans la partie de la déclaration générale d'aéronef relative aux questions sanitaires, selon le modèle fourni par l'Organisation mondiale de la santé et la transmet sans délai au service médical compétent.

Le commandant de bord fournit également au service médical les renseignements qu'il est en mesure de délivrer sur l'état de santé des voyageurs à bord de l'aéronef et, le cas échéant, sur les mesures sanitaires qui ont été prises.

Le service médical transmet immédiatement au directeur général de l'agence régionale de santé toute information relative à un événement répondant aux critères définis à l'article R. 3115-68 et lui transmet sans délai la partie de la déclaration générale d'aéronef relative aux questions sanitaires. *(Décr. n° 2017-471 du 3 avr. 2017, art. 3-XXII)* « Lorsque l'aéroport d'arrivée est un aérodrome militaire, cette transmission est réalisée par le service de santé des armées. »

Le service médical informe le commandant de bord des modalités de prise en charge d'un patient pouvant présenter un risque pour la santé publique, après concertation avec le directeur général de l'agence régionale de santé dans les cas prévus au troisième alinéa du présent article.

Art. R. 3115-48 Les aéronefs en provenance d'une zone où la lutte antivectorielle est recommandée sont désinsectisés et maintenus exempts de vecteurs.

A l'atterrissage, le commandant de bord de l'aéronef transmet au préfet, à sa demande, les mesures de lutte prises à bord et consignées dans la partie de la déclaration générale d'aéronef relative aux questions sanitaires.

Les zones mentionnées au premier alinéa sont définies par arrêté des ministres chargés de la santé et de l'environnement pris après avis du Haut Conseil de la santé publique.

Art. R. 3115-49 En cas de défaut de présentation de la partie de la déclaration générale d'aéronef relative aux questions sanitaires, le préfet peut faire procéder à une inspection et prescrire, le cas échéant, les mesures nécessaires à la prévention de la propagation de l'infection ou de la contamination.

Art. R. 3115-50 En cas de risque pour la santé publique, une inspection des aéronefs peut être effectuée à la demande du préfet par les agents mentionnés à l'article L. 3115-1, sur l'ensemble des aéroports ayant la qualité de point d'entrée au sens de l'article R. 3115-6, et peut notamment porter sur le contrôle de la désinsectisation des aéronefs ou sur l'hygiène générale de ces derniers.

SOUS-SECTION 4 CONTRÔLE SANITAIRE DES MOYENS DE TRANSPORTS TERRESTRES INTERNATIONAUX

Art. R. 3115-51 En cas de risque pour la santé publique, le préfet peut prescrire un contrôle sanitaire des moyens de transports terrestres internationaux. Ce contrôle est effectué par les agents mentionnés à l'article L. 3115-1.

SOUS-SECTION 5 DÉRATISATION, DÉSINSECTISATION ET DÉSINFECTION DES MOYENS DE TRANSPORT

Art. R. 3115-52 Le préfet peut prescrire une opération de dératisation, de désinsectisation ou de désinfection totale ou partielle d'un moyen de transport si celui-ci présente un risque pour la santé publique.

En particulier, le préfet prescrit la réalisation d'une telle opération si la nécessité de cette dernière est inscrite dans le certificat de contrôle sanitaire ou si un aéronef ne peut présenter la preuve de sa désinsectisation s'il provient d'une zone mentionnée à l'article *(Décr. n° 2017-471 du 3 avr. 2017, art. 3-XXIII)* « R. 3115-48 ».

Art. R. 3115-53 Les produits utilisés pour les opérations de dératisation, de désinsectisation ou de désinfection doivent respecter les dispositions de l'article *(Décr. n° 2016-859 du 29 juin 2016, art. 2)* « L. 522-1 » du code de l'environnement.

Art. R. 3115-54 Les modalités d'application des produits de dératisation, de désinsectisation ou de désinfection d'un moyen de transport en fonction de la nature de la menace sanitaire respectent les dispositions de l'article *(Décr. n° 2016-859 du 29 juin 2016, art. 2)* « L. 522-4 » du code de l'environnement.

SECTION IV CENTRES DE VACCINATION ANTIAMARILE

(*Décr. n° 2013-30 du 9 janv. 2013, art. 1er-II-2°*)

SOUS-SECTION 1 DISPOSITIONS GÉNÉRALES

Art. R. 3115-55 I. — Peuvent être désignés pour réaliser la vaccination antiamarile les établissements, services ou organismes répondant aux conditions fixées par l'article R. 3115-64 et, en l'absence de moyens sanitaires suffisants, les praticiens exerçant en Guyane et répondant aux conditions fixées par l'article R. 3115-65.

II. — Au soutien de leur demande de désignation, les établissements, services, organismes ou praticiens adressent au directeur général de l'agence régionale de santé un dossier comprenant :

1° La mention de l'identité du demandeur ;

2° Les documents attestant des titres, qualités et fonctions du médecin responsable de l'établissement, service ou organisme, ou du praticien exerçant en Guyane et tout élément permettant d'apprécier leur *[leurs]* formation et expérience ;

3° Un dossier technique permettant de vérifier que les conditions mentionnées aux 4°, 5°, 6°, 8° et 9° de l'article R. 3115-64 ou aux 3°, 4°, 5° et 6° de l'article R. 3115-65 sont remplies ;

4° Une attestation sur l'honneur rédigée et signée du demandeur, du médecin responsable de l'établissement, service ou organisme, ou du praticien exerçant en Guyane, indiquant que les autres critères mentionnés aux articles R. 3115-64 ou R. 3115-65 sont ou seront remplis.

III. — Le dossier accompagnant la demande est réputé complet lorsque le directeur général de l'agence régionale de santé a délivré un accusé de réception ou n'a pas fait connaître au demandeur, dans le délai de deux mois après sa réception, par lettre recommandée avec accusé de réception, la liste des pièces manquantes ou incomplètes.

IV. — La désignation est prononcée pour une durée de cinq ans par le directeur général de l'agence régionale de santé territorialement compétente, au vu des pièces du dossier accompagnant la demande si celui-ci est complet et, le cas échéant, après une visite sur site par un agent mentionné à l'article L. 1421-1, dans un délai de quatre mois à compter de la réception de la demande.

V. — Sans réponse du directeur général de l'agence régionale de santé au terme du délai de quatre mois mentionné à l'alinéa précédent, la demande de désignation est réputée rejetée.

En application des art. L. 231-5 et L. 231-6 CRPA, le délai à l'expiration duquel le silence gardé par l'administration vaut acceptation est de quatre mois pour les demandes de désignation des établissements, services ou organismes répondant aux conditions fixées par l'art. R. 3115-64 pouvant réaliser les vaccinations anti-amariles et, en l'absence de moyens sanitaires suffisants, des praticiens exerçant en Guyane et répondant aux conditions fixées par l'art. R. 3115-65 (Décr. n° 2014-1287 du 23 oct. 2014, art. 1er).

Art. R. 3115-56 La demande de renouvellement de la désignation est adressée par les établissements, services, organismes ou praticiens au directeur général de l'agence régionale de santé au plus tard deux mois avant l'échéance de la désignation initiale.

Art. R. 3115-57 I. — Les établissements, services, organismes ou praticiens désignés pour réaliser la vaccination antiamarile remettent à l'agence régionale de santé un rapport annuel d'activité dressé sur la base d'un rapport type fixé par arrêté du ministre chargé de la santé.

II. — Le défaut de production de ce rapport peut entraîner le retrait de leur désignation par le directeur général de l'agence régionale de santé.

Sur le contenu du rapport annuel d'activité des centres de vaccination antiamarile, V. Arr. du 17 mars 2014 🏛.

Art. R. 3115-58 Les établissements, services, organismes ou praticiens, désignés pour réaliser la vaccination antiamarile, portent à la connaissance du directeur général de l'agence régionale de santé territorialement compétente toute modification des conditions techniques mentionnées aux articles R. 3115-64 ou R. 3115-65 intervenant après leur désignation.

Art. R. 3115-59 I. — Lorsqu'il a été constaté de manière contradictoire que les conditions de fonctionnement d'un centre ne répondent plus aux conditions techniques fixées à la sous-section 2 de la présente section, le directeur général de l'agence régionale de santé met en demeure le centre de s'y conformer dans le délai qu'il fixe.

II. — Si la mise en demeure n'est pas suivie d'effet dans le délai imparti, la désignation est retirée par arrêté du directeur général de l'agence régionale de santé.

III. — En cas d'urgence, la désignation peut être suspendue sans délai.

Art. R. 3115-60 Le directeur général de l'agence régionale de santé transmet annuellement au ministre chargé de la santé la liste actualisée des établissements, services, organismes ou praticiens, désignés pour réaliser la vaccination antiamarile.

Art. R. 3115-61 *(Décr. nº 2017-471 du 3 avr. 2017, art. 3-XXIV)* « Sans préjudice des dispositions de l'article R. 6147-119, » les centres de vaccination des armées répondant aux conditions techniques fixées à la sous-section 2 de la présente section sont désignés par le ministre de la défense.

Art. R. 3115-62 Le certificat de contre-indication médicale à la vaccination antiamarile peut être délivré par un centre de vaccination désigné conformément à l'article R. 3115-55 ou par le médecin traitant.

Art. R. 3115-63 L'entrée sur les parties du territoire français où la vaccination antiamarile est obligatoire est subordonnée à la présentation d'un certificat de vaccination ou d'un certificat de contre-indication médicale à cette vaccination.

SOUS-SECTION 2 CONDITIONS TECHNIQUES DE DÉSIGNATION

Art. R. 3115-64 Pour être désignés comme centre de vaccination antiamarile les établissements, services ou organismes doivent :

1º Maintenir ou constituer une équipe de professionnels dont la composition et l'effectif sont adaptés aux besoins locaux et à l'activité du centre. Le médecin responsable de l'équipe est titulaire d'un diplôme sanctionnant une formation universitaire soit en médecine tropicale, soit en médecine des voyages. Un médecin justifiant d'une expérience professionnelle équivalente à au moins trois ans dans un centre de vaccination antiamarile peut également exercer cette fonction. Dans les zones où la vaccination antiamarile est obligatoire pour les résidents, le suivi d'une formation spécifique sur la vaccination antiamarile dispense de ces exigences ;

2º Ouvrir le centre au moins une demi-journée par semaine ;

3º Assurer la présence d'un médecin sur les lieux aux heures d'ouverture du centre ;

4º Garantir la disponibilité de locaux adaptés à l'activité du centre ;

5º Garantir la disponibilité d'équipement et de matériel nécessaires aux vaccinations ;

6º Garantir le respect de la chaîne du froid, assurée en particulier par un réfrigérateur médical doté d'un système de contrôle de la température interne ;

7º Assurer la mise à disposition de vaccins à usage réservé imposés ou conseillés pour certains voyages ;

8º Garantir la disponibilité du matériel et des médicaments nécessaires au traitement des éventuelles réactions indésirables graves ;

9º Garantir le respect de la réglementation en matière d'élimination des déchets d'activité de soins à risque infectieux ;

10º Garantir la mise à disposition d'informations et de conseils portant notamment sur la prévention des maladies transmissibles au cours des voyages et la proposition d'un entretien individuel. Ces informations et conseils doivent être conformes aux recommandations validées par le Haut Conseil de la santé publique concernant notamment le calendrier vaccinal et les recommandations sanitaires pour les voyageurs ;

11º Assurer la délivrance de certificats de vaccination antiamarile conformes au règlement sanitaire international et comportant la date, le numéro de lot du vaccin, le cachet officiel du centre habilité et la signature du vaccinateur ;

12º Déclarer au centre régional de pharmacovigilance les effets indésirables susceptibles d'être dus aux vaccins, dans les conditions prévues par la section XIII du chapitre Ier du titre II du livre Ier de la cinquième partie *[du code de la santé publique]*.

Art. R. 3115-65 Pour être désignés pour réaliser la vaccination antiamarile les praticiens doivent :

1° Être titulaires d'un diplôme sanctionnant une formation universitaire soit en médecine tropicale, soit en médecine des voyages ou justifier d'une expérience professionnelle dans un centre de vaccination antiamarile ou avoir suivi une formation spécifique sur la vaccination antiamarile ;

2° Conclure une convention avec un centre désigné pour réaliser la vaccination antiamarile, en vue de l'approvisionnement en vaccins antiamariles. Cette convention en précise les modalités ;

3° Disposer de l'équipement et du matériel nécessaires aux vaccinations ;

4° Disposer de l'équipement et du matériel permettant le respect de la chaîne du froid, assurée en particulier par un réfrigérateur médical doté d'un système de contrôle de la température interne ;

5° Disposer du matériel et des médicaments nécessaires au traitement des éventuelles réactions indésirables graves ;

6° Respecter la réglementation en matière d'élimination des déchets d'activité de soins à risque infectieux ;

7° S'engager à effectuer un entretien individuel d'information et de conseil du patient ;

8° S'engager à délivrer des certificats de vaccination antiamarile conformes au règlement sanitaire international et comportant la date, le numéro de lot du vaccin, leur cachet officiel et leur signature ;

9° S'engager à tenir à jour un registre assurant la traçabilité des vaccinations pratiquées ;

10° S'engager à déclarer au centre régional de pharmacovigilance les effets indésirables susceptibles d'être dus aux vaccins, dans les conditions prévues par la section XIII du chapitre Ier du titre II du livre Ier de la cinquième partie du code de la santé publique.

SECTION V INFORMATION DES VOYAGEURS

(Décr. n° 2013-30 du 9 janv. 2013, art. 1er-II-2°)

Art. R. 3115-66 I. — Dans le cas d'un voyage international, les exploitants de moyens de transports *[transport]* et les agents de voyages ou autres opérateurs de la vente de voyages et de séjours indiquent à leurs clients les moyens de s'informer sur les risques sanitaires connus de leur destination ainsi que, le cas échéant, sur les mesures de protection recommandées.

Les conditions et modalités de diffusion de ces informations sont fixées par arrêté des ministres chargés de l'agriculture, des affaires étrangères, de la santé, du tourisme et des transports.

II. — En cas de risque pour la santé publique et sur demande du préfet, les exploitants de moyens de transports *[transport]* et d'infrastructures de transport diffusent, par tout moyen, à chaque passager en provenance ou à destination de zones définies par le préfet, les informations relatives aux précautions d'hygiène à respecter ou à la conduite à tenir en présence de cas suspects afin d'éviter la propagation internationale d'une maladie. Cette mesure peut être restreinte à certains points d'entrée du territoire.

Les conditions et modalités de diffusion de ces informations sont fixées par arrêté des ministres chargés de la santé et des transports.

Art. R. 3115-67 I. — Les exploitants de moyens de transports aériens et de navires de croisière conservent les listes de leurs passagers et de leur emplacement s'il est connu dans des conditions de sécurité adaptées à leur contenu, de manière à les transmettre sans délai au directeur général de l'agence régionale de santé à sa demande.

Ces exploitants mettent à disposition, à l'arrivée de chaque aéronef, un nombre suffisant de fiches de traçabilité. En cas de risque pour la santé publique, ils s'assurent que les passagers les remplissent avant le débarquement.

II. — En cas de risque pour la santé publique et sur demande des autorités sanitaires, le préfet organise la distribution et le recueil des fiches de traçabilité aux voyageurs. Il peut demander aux compagnies de transports d'assurer la distribution et le recueil de ces fiches et de vérifier qu'elles sont remplies avant le débarquement ; les compagnies les transmettent au gestionnaire du point d'entrée. Les fiches de traçabilité sont archivées, pendant une durée précisée par le préfet, par le gestionnaire du point d'entrée concerné dans des conditions de sécurité notamment incendie adaptées à leur contenu.

III. – Les modalités de conservation des listes de passagers, de leur transmission au directeur général de l'agence régionale de santé, de distribution et de recueil des fiches de traçabilité sont fixées par arrêté des ministres de la santé et des transports.

SECTION VI TRANSMISSION D'INFORMATIONS SUR LES ÉVÉNEMENTS SANITAIRES AU POINT FOCAL NATIONAL

(Décr. n° 2013-30 du 9 janv. 2013, art. 1er-II-2°)

Art. R. 3115-68 L'agence régionale de santé transmet, sans délai, au point focal national placé auprès du ministre chargé de la santé les signalements d'événements sanitaires graves, inattendus ou inhabituels qui répondent à l'un des critères suivants :

1° Un événement pour lequel le nombre de cas ou de décès est élevé pour le lieu, la période et la population considérée ;

2° Un événement pouvant avoir d'importantes répercussions sur la santé publique ;

3° Un événement causé par un agent, une source, un vecteur ou une voie de transmission inconnus ou inhabituels ;

4° Un événement pour lequel l'évolution des cas est plus grave que prévu *[prévue]* ou s'accompagne de symptômes inhabituels ;

5° Un événement dont la survenue est inhabituelle pour la zone, la saison ou la population ;

6° Un événement causé par une maladie ou un agent qui ont déjà été éliminés ou éradiqués dans la zone géographique concernée ou qui n'ont pas été signalés précédemment.

Art. R. 3115-69 Les exploitants de moyens de transports *[transport]* et les personnes intervenant sur un point d'entrée et figurant sur la liste mentionnée à l'article R. 3115-8 sont tenus de signaler à l'agence régionale de santé, par l'intermédiaire du coordonnateur du point d'entrée désigné à l'article R. 3115-8, tout événement susceptible de favoriser la propagation internationale de maladies.

Art. R. 3115-70 Le point focal national assure la transmission des informations nécessaires à l'Organisation mondiale de la santé.

CHAPITRE VI DISPOSITIONS PÉNALES

SECTION PREMIÈRE VACCINATIONS

Art. R. 3116-1 Est puni de l'amende prévue pour les contraventions de la 5e classe le fait d'exercer une activité professionnelle :

1° Exposant à des risques de contamination dans un établissement ou organisme public ou privé de prévention ou de soins, sans être immunisé contre l'hépatite B, la diphtérie, le tétanos et la poliomyélite ;

2° Dans un laboratoire d'analyses de biologie médicale sans être immunisé contre la fièvre typhoïde.

L'art. R. 3116-3 devient l'art. R. 3116-1 (Décr. n° 2018-42 du 25 janv. 2018, art. 6).

Art. R. 3116-2 Est puni de l'amende prévue pour les contraventions de la 5e classe le fait pour un élève ou étudiant mentionné à l'article L. 3111-4 de ne pas être immunisé contre les maladies mentionnées au premier alinéa dudit article.

L'art. R. 3116-4 devient l'art. R. 3116-2 (Décr. n° 2018-42 du 25 janv. 2018, art. 6).

Art. R. 3116-3 Est puni de l'amende prévue pour les contraventions de la 5e classe le fait pour le responsable d'un établissement ou organisme mentionné à l'article L. 3111-4 de ne pas assurer la prise en charge par l'établissement ou l'organisme des dépenses entraînées par les vaccinations prévues audit article.

L'art. R. 3116-5 devient l'art. R. 3116-3 (Décr. n° 2018-42 du 25 janv. 2018, art. 6).

Art. R. 3116-4 Est puni de l'amende prévue pour les contraventions de la 5e classe le fait de ne pas respecter les mesures propres à empêcher la propagation d'une épidémie prises en application de l'article L. 3114-4.

L'art. R. 3116-7 devient l'art. R. 3116-4 (Décr. nº 2018-42 du 25 janv. 2018, art. 6).

Art. R. 3116-5 La récidive des contraventions prévues aux articles *(Décr. nº 2018-42 du 25 janv. 2018, art. 6)* « R. 3116-1 à R. 3116-4 » est réprimée conformément à l'article 132-11 du code pénal.

L'art. R. 3116-8 devient l'art. R. 3116-5 (Décr. nº 2018-42 du 25 janv. 2018, art. 6).

Art. R. 3116-6 (Abrogé par Décr. nº 2018-42 du 25 janv. 2018, art. 6) *Est puni de l'amende prévue pour les contraventions de la 5e classe le fait de ne pas se soumettre :*
1º A la vaccination antityphoparatyphoïdique en application de l'article L. 3111-6 ;
2º A la vaccination contre le typhus exanthématique en application de l'article L. 3111-7 ;
3º A la vaccination ou à la revaccination antivariolique en application de l'article L. 3111-8.

SECTION II AUTRES MESURES DE LUTTE

SOUS-SECTION 1 DÉSINFECTION

Art. R. 3116-9 Le fait de ne pas procéder aux opérations de désinfection obligatoire prescrites par l'article L. 3114-1 est puni de l'amende prévue pour les contraventions de la 5e classe.

Art. R. 3116-10 Le fait pour les opérations de désinfection à caractère obligatoire prescrites par l'article L. 3114-1 d'employer un procédé, produit ou appareil non agréé ou de mettre en service un appareil sans procès-verbal de conformité est puni de l'amende prévue pour les contraventions de la 5e classe.

Art. R. 3116-11 La récidive des contraventions prévues aux articles R. 3116-9 et R. 3116-10 est réprimée conformément à l'article 132-11 du code pénal.

SOUS-SECTION 2 DÉRATISATION ET DÉSINSECTISATION DES LOCAUX

Art. R. 3116-12 Le fait d'employer des gaz toxiques prohibés dans la destruction des insectes ou des rats dans des locaux à usage d'habitation ou autre, ou dans la désinfection desdits locaux, est puni de l'amende prévue pour les contraventions de la 5e classe.

La récidive de la contravention prévue au présent article est réprimée conformément à l'article 132-11 du code pénal.

SOUS-SECTION 3 *[ABROGÉE]* DÉRATISATION ET DÉSINSECTISATION DES NAVIRES

(Abrogée par Décr. nº 2013-30 du 9 janv. 2013, art. 2-1º)

Art. R. 3116-13 à R. 3116-15 *Abrogés par Décr. nº 2013-30 du 9 janv. 2013, art. 2-1º.*

SECTION III LUTTE CONTRE LA PROPAGATION INTERNATIONALE DES MALADIES *(Décr. nº 2013-30 du 9 janv. 2013, art. 2-2º).*

Art. R. 3116-16 *(Décr. nº 2013-30 du 9 janv. 2013, art. 2-3º)* Le fait de ne pas respecter les obligations prévues aux articles R. 3115-66, premier et troisième alinéa *[alinéas]*, et R. 3115-67 *[,]* premier et deuxième alinéa *[alinéas]*, est puni de la peine d'amende prévue pour la contravention de cinquième classe.

Art. R. 3116-17 *(Décr. nº 2013-30 du 9 janv. 2013, art. 2-4º)* La récidive des contraventions prévues à l'article R. 3116-16 est réprimée conformément aux articles 132-11 et 132-15 du code pénal.

TITRE DEUXIÈME INFECTION PAR LE VIRUS DE L'IMMUNODÉFICIENCE HUMAINE ET INFECTIONS SEXUELLEMENT TRANSMISSIBLES *(Décr. n° 2005-1608 du 19 déc. 2005).*

CHAPITRE PREMIER DISPOSITIONS GÉNÉRALES

SECTION PREMIÈRE CONSEIL NATIONAL DU SYNDROME IMMUNODÉFICITAIRE ACQUIS ET DES HÉPATITES VIRALES CHRONIQUES

(Décr. n° 2015-210 du 24 févr. 2015, art. 1er-I-1°).

Art. D. 3121-1 *(Décr. n° 2015-210 du 24 févr. 2015, art. 1er-I-2°)* Le Conseil national du syndrome immunodéficitaire acquis (sida) et des hépatites virales chroniques a pour mission de donner son avis sur l'ensemble des problèmes posés à la société par ces maladies et de faire au Gouvernement toute proposition utile. Dans le cadre de ses avis, il peut s'intéresser aux questions de société liées aux infections sexuellement transmissibles qui touchent les mêmes publics que l'infection à VIH ou les hépatites virales B et C.

Il est consulté sur les programmes et plans nationaux de santé et les programmes d'information, de prévention et d'éducation pour la santé, établis par le Gouvernement, et les organismes publics.

Le conseil rend public *[publics]* ses avis. Il élabore tous les deux ans un rapport d'activité qu'il rend public.

Art. D. 3121-2 Le conseil peut être saisi par le président de l'Assemblée nationale, le président du Sénat ou par un membre du Gouvernement.

Il peut également se saisir de toute question relevant de sa mission.

Art. D. 3121-3 Le président du conseil est nommé par décret du Président de la République pour une durée de *(Décr. n° 2015-210 du 24 févr. 2015, art. 1er-I-3°)* « cinq » ans *(Décr. n° 2007-1628 du 16 nov. 2007)* « renouvelable une fois ».

Art. D. 3121-4 Le conseil comprend, outre son président, *(Décr. n° 2015-210 du 24 févr. 2015, art. 1er-I-4°-a)* « vingt-cinq » personnes :

1° Cinq personnes représentant les principales familles philosophiques et spirituelles, désignées par le Président de la République ;

2° Un membre de l'Assemblée nationale et un membre du Sénat désignés par les présidents de ces assemblées ;

(Décr. n° 2015-210 du 24 févr. 2015, art. 1er-I-4°-b) « 3° Douze personnalités qualifiées, désignées par décret du Premier ministre sur proposition du ministre chargé de la santé, selon les modalités suivantes :

« *a)* Quatre personnalités qualifiées choisies en raison de leurs aptitudes à appréhender les conséquences sociales des maladies concernées ;

« *b)* Quatre personnalités qualifiées choisies en raison de leur expérience associative dans le domaine de la lutte contre les maladies concernées ;

« *c)* Quatre personnalités qualifiées choisies en raison de leur compétence dans le champ des soins, de l'épidémiologie et de la recherche sur les maladies concernées ; »

4° *(Décr. n° 2015-210 du 24 févr. 2015, art. 1er-I-4°-c)* « Six » personnalités désignées selon les modalités suivantes :

a) Une personnalité désignée par le président du Conseil économique, social et environnemental ;

b) Un membre du Comité consultatif national d'éthique pour les sciences de la vie et de la santé désigné par son président ;

c) Une personnalité désignée par le président de l'Union nationale des associations familiales ;

(Décr. n° 2015-210 du 24 févr. 2015, art. 1er-I-4°-c) « d) Une personnalité désignée par le Défenseur des droits ; »

e) Une personnalité désignée par le président du Conseil national de l'ordre des médecins ;

(Décr. n° 2015-210 du 24 févr. 2015, art. 1er-I-4°-d) « *f)* » Une personnalité désignée par le président de la Commission nationale de l'informatique et des libertés.

Art. D. 3121-5 La liste des membres du conseil, désignés dans les conditions prévues à l'article D. 3121-4, est fixée par décret du Premier ministre.

Art. D. 3121-6 Des experts permanents, choisis parmi les personnalités spécialement qualifiées par leurs travaux sur les matières entrant dans la compétence du conseil, et nommés par arrêté du ministre chargé de la santé, sur proposition du président du conseil, peuvent également être désignés auprès du conseil pour assister celui-ci. Ils sont entendus en tant que de besoin.

Art. D. 3121-7 Le mandat de chacun des membres du conseil est de *(Décr. n° 2015-210 du 24 févr. 2015, art. 1er-I-3°)* « cinq » ans. Il est renouvelable une fois.

Art. D. 3121-8 Les délibérations du conseil ne sont pas publiques. Le vote au scrutin secret est de droit sur décision du président ou sur demande d'un des membres présents.

(Décr. n° 2007-1628 du 16 nov. 2007) « Le conseil ne peut délibérer que si la majorité de ses membres est présente. »

Art. D. 3121-9 Le conseil peut entendre toute personne qualifiée appelée par son président à fournir un avis ou une expertise relatifs à tout point inscrit à l'ordre du jour. Ces auditions peuvent être rendues publiques sur décision du conseil.

Art. D. 3121-10 Les ministres et toutes autorités publiques facilitent la tâche du conseil.

Ils autorisent les agents placés sous leur autorité à répondre aux questions et aux convocations du président du conseil.

Art. D. 3121-11 Le conseil se dote d'un règlement intérieur qui définit les modalités de son fonctionnement.

Art. D. 3121-12 Il est adjoint au conseil un secrétariat général permanent.

Art. D. 3121-13 Les crédits nécessaires au fonctionnement du conseil sont inscrits au budget du ministère de la santé.

Art. D. 3121-14 Les fonctions de président et de membre du conseil sont gratuites. Leurs frais de déplacement ainsi que ceux des experts appelés en consultation sont remboursés dans les conditions prévues par les textes en vigueur.

SECTION II *[ABROGÉE]* COMITÉ INTERMINISTÉRIEL DE LUTTE CONTRE LE SYNDROME DE L'IMMUNODÉFICIENCE ACQUISE

(Abrogée par Décr. n° 2006-665 du 7 juin 2006, art. 3)

Art. R. 3121-16 à R. 3121-20 *Abrogés par Décr. n° 2006-665 du 7 juin 2006, art. 3.*

SECTION III CENTRES GRATUITS D'INFORMATION, DE DÉPISTAGE ET DE DIAGNOSTIC

(Décr. n° 2015-796 du 1er juill. 2015, art. 1er-1°)

Art. D. 3121-21 *(Décr. n° 2015-796 du 1er juill. 2015, art. 1er-1°)* Peuvent être habilités, en application de l'article L. 3121-2, comme centres gratuits d'information, de *dépistage et de diagnostic des infections* par les virus de l'immunodéficience humaine et des hépatites virales et des infections sexuellement transmissibles :

(Décr. n° 2016-1645 du 1er déc. 2016, art. 3-8°) « 1° Les établissements de santé ; »

2° Les services ou organismes relevant d'une collectivité territoriale et assurant une mission de prévention en matière de santé ;

3° Les centres de santé mentionnés à l'article L. 6323-1 ;

4° Les associations régies par les dispositions de la loi du 1er juillet 1901 relative au contrat d'association ;

5° Les centres d'examen de santé gérés directement par les organismes de sécurité sociale ou conventionnés avec ces organismes ;

6° Les services ou organismes relevant d'un établissement d'enseignement supérieur et gérant des services de médecine préventive ;

7° Les groupements de coopération sanitaire définis à l'article L. 6133-1 ;

8° Les groupements de coopération sociale et médico-sociale mentionnés à l'article L. 312-7 du code de l'action sociale et des familles.

Art. D. 3121-22 *(Décr. n° 2015-796 du 1er juill. 2015, art. 1er-1°)* **I. — La demande d'habilitation comme centre gratuit d'information, de dépistage et de diagnostic est adressée par le responsable de l'organisme gestionnaire au directeur général de l'agence régionale de santé de la région dans le ressort de laquelle se situe le centre, accompagnée d'un dossier dont le contenu est défini par arrêté du ministre chargé de la santé.**

II. — Cette demande précise les modalités d'organisation et de fonctionnement du centre, en particulier celles qui garantissent le respect d'un cahier des charges dont le contenu est défini par l'arrêté mentionné au I.

III. — Le dossier accompagnant la demande est réputé complet lorsque le directeur général de l'agence régionale de santé a délivré un avis de réception ou n'a pas fait connaître au responsable de l'organisme gestionnaire dans le délai de deux mois après sa réception, par lettre recommandée avec avis de réception, la liste des pièces manquantes ou incomplètes.

Art. D. 3121-23 *(Décr. n° 2015-796 du 1er juill. 2015, art. 1er-1°)* **L'habilitation est accordée pour trois ans par le directeur général de l'agence régionale de santé dans un délai de six mois à compter de la réception de la demande, au vu des pièces du dossier accompagnant la demande et, le cas échéant, des constats effectués lors d'une visite sur site par un agent mentionné à l'article L. 1421-1 du code de la santé publique, et en tenant compte de l'ensemble des éléments suivants :**

1° La situation épidémiologique au regard des virus de l'immunodéficience humaine, des hépatites virales et des infections sexuellement transmissibles, ainsi que les besoins de santé des populations, notamment celles les plus concernées, appréciés au niveau régional ;

2° L'adéquation de la demande d'habilitation avec les besoins identifiés au niveau régional, en prenant *[en]* **compte les autres offres existantes ;**

3° L'adéquation des dépenses prévisionnelles du centre avec les dispositions de l'article D. 174-18 du code de la sécurité sociale.

L'habilitation mentionnée au III de l'art. 47 de la L. n° 2014-1554 du 22 déc. 2014 de financement de la sécurité sociale pour 2015 susvisée est accordée, dans le délai [de 4 mois] mentionné au 2e al. du même III et pour une durée de trois ans, par le directeur général de l'agence régionale de santé, au vu des pièces et, le cas échéant, des constats mentionnés à l'art. D. 3121-23 dans sa rédaction résultant du Décr. n° 2015-796 du 1er juill. 2015, et en tenant compte des éléments définis au même art. (Décr. préc., art. 3).

Art. D. 3121-23-1 *(Décr. n° 2015-796 du 1er juill. 2015, art. 1er-1°)* **La demande de renouvellement de l'habilitation est adressée par le responsable de l'organisme gestionnaire au directeur général de l'agence régionale de santé au plus tard six mois avant l'échéance de l'habilitation en vigueur. Le renouvellement est accordé, pour une durée de cinq ans, par le directeur général de l'agence régionale de santé dans un délai de six mois à compter de la réception de la demande, selon les conditions définies à l'article D. 3121-23 et après évaluation de l'activité du centre et, le cas échéant, après une visite sur site par un agent mentionné à l'article L. 1421-1.**

Art. R. 3121-23-2 *(Décr. n° 2015-1621 du 9 déc. 2015, art. 1er)* **L'absence de réponse du directeur général de l'agence régionale de santé au terme du délai de six mois à compter de la réception des demandes d'habilitation et de renouvellement mentionnées aux articles D. 3121-23 et D. 3121-23-1 vaut acceptation de ces demandes.**

Art. D. 3121-24 *(Décr. n° 2015-796 du 1er juill. 2015, art. 1er-1°)* **L'agence régionale de santé est chargée de la programmation stratégique, de la coordination, du suivi et de l'analyse des activités des centres habilités. L'agence peut confier la mise en œuvre opérationnelle des missions de coordination, de suivi et d'analyse des activités à un centre habilité mentionné à l'article D. 3121-21, à un comité de coordination de la**

lutte contre l'infection aux virus de l'immunodéficience humaine, ou à un autre organisme compétent.

Art. D. 3121-25 *(Décr. n° 2015-796 du 1er juill. 2015, art. 1er-1°)* **« I. – Le centre gratuit d'information, de dépistage et de diagnostic porte à la connaissance du directeur général de l'agence régionale de santé toute modification de ses modalités d'organisation et de fonctionnement intervenant postérieurement à son habilitation. »**

(Décr. n° 2015-796 du 1er juill. 2015, art. 1er) **« II. – Le centre fournit, avant le 31 mars de chaque année, au directeur général de l'agence régionale de santé et à l'***(Décr. n° 2016-523 du 27 avr. 2016, art. 4)* **« Agence nationale de santé publique » un rapport d'activité et de performance portant sur l'année précédente et conforme à un modèle fixé par arrêté du ministre chargé de la santé. Le cas échéant, l'agence régionale de santé transmet ce rapport à l'organisme auquel elle a confié les missions de suivi et d'analyse mentionnées à l'article D. 3121-24.**

« III. – Lorsqu'il a été constaté de manière contradictoire que les modalités de fonctionnement du centre ne permettent plus de répondre aux conditions fixées à l'article D. 3121-22, le directeur général de l'agence régionale de santé met en demeure son responsable de s'y conformer dans le délai qu'il fixe. Si cette mise en demeure n'est pas suivie d'effet dans le délai imparti, l'habilitation peut être retirée. Le défaut de production du rapport mentionné au II peut également entraîner le retrait d'habilitation par le directeur général de l'agence régionale de santé.

« En cas d'urgence tenant à la sécurité des usagers, l'habilitation peut être suspendue sans délai. »

Art. D. 3121-26 *(Décr. n° 2015-796 du 1er juill. 2015, art. 1er-1°, en vigueur le 1er janv. 2016)* **Le directeur général de l'agence régionale de santé transmet annuellement au ministre chargé de la santé et au préfet de département la liste actualisée des centres gratuits d'information, de dépistage et de diagnostic habilités en application de la présente section.**

SECTION IV DÉLIVRANCE DES SERINGUES ET AIGUILLES DESTINÉES AUX INJECTIONS PARENTÉRALES

Art. D. 3121-27 **Les seringues et les aiguilles destinées aux injections parentérales sont délivrées dans les officines de pharmacie, les pharmacies à usage intérieur des établissements de santé et les établissements qui se consacrent exclusivement au commerce du matériel médico-chirurgical et dentaire ou qui disposent d'un département spécialisé à cet effet. Elles peuvent être délivrées à titre gratuit par toute association à but non lucratif menant une action de prévention du sida ou de réduction des risques chez les usagers de drogues répondant aux conditions définies par arrêté du ministre chargé de la santé.**

Art. D. 3121-28 **Les objets mentionnés à l'article D. 3121-27 ne peuvent être délivrés sans ordonnance d'un médecin, d'un chirurgien-dentiste ou d'une sage-femme qu'à des personnes majeures.**

SECTION V AIDE DE L'ÉTAT À LA MISE SUR LE MARCHÉ DES MATÉRIELS DESTINÉS À LA PRÉVENTION DE LA CONTAMINATION PAR LES VIRUS DU SIDA ET DES HÉPATITES

Art. D. 3121-29 **L'État peut accorder, en contrepartie d'une réduction du prix de vente de matériels destinés à la prévention des virus du sida et des hépatites, une aide destinée à développer la mise sur le marché desdits matériels.**

Art. D. 3121-30 **L'aide de l'État est versée aux responsables de la première mise sur le marché des matériels définis dans les cahiers des charges établis par le ministre chargé de la santé et sous les conditions qui y sont prévues.**

Art. D. 3121-31 **L'aide de l'État est calculée en fonction de la quantité de matériel vendue sur la base d'un montant unitaire, variable selon les matériels, fixé par arrêté**

des ministres chargés du budget et de la santé. Cette aide est versée sur présentation, par le responsable de la première mise sur le marché, d'un mémoire trimestriel et d'un récapitulatif des ventes.

Art. D. 3121-32 L'aide mentionnée à l'article D. 3121-29 n'est pas cumulable avec toute autre forme d'aide accordée par l'État aux responsables de la première mise sur le marché.

SECTION VI POLITIQUE DE RÉDUCTION DES RISQUES POUR USAGERS DE DROGUE

(Décr. nº 2005-347 du 14 avr. 2005)

Art. D. 3121-33 Le référentiel national de réduction des risques en direction des usagers de drogue mentionné à l'article L. 3121-5 est reproduit à l'annexe 31-2 du présent code.

Sur le référentiel national de réductions des risques pour usagers de drogue, V. annexe 31-2.

Art. R. 3121-33-1 *(Décr. nº 2005-1606 du 19 déc. 2005)* Les centres d'accueil et d'accompagnement à la réduction des risques pour usagers de drogues assurent :

1° L'accueil collectif et individuel, l'information et le conseil personnalisé pour usagers de drogues ;

2° Le soutien aux usagers dans l'accès aux soins qui comprend :

a) L'aide à l'hygiène et l'accès aux soins de première nécessité, proposés de préférence sur place ;

b) L'orientation vers le système de soins spécialisés ou de droit commun ;

c) L'incitation au dépistage des infections transmissibles ;

3° Le soutien aux usagers dans l'accès aux droits, l'accès au logement et à l'insertion ou la réinsertion professionnelle ;

4° La mise à disposition de matériel de prévention des infections ;

5° L'intervention de proximité à l'extérieur du centre, en vue d'établir un contact avec les usagers.

Ils développent des actions de médiation sociale en vue de s'assurer une bonne intégration dans le quartier et de prévenir les nuisances liées à l'usage de drogues.

Art. R. 3121-33-2 *(Décr. nº 2005-1606 du 19 déc. 2005)* Les centres participent au dispositif de veille en matière de drogues et de toxicomanie, à la recherche, à la prévention et à la formation sur l'évolution des pratiques des usagers.

Art. R. 3121-33-3 *(Décr. nº 2005-1606 du 19 déc. 2005)* Les centres peuvent être gérés par des établissements de santé dès lors que ceux-ci gèrent également un *(Décr. nº 2008-87 du 24 janv. 2008, art. 1er)* « centre de soins, d'accompagnement et de prévention en addictologie ».

Art. D. 3121-33-4 *(Décr. nº 2017-1003 du 10 mai 2017, art. 1er)* La détention, le contrôle, la gestion et la délivrance des médicaments correspondant strictement à la mission de réduction des risques et des dommages en direction des usagers de drogue, dont la liste est fixée par arrêté du ministre chargé de la santé, sont assurés par les personnels salariés exerçant dans le centre d'accueil et d'accompagnement à la réduction des risques pour usagers de drogues. Les personnels bénévoles du centre peuvent assurer la délivrance de ces médicaments.

Une formation préalable, dispensée par un organisme agréé, portant sur les indications, les contre-indications, la posologie et le mode d'administration, les mises en garde et les précautions d'emploi, ainsi que sur les effets indésirables des médicaments *est exigée des* personnels, salariés ou bénévoles, afin qu'ils assurent une information, un conseil et, le cas échéant, une formation personnalisés aux usagers de drogues sur les médicaments qui leur sont délivrés.

Art. D. 3121-33-5 *(Décr. nº 2017-1003 du 10 mai 2017, art. 1er)* Les centres d'accueil et d'accompagnement à la réduction des risques pour usagers de drogues concluent avec un centre de soins, d'accompagnement et de prévention en addictologie ou avec un pharmacien titulaire d'officine, une convention relative à l'approvisionnement des médicaments figurant sur la liste mentionnée à l'article D. 3121-33-4.

Cette convention précise notamment les conditions dans lesquelles le pharmacien ou le médecin en charge de la détention, de la gestion et de la dispensation des médicaments dans le centre de soins, d'accompagnement et de prévention en addictologie ou le pharmacien d'officine avec qui la convention est passée, apporte son concours à la bonne gestion, notamment en ce qui concerne le retrait ou le rappel de lots, la traçabilité des lots de médicaments livrés et la surveillance des dates de péremption, au bon usage des médicaments destinés aux usagers de drogues, ainsi qu'au signalement au centre régional de pharmacovigilance des éventuels effets indésirables suspectés d'être dus à un médicament.

La convention est adressée par le centre d'accueil et d'accompagnement à la réduction des risques pour usagers de drogues au directeur général de l'agence régionale de santé.

Art. D. 3121-33-6 *(Décr. nº 2017-1003 du 10 mai 2017, art. 1er)* Les médicaments sont détenus dans un lieu auquel ont seuls accès les personnels du centre d'accueil et d'accompagnement à la réduction des risques pour usagers de drogues. Ils sont conservés, dans les conditions prévues par l'autorisation de mise sur le marché, sous la responsabilité du directeur du centre.

Un état annuel des entrées et sorties des médicaments est adressé au pharmacien de l'agence régionale de santé désigné par le directeur général de l'agence parmi les agents mentionnés aux articles L. 1421-1 et L. 1435-7.

SECTION VII COORDINATION DE LA LUTTE CONTRE LES INFECTIONS SEXUELLEMENT TRANSMISSIBLES ET LE VIRUS DE L'IMMUNODÉFICIENCE HUMAINE *(Décr. nº 2017-682 du 28 avr. 2017, art. 1er-I).*

(Décr. nº 2005-1421 du 15 nov. 2005)

Art. D. 3121-34 Un *(Décr. nº 2017-682 du 28 avr. 2017, art. 1er-II)* « comité de coordination de la lutte contre les infections sexuellement transmissibles et le virus de l'immunodéficience humaine » est créé dans chaque zone géographique, infrarégionale, régionale *(Abrogé par Décr. nº 2017-682 du 28 avr. 2017, art. 1er-II) « ou interrégionale »*, définie par un arrêté *(Décr. nº 2017-682 du 28 avr. 2017, art. 1er-II)* « du directeur général de l'agence régionale de santé ».

Le même arrêté désigne les établissements publics de santé dans lesquels ces comités sont installés.

Art. D. 3121-35 Le comité de coordination est chargé de :

– *(Décr. nº 2017-682 du 28 avr. 2017, art. 1er-III)* « coordonner dans son champ, et selon une approche de santé sexuelle mentionnée à l'article L. 3121-2 du présent code, les acteurs œuvrant dans les domaines » du soin, de l'expertise clinique et thérapeutique, du dépistage, de la prévention et de l'éducation pour la santé, de la recherche clinique et épidémiologique, de la formation, de l'action sociale et médico-sociale, ainsi que des associations de malades ou d'usagers du système de santé ;

– participer à l'amélioration de la qualité et de la sécurité de la prise en charge des patients *(Décr. nº 2017-682 du 28 avr. 2017, art. 1er-III)* « dans les domaines du soin, de la prévention et des dépistages, ainsi qu'à l'évaluation de cette prise en charge et à l'harmonisation des pratiques, notamment pour la prise en compte des besoins spécifiques des personnes vivant avec le virus de l'immunodéficience humaine ou exposées à un risque d'infection par ce virus ;

« – recueillir et analyser l'ensemble des données épidémiologiques mentionnées à l'article D. 3121-36, ainsi que toutes les données régionales utiles à l'évaluation de la politique nationale en matière de lutte contre les infections sexuellement transmissibles et le virus de l'immunodéficience humaine ;

« – concourir par son expertise à l'élaboration, la mise en œuvre et l'évaluation des politiques nationales et régionales de la lutte contre les infections sexuellement trans-

missibles et le virus de l'immunodéficience humaine et dans le domaine de la santé sexuelle, ainsi que, sur demande du directeur général de l'agence régionale de santé, au projet régional de santé prévu à l'article L. 1434-1 du présent code ;

« – établir et mettre en œuvre un rapport annuel d'activité. »

Art. D. 3121-36 *(Décr. n° 2017-682 du 28 avr. 2017, art. 1er-IV)* **I. – Dans le cadre de la mission prévue au quatrième alinéa de l'article D. 3121-35, le comité recueille les données médico-épidémiologiques, rendues anonymes, auprès des établissements de santé du territoire afin de procéder à leur analyse.**

II. – Le comité peut également recueillir de telles données auprès des professionnels et laboratoires de ville volontaires, en coordination avec les cellules d'intervention en région mentionnées à l'article L. 1413-4 du présent code.

Art. D. 3121-37 *(Décr. n° 2017-682 du 28 avr. 2017, art. 1er-V-1°)* **« I. – » Dans la limite de** *(Décr. n° 2017-682 du 28 avr. 2017, art. 1er-V-2°)* **« cinquante membres titulaires », le comité de coordination comprend :**

1° Des représentants des établissements de santé, sociaux ou médico-sociaux *(Décr. n° 2017-682 du 28 avr. 2017, art. 1er-V-3°)* **« pouvant être choisi** *[choisis]* **parmi les professionnels de santé y exerçant » ;**

2° Des représentants des professionnels de santé et de l'action sociale *(Décr. n° 2017-682 du 28 avr. 2017, art. 1er-V-4°)* **«** *[,]* **de la prévention et de la promotion de la santé » ;**

3° Des représentants des malades et des usagers du système de santé ;

4° Des personnalités qualifiées.

(Décr. n° 2017-682 du 28 avr. 2017, art. 1er-V-5°) **« II. – Le comité élit en son sein un bureau composé de deux représentants de chacune des quatre catégories de représentants mentionnées au I, issus du milieu hospitalier et du milieu extrahospitalier, et du président et du vice-président du comité.**

« III. – Le bureau est chargé de :

« 1° Proposer l'ordre du jour des séances ;

« 2° Assurer la coordination entre les différentes instances composant le comité ;

« 3° Coordonner les représentations extérieures ;

« 4° Veiller au respect du règlement intérieur.

« IV. – Chaque comité établit son règlement intérieur qui précise notamment :

« 1° Les modalités d'élection du bureau, du président et du vice-président ;

« 2° Les missions du président et du vice-président ;

« 3° Les modalités de délibération des membres du bureau et des membres du comité ;

« 4° Les modalités d'organisation et de fonctionnement du comité. »

Un arrêté du ministre chargé de la santé détermine les modalités de composition des comités et les conditions dans lesquelles les membres des différentes catégories précitées sont nommés par le *(Décr. n° 2012-1331 du 29 nov. 2012, art. 1er)* **« directeur général de l'agence régionale de santé dans le ressort de laquelle » l'établissement de santé d'accueil est situé.**

(Décr. n° 2017-682 du 28 avr. 2017, art. 1er-V-6°) **« A chaque membre titulaire du comité est** *[sont]* **associé** *[associés]* **un ou deux suppléants nommés dans les mêmes conditions. »**

SECTION VIII *[ABROGÉE]* ÉTABLISSEMENTS OU ORGANISMES HABILITÉS DANS LE DOMAINE DE LA LUTTE CONTRE LES INFECTIONS SEXUELLEMENT *TRANSMISSIBLES*

(Abrogée par Décr. n° 2015-796 du 1er juill. 2015, art. 1er) (Décr. n° 2005-1608 du 19 déc. 2005)

Art. D. 3121-38 à D. 3121-42 *Abrogés par Décr. n° 2015-796 du 1er juill. 2015, art. 1er.*

SECTION IX DÉLIVRANCE DES MÉDICAMENTS NÉCESSAIRES POUR LA PRÉVENTION, LE TRAITEMENT DES INFECTIONS SEXUELLEMENT TRANSMISSIBLES ET LA CONTRACEPTION D'URGENCE *(Décr. n° 2015-1621 du 9 déc. 2015, art. 2).*

(Décr. n° 2005-1765 du 30 déc. 2005)

Art. R. 3121-43 *(Décr. n° 2015-1621 du 9 déc. 2015, art. 2-2°, en vigueur le 1er janv. 2016)* « Dans les centres gratuits d'information, de dépistage et de diagnostic mentionnés à l'article L. 3121-2, la dispensation des médicaments nécessaires pour la prévention, le traitement des infections sexuellement transmissibles, la contraception d'urgence ainsi que pour le traitement des éventuelles réactions indésirables graves » prévue au même article est effectuée par un pharmacien inscrit au tableau de la section E ou de la section H de l'Ordre national des pharmaciens.

Si l'établissement habilité est un établissement de santé, cette dispensation est assurée par la pharmacie à usage intérieur, ou à défaut, selon la procédure prévue à l'article L. 5126-6.

Art. R. 3121-44 *(Décr. n° 2015-1621 du 9 déc. 2015, art. 2-3°, en vigueur le 1er janv. 2016)* « Dans les centres gratuits d'information, de dépistage et de diagnostic mentionnés à l'article L. 3121-2 qui ne sont pas des établissements de santé », à titre dérogatoire, le *(Décr. n° 2010-344 du 31 mars 2010, art. 96)* « directeur général de l'agence régionale de santé » peut autoriser un médecin de l'organisme, nommément désigné, à assurer l'approvisionnement, la détention, le contrôle et la gestion des médicaments et à les dispenser directement aux malades. Cette dérogation ne peut être accordée que pour un remplacement n'excédant pas trois mois ou lorsque l'activité ne justifie pas la présence d'un pharmacien à temps plein.

Pour l'application du présent article, le silence gardé par le *(Décr. n° 2010-344 du 31 mars 2010, art. 96)* « directeur général de l'agence régionale de santé » vaut autorisation à l'expiration d'un délai de deux mois à compter de la date de réception de la demande.

Les médicaments sont détenus dans un lieu où n'ont pas librement accès les personnes étrangères à l'organisme et conservés dans les conditions prévues par l'autorisation de mise sur le marché, sous la responsabilité du médecin autorisé par le *(Décr. n° 2010-344 du 31 mars 2010, art. 96)* « directeur général de l'agence régionale de santé ».

CHAPITRE II INDEMNISATION DES VICTIMES CONTAMINÉES *(Décr. n° 2005-1768 du 30 déc. 2005).*

SECTION PREMIÈRE INDEMNISATION

(Décr. n° 2010-251 du 11 mars 2010, art. 4)

Art. R. 3122-1 La demande d'indemnisation présentée au titre des préjudices définis à l'article L. 3122-1 comporte, outre la justification des préjudices, les éléments justificatifs mentionnés au premier alinéa de l'article L. 3122-2.

Cette demande est adressée à l'Office national d'indemnisation des accidents médicaux, des affections iatrogènes et des infections nosocomiales mentionné à l'article L. 1142-22, par lettre recommandée avec demande d'avis de réception.

L'office accuse réception de la demande.

Le cas échéant, il demande les pièces manquantes.

Il informe le demandeur sans délai, par lettre recommandée avec demande d'avis de réception, du caractère complet de sa demande au regard des justificatifs visés au premier alinéa de l'article L. 3122-2.

Art. R. 3122-2 Toute personne physique ou morale détenant des informations de nature à éclairer l'office sur les demandes d'indemnisation dont il est saisi est tenue, à la demande de l'office, de lui transmettre ces informations en application du quatrième alinéa de l'article L. 3122-2. Les informations médicales couvertes par le secret médical ne peuvent être transmises que par un médecin.

L'office communique ces informations au demandeur. Les informations de caractère médical lui sont transmises par ce médecin.

Art. R. 3122-3 Afin d'apprécier l'importance des dommages et de déterminer leur imputabilité, le directeur de l'office diligente, s'il y a lieu, une expertise.

Le médecin chargé de procéder à l'expertise est choisi, en fonction de sa compétence dans le ou les domaines concernés, sur la liste nationale des experts en accidents médicaux mentionnée à l'article L. 1142-10 ou une des listes instituées par l'article 2 de la loi n° 71-498 du 29 juin 1971 relative aux experts judiciaires ou, à titre exceptionnel, en dehors de ces listes.

L'office informe alors le demandeur, quinze jours au moins avant la date de l'examen, de l'identité et des titres du ou des médecins chargés d'y procéder et de la mission d'expertise qui lui *[leur]* est confiée.

L'office fait également savoir au demandeur qu'il peut se faire assister d'une personne de son choix.

L'expert adresse son projet de rapport au demandeur qui dispose alors d'un délai de quinze jours pour lui faire parvenir ses éventuelles observations.

Dans les trois mois suivant la date de sa désignation, l'expert adresse à l'office son rapport d'expertise comprenant sa réponse aux éventuelles observations du demandeur.

L'office adresse ce rapport sans délai au demandeur qui dispose d'un délai de quinze jours pour lui faire parvenir ses éventuelles observations.

Possibilité pour l'ONIAM de diligenter une expertise effectuée par un expert qu'il nomme et rémunère. Les dispositions des art. R. 3122-3 et suivants, issues du Décr. du 11 mars 2010, relatives à l'expertise ne méconnaissent pas le principe d'impartialité, pas plus qu'elles ne violent celui d'égalité des armes. • CE 1er juin 2011, *Assoc. nat. des avocats de victimes de dommages corporels*, n° 339453 : *AJDA 2011. 1110*.

Art. R. 3122-4 L'office national prend en charge le coût des expertises, sous réserve du remboursement exigible à l'occasion des actions subrogatoires visées à l'article L. 3122-4.

Art. R. 3122-5 L'office se prononce sur la demande d'indemnisation, par lettre recommandée avec demande d'avis de réception.

Les décisions rejetant totalement ou partiellement cette demande sont motivées.

En cas d'acceptation, le directeur de l'office présente au demandeur l'offre d'indemnisation arrêtée dans les conditions fixées à l'article L. 3122-5.

Art. R. 3122-6 La durée du délai défini au premier alinéa de l'article L. 3122-5 est fixée à six mois.

Ce délai est également applicable en cas d'aggravation d'un préjudice déjà couvert au titre du premier alinéa de l'article L. 3122-1.

Art. R. 3122-7 Le demandeur fait connaître à l'office par lettre recommandée avec demande d'avis de réception s'il accepte ou non l'offre d'indemnisation qui lui est faite.

Lorsque le demandeur accepte l'offre, l'office dispose d'un délai d'un mois pour verser la somme correspondante.

SECTION II ACTIONS EN JUSTICE

SOUS-SECTION 1 ACTIONS CONTRE L'OFFICE *(Décr. n° 2005-1768 du 30 déc. 2005).*

Art. R. 3122-8 Le délai pour agir en justice devant la cour d'appel de Paris contre *(Décr. n° 2005-1768 du 30 déc. 2005)* « l'office » est de deux mois. Ce délai court à compter de la notification par lettre recommandée avec demande d'avis de réception de l'offre d'indemnisation ou du rejet de la demande.

A défaut d'offre ou de rejet de la demande, le point de départ du délai est fixé à l'expiration d'un délai de *(Décr. n° 2010-251 du 11 mars 2010, art. 5-2°)* « six » mois qui court à partir du jour où *(Décr. n° 2005-1768 du 30 déc. 2005)* « l'office » reçoit la justification complète des préjudices.

Art. R. 3122-9 La notification de l'offre d'indemnisation ou du rejet de la demande par *(Décr. n° 2005-1768 du 30 déc. 2005)* « l'office » mentionne le délai pour agir et les modalités selon lesquelles l'action peut être exercée devant la cour d'appel de Paris.

Art. R. 3122-10 Par dérogation aux dispositions du titre VI du livre II du *(Décr. n° 2008-484 du 22 mai 2008, art. 22)* « code de procédure civile », les actions intentées devant la cour d'appel de Paris contre *(Décr. n° 2005-1768 du 30 déc. 2005)* « l'office » sont engagées, instruites et jugées conformément aux dispositions des articles *(Décr. n° 2010-251 du 11 mars 2010, art. 5-3°)* « R. 3122-11 à R. 3122-19 ».

Art. R. 3122-11 La demande est formée par déclaration écrite remise en double exemplaire contre récépissé au greffe de la cour d'appel ou adressée à ce même greffe par lettre recommandée avec demande d'avis de réception.

La déclaration indique les nom, prénom, adresse du demandeur et l'objet de la demande.

Lorsque la déclaration ne contient pas l'exposé des motifs invoqués, le demandeur dépose cet exposé au greffe dans le mois qui suit le dépôt de la déclaration, à peine d'irrecevabilité de la demande.

Art. R. 3122-12 La déclaration ou l'exposé des motifs prévu à l'article *(Décr. n° 2010-251 du 11 mars 2010, art. 5-4°)* « R. 3122-11 » mentionne la liste des pièces et documents justificatifs produits. Les pièces et documents sont remis au greffe de la cour d'appel en même temps que la déclaration ou l'exposé des motifs. Le cas échéant, copie de l'offre d'indemnisation ou du rejet de la demande est jointe à la déclaration.

Art. R. 3122-13 Dès l'accomplissement des formalités par le demandeur, le greffe de la cour d'appel adresse *(Décr. n° 2005-1768 du 30 déc. 2005)* « à l'office », par lettre recommandée avec demande d'avis de réception, copie de la déclaration et, le cas échéant, de l'exposé des motifs prévus à l'article *(Décr. n° 2010-251 du 11 mars 2010, art. 5-4°)* « R. 3122-11 ».

Dans le mois de cette notification, *(Décr. n° 2005-1768 du 30 déc. 2005)* « l'office » transmet le dossier au greffe de la cour d'appel.

Art. R. 3122-14 Le premier président de la cour d'appel ou son délégué fixe les délais dans lesquels les parties à l'instance se communiquent leurs observations écrites et en déposent copie au greffe de la cour. Il fixe également la date des débats.

Le greffe notifie ces délais aux parties et les convoque à l'audience prévue pour les débats par lettre recommandée avec demande d'avis de réception.

Art. R. 3122-15 Les parties ont la faculté de se faire *(Décr. n° 2012-634 du 3 mai 2012, art. 19-3°)* « assister ou représenter par un avocat ».

Art. R. 3122-16 Les notifications entre parties sont faites par lettre recommandée avec demande d'avis de réception ou par notification directe entre les avocats.

Art. R. 3122-17 Les débats ont lieu en chambre du conseil.

Art. R. 3122-18 Le greffe notifie l'arrêt de la cour d'appel par lettre recommandée avec demande d'avis de réception aux parties à l'instance et s'il y a lieu aux avocats.

Art. R. 3122-19 Les notifications prévues par lettre recommandée avec demande d'avis de réception *(Décr. n° 2010-251 du 11 mars 2010, art. 5-5°)* « aux articles *R. 3122-8, R. 3122-11, R. 3122-13*, R. 3122-14, R. 3122-16 et R. 3122-18 » peuvent également être faites par tout autre mode de notification écrite, contre récépissé.

SOUS-SECTION 2 ACTIONS CONTRE LES RESPONSABLES DES DOMMAGES

Art. R. 3122-20 *(Décr. n° 2005-1768 du 30 déc. 2005)* « L'office » peut, pour exercer l'action subrogatoire prévue à l'article L. 3122-4, intervenir même pour la première fois en cause d'appel devant toute juridiction de l'ordre administratif ou judiciaire. Il intervient alors à titre principal et peut user de toutes les voies de recours ouvertes par la loi.

Art. R. 3122-21 Les greffes et secrétariats-greffes des juridictions des ordres administratif et judiciaire adressent *(Décr. n° 2005-1768 du 30 déc. 2005)* « à l'office », par lettre recommandée avec demande d'avis de réception, copie des actes de procédure saisissant celles-ci, à titre initial ou additionnel, de toute demande en justice relative à la réparation des préjudices définis au premier alinéa de l'article L. 3122-1.

Art. R. 3122-22 Dans le délai d'un mois à compter de la réception de la lettre mentionnée à l'article *(Décr. n° 2010-251 du 11 mars 2010, art. 5-6°)* « R. 3122-21 », *(Décr. n° 2005-1768 du 30 déc. 2005)* « l'office » indique au président de la juridiction concernée, s'il a été ou non saisi d'une demande d'indemnisation ayant le même objet et dans l'affirmative, l'état d'avancement de la procédure. Il fait en outre savoir s'il entend ou non intervenir à l'instance.

(Décr. n° 2005-1768 du 30 déc. 2005) « Lorsque la victime a accepté l'offre faite par l'office, le directeur adresse au président de la juridiction copie des documents sur lesquels est fondée la transaction. L'office » fait connaître le cas échéant l'état de la procédure engagée devant la cour d'appel de Paris en application des dispositions des articles de la sous-section 1 de la présente section et communique, s'il y a lieu, l'arrêt rendu par la cour.

Les parties sont informées par le greffe ou le secrétariat-greffe des éléments communiqués par *(Décr. n° 2005-1768 du 30 déc. 2005)* « l'office ».

Art. R. 3122-23 Copie des décisions rendues en premier ressort et, le cas échéant, en appel, dans les instances auxquelles *(Décr. n° 2005-1768 du 30 déc. 2005)* « l'office » n'est pas intervenu est adressée à celui-ci par le greffe ou le secrétariat-greffe.

TITRE TROISIÈME MENACES SANITAIRES GRAVES

(Décr. n° 2007-1273 du 27 août 2007, art. 1er-I)

CHAPITRE PREMIER MESURES D'URGENCES *(Décr. n° 2007-1273 du 27 août 2007, art. 1er-II).*

(Décr. n° 2005-1764 du 30 déc. 2005)

SECTION PREMIÈRE INDEMNISATION DES DOMMAGES RÉSULTANT DE LA MISE EN ŒUVRE DE MESURES SANITAIRES MENTIONNÉES AUX ARTICLES L. 3131-1 ET L. 3134-1

(Décr. n° 2011-68 du 18 janv. 2011, art. 2)

Art. R. 3131-1 *(Décr. n° 2011-68 du 18 janv. 2011, art. 2)* I. – Les demandes d'indemnisation par la voie de la procédure amiable prévue à l'article L. 3131-4 au titre des préjudices définis au même article sont adressées à l'Office national d'indemnisation des accidents médicaux, des affections iatrogènes et des infections nosocomiales mentionné à l'article L. 1142-22.

Elles comportent la justification des préjudices et sont accompagnées des éléments établissant que l'acte à l'origine du dommage a été réalisé dans le cadre des mesures prises en application des articles L. 3131-1 ou L. 3134-1. Les victimes ou, en cas de décès, leurs ayants droit font connaître à l'office tous les éléments d'information dont ils disposent.

Les demandes sont adressées à l'office par lettre recommandée avec demande d'avis de réception.

L'office accuse réception de la demande.

Le cas échéant, il demande les pièces manquantes.

Il informe le demandeur sans délai du caractère complet de son dossier, par lettre recommandée avec demande d'avis de réception.

II. – Les personnes qui ont à connaître des documents et informations fournis à l'office sont tenues au secret professionnel, dans les conditions et sous les peines prévues aux *articles 226-13 et 226-14* du code pénal.

Les documents à caractère médical relèvent des dispositions relatives au secret médical.

Art. R. 3131-2 *(Décr. n° 2011-68 du 18 janv. 2011, art. 2)* Les dispositions de la présente section sont également applicables en cas d'aggravation d'un préjudice mentionné au premier alinéa de l'article L. 3131-4.

Art. R. 3131-3 *(Décr. n° 2011-68 du 18 janv. 2011, art. 2)* Le silence de l'office pendant un délai de six mois à compter de la date de réception du dossier complet fait naître une décision implicite de rejet.

Art. R. 3131-3-1 *(Décr. n° 2011-68 du 18 janv. 2011, art. 2)* Si l'acte a été réalisé dans le cadre de mesures prises pour l'application des articles L. 3131-1 ou L. 3134-1, le directeur de l'office diligente, s'il y a lieu, une expertise, afin d'apprécier l'importance des dommages et de déterminer leur imputabilité.

Le médecin chargé de procéder à l'expertise est choisi, en fonction de sa compétence dans les domaines concernés, sur la liste nationale des experts en accidents médicaux mentionnée à l'article L. 1142-10 ou une des listes instituées par l'article 2 de la loi n° 71-498 du 29 juin 1971 relative aux experts judiciaires ou, à titre exceptionnel, en dehors de ces listes.

L'office informe alors le demandeur, quinze jours au moins avant la date de l'examen, de l'identité et des titres du médecin chargé d'y procéder et de la mission d'expertise qui lui est confiée.

L'office fait également savoir au demandeur qu'il peut se faire assister d'une personne de son choix.

L'expert adresse son projet de rapport au demandeur qui dispose alors d'un délai de quinze jours pour lui faire parvenir ses éventuelles observations.

Dans les trois mois suivant la date de sa désignation, l'expert adresse à l'office son rapport d'expertise comprenant sa réponse aux observations du demandeur.

L'office adresse sans délai ce rapport au demandeur qui dispose d'un délai de quinze jours pour lui faire parvenir ses éventuelles observations.

Art. R. 3131-3-2 *(Décr. n° 2011-68 du 18 janv. 2011, art. 2)* L'office prend en charge le coût des expertises, sous réserve du remboursement exigible à l'occasion des actions subrogatoires prévues à l'article L. 3131-4.

Art. R. 3131-3-3 *(Décr. n° 2011-68 du 18 janv. 2011, art. 2)* L'office se prononce :

1° Sur le fait que l'acte en cause a été réalisé dans le cadre des articles L. 3131-1 ou L. 3134-1 ;

2° Sur l'existence d'un lien de causalité entre le dommage subi par la victime et l'acte de prévention, de diagnostic ou de soins réalisée en application de mesures prises dans le cadre des dispositions des articles L. 3131-1 ou L. 3134-1, auquel il est imputé.

Lorsque l'office estime que le dommage est indemnisable au titre de l'article L. 3131-4, sa décision énumère les différents chefs de préjudice et en détermine l'étendue. La décision précise également si, à la date à laquelle elle est rendue, l'état de la victime est consolidé ou non.

Les décisions de l'office rejetant totalement ou partiellement la demande sont motivées.

Art. R. 3131-3-4 *(Décr. n° 2011-68 du 18 janv. 2011, art. 2)* En cas d'acceptation, le directeur de l'office présente au demandeur l'offre d'indemnisation arrêtée dans les conditions fixées à l'article L. 3131-4 dans un délai de six mois à compter du jour où il a reçu un dossier complet.

Le demandeur fait connaître à l'office, par lettre recommandée avec demande d'avis de réception, s'il accepte ou non l'offre d'indemnisation qui lui est faite.

Art. R. 3131-3-5 *(Décr. n° 2011-68 du 18 janv. 2011, art. 2)* Le paiement intervient dans un délai d'un mois à compter de la réception par l'office de l'acceptation de son offre par le demandeur, que cette offre revête un caractère partiel, provisionnel ou définitif.

SECTION II SITUATION SANITAIRE EXCEPTIONNELLE

(Décr. n° 2016-1327 du 6 oct. 2016, art. 1er-4°)

SOUS-SECTION 1 PLAN ZONAL DE MOBILISATION

Art. R. 3131-4 Le préfet de zone de défense exerce la compétence prévue à l'article L. 3131-9 si la nature de la crise sanitaire le justifie et notamment en cas de situation sanitaire exceptionnelle.

Art. R. 3131-5 Le directeur général de l'agence régionale de santé de zone mentionnée à l'article L. 1435-2 prépare le plan zonal de mobilisation en concertation avec les agences régionales de santé de la zone de défense et de sécurité, le préfet de zone de défense et de sécurité et l'Agence nationale de santé publique.

Ce plan comprend :

1° Les modalités de répartition et de mobilisation des moyens du système de santé de la zone de défense et de sécurité, notamment ceux des établissements de santé ;

2° Les modalités de mobilisation des moyens de l'Agence nationale de santé publique, notamment la réserve sanitaire, lorsque la situation sanitaire le justifie ;

3° Un plan de formation et d'entraînement des intervenants du système de santé au sein de la zone de défense et de sécurité aux situations sanitaires exceptionnelles.

Art. R. 3131-6 Le plan zonal de mobilisation est arrêté par le préfet de zone de défense, après avis du comité de défense de zone mentionné à l'article R.* 1311-25 du code de la défense.

Le plan zonal de mobilisation est révisé chaque année selon les modalités prévues à l'article R. 3131-5. Le plan zonal de mobilisation est transmis, pour information, aux directeurs généraux des agences régionales de santé de la zone de défense et de sécurité et aux préfets de département.

Art. R. 3131-7 I. – Un arrêté du ministre chargé de la santé désigne, sur proposition de l'agence régionale de santé de zone, pour chaque zone de défense et de sécurité, un ou plusieurs établissements de santé de référence pour les situations sanitaires exceptionnelles mentionnées à l'article L. 3131-9.

II. – Ces établissements disposent de capacités et d'obligations de prise en charge et de diagnostic définies par l'arrêté mentionné au premier alinéa, notamment d'un service d'aide médicale urgente.

Lorsque, au sein d'une même zone de défense, sont désignés plusieurs établissements de santé de référence, le directeur général de l'agence régionale de santé de zone désigne celui qui est le siège du service d'aide médicale urgente de zone.

Art. R. 3131-8 Dans la zone de défense, les établissements de santé de référence sont chargés :

1° D'apporter une assistance technique à l'agence régionale de santé de zone ;

2° D'apporter une expertise technique aux établissements de santé sur toute question relative à la préparation et à la gestion des situations sanitaires exceptionnelles ;

3° De conduire des actions de formation du personnel des établissements de santé à la gestion des situations sanitaires exceptionnelles ;

4° De proposer à l'agence régionale de santé de zone une organisation de la prise en charge médicale des patients et des examens biologiques, radiologiques ou toxicologiques par les établissements de santé de la zone de défense et de sécurité ;

5° D'assurer le diagnostic et la prise en charge thérapeutique des patients.

Art. R. 3131-9 L'agence régionale de santé dont dépend l'établissement de référence procède à l'inclusion, dans le contrat pluriannuel d'objectifs et de moyens conclu avec l'établissement de santé de référence en application de l'article L. 6114-1, des objectifs et des moyens liés aux missions définies à l'article R. 3131-8, en liaison avec l'agence régionale de santé de zone.

SOUS-SECTION 2 DISPOSITIF "ORSAN"

Art. R. 3131-10 I. – Le dispositif "ORSAN" mentionné à l'article L. 3131-11 comprend notamment :

1° Un schéma régional organisant, en fonction des risques identifiés, les parcours de soin et les modalités de coordination des différents acteurs du système de santé pour *répondre* aux situations sanitaires exceptionnelles. Ce schéma précise, par parcours de soin, les missions et les objectifs opérationnels confiés aux acteurs du système de santé*[,]* notamment les services d'aide médicale urgente (SAMU), les structures mobiles d'urgence et de réanimation (SMUR), les établissements de santé, les établissements médico-sociaux et les professionnels de santé ;

2° Un programme annuel ou pluriannuel identifiant les actions à mener par les acteurs du système de santé pour maintenir ou développer les capacités nécessaires, en particulier en terme*[s]* de prise en charge des patients ou victimes, de formation des professionnels de santé, d'attribution des moyens opérationnels. Ce programme prévoit notamment la réalisation chaque année d'un ou plusieurs exercices ou entrainements associant les acteurs du système de santé, permettant d'évaluer le caractère opérationnel du dispositif "ORSAN".

II. — Le dispositif "ORSAN" est arrêté par le directeur général de l'agence régionale de santé, après avis des préfets de département, des comités départementaux de l'aide médicale urgente, de la permanence des soins et des transports sanitaires concernés et du directeur général de l'agence régionale de santé de zone.

III. — L'agence régionale de santé inclut dans les contrats pluriannuels d'objectifs et de moyens, mentionnés à l'article L. 6114-1, conclus avec les établissements de santé et les établissements médico-sociaux, les objectifs qui leur sont assignés dans le cadre du dispositif "ORSAN". Les centres et maisons de santé peuvent prévoir leur participation au dispositif "ORSAN" dans le cadre d'une convention conclue avec l'agence régionale de santé.

Art. R. 3131-10-1 *(Décr. n° 2018-175 du 9 mars 2018, art. 1er)* Les catégories de données à caractère personnel relatives à un événement constituant une situation sanitaire exceptionnelle enregistrées dans le système d'information mentionné à l'article L. 3131-9-1 sont les suivantes :

1° Concernant les personnes prises en charge à la suite d'une situation sanitaire exceptionnelle pour une consultation ou une hospitalisation dans un établissement de santé ou par les professionnels des cellules d'urgence médico-psychologiques :

a) Données permettant leur dénombrement ;

b) Données permettant leur identification ;

c) Données relatives à leur prise en charge sanitaire, y compris médico-psychologique ;

d) Données portant sur l'identité et les coordonnées des personnes à contacter en cas de prise en charge ;

2° Concernant les utilisateurs du système d'information, notamment les nom, prénom, sexe, date de naissance, adresse professionnelle, numéro de téléphone, adresse électronique, nom et type de la structure dans laquelle ils exercent leur activité.

Art. R. 3131-10-2 *(Décr. n° 2018-175 du 9 mars 2018, art. 1er)* I. — Les données mentionnées à l'article R. 3131-10-1 sont collectées et enregistrées dans le système d'information mentionné à l'article L. 3131-9-1 par les personnels des établissements de santé prenant en charge les victimes, y compris dans le cadre des services d'aide médicale urgente ou des cellules d'urgence médico-psychologiques ainsi que par les personnels des services de premier secours relevant de l'article L. 721-2 du code de la sécurité intérieure. Ces personnes accèdent aux données dans la stricte mesure où elles sont nécessaires à l'exercice des missions qui leur sont confiées.

II. — Seuls les agents des agences régionales de santé, du ministère chargé de la santé et des ministères de l'intérieur, de la justice et des affaires étrangères nommément désignés et habilités à cet effet par leur directeur sont autorisés à accéder aux données mentionnées à l'article R. 3131-10-1, dans la stricte mesure où elles sont nécessaires à l'exercice des missions qui leur sont confiées.

III. — Les données mentionnées à l'article R. 3131-10-1 sont enregistrées, conservées et transmises dans des conditions permettant d'en garantir la sécurité, la confidentia*lité et l'intégrité.* Elles sont conservées pendant la durée de prise en charge de la personne dans le système de santé. Les droits d'accès et de rectification prévus aux articles 39 et 40 de la loi du 6 janvier 1978 relative à l'informatique, aux fichiers et aux libertés s'exercent auprès de la direction générale de la santé.

SOUS-SECTION 3 PLAN DÉPARTEMENTAL DE MOBILISATION

Art. R. 3131-11 Le plan départemental de mobilisation mentionné à l'article L. 3131-8 précise les modalités d'organisation des dispositifs spécifiques d'urgence que le préfet de département peut mettre en œuvre dans les situations d'urgence. Ce plan identifie notamment :

1° Les ressources publiques ou privées susceptibles d'être mobilisées par le préfet pour mettre en place les dispositifs spécifiques d'urgence, notamment pour la dispensation de soins en dehors des structures de santé ;

2° Les modalités de leur mobilisation, notamment par des conventions préétablies ou par la réquisition ;

3° Les modalités de coordination et d'organisation des dispositifs spécifiques d'urgence ;

4° Les modalités de déclenchement et de levée des dispositifs spécifiques d'urgence.

Art. R. 3131-12 I. – Le plan départemental de mobilisation est préparé par le directeur général de l'agence régionale de santé, avec l'appui du service d'aide médicale urgente (SAMU).

II. – Il est arrêté par le préfet du département et, à Paris et Marseille, par le préfet de police, après avis du comité départemental de l'aide médicale urgente, de la permanence des soins et des transports sanitaires.

Le plan départemental de mobilisation est transmis, pour information, au directeur général de l'agence régionale de santé de la zone de défense et de sécurité et au préfet de zone de défense et de sécurité.

III. – Il est révisé chaque année. A chaque révision, l'agence régionale de santé veille à la cohérence du plan départemental de mobilisation avec le dispositif "ORSAN" et le plan zonal de mobilisation, mentionnés à l'article L. 3131-11.

SOUS-SECTION 4 PLAN BLANC

Art. R. 3131-13 I. – Le plan blanc d'établissement mentionné à l'article L. 3131-7 prend en compte les objectifs du dispositif "ORSAN" et définit notamment :

1° Les modalités de mise en œuvre de ses dispositions et de leur levée ;

2° Les modalités de constitution et de fonctionnement de la cellule de crise ;

3° Des modalités adaptées et graduées d'adaptation des capacités et de mobilisation des moyens humains et matériels de l'établissement ;

4° Les modalités d'accueil et d'orientation des patients ;

5° Les modalités de communication interne et externe ;

6° Un plan de circulation et de stationnement au sein de l'établissement ;

7° Un plan de sécurisation et de confinement de l'établissement ;

8° Un plan d'évacuation de l'établissement ;

9° Des mesures spécifiques pour la gestion des situations sanitaires exceptionnelles, notamment les accidents nucléaires, radiologiques, biologiques et chimiques ;

10° Des modalités de formation et d'entraînement à la mise en œuvre du plan.

II. – Le plan blanc est arrêté par le directeur de l'établissement, après avis :

1° Du directoire pour les établissements publics de santé ou de l'organe de direction pour les établissements de santé privés ;

2° De la commission médicale d'établissement pour les établissements publics de santé ou de son équivalent pour les établissements de santé privés ;

3° Du comité technique d'établissement pour les établissements publics de santé ou de son équivalent pour les établissements de santé privés.

Le directeur informe le conseil de surveillance pour les établissements publics de santé ou son équivalent pour les établissements de santé privés des dispositions du plan blanc.

III. – Le plan blanc est transmis au préfet de département, au directeur général de l'agence régionale de santé et au service d'aide médicale urgente (SAMU) territorialement compétent.

IV. – Le plan blanc est évalué et révisé chaque année. Son évaluation et sa révision font l'objet d'une présentation aux instances compétentes des établissements de santé.

Art. R. 3131-14 *Les dispositions* du plan blanc sont mises en œuvre par le directeur de l'établissement de santé, le cas échéant, à la demande du directeur général de l'agence régionale de santé.

Le directeur général de l'agence régionale de santé informe sans délai le préfet de département, le service d'aide médicale urgente (SAMU) territorialement compétent du déclenchement du plan blanc.

Le préfet informe le service départemental d'incendie et de secours et les représentants des collectivités territoriales concernées.

SECTION III DISPOSITIONS PARTICULIÈRES APPLICABLES À PARIS *(Décr. nº 2016-1327 du 6 oct. 2016, art. 1er-2º).*

(Décr. nº 2010-225 du 4 mars 2010, art. 24)

Art. R. 3131-15 Les attributions dévolues au représentant de l'État dans le département par le présent chapitre sont exercées à Paris par le préfet de police. — *[Anc. art. R. 3131-11 (Décr. nº 2016-1327 du 6 oct. 2016, art. 1er-3º).]*

SECTION IV DISPOSITIONS RELATIVES À CERTAINES COLLECTIVITÉS D'OUTRE-MER

(Décr. nº 2016-1327 du 6 oct. 2016, art. 1er-5º)

V. Dalloz.fr .

CHAPITRE II CONSTITUTION ET ORGANISATION DE LA RÉSERVE SANITAIRE

(Décr. nº 2016-1007 du 21 juill. 2016, art. 1er-1º)

Art. D. 3132-1 I. — Peuvent faire partie de la réserve sanitaire prévue à l'article L. 3132-1 les personnes volontaires appartenant à l'une des catégories suivantes :

1º Professionnels de santé en activité ;

2º Anciens professionnels de santé ayant cessé d'exercer leur profession depuis moins de cinq ans ;

3º Internes en médecine, en odontologie et en pharmacie ;

4º Personnes répondant à des conditions d'activité, d'expérience professionnelle ou de niveau de formation fixées par arrêté du ministre chargé de la santé ;

5º Les étudiants poursuivant des études médicales, odontologiques, pharmaceutiques ou des études de sages-femmes ou d'auxiliaires médicaux ayant atteint les niveaux d'études prévus respectivement aux articles L. 4131-2, L. 4141-4, L. 4151-6, L. 4221-15, L. 4241-11, L. 4311-12-1 et L. 4321-7, sans pouvoir accomplir de missions internationales.

II. — Peuvent faire partie de la réserve sanitaire les professionnels de santé titulaires de diplômes étrangers autorisés à exercer leur activité sur le territoire national selon les modalités fixées par la quatrième partie du présent code.

III. — Ne peuvent faire partie de la réserve sanitaire les personnes mentionnées aux I et II qui font l'objet d'une suspension ou d'une interdiction du droit d'exercer leur profession, prononcée par une autorité administrative, disciplinaire ou juridictionnelle.

Art. D. 3132-2 I. — Un contrat d'engagement est conclu, pour une durée maximale de trois ans, renouvelable, entre le réserviste et le directeur général de l'Agence nationale de santé publique, agissant au nom de l'État.

Il comporte notamment les mentions suivantes :

1º L'attestation par le réserviste sanitaire indiquant qu'il remplit les conditions fixées par l'article D. 3132-1, ainsi que son engagement à informer le directeur général de *l'Agence nationale de santé publique* de toute évolution de sa situation au regard de ces conditions ;

2º La profession ainsi que, le cas échéant, l'appartenance du réserviste à l'une des catégories mentionnées à l'article D. 3133-1 ;

3º Les obligations du réserviste sanitaire, telles qu'elles résultent des articles L. 3133-1 et suivants ;

4º Les conditions et les modalités de renouvellement, de suspension et de résiliation de l'engagement, notamment au regard de l'évaluation du réserviste à l'issue des formations et des missions réalisées.

Le contrat d'engagement mentionne si le réserviste appartient à une autre réserve opérationnelle, s'il est volontaire au sein d'un service départemental d'incendie et de secours ou s'il a contracté un engagement auprès d'un organisme international. Si le réserviste contracte un tel engagement en cours de contrat, il en fait la déclaration au directeur général de l'Agence nationale de santé publique.

II. – Le directeur général de l'Agence nationale de santé publique met à disposition des directeurs généraux des agences régionales de santé la liste des réservistes mobilisables par catégorie de profession et de statut au sein de chaque zone de défense et de sécurité et de chaque région.

Art. D. 3132-3 I. – La conclusion ou le renouvellement du contrat d'engagement est subordonné à la remise par le réserviste au directeur général de l'Agence nationale de santé publique d'un certificat attestant de l'aptitude médicale à exercer l'activité prévue dans la réserve sanitaire. Le certificat précise si l'intéressé remplit les conditions d'immunisation prévues à l'article L. 3111-4.

La reconnaissance de l'aptitude médicale pour une activité dans le service de santé des armées, le service de santé et de secours médical du service départemental d'incendie et de secours ou une activité exercée en tant que salarié d'un établissement de santé vaut reconnaissance, sur production du certificat justificatif, de l'aptitude médicale pour une activité de même nature dans la réserve sanitaire.

Lors de sa mobilisation, si l'état de santé du réserviste ne lui permet pas d'assurer les missions susceptibles de lui être confiées, il en informe sans délai le directeur général de l'Agence nationale de santé publique.

II. – Le directeur général de l'Agence nationale de santé publique peut également prendre toute disposition utile, notamment demander que le réserviste se soumette à un examen médical ou suspendre le contrat d'engagement.

III. – Les dépenses afférentes à la vérification de l'aptitude médicale et, le cas échéant, au suivi médical rendu nécessaire par l'activité dans la réserve sont prises en charge par l'Agence nationale de santé publique.

Art. D. 3132-4 I. – La durée des périodes d'emploi accomplies au titre de la réserve sanitaire ne peut excéder quarante-cinq jours cumulés par année civile ; cette durée peut être exceptionnellement portée à quatre-vingt-dix jours.

II. – La durée des périodes de formation ne peut excéder vingt jours cumulés par année civile ; cette durée peut être exceptionnellement portée à quarante jours.

Les prolongations des périodes d'emploi et de formation sont décidées par le directeur général de l'Agence nationale de santé publique.

CHAPITRE III DISPOSITIONS APPLICABLES AUX RÉSERVISTES SANITAIRES

(Décr. n° 2016-1007 du 21 juill. 2016, art. 1er-2°)

Art. D. 3133-1 Les périodes de formation et d'emploi dans la réserve sanitaire des professionnels exerçant leur activité à titre libéral, des personnes retraitées, des étudiants non rémunérés pour l'accomplissement de leurs études et des personnes sans emploi sont indemnisées par l'Agence nationale de santé publique sur la base d'un barème fixé par le conseil d'administration.

Art. D. 3133-2 Les périodes de formation et d'emploi dans la réserve sanitaire ouvrent droit à indemnisation de l'employeur, sur la base du barème mentionné à l'article D. 3133-1.

Une convention est signée entre le réserviste, chacun de ses employeurs et le directeur général de l'Agence nationale de santé publique agissant au nom de l'État. Cette convention précise les modalités d'indemnisation de l'employeur.

*A l'issue de chaque pério*de d'emploi ou de formation, l'Agence nationale de santé publique fournit au réserviste une attestation de service fait permettant au réserviste de justifier son absence auprès de son employeur.

A l'appui de cette attestation, l'employeur peut solliciter une indemnisation auprès de l'Agence nationale de santé publique.

CHAPITRE IV RÈGLES D'EMPLOI DE LA RÉSERVE

(Décr. n° 2007-1273 du 27 août 2007, art. 2)

SECTION PREMIÈRE MODALITÉS D'AFFECTATION DES RÉSERVISTES

(Décr. n° 2016-1007 du 21 juill. 2016, art. 1er-3°-a)

Art. D. 3134-1 Lorsque le ministre de la santé fait appel à la réserve sanitaire en application du I de l'article L. 3134-1, le directeur général de l'Agence nationale de santé publique peut conclure avec chaque organisme bénéficiant de la mise à disposition de réservistes une convention déterminant le montant de la contribution de l'organisme à l'indemnisation des réservistes ou de leurs employeurs et les conditions de la mobilisation des réservistes.

Art. D. 3134-2 I. — En cas de situation sanitaire exceptionnelle et en application du II de l'article L. 3134-1, le directeur général de l'agence régionale de santé ou le directeur général de l'agence régionale de santé de zone adresse au directeur général de l'Agence nationale de santé publique une demande motivée d'appel à la réserve, justifiant l'insuffisance des moyens habituellement disponibles, et précisant l'objectif ainsi que la durée de la mission demandée. Le directeur général de l'Agence nationale de santé publique vérifie la conformité de la demande au cadre d'emploi de la réserve sanitaire, établit une estimation du coût de la mission demandée et vérifie la disponibilité des réservistes susceptibles d'être mobilisés.

Si les conditions de mobilisation de la réserve sanitaire sont réunies, le directeur général de l'agence régionale de santé ou le directeur général de l'agence régionale de santé de zone fait appel à la réserve sanitaire par décision motivée et le directeur général de l'Agence nationale de santé publique sélectionne les réservistes volontaires pour la mission, à l'exclusion des professionnels de santé en activité, procède aux affectations individuelles, et en informe le directeur général de l'agence régionale de santé ou le directeur général de l'agence régionale de santé de zone.

II. — L'agence régionale de santé ou l'agence régionale de santé de zone qui a bénéficié de la mobilisation de la réserve sanitaire rembourse l'Agence nationale de santé publique.

SECTION II MISE À DISPOSITION DES PROFESSIONNELS DE SANTÉ

(Décr. n° 2013-15 du 7 janv. 2013, art. 3-2°)

Art. D. 3134-4 En application de l'article L. 3134-2-1, la convention de mise à disposition conclue entre l'*(Décr. n° 2016-523 du 27 avr. 2016, art. 4-I-12°, en vigueur le 1er mai 2016)* « Agence nationale de santé publique » et l'établissement public de santé précise la nature, la durée et le lieu des interventions des professionnels de santé mis à disposition.

Les professionnels de santé sont mis à disposition des personnes morales mentionnées au I de l'article 49 de la loi n° 86-33 du 9 janvier 1986 portant dispositions statutaires relatives à la fonction publique hospitalière.

La convention de mise à disposition est transmise avant sa signature au professionnel de santé intéressé dans des conditions lui permettant d'exprimer, par écrit, son accord sur la nature des activités qui lui sont confiées et les conditions d'exercice.

La mise à disposition peut être prononcée pour des périodes discontinues. — *[Anc. art. R. 3134-3-1, Décr. n° 2016-1007 du 21 juill. 2016, art. 1er-3°-b.]*

Art. D. 3134-5 Une convention conclue entre le professionnel de santé mis à disposition et l'organisme d'accueil définit la nature des activités exercées et la durée de la mise à disposition.

L'organisme d'accueil fixe les conditions de travail des professionnels de santé mis à disposition. — *[Anc. art. R. 3134-3-2, Décr. n° 2016-1007 du 21 juill. 2016, art. 1er-3°-b.]*

Art. D. 3134-6 Le professionnel de santé mis à disposition continue de percevoir l'ensemble des éléments de la rémunération afférente à l'emploi qu'il occupait précédemment.

L'*(Décr. n° 2016-523 du 27 avr. 2016, art. 4-I-12°, en vigueur le 1er mai 2016)* « Agence nationale de santé publique » rembourse à l'employeur les rémunérations et les cotisations lui incombant ainsi que, le cas échéant, la rémunération ou le traite-

ment restant à la charge de l'employeur en cas d'accident ou de maladie imputables au service survenus lors de la mise à disposition. – *[Anc. art. R. 3134-3-3, Décr. n° 2016-1007 du 21 juill. 2016, art. 1er-3°-b.]*

CHAPITRE V *[ABROGÉ]* GESTION DES MOYENS DE LUTTE CONTRE LES MENACES SANITAIRES GRAVES

(Décr. n° 2007-1273 du 27 août 2007, art. 2) (Abrogé par Décr. n° 2016-523 du 27 avr. 2016, art. 4)

SECTION PREMIÈRE *[ABROGÉE]* DISPOSITIONS GÉNÉRALES

Art. R. 3135-1 *Abrogé par Décr. n° 2016-523 du 27 avr. 2016, art. 4.*

SECTION II *[ABROGÉE]* ORGANISATION ADMINISTRATIVE ET FONCTIONNEMENT

SOUS-SECTION 1 *[ABROGÉE]* CONSEIL D'ADMINISTRATION

§ 1er *[ABROGÉ]* COMPOSITION

Art. R. 3135-2 à R. 3135-4 *Abrogés par Décr. n° 2016-523 du 27 avr. 2016, art. 4.*

§ 2 *[ABROGÉ]* FONCTIONNEMENT

Art. R. 3135-5 et R. 3135-6 *Abrogés par Décr. n° 2016-523 du 27 avr. 2016, art. 4.*

§ 3 *[ABROGÉ]* ATTRIBUTIONS

Art. R. 3135-7 et R. 3135-8 *Abrogés par Décr. n° 2016-523 du 27 avr. 2016, art. 4.*

SOUS-SECTION 2 *[ABROGÉE]* DIRECTEUR GÉNÉRAL

Art. R. 3135-9 *Abrogé par Décr. n° 2016-523 du 27 avr. 2016, art. 4.*

SOUS-SECTION 3 *[ABROGÉE]* COMMISSIONS SPÉCIALISÉES

(Décr. n° 2013-15 du 7 janv. 2013, art. 4-5°)

Art. R. 3135-9-1 à D. 3135-9-6 *Abrogés par Décr. n° 2016-523 du 27 avr. 2016, art. 4.*

SOUS-SECTION 4 *[ABROGÉE]* DISPOSITIONS FINANCIÈRES ET COMPTABLES

Art. R. 3135-10 à R. 3135-13 *Abrogés par Décr. n° 2016-523 du 27 avr. 2016, art. 4.*

LIVRE DEUXIÈME LUTTE CONTRE LES MALADIES MENTALES

TITRE PREMIER MODALITÉS DE SOINS PSYCHIATRIQUES *(Décr. n° 2011-847 du 18 juill. 2011, art. 1er).*

Légalité du décret n° 2011-847 du 18 juill. 2011. Le Décr. n° 2011-847 du 18 juill. 2011, relatif aux droits et à la protection des personnes faisant l'objet de soins psychiatriques et aux modalités de leur prise en charge, est légal. • CE 20 déc. 2013, *CERPA*, n° 352668 : *Lebon T.* • 30 juin 2014, *CERPA*, n° 352668.

CHAPITRE PREMIER **DROITS DES PERSONNES FAISANT L'OBJET DE SOINS PSYCHIATRIQUES** *(Décr. nº 2011-847 du 18 juill. 2011, art. 2).*

SECTION PREMIÈRE **PROGRAMME DE SOINS PSYCHIATRIQUES**

(Décr. nº 2011-847 du 18 juill. 2011, art. 2)

Art. R. 3211-1 I. — Le programme de soins prévu à l'article L. **3211-2-1** est établi et modifié par un psychiatre qui participe à la prise en charge de la personne faisant l'objet de soins psychiatriques en application des chapitres II et III du présent titre ou de l'article **706-135** du code de procédure pénale.

Ce document mentionne l'identité du psychiatre qui l'établit, celle du patient et le lieu de résidence habituel de ce dernier.

(Décr. nº 2016-94 du 1er févr. 2016, art. 1er-I-1º) « II. — Le programme de soins indique si la prise en charge du patient inclut une ou plusieurs des modalités mentionnées au 2º de l'article L. **3211-2-1** ainsi que l'existence d'un traitement médicamenteux prescrit dans le cadre des soins psychiatriques.

« Il précise, s'il y a lieu, les modalités du séjour en établissement de santé ou la fréquence des consultations ou des visites en ambulatoire ou à domicile et, si elle est prévisible, la durée pendant laquelle ces soins sont dispensés. Il mentionne l'ensemble des lieux où se déroulent ces prises en charge. »

Le programme ne comporte pas d'indications sur la nature et les manifestations des troubles mentaux dont souffre le patient, ni aucune observation clinique, ni la mention ou les résultats d'examens complémentaires.

Lorsque le programme inclut l'existence d'un traitement médicamenteux, il ne mentionne ni la nature ni le détail de ce traitement, notamment la spécialité, le dosage, la forme galénique, la posologie, la modalité d'administration et la durée.

III. — L'élaboration du programme et ses modifications sont précédées par un entretien au cours duquel le psychiatre recueille l'avis du patient, afin de lui permettre de faire valoir ses observations. Au cours de cet entretien, le psychiatre lui délivre l'information prévue *(Décr. nº 2016-94 du 1er févr. 2016, art. 1er-I-2º-b)* « au II de l'article L. **3211-2-1** » et lui indique en particulier que le programme de soins peut être modifié à tout moment pour tenir compte de l'évolution de son état de santé et qu'il peut proposer son hospitalisation complète notamment en cas d'une inobservance de ce programme susceptible d'entraîner une dégradation de son état de santé. La mention de cet entretien est portée sur le programme de soins et au dossier médical du patient.

La modification du programme par un psychiatre qui participe à la prise en charge du patient peut intervenir à tout moment pour l'adapter à l'état de santé de ce dernier.

Le psychiatre transmet au directeur de l'établissement le programme de soins et les programmes modificatifs lorsqu'ils ont pour effet de changer substantiellement la modalité de prise en charge du patient.

IV. — Lorsque la décision de soins psychiatriques a été prise en application du chapitre III du présent titre ou de l'article **706-135** du code de procédure pénale, le directeur de l'établissement de santé transmet sans délai au préfet du département ou, à Paris, au préfet de police, une copie du programme de soins prévu à l'article L. **3211-2-1** et *(Décr. nº 2016-94 du 1er févr. 2016, art. 1er-I-3º-a)* « du certificat médical » *prévu au troisième alinéa de l'article* L. **3211-2-2**. Il lui transmet les programmes suivants accompagnant les certificats médicaux mentionnés *(Décr. nº 2016-94 du 1er févr. 2016, art. 1er-I-3º-a)* « à » l'article L. **3211-11** et au I de l'article L. **3213-3**.

Le représentant de l'État *(Décr. nº 2016-94 du 1er févr. 2016, art. 1er-I-3º-b)* « ou[,] à Paris, le préfet de police » est informé de la modification du programme de soins lorsque celle-ci a pour effet de changer substantiellement la modalité de prise en charge du patient, afin de lui permettre, le cas échéant, de prendre un nouvel arrêté. *(Décr. nº 2016-94 du 1er févr. 2016, art. 1er-I-3º-c)* « A cet effet, le directeur de l'établissement lui adresse le certificat médical proposant la modification substantielle du programme de soins ainsi que l'avis du collège mentionné à l'article L. **3211-9**. »

V. — Les décisions des directeurs d'établissement et les arrêtés préfectoraux décidant ou modifiant la forme de la prise en charge, ainsi que les programmes de soins les accompagnant, sont remis au patient par un membre de l'équipe soignante de l'établissement de santé d'accueil ou de la structure assurant la prise en charge du patient.

SECTION II COLLÈGE

(Décr. n° 2011-847 du 18 juill. 2011, art. 2)

Art. R. 3211-2 Le collège prévu à l'article L. 3211-9 est composé de trois membres appartenant au personnel de l'établissement d'accueil du patient.

Chaque formation du collège est fixée par le directeur ou le représentant légal de l'établissement. Font partie du collège pour chaque patient :

1° Le psychiatre responsable à titre principal du patient dont la situation est examinée ou, à défaut, un autre psychiatre participant à sa prise en charge ;

2° Un représentant de l'équipe pluridisciplinaire participant à la prise en charge du patient, nommément désigné par le directeur de l'établissement ;

3° Un psychiatre qui ne participe pas à la prise en charge du patient, désigné nommément par le directeur de l'établissement, après avis du président de la commission médicale d'établissement ou de la conférence médicale pour les médecins.

Le directeur ou le représentant légal de l'établissement inscrit le nom des trois membres dans la convocation.

Art. R. 3211-3 Le collège se réunit sur convocation du directeur de l'établissement d'accueil, qui fixe l'ordre du jour et mentionne, pour chaque patient, la date avant laquelle l'avis doit être rendu. Cette convocation peut être envoyée par tous moyens. Il en est de même des pièces ou documents nécessaires à la préparation de la réunion ou établis à l'issue de celle-ci.

Art. R. 3211-4 En cas d'urgence ou pour des raisons liées à l'organisation du service, les membres du collège peuvent participer aux débats au moyen de techniques de communication téléphonique ou audiovisuelle, dans des conditions garantissant la confidentialité des informations échangées et le respect des exigences prévues au premier alinéa de l'article R. 3213-3.

Art. R. 3211-5 L'avis du collège mentionne le nom et la qualité des membres présents, les dossiers traités au cours de la séance et l'avis pris pour chacun des dossiers. Cet avis, validé par le secrétaire désigné au début de chaque séance, est transmis sans délai au directeur de l'établissement qui, selon les cas, le transmet sans délai au préfet du département ou, à Paris, au préfet de police, ou au juge des libertés et de la détention.

Tout membre du collège peut demander qu'il soit fait mention de son désaccord avec l'avis rendu.

Art. R. 3211-6 Le délai maximal dans lequel le collège doit rendre son avis est fixé à cinq jours à compter de la date de convocation du collège.

Pour l'application des dispositions du II de l'article L. 3211-12 et du II de l'article L. 3211-12-1, le délai maximal dans lequel le collège doit rendre son avis est réduit afin de garantir le délai de saisine du juge des libertés et de la détention.

SECTION III PROCÉDURES JUDICIAIRES DE MAINLEVÉE ET DE CONTRÔLE DES MESURES DE SOINS PSYCHIATRIQUES SANS CONSENTEMENT

(Décr. n° 2014-897 du 15 août 2014, art. 1er)

SOUS-SECTION 1 DISPOSITIONS COMMUNES

Art. R. 3211-7 La procédure judiciaire pour connaître des mesures de soins psychia*triques prononcées* en application du titre Ier du livre II de la troisième partie de la partie législative du présent code ou de l'article 706-135 du code de procédure pénale est régie par le code de procédure civile sous réserve des dispositions de la présente section.

Art. R. 3211-8 Devant le juge des libertés et de la détention et le premier président de la cour d'appel, la personne faisant l'objet de soins psychiatriques est assistée ou représentée par un avocat. Elle est représentée par un avocat dans le cas où le magistrat décide, au vu de l'avis médical prévu au deuxième alinéa de l'article L. 3211-12-2, de ne pas l'entendre. Les autres parties ne sont pas tenues d'être représentées par un avocat.

Art. R. 3211-9 Les dispositions des articles 643 et 644 du code de procédure civile ne sont pas applicables.

§ 1er PROCÉDURE DEVANT LE JUGE DES LIBERTÉS ET DE LA DÉTENTION

Art. R. 3211-10 Le juge des libertés et de la détention dans le ressort duquel se situe l'établissement d'accueil est saisi par requête transmise par tout moyen permettant de dater sa réception au greffe du tribunal de grande instance.

La requête est datée et signée et comporte :

1° L'indication des nom, prénoms, profession, domicile, nationalité, date et lieu de naissance du demandeur ou, s'il s'agit d'une personne morale, celle de sa forme, de sa dénomination, de son siège social et de l'organe qui la représente légalement ;

2° L'indication des nom et prénoms de la personne qui fait l'objet de soins psychiatriques, de son domicile et, le cas échéant, de l'adresse de l'établissement où elle séjourne, ainsi que, s'il y a lieu, des coordonnées de son tuteur, de son curateur ou de ses représentants légaux s'il est mineur ;

3° L'exposé des faits et son objet.

Art. R. 3211-11 Dès réception de la requête, le greffe l'enregistre et la communique :

1° A la personne qui fait l'objet de soins psychiatriques, à moins qu'elle *[ne]* soit l'auteur de la requête, et, s'il y a lieu, à son tuteur ou son curateur ou, si elle est mineure, à ses représentants légaux ;

2° Au ministère public ;

3° Au directeur de l'établissement, à moins qu'il ne l'ait lui-même transmise ou établie, à charge pour lui d'en remettre une copie à la personne concernée lorsqu'elle est hospitalisée dans son établissement ;

4° Le cas échéant, au tiers qui a demandé l'admission en soins psychiatriques ou au préfet qui a ordonné ou maintenu la mesure de soins.

Art. R. 3211-12 Sont communiqués au juge des libertés et de la détention afin qu'il statue :

1° Quand l'admission en soins psychiatriques a été effectuée à la demande d'un tiers ou en cas de péril imminent, une copie de la décision d'admission motivée et, le cas échéant, une copie de la décision la plus récente ayant maintenu la mesure de soins, les nom, prénoms et adresse du tiers qui a demandé l'admission en soins ainsi qu'une copie de sa demande d'admission ;

2° Quand l'admission en soins psychiatriques a été ordonnée par le préfet, une copie de l'arrêté d'admission en soins psychiatriques et, le cas échéant, une copie de l'arrêté le plus récent ayant maintenu la mesure de soins ;

3° Quand l'admission en soins psychiatriques a été ordonnée par une juridiction, une copie de la décision et de l'expertise mentionnées à l'article 706-135 du code de procédure pénale ;

4° Une copie des certificats et avis médicaux prévus aux chapitres II à IV du titre Ier du livre II de la troisième partie de la partie législative du présent code, au vu desquels la mesure de soins a été décidée*[,]* et de tout autre certificat ou avis médical utile, dont ceux sur lesquels se fonde la décision la plus récente de maintien des soins ;

5° Le cas échéant :

a) L'avis du collège mentionné à l'article L. 3211-9 ;

b) L'avis d'un psychiatre ne participant pas à la prise en charge de la personne qui fait l'objet de soins, indiquant les motifs médicaux qui feraient obstacle à son audition.

Le juge peut solliciter la communication de tous autres éléments utiles.

Art. R. 3211-13 Le juge fixe la date, l'heure et le lieu de l'audience.

Le greffier convoque aussitôt, par tout moyen, en leur qualité de parties à la procédure :

1° Le requérant et son avocat, s'il en a un ;

2° La personne qui fait l'objet de soins psychiatriques par l'intermédiaire du chef d'établissement lorsqu'elle y est hospitalisée, son avocat dès sa désignation et, s'il y a lieu, son tuteur, son curateur ou ses représentants légaux ;

3° Le cas échéant, le préfet qui a ordonné ou maintenu la mesure de soins ou le directeur d'établissement qui a prononcé l'admission en soins psychiatriques en cas de péril imminent.

Dans tous les cas, sont également avisés le ministère public et, s'ils ne sont pas parties, le directeur de l'établissement et, le cas échéant, le tiers qui a demandé l'admission en soins psychiatriques.

La convocation ou l'avis d'audience indique aux parties que les pièces mentionnées à l'article R. 3211-12 peuvent être consultées au greffe de la juridiction et que la personne qui fait l'objet de soins psychiatriques, quand elle est hospitalisée, peut y avoir accès dans l'établissement où elle séjourne, dans le respect, s'agissant des documents faisant partie du dossier médical, des prescriptions de l'article L. 1111-7. Le greffe délivre une copie de ces pièces aux avocats qui en font la demande.

La personne qui fait l'objet de soins psychiatriques est en outre avisée qu'elle sera assistée par un avocat choisi, désigné au titre de l'aide juridictionnelle ou commis d'office par le juge le cas échéant*[,]* ou qu'elle sera représentée par un avocat si le magistrat décide de ne pas procéder à son audition au vu de l'avis médical prévu au deuxième alinéa de l'article L. 3211-12-2.

Art. R. 3211-14 S'il l'estime nécessaire, le juge ordonne, le cas échéant sans débat, toute mesure d'instruction.

Lorsque le juge ordonne deux expertises, les deux experts procèdent à des examens séparés de la personne qui fait l'objet de soins.

Le ou les experts désignés ne peuvent exercer dans l'établissement d'accueil de la personne qui fait l'objet de soins psychiatriques.

Les experts remettent leur rapport dans le délai fixé par le juge, qui ne peut excéder douze jours suivant leur désignation. Ils déterminent librement les modalités de conduite des opérations d'expertise. Par dérogation aux articles 160 et 276 du code de procédure civile, ils ne sont pas tenus de convoquer les parties ou de susciter leurs observations. Le rapport est déposé au secrétariat de la juridiction où les parties peuvent le consulter. Sur leur demande, le greffe leur en délivre une copie.

Art. R. 3211-15 A l'audience, le juge entend le requérant et les personnes convoquées en application de l'article R. 3211-13 ou leur représentant ainsi que le ministère public lorsqu'il est partie principale. Les personnes avisées sont entendues si elles souhaitent s'exprimer.

Le cas échéant, le juge commet un avocat d'office à la personne faisant l'objet de soins psychiatriques.

Les personnes convoquées ou avisées peuvent faire parvenir leurs observations par écrit, auquel cas il en est donné connaissance aux parties présentes à l'audience.

Le juge peut toujours ordonner la comparution des parties.

Lorsqu'il n'est pas partie principale, le ministère public fait connaître son avis dans les conditions définies par le deuxième alinéa de l'article 431 du code de procédure civile.

Art. R. 3211-16 L'ordonnance est notifiée sur place aux parties présentes à l'audience ainsi qu'au conseil de la personne faisant l'objet de soins psychiatriques qui en accusent réception. Le juge leur fait connaître verbalement le délai d'appel et les modalités suivant lesquelles cette voie de recours peut être exercée. Il les informe que seul l'appel formé par le ministère public peut être déclaré suspensif par le premier président de la cour d'appel ou son délégué. La notification aux parties qui n'ont pas comparu en personne est faite dans les meilleurs délais par tout moyen permettant *d'en* établir la réception.

Lorsque la décision a été mise en délibéré, les notifications prévues à l'alinéa précédent sont faites, selon les mêmes modalités, aux parties présentes à l'audience ainsi qu'au conseil de la personne faisant l'objet de soins psychiatriques.

Dans le cas où ils ne sont pas parties, le directeur d'établissement et, le cas échéant, le tiers qui a demandé l'admission en soins psychiatriques sont avisés de la décision par tout moyen.

Art. R. 3211-17 Si le juge décide la mainlevée de la mesure de soins et que le procureur de la République estime ne pas avoir à s'opposer à cette mainlevée, ce dernier retourne l'ordonnance au juge qui l'a rendue en mentionnant sur celle-ci qu'il ne s'oppose pas à sa mise à exécution. Il est alors mis fin sans délai à la mesure de maintien à la disposition de la justice, sauf dans le cas où le juge a différé l'effet de la mainlevée de la mesure d'hospitalisation complète.

§ 2 VOIES DE RECOURS

Art. R. 3211-18 L'ordonnance est susceptible d'appel devant le premier président de la cour d'appel ou son délégué, dans un délai de dix jours à compter de sa notification.

Le ministère public peut, dans tous les cas, interjeter appel dans le même délai.

Art. R. 3211-19 Le premier président ou son délégué est saisi par une déclaration d'appel motivée transmise par tout moyen au greffe de la cour d'appel. La déclaration est enregistrée avec mention de la date et de l'heure.

Le greffier de la cour d'appel avise sur-le-champ le greffier du tribunal de grande instance*[,]* qui lui transmet sans délai le dossier.

Le greffier de la cour d'appel fait connaître par tout moyen la date et l'heure de l'audience aux parties, à leurs avocats et, lorsqu'ils ne sont pas parties, au tiers qui a demandé l'admission en soins et au directeur d'établissement. Les deux derniers alinéas de l'article R. 3211-13 sont applicables.

Art. R. 3211-20 Lorsque le ministère public demande que son recours soit déclaré suspensif dans les conditions définies par l'article L. 3211-12-4, il fait notifier la déclaration d'appel, accompagnée de sa demande motivée, sans délai et par tout moyen permettant d'en établir la réception, au préfet ou au directeur d'établissement ayant prononcé l'admission, au requérant initial et à la personne qui fait l'objet de soins psychiatriques ainsi qu'à leur avocat. La notification mentionne que des observations en réponse peuvent être transmises par tout moyen au secrétariat du premier président ou de son délégué dans un délai de deux heures.

Le premier président ou son délégué statue sans délai et sans débat sur la demande de déclaration d'appel suspensif après que la personne qui fait l'objet de soins psychiatriques et son avocat ont été mis à même de transmettre leurs observations suivant les modalités définies à l'alinéa précédent. La décision est portée à la connaissance de la personne qui fait l'objet de soins psychiatriques ainsi que de son avocat par le greffe de la cour d'appel et communiquée au procureur de la République*[,]* qui veille à son exécution et en informe le directeur d'établissement et le préfet le cas échéant.

Art. R. 3211-21 A l'audience, les parties et, lorsqu'il n'est pas partie, le tiers qui a demandé l'admission en soins psychiatriques peuvent demander à être entendus ou faire parvenir leurs observations par écrit, auquel cas il en est donné connaissance aux parties présentes à l'audience. Le premier président ou son délégué peut toujours ordonner la comparution des parties.

Lorsqu'il n'est pas partie principale, le ministère public fait connaître son avis dans les conditions définies par le deuxième alinéa de l'article 431 du code de procédure civile.

Art. R. 3211-22 A moins qu'il n'ait été donné un effet suspensif à l'appel, le premier *président ou son délégué statue dans* les douze jours de sa saisine. Ce délai est porté à vingt-cinq jours si une expertise est ordonnée.

L'ordonnance est notifiée sur place aux parties présentes à l'audience ainsi qu'au conseil de la personne faisant l'objet de soins psychiatriques qui en accusent réception. La notification aux parties qui n'ont pas comparu en personne est faite dans les meilleurs délais par tout moyen permettant d'en établir la réception.

Lorsque la décision a été mise en délibéré, les notifications prévues à l'alinéa précédent sont faites aux parties ainsi qu'au conseil de la personne faisant l'objet de soins psychiatriques selon les mêmes modalités.

Dans le cas où ils ne sont pas parties, le directeur d'établissement et, le cas échéant, le tiers qui a demandé l'admission en soins psychiatriques sont avisés de la décision par tout moyen.

Art. R. 3211-23 Le pourvoi en cassation est, dans tous les cas, ouvert au ministère public.

L'ordonnance n'est pas susceptible d'opposition.

SOUS-SECTION 2 DISPOSITIONS PARTICULIÈRES

§ 1er DISPOSITIONS PARTICULIÈRES À LA PROCÉDURE DE CONTRÔLE DES MESURES D'HOSPITALISATION COMPLÈTE SANS CONSENTEMENT

Art. R. 3211-24 La saisine est accompagnée des pièces prévues à l'article R. 3211-12 ainsi que de l'avis motivé prévu au II de l'article L. 3211-12-1. Cet avis décrit avec précision les manifestations des troubles mentaux dont est atteinte la personne qui fait l'objet de soins psychiatriques et les circonstances particulières qui, toutes deux, rendent nécessaire la poursuite de l'hospitalisation complète au regard des conditions posées par les articles L. 3212-1 et L. 3213-1.

Cet avis indique, le cas échéant, si des motifs médicaux font obstacle à l'audition de la personne qui fait l'objet de soins psychiatriques.

Art. R. 3211-25 Le premier alinéa de l'article 641 et le second alinéa de l'article 642 du code de procédure civile ne sont pas applicables à la computation des délais dans lesquels le juge doit être saisi et doit statuer.

Art. R. 3211-26 Le directeur d'établissement communique par tout moyen l'avis du psychiatre se prononçant sur la nécessité de poursuivre l'hospitalisation complète prévu à l'article L. 3211-12-4.

La cour d'appel saisie d'une ordonnance constatant la mainlevée d'une hospitalisation complète en application du deuxième alinéa du IV de l'article L. 3211-12-1 peut évoquer l'affaire lorsque les conditions prévues par ces dispositions n'étaient pas réunies.

§ 2 DISPOSITIONS PARTICULIÈRES À LA PROCÉDURE DE MAINLEVÉE DES SOINS PSYCHIATRIQUES SANS CONSENTEMENT

Art. R. 3211-27 Le directeur d'établissement, soit d'office, soit sur invitation du juge, communique par tout moyen, dans un délai de cinq jours à compter de l'enregistrement de la requête, les pièces prévues à l'article R. 3211-12.

Art. R. 3211-28 Lorsqu'elle émane de la personne qui fait l'objet de soins psychiatriques, la requête peut être déposée au secrétariat de l'établissement d'accueil. La demande en justice peut également être formée par une déclaration verbale recueillie par le directeur de l'établissement*[,]* qui établit un procès-verbal contenant les mentions prévues par l'article R. 3211-10, daté et revêtu de sa signature et de celle de l'intéressé. Si ce dernier ne peut signer, il en est fait mention.

Le directeur transmet sans délai la requête ou le procès-verbal au greffe du tribunal, par tout moyen permettant de dater sa réception au greffe du tribunal de grande instance, en y joignant les pièces justificatives que le requérant entend produire. Le directeur communique en outre au tribunal un dossier contenant les pièces mentionnées à l'article R. 3211-12 dans le délai de cinq jours suivant le dépôt de la requête.

Art. R. 3211-29 Lorsque le juge des libertés et de la détention décide de se saisir d'office en application du dernier alinéa du I de l'article L. 3211-12, il met la personne qui fait l'objet de soins psychiatriques, son avocat dès sa désignation et, le cas échéant, son tuteur, son curateur ou ses représentants légaux, le tiers qui a demandé l'admission en soins psychiatriques, le préfet qui l'a ordonnée ou maintenue, le directeur d'établissement qui a prononcé l'admission en soins psychiatriques en cas de péril imminent, ainsi que le ministère public, en mesure de produire des observations. Il les fait aviser de la date, de l'heure et du lieu de l'audience. L'avis d'audience contient les *informations prévues aux* deux derniers alinéas de l'article R. 3211-13. Le directeur de l'établissement transmet au juge les pièces mentionnées à l'article R. 3211-12 dans le délai de cinq jours suivant l'avis de saisine.

Art. R. 3211-30 L'ordonnance du juge est rendue dans un délai de douze jours à compter de l'enregistrement de la requête au greffe. Ce délai est porté à vingt-cinq jours si une expertise est ordonnée.

CHAPITRE II ADMISSION EN SOINS PSYCHIATRIQUES À LA DEMANDE D'UN TIERS OU EN CAS DE PÉRIL IMMINENT

(Décr. n° 2011-847 du 18 juill. 2011, art. 3)

Art. R. 3212-1 La demande d'admission en soins psychiatriques prévue à l'article L. 3212-1 comporte les mentions manuscrites suivantes :

1° La formulation de la demande d'admission en soins psychiatriques ;

2° Les nom, prénoms, date de naissance et domicile de la personne qui demande les soins et de celle pour laquelle ils sont demandés ;

3° Le cas échéant, leur degré de parenté ou la nature des relations existant entre elles avant la demande de soins ;

4° La date ;

5° La signature.

Si la personne qui demande les soins ne sait pas ou ne peut pas écrire, la demande est reçue par le maire, le commissaire de police ou le directeur de l'établissement qui en donne acte.

Art. R. 3212-2 *(Décr. n° 2016-94 du 1er févr. 2016, art. 2)* L'évaluation médicale annuelle prévue au troisième alinéa de l'article L. 3212-7 est réalisée au plus tard le jour de l'établissement du certificat mensuel de maintien dans les soins, pris conformément à l'article L. 3212-7, établi après la première date anniversaire d'admission dans les soins sans consentement. Le renouvellement de cette évaluation a lieu au plus tôt huit jours avant et au plus tard huit jours après la date anniversaire de la précédente évaluation.

CHAPITRE III ADMISSION EN SOINS PSYCHIATRIQUES SUR DÉCISION DU REPRÉSENTANT DE L'ÉTAT

(Décr. n° 2011-847 du 18 juill. 2011, art. 4)

Art. R. 3213-1 Le délai imparti à l'expert par le préfet du département ou, à Paris, le préfet de police pour produire l'expertise prévue à l'article L. 3213-5-1 ne peut excéder dix jours à compter de sa désignation.

Art. R. 3213-2 I. — Lorsqu'un psychiatre de l'établissement d'accueil propose de mettre fin à une mesure de soins psychiatriques concernant une personne mentionnée *(Décr. n° 2016-94 du 1er févr. 2016, art. 3-1°)* « au II de l'article L. 3211-12 » ou propose, si celle-ci fait l'objet d'une hospitalisation complète, de modifier la forme de sa prise en charge, le directeur de l'établissement transmet au préfet du département ou, à Paris, au préfet de police le certificat médical dont cette proposition résulte dans les vingt-quatre heures, puis l'avis du collège mentionné à l'article L. 3211-9 dans les sept jours qui suivent l'établissement de ce certificat, sauf pour le préfet à fixer un délai plus bref.

II. — Dans les autres cas, notamment si la commission départementale des soins psychiatriques le saisit de la situation d'une personne mentionnée *(Décr. n° 2016-94 du 1er févr. 2016, art. 3-1°)* « au II de l'article L. 3211-12 », le préfet du département ou, à Paris, le préfet de police sollicite l'avis du collège auprès du directeur de l'établissement d'accueil, en précisant le délai dans lequel *(Décr. n° 2016-94 du 1er févr. 2016, art. 3-2°)* « l'avis lui est transmis par le directeur d'établissement ». Ce délai ne peut excéder sept jours.

III. — Dans les vingt-quatre heures qui suivent la production de l'avis du collège ou l'expiration du délai imparti à cette fin, le préfet du département ou, à Paris, le préfet de police désigne, s'il y a lieu, les deux psychiatres mentionnés à l'article L. 3213-8 et précise le délai dont ils disposent *(Décr. n° 2016-94 du 1er févr. 2016, art. 3-3°)* « , en application de l'article L. 3213-8, » à compter de leur désignation, pour produire leur avis.

Art. R. 3213-3 Les certificats et avis médicaux établis en application des dispositions du présent chapitre sont précis et motivés. Ils sont dactylographiés.

Lorsqu'ils concluent à la nécessité de lever une mesure d'hospitalisation complète, ils sont motivés au regard des soins nécessités par les troubles mentaux de la personne intéressée et des incidences éventuelles de ces troubles sur la sûreté des personnes.

CHAPITRE IV HOSPITALISATION DES PERSONNES DÉTENUES ATTEINTES DE TROUBLES MENTAUX

SECTION PREMIÈRE PRINCIPES DE FONCTIONNEMENT DES UNITÉS D'HOSPITALISATION POUR LES PERSONNES DÉTENUES ATTEINTES DE TROUBLES MENTAUX

(Décr. n° 2010-507 du 18 mai 2010)

Art. R. 3214-1 L'unité spécialement aménagée au sein d'un établissement de santé mentionnée à l'article L. 3214-1 prend en charge les hospitalisations complètes avec ou sans leur consentement des personnes détenues dans des établissements pénitentiaires se trouvant sur un territoire défini par arrêté conjoint des ministres chargés de la justice, de la santé et de l'intérieur.

Dans le cas d'une hospitalisation avec consentement, l'admission est prononcée par le directeur de l'établissement de santé de l'unité spécialement aménagée de rattachement, après avis du médecin de cette unité.

Dans le cas d'une hospitalisation sans consentement dans les conditions définies par l'article L. 3214-3, le préfet du département dans lequel se trouve l'établissement pénitentiaire d'affectation de la personne détenue décide de son hospitalisation. Lorsque l'unité spécialement aménagée est située dans un autre département que celui de l'établissement pénitentiaire d'origine, le préfet de ce département prend un arrêté portant admission de la personne détenue dans cette unité.

Art. R. 3214-2 Lorsque l'unité spécialement aménagée territorialement compétente n'est pas en mesure de prendre en charge une personne détenue, faute de place disponible, son hospitalisation est recherchée au sein de l'unité spécialement aménagée la plus proche.

Il en est de même lorsque deux personnes détenues ne doivent pas être hospitalisées dans la même unité pour des raisons de sécurité. Dans ce cas, le directeur interrégional des services pénitentiaires en informe le directeur de l'établissement de santé et le médecin à l'origine de la dernière demande d'hospitalisation, afin que ce dernier sollicite le responsable de l'unité la plus proche.

Les hospitalisations sont prononcées selon les modalités mentionnées à l'article précédent, selon qu'elles interviennent avec ou sans consentement.

Art. R. 3214-3 Les modalités d'admission et de séjour des personnes détenues dans les unités spécialement aménagées ainsi que les règles d'organisation et de fonctionnement applicables au sein de l'unité sont précisées par une convention signée par le directeur de l'établissement de santé, le chef de l'établissement pénitentiaire auquel les personnels pénitentiaires affectés à l'unité spécialement aménagée sont rattachés, le directeur général de l'agence régionale de santé, le directeur interrégional des services pénitentiaires et le préfet du département du siège de l'établissement de santé.

Cette convention est établie par référence à une convention type élaborée conjointement par les ministres chargés de la justice, de la santé et de l'intérieur.

Art. R. 3214-4 La répartition, entre l'État et les établissements de santé, des dépenses d'investissement et de fonctionnement des unités spécialement aménagées est déterminée par un arrêté conjoint des ministres chargés de la justice et de la santé.

SECTION II CONDITIONS DE GARDE DES PERSONNES DÉTENUES HOSPITALISÉES ATTEINTES DE TROUBLES MENTAUX ET DE SURVEILLANCE DES UNITÉS SPÉCIALEMENT AMÉNAGÉES

(Décr. n° 2010-507 du 18 mai 2010)

SOUS-SECTION 1 CONDITIONS DE GARDE

Art. R. 3214-5 La garde des personnes détenues hospitalisées atteintes de troubles mentaux incombe à l'administration pénitentiaire. Elle est assurée dans le respect de la confidentialité des soins.

L'administration pénitentiaire porte à la connaissance de l'établissement de santé les éléments nécessaires à l'appréciation de la dangerosité ou de la vulnérabilité des personnes détenues.

L'établissement de santé assure, par une organisation interne appropriée de l'unité spécialement aménagée, des conditions d'hospitalisation garantissant la protection des personnes détenues hospitalisées.

Art. R. 3214-6 Les décisions de l'autorité judiciaire, notamment en matière d'isolement, de séparation de détenus ou d'interdiction temporaire de communiquer, sont applicables au sein de l'unité spécialement aménagée et sont communiquées par le chef d'établissement pénitentiaire au directeur de l'établissement de santé qui veille à leur exécution.

Art. R. 3214-7 Aucun agent exerçant dans les unités spécialement aménagées ne peut se charger, pour le compte des personnes détenues hospitalisées, d'un service étranger à sa mission.

Les personnels intervenant dans l'unité spécialement aménagée ne sont pas autorisés à communiquer aux membres de la famille, aux proches et aux visiteurs les dates d'entrée et de sortie de la personne détenue ainsi que les dates et les heures des examens réalisés hors de l'unité spécialement aménagée. Sous réserve du respect de ces exigences de sécurité et dans le respect des règles déontologiques, le médecin peut communiquer des informations relatives à la santé du patient détenu hospitalisé à sa famille, à ses proches ou à la personne de confiance qu'il a désignée.

Art. R. 3214-8 La surveillance de l'enceinte et des locaux de l'unité spécialement aménagée ainsi que le contrôle des accès à cette unité sont assurés par le personnel pénitentiaire.

Toutefois, le personnel pénitentiaire n'a accès aux locaux de soins et aux chambres des patients que pour en assurer la fouille et le contrôle des équipements et aménagements spéciaux ou, à la demande du personnel hospitalier, lorsque la sécurité des personnes ou des biens est compromise.

Art. R. 3214-9 Un dispositif de vidéoprotection est mis en œuvre pour la protection des abords et des locaux de l'unité spécialement aménagée, à l'exception des chambres et des locaux de soins. La demande d'autorisation est présentée par le directeur de l'établissement de santé au vu d'un dossier constitué conjointement avec le chef d'établissement pénitentiaire. La convention mentionnée à l'article R. 3214-3 précise les modalités d'application du premier alinéa de l'article 13 du décret du 17 octobre 1996, lesquelles sont jointes au dossier de la demande d'autorisation.

Art. R. 3214-10 Toute personne entrant dans une unité spécialement aménagée justifie de son identité et se soumet aux mesures de contrôle définies par la convention mentionnée à l'article R. 3214-3.

Le personnel pénitentiaire, chargé du contrôle des accès de l'unité, tient un registre sur lequel sont inscrits les noms et qualité de toutes les personnes entrant ou sortant ainsi que les horaires de leur entrée et de leur sortie.

Art. R. 3214-11 Sans faire obstacle au bon déroulement des soins, le personnel pénitentiaire peut procéder aux fouilles des personnes détenues hospitalisées dans les conditions prévues par l'article 57 de la loi du 24 novembre 2009.

Art. R. 3214-12 La fouille des locaux et le contrôle des équipements et aménagements spéciaux de l'unité spécialement aménagée sont effectués par le personnel pénitentiaire.

Toute fouille générale ou sectorielle de l'unité spécialement aménagée est décidée avec l'accord du directeur de l'établissement de santé. Elle est réalisée en présence du directeur de l'établissement de santé et du médecin responsable de l'unité ou de leurs représentants.

Art. R. 3214-13 Le personnel hospitalier signale, sans délai, toute absence irrégulière d'une personne détenue au directeur de l'établissement de santé et au personnel pénitentiaire. Le directeur de l'établissement de santé et le chef d'établissement pénitentiaire en informent le préfet et le procureur de la République ainsi que, s'il s'agit d'un prévenu, le magistrat saisi du dossier de l'information et, s'il s'agit d'un condamné, le magistrat chargé de l'application des peines.

Art. R. 3214-14 Le directeur de l'établissement de santé et le chef d'établissement pénitentiaire portent immédiatement à la connaissance du préfet, du procureur de la République, du directeur interrégional des services pénitentiaires et du directeur général de l'agence régionale de santé tout incident grave touchant à l'ordre ou à la sécurité de l'unité spécialement aménagée.

Lorsque la gravité ou l'ampleur de l'incident ne permet pas que l'ordre soit rétabli par le seul personnel pénitentiaire présent dans l'unité spécialement aménagée, le préfet, saisi par le directeur de l'établissement de santé, peut décider de faire appel aux forces de l'ordre.

Art. R. 3214-15 Si l'incident concerne un prévenu, le chef d'établissement pénitentiaire informe également le magistrat saisi du dossier de l'information et si l'incident concerne un condamné, le magistrat chargé de l'application des peines.

Si l'incident concerne une personne détenue appartenant aux forces armées, l'autorité militaire est avisée par le chef d'établissement pénitentiaire.

SOUS-SECTION 2 CONDITIONS DE SÉJOUR DES PERSONNES DÉTENUES HOSPITALISÉES ATTEINTES DE TROUBLES MENTAUX

Art. R. 3214-16 Les personnes détenues hospitalisées dans l'unité spécialement aménagée continuent à exécuter leur peine ou leur détention provisoire.

Art. R. 3214-17 Les personnes détenues dans l'unité spécialement aménagée restent soumises au régime disciplinaire des établissements pénitentiaires lorsqu'elles se trouvent sous la surveillance exclusive du personnel pénitentiaire.

Le chef d'établissement pénitentiaire informe le directeur de l'établissement de santé de tout incident disciplinaire imputable à une personne détenue alors qu'elle se trouvait sous la surveillance exclusive du personnel pénitentiaire.

Aucune sanction disciplinaire ne peut être prononcée par la commission de discipline plus d'un mois après les faits ni pendant l'hospitalisation.

Lorsque le chef d'établissement pénitentiaire envisage d'engager des poursuites disciplinaires à l'encontre de la personne détenue, il en informe le responsable du personnel médical de l'unité de consultation et de soins ambulatoires et, le cas échéant, du service médico-psychologique régional.

Art. R. 3214-18 Les personnes détenues hospitalisées dans une unité spécialement aménagée peuvent recevoir des visites des personnes disposant d'un permis de visite délivré dans les conditions prévues par le code de procédure pénale.

Les jours et les heures de visite ainsi que leur durée sont fixés par la convention mentionnée à l'article R. 3214-3.

Les visites se déroulent dans un parloir sous la surveillance du personnel pénitentiaire, qui a la possibilité d'écouter les conversations. Les entretiens des avocats et des visiteurs de prison avec les personnes détenues ont lieu en dehors de la présence du personnel pénitentiaire.

Art. R. 3214-19 L'accès au téléphone des personnes détenues est autorisé dans les conditions fixées par le code de procédure pénale. Les modalités de cet accès sont fixées par la convention mentionnée à l'article R. 3214-3.

Art. R. 3214-20 Les règles applicables à la correspondance des personnes détenues sont celles définies par le code de procédure pénale.

La convention prévue à l'article R. 3214-3 prévoit l'organisation de la collecte et de la distribution du courrier au sein de la zone de soins de l'unité spécialement aménagée.

SECTION III TRANSPORT ET ESCORTE DES PERSONNES DÉTENUES HOSPITALISÉES DANS LES UNITÉS SPÉCIALEMENT AMÉNAGÉES

(Décr. n° 2010-507 du 18 mai 2010)

Art. R. 3214-21 Le transport de l'établissement pénitentiaire à l'unité spécialement aménagée d'une personne détenue devant être hospitalisée avec son consentement incombe à l'administration pénitentiaire. Si l'état de santé de la personne intéressée l'exige, et sur prescription médicale, celle-ci est accompagnée par le personnel hospitalier de l'établissement de santé siège de l'unité.

Le transport de l'établissement pénitentiaire à l'unité spécialement aménagée d'une personne détenue devant être hospitalisée sans son consentement incombe à l'établissement de santé siège de l'unité. La personne détenue est accompagnée par le personnel soignant de l'établissement de santé et escortée par le personnel pénitentiaire.

Le transport de l'unité spécialement aménagée à l'établissement pénitentiaire d'une personne détenue, hospitalisée avec ou sans son consentement, incombe à l'administration pénitentiaire. La personne détenue est accompagnée, sur prescription médicale, par le personnel soignant.

En cas de transport d'une personne détenue particulièrement signalée, il est fait appel aux forces de police ou de la gendarmerie afin de renforcer l'escorte pénitentiaire, qu'il s'agisse d'un transport vers l'unité spécialement aménagée ou d'un retour vers un établissement pénitentiaire.

A titre exceptionnel, en cas de transport d'une personne détenue présentant un risque d'atteinte très grave à l'ordre public identifié par les représentants des forces de l'ordre, un appui de l'escorte pénitentiaire peut être décidé conjointement par la direction de l'administration pénitentiaire et les directions nationales de la police et de la gendarmerie.

Art. R. 3214-22 Si l'état de santé de la personne détenue hospitalisée dans une unité spécialement aménagée nécessite une consultation ou une hospitalisation hors de l'unité pour raisons somatiques, le transport est assuré sur prescription médicale par l'établissement de santé siège de l'unité, au moyen d'un véhicule sanitaire. La personne détenue est accompagnée par le personnel hospitalier et escortée par le personnel pénitentiaire.

Le retour à l'unité spécialement aménagée s'effectue dans les mêmes conditions.

En cas de transport d'une personne détenue particulièrement signalée, il est fait appel aux forces de police ou de la gendarmerie pour les consultations ou les hospitalisations pour raisons somatiques des personnes détenues afin de renforcer l'escorte pénitentiaire.

A titre exceptionnel, en cas de transport d'une personne détenue présentant un risque d'atteinte très grave à l'ordre public identifié par les représentants des forces de l'ordre, un appui de l'escorte pénitentiaire peut être décidé conjointement par la direction de l'administration pénitentiaire et les directions nationales de la police et de la gendarmerie.

Les dispositions du code de procédure pénale relatives à la garde des personnes détenues en cas d'hospitalisation somatique s'appliquent.

Art. R. 3214-23 Lorsque le transport incombe à l'administration pénitentiaire, le véhicule utilisé pour le transport de la personne hospitalisée dans une unité spécialement aménagée est un véhicule pénitentiaire, sauf prescription médicale prévoyant le recours à un véhicule sanitaire léger ou à une ambulance.

CHAPITRE V DISPOSITIONS PÉNALES

Le présent chapitre ne comporte pas de dispositions réglementaires.

TITRE DEUXIÈME ORGANISATION

CHAPITRE PREMIER SECTORISATION PSYCHIATRIQUE

SECTION PREMIÈRE DÉFINITION ET ORGANISATION TECHNIQUE DES SECTEURS (*Décr. n° 2005-434 du 6 mai 2005, art. 1er-I*).

Art. R. 3221-1 Les secteurs psychiatriques prévus à l'article (*Décr. n° 2010-344 du 31 mars 2010, art. 98*) « L. 3221-4 » sont appelés :

1° Secteurs de psychiatrie générale lorsqu'ils répondent principalement aux besoins de santé mentale d'une population âgée de plus de seize ans ;

2° Secteurs de psychiatrie infanto-juvénile lorsqu'ils répondent aux besoins de santé mentale des enfants et adolescents ; chaque secteur de psychiatrie infanto-juvénile correspond à une aire géographique desservie par un ou plusieurs secteurs de psychiatrie générale ;

3° Secteurs de psychiatrie en milieu pénitentiaire lorsqu'ils répondent aux besoins de santé mentale de la population incarcérée dans les établissements relevant d'une région pénitentiaire.

Art. R. 3221-2 *(Décr. n° 2010-344 du 31 mars 2010, art. 98)* Chaque établissement de santé mentionné à l'article L. 3221-1 est responsable de la lutte contre les maladies mentales dans les secteurs psychiatriques qui lui sont rattachés.

Art. R. 3221-3 La prévention, le diagnostic *[,] (Décr. n° 2005-434 du 6 mai 2005, art. 1er-IV)* « les soins, la réadaptation et la réinsertion sociale » prévus aux articles L. 3221-1 et L. 3221-4 sont assurés notamment :

1° Dans des services spécialisés comportant ou non des possibilités d'hébergement total, ou d'hébergement de jour ou de nuit ;

2° A la résidence des patients ;

3° Dans les établissements *(Décr. n° 2010-344 du 31 mars 2010, art. 98)* « de santé », sociaux ou médico-sociaux où résident les patients ;

4° Par des séjours thérapeutiques temporaires ;

5° Par des actions d'information auprès de la population et des professionnels concernés.

Un arrêté des ministres chargés de la santé et de la sécurité sociale fixe la liste de ces équipements et services.

Art. R. 3221-4 Chaque secteur de psychiatrie générale ou infanto-juvénile est placé sous l'autorité d'un psychiatre hospitalier assisté d'une équipe pluridisciplinaire et désigné selon les modalités prévues par le chapitre VI du titre IV du livre I de la partie VI.

Art. R. 3221-5 Dans chaque région pénitentiaire, un ou plusieurs secteurs de psychiatrie en milieu pénitentiaire sont rattachés à un établissement *(Décr. n° 2010-344 du 31 mars 2010, art. 98)* « de santé » *(Décr. n° 2016-1645 du 1er déc. 2016, art. 3-9°)* « dispensant des soins aux personnes détenues en application du 2° de l'article L. 6111-1-2 ». Chacun de ces secteurs comporte notamment un service médico-psychologique régional aménagé dans un établissement pénitentiaire et qui peut assurer en outre, par convention avec le préfet, une mission de lutte contre l'alcoolisme et les toxicomanies mentionnée aux articles L. 3311-1 et L. 3411-1. La convention fixe notamment les modalités de prise en charge par l'État des frais correspondants.

Sans préjudice des dispositions de l'article L. 6121-2, la liste des établissements pénitentiaires sièges de services médico-psychologiques régionaux et des établissements pénitentiaires relevant du secteur de psychiatrie en milieu pénitentiaire de chaque service médico-psychologique régional est fixée par arrêté des ministres chargés de la justice et de la santé.

Le secteur est placé sous l'autorité d'un psychiatre hospitalier désigné selon les modalités prévues à l'article *(Décr. n° 2005-434 du 6 mai 2005, art. 1er-V)* « R. 3221-4 » et assisté d'une équipe pluridisciplinaire relevant du centre hospitalier de rattachement.

Un règlement intérieur type, arrêté par les ministres chargés de la justice, de la santé et de la sécurité sociale, précise les missions des services médico-psychologiques régionaux et fixe leur organisation et leurs modalités de fonctionnement et de coordination avec les responsables des secteurs de psychiatrie générale et de psychiatrie infanto-juvénile ainsi qu'avec les intervenants et organismes sanitaires et sociaux travaillant en milieu carcéral.

Art. R. 3221-6 *(Décr. n° 2011-847 du 18 juill. 2011, art. 5, en vigueur le 1er août 2011)* Les unités pour malades difficiles prévues à l'article L. 3222-3 sont implantées dans un établissement mentionné à l'article L. 3222-1. Elles ont une vocation interrégionale et ne font pas partie des secteurs définis à l'article R. 3221-1.

SECTION II *[ABROGÉE]* COMMISSION RÉGIONALE DE CONCERTATION EN SANTÉ MENTALE

(Abrogée par Décr. nº 2010-344 du 31 mars 2010, art. 107)

Art. R. 3221-7 à R. 3221-11 *Abrogés par Décr. nº 2010-344 du 31 mars 2010, art. 107.*

SECTION III MISE À LA DISPOSITION DES ÉTABLISSEMENTS MENTIONNÉS À L'ARTICLE L. 3221-4 DES BIENS AFFECTÉS AU SERVICE PUBLIC DE LUTTE CONTRE LES MALADIES MENTALES *(Décr. nº 2005-434 du 6 mai 2005, art. 3-I ; Décr. nº 2010-344 du 31 mars 2010, art. 99).*

Art. R. 3221-12 Les biens meubles et immeubles affectés aux services publics de lutte contre les maladies mentales et nécessaires à leurs activités sont, dans le cas où ils appartiennent à l'État ou aux départements, mis à titre gratuit à la disposition des établissements *(Décr. nº 2010-344 du 31 mars 2010, art. 99)* « mentionnés à l'article L. 3221-4 ».

Ces établissements assument l'ensemble des obligations du propriétaire, et notamment celle d'entretien des lieux. Ils possèdent tous pouvoirs de gestion, assurent le renouvellement des biens mobiliers, peuvent autoriser l'occupation des biens, en percevoir les fruits et produits. Ils peuvent, en outre, après en avoir au préalable informé la collectivité propriétaire, procéder à tous travaux d'agrandissement ou de démolition propres à assurer le maintien de l'affectation des biens.

Les établissements sont substitués à l'État ou aux départements dans leurs droits et obligations découlant des contrats portant notamment sur les emprunts affectés et les marchés qu'ils ont pu conclure pour l'aménagement, l'entretien et la conservation des biens mis à disposition. Le cas échéant, ils agissent en justice, en lieu et place des collectivités propriétaires.

Art. R. 3221-13 Dans le cas où la mise à disposition ne concerne qu'une partie d'un immeuble appartenant à l'État ou au département, les établissements *(Décr. nº 2010-344 du 31 mars 2010, art. 99)* « mentionnés à l'article L. 3221-4 » ne peuvent procéder à des travaux d'agrandissement ou de démolition qu'avec l'accord de la collectivité propriétaire.

Dans cette situation, la répartition des frais de fonctionnement de l'immeuble ainsi que des droits et obligations découlant des contrats et marchés mentionnés au troisième alinéa de l'article *(Décr. nº 2005-434 du 6 mai 2005, art. 3-III)* « R. 3221-12 » font l'objet d'une convention entre l'établissement et la collectivité propriétaire. Cette convention fixe notamment la participation de l'établissement à la charge financière découlant de ces marchés et contrats.

Art. R. 3221-14 En cas de désaffectation totale ou partielle des biens mis à disposition, l'État ou selon le cas les départements recouvrent l'ensemble de leurs droits et obligations sur les biens désaffectés.

Art. R. 3221-15 Dans le cas où l'État ou les départements ne sont pas propriétaires des biens mis à disposition, les établissements *(Décr. nº 2010-344 du 31 mars 2010, art. 99)* « mentionnés à l'article L. 3221-4 » succèdent à tous leurs droits et obligations. Ils sont substitués à l'État ou aux départements dans les contrats de toute nature qu'ils avaient conclus pour l'aménagement, l'entretien et la conservation des biens mis à disposition.

Art. R. 3221-16 La substitution mentionnée aux articles R. 3221-13 et R. 3221-16 est constatée par le préfet ou le président du conseil départemental et notifiée à leurs cocontractants.

Art. R. 3221-17 La mise à disposition est constatée par un procès-verbal établi contradictoirement entre les représentants de la collectivité propriétaire et ceux des établissements *(Décr. nº 2010-344 du 31 mars 2010, art. 99)* « mentionnés à l'article L. 3221-4 ».

Lorsque l'État ou le département ne sont pas propriétaires des biens mis à disposition, le procès-verbal est établi contradictoirement entre l'État ou le département, le propriétaire et l'établissement de santé.

Le procès-verbal précise notamment la consistance, la situation juridique et l'état des biens mis à disposition.

CHAPITRE II ÉTABLISSEMENTS DE SANTÉ

SECTION UNIQUE UNITÉS POUR MALADES DIFFICILES

(Décr. n° 2016-94 du 1er févr. 2016, art. 4)

Art. R. 3222-1 Les unités pour malades difficiles accueillent des patients relevant de soins psychiatriques sans consentement sous la forme d'une hospitalisation complète en application des chapitres III et IV du titre Ier du livre II de la troisième partie du présent code ou de l'article 706-135 du code de procédure pénale et dont l'état de santé requiert la mise en œuvre, sur proposition médicale et dans un but thérapeutique, de protocoles de soins intensifs et de mesures de sécurité particulières.

Légalité du Décr. n° 2016-94 du 1er févr 2016. L'association Cercle de réflexion et de proposition d'actions sur la psychiatrie n'est pas fondée à demander l'annulation du Décr. n° 2016-94 du 1er févr. 2016, modifiant les art. R. 3222-1 s. CSP relatifs aux Unités pour malades difficiles. • CE 17 mars 2017, *Assoc. CRPA*, n° 397774 : *Lebon*.

Art. R. 3222-2 I. — Préalablement à l'admission d'un patient en unité pour malades difficiles, les psychiatres exerçant dans cette unité peuvent se rendre dans l'établissement de santé dans lequel le patient est hospitalisé pour l'examiner.

II. — L'admission du patient dans une unité pour malades difficiles est prononcée par arrêté du préfet du département ou, à Paris, du préfet de police, où se trouve l'établissement dans lequel est hospitalisé le patient avant son admission en unité pour malades difficiles. Dans l'objectif de maintenir ou de restaurer les relations du patient avec son entourage, cet arrêté détermine le lieu de l'hospitalisation en considération de ses intérêts personnels et familiaux. Une copie de l'arrêté est transmise au préfet du département dans lequel se situe l'établissement de rattachement de l'unité pour malades difficiles qui reçoit le patient.

L'information du patient concernant la décision mentionnée à l'alinéa précédent est mise en œuvre conformément aux dispositions de l'article L. 3211-3.

III. — Le préfet prend sa décision au vu d'un dossier médical et administratif comprenant notamment :

1° Un certificat médical détaillé, établi par le psychiatre de l'établissement demandant l'admission, précisant les motifs de la demande d'hospitalisation dans l'unité pour malades difficiles, ainsi que, le cas échéant, les expertises psychiatriques dont le patient a fait l'objet ;

2° L'accord d'un psychiatre de l'unité pour malades difficiles ;

3° Le cas échéant, l'indication des mesures de protection des biens du patient qui seront prises.

IV. — En cas de désaccord du psychiatre responsable de l'unité pour malades difficiles, le préfet du département où se trouve l'établissement dans lequel est hospitalisé le patient ou, à Paris, le préfet de police, peut saisir la commission du suivi médical prévue à l'article R. 3222-4, qui statue sur l'admission dans les plus brefs délais.

V. — L'établissement de santé dans lequel était hospitalisé le patient ayant fait l'objet de la demande d'admission dans l'unité pour malades difficiles organise, à la sortie du patient de l'unité, les conditions de la poursuite des soins sans consentement lorsqu'elle est décidée conformément à l'article R. 3222-6, que les soins soient dispensés en son sein ou dans un autre établissement de santé en cas de nécessité.

Art. R. 3222-3 L'accompagnement du patient au cours de son transport est effectué à l'aller par le personnel de l'établissement ayant demandé l'admission en unité pour *malades difficiles* et au retour par le personnel de l'établissement accueillant le patient sortant d'unité pour malades difficiles.

Art. R. 3222-4 Dans chaque département d'implantation d'une unité pour malades difficiles, il est créé une commission du suivi médical, composée de quatre membres nommés par le directeur général de l'agence régionale de santé :

1° Un médecin représentant l'agence régionale de santé ;

2° Trois psychiatres hospitaliers n'exerçant pas leur activité dans l'unité pour malades difficiles.

Les membres de la commission mentionnés au 2° sont désignés pour un mandat de trois ans renouvelables. Des suppléants sont désignés dans les mêmes conditions. La commission élit son président en son sein. Il a voix prépondérante en cas de partage égal des voix.

Art. R. 3222-5 La commission du suivi médical peut se saisir à tout moment de la situation d'un patient hospitalisé dans l'unité pour malades difficiles de son département d'implantation. Elle examine au moins tous les six mois le dossier de chaque patient hospitalisé dans l'unité. Elle informe la commission départementale des soins psychiatriques des conclusions des examens auxquels elle procède.

Elle peut, en outre, être saisie :

1° Par la personne hospitalisée dans l'unité, sa famille, son représentant légal ou ses proches ;

2° Par le procureur de la République compétent du lieu d'origine ou d'accueil ;

3° Par le préfet du département d'origine ou d'accueil ou, à Paris, par le préfet de police ;

4° Par le psychiatre responsable de l'unité ;

5° Par le médecin généraliste ou le psychiatre exerçant dans le secteur privé traitant le patient ;

6° Par le psychiatre de l'établissement de santé dans lequel le patient était initialement pris en charge ;

7° Par le directeur de l'établissement où est implantée l'unité ;

8° Par le directeur de l'établissement de santé dans lequel le patient était initialement pris en charge.

Art. R. 3222-6 Lorsque la commission du suivi médical prévue à l'article R. 3222-4, saisie le cas échéant par le psychiatre responsable de l'unité pour malades difficiles, constate que les conditions mentionnées à l'article R. 3222-1 ne sont plus remplies, elle saisit le préfet du département d'implantation de l'unité ou, à Paris, le préfet de police, qui prononce, par arrêté, la sortie du patient de l'unité pour malades difficiles et informe de sa décision le préfet ayant pris l'arrêté initial d'admission dans cette unité ainsi que l'établissement de santé qui avait demandé l'admission du patient. La sortie peut être décidée sous forme :

1° D'une levée de la mesure de soins sans consentement ; ou

2° De la poursuite des soins sans consentement soit dans l'établissement de santé où le patient se trouvait lors de la décision d'admission en unité pour malades difficiles, soit dans un autre établissement de santé mentionné à l'article L. 3222-1.

L'établissement de santé qui a demandé l'admission du patient organise la poursuite des soins en son sein ou dans un autre établissement de santé en cas de nécessité. L'établissement désigné par l'arrêté préfectoral accueille le patient dans un délai maximal de vingt jours.

Lorsque le préfet prononce, sous la forme prévue au 1°, la sortie de l'unité pour malades difficiles d'une personne détenue, le retour de cette dernière en détention ou en unité hospitalière spécialement aménagée est organisé à bref délai dans les conditions prévues par le chapitre IV du titre Ier du présent livre.

Art. R. 3222-7 La commission du suivi médical visite l'unité pour malades difficiles *au moins une fois* par semestre. Elle adresse le compte rendu de sa visite à la commission départementale des soins psychiatriques, au préfet du département ou, à Paris, au préfet de police, ainsi qu'au procureur de la République compétent.

CHAPITRE III COMMISSION DÉPARTEMENTALE DES SOINS PSYCHIATRIQUES *(Décr. n° 2011-847 du 18 juill. 2011, art. 7-1°).*

Art. R. 3223-1 *(Décr. n° 2006-904 du 19 juill. 2006, art. 2)* Dans chaque département, le préfet, et à Paris le préfet de police :

1° Désigne les membres de la *(Décr. n° 2011-847 du 18 juill. 2011, art. 7-2°)* « commission départementale des soins psychiatriques » mentionnés aux 1°*[,]* pour l'un des deux médecins psychiatres, 3° et 4° de l'article L. 3223-2 ;

2° Arrête la liste des membres de la commission.

Art. R. 3223-2 Les membres de la commission sont nommés pour trois ans renouvelables.

En cas de décès, de démission ou d'impossibilité d'assurer leurs fonctions en cours de mandat, ils sont remplacés selon les mêmes modalités pour la durée du mandat restant à courir.

Si, au cours de son mandat, un membre de la commission vient à relever d'une incompatibilité mentionnée à l'article L. 3223-2, le préfet, ou, à Paris, le préfet de police met fin à ses fonctions et procède à son remplacement selon les mêmes modalités.

Art. R. 3223-3 Chaque année, la commission désigne en son sein son président par vote à bulletin secret.

En cas de partage égal des voix, le membre le plus âgé est déclaré élu.

Art. R. 3223-4 La commission délibère valablement dès lors que trois de ses membres *(Décr. n° 2006-904 du 19 juill. 2006, art. 4)* « dont au moins un médecin » sont présents.

En cas d'égalité des suffrages, la voix du président est prépondérante.

Un membre de la commission ne peut participer à l'examen de la situation d'une personne pour laquelle il a signé *(Décr. n° 2011-847 du 18 juill. 2011, art. 7-3°)* « une demande de soins psychiatriques », qui est son parent au quatrième degré inclusivement, qu'il traite ou qu'il a traitée, pour laquelle il a été désigné comme expert ou qu'il a eu à juger.

Art. R. 3223-5 La commission se réunit au moins une fois par trimestre sur convocation de son président. Il est rédigé un procès-verbal de séance qui n'est remis qu'aux membres de la commission.

Pour l'exercice de ses missions, la commission peut désigner des rapporteurs en son sein.

Art. R. 3223-6 La commission visite les établissements habilités mentionnés à l'article L. 3222-1 au moins deux fois par an.

Pour ces visites, le nombre des membres de la commission peut être limité à deux.

Pour l'exercice de cette mission, les établissements donnent aux membres de la commission toutes facilités d'accès à l'ensemble des bâtiments *(Décr. n° 2011-847 du 18 juill. 2011, art. 7-4°)* « de soins », au registre prévu à l'article L. 3212-11 et au dossier administratif de chaque malade. *(Décr. n° 2006-904 du 19 juill. 2006, art. 5)* « Ils communiquent également aux membres de la commission, à leur demande, les données médicales nécessaires à l'accomplissement de sa mission. A cette fin, le dossier médical est accessible aux médecins membres de la commission. »

Art. R. 3223-7 Le siège de la commission est fixé par le préfet.

Le secrétariat de la commission est assuré par *(Décr. n° 2010-344 du 31 mars 2010, art. 100)* « l'agence régionale de santé ». Les membres du secrétariat sont soumis au secret professionnel dans les conditions prévues aux articles 226-13 et 226-14 du code pénal.

Art. R. 3223-8 *(Décr. n° 2011-847 du 18 juill. 2011, art. 7-5°)* I. — Pour l'application des dispositions du 1° de l'article L. 3223-1 et du dernier alinéa de l'article L. 3213-9, la commission est informée des décisions d'admission en soins psychiatriques d'une personne prises en application des chapitres II à IV du titre Ier du présent livre et de l'article 706-135 du code de procédure pénale, des décisions de maintien ou de renouvellement et des décisions levant ces mesures ainsi que des décisions de prise en charge sous une autre forme que celle d'une hospitalisation complète :

1° Par le directeur de l'établissement, en cas d'admission en soins psychiatriques prononcée en application de l'article L. 3212-1 ;

2° Par le préfet du département d'implantation de l'établissement ou, à Paris, par le préfet de police, en cas d'admission en soins psychiatriques prononcée en application des articles L. 3213-1, L. 3213-7 ou L. 3214-3 du présent code ou de l'article 706-135 du code de procédure pénale.

II. – Pour l'application des dispositions du 2° de l'article L. 3223-1, la commission examine la situation des personnes dont l'admission a été prononcée en application du 2° du II de l'article L. 3212-1 avant l'expiration d'un délai de trois mois à compter de cette admission, puis au moins une fois tous les six mois.

III. – Pour l'application des dispositions des 2° et 3° de l'article L. 3223-1, la commission peut demander au directeur de l'établissement ou au préfet du département ou, à Paris, au préfet de police, de lui communiquer copie des décisions de justice, des décisions administratives, des avis, des certificats et des programmes de soins relatifs à la mesure de soins dont la personne dont elle examine la situation fait l'objet.

Art. R. 3223-9 *(Décr. nº 2011-847 du 18 juill. 2011, art. 7-6º)* Lorsque la commission, en application de l'article L. 3212-9, requiert la levée de la mesure de soins psychiatriques, elle saisit le directeur de l'établissement par lettre recommandée avec demande d'avis de réception. Le directeur l'informe de la date de levée de la mesure.

Art. R. 3223-10 L'indemnisation des membres de la commission est fixée par arrêté des ministres chargés du budget et de la santé.

Art. R. 3223-11 *(Décr. nº 2011-847 du 18 juill. 2011, art. 7-8º)* Le rapport d'activité prévu au 6° de l'article L. 3223-1 comporte les éléments suivants :

1° Les statistiques d'activité de la commission, présentées sous la forme d'un tableau conforme à un modèle fixé par arrêté du ministre chargé de la santé, accompagnées de toute remarque ou observation que la commission juge utiles sur ces données ;

2° Le bilan de l'utilisation de la procédure applicable en cas de péril imminent pour la santé de la personne prévue au 2° du II de l'article L. 3212-1 et de la procédure applicable en cas d'urgence et de risque grave d'atteinte à l'intégrité du malade prévue à l'article L. 3212-3 ;

3° Une synthèse des conclusions de la commission sur les réclamations qu'elle a reçues et sur les constatations qu'elle a opérées lors de la visite d'établissements, notamment en ce qui concerne la tenue des registres et le respect des libertés individuelles et de la dignité des personnes, ainsi que le nombre de malades entendus.

Le rapport d'activité de chaque année civile est adressé au cours du premier trimestre de l'année suivante aux autorités mentionnées au 6° de l'article L. 3223-1.

CHAPITRE IV PROJET TERRITORIAL DE SANTÉ MENTALE

(Décr. nº 2017-1200 du 27 juill. 2017, art. 1er-2º)

Art. R. 3224-1 I. – Le projet territorial de santé mentale mentionné à l'article L. 3221-2 :

1° Favorise la prise en charge sanitaire et l'accompagnement social ou médico-social de la personne dans son milieu de vie ordinaire, en particulier par le développement de modalités d'organisation ambulatoires dans les champs sanitaire, social et médico-social ;

2° Permet la structuration et la coordination de l'offre de prise en charge sanitaire et d'accompagnement social et médico-social ;

3° Détermine le cadre de la coordination de second niveau et la décline dans l'organisation des parcours de proximité, qui s'appuient notamment sur la mission de psychiatrie de secteur.

II. – La coordination de second niveau permet de garantir l'accès des personnes *atteintes de troubles psychiques* à des modalités et techniques de prise en charge diversifiées mentionnées au I de l'article L. 3221-2 lorsqu'elles ne sont pas présentes en proximité, notamment au sein des territoires de proximité que constituent les secteurs de psychiatrie.

III. – Les modalités et techniques de prises*[prise]* en charge diversifiées visent la promotion de la santé mentale, l'amélioration continue de l'état de santé physique et psychique des personnes, la promotion des capacités des personnes et leur maintien ou leur engagement dans une vie sociale et citoyenne active.

IV. – Le diagnostic territorial partagé et le projet territorial de santé mentale sont arrêtés par le directeur général de l'agence régionale de santé après les consultations prévues au IV de l'article L. 3221-2. Le projet territorial de santé mentale est arrêté pour une durée de cinq ans. Le diagnostic territorial partagé et le projet territorial de santé mentale sont publiés par l'agence. Ils peuvent être révisés selon la même procédure que celle prévue pour leur élaboration et après les mêmes consultations.

Art. R. 3224-2 I. – Lorsque des acteurs de santé mentale mentionnés à l'article L. 3221-2 travaillant dans le champ de la santé mentale sur un territoire prennent l'initiative de l'élaboration d'un projet territorial de santé mentale, ils adressent au directeur général de l'agence régionale de santé un document précisant la délimitation du territoire de santé mentale proposée, la liste des acteurs associés et le ou les acteurs désignés comme correspondants de l'agence.

II. – Pour l'élaboration du projet territorial de santé mentale, les professionnels et établissements travaillant dans le champ de la santé mentale sur ce territoire :

1° S'assurent de la participation des communautés psychiatriques de territoire mentionnées au VI de l'article L. 3221-2, lorsqu'elles existent ;

2° Veillent à la cohérence entre le projet médical partagé du ou des groupements hospitaliers de territoire présents sur le territoire de santé mentale et le projet territorial de santé mentale ;

3° Tiennent compte des projets des équipes de soins primaires, des communautés professionnelles territoriales de santé et des plates-formes territoriales d'appui.

III. – L'agence régionale de santé anime la démarche d'élaboration du projet territorial de santé mentale initiée par les acteurs. Elle veille au respect des dispositions législatives et réglementaires, à l'association de tous les acteurs concernés, à la pertinence du choix du territoire retenu ainsi qu'au bon avancement des travaux dans un délai satisfaisant.

IV. – Le défaut d'élaboration d'un projet territorial de santé mentale par les acteurs est constaté par le directeur général de l'agence régionale de santé au plus tard dans un délai de dix-huit mois à compter de la date d'échéance du délai de cinq ans suivant la décision du directeur général de l'agence régionale de santé ayant arrêté le précédent projet territorial de santé mentale.

Le défaut d'élaboration d'un premier projet territorial de santé mentale par les acteurs mentionnés au I de l'art. R. 3224-2 est constaté par le directeur général de l'agence régionale de santé au plus tard dans un délai de trente-six mois après la publication du Décr. n° 2017-1200 du 27 juill. 2017 (Décr. préc., art. 2).

Art. R. 3224-3 Pour établir l'état des ressources disponibles, identifier les insuffisances dans l'offre de prévention et de services sanitaires, sociaux et médico-sociaux*[,]* et dans l'accessibilité, la coordination et la continuité de ces services, et préconiser des actions pour y remédier, le diagnostic partagé prévu au II de l'article L. 3221-2 prend en compte les éléments suivants :

1° L'accès de la population au diagnostic et aux soins psychiatriques ;

2° L'accueil et l'accompagnement par des établissements et services sociaux et médico-sociaux des personnes présentant des troubles psychiques ou en situation de handicap psychique ;

3° Les situations de défaut de prise en charge, de prises en charge inadéquates ou insuffisantes ;

4° La continuité et la coordination des prises en charge et des accompagnements, prenant en compte les réponses à apporter lors du passage à l'âge adulte et celles liées au vieillissement ;

5° Les délais d'attente et les problèmes d'accessibilité géographique ou financière aux solutions adaptées, notamment de logement et d'hébergement ;

6° L'accès aux droits ;

7° L'accès aux soins somatiques et le suivi somatique des personnes présentant des troubles psychiques ;

8° La prévention des situations d'urgence psychiatrique et de souffrance psychique ainsi que l'organisation de la réponse à ces situations ;

9° *L'organisation de la permanence* des soins ;

10° L'éducation à la santé et les actions de lutte contre la stigmatisation des troubles psychiques et du handicap psychique.

Le diagnostic partagé porte une attention particulière à la situation des quartiers prioritaires de la politique de la ville mentionnés à l'article 5 de la loi n° 2014-173 du 21 février 2014 de programmation pour la ville et la cohésion urbaine.

Art. R. 3224-4 Le projet territorial de santé mentale organise l'accès de la population à des dispositifs et services répondant aux priorités définies aux articles R. 3224-5 à R. 3224-10.

Art. R. 3224-5 I. – Le projet territorial de santé mentale a pour priorité l'organisation des conditions du repérage précoce des troubles psychiques, de l'élaboration d'un diagnostic et de l'accès aux soins et aux accompagnements sociaux ou médico-sociaux, conformément aux données actualisées de la science et aux bonnes pratiques professionnelles.

A ce titre, il prévoit l'organisation de :

1° L'accès à un avis spécialisé pour les patients pris en charge par les professionnels du premier recours, en particulier les médecins généralistes ;

2° L'accès aux soins et aux accompagnements dans des délais répondant à la nature des situations ;

3° L'accès aux dispositifs spécifiques existant au niveau régional ou interrégional.

II. – Pour permettre d'atteindre ces objectifs, le projet territorial de santé mentale s'appuie sur :

1° La mobilisation et la sensibilisation des acteurs au repérage précoce des troubles, notamment les professionnels de la petite enfance, les professionnels de l'Éducation nationale, de l'enseignement supérieur, de l'aide sociale à l'enfance et de la protection judiciaire de la jeunesse ;

2° Les professionnels de la psychiatrie, en particulier au titre de la mission de psychiatrie de secteur prévue à l'article L. 3221-3, et le soutien de ces professionnels aux acteurs sociaux et médico-sociaux confrontés à des situations de décompensation ou de détresse psychiques ;

3° Les acteurs sociaux et médico-sociaux et le soutien de ces acteurs aux professionnels de la psychiatrie, par la mise en œuvre la plus précoce possible de réponses d'accompagnement adaptées, en particulier pour les situations complexes ;

4° Les professionnels sanitaires, sociaux et médico-sociaux apportant eux-mêmes leur appui aux proches et aux familles dans leur rôle d'aidants de proximité.

III. – Le projet territorial de santé mentale prend en compte cette priorité en apportant des réponses aux problématiques des populations à risques spécifiques telles que les enfants, adolescents, personnes âgées, personnes en situation de handicap, personnes placées sous main de justice, personnes en situation de précarité, personnes ayant des conduites addictives, victimes de psycho-traumatisme, familles nécessitant un accompagnement à la parentalité, et personnes isolées.

Art. R. 3224-6 I. – Le projet territorial de santé mentale a pour priorité l'organisation du parcours de santé et de vie de qualité et sans rupture, notamment pour les personnes souffrant de troubles psychiques graves et s'inscrivant dans la durée, en situation ou à risque de handicap psychique, en vue de leur rétablissement et de leur inclusion sociale.

A ce titre, il prévoit :

1° Les actions destinées à prévenir la survenue ou l'aggravation du handicap, par l'accès le plus précoce possible aux soins*[,]* notamment de réhabilitation, et aux accompagnements sociaux et médico-sociaux ;

2° Le développement de services adaptés et diversifiés destinés à faciliter l'accès des personnes au logement, à l'emploi, à la scolarisation, aux études et à la vie sociale, en visant le plus possible l'insertion et le maintien en milieu ordinaire.

II. – Pour permettre l'atteinte de ces objectifs, le projet territorial de santé mentale s'appuie sur la mise en place d'un suivi coordonné réalisé par des acteurs sanitaires, sociaux et médico-sociaux de proximité.

Art. R. 3224-7 Le projet territorial de santé mentale a pour priorité l'organisation des conditions de l'accès des personnes présentant des troubles psychiques à des soins somatiques adaptés à leurs besoins.

A ce titre, il veille à ce que soient prévus :

1° L'accès au suivi somatique de ces personnes par les médecins généralistes, en coordination étroite avec les professionnels de la psychiatrie et du soin somatique spécialisé ;

2° En cas d'hospitalisation, l'organisation des établissements ayant une activité en psychiatrie pour assurer à leurs patients un accès aux soins somatiques, y compris spécialisés ;

3° L'organisation, par les établissements de santé autorisés en médecine, chirurgie et obstétrique, d'un accueil spécifique des personnes présentant des troubles psychiques, incluant l'accès aux investigations et aux soins spécialisés nécessaires, notamment dans le cadre des groupements hospitaliers de territoire.

Art. R. 3224-8 Le projet territorial de santé mentale a pour priorité l'organisation des conditions de la prévention et de la prise en charge des situations de crise et d'urgence.

A ce titre, il prévoit :

1° L'organisation de l'intervention des professionnels de la psychiatrie au domicile des personnes, y compris dans les structures d'hébergement sociales et médico-sociales en prévention de l'urgence psychiatrique et en cas d'urgence psychiatrique, en promouvant l'intervention coordonnée des professionnels de santé et de ces structures ;

2° L'organisation de la permanence des soins et d'un dispositif de réponse aux urgences psychiatriques, conformément aux dispositions de l'article L. 3221-5-1.

3° La participation des professionnels de la psychiatrie aux prises en charge réalisées au sein des structures d'urgence des établissements de santé conformément aux dispositions prévues par l'article R. 6123-32-9, dans un cadre organisant les responsabilités des acteurs dans les parcours de soins des personnes présentant des troubles psychiques, afin d'en favoriser la fluidité et de prévenir le risque suicidaire ;

4° L'organisation d'un suivi en sortie d'hospitalisation, au besoin par un accompagnement social ou médico-social, pour éviter les ruptures dans les parcours de soins, et, en fonction des ressources mobilisables sur le territoire, d'un suivi en sortie d'hospitalisation à la suite d'une tentative de suicide.

Art. R. 3224-9 I. — Le projet territorial de santé mentale a pour priorité l'organisation des conditions du respect et de la promotion des droits des personnes présentant des troubles psychiques, du renforcement de leur pouvoir de décider et d'agir et de la lutte contre la stigmatisation de ces troubles.

A cette fin, il veille à promouvoir l'implication de ces personnes, de leurs proches et leurs familles dans l'élaboration et la mise en œuvre du projet de soins et d'accompagnement social ou médico-social, notamment en ce qui concerne l'éducation thérapeutique, le soutien aux aidants et les modalités d'entraide par les pairs, tels que les groupes d'entraide mutuelle mentionnés à l'article L. 1114-1 du code de l'action sociale et des familles.

II. — Pour permettre l'atteinte de ces objectifs, le projet territorial de santé mentale vise à développer :

1° Des espaces de concertation et de coordination locales, notamment les conseils locaux de santé mentale ou toute commission créée par les collectivités territoriales ayant pour objet la santé mentale ;

2° L'information des personnes présentant des troubles psychiques et de leur entourage sur leurs droits afin d'en favoriser l'accès ;

3° Les réponses aux personnes en situation de soins sans consentement mentionnées aux articles*[à l'article]* L. 3211-2-1 ;

4° La lutte contre la stigmatisation des troubles psychiques et à améliorer l'information du grand public sur la santé mentale.

Art. R. 3224-10 Le projet territorial de santé mentale a pour priorité l'organisation des conditions d'action sur les déterminants sociaux, environnementaux et territoriaux *de la santé mentale.*

A ce titre, il vise à :

1° Renforcer les compétences des personnes en matière psycho-sociale, notamment dans les champs de l'éducation, de la parentalité et du travail, afin de promouvoir les facteurs qui favorisent le bien-être mental ;

2° Prévenir l'apparition ou l'aggravation des troubles psychiques.

CHAPITRE V SAINT-MARTIN *(Décr. n° 2017-1200 du 27 juill. 2017, art. 1er-1°).*

V. Dalloz.fr.

LIVRE DEUXIÈME *BIS* LUTTE CONTRE LES TROUBLES DU COMPORTEMENT ALIMENTAIRE

(Décr. n° 2011-614 du 30 mai 2011)

TITRE UNIQUE NUTRITION ET SANTÉ

....

CHAPITRE II PRÉVENTION DE L'OBÉSITÉ ET DU SURPOIDS

Art. D. 3232-1 **Les campagnes d'information mentionnées à l'article L. 3232-3 s'entendent des communications non commerciales à caractère national, quels qu'en soient les supports, ayant pour objet des recommandations nutritionnelles présentées au public comme s'inscrivant dans le cadre de la prévention de l'obésité et du surpoids.**

Art. D. 3232-2 **Les initiateurs des campagnes d'information définies à l'article D. 3232-1 transmettent à l'***(Décr. n° 2016-523 du 27 avr. 2016, art. 4-I-10°, en vigueur le 1er mai 2016)* **« Agence nationale de santé publique » un dossier en présentant le contenu dans des conditions fixées par arrêté du ministre chargé de la santé.**

Art. D. 3232-3 **L'***(Décr. n° 2016-523 du 27 avr. 2016, art. 4)* **« Agence nationale de santé publique » peut approuver les campagnes dont les dossiers lui sont transmis en tenant compte de :**

1° Leurs objectifs, au regard de ceux mentionnés à l'article L. 1411-2 ;

2° Leurs messages, y compris en ce qui concerne l'acceptation des personnes obèses ou en surpoids et la lutte contre les discriminations dont elles peuvent faire l'objet, au regard des recommandations et principes formulés dans les plans de santé publique en vigueur ;

3° Leur durée et leurs moyens, au regard des messages et des objectifs proposés.

(Décr. n° 2016-980 du 19 juill. 2016, art. 3) **« Elle peut solliciter » l'avis des autorités concernées à cette fin.**

Art. D. 3232-4 **L'approbation emporte pour l'initiateur de la campagne le droit de revêtir ses supports de communication de la mention : "Campagne de prévention de l'obésité et du surpoids** *(Décr. n° 2016-523 du 27 avr. 2016, art. 4-I-11°, en vigueur le 1er mai 2016)* **« approuvée par l'ANSP ». La liste des campagnes approuvées par l'***(Décr. n° 2016-523 du 27 avr. 2016, art. 4)* **« Agence nationale de santé publique » est publiée sur son site internet.**

L'approbation est accordée pour la durée de la campagne et, au plus, pour une durée de deux ans. Elle peut être renouvelée dans les mêmes conditions et pour la même durée à la demande de son initiateur adressée à l'*(Décr. n° 2016-523 du 27 avr. 2016, art. 4)* **« Agence nationale de santé publique » au plus tard un mois avant sa date d'expiration.**

Art. D. 3232-5 **Lorsqu'il a été porté à sa connaissance l'usage irrégulier de la mention prévue à l'article D. 3232-4, l'***(Décr. n° 2016-523 du 27 avr. 2016, art. 4)* **« *Agence nationale de santé publique* » peut, après avoir invité l'initiateur de la campagne concernée à présenter ses observations, lui enjoindre de cesser cet usage et lui retirer, le cas échéant, l'approbation qui lui avait été initialement accordée.**

Art. D. 3232-6 **Les campagnes menées par l'***(Décr. n° 2016-523 du 27 avr. 2016, art. 4)* **« Agence nationale de santé publique » et par l'Agence nationale de sécurité sanitaire de l'alimentation, de l'environnement et du travail ne sont pas soumises aux dispositions du présent chapitre.**

Art. R. 3232-7 *(Décr. n° 2016-980 du 19 juill. 2016, art. 1er)* **I. — La forme de présentation complémentaire à la déclaration nutritionnelle recommandée en application de l'article L. 3232-8 consiste en une signalétique nutritionnelle conforme à un cahier des charges fixé par arrêté des ministres chargés de la santé, de la consommation et de**

l'agroalimentaire, après avis de l'Agence nationale de sécurité sanitaire de l'alimentation, de l'environnement et du travail. Cet arrêté respecte les dispositions de l'article 35 du règlement (UE) n° 1169/2011 du Parlement européen et du Conseil du 25 octobre 2011 modifié concernant l'information des consommateurs sur les denrées alimentaires.

II. – L'engagement des fabricants et des distributeurs dans la démarche volontaire d'utiliser la forme de présentation complémentaire recommandée mentionnée au I porte sur l'ensemble des catégories de denrées alimentaires qu'ils mettent sur le marché sous leurs propres marques, dans le respect du champ d'application de la déclaration nutritionnelle obligatoire prévue par le règlement (UE) n° 1169/2011 précité.

Sur l'application du présent art., V. Décr. n° 2016-980 du 19 juill. 2016, art. 2.

LIVRE TROISIÈME LUTTE CONTRE L'ALCOOLISME

TITRE PREMIER PRÉVENTION DE L'ALCOOLISME

CHAPITRE UNIQUE

SECTION PREMIÈRE *[ABROGÉE]* CENTRES DE CURE AMBULATOIRE EN ALCOOLOGIE

(Abrogée par Décr. n° 2008-87 du 24 janv. 2008, art. 1er)

Art. R. 3311-1 à R. 3311-8 *Abrogés par Décr. n° 2008-87 du 24 janv. 2008, art. 1er.*

TITRE DEUXIÈME BOISSONS

CHAPITRE PREMIER CLASSIFICATION DES BOISSONS

Le présent chapitre ne comporte pas de dispositions réglementaires.

CHAPITRE II FABRICATION ET COMMERCE DES BOISSONS

Art. R. 3322-1 *(Décr. n° 2011-613 du 30 mai 2011)* Sont considérées comme traditionnelles, au sens de l'article L. 3322-9, d'une part, les fêtes et, d'autre part, les foires consacrées aux produits traditionnels, dont l'organisation est intervenue au moins une fois tous les deux ans, durant au moins dix ans et pour la dernière fois il y a moins de cinq ans.

Art. R. 3322-2 *(Décr. n° 2011-613 du 30 mai 2011)* La déclaration des fêtes et foires définies à l'article R. 3322-1 s'effectue auprès du représentant de l'État dans le département du lieu de la manifestation et à Paris auprès du préfet de police, au plus tard 90 jours francs avant la tenue de la fête ou de la foire. Elle donne lieu à la délivrance d'un récépissé dès lors que le dossier de déclaration est complet.

Elle comporte les éléments suivants :

1° L'identité et les coordonnées de la personne physique ou morale organisatrice ;

2° La date, les horaires et le lieu de la manifestation ;

3° L'objet de la manifestation ;

4° Le nombre de personnes attendues ;

5° Les modalités de l'offre d'alcool : offre à titre gratuit ou vente, avec indication des prix et des horaires d'ouverture des débits ;

6° La quantité d'alcool prévue (en quantité d'alcool pur) ;

7° La catégorie de boissons alcooliques vendues ou offertes ;

8° Les moyens mis en œuvre en vue du respect des dispositions du code de la santé publique relatives à la protection des mineurs et à la prévention de l'ivresse publique ;

9° Toutes informations de nature à attester du caractère traditionnel de la *manifestation.*

Une copie de ces éléments est adressée par le représentant de l'État au maire de la ou des communes où la manifestation a lieu.

Art. R. 3322-3 *(Décr. n° 2011-613 du 30 mai 2011)* Sont considérées comme nouvelles, au sens de l'article L. 3322-9, les fêtes et foires qui ne répondent pas aux critères prévus à l'article R. 3322-1.

Art. R. 3322-4 *(Décr. nº 2011-613 du 30 mai 2011)* La demande d'autorisation des fêtes et foires définies à l'article R. 3322-3 doit être déposée auprès du représentant de l'État dans le département du lieu de la manifestation et à Paris auprès du préfet de police, au plus tard 90 jours francs avant la tenue de la manifestation. Elle donne lieu à un accusé de réception si le dossier comporte toutes les pièces requises.

Elle comporte les éléments suivants :

1° L'identité et les coordonnées de la personne physique ou morale organisatrice ;

2° La date, les horaires et le lieu de la manifestation ;

3° L'objet de la manifestation ;

4° Le nombre de personnes attendues ;

5° Les modalités de l'offre d'alcool : offre à titre gratuit ou vente, avec indication des prix et des horaires d'ouverture des débits ;

6° La quantité d'alcool prévue (en quantité d'alcool pur) ;

7° La catégorie de boissons alcooliques vendues ou offertes ;

8° Les moyens mis en œuvre en vue du respect des dispositions du code de la santé publique relatives à la protection des mineurs et à la prévention de l'ivresse publique.

Art. R. 3322-5 *(Décr. nº 2011-613 du 30 mai 2011)* L'autorisation est délivrée, pour chaque fête ou foire, au responsable de son organisation, par le représentant de l'État dans le département et à Paris par le préfet de police, qui précise le bénéficiaire de l'autorisation délivrée, la date, le lieu et les horaires de la manifestation.

L'absence de réponse de l'administration dans un délai de deux mois suivant la date de l'accusé de réception vaut acceptation de la demande.

L'autorisation est refusée si les conditions d'organisation de la manifestation ne garantissent pas le respect de l'ordre public, de la protection des mineurs et des dispositions du code de la santé publique relatives à la lutte contre l'alcoolisme.

CHAPITRE III PUBLICITÉ DES BOISSONS

SECTION PREMIÈRE PUBLICITÉ PAR VOIE DE RADIODIFFUSION SONORE

Art. R. 3323-1 La propagande et la publicité directe ou indirecte par voie de radiodiffusion sonore en faveur de boissons dont le degré volumique d'alcool est supérieur à 1,2 % ne sont autorisées que :

– le mercredi, entre 0 heure et 7 heures ;

– les autres jours, entre 0 heure et 17 heures.

SECTION II PUBLICITÉ À L'INTÉRIEUR DES LIEUX DE VENTE À CARACTÈRE SPÉCIALISÉ

Art. R. 3323-2 Les lieux de vente à caractère spécialisé mentionnés au 3° de l'article L. 3323-2 sont :

1° Les lieux de vente dont l'exploitant détient une licence l'autorisant à vendre des boissons alcooliques dans les conditions prévues aux articles L. 3331-1 à L. 3331-3, à l'exception des stations services ;

2° Les débits temporaires prévus aux articles L. 3334-1 et L. 3334-2 ;

3° Les installations permanentes de vente directe de boissons alcooliques par les exploitants agricoles.

Art. R. 3323-3 A l'intérieur des lieux de vente définis à l'article R. 3323-2, la dimension d'une affichette publicitaire en faveur d'une boisson alcoolique ne peut excéder 0,35 mètre carré.

Dans les salles des débits de boissons, des restaurants et des hôtels, des chevalets évoquant une boisson alcoolique peuvent être disposés sur un comptoir ou sur une table.

Ces affichettes et chevalets doivent être conformes aux prescriptions de l'article L. 3323-4.

Art. R. 3323-4 Dans les débits de boissons, restaurants et hôtels, les matériels, la vaisselle et les objets de toute nature strictement réservés au fonctionnement de l'établissement, à l'usage du personnel pendant ses activités professionnelles et à celui de

la clientèle lors de son passage ou de son séjour dans l'établissement, peuvent évoquer le nom d'une boisson alcoolique. Dans ce cas, ils ne peuvent être ni vendus, ni remis à titre gratuit au public.

Les terrasses des débits de boissons implantées sur le domaine public sont considérées comme une extension de l'établissement.

La publicité figurant sur les parasols ne peut comporter que le nom d'un producteur ou d'un distributeur de boisson alcoolique, ou la marque d'une telle boisson, à l'exclusion de tout slogan, au moyen d'une inscription n'excédant pas le tiers de la surface du parasol.

TITRE TROISIÈME DÉBITS DE BOISSONS

CHAPITRE PREMIER LIMITATION DU NOMBRE DES DÉBITS DE BOISSONS

Le présent chapitre ne comporte pas de dispositions réglementaires.

CHAPITRE II OUVERTURES, MUTATIONS ET TRANSFERTS

Les sections Ire, II et III deviennent respectivement les sections II, III et IV (Décr. no 2017-933 du 10 mai 2017, art. 2-1o).

SECTION PREMIÈRE DISPOSITIONS GÉNÉRALES

(Décr. no 2017-933 du 10 mai 2017, art. 2-1o-c)

Art. R. 3332-1 **La population prise en compte dans les communes touristiques pour l'application de l'article L. 3332-1 correspond au cumul, d'une part, de la population municipale totale, non comprise la population comptée à part, telle qu'elle résulte du dernier recensement, et, d'autre part, du nombre de touristes pouvant être hébergés déterminé par la somme :**

1o Du nombre de chambres en hôtellerie classée et non classée multiplié par deux ;
2o Du nombre de lits en résidence de tourisme ;
3o Du nombre de logements meublés de tourisme multiplié par quatre ;
4o Du nombre d'emplacements situés en terrain de camping multiplié par trois ;
5o Du nombre de lits en village de vacances et maisons familiales de vacances.

Le présent article n'est pas applicable à Saint-Pierre-et-Miquelon.

SECTION II DÉBITS EXPLOITÉS PAR LES ENTREPRISES DE TRANSPORTS AÉRIENS, MARITIMES, FLUVIAUX OU FERROVIAIRES

La section Ire devient la section II (Décr. no 2017-933 du 10 mai 2017, art. 2-1o).

Art. R. 3332-1-1 **Les débits installés à bord des aéronefs, navires, bateaux ou véhicules ferroviaires ne peuvent être exploités que pour le service des personnes transportées.**

Art. R. 3332-2 **S'agissant des débits exploités dans les aéronefs et véhicules ferroviaires, la déclaration prévue à l'article L. 3332-3 est faite au lieu où l'entreprise a son siège ou son principal établissement, ou, si le siège et le principal établissement sont à l'étranger, son principal établissement en France.**

S'agissant de débits exploités à bord des navires et bateaux, la déclaration est faite au lieu de l'immatriculation.

Art. R. 3332-3 **Sont regardés comme dépourvus de débits de boissons à consommer sur place au sens de l'article L. 3332-12, les aérodromes civils qui, pour chacune de leurs aérogares, ne comportent pas un débit de boissons.**

SECTION III PERMIS D'EXPLOITATION

(Décr. no 2007-911 du 15 mai 2007)

La section II devient la section III (Décr. no 2017-933 du 10 mai 2017, art. 2-1o).

Art. R. 3332-4 *(Décr. no 2011-869 du 22 juill. 2011, art. 2)* **Les organismes de formation mentionnés au** *(Décr. no 2013-191 du 4 mars 2013, art. 1er)* **« cinquième » alinéa de l'article L. 3332-1-1 doivent obtenir un agrément, délivré pour une durée de cinq ans, dans les conditions et selon les modalités fixées aux articles R. 3332-5 à R. 3332-7.**

Art. R. 3332-4-1 *(Décr. n° 2011-869 du 22 juill. 2011, art. 3)* A l'issue de la formation mentionnée au premier alinéa de l'article L. 3332-1-1, l'organisme agréé délivre aux personnes l'ayant suivie une attestation, dite "permis d'exploitation", conforme à un modèle normalisé. *(Décr. n° 2013-191 du 4 mars 2013, art. 2)* « Cette attestation vaut permis d'exploitation dans le cadre mentionné au premier alinéa de l'article L. 3332-1-1 et dans le cadre de l'activité de loueur de chambres d'hôtes au sens de l'article L. 324-3 du code du tourisme.

« Pour les personnes mentionnées à l'article L. 324-4 du code du tourisme ayant suivi la formation adaptée aux conditions spécifiques de leur activité mentionnée au deuxième alinéa de l'article R. 3332-7, l'organisme agréé délivre l'attestation précitée revêtue de la mention : "loueur de chambres d'hôtes". Cette attestation vaut permis d'exploitation dans le seul cadre de l'activité de loueur de chambres d'hôtes au sens de l'article L. 324-3 du code du tourisme. »

A l'issue de la formation mentionnée au deuxième alinéa de l'article L. 3332-1-1, l'organisme agréé délivre aux personnes l'ayant suivie une attestation, dite "permis de vente de boissons alcooliques la nuit", conforme à un modèle normalisé.

Les attestations mentionnées aux alinéas précédents comportent les informations suivantes :

1° Les nom, prénoms, adresse et date de naissance de la personne ayant suivi la formation ;

2° Le numéro d'enregistrement du permis et sa date d'expiration ;

3° Les dates et le lieu de la formation au titre de laquelle le permis est délivré ;

4° Le nom, le statut juridique et l'adresse de l'organisme agréé délivrant le permis ;

5° La signature et le cachet de l'organisme précité ;

6° La référence de l'arrêté portant agrément de l'organisme.

L'organisme de formation agréé transmet à fin de conservation, le cas échéant par voie électronique, un second exemplaire de l'une ou l'autre de ces attestations au préfet du département dans lequel le titulaire de l'attestation réside.

Si celui-ci exerce son activité dans un département distinct de celui de sa résidence, l'organisme de formation transmet dans les mêmes conditions un troisième exemplaire de l'attestation au préfet du département dans lequel exerce le titulaire.

Art. R. 3332-5 L'agrément est accordé au vu de la vérification :

— de la conformité du programme de formation proposé par l'organisme aux dispositions des articles L. 3332-1-1 et R. 3332-7 ; *(Décr. n° 2011-869 du 22 juill. 2011, art. 4-1°)* « le programme de formation est actualisé à chaque évolution de la législation et de la réglementation. Ce programme inclut une explication de la réglementation préfectorale ou municipale applicable au plan local en matière d'horaires d'ouverture des débits de boissons ou d'interdiction de vente de boissons alcooliques ; »

— de la teneur des moyens matériels et humains mis en œuvre en vue d'assurer la formation dans les conditions prévues par l'article R. 3332-7 ; *(Décr. n° 2011-869 du 22 juill. 2011, art. 4-2°)* « l'organisme comprend une équipe pédagogique spécialisée permanente qui inclut au moins un formateur titulaire d'un diplôme de droit du niveau master II ou, s'agissant de diplômes délivrés dans un autre État membre de l'Union européenne ou partie à l'accord sur l'Espace économique européen ou dans la Confédération suisse, titulaire d'un diplôme de droit du niveau master II ou du niveau immédiatement inférieur et un formateur justifiant d'une expérience professionnelle d'au moins cinq ans en relation directe avec la clientèle dans le secteur des cafés, hôtels, restaurants ou discothèques pour la formation mentionnée au premier alinéa de l'article L. 3332-1-1, ou dans le secteur du commerce de l'épicerie ou caviste pour la formation mentionnée au deuxième alinéa du même article ; »

— de l'existence du lien entre l'organisme de formation et le syndicat professionnel national qui le met en place, notamment la convention passée entre l'organisme et le syndicat ou la place du syndicat dans les instances dirigeantes de l'organisme de formation ; *— Les mots qui figurent au troisième tiret de l'art. ont été annulés par CE 2 déc. 2009, Sté Techniconform, n° 307542.*

— de la présence des éléments du dossier de demande énumérés à l'article R. 3332-6 et, pour ce qui concerne l'extrait de casier judiciaire prévu par cet article, de sa teneur.

Sur la légalité de l'art. R. 3332-5. Le CE a annulé les mots qui figurent au troisième tiret de l'art. R. 3332-5. En effet, le texte réserve aux syndicats professionnels nationaux la formation, laquelle est une activité de service au sens de l'art. 50 du traité instituant la Communauté européenne. En l'absence d'exigences d'intérêt général la justifiant, cette restriction à la libre prestation des services est prohibée par l'art. 49 dudit traité. • CE 2 déc. 2009, *Sté Techniconform*, n° 307542 : *Lebon T. 646 ; ibid. 658, AJDA 2010. 637* (V. aussi notes ss. les art. R. 3332-6 et R. 3332-8).

Art. R. 3332-6 Les demandes d'agrément comportent :

— le nom, le statut juridique et l'adresse de l'organisme ;

— l'extrait n° 3 du casier judiciaire du responsable de l'organisme, datant de moins de trois mois à la date de la demande ;

(Décr. n° 2011-869 du 22 juill. 2011, art. 5-1°) « — un formulaire par lequel l'organisme atteste de son indépendance économique avec tout établissement relevant du secteur des cafés, hôtels, restaurants et discothèques ainsi qu'avec toute entreprise ou organisme exerçant dans les secteurs de l'alcool ou du tabac ; »

— l'identité de chaque formateur ainsi que le titre justifiant de sa qualité ;

— le programme de formation prévu par l'organisme ;

— l'effectif prévu pour chaque session de formation ;

(Décr. n° 2011-869 du 22 juill. 2011, art. 5-2°) « — le module détaillé de la formation ;

« — les outils pédagogiques ;

« — les supports remis aux participants ; »

— le prix demandé à chaque participant ;

— le nombre, la date et le lieu des sessions prévues sur un an ;

— *(Abrogé par Décis. CE n° 307542 du 2 déc. 2009) « la convention avec le syndicat professionnel national qui met en place la formation ou les éléments permettant de contrôler l'existence d'un lien avec lui. » — V. note de jurisprudence ss. l'art. R. 3332-5.*

La demande de renouvellement d'agrément comporte en outre le calendrier des sessions réalisées et les effectifs accueillis.

Art. R. 3332-7 *(Décr. n° 2011-869 du 22 juill. 2011, art. 6)* I. — Le programme de la formation mentionnée au premier alinéa de l'article L. 3332-1-1 pour la délivrance d'un permis d'exploitation est constitué d'enseignements d'une durée minimale de vingt heures réparties sur au moins trois jours. Ces enseignements ne comportent aucune forme de propagande, de publicité, ni de promotion directe ou indirecte en faveur de boissons alcooliques ou de produits du tabac.

Par dérogation au premier alinéa, si l'intéressé justifie, à la date de l'ouverture, de la mutation, de la translation ou du transfert d'une expérience professionnelle de dix ans en qualité d'exploitant, la formation est d'une durée minimale de six heures.

(Décr. n° 2013-191 du 4 mars 2013, art. 3) « La formation, mentionnée au quatrième alinéa de l'article L. 3332-1-1, adaptée aux conditions spécifiques de l'activité des personnes qui offrent à la location une ou plusieurs chambres d'hôtes, est constituée d'enseignements d'une durée de sept heures effectuée en une journée. »

La formation dispensée pour la mise à jour des connaissances prévue au *(Décr. n° 2013-191 du 4 mars 2013, art. 3)* « huitième » alinéa de l'article L. 3332-1-1 en vue du renouvellement du permis d'exploitation est d'une durée minimale de six heures.

Ces formations comportent une partie théorique, relative à la connaissance de la législation et de la réglementation applicables aux débits de boissons à consommer sur place et aux restaurants, aux obligations en matière de santé publique et d'ordre public, ainsi qu'une partie pratique comprenant des mises en situation et une évaluation des connaissances acquises.

Le programme et l'organisation de ces formations sont précisés par arrêté conjoint des ministres chargés de la santé et de l'intérieur.

II. — Le programme des formations initiales et de mise à jour des connaissances mentionnées aux deuxième et *(Décr. n° 2013-191 du 4 mars 2013, art. 3)* « huitième » alinéas de l'article L. 3332-1-1 est constitué d'enseignements d'une durée de sept heures effectuée en une journée. Ces enseignements ne doivent comporter aucune forme de propagande, de publicité, ni de promotion directe ou indirecte en faveur des boissons alcooliques et des produits du tabac.

Ce programme comporte une partie théorique, relative à la connaissance de la législation et de la réglementation applicables au commerce de détail, à la vente à emporter et à la vente à distance, aux obligations en matière de santé publique et d'ordre public, ainsi qu'une partie pratique comprenant des mises en situation et une évaluation des connaissances acquises.

Le programme et l'organisation des formations sont précisés par arrêté conjoint des ministres chargés de la santé et de l'intérieur.

Art. R. 3332-8 *(Décr. nº 2013-191 du 4 mars 2013, art. 4)* L'organisme de formation agréé transmet au ministre de l'intérieur, au terme de chaque année de validité de l'agrément, un rapport comprenant notamment les éléments suivants :

1º La liste par département des centres de formation ;

2º Le nombre de sessions organisées ;

3º Le nombre de candidats formés et le nombre d'attestations, au sens de l'article R. 3332-4-1, délivrées au niveau national et départemental ;

4º Une analyse des difficultés rencontrées au cours des formations.

Art. R. 3332-9 Afin de permettre le contrôle du fonctionnement de l'organisme agréé, *(Décr. nº 2013-191 du 4 mars 2013, art. 5)* « le ministre de l'intérieur et » le représentant de l'État dans le département *(Décr. nº 2013-191 du 4 mars 2013, art. 5)* « ont accès » aux locaux affectés au déroulement des formations et aux documents afférents à ces formations.

(Décr. nº 2013-191 du 4 mars 2013, art. 5) « Lorsque les conditions de délivrance de l'agrément mentionnées à l'article R. 3332-5, le critère d'indépendance économique mentionné à l'article R. 3332-6 ou les obligations fixées à l'article R. 3332-7 ou à l'article R. 3332-8 ne sont pas respectées par l'organisme, l'agrément peut lui être retiré par arrêté du ministre de l'intérieur après que celui-ci l'a mis en mesure de présenter ses observations. »

SECTION IV TRANSFERTS DE DÉBITS DE BOISSONS *(Décr. nº 2007-794 du 10 mai 2007, art. 1er).*

La section III devient la section IV (Décr. nº 2017-933 du 10 mai 2017, art. 2-1º).

Art. D. 3332-10 *(Décr. nº 2009-1650 du 23 déc. 2009, art. 13)* Un débit de boissons à consommer sur place assorti d'une licence de deuxième, troisième ou quatrième catégorie peut être transféré sans limitation de distance au sein d'un hôtel classé au sens du chapitre Ier, titre Ier, livre III du code du tourisme ou d'un terrain de camping et caravanage classé au sens du chapitre II, titre III, livre III du code du tourisme, sous réserve que les locaux dans lesquels le débit sera exploité n'ouvrent pas directement sur la voie publique et qu'aucune publicité locale, relative audit débit, sous quelle que forme que ce soit, ne le signale.

CHAPITRE III PÉREMPTION DES LICENCES

Le présent chapitre ne comporte pas de dispositions réglementaires.

CHAPITRE IV DÉBITS TEMPORAIRES

Le présent chapitre ne comporte pas de dispositions réglementaires.

CHAPITRE V ZONES PROTÉGÉES

SECTION PREMIÈRE DÉTERMINATION DES ZONES DE PROTECTION

Art. D. 3335-1 Pour l'application de l'article L. 3335-2, le préfet établit des zones de protection dans les conditions fixées à la présente section.

Ces zones peuvent être différentes de celles qu'il détermine en application du dernier alinéa de l'article L. 3335-1.

Art. D. 3335-2 L'étendue des zones prévues autour des établissements mentionnés au 3º de l'article L. 3335-1 à protéger en vertu des dispositions de l'article L. 3335-2 peut varier selon la nature des établissements à protéger et selon l'importance de la commune où ils sont installés.

Art. D. 3335-3 Pour tenir compte des situations particulières à certaines communes, résultant notamment du nombre des établissements mentionnés au 3° de l'article L. 3335-1 à protéger en vertu des dispositions de l'article L. 3335-2, des dérogations aux arrêtés préfectoraux intervenus en application de l'article L. 3335-2 peuvent être accordées par arrêté du ministre chargé de la santé en ce qui concerne l'étendue des zones de protection.

SECTION II **OUVERTURES, MUTATIONS ET TRANSFERTS** *(Décr. n° 2017-933 du 10 mai 2017, art. 2-2°-a).*

Art. R. 3335-4 à R. 3335-14 *Abrogés par Décr. n° 2017-933 du 10 mai 2017, art. 2.*

Art. R. 3335-15 *(Abrogé par Décr. n° 2017-933 du 10 mai 2017, art. 2-2°)* ***« Sur avis de la commission mentionnée au deuxième alinéa de l'article L. 3332-11, »*** Le préfet peut déterminer par arrêté, dans certaines communes et sans préjudice des droits acquis, les distances en deçà desquelles des débits de boissons à consommer sur place *(Décr. n° 2017-933 du 10 mai 2017, art. 2-2°)* « des 3e » et 4e catégories ne peuvent être établis à proximité de débits des mêmes catégories déjà existants.

SECTION III **DÉROGATIONS TEMPORAIRES**

Art. D. 3335-16 Les dérogations mentionnées à l'article L. 3335-4 font l'objet d'arrêtés annuels du maire de la commune dans laquelle sera situé le débit de boissons dont l'ouverture temporaire est sollicitée.

Les demandes de dérogation ne sont recevables que si les fédérations sportives ou les groupements pouvant y prétendre les adressent au plus tard trois mois avant la date de la manifestation prévue. Ces demandes précisent la date et la nature des événements pour lesquels une dérogation est sollicitée.

Toutefois, en cas de manifestation exceptionnelle, le maire peut accorder une dérogation au vu de la demande adressée au moins quinze jours avant la date prévue de cette manifestation.

Art. D. 3335-17 Pour chaque dérogation sollicitée, la demande doit préciser les conditions de fonctionnement du débit de boissons et les horaires d'ouverture souhaités ainsi que les catégories de boissons concernées.

Il est statué sur ces points dans l'arrêté municipal d'autorisation.

Art. D. 3335-18 Tout établissement mentionné à l'article D. 3335-16 qui ouvre un débit de boissons sans l'autorisation du maire ou sans respecter les conditions fixées par la dérogation temporaire est soumis aux procédures énoncées aux articles 4 et 5 du décret n° 93-1101 du 3 septembre 1993 concernant la déclaration des établissements dans lesquels sont pratiquées des activités physiques et sportives et la sécurité de ces activités.

L'exploitation de ces débits de boissons temporaires, autorisés à titre dérogatoire, s'opère dans le cadre des obligations prévues par les articles 42-4 et 42-5 de la loi n° 84-610 du 16 juillet 1984 relative à l'organisation et à la promotion des activités physiques et sportives *[V. C. sport, art. L. 332-3 à L. 332-5].*

CHAPITRE VI **EXPLOITATION**

Le présent chapitre ne comporte pas de dispositions réglementaires.

TITRE QUATRIÈME **RÉPRESSION DE L'IVRESSE PUBLIQUE ET PROTECTION DES MINEURS**

CHAPITRE PREMIER **RÉPRESSION DE L'IVRESSE PUBLIQUE**

Le présent chapitre ne comporte pas de dispositions réglementaires.

CHAPITRE II **PROTECTION DES MINEURS**

Art. R. 3342-1 *(Décr. n° 2016-1329 du 6 oct. 2016, art. 1er)* Les objets visés par l'article L. 3342-1 sont les jeux, vêtements, accessoires de mode, éléments décoratifs, ustensiles et accessoires pour appareils électroniques dont la présentation, le logo, la dénomination ou le slogan incite directement à la consommation excessive d'alcool par un mineur.

TITRE CINQUIÈME DISPOSITIONS PÉNALES

CHAPITRE PREMIER BOISSONS

SECTION UNIQUE

Art. R. 3351-1 Le fait pour les entrepositaires non fabricants ou importateurs et les détaillants de mettre en vente ou d'offrir, à titre gratuit, des boissons alcooliques dont l'étiquette ne porte pas les indications requises ou porte des indications interdites par le livre III de la présente partie est puni de l'amende prévue pour les contraventions de la 2e classe.

Art. R. 3351-2 Le fait pour un débitant de boissons à consommer sur place de ne pas avoir installé un étalage de boissons non alcooliques mises en vente dans son établissement dans les conditions prévues à l'article L. 3323-1 est puni de l'amende prévue pour les contraventions de la 4e classe.

(Décr. n° 2010-465 du 6 mai 2010, art. 1er) « Le fait pour un débitant de boissons de ne pas proposer à prix réduit, dans des conditions équivalentes, les boissons non alcooliques énumérées au deuxième alinéa de l'article L. 3323-1, pendant la période restreinte prévue au dernier alinéa du même article durant laquelle il propose des boissons alcooliques à prix réduit, est puni de la même peine.

« Le fait pour ce débitant de ne pas annoncer la réduction de prix portant sur l'offre de boissons non alcooliques dans des conditions équivalentes à celles proposées pour les boissons alcooliques est puni de la même peine. »

CHAPITRE II DÉBITS DE BOISSONS

SECTION UNIQUE

Art. R. 3352-1 Le fait à l'occasion d'une foire, d'une vente ou d'une fête ouvertes au public, d'établir un débit de boissons, sans avoir obtenu l'autorisation de l'autorité municipale, est puni de l'amende prévue pour les contraventions de la 4e classe.

Art. R. 3352-2 Le fait d'établir un débit de boisson à consommer sur place *(Décr. n° 2017-933 du 10 mai 2017, art. 2-3°)* « des 3e » et 4e catégories sans respecter les distances déterminées par arrêté préfectoral avec les débits des mêmes catégories déjà existants est puni de l'amende prévue pour les contraventions de la 5e classe.

La récidive de la contravention prévue au présent article est réprimée conformément à l'article 132-11 du code pénal.

Art. R. 3352-3 Comme il est dit à l'article R. 4743-7 du code du travail ci-après reproduit :

Art. R. 4743-7 Le fait, pour un exploitant d'un débit de boissons à consommer sur place, sans avoir obtenu l'agrément prévu à l'article R. 4153-8, d'employer ou de recevoir en stage des mineurs, à l'exception du conjoint du débitant ou de ses parents ou alliés jusqu'au quatrième degré inclusivement, est puni de l'amende prévue pour les contraventions de la cinquième classe.

La récidive est réprimée conformément aux articles 132-11 et 132-15 du code pénal.

CHAPITRE III RÉPRESSION DE L'IVRESSE PUBLIQUE ET PROTECTION DES MINEURS

SECTION PREMIÈRE RÉPRESSION DE L'IVRESSE PUBLIQUE

Art. R. 3353-1 Le fait de se trouver en état d'ivresse manifeste dans les lieux mentionnés à l'article L. 3341-1 est puni de l'amende prévue pour les contraventions de la 2e classe.

Constatations du procès-verbal. L'ivresse manifeste est un fait matériel qui peut être constaté à l'aide du témoignage des sens sans qu'il soit nécessaire que le rapport, qui l'atteste, relate à l'appui des signes particuliers. • Crim. 24 avr. 1990 : *Bull. crim. n° 152.*

Art. R. 3353-2 Le fait pour les débitants de boissons de donner à boire à des gens manifestement ivres ou de les recevoir dans leurs établissements est puni de l'amende prévue pour les contraventions de la 4e classe.

Art. R. 3353-3 *Abrogé par Décr. n° 2010-465 du 6 mai 2010, art. 2.*

Art. R. 3353-4 *Abrogé par Décr. n° 2010-465 du 6 mai 2010, art. 2.*

Art. R. 3353-5 Le fait pour un débitant de boissons à consommer sur place ou à emporter de vendre au détail, à crédit, soit au verre, soit en bouteilles, des boissons des troisième, quatrième et cinquième groupes est puni de l'amende prévue pour les contraventions de la 4e classe.

Art. R. 3353-5-1 *(Décr. n° 2007-794 du 10 mai 2007, art. 1er)* Est puni de l'amende prévue pour les contraventions de la quatrième classe le fait de vendre des boissons alcoolisées à consommer sur place ou à emporter en violation des interdictions ou obligations édictées par arrêté.

Art. R. 3353-6 *Abrogé par Décr. n° 2010-465 du 6 mai 2010, art. 2.*

SECTION II PROTECTION DES MINEURS

Art. R. 3353-7 *(Décr. n° 2010-465 du 6 mai 2010, art. 2-2°)* I. – Est puni de l'amende prévue pour les contraventions de la deuxième classe le fait, pour un débitant de boissons :

1° De ne pas placer à l'endroit indiqué l'affiche prévue à l'article L. 3342-4 ;

2° D'apposer des affiches d'un autre modèle que celui défini au même article.

II. – Est puni de la même peine le fait de détruire, de lacérer ou d'altérer l'affiche mentionnée au 1° du I.

Art. R. 3353-8 Le fait pour un débitant de boissons de recevoir dans son établissement des mineurs de moins de seize ans non accompagnés de leur père, mère, tuteur ou de toute personne de plus de dix-huit ans en ayant la charge ou la surveillance, est puni de l'amende prévue pour les contraventions de la 4e classe.

Art. R. 3353-9 Dans les cas prévus à la présente section, le prévenu peut prouver qu'il a été induit en erreur sur l'âge du mineur ou sur la qualité ou l'âge de la personne l'accompagnant. S'il rapporte cette preuve, aucune peine ne lui est applicable.

CHAPITRE IV MESURES CONSERVATOIRES

SECTION UNIQUE

Art. R. 3354-1 Les vérifications médicales, cliniques et biologiques prévues à l'article L. 3354-1 et à l'article L. 234-5 du code de la route sont faites dans les conditions prévues au présent chapitre, sans préjudice de l'application de l'article 3 de la loi n° 70-597 du 9 juillet 1970 instituant un taux légal d'alcoolémie et généralisant le dépistage par l'air expiré.

Lorsque les vérifications sont faites au moyen d'un appareil permettant de déterminer le taux d'alcool par l'analyse de l'air expiré, ces vérifications sont effectuées dans les conditions prévues à l'article R. 234-4 du code de la route.

Preuve de l'état alcoolique. Les juges peuvent retenir à la charge du prévenu, au vu des preuves qui leur sont apportées au cours des débats et contradictoirement débattues devant eux, le taux d'alcoolémie du sang qui lui est le plus favorable, à la suite de prélèvements et d'analyses effectués dans les conditions prévues par les art. R. 14 s. C. déb. boiss. [CSP, art. R. 3354-1]. • Crim. 6 févr. 1992 : *Bull. crim. n° 59.*

Art. R. 3354-2 Les vérifications sont pratiquées sur la personne du ou des auteurs présumés de l'infraction ou de l'accident ainsi que, si cela est utile, sur la ou les victimes.

S'il n'y est pas procédé d'office, les mêmes vérifications peuvent être faites à la demande du ou des auteurs présumés ou de la ou des victimes, sur leur propre personne.

Art. R. 3354-3 Les vérifications comportent les opérations suivantes :

1° Examen clinique médical avec prise de sang ;

2° Analyse du sang ;

3° Interprétation médicale des résultats recueillis.

Elles sont précédées de l'examen de comportement prévu à l'article R. 3354-4.

Examen de comportement. Les dispositions de l'art. R. 16, dernier al., C. déb. boiss. [CSP, R. 3354-3] relatives au moment de réalisation de l'examen de comportement, ne sont pas prescrites à peine de nullité. • Crim. 27 mars 1996 : *Jurispr. auto 1996. 447.*

Art. R. 3354-4 L'officier ou agent de la police judiciaire appelé à constater l'infraction ou l'accident de la circulation procède sans délai sur les personnes mentionnées à l'article R. 3354-2 à un examen de comportement, dont le résultat est consigné sur une fiche d'examen de comportement dite fiche A et dont il conserve copie.

En cas de mort ou en cas de blessures graves empêchant de procéder à l'examen de comportement, cette fiche se borne à indiquer les circonstances de l'infraction ou de l'accident.

Fiches de comportement. Même en présence de fiches de comportement insuffisamment probantes et en l'absence de témoignages, une cour d'appel peut condamner un prévenu pour blessures involontaires commises sous l'empire d'un état alcoolique, en relevant que cet état est démontré par la présence dans le sang d'un taux d'alcool pur égal à 1,01 pour mille, révélé par l'analyse de contrôle. • Crim. 23 mars 1994 : *Bull. crim. n° 111.*

Art. R. 3354-5 L'examen clinique médical et la prise de sang sont effectués par un médecin ou, à défaut, par un interne ou par un étudiant en médecine autorisé à exercer la médecine à titre de remplaçant, dans les conditions fixées à l'article L. 4131-2, requis à cet effet par l'officier ou agent de la police judiciaire.

Qualité de l'auteur du prélèvement sanguin. Cassation de l'arrêt qui écarte les conclusions d'un prévenu qui soutenait que le prélèvement sanguin n'avait pas été effectué par un médecin, sans préciser si cette prise de sang avait été pratiquée par l'une des personnes énumérées par l'art. R. 18 C. déb. boiss. [CSP, art. R. 3354-5]. • Crim. 7 juin 1977 : *Bull. crim. n° 205.*

Art. R. 3354-6 L'examen clinique médical et la prise de sang sont effectués dans le plus court délai possible après l'infraction ou l'accident. Sauf le cas prévu à l'article R. 3354-10, ce délai ne dépasse pas six heures.

S'il ne peut y être procédé en temps utile, mention de cette circonstance est portée au procès-verbal.

Art. R. 3354-7 Le médecin effectue la prise de sang en se conformant aux méthodes prescrites par arrêté du ministre chargé de la santé, à l'aide d'un nécessaire pour prélèvement remis par l'officier ou l'agent de la police judiciaire qui assiste au prélèvement sanguin.

Art. R. 3354-8 Le sang prélevé est réparti également entre deux échantillons étiquetés et scellés par l'officier ou l'agent de la police judiciaire.

Art. R. 3354-9 Les résultats de l'examen clinique médical sont consignés sur une fiche d'examen clinique médical dite fiche B, que le médecin remet à l'officier ou à l'agent de la police judiciaire.

Art. R. 3354-10 En cas de mort, le prélèvement de sang et l'examen du corps sont effectués soit dans les conditions prévues à l'article R. 3354-5, au deuxième alinéa de l'article R. 3354-7, aux articles R. 3354-8 et R. 3354-9, soit par un médecin légiste, au cours de l'autopsie judiciaire.

Les méthodes particulières de prélèvement et de conservation du sang applicable en cas de mort sont fixées par arrêté du ministre chargé de la santé.

Art. R. 3354-11 Si les vérifications sont effectuées à la suite de la constatation d'un crime ou d'un délit mentionné à l'article L. 3354-1, l'officier ou l'agent de la police judiciaire adresse :

1° Le premier échantillon du sang prélevé accompagné de quatre exemplaires des fiches A et B à un biologiste expert inscrit sur la liste prévue à l'article R. 3354-20 ;

2° Le deuxième échantillon accompagné d'un exemplaire des fiches A et B à un autre biologiste expert inscrit sur la même liste et chargé de procéder éventuellement à l'analyse de contrôle.

Le biologiste expert chargé de l'analyse en consigne les résultats sur une fiche d'analyse de sang dite fiche C et adresse un exemplaire des fiches A, B et C directement sous pli fermé et timbre confidentiel, à l'intéressé, au procureur de la République du lieu du crime ou du délit. La fiche C est communiquée à l'officier ou agent de police judiciaire.

Art. R. 3354-12 Si les vérifications sont faites à la suite d'un accident de la circulation survenu dans les conditions prévues à l'article L. 3354-1, l'officier ou l'agent de police judiciaire adresse :

1° Le premier échantillon de sang prélevé accompagné de quatre exemplaires des fiches A et B au laboratoire d'un établissement *(Décr. n° 2016-1645 du 1er déc. 2016, art. 3-10°)* « de santé » ou à un biologiste expert inscrit sur la liste prévue à l'article R. 3354-20 ;

2° Le deuxième échantillon accompagné d'un exemplaire des fiches A et B à un autre biologiste expert inscrit sur la même liste et chargé de procéder éventuellement à l'analyse de contrôle.

Le laboratoire ou le biologiste expert qui a procédé à l'analyse en consigne les résultats sur la fiche C et adresse un exemplaire des fiches A, B et C directement sous pli fermé et timbre confidentiel à l'intéressé, au *(Décr. n° 2010-344 du 31 mars 2010, art. 101)* « préfet et au procureur de la République » du lieu de l'accident. La fiche C est communiquée à l'officier ou agent de police judiciaire.

Art. R. 3354-13 La recherche et le dosage d'alcool dans le sang sont pratiqués suivant les techniques prescrites par un arrêté du ministre chargé de la santé.

Preuve. Aucune disposition de la loi n'édicte que les résultats des analyses effectuées suivant les méthodes prévues par l'art. R. 25 C. déb. boiss. [R. 3354-13] s'imposent aux juges, lesquels conservent, aux termes de l'art. 427 C. pr. pén., le droit de se décider d'après leur intime conviction en fondant leur décision sur les preuves qui leur sont apportées au cours des débats et contradictoirement discutées devant eux. • Crim. 7 juin 1988 : *Bull. crim. n° 259.*

Art. R. 3354-14 Le procureur de la République, le juge d'instruction et la juridiction de jugement, ainsi que l'intéressé dans un délai de cinq jours suivant la notification des résultats de son analyse de sang ordonnée par l'une des autorités précitées, peuvent demander que soit pratiquée une analyse de contrôle.

Cette analyse est confiée au second biologiste expert mentionné au 2° des articles R. 3354-11 et R. 3354-12. Celui-ci pratique l'analyse de contrôle en se conformant aux méthodes prescrites par arrêté du ministre chargé de la santé et en communique les résultats à l'intéressé, au procureur de la République du lieu de l'infraction ou de l'accident, ainsi qu'à l'autorité qui l'a saisi. Il conserve l'échantillon de sang pendant neuf mois si l'analyse de contrôle ne lui est pas demandée.

Le procureur de la République transmet le résultat de l'analyse de contrôle, pour nouvel avis, au médecin expert inscrit sur la liste prévue à l'article R. 3354-20 et désigné par l'autorité judiciaire.

1. Analyse de contrôle. Le prévenu n'est pas admis à contester devant les juges du fond la régularité des vérifications biologiques auxquelles il a été soumis dès lors que, dans le délai de 5 jours de la notification du taux d'alcoolémie par lui présenté, il n'a pas réclamé l'analyse de contrôle prévue par l'art. R. 26 C. déb. boiss. [CSP, art. R. 3354-14]. • Crim. 19 déc. 1991 : *Bull. crim. n° 486 ; D. 1992. Somm. 319, obs. Pradel.*

2. Le prévenu est sans intérêt à se prévaloir d'une impossibilité de faire procéder à sa requête à une analyse du second échantillon de sang prélevé sur sa personne dès lors que celui-ci a déjà été analysé conformément à l'art. R. 26 C. déb. boiss. [CSP, art. R. 3354-14]. • Crim. 6 févr. 1992 : *Bull. crim. n° 59.*

3. Délai de 9 mois. Le délai de 9 mois prescrit par l'art. R. 26 c. déb. boiss. [CSP, art. R. 3354-14] n'est imposé au second biologiste expert mentionné à l'art. R. 24-1 (2°) [CSP, art. R. 3354-12] du même code que pour la seule conservation du second échantillon de sang dans le cas où l'analyse de contrôle ne lui est pas demandée. • Crim. 3 avr. 1990 : *Bull. crim. n° 145 ; D. 1990. IR 141.*

Art. R. 3354-15 Un médecin expert est chargé de donner son avis aux autorités judiciaires, près desquelles il exerce ses fonctions, sur l'imprégnation alcoolique des personnes qui ont subi les vérifications précédentes.

Après avoir pris connaissance des fiches A, B et C, il établit pour chaque affaire un rapport d'expertise où il expose son avis circonstancié et ses conclusions.

Art. R. 3354-16 Le médecin expert adresse le rapport, ainsi que les trois fiches A, B et C, au procureur de la République compétent, sous pli fermé et sous timbre confidentiel.

Il adresse également copie dans les mêmes conditions du rapport d'expertise au médecin inspecteur de santé publique du département du lieu de l'infraction ou de l'accident.

L'intéressé peut, sur demande adressée au procureur de la République, obtenir communication du rapport d'expertise. Les frais exigés par cette communication sont à la charge de l'intéressé.

Art. R. 3354-17 Les honoraires et indemnités de déplacement des médecins requis en application des dispositions des articles R. 3354-5 et R. 3354-10 sont calculés conformément aux articles R. 110, R. 111 et *(Décr. n° 2017-248 du 27 févr. 2017, art. 7)* « R. 117 » du code de procédure pénale.

Les frais afférents aux examens de laboratoire prévus aux articles R. 3354-11 à R. 3354-14 sont fixés conformément *(Décr. n° 2017-248 du 27 févr. 2017, art. 7)* « à l'article R. 118 » du code de procédure pénale.

Les honoraires alloués aux médecins experts mentionnés à l'article R. 3354-15 sont calculés *(Décr. n° 2017-248 du 27 févr. 2017, art. 7)* « conformément à » l'article R. 117 du code de procédure pénale.

Sur l'entrée en vigueur du Décr. n° 2017-248 du 27 févr. 2017, V. Décr. préc., art. 9 ⌂.

Art. R. 3354-18 Les dépenses mentionnées à l'article R. 3354-17 sont des frais de justice criminelle, correctionnelle et de police.

Le paiement de ces frais a lieu conformément aux dispositions du titre X du livre V du code de procédure pénale.

Art. R. 3354-19 Le ministre chargé de la santé fixe par arrêté les modèles des fiches A, B et C.

Art. R. 3354-20 Sont inscrits, sous une rubrique spéciale, sur la liste d'experts dressée par chaque cour d'appel en application des dispositions de l'article 157 du code de procédure pénale, au moins deux biologistes experts chargés d'effectuer les analyses prévues aux articles R. 3354-13 et R. 3354-14 ainsi qu'un ou plusieurs médecins experts dont les attributions sont prévues à l'article R. 3354-15.

L'inscription des biologistes et médecins experts sur cette liste, ainsi que, le cas échéant, leur non-réinscription ou leur radiation en cours d'année, s'opèrent selon les modalités et dans les conditions prévues par le décret n° *(Décr. n° 2010-344 du 31 mars 2010, art. 101)* « 2004-1463 du 23 décembre 2004 » relatif aux experts judiciaires.

Lorsqu'un militaire a commis une infraction mentionnée à l'article L. 3354-1 dans le service ainsi que dans les enceintes militaires, sans qu'une personne civile puisse être mise en cause, les opérations définies aux articles R. 3354-11 à R. 3354-16 peuvent être effectuées par des biologistes et des médecins-experts militaires, désignés par arrêté du ministre de la défense. Il est nommé dans le ressort *(Décr. n° 2015-211 du 25 févr. 2015, art. 27)* « de chaque zone terre ou de chaque arrondissement maritime » un biologiste et un médecin expert ainsi qu'un suppléant pour chacun d'eux.

Les dispositions de l'article R. 3354-17 ne sont pas applicables dans ce cas.

Art. R. 3354-21 Un arrêté des ministres de la justice, de la défense, de l'intérieur et du ministre chargé de la santé fixe les conditions de répartition et d'entretien du matériel servant aux prélèvements prévus à l'article R. 3354-7.

Art. R. 3354-22 Le non-respect des interdictions prévues à l'article L. 3354-3 est puni de l'amende prévue pour les contraventions de la 5e classe.

CHAPITRE V DISPOSITIONS COMMUNES

SECTION UNIQUE

Art. R. 3355-1 Les diligences mises à la charge du ministère public par le premier alinéa de l'article L. 3355-5 sont effectuées selon les modalités définies aux articles R. 51 et R. 51-1 du code de procédure pénale.

LIVRE QUATRIÈME LUTTE CONTRE LA TOXICOMANIE

TITRE PREMIER ORGANISATION DE LA PRISE EN CHARGE SANITAIRE DES TOXICOMANES

CHAPITRE PREMIER DISPOSITIONS GÉNÉRALES

SECTION PREMIÈRE CENTRES DE SOINS D'ACCOMPAGNEMENT ET DE PRÉVENTION EN ADDICTOLOGIE

(Décr. nº 2007-877 du 14 mai 2007, art. 1er)

Les art. D. 3411-1 à D. 3411-10 dans leur rédaction antérieure à la publication du présent décret restent applicables aux centres spécialisés de soins aux toxicomanes et centres de cure ambulatoire en alcoologie bénéficiant à la date du 1er janv. 2007 de l'autorisation prévue à l'art. L. 313-1 CASF jusqu'à leur autorisation en tant que centres de soins, d'accompagnement et de prévention en addictologie (Décr. nº 2007-877 du 14 mai 2007, art. 4, JO 15 mai).

Art. D. 3411-1 Les centres de soins, d'accompagnement et de prévention en addictologie assurent, pour les personnes ayant une consommation à risque, un usage nocif ou présentant une dépendance aux substances psychoactives ainsi que pour leur entourage :

1° L'accueil, l'information, l'évaluation médicale, psychologique et sociale et l'orientation de la personne ou de son entourage ;

Dans ce cadre, ils peuvent mettre en place des consultations de proximité en vue d'assurer le repérage précoce des usages nocifs.

2° La réduction des risques associés à la consommation de substances psychoactives ;

3° La prise en charge médicale, psychologique, sociale et éducative. Elle comprend le diagnostic, les prestations de soins, l'accès aux droits sociaux et l'aide à l'insertion ou à la réinsertion.

Les centres assurent le sevrage et son accompagnement, la prescription et le suivi des traitements médicamenteux, dont les traitements de substitution aux opiacés.

Ils peuvent également prendre en charge des personnes présentant des addictions sans substances.

Art. D. 3411-2 Les centres peuvent spécialiser leur activité de prise en charge en direction de personnes consommant des substances psychoactives illicites ou de l'alcool.

Dans ce cas, ils ne sont tenus de remplir les missions mentionnées au 2° et au 3° de l'article D. 3411-1 que pour les personnes qu'ils prennent en charge, y compris pour leurs consommations associées.

Art. D. 3411-3 Les centres assurent soit des prestations ambulatoires, soit des prestations en hébergement individuel ou collectif, soit ces deux prestations.

Art. D. 3411-4 Les centres s'assurent les services d'une équipe pluridisciplinaire dont la composition et le fonctionnement sont conformes aux objectifs du projet d'établissement et permettent sa mise en œuvre.

Art. D. 3411-5 Le directeur ou le responsable du centre a la responsabilité générale du fonctionnement du centre. Il assure, lui-même ou, le cas échéant, par délégation, dans le respect des compétences et des règles déontologiques des différents professionnels, la cohérence d'ensemble de l'activité des personnels ainsi que la coordination avec les intervenants extérieurs.

La responsabilité des activités médicales est assurée par un médecin.

Art. D. 3411-6 Les établissements expérimentaux au sens du 12° de l'article L. 312-1 du code de l'action sociale et des familles, dénommés communautés thérapeutiques, peuvent être autorisés en tant que centre de soins, d'accompagnement et de prévention en addictologie.

Dans ce cas, les centres ne sont pas tenus d'assurer la prescription de traitement de substitution mentionnée au 3° de l'article D. 3411-1.

Art. D. 3411-7 Les centres participent au dispositif de recueil d'information et de veille permettant de mieux connaître les besoins des personnes en matière de prise en charge.

Art. D. 3411-8 Les centres peuvent participer à des actions de prévention, de formation, de recherche en matière de pratiques addictives. Ils peuvent également les mettre en œuvre. Lorsque ces actions sont organisées par des personnes morales, celles-ci rémunèrent l'intervention du centre.

Art. D. 3411-9 *(Décr. nº 2009-743 du 19 juin 2009)* Lorsque le centre s'approvisionne en application du 6° de l'article R. 5124-45 du présent code, la détention, le contrôle, la gestion et la dispensation des médicaments sont assurés par un pharmacien inscrit au tableau de la section E ou de la section H de l'Ordre national des pharmaciens, ou à défaut par un médecin intervenant dans le centre, nommément désigné, autorisé par le *(Décr. nº 2010-344 du 31 mars 2010, art. 102)* « directeur général de l'agence régionale de santé ».

Art. D. 3411-10 *(Décr. nº 2009-743 du 19 juin 2009)* Les médicaments sont détenus dans un lieu auquel n'ont pas librement accès les personnes étrangères à l'organisme et conservés dans les conditions prévues par l'autorisation de mise sur le marché, sous la responsabilité du pharmacien ou du médecin autorisé par le *(Décr. nº 2010-344 du 31 mars 2010, art. 102)* « directeur général de l'agence régionale de santé ».

Un état annuel des entrées et sorties des médicaments est adressé au pharmacien *(Décr. nº 2010-344 du 31 mars 2010, art. 102)* « de l'agence régionale de santé désigné par le directeur général de l'agence parmi les agents mentionnés aux articles L. 1421-1 et L. 1435-7 ».

SECTION II COMITÉ INTERMINISTÉRIEL DE LUTTE CONTRE LES DROGUES ET LES CONDUITES ADDICTIVES *(Décr. nº 2014-322 du 11 mars 2014, art. 1er-1º)*.

Art. D. 3411-11 Le *(Décr. nº 2014-322 du 11 mars 2014, art. 1er-2º)* « Comité interministériel de lutte contre les drogues et les conduites addictives » prépare les décisions du Gouvernement, sur le plan national et international, en ce qui concerne la lutte contre, d'une part, la production, la transformation, le transport, la revente des produits stupéfiants et les transactions financières qui s'y rapportent, et, d'autre part, la consommation de ces produits.

A cette fin, il favorise la prévention, les soins, l'insertion sociale, l'information, la recherche, la coopération internationale et la formation des personnes intervenant dans la lutte contre la drogue et la toxicomanie.

En outre, ce comité contribue à l'élaboration de la politique du Gouvernement dans le domaine de la prévention, de la prise en charge, de l'éducation et de l'information en matière de dépendances dangereuses pour la santé ou la sécurité publiques.

Légalité du Décr. nº 2014-322 du 11 mars 2014. *V.* • CE 9 avr. 2015, *Assoc. Parents contre la drogue*, nº 379403.

Art. D. 3411-12 Le comité comprend, sous la présidence du Premier ministre :

1° Le ministre des affaires étrangères ;
2° Le ministre chargé des affaires européennes ;
3° Le ministre chargé des affaires sociales ;
4° Le ministre chargé de l'agriculture ;
5° Le ministre chargé du budget ;
6° Le ministre chargé de la coopération ;
7° Le ministre chargé de la culture ;
8° Le ministre de la défense ;

9° Le ministre de l'économie et des finances ;
10° Le ministre chargé de l'éducation ;
11° Le ministre chargé de l'enseignement supérieur ;
12° Le ministre chargé de l'industrie ;
13° Le ministre de l'intérieur ;
14° Le ministre chargé de la jeunesse ;
15° Le ministre de la justice ;
16° Le ministre chargé de l'outre-mer ;
17° Le ministre chargé de la recherche ;
18° Le ministre chargé de la santé ;
19° Le ministre chargé des sports ;
20° Le ministre chargé des transports ;
21° Le ministre chargé du travail ;
22° Le ministre chargé de la ville.

D'autres ministres peuvent être appelés à siéger à ce comité, selon les questions inscrites à l'ordre du jour.

(Décr. n° 2011-199 du 22 févr. 2011) « Le Premier ministre peut confier la présidence du comité interministériel au ministre de l'intérieur lorsque ce comité examine des questions relatives à la lutte contre le trafic de drogue. »

Le secrétariat du comité est assuré par le secrétariat général du Gouvernement.

SECTION III MISSION INTERMINISTÉRIELLE

Art. D. 3411-13 *(Décr. n° 2014-322 du 11 mars 2014, art. 1er-3°)* « Une mission interministérielle de lutte contre les drogues et les conduites addictives, placée sous l'autorité du Premier ministre, anime et coordonne les actions de l'État en matière de lutte contre l'usage nocif des substances psychoactives et les conduites addictives, tant dans le champ de la réduction de l'offre que dans celui de la réduction de la demande.

« A ce titre, elle intervient en particulier dans les domaines de l'observation, de l'information et de la prévention, de la prise en charge et de la réduction des risques sanitaires et des dommages sociaux, de la lutte contre les trafics, de la recherche et de la formation.

« En lien avec le secrétariat général des affaires européennes et le ministère des affaires étrangères, elle contribue à l'élaboration de la position française en matière de lutte contre les drogues et les conduites addictives dans les instances européennes et internationales. »

La mission prépare les délibérations du comité interministériel et veille à leur exécution.

Légalité du Décr. n° 2014-322 du 11 mars 2014. V. note ss. art. D. 3411-11.

Art. D. 3411-14 Le président de la mission est nommé par décret. Il est assisté d'un délégué nommé, sur sa proposition, par arrêté du Premier ministre.

Le président de la mission est rapporteur général du comité interministériel. Le délégué assiste également aux réunions de celui-ci.

Art. D. 3411-15 Pour l'exercice de ses attributions, le président de la mission dispose d'un comité permanent, dont il assure la présidence et qui comprend un ou plusieurs représentants de chacun des ministres mentionnés à l'article *(Décr. n° 2014-322 du 11 mars 2014, art. 2-II)* « D. 3411-12 ».

D'autres ministres peuvent être appelés à s'y faire représenter, selon les questions *inscrites* à l'ordre du jour.

Le comité permanent se réunit sur convocation de son président, qui fixe l'ordre du jour.

Art. D. 3411-16 La mission bénéficie, pour assurer son fonctionnement, d'emplois permanents et de personnels mis à sa disposition par les départements ministériels ou établissements publics.

CHAPITRE II PERSONNES SIGNALÉES PAR LES SERVICES MÉDICAUX ET SOCIAUX

Le présent chapitre ne comporte pas de dispositions réglementaires.

CHAPITRE III PERSONNES SIGNALÉES PAR L'AUTORITÉ JUDICIAIRE

(Décr. n° 2008-364 du 16 avr. 2008)

SECTION PREMIÈRE LES MÉDECINS RELAIS

Art. R. 3413-1 Une liste départementale des médecins relais habilités à procéder au suivi des mesures d'injonction thérapeutique en application de l'article L. 3413-1 est établie par le *(Décr. n° 2010-344 du 31 mars 2010, art. 103)* « directeur général de l'agence régionale de santé », après avis conforme du procureur général près la cour d'appel. Elle est révisée annuellement.

Art. R. 3413-2 Peuvent être inscrits sur la liste départementale, à leur demande ou avec leur accord, les médecins :

1° Inscrits à un tableau de l'ordre ou, après autorisation du ministre de la défense, appartenant aux cadres actifs du service de santé des armées, depuis au moins trois ans ;

2° N'ayant pas fait l'objet d'une condamnation inscrite au bulletin n° 2 du casier judiciaire pour des agissements contraires à l'honneur, à la probité ou aux bonnes mœurs ;

Le *(Décr. n° 2010-344 du 31 mars 2010, art. 103)* « directeur général de l'agence régionale de santé » s'assure du respect de cette condition en demandant communication du bulletin n° 2 du casier judiciaire au casier judiciaire national automatisé, par un moyen de télécommunication sécurisé.

3° N'ayant pas fait l'objet d'une sanction devenue définitive d'interdiction temporaire ou permanente, assortie ou non du sursis, mentionnée à l'article L. 4124-6 du présent code ou à l'article L. 145-2 du code de la sécurité sociale ou n'étant pas l'objet d'une suspension d'un exercice en cours au titre des articles L. 4113-14 et R. 4124-3.

Art. R. 3413-3 En vue d'être habilité en qualité de médecin relais, l'intéressé adresse au *(Décr. n° 2010-344 du 31 mars 2010, art. 103)* « directeur général de l'agence régionale de santé » un dossier composé :

1° D'un état relatif à ses activités professionnelles, lieux et dates d'exercice ;

2° D'une attestation justifiant que les conditions fixées aux 1° et 3° de l'article R. 3413-2 sont remplies. Cette attestation est délivrée, selon les cas, par le conseil départemental de l'Ordre des médecins ou par le service de santé des armées.

Par dérogation à l'art. L. 231-1 CRPA, le silence gardé par l'administration pendant deux mois vaut décision de rejet pour une demande de délivrance d'une attestation justifiant que les conditions requises par les 1° et 3° de l'article R. 3413-2, pour être habilité en tant que médecin relais, sont remplies. Ce délai peut être modifié par décret en Conseil d'État.

Art. R. 3413-4 La radiation d'un médecin relais de la liste départementale est prononcée par le *(Décr. n° 2010-344 du 31 mars 2010, art. 103)* « directeur général de l'agence régionale de santé » :

1° Dès lors que l'une des conditions prévues à l'article R. 3413-2 cesse d'être remplie ;

2° Après avis conforme du procureur général près la cour d'appel, sur demande motivée du procureur de la République, du juge des libertés et de la détention, du juge d'instruction, du juge des enfants ou du juge de l'application des peines, si le médecin relais ne satisfait pas à ses obligations ou ne s'en acquitte pas dans les délais requis.

Préalablement à la décision de radiation, le médecin relais est mis en mesure de faire connaître ses observations.

Le procureur général informe les magistrats concernés de la mesure de radiation.

Art. R. 3413-5 Un médecin relais peut demander au *(Décr. n° 2010-344 du 31 mars 2010, art. 103)* « directeur général de l'agence régionale de santé » son retrait de la liste par lettre recommandée avec accusé de réception. Il en informe sans délai les magistrats chargés de suivre les dossiers des personnes pour lesquelles il avait été désigné médecin relais, ainsi que les médecins que ces personnes ont choisis pour leur prise en charge médicale.

Le retrait prend effet au terme d'un délai de trois mois à compter de la date de réception de la demande.

Art. R. 3413-6 Ne peut être désigné comme médecin relais, pour une personne déterminée, un médecin :

– qui présente avec la personne soumise à une mesure d'injonction thérapeutique un lien de parenté ou d'alliance jusqu'au quatrième degré ou un lien de hiérarchie ;

– ou qui est le médecin traitant de cette personne au sens de l'article L. 162-5-3 du code de la sécurité sociale ou qui lui dispense habituellement des soins.

Le médecin relais ne peut assurer le traitement ou la surveillance médicale de la personne soumise à la mesure d'injonction thérapeutique.

Art. R. 3413-7 Lorsque le nombre de médecins relais inscrits sur la liste paraît insuffisant, le *(Décr. n° 2010-344 du 31 mars 2010, art. 103)* « directeur général de l'agence régionale de santé » peut désigner, sauf refus de sa part, un médecin relais inscrit sur la liste établie dans un autre département.

A défaut, il désigne, sur avis conforme du procureur général près la cour d'appel, pour une durée qui ne peut excéder un an, un médecin remplissant les conditions définies à l'article R. 3413-2 après avoir préalablement recueilli son accord.

Dans les cas mentionnés aux articles R. 3413-4 et R. 3413-5 ainsi qu'en cas d'empêchement, le *(Décr. n° 2010-344 du 31 mars 2010, art. 103)* « directeur général de l'agence régionale de santé » désigne un autre médecin relais.

Art. R. 3413-8 Les médecins relais perçoivent, pour chaque personne suivie par eux, une indemnité forfaitaire, dans des conditions prévues par arrêté conjoint des ministres chargés du budget et de la santé.

Art. R. 3413-9 Les fonctions de médecin relais exercées par un praticien hospitalier à temps plein le sont dans le cadre des missions définies au 5° de l'article R. 6152-24 ou de l'article 6 du décret n° 84-135 du 24 février 1984 portant statut des personnels enseignants et hospitaliers des centres hospitaliers et universitaires.

SECTION II LE DÉROULEMENT DE L'INJONCTION THÉRAPEUTIQUE

Art. R. 3413-10 L'autorité judiciaire informe le préfet *(Décr. n° 2010-344 du 31 mars 2010, art. 104)* « et le directeur général de l'agence régionale de santé » des mesures d'injonction thérapeutique prononcées par elle dans un délai de quinze jours à compter de la notification de la mesure et *(Décr. n° 2010-344 du 31 mars 2010, art. 104)* « leur » transmet la copie des pièces de la procédure qu'elle estime utiles.

Le *(Décr. n° 2010-344 du 31 mars 2010, art. 104)* « directeur général de l'agence régionale de santé » communique ces pièces sans délai au médecin relais qu'il a désigné pour procéder à l'examen médical de l'intéressé.

Art. R. 3413-11 Le médecin relais procède à l'examen médical de l'intéressé dans le mois suivant la réception des pièces de la procédure.

Au vu de cet examen ainsi que des pièces transmises et, le cas échéant, du résultat de l'enquête mentionnée à l'article L. 3413-1, le médecin relais fait connaître à l'autorité judiciaire son avis motivé sur l'opportunité médicale de la mesure d'injonction thérapeutique.

S'il estime la mesure médicalement opportune, il fait part à l'intéressé des modalités d'exécution de l'injonction thérapeutique et l'invite à choisir immédiatement ou au plus tard dans un délai de dix jours un médecin destiné à assurer sa prise en charge *médicale*.

Art. R. 3413-12 Le médecin relais informe le médecin choisi par la personne faisant l'objet de l'injonction thérapeutique du cadre juridique dans lequel celle-ci s'inscrit.

Ce médecin confirme au médecin relais, par écrit et dans un délai de quinze jours, son accord pour prendre en charge cette personne. A défaut ou en cas de désistement, le médecin relais invite la personne à choisir un autre médecin.

Art. R. 3413-13 Lorsque la personne est mineure, le médecin qui assure sa prise en charge médicale est choisi par ses représentants légaux. L'accord du mineur sur ce choix doit être recherché.

Lorsque la personne est un majeur protégé, ce choix est effectué, dans les mêmes conditions, par l'administrateur légal ou le tuteur.

Art. R. 3413-14 Le médecin relais contrôle le déroulement des modalités d'exécution de la mesure d'injonction thérapeutique. Au troisième et au sixième mois de la mesure, il procède à un nouvel examen médical de l'intéressé, puis, si la mesure se poursuit, à de nouveaux examens à échéance semestrielle.

A l'issue de chaque examen, il informe l'autorité judiciaire de l'évolution de la situation médicale de l'intéressé. Cette information figure dans un rapport écrit mentionnant le type de mesure de soins ou de surveillance médicale mis en place, la régularité du suivi et, sous réserve du secret médical, tous autres renseignements permettant d'apprécier l'effectivité de l'adhésion de l'intéressé à cette mesure. Le médecin relais peut également conclure son rapport par une proposition motivée de modification, de prorogation ou d'arrêt de la mesure de soins ou de surveillance.

Si, au cours de l'exécution de la mesure d'injonction thérapeutique, l'intéressé souhaite changer de médecin ou si ce médecin ne souhaite plus assurer ce rôle, l'intéressé en informe le médecin relais. Le choix du nouveau médecin s'effectue dans les conditions prévues aux articles R. 3413-13 et R. 3413-14.

Art. R. 3413-15 Au terme de l'exécution de la mesure, le médecin relais détruit l'ensemble des pièces de procédure qui lui ont été adressées.

Lorsque l'autorité judiciaire décide de mettre fin à une mesure d'injonction thérapeutique, elle en informe le préfet *(Décr. n° 2010-344 du 31 mars 2010, art. 104)* « et le directeur général de l'agence régionale de santé, qui en informe le médecin relais ».

CHAPITRE IV PERSONNES SE PRÉSENTANT SPONTANÉMENT

Le présent chapitre ne comporte pas de dispositions réglementaires.

TITRE DEUXIÈME DISPOSITIONS PÉNALES ET MESURES D'ACCOMPAGNEMENT

CHAPITRE PREMIER PEINES APPLICABLES

(Décr. n° 2007-935 du 15 mai 2007)

Art. R. 3421-1 Dans les entreprises de transport terrestre, sont passibles des peines aggravées prévues au troisième alinéa de l'article L. 3421-1 les personnels exerçant des fonctions de conduite ou de pilotage ainsi que ceux affectés à la maintenance des dispositifs de sécurité des véhicules.

En outre, dans le transport ferroviaire, encourent les mêmes peines les personnels des entreprises de transport assurant la gestion du trafic et des circulations ainsi que ceux affectés au fonctionnement et à l'entretien des installations de sécurité des réseaux.

Art. R. 3421-2 Dans les entreprises de transport aérien, sont passibles des peines aggravées prévues au troisième alinéa de l'article L. 3421-1 les personnels exerçant les fonctions :

– de commandement et de conduite des aéronefs ;

– de service à bord des moteurs, machines et instruments divers nécessaires à la navigation de l'aéronef ;

– de maintenance de ces moteurs, machines et instruments.

Art. R. 3421-3 Dans les entreprises de transport maritime, sont passibles des peines aggravées prévues au troisième alinéa de l'article L. 3421-1 les personnels exerçant des fonctions de conduite ou de pilotage des navires, de maintenance ou de sécurité de la navigation.

Sont concernés par la présente disposition :

– le personnel exerçant la profession de marin à bord des navires ;

— le personnel employé à bord et désigné en vue d'exercer un rôle en matière de lutte contre l'incendie ou en matière d'évacuation du navire ;
— le personnel chargé de la sûreté à bord des navires.

CHAPITRE II MESURES D'ACCOMPAGNEMENT

Le présent chapitre ne comporte pas de dispositions réglementaires.

CHAPITRE III INJONCTION DU PROCUREUR DE LA RÉPUBLIQUE

Le présent chapitre ne comporte pas de dispositions réglementaires.

CHAPITRE IV *[ABROGÉ]* POUVOIRS DU JUGE D'INSTRUCTION OU DE LA JURIDICTION DE JUGEMENT

(Abrogé par Décr. n° 2008-364 du 16 avr. 2008)

SECTION UNIQUE *[ABROGÉE]*

Art. R. 3424-1 à R. 3424-10 *Abrogés par Décr. n° 2008-364 du 16 avr. 2008.*

LIVRE CINQUIÈME LUTTE CONTRE LE TABAGISME ET LUTTE CONTRE LE DOPAGE *(Décr. n° 2007-1133 du 24 juill. 2007, art. 5).*

TITRE PREMIER LUTTE CONTRE LE TABAGISME

(Décr. n° 2016-1117 du 11 août 2016, art. 1er)

CHAPITRE PREMIER DÉFINITIONS, INFORMATION ET PRÉVENTION

Art. R. 3511-1 I. — Est considérée comme fabricant de produits du tabac, de produits du vapotage ou de produits à fumer à base de plantes autres que le tabac toute personne physique ou morale qui fabrique un de ces produits ou fait concevoir ou fabriquer un de ces produits, et le commercialise sous son propre nom ou sa propre marque.

II. — Est considéré comme importateur de produits du tabac, de produits du vapotage ou de produits à fumer à base de plantes autres que le tabac le propriétaire ou une personne ayant le droit de disposition d'un de ces produits introduits sur le territoire de l'Union européenne.

Art. R. 3511-2 I. — Est considérée comme un additif une substance autre que du tabac qui est ajoutée au produit du tabac, à son conditionnement unitaire ou à tout emballage extérieur.

II. — Est considéré comme un arôme un additif conférant une odeur ou un goût à un produit du tabac, un produit du vapotage ou un produit à fumer à base de plantes autres que le tabac.

III. — Sont considérées comme des émissions les substances dégagées lorsqu'un produit du tabac, un produit du vapotage ou un produit à fumer à base de plantes autres que le tabac est utilisé aux fins prévues, telles que les substances contenues dans la fumée ou celles qui sont libérées lors de l'utilisation d'un produit du tabac sans combustion.

Art. D. 3511-3 *(Décr. n° 2016-1139 du 22 août 2016, art. 1er)* La date de la manifestation annuelle intitulée "Jour sans tabac" est fixée au 31 mai.

CHAPITRE II PRODUITS DU TABAC

SECTION PREMIÈRE DISPOSITIONS GÉNÉRALES

SOUS-SECTION 1 DÉFINITIONS

Art. R. 3512-1 Est considérée *[considéré]* comme un arôme caractérisant une odeur ou un goût clairement identifiable, autre que celle ou celui du tabac, provenant d'un additif ou d'une combinaison d'additifs, et qui est identifiable avant ou pendant la consommation du produit du tabac.

SOUS-SECTION 2 TRANSPARENCE

(*Décr. n° 2017-279 du 2 mars 2017, art. 1er*)

Art. R. 3512-1-1 Sont des activités d'influence et de représentation d'intérêts pour l'application de l'article L. 3512-7 les activités ayant pour objet d'influer sur la décision publique, notamment sur le contenu d'une loi ou d'un acte réglementaire en entrant en communication avec les personnes mentionnées au 3° du II de l'article L. 3512-7.

Art. R. 3512-1-2 Le rapport annuel mentionné à l'article L. 3512-7 comprend les informations suivantes :

1° La dénomination sociale, l'objet social et l'adresse du siège social du déclarant ;

2° Au titre des dépenses de rémunération des personnels employés en totalité ou en partie pour exercer les activités d'influence et de représentation d'intérêts :

a) Leur montant brut total arrondi à l'euro le plus proche, pour l'année ;

b) Le nombre total de personnels rémunérés et la quotité de leur temps de travail affectée à ces activités ;

3° Au titre des dépenses d'achats de prestations auprès des sociétés de conseil en activités d'influence ou de représentation d'intérêts :

a) Le montant annuel total, toutes taxes comprises arrondi à l'euro le plus proche, des achats de missions ou de prestations par société de conseil ;

b) La dénomination sociale, l'objet social et l'adresse du siège social de chaque société de conseil ;

4° Au titre des avantages mentionnés au 3° du II de l'article L. 3512-7 :

a) Le montant total annuel, toutes taxes comprises arrondi à l'euro le plus proche, des avantages alloués ou versés ;

b) Le nom, le prénom, la profession ou la fonction, et l'adresse professionnelle, lorsque le bénéficiaire est une personne physique ;

c) La dénomination sociale, l'objet social et l'adresse du siège social, lorsque le bénéficiaire est une personne morale ;

d) Le montant, toutes taxes comprises, arrondi à l'euro le plus proche, la date et la nature de chaque avantage perçu par le bénéficiaire au cours de l'année civile.

Sur la remise des rapports détaillant les dépenses, V. Décr. n° 2017-279 du 2 mars 2017, art. 2-II 🏛.

Art. R. 3512-1-3 (*Décr. n° 2017-279 du 2 mars 2017, art. 1er et 2-I, en vigueur au plus tard le 1er janv. 2018*) I — Les informations mentionnées à l'article R. 3512-1-2 sont transmises, en langue française, sous forme dématérialisée et sont rendues publiques sur un site internet public, selon des modalités précisées par arrêté du ministre chargé de la santé.

II. — L'arrêté du ministre chargé de la santé mentionné au I est pris après avis de la Commission nationale de l'informatique et des libertés. Il détermine les modalités de fonctionnement du site, notamment d'établissement, d'authentification et de transmission sécurisée des informations mentionnées à l'article R. 3512-1-2.

Sur les dispositions transitoires, V. Décr. n° 2017-279 du 2 mars 2017, art. 2-I 🏛.

Art. R. 3512-1-4 (*Décr. n° 2017-279 du 2 mars 2017, art. 1er et 2-I, en vigueur au plus tard le 1er janv. 2018*) Le rapport mentionné au I de l'article L. 3512-7 est transmis au ministre chargé de la santé au plus tard le 1er avril de l'année suivant l'année civile de réalisation des dépenses déclarées.

Art. R. 3512-1-5 (*Décr. n° 2017-279 du 2 mars 2017, art. 1er et 2-I, en vigueur au plus tard le 1er janv. 2018*) L'autorité responsable du site internet public rend publics les rapports mentionnés à l'article L. 3512-7 au plus tard le 1er juillet de l'année de réception de ces rapports. Ces rapports demeurent accessibles au public, dans les conditions prévues par l'article R. 3512-1-3, pendant une durée de cinq ans à compter de leur mise en ligne.

Art. R. 3512-1-6 I. – L'autorité responsable du site internet public prend les mesures techniques nécessaires pour assurer l'intégrité du site sur lequel elle rend publics les rapports mentionnés à l'article L. 3512-7, leur sécurité et la protection des seules données directement identifiantes rendues publiques mentionnées au 4° de l'article R. 3512-1-2 contre l'indexation par des moteurs de recherche externes. Elle assure l'information des personnes sur le recueil et la publicité des données les concernant.

II. – L'autorité responsable du site internet public se conforme aux dispositions de la loi n° 78-17 du 6 janvier 1978 relative à l'informatique, aux fichiers et aux libertés en accomplissant auprès de la Commission nationale de l'informatique et des libertés les formalités nécessaires pour les traitements de données qu'elle met en œuvre pour l'application de la présente section. Elle indique, sur le site internet public, la possibilité pour les personnes physiques mentionnées au *b* du 4° de l'article R. 3512-1-2 d'exercer leur droit de rectification des rapports les concernant et l'absence d'application du droit d'opposition.

III. – L'autorité responsable du site internet public conserve les données recueillies à cette fin, sur tout support, pendant une durée de dix ans à compter de la date à laquelle est intervenue leur dernière modification. Le droit d'accès prévu par l'article 39 de la loi du 6 janvier 1978 pour les personnes physiques mentionnées au *b* du 4° de l'article R. 3512-1-2 s'exerce auprès de l'autorité responsable du site internet public.

SOUS-SECTION 3 INTERDICTION DE FUMER DANS CERTAINS LIEUX COLLECTIFS

Art. R. 3512-2 L'interdiction de fumer dans les lieux affectés à un usage collectif mentionnée à l'article L. 3512-8 s'applique :

1° Dans tous les lieux fermés et couverts qui accueillent du public ou qui constituent des lieux de travail ;

2° Dans les moyens de transport collectif ;

3° Dans les espaces non couverts des écoles, collèges et lycées publics et privés, ainsi que des établissements destinés à l'accueil, à la formation ou à l'hébergement des mineurs ;

4° Dans les aires collectives de jeux telles que définies par le décret n° 96-1136 du 18 décembre 1996 fixant les prescriptions de sécurité relatives aux aires collectives de jeux.

Art. R. 3512-3 L'interdiction de fumer ne s'applique pas dans les emplacements mis à la disposition des fumeurs au sein des lieux mentionnés à l'article R. 3512-2 et créés, le cas échéant, par la personne ou l'organisme responsable des lieux.

Ces emplacements ne peuvent pas être aménagés au sein des établissements d'enseignement publics et privés, des centres de formation des apprentis, des établissements destinés à ou régulièrement utilisés pour l'accueil, la formation, l'hébergement ou la pratique sportive des mineurs, des aires collectives de jeux et des établissements de santé.

Art. R. 3512-4 Les emplacements réservés mentionnés à l'article R. 3512-3 sont des salles closes, affectées à la consommation de tabac et dans lesquelles aucune prestation de service*[s]* n'est délivrée. Aucune tâche d'entretien et de maintenance ne peut y être exécutée sans que l'air ait été renouvelé, en l'absence de tout occupant, pendant au moins une heure.

Ces emplacements doivent :

1° Être équipés d'un dispositif d'extraction d'air par ventilation mécanique permettant un renouvellement d'air minimal de dix fois le volume de l'emplacement par heure. Ce dispositif est entièrement indépendant du système de ventilation ou de climatisation d'air du bâtiment. Le local est maintenu en dépression continue d'au moins cinq pascals par rapport aux pièces communicantes ;

2° Être dotés de fermetures automatiques sans possibilité d'ouverture non intentionnelle ;

3° Ne pas constituer un lieu de passage ;

4° Présenter une superficie au plus égale à 20 % de la superficie totale de l'établissement au sein duquel les emplacements sont aménagés sans que la superficie d'un emplacement puisse dépasser 35 mètres carrés.

Art. R. 3512-5 L'installateur ou la personne assurant la maintenance du dispositif de ventilation mécanique atteste que celui-ci permet de respecter les exigences mentionnées au 1° de l'article R. 3512-4.

Le responsable de l'établissement est tenu de produire cette attestation à l'occasion de tout contrôle et de faire procéder à l'entretien régulier du dispositif.

Art. R. 3512-6 Dans les établissements dont les salariés relèvent du code du travail, le projet de mettre un emplacement à la disposition des fumeurs et ses modalités de mise en œuvre sont soumis à la consultation du comité d'hygiène et*[,]* de sécurité et des conditions de travail ou, à défaut, des délégués du personnel et du médecin du travail.

Dans les administrations et établissements publics dont les personnels relèvent des titres Ier à IV du statut général de la fonction publique, le projet de mettre un emplacement à la disposition des fumeurs et ses modalités de mise en œuvre sont soumis à la consultation du comité d'hygiène et de sécurité ou, à défaut, du comité technique.

Les consultations mentionnées aux alinéas précédents sont renouvelées tous les deux ans.

Art. R. 3512-7 Dans les lieux mentionnés à l'article R. 3512-2, une signalisation apparente rappelle le principe de l'interdiction de fumer. Un modèle de signalisation accompagné d'un message sanitaire de prévention est déterminé par arrêté du ministre chargé de la santé.

Le même arrêté fixe le modèle de l'avertissement sanitaire à apposer à l'entrée des espaces mentionnés à l'article R. 3512-3.

Art. R. 3512-8 Les dispositions de la présente sous-section s'appliquent sans préjudice des dispositions législatives et réglementaires relatives à l'hygiène et à la sécurité, notamment celles du titre III du livre II du code du travail.

Art. R. 3512-9 Les mineurs ne peuvent accéder aux emplacements mentionnés au premier alinéa de l'article R. 3512-3.

SECTION II MODALITÉS DE VENTE

Art. D. 3512-9-1 *(Décr. n° 2016-1139 du 22 août 2016, art. 2)* Une affiche rappelant les dispositions de l'article L. 3512-12 est placée à la vue du public dans les établissements des débitants de tabac, des titulaires du statut d'acheteur-revendeur et des revendeurs, mentionnés au premier alinéa de l'article 568 du code général des impôts.

Le modèle de cette affiche est déterminé par arrêté conjoint du ministre chargé des douanes et des droits indirects et du ministre chargé de la santé.

SECTION III INGRÉDIENTS ET ÉMISSIONS

SOUS-SECTION 1 CONDITIONS D'AGRÉMENT

Art. D. 3512-9-2 *(Décr. n° 2016-1139 du 22 août 2016, art. 3)* L'agrément pour la réalisation des analyses mentionnées à l'article L. 3512-15 est délivré pour une durée maximale de cinq ans par l'établissement public mentionné à cet article. Il est renouvelable dans les mêmes conditions.

L'agrément est publié sur le site internet du ministère chargé de la santé et la liste des laboratoires agréés est transmise par le ministère chargé de la santé à la Commission européenne.

Art. D. 3512-9-3 *(Décr. n° 2016-1139 du 22 août 2016, art. 3)* L'agrément est délivré selon les critères suivants :

1° Présenter et conserver toutes les garanties de confidentialité, d'impartialité, d'intégrité et d'indépendance. En particulier, le laboratoire agréé et son personnel ne doivent pas être engagés dans des activités incompatibles avec leur indépendance de jugement et leur intégrité en ce qui concerne les activités d'analyses pour lesquelles le laboratoire est agréé. Le laboratoire agréé ne doit pas appartenir à un fabricant, à un importateur, à un distributeur ou à un détaillant de produits du tabac et ne doit pas être contrôlé, directement ou indirectement, par celui-ci. A ce titre, le chiffre d'affaires d'un laboratoire agréé ne doit pas provenir de manière significative de relations commerciales avec des fabricants, importateurs, distributeurs ou détaillants de produits du tabac ;

2° Disposer des compétences et de l'équipement nécessaires à la réalisation des analyses mentionnées à l'article L. 3512-15 ;

3° A la date de dépôt de la demande d'agrément, être accrédité selon la norme NF EN ISO/CEI 17025 par le Comité français d'accréditation (COFRAC) ou par tout autre organisme d'accréditation équivalent européen signataire de l'accord multilatéral pris dans le cadre de la coordination européenne des organismes d'accréditation, pour la réalisation des prélèvements et analyses faisant l'objet de la demande d'agrément.

Sur le dossier demande d'agrément, V. Décr. n° 2016-1139 du 22 août 2016, annexes I à III.

Art. D. 3512-9-4 *(Décr. n° 2016-1139 du 22 août 2016, art. 3)* I. — Le laboratoire agréé informe sans délai l'établissement public mentionné à l'article L. 3512-15 de toute situation susceptible de ne plus lui permettre de satisfaire à une ou *[à]* plusieurs conditions de l'agrément.

Le défaut de conformité à une ou *[à]* plusieurs conditions de l'agrément, le retard de transmission de cette information à l'établissement public susmentionné, ainsi que les fausses déclarations constituent des motifs de suspension ou de retrait de l'agrément. La décision de retrait d'agrément est prise par l'établissement public. Au préalable, le laboratoire concerné est mis en demeure de présenter ses observations.

II. — L'établissement public mentionné à l'article L. 3512-15 évalue les éléments fournis par le laboratoire lors de sa demande d'agrément et à chaque demande de renouvellement de celui-ci. Il peut demander à celui-ci tout élément complémentaire nécessaire pour effectuer cette évaluation.

V. note ss. art. D. 3512-9-3.

Art. D. 3512-9-5 *(Décr. n° 2016-1139 du 22 août 2016, art. 3)* I. — La demande d'agrément, accompagnée des informations et pièces figurant à l'annexe I, est adressée par le responsable du laboratoire à l'établissement public mentionné à l'article L. 3512-15.

Cette demande, accompagnée des informations et pièces demandées, est déposée au plus tard le 30 juin de l'année civile précédant l'année à compter de laquelle l'agrément est sollicité.

II. — Toute demande de renouvellement ou de modification d'agrément, accompagnée des informations et pièces prévues à l'annexe II ou à l'annexe III du présent décret, est adressée par le responsable du laboratoire à l'établissement public visé au I, au plus tard 180 jours avant la date d'expiration de l'agrément ou avant la date envisagée de la mise en application des modifications demandées.

III. — Les informations et pièces fournies par le responsable du laboratoire en vue de la demande d'agrément, de son renouvellement ou de sa modification sont rédigées en langue française.

V. note ss. art. D. 3512-9-3.

Sur la dérogation au délai prévu à l'art. D. 3512-9-5, V. Décr. n° 2016-1139 du 22 août 2016, art. 8.

Art. D. 3512-9-6 *(Décr. n° 2016-1139 du 22 août 2016, art. 3)* Un laboratoire disposant d'établissements implantés sur plusieurs sites géographiques distincts sur lesquels interviennent des équipes différentes dépose une demande d'agrément pour chacun d'entre eux.

V. note ss. art. D. 3512-9-3.

Art. D. 3512-9-7 *(Décr. n° 2016-1139 du 22 août 2016, art. 3)* Aux fins de contrôle, le laboratoire agréé adresse à l'établissement public mentionné à l'article L. 3512-15 *les résultats des analyses prévues* par cet article, conformément aux spécifications techniques de transmission informatique et de présentation des résultats d'analyse *[analyses]* précisées par celui-ci.

Le laboratoire informe sans délai l'établissement public susmentionné de toute anomalie ou non-conformité des résultats d'analyses.

V. note ss. art. D. 3512-9-3.

SOUS-SECTION 2 INTERDICTIONS, DÉCLARATIONS ET NOTIFICATIONS

Art. R. 3512-10 La suspicion de la présence d'un arôme caractérisant dans un produit du tabac peut être signalée au ministre chargé de la santé par toute personne physique ou morale. Le ministre chargé de la santé demande aux fabricants et importateurs de lui faire part de leur évaluation du produit concerné.

Lorsque le ministre chargé de la santé estime, après enquête, qu'un produit contient un arôme caractérisant, il en informe les fabricants et importateurs et leur donne la possibilité de présenter des observations écrites.

En application du 1° du I de l'article L. 3512-16, le ministre chargé de la santé interdit par arrêté la référence de produit du tabac contenant un arôme caractérisant. Cette décision est notifiée aux fabricants et aux importateurs des produits du tabac concernés.

Art. R. 3512-11 I. — La déclaration mentionnée au I de l'article L. 3512-17 comprend les éléments suivants :

1° Les raisons de la présence des ingrédients dans le produit ;

2° La quantité exacte établie par ordre décroissant du poids de chaque ingrédient inclus dans le produit ;

3° Les niveaux d'émissions de goudron, de nicotine et de monoxyde de carbone ;

4° Lorsque ces données sont disponibles, les informations sur d'autres émissions, leurs niveaux et les méthodes de mesure employées ;

5° Les données toxicologiques pertinentes pour ces ingrédients, avec et sans combustion, selon le cas. Ces données sont précisées pour toutes les étapes de fabrication des produits du tabac. Elles comprennent la toxicité de ces ingrédients, c'est-à-dire la mesure dans laquelle une substance peut produire des effets nocifs sur l'organisme humain, y compris des effets apparaissant dans la durée en raison d'une consommation ou d'une exposition répétée ou continue ;

6° Les données concernant les effets sur la santé des consommateurs en tenant compte des propriétés créant une dépendance.

Les éléments mentionnés au 5° et au 6° sont accompagnés du résumé des méthodes d'analyse utilisées et de leurs résultats et sont transmis conformément à un format commun de déclaration.

II. — Toute modification dans la composition du produit qui a une répercussion sur l'information communiquée fait l'objet d'une déclaration modificative avant la mise sur le marché du produit modifié.

Art. R. 3512-12 I. — Les études mentionnées au II de l'article L. 3512-17 visent à examiner, pour chaque additif, si celui-ci :

1° Contribue à la toxicité ou à l'effet de dépendance des produits en question et si cela a pour conséquence d'augmenter de manière significative ou mesurable la toxicité ou l'effet de dépendance de l'un des produits concernés ;

2° Produit un arôme caractérisant ;

3° Facilite l'inhalation ou l'absorption de nicotine ;

4° Conduit à la formation de substances qui ont des propriétés cancérogènes, mutagènes ou toxiques pour la reproduction humaine et en quelles quantités, et si cela a pour effet d'augmenter de manière significative ou mesurable les propriétés cancérogènes, mutagènes ou toxiques pour la reproduction humaine de l'un des produits concernés.

II. — Les études approfondies tiennent compte de l'usage prévu, et en particulier :

1° Du processus de combustion impliquant l'additif ;

2° De l'interaction de l'additif avec d'autres ingrédients du produit.

III. — Les fabricants et les importateurs établissent un rapport sur les résultats des études qui est transmis avec celles-ci. Ce rapport inclut une synthèse et une présentation détaillée rassemblant les publications scientifiques disponibles concernant cet additif et récapitulant les données relatives à ses effets.

IV. — Lorsqu'un additif est utilisé dans des produits différents mais de composition comparable, les fabricants et importateurs peuvent produire une étude commune.

V. — L'établissement public mentionné au I de l'article L. 3512-17 peut :

1° Demander aux fabricants et importateurs des informations complémentaires concernant l'additif ;

2° Évaluer l'exhaustivité des études, leur méthodologie et leurs conclusions.

Ces demandes sont sans incidence sur le délai mentionné au II de l'article L. 3512-17.

Art. R. 3512-13 I. – La notification mentionnée au III de l'article L. 3512-17 comprend les éléments suivants :

1° La description détaillée du produit et les instructions pour son utilisation ;

2° Les informations relatives aux ingrédients et aux niveaux d'émissions du produit mentionnées aux 2°, 3° et 4° de l'article R. 3512-11 ;

3° Les études scientifiques disponibles sur la toxicité, l'effet de dépendance et l'attractivité du nouveau produit du tabac, en particulier du point de vue de ses ingrédients et de ses émissions ;

4° Les études disponibles, leur synthèse et les analyses de marché au sujet des préférences des différents groupes de consommateurs ;

5° Toute information utile disponible, nouvelle ou actualisée, notamment une analyse risques/bénéfices du produit, ses effets attendus sur l'arrêt de la consommation de tabac, ses effets attendus sur l'initiation à la consommation de tabac ainsi que des prévisions concernant la perception des consommateurs.

II. – Toute information nouvelle ou actualisée fait l'objet d'une notification modificative.

III. – L'établissement public mentionné au I de l'article L. 3512-17 peut demander des informations ou des essais complémentaires aux fabricants et importateurs concernant les nouveaux produits du tabac.

Cette demande est sans incidence sur le délai mentionné au III de l'article L. 3512-17.

Art. R. 3512-14 I. – Les résultats des études mentionnées à l'article L. 3512-18 sont présentés en utilisant, notamment, les catégories de consommateur *[consommateurs]* suivantes : les jeunes de 11 à 15 ans, les jeunes de 16 à 25 ans, les femmes et les hommes, les catégories socioprofessionnelles et les fumeurs actuels.

Les éléments étudiés comprennent, notamment, la fréquence, la quantité et l'évolution de la consommation de produits du tabac.

II. – Le volume des ventes dont la déclaration est prévue annuellement par l'article L. 3512-18 est exprimé en kilogrammes.

Art. R. 3512-15 Les informations mentionnées à l'article L. 3512-17 qui ne sont pas couvertes par le secret en matière commerciale et industrielle sont rendues accessibles au public, selon des modalités définies par arrêté du ministre chargé de la santé.

Art. R. 3512-16 I. – Les déclarations et notifications, initiales ou modificatives, mentionnées aux articles R. 3512-11, R. 3512-12, R. 3512-13 et R. 3512-14 comprennent un justificatif du paiement des droits prévus par l'article L. 3512-19.

II. – Les modalités d'application de la présente sous-section sont précisées par arrêté du ministre chargé de la santé.

SOUS-SECTION 3 DROITS PERÇUS

Art. D. 3512-16-1 *(Décr. nº 2016-1139 du 22 août 2016, art. 4)* I. – Les droits mentionnés à l'article L. 3512-19 et au I de l'article R. 3512-16 sont perçus par l'établissement public mentionné à l'article L. 3512-15.

II. – Leur montant est fixé comme suit :

1° 550 euros par produit pour toute déclaration mentionnée au I de l'article L. 3512-17 ou pour toute modification de celle-ci ayant des répercussions sur l'information communiquée ;

2° 120 euros par étude mentionnée au II de l'article L. 3512-17 ;

3° 550 euros par produit pour toute notification mentionnée au III de l'article L. 3512-17 ;

4° 250 euros par produit pour toute déclaration annuelle du volume de ventes mentionnée à l'article L. 3512-18 ;

5° 120 euros par produit et par an pour le stockage, le traitement et l'analyse des déclarations et des notifications mentionnées aux articles L. 3512-17 et L. 3512-18.

III. – Le justificatif de versement du droit mentionné aux 1°, 2°, 3° ou 4° du II est joint au dossier de déclaration ou de notification.

(Décr. nº 2016-1708 du 12 déc. 2016, art. 1er) « Le droit mentionné au 5° du II est versé au plus tard le 31 mars de l'année suivant celle de la déclaration. »

IV. – Le recouvrement des droits visés au I du présent article est assuré par l'agent comptable de l'établissement public désigné au I.

Art. D. 3512-16-2 *(Décr. nº 2016-1139 du 22 août 2016, art. 4)* En cas de cession ou de cessation d'activité, le fabricant ou *[l']*importateur de produit du tabac concerné est tenu de procéder dans les soixante jours, et au plus tard le 15 janvier de l'année suivant les déclarations, au paiement des droits y afférent.

Art. D. 3512-16-3 *(Décr. nº 2016-1139 du 22 août 2016, art. 4)* L'établissement public mentionné à l'article L. 3512-15 peut mandater les laboratoires agréés pour procéder aux analyses mentionnées au même article.

Les frais correspondants à ces analyses sont à la charge de l'établissement public, qui les finance grâce aux droits prélevés conformément à l'article L. 3512-19.

SECTION IV CARACTÉRISTIQUES DES CONDITIONNEMENTS

SOUS-SECTION 1 ASPECT ET CONTENU DES UNITÉS DE CONDITIONNEMENT DES PRODUITS DU TABAC

§ 1er DISPOSITIONS GÉNÉRALES

Art. R. 3512-17 I. – Les unités de conditionnement et les emballages extérieurs des cigarettes et du tabac à rouler sont d'une seule nuance de couleur et peuvent comporter un code-barres.

Ils peuvent faire apparaître une "marque de calibrage" résultant du seul processus de fabrication.

II. – Un arrêté du ministre chargé de la santé fixe la nuance de couleur ainsi que les caractéristiques du code-barres mentionnés au I.

Art. R. 3512-18 I. – L'intérieur d'une unité de conditionnement et d'un emballage extérieur de cigarettes ou de tabac à rouler est d'une seule nuance de couleur. Le fabricant peut choisir entre deux nuances de couleur.

II. – Outre le produit du tabac, seul un revêtement faisant partie de l'emballage peut être contenu dans une unité de conditionnement.

III. – Un arrêté du ministre chargé de la santé fixe les nuances de couleur mentionnées au I ainsi que les caractéristiques du revêtement mentionné au II.

Art. R. 3512-19 I. – Le suremballage de l'unité de conditionnement et de l'emballage extérieur de cigarettes ou de tabac à rouler est clair, transparent et non coloré.

II. – Le suremballage mentionné au I est dépourvu de tout marquage. Seuls peuvent y être apposés :

1° Un code-barres dont les caractéristiques sont fixées par arrêté du ministre chargé de la santé ;

2° Un carré ou un rectangle noir destiné à couvrir le code-barres figurant sur les unités de conditionnement incluses dans le suremballage.

III. – Le suremballage peut être doté d'une bandelette d'arrachage dont les caractéristiques sont définies par arrêté du ministre chargé de la santé.

Art. R. 3512-20 I. – Sont interdits tous les procédés visant à porter atteinte à la neutralité et à l'uniformité des unités de conditionnement, emballages extérieurs ou suremballages, notamment ceux visant à leur conférer des caractéristiques auditives, olfactives ou visuelles spécifiques.

Un arrêté du ministre chargé de la santé établit une liste des principaux procédés interdits.

II. – Est également interdit à l'intérieur des unités de conditionnement, emballages extérieurs et suremballages tout encart ou élément, à l'exception, s'agissant du tabac à rouler, de papiers à rouler ou de filtres.

Art. R. 3512-21 I. – Le papier à cigarettes, le papier à rouler les cigarettes et l'enveloppe du filtre sont d'une seule nuance de couleur. Le fabricant peut choisir, pour l'enveloppe du filtre, entre deux nuances de couleur.

II. – Un arrêté du ministre chargé de la santé fixe les nuances de couleur mentionnées au I.

§ 2 UNITÉS DE CONDITIONNEMENT DE CIGARETTES

Art. R. 3512-22 I. – Une unité de conditionnement de cigarettes est composée de carton ou d'un matériau souple, de forme parallélépipédique, dont les caractéristiques peuvent être précisées par arrêté.

II. – L'unité de conditionnement respecte les caractéristiques de taille des avertissements sanitaires prévus par l'article L. 3512-22.

III. – Les surfaces extérieure et intérieure des unités de conditionnement, des emballages extérieurs et du suremballage de cigarettes sont lisses et planes.

Sont autorisées, par dérogation, les caractéristiques d'une "marque de calibrage" résultant du seul processus de fabrication.

Art. R. 3512-23 I. – Une unité de conditionnement de cigarettes ne comporte aucune ouverture susceptible d'être refermée ou descellée après la première ouverture, à l'exception du couvercle supérieur rabattable et du couvercle basculant d'une boîte pliante.

II. – Pour les unités de conditionnement comportant un couvercle supérieur rabattable et une ouverture par couvercle basculant, le couvercle n'est articulé qu'au dos de l'unité de conditionnement.

§ 3 UNITÉS DE CONDITIONNEMENT DE TABAC À ROULER

Art. R. 3512-24 I. – Une unité de conditionnement de tabac à rouler peut être :

1° Parallélépipédique avec des caractéristiques qui peuvent être précisées par arrêté ;

2° Cylindrique ;

3° Une pochette.

II. – L'unité de conditionnement respecte les caractéristiques de taille des avertissements sanitaires prévus par l'article L. 3512-22.

III. – Les surfaces extérieure et intérieure des unités de conditionnement, des emballages extérieurs et du suremballage de tabac à rouler sont lisses et, dans le cas des unités de conditionnement ou des emballages extérieurs en forme de parallélépipède, planes.

Sont autorisées, par dérogation, les caractéristiques strictement nécessaires à la fixation du cylindre ou au processus d'ouverture et de fermeture de l'unité de conditionnement ou de l'emballage extérieur du tabac à rouler.

Art. R. 3512-25 I. – Lorsque l'unité de conditionnement de tabac à rouler est munie d'une languette permettant de la refermer, la languette est :

1° Dépourvue de tout marquage ;

2° Soit de couleur claire, soit transparente et non colorée.

II. – Une unité de conditionnement de tabac à rouler de forme cylindrique ou parallélépipédique peut contenir un opercule d'aluminium de couleur argentée, sans variation de ton ou de nuance, et sans texture. Cet opercule fait partie de son emballage intérieur.

Un arrêté du ministre chargé de la santé peut préciser les caractéristiques de cet opercule.

SOUS-SECTION 2 MENTIONS SUR LES CONDITIONNEMENTS DES PRODUITS DU TABAC

Art. R. 3512-26 I. – Outre les avertissements sanitaires prévus par l'article L. 3512-22, seules les mentions suivantes sont apposées de façon lisible et uniforme sur une unité de conditionnement ou un emballage extérieur de cigarettes ou de tabac à rouler :

1° Le nom de la marque ;

2° Le nom de la dénomination commerciale ;

3° Le nom, l'adresse postale, l'adresse électronique et le numéro de téléphone du fabricant ;

4° Le nombre de cigarettes contenues ou l'indication du poids en grammes du tabac à rouler contenu.

II. — Lorsque les unités de conditionnement ou emballages extérieurs de tabac à rouler contiennent également le papier à rouler ou les filtres, les mentions suivantes peuvent, le cas échéant, être ajoutées :

1° "contient le papier à rouler et les filtres" ;

2° "contient le papier à rouler" ;

3° "contient les filtres".

III. — Un arrêté du ministre chargé de la santé fixe l'emplacement des mentions autorisées au I et au II sur les unités de conditionnement ou emballages extérieurs ainsi que leurs caractéristiques.

Art. R. 3512-27 I. — Les noms de la marque et de la dénomination commerciale ne peuvent pas être apposés à l'intérieur de l'unité de conditionnement et de l'emballage extérieur des cigarettes ou du tabac à rouler.

II. — Les coordonnées du fabricant peuvent figurer, dans des conditions définies par arrêté du ministre chargé de la santé, à l'intérieur de l'unité de conditionnement et de l'emballage extérieur, au lieu de figurer sur une surface extérieure.

Art. R. 3512-28 Les noms de la marque et de la dénomination commerciale peuvent être imprimés sur le papier à cigarette *[cigarettes]* selon des modalités définies par arrêté du ministre chargé de la santé.

Art. R. 3512-29 Les dispositions de l'article R. 541-12-17 et du IV de l'article R. 541-12-18 du code de l'environnement ne sont pas applicables aux conditionnements des cigarettes, du tabac à rouler et du papier à rouler les cigarettes.

SOUS-SECTION 3 ÉLÉMENTS ET DISPOSITIFS CONTRIBUANT À LA PROMOTION D'UN PRODUIT DU TABAC

Art. R. 3512-30 Sont *(Abrogé par CE nos 404443, 404447 et 407973 du 28 juill. 2017)* « *notamment* » considérés comme des éléments et dispositifs qui contribuent à la promotion d'un produit du tabac, au sens du 1° du I de l'article L. 3512-21, tous les messages, symboles, marques, dénominations commerciales, signes figuratifs ou autres qui :

1° Suggèrent qu'un produit du tabac donné est moins nocif que d'autres, vise à réduire l'effet de certains composants nocifs de la fumée, présente des propriétés vitalisantes, énergisantes, curatives, rajeunissantes, naturelles, biologiques ou a des effets bénéfiques sur la santé ou le mode de vie, en termes de perte de poids, de pouvoir d'attraction sexuelle, de statut social, de vie sociale ou de qualités telles que la féminité, la masculinité ou l'élégance ;

2° Évoquent un goût, une odeur, tout arôme ou tout autre additif, ou l'absence de ceux-ci ;

3° Suggèrent qu'un produit du tabac donné est plus facilement biodégradable ou présente d'autres avantages pour l'environnement ;

4° Suggèrent des avantages économiques au moyen de bons imprimés, d'offres de réduction, de distribution gratuite, de promotion de type "deux pour le prix d'un" ou d'autres offres similaires.

SECTION V TRAÇABILITÉ

CHAPITRE III PRODUITS DU VAPOTAGE

SECTION PREMIÈRE DISPOSITIONS COMMUNES

Art. D. 3513-1 *(Décr. n° 2016-1139 du 22 août 2016, art. 5)* Une affiche rappelant les dispositions de l'article L. 3513-5 est placée à la vue du public dans les établissements des débitants de tabac, tous commerces, lieux publics ou distributeurs vendant ces produits.

Lorsque le produit est vendu en ligne, les dispositions de l'article L. 3513-5 sont rappelées sur un bandeau d'information s'affichant en permanence sur la page internet de paiement en ligne du produit.

Le modèle de cette affiche et de ce bandeau sont déterminés par arrêté conjoint du ministre chargé des douanes et des droits indirects et du ministre chargé de la santé.

Art. R. 3513-2 *(Décr. n° 2017-633 du 25 avr. 2017, art. 1er)* Les lieux de travail soumis à l'interdiction de vapoter en application du 3° de l'article L. 3513-6 du présent code s'entendent des locaux recevant des postes de travail situés ou non dans les bâtiments de l'établissement, fermés et couverts, et affectés à un usage collectif, à l'exception des locaux qui accueillent du public.

Art. R. 3513-3 *(Décr. n° 2017-633 du 25 avr. 2017, art. 1er)* Dans les lieux mentionnés aux 1° et 2° et dans les bâtiments abritant les lieux mentionnés au 3° de l'article L. 3513-6, une signalisation apparente rappelle le principe de l'interdiction de vapoter et, le cas échéant, ses conditions d'application dans l'enceinte de ces lieux.

Art. R. 3513-4 *(Décr. n° 2017-633 du 25 avr. 2017, art. 1er)* Les dispositions des articles R. 3513-2 à *[et]* R. 3513-3 s'appliquent sans préjudice des dispositions législatives et réglementaires relatives à l'hygiène et à la sécurité.

SECTION II **DISPOSITIONS PROPRES AUX PRODUITS DU VAPOTAGE CONTENANT DE LA NICOTINE**

SOUS-SECTION 1 **INGRÉDIENTS ET ÉMISSIONS**

Art. R. 3513-5 Les additifs mentionnés au 2° de l'article L. 3513-7 concernent notamment la caféine ou la taurine.

Art. R. 3513-6 I. — Le dossier de notification mentionné à l'article L. 3513-10 contient, selon qu'il concerne un dispositif électronique de vapotage ou un flacon de recharge, les informations suivantes :

1° Le nom et les coordonnées du fabricant, d'une personne physique ou morale responsable au sein de l'Union européenne et, le cas échéant, de l'importateur dans l'Union ;

2° Une liste de tous les ingrédients contenus dans le produit et des émissions résultant de l'utilisation de ce produit, par marque et par type, avec leurs quantités ;

3° Les données toxicologiques relatives aux ingrédients et aux émissions du produit, y compris lorsqu'ils sont chauffés, en ce qui concerne en particulier leurs effets sur la santé des consommateurs lorsqu'ils sont inhalés et compte tenu, entre autres, de tout effet de dépendance engendré ;

4° Les informations sur le dosage et l'inhalation de nicotine dans des conditions de consommation normales ou raisonnablement prévisibles ;

5° Une description des composants du produit, y compris, le cas échéant, du mécanisme d'ouverture et de recharge du dispositif électronique de vapotage ou du flacon de recharge ;

6° Une description du processus de production, en indiquant notamment s'il implique une production en série, et une déclaration selon laquelle le processus de production garantit la conformité aux exigences du présent article ;

7° Une déclaration selon laquelle le fabricant et l'importateur assument l'entière responsabilité de la qualité et de la sécurité du produit lors de sa mise sur le marché et dans des conditions d'utilisation normales ou raisonnablement prévisibles.

II. — Un arrêté du ministre chargé de la santé définit les modalités du présent article.

III. — Le dossier de notification, initial ou modificatif, mentionné au I comprend un justificatif du paiement des droits prévus à l'article L. 3513-12.

Art. R. 3513-7 I. — La déclaration mentionnée à l'article L. 3513-11 contient les informations suivantes :

1° Des données exhaustives sur les volumes de vente *[ventes]*, par marque et par type de produit ;

2° Des informations sur les préférences des différents groupes de consommateurs que sont :

a) Les jeunes de 11 à 15 ans et les jeunes de 16 à 25 ans ;

b) Les femmes ;

c) Les hommes ;

d) Les différentes catégories socioprofessionnelles ;

e) Les fumeurs actuels ;

f) Les non-fumeurs.

Les éléments étudiés comprennent notamment la fréquence et la quantité de consommation et l'évolution de celle-ci ;

3° Le mode de vente des produits ;

4° Des synthèses de toute étude de marché réalisée à l'égard de ce qui précède.

II. – Un arrêté du ministre chargé de la santé définit les modalités du présent article.

Art. R. 3513-8 I. – L'établissement public mentionné à l'article L. 3513-10 peut demander aux fabricants et importateurs :

1° Des informations complémentaires s'il considère que les informations présentées au titre de l'article L. 3513-10 sont incomplètes ;

2° Des informations supplémentaires concernant les informations transmises au titre de l'article L. 3513-11, notamment les aspects touchant à la sécurité et à la qualité ou à tout effet indésirable éventuel des produits.

II. – Les demandes mentionnées au 1° du I n'ont pas d'incidence sur le délai mentionné à l'article L. 3513-10.

Art. R. 3513-9 Les informations mentionnées à l'article L. 3513-10 qui ne relèvent pas du secret en matière commerciale et industrielle sont rendues accessibles au public, selon des modalités définies par arrêté du ministre chargé de la santé.

Art. D. 3513-10 *(Décr. n° 2016-1139 du 22 août 2016, art. 6)* I. – Les droits mentionnés à l'article L. 3513-12 et au III de l'article R. 3513-6 sont perçus par l'établissement public mentionné à l'article L. 3513-10.

II. – Leur montant est fixé comme suit :

(Décr. n° 2016-1708 du 12 déc. 2016, art. 2-1°) « 1° 295 euros par produit figurant dans toute notification ou modification substantielle de notification, prévues *[prévue]* à l'article L. 3513-10 ; »

(Abrogé par CE nos 404363 et 406352 du 28 déc. 2017) « 2° 120 euros par produit et par an pour le stockage, le traitement et l'analyse des notifications mentionnées à l'article L. 3513-10. »

III. – Le justificatif de versement du droit mentionné au 1° du II est joint au dossier de notification.

(Décr. n° 2016-1708 du 12 déc. 2016, art. 2-2°) « Le droit mentionné au 2° du II est versé au plus tard le 31 mars de l'année suivant celle de la déclaration. »

IV. – Le recouvrement des droits visés au I est assuré par l'agent comptable de l'établissement public mentionné à l'article L. 3513-10.

Illégalité du versement prévu au 2° du II de l'article D. 3513-10. Il résulte clairement de l'art. 20 de la directive du 3 avr. 2014, ainsi que de l'art. L. 3513-12 CSP pris pour sa transposition, que les tâches susceptibles d'être financées par un prélèvement n'incluent pas l'organisation des contrôles destinés à assurer la surveillance des produits vendus pour en vérifier la conformité aux éléments notifiés préalablement à leur commercialisation. Par suite, le droit annuel prévu par le 2° du II de l'art. D. 3513-10, fixé à 120 euros par produit et par an, ne saurait couvrir de telles tâches et les sociétés requérantes sont fondées à soutenir que les dispositions qu'elles attaquent méconnaissent, en ce qu'elles prévoient un tel droit, les objectifs de la directive du 3 avr. 2014. Ainsi, le 2° du II de l'art. D. 3513-10 inséré dans le CSP par l'art. 6 du Décr. n° 2016-1139 du 22 août 2016 doit être annulé. • CE 28 déc. 2017, *Sté E-Labo France et Sté Smakq développement*, n° 404636 : *Lebon*.

SOUS-SECTION 2 PRÉSENTATION DU PRODUIT

CHAPITRE IV PRODUITS À FUMER À BASE DE PLANTES AUTRES QUE LE TABAC

Art. R. 3514-1 I. – La déclaration mentionnée à l'article L. 3514-5 comprend la liste des ingrédients et leurs quantités.

II. – Lorsque la composition d'un produit est modifiée de telle sorte que cette modification a une incidence sur les informations communiquées, les fabricants et les importateurs en informent l'établissement mentionné à l'article L. 3514-5.

III. – Un arrêté du ministre chargé de la santé définit les modalités d'application du présent article.

Art. R. 3514-2 Les informations mentionnées à l'article L. 3514-5 qui ne relèvent pas du secret en matière commerciale et industrielle sont rendues accessibles au public, selon des modalités définies par arrêté du ministre chargé de la santé.

CHAPITRE V DISPOSITIONS PÉNALES

SECTION PREMIÈRE CONTRÔLES

Art. R. 3515-1 Les agents mentionnés au premier alinéa de l'article L. 3515-1 sont, le cas échéant, habilités et assermentés dans les conditions fixées aux articles R. 1312-2 à R. 1312-7.

SECTION II SANCTIONS ET RESPONSABILITÉ PÉNALE

Art. R. 3515-2 Le fait de fumer dans un lieu à usage collectif mentionné à l'article R. 3512-2 hors de l'emplacement mentionné à l'article R. 3512-3 est puni de l'amende prévue pour les contraventions de la troisième classe.

Art. R. 3515-3 Est puni de l'amende prévue pour les contraventions de la quatrième classe le fait, pour le responsable des lieux où s'applique l'interdiction prévue à l'article R. 3512-2, de :

1° Ne pas mettre en place la signalisation prévue à l'article R. 3512-7 ;

2° Mettre à la disposition de fumeurs un emplacement non conforme aux dispositions des articles R. 3512-3 et R. 3512-4 ;

3° Favoriser, sciemment, par quelque moyen que ce soit, la violation de l'interdiction mentionnée au premier alinéa du présent article.

Art. R. 3515-4 Est puni de l'amende prévue pour les contraventions de la quatrième classe le fait de fumer dans un véhicule en présence d'un mineur en méconnaissance de l'interdiction prévue à l'article L. 3512-9.

Art. R. 3515-5 Le fait de vendre ou d'offrir gratuitement, dans les débits de tabac, dans tous commerces ou lieux publics, des produits du tabac à un mineur en méconnaissance de l'interdiction prévue à l'article L. 3512-12 est puni de l'amende prévue pour les contraventions de la quatrième classe.

Art. R. 3515-6 Le fait de vendre ou d'offrir gratuitement, dans les débits de tabac, dans tous commerces ou lieux publics, des produits du vapotage à un mineur en méconnaissance de l'interdiction prévue à l'article L. 3513-5 est puni de l'amende prévue pour les contraventions de la quatrième classe.

Art. R. 3515-7 *(Décr. nº 2017-633 du 25 avr. 2017, art. 2)* Le fait de vapoter dans les lieux mentionnés aux 1° à 3° de l'article L. 3513-6 en méconnaissance de l'interdiction prévue au même article est puni de l'amende prévue pour les contraventions de la 2e classe.

Art. R. 3515-8 *(Décr. nº 2017-633 du 25 avr. 2017, art. 2)* Le fait, pour le responsable des lieux où s'applique l'interdiction prévue à l'article L. 3513-6, de ne pas mettre en place la signalisation prévue à l'article R. 3513-3 est puni de l'amende prévue pour les contraventions de la 3e classe.

TITRE DEUXIÈME **LUTTE CONTRE LE DOPAGE**

(Décr. nº 2007-1133 du 24 juill. 2007, art. 5)

CHAPITRE UNIQUE

Art. R. 3521-1 Les dispositions relatives à la lutte contre le dopage, prises dans l'intérêt de la santé des sportifs, figurent au titre III du livre II du code du sport. – *V.* ***C. sport.***

LIVRE SIXIÈME *[ABROGÉ]* **LUTTE CONTRE LE DOPAGE**

(Abrogé par Décr. nº 2007-1133 du 24 juill. 2007, art. 5)

V. désormais C. sport, art. R. 231-1 à R. 232-98. – ***C. sport.***

LIVRE SEPTIÈME **PRÉVENTION DE LA DÉLINQUANCE SEXUELLE, INJONCTION DE SOINS ET SUIVI SOCIO-JUDICIAIRE**

TITRE UNIQUE

CHAPITRE UNIQUE

SECTION PREMIÈRE **MÉDECINS COORDONNATEURS**

Art. R. 3711-1 **La liste des médecins coordonnateurs prévue à l'article L. 3711-1 est établie tous les trois ans par le procureur de la République après avis du conseil départemental de l'ordre des médecins et du** *(Décr. nº 2010-344 du 31 mars 2010, art. 105)* **« directeur général de l'agence régionale de santé ». Elle peut faire l'objet de mises à jour régulières.**

Art. R. 3711-2 **Un médecin coordonnateur peut être inscrit sur les listes de plusieurs tribunaux de grande instance. Lorsqu'il existe plusieurs tribunaux de grande instance dans le département, il est établi une liste pour chaque tribunal. Une liste commune au département peut être établie conjointement par les procureurs de la République compétents.**

Art. R. 3711-3 **Peuvent être inscrits sur la liste des médecins coordonnateurs, sur leur demande, les psychiatres :**

1° Inscrits à un tableau de l'ordre des médecins ;

(Décr. nº 2008-1129 du 4 nov. 2008, art. 8) **« 2° Exerçant en qualité de spécialiste depuis au moins trois ans ou ayant exercé en qualité de spécialiste pendant au moins cinq ans ; »**

3° N'ayant pas de condamnation justifiant une inscription au bulletin nº 2 du casier judiciaire pour des agissements contraires à l'honneur, à la probité ou aux bonnes mœurs ;

4° N'ayant fait l'objet ni de sanctions mentionnées à l'article L. 4124-6 et à l'article L. 145-2 du code de la sécurité sociale, pour des agissements contraires à l'honneur, à la probité ou aux bonnes mœurs, ni de suspension au titre de l'article *(Décr. nº 2008-1129 du 4 nov. 2008, art. 8)* **« L. 4124-11 ».**

Peuvent également être inscrits sur cette liste et sous les mêmes réserves, les médecins ayant suivi une formation, délivrée par une université ou par un organisme agréé de formation médicale continue, répondant aux conditions fixées par arrêté du ministre chargé de la santé.

Art. R. 3711-4 *(Décr. nº 2008-1129 du 4 nov. 2008, art. 8)* **Lorsqu'un praticien hospitalier exerce les fonctions de médecin coordonnateur, celles-ci sont exercées dans le cadre des missions définies au 5° de l'article R. 6152-24.**

Art. R. 3711-5 **Le praticien qui souhaite exercer les fonctions de médecin coordonnateur adresse une demande au procureur de la République. Cette demande est assortie des renseignements et documents suivants :**

1° Nature des activités professionnelles, lieux et dates d'exercice ;

2° Copies des titres et diplômes ;

3° Attestation justifiant d'au moins trois ans d'inscription au tableau de l'ordre des médecins et de l'absence de sanctions disciplinaires mentionnées à l'article R. 3711-3, ainsi que de suspension au titre de l'article L. 4122-3 ;

4° Le cas échéant, attestation de formation.

Art. R. 3711-6 La radiation d'un médecin coordonnateur intervient dès lors que l'une des conditions prévues à l'article R. 3711-3 cesse d'être remplie.

Elle est décidée par le ou les procureurs de la République compétents.

Elle peut en outre faire l'objet d'une demande motivée du juge de l'application des peines, du juge des enfants ou du préfet en cas de manquement du médecin coordonnateur à ses obligations.

Le procureur de la République informe de cette radiation le juge de l'application des peines concerné. Ce dernier en avertit les médecins traitants et les personnes condamnées en relation avec ce médecin coordonnateur.

Le médecin coordonnateur peut exercer un recours devant la première chambre civile de la cour d'appel. Ce recours n'est pas suspensif. Il est formé par simple déclaration au secrétariat-greffe, ou par lettre recommandée avec demande d'avis de réception adressée au secrétaire-greffier, dans le délai d'un mois, qui court à compter du jour de la notification de cette radiation.

Art. R. 3711-7 Un médecin coordonnateur peut se désister de la liste. Il en informe par lettre recommandée avec avis de réception le procureur de la République, le ou les juges de l'application des peines l'ayant désigné, ainsi que les médecins traitants et les personnes qui sont en relation avec lui.

Son désistement prend effet trois mois après en avoir informé les personnes mentionnées à l'alinéa précédent.

Art. R. 3711-8 Le médecin coordonnateur est désigné par une ordonnance du juge de l'application des peines. *(Décr. n° 2008-1129 du 4 nov. 2008, art. 8)* « Cette désignation intervient dans la mesure du possible avant la libération d'un condamné détenu. Toutefois, lorsque la personne a été condamnée pour un crime mentionné à l'article 706-53-13 du code de procédure pénale, cette désignation doit intervenir avant la libération de l'intéressé ou avant la cessation de sa rétention de sûreté. »

Ne peut être désigné comme médecin coordonnateur par le juge de l'application des peines un praticien qui :

1° Présente un lien familial, d'alliance ou d'intérêt professionnel avec la personne condamnée ;

2° Est son médecin traitant ;

3° A été désigné pour procéder, au cours de la procédure judiciaire, à son expertise.

Le médecin coordonnateur ne peut devenir le médecin traitant de la personne ou être désigné pour procéder, au cours du suivi socio-judiciaire, à son expertise.

Un arrêté du ministre chargé de la santé fixe *(Décr. n° 2008-1129 du 4 nov. 2008, art. 8)* « le nombre de personnes que peut suivre simultanément » un médecin coordonnateur.

Art. R. 3711-9 Lorsque la liste des médecins coordonnateurs n'a pu être établie, ou qu'aucun des médecins figurant sur cette liste ne peut être désigné, le juge de l'application des peines désigne comme médecin coordonnateur, à titre provisoire et pour une durée qui ne peut excéder un an, un médecin remplissant les conditions définies aux articles R. 3711-3 et R. 3711-8 après avoir préalablement recueilli son consentement et celui du procureur de la République.

Dans les cas mentionnés aux articles R. 3711-6 à R. 3711-8, ainsi qu'en cas de force majeure, le juge de l'application des peines désigne, en remplacement du médecin initialement saisi, dans les mêmes conditions, un autre médecin coordonnateur.

Art. R. 3711-10 Le juge de l'application des peines adresse au médecin coordonnateur la copie des pièces de la procédure utiles à l'exercice de sa mission. Le médecin coordonnateur lui restitue ces pièces lorsqu'il cesse de suivre la personne.

Art. R. 3711-11 Les médecins coordonnateurs perçoivent, pour chaque personne suivie par eux, une indemnité forfaitaire annuelle, dans des conditions fixées par arrêté des ministres chargés du budget, de la justice et de la santé.

SECTION II CHOIX DU MÉDECIN TRAITANT

Art. R. 3711-12 Le médecin coordonnateur désigné par le juge de l'application des peines convoque la personne *(Décr. nº 2008-1129 du 4 nov. 2008, art. 8)* « soumise à une injonction de soins » pour un entretien au cours duquel il lui fait part des modalités d'exécution de cette mesure et l'invite à choisir un médecin traitant.

Lorsque la personne est mineure, le choix du médecin traitant est effectué par les titulaires de l'autorité parentale ou, à défaut, par le juge des tutelles. L'accord du mineur sur ce choix est recherché.

Lorsque la personne est un majeur protégé, ce choix est effectué, dans les mêmes conditions, par l'administrateur légal ou le tuteur, avec l'autorisation du juge des tutelles ou du conseil de famille.

(Décr. nº 2008-1129 du 4 nov. 2008, art. 8) « Le médecin coordonnateur peut refuser d'avaliser le choix d'un médecin traitant par la personne s'il estime que celui-ci n'est manifestement pas en mesure d'assurer la prise en charge de cette dernière. »

Art. R. 3711-13 En cas de désaccord entre le père et la mère, le juge aux affaires familiales choisit le médecin traitant du mineur dans les conditions de l'article 372-1-1 du code civil.

Art. R. 3711-14 Le médecin coordonnateur informe le médecin traitant désigné dans les conditions de l'article R. 3711-12 et s'assure de son consentement pour prendre en charge la personne.

Le médecin traitant confirme son accord par écrit, dans un délai de quinze jours, au médecin coordonnateur. En cas de silence gardé à l'expiration de ce délai, ou en cas de réponse négative, le médecin coordonnateur invite la personne à choisir un autre médecin traitant.

Art. R. 3711-15 Lorsqu'aucun médecin traitant n'a pu être choisi, le médecin coordonnateur en informe le juge de l'application des peines.

Dans le cas mentionné au quatrième alinéa de l'article R. 3711-12, le juge de l'application des peines convoque, en présence du médecin coordonnateur, la personne, et s'il y a lieu, les titulaires de l'autorité parentale à son égard, pour tenter de parvenir à un accord sur le choix du médecin traitant.

Lorsqu'aucun accord n'a pu être obtenu, le juge de l'application des peines désigne comme médecin traitant un médecin pressenti par la personne, après s'être assuré de son consentement et après l'avis du médecin coordonnateur.

Si le juge de l'application des peines estime impossible de procéder à cette désignation, il peut ordonner, *(Décr. nº 2008-1129 du 4 nov. 2008, art. 8)* « selon les cas et conformément aux dispositions du code de procédure pénale, la mise à exécution de l'emprisonnement encouru, la révocation du sursis avec mise à l'épreuve, le retrait ou la révocation de la libération conditionnelle, le retrait des réductions de peines ou le placement en rétention de sûreté. »

Art. R. 3711-16 A l'égard d'un mineur, en cas de carence des titulaires de l'autorité parentale, le juge des enfants, agissant en qualité de juge de l'application des peines, *procède à la désignation du médecin traitant*, dans les mêmes conditions que celles de l'article R. 3711-15, après avoir recueilli l'avis du mineur.

Art. R. 3711-17 *(Décr. nº 2008-1129 du 4 nov. 2008, art. 8)* Les dispositions de la présente section sont mises en œuvre, dans la mesure du possible, avant la libération d'un condamné détenu.

Toutefois, lorsque la personne a été condamnée pour un crime mentionné à l'article 706-53-13 du code de procédure pénale, la convocation de cette personne par le médecin coordonnateur réalisée conformément aux dispositions de l'article R. 3711-12 du présent code doit intervenir avant sa libération ou la cessation de sa rétention de sûreté. Le choix de médecin traitant, conformément aux dispositions des articles R. 3711-12 à R. 3711-16, intervient avant cette libération ou avant la cessation de la rétention de sûreté.

Pour l'application des dispositions des deux alinéas précédents, la personne peut bénéficier de permissions de sortir ou, le cas échéant, d'autorisations de sortie sous escorte afin de rencontrer le médecin coordonnateur et son médecin traitant.

SECTION III **CHOIX DU PSYCHOLOGUE TRAITANT**

(Décr. nº 2008-1129 du 4 nov. 2008, art. 8)

Art. R. 3711-17-1 Les dispositions des articles R. 3711-12 à R. 3711-17 sont applicables au choix du psychologue traitant.

Le médecin coordonnateur peut notamment refuser d'avaliser le choix d'un psychologue traitant par la personne s'il estime que celui-ci n'est pas en mesure d'assurer la prise en charge de cette dernière.

SECTION IV **DÉROULEMENT DE L'INJONCTION DE SOINS**

Art. R. 3711-18 Les relations entre la personne et le médecin traitant sont régies, sous réserve des dispositions du présent titre, par le code de déontologie médicale.

Le juge de l'application des peines ne peut intervenir dans le déroulement des soins décidés par le médecin traitant.

Art. R. 3711-19 Au cours de l'exécution *(Décr. nº 2008-1129 du 4 nov. 2008, art. 8)* « de l'injonction de soins », la personne *(Abrogé par Décr. nº 2008-1129 du 4 nov. 2008, art. 8) « condamnée »* peut demander au médecin coordonnateur de changer de médecin traitant. Le médecin coordonnateur en informe le médecin traitant initialement désigné.

Les dispositions des articles R. 3711-12 à R. 3711-17 sont alors applicables.

Art. R. 3711-20 Au cours de l'exécution *(Décr. nº 2008-1129 du 4 nov. 2008, art. 8)* « de l'injonction de soins », le médecin traitant peut décider d'interrompre le suivi d'une personne. Il en informe alors sans délai le médecin coordonnateur et la personne par lettre recommandée avec demande d'avis de réception.

Les dispositions des articles R. 3711-12 à R. 3711-17 sont alors applicables.

Art. R. 3711-21 *(Décr. nº 2008-1129 du 4 nov. 2008, art. 8)* Pour l'exécution de l'injonction de soins, le médecin coordonnateur convoque la personne périodiquement et au moins une fois par trimestre pour réaliser un bilan de sa situation.

Le médecin coordonnateur transmet au juge de l'application des peines au moins une fois par an un rapport comportant tous les éléments nécessaires au contrôle du respect de l'injonction de soins. Lorsque la personne a été condamnée pour un crime mentionné à l'article 706-53-13 du code de procédure pénale, ce rapport est adressé au moins deux fois par an.

Ce rapport dresse un bilan précis de la mise en œuvre de l'injonction de soins. Le cas échéant, il comporte des éléments d'appréciation sur l'évolution de la personne au regard de son besoin de soins ainsi que des propositions sur les modalités de poursuite de la mesure.

Art. R. 3711-22 Les pièces de procédure adressées au médecin traitant en application des dispositions de l'article L. 3711-2 lui sont remises par le médecin coordonnateur.

Quand il cesse de suivre la personne, le médecin traitant retourne ces pièces au médecin coordonnateur, qui les transmet au juge de l'application des peines.

Art. R. 3711-23 Les expertises médicales ordonnées par le juge de l'application des peines, soit sur proposition du médecin traitant, soit sur celle du médecin coordonnateur, sont régies par le code de procédure pénale.

Une copie de ces expertises est communiquée au médecin coordonnateur ainsi que, *dans les conditions prévues* à l'article R. 3711-22, au médecin traitant.

Art. R. 3711-24 Ainsi qu'il est dit à l'article R. 61-5 du code de procédure pénale, lorsque le suivi socio-judiciaire accompagne une peine privative de liberté, la période pendant laquelle le condamné se trouve en permission de sortir, ou est placé sous le régime de semi-liberté ou fait l'objet d'un placement extérieur ou d'un placement sous surveillance électronique ne s'impute pas sur la durée du suivi socio-judiciaire.

Art. R. 3711-25 *(Décr. n° 2008-1129 du 4 nov. 2008, art. 8)* Les dispositions des articles R. 3711-18 à R. 3711-23 sont applicables au psychologue traitant.

LIVRE HUITIÈME MAYOTTE, ÎLES WALLIS-ET-FUTUNA ET TERRES AUSTRALES ET ANTARCTIQUES FRANÇAISES, NOUVELLE-CALÉDONIE ET POLYNÉSIE FRANÇAISE

V. Dalloz.fr.

QUATRIÈME PARTIE PROFESSIONS DE SANTÉ

LIVRE PRÉLIMINAIRE DISPOSITIONS COMMUNES

(Décr. n° 2010-1204 du 11 oct. 2010)

TITRE PRÉLIMINAIRE MISSIONS DES PROFESSIONNELS DE SANTÉ

(Décr. n° 2017-1520 du 2 nov. 2017, art. 1er)

CHAPITRE PREMIER DISPOSITIONS GÉNÉRALES

Ce chapitre ne comporte pas de dispositions réglementaires.

CHAPITRE II DISPOSITIONS COMMUNES RELATIVES À LA RECONNAISSANCE DES QUALIFICATIONS PROFESSIONNELLES

Sur les prérogatives du directeur de l'ARS et des commissions compétentes en la matière, V. Décr. n° 2017-1520 du 2 nov. 2017, art. 14.

SECTION PREMIÈRE ALERTE

Art. R. 4002-1 Un arrêté du ministre chargé de la santé détermine :

1° L'autorité chargée de coordonner la réception et l'envoi des alertes concernant les professionnels de santé prévues à l'article L. 4002-1 ;

2° La liste des autorités compétentes pour émettre et recevoir ces alertes.

SECTION II CARTE PROFESSIONNELLE

Cette section ne comporte pas de dispositions réglementaires.

SECTION III ACCÈS PARTIEL

Art. R. 4002-2 En cas de demande d'accès partiel à fin d'établissement, l'autorité compétente se prononce sur l'autorisation sollicitée après avis de la commission de la profession de santé concernée, ainsi que, pour les professions dotées d'un ordre, après avis de cet ordre.

Le dossier présenté par le professionnel fait l'objet d'une analyse spécifique, conduite dans le respect du droit à la libre circulation des ressortissants des États membres de l'Union européenne ou parties à l'accord sur l'Espace économique européen et des *conditions fixées au I de l'article L. 4002-3*, et comportant l'examen du périmètre de l'exercice partiel sollicité, des titres de formation, de l'expérience professionnelle et de la formation suivie tout au long de la vie reconnue par un organisme compétent, de l'intéressé.

L'avis émis par la commission, et, le cas échéant, par l'ordre, expose la portée et les conséquences attendues de la demande d'accès partiel sur l'offre de soins des activités concernées par cette demande.

L'avis émis par la commission, et, le cas échéant, par l'ordre, est motivé, notamment par l'analyse des conséquences d'une éventuelle autorisation sur la qualité et la sécurité des soins, l'information des professionnels de santé et des usagers du système de santé ainsi que la sécurité d'exercice des professionnels appelés à exercer sous le régime de l'accès partiel. Il se prononce à ce titre en particulier sur les points suivants :

1° Le respect des conditions fixées au I de l'article L. 4002-3 ;

2° L'identification et la délimitation du champ d'exercice ou des actes que le professionnel serait autorisé à réaliser sous le régime de l'accès partiel ;

3° La description de l'intégration effective de ces actes dans les processus de soins et leur incidence éventuelle sur la continuité de la prise en charge ;

4° L'identification des actes réalisés sous le régime de l'accès partiel pour les professionnels de santé et pour les usagers du système de santé ;

5° Toute recommandation de nature à faciliter la bonne insertion du professionnel auquel l'autorisation d'exercice partiel serait accordée.

Un arrêté du ministre chargé de la santé fixe le modèle de formulaire de présentation de l'avis émis par la commission et, le cas échéant, par l'ordre concernés.

Art. R. 4002-3 L'avis de la commission, accompagné du dossier de la demande d'accès partiel, est transmis, le cas échéant, au conseil national de l'ordre concerné.

Le conseil de l'ordre dispose d'un délai d'un mois pour rendre un avis et le transmettre à la commission et à l'autorité compétentes.

Art. R. 4002-4 En cas de demande d'autorisation d'exercice à fin d'établissement, lorsque l'avis de la commission comporte une proposition, plus restrictive, d'accès partiel et que la profession du demandeur est dotée d'un ordre, l'avis de celui-ci est sollicité dans les conditions définies à l'article R. 4002-3.

Ces avis comportent les éléments mentionnés à l'article R. 4002-2.

Art. R. 4002-5 En cas de demande d'accès partiel à fin d'établissement ou de prestation de service, l'autorité compétente refuse de délivrer l'autorisation sollicitée lorsqu'elle estime que l'une des conditions fixées au I de l'article L. 4002-3 n'est pas remplie ou lorsque que ce refus est justifié par un des motifs mentionnés au II du même article, au vu notamment des avis rendus dans les conditions définies à l'article R. 4002-2.

Art. R. 4002-6 Un arrêté du ministre chargé de la santé fixe :

1° La composition du dossier produit à l'appui de la demande d'accès partiel ;

2° Le modèle de formulaire de la déclaration de prestation de services en cas d'accès partiel ainsi que la liste des pièces justificatives ;

3° Le contenu de la décision d'autorisation d'exercice partiel.

SECTION IV **DISPOSITIONS COMMUNES**

Cette section ne comporte pas de dispositions réglementaires.

TITRE PREMIER **COOPÉRATION ENTRE PROFESSIONNELS DE SANTÉ**

CHAPITRE UNIQUE

Art. D. 4011-1 *(Abrogé par Décr. nº 2016-942 du 8 juill. 2016, art. 2-II-2º) « L'intégration d'un protocole de coopération entre professionnels de santé étendu par la Haute Autorité de santé au développement professionnel continu intervient selon les modalités suivantes :*

« 1º Au niveau national, l'objet du protocole de coopération étendu est pris en compte dans les orientations annuelles ou pluriannuelles du développement professionnel continu qui sont arrêtées par le ministre chargé de la santé après avis de chacune des commissions scientifiques indépendantes des professions concernées par le protocole ;

« 2º Au niveau régional, les orientations en matière de développement professionnel continu fixées par l'agence régionale de santé, en cohérence avec le projet régional de santé, prennent en compte l'objet du protocole de coopération étendu si celui-ci n'a pas été retenu dans les orientations nationales prévues au 1º.

« Les orientations nationales et, le cas échéant, régionales se déclinent en programmes qui sont mis en œuvre par des organismes concourant à l'offre de développement professionnel continu. »

(Décr. nº 2016-1317 du 5 oct. 2016, art. 2-I-1º) « Les protocoles de coopération ayant reçu un avis favorable au maintien à titre définitif de la part du collège des financeurs,

dans les conditions prévues à l'article L. 4011-2-3, sont pris en compte dans les orientations nationales mentionnées au 2° de l'article L. 4021-2. »

Les employeurs publics et privés prennent les dispositions utiles pour inscrire *(Décr. n° 2016-1317 du 5 oct. 2016, art. 2-I-2°)* « ces protocoles » de coopération *(Abrogé par Décr. n° 2016-1317 du 5 oct. 2016, art. 2-I-2°) « étendus »* dans le plan de développement professionnel continu des professionnels de santé qui mettent en œuvre ces protocoles.

Art. D. 4011-2 *(Décr. n° 2016-1317 du 5 oct. 2016, art. 2-II-1°)* « L'intégration à la formation initiale des professionnels de santé d'un protocole de coopération entre professionnels de santé ayant reçu un avis favorable au maintien à titre définitif de la part du collège des financeurs, dans les conditions prévues à l'article L. 4011-2-3, est subordonnée à la modification préalable des dispositions du présent code définissant le champ d'intervention de ces professions de santé. »

Cette intégration met fin à l'application du protocole.

Les ordres professionnels peuvent être consultés par le ministre chargé de la santé sur l'intégration d'un protocole de coopération *(Abrogé par Décr. n° 2016-1317 du 5 oct. 2016, art. 2-II-2°) « étendu »* dans les dispositions du présent code relatives aux professions de santé.

CHAPITRE II COLLÈGE DES FINANCEURS DES COOPÉRATIONS ENTRE PROFESSIONNELS DE SANTÉ

(Décr. n° 2014-919 du 18 août 2014, art. 1er)

Art. D. 4012-1 Le collège des financeurs des coopérations entre professionnels de santé mentionné à l'article L. 4011-2-1 est composé des membres suivants :

1° Le directeur de la sécurité sociale ou son représentant ;

2° Le directeur général de l'offre de soins ou son représentant ;

3° Le directeur général de la santé ou son représentant ;

(Décr. n° 2018-5 du 3 janv. 2018, art. 1er) « 4° Le directeur de la Haute Autorité de santé ou son représentant ;

« 5° » Le directeur de l'Union nationale des caisses de l'assurance maladie mentionnée à l'article L. 182-2 du code de la sécurité sociale ou son représentant.

La présidence du collège est assurée par le directeur de la sécurité sociale.

Le secrétariat du collège est assuré par la direction de la sécurité sociale.

Le collège des financeurs se réunit au moins quatre fois par an sur convocation de son président.

Les avis du collège sont émis après approbation de la majorité simple des membres présents. En cas de partage des voix, le président a voix prépondérante.

TITRE DEUXIÈME DÉVELOPPEMENT PROFESSIONNEL CONTINU DES PROFESSIONNELS DE SANTÉ

(Décr. n° 2011-2113 du 30 déc. 2011)

CHAPITRE UNIQUE

SECTION PREMIÈRE LES CONSEILS NATIONAUX PROFESSIONNELS

SOUS-SECTION 1 DISPOSITIONS GÉNÉRALES

Art. R. 4021-1 Les professionnels de santé, quels que soient leurs modes d'exercice, s'organisent dans le cadre de conseils nationaux professionnels. Le cas échéant, ces conseils peuvent être regroupés dans des structures fédératives.

Les conseils nationaux professionnels ne peuvent pas exercer des activités en tant qu'organisme ou structure de formation continue ou de développement professionnel continu.

En l'absence de conseils nationaux professionnels, les représentants de la profession ou de la spécialité concernée sont sollicités, dans les conditions fixées par le décret mentionné au quatrième alinéa de l'article L. 4021-3, pour exercer les missions définies au présent chapitre.

SOUS-SECTION 2 MISSIONS

Art. D. 4021-2 I. – Pour chaque profession ou, le cas échéant, pour chaque spécialité, les conseils nationaux professionnels proposent :

1° Les orientations prioritaires de développement professionnel continu prévues à l'article L. 4021-2 ;

2° Le parcours pluriannuel de développement professionnel continu défini à l'article L. 4021-3 ;

3° Un document de traçabilité permettant à chaque professionnel de retracer les actions de développement professionnel continu réalisées dans le cadre de son obligation triennale.

II. – Les conseils nationaux professionnels :

1° Apportent leur concours aux instances de l'Agence nationale du développement professionnel continu mentionnée à l'article L. 4021-6, notamment pour la définition des critères d'évaluation des actions de développement professionnel continu proposées par les organismes ou les structures et l'élaboration des plans de contrôle annuel des actions de développement professionnel continu ;

2° Proposent, en liaison avec le Haut Conseil du développement professionnel continu des professions de santé prévu à l'article R. 4021-11, les adaptations qu'ils jugent utiles des méthodes de développement professionnel continu définies par la Haute Autorité de santé ;

3° Assurent une veille sur les initiatives de terrain et les besoins des professionnels et communiquent au ministre chargé de la santé et au Haut Conseil du développement professionnel continu des professions de santé toutes informations ou propositions qu'ils jugent utiles pour évaluer l'intérêt et la pertinence des actions proposées et promouvoir le caractère collectif du développement professionnel continu, en secteur ambulatoire et en établissement de santé.

III. – L'avis des conseils nationaux professionnels peut être sollicité :

1° Par le ministre chargé de la santé et le Haut Conseil du développement professionnel continu des professions de santé, sur les modifications éventuelles du développement professionnel continu et l'évaluation de son impact sur les pratiques professionnelles ;

2° Par les instances ordinales, les agences régionales de santé et les employeurs auprès desquels les professionnels justifient de leur engagement dans le développement professionnel continu.

SOUS-SECTION 3 COMPOSITION ET FONCTIONNEMENT

Art. D. 4021-3 Pour chaque profession de santé ou, le cas échéant, pour chaque spécialité, les conseils nationaux professionnels assurent une représentation des différents modes d'exercice.

SECTION II PARCOURS PROFESSIONNELS

Art. R. 4021-4 I. – Pour chaque profession ou spécialité, un parcours de développement professionnel continu est défini, en application de l'article L. 4021-3, par le Conseil national professionnel compétent. Ce parcours :

1° Décrit l'enchaînement des actions de formation continue, d'analyse, d'évaluation et d'amélioration des pratiques et de gestion des risques estimé nécessaire par la profession pour le maintien, l'actualisation des connaissances et des compétences et l'amélioration des pratiques ;

2° Constitue pour chaque professionnel une recommandation afin de satisfaire à son obligation triennale de développement professionnel continu.

II. – Pour satisfaire à son obligation de développement professionnel continu, le professionnel de santé :

1° Ou bien se conforme à la recommandation mentionnée au I ;

2° Ou bien justifie au cours d'une période de trois ans :

a) Soit de son engagement dans une démarche d'accréditation ;

b) Soit de son engagement dans une démarche de développement professionnel continu comportant des actions de formation, d'évaluation et d'amélioration des pratiques et de gestion des risques. La démarche doit comporter au moins deux de ces trois types d'actions et au moins une action s'inscrivant dans le cadre des orientations prioritaires prévues à l'article L. 4021-2.

Il peut faire valoir les formations organisées par l'université qu'il aura suivies.

III. — Les actions mentionnées au II peuvent être suivies de façon indépendante ou être associées dans le cadre d'un même programme.

Elles se conforment à une des méthodes et modalités validées par la Haute Autorité de santé. Les actions s'inscrivant dans le cadre des orientations prioritaires doivent être mises en œuvre par un organisme ou une structure de développement professionnel continu enregistré conformément aux dispositions de l'article R. 4021-24.

IV. — Le Conseil national professionnel compétent atteste, à la demande du professionnel de santé, du parcours réalisé dans le cadre des actions qu'il a préconisées pour sa profession ou sa spécialité.

Art. R. 4021-5 I. — Un document de traçabilité électronique est mis à disposition de chaque professionnel de santé, quels que soient son statut et son mode d'exercice, sur le site internet de l'Agence nationale du développement professionnel continu. Il lui permet de conserver dans un dossier personnel unique, tout au long de son activité professionnelle, les éléments attestant de son engagement dans une démarche de développement professionnel continu dans le cadre de son obligation triennale.

Le document de traçabilité comporte, au regard du parcours défini au I de l'article R. 4021-4, les éléments suivants :

1° Les données relatives à l'identité du professionnel ;

2° Les différentes actions, classées par ordre chronologique et selon les types définis au II de l'article R. 4021-4, que le professionnel de santé a suivies ;

3° Les éléments de preuve attestant de la réalisation de ces actions ;

4° Une synthèse annuelle et triennale de ces actions ;

5° Le cas échéant, les éléments complémentaires définis, pour sa spécialité ou sa profession, par le Conseil national professionnel compétent ;

6° Le cas échéant, le document fourni au professionnel de santé par son Conseil national professionnel attestant de la conformité du parcours du professionnel à ses recommandations.

II. — Le document de traçabilité prévu au I est un document strictement personnel.

Le professionnel de santé est responsable de la mise à jour de ce document. Il est le seul détenteur d'un droit d'accès, en consultation et en écriture, sous réserve des spécificités propres au statut militaire des professionnels de santé du service de santé des armées.

A l'issue de la période triennale, le professionnel de santé adresse à l'autorité chargée du contrôle de son obligation de développement professionnel continu la synthèse des actions réalisées. A tout moment, il peut lui être demandé d'attester de son engagement dans la démarche, selon des modalités fixées par l'autorité en charge du contrôle.

III. — Les données insérées dans le document de traçabilité sont accessibles sous un format agrégé et anonymisé, aux fins d'exploitation statistique et de réalisation d'études d'impact sur le dispositif. Sur décision du Haut Conseil du développement professionnel continu des professions de santé, ces données agrégées et anonymisées peuvent être communiquées aux organisations professionnelles, notamment aux conseils nationaux professionnels.

SECTION III AGENCE NATIONALE DU DÉVELOPPEMENT PROFESSIONNEL CONTINU

SOUS-SECTION 1 DISPOSITIONS GÉNÉRALES

Art. R. 4021-6 L'Agence nationale du développement professionnel continu (ANDPC) mentionnée à l'article L. 4021-6 est constituée par voie de convention entre l'État et l'Union nationale des caisses d'assurance maladie, sous la forme d'un groupement d'intérêt public régi par les articles 98 à 117 de la loi n° 2011-525 du 17 mai 2011 de simplification et d'amélioration de la qualité du droit.

SOUS-SECTION 2 MISSIONS

Art. R. 4021-7 Les missions de l'Agence nationale du développement professionnel continu sont les suivantes :

1° Assurer le pilotage du dispositif de développement professionnel continu des professionnels de santé, quels que soient leurs statuts ou leurs conditions d'exercice :

a) Évaluer les organismes et structures qui souhaitent présenter des actions conformément aux dispositions des articles L. 4021-1 à L. 4021-2 ;

b) Évaluer, en lien avec la Haute Autorité de santé, la mise en œuvre des méthodes de développement professionnel continu, en veillant à leur qualité scientifique et pédagogique ;

c) Évaluer l'impact du développement professionnel continu sur l'amélioration des pratiques et l'efficience du dispositif ;

2° Contribuer au financement des actions s'inscrivant dans le cadre des orientations prioritaires pluriannuelles définies à l'article L. 4021-2, concernant les professionnels de santé non salariés et les professionnels de santé salariés des centres de santé relevant des conventions prévues aux articles L. 162-5, L. 162-9, L. 162-12-2, L. 162-12-9, L. 162-14, L. 162-16-1 et L. 162-32-1 du code de la sécurité sociale ;

3° Assurer la gestion financière du développement professionnel continu des professionnels de santé libéraux conventionnés et des professionnels de santé salariés des centres de santé conventionnés ;

4° Contribuer, conformément aux dispositions de l'article R. 4021-22, au financement d'actions de développement professionnel des médecins des établissements de santé et médico-sociaux s'inscrivant dans le cadre des orientations pluriannuelles prioritaires définies à l'article L. 4021-2;

5° Promouvoir le dispositif de développement professionnel continu et informer les organismes et structures susceptibles de proposer des actions de développement professionnel continu, les professionnels de santé salariés et non salariés et les employeurs ;

6° Assurer la participation des universités au dispositif, conformément aux dispositions de l'article L. 4021-4.

SOUS-SECTION 3 INSTANCES

Art. R. 4021-8 Le président de l'Agence nationale du développement professionnel continu est le président de l'assemblée générale des membres fondateurs du groupement d'intérêt public mentionné à l'article R. 4021-6, désigné dans des conditions prévues par la convention constitutive du groupement.

Il préside le conseil de gestion prévu à l'article R. 4021-14.

Il nomme le président et les membres du comité d'éthique prévu à l'article R. 4021-12.

Art. R. 4021-9 Le directeur général de l'Agence nationale du développement professionnel continu est désigné, pour une durée de trois ans renouvelable, par arrêté des ministres chargés de la santé et de la sécurité sociale.

Le directeur général règle les affaires de l'agence, à l'exception de celles réservées aux autres instances.

Il prépare les délibérations de l'assemblée générale des membres fondateurs du groupement d'intérêt public et du conseil de gestion et en assure l'exécution.

Il nomme et dirige les personnels de l'agence.

Il est ordonnateur des dépenses et des recettes de l'agence. Il désigne un ordonnateur délégué.

Il représente l'agence en justice et dans tous les actes de la vie civile.

Les missions du directeur général de l'agence sont précisées, en tant que de besoin, *par la convention constitutive* du groupement.

Art. R. 4021-10 Outre l'assemblée générale des membres fondateurs du groupement d'intérêt public, le président et le directeur général, les instances de l'Agence nationale du développement professionnel continu sont :

1° Le Haut Conseil du développement professionnel continu des professions de santé ;

2° Le comité d'éthique ;
3° Des commissions scientifiques indépendantes ;
4° Le conseil de gestion ;
5° Des sections professionnelles.

Art. R. 4021-11 I. – Le Haut Conseil du développement professionnel continu des professions de santé regroupe des représentants des conseils nationaux professionnels, des organisations professionnelles et syndicales représentatives des professionnels de santé salariés et non salariés, des universités, des fédérations d'employeurs, des instances ordinales et de la Haute Autorité de santé.

Son président et son vice-président sont nommés par arrêté des ministres chargés de la santé et de la sécurité sociale. Ses autres membres sont nommés par le directeur général de l'Agence nationale du développement professionnel, conformément aux propositions des organismes mentionnés au premier alinéa.

Des représentants des ministres chargés de l'enseignement supérieur, de la recherche, de la santé et de la sécurité sociale peuvent participer, à titre consultatif, à ses réunions.

II. – Le Haut Conseil du développement professionnel continu des professions de santé exerce les missions suivantes :

1° Promouvoir les échanges entre professionnels de santé, quelles que soient leurs conditions d'exercice, portant sur les enjeux scientifiques et pédagogiques du développement professionnel continu ;

2° Assurer la cohérence des travaux des conseils nationaux professionnels relatifs au développement professionnel continu ;

3° Déterminer les critères d'évaluation scientifique et pédagogique des actions de développement professionnel continu s'inscrivant dans le cadre des orientations définies à l'article L. 4021-2 ;

4° Proposer le plan national annuel de contrôle des organismes, des structures et des actions de développement professionnel continu ;

5° Contribuer à l'évaluation de l'impact sur les pratiques professionnelles des actions de développement professionnel continu suivies par les professionnels de santé et à la promotion du développement professionnel continu auprès des professionnels de santé et des employeurs.

Art. R. 4021-12 I. – Le comité d'éthique de l'Agence nationale du développement professionnel continu est composé de personnalités choisies en raison de leur indépendance et de la qualité de leur expertise en matière d'éthique en santé.

Son président et ses membres sont nommés par le président de l'Agence nationale du développement professionnel continu.

II. – Le comité d'éthique assure une fonction d'aide, de conseil et de prévention des conflits d'intérêts. Ses missions sont les suivantes :

1° Contribuer par ses avis à une application complète et homogène des règles relatives à la prévention des conflits d'intérêts au sein des instances de l'Agence nationale du développement professionnel continu et des organismes ou structures de développement professionnel continu pour ce qui concerne les actions financées par l'agence ainsi qu'à l'indépendance des personnes en charge de la réalisation de ces actions ;

2° Assurer, avec le concours de l'agence, une veille sur le respect des règles de la concurrence et sur les meilleures pratiques en matière de prévention des conflits d'intérêts et d'indépendance des organismes et responsables de la formation professionnelle des professionnels de santé.

Art. R. 4021-13 I. – Les commissions scientifiques indépendantes de l'Agence nationale du développement professionnel continu sont :

1° La commission scientifique indépendante des médecins, qui est composée de deux sous-sections :

a) La sous-section des médecins spécialistes autres que les spécialistes en médecine générale ;

b) La sous-section des médecins spécialistes en médecine générale ;

2° La commission scientifique indépendante des chirurgiens-dentistes ;
3° La commission scientifique indépendante des sages-femmes ;
4° La commission scientifique indépendante des pharmaciens ;

5° La commission scientifique indépendante des biologistes médicaux ;

6° La commission scientifique indépendante des professions paramédicales et des préparateurs en pharmacie, qui est composée de quatre sous-sections :

a) La sous-section des métiers du soin infirmier ;

b) La sous-section des métiers des soins de rééducation ;

c) La sous-section des métiers médico-techniques et de la pharmacie ;

d) La sous-section des métiers de l'appareillage ;

7° La commission scientifique indépendante interprofessionnelle ;

(Décr. n° 2017-883 du 9 mai 2017, art. 9-I) « 8° La commission scientifique indépendante des physiciens médicaux. »

II. – Les membres des commissions scientifiques indépendantes sont nommés par le directeur général de l'Agence nationale du développement professionnel continu, sur proposition des conseils nationaux professionnels.

Ils sont choisis parmi les professionnels de santé ayant une expertise scientifique et pédagogique dans le domaine de la formation continue et du développement professionnel continu.

Sauf cas particulier lié aux spécificités d'exercice de certaines professions, les commissions scientifiques indépendantes comprennent un représentant du service de santé des armées.

Des représentants des ministres chargés de l'enseignement supérieur, de la recherche, de la santé et de la sécurité sociale peuvent participer, à titre consultatif, aux réunions des commissions scientifiques indépendantes.

En l'absence de conseils nationaux professionnels, les organisations syndicales représentatives de la profession ou de la spécialité concernée sont sollicitées pour proposer des professionnels répondant aux critères définis au deuxième alinéa.

III. – Les commissions scientifiques indépendantes exercent, dans le cadre des dispositions de l'article R. 4021-23 relatives au contrôle des actions de développement professionnel continu, les missions suivantes :

1° Elles sont chargées de l'évaluation scientifique et pédagogique des actions s'inscrivant dans le cadre des orientations pluriannuelles prioritaires définies à l'article L. 4021-2 ;

2° Elles contribuent à la détermination par le Haut Conseil du développement professionnel continu des professions de santé des critères scientifiques et pédagogiques d'évaluation des actions de développement professionnel continu ;

3° Avec le concours de l'Agence nationale du développement professionnel continu, elles préparent la mise en œuvre du plan de contrôle annuel défini par le Haut Conseil du développement professionnel continu des professions de santé et en assurent le suivi ;

4° Elles informent le Haut Conseil du développement professionnel continu des professions de santé des difficultés rencontrées dans leur mission et sollicitent son avis en tant que de besoin ;

5° Le cas échéant, elles contribuent aux travaux de groupes ou de commissions mises en place par le Haut Conseil du développement professionnel continu des professions de santé, dans les conditions définies par le règlement intérieur de cette instance.

Art. R. 4021-14 Le conseil de gestion est composé paritairement de représentants des sections professionnelles définies à l'article R. 4021-15, désignés sur leur proposition par le directeur général de l'Agence nationale du développement professionnel, et de représentants de l'État et de l'Union nationale des caisses d'assurance maladie, dont le président de l'agence.

Il est présidé par le président de l'agence. Celui-ci désigne, sur proposition des représentants des sections professionnelles, un vice-président.

Le conseil de gestion répartit entre les sections professionnelles les sommes affectées *par l'agence au financement* du développement professionnel continu des professionnels de santé libéraux et des professionnels de santé salariés des centres de santé relevant des conventions définies aux articles L. 162-5, L. 162-9, L. 162-12-2, L. 162-12-9, L. 162-14, L. 162-16-1 et L. 162-32-1 du code de la sécurité sociale.

Art. R. 4021-15 I. – Les sections professionnelles de l'Agence nationale du développement professionnel continu sont :

1° La section professionnelle des médecins ;
2° La section professionnelle des chirurgiens-dentistes ;
3° La section professionnelle des sages-femmes ;
4° La section professionnelle des pharmaciens ;
5° La section professionnelle des biologistes médicaux ;
6° La section professionnelle des infirmiers ;
7° La section professionnelles *[professionnelle]* des masseurs-kinésithérapeutes ;
8° La section professionnelle des pédicures-podologues ;
9° La section professionnelle des orthophonistes ;
10° La section professionnelle des orthoptistes.

II. – Les membres des sections professionnelles sont nommés par le directeur général de l'Agence nationale du développement professionnel, à raison d'un représentant désigné par chacune des organisations syndicales reconnues représentatives au niveau national en application de l'article L. 162-33 du code de la sécurité sociale.

Les sections professionnelles des médecins, des chirurgiens-dentistes et des infirmiers comprennent également un représentant désigné par les syndicats de professionnels de santé exerçant en centre de santé.

Des représentants des ministres chargés de la santé et de la sécurité sociale peuvent participer, à titre consultatif, aux réunions des sections professionnelles.

III. – Les sections professionnelles mettent en œuvre et assurent la gestion, pour chaque profession conventionnée, des enveloppes financières qui leurs sont dévolues par le conseil de gestion.

Regroupées en comité professionnel, elles mettent en œuvre et assurent la gestion de l'enveloppe financière dévolue par le conseil de gestion aux programmes et actions de formation à portée pluriprofessionnelle.

Art. R. 4021-16 La convention constitutive de l'Agence nationale du développement professionnel continu précise la composition, les attributions et le fonctionnement de ses instances ainsi que les modalités de nomination de leurs membres.

SOUS-SECTION 4 FONCTIONNEMENT

Art. R. 4021-17 Les membres des instances de l'Agence nationale du développement professionnel continu perçoivent des indemnités forfaitaires pour le travail réalisé, dans des conditions définies par le directeur général de l'agence.

Art. R. 4021-18 Les frais de déplacement des membres des instances de l'Agence nationale du développement professionnel continu sont remboursés dans les conditions prévues par le décret n° 2006-781 du 3 juillet 2006 fixant les conditions et les modalités de règlement des frais occasionnés par les déplacements temporaires des personnels civils de l'État.

Art. R. 4021-19 Les membres des instances de l'Agence nationale du développement professionnel continu et les personnes qui prennent part aux travaux de l'Agence nationale du développement professionnel continu sont soumis aux obligations prévues à l'article L. 1451-1, à l'article L. 4113-6 et au premier alinéa de l'article L. 4113-13. En cas de manquement à ces obligations, l'autorité de nomination peut, après avoir mis l'intéressé à même de présenter ses observations, mettre fin à ses fonctions de membre d'une instance.

Les *fonctions de membre d'une instance* de l'Agence nationale du développement professionnel continu sont incompatibles avec les fonctions de membre d'une instance dirigeante d'un organisme ou d'une structure de développement professionnel continu.

Les fonctions de membre du Haut Conseil du développement professionnel continu des professions de santé, d'une commission scientifique indépendante ou du comité d'éthique de l'Agence nationale du développement professionnel continu sont incompatibles avec celles de membres du conseil de gestion du développement professionnel continu des professionnels libéraux et salariés des centres de santé ou d'une section professionnelle de l'agence.

Art. R. 4021-20 A la demande du ministre chargé de la santé, l'Agence nationale du développement professionnel continu passe tout marché de prestations de développement professionnel continu, correspondant aux orientations prioritaires de développement professionnel continu mentionnées au 2° et au 3° de l'article L. 4021-2 ou pour répondre à des besoins urgents de santé publique.

Les commissions scientifiques indépendantes et le Haut Conseil du développement professionnel continu des professions de santé en sont informés.

SECTION IV FINANCEMENT DU DÉVELOPPEMENT PROFESSIONNEL CONTINU

Art. R. 4021-21 L'Agence nationale du développement professionnel continu est financée par :

1° Les apports de ses membres, dans les conditions prévues par la convention constitutive ;

2° La contribution annuelle de l'Union nationale des caisses d'assurance maladie mentionnée au 3° du II de l'article L. 182-2-4 du code de la sécurité sociale ;

3° Des contributions volontaires d'organismes publics ou privés, autres que les établissements de santé, dans les conditions définies par des conventions avec ces organismes.

Art. R. 4021-22 I. – L'Agence nationale du développement professionnel continu concourt au financement des actions de développement professionnel continu s'inscrivant dans le cadre des orientations prioritaires pluriannuelles définies à l'article L. 4021-2 :

1° Pour les professionnels de santé libéraux conventionnés et les professionnels de santé salariés des centres de santé relevant des conventions définies aux articles L. 162-5, L. 162-9, L. 162-12-2, L. 162-12-9, L. 162-14, L. 162-16-1 et L. 162-32-1 du code de la sécurité sociale ;

2° Pour les médecins des établissements de santé et médico-sociaux. A cette fin, des conventions sont passées par l'agence avec les organismes mentionnés au second alinéa du II.

Les actions financées dans le cadre de conventions passées entre l'Agence nationale du développement professionnel continu et ces organismes font l'objet d'un suivi budgétaire et analytique distinct des autres actions financées par ces derniers.

Les financements délégués dans le cadre de ces conventions incluent les frais de gestion permettant la mise en œuvre des actions de développement professionnel continu concernées.

II. – Les employeurs publics et privés concourent au financement des actions de développement professionnel continu de leurs salariés professionnels de santé.

Les organismes collecteurs agréés mentionnés à l'article L. 6332-1 du code du travail habilités à recevoir les contributions des employeurs des branches sanitaires et médico-sociales ainsi que l'organisme agréé mentionné à l'article 16 de l'ordonnance n° 2005-406 du 2 mai 2005 simplifiant le régime juridique des établissements de santé concourent, dans les conditions prévues au présent article, au financement des actions éligibles au développement professionnel continu des professions de santé définies aux articles L. 4021-1 à L. 4021-3 du présent code. Les fonds d'assurance formation des professions non salariées prévus à l'article L. 6332-9 du code du travail auxquels sont affiliés les professionnels de santé en exercice libéral peuvent également participer au financement de ces actions.

SECTION V CONTRÔLE DU DÉVELOPPEMENT PROFESSIONNEL CONTINU

SOUS-SECTION 1 CONTRÔLE DE L'OBLIGATION DE DÉVELOPPEMENT PROFESSIONNEL CONTINU

Art. R. 4021-23 I. – Les professionnels de santé justifient de leur engagement dans une démarche de développement professionnel continu :

1° Pour les médecins, les chirurgiens-dentistes et les sages-femmes, auprès du conseil compétent de l'ordre dont ils relèvent. Pour les professionnels mentionnés à l'article L. 4112-6, l'employeur, ou le service de santé des armées pour les professionnels relevant des dispositions de l'article L. 4138-2 du code de la défense, exerce les attributions confiées à l'ordre ;

2° Pour les pharmaciens, auprès du conseil compétent de leur ordre. Pour les pharmaciens mentionnés à l'article L. 4222-7, l'employeur, ou le service de santé des armées pour les professionnels relevant des dispositions de l'article L. 4138-2 du code de la défense, exerce les attributions confiées à l'ordre des pharmaciens ;

3° Pour les infirmiers, les masseurs-kinésithérapeutes et les pédicures-podologues, auprès du conseil compétent de l'ordre dont ils relèvent ;

4° Pour les auxiliaires médicaux appartenant à des professions qui ne relèvent pas d'un ordre professionnel, les préparateurs en pharmacie, les aides-soignants et les auxiliaires de puériculture, exerçant en qualité de salariés du secteur public ou du secteur privé, auprès de leur employeur ;

5° Pour les audioprothésistes, les opticiens-lunetiers, les prothésistes et orthésistes pour l'appareillage des personnes handicapées qui n'exercent pas à titre salarié et les auxiliaires médicaux à exercice libéral, lorsqu'ils ne relèvent pas d'un ordre professionnel, auprès du directeur général de l'agence régionale de santé ;

6° Pour les auxiliaires médicaux, les préparateurs en pharmacie et les aides-soignants relevant des dispositions de l'article L. 4138-2 du code de la défense, auprès du service de santé des armées.

II. – Le professionnel de santé communique à l'autorité en charge du contrôle de l'obligation les éléments du document de traçabilité défini à l'article R. 4021-5 attestant du respect de son obligation de développement professionnel continu.

SOUS-SECTION 2 CONTRÔLE DES ORGANISMES PROPOSANT DES ACTIONS DE DÉVELOPPEMENT PROFESSIONNEL CONTINU

Art. R. 4021-24 Tout organisme ou structure qui souhaite présenter des actions de développement professionnel continu s'inscrivant dans le cadre des orientations définies à l'article L. 4021-2 dépose une demande d'enregistrement auprès de l'Agence nationale du développement professionnel continu.

L'agence procède à l'enregistrement si l'organisme ou la structure satisfait à des critères, fixés par arrêté du ministre chargé de la santé, relatifs à sa capacité à proposer des actions de développement professionnel continu et à son indépendance à l'égard des entreprises fabriquant ou distribuant des produits de santé.

L'agence peut mettre fin à l'enregistrement lorsqu'il est constaté que l'organisme ou de la structure *[ou la structure]* ne remplit plus les critères mentionnés à l'alinéa précédent. Lorsqu'elle envisage de mettre fin à l'enregistrement, l'agence en informe, par tout moyen permettant d'apporter la preuve de sa réception, l'organisme ou la structure, qui dispose d'un délai de quinze jours pour faire valoir ses observations.

Art. R. 4021-25 I. – L'organisme ou la structure enregistré en application de l'article R. 4021-24 peut proposer des actions de développement professionnel continu, présentées sous forme dématérialisée conformément au modèle défini par un arrêté du ministre chargé de la santé.

Ces actions sont évaluées par les commissions scientifiques indépendantes, conformément aux critères scientifiques et pédagogiques fixés par le Haut Conseil du développement professionnel continu des professions de santé, sous la responsabilité de l'Agence nationale du développement professionnel continu.

Dans le cadre du plan national annuel de contrôle défini par le Haut Conseil du développement professionnel continu des professions de santé, des vérifications sont effectuées pour s'assurer que les actions mises en œuvre par les organismes ou struc*tures et éligibles au financement* de l'agence sont conformes aux critères de qualité retenus par le Haut Conseil.

II. – Lorsque l'évaluation ou le contrôle défini au I est négatif, l'organisme ou la structure est informé, par tout moyen permettant d'apporter la preuve de sa réception, des manquements constatés lors de ces différents contrôles et des sanctions éventuelles encourues. Il dispose d'un délai de quinze jours francs pour faire valoir ses observations.

III. – Les sanctions d'une évaluation défavorable ou d'un contrôle qui laisse apparaître un manquement dans l'exécution de l'action sont :

1° Le retrait de l'action ayant fait l'objet d'une évaluation défavorable de la liste des actions déposées sur le site internet de l'Agence nationale du développement professionnel continu ;

2° Le retrait de l'enregistrement de l'organisme ou de la structure concerné s'il s'avère que la majorité des actions contrôlées au cours des trois derniers mois par les commissions scientifiques indépendantes ne satisfont pas les critères requis ;

3° Le retrait de l'enregistrement de l'organisme ou de la structure concernée en cas de fausse déclaration ou de manœuvre frauduleuse.

La sanction est prononcée par le directeur général de l'agence.

Le retrait de l'enregistrement de l'organisme ou de la structure est prononcé après avis conforme du Haut Conseil du développement professionnel continu des professions de santé, rendu dans les trente jours qui suivent l'expiration du délai de quinze jours cité au II.

IV. — En cas de retrait prononcé conformément aux 1° à 3° du III, l'organisme ou de la structure *[ou la structure]* concernée en informe sans délai les bénéficiaires de ses prestations. Chacun d'eux est informé que sa participation à de nouvelles sessions de l'action ou des actions en cause ne pourra pas être prise en compte pour valider son obligation de développement professionnel continu.

La prise en charge des frais pédagogiques exposés peut être refusée ou, le cas échéant, leur remboursement exigé.

L'attestation remise au professionnel de santé par l'organisme ou la structure à l'issue d'une session de développement professionnel continu qui s'est déroulée antérieurement à la date à laquelle l'organisme ou la structure a été sanctionné par l'Agence nationale du développement professionnel continu est prise en compte pour la validation de son obligation de développement professionnel continu.

TITRE TROISIÈME REPRÉSENTATION DES PROFESSIONS DE SANTÉ LIBÉRALES

(Décr. n° 2010-585 du 2 juin 2010, art. 1er)

CHAPITRE UNIQUE

SECTION PREMIÈRE DISPOSITIONS GÉNÉRALES

Art. R. 4031-1 Dans chaque région et *(Décr. n° 2017-886 du 9 mai 2017, art. 1er-1°)* « dans les collectivités territoriales de Corse, *[de]* Guyane et de Martinique », les unions régionales des professionnels de santé rassemblent, pour chaque profession, les représentants des professionnels de santé exerçant à titre libéral sous le régime des conventions nationales avec l'Union nationale des caisses d'assurance maladie mentionnées au titre VI du livre Ier du code de la sécurité sociale.

L'union régionale a son siège *(Décr. n° 2015-560 du 20 mai 2015, art. 1er-1°)* « dans la commune du siège de l'agence régionale de santé », sauf si son assemblée en décide autrement par une décision prise à la majorité des deux tiers de ses membres.

Art. R. 4031-2 Les unions régionales contribuent à l'organisation de l'offre de santé régionale. Elles participent notamment :

1° A la préparation et à la mise en œuvre du projet régional de santé ;

2° A l'analyse des besoins de santé et de l'offre de soins, en vue notamment de l'élaboration du schéma régional d'organisation des soins ;

3° A l'organisation de l'exercice professionnel, notamment en ce qui concerne la permanence des soins, la continuité des soins et les nouveaux modes d'exercice ;

4° A des actions dans le domaine des soins, de la prévention, de la veille sanitaire, de la gestion des crises sanitaires, de la promotion de la santé et de l'éducation thérapeutique ;

5° A la mise en œuvre des contrats pluriannuels d'objectifs et de moyens avec les réseaux de santé, les centres de santé, les maisons de santé et les pôles de santé, ou des contrats ayant pour objet d'améliorer la qualité et la coordination des soins mentionnés à l'article *(Décr. n° 2011-827 du 8 juill. 2011, art. 2)* « L. 1435-4 » ;

6° Au déploiement et à l'utilisation des systèmes de communication et d'information partagés ;

7° A la mise en œuvre du développement professionnel continu.

Elles peuvent procéder à l'analyse des données agrégées nationales et régionales issues du système national d'informations interrégimes de l'assurance maladie en rapport avec leurs missions.

Art. D. 4031-3 La durée du mandat des membres des assemblées des unions régionales des professionnels de santé est de cinq ans, à compter de la première réunion de l'assemblée. Il est renouvelable.

Art. R. 4031-4 Lorsque l'effectif de ces professionnels est supérieur ou égal à 20 000, ces derniers élisent leurs représentants au sein des unions régionales regroupant leur profession.

La liste des professions qui élisent leurs représentants aux unions régionales des professionnels de santé ainsi que celles qui désignent les leurs est fixée par arrêté du ministre chargé de la santé. Cette liste est actualisée si nécessaire avant la tenue des élections.

SECTION II ORGANISATION ET FONCTIONNEMENT DES UNIONS RÉGIONALES

SOUS-SECTION 1 DISPOSITIONS GÉNÉRALES

Art. R. 4031-5 Les statuts de l'union régionale des professionnels de santé sont adoptés par l'assemblée, conformément aux statuts types annexés au présent chapitre.

Art. R. 4031-6 Le nombre total des membres de l'assemblée de chaque union régionale est fixé comme suit :

I. — Pour l'union régionale regroupant les médecins :

1° Dix membres dans les régions où le nombre de médecins exerçant à titre libéral dans le cadre du régime conventionnel est inférieur ou égal à 500 ;

2° Trente membres dans les régions où le nombre de médecins exerçant à titre libéral dans le cadre du régime conventionnel est compris entre 501 et 3 000 ;

3° Quarante membres dans les régions où le nombre de médecins exerçant à titre libéral dans le cadre du régime conventionnel est compris entre 3 001 et 5 000 ;

4° Soixante membres dans les régions où le nombre de médecins exerçant à titre libéral dans le cadre du régime conventionnel est compris entre 5 001 et 10 000 ;

5° Quatre-vingts membres dans les régions où le nombre de médecins exerçant à titre libéral dans le cadre du régime conventionnel est supérieur à 10 000.

II. — Pour chaque union régionale regroupant les professionnels élisant leurs représentants :

1° Trois membres dans les régions où le nombre de ces professionnels de santé exerçant à titre libéral dans le cadre du régime conventionnel est inférieur ou égal à 200 ;

2° Six membres dans les régions où le nombre de ces professionnels de santé exerçant à titre libéral dans le cadre du régime conventionnel est compris entre 201 et 700 ;

3° Neuf membres dans les régions où le nombre de ces professionnels de santé exerçant à titre libéral dans le cadre du régime conventionnel est compris entre 701 et 1 500 ;

4° Douze membres dans les régions où le nombre de ces professionnels de santé exerçant à titre libéral dans le cadre du régime conventionnel est compris entre 1 501 et 2 500 ;

5° Quinze membres dans les régions où le nombre de ces professionnels de santé exerçant à titre libéral dans le cadre du régime conventionnel est compris entre 2 501 et 3 500 ;

6° Dix-huit membres dans les régions où le nombre de ces professionnels de santé exerçant à titre libéral dans le cadre du régime conventionnel est compris entre 3 501 et 5 000 ;

7° Vingt-quatre membres dans les régions où le nombre de ces professionnels de santé exerçant à titre libéral dans le cadre du régime conventionnel est supérieur à 5 000.

III. — Pour chaque union régionale regroupant les professionnels désignant leurs représentants :

1° Trois membres dans les régions où le nombre de ces professionnels de santé exerçant à titre libéral dans le cadre du régime conventionnel est inférieur ou égal à 100 ;

2° Six membres dans les régions où le nombre de ces professionnels de santé exerçant à titre libéral dans le cadre du régime conventionnel est compris entre 101 et 300 ;

3° Neuf membres dans les régions où le nombre de ces professionnels de santé exerçant à titre libéral dans le cadre du régime conventionnel est compris entre 301 et 500 ;

4° Douze membres dans les régions où le nombre de ces professionnels de santé exerçant à titre libéral dans le cadre du régime conventionnel est supérieur à 500.

IV. – Pour l'application du présent article, le nombre de professionnels de santé pris en compte est celui au premier jour du quatrième mois précédant le renouvellement de l'assemblée sortante. Ce nombre est communiqué au président de l'union régionale des professionnels de santé par les caisses primaires d'assurance maladie de la région.

Lorsqu'un professionnel de santé exerce dans plusieurs régions, il est pris en compte dans la région où il exerce à titre principal.

Art. R. 4031-7 Les professionnels qui, pour quelque raison que ce soit, cessent définitivement d'exercer une activité libérale dans le cadre du régime conventionnel cessent d'office d'exercer leur mandat de membre de l'assemblée.

Il est alors pourvu au remplacement du professionnel de santé intéressé :

1° Dans les conditions prévues à l'article R. 4031-15 lorsqu'il appartient à une union régionale dont les membres sont élus ;

2° Dans les conditions prévues à l'article R. 4031-18 lorsqu'il appartient à une union régionale dont les membres sont nommés.

Dans le cas d'une cessation d'activité temporaire, l'exercice du mandat de membre de l'assemblée est suspendu pendant la période correspondante.

Art. R. 4031-8 Les membres de l'assemblée perçoivent au titre de leurs fonctions le remboursement des frais de déplacement et de séjour, dans les conditions fixées par le règlement intérieur.

Le règlement intérieur peut également prévoir l'attribution d'une indemnité forfaitaire destinée à compenser la perte de ressources entraînée par ces fonctions, dans la limite d'un plafond applicable à chaque profession défini par arrêté des ministres chargés de la santé et de la sécurité sociale, en fonction des stipulations conventionnelles de la profession relatives aux indemnités de participation aux commissions paritaires. Le règlement intérieur prend en compte, pour déterminer l'existence et le montant de cette indemnité, l'importance des travaux auxquels les membres prennent part, notamment du fait de la qualité de membre du bureau.

Pour chaque professionnel, la somme totale des indemnités perçues durant une année civile ne peut excéder deux fois la valeur du plafond annuel de sécurité sociale.

Art. R. 4031-9 *(Décr. n° 2017-886 du 9 mai 2017, art. 1er et 4, en vigueur à l'occasion du prochain renouvellement des unions régionales)* « I. – L'assemblée élit en son sein un bureau qui comprend au moins un président, un trésorier et un secrétaire, un secrétaire adjoint, et au moins, pour l'union regroupant les médecins, un vice-président et un trésorier adjoint.

« Pour les unions régionales dont l'assemblée compte six membres ou moins, le bureau est composé d'un président, d'un trésorier et d'un secrétaire.

« A défaut de constitution d'un bureau trois mois après le début du mandat, l'assemblée élit en son sein un bureau qui comprend un président, un trésorier et un secrétaire, un secrétaire adjoint et, pour l'union regroupant les médecins, un vice-président.

« II. – Au sein de l'union régionale regroupant les médecins, le bureau comprend un nombre égal de membres représentant chaque collège. » – *Les dispositions du Décr. n° 2017-886 du 9 mai 2017 entrent en vigueur à l'occasion du prochain renouvellement des unions régionales (Décr. préc., art. 4-IV).*

III. – Les membres du bureau sont élus par un vote distinct pour chaque poste. L'élection a lieu au scrutin secret, à la majorité absolue des suffrages exprimés aux deux premiers tours et à la majorité relative au troisième. En cas d'égalité de suffrages, le candidat le plus âgé est déclaré élu.

Si l'un des membres du bureau cesse définitivement d'exercer son mandat, il est procédé à son remplacement au cours de la première réunion de l'assemblée qui suit la vacance.

En cas de faute grave dans l'exercice de son mandat, et après avoir été mis en mesure de présenter sa défense, tout membre du bureau est déclaré démissionnaire d'office par l'assemblée se prononçant à la majorité des deux tiers.

Art. R. 4031-10 L'assemblée établit un règlement intérieur, adopté à la majorité des deux tiers, qui fixe notamment :

1° Les règles de fonctionnement de l'assemblée et du bureau ;

2° Les conditions dans lesquelles les membres de l'assemblée peuvent se donner procuration ;

3° Les conditions du remboursement des frais et de l'attribution éventuelle d'indemnités mentionnés à l'article R. 4031-8 ;

4° La fréquence des réunions de l'assemblée et du bureau ;

5° Le cas échéant, l'organisation des services ainsi que la nature et le plafond des emplois permanents ;

6° Les conditions dans lesquelles l'assemblée de l'union peut donner délégation aux membres du bureau ;

(Décr. n° 2017-886 du 9 mai 2017, art. 1er-3°) « 7° Pour l'union regroupant les médecins, la part du budget mise à la disposition de chacun des collèges. »

Le règlement intérieur ainsi que toute modification sont communiqués au directeur général de l'agence régionale de santé.

L'assemblée définit un programme de travail annuel.

Au sein de l'union régionale regroupant les médecins, chaque collège *(Décr. n° 2017-886 du 9 mai 2017, art. 1er-3°)* « définit » un programme de travail propre. La fraction du budget de l'union régionale mise à la disposition du collège, mentionnée à l'article R. 4031-40, doit alors être utilisée conformément au programme de travail défini par celui-ci.

(Décr. n° 2017-886 du 9 mai 2017, art. 1er-3°) « L'assemblée adopte un rapport sur l'activité annuelle de l'union avant le 31 mars de l'année suivante, transmis au directeur général de l'agence régionale de santé pour publication sur son site internet. »

Art. R. 4031-11 L'assemblée de l'union se réunit sur convocation de son président au moins deux fois par an. La convocation est de droit si la majorité absolue des membres composant l'assemblée le demande.

L'assemblée ne peut valablement délibérer que si la moitié au moins des membres qui la composent sont présents ou représentés.

Lorsque le quorum n'est pas atteint, l'assemblée délibère valablement, après une nouvelle convocation, quel que soit le nombre des membres présents.

En cas d'absence, le président ou le secrétaire sont suppléés par un vice-président ou un secrétaire adjoint, pour les unions régionales qui en sont dotées. A défaut, un président ou un secrétaire de séance sont désignés par l'assemblée.

Art. R. 4031-12 Les décisions de l'assemblée et du bureau sont prises à la majorité des membres présents, sauf dans les cas où une majorité qualifiée est requise en vertu des dispositions du présent chapitre ou du règlement intérieur. En cas de partage égal des voix, celle du président est prépondérante.

Les délibérations de l'assemblée donnent lieu à l'établissement de procès-verbaux, approuvés par l'assemblée lors de sa réunion suivante, conservé*[s]* au siège de l'union et signés par le président et le secrétaire ou leurs remplaçants.

Les délibérations du bureau donnent lieu à l'établissement d'un relevé de décisions approuvé par le bureau lors de sa réunion suivante, conservé au siège de l'union et signé par le président et le secrétaire.

Art. R. 4031-13 Le président nomme aux emplois de l'union régionale après avis du bureau.

Le président de l'assemblée représente l'union régionale en justice et dans tous les actes de la vie civile.

SOUS-SECTION 2 DISPOSITIONS APPLICABLES AUX UNIONS RÉGIONALES DES PROFESSIONNELS DE SANTÉ DONT LES MEMBRES SONT ÉLUS

Art. R. 4031-14 Les membres des unions régionales élus le sont par les professionnels de santé exerçant à titre libéral dans le régime conventionnel, dans la région où ils exercent à titre principal.

Au sein de l'assemblée de l'union régionale regroupant les médecins, le nombre de sièges à pourvoir est réparti entre collèges en tenant compte du nombre national d'électeurs de chaque collège. Un arrêté des ministres chargés de la santé et de la sécurité sociale détermine la répartition des sièges par collège.

Art. R. 4031-15 Lorsqu'un siège devient vacant, il est pourvu au remplacement, pour la durée du mandat restant à courir, en faisant appel au candidat venant en rang utile sur la liste à laquelle appartenait l'ancien titulaire.

Lorsque cette liste est épuisée, il n'est pas procédé au remplacement.

Toutefois, si la moitié au moins des sièges de l'assemblée deviennent vacants sans qu'il soit possible de pourvoir aux remplacements, il est procédé au renouvellement de l'ensemble de ces sièges par voie d'élection, selon les modalités prévues à la section III du présent chapitre. Ce renouvellement a lieu pour la durée du mandat restant à courir.

Les dispositions de l'alinéa qui précède ne sont pas applicables au cours de la dernière année du mandat de l'assemblée.

En cas de renouvellement d'une assemblée avant la fin du mandat ayant débuté en 2016 dans les conditions prévues à l'art. R. 4031-15, il est procédé au renouvellement dans les conditions antérieures à la publication du Décr. n° 2017-886 du 9 mai 2017 (Décr. préc., art. 4-V).

SOUS-SECTION 3 DISPOSITIONS APPLICABLES AUX UNIONS RÉGIONALES DES PROFESSIONNELS DE SANTÉ DONT LES MEMBRES SONT DÉSIGNÉS

Art. D. 4031-16 Les membres des unions régionales désignés le sont par les organisations syndicales de la profession, reconnues représentatives au niveau national en application de l'article L. 162-33 du code de la sécurité sociale. Ils sont nommés par *(Décr. n° 2017-886 du 9 mai 2017, art. 2-1°)* « arrêté des directeurs généraux des agences régionales de santé concernées ».

Art. D. 4031-17 *(Décr. n° 2017-886 du 9 mai 2017, art. 2-2°)* Un arrêté des ministres chargés de la santé et de la sécurité sociale fixe la répartition des sièges de chaque union entre les organisations syndicales. Cette répartition est établie à la représentation proportionnelle à la plus forte moyenne, en fonction :

1° Du nombre de cotisants établi par la dernière enquête de représentativité mentionnée à l'article L. 162-33 pour les professions pour lesquelles elle est disponible ;

2° Du nombre de cotisants de chacune des organisations syndicales pour les professions pour lesquelles aucune enquête de représentativité n'est disponible.

Art. D. 4031-18 Lorsqu'un siège devient vacant, l'organisation syndicale dont est issu le professionnel pourvoit à son remplacement en désignant un nouveau représentant, pour la durée du mandat restant à courir.

SECTION III ÉLECTIONS DES MEMBRES DE L'ASSEMBLÉE

SOUS-SECTION 1 DISPOSITIONS GÉNÉRALES

Art. R. 4031-19 *(Décr. n° 2017-886 du 9 mai 2017, art. 1er-4°)* Pour l'appréciation de la condition de présence territoriale prévu à l'article L. 4031-2, il est tenu compte des effectifs d'adhérents à jour de leur cotisation selon les modalités retenues pour l'application du 3° de l'article R. 162-54-1 du code de la sécurité sociale. Les organisations syndicales souhaitant présenter des listes de candidats aux élections à venir transmettent les documents justifiant leur présence territoriale et leur ancienneté minimale de deux ans au ministre chargé de la santé entre le douzième et le neuvième mois précédant la fin du mandat en cours. Un arrêté ministériel fixe la liste des organisations syndicales admises à présenter des listes de candidats au plus tard six mois avant l'échéance de la fin du mandat en cours.

L'élection des membres des assemblées des unions régionales regroupant la même profession de santé a lieu à la même date dans toutes les régions. Cette date, qui correspond à la date de dépouillement des votes, est fixée par arrêté du ministre chargé de la santé. Elle est antérieure d'au moins un mois à la date d'expiration du mandat des assemblées en fonction.

Art. R. 4031-20 En cas d'annulation de l'élection de tous les membres de l'assemblée d'une union ou de tous les membres d'un collège, de nouvelles élections pour l'union ou le collège concerné doivent être organisées dans un délai de quatre mois à compter de la date à laquelle la décision prononçant l'annulation est devenue définitive.

Dans le cas mentionné au troisième alinéa de l'article R. 4031-15, de nouvelles élections pour l'union ou le collège concerné doivent être organisées dans un délai de quatre mois à compter de la date à laquelle le nombre de sièges vacants est devenu supérieur ou égal à la moitié des sièges.

La date de ces élections est fixée par arrêté *(Décr. n° 2017-886 du 9 mai 2017, art. 1er-5°)* « du ministre chargé de la santé ». Le mandat des membres ainsi élus prend fin lors du prochain renouvellement général des assemblées des unions.

Art. R. 4031-21 *(Décr. n° 2017-886 du 9 mai 2017, art. 1er-6°)* I. — Le vote a lieu par voie électronique.

A cette fin, il est créé un traitement automatisé de données à caractère personnel, placé sous la responsabilité du ministre chargé de la santé.

Ce traitement automatisé garantit la séparation, dans des fichiers distincts, des données relatives aux électeurs, d'une part, et aux votes, d'autre part.

Les droits d'accès et de rectification prévus aux articles 39 et 40 de la loi n° 78-17 du 6 janvier 1978 relative à l'informatique, aux fichiers et aux libertés s'exercent auprès du ministre chargé de la santé d'organiser les opérations de vote. Le droit d'opposition prévu à l'article 38 de la même loi ne s'applique pas à ce traitement automatisé.

Ce traitement automatisé permet aux électeurs d'exprimer leur vote de manière électronique dans le respect de l'anonymat, de la confidentialité et du secret du vote.

Afin de se prémunir contre tout risque de défaillance, le système de vote électronique est dupliqué sur deux plateformes géographiques distinctes offrant les mêmes caractéristiques et les mêmes garanties.

II. — Préalablement à sa mise en place, ou à toute modification substantielle de sa conception, le système de vote par voie électronique fait l'objet d'une expertise indépendante destinée à vérifier le respect des garanties prévues par la présente sous-section par l'intégralité du dispositif aussi bien tel qu'installé avant le scrutin, qu'utilisé pendant le scrutin et postérieurement au vote.

Le rapport d'expertise, contenant la méthode et les moyens permettant de vérifier *a posteriori* que les différents composants logiciels sur lesquels a porté l'expertise n'ont pas été modifiés, est tenu à la disposition de la Commission nationale de l'informatique et des libertés et communiqué au ministère chargé de la santé.

III. — Un arrêté du ministre chargé de la santé précise les caractéristiques du traitement prévu au I.

Il fixe notamment :

1° Les catégories de données à caractère personnel enregistrées dans le traitement ;

2° Les modalités de l'expertise indépendante prévue au II ;

3° Les garanties entourant le recours à un prestataire technique chargé, dans le respect des obligations de sécurité résultant de la présente sous-section, de la maîtrise d'œuvre du traitement automatisé ainsi que les modalités de son intervention ;

4° Les modalités d'identification et d'authentification des électeurs ainsi que les modalités de récupération par l'électeur de son authentifiant ;

5° Les conditions de mise en œuvre du dispositif de secours en cas de défaillance mentionné au dernier alinéa du I.

Art. R. 4031-22 *(Décr. n° 2017-886 du 9 mai 2017, art. 1er-7°)* Les élections ont lieu par union régionale et, en ce qui concerne l'union régionale regroupant les médecins, par collège.

Art. R. 4031-23 *(Décr. nº 2017-886 du 9 mai 2017, art. 1er-8º)* **Les élections sont organisées, par profession, par une commission nationale qui a son siège dans les locaux du ministère chargé de la santé, lequel en assure le secrétariat. Cette commission comprend :**

1º Un représentant du ministre de la santé, président ;

2º Trois représentants de chaque organisation syndicale candidate ou leurs suppléants. La liste des membres titulaires et suppléants est publiée par arrêté du ministre chargé de la santé.

Art. R. 4031-24 *(Décr. nº 2017-886 du 9 mai 2017, art. 1er-9º)* **La commission nationale prend toutes mesures nécessaires à l'organisation des opérations électorales, et notamment :**

1º Établit les listes électorales et statue sur les réclamations afférentes ;

2º Reçoit et enregistre les candidatures ;

3º Contrôle la propagande électorale ;

4º Diffuse les documents nécessaires à la campagne électorale et aux opérations de vote.

Elle met en place dans chaque région un comité de suivi électoral auquel peut participer chacune des organisations syndicales candidates dans la région concernée.

Art. R. 4031-25 *Abrogé par Décr. nº 2017-886 du 9 mai 2017, art. 3.*

Art. R. 4031-26 *(Décr. nº 2017-886 du 9 mai 2017, art. 1er-10º)* **Les frais occasionnés par les élections sont à la charge des unions selon une répartition définie par arrêté du ministre chargé de la santé.**

SOUS-SECTION 2 ÉTABLISSEMENT DES LISTES ÉLECTORALES

Art. R. 4031-27 *(Décr. nº 2017-886 du 9 mai 2017, art. 1er-11º)* **Les listes électorales sont constituées par la commission nationale mentionnée à l'article R. 4031-23 à partir, soit du répertoire créé pour l'enregistrement prévu par l'article D. 4113-115, soit d'un autre fichier répertoriant les professionnels de santé créé par arrêté. Elles mentionnent les noms, prénoms et l'adresse professionnelle des professionnels de santé libéraux qui exercent à titre principal dans la région.**

Le nombre d'électeurs inscrits à la date du cent-vingtième jour avant le scrutin détermine le nombre de membres des futures assemblées des unions, nonobstant les modifications éventuelles ultérieures de ces listes.

S'agissant des médecins, deux listes sont établies. La première liste regroupe les médecins titulaires d'un diplôme, certificat ou autre titre permettant d'exercer la médecine générale. La deuxième regroupe les médecins titulaires d'un diplôme, certificat ou autre titre permettant d'exercer une autre spécialité.

Légalité de l'art. R. 4031-27. En décidant de rassembler au sein d'un même collège électoral les chirurgiens, les anesthésistes-réanimateurs et les gynécologues-obstétriciens, le législateur (art. L. 4031-2 CSP) a entendu traiter de manière particulière ceux des médecins qui accomplissent une part substantielle de leur activité en bloc opératoire, en raison des contraintes et des charges spécifiques à un tel mode d'exercice. • CE 8 juill. 2011, *Synd. des médecins d'Aix et région*, nº 340997.

Art. R. 4031-28 **Lorsqu'il est procédé à de nouvelles élections en application de l'article R. 4031-20, les listes électorales établies suivant les prescriptions de l'article R. 4031-27 sont utilisées pour les nouvelles élections, sauf dans le cas où l'élection a été annulée pour un motif tiré de l'irrégularité des listes électorales.**

Art. R. 4031-29 *(Décr. nº 2017-886 du 9 mai 2017, art. 1er-12º)* Les listes électorales sont consultables par tout électeur, notamment par voie électronique après identification selon les modalités prévues à l'article R. 4031-34-1. Tout électeur peut en demander la rectification à la commission nationale. Les listes sont closes à la date du quatre-vingt-dixième jour avant le scrutin.

A compter de cette même date, toute réclamation est adressée dans les six jours à la commission nationale. Celle-ci statue dans un délai de six jours. Ses décisions sont notifiées aux intéressés sans délai par tout moyen permettant de déterminer la date de réception.

Dans les trois jours qui suivent la date de réception de la notification, la décision de la commission peut être frappée de recours devant le tribunal d'instance compétent.

Le recours devant le tribunal d'instance est présenté dans les formes prévues au premier alinéa de l'article R. 13, du code électoral.

Le tribunal statue en dernier ressort, dans les dix jours de sa saisine, sur simple avertissement qu'il donne trois jours à l'avance à toutes les parties. La décision du tribunal est notifiée par le greffe dans les trois jours par lettre recommandée avec demande d'avis de réception.

La décision n'est pas susceptible d'opposition.

Elle peut faire l'objet d'un pourvoi en cassation, formé dans les dix jours suivant la notification de la décision du tribunal d'instance. Celui-ci est soumis aux conditions définies aux articles R. 15-2 à R. 15-6 du code électoral.

La procédure est sans frais.

SOUS-SECTION 3 ÉTABLISSEMENT DES LISTES DE CANDIDATS

Art. R. 4031-30 Les listes de candidats sont présentées par union. S'agissant de l'union régionale regroupant les médecins, les listes sont présentées par collège. Ces listes comportent un nombre de candidats supérieur de 20 % au nombre des membres de l'assemblée de l'union régionale à élire, le cas échéant arrondi à l'entier supérieur.

Les professionnels qui exercent dans plusieurs régions ne peuvent être candidats que dans la région où ils exercent à titre principal. Nul ne peut figurer sur plusieurs listes. S'agissant des listes destinées à élire les membres de l'union régionale regroupant les médecins, chaque liste ne peut concerner qu'un seul collège.

Un syndicat constitué à partir de la fusion de plusieurs syndicats dont l'un d'entre eux remplit la condition d'ancienneté de deux ans définie à l'article L. 4031-2 est réputé également la remplir.

1. Légalité. L'art. R. 4031-30 n'a ni pour objet ni pour effet de faire perdre leur ancienneté aux syndicats dont les statuts seraient modifiés à l'issue d'une fusion, seule étant prise en compte la date de dépôt légal des statuts du plus ancien des syndicats fusionnés. • CE 8 juill. 2011, *Synd. des médecins d'Aix et région*, n° 340997.

2. Listes partielles. Les art. R. 4031-30 et R. 4031-31 ne permettent pas que la commission d'organisation électorale et, sur recours, le tribunal d'instance enregistrent partiellement une liste sur laquelle sont portés irrégulièrement certains candidats. • Civ. 2e, 30 juin 2016, n° 15-60.241 P.

Art. R. 4031-31 *(Décr. n° 2017-886 du 9 mai 2017, art. 1er-14°)* Chaque liste est signée par tous les candidats qui y sont inscrits ainsi que par le mandataire désigné par l'organisation syndicale pour la représenter. La liste porte mention, le cas échéant, du collège au titre duquel elle est présentée. Elle mentionne pour chaque candidat le nom, prénom, date et lieu de naissance, adresse professionnelle et qualité.

Les listes complètes sont déposées à la commission nationale au plus tard le soixante-cinquième jour précédant le scrutin, à 17 heures (heure légale de Paris).

Toute liste qui ne remplit pas les conditions prescrites par la présente section fait l'objet d'un refus de la commission nationale. Ce refus peut être contesté devant le tribunal d'instance compétent, par le mandataire ainsi que par tout candidat de la liste, *dans les trois jours* de sa notification par lettre recommandée avec demande d'avis de réception.

Le tribunal est saisi par déclaration faite, remise ou adressée au greffe.

Il statue en dernier ressort dans un délai de dix jours, sur simple avertissement qu'il donne trois jours à l'avance à toutes les parties. La décision du tribunal est notifiée par le greffe dans les trois jours par lettre recommandée avec demande d'avis de réception.

La décision n'est pas susceptible d'opposition.

Elle peut faire l'objet d'un pourvoi en cassation, formé dans les dix jours suivant la notification de la décision du tribunal d'instance. Celui-ci est soumis aux conditions définies aux articles R. 15-2 à R. 15-6 du code électoral.

La procédure est sans frais.

1. Délai de trois jours. En l'absence de dispositions contraires, le délai de recours de trois jours, ouvert au mandataire d'une liste de candidats pour contester le refus d'enregistrement de cette liste, ne peut courir qu'à compter de la réception de la notification de ce refus par ce mandataire. • Civ. 1re, 13 janv. 2011, n° 10-23.755 : *Bull. civ. II, n° 10.* ♦ Ce délai s'impose au juge judiciaire quelles que soient les instructions ministérielles qui y dérogeraient. • Civ. 2e, 19 mai 2016, n° 15-60.229 P. ♦ Les recours tendent à l'annulation des décisions de la commission d'organisation électorale, mais peuvent être formés contre l'ARS. • Civ. 2e, 14 avr. 2016, n° 15-60.230 P.

2. Recours en cassation, recevabilité. Le pourvoi en cassation ne peut être formé que par le mandataire ou les candidats, à condition que ces personnes aient été parties devant le tribunal ; n'est pas recevable le pourvoi en cassation formé par un syndicat en tant que tel, même si, sans droit, il a été partie devant le tribunal. • Civ. 2e, 30 juin 2016, n° 15-60.241 P • 14 avr. 2016, n° 15-60.230 P.

Art. R. 4031-32 *(Décr. n° 2017-886 du 9 mai 2017, art. 1er-15°)* **La commission publie les listes de candidatures au plus tard le soixantième jour précédant le scrutin par voie d'affichage à l'agence régionale de santé, au siège de l'union, ainsi que sur le site internet de l'agence régionale de santé, selon des modalités permettant d'en réserver l'accès aux seuls électeurs.**

La régularité des listes peut être contestée devant le tribunal d'instance compétent, dans un délai de trois jours à compter de leur publication.

Il est fait application des dispositions des quatrième à huitième alinéas de l'article R. 4031-31.

1. Recevabilité. La régularité des listes de candidatures à l'élection des membres d'une URPS pouvant être contestée par tout électeur devant le tribunal d'instance, le pourvoi en cassation peut aussi être formé par tout électeur, à condition qu'il ait été partie devant le tribunal d'instance ; n'est donc pas recevable le pourvoi en cassation formé par un syndicat en tant que tel, même si, sans droit, il a été partie devant le tribunal. • Civ. 2e, 28 avr. 2011, n° 10-24.541 : *Bull. civ. II, n° 96* • 16 déc. 2011, n° 10-60.426 • 20 oct. 2016, n° 15-60.284 P.

2. Délai de jugement. Le délai fixé par les art. R. 4031-31 et R. 4031-32 CSP et l'art. 2-4° du Décr. du 2 juin 2010 relatif aux URPS n'est pas prescrit à peine de nullité ; son inobservation ne peut donc pas donner lieu à cassation. • Civ. 2e, 16 déc. 2011 : *préc. note 1.*

3. Tierce opposition (non). Si, en vertu de l'art. 585 C. pr. civ., « tout jugement est susceptible de tierce opposition si la loi n'en dispose autrement » ; le code de la santé publique a institué une procédure spéciale comportant comme seule voie de recours le pourvoi en cassation ; il en résulte que les décisions du tribunal d'instance ne peuvent pas faire l'objet d'une tierce opposition. • Civ. 2e, 22 sept. 2011, n° 10-60.391.

4. Fraude. Pour un cas où quatre médecins portés sur les listes n'avaient pas donné leur consentement, justifiant l'annulation de la liste. • Civ. 2e, 20 oct. 2016, n° 15-60.284 P.

SOUS-SECTION 4 CAMPAGNE ÉLECTORALE ET OPÉRATIONS DE VOTE

Art. R. 4031-33 *(Décr. n° 2017-886 du 9 mai 2017, art. 1er-16°)* **Pour assurer l'égalité de moyens aux listes et candidats en présence, la commission nationale fixe de la même manière pour tous les candidats le format et le nombre d'envois des circulaires.**

Les articles L. 47 à L. 50 du code électoral sont applicables.

La commission nationale fixe, au plus tard le soixantième jour avant la date du scrutin avant la date du scrutin :

1° La date limite à laquelle elle devra recevoir les circulaires ;

2° La date limite d'envoi des circulaires aux électeurs par voie électronique.

La commission n'expédie pas les documents qui lui sont remis postérieurement à cette date et ceux qui ne répondent pas aux conditions fixées par la présente section.

Art. R. 4031-34 *(Décr. n° 2017-886 du 9 mai 2017, art. 1er-17°)* **Les opérations de vote par voie électronique sont placées, pour chaque élection, sous le contrôle d'un bureau national du vote électronique dont le président est désigné par arrêté du ministre de la justice et du ministre chargés de la santé. Ce bureau est composé de deux représentants de chaque organisation syndicale des professionnels de santé candidate à l'élection ainsi que deux représentants du ministère chargé de la santé. Le secrétariat du bureau est assuré par les représentants du ministère chargé de la santé.**

La liste des membres titulaires et suppléants du bureau du vote électronique est publiée par arrêté du ministre chargé de la santé.

Le bureau du vote électronique ne délibère valablement que si quatre au moins de ses membres sont présents. En cas de partage égal des voix, celle du président est prépondérante. En cas d'absence ou d'empêchement, le président est remplacé par le plus âgé des membres présents.

Le bureau du vote électronique veille au bon déroulement des opérations électorales et vérifie l'effectivité des dispositifs de sécurité prévus pour assurer le secret du vote, la sincérité du scrutin et l'accessibilité au suffrage.

Il se réunit afin de procéder aux opérations prévues aux articles R. 4031-34-2, R. 4031-34-3 et R. 4031-34-4 et, sur convocation de son président, en tant que de besoin au cours des opérations électorales.

Le bureau du vote électronique peut, à tout moment, s'assurer de l'intégrité et de la disponibilité du système de vote et des fichiers prévus au deuxième alinéa de l'article R. 4031-21. Il est compétent pour prendre toute mesure d'information et de sauvegarde, y compris l'arrêt temporaire ou définitif des opérations de vote par voie électronique s'il estime que leur sincérité, leur secret ou leur accessibilité ne sont plus garantis.

Toute facilité est accordée au bureau du vote électronique pour lui permettre d'assurer la surveillance effective des opérations électorales par voie électronique. Il peut, en tant que de besoin, saisir les autorités et, le cas échéant, les prestataires chargés de l'organisation de ces opérations de toute question relative à leur déroulement.

Il est informé automatiquement et immédiatement de toute intervention technique sur le système de vote.

Les responsables du traitement automatisé délèguent auprès du bureau du vote électronique un ou plusieurs experts chargés de l'éclairer sur le fonctionnement du système de vote par voie électronique et les événements éventuellement rencontrés au cours des opérations électorales.

Il est tenu un procès-verbal du vote par voie électronique, composé de pages numérotées. Tout événement survenu durant le scrutin, toute décision prise par le bureau du vote électronique, toute intervention effectuée sur le système de vote sont immédiatement portés au procès-verbal et font l'objet d'une consignation dont l'intégrité est garantie.

Tout électeur, tout candidat ainsi que les délégués peuvent consulter le procès-verbal et y consigner leurs observations relatives aux opérations du vote par voie électronique.

Les modalités d'accès au système de vote par voie électronique et le fonctionnement général du scrutin font l'objet d'une communication aux électeurs sur le site du ministère de la santé, dans la semaine suivant la publication de l'arrêté prévu à l'article R. 4031-19.

Art. R. 4031-34-1 *(Décr. nº 2017-886 du 9 mai 2017, art. 1er-18º)* L'identification et l'authentification des électeurs votant par voie électronique sont assurées par l'utilisation de la carte de professionnel de santé mentionnée à l'article L. 161-33 du code de la sécurité sociale.

Un dispositif d'identification secondaire est offert aux électeurs qui rencontrent des difficultés matérielles pour l'utilisation de leur carte de professionnel de santé pendant la période du scrutin.

Art. R. 4031-34-2 *(Décr. nº 2017-886 du 9 mai 2017, art. 1er-18º)* I. — Le vote par voie électronique est ouvert le deuxième mercredi précédant la date du scrutin, à 12 heures (heure légale de Paris).

II. — Avant l'ouverture du vote par voie électronique, des clés de chiffrement distinctes, confidentielles et strictement personnelles sont remises, sous pli scellé, à chacun des membres titulaires et suppléants du bureau du vote électronique. Chaque clé est attribuée selon une procédure garantissant aux attributaires qu'ils ont, seuls, connaissance du secret associé à la clé qui leur est personnellement attribuée.

Le bureau de vote électronique procède au scellement du système de vote, de la liste des électeurs et des listes de candidats, dont il vérifie l'effectivité.

Le bureau du vote électronique vérifie que les listes d'émargement sont vierges et que l'urne électronique est vide. La liste d'émargement et l'urne électronique font l'objet d'un procédé garantissant qu'ils ne peuvent être respectivement modifiés que par l'ajout d'un émargement et d'un bulletin de vote dématérialisé provenant d'un électeur authentifié de manière non frauduleuse.

III. — Pour voter par voie électronique, l'électeur, après s'être connecté au système de vote et identifié à l'aide de sa carte de professionnel de santé et de l'authentifiant prévus à l'article R. 4031-34-1, exprime puis valide son vote. Cette opération déclenche l'envoi d'un bulletin de vote dématérialisé, qui demeure chiffré au sein de l'urne jusqu'au dépouillement.

La validation du vote le rend définitif et empêche toute modification.

L'enregistrement du vote et l'émargement de l'électeur donnent lieu à l'envoi par voie électronique d'un récépissé lui permettant de vérifier, en ligne, la prise en compte de son vote.

Le vote par voie électronique est clos le mardi précédant la date du dépouillement à 12 heures.

Art. R. 4031-34-3 *(Décr. nº 2017-886 du 9 mai 2017, art. 1er-18º)* Les responsables du traitement automatisé extraient et enregistrent sur supports scellés le contenu de l'urne, les listes d'émargement et les états courants gérés par les serveurs. Ces opérations sont effectuées sous le contrôle du bureau du vote électronique. Les supports ainsi créés sont remis à son président, qui les conserve dans un lieu sécurisé.

Le bureau du vote électronique vérifie que le nombre de votes exprimés dans l'urne électronique correspond au nombre de votants figurant sur les listes d'émargement.

Le support contenant les listes d'émargement est ensuite annexé au procès-verbal du vote par voie électronique.

Art. R. 4031-34-4 *(Décr. nº 2017-886 du 9 mai 2017, art. 1er-18º)* Après clôture du scrutin, les membres du bureau du vote électronique procèdent publiquement à l'ouverture de l'urne électronique en activant les clés mentionnées à l'article R. 4031-34-2. L'urne ne peut être ouverte que si quatre clés au moins sont actionnées, chacune par le membre du bureau du vote électronique auquel elle a été remise dans les conditions prévues au même article.

Le décompte des suffrages est réalisé par union et fait l'objet d'une édition sécurisée afin d'être porté au procès-verbal du vote par voie électronique. Les membres du bureau du vote électronique paraphent le procès-verbal puis le remettent à la commission nationale.

Art. R. 4031-35 *(Décr. nº 2017-886 du 9 mai 2017, art. 1er-19º)* Jusqu'à l'expiration du délai de recours contentieux ou, lorsqu'une action contentieuse a été engagée, jusqu'à l'épuisement des voies de recours contentieux, les fichiers supports comprenant la copie des programmes sources et des programmes exécutables, les matériels de vote, les fichiers d'émargement, de résultats et de sauvegarde ainsi que l'ensemble des données à caractère personnel enregistrées sur le traitement prévu à l'article R. 4031-21 sont conservés sous scellés, sous le contrôle de la commission nationale. La procédure de décompte des votes doit, si nécessaire, pouvoir être exécutée à nouveau.

A l'expiration du délai de recours ou, lorsqu'une action contentieuse a été engagée, après l'épuisement des voies de recours contentieux, sauf si une instance pénale a été engagée dans ce délai, il est procédé, sous le contrôle de la commission nationale, à la destruction de ces supports et données.

Art. R. 4031-36 Les réclamations contre les résultats des élections sont portées dans les cinq jours suivant leur proclamation devant le tribunal d'instance *(Décr. nº 2017-886 du 9 mai 2017, art. 1er-20º)* « compétent ». Elles sont introduites par déclaration faite, remise ou adressée au greffe du tribunal.

La réclamation peut être portée par tout électeur ou candidat ainsi que par le directeur général de l'agence régionale de santé s'il a connaissance d'un cas de fraude.

Le tribunal statue dans un délai de deux mois suivant l'enregistrement de la réclamation, sur simple avertissement donné dix jours à l'avance à toutes les parties intéressées.

La décision du tribunal est rendue en dernier ressort. Elle est notifiée par le greffe dans les trois jours par lettre recommandée avec demande d'avis de réception.

La décision du tribunal n'est pas susceptible d'opposition. *(Décr. n° 2017-886 du 9 mai 2017, art. 1er-20°)* « Elle peut faire l'objet d'un pourvoi en cassation, formé dans les dix jours suivant la notification de la décision du tribunal d'instance. Celui-ci est soumis aux conditions définies aux articles R. 15-2 à R. 15-6 du code électoral.

« La procédure est sans frais. »

1. Recevabilité. La réclamation contre les résultats des élections des membres d'une URPS peut être portée devant le tribunal d'instance par tout électeur ou candidat ainsi que par le directeur général de l'ARS s'il a connaissance d'un cas de fraude ; le pourvoi en cassation ne peut être formé que par les mêmes personnes, à condition qu'elles aient été parties devant le tribunal ; n'est donc pas recevable le pourvoi en cassation formé par un syndicat en tant que tel, même si, dans droit, il a été partie devant le tribunal. • Civ. 2e, 1er déc. 2011, n° 10-27.361.

2. Réclamation par télécopie. Les réclamations contre les résultats des élections doivent être introduites par déclaration faite, remise ou adressée au greffe ; c'est donc à bon droit qu'un tribunal retient que la réclamation ne peut l'être par télécopie. • Civ. 2e, 17 nov. 2016, n° 15-60.353 P : *D. 2016. 2405*.

3. Délai. L'irrégularité alléguée de la désignation du représentant du directeur de l'ARS, président de la commission de recensement des votes, est sans incidence sur le point de départ du délai de recours contre les résultats des élections aux Unions Régionales des Professionnels de Santé (URPS). • Civ. 2e, 23 mars 2017, n° 16-60.095. ♦ L'indisponibilité du site de La Poste à compter de 18 h 30 le dernier jour du recours n'est ni imprévisible ni irrésistible, et ne constitue pas un obstacle invincible pour former sa contestation dans les délais. • Même arrêt.

Art. R. 4031-37 En cas d'annulation de l'élection des membres d'une union régionale ou d'un des collèges composant l'assemblée de l'union régionale regroupant les médecins, une délégation spéciale chargée de l'administration de l'union est nommée par le directeur général de l'agence régionale de santé dans les quinze jours qui suivent l'annulation. Le directeur général choisit les membres de cette délégation parmi les électeurs de l'union régionale et pour l'union régionale qui regroupe les médecins parmi les *(Abrogé par Décr. n° 2017-886 du 9 mai 2017, art. 1er-21°) « trois »* collèges d'électeurs.

Le nombre des membres composant la délégation spéciale est fixé à trois. Il est porté à six lorsque le nombre de membres de l'assemblée de l'union est égal ou supérieur à cinquante.

La délégation spéciale élit son président. Elle peut décider d'élire un vice-président.

Art. R. 4031-37-1 *(Décr. n° 2017-886 du 9 mai 2017, art. 1er-22° et 4-II, en vigueur le 1er janv. 2018)* Le tribunal d'instance mentionné dans les articles R. 4031-29, R. 4031-31, R. 4031-32 et R. 4031-36 est désigné par décret.

Art. R. 4031-38 Les pouvoirs de la délégation spéciale sont limités aux actes d'administration conservatoires et urgents. Elle ne peut en aucun cas engager les finances de l'assemblée de l'union au-delà des ressources disponibles de l'exercice courant, ni établir le budget prévisionnel mentionné à l'article R. 4031-40.

Les fonctions de la délégation spéciale expirent de plein droit dès qu'il a été procédé à l'installation des nouveaux membres élus.

SECTION IV DISPOSITIONS À CARACTÈRE FINANCIER

Art. R. 4031-39 Ni l'assemblée, ni le bureau, ni aucun des membres d'une union *régionale ne peuvent solliciter* ou accepter pour le compte de celle-ci des concours financiers qui, par leur nature ou leur importance, seraient susceptibles de mettre en cause l'indépendance nécessaire à l'accomplissement des missions de l'union.

Art. R. 4031-40 *(Décr. n° 2010-585 du 2 juin 2010, art. 1er)* Les unions établissent annuellement un budget prévisionnel de leurs opérations de recettes et de dépenses.

(Décr. n° 2017-886 du 9 mai 2017, art. 1er-23° et 4-II, en vigueur le 1er janv. 2018) « Une fraction du budget annuel de l'union est dédiée à la mise en œuvre du programme de travail annuel. Cette fraction est déterminée par l'assemblée de l'union et ne peut pas être inférieure à 30 % et supérieure à 80 % du budget annuel de l'union.

« Au sein de l'union régionale regroupant les médecins, une fraction du budget annuel de l'union est mise à la disposition de chacun des collèges pour la mise en œuvre de leur programme de travail propre. Cette fraction est déterminée par l'assemblée de l'union après avis de chaque collège. Cette fraction ne peut être inférieure à 25 % et supérieure à 50 % du budget annuel de l'union. Au sein de cette fraction, chaque collège dispose d'une part proportionnelle au nombre de membres de l'assemblée de l'union qui en sont issus. Lorsqu'un collège n'a pas défini de programme de travail propre, la part qui lui est attribuée est réaffectée au budget de l'union.

« L'utilisation de la fraction du budget annuel dédiée à la mise en œuvre du programme de travail fait l'objet d'une présentation dans le cadre du rapport d'activité mentionné à l'article R. 4031-10. »

Le président de l'union ordonnance les dépenses, y compris pour la fraction mise à la disposition des collèges.

Les unions régionales ne peuvent pas financer des opérations étrangères à leur mission.

Art. R. 4031-41 Une commission de contrôle, composée de trois à six membres de l'assemblée n'ayant pas la qualité de membre du bureau, est élue chaque année par l'assemblée à bulletin secret. Elle élit son président en son sein. Toutefois, aucune commission de contrôle n'est constituée dans les unions régionales qui ne sont composées que de trois membres.

Les dispositions du chapitre II du titre Ier du livre VI du code de commerce relatives aux obligations en matière comptable des associations bénéficiant de subventions des autorités administratives sont applicables aux unions régionales des professionnels de santé.

La commission procède à toute époque aux contrôles et investigations comptables et financières. Elle présente à l'assemblée, lors de la séance annuelle consacrée à l'approbation des comptes, un rapport concernant la gestion de l'union et les comptes de l'exercice et comportant un état détaillé des recettes et de leur origine.

Art. R. 4031-42 Le budget, les comptes annuels et le rapport de la commission sont communiqués au directeur général de l'agence régionale de santé.

Art. R. 4031-43 Sont assujettis au versement de la contribution instituée par l'article L. 4031-4 les professionnels de santé en activité dans le cadre du régime conventionnel au 1er janvier de l'année.

La contribution est acquittée au plus tard le 15 mai pour l'année en cours auprès de l'organisme chargé du recouvrement des cotisations du régime général de sécurité sociale.

Art. R. 4031-44 Pour l'application de l'article L. 4031-4, la contribution est assise sur le revenu déterminé dans les conditions définies à l'article L. 131-6 du code de la sécurité sociale.

Art. R. 4031-45 Le produit de la contribution encaissée par les organismes chargés de son recouvrement et centralisé par l'Agence centrale des organismes de sécurité sociale est réparti :

1° Pour les unions régionales qui élisent leurs représentants selon la clé de répartition suivante :

a) *(Décr. n° 2015-560 du 20 mai 2015, art. 1er-3°)* « 25 % » sont répartis à parts égales entre toutes les unions regroupant la même profession ;

b) *(Décr. n° 2015-560 du 20 mai 2015, art. 1er-3°)* « 75 % » sont répartis entre les unions regroupant la même profession, par arrêté du ministre chargé de la santé et du ministre chargé de la sécurité sociale, au prorata du nombre de leurs électeurs constaté lors de la précédente élection ;

2° Pour les unions régionales dont les membres sont désignés par les organisations syndicales les plus représentatives, selon la clé de répartition suivante :

a) *(Décr. n° 2015-560 du 20 mai 2015, art. 1er-3°)* « 25 % » sont répartis à parts égales entre toutes les unions regroupant la même profession ;

b) *(Décr. n° 2015-560 du 20 mai 2015, art. 1er-3°)* « 75 % » sont répartis entre toutes les unions regroupant la même profession, par arrêté du ministre chargé de la santé et du ministre chargé de la sécurité sociale, au prorata du nombre de professionnels de santé en exercice dans le régime conventionnel au sein de la région.

Pour l'application des dispositions de l'alinéa précédent, les caisses primaires d'assurance maladie transmettent au ministre chargé de la santé et au ministre chargé de la sécurité sociale le nombre de professionnels ayant adhéré à la convention au plus tard le premier jour du troisième mois précédant la désignation des membres siégeant à l'union régionale.

Le versement aux unions intervient au plus tard le 15 août suivant la date d'exigibilité. Dans le même délai, les organismes chargés du recouvrement communiquent à chaque union régionale la liste des professionnels de santé ayant acquitté leur contribution.

Les organismes chargés du recouvrement de la contribution perçoivent des frais de gestion dont les modalités et le montant sont fixés par arrêté du ministre chargé de la sécurité sociale, dans la limite de 0, 5 % du produit de la cotisation.

(Décr. n° 2017-886 du 9 mai 2017, art. 1er-24°) « Si l'Agence centrale des organismes de sécurité sociale constate qu'une union régionale n'est pas constituée au plus tard le 15 août suivant la date d'exigibilité, les recettes encaissées par les organismes chargés du recouvrement de la contribution sont réparties entre toutes les autres unions regroupant la même profession, au prorata du nombre de professionnels de santé en exercice dans le régime conventionnel au sein de ces régions. »

Art. D. 4031-45-1 *(Décr. n° 2011-552 du 19 mai 2011)* Le taux annuel de la contribution est fixé, par profession, comme suit :

1° Pour les médecins : 0,5 % ;

2° Pour les chirurgiens-dentistes, les pharmaciens et les biologistes responsables : 0,3 % ;

3° Pour les infirmiers, les masseurs-kinésithérapeutes, les pédicures-podologues, les sages-femmes, les orthophonistes et les orthoptistes : 0,1 %.

SECTION V FÉDÉRATION RÉGIONALE DES PROFESSIONNELS DE SANTÉ LIBÉRAUX

Art. R. 4031-46 à R. 4031-51 *Abrogés par Décr. n° 2017-886 du 9 mai 2017, art. 3.*

SECTION VI MODALITÉS DE DÉSIGNATION DES PROFESSIONNELS DE SANTÉ EXERÇANT DANS LE RÉGIME CONVENTIONNEL À SAINT-BARTHÉLEMY, À SAINT-MARTIN ET À MAYOTTE

(Décr. n° 2010-1091 du 16 sept. 2010, art. 2)

V. Dalloz.fr 🏛.

TITRE QUATRIÈME LA SOCIÉTÉ INTERPROFESSIONNELLE DE SOINS AMBULATOIRES

(Décr. n° 2012-407 du 23 mars 2012)

Art. R. 4041-1 Les activités mentionnées au 2° de l'article L. 4041-2 sont ainsi définies :

1° La coordination thérapeutique, entendue comme les procédures mises en place au sein de la société ou entre la société et des partenaires, visant à améliorer la qualité de la prise en charge et la cohérence du parcours de soin ;

2° L'éducation thérapeutique du patient telle que définie à l'article L. 1161-1 ;

3° La coopération entre les professionnels de santé telle que définie à l'article L. 4011-1.

Art. R. 4041-2 Si les statuts sont établis par acte sous seing privé, il en est établi autant d'originaux qu'il est nécessaire pour l'exécution des diverses formalités requises et la remise d'un exemplaire à chaque associé.

Art. R. 4041-3 Les statuts comportent les mentions obligatoires suivantes :

1° Les nom, prénom, domicile de chaque personne physique associée de la société ;

2° La forme, l'objet et l'appellation de la société ainsi que la durée pour laquelle elle est constituée ;

3° L'adresse du siège social ;

4° Selon le cas, le numéro d'inscription à l'ordre pour tout associé relevant d'un ordre professionnel ou la justification d'autorisation d'exercer pour les autres associés ;

5° La profession exercée par chaque personne physique associée de la société et, le cas échéant, ses différents titres et spécialité ;

6° La nature et l'évaluation distincte de chacun des apports effectués par les associés ;

7° Le montant du capital social, le nombre, le montant nominal et la répartition des parts sociales représentatives de ce capital ;

8° L'affirmation de la libération totale ou partielle, suivant le cas, des apports concourant à la formation du capital social ;

9° Le cas échéant, le nombre de parts d'intérêt attribuées à chaque apporteur en industrie ;

10° Les modalités de fonctionnement de la société, notamment les règles de désignation du ou des gérants et le mode d'organisation de la gérance ;

11° Les conditions dans lesquelles un associé peut exercer à titre personnel une activité dont ils prévoient l'exercice en commun.

Art. R. 4041-4 Les statuts ne comportent aucune disposition tendant à obtenir d'un associé un rendement minimum ou de nature à porter atteinte à l'indépendance professionnelle de chacun d'entre eux et au libre choix du praticien par le malade.

Art. R. 4041-5 Dans les maisons de santé constituées sous forme de société interprofessionnelle de soins ambulatoires, le projet de santé mentionné à l'article L. 6323-3 est annexé aux statuts.

LIVRE PREMIER PROFESSIONS MÉDICALES

TITRE PREMIER EXERCICE DES PROFESSIONS MÉDICALES

CHAPITRE PREMIER CONDITIONS GÉNÉRALES D'EXERCICE

SECTION PREMIÈRE ÉPREUVES DE VÉRIFICATION DES CONNAISSANCES *(Décr. n° 2010-427 du 29 avr. 2010, art. 1er-1°).*

(Décr. n° 2006-1323 du 30 oct. 2006, art. 1er)

Art. D. 4111-1 *(Décr. n° 2007-123 du 29 janv. 2007, art. 1er-II)* Les épreuves de vérification des connaissances mentionnées au I de l'article L. 4111-2, écrites et anonymes, comportent :

1° Une épreuve de vérification des connaissances fondamentales ;

2° Une épreuve de vérification des connaissances pratiques ;

(Abrogé par Décr. n° 2010-427 du 29 avr. 2010, art. 1er-2°) *« 3° Une épreuve de maîtrise de la langue française. »*

Les modalités d'organisation des épreuves de vérification des connaissances *(Abrogé par Décr. n° 2010-427 du 29 avr. 2010, art. 1er-2°)* *« et de maîtrise de la langue française »* sont fixées par arrêté du ministre chargé de la santé.

Pour chaque session, un arrêté détermine les professions, disciplines ou spécialités pour lesquelles les épreuves sont ouvertes ainsi que le nombre de places offertes.

Art. D. 4111-2 Pour chacune des professions médicales, un jury national est chargé de l'élaboration des sujets et de la correction des épreuves.

Art. D. 4111-3 Pour les professions de médecin et de chirurgien-dentiste, le jury, constitué par tirage au sort, est composé :

1° De membres choisis dans les sections ou sous-sections du Conseil national des universités régi par le décret n° 87-31 du 20 janvier 1987 correspondant à la discipline ou à la spécialité concernée :

(Décr. n° 2012-659 du 4 mai 2012, art. 7) « *a)* Pour la médecine, dans toutes les spécialités, hormis la médecine générale : parmi les membres du personnel enseignant et hospitalier titulaires régis par le décret n° 84-135 du 24 février 1984 portant statut des personnels enseignants et hospitaliers des centres hospitaliers et universitaires ;

« *b)* Pour la médecine, dans la spécialité médecine générale : prioritairement parmi les personnels enseignants titulaires de médecine générale régis par le décret n° 2008-744 du 28 juillet 2008 portant dispositions relatives aux personnels enseignants des universités, titulaires et non titulaires de médecine générale ou parmi les professeurs associés des universités et les maîtres de conférences associés des universités de médecine générale régis par le décret n° 91-966 du 20 septembre 1991 relatif aux personnels associés des centres hospitaliers et universitaires des disciplines médicales et odontologiques ;

« *c)* Pour la chirurgie dentaire : parmi les membres du personnel enseignant et hospitalier titulaires régis par le décret n° 90-92 du 24 janvier 1990 portant statut des personnels enseignants et hospitaliers des centres de soins, d'enseignement et de recherche dentaires des centres hospitaliers et universitaires ; »

2° De praticiens hospitaliers régis par les dispositions prévues aux articles R. 6152-1 à R. 6152-99 et de praticiens exerçant leurs fonctions à temps partiel régis par les dispositions prévues aux articles R. 6152-201 à R. 6152-277, comptant au moins quatre ans de services effectifs en cette qualité.

Les modalités de désignation des jurys sont fixées par arrêté des ministres chargés de la santé et de l'enseignement supérieur.

Art. D. 4111-4 Pour la profession de sage-femme, le jury, constitué par tirage au sort, est composé :

1° De membres du personnel enseignant et hospitalier titulaires régis par le décret n° 84-135 du 24 février 1984 portant statut des personnels enseignants et hospitaliers des centres hospitaliers et universitaires choisis dans la discipline gynécologie-obstétrique ;

2° De membres du personnel enseignant et hospitalier titulaires régis par le décret du 24 février 1984 précité, choisis dans la discipline pédiatrie ;

3° De directeurs d'école de sages-femmes régies par le décret n° 90-949 du 26 octobre 1990 portant statut particulier des directeurs d'école de sages-femmes de la fonction publique hospitalière ;

4° De sages-femmes cadres et de sages-femmes cadres supérieurs, titulaires du certificat cadre sage-femme, régies par le décret n° 89-611 du 1er septembre 1989 portant statut particulier des sages-femmes de la fonction publique hospitalière.

Les modalités de désignation des jurys sont fixées par arrêté des ministres chargés de la santé et de l'enseignement supérieur.

Art. D. 4111-5 *(Décr. n° 2007-123 du 29 janv. 2007, art. 1er-III)* Dans la limite du nombre maximum de personnes susceptibles d'être reçues à ces épreuves, le jury établit une liste alphabétique des candidats reçus. La note de la première épreuve départage les *ex aequo*.

Les candidats inscrits en qualité de réfugié, apatride, bénéficiaire de l'asile territorial, bénéficiaire de la protection subsidiaire ou de Français ayant regagné le territoire national à la demande des autorités françaises ne sont pas soumis au nombre maximum mentionné à l'alinéa précédent. Le jury établit une liste alphabétique des candidats reçus.

Pour l'établissement des listes mentionnées aux deux alinéas précédents, le candidat ayant obtenu une note inférieure ou égale à 6 sur 20 à l'une de ces épreuves ne peut être déclaré admis.

Art. D. 4111-6 *(Décr. n° 2010-1212 du 13 oct. 2010, art. 1er)* I. — Les fonctions requises, par les dispositions du I de l'article L. 4111-2, des candidats à l'autorisation d'exercice de la profession de médecin, lauréats des épreuves de vérification des connaissances, sont accomplies dans un *(Décr. n° 2014-1071 du 22 sept. 2014, art. 1er-1°-a)* « service ou organisme » agréé pour la formation des internes[,] *(Décr. n° 2014-1071 du 22 sept. 2014, art. 1er-1°-b)* « dans la spécialité pour laquelle les candidats sollicitent l'autorisation d'exercice, » à temps plein ou à temps partiel pour une durée de trois ans en équivalent temps plein. Les candidats recrutés pour accomplir ces fonctions par un établissement public de santé le sont, au choix de l'établissement, dans les conditions définies à l'article R. 6152-542 ou à l'article R. 6152-635. *(Décr. n° 2014-1071 du 22 sept. 2014, art. 1er-1°-c)* « Lorsque les candidats sont recrutés pour accomplir ces fonctions dans un établissement privé ou privé d'intérêt collectif, les modalités d'exercice prévues par le contrat correspondent à celles définies aux articles

R. 6152-542 ou R. 6152-635. Le recrutement peut également intervenir dans le cadre d'une convention de mise à disposition conclue avec un établissement public de santé. »

II. — Les fonctions requises, par les dispositions du I de l'article L. 4111-2, des candidats à l'autorisation d'exercice de la profession de chirurgien-dentiste, lauréats des épreuves de vérification des connaissances, sont accomplies dans un service ou organisme mentionné au même I *(Décr. n° 2014-1071 du 22 sept. 2014, art. 1er-2°-a)* « , le cas échéant dans la spécialité pour laquelle les candidats sollicitent l'autorisation d'exercice, » à temps plein ou à temps partiel pour une durée d'un an en équivalent temps plein. Les candidats recrutés pour accomplir ces fonctions par un établissement public de santé le sont, au choix de l'établissement, dans les conditions définies à l'article R. 6152-542 ou à l'article R. 6152-635. *(Décr. n° 2014-1071 du 22 sept. 2014, art. 1er-2°-b)* « Lorsque les candidats sont recrutés pour accomplir ces fonctions dans un établissement privé ou privé d'intérêt collectif, les modalités d'exercice prévues par le contrat correspondent à celles définies aux articles R. 6152-542 ou R. 6152-635. Le recrutement peut également intervenir dans le cadre d'une convention de mise à disposition conclue avec un établissement public de santé. »

III. — Les fonctions requises, par les dispositions du I de l'article L. 4111-2, des candidats à l'autorisation d'exercice de la profession de sage-femme, lauréats des épreuves de vérification des connaissances, sont accomplies dans l'unité d'obstétrique d'un établissement *(Décr. n° 2016-1645 du 1er déc. 2016, art. 3-11°)* « de santé public, privé d'intérêt collectif ou privé » à temps plein ou à temps partiel pour une durée d'un an en équivalent temps plein. Les candidats recrutés pour accomplir ces fonctions par un établissement public de santé le sont dans les conditions définies aux articles R. 6152-543 à R. 6152-550.

Art. D. 4111-7 *(Décr. n° 2007-123 du 29 janv. 2007, art. 1er-V)* « Les candidats à l'autorisation ministérielle d'exercice de la profession de médecin *(Décr. n° 2010-1212 du 13 oct. 2010, art. 1er)* « ou de chirurgien-dentiste », lauréats des épreuves de vérification des connaissances *(Abrogé par Décr. n° 2010-1212 du 13 oct. 2010, art. 1er)* *« et de maîtrise de la langue française »*, et justifiant de fonctions hospitalières antérieures en qualité d'attaché associé, de praticien attaché associé, d'assistant associé ou de fonctions universitaires en qualité de chef de clinique associé des universités ou d'assistant associé des universités, à condition d'avoir été chargés de fonctions hospitalières dans le même temps, *(Décr. n° 2013-628 du 16 juill. 2013, art. 1er-I)* « ou d'interne à titre étranger ainsi que les lauréats chirurgiens-dentistes titulaires du certificat d'études cliniques spéciales mention orthodontie » peuvent être dispensés, après avis de la commission d'autorisation d'exercice, en tout ou partie de l'exercice des fonctions prévues à l'article D. 4111-6. »

(Décr. n° 2010-1212 du 13 oct. 2010, art. 1er) « Les candidats à l'autorisation d'exercice de la profession de médecin doivent justifier de trois années et ceux à l'autorisation d'exercice de la profession de chirurgien-dentiste d'une année de fonctions hospitalières dans l'un des statuts susmentionnés à la date du dépôt du dossier de demande d'autorisation d'exercice. Ces fonctions doivent avoir été effectuées à temps plein ou à temps partiel par période*[s]* d'au moins trois mois consécutifs. »

Pour être décomptées, les fonctions à temps partiel doivent avoir été effectuées à concurrence d'au moins cinq demi-journées par semaine. Elles sont prises en compte proportionnellement à la durée des fonctions à temps plein.

SECTION II COMMISSION D'AUTORISATION D'EXERCICE

(Décr. n° 2006-1323 du 30 oct. 2006, art. 1er)

SOUS-SECTION 1 COMMISSION COMPÉTENTE POUR LES DEMANDES *D'AUTORISATION D'EXERCICE* DES LAURÉATS DES ÉPREUVES DE VÉRIFICATION DES CONNAISSANCES

(Décr. n° 2017-246 du 27 févr. 2017, art. 1er-1°)

Art. D. 4111-8 La commission d'autorisation d'exercice, placée auprès du ministre chargé de la santé, *(Décr. n° 2014-1071 du 22 sept. 2014, art. 2-1°-a)* « évalue la compétence » de chacun des candidats *(Décr. n° 2014-1071 du 22 sept. 2014, art. 2-1°-b)* « dans la spécialité » au vu, notamment, *(Abrogé par Décr. n° 2010-1212 du 13 oct. 2010, art. 1er) « en ce qui concerne les médecins, »* du rapport d'évaluation établi par *(Décr. n° 2007-123 du 29 janv. 2007, art. 1er-VII)* « le responsable de la structure dans laquelle le lauréat a effectué les fonctions » mentionnées aux articles D. 4111-6 et D. 4111-7.

La commission d'autorisation d'exercice peut convoquer les candidats pour une audition.

Les modalités d'évaluation des fonctions *(Abrogé par Décr. n° 2007-123 du 29 janv. 2007, art. 1er-VIII) « hospitalières »* sont fixées par arrêté du ministre chargé de la santé.

Art. D. 4111-9 La commission est constituée en trois sections respectivement compétentes pour l'examen des demandes présentées en vue de l'exercice des professions de médecin, chirurgien-dentiste et sage-femme.

Pour les médecins, la section est composée de collèges correspondant aux diverses *(Abrogé par Décr. n° 2014-1071 du 22 sept. 2014, art. 2-2°) « disciplines ou »* spécialités.

Art. D. 4111-10 I. — La commission est composée comme suit :

1° Le directeur général de l'offre de soins ou son représentant, président ;

(Abrogé par Décr. n° 2014-1071 du 22 sept. 2014, art. 2-3°-a) « 2° Le directeur général de la santé ou son représentant ; »

2° Le directeur *(Décr. n° 2007-123 du 29 janv. 2007, art. 1er-IX ; Décr. n° 2010-1272 du 25 oct. 2010, art. 11)* « général pour l'enseignement supérieur et l'insertion professionnelle ou son représentant ;

« 3° Le directeur général du centre national de gestion, ou son représentant ; »

(Décr. n° 2014-1071 du 22 sept. 2014, art. 2-3°-c) « 4° Le président de la Fédération hospitalière de France ou son représentant ; »

« 5° » Deux représentants du Conseil national de l'ordre de la profession concernée.

II. — La section compétente pour l'examen des demandes d'autorisation d'exercice présentées par les médecins comprend en outre :

(Décr. n° 2014-1071 du 22 sept. 2014, art. 2-4°-a et b) « 1° Le collège mentionné à l'article D. 4111-9 constitué, pour chaque spécialité, de cinq membres siégeant aux commissions de qualification ordinales instituées par l'article 2 du décret n° 2004-252 du 19 mars 2004 relatif aux conditions dans lesquelles les docteurs en médecine peuvent obtenir une qualification de spécialiste ;

« 2° Un membre de la profession concernée proposé par les organisations nationales des praticiens titulaires d'un diplôme acquis en dehors de l'Union européenne ou de l'Espace économique européen, en fonction de la spécialité dans laquelle l'autorisation d'exercice est demandée ; »

III. — La section compétente pour l'examen des demandes d'autorisation d'exercice présentées par les chirurgiens-dentistes comprend en outre :

(Décr. n° 2014-1071 du 22 sept. 2014, art. 2-5°-b) « 1° Deux membres proposés par les organisations syndicales représentatives des chirurgiens-dentistes ; »

2° Un membre de la profession concernée proposé par les organisations nationales des praticiens titulaires d'un diplôme acquis en dehors de l'Union européenne ou de l'Espace économique européen ;

(Décr. n° 2014-1071 du 22 sept. 2014, art. 2-5°-c et d) « 3° Un chirurgien-dentiste parmi les membres du personnel enseignant et hospitalier titulaires régis par le décret n° 90-92 du 24 janvier 1990 portant statut des personnels enseignants et hospitaliers des centres de soins, d'enseignement et de recherche dentaires des centres hospitaliers et universitaires ;

« 4° Pour l'examen des demandes d'autorisation d'exercice dans la spécialité orthopédie dento-faciale, deux chirurgiens-dentistes spécialistes en orthopédie dento-faciale ;

« 5° Pour l'examen des demandes d'autorisation d'exercice dans la spécialité chirurgie orale ou médecine bucco-dentaire, deux chirurgiens-dentistes spécialistes en chirurgie orale ou en médecine bucco-dentaire ; »

6° Un membre des associations professionnelles.

IV. — La section compétente pour l'examen des demandes d'autorisation d'exercice présentées par les sages-femmes comprend en outre :

1° Deux membres choisis parmi des organisations syndicales représentatives des sages-femmes ;

2° Un membre de la profession concernée proposé par les organisations nationales des praticiens titulaires d'un diplôme acquis en dehors de l'Union européenne ou de l'Espace économique européen ;

3° Un ou une sage-femme directeur d'école ;

4° Un membre des associations professionnelles.

(Décr. n° 2014-1071 du 22 sept. 2014, art. 2-7°) « V. – A chacune des sections est adjoint à titre consultatif un représentant d'une association d'accueil ou d'aide aux professionnels de santé réfugiés, désignée par le ministre chargé de la santé.

« Pour chacun des membres titulaires mentionnés au 2° du II, au III et au IV, un suppléant est désigné dans les mêmes conditions. Il siège aux séances de la commission en l'absence du titulaire.

« Ces membres titulaires et suppléants sont nommés par arrêté du ministre chargé de la santé pour une durée de cinq ans renouvelable. »

Art. D. 4111-11 La commission émet un avis à la majorité des voix. En cas de partage égal des voix, celle du président est prépondérante. *(Décr. n° 2007-123 du 29 janv. 2007, art. 1er-X)* « En cas d'avis défavorable, elle peut émettre des recommandations. » *(Décr. n° 2014-1071 du 22 sept. 2014, art. 2-8°)* « Les avis sont motivés. »

Art. R. 4111-12 *(Décr. n° 2009-24 du 8 janv. 2009)* Le ministre chargé de la santé délivre, après avis de la commission, l'autorisation d'exercice prévue *(Décr. n° 2014-1071 du 22 sept. 2014, art. 2-9°-a)* « au I » de l'article L. 4111-2, au vu d'une demande accompagnée d'un dossier comportant les pièces prévues par arrêté de ce ministre.

(Décr. n° 2010-1212 du 13 oct. 2010, art. 1er) « Les demandes présentées en application du I de l'article L. 4111-2 sont formées par les lauréats des épreuves soit à l'issue de la période de fonctions prévue, selon leur profession, aux quatrième, cinquième ou sixième alinéas du même I, soit avant cette date lorsqu'ils sollicitent la prise en compte de fonctions exercées avant la réussite aux épreuves. »

Le silence gardé par l'autorité ministérielle pendant un an sur les demandes présentées en application du I *(Abrogé par Décr. n° 2014-1071 du 22 sept. 2014, art. 2-9°-b) « et pendant six mois sur celles présentées en application du I bis de l'article L. 4111-2 »*, à compter de la réception d'un dossier complet, vaut décision de rejet.

Ce délai peut être prolongé *(Décr. n° 2014-1071 du 22 sept. 2014, art. 2-9°-c)* « de deux mois », par décision de l'autorité ministérielle notifiée au plus tard un mois avant l'expiration de celui-ci, en cas de difficulté sérieuse portant sur l'appréciation de l'expérience professionnelle du candidat.

En cas de refus, la décision du ministre chargé de la santé est motivée.

L'autorisation ministérielle d'exercice est publiée au *Journal officiel* de la République française.

Art. D. 4111-12-1 *(Décr. n° 2014-1071 du 22 sept. 2014, art. 2-10°)* Il est justifié du niveau suffisant de maîtrise de la langue française mentionné au I de l'article L. 4111-2 lors de l'inscription aux épreuves de vérification des connaissances mentionnées au deuxième alinéa du même article, par l'obtention d'un des titres prévus par arrêté du ministre chargé de la santé. Les candidats de nationalité française et les internes à titre étranger sont dispensés de cette justification.

Art. D. 4111-13 *(Décr. n° 2009-24 du 8 janv. 2009)* Le secrétariat de la commission est assuré par *(Décr. n° 2010-1272 du 25 oct. 2010, art. 11)* « le Centre national de gestion » *(Décr. n° 2014-1071 du 22 sept. 2014, art. 2-11°)* « avec le concours, s'agissant des commissions d'autorisation d'exercice compétentes pour les médecins, du Conseil national de l'ordre des médecins ».

SOUS-SECTION 2 COMMISSIONS COMPÉTENTES POUR LES DEMANDES *D'AUTORISATION D'EXERCICE* DES MÉDECINS JUSTIFIANT DE FONCTIONS HOSPITALIÈRES ET UNIVERSITAIRES

(Décr. n° 2017-246 du 27 févr. 2017, art. 1er-2°)

Art. D. 4111-13-1 Une commission d'autorisation d'exercice, placée auprès du ministre chargé de la santé, évalue la compétence dans la spécialité des candidats à l'une des autorisations d'exercice de la médecine à titre temporaire mentionnées à l'article L. 4131-4.

La commission se prononce au vu de la demande du candidat accompagnée d'un dossier comportant les pièces prévues par arrêté du même ministre et transmis par son établissement d'accueil.

La commission d'autorisation d'exercice examine l'ensemble de la formation et de l'expérience professionnelle du candidat, qu'elle peut en outre convoquer pour une audition.

Art. D. 4111-13-2 La commission d'autorisation d'exercice est ainsi composée :

1° Le directeur général de l'offre de soins, président ;

2° Le directeur général de l'enseignement supérieur et de l'insertion professionnelle ;

3° Le directeur général du Centre national de gestion ;

4° Le président du Conseil national de l'ordre des médecins ;

5° Le président de la conférence des doyens de médecine ;

6° Le président de la conférence des présidents de conférences médicales d'établissements de centres hospitaliers et universitaires ;

7° Le président de la Fédération hospitalière de France.

Art. D. 4111-13-3 Une commission d'autorisation d'exercice placée auprès du ministre chargé de la santé évalue la compétence dans la spécialité des candidats à l'autorisation d'exercice de la médecine mentionnée à l'article L. 4131-4-1.

La commission se prononce au vu de la demande du candidat accompagnée d'un dossier comportant les pièces prévues par arrêté du même ministre.

La commission d'autorisation d'exercice examine l'ensemble de la formation et de l'expérience professionnelle des candidats, qu'elle peut en outre convoquer pour une audition.

Art. D. 4111-13-4 La commission d'autorisation d'exercice prévue à l'article D. 4111-13-3 a la même composition que celle mentionnée à l'article D. 4111-13-2. Elle comprend en outre le président de la conférence des sections médicales du Conseil national des universités.

Art. D. 4111-13-5 Le ministre chargé de la santé délivre, après avis de la commission compétente, les autorisations prévues aux articles L. 4131-4 et L. 4131-4-1.

L'autorisation d'exercice prévue aux articles L. 4131-4 et L. 4131-4-1 est délivrée au candidat par arrêté du ministre chargé de la santé.

Pour la délivrance de l'autorisation d'exercice prévue à l'article L. 4131-4, l'arrêté précise le lieu et la durée des fonctions qui, à l'exception de celles des professeurs associés des universités et des maîtres de conférence*[s]* associés des universités mentionnés au premier alinéa des articles 4 et 8 du décret n° 91-966 du 20 septembre 1991 relatif aux personnels associés des centres hospitaliers et universitaires dans les disciplines médicales et odontologiques, ne peut être supérieure à trois ans.

En cas de refus, la décision du ministre chargé de la santé est motivée.

L'autorisation ministérielle d'exercice est publiée au *Journal officiel* de la République française.

Art. D. 4111-13-6 Les candidats à l'autorisation d'exercice au titre des dispositions des articles L. 4131-4 et L. 4131-4-1 justifient du niveau suffisant de maîtrise de la langue française lors de la remise du dossier prévu aux articles D. 4111-13-1 et D. 4111-13-3, par l'obtention d'un des titres prévus par arrêté du ministre chargé de la santé.

Art. D. 4111-13-7 Le secrétariat des commissions est assuré par le Centre national de gestion, avec le concours du Conseil national de l'ordre des médecins.

Art. R. 4111-13-8 Le silence gardé par l'autorité ministérielle pendant quatre mois sur les demandes présentées au titre des articles L. 4131-4 et L. 4131-4-1, à compter de la réception d'un dossier complet, vaut décision de rejet.

Ce délai peut être prolongé de deux mois par décision de l'autorité ministérielle, notifiée au plus tard un mois avant l'expiration de celui-ci, en cas de difficulté sérieuse portant sur l'appréciation de l'expérience professionnelle du candidat.

SECTION III AUTORISATION D'EXERCICE DES TITULAIRES DE TITRES DE FORMATION DÉLIVRÉS PAR UN ÉTAT MEMBRE DE L'UNION EUROPÉENNE OU PAR UN ÉTAT TIERS PARTIE À L'ACCORD SUR L'ESPACE ÉCONOMIQUE EUROPÉEN OU PAR UN ÉTAT TIERS ET RECONNUS PAR UN ÉTAT, MEMBRE OU PARTIE

(Décr. n° 2014-1071 du 22 sept. 2014, art. 3)

SOUS-SECTION 1 DISPOSITIONS COMMUNES

Art. R. 4111-14 Le ministre chargé de la santé délivre, après avis de la commission prévue à l'article R. 4111-15, l'autorisation d'exercice prévue au I *bis* et au II de l'article L. 4111-2 et aux articles L. 4131-1-1, L. 4141-3-1 et L. 4151-5-1, au vu d'une demande accompagnée d'un dossier composé selon des modalités fixées par arrêté du ministre chargé de la santé.

Les dossiers sont adressés au Centre national de gestion qui accuse réception de la demande dans le délai d'un mois à compter de sa réception.

Le silence gardé par l'autorité ministérielle pendant six mois sur les demandes présentées en application du I *bis* de l'article L. 4111-2 et pendant quatre mois sur celles présentées en application *(Décr. n° 2017-1520 du 2 nov. 2017, art. 3-1°)* « du II de l'article L. 4111-2, » des articles L. 4131-1-1, L. 4141-3 et L. 4151-5 à compter de la réception d'un dossier complet vaut décision de rejet de la demande.

Art. R. 4111-15 I. — La commission chargée de rendre l'avis prévu à l'article R. 4111-14 siège dans une formation particulière pour chacune des professions.

Elle comprend :

1° Le directeur général de l'offre de soins ou son représentant, président ;

2° Le directeur général pour l'enseignement supérieur et l'insertion professionnelle, ou son représentant ;

3° Le directeur du Centre national de gestion, ou son représentant ;

4° Le président de la Fédération hospitalière de France ou son représentant ;

5° Le président et le secrétaire général du Conseil national de l'ordre de la profession concernée ou leurs représentants.

II. — Elle comprend en outre :

1° Pour l'examen des demandes d'autorisation d'exercice de la profession de médecin : cinq membres siégeant aux commissions de qualification ordinale instituées par l'article 2 du décret n° 2004-252 du 19 mars 2004 relatif aux conditions dans lesquelles les docteurs en médecine peuvent obtenir une qualification de spécialiste ;

2° Pour l'examen des demandes d'autorisation d'exercice de la profession de chirurgien-dentiste :

a) Deux représentants proposés par des organisations syndicales représentatives des chirurgiens-dentistes ;

b) Un chirurgien-dentiste parmi les membres du personnel enseignant et hospitalier titulaires régis par le décret n° 90-92 du 24 janvier 1990 portant statut des personnels enseignants et hospitaliers des centres de soins, d'enseignement et de recherche dentaires des centres hospitaliers et universitaires ;

c) Pour l'examen des demandes d'autorisation d'exercice dans la spécialité orthopédie dento-faciale, deux chirurgiens-dentistes spécialistes en orthopédie dento-faciale ;

d) Pour l'examen des demandes d'autorisation d'exercice dans la spécialité chirurgie orale ou médecine bucco-dentaire, deux chirurgiens-dentistes spécialistes en chirurgie orale ou en médecine bucco-dentaire ;

e) Un membre des associations professionnelles ;

3° Pour l'examen des demandes d'autorisation d'exercice de la profession de *sage-femme* :

a) Deux membres proposés par des organisations syndicales représentatives des sages-femmes ;

b) Un ou une sage-femme directeur d'école ou chargé d'un institut de formation en maïeutique ;

c) Un membre des associations professionnelles.

III. – Pour chacun des membres titulaires mentionnés aux 2° et 3° du II, un suppléant est désigné dans les mêmes conditions que ceux-ci. Il siège aux séances de la commission en l'absence du titulaire.

Ces membres titulaires et suppléants de la commission sont nommés par arrêté du ministre chargé de la santé pour une durée de cinq ans renouvelable.

Art. R. 4111-16 La commission peut convoquer les candidats pour une audition.

Les avis sont motivés.

Le secrétariat de la commission est assuré par le Centre national de gestion, avec le concours, s'agissant des commissions d'autorisation d'exercice compétentes pour les médecins, du Conseil national de l'ordre des médecins.

Art. R. 4111-16-1 Les autorisations d'exercice sont publiées au *Journal officiel* de la République française.

SOUS-SECTION 2 AUTORISATION D'EXERCICE DES RESSORTISSANTS D'UN ÉTAT NON MEMBRE DE L'UNION EUROPÉENNE OU PARTIE À L'ACCORD SUR L'ESPACE ÉCONOMIQUE EUROPÉEN ET TITULAIRES DE TITRES DE FORMATION DÉLIVRÉS PAR UN ÉTAT MEMBRE DE L'UNION EUROPÉENNE OU PARTIE À L'ESPACE ÉCONOMIQUE EUROPÉEN

Art. R. 4111-16-2 Les candidats à l'autorisation d'exercice au titre des dispositions du I *bis* de l'article L. 4111-2 justifient du niveau suffisant de maîtrise de la langue française lors de la remise du dossier prévu à l'article R. 4111-14, par l'obtention d'un des titres prévus par arrêté du ministre chargé de la santé.

SOUS-SECTION 3 AUTORISATION D'EXERCICE DES RESSORTISSANTS D'UN ÉTAT MEMBRE DE L'UNION EUROPÉENNE OU D'UN AUTRE ÉTAT PARTIE À L'ACCORD SUR L'ESPACE ÉCONOMIQUE EUROPÉEN TITULAIRES DE TITRES DE FORMATION DÉLIVRÉS PAR L'UN DE CES ÉTATS OU PAR UN ÉTAT TIERS ET RECONNUS PAR UN ÉTAT, MEMBRE OU PARTIE

Art. R. 4111-17 *(Décr. n° 2017-1520 du 2 nov. 2017, art. 3-2°)* La commission examine les connaissances, aptitudes et compétences acquises au cours de la formation initiale, de l'expérience professionnelle et de la formation tout au long de la vie ayant fait l'objet d'une validation par un organisme compétent, de l'intéressé.

Lorsque la formation de l'intéressé porte sur des matières substantiellement différentes ou lorsqu'une ou plusieurs composantes de son activité professionnelle n'existent pas dans la profession correspondante dans l'État membre d'origine ou n'ont pas fait l'objet d'un enseignement dans cet État, la commission vérifie si sa formation initiale, son expérience professionnelle et sa formation tout au long de la vie sont de nature à couvrir, en tout ou partie, ces différences. Si tel n'est pas le cas, la commission propose une mesure de compensation, consistant soit, au choix du demandeur, en un stage d'adaptation ou une épreuve d'aptitude, soit en l'obligation d'un stage d'adaptation ou d'une épreuve d'aptitude, ou, le cas échéant, des deux, en fonction des niveaux respectifs de qualification.

Le ministre chargé de la santé notifie à l'intéressé, par décision dûment motivée, le *contenu* et la durée des mesures de compensation envisagées.

L'épreuve d'aptitude est subie dans un délai de six mois à compter de cette notification.

Art. R. 4111-18 I. – L'épreuve d'aptitude a pour objet de vérifier, par des épreuves écrites ou orales ou par des exercices pratiques, l'aptitude du demandeur à exercer la profession de médecin dans la spécialité concernée, de chirurgien-dentiste, le cas échéant dans la spécialité, ou de sage-femme. Elle porte sur les matières qui ne sont pas couvertes par le ou les titres de formation du demandeur et son expérience professionnelle.

II. – Le stage d'adaptation a pour objet de permettre aux intéressés d'acquérir les compétences définies à l'alinéa précédent. Il est accompli sous la responsabilité d'un médecin ou d'un chirurgien-dentiste, selon la profession du demandeur, et peut être accompagné d'une formation théorique complémentaire facultative. La durée du stage n'excède pas trois ans.

Les candidats à l'autorisation d'exercice recrutés, pour accomplir le stage d'adaptation, par un établissement public de santé le sont :

1° S'ils sont candidats à l'autorisation d'exercice de la profession de médecin ou de chirurgien-dentiste, au choix de l'établissement, dans les conditions définies à l'article R. 6152-542 ou à l'article R. 6152-635 ;

2° S'ils sont candidats à l'autorisation d'exercice de la profession de sage-femme, dans les conditions définies aux articles R. 6152-543 à R. 6152-550.

Le stage d'adaptation peut être effectué à temps partiel. Pour être prises en compte, les fonctions à temps partiel doivent avoir été effectuées à concurrence d'au moins cinq demi-journées par semaine. Elles sont décomptées en proportion de la durée des fonctions à temps plein.

Art. R. 4111-19 Après accomplissement *(Décr. n° 2017-1520 du 2 nov. 2017, art. 3-3°)* « de la mesure compensatoire et, lorsqu'un stage d'adaptation a été effectué, au vu de l'avis de la commission mentionnée à l'article R. 4111-15 », le ministre chargé de la santé statue sur la demande d'autorisation d'exercice de la profession de médecin dans la spécialité concernée, de chirurgien-dentiste, le cas échéant dans la spécialité, ou de sage-femme.

Art. R. 4111-20 I. – Sont fixées par arrêté du ministre chargé de la santé :

1° La composition du dossier produit à l'appui de la demande d'autorisation ;

2° Les modalités d'organisation et d'évaluation du stage d'adaptation ;

(Décr. n° 2017-1520 du 2 nov. 2017, art. 2-IV) « 3° Les modalités et les conditions dans lesquelles un stage d'adaptation, une épreuve d'aptitude ou les deux sont imposés ; »

II. – La composition du jury de l'épreuve d'aptitude et les modalités d'organisation de cette épreuve sont fixées par arrêté du ministre chargé de l'enseignement supérieur et du ministre chargé de la santé.

SECTION IV AUTORISATION D'EXERCICE DES TITULAIRES D'UN TITRE DE FORMATION OBTENU DANS LA PROVINCE DE QUÉBEC

(Décr. n° 2010-1125 du 23 sept. 2010)

Art. D. 4111-22 Les titulaires d'un titre de formation de médecin, dentiste ou sage-femme obtenu dans la province de Québec adressent une demande d'autorisation d'exercice en application de l'article L. 4111-3-1 par lettre recommandée avec avis de réception au Conseil national de l'ordre de leur profession.

Les titulaires d'un titre de formation de médecin peuvent également adresser leur demande au conseil départemental du lieu d'établissement envisagé.

Les formulaires de demande et la liste des pièces à fournir à l'appui de leur demande sont fixés par arrêté du ministre chargé de la santé.

SOUS-SECTION 1 AUTORISATION D'EXERCICE DES TITULAIRES D'UN TITRE DE FORMATION DE MÉDECIN OBTENU DANS LA PROVINCE DE QUÉBEC

Art. D. 4111-23 Le Conseil national de l'ordre ou le conseil départemental accuse réception de la demande dans le délai d'un mois à compter de sa réception.

Pendant ce mois, il informe l'intéressé, le cas échéant, de tout document manquant.

Art. D. 4111-24 Le Conseil national de l'ordre *(Abrogé par Décr. n° 2014-1071 du 22 sept. 2014, art. 4-1°)* *« ou le conseil départemental »* transmet le dossier complet accompagné de son avis au ministre chargé de la santé qui se prononce sur la demande d'autorisation d'exercice.

SOUS-SECTION 2 AUTORISATION D'EXERCICE DES TITULAIRES D'UN TITRE DE FORMATION DE CHIRURGIEN-DENTISTE OBTENU DANS LA PROVINCE DE QUÉBEC

Art. D. 4111-25 Le Conseil national de l'ordre accuse réception de la demande dans le délai d'un mois à compter de sa réception.

Pendant ce mois, il informe l'intéressé, le cas échéant, de tout document manquant.

Art. D. 4111-26 Le Conseil national de l'ordre transmet le dossier complet accompagné de son avis au ministre chargé de la santé, qui se prononce sur la demande d'autorisation d'exercice.

Art. D. 4111-27 Après l'obtention de l'autorisation d'exercice de la profession de chirurgien-dentiste, les titulaires d'un titre de formation obtenu dans la province de Québec sollicitent leur inscription au tableau auprès du conseil départemental de l'ordre du lieu d'établissement envisagé, dans les conditions prévues aux articles R. 4112-1 à R. 4112-5-1.

Art. D. 4111-28 Après inscription au tableau de l'ordre, les titulaires de l'autorisation d'exercice de la profession de chirurgien-dentiste accomplissent un stage d'une durée de six mois, à temps plein ou à temps partiel.

Les fonctions à temps partiel sont effectuées à concurrence d'au moins cinq demi-journées par semaine. Elles sont prises en compte proportionnellement à la durée des fonctions à temps plein.

Le stage a pour objectif la connaissance de l'organisation du travail en cabinet et des règles professionnelles applicables en France.

Art. D. 4111-29 A la fin des troisième et sixième mois, le stage fait l'objet d'un rapport d'évaluation, dont le modèle est fixé par arrêté du ministre chargé de la santé.

Les rapports sont adressés sans délai au Conseil *(Décr. n° 2014-1071 du 22 sept. 2014, art. 4-2°)* « national » de l'ordre des chirurgiens-dentistes avec copie à l'intéressé.

SOUS-SECTION 3 AUTORISATION D'EXERCICE DES TITULAIRES D'UN TITRE DE FORMATION DE SAGE-FEMME OBTENU DANS LA PROVINCE DE QUÉBEC

Art. D. 4111-30 Le Conseil national de l'ordre accuse réception de la demande dans le délai d'un mois à compter de sa réception. *(Décr. n° 2014-1071 du 22 sept. 2014, art. 4-3°)* « Les intéressés recrutés par un établissement public de santé le sont dans les conditions définies aux articles R. 6152-543 à R. 6152-550. »

Pendant ce mois, il informe l'intéressé, le cas échéant, de tout document manquant ainsi que de l'obligation de réaliser un stage d'adaptation d'une durée de trois mois, renouvelable une fois, à temps plein ou à temps partiel, dans une unité d'obstétrique d'un établissement *(Décr. n° 2016-1645 du 1er déc. 2016, art. 3-11°)* « de santé public, privé d'intérêt collectif ou privé ».

Les fonctions à temps partiel sont effectuées à concurrence d'au moins cinq demi-journées par semaine. Elles sont prises en compte proportionnellement à la durée des fonctions à temps plein.

Le stage a pour objet de vérifier l'intégration, tant sur le plan théorique que sur le plan clinique, des divers aspects des pratiques professionnelles françaises ainsi que des règles professionnelles applicables en France.

Art. D. 4111-31 Le stage fait l'objet d'un rapport d'évaluation, dont le modèle est fixé par arrêté du ministre chargé de la santé.

Le rapport est adressé sans délai au Conseil national de l'ordre des sages-femmes avec copie à l'intéressé.

Art. D. 4111-32 Le Conseil national de l'ordre transmet le dossier complet accompagné de son avis au ministre chargé de la santé, qui se prononce sur la demande d'autorisation d'exercice.

SECTION V AUTORISATION TEMPORAIRE D'EXERCICE POUR LES MÉDECINS ET LES CHIRURGIENS-DENTISTES SPÉCIALISTES TITULAIRES D'UN DIPLÔME PERMETTANT L'EXERCICE DE LA SPÉCIALITÉ DANS LEUR PAYS D'ORIGINE

(Décr. n° 2017-1601 du 22 nov. 2017, art. 1er)

Sur la délivrance d'une autorisation temporaire d'exercice de la médecine, V. Décr. n° 2017-1601 du 22 nov. 2017, art. 3

Art. R. 4111-33 Le médecin ou chirurgien-dentiste spécialiste mentionné au 2° de l'article L. 4111-1-2 peut se voir délivrer une autorisation temporaire d'exercice de la médecine ou de la chirurgie dentaire dans les conditions suivantes :

1° Il bénéficie d'une promesse d'accueil par un établissement de santé public ou privé à but non lucratif pour suivre une formation continue diplômante ou non diplômante permettant l'acquisition ou l'approfondissement d'une compétence dans sa spécialité ;

2° Il présente un projet professionnel qui justifie le projet de formation envisagé ;

3° Il justifie du niveau de maîtrise de la langue française nécessaire à la formation suivie et à l'accomplissement des fonctions hospitalières requises pour cette formation. Une dérogation à cette obligation peut être accordée lorsque la promesse d'accueil mentionne que les fonctions seront exercées sans contact avec les patients et sans participation à la permanence des soins, dans le cadre d'activités de recherche. La demande de dérogation est expressément mentionnée dans le dossier prévu par l'article R. 4111-34 ;

4° La formation en stage se déroule au sein de lieux de stage agréés pour le troisième cycle des études médicales ou odontologiques en application des dispositions des articles R. 632-27 ou R. 634-14 du code de l'éducation ;

5° La demande présente des garanties suffisantes pour la santé publique, notamment au vu des compétences professionnelles du praticien.

Art. R. 4111-34 I. — L'entité désignée par l'accord mentionné au 2° de l'article L. 4111-1-2 ou, à défaut, l'établissement de santé auteur de la promesse d'accueil établit le dossier de demande d'autorisation temporaire d'exercice en lien avec la personne concernée. Elle l'adresse au directeur général du Centre national de gestion des praticiens hospitaliers et des personnels de direction de la fonction publique hospitalière (centre national de gestion) qui s'assure du caractère complet du dossier, puis le transmet sans délai pour avis au conseil national de l'ordre compétent et au ministre chargé de la santé.

L'avis du conseil national de l'ordre est réputé rendu dans un délai de deux mois à compter de la réception d'un dossier complet par le directeur général du Centre national de gestion.

Le silence gardé par le ministre sur les demandes d'autorisation temporaire d'exercice pendant quatre mois à compter de la réception d'un dossier complet par le directeur général du centre national de gestion vaut décision de rejet.

Un arrêté du ministre chargé de la santé fixe le délai précédant la prise de fonctions dans lequel le dossier doit être adressé au Centre national de gestion, le modèle de formulaire de demande et la liste des pièces justificatives à fournir.

II. — Le ministre chargé de la santé délivre une autorisation temporaire d'exercice de la médecine ou de la chirurgie dentaire au praticien mentionné au 2° de l'article L. 4111-1-2 lorsque celui-ci remplit les conditions posées à cet article et à l'article R. 4111-33. L'autorisation est accordée pour un service ou un pôle hospitalier donné, et pour une durée qui ne peut être inférieure à trois mois ni supérieure à deux ans. Elle mentionne si le praticien bénéficie d'une dérogation à l'exigence de maîtrise de la langue française en application du 3° de l'article R. 4111-33.

III. — L'autorisation est notifiée à l'intéressé et à l'établissement d'accueil. Une copie en est adressée au directeur général du centre national de gestion et au conseil national de l'ordre. Ce dernier transmet au conseil départemental de l'ordre concerné les informations nécessaires en vue de l'inscription au tableau de l'ordre.

Art. R. 4111-35 I. — Le praticien spécialiste autorisé à exercer son activité dans le cadre de la présente section signe une convention d'accueil avec l'établissement de santé d'accueil et la personne de droit public ou privé mentionnée au 2° de l'article L. 4111-1-2 ou désignée par l'accord de coopération bilatéral, qui prévoit :

1° Soit que le praticien est indemnisé par la personne de droit public ou privé mentionnée au premier alinéa ou tout autre organisme autre que l'établissement de santé d'accueil, pendant toute la durée de son autorisation d'exercice ;

2° Soit qu'il est rémunéré par l'établissement de santé d'accueil contre remboursement éventuel par la personne de droit public ou privée mentionnée au premier alinéa.

Cette convention est conforme à un modèle fixé par arrêté du ministre chargé de la santé.

Lorsqu'il est accueilli par un établissement de santé public, le praticien est régi, pendant la durée de la convention d'accueil, par les dispositions de la section IV du chapitre II du titre V du livre Ier de la sixième partie relatives au statut des praticiens contractuels, sous réserve des dispositions du III au V du présent article.

Lorsqu'il est accueilli par un établissement de santé privé à but non lucratif, le praticien est embauché dans le cadre d'un contrat à durée déterminée, conformément aux dispositions du titre IV du livre II de la première partie du code du travail.

II. — Avant de prendre ses fonctions, le praticien justifie :

1° Être en situation régulière au regard de la réglementation relative aux conditions de séjour et de travail en France ;

2° Qu'il remplit les conditions d'aptitude physique et mentale pour l'exercice des fonctions hospitalières nécessaires à la formation suivie, par la production d'un certificat médical ;

3° Qu'il remplit les conditions d'immunisation contre certaines maladies fixées en application de l'article L. 3111-4.

III. — Par dérogation au premier alinéa et au quatrième alinéa de l'article R. 6152-407, la période sur laquelle est calculée la durée moyenne de travail est de trois mois. Le cinquième alinéa de cet article n'est pas applicable.

Les obligations de service du praticien sont définies en fonction de la formation suivie et peuvent être partagées entre son activité hospitalière, une activité de recherche et un temps de formation universitaire.

IV. — Le praticien a droit aux congés prévus par l'article R. 6152-418-2 sous les réserves suivantes :

1° La durée des congés annuels est définie, sur la base de vingt-cinq jours ouvrés, au prorata des obligations de service hebdomadaire. La durée des congés pouvant être pris en une seule fois ne peut excéder vingt-quatre jours ouvrables. Les congés sont fractionnables dans la limite de la demi-journée ;

2° En cas de congés de maladie, le praticien conserve la totalité de ses émoluments pendant une durée de trois mois, puis la moitié pendant les trois mois suivants. Le bénéfice de l'arrêt de travail n'a pas pour effet de reculer la date du terme de la convention d'accueil. Le directeur de l'établissement de santé d'accueil peut mettre fin à la convention d'accueil dès lors que la période d'arrêt, continue ou cumulée, excède un quart de la durée totale de la convention d'accueil. Il peut aussi mettre fin à la convention d'accueil en cas d'état pathologique ou d'infirmité incompatible avec l'exercice des fonctions constaté par un médecin agréé ;

3° Les dispositions relatives au congé de longue maladie, au congé de longue durée, à la reprise à temps partiel thérapeutique et au congé sans rémunération lié à l'état de santé ne sont pas applicables.

Le praticien ne peut s'absenter de son service qu'au titre des congés mentionnés au présent article et des obligations liées à sa formation théorique et pratique ou ses activités de recherche.

V. — Lorsque le praticien est indemnisé en application du 1° du I du présent article, les dispositions des articles R. 6152-416 et D. 6152-417 ne sont pas applicables.

Lorsque le praticien est rémunéré par l'établissement de santé d'accueil en application du 2° du I du présent article, sa rémunération est fixée conformément au 1° de l'article R. 6152-416. A cette rémunération s'ajoutent, le cas échéant, les indemnités de sujétion prévues par le 1° de l'article D. 6152-417.

VI. — Le praticien accueilli est inscrit au tableau de l'ordre et soumis aux dispositions du *code de déontologie* de sa profession.

En cas de faute disciplinaire, d'insuffisance professionnelle ou d'une maîtrise insuffisante de la langue française préjudiciable à l'exercice des fonctions, le directeur de l'établissement de santé d'accueil peut mettre fin à la convention d'accueil du praticien après avis du responsable de la structure d'accueil du praticien et du chef de pôle.

Lorsqu'il engage cette procédure, le directeur peut suspendre le praticien à titre conservatoire.

Les décisions du directeur de l'établissement de santé mettant fin à la convention d'accueil sont motivées. Elles ne peuvent intervenir qu'après que le praticien a été mis à même de présenter des observations écrites, et, le cas échéant, sur sa demande, des observations orales. L'intéressé peut se faire assister par un conseil ou représenter par un mandataire de son choix.

VII. – Le médecin spécialiste est accompagné pendant toute la durée de sa formation par le coordonnateur local de la spécialité mentionné au 2° de l'article R. 632-14 du code de l'éducation.

Le chirurgien-dentiste spécialiste est accompagné pendant toute la durée de sa formation par le coordonnateur interrégional de la spécialité mentionné à l'article R. 634-12 du même code.

Le coordonnateur saisit le conseil national de l'ordre et le ministre chargé de la santé de toute information préoccupante.

VIII. – A l'issue de sa période de formation, le praticien se voit remettre un document établi par l'établissement de santé d'accueil attestant de la formation complémentaire suivie.

Il peut également suivre, dans le cadre de cette formation complémentaire, une option d'une spécialité prévue à l'article R. 632-21 du code de l'éducation, une formation spécialisée transversale prévue à l'article R. 632-22 du même code ou un autre enseignement. L'université auprès de laquelle il a suivi cette formation lui délivre une attestation certifiant son bon suivi.

Art. R. 4111-36 A l'issue de chaque période d'un an, un rapport d'évaluation portant sur l'accomplissement des fonctions exercées dans le cadre de l'autorisation temporaire d'exercice par les personnes mentionnées au 2° de l'article L. 4111-1-2 est transmis au conseil national de l'ordre compétent par l'établissement de santé d'accueil. Ce rapport est transmis au plus tard deux mois après la fin de chaque période d'un an.

Art. R. 4111-37 Le ministre chargé de la santé met fin à l'autorisation temporaire d'exercice de la médecine ou de la chirurgie dentaire en cas :

1° De dénonciation de l'accord bilatéral ou de l'accord de coopération mentionné au 2° de l'article L. 4111-1-2, à la date d'effet de la dénonciation ;

2° De dénonciation de la convention d'accueil du praticien par le directeur de l'établissement de santé d'accueil, à la date d'effet de la dénonciation ;

3° D'abandon de la formation ou des fonctions hospitalières par le praticien.

Il peut également y mettre fin lorsque l'accomplissement des fonctions par le praticien accueilli présente un risque pour la santé publique.

Sauf dans les cas mentionnés au 1° et au 2°, la décision du ministre ne peut intervenir qu'après que le praticien a été mis à même de présenter des observations écrites, et, le cas échéant, sur sa demande, des observations orales. L'intéressé peut se faire assister par un conseil ou représenter par un mandataire de son choix.

La décision du ministre mettant fin à l'autorisation temporaire d'exercice de la médecine ou de la chirurgie dentaire entraîne la dénonciation de la convention d'accueil. Le conseil national de l'ordre compétent est informé.

Art. R. 4111-38 Les établissements de santé d'accueil soumettent pour avis les projets d'accord de coopération mentionnés au 2° de l'article L. 4111-1-2 aux ministres des affaires étrangères et chargé de la santé. Dans l'hypothèse d'un accord qui n'associe pas d'établissement de santé, l'université signataire soumet celui-ci pour avis à ces mêmes ministres. L'avis des ministres est réputé rendu dans un délai d'un mois à compter de la transmission des projets d'accord.

Il est placé auprès du ministre chargé de la santé un groupe de suivi des accords de coopération mentionnés au 2° de l'article L. 4111-1-2. Les établissements de santé d'accueil transmettent à ce groupe de suivi le rapport d'évaluation prévu par l'article R. 4111-36.

CHAPITRE II INSCRIPTION AU TABLEAU DE L'ORDRE ET DÉCLARATION DE PRESTATION DE SERVICES *(Décr. n° 2010-334 du 26 mars 2010, art. 2).*

SECTION PREMIÈRE INSCRIPTION AU TABLEAU DE L'ORDRE *(Décr. n° 2010-334 du 26 mars 2010, art. 2).*

Art. R. 4112-1 Le médecin, chirurgien-dentiste ou sage-femme qui demande son inscription au tableau de l'ordre dont il relève remet sa demande ou l'adresse par lettre recommandée avec demande d'avis de réception au président du conseil de l'ordre du département dans lequel il veut établir sa résidence professionnelle.

Cette demande est accompagnée des pièces suivantes :

(Décr. n° 2009-958 du 29 juill. 2009, art. 2) « 1° Une photocopie d'une pièce d'identité en cours de validité ; »

2° Le cas échéant, une attestation de nationalité délivrée par une autorité compétente ;

3° Une copie, accompagnée le cas échéant d'une traduction, faite par un traducteur agréé *(Décr. n° 2009-958 du 29 juill. 2009, art. 2)* « auprès des tribunaux français ou habilité à intervenir auprès des autorités judiciaires ou administratives d'un État membre de *(Décr. n° 2010-334 du 26 mars 2010, art. 2)* « l'Union européenne » ou partie à l'accord sur l'Espace économique européen, des titres de formation » exigés par l'article L. 4111-1 à laquelle sont joints :

a) Lorsque le demandeur est un praticien ressortissant d'un État membre de *(Décr. n° 2010-334 du 26 mars 2010, art. 2)* « l'Union européenne » ou partie à l'accord sur l'Espace économique européen : la ou les attestations prévues par les textes pris en application des articles L. 4131-1, L. 4141-3 et L. 4151-5 ;

b) Lorsque le demandeur bénéficie d'une autorisation d'exercice délivrée en application des articles L. 4111-2 à L. 4111-4 *(Décr. n° 2009-958 du 29 juill. 2009, art. 2)* « , L. 4131-1-1, L. 4141-3-1 et L. 4151-5-1 » *(Décr. n° 2017-1520 du 2 nov. 2017, art. 4-1°)* « ou d'une autorisation d'exercice délivrée en application de l'article L. 4002-3 » la copie de cette autorisation ;

c) Lorsque le demandeur présente un diplôme délivré dans un État étranger dont la validité est reconnue sur le territoire français : la copie des titres à la possession desquels cette reconnaissance peut être subordonnée ;

4° Pour les ressortissants d'un État étranger, un extrait de casier judiciaire ou un document équivalent, datant de moins de trois mois, délivré par une autorité compétente de l'État d'origine ou de provenance ; cette pièce peut être remplacée, pour les ressortissants des États membres de *(Décr. n° 2010-334 du 26 mars 2010, art. 2)* « l'Union européenne » ou parties à l'accord sur l'Espace économique européen qui exigent une preuve de moralité ou d'honorabilité pour l'accès à l'activité de médecin, de chirurgien-dentiste ou de sage-femme, par une attestation datant de moins de trois mois de l'autorité compétente de l'État d'origine ou de provenance certifiant que ces conditions de moralité ou d'honorabilité sont remplies ;

5° Une déclaration sur l'honneur du demandeur certifiant qu'aucune instance pouvant donner lieu à condamnation ou sanction susceptible d'avoir des conséquences sur l'inscription au tableau n'est en cours à son encontre ;

6° Un certificat de radiation d'inscription ou d'enregistrement délivré par l'autorité auprès de laquelle le demandeur était antérieurement inscrit ou enregistré ou, à défaut, une déclaration sur l'honneur du demandeur certifiant qu'il n'a jamais été inscrit ou enregistré, ou, à défaut, un certificat d'inscription ou d'enregistrement dans un État membre de *(Décr. n° 2010-334 du 26 mars 2010, art. 2)* « l'Union européenne » ou partie à l'accord sur l'Espace économique européen ;

7° Tous éléments de nature à établir que le demandeur possède *(Décr. n° 2009-958 du 29 juill. 2009, art. 2)* « les connaissances linguistiques nécessaires à l'exercice de la profession ».

(Décr. n° 2009-958 du 29 juill. 2009, art. 2) « 8° Un curriculum vitae.

« Le président du conseil départemental accuse réception du dossier complet dans un délai d'un mois à compter de son enregistrement. »

Art. R. 4112-2 *(Décr. n° 2014-545 du 26 mai 2014, art. 1er-1°-a)* « I. — » A la réception de la demande, le président du conseil départemental désigne un rapporteur parmi les membres du conseil. Ce rapporteur procède à l'instruction de la demande et fait un rapport écrit.

(Décr. n° 2014-545 du 26 mai 2014, art. 1er-1°-b) « Le conseil vérifie les titres du candidat et demande communication du bulletin n° 2 du casier judiciaire de l'intéressé. Il refuse l'inscription si le demandeur est dans l'un des trois cas suivants :

« 1° Il ne remplit pas les conditions nécessaires de moralité et d'indépendance ;

« 2° Il est établi, dans les conditions fixées au II, qu'il ne remplit pas les conditions nécessaires de compétence ;

« 3° Il est constaté, dans les conditions fixées au III, une infirmité ou un état pathologique incompatible avec l'exercice de la profession.

« II. – En cas de doute sérieux sur la compétence professionnelle du demandeur, le conseil départemental saisit, par une décision non susceptible de recours, le conseil régional ou interrégional qui diligente une expertise. Le rapport d'expertise est établi dans les conditions prévues aux II, III, IV, VI et VII de l'article R. 4124-3-5 et il est transmis au conseil départemental.

« S'il est constaté, au vu du rapport d'expertise, une insuffisance professionnelle rendant dangereux l'exercice de la profession, le conseil départemental refuse l'inscription et précise les obligations de formation du praticien. La notification de cette décision mentionne qu'une nouvelle demande d'inscription ne pourra être acceptée sans que le praticien ait au préalable justifié avoir rempli les obligations de formation fixées par la décision du conseil départemental.

« III. – En cas de doute sérieux sur l'existence d'une infirmité ou d'un état pathologique incompatible avec l'exercice de la profession, le conseil départemental saisit, par une décision non susceptible de recours, le conseil régional ou interrégional qui diligente une expertise. Le rapport d'expertise est établi dans les conditions prévues aux II, III, IV, VII et VIII de l'article R. 4124-3.

« IV. – Le délai de trois mois mentionné à l'article L. 4112-3 peut être prorogé d'une durée qui ne peut excéder deux mois par le conseil départemental lorsqu'une expertise a été ordonnée. »

Aucune décision de refus d'inscription ne peut être prise sans que l'intéressé ait été invité quinze jours au moins à l'avance par lettre recommandée avec demande d'avis de réception à comparaître devant le conseil pour y présenter ses explications.

(Décr. n° 2014-545 du 26 mai 2014, art. 1er-1°-c) « V. – » La décision de refus est motivée.

Art. R. 4112-3 En cas de transfert de sa résidence professionnelle hors du département, le praticien est tenu de demander, par lettre recommandée avec demande d'avis de réception, sa radiation du tableau de l'ordre du département où il exerçait.

Lorsqu'il demande son inscription au tableau de l'ordre de sa nouvelle résidence professionnelle, le conseil de l'ordre de ce département statue dans les conditions prévues à l'article R. 4112-2 et dans un délai de trois mois à compter de la réception de la demande *(Décr. n° 2007-434 du 25 mars 2007, art. 1er-II)* « qui peut être prorogé *(Décr. n° 2014-545 du 26 mai 2014, art. 1er-2°)* « par le conseil départemental d'une durée qui ne peut excéder deux mois » lorsqu'une expertise a été ordonnée.

« Le praticien qui cesse d'exercer sur le territoire national demande sa radiation du tableau au conseil départemental. Celle-ci prend effet à la date de cessation d'exercice ou, à défaut d'indication, à la date de réception de la demande.

« Les décisions de radiation du tableau sont notifiées sans délai dans les conditions prévues à l'article R. 4112-4. »

Art. R. 4112-4 Les décisions d'inscription ou de refus d'inscription sont notifiées à l'intéressé dans la semaine qui suit la décision du conseil, par lettre recommandée avec demande d'avis de réception. Ces décisions sont également notifiées sans délai et dans la même forme au Conseil national et au *(Décr. n° 2010-344 du 31 mars 2010, art. 108)* « directeur général de l'agence régionale de santé ».

(Décr. n° 2007-434 du 25 mars 2007, art. 1er-III) « La notification mentionne que le recours contre ces décisions doit être porté devant le conseil régional ou interrégional dans le ressort duquel se trouve le conseil départemental qui s'est prononcé sur la demande d'inscription, dans un délai de trente jours. Elle indique en outre que le *recours n'a pas d'effet* suspensif.

« Lorsqu'une décision de refus d'inscription est prise à l'encontre d'un praticien en situation de transfert d'inscription qui exerce provisoirement en application des dispositions de l'article L. 4112-5, le conseil départemental en informe les organismes d'assurance maladie du régime général, de la mutualité sociale agricole et du régime social des indépendants ayant compétence dans le département. »

(*Décr. n° 2007-434 du 25 mars 2007, art. 1er-III*) « Lorsque le praticien est ressortissant de l'un des États membres de (*Décr. n° 2010-334 du 26 mars 2010, art. 2*) « l'Union européenne » ou parties à l'accord sur l'Espace économique européen, la décision de refus d'inscription est en outre notifiée à l'autorité compétente de l'État membre ou partie d'origine et, le cas échéant, à l'État membre ou partie de provenance ainsi qu'à l'État membre ou partie d'accueil connus à la date de la notification. »

Art. R. 4112-5 L'appel porté devant le conseil régional ou interrégional n'est pas suspensif.

(*Décr. n° 2007-434 du 25 mars 2007, art. 1er-IV*) « Dès l'enregistrement du recours, le président du conseil régional ou interrégional le communique au conseil départemental, qui lui adresse sans délai la décision contestée, le dossier complet sur lequel il s'est prononcé ainsi que ses observations écrites.

« Si le recours est présenté par le Conseil national, il est accompagné de la délibération décidant de former un recours contre la décision d'inscription.

« Le recours ainsi que toutes observations écrites sont communiqués au praticien, au conseil départemental et, le cas échéant, au Conseil national.

« Le président désigne un rapporteur.

« Le praticien intéressé, le conseil départemental et, le cas échéant, le Conseil national sont convoqués par lettre recommandée avec demande d'avis de réception qui doit parvenir quinze jours au moins avant la séance du conseil régional ou interrégional.

« La convocation indique que le praticien peut se faire assister ou représenter par toute personne de son choix, le conseil départemental ou le Conseil national par un de leurs membres ou par un avocat. »

Le conseil statue dans un délai de deux mois à compter de la réception de la demande.

Les notifications de la décision du conseil, prévues au deuxième alinéa de l'article L. 4112-4, sont faites par lettre recommandée avec demande d'avis de réception. (*Décr. n° 2007-434 du 25 mars 2007, art. 1er-IV*) « Elles mentionnent que le recours doit être porté devant le Conseil national de l'ordre dans un délai de trente jours.

« Les pouvoirs du président définis dans le cadre du présent article sont exercés par le président de la formation restreinte du conseil régional ou interrégional lorsqu'elle a été constituée en application de l'article L. 4124-11. »

Art. R. 4112-5-1 (*Décr. n° 2007-434 du 25 mars 2007, art. 1er-V*) Le recours devant le Conseil national n'a pas d'effet suspensif.

Sous réserve des dispositions qui suivent, les dispositions de l'article R. 4112-5 sont applicables devant le Conseil national.

Le recours, lorsqu'il est présenté par le conseil départemental, est accompagné de la délibération décidant de former un recours.

La décision est notifiée selon les modalités fixées par l'article R. 4112-4 ainsi qu'au conseil régional ou interrégional.

La notification mentionne que la décision est susceptible de recours devant le Conseil d'État dans le délai de deux mois.

Le Conseil national informe les conseils départementaux des (*Décr. n° 2014-545 du 26 mai 2014, art. 1er-3°-a*) « décisions de refus d'inscription prises » par les conseils départementaux, les conseils régionaux (*Décr. n° 2014-545 du 26 mai 2014, art. 1er-3°-b*) « ou interrégionaux » et le Conseil national.

Les pouvoirs du président définis au présent article sont exercés par le président de la formation restreinte du Conseil national lorsqu'elle a été constituée en application de l'article L. 4124-11.

1. Inapplication aux SEL. L'art. R. 4112-5-1 n'est pas applicable au cas d'une société d'exercice libéral qui demande l'autorisation d'ouvrir un cabinet secondaire en application de l'art. R. 4113-24, dès lors que les cabinets secondaires n'ont pas à figurer dans les statuts de la société ; la décision par laquelle une telle société est autorisée à exercer dans un cabinet secondaire n'est donc pas relative à la procédure d'inscription au tableau entraînant la compétence du Conseil d'État en premier et dernier ressort. • CE 23 mars 2011, M. Fréminet, n° 339378 : *AJDA 2011. 1046*.

2. Possibilité de se faire assister. L'art. R. 4112-5 vise à garantir les droits du praticien auteur d'un recours ; l'intéressé peut se faire assister par une ou plusieurs personnes de son choix lors de la séance au cours de laquelle son recours est examiné, sous réserve des limites qui peuvent être imposées au titre notamment de la police de la séance. • CE 27 janv. 2016, n° 373951 : *Lebon ; AJDA 2016. 933*.

Art. R. 4112-6 Le tableau de l'ordre dans le département *(Décr. n° 2017-1520 du 2 nov. 2017, art. 4-2°)* « , comportant la liste distincte mentionnée à l'article L. 4002-5, » est publié chaque année au mois de janvier. Ce tableau est déposé à *(Décr. n° 2010-344 du 31 mars 2010, art. 108)* « l'agence régionale de santé » pour être communiqué aux mairies et pharmacies situées sur le territoire du département.

Art. R. 4112-6-1 *(Décr. n° 2007-434 du 25 mars 2007, art. 1er-VI)* Pour l'application de la présente section à Saint-Pierre-et-Miquelon :

1° Les mots : « préfet du département » et « préfet de la région » sont remplacés par les mots : « représentant de l'État à Saint-Pierre-et-Miquelon » ;

2° Le mot : « département » est remplacé par le mot : « collectivité » ;

3° Les mots : « conseil de l'ordre du département » et « conseil départemental » sont remplacés par les mots : « conseil de l'ordre, le représentant de l'État ou l'organe qui en exerce les fonctions » ;

4° Les mots : « organismes d'assurance maladie du régime général, de la mutualité agricole et du régime des travailleurs non salariés des professions non agricoles ayant compétence dans le département » sont remplacés par les mots : « la caisse de prévoyance sociale de Saint-Pierre-et-Miquelon ».

Art. R. 4112-6-2 *(Décr. n° 2017-1520 du 2 nov. 2017, art. 2-VIII)* Le contrôle par l'autorité compétente de la maîtrise de la langue française par le demandeur donne lieu à une décision qui peut faire l'objet d'un recours devant le tribunal administratif territorialement compétent.

SECTION II PRATICIENS DE NATIONALITÉ FRANÇAISE RÉSIDANT À L'ÉTRANGER

Art. R. 4112-7 *(Décr. n° 2005-281 du 25 mars 2005)* Les médecins, chirurgiens-dentistes et sages-femmes répondant aux conditions prévues aux 1° et 2° de l'article L. 4111-1 résidant à l'étranger peuvent demander à être inscrits sur une liste spéciale établie et tenue à jour par le Conseil national de l'ordre dont ils relèvent après vérification de leurs titres et des conditions prévues à l'article R. 4112-2.

1. Procédure de l'art. R. 4112-2 non applicable. Le renvoi de l'art. R. 4112-7 aux conditions prévues par l'art. R. 4112-2 pour l'inscription sur la liste spéciale n'a pas rendu applicables aux médecins résidant à l'étranger les formalités procédurales prévues par cet article pour l'inscription au tableau de l'Ordre des médecins résidant en France. • CE 21 juill. 2009, *Abu Alrub*, n° 313462 : *Lebon T. 955.* ♦ Toutefois, lorsque l'ordre refuse l'inscription sur la liste spéciale en raison d'une déclaration mensongère de l'intéressé, un tel motif, pris en considération de la personne, implique de mettre l'intéressé à même de présenter ses observations dans un délai raisonnable. • Même arrêt.

2. Motifs de refus d'inscription. L'Ordre est fondé à refuser l'inscription d'un médecin sur la liste spéciale tant qu'il est soumis à une mesure de suspension ou d'interdiction d'exercer la médecine... • CE 21 juin 1995, *Kelly d'Allivy*, n° 154736. ♦ ...Ou parce qu'il a produit une déclaration mensongère en vue de son inscription. • CE 10 mars 1995, *M. X.*, n° 144549 • CE 21 juill. 2009 : *préc. note 1.*

3. Radiation. Le Conseil national de l'Ordre, dont la mission est de tenir à jour la liste des médecins français résidant à l'étranger, peut, lorsqu'il estime qu'un médecin ne remplit plus les conditions exigées et après l'avoir mis en mesure de présenter ses observations, le radier de cette liste. • CE 1er déc. 1976, *Burou*, n° 98419 : *Lebon 530 ; AJDA 1977. 323, note Durupty.* ♦ Cette décision ne constitue pas une sanction disciplinaire et n'a pas un caractère juridictionnel. • Même arrêt.

Art. R. 4112-8 Les médecins, chirurgiens-dentistes ou sages-femmes mentionnés à l'article R. 4112-7 lorsqu'ils veulent exercer en France demandent à être inscrits au tableau de l'ordre du département de leur nouvelle résidence dans les conditions prévues *(Décr. n° 2005-281 du 25 mars 2005)* « aux deuxième et troisième alinéas » de l'article L. 4112-5.

SECTION III DÉCLARATION DE PRESTATION DE SERVICES *(Décr. n° 2010-334 du 26 mars 2010, art. 2).*

Art. R. 4112-9 *(Décr. n° 2010-334 du 26 mars 2010, art. 2)* La déclaration prévue à l'article L. 4112-7 est adressée avant la première prestation de services au Conseil national de l'ordre de la profession concernée.

Elle comporte des informations relatives à l'état civil, à la nationalité, *(Décr. n° 2017-1520 du 2 nov. 2017, art. 4-3°)* « à la formation initiale, à l'expérience professionnelle et à la formation tout au long de vie ayant fait l'objet d'une validation par un organisme compétent, aux connaissances linguistiques, » à la légalité de l'établissement dans l'État membre d'origine ou de provenance, à l'absence d'interdiction, même temporaire, d'exercer, aux qualifications professionnelles, à l'assurance professionnelle et au lieu d'exécution de la première prestation de services, ainsi que la liste des pièces justificatives qui l'accompagnent.

Le caractère temporaire et occasionnel de la prestation de services est apprécié au cas par cas, notamment en fonction de sa durée, de sa fréquence, de sa périodicité et de sa continuité.

Art. R. 4112-9-1 *(Décr. n° 2017-1520 du 2 nov. 2017, art. 4-4°)* I. — Dans un délai d'un mois à compter de la réception de la déclaration, le conseil national de l'ordre informe le prestataire, au vu de l'examen de son dossier :

1° Ou bien qu'il peut débuter la prestation de services sans vérification préalable de ses qualifications professionnelles ;

2° Ou bien, lorsque la vérification de ses qualifications professionnelles met en évidence une différence substantielle avec la formation exigée en France de nature à nuire à la santé publique et qu'elle ne peut pas être compensée par l'expérience professionnelle ou par la formation tout au long de la vie ayant fait l'objet d'une validation par un organisme compétent, qu'il doit se soumettre à une épreuve d'aptitude afin de démontrer qu'il a acquis les connaissances et compétences manquantes. S'il satisfait à ce contrôle, la prestation de services débute dans le mois qui suit la décision relative à l'épreuve d'aptitude. Dans le cas contraire, il est informé qu'il ne peut pas débuter la prestation de services ;

3° Ou bien qu'il ne peut pas débuter la prestation de services.

II. — Dans le même délai d'un mois à compter de la réception de la déclaration, lorsque l'examen du dossier met en évidence une difficulté susceptible de provoquer un retard de sa décision, le conseil national de l'ordre informe le prestataire des raisons de ce retard. La décision est prise dans les deux mois suivant la résolution de la difficulté et, au plus tard, dans un délai de trois mois à compter de la date à laquelle le prestataire a été informé de l'existence de la difficulté.

III. — En l'absence de réponse du conseil national de l'ordre dans les délais fixés au premier alinéa du I et à la seconde phrase du II, la prestation de services peut débuter.

Art. R. 4112-9-2 *(Décr. n° 2010-334 du 26 mars 2010, art. 2)* Le Conseil national de l'ordre enregistre le prestataire de services sur une liste particulière. Cet enregistrement est dispensé de cotisation. Le Conseil national de l'ordre adresse au demandeur un récépissé comportant son numéro d'enregistrement, mentionnant, s'il y a lieu, la ou les spécialités correspondant aux qualifications professionnelles qu'il a déclarées *(Décr. n° 2017-1520 du 2 nov. 2017, art. 4-5°)* « et, en cas d'accès partiel, le titre professionnel sous lequel il est autorisé à exercer et le champ d'activités correspondant » et précisant l'organisme national d'assurance maladie compétent.

La déclaration est renouvelable tous les ans. En cas de changement de la situation du demandeur telle qu'établie par les documents joints, il déclare ces modifications et fournit, le cas échéant, les pièces fixées par l'arrêté mentionné à l'article R. 4112-12.

Art. R. 4112-10 *Abrogé par Décr. n° 2017-1520 du 2 nov. 2017, art. 4-6°.*

Art. R. 4112-11 *(Décr. n° 2009-958 du 29 juill. 2009, art. 3)* Le prestataire de services informe préalablement l'organisme national d'assurance maladie compétent de sa prestation de services par l'envoi d'une copie du récépissé mentionné à l'article *(Décr. n° 2010-334 du 26 mars 2010, art. 2)* « R. 4112-9-2 » ou par tout autre moyen.

Art. R. 4112-12 *(Décr. n° 2009-958 du 29 juill. 2009, art. 3)* **Un arrêté du ministre chargé de la santé fixe :**

1° Le modèle de formulaire de la déclaration *(Décr. n° 2017-1520 du 2 nov. 2017, art. 4-7°)* **« et de la déclaration d'exercice partiel » ainsi que la liste des pièces justificatives ;**

2° Les informations à *(Décr. n° 2010-334 du 26 mars 2010, art. 2)* **« fournir » dans les états statistiques.**

CHAPITRE III RÈGLES COMMUNES LIÉES À L'EXERCICE DES PROFESSIONS MÉDICALES *(Décr. n° 2010-701 du 25 juin 2010, art. 1er et 2).*

SECTION PREMIÈRE SOCIÉTÉS D'EXERCICE LIBÉRAL

BIBL. ▶ BRIGNON, Sociétés d'exercice libéral, Régime général, *Jurisclasseur Sociétés, fasc. 192-10.* – LAURENT et VALLÉE, Sociétés d'exercice libéral (SEL), *éd. Delmas, 6e éd., 2012/2013.* – HARICHAUX, *RDSS 1995. 61* .

SOUS-SECTION 1 CONSTITUTION

§ 1er DISPOSITIONS COMMUNES

Art. R. 4113-1 Les dispositions de la présente section régissent les sociétés constituées en application du titre Ier de la loi n° 90-1258 du 31 décembre 1990 relative à l'exercice sous forme de sociétés des professions libérales soumises à un statut législatif ou réglementaire ou dont le titre est protégé et dont l'objet social est l'exercice en commun de la profession de médecin, de chirurgien-dentiste ou de sage-femme. Ces sociétés portent la dénomination de sociétés d'exercice libéral de médecins, de chirurgiens-dentistes ou de sages-femmes.

Art. R. 4113-2 Les actes et documents destinés aux tiers, notamment les lettres, factures, annonces et publications diverses émanant d'une société mentionnée à l'article R. 4113-1 indiquent :

1° Sa dénomination sociale, précédée ou suivie immédiatement, selon le cas :

***a)* Soit de la mention "société d'exercice libéral à responsabilité limitée" ou de la mention "SELARL" ;**

***b)* Soit de la mention "société d'exercice libéral à forme anonyme" ou de la mention "SELAFA" ;**

***c)* Soit de la mention "société d'exercice libéral en commandite par actions" ou de la mention "SELCA" ;**

***d)* Soit de la mention "société d'exercice libéral par actions simplifiée" ou de la mention "SELAS" ;**

2° L'indication de la profession exercée par la société ;

3° L'énonciation du montant de son capital social et de son siège social ;

4° La mention de son inscription au tableau de l'ordre.

Art. R. 4113-3 Un associé ne peut exercer la profession de médecin qu'au sein d'une seule société d'exercice libéral de médecins et ne peut cumuler cette forme d'exercice avec l'exercice à titre individuel ou au sein d'une société civile professionnelle, excepté dans le cas où l'exercice de sa profession est lié à des techniques médicales nécessitant un regroupement ou un travail en équipe ou à l'acquisition d'équipements ou de matériels soumis à autorisation en vertu de l'article L. 6122-1 ou qui justifient des utilisations multiples.

Un associé ne peut exercer la profession de sage-femme qu'au sein d'une seule ***société d'exercice libéral de*** **sage-femme et ne peut cumuler cette forme d'exercice avec l'exercice à titre individuel.**

1. Dérogation au non-cumul. Ne saurait bénéficier des exceptions prévues à l'art. R. 4113-3 le praticien qui crée une SEL tout en exerçant à l'hôpital, dès lors qu'il dispose dans cet hôpital de tous les équipements qu'il entendait acquérir et exploiter dans le cadre de la SEL. • CE 3 sept. 2007, *Amiel,* nos 295344 et 295403 : *Lebon T. 1053.* ♦ Il résulte de la L. du

31 déc. 1990 (art. 21) et de l'art. R. 4113-3 qu'un médecin peut cumuler l'exercice de sa profession au sein d'une SEL avec un exercice à titre individuel ; peu importe qu'il exerce déjà au sein d'une SEL et demande à exercer à titre individuel, ou qu'il exerce déjà à titre individuel et demande à exercer au sein d'une SEL ; en décidant que le cumul d'exercices ne pouvait être autorisé que dans la seconde de ces hypothèses, l'instance ordinale a entaché sa décision d'une erreur de droit. • CE 3 sept. 2007, Fournier, n° 291887 : *Lebon T. 1053.*

2. Exercice individuel, notion. La notion d'exercice individuel au sens de l'art. R. 4113-3 ne s'entend pas exclusivement de l'exercice à titre libéral ; elle recouvre également l'exercice salarié d'un médecin dans un établissement de santé ; dès lors, la constitution par un praticien hospitalier d'une société d'exercice libéral le met en situation de cumuler l'exercice en société avec l'exercice individuel. • CE 3 sept. 2007, *Amiel,* n°s 295344 et 295403 : *préc. note 1.*

Art. R. 4113-4 La société est constituée sous la condition suspensive de son inscription au tableau de l'ordre.

La demande d'inscription de la société d'exercice libéral est présentée collectivement par les associés et adressée au conseil départemental de l'ordre du siège de la société par lettre recommandée avec demande d'avis de réception, accompagnée, sous peine d'irrecevabilité, des pièces suivantes :

1° Un exemplaire des statuts et, s'il en a été établi, du règlement intérieur de la société ainsi que, le cas échéant, une expédition ou une copie de l'acte constitutif ;

2° Un certificat d'inscription au tableau de l'ordre de chaque associé exerçant au sein de la société ou, pour les associés non encore inscrits à ce tableau, la justification de la demande d'inscription ;

3° Une attestation du greffier du tribunal de commerce du lieu du siège social ou du tribunal de grande instance statuant commercialement constatant le dépôt au greffe de la demande et des pièces nécessaires à l'immatriculation ultérieure de la société au registre du commerce et des sociétés ;

4° Une attestation des associés indiquant :

a) La nature et l'évaluation distincte de chacun des apports effectués par les associés ;

b) Le montant du capital social, le nombre, le montant nominal et la répartition des parts sociales ou actions représentatives de ce capital ;

c) L'affirmation de la libération totale ou partielle, suivant le cas, des apports concourant à la formation du capital social.

L'inscription ne peut être refusée que si les statuts ne sont pas conformes aux dispositions législatives et réglementaires en vigueur. Elle peut également être refusée dans le cas prévu à l'article L. 4113-11.

Toute modification des statuts et des éléments figurant au 4° ci-dessus est transmise au conseil départemental de l'ordre dans les formes mentionnées au présent article.

1. Motifs de refus d'inscription. Ni l'art. R. 4113-4, ni l'art. L. 4113-11 CSP ne permettent à l'Ordre de refuser l'inscription au tableau d'une SEL au motif que ses associés ne respecteraient pas, à titre individuel, les dispositions de l'art. R. 4113-3 du même code. • CE 23 mars 2011, *Louis,* n° 337808 : *Lebon T. 735 ; ibid. 1129.*

2. Recours, compétence juridictionnelle. La décision prise en vertu de l'art. R. 4113-4 a la nature d'une décision prise pour l'inscription au tableau au sens de l'art. R. 4112-5-1 ; or cette dernière disposition prévoit un recours devant le Conseil d'État en premier ressort. • CE 23 mars 2011, *SELARL des docteurs Collet, Lesage et Mortier,* n° 339086 : *Lebon T. 853 ; ibid. 1125.*

Art. R. 4113-5 La société communique au conseil départemental de l'ordre, dans le délai d'un mois, tous contrats et avenants dont l'objet est défini aux premier et second alinéas de l'article L. 4113-9.

Elle communique également, dans le même délai, le règlement intérieur lorsqu'il a été établi après la constitution de la société.

Art. R. 4113-6 Le conseil départemental de l'ordre statue sur la demande d'inscription dans les délais fixés à l'article L. 4112-3.

Art. R. 4113-7 La décision de refus d'inscription est motivée. Elle est notifiée, par lettre recommandée avec demande d'avis de réception, à chacun des intéressés. Elle ne peut être prise qu'après que les intéressés ont été appelés à présenter au conseil de l'ordre toutes explications orales ou écrites.

Si l'inscription est prononcée, notification en est faite à chacun des associés dans les mêmes formes.

Le conseil départemental notifie sans délai une copie de la décision ou l'avis de l'inscription au *(Décr. n° 2010-344 du 31 mars 2010, art. 109)* « directeur général de l'agence régionale de santé », au Conseil national de l'ordre et aux organismes d'assurance maladie du régime général, de la mutualité sociale agricole et du régime des travailleurs non salariés des professions non agricoles ayant compétence dans le département.

1. Statuts non conformes. Le conseil départemental de l'ordre doit refuser l'inscription au tableau d'une SEL de médecins dont les statuts ne sont pas conformes aux dispositions législatives et réglementaires. • CE 6 juin 2001, *Fellous et Tyan*, n° 202920 : *Lebon 116 ; ibid. 1168.* ♦ Une fois la SEL inscrite, dans le cas où lui est transmise une modification des statuts qu'il estime non conforme à ces dispositions, le conseil départemental doit mettre la société en demeure de s'y conformer, et si elle ne le fait pas, la radier du tableau. • Même arrêt.

2. Recours. Les décisions ainsi prises par le conseil départemental ne sont pas des décisions prises en application de l'art. L. 462 [L. 4113-9] qui fait obligation aux médecins de communiquer audit conseil départemental les contrats et avenants ayant pour objet l'exercice de la profession ; ce sont des décisions relatives à l'inscription au tableau, qui ouvrent, en application de l'art. 8 du Décr. n° 94-680 du 3 août 1994, un recours dans les conditions prévues à l'art. L. 415 [L. 4112-4]. • CE 6 juin 2001 : *préc. note 1.*

Art. R. 4113-8 Les décisions du conseil départemental en matière d'inscription au tableau des sociétés d'exercice libéral sont susceptibles de recours dans les conditions prévues à l'article L. 4112-4.

1. Recours, compétence. Le recours contre la décision du conseil départemental doit être porté devant le conseil régional et non directement devant le Conseil national, conformément à l'art. L. 4112-4. • CE 6 juin 2001, *Fellous et Tyan*, n° 202920 : *Lebon 116 ; ibid. 1168.*

2. Motivation. Aucun texte ni aucun principe n'imposent la motivation d'une décision du Conseil national de l'ordre en tant qu'elle rejette le recours d'un tiers formé devant lui sur le fondement de l'art. R. 4113-8, contre une décision d'inscription au tableau ou autorisant l'ouverture d'un nouveau site. • CE 23 mars 2011, *Louis*, n° 337808 : *Lebon T. 735 ; ibid. 1129.*

Art. R. 4113-9 Le tableau de l'ordre comporte en annexe la liste des sociétés d'exercice libéral avec les indications suivantes :

1° Numéro d'inscription de la société ;

2° Dénomination sociale ;

3° Lieu du siège social ;

4° Nom de tous les associés exerçant au sein de la société et numéro d'inscription au tableau de chacun d'eux.

Le nom de chaque associé sur le tableau est suivi de la mention : "membre de la société d'exercice libéral", de la dénomination sociale et du numéro d'inscription de la société.

Art. R. 4113-10 Chaque associé demeure individuellement électeur et éligible au conseil de l'ordre, sans que la société soit elle-même électrice ou éligible.

Toutefois, le conseil départemental de l'ordre ne peut comprendre des associés d'une même société dans une proportion supérieure à un cinquième de ses membres.

Quand le nombre de praticiens associés de la même société élus au conseil départemental dépasse cette proportion, les élus sont éliminés successivement, dans l'ordre inverse du nombre de suffrages obtenus, de façon que ceux qui sont appelés à siéger au conseil n'excèdent pas la proportion prévue à l'alinéa précédent.

En cas d'égalité de suffrages, le plus âgé est appelé à siéger.

Art. R. 4113-11 Une même personne physique ou morale figurant parmi celles mentionnées aux 1° *et* 5° *de l'article 5 de la loi n° 90-1258* du 31 décembre 1990 relative à l'exercice sous forme de sociétés des professions libérales ne peut détenir des participations que dans deux sociétés d'exercice libéral de médecins, de chirurgiens-dentistes ou de sages-femmes.

Art. R. 4113-12 Le quart au plus du capital d'une société d'exercice libéral de médecins ou de sages-femmes peut être détenu par une ou plusieurs personnes ne répondant pas aux conditions du premier alinéa ou des 1° à 5° de l'article 5 de la loi n° 90-1258 du 31 décembre 1990 relative à l'exercice sous forme de sociétés des professions libérales.

Toutefois, lorsque la société d'exercice libéral est constituée sous la forme d'une société en commandite par actions, la quotité du capital détenue par des personnes autres que celles mentionnées à l'article 5 de la loi du 31 décembre 1990 peut être supérieure à celle fixée à l'alinéa qui précède sans pouvoir cependant atteindre la moitié de ce capital.

§ 2 DISPOSITIONS PROPRES À CHAQUE PROFESSION MÉDICALE

Art. R. 4113-13 Dans une société d'exercice libéral de médecins, la détention directe ou indirecte de parts ou d'actions représentant tout ou partie du capital social non détenu par des personnes mentionnées au premier alinéa ou aux 1° à 4° du deuxième alinéa de l'article 5 de la loi du 31 décembre 1990 est interdite à toute personne physique ou morale exerçant sous quelque forme que ce soit :

a) Soit une autre profession médicale ou une profession paramédicale ;

b) Soit la profession de pharmacien d'officine ou de vétérinaire, soit la fonction de directeur ou de directeur adjoint de laboratoire d'analyses de biologie médicale ;

c) Soit l'activité de fournisseur, distributeur ou fabricant de matériel ayant un lien avec la profession médicale et de produits pharmaceutiques, ou celles de prestataire de services dans le secteur de la médecine.

Sont également exclus les entreprises et organismes d'assurance et de capitalisation et tous les organismes de prévoyance, de retraite et de protection sociale obligatoires ou facultatifs.

Cumul. La circonstance qu'un médecin soit à la fois associé d'une SELAS à hauteur de 25, 1 % et associé majoritaire d'une SAS qui détient 25 % des parts de la SELAS, n'est pas, à elle seule, de nature à porter atteinte à l'indépendance professionnelle des médecins membres de cette SELAS. • CE 26 janv. 2015, *SELAS Centre médical ophtalmologique Point Vision*, n° 374444.

Art. R. 4113-14 Dans une société d'exercice libéral de chirurgiens-dentistes, la détention directe ou indirecte de parts ou d'actions représentant tout ou partie du capital social non détenu par des personnes mentionnées au premier alinéa ou aux 1° à 4° du deuxième alinéa de l'article 5 de la loi du 31 décembre 1990 est interdite à toute personne physique ou morale exerçant sous quelque forme que ce soit :

1° Soit la profession de médecin en qualité de spécialiste en stomatologie, en oto-rhino-laryngologie, en radiologie ou en biologie médicale ;

2° Soit la profession de pharmacien, de masseur-kinésithérapeute ou d'orthophoniste.

Art. R. 4113-15 Dans une société d'exercice libéral de sages-femmes, la détention directe ou indirecte de parts ou d'actions représentant tout ou partie du capital social non détenu par des personnes mentionnées au premier alinéa ou aux 1° à 4° du deuxième alinéa de l'article 5 de la loi du 31 décembre 1990 est interdite à tout fournisseur, distributeur ou fabricant de produits liés à l'exercice de la profession de sage-femme.

Sont également exclus les pharmaciens d'officine, les entreprises d'assurance et de capitalisation, tous les organismes de prévoyance, de retraite et de protection sociale obligatoires ou facultatifs ainsi que les établissements de santé, médico-sociaux et *sociaux de droit privé.*

SOUS-SECTION 2 FONCTIONNEMENT

§ 1er DISPOSITIONS COMMUNES

Art. R. 4113-16 L'associé exerçant au sein d'une société d'exercice libéral de médecins, de chirurgiens-dentistes ou de sages-femmes peut en être exclu :

1° Lorsqu'il est frappé d'une mesure disciplinaire entraînant une interdiction d'exercice ou de dispenser des soins aux assurés sociaux, égale ou supérieure à trois mois ;

2° Lorsqu'il contrevient aux règles de fonctionnement de la société.

Cette exclusion est décidée par les associés statuant à la majorité renforcée prévue par les statuts, calculée en excluant, outre l'intéressé, les associés ayant fait l'objet d'une sanction pour les mêmes faits ou pour des faits connexes, l'unanimité des autres associés exerçant au sein de la société et habilités à se prononcer en l'espèce devant être recueillie.

Aucune décision d'exclusion ne peut être prise si l'associé n'a pas été régulièrement convoqué à l'assemblée générale, quinze jours au moins avant la date prévue et par lettre recommandée avec demande d'avis de réception, et s'il n'a pas été mis à même de présenter sa défense sur les faits précis qui lui sont reprochés.

Les parts ou actions de l'associé exclu sont soit achetées par un acquéreur agréé par les associés subsistants, soit achetées par la société, qui doit alors réduire son capital.

A défaut d'accord sur le prix de cession des titres ou sur leur valeur de rachat, il est recouru à la procédure de l'article 1843-4 du code civil.

Art. R. 4113-17 En cas d'interdiction temporaire d'exercer ou de dispenser des soins aux assurés sociaux, sauf à être exclu par les autres associés dans les conditions prévues à l'article R. 4113-16, l'intéressé conserve ses droits et obligations d'associé à l'exclusion de la rémunération liée à l'exercice de son activité professionnelle.

Exclusion de toute rémunération. La suspension temporaire d'un praticien à titre de sanction implique que celui-ci s'abstienne durant sa période de suspension de percevoir des revenus tirés de son activité, et non pas seulement de pratiquer des actes de sa propre main ; méconnaît donc l'art. R. 4113-17 le contrat entre une SELARL et un de ses associés interdit d'exercice, qui prévoit le versement de tous les honoraires perçus pendant la période de remplacement correspondant à l'interdiction d'exercer, ainsi que la rémunération de cet associé sous forme de vacation en pourcentage des honoraires encaissés. • CE 18 déc. 2009, *Audrey A.*, n° 333873.

Art. R. 4113-18 La société d'exercice libéral est soumise aux dispositions disciplinaires applicables à la profession. Elle ne peut faire l'objet de poursuites disciplinaires indépendamment de celles qui seraient intentées contre un ou plusieurs associés exerçant leur profession en son sein.

La décision qui prononce l'interdiction d'un ou plusieurs associés, mais non de la totalité d'entre eux, ne commet pas d'administrateur.

La décision qui prononce l'interdiction soit de la société, soit de tous les associés commet un ou plusieurs administrateurs pour accomplir tous actes nécessaires à la gestion de la société.

Au cas où la société et l'un ou plusieurs des associés sont interdits, les associés non interdits sont nommés administrateurs.

Art. R. 4113-19 L'associé peut, à la condition d'en informer la société par lettre recommandée avec avis de réception, cesser l'activité professionnelle qu'il exerce au sein de cette société. Il respecte le délai fixé par les statuts sans que ce délai puisse excéder six mois à compter de la notification relative à la cession d'activité.

Il avise le conseil départemental de l'ordre de sa décision.

Art. R. 4113-20 La société, comme les associés eux-mêmes, est soumise à l'ensemble des lois et règlements régissant les rapports de la profession avec l'assurance maladie.

Art. R. 4113-21 Lorsque les caisses d'assurance maladie ont décidé de placer hors de la convention prévue aux articles L. 162-5 ou L. 162-9 du code de la sécurité sociale, pour violation des engagements prévus par celle-ci, un ou plusieurs associés exerçant leur profession au sein de la société et que ceux-ci ne se retirent pas de la société, et faute pour les autres associés, dans les conditions prévues par les statuts, de suspendre pour la durée de la mise hors convention l'exercice de ces professionnels dans le cadre de la société, celle-ci est placée de plein droit hors convention à l'expiration d'un délai de deux mois à compter de la notification prévue à l'article R. 4113-22.

Les dispositions de l'alinéa précédent ne s'appliquent qu'en cas de déconventionnement d'une durée supérieure à *trois mois* ou en cas de récidive des manquements ayant entraîné un premier déconventionnement, quelle qu'en soit la durée.

Art. R. 4113-22 Toute décision prise par une caisse d'assurance maladie de placer hors convention la société ou un associé exerçant sa profession en son sein ou constatant que la société s'est placée hors convention est notifiée à la société ainsi qu'à chacun des associés.

§ 2 DISPOSITIONS PROPRES À CHAQUE PROFESSION MÉDICALE

Bibl. ▶ ROLLUX et ROCHER, La délicate implantation des sociétés d'exercice libéral de médecins multisites, *JCP E 2012. n° 1714.*

Art. R. 4113-23 (*Décr. n° 2012-884 du 17 juill. 2012, art. 1er*) **I. — Le lieu habituel d'exercice d'une société d'exercice libéral de médecins est celui de la résidence professionnelle au titre de laquelle elle est inscrite au tableau de l'ordre.**

Toutefois, dans l'intérêt de la population, la société peut être autorisée à exercer son activité sur un ou plusieurs sites distincts de sa résidence professionnelle :

1° Lorsqu'il existe dans le secteur géographique considéré une carence ou une insuffisance de l'offre de soins préjudiciable aux besoins des patients ou à la permanence des soins ; ou

2° Lorsque les investigations et les soins à entreprendre nécessitent un environnement adapté, l'utilisation d'équipements particuliers, la mise en œuvre de techniques spécifiques ou la coordination de différents intervenants.

La société prend toutes dispositions pour que soient assurées sur l'ensemble des sites d'exercice la réponse aux urgences, la qualité, la sécurité et la continuité des soins.

II. — La demande d'ouverture d'un site distinct est adressée au conseil départemental dans le ressort duquel se situe l'activité envisagée. Elle est accompagnée de toutes informations utiles sur les conditions d'exercice. Si ces informations sont insuffisantes, le conseil départemental demande des précisions complémentaires.

Lorsque le site concerné est implanté dans un autre département, le conseil départemental au tableau duquel la société est inscrite est informé de la demande et des suites qui lui sont données.

Le conseil départemental saisi se prononce, par une décision motivée, dans un délai de trois mois à compter de la réception du dossier de demande complet. L'autorisation est réputée acquise au terme de ce délai.

III. — L'autorisation est personnelle et incessible. Il peut y être mis fin si les conditions fixées au I ne sont plus réunies.

IV. — Les recours contentieux formés devant le tribunal administratif territorialement compétent contre les décisions de refus, de retrait ou d'abrogation d'autorisation ainsi que ceux dirigés contre les décisions d'autorisation ne sont recevables qu'à la condition d'avoir été précédés d'un recours administratif devant le Conseil national de l'ordre des médecins.

Si l'ouverture d'un site distinct implique, eu égard notamment aux statuts types établis par le Conseil national de l'ordre des médecins, l'inscription d'une mention en ce sens dans les statuts de la société ou la modification de ces statuts, les dispositions de l'article R. 4113-4 ne s'appliquent pas à cette inscription ou à cette modification.

COMMENTAIRE

V. Commentaire reproduit sur Dalloz.fr.

1. Champ d'application. L'art. R. 4113-23 déroge à l'art. R. 4127-85, lequel n'est pas applicable aux lieux d'exercice d'une SEL. • CE 24 août 2011, *SEL Dr. Klein,* n° 342335.

2. Compétence pour autoriser. Il n'appartient qu'au conseil départemental du siège de la SEL d'examiner les demandes d'exercice en des sites distincts, y compris dans d'autres départements, sans que puisse être opposé au demandeur un avis négatif du conseil départemental du lieu d'implantation. • CNOM, form. restr., 22 juin 2010, *Selarl Dr. T. et associés,* n° 135.

3. Intérêt des malades, notion (avant Décr. n° 2012-884). L'intérêt des malades ne saurait être apprécié au regard des seuls intérêts de la clientèle de la SEL, mais compte tenu de l'offre médicale disponible au regard des besoins de la population locale dans son ensemble. • CE 24 août 2011, *SELARL Dr. B. Prieur,* n° 342844.

4. Intérêt des malades non reconnu. L'intérêt des malades n'est pas reconnu s'agissant d'une demande d'exercice dans le domaine des « nouvelles techniques gynécologiques morphologiques et anti-âge de la femme âgée », à 550 m d'un autre cabinet de même spécialité… • CE 24 août 2011, *SEL Dr. Klein,* n° 342335. ♦ … Ou dans le domaine de la lipotomie anti-âge, à Paris. • CE 3 déc. 2014, *SELARL centre médical Nobel,* n° 368584. ♦ … Ou dans le but de disposer de place pour l'utilisation de lasers esthétiques et l'injection de toxine botulique. • CE 24 août 2011, *SELARL Dr. B. Prieur,* n° 342844.

5. Intérêt des malades reconnu. Est à bon droit autorisée l'ouverture d'un site à Pornic, eu égard aux distances à parcourir pour atteindre nombre d'autres cabinets situés dans le périmètre de la ville, incluant l'agglomération de Nantes. • CE 30 janv. 2012, *SEL des Drs Mehel et ass.*, n° 337985.

6. Équipements particuliers. Avant le Décr. de 2012, la condition de l'utilisation « d'équipements particuliers » n'était prévue que par l'art. R. 4127-85 pour les médecins exerçant à titre individuel sur un site distinct ; or, l'art. R. 4113-23 y dérogeant expressément, l'art. R. 4127-85 était et reste inapplicable. • CE 23 mars 2011, *SELARL Collet, Lesage et Mortier*, n° 339086 : *AJDA 2011. 1102*.

7. Recours. Les recours contentieux contre la décision du Conseil national relèvent de la compétence en premier ressort du tribunal administratif territorialement compétent depuis l'entrée en vigueur du Décr. n° 2012-884 du 17 juill. 2012. • CE 2 oct. 2014, *SELARL Sud Orthopédie*, n° 370666.

Art. R. 4113-24 **Les membres d'une société d'exercice libéral de chirurgiens-dentistes ont une résidence professionnelle commune.**

Toutefois, la société peut être autorisée par le conseil départemental de l'ordre à exercer dans un ou plusieurs cabinets secondaires si la satisfaction des besoins des malades l'exige et à la condition que la situation des cabinets secondaires par rapport au cabinet principal ainsi que l'organisation des soins dans ces cabinets permettent de répondre aux urgences.

Pendant un an au maximum, la société peut en outre exercer dans le cabinet où exerçait un associé lors de son entrée dans la société, lorsqu'aucun chirurgien-dentiste n'exerce dans cette localité.

En application des art. L. 231-5 et L. 231-6 CRPA, et par exception à l'art. L. 231-1 du même code, le silence gardé par l'administration pendant trois mois vaut décision d'acceptation pour une demande d'autorisation d'une société d'exercice libéral de chirurgiens-dentistes à exercer son activité sur un ou plusieurs sites distincts de la résidence professionnelle commune de ses membres (Décr. n° 2015-1457 du 10 nov. 2015).

Besoins des malades, appréciation. Lorsqu'une spécialité ne peut être exercée qu'à titre exclusif (en l'espèce, orthopédie dento-faciale), le conseil de l'Ordre est fondé à prendre en compte l'offre existante pour statuer sur une demande d'ouverture de cabinet secondaire. • CE 9 juin 2011, *Cons. dptal de l'Ordre des chirurgiens-dentistes de la Meurthe-et-Moselle*, n° 335600.

Art. R. 4113-25 **Une société d'exercice libéral de sages-femmes n'a, en principe, qu'un seul cabinet.**

La création ou le maintien d'un cabinet secondaire, sous quelque forme que ce soit, n'est possible qu'avec l'autorisation du conseil départemental ou des conseils départementaux intéressés.

L'autorisation n'est pas cessible. Limitée à trois années et renouvelable après une nouvelle demande, elle peut être retirée à tout moment.

Elle ne peut être refusée si l'éloignement d'une sage-femme est préjudiciable aux patientes. Elle est retirée lorsque l'installation d'une sage-femme est de nature à satisfaire les besoins des patientes.

Une société d'exercice libéral de sages-femmes ne peut avoir plus d'un cabinet secondaire.

En application des art. L. 231-5 et L. 231-6 CRPA, et par exception à l'art. L. 231-1 du même code, le silence gardé par l'administration pendant trois mois vaut décision d'acceptation pour une demande d'autorisation d'une société d'exercice libéral de sages-femmes à créer ou maintenir un cabinet secondaire (Décr. n° 2015-1457 du 10 nov. 2015, art. 1er à 3).

SECTION II SOCIÉTÉS CIVILES PROFESSIONNELLES DE MÉDECINS OU DE CHIRURGIENS-DENTISTES

BIBL. ► ESPESSON-VERGEAT, Sociétés civiles professionnelles de médecins, *Jurisclasseur Sociétés, fasc. 191-21* ; Société civiles professionnelles de chirurgiens-dentistes, *ibid. fasc. 191-23*.

SOUS-SECTION 1 CONSTITUTION

§ 1er *DISPOSITIONS GÉNÉRALES*

Art. R. 4113-26 **Les sociétés régies par la présente section ont pour objet l'exercice en commun de la profession de médecin ou de chirurgien-dentiste.**

Ces sociétés reçoivent la dénomination de sociétés civiles professionnelles de médecins ou de chirurgiens-dentistes.

La responsabilité de chaque associé à l'égard de la personne qui se confie à lui demeure personnelle et entière, sans préjudice de l'application de l'article 16 de la loi n° 66-879 du 29 novembre 1966 relative aux sociétés civiles professionnelles.

Art. R. 4113-27 Les médecins spécialistes en biologie médicale ne peuvent s'associer avec des médecins exerçant d'autres disciplines.

Art. R. 4113-28 La société est constituée sous la condition suspensive de son inscription au tableau de l'ordre.

La demande d'inscription est présentée collectivement par les associés et adressée au conseil départemental de l'ordre du siège de la société, par lettre recommandée avec demande d'avis de réception accompagnée :

1° D'un exemplaire des statuts et, s'il en a été établi, du règlement intérieur de la société ainsi que, le cas échéant, une expédition ou une copie de l'acte constitutif ;

2° D'un certificat d'inscription de chaque associé au tableau, établi par le conseil départemental de l'ordre auquel est demandée l'inscription de la société ou, pour les associés non encore inscrits à ce tableau, la justification de la demande d'inscription.

Art. R. 4113-29 La société communique au conseil départemental de l'ordre, dans le délai d'un mois, tous contrats et avenants dont l'objet est défini aux premier et second alinéas de l'article L. 4113-9.

Elle communique également, dans le même délai, le règlement intérieur lorsqu'il a été établi après la constitution de la société.

Art. R. 4113-30 Le conseil départemental de l'ordre statue sur la demande d'inscription dans les délais fixés à l'article L. 4112-3.

Art. R. 4113-31 L'inscription ne peut être refusée que si les statuts déposés ne sont pas conformes aux dispositions législatives et réglementaires, et notamment au code de déontologie.

Elle peut également être refusée dans le cas prévu à l'article L. 4113-11.

Art. R. 4113-32 La décision de refus d'inscription est motivée. Elle est notifiée, par lettre recommandée avec demande d'avis de réception à chacun des intéressés. Elle ne peut être prise qu'après que les intéressés ont été appelés à présenter au conseil de l'ordre toutes explications orales ou écrites.

Si l'inscription est prononcée, notification en est faite à chacun des associés.

Le conseil départemental notifie sans délai une copie de la décision ou l'avis de l'inscription au *(Décr. n° 2010-344 du 31 mars 2010, art. 110)* « directeur général de l'agence régionale de santé », au Conseil national de l'ordre et aux organismes d'assurance maladie du régime général, de la mutualité sociale agricole et du régime des travailleurs non salariés des professions non agricoles ayant compétence dans le département.

Art. R. 4113-33 Les décisions du conseil départemental en matière d'inscription au tableau des sociétés civiles professionnelles sont susceptibles de recours dans les conditions prévues à l'article L. 4112-4.

§ 2 STATUTS, CAPITAL SOCIAL, PARTS SOCIALES

Art. R. 4113-34 Si les statuts sont établis par acte sous seing privé, il en est adressé autant d'originaux qu'il est nécessaire pour la remise d'un exemplaire à chaque associé et pour satisfaire aux dispositions de la présente section.

Art. R. 4113-35 Indépendamment des dispositions que, en vertu de l'article 11 de la loi n° 66-879 du 29 novembre 1966 relative aux sociétés civiles professionnelles, les statuts doivent comporter et de celles que, en vertu des articles 8, 14, 15, 19 et 20 de la même loi, ils peuvent contenir concernant respectivement la répartition des parts, les gérants, la raison sociale, la répartition des bénéfices, les dettes sociales, les cessions des parts, ainsi que des dispositions de la présente section, les statuts indiquent :

1° Les noms, prénoms, domiciles et numéros d'inscription à l'ordre des associés ;

2° Pour les médecins, la qualification et la spécialité exercées par chacun ;

3° La durée pour laquelle la société est constituée ;

4° L'adresse du siège social ;

5° La nature et l'évaluation distincte de chacun des apports effectués par les associés ;

6° Le montant du capital social, le nombre, le montant nominal et la répartition des parts sociales représentatives de ce capital ;

7° L'affirmation de la libération totale ou partielle, suivant le cas, des apports concourant à la formation du capital social ;

8° Le nombre de parts sociales attribuées à chaque apporteur en industrie.

Les statuts ne peuvent comporter aucune disposition tendant à obtenir d'un associé un rendement minimum ou de nature à porter atteinte à la liberté de choix du malade.

Art. R. 4113-36 Peuvent faire l'objet d'apports à une société civile professionnelle de médecins ou de chirurgiens-dentistes, en propriété ou en jouissance :

1° Tous droits incorporels, mobiliers ou immobiliers, et notamment le droit pour un associé de présenter la société comme successeur à sa clientèle, ou, s'il est ayant droit d'un médecin ou d'un chirurgien-dentiste décédé, à la clientèle de son auteur, ainsi que tous documents et archives ;

2° D'une manière générale, tous autres objets mobiliers à usage professionnel ;

3° Les immeubles ou locaux utiles à l'exercice de la profession ;

4° Toutes sommes en numéraire.

L'industrie des associés qui, en vertu de l'article 10 de la loi n° 66-879 du 29 novembre 1966 relative aux sociétés civiles professionnelles, ne concourt pas à la formation du capital peut donner lieu à l'attribution de parts sociales.

Art. R. 4113-37 Les parts sociales ne peuvent être données en nantissement.

Leur montant nominal ne peut être inférieur à 15 euros.

Les parts sociales correspondant aux apports en industrie sont incessibles et sont annulées lorsque leur titulaire perd sa qualité d'associé.

Art. R. 4113-38 Les parts sociales correspondant à des apports en numéraire sont, lors de la souscription, libérées de la moitié au moins de leur valeur nominale.

La libération du surplus intervient en une ou plusieurs fois, soit aux dates prévues par les statuts, soit sur décision de l'assemblée des associés et au plus tard dans le délai de deux ans à compter de l'inscription de la société.

Dans les huit jours de leur réception, les fonds provenant des souscriptions en numéraire sont déposés, pour le compte de la société, à la Caisse des dépôts et consignations, chez un notaire ou dans une banque.

Le retrait des fonds provenant de souscriptions en numéraire est effectué par un mandataire de la société sur la seule justification de l'accomplissement des formalités de publicité prévues à l'article R. 4113-39.

§ 3 IMMATRICULATION

Art. R. 4113-39 Dans le délai d'un mois à compter de l'inscription de la société, une expédition des statuts établis par acte authentique ou un original des statuts établis par acte sous seing privé est déposé à la diligence d'un gérant auprès du secrétaire-greffier du tribunal de grande instance du lieu du siège social pour être versé à un dossier ouvert au nom de la société.

Jusqu'à l'accomplissement de cette formalité les dispositions des statuts sont inopposables aux tiers qui peuvent toutefois s'en prévaloir.

Tout intéressé peut se faire délivrer, à ses frais, par le secrétaire-greffier, un extrait des statuts contenant, à l'exclusion de toutes autres indications, l'identité des associés, l'adresse du siège de la société, la raison sociale, la durée pour laquelle la société a été constituée, les clauses relatives aux pouvoirs des associés, à la responsabilité pécuniaire de ceux-ci et à la dissolution de la société.

SOUS-SECTION 2 FONCTIONNEMENT

§ 1er ADMINISTRATION

Art. R. 4113-40 L'organisation de la gérance et la détermination des pouvoirs des gérants sont fixées par les statuts dans les conditions prévues par l'article 11 de la loi n° 66-879 du 29 novembre 1966 relative aux sociétés civiles professionnelles.

Art. R. 4113-41 Les décisions qui excèdent les pouvoirs des gérants sont prises par les associés réunis en assemblée.

L'assemblée est réunie au moins une fois par an. Elle est également réunie sur la demande présentée par un ou plusieurs associés représentant au moins la moitié en nombre de ceux-ci, la demande devant indiquer l'ordre du jour proposé.

Les modalités de convocation de l'assemblée sont fixées par les statuts.

Art. R. 4113-42 Toute délibération de l'assemblée donne lieu à l'établissement d'un procès-verbal signé par les associés présents et contenant notamment la date et le lieu de la réunion, les questions inscrites à l'ordre du jour, l'identité des associés présents ou représentés, un résumé des débats, le texte des résolutions mises aux voix et le résultat des votes.

Les procès-verbaux sont établis sur un registre spécial préalablement coté et paraphé par le président du conseil départemental de l'ordre ou un membre du conseil désigné par lui ou, à défaut, par le juge du tribunal d'instance.

Art. R. 4113-43 Chaque associé dispose d'un nombre de voix égal quel que soit le nombre de parts qu'il possède.

Toutefois, lorsque les associés n'exercent qu'à temps partiel, les statuts peuvent leur attribuer un nombre de voix réduit.

Un associé peut donner mandat écrit à un autre associé de le représenter à l'assemblée. Un associé ne peut être porteur de plus de deux mandats.

L'assemblée ne peut délibérer valablement que si les trois quarts au moins des associés sont présents ou représentés. Si le quorum n'est pas atteint, les associés sont convoqués une nouvelle fois et l'assemblée délibère valablement si deux associés au moins sont présents ou représentés.

Art. R. 4113-44 En dehors des cas prévus par l'article 19 de la loi n° 66-879 du 29 novembre 1966 relative aux sociétés civiles professionnelles et par les articles R. 4113-45, R. 4113-49 et R. 4113-79 imposant des conditions spéciales de majorité, les décisions sont prises à la majorité des voix dont disposent les associés présents ou représentés.

Dans tous les cas, les statuts peuvent prévoir une majorité plus forte ou même l'unanimité des associés pour toutes les décisions ou seulement pour celles qu'ils énumèrent.

Art. R. 4113-45 La modification des statuts est décidée à la majorité des trois quarts des voix des associés présents ou représentés. L'adoption et la modification du règlement intérieur sont décidées à la même majorité.

L'augmentation des engagements des associés ne peut être décidée qu'à l'unanimité.

Art. R. 4113-46 Après clôture de chaque exercice, le ou les gérants établissent, dans les conditions fixées par les statuts, les comptes annuels de la société, un rapport sur les résultats de l'exercice ainsi que les propositions relatives à leur affectation.

Dans les deux mois qui suivent la clôture de l'exercice, les documents mentionnés à l'alinéa précédent sont soumis à l'approbation de l'assemblée des associés.

A cette fin, ils sont adressés à chaque associé avec le texte des résolutions proposées, quinze jours au moins avant la réunion de l'assemblée et, au plus tard, avec la convocation à cette assemblée.

Art. R. 4113-47 Chaque associé peut, à toute époque, obtenir communication des documents mentionnés à l'article R. 4113-46, des registres des procès-verbaux, des registres et documents comptables et plus généralement de tous documents détenus par la société.

Art. R. 4113-48 La rémunération servie aux parts représentant les apports prévus au 1° de l'article R. 4113-36 ne peut excéder le taux des avances sur titres de la Banque de France diminué de deux points. La rémunération des parts sociales représentant les apports prévus aux 2°, 3°, 4° de l'article R. 4113-36, ainsi que des parts distribuées à la suite d'une augmentation de capital ne peut excéder ce même taux majoré de deux points.

Le surplus des bénéfices, après constitution éventuelle de réserves, est réparti entre les associés selon des bases de répartition périodique fondées sur les critères professionnels fixés par les statuts.

§ 2 CESSIONS ET TRANSMISSIONS DE PARTS SOCIALES

Art. R. 4113-49 Les parts sociales sont librement cessibles entre associés sauf disposition contraire des statuts.

Elles ne peuvent être cédées à des tiers qu'avec le consentement de la société exprimé dans les conditions prévues à l'article 19 de la loi n° 66-879 du 29 novembre 1966 relative aux sociétés civiles professionnelles.

Art. R. 4113-50 Dans le cas où un associé décide de céder des parts à un tiers étranger à la société, le projet de cession des parts sociales est notifié à la société et à chacun des associés soit par lettre recommandée avec demande d'avis de réception, soit dans l'une des formes prévues à l'article 1690 du code civil.

Dans le délai de deux mois à compter de la notification du projet de cession par le cédant à la société, la société notifie son consentement exprès à la cession ou son refus, dans les formes prévues à l'alinéa précédent. Si la société n'a pas fait connaître sa décision, le consentement est implicitement donné.

Le cessionnaire agréé adresse au président du conseil départemental de l'ordre une demande en vue d'être inscrit en qualité de médecin associé. La demande est accompagnée de l'expédition ou de la copie de l'acte de cession des parts sociales ainsi que de toutes pièces justificatives, notamment de celles qui établissent le consentement donné par la société à la cession.

Art. R. 4113-51 Dans le cas où la société refuse de consentir à la cession, elle dispose d'un délai de six mois à compter de la notification de son refus pour notifier à l'associé, dans l'une des formes prévues au premier alinéa de l'article R. 4113-50, un projet de cession ou de rachat de ces parts, qui constitue engagement du cessionnaire ou de la société.

Si le prix proposé pour la cession ou le rachat n'est pas accepté par le cédant et si celui-ci persiste dans son intention de céder ses parts sociales, le prix est fixé à la demande de la partie la plus diligente par le président du tribunal de grande instance statuant en référé.

Lorsque l'associé cédant refuse de signer l'acte portant cession de ses parts au prix ainsi fixé, il est passé outre à ce refus deux mois après la sommation à lui faite par la société dans l'une des formes prévues au premier alinéa de l'article R. 4113-50 et demeurée infructueuse.

Si la cession porte sur la totalité des parts sociales détenues par l'associé, celui-ci perd sa qualité d'associé à l'expiration du délai prévu à l'alinéa précédent. Le prix de cession des parts est consigné à la diligence du cessionnaire.

1. Compétence du juge, formation. Il n'entre pas dans les pouvoirs du juge des référés de fixer le prix des parts sociales sans avoir préalablement recours à la procédure particulière et impérative prévue par l'art. 1843-4 C. civ. • Civ. 1re, 9 avr. 2014, n° 12-35.270 : *Bull. à publier ; D. 2014. 927.*

2. Caractère impératif. Les dispositions particulières de l'art. R. 4113-51 revêtent un caractère impératif. • Civ. 1re, 25 nov. 2015, n° 14-14.003 P : *D. 2016. 531, note Casu.*

Art. R. 4113-52 Les articles R. 4113-49 à R. 4113-51 sont également applicables à la cession à titre gratuit de tout ou partie de ses parts sociales consentie par l'un des associés.

Art. R. 4113-53 Lorsqu'un associé entend se retirer de la société en application de l'article 21 de la loi n° 66-879 du 29 novembre 1966 relative aux sociétés civiles professionnelles, il notifie sa décision à la société dans l'une des formes prévues au premier alinéa de l'article R. 4113-50.

La société dispose d'un délai de six mois à compter de cette notification pour notifier à l'associé, dans la même forme, soit un projet de cession de ses parts à un associé ou à un tiers inscrit au tableau du conseil départemental de l'ordre ou remplissant les conditions pour y être inscrit, soit un projet de rachat de ses parts par la société. Cette notification implique un engagement du cessionnaire ou de la société qui se porte acquéreur. Il est fait, en tant que de besoin, application des dispositions des second, troisième et quatrième alinéas de l'article R. 4113-51.

Art. R. 4113-54 L'associé radié du tableau de l'ordre ou qui a demandé à ne plus y être maintenu dispose d'un délai de six mois pour céder ses parts sociales dans les conditions prévues aux articles R. 4113-49 à R. 4113-52. Ce délai a pour point de départ, selon le cas, la date à laquelle la décision de radiation est devenue définitive ou la notification de la demande par l'associé.

Si, à l'expiration de ce délai, aucune cession n'est intervenue, la société procède à la cession ou au rachat dans les conditions prévues au deuxième alinéa de l'article R. 4113-53.

Art. R. 4113-55 Sous réserve des règles de protection et de représentation des majeurs protégés, les dispositions de l'article R. 4113-54 sont applicables à la cession des parts sociales de l'associé frappé d'interdiction légale ou placé sous le régime de la tutelle des majeurs.

Art. R. 4113-56 Le délai prévu par le deuxième alinéa de l'article 24 de la loi n° 66-879 du 29 novembre 1966 relative aux sociétés civiles professionnelles pour la cession des parts de l'associé décédé est fixé à un an à compter du décès de l'associé. Il peut être renouvelé par le président du conseil départemental de l'ordre à la demande des ayants droit de l'associé décédé et avec le consentement de la société donné dans les conditions prévues pour la cession des parts sociales par le premier alinéa de l'article 19 de la loi précitée.

Art. R. 4113-57 Si pendant le délai prévu à l'article R. 4113-56, le ou les ayants droit décident de céder les parts sociales de leur auteur à un tiers étranger à la société, il est procédé conformément aux dispositions du deuxième alinéa de l'article R. 4113-49 ainsi que des articles R. 4113-50 et R. 4113-51. Pendant le même délai, si la société, les associés survivants ou un ou plusieurs de ceux-ci acceptent, en accord avec le ou les ayants droit du médecin ou du chirurgien-dentiste décédé, d'acquérir les parts sociales de celui-ci, il est procédé conformément aux dispositions de l'article R. 4113-51.

Art. R. 4113-58 Toute demande d'un ou de plusieurs ayants droit d'un associé décédé tendant à l'attribution préférentielle à leur profit des parts sociales de leur auteur est notifiée à la société et à chacun des associés dans l'une des formes prévues au premier alinéa de l'article R. 4113-50.

Art. R. 4113-59 Lorsqu'à l'expiration du délai prévu à l'article R. 4113-56 les ayants droit de l'associé décédé n'ont pas exercé la faculté de céder les parts sociales de leur auteur et si aucun consentement préalable à l'attribution préférentielle n'a été donné par la société, celle-ci dispose d'une année pour acquérir ou faire acquérir, dans les conditions prévues à l'article R. 4113-51, les parts sociales de l'associé décédé.

Si les parts sociales sont cédées à un tiers, les dispositions du second alinéa de l'article R. 4113-49, du troisième alinéa de l'article R. 4113-50 et de l'article R. 4113-51 sont applicables.

Si elles sont acquises par la société, par les associés ou par certains d'entre eux, il est procédé conformément aux dispositions de l'article R. 4113-51.

Art. R. 4113-60 Si l'acte portant cession de parts sociales est établi sous seing privé, il est dressé autant d'originaux qu'il est nécessaire pour la remise d'un exemplaire à chaque partie et pour satisfaire aux dispositions des articles R. 4113-50 et R. 4113-52 *et à celles du présent article.*

L'acte portant cession de parts sociales ou la sommation prévue au troisième alinéa de l'article R. 4113-51 est porté à la connaissance du conseil départemental de l'ordre par le ou les cessionnaires.

A la diligence du cessionnaire, un des originaux de l'acte de cession de parts s'il est sous seing privé, ou une expédition de cet acte, s'il a été établi en la forme authentique, est déposé au secrétariat-greffe du tribunal de grande instance pour être versé au dossier ouvert au nom de la société. Lorsque le cédant, dans le cas prévu à l'article R. 4113-51 a refusé de signer l'acte, la copie de la sommation faite par le cessionnaire est déposée au secrétariat-greffe à l'expiration du délai prévu à cet article. Jusqu'à l'accomplissement de cette formalité, la cession de parts est inopposable aux tiers qui peuvent toutefois s'en prévaloir.

Tout intéressé peut obtenir à ses frais la délivrance par le secrétaire-greffier d'un extrait de l'acte de cession contenant, à l'exclusion de toutes autres indications, celles qui sont énumérées au troisième alinéa de l'article R. 4113-39.

§ 3 MODIFICATION DES STATUTS

Art. R. 4113-61 Le nombre des associés peut être augmenté au cours de l'existence de la société, avec ou sans augmentation du capital social.

Art. R. 4113-62 Si la constitution de réserves ou le dégagement de plus-values le permet, il est procédé périodiquement à l'augmentation du capital social. Les parts sociales ainsi créées sont attribuées, suivant les critères de répartition des bénéfices, à tous les associés, y compris à ceux qui n'ont apporté que leur industrie.

Les statuts fixent les conditions d'application des dispositions de l'alinéa précédent.

Cette augmentation de capital ne peut intervenir avant la libération totale des parts sociales correspondant à des apports en numéraire.

Art. R. 4113-63 En cas de modification des statuts, une copie du procès-verbal complet de l'assemblée générale ou de l'acte modificatif est immédiatement portée à la connaissance du conseil départemental de l'ordre, à la diligence d'un des gérants.

Art. R. 4113-64 Si les nouvelles dispositions des statuts ne sont pas conformes aux dispositions législatives ou réglementaires et si la régularisation n'est pas opérée dans le délai imparti par le conseil départemental, celui-ci, après avoir appelé les intéressés à présenter leurs observations orales ou écrites, prononce, par décision motivée, la radiation de la société.

Art. R. 4113-65 Dans les cas prévus aux articles R. 4113-63 et R. 4113-64, le conseil départemental se prononce comme en matière d'inscription. Les dispositions des articles R. 4113-28 et R. 4113-30 sont applicables. Sa décision peut être frappée d'appel devant le conseil régional dans les conditions prévues à l'article L. 4112-4.

Art. R. 4113-66 Un original ou une expédition de l'acte portant modification des statuts est déposé au secrétariat-greffe du tribunal de grande instance par un des gérants et versé au dossier de la société. Jusqu'à l'accomplissement de cette formalité, la modification des statuts est inopposable aux tiers qui peuvent toutefois s'en prévaloir.

Tout intéressé peut obtenir à ses frais la délivrance par le secrétaire-greffier d'un extrait de l'acte portant modification des statuts contenant, à l'exclusion de toutes autres indications, celles énumérées au troisième alinéa de l'article R. 4113-39.

§ 4 RETRAIT D'UN ASSOCIÉ

Art. R. 4113-67 L'associé qui a apporté exclusivement son industrie, pour se retirer de la société, notifie à celle-ci sa décision dans les formes prévues au premier alinéa de l'article R. 4113-50. Son retrait prend effet à la date qu'il indique ou, à défaut, à celle de cette notification. Toutefois, les statuts peuvent prévoir que le retrait ne prend effet qu'à l'expiration d'un délai, sans que ce délai puisse excéder six mois à compter de la notification faite par l'associé.

Art. R. 4113-68 L'associé titulaire de parts sociales correspondant à un apport en capital peut, à la condition d'en informer la société dans les formes prévues au premier alinéa de l'article R. 4113-50, cesser l'activité professionnelle qu'il exerce au sein de cette société avant la fin de la procédure de cession ou de rachat de ses parts. Il respecte, le cas échéant, le délai fixé par les statuts sans que ce délai puisse excéder six mois à compter de la notification relative à la cessation d'activité.

Art. R. 4113-69 L'associé perd, à compter de sa cessation d'activité, les droits attachés à sa qualité d'associé, à l'exception toutefois des rémunérations afférentes aux apports en capital et de sa part éventuelle dans le capital et dans les réserves et les plus-values d'actif ; il cesse à la même date d'être soumis aux incompatibilités et interdictions attachées à cette qualité.

La cessation d'activité professionnelle d'un associé est, à la diligence du gérant, portée à la connaissance du conseil départemental de l'ordre.

§ 5 EXERCICE DE LA PROFESSION

Art. R. 4113-70 **Sous réserve de l'application de la loi n° 66-879 du 29 novembre 1966 relative aux sociétés civiles professionnelles et de la présente section, toutes les dispositions législatives et réglementaires relatives à l'exercice de la profession de médecin ou de chirurgien-dentiste et spécialement à la déontologie et à la discipline sont applicables aux membres de la société et, dans la mesure où elles sont applicables aux personnes morales, à la société civile professionnelle elle-même.**

Art. R. 4113-71 **La qualification de société civile professionnelle de médecins ou de chirurgiens-dentistes, à l'exclusion de toute autre, accompagne la raison sociale dans toutes correspondances et tous documents émanant de la société.**

Dans les actes professionnels, chaque associé indique, en plus de son patronyme, la raison sociale de la société déterminée conformément aux dispositions de l'article 8 de la loi n° 66-879 du 29 novembre 1966 relative aux sociétés civiles professionnelles.

Art. R. 4113-72 **Un associé, médecin ou chirurgien-dentiste, ne peut exercer sa profession à titre individuel sous forme libérale sauf gratuitement, ni être membre d'une autre société civile professionnelle de la même profession médicale.**

Art. R. 4113-73 **Sous réserve des dispositions de l'article R. 4113-72, les associés consacrent à la société toute leur activité professionnelle libérale de médecin ou de chirurgien-dentiste.**

Art. R. 4113-74 **Les membres d'une société civile professionnelle de médecins ou de chirurgiens-dentistes ont une résidence professionnelle commune.**

Toutefois, la société peut être autorisée par le conseil départemental de l'ordre à exercer dans un ou plusieurs cabinets secondaires l'une ou plusieurs des disciplines pratiquées par ses membres si la satisfaction des besoins des malades l'exige et à la condition que la situation des cabinets secondaires par rapport au cabinet principal ainsi que l'organisation des soins dans ces cabinets permettent de répondre aux urgences.

Pendant un an au maximum, la société peut en outre exercer dans le cabinet où exerçait un associé lors de son entrée dans la société, lorsque aucun médecin ou aucun chirurgien-dentiste n'exerce dans cette localité.

En application des art. L. 231-5 et L. 231-6 CRPA, et par exception à l'art. L. 231-1 du même code, le silence gardé par l'administration pendant trois mois vaut décision d'acceptation pour une demande d'autorisation des membres d'une société civile professionnelle de médecins et de chirurgiens-dentistes à exercer dans un ou plusieurs cabinets secondaires l'une ou plusieurs des disciplines pratiquées par ses membres (Décr. n° 2015-1457 du 10 nov. 2015, art. 1er à 3).

1. Aptitude à répondre à l'urgence, appréciation. Est justifié le refus d'ouverture d'un cabinet secondaire, à 65 et 110 km des autres cabinets, opposé à une SCP de six praticiens, en raison de la nécessité de répondre à l'urgence. • CE 9 juin 2011, ♧ *Cons. dptal de l'ordre des chirurgiens-dentistes de la Meurthe-et-Moselle*, n° 335601.

2. Besoins, appréciation. Est insuffisante la motivation d'un refus d'ouverture basé sur une « moyenne » des secteurs géographiques, sans préciser la pertinence des secteurs géographiques retenus, ni ce qu'était la moyenne à retenir. • CAA Nancy, 1er mars 2016, ♧ n° 15NC00260.

Art. R. 4113-75 **La société, comme les associés eux-mêmes, est soumise à l'ensemble des lois et règlements régissant les rapports de la profession avec l'assurance maladie.**

Art. R. 4113-76 **Tous les registres et documents sont ouverts et établis au nom de la société.**

Art. R. 4113-77 **Il appartient à la société de justifier de l'assurance de responsabilité prévue par le deuxième alinéa de l'article 16 de la loi n° 66-879 du 29 novembre 1966 relative aux sociétés civiles professionnelles.**

Art. R. 4113-78 **La société peut faire l'objet de poursuites disciplinaires indépendamment de celles qui seraient intentées à quelque titre que ce soit contre les associés devant le** *(Décr. n° 2007-434 du 25 mars 2007, art. 4) [la]* **« chambre disciplinaire de première instance » dans le ressort duquel** *[de laquelle]* **est établi son siège social et devant la section des assurances sociales** *(Décr. n° 2007-434 du 25 mars 2007, art. 4)*

« de la chambre disciplinaire de première instance ». Elle peut également faire l'objet des sanctions, exclusions et interdictions prévues par toutes dispositions législatives ou réglementaires pour les médecins exerçant à titre individuel, et dans les conditions définies par ces dispositions.

Art. R. 4113-79 L'associé frappé d'une mesure comportant directement ou entraînant indirectement l'interdiction temporaire d'exercer la médecine ou l'art dentaire ou l'interdiction temporaire de dispenser des soins aux assurés sociaux peut être contraint de se retirer de la société par décision des autres associés prise à la majorité renforcée prévue par les statuts en excluant les associés ayant fait l'objet d'une sanction pour les mêmes faits ou pour des faits connexes. Dans le cas où l'exclusion n'est pas prononcée, l'intéressé conserve la qualité d'associé, mais sa participation aux bénéfices résultant de l'application du deuxième alinéa de l'article R. 4113-48 est réduite au prorata de la durée de la période d'interdiction.

L'associé radié du tableau ou exclu de la société, conformément aux dispositions de l'alinéa précédent, cède ses parts dans les conditions prévues à l'article R. 4113-54. A compter du jour où la décision de radiation est devenue définitive ou de la décision d'exclusion prise par les autres associés, il perd les droits attachés à la qualité d'associé, à l'exception des rémunérations afférentes à ses apports en capital.

Art. R. 4113-80 La peine disciplinaire de la radiation, devenue définitive, prononcée contre la société ou contre tous les associés, entraîne de plein droit la dissolution de la société et sa liquidation dans les conditions définies par l'article 26 de la loi n° 66-879 du 29 novembre 1966 relative aux sociétés civiles professionnelles et par les statuts.

Art. R. 4113-81 Le tableau de l'ordre comporte en annexe la liste des sociétés civiles professionnelles avec les indications suivantes :

1° Numéro d'inscription de la société ;

2° Raison sociale ;

3° Lieu du siège social ;

4° Nom de tous les associés et numéro d'inscription de chacun d'eux au tableau.

Le nom de chaque associé sur le tableau est suivi de la mention "membre de la société civile professionnelle" et du nom et du numéro d'inscription de celle-ci.

Art. R. 4113-82 Chaque associé demeure individuellement électeur et éligible au conseil de l'ordre sans que la société soit elle-même électrice ou éligible.

Toutefois, le conseil départemental de l'ordre ne peut comprendre des associés d'une même société dans une proportion supérieure à un tiers de ses membres.

Quand le nombre de membres de la même société élus au conseil départemental dépasse cette proportion, les élus sont éliminés successivement, dans l'ordre inverse du nombre de suffrages obtenus, de façon que ceux qui sont appelés à siéger au conseil n'excèdent pas la proportion prévue à l'alinéa précédent. En cas d'égalité de suffrages, le plus âgé est appelé à siéger.

SOUS-SECTION 3 NULLITÉ, DISSOLUTION ET LIQUIDATION

Art. R. 4113-83 La nullité ou la dissolution de la société n'est opposable aux tiers qu'à compter de l'accomplissement des formalités de publicité relatives à la nullité ou à la dissolution prévues à la présente sous-section.

Art. R. 4113-84 Une expédition de toute décision judiciaire définitive prononçant la nullité de la société est adressée à la diligence du procureur de la République, au secrétariat-greffe du tribunal de grande instance du lieu du siège social, pour être versée au dossier ouvert au nom de la société, ainsi qu'au conseil départemental de l'ordre des médecins ou des chirurgiens-dentistes.

Art. R. 4113-85 La société prend fin à l'expiration du temps pour lequel elle a été constituée.

Toutefois, la dissolution anticipée peut être décidée par les trois quarts au moins des associés. Une copie de cette décision est adressée par le gérant au secrétariat-greffe du tribunal de grande instance pour être versée au dossier de la société ainsi qu'au conseil départemental de l'ordre dont relève la société.

Art. R. 4113-86 La radiation du tableau de l'ordre de tous les associés ou de la société entraîne de plein droit la dissolution de celle-ci.

Les décisions de radiation sont notifiées au secrétariat-greffe du tribunal de grande instance à la diligence du conseil de l'ordre dont relève la société.

Art. R. 4113-87 La société est également dissoute de plein droit par le décès simultané de tous les associés ou par le décès du dernier associé.

Art. R. 4113-88 La société est également dissoute de plein droit par la demande de retrait faite soit simultanément par tous les associés, soit par le dernier de ceux-ci.

La dissolution a lieu à la date de la notification à la société des demandes simultanées de retrait ou de la dernière de ces demandes.

Art. R. 4113-89 S'il ne subsiste qu'un seul associé, celui-ci peut, dans le délai d'un an prévu au deuxième alinéa de l'article 26 de la loi n° 66-879 du 29 novembre 1966 relative aux sociétés civiles professionnelles, céder une partie de ses parts à un tiers de la même profession inscrit au tableau. A défaut, la société peut être dissoute dans les conditions prévues à cet article.

Art. R. 4113-90 La société est en liquidation dès sa dissolution pour quelque cause que ce soit ou dès que la décision judiciaire déclarant sa nullité est devenue définitive.

La personnalité morale de la société subsiste pour les besoins de la liquidation, jusqu'à la clôture de celle-ci.

La raison sociale est obligatoirement suivie de la mention "société en liquidation".

Art. R. 4113-91 En cas de dissolution par survenance du terme ou par décision des associés, le liquidateur, s'il n'est désigné par les statuts, est nommé par les associés à la majorité des voix.

Art. R. 4113-92 Dans le cas prévu à l'article R. 4113-89, l'associé unique est de plein droit liquidateur.

Art. R. 4113-93 Lorsqu'une décision de justice prononce la nullité ou constate la dissolution de la société, elle nomme le liquidateur.

Art. R. 4113-94 Dans tous les cas autres que ceux prévus aux articles R. 4113-91 et R. 4113-92 ou si dans ces cas le liquidateur n'a pas été désigné ou a refusé d'accepter ses fonctions, le président du tribunal de grande instance du lieu du siège social, statuant en référé à la requête du procureur de la République ou de toute autre personne intéressée, nomme le liquidateur.

Il est procédé de la même manière pour pourvoir au remplacement du liquidateur en cas de décès ou de démission de celui-ci ou pour motif grave.

Art. R. 4113-95 En aucun cas les fonctions du liquidateur ne peuvent être confiées à une personne suspendue ou radiée du tableau de l'ordre.

Art. R. 4113-96 Plusieurs liquidateurs peuvent être désignés.

Art. R. 4113-97 Le liquidateur dépose au secrétariat-greffe, pour être versée au dossier ouvert au nom de la société, la délibération des associés ou la décision judiciaire qui l'a nommé. Il en transmet une copie au conseil départemental de l'ordre dont relève la société. Tout intéressé peut en obtenir communication.

Il ne peut entrer en fonctions avant l'accomplissement de ces formalités.

Art. R. 4113-98 Le liquidateur représente la société pendant la durée de la liquidation de celle-ci.

Il dispose des pouvoirs les plus étendus pour réaliser l'actif, régler le passif, rembourser aux associés ou à leurs ayants droit le montant de leur apport et répartir entre eux, conformément aux dispositions des statuts, l'actif net résultant de la liquidation.

Les pouvoirs du liquidateur peuvent être précisés par la décision judiciaire ou la décision des associés qui l'a nommé.

La décision judiciaire ou la décision de l'assemblée qui nomme le liquidateur fixe sa rémunération.

Art. R. 4113-99 Le liquidateur convoque les associés ou leurs ayants droit dans les trois mois suivant la clôture de chaque exercice et leur rend compte de sa gestion des affaires sociales.

Il les convoque également en fin de liquidation pour statuer sur le compte définitif, se faire délivrer quitus et constater la clôture de la liquidation.

Art. R. 4113-100 L'assemblée de clôture statue dans les conditions de quorum et de majorité prévues pour l'approbation des comptes annuels de la société.

Si elle ne peut délibérer ou si elle refuse d'approuver les comptes du liquidateur, le tribunal de grande instance dans le ressort duquel la société a son siège statue à la demande du liquidateur ou de tout intéressé.

Art. R. 4113-101 Dans les cas prévus par le deuxième alinéa de l'article 37 de la loi nº 66-879 du 29 novembre 1966 relative aux sociétés civiles professionnelles, dans lesquels la société a adopté le statut de sociétés coopératives, l'actif net de la société subsistant après extinction du passif et le remboursement du capital est réparti entre les associés au prorata des parts détenues par chacun d'eux, y compris les parts correspondant aux apports en industrie.

SECTION III SOCIÉTÉS EN PARTICIPATION

Art. D. 4113-102 La constitution d'une société en participation de médecins, de chirurgiens-dentistes ou de sages-femmes mentionnée au titre II de la loi nº 90-1258 du 31 décembre 1990 relative à l'exercice sous forme de sociétés des professions libérales donne lieu à l'insertion d'un avis dans un journal habilité à recevoir les annonces légales de chacun des lieux d'exercice. L'avis contient la dénomination, l'objet et l'adresse des lieux d'exercice. Il est communiqué au préalable au conseil de l'ordre départemental de chacun des lieux d'exercice.

Art. D. 4113-103 L'appartenance à la société en participation, avec la dénomination de celle-ci, est indiquée dans les actes professionnels et les correspondances de chaque associé.

SECTION IV CONVENTIONS ET LIENS AVEC DES ENTREPRISES

(Décr. nº 2007-454 du 25 mars 2007, art. 1er)

Art. R. 4113-104 Les projets de conventions entre les membres des professions médicales et les entreprises, mentionnées à l'article L. 4113-6, sont transmis au conseil départemental ou au Conseil national de l'ordre compétent par tout moyen permettant d'en accuser réception.

(Décr. nº 2013-414 du 21 mai 2013, art. 2-1º) « Pour les étudiants mentionnés à l'article L. 4113-6, le conseil compétent est le conseil départemental ou, en l'absence de conseil départemental, le conseil régional dans le ressort duquel est implanté l'établissement d'enseignement dont relève l'étudiant. Pour les internes en pharmacie, le conseil destinataire est le conseil central compétent. »

Art. R. 4113-105 Le dossier de demande d'avis, transmis par l'entreprise, comporte les renseignements suivants :

1º Pour les activités de recherche et d'évaluation scientifique mentionnées au deuxième alinéa de l'article L. 4113-6 :

a) Le projet de convention indiquant le nom, la raison sociale et l'adresse du siège social de l'entreprise ;

b) Le montant et les modalités de calcul de la rémunération des professionnels de santé *(Décr. nº 2013-414 du 21 mai 2013, art. 2-2º-a)* « ou de l'indemnité des étudiants » et, le cas échéant, la nature de tous autres avantages susceptibles de leur être alloués ;

c) La liste nominative de ces professionnels indiquant leur profession, leur spécialité et leur adresse professionnelle *(Décr. nº 2013-414 du 21 mai 2013, art. 2-2º-b)* « et de ces étudiants indiquant leur nom, l'année et le cycle de leur cursus et l'établissement *d'enseignement dont ils relèvent.* Est également indiqué, le cas échéant, l'identifiant personnel du professionnel ou de l'étudiant dans le répertoire partagé des professionnels de santé ; »

d) Le résumé, rédigé en français, du protocole de recherche ou d'évaluation ;

e) Le projet de cahier d'observations, conforme aux règles de bonnes pratiques cliniques ou aux recommandations de bonnes pratiques mentionnées à l'article L. 1121-3 pour les recherches biomédicales, ou le document de recueil des données prévu par le protocole pour les autres activités de recherche ou d'évaluation scientifique ;

2° Pour les manifestations de promotion *(Décr. n° 2013-414 du 21 mai 2013, art. 2-2°-c)* « et les manifestations à caractère exclusivement professionnel et scientifique » prévues au troisième alinéa de l'article L. 4113-6 :

a) Le projet de convention indiquant le nom, la raison sociale et l'adresse du siège social de l'entreprise sollicitant le concours du professionnel de santé *(Décr. n° 2013-414 du 21 mai 2013, art. 2-2°-d)* « ou de l'étudiant » ou ceux de l'entreprise organisatrice ;

b) Le programme de la manifestation ;

c) La liste nominative des professionnels de santé dont le concours a été sollicité indiquant leur profession, leur spécialité et leur adresse professionnelle *(Décr. n° 2013-414 du 21 mai 2013, art. 2-2°-e)* « et des étudiants dont le concours a été sollicité indiquant leur nom, leur adresse, l'année et le cycle de leur cursus et l'établissement d'enseignement dont ils relèvent. Est également indiqué, le cas échéant, l'identifiant personnel du professionnel ou de l'étudiant dans le répertoire partagé des professionnels de santé ; »

d) La nature et le montant de chacune des prestations ou, le cas échéant, du forfait énumérant les différentes prestations prises en charge à l'occasion de la manifestation considérée.

Art. R. 4113-106 Si le conseil de l'ordre constate que le dossier est incomplet, il notifie sans délai à l'entreprise, par tout moyen permettant d'en accuser réception, la liste des documents ou renseignements manquants. Le délai est alors suspendu jusqu'à réception de ceux-ci.

Art. R. 4113-107 I. — *(Décr. n° 2013-414 du 21 mai 2013, art. 2-3°)* « Le conseil de l'ordre dispose, pour rendre son avis, d'un délai de deux mois pour les conventions mentionnées au deuxième alinéa de l'article L. 4113-6 et d'un mois pour les autres conventions ». Ce délai court à compter de la date de l'accusé de réception du projet.

Si l'entreprise sollicite l'examen du projet en urgence, le conseil de l'ordre, s'il estime la demande justifiée, se prononce dans un délai maximum de trois semaines à compter de la réception du projet.

La notification par l'entreprise de modifications apportées aux listes des professionnels mentionnés aux 1° et 2° de l'article R. 4113-105 est sans incidence sur la computation des délais ci-dessus mentionnés.

II. — Une convention conclue entre un ou plusieurs conseils nationaux des ordres intéressés et une ou plusieurs organisations représentatives des entreprises concernées peut, par dérogation aux dispositions du I du présent article, fixer des modalités simplifiées de déclaration pour les opérations les plus fréquentes répondant aux caractéristiques que cette convention précise. En ce cas, pour l'ensemble des dossiers et opérations répondant à ces caractéristiques, l'entreprise transmet une seule demande d'avis au conseil de l'ordre compétent.

III. — Si le conseil de l'ordre émet un avis défavorable, son avis motivé est adressé à l'entreprise par tout moyen permettant d'en accuser réception. L'entreprise en informe dans les mêmes conditions les professionnels intéressés.

Art. R. 4113-107-1 *(Décr. n° 2013-414 du 21 mai 2013, art. 2-4°)* Les entreprises *informent dans un délai d'un mois* le conseil de l'ordre compétent de la mise en œuvre des conventions mentionnées à l'article L. 4113-6. Cette information est accomplie par voie électronique conformément aux dispositions du *(Décr. n° 2017-1416 du 28 sept. 2017, art. 2)* « décret n° 2017-1416 du 28 septembre 2017 relatif à la signature électronique » ou, à défaut, par tout moyen permettant d'en accuser réception.

Art. R. 4113-108 Pour leur application aux praticiens exerçant dans la collectivité de Saint-Pierre-et-Miquelon, les projets de conventions prévues à l'article L. 4113-6 sont transmis, pour avis, au conseil territorial de l'ordre intéressé.

Toutefois, jusqu'à la constitution de ce conseil, ils sont transmis, pour les médecins, à la délégation de trois membres mentionnée à l'article L. 4123-15 et, pour les chirurgiens-dentistes et les sages-femmes, au représentant de l'État dans la collectivité.

Art. R. 4113-109 Les produits de santé mentionnés à l'article L. 4113-13 sont les produits énumérés à l'article L. 5311-1.

Art. R. 4113-110 L'information du public sur l'existence de liens directs ou indirects entre les professionnels de santé et des entreprises ou établissements mentionnés à l'article L. 4113-13 est faite, à l'occasion de la présentation de ce professionnel, soit de façon écrite lorsqu'il s'agit d'un article destiné à la presse écrite ou diffusé sur internet, soit de façon écrite ou orale au début de son intervention, lorsqu'il s'agit d'une manifestation publique ou d'une communication réalisée pour la presse audiovisuelle.

SECTION V SUSPENSION EN CAS D'URGENCE

(Décr. n° 2004-1445 du 23 déc. 2004, art. 1er)

Art. R. 4113-111 La décision de suspension prononcée en application de l'article L. 4113-14 est notifiée au médecin, au chirurgien-dentiste ou à la sage-femme par l'autorité administrative compétente par lettre remise en mains propres contre émargement. La décision précise la date à laquelle l'audition de l'intéressé prévue à ce même article a lieu. La décision est motivée.

La mesure de suspension prend fin de plein droit lorsque la décision de l'instance ordinale est intervenue en application du deuxième alinéa de l'article L. 4113-14, ou lorsqu'il n'a pas été procédé à l'audition du médecin, du chirurgien-dentiste ou de la sage-femme dans le délai prévu à ce même article, sauf si l'absence de cette formalité est le fait de l'intéressé lui-même.

Art. R. 4113-112 Le médecin, le chirurgien-dentiste ou la sage-femme dont la suspension du droit d'exercer est prononcée en application de l'article L. 4113-14 peut se faire assister, lorsqu'il est entendu par l'autorité administrative ayant prononcé la suspension, par une ou plusieurs personnes de son choix.

Art. R. 4113-113 Lorsque le médecin, le chirurgien-dentiste ou la sage-femme suspendu en application de l'article L. 4113-14 exerce dans un ou plusieurs établissements de santé, l'autorité administrative ayant prononcé la suspension informe immédiatement de sa décision le responsable légal de l'établissement ou des établissements où l'intéressé exerce et, pour les agents de droit public, l'autorité ayant pouvoir de nomination lorsque celle-ci est différente du responsable légal.

Art. R. 4113-114 Lorsque le médecin, le chirurgien-dentiste ou la sage-femme suspendu en application de l'article L. 4113-14 a la qualité d'agent de droit public, l'autorité investie du pouvoir hiérarchique lui maintient, lorsqu'il est fonctionnaire, son traitement ainsi que l'indemnité de résidence, le supplément familial de traitement et les prestations familiales obligatoires et, lorsqu'il n'est pas fonctionnaire, ses émoluments mensuels.

Lorsque le médecin, le chirurgien-dentiste ou la sage-femme suspendu en application de l'article L. 4113-14 a la qualité de salarié soumis au code du travail, l'employeur lui maintient son salaire pendant la période de mise à pied conservatoire.

SECTION VI IDENTIFICATION ET LISTES DES MEMBRES DES PROFESSIONS MÉDICALES

(Décr. n° 2009-134 du 6 févr. 2009)

Art. D. 4113-115 Pour les médecins, les chirurgiens-dentistes et les sages-femmes tenus de s'inscrire au tableau de l'ordre, le conseil départemental de l'ordre dans le ressort duquel est situé leur lieu d'exercice professionnel procède, dans le cadre de l'inscription au tableau, à l'enregistrement prévu à l'article L. 4113-1 au vu du *diplôme, certificat ou titre présenté* par l'intéressé ou, à défaut, de l'attestation qui en tient lieu.

Ces médecins, chirurgiens-dentistes et sages-femmes informent le conseil départemental de l'ordre, dans le délai d'un mois, de tout changement de leur situation professionnelle ou de leur résidence, notamment en cas de modification de leurs coordonnées de correspondance, de prise ou arrêt de fonction supplémentaire, d'intégration au corps de réserve sanitaire prévu à l'article L. 3132-1, de cessation, temporaire ou définitive, d'activité.

Les anciens professionnels ayant interrompu ou cessé leur activité restent tenus, pendant une période de trois ans suivant leur radiation du tableau, d'informer, dans le délai d'un mois, le conseil dans le ressort duquel est située leur dernière résidence professionnelle de toute modification de leurs coordonnées de correspondance.

Pour les médecins, chirurgiens-dentistes et sages-femmes mentionnés à l'article L. 4112-6, les opérations d'enregistrement de leurs diplômes, certificats ou titres et de recueil ou de tenue à jour des informations mentionnées au deuxième alinéa sont réalisées, dans le même délai, par l'autorité dont ils relèvent.

Art. D. 4113-116 Il appartient au conseil départemental de l'ordre ou, pour les médecins, les chirurgiens-dentistes et les sages-femmes mentionnés à l'article L. 4112-6, à l'autorité dont ils relèvent de mettre en œuvre les procédures appropriées, notamment par confrontation des informations obtenues auprès de l'autorité ayant délivré le diplôme, certificat ou titre ou l'attestation qui en tient lieu avec les pièces justificatives produites par le demandeur, afin de s'assurer de l'authenticité de ce document ainsi que, le cas échéant, de la régularité de l'autorisation d'exercice.

Art. D. 4113-117 A partir des informations qui leur sont communiquées par les conseils départementaux, les conseils nationaux transmettent au ministre chargé de la santé ainsi qu'à l'organisme désigné à cet effet par arrêté une mise à jour hebdomadaire des éléments issus de l'inscription au tableau et des opérations prévues aux trois premiers alinéas de l'article D. 4113-115.

Pour les médecins, chirurgiens-dentistes et sages-femmes mentionnés à l'article L. 4112-6, la transmission des éléments correspondants est assurée par l'autorité dont ils relèvent.

Art. D. 4113-118 L'organisme mentionné au premier alinéa de l'article D. 4113-117 est chargé de la gestion d'un répertoire d'identification nationale des professionnels de santé constitué à partir des informations qui lui sont transmises au titre du même article ou de l'article D. 4221-23 et dont les caractéristiques sont définies par arrêté du ministre chargé de la santé pris après avis de la Commission nationale de l'informatique et des libertés.

Le même arrêté autorise le traitement automatisé de données à caractère personnel mis en œuvre à cette fin et précise :

1° Le mode de fonctionnement de ce répertoire ;

2° Les informations qu'il comporte et les processus à l'issue desquels elles sont réputées fiables ;

3° Les conditions d'accès et de diffusion de ces informations.

Art. D. 4113-119 A partir des traitements mis en œuvre dans le cadre des procédures relevant de leur compétence en matière d'autorisation d'exercice, de gestion ou de suivi de l'activité des médecins, chirurgiens-dentistes et sages-femmes, les services de l'État ainsi que les établissements publics de l'État placés sous la tutelle du ministre chargé de la santé transmettent à l'organisme gestionnaire du répertoire une mise à jour hebdomadaire des données propres à compléter celles mentionnées aux premier et deuxième alinéas de l'article D. 4113-117 en ce qui concerne l'identification ainsi que les statuts, les modes et lieux d'exercice de ces professionnels.

Art. D. 4113-120 Les données transmises en application des articles D. 4113-117 et D. 4113-119 sont réputées validées par l'organisme ou l'autorité qui en a assuré la transmission.

Les informations du répertoire mentionné à l'article D. 4113-118, à l'exclusion de celles ayant un caractère statistique ou obtenues par construction statistique, sont opposables à toute institution ou autorité conduite à les utiliser dans le cadre des procédures relevant de sa compétence, sans que les professionnels aient à produire à cette occasion les pièces justificatives au vu desquelles ces informations ont été établies.

Art. D. 4113-121 Pour l'application de l'article L. 4113-2, la liste de chacune des professions est établie à partir des informations contenues dans le répertoire mentionné à l'article D. 4113-118. Le contenu de chaque liste est limité aux professionnels en exercice et, pour chacun d'eux, aux données suivantes :

1° L'identifiant personnel dans le répertoire mentionné à l'article D. 4113-118 ;
2° Les nom et prénom d'exercice ;
3° Les qualifications et titres professionnels correspondant à l'activité exercée ;
4° Les coordonnées des structures d'exercice.

Les listes sont consultables, pour chaque département, dans les locaux de la direction départementale des affaires sanitaires et sociales ou d'autres organismes ouverts au public, désignés par arrêté du ministre chargé de la santé ou, pour les médecins, chirurgiens-dentistes et sages-femmes appartenant aux cadres actifs du service de santé des armées, du ministre de la défense. Pour Saint-Barthélemy et Saint-Martin, les listes sont consultables dans les locaux de la direction de la santé et du développement social de la Guadeloupe ou d'autres organismes ouverts au public, désignés par arrêté du ministre chargé de la santé.

Les listes sont également consultables par affichage sous forme électronique, dans des conditions fixées par l'arrêté prévu à l'article D. 4113-118.

Le Conseil national de chaque ordre porte à la connaissance du public, au moyen d'un service de communication en ligne tenu à jour, ces mêmes informations pour les professionnels en exercice inscrits au tableau.

Art. D. 4113-121-1 *(Décr. n° 2017-1520 du 2 nov. 2017, art. 2-X)* Les professionnels ayant obtenu une autorisation d'exercice partiel de la profession concernée figurent sur une liste distincte qui contient le titre professionnel sous lequel ils sont autorisés à exercer et le champ d'activités correspondant.

SECTION VII ENREGISTREMENT DES PERSONNES SUSCEPTIBLES DE CONCOURIR AU SYSTÈME DE SOINS

(Décr. n° 2010-701 du 25 juin 2010, art. 1er)

Art. D. 4113-122 Le Conseil national de l'ordre de la profession ou toute instance de cet ordre habilitée à cet effet par le Conseil national procède à l'enregistrement prévu à l'article L. 4113-1 :

1° Des personnes ayant obtenu un titre de formation requis pour l'exercice de la profession de médecin, de chirurgien-dentiste ou de sage-femme qui n'exercent pas mais ont obtenu leur titre de formation depuis moins de trois ans ;

2° Des internes en médecine et en odontologie ainsi que des étudiants dûment autorisés à exercer à titre temporaire la médecine, l'art dentaire ou la profession de sage-femme, ou susceptibles de concourir au système de soins au titre de leur niveau de formation, notamment dans le cadre de la réserve sanitaire.

Le Conseil national ou l'instance locale habilitée procède à l'enregistrement après vérification des pièces justificatives d'identité ou de leur copie certifiée présentées ou transmises par l'intéressé.

Jusqu'à la mise en œuvre du dispositif prévu au deuxième alinéa de l'article L. 4113-1-1, ce conseil ou cette instance procède également à la vérification de l'authenticité des documents présentés ou transmis par l'intéressé pour justifier, selon le cas, de ses titres ou de son niveau de formation par confrontation avec les informations obtenues auprès des organismes qui les ont délivrés ou dispensés.

Art. D. 4113-123 Les personnes mentionnées à l'article D. 4113-122 informent le Conseil national de l'ordre de la profession dont elles relèvent ou l'instance ordinale locale habilitée à cet effet, dans le délai d'un mois, de tout changement de leur état civil, de leur niveau de formation, de leur situation professionnelle ou de leur résidence et de la modification de leurs coordonnées de correspondance.

Art. D. 4113-124 Les conseils nationaux des ordres professionnels transmettent à l'organisme chargé de la gestion du répertoire mentionné à l'article D. 4113-118 une mise à jour mensuelle des données issues des opérations prévues aux articles D. 4113-*122 et D. 4113-123.*

Art. D. 4113-125 Les agences régionales de santé transmettent à l'organisme gestionnaire du répertoire mentionné à l'article D. 4113-118 une mise à jour semestrielle des données relatives aux lieux d'affectation des internes en médecine ou en odontologie.

Ces données sont accessibles par les ordres dans les conditions fixées par l'arrêté prévu au même article.

SECTION VIII **TRANSMISSION D'INFORMATIONS AUX FINS D'ENREGISTREMENT DES PERSONNES EXERÇANT OU SUSCEPTIBLES D'EXERCER L'UNE DES PROFESSIONS MÉDICALES**

(Décr. n° 2011-462 du 26 avr. 2011)

Art. R. 4113-126 **Les informations transmises, en application de l'article L. 4113-1-1, par les organismes délivrant les titres de formation au service ou à l'organisme chargé de l'enregistrement des personnes mentionnées à l'article L. 4113-1 sont :**

1° Les données d'état civil du titulaire du titre de formation ou de l'étudiant en cours de formation et les autres données d'identification permettant au service ou à l'organisme chargé de l'enregistrement de s'assurer de l'identité du demandeur ;

2° Le libellé et l'adresse de l'établissement ou de l'organisme ayant dispensé la formation correspondant au titre délivré ou au niveau de formation certifié ;

3° L'intitulé du titre de formation, selon la classification prévue par les textes réglementaires en vigueur ;

4° Le niveau de formation atteint par les étudiants susceptibles d'être autorisés à exercer la médecine, l'art dentaire ou la profession de sage-femme, dans les conditions définies par les articles L. 4131-2, L. 4141-4 ou L. 4151-6.

Art. R. 4113-127 **Les informations mentionnées à l'article R. 4113-126 sont transmises au moment de l'obtention du titre de formation ou de la reconnaissance du niveau de formation.**

TITRE DEUXIÈME **ORGANISATION DES PROFESSIONS MÉDICALES**

CHAPITRE PREMIER **ORDRE NATIONAL**

Le présent chapitre ne comporte pas de dispositions réglementaires.

CHAPITRE II **CONSEIL NATIONAL ET CHAMBRE DISCIPLINAIRE NATIONALE**

SECTION PREMIÈRE **CONSEIL NATIONAL** *(Décr. n° 2006-269 du 7 mars 2006).*

SOUS-SECTION 1 **ÉLECTIONS**

(Décr. n° 2017-246 du 27 févr. 2017, art. 3-1°)

Lors du prochain renouvellement partiel au sein du Conseil national de l'ordre des médecins : 1° Les mandats du membre sortant des conseils régionaux et interrégionaux de Bretagne, Centre-Val de Loire, Normandie et Occitanie sont prorogés de 3 ans ; 2° Le Conseil national procède à un tirage au sort, au sein des membres sortants des conseils régionaux et interrégionaux Nouvelle Aquitaine, Grand Est et Île-de-France qui n'auront pas atteint la limite d'âge mentionnée à l'art. L. 4125-8 CSP à la date de fin de mandat, afin de désigner, dans la limite d'un seul membre sortant pour chacun de ces conseils, les 3 membres dont les mandats sont prorogés de 3 ans. A l'issue du second renouvellement, un tirage au sort détermine lors de la 1re séance du Conseil, parmi les binômes représentant les régions ou interrégions nouvellement élus, ceux dont le mandat vient à expiration respectivement au terme d'une durée de 3 ans ou de 6 ans afin de permettre un renouvellement ultérieur par moitié (Décr. n° 2017-1418 du 29 sept. 2017, art. 12-II).

Lors des élections normalement prévues pour le prochain renouvellement partiel des conseils régionaux et interrégionaux de l'ordre des médecins, le Conseil national fait procéder au renouvellement intégral de l'ensemble des conseils régionaux et interrégionaux. Le Conseil national est le conseil organisateur de ces élections (Décr. n° 2017-1418 du 29 sept. 2017, art. 12-III).

Art. R. 4122-1 *(Décr. n° 2010-199 du 26 févr. 2010, art. 1er-1°)* **La date des élections au Conseil national de l'ordre est annoncée deux mois à l'avance dans le bulletin de l'Ordre national. Cette annonce comporte les mentions prévues aux 1°, 2°, 3° et 4° de l'article R. 4123-2.**

Dans ce délai, et trente jours au moins avant le jour de l'élection, les candidats font connaître, par lettre recommandée, avec demande d'avis de réception, leur candidature

au président du Conseil national. Toute candidature parvenue après l'expiration de ce délai est irrecevable.

Chaque candidat indique sa date de naissance, son adresse, ses titres, son mode d'exercice et, le cas échéant, sa qualification professionnelle et ses fonctions dans les organismes professionnels et doit signer sa déclaration de candidature. Il peut joindre une profession de foi à l'attention des électeurs rédigée dans les conditions prévues par les dispositions du 4° de l'article R. 4123-2.

Le Conseil national transmet à chaque conseil départemental intéressé les noms *[nom]*, prénoms et adresses des candidats.

Nouvel art. R. 4122-1 (Décr. n° 2017-1418 du 29 sept. 2017, art. 1er-1°) *« Les élections au Conseil national ont lieu dans les conditions prévues au chapitre V du présent titre.*

« Le vote a lieu par correspondance ou, lorsque le Conseil national l'a décidé en application de l'article R. 4125-22, par voie électronique. »

(Décr. n° 2010-199 du 26 févr. 2010, art. 1er-1°) *« Le Conseil national transmet à chaque conseil départemental intéressé les noms [nom], prénoms et adresses des candidats. »*

Le nouvel art. entre en vigueur pour le prochain renouvellement du Conseil national de l'ordre (Décr.° 2017-1418 du 29 sept. 2017, art. 17).

Art. R. 4122-2 Le vote a lieu par correspondance et dans les conditions prévues pour les conseils départementaux au chapitre III du présent titre.

Les *(Décr. n° 2010-199 du 26 févr. 2010, art. 1er-2°)* « électeurs » adressent leur vote au Conseil national. *(Abrogé par Décr. n° 2010-199 du 26 févr. 2010, art. 1er-2°) « Les sages-femmes adressent leur vote au nom du Conseil national à une boîte postale relevée par un huissier et deux assesseurs. »*

Le scrutin prend fin le jour de l'élection à *(Décr. n° 2010-199 du 26 févr. 2010, art. 1er-2°)* « l'heure précisée lors de l'annonce des élections ». Aucun vote ne peut être reçu après la déclaration de clôture.

Nouvel art. R. 4122-2 (Décr. n° 2017-1418 du 29 sept. 2017, art. 1er-2° et 17, en vigueur pour le prochain renouvellement du Conseil national de l'ordre) *Lorsqu'il décide de déléguer à une formation restreinte l'examen des recours hiérarchiques mentionnés au II de l'article L. 4124-11, le Conseil national élit en son sein les membres qui la constituent. La formation restreinte comporte en outre le membre du Conseil d'État qui assiste le Conseil national ou son suppléant, mentionnés à l'article L. 4122-1-1.*

Pour le Conseil national de l'ordre des médecins, la formation restreinte est composée de douze membres élus et siège en formation de cinq à sept membres.

Pour le Conseil national de l'ordre des chirurgiens-dentistes, la formation restreinte est composée de neuf membres élus et siège en formation de cinq membres.

Pour le Conseil national de l'ordre des sages-femmes, la formation restreinte est composée de trois membres élus et siège en formation de trois membres.

Art. R. 4122-3 (Abrogé par Décr. n° 2017-1418 du 29 sept. 2017, art. 1er-3° et 17, à compter du prochain renouvellement du Conseil national de l'ordre) (Décr. n° 2006-269 du 7 mars 2006) *Le dépouillement a lieu sans désemparer le jour de l'élection, au siège du Conseil national, en séance publique, sous la surveillance du bureau de vote désigné par le président du Conseil national sur proposition du bureau de ce conseil.*

Art. R. 4122-4 (Abrogé par Décr. n° 2017-1418 du 29 sept. 2017, art. 1er-3° et 17, à compter du prochain renouvellement du Conseil national de l'ordre) *Un procès-verbal de l'élection est* (Décr. n° 2010-199 du 26 févr. 2010, art. 1er-3°) *« immédiatement établi dans les conditions prévues à l'article R. 4123-14 et les bulletins de vote sont conservés dans les conditions prévues au même article ». Copie en est adressée immédiatement aux conseils départementaux* (Décr. n° 2010-199 du 26 févr. 2010, art. 1er-3°) *« , régionaux ou interrégionaux » intéressés et au ministre chargé de la santé. Le résultat des élections est publié dans le premier bulletin de l'Ordre national qui paraît après le scrutin.*

Art. R. 4122-4-1 (Abrogé par Décr. n° 2017-1418 du 29 sept. 2017, art. 1er-3° et 17, à compter du prochain renouvellement du Conseil national de l'ordre) (Décr. n° 2010-199 du 26 févr. 2010, art. 1er-4°) *A la première réunion qui suit le renouvellement par moitié, le Conseil national élit son président et les membres du bureau dans les conditions prévues aux articles R. 4123-16 et R. 4123-17.*

SOUS-SECTION 2 ÉVALUATION DES REFUS DE SOINS

(Décr. nº 2017-246 du 27 févr. 2017, art. 3-2º)

Art. D. 4122-4-2 *(Décr. nº 2016-1009 du 21 juill. 2016, art. 1er)* **Une commission, placée respectivement auprès du Conseil national de l'ordre des médecins, de l'ordre des chirurgiens-dentistes et de l'ordre des sages-femmes, est chargée d'évaluer les pratiques de refus de soins opposés par les professionnels de santé inscrits au tableau de chacun de ces ordres.**

Ces commissions évaluent le nombre et la nature des pratiques de refus de soins par les moyens qu'elles jugent appropriés. Elles peuvent notamment recourir à des études, des tests de situation et des enquêtes auprès des patients. Elles analysent ces pratiques, leur nature, leurs causes et leur évolution. Elles produisent des données statistiques sur la base de ces analyses. Elles émettent des recommandations visant à mettre fin à ces pratiques et à améliorer l'information des patients. Elles ne statuent pas sur les situations individuelles.

Sur la base de leurs travaux et après audition des organisations de la profession reconnues représentatives au sens de l'article L. 162-33 du code de la sécurité sociale, ces commissions remettent chacun un rapport annuel au ministre chargé de la santé, au plus tard le 30 juin. Chaque Conseil national de l'ordre rend ce rapport public dans un délai d'un mois à compter de sa transmission au ministre chargé de la santé.

Par dérogation aux dispositions du 3e al. de l'art. D. 4122-4-2, le rapport élaboré au titre de l'année 2016 par les commissions mentionnées au 1er al. du même art. est remis au ministre chargé de la santé au plus tard le 30 sept. 2017 (Décr. nº 2016-1009 du 21 juill. 2016, art. 2).

Art. D. 4122-4-3 *(Décr. nº 2016-1009 du 21 juill. 2016, art. 1er)* **Les commissions mentionnées à l'article D. 4122-4-2 comprennent chacune quatorze membres :**

1º Le président du Conseil national de l'ordre ou son représentant ;

2º Six médecins, chirurgiens-dentistes ou sages-femmes inscrits à l'ordre, désignés par le président ;

3º Cinq représentants des associations d'usagers du système de santé agréées en application de l'article L. 1114-1 et désignées *[désignés]* **par arrêté du ministre chargé de la santé ;**

4º Le directeur du fonds de financement de la protection complémentaire de la couverture universelle du risque maladie défini à l'article L. 862-1 du code de la sécurité sociale ou son représentant ;

5º Le directeur général de la Caisse nationale de l'assurance maladie des travailleurs salariés ou son représentant.

La présidence de chaque commission est assurée par le président du Conseil national de l'ordre ou son représentant.

Les commissions se réunissent au minimum deux fois par an et peuvent prévoir l'audition de toute personnalité qualifiée dont la consultation leur paraît utile.

SECTION II CHAMBRE DISCIPLINAIRE NATIONALE

(Décr. nº 2006-269 du 7 mars 2006)

Art. R. 4122-5 ***La chambre disciplinaire nationale comprend, outre le président :***

1º Un nombre égal de membres titulaires et de membres suppléants élus par le Conseil national parmi ses membres *(Abrogé par Décr. nº 2010-199 du 26 févr. 2010, art. 1er-5º)* ***« à la première réunion qui suit chaque renouvellement par tiers ».***

2º Un nombre égal de membres titulaires et de membres suppléants élus par le Conseil national, selon les modalités prévues aux articles R. 4122-6 à R. 4122-8, parmi les membres et anciens membres titulaires et suppléants des conseils de l'ordre *(Décr. nº 2010-199 du 26 févr. 2010, art. 1er-5º)* **« , à l'exclusion des conseillers nationaux en cours de mandat ». Les membres et anciens membres doivent être inscrits à un tableau de l'ordre.**

Ils sont élus pour six ans et renouvelables par *(Décr. nº 2010-199 du 26 févr. 2010, art. 1er-5º)* **« moitié » tous les** *(Décr. nº 2010-199 du 26 févr. 2010, art. 1er-5º)* **« trois »**

ans *(Abrogé par Décr. n° 2010-199 du 26 févr. 2010, art. 1er-5°)* ***« , à l'exception des membres de la chambre disciplinaire nationale de l'ordre des sages-femmes qui sont élus pour quatre ans et renouvelables par moitié tous les deux ans ».***

Nouvel art. R. 4122-5 *La chambre disciplinaire nationale comprend, outre le président :*

1° Un nombre égal de membres titulaires et de membres suppléants élus par le Conseil national parmi ses membres (Abrogé par Décr. n° 2010-199 du 26 févr. 2010, art. 1er-5°) *« à la première réunion qui suit chaque renouvellement par tiers ».*

2° Un nombre égal de membres titulaires et de membres suppléants élus par le Conseil national (Abrogé par Décr. n° 2017-1418 du 29 sept. 2017, art. 2-1°) *« , selon les modalités prévues aux articles R. 4122-6 à R. 4122-8, » parmi les membres et anciens membres titulaires et suppléants des conseils de l'ordre* (Décr. n° 2010-199 du 26 févr. 2010, art. 1er-5°) *« , à l'exclusion des conseillers nationaux en cours de mandat ». Les membres et anciens membres doivent être inscrits à un tableau de l'ordre.*

(Décr. n° 2017-1418 du 29 sept. 2017, art. 2-1°) *« Les membres mentionnés au 1° sont élus pour trois ans. Les membres mentionnés au 2° sont élus pour six ans et renouvelables par moitié tous les trois ans. »*

Le nouvel art. entre en vigueur pour le prochain renouvellement du Conseil national de l'ordre (Décr. n° 2017-1418 du 29 sept. 2017, art. 17).

Art. R. 4122-6 **La date de l'élection à la chambre disciplinaire nationale est annoncée par le Conseil national dans les mêmes conditions que l'annonce des élections au Conseil national prévue à l'article R. 4122-1. Les candidats font connaître leur candidature dans les mêmes conditions que celles prévues** *(Décr. n° 2010-199 du 26 févr. 2010, art. 1er-6°)* **« à l'article R. 4123-3.**

« L'élection de la chambre disciplinaire nationale a lieu au plus tard dans les quatre mois qui suivent la date de l'élection du Conseil national. »

Nouvel art. R. 4122-6 (Abrogé par Décr. n° 2017-1418 du 29 sept. 2017, art. 2-2°) *« La date de l'élection à la chambre disciplinaire nationale est annoncée par le Conseil national dans les mêmes conditions que l'annonce des élections au Conseil national prévue à l'article R. 4122-1. Les candidats font connaître leur candidature dans les mêmes conditions que celles prévues* (Décr. n° 2010-199 du 26 févr. 2010, art. 1er-6°) *« à l'article R. 4123-3. » »*

L'élection de la chambre disciplinaire nationale a lieu au plus tard dans les quatre mois qui suivent la date de l'élection du Conseil national (Décr. n° 2017-1418 du 29 sept. 2017, art. 2-2°) *« , dans les conditions prévues au chapitre V du présent titre. Seuls les membres présents ayant voix délibérative ont le droit de vote. »*

Le nouvel art. entre en vigueur pour le prochain renouvellement du Conseil national (Décr.° 2017-1418 du 29 sept. 2017, art. 17).

Art. R. 4122-7 (Abrogé par Décr. n° 2017-1418 du 29 sept. 2017, art. 2-3° et 17, à compter du prochain renouvellement du Conseil national) ***Le Conseil national procède en même temps à l'élection de l'ensemble des membres titulaires et suppléants*** (Décr. n° 2010-199 du 26 févr. 2010, art. 1er-7°) ***« du collège mentionné au 1° de l'article R. 4122-5 et au renouvellement de la moitié des titulaires et des suppléants du collège mentionné au 2° de l'article R. 4122-5 » de la chambre disciplinaire nationale.***

Le vote a lieu à bulletin secret, au siège du Conseil national. Le dépouillement est public. (Décr. n° 2010-199 du 26 févr. 2010, art. 1er-7°) ***« Seuls les membres présents ayant voix délibérative participent au vote. Le dépouillement a lieu dans les conditions prévues à l'article R. 4123-12. »***

(Abrogé par Décr. n° 2010-199 du 26 févr. 2010, art. 1er-7°) ***« L'élection est acquise à la majorité simple des membres présents ayant voix délibérative. »***

Les candidats sont proclamés élus dans les conditions définies à l'article R. 4123-13.

Art. R. 4122-8 (Abrogé par Décr. n° 2017-1418 du 29 sept. 2017, art. 2-3° et 17, à compter du prochain renouvellement du Conseil national) ***Le procès-verbal de l'élection est immédiatement établi*** (Décr. n° 2010-199 du 26 févr. 2010, art. 1er-8°) ***« dans les conditions prévues à l'article R. 4123-14 et les bulletins de vote sont conservés dans les conditions prévues au même article. Le procès-verbal est signé par le président du Conseil national ». Copie en est adressée au ministre chargé de la santé. Le résultat des élections est publié dans les mêmes conditions que celles prévues à l'article R. 4122-4.***

CHAPITRE III CONSEILS DÉPARTEMENTAUX

Le renouvellement partiel des conseils départementaux de l'ordre des médecins fixé en nov. et déc. 2017 aura lieu pour les départements concernés en janv. 2018. Le mandat des conseillers ordinaux élus de ces départements débute le 1er févr. 2018 et expire le 31 janv. 2024. Corrélativement, le mandat des conseillers ordinaux sortants est prorogé jusqu'au 31 janv. 2018. Les mandats des conseillers ordinaux sortants également membres d'une chambre disciplinaire sont prorogés pour la même durée (Décr. nº 2017-1418 du 29 sept. 2017, art. 12-I).

Les 2 prochains renouvellements partiels des conseils départementaux de l'ordre des médecins s'opèrent selon les règles suivantes : 1º Pour les conseils départementaux composés de 12 membres titulaires et 12 membres suppléants, le renouvellement se fait en 2 fractions de 3 binômes titulaires et de 3 binômes suppléants ; 2º Pour les conseils départementaux composés de 15 membres titulaires et 15 membres suppléants, le renouvellement se fait en 2 fractions de 4 binômes titulaires et de 4 binômes suppléants. Pour les départements où le nombre de titulaires sortants lors du 1er renouvellement est de 8, la composition transitoire entre les 2 renouvellements est de 15 membres titulaires et 15 membres suppléants. Pour les départements où le nombre de titulaires sortants lors du 1er renouvellement est de 7, la composition transitoire entre les 2 renouvellements est de 16 membres titulaires et 16 membres suppléants ; 3º Pour les conseils départementaux composés de 18 membres titulaires et 18 membres suppléants, le renouvellement se fait en 2 fractions de 4 binômes titulaires et de 4 binômes suppléants ; 4º Pour les conseils départementaux composés de 21 titulaires et 21 suppléants, dont le nombre de médecins inscrits au tableau est compris entre 2001 et 7000, le renouvellement se fait en deux fractions de 5 binômes titulaires et de 5 binômes suppléants. Pour les départements où le nombre de titulaires sortants lors du 1er renouvellement est de 10, la composition transitoire entre les 2 renouvellements est de 21 titulaires et 21 suppléants. Pour les départements où le nombre de titulaires sortants lors du 1er renouvellement est de 11, la composition transitoire entre les 2 renouvellements est de 20 membres titulaires et 20 suppléants ; 5º Pour les conseils départementaux composés de 21 titulaires et 21 suppléants, dont le nombre de médecins inscrits au tableau est compris entre 7001 et 20000, le renouvellement se fait en 2 fractions de 6 binômes titulaires et de 6 binômes suppléants. Pour les départements où le nombre de titulaires sortants lors du 1er renouvellement est de 10, la composition transitoire entre les 2 renouvellements est de 23 membres titulaires et 23 membres suppléants. Pour les départements où le nombre de titulaires sortants lors du 1er renouvellement est de 11, la composition transitoire entre les deux renouvellements est de 22 membres titulaires et 22 membres suppléants ; 6º Pour le conseil départemental de la Ville de Paris, le renouvellement se fait en 2 fractions de 7 binômes titulaires et de 7 binômes suppléants pour une composition transitoire entre les 2 renouvellements de 26 membres titulaires et 26 membres suppléants (Décr. nº 2017-1418 du 29 sept. 2017, art. 12-IV).

SECTION UNIQUE

Il faut considérer cette sect. comme la sect. Ire du chap. III en raison de l'existence d'une sect. II dans ce même chap.

Cette section est abrogée à compter des prochains renouvellements de chacun des conseils départementaux (Décr. nº 2017-1418 du 29 sept. 2017, art. 17).

Art. R. 4123-1 *(Décr. nº 2006-269 du 7 mars 2006)* **La liste des praticiens inscrits au tableau de l'ordre du département concerné par l'élection est affichée au siège du conseil départemental pendant les deux mois qui précèdent l'élection.**

Dans les huit jours qui suivent la date de l'affichage, les électeurs peuvent vérifier les inscriptions sur la liste électorale et présenter au président du conseil départemental des réclamations contre les inscriptions ou omissions. A l'expiration de ce délai, le président affiche dans les quarante-huit heures la liste électorale *(Décr. nº 2010-199 du 26 févr. 2010, art. 1er-9º)* **« éventuellement » modifiée.**

Celle-ci est alors close et aucune modification n'est plus admise, sauf si un événement postérieur et prenant effet au plus tard trois jours avant la date du scrutin entraîne, pour un praticien, l'acquisition ou la perte de la qualité d'électeur.

Dans ce cas, l'inscription ou la radiation est prononcée au plus tard trois jours avant la date du scrutin par le président du conseil départemental. Elle est immédiatement portée à la connaissance des praticiens par voie d'affichage, sans entraîner de modification du nombre des sièges à pourvoir.

V. note 2 ss. la présente section.

Art. R. 4123-2 *(Décr. n° 2006-269 du 7 mars 2006)* « Au plus tard deux mois avant la date des élections, » le président du conseil départemental, ou à défaut le président du Conseil national, adresse une convocation individuelle à chaque électeur.

Cette convocation indique :

1° Le nombre des candidats à élire : titulaires et suppléants ;

2° Les modalités, le lieu et la date de l'élection, ainsi que l'heure d'ouverture et de fermeture du scrutin, celui-ci devant durer au minimum deux heures ;

3° Les formalités à accomplir pour le dépôt des candidatures conformément aux dispositions de l'article R. 4123-3 ;

(Décr. n° 2006-269 du 7 mars 2006) « 4° La possibilité pour le candidat de rédiger à l'attention des électeurs une profession de foi qui est jointe à l'envoi des documents électoraux. Celle-ci, rédigée en français sur une page qui ne peut dépasser le format de 210 x 297 mm en noir et blanc, ne peut être consacrée qu'à la présentation du candidat au nom duquel elle est diffusée et à des questions entrant dans le champ de compétence de l'ordre *(Décr. n° 2010-199 du 26 févr. 2010, art. 1er-10°)* « défini à » l'article L. 4121-2. »

V. note 2 ss. la présente section.

Art. R. 4123-3 Les déclarations de candidature *(Décr. n° 2006-269 du 7 mars 2006)* « revêtues de la signature du candidat » doivent parvenir par lettre recommandée, avec demande d'avis de réception, au siège du conseil départemental, trente jours au moins avant le jour de l'élection. *(Abrogé par Décr. n° 2007-552 du 13 avr. 2007) « Le dernier jour de réception des candidatures, l'heure de fermeture des bureaux est fixée à dix-huit heures. »* Toute candidature parvenue après l'expiration de ce délai est irrecevable.

La déclaration de candidature peut également être faite, dans le même délai, au siège du conseil départemental. Il en est donné récépissé.

Le candidat indique son adresse, ses titres *(Décr. n° 2006-269 du 7 mars 2006)* « [,] sa date de naissance, son mode d'exercice », sa qualification professionnelle et ses fonctions dans les organismes professionnels. *(Décr. n° 2010-199 du 26 févr. 2010, art. 1er-11°)* « Il peut joindre sa profession de foi à l'attention des électeurs rédigée dans les conditions prévues par les dispositions du 4° de l'article R. 4123-2.

« La liste des candidats est paraphée par le président. »

V. note 2 ss. la présente section.

Art. R. 4123-3-1 *Abrogé par Décr. n° 2010-199 du 26 févr. 2010, art. 1er-12°.*

Art. R. 4123-4 Le président du conseil départemental ou, à défaut, le président du Conseil national envoie, quinze jours au moins avant la date de l'élection, un exemplaire de la liste des candidats, imprimée par ordre alphabétique sur papier blanc, en indiquant leur adresse, leur date de naissance et, le cas échéant, leur qualification et leurs fonctions dans les organismes professionnels. *(Décr. n° 2006-269 du 7 mars 2006)* « Sont joints à cette liste les professions de foi rédigées, le cas échéant, par les candidats à l'attention des électeurs, ainsi que le rappel des modalités de vote. » Cette liste peut servir de bulletin de vote.

Le président envoie en même temps aux électeurs deux enveloppes opaques. La première est destinée à contenir le bulletin de vote et ne comporte aucun signe de reconnaissance. La seconde est destinée en cas de vote par correspondance à contenir la première enveloppe et porte les suscriptions suivantes :

– conseil départemental du (nom du département) ;

– élection du (date de l'élection).

V. note 2 ss. la présente section.

Art. R. 4123-5 *(Décr. n° 2006-269 du 7 mars 2006)* « Les électeurs votent selon les modalités prévues à l'article L. 4123-4. »

Le bulletin de vote ne peut pas comporter, à peine de nullité, un nombre de noms supérieur au nombre de *(Décr. n° 2007-552 du 13 avr. 2007)* « sièges de titulaires et » de suppléants à pourvoir *(Décr. n° 2006-269 du 7 mars 2006)* « ni de signe de reconnaissance. Sous ces réserves, l'électeur peut voter sur papier libre ».

Lorsque l'électeur utilise comme bulletin de vote l'exemplaire de la liste des candidats qui lui a été envoyé conformément aux dispositions de l'article R. 4123-4, *(Décr.*

n° 2006-269 du 7 mars 2006) « il coche sur cette liste le nom des candidats qu'il entend élire ».

L'électeur place son bulletin dans l'enveloppe destinée à le contenir.

En cas de vote par correspondance, l'enveloppe contenant le bulletin de vote et sur laquelle le votant ne porte aucune inscription est placée, fermée, dans la deuxième enveloppe sur laquelle sont mentionnés les nom, prénoms et adresse du votant. Cette enveloppe est *(Décr. n° 2010-199 du 26 févr. 2010, art. 1er-13°)* « , à peine de nullité du vote, » obligatoirement revêtue de la signature manuscrite du votant.

V. note 2 ss. la présente section.

Art. R. 4123-6 *(Abrogé par Décr. n° 2010-199 du 26 févr. 2010, art. 1er-14°) « Pour l'ordre des médecins et des chirurgiens-dentistes, »* Les votes par correspondance sont adressés ou déposés obligatoirement au siège du conseil départemental. Ils y sont conservés dans une boîte, scellée en présence du bureau du conseil. Les nom, prénoms ainsi que l'adresse du votant par correspondance sont *(Décr. n° 2006-269 du 7 mars 2006)* « enregistrés » par ordre d'arrivée.

V. note 2 ss. la présente section.

Art. R. 4123-7 *Abrogé par Décr. n° 2010-199 du 26 févr. 2010, art. 1er-15°.*

Art. R. 4123-8 Les votes parvenus après l'ouverture du scrutin n'entrent pas en compte dans le dépouillement. Les électeurs qui ont voté par correspondance ne peuvent prendre part au vote à l'assemblée.

V. note 2 ss. la présente section.

Art. R. 4123-9 L'assemblée générale des électeurs et des électrices n'est réunie que pour procéder au vote.

V. note 2 ss. la présente section.

Art. R. 4123-10 Le président du conseil départemental ou l'un de ses représentants dûment mandaté à cet effet ouvre la séance et invite l'assemblée à élire *(Décr. n° 2010-199 du 26 févr. 2010, art. 1er-16°)* « un bureau de vote composé d'un président et de deux assesseurs, qui désigne ensuite autant de bureaux de vote que nécessaire, composés de trois membres ». Chacun d'eux a à sa disposition une liste des électeurs et la liste des électeurs ayant voté par correspondance. Il pointe les votants et s'assure qu'aucun d'entre eux n'a voté par correspondance.

V. note 2 ss. la présente section.

Art. R. 4123-11 Des listes de candidats, identiques à celles établies comme il est prévu à l'article R. 4123-4, ainsi que des enveloppes sont mises à la disposition des électeurs présents.

L'ouverture du scrutin est annoncée et la clôture prononcée par le président *(Décr. n° 2010-199 du 26 févr. 2010, art. 1er-17°)* « du bureau de vote » conformément aux indications portées sur les convocations.

A l'ouverture du scrutin, le président *(Décr. n° 2010-199 du 26 févr. 2010, art. 1er-17°)* « du bureau de vote » fait constater que l'urne est vide.

Il est ensuite procédé au vote.

(Décr. n° 2006-269 du 7 mars 2006) « Le scrutin est secret. Les moyens nécessaires sont mis à la disposition des électeurs pour préserver la liberté et la sincérité de leur vote. »

Aussitôt la clôture prononcée, la boîte scellée contenant les votes par correspondance est ouverte, les enveloppes sont comptées et ouvertes et les enveloppes anonymes qu'elles contiennent sont placées dans l'urne.

V. note 2 ss. la présente section.

Art. R. 4123-12 Le dépouillement a lieu sans désemparer en séance publique. Les assesseurs comptent le nombre de voix obtenues par chacun des candidats. *(Abrogé par Décr. n° 2010-199 du 26 févr. 2010, art. 1er-18°) « Il est constitué autant de bureaux de dépouillement qu'il est nécessaire ; chacun de ces bureaux comprend trois membres désignés par le bureau de l'assemblée. »*

V. note 2 ss. la présente section.

Art. R. 4123-13 Le bureau *(Décr. nº 2010-199 du 26 févr. 2010, art. 1er-19º)* « de vote » statue sur la validité des bulletins. Ceux dont la validité est contestée ou refusée sont annexés au procès-verbal.

Sont proclamés élus en qualité de membres titulaires les candidats ayant obtenu le plus grand nombre de voix jusqu'à concurrence du nombre de sièges de titulaires à pourvoir. Sont proclamés élus en qualité de membres suppléants les candidats suivants dans l'ordre du nombre de voix obtenues et jusqu'à concurrence du nombre de sièges de suppléants à pourvoir. En cas d'égalité des voix, le plus âgé est proclamé élu.

V. note 2 ss. la présente section.

Art. R. 4123-14 Un procès-verbal de l'élection est immédiatement rédigé et signé des membres du bureau *(Décr. nº 2010-199 du 26 févr. 2010, art. 1er-19º)* « de vote ». *(Décr. nº 2006-269 du 7 mars 2006)* « Il indique l'heure d'ouverture de la séance et l'heure de sa clôture, le décompte des voix obtenues par chaque candidat et le résultat des élections. Il mentionne les réclamations éventuelles ainsi que les décisions motivées prises par le bureau *(Décr. nº 2010-199 du 26 févr. 2010, art. 1er-19º)* « de vote » sur les incidents qui ont pu se produire au cours des opérations de vote. » Les bulletins de vote déclarés nuls ou contestés y sont annexés. Les autres bulletins *(Décr. nº 2006-269 du 7 mars 2006)* « ainsi que l'original du procès-verbal et ses annexes » sont conservés au siège du conseil départemental, sous plis cachetés, pendant les trois mois qui suivent l'élection ou, si l'élection est déférée aux instances compétentes, jusqu'à la décision définitive.

(Décr. nº 2006-269 du 7 mars 2006) « Dès l'établissement du procès-verbal, les résultats sont proclamés par le président du bureau de vote. L'assemblée ne peut être déclarée close qu'après la proclamation des résultats du scrutin et la signature du procès-verbal. »

V. note 2 ss. la présente section.

Art. R. 4123-15 Le procès-verbal, revêtu de la signature des membres du bureau *(Décr. nº 2010-199 du 26 févr. 2010, art. 1er-19º)* « de vote », est immédiatement adressé au conseil régional ou interrégional, au *(Décr. nº 2010-344 du 31 mars 2010, art. 111)* « directeur général de l'agence régionale de santé » et au ministre chargé de la santé.

Le résultat des élections est publié sans délai par les soins du *(Décr. nº 2010-344 du 31 mars 2010, art. 111)* « directeur général de l'agence régionale de santé » dans un journal des annonces légales du département.

V. note 2 ss. la présente section.

Art. R. 4123-16 *(Décr. nº 2006-269 du 7 mars 2006)* A la première réunion qui suit le renouvellement par *(Décr. nº 2010-199 du 26 févr. 2010, art. 1er-20º)* « moitié » et sous la présidence du doyen d'âge, le conseil départemental, réuni en séance plénière, élit son président parmi les membres titulaires. L'élection ne peut avoir lieu que si le quorum est atteint. Le vote par procuration n'est pas admis.

Cette élection a lieu à bulletin secret, au scrutin uninominal majoritaire à deux tours. La majorité absolue des suffrages exprimés est requise au premier tour. Au second tour l'élection a lieu à la majorité relative.

En cas d'égalité des voix des candidats arrivés en tête à l'issue du second tour, le candidat le plus âgé est proclamé élu.

V. note 2 ss. la présente section.

Art. R. 4123-17 *(Décr. nº 2006-269 du 7 mars 2006)* Le conseil départemental procède parmi les membres titulaires à l'élection du bureau dont l'effectif ne peut excéder les deux cinquièmes du nombre total *(Décr. nº 2010-199 du 26 févr. 2010, art. 1er-21º)* « des membres titulaires » lorsque ce nombre est supérieur à huit.

Le bureau comporte au minimum un vice-président et un trésorier.

L'élection à chacune de ces fonctions a lieu à bulletin secret, au scrutin uninominal majoritaire à deux tours. La majorité absolue est requise au premier tour. Au second tour l'élection a lieu à la majorité relative.

A l'issue du second tour, en cas d'égalité des voix des candidats arrivés en tête, le candidat le plus âgé est proclamé élu.

(Abrogé par Décr. n° 2010-199 du 26 févr. 2010, art. 1er-21°) ***« Les membres du bureau sont élus parmi les membres titulaires. »***

V. note 2 ss. la présente section.

SECTION PREMIÈRE *[NOUVELLE]* ÉLECTIONS DES CONSEILS DÉPARTEMENTAUX

(Décr. n° 2017-1418 du 29 sept. 2017, art. 3)

Cette section entre en vigueur pour les prochains renouvellements de chacun des conseils départementaux (Décr. n° 2017-1418 du 29 sept. 2017, art. 3 et 17).

Nouvel art. R. 4123-1 ***Les élections au sein des conseils départementaux ont lieu dans les conditions prévues au chapitre V du présent titre. Le vote a lieu sur place ou par correspondance ou, lorsque le Conseil national l'a décidé en application de l'article R. 4125-22, par voie électronique.***

Nouvel art. R. 4123-2 ***Le résultat des élections du conseil départemental est publié sans délai par le directeur général de l'agence régionale de santé sur le site internet de l'agence.***

SECTION II COMMISSION DE CONCILIATION

(Décr. n° 2007-552 du 13 avr. 2007)

Art. R. 4123-18 A la première réunion suivant chaque renouvellement du conseil départemental, celui-ci élit, parmi les membres titulaires et les membres suppléants, au moins trois de ses membres pour siéger au sein de la commission de conciliation.

Art. R. 4123-19 Dès réception d'une plainte, le président du conseil départemental désigne parmi les membres de la commission un ou plusieurs conciliateurs et en informe les parties dans la convocation qui leur est adressée dans le délai d'un mois, conformément à l'article L. 4123-2.

Les membres de la commission de conciliation mis en cause directement ou indirectement par une plainte ne peuvent ni être désignés en tant que conciliateurs pour cette plainte ni prendre part au vote lors de l'examen de la plainte par le conseil départemental en vue de sa transmission à la juridiction disciplinaire.

Art. R. 4123-20 Les parties au litige sont convoquées à une réunion et entendues par le ou les membres de la commission pour rechercher une conciliation.

Un procès-verbal de conciliation totale ou partielle ou un procès-verbal de non-conciliation est établi. Ce document fait apparaître les points de désaccord qui subsistent lorsque la conciliation n'est que partielle. Il est signé par les parties ou leurs représentants et par le ou les conciliateurs.

Un exemplaire original du procès-verbal est remis ou adressé à chacune des parties et transmis au président du conseil départemental.

En cas de non-conciliation ou de conciliation partielle, le procès-verbal est joint à la plainte transmise à la juridiction disciplinaire.

Art. R. 4123-21 La commission de conciliation établit un bilan annuel qui est présenté au conseil départemental.

CHAPITRE IV CHAMBRES DISCIPLINAIRES DE PREMIÈRE INSTANCE ET CONSEILS RÉGIONAUX ET INTERRÉGIONAUX

SECTION PREMIÈRE ÉLECTIONS ET FONCTIONNEMENT DES CONSEILS RÉGIONAUX ET INTERRÉGIONAUX *(Décr. n° 2006-269 du 7 mars 2006)*.

Art. R. 4124-1 *(Décr. n° 2010-199 du 26 févr. 2010, art. 1er-22°)* « La date de l'élection des conseils régionaux et interrégionaux est annoncée dans le bulletin de l'Ordre national deux mois au moins avant la date prévue pour l'élection. Cette annonce comporte les mentions prévues aux 1°, 2°, 3° et 4° de l'article R. 4123-2.

« Les déclarations de candidatures revêtues de la signature du candidat doivent parvenir par lettre recommandée, avec demande d'avis de réception, au président du conseil régional ou interrégional, trente jours au moins avant le jour de l'élection. Toute candidature parvenue après l'expiration de ce délai est irrecevable. »

(Décr. n° 2006-269 du 7 mars 2006) « Chaque candidat indique sa date de naissance, son adresse, ses titres, son mode d'exercice et, le cas échéant, sa qualification professionnelle et ses fonctions dans les organismes professionnels. Il peut joindre une profession de foi à l'attention des électeurs rédigée dans les conditions prévues par les dispositions *(Décr. n° 2010-199 du 26 févr. 2010, art. 1er-22°)* « du 4° de l'article R. 4123-2 ».

« La liste des candidats est paraphée par le président.

« Le président du conseil régional ou interrégional adresse aux membres titulaires des conseils départementaux de son ressort la liste des candidats et, conformément à l'article R. 4123-4, les instruments de vote et toutes indications sur les modalités du vote.

« Le vote a lieu par correspondance, dans les conditions prévues aux articles R. 4123-4 à R. 4123-8. Il est adressé au siège du conseil régional ou interrégional.

« Le dépouillement *(Décr. n° 2010-199 du 26 févr. 2010, art. 1er-22°)* « et la proclamation des résultats ont » lieu dans les conditions prévues aux articles R. 4123-12 et R. 4123-13.

« En ce qui concerne l'ordre des sages-femmes, les opérations électorales mentionnées aux alinéas précédents sont effectuées par le Conseil national.

« Le procès-verbal de l'élection est établi dans les conditions prévues à l'article R. 4123-14. Copie en est adressée aux conseils départementaux intéressés, aux *(Décr. n° 2010-344 du 31 mars 2010, art. 112)* « directeurs généraux des agences régionales de santé du ressort du conseil régional ou interrégional », au préfet de région, au Conseil national et au ministre chargé de la santé. Le résultat de l'élection est publié sans délai par les soins du préfet de la région concernée ou de la région dans laquelle est situé le siège du conseil interrégional. »

Nouvel art. R. 4124-1 (Décr. n° 2017-1418 du 29 sept. 2017, art. 4-1° et 17, en vigueur pour le prochain renouvellement des conseils régionaux et interrégionaux) *Les élections au sein des conseils régionaux et interrégionaux ont lieu dans les conditions prévues au chapitre V du présent titre. Le vote a lieu par correspondance ou, lorsque le Conseil national l'a décidé en application de l'article R. 4125-22, par voie électronique.*

En ce qui concerne l'ordre des sages-femmes, les opérations électorales du conseil interrégional sont effectuées par le Conseil national.

Le résultat de l'élection est publié sans délai par le directeur de l'agence régionale de santé de la région concernée ou de la région dans laquelle est situé le siège du conseil interrégional sur le site internet de l'agence.

Art. R. 4124-1-1 *(Décr. n° 2006-269 du 7 mars 2006)* A la première réunion qui suit chaque renouvellement, le conseil régional ou interrégional élit son président et son bureau dans les conditions fixées par les articles R. 4123-16 et R. 4123-17.

Il élit en son sein les membres qui constituent la formation restreinte appelée à délibérer dans les cas prévus au quatrième alinéa de l'article L. 4124-11.

Cette formation ne peut valablement siéger qu'en présence d'au moins trois membres pour les conseils dont le nombre de membres est inférieur ou égal à six, et d'au moins cinq membres pour les conseils dont le nombre de membres est supérieur à six.

Nouvel art. R. 4124-1-1 (Décr. n° 2006-269 du 7 mars 2006) (Abrogé par Décr. n° 2017-1418 du 29 sept. 2017, art. 4-2°) *« A la première réunion qui suit chaque renouvellement, le conseil régional ou interrégional élit son président et son bureau dans les conditions fixées par les articles R. 4123-16 et R. 4123-17. »*

(Décr. n° 2018-79 du 9 févr. 2018, art. 1er et 11, en vigueur pour le prochain renouvellement des conseils régionaux et interrégionaux) *« Le conseil régional ou interrégional élit en son sein les membres qui constituent la formation restreinte appelée à délibérer dans les cas prévus au quatrième alinéa de l'article L. 4124-11. »*

(Décr. n° 2017-1418 du 29 sept. 2017, art. 4-2°) *« Pour l'ordre des médecins, cette formation restreinte est composée de sept à quinze membres et ne peut valablement siéger qu'en présence d'au moins trois membres et de cinq membres au maximum.*

« Pour l'ordre des chirurgiens-dentistes, cette formation restreinte est composée :

« 1° De neuf membres lorsque le conseil comprend seize membres. Elle siège en formation de cinq membres ;

« 2° De cinq membres lorsque le conseil comprend huit membres. Elle siège en formation de trois membres.

« Pour l'ordre des sages-femmes, cette formation restreinte est composée de cinq membres. Elle siège en formation de trois membres. »

Le nouvel art. entre en vigueur pour les prochains renouvellements de chacun des conseils régionaux et interrégionaux (Décr. n° 2017-1418 du 29 sept. 2017, art. 4-2° et 17 ; Décr. n° 2018-79 du 9 févr. 2018, art. 1er et 11).

SECTION II **RESSORT TERRITORIAL DES CONSEILS RÉGIONAUX**

Art. D. 4124-2 **Le ressort territorial de chacun des conseils régionaux de l'ordre des médecins** *(Abrogé par Décr. n° 2006-269 du 7 mars 2006) « ou de l'ordre des chirurgiens-dentistes »* **est fixé comme suit :**

1° Conseil régional d'Alsace : départements du Bas-Rhin et du Haut-Rhin ;

2° Conseil régional d'Aquitaine : départements de la Dordogne, de la Gironde, des Landes, de Lot-et-Garonne et des Pyrénées-Atlantiques ;

3° Conseil régional d'Auvergne : départements de l'Allier, du Cantal, de la Haute-Loire et du Puy-de-Dôme ;

4° Conseil régional de Bourgogne : départements de la Côte-d'Or, de la Nièvre, de Saône-et-Loire et de l'Yonne ;

5° Conseil régional de Bretagne : départements des Côtes-d'Armor, du Finistère, d'Ille-et-Vilaine et du Morbihan ;

6° Conseil régional du Centre : départements du Cher, d'Eure-et-Loir, de l'Indre, d'Indre-et-Loire, de Loir-et-Cher et du Loiret ;

7° Conseil régional de Champagne-Ardenne : départements des Ardennes, de l'Aube, de la Marne et de la Haute-Marne ;

(Décr. n° 2006-269 du 7 mars 2006) **« 8° Conseil régional de Corse : départements de la Corse-du-Sud et de la Haute-Corse ;**

« 9° Conseil régional de Franche-Comté : départements du Doubs, du Jura, de la Haute-Saône et du Territoire de Belfort ;

« 10° Conseil régional de Languedoc-Roussillon : départements de l'Aude, du Gard, de l'Hérault, de la Lozère et des Pyrénées-Orientales ;

« 11° Conseil régional du Limousin : départements de la Corrèze, de la Creuse et de la Haute-Vienne ;

« 12° Conseil régional de Lorraine : départements de Meurthe-et-Moselle, de la Meuse, de la Moselle et des Vosges ;

« 13° Conseil régional de Midi-Pyrénées : départements de l'Ariège, de l'Aveyron, de la Haute-Garonne, du Gers, du Lot, des Hautes-Pyrénées, de Tarn-et-Garonne et du Tarn ;

« 14° Conseil régional de Nord-Pas-de-Calais : départements du Nord et du Pas-de-Calais ;

« 15° Conseil régional de Basse-Normandie : départements du Calvados, de la Manche, de l'Orne et de Saint-Pierre-et-Miquelon ;

« 16° Conseil régional de Haute-Normandie : départements de l'Eure et de la Seine-Maritime ;

« 17° Conseil régional des Pays de la Loire : départements de la Loire-Atlantique, de Maine-et-Loire, de la Mayenne, de la Sarthe et de la Vendée ;

« 18° Conseil régional de Picardie : départements de l'Aisne, de l'Oise et de la Somme ;

« 19° Conseil régional de Poitou-Charentes : départements de la Charente, de la Charente-Maritime, des Deux-Sèvres et de la Vienne ;

« 20° Conseil régional d'Île-de-France : départements de Paris, des Hauts-de-Seine, de la Seine-Saint-Denis, du Val-de-Marne, de l'Essonne, du Val-d'Oise, des Yvelines, de Seine-et-Marne ;

« 21° Conseil régional de Provence-Alpes-Côte d'Azur : départements des Hautes-Alpes, des Alpes-de-Haute-Provence, des Alpes-Maritimes, des Bouches-du-Rhône, du Var, de Vaucluse ;

« 22° Conseil régional de Rhône-Alpes : départements de l'Ain, de l'Ardèche, de la Drôme, de l'Isère, de la Loire, du Rhône, de la Savoie et de la Haute-Savoie ;

« 23° Conseil interrégional des Antilles et de Guyane : départements de la Guadeloupe, de la Guyane et de la Martinique ;

« 24° Conseil interrégional de La Réunion-Mayotte : département de La Réunion et collectivité de Mayotte. »

Nouvel art. D. 4124-2 (Décr. n° 2017-1418 du 29 sept. 2017, art. 4-3° et 17, en vigueur pour les prochains renouvellements de chacun des conseils régionaux et interrégionaux) ***Sous réserve des dispositions des articles L. 4124-12 à L. 4124-14, les ressorts territoriaux des conseils régionaux de l'ordre des médecins et de l'ordre des chirurgiens-dentistes correspondent aux délimitations des régions*** (Décr. n° 2018-79 du 9 févr. 2018, art. 1er et 11, en vigueur pour les prochains renouvellements de chacun des conseils régionaux et interrégionaux) ***« et collectivités » administratives.***

Les ressorts territoriaux des conseils interrégionaux de l'ordre des sages-femmes sont ceux des secteurs mentionnés à l'article L. 4152-1.

Le nouvel art. entre en vigueur pour les prochains renouvellements de chacun des conflits régionaux et interrégionaux (Décr. n° 2017-1418 du 29 sept. 2017, art. 4-3° et 17 ; Décr. n° 2018-79 du 9 févr. 2018, art. 1er et 11).

Art. D. 4124-2-1 (Abrogé par Décr. n° 2017-1418 du 29 sept. 2017, art. 4-4° et 17, à compter des prochains renouvellements de chacun des conseils régionaux) (Décr. n° 2006-269 du 7 mars 2006) ***Pour les conseils régionaux de l'ordre des chirurgiens-dentistes, les ressorts territoriaux fixés à l'article D. 4124-2 sont modifiés ainsi qu'il suit :***

a) Le 8° est supprimé ;

b) Le 20° est ainsi rédigé :

"20° Conseil régional de Provence-Alpes-Côte d'Azur-Corse : départements des Hautes-Alpes, des Alpes-de-Haute-Provence, des Alpes-Maritimes, des Bouches-du-Rhône, du Var, du Vaucluse, de la Corse-du-Sud et de la Haute-Corse."

c) Les 9° au 24° deviennent les 8° au 23°.

SECTION III SUSPENSION TEMPORAIRE DU DROIT D'EXERCER

SOUS-SECTION 1 SUSPENSION TEMPORAIRE DU DROIT D'EXERCER POUR INFIRMITÉ OU ÉTAT PATHOLOGIQUE *(Décr. n° 2014-545 du 26 mai 2014, art. 2-1°).*

Art. R. 4124-3 *(Décr. n° 2014-545 du 26 mai 2014, art. 2-2°)* I. — Dans le cas d'infirmité ou d'état pathologique rendant dangereux l'exercice de la profession, la suspension temporaire du droit d'exercer est prononcée par le conseil régional ou interrégional pour une période déterminée, qui peut, s'il y a lieu, être renouvelée.

Le conseil est saisi à cet effet soit par le directeur général de l'agence régionale de santé soit par une délibération du conseil départemental ou du Conseil national. Ces saisines ne sont pas susceptibles de recours.

II. — La suspension ne peut être ordonnée que sur un rapport motivé établi à la demande du conseil régional ou interrégional par trois médecins désignés comme experts, le premier par l'intéressé, le deuxième par le conseil régional ou interrégional et le troisième par les deux premiers experts.

III. — En cas de carence de l'intéressé lors de la désignation du premier expert ou de désaccord des deux experts lors de la désignation du troisième, la désignation est faite à la demande du conseil par ordonnance du président du tribunal de grande instance dans le ressort duquel se trouve la résidence professionnelle de l'intéressé. Cette demande est dispensée de ministère d'avocat.

IV. — Les experts procèdent ensemble, sauf impossibilité manifeste, à l'expertise. Le rapport d'expertise est déposé au plus tard dans le délai de six semaines à compter de la saisine du conseil.

Si les experts ne peuvent parvenir à la rédaction de conclusions communes, le rapport comporte l'avis motivé de chacun d'eux.

Si l'intéressé ne se présente pas à la convocation fixée par les experts, une seconde convocation lui est adressée. En cas d'absence de l'intéressé aux deux convocations, les experts établissent un rapport de carence à l'intention du conseil régional ou interrégional, qui peut alors suspendre le praticien pour présomption d'infirmité ou d'état pathologique rendant dangereux l'exercice de la profession.

V. — Avant de se prononcer, le conseil régional ou interrégional peut, par une décision non susceptible de recours, décider de faire procéder à une expertise complémentaire dans les conditions prévues aux II, III, IV et VIII du présent article.

VI. — Si le conseil régional ou interrégional n'a pas statué dans le délai de deux mois à compter de la réception de la demande dont il est saisi, l'affaire est portée devant le Conseil national de l'ordre.

VII. — La notification de la décision de suspension mentionne que la reprise de l'exercice professionnel par le praticien ne pourra avoir lieu sans qu'au préalable ait été diligentée une nouvelle expertise médicale, dont il lui incombe de demander l'organisation au conseil régional ou interrégional au plus tard deux mois avant l'expiration de la période de suspension.

VIII. — Les experts facturent leurs honoraires conformément à la cotation des actes définie par arrêté du ministre chargé de la santé. Les frais et honoraires sont à la charge du conseil qui a fait procéder à l'expertise.

1. Nature de la décision de suspension. La suspension d'un médecin pour infirmité ne constitue pas une sanction disciplinaire… • CE 7 déc. 1956, *Rajaonary,* n° 34.639 : *Lebon 469* • 4 nov. 1987, *Caillault,* n° 66132 : *Lebon T. 918.* ♦ … Pas plus que la suspension prononcée ou maintenue sur recours devant le Conseil national, qui constitue un acte administratif. • CE 30 janv. 2012, *Marie-Christine A.,* n° 336156. ♦ La suspension ne constitue pas une décision juridictionnelle… • CE 9 juin 2010, *Gérard A.,* n° 329834. ♦ … Et l'instance ordinale ne peut être regardée, dans cette fonction, comme une juridiction ou un tribunal au sens de l'art. 6, § 1, Conv. EDH. • CE 31 août 2009, *François A.,* n° 318389 • CE 3 oct. 2003, *Hervé B.,* n° 245476.

2. Procédure. Le délai de deux mois prévu à l'art. R. 4124-3, al. 2, pour effectuer l'expertise n'est pas prescrit à peine d'irrégularité. • CE 9 juin 2010, *Gérard A.,* n° 329834. ♦ La lettre par laquelle le président du conseil régional demande au médecin intéressé de désigner un expert constitue un des éléments de la procédure de suspension ; elle n'a pas le caractère d'une décision faisant grief. • CE 16 juill. 2014, n° 364388.

3. Motivation. Le refus du praticien de se soumettre à l'expertise ou à l'audition ne dispense pas l'instance ordinale d'indiquer les éléments au regard desquels elle estime devoir se fonder, y compris sur recours devant le Conseil national. • CE 30 janv. 2012, *Marie-Christine A.,* n° 336156 • CE 30 nov. 2011, *Barbara B.,* n° 335155 • CE 16 mai 2011, *Laurent A.,* n° 331991.

4. Expertise (procédure). La décision par laquelle l'instance ordinale ordonne une expertise médicale constitue une mesure d'instruction non détachable de la procédure à la suite de laquelle l'instance est appelée à se prononcer ; elle ne présente pas par elle-même le caractère d'une décision faisant grief à l'intéressé. • CE 31 août 2009, *François A.,* n° 318389. ♦ La circonstance que les médecins mandatés avaient déjà examiné l'intéressé lors d'une précédente procédure de suspension n'entache la régularité de la procédure. • CE 16 janv. 2008, *Mayer,* n° 298625 : *Lebon T. 898 ; AJDA 2008. 717* . ♦ En revanche, les art. 105 et 106 du code de déontologie [R. 4127-105 et R. 4127-106] font obstacle à ce que le médecin traitant du praticien à l'égard duquel la procédure est engagée soit désigné comme l'un des médecins experts spécialisés, même si le praticien intéressé le demande. • CE 28 avr. 2003, *B.,* n° 232310 : *Lebon 190 ; D. 601, obs. Penneau.* ♦ L'instance ordinale n'est pas liée par les conclusions de l'expertise, et peut légalement décider de suspendre l'intéressé alors que les experts n'ont pas conclu à l'incompatibilité de son état pathologique avec l'exercice. • CE 19 juin 1996, *Lannelongue,* n° 157139 : *D. 1997. 321, obs. Penneau* . ♦ Le fait que l'intéressé n'ait pas fait l'objet d'un examen simultané par les trois médecins experts n'entache pas la décision d'irrégularité dès lors qu'il ressort des pièces du dossier que chacun des trois médecins l'a examiné et a remis un rapport. • CE 24 sept. 1999, *M. A.,* n° 198504 : *Lebon T. 996.*

5. Expertise (refus pas le médecin). Dès lors que le médecin suspendu a refusé de se plier à l'expertise, il ne saurait invoquer une illégalité basée sur l'absence d'expertise. • CE 13 sept. 2017, n° 392618 : *Lebon* • CE 4 déc. 2017, n° 395608 : *Lebon.* ♦ Le fait que le rapport d'expertise mentionne le souhait de réexaminer l'intéressé après 1 an n'interdit pas une suspension de 3 ans. • CE 6 nov. 2017, n° 394643 : *Lebon.*

6. Durée de la suspension. La fixation de la durée de la suspension relève du pouvoir discrétionnaire de l'instance ordinale (contrôle de l'erreur manifeste d'appréciation). • CE 9 juin 2010, *Gérard A.,* n° 329834 • 23 févr. 2009, *Lionel A.,* n° 312493.

7. Suspension illégale, responsabilité. Pour un cas d'indemnisation des préjudices professionnel et moral pour suspension illégale, V. • CE 30 nov. 2011, Barbara A., n° 335155.

8. État pathologique justifiant le refus d'inscription. Dès lors que l'inscription au tableau ouvre le droit d'effectuer des actes médicaux, le fait que l'intéressé déclare souhaiter uniquement se consacrer à l'informatique médicale ne saurait faire obstacle au rejet de son inscription pour incompatibilité de son état pathologique avec l'exercice médical. • CE 21 déc. 2001, *Thierry F.,* n° 224856.

9. Recours. Dans le cas où le praticien suspendu exerce le recours administratif préalable obligatoire devant le Conseil national de l'ordre, la décision prise par cet organe se substitue entièrement à la décision prise par le conseil régional ; par suite, le requérant ne peut utilement se prévaloir de l'irrégularité qui aurait entaché la composition du conseil régional. • CE 8 oct. 2014, *M. B.*, n° 362154.

10. Secret médical. Lorsque la formation restreinte du Conseil national de l'ordre suspend un médecin en se fondant sur des informations relatives aux soins donnés à certains patients, la circonstance que ces informations seraient couvertes par le secret médical, auquel les membres de la formation restreinte sont d'ailleurs eux-mêmes astreints, n'est pas par elle-même de nature à entacher cette suspension d'irrégularité. • CE 7 juill. 2017, n° 403567 : *Lebon ; RDSS 2017.882, concl. Dieu.* ♦ La circonstance que de telles informations (des extraits de dossiers-patients) auraient été communiquées à la formation restreinte par des médecins qui se seraient rendus eux-mêmes coupables d'une violation du secret médical, n'est pas davantage susceptible d'entacher d'irrégularité la décision de suspension. • Même arrêt.

Art. R. 4124-3-1 *(Décr. n° 2007-434 du 25 mars 2007, art. 2-II)* **Le président du conseil régional ou interrégional désigne un rapporteur.**

Le praticien intéressé, le conseil départemental et, le cas échéant, le Conseil national sont convoqués par lettre recommandée avec demande d'avis de réception huit jours au moins avant la séance du conseil régional *(Décr. n° 2014-545 du 26 mai 2014, art. 2-2°-b)* **« ou interrégional. Ils sont informés des dates auxquelles ils peuvent consulter le dossier au siège du conseil régional ou interrégional. » Le rapport des experts leur est communiqué.**

La convocation indique que le praticien peut se faire assister ou représenter par toute personne de son choix, le conseil départemental ou le Conseil national par un de leurs membres ou par un avocat.

Art. R. 4124-3-2 *(Décr. n° 2007-434 du 25 mars 2007, art. 2-II)* **La décision du conseil régional ou interrégional est notifiée par lettre recommandée avec demande d'avis de réception au praticien intéressé, au conseil départemental, au Conseil national et au** *(Décr. n° 2010-344 du 31 mars 2010, art. 113)* **« directeur général de l'agence régionale de santé ».**

(Décr. n° 2014-545 du 26 mai 2014, art. 2-2°-c) **« La notification mentionne que la décision est susceptible de recours devant le Conseil national, dans le délai de dix jours, sur la requête du praticien intéressé, du conseil départemental ou du directeur général de l'agence régionale de santé et que le recours n'a pas d'effet suspensif. »**

Les organismes d'assurance maladie du régime général, de la mutualité sociale agricole et du régime social des indépendants ayant compétence dans le département dans lequel le praticien est inscrit au tableau sont informés des décisions de suspension d'exercice prises par le conseil régional ou interrégional. *(Décr. n° 2010-344 du 31 mars 2010, art. 113)* **« Lorsque le praticien exerce dans un établissement de santé, le directeur général de l'agence régionale de santé communique la décision de suspension au directeur de l'établissement. »**

Lorsque le praticien est ressortissant de l'un des États membres de *(Décr. n° 2014-545 du 26 mai 2014, art. 2-2°-c)* **« l'Union » européenne ou parties à l'accord sur l'Espace économique européen, la décision de suspension est, en outre, notifiée à l'autorité compétente de l'État membre ou partie d'origine et à l'État membre ou partie de provenance ainsi que, le cas échéant, à l'État membre ou partie d'accueil connu à la date de la notification.**

L'ensemble des conseils départementaux sont informés par le Conseil national des décisions de suspension prises par les conseils régionaux et interrégionaux et le Conseil national.

Absence d'effet suspensif. Le recours exercé en vertu de l'art. R. 4124-3-2 n'a pas d'effet suspensif ; lorsqu'il rejette, le Conseil national n'est pas tenu de reculer la date d'entrée en vigueur de la mesure de suspension de telle sorte que le Conseil d'État puisse statuer sur sa légalité avant son exécution (conformité, en conséquence, à l'art. 13 Conv. EDH). • CE 9 juin 2010, *Gérard A.*, n° 329834.

Art. R. 4124-3-3 *(Décr. n° 2007-434 du 25 mars 2007, art. 2-II)* **Les dispositions des articles R. 4124-3-1 et R. 4124-3-2 sont applicables devant le Conseil national. Sa décision est, en outre, notifiée au conseil régional ou interrégional. La notification**

mentionne que la décision est susceptible d'un recours pour excès de pouvoir devant le Conseil d'État dans le délai de deux mois.

Art. R. 4124-3-4 *(Décr. n° 2007-434 du 25 mars 2007, art. 2-II)* Le praticien qui a fait l'objet d'une mesure de suspension du droit d'exercer ne peut reprendre son exercice sans que le conseil *(Décr. n° 2014-545 du 26 mai 2014, art. 2-2°-d)* « régional ou interrégional » ait fait procéder, à la demande de l'intéressé, par des experts désignés selon les modalités définies *(Décr. n° 2014-545 du 26 mai 2014, art. 2-2°-d)* « aux II, III et IV de l'article R. 4124-3, à une nouvelle expertise, dans les deux mois qui précèdent l'expiration de la période de suspension. »

Dès réception du rapport d'expertise, le praticien est invité à se présenter devant le conseil *(Décr. n° 2014-545 du 26 mai 2014, art. 2-2°-d)* « régional ou interrégional ».

Si le rapport d'expertise est favorable à la reprise de l'exercice professionnel, le conseil *(Décr. n° 2014-545 du 26 mai 2014, art. 2-2°-d)* « régional ou interrégional » peut décider que le praticien est apte à exercer sa profession et en informe les autorités qui avaient reçu notification de la suspension. S'il estime ne pas pouvoir suivre l'avis favorable des experts ou si l'expertise est défavorable à la reprise de l'exercice professionnel, *(Décr. n° 2014-545 du 26 mai 2014, art. 2-2°-d)* « le conseil régional ou interrégional prononce une nouvelle suspension temporaire ».

La décision du conseil régional ou interrégional *(Abrogé par Décr. n° 2014-545 du 26 mai 2014, art. 2-2°-d)* *« rendue sur cette demande »* peut être contestée devant le Conseil national.

SOUS-SECTION 2 SUSPENSION TEMPORAIRE DU DROIT D'EXERCER POUR INSUFFISANCE PROFESSIONNELLE

(Décr. n° 2014-545 du 26 mai 2014, art. 2-3°)

Art. R. 4124-3-5 I. — En cas d'insuffisance professionnelle rendant dangereux l'exercice de la profession, la suspension temporaire, totale ou partielle, du droit d'exercer est prononcée par le conseil régional ou interrégional pour une période déterminée, qui peut, s'il y a lieu, être renouvelée.

Le conseil régional ou interrégional est saisi à cet effet soit par le directeur général de l'agence régionale de santé, soit par une délibération du conseil départemental ou du Conseil national. Ces saisines ne sont pas susceptibles de recours.

II. — La suspension ne peut être ordonnée que sur un rapport motivé établi à la demande du conseil régional ou interrégional dans les conditions suivantes :

1° Pour les médecins, le rapport est établi par trois médecins qualifiés dans la même spécialité que celle du praticien concerné désignés comme experts, le premier par l'intéressé, le deuxième par le conseil régional ou interrégional et le troisième par les deux premiers experts. Ce dernier est choisi parmi les personnels enseignants et hospitaliers titulaires de la spécialité. Pour la médecine générale, le troisième expert est choisi parmi les personnels enseignants titulaires ou les professeurs associés ou maîtres de conférences associés des universités ;

2° Pour les chirurgiens-dentistes, le rapport est établi par trois chirurgiens-dentistes, le cas échéant, qualifiés dans la même spécialité que celle du praticien concerné désignés comme experts, le premier par l'intéressé, le deuxième par le conseil régional ou interrégional et le troisième par les deux premiers experts. Ce dernier est choisi parmi les enseignants, le cas échéant, de la spécialité ;

3° Pour les sages-femmes, le rapport est établi par trois sages-femmes désignées comme experts, le premier par l'intéressé, le deuxième par le conseil régional ou interrégional et le troisième par les deux premiers experts. Ce dernier est choisi parmi les sages-femmes enseignantes ou les directrices d'école de sage-femme.

III. — En cas de carence de l'intéressé lors de la désignation du premier expert ou de désaccord des deux experts lors de la désignation du troisième, la désignation est faite, à la demande du conseil régional ou interrégional, par ordonnance du président du tribunal de grande instance dans le ressort duquel se trouve la résidence professionnelle de l'intéressé. Cette demande est dispensée de ministère d'avocat.

IV. — Les experts procèdent ensemble, sauf impossibilité manifeste, à l'examen des connaissances théoriques et pratiques du praticien. Le rapport d'expertise est déposé au plus tard dans le délai de six semaines à compter de la saisine du conseil. Il indique les insuffisances relevées au cours de l'expertise, leur dangerosité et préconise les moyens de les pallier par une formation théorique et, si nécessaire, pratique.

Si les experts ne peuvent parvenir à la rédaction de conclusions communes, le rapport comporte l'avis motivé de chacun d'eux.

Si l'intéressé ne se présente pas à la convocation fixée par les experts, une seconde convocation lui est adressée. En cas d'absence de l'intéressé aux deux convocations, les experts établissent un rapport de carence à l'intention du conseil régional ou interrégional, qui peut alors suspendre le praticien pour présomption d'insuffisance professionnelle rendant dangereux l'exercice de la profession.

V. — Avant de se prononcer, le conseil régional ou interrégional peut, par une décision non susceptible de recours, décider de faire procéder à une expertise complémentaire dans les conditions prévues aux II, III et IV du présent article.

VI. — Si le conseil régional ou interrégional n'a pas statué dans le délai de deux mois à compter de la réception de la demande dont il est saisi, l'affaire est portée devant le Conseil national de l'ordre.

VII. — La décision de suspension temporaire du droit d'exercer pour insuffisance professionnelle définit les obligations de formation du praticien.

La notification de la décision mentionne que la reprise de l'exercice professionnel par le praticien ne pourra avoir lieu sans qu'il ait au préalable justifié auprès du conseil régional ou interrégional avoir rempli les obligations de formation fixées par la décision.

VIII. — Les experts facturent leurs honoraires conformément à la cotation des actes définie par arrêté du ministre chargé de la santé. Les frais et honoraires sont à la charge du conseil qui a fait procéder à l'expertise.

1. Nature des pouvoirs de l'ordre. L'art. R. 4124-3-5 confère à la formation restreinte du conseil national de l'ordre un pouvoir de police... • CE 7 juill. 2017, n° 403567 : *Lebon ; RDSS 2017.882, concl. Dieu.* ♦ ... qui n'est en aucun cas de nature juridictionnelle... • CE 13 juill. 1968, n° 73461 : *Lebon.* ♦ ... ou une sanction. • CE 4 nov. 1987, *Caillault*, n° 66132 : *Lebon T.*

2. Champ de l'expertise, droits de l'intéressé. Les experts désignés peuvent, de leur propre initiative ou à la demande du conseil régional, élargir leur expertise à d'autres aspects de la pratique médicale que ceux ayant donné lieu à la saisine du conseil régional ; en revanche, eu égard à la garantie que constitue, pour le praticien concerné, le rapport d'expertise prévu par ces dispositions, aucune décision de suspension temporaire ne peut être prononcée sur leur fondement pour des pratiques professionnelles qui, sauf rapport de carence, n'auraient fait l'objet d'aucun examen par les experts. • CE 2 juin 2017, n° 401802 : *Lebon.*

3. Secret médical. La circonstance que des informations communiquées à la formation restreinte du Conseil national seraient couvertes par le secret médical, auquel les membres de la formation restreinte sont d'ailleurs eux-mêmes astreints, n'est pas par elle-même de nature à entacher une décision de suspension d'irrégularité ; peu importe que la communication soit le fait de personnes qui se seraient ainsi rendues elles-mêmes coupables d'une violation du secret médical. • CE 7 juin 2017, *M. B.A.*, n° 403567 : *Lebon ; AJDA 2017. 1535.*

4. Mesures préparatoires. Les mesures prises dans le cadre de la procédure, en l'espèce la décision de procéder à l'expertise, celle de nommer un expert à cette fin puis celle d'inviter le praticien à procéder à la désignation d'un deuxième expert, revêtent le caractère d'actes préparatoires, dont la légalité ne peut être contestée qu'à l'appui d'un recours dirigé contre la décision par laquelle, au terme de cette procédure, l'ordre se prononce sur la suspension. • CE 19 juill. 2017, n° 403827 : *Lebon ; RDSS 2017.882, concl. Dieu.*

Art. R. 4124-3-6 Le praticien qui a fait l'objet d'une mesure de suspension totale ou partielle du droit d'exercer ne peut reprendre son activité sans avoir justifié auprès du conseil régional ou interrégional avoir rempli les obligations de formation fixées par la décision. Dans ce cas, ce conseil décide que le praticien est apte à exercer sa profession et en informe les autorités qui ont reçu notification de la *suspension.*

S'il apparaît que les obligations posées par la décision du conseil régional ou interrégional, ou, dans le cas du VI de l'article R. 4124-3-5, du Conseil national, n'ont pas été satisfaites, la suspension de l'intéressé est prolongée par le conseil régional ou interrégional jusqu'à ce que ce conseil se soit prononcé dans les conditions prévues par l'article R. 4124-3-5.

Obligation de formation. Si, à l'issue de la période de suspension, le praticien concerné n'a pas, ou pas intégralement, exécuté les obligations de formation définies dans la décision de suspension, il appartient au conseil régional ou interrégional compétent de prendre une nouvelle décision de suspension prolongeant la précédente, en vue de statuer à nouveau sur l'aptitude professionnelle du praticien selon la procédure prévue à l'art. R. 4124-3-5 ; toutefois, l'établissement d'un nouveau rapport d'expertise ne s'impose à peine d'irrégularité que si le praticien fait état d'éléments susceptibles d'avoir une incidence sur l'appréciation initialement portée sur son insuffisance professionnelle ou sur la nécessité des formations qui lui avaient été imposées. • CE 16 oct. 2017, n° 402239 : *Lebon*.

Art. R. 4124-3-7 **Les dispositions des articles R. 4124-3-1 à R. 4124-3-3 sont applicables à la suspension temporaire pour insuffisance professionnelle.**

SOUS-SECTION 3 DISPOSITIONS COMMUNES

(Décr. n° 2014-545 du 26 mai 2014, art. 2-4°)

Art. R. 4124-3-8 **Les pouvoirs définis aux articles R. 4124-3 à R. 4124-3-4, R. 4124-3-5 et R. 4124-3-6 sont exercés par le président de la formation restreinte du conseil régional ou interrégional ou du Conseil national lorsqu'elle a été constituée en application de l'article L. 4124-11.**

Art. R. 4124-3-9 **Les dispositions de la présente section sont applicables à Saint-Pierre-et-Miquelon dans les conditions fixées à l'article R. 4112-6-1.**

SECTION IV ÉLECTIONS ET FONCTIONNEMENT DES CHAMBRES DISCIPLINAIRES DE PREMIÈRE INSTANCE

(Décr. n° 2006-269 du 7 mars 2006)

Art. R. 4124-4 **La chambre disciplinaire de première instance comprend, outre le président :**

1. Un nombre égal de membres titulaires et de membres suppléants élus par le conseil régional ou interrégional parmi ses membres *(Abrogé par Décr. n° 2010-199 du 26 févr. 2010, art. 1er-23°)* ***« à la première réunion qui suit chaque renouvellement par tiers ».***

2. Un nombre égal de membres titulaires et de membres suppléants élus par le conseil régional ou interrégional selon les modalités fixées aux articles R. 4124-5 à R. 4124-7, parmi les membres et anciens membres titulaires et suppléants des conseils de l'ordre *(Décr. n° 2010-199 du 26 févr. 2010, art. 1er-23°)* **« , à l'exclusion des conseillers régionaux ou interrégionaux en cours de mandat ». Les membres et anciens membres doivent être inscrits au tableau de l'un des conseils départementaux dans le ressort du conseil régional ou interrégional. Ils sont élus pour six ans, renouvelables** *(Décr. n° 2010-199 du 26 févr. 2010, art. 1er-23°)* **« par moitié » tous les** *(Décr. n° 2010-199 du 26 févr. 2010, art. 1er-23°)* **« trois » ans.**

Nouvel art. R. 4124-4 ***La chambre disciplinaire de première instance comprend, outre le président :***

1. Un nombre égal de membres titulaires et de membres suppléants élus (Décr. n° 2017-1418 du 29 sept. 2017, art. 4-5°) ***« pour trois ans » par le conseil régional ou interrégional parmi ses membres*** (Abrogé par Décr. n° 2010-199 du 26 févr. 2010, art. 1er-23°) ***« à la première réunion qui suit chaque renouvellement par tiers ».***

2. Un nombre égal de membres titulaires et de membres suppléants élus par le conseil régional ou interrégional (Abrogé par Décr. n° 2017-1418 du 29 sept. 2017, art. 4-5°) ***« selon les modalités fixées aux articles R. 4124-5 à R. 4124-7, » parmi les membres et anciens membres titulaires et suppléants des conseils de l'ordre*** (Décr. n° 2010-199 du 26 févr. 2010, art. 1er-23°) ***« , à l'exclusion des conseillers régionaux ou interrégionaux en cours de mandat ». Les membres et anciens membres doivent être inscrits au tableau de l'un des conseils départementaux dans le ressort du conseil régional ou interrégional. Ils sont élus pour six ans, renouvelables*** (Décr. n° 2010-199 du 26 févr. 2010, art. 1er-23°) ***« par moitié » tous les*** (Décr. n° 2010-199 du 26 févr. 2010, art. 1er-23°) ***« trois » ans.***

Le nouvel art. entre en vigueur pour les prochains renouvellements de chacun des conseils régionaux et interrégionaux (Décr. n° 2017-1418 du 29 sept. 2017, art. 17).

Art. R. 4124-5 **La date de l'élection à la chambre disciplinaire de première instance est annoncée** *(Abrogé par Décr. n° 2010-199 du 26 févr. 2010, art. 1er-24°)* ***« par les soins***

du conseil régional ou interrégional en même temps et **» dans les mêmes conditions que l'annonce des élections prévue à l'article R. 4124-1.**

Les candidats font connaître leur candidature *(Décr. n° 2010-199 du 26 févr. 2010, art. 1er-24°)* **« au conseil régional ou interrégional selon les modalités »** *(Abrogé par Décr. n° 2010-199 du 26 févr. 2010, art. 1er-24°)* ***« dans les conditions »*** **prévues à l'article R. 4123-3. Ils doivent être inscrits au tableau de l'ordre dans le ressort de la chambre.**

(Décr. n° 2010-199 du 26 févr. 2010, art. 1er-24°) **« L'élection des chambres disciplinaires de première instance a lieu au plus tard dans les quatre mois qui suivent la date de l'élection des conseils régionaux et interrégionaux. »**

Nouvel art. R. 4124-5 (Décr. n° 2010-199 du 26 févr. 2010, art. 1er) ***L'élection des chambres disciplinaires de première instance a lieu au plus tard dans les quatre mois qui suivent la date de l'élection des conseils régionaux et interrégionaux*** (Décr. n° 2017-1418 du 29 sept. 2017, art. 4) ***« , dans les conditions prévues au chapitre V du présent titre. Seuls les membres présents ayant voix délibérative ont le droit de vote. »***

Le nouvel art. entre en vigueur pour les prochains renouvellements de chacun des conseils régionaux et interrégionaux (Décr. n° 2017-1418 du 29 sept. 2017, art. 17).

Art. R. 4124-6 (Abrogé par Décr. n° 2017-1418 du 29 sept. 2017, art. 4-6° et 17, à compter des prochains renouvellements de chacun des conseils régionaux et interrégionaux) (Décr. n° 2010-199 du 26 févr. 2010, art. 1er-25°) ***« Le conseil régional ou interrégional procède en même temps à l'élection de l'ensemble des membres titulaires et suppléants du collège mentionné au 1° de l'article R. 4124-4 et au renouvellement de la moitié des titulaires et suppléants du collège mentionné au 2° de l'article R. 4124-4. »***

Le vote a lieu à bulletin secret, au siège du conseil régional ou interrégional. (Décr. n° 2010-199 du 26 févr. 2010, art. 1er-25°) ***« Seuls les membres présents ayant voix délibérative participent au vote. » Le dépouillement*** (Décr. n° 2010-199 du 26 févr. 2010, art. 1er-25°) ***« a lieu dans les conditions prévues à l'article R. 4123-12.***

« Les candidats sont proclamés élus dans les conditions définies à l'article R. 4123-13. »

Art. R. 4124-7 (Abrogé par Décr. n° 2017-1418 du 29 sept. 2017, art. 4-6° et 17, à compter des prochains renouvellements de chacun des conseils régionaux et interrégionaux) ***Le procès-verbal de l'élection est immédiatement établi dans les conditions prévues à l'article R. 4123-14.***

Copie en est adressée aux conseils départementaux intéressés, aux (Décr. n° 2010-344 du 31 mars 2010, art. 114) ***« directeurs généraux des agences régionales de santé » du ressort du conseil*** (Abrogé par Décr. n° 2010-344 du 31 mars 2010, art. 114) ***« régional ou » interrégional, au préfet de région, au Conseil national et au ministre chargé de la santé. Le résultat est publié sans délai par les soins du préfet de région.***

CHAPITRE V DISPOSITIONS COMMUNES AUX DIFFÉRENTS CONSEILS

(Décr. n° 2006-269 du 7 mars 2006, art. 4)

Ce chapitre est abrogé à compter des prochains renouvellements de chacun des conseils de l'ordre (Décr. n° 2017-1418 du 29 sept. 2017, art. 5 et 17).

Art. R. 4125-1 **Le candidat à une élection d'un conseil départemental, régional ou interrégional doit être inscrit au tableau du conseil départemental concerné par l'élection ou de l'un des conseils départementaux situés dans le ressort** *(Décr. n° 2010-199 du 26 févr. 2010, art. 1er-26°)* **« de la région ou de l'interrégion » par l'élection.**

Le candidat à une élection d'un conseil ou d'une chambre disciplinaire doit être à jour de sa cotisation ordinale.

(Décr. n° 2007-552 du 13 avr. 2007) **« Le dernier jour de réception des candidatures, l'heure de fermeture des bureaux est fixée à seize heures. Si ce jour est un samedi, un** ***dimanche, un jour férié ou chômé,*** **la réception des déclarations de candidature est close le jour ouvrable précédent à seize heures. »**

(Décr. n° 2010-199 du 26 févr. 2010, art. 1er-26°) **« Le retrait par un praticien de sa candidature à un conseil ne peut intervenir que dans l'intervalle compris entre le dépôt de celle-ci et la date d'envoi des instruments de vote prévue à l'article R. 4123-4.**

« Le retrait de candidatures aux chambres disciplinaires peut intervenir quinze jours au plus tard avant la date de scrutin.

« Il est notifié au conseil intéressé par lettre recommandée avec avis de réception ou déposé au siège du conseil contre récépissé. »

Le vote par procuration n'est pas admis.

Les conseillers et les membres des chambres disciplinaires sortants, titulaires ou suppléants, sont rééligibles.

Un membre suppléant qui n'est pas en fin de mandat peut présenter sa candidature sans devoir préalablement démissionner.

V. note ss. le présent chapitre.

Art. R. 4125-2 Pour les élections à la chambre disciplinaire nationale et à la chambre disciplinaire de première instance, ainsi que pour les élections des membres du bureau des conseils, sont électeurs les membres titulaires présents.

V. note ss. le présent chapitre.

Art. R. 4125-3 Les conseillers ordinaux sont élus pour six ans et renouvelables par *(Décr. n° 2010-199 du 26 févr. 2010, art. 1er-27°)* « moitié » tous les *(Décr. n° 2010-199 du 26 févr. 2010, art. 1er-27°)* « trois » ans *(Abrogé par Décr. n° 2010-199 du 26 févr. 2010, art. 1er-27°)* « , *sous réserve des dispositions de l'article R. 4122-5* ».

Le mandat des conseillers et des membres des chambres disciplinaires prend fin à la date de proclamation des résultats de l'élection destinée à renouveler leur siège.

Dans l'intervalle entre le jour de la proclamation des résultats et la première séance du conseil qui suit le renouvellement par tiers, au cours de laquelle il doit être procédé à l'élection du nouveau bureau, le bureau en place assure le suivi des affaires courantes.

V. note ss. le présent chapitre.

Art. R. 4125-4 Les membres suppléants remplacent les membres titulaires qui sont empêchés de siéger ou qui viennent à cesser leurs fonctions pour une cause quelconque avant la fin de leur mandat. Dans ce dernier cas, la durée de fonctions des membres suppléants est celle qui restait à courir jusqu'à la date à laquelle aurait expiré le mandat de ceux qu'ils remplacent.

Lorsque les membres suppléants ne sont pas en nombre suffisant pour permettre le remplacement des membres titulaires qui ont cessé leurs fonctions pour quelque cause que ce soit, il est procédé à des élections complémentaires dans les deux mois suivant l'ouverture de la première ou de la deuxième vacance qui n'a pu être comblée par l'appel à un membre suppléant. Les membres ainsi élus restent en fonction jusqu'à la date à laquelle aurait expiré le mandat de ceux qu'ils remplacent.

V. note ss. le présent chapitre.

Art. R. 4125-5 Lorsqu'un conseiller ordinal ou un membre d'une chambre disciplinaire n'est plus inscrit au tableau ou qu'il ne remplit plus les conditions exigées pour être éligible, il est réputé démissionnaire d'office.

Cette décision lui est notifiée par le président du conseil intéressé.

Lorsque la vacance d'un siège est constatée en application du présent article ou en application du troisième alinéa de l'article L. 4123-8, le siège est pourvu immédiatement par le membre suppléant élu au même scrutin et ayant recueilli le plus grand nombre de voix. En cas d'égalité des voix, le siège est pourvu par le plus âgé des membres suppléants ayant obtenu le même nombre de voix.

Le membre suppléant appelé à remplacer un membre titulaire d'une chambre disciplinaire dans les cas prévus au présent article doit être issu du même scrutin.

V. note ss. le présent chapitre.

Démission d'office. Doit être déclaré démissionnaire d'office le conseiller ordinal ou le membre d'une chambre disciplinaire qui cesse de remplir les conditions exigées pour être éligible, soit en raison d'un événement postérieur à son élection, soit en raison d'un événement antérieur à son élection mais qui n'est porté à la connaissance des instances de l'ordre que postérieurement à celle-ci. • CE 15 avr. 2015, *CNOMK*, n° 375702 : *Lebon T. ; JDSAM 2015/2, p. 115, concl. Lambolez.*

Art. R. 4125-6 En cas d'élection ayant porté sur la totalité des membres d'un conseil ou des membres des chambres disciplinaires mentionnés au 2° des articles R. 4122-5 et R. 4124-4, afin de permettre un renouvellement ultérieur par *(Décr. n° 2010-199 du 26 févr. 2010, art. 1er-28°)* « moitié », un tirage au sort est effectué lors de la première séance du conseil ou de la chambre suivant cette élection pour déterminer ceux des membres des conseils et des chambres dont le mandat vient à expiration respectivement au terme d'une durée de *(Décr. n° 2010-199 du 26 févr. 2010, art. 1er-28°)* « trois » ou six ans.

V. note ss. le présent chapitre.

Art. R. 4125-7 Le délai de recours contre les élections aux conseils et aux chambres disciplinaires est de quinze jours.

Ce délai court, pour les praticiens, à compter du jour de l'élection et, pour les *(Décr. n° 2010-344 du 31 mars 2010, art. 115)* « directeurs généraux des agences régionales de santé » ou le ministre chargé de la santé, à compter du jour de réception de la notification du procès-verbal de l'élection.

V. note ss. le présent chapitre.

Art. D. 4125-8 *(Décr. n° 2010-451 du 3 mai 2010, art. 1er)* Le président et les membres du bureau d'un conseil départemental, territorial, régional, interrégional ou du Conseil national de l'ordre peuvent bénéficier d'une indemnité dont le montant est fixé en fonction des missions et de la charge de travail de chacun et révisable annuellement par le conseil intéressé lors de sa session plénière consacrée au budget.

Le montant annuel de cette indemnité, attribuée à un autre titre que la prise en charge des frais mentionnés au quatrième alinéa de l'article L. 4125-3-1, ne peut excéder pour l'année considérée trois fois le plafond annuel prévu au premier alinéa de l'article L. 241-3 du code de la sécurité sociale.

Les modalités de répartition de cette indemnisation sont précisées dans le règlement de trésorerie des instances ordinales dans le respect du budget alloué à chaque instance ordinale par le Conseil national conformément aux dispositions de l'article L. 4122-2.

V. note ss. le présent chapitre.

Art. D. 4125-9 *(Décr. n° 2010-451 du 3 mai 2010, art. 1er)* Les membres élus d'un conseil départemental, territorial, régional, interrégional ou national, non attributaires de l'indemnité prévue à l'article D. 4125-8, peuvent bénéficier d'indemnités lorsqu'ils assistent aux sessions, participent aux différentes commissions ou assurent des missions ponctuelles à la demande de leurs conseils. Le montant de ces indemnités, attribuées à un autre titre que la prise en charge des frais mentionnés au quatrième alinéa de l'article L. 4125-3-1, est révisable annuellement par le conseil intéressé lors de sa session plénière consacrée au budget. Ce montant ne peut excéder un total égal, par demi-journée de présence, à 10 % du plafond mensuel prévu au premier alinéa de l'article L. 241-3 du code de la sécurité sociale ni excéder, pour l'année considérée, trois fois le plafond annuel prévu au premier alinéa de l'article L. 241-3 du code de la sécurité sociale.

Ces dispositions sont applicables aux membres des chambres disciplinaires de première instance et d'appel.

Les modalités de répartition de cette indemnisation sont précisées dans le règlement de trésorerie des instances ordinales dans le respect du budget alloué à chaque instance ordinale par le Conseil national conformément aux dispositions de l'article L. 4122-2.

V. note ss. le présent chapitre.

CHAPITRE V *[NOUVEAU]* DISPOSITIONS COMMUNES AUX DIFFÉRENTS CONSEILS ET CHAMBRES DISCIPLINAIRES

(Décr. n° 2017-1418 du 29 sept. 2017, art. 5 et 17, en vigueur pour les prochains renouvellements de chacun des conseils de l'ordre)

SECTION PREMIÈRE *[NOUVELLE]* DISPOSITIONS COMMUNES AUX ÉLECTIONS DES DIFFÉRENTS CONSEILS ET CHAMBRES DISCIPLINAIRES

Nouvel art. R. 4125-1 *La date des élections des conseils régionaux, interrégionaux et national et des chambres disciplinaires de l'ordre est annoncée deux mois au moins avant la date prévue pour* *l'élection dans le bulletin de l'ordre national. Cette annonce indique le nombre de binômes ou de candidats à élire au sein de l'instance concernée et comporte les mentions prévues aux 1°, 2°, 3° et 4° de l'article R. 4125-9. Cette publication tient lieu d'appel à candidature.*

Nouvel art. R. 4125-1-1 *Au plus tard deux mois avant la date des élections aux conseils départementaux, le président du conseil organisateur, ou à défaut le président du Conseil national, adresse une convocation individuelle à chaque électeur.*

Cette convocation indique :

1° Le nombre de binômes de candidats ou de candidats à élire, titulaires et, le cas échéant[,] *suppléants ;*

2° Le lieu et la date de l'élection, les modalités ainsi que l'heure d'ouverture et de fermeture du scrutin. En cas de vote sur place, celui-ci dure au minimum deux heures ;

3° Les formalités à accomplir pour le dépôt des candidatures conformément aux (Décr. n° 2018-79 du 9 févr. 2018, art. 1er) *« dispositions des articles R. 4125-6 et R. 4125-7 » ;*

4° La possibilité pour chaque binôme de candidats ou candidat de rédiger à l'attention des électeurs une profession de foi qui est jointe à l'envoi des documents électoraux. Celle-ci, rédigée en français sur une page qui ne peut dépasser le format de 210 × 297 mm en noir et blanc, ne peut être consacrée qu'à la présentation des candidats au nom desquels elle est diffusée et à des questions entrant dans le champ de compétence de l'ordre défini à l'article L. 4121-2.

L'art. R. 4125-9 devient l'art. R. 4125-1-1 et entre en vigueur pour les prochains renouvellements de chacun des conseils de l'ordre (Décr. n° 2018-79 du 9 févr. 2018, art. 1er et 11).

Nouvel art. R. 4125-2 (Décr. n° 2018-79 du 9 févr. 2018, art. 1er et 11, en vigueur pour les prochains renouvellements de chacun des conseils de l'ordre) *Le vote par procuration n'est pas admis.*

Pour les élections à une chambre disciplinaire sont électeurs les membres titulaires présents.

Nouvel art. R. 4125-3 *Le candidat à une élection d'un conseil ou d'une chambre disciplinaire doit être inscrit au tableau du conseil départemental ou territorial concerné par l'élection, ou de l'un des conseils départementaux situés dans le ressort de la région ou de l'interrégion concernée par l'élection.*

Le candidat à une élection d'un conseil ou d'une chambre disciplinaire doit être à jour de sa cotisation ordinale.

Nouvel art. R. 4125-4 *I. — La liste des électeurs* (Abrogé par Décr. n° 2018-79 du 9 févr. 2018, art. 1er et 11, à compter des prochains renouvellements de chacun des conseils de l'ordre) *« praticiens » inscrits au tableau de l'ordre concernés par l'élection* (Décr. n° 2018-79 du 9 févr. 2018, art. 1er et 11, en vigueur pour les prochains renouvellements de chacun des conseils de l'ordre) *« , pour chaque conseil, » est consultable par tout électeur au siège du conseil organisateur pendant les deux mois qui précèdent l'élection. Pour les élections des conseils départementaux, elle est en outre affichée au siège du conseil départemental.*

Dans les huit jours qui suivent la mise en consultation de la liste, les électeurs peuvent présenter au président du conseil organisateur des réclamations contre les inscriptions ou omissions. Celui-ci statue dans un délai de six jours. Ses décisions sont notifiées aux intéressés sans délai par tout moyen permettant de déterminer la date de réception.

II. — Dans les trois jours qui suivent la date de réception de la notification, la décision du président du conseil organisateur peut être frappée de recours devant le tribunal d'instance compétent.

Le recours devant le tribunal d'instance est présenté dans les formes prévues au premier alinéa de l'article R. 13 du code électoral.

Le tribunal statue en dernier ressort, dans les dix jours de sa saisine, sur simple avertissement qu'il donne trois jours à l'avance à toutes les parties. La décision du tribunal est notifiée par le greffe dans les trois jours par lettre recommandée avec demande d'avis de réception.

La décision n'est pas susceptible d'opposition.

Elle peut faire l'objet d'un pourvoi en cassation, formé dans les dix jours suivant la notification de la décision du tribunal d'instance. Celui-ci est soumis aux conditions définies aux articles R. 15-2 à R. 15-6 du code électoral.

La procédure est sans frais.

III. — La liste est définitivement close au plus tard trois jours avant la date du scrutin par le président du conseil organisateur. Les modifications intervenues en application du présent article sont portées à la connaissance du président du conseil départemental concerné. Pour les élections des conseils départementaux, ces modifications sont affichées au siège.

Les modifications de la liste électorale décidées en application du présent article ne peuvent entraîner de modification du nombre des sièges à pourvoir.

Le nouvel art. entre en vigueur à compter des prochains renouvellements de chacun des conseils de l'ordre (Décr. n° 2018-79 du 9 févr. 2018, art. 11).

Nouvel art. R. 4125-5 *Les conseillers ordinaux sont élus pour six ans et renouvelables par moitié tous les trois ans.*

Le mandat des conseillers et des membres des chambres disciplinaires prend fin à la date de proclamation des résultats de l'élection destinée à renouveler leur siège.

Les membres sortants des conseils ou des chambres disciplinaires, titulaires ou suppléants, sont rééligibles.

Un membre suppléant d'un conseil ou d'une chambre disciplinaire qui n'est pas en fin de mandat peut présenter sa candidature aux mêmes instances sans devoir préalablement démissionner.

Nouvel art. R. 4125-6 *Trente jours au moins avant le jour de l'élection, les candidats déposent au siège du conseil organisateur contre récépissé leur déclaration de candidature revêtue de leur signature ou la font connaître au président de ce même conseil, par lettre recommandée avec demande d'avis de réception.*

Toute candidature parvenue après l'expiration de ce délai est irrecevable.

Le dernier jour de réception des candidatures, celle-ci est close à seize heures. Si ce jour est un samedi, un dimanche, un jour férié ou chômé, la réception des déclarations de candidature est close le jour ouvrable précédent à seize heures.

Nouvel art. R. 4125-7 *Chaque candidat remplit une déclaration de candidature dans laquelle il indique* (Décr. n° 2018-79 du 9 févr. 2018, art. 1er et 11, en vigueur pour les prochains renouvellements de chacun des conseils de l'ordre) *« ses nom et prénoms, » sa date de naissance, son adresse, ses titres, son mode d'exercice, sa qualification professionnelle et, le cas échéant, ses fonctions ordinales ou dans les organismes professionnels, actuelles et, le cas échéant, passées.*

Sauf lorsque le scrutin est uninominal, il mentionne l'autre candidat avec lequel il se présente au sein d'un même binôme et produit son acceptation. Les candidats présentés en binôme peuvent souscrire une déclaration conjointe de candidature.

Pour les élections des conseils, le candidat peut joindre une profession de foi à l'attention des électeurs rédigée dans les conditions prévues par les dispositions du 4° de l'article R. 4125-9. *Le binôme de candidats produit une seule profession de foi.*

La liste des candidats est paraphée par le président du conseil organisateur, ou la personne qu'il délègue selon des modalités fixées par le règlement électoral de l'ordre.

Nouvel art. R. 4125-8 *Le retrait par un candidat, un binôme de candidats ou l'un des membres du binôme de sa candidature à un conseil ne peut intervenir que dans l'intervalle compris entre le dépôt de celle-ci et la date d'envoi des instruments de vote prévue à l'article* R. 4125-10. *Le retrait de candidature d'un seul des membres du binôme entraîne le retrait de la candidature de l'ensemble du binôme.*

Le retrait de candidatures aux chambres disciplinaires peut intervenir quinze jours au plus tard avant la date de scrutin.

Il est notifié au conseil intéressé par lettre recommandée avec avis de réception ou déposé au siège du conseil contre récépissé.

Nouvel art. R. 4125-10 *Le président du conseil organisateur ou, à défaut, le président du Conseil national, adresse à tous les électeurs du ressort de l'instance concernée, quinze jours au moins avant la date de l'élection, la liste des binômes de candidats ou candidats, imprimée à partir du nom du candidat composant le binôme, le plus avancé, dans l'ordre alphabétique à partir d'une lettre tirée au sort, des noms des candidats composant le binôme, sur papier blanc, en indiquant leurs adresses, leurs dates de naissance, leurs qualifications et, le cas échéant, leurs fonctions actuelles ou passées dans les instances ordinales et organismes professionnels. Cette liste peut servir de bulletin de vote. Sont joints à cette liste les professions de foi rédigées, le cas échéant par les binômes de candidats, à l'attention des électeurs, ainsi que toutes indications sur les modalités du vote.*

Le président envoie en même temps aux électeurs les instruments de vote, comportant une ou deux enveloppes opaques. La première enveloppe est destinée à contenir le bulletin de vote et ne comporte aucun signe de reconnaissance. La seconde enveloppe, qui n'est envoyée que pour les scrutins comportant un vote par correspondance, est destinée à contenir la première enveloppe et porte les suscriptions suivantes :

1° Nom du conseil (national, nom de la région, de l'interrégion, du territoire ou du département) ;

2° Élection du (date de l'élection).

Nouvel art. R. 4125-11 *Lorsque le vote a lieu par correspondance, il est adressé ou déposé obligatoirement au siège du conseil organisateur concerné.*

Le scrutin prend fin le jour de l'élection à l'heure précisée lors de l'annonce des élections.

Aucun vote ne peut être reçu après la déclaration de clôture.

Nouvel art. R. 4125-12 *Le bulletin de vote ne peut pas comporter, à peine de nullité, un nombre de noms supérieur au nombre de sièges de titulaires, et le cas échéant de suppléants, de binômes de candidats ou de candidats à pourvoir, ni de signe de reconnaissance. Sous ces réserves, l'électeur peut voter sur papier libre.*

Lorsque l'électeur utilise comme bulletin de vote l'exemplaire de la liste des candidats qui lui a été envoyé conformément à l'article R. 4125-10, il coche sur cette liste les binômes de candidats ou les candidats qu'il entend élire.

L'électeur place son bulletin dans l'enveloppe destinée à le contenir.

En cas de vote par correspondance, l'enveloppe contenant le bulletin de vote et sur laquelle le votant ne porte aucune inscription est placée, fermée, dans la deuxième enveloppe sur laquelle sont mentionnés les noms [nom], prénoms et adresse du votant. Cette enveloppe est, à peine de nullité du vote, revêtue de la signature manuscrite du votant.

Nouvel art. R. 4125-13 *Les votes par correspondance sont conservés dans une boîte, scellée en présence du bureau du conseil concerné. Les noms, prénoms ainsi que l'adresse du votant par correspondance sont enregistrés par ordre d'arrivée.*

Nouvel art. R. 4125-14 *Les votes par correspondance parvenus après l'ouverture du scrutin n'entrent pas en compte dans le dépouillement. Les électeurs qui ont voté par correspondance ne peuvent prendre part au vote à l'assemblée.*

Nouvel art. R. 4125-15 *En cas de vote sur place,* (Décr. n° 2018-79 du 9 févr. 2018, art. 1er et 11, en vigueur pour les prochains renouvellements de chacun des conseils de l'ordre) *« les électeurs sont réunis » pour procéder au vote.*

Le président du conseil concerné ou l'un de ses représentants dûment mandaté à cet effet ouvre la séance et invite l'assemblée à élire un bureau de vote composé d'un président et de deux assesseurs, qui désigne ensuite autant de scrutateurs que nécessaire. Chacun d'eux a à sa disposition une liste des électeurs et la liste des électeurs ayant voté par correspondance. Il pointe les votants et s'assure qu'aucun d'entre eux n'a voté par correspondance.

Nouvel art. R. 4125-16 *Lors du scrutin sur place, des listes de binômes de candidats ou de candidats, identiques à celles mentionnées à l'article R. 4125-10, ainsi que des enveloppes sont mises à la disposition des électeurs présents.*

L'ouverture du scrutin est annoncée et la clôture prononcée par le président du bureau de vote conformément aux indications portées sur les convocations.

A l'ouverture du scrutin, le président du bureau de vote fait constater que l'urne est vide.

Il est ensuite procédé au vote.

Le scrutin est secret. Les moyens nécessaires sont mis à la disposition des électeurs pour préserver la liberté et le secret de leur vote.

Aussitôt la clôture prononcée, la boîte scellée contenant les votes par correspondance est ouverte, les enveloppes sont comptées et ouvertes et les enveloppes anonymes qu'elles contiennent sont placées dans l'urne.

Nouvel art. R. 4125-17 *Quelles que soient les modalités du vote, le dépouillement est conduit sans désemparer le jour de l'élection, au siège du conseil concerné, en séance publique, sous la surveillance des membres d'un bureau de vote, composé, sauf dans le cas mentionné au second alinéa de l'article R. 4125-15, d'un président et d'au moins deux assesseurs, désignés par le président du conseil concerné sur proposition du bureau de ce conseil.*

Les assesseurs comptent le nombre de voix obtenues par chacun des binômes de candidats ou candidats.

Le bureau de vote statue sur la validité des bulletins et des enveloppes qui sont non réglementaires, portent des signes intérieurs ou extérieurs de reconnaissance ou des mentions injurieuses. Ceux dont la validité ne peut être prise en compte sont annexés au procès-verbal.

Sont proclamés élus en qualité de membres titulaires les binômes de candidats ou les candidats ayant obtenu le plus grand nombre de voix jusqu'à concurrence du nombre de sièges à pourvoir. Lorsque le conseil ou la chambre disciplinaire comporte des suppléants, sont proclamés élus en qualité de membres suppléants les binômes de candidats ou les candidats suivants dans l'ordre du nombre de voix obtenues et jusqu'à concurrence du nombre de sièges de suppléants à pourvoir. En cas d'égalité des voix, le binôme de candidats comportant le candidat le plus âgé ou le candidat le plus âgé est proclamé élu.

Nouvel art. R. 4125-18 *Un procès-verbal de l'élection est immédiatement établi. Il indique l'heure d'ouverture de la séance et l'heure de sa clôture, le décompte des voix obtenues par chaque binôme* *de candidats ou candidat et le résultat des élections. Il mentionne les réclamations éventuelles ainsi que les décisions motivées prises par le bureau de vote sur les incidents qui ont pu se produire au cours des opérations de vote.*

Les bulletins de vote et enveloppes déclarés nuls ou contestés y sont annexés. Les autres bulletins ainsi que l'original du procès-verbal et ses annexes sont conservés au siège du conseil concerné, sous plis cachetés, pendant les trois mois qui suivent l'élection ou, si l'élection est déférée aux instances compétentes, jusqu'à la décision définitive.

Le procès-verbal de l'élection est signé des membres du bureau de vote.

Dès l'établissement du procès-verbal, les résultats sont proclamés par le président du bureau de vote.

L'assemblée ne peut être déclarée close qu'après la proclamation des résultats du scrutin et la signature du procès-verbal.

Une copie du procès-verbal est adressée immédiatement :

1° Pour les élections des conseils départementaux, au conseil régional ou interrégional, au Conseil national, au directeur général de l'agence régionale de santé et au ministre chargé de la santé ;

2° Pour les élections des conseils régionaux et interrégionaux et des chambres disciplinaires de première instance, au Conseil national, au directeur général de l'agence régionale de santé et au ministre chargé de la santé ;

3° Pour les élections du Conseil national et de la chambre disciplinaire nationale, au ministre chargé de la santé.

Nouvel art. R. 4125-19 *Les résultats des élections sont publiés sur les sites internet du conseil concerné et du Conseil national ainsi que dans le premier bulletin de l'ordre national qui paraît après le scrutin.*

Nouvel art. R. 4125-20 *I. — En cas d'élection ayant porté sur la totalité des membres d'un conseil, afin de permettre un renouvellement ultérieur par moitié, un tirage au sort est effectué après l'élection selon des modalités fixées par le règlement électoral pour déterminer ceux des binômes de candidats ou candidats dont le mandat vient à expiration respectivement au terme d'une durée de trois ou six ans.*

II. — En cas d'élection ayant porté sur la totalité des membres des chambres disciplinaires, afin de permettre un renouvellement ultérieur par moitié, un tirage au sort est effectué après l'élection selon des modalités fixées par le règlement électoral pour répartir les membres mentionnés au 2° des articles R. 4122-5 et R. 4124-4 dans chaque moitié.

Les renouvellements suivants des chambres disciplinaires ont lieu dans les quatre mois qui suivent la date à laquelle l'élection suivante du conseil a lieu.

Nouvel art. R. 4125-20-1 (Décr. n° 2018-79 du 9 févr. 2018, art. 1er et 11, en vigueur pour les prochains renouvellements de chacun des conseils de l'ordre) *Lorsque les membres suppléants ne sont pas en nombre suffisant pour permettre le remplacement des membres titulaires qui ont cessé leurs fonctions pour quelque cause que ce soit, il est procédé à des élections complémentaires dans un délai de six mois maximum suivant l'ouverture de la première ou de la deuxième vacance qui n'a pu être comblée par l'appel à un membre suppléant.*

Nouvel art. R. 4125-21 *Le délai de recours devant le tribunal administratif contre les élections aux conseils et aux chambres disciplinaires est de quinze jours.*

Ce délai court, pour les (Décr. n° 2018-79 du 9 févr. 2018, art. 1er et 11, en vigueur pour les prochains renouvellements de chacun des conseils de l'ordre) *« électeurs », à compter du jour de l'élection et, pour les directeurs généraux des agences régionales de santé ou le ministre chargé de la santé, à compter du jour de réception de la notification du procès-verbal de l'élection.*

Le nouvel art. entre en vigueur à compter des prochains renouvellements de chacun des conseils de l'ordre (Décr. n° 2018-79 du 9 févr. 2018, art. 1er et 11).

SECTION II *[NOUVELLE]* DISPOSITIONS COMMUNES RELATIVES AU VOTE ÉLECTRONIQUE

Nouvel art. R. 4125-22 *Le Conseil national peut décider d'avoir recours au vote par voie électronique. Le vote électronique exclut toute autre modalité de vote.*

Nouvel art. R. 4125-23 *Le recours au vote électronique par internet est organisé dans le cadre fixé par la loi n° 78-17 du 6 janvier 1978 modifiée relative à l'informatique, aux fichiers et aux libertés et dans le respect des principes fondamentaux qui commandent les opérations électorales, l'accès au vote de tous les électeurs, le secret du scrutin, le caractère personnel libre et anonyme du vote, l'intégrité des suffrages exprimés, la surveillance effective du scrutin et le contrôle a posteriori par le juge de l'élection.*

Nouvel art. R. 4125-24 *Les données relatives aux électeurs et à leur vote font l'objet de trois traitements automatisés d'informations distincts, dédiés et isolés, respectivement dénommés "fichier des électeurs", "fichier des candidats" et "contenu de l'urne électronique".*

Le traitement du fichier dénommé "fichier des électeurs" a pour objet de fournir à chaque électeur, à partir de la liste électorale, des codes lui permettant d'exprimer son vote, d'identifier les électeurs ayant voté et d'éditer la liste d'émargement.

Le traitement "fichier des candidats" a pour objet de constituer le site de vote, à disposition des électeurs, pour le recueil des suffrages et le site gestionnaire, à disposition du bureau de vote, pour procéder au dépouillement des votes par voie électronique.

Le traitement du fichier dénommé "contenu de l'urne électronique" a pour objet de recenser les votes exprimés. Les données de ce fichier sont cryptées et ne peuvent comporter de lien permettant l'identification des électeurs.

Le Conseil national de chaque ordre est responsable de la mise en œuvre des traitements automatisés d'information distincts, notamment s'agissant de la création desdits traitements dans les conditions définies par la loi du 6 janvier 1978 mentionnée ci-dessus.

Nouvel art. R. 4125-25 *Les droits d'accès et de rectification des données s'exercent auprès du Conseil national de l'ordre concerné.*

SECTION III *[NOUVELLE]* ÉLECTIONS AUX BUREAUX DES DIFFÉRENTS CONSEILS

Nouvel art. R. 4125-26 *Dans l'intervalle entre le jour de la proclamation des résultats et la première séance du conseil qui suit le renouvellement par moitié, au cours de laquelle il est procédé à l'élection du nouveau bureau, le bureau en place assure le suivi des affaires courantes.*

Nouvel art. R. 4125-27 (Décr. n° 2018-79 du 9 févr. 2018, art. 1er et 11, en vigueur pour les prochains renouvellements de chacun des conseils de l'ordre) *Le vote par procuration n'est pas admis.*

Pour l'élection des membres du bureau des conseils, sont électeurs les membres titulaires présents.

Nouvel art. R. 4125-28 *A la première réunion qui suit le renouvellement par moitié et sous la présidence du doyen d'âge, le conseil concerné, réuni en séance plénière, élit son président et les* (Décr. n° 2018-79 du 9 févr. 2018, art. 1er) *« autres » membres du bureau parmi les membres titulaires.*

Le bureau comporte au minimum le président et un trésorier. Son effectif ne peut excéder les deux cinquièmes du nombre total des membres titulaires lorsque ce nombre est supérieur à huit.

L'élection à chacune de ces fonctions ne peut avoir lieu que si le quorum est atteint.

L'élection a lieu à bulletin secret, au scrutin uninominal majoritaire à deux tours. La majorité absolue des suffrages exprimés est requise au premier tour. Au second tour, l'élection a lieu à la majorité relative.

En cas d'égalité des voix des candidats arrivés en tête à l'issue du second tour, le candidat le plus âgé est proclamé élu.

La composition du bureau (Décr. n° 2018-79 du 9 févr. 2018, art. 1er) *« peut être précisée » par le règlement électoral propre à chaque ordre.*

Nouvel art. R. 4125-29 *Lorsque le président ou un membre du bureau vient à cesser ses fonctions pour une cause quelconque avant le prochain renouvellement par moitié, le conseil concerné procède à l'élection d'un nouveau président ou d'un nouveau membre dans les conditions prévues à la présente section.*

SECTION IV *[NOUVELLE]* FONCTIONNEMENT DES CONSEILS ET DES CHAMBRES DISCIPLINAIRES

Nouvel art. R. 4125-30 *Lorsqu'un conseiller ordinal ou un membre d'une chambre disciplinaire n'est plus inscrit au tableau ou qu'il ne remplit plus les conditions exigées pour être éligible, il est réputé démissionnaire d'office.*

Cette décision lui est notifiée par le président du conseil ou de la chambre intéressé.

Nouvel art. R. 4125-31 *Lors des délibérations d'un conseil, en cas de partage égal des voix, le président a voix prépondérante.*

Nouvel art. R. 4125-32 *Dans les conseils comportant des membres suppléants et dans les chambres disciplinaires, les membres suppléants remplacent, le cas échéant, les membres titulaires qui sont empêchés de siéger ou qui viennent à cesser leurs fonctions pour une cause quelconque avant la fin de leur mandat. Dans ce dernier cas, la durée de fonctions des membres suppléants est celle qui restait à courir jusqu'à la date à laquelle aurait expiré le mandat de ceux qu'ils remplacent.*

Le siège vacant est pourvu immédiatement par le membre suppléant élu au même scrutin et ayant recueilli le plus grand nombre de voix. En cas d'égalité des voix, le siège est pourvu par le plus âgé des membres suppléants ayant obtenu le même nombre de voix. Sauf pour les membres élus dans le cadre d'un scrutin uninominal, le membre suppléant qui remplace le membre titulaire est du même sexe que ce dernier.

Les modalités de suppléance au sein des conseils et des chambres disciplinaires peuvent être précisées par les ordres dans leur règlement intérieur.

Nouvel art. D. 4125-33 *Le président et les membres du bureau d'un conseil de l'ordre peuvent bénéficier d'une indemnité dont le montant est fixé en fonction des missions et de la charge de travail de chacun et révisable annuellement par le conseil intéressé lors de sa session plénière consacrée au budget.*

Le montant annuel de cette indemnité, attribuée à un autre titre que la prise en charge des frais mentionnés au quatrième alinéa de l'article L. 4125-3-1, ne peut excéder pour l'année considérée trois fois le plafond annuel prévu au premier alinéa de l'article L. 241-3 du code de la sécurité sociale.

Les modalités de répartition de cette indemnisation sont précisées dans le règlement de trésorerie des instances ordinales, dans le respect du budget alloué à chaque instance ordinale par le Conseil national conformément aux dispositions de l'article L. 4122-2. Elles sont publiées dans les conditions prévues par l'article L. 4125-3-1.

Nouvel art. D. 4125-34 *Les membres élus d'un conseil, non attributaires de l'indemnité prévue à l'article D. 4125-33, peuvent bénéficier d'indemnités lorsqu'ils assistent aux sessions, participent aux différentes commissions ou assurent des missions ponctuelles à la demande de leurs conseils.*

Le montant de ces indemnités, attribuées à un autre titre que la prise en charge des frais mentionnés au quatrième alinéa de l'article L. 4125-3-1, est révisable annuellement par le conseil intéressé lors de sa session plénière consacrée au budget. Ce montant ne peut excéder un total égal, par demi-journée de présence, à 10 % du plafond mensuel prévu au premier alinéa de l'article L. 241-3 du code de la sécurité sociale ni excéder, pour l'année considérée, trois fois le plafond annuel prévu au premier alinéa de l'article L. 241-3 du même code.

Ces dispositions sont également applicables aux membres des chambres disciplinaires.

Les modalités de répartition de cette indemnisation sont précisées dans le règlement de trésorerie des instances ordinales, dans le respect du budget alloué à chaque instance ordinale par le Conseil national conformément aux dispositions de l'article L. 4122-2. Elles sont publiées dans les conditions prévues par l'article L. 4125-3-1.

CHAPITRE VI PROCÉDURE DISCIPLINAIRE

BIBL. ▶ Markus, Les juridictions ordinales, *LGDJ, 2003.*

SECTION PREMIÈRE ACTION DISCIPLINAIRE

Art. R. 4126-1 *(Décr. n° 2007-434 du 25 mars 2007, art. 3-I)* **L'action disciplinaire contre un médecin, un chirurgien-dentiste ou une sage-femme ne peut être introduite devant la chambre disciplinaire de première instance que par l'une des personnes ou autorités suivantes :**

1° Le Conseil national ou le conseil départemental de l'ordre au tableau duquel le praticien poursuivi est inscrit à la date de la saisine de la juridiction, agissant de leur propre initiative ou à la suite de plaintes, formées *(Décr. n° 2007-552 du 13 avr. 2007)* **« notamment » par les patients, les organismes locaux d'assurance maladie obligatoires, les médecins-conseils chefs ou responsables du service du contrôle médical placé auprès d'une caisse ou d'un organisme de sécurité sociale, les associations de** ***défense des droits des patients,*** **des usagers du système de santé ou des personnes en situation de précarité, qu'ils transmettent, le cas échéant en s'y associant, dans le cadre de la procédure prévue à l'article L. 4123-2 ;**

2° Le ministre chargé de la santé, *(Décr. n° 2010-344 du 31 mars 2010, art. 116)* **« le préfet de département dans le ressort duquel le praticien intéressé est inscrit au tableau, le directeur général de l'agence régionale de santé dans le ressort de laquelle**

le praticien intéressé est inscrit au tableau », le procureur de la République du tribunal de grande instance dans le ressort duquel le praticien est inscrit au tableau ;

3° Un syndicat ou une association de praticiens.

Les plaintes sont signées par leur auteur et, dans le cas d'une personne morale, par une personne justifiant de sa qualité pour agir. Dans ce dernier cas, la plainte est accompagnée, à peine d'irrecevabilité, de la délibération de l'organe statutairement compétent pour autoriser la poursuite ou, pour le conseil départemental ou national, de la délibération signée par le président et comportant l'avis motivé du conseil.

Lorsque la plainte est dirigée contre un étudiant non inscrit au tableau à la date de la saisine, le conseil départemental ayant qualité pour saisir la chambre disciplinaire est le conseil au tableau auquel est inscrit le praticien auprès duquel a été effectué le remplacement ou l'assistanat.

Les plaintes sont déposées ou adressées au greffe.

1. Entrée en vigueur. Il résulte de la L. du 4 mars 2002 (art. 44) et du Décr. du 25 mars 2007 (art. 9), interprétés à la lumière du principe de continuité du service public, que la compétence disciplinaire des anciens conseils régionaux des ordres a pris fin à la date à laquelle les chambres disciplinaires de première instance ont été en mesure de siéger du fait de l'élection de leurs membres et de la nomination des magistrats administratifs appelés à les présider (le 8 juill. 2007 pour l'ordre des chirurgiens-dentistes) ; à cette date sont devenues applicables les dispositions nouvelles, tant législatives que réglementaires, relatives à la procédure devant les chambres disciplinaires de première instance. • CE sect., 15 juin 2011, *Naman,* n° 324982 : *Lebon 293* et : • CE 15 juin 2001, *N.,* n° 324980.

A. SAISINE

2. Nature non juridictionnelle de la plainte. La décision par laquelle, après la tenue de la réunion de conciliation, un conseil départemental décide de transmettre la plainte d'un plaignant à la chambre disciplinaire, y compris en s'y associant, ne constitue pas l'instruction d'une plainte et n'est pas un acte juridictionnel. Inapplicabilité, en conséquence, de l'art. 6, § 1, Conv. EDH. • CDNOM 24 sept. 2014, *Dr. Dominique C.,* n° 11888. ♦ Aucune disposition législative ni aucun principe n'interdit donc qu'un conseiller départemental qui a été conciliateur pour l'examen d'une plainte dirigée contre un médecin participe à la délibération au cours de laquelle le conseil départemental décide de transmettre cette plainte à la chambre disciplinaire de première instance, en s'y *associant.* • Même décision.

3. Autorités ordinales compétentes. Seul le conseil départemental au tableau duquel est inscrit le médecin auquel sont reprochés des faits sanctionnables peut saisir le conseil régional d'une plainte relative auxdits faits. • CE 11 juin 1993, n° 132106 : *Lebon T. 997.* ♦ La délibération du conseil départemental portant saisine de la chambre disciplinaire, signée par le vice-président et non par le président, est irrecevable faute de délégation du président habilitant le vice-président. • CDNOM 29 mars 2013, *Dr. Sami B.,* n° cdn11378. ♦ Le conseil départemental ou national de l'ordre ne peut valablement former une plainte disciplinaire qu'après en avoir délibéré de façon collégiale, ce qui n'est pas le cas lorsque la consultation des membres sur un projet de plainte s'opère par voie électronique, et qu'aucune confirmation de ce vote ne s'effectue par délibération collégiale. • CE 13 avr. 2016, *M. B.,* n° 388712 : *Lebon.*

4. L'ordre s'associant à une plainte. Lorsque le Conseil national ou le conseil départemental s'associent à une plainte, ils doivent être regardés comme ayant présenté une plainte en leur nom propre. • CE 27 avr. 2012, *Anthony,* n° 348259 : *Lebon 177.* ♦ Par suite, le moyen tiré de l'absence qualité pour agir du plaignant est sans incidence sur la recevabilité de la plainte du conseil départemental. • CE 4 déc. 2013, *Lascu,* n° 356479 : *Lebon T. 819.* ♦ L'éventuelle irrecevabilité d'un particulier pour défaut de conciliation est sans influence sur la recevabilité de l'ordre s'associant à la plainte de ce particulier ; il en résulte que ce dernier peut présenter de nouveaux griefs postérieurement au procès-verbal d'échec de conciliation. • CE 31 mars 2014, *M. D. B.,* n° 358820 : *Lebon.* ♦ La chambre disciplinaire peut sans irrégularité joindre les deux plaintes. • Même arrêt.

5. Patients, proches. Si seules peuvent saisir directement la chambre disciplinaire de première instance les personnes ou autorités nommément désignées par l'art. R. 4126-1, cette disposition ne fixe pas de façon limitative les personnes ou autorités susceptibles de former une plainte devant le conseil départemental ou national de l'ordre ; une plainte formée par la fille d'un patient est donc recevable, même sans mandat. • CE 28 mai 2010, *Denis A.,* n° 327035. ♦ *Idem* pour les grands-parents, auxquels un certificat médical attestant que leur fils aurait abusé sexuellement de leur petite-fille peut nuire également. • CDNOM 20 sept. 2016, *Dr. Pierre P.,* n° 12448.

6. Praticiens. Compte tenu du caractère non limitatif de la liste des personnes énumérées à l'art. R. 4126-1, les praticiens sont au nombre des personnes pouvant former une plainte. • CE 19 juill. 2011, *M. Bruno D.*, n° 341224.

7. Entreprises (médecine du travail). Il résulte des termes mêmes de l'art. R. 4126-1, et, particulièrement, de la mention de l'adverbe « notamment », que la liste des personnes pouvant saisir le conseil départemental d'une plainte n'est pas limitative ; est donc recevable toute personne non mentionnée, mais qui peut justifier d'un intérêt lui donnant qualité pour porter plainte, par exemple une entreprise contre un médecin du travail. • CDNOM 26 sept. 2016, *Dr. Dominique H.*, n° 12218.

8. Liste limitative (non) : cas des employeurs. L'adverbe « notamment », qui ouvre la saisine entre autres aux employeurs contre les médecins du travail, n'est pas illégal. • CE 11 oct. 2017, n° 403576 : *Lebon*. ♦ Le fait qu'un employeur, lésé de manière suffisamment directe et certaine par un certificat ou une attestation, puisse introduire une plainte disciplinaire à l'encontre du médecin qui en est l'auteur, n'a ni pour objet ni pour effet d'imposer au médecin poursuivi de méconnaître le secret médical pour assurer sa défense ou de limiter son droit à se défendre ; absence d'atteinte à la protection du secret médical ou au droit des médecins à un procès équitable. • Même arrêt.

9. Enquête préalable, régularité. Les conditions dans lesquelles s'est déroulée la procédure d'enquête préalable à la saisine de la juridiction ordinale sont sans influence sur la régularité de la procédure juridictionnelle elle-même. • CE 7 mars 2008, *M. A.*, n° 298767. ♦ L'art. 6, § 1, Conv. EDH est inapplicable à la procédure d'enquête préalable. • CE 26 oct. 2011, *M. N.*, n° 329295.

B. COMPÉTENCE MATÉRIELLE DE LA JURIDICTION DISCIPLINAIRE

10. Connaissance de l'ensemble du comportement. Les juridictions disciplinaires, saisies d'une plainte contre un praticien, peuvent légalement connaître de l'ensemble du comportement professionnel de l'intéressé, et ne sont pas tenues de limiter leur examen aux seuls faits dénoncés par la plainte, sous réserve que soient respectés les droits de la défense. • CE 29 mai 2000, *Tran*, n° 198510 : *Lebon 192* • CE 30 juin 2000, *Schneider*, n° 186820 : *Lebon 274* • CE 17 déc. 2003, *François-Régis X.*, n° 228395. ♦ Sur le principe, V. • CE, sect., 19 oct. 1956, *Princeteau*, n° 32826 : *Lebon 378* • CE 8 juin 1956, *Sieur Amestoy*, n° 4535 : *Lebon 240 ; AJDA 1956. II. 299, chron. Fournier et Braibant.* ♦ Or les droits de la défense ne sont pas respectés lorsque le praticien poursuivi n'est avisé qu'en cours d'audience d'un grief nouveau, sans avoir été mis à même de s'en expliquer utilement dans le cadre de la procédure écrite. • CE 15 déc. 2010, *Thillaud*, n° 329246 : *Lebon T. 833 ; ibid. 961.*

11. Incompétence négative. La juridiction disciplinaire (en l'espèce, la section des assurances sociales) qui, alors même que le praticien poursuivi a été mis à même de présenter sa défense contre de nouveaux griefs, s'abstient de tenir compte de ces griefs au seul motif qu'ils ne constituaient pas le fondement juridique de la plainte, méconnaît sa compétence. • CE 29 janv. 1997, *CPAM de Rouen*, n° 155012.

12. Contrôle de légalité. Les juridictions disciplinaires sont des juridictions administratives, et donc compétentes pour apprécier, à l'occasion d'un litige porté devant elles, la légalité des dispositions d'un décret ; cette question n'a dès lors pas le caractère d'une question préjudicielle nécessitant la saisine du Conseil d'État (ordre des vétérinaires, sol. transp.). • CE 11 avr. 2008, *Renniers.*, n° 291677 : *Lebon T. 611 ; ibid. 891 ; ibid. 896 ; ibid. 899.*

13. Prescription, absence. S'agissant de la juridiction disciplinaire de l'ordre des vétérinaires, le Conseil constitutionnel juge qu'aucun principe fondamental reconnu par les lois de la République ne prévoit que les poursuites disciplinaires sont nécessairement soumises à une règle de prescription (sol. transp.). • Cons. const. 25 nov. 2011, *Michel G.*, n° 2011-199 QPC.

Art. R. 4126-1-1 *(Décr. n° 2007-434 du 25 mars 2007, art. 3-II)* **Les décisions de sanctions disciplinaires prises par l'autorité hiérarchique sur le fondement de dispositions statutaires ou contractuelles à l'encontre de praticiens exerçant dans les établissements de santé sont transmises par le directeur de l'établissement au** *(Décr. n° 2010-344 du 31 mars 2010, art. 116)* **« directeur général de l'agence régionale de santé » intéressé.**

Art. R. 4126-1-2 *(Décr. n° 2007-434 du 25 mars 2007, art. 3-II)* **Les dispositions des sections I et III à VII du présent chapitre sont applicables à Saint-Pierre-et-Miquelon dans les conditions fixées à l'article R. 4112-6-1.**

SECTION II **PRATICIENS PRESTATAIRES DE SERVICES**

Art. R. 4126-2 Le médecin, le chirurgien-dentiste ou la sage-femme prestataire de services est soumis à la *(Décr. n° 2009-958 du 29 juill. 2009, art. 4)* **« chambre disciplinaire de première instance » du conseil régional ou interrégional de l'ordre compétent dans le ressort duquel il exécute** *(Décr. n° 2009-958 du 29 juill. 2009, art. 4)* **« les actes professionnels ».**

Lorsqu'un prestataire de services est traduit devant *(Décr. n° 2009-958 du 29 juill. 2009, art. 4)* « la chambre disciplinaire de première instance d' » un conseil régional ou interrégional, ce conseil en avise sans délai le Conseil national de l'ordre de la profession concernée.

Dans le cas où plusieurs conseils sont simultanément saisis de plaintes contre un prestataire de services, le Conseil national de la profession concernée désigne le conseil qui statue sur les plaintes.

Art. R. 4126-3 *(Décr. n° 2009-958 du 29 juill. 20009, art. 4)* « L'autorité compétente de » l'État membre de *(Décr. n° 2010-334 du 26 mars 2010, art. 2)* « l'Union européenne » ou partie à l'accord sur l'Espace économique européen où est établi le prestataire de services est immédiatement *(Décr. n° 2009-958 du 29 juill. 2009, art. 4)* « informée » de la sanction prise contre ce dernier.

Art. R. 4126-4 Les dispositions de la présente section ne sont pas applicables aux praticiens qui bénéficient des stipulations des conventions en vigueur relatives aux praticiens frontaliers.

SECTION III ORGANISATION ET FONCTIONNEMENT DES CHAMBRES DISCIPLINAIRES DE PREMIÈRE INSTANCE ET DES CHAMBRES DISCIPLINAIRES NATIONALES

(Décr. n° 2007-434 du 25 mars 2007, art. 3-III)

Art. R. 4126-5 Dans toutes les instances, le président de la chambre disciplinaire de première instance et le président de la chambre disciplinaire nationale peuvent, par ordonnance motivée, sans instruction préalable :

1° Donner acte des désistements ;

2° Rejeter les plaintes ou les requêtes ne relevant manifestement pas de la compétence de la juridiction ;

3° Constater qu'il n'y a pas lieu de statuer sur une plainte ou une requête ;

4° Rejeter les plaintes ou les requêtes manifestement irrecevables, lorsque la juridiction n'est pas tenue d'inviter leur auteur à les régulariser ou qu'elles n'ont pas été régularisées à l'expiration du délai imparti par une demande en ce sens.

Le président de la chambre disciplinaire nationale peut également, selon les mêmes modalités :

1° Statuer sur les requêtes qui ne présentent plus à juger de questions autres que la condamnation aux frais et dépens, la fixation des dates d'exécution des périodes d'interdiction d'exercer ou de la date d'effet de la radiation du tableau de l'ordre ;

2° Rejeter, après l'expiration du délai de recours ou, lorsqu'un mémoire complémentaire a été annoncé, après production de ce mémoire, les requêtes ne comportant que des moyens de légalité externe manifestement infondés, des moyens irrecevables, des moyens inopérants ou des moyens qui ne sont assortis que de faits manifestement insusceptibles de venir à leur soutien ou ne sont manifestement pas assortis de précisions permettant d'en apprécier le bien-fondé.

Le président de la chambre disciplinaire nationale peut, en outre, par ordonnance, rejeter les requêtes dirigées contre des ordonnances prises par le président de la chambre disciplinaire de première instance en application des 1° à 4° du présent article.

Il peut, de même, annuler une ordonnance prise en application des articles 1° à 4° du *présent article* à condition de régler l'affaire au fond par application d'une des dispositions du présent article.

Moyens relevés d'office. Les dispositions de l'art. R. 611-7, al. 1er, CJA, étendues par l'art. R. 4126-16 CSP, ne sont pas applicables lorsqu'il est fait application des dispositions de l'art. R. 4126-5. • CE 22 mars 2010, *El Ali*, n° 323748 : *Lebon T. 907 ; ibid. 953.*

Art. R. 4126-6 Au siège de chaque chambre disciplinaire de première instance, un ou plusieurs greffiers désignés par le secrétaire général du conseil régional ou interrégional après avis du président de la chambre exercent les fonctions du greffe.

Un ou plusieurs greffiers, chargés des mêmes fonctions au greffe de la chambre disciplinaire nationale sont désignés par le secrétaire général du Conseil national de l'ordre après avis du président de la chambre.

Le personnel du greffe est placé sous l'autorité fonctionnelle du président de la juridiction. Il suit l'instruction des affaires, exécute les actes de procédure et assure le greffe des audiences. Il signe à cet effet les courriers sur délégation du président de la chambre. Il est soumis au secret professionnel. Le greffier assiste au délibéré.

Art. R. 4126-7 Un même magistrat peut être désigné, en qualité de titulaire ou de suppléant, pour présider plusieurs chambres disciplinaires.

Un arrêté des ministres chargés du budget et de la santé fixe le montant des indemnités allouées aux présidents des chambres disciplinaires de première instance.

Les frais de déplacement des présidents sont remboursés dans les conditions prévues par la réglementation applicable aux fonctionnaires de l'État.

SECTION IV PROCÉDURE DEVANT LES CHAMBRES DISCIPLINAIRES DE PREMIÈRE INSTANCE

(Décr. nº 2007-434 du 25 mars 2007, art. 3-III)

SOUS-SECTION 1 COMPÉTENCE

Art. R. 4126-8 La chambre disciplinaire de première instance compétente est celle dans le ressort de laquelle le praticien ou la société professionnelle poursuivi est inscrit au tableau à la date où la juridiction est saisie.

Dans le cas où le praticien n'est pas inscrit au tableau, mais l'était à la date des faits, la chambre disciplinaire de première instance compétente est celle dans le ressort de laquelle le praticien poursuivi était inscrit à cette date.

Professionnel déjà radié. Un ordre professionnel n'est pas compétent pour infliger une sanction à une personne qui, à la date à laquelle il est statué par l'organe compétent, n'est plus membre de l'ordre en raison d'une radiation disciplinaire. • CE 5 juill. 1985, *Roujansky,* nº 55098 : *Lebon T. 754* • 30 oct. 1989, *CDOM de la Loire,* nº 77920 : *Lebon 891.* ♦ En revanche, dès lors qu'à l'époque des faits qui lui sont reprochés, l'intéressé était inscrit au tableau de l'Ordre, le fait qu'il ait été radié du tableau postérieurement à ces faits et sur sa demande n'est pas de nature à retirer leur compétence aux juridictions disciplinaires, dans la mesure où cette radiation a pour origine une initiative de l'intéressé et non une initiative disciplinaire de l'Ordre. • CE 29 juill. 1994, *Bénard,* nº 145864 • 16 juin 2000, *Marti,* nº 196552 : *Lebon 231.*

Art. R. 4126-9 Lorsqu'une chambre disciplinaire est saisie d'une plainte qu'elle estime relever de la compétence d'une autre chambre disciplinaire, son président transmet sans délai le dossier à cette chambre, par une ordonnance non motivée et non susceptible de recours.

Il est toutefois compétent pour constater qu'il n'y a pas lieu de statuer.

Les décisions prises en application des deux alinéas ci-dessus sont notifiées sans délai aux parties.

Lorsque le président de la chambre, auquel un dossier a été transmis en application du premier alinéa, estime que cette juridiction n'est pas compétente, il transmet sans délai le dossier au président de la chambre nationale qui règle la question de compétence dans les formes prévues au premier alinéa.

Lorsqu'une chambre à laquelle une affaire a été transmise en application du premier alinéa n'a pas eu recours aux dispositions de l'alinéa précédent ou lorsqu'elle a été déclarée compétente par le président de la chambre nationale, sa compétence ne peut plus être remise en cause ni par elle-même, ni par les parties, ni d'office par le juge d'appel ou de cassation, sauf à soulever l'incompétence de la juridiction administrative.

Lorsque le président d'une chambre saisie d'une affaire constate qu'un des membres de la chambre est en cause ou estime qu'il existe une autre raison objective de mettre en cause l'impartialité de la chambre, il transmet le dossier, dans les formes prévues au premier alinéa, au président de la chambre nationale qui en attribue le jugement à la chambre qu'il désigne.

Les actes de procédure accomplis régulièrement devant la chambre saisie en premier lieu demeurent valables devant la chambre de renvoi à laquelle incombe le jugement de l'affaire.

SOUS-SECTION 2 **DÉLAIS**

Art. R. 4126-10 Le délai de six mois prévu à l'article L. 4124-1 court à compter de la date de réception par la chambre disciplinaire de première instance du dossier complet de la plainte.

A l'expiration de ce délai, toute partie peut demander au président de la chambre disciplinaire nationale de transmettre le dossier à une autre chambre disciplinaire. Cette demande n'a pas pour effet de dessaisir la chambre disciplinaire de première instance initialement saisie.

Lorsque des considérations de bonne administration de la justice le justifient, le président de la chambre disciplinaire nationale peut attribuer l'affaire à une chambre qu'il désigne.

Les délais prévus au présent article sont décomptés conformément aux dispositions des articles 640 à 644 du *(Décr. n° 2008-484 du 22 mai 2008, art. 22)* « code de procédure civile ».

SOUS-SECTION 3 **REQUÊTE ET PIÈCES JOINTES**

Art. R. 4126-11 Les dispositions des articles R. 411-3 à R. 411-6, R. 412-2 et R. 413-5 du code de justice administrative sont applicables devant les chambres disciplinaires de première instance.

Ces dispositions, ainsi que celles de l'article R. 411-1 du même code, sont également applicables devant la chambre disciplinaire nationale.

SOUS-SECTION 4 **PROCÉDURE**

Art. R. 4126-12 Dès réception de la plainte ou de la requête et des pièces jointes requises, la plainte, le mémoire et les pièces jointes sont notifiés dans leur intégralité en copie au praticien mis en cause.

La notification invite celui-ci à produire un mémoire en défense ainsi que toutes pièces utiles dans le nombre d'exemplaires requis et dans le délai fixé par le président de la chambre disciplinaire. Ce délai ne peut être inférieur à un mois à compter de la réception de la notification de la plainte. Toutefois, lorsque la chambre est saisie en application des dispositions de l'article L. 4113-14, le délai prévu à l'alinéa précédent peut être réduit à quinze jours.

Le premier mémoire du défendeur ainsi que les pièces jointes sont communiqués aux parties dans les conditions fixées par les dispositions des articles R. 611-3 et R. 611-5 du code de justice administrative. Les répliques, autres mémoires et pièces sont communiqués s'ils contiennent des éléments nouveaux.

Lorsqu'une des parties appelées à produire un mémoire n'a pas respecté le délai qui lui a été imparti, le président de la formation de jugement peut lui adresser une mise en demeure.

Art. R. 4126-13 Les parties sont averties qu'elles ont la faculté de choisir un défenseur.

Le Conseil national ou le conseil départemental de l'ordre peuvent se faire représenter par un membre titulaire ou suppléant de leur conseil, les syndicats par un de leurs membres.

Les praticiens, qu'ils soient plaignants, requérants ou objets de la poursuite, peuvent se faire assister soit par un avocat, soit par un confrère inscrit au tableau de l'ordre auquel ils appartiennent, soit par l'un et l'autre.

Les membres d'un conseil de l'ordre ne peuvent être choisis comme défenseurs.

Les parties qui ont fait choix d'un défenseur en informent le greffe par écrit.

1. Ministère d'avocat. L'art. R. 4126-13 permet aux praticiens de se faire assister par un confrère inscrit au tableau de l'ordre auquel ils appartiennent ; mais lorsque l'auteur de la plainte est un patient, celui-ci ne peut se faire assister ou représenter que par un avocat. • CE 22 févr. 2012, ♔ *Mme S.*, n° 333713 : *Lebon 56.*

2. Actes de procédure. Les actes de procédure doivent être accomplis à l'égard du praticien poursuivi lorsqu'il se fait assister par un confrère ; en revanche, s'il a choisi comme défenseur un avocat, ces actes sont valablement accomplis à l'égard de cet avocat, lequel a la qualité de mandataire au sens de l'art. R. 411-6 CJA. • CE 15 déc. 2010, ♔ *Francine A.*, n° 330108.

Art. R. 4126-14 Le conseil départemental au tableau duquel le praticien est inscrit reçoit communication des mémoires et pièces produites par les parties. Ce conseil peut produire des observations dans les conditions de nombre et de délai requis dans la notification. Celles-ci sont communiquées aux parties.

Si, au cours de l'instruction, le praticien poursuivi change de département d'exercice, le conseil départemental au tableau duquel l'intéressé est nouvellement inscrit reçoit également les mémoires et pièces versés au dossier et peut produire des observations dans les mêmes conditions. — *La procédure s'applique en cas de changement d'inscription entre la métropole, les départements d'outre-mer, Mayotte, la Nouvelle-Calédonie, la Polynésie française et Wallis-et-Futuna (Décr. n° 2007-434 du 25 mars 2007, art. 7-IV, JO 27 mars).*

Art. R. 4126-15 Lorsque la plainte ou des conclusions sont entachées d'une irrecevabilité susceptible d'être couverte en cours d'instance, la juridiction ne peut les rejeter en relevant d'office cette irrecevabilité qu'après avoir invité leur auteur à les régulariser. Toutefois, la chambre disciplinaire nationale peut rejeter de telles conclusions sans demande de régularisation préalable pour les cas d'irrecevabilité tirés de la méconnaissance d'une obligation mentionnée dans la notification de la décision attaquée.

La demande de régularisation mentionne que, à défaut de régularisation, la plainte ou les conclusions pourront être rejetées comme irrecevables dès l'expiration du délai imparti qui, sauf urgence, ne peut être inférieur à quinze jours. La demande de régularisation tient lieu de l'information prévue à l'article R. 611-7 du code de justice administrative.

S'agissant de l'irrecevabilité prévue à l'article R. 411-3 du code de justice administrative, la demande de régularisation peut prendre la forme d'une mise en demeure signée par le président de la formation de jugement, qui mentionne qu'à l'expiration du délai imparti, qui ne peut être inférieur à un mois, cette irrecevabilité n'est plus susceptible d'être couverte en cours d'instance.

Délai de régularisation. Lorsque la chambre disciplinaire de première instance ou la chambre disciplinaire nationale décide qu'il y a lieu d'inviter le professionnel poursuivi à régulariser une pièce de la procédure, elle fixe un délai de régularisation qui peut être, en cas d'urgence, ramené à moins de quinze jours, sans toutefois que ce délai porte atteinte au caractère contradictoire de la procédure. • CE 16 févr. 2011, *Bernstein*, n° 335451. ♦ Il y a atteinte au contradictoire lorsque la juridiction adresse une demande de régularisation après la date de clôture de l'instruction qu'elle a elle-même fixée. • Même arrêt.

Art. R. 4126-16 Les articles du code de justice administrative R. 611-2 à R. 611-5 relatifs à la communication des mémoires et pièces, le premier alinéa de l'article R. 611-7 et les articles R. 613-1, à l'exception de sa dernière phrase, à R. 613-4 relatifs à la clôture de l'instruction sont applicables devant les chambres disciplinaires de première instance et devant la chambre disciplinaire nationale.

SECTION V INSTRUCTION

(Décr. n° 2007-434 du 25 mars 2007, art. 3-III)

SOUS-SECTION 1 DÉSIGNATION ET RÔLE DU RAPPORTEUR

Art. R. 4126-17 Dès enregistrement au greffe de la plainte ou de la requête, le président désigne parmi les membres de la chambre disciplinaire un rapporteur. Celui-ci ne peut être choisi ni parmi les conseillers membres du conseil départemental plaignant ni parmi les conseillers membres du conseil départemental au tableau duquel le praticien poursuivi est inscrit.

Art. R. 4126-18 Le rapporteur a qualité pour entendre les parties, recueillir tous témoignages et procéder à toutes constatations utiles à la manifestation de la vérité. Il peut demander aux parties toutes pièces ou tous documents utiles à la solution du litige.

Le rapporteur dresse un procès-verbal de chaque audition. Il est donné lecture à chaque partie ou chaque témoin de sa déposition. Le procès-verbal est signé par le rapporteur et la personne entendue ou mention est faite qu'il ne peut ou ne veut pas signer.

Les pièces recueillies par le rapporteur et les procès-verbaux d'audition sont versés au dossier et sont communiqués aux parties qui sont invitées à présenter des observations dans les mêmes conditions que les mémoires.

Le rapporteur remet au président de la chambre son rapport qui constitue un exposé objectif des faits, des pièces du dossier et des actes d'instruction accomplis.

1. Participation du rapporteur au délibéré. Les attributions du rapporteur ne diffèrent pas de celles que la formation collégiale de jugement pourrait elle-même exercer, et ne lui confèrent pas le pouvoir de décider par lui-même de modifier le champ de saisine de la juridiction ; elles n'ont pas non plus pour effet de lui conférer des fonctions qui, au regard du principe d'impartialité comme des autres stipulations de l'art. 6, § 1, Conv. EDH, forment obstacle à sa participation au délibéré de la section disciplinaire (principe). • CE 3 déc. 1999, *Leriche*, n° 195512 : *Lebon 402, concl. Schwartz ; JCP 2000. II. 10267, note Sudre ; AJDA 2000. 126, obs. Guyomar et Collin* ♦ Solution transposée ensuite aux juridictions disciplinaires des professions de santé. • CE 4 févr. 2000, *Bartoletti*, n° 191293 • CE 30 juin 2000, *Grossetête*, n° 196432 : *Lebon T. 1195* • CE 14 avr. 2010, *Geneviève B.*, n° 319947.

2. Contradictoire. En vertu des règles générales de procédure applicables à toute juridiction, lorsque le juge est saisi postérieurement à la clôture de l'instruction d'un mémoire émanant de l'une des parties à l'instance, et conformément au principe selon lequel, devant les juridictions administratives, le juge dirige l'instruction, il lui appartient, dans tous les cas, de prendre connaissance de ce mémoire avant de rendre sa décision, ainsi que de le viser sans l'analyser. Le juge a toujours la faculté, dans l'intérêt d'une bonne justice, de tenir compte de ce mémoire, après l'avoir visé et, cette fois, analysé ; mais il n'est tenu de le faire, à peine d'irrégularité de sa décision, que si ce mémoire contient : 1) soit l'exposé d'une circonstance de fait dont la partie qui l'invoque n'était pas en mesure de faire état avant la clôture de l'instruction écrite et que le juge ne pourrait ignorer sans fonder sa décision sur des faits matériellement inexacts, 2) soit d'une circonstance de droit nouvelle ou que le juge devrait relever d'office. Dans tous les cas où il est amené à tenir compte de ce mémoire, il doit le soumettre au débat contradictoire, soit en suspendant l'audience pour permettre à l'autre partie d'en prendre connaissance et de préparer ses observations, soit en renvoyant l'affaire à une audience ultérieure (ordres des vétérinaires, sol. transp.). • CE 12 juill. 2006, *Delmée*, n° 272691. ♦ Inversement, en l'absence d'éléments nouveaux, le contradictoire n'est pas nécessaire. • CE 15 déc. 2010, *Francine A.*, n° 330108.

3. Récusation. Alors même que le rapporteur ne délibère pas sur l'affaire qu'il rapporte, l'existence d'une cause de récusation en sa personne entache d'irrégularité la décision prise sur son rapport. • CE 30 nov. 2016, *M. J. I.*, n° 381856 : *Lebon ; AJDA 2017. 150* (ordre des vétérinaires, sol. transposable).

SOUS-SECTION 2 EXPERTISE

Art. R. 4126-19 Les articles R. 621-1 à R. 621-11 et R. 621-14 du code de justice administrative relatifs à l'expertise sont applicables devant les chambres disciplinaires de première instance et devant les chambres disciplinaires nationales. Les compétences conférées aux présidents des tribunaux administratifs et à ceux des cours administratives d'appel sont exercées respectivement par les présidents des chambres disciplinaires de première instance et par les présidents des chambres disciplinaires nationales.

SOUS-SECTION 3 ENQUÊTE

Art. R. 4126-20 Les articles R. 623-1 à R. 623-7 du code de justice administrative relatifs à l'enquête sont applicables devant les chambres disciplinaires de première instance et nationales.

1. Modes de preuve. Les enregistrements sonores des échanges intervenus entre le centre 15 et le médecin poursuivi ne relèvent pas du secret de la correspondance privée et peuvent être régulièrement produits par l'une des parties à l'instance. • CDNOM 21 janv. 2016, n° 12466.

2. Preuve apportée par un tiers en méconnaissance du secret. La circonstance qu'une sanction disciplinaire prononcée à l'encontre d'un praticien serait fondée sur des pièces dont la production aurait été faite de sa propre initiative, par un tiers, en méconnaissance d'une obligation de secret propre à ce dernier (en l'espèce un agent de l'administration fiscale), n'est pas par elle-même de nature à entacher la régularité ou le bien-fondé de la décision du juge disciplinaire ; il incombe seulement à celui-ci, après avoir soumis de telles pièces au débat contradictoire, de tenir compte de leur origine et des conditions dans lesquelles elles sont produites pour en apprécier, au terme de la discussion contradictoire devant lui, le caractère probant. • CE 18 janv. 2017, n° 394562 : *Lebon ; RGDM 2017/6, n° 63, p. 15, concl. Dieu, note Clément.*

SOUS-SECTION 4 DISPOSITIONS DIVERSES

Art. R. 4126-21 Le décès du praticien poursuivi met immédiatement et définitivement fin à la procédure tant devant la chambre disciplinaire de première instance que devant la chambre disciplinaire nationale.

Art. R. 4126-22 Les articles R. 626-4 et R. 636-1 du code de justice administrative relatifs à la notification des mesures d'instruction et au désistement sont applicables devant les chambres disciplinaires de première instance et nationales.

SECTION VI JUGEMENT

(Décr. n° 2007-434 du 25 mars 2007, art. 3-III)

SOUS-SECTION 1 ABSTENTION, EMPÊCHEMENT ET RÉCUSATION

Art. R. 4126-23 Le membre de la juridiction qui suppose en sa personne une cause de récusation ou estime en conscience devoir s'abstenir se fait remplacer par un autre membre que désigne le président de la juridiction.

En cas d'empêchement ou d'abstention d'un membre titulaire de la chambre disciplinaire, ou si celui-ci acquiesce à une demande de récusation, il peut être remplacé indifféremment par un des membres suppléants, quel que soit le conseil départemental au tableau duquel ce dernier est inscrit.

Faute en l'absence d'abstention. Le médecin qui méconnaît l'obligation de l'art. R. 4126-23 déconsidère sa profession (art. R. 4127-31) eu égard à l'importance du respect du principe d'impartialité par les membres des juridictions. • CDNOM 27 avr. 2016, *Dr. Richard B.*, n° 12440 (interdiction de deux mois).

Art. R. 4126-24 Les articles R. 721-2 à R. 721-9 du code de justice administrative relatifs à l'abstention et à la récusation sont applicables devant les chambres disciplinaires de première instance et nationales.

SOUS-SECTION 2 TENUE DE L'AUDIENCE ET DÉLIBÉRÉ

Art. R. 4126-25 Le rôle de chaque audience est établi par le président de la chambre disciplinaire.

Les parties sont convoquées à l'audience. La convocation doit parvenir aux parties quinze jours au moins avant la date de l'audience.

Les délais supplémentaires de distance s'ajoutent conformément aux dispositions des articles 643 et 644 du *(Décr. n° 2008-484 du 22 mai 2008, art. 22)* « code de procédure civile ».

Toutefois, lorsque la chambre est saisie en application des dispositions de l'article L. 4113-14, le délai supplémentaire de distance d'un mois peut être réduit à quinze jours et le délai de deux mois à un mois.

1. Grief nouveau en cours d'audience. Alors même que le praticien poursuivi en aurait été avisé à l'audience, tout grief nouveau, distinct du reproche retenu par les premiers juges comme de celui envisagé en cours de procédure par le juge d'appel, ne peut être régulièrement retenu pour caractériser un comportement fautif, dès lors que l'intéressé n'a pas été mis à même de s'en expliquer utilement dans le cadre de la procédure écrite devant la chambre disciplinaire nationale. • CE 15 déc. 2010, *Thillaud*, n° 329246 : *Lebon T. 833 ; ibid. 961.* ♦ *A contrario : • CE 29 janv. 1997, CPAM de Rouen*, n° 155012.

2. Secret du délibéré. La parution, entre la date de l'audience publique et celle où la décision a été rendue publique, d'un article dans un magazine local selon lequel le praticien poursuivi « devrait avoir une peine au moins aussi conséquente que celle prononcée en première instance » relève de l'hypothèse et ne fait aucune référence au délibéré ; l'existence d'une violation du secret des délibérations ne peut donc être tenue pour établie. • CE 11 juill. 2012, *M. A.*, n° 329963.

3. Note en délibéré. Lorsque la juridiction a l'intention de lire la décision le jour même, le président est tenu d'en informer les parties, au plus tard lors de l'audience publique, afin de leur permettre de produire, si elles le jugent utile, une note en délibéré même après l'audience. • CE 17 juill. 2013, *SELAFA Biopaj*, n° 351931 : *Lebon T. 772 ; ibid. 778 ; ibid. 818 ; AJDA 2013. 2188* (pharmacien, sol. transp.). ♦ V. aussi :

• CE 17 juill. 2013, *Selas Pokorny et a.*, n° 351932.

4. Défense, prise de parole en dernier. Les principes généraux du droit disciplinaire impliquent que, lors de l'audience, la personne poursuivie soit mise à même de prendre la parole en dernier. • CE 7 déc. 2015, *Mme A.*, n° 376387 : *Lebon ; AJDA 2015. 2408*.

Art. R. 4126-26 **Les affaires sont examinées en audience publique. Toutefois, le président peut, d'office ou à la demande d'une des parties, après avoir, le cas échéant, pris l'avis du rapporteur, interdire l'accès de la salle pendant tout ou partie de l'audience dans l'intérêt de l'ordre public ou lorsque le respect de la vie privée ou du secret médical le justifie.**

1. Le principe de publicité. Dès avant le Décr. du 25 mars 2007, le principe de l'applicabilité de l'art. 6, § 1, Conv. EDH au contentieux disciplinaire est posé par la CEDH. • CEDH 23 juin 1981, *Le Compte, Van Leuven et de Meyere c/ Belgique*, nos 6878/75 et 7238/75 (§ 59) : *Gaz Pal. 1981. 2. 775, note Delamare ; ibid. 1982. 1. 338, note Flauss ; RDSS 1982. 57, note Dubouis* • CEDH 26 sept. 1995, *Diennet c/ France*, n° 18160/91 : *AJDA 1996. 124, obs. Flauss (§ 33)*. ♦ Le Conseil d'État s'est aligné, à propos d'abord de la juridiction disciplinaire des avocats… • CE 14 févr. 1996, *Maubleu*, n° 132369 : *Lebon 34, concl. Sanson ; AJDA 1996. 358, chron. Stahl et Chauvaux ; JCP 1996, n° 29669, note Lascombe et Vion ; RFDA 1996. 1186, concl. Sanson*. ♦ … Puis de celle des médecins… • CE 26 juill. 1996, *Pandit*, n° 143106 : *Lebon 303 ; D. 227*. ♦ … Puis de celle des pharmaciens. • CE 2 avr. 1997, *Mme X*, n° 157086. ♦ Revirement sur ce point : • CE, sect., 27 oct. 1978, *Debout*, n° 07103 : *Lebon 395, concl. Labetoulle ; RDSS 1979. 59, note Dubouis ; ibid. 210, note Auby* • CE, ass., 11 juill. 1984, *Subrini*, nos 41744 et 41743 : *Lebon 259 ; AJDA 1984. 539, chron. Schoettl et Hubac ; D. 1985. 150, concl. Genevois ; Rev. adm. 1984. 482, note Pacteau ; RDSS 1985. 25, note Dubouis.*

2. Portée du principe de publicité. Ce principe inclut dans son champ toutes les audiences, y compris celles au cours desquelles il est décidé d'un renvoi à une date ultérieure pour une partie des débats (vétérinaire, sol. transp.). • CE 28 juin 1999, *Moris*, n° 181158. ♦ …Ou celles portant sur une demande de bénéfice de l'amnistie (pharmacien, sol. transp.). • CE 6 mars 2000, *Begassat-Piquet*, n° 189678 : *Lebon T. 1212.*

3. Publicité effective. La publicité des audiences n'est pas effective lorsque la chambre nationale de discipline se borne à ouvrir les portes de la salle d'audience qui est située à l'intérieur d'un immeuble à l'extérieur duquel est apposée une plaque indiquant « Accès interdit à toute personne étrangère à l'immeuble » (experts-comptables, sol. transp.). • CE 3 févr. 1999, *M. Fouquet*, n° 161541 : *D. 1999. 60*. ♦ Une entrée publique autonome est nécessaire (sol. transp.). • CE 18 nov. 2011, *ADDE et a.*, n° 335532 : *AJDA 2012. 217, concl. Botteghi*.

4. Huis clos. En décidant, après s'être référée de façon précise aux circonstances de l'espèce, qu'une audience ne serait pas publique, la juridiction disciplinaire se livre à une appréciation souveraine qui n'est pas susceptible d'être discutée devant le juge de cassation. • CE 11 juill. 2001, *Mme Bonnet ; n° 214061 : Lebon 375.*

Art. R. 4126-27 **Les décisions sont prises par la formation de jugement, à la majorité des voix, hors la présence des parties.**

En cas de partage des voix, la voix du président est prépondérante.

Art. R. 4126-28 **Les articles R. 731-1, R. 731-2 et R. 731-5 du code de justice administrative relatifs à la tenue de l'audience et au délibéré sont applicables devant les chambres disciplinaires de première instance et nationales.**

SOUS-SECTION 3 DÉCISION

Art. R. 4126-29 ***La*** **décision contient le nom des parties, la qualification professionnelle du praticien objet de la plainte, l'analyse des conclusions et mémoires ainsi que les visas des dispositions législatives ou réglementaires dont elle fait application.**

Mention y est faite que le rapporteur et, s'il y a lieu, les parties, leurs mandataires ou défenseurs ainsi que toute personne convoquée à l'audience ont été entendues.

La décision mentionne que l'audience a été publique ou, au cas contraire, comporte le visa de l'ordonnance de huis clos.

La décision fait apparaître la date de l'audience et la date à laquelle elle a été rendue publique.

Elle mentionne les noms du président et des assesseurs. Son dispositif mentionne le nom des parties et autorités auxquelles elle est notifiée.

Le dispositif des décisions est divisé en articles et précédé du mot "décide".

La minute de la décision est signée par le président de la formation de jugement et le greffier de l'audience.

1. Règle générale de procédure. S'il est possible d'anonymiser des copies ou des extraits d'une décision rendue par une chambre disciplinaire en vue de son affichage ou de son envoi à des tiers (art. R. 4126-37), la minute d'une telle décision doit, dans tous les cas, conformément aux règles générales de procédure applicables devant l'ensemble des juridictions administratives, mentionner le nom des parties. • CE 18 mars 2015, *M. A.*, n° 374644 : *Lebon T. ; AJDA 2015. 1076*.

2. Audition des personnes convoquées. Si l'art. R. 4126-29 prévoit que toute personne convoquée (en l'espèce le représentant du conseil départemental) à l'audience y est entendue même lorsqu'elle n'a pas produit d'observations écrites avant la clôture de l'instruction, le respect du caractère contradictoire de la procédure, des droits du praticien poursuivi, et du caractère essentiellement écrit de la procédure impose toutefois : 1/ que la chambre disciplinaire nationale ne tienne pas compte de circonstances de fait ou d'éléments de droit exposés par la personne entendue dont il n'aurait pas été fait état par écrit avant la clôture de l'instruction sans rouvrir celle-ci et les soumettre au débat contradictoire écrit ; 2/ que, si les propos de la personne entendue sont de nature à exercer une influence sur la décision de la juridiction disciplinaire et qu'il ne peut utilement y être répondu pendant l'audience, l'affaire soit rayée du rôle et l'instruction rouverte. • CE 21 oct. 2015, n° 381754 : *Lebon*.

3. Diffamation. La loi du 29 juillet 1881 sur la liberté de la presse (art. 41) interdit toute action en diffamation, injure ou outrage à l'encontre des comptes rendus fidèles faits de bonne foi des débats judicaires, et des discours prononcés ou les écrits produits devant les tribunaux, tout en autorisant le juge à prononcer la suppression des discours injurieux, outrageants ou diffamatoires, et condamner qui il appartiendra à des dommages-intérêts ; il en résulte que le libre exercice du droit d'agir et de se défendre en justice fait obstacle à ce qu'un justiciable puisse faire l'objet, au titre de propos tenus ou d'écrits produits par lui dans le cadre d'une instance juridictionnelle, en plus des mesures prévues par la loi de 1881, de poursuites disciplinaires fondées sur le caractère diffamatoire de ces propos ou écrits. • CE 22 mai 2015, *M. A.*, n° 370429 : *Lebon T. ; AJDA 2015. 1727*.

4. Note en délibéré. La chambre disciplinaire nationale est tenue de faire application, comme toute juridiction administrative, des règles générales relatives à toutes les productions postérieures à la clôture de l'instruction ; ainsi il lui appartient, dans tous les cas, de prendre connaissance des notes en délibéré et de les viser. • CE 27 févr. 2015, *M. B.*, n° 376381.

Art. R. 4126-30 Les décisions de la chambre disciplinaire prononçant une peine d'interdiction temporaire d'exercer la profession ou de radiation ou les ordonnances de son président fixent la période d'exécution ou la date d'effet de cette sanction en tenant compte du délai d'appel et, s'agissant de la chambre nationale, le cas échéant, du délai d'opposition.

Si la décision ne précise pas de période d'exécution, la peine est exécutoire le lendemain du jour où elle devient définitive.

(Décr. n° 2014-545 du 26 mai 2014, art. 3) « Lorsque les faits reprochés à l'intéressé ont révélé une insuffisance de compétence professionnelle du praticien, la chambre disciplinaire peut lui enjoindre, en application de l'article L. 4124-6-1, de suivre une formation, sauf si la chambre est informée qu'une expertise ordonnée en application de l'article R. 4124-3-5 est en cours de réalisation ou a été réalisée dans l'année précédant l'enregistrement de la plainte sur laquelle elle a statué.

« La chambre transmet sa décision au conseil régional ou interrégional qui met en œuvre la procédure prévue aux articles R. 4124-3-5 à R. 4124-3-7 afin, notamment, de définir les modalités de la formation enjointe par la chambre disciplinaire et de prononcer, le cas échéant, une décision de suspension temporaire, totale ou partielle, du droit d'exercer. Le conseil régional ou interrégional tient la chambre informée des suites réservées à sa décision. »

Les dispositions du Décr. n° 2014-545 du 26 mai 2014 sont entrées en vigueur, pour les infirmiers, le 1er janv. 2015. Elles ne sont pas applicables à Mayotte, à Saint-Martin et à Saint-Barthélemy (Décr. préc., art. 9-I et II).

1. Non-prise en compte du pourvoi en cassation. L'art. R. 4126-30 implique que la notification de la décision d'une juridiction disciplinaire d'appel (prononçant ou confirmant une peine d'interdiction temporaire d'exercice) informe le praticien concerné que le pourvoi en cassation n'a pas d'effet suspensif, et que le sursis à exécution de cette décision de justice peut être demandé au Conseil d'État. • CE 4 oct. 2010, *Pascal A.*, n° 326231 : *Lebon 362 ; AJDA 2010.*

2388 ✎. ♦ Si l'art. R. 4126-30 impose à la juridiction d'appel, pour fixer la période d'exécution ou la date d'effet d'une sanction, de tenir compte du délai d'exercice des voies de recours, cette obligation ne concerne que la seule voie de l'opposition. • Même arrêt.

2. Délai d'opposition. L'art. R. 4126-30 n'impose à la juridiction d'appel de tenir compte du délai d'exercice des voies de recours qu'en ce qui concerne la seule voie de l'opposition. • CE 31 mars 2014, *M. A.*, n° 342699 : *Lebon.*

3. Fixation des dates d'exécution. Le choix des dates d'exécution de la sanction n'a pas à être motivé. • CE 26 janv. 1996, *Guedj*, n° 167966 : *Lebon 24 ; AJDA 1996. 335* ✎.

4. Fixation des dates d'exécution en appel. Il appartient à la juridiction disciplinaire d'appel, après rejet par le Conseil d'État du pourvoi en cassation formé par le praticien poursuivi, de fixer la période d'exécution de la sanction infligée ; la décision qu'elle prend alors est une décision juridictionnelle qui doit être soumise à l'ensemble des règles de procédure applicables à ces décisions ; irrégularité en conséquence d'une décision fixant les dates d'exécution, ne faisant pas mention d'une audience publique à laquelle l'intéressé aurait été convoqué pour y être entendu. • CE 17 déc. 2003, *Arvis*, n° 241543 : *Lebon T. 973.*

Art. R. 4126-31 Les articles du code de justice administrative R. 741-11 relatif à la rectification des erreurs matérielles, R. 741-12 relatif à l'amende pour recours abusif, R. 742-2 à l'exception du dernier alinéa et R. 742-4 à R. 742-6 relatifs aux dispositions propres aux ordonnances sont applicables devant les chambres disciplinaires. Pour l'application de ces dispositions, les compétences conférées au président du tribunal administratif sont exercées par le président de la chambre disciplinaire de première instance.

Amende. Pour un exemple d'amende pour recours abusif (1500 €) avec condamnation à dommages et intérêts pour plainte abusive et retrait de l'aide juridictionnelle, V. • CDNOM 28 févr. 2013, *Dr. Marlène B.*, n° 11260. ♦ Le désistement du plaignant fait toutefois obstacle à ce qu'une amende lui soit infligée. • CDNOM 10 mars 2014, *Dr. Leila O.*, n° 11727.

SOUS-SECTION 4 NOTIFICATION DE LA DÉCISION

Art. R. 4126-32 La lettre de notification qui accompagne l'ampliation de la décision de la chambre disciplinaire de première instance ou de l'ordonnance de son président indique le délai dans lequel l'appel peut être formé et précise que celui-ci a un effet suspensif. Elle indique également que la décision contestée doit être jointe.

La notification est faite le même jour pour toutes les parties, au dernier domicile connu, par lettre recommandée avec avis de réception ou, le cas échéant, par voie de signification par huissier.

Adresse de notification. La notification déclenche le délai dès lors qu'elle est envoyée à l'adresse que l'intéressé a fait connaître à la juridiction. • CE 6 nov. 2017, n° 394695 : *Lebon.*

Art. R. 4126-33 Les décisions de la chambre disciplinaire de première instance et les ordonnances de son président sont notifiées par le greffe au praticien poursuivi et le cas échéant à son avocat, à l'auteur de la plainte, au conseil départemental qui a transmis la plainte ou qui l'a formée, au conseil départemental au tableau duquel le praticien est inscrit à la date de la notification, *(Décr. n° 2010-344 du 31 mars 2010, art. 117)* « au procureur de la République près le tribunal de grande instance dans le ressort duquel le praticien est inscrit au tableau, au directeur général de l'agence régionale de santé », au Conseil national de l'ordre intéressé et au ministre chargé de la santé.

Si le praticien exerce en plusieurs lieux, les mêmes décisions et ordonnances sont communiquées aux conseils départementaux et autorités départementales et régionales dans le ressort de ces lieux d'exercice.

Si le praticien exerce à Saint-Pierre-et-Miquelon, la décision est notifiée à la délégation prévue à l'article L. 4123-15.

Art. R. 4126-34 Lorsque le praticien poursuivi exerce dans un établissement de santé, les décisions et ordonnances sont notifiées au *(Décr. n° 2010-344 du 31 mars 2010, art. 117)* « directeur général de l'agence régionale de santé », qui les communique au directeur de cet établissement.

Art. R. 4126-35 Si le praticien, objet d'une des peines d'interdiction d'exercer prévues au 3° et au 4° de l'article L. 4124-6 ou de la peine de la radiation, est chargé de fonctions d'enseignement, les décisions et ordonnances sont communiquées, dès qu'elles sont devenues définitives et exécutoires, au recteur de l'académie dans laquelle il enseigne.

Art. R. 4126-36 Lorsque le praticien mis en cause est ressortissant d'un État membre de la Communauté européenne ou partie à l'accord sur l'Espace économique européen autre que la France, la décision de la chambre disciplinaire de première instance est notifiée aux autorités compétentes de l'État membre ou partie d'origine et de l'État membre ou partie de provenance.

Lorsqu'il s'agit d'un praticien français ou ressortissant de l'un des États membres de la Communauté européenne ou parties à l'accord sur l'Espace économique européen qui, au jour de la notification, s'est établi ou a demandé son établissement dans un des États membres de la Communauté européenne ou parties à l'accord sur l'Espace économique européen, la décision est, en outre, notifiée à l'autorité compétente de l'État membre ou partie d'accueil.

L'autorité compétente de tout État membre de l'Union européenne ou partie à l'accord sur l'Espace économique européen peut obtenir, sur simple demande, copie d'une décision d'une chambre disciplinaire, par tout support y compris par voie électronique. L'autorité compétente auteur de la demande est informée du caractère définitif ou non de la décision communiquée.

Art. R. 4126-37 La décision de la chambre disciplinaire de première instance est rendue publique par affichage.

Les noms et adresses des parties peuvent être rendus anonymes par la chambre disciplinaire, notamment lorsque ces mentions pourraient porter atteinte au respect de la vie privée ou du secret médical.

Il en est de même dans les copies adressées aux tiers.

BIBL. ▸ MAILLARD, Fin de vie – haro sur la procédure collégiale : l'article 37-2 (III) du code de déontologie médicale à l'épreuve du Conseil constitutionnel, *RGDM 2017/6, n° 63, p. 163.*

Art. R. 4126-38 Le Conseil national de l'ordre informe l'ensemble des conseils départementaux, par tout support, des décisions rendues par les chambres disciplinaires de première instance, devenues définitives et exécutoires, prononçant la peine de l'interdiction d'exercer ou de radiation du tableau.

Art. R. 4126-39 Font l'objet des notifications prévues aux articles R. 4126-36 et R. 4126-38 les ordonnances prises en application de l'article R. 4126-5 et fixant une période d'exécution pour une peine d'interdiction d'exercer ou pour la peine de radiation.

Art. R. 4126-40 Les décisions de la chambre disciplinaire de première instance et les ordonnances de son président deviennent définitives le lendemain de l'expiration du délai d'appel si aucun appel n'est formé.

Lorsqu'un appel est formé, la décision de la chambre disciplinaire de première instance devient définitive à la date de notification au praticien de la décision de la chambre disciplinaire nationale ou de l'ordonnance de son président rejetant l'appel.

Caractère exécutoire, dates. Dans le cas où le requérant se désiste de l'appel qu'il a formé contre une sanction prononcée à son encontre en première instance, la sanction devient exécutoire non à la date du délibéré qui lui donne acte de son désistement, mais à la date à laquelle cette décision donnant acte du désistement devient elle-même exécutoire. • CE 26 janv. 1996, *Guedj*, n° 167966 : *Lebon 24 ; AJDA 1996. 335*. ♦ Il en résulte que l'effet suspensif de l'appel à l'égard de la décision de première instance ne prend fin qu'à cette même date ; le médecin qui interrompt son activité professionnelle avant cette date ne peut être regardé comme exécutant la sanction prononcée. • Même arrêt. ♦ Le juge disciplinaire d'appel peut fixer de sa propre initiative la date à laquelle sa décision, et par suite la sanction prononcée en première instance, devient obligatoire. • Même arrêt.

SOUS-SECTION 5 FRAIS ET DÉPENS

Art. R. 4126-41 Les dépens d'une décision de la chambre disciplinaire de première instance ou d'une ordonnance de son président prise en application de l'article R. 4126-5 devenue définitive ou réformée par la chambre disciplinaire nationale sur la charge des dépens sont recouvrés par le conseil régional ou interrégional de l'ordre.

Les dépens d'une décision de la chambre disciplinaire nationale sont recouvrés par le Conseil national.

Les décisions et ordonnances définitives de condamnation constituent le titre exécutoire de recouvrement des dépens.

Lorsque, pour recouvrer les dépens, le conseil régional ou interrégional ou le Conseil national de l'ordre doit mettre en œuvre les voies d'exécution de droit commun, les frais déboursés à cet effet s'ajoutent aux dépens.

Lorsque les dépens sont mis à la charge de l'État, il est fait application des procédures applicables à l'exécution des décisions administratives.

Art. R. 4126-42 **L'article R. 761-1 du code de justice administrative est applicable devant les chambres disciplinaires.**

En cas de désistement, les dépens peuvent être mis à la charge du plaignant ou du requérant.

Frais postaux. L'envoi de lettres de notification de décisions juridictionnelles et de convocations à l'audience relève des actes et procédures de la juridiction et ne saurait être assimilé à des mesures d'instruction, d'expertise ou d'enquête au sens de l'art. R. 761-1 CJA (applicable par renvoi) ; ces frais ne peuvent donc être mis à la charge des parties. • CE 23 juill. 2010, *Mme Jin,* n° 330569 • CDNOM 22 mars 2011, *Corinne H. : nos 10710 et 10711.*

SECTION VII VOIES DE RECOURS

(Décr. n° 2007-434 du 25 mars 2007, art. 3-III)

Art. R. 4126-43 **Les règles de procédure définies aux sections 3 à 6 sont applicables devant la chambre disciplinaire nationale, sous réserve des dispositions qui suivent.**

SOUS-SECTION 1 APPEL

Art. R. 4126-44 **Le délai d'appel est de trente jours à compter de la notification de la décision.**

Le défaut de mention, dans la notification de la décision de la chambre disciplinaire de première instance, du délai d'appel de trente jours emporte application du délai de deux mois.

Si la notification est revenue au greffe avec la mention "non réclamée", l'appel est recevable dans le délai de trente jours qui suit la date de présentation de la lettre recommandée.

Si la notification est revenue au greffe avec la mention "n'habite pas à l'adresse indiquée", l'appel est recevable dans le délai de trente jours qui suit la date du cachet de la poste.

1. Entrée en vigueur. Il résulte des dispositions du quatrième al. de l'art. 44 de la L. du 4 mars 2002, que mettent en œuvre les dispositions de l'art. 9 du Décr. du 25 mars 2007, que le droit pour les praticiens déposant une plainte devant les chambres disciplinaires de première instance de faire appel, énoncé par l'art. 18 de la L. du 4 mars 2002, est applicable aux affaires engagées postérieurement à la mise en place des chambres disciplinaires résultant de la proclamation des résultats des élections par le Conseil national de l'Ordre des médecins et de la publication de la nomination des présidents des chambres disciplinaires, soit au plus tôt le 30 juin 2007. • CE 7 juill. 2010, *Mahieu,* n° 322555 : *Lebon T. 621, ibid. 961.*

2. Délai franc. Le délai d'appel de trente jours, qui ne se confond pas avec un délai d'un mois, est un délai de procédure qui, en l'absence de disposition contraire, est franc ; s'il expire normalement un samedi, un dimanche ou un jour férié ou chômé, il est prorogé jusqu'au premier jour ouvrable suivant. • CE 9 juin 2011, *M. Jean-Luc A.,* n° 336113.

3. Moyens recevables. V. notes ss. art. L. 4122-3.

4. Appel incident. V. notes ss. art. L. 4122-3.

Art. R. 4126-45 **L'appel doit être déposé ou adressé par voie postale au greffe de la chambre disciplinaire nationale.**

Dès réception de la requête d'appel, le greffe avertit tous les destinataires de la décision attaquée de l'enregistrement de l'appel et de son effet suspensif. Il en avise également la chambre disciplinaire de première instance qui lui transmet dans les huit jours le dossier de l'affaire.

Toutefois, si, dès réception de l'appel, le président statue par voie d'ordonnance en application des dispositions de l'article R. 4126-5, les destinataires de la décision attaquée reçoivent notification de cette ordonnance sans avoir à être informés au préalable de l'appel.

Si le caractère suspensif de l'appel a eu un effet sur la période d'exécution de la peine fixée dans la décision de première instance, le président fixe, par la même ordonnance, de nouvelles dates pour cette exécution.

1. Date d'enregistrement. Lorsqu'un appel formé contre une décision de sanction n'a été enregistré par le greffe de la chambre disciplinaire nationale que le lendemain de l'expiration du délai franc de trente jours, mais que le courrier contenant cet appel a été posté en recommandé en temps utile pour être enregistré avant l'expiration de ce délai, l'appel ne peut être déclaré irrecevable. • CE 23 juin 2010, ♖ *M. A.*, nº 327376. ♦ Pour un cas d'appel non posté en temps utile, V. • CDNOM 30 janv. 2013, *CD Meurthe-et-Moselle*, nº cdn11860.

2. Appel mal orienté. Lorsque l'appel a été introduit dans le délai de trente jours devant la juridiction ordinale dont émane la décision contestée, il reste recevable dès lors que son enregistrement au secrétariat de cette juridiction est intervenu dans un délai de trente jours ; l'appel doit être alors transmis au secrétariat de la juridiction d'appel (sol. rendue sous l'ancienne réglementation). • CE 29 janv. 2001, ♖ *Rousset*, nº 195614 : *Lebon 44*.

SOUS-SECTION 2 NOTIFICATION DE LA DÉCISION

Art. R. 4126-46 Les décisions de la chambre disciplinaire nationale et les ordonnances de son président sont notifiées aux personnes et autorités qui ont reçu notification de la décision de première instance ainsi qu'à la chambre disciplinaire de première instance qui a pris la décision déférée.

Si, à la date de notification, le praticien poursuivi est inscrit ou en cours d'inscription dans un autre département, la décision est également notifiée au conseil départemental de ce département ainsi que, si la décision prononce une peine disciplinaire, aux mêmes autorités de ce département et, le cas échéant, de cette nouvelle région. — *La procédure s'applique en cas de changement d'inscription entre la métropole, les départements d'outre-mer, Mayotte, la Nouvelle-Calédonie, la Polynésie française et Wallis-et-Futuna (Décr. nº 2007-434 du 25 mars 2007, art. 7-IV, JO 27 mars).*

Art. R. 4126-47 La décision de la chambre disciplinaire nationale ou l'ordonnance du président de cette chambre prise en application de l'article R. 4126-5 devient définitive le jour où le praticien en reçoit notification.

Si la notification est retournée non réclamée au greffe, elle devient définitive à la date de présentation du pli à l'adresse du praticien.

Si la notification est retournée avec la mention "n'habite pas à l'adresse indiquée", elle devient définitive à la date du cachet de la poste.

Si la notification est faite directement par huissier, elle devient définitive à dater de cette signification.

Art. R. 4126-48 La notification de la décision de la chambre disciplinaire nationale ou de l'ordonnance de son président indique qu'un recours en cassation peut être formé devant le Conseil d'État par le ministère d'un avocat au Conseil d'État et à la Cour de cassation dans le délai de deux mois à compter de la réception de ladite notification.

Dans le cas où le pourvoi a pour effet de suspendre l'exécution de la décision, la notification le précise.

Dans le cas contraire, la notification indique que le pourvoi n'a pas d'effet suspensif et rappelle que le sursis à exécution peut être demandé au Conseil d'État dans les conditions définies aux articles R. 821-5 et R. 821-5-1 du code de justice administrative.

Recevabilité. Il résulte des règles générales de procédure applicables devant les juridictions administratives que la voie du recours en cassation est réservée aux personnes qui ont eu la qualité de partie dans l'instance ayant donné lieu à la décision attaquée. • CE 16 mars 2016, ♖ *ARS Île-de-France*, nº 378675 : *Lebon*. ♦ En conséquence, un recours en cassation d'une personne non partie à l'appel est requalifié de tierce opposition. • Même arrêt.

SOUS-SECTION 3 OPPOSITION

Art. R. 4126-49 **Lorsque la décision de la chambre disciplinaire nationale est susceptible d'opposition, la notification adressée au praticien mis en cause mentionne que l'opposition peut être formée dans un délai de cinq jours, dans les conditions fixées par l'article L. 4126-4.**

Sauf dispositions contraires prévues par la présente sous-section, l'introduction de l'opposition suit les règles relatives à l'introduction de l'instance d'appel. Sont de même applicables les dispositions des sections 4 à 6 du présent chapitre.

Tierce opposition. Il résulte des règles générales de procédure applicables devant les juridictions administratives qu'une personne qui n'a été ni appelée ni représentée à l'instance peut former tierce opposition devant la juridiction qui a rendu la décision si celle-ci préjudicie à ses droits. • CE 16 mars 2016, *ARS Île-de-France*, nº 378675 : *Lebon*.

Art. R. 4126-50 **La décision qui admet l'opposition remet, s'il y a lieu, les parties dans le même état où elles étaient auparavant.**

Art. R. 4126-51 **Les jugements et ordonnances des chambres disciplinaires de première instance ne sont pas susceptibles d'opposition.**

SOUS-SECTION 4 RECOURS EN RECTIFICATION D'ERREUR MATÉRIELLE

Art. R. 4126-52 **Les dispositions de l'article R. 833-1 du code de justice administrative sont applicables devant la chambre disciplinaire nationale.**

SOUS-SECTION 5 RECOURS EN RÉVISION

Art. R. 4126-53 **La révision d'une décision définitive de la chambre disciplinaire de première instance ou de la chambre disciplinaire nationale portant interdiction temporaire d'exercer avec ou sans sursis ou radiation du tableau de l'ordre peut être demandée par le praticien objet de la sanction :**

1º S'il a été condamné sur pièces fausses ou sur le témoignage écrit ou oral d'une personne poursuivie et condamnée postérieurement pour faux témoignage contre le praticien ;

2º S'il a été condamné faute d'avoir produit une pièce décisive qui était retenue par la partie adverse ;

3º Si, après le prononcé de la décision, un fait vient à se produire ou à se révéler ou lorsque des pièces, inconnues lors des débats, sont produites, de nature à établir l'innocence de ce praticien.

1. Conditions d'admission. Une relaxe au pénal, mais sans information de la matérialité des faits par le juge pénal, ne saurait justifier une révision. • CE 14 mars 1990, *Ferreux*, nº 71085 : *Lebon 68*.

2. Incidence sur les délais. L'introduction devant la juridiction d'appel d'un recours en révision de la décision d'appel est sans influence sur *le cours du* délai du recours en cassation. • CE 16 juin 1999, *Ballot*, nº 187330 : *Lebon T. 983 ; ibid. 1002*.

3. Intervention d'un acquittement au pénal. L'intervention d'un jugement pénal d'acquittement quelques mois après qu'un praticien a fait l'objet d'une radiation définitive au disciplinaire pour les même faits justifie la recevabilité d'une demande en révision devant la juridiction disciplinaire. • CE 11 oct. 2017, nº 402497 : *Lebon*. ♦ Toutefois, si les faits constatés par le juge pénal et qui commandent nécessairement le dispositif d'un jugement ayant acquis force de chose jugée s'imposent à l'administration comme au juge disciplinaire, la même autorité ne saurait s'attacher aux motifs d'un jugement d'acquittement tirés de ce que les faits reprochés ne sont pas établis ou qu'un doute subsiste sur leur réalité ; il appartient, dans ce cas, au juge disciplinaire d'apprécier si les faits, qui peuvent, d'ailleurs, être différents de ceux qu'avait connu le juge pénal, sont suffisamment établis et, dans l'affirmative, s'ils justifient l'application d'une sanction ; en l'espèce, le fait d'avoir volontairement injecté une ampoule de Norcuron à une patiente n'était pas contesté. • Même arrêt.

Art. R. 4126-54 **Le recours doit être présenté devant la chambre qui a rendu la décision dont la révision est demandée dans le délai de deux mois à compter du jour où le**

praticien a eu connaissance de la cause de révision qu'il invoque, dans les mêmes formes que celles dans lesquelles devait être introduite la requête initiale.

Ce recours n'a pas d'effet suspensif.

Lorsque le recours en révision est recevable, la chambre déclare la décision attaquée nulle et non avenue et statue à nouveau sur la requête initiale.

Les dispositions des sections IV, V, VI et VII du présent chapitre sont applicables.

Les décisions statuant sur le recours en révision ne sont pas susceptibles d'opposition. Elles peuvent faire l'objet d'un recours en cassation devant le Conseil d'État.

Lorsqu'il a été statué sur un premier recours en révision, un second recours contre la même décision n'est pas recevable.

CHAPITRE VII DÉONTOLOGIE

BIBL. ▸ **Ouvrages.** LAURENT, La déontologie médicale en 2015, *Trib. Santé 2015/3, n° 48, p. 23.* – LEFEBVRE, Déontologie des professions médicales et de santé, *éd. LEH, 2011.* – LECA (dir.), La déontologie médicale, Actes du Ve Colloque national Droit, Histoire, Médecine, Aix-en-Provence (1er-2 déc. 2006), *PUAM, 2008.* – JAUNAIT, Comment pense l'institution médicale ?, Une analyse des codes français de déontologie médicale, *Thèse Dalloz, 2005.* – MORET-BAILLY, Les déontologies, PUAM, 2001. – TERRIER, Déontologie médicale et droit, *Thèse, LEH, 2002.*

▸ **Études.** KERLÉO, Déontologie et santé publique en droit constitutionnel, *Méd. et droit 2016, n° 141, p. 154.* – CAREGHI, L'émergence d'une déontologie médicale codifiée en France : des projets syndicaux au code de 1941, *RDSS 2011. 103* .

SECTION PREMIÈRE CODE DE DÉONTOLOGIE MÉDICALE

SOUS-SECTION 1 DEVOIRS GÉNÉRAUX DES MÉDECINS

Art. R. 4127-1 **Les dispositions du présent code de déontologie s'imposent aux médecins inscrits au tableau de l'ordre, à tout médecin exécutant un acte professionnel dans les conditions prévues à l'article L. 4112-7 ou par une convention internationale, ainsi qu'aux étudiants en médecine effectuant un remplacement ou assistant un médecin dans le cas prévu à l'article** *(Décr. n° 2012-694 du 7 mai 2012, art. 1er-1°)* **« R. 4127-88 ».**

Conformément à l'article L. 4122-1, l'ordre des médecins est chargé de veiller au respect de ces dispositions.

Les infractions à ces dispositions relèvent de la juridiction disciplinaire de l'ordre.

Art. R. 4127-2 **Le médecin, au service de l'individu et de la santé publique, exerce sa mission dans le respect de la vie humaine, de la personne et de sa dignité.**

Le respect dû à la personne ne cesse pas de s'imposer après la mort.

1. Non-respect de la dignité (exemples). Un médecin gynécologue qui filme, à leur insu, à l'aide d'un caméscope, au moins trois de ses patientes. • CE 8 déc. 2000, *Drai,* n° 196330 (interdiction de six mois) : *Lebon T. 1211 ; RDSS 2001. 274, obs. L. Dubouis* . ♦ Attouchements sur des élèves lors d'examens obligatoires dans le cadre de la médecine scolaire. • CDNOM 16 nov. 2012, *CNOM,* n° 11401 (interdiction de six mois). ♦ Organisation, pour un couple stérile, de séances de conception « étendue » au cours desquelles les deux époux, nus et les yeux bandés, se prêtent, sous la direction et en présence du médecin, à des gestes, attitudes, et postures dégradants, tandis que le médecin, abusant tant de l'autorité qui s'attache à sa qualité que de la faiblesse de ses patients auxquels il déclarait offrir « la dernière chance », se livre à des attouchements sur la conjointe. • CDNOM 11 oct. 2012, *CNOM,* n° 11234 (interdiction de deux ans dont un avec sursis). ♦ Caresses inopinées de la poitrine d'une patiente. • CDNOM 1er oct. 2013, *Olivier G.,* n° 11477 (interdiction d'un an dont six mois avec sursis). ♦ Relations sexuelles avec une patiente soignée pour des troubles psychologiques. • CDNOM 25 juin 2013, *Jean-Paul R.,* n° 11414 (interdiction d'un an dont six mois avec sursis). ♦ Harcèlement sexuel au cours de deux consultations. • CDNOM 9 nov. 2011, *Dr. Jacques C.,* n° 10847 (interdiction d'un an).

2. Atteintes à la dignité (autres exemples). Présence d'un technicien non professionnel de santé pour procéder à une coloscopie à l'aide d'un matériel nouveau, malgré l'opposition de la patiente. • CDNOM 31 mai 2012, *Dr. Bernard H., n° 11248.* ♦ Passivité d'un médecin face à des faits de maltraitance d'une particulière gravité commis à l'égard de personnes âgées dépendantes accueillies à l'hôpital. • CDNOM 24 janv. 2013, *CDOM Sarthe c/ Dr. Gérard D.,* n° 11194 (interdiction d'un mois dont quinze jours avec sursis). ♦ Dans la même affaire, le médecin a été condamné pénalement pour délit d'abstention volontaire d'empêcher, par son action immédiate, sans risque pour lui ou pour des tiers, un crime ou un délit contre l'intégrité corporelle de la personne. • Crim. 23 oct. 2013, n° 12-80.793 : *D. 2014. 2423, obs. Roujou de Boubée, Garé, Gozzi, Mirabail et Ginestet* (10 mois d'emprisonnement avec sursis).

3. Contre-exemple. Ne constituent pas une atteinte à la dignité des commentaires écrits déplacés et inconvenants, à usage personnel du médecin et qui n'ont été communiqués qu'au seul conseil départemental à la suite d'une plainte. • CDNOM 11 avr. 2011, *Dr. Hélène B.*, n° 10817.

4. Dignité après la mort, principe déontologique. Dès avant l'art. R. 4127-2, al. 2, dans sa version issue du Décr. n° 95-1000 du 6 sept. 1995, le Conseil d'État jugeait que les principes déontologiques fondamentaux relatifs au respect de la personne humaine, qui s'imposent au médecin dans ses rapports avec son patient, ne cessent pas de s'appliquer avec la mort de celui-ci. • CE, ass., 2 juill. 1993, *Milhaud*, n° 124960 : *Lebon 194, concl. Kessler ; GADS 2016, 2e éd., Dalloz, n° 13 ; RDSS 1994. 52 ; RFDA 1993. 1002, concl. ; AJDA 1993. 530, chron. Maugüé et Touvet ; D. 1994. 74, note Peyrical ; RTD civ. 1993. 803, obs. Hauser ; JCP 1993. II. 22133, note Gonod.* ♦ V. aussi notes ss. art. L. 1110-2.

Art. R. 4127-3 Le médecin doit, en toutes circonstances, respecter les principes de moralité, de probité et de dévouement indispensables à l'exercice de la médecine.

A. MORALITÉ, PROBITÉ

1. Actes professionnels contraires à la morale et à la probité (exemples). L'utilisation abusive du titre de professeur. • CDNOM 15 nov. 2016, *Dr. Christophe J.*, n° 12754 (interdiction de 3 mois). ♦ Le fait pour un professeur de médecine humanitaire de promouvoir ses thèses pro-palestiniennes à travers un sujet d'examen conduisant nécessairement les étudiants à qualifier les agissements israéliens de crime. • CDNOM 15 nov. 2016, *Dr. Christophe O.*, n° 12825 (blâme). ♦ Avances sur indemnités et remboursements consentis par le médecin-trésorier d'un conseil départemental au président du même conseil, sur la trésorerie de l'ordre, en toute irrégularité, sans informer les membres du bureau. • CE 21 janv. 2015, *M. B.*, n° 370069 (interdiction d'exercer d'un an). ♦ Refus depuis de nombreuses années d'acquitter ses cotisations à la caisse autonome de retraite des médecins de France (CARMF) • CDNOM 16 avr. 2014, *Patrice P.*, n° 11818 (interdiction d'un an dont 6 mois avec sursis). ♦ Relations sexuelles imposées par un psychiatre sur des patientes en état dépressif et en pleine dépendance à son égard. • CDNOM 6 mars 2013, *Mme Donatina G.*, n° 11370 (radiation) • 9 janv. 2013, *Dr. Jean-Louis T.*, n° 11307 (radiation). ♦ Relations sexuelles avec une jeune mineure âgée de 12 ans, et qui ont fait l'objet de vidéos enregistrées. • CDNOM 6 avr. 2012, *Dr. Rudy Z.*, n° 11087 (radiation). ♦ Médecin faisant acheter par un hôpital un appareil de photo-épilation, d'un coût élevé, exploité au bénéfice quasi exclusif de son activité privée d'épilation esthétique. • CDNOM 24 févr. 2012, *Dr. Florence V.*, n° 10445 (interdiction de 3 mois dont 2 avec sursis). ♦ Un médecin psychiatre qui, en sa qualité de directeur d'un foyer d'accueil d'adultes handicapés atteints de troubles psychotiques, met à disposition des résidents des DVD à caractère pornographique, autorise l'usage de tabac et d'alcool ainsi que les relations sexuelles, adopte lui-même des attitudes déplacées ou tient des propos à connotation sexuelle à l'égard des résidents. • CDNOM 18 mai 2011, *CNOM et a.*, n° 10767 (interdiction de 6 mois). ♦ Deux médecins associés qui engagent une procédure de licenciement à l'encontre de leur secrétaire en lui remettant une convocation à un entretien préalable le jour même où ils avaient constaté, lors d'un examen médical effectué à sa demande, la présence d'une tumeur suspecte au sein gauche appelant une indication de mammographie. • CDNOM 22 mars 2011, *Corinne H. : nos 10710 et 10711* (3 mois d'interdiction avec sursis). ♦ Le non-paiement des cotisations à la CARMF. • CDNOM 16 avr. 2014, *Dr. Patrice P.*, n° 11818 (interdiction d'un an dont 6 mois avec sursis). ♦ Commission du délit d'entrave à l'organisation d'élections professionnelles, du délit d'obstacle au contrôle de l'inspection du travail et de complicité de harcèlement moral sur de nombreux salariés du laboratoire d'analyses médicales que l'intéressé dirige. • CDNOM 27 oct. 2015, *Dr. Robert N.*, n° 12325 (interdiction de 3 mois). ♦ Mentionner sur le carnet de vaccination un vaccin qui n'a pas été pratiqué. • CE 22 déc. 2017, *M. B. C.*, n° 406360 : *Lebon ; AJDA 2018. 9* (radiation définitive).

2. Actes extra-professionnels contraires à la morale et à la probité. Médecin écrivant sur son papier professionnel à une femme, que son comportement lui évoque une affection psychotique peut-être imputable au fait « de recevoir [ses] coreligionnaires algériens, ... qui [sont] en lien peut-être avec une entreprise terroriste sachant ce qui s'est récemment passé à Toulouse en mars dernier » et qu'il comptait en informer « la DCRI, ces derniers recherchant (...) des complicités suite à l'affaire Merah ». • CDNOM 26 juin 2015, n° 12134 (interdiction de trois mois dont un avec sursis). ♦ Le non-paiement d'une pension alimentaire ayant justifié une condamnation pénale. • CDNOM 15 mai 2013, *Dr. Laurent S.*, n° 11554 (blâme). ♦ Un médecin psychiatre expert judiciaire ayant eu à examiner certains criminels célèbres et tirant de ces expertises un livre intitulé « Le plaisir de tuer », dans lequel il tient des propos méprisants ou injurieux à l'égard de certains criminels célèbres détenus, ou au contraire fait preuve de complaisance dans la description du comportement sexuel d'un violeur en série, manque aux devoirs de moralité et de respect de la dignité humaine (art. R. 4127-2), tout en déconsidérant la profession médicale (art. R. 4127-31). • CDNOM 6 mai 2011, *CNOM et a.*, n° 10721 (interdiction de 3 mois). ♦ Le non-remboursement d'une dette contractée auprès d'une ancienne patiente, en dépit d'un jugement condamnant le médecin à la rembourser. • CDNOM 22 févr. 2010, *Dr. B.*, n° 10422 (15 jours avec sursis). ♦ La simulation d'un cambriolage suivi d'une fausse déclaration de vol à la police et aux assureurs. • CE 18 oct. 1989, *Sevlian*, n° 96417 : *D. 1991. 179, obs. Penneau*.

B. DÉVOUEMENT

3. Manquements (exemples). Parce qu'il ne s'est pas rendu au chevet d'une parturiente dont il était le gynécologue traitant et dont il connaissait les antécédents à risque, parce qu'il s'en est remis au diagnostic sommaire d'une sage-femme sans ensuite se préoccuper du peu de résultats des médications administrées, et parce qu'il ne s'est pas informé de certains symptômes qui auraient pu l'alerter, un praticien ne s'est pas donné les moyens de faire un diagnostic approprié et a manqué gravement à son devoir de dévouement, et aux devoirs résultant des art. R. 4127-9 et R. 4127-32. • CDNOM 10 juin 2011, *Dr. Claude C.*, n° 11014 (interdiction d'un an dont 6 mois avec sursis), confirmé par • CE 13 févr. 2013, *M. C.*, n° 351835 : *D. 2013. 776, obs. Martinent*. – V. aussi note ss. art. R. 4127-32. ♦ Le fait, après une biopsie ayant mis en évidence une tumeur maligne, de s'abstenir de tout suivi sur l'évolution de la maladie, en dehors des formulaires de protocoles de soins : • CNOM 29 janv. 2015, *Claude I.*, n° 12007 (avertissement).

4. Contrôle de cassation. C'est par une appréciation souveraine des faits de l'espèce qu'une chambre disciplinaire nationale retient que le requérant n'a manifesté aucune empathie au chevet de sa patiente et qu'il ne s'est pas préoccupé du manque de résultats des médications employées. • CE 13 févr. 2013, *M. C.*, n° 351835 : *préc. note 3* (interdiction de 12 mois dont 6 avec sursis).

Art. R. 4127-4 **Le secret professionnel institué dans l'intérêt des patients s'impose à tout médecin dans les conditions établies par la loi.**

Le secret couvre tout ce qui est venu à la connaissance du médecin dans l'exercice de sa profession, c'est-à-dire non seulement ce qui lui a été confié, mais aussi ce qu'il a vu, entendu ou compris.

BIBL. ► V. ss. art. L. 1110-4.

1. Droit du patient, obligation du médecin. C'est du malade seul que dépend le sort des secrets qu'il a confiés à un médecin ou que celui-ci a pu déduire de son examen. • CE 11 févr. 1972, *Crochette*, n° 76799 : *Lebon 138.* ♦ L'obligation de secret professionnel qui s'impose au médecin ne saurait être levée par la circonstance que le patient aurait lui-même publiquement fait part de son état de santé ou de certains aspects de sa vie privée ou que les informations susceptibles d'être diffusées seraient de nature à intéresser l'ensemble des Français au titre de l'histoire de France. • CE 29 déc. 2000, *Dr. C. Gubler*, n° 211240.

2. Certificat. Alors même qu'un certificat non anonymisé ne porte par lui-même aucune indication relevant du diagnostic médical, le fait de le remettre à des tiers, même si ceux-ci ont été témoins de ce que le praticien avait certifié, constitue une violation du secret. • CE 15 déc. 2010, *Chauvin de Vendomois*, n° 330314 : *Lebon T. 768 ; ibid. 957 ; AJDA 2011. 583*.

3. Médecin assurant sa défense. La production spontanée en audience, à l'occasion d'un litige opposant le médecin à ses anciens associés devant le tribunal de commerce, d'un document professionnel dans lequel figurent les noms des patients de l'établissement où il exerçait, ainsi que les soins qui leur étaient prodigués, constitue une violation du secret professionnel ; peu importe qu'il n'y ait eu aucun public, que ce soit l'avocat et non le médecin qui ait remis le document litigieux, et que les personnes auxquelles ce document a été remis soient elles-mêmes soumises au secret professionnel. • CE 23 avr. 1997, *Lévy*, n° 169977 : *Lebon 162 ; D. 1997. 153*. ♦ Viole le secret médical le médecin qui, pour les besoins de sa défense dans un litige devant le conseil de prud'hommes, communique une copie du registre de ses interventions en bloc opératoire à son avocat, lequel la transmet au conseil de la partie adverse. • CE 13 janv. 1999, *René-Émile X.*, n° 177913 : *Lebon 698 ; ibid. 784 ; ibid. 1002.*

4. Parutions (presse, sites internet). La diffusion, dans un organe de presse qui procède à une enquête sur l'hypnose, de la photographie d'une patiente prise dans le cabinet du praticien, même avec le consentement de l'intéressée, est de nature à dévoiler l'identité de cette patiente qui est partie intégrante des informations couvertes par le secret médical. • CE 28 mai 1999, *Tordjemann*, n° 18905 : *Lebon 159 ; D. 1999. 185*. ♦ Il en va de même de la publication, sur le site internet du médecin, d'une photographie non floutée d'une patiente sur laquelle il avait pratiquée une liposculpture. • CDNOM 15 mars 2010, *Moïse H.*, n° 10320. ♦ Viole le secret un médecin psychiatre qui avait rencontré le terroriste dénommé Carlos dans le cadre d'une expertise psychiatrique pénale, et qui publie vingt ans plus tard au Figaro un article dans lequel il évoque la « vacuité psychique » de ce personnage. • CE 27 janv. 2016, *M. B.*, n° 392033 (interdiction d'un mois).

5. Secret en période d'interdiction. Le secret médical, institué dans le seul intérêt des patients, continue de s'imposer à un médecin radié du tableau de l'ordre et qui poursuit illégalement son activité. • CE 17 juin 1998, *Min. Budget*, n° 156532 : *Lebon 236*.

6. Alerte des proches. Un médecin 1/ qui n'est pas le médecin traitant de la plaignante, 2/ qui la rencontre dans le secrétariat de son cabinet commun avec le médecin traitant qu'elle était venue consulter, 3/ qui reçoit à cette occasion une confidence de cette plaignante sur les résultats d'un examen gynécologique, 4/ et qui informe ensuite un proche de cette plaignante en vue de l'inviter à se faire soigner lui aussi, enfreint le devoir de secret ; peu importe qu'il y ait eu entre eux d'anciennes relations amicales, car c'est bien en tant qu'il est médecin que la plaignante s'est adressée à lui ; peu importe encore l'intention prophylactique du médecin. • CE 17 juin 2015, n° 385924 (trois mois d'interdiction).

7. Autres cas. Lorsqu'une patiente ayant cessé toute relation médicale avec un médecin voit l'épouse de ce dernier, psychologue, lui proposer spontanément de soigner une phobie dont elle est atteinte, alors qu'il n'existait pas de relation entre les deux femmes, il faut en déduire une violation du secret professionnel par le médecin. • CDNOM 13 juin 2001, *Dr. Gilbert T.*, n° 7788 (interdiction d'un mois).

Art. R. 4127-5 **Le médecin ne peut aliéner son indépendance professionnelle sous quelque forme que ce soit.**

1. Principe général du droit. L'indépendance professionnelle dont bénéficie le médecin est au nombre des principes généraux du droit. • T. confl. 14 févr. 2000, n° 00-02.929 : *Bull. Conflits, n° 2.*

2. Indépendance à l'égard du diagnostic antérieur d'un autre médecin. Un médecin, tenu d'exercer sa profession en toute indépendance, ne saurait être lié par le diagnostic établi antérieurement par un confrère ; il doit apprécier, personnellement et sous sa responsabilité, le résultat des examens et investigations pratiqués et, le cas échéant, en faire pratiquer de nouveaux conformément aux données acquises de la science. • Civ. 1re, 30 avr. 2014, n° 13-14.288 : *Bull. civ. I, n° 77 ; Gaz. Pal. 2014, n° 142, p. 6, avis Legoux ; D. 2014. 1039 ; JCP G 2014. n° 710, note Sargos.*

3. Avis des « centres de référence ». Lorsqu'un centre hospitalier consulte, pour un diagnostic et un traitement, un centre de référence rattaché à un autre centre hospitalier, la responsabilité de ce dernier est engagée en cas d'erreur, dans les circonstances très particulières où : 1) le centre de référence réunit des experts ayant vocation à remplir une mission d'expertise de haut niveau au plan national ; 2) ce centre est compétent dans le domaine très spécifique d'une pathologie extrêmement rare, ce qui confère aux préconisations qu'il émet une portée et une autorité faisant obstacle à ce qu'elles puissent être raisonnablement remises en cause par les praticiens hospitaliers qui l'ont consulté ; 3) eu égard aux enjeux liés à l'administration d'un traitement ne disposant pas d'une autorisation de mise sur le marché pour cette indication thérapeutique. • TA Limoges, 9 janv. 2014, n° 13926 : *JCP Adm. 2014, n° 2254, concl. Béria-Guillaumie.*

Art. R. 4127-6 **Le médecin doit respecter le droit que possède toute personne de choisir librement son médecin. Il doit lui faciliter l'exercice de ce droit.**

Clause de non-réinstallation. Les clauses de non-réinstallation conclues entre professionnels de santé, susceptibles de porter atteinte, tant à la liberté d'exercice de la profession qu'à la liberté de choix des patients, sont d'interprétation stricte et ne peuvent être étendues au-delà de leurs prévisions. • Civ. 1re, 4 févr. 2015, n° 13-26.452 P : *D. 2015. 379 ; RTD civ. 2015. 409, obs. Gautier.*

Art. R. 4127-7 **Le médecin doit écouter, examiner, conseiller ou soigner avec la même conscience toutes les personnes quels que soient leur origine, leurs mœurs et leur situation de famille, leur appartenance ou leur non-appartenance à une ethnie, une nation ou une religion déterminée, leur handicap ou leur état de santé, leur réputation ou les sentiments qu'il peut éprouver à leur égard.**

Il doit leur apporter son concours en toutes circonstances.

Il ne doit jamais se départir d'une attitude correcte et attentive envers la personne examinée.

1. Bénéficiaires de la CMU. Une organisation des consultations cantonnant les bénéficiaires de la couverture maladie universelle à une plage horaire limitée à trois heures chaque semaine, sans possibilité de prendre rendez-vous, comporte en elle-même une inadmissible discrimination de principe entre les patients selon le régime de protection sociale dont ils relèvent. • CDNOM 17 janv. 2011, *CNOM,* n° 10917 (interdiction d'un mois). ♦ Le système du tiers payant et de la CMU ayant été institués par la loi, les médecins sont tenus de s'y conformer ; leur hostilité idéologique à l'égard de cette institution ne saurait être considérée comme une « raison professionnelle ou personnelle », au sens de l'art. R. 4127-47, permettant à un médecin de refuser ses soins à un patient. • CDNOM 25 sept. 2009, *CDOM Eure-et-Loire,* n° 10289 (interdiction de trois mois dont un mois avec sursis).

2. Preuve du refus de soins. Il appartient au patient de démontrer le refus de soins. • CDNOM 27 juin 2012, *Mme Élodie C.,* n° 11191.

3. Attitude incorrecte (exemple). Médecin écrivant à une patiente en des termes « véhéments ». • CE 10 mars 1997, n° 167221 (8 jours).

Art. R. 4127-8 *(Décr. n° 2012-694 du 7 mai 2012, art. 1er-2°)* **« Dans les limites fixées par la loi et compte tenu des données acquises de la science, » le médecin est libre de ses prescriptions qui seront celles qu'il estime les plus appropriées en la circonstance.**

Il doit, sans négliger son devoir d'assistance morale, limiter ses prescriptions et ses actes à ce qui est nécessaire à la qualité, à la sécurité et à l'efficacité des soins.

Il doit tenir compte des avantages, des inconvénients et des conséquences des différentes investigations et thérapeutiques possibles.

BIBL. ▸ **Ouvrages.** DOSDAT, Les normes nouvelles de la décision médicale, *Thèse, éd. LEH, 2008.*

▸ **Études.** MÉMETEAU, La liberté de prescription, *Dict. de droit médical et hospitalier, fasc. 16.* – CAHEN, De la liberté de prescription des médecins à l'hôpital en dehors du cadre des AMM des médicaments, *RDSS 2008. 96.* – TRUCHET, La décision médicale et le droit, *AJDA 1995. 612.*

COMMENTAIRE

V. Commentaire reproduit sur Dalloz.fr.

1. Contrats d'amélioration des pratiques individuelles (CAPI). Les contrats CAPI (art. L. 162-12-21 CSS), auxquels les médecins peuvent librement adhérer, qui comportent des engagements individualisés portant not. sur des objectifs quantifiés en matière de prescriptions ainsi qu'un engagement « à promouvoir des prescriptions moins onéreuses à efficacité comparable » moyennant contrepartie financière, ne sauraient porter atteinte à la liberté de prescription. • CE, sect., 7 avr. 2011, *CSMF et a.,* n° 329069 : *Lebon T. 1130 ; RFDA 2011. 1225, chron. Clément-Wilz, Martucci et Mayeur-Carpentier.*

2. Contrôle de cassation. C'est par une appréciation souveraine que la section des assurances sociales apprécie le caractère dépourvu de justification médicale d'actes d'échographie cotés par un médecin, ainsi que le caractère médicalement infondé d'une prescription de dosage. • CE 12 janv. 2005, *Kerkerian,* n° 256001 : *Lebon 20, AJDA 2005. 1008, note Markus ; RDSS 2005. 496, obs. Moret-Bailly* (interdiction du droit de donner des soins aux assurés sociaux de quatre mois, dont un avec sursis). ♦ En revanche, le juge de cassation opère un contrôle de l'erreur de droit quant aux référentiels utilisés par le juge du fond, en l'espèce une recommandation de bonnes pratiques limitant les prescriptions et dont le praticien n'a pas tenu compte. • Même arrêt.

Art. R. 4127-9 **Tout médecin qui se trouve en présence d'un malade ou d'un blessé en péril ou, informé qu'un malade ou un blessé est en péril, doit lui porter assistance ou s'assurer qu'il reçoit les soins nécessaires.**

1. Sont constitutifs de non-assistance. Le refus d'admettre un malade atteint de profondes brûlures dans un établissement spécialisé au motif que le personnel était insuffisant. • CE 25 févr. 1976, *Min. Santé publique c/ Alcay,* n° 90035 : *Lebon 114 ; RDSS 1977. 45, note Moderne.* ♦ ... Le refus de porter secours à un malade pris de malaise sur la voie publique et en danger immédiat. • CE, sect., 12 mars 1976, *Raynal,* n° 99121 : *Lebon 154 ; RDSS 1977. 38, concl. Labetoulle* (avertissement). ♦ ... Le fait, face à une personne en détresse respiratoire entrée dans une clinique, d'estimer à la seule vue de l'intéressée, et sans l'examiner, que son état ne présentait pas d'urgence et de lui suggérer de se rendre dans un hôpital soit en taxi, soit en appelant les pompiers, le tout dans le hall de la clinique. • CDNOM 11 déc. 2009, *Dr. Rachida D.,* n° 10355 : *RGDM 2010, n° 35, p. 295, obs. Mordefroy* (avertissement). ♦ S'il ne peut être reproché au médecin de ne pas avoir procédé à un examen clinique approfondi de la patiente faute de moyens appropriés, le médecin aurait au moins dû lui proposer de s'asseoir ou de s'allonger quelques instants au calme, prendre sa tension et l'ausculter, en somme faire preuve d'attention et de compassion. • Même jugement. ♦ Pour un cas similaire, de refus d'assister un patient faute de lit et d'appareil disponible, laissant ce patient dans le véhicule des pompiers sur le parking de la clinique, sans manifester aucune sollicitude ou simplement porter attention à ce malade et à ses proches qui l'entouraient, • CDNOM 13 juill. 2011, *CDOM Haute-Garonne*, n° 10781 (interdiction de deux mois).

2. Cas non reconnu. Ne constitue pas une faute disciplinaire le fait pour un médecin de ne pas se déplacer pour procéder à l'examen d'un malade récemment opéré, alors que l'interne de garde n'avait pas requis sa présence. • CE 21 mars 1986, *Boisbouvier*, n° 45703.

Art. R. 4127-10 **Un médecin amené à examiner une personne privée de liberté ou à lui donner des soins ne peut, directement ou indirectement, serait-ce par sa seule présence, favoriser ou cautionner une atteinte à l'intégrité physique ou mentale de cette personne ou à sa dignité.**

S'il constate que cette personne a subi des sévices ou des mauvais traitements, il doit, sous réserve de l'accord de l'intéressé, en informer l'autorité judiciaire.

Toutefois, s'il s'agit des personnes mentionnées au deuxième alinéa de l'article R. 4127-44, l'accord des intéressés n'est pas nécessaire.

Art. R. 4127-11 *(Décr. n° 2012-694 du 7 mai 2012, art. 1er-3°)* **Tout médecin entretient et perfectionne ses connaissances dans le respect de son obligation de développement professionnel continu.**

Obligation. Il appartient à tout médecin d'entretenir et de perfectionner ses connaissances afin d'être en mesure de pratiquer les actes de diagnostic, de prévention et de traitement correspondant à sa qualification ; en conséquence, un généraliste ne saurait s'exonérer du tour de garde au motif qu'il n'exercerait que la médecine scolaire. • CE 3 sept. 2009, *CDOM de La Réunion*, n° 318332.

Art. R. 4127-12 **Le médecin doit apporter son concours à l'action entreprise par les autorités compétentes en vue de la protection de la santé et de l'éducation sanitaire.** *(Décr. n° 2012-694 du 7 mai 2012, art. 1er-4°)* **« Il participe aux actions de vigilance sanitaire. »**

La collecte, l'enregistrement, le traitement et la transmission d'informations nominatives ou indirectement nominatives sont autorisés dans les conditions prévues par la loi.

Santé des salariés du médecin. En ne veillant pas à ce que leur secrétaire médicale bénéficie d'une visite médicale d'embauche et des visites périodiques auprès du médecin du travail, durant les cinq ans pendant lesquels elle a été employée dans leur cabinet, les médecins qui l'employaient ont adopté un comportement contraire à l'art. R. 4127-12. • CDNOM 22 mars 2011, *Corinne H. : nos 10710 et 10711* (trois mois d'interdiction avec sursis).

Art. R. 4127-13 **Lorsque le médecin participe à une action d'information du public de caractère éducatif et sanitaire, quel qu'en soit le moyen de diffusion, il doit ne faire état que de données confirmées, faire preuve de prudence et avoir le souci des répercussions de ses propos auprès du public. Il doit se garder à cette occasion de toute attitude publicitaire, soit personnelle, soit en faveur des organismes où il exerce ou auxquels il prête son concours, soit en faveur d'une cause qui ne soit pas d'intérêt général.**

BIBL. ► FOUASSIER, *Le praticien, le web et la déontologie, LPA 24 janv. 2013, n° 18, p. 5.*

1. Conformité à la Conv. EDH (art. 10). L'art. R. 4127-13 poursuit un objectif d'intérêt général de bonne information des patients et, par suite, de protection de la santé publique ; absence d'atteinte excessive, en conséquence, à la liberté d'expression. • CE 15 mars 2017, *Dr. Jean-Michel Cohen*, n° 395398 : *Lebon ; AJDA 2017. 597*.

2. Attitude publicitaire. Un article paru dans le *Journal du dimanche* sous le titre « L'esthétique sans bistouri » et sur quatre colonnes, qui présente sous un jour flatteur l'activité d'un médecin dont le nom est cité quatre fois, illustré par une photographie le montrant en train de traiter une patiente dont le visage n'est pas flouté, avec en référence l'adresse électronique du site dudit médecin, est dépourvu de tout aspect éducatif, scientifique ou sanitaire, et revêt donc un caractère publicitaire. • CDNOM 13 avr. 2011, *Dr. Phuong Vinh N.*, n° 11009. ♦ Un médecin qui choisit de ne donner des consultations que les soirées, week-ends et jours fériés commet une faute en insérant dans la presse et sur internet des annonces tendant à se faire passer pour un médecin participant à la permanence des soins. • CDNOM 22 févr. 2010, *Dr. R.*, n° 10470 (6 mois d'interdiction dont 5 mois et 15 jours avec sursis, s'agissant en outre d'un mode d'exercice ne permettant pas d'assurer la continuité des soins).

3. Données non confirmées. Il y a usage de procédés à caractère publicitaire lorsqu'un médecin fait état sur des sites internet d'un traitement par « biorésonance » qu'il a pratiqué à Londres, et des mérites supposés de cette méthode non éprouvée, dont il se portait garant. • CE 21 oct. 2015, *M. D.*, n° 381754 : *Lebon ; AJDA 2015. 2009*. ♦ Toutefois, eu égard à la controverse existant dans les milieux scientifiques, en exposant sur son blog une thèse défavorable à l'utilisation des statines, auxquelles il préconise de substituer des régimes nutritionnels, un médecin ne commet pas de faute. • CDNOM 29 juin 2015, *Dr. L.*, n° 12226.

Art. R. 4127-14 **Les médecins ne doivent pas divulguer dans les milieux médicaux un procédé nouveau de diagnostic ou de traitement insuffisamment éprouvé sans accompagner leur communication des réserves qui s'imposent. Ils ne doivent pas faire une telle divulgation dans le public non médical.**

Communication sur des traitements non éprouvés. Est fautive la généraliste, ni qualifiée ni reconnue compétente en psychiatrie, qui, à travers son site internet et une interview donnée à une revue médicale, impute l'autisme essentiellement à des causes environnementales et nutritionnelles, à une intolérance au gluten et à la caséine, et affirme ensuite prescrire un régime sans gluten et sans caséine puis un traitement de la « détoxication hépatique » censé aboutir dans les deux ou trois ans. • CDNOM 19 janv. 2010, *CDOM Paris*, n° 10327.

Art. R. 4127-15 **Le médecin ne peut participer à des recherches biomédicales sur les personnes que dans les conditions prévues par la loi ; il doit s'assurer de la régularité et de la pertinence de ces recherches ainsi que de l'objectivité de leurs conclusions.**

Le médecin traitant qui participe à une recherche biomédicale en tant qu'investigateur doit veiller à ce que la réalisation de l'étude n'altère ni la relation de confiance qui le lie au patient ni la continuité des soins.

Expérimentation après la mort. Les principes déontologiques fondamentaux relatifs au respect de la personne humaine, qui s'imposent au médecin dans ses rapports avec son patient, ne cessent pas de s'appliquer avec la mort de celui-ci ; ils font obstacle à ce que, en dehors des prélèvements d'organes opérés dans le cadre de la loi, il soit procédé à une expérimentation sur un sujet après sa mort, notamment en l'absence de consentement de l'intéressé de son vivant ou de l'accord de ses proches. • CE 2 juill. 1993, *Milhaud*, n° 124960 : *GADS 2016, 2e éd., Dalloz, n° 13 ; D. 1994. 74, note Peyrical ; JCP 1993. II. 22133, note Gonod ; RDSS 1994. 52, concl. Kessler* (blâme).

Art. R. 4127-16 **La collecte de sang ainsi que les prélèvements d'organes, de tissus, de cellules ou d'autres produits du corps humain sur la personne vivante ou décédée ne peuvent être pratiqués que dans les cas et les conditions définis par la loi.**

Art. R. 4127-17 **Le médecin ne peut pratiquer un acte d'assistance médicale à la procréation que dans les cas et conditions prévus par la loi.**

Art. R. 4127-18 **Un médecin ne peut pratiquer une interruption volontaire de grossesse que dans les cas et les conditions prévus par la loi ; il est toujours libre de s'y refuser et doit en informer l'intéressée dans les conditions et délais prévus par la loi.**

1. Procédure non respectée. La pratique d'une IVG en dehors des conditions légales (dans un lieu autre qu'un établissement hospitalier public ou privé conventionné et dans des conditions ne respectant pas la procédure légale) ne saurait se justifier par la situation personnelle de détresse des patientes, ni une inadaptation, *même avérée, de la réglementation* au contexte familial local. • CDNOM 25 sept. 2007, *Dr Jean-Paul C.*, n° 9631 (interdiction de trois ans). ♦ Pour le principe : • CE 8 févr. 1980, *Maugard*, n° 13957 : *Lebon* (blâme).

2. Délai d'IVG. Pour un dépassement du délai légal de pratique d'une IVG. • CE 1er mars 1989, *Marchand*, n° 57543 (radiation).

Art. R. 4127-19 **La médecine ne doit pas être pratiquée comme un commerce.**

Sont interdits tous procédés directs ou indirects de publicité et notamment tout aménagement ou signalisation donnant aux locaux une apparence commerciale.

BIBL. ► MORET-BAILLY, Publicité et déontologie, *Trib. Santé, 2014, n° 45, p. 31.*

COMMENTAIRE

V. Commentaire reproduit sur Dalloz.fr.

1. *Conformité au droit de l'UE.* S'agissant des vétérinaires, le Conseil d'État juge que les limitations légales (C. rur., art. R. 242-70 à R. 242-77) relatives au contenu ou aux modalités de communication permettent aux professionnels de la santé et de la chirurgie des animaux d'exercer dans des conditions propres à garantir leur indépendance à l'égard du client, ainsi que l'intégrité et la dignité de la profession compte tenu des objectifs de santé publique, de bien-être et de santé des animaux, de protection des consommateurs et de lutte contre la concurrence déloyale ; ainsi, les restrictions concernant la communication dans les annuaires et périodiques, les enseignes, les plaques et autres supports de communication, les vitrines d'exposition, les correspondances et documents sont justifiées par ces raisons impérieuses d'intérêt général, non discriminatoires et proportionnées aux objectifs qu'elles poursuivent ; conformité, en conséquence, à la Dir. du 12 déc. 2006 relative aux services dans le marché intérieur (art. 4 et 24). • CE 4 juill. 2012, *Assoc. de défense des intérêts des vétérinaires dans la transposition de la directive services*, n° 347285 : *AJDA 2012. 2359* (sol. transposée). ♦ Pour un cas de limitation excessive du droit de communication des vétérinaires. • CE 10 juill. 2017, *Clinique vétérinaire de la Lézarde*, n° 390168 : *Lebon*. ♦ Les dispositions de l'art. R. 4107-19, indistinctement applicables à tous les praticiens exerçant sur le territoire national, poursuivent un objectif d'intérêt général de bonne information des patients ; elles n'excèdent pas ce qui est nécessaire pour les atteindre, et ne sont contraires ni à l'art. 49 TFUE, ni à l'art. 56 TFUE. • CE 4 mai 2016, *M. B. A.*, n° 383548 : *Lebon T.*

A. PUBLICITÉ DIRECTE

2. *Insertions dans la presse.* Est fautif le généraliste ne participant pas à la permanence des soins, qui fait paraître sur deux sites internet et un quotidien des annonces le présentant comme « médecin de garde d'Annecy et du bassin annécien » assurant une « consultation médicale de garde, sans rendez-vous » à une adresse dénommée « maison médicale de garde ». • CDNOM 22 févr. 2010, n° 10470 (6 mois dont 5 mois et 15 jours avec sursis, s'agissant en outre d'un mode d'exercice ne permettant pas d'assurer la continuité des soins).

3. *Sites internet.* La capture d'écran d'une publicité illicite constitue un moyen de preuve admissible jusqu'à preuve du contraire. • CDNOM 28 janv. 2014, *Dr. Guy H.*, n° 11666. ♦ La circonstance qu'une publicité illicite porte sur un centre de médecine esthétique juridiquement séparé du médecin est inopérante, dès lors que son nom y apparaît et que ledit centre est exploité par une SARL gérée par sa femme. • Même décision (interdiction de 2 ans). ♦ Pour une sanction contre un médecin écrivant sur son site notamment : « Christophe J. est reconnu dans le monde entier comme un spécialiste de la longévité ». • CDNOM 15 nov. 2016, *Dr. Christophe J.*, n° 12754 (interdiction de 3 mois).

4. *Sites de promotions en ligne.* Est fautive la signature de contrats entre un médecin et la société City Deal (site Groupon.fr), laquelle devait faire état de rabais importants sur les prestations de médecine esthétique du praticien poursuivi. • CDNOM 7 mars 2013, *Dr. Gwénaël D.*, n° 11403 (interdiction de quinze jours). ♦ Aussi • CDNOM 15 mars 2016, *Dr. Alain D.*, n° 12596 (interdiction de 6 mois dont 3 avec sursis).

5. *« Campagnes publicitaires ».* Est fautif le médecin ophtalmologiste 1/ prêtant son concours à des articles de presse dont un intitulé « Avec le laser, dites adieu à vos lunettes », avec « l'appareil le plus performant du marché » 2/ exerçant dans un centre esthétique dont il était actionnaire majoritaire et qui disposait d'une flottille de quatre véhicules Smart, ornés de l'inscription « Centre laser X, adresse, numéro de téléphone, site internet, Myope, Astigmate, Hypermétrope, Presbyte, Faites-vous opérer ! » 3/ donnant des interviews diffusées en boucle par les chaînes de télévision locale 4/ se livrant à des offres promotionnelles sur le site internet du centre sous le titre « Cadeau de Noël (…) Offrez-vous une nouvelle vue pour Noël (…) Visite préopératoire gratuite. Cliquez ici. ». • CDNOM 16 févr. 2012, *CDOM Rhône*, n° 11060 (interdiction d'un an dont six mois ferme).

6. *Plaques.* V. notes ss. art. R. 4127-81.

7. *Information et publicité, distinction.* L'art. R. 4127-19 ne fait obstacle ni à la mise à disposition du public par ce praticien, au-delà des indications expressément mentionnées dans le code de la santé publique telles que celles pouvant figurer dans les annuaires à destination du public ou sur les plaques présentes sur les lieux d'exercice, d'informations médicales à caractère objectif et à finalité scientifique, préventive ou pédagogique, ni à la délivrance d'informations à caractère objectif sur les modalités d'exercice, destinées à faciliter l'accès aux soins. • CE 4 mai 2016, *M. B. A.*, n° 383548 : *préc. note 1*.

B. PUBLICITÉ INDIRECTE

8. *Presse.* Est fautive la publication d'un article avec photographie dans un quotidien faisant l'éloge de la pratique chirurgicale de l'intéressé, après avoir reçu à la clinique le journaliste et le photographe... • CE 5 nov. 1997, *François X.*, n° 168057 (interdiction d'un mois). ♦ ... Ou d'un article faisant l'éloge d'un procédé d'analyse de l'hypertension artérielle et présentant le médecin poursuivi comme « le créateur » de la société commercialisant ce dispositif. • CE 11 juin 1993, *Albert X.*, n° 116298 (interdiction de trois mois). ♦ La publication d'un article de presse très favorable sur la naissance de quadruplés dans une clinique, par une journaliste venue sur place, revêt le caractère d'un procédé publicitaire dès lors que, même si les médecins n'ont pris aucune part à la conduite de l'enquête journalistique, l'article incriminé n'aurait pu être rédigé sans leur participation ; est sans incidence le fait que l'article ne mentionne aucun fait inexact, ni aucun renseignement d'ordre commercial. • CE 1er avr. 1981, *Siguier*, n° 20082 : *Lebon ; Inf. pharm. 1981. 649, obs. G. V.* (avertissement). ♦ A propos d'une interview publiée dans un journal, avec mention des prix pratiqués par l'intéressé : • CE 21 févr. 1968, *Troquez*, n° 69167 : *Lebon 129* (avertissement). ♦ Aussi • CDNOM 8 juin 2012, *Dr. Jean-François B.*, n° 1126 (interdiction de trois mois, en raison aussi d'autres procédés publicitaires). ♦ Est sans incidence le fait qu'un article ait été publié à l'étranger. • CE 28 juin 1995, *Haddad*, n° 154253.

9. Presse, attitudes non fautives. Si un article de presse a pu présenter un médecin comme « le patron de la clinique des Deux-Alpes », avec une photo le montrant en train d'ausculter un enfant, cet article consistait avant tout en un reportage sur les ressources médicales disponibles aux Deux-Alpes, dans lequel la parole était donnée aux autres médecins, notamment à celui à l'origine de la plainte ; absence d'attitude publicitaire. • CE 12 mars 2014, *M. D. B.*, n° 361061 : *Lebon ; AJDA 2014. 1591* .

10. Publicité à travers une autre entité. Alors même que le Dr A. n'était ni dirigeant, ni actionnaire de la société qui exploite le site « Savoir maigrir » entièrement basé sur sa propre notoriété, la chambre disciplinaire a pu souverainement juger que le Dr. A. retirait un avantage financier des services dispensés par ce site, qui présentait le caractère d'un procédé publicitaire. • CE 15 mars 2017, *Dr. Jean-Michel Cohen*, n° 395398 : *Lebon ; AJDA 2017. 597* (interdiction de deux ans). ♦ L'insertion dans la presse d'encarts publicitaires pour un centre d'esthétique, partageant avec un médecin les mêmes locaux ainsi que le secrétariat, constitue un procédé de publicité indirecte permettant à ce médecin d'accroître sa clientèle personnelle. • CE 23 juill. 1993, *Jean-Jacques X.*, n° 97174 (*blâme*).

11. Procédés non considérés comme publicitaires. Ne revêtent pas de caractère publicitaire la participation à un film télévisé d'information diffusé à l'échelon régional en la présence du médecin et dans son cabinet, et au cours duquel il donnait diverses indications sur l'utilisation thérapeutique et les effets d'un procédé thérapeutique... • CE 12 janv. 1987, *Tabau*, n° 80638 : *Lebon 3*. ♦ ... Ni une lettre adressée aux seuls confrères exerçant dans le même secteur, les informant sur ses activités, mentionnant le concours apporté à son cabinet par le collaborateur d'un professeur réputé, et signalant qu'il restait à leur disposition « pour une fructueuse collaboration »... • CE 6 mai 1988, *Botteri*, n° 88725. ♦ ... Ni la diffusion d'une information sur les activités d'un centre de planning familial par deux médecins directeurs et directeurs adjoints du centre, chargés à ce titre d'un service public, même si ces médecins exercent, par ailleurs, en clientèle privée. • CE 17 juin 1988, *Boyer*, n° 84537 ; *Diquelou*, n° 84538.

C. PRATIQUES COMMERCIALES

12. Avances. Est fautif le fait de réclamer une avance sur honoraires... • CE 25 nov. 1987, *Guenoun*, n° 87242 (interdiction de six mois). ♦ ... Tout comme le fait de réclamer, pour des épilations laser, une avance forfaitaire pour six séances. • CDNOM 10 déc. 2010, *Dr. Olivier P.*, n° 10605 (radiation, en sanction aussi d'autres faits).

D. DIVERS

13. Contrôle de cassation. Le juge disciplinaire porte une appréciation souveraine sur le caractère publicitaire d'un article de presse. • CE 5 nov. 1997, *François X.*, n° 168057 • 28 mars 2013, *M. B.*, n° 348089 : *Lebon*. ♦ Faute de motiver sa décision en recherchant si les termes utilisés dans des articles de presse caractérisent un procédé de publicité pour le cabinet du praticien poursuivi, la juridiction disciplinaire ne justifie pas légalement sa décision. • CE 19 févr. 2003, *Alain X.*, n° 232646 : *AJDA 2003. 1162, concl. R. Schwartz* .

14. Incitation à choisir un médecin référent. Les dispositions conventionnelles prévoyant la mise en œuvre d'un plan de communication annuel pour faire connaître l'option conventionnelle (médecin référent) ne sauraient autoriser les médecins référents individuellement ou collectivement, agissant individuellement ou par l'intermédiaire des caisses ou des instances conventionnelles, à promouvoir auprès des assurés sociaux, c'est-à-dire auprès de leurs clients potentiels, leur forme d'activité médicale. • CE 10 nov. 1999, *Synd. nat. de l'industrie pharmaceutique et a.*, n° 203779 : *Lebon T. 679 ; ibid. 683 ; ibid. 783 ; ibid. 1033.*

15. Concurrence déloyale. Une cour d'appel a pu légalement, à la demande d'un syndicat de médecins esthétiques, ordonner à une clinique de cesser sous astreinte toute publicité se rapportant à des actes médicaux esthétiques sur tous supports, dès lors qu'elle a constaté que les procédés de publicité auxquels avait eu recours la clinique portaient sur des actes médicaux et bénéficiaient aux médecins exerçant en son sein ; est ainsi mis en évidence le comportement déloyal de cet établissement à l'égard de l'ensemble des médecins soumis, en vertu de l'art. 19 C. déont. méd. [CSP, art. R. 4127-19, al. 2], à l'interdiction de tous procédés directs ou indirects de publicité. • Civ. 1re, 5 juill. 2006, n° 04-11.564 : *Bull. civ. I, n° 359 ; D. 2007. 1453, obs. Penneau ; JCP 2006. IV. 2688.* ♦ V. aussi • Civ. 1re, 4 nov. 1992, n° 89-21.89 : *Bull. civ. I, n° 275.*

Art. R. 4127-20 **Le médecin doit veiller à l'usage qui est fait de son nom, de sa qualité ou de ses déclarations.**

Il ne doit pas tolérer que les organismes, publics ou privés, où il exerce ou auxquels il prête son concours utilisent à des fins publicitaires son nom ou son activité professionnelle.

Art. R. 4127-21 **Il est interdit aux médecins, sauf dérogations accordées dans les conditions prévues par la loi, de distribuer à des fins lucratives des remèdes, appareils ou produits présentés comme ayant un intérêt pour la santé.**

Il leur est interdit de délivrer des médicaments non autorisés.

1. Fourniture de médicaments. Est fautive l'injection à une patiente de trois médicaments qui n'étaient pas fournis par elle, mais par le médecin poursuivi. • CE 25 nov. 1987, *Guenoun,* n° 87242.

2. Fourniture de produit ayant un intérêt pour la santé. Il résulte de la combinaison des dispositions des articles R. 4127-19 et R. 4127-21 qu'est interdite au médecin non seulement la vente à un patient de tout médicament, mais aussi celle de tout remède ou produit présenté comme ayant un intérêt pour la santé. • CDNOM 27 oct. 2016, *Jacques B.,* n° 12835.

Art. R. 4127-22 **Tout partage d'honoraires entre médecins est interdit sous quelque forme que ce soit, hormis les cas prévus à l'article R. 4127-94.**

L'acceptation, la sollicitation ou l'offre d'un partage d'honoraires, même non suivies d'effet, sont interdites.

COMMENTAIRE

V. Commentaire reproduit sur Dalloz.fr.

1. Médecin interdit et remplacé. Un médecin frappé d'une mesure d'interdiction temporaire d'exercer la médecine ne peut se faire remplacer durant la période d'interdiction ; si cela ne fait pas obstacle à ce que le médecin qui lui est associé et qui exerce dans les mêmes locaux prenne en charge les clients de son confrère interdit, cette prise en charge ne doit pas constituer une forme déguisée de remplacement, dont l'un des indices serait un partage d'honoraires. • CDNOM 21 avr. 2006, *Dr. Brigitte T.,* n° 9324 (interdiction d'un an).

2. SCM avec partage des bénéfices. Sont contraires à l'art. R. 4127-22 les statuts d'une SCM qui prévoient de verser à chaque praticien une redevance fixée en pourcentage des recettes, dégressif en fonction de la progression du chiffre d'affaires, mais sans clause de régularisation assurant que cette redevance correspond à des prestations effectivement réalisées. • CDNOM 15 nov. 2016, *Dr. Michel P.,* n°12666 (blâme).

Art. R. 4127-23 **Tout compérage entre médecins, entre médecins et pharmaciens, auxiliaires médicaux ou toutes autres personnes physiques ou morales est interdit.**

COMMENTAIRE

V. Commentaire reproduit sur Dalloz.fr.

1. Définition. Constitue un compérage la collusion entre un médecin et un tiers non-médecin, le second versant au premier une fraction des recettes commerciales de son activité. • CE 20 févr. 1953, *Dlle Armelin,* n° 98.404 : *Lebon 88.* ♦ Un contrat entre un médecin et la société Groupon France, portant sur des offres commerciales d'injections de Botox, aux termes duquel les montants versés par les patients pour bénéficier des prestations mentionnées dans l'annonce étaient partagés entre ce médecin et ladite société, constitue un cas de compérage. • CDNOM 30 sept. 2014, *Dr. Stéphane S.,* n° 11754 (interdiction de deux mois dont un et demi avec sursis : comportement associé à une prise de risque injustifiée). ♦ Autre exemple de contrat entre un médecin et la société Groupon, destiné à procurer des rabais aux clients passant par le site du même nom. • CDNOM 15 mars 2016, *Dr. Alain D.,* n° 12596 (interdiction de 6 mois dont 3 avec sursis). ♦ Inversement, le fait pour un médecin d'adresser des patients à son conjoint médecin pour qu'il effectue des actes qu'il n'est pas en mesure de faire n'est pas, par lui-même, constitutif d'une démarche de compérage. • CDNOM 18 juin 2015, *Dr. Simone L.-G.*, n° 12127.

2. Compérage entre médecins. Le fait que le Dr. M., chirurgien qui exerce à Nantes, ait contracté un emprunt pour aménager un cabinet à Pornic, dans lequel s'installe ensuite le Dr. B., ophtalmologiste, laquelle annonce son installation aux confrères en indiquant qu'elle travaille en étroite collaboration avec le Dr. M., révèle un compérage entre les deux praticiens. • CDNOM 27 oct. 2011, *Dr. Éric M.*, n° 10970 (blâme).

3. Compérage avec d'autres professionnels (exemples). Entente entre un prothésiste rétrocédant une partie du prix de la prothèse au médecin qui la pose. • CE 27 mai 1987, *Fabry*, n° 51545 (interdiction d'un an). ♦ Facturation, de façon habituelle, par un chef de service d'actes en réalité effectués par un chirurgien-dentiste, dans le cadre de l'activité libérale que ce chef de service avait été autorisé à exercer au sein de son service. • CE 22 mars 2000, *Jean-Jacques Y.*, n° 195615 : *Lebon T. 838 ; ibid. 1198 ; ibid. 1216 ; RDSS 2001. 315, obs. Mémeteau et Harichaux* (interdiction de donner des soins aux assurés sociaux pendant six mois). ♦ Médecin exerçant dans le cabinet d'un auxiliaire médical, sans autorisation de site distinct. • CE 25 juin 1969, *Gantier*, n° 68229 : *Lebon T. 939* (interdiction de trois mois). ♦ Révèle un compérage le fait qu'à deux reprises une patiente se soit vue remettre par une tierce personne, à côté du cabinet, des produits médicaux préconisés par le praticien, moyennant payement. • CDNOM 9 févr. 2010, *CDOM Paris*, n° 10154 (interdiction de six mois dont trois avec sursis).

Art. R. 4127-24 **Sont interdits au médecin :**

– tout acte de nature à procurer au patient un avantage matériel injustifié ou illicite ;

– toute ristourne en argent ou en nature, toute commission à quelque personne que ce soit ;

– *(Abrogé par Décr. n° 2012-694 du 7 mai 2012, art. 1er-5°)* « ***en dehors des conditions fixées par l'article L. 4113-6,*** » **la sollicitation ou l'acceptation d'un avantage en nature ou en espèces sous quelque forme que ce soit, d'une façon directe ou indirecte, pour une prescription ou un acte médical quelconque.**

COMMENTAIRE

V. Commentaire reproduit sur Dalloz.fr.

1. Avantage au patient. Est fautif le fait de présenter de façon systématique, et sans aucune justification médicale, des demandes d'entente préalable destinées à permettre le remboursement à des patients de soins d'épilation… • CE 10 avr. 2002, *Michel X.*, n° 204562 (blâme). ♦ …Ou encore le fait d'accepter la carte Vitale d'une personne pour faire prendre en charge les soins d'une patiente non assurée sociale. • CDNOM 4 sept. 2008, *CDOM Gironde*, n° 9872 (blâme).

2. Avantage sollicité. Une lettre à un patient âgé, lui rappelant les soins prodigués et lui réclamant non pas des honoraires mais une récompense sous forme de cadeau, en l'espèce une pièce d'or d'une valeur de 1 000 euros, est contraire à l'art. R. 4127-24. • CDNOM 7 nov. 2012, *Pr. Bertrand D.*, n° 11611.

Art. R. 4127-25 **Il est interdit aux médecins de dispenser des consultations, prescriptions ou avis médicaux dans des locaux commerciaux ou dans tout autre lieu où sont mis en vente des médicaments, produits ou appareils qu'ils prescrivent ou qu'ils utilisent.**

Centres d'esthétique. La pratique d'actes médicaux dans des centres de soins esthétiques est contraire à l'art. R. 4127-25. • CDNOM 7 avr. 2011, *Dr. Geneviève S.*, n° 10812 (interdiction de six mois avec sursis).

Art. R. 4127-26 **Un médecin ne peut exercer une autre activité que si un tel cumul est compatible avec l'indépendance et la dignité professionnelles et n'est pas susceptible de lui permettre de tirer profit de ses prescriptions ou de ses conseils médicaux.**

1. Activité commerciale non prohibée par principe. Si l'exercice par un médecin d'une activité commerciale n'est pas, par principe, prohibé, cet exercice ne doit pas empiéter sur celui de la profession médicale, ne doit pas être effectué dans des conditions de nature à entretenir une confusion entre les deux activités, et ne doit pas être susceptible de permettre au médecin, soit de tirer un profit commercial de son activité de médecin, soit d'augmenter les revenus provenant de cette dernière activité, notamment par des procédés publicitaires. • CDNOM 10 mai 2016, *Dr. Vincent A.*, n° 12403 (interdiction de deux ans dont un avec sursis).

2. Cumuls contraires à la dignité professionnelle (exemples). Médecin pratiquant dans un établissement commercial une médecine à visée principalement esthétique et agissant comme gérant de cet établissement. • CE 14 mai 1997, *Jean-Yves X.*, n° 167965 (interdiction d'un an). ♦ C'est à bon droit qu'un conseil de l'ordre du barreau omet du tableau dudit ordre un avocat après avoir constaté qu'il exerçait simultanément sa profession avec celle de chirurgien-dentiste. • Civ. 1re, 4 juill. 2000, n° 98-14.449 : *JCP 2001. I. 231, n° 2, obs. R. Martin.*

3. Cumuls sources de profit. En détenant 30 % du capital d'une société d'ambulances dont les véhicules pouvaient être amenés à transporter des patients que le médecin examinait dans le cadre de ses fonctions de médecin praticien hospitalier urgentiste, celui-ci était susceptible de tirer profit, au travers de cette participation au capital de la société d'ambulances, de ses activités médicales ; il en résulte que le Conseil national de l'ordre était fondé à lui demander de se désengager de cette participation, et n'a pas excédé sa compétence en faisant cette demande. • CE 12 janv. 2005, *Grand Chavin*, n° 252365 : *Lebon T. 1080 ; AJDA 2005. 566 ; D. 2006. 689, obs. Penneau ; RDSS 2005. 495, obs. Moret-Bailly.* ♦ Un médecin responsable au sein d'une polyclinique de l'information médicale, qui procède au codage d'actes liés à l'activité de ses confrères, est en mesure d'influencer directement les résultats financiers de l'établissement ; il en résulte que l'exercice de cette fonction est incompatible avec celles de dirigeant et associé de ce même établissement. • CE 23 déc. 2011, *Pascal D.*, n° 339529 : *Lebon T. 1162* (interdiction de trois mois).

4. Cumul et conflit d'intérêts. Un spécialiste en pneumologie qui exerce des fonctions de médecin-conseil au sein d'une société prestataire de matériel respiratoire, qui est à ce titre appelé à vérifier des demandes d'ententes préalables présentées par des médecins prescripteurs, et qui accepte dans ce cadre de connaître des demandes d'ententes préalables qu'il avait lui-même établies, agit en conflit d'intérêts. • CNOM, Sect. assur. soc., 24 juin 2015, *Jean-Marie B.*, n° 5059 (interdiction de trois mois dont deux mois avec sursis, et publication).

Art. R. 4127-27 **Il est interdit à un médecin qui remplit un mandat électif ou une fonction administrative d'en user pour accroître sa clientèle.**

Art. R. 4127-28 **La délivrance d'un rapport tendancieux ou d'un certificat de complaisance est interdite.**

1. Certificats intervenant dans les relations du travail (exemples). Certificat mentionnant un accident du travail, faisant état, au-delà des seules constatations médicales, de faits dont le médecin n'a pas été le témoin en mettant en cause des tiers facilement identifiables. • CE 15 déc. 2010, *Francine A.*, n° 330108 (interdiction d'un mois avec trois semaines de sursis). ♦ Arrêt de travail postdaté par le médecin qui était en vacances à la date supposée de la consultation. • CE 22 juin 2001, *Niddam*, n° 203991 (interdiction d'un mois). ♦ Arrêts de travail fournis à une femme de ménage déclarant au médecin que, faute de ce certificat, il ne lui restait qu'à se suicider, et rédigés sur la base des seuls dires de l'intéressée. • CE 10 févr. 2016, *Mme A.C.*, n° 384299. ♦ Attester les déclarations d'un salarié sans même connaître le site de travail concerné. • CDNOM 26 sept. 2016, *Dr. Dominique H.*, n° 12218 (avertissement). ♦ Certificat imputant un trouble de santé à une « ambiance délétère générée par certaines collègues aux remarques désobligeantes mettant en doute ses problèmes de santé, situation non arbitrée par la direction », ou à une « une réorganisation augmentant la charge et la complexité du travail sans soutien, un effondrement du collectif », sans apporter de preuve ni que ces questions relèvent de constatations médicales. • CDNOM 29 sept. 2016, *Dr. Bernadette B.*, n° 12660 (avertissement). ♦ Justifier l'exercice d'un droit de retrait sans connaître les lieux et en ne se bornant pas à des constations médicales. • CDNOM 8 juin 2016, *Dr. Dominique H.*, n° 12218 (avertissement).

2. Certificats intervenant dans les conflits familiaux (exemples). Certificat portant de graves accusations sur le père d'une enfant, étayées sur les seuls dires de la mère et de l'enfant, alors que le médecin n'a ni entendu le père, ni constaté médicalement les faits reprochés à celui-ci, et qu'il savait que la mère était en conflit avec son conjoint et que par conséquent ce document serait utilisé contre le père. • CE 11 juill. 2001, *Salinger*, n° 216341 : *Lebon T. 1177* (interdiction d'un mois) • 21 mars 2007, *Monique A.*, n° 293456 (avertissement) • CDNOM 9 janv. 2013, *M. Didier G.*, n° 11445 (blâme) • CDNOM 13 févr. 2014, *Dr. Cécile G.*, n° 11804 (interdiction d'un mois). ♦ Certificat rapportant de façon extrêmement détaillée les griefs formulés par la patiente en instance de divorce à l'encontre de son mari et comportant des énonciations qui ne correspondent pas à des constatations que le médecin aurait elle-même pu faire. • CE 14 avr. 2010, *Geneviève B.*, n° 319947 (interdiction de huit jours avec sursis). ♦ V. aussi note de jur. ss. art. R. 4127-51.

3. Autres cas. Certificat par lequel le médecin reprend à son compte les dires du patient qui évoquait devant lui une agression, prévoyant 22 jours d'ITT sans ordonner aucune radiographie ou autre examen nécessaire, et fixant lui-même un taux d'invalidité de 15% sans aucune expertise. • CDNOM 7 janv. 2013, *Patrick. L.*, n° 11338 (blâme). ♦ Lettre à des étrangers, clients potentiels d'un centre médical, leur proposant l'envoi de certificats médicaux afin de faciliter la délivrance d'un visa d'entrée sur le territoire français. • CE 29 janv. 2001, *Bensabat*, n° 192129 : *Lebon 39 ; RDSS 2001. 273, obs. L. Dubouis* (interdiction de trois mois). ♦ Délivrance de certificats prénuptiaux sans avoir procédé aux examens. • CE 12 nov. 1997, *Albert X.*, n° 178537 (interdiction de deux ans).

4. Sanction pénale (certificat mensonger). Le fait d'établir habituellement, à la demande des membres de la communauté Horus, qui considèrent que les vaccins sont nuisibles à la santé, de faux certificats de vaccination constitue un grave manquement à la déontologie qui, en l'espèce, a mis en péril la vie d'un enfant. • Crim. 20 juin 2000, n° 99-85.177. ♦ V. égal., • Crim. 5 janv. 2017, n° 15-84.909 : *RSC 2017. 356, obs. P. Mistretta*.

5. Notion de certificat. L'art. R. 4127-28 s'applique non seulement aux certificats médicaux proprement dits mais également à tout écrit relatif à un patient et destiné à figurer dans son dossier médical, comme des courriers échangés entre confrères, notamment lorsqu'ils sont remis, cachetés ou non, aux patients eux-mêmes, à charge pour eux de les remettre à leur destinataire. • CDNOM 8 sept. 2016, *Dr. Patrick. B.*, n° 12780. ♦ *Idem* du cas d'un médecin hostile à la vaccination infantile, qui délibérément portait la mention de vaccination antitétanique et appose les vignettes de produits de vaccination sur le carnet de santé d'un mineur, sans les réaliser. • CDNOM 8 juill. 2016, *Dr. Philippe B.*, n° 13024 (radiation définitive).

Art. R. 4127-29 Toute fraude, abus de cotation, indication inexacte des honoraires perçus et des actes effectués sont interdits.

COMMENTAIRE

V. Commentaire reproduit sur Dalloz.fr.

1. Chambre disciplinaire. La double cotation systématique d'actes médicaux, ayant donné lieu à condamnation pénale du praticien pour escroquerie, justifie une sanction disciplinaire en vertu non seulement de l'art. R. 4127-29, mais aussi de l'art. R. 4127-31. • CDNOM 9 juill. 2012, *CNOM*, n° 11144 (interdiction de six mois dont trois avec sursis). ♦ Est abusif le fait de rendre visite ou de recevoir en consultation des patientes âgées plusieurs fois par semaine. • CDNOM 6 juill. 2012, *CDOM Aude*, n° 11155 (un an d'interdiction). ♦ La présence dans le cabinet de feuilles de soins vierges, signées par le médecin poursuivi, constitue une fraude prohibée. • CDNOM 22 mars 2011, *CDOM Isère*, n° 10752 (interdiction d'un an avec sursis de six mois : cumul avec d'autres fautes). ♦ Le fait pour un médecin qui n'est plus conventionné de continuer à donner des consultations rémunérées à d'anciens patients et de leur remettre d'anciennes feuilles de soins, sans les prévenir qu'ils ne pourraient être remboursés par la caisse d'assurance maladie, ne constitue pas une fraude au sens de l'art. R. 4127-29 ; en revanche, c'est contraire au devoir de probité. • CDNOM 31 mai 2012, *Philippe O.*, n° 11114 (interdiction d'un an : cumul avec d'autres fautes).

2. Jurisprudence pénale. Pour un cas de feuilles de soins établies au nom des prévenus, authentifiées par la signature des patients qui leur accordaient leur confiance, qui correspondaient en réalité à des soins effectués non pas par eux, mais par des infirmiers qui les remplaçaient sans que fussent respectées les règles du CSS sur le remplacement des infirmiers libéraux, de sorte que les prévenus ont, par l'emploi de manœuvres frauduleuses, trompé la caisse pour obtenir des prises en charge indues : • Crim. 31 oct. 2017, n° 16-86.948 P.

Art. R. 4127-30 Est interdite toute facilité accordée à quiconque se livre à l'exercice illégal de la médecine.

Art. R. 4127-31 Tout médecin doit s'abstenir, même en dehors de l'exercice de sa profession, de tout acte de nature à déconsidérer celle-ci.

I. ACTES PROFESSIONNELS DE NATURE À DÉCONSIDÉRER LA PROFESSION

A. PRISES DE POSITION

1. Conseillers ordinaux. La conception même qui préside à l'institution de l'ordre s'oppose à ce qu'un membre de celui-ci puisse, sans se mettre dans le cas d'être l'objet d'une poursuite disciplinaire, accomplir des actes ou tenir des propos ayant pour but ou pouvant avoir pour effet de porter atteinte aux intérêts de l'ordre ; mais il n'a pas été dans les intentions du législateur de priver les membres de l'ordre de la faculté d'émettre, verbalement ou de toute autre façon, et même par la voie de la presse, leur appréciation sur la gestion desdits conseils ou sur un point quelconque du fonctionnement de l'ordre, sous réserve que leurs critiques ne présentent pas des faits allégués une version matériellement inexacte et qu'elles ne contreviennent pas à la bonne foi ou à la correction qu'il est dans la fonction même de l'ordre d'instituer et de maintenir dans les rapports entre ses ressortissants. • CE 29 juill. 1950, *Comité de défense des libertés professionnelles des experts-comptables brevetés par l'État*, n° 91366 : *Lebon 492, RD publ. 1951. 212, concl. Odent, note Waline ; Dr. soc. 1950. 391, note Rivero.*

2. Élections ordinales. Deux tracts, bien que critiquant violemment et en termes contestables la gestion d'un conseil départemental de l'ordre, n'ont pas dépassé, dans les circonstances de l'espèce, les limites de la polémique électorale, dès lors qu'ils ne contenaient pas d'imputations de faits précis ni de mises en cause personnelles et qu'ils n'ont pas été diffusés en dehors de la profession. • CE 28 avr. 2003, *Caduc*, n° 231209 : *Lebon 187 ; D. 2004. 599, obs. J. Penneau*.

3. Actes envers les autres professionnels de santé. Est fautif le médecin qui adresse une lettre offensante au directeur de la CPAM, ainsi qu'une « lettre ouverte » au président du conseil d'administration de la CPAM et au syndicat CFDT, comportant des insinuations sur la dilapidation de l'argent des cotisants par le directeur de la CPAM, et suggérant qu'il était honteux de ne pas le limoger ; les termes de ces missives dépassent, par leur outrance délibérée et réitérée, les bornes de la liberté de critique et de l'humour dont se prévaut leur auteur. • CE 25 oct. 2004, *CPAM des Vosges*, n° 257189. ♦ En s'abstenant de sanctionner, la juridiction disciplinaire commet une erreur de droit. • Même arrêt (sanction après renvoi : avertissement). * Sect. discipl. CNOM 3 mars 2005, *CPAM des Vosges : n° 8178 bis*. ♦ A l'inverse, le seul fait, pour un médecin, de critiquer publiquement, dans l'exercice normal de sa liberté d'expression, le bien-fondé d'un projet d'extension des missions d'un service hospitalier ne révèle pas une méconnaissance de ses obligations déontologiques, dès lors qu'il ne remet pas en cause la compétence de ses confrères exerçant dans ce service. • CE 5 mai 2003, *Méroué*, n° 240010 : *Lebon 205 ; RDSS 2003. 589, concl. Schwartz*.

B. AUTRES COMPORTEMENTS

4. Comportements déplacés. Déconsidère la profession le médecin qui filme à leur insu, à l'aide d'un caméscope, au moins trois des patientes qui s'étaient confiées à lui pour une consultation gynécologique. • CE 8 déc. 2000, *Drai*, n° 196330 (interdiction d'exercer de six mois). ♦ *Idem* s'agissant « de gestes ambigus sur des membres féminins » du personnel d'un centre hospitalier, « sous couvert d'une prétendue étude en cours »... • CDNOM 1er juill. 2016, *Dr. Yann-Jean G.*, n° 12248 (radiation définitive). ♦ ... Ou de massages périnéaux ni justifiés ni expliqués à la patiente. • CDNOM 25 mars 2016, *Dr. Stephan B.*, n° 12404 (interdiction de 6 mois).

5. Divers. Déconsidère la profession le médecin qui s'abstient depuis plusieurs années de régler ses cotisations à l'URSSAF, sans user des voies de droit ouvertes contre les actes de recouvrement... • CE 19 févr. 2003, *Jeanne X.*, n° 224875 (interdiction de deux mois). ♦ ...Ou celui qui, après avoir effectué en clinique un accouchement à la suite duquel l'enfant était décédé, avait déchiré une partie du tracé cardiotocographique faisant ressortir une souffrance fœtale dont il n'avait pas été averti... • CE 6 nov. 2000, *Jean-Michel X.*, n° 185344 (interdiction de trois mois). ♦ ... Ou celui qui crée un site « Beauty design » et utilise pour le référencement certains mots-clés tels que « *asd gay, sex, sexy free pictures*, beaux mecs, féminine sex, *free sex, sexy*, ... ». • CDNOM 4 juill. 2008, *Philippe C.*, n° 9877 (interdiction de trois mois dont deux avec sursis). ♦ ... Ou celui qui exige 1000 euros pour aider un couple de patients en tant que médecin de recours chargé de les aider à compléter leur dossier d'indemnisation à la suite de plusieurs accidents de voiture, qui n'établit pas les certificat nécessaires, et qui avait déjà touché la même somme de la part de leur assureur... • CDNOM 28 févr. 2013, *Dr Anne-Marie B*, n° 11486 (interdiction de six mois). ♦ ... Ou celui qui exige, avant de se rendre dans une maison de retraite à la demande d'une infirmière pour établir un certificat de décès, la présence de la famille afin d'être rémunéré. • CDNOM 7 avr. 2014, *Dr Patrick M.*, n° 11787 (blâme). ♦ ...Ou celui qui commet le délit d'entrave à l'organisation d'élections professionnelles, le délit d'obstacle au contrôle de l'inspection du travail et de complicité de harcèlement moral sur de nombreux salariés du laboratoire d'analyses médicales qu'il dirige. • CDNOM 27 oct. 2015, *Dr. Robert N.*, n° 12325 (interdiction de 3 mois). ♦ ... Ou celui qui falsifie 21 chèques de patients vulnérables. • CDNOM 24 juin 2016, *Dr. Jean-Michel C.*, n° 12846 (interdiction d'un an). ♦ Ou celui qui agresse physiquement un confrère avec lequel il a un désaccord. • CDNOM 5 juill. 2016, *Khaled C.*, n° 12800 (blâme). ♦ ... Ou le professeur de médecine humanitaire qui promeut ses thèses pro-palestiniennes à travers un sujet d'examen conduisant nécessairement les étudiants à qualifier les agissements israéliens de crime. • CDNOM 15 nov. 2016, *Dr. Christophe O.*, n° 12825 (blâme).

6. Actes ne déconsidérant pas la profession. Médecin qui avait apporté son concours à l'organisation d'une enquête menée par le mensuel « Que Choisir » aux fins de tester la vigilance des pharmaciens lors de la délivrance des médicaments prescrits par les médecins, en rédigeant des ordonnances destinées à des patients fictifs et comportant des prescriptions volontairement erronées ; en estimant que le concours ainsi apporté à cette enquête constituait une faute de nature à déconsidérer la profession, la juridiction disciplinaire a inexactement qualifié les faits. • CE 21 déc. 2001, *Dio*, n° 215316 : *Lebon 668 ; AJDA 2002. 641, note Guettier ; D. 2002. 1115 ; RDSS 2002. 486, note Dubouis*.

7. Exercice durant une période d'interdiction. La sanction par la radiation définitive n'est pas hors de proportion avec le fait de continuer sciemment et de façon répétée, d'exercer durant une période d'interdiction. • CE 24 nov. 2017, n° 401564 : *Lebon*. ♦ Le fait d'effectuer un remplacement durant une interdiction déconsidère la profession. • CDNOM 15 sept. 2016, *Dr. J.H. L.*, n° 12683 (deux ans d'interdiction). ♦ V. aussi • CDNOM 15 févr. 2016, *Dr. Nicole K.*, n° 12480 (même sanction).

II. ACTES EXTRA-PROFESSIONNELS DE NATURE À DÉCONSIDÉRER LA PROFESSION

8. Relations intimes médecin/patient. Une relation intime consentie engagée par un psychiatre avec sa patiente, alors que l'action thérapeutique se poursuivait, méconnaît les principes généraux qui s'imposent aux médecins dans leurs rapports avec leurs patients. • CE 8 déc. 2000, *Alain-Michel X.*, n° 196204 : *RDSS 2001. 59, concl. Schwartz* (interdiction de quatre mois). ♦ Une relation intime entamée après la période de soins n'est pas de nature à déconsidérer la profession. • CDNOM 14 févr. 2013, *Alain B.*, n° 11290. ♦ Il en va de même lorsque le suivi médical cesse dès que la relation affective commence. • CDNOM 15 janv. 2013, *François V.*, n° 11360. ♦ **Bibl.** Chvetzoff, Médecins, patients et leur relation amoureuse, entre Erôs et Anterôs, *Méd. & Droit, 2017 n° 145, p. 104.*

9. Viols. S'agissant de relations sexuelles imposées à plusieurs reprises par un psychiatre à une patiente en état de faiblesse : • CDNOM 9 janv. 2013, *Dr. Jean-Louis T.*, n° 11307 (radiation).

10. Divers. Le non-remboursement d'une dette de 5 000 euros contractée auprès d'une ancienne patiente, en dépit d'un jugement du tribunal de grande instance prononçant l'obligation de rembourser, constitue par lui-même un acte de nature à déconsidérer la profession médicale, même réalisé en dehors de l'exercice de celle-ci. • CDNOM 22 févr. 2010, *Dr. B.*, n° 10422 (15 jours avec sursis). ♦ La simulation d'un cambriolage en vue de frauder l'assurance. • CE 18 oct. 1989, *Sevlian*, n° 96417 : *D. 1991. 179, obs. Penneau ; JCP G, 1991, II, n° 21693, 3ᵉ espèce, obs. Mémeteau.*

SOUS-SECTION 2 DEVOIRS ENVERS LES PATIENTS

Art. R. 4127-32 Dès lors qu'il a accepté de répondre à une demande, le médecin s'engage à assurer personnellement au patient des soins consciencieux, dévoués et fondés sur les données acquises de la science, en faisant appel, s'il y a lieu, à l'aide de tiers compétents.

COMMENTAIRE

V. Commentaire reproduit sur Dalloz.fr.

I. DONNÉES ACQUISES DE LA SCIENCE

1. Non-respect des données acquises (exemples). Une prise de position dogmatique sur les vaccinations, pour lesquelles l'intéressé ne retient que leur risque potentiel, conduit à considérer qu'il n'entend pas assurer des soins consciencieux, dévoués et fondés sur les données acquises de la science, et justifie le refus d'inscription au tableau. • CE 17 déc. 2009, *Marc. A.*, n° 314556. ♦ V. encore le cas de deux opérations simultanées des deux yeux pour une cataracte bilatérale. • CDNOM 24 janv. 2013, *Laurent P.*, n° 11633 (interdiction de deux mois).

2. Essai clinique. Pour un ex. d'association médicamenteuse constitutive d'un essai clinique *de phase II non validé, sans information ni* consentement du patient : • CDNOM 28 févr. 2013, *Daniel S.*, n° 11405.

3. Recommandations de bonnes pratiques (prise en compte). Ne commet pas d'erreur de droit la section des assurances sociales qui, pour juger qu'un médecin n'a pas tenu compte des données acquises de la science, prend en compte l'ensemble de ces données, telles qu'elles résultent not. des recommandations de bonnes pratiques, et ne s'estime pas tenue par elles. • CE 4 oct. 2010, *Pascal A.*, n° 326231 : *Lebon T. 619 ; AJDA 2010. 2388* (interdiction de donner des soins aux assurés sociaux d'un mois et quinze jours, dont un mois avec sursis). ♦ La section des assurances sociales peut, sans commettre d'erreur de droit, estimer qu'un praticien n'a pas tenu compte des données acquises de la science, telles qu'elles résultent not. des recommandations de bonnes pratiques, en s'abstenant de prescrire le dépistage systématique du cancer du col utérin. • CE 12 janv. 2005, *Kerkerian*, n° 256001 : *Lebon 20* ; AJDA 2005. 1008, note *Markus ; RDSS 2005. 496, obs. Moret-Bailly* (interdiction de donner des soins aux assurés sociaux de quatre mois dont un mois avec sursis).

4. Données acquises à l'étranger. Si la technique de potentialisation thérapeutique par l'insuline était utilisée depuis longtemps aux États-Unis sans inconvénient majeur constaté, la section des assurances sociales peut, après avoir examiné les opinions scientifiques rapportées, juger que cette technique n'avait été ni reconnue, ni, en outre, validée en France, et en déduire à bon droit qu'elle ne pouvait être mise en œuvre sans méconnaître les dispositions des art. R. 4127-32 et R. 4127-40 (interdiction de donner des soins aux assurés sociaux de dix-huit mois dont neuf avec sursis). • CE 7 mars 2008, *Jean-Rémy A.*, n° 298767. ♦ Toutefois, si la juridiction disciplinaire apprécie souverainement le caractère suffisamment éprouvé d'un procédé ou d'un remède, elle doit examiner l'ensemble des données scientifiques propres à établir sa conviction, sans se limiter aux données établies en France lorsque des travaux de la communauté scientifique internationale sont invoqués devant elle. • CE 19 oct. 2001, *Dumas*, req n° 210590 : *Lebon 478 ; RDSS 2002. 251, obs. L. Dubouis*.

5. Technique devenue interdite. La technique de la lyse adipocytaire utilisant du laser transcutané sans aspiration a été interdite par le Décr. n° 2011-382 du 11 avr. 2011, alors que le médecin est poursuivi pour une lyse adipocytaire pratiquée en 2008 ; toutefois, à l'époque de l'intervention, cette technique était déjà regardée comme insuffisamment éprouvée, nonobstant la circonstance qu'elle fût enseignée dans certaines universités. • CDNOM 20 sept. 2012, *Dr. Monique B.*, n° 10869. ♦ Cependant, le Conseil d'État a, par la suite, ordonné la suspension du même décret, en se fondant sur un doute sérieux quant au caractère dangereux de cette pratique ; puis le Conseil d'État, jugeant au fond, a validé ce décret par décision du 17 févr. 2012, attestant d'une certaine hésitation et donc de la bonne foi du médecin poursuivi. • Même jugement (interdiction de deux mois avec sursis).

6. Contrôle de cassation. C'est par une appréciation souveraine que la section des assurances sociales juge que les traitements mis en œuvre par le médecin poursuivi n'ont pas d'indication dans le cas des affections qui étaient à traiter. • CE 7 mars 2008, *Jean-Rémy A.*, n° 298767.

II. SOINS CONSCIENCIEUX ET DÉVOUÉS

7. Abstention de proposer des soins appropriés. Le médecin d'une patiente atteinte d'un cancer doit l'inciter à se tourner vers des soins spécialisés ; est inopérante la circonstance que cette patiente ait pleinement connaissance de la nature et de la gravité de sa maladie et refuse tout traitement oncologique ou chirurgical, ou celle que les soins illusoires d'acupuncture et d'homéopathie prodigués en lieu et place soient légaux ; appréciation souveraine du juge disciplinaire. • CE 30 mai 2011, *Mme H. Ottaviani*, n° 339496 : *Lebon 1108 ; AJDA 2011. 1584* ; *ibid. 2246, note Petit* (radiation). ♦ Pour un cas similaire : • CE 29 mai 2000, *Michel X.*, n° 199321 (radiation).

8. Obligation de se renseigner. L'obligation, pour le médecin, de donner au patient des soins attentifs, consciencieux et conformes aux données acquises de la science comporte le devoir de se renseigner avec précision sur son état de santé. • Civ. 1re, 5 mars 2015, n° 14-13.292 : *D. 2015. 623* .

9. Négligence. Est fautif le médecin, chargé de suivre un patient opéré, qui constate des symptômes postopératoires anormaux mais qui ne prévient le chirurgien que deux heures après. • CE 23 juin 2004, *Patrick A.*, n° 258344 (blâme). ♦ Pour un ex. de manque de dévouement dans le suivi postopératoire d'une patiente en grande souffrance physique, malgré plusieurs appels que l'intéressé a laissés sans réponse : • CDNOM 24 janv. 2013, *Dr. Laurent P.*, n° 11631 (interdiction d'un mois).

10. Manque de compassion et d'empathie. Est punissable l'absence de respect du patient, le défaut d'écoute et le manque de compassion face aux douleurs persistantes de ce dernier après intervention, notamment le fait de le laisser souffrir sans s'en préoccuper lors de la reprise d'une cicatrice opératoire, et de lui adresser une lettre pleine de fautes, manifestement non relue. • CDNOM 4 juill. 2014, *Dr. Olivier K.*, n° 11502 (avertissement). ♦ A propos d'un manque « d'humanité et d'empathie » à l'égard de parents dont l'enfant est mort deux jours après sa naissance, pour avoir éludé toute tentative de conciliation. • CDNOM 18 févr. 2014, *Dr. Claude S.*, n° 11766 (avertissement).

11. Contrôle de cassation. La juridiction disciplinaire apprécie souverainement si le praticien a suffisamment manifesté d'empathie au chevet de sa patiente et s'il s'est suffisamment préoccupé du manque de résultats des médications employées. • CE 13 févr. 2013, n° 351835 • CE 23 juin 2004, *Patrick A.*, n° 258344.

12. « Personnellement ». L'envoi par un médecin aux patients, qui lui demandent un rendez-vous, d'une lettre type leur demandant de faire remplir un questionnaire (joint à la lettre) par un médecin généraliste, et de le renvoyer accompagné d'un chèque de 350 F [53,5 €], et leur indiquant qu'il établirait son diagnostic et déciderait de sa prescription au vu du questionnaire dûment rempli, est contraire à l'obligation d'examen personnel du malade préalable à l'élaboration du diagnostic. • CE 29 oct. 1990, *Diennet*, n° 110332. ♦ Est fautif le médecin, opposé à l'usage des statines, qui préconise à des visiteurs de son blog qui l'avaient interrogé sur une thérapie à suivre, d'arrêter leurs traitements anti-cholestérolémiques actuels à base de statine, et ce, sans aucun examen de la situation personnelle de ses interlocuteurs. • CDNOM 29 juin 2015, *Dr L.*, n° 12226 (blâme).

13. Absence de suivi. Un médecin qui pratique en clinique une résection endoscopique d'une lésion vésicale et fait partir les tissus prélevés pour examens anatomo-pathologiques doit convoquer son patient en cas de résultats montrant l'existence d'un carcinome. Il ne peut invoquer l'inexpérience de la secrétaire de la clinique, qui était en intérim et qui avait omis de faire ressortir le dossier. • CDNOM 29 oct. 2015, *Dr Dominique F.*, n° 12282 (un mois d'interdiction avec sursis).

III. APPEL À DES TIERS COMPÉTENTS

14. Obligation. En présence d'un doute diagnostic, les art. R. 4127-32 et R. 4127-33 font obligation au médecin de recourir à l'aide de tiers compétents ou de concours appropriés, et n'ouvrent pas une simple faculté. • Civ. 1re, 27 nov. 2008, n° 07-15.963 : *Bull. civ. 2008. I, n° 273 ; JCP 2009. II. 10067, note Mordefroy.* ♦ Toutefois, ces mêmes dispositions n'édictent pas d'obligation particulière de sécurité ou de prudence au sens de l'art. 223-1 C. pén. (mise en danger d'autrui). • Crim. 18 mars 2008, n° 07-83.067 : *Bull. crim. 2008, n° 67 ; JCP 2008. II. 10127, note Mistretta ; RCA, 2009, n° 1, comm. 22.* ♦ Est fautive l'abstention, pendant plus de seize années, de faire appel à des tiers compétents pour évaluer l'évolution de l'affection d'un patient atteint du VIH, ainsi que les différents traitements qu'il aurait été possible de prescrire. • CE 20 mars 2017, *M. A.C.*, n° 390889 : *Lebon ; AJDA 2017. 1154* (toutefois, sanction annulée pour disproportion).

Art. R. 4127-33 Le médecin doit toujours élaborer son diagnostic avec le plus grand soin, en y consacrant le temps nécessaire, en s'aidant dans toute la mesure du possible des méthodes scientifiques les mieux adaptées et, s'il y a lieu, de concours appropriés.

1. Plus grand soin. Un médecin qui prescrit de manière fréquente des « bilans phytothérapiques européens », sans considération de la situation spécifique de chaque patient, élabore ses diagnostics sans discernement. • CE 1er oct. 1993, *Dominique X.*, n° 104611.

2. Contrôle de cassation. Le juge disciplinaire se livre à une appréciation souveraine pour juger que des examens complémentaires aurait dû être pratiqués, et qu'un diagnostic est insuffisamment précis. • CE 17 avr. 1989, *Gueniot*, n° 92132 : *RDSS 1990. 50, obs. Dubouis* .

3. Concours approprié. V. note ss. art. R. 4127-32.

Art. R. 4127-34 Le médecin doit formuler ses prescriptions avec toute la clarté indispensable, veiller à leur compréhension par le patient et son entourage et s'efforcer d'en obtenir la bonne exécution.

Bonne exécution. Est fautif le praticien qui, à l'occasion d'un bilan gynécologique, repère des anomalies qui auraient dû donner lieu à un contrôle après traitement, mais s'abstient de reprendre contact avec sa malade pour lui signaler ces anomalies, lui expliquer les résultats de l'analyse et s'assurer qu'elle suivait un traitement approprié. • CE 15 juin 1991, *Maurice Thomas Y.*, n° 89460 : *RDSS 1991. 570, obs. L. Dubouis* (radiation).

Art. R. 4127-35 Le médecin doit à la personne qu'il examine, qu'il soigne ou qu'il conseille une information loyale, claire et appropriée sur son état, les investigations et les soins qu'il lui propose. Tout au long de la maladie, il tient compte de la personnalité du patient dans ses explications et veille à leur compréhension.

(Décr. n° 2012-694 du 7 mai 2012, art. 2-1°) **« Toutefois, lorsqu'une personne demande à être tenue dans l'ignorance d'un diagnostic ou d'un pronostic, sa volonté doit être respectée, sauf si des tiers sont exposés à un risque de contamination. »**

Un pronostic fatal ne doit être révélé qu'avec circonspection, mais les proches doivent en être prévenus, sauf exception ou si le malade a préalablement interdit cette révélation ou désigné les tiers auxquels elle doit être faite.

BIBL. ► VIALLA, La réforme discrète du code de déontologie médicale, *JCP 2012, n° 23, p. 663.*

1. Moment de l'information. A supposer qu'un médecin ait apporté lui-même comme il le prétend l'information à son patient avant l'entrée au bloc, une information donnée à ce stade *ne peut permettre de répondre à l'obligation qui* s'impose au médecin. • CDNOM 5 sept. 2012, *Jean-Pierre G.*, n° 11304 (interdiction d'un an : cumul avec d'autres fautes).

2. Preuve de l'information (charge). Il ressort des art. L. 1111-2 et R. 4127-35 qu'il appartient au praticien de produire tout élément de preuve sur la nature et la qualité des informations qu'il a données. • CDNOM 7 déc. 2012, *Jean-Yves G.*, n° 11208. ♦ Est ainsi sanctionné le médecin qui n'établit pas avoir expliqué à sa patiente en quoi consistait exactement l'intervention qu'il estimait nécessaire, son ampleur et ses conséquences possibles, ni l'avoir prévenue que ce ne serait pas lui mais son « assistant » qui assurerait le suivi postopératoire. • CDNOM 4 mai

2012, *CDOM Hérault*, n° 11073 (interdiction d'un mois avec sursis) • 22 nov. 2010, *Mme Carmen S.*, n° 10600. ♦ Toutefois, les règles relatives à l'administration de la preuve ne peuvent trouver à s'appliquer en l'absence de toute contestation, par le patient concerné, de la réalité de l'information fournie sur son état de santé. • CE 18 mars 2015, *M. B.*, n° 363985 : *Lebon T. ; AJDA 2015. 1190* (requérant ayant déposé plainte pour le compte de son ancienne épouse).

3. Patient tenu dans l'ignorance. S'il ne peut être reproché à un médecin de laisser un malade dans l'ignorance d'un diagnostic ou d'un pronostic grave et d'apaiser ses inquiétudes, il ne peut, sans raison grave particulière, donner à un patient des indications volontairement erronées et susceptibles d'avoir des conséquences fâcheuses pour son traitement. • CE 30 sept. 1988, *François Y.*, n° 66223 (2 mois d'interdiction). ♦ V. aussi la jurisprudence civile, ss. art. L. 1111-2.

Art. R. 4127-36 Le consentement de la personne examinée ou soignée doit être recherché dans tous les cas.

Lorsque le malade, en état d'exprimer sa volonté, refuse les investigations ou le traitement proposés, le médecin doit respecter ce refus après avoir informé le malade de ses conséquences.

(Décr. n° 2016-1066 du 3 août 2016, art. 1er) **« Si le malade est hors d'état d'exprimer sa volonté, le médecin ne peut intervenir sans que la personne de confiance, à défaut, la famille ou un de ses proches ait été prévenu et informé, sauf urgence ou impossibilité. »**

Les obligations du médecin à l'égard du patient lorsque celui-ci est un mineur ou un majeur protégé sont définies à l'article R. 4127-42.

1. Caractère éclairé. Une feuille de « consentement éclairé », signée par le patient ne satisfait pas aux obligations de l'art. R. 4127-36 si elle a une portée trop générale et est trop imprécise ; cette carence n'est toutefois pas fautive s'il ressort des pièces du dossier que l'information orale a bien été délivrée. • CDNOM 20 juill. 2011, *Dr. François B.*, n° 11125.

2. Modification de l'intervention sans consentement. Un médecin ne peut, à l'occasion d'une interruption volontaire de grossesse, pratiquer sur sa patiente une hystéropexie, alors que celle-ci avait refusée lorsqu'il la lui avait proposée, quels que soient les motifs de ce refus, et quelles que fussent les circonstances opératoires, sauf en cas de danger immédiat pour la vie ou la santé de la patiente. • CE 27 janv. 1982, *Benhamou*, n° 10796 : *Lebon T. 736*. ♦ Est fautive la modification de la nature de l'intervention initialement projetée, sans examen permettant de justifier cette modification, et sans que la patiente soit informée ni mise à même d'y donner son consentement éclairé. • CDNOM 28 janv. 2011, *Dr. Iskandar S.*, n° 10978 (interdiction de six mois).

3. Tierce personne lors d'un examen. Aucun texte ni principe n'impose que le médecin doive systématiquement informer le patient de l'identité ou de la nature des fonctions des personnes devant l'assister dans la réalisation d'un acte médical, ou recueillir son consentement préalable sur la présence d'une telle personne. Mais lors d'un examen à caractère intime (colposcopie), le fait que la patiente se soit opposée à la présence du technicien, l'information tardive délivrée par le médecin, en présence du technicien et alors qu'elle était déjà deshabillée, interdit de regarder l'information comme loyale et appropriée au sens des dispositions et, pour les mêmes raisons, le consentement comme éclairé (• CE 19 sept. 2014, *Dr. A.*, n° 361534 : blâme). ♦ La présence d'étudiants dans une salle d'accouchement sans consentement de la parturiente constitue une atteinte à la vie privée. • CEDH 9 oct. 2014, *Konovalova c/ Russie*, n° 37873/04, § 42 s.)

4. Validité du consentement. Le consentement à un changement de mode opératoire, obtenu juste avant l'opération, alors que le patient est déjà sous Xanax et sous monitoring, et en l'absence d'urgence, n'est pas valide. • CDNOM 30 nov. 2016, *Dr. Arnaud D.*, n° 12850 (interdiction de 8 jours).

Art. R. 4127-37 *(Décr. n° 2016-1066 du 3 août 2016, art. 2)* **En toutes circonstances, le médecin doit s'efforcer de soulager les souffrances du malade par des moyens appropriés à son état et l'assister moralement. Il doit s'abstenir de toute obstination déraisonnable et peut renoncer à entreprendre ou poursuivre des traitements qui apparaissent inutiles, disproportionnés ou qui n'ont d'autre effet que le seul maintien artificiel de la vie.**

BIBL. ▶ Legros, La difficile et délicate entrée de la sédation dans le code de déontologie médicale, *RGDM sept. 2011, n° 40, p. 129*. – Sargos, La révolution éthique des codes de déontologie des professions médicales et ses conséquences juridiques et judiciaires, *D. 2007. Chron. 811*.

1. Conventionnalité. V. note 16 ss. art. L. 1111-4.

2. Responsabilités civile et administrative. V. notes ss. art. L. 1110-4.

Art. R. 4127-37-1 *(Décr. n° 2016-1066 du 3 août 2016, art. 3)* I. — Lorsque le patient est hors d'état d'exprimer sa volonté, le médecin en charge du patient est tenu de respecter la volonté exprimée par celui-ci dans des directives anticipées, excepté dans les cas prévus aux II et III du présent article.

II. — En cas d'urgence vitale, l'application des directives anticipées ne s'impose pas pendant le temps nécessaire à l'évaluation complète de la situation médicale.

III. — Si le médecin en charge du patient juge les directives anticipées manifestement inappropriées ou non conformes à la situation médicale, le refus de les appliquer ne peut être décidé qu'à l'issue de la procédure collégiale prévue à l'article L. 1111-11. Pour ce faire, le médecin recueille l'avis des membres présents de l'équipe de soins, si elle existe, et celui d'au moins un médecin, appelé en qualité de consultant, avec lequel il n'existe aucun lien de nature hiérarchique. Il peut recueillir auprès de la personne de confiance ou, à défaut, de la famille ou de l'un des proches le témoignage de la volonté exprimée par le patient.

IV. — En cas de refus d'application des directives anticipées, la décision est motivée. Les témoignages et avis recueillis ainsi que les motifs de la décision sont inscrits dans le dossier du patient.

La personne de confiance, ou, à défaut, la famille ou l'un des proches du patient est informé de la décision de refus d'application des directives anticipées.

Constitutionnalité. L'art. R. 4127-37-1 est conforme à la Constitution. • CE 6 déc. 2017, *UNAFTC*, n° 403944 : *Lebon ; AJDA 2017. 2439*.

Art. R. 4127-37-2 *(Décr. n° 2016-1066 du 3 août 2016, art. 3)* I. — La décision de limitation ou d'arrêt de traitement respecte la volonté du patient antérieurement exprimée dans des directives anticipées. Lorsque le patient est hors d'état d'exprimer sa volonté *(Abrogé par Décr. n° 2017-499 du 6 avr. 2017, art. 3-1°-a)* « *et en l'absence de directives anticipées* », la décision de limiter ou d'arrêter les traitements dispensés, au titre du refus d'une obstination déraisonnable, ne peut être prise qu'à l'issue de la procédure collégiale prévue à l'article L. 1110-5-1 et *(Décr. n° 2017-499 du 6 avr. 2017, art. 3-1°-b)* « dans le respect des directives anticipées et, en leur absence, » après qu'a été recueilli auprès de la personne de confiance ou, à défaut, auprès de la famille ou de l'un des proches le témoignage de la volonté exprimée par le patient.

II. — Le médecin en charge du patient peut engager la procédure collégiale de sa propre initiative. Il est tenu de le faire à la demande de la personne de confiance, ou, à défaut, de la famille ou de l'un des proches. La personne de confiance ou, à défaut, la famille ou l'un des proches est informé, dès qu'elle a été prise, de la décision de mettre en œuvre la procédure collégiale.

III. — La décision de limitation ou d'arrêt de traitement est prise par le médecin en charge du patient à l'issue de la procédure collégiale. Cette procédure collégiale prend la forme d'une concertation avec les membres présents de l'équipe de soins, si elle existe, et de l'avis motivé d'au moins un médecin, appelé en qualité de consultant. Il ne doit exister aucun lien de nature hiérarchique entre le médecin en charge du patient et le consultant. L'avis motivé d'un deuxième consultant est recueilli par ces médecins si l'un d'eux l'estime utile.

Lorsque la décision de limitation ou d'arrêt de traitement concerne un mineur ou un majeur protégé, le médecin recueille en outre l'avis des titulaires de l'autorité parentale ou du tuteur, selon les cas, hormis les situations où l'urgence rend impossible cette consultation.

IV. — La décision de limitation ou d'arrêt de traitement est motivée. La personne de confiance, ou, à défaut, la famille, ou l'un des proches du patient est informé de la nature et des motifs de la décision de limitation ou d'arrêt de traitement. La volonté de limitation ou d'arrêt de traitement exprimée dans les directives anticipées ou, à défaut, le témoignage de la personne de confiance, ou de la famille ou de l'un des proches de la volonté exprimée par le patient, les avis recueillis et les motifs de la décision sont inscrits dans le dossier du patient.

Art. R. 4127-37-3 *(Décr. n° 2016-1066 du 3 août 2016, art. 3)* I. — A la demande du patient, dans les situations prévues aux 1° et 2° de l'article L. 1110-5-2, il est recouru à une sédation profonde et continue provoquant une altération de la conscience main-

tenue jusqu'au décès, associée à une analgésie et à l'arrêt de l'ensemble des traitements de maintien en vie, à l'issue d'une procédure collégiale, telle que définie au III de l'article R. 4127-37-2, dont l'objet est de vérifier que les conditions prévues par la loi sont remplies.

Le recours, à la demande du patient, à une sédation profonde et continue telle que définie au premier alinéa, ou son refus, est motivé. Les motifs du recours ou non à cette sédation sont inscrits dans le dossier du patient, qui en est informé.

II. – Lorsque le patient est hors d'état d'exprimer sa volonté et qu'un arrêt de traitement de maintien en vie a été décidé au titre du refus de l'obstination déraisonnable, en application des articles L. 1110-5-1, L. 1110-5-2 et L. 1111-4 et dans les conditions prévues *(Décr. nº 2017-499 du 6 avr. 2017, art. 3-2º)* **« à l'article R. 4127-37-2 », le médecin en charge du patient, même si la souffrance de celui-ci ne peut pas être évaluée du fait de son état cérébral, met en œuvre une sédation profonde et continue provoquant une altération de la conscience maintenue jusqu'au décès, associée à une analgésie, excepté si le patient s'y était opposé dans ses directives anticipées.**

Le recours à une sédation profonde et continue, ainsi définie, doit, en l'absence de volonté contraire exprimée par le patient dans ses directives anticipées, être décidé dans le cadre de la procédure collégiale prévue à l'article R. 4127-37-2.

En l'absence de directives anticipées, le médecin en charge du patient recueille auprès de la personne de confiance ou, à défaut, auprès de la famille ou de l'un des proches, le témoignage de la volonté exprimée par le patient.

Le recours à une sédation profonde et continue est motivé. La volonté du patient exprimée dans les directives anticipées ou, en l'absence de celles-ci, le témoignage de la personne de confiance, ou, à défaut, de la famille ou de l'un des proches de la volonté exprimée par le patient, les avis recueillis et les motifs de la décision sont inscrits dans le dossier du patient.

La personne de confiance, ou, à défaut, la famille, ou l'un des proches du patient est informé des motifs du recours à la sédation profonde et continue.

Art. R. 4127-37-4 *(Décr. nº 2016-1066 du 3 août 2016, art. 3)* **Le médecin accompagne la personne selon les principes et dans les conditions énoncés à l'article R. 4127-38. Il veille également à ce que l'entourage du patient soit informé de la situation et reçoive le soutien nécessaire.**

Art. R. 4127-38 Le médecin doit accompagner le mourant jusqu'à ses derniers moments, assurer par des soins et mesures appropriés la qualité d'une vie qui prend fin, sauvegarder la dignité du malade et réconforter son entourage.

Il n'a pas le droit de provoquer délibérément la mort.

Injection létale. Si le législateur a entendu que ne saurait être imputé à une faute du médecin le décès d'un patient survenu sous l'effet d'un traitement administré parce qu'il était le seul moyen de soulager ses souffrances, il n'a pas entendu autoriser un médecin à provoquer délibérément le décès d'un patient en fin de vie par l'administration d'une substance létale. • CE 30 déc. 2014, Dr. B., nº 381245 : *Lebon ; D. 2015. 81, obs. Vialla ; RFDA 2015.67, concl. Keller ; AJDA 2015. 5 ; ibid. 2015. 769, chron. Lessi et Dutheillet de Lamothe ; Dr. adm. 2015. Comm. 29, note Éveillard* (radiation définitive).

Art. R. 4127-39 Les médecins ne peuvent proposer aux malades ou à leur entourage comme salutaire ou ***sans danger*** **un remède ou un procédé illusoire ou insuffisamment éprouvé.**

Toute pratique de charlatanisme est interdite.

COMMENTAIRE

V. Commentaire reproduit sur Dalloz.fr.

BIBL. ▶ POIRIER, Petit dictionnaire du charlatanisme médical, *éd. Hermann, 2011.* – DELCENSERIE, Les médecines non conventionnelles en France : de l'ombre au clair-obscur, *RDSS 2008. 73.* – LAVAUD-LEGENDRE, Charlatanisme et droit pénal, *Trib. Santé, 2008/3, nº 20, p. 67.*

I. PROCÉDÉS ILLUSOIRES

1. *Traitements illusoires contre des cancers.* Alors même qu'une patiente atteinte d'un cancer a pleinement connaissance de la nature et de la gravité de sa maladie et refuse tout traitement oncologique ou chirurgical, le fait de lui prodiguer des soins d'acupuncture et d'homéopathie, même légaux, sans inciter cette patiente à se tourner vers des soins spécialisés, est contraire à l'art. R. 4127-39. • CE 30 mai 2011, *Mme Ottoviani.*, n° 339496 : *Lebon T. 1108 ; AJDA 2011. 1584 ; ibid. 2246, note J. Petit* (radiation définitive). ♦ V. aussi • CE 29 juill. 1994, *Garnier*, n° 146978 : *Lebon 407 ; RDSS 1995. 57, note Dubouis* (interdiction de six mois) • CDNOM 12 avr. 2016, *Dr. Jean-Jacques D.*, n° 12616 (deux ans d'interdiction).

2. *Autres traitements illusoires.* Est fautive la généraliste, ni qualifiée ni reconnue compétente en psychiatrie, qui prescrit contre l'autisme un régime sans gluten et sans caséine suivi d'un traitement de la « détoxication hépatique » censé aboutir dans les deux ou trois ans. • CDNOM 19 janv. 2010, *CDOM Paris*, n° 10327. ♦ V. encore, à propos d'une technique consistant à déposer un tube contenant un produit homéopathique sur l'épigastre afin de procéder à l'analyse psychologique du patient, et d'une autre technique dite de « kinésiologie », • CE 5 nov. 2003, *Christophe Y.*, n° 204852 (interdiction d'un mois). ♦ V. encore, à propos de l'utilisation d'une « antenne de Lecher » et de prescriptions de médicaments issus du règne végétal et animal proposés sous forme de dynamisations homéopathiques, • CDNOM 10 oct. 2012, *Dr. Louis R. : nos 11330 et 11331* (interdiction d'un an dont trois mois ferme). ♦ La prétendue volonté d'apporter à une patiente un placebo n'exonère pas le médecin de sa responsabilité. • CE 20 avr. 1988, *Lefebvre-Gary*, n° 87262 (blâme). ♦ Inversement, le fait de remettre au patient un médicament procuré par un laboratoire, alors que ce médicament était en attente d'AMM obtenue moins d'un mois plus tard, n'est pas fautif. • CDNOM 29 janv. 2015, *Dr. Hervé M.*, n° 12000.

3. *Préparations personnelles.* Est fautive l'injection par voie intraveineuse à plus de quarante patients atteints d'une maladie de la peau, d'une préparation dont le praticien a refusé de révéler la composition aux organes de contrôle, et dont ni la valeur ni l'innocuité ne sont démontrées. • CE 19 oct. 1979, *Darlet*, n° 09320 : *Lebon 380* (interdiction de donner des soins aux assurés sociaux d'un an).

4. *Médecin cautionnant un traitement illusoire.* Est punissable le fait pour un médecin de : 1/ ne pas user de son ascendant sur une patiente atteinte de cancer pour la persuader de se faire opérer au plus vite ; 2/ la conforter dans l'illusion de l'efficacité de procédés diagnostiques et de traitements dépourvus de toute valeur scientifique prodigués par un tiers non médecin (produits à base de cartilage de requin, et compléments alimentaires) ; 3/ prescrire en outre un traitement inefficace (homéopathie et sirops), et pratiquer un examen clinique interdit (électrosomatogramme) en le faisant passer auprès de la patiente pour un scanner. • CDNOM 20 mai 2009, *Dr. Robert W.*, n° 10264 (interdiction de deux ans), confirmé par : • CE 11 juill. 2012, *M. A.*, n° 329963.

5. *Contrôle de cassation.* S'il appartient au juge disciplinaire d'apprécier souverainement le caractère suffisamment éprouvé d'un procédé ou d'un remède, il doit toutefois examiner l'ensemble des données scientifiques propres à établir sa conviction, en particulier l'opinion de la communauté scientifique internationale, lorsque ses travaux sont invoqués devant elle. • CE 19 oct. 2001, *Dumas*, n° 210590 : *Lebon 478 ; RDSS 2002. 251, obs. Dubouis*

II. CHARLATANISME

6. *Ésotérisme.* Relève du charlatanisme le médecin qui recourt de façon répétée à des pratiques médicales de caractère ésotérique ne correspondant à aucune donnée acquise de la science, not. sur une de ses patientes atteinte d'un cancer métastasé, qui décèdera quelques mois plus tard. • CE 26 nov. 2007, *Lyliane A.*, n° 292251 (interdiction de trois ans) • 26 nov. 2007, *Gérard A.*, n° 292250 (radiation). ♦ V. aussi, à propos de l'emploi d'un procédé de diagnostic par correspondance au vu de mèches de cheveux, • CE 20 févr. 1957, *Sieur Grémeau*, n° 25551 : *Lebon 114*.

7. *Contrôle de cassation.* La juridiction disciplinaire apprécie souverainement qu'en remettant à ses patients une fiche qui comportait une liste de nombreuses affections présentées comme pouvant être traitées de manière « spectaculaire, satisfaisante ou prometteuse » par l'acupuncture, le médecin poursuivi méconnaît les dispositions de l'art. 39 C. déont. méd. [art. R. 4127-39]. • CE 4 oct. 1995, *X.*, n° 138144.

Art. R. 4127-40 Le médecin doit s'interdire, dans les investigations et interventions qu'il pratique comme dans les thérapeutiques qu'il prescrit, de faire courir au patient un risque injustifié.

1. *Thérapeutiques risquées.* Fait courir un risque injustifié au patient le médecin qui, sans prescrire aucun des examens complémentaires qu'auraient pu justifier les symptômes présentés par sa jeune patiente, jette la suspicion sur l'utilité des vaccinations chez les jeunes enfants et utilise un procédé dit de « traitement isothérapique séquentiel », comportant l'absorption de dilutions de vaccins. • CE 20 nov. 2002, *Philippe X.*, n° 232357 (interdiction de deux mois).

2. Compétences outrepassées. Un praticien de médecine générale qui n'a reçu aucune formation le rendant apte à pratiquer la chirurgie plastique, reconstructrice et esthétique, alors même qu'il aurait pratiqué depuis dix-sept ans ce type de chirurgie, outrepasse sa compétence en pratiquant un acte de chirurgie mammaire, et fait courir à sa patiente un risque non justifié. • CE 20 nov. 2002, *François X.*, n° 182392 (interdiction de trois mois) • 4 avr. 2001, *Jean-Pierre X.*, n° 181961 (interdiction de trois mois). ♦ Il en va de même du praticien sans formation ni compétence en chirurgie générale et viscérale, qui effectue un acte de laparotomie sur une patiente. • CE 24 sept. 1999, *Baroche*, n° 194421 : *Lebon T. 639 ; ibid. 1001* (interdiction d'un mois).

3. Manque d'expérience. Est fautif le praticien qui se lance dans une intervention qu'il a très peu pratiquée, sans vérifier les conséquences de ses gestes. • CDNOM 14 févr. 2013, *ARS Midi-Pyrénées*, n° 11565 (interdiction de trois mois dont un avec sursis).

4. Autres attitudes risquées. Fait courir un risque injustifié au patient le praticien qui rédige des comptes rendus opératoires stéréotypés et imprécis sur les techniques employées… • CE 20 mai 2005, *Jérôme Y.*, n° 254952 (interdiction de donner des soins aux assurés sociaux d'un an). ♦ … Ou celui qui, exerçant à Marseille, ouvre sans autorisation un cabinet secondaire à Moriani-Plage (Haute-Corse), compte tenu de l'éloignement géographique entre les deux cabinets, rendant difficile la continuité des soins… • CE 30 sept. 2002, *Jean-Jacques X.*, n° 311361 (interdiction de quinze jours). ♦ Pour un cas similaire, • CE 10 avr. 2002, *Michel X.*, n° 204561. ♦ … Ou celui qui pratique des séances de sclérose de varices sans utiliser du matériel jetable. • CE 25 mai 2005, *Jean Y.*, n° 259614 (radiation). ♦ Est fautif le médecin qui mentionne sur le carnet de vaccination un vaccin qu'il n'a pas pratiqué, faute que la juridiction a légalement pu déduire du fait que l'enfant n'était pas immunisé. • CE 22 déc. 2017, *M. B. C.*, n° 406360 : *Lebon ; AJDA 2018. 9* (radiation définitive).

5. Contrôle de cassation. L'appréciation que la juridiction disciplinaire a faite des justifications présentées par le praticien, de ses méthodes diagnostiques et des risques encourus par ses patients du fait de ses prescriptions, échappe au contrôle du juge de cassation. • CE 20 nov. 2002, *Philippe X.*, n° 232357. ♦ En revanche, la juridiction disciplinaire motive insuffisamment sa décision lorsqu'elle retient un risque injustifié sans caractériser l'existence d'un lien entre le décès d'une patiente et le traitement administré par le praticien, et qualifie inexactement les faits en s'abstenant de rechercher si ce même praticien pouvait raisonnablement soupçonner que sa patiente présentait un terrain allergique audit traitement. • CE 23 mai 2001, *Laraque*, n° 225269.

Art. R. 4127-41 **Aucune intervention mutilante ne peut être pratiquée sans motif médical très sérieux et, sauf urgence ou impossibilité, sans information de l'intéressé et sans son consentement.**

Art. R. 4127-42 **Sous réserve des dispositions de l'article L. 1111-5, un médecin appelé à donner des soins à un mineur ou à un majeur protégé doit s'efforcer de prévenir ses parents ou son représentant légal et d'obtenir leur consentement.**

En cas d'urgence, même si ceux-ci ne peuvent être joints, le médecin doit donner les soins nécessaires.

Si l'avis de l'intéressé peut être recueilli, le médecin doit en tenir compte dans toute la mesure du possible.

1. Autorité parentale présumée. Aux termes de l'art. 372 C. civ., les père et mère exercent en commun l'autorité parentale ; aux termes de l'art. 372-2 du même code, chacun des parents est réputé agir avec l'accord de l'autre à l'égard des tiers de bonne foi, quand il fait seul un acte usuel de l'autorité parentale ; il en résulte qu'un médecin peut légitimement se contenter de la demande de la mère d'un enfant pour décider de procéder à une ablation de dent de sagesse sur ce dernier. • CDNOM 14 déc. 2012, *Éric D.*, n° 11430 • 17 oct. 2012, *Martial C.*, n° 11210.

2. Urgence, caractérisation. L'urgence justifie à elle seule les soins sans information ni consentement des parents, mais une simple aggravation de l'état du patient ne constitue pas nécessairement une urgence. • CE 7 mai 2014, n° 359076 : *D. 2014. 1787, obs. P. Bonfils et A. Gouttenoire*.

Art. R. 4127-43 **Le médecin doit être le défenseur de l'enfant lorsqu'il estime que l'intérêt de sa santé est mal compris ou mal préservé par son entourage.**

Art. R. 4127-44 **Lorsqu'un médecin discerne qu'une personne auprès de laquelle il est appelé est victime de sévices ou de privations, il doit mettre en œuvre les moyens les plus adéquats pour la protéger en faisant preuve de prudence et de circonspection.**

(*Décr. nº 2012-694 du 7 mai 2012, art. 2-2º*) « Lorsqu'il s'agit d'un mineur ou d'une personne qui n'est pas en mesure de se protéger en raison de son âge ou de son état physique ou psychique, il alerte les autorités judiciaires ou administratives, sauf circonstances particulières qu'il apprécie en conscience. »

Maltraitance. Est fautif le médecin qui s'abstient de signaler des faits de maltraitance d'une particulière gravité à l'égard de personnes âgées dépendantes accueillies dans un établissement de santé. • CDNOM 24 janv. 2013, *Conseil déptal de la Sarthe*, nº 11194 (interdiction d'un mois dont quinze jours avec sursis).

Art. R. 4127-45 **(*Décr. nº 2012-694 du 7 mai 2012, art. 2-3º*) I. — Indépendamment du dossier médical prévu par la loi, le médecin tient pour chaque patient une fiche d'observation qui lui est personnelle ; cette fiche est confidentielle et comporte les éléments actualisés, nécessaires aux décisions diagnostiques et thérapeutiques.**

Les notes personnelles du médecin ne sont ni transmissibles ni accessibles au patient et aux tiers.

Dans tous les cas, ces documents sont conservés sous la responsabilité du médecin.

II. — A la demande du patient ou avec son consentement, le médecin transmet aux médecins qui participent à la prise en charge ou à ceux qu'il entend consulter les informations et documents utiles à la continuité des soins.

Il en va de même lorsque le patient porte son choix sur un autre médecin traitant.

BIBL. ► SAISON et BOUGHRIET, Les notes personnelles des médecins : un point d'incertitude dans la détermination du contenu transmissible du dossier, *RGDM 2014, nº 53, p. 43.*

Est fautif le médecin qui ne rédige pas de comptes-rendus de consultations, et qui n'établit pas de fiches d'observation. • CDNOM 15 déc. 2011, *Dr. Philippe S.*, nº 10977 (interdiction de six mois).

Art. R. 4127-46 **(*Décr. nº 2012-694 du 7 mai 2012, art. 2-4º*) Lorsqu'un patient demande à avoir accès à son dossier médical par l'intermédiaire d'un médecin, celui-ci remplit cette mission en tenant compte des seuls intérêts du patient et se récuse en cas de conflit d'intérêts.**

Art. R. 4127-47 **Quelles que soient les circonstances, la continuité des soins aux malades doit être assurée.**

Hors le cas d'urgence et celui où il manquerait à ses devoirs d'humanité, un médecin a le droit de refuser ses soins pour des raisons professionnelles ou personnelles.

S'il se dégage de sa mission, il doit alors en avertir le patient et transmettre au médecin désigné par celui-ci les informations utiles à la poursuite des soins.

1. Cause licite de rupture. Le fait qu'une première grossesse ait donné lieu à un contentieux contre le gynécologue-obstétricien, en raison de complications, justifie le refus par le même praticien de prendre en charge une seconde grossesse, dès lors qu'il agit humainement, indiquant à la patiente les coordonnées d'autres établissements, et en l'absence d'urgence ou de motivation d'ordre discriminatoire ou purement financière. • CDNOM 17 sept. 2010, *Mme Afef S.*, nº 10525. ♦ Est licite le refus de soins consécutif au refus du patient de procéder à certains examens, et en l'absence d'urgence. • CDNOM 2 mai 2016, *Dr. Pierre K.*, nº 12619.

2. Appel à la grève. Le juge disciplinaire juge à bon droit qu'un médecin qui appelle ses confrères adhérant à l'organisation syndicale qu'il dirige à ne dispenser aucun soin, même en cas d'urgence, commet un manquement à une obligation déontologique fondamentale s'imposant à tout médecin, sans que sa qualité de responsable syndical puisse l'en affranchir. • CE 4 mai 2001, *Jurin*, nº 205248 : *Lebon 229 ; D. 2001. 1851* ; *RDSS 2001. 699, obs. Dubouis* (interdiction de deux mois).

3. Sanction civile. Engage sa responsabilité pour faute de surveillance le médecin qui refuse d'avancer une visite prévue plus d'un an après une précédente visite mettant au jour un risque sérieux de rétinopathie, sans prendre la peine de diriger son patient vers un autre confrère ; la surcharge du cabinet ne constitue pas une excuse, dès lors que le risque de rétinopathie, qui s'est réalisé, était imminent et prévisible sur un patient que le médecin connaissait depuis longtemps et dont il n'ignorait pas le comportement à risques. • Civ. 1re, 6 oct. 2011, nº 10-21.212 : *D. 2011. 2599 ; JCP 2011, nº 1349, note Sargos.*

Art. R. 4127-48 **Le médecin ne peut pas abandonner ses malades en cas de danger public, sauf sur ordre formel donné par une autorité qualifiée, conformément à la loi.**

Art. R. 4127-49 **Le médecin appelé à donner ses soins dans une famille ou une collectivité doit tout mettre en œuvre pour obtenir le respect des règles d'hygiène et de prophylaxie.**

Il doit informer le patient de ses responsabilités et devoirs vis-à-vis de lui-même et des tiers ainsi que des précautions qu'il doit prendre.

Art. R. 4127-50 **Le médecin doit, sans céder à aucune demande abusive, faciliter l'obtention par le patient des avantages sociaux auxquels son état lui donne droit.**

A cette fin, il est autorisé, sauf opposition du patient, à communiquer au médecin-conseil nommément désigné de l'organisme de sécurité sociale dont il dépend, ou à un autre médecin relevant d'un organisme public décidant de l'attribution d'avantages sociaux, les renseignements médicaux strictement indispensables.

1. Demande abusive. S'agissant d'un certificat d'arrêt maladie postdaté : • CDNOM 24 janv. 2012, *CDOM Bouches-du-Rhône,* n° 11007 (blâme).

2. Avantages sociaux. S'agissant d'un retard de plusieurs mois d'un médecin à répondre au comité médical départemental qui le sollicitait au sujet d'une de ses patientes, lésant cette dernière dans ses droits : • CDNOM 11 sept. 2012, *Gabriel J.,* n° 11231 (interdiction d'un mois).

3. Rétention de feuilles de soins. Est fautif le praticien qui diffère de plus de deux mois l'envoi de feuilles de soins à sa patiente, différant d'autant le remboursement des soins. • CDNOM 29 juin 2015, n° 12249 (interdiction de 15 jours avec sursis).

Art. R. 4127-51 **Le médecin ne doit pas s'immiscer sans raison professionnelle dans les affaires de famille ni dans la vie privée de ses patients.**

COMMENTAIRE

V. Commentaire reproduit sur Dalloz.fr.

1. Immixtion reconnue, conflits conjugaux. Est fautif le médecin qui établit, sur la seule foi d'une patiente en instance de divorce, deux certificats attestant d'attouchements sexuels dont une fillette de cinq ans aurait été l'objet de la part de son père, ajoutant que le petit frère devait être également protégé, prenant partie sur le droit de visite du père, et accusant la famille paternelle d'avoir entretenu un climat incestueux. • CE 19 juin 2000, *Sabourin,* n° 195063 : *Lebon T.1217 ; D. 2000. 237* (interdiction de trois mois). ♦ Il en va de même du médecin consultant un enfant avec sa seule mère, attribuant les troubles de l'enfant au père et prescrivant qu'il ne se rende pas chez ce dernier pendant un mois... • CE 26 mai 2010, *Peyre,* n° 322128 : *Lebon T. 957 ; ibid. 964 ; AJDA 2010. 1727* (blâme). ♦ ... Ou d'un médecin consultant un enfant avec le seul père... • CE 15 juill. 2004, *Lucien X.,* n° 258469 (interdiction de trois mois). ♦ ... Ou du médecin qui, afin d'aider son frère en instance de divorce, atteste que sa belle-sœur, qu'il n'a ni reçue, ni donc examinée, présente tous les signes d'une névrose hystérique. • CE 7 févr. 1994, *Mme Renson-Robville,* n° 121290 : *Lebon 57 ; D. 1995. 99, obs. Penneau* (blâme).

2. Immixtion reconnue, autres cas. Médecin psychiatre auquel une patiente révèle qu'elle dispose d'une disquette prouvant que son compagnon consulte certains sites internet illégaux, et acceptant de conserver lui-même cette disquette, avant que la patiente la remette ensuite à la police : • CDNOM 26 janv. 2010, *Alexis S.,* n° 10294 (interdiction de trois mois dont un avec sursis). ♦ Médecin rédigeant un rapport médical par lequel il prend parti dans un conflit familial et émet des conclusions dans un domaine non médical dont le destinataire était susceptible de se servir au bénéfice de ses intérêts patrimoniaux : • CDNOM 11 déc. 2009, *Dr. Christophe L.,* n° 10357 (interdiction de trois mois dont deux avec sursis).

Art. R. 4127-52 **Le médecin qui aura traité une personne pendant la maladie dont elle est décédée ne pourra profiter des dispositions entre vifs et testamentaires faites par celle-ci en sa faveur pendant le cours de cette maladie que dans les cas et conditions prévus par la loi.**

Il ne doit pas davantage abuser de son influence pour obtenir un mandat ou contracter à titre onéreux dans des conditions qui lui seraient anormalement favorables.

1. Champ d'application. L'art. R. 4127-52 s'applique au médecin qui aura traité une personne pendant la maladie dont elle est décédée, et non pas seulement à celui qui aura traité cette personne pour l'affection dont elle est décédée ; il en résulte qu'un psychanalyste, consulté à de multiples reprises par une patiente gravement malade et qui lui a prescrit diverses spécialités pharmaceutiques sans lien direct avec la maladie dont elle décédera, ne peut être bénéficiaire de son assurance sur la vie. • CE 18 févr. 2005, *Mme Cadoret*, n° 264014 : *Lebon 69 ; AJDA 2005. 742* (six mois d'interdiction dont trois avec sursis). ♦ Comp. : un médecin peut être bénéficiaire de l'assurance-vie d'un patient décédé, auprès duquel il n'intervenait que pour traiter des douleurs articulaires sans rapport avec la maladie qui a causé la mort. • CE 28 avr. 2003, *Claude X.*, n° 236794. ♦ Le juge disciplinaire doit rechercher si la souscription d'un avenant à un contrat d'assurance-vie au profit d'un médecin est intervenue pendant le cours de la maladie dont le patient est décédé, ou avant. • CE 8 déc. 2000, *Dr. Latieule*, n° 194102.

2. Cause du décès. La méconnaissance de l'art. R. 4127-52 ne peut être reprochée à un médecin que si la cause du décès de la personne traitée est certaine ; en sanctionnant un médecin pour avoir accepté d'être le légataire universel d'une patiente alors même qu'il existait une incertitude sur la cause exacte de son décès, la juridiction disciplinaire commet une erreur de droit. • CE 3 sept. 2007, *Larbre*, n° 298312.

Art. R. 4127-53 **Les honoraires du médecin doivent être déterminés avec tact et mesure, en tenant compte de la réglementation en vigueur, des actes dispensés ou de circonstances particulières.**

Ils ne peuvent être réclamés qu'à l'occasion d'actes réellement effectués *(Décr. n° 2012-694 du 7 mai 2012, art. 2-5°)* **« même s'ils relèvent de la télémédecine.**

« Le simple avis ou conseil dispensé à un patient par téléphone ou par correspondance ne peut donner lieu à aucun honoraire. »

Un médecin doit répondre à toute demande d'information préalable et d'explications sur ses honoraires ou le coût d'un traitement. Il ne peut refuser un acquit des sommes perçues.

Aucun mode particulier de règlement ne peut être imposé aux malades.

BIBL. ▸ MARIÉ, Le dédale contentieux des dépassements tarifaires des médecins libéraux, *RDSS 2016. 107*. – HARICHAUX, la rémunération des médecins, *Économica, 1979* – BRAS, Le prix des soins, marché ou régulation publique ?, *Trib. Santé, 2005/3, n° 8, p. 47.*

1. Champ d'application. L'art. R. 4127-53 s'applique aussi aux honoraires perçus par un médecin pour des actes se rattachant à son exercice, comme l'établissement de documents relatifs à l'état de santé des patients et visant pour eux à obtenir une indemnisation. • CDNOM 28 févr. 2013, *Dr. Anne-Marie B.*, n° 11486. ♦ Mais cette disposition ne fait pas obstacle à l'établissement d'une convention nationale définissant les tarifs, en vertu de l'art. L. 162-14-1 CSS. • CE 22 oct. 2014, *Synd. des médecins d'Aix et région*, n° 364384 : *Lebon.*

2. Montant excessif. Sont fautifs des dépassements de 296 et 386 %, qui ne se justifient par aucune difficulté particulière, et alors même qu'ils n'auraient jamais donné lieu à une plainte d'un patient... • CE 21 nov. 2003, *Yves X.*, n° 211362 (interdiction de donner des soins aux assurés sociaux de quatre mois dont deux avec sursis). ♦... Ou des dépassements du double du tarif conventionnel en vigueur à l'occasion d'actes ne comportant pas d'investigations particulières, ni d'actes thérapeutiques longs et délicats... • CE 30 juin 1993, *Furter, n° 102184 : Lebon T. 995* (interdiction de donner des soins aux assurés sociaux de trois mois). ♦ ... Ou des honoraires s'élevant à deux fois et demie le tarif conventionnel, sans justifier d'une exigence particulière de la patiente, ni d'une notoriété ou de titres spécifiques, ni d'actes techniques ou difficiles. • CDNOM 22 mars 2013, *CD Bouches-du-Rhône*, n° 11425 (avertissement). ♦ ... Ou des honoraires de 90 € et 150 € en cas de visite à domicile, à raison de 175 consultations en treize mois. • CE 4 déc. 2013, *Lascu*, n° 356479 : *Lebon T. 819* (radiation).

3. Demande d'espèces. La demande d'espèces moyennant un rabais est fautive. • CDNOM 13 sept. 2016, *Dr. Albertine M.*, n° 12613 (blâme).

4. Justifications de dépassements rejetées. Ni l'état pathologique lourd de la patiente, ni son état de fortune ou ses modalités d'assurance ne constituent une justification à la violation de l'obligation de tact et de mesure dans la fixation des honoraires. • CE 29 juill. 2002, *Maurice X.*, n° 215321 (interdiction de donner des soins aux assurés sociaux de quatre mois dont trois avec sursis). ♦ Une péridurale obstétricale ne peut être regardée en elle-même comme une exigence particulière pour un anesthésiste, nonobstant la circonstance qu'elle est, comme toute anesthésie, susceptible de présenter un risque. • CE 30 janv. 2002, *Philippe X.*, n° 223375 (interdiction de donner des soins aux assurés sociaux d'un mois avec sursis). ♦ Le fait qu'un médecin ait choisi de ne pas être conventionné par la sécurité sociale ne constitue pas une justification de dépassement. • CE 28 avr. 2004, *Didier X.*, n° 254726 (interdiction de donner des soins aux assurés sociaux d'un mois).

5. Avis ou conseil téléphoniques. Est fautif le médecin qui prescrit des traitements à deux de ses patientes après s'être borné à un entretien téléphonique avec elles, sans procéder à leur examen clinique. • CE 28 avr. 2004, *Didier X.*, n° 254726 (interdiction de donner des soins aux assurés sociaux durant un mois). ♦ Ni la durée exceptionnellement longue de l'entretien téléphonique avec un patient ne pouvant se déplacer, ni le fait que le praticien poursuivi a remboursé la somme demandée ne permettent d'éluder la qualification de manquement à l'art. R. 4127-53. • CDNOM 19 janv. 2010, *CDOM Paris,* n° 10327. ♦ Aussi • CDNOM 4 avr. 2016, *Dr. Alain K.,* n° 12337 (radiation définitive).

6. Soins entre médecins. Un médecin faisant hospitaliser son fils dans un établissement n'est pas fondé à refuser de verser des honoraires, en faisant valoir que l'usage veut que les médecins ne se réclament pas d'honoraires entre eux : il ne s'agit là que d'un usage confraternel qui n'a aucune force légale. • Civ. 1re, 26 nov. 1981, n° 80-15.937 : *Bull. civ. I, n° 356.*

7. Soins à la famille. Le seul fait pour un médecin de demander des honoraires pour les soins qu'il a dispensés à sa mère ne constitue pas par lui-même une violation des règles de déontologie ou des règles applicables à la cotation des actes de nature à justifier une sanction. • CE 7 juill. 1993, *Vilain,* n° 107413 : *Lebon 209 ; RDSS 1994. 37, obs. Dubouis.*

8. Sanction administrative pour dépassement. Un avenant à la convention nationale organisant les rapports entre les médecins libéraux et l'assurance maladie peut légalement prévoir des sanctions administratives pour pratique tarifaire excessive, infligées par le directeur de la caisse primaire d'assurance maladie, telles que la suspension du droit permanent à dépassement ; il n'en résulte aucun empiètement sur la compétence des juridictions ordinales : les sanctions ordinales relèvent d'une procédure distincte des sanctions administratives, lesquelles relèvent de la compétence des juridictions du contentieux du contrôle technique. La suspension du droit à dépassement n'a donc pas à être subordonnée à l'intervention d'une décision du conseil de l'ordre sanctionnant le non-respect du tact et de la mesure. • CE 22 oct. 2014, *Synd. des médecins d'Aix,* n° 364384 : *Lebon T.*

9. « Actes réellement effectués ». Est fautif le médecin qui réclame un dédommagement de 23 euros à une patiente qui ne s'est pas présentée et n'a pas prévenu. • CDNOM 21 janv. 2016, *Dr. Nathalie D-D.,* n° 12426 (interdiction de 2 mois dont 1 avec sursis).

Art. R. 4127-54 **Lorsque plusieurs médecins collaborent pour un examen ou un traitement, leurs notes d'honoraires doivent être personnelles et distinctes.**

La rémunération du ou des aides opératoires choisis par le praticien et travaillant sous son contrôle est incluse dans ses honoraires.

Art. R. 4127-55 **Le forfait pour l'efficacité d'un traitement et la demande d'une provision sont interdits en toute circonstance.**

SOUS-SECTION 3 RAPPORT DES MÉDECINS ENTRE EUX ET AVEC LES MEMBRES DES AUTRES PROFESSIONS DE SANTÉ

Art. R. 4127-56 **Les médecins doivent entretenir entre eux des rapports de bonne confraternité.**

Un médecin qui a un différend avec un confrère doit rechercher une conciliation, au besoin par l'intermédiaire du conseil départemental de l'ordre.

Les médecins se doivent assistance dans l'adversité.

A. PROPOS OU ÉCRITS NON CONFRATERNELS

1. Critiques. Est fautive la présentation par un médecin de ses méthodes thérapeutiques ainsi que de l'ouvrage dont il est l'auteur, par voie d'insertions dans la presse et de diffusion de tracts dans lesquels il met en cause des confrères. • CE 11 janv. 1980, *Roujansky,* n° 11129 : *Lebon 11* (interdiction d'un mois). ♦ En faisant paraître dans la presse locale un communiqué selon lequel le contrat d'association qui le liait à son confrère avait pris fin « par décision de l'ordre des médecins », alors que le conseil départemental s'était borné à prendre acte de la résiliation du contrat, le praticien poursuivi a diffusé une information susceptible de porter atteinte à la réputation de son confrère. • CE 9 juin 1978, *Bladou,* n° 08052 : *Lebon 246.*

2. Propos ou écrits jugés conformes. N'enfreint pas le devoir de confraternité une lettre par laquelle huit médecins émettent des réserves quant à la demande d'agrément d'un confrère par la commission médicale d'établissement, dès lors que les intéressés n'ont pas dénigré leur confrère. • CE 29 juin 2012, *Dominique F.,* n° 342698. ♦ Ne sont pas fautifs les propos critiques tenus en défense lors d'une instance juridictionnelle. • CE 27 mars 1987, *Fontaine,* n° 68082 : Lebon 110.

3. Propos de campagne électorale. Si les art. 56 et 20 C. déont. [R. 4127-56 et R. 4127-20] interdisent not. aux médecins de dénigrer ou de critiquer publiquement leurs confrères, ou de le laisser faire en leur nom, ces dispositions doivent être interprétées de manière à préserver l'exercice du droit syndical et de la liberté d'expression des membres de l'ordre des médecins, not. lorsque ceux-ci exercent des mandats syndicaux et dans le cadre d'une campagne électorale où la polémique entre listes concurrentes peut conduire à l'emploi de termes plus vifs que ceux qui seraient normalement tolérés. • CE 28 avr. 2003, *Caduc*, n° 231209 : *Lebon 187 ; D. 2004. 599, obs. Penneau*. ♦ Par conséquent, deux tracts diffusé dans la cadre du renouvellement par tiers d'un conseil départemental, ne contenant pas d'imputations de faits précis ni de mises en cause personnelles, et qui n'ont pas été diffusés en dehors de la profession, ne dépassent pas, dans les circonstances de l'espèce, les limites de la polémique électorale, bien que comportant une critique violente et en termes contestables de la gestion du conseil départemental. • Même arrêt.

4. Contrôle de cassation. Le caractère insultant de propos relève de l'appréciation souveraine du juge du fond. • CE 23 déc. 2011, *Miliani.*, n° 339529 : *Lebon T. 1162*.

B. AUTRES COMPORTEMENTS

5. Ruptures non confraternelles. Est fautif le fait pour un médecin de faire disparaître du cabinet commun les archives de son associée, de lui couper sa ligne téléphonique, de supprimer une cloison du cabinet et de remplacer cette associée par d'autres médecins sans autorisation du conseil départemental... • CE 30 juill. 2003, *Michèle X.*, n° 235246 (interdiction de deux mois). ♦ ... Ou la brutalité de l'éviction d'un médecin exerçant en clinique par le confrère dirigeant cette clinique, au regard de l'ancienneté des relations contractuelles... • CE 29 janv. 2011, *Daniel Y.*, n° 206264 (interdiction de quinze jours). ♦ ... Ou le refus par le médecin se retirant d'une association de respecter une clause contractuelle de non-concurrence au motif qu'elle serait nulle... • CE 8 févr. 1985, *Castet*, n° 50591 : *Lebon 31, concl. Pauti ; JCP 1985. II. 20524, note Auby* (interdiction de trois mois). ♦ Étant jugé que la juridiction disciplinaire n'est pas tenue de surseoir à statuer jusqu'à ce que les tribunaux de l'ordre judiciaire se soient prononcés sur cette contestation : • Même arrêt.

6. Dénigrement d'une partie de la profession. N'est pas fautif le médecin qui affirme sur France Culture que les pédiatres libéraux prescrivent « moins d'examens biologiques, moins de médicaments, hospitalisent moins souvent, vaccinent davantage, assurent une bien meilleure prévention du rachitisme, des caries dentaires, prescrivent à meilleur escient l'orthophonie. Bref, ils soignent mieux et moins cher » que les généralistes ; ces propos s'inscrivent dans un sujet relatif à la démographie médicale, reposent sur plusieurs éléments factuels, sont formulés en termes impersonnels sur un thème d'intérêt général, et n'excèdent pas les limites que le devoir de confraternité justifie d'apporter à la liberté d'expression des médecins. • CE 4 mai 2016, *Mme Eliacheff*, n° 376323 : *RDSS 2016. 493, concl. Vialettes*. ♦ Infirmant • CDNOM 13 janv. 2014, *Dr. Caroline E.*, n° 11619.

7. Autres exemples. Est fautif le fait pour un médecin de créer un site internet sous l'appellation « Beauty design » dans lequel il insère une « page d'hommage » à ses maîtres qu'il cite nommément, sans l'accord préalable des intéressés. • CDNOM 4 juill. 2008, *Philippe C.*, n° 9877 (interdiction de trois mois dont deux avec sursis). ♦ ...Ou de conclure un contrat de cession de clientèle avec une consœur et de conclure quinze jours plus tard un contrat de cession avec un autre confrère, portant sur la même clientèle. • CE 28 sept. 1988, *Le Loch*, n° 95795 (interdiction de deux mois). ♦ ... Ou de ne pas exécuter un engagement : 1/ de céder la totalité de ses parts d'une société à ses confrères associés ; 2/ de mettre en place un répondeur téléphonique informant ses patients de la cessation de son activité de néphrologue au profit des mêmes confrères ; 3/ de transmettre à ces derniers les dossiers en sa possession et de cesser complètement d'exercer. • CE 27 janv. 2016, n° 391435 (interdiction de deux mois). ♦ ... Ou d'inciter et aider une patiente à rédiger une plainte auprès de l'ordre contre un confrère. • CDNOM 30 janv. 2014, *Dr Jean-Noël J.*, n° 11793 (interdiction d'un mois).

C. CONCILIATION

8. Obligation de tentative. La saisine directe du juge civil sans tentative de conciliation ou médiation est fautive. • CDNOM 3 févr. 2014, *Dr. Gilles V.*, n° 11767 (avertissement). ♦ Cette tentative ne passe pas obligatoirement l'intermédiaire du conseil départemental, en l'absence de plainte. • CDNONMK 5 juill. 2013, *M.S.*, n° 013-2012.

Art. R. 4127-57 **Le détournement ou la tentative de détournement de clientèle est interdit.**

1. Détournements, exemples. Constitue un manquement le fait de mettre à profit la maladie de son associé pour tenter, not. à l'occasion de l'établissement des contrats de médecin référent, d'attirer une partie de sa clientèle... • CE 25 oct. 2004, *François X*, n° 247220 (interdiction de huit jours). ♦ ... Ou la réorganisation de l'accueil des patients dans une clinique de façon à privilégier deux praticiens en place au détriment d'un nouvel arrivant. • CE 13 nov. 1991, *Robert X.*, n° 98515 (avertissement).

2. Horaires de consultation élargis. Aucune disposition législative ou réglementaire n'impose à un médecin de limiter le champ horaire de son activité professionnelle, ni ne lui interdit d'effectuer des visites à domicile en dehors de ses heures de consultation à son cabinet, y compris la nuit. • CDNOM 6 sept. 2011, *Dr. François D.*, n° 10837.

3. Sanction civile (concurrence déloyale). Les manquements aux règles de déontologie constatés par le Conseil de l'ordre peuvent à eux seuls être constitutifs d'une concurrence déloyale. • Civ. 1re, 29 nov. 2005, n° 03-10.877.

Art. R. 4127-58 Le médecin consulté par un malade soigné par un de ses confrères doit respecter :

– l'intérêt du malade en traitant notamment toute situation d'urgence ;

– le libre choix du malade qui désire s'adresser à un autre médecin.

Le médecin consulté doit, avec l'accord du patient, informer le médecin traitant et lui faire part de ses constatations et décisions. En cas de refus du patient, il doit informer celui-ci des conséquences que peut entraîner son refus.

Obligations du consultant. Il incombe au médecin ayant réalisé un acte médical à la demande d'un confrère d'informer celui-ci par écrit de ses constatations, conclusions et éventuelles prescriptions. • Civ. 1re, 29 nov. 2005, n° 04-13.805 : *Bull. civ. I, n° 455.*

Art. R. 4127-59 Le médecin appelé d'urgence auprès d'un malade doit, si celui-ci doit être revu par son médecin traitant ou un autre médecin, rédiger à l'intention de son confrère un compte rendu de son intervention et de ses prescriptions qu'il remet au malade ou adresse directement à son confrère en en informant le malade.

Il en conserve le double.

Art. R. 4127-60 Le médecin doit proposer la consultation d'un confrère dès que les circonstances l'exigent ou accepter celle qui est demandée par le malade ou son entourage.

Il doit respecter le choix du malade et, sauf objection sérieuse, l'adresser ou faire appel à tout consultant en situation régulière d'exercice.

S'il ne croit pas devoir donner son agrément au choix du malade, il peut se récuser. Il peut aussi conseiller de recourir à un autre consultant, comme il doit le faire à défaut de choix exprimé par le malade.

A l'issue de la consultation, le consultant informe par écrit le médecin traitant de ses constatations, conclusions et éventuelles prescriptions en en avisant le patient.

Art. R. 4127-61 Quand les avis du consultant et du médecin traitant diffèrent profondément, à la suite d'une consultation, le malade doit en être informé. Le médecin traitant est libre de cesser ses soins si l'avis du consultant prévaut auprès du malade ou de son entourage.

Art. R. 4127-62 Le consultant ne doit pas de sa propre initiative, au cours de la maladie ayant motivé la consultation, convoquer ou réexaminer, sauf urgence, le malade sans en informer le médecin traitant.

Il ne doit pas, sauf volonté contraire du malade, poursuivre les soins exigés par l'état de celui-ci lorsque ces soins sont de la compétence du médecin traitant et il doit donner à ce dernier toutes informations nécessaires pour le suivi du patient.

Art. R. 4127-63 Sans préjudice des dispositions applicables aux établissements *(Décr. n° 2016-1645 du 1er déc. 2016, art. 3-12°)* « de santé assurant le » service public hospitalier, le médecin qui prend en charge un malade à l'occasion d'une hospitalisation doit en aviser le praticien désigné par le malade ou son entourage. Il doit le tenir informé des décisions essentielles auxquelles ce praticien sera associé dans toute la mesure du possible.

Art. R. 4127-64 Lorsque plusieurs médecins collaborent à l'examen ou au traitement d'un malade, ils doivent se tenir mutuellement informés ; chacun des praticiens assume ses responsabilités personnelles et veille à l'information du malade.

Chacun des médecins peut librement refuser de prêter son concours, ou le retirer, à condition de ne pas nuire au malade et d'en avertir ses confrères.

1. Sanction disciplinaire. Pour un défaut de suivi entre médecins ayant conduit au décès d'un patient, V. : • CDNOM 8 sept. 2016, *Dr. Denis C.*, n° 12637 (avertissement).

2. Sanction civile. L'obligation de tout médecin de donner à son patient des soins attentifs, consciencieux et conformes aux données acquises de la science emporte, lorsque plusieurs médecins collaborent à l'examen ou au traitement de ce patient, l'obligation pour chacun d'eux et au besoin en collaboration d'assurer le suivi de ses prescriptions afin d'assumer ses responsabilités personnelles au regard de ses compétences ; en conséquence, le non-respect de l'art. R. 4127-64 engage la responsabilité civile du praticien. • Civ. 1re, 16 mai 2013, n° 12-21.338.

Art. R. 4127-65 Un médecin ne peut se faire remplacer dans son exercice que temporairement et par un confrère inscrit au tableau de l'ordre ou par un étudiant remplissant les conditions prévues par l'article L. 4131-2.

Le médecin qui se fait remplacer doit en informer préalablement, sauf urgence, le conseil de l'ordre dont il relève en indiquant les nom et qualité du remplaçant ainsi que les dates et la durée du remplacement.

Le remplacement est personnel.

Le médecin remplacé doit cesser toute activité médicale libérale pendant la durée du remplacement. *(Décr. n° 2012-694 du 7 mai 2012, art. 3-1°)* « Toutefois, des dérogations à cette règle peuvent être accordées par le conseil départemental, dans l'intérêt de la population *[,]* lorsqu'il constate une carence ou une insuffisance de l'offre de soins. »

En application de l'art. L. 231-5 CRPA, et par exception à l'art. L. 231-1 du même code, le silence gardé par l'administration pendant trois mois vaut décision d'acceptation pour une demande de dérogation pour permettre au médecin remplacé d'exercer une activité médicale libérale.

Les dispositions du Décr. n° 2015-1457 du 10 nov. 2015 sont applicables aux demandes présentées à compter du 12 nov. 2015 (Décr. préc., art. 1er et 3).

Art. R. 4127-66 Le remplacement terminé, le remplaçant doit cesser toute activité s'y rapportant et transmettre les informations nécessaires à la continuité des soins.

Art. R. 4127-67 Sont interdites au médecin toutes pratiques tendant à abaisser, dans un but de concurrence, le montant de ses honoraires.

Il est libre de donner gratuitement ses soins.

Cotations. Constitue un abaissement des honoraires l'application habituelle du tarif de la consultation en cabinet à des visites à domicile. • CE 16 mai 2001, *René X.*, n° 185344 (interdiction d'un mois).

Art. R. 4127-68 Dans l'intérêt des malades, les médecins doivent entretenir de bons rapports avec les membres des professions de santé. Ils doivent respecter l'indépendance professionnelle de ceux-ci et le libre choix du patient.

(Décr. n° 2012-694 du 7 mai 2012, art. 3-2°) « Avec l'accord du patient, le médecin échange avec eux les informations utiles à leur intervention. »

1. Atteinte au libre choix. Le fait pour un médecin ophtalmologue d'orienter ses patients, pour l'achat des lunettes qu'il leur prescrit, vers un magasin d'optique tenu par son épouse et ses fils, en adjoignant aux ordonnances qu'il rédigeait, soit en haut de l'ordonnance, soit sur un feuillet séparé attaché, l'indication du magasin en cause porte atteinte au libre choix des patients par son caractère suffisamment régulier et habituel. • CDNOM 26 nov. 2012, *SARL Aquavision et a.*, n° 11297 (blâme).

2. Différends au sein d'une société. Si, s'agissant des litiges concernant le fonctionnement de sociétés d'exercice constituées entre médecins ou comprenant des médecins, il appartient aux tribunaux judiciaires de statuer sur la régularité et le bien-fondé des actes et des décisions relatifs à ce fonctionnement, il appartient au juge disciplinaire de se prononcer sur le point de savoir si, à l'occasion des actes et des décisions de gestion des médecins, ces derniers ont respecté la déontologie médicale. • CDNOM 26 sept. 2016, *Juliette N.*, n° 12810.

Art. R. 4127-68-1 *(Décr. n° 2012-694 du 7 mai 2012, art. 3-3°)* Le médecin partage ses connaissances et son expérience avec les étudiants et internes en médecine durant leur formation dans un esprit de compagnonnage, de considération et de respect mutuel.

SOUS-SECTION 4 ***EXERCICE DE LA PROFESSION***

§ 1er RÈGLES COMMUNES À TOUS LES MODES D'EXERCICE

Art. R. 4127-69 L'exercice de la médecine est personnel ; chaque médecin est responsable de ses décisions et de ses actes.

Art. R. 4127-70 Tout médecin est, en principe habilité à pratiquer tous les actes de diagnostic, de prévention et de traitement. Mais il ne doit pas, sauf circonstances exceptionnelles, entreprendre ou poursuivre des soins, ni formuler des prescriptions dans des domaines qui dépassent ses connaissances, son expérience et les moyens dont il dispose.

1. Compétence outrepassée. Le fait pour un médecin de nationalité grecque et française, exerçant légalement en France et en Grèce, de pratiquer en Grèce des actes excédant la compétence qui lui est reconnue en France justifie une sanction disciplinaire. • CDNOM 10 mars 2009, *Dr Paraskevas T*, n° 10040 (interdiction de trois ans).

2. Contrôle de cassation. Il n'appartient pas au juge de cassation de contrôler l'appréciation portée par les juges du fond sur les connaissances et l'expérience professionnelle du praticien, et les risques qu'il fait courir aux patients en intervenant en dehors de la discipline pour laquelle il a été reconnu qualifié. • CE 4 mars 2001, *Jean-Pierre X.*, n° 181961.

3. Sanction civile. La circonstance qu'un médecin généraliste ne soit pas urgentiste ne peut l'exonérer de sa responsabilité en cas d'erreur de diagnostic, dès lors qu'il est fait déontologiquement obligation à tout praticien de s'abstenir, sauf circonstances exceptionnelles, d'entreprendre ou de poursuivre des soins, ou de formuler des prescriptions dans des domaines qui dépassent ses connaissances. • Civ. 1re, 25 nov. 2010, n° 09-68.631.

Art. R. 4127-71 Le médecin doit disposer, au lieu de son exercice professionnel, d'une installation convenable, de locaux adéquats pour permettre le respect du secret professionnel et de moyens techniques suffisants en rapport avec la nature des actes qu'il pratique ou de la population qu'il prend en charge. Il doit notamment veiller à la stérilisation et à la décontamination des dispositifs médicaux, qu'il utilise, et à l'élimination des déchets médicaux selon les procédures réglementaires.

Il ne doit pas exercer sa profession dans des conditions qui puissent compromettre la qualité des soins et des actes médicaux ou la sécurité des personnes examinées.

Il doit veiller à la compétence des personnes qui lui apportent leur concours.

Art. R. 4127-72 Le médecin doit veiller à ce que les personnes qui l'assistent dans son exercice soient instruites de leurs obligations en matière de secret professionnel et s'y conforment.

Il doit veiller à ce qu'aucune atteinte ne soit portée par son entourage au secret qui s'attache à sa correspondance professionnelle.

Art. R. 4127-73 Le médecin doit protéger contre toute indiscrétion les documents médicaux, concernant les personnes qu'il a soignées ou examinées, quels que soient le contenu et le support de ces documents.

Il en va de même des informations médicales dont il peut être le détenteur.

Le médecin doit faire en sorte, lorsqu'il utilise son expérience ou ses documents à des fins de publication scientifique ou d'enseignement, que l'identification des personnes ne soit pas possible. A défaut, leur accord doit être obtenu.

Art. R. 4127-74 *(Décr. n° 2012-694 du 7 mai 2012, art. 4-1°)* L'exercice de la médecine foraine est interdit.

Toutefois, quand les nécessités de la santé publique l'exigent, un médecin peut être autorisé à dispenser des consultations et des soins dans une unité mobile selon un programme établi à l'avance.

La demande d'autorisation est adressée au conseil départemental dans le ressort duquel se situe l'activité envisagée. Celui-ci vérifie que le médecin a pris toutes dispositions pour répondre aux urgences, garantir la qualité, la sécurité et la continuité des soins aux patients qu'il prend en charge.

L'autorisation est personnelle et incessible. Il peut y être mis fin si les conditions fixées aux deux alinéas précédents ne sont plus réunies.

Le conseil départemental au tableau duquel le médecin est inscrit est informé de la demande lorsque celle-ci concerne une localité située dans un autre département.

Exemples. Médecin exerçant la médecine esthétique à Nice, procédant à des injections de toxine botulique à des patientes en Corse, sans cabinet secondaire. • CDNOM 20 mai 2008, *Dr Yves L.*, n° 9824 (interdiction d'un mois avec sursis). ♦ Médecin généraliste dans l'Hérault, se rendant régulièrement en Corse où il pratique des injections en vue du comblement de « rides d'amertume », et ce dans les locaux d'un centre de remise en forme. • CNOM, Sect. discipl., 7 janv. 2005, *Dr Alain P.*, n° 8947 (interdiction de trois mois). ♦ Est sans incidence le fait que le médecin n'ait pas encaissé d'honoraires. • CD-NOM 9 oct. 2007, *Dr Hanry D.*, n° 9676 (Interdiction de deux mois dont un mois et demi avec sursis).

Art. R. 4127-75 Conformément à l'article L. 4163-5, il est interdit d'exercer la médecine sous un pseudonyme.

Un médecin qui se sert d'un pseudonyme pour des activités se rattachant à sa profession est tenu d'en faire la déclaration au conseil départemental de l'ordre.

Art. R. 4127-76 L'exercice de la médecine comporte normalement l'établissement par le médecin, conformément aux constatations médicales qu'il est en mesure de faire, des certificats, attestations et documents dont la production est prescrite par les textes législatifs et réglementaires.

Tout certificat, ordonnance, attestation ou document délivré par un médecin doit être rédigé lisiblement en langue française et daté, permettre l'identification du praticien dont il émane et être signé par lui. Le médecin peut en remettre une traduction au patient dans la langue de celui-ci.

Art. R. 4127-77 Il est du devoir du médecin de participer à la permanence des soins dans le cadre des lois et des règlements qui l'organisent.

1. Obligation. Alors même qu'il l'estimerait illégal, un médecin ne peut, sans commettre une faute professionnelle, s'abstenir délibérément de déférer à un acte de réquisition pris pour assurer la permanence des soins, avant d'avoir obtenu du juge administratif l'annulation ou la suspension de cet acte ; il n'en va autrement que lorsque des raisons impérieuses imposent à l'intéressé d'adopter une attitude différente. • CE 23 janv. 2013, *Dr. Xavier T.*, n° 344706 : *AJDA 2013. 832*. ♦ L'exécution d'une réquisition ne fait pas obstacle à ce que, le cas échéant, soient réparés les préjudices subis par le médecin du fait de l'exécution de cet acte administratif au cas où il serait ultérieurement jugé illégal. • Même arrêt.

2. Exemptions (sous l'ancien code de déontologie, art. 77). Tout médecin étant réputé avoir reçu les connaissances nécessaires pour participer au service de garde, et étant tenu d'entretenir et de perfectionner ses connaissances, la juridiction disciplinaire juge à bon droit que les conditions d'exercice d'un médecin généraliste, qui se prévaut de l'orientation particulière de sa pratique tournée vers l'acupuncture et la phytothérapie chinoise, ne sont pas susceptibles de justifier une exemption du service de garde. • CE 15 juin 2001, *Leborgne*, n° 190124 : *Lebon 270 ; RDSS 2001. 702, obs. Dubouis*. ♦ Les fonctions de conseiller général et de maire ne sont pas de nature à justifier une exemption de l'obligation de participer aux services de garde de jour et de nuit. • CE 3 févr. 2003, *Fialaire*, n° 230861 : *Lebon 969 ; ibid. 995 ; RDSS 2003. 396, obs. Dubouis*.

3. Responsabilité du médecin libéral de permanence. Si la permanence des soins constitue une mission de service public, les actes de diagnostic et de soins réalisés par un médecin d'exercice libéral lors de son service de garde engagent sa responsabilité personnelle, même lorsque son intervention a été sollicitée par le centre de réception et de régulation des appels du SAMU. • Civ. 1re, 4 févr. 2015, n° 14-10.337 P : *AJDA 2015. 248 ; D. 2015. 379*.

Art. R. 4127-78 Lorsqu'il participe à un service de garde, d'urgences ou d'astreinte, le médecin doit prendre toutes dispositions pour être joint au plus vite.

Il est autorisé, pour faciliter sa mission, à apposer sur son véhicule une plaque amovible portant la mention "médecin urgences", à l'exclusion de toute autre. Il doit la retirer dès que sa participation à l'urgence prend fin.

Il doit tenir informé de son intervention le médecin habituel du patient dans les conditions prévues à l'article R. 4127-59.

1. Droit de la concurrence. Sur les conditions de compatibilité de l'accès exclusif des médecins de garde à la mention « médecin urgences », V. • Cons. conc. n° 96-A-17 du 5 oct. 1996.

2. Rétribution. *En cas de réquisition* préfectorale destinée à assurer la permanence des soins, le médecin réquisitionné ne peut se prévaloir d'un droit à rémunération des heures de permanence au cours desquelles il a dû « prendre toutes dispositions pour être joint au plus vite », conformément d'ailleurs à l'obligation déontologique fondamentale découlant not. de l'art. 77 [R. 4127-77]. • CAA Marseille, 7 mai 2008, n° 07MA01709 : *AJDA 2008. 1558*.

Art. R. 4127-79 Les seules indications qu'un médecin est autorisé à mentionner sur ses feuilles d'ordonnances sont :

1° Ses nom, prénoms, adresse professionnelle, numéros de téléphone et de télécopie, jours et heures de consultation ;

2° Si le médecin exerce en association ou en société, les noms des médecins associés ;

3° Sa situation vis-à-vis des organismes d'assurance maladie ;

4° La qualification qui lui aura été reconnue conformément au règlement de qualification établi par l'ordre et approuvé par le ministre chargé de la santé ; — *V. Arr. du 4 sept. 1970 portant approbation du règlement relatif à la qualification des médecins établi par le Conseil national de l'ordre (JO 3 oct., Rect. JO 15 oct.).*

5° Ses diplômes, titres et fonctions lorsqu'ils ont été reconnus par le Conseil national de l'ordre ;

6° La mention de l'adhésion à une société agréée prévue à l'article 64 de la loi de finances pour 1977 ;

7° Ses distinctions honorifiques reconnues par la République française.

1. Compétence. Il appartient au seul Conseil national de l'Ordre d'édicter, avec l'approbation du ministre de la Santé, les règles relatives à la qualification des médecins. • CE 11 juill. 1988, *Boucq*, n° 50638. ♦ Toutefois, en subordonnant la mention d'une qualification à une formation spécifique non prévue par l'Arr. du 4 sept. 1970, le Conseil national commet une erreur de droit. • CE 10 avr. 2002, *Huetz*, n° 214742 : *Lebon T. 910.*

2. Spécialité : exercice exclusif. Un médecin qui n'exerce pas exclusivement la cardiologie peut se prévaloir de la qualification de médecin « compétent en cardiologie », mais pas de la qualification de médecin spécialiste. • CE 8 juill. 1983, *Husson*, n° 33134 : *Lebon 305.* ♦ Ainsi, un médecin qui prescrit des traitements ne relevant pas de la discipline dans laquelle il a été qualifié peut légalement être retiré de la liste des médecins spécialistes et inscrit sur la liste des médecins compétents. • CE 7 juill. 1995, *X.*, n° 159796.

3. Perte de qualification. Les règles qui régissent la qualification des médecins spécialistes ou compétents sont, dès leur publication, applicables à tous les praticiens auxquels une de ces qualifications a été antérieurement reconnue ; les intéressés n'ont de droits au maintien d'une qualification qu'autant qu'ils remplissent les conditions prévues par la réglementation en vigueur à la date où ils se prévalent de cette qualification dans l'exercice de leur activité professionnelle. • CE, sect., 10 mars 1967, *Cottarre*, n° 63015 : *Lebon 111.*

4. Titres étrangers. Un titre utilisé par un médecin ne doit pas être susceptible de créer un risque d'erreur ou de confusion dans l'esprit des patients ; la mention « *Assistenartz* » ou « *Oberartz* » acquise au cours de fonctions dans un établissement hospitalier allemand, en l'absence de toute indication sur la nature des fonctions correspondantes, est de nature à créer un tel risque. • CE 28 sept. 1998, *Ferrari*, n° 161148 : *Lebon T. 801 ; ibid. 1142.*

5. Contrôle de cassation. Le Conseil d'État, juge de cassation, applique un contrôle restreint sur l'appréciation des « connaissances particulières » du candidat à la qualification. • CE 7 mars 1986, *Ringel et a.*, n° 65597 : *Lebon T. 676 ; ibid. 682 ; ibid. 691.*

Art. R. 4127-80 **Les seules indications qu'un médecin est autorisé à faire figurer dans les annuaires à usage du public, quel qu'en soit le support, sont :**

1° Ses nom, prénoms, adresse professionnelle, numéros de téléphone et de télécopie, jours et heures de consultation ;

2° Sa situation vis-à-vis des organismes d'assurance maladie ;

3° La qualification qui lui aura été reconnue conformément au règlement de qualification, les diplômes d'études spécialisées complémentaires et les capacités dont il est titulaire.

Art. R. 4127-81 *Les seules* **indications qu'un médecin est autorisé à faire figurer sur une plaque à son lieu d'exercice sont ses nom, prénoms, numéro de téléphone, jours et heures de consultations, situation vis-à-vis des organismes d'assurance maladie, diplômes, titres et qualifications reconnus conformément aux 4° et 5° de l'article R. 4127-79.**

Une plaque peut être apposée à l'entrée de l'immeuble et une autre à la porte du cabinet ; lorsque la disposition des lieux l'impose, une signalisation intermédiaire peut être prévue.

Ces indications doivent être présentées avec discrétion, conformément aux usages de la profession.

Lorsque le médecin n'est pas titulaire d'un diplôme, certificat ou titre mentionné au 1° de l'article L. 4131-1, il est tenu, dans tous les cas où il fait état de son titre ou de

sa qualité de médecin, de faire figurer le lieu et l'établissement universitaire où il a obtenu le diplôme, titre ou certificat lui permettant d'exercer la médecine.

1. Contenu trompeur. Sont contraires à la déontologie deux pancartes lumineuses qui ne sont pas installées dans l'immeuble mais sur la voie publique, l'une portant l'inscription « Centre clinique X, Radiologie Traumatologie », et l'autre, en forme de totem de 3m 50 de haut et 1m 20 de large, lumineuse, portant « Accès ambulances urgences jour et nuit 24/24, Pharmacie et Centre clinique X », alors que le praticien poursuivi exerce seul, en tant que généraliste. • CDNOM 8 juin 2012, *Dr. Jean-François B.,* n° 1126 (interdiction de trois mois, en raison aussi d'autres procédés publicitaires).

2. Dimensions. Est contraire à la déontologie l'apposition sur les façades du cabinet d'une enseigne de 4, 82 m de long et de 0, 90 m de haut portant la mention « Cabinet de médecine de l'Atrium »... • CE 21 déc. 2007, *Thierry A.,* n° 301759. ♦ ... Ou de bandeaux de lettres de grande taille indiquant « Échographie. Radiologie. Centre d'imagerie médicale ». • CDNOM 20 juill. 2011, *Dr. Saïda,* n° 10872 (avertissement). ♦ Toutefois, lorsqu'une plaque indiquant la présence d'un cabinet médical au sein d'un centre commercial comporte des lettres de grande taille, elle se présente en réalité comme une signalisation d'orientation destinée à aider les patients à se diriger plus aisément au sein dudit centre commercial et correspond ainsi aux caractéristiques des lieux. • CDNOM 20 févr. 2009, *CDOM Loire-Atlantique,* n° 10028.

Art. R. 4127-82 Lors de son installation ou d'une modification de son exercice, le médecin peut faire paraître dans la presse une annonce sans caractère publicitaire dont le texte et les modalités de publication doivent être préalablement communiqués au conseil départemental de l'ordre.

Art. R. 4127-83 *(Décr. n° 2012-694 du 7 mai 2012, art. 4-2°)* « I. *[–]* » Conformément à l'article L. 4113-9, l'exercice habituel de la médecine, sous quelque forme que ce soit, au sein d'une entreprise, d'une collectivité ou d'une institution ressortissant au droit privé doit, dans tous les cas, faire l'objet d'un contrat écrit.

Ce contrat définit les obligations respectives des parties et doit préciser les moyens permettant aux médecins de respecter les dispositions du présent code de déontologie.

Tout projet de contrat peut être communiqué au conseil départemental de l'ordre, qui doit faire connaître ses observations dans le délai d'un mois.

Toute convention ou renouvellement de convention avec un des organismes prévus au premier alinéa, en vue de l'exercice de la médecine, doit être communiqué au conseil départemental intéressé, de même que les avenants et règlements intérieurs lorsque le contrat y fait référence. Celui-ci vérifie sa conformité avec les prescriptions du présent code de déontologie ainsi que, s'il en existe, avec les clauses essentielles des contrats types établis soit par un accord entre le Conseil national et les collectivités ou institutions intéressées, soit conformément aux dispositions législatives ou réglementaires.

Le médecin doit signer et remettre au conseil départemental une déclaration aux termes de laquelle il affirmera sur l'honneur qu'il n'a passé aucune contre-lettre, ni aucun avenant relatifs au contrat soumis à l'examen du conseil.

(Décr. n° 2012-694 du 7 mai 2012, art. 4-2°) « II. – Un médecin ne peut accepter un contrat qui comporte une clause portant atteinte à son indépendance professionnelle ou à la qualité des soins, notamment si cette clause fait dépendre sa rémunération ou la durée de son engagement de critères de rendement. »

Art. R. 4127-84 L'exercice habituel de la médecine, sous quelque forme que ce soit, au sein d'une administration de l'État, d'une collectivité territoriale ou d'un établissement public doit faire l'objet d'un contrat écrit, hormis les cas où le médecin a la qualité d'agent titulaire de l'État, d'une collectivité territoriale ou d'un établissement public ainsi que les cas où il est régi par des dispositions législatives ou réglementaires qui ne prévoient pas la conclusion d'un contrat.

Le médecin est tenu de communiquer ce contrat à l'instance compétente de l'ordre des médecins. Les observations que cette instance aurait à formuler sont adressées par elle à l'autorité administrative intéressée et au médecin concerné.

§ 2 EXERCICE EN CLIENTÈLE PRIVÉE

Art. R. 4127-85 *(Décr. n° 2005-481 du 17 mai 2005)* **Le lieu habituel d'exercice d'un médecin est celui de la résidence professionnelle au titre de laquelle il est inscrit sur le tableau du conseil départemental, conformément à l'article L. 4112-1** *(Abrogé par Décr. n° 2005-840 du 20 juill. 2005, art. 11)* ***« du code de la santé publique »*.**

Dans l'intérêt de la population, un médecin peut exercer son activité professionnelle sur un ou plusieurs sites distincts de sa résidence professionnelle habituelle :

— lorsqu'il existe dans le secteur géographique considéré une carence ou une insuffisance de l'offre de soins préjudiciable aux besoins des patients ou à la permanence des soins ;

— ou lorsque les investigations et les soins qu'il entreprend nécessitent un environnement adapté, l'utilisation d'équipements particuliers, la mise en œuvre de techniques spécifiques ou la coordination de différents intervenants.

Le médecin doit prendre toutes dispositions et en justifier pour que soient assurées sur tous ces sites d'exercice la réponse aux urgences, la qualité, la sécurité et la continuité des soins.

La demande d'ouverture d'un lieu d'exercice distinct est adressée au conseil départemental dans le ressort duquel se situe l'activité envisagée. Elle doit être accompagnée de toutes informations utiles sur les conditions d'exercice. Si celles-ci sont insuffisantes, le conseil départemental doit demander des précisions complémentaires.

Le conseil départemental au tableau duquel le médecin est inscrit est informé de la demande lorsque celle-ci concerne un site situé dans un autre département.

Le silence gardé par le conseil départemental sollicité vaut autorisation implicite à l'expiration d'un délai de trois mois à compter de la date de réception de la demande ou de la réponse au supplément d'information demandé.

L'autorisation est personnelle et incessible. Il peut y être mis fin si les conditions fixées aux alinéas précédents ne sont plus réunies.

Les recours contentieux contre les décisions de refus, de retrait ou d'abrogation d'autorisation ainsi que ceux dirigés contre les décisions explicites ou implicites d'autorisation ne sont recevables qu'à la condition d'avoir été précédés d'un recours administratif devant le Conseil national de l'ordre.

1. Légalité de l'art. R. 4127-85. L'art. R. 4127-85 ne méconnaît ni les dispositions de l'art. L. 162-2 CSS posant le principe de liberté d'installation, ni les dispositions du droit de l'Union européenne relatives à libre circulation des travailleurs, au droit d'établissement des ressortissants d'un État membre sur le territoire d'un autre État membre et à la libre prestation de services, dès lors que les restrictions apportées par la législation nationale à l'exercice de ces libertés : 1) sont justifiées par un motif impérieux d'intérêt général tenant au maintien d'un service de soins de qualité, équilibré et accessible à tous ; 2) sont proportionnées à l'objectif ainsi poursuivi ; 3/ s'appliquent sans discrimination tenant à la nationalité des médecins concernés. • CE 23 juill. 2010, *Béranger*, n° 320390 : *RFDA 2011. 377, chron. Clément-Wilz, Martucci et Mayeur-Carpentier*.

2. Acte administratif. La décision refusant l'ouverture d'un site distinct n'a pas le caractère d'une décision juridictionnelle ; le moyen tiré de ce qu'elle n'aurait pas respecté les règles de forme applicables aux décisions juridictionnelles doit être écarté. • CE 19 juin 1996, *Choukroun*, n° 164836 : *Lebon T. 1139 ; D. 1997. 318, obs. Penneau*. ♦ Lorsqu'une société de médecins établit une demande à l'Ordre tendant à l'abrogation d'une décision par laquelle le même ordre avait autorisé une société de médecins concurrente à ouvrir un nouveau site, le rejet de cette demande n'a pas à être motivé au sens de la L. n° 79-587 du 11 juill. 1979. • CE 7 juill. 2010, *Sté d'imagerie médicale libérale du Littoral*, n° 323995 : *Lebon T. 887 ; ibid. 956.*

3. Notion de site distinct. Dans l'exercice en milieu hospitalier, au sein d'un groupement de coopération sanitaire délivrant des soins aux usagers de l'établissement public de santé, le praticien libéral participe à une mission de service public et ne peut être regardé comme exerçant en clientèle privée sur un site distinct. • CAA Lyon, 19 déc. 2017, n° 15LY02815 : *Lebon*.

4. Carence ou insuffisance de l'offre, critères d'ouverture d'un cabinet d'ophtalmologie. La faible densité de praticiens dans la spécialité requise, ainsi qu'une distance de 30 km du praticien le plus proche, justifient l'autorisation. • CE 19 oct. 2011, *Pascal B.*, n° 333854. ♦ Il en va de même d'un important afflux saisonnier de population durant la période touristique. • CE 20 janv. 1989, *Bourdet-Sylvestre*, n° 891795. ♦ La distance à parcourir pour accéder à un médecin gynécologiste, mais aussi les conditions d'accès qui peuvent être difficiles à certains moments de l'année, justifient l'ouverture d'un cabinet secondaire de gynécologie médicale. • CE 13 oct. 1989, ♔ *Houari*, n° 102312 : *Lebon 189.* ♦ Pour autoriser un chirurgien orthopédiste à ouvrir un cabinet secondaire à Agde, l'instance ordinale peut se fonder sur la densité médicale locale, mais aussi sur le fait qu'une partie de la clientèle, à mobilité réduite, est obligée de se rendre à Béziers, distante de 25 km. • CE 9 juin 2008, ♔ *Olivier A.*, n° 299843. ♦ Inversement, ni la circonstance que l'agglomération de Saint-Tropez connaît, pendant la période touristique, une importante augmentation de sa population, ni celle que les cabinets les plus proches des praticiens exerçant la même spécialité sont situés à 40 kilomètres environ du lieu d'implantation envisagé par l'intéressée et que la circulation automobile est difficile pendant la période estivale ne caractérisent une carence en offre de médecins spécialistes en chirurgie plastique. • CE 11 juin 2007, ♔ *Mme Soraya A.*, n° 295293.

5. Offre devenue suffisante. Un retrait d'autorisation peut être prononcé si le nombre de praticiens exerçant à demeure devient suffisant. • CE 3 déc. 1954, *Bilot*, n° 25166 : *Lebon 644.* ♦ Ainsi, lorsque deux associés en SCP ouvrent un cabinet secondaire dans une ville, puis lorsque l'un des deux quitte cette SCP pour exercer dans ladite ville, le conseil départemental est fondé à ordonner la fermeture du cabinet secondaire de la SCP, l'offre locale étant devenue suffisante. • CE 18 nov. 1994, ♔ *Olivier*, n° 135269 : Lebon T. 1160.

6. Condition de la continuité des soins. Une distance de 45 km entre le lieu de résidence professionnelle habituelle et le site distinct ne nuit pas à la continuité des soins. • CE 19 oct. 2011, ♔ *Liotta*, n° 333854. ♦ Inversement, une distance de 130 km justifie un refus d'autorisation. • CE 29 mai 1992, ♔ *Roge*, n° 105305 : *Lebon T. 1268 ; D. 1993. 23* ✎.

7. Recevabilité du médecin concurrent. Un médecin peut contester la légalité d'une décision du Conseil national de l'ordre des médecins annulant le refus du conseil départemental d'autoriser aux autres médecins d' ouvrir un site distinct. • CE 19 oct. 2011, ♔ *Liotta*, n° 333854.

Art. R. 4127-86 **Un médecin ou un étudiant qui a remplacé un de ses confrères pendant trois mois, consécutifs ou non, ne doit pas, pendant une période de deux ans, s'installer dans un cabinet où il puisse entrer en concurrence directe avec le médecin remplacé et avec les médecins, qui, le cas échéant, exercent en association avec ce dernier, à moins qu'il n'y ait entre les intéressés un accord qui doit être notifié au conseil départemental.**

A défaut d'accord entre tous les intéressés, l'installation est soumise à l'autorisation du conseil départemental de l'ordre.

1. Acte administratif. Les décisions prises par le Cons. nat. de l'ordre des médecins, en application de l'art. R. 4127-86, sont des décisions administratives soumises au contrôle du juge de l'excès de pouvoir et non des décisions juridictionnelles. • CE 6 nov. 1989, *René A.*, n° 318810.

2. Champ d'application. Le médecin qui succède à un autre médecin qui avait fait l'objet d'un remplacement ne peut se prévaloir, à l'encontre du remplaçant, des dispositions de l'art. R. 4127-86, lequel n'est applicable que dans les rapports entre le médecin remplacé et son propre remplaçant. • CE 25 mai 2007, ♔ *Jean-Luc B.*, n° 290713.

3. Critères d'autorisation. L'importante distance entre les deux cabinets justifie l'autorisation d'installation accordée à un médecin qui a remplacé un de ses confrères pendant un délai supérieur à trois mois. • CE 22 mars 2000, ♔ *Zebic*, n° 191933.

Art. R. 4127-87 *(Décr. n° 2006-1585 du 13 déc. 2006, art. 1er-I)* **Le médecin peut s'attacher le concours d'un médecin collaborateur libéral, dans les conditions prévues par l'article 18 de la loi n° 2005-882 du 2 août 2005 en faveur des petites et moyennes entreprises** *(Décr. n° 2012-694 du 7 mai 2012, art. 4-3°)* **« , ou d'un médecin collaborateur salarié.**

« Chacun d'entre eux exerce son activité médicale en toute indépendance et dans le respect des règles de la profession, notamment le libre choix du médecin et l'interdiction du compérage. »

BIBL. ► VIENNOIS, Le médecin collaborateur libéral, *JCP 2005. I. 198.*

Principe du collaborateur unique. La réglementation de la profession de médecin, ainsi d'ailleurs que celle des autres professions médicales, justifie légalement de limiter le nombre de collaborateurs libéraux dont le praticien peut s'entourer ; l'art. R. 4127-87, al. 1er, doit donc, compte tenu aussi de l'interdiction du compérage, du caractère personnel de l'exercice de la médecine, de l'interdiction de pratiquer la médecine comme un commerce, de l'interdiction de gérance, être interprété comme signifiant qu'un médecin ne peut conclure qu'un seul contrat de collaborateur libéral avec un confrère. • CE 11 oct. 2010, ♔ *SEL du docteur Le Bihan*, n° 330296 : *Lebon 957 ; ibid. 985 ; AJDA 2010. 2335* ; *Méd. et droit, 2011. 159, note Bonnefont.* – V. aussi notes de jurisprudence ss. art. L. 4113-9.

Art. R. 4127-88 *(Décr. n° 2006-1585 du 13 déc. 2006, art. 1er-II)* **Le médecin peut, sur autorisation, être assisté dans son exercice par un autre médecin lorsque les besoins de la santé publique l'exigent, en cas d'afflux exceptionnel de population, ou lorsque, momentanément, son état de santé le justifie.**

L'autorisation est accordée par le conseil départemental pour une durée de trois mois, renouvelable.

Le silence gardé pendant deux mois par le conseil départemental sur la demande d'autorisation ou de renouvellement vaut décision d'acceptation.

Le médecin peut également s'adjoindre le concours d'un étudiant en médecine, dans les conditions prévues à l'article L. 4131-2 du code de la santé publique.

Art. R. 4127-89 **Il est interdit à un médecin de faire gérer son cabinet par un confrère.**

Toutefois, le conseil départemental peut autoriser, pendant une période de trois mois, éventuellement renouvelable une fois, la tenue par un médecin du cabinet d'un confrère décédé *(Décr. n° 2012-694 du 7 mai 2012, art. 4-4°)* **« ou empêché pour des raisons de santé sérieuses de poursuivre son activité ».**

Art. R. 4127-90 **Un médecin ne doit pas s'installer dans un immeuble où exerce un confrère de même discipline sans l'accord de celui-ci ou sans l'autorisation du conseil départemental de l'ordre. Cette autorisation ne peut être refusée que pour des motifs tirés d'un risque de confusion pour le public.**

Le silence gardé par le conseil départemental vaut autorisation tacite à l'expiration d'un délai de deux mois à compter de la date de réception de la demande.

1. Nature non juridictionnelle de la décision de l'ordre. La décision par laquelle le Cons. nat. de l'ordre des chirurgiens-dentistes a rejeté le recours formé par un chirurgien-dentiste contre la décision d'un conseil départemental de l'ordre autorisant l'installation d'un autre chirurgien-dentiste dans le même ensemble immobilier n'a pas de caractère juridictionnel ; le moyen tiré de la méconnaissance des principes de la procédure contentieuse et, not., de l'art. 6 Conv. EDH, est inopérant. • CE 10 mai 1989, *Boublil*, n° 64127 (sol. transposée).

2. « Immeuble où exerce un confrère » (notion). Deux immeubles appartenant à la même résidence, desservis chacun par une entrée propre, doivent être regardés comme distincts. • CE 7 avr. 1995, *El Harouchy*, n° 145929. ♦ Il en va de même deux immeubles qui, bien que mitoyens, n'ont pas d'entrée commune. • CE 10 mai 1989, *Boublil : préc. note 1* (chirurgien-dentiste, sol. transposée).

3. Critère du « risque de confusion ». Le risque de confusion ne peut résulter, sauf circonstances particulières, du seul fait que deux ou plusieurs praticiens exerceraient dans le même immeuble. • CE 12 mars 1999, *Farges et a.*, n° 184166 : *Lebon T. 996.* ♦ Il n'y a pas de risque lorsque deux médecins gynécologues exercent dans le même immeuble, mais à des étages différents et desservis par deux entrées distinctes. • Même arrêt. – V. aussi • CE 21 juin 1995, *M. Z.*, n° 140467. ♦ La circonstance que l'immeuble ne comporte qu'une seule entrée ne saurait, à elle seule, justifier légalement le refus d'autorisation. • CE 13 oct. 1982, *Géraud*, n° 24377 : *Lebon T. 733.* ♦ La psychiatrie et la neurologie constituent des disciplines différentes au sens de l'art. 69 du code de déontologie de 1979 [art. R. 4127-90]. • CE 4 mai 1988, *Mme Y.*, n° 80897. ♦ Absence de risque de confusion égal. lorsqu'un ophtalmologue exerce en commun dans le même appartement avec un confrère au deuxième étage d'un immeuble, puis met fin à cette association et s'installe au quatrième étage du même immeuble. • CE 24 sept. 1990, *Delyfer*, n° 107043.

4. Accord du confrère. Un protocole de séparation amiable réglant des modalités de la dissolution de l'association de deux médecins, dans lequel il est stipulé qu'« il n'existe pas de clause de non-réinstallation », ne peut être regardé comme constituant un accord au sens de l'art. 69 du code de déontologie de 1979 [art. R. 4127-90] ; il en résulte que l'installation envisagée par l'intéressé nécessitait l'intervention d'une autorisation des autorités ordinales. • CE 27 juill. 1990, *M. X.*, n° 106889.

5. Contrôle de cassation. Le juge de cassation exerce un contrôle restreint sur l'appréciation du risque de confusion. • CE 9 juill. 1980, *Viguier*, n° 18779 : *Lebon T. 857.*

6. Sanction civile. Selon le juge civil, les dispositions de l'art. 70 du code de déontologie de 1955 [art. R. 4127-90] résultent de principes généraux applicables en matière de concurrence entre personnes exerçant la même profession ; ainsi, un praticien qui, malgré le refus de l'ordre, s'installe dans l'immeuble qu'un confrère a dû quitter provisoirement, en raison d'un cas de force majeure, commet un acte de concurrence déloyale constitutif d'une faute civile à l'égard de ce dernier ; est sans incidence le fait que le refus de l'ordre ait été annulé par le tribunal administratif, sur la base de l'art. 70 préc. [art. R. 4127-90]. • Civ. 2e, 18 janv. 1962, *Dame X c/ Y*, n° 59-12.766 : *Bull. civ. II, n° 78.*

Art. R. 4127-91 Toute association ou société entre médecins en vue de l'exercice de la profession doit faire l'objet d'un contrat écrit qui respecte l'indépendance professionnelle de chacun d'eux.

Il en est de même dans les cas prévus aux articles R. 4127-65, R. 4127-87 *(Décr. n° 2006-1585 du 13 déc. 2006, art. 1er-III)* « , R. 4127-88 du présent code de déontologie, ainsi qu'en cas d'emploi d'un médecin par un confrère dans les conditions prévues par l'article R. 4127-95 ».

Les contrats et avenants doivent être communiqués, conformément à l'article L. 4113-9 au conseil départemental de l'ordre qui vérifie leur conformité avec les principes du présent code de déontologie, ainsi que, s'il en existe, avec les clauses essentielles des contrats types établis par le Conseil national.

Toute convention ou contrat de société ayant un objet professionnel entre un ou plusieurs médecins, d'une part, et un ou plusieurs membres des professions de santé, d'autre part, doit être communiqué au conseil départemental de l'ordre des médecins. Celui-ci le transmet avec son avis au Conseil national, qui examine si le contrat est compatible avec les lois en vigueur, avec le code de déontologie et notamment avec l'indépendance des médecins.

Les projets de convention ou de contrat établis en vue de l'application du présent article peuvent être communiqués au conseil départemental de l'ordre, qui doit faire connaître ses observations dans le délai d'un mois.

Le médecin doit signer et remettre au conseil départemental une déclaration aux termes de laquelle il affirme sur l'honneur qu'il n'a passé aucune contre-lettre ni aucun avenant relatifs au contrat soumis à l'examen du conseil.

Avis faisant grief. Lorsque le conseil départemental émet un avis sur le fondement de l'art. R. 4127-91, al. 3, et que cet avis fait l'objet d'un recours hiérarchique auprès du Conseil national, l'avis rendu à son tour par celui-ci a le caractère de décision faisant grief. • CE 11 oct. 2010, *SEL du docteur Le Bihan*, n° 330296 : *Méd. et droit, 2011. 159, note Bonnefont* (avis confirmatif en l'espèce). – V. aussi notes de jurisprudence ss. art. L. 4113-9.

Art. R. 4127-92 *(Abrogé par Décr. n° 2012-694 du 7 mai 2012, art. 4-5°)* ***Un médecin ne peut accepter que dans le contrat qui le lie à l'établissement de santé où il est appelé à exercer figure une clause qui, en faisant dépendre sa rémunération ou la durée de son engagement de critères liés à la rentabilité de l'établissement, aurait pour conséquence de porter atteinte à l'indépendance de ses décisions ou à la qualité de ses soins.***

Art. R. 4127-93 Dans les cabinets regroupant plusieurs praticiens exerçant en commun, quel qu'en soit le statut juridique, l'exercice de la médecine doit rester personnel. Chaque praticien garde son indépendance professionnelle.

Le libre choix du médecin par le malade doit être respecté.

Sans préjudice des dispositions particulières aux sociétés civiles professionnelles ou aux sociétés d'exercice libéral, lorsque plusieurs médecins associés exercent en des lieux différents, chacun d'eux doit, hormis les urgences et les gardes, ne donner des consultations que dans son propre cabinet.

Il en va de même en cas de remplacement mutuel et régulier des médecins au sein de l'association.

Le médecin peut utiliser des documents à en-tête commun de l'association ou de la société d'exercice dont il est membre. Le signataire doit être identifiable et son adresse mentionnée.

Art. R. 4127-94 Dans les associations de médecins et les cabinets de groupe, tout versement, acceptation ou partage de sommes d'argent entre praticiens est interdit, sauf si les médecins associés pratiquent tous la médecine générale, ou s'ils sont tous spécialistes de la même discipline, et sous réserve des dispositions particulières relatives aux sociétés civiles professionnelles et aux sociétés d'exercice libéral.

§ 3 EXERCICE SALARIÉ DE LA MÉDECINE

BIBL. ▶ HÉAS, Exercice de la médecine et salariat, *RDSS 2013. 575*.

Art. R. 4127-95 **Le fait pour un médecin d'être lié dans son exercice professionnel par un contrat ou un statut à** *(Décr. nº 2006-1585 du 13 déc. 2006, art. 1er-IV)* **« un autre médecin, » une administration, une collectivité ou tout autre organisme public ou privé n'enlève rien à ses devoirs professionnels et en particulier à ses obligations concernant le secret professionnel et l'indépendance de ses décisions.**

En aucune circonstance, le médecin ne peut accepter de limitation à son indépendance dans son exercice médical de la part *(Décr. nº 2006-1585 du 13 déc. 2006, art. 1er-IV)* **« du médecin, » de l'entreprise ou de l'organisme qui l'emploie. Il doit toujours agir, en priorité, dans l'intérêt de la santé publique et dans l'intérêt des personnes et de leur sécurité au sein des entreprises ou des collectivités où il exerce.**

Rémunérations au mérite. La création par le ministre du Travail d'une tranche exceptionnelle de rémunération en cas de « qualités particulières dans la manière de servir » des médecins inspecteurs régionaux, n'a pas pour objet et ne saurait avoir légalement pour effet de conduire les autorités chargées de proposer ou d'accorder le bénéfice de cette tranche à porter un jugement sur les décisions médicales prises par les médecins inspecteurs dans l'exercice de leurs compétences. • CE 8 juin 2015, *Mme A. F. et a.*, nº 366161 : *Lebon*.

Art. R. 4127-96 **Sous réserve des dispositions applicables aux établissements de santé, les dossiers médicaux sont conservés sous la responsabilité du médecin qui les a établis.**

Art. R. 4127-97 **Un médecin salarié ne peut, en aucun cas, accepter une rémunération fondée sur des normes de productivité, de rendement horaire ou toute autre disposition qui auraient pour conséquence une limitation ou un abandon de son indépendance ou une atteinte à la qualité des soins.**

Prime d'objectifs. Un arrêté fixant le mode de calcul d'une indemnité en faveur des praticiens hospitaliers qui s'engagent par contrat avec le directeur d'établissement à respecter des objectifs d'activité et de qualité n'est pas contraire à l'art. R. 4127-97, dès lors que ces objectifs sont déterminés de façon concertée entre les médecins et les responsables administratifs, qu'ils n'affectent qu'une partie de la rémunération globale, et qu'ils ne visent pas l'exercice même des pratiques médicales. • CE 30 déc. 2009, *Conféd. des praticiens des hôpitaux et a.*, nº 306040 : *AJDA 2010. 1276, note Moquet-Anger*.

Art. R. 4127-98 **Les médecins qui exercent dans un service privé ou public de soins ou de prévention ne peuvent user de leur fonction pour accroître leur clientèle.**

Art. R. 4127-99 **Sauf cas d'urgence ou prévu par la loi, un médecin qui assure un service de médecine préventive pour le compte d'une collectivité n'a pas le droit d'y donner des soins curatifs.**

Il doit adresser la personne qu'il a reconnue malade au médecin traitant ou à tout autre médecin désigné par celle-ci.

§ 4 EXERCICE DE LA MÉDECINE DE CONTRÔLE

Art. R. 4127-100 **Un médecin exerçant la médecine de contrôle ne peut être à la fois médecin de prévention ou, sauf urgence, médecin traitant d'une même personne.**

Cette interdiction s'étend aux membres de la famille du malade vivant avec lui et, si le médecin exerce au sein d'une collectivité, aux membres de celle-ci.

Art. R. 4127-101 **Lorsqu'il est investi de sa mission, le médecin de contrôle doit se récuser s'il estime que les questions qui lui sont posées sont étrangères à la technique proprement médicale, à ses connaissances, à ses possibilités ou qu'elles l'exposeraient à contrevenir aux dispositions du présent code de déontologie.**

Art. R. 4127-102 **Le médecin de contrôle doit informer la personne qu'il va examiner de sa mission et du cadre juridique où elle s'exerce et s'y limiter.**

Il doit être très circonspect dans ses propos et s'interdire toute révélation ou commentaire.

Il doit être parfaitement objectif dans ses conclusions.

Art. R. 4127-103 Sauf dispositions contraires prévues par la loi, le médecin chargé du contrôle ne doit pas s'immiscer dans le traitement ni le modifier. Si à l'occasion d'un examen, il se trouve en désaccord avec le médecin traitant sur le diagnostic, le pronostic ou s'il lui apparaît qu'un élément important et utile à la conduite du traitement semble avoir échappé à son confrère, il doit le lui signaler personnellement. En cas de difficultés à ce sujet, il peut en faire part au conseil départemental de l'ordre.

Art. R. 4127-104 Le médecin chargé du contrôle est tenu au secret envers l'administration ou l'organisme qui fait appel à ses services. Il ne peut et ne doit lui fournir que ses conclusions sur le plan administratif, sans indiquer les raisons d'ordre médical qui les motivent.

Les renseignements médicaux nominatifs ou indirectement nominatifs contenus dans les dossiers établis par ce médecin ne peuvent être communiqués ni aux personnes étrangères au service médical ni à un autre organisme.

§ 5 EXERCICE DE LA MÉDECINE D'EXPERTISE

Art. R. 4127-105 Nul ne peut être à la fois médecin expert et médecin traitant d'un même malade.

Un médecin ne doit pas accepter une mission d'expertise dans laquelle sont en jeu ses propres intérêts, ceux d'un de ses patients, d'un de ses proches, d'un de ses amis ou d'un groupement qui fait habituellement appel à ses services.

BIBL. ▶ Visseaux et Clément, Expertises judiciaires et conflits d'intérêt, *Méd. et droit, n° 119, p. 36.*

1. Expertise judiciaire. Le juge des référés du tribunal administratif ne peut désigner comme expert un médecin qui était le médecin conseil de la SHAM, assureur du CHR de Brest poursuivi. • CAA Nantes 6 nov. 2006, n° 05NT01131.

2. Conflit d'intérêts. Agit en conflit d'intérêts le médecin qui, dans le cadre d'une instance civile opposant une patiente de son service au laboratoire UCB Pharma distributeur du Distilbène, accepte de donner son avis sur le rapport d'expertise établi au cours de cette instance, pour le compte de la société Zurich assurances, assureur du laboratoire UCB Pharma ; alors que le rapport d'expertise concluait à l'existence d'un lien de causalité entre la prescription de Distilbène à la mère et la naissance prématurée de son enfant, le même médecin avait, dans son avis, conclu à l'absence de lien. • CDNOM, 20 nov. 2012, *Jacques R.*, n° 11366 (blâme).

Art. R. 4127-106 Lorsqu'il est investi d'une mission, le médecin expert doit se récuser s'il estime que les questions qui lui sont posées sont étrangères à la technique proprement médicale, à ses connaissances, à ses possibilités ou qu'elles l'exposeraient à contrevenir aux dispositions du présent code de déontologie.

Art. R. 4127-107 Le médecin expert doit, avant d'entreprendre toute opération d'expertise, informer la personne qu'il doit examiner de sa mission et du cadre juridique dans lequel son avis est demandé.

Art. R. 4127-108 Dans la rédaction de son rapport, le médecin expert ne doit révéler que les éléments de nature à apporter la réponse aux questions posées. Hors de ces limites, il doit taire tout ce qu'il a pu connaître à l'occasion de cette expertise.

Il doit attester qu'il a accompli personnellement sa mission.

1. Publication. Un médecin psychiatre expert judiciaire ayant eu à examiner certains criminels célèbres, et tirant de ces expertises un livre intitulé « Le plaisir de tuer », viole le secret lorsqu'il y rapporte les propos que lui ont tenu ces criminels ainsi que des propos qu'auraient tenus sur leur compte d'autres détenus ; ni la volonté d'éclairer le public, ni le caractère déjà public de certaines informations contenues dans l'ouvrage ne sont de nature à légitimer ces révélations. • CDNOM 6 mai 2011, *CNOM et a. c/ Dr. Michel D.*, n° 10721 (interdiction de 3 mois).

2. Rapport incomplet. L'expert doit faire figurer, dans le rapport qu'il établit à la demande de la juridiction et qui est soumis au contradictoire, la totalité des éléments constituant les réponses aux questions qui lui sont posées ; s'il soustrait au contradictoire des éléments qui auraient dû figurer dans ce rapport, et qu'en outre il les divulgue dans le cadre d'une autre instance devant la cour administrative d'appel, il méconnaît sa mission. • CDNOM 28 janv. 2016, *Dr. Bertrand G.*, n° 12409 (avertissement).

SOUS-SECTION 5 DISPOSITIONS DIVERSES

Art. R. 4127-109 Tout médecin, lors de son inscription au tableau, doit affirmer devant le conseil départemental de l'ordre qu'il a eu connaissance du présent code de déontologie et s'engager sous serment et par écrit à le respecter.

Art. R. 4127-110 Toute déclaration volontairement inexacte ou incomplète faite au conseil de l'ordre par un médecin peut donner lieu à des poursuites disciplinaires.

Omission d'une condamnation. Le fait d'omettre, au moment d'une demande d'inscription à l'ordre, de déclarer une condamnation pénale ne constitue pas une déclaration inexacte dès lors que l'intéressé a été réhabilité de plein droit (C. pén., art. 133-13) avec effacement de toutes les incapacités et interdiction d'en faire mention (C. pén., art. 133-10 et 133-11). • CDNOM 25 sept. 2015, *Dr. Yacine H.*, n° 12473.

Art. R. 4127-111 Tout médecin qui modifie ses conditions d'exercice ou cesse d'exercer est tenu d'en avertir le conseil départemental. Celui-ci prend acte de ces modifications et en informe le Conseil national.

Art. R. 4127-112 Toutes les décisions prises par l'ordre des médecins en application du présent code de déontologie doivent être motivées.

Celles de ces décisions qui sont prises par les conseils départementaux peuvent être réformées ou annulées par le Conseil national soit d'office, soit à la demande des intéressés ; celle-ci doit être présentée dans les deux mois de la notification de la décision.

SECTION II CODE DE DÉONTOLOGIE DES CHIRURGIENS-DENTISTES

COMMENTAIRE

V. Commentaire reproduit sur Dalloz.fr

SOUS-SECTION 1 DEVOIRS GÉNÉRAUX DES CHIRURGIENS-DENTISTES

Art. R. 4127-201 Les dispositions du présent code de déontologie s'imposent à tout chirurgien-dentiste inscrit au tableau de l'ordre, à tout chirurgien-dentiste exécutant un acte professionnel dans les conditions prévues à l'article L. 4112-7 ou par une convention internationale, quelle que soit la forme d'exercice de la profession. Elles s'appliquent également aux étudiants en chirurgie dentaire mentionnés à l'article *(Décr. n° 2005-840 du 20 juill. 2005, art. 11)* « L. 4141-4 ». Les infractions à ces dispositions relèvent de la juridiction disciplinaire de l'ordre.

Champ d'application. Selon l'art. R. 4127-201, les dispositions du code de déontologie des chirurgiens-dentistes s'imposent : 1) à tout chirurgien-dentiste inscrit au tableau de l'ordre et à tout chirurgien-dentiste exécutant un acte professionnel dans les conditions prévues à l'article L. 4112-7 du même code ou par une convention internationale, quelle que soit la forme d'exercice de la profession ; 2) aux étudiants en *chirurgie* dentaire. Ces dispositions ne régissent que ces professionnels et ne peuvent être opposées aux personnes morales qui les emploient. • Civ. 26 avr. 2017, n° 16-14.036 P : *D. 2017. 988*, ♦ S'agissant d'un centre de santé géré par une association, il est tenu par les textes (art. D. 6323-2) de délivrer des informations objectives relatives, notamment, aux prestations de soins dentaires qu'il propose au public ; mais il ne peut, sans exercer de concurrence déloyale, recourir à des procédés publicitaires concernant ces prestations, de nature à favoriser le développement de l'activité des chirurgiens-dentistes qu'il emploie, dès lors que les chirurgiens-dentistes sont soumis, en vertu de l'art. R. 4127-215, à l'interdiction de tous procédés directs ou indirects de publicité ; il en résulte que si l'association procède à des actes de promotion dépassant le cadre de la simple information objective sur les prestations offertes, sa responsabilité peut être engagée au titre de l'art. 1382 C. civ. (Anc. art. 1240). • Même arrêt. ♦ Le Conseil de l'ordre ne peut donc poursuivre un centre de soins associatif sur le fondement de l'article R. 4127-201. • Civ. 1re, 9 juin 2017, n° 16-17.298 P.

Art. R. 4127-202 Le chirurgien-dentiste, au service de l'individu et de la santé publique, exerce sa mission dans le respect de la vie et de la personne humaine.

Il est de son devoir de prêter son concours aux actions entreprises par les autorités compétentes en vue de la protection de la santé.

Art. R. 4127-203 Tout chirurgien-dentiste doit s'abstenir, même en dehors de l'exercice de sa profession, de tout acte de nature à déconsidérer celle-ci.

Il est interdit au chirurgien-dentiste d'exercer en même temps que l'art dentaire une autre activité incompatible avec sa dignité professionnelle.

1. Critiques de la profession et/ou de l'ordre. Ne constitue pas une faute de nature à justifier une sanction disciplinaire le fait d'exprimer lors d'une interview une opinion sur la « mauvaise image de marque du chirurgien-dentiste léguée par les générations précédentes », dès lors que cette déclaration ne présente aucun caractère injurieux ou outrageant à l'égard de la profession, et qu'elle traduit seulement le sentiment d'inquiétude du requérant au sujet de cette profession qui tend selon lui à se dévaloriser. • CE 19 mars 1982, *Ageron*, n° 21555 : *Lebon 127 ; RDSS 1983. 700, obs. Dubouis.* ♦ Inversement, est fautive la publication d'articles violemment polémiques et injurieux, visant nommément des membres de la chambre disciplinaire. • CDNOCD 24 oct. 2011, *Philippe-Rudyard B.*, n° 1781 (radiation).

2. Faits contraires à la probité. Est fautif le fait de commettre de nombreuses malversations financières à l'égard de confrères associés, alors même que l'intéressé aurait ultérieurement remboursé à ces mêmes confrères une partie des dettes qu'il avait contractées… • CE 19 juill. 2011, *Bruno D.*, n° 341224 (interdiction de six mois dont 45 jours fermes). ♦ … Tout comme le fait de ne pas rembourser, contrairement aux engagements pris, une dette importante envers un laboratoire de prothèses dentaires…. • CE 30 déc. 2003, *Marie-José X.*, n° 247454 (interdiction de six mois). ♦… Ou le fait pour un chirurgien-dentiste de faire opposition à un chèque qui n'avait été ni perdu, ni volé et qui avait été remis à titre de caution à un loueur d'automobiles… • CE 6 juin 2001, *Félix-Charles X.*, n° 208108 (interdiction de trois mois). ♦ … Ou d'émettre au profit d'un prothésiste un chèque tiré sur un compte clos six mois auparavant… • CE 6 juin 2001, *Félix-Charles X.*, n° 208105 (interdiction de quinze jours). ♦ …Ou de refuser d'acquitter ses dettes envers un prothésiste et un organisme d'assurance-vieillesse… • CE 13 janv. 1999, *Pierre X.*, n° 177391 (interdiction de trois mois). ♦ … Ou un passif de 2, 5 millions d'euros à l'égard de l'URSSAF, du fisc et d'un organisme de prévoyance, ainsi que l'absence de comptabilité comme de déclarations de revenus, alors même que le praticien percevait des revenus importants de son activité. • CDNOCD 27 déc. 2010, *Jean-Marie P.*, n° 1843 (radiation définitive).

3. Faits contraires à l'honneur. Déconsidère la profession le fait de harceler sexuellement trois assistantes dentaires successives, ayant donné lieu à condamnation pénale. • CDNOCD 18 nov. 2010, *Christophe. F.*, n° 1827 (interdiction d'1 an dont 15 jours ferme).

4. Plagiat. Déconsidère la profession le fait de produire et de soutenir, devant l'UER d'odontologie de l'université de Rennes, une thèse pour le diplôme d'État de docteur en chirurgie dentaire, qui est en tous points identique à celle soutenue par un confrère un an auparavant devant la faculté de chirurgie dentaire d'une autre université. • CE 17 déc. 1990, *Fournet*, n° 118732 : *Lebon 367* (interdiction de six mois). Aussi : • CE 30 janv. 1980, *Valéry Z.*, n° 11675 : *Lebon T. 864* (interdiction de six mois).

5. Actes extra-professionnels déconsidérant la profession. Déconsidèrent la profession : la détention d'images de mineurs téléchargées, présentant un caractère pornographique… • CDNOCD 11 juin 2009, *Pascal. L.*, n° 1741 (interdiction de 2 mois avec sursis). ♦ … Une fraude fiscale avec organisation de son insolvabilité. • CDNOCD 26 févr. 2009, n° 1723 (Interdiction d'un an avec sursis).

Art. R. 4127-204 Le chirurgien-dentiste ne doit en aucun cas exercer sa profession dans des conditions susceptibles de compromettre la qualité des soins et des actes dispensés ainsi que la sécurité des patients. Il doit notamment prendre, et faire prendre par ses adjoints ou assistants, toutes dispositions propres à éviter la transmission de quelque pathologie que ce soit.

Sauf circonstances exceptionnelles, il ne doit pas effectuer des actes, donner des soins ou formuler des prescriptions dans les domaines qui dépassent sa compétence professionnelle ou les possibilités matérielles dont il dispose.

1. Hygiène. Le juge disciplinaire, statuant sur une demande de relevé d'incapacité, peut légalement tenir compte, pour rejeter cette *demande, de la gravité des* manquements aux règles d'hygiène constatés au cabinet de l'intéressé, qui avaient justifié la décision de radiation prononcée auparavant, d'autant que l'intéressé n'apportait aucun élément de nature à établir qu'il avait pris des initiatives en vue de maintenir ses connaissances professionnelles. • CE 4 juill. 2012, *Michel A.*, n° 344922. ♦ Constitue un *manquement* le fait de recevoir les patients dans un cabinet ni nettoyé, ni pourvu de matériels de stérilisation, malgré une fermeture administrative et une sanction déjà infligées auparavant. • CDNOCD 28 févr. 2009, *Xuan Minh N.*, n° 1733 (interdiction de trois mois). ♦ Aussi, à propos d'une négligence dans l'entretien du cabinet et l'absence d'un moyen de stérilisation en état de marche : • CDNOCD 28 juin 2012, *Michel C.*, n° 1985 (interdiction de quatre mois).

2. Qualité des soins. Sont fautifs les soins et travaux de très mauvaise qualité, ayant contribué à la dégradation de l'état de santé bucco-dentaire de la patiente, qui a subi des abcès et a dû faire déposer et reposer les prothèses fournies. • CE 19 juin 2002, *Vinci*, n° 228880 (interdiction de trois mois).

Art. R. 4127-205 Hors le seul cas de force majeure, tout chirurgien-dentiste doit porter secours d'extrême urgence à un patient en danger immédiat si d'autres soins ne peuvent lui être assurés.

Art. R. 4127-206 Le secret professionnel s'impose à tout chirurgien-dentiste, sauf dérogations prévues par la loi. Le secret couvre tout ce qui est venu à la connaissance du chirurgien-dentiste dans l'exercice de sa profession, c'est-à-dire non seulement ce qui lui a été confié, mais aussi ce qu'il a vu, entendu ou compris.

Art. R. 4127-207 Le chirurgien-dentiste doit veiller à ce que les personnes qui l'assistent dans son travail soient instruites de leurs obligations en matière de secret professionnel et s'y conforment.

Art. R. 4127-208 En vue de respecter le secret professionnel, tout chirurgien-dentiste doit veiller à la protection contre toute indiscrétion des fiches cliniques, des documents et des supports informatiques qu'il peut détenir ou utiliser concernant des patients.

Lorsqu'il utilise ses observations médicales pour des publications scientifiques, il doit faire en sorte que l'identification des patients soit impossible.

Art. R. 4127-209 Le chirurgien-dentiste ne peut aliéner son indépendance professionnelle de quelque façon et sous quelque forme que ce soit.

Art. R. 4127-210 Les principes ci-après énoncés, traditionnels dans la pratique de l'art dentaire, s'imposent à tout chirurgien-dentiste, sauf dans les cas où leur observation serait incompatible avec une prescription législative ou réglementaire, ou serait de nature à compromettre le fonctionnement rationnel et le développement normal des services ou institutions de médecine sociale.

Ces principes sont :

Libre choix du chirurgien-dentiste par le patient ;

Liberté des prescriptions du chirurgien-dentiste ;

Entente directe entre patient et chirurgien-dentiste en matière d'honoraires ;

Paiement direct des honoraires par le patient au chirurgien-dentiste.

Lorsqu'il est dérogé à l'un de ces principes pour l'un des motifs mentionnés à l'alinéa premier du présent article, le praticien intéressé doit tenir à la disposition du conseil départemental et éventuellement du Conseil national de l'ordre tous documents de nature à établir que le service ou l'institution auprès duquel le praticien exerce entre dans l'une des catégories définies audit alinéa premier et qu'il n'est pas fait échec aux dispositions de l'article L. 4113-5.

1. Réseaux mutualistes de soins (affaire MGEN). L'adhésion de chirurgiens-dentistes à un protocole signé par un syndicat de praticiens avec une mutuelle et destiné à améliorer les conditions de remboursement des soins dentaires aux mutualistes sur la base notamment d'un barème d'évaluation spécifique des traitements prothétiques, ainsi que la communication par la mutuelle à ses adhérents de la liste des praticiens ayant adhéré à ce protocole ne constituent ni une aliénation de l'indépendance professionnelle, ni un procédé direct ou indirect de publicité, ni un détournement ou une tentative de détournement de clientèle. • CE 4 févr. 2000, *Conf. nat. des synd. dentaires*, n° 189657 : *Lebon 36 ; ibid. 146 ; D. 2000. 92 ; RDSS 2000. 353, obs. Dubouis*. ♦ Il en résulte qu'est illégale la délibération par laquelle le Conseil national de l'Ordre des chirurgiens-dentistes a décidé d'enjoindre à tous les chirurgiens-dentistes de résilier leur adhésion au protocole. • Même arrêt.

2. Réseaux de soins d'assureurs (affaire Santéclair). Le Conseil national de l'Ordre n'exerce aucune prérogative de puissance publique lorsque, après avoir retiré l'avis favorable qu'il avait émis en faveur d'un protocole entre une société d'assurances santé et des chirurgiens-dentistes qui s'engageaient à ne pas dépasser un tarif maximum pour un certain nombre d'actes, il adresse une lettre-type et une circulaire à l'ensemble des chirurgiens-dentistes afin de les inciter à ne pas adhérer ou à résilier leur adhésion à ce protocole, tout en assortissant cette incitation de menaces de sanctions disciplinaires ; le Conseil national intervient en réalité dans une activité de service, et prend position sur une question marchande, entrant corrélativement dans le champ d'application de l'art. L. 410-1 C. com. • Com. 7 juin 2011, n° 10-12.038 : *CCC 2011, n° 195, note Decocq* (suite de la Décis. du Cons. conc. n° 09-D-07 du 12 févr. 2009 portant sanction pécuniaire contre le Conseil national de l'Ordre et certains conseils départementaux pour infraction à l'art. L. 420-1 C. com.). ♦ Le réseau Santéclair, tant par sa finalité que par ses pratiques, ne contrevient à aucune règle de droit de la concurrence ou du code de déontologie, en particulier sur l'interdiction de toute publicité ou de concurrence déloyale. • Aut. conc. 24 oct. 2016 n° 16-D-23 relative à des pratiques mises en œuvre dans le secteur des actes prothétiques ou de pose d'implants par les chirurgiens-dentistes. ♦ De façon générale, voir l'avis globalement favorable de l'Autorité de la concurrence sur les réseaux de soins : * Avis n° 09-A-46 du 9 sept. 2009 relatif aux effets sur la concurrence du développement de réseaux de soins agréés. ♦ **Bibl.** Igas, Les réseaux de soins, par N. Durand et J. Emmanuelli, *juin 2017.*

Art. R. 4127-211 **Le chirurgien-dentiste doit soigner avec la même conscience tous ses patients, quels que soient leur origine, leurs mœurs et leur situation de famille, leur appartenance ou leur non-appartenance à une ethnie, une nation ou une religion déterminées, leur handicap ou leur état de santé, leur réputation ou les sentiments qu'il peut éprouver à leur égard.**

V. jurisprudence ss. art. R. 4127-7.

Art. R. 4127-212 **Le chirurgien-dentiste ne doit pas abandonner ses patients en cas de danger public, si ce n'est sur ordre formel et donné par écrit des autorités qualifiées.**

Art. R. 4127-213 **Il est interdit d'établir un rapport tendancieux ou de délivrer un certificat de complaisance.**

Art. R. 4127-214 **Le chirurgien-dentiste a le devoir d'entretenir et de perfectionner ses connaissances, notamment en participant à des actions de formation continue.**

Art. R. 4127-215 **La profession dentaire ne doit pas être pratiquée comme un commerce.**

Sont notamment interdits :

1° L'exercice de la profession dans un local auquel l'aménagement ou la signalisation donne une apparence commerciale ;

2° Toute installation dans un ensemble immobilier à caractère exclusivement commercial ;

3° Tous procédés directs ou indirects de publicité ;

4° Les manifestations spectaculaires touchant à l'art dentaire et n'ayant pas exclusivement un but scientifique ou éducatif.

1. Dispositifs publicitaires. Constitue un procédé publicitaire prohibé le panneau de « dimension importante » installé en face du centre médical où est situé le cabinet du praticien poursuivi, comportant sur deux faces la liste des praticiens des professions représentées dans le centre médical, en tant que ce panneau n'était pas nécessaire à l'information des patients, laquelle était déjà suffisamment assurée par les plaques professionnelles des mêmes praticiens. • CE 11 févr. 2004, *Jean-Rémy X.*, n° 249891 (avertissement). ♦ Le juge disciplinaire apprécie souverainement si l'existence des plaques professionnelles des praticiens, comportant une flèche indiquant de manière apparente la localisation de leurs cabinets, suffit à la signalisation desdits cabinets. • Même arrêt. ♦ Est fautif le fait de laisser subsister pendant *plusieurs mois, sur la façade de l'immeuble* où le praticien exerçait, la plaque de l'ancien centre médical où exerçaient antérieurement d'autres praticiens. • CE 14 janv. 1987, *Victor X.*, n° 52967.

2. Presse. Est fautif le fait de laisser publier par un organe de presse, en étant informé de la publication, un article et des photographies à caractère publicitaire… • CE 10 mai 1993, *Hugot*, n° 124135 : *Lebon T. 1001.* ♦ … Ou encore un article permettant de localiser avec précision le cabinet du praticien poursuivi, alors même que son nom ne serait pas mentionné. • CE 21 avr. 2000, *Alain X.*, n° 198019. ♦… Ou un article dans un journal de mode sur le « sourire idéal » vantant sa méthode de blanchiment des dents. • CDNOCD 13 mai 2013, *Dr S. M.*, n° 2042 (blâme). ♦ Est fautif le praticien qui crée une société commerciale avec un de ses confrères, puis qui sous-loue, pour y installer son cabinet, les locaux où cette société avait établi son siège social et dont l'adresse était mentionnée dans les annuaires téléphoniques, et qui enfin prend l'initiative de fournir à l'Agence France-Presse des informations qui ont permis la rédaction d'une dépêche reprise dans divers journaux, mentionnant le nom de la société. • CE 7 avr. 1999, *Zerbib*, n° 178894 : *Lebon 133 ; D. 1999. 158 ; RDSS 1999. 505, obs. Dubouis* (interdiction de deux mois). ♦ V. A propos d'un reportage télévisé relatif à un centre dentaire, destiné à répondre à une campagne de dénigrement de l'ordre des chirurgiens-dentistes. • Montpellier, 22 mars 2016, n° 14/03756.

3. Sites internet. Le site internet d'un chirurgien-dentiste peut comporter, outre les indications expressément mentionnées dans le code de la santé publique, des informations médicales à caractère objectif et à finalité scientifique, préventive ou pédagogique, sans pour autant constituer un élément de publicité et de valorisation personnelles du praticien et de son cabinet ; un site constitué en vue de présenter le cabinet d'un chirurgien-dentiste, mettant en avant son profil personnel, des réalisations opérées sur des patients, les soins qu'il prodigue et les spécialités dont il se recommande, excède la simple information objective. • CE 27 avr. 2012, *Anthony*, n° 348259 : *Lebon 177 ; AJDA 2012. 1654* (interdiction de deux mois avec sursis). ♦ Le fait qu'un chirurgien-dentiste exerce au Royaume-Uni et à Paris ne l'autorise pas à créer un site à caractère publicitaire en anglais, même si son cabinet parisien n'y est pas mentionné, dès lors que ce site est accessible en France. • CE 21 janv. 2015, *M. B.*, n° 362761 : *Lebon T.* (avertissement annulé pour irrégularité).

4. Inaugurations. Présente un caractère publicitaire l'inauguration d'un plateau technique de cabinet mutualiste au cours de laquelle le directeur, chirurgien-dentiste, indique que « l'implantation d'une dent coûte entre 15 et 20 % de moins que dans un cabinet dentaire classique ». • CDNOCD 10 mars 2011, *Éric. A.*, n° 1839 (interdiction d'un mois). ♦ ... Tout comme l'inauguration d'un cabinet en présence du député local et de la presse, suivie d'articles fournis et élogieux dans lesquels le praticien dénigre les confrères concurrents. • CDNOCD 27 déc. 2010, *Olivier H.*, n° 1846 (interdiction de trois mois dont deux avec sursis). ♦ Toutefois n'est pas fautif le praticien qui participe, sans donner d'interview, à une inauguration de son cabinet dentaire qui se déroule à la seule initiative des élus locaux dans le cadre d'un plan d'aménagement soutenu par les autorités locales. • CE 8 déc. 2000, *Denis X.*, n° 199299.

5. Procédés publicitaires combinés. Est fautif le fait de participer à des émissions de télévision, la parution d'articles de presse, et d'apposer des panneaux sur les véhicules utilisés dans le système de soins d'urgence organisé par les intéressés. • CE 6 nov. 1991, *X.*, n° 81897 : *RDSS 1991. 602, obs. Dubouis* (interdiction de six mois).

6. Procédés non prohibés. Un chirurgien-dentiste ne saurait être fautif du fait de la publication d'un guide municipal où figurent le nom, l'adresse et le numéro de téléphone d'un centre médical privé dans lequel il exerce, avec la liste des spécialités pratiquées, mais sans la mention du nom des praticiens ; l'annonce incriminée n'a pour objet que de recenser les ressources sanitaires de proximité disponibles dans le ressort de la municipalité, et d'en informer les résidents. • CE 29 nov. 2006, *Gozlan*, n° 281202 : *Lebon T. 1048, AJDA 2006. 271 ; D. 2007. 1453, obs. Penneau*. ♦ La mention du numéro de téléphone permettant de joindre le service « SOS dentaire », dans la rubrique « informations pratiques » d'un journal local, n'excède pas celles que justifie l'information du public, et permet aux patients dont l'état nécessite des soins dentaires d'urgence d'avoir accès au praticien de garde au moment de leur appel, praticien dont ils ne connaissent pas à l'avance l'identité. • CE 29 déc. 2000, *Hervé X.*, n° 201910 : *Lebon 1207 ; ibid. 1216 ; D. 2001. 524*. ♦ N'est pas prohibé le fait pour un chirurgien-dentiste, après avoir repris le cabinet d'un confrère, de faire parvenir des cartes de vœux aux seuls patients du cabinet. • CE 30 déc. 2003, *Loïc X.*, n° 241927. ♦ N'est pas fautif le chirurgien-dentiste écrivant à ses confrères à l'occasion de sa vingtième année d'installation, et mentionnant notamment le nombre de patients qu'il avait soignés, le nombre et la variété d'implants posés, le nombre de journées de formation qu'il avait suivies ou dispensées et les perspectives qu'offrait l'autorisation récemment accordée de pratiquer la chirurgie buccale en cabinet de ville. • CE 11 déc. 2013, *M. A.*, n° 356578. ♦ Il en va de même d'une campagne téléphonique d'information objective, adressée à des confrères en faveur d'une association qui exploite un centre de soins dentaires. • CE 17 oct. 2016, *CDOCD Alpes-Maritimes*, n° 390983.

7. Médecine sociale. Alors qu'un chirurgien-dentiste exerce son activité en qualité de salarié au sein d'un centre de santé dentaire autorisé et régulièrement agréé, le fait que ce centre signale son existence par un panneau portant la mention « centre de santé dentaire » composé de lettres blanches d'environ 25 cm de hauteur sur 2, 5 cm de largeur, éclairé la nuit par trois projecteurs, ne constitue pas un procédé publicitaire prohibé par l'art. 12 du code de déontologie [art. R. 4127-215], eu égard à la nature de l'organisme de soins et à l'objet du panneau. • CE 19 févr. 2003, *Haïk*, n° 227837 : *Lebon T. 975.*

8. Sur la publicité en tant que pratique commerciale déloyale. L'ordre peut se prévaloir d'actes déloyaux de la part d'un centre dentaire, tenant notamment au recours à une publicité comparative trompeuse à travers un site internet, et obtenir des dommages-intérêts. • Montpellier, 22 mars 2016, n° 14/03756.

Art. R. 4127-216 **Les seules indications que le chirurgien-dentiste est autorisé à mentionner sur ses imprimés professionnels, notamment ses feuilles d'ordonnances, notes d'honoraires et cartes professionnelles, sont :**

1° Ses nom, prénoms, adresses postale et électronique, numéros de téléphone et de télécopie, jours et heures de consultation et ses numéros de comptes bancaires *(Abrogé par Décr. n° 2006-1115 du 5 sept. 2006, art. 5)* ***« et de comptes chèques postaux »*** **;**

2° Sa qualité et sa spécialité ;

3° *(Décr. n° 2009-168 du 12 févr. 2009)* **« Les diplômes, titres et fonctions » reconnus par le Conseil national de l'ordre ;**

4° Les distinctions honorifiques reconnues par la République française ;

5° La mention de l'adhésion à une association agréée prévue à l'article 64 de la loi de finances pour 1977 n° 76-1232 du 29 décembre 1976 ;

6° Sa situation vis-à-vis des organismes d'assurance maladie *(Décr. n° 2009-168 du 12 févr. 2009)* **« obligatoires » ;**

7° S'il exerce en société civile professionnelle ou en société d'exercice libéral, les noms des chirurgiens-dentistes associés *(Décr. n° 2009-168 du 12 févr. 2009)* **« et, en ce qui concerne les sociétés d'exercice libéral, les mentions prévues à l'article R. 4113-2 et le numéro d'inscription au registre du commerce et des sociétés ».**

1. Conformité à la CEDH. L'art. R. 4127-216 apporte à la liberté de communication et d'information une restriction nécessaire à la protection de la santé, destinée à assurer la qualité et l'intelligibilité des informations portées à la connaissance des patients, et à ce titre autorisée par l'art. 10, § 2, Conv. EDH. Cette restriction ne constitue pas une réglementation de l'usage d'un bien contraire à l'art. 1er du premier protocole additionnel à la Conv. EDH. S'il y a entrave à la liberté d'établissement et à la libre prestation des services, elle s'applique de manière non discriminatoire, se justifie par un objectif de santé publique, et reste proportionnée à cet objectif. • CE 16 avr. 2008, *Assoc fr. d'implantologie*, n° 302236 : *Lebon 742 ; ibid. 895 ; RDSS 2008. 770, note Cristol*. ♦ L'objet des art. R. 4127-216 et R. 4127-218 est d'éviter qu'un chirurgien-dentiste puisse faire usage de ses titres à des fins publicitaires, afin de prémunir les patients, dans l'intérêt de leur santé, contre des risques d'erreur ou de confusion dans l'interprétation des indications qui leur sont données par ce chirurgien-dentiste. Si ces dispositions mettent en cause la liberté de recevoir ou de communiquer des informations et entrent, par suite, dans les prévisions des stipulations de l'art. 10 Conv. EDH, elles apportent à cette liberté une restriction nécessaire à la protection de la santé, destinée à assurer aux patients la qualité et l'intelligibilité des informations portées à leur connaissance. • CE 28 nov. 2012, *Patrick. K.*, n° 357721.

2. Pouvoir réglementaire de l'ordre. La décision par laquelle le Conseil national de l'ordre refuse, de façon générale et impersonnelle, de reconnaître un diplôme d'orthopédie délivré par une université, et décide qu'il ne peut être fait mention de ce diplôme sur les plaques et imprimés professionnels des chirurgiens-dentistes revêt un caractère réglementaire ; le Conseil d'État est compétent en premier et dernier ressort pour en connaître (CJA, art. R. 311-1). • CE 4 déc. 2013, *M. A.*, n° 367726. ♦ Cette décision réglementaire doit faire l'objet d'une mesure de publicité suffisante. • Même arrêt. ♦ En conséquence, cette décision n'a pas à être motivée. • CE 15 avr. 2016, *Mme A.B.*, n° 394282.

3. « Diplômes, titres et fonctions » reconnus. Si le Conseil national de l'Ordre est tenu de se livrer à une appréciation de chacun des diplômes, titres ou fonctions dont il est saisi, au regard de leur contenu et des modalités de leur délivrance, il ne lui appartient pas d'examiner la situation individuelle des praticiens l'ayant saisi d'une demande de reconnaissance de titres ou diplômes ; il en résulte qu'en statuant par une décision générale sur plusieurs demandes relatives à la reconnaissance d'un même diplôme, sans se prononcer individuellement sur chacune des demandes dont il est saisi, le Conseil national de l'Ordre ne commet pas d'erreur de droit. • CE 28 nov. 2012, *Patrick. K.*, n° 357721. ♦ Il appartient à l'ordre de porter une appréciation au cas par cas sur les titres susceptibles de figurer sur les imprimés professionnels, sans tenir de manière générale et absolue pour non valable toute une catégorie de titres (en l'espèce, les « *postgraduate* » délivrés notamment aux États-Unis). • CE 16 mars 1988, *Lasry et a.*, n° 62.730 : *Lebon 122 ; RDSS 1988. 684, obs. Dubouis.* ♦ Le Conseil national ne commet aucune erreur d'appréciation en estimant qu'un DU délivré au terme d'une formation dispensée à raison d'un enseignement d'un jour par mois, essentiellement sous forme de perfectionnement des connaissances du droit de la santé, ne présente pas d'intérêt particulier pour la pratique quotidienne et ne correspond pas à une qualification complémentaire utile à l'information du patient. • CE 1er oct. 2012, *Jacques B.*, n° 348518.

4. Pouvoir de conditionner une reconnaissance. L'Ordre est fondé à exiger par décision générale qu'un diplôme comporte un « versant clinique » et présente un « intérêt dans la pratique quotidienne du praticien » pour le reconnaître, car il en va de « l'intelligibilité des informations portées à la connaissance des patients » ; ne répond pas à cette condition un diplôme d'université (DU) « expertise bucco-dentaire et maxillo-faciale »… • CE 2 juin 2010, *Gilles A.*, n° 316735 : *Lebon T. 954 ; ibid. 957.* ♦ … Pas plus qu'un DU « expertise médicale et odontologique du dommage corporel »... • CE 2 juin 2010, *Philippe Rudyard B.*, n° 317659. ♦ ... Ou un DU « réparation juridique du dommage corporel, option odontologie ». • CE 21 nov. 2012, *Axel B.*, n° 353573. ♦ Contrôle normal du Conseil d'État sur l'appréciation faite par l'ordre, de l'existence de ce « versant clinique ». • CE 1er mars 2013, *M. B.*, n° 353558.

5. Risques de confusion. L'Ordre peut refuser de reconnaître un certificat de compétence en implantologie délivré par l'Association française d'implantologie, en se fondant sur la circonstance que sa mention sur les plaques et imprimés professionnels est susceptible de créer une confusion dans l'esprit du public. • CE 28 nov. 2012, *Patrick. K.*, n° 357721. ♦ Cette appréciation ne conduit pas l'Ordre à poser un principe d'interdiction générale de toute mention d'un diplôme déterminé, et ne méconnaît ni les dispositions des art. R. 4127-216 et R. 4127-218, ni les stipulations de l'art. 10 Conv. EDH. • Même arrêt. ♦ Un chirurgien-dentiste ne peut mentionner sur ses imprimés un diplôme d'université « d'occlusodontie et ostéopathie », dès lors que ce diplôme n'a pas pour objet de permettre d'exercer la profession d'ostéopathe ; ce serait de nature à entretenir la confusion auprès des patients sur les capacités professionnelles de ce praticien. • CE 19 oct. 2011, *M. Bertrand A.*, n° 332152. ♦ Le Conseil national qui refuse la mention d'un diplôme d'université « d'occlusodontie et ostéopathie », en raison du risque de confusion, n'est pas habilité à permettre une mention modifiée du même diplôme, limitée au terme « occlusodontie ». • CE 6 févr. 2013, *M. B.*, n° 353559.

6. Mention de titres non reconnus ou non obtenus. Est fautif le chirurgien-dentiste qui mentionne sur ses ordonnances et sur ses lettres une qualification en implantologie, alors même qu'il ne pouvait se prévaloir d'aucun titre reconnu par l'Ordre. • CE 30 déc. 2003, *Loïc X.*, n° 241927 (une semaine d'interdiction). ♦ Un chirurgien-dentiste ne peut non plus mentionner des diplômes non reconnus tels que « D.U. de dermatologie et de vénérologie buccale », « D.U. d'anatomie et d'implantologie », « Master in oral and maxillo-facial surgery », « Advanced implant surgery certificate », etc., ni dénommer son cabinet « cabinet de chirurgie buccale, d'implantologie et de parodontologie », faisant ainsi référence à des spécialités non instituées. • CDNOCD 8 déc. 2011, *Samir C.*, n° 1906 (interdiction de quinze jours avec sursis).

Art. R. 4127-217 **Les seules indications qu'un chirurgien-dentiste est autorisé à faire figurer dans un annuaire sont :**

1° Ses nom, prénoms, adresses postale et électronique, numéros de téléphone et de télécopie, jours et heures de consultation ;

2° Sa spécialité.

Les sociétés d'exercice *(Abrogé par Décr. n° 2009-168 du 12 févr. 2009)* ***« en commun »*** **de la profession peuvent figurer dans les annuaires dans les mêmes conditions que ci-dessus.**

(Abrogé par Décr. n° 2009-168 du 12 févr. 2009) ***« Toute insertion payante dans un annuaire est considérée comme une publicité et est donc interdite. »***

Mention anticipée d'une spécialité. Un chirurgien-dentiste en cours de formation pour l'obtention d'un certificat d'études cliniques spéciales en orthodontie ne peut anticiper cette obtention en faisant inscrire cette spécialité dans l'annuaire téléphonique sous son nom. • CDNOCD 8 févr. 2007, *Thierry L.*, n° 1561 (avertissement).

Art. R. 4127-218 **Les seules indications qu'un chirurgien-dentiste est autorisé à faire figurer sur une plaque professionnelle à la porte de son immeuble ou de son cabinet sont ses nom, prénoms,** *(Décr. n° 2009-168 du 12 févr. 2009)* **« sa qualité, sa spécialité et les diplômes, titres ou fonctions reconnus par le Conseil national de l'ordre ». Il peut y ajouter l'origine de son diplôme, les jours et heures de consultation ainsi que l'étage et le numéro de téléphone. Les praticiens qui ne sont pas titulaires du diplôme d'État français doivent ajouter les mentions d'origine prévues par l'article L. 4111-5.**

Ces indications doivent être présentées avec discrétion, conformément aux usages de la profession.

1. Atteinte à la liberté d'expression (avant le décret du 12 févr. 2009). Le souci d'éviter que la profession de chirurgien-dentiste soit exercée comme un commerce ne justifiait pas l'interdiction générale et absolue de faire figurer sur les plaques professionnelles toutes autres indications relatives à la qualification du praticien, autres que celles du diplôme d'État et de sa spécialité ; atteinte disproportionnée aux stipulations de l'art. 10 Conv. EDH ; annulation de la décision implicite de rejet du Premier ministre sur la demande tendant à l'abrogation de cet article. • CE 16 avr. 2008, *Assoc fr. d'implantologie*, n° 302236 : *RDSS 2008. 770, note Cristol*.

♦ Annulation, en conséquence, du refus du Conseil national d'autoriser d'autres mentions malgré l'interdiction de l'art. R. 4127-218. • Même arrêt. ♦ En conséquence, il appartenait au Conseil national, dès avant la modification de l'art. R. 4127-218 par le Décr. du 12 févr. 2009, de fixer la liste des diplômes susceptibles de figurer sur les plaques professionnelles. • CE 1er juin 2011, *Synd. gén. des spécialistes français en orthopédie dento-faciale*, n° 326831.

2. Mentions prohibées. Le fait de faire figurer sur sa plaque en caractères très apparents les mentions « Parodontologie » et « Implantologie », qui ne correspondent à aucune spécialité reconnue, s'apparente à de la publicité. • CDNOCD 26 févr. 2009, C., n° 1713 (avertissement).

3. Pouvoir réglementaire de l'ordre. V. note 2 ss. art. R. 4127-215.

Art. R. 4127-219 *(Décr. n° 2009-168 du 12 févr. 2009)* **Les communiqués concernant l'installation ou la cessation d'activité du praticien, l'ouverture, la fermeture ou le transfert de cabinets ainsi que, dans le cadre d'un exercice en société, l'intégration ou le retrait d'un associé sont soumis à l'agrément préalable du conseil départemental de l'ordre, qui vérifie leur rédaction et leur présentation et fixe le nombre maximal de parutions auquel un communiqué peut donner lieu.**

Art. R. 4127-220 **Sont interdits l'usurpation de titres, l'usage de titres non autorisés par le Conseil national ainsi que tous les procédés destinés à tromper le public sur la valeur de ces titres, notamment par l'emploi d'abréviations non autorisées.**

Art. R. 4127-221 **Sont interdits :**

1° Tout acte de nature à procurer à un patient un avantage matériel injustifié ou illicite ;

2° Toute ristourne en argent ou en nature faite à un patient ;

3° Tout versement, acceptation ou partage de sommes d'argent entre des praticiens ou entre des praticiens et d'autres personnes sous réserve des dispositions propres aux sociétés d'exercice en commun de la profession ;

4° Toute commission à quelque personne que ce soit.

1. Avantage au patient. Est fautive la présentation de fausses indications sur une demande d'entente préalable adressée au service de contrôle, ainsi que la production devant ledit service de deux clichés volontairement altérés afin d'obtenir la prise en charge de travaux dentaires. • CE 28 oct. 2002, *Jean-Richard X.*, n° 215303 (interdiction de donner des soins aux assurés sociaux de trois mois).

2. Radiation de la liste des experts judiciaires. Le non-respect répété voire systématique des règles de cotation des actes, destiné à procurer à ses patients des avantages matériels injustifiés ou illicites et de nature à induire en erreur les services de l'assurance maladie, constitue, en tant que ce grief a été retenu par la juridiction disciplinaire contre un chirurgien-dentiste expert judiciaire, une atteinte à l'honneur et à la probité ; en conséquence, c'est à juste titre que l'assemblée générale des magistrats d'une cour d'appel estime que l'intéressé doit être sanctionné. • Civ. 1re, 23 févr. 2012, n° 11-10.298 (radiation pour trois ans de la liste des experts).

Art. R. 4127-222 **Est interdite toute facilité accordée à quiconque se livre à l'exercice illégal de la médecine et de l'art dentaire.**

Art. R. 4127-223 **Il est interdit au chirurgien-dentiste de donner des consultations même à titre gratuit dans tous locaux commerciaux ou artisanaux où sont exposés ou mis en vente des médicaments, produits ou appareils qui peuvent être prescrits ou délivrés par un chirurgien-dentiste ou par un médecin ainsi que dans les dépendances desdits locaux.**

Art. R. 4127-224 **Tout compérage entre chirurgien-dentiste et médecin, pharmacien, auxiliaires médicaux ou toutes autres personnes, même étrangères à la médecine, est interdit.**

Art. R. 4127-225 **Le chirurgien-dentiste doit éviter dans ses écrits, propos ou conférences toute atteinte à l'*honneur de la profession* ou de ses membres. Sont également *interdites* toute publicité, toute réclame personnelle ou intéressant un tiers ou une firme quelconque.**

Tout chirurgien-dentiste se servant d'un pseudonyme pour des activités se rattachant à sa profession est tenu d'en faire la déclaration au conseil départemental de l'ordre.

V. jurisprudence ss. art. R. 4127-203.

Art. R. 4127-226 Divulguer prématurément dans le public médical et dentaire en vue d'une application immédiate un procédé de diagnostic ou de traitement nouveau insuffisamment éprouvé constitue de la part du praticien une imprudence répréhensible s'il n'a pas pris le soin de mettre ce public en garde contre les dangers éventuels du procédé.

Divulguer ce même procédé dans le grand public quand sa valeur et son innocuité ne sont pas démontrées constitue une faute.

Tromper la bonne foi des praticiens ou de leurs patients en leur présentant comme salutaire et sans danger un procédé insuffisamment éprouvé est une faute grave.

Art. R. 4127-227 Il est interdit au chirurgien-dentiste d'exercer tout autre métier ou profession susceptible de lui permettre d'accroître ses revenus par ses prescriptions ou ses conseils d'ordre professionnel.

Art. R. 4127-228 Il est interdit au chirurgien-dentiste qui remplit un mandat électif ou une fonction administrative d'en user pour accroître sa clientèle.

Art. R. 4127-229 L'exercice de l'art dentaire comporte normalement l'établissement par le chirurgien-dentiste, conformément aux constatations qu'il est en mesure de faire dans l'exercice de son art, des certificats, attestations ou documents dont la production est prescrite par la réglementation en vigueur.

Tout certificat, attestation ou document délivré par le chirurgien-dentiste doit comporter sa signature manuscrite.

Art. R. 4127-230 Les prescriptions, certificats et attestations sont rédigés par le chirurgien-dentiste en langue française ; une traduction dans la langue du patient peut être remise à celui-ci.

Art. R. 4127-231 Il est du devoir du chirurgien-dentiste de prendre toutes précautions nécessaires pour éviter que des personnes non autorisées puissent avoir accès aux médicaments et produits qu'il est appelé à utiliser dans l'exercice de son art.

SOUS-SECTION 2 DEVOIRS DES CHIRURGIENS-DENTISTES ENVERS LES MALADES

Art. R. 4127-232 Hors le cas d'urgence et celui où il manquerait à ses devoirs d'humanité, le chirurgien-dentiste a toujours le droit de refuser ses soins pour des raisons personnelles ou professionnelles, à condition :

1° De ne jamais nuire de ce fait à son patient ;

2° De s'assurer de la continuité des soins et de fournir à cet effet tous renseignements utiles.

Le chirurgien-dentiste ne peut exercer ce droit que dans le respect de la règle énoncée à l'article R. 4127-211.

Art. R. 4127-233 Le chirurgien-dentiste qui a accepté de donner des soins à un patient s'oblige :

1° A lui assurer des soins éclairés et conformes aux données acquises de la science, soit personnellement, soit lorsque sa conscience le lui commande en faisant appel à un autre chirurgien-dentiste ou à un médecin ;

2° A agir toujours avec correction et aménité envers le patient et à se montrer compatissant envers lui ;

3° A se prêter à une tentative de conciliation qui lui serait demandée par le président du conseil départemental en cas de difficultés avec un patient.

1. Soins fautifs. Exemples de soins fautifs dans la jurisprudence disciplinaire : la confusion inacceptable entre les matériaux d'une prothèse… • CE 5 mars 1986, *M. X.*, n° 56665 (interdiction de trois mois). ♦ … La pose d'implants entachée d'erreurs techniques, à laquelle s'ajoute une prescription d'antalgiques et d'antibiotiques entraînant un retard très critiquable à admettre l'existence de soins défectueux, ainsi que la rétention du dossier médical… • CDNOCD 10 févr. 2011, *Gilles C.*, n° 1870 (interdiction de 4 mois dont 3 avec sursis). ♦ … Le suivi désastreux d'un enfant durant 14 ans, ayant abouti à un « état dentaire catastrophique ». • CDNOCD 27 déc. 2010, *François C.*, n° 1867 (interdiction de 6 mois dont 2 avec sursis). ♦ … Le choix d'une solution prothétique sur une patiente de 13 ans, impliquant la mutilation de dents saines et rendant tout implant futur impossible, sans informer la mère des conséquences, et sans devis préalable. • CDNOCD 9 sept. 2010, *Véronique H.*, n° 1829 (interdiction de 6 mois dont 4 avec sursis). ♦ … La non-prise en compte du diabète du patient dans le traitement réalisé, en plus de la non-détection d'infections dentaires. • CDNOCD 1er juill. 2010, *Patrick J.*, n° 1800 (interdiction de 6 mois dont 2 avec sursis). ♦ … Le fait de couronner des dents exemptes de toute lésion. • CDNOCD 13 mai 2013, *Dr J. T.*, n° 2064 (interdiction de 4 mois dont 2 avec sursis).

2. Contrôle de cassation. La section des assurances sociales se livre à une appréciation souveraine des faits quant au caractère conforme aux données acquises de la science des soins dispensés. • CE 19 déc. 2008, *Jean-François A.*, n° 300838 (interdiction de donner des soins aux assurés sociaux de quatre mois). Aussi : • CE 9 juin 2006, *Y. B.*, n° 268750 (interdiction de donner des soins aux assurés sociaux de neuf mois, en raison aussi d'autres fautes).

3. « Fautes, abus, fraudes ». Est fautif le chirurgien-dentiste qui a exécuté à quinze reprises des actes non conformes aux données acquises de la science, qui dans quatre cas a réalisé des travaux de prothèse de mauvaise qualité, et qui dans sept cas a présenté des propositions de prothèse sans avoir effectué les soins indispensables, mettant en danger l'état de santé buccodentaire des patients ; ces manquements constituent aussi des « fautes, abus, fraudes » au sens de l'art. L. 145-1 CSS. • CE 10 avr. 2002, *Philippe Y.*, n° 230531 (interdiction de donner des soins aux assurés sociaux de deux mois dont un avec sursis). ♦ Il en va de même du chirurgien-dentiste faisant preuve de négligences graves dans certains traitements conservateurs, et usant de techniques diagnostiques insuffisantes. • CE 11 juill. 1991, *Le Gall*, n° 84335 : *D. 1991. 347, obs. X. Prétot* (interdiction de donner des soins aux assurés sociaux définitive).

4. Correction et aménité. Manque d'aménité et de compassion le chirurgien-dentiste qui, face à la douleur persistante d'une patiente et à la dégradation de sa denture, s'abstient d'intervenir alors même que ces douleurs tiennent aux soins défectueux qu'il a prodigués. • CDNOM 4 déc. 2012, *William K.*, n° 2034 (interdiction de trois mois).

Art. R. 4127-234 Le chirurgien-dentiste doit mettre son patient en mesure d'obtenir les avantages sociaux auxquels son état lui donne droit, sans céder à aucune demande abusive.

Art. R. 4127-235 Lorsqu'un chirurgien-dentiste discerne, dans le cadre de son exercice, qu'un mineur paraît être victime de sévices ou de privations, il doit, en faisant preuve de prudence et de circonspection, mettre en œuvre les moyens les plus adéquats pour le protéger et, le cas échéant, alerter les autorités compétentes s'il s'agit d'un mineur de quinze ans, conformément aux dispositions du code pénal relatives au secret professionnel.

Art. R. 4127-236 *(Décr. n° 2009-168 du 12 févr. 2009)* « Le consentement de la personne examinée ou soignée est recherché dans tous les cas, dans les conditions définies aux articles L. 1111-2 et suivants.

« Lorsque le patient, en état d'exprimer sa volonté, refuse les investigations ou le traitement proposés, le chirurgien-dentiste doit respecter ce refus après l'avoir informé de ses conséquences. »

Lorsqu'il est impossible de recueillir en temps utile le consentement du représentant légal d'un mineur ou d'un majeur légalement protégé, le chirurgien-dentiste doit néanmoins, en cas d'urgence, donner les soins qu'il estime nécessaires.

Art. R. 4127-237 Sous réserve des dispositions de l'article L. 1111-5 et hors les cas prévus à l'article R. 4127-236, le chirurgien-dentiste attaché à un établissement comportant le régime de l'internat doit, en présence d'une affection grave, faire avertir le représentant légal du patient et accepter ou provoquer, s'il le juge utile, la consultation du praticien désigné par le patient ou son représentant légal.

Art. R. 4127-238 Le chirurgien-dentiste est libre de ses prescriptions, qui seront celles qu'il estime les plus appropriées en la circonstance. Il doit limiter ses prescriptions et ses actes à ce qui est nécessaire à la qualité et à l'efficacité des soins.

Actes inutiles. Est fautive la dépulpation inutile de *quatre dents en vue d'une « réhabilitation prothétique » ne s'imposant* aucunement. • CDNOCD 17 déc. 2009, *Isabelle A.*, n° 1786 (interdiction de 6 mois dont 4 avec sursis).

Art. R. 4127-239 Sous réserve des dispositions de l'article L. 1111-7 et pour des raisons légitimes que le chirurgien-dentiste apprécie en conscience, un patient peut être laissé dans l'ignorance d'un diagnostic ou d'un pronostic grave. Un pronostic fatal ne

doit être révélé au patient qu'avec la plus grande circonspection mais les proches doivent généralement en être prévenus, à moins que le patient n'ait préalablement interdit cette révélation ou désigné le ou les tiers auxquels elle doit être faite.

Art. R. 4127-240 Le chirurgien-dentiste doit toujours déterminer le montant de ses honoraires avec tact et mesure.

Les éléments d'appréciation sont, indépendamment de l'importance et de la difficulté des soins, la situation matérielle du patient, la notoriété du praticien et les circonstances particulières.

Le chirurgien-dentiste est libre de donner gratuitement ses soins. Mais il lui est interdit d'abaisser ses honoraires dans un but de détournement de la clientèle.

Le chirurgien-dentiste n'est jamais en droit de refuser à son patient des explications sur le montant de ses honoraires.

Il ne peut solliciter un acompte que lorsque l'importance des soins le justifie et en se conformant aux usages de la profession. Il ne peut refuser d'établir un reçu pour tout versement d'acompte.

Aucun mode particulier de règlement ne peut être imposé aux patients.

Lorsque le chirurgien-dentiste est conduit à proposer un traitement d'un coût élevé, il établit au préalable un devis écrit qu'il remet à son patient.

1. Honoraires excessifs ou injustifiés. Un devis établi et signé en vue d'une intervention le même jour, d'un coût de plus de 30 000 euros, ne répond pas aux exigences de l'art. R. 4127-240. • CDNOCD 20 nov. 2008 : *Marc D. : n° 1659* (interdiction d'un mois avec sursis). ♦ Un chirurgien-dentiste ne peut réclamer d'honoraires que pour des soins réellement effectués. Il en résulte que, quelles que soient les conséquences sur la gestion d'un cabinet des rendez-vous qui ne sont pas honorés par les patients, un chirurgien-dentiste ne saurait exiger la somme de 76,22 euros auprès d'une patiente s'étant décommandée une heure avant son rendez-vous, alors même que cette somme correspondrait, selon lui, au coût horaire de son cabinet. • CDNOCD 7 juill. 2011, *Gilles C.*, n° 1834 (avertissement). ♦ Est fautif le fait de percevoir à de multiples reprises des acomptes ou d'encaisser des honoraires pour des soins ou des travaux prothétiques qui n'ont pas été réalisés ou achevés, à l'égard de personnes âgées vulnérables ou de personnes aux ressources très limitées. • CDNOCD 17 juill. 2008, *Pascal C.*, n° 1657 (interdiction de trois ans dont un avec sursis).

2. Faute au sens de l'art. L. 145-1 CSS. Constituent des honoraires abusifs au sens de l'art. L. 145-1 CSS ceux qui sont réclamés pour un acte facturé sans avoir été réalisé, pour un acte *surcoté, pour* un acte réalisé dans des conditions telles qu'il équivaut à une absence de soins, ou encore pour des actes dont le tarif est établi sans tact ni mesure. • CE 14 oct. 2011, *Franc A.*, n° 342091 (interdiction de donner des soins aux assurés sociaux de six mois).

3. Radiation de la liste des experts judiciaires. Certains griefs retenus par la juridiction disciplinaire contre un chirurgien-dentiste expert judiciaire constituent aussi des atteintes à l'honneur et à la probité ; il en est ainsi du non-respect du principe de fixation des honoraires avec tact et mesure ; en conséquence, c'est à juste titre que l'assemblée générale des magistrats d'une cour d'appel estime que l'intéressé doit être sanctionné. • Civ. 1re, 23 févr. 2012, n° 11-10.298 (radiation pour trois ans de la liste des experts judiciaires).

4. Fautes combinées. Pour un cas d'honoraires très excessifs appliqués en contrepartie de soins très défectueux, V. • CDNOCD 20 nov. 2008, *Alain V.*, n° 1718 (radiation). ♦ Pour des honoraires « manifestement exagérés » en contrepartie d'actes injustifiés, V. • CDNOCD 7 juill. 2011, *S. M.*, n° 1864.

5. Tact. Constitue un manque de tact le fait de refuser de donner à un patient des explications sur les honoraires réclamés, alors même que la note d'honoraires qui a été établie est suffisamment détaillée. • CE 24 sept. 1999, *Marti*, n° 177317 (interdiction de quinze jours).

6. Devis. Un devis établi et signé en vue d'une intervention le même jour, d'un coût de plus de 30 000 euros, ne répond pas aux exigences de l'art. R. 4127-240. • CDNOCD 20 nov. 2008, *Marc D.*, n° 1659 (interdiction d'un mois avec sursis).

7. Jurisprudence pénale. Pour des soins facturés mais non effectués ou des doubles facturations qualifiables d'escroquerie commise au préjudice des CPAM : • Crim. 20 déc. 2017, n° 16-83.912.

Art. R. 4127-241 La consultation entre le chirurgien-dentiste traitant et un médecin ou un autre chirurgien-dentiste justifie des honoraires distincts.

Art. R. 4127-242 La présence du chirurgien-dentiste traitant à une opération chirurgicale lui donne droit à des honoraires distincts mais au cas seulement où cette présence a été demandée ou acceptée par le patient ou sa famille.

Art. R. 4127-243 Tout partage d'honoraires, entre chirurgiens-dentistes et praticiens à quelque discipline médicale qu'ils appartiennent est formellement interdit.

Chaque praticien doit demander ses honoraires personnels.

L'acceptation, la sollicitation ou l'offre d'un partage d'honoraires, même non suivi d'effet, constitue une faute professionnelle grave.

La distribution des dividendes entre les membres d'une société d'exercice ne constitue par un partage d'honoraires prohibé.

Art. R. 4127-244 Le choix des assistants, aides opératoires ou anesthésistes ne peut être imposé au chirurgien-dentiste traitant.

Chacun des médecins ou chirurgiens-dentistes intervenant à ce titre doit présenter directement sa note d'honoraires.

SOUS-SECTION 3 DEVOIR DES CHIRURGIENS-DENTISTES EN MATIÈRE DE MÉDECINE SOCIALE

Art. R. 4127-245 Il est du devoir de tout chirurgien-dentiste de prêter son concours aux mesures prises en vue d'assurer la permanence des soins et la protection de la santé. Sa participation au service de garde est obligatoire. Toutefois, des exemptions peuvent être accordées par le conseil départemental de l'ordre, compte tenu de l'âge, de l'état de santé et, éventuellement, de la spécialisation du praticien.

Refus fautif. Constitue une faute disciplinaire le fait, sans alléguer de motifs tenant à l'âge ou à l'état de santé, de refuser de participer au service de garde organisé pour les fins de semaine et certains jours fériés par le conseil départemental de l'Ordre, et de s'abstenir d'assurer les gardes imparties. • CE 8 nov. 1993, ⌂ *Renard,* n° 126599 : *Lebon T. 1001* (blâme). ♦ Est fautif le chirurgien-dentiste qui, devant effectuer un service de garde, s'en abstient et indique par son répondeur téléphonique qu'il convient que les patients s'adressent à l'hôpital « qui trouvera une solution ». • CDNOCD 17 sept. 2009, *J. G.,* n° 1766 (avertissement).

Art. R. 4127-246 L'existence d'un tiers garant tel qu'assurance publique ou privée, assistance, ne doit pas conduire le chirurgien-dentiste à déroger aux prescriptions de l'article R. 4127-238.

Art. R. 4127-247 L'exercice habituel de la profession dentaire, sous quelque forme que ce soit, au service d'une entreprise, d'une collectivité ou d'une institution de droit privé doit, dans tous les cas, faire l'objet d'un contrat écrit.

Tout projet de convention ou renouvellement de convention avec un des organismes prévus au paragraphe précédent en vue de l'exercice de la profession dentaire doit être préalablement soumis pour avis au conseil départemental intéressé. Celui-ci vérifie sa conformité avec les prescriptions du présent code de déontologie ainsi que, s'il en existe, avec les clauses obligatoires des contrats types établis par le Conseil national de l'ordre soit en accord avec les collectivités ou institutions intéressées, soit conformément à des dispositions législatives ou réglementaires. La copie de ces contrats ainsi que l'avis du conseil départemental doivent être envoyés au Conseil national.

Le chirurgien-dentiste doit affirmer par écrit et sur l'honneur qu'il n'a passé aucune contre-lettre relative au contrat soumis à l'examen du conseil.

Il est du devoir du chirurgien-dentiste, avant tout engagement, de vérifier s'il existe un contrat type établi par le Conseil national de l'ordre dans les conditions précisées au deuxième alinéa du présent article et, dans ce cas, d'en faire connaître la teneur à l'entreprise, la collectivité ou l'institution avec laquelle il se propose de passer contrat pour l'exercice de sa profession.

Les dispositions du présent article ne sont pas applicables aux chirurgiens-dentistes placés sous le régime d'un statut arrêté par l'autorité publique.

Art. R. 4127-248 Les chirurgiens-dentistes sont tenus de communiquer au Conseil national de l'ordre par l'*intermédiaire du conseil* départemental les contrats intervenus *entre eux et* une administration publique ou une collectivité administrative. Les observations que le Conseil national aurait à formuler sont adressées par lui au ministre dont dépend l'administration intéressée.

Art. R. 4127-249 En cas d'exercice salarié, la rémunération du chirurgien-dentiste ne peut être fondée sur des normes de productivité et de rendement qui seraient susceptibles de nuire à la qualité des soins et de porter atteinte à l'indépendance professionnelle du praticien.

Le conseil de l'ordre veille à ce que les dispositions du contrat respectent les principes édictés par la loi et le présent code de déontologie.

Art. R. 4127-250 Sauf cas d'urgence, et sous réserve des dispositions législatives ou réglementaires relatives aux services médicaux et sociaux du travail, tout chirurgien-dentiste qui pratique un service dentaire préventif pour le compte d'une collectivité n'a pas le droit d'y donner des soins curatifs. Il doit renvoyer la personne qu'il a reconnue malade au chirurgien-dentiste traitant ou, si le malade n'en a pas, lui laisser toute latitude d'en choisir un. Cette prescription s'applique également au chirurgien-dentiste qui assure une consultation publique de dépistage. Toutefois, il peut donner ses soins lorsqu'il s'agit :

1° De patients astreints au régime de l'internat dans un établissement auprès duquel il peut être accrédité comme chirurgien-dentiste ;

2° De patients dépendant d'œuvres, d'établissements et d'institutions autorisés à cet effet, dans un intérêt public, par le ministre chargé de la santé après avis du Conseil national de l'ordre des chirurgiens-dentistes.

Art. R. 4127-251 Il est interdit au chirurgien-dentiste qui, tout en exerçant sa profession, pratique l'art dentaire à titre préventif dans une collectivité ou fait une consultation publique de dépistage d'user de cette fonction pour augmenter sa clientèle particulière.

Art. R. 4127-252 Sauf cas d'urgence, nul ne peut être à la fois chirurgien-dentiste chargé d'une mission de contrôle et chirurgien-dentiste traitant à l'égard d'un même patient.

Cette interdiction s'étend aux membres de la famille du patient vivant avec lui.

Art. R. 4127-253 Le chirurgien-dentiste exerçant un contrôle ne doit pas s'immiscer dans le traitement.

Toutefois, si au cours d'un examen il se trouve en désaccord avec son confrère ou si un élément utile à la conduite du traitement a été porté à sa connaissance, il doit le lui signaler confidentiellement.

Art. R. 4127-254 Le chirurgien-dentiste exerçant un contrôle doit faire connaître au malade soumis à son contrôle qu'il l'examine en tant que chirurgien-dentiste contrôleur.

Il doit être très circonspect dans ses propos et s'interdire toute appréciation auprès du malade.

Critique fautive. Il est interdit au chirurgien-dentiste conseil d'émettre toute appréciation sur le professionnel qu'il contrôle ; est fautif le chirurgien-dentiste conseil qui affirme à plusieurs patients d'un chirurgien-dentiste que celui-ci est interdit pour actes fictifs. • CDNOCD 9 déc. 2010, *Élisabeth N.*, n° 1841 (interdiction de 3 mois dont 2 avec sursis).

Art. R. 4127-255 Le chirurgien-dentiste chargé du contrôle est tenu au secret professionnel vis-à-vis de l'administration ou de l'organisme qui l'emploie.

Les conclusions qu'il lui fournit ne doivent être que d'ordre administratif sans indiquer les raisons d'ordre médical qui les motivent.

Les renseignements d'ordre médical contenus dans les dossiers établis par le praticien ne peuvent être *communiqués* ni aux personnes étrangères au service médical ni à une autre administration.

Art. R. 4127-256 Nul ne peut être à la fois chirurgien-dentiste expert et chirurgien-dentiste traitant d'un même patient.

Sauf accord des parties, le chirurgien-dentiste ne doit pas accepter une mission d'expertise dans laquelle sont en jeu les intérêts d'un de ses clients, d'un de ses amis, d'un de ses proches, d'un de ses associés, d'un groupement qui fait appel à ses services. Il en est de même lorsque ses propres intérêts sont en jeu.

Art. R. 4127-257 Le chirurgien-dentiste expert doit, avant d'entreprendre toute opération d'expertise, informer de sa mission la personne qu'il doit examiner.

Il doit s'abstenir, lors de l'examen, de tout commentaire.

Art. R. 4127-258 Lorsqu'il est investi de sa mission, le chirurgien-dentiste expert doit se récuser s'il estime que les questions qui lui sont posées sont étrangères à l'art dentaire, sauf à provoquer la désignation d'un sapiteur.

Dans la rédaction de son rapport, le chirurgien-dentiste expert ne doit révéler que les éléments de nature à fournir les réponses aux questions posées dans la décision qui l'a nommé.

Hors ces limites, le chirurgien-dentiste expert doit taire ce qu'il a pu apprendre à l'occasion de sa mission.

SOUS-SECTION 4 DEVOIRS DE CONFRATERNITÉ

Art. R. 4127-259 Les chirurgiens-dentistes doivent entretenir entre eux des rapports de bonne confraternité.

En cas de dissentiment d'ordre professionnel entre praticiens, les parties doivent se soumettre à une tentative de conciliation devant le président du conseil départemental de l'ordre.

1. Relations professionnelles. Sont des manquements au devoir de confraternité : les nombreuses malversations financières à l'égard des confrères d'une société d'exercice au sein de laquelle l'intéressé exerce... • CE 19 juill. 2001, *Bruno D.*, n° 341224 (interdiction de six mois dont 45 jours fermes). ♦ ... Le fait de fournir une information inexacte sur la clientèle d'un cabinet lors de sa cession à un confrère. • CDNOCD 10 févr. 2011, *Nicole L.*, n° 1861 (blâme).

2. Élections. Deux professions de foi, l'une adressée à l'ensemble des chirurgiens-dentistes parisiens et l'autre publiée dans une revue professionnelle, qui comportent des critiques soutenues à l'encontre des conseillers alors élus au conseil départemental, mais qui ne recèlent ni imputation de faits précis, ni mise en cause personnelle, et qui n'ont pas été diffusées en dehors de la profession, ne constituent pas un manquement au devoir de confraternité faute de dépasser, dans les circonstances de l'espèce, les limites de la polémique électorale. • CE 27 juin 2005, 🏛 *CDOCD Paris*, n° 260145.

3. Propos de syndicalistes. Est fautive la signature d'un article paru dans la revue de l'Union des syndicats dentaires indépendants, intitulé « Le scandale » et dénonçant « un petit groupe de profiteurs », visant nommément certains dirigeants de la Confédération nationale des syndicats dentaires, laissant entendre que ces derniers tirent un profit personnel de leurs mandats syndicaux et utilisent dans leur intérêt privé les cotisations des adhérents de leur organisation. • CE 21 mai 1990, 🏛 *Docteur X.*, n° 92670 (avertissement).

4. Plagiat. Est fautive la publication d'un ouvrage intitulé « Manuel d'odontologie médico-légale », reproduisant, avec de très légères modifications de forme, des passages de deux thèses antérieurement soutenues par des confrères, sans indiquer que ces passages sont tirés de ces thèses. • CE 29 avr. 2002, 🏛 *Ronald Z.*, n° 211514 (blâme).

5. Autres comportements. Est fautif le fait de faire irruption dans le cabinet d'un confrère président d'un syndicat concurrent et tenter de le faire revenir sur une décision qu'il avait prise au nom de ce syndicat... • CE 8 sept. 1993, 🏛 *Jean-Michel X.*, n° 75951 (avertissement). ♦ ... Ou de se faire remettre les clefs du cabinet personnel d'un confrère en son absence. • CE 8 févr. 1989, 🏛 *Frédéric X.*, n° 88772. ♦ En revanche, le fait de ne pas respecter une injonction de l'Ordre de cesser certaines modalités d'exercice ne peut, sans erreur de droit, être qualifié de manquement à la confraternité. • CE 26 oct. 1992, 🏛 *Annie X.*, n° 122536 : *Lebon T. 1275.*

6. Tentative de conciliation. Sur le caractère fautif du refus de se soumettre à une tentative de conciliation, V. • CE 23 avr. 2001, 🏛 *Gilles X.*, n° 211564 (avertissement) • CDNOCD 10 mars 2011, *Myriam L.*, n° 1819 (interdiction d'un mois).

Art. R. 4127-260 Il est interdit de s'attribuer abusivement, notamment dans une publication, le mérite d'une découverte scientifique.

Art. R. 4127-261 Les chirurgiens-dentistes se doivent toujours une assistance morale.

Il est interdit de calomnier un confrère, de médire de lui, ou de se faire l'écho de propos capables de lui nuire dans l'exercice de sa profession.

Art. R. 4127-262 *Le dét*ournement ou la tentative de détournement de clientèle est interdit.

Concurrence illicite. Constitue un détournement de clientèle le fait pour un chirurgien-dentiste de continuer d'exercer près du cabinet qu'il a cédé à un confrère, malgré une clause de non-réinstallation. • CE 8 nov. 1985, 🏛 *André-Mazellier*, n° 54437.

Art. R. 4127-263 Dans tous les cas où ils sont appelés à témoigner en matière disciplinaire, les chirurgiens-dentistes sont, dans la mesure compatible avec le respect du secret professionnel, tenus de révéler tous les faits utiles à l'instruction parvenus à leur connaissance.

Art. R. 4127-264 Le chirurgien-dentiste peut accueillir dans son cabinet, même en dehors de toute urgence, tous les patients relevant de son art quel que soit leur chirurgien-dentiste traitant.

Si le patient fait connaître son intention de changer de chirurgien-dentiste, celui-ci doit lui remettre les informations nécessaires pour assurer la continuité et la qualité des soins.

Art. R. 4127-265 Lorsqu'un patient fait appel, en l'absence de son chirurgien-dentiste traitant, à un second chirurgien-dentiste, celui-ci peut assurer les soins nécessaires pendant cette absence. Il doit donner à son confrère, dès le retour de celui-ci, et en accord avec le patient, toutes informations qu'il juge utiles.

Art. R. 4127-266 Le chirurgien-dentiste doit en principe accepter de rencontrer en consultation tout autre chirurgien-dentiste ou médecin quand cette consultation lui est demandée par le patient ou sa famille.

Lorsqu'une consultation est demandée par la famille ou le chirurgien-dentiste traitant, ce dernier peut indiquer le consultant qu'il préfère, mais il doit laisser la plus grande liberté à la famille et accepter le consultant qu'elle désire, en s'inspirant avant tout de l'intérêt de son patient.

Le chirurgien-dentiste traitant peut se retirer si on veut lui imposer un consultant qu'il refuse ; il ne doit à personne l'explication de son refus.

Art. R. 4127-267 Le chirurgien-dentiste traitant et le consultant ont le devoir d'éviter soigneusement, au cours et à la suite d'une consultation, de se nuire mutuellement dans l'esprit du patient ou de sa famille.

Le chirurgien-dentiste consultant ne doit pas, sauf à la demande expresse du patient, poursuivre les soins exigés par l'état de ce dernier lorsque ces soins sont de la compétence du chirurgien-dentiste traitant.

Art. R. 4127-268 En cas de divergence de vue importante et irréductible au cours d'une consultation, le chirurgien-dentiste traitant est en droit de décliner toute responsabilité et de refuser d'appliquer le traitement préconisé par le consultant.

Si ce traitement est accepté par le patient, le chirurgien-dentiste peut cesser ses soins.

SOUS-SECTION 5 EXERCICE DE LA PROFESSION

Art. R. 4127-269 Sous réserve de l'application des articles R. 4127-210, R. 4127-247, R. 4127-248 et R. 4127-276, tout chirurgien-dentiste doit, pour exercer à titre individuel ou en association de quelque type que ce soit, bénéficier, directement ou par l'intermédiaire d'une société d'exercice ou de moyens :

1° Du droit à la jouissance, en vertu de titres réguliers, d'un local professionnel, d'un mobilier meublant, d'un matériel technique suffisant pour recevoir et soigner les malades, et, en cas d'exécution des prothèses, d'un local distinct et d'un matériel *appropriés* ;

2° De la propriété des documents concernant tous renseignements personnels aux malades.

Dans tous les cas doivent être assurées la qualité des soins, leur confidentialité et la sécurité des patients.

L'installation des moyens techniques et l'élimination des déchets provenant de l'exercice de la profession doivent répondre aux règles en vigueur concernant l'hygiène.

(Décr. n° 2009-168 du 12 févr. 2009) « Il appartient au conseil départemental de contrôler si les conditions exigées pour l'exercice de l'activité professionnelle, par les dispositions des alinéas précédents, sont remplies. »

Légalité. Les dispositions donnant aux conseils départementaux de l'Ordre des chirurgiens-dentistes mission de vérifier à tout moment si les conditions exigées par l'art. R. 4127-269 1° sont remplies se bornent à permettre à ces conseils d'accéder aux locaux professionnels, mais ne leur confèrent aucun pouvoir de contrainte matérielle, de perquisition ou de saisie ; dès lors, il ne peut être utilement soutenu que cette disposition porterait atteinte à un principe de valeur constitutionnelle, notamment celui d'inviolabilité du domicile. • CE 16 janv. 2008, *Bessis*, n° 294629.

Art. R. 4127-270 *(Décr. n° 2009-168 du 12 févr. 2009)* **Le lieu habituel d'exercice d'un chirurgien-dentiste est celui de la résidence professionnelle au titre de laquelle il est inscrit au tableau du conseil départemental, conformément à l'article L. 4112-1.**

Un chirurgien-dentiste exerçant à titre libéral peut exercer son activité professionnelle sur un ou plusieurs sites distincts de sa résidence professionnelle habituelle :

– lorsqu'il existe dans le secteur géographique considéré une carence ou une insuffisance de l'offre de soins préjudiciable aux besoins des patients ou à la permanence des soins ;

– ou lorsque les investigations et les soins qu'il entreprend nécessitent un environnement adapté, l'utilisation d'équipements particuliers, la mise en œuvre de techniques spécifiques ou la coordination de différents intervenants.

Le chirurgien-dentiste prend toutes dispositions pour que soient assurées sur tous ces sites d'exercice la réponse aux urgences, la qualité, la sécurité et la continuité des soins.

La demande d'ouverture d'un lieu d'exercice distinct est adressée au conseil départemental dans le ressort duquel se situe l'activité envisagée par lettre recommandée avec demande d'avis de réception. Elle est accompagnée de toutes les informations utiles sur les conditions d'exercice. Si ces informations sont insuffisantes, le conseil départemental demande des précisions complémentaires.

Le conseil départemental au tableau duquel le chirurgien-dentiste est inscrit est informé de la demande lorsque celle-ci concerne un site situé dans un autre département.

L'autorisation est délivrée par le conseil départemental dans un délai de trois mois à compter de la date de réception du dossier de demande d'autorisation complet ou, sur recours, par le Conseil national, qui statue dans les mêmes conditions.

L'autorisation est personnelle et incessible. Il peut y être mis fin si la condition fixée au troisième alinéa n'est plus remplie.

Les recours contentieux contre les décisions de refus ou d'abrogation d'autorisation ne sont recevables qu'à la condition d'avoir été précédés d'un recours administratif devant le Conseil national de l'ordre.

En application de l'art. L. 231-5 CRPA, et par exception à l'art. L. 231-1 du même code, le silence gardé par l'administration pendant trois mois vaut décision d'acceptation pour une demande d'autorisation d'un chirurgien-dentiste à exercer sur un ou plusieurs sites distincts.

Les dispositions du Décr. n° 2015-1457 du 10 nov. 2015 sont applicables aux demandes présentées à compter du 12 nov. 2015 (Décr. préc., art. 1er et 3).

Extension du plateau technique. L'extension d'un plateau technique a pour objet de pratiquer certaines interventions dans un cadre adapté, et n'est pas soumise à autorisation ; tel n'est pas le cas d'un équipement avec lequel le chirurgien-dentiste effectue les mêmes interventions que dans son lieu d'exercice habituel, avec les mêmes installations, et avec une patientèle propre. • CDNOCD 20 mai 2010, *Jacques N.*, n° 1815 (interdiction de six mois dont deux semaines avec sursis). ♦ Un cabinet ouvert à Paris en plus du cabinet principal du chirurgien-dentiste dans la Moselle ne peut être qualifié d'extension du plateau technique dès lors que ce cabinet fonctionne de manière autonome et accueille une patientèle qui lui est propre. • CDNOCD 21 févr. 2012, *Philippe M.*, n° 1939 (interdiction de quatre mois dont deux avec sursis : praticien tardant à régulariser).

Art. R. 4127-271 **Toute activité professionnelle d'un praticien qui, en sus de son activité principale,** *exerce à titre complémentaire* **soit comme adjoint d'un confrère,** *soit au service* **d'une collectivité publique ou privée, notamment dans les services hospitaliers ou hospitalo-universitaires, soit comme gérant, est considérée comme un exercice annexe.**

Pour l'application du présent code de déontologie, l'exercice en cabinet secondaire est considéré comme un exercice annexe.

Art. R. 4127-272 *(Décr. n° 2009-168 du 12 févr. 2009)* « Lorsqu'il exerce à titre libéral, le chirurgien-dentiste ne peut avoir que deux exercices, quelle qu'en soit la forme. »

Toutefois, le Conseil national de l'ordre peut accorder, après avis des conseils départementaux concernés, des dérogations dans des cas exceptionnels.

Le remplacement n'est pas considéré comme un autre exercice au sens des présentes dispositions.

Les dispositions du présent article ne font pas obstacle à l'application des dispositions propres aux sociétés d'exercice *(Abrogé par Décr. n° 2009-168 du 12 févr. 2009)* « *en commun* » de la profession, et notamment de celles des articles R. 4113-24 et R. 4113-74.

1. Champ d'application. L'art. 65 [R. 4127-272], lu en combinaison avec l'art. 63 [R. 4127-270], doit être regardé comme ne s'appliquant pas aux chirurgiens-dentistes n'exerçant qu'à titre salarié. • CE 19 juin 2002, *Chiron de la Casinière*, n° 214202 : *Lebon 223 ; RDSS 2003. 28, obs. Dubouis* ♦ Ne peut donc être sanctionné le chirurgien-dentiste qui exerce sous contrats de travail à durée indéterminée conclus avec trois centres de santé. • Même arrêt.

2. Statuts différents. Sous réserve de ne pas dépasser deux exercices, aucune disposition n'interdit d'exercer à la fois à titre libéral et dans le cadre d'une SEL. * Rép. min. *n° 6162 : JOAN Q., 16 juill. 2013, p. 7432.*

Art. R. 4127-273 Il est interdit à un chirurgien-dentiste de donner en gérance ou d'accepter la gérance d'un cabinet dentaire, sauf autorisation accordée dans des cas exceptionnels par le Conseil national de l'ordre après avis du conseil départemental intéressé.

Art. R. 4127-274 L'exercice habituel de l'art dentaire hors d'une installation professionnelle fixe conforme aux dispositions définies par le présent code de déontologie est interdit.

(Décr. n° 2009-168 du 12 févr. 2009) « Toutefois, des dérogations peuvent être accordées dans l'intérêt de la santé publique par les conseils départementaux, notamment pour répondre à des actions de prévention, à des besoins d'urgence, ou encore à des besoins permanents de soins à domicile. »

Les conseils départementaux, en liaison avec les autorités compétentes, vérifient la conformité de ces interventions avec les principes généraux du présent code de déontologie.

Art. R. 4127-275 Un chirurgien-dentiste qui cesse momentanément tout exercice professionnel ne peut se faire remplacer que par un praticien inscrit au tableau de l'ordre ou un étudiant en chirurgie-dentaire remplissant les conditions prévues par l'article *(Décr. n° 2005-840 du 20 juill. 2005, art. 11)* « L. 4141-4 ».

Le président du conseil départemental doit être immédiatement informé.

Tout remplacement effectué par un praticien ou un étudiant en chirurgie dentaire doit faire l'objet d'un contrat écrit conforme à un contrat type établi par le Conseil national de l'ordre.

A l'expiration du remplacement, tous les éléments utiles à la continuité des soins doivent être transmis au titulaire.

Interdiction. Le remplacement ne peut avoir lieu durant une période d'interdiction. • CD-NOCD 17 déc. 2009, *J.J.S.*, n° 1758 (interdiction d'un mois).

Art. R. 4127-276 *(Décr. n° 2009-168 du 12 févr. 2009)* Le chirurgien-dentiste doit exercer personnellement sa profession dans son cabinet principal et, le cas échéant, sur tous les sites d'exercice autorisés en application des dispositions de l'article R. 4127-270.

Le chirurgien-dentiste qui exerce à titre individuel peut s'attacher le concours soit d'un seul étudiant dans les conditions prévues à l'article L. 4141-4, soit d'un seul chirurgien-dentiste collaborateur. La collaboration peut être salariée ou libérale dans les conditions prévues par l'article 18 de la loi n° 2005-882 du 2 août 2005 en faveur des petites et moyennes entreprises.

Les sociétés d'exercice, inscrites au tableau de l'ordre, peuvent s'attacher le concours d'un praticien ou d'un étudiant dans les mêmes conditions.

Art. R. 4127-276-1 *(Décr. n° 2009-168 du 12 févr. 2009)* Le chirurgien-dentiste ou la société d'exercice peut, sur autorisation, s'attacher le concours d'autres collaborateurs, salariés ou libéraux, ou étudiants adjoints.

Cette autorisation est donnée par le conseil départemental au tableau duquel le titulaire du cabinet ou la société est inscrit :

1° Lorsque les besoins de la santé publique l'exigent, pour une durée de trois ans ;

2° En cas d'afflux exceptionnel de population, pour une durée de trois mois ;

3° Lorsque l'état de santé du titulaire ou d'un associé exerçant le justifie, pour une durée de trois mois.

Si le titulaire du cabinet ou la société souhaite s'attacher le concours de plus de deux praticiens ou étudiants adjoints, l'autorisation est donnée par le Conseil national de l'ordre, après avis du conseil départemental, dans les conditions et pour les durées prévues précédemment.

Pour tout autre motif, l'autorisation est également donnée par le Conseil national de l'ordre, après avis du conseil départemental au tableau duquel le titulaire du cabinet ou la société est inscrit, pour une durée qu'il détermine compte tenu des situations particulières.

L'autorisation est donnée à titre personnel au titulaire du cabinet ou à la société. Elle est renouvelable.

Le silence gardé par le conseil départemental ou par le Conseil national à l'expiration d'un délai de deux mois à compter de la date de réception de la demande d'autorisation ou de renouvellement vaut autorisation implicite.

Art. R. 4127-277 Le chirurgien-dentiste ou l'étudiant en chirurgie dentaire qui a été remplaçant ou adjoint d'un chirurgien-dentiste pour une durée supérieure à trois mois consécutifs ne doit pas exercer avant l'expiration d'un délai de deux ans dans un poste où il puisse entrer en concurrence avec ce chirurgien-dentiste, sous réserve d'accord entre les parties contractantes ou, à défaut, d'autorisation du conseil départemental de l'ordre donnée en fonction des besoins de la santé publique.

Toute clause qui aurait pour objet d'imposer une telle interdiction lorsque le remplacement ou l'assistanat est inférieur à trois mois serait contraire à la déontologie.

Art. R. 4127-278 Le chirurgien-dentiste ou toute société d'exercice en commun, quelle que soit sa forme, ne doit pas s'installer dans l'immeuble où exerce un confrère sans l'agrément de celui-ci ou, à défaut, sans l'autorisation du conseil départemental de l'ordre.

Il est interdit de s'installer à titre professionnel dans un local ou immeuble quitté par un confrère pendant les deux ans qui suivent son départ, sauf accord intervenu entre les deux praticiens intéressés ou, à défaut, autorisation du conseil départemental de l'ordre.

Les décisions du conseil départemental de l'ordre ne peuvent être motivées que par les besoins de la santé publique. Le silence gardé par le conseil départemental vaut autorisation tacite à l'expiration d'un délai de deux mois à compter de la date de réception de la demande.

1. Nature non juridictionnelle de la décision de l'ordre. La décision par laquelle le Conseil national rejette le recours formé par un chirurgien-dentiste contre la décision d'un conseil départemental autorisant l'installation d'un autre chirurgien-dentiste dans le même ensemble immobilier n'a pas de caractère juridictionnel ; le moyen tiré de la méconnaissance des principes de la procédure contentieuse et, notamment, de l'art. 6 Conv. EDH, est inopérant. *• CE 10 mai 1989, Marc X., n° 64127.*

2. Notion « d'immeuble où un confrère exerce ». Lorsque le bâtiment dans lequel un chirurgien-dentiste souhaite installer son cabinet est mitoyen de celui où est déjà installé le cabinet d'une consœur, l'existence de deux accès distincts suffit à regarder les deux immeubles comme distincts, alors même qu'ils sont desservis par le même accès sur la voie publique et ont le même numéro postal. • CE 16 janv. 2008, *Mme B.*, n° 289905. ♦ Sont également distincts les immeubles portant un numéro différent (30 et 30 *bis*), desservis par des entrées différentes sur la voie publique, sans aucune possibilité de communication intérieure. • CE 25 juill. 2001, *Mislin.*, n° 180317 : *Lebon T. 1166.* ♦ Également, sur le critère de l'absence d'entrée commune, V. • CE 10 mai 1989, *Marc X.*, n° 64127 • CE 12 nov. 1997, *Max. Y.*, n° 153893 : *Lebon T. 1049.* ♦ Peu importe, dans les cas d'entrée distincte, que le conseil départemental ait pu accorder une autorisation qui ne soit pas fondée sur les besoins en santé publique. • CAA Bordeaux, 6 janv. 2015, *Mme Simon*, n° 14BX00515 : *RDSS 2015. 499, concl. de la Taille* .

3. Centre commercial. Un chirurgien-dentiste peut transférer son cabinet dans un ensemble immobilier où exercent déjà quatre confrères regroupés dans deux cabinets, dès lors que cet ensemble est une construction de neuf étages intégrée à un vaste centre commercial, que le cabinet en cause est localisé dans la partie dite « Ouest » accessible depuis la galerie d'entrée du centre commercial, tandis que les cabinets dentaires déjà existants sont desservis par un ascenseur dit « Est », avec une signalétique propre ; en outre, ces deux parties de l'ensemble immobilier disposent d'une adresse postale distincte. • CE 29 juin 2009, *Samir*, n° 316365.

4. Besoins de la santé publique. Les dispositions de l'art. 71 [R. 4127-278] visent à prévenir une atteinte aux intérêts professionnels d'un chirurgien-dentiste antérieurement installé. Elles n'ont pas pour objet et ne sauraient avoir légalement pour effet de lui conférer le pouvoir de s'opposer à l'installation d'un confrère pour des motifs étrangers à la défense desdits intérêts. • CE 29 mai 2002, *Philippart et Lesage*, n° 230113 : *Lebon 190*. ♦ Dans l'appréciation de la demande d'autorisation, les autorités ordinales ne doivent pas se borner à examiner si un chirurgien-dentiste exerce déjà dans l'immeuble dans lequel l'installation est sollicitée, mais doivent examiner si cette demande pourrait être justifiée par les besoins de la santé publique. Est illégal le refus de l'Ordre de s'opposer à une installation, dès lors qu'il n'a pas procédé à cet examen. • CE 29 mai 1992, *Mongeot*, n° 126014 : *Lebon 218 ; D. 1993. 23* . ♦ Inversement, à la suite de la même affaire, est justifié le refus d'autorisation fondé sur le nombre de chirurgiens-dentistes pratiquant dans le secteur concerné, jugé suffisant compte tenu de l'importance de la population. • CE 11 juin 1993, *Mongeot*, n° 143134 : *D. 1995. 93* .

5. Recours. Le conseil départemental qui décide de ne pas interdire une installation au motif que l'immeuble où un chirurgien-dentiste souhaite s'installer est distinct de celui où exercent déjà des confrères n'émet pas un simple avis, mais une décision susceptible de faire l'objet du recours hiérarchique prévu par les dispositions de l'art. R. 4127-283. En conséquence, il appartenait au Conseil national, saisi d'un tel recours par les confrères du chirurgien-dentiste, de vérifier si le conseil départemental avait correctement fondé sa décision. • CE 7 nov. 2007, *Éric A. et a.*, n° 284469.

Art. R. 4127-279 Il ne peut y avoir d'exercice conjoint de la profession sans contrat écrit soumis au conseil départemental de l'ordre et qui respecte l'indépendance professionnelle de chaque chirurgien-dentiste.

Les contrats ou avenants doivent être communiqués, conformément aux articles L. 4113-9 à L. 4113-12, au conseil départemental de l'ordre, qui vérifie leur conformité avec les principes du présent code de déontologie ainsi que, s'il en existe, avec les clauses des contrats types établis par le Conseil national de l'ordre.

Toute convention ou contrat de société ou avenant ayant un objet professionnel conclu entre un ou plusieurs chirurgiens-dentistes, d'une part, et un ou plusieurs membres d'autres professions de santé, d'autre part, doit être communiqué au conseil départemental de l'ordre des chirurgiens-dentistes. Celui-ci le transmet avec son avis au Conseil national, qui examine si le contrat est compatible avec les lois en vigueur et avec le code de déontologie, notamment avec l'indépendance des chirurgiens-dentistes.

Les projets de convention, de contrat ou d'avenant établis en vue de l'application du présent article sont communiqués au conseil départemental de l'ordre, qui doit faire connaître ses observations dans le délai d'un mois.

Le chirurgien-dentiste doit signer et remettre au conseil départemental une déclaration aux termes de laquelle il affirme sur l'honneur qu'il n'a passé aucune contre-lettre relative au contrat soumis à l'examen du conseil.

Art. R. 4127-280 *(Décr. n° 2009-168 du 12 févr. 2009)* Le chirurgien-dentiste ou la société d'exercice qui cesse toute activité est tenu d'en avertir le conseil départemental. Celui-ci donne acte de sa décision et en informe le Conseil national. Le chirurgien-dentiste ou la société est retiré du tableau sauf demande expresse d'y être maintenu.

Le chirurgien-dentiste ou la société d'exercice qui modifie ses conditions d'exercice est tenu d'en avertir le conseil départemental. Celui-ci prend acte de ces modifications et en informe le Conseil national.

Art. R. 4127-281 En cas de décès, à la demande des héritiers, le Conseil national de l'ordre peut autoriser un praticien à assurer le fonctionnement du cabinet dentaire, pour une durée qu'il détermine compte tenu des situations particulières.

Les dispositions prévues à l'article R. 4127-277 seront applicables.

En application de l'art. L. 231-5 CRPA, et par exception à l'art. L. 231-1 du même code, le silence gardé par l'administration pendant trois mois vaut décision d'acceptation pour une demande d'autorisation d'un chirurgien-dentiste à assurer le fonctionnement d'un cabinet après le décès d'un confrère.

Les dispositions du Décr. n° 2015-1457 du 10 nov. 2015 sont applicables aux demandes présentées à compter du 12 nov. 2015 (Décr. préc., art. 1er et 3).

SOUS-SECTION 6 DEVOIRS DES CHIRURGIENS-DENTISTES ENVERS LES MEMBRES DES PROFESSIONS DE SANTÉ

Art. R. 4127-282 Les chirurgiens-dentistes, dans leurs rapports professionnels avec les membres des autres professions médicales ou paramédicales, doivent respecter l'indépendance de ces derniers.

Propos dénigrants. Est fautif le praticien qui se rend à trois reprises dans les locaux du service du contrôle médical de la CPAM, et y tient, devant les patients et le personnel présent, des propos mettant en cause les compétences du médecin-conseil près ladite caisse ainsi que la tenue des installations du service. • CE 16 juin 2000, *Dominique X.*, n° 202962 (interdiction d'un mois).

SOUS-SECTION 7 DISPOSITIONS DIVERSES

Art. R. 4127-283 Toute décision prise par l'ordre des chirurgiens-dentistes en application du présent code de déontologie doit être motivée.

Les décisions prises par les conseils départementaux peuvent être réformées ou annulées par le Conseil national soit d'office, soit à la demande des intéressés. Cette demande doit être présentée devant le Conseil national dans le délai de deux mois à compter de la date de notification de la décision. Cette notification doit reproduire les termes du présent article.

Nature du recours. Lorsqu'il est saisi d'un recours hiérarchique prévu par l'art. R. 4127-283, le Conseil national ne statue ni comme juridiction, ni comme tribunal au sens des stipulations de l'art. 6 Conv. EDH. • CE 9 juin 2011, *CDOCD Meurthe-et-Moselle*, n° 335600 : *Lebon T. 1126.*

Art. R. 4127-284 Tout chirurgien-dentiste, lors de son inscription au tableau, doit affirmer devant le conseil départemental de l'ordre qu'il a pris connaissance du présent code de déontologie.

Il doit informer le conseil départemental de toute modification survenant dans sa situation professionnelle.

Art. R. 4127-285 *Abrogé par Décr. n° 2009-168 du 12 févr. 2009.*

SECTION III CODE DE DÉONTOLOGIE DES SAGES-FEMMES

SOUS-SECTION 1 DEVOIRS GÉNÉRAUX DES SAGES-FEMMES

Art. R. 4127-301 *(Décr. n° 2012-881 du 17 juill. 2012, art. 1er-I-1°)* Les dispositions du présent code de déontologie s'imposent aux sages-femmes inscrites au tableau de l'ordre, aux sages-femmes exécutant un acte professionnel dans les conditions prévues à l'article L. 4112-7 ainsi qu'aux étudiants sages-femmes mentionnés à l'article L. 4151-6.

Art. R. 4127-302 La sage-femme exerce sa mission dans le respect de la vie et de la personne humaine.

Il est de son devoir de prêter son concours à l'action entreprise par les autorités compétentes pour la protection de la santé.

Art. R. 4127-303 Le secret professionnel institué dans l'intérêt des patients s'impose à toute sage-femme dans les conditions établies par la loi.

Le secret couvre tout ce qui est venu à la connaissance de la sage-femme dans l'exercice de sa profession, c'est-à-dire non seulement ce qui lui a été confié, mais aussi ce qu'elle a vu, entendu ou compris.

La sage-femme doit veiller à ce que les personnes qui l'assistent dans son travail soient instruites de leurs obligations en matière de secret professionnel et s'y conforment.

(*Décr. n° 2012-881 du 17 juill. 2012, art. 1er-I-2°*) « La sage-femme doit veiller à la protection contre toute indiscrétion de ses dossiers médicaux et de tout autre document, quel qu'en soit le support, qu'elle peut détenir ou transmettre concernant ses patientes. » Lorsqu'elle se sert de ses observations médicales pour des publications scientifiques, elle doit faire en sorte que l'identification des patientes ne soit pas possible.

Art. R. 4127-304 (*Décr. n° 2012-881 du 17 juill. 2012, art. 1er-I-3°*) La sage-femme a l'obligation d'entretenir et de perfectionner ses connaissances professionnelles, dans le respect de l'obligation de développement professionnel continu prévue par les articles L. 4153-1 et L. 4153-2.

Dans le cadre de son exercice professionnel, la sage-femme a le devoir de contribuer à la formation des étudiants sages-femmes et de ses pairs.

Art. R. 4127-305 La sage-femme doit traiter avec la même conscience toute patiente et tout nouveau-né quels que soient son origine, ses mœurs et sa situation de famille, son appartenance ou sa non-appartenance à une ethnie, une nation, une race ou une religion déterminées, son handicap ou son état de santé, sa réputation ou les sentiments qu'elle peut éprouver à son égard, et quel que soit le sexe de l'enfant.

Art. R. 4127-306 La sage-femme doit respecter le droit que possède toute personne de choisir librement son praticien, sage-femme ou médecin, ainsi que l'établissement où elle souhaite recevoir des soins ou accoucher ; elle doit faciliter l'exercice de ce droit.

La volonté de la patiente doit être respectée dans toute la mesure du possible. Lorsque la patiente est hors d'état d'exprimer sa volonté, ses proches doivent être prévenus et informés, sauf urgence, impossibilité ou lorsque la sage-femme peut légitimement supposer que cette information irait à l'encontre des intérêts de la patiente ou de l'enfant.

Art. R. 4127-307 La sage-femme ne peut aliéner son indépendance professionnelle sous quelque forme que ce soit.

(*Décr. n° 2012-881 du 17 juill. 2012, art. 1er-I-4°*) « La rémunération de la sage-femme ne peut être fondée sur des normes de productivité, de rendement horaire ou sur tout autre critère qui auraient pour conséquence une limitation ou un abandon de l'indépendance professionnelle de la sage-femme ou une atteinte à la qualité des soins. »

Art. R. 4127-308 La sage-femme doit éviter dans ses écrits et par ses propos toute atteinte à l'honneur de la profession ou toute publicité intéressant un tiers, un produit ou une firme quelconque et, d'une manière générale, tout ce qui est incompatible avec la dignité individuelle et professionnelle d'une sage-femme.

Elle doit également s'abstenir de fournir, même indirectement, tous renseignements susceptibles d'être utilisés aux fins ci-dessus.

(*Décr. n° 2012-881 du 17 juill. 2012, art. 1er-I-5°*) « Lorsque la sage-femme participe à une action d'information du public de caractère éducatif et sanitaire, quel qu'en soit le moyen de diffusion, elle doit ne faire état que de données confirmées, faire preuve de prudence et avoir le souci des répercussions de ses propos auprès du public. Elle doit se garder à cette occasion de toute attitude publicitaire soit personnelle, soit en faveur des organismes où elle exerce ou auxquels elle prête son concours, soit en faveur d'une cause *qui ne soit pas* d'intérêt général. »

Une sage-femme n'a pas le droit d'utiliser un pseudonyme pour l'exercice de sa profession ; si elle s'en sert pour des activités se rattachant à sa profession, elle est tenue d'en faire la déclaration au conseil départemental de l'ordre.

Art. R. 4127-309 La sage-femme doit disposer au lieu de son exercice professionnel d'une installation convenable et de moyens techniques suffisants.

En aucun cas, la sage-femme ne doit exercer sa profession dans des conditions qui puissent compromettre la sécurité et la qualité des soins et des actes médicaux.

Art. R. 4127-310 La profession de sage-femme ne doit pas être pratiquée comme un commerce. (*Abrogé par Décr. n° 2012-881 du 17 juill. 2012, art. 1er-I-6°*) *« Tous les procédés directs ou indirects de réclame et de publicité sont interdits aux sages-femmes.*

« Sont également interdites les manifestations spectaculaires touchant à la profession de sage-femme et n'ayant pas exclusivement un but scientifique ou éducatif. »

(Décr. n° 2012-881 du 17 juill. 2012, art. 1er-I-6°) « Sont interdits les procédés directs ou indirects de publicité et, notamment, tout aménagement ou signalisation donnant aux locaux une apparence commerciale.

« Ne constitue pas une publicité au sens de cet article la diffusion directe ou indirecte, notamment sur un site internet, de données informatives et objectives, qui, soit présentent un caractère éducatif ou sanitaire, soit figurent parmi les mentions légales autorisées ou prescrites par les articles R. 4127-339 à R. 4127-341, soit sont relatives aux conditions d'accès au lieu d'exercice ou aux contacts possibles en cas d'urgence ou d'absence du professionnel. Cette diffusion d'information fait préalablement l'objet d'une communication au conseil départemental de l'ordre.

« Le Conseil national de l'ordre émet, dans ce domaine, des recommandations de bonnes pratiques et veille au respect des principes déontologiques. »

Art. R. 4127-311 Il est interdit aux sages-femmes de distribuer à des fins lucratives des remèdes, appareils ou tous autres produits présentés comme ayant un intérêt pour la santé. Il leur est interdit de délivrer des médicaments non autorisés.

Art. R. 4127-312 La sage-femme est libre dans ses prescriptions dans les limites fixées par l'article L. 4151-4. Elle doit dans ses actes et ses prescriptions observer la plus stricte économie compatible avec l'efficacité des soins et l'intérêt de sa patiente.

Art. R. 4127-313 Dans l'exercice de sa profession, la sage-femme ne doit pas, sauf circonstances exceptionnelles, effectuer des actes ou donner des soins, ni formuler des prescriptions dans les domaines qui débordent sa compétence professionnelle ou dépassent ses possibilités.

Art. R. 4127-314 La sage-femme doit s'interdire dans les investigations ou les actes qu'elle pratique comme dans les traitements qu'elle prescrit de faire courir à sa patiente ou à l'enfant un risque injustifié.

La sage-femme ne peut proposer aux patientes ou à leur entourage, comme salutaires ou efficaces, des remèdes ou des procédés insuffisamment validés sur le plan scientifique.

Art. R. 4127-315 Une sage-femme qui se trouve en présence d'une femme *(Abrogé par Décr. n° 2012-881 du 17 juill. 2012, art. 1er-I-7°) « enceinte, d'une parturiente, d'une accouchée »* ou d'un nouveau-né en danger immédiat ou qui est informée d'un tel danger doit lui porter assistance ou s'assurer que les soins nécessaires sont donnés.

Art. R. 4127-316 Lorsqu'une sage-femme discerne qu'une femme auprès de laquelle elle est appelée ou son enfant est victime de sévices, elle doit mettre en œuvre les moyens les plus adéquats pour les protéger *(Décr. n° 2012-881 du 17 juill. 2012, art. 1er-I-8°)* « en faisant preuve de prudence et de circonspection.

« S'il s'agit d'un enfant mineur ou d'une femme qui n'est pas en mesure de se protéger en raison de son âge ou de son état physique ou psychique, elle doit, sauf circonstances particulières qu'elle apprécie en conscience, alerter les autorités judiciaires, médicales ou administratives. »

Art. R. 4127-317 Une sage-femme sollicitée ou requise pour examiner une personne privée de liberté doit informer l'autorité judiciaire lorsqu'elle constate que cette personne ne reçoit pas les soins justifiés par son état ou a subi des sévices ou de mauvais traitements.

Art. R. 4127-318 *(Décr. n° 2012-881 du 17 juill. 2012, art. 1er-I-9°)* I. — Pour l'exercice des compétences qui lui sont dévolues par l'article L. 4151-1 :

1° La sage-femme est autorisée à pratiquer l'ensemble des actes cliniques et techniques nécessaires au suivi et à la surveillance des situations non pathologiques et au dépistage de pathologie, concernant :

a) Les femmes à l'occasion du suivi gynécologique de prévention et de la réalisation de consultations de contraception ;

b) Les femmes pendant la grossesse, l'accouchement et durant la période postnatale ;

c) Le fœtus ;

d) Le nouveau-né ;
2° La sage-femme est notamment autorisée à pratiquer :
a) L'échographie gynéco-obstétricale ;
b) L'anesthésie locale au cours de l'accouchement ;
c) L'épisiotomie, la réfection de l'épisiotomie non compliquée et la restauration immédiate des déchirures superficielles du périnée ;
d) La délivrance artificielle et la révision utérine ; en cas de besoin, la demande d'anesthésie auprès du médecin anesthésiste-réanimateur peut être faite par la sage-femme ;
e) La réanimation du nouveau-né dans l'attente du médecin ;
f) Le dépistage des troubles neuro-sensoriels du nouveau-né ;
g) L'insertion, le suivi et le retrait des dispositifs intra-utérins et des implants contraceptifs ;
h) La rééducation périnéo-sphinctérienne en cas de troubles consécutifs à un accouchement ;
i) Des actes d'acupuncture, sous réserve que la sage-femme possède un diplôme d'acupuncture délivré par une université de médecine et figurant sur une liste arrêtée par les ministres chargés de la santé et de l'enseignement supérieur, ou un titre de formation équivalent l'autorisant à pratiquer ces actes dans un État membre de la Communauté européenne ou partie à l'accord sur l'Espace économique européen.

II. – La sage-femme est également autorisée, au cours du travail, à effectuer la demande d'analgésie loco-régionale auprès du médecin anesthésiste-réanimateur. La première injection doit être réalisée par un médecin anesthésiste-réanimateur. La sage-femme peut, sous réserve que ce médecin puisse intervenir immédiatement, pratiquer les réinjections par la voie du dispositif mis en place par le médecin anesthésiste-réanimateur et procéder au retrait de ce dispositif.

III. – Dans le cadre des dispositions de l'article L. 4151-3, la sage-femme est autorisée à réaliser les examens cliniques et techniques prescrits par un médecin en cas de pathologie maternelle ou fœtale identifiée.

Art. R. 4127-319 Sont interdits à la sage-femme :
1° Tout acte de nature à procurer à une patiente un avantage matériel injustifié ou illicite ;
2° Toute ristourne en argent ou en nature faite à une patiente ;
3° Toute commission à quelque personne que ce soit ;
4° L'acceptation d'une commission pour un acte médical quelconque, et notamment pour un examen, la prescription de médicaments ou appareils, ou l'orientation vers un établissement de soins ;
5° Tout versement ou acceptation clandestins d'argent entre praticiens.

Art. R. 4127-320 Est interdite à la sage-femme toute facilité accordée à quiconque se livre à l'exercice illégal de la médecine ou de la profession de sage-femme.

Art. R. 4127-321 *(Décr. n° 2012-881 du 17 juill. 2012, art. 1er-I-10°)* « Tout compérage entre sages-femmes et médecins, pharmaciens, auxiliaires médicaux ou toutes autres personnes, même étrangères à la médecine, est interdit.
« On entend par compérage l'intelligence entre deux ou plusieurs personnes en vue d'avantages obtenus au détriment de la patiente ou de tiers. »
Il est interdit à une sage-femme de donner des consultations dans des locaux commerciaux, sauf dérogation accordée par le conseil départemental de l'ordre, ainsi que dans tout local où sont mis en vente des médicaments, des produits ou des appareils que cette sage-femme prescrit ou utilise et dans les dépendances desdits locaux.

Art. R. 4127-322 Toute sage-femme doit s'abstenir, même en dehors de l'exercice de sa profession, de tout acte de nature à déconsidérer celle-ci.
Une sage-femme ne peut exercer une autre activité que si un tel cumul est compatible avec la dignité professionnelle ou n'est pas interdit par la réglementation en vigueur.
Il est interdit à la sage-femme d'exercer une autre profession qui lui permette de retirer un profit de ses prescriptions ou de conseils ayant un caractère professionnel.

Art. R. 4127-323 Il est interdit à toute sage-femme qui remplit un mandat politique ou électif ou une fonction administrative d'en user à des fins professionnelles pour accroître sa clientèle.

Art. R. 4127-324 La sage-femme peut participer, sous la direction d'un médecin, au traitement de toute patiente présentant une affection gynécologique.

Conformément aux dispositions des articles L. 2212-8 et L. 2213-2, aucune sage-femme n'est tenue de concourir à une interruption volontaire de grossesse.

SOUS-SECTION 2 DEVOIRS ENVERS LES PATIENTES ET LES NOUVEAU-NÉS

Art. R. 4127-325 Dès lors qu'elle a accepté de répondre à une demande, la sage-femme s'engage à assurer personnellement avec conscience et dévouement les soins conformes aux données scientifiques du moment que requièrent la patiente et le nouveau-né.

Sauf cas de force majeure, notamment en l'absence de médecin ou pour faire face à un danger pressant, la sage-femme doit faire appel à un médecin lorsque les soins à donner débordent sa compétence professionnelle ou lorsque la famille l'exige.

Art. R. 4127-326 La sage-femme doit toujours élaborer son diagnostic avec le plus grand soin, en y consacrant le temps nécessaire, en s'aidant dans toute la mesure du possible des méthodes les plus appropriées et, s'il y a lieu, en s'entourant des concours les plus éclairés.

Art. R. 4127-327 La sage-femme doit prodiguer ses soins sans se départir d'une attitude correcte et attentive envers la patiente, respecter et faire respecter la dignité de celle-ci.

Art. R. 4127-328 Hors le cas d'urgence et sous réserve de ne pas manquer à ses devoirs d'humanité ou à ses obligations d'assistance, une sage-femme a le droit de refuser des soins pour des raisons professionnelles ou personnelles.

La sage-femme peut se dégager de sa mission, à condition de ne pas nuire de ce fait à sa patiente ou à l'enfant, de s'assurer que ceux-ci seront soignés et de fournir à cet effet les renseignements utiles.

Quelles que soient les circonstances, la continuité des soins doit être assurée.

Art. R. 4127-329 En cas de danger public, une sage-femme ne peut abandonner ses patientes et les nouveau-nés, sauf ordre formel donné par une autorité qualifiée conformément à la loi.

Art. R. 4127-330 Sous réserve des dispositions de l'article L. 1111-5, une sage-femme appelée à donner des soins à une mineure ou à une incapable majeure doit s'efforcer de prévenir les parents ou le représentant légal et d'obtenir leur consentement. En cas d'urgence, ou si ceux-ci ne peuvent être joints, elle doit donner les soins nécessaires.

Dans tous les cas, la sage-femme doit tenir compte de l'avis de la mineure et, dans toute la mesure du possible, de l'incapable.

Art. R. 4127-331 Sous réserve des dispositions de l'article L. 1111-7 et pour des raisons légitimes que la sage-femme apprécie en conscience, une patiente peut être laissée dans l'ignorance d'un diagnostic ou d'un pronostic grave la concernant.

Un pronostic fatal ne doit être révélé à la patiente qu'avec la plus grande circonspection, mais la famille doit généralement en être prévenue, à moins que la patiente n'ait préalablement interdit toute révélation sur son état de santé ou désigné les tiers auxquels cette révélation doit être faite.

Art. R. 4127-332 *(Abrogé par Décr. nº 2012-881 du 17 juill. 2012, art. 1er-II) La sage-femme qui juge que la vie de la mère ou de l'enfant est en danger imminent au cours de l'accouchement ou de ses suites doit prévenir la famille ou les tiers désignés* par la patiente *afin de lui ou de leur permettre de prendre les dispositions qu'ils jugeront opportunes.*

Art. R. 4127-333 L'exercice de la profession de sage-femme comporte normalement l'établissement par la sage-femme, conformément aux constatations qu'elle est en mesure de faire, des certificats, attestations et documents dont la production est prescrite par les textes législatifs et réglementaires.

Les prescriptions, certificats, attestations ou documents doivent être rédigés en langue française, permettre l'identification de la sage-femme et comporter sa signature manuscrite. Une traduction dans la langue de la patiente peut être remise à celle-ci.

Art. R. 4127-334 La sage-femme doit formuler ses prescriptions avec toute la clarté nécessaire. Elle doit veiller à la bonne compréhension de celles-ci par la patiente et son entourage. Elle doit s'efforcer d'obtenir la bonne exécution du traitement.

Art. R. 4127-335 Il est interdit à une sage-femme d'établir un rapport tendancieux ou de délivrer un certificat de complaisance.

Art. R. 4127-336 La sage-femme doit s'efforcer de faciliter l'obtention par sa patiente des avantages sociaux auxquels son état lui donne droit sans céder à aucune demande abusive.

Art. R. 4127-337 Toute fraude, abus de cotation, indication inexacte des honoraires perçus et des actes effectués sont interdits.

La sage-femme doit s'opposer à toute signature par un autre praticien des actes effectués par elle-même.

Art. R. 4127-338 La sage-femme ne doit pas s'immiscer dans les affaires de famille.

SOUS-SECTION 3 RÈGLES PARTICULIÈRES AUX DIFFÉRENTES FORMES D'EXERCICE

§ 1er EXERCICE LIBÉRAL

Art. R. 4127-339 *(Décr. n° 2012-881 du 17 juill. 2012, art. 1er-III-1°)* Les seules indications qu'une sage-femme est autorisée à mentionner dans un annuaire ou sur ses imprimés professionnels tels que ses feuilles d'ordonnances et notes d'honoraires sont :

1° Ses nom, prénoms et adresse professionnelle, ses numéros de téléphone et de télécopie, l'adresse de sa messagerie internet et de son site internet personnel, ses jours et heures de consultation ;

2° Le titre de formation lui permettant d'exercer sa profession ainsi que le nom de l'établissement où elle l'a obtenu ;

3° Les autres titres de formation et fonctions dans les conditions autorisées par le Conseil national de l'ordre ;

4° Ses distinctions honorifiques reconnues par la République française ;

5° Si la sage-femme exerce en association ou en société, les noms des sages-femmes associées et l'indication du type de société ;

6° Sa situation vis-à-vis des organismes d'assurance maladie ;

7° Son numéro d'identification ;

8° Les numéros de compte bancaire ;

9° S'il y a lieu, son appartenance à une association de gestion agréée.

Art. R. 4127-340 *(Décr. n° 2012-881 du 17 juill. 2012, art. 1er-III-2°)* « Les seules indications qu'une sage-femme est autorisée à faire figurer sur une plaque à son lieu d'exercice sont ses nom, prénoms, numéro de téléphone, jours et heures de consultation, situation vis-à-vis des organismes d'assurance maladie ainsi que ses titres de formation, et fonctions mentionnés aux 2° et 3° de l'article précédent.

« Lorsque la disposition des lieux l'impose, des informations complémentaires relatives à la localisation du lieu d'exercice peuvent figurer sur la plaque ; une signalisation *intermédiaire peut également* être prévue dans cette hypothèse. Celles-ci doivent être préalablement soumises pour avis au conseil départemental de l'ordre. »

Ces indications doivent être présentées avec discrétion, conformément aux usages de la profession.

(Décr. n° 2006-1268 du 17 oct. 2006, art. 5) « Lors de son installation ou d'une modification de son exercice, la sage-femme peut faire paraître dans la presse une annonce sans caractère publicitaire dont le texte et les modalités de publication doivent être préalablement communiqués au conseil départemental de l'ordre. »

Art. R. 4127-341 Les honoraires des sages-femmes doivent être déterminés en tenant compte de la réglementation en vigueur, de la nature des soins donnés et, éventuellement, des circonstances particulières. Ils doivent être fixés, après entente entre la sage-femme et sa patiente, avec tact et mesure.

(Décr. n° 2012-881 du 17 juill. 2012, art. 1er-III-3°) « Ils ne peuvent être réclamés qu'à l'occasion d'actes réellement effectués. L'avis ou le conseil dispensé à une patiente par téléphone ou par correspondance ne peut donner lieu à aucun honoraire.

« La sage-femme doit afficher de façon visible et lisible dans sa salle d'attente ou à défaut dans son lieu d'exercice les informations relatives à ses honoraires, y compris les dépassements qu'elle facture. »

Une sage-femme n'est jamais en droit de refuser des explications sur sa note d'honoraires. Aucun mode de règlement ne peut être imposé à la patiente.

Lorsque des sages-femmes collaborent entre elles ou avec des médecins à un examen ou un traitement, leurs notes d'honoraires doivent être personnelles et distinctes.

Critères du « tact et mesure ». Sont fautifs les dépassements atteignant 100 % des tarifs en vigueur en semaine et 60% les jours fériés, réclamés pour vingt-six visites à la même patiente, sans soins hors nomenclature le justifiant ; la circonstance que ces dépassements pouvaient être pris en charge par une mutuelle ne les justifiait pas non plus. • CE 30 sept. 2005, *Lecointe*, n° 269935.

Art. R. 4127-342 Une sage-femme qui remplace une de ses collègues pendant une période supérieure à trois mois ne doit pas, pendant une période de deux ans, s'installer dans un cabinet où elle puisse entrer en concurrence directe avec la sage-femme qu'elle a remplacée et, éventuellement, avec les sages-femmes exerçant en association avec celle-ci, à moins qu'il n'y ait entre les intéressées un accord, lequel doit être notifié au conseil départemental. Lorsqu'un tel accord n'a pu être obtenu, l'affaire peut être soumise au conseil départemental.

(Décr. n° 2012-881 du 17 juill. 2012, art. 1er-III-4°) « La sage-femme remplacée ne doit pas pratiquer des actes réservés à sa profession et donnant lieu à rémunération pendant la durée du remplacement. »

Art. R. 4127-343 Il est interdit à une sage-femme d'employer pour son compte dans l'exercice de sa profession une autre sage-femme ou une étudiante sage-femme. Toutefois, la sage-femme peut être assistée par une autre sage-femme dans des circonstances exceptionnelles, notamment en cas d'afflux considérable de population ; dans cette éventualité, l'autorisation fait l'objet d'une décision individuelle du conseil départemental de l'ordre. Le silence gardé par le conseil départemental vaut autorisation tacite à l'expiration d'un délai de deux mois à compter de la date de réception de la demande.

Art. R. 4127-344 Il est interdit à une sage-femme de faire gérer son cabinet par une autre sage-femme.

(Décr. n° 2012-881 du 17 juill. 2012, art. 1er-III-5°) « Toutefois, en cas de décès d'une sage-femme, le conseil départemental peut autoriser, pendant une période de trois mois, éventuellement renouvelable une fois, la tenue de son cabinet par une autre sage-femme. »

Art. R. 4127-345 *(Décr. n° 2006-1268 du 17 oct. 2006, art. 6)* Les contrats et avenants ayant pour objet l'exercice de la profession de sage-femme doivent être conclus par écrit.

Toute association ou société entre sages-femmes en vue de l'exercice de la profession doit faire l'objet d'un contrat écrit qui respecte l'indépendance de chacune d'elles.

Les contrats et avenants doivent être communiqués, conformément aux dispositions de l'article L. 4113-9, au conseil départemental de l'ordre dont elles relèvent, qui vérifie leur conformité avec les principes du présent code de déontologie ainsi que, s'il en existe, avec les clauses essentielles des contrats types établis par le Conseil national.

Le conseil départemental de l'ordre peut, s'il le juge utile, transmettre pour avis les contrats ou avenants au Conseil national.

La sage-femme doit signer et remettre au conseil départemental une déclaration aux *termes de laquelle elle affirme sur l'honneur qu*'elle n'a passé aucune contre-lettre relative au contrat ou à l'avenant soumis à l'examen du conseil.

Art. R. 4127-346 *(Décr. n° 2006-1268 du 17 oct. 2006, art. 7)* Le lieu habituel d'exercice de sa profession par une sage-femme est celui de la résidence professionnelle au titre de laquelle elle est inscrite sur le tableau du conseil départemental de l'ordre, conformément à l'article L. 4112-1.

Dans l'intérêt des patientes et des nouveau-nés, une sage-femme peut toutefois exercer son activité professionnelle sur un ou plusieurs sites distincts de sa résidence professionnelle habituelle :

— lorsqu'il existe, dans le secteur géographique considéré, une carence ou une insuffisance de l'offre de soins préjudiciable aux besoins des patientes et des nouveau-nés ;

— ou lorsque les investigations et les soins qu'elle entreprend nécessitent un environnement adapté, l'utilisation d'équipements particuliers, la mise en œuvre de techniques spécifiques ou la coordination de différents intervenants.

La sage-femme doit prendre toutes dispositions et en justifier pour que soient assurées, sur tous ces sites d'exercice, la qualité, la sécurité et la continuité des soins.

La demande d'ouverture d'un lieu d'exercice distinct est adressée au conseil départemental dans le ressort duquel se situe l'activité envisagée. Elle doit être accompagnée de toutes les informations utiles sur les conditions d'exercice. Si ces informations sont insuffisantes, le conseil départemental doit demander des précisions complémentaires.

Le conseil départemental au tableau duquel la sage-femme est inscrite est informé de la demande d'ouverture lorsque celle-ci concerne un site situé dans un autre département.

Le silence gardé par le conseil départemental sollicité vaut autorisation implicite à l'expiration d'un délai de trois mois à compter de la date de réception de la demande ou de la réponse au complément d'information demandé.

L'autorisation est personnelle et incessible. Il peut y être mis fin si les conditions fixées aux alinéas précédents ne sont plus réunies.

Les sages-femmes titulaires, à la date de la publication du Décr. nº 2006-1268 du 17 oct. 2006, d'une autorisation délivrée en application de l'art. R. 4127-346, dans sa rédaction applicable à cette date, continuent d'en bénéficier, selon les conditions définies par cette autorisation, jusqu'à l'expiration de sa durée de validité (Décr. préc., art. 13, JO 18 oct.).

Art. R. 4127-347 *(Décr. nº 2006-1268 du 17 oct. 2006, art. 8)* Une sage-femme ne doit pas s'installer dans un immeuble où exerce une autre sage-femme sans l'accord de celle-ci ou, à défaut, sans l'autorisation du conseil départemental de l'ordre. Cette autorisation ne peut être refusée que pour des motifs tirés d'un risque de confusion pour le public.

Le silence gardé par le conseil départemental vaut autorisation tacite à l'expiration d'un délai de deux mois à compter de la réception de la demande.

Art. R. 4127-347-1 *(Décr. nº 2012-881 du 17 juill. 2012, art. 1er-III-6º)* Dans les cabinets regroupant plusieurs praticiens exerçant en commun, quel qu'en soit le statut juridique, l'exercice de la profession de sage-femme doit rester personnel. Chaque praticien garde son indépendance professionnelle. Le libre choix de la sage-femme par la patiente doit être respecté.

La sage-femme peut utiliser des documents à en-tête commun de l'association ou de la société d'exercice dont elle est membre. La signataire doit être identifiable et son adresse mentionnée.

Dans les associations de sages-femmes et les cabinets de groupe, toute pratique de compérage ou tout versement, acceptation ou partage de sommes d'argent entre praticiens est interdit, sous réserve des dispositions particulières relatives à l'exercice en société.

§ 2 EXERCICE SALARIÉ

Art. R. 4127-348 Le fait pour une sage-femme d'être liée dans son exercice professionnel par un contrat ou un statut à une administration, une collectivité ou tout autre organisme public ou privé n'enlève rien à ses devoirs professionnels, et en particulier à ses obligations concernant l'indépendance de ses décisions et le respect du secret professionnel.

En aucune circonstance la sage-femme ne peut accepter de la part de son employeur de limitation à son indépendance professionnelle. Quel que soit le lieu où elle exerce, elle doit toujours agir en priorité dans l'intérêt de la santé et de la sécurité de ses patients et des nouveau-nés.

Art. R. 4127-349 L'exercice de la profession de sage-femme sous quelque forme que ce soit au sein d'une entreprise, d'une collectivité ou d'une institution ressortissant du droit privé doit, dans tous les cas, faire l'objet d'un contrat écrit.

Tout projet de contrat peut être communiqué au conseil départemental qui doit faire connaître ses observations dans le délai d'un mois.

Tout contrat, renouvellement de contrat ou avenant avec un des organismes prévus au premier alinéa doit être communiqué au conseil départemental intéressé. Celui-ci vérifie sa conformité avec les prescriptions du présent code de déontologie ainsi que, s'il en existe, avec les clauses des contrats types établis soit par un accord entre le Conseil national et les collectivités ou institutions intéressées, soit conformément aux dispositions législatives ou réglementaires.

La sage-femme doit signer et remettre au conseil départemental une déclaration aux termes de laquelle elle affirme sur l'honneur qu'elle n'a passé aucune contre-lettre relative au contrat, à son renouvellement, ou à un avenant soumis à l'examen du conseil.

Art. R. 4127-350 Toute sage-femme liée à son employeur par convention ou contrat ne doit en aucun cas profiter de ses fonctions pour augmenter sa clientèle personnelle.

§ 3 EXERCICE DE LA PROFESSION EN QUALITÉ D'EXPERT

Art. R. 4127-351 La sage-femme expert doit, avant d'entreprendre toute opération d'expertise, informer de sa mission la patiente qu'elle doit examiner.

Art. R. 4127-352 Nul ne peut être à la fois sage-femme expert et sage-femme traitante pour une même patiente.

En cas d'expertise judiciaire ou dans les autres cas, sauf accord des parties, une sage-femme ne doit pas accepter une mission d'expertise dans laquelle sont en jeu les intérêts d'une de ses patientes, d'un de ses amis, d'un de ses proches ou d'un groupement qui fait appel à ses services. Il en est de même lorsque ses propres intérêts sont en jeu.

Art. R. 4127-353 Lorsqu'elle est investie de sa mission, la sage-femme doit se récuser si elle estime que les questions qui lui sont posées sont étrangères à l'exercice de la profession de sage-femme.

Dans la rédaction de son rapport, la sage-femme expert ne doit révéler que les éléments de nature à fournir la réponse aux questions posées dans la décision qui l'a nommée.

Hors de ces limites, la sage-femme expert doit taire ce qu'elle a pu apprendre à l'occasion de sa mission.

SOUS-SECTION 4 DEVOIRS DE CONFRATERNITÉ

Art. R. 4127-354 Les sages-femmes doivent entretenir entre elles des rapports de bonne confraternité.

Elles se doivent une assistance morale.

Une sage-femme qui a un dissentiment avec une autre sage-femme doit chercher la conciliation au besoin par l'intermédiaire du conseil départemental.

Il est interdit à une sage-femme d'en calomnier une autre, de médire d'elle ou de se faire l'écho de propos capables de lui nuire dans l'exercice de sa profession.

Il est de bonne confraternité de prendre la défense d'une sage-femme injustement attaquée.

Art. R. 4127-355 Le détournement et la tentative de détournement de clientèle sont interdits.

Il est interdit à toute sage-femme d'abaisser ses honoraires dans un but de *concurrence.*

Elle reste libre de donner ses soins gratuitement.

Art. R. 4127-356 Lorsqu'une sage-femme est appelée auprès d'une patiente suivie par une autre sage-femme, elle doit respecter les règles suivantes :

1° Si la patiente entend renoncer aux soins de la première sage-femme, elle s'assure de sa volonté expresse, lui donne les soins nécessaires ;

2° Si la patiente a simplement voulu demander un avis sans changer de sage-femme pour autant, elle lui propose une consultation en commun ; si la patiente refuse, elle lui donne son avis et, le cas échéant, lui apporte les soins d'urgence nécessaires ; en accord avec la patiente, elle en informe la sage-femme traitante ;

3° Si la patiente, en raison de l'absence de la sage-femme habituelle, a appelé une autre sage-femme, celle-ci doit assurer les examens et les soins pendant cette absence, les cesser dès le retour de la sage-femme habituelle et donner à cette dernière, en accord avec la patiente, toutes informations utiles à la poursuite des soins ;

4° Si la sage-femme a été envoyée auprès de la patiente par une autre sage-femme momentanément empêchée, elle ne peut en aucun cas considérer la patiente comme sa cliente.

Dans les cas prévus aux 2° et 3°, en cas de refus de la patiente, la sage-femme doit l'informer des conséquences que peut entraîner ce refus.

La sage-femme appelée doit s'abstenir de réflexions désobligeantes et de toute critique concernant les soins donnés précédemment.

Art. R. 4127-357 *(Décr. n° 2006-1268 du 17 oct. 2006, art. 9)* Une sage-femme ne peut se faire remplacer dans son exercice que temporairement et par une sage-femme inscrite au tableau de l'ordre ou par un étudiant sage-femme remplissant les conditions prévues par l'article L. 4151-6.

La sage-femme qui se fait remplacer doit en informer préalablement, sauf urgence, le conseil de l'ordre dont elle relève en indiquant les nom et qualité du remplaçant ainsi que les dates et la durée du remplacement.

Art. R. 4127-358 *(Décr. n° 2006-1268 du 17 oct. 2006, art. 10)* Sa mission terminée et la continuité des soins étant assurée, le remplaçant doit se retirer en abandonnant l'ensemble de ses activités provisoires.

SOUS-SECTION 5 DEVOIRS VIS-À-VIS DES MEMBRES DES AUTRES PROFESSIONS DE SANTÉ

Art. R. 4127-359 Les sages-femmes doivent entretenir de bons rapports, dans l'intérêt des patientes, avec les membres des professions de santé. Elles doivent respecter l'indépendance professionnelle de ceux-ci.

Art. R. 4127-360 *(Abrogé par Décr. n° 2012-881 du 17 juill. 2012, art. 1er-IV)* (Décr. n° 2006-1268 du 17 oct. 2006, art. 11) ***Lorsqu'un médecin a confié une parturiente à une sage-femme, celle-ci ne doit jamais, sauf en cas de force majeure, se substituer à lui de sa propre initiative au moment de l'accouchement.***

Art. R. 4127-361 Dès que les circonstances l'exigent, la sage-femme doit proposer la consultation d'un médecin.

Elle doit accepter toute consultation d'un médecin demandée par la patiente ou son entourage.

Dans l'un et l'autre cas, elle peut proposer le nom d'un médecin mais doit tenir compte des désirs de la patiente et accepter, sauf raison sérieuse, la venue du médecin qui lui est proposé.

Si la sage-femme ne croit pas devoir souscrire au choix exprimé par la patiente ou son entourage, elle peut se retirer lorsqu'elle estime que la continuité des soins est assurée.

Elle ne doit à personne l'explication de son refus.

Art. R. 4127-362 Après la consultation ou l'intervention du médecin appelé, la sage-femme reprend, en accord avec la patiente, la direction des soins sous sa propre responsabilité.

SOUS-SECTION 6 DISPOSITIONS DIVERSES

Art. R. 4127-363 Dans le cas où les sages-femmes sont interrogées au cours d'une procédure disciplinaire, elles sont tenues de révéler tous les faits utiles à l'instruction parvenus à leur connaissance dans la mesure compatible avec le respect du secret professionnel.

Toute déclaration volontairement inexacte faite au conseil de l'ordre par une sage-femme peut donner lieu à des poursuites disciplinaires.

Art. R. 4127-364 Toute sage-femme inscrite à un tableau de l'ordre qui exerce des activités de sage-femme dans un autre État membre de la Communauté européenne est tenue d'en faire la déclaration au conseil départemental au tableau duquel elle est inscrite.

Art. R. 4127-365 Toute sage-femme, lors de son inscription au tableau, doit affirmer devant le conseil départemental de l'ordre qu'elle a eu connaissance du présent code de déontologie et s'engager sous serment et par écrit à le respecter.

Art. R. 4127-366 Toute sage-femme, qui cesse d'exercer est tenue d'en avertir le conseil départemental. Celui-ci donne acte de sa décision et en informe le Conseil national.

Art. R. 4127-367 Toutes les décisions prises par l'ordre des sages-femmes en application du présent code de déontologie doivent être motivées.

(Décr. n° 2012-881 du 17 juill. 2012, art. 1er-V) « Sauf dispositions contraires, » les décisions prises par les conseils départementaux peuvent faire l'objet d'un recours hiérarchique devant le Conseil national.

(Décr. n° 2006-1268 du 17 oct. 2006, art. 12) « Ce recours hiérarchique doit être exercé avant tout recours contentieux. »

TITRE TROISIÈME PROFESSION DE MÉDECIN

CHAPITRE PREMIER CONDITIONS D'EXERCICE

SECTION PREMIÈRE EXERCICE DE LA PROFESSION PAR LES INTERNES, Y COMPRIS LORSQU'ILS SONT MIS EN DISPONIBILITÉ *(Décr. n° 2014-1075 du 22 sept. 2014, art. 1er-1°).*

Art. D. 4131-1 Pour pouvoir être autorisés à exercer la médecine dans les conditions prévues à l'article L. 4131-2, *(Décr. n° 2014-1075 du 22 sept. 2014, art. 1er-2°)* « les internes en médecine, y compris lorsqu'ils sont mis en disponibilité au titre de l'article R. 6153-26, » doivent remplir les conditions de niveau d'études fixées à l'annexe 41-1.

En application de l'art. L. 231-4 CRPA, le silence gardé par l'administration pendant deux mois vaut décision de rejet pour une demande d'autorisation d'un étudiant à remplacer un médecin (Décr. n° 2015-1457 du 10 nov. 2015).

Sur l'exercice de la médecine par des étudiants en médecine, V. annexe 41-1.

Art. D. 4131-2 *(Décr. n° 2012-979 du 21 août 2012, art. 1er-I-2°)* L'autorisation est délivrée par le conseil départemental de l'ordre dont relève le médecin que *(Décr. n° 2014-1075 du 22 sept. 2014, art. 1er-3°-a)* « l'interne, y compris lorsqu'il est mis en disponibilité, » remplace ou dont il est l'adjoint, pour une durée maximale de trois mois. Elle est renouvelable dans les mêmes conditions et pour la même durée maximale.

Aucune autorisation ou aucun renouvellement d'autorisation ne peut être délivré au-delà de la troisième année à compter de l'expiration de la durée normale de la formation prévue pour obtenir le diplôme de troisième cycle de médecine préparé par l'étudiant.

Par dérogation à l'alinéa précédent, l'autorisation peut être délivrée à l'étudiant qui justifie, par une attestation du directeur de l'unité de formation et de recherche, du report de la date de soutenance de thèse initialement prévue, ou au médecin qui a demandé son inscription au tableau de l'ordre dans le mois qui suit l'obtention du diplôme de docteur en médecine, jusqu'à ce qu'il soit statué sur ladite demande d'inscription.

(Décr. n° 2014-1075 du 22 sept. 2014, art. 1er-3°-b) « L'autorisation et, le cas échéant, son renouvellement ne peuvent être délivrés qu'au cours de la première année de disponibilité pour les internes mis en disponibilité dans les cas suivants :

« 1° Accident ou maladie grave du conjoint, d'une personne avec laquelle il est lié par un pacte civil de solidarité, d'un enfant ou d'un ascendant ;

« 2° Convenances personnelles. »

V. notes ss. art. D. 4131-1.

Art. D. 4131-3 *(Décr. n° 2012-979 du 21 août 2012, art. 1er-I-2°)* **Le conseil départemental de l'ordre ne peut délivrer l'autorisation que si** *(Décr. n° 2014-1075 du 22 sept. 2014, art. 1er-4°)* **« l'interne concerné, y compris lorsqu'il est mis en disponibilité** *[,]* **» a atteint le niveau d'études fixé à l'annexe 41-1** *[V. cette annexe reproduite sur les portails et applications mobiles Dalloz]*, **offre les garanties nécessaires de moralité et ne présente pas d'infirmité ou d'état pathologique incompatibles avec l'exercice de la profession. Le conseil départemental peut demander consultation du bulletin n° 2 du casier judiciaire de l'intéressé. L'existence d'une infirmité ou d'un état pathologique est constatée, le cas échéant, dans les conditions fixées à l'article R. 4124-3.**

Le refus d'autorisation du conseil départemental de l'ordre est motivé. – *[Anc. art. R. 4131-3].*

V. notes ss. art. D. 4131-1.

Art. D. 4131-3-1 *(Décr. n° 2012-979 du 21 août 2012, art. 1er-I-2°)* **Le conseil départemental de l'ordre notifie sans délai la décision d'autorisation ou de refus d'autorisation d'exercice au médecin remplacé ou secondé, qui en informe** *(Décr. n° 2014-1075 du 22 sept. 2014, art. 1er-5°-a)* **« l'interne intéressé, y compris lorsqu'il est mis en disponibilité ».**

Cette notification peut être faite par lettre recommandée avec avis de réception ou remise contre récépissé.

Le conseil départemental de l'ordre informe sans délai le directeur général de l'agence régionale de santé de l'autorisation donnée en précisant l'identité de *(Décr. n° 2014-1075 du 22 sept. 2014, art. 1er-5°-b)* **« l'interne, y compris lorsqu'il est mis en disponibilité** *[,]* **» et du médecin concerné ainsi que la date de délivrance de l'autorisation et sa durée.**

V. notes ss. art. D. 4131-1.

Art. D. 4131-3-2 *(Décr. n° 2014-1075 du 22 sept. 2014, art. 1er-6°)* **Les internes peuvent déposer une demande d'inscription au tableau de l'ordre auprès du conseil départemental compétent, dans les quatre mois qui précèdent la date d'obtention du diplôme de docteur en médecine. Le conseil départemental peut instruire cette demande bien que le dossier soit incomplet.**

V. notes ss. art. D. 4131-1.

SECTION II *[ABROGÉE]* STAGES AUPRÈS DE MÉDECINS GÉNÉRALISTES

(Abrogée par Décr. n° 2011-954 du 10 août 2011, art. 2-V)

Art. D. 4131-4 à D. 4131-9 *Abrogés par Décr. n° 2011-954 du 10 août 2011, art. 2-V.*

SECTION III SOCIÉTÉS COOPÉRATIVES

Art. R. 4131-10 **Sous réserve d'observer les règles du code de déontologie médicale, il peut être constitué soit entre médecins spécialistes, soit entre médecins généralistes, régulièrement inscrits au tableau de l'ordre des médecins, des sociétés civiles coopératives, régies par les articles 1832 et suivants du code civil, la loi n° 47-1775 du 10 septembre 1947 portant statut de la coopération et la présente section.**

Lorsqu'il est stipulé dans les statuts que le capital social est variable, ces sociétés sont en outre soumises aux dispositions des articles L. 231-1 à L. 231-8 du code de commerce.

Art. R. 4131-11 **Les statuts des coopératives de médecins sont établis soit par acte authentique, soit par acte sous seing privé, signé de tous les associés fondateurs.**

Dans le délai d'un mois à compter de la constitution de la coopérative, une expédition des statuts établis par acte authentique ou un original des statuts établis par acte sous seing privé est déposé au greffe du tribunal d'instance du lieu du siège social. Il est donné récépissé de ce dépôt.

Les modifications apportées aux statuts font également l'objet du dépôt prévu à l'alinéa précédent dans le délai d'un mois à compter de leur date.

Art. R. 4131-12 Les coopératives de médecins ont pour objet exclusif de faciliter l'exercice de la profession de leurs membres par la mise en commun de tous moyens utiles à cet exercice.

Chaque associé se présente à la clientèle sous son nom personnel. Il exerce son art en toute indépendance et sous sa responsabilité et perçoit ses honoraires conformément aux dispositions du code de déontologie.

Art. R. 4131-13 La dénomination de la coopérative ne doit comporter aucun nom de ville, quartier, rue, ni généralement aucun nom propre de caractère géographique.

Elle est suivie obligatoirement des mots : "société civile coopérative de médecins", complétés, le cas échéant, par les mots : "à capital variable".

Art. R. 4131-14 Les parts sociales sont nominatives et indivisibles à l'égard de la société.

Il est tenu au siège social un registre coté et paraphé par le juge du tribunal d'instance, sur lequel sont inscrits, par ordre chronologique, les adhésions des associés et le nombre de parts souscrites par chacun d'eux.

Art. R. 4131-15 Les parts sociales sont librement cessibles entre associés. Elles ne peuvent être cédées à des tiers qu'avec le consentement de tous les associés. En cas de refus d'agrément du cessionnaire, les associés sont tenus, dans un délai de six mois, d'acquérir ou de faire acquérir les parts à un prix fixé par expert, en l'absence d'accord entre les parties. A défaut, l'associé cédant peut réaliser la cession initialement prévue.

Le transfert des parts est effectué par une inscription sur le registre prévu à l'article R. 4131-14, signée du cédant et du gérant de la coopérative.

Art. R. 4131-16 La condamnation d'un associé à une peine criminelle ou sa radiation du tableau de l'ordre des médecins emporte de plein droit son exclusion de la coopérative.

Lorsque la société comprend plus de deux membres, l'exclusion d'un associé peut être prononcée par les autres associés statuant à l'unanimité si cet associé a commis une infraction grave aux statuts, au règlement intérieur de la coopérative ou s'il a été suspendu disciplinairement.

Art. R. 4131-17 L'associé qui est exclu de la coopérative dans les conditions prévues à l'article R. 4131-16 ou qui s'en retire n'a droit qu'au remboursement de son apport.

S'il y a des pertes, le remboursement n'a lieu que sous déduction de la quote-part de l'associé dans les pertes constatées par l'inventaire ayant précédé la retraite ou l'exclusion.

Art. R. 4131-18 Sauf en cas de cession des parts à un associé ou à un tiers, l'associé qui perd cette qualité reste, pendant une période de cinq ans, tenu envers les tiers des dettes et engagements de la société contractés avant sa sortie, conformément aux dispositions de l'article 1857 du code civil.

Pour l'application des dispositions prévues à l'alinéa précédent, la société peut différer le paiement des sommes dues à l'intéressé pendant la même période.

Art. R. 4131-19 Le décès d'un associé n'entraîne pas, par lui-même, la dissolution de la société.

Toutefois, les héritiers et ayants droit de l'associé décédé ne peuvent prétendre qu'à la rémunération de l'apport de leur auteur sous la forme des intérêts éventuellement stipulés dans les statuts, conformément à l'article 14 de la loi n° 47-1775 du 10 septembre 1947 portant statut de la coopération. Ils disposent d'un délai d'un an pour céder leurs parts à un associé ou à un tiers dans les conditions prévues à l'article R. 4131-15.

A défaut, à l'expiration du délai d'un an, si la société comprend seulement deux membres, elle est dissoute de plein droit ; si la société comprend plus de deux membres, les coassociés sont tenus de racheter les parts de l'associé décédé dans les conditions fixées au même article R. 4131-15.

Art. R. 4131-20 Les coopératives de médecins sont administrées par un gérant pris parmi les associés.

Le gérant est nommé par les associés statuant à l'unanimité. La durée de son mandat, qui ne peut excéder six ans, est fixée par les statuts. Le gérant est rééligible. Dans les sociétés comprenant plus de deux membres, la révocation du gérant peut être prononcée par les autres associés statuant à l'unanimité.

Art. R. 4131-21 Le gérant est responsable envers la société, envers les associés et envers les tiers soit des infractions aux dispositions de la législation en vigueur, soit des violations des statuts, soit des fautes commises dans sa gestion.

Chaque associé supporte seul la responsabilité des actes professionnels qu'il accomplit.

Art. R. 4131-22 L'assemblée des associés se réunit au moins une fois par an. Chaque associé dispose d'une voix, quelle que soit la fraction du capital souscrite par lui.

Un associé ne peut être représenté à l'assemblée que par un autre associé, mais nul ne peut disposer de plus de deux voix.

Art. R. 4131-23 L'assemblée des associés fixe chaque année, dans les conditions et selon les modalités déterminées par les statuts, le montant des redevances que chaque associé est tenu de verser à la coopérative afin de permettre à celle-ci de couvrir ses frais et charges. La redevance est calculée en fonction des services rendus par la société à chaque associé.

Art. R. 4131-24 Il est effectué annuellement, sur les excédents d'exploitation de la coopérative, un prélèvement d'un vingtième au moins, affecté à la formation d'un fonds de réserve.

Le reliquat des excédents d'exploitation est, par décision de l'assemblée des associés, mis en réserve, ou réparti entre les associés au prorata du montant des redevances qu'ils auront versées à la coopérative, ou attribué, sous forme de subvention, soit à d'autres coopératives de médecins ou unions de coopératives, soit à des œuvres d'intérêt général ou professionnel.

Les réserves ne peuvent en aucun cas être réparties entre les associés.

Art. R. 4131-25 Lors de la dissolution de la société et sous réserve des dispositions du deuxième alinéa du présent article, l'actif net subsistant après extinction du passif et remboursement du capital versé est dévolu par décision de l'assemblée des associés soit à une autre coopérative de médecins ou à une union de coopératives, soit à une œuvre d'intérêt général ou professionnel.

Toutefois, si des circonstances particulières le justifient, la répartition de l'actif net entre les associés peut être autorisée, après avis du conseil supérieur de la coopération, par arrêté des ministres chargés de la santé et du travail.

Art. R. 4131-26 Les coopératives de médecins peuvent constituer entre elles des unions de coopératives prévues par l'article 5 de la loi n° 47-1775 du 10 septembre 1947 portant statut de la coopération.

Art. R. 4131-27 La caisse centrale de crédit coopératif peut effectuer toutes opérations financières en faveur des sociétés coopératives de médecins et de leurs unions, notamment :

1° Mettre à leur disposition les fonds qui lui seraient spécialement attribués à leur bénéfice ou qu'elle pourrait se procurer au moyen d'emprunts ou par le réescompte d'effets souscrits ;

2° Se porter caution pour garantir leurs emprunts ;

3° Recevoir et gérer leurs dépôts de fonds.

Un arrêté des ministres chargés de l'économie et des finances, de la santé et du travail détermine les modalités selon lesquelles les sociétés coopératives de médecins peuvent bénéficier de ce concours financier. Ce concours ne peut en tout état de cause être accordé si la coopérative assume l'hospitalisation des patients.

Art. R. 4131-28 Pour l'application des dispositions de l'article 23 de loi n° 47-1775 du 10 septembre 1947 portant statut de la coopération, les sociétés coopératives mentionnées à la présente section relèvent du ministre chargé de la santé.

SECTION IV AUTORISATION D'EXERCICE DES RESSORTISSANTS D'UN ÉTAT MEMBRE DE L'UNION EUROPÉENNE OU D'UN AUTRE ÉTAT PARTIE À L'ACCORD SUR L'ESPACE ÉCONOMIQUE EUROPÉEN TITULAIRES D'UN TITRE DE FORMATION DE MÉDECIN DÉLIVRÉ PAR L'UN DE CES ÉTATS *(Décr. n° 2010-334 du 26 mars 2010, art. 2).*

(Décr. n° 2009-958 du 29 juill. 2009, art. 5)

Art. R. 4131-29 Le ministre chargé de la santé statue sur la demande d'autorisation d'exercice mentionnée à l'article L. 4131-1-1 selon les mêmes modalités que celles prévues aux articles R. 4111-14 à R. 4111-20.

CHAPITRE II RÈGLES D'ORGANISATION

SECTION PREMIÈRE COMPOSITION DES CONSEILS DÉPARTEMENTAUX

Art. D. 4132-1 Le conseil départemental de l'ordre des médecins est composé de neuf membres titulaires et neuf membres suppléants si le nombre de médecins inscrits au dernier tableau publié est inférieur ou égal à cent. Il comprend douze, quinze, dix-huit ou vingt et un membres titulaires et douze, quinze, dix-huit ou vingt et un membres suppléants suivant que ce nombre est respectivement supérieur à cent, à cinq cents, à mille ou à deux mille.

Dans le département de la ville de Paris, le conseil de l'ordre compte vingt-quatre membres titulaires et vingt-quatre membres suppléants.

Nouvel art. D. 4132-1 (Décr. n° 2017-1418 du 29 sept. 2017, art. 6-1° et 17, en vigueur pour les prochains renouvellements de chacun des conseils départementaux) *Le conseil départemental de l'ordre des médecins est composé de six binômes titulaires et de six binômes suppléants si le nombre de médecins inscrits au dernier tableau publié est inférieur ou égal à cinq cents. Il comprend huit, dix, douze ou quatorze binômes titulaires, et autant de suppléants, suivant que ce nombre est respectivement supérieur à cinq cents, à deux mille, à sept mille ou à vingt mille.*

SECTION II COMPOSITION DES CONSEILS RÉGIONAUX ET INTERRÉGIONAUX ET DES CHAMBRES DISCIPLINAIRES DE PREMIÈRE INSTANCE

(Décr. n° 2006-269 du 7 mars 2006, art. 5)

Art. R. 4132-2 Le conseil régional ou interrégional de l'ordre des médecins est composé de neuf, douze ou quinze membres titulaires et d'un nombre égal de suppléants selon que le nombre de médecins inscrits aux derniers tableaux publiés des conseils départementaux constituant la région ou l'interrégion est respectivement inférieur ou égal à 10 000, compris entre 10 000 et 15 000 ou supérieur à 15 000.

Dans la région Île-de-France, le conseil régional comprend dix-neuf membres titulaires et dix-neuf membres suppléants, *(Décr. n° 2007-434 du 25 mars 2007, art. 4 ; Décr. n° 2010-199 du 26 févr. 2010, art. 2-1°)* « renouvelables en deux fractions, l'une de dix membres et l'autre de neuf membres ».

Chaque conseil départemental élit un membre titulaire et un membre suppléant le représentant au conseil régional ou interrégional. Les sièges restants sont répartis par le Conseil national de l'ordre compte tenu du nombre de médecins de la région ou de l'interrégion inscrits au tableau mentionné au premier alinéa.

Les conseillers nationaux *(Décr. n° 2007-434 du 25 mars 2007, art. 4)* « du ressort de la région ou de l'interrégion » participent avec voix consultative aux délibérations du conseil régional *(Décr. n° 2007-434 du 25 mars 2007, art. 4)* « ou interrégional », à l'exception de celles mentionnées aux troisième et quatrième alinéas de l'article L. 4124-11.

Sur les modalités d'élection et de renouvellement des conseils des professions médicales et paramédicales et de leurs chambres disciplinaires, V. Décr. n° 2010-199 du 26 févr. 2010, art. 8.

Nouvel art. D. 4132-2 *Le conseil régional ou interrégional de l'ordre des médecins est composé de* (Décr. n° 2017-1418 du 29 sept. 2017, art. 6-2°) *« six, dix, quatorze ou seize binômes de titulaires » selon que le nombre de médecins inscrits aux derniers tableaux publiés des conseils départementaux constituant la région ou l'interrégion est respectivement* (Abrogé par Décr. n° 2017-

1418 du 29 sept. 2017, art. 6-2°) *« inférieur ou égal à 10 000, compris entre 10 000 et 15 000 ou supérieur à 15 000. »*[:]

(Décr. n° 2017-1418 du 29 sept. 2017, art. 6-2°) *« 1° Inférieur ou égal à 10 000 pour les régions comprenant plus de cinq départements ou inférieur ou égal à 20 000 pour les régions comprenant cinq départements au maximum ;*

« 2° Compris entre 10 001 et 20 000 pour les régions comprenant plus de cinq départements ;

« 3° Compris entre 20 001 et 25 000 ;

« 4° Supérieur à 25 000. »

Chaque conseil départemental élit (Décr. n° 2017-1418 du 29 sept. 2017, art. 6-2°) *« un binôme de titulaires » le représentant au conseil régional ou interrégional. Les sièges restants sont répartis par le Conseil national de l'ordre compte tenu du nombre de médecins de la région ou de l'interrégion inscrits au tableau mentionné au premier alinéa.*

(Abrogé par Décr. n° 2017-1418 du 29 sept. 2017, art. 6-2°) *« Les conseillers nationaux* (Décr. n° 2007-434 du 25 mars 2007, art. 4) *« du ressort de la région ou de l'interrégion » participent avec voix consultative aux délibérations du conseil régional* (Décr. n° 2007-434 du 25 mars 2007, art. 4) *« ou interrégional », à l'exception de celles mentionnées aux troisième et quatrième alinéas de l'article L. 4124-11. »*

Le nouvel art. entre en vigueur pour les prochains renouvellements de chacun des conseils régionaux et interrégionaux (Décr. n° 2017-1418 du 29 sept. 2017, art. 17).

Art. R. 4132-3 *(Abrogé par Décr. n° 2010-199 du 26 févr. 2010, art. 2-2°) « Pour leur renouvellement par tiers, les membres de la chambre disciplinaire de première instance, mentionnés au 2° de l'article R. 4124-4, sont répartis en trois groupes comprenant respectivement :*

« 1° Pour les deux premiers groupes : un membre.

« 2° Pour le troisième groupe : deux membres. »

(Décr. n° 2007-434 du 25 mars 2007, art. 4) **« La chambre disciplinaire de première instance de l'interrégion Provence-Alpes-Côte d'Azur-Corse comporte deux sections de huit membres** *(Décr. n° 2010-199 du 26 févr. 2010, art. 2-2°)* **« titulaires et huit membres suppléants » chacune. Chaque section comprend un représentant titulaire du conseil régional de Corse et son suppléant. »**

Nouvel art. R. 4132-3 (Décr. n° 2017-1418 du 29 sept. 2017, art. 6-3° et 17, en vigueur pour les prochains renouvellements des conseils régionaux et interrégionaux) *Le conseil régional de Provence-Alpes-Côte d'Azur est le conseil organisateur des élections à la chambre disciplinaire de première instance de l'interrégion Provence-Alpes-Côte d'Azur-Corse.*

Immédiatement après le dépouillement, il est procédé à un tirage au sort afin de répartir les membres des chambres disciplinaires de première instance d'Île-de-France et de Provence-Alpes-Côte d'Azur-Corse en sections.

Art. R. 4132-4 **La chambre disciplinaire de première instance du conseil interrégional de l'ordre des médecins de La Réunion-Mayotte comprend trois membres titulaires et trois membres suppléants inscrits au tableau du conseil départemental de l'ordre de La Réunion, et un membre titulaire et un membre suppléant inscrits au tableau du conseil départemental de l'ordre de Mayotte.**

(Abrogé par Décr. n° 2010-199 du 26 févr. 2010, art. 2-3°) « Ils sont renouvelables par tiers tous les deux ans par fractions de un et de deux membres. »

La chambre disciplinaire de La Réunion-Mayotte siège au complet.

Nouvel art. R. 4132-4 (Décr. n° 2017-1418 du 29 sept. 2017, art. 6-4° et 17, en vigueur pour les prochains renouvellements des conseils régionaux et interrégionaux) *Par dérogation aux dispositions de l'article R. 4124-4, la chambre disciplinaire de première instance de La Réunion-Mayotte comprend, outre le président, trois membres titulaires et trois membres suppléants inscrits au tableau du conseil départemental de l'ordre de La Réunion, et un membre titulaire et* [ainsi qu'] *un membre suppléant inscrits au tableau du conseil départemental de l'ordre de Mayotte, élus par les membres du conseil interrégional de l'ordre des médecins de La Réunion-Mayotte.*

Ces membres sont élus pour six ans, renouvelables par moitié tous les trois ans.

La chambre siège en formation d'au moins trois membres.

CHAPITRE III DÉVELOPPEMENT PROFESSIONNEL CONTINU

(Décr. n° 2011-2116 du 30 déc. 2011)

SECTION PREMIÈRE CONTENU DE L'OBLIGATION

Art. R. 4133-1 (Abrogé par Décr. n° 2016-942 du 8 juill. 2016, art. 2-II-1°-b) *Le développement professionnel continu comporte, conformément à l'article L. 4133-1, l'analyse, par les médecins, de leurs pratiques professionnelles ainsi que l'acquisition ou l'approfondissement de connaissances ou de compétences.*

Il constitue une obligation individuelle qui s'inscrit dans une démarche permanente.

Cette obligation s'impose aux médecins inscrits au tableau de l'ordre ainsi qu'à tous les médecins mentionnés à l'article L. 4112-6.

Art. R. 4133-2 (Abrogé par Décr. n° 2016-942 du 8 juill. 2016, art. 2-II-1°-b) *Le médecin satisfait à son obligation de développement professionnel continu dès lors qu'il participe, au cours de chaque année civile, à un programme de développement professionnel continu collectif annuel ou pluriannuel.*

Ce programme doit :

1° Être conforme à une orientation nationale ou à une orientation régionale de développement professionnel continu ;

2° Comporter une des méthodes et des modalités validées par la Haute Autorité de santé après avis de la commission scientifique indépendante des médecins ; ces méthodes et modalités précisent les conditions qui permettent d'apprécier la participation effective, en tant que participant ou en tant que formateur, à un programme de développement professionnel continu ;

3° Être mis en œuvre par un organisme de développement professionnel continu enregistré.

Les médecins qui participent en 2011 et en 2012 à des actions de formation médicale continue ou d'évaluation des pratiques professionnelles ou à des actions de formation professionnelle conventionnelle sont réputés avoir satisfait à l'obligation annuelle prévue par le Décr. n° 2011-2116 du 30 déc. 2011 au titre de chacune de ces deux années. Les médecins qui souhaitent faire valoir ces actions adressent, le cas échéant, par voie électronique, leurs justificatifs de formation ou d'évaluation des pratiques professionnelles au conseil départemental de l'ordre dont ils dépendent.

Les médecins qui participent à un seul programme de développement professionnel continu en 2011 ou en 2012 satisfont à leur obligation, par dérogation à l'art. R. 4133-2, au titre de ces deux années (Décr. n° 2011-2116 du 30 déc. 2011, art. 2).

Art. R. 4133-3 (Abrogé par Décr. n° 2016-942 du 8 juill. 2016, art. 2-II-1°-b) *Les orientations nationales du développement professionnel continu sont annuelles ou pluriannuelles.*

Chaque année, le ministre arrête la liste des orientations nationales, après avis de la commission scientifique indépendante des médecins. Ces orientations nationales concourent à la mise en œuvre des actions figurant dans les conventions prévues aux articles L. 162-5, L. 162-14 et L. 162-32-1 du code de la sécurité sociale.

Le groupe composé au sein du conseil de surveillance de l'organisme gestionnaire du développement professionnel continu, mentionné au 2° du I de l'article R. 4021-15, peut élaborer des propositions d'orientations nationales qu'il transmet à la commission scientifique indépendante des médecins.

Les agences régionales de santé peuvent compléter les orientations nationales par des orientations régionales spécifiques, en cohérence avec leur projet régional de santé, après avis de la commission scientifique indépendante des médecins.

Art. R. 4133-4 (Abrogé par Décr. n° 2016-942 du 8 juill. 2016, art. 2-II-1°-b) *La liste des méthodes mentionnées au 2° de l'article R. 4133-2 est élaborée avec le concours d'un organisme composé de conseils nationaux professionnels de spécialité d'exercice, qui regroupent, pour chaque spécialité, les sociétés savantes et les organismes professionnels, selon des modalités définies par une convention conclue entre cet organisme et l'État.*

Cette liste est fixée par la Haute Autorité de santé après avis de la commission scientifique indépendante des médecins.

Art. R. 4133-5 (Abrogé par Décr. n° 2016-942 du 8 juill. 2016, art. 2-II-1°-b) *Outre les modalités prévues par l'article R. 4133-2, un médecin est également réputé avoir satisfait*

à son obligation de développement professionnel continu si, au cours de l'année civile écoulée, il a obtenu un diplôme universitaire évalué favorablement par la commission scientifique indépendante des médecins en tant que programme de développement professionnel continu.

SECTION II ORGANISATION

Art. R. 4133-6 Les conseils départementaux de l'ordre des médecins, les conseils nationaux professionnels, les commissions et les conférences médicales d'établissement, les instances représentant les autres catégories de médecins salariés ainsi que les unions régionales des professionnels de santé représentant les médecins libéraux assurent la promotion de programmes de développement professionnel continu qui peuvent être suivis par des médecins libéraux, des médecins hospitaliers et des médecins salariés. Ces programmes peuvent associer des médecins de même spécialité ou de spécialités différentes, ainsi que d'autres professionnels.

Art. R. 4133-7 (Abrogé par Décr. n° 2016-942 du 8 juill. 2016, art. 2-II-1°-b) ***Les médecins choisissent librement les organismes de développement professionnel qui mettent en œuvre les programmes auxquels ils participent. L'évaluation par la commission scientifique indépendante des médecins, dont les organismes de développement professionnel continu ont fait l'objet dans les conditions prévues à l'article R. 4021-24, est portée à la connaissance des médecins lors de leur inscription à un programme.***

SECTION III FINANCEMENT

Art. R. 4133-8 (Abrogé par Décr. n° 2016-942 du 8 juill. 2016, art. 2-II-1°-b) ***L'organisme gestionnaire du développement professionnel continu*** (Décr. n° 2014-1138 du 7 oct. 2014, art. 2) ***« concourt au financement du développement professionnel continu » des médecins libéraux et des médecins exerçant dans les centres de santé conventionnés, dans la limite des forfaits individuels mentionnés à l'article R. 4021-9.***

Art. R. 4133-9 Les centres hospitaliers universitaires consacrent au financement des actions de développement professionnel continu des médecins qu'ils emploient un pourcentage minimum de 0,50 % du montant des rémunérations de leurs médecins, au sens de l'article L. 242-1 du code de la sécurité sociale.

Les autres établissements publics de santé consacrent au financement des actions de développement professionnel continu des médecins qu'ils emploient un pourcentage minimum de 0,75 % du montant des rémunérations de leurs médecins, au sens de l'article L. 242-1 du code de la sécurité sociale.

Les actions de développement professionnel continu des médecins fonctionnaires et contractuels dont les employeurs sont l'État et les collectivités locales sont financées dans le cadre des crédits prévus par la législation relative à chacune de ces fonctions publiques.

Les actions de développement professionnel continu des médecins salariés du secteur privé sont financées dans les conditions prévues par l'article L. 6331-1 du code du travail.

Les employeurs publics et privés peuvent se libérer totalement ou partiellement de l'obligation prévue aux alinéas précédents en versant tout ou partie des sommes ainsi calculées à un organisme paritaire collecteur agréé de leur branche professionnelle ou de leur champ d'activité ou à l'organisme agréé mentionné à l'article 16 de l'ordonnance n° 2005-406 du 2 mai 2005 simplifiant le régime juridique des établissements de santé.

L'organisme gestionnaire du développement professionnel continu peut conclure des conventions avec les organismes collecteurs agréés régis par le chapitre II du titre III du livre III de la sixième partie du code du travail ou avec l'organisme agréé mentionné à l'article 16 de l'ordonnance n° 2005-406 précitée du 2 mai 2005 simplifiant le régime juridique des établissements de santé, afin de concourir au financement du développement professionnel continu des médecins.

SECTION IV CONTRÔLE

Art. R. 4133-10 (Abrogé par Décr. n° 2016-942 du 8 juill. 2016, art. 2-II-1°-b) ***L'organisme de développement professionnel continu délivre une attestation aux médecins justifiant***

de leur participation, au cours de l'année civile, à un programme de développement professionnel continu. Il transmet simultanément par voie électronique les attestations correspondantes au conseil départemental de l'ordre des médecins dont chaque médecin relève. Le modèle de l'attestation est défini par arrêté du ministre chargé de la santé.

Art. R. 4133-11 (Abrogé par Décr. n° 2016-942 du 8 juill. 2016, art. 2-II-1°-b) *Le conseil départemental de l'ordre des médecins s'assure, au moins une fois tous les cinq ans, sur la base des attestations transmises par les organismes de développement professionnel continu ou du diplôme mentionné à l'article R. 4133-5, que les médecins relevant de sa compétence ont satisfait à leur obligation annuelle de développement professionnel continu.*

Art. R. 4133-12 (Abrogé par Décr. n° 2016-942 du 8 juill. 2016, art. 2-II-1°-b) *Lorsque le médecin a participé à un programme dispensé par un organisme qui a fait l'objet, à la date de son inscription, d'une évaluation défavorable par la commission scientifique indépendante des médecins, l'obligation est réputée non satisfaite.*

Art. R. 4133-13 (Abrogé par Décr. n° 2016-942 du 8 juill. 2016, art. 2-II-1°-b) *Si l'obligation individuelle de développement professionnel continu prévue à l'article R. 4133-1 n'est pas satisfaite, le conseil départemental de l'ordre des médecins demande au médecin concerné les motifs du non-respect de cette obligation. Au vu des éléments de réponse communiqués, le conseil départemental de l'ordre des médecins apprécie la nécessité de mettre en place un plan annuel personnalisé de développement professionnel continu et notifie à l'intéressé qu'il devra suivre ce plan.*

L'absence de mise en œuvre de ce plan par le médecin est susceptible de constituer un cas d'insuffisance professionnelle au sens de l'article L. 4113-14.

SECTION V MODALITÉS D'APPLICATION AUX MÉDECINS NON INSCRITS À L'ORDRE

Art. R. 4133-14 (Abrogé par Décr. n° 2016-942 du 8 juill. 2016, art. 2-II-1°-b) *Pour l'application des dispositions du présent chapitre aux médecins du service de santé des armées, le ministre de la défense arrête conjointement avec le ministre chargé de la santé les orientations nationales de développement professionnel continu.*

Il exerce les attributions confiées au présent chapitre à l'agence régionale de santé, à l'ordre des médecins, aux commissions et conférences médicales d'établissement, aux employeurs et aux unions régionales des professionnels de santé représentant les médecins.

Art. R. 4133-15 (Abrogé par Décr. n° 2016-942 du 8 juill. 2016, art. 2-II-1°-b) *Pour l'application des dispositions du présent chapitre aux médecins mentionnés au deuxième alinéa de l'article L. 4112-6, l'employeur exerce les attributions confiées à l'ordre des médecins. Les attestations mentionnées à l'article R. 4133-10 lui sont transmises. Il s'assure du respect de l'obligation de développement professionnel continu.*

SECTION VI COMMISSION SCIENTIFIQUE INDÉPENDANTE DES MÉDECINS

(Décr. n° 2012-26 du 9 janv. 2012)

SOUS-SECTION 1 MISSIONS

Art. D. 4133-16 (Abrogé par Décr. n° 2016-942 du 8 juill. 2016, art. 2-II-1°-b) *La commission scientifique indépendante des médecins, mentionnée à l'article L. 4133-2, a pour mission de :*

1° Formuler un avis sur les orientations nationales de développement professionnel continu au ministre chargé de la santé qui les arrête après information de l'organisme gestionnaire du développement professionnel continu ;

2° Établir, en application (Décr. n° 2013-35 du 11 janv. 2013, art. 1er-1°) *« des articles R. 4021-24 et suivants », une évaluation scientifique des organismes de développement professionnel continu qui demandent leur enregistrement au titre du développement professionnel continu et assurer son actualisation périodique, conformément aux dispositions de l'article* (Décr. n° 2013-35 du 11 janv. 2013, art. 1er-1°) *« R. 4021-28 » ;*

3° Répondre aux demandes d'expertise que lui soumettent les instances de l'organisme gestionnaire du développement professionnel continu ;

4° Formuler un avis sur les orientations régionales proposées par les agences régionales de santé en matière de développement professionnel continu ;

5° Proposer les modalités d'appréciation des critères d'évaluation mentionnés à l'article R. 4021-25 et les conditions dans lesquelles les organismes de développement professionnel continu peuvent soumettre un nouveau dossier ;

6° Établir, dans le cadre de l'article R. 4133-5, la liste des diplômes d'université qui sont considérés comme équivalents à un programme de développement professionnel continu ;

7° Formuler un avis sur les méthodes et les modalités dont la liste est validée par la Haute Autorité de santé et, notamment, sur les conditions dans lesquelles la participation en tant que formateur à un programme de développement professionnel continu des médecins concourt au respect de l'obligation de développement professionnel continu du médecin formateur, conformément à l'article R. 4133-2.

Elle exerce en tant que de besoin ces missions en coordination avec les autres commissions scientifiques indépendantes compétentes et la commission scientifique du Haut Conseil des professions paramédicales.

V. 1re note ss. art. D. 4133-17.

SOUS-SECTION 2 COMPOSITION

Art. D. 4133-17 (Abrogé par Décr. n° 2016-942 du 8 juill. 2016, art. 2-II-1°-b) *La commission scientifique indépendante des médecins est composée de :*

(Décr. n° 2013-35 du 11 janv. 2013, art. 1er-2°) *« 1° Deux sections comportant respectivement :*

« a) La première, dix-sept représentants des conseils nationaux professionnels de spécialité d'exercice autres que celui de la médecine générale ;

« b) La seconde, dix-sept représentants du Conseil national professionnel de spécialité de la médecine générale ; »

2° Un représentant de la conférence des doyens désigné par la conférence ;

3° Un représentant du Conseil national de l'ordre des médecins désigné par ce conseil ;

4° Trois personnalités qualifiées, choisies en raison de leurs compétences scientifiques ou pédagogiques ;

5° Un représentant du service de santé des armées ;

(Décr. n° 2013-35 du 11 janv. 2013, art. 1er-2°) *« 6° Avec voix consultative, un représentant de la Haute Autorité de santé.*

« Les représentants des sections mentionnées au 1° sont nommés, pour la première, sur proposition de la Fédération des spécialités médicales et, pour la seconde, sur proposition du collège de la médecine générale.

« Ces propositions tiennent compte des différents modes d'exercice de la médecine.

« Un comité de coordination des spécialités médicales est créé dans les conditions mentionnées à l'article R. 4133-4.

« Au titre de chaque année civile, les sections élisent en leur sein un président. La présidence de la commission scientifique indépendante est assurée chaque année alternativement par le président de l'une des deux sections et la vice-présidence par le président de l'autre section. »

Des représentants du ministre chargé de la santé peuvent participer aux réunions de la commission avec voix consultative.

Le mandat des membres de la commission scientifique indépendante des médecins prend fin à la date de nomination des membres de cette instance dans sa composition résultant de l'entrée en vigueur du Décr. n° 2013-35 du 11 janv. 2013.

Jusqu'au 31 déc. 2013, le président de la commission scientifique indépendante des médecins est le président élu au titre de la première section mentionnée au 1° de l'art. D. 4133-17 (Décr. préc., art. 3).

Art. D. 4133-18 (Abrogé par Décr. n° 2016-942 du 8 juill. 2016, art. 2-II-1°-b) *Les membres de la commission scientifique indépendante sont nommés par arrêté du ministre chargé de la santé, pour une durée de trois ans renouvelable deux fois. La commission élit un président et un vice-président parmi ses membres.*

Pour chacun des titulaires mentionnés aux 1°, 2°, 3° et 5° de l'article (Décr. n° 2013-35 du 11 janv. 2013, art. 1er-3°) *« D. 4133-17 », un suppléant est désigné dans les mêmes conditions. Il siège aux séances de la commission en l'absence du titulaire.*

V. 1re note ss. art. D. 4133-17.

Art. D. 4133-19 (Abrogé par Décr. n° 2016-942 du 8 juill. 2016, art. 2-II-1°-b) *Les fonctions exercées par les membres de la commission scientifique indépendante des médecins sont incompatibles avec les fonctions exercées au sein des instances de l'organisme gestionnaire du développement professionnel continu ou avec celles de salarié ou d'administrateur d'un organisme de développement professionnel continu.*

SOUS-SECTION 3 FONCTIONNEMENT

Art. D. 4133-20 (Abrogé par Décr. n° 2016-942 du 8 juill. 2016, art. 2-II-1°-b) *La commission scientifique indépendante se réunit au moins trois fois par an, sur convocation de son président. Le président fixe l'ordre du jour. Figurent également à l'ordre du jour les sujets dont l'inscription est demandée par le ministre chargé de la santé ou par au moins un tiers des membres de la commission.*

(Décr. n° 2013-35 du 11 janv. 2013, art. 1er-4°) *« Chacune des sections prépare les travaux nécessaires à l'exercice des missions définies à l'article D. 4133-16 dans la ou les spécialités de sa compétence.*

« Lorsque la commission scientifique indépendante est saisie de l'évaluation scientifique d'un organisme de développement professionnel continu intervenant à la fois dans une ou plusieurs spécialités d'exercice et dans la spécialité de médecine générale, chaque section prépare cette évaluation pour son champ d'intervention. Les résultats de l'évaluation sont arrêtés par la commission scientifique indépendante.

« La commission scientifique indépendante établit son règlement intérieur, qui prévoit les modalités de participation de chaque section aux travaux de la commission. »

V. 1re note ss. art. D. 4133-17.

Art. D. 4133-21 (Abrogé par Décr. n° 2016-942 du 8 juill. 2016, art. 2-II-1°-b) *Les membres de la commission scientifique indépendante sont soumis aux obligations prévues à l'article L. 1451-1, à l'article L. 4113-6 et au premier alinéa de l'article L. 4113-13. En cas de conflit d'intérêts ou de manquement à l'obligation de confidentialité, le ministre chargé de la santé peut, après avoir mis l'intéressé à même de présenter ses observations, mettre fin à ses fonctions de membre de la commission.*

Les personnes qui prennent part aux travaux de la commission sont soumises aux mêmes obligations que ses membres.

Art. D. 4133-22 (Abrogé par Décr. n° 2016-942 du 8 juill. 2016, art. 2-II-1°-b) *Les articles 4 à 7 et 9 à 14 du décret n° 2006-672 du 8 juin 2006 relatif à la création, à la composition et au fonctionnement de commissions administratives à caractère consultatif sont applicables à la commission scientifique indépendante.*

Art. D. 4133-23 (Abrogé par Décr. n° 2016-942 du 8 juill. 2016, art. 2-II-1°-b) *La commission scientifique indépendante adopte chaque année un rapport d'activité qui est transmis à l'organisme gestionnaire du développement professionnel continu.*

Art. D. 4133-24 (Abrogé par Décr. n° 2016-942 du 8 juill. 2016, art. 2-II-1°-b) *L'organisme gestionnaire du développement professionnel continu est chargé d'assurer le secrétariat et la gestion des moyens nécessaires au fonctionnement de la commission scientifique indépendante des médecins, en application de l'article R. 4021-2.*

Art. D. 4133-25 (Abrogé par Décr. n° 2016-942 du 8 juill. 2016, art. 2-II-1°-b) *L'organisme gestionnaire du développement professionnel continu est chargé de verser des indemnités pour pertes de ressources aux membres de la commission scientifique indépendante des médecins.*

Art. D. 4133-26 (Abrogé par Décr. n° 2016-942 du 8 juill. 2016, art. 2-II-1°-b) *Les employeurs sont tenus de laisser aux médecins des établissements publics de santé, aux médecins salariés et aux médecins du service de santé des armées, membres de la commission scientifique indépendante, le temps nécessaire pour se rendre aux séances de cette instance et y participer, sous réserve des nécessités de service.*

Art. D. 4133-27 (Abrogé par Décr. n° 2016-942 du 8 juill. 2016, art. 2-II-1°-b) ***Les membres de la commission scientifique indépendante ainsi que les personnes mentionnées au dernier alinéa de l'article D. 4133-21 peuvent percevoir en rémunération des rapports qu'ils réalisent une indemnité dont le montant est fixé par arrêté du ministre chargé de la santé.***

Art. D. 4133-28 (Abrogé par Décr. n° 2016-942 du 8 juill. 2016, art. 2-II-1°-b) ***Les frais de déplacement des membres de la commission scientifique indépendante sont remboursés dans les conditions prévues par la réglementation applicable aux fonctionnaires de l'État.***

CHAPITRE IV *[ABROGÉ]* UNIONS DES MÉDECINS EXERÇANT À TITRE LIBÉRAL

(Abrogé par Décr. n° 2010-585 du 2 juin 2010, art. 4)

Art. R. 4134-1 *à* R. 4134-48 *Abrogés par Décr. n° 2010-585 du 2 juin 2010, art. 4.*

CHAPITRE V ACCRÉDITATION DE LA QUALITÉ DE LA PRATIQUE PROFESSIONNELLE

(Décr. n° 2006-909 du 21 juill. 2006, art. 1er)

Art. D. 4135-1 L'accréditation prévue par l'article L. 4135-1 est délivrée aux médecins ou aux équipes médicales d'une même spécialité exerçant en établissement de santé qui ont pendant une période d'une durée de douze mois, pour les médecins engagés pour la première fois dans l'accréditation, et de quatre ans, pour le renouvellement de l'accréditation :

1° Procédé à la déclaration prévue à l'article L. 1414-3-3 des événements considérés comme porteurs de risques médicaux concernant leur activité en établissement de santé ;

2° Mis en œuvre, le cas échéant, les recommandations individuelles résultant de l'analyse des événements porteurs de risque qu'ils ont déclarés ;

3° Mis en œuvre les référentiels de qualité des soins ou de pratiques professionnelles mentionnés au 2° de l'article L. 1414-3-3 ainsi que les recommandations générales mentionnées au 6° de l'article D. 4135-5 résultant de l'analyse des événements porteurs de risques enregistrés, des études de risques et de la veille scientifique ;

4° Satisfait aux exigences de participation aux activités du programme d'amélioration de la sécurité des pratiques de la spécialité dont ils relèvent, définies par l'organisme agréé mentionné à l'article D. 4135-5, dans le cadre défini par la Haute Autorité de santé.

(Décr. n° 2016-942 du 8 juill. 2016, art. 2-II-3°) « Conformément aux dispositions de l'article L. 4021-1, l'engagement dans une démarche d'accréditation vaut engagement dans une démarche de développement professionnel continu. »

Les modalités selon lesquelles est présentée la demande d'accréditation ainsi que la liste des pièces jointes à la demande d'accréditation sont définies par la Haute Autorité de santé.

Art. D. 4135-2 Peuvent demander à être accrédités les médecins ou équipes médicales exerçant en établissements de santé ayant une activité d'obstétrique, d'échographie obstétricale, de réanimation, de soins intensifs ou exerçant l'une des spécialités suivantes :

1° Chirurgie *générale ;*
2° Neurochirurgie ;
3° Chirurgie urologique ;
4° Chirurgie orthopédique et traumatologie ;
5° Chirurgie infantile ;
6° Chirurgie de la face et du cou ;
7° Chirurgie maxillo-faciale et stomatologie, ou chirurgie maxillo-faciale ;
8° Chirurgie plastique reconstructrice ;
9° Chirurgie thoracique et cardio-vasculaire ;
10° Chirurgie vasculaire ;
11° Chirurgie viscérale et digestive ;
12° Gynécologie-obstétrique, ou gynécologie médicale et gynécologie-obstétrique ;

13° Anesthésie-réanimation ;
14° Réanimation médicale ;
15° Stomatologie ;
16° Oto-rhino-laryngologie ;
17° Ophtalmologie ;
18° Cardiologie ;
19° Radiologie ;
20° Gastro-entérologie ;
21° Pneumologie.

Pour les spécialités mentionnées aux 15° à 21°, seuls les médecins exerçant une activité chirurgicale ou interventionnelle peuvent demander à être accrédités.

Les médecins d'une même spécialité constituant une équipe médicale peuvent conjointement présenter une demande d'accréditation. Dans ce cas, l'accréditation est délivrée à chacun des médecins composant l'équipe médicale.

Art. D. 4135-3 La déclaration des événements porteurs de risque prévue par l'article L. 1414-3-3 est destinée à :

1° Permettre aux établissements de santé, médecins et équipes médicales de prendre toute mesure utile pour prévenir la survenue d'événements indésirables liés aux soins ou en limiter les effets ;

2° Fournir à la Haute Autorité de santé les informations nécessaires à l'élaboration ou à la validation, en lien avec les professionnels et les organismes concernés, des référentiels de qualité des soins ou de pratiques professionnelles mentionnés au 2° de l'article L. 1414-3-3.

Sont considérés comme événements porteurs de risques médicaux les événements indésirables dont la nature, les modalités de déclaration et d'analyse sont précisés par le collège de la Haute Autorité de santé, à l'exclusion des événements indésirables graves mentionnés à l'article L. 1413-14.

Art. D. 4135-4 La déclaration des événements porteurs de risque est effectuée par le médecin :

1° Soit par l'intermédiaire d'une instance créée à cet effet par le règlement intérieur de l'établissement et dont les membres sont nommés par la commission médicale d'établissement, la conférence médicale ou la commission médicale. Cette instance transmet les événements porteurs de risque à l'organisme agréé désigné par le médecin ;

2° Soit directement auprès d'un organisme agréé selon des modalités définies par le collège de la Haute Autorité de santé.

La déclaration des événements considérés comme porteurs de risques est transmise à l'organisme agréé selon des modalités garantissant l'anonymat du patient. Les données relatives aux événements porteurs de risque sont transmises à la Haute Autorité de santé par les organismes agréés selon des modalités garantissant l'anonymat du patient, du médecin et de l'établissement.

Art. D. 4135-5 Dans le cadre des référentiels de qualité des soins ou de pratiques professionnelles mentionnés au 2° de l'article L. 1414-3-3, les organismes agréés par la Haute Autorité de santé ont pour mission :

1° D'instruire les demandes d'accréditation des médecins et des équipes médicales ;

2° De procéder à l'évaluation des demandes d'accréditation et transmettre à la Haute Autorité de santé leur avis sur ces demandes ;

3° De recruter et de former les experts de chacune des spécialités mentionnées à l'article D. 4135-2 ;

4° De recueillir les déclarations d'événements porteurs de risques en vue de leur exploitation après avoir procédé préalablement au traitement assurant le caractère anonyme de ces déclarations ;

5° *D'analyser les événements* porteurs de risques médicaux de ces spécialités en vue de l'élaboration des référentiels de qualité des soins, des pratiques professionnelles ou de gestion des risques ;

6° De proposer aux médecins et aux équipes médicales des recommandations individuelles et générales de gestion des risques ;

7° D'évaluer la mise en œuvre de ces recommandations par les médecins ;

8° De communiquer aux instances prévues à l'article D. 4135-4 une synthèse des informations recueillies afin de permettre aux établissements de santé d'améliorer la gestion des risques. Cette synthèse ne doit comporter aucune mention nominative ou susceptible de permettre l'identification d'une personne ;

9° De réaliser des visites sur place en accord avec le responsable de l'établissement de santé, après information de la commission médicale d'établissement, de la conférence médicale ou de la commission médicale.

Dans le cadre de la mission d'accréditation, seuls les dossiers ou documents médicaux rendus anonymes, nécessaires à l'accomplissement de cette mission, peuvent être communiqués aux médecins experts désignés par ces organismes.

Art. D. 4135-6 La liste des organismes agréés est publiée par la Haute Autorité de santé.

Le contrôle du respect des obligations mentionnées aux articles D. 4135-4, D. 4135-5 et D. 4135-7 par les organismes agréés est organisé par la Haute Autorité de santé. Le non-respect de ces obligations peut entraîner la suspension ou le retrait de l'agrément de l'organisme par la Haute Autorité de santé.

Art. D. 4135-7 Les médecins ou équipes médicales informent les commissions médicales d'établissement, les conférences médicales ou les commissions médicales de leur engagement dans la procédure d'accréditation et de la suite donnée à cette demande.

Avant l'expiration des périodes mentionnées au premier alinéa de l'article D. 4135-1 et dans un délai fixé par la Haute Autorité de santé ne pouvant excéder deux mois, l'organisme agréé choisi par le médecin adresse à la Haute Autorité de santé la demande d'accréditation ou de renouvellement de son accréditation accompagnée d'un avis motivé. En cas d'avis défavorable de l'organisme agréé, le praticien est invité à présenter ses observations.

La Haute Autorité de santé délivre un certificat d'accréditation ou de renouvellement d'accréditation aux médecins et aux membres des équipes médicales à titre individuel à l'expiration des périodes mentionnées au premier alinéa de l'article D. 4135-1. A ces dates, si aucune décision n'a été notifiée au médecin ou aux membres de l'équipe médicale, les demandes d'accréditation ou de renouvellement d'accréditation sont réputées rejetées. La Haute Autorité de santé notifie l'accréditation ou le renouvellement d'accréditation des médecins au conseil régional de la formation médicale continue mentionné à l'article D. 4133-24 dont ils relèvent ainsi qu'à la commission médicale d'établissement, à la conférence médicale ou à la commission médicale et à l'union régionale mentionnée à l'article L. 4134-1 de la circonscription géographique dans laquelle le médecin exerce, le cas échéant, son activité libérale.

La Haute Autorité de santé informe la Caisse nationale d'assurance maladie des travailleurs salariés, ainsi que la caisse primaire d'assurance maladie dans le ressort de laquelle le médecin exerce son activité, de la demande d'accréditation ou de renouvellement d'accréditation des médecins, *(Décr. nº 2006-1559 du 7 déc. 2006, art. 1er)* « en précisant l'organisme agréé concerné, » ainsi que des décisions d'accréditation, de refus ou de retrait d'accréditation des médecins.

L'accréditation est valable pour une durée de quatre ans.

En cas de manquements répétés aux obligations mentionnées à l'article D. 4135-1, le titulaire de l'accréditation peut être mis en demeure par la Haute Autorité de santé de respecter ces obligations. Si, à l'issue de la période fixée par cette mise en demeure et qui ne peut être *d'une durée inf*érieure à trois mois, il est constaté que les manquements ont persisté, la Haute Autorité de santé peut, après avoir recueilli les explications de l'intéressé, retirer l'accréditation. Le retrait de l'accréditation est notifié au conseil régional de la formation médicale continue mentionné à l'article D. 4133-24 dont il relève ainsi qu'à la commission médicale d'établissement, à la conférence médicale ou à la commission médicale et à l'union régionale mentionnée à l'article L. 4134-1 de la circonscription géographique dans laquelle le médecin exerce, le cas échéant, son activité libérale.

Lorsque, au cours de la procédure d'accréditation, sont constatés des faits ou manquements mettant en jeu la sécurité des patients, l'organisme agréé le signale au médecin concerné, qui peut formuler ses observations. L'organisme agréé propose à ce médecin les mesures correctrices à mettre en œuvre et en assure le suivi. En cas de rejet par le médecin concerné de ces mesures ou si le suivi fait apparaître la persistance des faits ou manquements de même nature, l'organisme agréé transmet immédiatement un constat circonstancié au conseil régional de l'ordre des médecins. Le conseil régional de l'ordre sollicite un avis, selon le cas, de la commission médicale d'établissement, de la commission médicale ou de la conférence médicale concernée. Faute de réponse de ces instances dans les quinze jours à compter de leur saisine, leur avis est réputé rendu.

Art. D. 4135-8 La Haute Autorité de santé établit, au vu des informations communiquées par les organismes agréés, un rapport annuel relatif à l'accréditation de la qualité de la pratique professionnelle dans les différentes spécialités. Ce rapport est rendu public.

Art. D. 4135-9 Pour l'application des dispositions du présent chapitre, les hôpitaux des armées sont regardés comme des établissements de santé. Le directeur central du service de santé des armées exerce, pour les hôpitaux des armées, les attributions confiées aux commissions médicales d'établissement par l'article D. 4135-4 et reçoit de la Haute Autorité de santé la notification de l'accréditation des praticiens des armées prévue à l'article D. 4135-7.

TITRE QUATRIÈME PROFESSION DE CHIRURGIEN-DENTISTE

CHAPITRE PREMIER CONDITIONS D'EXERCICE

SECTION PREMIÈRE EXERCICE DE LA PROFESSION PAR DES ÉTUDIANTS

Art. R. 4141-1 Les étudiants en chirurgie dentaire n'ayant pas la qualité d'interne peuvent être autorisés à exercer l'art dentaire dans les conditions prévues à l'article L. 4141-4, pendant une période qui court de la date de l'obtention du certificat de synthèse clinique et thérapeutique et de la validation de la troisième année du deuxième cycle des études odontologiques jusqu'à la fin de l'année civile qui suit la validation de la sixième année d'études.

Les étudiants ayant la qualité d'interne peuvent être autorisés à exercer l'art dentaire dans les conditions prévues à l'article L. 4141-4, jusqu'à la fin de l'année civile suivant celle au cours de laquelle ils ont obtenu l'attestation d'études approfondies en chirurgie dentaire.

Seuls les internes ayant satisfait à l'examen de fin de première année de spécialisation peuvent être autorisés à exercer l'art dentaire à titre de remplaçant ou d'adjoint d'un chirurgien-dentiste qualifié spécialiste.

Les périodes durant lesquelles les étudiants en chirurgie dentaire peuvent être autorisés à effectuer des remplacements sont prolongées :

1° D'une durée égale à celle du service national accompli par les intéressés à la suite de la validation de la sixième année d'études ou à la suite de l'obtention de l'attestation d'études approfondies en chirurgie dentaire ;

2° D'une durée d'un an par enfant né vivant mis au monde ou adopté par les intéressés à la suite de la validation de la sixième année d'études ou à la suite de l'obtention de l'attestation d'études approfondies en chirurgie dentaire.

Art. D. 4141-2 *(Décr. n° 2011-1491 du 9 nov. 2011, art. 1er)* « L'autorisation est délivrée par le conseil départemental de l'ordre des chirurgiens-dentistes du département dans lequel exerce le chirurgien-dentiste que l'étudiant remplace ou dont il est l'adjoint, qui en informe les services de l'État. »

L'autorisation de remplacement est délivrée pour une durée maximale de trois mois. Elle est renouvelable dans les mêmes conditions et pour la même durée maximale.

Le bénéfice de l'autorisation *(Abrogé par Décr. n° 2011-1491 du 9 nov. 2011, art. 1er)* *« préfectorale »* est prolongé après la soutenance de thèse jusqu'à ce qu'il soit statué sur la demande d'inscription de l'intéressé au tableau de l'ordre, si cette demande est faite dans le mois qui suit cette soutenance et sous réserve qu'aucune modification n'intervienne dans les modalités de l'exercice précédemment autorisé.

En application de l'art. L. 231-4 CRPA, le silence gardé par l'administration pendant deux mois vaut décision de rejet pour une demande d'autorisation d'un étudiant à remplacer un chirurgien-dentiste (Décr. n° 2015-1457 du 10 nov. 2015).

Art. R. 4141-3 **Le conseil départemental de l'ordre ne peut donner un avis favorable que si l'étudiant demandeur a satisfait en France à l'examen de cinquième année, offre les garanties nécessaires de moralité et ne présente pas d'infirmité ou d'état pathologique incompatibles avec l'exercice de la profession. L'existence d'infirmité ou d'état pathologique est constatée, le cas échéant, dans les conditions fixées à l'article R. 4124-3.**

Tout avis défavorable du conseil est motivé.

V. notes ss. art. D. 4141-2.

SECTION II AUTORISATION D'EXERCICE DES RESSORTISSANTS D'UN ÉTAT MEMBRE DE L'UNION EUROPÉENNE OU D'UN AUTRE ÉTAT PARTIE À L'ACCORD SUR L'ESPACE ÉCONOMIQUE EUROPÉEN TITULAIRES D'UN TITRE DE FORMATION DE CHIRURGIEN-DENTISTE DÉLIVRÉ PAR L'UN DE CES ÉTATS *(Décr. nº 2010-334 du 26 mars 2010, art. 2).*

Art. R. 4141-4 *(Décr. nº 2009-958 du 29 juill. 2009, art. 6)* **Le ministre chargé de la santé statue sur la demande d'autorisation d'exercice mentionnée à l'article L. 4141-3-1 selon les mêmes modalités que celles prévues aux articles R. 4111-14 à R. 4111-20.**

CHAPITRE II RÈGLES D'ORGANISATION

SECTION PREMIÈRE COMPOSITION DU CONSEIL NATIONAL DE L'ORDRE

Lors du prochain renouvellement partiel du Conseil national de l'ordre des chirurgiens-dentistes, il est procédé à l'élection : 1º Du binôme représentant les chirurgiens-dentistes exerçant dans la région Provence-Alpes-Côte d'Azur et Corse ; 2º De 2 binômes représentant les chirurgiens-dentistes exerçant dans la région Île-de-France ; 3º Du membre représentant les chirurgiens-dentistes exerçant à la Guadeloupe, en Guyane et à la Martinique. Les mandats des représentants sortants des chirurgiens-dentistes exerçant dans la région Nouvelle-Aquitaine et dans la région Occitanie sont prorogés de 3 ans. La composition transitoire entre les deux renouvellements est de 20 membres. Lors du 2ᵈ renouvellement partiel du Conseil national de l'ordre des chirurgiens-dentistes suivant la publication de ladite ordonnance, il est procédé à l'élection des binômes et membres représentant les chirurgiens-dentistes exerçant dans les régions et territoires restants énoncés à l'art. L. 4142-1. Afin de permettre le renouvellement ultérieur par moitié de la nouvelle instance, un tirage au sort détermine, lors de la 1ʳᵉ séance du Conseil national suivant ce 2ᵈ renouvellement, parmi les binômes et membres nouvellement élus, les 4 membres dont le mandat vient à expiration respectivement dans un délai de 3 ans (Décr. nº 2017-1418 du 29 sept. 2017, art. 13-I).

Lors des élections normalement prévues pour le prochain renouvellement partiel des conseils régionaux et interrégionaux de l'ordre des chirurgiens-dentistes, le Conseil national fait procéder au renouvellement intégral de l'ensemble des conseils régionaux et interrégionaux. Le Conseil national est le conseil organisateur de ces élections (Décr. nº 2017-1418 du 29 sept. 2017, art. 13-II).

Les 2 prochains renouvellements partiels des conseils départementaux de l'ordre des chirurgiens-dentistes s'opèrent selon les règles suivantes : 1º Pour les conseils départementaux composés de 7 membres titulaires et de 7 membres suppléants, dont le nombre de chirurgiens-dentistes inscrits au tableau est égal ou inférieur à 50, le renouvellement se fait en 2 fractions de 2 binômes de titulaires et 2 binômes de suppléants. Pour les départements où le nombre de sortants lors du 1ᵉʳ renouvellement est de 4 titulaires et 4 suppléants, la composition transitoire entre les deux renouvellements est de 7 membres titulaires et 7 membres suppléants. Pour les départements où le nombre de sortants lors du premier renouvellement est de 3 titulaires et 3 suppléants, la composition transitoire entre les 2 renouvellements est de 8 membres titulaires et 8 membres suppléants ; 2º Pour les conseils départementaux composés de 10 membres titulaires et 10 membres suppléants, le renouvellement se fait en 2 fractions de 2 binômes titulaires et de 2 binômes suppléants (Décr. nº 2017-1418 du 29 sept. 2017, art. 13-III).

Art. R. 4142-1 **Sont adjoints au Conseil national de l'ordre, avec voix consultative, un représentant du ministre chargé de l'enseignement supérieur, un représentant du ministre chargé de la santé et un représentant du ministre chargé de la sécurité sociale.**

Nouvel art. R. 4142-1 (Décr. nº 2018-79 du 9 févr. 2018, art. 1er et 11, en vigueur pour les prochains renouvellements de chacun des conseils de l'ordre) ***Sont adjoints au Conseil national de l'ordre, avec voix consultative :***

1º Un représentant du ministre chargé de l'enseignement supérieur ;

2º Un représentant du ministre chargé de la santé ;

3º Un représentant du ministre chargé de la sécurité sociale ;

4º Un représentant du ministre chargé de la défense ;

5º Un chirurgien-dentiste choisi par le Conseil national parmi les personnels enseignants et hospitaliers des centres de soins, d'enseignement et de recherche dentaires des centres hospitaliers et universitaires ;

6º Un membre de l'Académie nationale de chirurgie dentaire désigné par celle-ci.

SECTION II **COMPOSITION DES CONSEILS DÉPARTEMENTAUX**

Art. D. 4142-2 (Abrogé par Décr. nº 2017-1418 du 29 sept. 2017, art. 7 et 17, à compter des prochains renouvellements des conseils départementaux) ***Outre les membres titulaires mentionnés à l'article L. 4142-6, le conseil départemental comporte sept membres suppléants si le nombre de chirurgiens-dentistes inscrits au tableau est égal ou inférieur à cinquante et dix membres suppléants si ce nombre est supérieur à cinquante.***

Art. R. 4142-3 Pour le renouvellement par *(Décr. nº 2010-199 du 26 févr. 2010, art. 3-1º)* **« moitié » tous les** *(Décr. nº 2010-199 du 26 févr. 2010, art. 3-1º)* **« trois » ans du conseil départemental, les membres de ce conseil sont répartis en** *(Décr. nº 2010-199 du 26 févr. 2010, art. 3-1º)* **« deux » groupes comprenant, en fonction du nombre de membres à élire :**

1º Pour *(Décr. nº 2010-199 du 26 févr. 2010, art. 3-1º)* **« le premier groupe : quatre » chirurgiens-dentistes lorsque le nombre de membres à élire est de sept et** *(Décr. nº 2010-199 du 26 févr. 2010, art. 3-1º)* **« cinq » chirurgiens-dentistes lorsque le nombre de membres à élire est de dix.**

2º Pour le *(Décr. nº 2010-199 du 26 févr. 2010, art. 3-1º)* **« second » groupe : trois chirurgiens-dentistes lorsque le nombre de membres à élire est de sept,** *(Décr. nº 2010-199 du 26 févr. 2010, art. 3-1º)* **« et cinq » chirurgiens-dentistes lorsque le nombre de membres à élire est de dix.**

Nouvel art. R. 4142-3 (Décr. nº 2006-269 du 7 mars 2006, art. 6) ***Pour le renouvellement par*** (Décr. nº 2010-199 du 26 févr. 2010, art. 3-1º) ***« moitié » tous les*** (Décr. nº 2010-199 du 26 févr. 2010, art. 3-1º) ***« trois » ans du conseil départemental, les membres de ce conseil sont répartis en*** (Décr. nº 2010-199 du 26 févr. 2010, art. 3-1º) ***« deux » groupes comprenant,*** (Décr. nº 2017-1418 du 29 sept. 2017, art. 7-2º) ***« chacun deux binômes de titulaires et deux binômes de suppléants :*** [.] »

(Abrogé par Décr. nº 2017-1418 du 29 sept. 2017, art. 7-2º) ***« 1º Pour*** (Décr. nº 2010-199 du 26 févr. 2010, art. 3-1º) ***« le premier groupe : quatre » chirurgiens-dentistes lorsque le nombre de membres à élire est de sept et*** (Décr. nº 2010-199 du 26 févr. 2010, art. 3-1º) ***« cinq » chirurgiens-dentistes lorsque le nombre de membres à élire est de dix.***

« 2º Pour le (Décr. nº 2010-199 du 26 févr. 2010, art. 3-1º) ***« second » groupe : trois chirurgiens-dentistes lorsque le nombre de membres à élire est de sept,*** (Décr. nº 2010-199 du 26 févr. 2010, art. 3-1º) ***« et cinq » chirurgiens-dentistes lorsque le nombre de membres à élire est de dix. »***

Le nouvel art. entre en vigueur pour les prochains renouvellements de chacun des conseils départementaux (Décr. nº 2017-1418 du 29 sept. 2017, art. 17).

SECTION III **COMPOSITION ET FONCTIONNEMENT DES CONSEILS RÉGIONAUX ET INTERRÉGIONAUX ET DES CHAMBRES DISCIPLINAIRES DE PREMIÈRE INSTANCE** *(Décr. nº 2006-269 du 7 mars 2006, art. 6).*

Art. R. 4142-4 La part de cotisation prévue pour le fonctionnement des conseils régionaux *est versée par les conseils* **départementaux au Conseil national de l'ordre,** *lequel* **constitue un fonds commun, géré par lui, et assure la répartition des sommes perçues entre les conseils régionaux de l'ordre proportionnellement à l'importance des affaires présentées devant ces conseils.**

Art. R. 4142-5 *(Décr. nº 2006-269 du 7 mars 2006, art. 6)* **Le conseil régional ou interrégional de l'ordre des chirurgiens-dentistes est composé de neuf membres titu-**

laires et d'un nombre égal de suppléants *(Décr. n° 2010-199 du 26 févr. 2010, art. 3-2°)* **« , renouvelable en une fraction de quatre membres et une fraction de cinq membres ».**

Dans la région Île-de-France, le conseil régional comprend treize membres titulaires et treize membres suppléants, renouvelables *(Décr. n° 2010-199 du 26 févr. 2010, art. 3-2°)* **« en une fraction de six membres et une fraction de sept membres ».**

Chaque conseil départemental est représenté par au moins un membre titulaire et un membre suppléant. Les sièges restants sont répartis par le Conseil national compte tenu du nombre de chirurgiens-dentistes inscrits aux derniers tableaux publiés des conseils départementaux constituant la région ou l'interrégion.

V. note ss. art. R. 4132-2.

Nouvel art. R. 4142-5 (Décr. n° 2017-1418 du 29 sept. 2017, art. 7 et 17, en vigueur pour les prochains renouvellements de chacun des conseils régionaux et interrégionaux) ***Le conseil régional ou interrégional de l'ordre des chirurgiens-dentistes est composé de :***

1° Huit binômes pour les conseils régionaux métropolitains ;

2° Quatre binômes pour les conseils régionaux et interrégionaux de Corse, de La Réunion-Mayotte et des Antilles Guyane.

Chaque conseil départemental est représenté par au moins un binôme. Toutefois, le cas échéant, le Conseil national peut décider qu'un même binôme représente plusieurs conseils départementaux.

Art. R. 4142-6 *Abrogé par Décr. n° 2010-199 du 26 févr. 2010, art. 3-3°.*

Nouvel art. R. 4142-6 (Décr. n° 2017-1418 du 29 sept. 2017, art. 7 et 17, en vigueur pour le prochain renouvellement du conseil régional de Provence-Alpes-Côtes d'Azur) ***Le conseil régional de Provence-Alpes-Côte d'Azur est le conseil organisateur des élections à la chambre disciplinaire de première instance de l'interrégion Provence-Alpes-Côte d'Azur-Corse.***

Art. R. 4142-7 *(Abrogé par Décr. n° 2010-199 du 26 févr. 2010, art. 3-4°) (Décr. n° 2006-269 du 7 mars 2006, art. 6)* ***« Les membres de la chambre disciplinaire de première instance du conseil interrégional de l'ordre des chirurgiens-dentistes de La Réunion-Mayotte sont renouvelés par moitié tous les trois ans. »***

(Décr. n° 2006-269 du 7 mars 2006, art. 6) **« La chambre disciplinaire de La Réunion-Mayotte siège au complet. »**

CHAPITRE III **DÉVELOPPEMENT PROFESSIONNEL CONTINU**

(Décr. n° 2011-2115 du 30 déc. 2011)

SECTION PREMIÈRE **CONTENU DE L'OBLIGATION**

Art. R. 4143-1 (Abrogé par Décr. n° 2016-942 du 8 juill. 2016, art. 2-II-1°-b) ***Le développement professionnel continu comporte, conformément à l'article L. 4143-1, l'analyse, par les chirurgiens-dentistes, de leurs pratiques professionnelles ainsi que l'acquisition ou l'approfondissement de connaissances ou de compétences.***

Il constitue une obligation individuelle qui s'inscrit dans une démarche permanente.

Cette obligation s'impose aux chirurgiens-dentistes inscrits au tableau de l'ordre ainsi qu'à tous les chirurgiens-dentistes mentionnés à l'article L. 4112-6.

Art. R. 4143-2 *(Abrogé par Décr. n° 2016-942 du 8 juill. 2016, art. 2-II-1°-b)* ***Le chirurgien-dentiste satisfait à son obligation de développement professionnel continu dès lors qu'il participe, au cours de chaque année civile, à un programme de développement professionnel continu collectif annuel ou pluriannuel.***

Ce programme doit :

1° Être conforme à une orientation nationale ou à une orientation régionale de développement professionnel continu ;

2° Comporter une des méthodes et des modalités validées par la Haute Autorité de santé après avis de la commission scientifique indépendante des chirurgiens-dentistes ; ces méthodes et modalités précisent les conditions qui permettent d'apprécier la participation effective, en tant que participant ou en tant que formateur, à un programme de développement professionnel continu ;

3° Être mis en œuvre par un organisme de développement professionnel continu enregistré.

Les chirurgiens-dentistes qui participent en 2011 et en 2012 à des actions de formation odontologique continue réalisées par des organismes de formation odontologique continue agréés par le Conseil national de formation odontologique continue ainsi qu'à des expérimentations d'évaluation des pratiques professionnelles des chirurgiens-dentistes menées avec la Haute Autorité de santé sont réputés avoir satisfait à l'obligation annuelle prévue par le Décr. n° 2011-2115 du 30 déc. 2011 au titre de chacune de ces deux années.

Les chirurgiens-dentistes qui souhaitent faire valoir ces actions adressent, le cas échéant, par voie électronique leurs justificatifs de formation ou d'évaluation des pratiques professionnelles au conseil compétent de l'ordre dont ils dépendent.

Les chirurgiens-dentistes qui participent à un seul programme de développement professionnel continu en 2011 ou en 2012 satisfont à leur obligation, par dérogation à l'art. R. 4143-2, au titre de ces deux années (Décr. n° 2011-2115 du 30 déc. 2011, art. 2).

Art. R. 4143-3 (Abrogé par Décr. n° 2016-942 du 8 juill. 2016, art. 2-II-1°-b) ***Les orientations nationales du développement professionnel continu sont annuelles ou pluriannuelles.***

Chaque année, le ministre arrête la liste des orientations nationales, après avis de la commission scientifique indépendante des chirurgiens-dentistes. Ces orientations nationales concourent à la mise en œuvre des actions figurant dans les conventions prévues aux articles L. 162-9 et L. 162-32-1 du code de la sécurité sociale.

Le groupe composé au sein du conseil de surveillance de l'organisme gestionnaire du développement professionnel continu, mentionné au 2° du I de l'article R. 4021-15, peut élaborer des propositions d'orientations nationales qu'il transmet à la commission scientifique indépendante des chirurgiens-dentistes.

Les agences régionales de santé peuvent compléter les orientations nationales par des orientations régionales spécifiques, en cohérence avec leur projet régional de santé, après avis de la commission scientifique indépendante des chirurgiens-dentistes.

Art. R. 4143-4 (Abrogé par Décr. n° 2016-942 du 8 juill. 2016, art. 2-II-1°-b) ***La liste des méthodes mentionnée au 2° de l'article R. 4143-2 est fixée par la Haute Autorité de santé après avis de la commission scientifique indépendante des chirurgiens-dentistes.***

Art. R. 4143-5 (Abrogé par Décr. n° 2016-942 du 8 juill. 2016, art. 2-II-1°-b) ***Outre les modalités prévues à l'article R. 4143-2, le chirurgien-dentiste est également réputé avoir satisfait à son obligation de développement professionnel continu s'il a obtenu, au cours de l'année civile, un diplôme universitaire évalué favorablement par la commission scientifique indépendante des chirurgiens-dentistes en tant que programme de développement professionnel continu.***

SECTION II **ORGANISATION**

Art. R. 4143-6 (Abrogé par Décr. n° 2016-942 du 8 juill. 2016, art. 2-II-1°-b) ***Les conseils compétents de l'ordre des chirurgiens-dentistes, les commissions et les conférences médicales d'établissement, les instances représentant les autres catégories de chirurgiens-dentistes salariés ainsi que les unions régionales des professionnels de santé représentant les chirurgiens-dentistes libéraux assurent la promotion de programmes de développement professionnel continu qui peuvent être suivis par des chirurgiens-dentistes libéraux, des chirurgiens-dentistes hospitaliers et des chirurgiens-dentistes salariés. Ces programmes peuvent associer d'autres professionnels.***

Art. R. 4143-7 (Abrogé par Décr. n° 2016-942 du 8 juill. 2016, art. 2-II-1°-b) ***Les chirurgiens-dentistes choisissent librement les organismes de développement professionnel qui mettent en œuvre les programmes auxquels ils participent. L'évaluation scientifique, dont les organismes de développement professionnel continu ont fait l'objet par la commission scientifique indépendante des chirurgiens-dentistes dans les conditions prévues à l'article R. 4021-24, est portée à la connaissance des chirurgiens-dentistes lors de leur inscription à un programme.***

SECTION III **FINANCEMENT**

Art. R. 4143-8 (Abrogé par Décr. n° 2016-942 du 8 juill. 2016, art. 2-II-1°-b) *L'organisme gestionnaire du développement professionnel continu* (Décr. n° 2014-1138 du 7 oct. 2014, art. 2) *« concourt au financement du développement professionnel continu » des chirurgiens-dentistes libéraux et des chirurgiens-dentistes exerçant dans les centres de santé conventionnés dans la limite des forfaits individuels mentionnés à l'article R. 4021-9.*

Art. R. 4143-9 Les centres hospitaliers universitaires consacrent au financement des actions de développement professionnel continu des chirurgiens-dentistes qu'ils emploient un pourcentage minimum de 0,50 % du montant des rémunérations de leurs chirurgiens-dentistes, au sens de l'article L. 242-1 du code de la sécurité sociale.

Les autres établissements publics de santé consacrent au financement des actions de développement professionnel continu des chirurgiens-dentistes qu'ils emploient un pourcentage minimum de 0,75 % du montant des rémunérations de leurs chirurgiens-dentistes, au sens de l'article L. 242-1 du code de la sécurité sociale.

Les actions de développement professionnel continu des chirurgiens-dentistes fonctionnaires et contractuels dont les employeurs sont l'État et les collectivités locales sont financées dans le cadre des crédits prévus par la législation relative à chacune de ces fonctions publiques.

Les actions de développement professionnel continu des chirurgiens-dentistes salariés du secteur privé sont financées dans les conditions prévues par l'article L. 6331-1 du code du travail.

Les employeurs publics et privés peuvent se libérer totalement ou partiellement de l'obligation prévue aux alinéas précédents en versant tout ou partie des sommes ainsi calculées à un organisme paritaire collecteur agréé de leur branche professionnelle ou de leur champ d'activité ou à l'organisme agréé mentionné à l'article 16 de l'ordonnance n° 2005-406 du 2 mai 2005 simplifiant le régime juridique des établissements de santé.

SECTION IV **CONTRÔLE**

Art. R. 4143-10 (Abrogé par Décr. n° 2016-942 du 8 juill. 2016, art. 2-II-1°-b) *L'organisme de développement professionnel continu délivre une attestation aux chirurgiens-dentistes justifiant de leur participation, au cours de l'année civile, à un programme de développement professionnel continu. Il transmet simultanément, par voie électronique, les attestations correspondantes au conseil compétent de l'ordre des chirurgiens-dentistes dont chaque chirurgien-dentiste relève. Le modèle de l'attestation est défini par arrêté du ministre chargé de la santé.*

Art. R. 4143-11 (Abrogé par Décr. n° 2016-942 du 8 juill. 2016, art. 2-II-1°-b) *Le conseil compétent de l'ordre des chirurgiens-dentistes s'assure, au moins une fois tous les cinq ans, sur la base des attestations transmises par les organismes de développement professionnel continu ou du diplôme mentionné à l'article R. 4143-5, que les chirurgiens-dentistes relevant de sa compétence ont satisfait à leur obligation annuelle de développement professionnel continu.*

Art. R. 4143-12 (Abrogé par Décr. n° 2016-942 du 8 juill. 2016, art. 2-II-1°-b) *Lorsque le chirurgien-dentiste a participé à un programme dispensé par un organisme qui a fait l'objet, à la date de son inscription, d'une évaluation défavorable par la commission scientifique indépendante des chirurgiens-dentistes, l'obligation est réputée non satisfaite.*

Art. R. 4143-13 (Abrogé par Décr. n° 2016-942 du 8 juill. 2016, art. 2-II-1°-b) *Si l'obligation individuelle de développement professionnel prévue à l'article R. 4143-1 n'est pas satisfaite, le conseil compétent de l'ordre demande au chirurgien-dentiste concerné les motifs du non-respect de cette obligation. Au vu des éléments de réponse communiqués, le conseil compétent de l'ordre apprécie la nécessité de mettre en place un plan annuel personnalisé de développement professionnel continu et notifie à l'intéressé qu'il devra suivre ce plan.*

L'absence de mise en œuvre de son plan annuel par le chirurgien-dentiste est susceptible de constituer un cas d'insuffisance professionnelle au sens de l'article L. 4113-14.

SECTION V MODALITÉS D'APPLICATION AUX CHIRURGIENS-DENTISTES NON INSCRITS À L'ORDRE

Art. R. 4143-14 (Abrogé par Décr. n° 2016-942 du 8 juill. 2016, art. 2-II-1°-b) *Pour l'application des dispositions du présent chapitre aux chirurgiens-dentistes du service de santé des armées, le ministre de la défense arrête conjointement avec le ministre chargé de la santé les orientations nationales de développement professionnel continu.*

Il exerce les attributions confiées au présent chapitre à l'agence régionale de santé, à l'ordre des chirurgiens-dentistes, aux commissions et conférences médicales d'établissement, aux employeurs et aux unions régionales des professionnels de santé représentant les chirurgiens-dentistes.

Art. R. 4143-15 (Abrogé par Décr. n° 2016-942 du 8 juill. 2016, art. 2-II-1°-b) *Pour l'application des dispositions du présent chapitre aux chirurgiens-dentistes mentionnés au deuxième alinéa de l'article L. 4112-6, l'employeur exerce les attributions confiées à l'ordre des chirurgiens-dentistes. Les attestations mentionnées à l'article R. 4143-10 lui sont transmises. Il s'assure du respect de l'obligation de développement professionnel continu.*

SECTION VI COMMISSION SCIENTIFIQUE INDÉPENDANTE DES CHIRURGIENS-DENTISTES

(*Décr. n° 2012-28 du 9 janv. 2012*)

SOUS-SECTION 1 MISSIONS

Art. D. 4143-16 (Abrogé par Décr. n° 2016-942 du 8 juill. 2016, art. 2-II-1°-b) *La commission scientifique indépendante des chirurgiens-dentistes, mentionnée à l'article L. 4143-2, a pour mission de :*

1° Formuler un avis sur les orientations nationales de développement professionnel continu au ministre chargé de la santé qui les arrête après information de l'organisme gestionnaire du développement professionnel continu ;

2° Établir, en application de l'article R. 4021-28, une évaluation scientifique des organismes de développement professionnel continu qui demandent leur enregistrement au titre du développement professionnel continu et assurer son actualisation périodique, conformément aux dispositions de l'article R. 4021-33 ;

3° Répondre aux demandes d'expertise que lui soumettent les instances de l'organisme gestionnaire du développement professionnel continu ;

4° Formuler un avis sur les orientations régionales proposées par les agences régionales de santé en matière de développement professionnel continu ;

5° Proposer les modalités d'appréciation des critères d'évaluation mentionnés à l'article R. 4021-25 et les conditions dans lesquelles les organismes de développement professionnel continu peuvent soumettre un nouveau dossier ;

6° Établir, dans le cadre de l'article R. 4143-5, la liste des diplômes d'université qui sont considérés comme équivalents à un programme de développement professionnel continu ;

7° Formuler un avis sur les méthodes et les modalités dont la liste est validée par la Haute Autorité de santé et, notamment, sur les conditions dans lesquelles la participation en tant que formateur à un programme de développement professionnel continu des chirurgiens-dentistes concourt au respect de l'obligation de développement professionnel continu du chirurgien-dentiste formateur, conformément à l'article R. 4143-2.

Elle exerce en tant que de besoin ces missions en coordination avec les autres commissions scientifiques indépendantes compétentes et la commission scientifique du Haut Conseil des professions paramédicales.

SOUS-SECTION 2 COMPOSITION

Art. D. 4143-17 (Abrogé par Décr. n° 2016-942 du 8 juill. 2016, art. 2-II-1°-b) *La commission scientifique indépendante des chirurgiens-dentistes est composée de :*

1° Cinq représentants des sociétés savantes nationales d'odontologie, sur proposition de l'organisme les regroupant ;

2° Cinq représentants des enseignants des universités praticiens hospitaliers en odontologie ;

3° Un représentant du Conseil national de l'ordre des chirurgiens-dentistes désigné par ce conseil ;

4° Une personnalité qualifiée, choisie en raison de ses compétences scientifiques ou pédagogiques.

Des représentants du ministre chargé de la santé peuvent participer aux réunions de la commission avec voix consultative.

Art. D. 4143-18 (Abrogé par Décr. n° 2016-942 du 8 juill. 2016, art. 2-II-1°-b) *Les membres de la commission scientifique indépendante sont nommés par arrêté du ministre chargé de la santé, pour une durée de trois ans renouvelable deux fois. La commission élit un président et un vice-président parmi ses membres.*

Pour chacun des titulaires mentionnés aux 1°, 2° et 3° de l'article D. 4143-17, un suppléant est désigné dans les mêmes conditions. Il siège aux séances de la commission en l'absence du titulaire.

Art. D. 4143-19 (Abrogé par Décr. n° 2016-942 du 8 juill. 2016, art. 2-II-1°-b) *Les fonctions exercées par les membres de la commission scientifique indépendante des chirurgiens-dentistes sont incompatibles avec les fonctions exercées au sein des instances de l'organisme gestionnaire du développement professionnel continu ou avec celles de salarié ou d'administrateur d'un organisme de développement professionnel continu.*

SOUS-SECTION 3 FONCTIONNEMENT

Art. D. 4143-20 (Abrogé par Décr. n° 2016-942 du 8 juill. 2016, art. 2-II-1°-b) *La commission scientifique indépendante des chirurgiens-dentistes se réunit au moins trois fois par an, sur convocation de son président. Le président fixe l'ordre du jour. Figurent également à l'ordre du jour les sujets dont l'inscription est demandée par le ministre chargé de la santé ou par au moins un tiers des membres de la commission.*

La commission scientifique indépendante établit son règlement intérieur.

Art. D. 4143-21 (Abrogé par Décr. n° 2016-942 du 8 juill. 2016, art. 2-II-1°-b) *Les membres de la commission scientifique indépendante sont soumis aux obligations prévues à l'article L. 1451-1, à l'article L. 4113-6 et au premier alinéa de l'article L. 4113-13. En cas de conflit d'intérêts ou de manquement à l'obligation de confidentialité, le ministre chargé de la santé peut, après avoir mis l'intéressé à même de présenter ses observations, mettre fin à ses fonctions de membre de la commission.*

Les personnes qui prennent part aux travaux de la commission sont soumises aux mêmes obligations que ses membres.

Art. D. 4143-22 (Abrogé par Décr. n° 2016-942 du 8 juill. 2016, art. 2-II-1°-b) *Les articles 4 à 7 et 9 à 14 du décret n° 2006-672 du 8 juin 2006 relatif à la création, à la composition et au fonctionnement de commissions administratives à caractère consultatif sont applicables à la commission scientifique indépendante.*

Art. D. 4143-23 (Abrogé par Décr. n° 2016-942 du 8 juill. 2016, art. 2-II-1°-b) *La commission scientifique indépendante adopte chaque année un rapport d'activité qui est transmis à l'organisme gestionnaire du développement professionnel continu.*

Art. D. 4143-24 (Abrogé par Décr. n° 2016-942 du 8 juill. 2016, art. 2-II-1°-b) *L'organisme gestionnaire du développement professionnel continu est chargé d'assurer le secrétariat et la gestion des moyens nécessaires au fonctionnement de la commission scientifique indépendante des chirurgiens-dentistes, en application de l'article R. 4021-2.*

Art. D. 4143-25 (Abrogé par Décr. n° 2016-942 du 8 juill. 2016, art. 2-II-1°-b) *L'organisme gestionnaire du développement professionnel continu est chargé de verser des indemnités pour pertes de ressources aux membres de la commission scientifique indépendante des chirurgiens-dentistes.*

Art. D. 4143-26 (Abrogé par Décr. n° 2016-942 du 8 juill. 2016, art. 2-II-1°-b) *Les employeurs sont tenus de laisser aux chirurgiens-dentistes des établissements publics de santé, aux chirurgiens-dentistes salariés et aux chirurgiens-dentistes du service de santé des armées, membres de la commission scientifique indépendante, le temps nécessaire pour se rendre aux séances de cette instance et y participer, sous réserve des nécessités de service.*

Art. D. 4143-27 (Abrogé par Décr. n° 2016-942 du 8 juill. 2016, art. 2-II-1°-b) *Les membres de la commission scientifique indépendante ainsi que les personnes mentionnées au* *dernier alinéa de l'article D. 4143-21 peuvent percevoir en rémunération des rapports qu'ils réalisent une indemnité dont le montant est fixé par arrêté du ministre chargé de la santé.*

Art. D. 4143-28 (Abrogé par Décr. nº 2016-942 du 8 juill. 2016, art. 2-II-1º-b) *Les frais de déplacement des membres de la commission scientifique indépendante sont remboursés dans les conditions prévues par la réglementation applicable aux fonctionnaires de l'État.*

TITRE CINQUIÈME PROFESSION DE SAGE-FEMME

CHAPITRE PREMIER CONDITIONS D'EXERCICE

Sur le diplôme de cadre sage-femme, V. Décr. nº 2006-525 du 9 mai 2006.

SECTION PREMIÈRE DIPLÔME D'ÉTAT

Art. D. 4151-1 *(Décr. nº 2013-756 du 19 août 2013, art. 6-1º)* Le diplôme d'État de sage-femme, diplôme national de l'enseignement supérieur conformément au dixième alinéa (9º) de l'article D. 613-7 du code de l'éducation, est régi par les articles D. 635-1 à D. 635-7 du même code et par les articles R. 4151-9 à R. 4151-13 du présent code. Le régime des études en vue de ce diplôme est fixé par arrêtés des ministres chargés de l'enseignement supérieur et de la santé.

Art. D. 4151-2 et D. 4151-3 *Abrogés par Décr. nº 2010-980 du 26 août 2010, art. 6.*

Art. D. 4151-4 à D. 4151-8 *Abrogés par Décr. nº 2013-756 du 19 août 2013, art. 6-2º.*

Art. R. 4151-9 *(Décr. nº 2006-393 du 30 mars 2006, art. 1er-I)* L'agrément mentionné à l'article L. 4151-7 est délivré, pour une durée de cinq ans, par le président du conseil régional aux écoles de formation de sages-femmes dont le projet répond aux conditions suivantes :

1º Qualification des directeurs des écoles de sages-femmes ;

2º Existence d'un projet pédagogique ;

3º Adéquation, en nombre et qualité, de l'équipe pédagogique à la formation dispensée selon les conditions définies par arrêté du ministre chargé de la santé ;

4º Adaptation des locaux, des matériels techniques et pédagogiques au nombre d'étudiants accueillis selon les conditions fixées par arrêté du ministre chargé de la santé ;

5º Adaptation de la capacité d'accueil envisagée pour l'école, soit à la capacité totale d'accueil des écoles et au nombre d'étudiants à admettre en première année d'études fixé conformément à l'article L. 4151-7, soit, en l'absence de toute détermination de ce nombre, aux besoins de formation appréciés par la région.

Le dossier de demande d'agrément, dont la composition est fixée par arrêté du ministre chargé de la santé, est établi par le représentant légal de l'école de formation et transmis au président du conseil régional de la région d'implantation de l'école.

L'agrément peut être retiré après mise en demeure et par décision motivée, lorsque les conditions fixées au présent article ne sont plus remplies.

Art. D. 4151-10 La nomination des directeurs des écoles de sages-femmes ne relevant pas du titre IV du statut général des fonctionnaires est subordonné à leur agrément par le *(Décr. nº 2010-344 du 31 mars 2010, art. 123)* « directeur général de l'agence régionale de santé ».

Dans chaque école un médecin, directeur technique des enseignements, est nommé par arrêté du *(Décr. nº 2010-344 du 31 mars 2010, art. 123)* « directeur général de l'agence régionale de santé » et du recteur d'académie.

Art. D. 4151-11 et D. 4151-12 *Abrogés par Décr. nº 2010-980 du 26 août 2010, art. 6.*

Art. R. 4151-13 *(Décr. nº 2006-393 du 30 mars 2006, art. 1er-III)* Le silence gardé par *le président du conseil régional pendant* plus de quatre mois à compter de la réception du dossier complet de la demande d'agrément vaut décision de rejet.

SECTION II TITRE DE SAGE-FEMME ANESTHÉSISTE

Art. D. 4151-14 Dans les conditions prévues par leur code de déontologie, les sages-femmes titulaires du certificat d'aptitude aux fonctions d'aide-anesthésiste créé par le

décret du 9 avril 1960 créant un certificat d'aptitude aux fonctions d'aide-anesthésiste ou titulaires du diplôme d'État d'infirmier anesthésiste peuvent faire usage du titre de sage-femme anesthésiste diplômée d'État.

SECTION III EXERCICE DE LA PROFESSION PAR DES ÉTUDIANTS

Art. D. 4151-15 *(Décr. nº 2014-1067 du 19 sept. 2014, art. 1er)* **L'autorisation d'exercer la profession de sage-femme en qualité de remplaçant dans les conditions prévues à l'article L. 4151-6 peut être délivrée aux étudiants sages-femmes inscrits dans un établissement d'enseignement supérieur offrant des formations en maïeutique et ayant validé les enseignements théoriques et cliniques de la cinquième année de formation des études de sage-femme.**

Le conseil départemental de l'ordre ne peut délivrer l'autorisation que si l'étudiant demandeur concerné offre les garanties nécessaires de moralité et ne présente pas d'infirmité ou d'état pathologique incompatibles avec l'exercice de la profession. Le conseil départemental peut demander consultation du bulletin nº 2 du casier judiciaire de l'intéressé. L'existence d'une infirmité ou d'un état pathologique est constatée, le cas échéant, dans les conditions fixées à l'article R. 4124-3.

Le refus d'autorisation du conseil départemental de l'ordre est motivé.

Jusqu'au 31 déc. 2018, les étudiants sages-femmes qui ont commencé leurs études en maïeutique avant l'année universitaire 2010-2011 doivent, pour être autorisés à exercer au titre de l'art. L. 4151-6, satisfaire aux exigences de niveau d'études suivantes : 1º Être inscrit dans un établissement d'enseignement supérieur offrant des formations en maïeutique et avoir validé les enseignements théoriques et cliniques de la quatrième année des études de sage-femme ; 2º Avoir validé un nombre minimal d'heures de stages cliniques figurant au programme des deux dernières années d'études. Le nombre total d'heures et leur répartition sont fixés par arrêté des ministres chargés de l'enseignement supérieur et de la santé (Décr. nº 2014-1067 du 19 sept. 2014, art. 2).

En application de l'art. L. 231-4 CRPA, le silence gardé par l'administration pendant deux mois vaut décision de rejet pour une demande d'autorisation d'un étudiant à remplacer une sage-femme (Décr. nº 2015-1457 du 10 nov. 2015, art. 1er à 3).

Art. D. 4151-16 *(Décr. nº 2014-1067 du 19 sept. 2014, art. 1er)* **La validation des stages est attestée par le directeur de l'établissement d'enseignement supérieur offrant des formations en maïeutique. L'étudiant sage-femme produit cette attestation auprès du conseil départemental de l'ordre dans le ressort duquel il souhaite effectuer un remplacement.**

L'autorisation est délivrée dans les conditions prévues à l'article L. 4151-6 pour une période maximale de trois mois. Elle est renouvelable selon la même procédure et pour la même durée.

Aucune autorisation ou aucun renouvellement d'autorisation ne peut être délivré au-delà de la deuxième année suivant l'expiration de la durée normale de la formation spécifique prévue pour obtenir le diplôme d'État de sage-femme.

Art. D. 4151-17 *(Décr. nº 2005-833 du 22 juill. 2005)* **Les étudiants sages-femmes qui interrompent leurs études peuvent exercer la profession de sage-femme en qualité de remplaçant s'** *(Décr. nº 2012-979 du 21 août 2012, art. 1er-II-3º)* **« ils » satisfont aux conditions définies à l'article** *(Décr. nº 2012-979 du 21 août 2012, art. 1er-II-3º)* **« D. 4151-15 ».**

L'autorisation de remplacement est délivrée pour une période ne pouvant excéder trois mois, renouvelable une fois dans les mêmes conditions.

(Décr. nº 2012-979 du 21 août 2012, art. 1er-II-3º) **« Aucune » autorisation ne peut être délivrée au-delà d'une période de deux ans à compter de la date de l'interruption des études.**

Art. D. 4151-17-1 *(Décr. nº 2012-979 du 21 août 2012, art. 1er-II-4º)* **Le conseil départemental de l'ordre notifie sans délai à l'étudiant et à la sage-femme remplacée la décision d'autorisation ou de refus d'autorisation d'exercice.**

Cette notification peut être faite par lettre recommandée avec avis de réception ou remise contre récépissé.

Le conseil départemental de l'ordre informe sans délai le directeur général de l'agence régionale de santé et le Conseil national de l'ordre de l'autorisation donnée en précisant l'identité de l'étudiant et de la sage-femme remplacée ainsi que la date de délivrance de l'autorisation et sa durée.

SECTION IV AIDES AUX ÉTUDIANTS

(Décr. n° 2005-418 du 3 mai 2005)

Art. D. 4151-18 *(Décr. n° 2016-1901 du 28 déc. 2016, art. 1er)* Le barème des aides mentionnées à l'article L. 4151-8 accordées sous forme de bourses d'études comporte, d'une part, des échelons auxquels correspondent des plafonds de ressources minimaux et, d'autre part, une liste de points de charges minimaux de l'élève ou de l'étudiant. A chaque échelon correspond un taux minimum *[minimal]* exprimé en euros.

Les taux minimaux des échelons, les plafonds de ressources minimaux, ainsi que la liste des points de charge minimaux de l'élève ou de l'étudiant sont déterminés par référence à ceux fixés par le ministre chargé de l'enseignement supérieur en application de l'article D. 821-1 du code de l'éducation.

SECTION V AUTORISATION D'EXERCICE DES RESSORTISSANTS D'UN ÉTAT MEMBRE DE L'UNION EUROPÉENNE OU D'UN AUTRE ÉTAT PARTIE À L'ACCORD SUR L'ESPACE ÉCONOMIQUE EUROPÉEN TITULAIRES D'UN TITRE DE FORMATION DE SAGE-FEMME DÉLIVRÉ PAR L'UN DE CES ÉTATS

(Décr. n° 2010-334 du 26 mars 2010, art. 2).

(Décr. n° 2009-958 du 29 juill. 2009, art. 7)

Art. R. 4151-19 Le ministre chargé de la santé statue sur la demande d'autorisation d'exercice mentionnée à l'article L. 4151-5-1 selon les mêmes modalités que celles prévues aux articles R. 4111-14 à R. 4111-20.

SECTION VI PARTICIPATION DES SAGES-FEMMES AUX ACTIVITÉS D'ASSISTANCE MÉDICALE À LA PROCRÉATION

(Décr. n° 2012-885 du 17 juill. 2012)

Art. D. 4151-20 Dans les conditions prévues par la présente section, les sages-femmes concourent aux activités cliniques d'assistance médicale à la procréation réalisées avec ou sans tiers donneur ainsi qu'aux activités de dons de gamètes et d'accueil d'embryon.

Elles exercent à ce titre au sein des centres d'assistance médicale à la procréation implantés dans les établissements de santé publics ou privés autorisés à pratiquer ces activités en application de l'article L. 2142-1.

Les sages-femmes libérales peuvent également concourir aux activités cliniques d'assistance médicale à la procréation lorsqu'elles interviennent en tant que tiers extérieur dans le cadre des dispositions du 2° de l'article R. 2142-3.

Art. D. 4151-21 Les sages-femmes font partie de l'équipe médicale clinicobiologique pluridisciplinaire mentionnée au premier alinéa de l'article L. 2141-10. A ce titre, elles participent aux entretiens particuliers mentionnés à ce même article.

Art. D. 4151-22 Les sages-femmes apportent aux couples les informations et l'accompagnement nécessaires à toutes les étapes de la mise en œuvre de la procédure d'assistance médicale à la procréation, en lien avec les médecins du centre.

Avant et pendant la mise en œuvre de cette procédure, les sages-femmes peuvent, au cours de consultations spécifiques, effectuer les activités suivantes :

— programmation et mise en œuvre du protocole de prise en charge établi par le médecin pour chaque patiente ;

— éducation thérapeutique ;

— prescription et suivi des examens biologiques ;

— surveillance échographique de la réponse ovarienne au traitement, sous réserve que leur expérience et leur formation dans ce domaine aient été jugées suffisantes par *les praticiens d'assistance médicale* à la procréation intervenant dans le centre. Les sages-femmes pratiquent les échographies sur prescription d'un médecin et établissent un compte-rendu transmis à ce dernier.

Au cours de l'insémination artificielle, du prélèvement d'ovocytes et du transfert d'embryons, les sages-femmes peuvent apporter une collaboration technique aux opérateurs et contribuer à la surveillance postopératoire des patientes.

Les sages-femmes participent au suivi des tentatives ainsi qu'au recueil des données relatives aux issues de ces tentatives et, le cas échéant, aux grossesses obtenues, aux accouchements et à l'état de santé des mères et des nouveau-nés.

Art. D. 4151-23 Les sages-femmes peuvent contribuer à l'information et au suivi clinique, biologique et échographique de la donneuse d'ovocytes.

Elles peuvent intervenir dans la procédure d'accueil d'embryon par un couple tiers en participant à l'entretien prévu au premier alinéa de l'article R. 2141-2. Elles peuvent être chargées du suivi médical et de l'accompagnement de la femme recevant l'embryon.

Art. D. 4151-24 Pour chaque couple, les sages-femmes concourent à la bonne tenue du dossier médical commun mentionné au deuxième alinéa de l'article R. 2142-8.

Lorsqu'elle *[Lorqu'elles]* exercent au sein d'un centre d'assistance médicale à la procréation, elles participent à l'évaluation des activités du centre.

SECTION VII PARTICIPATION DES SAGES-FEMMES À LA POLITIQUE VACCINALE

(Décr. n° 2016-743 du 2 juin 2016, art. 5)

Art. D. 4151-25 La sage-femme peut prescrire et pratiquer les vaccinations de l'entourage, dès la grossesse de la mère et pendant la période de huit semaines qui suit l'accouchement, conformément au calendrier des vaccinations mentionné à l'article L. 3111-1 et dans les conditions prévues au dernier alinéa de l'article L. 4151-2.

L'entourage comprend les personnes vivant dans le même domicile que l'enfant ou fréquentant régulièrement ce domicile, ou étant chargées de sa garde régulière en ce lieu.

La sage-femme inscrit dans le carnet de santé, le carnet de vaccination ou le dossier médical partagé de la personne la dénomination du vaccin administré, son numéro de lot et la date de son administration. En l'absence de dossier médical partagé ou de carnet de vaccination électronique, elle transmet ces informations dans le respect du secret professionnel au médecin traitant de cette personne.

CHAPITRE II RÈGLES D'ORGANISATION

SECTION PREMIÈRE CONSEIL NATIONAL DE L'ORDRE

Art. R. 4152-1 *(Décr. n° 2010-199 du 26 févr. 2010, art. 4-1°)* Pour le renouvellement par moitié tous les trois ans du Conseil national de l'ordre des sages-femmes, les membres de ce conseil sont répartis en deux groupes.

Le premier groupe comprend deux sages-femmes élues respectivement au sein des premier et deuxième secteurs mentionnés à l'article L. 4152-1.

Le second groupe est composé de trois sages-femmes élues respectivement au sein des troisième, quatrième et cinquième secteurs mentionnés à l'article L. 4152-1.

Sur les dispositions transitoires relatives aux prochains renouvellements partiels du Conseil national de l'ordre des sages-femmes, V. Décr. n° 2018-79 du 9 févr. 2018, art. 9.

Décret n° 2018-79 du 9 février 2018,

Portant diverses mesures d'adaptation relatives aux professions de santé.

Art. 10 I. — Les élections prévues pour les prochains renouvellements partiels du Conseil national de l'ordre des sages-femmes en juin 2018 et juin 2021 sont reportées respectivement en janvier 2019 et janvier 2022, après les élections normalement fixées pour les conseils interrégionaux de l'ordre des sages-femmes par secteurs.

Lors de ces élections, le Conseil national fait procéder au renouvellement intégral des conseils interrégionaux dont le périmètre a été modifié depuis leur dernier renouvellement.

II. — Les mandats des membres nationaux concernés sont prorogés de huit mois.

III. — L'article 14 du décret du 29 septembre 2017 susvisé est abrogé.

SECTION II COMPOSITION DES CONSEILS DÉPARTEMENTAUX

Art. R. 4152-2 *(Décr. n° 2006-269 du 7 mars 2006, art. 7)* **Le conseil départemental de l'ordre des sages-femmes est composé de quatre ou six membres titulaires et quatre ou six membres suppléants selon que le nombre de sages-femmes inscrites aux derniers tableaux publiés des conseils départementaux est respectivement inférieur ou égal à cent cinquante, ou supérieur à cent cinquante.**

SECTION III COMPOSITION DES CONSEILS INTERRÉGIONAUX ET DES CHAMBRES DISCIPLINAIRES DE PREMIÈRE INSTANCE *(Décr. n° 2006-269 du 7 mars 2006, art. 7).*

Art. R. 4152-3 *(Décr. n° 2010-199 du 26 févr. 2010, art. 4-3°)* **Les conseils interrégionaux comportent huit membres titulaires et huit membres suppléants.**

Art. R. 4152-4 *(Décr. n° 2010-199 du 26 févr. 2010, art. 4-4°)* **Pour le renouvellement par moitié tous les trois ans, les membres de ce conseil sont répartis en deux groupes.**

Sur les modalités d'élection et de renouvellement des conseils des propositions médicales et paramédicales et de leurs chambres disciplinaires, V. Décr. n° 2010-199 du 26 févr. 2010, art. 8.

Art. R. 4152-5 *(Décr. n° 2010-199 du 26 févr. 2010, art. 4-5°)* **Les chambres disciplinaires de première instance comportent huit membres titulaires et huit membres suppléants.**

Art. R. 4152-6 *Abrogé par Décr. n° 2010-199 du 26 févr. 2010, art. 4-6°.*

CHAPITRE III DÉVELOPPEMENT PROFESSIONNEL CONTINU

(Décr. n° 2011-2117 du 30 déc. 2011)

SECTION PREMIÈRE CONTENU DE L'OBLIGATION

Art. R. 4153-1 à R. 4153-5 *Abrogés par Décr. n° 2016-942 du 8 juill. 2016, art. 2-II.*

SECTION II ORGANISATION

Art. R. 4153-6 et R. 4153-7 *Abrogés par Décr. n° 2016-942 du 8 juill. 2016, art. 2-II.*

SECTION III FINANCEMENT

Art. R. 4153-8 *Abrogé par Décr. n° 2016-942 du 8 juill. 2016, art. 2-II.*

Art. R. 4153-9 **Les établissements énumérés à l'article 2 de la loi n° 86-33 du 9 janvier 1986 portant dispositions statutaires relatives à la fonction publique hospitalière, les autres employeurs publics et les employeurs du secteur privé financent les actions de développement professionnel continu. Ils mettent en œuvre le développement professionnel continu des sages-femmes qu'ils emploient et peuvent avoir recours, à cette fin, à un organisme paritaire collecteur agréé de leur branche professionnelle ou de leur champ d'activité ou à l'organisme agréé mentionné à l'article 16 de l'ordonnance n° 2005-406 du 2 mai 2005 simplifiant le régime juridique des établissements de santé, dans le respect des règles d'organisation et de prise en charge de la formation tout au long de la vie qui leur sont propres.**

SECTION IV CONTRÔLE

Art. R. 4153-10 à R. 4153-13 *Abrogés par Décr. n° 2016-942 du 8 juill. 2016, art. 2-II.*

SECTION V MODALITÉS D'APPLICATION AUX SAGES-FEMMES NON INSCRITES À L'ORDRE

Art. R. 4153-14 et R. 4153-15 *Abrogés par Décr. n° 2016-942 du 8 juill. 2016, art. 2-II.*

SECTION VI COMMISSION SCIENTIFIQUE INDÉPENDANTE DES SAGES-FEMMES

(Décr. n° 2012-27 du 9 janv. 2012)

SOUS-SECTION 1 MISSIONS

Art. D. 4153-16 *Abrogé par Décr. n° 2016-942 du 8 juill. 2016, art. 2-II.*

SOUS-SECTION 2 COMPOSITION

Art. D. 4153-17 à D. 4153-19 *Abrogés par Décr. n° 2016-942 du 8 juill. 2016, art. 2-II.*

SOUS-SECTION 3 FONCTIONNEMENT

Art. D. 4153-20 à D. 4153-28 *Abrogés par Décr. n° 2016-942 du 8 juill. 2016, art. 2-II.*

TITRE SIXIÈME DISPOSITIONS PÉNALES

CHAPITRE PREMIER EXERCICE ILLÉGAL

Ce chapitre ne comporte pas de dispositions réglementaires.

CHAPITRE II USURPATION DU TITRE

Ce chapitre ne comporte pas de dispositions réglementaires.

CHAPITRE III AUTRES DISPOSITIONS PÉNALES

Ce chapitre ne comporte pas de dispositions réglementaires.

LIVRE DEUXIÈME PROFESSIONS DE LA PHARMACIE ET DE LA PHYSIQUE MÉDICALE *(Décr. n° 2017-1520 du 2 nov. 2017, art. 8-1°).*

TITRE PREMIER MONOPOLE DES PHARMACIENS

CHAPITRE PREMIER DISPOSITIONS GÉNÉRALES

SECTION PREMIÈRE AUTORISATION POUR LA PRÉPARATION ET LA DÉLIVRANCE DE CERTAINS ALLERGÈNES

Art. R. 4211-1 Toute demande d'autorisation prévue à l'article L. 4211-6 est adressée au directeur général de l'*(Décr. n° 2012-597 du 27 avr. 2012, art. 5-I-1°)* « Agence nationale de sécurité du médicament et des produits de santé » par la personne qui prépare et délivre des allergènes préparés spécialement pour un seul individu. Le directeur général se prononce au vu d'un dossier comportant :

1° Le nom de la personne qui prépare et délivre les allergènes ;

2° La copie d'un diplôme permettant d'exercer en France la profession de médecin ou de pharmacien ou d'un diplôme universitaire scientifique comprenant dans son cursus un enseignement en immunologie ou en allergologie, ainsi que des éléments attestant d'une expérience professionnelle dans le domaine des allergènes ;

3° L'adresse du lieu de préparation, ainsi qu'une description des locaux et des équipements ;

4° La liste des préparations mères définies comme les préparations d'allergènes destinées à être utilisées par la personne qui prépare des allergènes selon la formule prescrite par le médecin ;

5° Pour chaque préparation mère, un dossier technique dont les modalités de présentation sont définies par décision du directeur général de l'agence, décrivant les spécifications, les conditions et les méthodes de fabrication, de contrôle et de stockage, ainsi que l'ensemble des données toxico-pharmaco-cliniques disponibles permettant d'évaluer la qualité et la sécurité de cette préparation mère et justifiant son administration à l'homme pour le diagnostic et le traitement de l'allergie ;

6° Une description des procédures suivies pour l'analyse et l'exécution de la prescription, la préparation, le transport, la délivrance, le contrôle de qualité et le suivi des allergènes. Ces procédures sont classées en fonction des formes pharmaceutiques de ceux-ci et de leurs voies d'administration ;

7° Les projets de fiches d'information destinées à être délivrées avec les allergènes aux professionnels de santé et aux patients, selon un modèle approuvé par le directeur général de l'agence ;

8° Le projet de modèle de carnet de traitement destiné à être remis au patient.

L'autorisation est refusée lorsque la demande ne présente pas des garanties de qualité et de sécurité suffisantes.

Art. R. 4211-2 Dès la réception de la demande, le directeur général de l'agence saisit, pour avis, l'Académie nationale de médecine.

A défaut de réponse dans un délai de soixante jours à compter de la date de réception de la demande d'avis, l'avis est réputé rendu.

Art. R. 4211-3 Le silence gardé par le directeur général de l'agence sur une demande d'autorisation pendant plus de six mois à compter de la présentation d'un dossier complet et régulier vaut décision de rejet.

Art. R. 4211-4 L'autorisation est délivrée pour une durée de cinq ans ; elle est renouvelable dans les conditions prévues par l'article *(Décr. n° 2005-840 du 20 juill. 2005, art. 11)* « R. 4211-9 ».

Elle mentionne les nom, prénom et qualité de la personne qui prépare et délivre des allergènes, ainsi que l'adresse du lieu de préparation.

Elle précise les formes pharmaceutiques et les voies d'administration des allergènes.

Elle comporte également la liste des préparations mères telles que définies au 4° de l'article R. 4211-1.

Elle est accompagnée des fiches d'information destinées à être délivrées avec des allergènes, ainsi que du modèle de carnet de traitement susmentionné.

Art. R. 4211-5 Le titulaire de l'autorisation informe le directeur général de l'agence de la date du début de l'activité de préparation et de délivrance des allergènes.

Il l'informe également de la cessation définitive de cette activité.

Art. R. 4211-6 Après délivrance de l'autorisation prévue à l'article L. 4211-6, les méthodes de fabrication et de préparation et les techniques de contrôle mentionnées aux 5° et 6° de l'article R. 4211-1 sont modifiées en fonction des progrès scientifiques et techniques.

Art. R. 4211-7 Toute modification concernant les éléments et documents mentionnés à l'article R. 4211-1 est autorisée par le directeur général de l'agence. La demande d'autorisation est accompagnée des pièces justificatives correspondantes.

Le silence gardé par le directeur général de l'agence sur une demande d'autorisation pendant plus de quatre mois à compter de la présentation d'un dossier complet et régulier vaut décision de rejet.

Art. R. 4211-8 L'autorisation peut être modifiée d'office, suspendue ou retirée par le directeur général de l'*(Décr. n° 2012-597 du 27 avr. 2012, art. 5-I-1°)* « Agence nationale de sécurité du médicament et des produits de santé » lorsqu'il apparaît :

1° Qu'une ou plusieurs préparations mères mentionnées dans l'autorisation sont nocives dans les conditions normales d'emploi ou sont susceptibles de présenter un risque pour la santé humaine ;

2° Que les conditions de fabrication des préparations mères, ou que les conditions de préparation, de transport et de délivrance des allergènes, soit ne sont pas conformes aux conditions déclarées dans la demande ayant donné lieu à l'autorisation, soit ne respectent pas les prescriptions de l'article R. 4211-6.

Sauf en cas d'urgence, ces décisions de modification, de suspension ou de retrait ne peuvent intervenir qu'après que le titulaire de l'autorisation a été mis à même de présenter ses observations.

Art. R. 4211-9 L'autorisation prévue à l'article L. 4211-6 est renouvelable sur demande du titulaire présentée au plus tard trois mois avant la date d'expiration.

Cette demande de renouvellement comporte :

1° Une analyse synthétique des données de pharmacovigilance élaborées à partir des rapports prévus à l'article R. 5121-176 établis durant la période des cinq ans écoulés ;

2° Un dossier actualisé et l'attestation du demandeur qu'aucune modification n'est intervenue dans les éléments fournis à l'appui de la demande depuis la dernière modification autorisée.

Si aucune décision n'est notifiée ou si aucune demande de justification complémentaire n'est adressée au demandeur à la date d'expiration de l'autorisation, l'autorisation n'est pas renouvelée.

Art. R. 4211-10 Les décisions d'autorisation, de modification de l'autorisation, de renouvellement, de suspension ou de retrait de l'autorisation sont publiées *(Décr. n° 2016-183 du 23 févr. 2016, art. 3-II)* « sur le site internet de l'agence ».

SECTION II VENTES DE PLANTES MÉDICINALES

Art. D. 4211-11 *(Décr. n° 2008-841 du 22 août 2008)* Les plantes ou parties de plantes médicinales inscrites à la pharmacopée qui figurent dans la liste suivante peuvent, sous la forme que la liste précise, être vendues par des personnes autres que les pharmaciens :

V. cette liste sur reproduite sur les portails et applications mobiles Dalloz 🏛.

Art. D. 4211-12 *(Décr. n° 2008-839 du 22 août 2008)* Lorsque l'emploi de plantes médicinales inscrites à la Pharmacopée a été autorisé dans les compléments alimentaires en application du décret n° 2006-352 du 20 mars 2006 relatif aux compléments alimentaires, ces compléments alimentaires peuvent être vendus par des personnes autres que des pharmaciens.

Toutefois, l'alinéa précédent ne s'applique pas aux compléments alimentaires contenant des plantes ou parties de plantes médicinales qui figurent sur la liste publiée au chapitre IV.7.B. de la Pharmacopée française, dans les conditions prévues à l'article R. 5112-2 du code de la santé publique.

SECTION III LISTE DES HUILES ESSENTIELLES

Art. D. 4211-13 *(Décr. n° 2007-1221 du 3 août 2007)* La liste des huiles essentielles mentionnées au 6° de l'article L. 4211-1 est fixée ainsi qu'il suit : Huiles essentielles de :

— grande absinthe (*Artemisia absinthium* L.) ;
— petite absinthe (*Artemisia pontica* L.) ;
— armoise commune (*Artemisia vulgaris* L.) ;
— armoise blanche (*Artemisia herba alba* Asso) ;
— armoise arborescente (*Artemisia arborescens* L.) ;
— thuya du Canada ou cèdre blanc (*Thuya occidentalis* L.) et cèdre de Corée (*Thuya Koraenensis* Nakai), dits "cèdre feuille" ;
— hysope (*Hyssopus officinalis* L.) ;
— sauge officinale (*Salvia officinalis* L.) ;
— tanaisie (*Tanacetum vulgare* L.) ;
— thuya (*Thuya plicata* Donn ex D. Don.) ;
— sassafras (*Sassafras albidum* [Nutt.] Nees) ;
— sabine (*Juniperus sabina* L.) ;
— rue (*Ruta graveolens* L.) ;
— chénopode vermifuge (*Chenopodium ambrosioides* L. et *Chenopodium anthelminticum* L.) ;
— moutarde jonciforme (*Brassica juncea* [L.] Czernj. et Cosson).

SECTION IV MÉDECINS AUTORISÉS À DÉLIVRER DES MÉDICAMENTS

Art. R. 4211-14 Le silence gardé par le *(Décr. nº 2011-668 du 14 juin 2011, art. 1er-3º)* « directeur général de l'agence régionale de santé » sur la demande du médecin tendant à obtenir l'autorisation prévue à l'article L. 4211-3 vaut autorisation tacite à l'expiration d'un délai de quatre mois à compter de la date de réception de la demande.

SECTION IV *BIS* DÉLIVRANCE OU DISTRIBUTION DES PRODUITS DE SANTÉ ISSUS DES STOCKS DE L'ÉTAT EN CAS D'ACCIDENT NUCLÉAIRE OU D'ACTE TERRORISTE

(Décr. nº 2016-1016 du 25 juill. 2016, art. 1er)

Art. D. 4211-14-1 I. – Pour l'application de l'article L. 4211-5-1, sont autorisés à assister un pharmacien ou à délivrer ou distribuer en urgence des produits de santé issus des stocks de l'État figurant sur la liste mentionnée au même article en l'absence d'un pharmacien :

1º Les professionnels de santé relevant de la quatrième partie du présent code, autres que les pharmaciens mentionnés à l'alinéa précédent ;

2º A défaut des professionnels mentionnés au 1º, les personnes mentionnées à l'article L. 721-2 du code de la sécurité intérieure ;

3º A défaut des professionnels mentionnés au 1º et des personnes mentionnées au 2º, les personnels des services de l'État ou des collectivités territoriales désignés à cet effet par leur chef de service après avoir suivi une formation adaptée et inscrits sur une liste arrêtée par le préfet de département, après avis du directeur général de l'agence régionale de santé.

II. – Le représentant de l'État dans le département, en liaison avec le directeur général de l'agence régionale de santé, assure la direction des opérations de distribution ou délivrance, dans le cadre du plan Orsec lorsqu'il est activé.

Art. D. 4211-14-2 Les professionnels de santé déclarent ou signalent sans délai, à l'établissement pharmaceutique de l'Agence nationale de santé publique et à l'Agence nationale de sécurité du médicament et des produits de santé, tout effet indésirable susceptible d'être lié à l'utilisation ou l'administration d'un produit figurant dans la liste mentionnée à l'article L. 4211-5-1 dont ils ont connaissance.

SECTION V DISPENSATION À DOMICILE DES GAZ À USAGE MÉDICAL

Art. R. 4211-15 Le silence gardé pendant plus de quatre mois sur la demande d'autorisation de dispensation à domicile des gaz à usage médical prévue à l'article L. 4211-5 vaut décision de rejet.

SECTION VI AUTORISATION DES ÉTABLISSEMENTS OU ORGANISMES EXERÇANT DES ACTIVITÉS PORTANT SUR LES PRÉPARATIONS DE THÉRAPIE GÉNIQUE ET SUR LES PRÉPARATIONS DE THÉRAPIE CELLULAIRE XÉNOGÉNIQUE

(Décr. nº 2008-968 du 16 sept. 2008)

SOUS-SECTION 1 CONDITIONS GÉNÉRALES D'AUTORISATION

(Décr. nº 2008-968 du 16 sept. 2008)

Art. R. 4211-16 Les dispositions de la présente section s'appliquent aux activités mentionnées à l'article L. 4211-8 relatives à la préparation, la conservation, la distribution, la cession, l'importation ou l'exportation des préparations de thérapie génique *et à celles mentionnées à l'article L. 4211-9* relatives à la préparation, la conservation, la distribution, la cession, l'importation ou l'exportation des préparations de thérapie cellulaire xénogénique. Les autorisations prévues aux articles L. 4211-8 et L. 4211-9 peuvent porter sur une ou plusieurs des activités mentionnées à ces articles.

Art. R. 4211-17 Les articles R. 1243-4 à R. 1243-10 et R. 1243-12 à R. 1243-14 sont applicables aux établissements ou organismes réalisant les activités de préparation, de conservation, de distribution ou de cession des préparations de thérapie génique et des préparations de thérapie cellulaire xénogénique à l'exception pour les activités portant sur les préparations de thérapie génique des dispositions concernant l'Agence de la biomédecine.

Art. R. 4211-18 Les établissements ou organismes demandeurs doivent disposer :

1° De locaux aménagés, agencés et entretenus conformément aux règles de bonnes pratiques mentionnées à l'article L. 5121-5 et le cas échéant conformément aux prescriptions de confinement prises en application de l'article L. 532-1 du code de l'environnement ;

2° De personnels dont la compétence et la qualification sont conformes à ces règles de bonnes pratiques ;

3° De matériels conformes à ces règles de bonnes pratiques, permettant de garantir la qualité, la sécurité sanitaire et la traçabilité des préparations et de réduire autant que possible tout risque pour les patients et le personnel.

Art. R. 4211-19 Les dispositions des articles R. 1243-21 à R. 1243-23, R. 1243-25, premier alinéa, R. 1243-27 à R. 1243-28 sont applicables aux établissements ou organismes réalisant les activités mentionnées à l'article R. 4211-16, à l'exception pour les préparations de thérapie génique, des dispositions concernant l'Agence de la biomédecine. Pour l'application de ces articles, l'autorisation pour les établissements ou organismes qui préparent, conservent, distribuent et cèdent des préparations de thérapie génique et des préparations de thérapie cellulaire xénogénique est celle mentionnée à l'article R. 4211-16.

Art. R. 4211-20 Un établissement ou un organisme autorisé peut céder à un autre établissement ou organisme autorisé des préparations de thérapie génique ou des préparations de thérapie cellulaire xénogénique en vue de leur préparation, de leur conservation et de leur distribution par ce second établissement ou organisme.

Lorsqu'elles sont cédées en vue d'être distribuées, les préparations de thérapie génique ou les préparations de thérapie cellulaire xénogénique doivent être conformes aux règles de bonnes pratiques prévues à l'article L. 5121-5 et aux exigences mentionnées dans l'autorisation prévue au 12° et au 13° de l'article L. 5121-1.

Art. R. 4211-21 La demande d'autorisation ou de renouvellement d'autorisation d'exercer les activités d'importation ou d'exportation des préparations de thérapie génique ou de préparations de thérapie cellulaire xénogénique est adressée accompagnée d'un dossier au directeur général de l'*(Décr. n° 2012-597 du 27 avr. 2012, art. 5-I-1°)* « Agence nationale de sécurité du médicament et des produits de santé », sous pli recommandé avec demande d'avis de réception.

Le dossier comporte les éléments mentionnés à l'article R. 1243-4 ainsi qu'une attestation que les préparations de thérapie génique ou les préparations de thérapie cellulaire xénogénique ont été préparées selon des règles de bonnes pratiques au moins équivalentes à celles prévues à l'article L. 5121-5.

Les articles R. 1243-4 à R. 1243-10 sont applicables aux établissements ou organismes réalisant les activités d'importation ou d'exportation de préparations de thérapie génique ou de préparations de thérapie cellulaire xénogénique, à l'exception, pour les activités portant sur les préparations de thérapie génique, des dispositions concernant l'Agence de la biomédecine.

L'établissement ou l'organisme qui importe les préparations de thérapie génique ou de préparations de thérapie cellulaire xénogénique s'assure que celles-ci sont préparées selon des règles au moins équivalentes à celles prévues par les bonnes pratiques mentionnées à l'article L. 5121-5.

SOUS-SECTION 2 MODALITÉS D'APPLICATION AUX HÔPITAUX DES ARMÉES ET AU CENTRE DE TRANSFUSION SANGUINE DES ARMÉES

(Décr. n° 2008-968 du 16 sept. 2008)

Art. R. 4211-22 Pour l'application des dispositions de la sous-section 1, les hôpitaux des armées et le Centre de transfusion sanguine des armées sont regardés respectivement comme des établissements de santé et comme un établissement de transfusion sanguine.

Pour ces hôpitaux et pour ce centre, le ministre de la défense exerce les attributions du *(Décr. nº 2010-344 du 31 mars 2010, art. 124)* « directeur général de l'agence régionale de santé ».

SECTION VII MÉDICAMENTS À USAGE HUMAIN NON UTILISÉS

(Décr. nº 2009-718 du 17 juin 2009)

Art. R. 4211-23 Les officines de pharmacie et les pharmacies à usage intérieur collectent gratuitement les médicaments non utilisés, contenus le cas échéant dans leurs conditionnements, qui leur sont apportés par les particuliers.

La destruction des médicaments classés comme stupéfiants est régie par les dispositions de l'article R. 5132-36.

La destruction des médicaments autres que ceux mentionnés à l'alinéa précédent est régie par les dispositions de la présente section.

Art. R. 4211-24 Les exploitants mentionnés au 3º de l'article R. 5124-2 contribuent ou pourvoient à la prise en charge des médicaments non utilisés collectés et, le cas échéant, de leurs conditionnements. Ils conduisent les opérations suivantes :

– la remise à titre gratuit aux officines de pharmacie de réceptacles ;

– l'enlèvement, le regroupement, le tri et le transport des médicaments non utilisés et, le cas échéant, de leurs conditionnements depuis les officines de pharmacie jusqu'à leur lieu de destination ;

– la destruction des médicaments non utilisés.

Art. R. 4211-25 Les exploitants peuvent faire appel aux grossistes-répartiteurs pour la remise aux officines de pharmacie des réceptacles mentionnés à l'article R. 4211-24, ainsi que pour le transport de ces réceptacles jusqu'à leur site de stockage.

Art. R. 4211-26 Les exploitants qui recourent, pour conduire les opérations mentionnées à l'article R. 4211-24, aux services d'un organisme ou d'une entreprise agréée passent avec celui-ci un contrat qui précise le volume prévisionnel des médicaments non utilisés à récupérer annuellement et la contribution due à cet organisme ou à cette entreprise. Ces contrats sont, sur ces points, conformes aux clauses du cahier des charges prévu à l'article R. 4211-28.

Art. R. 4211-27 Les médicaments non utilisés sont détruits par incinération dans le respect de la réglementation en vigueur.

Art. R. 4211-28 Pour satisfaire aux obligations énoncées à l'article R. 4211-24, les exploitants sont titulaires d'un agrément ou recourent à un organisme ou à une entreprise titulaire d'un tel agrément.

Cet agrément est délivré pour une durée maximale de six ans, par arrêté conjoint des ministres chargés de l'environnement et de la santé. Il est assorti d'un cahier des charges qui précise notamment :

– la répartition de la charge financière supportée par l'organisme ou l'entreprise agréé entre les exploitants ayant contracté avec cet organisme ou cette entreprise, au prorata des unités de conditionnement des médicaments à usage humain mis par chaque exploitant sur le marché national par l'intermédiaire des officines au cours de l'année civile précédente ;

– les caractéristiques des réceptacles mentionnés à l'article R. 4211-24, ainsi que les conditions dans lesquelles s'effectue la remise aux officines de ceux-ci ;

– le regroupement, le tri et le transport des médicaments non utilisés ;

– les conditions de destruction par incinération des médicaments non utilisés et, le cas échéant, de leurs conditionnements ;

– les actions de communication et d'information menées par le titulaire de l'agrément.

La quantité de conditionnements traitée par un exploitant dans le cadre du dispositif prévu à l'article R. 4211-24 est déduite, dans les conditions énoncées à l'article R. 543-64 du code de l'environnement, de la quantité d'emballages qui se trouve retenue dans le cas où cet exploitant doit satisfaire aux obligations prévues à la sous-section 2 de la section V du chapitre III du titre IV du livre V du code de l'environnement.

Art. R. 4211-29 A l'appui de leur demande d'agrément, les exploitants, ou l'organisme ou l'entreprise auquel ils recourent, justifient de leurs capacités techniques et financières à mener à bonne fin les opérations de remise, d'enlèvement et de transport des réceptacles mentionnés à l'article R. 4211-24, ainsi que de destruction des médicaments non utilisés. Ils décrivent les conditions dans lesquelles ils prévoient de satisfaire aux clauses du cahier des charges dont cet agrément est assorti.

Art. R. 4211-30 Tout organisme ou entreprise titulaire de l'agrément prévu à l'article R. 4211-28 est tenu de communiquer annuellement au ministre chargé de la santé et au ministre chargé de l'environnement ainsi qu'à l'Agence de l'environnement et de la maîtrise de l'énergie un rapport d'activité comprenant notamment les quantités de médicaments détruits.

Art. R. 4211-31 En cas d'inobservation par le titulaire de l'agrément des clauses du cahier des charges annexé à son agrément, les ministres chargés de l'environnement et de la santé peuvent le mettre en demeure de satisfaire à ses obligations dans un délai qui ne saurait être supérieur à un mois.

A défaut pour le titulaire de l'agrément de s'être conformé à ses obligations dans ce délai, les ministres chargés de l'environnement et de la santé peuvent décider le retrait de l'agrément après que le titulaire de l'agrément a été amené à présenter ses observations.

SECTION VIII AUTORISATION DES ÉTABLISSEMENTS OU ORGANISMES EXERÇANT DES ACTIVITÉS PORTANT SUR LES MÉDICAMENTS DE THÉRAPIE INNOVANTE PRÉPARÉS PONCTUELLEMENT

(Décr. n° 2012-1236 du 6 nov. 2012, art. 1er)

SOUS-SECTION 1 CONDITIONS GÉNÉRALES D'AUTORISATION

Art. R. 4211-32 I. — Les dispositions de la présente section s'appliquent aux catégories d'établissements ou d'organismes définis au deuxième alinéa du présent article qui remplissent les conditions pour bénéficier de l'autorisation prévue à l'article L. 4211-9-1 pour procéder à la préparation, à la conservation, à la distribution et à la cession des médicaments de thérapie innovante préparés ponctuellement définis au 17° de l'article L. 5121-1, y compris dans le cadre d'une recherche biomédicale mentionnée à l'article L. 1121-1 *(Décr. n° 2016-1536 du 15 nov. 2016, art. 1er-1°-a)* « , ainsi que, dans le même cadre, à l'importation et à l'exportation de ces médicaments ».

Peuvent être autorisés à procéder à l'une ou l'autre de ces activités les établissements pharmaceutiques, les établissements de santé, l'Établissement français du sang, le Centre de transfusion sanguine des armées ainsi que, lorsque ces établissements, fondations ou associations ont pour objet la santé ou la recherche biomédicale, les établissements publics à caractère scientifique et technologique, les fondations de coopération scientifique régies par les articles L. 344-11 et suivants du code de la recherche, les fondations d'utilité publique régies par la loi n° 87-571 du 23 juillet 1987 sur le développement du mécénat et les associations régies par la loi du 1er juillet 1901.

II. — Pour l'application de la présente section, on entend par :

1° *Médicaments* de thérapie innovante préparés ponctuellement : les médicaments de thérapie innovante définis au 17° de l'article L. 5121-1 ;

2° Cession : le transfert de médicaments de thérapie innovante préparés ponctuellement d'un établissement ou d'un organisme autorisé en application de la présente section vers un autre établissement ou organisme autorisé en application de cette même section ;

3° Distribution : la mise à disposition d'un médicament de thérapie innovante préparé ponctuellement sur prescription médicale en vue de son administration à un patient déterminé.

Art. R. 4211-33 Les établissements ou organismes qui conservent et distribuent des médicaments de thérapie innovante préparés ponctuellement qui leur ont été cédés par un établissement ou un organisme autorisé à préparer, conserver, distribuer ou céder ces produits ne peuvent effectuer ces activités de conservation et de distribution sans y être autorisés dans les conditions prévues par les dispositions de la présente section, à l'exception de celles des articles R. 4211-47 et R. 4211-51 qui ne leur sont pas applicables.

Ces établissements ou organismes conservent et distribuent les médicaments de thérapie innovante préparés ponctuellement dans les conditions de l'autorisation délivrée en application de la présente section aux établissements ou organismes qui leur ont cédé ces produits.

SOUS-SECTION 2 PROCÉDURE D'AUTORISATION

Art. R. 4211-34 I. – La demande d'autorisation ou de renouvellement d'autorisation d'un établissement ou d'un organisme pour exercer les activités mentionnées à l'article R. 4211-32 portant sur les médicaments de thérapie innovante préparés ponctuellement est adressée au directeur général de l'Agence nationale de sécurité du médicament et des produits de santé, en trois exemplaires, par la personne morale qui sollicite cette autorisation, sous pli recommandé avec demande d'avis de réception, ou déposée contre récépissé.

Cette demande précise, pour chaque établissement ou organisme et, le cas échéant, pour chacun des sites de cet établissement ou de cet organisme, les activités pour lesquelles l'autorisation est sollicitée.

Cette demande est accompagnée d'un dossier justificatif dont le modèle est fixé par arrêté du ministre chargé de la santé pris sur proposition du directeur général de l'Agence nationale de sécurité du médicament et des produits de santé et qui comprend :

1° L'adresse de l'établissement et les plans des locaux, pour les différentes activités qui y seront pratiquées ;

2° Une description précise des équipements et des matériels utilisés pour chacune des activités, y compris ceux relatifs au transport des produits ;

3° La liste et la qualification du personnel, notamment celle du directeur et de la personne responsable mentionnée à l'article R. 4211-37, et la nature des missions qui lui sont confiées ;

4° La liste des procédures utilisées pour réaliser les différentes activités ;

5° Si certaines opérations font l'objet de recours à des tiers :

a) La liste et les adresses de ces tiers ;

b) Les conventions ou les projets de conventions passés entre ces tiers et la personne morale sollicitant l'autorisation qui précisent les responsabilités de chacune des parties ;

6° Le cas échéant, les informations relatives à la mise en place des procédures pour éviter tout risque de contamination croisée lorsque des activités à finalité thérapeutique et à finalité scientifique sont réalisées dans les mêmes locaux ;

(Décr. nº 2016-1536 du 15 nov. 2016, art. 1er-1º-b) « 7° Pour les activités d'importation et d'exportation de ces médicaments dans le cadre des recherches définies à l'article L. 1121-1, le nom et l'adresse des fournisseurs et des destinataires ainsi que la description des moyens mis en place pour assurer la traçabilité, des méthodes de conservation et des conditions de transport des médicaments expérimentaux de thérapie innovante préparés ponctuellement ;

« 8° » Lorsque la demande émane d'un établissement de santé, une copie du courrier et de l'avis de réception l'accompagnant, attestant que le ou les directeurs généraux de l'agence régionale de santé où sont implantés les sites de l'établissement ont été informés de la demande d'autorisation de mise en œuvre des activités mentionnées à la présente section ainsi que, le cas échéant, une copie de tout courrier indiquant les observations éventuelles de l'agence régionale de santé sur la mise en œuvre de ces activités.

II. – A défaut d'un dossier complet, le directeur général fait connaître au demandeur, par lettre recommandée avec demande d'avis de réception, les informations manquantes ou incomplètes en mentionnant le délai imparti pour les fournir.

Art. R. 4211-35 Un exemplaire du dossier complet est transmis pour avis par le directeur général de l'Agence nationale de sécurité du médicament et des produits de santé au directeur général de l'Agence de la biomédecine.

Le directeur général de l'Agence de la biomédecine transmet son avis au directeur général de l'Agence nationale de sécurité du médicament et des produits de santé, dans un délai de deux mois à compter de la date de réception de la demande accompagnée d'un dossier complet.

L'absence de réponse de l'Agence de la biomédecine à l'expiration de ce délai vaut avis favorable de cette agence.

Art. R. 4211-36 I. — Le directeur général de l'Agence nationale de sécurité du médicament et des produits de santé notifie sa décision au demandeur dans un délai de quatre-vingt-dix jours à compter de la date de réception de la demande accompagnée d'un dossier comportant l'ensemble des pièces mentionnées dans l'arrêté prévu à l'article R. 4211-34.

Le directeur général peut requérir toute information complémentaire ou procéder à une enquête pour lui permettre de se prononcer sur la demande. Le délai mentionné au précédent alinéa est suspendu à compter de la date à laquelle le directeur général de l'Agence nationale de sécurité du médicament et des produits de santé notifie cette décision jusqu'à réception des informations demandées ou des résultats de l'enquête.

(Décr. n° 2016-1536 du 15 nov. 2016, art. 1er-1°-c) « Dans le cas d'une demande d'autorisation initiale, l'absence de décision à l'expiration du délai de quatre-vingt dix jours vaut rejet de la demande. Dans le cas d'une demande de renouvellement d'autorisation portant sur les mêmes activités, l'absence de décision à l'expiration du même délai vaut acceptation de la demande. »

Les autorisations et les renouvellements d'autorisation d'établissement ou d'organisme sont délivrés pour cinq ans. Ils précisent, notamment, l'adresse de l'établissement ou de l'organisme et le type d'activités autorisées.

II. — Le directeur général de l'Agence nationale de sécurité du médicament et des produits de santé transmet au directeur général de l'Agence de la biomédecine et au directeur général de l'agence régionale de santé compétente une copie des autorisations accordées.

III. — Le directeur général de l'Agence nationale de sécurité du médicament et des produits de santé tient à jour la liste des établissements ou organismes autorisés. Cette liste est accessible au public.

SOUS-SECTION 3 CONDITIONS D'AUTORISATION

Art. R. 4211-37 Les établissements ou organismes demandeurs nomment une personne responsable qui s'assure du respect de la réglementation relative à la qualité et à la sécurité des médicaments de thérapie innovante préparés ponctuellement ainsi qu'une ou plusieurs personnes responsables intérimaires qui se voient confier pour la période de remplacement les mêmes pouvoirs et attributions que ceux qui sont conférés à la personne responsable et les exercent effectivement pendant la durée du remplacement.

La personne responsable est chargée :

1° De garantir que les médicaments de thérapie innovante préparés ponctuellement sont préparés, conservés, distribués ou cédés conformément aux dispositions législatives et réglementaires en vigueur ;

2° De veiller à la mise en place, à l'évaluation et à l'actualisation du système d'assurance de la qualité dans le respect des règles de bonnes pratiques prévues au troisième *alinéa de l'article L.* 5121-5 ;

3° D'organiser et surveiller l'application du dispositif de pharmacovigilance.

A l'exception des établissements ou organismes autorisés au titre de l'article R. 4211-33, lorsqu'un établissement ou un organisme est autorisé à exercer les activités prévues à la présente section dans des sites différents, un responsable des activités de site ainsi qu'un responsable intérimaire des activités de site sont désignés par la personne responsable pour chaque site où sont réalisées les activités.

Le responsable des activités exerce pour chaque site les missions mentionnées aux alinéas précédents sous l'autorité de la personne responsable.

Art. R. 4211-38 La personne responsable mentionnée à l'article R. 4211-37, les personnes responsables intérimaires, le responsable des activités de site et le responsable intérimaire des activités de site sont titulaires des diplômes permettant l'exercice de la médecine ou de la pharmacie ou sont titulaires d'un doctorat dans le domaine des sciences de la vie et de la santé.

Les personnes mentionnées au premier alinéa doivent justifier de titres et travaux et d'une expérience pratique d'au moins deux ans dans les domaines d'activité définis par la présente section.

Art. R. 4211-39 L'établissement ou l'organisme autorisé adresse au directeur général de l'Agence nationale de sécurité du médicament et des produits de santé copie de tout acte portant désignation de la personne responsable mentionnée à l'article R. 4211-37 et de la ou des personnes responsables intérimaires.

Lorsque la personne responsable ou la personne responsable intérimaire est remplacée temporairement ou définitivement, l'établissement ou l'organisme autorisé communique sans délai au directeur général de l'Agence nationale de sécurité du médicament et des produits de santé le nom et la date de prise de fonctions de la personne responsable désignée.

Art. R. 4211-40 Pour éviter tout risque de contamination croisée, lorsque des activités de conservation, de préparation et de cession à des fins scientifiques sont réalisées dans les mêmes locaux que ceux dédiés à la préparation, la conservation, la distribution et la cession de médicaments de thérapie innovante préparés ponctuellement, l'établissement ou l'organisme sollicitant l'autorisation prévoit la mise en place de procédures garantissant le respect des règles d'hygiène et de sécurité ainsi que des circuits séparés selon la finalité de ces activités.

Art. R. 4211-41 Les établissements ou organismes demandeurs sont tenus de disposer :

1° De locaux aménagés, agencés et entretenus conformément aux règles de bonnes pratiques prévues au premier ou au troisième alinéa de l'article L. 5121-5 et, le cas échéant, conformément aux prescriptions de confinement prises en application de l'article L. 532-1 du code de l'environnement ;

2° De personnels dont la compétence et la qualification sont conformes à ces règles de bonnes pratiques ;

3° De matériels conformes à ces règles de bonnes pratiques permettant de garantir la qualité, la sécurité sanitaire et la traçabilité des médicaments et de réduire autant que possible tout risque pour les patients et le personnel.

Art. R. 4211-42 I. – Tout établissement ou organisme bénéficiaire de l'autorisation prévue à la présente section met en place, à l'exception des établissements et organismes mentionnés aux II et III, des accords ou des procédures avec un autre ou d'autres établissements ou organismes autorisés au titre de cette section, garantissant qu'en cas d'interruption ou de cessation d'activité, les médicaments de thérapie innovante préparés ponctuellement et, le cas échéant, les tissus, leurs dérivés, les cellules et les produits intermédiaires y soient transférés.

Ces accords ou procédures sont transmis au directeur général de l'Agence nationale de sécurité du médicament et des produits de santé dans un délai de six mois à compter de la notification de l'autorisation ou de son renouvellement.

II. – En cas d'interruption ou de cessation d'activité, les établissements autorisés pour les activités mentionnées à l'article R. 4211-33 transfèrent les médicaments de thérapie innovante préparés ponctuellement non utilisés aux établissements ou organismes qui les leur ont cédés, dès lors que ces derniers sont autorisés pour les activités de conservation et de distribution.

III. – En cas d'interruption ou de cessation d'activité d'un établissement ou organisme autorisé à préparer des médicaments de thérapie innovante définis dans la présente section et qui sont destinés à être utilisés dans une recherche biomédicale, le *promoteur de cette recherche* peut soit y mettre fin, soit la poursuivre. S'il décide de la poursuivre, il met en place des accords ou des procédures pour transférer les médicaments de thérapie innovante préparés ponctuellement dans un autre ou d'autres établissements ou organismes autorisés au titre de la présente section. Il informe le directeur général de l'Agence nationale de sécurité du médicament et des produits de santé soit de l'arrêt de la recherche, soit du nom de l'établissement ou de l'organisme dans lequel les médicaments de thérapie innovante préparés ponctuellement sont transférés.

SOUS-SECTION 4 RÈGLES APPLICABLES AUX ÉTABLISSEMENTS ET ORGANISMES AUTORISÉS

Art. R. 4211-42-1 *(Décr. n° 2016-1536 du 15 nov. 2016, art. 1er-1°-d)* I. — Les établissements ou organismes qui préparent ou importent des médicaments expérimentaux de thérapie innovante préparés ponctuellement s'assurent que toutes les opérations de préparation sont réalisées conformément à l'information donnée par le promoteur dans le dossier de demande d'autorisation mentionnée à l'article L. 1123-8 et acceptée par l'Agence nationale de sécurité du médicament et des produits de santé.

II. — L'établissement ou organisme importateur s'assure que les médicaments expérimentaux de thérapie innovante préparés ponctuellement qu'il importe :

1° Ont été soumis à des normes de bonnes pratiques de fabrication au moins équivalentes à celles que prévoit l'article L. 5121-5 ;

2° Ont été fabriqués par un fabricant autorisé ou, le cas échéant, notifié aux autorités compétentes de l'État dans lequel le fabricant est installé, et accepté par elles à cette fin.

Art. R. 4211-43 I. — Sont soumises à autorisation écrite préalable du directeur général de l'Agence nationale de sécurité du médicament et des produits de santé les modifications substantielles des activités autorisées en application de la présente section qui sont relatives :

1° A la préparation d'une nouvelle forme pharmaceutique d'un médicament de thérapie innovante préparé ponctuellement ;

2° Aux types d'activités autorisées ;

3° Aux modifications de locaux ayant une incidence sur les conditions de réalisation des activités ;

4° A la création de nouveaux locaux dans lesquels sont exercées les activités autorisées.

II. — La demande d'autorisation de modification est adressée au directeur général de l'Agence nationale de sécurité du médicament et des produits de santé, en deux exemplaires, par la personne morale qui sollicite cette autorisation, sous pli recommandé avec demande d'avis de réception, ou déposée contre récépissé.

Cette demande précise la nature de la modification sollicitée.

La demande d'autorisation de modification est accompagnée d'un dossier technique adapté au type de modification sollicitée et dont le modèle est fixé par arrêté du ministre chargé de la santé, pris sur proposition du directeur général de l'Agence nationale de sécurité du médicament et des produits de santé.

A défaut d'un dossier complet, le directeur général fait connaître au demandeur, par lettre recommandée avec demande d'avis de réception, les informations manquantes ou incomplètes, en mentionnant le délai imparti pour les fournir.

Le directeur général de l'Agence nationale de sécurité du médicament et des produits de santé notifie sa décision au demandeur dans un délai de quatre-vingt-dix jours à compter de la date de réception de la demande accompagnée d'un dossier complet.

Le directeur général peut requérir toute information complémentaire ou procéder à une enquête pour lui permettre de se prononcer sur la demande. Le délai mentionné à l'alinéa précédent est alors suspendu à compter de la date à laquelle le directeur général de l'Agence nationale de sécurité du médicament et des produits de santé notifie cette décision jusqu'à réception des informations demandées ou des résultats de l'enquête.

(Décr. n° 2016-1536 du 15 nov. 2016, art. 1er-1°-e) « L'absence de décision à l'expiration du délai de quatre-vingt-dix jours vaut rejet de la demande d'autorisation de modification. »

III. — La modification de l'autorisation ne prolonge pas la durée de l'autorisation initialement accordée.

IV. — En cas de modification de l'autorisation initiale, une copie de l'autorisation modifiée est adressée par le directeur général de l'Agence nationale de sécurité du médicament et des produits de santé au directeur général de l'Agence de la biomédecine et aux directeurs généraux des agences régionales de santé concernés.

Art. R. 4211-44 I. – Sont soumises à déclaration toutes modifications relatives :

1° Au nom ou à l'adresse administrative du siège de l'établissement ou de l'organisme autorisé ;

2° A la nomination d'un nouveau directeur de l'établissement ou de l'organisme autorisé ;

3° A la mise en œuvre d'un nouvel équipement technique, y compris d'un nouveau logiciel médico-technique utilisé pour la traçabilité des produits liés aux activités ;

4° Aux tiers et aux conventions passées avec ces tiers telles que prévues au 5° de l'article R. 4211-34.

Dans le mois qui suit leur mise en œuvre, les modifications sont déclarées à l'Agence nationale de sécurité du médicament et des produits de santé par la personne morale titulaire de l'autorisation prévue à la présente section.

Le directeur général de l'Agence nationale de sécurité du médicament et des produits de santé fait connaître son opposition motivée à cette modification ou procède, le cas échéant, à l'actualisation de l'autorisation, dans un délai de trois mois à compter de la déclaration mentionnée au premier alinéa.

II. – L'actualisation de l'autorisation ne prolonge pas la durée de l'autorisation initialement accordée.

III. – En cas d'actualisation de l'autorisation, une copie de l'autorisation actualisée est adressée par le directeur général de l'Agence nationale de sécurité du médicament et des produits de santé au directeur général de l'Agence de la biomédecine et aux directeurs généraux des agences régionales de santé concernés.

Art. R. 4211-45 Les modifications autres que celles mentionnées aux articles R. 4211-43 et R. 4211-44 sont déclarées dans le rapport d'activité annuel prévu à l'article R. 4211-47.

Art. R. 4211-46 En cas de non-respect des dispositions législatives et réglementaires ou des conditions de l'autorisation, la suspension, dont la durée ne peut excéder un an, et le retrait de l'autorisation sont prononcés par le directeur général de l'Agence nationale de sécurité du médicament et des produits de santé.

Ces décisions peuvent concerner tout ou partie de l'activité autorisée et ne peuvent intervenir qu'après que l'intéressé a été informé de la nature des manquements constatés et mis en demeure de les faire cesser dans un délai déterminé.

Les décisions de suspension et de retrait sont *(Décr. nº 2017-20 du 9 janv. 2017, art. 2-1º)* « rendues publiques par le directeur général de l'Agence nationale de sécurité du médicament et des produits de santé ».

Le directeur général de l'Agence nationale de sécurité du médicament et des produits de santé transmet au directeur général de l'Agence de la biomédecine et aux directeurs *[généraux]* des agences régionales de la santé concernées les mesures de suspension ou de retrait qu'il a prononcées.

Art. R. 4211-47 L'établissement ou l'organisme autorisé adresse au directeur général de l'Agence nationale de sécurité du médicament et des produits de santé et au directeur général de l'Agence de la biomédecine ainsi que, le cas échéant, au directeur général de l'agence régionale de santé un rapport d'activité annuel contenant notamment toute information nécessaire à l'évaluation de l'ensemble des activités pour lesquelles il est autorisé.

La forme et le contenu de ce rapport sont fixés par décision du directeur général de l'Agence nationale de sécurité du médicament et des produits de santé, après avis du directeur général de l'Agence de la biomédecine.

Art. R. 4211-48 *Les établissements* ou les organismes autorisés établissent et tiennent à jour la liste complète des conventions qu'ils concluent avec les tiers dont l'intervention a une influence sur la qualité et la sécurité des médicaments de thérapie innovante préparés ponctuellement. Ils tiennent ces conventions à la disposition de l'Agence nationale de sécurité du médicament et des produits de santé et des inspecteurs mentionnés à l'article L. 5313-1.

Art. R. 4211-49 Les médicaments de thérapie innovante préparés ponctuellement sont distribués, sous la responsabilité de la personne responsable mentionnée à l'article R. 4211-37 ou, le cas échéant, du responsable des activités de site mentionné au même article, à un praticien identifié, sur la base d'une prescription médicale nominative.

Ils ne peuvent être distribués que s'ils sont reconnus conformes aux règles de qualité et de sécurité sanitaire prises en application de l'article L. 1211-6, s'ils ont été préparés et conservés conformément aux règles de bonnes pratiques prévues à l'article L. 5121-5 et s'ils sont reconnus conformes aux exigences mentionnées dans l'autorisation accordée en application de la section XVII du chapitre Ier du titre II du livre Ier de la cinquième partie du code de la santé publique.

Art. R. 4211-50 Les établissements et les organismes autorisés mettent en place une procédure de retrait des médicaments de thérapie innovante préparés ponctuellement conforme aux règles de bonnes pratiques prévues à l'article L. 5121-5 et comprenant une description des responsabilités et des mesures à prendre.

La personne responsable entreprend et coordonne les actions nécessaires. Elle notifie sans délai au directeur général de l'Agence nationale de sécurité du médicament et des produits de santé toute mesure de retrait. Elle adresse une copie de cette notification au directeur général de l'Agence de la biomédecine.

Art. R. 4211-51 Un établissement ou un organisme autorisé peut céder à un autre établissement ou organisme autorisé des médicaments de thérapie innovante préparés ponctuellement en vue de leur conservation et de leur distribution ou des composants de ces médicaments en vue de leur préparation par ce second établissement ou organisme.

Ne peuvent être cédés en vue d'être distribués que les médicaments de thérapie innovante préparés ponctuellement conformes aux règles de qualité et de sécurité sanitaire prises en application de l'article L. 1211-6, préparés conformément aux règles de bonnes pratiques prévues à l'article L. 5121-5 et répondant aux exigences mentionnées dans l'autorisation prévue au 17° de l'article L. 5121-1.

Ne peuvent être cédés en vue d'être préparés par l'établissement ou l'organisme à qui ils sont cédés, dans les conditions prévues par des conventions entre les deux établissements ou organismes, que les médicaments de thérapie innovante préparés ponctuellement ou des composants de ces médicaments conformes aux règles de qualité et de sécurité sanitaire prises en application de l'article L. 1211-6 et préparés conformément aux règles de bonnes pratiques prévues à l'article L. 5121-5.

SOUS-SECTION 5 MODALITÉS D'APPLICATION AUX HÔPITAUX DES ARMÉES ET AU CENTRE DE TRANSFUSION SANGUINE DES ARMÉES

Art. R. 4211-52 Pour l'application des dispositions des sous-sections 1 à 4, les hôpitaux des armées sont regardés comme des établissements de santé et le ministre de la défense exerce, vis-à-vis d'eux et vis-à-vis du Centre de transfusion sanguine des armées, les attributions du directeur général de l'agence régionale de santé.

SECTION IX AUTORISATION DES ÉTABLISSEMENTS DE SANTÉ EXERÇANT DES ACTIVITÉS PORTANT SUR LES MÉDICAMENTS DE THÉRAPIE INNOVANTE *DANS LE CADRE* DES RECHERCHES MENTIONNÉES AU PREMIER ALINÉA DE L'ARTICLE L. 1121-1

(Décr. nº 2016-1536 du 15 nov. 2016, art. 1er-2°)

SOUS-SECTION 1 CONDITIONS GÉNÉRALES D'AUTORISATION

Art. R. 4211-53 Les dispositions de la présente section s'appliquent aux établissements de santé qui sont titulaires de l'autorisation mentionnée à l'article L. 1243-2 et qui remplissent les conditions pour bénéficier de l'autorisation prévue à l'article L. 4211-9-2 pour procéder, dans le cadre de recherches mentionnées au premier alinéa de l'article L. 1121-1, aux activités de fabrication, d'importation, d'exportation et de distribution de médicaments de thérapie innovante définies à l'article 2 du règlement (CE) n° 1394/2007 du Parlement et du Conseil du 13 novembre 2007 relatif aux médicaments de thérapie innovante.

SOUS-SECTION 2 PROCÉDURE D'AUTORISATION

Art. R. 4211-54 I. – La demande d'autorisation d'un établissement de santé pour exercer les activités mentionnées à l'article R. 4211-53 est adressée au directeur général de l'Agence nationale de sécurité du médicament et des produits de santé, par tout moyen conférant date certaine, par la personne morale qui sollicite cette autorisation.

Cette demande précise, pour chaque établissement et, le cas échéant, pour chacun des sites de cet établissement, les activités pour lesquelles l'autorisation est sollicitée.

Cette demande est accompagnée d'un dossier justificatif dont la forme et le contenu sont précisés par décision du directeur général de l'Agence nationale de sécurité du médicament et des produits de santé, publiée sur le site internet de l'agence, et qui comprend :

1° L'adresse de l'établissement et les plans des locaux, pour les différentes activités qui y sont envisagées ;

2° La ou les activités sollicitées pour l'établissement parmi celles mentionnées à l'article L. 4211-9-2, ainsi que la catégorie des médicaments de thérapie innovante sur lesquels portent ces activités ;

3° Une description précise des équipements et des matériels utilisés pour chacune des activités, y compris ceux relatifs au transport des produits ;

4° La liste et la qualification du personnel, notamment celles *[celle]* de la personne responsable et de la personne responsable intérimaire mentionnées à l'article R. 4211-55, et la nature des missions qui leur sont confiées ;

5° La liste des procédures utilisées pour réaliser les différentes activités ;

6° Si certaines opérations font l'objet de recours à des tiers :

a) La liste et les adresses de ces tiers ;

b) Les conventions ou les projets de conventions passés entre ces tiers et la personne morale sollicitant l'autorisation, qui précisent les responsabilités de chacune des parties ;

7° Le cas échéant, les informations relatives à la mise en place des procédures pour éviter tout risque de contamination croisée entre les produits lorsque des activités à finalité thérapeutique et à finalité scientifique sont réalisées dans les mêmes locaux ;

8° Le cas échéant, les mesures de confinement prises en application de l'article L. 532-3 du code de l'environnement ;

9° Une copie du courrier et de l'avis de sa réception, attestant que le ou les directeurs généraux de l'agence régionale de santé où sont implantés les sites de l'établissement ont été informés de la demande d'autorisation de mise en œuvre des activités mentionnées à l'article R. 4211-53 ainsi que, le cas échéant, une copie des observations éventuelles de l'agence régionale de santé sur la mise en œuvre de ces activités.

II. – A défaut d'un dossier complet, le directeur général fait connaître au demandeur, par tout moyen conférant date certaine, les informations manquantes ou incomplètes en mentionnant le délai imparti pour les fournir.

III. – Le directeur général de l'Agence nationale de sécurité du médicament et des produits de santé notifie sa décision au demandeur dans un délai de quatre-vingt-dix jours à compter de la date de réception de la demande complète.

Le directeur général peut requérir toute information complémentaire ou diligenter une enquête administrative par un de ses agents ou une enquête sur place réalisée par un inspecteur mentionné aux articles L. 5313-1 et L. 5313-3 pour lui permettre de se prononcer sur la demande. Le délai mentionné au précédent alinéa est suspendu à compter de la date à laquelle le directeur général de l'Agence nationale de sécurité du médicament et des produits de santé notifie cette décision jusqu'à réception des informations demandées ou des résultats de l'enquête.

L'absence de décision à l'expiration du délai prévu au premier alinéa du présent III vaut rejet de la demande.

Les autorisations précisent le nom et l'adresse de l'établissement de santé concerné, les activités et les opérations autorisées et, le cas échéant, les formes pharmaceutiques. Une copie de l'autorisation est adressée par le directeur général de l'Agence nationale de sécurité du médicament et des produits de santé au directeur général de *[l'agence]* ou des agences régionales de santé concernés *[concernées]*.

IV. — L'autorisation accordée est consignée dans la banque de données de l'Union européenne.

SOUS-SECTION 3 CONDITIONS D'AUTORISATION

Art. R. 4211-55 I. — Les établissements demandeurs de l'autorisation requise pour exercer les activités mentionnés *[mentionnées]* à l'article R. 4211-53 nomment une personne responsable ainsi qu'une ou plusieurs personnes responsables intérimaires appelées à la remplacer, avec les mêmes pouvoirs et attributions que ceux qui sont conférés à la personne responsable.

La personne responsable est chargée :

1° De garantir que les médicaments de thérapie innovante utilisés dans le cadre d'une recherche mentionnée au premier alinéa de l'article L. 1121-1 sont fabriqués, importés, exportés et distribués conformément aux dispositions législatives et réglementaires en vigueur ;

2° De veiller à la mise en place, à l'évaluation et à l'actualisation du système d'assurance de la qualité, dans le respect des règles de bonnes pratiques prévues au premier alinéa de l'article L. 5121-5.

Lorsqu'un établissement est autorisé à exercer les activités prévues à l'article R. 4211-53 dans des sites différents, un responsable des activités de site ainsi qu'un responsable intérimaire sont désignés par la personne responsable pour chacun des sites. Le responsable des activités de site exerce pour chacun de ces sites, sous l'autorité de la personne responsable, les missions mentionnées aux alinéas précédents.

II. — La personne responsable, les responsables intérimaires, le responsable et le responsable intérimaire des activités de site mentionnés au I sont titulaires des diplômes permettant l'exercice de la médecine ou de la pharmacie. Ils justifient de titres et *[de]* travaux et d'une expérience pratique d'au moins deux ans dans les domaines d'activité définis par la présente section.

III. — L'établissement autorisé adresse au directeur général de l'Agence nationale de sécurité du médicament et des produits de santé copie de tout acte portant désignation de la personne responsable et du *[de la]* ou des personnes responsables intérimaires mentionnées au I.

Lorsque la personne responsable ou la personne responsable intérimaire est remplacée, l'établissement autorisé communique sans délai au directeur général de l'Agence nationale de sécurité du médicament et des produits de santé le nom et la date de prise de fonctions de la personne responsable désignée.

Art. R. 4211-56 Les établissements demandeurs sont tenus de disposer :

1° De locaux aménagés, agencés et entretenus conformément aux règles de bonnes pratiques prévues au premier alinéa de l'article L. 5121-5 et, le cas échéant, conformément aux prescriptions de confinement prises en application de l'article L. 532-1 du code de l'environnement ;

2° De personnels dont la compétence et la qualification sont conformes à ces règles de bonnes pratiques ;

3° De matériels conformes à ces règles de bonnes pratiques permettant de garantir la qualité, la sécurité sanitaire et la traçabilité des médicaments et de réduire autant que possible tout risque pour les patients et le personnel.

Art. R. 4211-57 En cas de cessation d'activité d'un établissement mentionné à l'article R. 4211-53 autorisé à fabriquer des médicaments de thérapie innovante destinés à être utilisés dans une recherche mentionnée à l'article L. 1121-1, le promoteur de cette recherche peut soit y mettre fin, soit la poursuivre. S'il décide de la poursuivre, il met en place des accords ou des procédures pour transférer les médicaments de thérapie innovante dans un autre ou d'autres établissements autorisés au titre de la présente section. Il informe le directeur général de l'Agence nationale de sécurité du médicament et des produits de santé, soit de l'arrêt de la recherche, soit du nom de l'établissement dans lequel les médicaments de thérapie innovante sont transférés.

SOUS-SECTION 4 RÈGLES APPLICABLES AUX ÉTABLISSEMENTS AUTORISÉS

Art. R. 4211-58 I. – Sont soumises à autorisation du directeur général de l'Agence nationale de sécurité du médicament et des produits de santé les modifications substantielles des activités autorisées en application de la présente section qui sont relatives à :

1° Une nouvelle activité, parmi celles mentionnées à l'article L. 4211-9-2 ;

2° La fabrication ou l'importation d'une nouvelle catégorie de médicaments de thérapie innovante expérimentaux ;

3° La fabrication ou l'importation d'une nouvelle forme pharmaceutique ou d'un nouveau produit pharmaceutique non mentionné dans l'autorisation en vigueur ;

4° La mise en œuvre d'une nouvelle opération pharmaceutique de fabrication ou d'importation ;

5° La création de locaux dans lesquels sont réalisées des opérations pharmaceutiques de fabrication, d'importation ou de stockage ;

6° La suppression de locaux dans lesquels sont réalisées des opérations de production et de contrôle de la qualité.

II. – La demande d'autorisation de modification est adressée au directeur général de l'Agence nationale de sécurité du médicament et des produits de santé par la personne morale qui sollicite cette autorisation, par tout moyen conférant date certaine.

Elle précise la nature de la modification sollicitée.

Elle est accompagnée d'un dossier technique adapté au type de modification sollicitée et dont la forme et le contenu sont précisés par décision du directeur général de l'Agence nationale de sécurité du médicament et des produits de santé, publiée sur le site internet de l'agence.

A défaut d'un dossier complet, le directeur général fait connaître au demandeur, par tout moyen conférant date certaine, les informations manquantes ou incomplètes, en mentionnant le délai imparti pour les fournir.

Le directeur général notifie sa décision au demandeur dans un délai de trente jours à compter de la date de réception de la demande accompagnée d'un dossier complet.

Il peut requérir toute information complémentaire et diligenter une enquête administrative par un de ses agents ou une enquête sur place réalisée par un inspecteur mentionné aux articles L. 5313-1 et L. 5313-3, pour lui permettre de se prononcer sur la demande. Il peut, à ces fins, prolonger le délai prévu à l'alinéa précédent pour une durée de quatre-vingt-dix jours. Dans ce cas, il notifie cette décision de prorogation au demandeur.

L'absence de décision à l'expiration de l'un ou de l'autre des délais précités vaut rejet de la demande de modification.

III. – En cas de modification de l'autorisation initiale, le directeur général de l'Agence nationale de sécurité du médicament et des produits de santé informe le directeur général de *[l'agence]* ou des agences régionales de santé concernées.

Art. R. 4211-59 I. – Sont soumises à déclaration les modifications suivantes de l'autorisation :

1° Changement de dénomination sociale de l'établissement ou de l'adresse administrative du titulaire de l'autorisation ;

2° Nomination d'une nouvelle personne responsable ;

3° Cessation d'une activité ou d'une opération pharmaceutique dans l'établissement.

II. – Dans le mois qui suit leur mise en œuvre, les modifications, à l'exception de celles relatives à la personne responsable, sont déclarées à l'Agence nationale de sécurité du médicament et des produits de santé par la personne morale titulaire de l'autorisation prévue à la présente section.

Le directeur général de l'agence fait connaître son opposition motivée à cette modification ou procède, le cas échéant, à l'actualisation de l'autorisation, dans un délai de trois mois à compter de la déclaration mentionnée au premier alinéa.

III. – En cas d'actualisation de l'autorisation, le directeur général de l'Agence nationale de sécurité du médicament et des produits de santé informe le directeur général de *[l'agence]* ou des agences régionales de santé concernées.

Art. R. 4211-60 Les modifications autres que celles mentionnées aux articles R. 4211-58 et R. 4211-59 sont déclarées dans le rapport d'activité annuel prévu à l'article R. 4211-62.

Art. R. 4211-61 En cas de non-respect des dispositions législatives et réglementaires ou des conditions de l'autorisation, la suspension, dont la durée ne peut excéder un an, et le retrait de l'autorisation sont prononcés par le directeur général de l'Agence nationale de sécurité du médicament et des produits de santé.

Ces décisions peuvent concerner tout ou partie de l'activité autorisée et ne peuvent intervenir qu'après que l'intéressé a été informé de la nature des manquements constatés et mis en demeure de les faire cesser dans un délai déterminé.

Ces décisions sont rendues publiques sur le site internet de l'agence.

Le directeur général de l'Agence nationale de sécurité du médicament et des produits de santé transmet aux directeurs des agences régionales de la santé concernées les mesures de suspension ou de retrait qu'il a prononcées. Il en informe les autorités compétentes des États membres et des États parties à l'accord sur l'Espace économique européen et la Commission européenne.

Art. R. 4211-62 L'établissement de santé autorisé adresse au directeur général de l'Agence nationale de sécurité du médicament et des produits de santé et au directeur général de l'agence régionale de santé un rapport d'activité annuel contenant notamment toute information nécessaire à l'évaluation de l'ensemble des activités pour lesquelles il est autorisé.

La forme et le contenu de ce rapport sont fixés par décision du directeur général de l'Agence nationale de sécurité du médicament et des produits de santé, publiée sur le site internet de l'agence.

Art. R. 4211-63 Les établissements de santé autorisés en application de la présente section peuvent solliciter un certificat de conformité aux bonnes pratiques mentionnées à l'article L. 5121-5.

Ce certificat peut être délivré par l'Agence nationale de sécurité du médicament et des produits de santé pour tout ou partie des activités inspectées à la personne responsable mentionnée à l'article R. 4211-55, dans les quatre-vingt-dix jours suivant une inspection. Il ne peut valoir garantie de la sécurité ou de la qualité des lots individuels des médicaments fabriqués.

Lorsque l'inspection fait apparaître des manquements aux bonnes pratiques de fabrication par un établissement et qu'un certificat lui avait été préalablement délivré, l'Agence nationale de sécurité du médicament et des produits de santé peut, en fonction de la gravité des manquements, mettre fin à sa validité, procéder à un raccourcissement de sa durée ou à une limitation de son champ en émettant un nouveau certificat, après que la personne responsable de l'établissement a été à même de présenter ses observations dans un délai fixé par l'Agence nationale de sécurité du médicament et des produits de santé.

Le certificat émis ou, à défaut, l'information selon laquelle l'inspection a abouti à la conclusion que l'établissement ne respecte pas les bonnes pratiques de fabrication mentionnées à l'article L. 5121-5, est consigné dans une base de données mise en place par l'Agence européenne des médicaments.

Sous réserve des accords éventuels conclus entre l'Union européenne et un pays tiers, le directeur général de l'Agence nationale de sécurité du médicament et des produits de santé peut demander à un fabricant de médicaments établi dans un pays tiers de se soumettre à une inspection diligentée par les inspecteurs de l'agence si le médicament qu'il fabrique est destiné à être importé.

Art. R. 4211-64 Les dispositions des articles R. 5124-3-1, à l'exception du dernier alinéa, R. 5124-4, R. 5124-48, R. 5124-57-1 à R. 5124-57-6 et R. 5124-60 sont applicables aux établissements de santé autorisés en application de la présente section.

Art. R. 4211-65 Les établissements de santé autorisés au titre de la présente section se livrant à la distribution de médicaments de thérapie innovante conservent, pour chaque transaction d'entrée et de sortie, au moins les informations suivantes :

1° La date de la transaction ;

2° Le nom du médicament ;

3° Le numéro et la date de péremption des différents lots avec les quantités fournies et reçues par lot, conformément aux bonnes pratiques mentionnées à l'article L. 5121-5 ;

4° Les nom et adresse du fournisseur et du destinataire.

CHAPITRE II DISPOSITIONS PÉNALES

SECTION UNIQUE MÉDICAMENTS À USAGE HUMAIN NON UTILISÉS

(Décr. n° 2009-718 du 17 juin 2009)

Art. R. 4212-1 Hors les cas où, les faits ayant été commis de façon intentionnelle, les peines prévues par l'article L. 541-46 du code de l'environnement sont applicables, est puni de l'amende prévue pour les contraventions de la quatrième classe le fait pour un pharmacien d'officine ou un pharmacien assurant la gérance d'une pharmacie à usage intérieur de ne pas collecter ou de ne pas collecter gratuitement les médicaments non utilisés qui leur sont apportés par les particuliers, y compris ceux classés comme stupéfiants.

Art. R. 4212-2 Hors les cas où, les faits ayant été commis de façon intentionnelle, les peines prévues par l'article L. 541-46 du code de l'environnement sont applicables, est puni de l'amende prévue pour les contraventions de la quatrième classe le fait pour les exploitants tels que définis au 3° de l'article R. 5124-2 de ne pas procéder aux opérations mentionnées à l'article R. 4211-24.

TITRE DEUXIÈME EXERCICE DE LA PROFESSION DE PHARMACIEN

CHAPITRE PREMIER RÈGLES LIÉES À L'EXERCICE DE LA PROFESSION

SECTION PREMIÈRE COMMISSION D'AUTORISATION D'EXERCICE

(Décr. n° 2014-1071 du 22 sept. 2014, art. 5-2°)

SOUS-SECTION 1 COMPOSITION DE LA COMMISSION COMPÉTENTE POUR L'EXAMEN DES DEMANDES DE PHARMACIENS TITULAIRES DE TITRES DE FORMATION DÉLIVRÉS PAR UN ÉTAT MEMBRE DE L'UNION EUROPÉENNE OU PAR UN AUTRE ÉTAT PARTIE À L'ACCORD SUR L'ESPACE ÉCONOMIQUE EUROPÉEN OU PAR UN ÉTAT TIERS ET RECONNUS PAR UN ÉTAT, MEMBRE OU PARTIE

Art. D. 4221-1 La commission d'autorisation d'exercice, placée auprès du ministre chargé de la santé, est constituée en deux sections respectivement compétentes pour l'examen des demandes présentées en vue de l'exercice de la pharmacie et pour l'examen des demandes présentées en vue de l'exercice dans la spécialité de biologie médicale.

Art. D. 4221-2 I. – Lorsqu'elle se réunit en application des articles L. 4221-9, L. 4221-14-1 et L. 4221-14-2, la commission d'autorisation d'exercice est composée comme suit :

1° Le directeur général de l'offre de soins ou son représentant, président ;

2° Le directeur général pour l'enseignement supérieur et l'insertion professionnelle ou son représentant ;

3° Le directeur général du Centre national de gestion ou son représentant ;

4° Le président de la Fédération hospitalière de France ou son représentant ;

5° *Le président et le secrétaire* général du Conseil national de l'ordre des pharmaciens ou leurs représentants.

II. – La section compétente pour l'examen des demandes d'autorisation d'exercice présentées au titre de la pharmacie comprend en outre :

1° Un pharmacien parmi les membres enseignants-chercheurs titulaires régis par le décret n° 84-431 du 6 juin 1984 fixant les dispositions statutaires communes applicables aux enseignants-chercheurs et portant statut particulier du corps des professeurs des universités et du corps des maîtres de conférences ;

2° Un praticien hospitalier ;

3° Deux pharmaciens représentant le secteur libéral.

(Décr. nº 2015-9 du 7 janv. 2015, art. 2) « Lorsque la section examine des demandes d'autorisation d'exercice au sein d'une pharmacie à usage intérieur, mentionnées aux I et II de l'article R. 5126-101-3, elle comprend également un pharmacien *(Décr. nº 2017-883 du 9 mai 2017, art. 6)* « remplissant l'une des conditions prévues aux articles R. 5126-101-1 à R. 5126-101-4 ». »

III. — La section compétente pour l'examen des demandes d'autorisation d'exercice présentées dans la spécialité biologie médicale comprend en outre cinq membres parmi les pharmaciens siégeant aux commissions de qualification ordinale instituées par l'article 2 du décret nº 2010-1208 du 12 octobre 2010 relatif aux conditions de délivrance d'une qualification en biologie médicale par l'ordre des pharmaciens.

IV. — Pour chacun des membres titulaires mentionnés au II, un suppléant est désigné dans les mêmes conditions. Il siège aux séances de la commission en l'absence du titulaire.

Ces membres titulaires et suppléants sont nommés par arrêté du ministre chargé de la santé pour une durée de cinq ans, renouvelable.

SOUS-SECTION 2 COMPOSITION DE LA COMMISSION COMPÉTENTE POUR L'EXAMEN DES DEMANDES DE PHARMACIENS TITULAIRES DE DIPLÔMES DÉLIVRÉS PAR UN ÉTAT TIERS À L'UNION EUROPÉENNE

Art. D. 4221-3 La commission d'autorisation d'exercice, placée auprès du ministre chargé de la santé, est constituée en deux sections respectivement compétentes pour l'examen des demandes présentées en vue de l'exercice de la pharmacie et en vue de l'exercice dans la spécialité de biologie médicale.

Art. D. 4221-4 I. — Lorsqu'elle *[Lorsque la commission]* se réunit en application de l'article L. 4221-12, la composition de la commission comprend les membres mentionnés au I de l'article D. 4221-2.

II. — La section compétente pour l'examen des demandes d'autorisation d'exercice présentées au titre de la pharmacie comprend en outre les membres mentionnés au II de l'article D. 4221-2 ainsi qu'un membre de la profession proposé par les organisations nationales des praticiens titulaires d'un diplôme acquis en dehors de l'Union européenne ou de l'Espace économique européen.

III. — La section compétente pour l'examen des demandes d'autorisation d'exercice présentées dans la spécialité biologie médicale comprend en outre les membres mentionnés au III de l'article D. 4221-2 ainsi qu'un membre de la profession proposé par les organisations nationales des praticiens titulaires d'un diplôme acquis en dehors de l'Union européenne ou de l'Espace économique européen, spécialiste en biologie médicale.

IV. — A chacune des sections est adjoint à titre consultatif un représentant d'une association d'accueil ou d'aide aux professionnels de santé réfugiés désignée par le ministre chargé de la santé.

V. — Les membres mentionnés au II et le membre représentant les praticiens titulaires d'un diplôme *acquis en dehors* de l'Union européenne ou de l'Espace économique européen, mentionné au III, sont nommés par arrêté du ministre chargé de la santé pour une durée de cinq ans, renouvelable.

Un suppléant est désigné dans les mêmes conditions. Il siège aux séances de la commission en l'absence du titulaire.

SOUS-SECTION 3 DISPOSITIONS COMMUNES

Art. D. 4221-5 La commission peut convoquer les candidats pour une audition.

Art. D. 4221-6 Les avis sont motivés.

Le secrétariat de la commission est assuré par le Centre national de gestion.

SECTION II PROCÉDURE D'AUTORISATION D'EXERCICE POUR LES PHARMACIENS TITULAIRES DE DIPLÔMES DÉLIVRÉS PAR UN ÉTAT TIERS À L'UNION EUROPÉENNE

(*Décr. n° 2014-1071 du 22 sept. 2014, art. 5-2°*)

SOUS-SECTION 1 ÉPREUVES DE VÉRIFICATION DES CONNAISSANCES

Art. D. 4221-7 Les épreuves de vérification des connaissances mentionnées à l'article L. 4221-12, écrites et anonymes, comportent, pour la pharmacie et, le cas échéant, pour la biologie médicale :

1° Une épreuve de vérification des connaissances fondamentales ;

2° Une épreuve de vérification des connaissances pratiques.

Un arrêté du ministre chargé de la santé détermine le nombre de places offertes au titre de la pharmacie et au titre de la biologie médicale et fixe les modalités d'organisation des épreuves de vérification des connaissances.

Art. D. 4221-8 Un jury national est chargé de l'élaboration des sujets et de la correction des épreuves pour la pharmacie et pour la biologie médicale.

Art. D. 4221-9 Le jury est constitué par tirage au sort, selon des modalités fixées par arrêté des ministres chargés de la santé et de l'enseignement supérieur.

Il est composé :

1° De membres choisis dans les sections ou sous-sections du Conseil national des universités régi par le décret n° 87-31 du 20 janvier 1987, parmi les membres enseignants-chercheurs titulaires régis par le décret n° 84-431 du 6 juin 1984 fixant les dispositions statutaires communes applicables aux enseignants-chercheurs et portant statut particulier du corps des professeurs des universités et du corps des maîtres de conférences ;

2° De praticiens hospitaliers régis par les dispositions prévues aux articles R. 6152-1 à R. 6152-99 et de praticiens exerçant leurs fonctions à temps partiel régis par les dispositions prévues aux articles R. 6152-201 à R. 6152-277, comptant au moins quatre ans de services effectifs en cette qualité.

Art. D. 4221-10 Dans la limite du nombre maximum *[maximal]* de personnes susceptibles d'être reçues aux épreuves de vérification des connaissances mentionnées à l'article D. 4221-7, le jury établit une liste alphabétique des candidats reçus. La note de l'épreuve mentionnée au 1° de ce même article départage les *ex-aequo*.

Les candidats inscrits en qualité de réfugié, apatride, bénéficiaire de l'asile territorial, bénéficiaire de la protection subsidiaire ou de Français ayant regagné le territoire national à la demande des autorités françaises ne sont pas soumis au nombre maximum *[maximal]* mentionné à l'alinéa précédent. Le jury établit une liste alphabétique des candidats reçus.

Pour l'établissement des listes mentionnées aux deux alinéas précédents, le candidat ayant obtenu une note inférieure ou égale à 6 sur 20 à l'une des épreuves ne peut être déclaré admis.

Art. D. 4221-11 Il est justifié du niveau suffisant de maîtrise de la langue française mentionné à l'article L. 4221-12 lors de l'inscription aux épreuves de vérification des connaissances mentionnées au deuxième alinéa du même article par l'obtention d'un des titres prévus par arrêté du ministre chargé de la santé. Les candidats de nationalité française et les internes à titre étranger sont dispensés de cette justification.

Art. D. 4221-12 I. – Les fonctions requises par les dispositions de l'article L. 4221-12 des candidats à l'autorisation d'exercice de la profession de pharmacien, lauréats des épreuves de vérification des connaissances, sont accomplies dans un *service ou [un] organisme* agréé pour la formation des internes, le cas échéant pour la spécialité dans laquelle les candidats sollicitent l'autorisation d'exercice, à temps plein ou à temps partiel pour une durée de trois ans en équivalent temps plein.

II. – Les candidats recrutés pour accomplir ces fonctions par un établissement public de santé le sont, au choix de l'établissement, dans les conditions définies à l'article R. 6152-542 ou à l'article R. 6152-635.

III. – Lorsque les candidats sont recrutés pour accomplir ces fonctions dans un établissement privé ou privé d'intérêt collectif, les modalités d'exercice prévues par le contrat correspondent à celles définies aux articles R. 6152-542 ou à l'article R. 6152-635. Le recrutement peut également intervenir dans le cadre d'une convention de mise à disposition conclue avec un établissement public de santé.

Art. D. 4221-13 Les candidats lauréats des épreuves de vérification des connaissances justifiant de fonctions hospitalières antérieures en qualité d'attaché associé, de praticien attaché associé, d'assistant associé ou d'interne à titre étranger peuvent être dispensés, après avis de la commission d'autorisation d'exercice, en tout ou partie, de l'exercice des fonctions prévues à l'article D. 4221-12.

Les candidats justifient de trois ans de fonctions hospitalières dans l'un des statuts susmentionnés à la date de dépôt du dossier devant la commission d'autorisation d'exercice. Ces fonctions doivent avoir été effectuées à temps plein ou à temps partiel par période d'au moins trois mois consécutifs.

Pour être prises en compte, les fonctions à temps partiel doivent avoir été effectuées à concurrence d'au moins cinq demi-journées par semaine. Elles sont décomptées en proportion de la durée des fonctions à temps plein.

SOUS-SECTION 2 DÉLIVRANCE DE L'AUTORISATION D'EXERCICE

Art. R. 4221-13-1 I. – Le ministre chargé de la santé délivre, après avis de la commission, l'autorisation d'exercice prévue à l'article L. 4221-12, le cas échéant dans la spécialité.

II. – La demande, accompagnée d'un dossier comportant les pièces prévues par arrêté du ministre chargé de la santé, est adressée au Centre national de gestion mentionné à l'article L. 6152-5-2 qui en accuse réception dans le délai d'un mois à compter de sa réception. Le silence gardé par l'autorité ministérielle pendant un an à compter de la réception d'un dossier complet vaut décision de rejet. Ce délai peut être prolongé de deux mois, par décision de l'autorité ministérielle, notifiée au plus tard un mois avant l'expiration de celui-ci, en cas de difficulté sérieuse portant sur l'appréciation de l'expérience professionnelle du candidat.

III. – En cas de refus, la décision du ministre chargé de la santé est motivée.

Art. D. 4221-13-2 La commission d'autorisation d'exercice évalue la compétence des candidats, au vu, notamment, du rapport d'évaluation établi par le responsable de la structure dans laquelle le lauréat a effectué les fonctions mentionnées aux articles D. 4221-12 et D. 4221-13. La commission peut convoquer les candidats pour une audition. Les modalités d'évaluation des fonctions sont fixées par arrêté du ministre chargé de la santé.

Art. D. 4221-13-3 En cas d'avis défavorable, la commission peut émettre des recommandations. Les avis sont motivés.

Art. D. 4221-13-4 Les autorisations d'exercice sont publiées au *Journal officiel* de la République française.

SECTION III PROCÉDURE D'AUTORISATION D'EXERCICE POUR LES PHARMACIENS TITULAIRES DE TITRES DE FORMATION DÉLIVRÉS PAR UN ÉTAT MEMBRE DE L'UNION EUROPÉENNE OU PAR UN AUTRE ÉTAT PARTIE À L'ACCORD SUR L'ESPACE ÉCONOMIQUE EUROPÉEN OU PAR UN ÉTAT TIERS ET RECONNUS PAR UN ÉTAT, MEMBRE OU PARTIE

(*Décr. n° 2014-1071 du 22 sept. 2014, art. 5-2°*)

SOUS-SECTION 1 RESSORTISSANTS D'UN ÉTAT MEMBRE DE L'UNION EUROPÉENNE OU D'UN AUTRE ÉTAT PARTIE À L'ACCORD SUR L'ESPACE ÉCONOMIQUE EUROPÉEN TITULAIRES DE TITRES DE FORMATION DÉLIVRÉS PAR L'UN DE CES ÉTATS OU PAR UN ÉTAT TIERS ET RECONNUS PAR UN ÉTAT, MEMBRE OU PARTIE

Art. R. 4221-13-5 Le ministre chargé de la santé délivre, après avis de la commission d'autorisation d'exercice mentionnée à l'article D. 4221-1, les autorisations d'exercice prévues aux articles L. 4221-14-1 et L. 4221-14-2, au vu d'un dossier présenté et instruit selon des modalités fixées par l'arrêté mentionné à l'article R. 4221-14.

Les dossiers sont adressés au Centre national de gestion qui accuse réception de la demande dans le délai d'un mois à compter de sa réception.

Le silence gardé par l'autorité ministérielle à l'expiration d'un délai de quatre mois à compter de la réception d'un dossier complet vaut décision de rejet de la demande.

Art. R. 4221-13-6 *(Décr. nº 2017-1520 du 2 nov. 2017, art. 5)* « La commission examine les connaissances, aptitudes et compétences acquises au cours de la formation initiale, de l'expérience professionnelle et de la formation tout au long de la vie de l'intéressé, selon les modalités prévues à l'article R. 4111-17. »

Les candidats à l'autorisation d'exercice recrutés, pour accomplir le stage d'adaptation mentionné à l'article R. 4111-18, par un établissement public de santé le sont, au choix de l'établissement, dans les conditions définies à l'article R. 6152-542 ou à l'article R. 6152-635.

SOUS-SECTION 2 RESSORTISSANTS D'UN ÉTAT NON MEMBRE DE L'UNION EUROPÉENNE OU PARTIE À L'ACCORD SUR L'ESPACE ÉCONOMIQUE EUROPÉEN TITULAIRES DE TITRES DE FORMATION DÉLIVRÉS PAR UN DES ÉTATS MEMBRE*[S]* OU PARTIE*[S]*

Art. R. 4221-13-7 Le ministre chargé de la santé délivre, après avis de la commission d'autorisation d'exercice mentionnée à l'article D. 4221-1, les autorisations d'exercice prévues à l'article L. 4221-9, au vu d'un dossier présenté et instruit selon des modalités fixées par l'arrêté mentionné à l'article R. 4221-14.

Les dossiers sont adressés au Centre national de gestion qui accuse réception de la demande dans le délai d'un mois à compter de sa réception.

Le silence gardé par l'autorité ministérielle à l'expiration d'un délai de six mois à compter de la réception d'un dossier complet vaut décision de rejet de la demande.

Art. D. 4221-13-8 Les candidats à l'autorisation d'exercice au titre des dispositions de l'article L. 4221-9 justifient du niveau suffisant de maîtrise de la langue française lors de la remise du dossier prévu à l'article R. 4221-14, par l'obtention d'un des titres prévus par arrêté du ministre chargé de la santé.

SOUS-SECTION 3 DISPOSITIONS COMMUNES

Art. D. 4221-13-9 Les autorisations d'exercice sont publiées au *Journal officiel* de la République française.

Art. R. 4221-14 I. – Sont fixées par arrêté du ministre chargé de la santé :

1° La composition du dossier produit à l'appui de la demande d'autorisation ;

2° Les modalités d'organisation et d'évaluation du stage d'adaptation.

II. – La composition du jury de l'épreuve d'aptitude et les modalités d'organisation de cette épreuve sont fixées par arrêté du ministre chargé de l'enseignement supérieur et du ministre chargé de la santé.

SECTION IV AUTORISATION D'EXERCICE DES TITULAIRES DE TITRES DE FORMATION OBTENUS DANS LA PROVINCE DE QUÉBEC

(Décr. nº 2010-1124 du 23 sept. 2010)

Les sections III à VIII du chapitre Ier du titre II du livre II de la quatrième partie deviennent les sections IV à IX (Décr. nº 2014-1071 du 22 sept. 2014, art. 5-1º).

Art. D. 4221-14-1 *Les pharmaciens* titulaires d'un titre de formation obtenu dans la province de Québec adressent une demande d'autorisation d'exercice en application de l'article L. 4221-7 par lettre recommandée avec avis de réception au Conseil national de l'ordre des pharmaciens.

Le formulaire de demande et la liste des pièces à fournir à l'appui de leur demande sont fixés par arrêté du ministre chargé de la santé.

Art. D. 4221-14-2 Le Conseil national de l'ordre accuse réception de la demande dans le délai d'un mois à compter de sa réception.

Il informe l'intéressé de tout document manquant, le cas échéant, et de l'obligation de réaliser un stage à temps plein d'une durée de six mois, renouvelable une fois.

Art. D. 4221-14-3 Lorsque le stage est réalisé dans une structure ou un organisme agréé pour la formation des internes, les articles R. 6152-538 à R. 6152-541 ou R. 6152-632 à R. 6152-634 s'appliquent.

Art. D. 4221-14-4 Le stage fait l'objet d'un rapport d'évaluation, dont le modèle est fixé par arrêté du ministre chargé de la santé.

Le rapport est adressé au Conseil national de l'ordre des pharmaciens avec copie à l'intéressé.

Art. D. 4221-14-5 Le Conseil national de l'ordre transmet le dossier complet, comportant notamment le rapport d'évaluation, accompagné de son avis, au ministre chargé de la santé, qui se prononce sur la demande d'autorisation d'exercice.

SECTION V SUSPENSION TEMPORAIRE DU DROIT D'EXERCER

SOUS-SECTION 1 SUSPENSION TEMPORAIRE DU DROIT D'EXERCER POUR INFIRMITÉ OU ÉTAT PATHOLOGIQUE

(Décr. n° 2014-545 du 26 mai 2014, art. 4)

Art. R. 4221-15 I. — Dans le cas d'infirmité ou d'état pathologique rendant dangereux l'exercice de la profession, la suspension temporaire du droit d'exercer est prononcée par le conseil régional ou le conseil central compétent pour une période déterminée, qui peut, s'il y a lieu, être renouvelée. Toutefois, lorsque cette infirmité ou l'état pathologique n'est pas de nature à interdire à l'intéressé toute activité de pharmacien, les autorités ci-dessus désignées peuvent se borner à lui imposer l'obligation de se faire assister.

II. — Le conseil régional ou le conseil central compétent est saisi soit par le directeur général de l'agence régionale de santé*[,]* soit par une délibération du Conseil national. Ces saisines ne sont pas susceptibles de recours.

III. — La suspension ne peut être ordonnée que sur un rapport motivé, établi à la demande du conseil régional ou du conseil central compétent par trois médecins désignés comme experts, le premier par l'intéressé, le deuxième par le conseil régional ou le conseil central compétent et le troisième par les deux premiers experts.

IV. — En cas de carence de l'intéressé lors de la désignation du premier expert ou de désaccord des deux experts lors de la désignation du troisième, la désignation est faite, à la demande du conseil, par ordonnance du président du tribunal de grande instance dans le ressort duquel se trouve la résidence professionnelle de l'intéressé. Cette demande est dispensée de ministère d'avocat.

V. — Les experts procèdent ensemble, sauf impossibilité manifeste, à l'expertise. Le rapport d'expertise est déposé au plus tard dans le délai de six semaines à compter de la saisine du conseil.

Si les experts ne peuvent parvenir à la rédaction de conclusions communes, le rapport comporte l'avis motivé de chacun d'eux.

Si l'intéressé ne se présente pas à la convocation fixée par les experts, une seconde convocation lui est adressée. En cas d'absence de l'intéressé aux deux convocations, les experts établissent un rapport de carence à l'intention du conseil régional ou du *[conseil]* central compétent, qui peut alors suspendre le pharmacien pour présomption d'infirmité ou d'état pathologique rendant dangereux l'exercice de la profession.

Avant de se prononcer, le conseil régional ou le conseil central compétent peut, par une décision non susceptible de recours, décider de faire procéder à une expertise complémentaire dans les conditions prévues au présent article.

VI. — Si le conseil régional ou le conseil central compétent n'a pas statué dans le délai de deux mois à compter de la réception de la demande dont il est saisi, l'affaire est portée devant le Conseil national de l'ordre.

VII. — Ces instances subordonnent la reprise de l'activité professionnelle à la constatation de l'aptitude de l'intéressé par une nouvelle expertise réalisée dans les conditions prévues aux III, IV et V du présent article, et dont il incombe au pharmacien concerné de demander l'organisation au conseil régional ou au conseil central compétent au plus tard deux mois avant l'expiration de la période de suspension.

Si le rapport d'expertise est favorable à la reprise de l'exercice professionnel, le conseil régional ou le conseil central compétent peut décider que le pharmacien est apte à exercer sa profession et en informe les autorités qui avaient reçu notification de la suspension.

S'il estime ne pas pouvoir suivre l'avis favorable des experts ou si l'expertise est défavorable à la reprise de l'exercice professionnel, le conseil prononce une nouvelle suspension temporaire du droit d'exercer ou, lorsque l'infirmité ou l'état pathologique n'est pas de nature à interdire à l'intéressé toute activité de pharmacien, le conseil peut se borner à lui imposer l'obligation de se faire assister.

VIII. — Les experts facturent leurs honoraires conformément à la cotation des actes définie par arrêté du ministre chargé de la santé. Les frais et honoraires sont à la charge du conseil.

1. Entrée en vigueur (Décr. 26 mai 2014). Le décret est entré en vigueur le lendemain de sa publication ; toute décision postérieure à l'entrée en vigueur doit avoir été prise selon la procédure prévue par ce décret, même si l'instruction a été menée avant ledit décret. • CE 7 avr. 2016, *M. B. A.*, n° 385997.

2. Caractère administratif. Les décisions par lesquelles la section disciplinaire statue en matière de suspension temporaire du droit d'exercer la médecine dans le cas d'infirmité ou d'état pathologique n'ont pas le caractère de décisions juridictionnelles susceptibles d'être déférées au Conseil d'État par la voie du recours en cassation. • CE 7 déc. 1956, *Rajaonary*, n° 34639 : *Lebon 469* (sol. transposable). ♦ Inapplicabilité, en conséquence, de l'art. 6, § 1er, Conv. EDH. • CE 25 juin 1997, *Patricia X.*, n° 161508 : *Lebon 262 ; D. 1997. 196 ; RDSS 1998. 65, obs. Dubouis* (médecins, sol. transposable)

3. Contrôle restreint. L'appréciation à laquelle le Conseil national se livre pour décider qu'un pharmacien doit être suspendu et non seulement enjoint de se faire assister n'est pas susceptible d'être discutée devant le juge de l'excès de pouvoir. • CE, sect., 24 mai 1974, *Sieur Diot*, n° 86282 : *Lebon 306 ; RDSS 1975. 190, concl. Vught.*

4. Contrôle normal sur la motivation. L'ordre n'est pas tenu de prendre en considération le préjudice matériel que pourrait causer une mesure de suspension, laquelle est ordonnée dans le seul intérêt de la santé publique. • CE, sect., 24 mai 1974, *Sieur Diot*, n° 86282 : *préc. note 3.*

5. Procédure, actes préparatoires. L'acte par lequel le préfet demande au conseil régional de l'ordre d'engager à la procédure prévue à l'art. R. 5013 *bis* [R. 4221-15] ne constitue que la première étape d'une procédure administrative à la suite de laquelle le conseil régional sera appelé à se prononcer, et ne présente pas le caractère d'une décision faisant par elle-même grief à l'intéressé. • CE 10 mai 1989, *Mlle Salabert*, n° 101116 : *RDSS 1990. 65, obs. J.-M. Auby et G. Viala ; ibid. 649, obs. J.-M. Auby et G. Viala* ♦ Il en va de même de la lettre du conseil régional de l'ordre demandant au préfet d'engager cette procédure, qui revêt le caractère d'une mesure préparatoire. • CE 24 juin 1991, *Mlle Salabert*, n° 105632.

Art. R. 4221-15-1 Le président du conseil régional ou du conseil central compétent désigne un rapporteur.

Le pharmacien intéressé et, le cas échéant, le Conseil national sont convoqués par lettre recommandée avec demande d'avis de réception huit jours au moins avant la séance du conseil régional ou du conseil central compétent. Ils sont informés des dates auxquelles ils peuvent consulter le dossier au siège du conseil régional ou du conseil central compétent. Le rapport des experts leur est communiqué.

La convocation indique que le pharmacien peut se faire assister ou représenter par toute personne de son choix et, le cas échéant, le Conseil national par un de ses membres ou par un avocat.

Art. R. 4221-15-2 I. — La décision du conseil régional ou central est notifiée par lettre recommandée avec demande d'avis de réception au pharmacien intéressé, au Conseil national et au directeur général de l'agence régionale de santé.

La notification mentionne que la décision est susceptible de recours devant le Conseil national, dans le délai de dix jours, sur la requête du pharmacien intéressé, du Conseil national ou du directeur général de l'agence régionale de santé et que le recours n'a pas d'effet suspensif.

II. — Les organismes d'assurance maladie du régime général, de la mutualité sociale agricole et du régime social des indépendants ayant compétence dans la région dans laquelle le pharmacien exerce sont informés des décisions de suspension d'exercice prises par le conseil régional ou par le conseil central compétent. Lorsque le pharmacien exerce dans un établissement de santé, le directeur général de l'agence régionale de santé communique la décision de suspension au directeur de l'établissement.

III. — Lorsque le pharmacien est ressortissant de l'un des États membres de l'Union européenne ou parties à l'accord sur l'Espace économique européen, la décision de suspension est, en outre, notifiée à l'autorité compétente de l'État membre ou partie d'origine et à l'État membre ou partie de provenance ainsi que, le cas échéant, à l'État membre ou partie d'accueil connu à la date de la notification.

IV. — Le Conseil national informe le conseil central de la section A des décisions prises par les conseils régionaux. Le conseil central de la section A informe l'ensemble des conseils régionaux de ces décisions.

Art. R. 4221-15-3 Les dispositions des articles R. 4221-15-1 et R. 4221-15-2 sont applicables devant le Conseil national. Les décisions du Conseil national sont, en outre, notifiées au conseil régional ou au conseil central compétent. La notification mentionne que la décision est susceptible d'un recours pour excès de pouvoir devant le Conseil d'État dans le délai de deux mois.

SOUS-SECTION 2 SUSPENSION TEMPORAIRE DU DROIT D'EXERCER POUR INSUFFISANCE PROFESSIONNELLE

(Décr. nº 2014-545 du 26 mai 2014, art. 4)

Art. R. 4221-15-4 I. — En cas d'insuffisance professionnelle rendant dangereux l'exercice de la profession, la suspension temporaire, totale ou partielle, du droit d'exercer est prononcée par le conseil régional ou le conseil central compétent pour une période déterminée, qui peut, s'il y a lieu, être renouvelée.

Le conseil est saisi à cet effet soit par le directeur général de l'agence régionale de santé, soit par une délibération du Conseil national. Ces saisines ne sont pas susceptibles de recours.

II. — La suspension ne peut être ordonnée que sur un rapport motivé établi à la demande du conseil régional ou central compétent par trois pharmaciens relevant de la même section que celle du pharmacien concerné, désignés comme experts, le premier par l'intéressé, le deuxième par le conseil régional ou le conseil central compétent et le troisième par les deux premiers experts parmi les pharmaciens enseignants.

III. — En cas de carence de l'intéressé lors de la désignation du premier expert ou de désaccord des deux experts lors de la désignation du troisième, la désignation est faite, à la demande du conseil, par ordonnance du président du tribunal de grande instance dans le ressort duquel se trouve la résidence professionnelle de l'intéressé. Cette demande est dispensée du ministère d'avocat.

IV. — Les experts procèdent ensemble, sauf impossibilité manifeste, à l'examen des connaissances théoriques et pratiques du pharmacien. Le rapport d'expertise est déposé au plus tard dans le délai de six semaines à compter de la saisine du conseil. Il indique les insuffisances relevées au cours de l'expertise, leur dangerosité et préconise les moyens de les pallier par une formation théorique et, si nécessaire, pratique.

Si les experts ne peuvent parvenir à la rédaction de conclusions communes, le rapport comporte *l'avis motivé de* chacun d'eux.

Si l'intéressé ne se présente pas à la convocation fixée par les experts, une seconde convocation lui est adressée. En cas d'absence de l'intéressé aux deux convocations, les experts établissent un rapport de carence à l'intention du conseil régional ou du *[conseil]* central compétent, qui peut alors suspendre le pharmacien pour présomption d'insuffisance professionnelle rendant dangereux l'exercice de la profession.

V. — Avant de se prononcer, le conseil régional ou le conseil central compétent peut, par une décision non susceptible de recours, décider de faire procéder à une expertise complémentaire dans les conditions prévues aux II, III et IV du présent article.

VI. — Si le conseil régional ou le conseil central compétent n'a pas statué dans le délai de deux mois à compter de la réception de la demande dont il est saisi, l'affaire est portée devant le Conseil national de l'ordre.

VII. – La décision de suspension temporaire du droit d'exercer pour insuffisance professionnelle définit les obligations de formation du pharmacien.

La notification de la décision mentionne que la reprise de l'exercice professionnel par le pharmacien ne pourra avoir lieu sans qu'il ait au préalable justifié auprès du conseil régional ou du conseil central compétent avoir rempli les obligations de formation fixées par la décision.

VIII. – Les experts facturent leurs honoraires conformément à la cotation des actes définie par arrêté du ministre chargé de la santé. Les frais et honoraires sont à la charge du conseil qui a fait procéder à l'expertise.

Art. R. 4221-15-5 Le pharmacien qui a fait l'objet d'une mesure de suspension totale ou partielle du droit d'exercer ne peut reprendre son activité sans avoir justifié auprès du conseil régional ou central compétent avoir rempli les obligations de formation fixées par la décision. Dans ce cas, le conseil décide que le pharmacien est apte à exercer sa profession et en informe les autorités qui ont reçu notification de la suspension.

S'il apparaît que les obligations posées par la décision du conseil régional ou central compétent, ou, dans le cas du VI de l'article R. 4221-15-4, du Conseil national, n'ont pas été satisfaites, la suspension de l'intéressé est prolongée par le conseil régional ou le conseil central compétent jusqu'à ce que ce conseil se soit prononcé dans les conditions prévues par l'article R. 4221-15-4.

Art. R. 4221-15-6 Les dispositions des articles R. 4221-15-1 à R. 4221-15-3 sont applicables à la suspension temporaire du droit d'exercer pour insuffisance professionnelle.

SECTION VI CONVENTIONS ET LIENS AVEC LES ENTREPRISES

(Décr. nº 2007-454 du 25 mars 2007, art. 2)

Art. R. 4221-16 Les dispositions des articles R. 4113-104 à R. 4113-110, à l'exception de l'article R. 4113-108, sont applicables aux pharmaciens.

SECTION VII ENREGISTREMENT DES MEMBRES DE LA PROFESSION ET DES DIPLÔMÉS NON EXERÇANT*[S]*

(Décr. nº 2004-1445 du 23 déc. 2004, art. 2)

Art. R. 4221-17 La décision de suspension prononcée en application de l'article L. 4221-18 est notifiée au pharmacien par l'autorité administrative compétente par lettre remise en mains propres contre émargement. La décision précise la date à laquelle l'audition de l'intéressé prévue à ce même article a lieu. La décision est motivée.

La mesure de suspension prend fin de plein droit lorsque la décision de l'instance ordinale est intervenue en application du deuxième alinéa de l'article L. 4221-18, ou lorsqu'il n'a pas été procédé à l'audition du pharmacien dans le délai prévu à ce même article, sauf si l'absence de cette formalité est le fait de l'intéressé lui-même.

Art. R. 4221-18 Le pharmacien dont la suspension du droit d'exercer est prononcée en application de l'article L. 4221-18 peut se faire assister, lorsqu'il est entendu par l'autorité administrative ayant prononcé la suspension, par une ou plusieurs personnes de son choix.

Art. R. 4221-19 Lorsque le pharmacien suspendu en application de l'article L. 4221-18 exerce dans un ou plusieurs établissements de santé, l'autorité administrative ayant prononcé la suspension informe immédiatement de sa décision le responsable légal de l'établissement ou des établissements où l'intéressé exerce et, pour les agents de droit public, l'autorité ayant pouvoir de nomination lorsque celle-ci est différente du *responsable légal*.

Art. R. 4221-20 Lorsque le pharmacien suspendu en application de l'article L. 4221-18 a la qualité d'agent de droit public, l'autorité investie du pouvoir hiérarchique lui maintient, lorsqu'il est fonctionnaire, son traitement ainsi que l'indemnité de résidence, le supplément familial de traitement et les prestations familiales obligatoires et, lorsqu'il n'est pas fonctionnaire, ses émoluments mensuels.

Lorsque le pharmacien suspendu en application de l'article L. 4221-18 a la qualité de salarié soumis au code du travail, l'employeur lui maintient son salaire pendant la période de mise à pied conservatoire.

SECTION VIII IDENTIFICATION ET LISTES DES MEMBRES DE LA PROFESSION DE PHARMACIEN

(Décr. n° 2009-134 du 6 févr. 2009)

Art. D. 4221-21 Pour les pharmaciens tenus de s'inscrire au tableau de l'ordre, le conseil de l'ordre dont ils relèvent procède, dans le cadre de l'inscription au tableau, à l'enregistrement prévu à l'article L. 4221-16 au vu du diplôme, certificat ou titre présenté par l'intéressé ou, à défaut, de l'attestation qui en tient lieu.

En cas de modification de leurs coordonnées de correspondance ou d'intégration au corps de réserve sanitaire prévu à l'article L. 3132-1, les pharmaciens mentionnés au premier alinéa en tiennent informé le conseil, dans le délai d'un mois.

Les personnes ayant interrompu ou cessé leur activité de pharmacien restent tenues, pendant une période de trois ans suivant leur radiation du tableau de l'ordre, d'informer le conseil, dans le délai d'un mois, de toute modification de leurs coordonnées de correspondance.

Pour les pharmaciens mentionnés à l'article L. 4222-7, les opérations d'enregistrement de leurs diplômes, certificats ou titres et de recueil ou tenue à jour des informations mentionnées au deuxième alinéa sont réalisées, dans le même délai, par l'organisme ou l'autorité dont ils relèvent.

Art. D. 4221-22 Il appartient au conseil compétent de l'ordre ou pour les pharmaciens mentionnés à l'article L. 4222-7 à l'organisme ou l'autorité dont ils relèvent de mettre en œuvre les procédures appropriées, notamment par confrontation des informations obtenues auprès de l'autorité ayant délivré le diplôme, certificat ou titre ou l'attestation qui en tient lieu avec les pièces justificatives produites par le demandeur, afin de s'assurer de l'authenticité de ce document ainsi que, le cas échéant, de la régularité de l'autorisation d'exercice.

Art. D. 4221-23 A partir des informations qui lui sont communiquées par les conseils compétents, le Conseil national transmet au ministre chargé de la santé ainsi qu'à l'organisme désigné à cet effet par arrêté une mise à jour hebdomadaire des éléments issus de l'inscription au tableau et des opérations prévues aux trois premiers alinéas de l'article D. 4221-21.

Pour les pharmaciens mentionnés à l'article L. 4222-7, la transmission des éléments correspondants est assurée par l'organisme ou l'autorité dont ils relèvent.

Art. D. 4221-24 A partir des traitements mis en œuvre dans le cadre des procédures relevant de leur compétence en matière d'autorisations d'exercice, de gestion ou de suivi de l'activité des pharmaciens, les services de l'État ainsi que les établissements publics de l'État placés sous la tutelle du ministre chargé de la santé transmettent à l'organisme gestionnaire du répertoire mentionné à l'article D. 4113-118 une mise à jour hebdomadaire des données propres à compléter celles mentionnées aux premier et second alinéas de l'article D. 4221-23 en ce qui concerne l'identification ainsi que les statuts, les modes et lieux d'exercice de ces pharmaciens.

Art. D. 4221-25 Les données transmises en application des articles D. 4221-23 et D. 4221-24 sont réputées validées par l'organisme ou l'autorité qui en a assuré la transmission.

Art. D. 4221-26 Pour l'application de l'article L. 4221-16, la liste des pharmaciens est établie à partir des informations contenues dans le répertoire mentionné à l'article D. 4113-118. Le contenu de cette liste est limité aux pharmaciens en exercice et, pour chacun d'eux, aux données suivantes :

1° L'identifiant personnel dans le répertoire mentionné à l'article D. 4113-118 ;
2° Les nom et prénom d'exercice ;
3° Les qualifications et titres professionnels correspondant à l'activité exercée ;
4° Les coordonnées des structures d'exercice.

La liste mentionnée au premier alinéa est consultable, pour chaque département, dans les locaux de la direction départementale des affaires sanitaires et sociales ou d'autres organismes ouverts au public, désignés par arrêté du ministre chargé de la santé ou, pour les pharmaciens appartenant aux cadres actifs du service de santé des armées, du ministre de la défense. Pour Saint-Barthélemy et Saint-Martin, cette liste est consultable dans les locaux de la direction de la santé et du développement social de la Guadeloupe ou d'autres organismes ouverts au public désignés par arrêté du ministre chargé de la santé.

La liste est également consultable par affichage sous forme électronique, dans des conditions fixées par l'arrêté prévu à l'article D. 4113-118.

Le Conseil national de l'ordre des pharmaciens porte à la connaissance du public, au moyen d'un service de communication en ligne tenu à jour, ces mêmes informations pour les pharmaciens inscrits au tableau.

Art. D. 4221-26-1 *(Décr. n° 2017-1520 du 2 nov. 2017, art. 2-XI)* Les professionnels ayant obtenu une autorisation d'exercice partiel de la profession concernée figurent sur une liste distincte qui contient le titre professionnel sous lequel ils sont autorisés à exercer et le champ d'activités correspondant.

Art. D. 4221-27 *(Décr. n° 2010-1131 du 27 sept. 2010, art. 1er-IV)* Le Conseil national de l'ordre des pharmaciens ou toute instance de cet ordre habilitée à cet effet par le Conseil national procède à l'enregistrement des personnes qui ont obtenu depuis moins de trois ans un titre de formation ou une autorisation requis pour l'exercice de la profession de pharmacien mais n'exercent pas.

Le Conseil national ou l'instance habilitée procède à l'enregistrement après vérification des pièces justificatives d'identité présentées ou transmises par l'intéressé.

Jusqu'à la mise en œuvre du dispositif prévu à l'article L. 4221-16-1, le conseil ou l'instance procède également à la vérification de l'authenticité des documents présentés ou transmis par l'intéressé pour justifier de ses titres de formation par leur confrontation avec les informations obtenues auprès des organismes ayant délivré ces titres.

Art. D. 4221-28 *(Décr. n° 2010-1131 du 27 sept. 2010, art. 1er-IV)* Les personnes mentionnées à l'article D. 4221-27 informent le Conseil national de l'ordre de la profession ou toute instance ordinale habilitée à cet effet, dans le délai d'un mois, de tout changement de leur état civil, de leur situation professionnelle ou de leur résidence, notamment en cas de modification de leurs coordonnées de correspondance.

Art. D. 4221-29 *(Décr. n° 2010-1131 du 27 sept. 2010, art. 1er-IV)* Le Conseil national de l'ordre des pharmaciens transmet à l'organisme chargé de la gestion du répertoire mentionné à l'article D. 4113-118 une mise à jour mensuelle des données issues des opérations prévues aux articles D. 4221-27 et D. 4221-28. Les données ainsi transmises sont réputées validées par le Conseil national.

Art. D. 4221-30 *(Décr. n° 2010-1131 du 27 sept. 2010, art. 1er-IV)* Les agences régionales de santé transmettent à l'organisme gestionnaire du répertoire mentionné à l'article D. 4113-118 une mise à jour semestrielle des données relatives aux lieux d'affectation des internes en pharmacie.

SECTION IX TRANSMISSION D'INFORMATIONS AUX FINS D'ENREGISTREMENT DES PERSONNES EXERÇANT OU SUSCEPTIBLES D'EXERCER LA PROFESSION DE PHARMACIEN

(Décr. n° 2011-462 du 26 avr. 2011)

Art. R. 4221-31 Les informations transmises, en application de l'article L. 4221-16-1, par les organismes délivrant les titres de formation au service ou à l'organisme *chargé de l'enregistrement* des personnes mentionnées à l'article L. 4221-16 sont :

1° Les données d'état civil du titulaire du titre de formation ou de l'étudiant en cours de formation et les autres données d'identification permettant au service ou à l'organisme chargé de l'enregistrement de s'assurer de l'identité du demandeur ;

2° Le libellé et l'adresse de l'établissement ou de l'organisme ayant dispensé la formation correspondant au titre délivré ou au niveau de formation certifié ;

3° L'intitulé du titre de formation délivré à l'issue du cycle de formation, selon la classification prévue par les textes réglementaires en vigueur ;

4° Le niveau de formation atteint par les étudiants susceptibles d'être autorisés à exercer les tâches prévues aux articles L. 4221-15 et L. 4241-10.

Art. R. 4221-32 Les informations mentionnées à l'article R. 4221-31 sont transmises au moment de l'obtention du titre de formation ou de la reconnaissance du niveau de formation.

SECTION X AUTORISATION TEMPORAIRE D'EXERCICE POUR LES PHARMACIENS SPÉCIALISTES TITULAIRES D'UN DIPLÔME PERMETTANT L'EXERCICE DE LA SPÉCIALITÉ DANS LEUR PAYS D'ORIGINE

(Décr. n° 2017-1601 du 22 nov. 2017, art. 2)

Art. R. 4221-33 Les dispositions de la section V du chapitre Ier du titre Ier du livre Ier sont applicables à l'autorisation temporaire d'exercice des pharmaciens spécialistes délivrée en application du 2° de l'article L. 4221-1-1, sous réserve des adaptations suivantes :

1° La promesse d'accueil doit être faite par un établissement public de santé ;

2° Les lieux de stage doivent être agréés en application de l'article D. 633-14 du code de l'éducation ;

3° L'accompagnement des pharmaciens spécialistes durant leur formation est assuré par le coordinateur interrégional mentionné par l'article D. 633-12 du même code.

CHAPITRE II INSCRIPTION AU TABLEAU DE L'ORDRE ET DÉCLARATION DE PRESTATION DE SERVICES *(Décr. n° 2010-334 du 26 mars 2010, art. 3).*

SECTION PREMIÈRE INSCRIPTION AU TABLEAU DE L'ORDRE *(Décr. n° 2010-334 du 26 mars 2010, art. 3).*

Art. R. 4222-1 *(Décr. n° 2013-466 du 4 juin 2013, art. 1er-1°-a)* « Le pharmacien, la société d'exercice libéral ou la société de participations financières de profession libérale de pharmaciens d'officine qui sollicite son inscription au tableau de l'ordre adresse sa demande par tout moyen permettant de rapporter la preuve de sa date de réception :

« 1° Pour les pharmaciens et les sociétés d'exercice libéral de pharmaciens titulaires d'une officine, ainsi que pour les sociétés de participations financières de profession libérale de pharmaciens d'officine, au président du conseil régional de la région dans laquelle le pharmacien veut exercer ou dans laquelle est situé le siège de la société ; »

2° Pour les autres catégories de pharmaciens, à l'exception de ceux relevant du 3° du présent article, au président du conseil central de la section dont relève leur activité en application des dispositions de l'article L. 4232-1 ;

3° Pour les pharmaciens ou sociétés d'exercice libéral exerçant leur art *(Décr. n° 2013-466 du 4 juin 2013, art. 1er-1°-b)* « , ainsi que pour les sociétés de participations financières de profession libérale de pharmaciens d'officine dont le siège est situé » dans les départements d'outre-mer et à Saint-Pierre-et-Miquelon, à leur délégation locale.

Art. R. 4222-2 *(Décr. n° 2009-958 du 29 juill. 2009, art. 9)* Le pharmacien qui demande son inscription au tableau fournit les pièces mentionnées à l'article R. 4112-1, à l'exception du 3°.

Il fournit en outre une copie, accompagnée le cas échéant d'une traduction faite par un traducteur agréé auprès des tribunaux français ou habilité à intervenir auprès des autorités judiciaires ou administratives d'un État membre de *(Décr. n° 2010-334 du 26 mars 2010, art. 3)* « l'Union européenne » ou partie à l'accord sur l'Espace économique européen, de l'un des titres de formation exigés par le 1° de l'article L. 4221-1, à laquelle sont joints :

1° Lorsque le demandeur est un ressortissant d'un État membre de *(Décr. n° 2010-336 du 26 mars 2010, art. 3)* « l'Union européenne » ou partie à l'accord sur l'Espace économique européen : la ou les attestations prévues par les textes pris en application des articles L. 4221-4 et L. 4221-5 ;

2° Lorsque le demandeur bénéficie d'une autorisation d'exercice délivrée en application des articles L. 4221-9, L. 4221-12, L. 4221-14-1 et L. 4221-14-2 *(Décr. n° 2017-1520 du 2 nov. 2017, art. 6-1°)* « ou d'une autorisation d'exercice délivrée en application de l'article L. 4002-3 », la copie de cette autorisation.

Le président du conseil central de l'ordre ou le président du conseil régional de l'ordre des pharmaciens d'officine accuse réception du dossier complet dans un délai d'un mois à compter de son enregistrement.

Art. R. 4222-3 La demande est accompagnée :

1° Lorsqu'elle est présentée en vue d'exercer en qualité de titulaire d'officine :

a) De la copie de la licence prévue à l'article L. 5125-4 ;

b) De la copie de toute pièce justifiant de la libre disposition des locaux destinés à l'implantation de l'officine ;

c) Sauf en cas de création d'une officine, de la copie de l'acte de cession à titre gratuit ou onéreux de tout ou partie de l'officine sous condition suspensive de l'enregistrement de la déclaration prévue à l'article L. 5125-16 ou, en cas de succession, de la copie de l'acte de partage ;

d) De tout document justifiant que sont remplies les conditions mentionnées à l'article L. 5125-9 ;

e) La production de la copie des statuts, lorsqu'il est constitué une société en vue de l'exploitation d'une officine ;

2° Lorsqu'elle est présentée en vue d'exercer en qualité de pharmacien responsable, délégué, responsable intérimaire ou délégué intérimaire d'une entreprise ou d'un organisme mentionné à l'article *(Décr. n° 2005-840 du 20 juill. 2005, art. 11)* « R. 5124-2 » ou à l'article *(Décr. n° 2005-840 du 20 juill. 2005, art. 11)* « R. 5142-1 » :

a) De la justification que l'intéressé satisfait aux conditions d'exercice prévues, selon le cas, *(Décr. n° 2005-840 du 20 juill. 2005, art. 11)* « aux articles R. 5124-16 à R. 5124-18 ou R. 5142-16 à R. 5142-18 » ;

b) Lorsque l'établissement est la propriété d'une société, de la copie de l'acte de l'organe social compétent portant désignation de l'intéressé et fixant ses attributions ;

3° Lorsqu'elle est présentée en vue d'exercer une autre activité professionnelle de pharmacien, de toutes pièces précisant la nature, les conditions et modalités d'exercice de ladite activité ;

4° Lorsqu'elle vise à l'inscription d'une société d'exercice libéral, outre les pièces mentionnées au 1° :

a) De la copie des statuts de la société et de son règlement intérieur ;

b) De la liste des associés, mentionnant, pour chacun d'eux, sa qualité de professionnel en exercice *(Décr. n° 2017-354 du 20 mars 2017, art. 1er)* « et, le cas échéant sa qualité d'adjoint, » ou la catégorie de personnes au titre de laquelle il est associé ;

c) De l'indication de la répartition du capital entre les associés.

Art. R. 4222-3-1 *(Décr. n° 2013-466 du 4 juin 2013, art. 1er-2°)* La demande d'inscription d'une société de participations financières de profession libérale de pharmaciens d'officine est adressée par un mandataire commun désigné par les associés. Elle est accompagnée des pièces suivantes :

1° Un exemplaire des statuts de la société ;

2° Un récépissé du dépôt au greffe chargé de la tenue du registre du commerce et des sociétés du lieu du siège social de la demande d'immatriculation de la société ;

3° La liste des associés mentionnant, pour chacun d'eux, la catégorie de personnes ou de sociétés mentionnée à l'article R. 5125-24-2 au titre de laquelle il est associé et la part de capital qu'il détient dans la société ;

4° Toute convention relative au fonctionnement de la société ou aux rapports entre associés.

La demande d'inscription est accompagnée, le cas échéant, d'une note d'information désignant les sociétés d'exercice libéral dont des parts ou actions du capital social sont détenues, à sa constitution, par la société de participations financières de profession libérale et précisant la répartition du capital qui résulte de ces participations pour chacune d'entre elles.

Art. R. 4222-4 Les sociétés d'exercice libéral *(Décr. n° 2013-466 du 4 juin 2013, art. 1er-3°)* « et les sociétés de participations financières de profession libérale de pharmaciens d'officine » font l'objet d'une inscription en annexe du tableau mentionné aux articles L. 4222-1 et L. 4232-11 accompagnée du nom et, le cas échéant, de la dénomination sociale des associés qui les composent.

Cette inscription ne dispense pas les pharmaciens exerçant dans la société de leur inscription personnelle au tableau.

Art. R. 4222-4-1 *(Décr. n° 2014-545 du 26 mai 2014, art. 5)* I. — Le conseil régional ou central compétent vérifie les titres et qualités du demandeur. Il refuse l'inscription si le demandeur ne remplit pas les conditions prévues aux articles L. 4222-4 et L. 4232-12, s'il est établi, dans les conditions fixées au II, qu'il ne remplit pas les conditions nécessaires de compétence ou s'il est constaté, dans les conditions prévues au III, une infirmité ou un état pathologique incompatible avec l'exercice de la profession.

II. — En cas de doute sérieux sur la compétence professionnelle du demandeur, le conseil régional ou central compétent ordonne une expertise par une décision non susceptible de recours. Le rapport d'expertise est établi dans les conditions prévues aux II, III, IV et VIII de l'article R. 4221-15-4.

S'il est constaté, au vu du rapport d'expertise, une insuffisance professionnelle rendant dangereux l'exercice de la profession, le conseil refuse l'inscription et précise les obligations de formation du pharmacien. La notification de cette décision mentionne qu'une nouvelle demande d'inscription ne pourra être acceptée sans que le pharmacien ait au préalable justifié avoir rempli les obligations de formation fixées par la décision du conseil.

III. — En cas de doute sérieux sur l'existence d'une infirmité ou d'un état pathologique incompatible avec l'exercice de la profession, le conseil régional ou central compétent ordonne une expertise par une décision non susceptible de recours. Le rapport d'expertise est établi dans les conditions prévues aux III, IV, V et VIII de l'article R. 4221-15.

IV. — Le délai de trois mois mentionné à l'article L. 4222-3 et à l'article L. 4232-12 peut être prorogé d'une durée qui ne peut excéder deux mois par le conseil régional ou central compétent lorsqu'une expertise a été ordonnée.

V. — Aucune décision de refus d'inscription ne peut être prise sans que l'intéressé ait été invité quinze jours au moins à l'avance par lettre recommandée avec demande d'avis de réception à comparaître devant le conseil pour y présenter ses explications. La décision de refus est motivée.

Art. R. 4222-4-2 *(Décr. n° 2014-545 du 26 mai 2014, art. 5)* Le recours contre une décision de refus d'inscription prise par le Conseil national est porté devant le Conseil d'État dans un délai de deux mois à compter de la notification de la décision.

Art. R. 4222-4-3 *(Décr. n° 2017-1520 du 2 nov. 2017, art. 2-VIII)* Le contrôle par l'autorité compétente de la maîtrise de la langue française par le demandeur donne lieu à une décision qui peut faire l'objet d'un recours devant le tribunal administratif territorialement compétent.

SECTION II DÉCLARATION DE PRESTATION DE SERVICES *(Décr. n° 2010-334 du 26 mars 2010, art. 3).*

(Décr. n° 2009-958 du 29 juill. 2009, art. 10)

Art. R. 4222-5 Les dispositions des articles R. 4112-9 à R. 4112-11 sont applicables à la prestation de service*[s]* des pharmaciens, dont la déclaration est prévue à l'article L. 4222-9.

Art. R. 4222-6 Le pharmacien prestataire de services est soumis à la chambre disciplinaire du conseil compétent.

Lorsqu'un prestataire de services est traduit devant la chambre disciplinaire d'un conseil régional, ce conseil en avise sans délai le conseil central des pharmaciens d'officine, gérant de la section A.

Dans le cas où plusieurs conseils régionaux sont simultanément saisis de plaintes contre un prestataire de services, le conseil central des pharmaciens d'officine désigne le conseil qui statue sur les plaintes.

Art. R. 4222-7 L'autorité compétente de l'État où est établi le prestataire de services est immédiatement informée de la sanction prise contre ce dernier.

Art. R. 4222-8 Un arrêté du ministre chargé de la santé fixe :

1° Le modèle de formulaire de la déclaration *(Décr. nº 2017-1520 du 2 nov. 2017, art. 6-2°)* « et de la déclaration d'exercice partiel » ainsi que la liste des pièces justificatives ;

2° Les informations à *(Décr. nº 2010-334 du 26 mars 2010, art. 3)* « fournir » dans les états statistiques.

SECTION III CARTE PROFESSIONNELLE

(Décr. nº 2017-1520 du 2 nov. 2017, art. 6-3°)

Art. R. 4222-9 Un pharmacien qui souhaite obtenir une carte professionnelle européenne en application de l'article L. 4002-2 dépose, par voie électronique, sa demande, accompagnée des pièces justificatives, auprès d'une direction régionale de la jeunesse, des sports et de la cohésion sociale désignée par arrêté du ministre chargé de la santé. Celle-ci transmet le dossier électronique individuel, créé dans le système d'information du marché intérieur mentionné au II de l'article 1er de l'ordonnance nº 2016-1809 du 22 décembre 2016 relative à la reconnaissance des qualifications professionnelles de professions réglementées, au conseil national de l'ordre. Le conseil national de l'ordre en accuse réception dans un délai d'une semaine et, le cas échéant, informe le demandeur de tout document manquant.

Dans un délai d'un mois à compter de l'accusé de réception du dossier complet ou de la réception des documents manquants, le conseil national de l'ordre vérifie que le demandeur est légalement établi en France et que les pièces justificatives sont valides.

En cas de doute sérieux, le conseil national de l'ordre peut s'adresser aux organismes français concernés ou aux autorités compétentes des autres États, membres de l'Union européenne ou parties à l'Espace économique européen, pour qu'elles authentifient les pièces concernées.

Dans le cas où le pharmacien souhaite s'établir ou effectuer une prestation de services dans un autre État, membre ou partie, le conseil national de l'ordre transmet le dossier complet, sans délai et par voie électronique, à l'autorité compétente de cet État. Il informe simultanément le pharmacien de cette transmission.

Lorsque l'État, membre ou partie, d'accueil du pharmacien sollicite des informations complémentaires, l'autorité compétente française répond au plus tard dans les quinze jours qui suivent la demande.

Art. R. 4222-10 I. — La demande de carte professionnelle européenne, accompagnée des pièces justificatives, est déposée par un pharmacien auprès de l'autorité compétente d'un État membre de l'Union européenne ou partie à l'Accord sur l'Espace économique européen, en vue d'exercer la profession de pharmacien en France ou d'y effectuer une prestation de services. L'autorité compétente de l'État, membre ou partie, d'origine du demandeur, transmet par voie électronique le dossier à la direction régionale mentionnée au premier alinéa de l'article R. 4222-9.

II. — La direction régionale mentionnée au premier alinéa de l'article R. 4222-9, qui reçoit d'une autorité compétente d'un État, membre ou partie, la demande de carte professionnelle européenne d'un pharmacien, accompagnée des pièces justificatives nécessaires, transmet le dossier électronique individuel créé dans le système d'information du marché intérieur :

*1° Ou bien, lorsque les dis*positions prévues aux articles L. 4221-4 et L. 4221-5 sont applicables, au conseil national de l'ordre, en vue de la délivrance de la carte dans un délai d'un mois à compter de la réception de la demande ;

2° Ou bien, lorsque le pharmacien souhaite effectuer une prestation de services et que son titre de formation ne répond pas aux conditions prévues aux articles L. 4221-4 et L. 4221-5, au conseil national de l'ordre qui peut, le cas échéant, soumettre l'intéressé à une épreuve d'aptitude dans un délai de deux mois à compter de la réception de la demande ;

3° Ou bien, en cas de demande d'exercice de la profession en France, lorsque le titre de formation du pharmacien ne répond pas aux conditions prévues aux articles L. 4221-4 et L. 4221-5, au Centre national de gestion qui peut, le cas échéant, soumettre l'intéressé à une mesure de compensation dans un délai de deux mois à compter de la réception de la demande.

Le conseil national de l'ordre ou le Centre national de gestion peuvent solliciter des informations complémentaires auprès de l'État, membre ou partie, d'origine du demandeur.

Ils peuvent refuser de délivrer la carte s'ils ne reçoivent pas les informations nécessaires à l'examen de la demande. Ce refus est motivé.

III. — Les délais prévus aux 1° à 3° du II peuvent être prolongés d'une durée de quinze jours, renouvelable une fois, pour des raisons de santé publique. La décision de prolongation est motivée et communiquée au demandeur.

En l'absence de décision dans les délais prévus au 1° à 3° du II, la carte professionnelle européenne est considérée comme délivrée et adressée par voie électronique au pharmacien.

Art. R. 4222-11 Un arrêté du ministre chargé de la santé fixe :

1° La liste des pièces justificatives accompagnant la demande de carte professionnelle européenne, comportant notamment les conditions dans lesquelles les documents manquants sont exigibles et les obligations de traduction ;

2° Les modalités de mise à jour, en application de l'article 4 de l'ordonnance n° 2016-1809 du 22 décembre 2016 déjà citée, des dossiers électroniques des pharmaciens titulaires d'une carte professionnelle européenne.

CHAPITRE III DISPOSITIONS PÉNALES

Le présent chapitre ne comporte pas de dispositions réglementaires.

TITRE TROISIÈME ORGANISATION DE LA PROFESSION DE PHARMACIEN

CHAPITRE PREMIER MISSION ET COMPOSITION DE L'ORDRE NATIONAL ET DU CONSEIL NATIONAL

Le présent chapitre ne comporte pas de dispositions réglementaires.

CHAPITRE II ORGANISATION DE L'ORDRE

Art. D. 4232-1 *(Décr. n° 2009-134 du 6 févr. 2009)* Pour l'application de l'article L. 4232-11, le tableau des pharmaciens inscrits dans la section E est établi à partir des informations contenues dans le répertoire mentionné à l'article D. 4113-118. Le contenu du tableau est limité aux pharmaciens en exercice. Pour chacun d'eux, ne peuvent figurer que les données énumérées aux 1° à 4° de l'article D. 4221-26.

Le tableau est consultable dans les locaux des services de l'État chargés, à l'échelon local, de la santé.

Art. *[D.]* 4232-2 *(Décr. n° 2018-118 du 19 févr. 2018, art. 1er, en vigueur pour les prochains renouvellements de chacun des conseils de l'ordre)* Sous réserve de l'article R. 4233-1 en ce qui concerne la région Provence-Alpes-Côte d'Azur et la collectivité de Corse, les ressorts territoriaux des conseils régionaux de l'ordre des pharmaciens correspondent aux délimitations des régions administratives.

CHAPITRE III DISPOSITIONS COMMUNES AUX DIFFÉRENTS CONSEILS

SECTION PREMIÈRE DISPOSITIONS GÉNÉRALES RELATIVES AUX ÉLECTIONS

Art. D. 4233-1 Les conseillers ordinaux sont élus au scrutin plurinominal majoritaire à un tour. Chaque électeur vote pour autant de candidats qu'il y a de sièges à pourvoir au titre de son département, de sa région ou de sa catégorie professionnelle.

(Décr. n° 2005-261 du 21 mars 2005) « Les pharmaciens titulaires d'officine des régions Provence-Alpes-Côte d'Azur et Corse élisent un conseil régional unique. Pour l'élection des conseillers représentant les pharmaciens adjoints d'officine au conseil central de la section D, ces deux régions forment une seule circonscription électorale. »

Chaque candidat à la fonction de conseiller ordinal titulaire se présente en tandem avec un candidat suppléant.

Sont proclamés élus les tandems ayant obtenu le plus grand nombre de voix, jusqu'à concurrence du nombre de sièges à pourvoir.

En cas d'égalité de suffrages, le siège est attribué au tandem comportant le candidat titulaire le plus âgé.

Nouvel art. R. 4233-1 (Décr. n° 2017-1418 du 29 sept. 2017, art. 8-1° et 17, en vigueur pour les prochains renouvellements des conseils de l'ordre) *I. — Les conseillers ordinaux sont élus conformément à l'article L. 4233-6.*

Chaque binôme de candidats aux fonctions de conseiller ordinal titulaire se présente avec ses suppléants. Chaque électeur vote pour autant de binômes de candidats qu'il y a de sièges à pourvoir au titre de son département, de sa région ou de sa catégorie professionnelle.

Les pharmaciens titulaires d'officine des régions Provence-Alpes-Côte d'Azur et Corse élisent un conseil régional unique. Pour l'élection des conseillers représentant les pharmaciens adjoints d'officine au conseil central de la section D, ces deux régions forment une seule circonscription électorale.

II. — Pour les sièges à pourvoir dans les conditions prévues aux articles L. 4232-4, L. 4232-13 et L. 4232-14 et au deuxième alinéa de l'article L. 4233-6, l'électeur vote au scrutin uninominal majoritaire à un tour pour des candidats qui se présentent avec leur candidat suppléant.

III. — Sont proclamés élus, les binômes de candidats ou candidats ayant obtenu le plus grand nombre de voix, jusqu'à concurrence du nombre de sièges à pourvoir.

En cas d'égalité de suffrages, le siège est attribué au binôme de candidats comportant le candidat titulaire le plus âgé ou au candidat le plus âgé.

Sur les dispositions transitoires relatives au prochain renouvellement du Conseil national de l'ordre des pharmaciens, des conseils centraux, des conseils régionaux de la section A et des délégations de l'ordre des pharmaciens, V. Décr. n° 2018-79 du 9 févr. 2018, art. 8.

Décret n° 2018-79 du 9 février 2018,

Portant diverses mesures d'adaptation relatives aux professions de santé.

Art. 8 I. — Le prochain renouvellement du Conseil national de l'ordre des pharmaciens, des conseils centraux, des conseils régionaux de la section A et des délégations de l'ordre des pharmaciens fixé entre mai et juillet 2018 intervient entre mai et juillet 2019.

Lors des élections prévues pour ce renouvellement, l'ensemble des conseils et délégations de l'ordre des pharmaciens sont intégralement renouvelés.

Dans les régions dont le périmètre a été modifié suite à la loi susvisée du 16 janvier 2015 relative à la délimitation des régions, aux élections régionales et départementales et modifiant le calendrier électoral, le conseil régional du siège de l'agence régionale de santé est le conseil organisateur.

II. — Les mandats des conseillers ordinaux sortants de ces instances sont prorogés d'une durée permettant à ces dernières de siéger jusqu'au renouvellement mentionné au I.

III. — Le mandat des conseillers ordinaux nouvellement élus de ces instances débute entre mai et juillet 2019 et expire entre mai et juillet 2025.

IV. — L'article 15 du décret du 29 septembre 2017 susvisé est abrogé.

Art. D. 4233-2 Sous réserve des cas prévus au troisième alinéa du présent article et à l'article D. 4233-3, la durée du mandat des conseillers ordinaux, titulaires ou suppléants, est de *(Décr. n° 2010-1363 du 10 nov. 2010, art. 1er)* « six » ans.

Les conseils de l'ordre sont renouvelés par moitié tous les (Décr. n° 2010-1363 du *10 nov. 2010, art. 1er*) « trois » ans.

(Décr. n° 2005-261 du 21 mars 2005) « En cas d'élection ayant porté sur la totalité des membres élus d'un conseil », afin de permettre un renouvellement ultérieur par moitié, un tirage au sort est effectué lors de la première séance suivant cette élection pour déterminer ceux des membres dont le mandat vient à expiration, respectivement,

au terme d'une durée de *(Décr. n° 2010-1363 du 10 nov. 2010, art. 1er)* « trois » ou *(Décr. n° 2010-1363 du 10 nov. 2010, art. 1er)* « six » ans.

(Décr. n° 2005-261 du 21 mars 2005) « Ce tirage au sort est effectué entre les tandems élus au sein de chaque délégation ou collège départemental, régional ou de catégorie professionnelle.

« Si, dans un conseil, certains collèges ont un effectif impair, un tirage au sort préalable est effectué entre ces collèges pour déterminer lesquels auront un nombre initial de mandats de *(Décr. n° 2010-1363 du 10 nov. 2010, art. 1er)* « six » ans immédiatement supérieur à la moitié de leur effectif, les autres ayant un nombre immédiatement inférieur, de façon que le nombre total des mandats de *(Décr. n° 2010-1363 du 10 nov. 2010, art. 1er)* « six » ans dans l'ensemble du conseil soit égal ou immédiatement supérieur à la moitié de l'effectif des élus de ce conseil. »

Un conseiller ordinal, titulaire ou suppléant appelé à remplacer le conseiller titulaire, absent et non représenté sans motif valable pendant trois séances consécutives, peut, sur proposition du conseil intéressé, être déclaré démissionnaire d'office par le Conseil national.

(Décr. n° 2005-261 du 21 mars 2005) « Le mandat des conseillers ordinaux élus prend fin à la proclamation des résultats de l'élection destinée à renouveler leur siège. »

Nouvel art. D. 4233-2 (Décr. n° 2018-118 du 19 févr. 2018, art. 1er) *« I. — » Sous réserve des cas prévus au troisième alinéa du présent article et à l'article D. 4233-3, la durée du mandat des conseillers ordinaux, titulaires ou suppléants, est de* (Décr. n° 2010-1363 du 10 nov. 2010, art. 1er) *« six » ans.*

Les conseils de l'ordre sont renouvelés par moitié tous les (Décr. n° 2010-1363 du 10 nov. 2010, art. 1er) *« trois » ans.*

(Décr. n° 2005-261 du 21 mars 2005) *« En cas d'élection ayant porté sur la totalité des membres élus d'un conseil », afin de permettre un renouvellement ultérieur par moitié, un tirage au sort est effectué* (Décr. n° 2018-118 du 19 févr. 2018, art. 1er) *« selon des modalités prévues par le règlement électoral » lors de la première séance suivant cette élection pour déterminer ceux des* (Décr. n° 2018-118 du 19 févr. 2018, art. 1er) *« binômes de membres ou des » membres dont le mandat vient à expiration, respectivement, au terme d'une durée de* (Décr. n° 2010-1363 du 10 nov. 2010, art. 1er) *« trois ou six » ans.*

(Décr. n° 2005-261 du 21 mars 2005) *« Ce tirage au sort est effectué entre les* (Décr. n° 2018-118 du 19 févr. 2018, art. 1er) *« binômes de membres ou les membres » élus au sein de chaque délégation ou collège départemental, régional ou de catégorie professionnelle.*

« Si, dans un conseil, certains collèges ont un effectif impair, un tirage au sort préalable est effectué entre ces collèges pour déterminer lesquels auront un nombre initial de mandats de (Décr. n° 2010-1363 du 10 nov. 2010, art. 1er) *« six » ans immédiatement supérieur à la moitié de leur effectif, les autres ayant un nombre immédiatement inférieur, de façon que le nombre total des mandats de* (Décr. n° 2010-1363 du 10 nov. 2010, art. 1er) *« six » ans dans l'ensemble du conseil soit égal ou immédiatement supérieur à la moitié de l'effectif des élus de ce conseil. »*

(Décr. n° 2018-118 du 19 févr. 2018, art. 1er) *« II. — » Un conseiller ordinal, titulaire ou suppléant appelé à remplacer le conseiller titulaire, absent et non représenté sans motif valable pendant trois séances consécutives, peut, sur proposition du conseil intéressé, être déclaré démissionnaire d'office par le Conseil national.*

(Décr. n° 2018-118 du 19 févr. 2018, art. 1er) *« III. — »* (Décr. n° 2005-261 du 21 mars 2005) *« Le mandat des conseillers ordinaux élus prend fin à la proclamation des résultats de l'élection destinée à renouveler leur siège. »*

(Décr. n° 2018-118 du 19 févr. 2018, art. 1er) *« Dans l'intervalle entre le jour de proclamation des résultats et la première séance du conseil qui suit le renouvellement par moitié, au cours de laquelle il doit être procédé à l'élection du nouveau bureau, le bureau en place assure le suivi des affaires courantes. »*

Le nouvel art. entre en vigueur pour les prochains renouvellements de chacun des conseils de l'ordre (Décr. n° 2018-118 du 19 févr. 2018, art. 2).

V. note ss. art. R. 4233-1 nouv.

Art. D. 4233-3 En cas de vacance, le siège d'un titulaire est pourvu par l'élu suppléant. La vacance est notamment constatée lorsque les membres titulaires cessent leurs fonctions ou lorsqu'ils ne remplissent plus les conditions exigées pour être éligibles au conseil de l'ordre.

Lorsqu'un ou plusieurs sièges de titulaire devenus vacants ne peuvent être ainsi pourvus, une élection partielle est organisée à la demande du conseil. Les membres alors élus restent en fonction jusqu'à la date à laquelle aurait expiré le mandat de ceux qu'ils remplacent.

Nouvel art. D. 4233-3 *En cas de vacance, le siège d'un titulaire est pourvu par l'élu suppléant. La vacance est notamment constatée lorsque les membres titulaires cessent leurs fonctions ou lorsqu'ils ne remplissent plus les conditions exigées pour être éligibles au conseil de l'ordre.*

(Décr. n° 2018-118 du 19 févr. 2018, art. 1er) *« Lorsqu'un ou plusieurs sièges de titulaire devenus vacants ne peuvent être ainsi pourvus, le conseil compétent peut procéder à une élection partielle dans les six mois à compter de la vacance de poste. Pour les conseils régionaux de la section A, le calendrier de ces élections est coordonné par le conseil central de la même section.*

« Les membres alors élus restent en fonction jusqu'à la date à laquelle aurait expiré le mandat de ces derniers. »

Le nouvel art. entre en vigueur pour les prochains renouvellements de chacun des conseils de l'ordre (Décr. n° 2018-118 du 19 févr. 2018, art. 2).

V. note ss. art. R. 4233-1 nouv.

Art. D. 4233-4 *(Décr. n° 2014-1595 du 23 déc. 2014, art. 1er-2°)* « Le membre suppléant remplace le membre titulaire qui vient à cesser ses fonctions avant la fin de son mandat. Il remplace également le membre titulaire empêché de siéger. »

Lorsque le membre titulaire remplacé est membre du bureau d'un conseil, son suppléant ne le remplace pas dans l'exercice de cette charge.

Art. D. 4233-5 *(Décr. n° 2014-1595 du 23 déc. 2014, art. 1er-3°)* Sont électeurs, au titre de chaque section de l'ordre, les pharmaciens qui, à la date de clôture de la liste électorale mentionnée à l'article D. 4233-7, sont régulièrement inscrits au tableau et ne sont pas frappés d'une décision d'interdiction d'exercice ou de servir des prestations aux assurés sociaux, devenue définitive et en cours d'exécution.

Nouvel art. D. 4233-5 (Décr. n° 2018-118 du 19 févr. 2018, art. 1er et 2, en vigueur pour les prochains renouvellements de chacun des conseils de l'ordre) *I. — Au plus tard deux mois avant la date de l'élection, est arrêtée, au titre de chaque section de l'ordre, une liste électorale, constituée des pharmaciens régulièrement inscrits au tableau, et qui ne sont pas frappés d'une décision d'interdiction d'exercice ou de servir des prestations aux assurés sociaux, devenue définitive et en cours d'exécution.*

II. — Cette liste des pharmaciens électeurs inscrits au tableau de l'ordre concernés par l'élection est consultable par tout électeur selon des modalités prévues par le règlement électoral, à compter de l'établissement de la liste électorale, pendant la durée de l'élection.

Dans les huit jours qui suivent la mise en consultation de la liste, les électeurs peuvent présenter au président du conseil organisateur des réclamations contre les inscriptions ou omissions. Celui-ci statue dans un délai de six jours. Ses décisions sont notifiées aux intéressés sans délai par tout moyen permettant de déterminer la date de réception.

III. — Dans les trois jours qui suivent la date de réception de la notification, la décision du président du conseil organisateur peut être frappée de recours devant le tribunal d'instance compétent.

Le recours devant le tribunal d'instance est présenté dans les formes prévues au premier alinéa de l'article R. 13 du code électoral.

Le tribunal statue en dernier ressort, dans les dix jours de sa saisine, sur simple avertissement qu'il donne trois jours à l'avance à toutes les parties. La décision du tribunal est notifiée par le greffe dans les trois jours par lettre recommandée avec demande d'avis de réception.

La décision n'est pas susceptible d'opposition.

Elle peut faire l'objet d'un pourvoi en cassation, formé dans les dix jours suivant la notification de la décision du tribunal d'instance. Celui-ci est soumis aux conditions définies aux articles R. 15-2 à R. 15-6 du code électoral.

La procédure est sans frais.

IV. — La liste est définitivement close au plus tard trois jours avant la date du scrutin par le président du conseil organisateur. Les modifications intervenues en application du présent article sont portées à la connaissance du président du conseil concerné.

Les modifications de la liste électorale décidées en application du présent article ne peuvent entraîner de modification du nombre des sièges à pourvoir.

V. notes ss. art. R. 4233-1 nouv.

Art. D. 4233-6 Pour être éligible à l'un des conseils de l'ordre, le pharmacien doit :

1° Être électeur au titre, selon le cas, du département, de la région ou de la catégorie professionnelle concernés. Toutefois, conformément à l'article L. 4232-13, les pharmaciens exerçant en métropole sont éligibles aux fonctions de représentant d'une sous-section de la section E au conseil central de cette section et au Conseil national. *(Décr. n° 2005-261 du 21 mars 2005)* « Un pharmacien électeur dans plusieurs collèges d'une même section ne peut se porter candidat qu'au titre de l'un de ces collèges » ;

2° Avoir été inscrit à l'ordre pendant une durée totale d'au moins *(Décr. n° 2010-1363 du 10 nov. 2010, art. 1er)* « trois » ans *(Décr. n° 2005-261 du 21 mars 2005)* « à la date de l'élection » ;

(Décr. n° 2014-1595 du 23 déc. 2014, art. 1er-4°) « 3° Ne pas avoir été frappé d'une décision d'interdiction d'exercice ou de servir des prestations aux assurés sociaux, devenue définitive, que celle-ci soit assortie ou non d'un sursis ; »

4° Avoir fait acte de candidature dans les conditions prévues à l'article D. 4233-9.

Lorsqu'un conseiller ordinal n'est plus inscrit au tableau de la section ou de la sous-section au titre de laquelle il a été élu, il est réputé démissionnaire d'office.

Les conseillers ordinaux sortants, titulaires ou suppléants, sont rééligibles.

Nouvel art. D. 4233-6 *Pour être éligible à l'un des conseils de l'ordre, le pharmacien doit :*

1° Être électeur au titre, selon le cas, du département, de la région ou de la catégorie professionnelle concernés. Toutefois, conformément à l'article L. 4232-13, les pharmaciens exerçant en métropole sont éligibles aux fonctions de représentant d'une (Décr. n° 2018-118 du 19 févr. 2018, art. 1er) *« délégation » de la section E au conseil central de cette section et au Conseil national.* (Décr. n° 2005-261 du 21 mars 2005) *« Un pharmacien électeur dans plusieurs collèges d'une même section ne peut se porter candidat qu'au titre de l'un de ces collèges » ;*

2° Avoir été inscrit à l'ordre pendant une durée totale d'au moins (Décr. n° 2010-1363 du 10 nov. 2010, art. 1er) *« trois » ans* (Décr. n° 2005-261 du 21 mars 2005) *« à la date de l'élection » ;*

(Décr. n° 2014-1595 du 23 déc. 2014, art. 1er-4°) *« 3° Ne pas avoir été frappé d'une décision d'interdiction d'exercice ou de servir des prestations aux assurés sociaux, devenue définitive, que celle-ci soit assortie ou non d'un sursis ; »*

4° Avoir fait acte de candidature dans les conditions prévues à l'article D. 4233-9.

(Décr. n° 2018-118 du 19 févr. 2018, art. 1er) *« Lorsqu'un conseiller ordinal n'est plus inscrit au tableau de la section ou de la délégation au titre de laquelle il a été élu, ou ne remplit plus les autres conditions exigées pour être éligible, il est réputé démissionnaire d'office. Cette démission lui est notifiée par le président du conseil intéressé. »*

Les conseillers ordinaux sortants, titulaires ou suppléants, sont rééligibles.

Le nouvel art. entre en vigueur pour les prochains renouvellements de chacun des conseils de l'ordre (Décr. n° 2018-118 du 19 févr. 2018, art. 2).

V. note ss. art. R. 4233-1 nouv.

Art. D. 4233-7 *(Décr. n° 2014-1595 du 23 déc. 2014, art. 1er-5°)* Les dates des élections des conseils de l'ordre, ainsi que les dates de clôture de la liste électorale et des dépôts de candidatures sont fixées par le Conseil national, après avis du bureau de chaque conseil central compétent.

Nouvel art. D. 4233-7 (Décr. n° 2014-1595 du 23 déc. 2014, art. 1er-5°) *Les dates des élections des conseils de l'ordre,* (Décr. n° 2018-118 du 19 févr. 2018, art. 1er) *« la date à laquelle est arrêtée la liste électorale mentionnée au I de l'article D. 4233-5, ainsi que celle » des dépôts de candidatures sont fixées par le Conseil national, après avis du bureau de chaque conseil central compétent.*

Le nouvel art. entre en vigueur pour les prochains renouvellements de chacun des conseils de l'ordre (Décr. n° 2018-118 du 19 févr. 2018, art. 2).

V. note ss. art. R. 4233-1 nouv.

Art. D. 4233-8 Deux mois au moins avant la date de l'élection, les présidents des conseils régionaux, centraux et national procèdent à un appel à candidatures pour les sièges des membres à élire. Cet appel fait connaître aux pharmaciens électeurs :

1° La date de l'élection ;

2° Le nombre des membres titulaires et suppléants à élire ;

3° Les modalités du scrutin fixées à l'article D. 4233-1 ;

4° Les règles relatives au mandat des conseillers ordinaux, prévues aux articles D. 4233-2 et D. 4233-4 ;

5° Les conditions et les formalités requises pour être électeur, éligible et candidat, en application des dispositions des articles D. 4233-5, D. 4233-6 et D. 4233-9.

Nouvel art. R. 4233-8 *Deux mois au moins avant la date de l'élection, les présidents des conseils régionaux, centraux et national procèdent à un appel à candidatures pour les sièges des membres à élire. Cet appel fait connaître aux pharmaciens électeurs :*

1° La date de l'élection ;

2° Le nombre (Décr. n° 2017-1418 du 29 sept. 2017, art. 8-2°) *« de binômes de membres ou de membres » titulaires et suppléants à élire ;*

3° Les modalités du scrutin fixées (Décr. n° 2017-1418 du 29 sept. 2017, art. 8-2°) *« aux articles L. 4233-6 et R. 4233-1 » ;*

4° Les règles relatives au mandat des conseillers ordinaux, prévues aux articles D. 4233-2 et D. 4233-4 ;

5° Les conditions et les formalités requises pour être électeur, éligible et candidat, en application des dispositions des articles D. 4233-5, D. 4233-6 et D. 4233-9.

Le nouvel art. entre en vigueur pour les prochains renouvellements de chacun des conseils de l'ordre (Décr. n° 2017-1418 du 29 sept. 2017, art. 17).

V. note ss. art. R. 4233-1 nouv.

Art. D. 4233-9 *(Décr. n° 2014-1595 du 23 déc. 2014, art. 1er-6°)* Les tandems de candidats aux élections des conseils régionaux et centraux adressent leur candidature au siège du conseil concerné, ou pour la section E au siège de la délégation locale, par lettre recommandée avec demande d'avis de réception. La candidature peut également être réceptionnée contre récépissé au siège du conseil concerné ou pour la section E au siège de la délégation locale aux heures d'ouverture du service chargé de recevoir les candidatures.

Une déclaration parvenue après la date de clôture prévue à l'article D. 4233-7 est irrecevable.

La déclaration de candidature est faite conjointement par le candidat titulaire et le candidat suppléant. Les deux candidats y confirment leur engagement à respecter les dispositions du présent code dans l'exercice de leurs fonctions ordinales.

Le retrait de candidature n'est pas possible au-delà de la date et de l'heure de clôture des dépôts des candidatures.

Nouvel art. D. 4233-9 (Décr. n° 2018-118 du 19 févr. 2018, art. 1er) *« Les binômes de candidats ou les candidats, titulaires, présentés avec leurs suppléants, en vue des élections des conseils régionaux et centraux, adressent leur déclaration conjointe de candidature au siège du conseil concerné ou, pour la section E, au siège de la délégation locale, par tout moyen permettant d'en accuser la date de réception. »*

Une déclaration parvenue après la date (Décr. n° 2018-118 du 19 févr. 2018, art. 1er) *« des dépôts de candidatures » prévue à l'article D. 4233-7 est irrecevable.*

(Abrogé par Décr. n° 2018-118 du 19 févr. 2018, art. 1er) *« La déclaration de candidature est faite conjointement par le candidat titulaire et le candidat suppléant. » Les* (Abrogé par Décr. n° 2018-118 du 19 févr. 2018, art. 1er) *« deux » candidats y confirment leur engagement à respecter les dispositions du présent code dans l'exercice de leurs fonctions ordinales.*

Le retrait de candidature n'est pas possible au-delà de la date et de l'heure de clôture des dépôts des candidatures.

Le nouvel art. entre en vigueur pour les prochains renouvellements de chacun des conseils de l'ordre (Décr. n° 2018-118 du 19 févr. 2018, art. 2).

V. note ss. art. R. 4233-1 nouv.

Art. D. 4233-10 *(Décr. n° 2014-1595 du 23 déc. 2014, art. 1er-6°)* Chaque tandem de candidats peut rédiger une circulaire dont les caractéristiques sont fixées par le règlement électoral.

Ces circulaires, rédigées en français, ne peuvent être consacrées qu'à la présentation du tandem des candidats au nom duquel elles sont diffusées et à des questions relevant de la compétence de l'ordre en application des articles L. 4231-1 et suivants ou concernant le fonctionnement ordinal.

Les circulaires sont adressées au conseil compétent en même temps que les déclarations de candidature.

Dès réception de la circulaire par le conseil, celui-ci la transmet au représentant du ministère chargé de la santé auprès dudit conseil qui veille, avant son envoi, au respect de ces conditions.

Nouvel art. D. 4233-10 (Décr. n° 2014-1595 du 23 déc. 2014, art. 1er-6°) *Chaque* (Décr. n° 2018-118 du 19 févr. 2018, art. 1er) *« binôme de candidats ou candidat, titulaires et suppléants, » peut rédiger une circulaire dont les caractéristiques sont fixées par le règlement électoral.*

Ces circulaires, rédigées en français, ne peuvent être consacrées qu'à la présentation du (Décr. n° 2018-118 du 19 févr. 2018, art. 1er) *« binôme de candidats ou du candidat, et de ses suppléants, » au nom* (Décr. n° 2018-118 du 19 févr. 2018, art. 1er) *« desquels » elles sont diffusées et à des questions relevant de la compétence de l'ordre en application des articles L. 4231-1 et suivants ou concernant le fonctionnement ordinal.*

(Décr. n° 2018-118 du 19 févr. 2018, art. 1er) *« Les déclarations de candidatures et les circulaires sont adressées en même temps au conseil compétent qui vérifie le respect des conditions précitées selon des modalités définies par le règlement électoral. »*

(Abrogé par Décr. n° 2018-118 du 19 févr. 2018, art. 1er) *« Dès réception de la circulaire par le conseil, celui-ci la transmet au représentant du ministère chargé de la santé auprès dudit conseil qui veille, avant son envoi, au respect de ces conditions. »*

Le nouvel art. entre en vigueur pour les prochains renouvellements de chacun des conseils de l'ordre (Décr. n° 2018-118 du 19 févr. 2018, art. 2).

V. note ss. art. R. 4233-1 nouv.

Art. D. 4233-11 *(Décr. n° 2005-261 du 21 mars 2005) (Décr. n° 2014-1595 du 23 déc. 2014, art. 1er-7°)* « Le vote a lieu par voie électronique par internet. Lorsqu'un vote électronique est prévu, il exclut toute autre modalité d'expression de suffrage. » L'ordre peut également, pour une ou plusieurs sections, organiser un vote par correspondance. L'électeur ne peut alors voter, à son choix, que selon l'une de ces deux modalités.

L'électeur ne peut, à peine de nullité de son vote, dissocier ou modifier un tandem de candidats ni désigner un nombre de tandems supérieur au nombre de sièges à pourvoir.

Nouvel art. D. 4233-11 (Décr. n° 2005-261 du 21 mars 2005) (Décr. n° 2014-1595 du 23 déc. 2014, art. 1er-7°) *« Le vote a lieu par voie électronique par internet. Lorsqu'un vote électronique est prévu, il exclut toute autre modalité d'expression de suffrage. » L'ordre peut également, pour une ou plusieurs sections, organiser un vote par correspondance. L'électeur ne peut alors voter, à son choix, que selon l'une de ces deux modalités.*

(Décr. n° 2018-118 du 19 févr. 2018, art. 1er) *« L'électeur ne peut, à peine de nullité de son vote, modifier ou dissocier les noms d'un binôme de candidats, ou ceux des titulaires et de leurs suppléants, ni désigner un nombre de candidats ou de binômes supérieur au nombre de sièges à pourvoir. »*

Le nouvel art. entre en vigueur pour les prochains renouvellements de chacun des conseils de l'ordre (Décr. n° 2018-118 du 19 févr. 2018, art. 2).

V. note ss. art. R. 4233-1 nouv.

SECTION II DU VOTE ÉLECTRONIQUE

(Décr. n° 2005-261 du 21 mars 2005)

Art. D. 4233-12 *(Décr. n° 2014-1595 du 23 déc. 2014, art. 2-1°)* Le recours au vote électronique par internet est organisé dans le respect des principes fondamentaux qui commandent les opérations électorales, l'accès au vote de tous les électeurs, le secret du scrutin, le caractère personnel libre et anonyme du vote, l'intégrité des suffrages exprimés, la surveillance effective du scrutin et le contrôle *a posteriori* par le juge de l'élection.

Le droit d'accès s'exerce auprès du Conseil national de l'ordre des pharmaciens.

Les données relatives aux électeurs et à leur vote font l'objet de trois traitements automatisés d'information distincts, respectivement dénommés "fichier des électeurs", "fichier des candidats" et "contenu de l'urne électronique".

Les modalités d'organisation du vote électronique par internet sont fixées dans le règlement électoral mentionné à l'article L. 4233-3 et pris après avis de la Commission nationale de l'informatique et des libertés, recueilli préalablement par le Conseil national de l'ordre des pharmaciens.

Le Conseil national de l'ordre des pharmaciens est responsable de la mise en œuvre des traitements automatisés d'information distincts, notamment s'agissant de la création desdits traitements dans les conditions définies par la loi n° 78-17 du 6 janvier 1978 modifiée relative à l'informatique, aux fichiers et aux libertés.

Art. D. 4233-13 Quinze jours au moins avant l'élection, le président du conseil régional ou central *(Décr. n° 2014-1595 du 23 déc. 2014, art. 2-2°-a)* « concerné » intéressé par cette élection *(Décr. n° 2014-1595 du 23 déc. 2014, art. 2-2°-b)* « met à disposition des » électeurs :

1° Les dates et heures d'ouverture et de clôture du scrutin ;

2° La liste des tandems de candidats établie par ordre alphabétique des noms des candidats titulaires, à partir d'une lettre tirée au sort par le Conseil national ;

3° Les éventuelles circulaires *(Décr. n° 2014-1595 du 23 déc. 2014, art. 2-2°-c)* « accompagnant la déclaration de candidature » des tandems mentionnées à l'article D. 4233-10 ;

4° Les instructions relatives aux modalités du vote électronique ;

5° Dans des conditions garantissant leur confidentialité, un code d'identification personnel et un mot de passe unique permettant à l'électeur d'accéder au système auquel il doit se relier pour voter.

Nouvel art. D. 4233-13 *Quinze jours au moins avant l'élection, le président du conseil régional ou central* (Décr. n° 2014-1595 du 23 déc. 2014, art. 2-2°-a) *« concerné »* (Abrogé par Décr. n° 2018-118 du 19 févr. 2018, art. 1er) *« intéressé » par cette élection* (Décr. n° 2014-1595 du 23 déc. 2014, art. 2-2°-b) *« met à disposition des » électeurs :*

1° Les dates et heures d'ouverture et de clôture du scrutin ;

(Décr. n° 2018-118 du 19 févr. 2018, art. 1er) *« 2° La liste des binômes de candidats ou des candidats, et de leurs suppléants, est ordonnée par ordre alphabétique à partir d'une lettre tirée au sort par le Conseil national. Les noms des binômes sont ordonnés à partir du nom du candidat titulaire composant le binôme, le plus avancé dans l'ordre alphabétique ;*

« 3° Le cas échéant, les circulaires accompagnant la déclaration conjointe de candidature des binômes de candidats ou des candidats et de leurs suppléants mentionnées à l'article D. 4233-10 ; »

(Abrogé par Décr. n° 2018-118 du 19 févr. 2018, art. 1er) *« 4° Les instructions relatives aux modalités du vote électronique ;*

« 5° Dans des conditions garantissant leur confidentialité, un code d'identification personnel et un mot de passe unique permettant à l'électeur d'accéder au système auquel il doit se relier pour voter. »

(Décr. n° 2018-118 du 19 févr. 2018, art. 1er) *« Dans le même délai, les électeurs reçoivent également, dans des conditions garantissant leur confidentialité, un code d'identification personnel et un mot de passe unique permettant d'accéder au système de vote électronique, ainsi que les instructions relatives aux modalités du vote électronique. »*

Le nouvel art. entre en vigueur pour les prochains renouvellements de chacun des conseils de l'ordre (Décr. n° 2018-118 du 19 févr. 2018, art. 2).

V. note ss. art. R. 4233-1 nouv.

Art. D. 4233-14 Pour voter par voie électronique, l'électeur, après s'être connecté au système de vote, s'identifie au moyen de son code et de son mot de passe, exprime son vote et le valide. La validation du vote le rend définitif et empêche toute modification.

La transmission du vote et l'émargement de l'électeur font l'objet d'un avis de réception électronique sur lequel figure la date de cette réception.

SECTION III **DU VOTE PAR CORRESPONDANCE**

(Décr. n° 2005-261 du 21 mars 2005)

Art. D. 4233-15 Si un vote par correspondance est prévu, l'envoi mentionné à l'article D. 4233-13 comprend en outre les instructions et le matériel de vote qui s'y rapportent.

Art. D. 4233-15-1 Après avoir indiqué sur le bulletin les tandems qu'il choisit, l'électeur envoie son vote cacheté dans l'enveloppe d'acheminement spéciale qui lui a été fournie. Celle-ci porte le nom et l'adresse du conseil ou de la délégation intéressé par l'élection, ainsi que, sous une forme cryptée et permettant sa lecture automatisée, l'identification de l'électeur.

L'électeur ne doit, à peine de nullité de son vote, porter aucune autre mention ni signe quelconque sur le bulletin ou l'enveloppe.

Nouvel art. R. 4233-15-1 *Après avoir indiqué sur le bulletin* (Décr. n° 2017-1418 du 29 sept. 2017, art. 8-3°) *« les binômes de candidats ou les candidats » qu'il choisit, l'électeur envoie son vote cacheté dans l'enveloppe d'acheminement spéciale qui lui a été fournie. Celle-ci porte le nom et l'adresse du conseil ou de la délégation intéressé par l'élection, ainsi que* (Abrogé par Décr. n° 2017-1418 du 29 sept. 2017, art. 8-3°) *« , sous une forme cryptée et permettant sa lecture automatisée, » l'identification de l'électeur.*

L'électeur ne doit, à peine de nullité de son vote, porter aucune autre mention ni signe quelconque sur le bulletin ou l'enveloppe.

Le nouvel art. entre en vigueur pour les prochains renouvellements de chacun des conseils de l'ordre (Décr. n° 2017-1418 du 29 sept. 2017, art. 17).

V. note ss. art. R. 4233-1 nouv.

SECTION IV **DU DÉPOUILLEMENT DU SCRUTIN**

(Décr. n° 2005-261 du 21 mars 2005)

Art. D. 4233-15-2 *(Décr. n° 2014-1595 du 23 déc. 2014, art. 3-1°)* Le dépouillement du scrutin a lieu au siège du conseil, au jour de l'élection prévu à l'article D. 4233-7.

Il est assuré par un bureau de vote constitué pour l'élection de chaque conseil. Le bureau est présidé, pour les conseils centraux, régionaux et le Conseil national, par le représentant du ministre chargé de la santé auprès de chacun de ces conseils. Pour le conseil central de la section A, le président est désigné par le ministre et, pour les délégations, par le directeur général de l'agence régionale de santé.

Le président désigne les membres du bureau de vote au moment de l'ouverture de la séance de dépouillement.

Les électeurs ont librement accès à la salle de dépouillement pendant le déroulement de celui-ci. Le président assure la police de la salle.

Nouvel art. D. 4233-15-2 (Décr. n° 2014-1595 du 23 déc. 2014, art. 3-1°) *Le dépouillement du scrutin a lieu au siège du conseil, au jour de l'élection prévu à l'article D. 4233-7.*

(Décr. n° 2018-118 du 19 févr. 2018, art. 1er) *« Il est assuré par un bureau de vote constitué pour l'élection de chaque conseil. Le bureau de vote est présidé par un membre du conseil désigné par son président, sur proposition du bureau de ce conseil.*

« Le président du bureau de vote désigne les membres de ce même bureau au moment de l'ouverture de la séance de dépouillement. »

Les électeurs ont librement accès à la salle de dépouillement pendant le déroulement de celui-ci. Le président assure la police de la salle.

Le nouvel art. entre en vigueur pour les prochains renouvellements de chacun des conseils de l'ordre (Décr. n° 2018-118 du 19 févr. 2018, art. 2).

V. note ss. art. R. 4233-1 nouv.

Art. D. 4233-15-3 *Abrogé par Décr. n° 2014-1595 du 23 déc. 2014, art. 3-2°.*

Art. D. 4233-15-4 Si un vote par correspondance a été organisé *(Abrogé par Décr. n° 2014-1595 du 23 déc. 2014, art. 3-3°-a) « parallèlement au vote électronique »*, l'émargement des enveloppes d'acheminement est effectué avant le dépouillement prévu à l'article D. 4233-15-3, au fur et à mesure de leur réception, dans le fichier des électeurs mentionné à l'article D. 4233-12.

Cet émargement interdit l'enregistrement ultérieur d'un éventuel vote électronique du même électeur.

Au début du dépouillement, le bureau de vote vérifie que le nombre des enveloppes d'acheminement à ouvrir correspond au nombre d'émargements enregistrés dans le fichier des électeurs au titre des votes par correspondance. Si ce n'est pas le cas, l'émargement pour ces votes est recommencé.

Les bulletins sont ensuite extraits des enveloppes d'acheminement, qui sont réunies pour être jointes au procès-verbal. Les bulletins sont dépouillés sous la surveillance des membres du bureau de vote.

Les votes blancs ou nuls n'entrent pas en compte dans le résultat des suffrages exprimés. Ils sont annexés au procès-verbal, assortis, pour les votes nuls, du motif de cette nullité, et paraphés par les membres du bureau.

Le bureau juge provisoirement les difficultés qui s'élèvent sur les opérations ; ses décisions sont motivées.

Art. D. 4233-16 *(Décr. nº 2014-1595 du 23 déc. 2014, art. 3-4º)* **Le président du bureau de vote établit et signe un procès-verbal des opérations de dépouillement.**

Dès l'établissement de ce procès-verbal, le résultat du vote est proclamé par le président du bureau de vote.

Au cas où ne peuvent être proclamés élus qu'un nombre insuffisant de titulaires et de suppléants, il est procédé dans les mêmes formes à une nouvelle consultation électorale en vue de la désignation des membres manquant *[manquants].*

Nouvel art. D. 4233-16 (Décr. nº 2014-1595 du 23 déc. 2014, art. 3-4º) ***Le président du bureau de vote établit et signe un procès-verbal des opérations*** (Décr. nº 2018-118 du 19 févr. 2018, art. 1er) ***« de vote et » de dépouillement.***

Dès l'établissement de ce procès-verbal, le résultat du vote est proclamé par le président du bureau de vote.

Au cas où ne peuvent être proclamés élus qu'un nombre insuffisant de (Décr. nº 2018-118 du 19 févr. 2018, art. 1er) ***« binômes*** [de membres] ***ou de membres, titulaires et suppléants », il est procédé dans les mêmes formes à une nouvelle consultation électorale en vue de la désignation des membres manquant*** [manquants].

Le nouvel art. entre en vigueur pour les prochains renouvellements de chacun des conseils de l'ordre (Décr. nº 2018-118 du 19 févr. 2018, art. 2).

V. note ss. art. R. 4233-1 nouv.

Art. D. 4233-17 **L'original du procès-verbal de dépouillement** *(Décr. nº 2005-261 du 21 mars 2005)* **« avec ses annexes** *(Abrogé par Décr. nº 2014-1595 du 23 déc. 2014, art. 3-5º-a)* ***« mentionnées à l'article D. 4233-16 »,*** **les fichiers supports comprenant la copie des programmes sources et des programmes exécutables, les fichiers d'émargement, de résultats et de sauvegarde, ainsi que les documents électoraux mentionnés aux articles D. 4233-13, D. 4233-15 et D. 4233-15-1 », sont conservés sous** *(Décr. nº 2014-1595 du 23 déc. 2014, art. 3-5º-b)* **« scellés, sous le contrôle d'une Commission nationale de contrôle des opérations de vote électronique dont la composition est fixée par le règlement électoral, jusqu'à l'expiration des délais de recours et, lorsqu'une action contentieuse a été engagée, jusqu'à la décision juridictionnelle définitive ».**

Le président du bureau de vote adresse immédiatement au ministre chargé de la santé copie du procès-verbal des opérations de dépouillement.

(Décr. nº 2005-261 du 21 mars 2005) **« Les enveloppes parvenues après la clôture du scrutin sont détruites sans être enregistrées ni ouvertes. »**

Nouvel art. D. 4233-17 ***L'original du procès-verbal*** (Décr. nº 2018-118 du 19 févr. 2018, art. 1er) ***« des opérations de vote et » de dépouillement*** (Décr. nº 2005-261 du 21 mars 2005) ***« avec ses annexes*** (Abrogé par Décr. nº 2014-1595 du 23 déc. 2014, art. 3-5º-a) ***« mentionnées à l'article D. 4233-16 », les fichiers supports comprenant la copie des programmes sources et des programmes exécutables, les fichiers d'émargement, de résultats et de sauvegarde, ainsi que les documents électoraux mentionnés aux articles D. 4233-13, D. 4233-15 et D. 4233-15-1 », sont conservés sous*** (Décr. nº 2014-1595 du 23 déc. 2014, art. 3-5º-b) ***« scellés, sous le contrôle d'une Commission nationale de contrôle des opérations de vote électronique dont la composition est fixée par le règlement électoral, jusqu'à l'expiration des délais de recours et, lorsqu'une action contentieuse a été engagée, jusqu'à la décision juridictionnelle définitive ».***

(Décr. n° 2018-118 du 19 févr. 2018, art. 1er) « *Le président du bureau de vote adresse immédiatement copie du procès-verbal des opérations de vote et de dépouillement au ministre chargé de la santé et, pour les élections des conseils régionaux de la section A, aux directeurs généraux des agences régionales de santé.* »

(Décr. n° 2005-261 du 21 mars 2005) « *Les enveloppes parvenues après la clôture du scrutin sont détruites sans être enregistrées ni ouvertes.* »

Le nouvel art. entre en vigueur pour les prochains renouvellements de chacun des conseils de l'ordre (Décr. n° 2018-118 du 19 févr. 2018, art. 2).

V. note ss. art. R. 4233-1 nouv.

Art. D. 4233-18 Les bureaux des conseils sont élus parmi les membres titulaires *(Décr. n° 2014-1595 du 23 déc. 2014, art. 3-6°-a)* « et les membres nommés ayant voix délibérative » à la première séance suivant chaque renouvellement de ces conseils, *(Décr. n° 2014-1595 du 23 déc. 2014, art. 3-6°-b)* « au plus tôt deux jours et » au plus tard quinze jours après la proclamation des résultats. Le vote a lieu à bulletin secret. Y prennent part les membres titulaires *(Décr. n° 2014-1595 du 23 déc. 2014, art. 3-6°-c)* « et les membres nommés, » présents ayant voix délibérative.

Au premier et au second tour, la majorité absolue des membres composant le conseil est requise. Au troisième tour, la majorité relative suffit.

Le vote par procuration est admis pour l'élection des membres du bureau du conseil central de la section E. Un même membre de ce conseil ne peut être porteur de plus d'une procuration.

Art. D. 4233-19 Les réclamations auxquelles donnent lieu les élections sont adressées par les électeurs au ministre chargé de la santé dans un délai de huit jours après la proclamation des résultats.

Nouvel art. D. 4233-19 (Décr. n° 2017-1418 du 29 sept. 2017, art. 8-4° et 17, en vigueur pour les prochains renouvellements de chacun des conseils de l'ordre) *Les élections aux conseils peuvent être déférées au tribunal administratif dans un délai de quinze jours.*

Ce délai court, pour les électeurs à compter du jour de l'élection et, pour les directeurs généraux des agences régionales de santé et le ministre chargé de la santé, à compter du jour de réception de la notification du procès-verbal de l'élection.

V. note ss. art. R. 4233-1 nouv.

SECTION V DISPOSITIONS PARTICULIÈRES À CERTAINES ÉLECTIONS

SOUS-SECTION 1 CONSEIL CENTRAL DE LA SECTION A

Art. D. 4233-20 *(Décr. n° 2014-1595 du 23 déc. 2014, art. 4)* « Les six régions qui, outre celle d'Île de France, comportent le plus grand nombre de pharmaciens titulaires d'officine sont désignées par le Conseil national, après avis du bureau du conseil central de la section A, selon les modalités prévues par le règlement électoral. »

Trois jours ouvrés au moins après avoir été élus, les membres des conseils régionaux correspondants et ceux du conseil régional d'Île-de-France se réunissent, sur convocation de leur président sortant, pour élire les pharmaciens titulaires d'officine destinés à assurer à leur région un supplément de représentation au sein du conseil central de la section A, conformément aux dispositions de l'article L. 4232-4.

Nouvel art. D. 4233-20 (Décr. n° 2018-118 du 19 févr. 2018, art. 1er) « *Pour l'application de l'article L. 4232-4, les régions qui comportent* » (Décr. n° 2014-1595 du 23 déc. 2014, art. 4) « *le plus grand nombre de pharmaciens titulaires d'officine sont désignées par le Conseil national, après avis du bureau du conseil central de la section A, selon les modalités prévues par le règlement électoral.* »

Trois jours ouvrés au moins après avoir été élus, les membres des conseils régionaux correspondants (Abrogé par Décr. n° 2018-118 du 19 févr. 2018, art. 1er) « *et ceux du conseil régional d'Île-de-France* » *se réunissent, sur convocation de leur président sortant, pour élire les pharmaciens titulaires d'officine destinés à assurer à leur région un supplément de représentation au sein du conseil central de la section A* (Abrogé par Décr. n° 2018-118 du 19 févr. 2018, art. 1er) « , *conformément aux dispositions de l'article L. 4232-4* ».

Le nouvel art. entre en vigueur pour les prochains renouvellements de chacun des conseils de l'ordre (Décr. n° 2018-118 du 19 févr. 2018, art. 2).

V. note ss. art. R. 4233-1 nouv.

Art. D. 4233-21 **Le scrutin a lieu à bulletin secret au siège du conseil régional. Y prennent part les membres titulaires** *(Décr. n° 2014-1595 du 23 déc. 2014, art. 4-1°-b)* **« et les membres nommés, » présents ayant voix délibérative.**

SOUS-SECTION 2 CONSEIL CENTRAL DE LA SECTION D

(Décr. n° 2014-1595 du 23 déc. 2014, art. 4-3°)

Art. D. 4233-21-1 **Les six régions qui** *(Abrogé par Décr. n° 2018-118 du 19 févr. 2018, art. 1er et 2, en vigueur pour les prochains renouvellements de chacun des conseils de l'ordre)* **«** *, outre celle d'Ile-de-France,* **» comportent le plus grand nombre de pharmaciens adjoints d'officine, conformément à l'article L. 4232-9, sont désignées par le Conseil national, après avis du bureau du conseil central de la section D, selon les modalités prévues par le règlement électoral.**

SOUS-SECTION 3 DÉLÉGATIONS LOCALES ET CONSEIL CENTRAL DE LA SECTION E

Art. D. 4233-22 *(Décr. n° 2014-1595 du 23 déc. 2014, art. 4-4°-a)* **Les délégués des collectivités d'outre-mer mentionnés à l'article L. 4232-11 et leurs suppléants sont élus par l'ensemble des pharmaciens répartis en collège** *[collèges]* **de la manière suivante :**

1° Collège « officine » : ensemble des pharmaciens qui relèveraient en métropole des sections A et D ;

2° Collège « biologie médicale » : ensemble des pharmaciens qui relèveraient en métropole de la section G ;

3° Collège « hôpital et autres » : ensemble des pharmaciens qui relèveraient en métropole des sections B, C et H.

Chaque collège élit un ou plusieurs tandems de délégués titulaires ou suppléants en application de la répartition suivante :

1° Guadeloupe : 3 tandems du collège « officine », 1 tandem du collège « biologie médicale », 1 tandem du collège « hôpital et autres » ;

2° Martinique : 3 tandems du collège « officine », 1 tandem du collège « biologie médicale », 1 tandem du collège « hôpital et autres » ;

3° Guyane : 2 tandems du collège « officine », 1 tandem du collège « biologie médicale », 1 tandem du collège « hôpital et autres » ;

4° Réunion : 4 tandems du collège « officine », 2 tandems du collège « biologie médicale », 1 tandem du collège « hôpital et autres » ;

5° Mayotte : 2 tandems du collège « officine », 1 tandem du collège « biologie médicale », 1 tandem du collège « hôpital et autres ».

Les présidents des délégations des collectivités d'outre-mer et leurs suppléants sont élus par l'ensemble des pharmaciens de chacune de ces collectivités.

Les tandems de délégués de Saint-Pierre-et-Miquelon, de Wallis-et-Futuna et de Mayotte sont élus par l'ensemble des pharmaciens de chacune de ces collectivités.

Nouvel art. D. 4233-22 (Décr. n° 2014-1595 du 23 déc. 2014, art. 4-4°-a) *Les délégués des collectivités d'outre-mer mentionnés à l'article L. 4232-11 et leurs suppléants sont élus par l'ensemble des pharmaciens* (Décr. n° 2018-118 du 19 févr. 2018, art. 1er) *« de chaque délégation » répartis en collège* [collèges] *de la manière suivante :*

1° Collège "officine" : ensemble des pharmaciens qui relèveraient en métropole des sections A et D ;

2° Collège "biologie médicale" : ensemble des pharmaciens qui relèveraient en métropole de la section G ;

3° Collège "hôpital et autres" : ensemble des pharmaciens qui relèveraient en métropole des sections B, C et H.

(Décr. n° 2018-118 du 19 févr. 2018, art. 1er) *« Chaque collège élit un binôme de délégués titulaires qui se présentent avec leurs suppléants conformément à la répartition définie à l'article L. 4232-11. »*

(Abrogé par Décr. n° 2018-118 du 19 févr. 2018, art. 1er) *« 1° Guadeloupe : 3 tandems du collège "officine", 1 tandem du collège "biologie médicale", 1 tandem du collège "hôpital et autres" ;*

« 2° Martinique : 3 tandems du collège "officine", 1 tandem du collège "biologie médicale", 1 tandem du collège "hôpital et autres" ;

« 3° Guyane : 2 tandems du collège "officine", 1 tandem du collège "biologie médicale", 1 tandem du collège "hôpital et autres" ;

« 4° Réunion : 4 tandems du collège "officine", 2 tandems du collège "biologie médicale", 1 tandem du collège "hôpital et autres" ;

« 5° Mayotte : 2 tandems du collège "officine", 1 tandem du collège "biologie médicale", 1 tandem du collège "hôpital et autres".

« Les présidents des délégations des collectivités d'outre-mer et leurs suppléants sont élus par l'ensemble des pharmaciens de chacune de ces collectivités.

« Les tandems de délégués de Saint-Pierre-et-Miquelon, de Wallis-et-Futuna et de Mayotte sont élus par l'ensemble des pharmaciens de chacune de ces collectivités. »

Le nouvel art. entre en vigueur pour les prochains renouvellements de chacun des conseils de l'ordre (Décr. n° 2018-118 du 19 févr. 2018, art. 2).

V. note ss. art. R. 4233-1 nouv.

Art. D. 4233-23 (Abrogé par Décr. n° 2018-118 du 19 févr. 2018, art. 1er et 2, en vigueur pour les prochains renouvellements de chacun des conseils de l'ordre) ***Le représentant de chacune des sous-sections géographiques au conseil central de la section E, mentionné à l'article L. 4232-13, et son suppléant sont élus par l'ensemble des pharmaciens de*** (Décr. n° 2014-1595 du 23 déc. 2014, art. 4-4°-b) ***« chacune de ces circonscriptions ».***

SOUS-SECTION 4 CONSEIL NATIONAL

Les ss.-sect. 2 et 3 deviennent respectivement les sous-sections 3 et 4 (Décr. n° 2014-1595 du 23 déc. 2014, art. 4-2°).

Art. D. 4233-24 **Chaque conseil central élit les représentants de sa section au Conseil national à la date** *(Décr. n° 2014-1595 du 23 déc. 2014, art. 4-5°-1°)* **« mentionnée » à l'article D. 4233-7, après avoir élu son bureau.**

Art. D. 4233-25 **Avant le déroulement de l'élection, les tandems de candidats** *[nouvelle rédaction issue du Décr. n° 2018-118 du 19 févr. 2018, art. 1er et 2, applicable pour les prochains renouvellements de chacun des conseils de l'ordre : « binômes de candidats et leurs suppléants »]* **font parvenir ou remettent leur déclaration de candidature et leur éventuelle circulaire au président de leur conseil central, qui les communique aux membres de ce conseil.**

Art. D. 4233-26 *(Décr. n° 2014-1595 du 23 déc. 2014, art. 4-5°-2°)* **L'élection a lieu en séance du conseil central, à bulletin secret. Y prennent part les membres** *(Décr. n° 2018-118 du 19 févr. 2018, art. 1er et 2, en vigueur pour les prochains renouvellements de chacun des conseils de l'ordre)* **« élus » titulaires et les membres nommés, présents ayant voix délibérative.**

Au premier et au second tour, la majorité absolue des membres composant le conseil et ayant voix délibérative est requise. Au troisième tour, la majorité relative suffit.

Art. D. 4233-27 (Abrogé par Décr. n° 2018-118 du 19 févr. 2018, art. 1er et 2, à compter des prochains renouvellements de chacun des conseils de l'ordre) (Décr. n° 2014-1595 du 23 déc. 2014, art. 4-5°-2°) ***Par dérogation aux dispositions des articles D. 4233-24 à D. 4233-26, le tandem représentant la section E au conseil est élu par correspondance ou par voie électronique par l'ensemble des membres titulaires des délégations des pharmaciens d'outre-mer, selon les modalités prévues au présent chapitre. Les candidats adressent ou remettent leur déclaration de candidature au président du conseil central de la section E au plus tard à la date mentionnée à l'article D. 4233-7, après l'élection du bureau de ce conseil.***

Le président du conseil central de la section E fait parvenir aux électeurs les documents prévus à l'article D. 4233-13, huit jours au moins avant la date de l'élection.

SECTION VI INDEMNITÉS DES MEMBRES DES CONSEILS ET DÉLÉGATIONS

(Décr. nº 2010-451 du 3 mai 2010, art. 2)

Art. D. 4233-28 Le président, le vice-président, le trésorier ou un membre chargé d'une mission spécifique d'un conseil régional, central ou national ou d'une délégation peuvent percevoir une indemnité liée à ces responsabilités.

Le montant de cette indemnité est fixé en fonction des missions et de la charge de travail de chacun et est révisable annuellement par le Conseil national après avis des conseils centraux lors de sa session plénière consacrée au budget.

Le montant annuel de cette indemnité, attribuée à un autre titre que la prise en charge des frais mentionnés au troisième alinéa de l'article L. 4233-5, ne peut excéder pour l'année considérée trois fois le plafond annuel prévu au premier alinéa de l'article L. 241-3 du code de la sécurité sociale.

Les modalités de répartition de ces indemnités sont fixées dans le règlement budgétaire et comptable de l'ordre prévu à l'article L. 4231-7 *[nouvelle rédaction issue du Décr. nº 2018-118 du 19 févr. 2018, art. 1er et 2, applicable pour les prochains renouvellements de chacun des conseils de l'ordre : « Les montants forfaitaires ainsi que, le cas échéant, les modalités de répartition de ces indemnités sont fixés dans le règlement budgétaire et comptable de l'ordre prévu à l'article L. 4231-7 et publiées par le Conseil national. »]*.

Art. D. 4233-29 Les membres élus d'un conseil régional, central ou national ou d'une délégation de l'ordre, non attributaires de l'indemnité prévue à l'article D. 4233-28, peuvent percevoir une indemnité de participation aux travaux lorsqu'ils siègent ou participent à une réunion ordinale ou assurent une mission ponctuelle à la demande du président de leur conseil ou délégation.

Cette indemnité est fixée par le Conseil national après avis des conseils centraux et est révisable annuellement lors de sa session plénière consacrée au budget. Le montant de cette indemnité, attribuée à un autre titre que la prise en charge des frais mentionnés au troisième alinéa de l'article L. 4233-5, ne peut excéder un total égal, par demi-journée de présence, à 10 % du plafond mensuel prévu au premier alinéa de l'article L. 241-3 du code de la sécurité sociale.

Le montant annuel de cette indemnité ne peut excéder pour l'année considérée trois fois le plafond annuel prévu au premier alinéa de l'article L. 241-3 du code de la sécurité sociale.

Les modalités de répartition de cette indemnité sont fixées dans le règlement budgétaire et comptable de l'ordre prévu à l'article L. 4231-7 *[nouvelle rédaction issue du Décr. nº 2018-118 du 19 févr. 2018, art. 1er et 2, applicable pour les prochains renouvellements de chacun des conseils de l'ordre : « Les montants forfaitaires ainsi que, le cas échéant, les modalités de répartition de ces indemnités sont fixés dans le règlement budgétaire et comptable de l'ordre prévu à l'article L. 4231-7 et publiées par le Conseil national. »]*.

SECTION VI *[VII]* FONCTIONNEMENT DES CONSEILS

(Décr. nº 2018-118 du 19 févr. 2018, art. 1er et 2, en vigueur pour les prochains renouvellements de chacun des conseils de l'ordre)

Art. D. 4233-31 Lors des délibérations d'un conseil, en cas de partage égal des voix, le président a voix prépondérante.

Art. D. 4233-32 Les délibérations du conseil peuvent être adoptées par visioconférence selon des modalités définies par le règlement intérieur de l'ordre mentionné à l'article L. 4231-7.

CHAPITRE IV DISCIPLINE

SECTION PREMIÈRE RÈGLES APPLICABLES À LA PROCÉDURE DISCIPLINAIRE *EN PREMIÈRE INSTANCE* (Décr. nº 2012-696 du 7 mai 2012, art. 1er-1º).

BIBL. ▸ AUBY et COUSTOU, *Droit pharmaceutique, Litec, fasc.* – LIET-VEAUX et GOURIO, *J.-Cl. Adm., fasc. 146.*

Art. R. 4234-1 L'action disciplinaire contre un pharmacien ne peut être introduite que par le ministre chargé de la santé, le ministre chargé de la sécurité sociale, le

directeur général de l'*(Décr. n° 2012-597 du 27 avr. 2012, art. 5-I-1°)* **« Agence nationale de sécurité du médicament et des produits de santé » ou le directeur général de l'***(Décr. n° 2011-385 du 11 avr. 2011, art. 1er)* **« Agence nationale de sécurité sanitaire de l'alimentation, de l'environnement et du travail » pour les pharmaciens des établissements relevant de leurs contrôles respectifs,** *[le] (Décr. n° 2010-344 du 31 mars 2010, art. 127)* **« directeur général de l'agence régionale de santé », le procureur de la République, le président du Conseil national, d'un conseil central ou d'un conseil régional de l'ordre des pharmaciens** *(Décr. n° 2007-434 du 25 mars 2007, art. 5-I)* **, « un pharmacien inscrit à l'un des tableaux de l'ordre ou un particulier ».**

Lorsque les faits ont été portés à la connaissance de l'auteur de la plainte par un organisme de sécurité sociale, celui-ci reçoit notification de la décision de la chambre de discipline et peut faire appel.

Cette plainte est adressée au président du conseil régional ou au président du conseil central compétent qui l'enregistre.

(Décr. n° 2007-434 du 25 mars 2007, art. 5-I) **« Les décisions de sanctions disciplinaires prises par l'autorité hiérarchique sur le fondement de dispositions statutaires ou contractuelles à l'encontre de pharmaciens exerçant dans les établissements de santé sont transmises par le directeur de l'établissement au** *(Décr. n° 2010-344 du 31 mars 2010, art. 127)* **« directeur général de l'agence régionale de santé » intéressé. »**

1. Procédure. La saisine de la juridiction disciplinaire est subordonnée au dépôt d'une plainte émanant directement de l'autorité, d'un organisme ou de la personne intéressée. • CE 8 janv. 1982, *Devillechaises,* n° 19875 : *Lebon 728 ; ibid. 735* (vétérinaire, sol. transp.). ♦ Tout pharmacien inscrit à l'un des tableaux de l'ordre peut introduire l'action disciplinaire, en cette seule qualité. • CE 2 nov. 1988, *Pokorny,* n° 74546. ♦ Le plaignant a la qualité de partie devant les juridictions disciplinaires de l'ordre des pharmaciens et peut donc former appel ou se pourvoir en cassation. • CE 9 avr. 1993, *Mlle Théodore,* n° 84014 : *Lebon T. 988.* ♦ Lorsque le plaignant est le directeur régional des affaires sanitaires et sociales, le pharmacien inspecteur qui le représente peut s'exprimer au nom du plaignant sans avoir à justifier d'un mandat spécial, étant placé sous son autorité hiérarchique. • CE 12 déc. 2003, n° 238277 : *Lebon T. 970 ; ibid. 998 ; ibid. 999.*

2. Décision de poursuivre : non détachable de la procédure juridictionnelle. La décision par laquelle le Conseil national de l'ordre décide de traduire un pharmacien en chambre de discipline n'est pas détachable de la procédure juridictionnelle suivie devant ladite chambre… • CE 23 juill. 1993, *Richalot,* n° 94206 : *RDSS 1994. 237, obs. J.-M. Auby et G. Viala* . ♦ Seule la chambre de discipline est compétente pour se prononcer sur la légalité d'une telle décision. ♦ Même arrêt., • CE 29 nov. 1999, *Frédéric X.,* n° 189051.

3. Refus de poursuivre : nature administrative. Il appartient au tribunal administratif de connaître d'une demande dirigée contre le refus d'instruire une plainte. • CE 9 févr. 2001, *Jean-Pierre X.,* n° 215734. ♦ En effet, aucune disposition n'attribue au Conseil national de l'ordre compétence pour annuler une décision d'un conseil régional refusant de traduire un pharmacien en chambre de discipline. • CE 25 juill. 2007, *CNOP,* n° 285961 : *Lebon T. 645 ; ibid. 851 ; ibid. 1056 ; ibid. 1057.* ♦ Lorsqu'un conseil régional de l'ordre décide de ne pas déférer un pharmacien devant la juridiction disciplinaire, il ne statue pas sur une contestation portant sur un droit ou une obligation de caractère civil, ni ne décide du bien-fondé d'une accusation en matière pénale au sens des stipulations de l'art. 6, § 1er, Conv. EDH. • Même arrêt. ♦ Il ne résulte d'aucun texte ni d'aucun principe que la décision de ne pas traduire un pharmacien en chambre de discipline doive être précédée d'une audience publique ou doive être motivée. • CE 30 déc. 2011, *Jean-Henry B.,* n° 324121.

4. Refus de poursuivre, contrôle juridictionnel. Le conseil central compétent dispose d'un large pouvoir d'appréciation et peut tenir compte notamment de la gravité des manquements allégués, du sérieux des éléments de preuve recueillis, ainsi que de l'opportunité d'engager des poursuites compte tenu de l'ensemble des circonstances de l'affaire, sous le seul contrôle de l'erreur manifeste d'appréciation. • CE 30 déc. 2011, *Jean-Henry B.,* n° 324121. ♦ Absence d'erreur manifeste lorsque les faits reprochés sont isolés, qu'ils n'ont engendré qu'un préjudice financier limité pour la caisse primaire d'assurance maladie et ne peuvent être regardés comme résultant d'une volonté de frauder, et alors que l'intéressée a démontré un professionnalisme reconnu pendant 25 ans au sein de la même officine. • CAA Nancy, 28 janv. 2013, *Mme B.,* n° 324121.

5. Impartialité. La délibération par laquelle le conseil régional de l'ordre, statuant sur la plainte de son président, décide, après désignation d'un rapporteur par son vice-président et instruction de l'affaire, de traduire un pharmacien devant sa chambre de discipline, est une décision administrative. • CE 18 juin 2010, *Stéphane A.,* n° 12NC00767 : *Lebon 2010 ; AJDA 2010. 2071* .

♦ Les membres du conseil régional participant à cette décision administrative doivent être regardés comme ayant pris parti sur les faits reprochés au praticien et ne peuvent siéger au sein de la chambre de discipline du conseil régional chargée de juger l'intéressé. • Même arrêt.

Art. R. 4234-2 *(Décr. no 2012-696 du 7 mai 2012, art. 1er-2o)* **I. — Dans les quinze jours qui suivent sa réception par le conseil central ou régional, une copie intégrale de la plainte est notifiée au pharmacien poursuivi, par lettre recommandée avec demande d'avis de réception.**

II. — Lorsque la plainte émane du ministre chargé de la santé, du ministre chargé de la sécurité sociale, du directeur général de l'Agence française de sécurité sanitaire des produits de santé, du directeur général de l'Agence nationale de sécurité sanitaire de l'alimentation, de l'environnement et du travail, du procureur de la République, du directeur général de l'agence régionale de santé ou du président du Conseil national, d'un conseil central ou d'un conseil régional de l'Ordre national des pharmaciens, elle est transmise sans délai au président de la chambre de discipline de première instance par le président du conseil central ou régional compétent.

Dans les autres cas, la procédure de conciliation prévue aux articles R. 4234-34 et suivants est préalablement mise en œuvre.

Délai de notification. Est sans incidence sur la régularité de la procédure suivie devant la chambre de discipline la circonstance que des observations présentées à l'appui d'une plainte n'aient pas été transmises à la personne poursuivie dans le délai de quinze jours. • CE, sect., 5 juill. 2000, Mme *Rochard*, no 189523 : *Lebon 299 ; AJDA 2000. 613, chron. Guyomar et Collin*.

Art. R. 4234-3 **Dès réception de la plainte,** *(Décr. no 2012-696 du 7 mai 2012, art. 1er-3o)* **« accompagnée, le cas échéant, du procès-verbal de non-conciliation ou de conciliation partielle conformément à l'article R. 4234-37, » le président** *(Décr. no 2012-696 du 7 mai 2012, art. 1er-3o)* **« de la chambre de discipline » du conseil central ou régional désigne parmi les membres de** *(Décr. no 2012-696 du 7 mai 2012, art. 1er-3o)* **« ce » conseil un rapporteur, qui ne peut être choisi parmi les personnes susceptibles d'être récusées en application de** *(Décr. no 2007-434 du 25 mars 2007, art. 5-I)* **« l'article L. 721-1 du code de justice administrative ».**

Art. R. 4234-4 **Le rapporteur a qualité pour procéder à l'audition du pharmacien poursuivi et, d'une façon générale, recueillir tous témoignages et procéder ou faire procéder à toutes constatations nécessaires à la manifestation de la vérité. Lorsqu'il a achevé l'instruction, le rapporteur transmet le dossier, accompagné de son rapport, au président** *(Décr. no 2012-696 du 7 mai 2012, art. 1er-4o)* **« de la chambre de discipline » du conseil central ou régional qui l'a désigné. Son rapport doit constituer un exposé objectif des faits.**

Participation au délibéré. V. notes de jurisprudence ss. art. R. 4126-18. ♦ Et pour l'application à la procédure devant la juridiction disciplinaire de l'ordre des pharmaciens. • CE 9 juill. 2003, *Dehry*, no 241308.

Art. R. 4234-5 *Abrogé par Décr. no 2012-696 du 7 mai 2012, art. 1er-5o.*

Art. R. 4234-6 **Le pharmacien poursuivi est convoqué à l'audience quinze jours au moins avant la date fixée pour celle-ci. L'auteur de la plainte est convoqué dans les mêmes formes et délais, ainsi que, le cas échéant, les témoins. La convocation précise que, jusqu'au jour fixé pour l'audience, le pharmacien et le plaignant peuvent prendre ou faire prendre connaissance du dossier par leur défenseur.**

Art. R. 4234-7 **Constitués en chambre de discipline, les conseils centraux ou régionaux sont présidés par le magistrat désigné conformément aux dispositions des articles L. 4234-3 et L. 4234-4.**

Art. R. 4234-8 ***Le président*** **de la chambre de discipline dirige les débats. Il donne tout d'abord la parole au rapporteur pour la lecture de son rapport. Il procède ensuite à l'interrogatoire de l'intéressé et à l'audition des témoins. Tout membre de la chambre de discipline peut poser des questions par son intermédiaire. Il donne la parole au plaignant, l'intéressé ou son défenseur parlant en dernier. Il peut la retirer à quiconque en abuse.**

Procédure écrite. Le caractère écrit de la procédure constitue une règle générale de procédure. • CE 7 avr. 1966, *Sieur Dionnet,* n° 64489 : *Lebon 290* (médecin : sol. transp.).

Art. R. 4234-9 **Sauf cas de force majeure, l'intéressé comparaît en personne ; il ne peut se faire représenter mais peut se faire assister par un pharmacien inscrit à l'un des tableaux de l'ordre ou un avocat inscrit à un barreau, à l'exclusion de toute autre personne. Les membres d'un conseil de l'ordre ne peuvent être choisis comme défenseurs. Si l'intéressé ne se présente pas, la chambre de discipline apprécie souverainement si elle doit ou non passer outre aux débats.**

Art. R. 4234-10 **L'audience est publique.**

Toutefois, le président de la chambre de discipline peut, d'office ou à la demande d'une des parties, interdire au public l'accès de la salle pendant tout ou partie de l'audience dans l'intérêt de l'ordre public ou lorsque le respect de la vie privée ou du secret professionnel le justifie. La délibération est secrète.

Art. R. 4234-11 **Les chambres de discipline ne peuvent statuer que si la majorité des membres en exercice assistent à la séance. Si le quorum n'est pas atteint, le président procède à une nouvelle convocation. Quel que soit alors le nombre des présents, la chambre délibère et statue valablement.**

Lecture sur le siège, note en délibéré. Le président de la chambre de discipline est tenu d'informer les parties au plus tard lors de l'audience publique de ce que la décision sera lue le jour même à l'issue du délibéré, et ce afin de leur permettre de produire, si elles le jugent utile, une note en délibéré, même après l'audience. • CE 17 juill. 2013, *SELAFA Biopaj,* n° 351931 : *Lebon ; AJDA 2013. 2188* (pharmacien, sol. transp.). ♦ Aussi • CE 17 juill. 2013, *Selas Pokorny et a.,* n° 351932.

Art. R. 4234-11-1 **(*Décr. n° 2014-545 du 26 mai 2014, art. 6*) Lorsque les faits reprochés à l'intéressé ont révélé une insuffisance de compétence professionnelle du pharmacien, la chambre disciplinaire peut lui enjoindre, en application de l'article L. 4234-6-1, de suivre une formation, sauf si la chambre est informée qu'une expertise ordonnée en application de l'article R. 4221-15-4 est en cours de réalisation ou a été réalisée dans l'année précédant l'enregistrement de la plainte sur laquelle elle a statué.**

La chambre transmet sa décision au conseil régional ou au conseil central compétent qui met en œuvre la procédure prévue aux articles R. 4221-15-4 à R. 4221-15-6 afin, notamment, de définir les modalités de la formation enjointe par la chambre disciplinaire et de prononcer, le cas échéant, une décision de suspension temporaire, totale ou partielle, du droit d'exercer. Le conseil régional ou central compétent tient la chambre informée des suites réservées à sa décision.

Art. R. 4234-12 **Les décisions des chambres de discipline sont motivées (*Décr. n° 2007-434 du 25 mars 2007, art. 5-I*) « et contiennent le nom des parties, l'analyse des conclusions et mémoires ainsi que les visas des dispositions législatives et réglementaires dont elles font application et les noms des membres présents. Elles mentionnent également que l'audience a été publique ou, dans le cas contraire, visent l'ordonnance de huis clos. Elles font apparaître la date de l'audience et la date à laquelle elles ont été prononcées. Le dispositif des décisions est divisé en articles et précédé du mot : "décide" ».**

Les décisions sont rendues publiques. Le conseil peut décider de ne pas faire figurer dans les *ampliations de la décision* des mentions, notamment patronymiques, qui pourraient porter atteinte au respect de la vie privée ou du secret professionnel.

Elles sont inscrites sur un registre spécial, coté et paraphé par le président de la chambre de discipline.

Ce registre n'est pas accessible aux tiers.

Les expéditions des décisions sont datées et signées par le président du conseil central ou régional ou par la personne à qui il a donné pouvoir à cet effet. Chaque décision est notifiée dans le délai de quinze jours et à la même date, par lettre recommandée avec demande d'avis de réception postal, aux personnes suivantes :

1° Pharmacien poursuivi ;

2° Plaignant ;

3° Ministre chargé de la santé et, pour les pharmaciens des établissements relevant de leurs contrôles respectifs, selon le cas, au directeur général de l'*(Décr. n° 2012-597 du 27 avr. 2012, art. 5-I-1°)* « Agence nationale de sécurité du médicament et des produits de santé » ou au directeur général de l'*(Décr. n° 2011-385 du 11 avr. 2011, art. 1er)* « Agence nationale de sécurité sanitaire de l'alimentation, de l'environnement et du travail » ;

4° Président du Conseil national.

Le jour de leur réception, les décisions sont notifiées aux présidents de conseils centraux par le président du Conseil national.

Art. R. 4234-13 Le ministre chargé de la santé, le conseil central de la section A et tous les intéressés peuvent interjeter appel des sanctions prononcées par les chambres de discipline de première instance.

Art. R. 4234-14 Si dans le délai légal qui suit la notification, le Conseil national n'a pas été saisi d'un appel contre la décision, le président du Conseil national en informe dans les quinze jours le conseil qui s'est prononcé en première instance.

Al. 2 et 3 abrogés par Décr. n° 2005-840 du 20 juill. 2005, art. 11.

Le pharmacien interdit doit, après autorisation administrative, fermer son établissement ou se faire remplacer dans les conditions prévues aux articles L. 5124-4, L. 5125-21, L. 5126-14, L. 5142-8 et L. 6221-11.

Arrêté fixant la date d'exécution de la peine. Les irrégularités de la procédure disciplinaire ne peuvent être invoquées à l'encontre de l'arrêté préfectoral fixant la date de départ de l'exécution de la peine. • CE 26 mai 1989, *Keller*, n° 77181 : *Lebon 132.*

SECTION II RÈGLES APPLICABLES À LA PROCÉDURE DISCIPLINAIRE EN APPEL *(Décr. n° 2012-696 du 7 mai 2012, art. 2-1°).*

Art. R. 4234-15 *(Décr. n° 2012-696 du 7 mai 2012, art. 2-2°)* « Le Conseil national statuant en chambre de discipline est la juridiction d'appel des chambres de discipline des conseils centraux et des conseils régionaux. » L'appel est interjeté dans le mois qui suit la notification de la décision. Il est adressé au *(Abrogé par Décr. n° 2007-434 du 25 mars 2007, art. 5-II)* « *président du* » Conseil national. Il peut être reçu au secrétariat dudit conseil par simple déclaration contre récépissé.

1. Délai. Le délai d'appel ne court qu'à compter de la réception de la lettre de notification de la décision de première instance. • CDCNOP 26 janv. 2010, *X.*, n° 96-D.

2. Exposé des moyens et délai. Aucun texte ni aucun principe n'impose que la motivation soit exposée avant l'expiration du délai d'appel. • CE 18 déc. 2017, *M. B.*, n° 403734 : *Lebon.*

Art. R. 4234-16 *(Décr. n° 2007-434 du 25 mars 2007, art. 5-II)* « Le secrétariat-greffe » accuse réception de l'appel et le notifie aux parties. Il en avise également le président du conseil de première instance et lui demande de lui adresser le dossier de l'affaire, qui doit parvenir au Conseil national dans les huit jours. Le dossier comporte, cotées, toutes les pièces qui ont été en possession des premiers juges.

Art. R. 4234-17 Dès réception du dossier, *(Décr. n° 2012-696 du 7 mai 2012, art. 2-3°)* « le président de la chambre de discipline » désigne, parmi les membres *(Décr. n° 2012-696 du 7 mai 2012, art. 2-3°)* « du Conseil national », un rapporteur qui ne peut être choisi parmi les personnes susceptibles d'être récusées en application de *(Décr. n° 2007-434 du 25 mars 2007, art. 5-II)* « l'article L. 721-1 du code de justice administrative » ni parmi celles qui auraient pu connaître de l'affaire en première instance.

Art. R. 4234-18 Le rapporteur a qualité pour procéder à l'audition du pharmacien poursuivi et, d'une façon générale, recueillir tous témoignages et procéder ou faire procéder à toutes constatations nécessaires à la manifestation de la vérité. Lorsqu'il a achevé l'instruction, le rapporteur transmet le dossier, accompagné de son rapport, *(Décr. n° 2012-696 du 7 mai 2012, art. 2-4°)* « au président de la chambre de discipline ». Son rapport doit constituer un exposé objectif des faits.

Art. R. 4234-19 Le pharmacien poursuivi est convoqué à l'audience par lettre recommandée avec demande d'avis de réception postal. Cette convocation parvient à l'intéressé quinze jours au moins avant la date fixée pour l'audience. L'auteur de la plainte et l'appelant sont convoqués dans les mêmes formes et délais ainsi que, le cas échéant, les témoins. La convocation précise que, jusqu'au jour fixé pour l'audience, le pharmacien et le plaignant peuvent prendre ou faire prendre connaissance du dossier par leur défenseur.

Art. R. 4234-20 Le président dirige les débats. Il donne tout d'abord la parole au rapporteur pour la lecture de son rapport. Il procède ensuite à l'interrogatoire de l'intéressé et à l'audition des témoins. Tout membre *(Décr. n° 2012-696 du 7 mai 2012, art. 2-5°)* « de la chambre de discipline » peut poser des questions par son intermédiaire. Il donne la parole au plaignant, l'intéressé ou son défenseur parlant en dernier. Il peut la retirer à quiconque en abuse.

Art. R. 4234-21 Sauf en cas de force majeure, l'intéressé comparaît en personne ; il ne peut se faire représenter mais peut se faire assister par un pharmacien inscrit au tableau de l'ordre ou un avocat inscrit à un barreau, à l'exclusion de toute autre personne. Les membres d'un conseil de l'ordre ne peuvent être désignés comme défenseurs. Si l'intéressé ne se présente pas, *(Décr. n° 2012-696 du 7 mai 2012, art. 2-6°)* « la chambre de discipline » apprécie souverainement s'il doit ou non passer outre aux débats.

Report d'audience, motifs. Le juge disciplinaire n'est tenu de faire droit à une demande de report d'audience que si le pharmacien poursuivi ou son avocat justifie d'un motif non dilatoire et qui ne lui est pas imputable ; tel est le cas lorsque, faisant l'objet de poursuites pénales et de mesures de contrôle judiciaire comportant l'interdiction de quitter son département, l'intéressé ne peut se rendre à Paris pour assister à l'audience dont il demandait le report. • CE 28 juill. 2011, *Bruno A.*, n° 335341.

Art. R. 4234-22 L'audience est publique. Toutefois, le président de la chambre de discipline peut, d'office ou à la demande d'une des parties, interdire au public l'accès de la salle pendant tout ou partie de l'audience dans l'intérêt de l'ordre public ou lorsque le respect de la vie privée ou du secret professionnel le justifie. La délibération est secrète.

Art. R. 4234-23 *(Décr. n° 2012-696 du 7 mai 2012, art. 2-7°)* « La chambre de discipline » ne peut statuer que si la majorité des membres en exercice assistent à la séance. Si le quorum n'est pas atteint, le président procède à une nouvelle convocation. Dans ce cas, la chambre délibère et statue valablement, dès lors que le nombre des membres présents est au moins de cinq.

Parité. Si aucune règle générale de procédure ne fait obstacle à ce que les membres du Conseil national statuent en nombre pair… • CE sect., 23 janv. 1959, *Dérambure*, n°s 21799 et 33152 : *Lebon 68, concl. Braibant ; AJDA 1959. I. 35, chron. Combarnous et Galabert.* ♦ … Le président n'a pas voix prépondérante. • Même arrêt.

Art. R. 4234-24 Les décisions *(Décr. n° 2012-696 du 7 mai 2012, art. 2-8°)* « de la chambre de discipline » sont motivées *(Décr. n° 2007-434 du 25 mars 2007, art. 5-II)* « et contiennent le nom des parties, l'analyse des conclusions et mémoires ainsi que les visas des dispositions législatives et réglementaires dont elles font application et les noms des membres présents. Elles mentionnent également que l'audience a été publique ou, dans le cas contraire, visent l'ordonnance de huis clos. Elles font apparaître la date de l'audience et la date à laquelle elles ont été prononcées. Le dispositif des décisions est divisé en articles et précédé du mot : "décide" ».

Elles sont inscrites sur un registre spécial coté et paraphé par le président *(Décr. n° 2012-696 du 7 mai 2012, art. 2-8°)* « de la chambre de discipline ».

Ce registre n'est pas accessible aux tiers.

Les décisions sont rendues publiques. Le conseil peut décider de ne pas faire figurer dans les ampliations de la décision des mentions, notamment patronymiques, qui pourraient porter atteinte au respect de la vie privée ou du secret professionnel.

Les expéditions des décisions sont datées et signées par le président du Conseil national *[de la chambre de discipline]* ou par la personne à qui il a donné pouvoir à cet effet. Chaque décision est notifiée par le président dans le délai d'un mois et à la même

date, par lettre recommandée avec demande d'avis de réception postal, aux personnes suivantes :

1° Pharmacien poursuivi ;

2° Plaignant ;

3° Ministre chargé de la santé et, pour les pharmaciens des établissements relevant de leurs contrôles respectifs, selon le cas, au directeur général de l'*(Décr. n° 2012-597 du 27 avr. 2012, art. 5-I-1°)* **« Agence nationale de sécurité du médicament et des produits de santé » ou au directeur général de l'***(Décr. n° 2011-385 du 11 avr. 2011, art. 1er)* **« Agence nationale de sécurité sanitaire de l'alimentation, de l'environnement et du travail » ;**

4° Appelant ;

5° Présidents des conseils centraux et conseil de première instance.

(Décr. n° 2007-434 du 25 mars 2007, art. 5-II) **« Si le pharmacien, objet d'une des peines d'interdiction d'exercer prévues aux 4° et 5° de l'article L. 4234-6 bénéficie de l'agrément en qualité de maître de stage, la décision le concernant est communiquée, dès qu'elle est devenue définitive et exécutoire, au président de l'université et au directeur de l'unité de formation et de recherche dispensant des formations pharmaceutiques compétents.**

« Le président de l'université, sur proposition du directeur de l'unité de formation et de recherche dispensant des formations pharmaceutiques, est alors libre de retirer l'agrément, ainsi que de placer l'étudiant chez un autre pharmacien agréé pour finir l'éventuel stage en cours. »

Art. R. 4234-25 **Le ministre chargé de la santé adresse au** *(Décr. n° 2010-344 du 31 mars 2010, art. 128)* **« directeur général de l'agence régionale de santé » intéressé une copie de la décision qui lui a été notifiée.**

SECTION III **DISPOSITIONS COMMUNES**

Art. R. 4234-26 **Les délais prévus au présent chapitre sont décomptés conformément aux dispositions des articles 640 à 642 du** *(Décr. n° 2008-484 du 22 mai 2008, art. 22)* **« code de procédure civile ».**

Ceux prévus aux articles R. 4234-6, R. 4234-16 et R. 4234-19, sont augmentés conformément à l'article 643 du *(Décr. n° 2008-484 du 22 mai 2008, art. 22)* **« code de procédure civile » si le pharmacien exerce hors de la métropole.**

Art. R. 4234-27 **Tout membre des chambres de discipline des conseils régionaux, centraux, et du Conseil national peut être récusé pour les motifs énumérés à** *(Décr. n° 2007-434 du 25 mars 2007, art. 5-III)* **« l'article L. 721-1 du code de justice administrative, dans les conditions fixées par les articles R. 721-1 à R. 721-9 du même code ».**

1. Absence de signature, régularisation. Si, en vertu d'une règle générale de procédure applicable, même sans texte, devant toute juridiction administrative, les requêtes et les mémoires doivent, à peine d'irrecevabilité, être signés par leur auteur ou son mandataire, la juridiction ne peut rejeter une requête comme irrecevable pour ce motif qu'après avoir invité le requérant à la régulariser, sauf dans le cas où une fin de non-recevoir fondée sur ce défaut de signature a déjà été soulevée par une partie et communiquée au requérant ; la régularisation de cette cause d'irrecevabilité peut intervenir tant que l'instruction n'a pas été close. • CE 18 déc. 2017, *M. B., n° 403734 : Lebon.*

2. Procédure écrite, régularisation. L'appel formé par un requérant devant la chambre de discipline du Conseil national de l'ordre des pharmaciens, juridiction administrative devant laquelle la procédure revêt un caractère essentiellement écrit, doit, à peine d'irrecevabilité, être assorti d'un exposé écrit des moyens invoqués ; la chambre peut, dès lors, rejeter un appel pour défaut de motivation lorsque le requérant, invité préalablement à régulariser sa requête, s'est abstenu de le faire. • CE 18 déc. 2017, *M. B., n° 403734 : Lebon.* ♦ Aucun texte ni aucun principe n'impose que la motivation soit exposée avant l'expiration du délai d'appel. • Même arrêt.

Art. R. 4234-28 **Le silence gardé pendant plus de quatre mois sur la demande prévue à l'article L. 4234-9 vaut décision de rejet.**

En application de l'art. L. 231-5 CRPA, et par exception à l'art. L. 231-1 du même code, le silence gardé par l'administration pendant quatre mois vaut décision de rejet pour une demande de relève-

ment d'une décision de radiation du tableau de l'ordre des pharmaciens (Décr. n° 2015-1458 du 10 nov. 2015).

Art. R. 4234-29 *(Décr. n° 2007-434 du 25 mars 2007, art. 5-III)* Dans toutes les instances, le président de la chambre de discipline du conseil central ou régional, ou du Conseil national peut, par ordonnance motivée, sans instruction préalable :

1° Donner acte des désistements ;

2° Rejeter les plaintes ou les requêtes ne relevant manifestement pas de la compétence de la juridiction ;

3° Constater qu'il n'y a pas lieu de statuer sur une plainte ou une requête ;

4° Rejeter les plaintes ou les requêtes manifestement irrecevables, lorsque la juridiction n'est pas tenue d'inviter leur auteur à les régulariser ou qu'elles n'ont pas été régularisées à l'expiration du délai imparti par une demande en ce sens.

Le président de la chambre de discipline du Conseil national peut également, selon les mêmes modalités :

1° Statuer sur les requêtes qui ne présentent plus à juger de questions autres que la condamnation aux dépens ou la fixation de la période d'exécution des sanctions d'interdiction d'exercer la pharmacie.

2° Rejeter, après l'expiration du délai de recours ou, lorsqu'un mémoire complémentaire a été annoncé, après production de ce mémoire, les requêtes ne comportant que des moyens de légalité externe manifestement infondés, des moyens irrecevables, des moyens inopérants ou des moyens qui ne sont assortis que de faits manifestement insusceptibles de venir à leur soutien ou ne sont manifestement pas assortis de précisions permettant d'en apprécier le bien-fondé.

Art. R. 4234-30 *(Décr. n° 2007-434 du 25 mars 2007, art. 5-III)* Les ordonnances revêtent la forme prévue par les articles R. 742-2 à l'exception de son dernier alinéa, R. 742-4, R. 742-5 et R. 742-6 du code de justice administrative.

Art. R. 4234-31 *(Décr. n° 2007-434 du 25 mars 2007, art. 5-III)* Les décisions sont prises par la formation de jugement à la majorité des voix, hors la présence des parties.

En cas de partage des voix, la voix du président est prépondérante.

Art. R. 4234-32 *(Décr. n° 2007-434 du 25 mars 2007, art. 5-III)* Un même magistrat peut être désigné en qualité de titulaire ou de suppléant pour présider la chambre disciplinaire de chacun des conseils.

Un arrêté des ministres chargés du budget et de la santé fixe le montant des indemnités allouées aux présidents des chambres disciplinaires de première instance et de la chambre disciplinaire nationale.

Les frais occasionnés par les déplacements des présidents, engagés dans le cadre de l'exécution de leur mandat, sont pris en charge dans les conditions prévues par la réglementation applicable aux fonctionnaires de l'État.

Art. R. 4234-33 *(Décr. n° 2007-434 du 25 mars 2007, art. 5-III)* Sont applicables devant les chambres disciplinaires, les articles suivants du code de justice administrative : R. 411-3 à R. 411-6 relatifs à la présentation de la requête, R. 412-2 relatif aux pièces jointes ou productions, R. 413-5 relatif au dépôt de la requête, R. 611-2 à R. 611-5 et R. 611-7 relatifs à la communication des requêtes et des mémoires, R. 613-1, *(Décr. n° 2012-696 du 7 mai 2012, art. 3-1°)* « à l'exception de la dernière phrase de son deuxième alinéa », à R. 613-4 relatifs à la clôture de l'instruction, R. 636-1 relatif au désistement, R. 741-10 relatif à la minute de la décision, R. 741-11 relatif à la rectification des erreurs matérielles, R. 741-12 relatif à l'amende pour recours abusif, R. 831-1 et R. 831-4 à R. 831-6 relatifs à l'opposition et, devant la chambre disciplinaire nationale, R. 833-1 *(Décr. n° 2012-696 du 7 mai 2012, art. 3-3°)* « relatif au recours en rectification d'erreur matérielle ».

V. jurisprudence ss. art. L. 4126-5.

SECTION IV CONCILIATION

(Décr. n° 2012-696 du 7 mai 2012, art. 4)

Art. R. 4234-34 La tentative de conciliation constitue un préalable obligatoire à la saisine de la chambre de discipline de première instance, sauf si la plainte émane de l'une des autorités mentionnées au premier alinéa de l'article R. 4234-3.

Art. R. 4234-35 Le président du conseil central ou régional convoque l'auteur de la plainte et le pharmacien mis en cause dans un délai d'un mois à compter de la réception de la plainte, en vue de rechercher une conciliation.

A cette fin, il désigne, parmi les membres de son conseil, un à trois conseillers, dénommés conciliateurs, chargés d'organiser la conciliation des parties.

Art. R. 4234-36 Au cours de la réunion de conciliation, les parties et, le cas échéant, leurs représentants sont entendus par le ou les conciliateurs.

Un procès-verbal de conciliation totale ou partielle ou un procès-verbal de non-conciliation constatant soit le défaut de rapprochement des parties, soit leur absence à la réunion de conciliation, est établi. Il indique les points de désaccord qui subsistent en cas de conciliation partielle. Il est signé par les parties présentes et, le cas échéant, par leurs représentants, ainsi que par le ou les conciliateurs.

Un exemplaire original du procès-verbal est remis ou adressé à chacune des parties et transmis au président du conseil central ou régional compétent.

Art. R. 4234-37 En cas de non-conciliation ou de conciliation partielle, la plainte, accompagnée du procès-verbal, est transmise, dans un délai de trois mois à compter de sa date de réception, par le président du conseil central ou régional compétent au président de la chambre de discipline de première instance qui traite la plainte, selon la procédure mentionnée aux articles R. 4234-4 et suivants.

Art. R. 4234-38 En cas de non-respect du délai mentionné à l'article R. 4234-37 imputable au conseil régional ou central, l'auteur de la plainte peut demander au président du Conseil national de saisir le président de la chambre de discipline de première instance compétente. Le président du Conseil national transmet la plainte dans le délai d'un mois.

Art. R. 4234-39 Lorsque la plainte met en cause l'un des membres du conseil régional, ce conseil peut demander au président du Conseil national de désigner un autre conseil régional chargé d'organiser la conciliation.

Lorsque la plainte met en cause l'un des membres du conseil central, ce conseil peut demander au président du Conseil national de désigner un à trois conseillers ordinaux nationaux chargés d'organiser la conciliation.

Le conciliateur s'abstient de siéger en chambre de discipline lors de l'examen de l'affaire pour laquelle il a organisé la conciliation.

CHAPITRE V DÉONTOLOGIE

SECTION PREMIÈRE DISPOSITIONS GÉNÉRALES

Art. R. 4235-1 Les dispositions du présent chapitre constituent le code de déontologie des pharmaciens prévu à l'article L. 4235-1.

Les dispositions du code de déontologie s'imposent à tous les pharmaciens et sociétés d'exercice libéral inscrits à l'un des tableaux de l'ordre.

Elles s'imposent également aux étudiants en pharmacie autorisés à faire des remplacements dans les conditions fixées par les dispositions prises en application des articles L. 5125-21 et L. 6221-11.

Les infractions à ces dispositions relèvent de la juridiction disciplinaire de l'ordre, sans préjudice des poursuites pénales qu'elles seraient susceptibles d'entraîner.

Quelles que soient les personnes morales au sein desquelles ils exercent, les pharmaciens ne sauraient considérer cette circonstance comme les dispensant à titre personnel de leurs obligations.

Les pharmaciens qui exercent une mission de service public, notamment dans un établissement public de santé ou dans un laboratoire d'analyses de biologie médicale public, et qui sont inscrits à ce titre à l'un des tableaux de l'ordre, ne peuvent être

traduits en chambre de discipline que sur la demande ou avec l'accord de l'autorité administrative dont ils relèvent.

SECTION II DISPOSITIONS COMMUNES À TOUS LES PHARMACIENS

SOUS-SECTION 1 DEVOIRS GÉNÉRAUX

Art. R. 4235-2 Le pharmacien exerce sa mission dans le respect de la vie et de la personne humaine.

Il doit contribuer à l'information et à l'éducation du public en matière sanitaire et sociale. Il contribue notamment à la lutte contre la toxicomanie, les maladies sexuellement transmissibles et le dopage.

Art. R. 4235-3 Le pharmacien doit veiller à préserver la liberté de son jugement professionnel dans l'exercice de ses fonctions. Il ne peut aliéner son indépendance sous quelque forme que ce soit.

Il doit avoir en toutes circonstances un comportement conforme à ce qu'exigent la probité et la dignité de la profession. Il doit s'abstenir de tout fait ou manifestation de nature à déconsidérer la profession, même en dehors de l'exercice de celle-ci.

Le pharmacien doit se refuser à établir toute facture ou attestation de complaisance.

A. ATTEINTES À LA PROBITÉ

1. Exemples. Fausse déclaration concernant le chiffre d'affaires, destinée à tromper l'administration. • CE 28 janv. 1987, *Cabirol,* n° 55874. ♦ Pharmacien d'officine se livrant illicitement à la revente en gros de médicaments. • CE 27 mai 1991, *David,* n° 97018. ♦ Facturation de quantités importantes de médicaments non délivrés, délivrance et facturation de médicament en quantités supérieures à celles prescrites ou en l'absence de toute prescription médicale, exercice illégal de la profession de masseur kinésithérapeute et escroquerie (condamnation pénale). • CDCNOP 31 janv. 2012, *Mme A,* n° 820-D (interdiction de cinq ans).

2. Intention frauduleuse. L'autorité de la chose jugée au pénal ne s'impose aux juridictions des ordres professionnels qu'en ce qui concerne les constatations matérielles des faits que le juge pénal a retenues et qui sont le support nécessaire de sa décision ; dès lors, le juge disciplinaire ne saurait rejeter l'argument du pharmacien poursuivi selon lequel il n'avait pas eu d'intention frauduleuse, au motif que cet argument reviendrait à contester des faits établis et « caractérisés par le juge pénal » ; le jugement pénal ne s'impose à la juridiction disciplinaire qu'en ce qui concerne la matérialité des faits, et il lui appartient d'apprécier l'intention dans laquelle l'intéressé avait agi. • CE 30 déc. 2013, *M. B.,* n° 356775 : *Lebon.*

B. ATTEINTES À LA DIGNITÉ

3. Exemples. Le fait de vendre à ses clients, à la suite d'une rupture de stock du produit Eltéans, un produit similaire fabriqué par un autre laboratoire, mais sous l'étiquette Eltéans. • CE 12 déc. 2003, *Isabelle X. : nos 238278 et 238277* (interdiction d'un mois). ♦ La pharmacienne ayant participé à la vente de ce même produit est fautive, même si elle n'a pas participé à sa fabrication. • CE 29 oct. 2007, *Mme A.,* n° 277548 : *Lebon T. 1051 ; ibid. 1056 ; AJDA 2008. 60* (interdiction d'un mois). ♦ Pressions exercées sur des infirmiers et infirmières en vue de les inciter à apporter au laboratoire, moyennant rémunération en espèces, les prélèvements qu'ils étaient appelés à effectuer. • CE 9 avr. 1993, *Mme P. R.,* n° 87011. ♦ Collecter les ordonnances déposées chez une épicière et y faire déposer en retour les médicaments : • CE 27 juin 1980, *Dlle Muller,* n° 03392 : *Lebon T. 865.* ♦ Pour le cas similaire de produits pharmaceutiques délivrés dans une droguerie les jours de fermeture normale de l'officine. • CE 13 janv. 1954, *Goussebaire,* n° 8546 : *Lebon T. 875.*

C. AUTRES COMPORTEMENTS

4. Défaut de pharmacien diplômé. Fait courir un risque à sa clientèle le pharmacien qui quitte l'officine deux jours par semaine alors que cette officine nécessite, de par son chiffre d'affaires, la présence de deux diplômés. • CE 28 juill. 2000, *Mme Carbiener,* n° 197380 (interdiction d'un mois). ♦ Voir encore le cas d'un pharmacien quittant l'officine, laquelle demeure ouverte sans pharmacien. • CE, sect., 5 juill. 2000, *Mme Rochard,* n° 189523 : *Lebon 298 ; AJDA 2000. 613, chron. Guyomar et Collin.*

Art. R. 4235-4 Un pharmacien ne peut exercer une autre activité que si ce cumul n'est pas exclu par la réglementation en vigueur et s'il est compatible avec la dignité professionnelle et avec l'obligation d'exercice personnel.

Art. R. 4235-5 Le secret professionnel s'impose à tous les pharmaciens dans les conditions établies par la loi.

Tout pharmacien doit en outre veiller à ce que ses collaborateurs soient informés de leurs obligations en matière de secret professionnel et à ce qu'ils s'y conforment.

Étendue du secret. Les informations nominatives susceptibles d'être enregistrées dans le système informatique d'une officine à l'occasion d'un achat revêtent un caractère secret lorsqu'elles se rapportent à un médicament, produit ou objet, même non prescrits, mais dont la vente est réservée aux pharmaciens par l'art. L. 4211-1. • CE 27 juin 2015, *SNC Pharmacie Réveillon,* n° 367288 : *Lebon.*

Art. R. 4235-6 Le pharmacien doit faire preuve du même dévouement envers toutes les personnes qui ont recours à son art.

Art. R. 4235-7 Tout pharmacien doit, quelle que soit sa fonction et dans la limite de ses connaissances et de ses moyens, porter secours à toute personne en danger immédiat, hors le cas de force majeure.

Art. R. 4235-8 Les pharmaciens sont tenus de prêter leur concours aux actions entreprises par les autorités compétentes en vue de la protection de la santé.

Art. R. 4235-9 Dans l'intérêt du public, le pharmacien doit veiller à ne pas compromettre le bon fonctionnement des institutions et régimes de protection sociale. Il se conforme, dans l'exercice de son activité professionnelle, aux règles qui régissent ces institutions et régimes.

Caractérisation, critères. Est exempt d'erreur manifeste d'appréciation le refus du conseil central de traduire une pharmacienne dont les agissements reprochés ont été isolés, n'ont engendré qu'un préjudice financier limité pour la CPAM, et ne peuvent donc être regardés comme résultant d'une volonté de frauder, cela d'autant que l'intéressée a démontré un professionnalisme reconnu pendant 25 ans au sein de la même officine. • CAA Nancy, 28 janv. 2013, *Mme A.E.,* n° 12NC00767.

Art. R. 4235-10 Le pharmacien doit veiller à ne jamais favoriser, ni par ses conseils ni par ses actes, des pratiques contraires à la préservation de la santé publique.

Il doit contribuer à la lutte contre le charlatanisme, notamment en s'abstenant de fabriquer, distribuer ou vendre tous objets ou produits ayant ce caractère.

1. Pratique nuisible à la santé publique. Pharmacien facturant à l'assurance maladie des médicaments prescrits mais non délivrés, les clients concernés obtenant en échange, moyennant une commission retenue au passage par l'intéressé, des produits non remboursés ou le versement d'une somme d'argent ; le même pharmacien procédant à des ajouts sur les ordonnances des médecins à leur insu. • CDCNOP 16 mars 2010, *X.,* n° 263-D (interdiction de 5 ans).

2. Charlatanisme. Fait preuve de charlatanisme le pharmacien qui met en vente des préparations dites « Élixirs floraux du Dr. A... », « Fleurs de A... » ou « Composés floraux » certes autorisées en qualité de compléments alimentaires, mais accompagnées de publications leur attribuant des indications et vertus fantaisistes. • CE 21 nov. 2016, n° 386249 : *Lebon* (interdiction de 9 mois dont 2 avec sursis : sanction visant aussi d'autres faits). ♦ Autre cas avec des gélules à base d'huile de chimère avec une fiche portant la mention « combat préventivement et efficacement (...) rhumes, affections respiratoires à répétition, allergies, asthme, inflammations telles que certains rhumatismes, psoriasis ». • CDCNOP 17 mars 2011, n° 70-D (interdiction de 3 mois dont un avec sursis : sanction visant aussi d'autres faits).

Art. R. 4235-11 Les pharmaciens ont le devoir d'actualiser leurs connaissances.

Art. R. 4235-12 Tout acte professionnel doit être accompli avec soin et attention, selon les règles de bonnes pratiques correspondant à l'activité considérée.

Les officines, les pharmacies à usage intérieur, les établissements pharmaceutiques et les laboratoires d'analyses de biologie médicale doivent être installés dans des locaux spécifiques, adaptés aux activités qui s'y exercent et convenablement équipés et tenus.

Dans le cas d'un désaccord portant sur l'application des dispositions de l'alinéa qui précède et opposant un pharmacien à un organe de gestion ou de surveillance, le pharmacien en avertit sans délai le président du conseil central compétent de l'ordre.

Art. R. 4235-13 L'exercice personnel auquel est tenu le pharmacien consiste pour celui-ci à exécuter lui-même les actes professionnels ou à en surveiller attentivement l'exécution s'il ne les accomplit pas lui-même.

Responsabilité du fait des confrères subordonnés. Un pharmacien ne peut s'exonérer de toute responsabilité en invoquant le fait que les infractions à la tenue de l'ordonnancier auraient été commises dans son officine en son absence par ses assistants. • CE 29 sept. 2003, *Gilles X.*, n° 243184 (interdiction de six mois en raison aussi d'autres fautes) • 27 févr. 2002, *Jacques X.*, n° 217187 : *Lebon T. 620, ibid. 914.* ♦ Un pharmacien détenant 10 % des parts d'une SEL mais qui en pratique n'y exerce plus personnellement demeure responsable des actes délictueux (délivrance irrégulière de stupéfiants) commis dans l'officine exploitée par la SEL ; il ne peut donc invoquer ni le fait qu'il n'y exerce plus et n'en contrôle plus l'activité, ni le fait qu'il n'est pas à jour de ses cotisations à l'ordre, dès lors qu'il reste inscrit au tableau, ni le fait qu'il ait été relaxé par le juge pénal, lequel a cependant bien constaté les faits délictueux. • CE 27 juin 2005, *Morilhat*, n° 224192 (interdiction de six mois).

Art. R. 4235-14 Tout pharmacien doit définir par écrit les attributions des pharmaciens qui l'assistent ou auxquels il donne délégation.

Art. R. 4235-15 Tout pharmacien doit s'assurer de l'inscription de ses assistants, délégués ou directeurs adjoints au tableau de l'ordre.

Tout pharmacien qui se fait remplacer dans ses fonctions doit veiller à ce que son remplaçant satisfasse aux conditions requises pour ce faire.

Vérification de l'inscription. Est fautif le pharmacien dont plusieurs des pharmaciens-assistants ont exercé en cette qualité durant une longue période sans être inscrits régulièrement au tableau de l'ordre. • CE 10 avr. 2002, *Bruno X.*, n° 210576 (interdiction de trois jours ouvrables). ♦ Pour un cas où le chiffre d'affaires de l'officine nécessitait deux pharmaciens-assistants à temps plein alors qu'elle n'en comportait qu'un à temps partiel. • CE 1er mars 1989, *M. B. A.*, n° 86306 : *RDSS 1990. 66, obs. J.-M. Auby et G. Viala* (interdiction de trois mois).

Art. R. 4235-16 Les instances disciplinaires de l'ordre apprécient dans quelle mesure un pharmacien est responsable disciplinairement des actes professionnels accomplis par un autre pharmacien placé sous son autorité.

Les responsabilités disciplinaires respectives de l'un et de l'autre peuvent être simultanément engagées.

Art. R. 4235-17 Toute cessation d'activité professionnelle, tout transfert des locaux professionnels ainsi que toute modification intervenant dans la propriété, la direction pharmaceutique ou la structure sociale d'une officine, d'une entreprise pharmaceutique, de la gérance d'une pharmacie à usage intérieur ou d'un laboratoire d'analyses de biologie médicale, doit faire l'objet d'une déclaration au conseil compétent de l'ordre.

Art. R. 4235-18 Le pharmacien ne doit se soumettre à aucune contrainte financière, commerciale, technique ou morale, de quelque nature que ce soit, qui serait susceptible de porter atteinte à son indépendance dans l'exercice de sa profession, notamment à l'occasion de la conclusion de contrats, conventions ou avenants à objet professionnel.

1. Contraintes commerciales et techniques. Constitue un manquement à la déontologie la convention entre un pharmacien et une clinique, obligeant le premier à recourir à un matériel d'une marque donnée pour réaliser la préparation des doses à administrer aux patients de la seconde ; la même convention prévoyait en outre la rémunération de la clinique par le pharmacien pour l'utilisation des locaux dédiés au stockage des médicaments mis sous blisters et à leur préparation, alors qu'au contraire la préparation des doses est un service rendu à la clinique par le pharmacien. • CDCNOP 25 janv. 2010, *X.*, n° 90-D (interdiction d'un mois dont quinze jours avec sursis). ♦ Est illicite la convention par laquelle le pharmacien s'engage à utiliser à titre exclusif une technique de préparation des doses de médicaments pour les patients d'une maison de retraite. • CDCNOP 15 mars 2010, n° 94-D (interdiction d'un mois avec sursis).

2. Contraintes financières. Le fait pour des pharmaciens biologistes de consentir à une clinique un prêt d'un montant important et sans intérêt afin d'obtenir, au bénéfice de leur laboratoire, un contrat d'exercice privilégié avec celle-ci, est contraire aux dispositions de l'art. R. 4235-18. • CDCNOP 23 sept. 2008, *X.*, n° 448-D (interdiction de quatre mois dont deux avec sursis).

Art. R. 4235-19 Il est interdit à tout pharmacien d'accepter, ou de proposer à un confrère, une rémunération qui ne soit pas proportionnée, compte tenu des usages, avec les fonctions et les responsabilités assumées.

Art. R. 4235-20 Les pharmaciens doivent veiller à maintenir des relations confiantes avec les autorités administratives. Ils doivent donner aux membres des corps d'inspection compétents toutes facultés pour l'accomplissement de leurs missions.

Obstacle aux contrôles. Le comportement consistant à tenter de dissimuler ou de détruire des éléments matériels susceptibles d'établir des manquements à ses obligations professionnelles aux yeux des membres des corps d'inspection revêt par lui-même le caractère d'une faute. • CE 20 févr. 2008, *Yves A.*, n° 272431.

SOUS-SECTION 2 INTERDICTIONS DE CERTAINS PROCÉDÉS DE RECHERCHE DE LA CLIENTÈLE ET PROHIBITION DE CERTAINES CONVENTIONS OU ENTENTES

Art. R. 4235-21 Il est interdit aux pharmaciens de porter atteinte au libre choix du pharmacien par la clientèle. Ils doivent s'abstenir de tout acte de concurrence déloyale.

1. Atteinte au libre choix. Constitue une atteinte au libre choix le contrat entre un laboratoire et une clinique, prévoyant que les clients en consultation de pré-hospitalisation seraient du ressort exclusif du laboratoire et qu'un local serait mis à la disposition de ce dernier au sein de la clinique pour effectuer les prélèvements à la sortie de la consultation. • CDCNOP 23 sept. 2008, n° 448-D (interdiction de quatre mois dont deux avec sursis). ♦ Aussi le cas d'un pharmacien de laboratoire commandant directement au téléphone les produits à injecter à ses patients, sans leur laisser le libre choix de leur pharmacie d'officine. • CDCNOP 1er févr. 2011, n° 88-D (interdiction de trois semaine avec sursis d'une semaine).

2. Concurrence déloyale. Pour une sanction contre une pharmacienne détournant la clientèle grâce à son père médecin. • CE 5 déc. 1986, *Mlle Sol*, n° 49734 : *Lebon T. 690* (interdiction d'un mois).

3. Atteintes au libre choix par l'ordre même. L'intervention d'un conseil régional de l'ordre auprès d'une maison de retraite pour l'inciter à s'adresser aux pharmacies les plus proches de son implantation, au lieu de faire le choix d'un pharmacien plus éloigné, s'analyse comme une action concertée ayant pour objet et pouvant avoir pour effet de fausser le jeu de la concurrence, en limitant l'accès au marché et le libre exercice de la concurrence ainsi qu'en répartissant les marchés et les sources d'approvisionnement, pratique contraire à l'art. L. 420-1 C. com. • Aut. Conc. 22 avr. 2009, *Pratiques mises en œuvre par le CROP de Basse-Normandie*, n° 09-D-17 (sanction de 5000 € et affichage).

Art. R. 4235-22 Il est interdit aux pharmaciens de solliciter la clientèle par des procédés et moyens contraires à la dignité de la profession.

1. Enseignes, affiches. Est contraire à la dignité, selon une appréciation souveraine du juge ordinal, un logo « Plus Pharmacie » fixé au-dessus de l'officine, induisant dans l'esprit du public l'idée d'une plus grande compétence professionnelle de ce pharmacien par rapport à ses confrères. • CE 30 déc. 2002, *Bernard X.*, n° 202423 (15 jours). ♦ *Idem* pour des panneaux publicitaires et logos appelant l'attention de la clientèle sur les prix pratiqués dans la pharmacie, et faisant référence à une société spécialisée dans la distribution de grande surface ainsi qu'à des interviews dans la presse. • CE 30 oct. 1989, *Dame Raveneau-Sabardeil*, n° 81161 : *Lebon 890 ; RDSS 1990. 67, obs. J.-M. Auby et G. Viala* (interdiction d'un an). ♦ Affiches faisant mention de « prix justes ! », à l'*exclusion de tout autre message de type sanitaire*, toutefois sans caractère dénigrant à l'égard des confrères. • CDCNOP 19 mars 2012, n° 826-D (avertissement). ♦ Affiche portant « Ici vos nouveaux pharmaciens. + rapide + compétent + de prix », et « Ici, on soigne aussi votre pouvoir d'achat ». • CDCNOP 20 mars 2012, *X.*, n° 828-D (huit jours avec sursis).

2. Démarchage. Est contraire à la dignité le fait pour un pharmacien de faire distribuer par des étudiants un questionnaire afin d'élaborer une étude de notoriété et de satisfaction sur son officine, jusque dans une galerie commerciale située à proximité... • CE 28 juill. 1999, *Daniel Y.*, n° 186154 (interdiction d'une journée). ♦ ... Ou le fait de faire distribuer dans les boîtes aux lettres du quartier des bons de remise exceptionnelle sur le montant des ordonnances exécutées. • CE 1er juill. 1977, *Bailleul*, n° 02500 : *Lebon T. 950* (interdiction d'un mois).

3. Presse. Interviews dans la presse par lesquelles le pharmacien fait état des avantages que le public pouvait avoir en s'adressant à son officine. • CE 30 oct. 1989, *Dame Raveneau-Sabardeil*, n° 81161 : *préc. note 1* (interdiction d'un an). ♦ Interview dans la presse locale à l'occasion d'un transfert, vantant les mérites des nouveaux locaux. • CDCNOP 29 juin 2010, *X.*, n° 298-D (avertissement). ♦ Inversement, n'est pas fautive l'interview donnée à la presse dans le cadre de la campagne contre la grippe H1N1, durant laquelle l'intéressée s'était bornée à rappeler les règles d'hygiène, et à démentir les rumeurs de pénurie de gel hydroalcoolique, sans que sa photographie n'apparaisse, ni que sa pharmacie ne soit mentionnée. • CDCNOP 18 oct. 2001, *X.*, n° 670-D.

4. Autres procédés. Pour un cas de participation à une braderie commerciale. • CE 29 juill. 1994, *Mme Ali-Ahmet*, n° 144081 (interdiction de deux mois, du fait aussi d'avoir laissé distribuer des produits pharmaceutiques dans son officine par une personne non qualifiée). ♦ Organisation d'une réunion d'information sur les services offerts par la pharmacie, avec notamment prestation dînatoire et intervention du représentant d'un laboratoire. • CDCNOP 31 janv. 2012, *M. A.*, n° 824-D (interdiction de quinze jours avec sursis). ♦ Distribution gratuite de boissons réhydratantes dont l'étiquette porte en gros caractères le nom de l'officine ainsi que l'adresse du site internet de celle-ci. • CDCNOP 18 déc. 2007, n° 609-D (interdiction d'un mois avec sursis). ♦ L'existence d'une simple porte à ouverture automatique entre l'officine d'un pharmacien et un local contigu affecté à la parapharmacie tenue par son épouse ne peut qu'accentuer la confusion aux yeux du public, d'autant que la société exploitant la parapharmacie réalise des campagnes de publicité, dont la distribution de tracts. • CE 30 déc. 2002, *Bernard X.*, n° 202423 (interdiction de quinze jours)

5. Faits non contraires à la dignité de la profession. De façon générale, toute démarche publicitaire n'est pas interdite de façon absolue ; mais celle-ci se trouve limitée et encadrée dans un souci de préservation de la santé publique ; lorsqu'elle est autorisée par les textes et réalisée avec tact et mesure, dans des conditions conformes à la dignité professionnelle, la publicité ne saurait être regardée comme un acte de concurrence déloyale au sens de l'art. R. 4235-21, ni une sollicitation illicite de clientèle au sens de l'art. R. 4235-22 ; la répétition d'une action publicitaire autorisée ne peut non plus constituer en elle-même un manquement déontologique. • CDCNOP 29 juin 2010, *X.*, n° 300-D. ♦ Ne commet aucune faute le pharmacien situé dans le nord parisien, faisant paraître dans l'annuaire téléphonique de la Seine-Saint-Denis un encart relatif à son officine, mais qui ne comporte que les indications autorisées par le code de déontologie. • CE 15 déc. 1993, *Jacqueline X.*, n° 128382. ♦ La publication d'un encart dans l'annuaire téléphonique d'un département limitrophe ne constitue pas une tentative de sollicitation de la clientèle contraire à la dignité de la profession, aucune disposition législative ou réglementaire ne fixant de limite territoriale à la clientèle qu'une officine est en droit de servir. • CE 20 déc. 2000, *Mme Guichot*, n° 176643. ♦ N'est pas fautif le fait d'apparaître dans la rubrique « adresses utiles » d'un dépliant délivré par un hôpital, s'agissant d'une des plus importantes pharmacies de la région, ouverte de façon continue. • CE 30 avr. 2014, *M. A.*, n° 368582. ♦ Les promotions conçues et diffusées par un réseau mutualiste ne sauraient être imputées au pharmacien qui appartient à ce réseau. • CDCNOP 30 juin 2015, *E.G.*, AD 3509.

6. Respect du droit de la concurrence. Le code de déontologie des pharmaciens, en interdisant aux pharmaciens d'officine de se livrer à des actions commerciales qui, par leur forme, seraient contraires à la dignité de la profession, au devoir de confraternité ou au libre choix du pharmacien par le malade, sous peine de s'exposer à des sanctions disciplinaires, n'interdit pas le libre jeu de la concurrence pour l'abaissement du prix de vente des produits parapharmaceutiques. • CE 13 mars 1991, *CROP de Bretagne*, n° 76392.

Art. R. 4235-23 Les pharmaciens investis de mandats électifs, administratifs ou de fonctions honorifiques ne doivent pas en user pour accroître leur clientèle.

Art. R. 4235-24 Outre celles qu'impose la législation commerciale ou industrielle, les seules indications que les pharmaciens peuvent faire figurer sur leurs en-têtes de lettres et papiers d'affaires sont :

1° Celles qui facilitent leurs relations avec leurs clients ou fournisseurs, telles que : adresses, jours et heures d'ouverture, numéros de téléphone et de télécopie, numéros de comptes de chèques ;

2° L'énoncé des différentes activités qu'ils exercent ;

3° Le cas échéant, le nom ou le sigle de l'association, du groupement ou du réseau professionnel dont ils sont membres ; en ce qui concerne les officines et les laboratoires d'analyses de biologie médicale, ce nom ou ce sigle ne peut prévaloir sur la dénomination de l'officine ou du laboratoire ;

4° Les titres et fonctions retenus à cet effet par le Conseil national de l'ordre *[Délib. CNOP 10/12 janv. 1955, Bull. Ordre, n° 23, janv. 1995, p. 10]* ;

5° Les distinctions honorifiques reconnues par la République française.

Art. R. 4235-25 Est strictement interdit comme contraire à la moralité professionnelle tout acte ou toute convention ayant pour objet ou pour effet de permettre au pharmacien de tirer indûment profit de l'état de santé d'un patient.

Art. R. 4235-26 Il est interdit aux pharmaciens de consentir des facilités à quiconque se livre à l'exercice illégal de la pharmacie, de la médecine ou de toute autre profession de santé.

Exemple. Est fautive la pharmacienne qui facilite l'approvisionnement, le stockage et la vente de médicaments par une société dont elle est cogérante, société qui se présente comme grossiste à l'exportation mais qui ne disposait pas à l'époque de l'autorisation prévue à cet effet. • CE 18 mars 1992, *Mlle Bui,* n° 59640 (interdiction de six mois) • CDCNOP 8 oct. 2013, *M. A.*, n° 1027-D (interdiction de 14 mois).

Art. R. 4235-27 Tout compérage entre pharmaciens et médecins, membres des autres professions de santé ou toutes autres personnes est interdit.

On entend par compérage l'intelligence entre deux ou plusieurs personnes en vue d'avantages obtenus au détriment du patient ou de tiers.

1. Exemple de compérage. Découverte d'un compérage au cours d'une inspection d'une pharmacie, avec des caissettes d'ordonnances en attente pour une même patiente, correspondant à trois prescriptions d'un même médecin, ainsi que d'une lettre de ladite patiente par laquelle elle demande au médecin de lui renouveler son traitement amaigrissant et de « transmettre l'ordonnance à la pharmacie » qui lui enverra les produits par voie postale ; le médecin est prescripteur de la quasi-totalité des gélules amaigrissantes dispensées en très grandes quantités par la pharmacie en cause ; il a affirmé par écrit « l'efficacité supérieure » des gélules préparées par cette dernière ; ces éléments suffisent à établir qu'il existait bien une entente entre le prescripteur et le dispensateur visant à favoriser la vente de ces traitements pour l'amaigrissement. • CDCNOP 19 janv. 2012, n° 675-D (interdiction de 5 ans en raison d'autres fautes se cumulant).

2. Détection du compérage. Pour un cas de compérage détecté à la suite d'une plainte pour détournement de clientèle : pharmacien passant une commande importante et urgente auprès d'un grossiste, ne pouvant se justifier ni par l'urgence ni par un dépannage, et effectuée avant même d'avoir l'ordonnance en mains. • CDCNOP 18 janv. 2013, n° 888-D (interdiction de 6 mois).

Art. R. 4235-28 Les pharmaciens doivent s'abstenir d'organiser ou de participer à des manifestations touchant à la pharmacie ou à la biologie médicale qui ne répondraient pas à des objectifs scientifiques, techniques ou d'enseignement et qui leur procureraient des avantages matériels, à moins que ceux-ci ne soient négligeables.

Art. R. 4235-29 Sont autorisées les conventions afférentes au versement de droits d'auteur ou d'inventeur.

Sous réserve des dispositions de l'article R. 4235-26, les pharmaciens peuvent recevoir des redevances pour leur contribution à l'invention, l'étude ou à la mise au point de médicaments, dispositifs médicaux, appareils de laboratoire, techniques ou méthodes.

Ils peuvent verser, pour de telles inventions, études ou mises au point, les redevances convenues aux personnes auxquelles ils sont liés par contrat ou par convention.

Art. R. 4235-30 Toute information ou publicité, lorsqu'elle est autorisée, doit être véridique, loyale et formulée avec tact et mesure.

SOUS-SECTION 3 RELATIONS AVEC LES AUTRES PROFESSIONS DE SANTÉ ET LES VÉTÉRINAIRES

Art. R. 4235-31 Les pharmaciens doivent entretenir de bons rapports avec les membres du corps médical, les membres des autres professions de santé et les vétérinaires *et respecter leur indépendance* professionnelle.

Art. R. 4235-32 La citation de travaux scientifiques dans une publication, de quelque nature qu'elle soit, doit être fidèle et scrupuleusement loyale.

Art. R. 4235-33 Les pharmaciens doivent éviter tous agissements tendant à nuire aux praticiens mentionnés à l'article R. 4235-31, vis-à-vis de leur clientèle.

SOUS-SECTION 4 DEVOIRS DE CONFRATERNITÉ

Art. R. 4235-34 **Tous les pharmaciens inscrits à l'ordre se doivent mutuellement aide et assistance pour l'accomplissement de leurs devoirs professionnels. En toutes circonstances, ils doivent faire preuve de loyauté et de solidarité les uns envers les autres.**

1. Loyauté. La méconnaissance des dispositions de l'art. R. 4235-34 ne peut être utilement invoquée que s'agissant de relations entre confrères. • CE 29 sept. 2003, *Gilles X.*, n° 243184. ♦ Est déloyale la méthode consistant pour un pharmacien à envoyer des tiers procéder à des achats à la pharmacie du président du conseil régional de l'ordre, à seule fin de se ménager des preuves de supposés manquements à la déontologie, et de pousser ce président à la démission. • CE 13 janv. 1999, *Jean-Louis X.*, n° 185237 (interdiction de dix jours). ♦ Est déloyal le fait d'ouvrir son officine en dehors des heures d'ouverture qu'un pharmacien a pourtant conventionnellement fixées avec les confrères... • CE 11 janv. 1980, *Thomas*, n° 08893 (réprimande). ♦ ... Inversement, lorsque le pharmacien n'est pas partie à l'accord, il ne peut être sanctionné. • CE 16 oct. 1964, *Sieur Caro*, n° 59174 : *Lebon 475 ; RD publ. 1965. 495, note M. Waline.* ♦ En signant isolément et sans l'accord des syndicats une convention de tiers payant avec une société mutualiste, un pharmacien ne commet pas de manquement au devoir de loyauté. • CE 12 févr. 1965, *Garry*, n° 56908 : *Lebon 108.* ♦ Ne constitue pas un manquement au devoir de loyauté le fait d'apposer sur sa vitrine une affiche portant « Action prix bas » et, dessous en petits caractères, les mots « sur la parapharmacie ». • CE 3 oct. 2003, *Daniel X.*, n° 185668.

2. Manquement au devoir de loyauté et litige commercial. Un litige portant sur les conditions dans lesquelles il est mis fin aux relations contractuelles entre deux pharmaciens est de nature principalement commerciale : il relève du juge civil et ne peut donner lieu en parallèle à un contentieux disciplinaire, sauf si un manquement à la loyauté entre pharmaciens est caractérisé. • CDCNOP 19 mars 2013, *M. A.*, n° 928-D.

3. Confraternité. Est fautive l'apposition, par le pharmacien sur la vitrine de son officine, du texte de la plainte formulée à son encontre par une consœur auprès du conseil régional, accompagné d'assertions au caractère anticonfraternel. • CE 14 mars 2001, *Patrice X.*, n° 184165 : *Lebon T. 837 ; ibid. 1178 ; ibid. 1191* (interdiction d'un mois, mais annulée du fait de l'amnistie).

4. Escroqueries, tromperies entre confrères. Est justifiée l'action en rescision de la vente d'une officine en raison de manœuvres et pratiques cachées à l'acquéreur, ayant permis de majorer artificiellement le chiffre d'affaires par des procédés anormaux, irréguliers et contraire à la déontologie, en particulier des pratiques commerciales agressives telles que les démarchages de clients. • Com. 3 avr. 2013, *X.*, n° 12-13.314.

5. Autres manquements. Est punissable le fait d'avoir imposé la fermeture du laboratoire d'analyses médicales dans des conditions de nature à préjudicier aux intérêts des malades et à discréditer la profession, et d'autre part le fait d'avoir tenté de nuire au directeur de ce laboratoire en s'efforçant, dans un but intéressé, de déprécier les parts détenues par celui-ci. • CE 26 sept. 1986, *Fosse et Venel* (2 arrêts), n° 62994 (interdiction d'un mois).

6. Atteinte à l'indépendance d'un confrère. Est punissable le fait pour un pharmacien, informé des difficultés d'une consœur, de conclure avec elle un protocole d'accord lui conférant un droit de regard illicite sur les principaux actes de gestion de l'officine de cette consœur. • CE 21 nov. 2016, *M. E. B.*, n° 390516 (interdiction de 7 mois).

Art. R. 4235-35 **Les pharmaciens doivent traiter en confrères les pharmaciens placés sous leur autorité et ne doivent pas faire obstacle à l'exercice de leurs mandats professionnels.**

Art. R. 4235-36 ***Il est*** **interdit aux pharmaciens d'inciter tout collaborateur d'un confrère à rompre son contrat de travail.**

Art. R. 4235-37 **Un pharmacien qui, soit pendant, soit après ses études, a remplacé, assisté ou secondé un de ses confrères durant une période d'au moins six mois consécutifs ne peut, à l'issue de cette période et pendant deux ans, entreprendre l'exploitation d'une officine ou d'un laboratoire d'analyses de biologie médicale où sa présence permette de concurrencer directement le confrère remplacé, assisté ou secondé, sauf accord exprès de ce dernier.**

1. Légalité, caractère supplétif. L'art. R. 5015-59, devenu après modification l'art. R. 4235-37, présente un caractère purement supplétif et poursuit notamment l'objectif, dans l'intérêt général de la profession réglementée de pharmacien, de prévenir les litiges entre les pharmaciens qui ont entretenu des relations de salariat ou de collaboration ; l'atteinte portée à la liberté d'entreprendre n'est pas disproportionnée au regard de cet objectif, alors même qu'elle ne prévoit pas de compensation financière aux obligations qu'elle impose ni de durée minimale des relations initiales en deçà de laquelle aucune obligation de non-concurrence ne serait imposée. • CE 17 oct. 2016, *Mme B. A.*, n° 389903 : *Lebon ; AJDA 2017. 150*.

2. Notion de concurrence directe. Alors même qu'un pharmacien aurait travaillé pendant plusieurs années comme salarié dans une pharmacie, il peut ouvrir sa propre officine dans une localité voisine, dès lors que le préfet, qui a autorisé l'ouverture, a motivé cette autorisation par l'existence de besoins importants en médicaments non satisfaits dans cette localité : l'officine nouvelle ne se trouvait pas, du fait de ces besoins, en « concurrence directe » avec l'ancienne. • CE 18 oct. 1996, *Hickel*, n° 154316. ♦ Deux officines à un kilomètre de distance mais se trouvant dans des quartiers différents ne sont pas en concurrence directe. • CDCNOP 13 déc. 2010, *X.*, n° 325-D.

Art. R. 4235-38 Un pharmacien ne peut faire usage de documents ou d'informations à caractère interne dont il a eu connaissance dans l'exercice de ses fonctions chez son ancien employeur ou maître de stage, sauf accord exprès de ce dernier.

Art. R. 4235-39 Un pharmacien doit s'abstenir de toute dénonciation injustifiée ou faite dans le dessein de nuire à un confrère.

Art. R. 4235-40 Les pharmaciens qui ont entre eux un différend d'ordre professionnel doivent tenter de le résoudre. S'ils n'y parviennent pas, ils en avisent le président du conseil régional ou central compétent de l'ordre.

SOUS-SECTION 5 RELATIONS ENTRE MAÎTRE DE STAGE ET STAGIAIRES

Art. R. 4235-41 Les pharmaciens concernés ont le devoir de se préparer à leur fonction de maître de stage en perfectionnant leurs connaissances et en se dotant des moyens adéquats. Nul pharmacien ne peut prétendre former un stagiaire s'il n'est pas en mesure d'assurer lui-même cette formation.

Art. R. 4235-42 Le pharmacien maître de stage s'engage à dispenser au stagiaire une formation pratique en l'associant à l'ensemble des activités qu'il exerce.

Il doit s'efforcer de lui montrer l'exemple des qualités professionnelles et du respect de la déontologie.

Art. R. 4235-43 Les maîtres de stage rappellent à leurs stagiaires les obligations auxquelles ils sont tenus, notamment le respect du secret professionnel pour les faits connus durant les stages.

Art. R. 4235-44 Le maître de stage a autorité sur son stagiaire. Les différends entre maîtres de stage et stagiaires sont portés à la connaissance du président du conseil de l'ordre compétent, exception faite de ceux relatifs à l'enseignement universitaire.

Art. R. 4235-45 Les dispositions de l'article R. 4235-37 sont applicables aux anciens stagiaires devenus pharmaciens.

SECTION III DISPOSITIONS PROPRES À DIFFÉRENTS MODES D'EXERCICE

SOUS-SECTION 1 PHARMACIENS EXERÇANT DANS LES OFFICINES ET LES PHARMACIES À USAGE INTÉRIEUR

Art. R. 4235-46 Les dispositions de la présente sous-section s'appliquent aux pharmaciens d'officine et, en tant qu'elles les concernent, aux pharmaciens exerçant dans les pharmacies à usage intérieur ainsi qu'à ceux qui exercent dans tous les autres organismes habilités à dispenser des médicaments.

§ 1er PARTICIPATION À LA PROTECTION DE LA SANTÉ

Art. R. 4235-47 Il est interdit au pharmacien de délivrer un médicament non autorisé.

Exemple. Le fait d'importer et de vendre des concentrés hydrophiles de plantes chinoises fabriqués en Belgique et de les utiliser dans des préparations magistrales alors que ces produits n'avaient reçu aucune autorisation de mise sur le marché en France. • CE 20 févr. 2008, *Yves A.*, n° 272431.

Art. R. 4235-48 Le pharmacien doit assurer dans son intégralité l'acte de dispensation du médicament, associant à sa délivrance :

1° L'analyse pharmaceutique de l'ordonnance médicale si elle existe ;

2° La préparation éventuelle des doses à administrer ;

3° La mise à disposition des informations et les conseils nécessaires au bon usage du médicament.

Il a un devoir particulier de conseil lorsqu'il est amené à délivrer un médicament qui ne requiert pas une prescription médicale.

Il doit, par des conseils appropriés et dans le domaine de ses compétences, participer au soutien apporté au patient.

BIBL. ▶ Rousset, Le devoir de conseil du pharmacien d'officine, un enjeu essentiel à l'effectivité incertaine, *RGDM janv. 2016, n° spécial, p. 75.*

1. Règles de l'art. En l'absence de tout texte en ce sens, le Conseil national ne saurait décider que la pratique consistant à préparer des piluliers sous blisters scellés pour 28 jours de traitement est contraire à la déontologie, laquelle voudrait que les piluliers ne puissent être préparés que pour une période de 7 jours. • CE 2 juill. 2010, *Olivier A.*, n° 316858.

2. Responsabilité. Est engagée la responsabilité du pharmacien qui omet de mettre en garde le client sur le danger de la prise simultanée de médicaments incompatibles. • Caen, 1re ch., civ. et com., 15 juill. 1993 : *JCP G 1993, IV, n° 2477.* ♦ Le pharmacien ne peut se retrancher derrière l'obligation d'information du médecin ou celle du laboratoire. • TGI Toulon, 22 févr. 2007 : *RGDM 2007 n° 23, p. 43.*

Art. R. 4235-49 Les pharmaciens sont tenus de participer aux services de garde et d'urgence prévus à l'article L. 5125-22 ou organisés par les autorités compétentes pour les soins aux personnes hospitalisées.

Les pharmaciens titulaires veillent à ce que leur officine satisfasse aux obligations imposées par ce service.

Le pharmacien d'officine porte à la connaissance du public soit les noms et adresses de ses proches confrères en mesure de procurer aux malades les médicaments et secours dont ils pourraient avoir besoin, soit ceux des autorités publiques habilitées à communiquer ces renseignements.

Art. R. 4235-50 Aucun pharmacien ne peut maintenir une officine ouverte, ou une pharmacie à usage intérieur en fonctionnement, s'il n'est pas en mesure d'exercer personnellement ou s'il ne se fait pas effectivement et régulièrement remplacer.

Art. R. 4235-51 Le pharmacien chargé de la gérance d'une officine après décès du titulaire doit, tout en tenant compte des intérêts légitimes des ayants droit, exiger de ceux-ci qu'ils respectent son indépendance professionnelle.

§ 2 DE LA TENUE DES OFFICINES

Art. R. 4235-52 Toute officine doit porter de façon lisible de l'extérieur le nom du ou des pharmaciens propriétaires, copropriétaires ou associés en exercice. Les noms des pharmaciens assistants peuvent être également mentionnés.

Ces inscriptions ne peuvent être accompagnées que des seuls titres universitaires, hospitaliers et scientifiques dont la liste est établie par le Conseil national de l'ordre des pharmaciens.

Art. R. 4235-53 La présentation intérieure et extérieure de l'officine doit être conforme à la dignité professionnelle.

La signalisation extérieure de l'officine ne peut comporter, outre sa dénomination, que les emblèmes et indications ci-après :

1° Croix grecque de couleur verte, lumineuse ou non ;

2° Caducée pharmaceutique de couleur verte, lumineux ou non, tel que reconnu par le ministère chargé de la santé en tant qu'emblème officiel des pharmaciens français et constitué par une coupe d'Hygie et un serpent d'Epidaure ;

3° Le cas échéant, le nom ou le sigle de l'association, du groupement ou du réseau dont le pharmacien est membre ; ce nom ou ce sigle ne saurait prévaloir sur la dénomination ou l'identité de l'officine.

Présentation indigne. Est excessive et indigne l'apposition sur toute la vitrine d'affiches mentionnant : « Trouver moins cher ? Mission impossible », ou « Les jolis petits prix de mars », ou encore « Prix très bas sur toute la ligne ». • CDCNOP 10 mars 2009, n° 220-D (interdiction d'un mois dont trois semaines avec sursis).

Art. R. 4235-54 Les pharmaciens ne doivent pas aliéner leur indépendance et leur identité professionnelles à l'occasion de l'utilisation de marques ou d'emblèmes collectifs.

Art. R. 4235-55 L'organisation de l'officine ou de la pharmacie à usage intérieur doit assurer la qualité de tous les actes qui y sont pratiqués.

Le pharmacien veille à ce que le public ne puisse accéder directement aux médicaments et à ce que ceux-ci soient dispensés avec la discrétion que requiert le respect du secret professionnel.

(Décr. n° 2008-641 du 30 juin 2008) « Toutefois, le pharmacien titulaire ou le pharmacien gérant une officine peut rendre directement accessibles au public les médicaments de médication officinale mentionnés à l'article R. 5121-202. Ces médicaments doivent être présentés dans un espace dédié, clairement identifié et situé à proximité immédiate des postes de dispensation des médicaments et d'alimentation du dossier pharmaceutique mentionné à l'article L. 161-36-4-2 du code de la sécurité sociale, de façon à permettre un contrôle effectif du pharmacien. Ce dernier met à la disposition du public les informations émanant des autorités de santé relatives au bon usage des médicaments de médication officinale. »

Art. R. 4235-56 Les activités spécialisées de l'officine entrant dans le champ professionnel du pharmacien doivent être exercées conformément aux réglementations qui leur sont propres.

§ 3 INFORMATION ET PUBLICITÉ

Art. R. 4235-57 L'information en faveur d'une officine de pharmacie dans les annuaires ou supports équivalents est limitée comme suit :

1° A la rubrique "Pharmacie", sont seules autorisées les mentions des noms et adresses et des numéros de téléphone et de télécopie ;

2° A toute autre rubrique, ne peuvent figurer que les annonces relatives aux activités spécialisées autorisées dans l'officine ;

Les mentions prévues aux 1° et 2° ci-dessus ne peuvent revêtir, par leur présentation et leur dimension, une importance telle qu'elle leur confère un caractère publicitaire.

La publicité pour les médicaments, produits et articles dont la vente est réservée aux pharmaciens ne peut s'effectuer que conformément à la réglementation en vigueur.

Art. R. 4235-58 La publicité pour les produits ou articles dont la vente n'est pas réservée aux pharmaciens est admise à condition de :

1° Demeurer loyale ;

2° Se présenter sur un support compatible avec la dignité de la profession ;

3° Observer tact et mesure dans sa forme et son contenu ;

4° Ne pas être trompeuse pour le consommateur.

Art. R. 4235-59 Les vitrines des officines et les emplacements aménagés pour être visibles de l'extérieur ne peuvent servir à présenter que les activités dont l'exercice en pharmacie est licite. Sous réserve de la réglementation en vigueur en matière de concurrence et de publicité et des obligations légales en matière d'information sur les prix pratiqués, ces vitrines et emplacements ne sauraient être utilisés aux fins de solliciter la clientèle par des procédés et moyens contraires à la dignité de la profession.

Art. R. 4235-60 Les pharmaciens doivent tenir informé le conseil de l'ordre dont ils relèvent des contrats ou accords de fournitures ou de prestations de services qu'ils ont conclus avec les établissements tant publics que privés ainsi qu'avec les établissements de santé ou de protection sociale. Il en est de même pour les conventions de délégation de paiement conclues avec les organismes de sécurité sociale, les mutuelles ou les assureurs.

§ 4 RÈGLES À OBSERVER DANS LES RELATIONS AVEC LE PUBLIC

Art. R. 4235-61 Lorsque l'intérêt de la santé du patient lui paraît l'exiger, le pharmacien doit refuser de dispenser un médicament. Si ce médicament est prescrit sur une ordonnance, le pharmacien doit informer immédiatement le prescripteur de son refus et le mentionner sur l'ordonnance.

BIBL. ▶ MANAOUIL et a., Information du patient par le pharmacien en officine, *Méd. et droit 2016, p. 70.* – GUERRIAUD et HUICHARD, Le devoir de refus met-il en cause la responsabilité du pharmacien dans le cadre de la gestion d'un effet indésirable connu ?, *RGDM janv. 2015, p. 175.*

Clause de conscience, absence. Est condamnable en vertu de l'art. L. 122-1 C. consom. le pharmacien qui, sans motif légitime, refuse à des consommateurs la vente de produits contraceptifs faisant l'objet de prescriptions médicales. • Crim. 21 oct. 1998, n° 97-80.981 : *Bull. crim n° 273 ; D. 1999. 16 ; RDSS 1999. 85, obs. Laude ; RTD com. 1999. 526, obs. Bouloc ; JCP 1999. II. 10163, note Freund.* ♦ Inversement, il n'y a pas refus de vente lorsque le pharmacien ne dispose pas du produit demandé en stock, aucun texte légal ne l'obligeant à prendre l'initiative de proposer au client d'en commander. • Crim. 16 juin 1981, n° 80-93.379 : *D. 1982. 190, note Sfez ; JCP CI 1982. II. 13.708, note Chaput.* ♦ Il n'y a pas non plus refus de vente d'un contraceptif prescrit médicalement lorsque l'ordonnance présentée ne satisfait pas aux obligations légales. • Crim. 10 juill. 1978, *X.*, n° 78-90.744.

Art. R. 4235-62 Chaque fois qu'il lui paraît nécessaire, le pharmacien doit inciter ses patients à consulter un praticien qualifié.

Art. R. 4235-63 Le pharmacien doit s'abstenir de formuler un diagnostic sur la maladie au traitement de laquelle il est appelé à collaborer.

Art. R. 4235-64 Le pharmacien ne doit pas, par quelque procédé ou moyen que ce soit, inciter ses patients à une consommation abusive de médicaments.

Art. R. 4235-65 Tous les prix doivent être portés à la connaissance du public conformément à la réglementation économique en vigueur.

Lorsque le pharmacien est, en vertu de la réglementation en vigueur, appelé à fixer librement les prix pratiqués dans son officine, il doit y procéder avec tact et mesure.

Art. R. 4235-66 Aucune consultation médicale ou vétérinaire ne peut être donnée dans l'officine. Cette interdiction s'applique aussi aux pharmaciens qui sont en même temps médecin, chirurgien-dentiste, sage-femme ou vétérinaire.

Art. R. 4235-67 Il est interdit au pharmacien de mettre à la disposition de personnes étrangères à l'officine, à quelque titre que ce soit, onéreux ou gratuit, tout ou partie de ses locaux professionnels pour l'exercice de toute autre profession. Seules les activités spécialisées réglementairement prévues sont autorisées.

Esthéticienne. Est fautive la pharmacienne mettant son officine à la disposition d'une esthéticienne salariée d'une société afin que soit réalisée une animation ponctuelle pour des produits cosmétiques fabriqués par ladite société et exclusivement vendus en pharmacie. • CDCNOP 17 mars 2011, *X.*, n° 70-D (interdiction de trois mois dont un avec sursis, en raison aussi d'autres faits).

SOUS-SECTION 2 DEVOIRS DES PHARMACIENS EXERÇANT DANS LES ENTREPRISES ET LES ÉTABLISSEMENTS PHARMACEUTIQUES DE FABRICATION ET DE DISTRIBUTION EN GROS

Art. R. 4235-68 Le pharmacien responsable mentionné aux articles L. 5124-2, L. 5124-7 et L. 5142-1 doit veiller au respect de l'éthique professionnelle ainsi que de toutes les prescriptions édictées dans l'intérêt de la santé publique.

Il doit en outre veiller à définir avec précision les attributions des pharmaciens et du personnel placé sous son autorité. Il doit former ce dernier aux règles de bonnes pratiques.

Le pharmacien délégué est tenu, dans les limites de sa délégation, aux mêmes obligations.

Art. R. 4235-69 Le pharmacien responsable et les pharmaciens placés sous son autorité doivent s'interdire de discréditer un confrère ou une entreprise concurrente.

Le pharmacien responsable est tenu de veiller à l'exactitude de l'information scientifique, médicale et pharmaceutique et de la publicité, ainsi qu'à la loyauté de leur utilisation. Il s'assure que la publicité faite à l'égard des médicaments est réalisée de façon objective et qu'elle n'est pas trompeuse.

Art. R. 4235-70 Le pharmacien responsable doit vérifier que toutes dispositions sont prises pour son remplacement en cas d'absence. Il doit veiller à ce que son remplaçant satisfasse aux conditions requises.

SOUS-SECTION 3 DEVOIRS DES PHARMACIENS BIOLOGISTES

Art. R. 4235-71 Le pharmacien biologiste doit veiller au respect de l'éthique professionnelle ainsi que de toutes les prescriptions édictées dans l'intérêt de la santé publique. Il accomplit sa mission en mettant en œuvre des méthodes scientifiques appropriées et, s'il y a lieu, en se faisant aider de conseils éclairés.

Il doit surveiller avec soin l'exécution des examens qu'il ne pratique pas lui-même. Il doit, dans le cas d'un contrat de collaboration entre laboratoires, s'assurer que les analyses confiées au laboratoire sont exécutées avec la plus grande sécurité pour le patient.

Défaut d'organisation. Sont punissables le non-respect des conditions de réalisation de différents tests biologiques, l'absence de traçabilité de la maintenance des appareils, la mauvaise gestion des réactifs, l'insuffisance d'archivage et de traçabilité des opérations relatives au contrôle national de qualité, le non-respect de la réglementation sur les déchets d'activités de soins à risques infectieux. • CE 4 juin 2014, *Selarl Labo XV*, n° 360342 (interdiction de 5 mois dont trois avec sursis).

Art. R. 4235-72 L'information scientifique auprès du corps médical ou pharmaceutique mentionnée à l'article L. 6211-7 ne saurait être détournée à des fins publicitaires.

Art. R. 4235-73 Outre les indications qui doivent figurer en vertu de la réglementation en vigueur sur tous documents émanant de son laboratoire, le pharmacien biologiste ne peut faire figurer sur ces documents que tout ou partie des indications suivantes :

1° Le numéro de téléphone et de télécopie ;

2° Le numéro de compte *(Abrogé par Décr. n° 2006-1115 du 5 sept. 2006, art. 5) « courant postal ou »* bancaire ;

3° Les activités exercées figurant dans l'autorisation préfectorale ;

4° Le cas échéant, le nom ou le sigle de l'association, du groupement ou du réseau dont le laboratoire est membre, ladite mention ne pouvant cependant prévaloir sur l'identification du laboratoire ;

5° Les titres et fonctions reconnus par le Conseil national de l'ordre des pharmaciens ; — *V. Délib. CNOP session 10-12 janv. 1995, Bull. Ordre pharm. 1995, n° 23, p. 10.*

6° Les distinctions honorifiques reconnues par la République française.

Le pharmacien biologiste peut également faire figurer ces indications dans un annuaire professionnel.

Ces indications, comme celles qui sont inscrites, selon les dispositions réglementaires en vigueur, sur la plaque professionnelle apposée à la porte des locaux du laboratoire ou de l'immeuble dans lequel ce dernier est installé, doivent être présentées avec discrétion selon les usages des professions libérales.

Art. R. 4235-74 Le pharmacien biologiste peut refuser d'exécuter un prélèvement ou une analyse pour des motifs tirés de l'intérêt du patient ou du caractère illicite de la *demande*.

S'il refuse pour d'autres motifs, il doit fournir au patient tous renseignements utiles pour lui permettre de faire exécuter ce prélèvement ou cette analyse.

Art. R. 4235-75 Le pharmacien biologiste ne doit pas réduire ses honoraires dans une intention de concurrence déloyale ou au détriment de la qualité des prestations qu'il fournit. Dans le cas de contrat de collaboration entre laboratoires, les honoraires concernant les transmissions doivent être fixés avec tact et mesure.

Il doit s'interdire de collecter les prélèvements aux fins d'analyses dès lors que cette pratique constituerait une concurrence déloyale au détriment de ses confrères.

Art. R. 4235-76 Un pharmacien biologiste ne peut ouvrir un laboratoire d'analyses de biologie médicale dans un immeuble où est déjà installé un autre laboratoire d'analyses de biologie médicale sans l'accord du ou des directeurs et directeurs adjoints et, à défaut, sans l'autorisation du conseil de la section compétente de l'ordre des pharmaciens. L'autorisation ne peut être refusée que pour des motifs tirés d'un risque de confusion pour le public ou de l'intérêt des malades.

Art. R. 4235-77 Le pharmacien chargé de la gérance d'un laboratoire après décès du titulaire doit, tout en tenant compte des intérêts légitimes des ayants droit, exiger de ceux-ci qu'ils respectent son indépendance professionnelle.

CHAPITRE VI DÉVELOPPEMENT PROFESSIONNEL CONTINU

(Décr. n° 2011-2118 du 30 déc. 2011)

SECTION PREMIÈRE CONTENU DE L'OBLIGATION

Art. R. 4236-1 à R. 4236-5 *Abrogés par Décr. n° 2016-942 du 8 juill. 2016, art. 2-II.*

SECTION II ORGANISATION

Art. R. 4236-6 et R. 4236-7 *Abrogés par Décr. n° 2016-942 du 8 juill. 2016, art. 2-II.*

SECTION III FINANCEMENT

Art. R. 4236-8 *Abrogé par Décr. n° 2016-942 du 8 juill. 2016, art. 2-II.*

Art. R. 4236-9 Les centres hospitaliers universitaires consacrent au financement des actions de développement professionnel continu des pharmaciens qu'ils emploient un pourcentage minimum de 0,50 % du montant des rémunérations de leurs pharmaciens, au sens de l'article L. 242-1 du code de la sécurité sociale.

Les autres établissements publics de santé consacrent au financement des actions de développement professionnel continu des pharmaciens qu'ils emploient un pourcentage minimum de 0,75 % du montant des rémunérations de leurs pharmaciens, au sens de l'article L. 242-1 du code de la sécurité sociale.

Les actions de développement professionnel continu des pharmaciens mentionnés à l'article L. 4222-7 et des pharmaciens dont les employeurs sont l'État et les collectivités locales sont financées dans le cadre des crédits prévus par la législation relative à chacune de ces fonctions publiques.

Les actions de développement professionnel continu des pharmaciens salariés du secteur privé sont financées dans les conditions prévues par l'article L. 6331-1 du code du travail.

Les employeurs publics et privés peuvent se libérer totalement ou partiellement de l'obligation prévue au présent article en versant tout ou partie des sommes ainsi calculées à un organisme paritaire collecteur agréé de leur branche professionnelle ou de leur champ d'activité ou à l'organisme agréé mentionné à l'article 16 de l'ordonnance n° 2005-406 du 2 mai 2005 simplifiant le régime juridique des établissements de santé, dans le respect des règles d'organisation et de prise en charge de la formation tout au long de la vie qui leur sont propres.

SECTION IV CONTRÔLE

Art. R. 4236-10 à R. 4236-13 *Abrogés par Décr. n° 2016-942 du 8 juill. 2016, art. 2-II.*

SECTION V MODALITÉS D'APPLICATION AUX PHARMACIENS NON INSCRITS À L'ORDRE

Art. R. 4236-14 *et* R. 4236-15 *Abrogés par Décr. nº 2016-942 du 8 juill. 2016, art. 2-II.*

SECTION VI COMMISSION SCIENTIFIQUE INDÉPENDANTE DES PHARMACIENS

(Décr. nº 2012-29 du 9 janv. 2012)

SOUS-SECTION 1 MISSIONS

Art. D. 4236-16 *Abrogé par Décr. nº 2016-942 du 8 juill. 2016, art. 2-II.*

SOUS-SECTION 2 COMPOSITION

Art. D. 4236-17 *à* D. 4236-19 *Abrogés par Décr. nº 2016-942 du 8 juill. 2016, art. 2-II.*

SOUS-SECTION 3 FONCTIONNEMENT

Art. D. 4236-20 *à* D. 4236-28 *Abrogés par Décr. nº 2016-942 du 8 juill. 2016, art. 2-II.*

TITRE QUATRIÈME PROFESSION DE PRÉPARATEUR EN PHARMACIE ET DE PRÉPARATEUR EN PHARMACIE HOSPITALIÈRE *(Décr. nº 2009-957 du 29 juill. 2009, art. 2).*

CHAPITRE PREMIER EXERCICE DES PROFESSIONS DE PRÉPARATEUR EN PHARMACIE ET DE PRÉPARATEUR EN PHARMACIE HOSPITALIÈRE

(Décr. nº 2009-957 du 29 juill. 2009, art. 2).

SECTION PREMIÈRE PERSONNES AUTORISÉES À EXERCER LA PROFESSION DE PRÉPARATEUR EN PHARMACIE *(Décr. nº 2009-957 du 29 juill. 2009, art. 2).*

Art. D. 4241-1 Les dispositions du décret nº 95-664 du 9 mai 1995 *[C. éduc., art. D. 337-95 à D. 337-124]* portant réglementation générale du brevet professionnel s'appliquent au brevet professionnel de préparateur en pharmacie, sous réserve des dispositions de la présente section.

Art. D. 4241-2 La préparation du brevet professionnel de préparateur en pharmacie par la voie de l'apprentissage ou de la formation continue est accessible aux candidats titulaires d'un diplôme ou titre figurant sur une liste établie, après avis de la Commission des préparateurs en pharmacie, par arrêté des ministres chargés de l'éducation et de la santé.

Sur décision du ministre chargé de l'éducation prise après avis de la Commission des préparateurs en pharmacie, la préparation au brevet professionnel de préparateur en pharmacie peut être accessible à des candidats titulaires de diplômes étrangers.

(Décr. nº 2017-1520 du 2 nov. 2017, art. 7) « Un arrêté des ministres chargés de l'éducation et de la santé fixe :

1º La composition du dossier de demande d'autorisation d'entrée en formation en vue de l'obtention du brevet professionnel de préparateur en pharmacie ;

2º Les modalités de transmission des autorisations accordées aux intéressés. »

Art. D. 4241-3 *Les candidats au brevet* professionnel de préparateur en pharmacie doivent justifier à la date à laquelle ils se présentent à l'examen dans son ensemble ou à la dernière unité ouvrant droit à la délivrance du diplôme :

– de deux années d'activité professionnelle exercée dans une pharmacie d'officine, une pharmacie mutualiste, une pharmacie d'une société de secours minière ou une pharmacie à usage intérieur d'un établissement de santé ;

– et d'une formation acquise par la voie de l'apprentissage ou de la formation continue d'une durée de huit cents heures.

La durée de l'activité professionnelle requise peut avoir été effectuée à temps plein ou à temps partiel dans la limite d'un mi-temps.

La formation et l'activité professionnelle peuvent être acquises de manière simultanée ou successive sans qu'elles puissent être échelonnées sur une période supérieure à quatre ans précédant immédiatement la date de l'examen.

Art. D. 4241-4 Les candidats préparant le brevet professionnel de préparateur en pharmacie par la voie de la formation professionnelle continue peuvent bénéficier d'une décision de positionnement prononcée par le recteur en application de l'article 10 du décret n° 95-664 du 9 mai 1995 *[C. éduc., art. D. 337-104]* portant réglementation générale du brevet professionnel dès lors qu'ils justifient d'études ou d'activités professionnelles au-delà des conditions fixées par les articles D. 4241-2 et D. 4241-3 ou qu'ils bénéficient de la dispense d'une ou plusieurs épreuves ou unités constitutives du diplôme au titre des articles D. 4241-5 et D. 4241-6.

Pour les candidats préparant le brevet professionnel de préparateur en pharmacie par la voie de l'apprentissage, la durée totale de la formation peut être réduite ou allongée dans les conditions prévues par le code du travail.

Art. D. 4241-5 Les candidats titulaires de certains diplômes ou titres, français ou étrangers, peuvent être dispensés d'une ou plusieurs épreuves ou unités professionnelles constitutives du brevet professionnel de préparateur en pharmacie dans les conditions fixées, après avis de la Commission des préparateurs en pharmacie, par arrêté des ministres chargés de l'éducation et de la santé.

Art. D. 4241-6 Les candidats justifiant d'une expérience professionnelle dûment attestée par l'employeur, acquise soit au titre du troisième alinéa de l'article L. 663 du présent code dans sa rédaction antérieure au 22 juin 2000, soit par les titulaires d'un diplôme de pharmacien en qualité de praticien adjoint contractuel, d'attaché associé, d'assistant généraliste associé, d'interne ou de faisant fonction d'interne, peuvent demander la délivrance du brevet professionnel de préparateur en pharmacie dans les conditions prévues par l'article L. 335-5 du code de l'éducation et le décret n° 2002-615 du 26 avril 2002 *[C. éduc., art. R. 335-5 à R. 335-11]* pris pour l'application de l'article 900-1 du code du travail et des articles L. 335-5 et L. 335-6 du code de l'éducation relatif à la validation des acquis de l'expérience pour la délivrance d'une certification professionnelle.

Art. D. 4241-7 Sont fixés pour le brevet professionnel de préparateur en pharmacie, après avis de la commission des préparateurs en pharmacie, par arrêté des ministres chargés de l'éducation et de la santé :

1° Les unités constitutives du référentiel de certification ;
2° La liste des diplômes permettant l'accès à la formation ;
3° Le règlement d'examen ;
4° La définition des épreuves ponctuelles ;
5° Les situations d'évaluation par contrôle en cours de formation.

Art. D. 4241-8 Le brevet professionnel de préparateur en pharmacie est attribué après délibération d'un jury constitué pour chaque session d'examen dans un cadre académique ou interacadémique.

Le jury est nommé par le recteur, après avis du *(Décr. n° 2010-344 du 31 mars 2010, art. 130)* « directeur général de l'agence régionale de santé » pour la désignation des représentants des pharmaciens et préparateurs en pharmacie.

Il est présidé par un inspecteur général de l'éducation nationale ou par un inspecteur de l'éducation nationale. En cas d'indisponibilité de ces derniers, le jury est présidé par le vice-président, pharmacien inspecteur de santé publique de la ou des régions concernées.

Il est composé à parité :

– de professeurs des établissements d'enseignement public et d'enseignement privé ou, le cas échéant, d'enseignants exerçant en centres de formation d'apprentis ou en sections d'apprentissage ;

– de représentants de pharmaciens ou de préparateurs en pharmacie, choisis en nombre égal, sur des listes comportant au moins dix noms, établies par les organisations syndicales et professionnelles siégeant à la Commission des préparateurs en pharmacie.

Si cette parité n'est pas atteinte en raison de l'absence d'un ou plusieurs de ses membres, le jury peut néanmoins délibérer valablement.

Art. R. 4241-8-1 La personne qui revendique le bénéfice de l'article L. 4241-9 adresse à cet effet une demande en double exemplaire au *(Décr. n° 2010-344 du 31 mars 2010, art. 130)* « directeur général de l'agence régionale de santé de la région dans laquelle » elle exerce ou a exercé en dernier lieu sa profession. A sa demande, elle joint :

1° Un extrait d'acte de naissance ou une copie de la carte nationale d'identité ou du passeport en cours de validité ;

2° Un certificat du ou des pharmaciens qui l'a ou l'ont employée, indiquant la date à laquelle elle a commencé d'exercer la profession de préparateur en pharmacie, ainsi que le temps pendant lequel elle a pratiqué ladite profession.

Les conditions du contrôle exercé par l'inspection de la pharmacie sur la sincérité des pièces fournies par les intéressés sont fixées par arrêté du ministre chargé de la santé.

Art. R. 4241-8-2 Le dossier de chaque candidat est transmis à l'inspection de la pharmacie, qui adresse au *(Décr. n° 2010-344 du 31 mars 2010, art. 130)* « directeur général de l'agence régionale de santé » la liste des bénéficiaires.

Celui-ci accorde dans les conditions prévues par l'article L. 4241-9 l'autorisation de continuer à exercer l'emploi de préparateur en pharmacie, avec les droits, prérogatives et charges qui sont attachés à cette qualité. Le titulaire de l'autorisation ainsi délivrée la fait enregistrer à *(Décr. n° 2010-344 du 31 mars 2010, art. 130)* « l'agence régionale de santé » des départements où il exerce l'emploi de préparateur en pharmacie.

En cas de rejet de la demande, le *(Décr. n° 2010-344 du 31 mars 2010, art. 130)* « directeur général de l'agence régionale de santé » en avise l'intéressé.

Art. R. 4241-8-3 Les décisions du *(Décr. n° 2010-344 du 31 mars 2010, art. 130)* « directeur général de l'agence régionale de santé » peuvent faire l'objet d'un recours devant le ministre chargé de la santé.

SECTION II DISPOSITIONS COMMUNES : RESSORTISSANTS D'UN ÉTAT MEMBRE DE L'UNION EUROPÉENNE OU D'UN AUTRE ÉTAT PARTIE À L'ACCORD SUR L'ESPACE ÉCONOMIQUE EUROPÉEN *(Décr. n° 2010-334 du 26 mars 2010, art. 4)*.

§ 1er LIBRE ÉTABLISSEMENT

(Décr. n° 2009-957 du 29 juill. 2009, art. 2)

Art. R. 4241-9 Le *(Décr. n° 2010-334 du 26 mars 2010, art. 4)* « préfet de la région » *(Décr. n° 2017-1520 du 2 nov. 2017, art. 2-I)* « désignée par arrêté du ministre chargé de la santé » délivre après avis de la commission des préparateurs en pharmacie et des préparateurs en pharmacie hospitalière l'autorisation d'exercice prévue aux articles L. 4241-7 et L. 4241-14, au vu d'une demande accompagnée d'un dossier présenté et instruit selon les modalités fixées par l'arrêté mentionné à l'article R. 4241-12.

(Décr. n° 2010-334 du 26 mars 2010, art. 4) « Il accuse réception de la demande dans le délai d'un mois à compter de sa réception. »

Le silence gardé par *(Décr. n° 2010-334 du 26 mars 2010, art. 4)* « le préfet de région » à l'expiration d'un délai de quatre mois à compter de la réception du dossier complet vaut *décision de rejet de la demande*.

Art. R. 4241-10 *(Décr. n° 2017-1520 du 2 nov. 2017, art. 2-II)* La commission examine les connaissances, aptitudes et compétences acquises au cours de la formation initiale, de l'expérience professionnelle et de la formation tout au long de la vie ayant fait l'objet d'une validation par un organisme compétent, de l'intéressé, selon les modalités prévues aux articles R. 4311-35 et R. 4311-36.

Art. R. 4241-11 L'exercice de la profession mentionné au 2° des articles L. 4241-7 et L. 4241-14 doit avoir été effectué respectivement dans une pharmacie d'officine ou dans la pharmacie à usage intérieur d'un établissement de santé.

Art. R. 4241-12 Sont fixées par arrêté du ministre chargé de l'éducation et du ministre chargé de la santé :

1° La composition du dossier produit à l'appui de la demande d'autorisation ;

(Décr. n° 2010-334 du 26 mars 2010, art. 4) « 2° La composition du jury de l'épreuve d'aptitude et les modalités d'organisation de cette épreuve ; »

(Décr. n° 2017-1520 du 2 nov. 2017, art. 2-V) « 3° Les modalités et les conditions dans lesquelles un stage d'adaptation, une épreuve d'aptitude ou les deux sont imposés ;

« 4° » Les modalités d'organisation et d'évaluation du stage d'adaptation ;

(Décr. n° 2017-1520 du 2 nov. 2017, art. 2-V) « 5° Les informations à fournir dans les états statistiques. »

§ 2 LIBRE PRESTATION DE SERVICES

(Décr. n° 2009-957 du 29 juill. 2009, art. 2)

Art. R. 4241-13 Les dispositions des articles R. 4331-12 à R. 4331-15 sont applicables à la prestation de services des préparateurs en pharmacie et des préparateurs en pharmacie hospitalière dont la déclaration est prévue aux articles L. 4241-11 et L. 4241-16. *(Abrogé par Décr. n° 2017-1520 du 2 nov. 2017, art. 2-VI)* « *(Décr. n° 2010-334 du 26 mars 2010, art. 4)* « ***Le ministre chargé de la santé se prononce après avis de la commission mentionnée à l'article*** D. 4241-20. ***Il est également l'autorité compétente pour l'application de l'article*** R. 4331-14 ». »

SECTION III COMMISSION DES PRÉPARATEURS EN PHARMACIE ET DES PRÉPARATEURS EN PHARMACIE HOSPITALIÈRE *(Décr. n° 2009-957 du 29 juill. 2009, art. 2).*

Art. D. 4241-20 *(Décr. n° 2009-1037 du 25 août 2009)* La commission des préparateurs en pharmacie et des préparateurs en pharmacie hospitalière mentionnée aux articles L. 4241-5 et L. 4241-14 est présidée par le directeur général de l'offre de soins ou son représentant.

Art. D. 4241-21 *(Décr. n° 2009-1037 du 25 août 2009)* Sont membres de droit de la commission :

1° Le directeur général de l'offre de soins ou son représentant et un membre de la direction générale de l'offre de soins désigné par lui ;

2° Le directeur général de l'enseignement scolaire ou son représentant et un membre de la direction générale de l'enseignement scolaire désigné par lui ;

3° Un membre de l'inspection générale de l'éducation nationale désigné par le ministre chargé de l'éducation nationale.

Art. D. 4241-22 *(Décr. n° 2009-1037 du 25 août 2009)* Sont nommés pour trois ans par arrêté du ministre chargé de la santé :

1° Sept membres titulaires et sept membres suppléants représentant les pharmaciens, proposés par :

a) La Fédération des syndicats pharmaceutiques de France ;

b) L'Union nationale des pharmacies de France ;

c) L'Association de pharmacie rurale ;

d) Le Syndicat national des pharmaciens praticiens et résidents des établissements français d'hospitalisation publics ;

e) Le Syndicat national des pharmaciens praticiens hospitaliers et praticiens hospitaliers universitaires ;

f) Le Syndicat national des pharmaciens gérants hospitaliers publics et privés et des pharmaciens des hôpitaux à temps partiel ;

g) L'Union des syndicats de pharmaciens d'officine ;

2° Neuf membres titulaires et neuf membres suppléants représentant les préparateurs en pharmacie et les préparateurs en pharmacie hospitalière, proposés par :

a) La Fédération nationale des industries chimiques CGT ;

b) La Fédération nationale de la pharmacie Force ouvrière ;
c) La Fédération nationale des syndicats des services de santé et services sociaux CFDT ;
d) La Fédération nationale CFTC Santé-Sociaux ;
e) La Fédération nationale du personnel d'encadrement des industries chimiques, parachimiques et connexes CFE-CGC ;
f) La Fédération nationale SUD Santé-Sociaux ;
g) L'Union nationale des syndicats autonomes Santé et Sociaux publics et privés ;
h) Le Syndicat national des cadres hospitaliers ;
i) L'Association nationale des préparateurs en pharmacie hospitalière ;

3° Deux personnalités qualifiées choisies en raison de leur compétence en matière de formation des préparateurs en pharmacie et des préparateurs en pharmacie hospitalière, qui siègent avec voix consultative.

Art. D. 4241-23 *(Décr. n° 2009-1037 du 25 août 2009)* Le président de la commission peut faire appel à des experts, qui siègent avec voix consultative.

Art. D. 4241-24 L'instruction des dossiers peut être confiée à des rapporteurs extérieurs à la commission, désignés par décision des ministres chargés de l'éducation et de la santé. Ces rapporteurs peuvent être appelés à siéger à la commission avec voix consultative.

Art. D. 4241-25 *(Décr. n° 2009-1037 du 25 août 2009)* Le secrétariat de la commission est assuré par la direction générale de l'offre de soins.

Art. R. 4241-26 *(Décr. n° 2017-1520 du 2 nov. 2017, art. 2-VIII)* Le contrôle par l'autorité compétente de la maîtrise de la langue française par le demandeur donne lieu à une décision qui peut faire l'objet d'un recours devant le tribunal administratif territorialement compétent.

Art. D. 4241-28 et D. 4241-29 *Abrogés par Décr. n° 2009-1037 du 25 août 2009, art. 6.*

CHAPITRE II DÉVELOPPEMENT PROFESSIONNEL CONTINU

(Décr. n° 2011-2114 du 30 déc. 2011)

Art. R. 4242-1 *Abrogé par Décr. n° 2016-942 du 8 juill. 2016, art. 2-II.*

CHAPITRE III DISPOSITIONS PÉNALES

(Décr. n° 2013-839 du 18 sept. 2013, art. 1er)

Le présent chapitre ne comporte pas de dispositions réglementaires.

CHAPITRE IV AUTORISATION DES CENTRES DE FORMATION DE PRÉPARATEURS EN PHARMACIE HOSPITALIÈRE ET AGRÉMENT DE LEUR DIRECTEUR

(Décr. n° 2013-839 du 18 sept. 2013, art. 1er)

Art. D. 4244-1 L'autorisation mentionnée à l'article L. 4244-2 est délivrée pour une durée de cinq ans par le président du conseil régional, après avis du directeur général de l'agence régionale de santé, aux centres de formation des préparateurs en pharmacie hospitalière dont le projet répond aux conditions suivantes :

1° Qualification du directeur du centre de formation ;

2° Adéquation, en nombre et qualité, de l'équipe pédagogique à la formation dispensée ;

3° Existence d'un projet pédagogique établi conformément aux prescriptions relatives aux conditions d'accès à la formation concernée, au contenu du programme d'enseignement, aux modalités de l'enseignement et de l'évaluation des connaissances des étudiants ou élèves au cours de la scolarité ;

4° Organisation assurant une bonne articulation entre les enseignements théoriques et les stages pratiques ;

5° Adaptation des locaux, des matériels techniques et pédagogiques au nombre d'étudiants ou d'élèves accueillis ;

6° Adaptation de la capacité totale d'accueil envisagée pour le centre aux besoins de formation appréciés par la région.

Le dossier de demande d'autorisation est établi par le représentant légal du centre de formation et transmis au président du conseil régional de la région d'implantation du centre, avec copie au directeur général de l'agence régionale de santé.

Un arrêté du ministre chargé de la santé fixe la composition du dossier de demande d'autorisation et précise les conditions prévues au présent article.

Art. D. 4244-2 L'autorisation prévue à l'article L. 4244-2 peut être retirée, après mise en demeure et par décision motivée, lorsque les conditions fixées à l'article D. 4244-1 ne sont plus remplies et en cas d'incapacité ou de faute grave des dirigeants du centre de formation.

Art. D. 4244-3 Pour bénéficier de l'agrément mentionné à l'article L. 4244-2, les directeurs des centres de formation de préparateurs en pharmacie hospitalière doivent remplir des conditions de titres et de diplômes fixées par arrêté du ministre chargé de la santé et ne pas avoir fait l'objet d'une condamnation inscrite au bulletin n° 2 du casier judiciaire national.

L'agrément des directeurs des centres de formation de préparateurs en pharmacie hospitalière est délivré dans le respect des dispositions statutaires régissant les personnels relevant du titre IV du statut général des fonctionnaires et des dispositions légales et réglementaires s'appliquant aux agents publics.

Art. D. 4244-4 La demande d'agrément du directeur est déposée auprès du président du conseil régional par le représentant légal du centre de formation avec copie au directeur général de l'agence régionale de santé.

L'agrément peut être retiré, après mise en demeure et par décision motivée, lorsque les conditions fixées à l'article D. 4244-3 ne sont plus remplies.

Art. R. 4244-4 *(Décr. n° 2013-838 du 18 sept. 2013, art. 1er)* La demande d'agrément du directeur est adressée au président du conseil régional par le représentant légal du centre de formation avec copie au directeur général de l'agence régionale de santé par tout moyen permettant de lui conférer une date certaine.

Le silence gardé par le président du conseil régional pendant plus de deux mois à compter de la réception de la demande complète d'agrément vaut agrément.

L'agrément peut être retiré, après mise en demeure et par décision motivée, lorsque les conditions fixées à l'article D. 4244-3 ne sont plus remplies.

En l'absence de nouvelles dispositions, les art. D. 4244-4 et R. 4244-4 coexistent.

TITRE CINQUIÈME PROFESSION DE PHYSICIEN MÉDICAL

(Décr. n° 2017-1520 du 2 nov. 2017, art. 8-2°)

CHAPITRE PREMIER RÈGLES LIÉES À L'EXERCICE DE LA PROFESSION

SECTION PREMIÈRE

Cette section ne contient aucune disposition à ce jour.

SECTION II RESSORTISSANT D'UN ÉTAT MEMBRE DE L'UNION EUROPÉENNE OU D'UN AUTRE ÉTAT PARTIE À L'ACCORD SUR L'ESPACE ÉCONOMIQUE EUROPÉEN TITULAIRE DE TITRES DE FORMATION DÉLIVRÉS PAR L'UN DE CES ÉTATS OU PAR UN ÉTAT TIERS ET RECONNUS PAR UN ÉTAT, MEMBRE OU PARTIE

§ 1er LIBRE ÉTABLISSEMENT

Art. R. 4251-2 Le représentant de l'État dans la région désignée par arrêté du ministre chargé de la santé délivre, après avis de la commission des physiciens médicaux prévue à l'article R. 4251-6, l'autorisation d'exercice mentionnée à l'article L. 4251-5, au vu d'une demande accompagnée d'un dossier présenté et instruit selon les modalités fixées par l'arrêté mentionné à l'article R. 4251-4.

Il accuse réception de la demande dans le délai d'un mois à compter de sa réception.

Le silence gardé par le représentant de l'État à l'expiration d'un délai de quatre mois à compter de la réception du dossier complet vaut décision de rejet de la demande.

Art. R. 4251-3 La commission examine les connaissances, aptitudes et compétences acquises au cours de la formation initiale, de l'expérience professionnelle et de la formation tout au long de la vie ayant fait l'objet d'une validation par un organisme compétent, de l'intéressé, selon les modalités prévues aux articles R. 4311-35 et R. 4311-36.

Art. R. 4251-4 Sont fixées par arrêté du ministre chargé de la santé :

1° La composition du dossier produit à l'appui de la demande d'autorisation ;

2° La composition du jury de l'épreuve d'aptitude et les modalités d'organisation de cette épreuve ;

3° Les modalités et les conditions dans lesquelles un stage d'adaptation, une épreuve d'aptitude ou les deux sont imposés ;

4° Les modalités d'organisation et d'évaluation du stage d'adaptation ;

5° Les informations à fournir dans les états statistiques.

§ 2 LIBRE PRESTATION DE SERVICES

Art. R. 4251-5 Les dispositions des articles R. 4331-12 à R. 4331-15 sont applicables à la prestation de services des physiciens médicaux dont la déclaration est prévue à l'article L. 4251-6.

§ 3 DISPOSITIONS COMMUNES

Art. R. 4251-6 La commission des physiciens médicaux de la région désignée par arrêté du ministre chargé de la santé comprend :

1° Le directeur régional de la jeunesse, des sports et de la cohésion sociale, président ;

2° Le directeur général de l'agence régionale de santé ;

3° Six représentants des professions intéressées, désignés dans les conditions suivantes :

a) Trois par la Société française de physique médicale ;

b) Un par la Société française de radiothérapie oncologique ;

c) Un par la Société française de médecine nucléaire et imagerie moléculaire ;

d) Un par la Société française de radiologie.

Pour chaque membre titulaire, un suppléant est désigné dans les mêmes conditions ;

4° Des personnalités qualifiées, désignées dans les conditions suivantes :

a) Une par l'Autorité de sûreté nucléaire ;

b) Une par l'Institut national du cancer ;

c) Une par chacun des organismes assurant la formation des physiciens médicaux.

Un arrêté du représentant de l'État dans la région mentionnée à l'article R. 4251-2, pris sur proposition du directeur régional de la jeunesse, des sports et de la cohésion sociale, nomme, pour une durée de cinq ans renouvelable, les membres titulaires mentionnés au 3°, ainsi que leurs suppléants.

Art. R. 4251-7 La direction régionale de la jeunesse, des sports et de la cohésion sociale de la région mentionnée à l'article R. 4251-2 assure le secrétariat de la commission.

Art. R. 4251-8 Le contrôle par l'autorité compétente de la maîtrise de la langue française par le demandeur donne lieu à une décision qui peut faire l'objet d'un recours devant le tribunal administratif territorialement compétent.

LIVRE TROISIÈME AUXILIAIRES MÉDICAUX, AIDES-SOIGNANTS, AUXILIAIRES DE PUÉRICULTURE, AMBULANCIERS ET ASSISTANTS DENTAIRES *(Décr. n° 2010-334 du 26 mars 2010, art. 5 ; Décr. n° 2016-1646 du 1er déc. 2016, art. 1er-1°).*

TITRE PREMIER PROFESSION D'INFIRMIER OU D'INFIRMIÈRE

CHAPITRE PREMIER RÈGLES LIÉES À L'EXERCICE DE LA PROFESSION

SECTION PREMIÈRE ACTES PROFESSIONNELS

Art. R. 4311-1 L'exercice de la profession d'infirmier ou d'infirmière comporte l'analyse, l'organisation, la réalisation de soins infirmiers et leur évaluation, la contribution au recueil de données cliniques et épidémiologiques et la participation à des actions de prévention, de dépistage, de formation et d'éducation à la santé.

Dans l'ensemble de ces activités, les infirmiers et infirmières sont soumis au respect des règles professionnelles et notamment du secret professionnel.

Ils exercent leur activité en relation avec les autres professionnels du secteur de la santé, du secteur social et médico-social et du secteur éducatif.

Art. R. 4311-2 Les soins infirmiers, préventifs, curatifs ou palliatifs, intègrent qualité technique et qualité des relations avec le malade. Ils sont réalisés en tenant compte de l'évolution des sciences et des techniques. Ils ont pour objet, dans le respect des droits de la personne, dans le souci de son éducation à la santé et en tenant compte de la personnalité de celle-ci dans ses composantes physiologique, psychologique, économique, sociale et culturelle :

1° De protéger, maintenir, restaurer et promouvoir la santé physique et mentale des personnes ou l'autonomie de leurs fonctions vitales physiques et psychiques en vue de favoriser leur maintien, leur insertion ou leur réinsertion dans leur cadre de vie familial ou social ;

2° De concourir à la mise en place de méthodes et au recueil des informations utiles aux autres professionnels, et notamment aux médecins pour poser leur diagnostic et évaluer l'effet de leurs prescriptions ;

3° De participer à l'évaluation du degré de dépendance des personnes ;

4° De contribuer à la mise en œuvre des traitements en participant à la surveillance clinique et à l'application des prescriptions médicales contenues, le cas échéant, dans des protocoles établis à l'initiative du ou des médecins prescripteurs ;

5° De participer à la prévention, à l'évaluation et au soulagement de la douleur et de la détresse physique et psychique des personnes, particulièrement en fin de vie au moyen des soins palliatifs, et d'accompagner, en tant que de besoin, leur entourage.

Art. R. 4311-3 Relèvent du rôle propre de l'infirmier ou de l'infirmière les soins liés aux fonctions d'entretien et de continuité de la vie et visant à compenser partiellement ou totalement un manque ou une diminution d'autonomie d'une personne ou d'un groupe de personnes.

Dans ce cadre, l'infirmier ou l'infirmière a compétence pour prendre les initiatives et accomplir les soins qu'il juge nécessaires conformément aux dispositions des articles *R. 4311-5 (Décr. n° 2008-877 du 29 août 2008)* « , R. 4311-5-1 » et R. 4311-6. Il identifie les besoins de la personne, pose un diagnostic infirmier, formule des objectifs de soins, met en œuvre les actions appropriées et les évalue. Il peut élaborer, avec la participation des membres de l'équipe soignante, des protocoles de soins infirmiers relevant de son initiative. Il est chargé de la conception, de l'utilisation et de la gestion du dossier de soins infirmiers.

Art. R. 4311-4 Lorsque les actes accomplis et les soins dispensés relevant de son rôle propre sont dispensés dans un établissement ou un service à domicile à caractère sanitaire, social ou médico-social, l'infirmier ou l'infirmière peut, sous sa responsabilité, les assurer avec la collaboration d'aides-soignants, d'auxiliaires de puériculture ou d'aides médico-psychologiques qu'il encadre et dans les limites de la qualification reconnue à ces derniers du fait de leur formation. Cette collaboration peut s'inscrire dans le cadre des protocoles de soins infirmiers mentionnés à l'article R. 4311-3.

Art. R. 4311-5 Dans le cadre de son rôle propre, l'infirmier ou l'infirmière accomplit les actes ou dispense les soins suivants visant à identifier les risques et à assurer le confort et la sécurité de la personne et de son environnement et comprenant son information et celle de son entourage :

1° Soins et procédés visant à assurer l'hygiène de la personne et de son environnement ;

2° Surveillance de l'hygiène et de l'équilibre alimentaire ;

3° Dépistage et évaluation des risques de maltraitance ;

4° Aide à la prise des médicaments présentés sous forme non injectable ;

5° Vérification de leur prise ;

6° Surveillance de leurs effets et éducation du patient ;

7° Administration de l'alimentation par sonde gastrique, sous réserve des dispositions prévues à l'article R. 4311-7 et changement de sonde d'alimentation gastrique ;

8° Soins et surveillance de patients en assistance nutritive entérale ou parentérale ;

9° Surveillance de l'élimination intestinale et urinaire et changement de sondes vésicales ;

10° Soins et surveillance des patients sous dialyse rénale ou péritonéale ;

11° Soins et surveillance des patients placés en milieu stérile ;

12° Installation du patient dans une position en rapport avec sa pathologie ou son handicap ;

13° Préparation et surveillance du repos et du sommeil ;

14° Lever du patient et aide à la marche ne faisant pas appel aux techniques de rééducation ;

15° Aspirations des sécrétions d'un patient qu'il soit ou non intubé ou trachéotomisé ;

16° Ventilation manuelle instrumentale par masque ;

17° Utilisation d'un défibrillateur semi-automatique et surveillance de la personne placée sous cet appareil ;

18° Administration en aérosols de produits non médicamenteux ;

19° Recueil des observations de toute nature susceptibles de concourir à la connaissance de l'état de santé de la personne et appréciation des principaux paramètres servant à sa surveillance : température, pulsations, pression artérielle, rythme respiratoire, volume de la diurèse, poids, mensurations, réflexes pupillaires, réflexes de défense cutanée, observations des manifestations de l'état de conscience, évaluation de la douleur ;

20° Réalisation, surveillance et renouvellement des pansements non médicamenteux ;

21° Réalisation et surveillance des pansements et des bandages autres que ceux mentionnés à l'article R. 4311-7 ;

22° Prévention et soins d'escarres ;

23° Prévention non médicamenteuse des thromboses veineuses ;

24° Soins et surveillance d'ulcères cutanés chroniques ;

25° Toilette périnéale ;

26° Préparation du patient en vue d'une intervention, notamment soins cutanés préopératoires ;

27° Recherche des signes de complications pouvant survenir chez un patient porteur d'un dispositif d'immobilisation ou de contention ;

28° Soins de bouche avec application de produits non médicamenteux ;

29° Irrigation de l'œil et instillation de collyres ;

30° Participation à la réalisation des tests à la sueur et recueil des sécrétions lacrymales ;

31° Surveillance de scarifications, injections et perfusions mentionnées aux articles R. 4311-7 et R. 4311-9 ;

32° Surveillance de patients ayant fait l'objet de ponction à visée diagnostique ou thérapeutique ;

33° Pose de timbres tuberculiniques et lecture ;

34° Détection de parasitoses externes et soins aux personnes atteintes de celles-ci ;

35° Surveillance des fonctions vitales et maintien de ces fonctions par des moyens non invasifs et n'impliquant pas le recours à des médicaments ;

36° Surveillance des cathéters, sondes et drains ;

37° Participation à la réalisation d'explorations fonctionnelles, à l'exception de celles mentionnées à l'article R. 4311-10, et pratique d'examens non vulnérants de dépistage de troubles sensoriels ;

38° Participation à la procédure de désinfection et de stérilisation des dispositifs médicaux réutilisables ;

39° Recueil des données biologiques obtenues par des techniques à lecture instantanée suivantes :

a) Urines : glycosurie acétonurie, protéinurie, recherche de sang, potentiels en ions hydrogène, pH ;

b) Sang : glycémie, acétonémie ;

40° Entretien d'accueil privilégiant l'écoute de la personne avec orientation si nécessaire ;

41° Aide et soutien psychologique ;

42° Observation et surveillance des troubles du comportement.

Art. R. 4311-5-1 *(Décr. n° 2008-877 du 29 août 2008)* L'infirmier ou l'infirmière est habilité à pratiquer l'injection du vaccin antigrippal, à l'exception de la première injection, dans les conditions définies à l'article R. 4311-3 et conformément au résumé des caractéristiques du produit annexé à l'autorisation de mise sur le marché du vaccin injecté, sur certaines personnes dont les conditions d'âge et les pathologies dont elles peuvent souffrir sont précisées par arrêté du ministre chargé de la santé.

L'infirmier ou l'infirmière indique dans le dossier de soins infirmiers l'identité du patient, la date de réalisation du vaccin ainsi que le numéro de lot du vaccin lors de l'injection. Il ou elle déclare au centre de pharmacovigilance les effets indésirables portés à sa connaissance susceptibles d'être dus au vaccin.

Art. R. 4311-6 Dans le domaine de la santé mentale, outre les actes et soins mentionnés à l'article R. 4311-5, l'infirmier ou l'infirmière accomplit les actes et soins suivants :

1° Entretien d'accueil du patient et de son entourage ;

2° Activités à visée sociothérapeutique individuelle ou de groupe ;

3° Surveillance des personnes en chambre d'isolement ;

4° Surveillance et évaluation des engagements thérapeutiques qui associent le médecin, l'infirmier ou l'infirmière et le patient.

Art. R. 4311-7 L'infirmier ou l'infirmière est habilité à pratiquer les actes suivants soit en application d'une prescription médicale qui, sauf urgence, est écrite, qualitative et quantitative, datée et signée, soit en application d'un protocole écrit, qualitatif et quantitatif, préalablement établi, daté et signé par un médecin :

1° Scarifications, injections et perfusions autres que celles mentionnées au deuxième alinéa de l'article R. 4311-9, instillations et pulvérisations ;

2° Scarifications et injections destinées aux vaccinations ou aux tests tuberculiniques ;

3° Mise en place et ablation d'un cathéter court ou d'une aiguille pour perfusion dans une veine superficielle des membres ou dans une veine épicrânienne ;

4° Surveillance de cathéters veineux centraux et de montages d'accès vasculaires implantables mis en place par un médecin ;

5° *Injections et perfusions, à l'exclusion de la première*, dans ces cathéters ainsi que dans les cathéters veineux centraux et ces montages :

a) De produits autres que ceux mentionnés au deuxième alinéa de l'article R. 4311-9 ;

b) De produits ne contribuant pas aux techniques d'anesthésie générale ou locorégionale mentionnées à l'article R. 4311-12.

Ces injections et perfusions font l'objet d'un compte rendu d'exécution écrit, daté et signé par l'infirmier ou l'infirmière et transcrit dans le dossier de soins infirmiers ;

6° Administration des médicaments sans préjudice des dispositions prévues à l'article *(Décr. n° 2005-840 du 20 juill. 2005, art. 11)* « R. 4311-5 » ;

7° Pose de dispositifs transcutanés et surveillance de leurs effets ;

8° Renouvellement du matériel de pansements médicamenteux ;

9° Réalisation et surveillance de pansements spécifiques ;

10° Ablation du matériel de réparation cutanée ;

11° Pose de bandages de contention ;

12° Ablation des dispositifs d'immobilisation et de contention ;

13° Renouvellement et ablation des pansements médicamenteux, des systèmes de tamponnement et de drainage, à l'exception des drains pleuraux et médiastinaux ;

14° Pose de sondes gastriques en vue de tubage, d'aspiration, de lavage ou d'alimentation gastrique ;

15° Pose de sondes vésicales en vue de prélèvement d'urines, de lavage, d'instillation, d'irrigation ou de drainage de la vessie, sous réserve des dispositions du troisième alinéa de l'article R. 4311-10 ;

16° Instillation intra-urétrale ;

17° Injection vaginale ;

18° Pose de sondes rectales, lavements, extractions de fécalomes, pose et surveillance de goutte-à-goutte rectal ;

19° Appareillage, irrigation et surveillance d'une plaie, d'une fistule ou d'une stomie ;

20° Soins et surveillance d'une plastie ;

21° Participation aux techniques de dilatation de cicatrices ou de stomies ;

22° Soins et surveillance d'un patient intubé ou trachéotomisé, le premier changement de canule de trachéotomie étant effectué par un médecin ;

23° Participation à l'hyperthermie et à l'hypothermie ;

24° Administration en aérosols et pulvérisations de produits médicamenteux ;

25° Soins de bouche avec application de produits médicamenteux et, en tant que de besoin, aide instrumentale ;

26° Lavage de sinus par l'intermédiaire de cathéters fixés par le médecin ;

27° Bains d'oreilles et instillations médicamenteuses ;

28° Enregistrements simples d'électrocardiogrammes, d'électro-encéphalogrammes et de potentiels évoqués sous réserve des dispositions prévues à l'article R. 4311-10 ;

29° Mesure de la pression veineuse centrale ;

30° Vérification du fonctionnement des appareils de ventilation assistée ou du monitorage, contrôle des différents paramètres et surveillance des patients placés sous ces appareils ;

31° Pose d'une sonde à oxygène ;

32° Installation et surveillance des personnes placées sous oxygénothérapie normobare et à l'intérieur d'un caisson hyperbare ;

33° Branchement, surveillance et débranchement d'une dialyse rénale, péritonéale ou d'un circuit d'échanges plasmatique ;

34° Saignées ;

35° Prélèvements de sang par ponction veineuse ou capillaire ou par cathéter veineux ;

36° Prélèvements de sang par ponction artérielle pour gazométrie ;

37° Prélèvements non sanglants effectués au niveau des téguments ou des muqueuses directement accessibles ;

38° Prélèvements et collecte de sécrétions et d'excrétions ;

39° Recueil aseptique des urines ;

40° Transmission des indications techniques se rapportant aux prélèvements en vue d'analyses de biologie médicale ;

41° Soins et surveillance des personnes lors des transports sanitaires programmés entre établissements de soins ;

42° Entretien individuel et utilisation au sein d'une équipe pluridisciplinaire de techniques de médiation à visée thérapeutique ou psychothérapique ;

43° Mise en œuvre des engagements thérapeutiques qui associent le médecin, l'infirmier ou l'infirmière et le patient, et des protocoles d'isolement.

Art. R. 4311-8 L'infirmier ou l'infirmière est habilité à entreprendre et à adapter les traitements antalgiques, dans le cadre des protocoles préétablis, écrits, datés et signés par un médecin. Le protocole est intégré dans le dossier de soins infirmiers.

Art. R. 4311-9 L'infirmier ou l'infirmière est habilité à accomplir sur prescription médicale écrite, qualitative et quantitative, datée et signée, les actes et soins suivants, à condition qu'un médecin puisse intervenir à tout moment :

1° Injections et perfusions de produits d'origine humaine nécessitant, préalablement à leur réalisation, lorsque le produit l'exige, un contrôle d'identité et de compatibilité obligatoire effectué par l'infirmier ou l'infirmière ;

2° Injections de médicaments à des fins analgésiques dans des cathéters périduraux et intrathécaux ou placés à proximité d'un tronc ou d'un plexus nerveux, mis en place par un médecin et après que celui-ci a effectué la première injection ;

3° Préparation, utilisation et surveillance des appareils de circulation extracorporelle ;

4° Ablation de cathéters centraux et intrathécaux ;

5° Application d'un garrot pneumatique d'usage chirurgical ;

6° Pose de dispositifs d'immobilisation ;

7° Utilisation d'un défibrillateur manuel ;

8° Soins et surveillance des personnes, en postopératoire, sous réserve des dispositions prévues à l'article R. 4311-12 ;

9° Techniques de régulation thermique, y compris en milieu psychiatrique ;

10° Cures de sevrage et de sommeil.

Art. R. 4311-10 L'infirmier ou l'infirmière participe à la mise en œuvre par le médecin des techniques suivantes :

1° Première injection d'une série d'allergènes ;

2° Premier sondage vésical chez l'homme en cas de rétention ;

3° Enregistrement d'électrocardiogrammes et d'électrœncéphalogrammes avec épreuves d'effort ou emploi de médicaments modificateurs ;

4° Prise et recueil de pression hémodynamique faisant appel à des techniques à caractère vulnérant autres que celles mentionnées à l'article R. 4311-7 ;

5° Actions mises en œuvre en vue de faire face à des situations d'urgence vitale ;

6° Explorations fonctionnelles comportant des épreuves pharmacodynamiques, d'effort, de stimulation ou des tests de provocation ;

7° Pose de systèmes d'immobilisation après réduction ;

8° Activités, en équipe pluridisciplinaire, de transplantation d'organes et de greffe de tissus ;

9° Transports sanitaires :

a) Transports sanitaires urgents entre établissements de soins effectués dans le cadre d'un service mobile d'urgence et de réanimation ;

b) Transports sanitaires médicalisés du lieu de la détresse vers un établissement de santé effectués dans le cadre d'un service mobile d'urgence et de réanimation ;

10° Sismothérapie et insulinothérapie à visée psychiatrique.

Art. R. 4311-11 L'infirmier ou l'infirmière titulaire du diplôme d'État de bloc opératoire ou en cours de formation préparant à ce diplôme, exerce en priorité les activités suivantes :

1° Gestion des risques liés à l'activité et à l'environnement opératoire ;

2° Élaboration et mise en œuvre d'une démarche de soins individualisée en bloc opératoire et secteurs associés ;

3° *Organisation et coordination* des soins infirmiers en salle d'intervention ;

4° Traçabilité des activités au bloc opératoire et en secteurs associés ;

5° Participation à l'élaboration, à l'application et au contrôle des procédures de désinfection et de stérilisation des dispositifs médicaux réutilisables visant à la prévention des infections nosocomiales au bloc opératoire et en secteurs associés.

En per-opératoire, l'infirmier ou l'infirmière titulaire du diplôme d'État de bloc opératoire ou l'infirmier ou l'infirmière en cours de formation préparant à ce diplôme exerce les activités de circulant, d'instrumentiste et d'aide opératoire en présence de l'opérateur.

Il est habilité à exercer dans tous les secteurs où sont pratiqués des actes invasifs à visée diagnostique, thérapeutique, ou diagnostique et thérapeutique dans les secteurs de stérilisation du matériel médico-chirurgical et dans les services d'hygiène hospitalière.

Art. R. 4311-11-1 *(Décr. n° 2015-74 du 27 janv. 2015, art. 1er)* **L'infirmier ou l'infirmière de bloc opératoire, titulaire du diplôme d'État de bloc opératoire, est seul habilité à accomplir les actes et activités figurant aux 1° et 2° :**

1° Dans les conditions fixées par un protocole préétabli, écrit, daté et signé par le ou les chirurgiens :

***a)* Sous réserve que le chirurgien puisse intervenir à tout moment :**

– l'installation chirurgicale du patient ;

– la mise en place et la fixation des drains susaponévrotiques ;

– la fermeture sous-cutanée et cutanée ;

(Décr. n° 2018-79 du 9 févr. 2018, art. 7, en vigueur le 1er juill. 2019) **« *b)* Au cours d'une intervention chirurgicale, en présence du chirurgien, apporter une aide à l'exposition, à l'hémostase et à l'aspiration ; »**

2° Au cours d'une intervention chirurgicale, en présence et sur demande expresse du chirurgien, une fonction d'assistance pour des actes d'une particulière technicité déterminés par arrêté du ministre chargé de la santé.

Le Décr. n° 2015-74 du 27 janv. 2015 relatif aux actes infirmiers relevant de la compétence exclusive des infirmiers de bloc opératoire a été partiellement annulé en tant qu'il prévoit l'entrée en vigueur immédiate d'une mesure qui risque de désorganiser le service public hospitalier (CE 7 déc. 2016, Union des chirurgiens de France, n° 389036).

Art. R. 4311-11-2 *(Décr. n° 2015-74 du 27 janv. 2015, art. 1er)* **L'infirmier ou l'infirmière en cours de formation préparant au diplôme d'État de bloc opératoire peut participer aux actes et activités mentionnés à l'article R. 4311-11-1 dans les conditions qui y sont définies, en présence d'un infirmier ou d'une infirmière titulaire du diplôme d'État de bloc opératoire.**

Sur les actes infirmiers relevant de la compétence exclusive des infirmiers de bloc opératoire, V. Décr. n° 2015-74 du 27 janv. 2015.

Art. R. 4311-12 *(Décr. n° 2017-316 du 10 mars 2017, art. 1er)* **I. – A. – L'infirmier ou l'infirmière anesthésiste diplômé d'État exerce ses activités sous le contrôle exclusif d'un médecin anesthésiste-réanimateur sous réserve que ce médecin :**

1° Ait préalablement examiné le patient et établi par écrit la stratégie anesthésique comprenant les objectifs à atteindre, le choix et les conditions de mise en œuvre de la technique d'anesthésie ;

2° Soit présent sur le site où sont réalisés les actes d'anesthésie ou la surveillance postinterventionnelle, et puisse intervenir à tout moment.

B. – L'infirmier ou l'infirmière anesthésiste diplômé d'État est, dans ces conditions, seul habilité à :

1° Pratiquer les techniques suivantes :

***a)* Anesthésie générale ;**

***b)* Anesthésie loco-régionale et réinjections dans le cas où un dispositif a été mis en place par un médecin anesthésiste-réanimateur ;**

***c)* Réanimation per-opératoire ;**

2° Accomplir les soins et réaliser les gestes nécessaires à la mise en œuvre des techniques mentionnées aux *a, b* et *c* du 1° ;

3° Assurer, en salle de surveillance postinterventionnelle, les actes relevant des techniques mentionnées aux *a* et *b* du 1° et la poursuite de la réanimation per-opératoire.

II. – L'infirmier ou l'infirmière anesthésiste diplômé d'État, sous le contrôle exclusif d'un médecin anesthésiste-réanimateur, peut intervenir en vue de la prise en charge de la douleur postopératoire en pratiquant des techniques mentionnées au *b* du 1° du B du I.

III. – L'infirmier ou l'infirmière anesthésiste est seul habilité à réaliser le transport des patients stables ventilés, intubés ou sédatés pris en charge dans le cadre des transports infirmiers interhospitaliers.

IV. – Les transports sanitaires mentionnés à l'article R. 4311-10 sont réalisés en priorité par l'infirmier ou l'infirmière anesthésiste diplômé d'État.

Art. R. 4311-12-1 *(Décr. n° 2017-316 du 10 mars 2017, art. 2)* **L'étudiant ou l'étudiante, préparant le diplôme d'infirmier ou d'infirmière anesthésiste diplômé d'État,**

peut participer aux activités mentionnées à l'article R. 4311-12 en présence d'un infirmier ou d'une infirmière anesthésiste diplômé d'État.

Art. R. 4311-13 Les actes concernant les enfants de la naissance à l'adolescence, et en particulier ceux ci-dessous énumérés, sont dispensés en priorité par une infirmière titulaire du diplôme d'État de puéricultrice et l'infirmier ou l'infirmière en cours de formation préparant à ce diplôme :

1° Suivi de l'enfant dans son développement et son milieu de vie ;

2° Surveillance du régime alimentaire du nourrisson ;

3° Prévention et dépistage précoce des inadaptations et des handicaps ;

4° Soins du nouveau-né en réanimation ;

5° Installation, surveillance et sortie du nouveau-né placé en incubateur ou sous photothérapie.

Art. R. 4311-14 En l'absence d'un médecin, l'infirmier ou l'infirmière est habilité, après avoir reconnu une situation comme relevant de l'urgence ou de la détresse psychologique, à mettre en œuvre des protocoles de soins d'urgence, préalablement écrits, datés et signés par le médecin responsable. Dans ce cas, l'infirmier ou l'infirmière accomplit les actes conservatoires nécessaires jusqu'à l'intervention d'un médecin. Ces actes doivent obligatoirement faire l'objet de sa part d'un compte rendu écrit, daté, signé, remis au médecin et annexé au dossier du patient.

En cas d'urgence et en dehors de la mise en œuvre du protocole, l'infirmier ou l'infirmière décide des gestes à pratiquer en attendant que puisse intervenir un médecin. Il prend toutes mesures en son pouvoir afin de diriger la personne vers la structure de soins la plus appropriée à son état.

Art. R. 4311-15 Selon le secteur d'activité où il exerce, y compris dans le cadre des réseaux de soins, et en fonction des besoins de santé identifiés, l'infirmier ou l'infirmière propose des actions, les organise ou y participe dans les domaines suivants :

1° Formation initiale et formation continue du personnel infirmier, des personnels qui l'assistent et éventuellement d'autres personnels de santé ;

2° Encadrement des stagiaires en formation ;

3° Formation, éducation, prévention et dépistage, notamment dans le domaine des soins de santé primaires et communautaires ;

4° Dépistage, prévention et éducation en matière d'hygiène, de santé individuelle et collective et de sécurité ;

5° Dépistage des maladies sexuellement transmissibles, des maladies professionnelles, des maladies endémiques, des pratiques addictives ;

6° Éducation à la sexualité ;

7° Participation à des actions de santé publique ;

8° Recherche dans le domaine des soins infirmiers et participation à des actions de recherche pluridisciplinaire.

Il participe également à des actions de secours, de médecine de catastrophe et d'aide humanitaire, ainsi qu'à toute action coordonnée des professions de santé et des professions sociales conduisant à une prise en charge globale des personnes.

Art. D. 4311-15-1 *(Décr. n° 2012-35 du 10 janv. 2012, art. 1er)* Lorsque l'infirmier ou l'infirmière procède au renouvellement d'une prescription de médicaments contraceptifs oraux dans les conditions prévues au quatrième alinéa de l'article L. 4311-1 du code de la santé publique, il ou elle inscrit sur l'original de l'ordonnance médicale les indications suivantes :

1° Son nom, son prénom et le numéro obtenu lors de l'enregistrement prévu à l'article L. 4311-15 ;

2° La mention "Renouvellement infirmier" ;

3° La durée de ce renouvellement, exprimée en mois et qui ne peut excéder six mois ;

4° La date à laquelle ce renouvellement est effectué.

SECTION II PERSONNES AUTORISÉES À EXERCER LA PROFESSION

SOUS-SECTION 1 TITULAIRES DU DIPLÔME D'ÉTAT D'INFIRMIER OU D'INFIRMIÈRE

Art. D. 4311-16 Le diplôme d'État d'infirmier ou d'infirmière est délivré par le préfet de région aux candidats ayant suivi, sauf dispense, l'enseignement préparatoire au diplôme d'État d'infirmier ou d'infirmière *(Décr. n° 2012-851 du 4 juill. 2012, art. 1er-1°)* « et ayant validé les enseignements théoriques et pratiques ainsi que les stages constitutifs de la formation. »

Art. D. 4311-17 La durée des études préparatoires au diplôme est fixée à trois ans.

Les conditions dans lesquelles peuvent être accordées des dispenses partielles ou totales d'enseignement sont fixées par arrêté du ministre chargé de la santé.

Art. D. 4311-18 L'enseignement comprend :

1° Un enseignement théorique ;

2° Un enseignement pratique ;

3° Des stages.

Les conditions d'indemnisation des stages et de remboursement des frais de déplacement liés aux stages sont fixées par arrêté du ministre chargé de la santé.

Art. D. 4311-19 Les instituts de formation en soins infirmiers autorisés à délivrer l'enseignement préparant au diplôme d'État sont chargés de la mise en œuvre des modalités d'admission sous le contrôle *(Décr. n° 2010-344 du 31 mars 2010, art. 131)* « des directeurs généraux des agences régionales de santé ». Ils ont la charge de l'organisation des épreuves et de l'affichage des résultats.

La composition des jurys et la nomination de leurs membres sont *(Décr. n° 2010-344 du 31 mars 2010, art. 131)* « fixées par les directeurs des instituts dans les conditions fixées par arrêté du ministre chargé de la santé ».

Art. D. 4311-20 *Abrogé par Décr. n° 2006-393 du 30 mars 2006, art. 2-I.*

Art. D. 4311-21 Le contrôle des instituts est exercé par les fonctionnaires désignés à cet effet par le ministre chargé de la santé.

Art. D. 4311-22 *Abrogé par Décr. n° 2006-393 du 30 mars 2006, art. 2-I.*

Art. D. 4311-23 Les conditions d'agrément des établissements, services et institutions où les étudiants effectuent leurs stages sont fixées par arrêté du ministre chargé de la santé.

Art. R. 4311-24 *Abrogé par Décr. n° 2006-393 du 30 mars 2006, art. 2-I.*

SOUS-SECTION 2 TITULAIRES DU DIPLÔME D'ÉTAT D'INFIRMIER DE SECTEUR PSYCHIATRIQUE

Art. D. 4311-25 La commission prévue à l'article L. 4311-5, présidée par le *(Décr. n° 2010-344 du 31 mars 2010, art. 131)* « préfet » ou son représentant, est composée de :

1° Deux praticiens hospitaliers, dont un exerçant dans un service de psychiatrie ;

2° Deux infirmiers ou infirmières titulaires du diplôme d'État d'infirmier ou d'infirmière et du diplôme de cadre de santé;

3° Deux infirmiers ou infirmières titulaires du diplôme d'État d'infirmier de secteur psychiatrique et du diplôme de cadre de santé ;

(Décr. n° 2010-344 du 31 mars 2010, art. 131) « 4° Le directeur général de l'agence régionale de santé ou son représentant ».

Les membres de la commission sont désignés par le *(Décr. n° 2010-344 du 31 mars 2010, art. 131)* « préfet » parmi les professionnels de la région. *Les membres prévus* aux 2° et 3° ci-dessus sont désignés sur proposition des organisations syndicales représentatives des infirmiers.

Art. D. 4311-26 Les infirmiers et infirmières, titulaires du diplôme d'État d'infirmier de secteur psychiatrique, candidats à l'obtention du diplôme d'État d'infirmier ou d'infirmière adressent au président de la commission, par lettre recommandée avec accusé de réception, un dossier comportant les éléments suivants :

1° Copie du diplôme d'infirmier de secteur psychiatrique ;

2° *Curriculum vitae* comportant en annexe la liste des services dans lesquels le candidat a exercé son activité, ainsi que la nature des fonctions exercées ; cette liste est certifiée exacte par le ou les chefs des établissements dans lesquels le candidat a exercé ses fonctions ;

3° Liste des actions de formation continue suivies par le candidat avec, pour chacune d'entre elles, une attestation du responsable de celle-ci ou du chef de l'établissement dans lequel l'intéressé exerçait ses fonctions au moment où elle a été suivie ;

4° Éventuellement, copie des diplômes autres que le diplôme d'infirmier de secteur psychiatrique, obtenus par le candidat.

La commission peut, si elle le juge opportun, solliciter du candidat toutes informations complémentaires de nature à l'éclairer sur le contenu des formations suivies.

Art. D. 4311-27 Les dossiers mentionnés à l'article D. 4311-26 sont adressés chaque année entre le 1er et le 31 janvier au président de la commission située dans la région où le candidat exerce ses fonctions ou, s'il n'exerce aucune activité, dans la région où est situé son domicile.

Art. D. 4311-28 Au vu des éléments du dossier, la commission fixe, pour chaque candidat, le contenu de la formation complémentaire préalable à l'obtention du diplôme d'État d'infirmier ou d'infirmière, au regard notamment du contenu du programme des études conduisant au diplôme d'État. La durée globale de cette formation ne peut être inférieure à six mois.

Art. D. 4311-29 L'organisation de la formation complémentaire est confiée aux directions des instituts de formation en soins infirmiers, en collaboration avec le directeur du service de soins infirmiers dans les établissements publics de santé, la personne remplissant les fonctions équivalentes dans les établissements de santé privés, et en leur absence avec le responsable infirmier du service d'accueil. La commission désigne, pour chaque candidat, l'institut de formation auquel il devra s'adresser.

Art. D. 4311-30 Les objectifs de la formation complémentaire sont définis contractuellement par la personne responsable de l'encadrement du candidat sur le ou les lieux de stage, désignée par le directeur de l'institut de formation en soins infirmiers et le candidat lui-même. Le candidat peut informer la commission régionale de toute difficulté rencontrée lors du déroulement du ou des stages.

Art. D. 4311-31 A l'issue de chacun des stages, la personne responsable de l'encadrement du stage procède avec l'équipe ayant effectivement assuré la formation du candidat et le candidat lui-même au bilan de cette formation au regard des objectifs déterminés. Ce bilan comportant une appréciation écrite précise et motivée est transmis à la commission et communiqué au candidat.

Art. D. 4311-32 Au vu du bilan précité et du dossier initial, la commission décide de l'attribution au candidat du diplôme d'État d'infirmier ou d'infirmière. Elle peut lui demander d'effectuer à nouveau tout ou partie de la formation complémentaire. Elle se prononce alors de façon définitive sur l'attribution du diplôme d'État d'infirmier ou d'infirmière.

Art. D. 4311-33 *Les décisions de* la commission sont prises à la majorité des suffrages exprimés. En cas de partage égal des voix, le président a voix prépondérante.

SOUS-SECTION 3 RESSORTISSANTS D'UN ÉTAT MEMBRE DE L'UNION EUROPÉENNE OU D'UN AUTRE ÉTAT PARTIE À L'ACCORD SUR L'ESPACE ÉCONOMIQUE EUROPÉEN *(Décr. n° 2010-334 du 26 mars 2010, art. 6).*

§ 1er LIBRE ÉTABLISSEMENT

(Décr. n° 2009-957 du 29 juill. 2009, art. 3)

Art. R. 4311-34 Le préfet de région, *(Décr. n° 2017-1520 du 2 nov. 2017, art. 2-I)* « désignée par arrêté du ministre chargé de la santé », délivre après avis de la commission des infirmiers l'autorisation d'exercice prévue à l'article L. 4311-4, au vu d'une demande accompagnée d'un dossier présenté et instruit selon les modalités fixées par l'arrêté mentionné à l'article R. 4311-37.

(Décr. nº 2010-334 du 26 mars 2010, art. 6) « Il accuse réception de la demande dans le délai d'un mois à compter de sa réception. »

Le silence gardé par le préfet de région à l'expiration d'un délai de quatre mois à compter de la réception du dossier complet vaut décision de rejet de la demande.

Art. R. 4311-35 *(Décr. nº 2017-1520 du 2 nov. 2017, art. 9-1º)* La commission examine les connaissances, aptitudes et compétences acquises au cours de la formation initiale, de l'expérience professionnelle et de la formation tout au long de la vie ayant fait l'objet d'une validation par un organisme compétent, de l'intéressé.

Le préfet de région notifie à l'intéressé, par décision dûment motivée, le contenu et la durée des mesures de compensation envisagées.

L'épreuve d'aptitude est subie dans un délai de six mois à compter de cette notification.

Art. R. 4311-36 L'épreuve d'aptitude a pour objet de vérifier au moyen d'épreuves écrites ou orales que l'intéressé fait preuve d'une connaissance appropriée des matières figurant au programme du titre de formation permettant l'exercice de la profession en France, qui ne lui ont pas été enseignées initialement ou qu'il n'a pas acquises au cours de son expérience professionnelle.

Le stage d'adaptation a pour objet de permettre aux intéressés d'acquérir les connaissances définies à l'alinéa précédent. Il comprend un stage pratique effectué sous la responsabilité d'un professionnel qualifié, accompagné éventuellement d'une formation théorique complémentaire.

Art. R. 4311-36-1 *(Décr. nº 2010-334 du 26 mars 2010, art. 6) (Décr. nº 2017-1520 du 2 nov. 2017, art. 9-1º)* « La commission des infirmiers de la région désignée par arrêté du ministre chargé de la santé comprend : »

1º Le directeur régional de la jeunesse, des sports et de la cohésion sociale ou son représentant, président ;

2º Le directeur général de l'agence régionale de santé ou son représentant ;

3º Un représentant du conseil régional de l'ordre des infirmiers ;

4º Un médecin ;

5º Deux cadres infirmiers, dont l'un exerce ses fonctions dans un établissement médico-social ou de santé, et l'autre dans un institut de formation en soins infirmiers ;

6º Un infirmier exerçant à titre libéral.

Lorsque le demandeur est titulaire d'un diplôme permettant l'exercice des fonctions soit d'infirmier anesthésiste, soit d'infirmier de bloc opératoire, soit de puéricultrice, la commission est complétée par deux infirmiers titulaires du diplôme d'État correspondant, dont un au moins participe à la formation préparatoire à ce diplôme. Dans ce cas, le médecin membre de la commission est un médecin spécialiste de la discipline concernée.

Un arrêté du préfet de région, pris sur proposition du directeur régional de la jeunesse, des sports et de la cohésion sociale, nomme, pour une durée de cinq ans renouvelable, les membres titulaires et suppléants mentionnés aux 3º à 6º.

Art. R. 4311-36-2 *(Décr. nº 2010-334 du 26 mars 2010, art. 6)* La direction régionale de la jeunesse, des sports et de la cohésion sociale assure le secrétariat de la commission.

Art. R. 4311-37 Sont fixées par arrêté du ministre chargé de la santé :

(Décr. nº 2010-334 du 26 mars 2010, art. 6) « 1º La composition du dossier produit à l'appui de la demande d'autorisation ;

« 2º La composition du jury de l'épreuve d'aptitude et les modalités d'organisation de cette épreuve ; »

(Décr. nº 2017-1520 du 2 nov. 2017, art. 2-III) « 3º Les modalités et les conditions dans lesquelles un stage d'adaptation, une épreuve d'aptitude ou les deux sont imposés ;

« 4º » Les modalités d'organisation et d'évaluation du stage d'adaptation ;

(Décr. nº 2017-1520 du 2 nov. 2017, art. 2-III) « 5º » *(Décr. nº 2010-334 du 26 mars 2010, art. 6)* « Les informations à fournir dans les états statistiques. »

§ 2 LIBRE PRESTATION DE SERVICES

(Décr. nº 2009-957 du 29 juill. 2009, art. 3)

Art. R. 4311-38 *(Décr. nº 2010-334 du 26 mars 2010, art. 6)* La déclaration prévue à l'article L. 4311-22 est adressée avant la première prestation de services au Conseil national de l'ordre.

Elle comporte des informations relatives à l'état civil, à la nationalité, *(Décr. nº 2017-1520 du 2 nov. 2017, art. 9-1º)* « à la formation initiale, à l'expérience professionnelle et à la formation tout au long de la vie ayant fait l'objet d'une validation par un organisme compétent, aux connaissances linguistiques, » à la légalité de l'établissement dans l'État membre d'origine ou de provenance, à l'absence d'interdiction, même temporaire, d'exercer, aux qualifications professionnelles, à l'assurance professionnelle et au lieu d'exécution de la première prestation de services, ainsi que la liste des pièces justificatives qui l'accompagnent.

Le caractère temporaire et occasionnel de la prestation de services est apprécié au cas par cas, notamment en fonction de sa durée, de sa fréquence, de sa périodicité et de sa continuité.

Art. R. 4311-38-1 *(Décr. nº 2017-1520 du 2 nov. 2017, art. 9-1º)* I. — Dans un délai d'un mois à compter de la réception de la déclaration, le conseil national de l'ordre informe le prestataire, au vu de l'examen de son dossier :

1º Ou bien qu'il peut débuter la prestation de services sans vérification préalable de ses qualifications professionnelles ;

2º Ou bien, lorsque la vérification de ses qualifications professionnelles met en évidence une différence substantielle avec la formation exigée en France de nature à nuire à la santé publique et qu'elle ne peut pas être compensée par l'expérience professionnelle ou par la formation tout au long de la vie ayant fait l'objet d'une validation par un organisme compétent, qu'il doit se soumettre à une épreuve d'aptitude afin de démontrer qu'il a acquis les connaissances et compétences manquantes. S'il satisfait à ce contrôle, la prestation de services débute dans le mois qui suit la décision relative à l'épreuve d'aptitude. Dans le cas contraire, il est informé qu'il ne peut pas débuter la prestation de services ;

3º Ou bien qu'il ne peut pas débuter la prestation de services.

II. — Dans le même délai d'un mois à compter de la réception de la déclaration, lorsque l'examen du dossier met en évidence une difficulté susceptible de provoquer un retard de sa décision, le conseil national de l'ordre informe le prestataire des raisons de ce retard. La décision est prise dans les deux mois suivant la résolution de la difficulté et, au plus tard, dans un délai de trois mois à compter de la date à laquelle le prestataire a été informé de l'existence de la difficulté.

III. — En l'absence de réponse du conseil national de l'ordre dans les délais fixés au premier alinéa du I et à la seconde phrase du II, la prestation de services peut débuter.

Art. R. 4311-38-2 *(Décr. nº 2010-334 du 26 mars 2010, art. 6)* Le Conseil national de l'ordre enregistre le prestataire de services sur une liste particulière. Cet enregistrement est dispensé de cotisation. Le Conseil national de l'ordre adresse au demandeur un récépissé comportant son numéro d'enregistrement, mentionnant, s'il y a lieu, la ou les spécialités correspondant aux qualifications professionnelles qu'il a déclarées *(Décr. nº 2017-1520 du 2 nov. 2017, art. 9-1º)* « et, en cas d'accès partiel, le titre professionnel sous lequel il est autorisé à exercer et le champ d'activités correspondant » et précisant l'organisme national d'assurance maladie compétent.

La déclaration est renouvelable tous les ans. En cas de changement de la situation du demandeur telle qu'établie par les documents joints, il déclare ces modifications et fournit, le cas échéant, les pièces fixées par l'arrêté mentionné à l'article R. 4311-41-2.

Art. R. 4311-39 Le prestataire de services informe au préalable l'organisme national d'assurance maladie compétent de sa prestation par l'envoi d'une copie du récépissé mentionné à l'article *(Décr. nº 2010-334 du 26 mars 2010, art. 6)* « R. 4311-38-2 » ou par tout autre moyen.

Art. R. 4311-40 L'infirmier ou l'infirmière prestataire de services est soumis à la chambre disciplinaire du conseil régional ou interrégional de l'ordre dans le ressort duquel il exécute les actes professionnels. Lorsqu'un prestataire de services est *(Décr. nº 2010-334 du 26 mars 2010, art. 6)* « traduit devant la chambre disciplinaire d'un conseil régional ou interrégional », ce conseil en avise sans délai le Conseil national de l'ordre de la profession concernée.

Dans le cas où plusieurs conseils sont simultanément saisis de plaintes contre un prestataire de services, le Conseil national de la profession concernée désigne le conseil qui statue sur les plaintes.

Art. R. 4311-41 L'autorité compétente de l'État dans lequel est établi le prestataire de services est immédiatement informée de la sanction prise à son encontre.

Art. R. 4311-41-1 En cas de doute sur les connaissances linguistiques nécessaires à l'exercice de la profession, le président du Conseil national de l'ordre ou son représentant vérifie le caractère suffisant de la maîtrise de la langue française.

Art. R. 4311-41-2 Sont fixés par arrêté du ministre chargé de la santé :

1º Le modèle de la déclaration *(Décr. nº 2017-1520 du 2 nov. 2017, art. 9-1º)* « et de la déclaration d'exercice partiel » ainsi que la liste des pièces justificatives qui l'accompagnent ;

2º Les informations à *(Décr. nº 2010-334 du 26 mars 2010, art. 6)* « fournir » dans les *(Décr. nº 2010-334 du 26 mars 2010, art. 6)* « états » statistiques.

§ 3 DISPOSITIONS COMMUNES

(Décr. nº 2017-1520 du 2 nov. 2017, art. 2)

Art. R. 4311-41-3 Le contrôle par l'autorité compétente de la maîtrise de la langue française par le demandeur donne lieu à une décision qui peut faire l'objet d'un recours devant le tribunal administratif territorialement compétent.

§ 4 CARTE PROFESSIONNELLE

(Décr. nº 2017-1520 du 2 nov. 2017, art. 9)

Art. R. 4311-41-4 Un infirmier qui souhaite obtenir une carte professionnelle européenne en application de l'article L. 4002-2 dépose, par voie électronique, sa demande, accompagnée des pièces justificatives, auprès d'une direction régionale de la jeunesse, des sports et de la cohésion sociale désignée par arrêté du ministre chargé de la santé. Celle-ci transmet le dossier électronique individuel, créé dans le système d'information du marché intérieur mentionné au II de l'article 1er de l'ordonnance nº 2016-1809 du 22 décembre 2016 relative à la reconnaissance des qualifications professionnelles de professions réglementées, au conseil national de l'ordre. Le conseil national de l'ordre en accuse réception dans un délai d'une semaine et, le cas échéant, informe le demandeur de tout document manquant.

Dans un délai d'un mois à compter de l'accusé de réception du dossier complet ou de la réception des documents manquants, le conseil national de l'ordre vérifie que le demandeur est légalement établi en France et que les pièces justificatives sont valides. En cas de doute sérieux, le conseil national de l'ordre peut s'adresser aux organismes français concernés ou aux autorités compétentes des autres États, membres de l'Union européenne ou parties à l'Espace économique européen, pour qu'elles authentifient les pièces concernées.

Dans le cas où l'infirmier souhaite s'établir ou effectuer une prestation de services dans un autre État, membre ou partie, le conseil national de l'ordre transmet le dossier complet, sans délai et par voie électronique, à l'autorité compétente de cet État. Il informe simultanément l'infirmier de cette transmission.

Lorsque l'État, membre ou partie, d'accueil de l'infirmier sollicite des informations complémentaires, l'autorité compétente française répond au plus tard dans les quinze jours qui suivent la demande.

Art. R. 4311-41-5 I. – La demande de carte professionnelle européenne, accompagnée des pièces justificatives, est déposée par un infirmier auprès de l'autorité compétente d'un État membre de l'Union européenne ou partie à l'Accord sur l'Espace économique européen, en vue d'exercer la profession d'infirmier en France ou d'y effectuer une prestation de services. L'autorité compétente de l'État, membre ou partie, d'origine du demandeur, transmet par voie électronique le dossier à la direction régionale mentionnée au premier alinéa de l'article R. 4311-41-4.

II. – La direction régionale mentionnée au premier alinéa de l'article R. 4311-41-4, qui reçoit d'une autorité compétente d'un État, membre ou partie, la demande de carte professionnelle européenne d'un infirmier, accompagnée des pièces justificatives nécessaires, transmet le dossier électronique individuel créé dans le système d'information du marché intérieur :

1° Soit, lorsque les dispositions prévues à l'article L. 4311-3 sont applicables, au conseil national de l'ordre, en vue de la délivrance de la carte dans un délai d'un mois à compter de la réception de la demande ;

2° Soit, lorsque l'infirmier souhaite effectuer une prestation de services et que son titre de formation ne répond pas aux conditions prévues aux articles L. 4311-3, au conseil national de l'ordre qui peut, le cas échéant, soumettre l'intéressé à une épreuve d'aptitude dans un délai de deux mois à compter de la réception de la demande.

En cas de demande d'exercice de la profession en France, la direction régionale peut, lorsque le titre de formation d'infirmier ne répond pas aux conditions prévues à l'article L. 4311-3, soumettre l'intéressé à une mesure de compensation dans un délai de deux mois à compter de la réception de la demande.

Le conseil national de l'ordre ou la direction régionale peuvent solliciter des informations complémentaires auprès de l'État, membre ou partie, d'origine du demandeur. Ils peuvent refuser de délivrer la carte s'ils ne reçoivent pas les informations nécessaires à l'examen de la demande. Ce refus est motivé.

III. – Les délais prévus au 1°, au 2° et au quatrième alinéa du II peuvent être prolongés d'une durée de quinze jours, renouvelable une fois, pour des raisons de santé publique. La décision de prolongation est motivée et communiquée au demandeur.

En l'absence de décision dans les délais prévus au 1°, au 2° et au quatrième alinéa du II, la carte professionnelle européenne est considérée comme délivrée et adressée par voie électronique à l'infirmier.

Art. R. 4311-41-6 Un arrêté du ministre chargé de la santé fixe :

1° La liste des pièces justificatives accompagnant la demande de carte professionnelle européenne, comportant notamment les conditions dans lesquelles les documents manquants sont exigibles et les obligations de traduction ;

2° Les modalités de mise à jour, en application de l'article 4 de l'ordonnance n° 2016-1809 du 22 décembre 2016 déjà citée, des dossiers électroniques des infirmiers titulaires d'une carte professionnelle européenne.

SECTION III DIPLÔMES DE SPÉCIALITÉ

§ 1er DIPLÔME D'ÉTAT D'INFIRMIER DE BLOC OPÉRATOIRE

Art. D. 4311-42 Le diplôme d'État d'infirmier de bloc opératoire est délivré par le préfet de région aux personnes titulaires du diplôme d'État d'infirmier ou d'infirmière qui ont suivi un enseignement *(Abrogé par Décr. n° 2006-393 du 30 mars 2006, art. 2-II)* *« agréé par la même autorité »* *(Décr. n° 2012-851 du 4 juill. 2012, art. 2-1°)* « et validé les enseignements théoriques et pratiques ainsi que les stages constitutifs de la formation. »

Ce diplôme peut être délivré dans les mêmes conditions aux personnes titulaires du diplôme d'État de sage-femme.

(Décr. n° 2014-1640 du 26 déc. 2014, art. 1er) « Ce diplôme peut être obtenu par la validation des acquis de l'expérience dont les modalités d'organisation sont fixées par arrêté du ministre chargé de la santé. »

Art. D. 4311-43 La durée totale de l'enseignement est fixée à dix-huit mois.

L'enseignement comporte une partie théorique et des stages.

Sont fixés par arrêté du ministre chargé de la santé :

1° Les conditions d'admission des étudiants ;

2° Le programme et l'organisation des études ;

3° Les conditions dans lesquelles des dispenses d'enseignement peuvent être attribuées à des infirmiers ou infirmières diplômés d'État justifiant d'une expérience professionnelle en bloc opératoire ;

4° *(Décr. n° 2012-851 du 4 juill. 2012, art. 2-2°)* « Les modalités de validation des enseignements et des stages en vue de la délivrance du diplôme d'État. »

Art. D. 4311-44 La nomination des directeurs scientifiques des instituts de formation dispensant cet enseignement est subordonnée à leur agrément par le *(Décr. n° 2010-344 du 31 mars 2010, art. 132)* « directeur général de l'agence régionale de santé ».

§ 2 DIPLÔME D'ÉTAT D'INFIRMIER ANESTHÉSISTE

Art. D. 4311-45 Le diplôme d'État d'infirmier anesthésiste est délivré par le préfet de région aux personnes titulaires du diplôme d'État d'infirmier ou d'infirmière ou d'un autre titre permettant l'exercice de cette profession ou aux personnes titulaires du diplôme d'État de sage-femme ou d'un autre titre permettant l'exercice de cette profession qui, après réussite à des épreuves d'admission, ont suivi un enseignement *(Décr. n° 2012-851 du 4 juill. 2012, art. 2-3°)* « et ont validé les enseignements théoriques et pratiques ainsi que les stages constitutifs de la formation. »

Art. D. 4311-46 Les infirmiers et infirmières, titulaires du certificat d'aptitude aux fonctions d'aide-anesthésiste créé par le décret du 9 avril 1960 ou titulaires du diplôme d'État d'infirmier anesthésiste peuvent faire usage du titre d'infirmier anesthésiste diplômé d'État, à l'exclusion de toute autre appellation.

Art. D. 4311-47 La durée des études préparatoires à la délivrance du diplôme d'État d'infirmier anesthésiste est de deux années.

Sont fixés par arrêté du ministre chargé de la santé :

1° Les conditions d'admission des étudiants ;

2° Le programme et l'organisation des études ;

3° Les modalités d'attribution des dispenses d'études ;

4° *(Décr. n° 2012-851 du 4 juill. 2012, art. 2-4°)* « Les modalités de validation des enseignements et des stages en vue de la délivrance du diplôme d'État. »

Art. D. 4311-48 La nomination des directeurs scientifiques des instituts de formation dispensant cet enseignement est subordonné*[e]* à leur agrément par le *(Décr. n° 2010-344 du 31 mars 2010, art. 132)* « directeur général de l'agence régionale de santé ».

§ 3 DIPLÔME D'ÉTAT DE PUÉRICULTRICE

Art. D. 4311-49 Le diplôme d'État de puéricultrice est délivré par le préfet de région aux titulaires d'un diplôme d'infirmier ou de sage-femme validés *[validé]* pour l'exercice de la profession en France qui ont réussi aux épreuves du concours d'admission, suivi une formation *(Décr. n° 2012-851 du 4 juill. 2012, art. 2-5°)* « et validé les enseignements théoriques et pratiques ainsi que les stages constitutifs de la formation. »

Art. D. 4311-50 Sont fixées par arrêté du ministre chargé de la santé :

1° Les conditions d'admission des étudiants ;

2° La durée des études, le programme de la formation, l'organisation de l'enseignement ;

3° Les modalités de délivrance des dispenses de d'enseignement ;

4° *(Décr. n° 2012-851 du 4 juill. 2012, art. 2-6°)* « Les modalités de validation des enseignements et des stages en vue de la délivrance du diplôme d'État. »

Art. D. 4311-51 Les conditions dans lesquelles est délivrée une attestation d'études à la place du diplôme d'État de puéricultrice aux titulaires d'un diplôme étranger d'infirmier ou de sage-femme n'autorisant pas l'exercice en France sont fixées par arrêté du ministre chargé de la santé.

SECTION IV **INSCRIPTION AU TABLEAU DE L'ORDRE**

(Décr. n° 2007-552 du 13 avr. 2007)

Art. R. 4311-52 Les articles R. 4112-1 *(Décr. n° 2014-545 du 26 mai 2014, art. 7-1°)* « à R. 4112-6-1 » sont applicables aux infirmiers à l'exception du 3° de l'article R. 4112-1, remplacé par les dispositions suivantes :

(Décr. n° 2017-1520 du 2 nov. 2017, art. 9-2°) « 3° Une copie, accompagnée, le cas échéant, d'une traduction, faite par un traducteur agréé auprès des tribunaux français

ou habilité à intervenir auprès des autorités judiciaires ou administratives d'un État membre de l'Union européenne ou partie à l'accord sur l'Espace économique européen, de l'un des diplômes, certificats, titres ou autorisations exigés par les articles L. 4311-3, L. 4311-4 ou L. 4311-5. »

Art. R. 4311-52-1 *(Décr. n° 2009-957 du 29 juill. 2009, art. 3)* En cas de doute sur les connaissances linguistiques nécessaires à l'exercice de la profession, le président du conseil départemental de l'ordre ou son représentant vérifie, lors de l'inscription, le caractère suffisant de la maîtrise de la langue française.

Une nouvelle vérification peut être faite à la demande du conseil départemental de l'ordre ou de l'intéressé par le président du conseil régional de l'ordre ou son représentant.

SECTION V RÈGLES COMMUNES D'EXERCICE DE LA PROFESSION *(Décr. n° 2014-545 du 26 mai 2014, art. 7-2°).*

(Décr. n° 2007-552 du 13 avr. 2007)

Art. R. 4311-53 Les articles R. 4113-4 à R. 4113-10, R. 4113-28 à R. 4113-33, R. 4113-104 à R. 4113-107, R. 4113-109 à R. 4113-114 et *(Décr. n° 2014-545 du 26 mai 2014, art. 7-3°-a)* « R. 4124-3 à R. 4124-3-9 » sont applicables aux infirmiers.

(Décr. n° 2014-545 du 26 mai 2014, art. 7-3°-b) « Pour l'application de l'article R. 4124-3-5 aux infirmiers, les 1°, 2° et 3° du II sont remplacés par les dispositions suivantes :

« "Pour les infirmiers, le rapport est établi par trois infirmiers qualifiés, le cas échéant de la même spécialité que celle de l'infirmier concerné, désignés comme experts, le premier par l'intéressé, le deuxième par le conseil régional ou interrégional et le troisième par les deux premiers experts. Ce dernier est choisi parmi les infirmiers enseignants, le cas échéant, de la même spécialité que l'infirmier concerné." »

SECTION VI RÈGLES D'ORGANISATION DE L'ORDRE NATIONAL DES INFIRMIERS

(Décr. n° 2007-552 du 13 avr. 2007)

SOUS-SECTION 1 DISPOSITIONS GÉNÉRALES

Art. R. 4311-54 *(Décr. n° 2017-319 du 10 mars 2017, art. 1er-1°)* I. — Les conseils de l'ordre sont élus pour six ans au suffrage direct par scrutin binominal majoritaire à un tour et renouvelés par moitié tous les trois ans. Chaque binôme est composé de candidats de sexe différent.

Ils sont élus par les infirmiers inscrits au tableau dans les conditions suivantes :

1° Les représentants départementaux ou interdépartementaux sont élus par les infirmiers inscrits au tableau de l'ordre du département concerné par l'élection ;

2° Les représentants régionaux ou interrégionaux sont élus par les membres titulaires des conseils départementaux ou interdépartementaux ;

3° Les représentants nationaux sont élus par les membres titulaires des conseils régionaux ou interrégionaux.

Après chaque renouvellement, chaque conseil élit en son sein son président et son bureau.

II. — Toutefois, l'élection a lieu au scrutin uninominal majoritaire à un tour dès lors que les conditions prévues à l'article L. 4312-13 sont remplies. La part de sièges dévolus aux membres d'un même sexe est au moins égale à la part effective qu'il représente *[ils représentent]* dans le ressort territorial concerné dans la limite d'une composition paritaire du conseil. A cet effet, deux scrutins distincts sont organisés pour l'élection des candidats de chaque sexe.

Chaque électeur dispose d'une voix, pour chacun de ces deux scrutins.

Art. R. 4311-54-1 Sous réserve des adaptations rendues nécessaires par la répartition des électeurs en trois collèges, les modalités des élections aux conseils et aux chambres disciplinaires des conseils de l'ordre des infirmiers sont celles fixées par les articles R. 4125-1 *(Décr. n° 2010-199 du 26 févr. 2010, art. 5-1°)* « à » R. 4125-5 et R. 4125-7 pour les élections aux conseils et aux chambres disciplinaires de l'Ordre national des médecins.

En cas d'élection ayant porté sur la totalité des membres d'un conseil ou des membres des chambres disciplinaires, afin de permettre le renouvellement ultérieur par moitié, un tirage au sort est effectué lors de la première séance du conseil ou de la chambre suivant cette élection pour déterminer ceux des membres des conseils et des chambres dont le mandat vient à expiration respectivement au terme d'une durée de *(Décr. n° 2010-199 du 26 févr. 2010, art. 5-1°)* « trois » ou *(Décr. n° 2010-199 du 26 févr. 2010, art. 5-1°)* « six » ans.

Nouvel art. R. 4311-54-1 (Décr. n° 2007-552 du 13 avr. 2007) *Sous réserve des adaptations rendues nécessaires* (Décr. n° 2017-1418 du 29 sept. 2017, art. 9-1°) *« , notamment, » par la répartition des électeurs en trois collèges, les modalités des élections aux conseils et aux chambres disciplinaires des conseils de l'ordre des infirmiers sont celles fixées* (Décr. n° 2017-1418 du 29 sept. 2017, art. 9-1°) *« par les dispositions du chapitre V du titre II du livre Ier » pour les élections aux conseils et aux chambres disciplinaires de l'Ordre national des médecins.*

En cas d'élection ayant porté sur la totalité des membres d'un conseil ou des membres des chambres disciplinaires, afin de permettre le renouvellement ultérieur par moitié, un tirage au sort est effectué lors de la première séance du conseil ou de la chambre suivant cette élection pour déterminer ceux des membres des conseils et des chambres dont le mandat vient à expiration respectivement au terme d'une durée de (Décr. n° 2010-199 du 26 févr. 2010, art. 5-1°) *« trois » ou* (Décr. n° 2010-199 du 26 févr. 2010, art. 5-1°) *« six » ans.*

Le nouvel art. entre en vigueur pour les prochains renouvellement de chacun du conseil de l'ordre (Décr. n° 2017-1418 du 29 sept. 2017, art. 17).

Art. R. 4311-55 *(Décr. n° 2017-319 du 10 mars 2017, art. 1er-2°-a)* « Les membres élus au sein des conseils départementaux, interdépartementaux, régionaux et interrégionaux représentent le collège au titre duquel ils sont inscrits au tableau de l'ordre. »

(Décr. n° 2007-552 du 13 avr. 2007) Le collège des infirmiers relevant du secteur public comprend les fonctionnaires et agents contractuels des fonctions publiques de l'État, territoriale et hospitalière.

Le collège des infirmiers relevant du secteur privé comprend les personnels titulaires d'un contrat de travail de droit privé, y compris les personnels des *(Décr. n° 2017-319 du 10 mars 2017, art. 1er-2°-b)* « établissements privés d'intérêt collectif ».

(Décr. n° 2017-319 du 10 mars 2017, art. 1er-2°-c) « Les infirmiers retraités sont affectés au collège dont ils relevaient au moment de leur départ en retraite. S'ils ont conservé ou repris une activité, ils sont affectés au collège dont relève cette activité. »

Les infirmiers qui exercent à la fois à titre libéral et en qualité de salarié font partie du collège représentant les infirmiers exerçant à titre libéral.

(Décr. n° 2007-1808 du 21 déc. 2007, art. 1er) « Lorsque les infirmiers sont également retraités, ils sont affectés au collège relevant de l'activité qu'ils exercent, qu'ils ont conservée ou qu'ils ont reprise.

« Lorsqu'ils figurent au tableau de l'ordre au titre de la réserve sanitaire, et qu'ils n'exercent pas d'autre activité, ils sont affectés au collège relevant du secteur public. »

Sous réserve des dispositions de l'article L. 4124-6 et de l'article L. 145-5-3 du code de la sécurité sociale, sont seuls éligibles aux conseils et aux chambres disciplinaires de l'ordre les infirmiers inscrits au tableau depuis au moins trois ans à la date des élections.

Art. D. 4311-55-1 *(Décr. n° 2010-451 du 3 mai 2010, art. 3)* Le Conseil national de l'ordre détermine, parmi les fonctions mentionnées au deuxième alinéa de l'article L. 4125-3-1, celles donnant lieu au versement d'une indemnité de responsabilité.

Il fixe le montant de cette indemnité, révisable annuellement, par demi-journée de présence effective en fonction des missions et des charges de travail.

Le montant annuel de cette indemnité ne peut excéder, pour l'année considérée, *trois fois le plafond* annuel prévu au premier alinéa de l'article L. 241-3 du code de la sécurité sociale.

Art. D. 4311-55-2 *(Décr. n° 2010-451 du 3 mai 2010, art. 3)* Les membres élus d'un conseil de l'ordre, non attributaires de l'indemnité prévue à l'article D. 4311-55-1 peuvent, dans les cas déterminés par le Conseil national, percevoir une indemnité de participation aux travaux ordinaux lorsqu'ils siègent à une séance de conseil ou de

chambre disciplinaire, participent à une réunion ou assurent une mission ponctuelle *(Décr. n° 2017-319 du 10 mars 2017, art. 1er-3°)* **« pour le compte d'un conseil ».**

Le Conseil national fixe les conditions d'ouverture du droit à cette indemnité et son montant.

Le montant de cette indemnité est révisable annuellement et ne peut excéder un total égal, par demi-journée de présence effective ou de mission, à 10 % du plafond mensuel prévu au premier alinéa de l'article L. 241-3 du code de la sécurité sociale.

Le montant annuel de cette indemnité ne peut excéder trois fois le plafond annuel prévu au premier alinéa de l'article L. 241-3 du code de la sécurité sociale.

SOUS-SECTION 2 CONSEILS DÉPARTEMENTAUX ET CONSEILS INTERDÉPARTEMENTAUX

(Décr. n° 2017-319 du 10 mars 2017, art. 2-1°)

Art. D. 4311-56 *(Décr. n° 2017-319 du 10 mars 2017, art. 2-2°)* **Le conseil départemental ou interdépartemental de l'ordre des infirmiers est ainsi composé :**

1° Lorsque le nombre d'infirmiers inscrits au dernier tableau publié est inférieur ou égal à 3 000 :

***a)* Deux binômes de titulaires et deux binômes de suppléants représentant les infirmiers libéraux ;**

***b)* Un binôme de titulaires et un binôme de suppléants représentant les infirmiers salariés du secteur privé ;**

***c)* Deux binômes de titulaires et deux binômes de suppléants représentant les infirmiers relevant du secteur public ;**

2° Lorsque le nombre d'infirmiers inscrits au dernier tableau publié est supérieur à 3 000 et inférieur ou égal à 6 000 :

***a)* Deux binômes de titulaires et deux binômes de suppléants représentant les infirmiers libéraux ;**

***b)* Deux binômes de titulaires et deux binômes de suppléants représentant les infirmiers salariés du secteur privé ;**

***c)* Trois binômes de titulaires et trois binômes de suppléants représentant les infirmiers relevant du secteur public ;**

3° Lorsque le nombre d'infirmiers inscrits au dernier tableau publié est supérieur à 6 000 :

***a)* Trois binômes de titulaires et trois binômes de suppléants représentant les infirmiers libéraux ;**

***b)* Deux binômes de titulaires et deux binômes de suppléants représentant les infirmiers salariés du secteur privé ;**

***c)* Quatre binômes de titulaires et quatre binômes de suppléants représentant les infirmiers relevant du secteur public.**

Sur les dispositions transitoires relatives aux élections des membres des conseils de l'ordre des infirmiers et de l'ordre des masseurs-kinésithérapeutes, V. Décr. n° 2017-319 du 10 mars 2017, art. 9-I.

Décret n° 2017-319 du 10 mars 2017,

Relatif aux élections des membres des conseils de l'ordre des infirmiers et de l'ordre des masseurs-kinésithérapeutes.

Art. 9 I. — Les conseils départementaux et interdépartementaux de l'ordre des infirmiers sont renouvelés par moitié lors des élections organisées en 2017. Par dérogation aux articles D. 4311-56 et R. 4311-57 du code de la santé publique dans leur rédaction issue du présent décret et jusqu'aux élections organisées en 2020, ces conseils sont constitués pour moitié de conseillers déjà élus au scrutin uninominal majoritaire et pour moitié de conseillers élus au scrutin binominal majoritaire.

A titre transitoire et jusqu'en 2020, la composition des conseils départementaux et interdépartementaux de l'ordre des infirmiers est ainsi déterminée :

1° Les membres titulaires et suppléants dont le mandat arrive à échéance en 2020 ;

2° Les binômes paritaires composant la première fraction prévue à l'article R. 4311-57 selon la répartition suivante :

a) Lorsque le nombre d'infirmiers inscrits au dernier tableau publié est inférieur ou égal à 3 000 : un binôme d'infirmiers libéraux, un binôme d'infirmiers salariés du secteur privé et un binôme d'infirmiers relevant du secteur public ;

b) Lorsque le nombre d'infirmiers inscrits au dernier tableau publié est supérieur à 3 000 et inférieur ou égal à 6 000 : un binôme d'infirmiers libéraux, un binôme d'infirmiers salariés du secteur privé et un binôme d'infirmiers relevant du secteur public ;

c) Lorsque le nombre d'infirmiers inscrits au dernier tableau publié est supérieur à 6 000 : un binôme d'infirmiers libéraux, un binôme d'infirmiers salariés du secteur privé et deux binômes d'infirmiers relevant du secteur public.

Art. R. 4311-57 *(Décr. nº 2017-319 du 10 mars 2017, art. 2-2º)* **Pour le renouvellement par moitié des conseils départementaux, la composition de chacune des fractions est ainsi déterminée :**

1º Pour les conseils composés de deux binômes d'infirmiers libéraux, d'un binôme d'infirmiers salariés du secteur privé et de deux binômes d'infirmiers relevant du secteur public :

***a)* La première fraction comprend un binôme d'infirmiers libéraux, un binôme d'infirmiers salariés du secteur privé et un binôme d'infirmiers relevant du secteur public ;**

***b)* La deuxième fraction comprend un binôme d'infirmiers libéraux et un binôme d'infirmiers relevant du secteur public ;**

2º Pour les conseils composés de deux binômes d'infirmiers libéraux, de deux binômes d'infirmiers salariés du secteur privé et de trois binômes d'infirmiers relevant du secteur public :

***a)* La première fraction comprend un binôme d'infirmiers libéraux, un binôme d'infirmiers salariés du secteur privé et un binôme d'infirmiers relevant du secteur public ;**

***b)* La deuxième fraction comprend un binôme d'infirmiers libéraux, un binôme d'infirmiers salariés du secteur privé et deux binômes d'infirmiers relevant du secteur public ;**

3º Pour les conseils composés de trois binômes d'infirmiers libéraux, de deux binômes d'infirmiers salariés du secteur privé et de quatre binômes d'infirmiers relevant du secteur public :

***a)* La première fraction comprend un binôme d'infirmiers libéraux, un binôme d'infirmiers salariés du secteur privé et deux binômes d'infirmiers relevant du secteur public ;**

***b)* La deuxième fraction comprend deux binômes d'infirmiers libéraux, un binôme d'infirmiers salariés du secteur privé et deux binômes d'infirmiers relevant du secteur public.**

§ 1er DISPOSITIONS COMMUNES AUX DIFFÉRENTS MODES D'ÉLECTION

Art. R. 4311-57-1 *(Décr. nº 2010-199 du 26 févr. 2010, art. 5-4º)* **Le vote s'effectue par correspondance ou par voie électronique.**

Art. R. 4311-58 **La date des élections aux conseils départementaux** *(Décr. nº 2017-319 du 10 mars 2017, art. 2-4º-a)* **« et interdépartementaux » de l'ordre des infirmiers ainsi que les modalités de vote sont fixées par le Conseil national.**

Sont électeurs les infirmiers inscrits au tableau de l'ordre depuis au moins deux mois à la date de l'élection.

(Décr. nº 2017-319 du 10 mars 2017, art. 2-4º-b) **« Deux mois au moins avant la date prévue pour l'élection, une annonce publiée dans le bulletin de l'Ordre national des infirmiers fait connaître aux infirmiers la date de l'élection ainsi que les modalités de vote et de consultation des listes électorales. »**

Art. R. 4311-59 *Abrogé par Décr. nº 2017-319 du 10 mars 2017, art. 2-5º.*

Art. R. 4311-60 (Abrogé par Décr. nº 2017-1418 du 29 sept. 2017, art. 9-2º et 17, à compter du prochain renouvellement des conseils départementaux et interdépartementaux) ***Les dispositions des articles R. 4123-13 et R. 4123-14 relatives à la proclamation et à la publication des résultats et à la rédaction du procès-verbal sont applicables aux infirmiers.***

Art. R. 4311-61 Le procès-verbal, revêtu de la signature des membres du bureau *(Décr. nº 2010-199 du 26 févr. 2010, art. 5-6º)* « de vote », est immédiatement adressé *(Décr. nº 2010-344 du 31 mars 2010, art. 133)* « au directeur général de l'agence régionale de santé, » au préfet, au Conseil national et au ministre chargé de la santé.

Le résultat des élections est publié *(Décr. nº 2017-319 du 10 mars 2017, art. 2-6º-b)* « dans le premier bulletin de l'Ordre national des infirmiers qui paraît après le scrutin ».

Art. R. 4311-62 Les dispositions des articles R. 4123-16 et R. 4123-17 relatives à l'élection du bureau du conseil départemental sont applicables *(Décr. nº 2017-319 du 10 mars 2017, art. 2-7º)* « à l'élection des conseils de l'ordre des infirmiers sous réserve de l'adaptation suivante : au premier alinéa de l'article R. 4123-17, le mot : "huit" est remplacé par le mot : "dix" ».

Nouvel art. R. 4311-62 (Décr. nº 2017-1418 du 29 sept. 2017, art. 9-3º et 17, en vigueur à compter du prochain renouvellement des conseils départementaux et interdépartementaux) ***Pour son application à l'élection des conseils de l'ordre des infirmiers, au deuxième alinéa de l'article R. 4125-28, le mot : "huit" est remplacé par le mot : "dix".***

§ 2 DISPOSITIONS RELATIVES AU VOTE ÉLECTRONIQUE

(Décr. nº 2017-319 du 10 mars 2017, art. 2-8º)

Art. R. 4311-63 Le vote peut avoir lieu par voie électronique. Le vote électronique exclut toute autre modalité de vote. Le règlement électoral prévoit les conditions dans lesquelles peuvent participer au scrutin les infirmiers qui ne sont pas dotés d'un équipement permettant le vote électronique.

Art. R. 4311-64 Le recours au vote électronique par internet est organisé dans le cadre fixé par la loi nº 78-17 du 6 janvier 1978 modifiée relative à l'informatique, aux fichiers et aux libertés et dans le respect des principes fondamentaux qui régissent les opérations électorales, l'accès au vote de tous les électeurs, le secret du scrutin, le caractère personnel libre et anonyme du vote, l'intégrité des suffrages exprimés, la surveillance effective du scrutin et le contrôle *a posteriori* par le juge de l'élection.

Les données relatives aux électeurs et à leur vote font l'objet de trois traitements automatisés d'information distincts, respectivement dénommés "fichier des électeurs", "fichier des candidats" et "contenu de l'urne électronique".

Les modalités d'organisation du vote électronique par internet sont fixées dans le règlement électoral établi par le Conseil national de l'ordre des infirmiers et pris après avis de la Commission nationale de l'informatique et des libertés.

Le Conseil national de l'ordre des infirmiers est responsable de la mise en œuvre des traitements automatisés d'information distincts, notamment s'agissant de la création desdits traitements dans les conditions définies par la loi nº 78-17 du 6 janvier 1978 modifiée relative à l'informatique, aux fichiers et aux libertés.

Le droit d'accès s'exerce auprès du Conseil national de l'ordre des infirmiers.

§ 3 *[ABROGÉ]* DISPOSITIONS RELATIVES AU VOTE ÉLECTRONIQUE

(Abrogé par Décr. nº 2017-319 du 10 mars 2017, art. 2-9º)

Art. R. 4311-70 à R. 4311-82 *Abrogés par Décr. nº 2017-319 du 10 mars 2017, art. 2-9º.*

§ 4 COMMISSION DE CONCILIATION

Art. R. 4311-83 Les dispositions des articles R. 4123-18 à R. 4123-21 sont applicables aux infirmiers.

SOUS-SECTION 3 CONSEILS RÉGIONAUX ET INTERRÉGIONAUX *(Décr. nº 2017-319 du 10 mars 2017, art. 3-1º).*

Art. D. 4311-84 *(Décr. nº 2017-319 du 10 mars 2017, art. 3-2º)* Les ressorts territoriaux des conseils régionaux correspondent aux délimitations des régions administratives.

Un arrêté du ministre chargé de la santé pris, après avis du Conseil national de l'ordre, peut créer des conseils interrégionaux constitués par regroupement de plusieurs conseils régionaux.

Sur les dispositions transitoires relatives aux élections des membres des conseils de l'ordre des infirmiers et de l'ordre des masseurs-kinésithérapeutes, V. Décr. n° 2017-319 du 10 mars 2017, art. 10 🏛.

Art. D. 4311-85 *(Décr. n° 2017-319 du 10 mars 2017, art. 3-2°)* Le conseil régional ou interrégional de l'ordre des infirmiers est ainsi composé :

1° Lorsque le nombre total d'infirmiers inscrits au dernier tableau publié est inférieur ou égal à 10 000 :

a) Deux binômes de titulaires et deux binômes de suppléants représentant les infirmiers libéraux ;

b) Un binôme de titulaires et un binôme de suppléants représentant les infirmiers salariés du secteur privé ;

c) Deux binômes de titulaires et deux binômes de suppléants représentant les infirmiers relevant du secteur public ;

2° Lorsque le nombre total d'infirmiers inscrits au dernier tableau publié est supérieur à 10 000 et inférieur ou égal à 20 000 :

a) Deux binômes de titulaires et deux binômes de suppléants représentant les infirmiers libéraux ;

b) Deux binômes de titulaires et deux binômes de suppléants représentant les infirmiers salariés du secteur privé ;

c) Trois binômes de titulaires et trois binômes de suppléants représentant les infirmiers relevant du secteur public ;

3° Lorsque le nombre total d'infirmiers inscrits aux derniers tableaux publiés est supérieur à 20 000 :

a) Trois binômes de titulaires et trois binômes de suppléants représentant les infirmiers libéraux ;

b) Deux binômes de titulaires et deux binômes de suppléants représentant les infirmiers salariés du secteur privé ;

c) Quatre binômes de titulaires et quatre binômes de suppléants représentant les infirmiers relevant du secteur public.

Art. D. 4311-86 *(Décr. n° 2017-319 du 10 mars 2017, art. 3-2°)* Pour le renouvellement par moitié des conseils régionaux ou interrégionaux, la composition de chacune des fractions est déterminée comme suit :

1° Pour les conseils composés de deux binômes d'infirmiers libéraux, d'un binôme d'infirmiers salariés du secteur privé et de deux binômes d'infirmiers relevant du secteur public :

a) La première fraction comprend un binôme d'infirmiers libéraux, un binôme d'infirmiers salariés du secteur privé et un binôme d'infirmiers relevant du secteur public ;

b) La deuxième fraction comprend un binôme d'infirmiers libéraux et un binôme d'infirmiers relevant du secteur public ;

2° Pour les conseils composés de deux binômes d'infirmiers libéraux, de deux binômes d'infirmiers salariés du secteur privé et de trois binômes d'infirmiers relevant du secteur public :

a) La première fraction comprend un binôme d'infirmiers libéraux, un binôme d'infirmiers salariés du secteur privé et un binôme d'infirmiers relevant du secteur public ;

b) La deuxième fraction comprend un binôme d'infirmiers libéraux, un binôme d'infirmiers salariés du secteur privé et deux binômes d'infirmiers relevant du secteur public ;

3° Pour les conseils composés de trois binômes d'infirmiers libéraux, de deux binômes d'infirmiers salariés du secteur privé et de quatre binômes d'infirmiers relevant du secteur public :

a) La première fraction comprend un binôme d'infirmiers libéraux, un binôme d'infirmiers salariés du secteur privé et deux binômes d'infirmiers relevant du secteur public ;

b) La deuxième fraction comprend deux binômes d'infirmiers libéraux, un binôme d'infirmiers salariés du secteur privé et deux binômes d'infirmiers relevant du secteur public.

Art. D. 4311-87 *(Décr. nº 2017-319 du 10 mars 2017, art. 3-2º)* La date des élections aux conseils régionaux et interrégionaux de l'ordre des infirmiers est fixée par le Conseil national.

Les élections des membres des conseils régionaux ont lieu dans les conditions fixées aux articles R. 4311- 57-1 à R. 4311-64 et selon les modalités prévues par le règlement électoral établi par le Conseil national de l'ordre des infirmiers.

Art. D. 4311-88 Le conseil régional élit en son sein les membres qui constituent la formation restreinte appelée à délibérer dans les conditions prévues au troisième alinéa du I de l'article L. 4312-5.

Cette formation *(Décr. nº 2018-79 du 9 févr. 2018, art. 2 et 11, en vigueur pour les prochains renouvellements de chacun des conseils régionaux et interrégionaux)* « est composée de sept à quinze membres élus et » ne peut valablement siéger qu'en présence de cinq de ses membres.

SOUS-SECTION 4 CHAMBRE DISCIPLINAIRE DE PREMIÈRE INSTANCE

Art. R. 4311-89 La chambre disciplinaire de première instance comprend, outre son président :

1º Lorsque le nombre total d'infirmiers inscrits aux derniers tableaux publiés est inférieur ou égal à 10 000, six membres titulaires et six membres suppléants répartis ainsi qu'il suit :

a) Un membre titulaire et un membre suppléant représentant chacun des collèges, élus par les membres titulaires du conseil régional parmi ses membres *(Abrogé par Décr. nº 2010-199 du 26 févr. 2010, art. 5-13º)* ***« à la première réunion qui suit chaque renouvellement partiel en une fraction de un membre et une fraction de deux membres »*** *(Décr. nº 2018-79 du 9 févr. 2018, art. 2 et 11, en vigueur pour les prochains renouvellements de chacun des conseils de l'ordre)* « pour trois ans » ;

b) Un membre titulaire et un membre suppléant représentant chacun des collèges, élus pour *(Décr. nº 2010-199 du 26 févr. 2010, art. 5-13º)* « six » ans par les membres titulaires du conseil régional parmi les membres et anciens membres *(Décr. nº 2010-199 du 26 févr. 2010, art. 5-13º)* « titulaires et suppléants » des conseils de l'ordre *(Décr. nº 2010-199 du 26 févr. 2010, art. 5-13º)* « , à l'exclusion des conseillers régionaux en cours de mandat » et renouvelables tous les *(Décr. nº 2010-199 du 26 févr. 2010, art. 5-13º)* « trois ans » en une fraction de un membre et une fraction de deux membres.

Pour être éligibles, les *(Décr. nº 2010-199 du 26 févr. 2010, art. 5-13º)* « membres et » anciens membres *(Décr. nº 2010-199 du 26 févr. 2010, art. 5-13º)* « titulaires et suppléants » doivent être inscrits au tableau dans le ressort de la chambre.

La chambre siège en formation d'au moins cinq membres.

2º Lorsque le nombre total d'infirmiers inscrits aux derniers tableaux publiés est supérieur à 10 000, douze membres titulaires et douze membres suppléants répartis ainsi qu'il suit :

a) ***Deux membres titulaires*** et deux membres suppléants représentant chacun des collèges, élus par les membres titulaires du conseil régional parmi ses membres *(Abrogé par Décr. nº 2010-199 du 26 févr. 2010, art. 5-13º)* ***« à la première réunion qui suit chaque renouvellement partiel »*** *(Décr. nº 2018-79 du 9 févr. 2018, art. 2 et 11, en vigueur pour les prochains renouvellements de chacun des conseils de l'ordre)* « pour trois ans » ;

b) Deux membres titulaires et deux membres suppléants représentant chacun des collèges, élus pour *(Décr. nº 2010-199 du 26 févr. 2010, art. 5-13º)* « six » ans par les membres titulaires du conseil régional parmi les membres et anciens membres *(Décr. nº 2010-199 du 26 févr. 2010, art. 5-13º)* « titulaires et suppléants » des conseils de l'ordre *(Décr. nº 2010-199 du 26 févr. 2010, art. 5-13º)* « , à l'exclusion des conseillers régionaux en cours de mandat » et renouvelables par moitié tous les *(Décr. nº 2010-199 du 26 févr. 2010, art. 5-13º)* « trois ans ».

Pour être éligibles, les *(Décr. n° 2010-199 du 26 févr. 2010, art. 5-13°)* « membres et » anciens membres *(Décr. n° 2010-199 du 26 févr. 2010, art. 5-13°)* « titulaires et suppléants » doivent être inscrits au tableau dans le ressort de la chambre.

La chambre siège en formation d'au moins cinq membres.

Art. R. 4311-90 La date des élections à la chambre disciplinaire de première instance est annoncée par le conseil régional *(Décr. n° 2010-199 du 26 févr. 2010, art. 5-14°)* « dans les mêmes conditions que celles prévues à l'article **R. 4311-87** ».

Les candidats font connaître leur candidature dans les conditions prévues à l'article *(Décr. n° 2010-199 du 26 févr. 2010, art. 5-19°)* « **R. 4311-63** ».

(Décr. n° 2010-199 du 26 févr. 2010, art. 5-14°) « Dans les quatre mois qui suivent chaque renouvellement du conseil régional, celui-ci » procède en même temps à l'élection de l'ensemble des membres titulaires et suppléants *(Décr. n° 2010-199 du 26 févr. 2010, art. 5-14°)* « du collège mentionné au *a* des 1° et 2° de l'article **R. 4311-89** et au renouvellement par moitié des titulaires et des suppléants du collège mentionné au *b* des 1° et 2° de l'article **R. 4311-89** » de la chambre disciplinaire de première instance.

Le vote a lieu à bulletins secrets au siège du conseil régional. Le dépouillement est public.

L'élection est acquise à la majorité simple des membres présents ayant voix délibérative. Les candidats sont proclamés élus dans les conditions définies à l'article *(Décr. n° 2010-199 du 26 févr. 2010, art. 5-19°)* « **R. 4311-60** ».

Le procès-verbal est transmis dans les conditions fixées à l'article *(Décr. n° 2010-199 du 26 févr. 2010, art. 5-19°)* « **R. 4311-87** ».

Nouvel art. R. 4311-90 (Décr. n° 2007-552 du 13 avr. 2007) *La date des élections à la chambre disciplinaire de première instance est annoncée par le conseil* (Décr. n° 2018-79 du 9 févr. 2018, art. 2) *« national »* (Décr. n° 2010-199 du 26 févr. 2010, art. 5-14°) *« dans les mêmes conditions que celles prévues à l'article* (Décr. n° 2018-79 du 9 févr. 2018, art. 2) *« R. 4311-58 ».*

Les candidats font connaître leur candidature dans les conditions prévues (Décr. n° 2018-79 du 9 févr. 2018, art. 2) *« au chapitre V du titre II du livre Ier de la quatrième partie du présent code ».*

(Décr. n° 2010-199 du 26 févr. 2010, art. 5-14°) *« Dans les quatre mois qui suivent chaque renouvellement du conseil régional, celui-ci » procède en même temps à l'élection de l'ensemble des membres titulaires et suppléants* (Décr. n° 2010-199 du 26 févr. 2010, art. 5-14°) *« du collège mentionné au a des 1° et 2° de l'article R. 4311-89 et au renouvellement par moitié des titulaires et des suppléants du collège mentionné au b des 1° et 2° de l'article R. 4311-89 » de la chambre disciplinaire de première instance.*

Le vote a lieu à bulletins secrets au siège du conseil régional. Le dépouillement est public.

L'élection est acquise à la majorité simple des membres présents ayant voix délibérative. Les candidats sont proclamés élus dans les conditions définies (Décr. n° 2018-89 du 9 févr. 2018, art. 2) *« au chapitre V du titre II du livre Ier de la quatrième partie du présent code ».*

Le procès-verbal est transmis dans les conditions fixées à l'article (Décr. n° 2018-79 du 9 févr. 2018, art. 2) *« R. 4311-61 ».*

Le nouvel art. entre en vigueur pour les prochains renouvellements de chacun des conseils de l'ordre (Décr. n° 2018-79 du 9 févr. 2018, art. 11).

SOUS-SECTION 5 CONSEIL NATIONAL

Art. R. 4311-91 *(Décr. n° 2017-319 du 10 mars 2017, art. 4)* Le Conseil national de l'ordre des infirmiers comprend cinquante-six membres titulaires et dix-huit membres suppléants élus en binôme.

Ces binômes sont répartis en sept secteurs déterminés par un arrêté du ministre chargé de la santé sur la base du ressort territorial des conseils régionaux et interrégionaux.

Les membres du Conseil national sont élus par secteur par les membres titulaires des conseils régionaux et interrégionaux.

Le ministre chargé de la santé est représenté au Conseil national avec voix consultative.

Sur les dispositions transitoires, V. Décr. n° 2017-319 du 10 mars 2017, art. 11 🏛.

Art. R. 4311-91-1 *(Décr. n° 2018-79 du 9 févr. 2018, art. 2 et 11, en vigueur pour les prochains renouvellements de chacun des conseils de l'ordre)* **Le Conseil national élit en son sein les membres qui constituent la formation restreinte appelée à délibérer dans les cas prévus au I de l'article L. 4312-7.**

La formation restreinte comporte en outre le membre du Conseil d'État qui assiste le Conseil national ou son suppléant, mentionné à l'article L. 4122-1-1.

Elle est composée de dix membres élus et ne peut valablement délibérer que si cinq de ses membres sont présents.

Art. R. 4311-92 *(Décr. n° 2017-319 du 10 mars 2017, art. 4)* **La date des élections au Conseil national de l'ordre des infirmiers ainsi que les modalités de vote sont fixées par le Conseil national.**

L'élection des membres du Conseil national a lieu dans les conditions fixées aux articles R. 4311-57-1 à R. 4311-64 et selon les modalités fixées par le règlement électoral établi par le Conseil national de l'ordre des infirmiers.

SOUS-SECTION 6 CHAMBRE DISCIPLINAIRE NATIONALE

Art. R. 4311-93 **La chambre disciplinaire nationale comprend, outre son président, douze membres titulaires et douze membres suppléants, répartis ainsi qu'il suit :**

1° Deux membres titulaires et deux membres suppléants représentant chacun des collèges, élus par les membres titulaires du Conseil national parmi ses membres ;

2° Deux membres titulaires et deux membres suppléants représentant chacun des collèges, élus pour *(Décr. n° 2010-199 du 26 févr. 2010, art. 5-16°)* **« six » ans par les membres titulaires du Conseil national parmi les membres et anciens membres** *(Décr. n° 2010-199 du 26 févr. 2010, art. 5-16°)* **« titulaires et suppléants » des conseils de l'ordre** *(Décr. n° 2010-199 du 26 févr. 2010, art. 5-16°)* **« , à l'exclusion des conseillers nationaux en cours de mandat, » et renouvelables par moitié tous les** *(Décr. n° 2010-199 du 26 févr. 2010, art. 5-16°)* **« trois » ans.**

Le représentant du ministre chargé de la santé n'est ni électeur ni éligible à la chambre disciplinaire nationale.

Les anciens membres doivent être inscrits au tableau.

La chambre siège en formation d'au moins cinq membres.

Nouvel art. R. 4311-93 (Décr. n° 2007-552 du 13 avr. 2007) ***La chambre disciplinaire nationale comprend, outre son président, douze membres titulaires et douze membres suppléants, répartis ainsi qu'il suit :***

1° (Décr. n° 2018-79 du 9 févr. 2018, art. 2) ***« Six » membres titulaires et*** (Décr. n° 2018-79 du 9 févr. 2018, art. 2) ***« six » membres suppléants*** (Abrogé par Décr. n° 2018-79 du 9 févr. 2018, art. 2) ***« représentant chacun des collèges », élus par les membres titulaires du Conseil national parmi ses membres*** (Décr. n° 2018-79 du 9 févr. 2018, art. 2) ***« pour trois ans » ;***

2° Deux membres titulaires et deux membres suppléants représentant chacun des collèges, élus pour (Décr. n° 2010-199 du 26 févr. 2010, art. 5-16°) ***« six » ans par les membres titulaires du Conseil national parmi les membres et anciens membres*** (Décr. n° 2010-199 du 26 févr. 2010, art. 5-16°) ***« titulaires et suppléants »*** (Décr. n° 2018-79 du 9 févr. 2018, art. 2) ***« des conseils départementaux, interdépartementaux, régionaux et interrégionaux de l'ordre »*** (Décr. n° 2010-199 du 26 févr. 2010, art. 5-16°) ***« , à l'exclusion des conseillers nationaux en cours de mandat, » et renouvelables par moitié tous les*** (Décr. n° 2010-199 du 26 févr. 2010, art. 5-16°) ***« trois » ans.***

(Abrogé par Décr. n° 2018-79 du 9 févr. 2018, art. 2) ***« Le représentant du ministre charge de la santé n'est ni électeur ni éligible à la chambre disciplinaire nationale. »***

Les anciens membres doivent être inscrits au tableau.

La chambre siège en formation d'au moins cinq membres.

Le nouvel art. entre en vigueur pour les prochains renouvellements de chacun des conseils de l'ordre (Décr. n° 2018-79 du 9 févr. 2018, art. 11).

Art. R. 4311-94 **La date des élections à la chambre disciplinaire nationale est annoncée par le Conseil national** *(Décr. n° 2010-199 du 26 févr. 2010, art. 5-17°)* **« dans les mêmes conditions que celles prévues à l'article R. 4311-92 ».**

Les candidats font connaître leur candidature dans les conditions fixées à l'article *(Décr. n° 2010-199 du 26 févr. 2010, art. 5-19°)* **« R. 4311-63 ».**

(Décr. n° 2010-199 du 26 févr. 2010, art. 5-17°) « Dans les quatre mois qui suivent chaque renouvellement du Conseil national, celui-ci » procède en même temps à l'élection de l'ensemble des membres titulaires et suppléants *(Décr. n° 2010-199 du 26 févr. 2010, art. 5-17°)* « du collège mentionné au 1° de l'article R. 4311-93 et au renouvellement par moitié des titulaires et des suppléants du collège mentionné au 2° de l'article R. 4311-93 » de la chambre disciplinaire nationale.

Le vote a lieu à bulletins secrets au siège du Conseil national. Le dépouillement est public.

L'élection est acquise à la majorité simple des membres ayant voix délibérative. Les candidats sont proclamés élus dans les conditions fixées à l'article *(Décr. n° 2010-199 du 26 févr. 2010, art. 5-19°)* « R. 4311-60 ».

Copie du procès-verbal est adressée au Conseil national et au ministre chargé de la santé.

Nouvel art. R. 4311-94 (Décr. n° 2007-552 du 13 avr. 2007) *La date des élections à la chambre disciplinaire nationale est annoncée par le Conseil national* (Décr. n° 2010-199 du 26 févr. 2010, art. 5-17°) *« dans les mêmes conditions que celles prévues à l'article R. 4311-92 ».*

Les candidats font connaître leur candidature dans les conditions fixées (Décr. n° 2018-79 du 9 févr. 2018, art. 2) *« au chapitre V du titre II du livre Ier de la quatrième partie du présent code ».*

(Décr. n° 2010-199 du 26 févr. 2010, art. 5-17°) *« Dans les quatre mois qui suivent chaque renouvellement du Conseil national, celui-ci » procède en même temps à l'élection de l'ensemble des membres titulaires et suppléants* (Décr. n° 2010-199 du 26 févr. 2010, art. 5-17°) *« du collège mentionné au 1° de l'article R. 4311-93 et au renouvellement par moitié des titulaires et des suppléants du collège mentionné au 2° de l'article R. 4311-93 » de la chambre disciplinaire nationale.*

Le vote a lieu à bulletins secrets au siège du Conseil national. Le dépouillement est public.

L'élection est acquise à la majorité simple des membres (Décr. n° 2018-79 du 9 févr. 2018, art. 2) *« présents » ayant voix délibérative. Les candidats sont proclamés élus dans les conditions fixées* (Décr. n° 2018-79 du 9 févr. 2018, art. 2) *« au chapitre V du titre II du livre Ier de la quatrième partie du présent code ».*

Copie du procès-verbal est adressée au Conseil national et au ministre chargé de la santé.

Le nouvel art. entre en vigueur pour les prochains renouvellements de chacun des conseils de l'ordre (Décr. n° 2018-79 du 9 févr. 2018, art. 11).

SECTION VII ENREGISTREMENT DES MEMBRES DE LA PROFESSION ET DES DIPLÔMÉS NON EXERÇANT*[S]*

(Décr. n° 2010-1131 du 27 sept. 2010, art. 2)

Art. D. 4311-95 Le conseil départemental de l'ordre de la résidence professionnelle de l'infirmier ou de l'infirmière procède, dans le cadre de l'inscription au tableau, à l'enregistrement prévu à l'article L. 4311-15 au vu du diplôme, du certificat, du titre ou de l'autorisation présenté par l'intéressé ou, à défaut, de l'attestation qui en tient lieu.

Les infirmiers ou infirmières informent le conseil départemental de l'ordre, dans le délai d'un mois, de tout changement de leur situation professionnelle ou de leur résidence, notamment en cas de modification de leurs coordonnées de correspondance, de prise ou d'arrêt de fonction supplémentaire, d'intégration au corps de réserve sanitaire prévu à l'article L. 3132-1 ou de cessation, temporaire ou définitive, d'activité.

Les infirmiers ou infirmières ayant interrompu ou cessé leur activité restent tenus, pendant une période de trois ans suivant leur radiation du tableau, d'informer, dans le délai d'un mois, le conseil départemental de l'ordre de leur dernière résidence professionnelle de toute modification de leurs coordonnées de correspondance.

Art. D. 4311-96 Pour les infirmiers et les infirmières dispensés de l'inscription au tableau, les opérations d'enregistrement de leurs titres de formation ou de leur autorisation et de recueil ou de tenue à jour des informations mentionnées au deuxième alinéa de l'article D. 4311-95 sont réalisées, dans le même délai :

1° Par l'autorité dont ils ou elles relèvent, si la dispense d'inscription résulte des dispositions des articles L. 4112-6 et L. 4311-28 ;

2° Par l'agence régionale de santé du lieu d'exercice professionnel dans les autres cas.

Les infirmiers ou les infirmières ayant interrompu ou cessé leur activité restent tenus, pendant une période de trois ans suivant la date d'interruption ou de cessation de leur activité, d'informer, dans le délai d'un mois, l'autorité ou l'agence de toute modification de leurs coordonnées de correspondance.

Art. D. 4311-97 Sous réserve des dispositions de l'article L. 4311-15-2, le conseil départemental, l'autorité mentionnée à l'article D. 4311-96 ou l'agence régionale de santé mettent en œuvre les procédures appropriées afin de s'assurer de l'authenticité des pièces justificatives produites par le demandeur ainsi que, le cas échéant, de la régularité de l'autorisation d'exercice, notamment par leur confrontation avec les informations obtenues auprès de l'autorité ayant délivré le titre de formation ou l'attestation qui en tient lieu.

Art. D. 4311-98 A partir des informations qui lui sont communiquées par les conseils départementaux, le Conseil national transmet au ministre chargé de la santé ainsi qu'à l'organisme chargé de la gestion du répertoire mentionné à l'article D. 4113-118 une mise à jour hebdomadaire des éléments issus de l'inscription au tableau et des opérations prévues à l'article D. 4311-95.

Pour les infirmiers et infirmières dispensés de l'inscription au tableau, la transmission est assurée par l'autorité mentionnée au 1° de l'article D. 4311-96 ou par l'agence régionale de santé.

Art. D. 4311-99 A partir des traitements mis en œuvre dans le cadre des procédures d'autorisation d'exercice, de gestion ou de suivi de l'activité des infirmiers et des infirmières, les services compétents de l'État et des établissements publics de l'État placés sous la tutelle du ministre chargé de la santé transmettent à l'organisme gestionnaire du répertoire mentionné à l'article D. 4113-118 une mise à jour hebdomadaire des données propres à compléter celles mentionnées au premier et au deuxième alinéa de l'article D. 4311-98, notamment en ce qui concerne l'identification, les positions statutaires, les droits, les modes et les lieux d'exercice de ces professionnels.

Art. D. 4311-100 Les données transmises en application des articles D. 4311-98 et D. 4311-99 sont réputées validées par l'organisme ou l'autorité qui en a assuré la transmission.

Art. D. 4311-101 Pour l'application de l'article L. 4311-15, les listes de la profession sont obtenues à partir des informations contenues dans le répertoire mentionné à l'article D. 4113-118. Le contenu de chaque liste est limité aux professionnels en exercice et, pour chacun d'eux, aux données suivantes :

1° L'identifiant personnel dans le répertoire mentionné à l'article D. 4113-118 ;

2° Les nom et prénom d'exercice ;

3° Les qualifications et titres professionnels correspondant à l'activité exercée ;

4° Les coordonnées des structures d'exercice.

Les listes sont consultables, dans chaque département, dans les locaux des services ou organismes ouverts au public, désignés par arrêté du ministre chargé de la santé ou, pour les infirmiers appartenant aux cadres actifs du service de santé des armées, par arrêté du ministre de la défense.

Les listes sont également consultables sous forme électronique, dans des conditions fixées par l'arrêté prévu à l'article D. 4113-118.

Art. D. 4311-101-1 *(Décr. n° 2017-1520 du 2 nov. 2017, art. 2-XI)* Les professionnels ayant obtenu une autorisation d'exercice partiel de la profession concernée figurent sur une liste distincte qui contient le titre professionnel sous lequel ils sont autorisés à exercer et le champ d'activités correspondant.

Art. D. 4311-102 Le Conseil national de l'ordre des infirmiers ou toute instance de cet ordre habilitée à cet effet par le Conseil national procède à l'enregistrement des personnes ayant obtenu depuis moins de trois ans un titre de formation ou une autorisation requis pour l'exercice de la profession d'infirmière ou d'infirmier mais n'exercent pas.

Le Conseil national ou l'instance habilitée procède à l'enregistrement après vérification des pièces justificatives d'identité présentées ou transmises par l'intéressé.

Jusqu'à la mise en œuvre du dispositif prévu à l'article L. 4311-15-1, le conseil ou l'instance procède également à la vérification de l'authenticité des documents présentés ou transmis par l'intéressé pour justifier de ses titres de formation par leur confrontation avec les informations obtenues notamment auprès des organismes ayant délivré ces titres.

Art. D. 4311-103 Les personnes mentionnées à l'article D. 4311-102 informent le Conseil national ou toute instance ordinale habilitée à cet effet, dans le délai d'un mois, de tout changement de leur état civil, de leur situation professionnelle ou de leur résidence, notamment en cas de modification de leurs coordonnées de correspondance.

Art. D. 4311-104 Le Conseil national de l'ordre des infirmiers transmet à l'organisme chargé de la gestion du répertoire mentionné à l'article D. 4113-118 une mise à jour mensuelle des données issues des opérations prévues aux articles D. 4311-102 et D. 4311-103. Les données ainsi transmises sont réputées validées par le Conseil national.

SECTION VIII TRANSMISSION DES INFORMATIONS AUX FINS D'ENREGISTREMENT DES PERSONNES EXERÇANT OU SUSCEPTIBLES D'EXERCER LA PROFESSION D'INFIRMIER OU D'INFIRMIÈRE

(Décr. n° 2011-462 du 26 avr. 2011)

Art. R. 4311-105 Les informations transmises, en application de l'article L. 4311-15-1, par les organismes délivrant les titres de formation au service ou à l'organisme chargé de l'enregistrement des personnes mentionnées à l'article L. 4311-15 sont :

1° Les données d'état civil du titulaire du titre de formation ou de l'étudiant en cours de scolarité et les autres données d'identification permettant au service ou à l'organisme chargé de l'enregistrement de s'assurer de l'identité du demandeur ;

2° Le libellé et l'adresse de l'établissement ou de l'organisme ayant dispensé la formation correspondant au titre délivré ou au niveau de formation certifié ;

3° L'intitulé du titre de formation délivré à l'issue du cycle de formation, selon la classification prévue par les textes réglementaires en vigueur ;

4° Le niveau de scolarité atteint par les étudiants susceptibles de réaliser à titre temporaire des actes infirmiers, dans les conditions définies par l'article L. 4311-12-1.

Art. R. 4311-106 Les informations mentionnées à l'article R. 4311-105 sont transmises au moment de l'obtention du titre de formation ou de la reconnaissance du niveau de formation.

CHAPITRE II DÉONTOLOGIE DES INFIRMIERS

(Décr. n° 2016-1605 du 25 nov. 2016, art. 1er)

BIBL. ▶ Sur l'historique du code et sa compatibilité avec le droit de la concurrence : *Aut. Conc., Avis n° 16-A-11 du 11 mai 2016* relatif à un projet de décret portant code de déontologie des infirmiers.

SECTION PREMIÈRE DEVOIRS GÉNÉRAUX

Art. R. 4312-1 Les dispositions du présent chapitre constituent le code de déontologie des infirmiers. Elles s'imposent à tout infirmier inscrit au tableau de l'ordre, à tout infirmier effectuant un acte professionnel dans les conditions prévues aux articles L. 4311-1 et suivants ainsi qu'aux étudiants en soins infirmiers mentionnés à l'article *L. 4311-12.*

Conformément à l'article L. 4312-7, le Conseil national de l'ordre des infirmiers est chargé de veiller au respect de ces dispositions par tous les infirmiers inscrits à son tableau.

Les infractions à ces dispositions sont passibles de sanctions disciplinaires, sans préjudice des poursuites pénales qu'elles seraient susceptibles d'entraîner.

Art. R. 4312-2 Tout infirmier, lors de son inscription au tableau, doit affirmer devant le conseil départemental de l'ordre qu'il a eu connaissance du présent code de déontologie et s'engager sous serment et par écrit à le respecter.

Art. R. 4312-3 L'infirmier, au service de la personne et de la santé publique, exerce sa mission dans le respect de la vie humaine. Il respecte la dignité et l'intimité du patient, de sa famille et de ses proches.

Le respect dû à la personne continue de s'imposer après la mort.

Art. R. 4312-4 L'infirmier respecte en toutes circonstances les principes de moralité, de probité, de loyauté et d'humanité indispensables à l'exercice de la profession.

Art. R. 4312-5 Le secret professionnel s'impose à tout infirmier, dans les conditions établies par la loi.

L'infirmier instruit les personnes qui l'assistent de leurs obligations en matière de secret professionnel.

Art. R. 4312-6 L'infirmier ne peut aliéner son indépendance professionnelle sous quelque forme que ce soit.

Art. R. 4312-7 L'infirmier en présence d'un malade ou d'un blessé en péril, ou informé qu'un malade ou un blessé est en péril, lui porte assistance, ou s'assure qu'il reçoit les soins nécessaires.

Art. R. 4312-8 L'infirmier apporte son concours à l'action entreprise par les autorités compétentes en vue de la protection de la santé et de l'éducation sanitaire.

L'infirmier auquel une autorité qualifiée fait appel soit pour collaborer à un dispositif de secours mis en place pour répondre à une situation d'urgence, soit en cas de sinistre ou de calamité, répond à cet appel et apporte son concours.

Art. R. 4312-9 L'infirmier s'abstient, même en dehors de l'exercice de sa profession, de tout acte de nature à déconsidérer celle-ci.

En particulier, dans toute communication publique, il fait preuve de prudence dans ses propos et ne mentionne son appartenance à la profession qu'avec circonspection.

SECTION II DEVOIRS ENVERS LES PATIENTS

Art. R. 4312-10 L'infirmier agit en toutes circonstances dans l'intérêt du patient.

Ses soins sont consciencieux, attentifs et fondés sur les données acquises de la science.

Il y consacre le temps nécessaire en s'aidant, dans toute la mesure du possible, des méthodes scientifiques et professionnelles les mieux adaptées. Il sollicite, s'il y a lieu, les concours appropriés.

Il ne doit pas, sauf circonstances exceptionnelles, entreprendre ou poursuivre des soins dans des domaines qui dépassent ses connaissances, son expérience, ses compétences ou les moyens dont il dispose.

L'infirmier ne peut pas conseiller et proposer au patient ou à son entourage, comme salutaire ou sans danger, un remède ou un procédé illusoire ou insuffisamment éprouvé. Toute pratique de charlatanisme est interdite.

Art. R. 4312-11 L'infirmier doit écouter, examiner, conseiller, éduquer ou soigner avec la même conscience toutes les personnes quels que soient, notamment, leur origine, leurs mœurs, leur situation sociale ou de famille, leur croyance ou leur religion, leur handicap, leur état de santé, leur âge, leur sexe, leur réputation, les sentiments qu'il peut éprouver à leur égard ou leur situation vis-à-vis du système de protection sociale.

Il leur apporte son concours en toutes circonstances.

Il ne doit jamais se départir d'une attitude correcte et attentive envers la personne prise en charge.

Art. R. 4312-12 Dès lors qu'il a accepté d'effectuer des soins, l'infirmier est tenu d'en assurer la continuité.

Hors le cas d'urgence et celui où il manquerait à ses devoirs d'humanité, un infirmier a le droit de refuser ses soins pour une raison professionnelle ou personnelle.

Si l'infirmier se trouve dans l'obligation d'interrompre ou décide de ne pas effectuer des soins, il doit, sous réserve de ne pas nuire au patient, lui en expliquer les raisons, l'orienter vers un confrère ou une structure adaptée et transmettre les informations utiles à la poursuite des soins.

Art. R. 4312-13 L'infirmier met en œuvre le droit de toute personne d'être informée sur son état de santé dans le respect de ses compétences professionnelles.

Cette information est relative aux soins, moyens et techniques mis en œuvre, à propos desquels l'infirmier donne tous les conseils utiles. Elle incombe à l'infirmier dans le cadre de ses compétences telles que déterminées aux articles L. 4311-1 et R. 4311-1 et suivants. Dans le cas où une demande d'information dépasse son champ de compétences, l'infirmier invite le patient à solliciter l'information auprès du professionnel légalement compétent.

L'information donnée par l'infirmier est loyale, adaptée et intelligible. Il tient compte de la personnalité du patient et veille à la compréhension des informations communiquées.

Seules l'urgence ou l'impossibilité peuvent dispenser l'infirmier de son devoir d'information.

La volonté de la personne de ne pas être informée doit être respectée.

Art. R. 4312-14 Le consentement libre et éclairé de la personne examinée ou soignée est recherché dans tous les cas. Lorsque le patient, en état d'exprimer sa volonté, refuse le traitement proposé, l'infirmier respecte ce refus après l'avoir informé de ses conséquences et, avec son accord, le médecin prescripteur.

Si le patient est hors d'état d'exprimer sa volonté, l'infirmier ne peut intervenir sans que la personne de confiance prévue à l'article L. 1111-6, ou la famille, ou à défaut, un de ses proches ait été consulté.

L'infirmier appelé à donner des soins à un mineur ou à un majeur protégé s'efforce, sous réserve des dispositions de l'article L. 1111-5, de prévenir ses parents ou son représentant légal et d'obtenir leur consentement. En cas d'urgence, même si ceux-ci ne peuvent être joints, l'infirmier donne les soins nécessaires. Si l'avis de l'intéressé peut être recueilli, l'infirmier en tient compte dans toute la mesure du possible.

Art. R. 4312-15 L'infirmier informe le patient de son engagement dans un protocole associant d'autres professionnels de santé dans une démarche de coopération entre eux, impliquant des transferts d'activités ou d'actes de soins ou de réorganisation de leurs modes d'intervention auprès de lui.

Art. R. 4312-16 Le consentement du mineur ou du majeur protégé doit être systématiquement recherché s'il est apte à exprimer sa volonté et à participer à la décision.

Art. R. 4312-17 L'infirmier amené à examiner une personne privée de liberté ou à lui donner des soins ne peut, directement ou indirectement, ne serait-ce que par sa seule présence, favoriser ou cautionner une atteinte à l'intégrité physique ou mentale de cette personne ou à sa dignité.

S'il constate que cette personne a subi des sévices ou des mauvais traitements, sous réserve de l'accord de l'intéressé *[intéressée]*, il en informe l'autorité judiciaire. S'il s'agit d'un mineur ou d'une personne qui n'est pas en mesure de se protéger en raison de son âge ou de son état physique ou psychique, l'accord de l'intéressé n'est pas nécessaire.

Art. R. 4312-18 Lorsque l'infirmier discerne qu'une personne auprès de laquelle il est amené à intervenir est victime de sévices, de privations, de mauvais traitements ou d'atteintes sexuelles, il doit mettre en œuvre, en faisant preuve de prudence et de circonspection, les moyens les plus adéquats pour la protéger.

S'il s'agit d'un mineur ou d'une personne qui n'est pas en mesure de se protéger en raison de son âge, d'une maladie ou de son état physique ou psychique, l'infirmier doit, sauf circonstances particulières qu'il apprécie en conscience, alerter les autorités judiciaires, médicales ou administratives.

Art. R. 4312-19 En toutes circonstances, l'infirmier s'efforce, par son action professionnelle, de soulager les souffrances du patient par des moyens appropriés à son état et l'accompagne moralement.

L'infirmier a le devoir, dans le cadre de ses compétences propres et sur prescription médicale ou dans le cadre d'un protocole thérapeutique, de dispenser des soins visant à soulager la douleur.

Art. R. 4312-20 L'infirmier a le devoir de mettre en œuvre tous les moyens à sa disposition pour assurer à chacun une vie digne jusqu'à la mort.

Il a notamment le devoir d'aider le patient dont l'état le requiert à accéder à des soins palliatifs et à un accompagnement.

Il s'efforce également, dans les circonstances mentionnées aux alinéas précédents, d'accompagner l'entourage du patient.

Art. R. 4312-21 L'infirmier doit accompagner le mourant jusqu'à ses derniers moments, assurer par des soins et mesures appropriés la qualité d'une vie qui prend fin, sauvegarder la dignité de la personne soignée et réconforter son entourage.

L'infirmier ne doit pas provoquer délibérément la mort.

Art. R. 4312-22 Lorsqu'il participe à une recherche impliquant la personne humaine, notamment dans le domaine des soins infirmiers ou en est le promoteur, l'infirmier respecte les dispositions du titre II du livre Ier de la première partie du présent code.

Il en est de même en ce qui concerne sa participation à une activité de prélèvements d'organes mentionnée au livre II de cette même partie.

Art. R. 4312-23 L'exercice de la profession d'infirmier comporte l'établissement par le professionnel, conformément aux constatations qu'il est en mesure d'effectuer, de certificats, attestations et documents dont la production est prescrite par les textes législatifs et réglementaires.

Ces documents doivent être rédigés lisiblement en langue française et datés, permettre l'identification du professionnel dont ils émanent et être signés par lui. L'infirmier peut en remettre une traduction au patient dans la langue de celui-ci.

Il est interdit à l'infirmier d'en faire ou d'en favoriser une utilisation frauduleuse, ainsi que d'établir des documents de complaisance.

Art. R. 4312-24 Sont interdits tout acte de nature à procurer à un patient un avantage matériel injustifié ou illicite, ainsi que toute ristourne en argent ou en nature.

SECTION III DEVOIRS ENTRE CONFRÈRES ET MEMBRES DES AUTRES PROFESSIONS DE SANTÉ

Art. R. 4312-25 Les infirmiers doivent entretenir entre eux des rapports de bonne confraternité.

Ils se doivent assistance dans l'adversité.

Il est interdit à un infirmier, quel que soit le moyen ou le support de communication utilisé, d'en calomnier un autre, de médire de lui ou de se faire l'écho de propos capables de lui nuire dans l'exercice de sa profession.

Un infirmier en conflit avec un confrère doit rechercher la conciliation, au besoin par l'intermédiaire du conseil départemental de l'ordre.

Art. R. 4312-26 Dans le cas où un infirmier est interrogé au cours d'une procédure disciplinaire ordinale, il est tenu, dans la mesure compatible avec le respect du secret professionnel, de révéler les faits utiles à l'instruction parvenus à sa connaissance.

Toute déclaration volontairement inexacte peut elle-même donner lieu à des poursuites disciplinaires.

Art. R. 4312-27 Il est interdit à l'infirmier de s'attribuer abusivement le mérite d'une découverte scientifique, notamment dans une publication.

Art. R. 4312-28 L'infirmier doit, dans l'intérêt des patients, entretenir de bons rapports avec les membres des autres professions de santé. Il respecte l'indépendance professionnelle de ceux-ci.

Il lui est interdit de calomnier un autre professionnel de santé, de médire de lui ou de se faire l'écho de propos susceptibles de lui nuire dans l'exercice de sa profession.

Art. R. 4312-29 Il est interdit à l'infirmier d'accepter une commission pour quelque acte professionnel que ce soit.

Est interdite à l'infirmier toute forme de compérage avec d'autres professionnels de santé ou toute autre personne physique ou morale. On entend par compérage l'intelligence entre deux ou plusieurs personnes en vue d'avantages obtenus au détriment du patient ou d'un tiers.

Sont notamment interdites toutes pratiques comparables avec des établissements de fabrication ou de vente de produits ou de services, matériels, ou appareils nécessaires à l'exercice de sa profession, sociétés d'ambulance ou de pompes funèbres, ainsi qu'avec tout établissement de santé, médico-social ou social.

Art. R. 4312-30 Le partage d'honoraires entre infirmiers ou entre un infirmier et un autre professionnel de santé est interdit, hormis les cas prévus dans les contrats validés par le conseil départemental de l'ordre. L'acceptation, la sollicitation ou l'offre d'un partage d'honoraires, même non suivies d'effet, sont interdites.

Art. R. 4312-31 Il est interdit à l'infirmier de se livrer ou de participer à des fins lucratives à toute distribution de médicaments, de produits ou d'appareils.

SECTION IV **MODALITÉS D'EXERCICE DE LA PROFESSION**

Art. R. 4312-32 L'infirmier est personnellement responsable de ses décisions ainsi que des actes professionnels qu'il est habilité à effectuer.

Il ne doit pas exercer sa profession dans des conditions qui puissent compromettre son indépendance, la qualité des soins ou la sécurité des personnes prises en charge.

Art. R. 4312-33 Dans le cadre de son rôle propre et dans les limites fixées par la loi, l'infirmier est libre du choix de ses actes professionnels et de ses prescriptions qu'il estime les plus appropriés.

Il doit, sans négliger son devoir d'assistance morale, limiter ses actes professionnels et ses prescriptions à ce qui est nécessaire à la qualité et à la sécurité des soins.

Il tient compte des avantages, des inconvénients et des conséquences des différents soins possibles.

Art. R. 4312-34 L'infirmier répond, dans la mesure de ses connaissances, à toute demande d'information préalable sur les conditions de remboursement des produits et dispositifs prescrits.

Art. R. 4312-35 L'infirmier établit pour chaque patient un dossier de soins infirmiers contenant les éléments pertinents et actualisés relatifs à la prise en charge et au suivi.

L'infirmier veille, quel que soit son mode d'exercice, à la protection du dossier de soins infirmiers contre toute indiscrétion.

Lorsqu'il a recours à des procédés informatiques, il prend toutes les mesures de son ressort afin d'assurer la protection de ces données.

Art. R. 4312-36 L'infirmier chargé de toute fonction de coordination ou d'encadrement veille à la bonne exécution des actes accomplis par les personnes dont il coordonne ou encadre l'activité, qu'il s'agisse d'infirmiers, d'aides-soignants, d'auxiliaires de puériculture, d'aides médico-psychologiques, d'étudiants en soins infirmiers ou de toute autre personne placée sous sa responsabilité.

Il est responsable des actes qu'il assure avec la collaboration des professionnels qu'il encadre.

Il veille à la compétence des personnes qui lui apportent leur concours.

Art. R. 4312-37 L'infirmier respecte et fait respecter les règles d'hygiène, dans sa personne, dans l'administration des soins, dans l'utilisation des matériels et dans la tenue des locaux professionnels.

Il s'assure de la bonne gestion des déchets qui résultent de ses actes professionnels, selon les procédures réglementaires.

Art. R. 4312-38 L'infirmier vérifie que le médicament, produit ou dispositif médical délivré est conforme à la prescription. Il contrôle également son dosage ainsi que sa date de péremption. Il respecte le mode d'emploi des dispositifs médicaux utilisés.

Art. R. 4312-39 L'infirmier prend toutes précautions en son pouvoir pour éviter que des personnes non autorisées puissent avoir accès aux médicaments et produits qu'il est appelé à utiliser dans le cadre de son exercice professionnel.

Art. R. 4312-40 L'infirmier propose la consultation d'un médecin ou de tout professionnel compétent lorsqu'il l'estime nécessaire.

Art. R. 4312-41 L'infirmier communique au médecin toute information en sa possession susceptible de concourir à l'établissement du diagnostic, ainsi que de permettre la meilleure adaptation du traitement ou de la prise en charge.

Art. R. 4312-42 L'infirmier applique et respecte la prescription médicale qui, sauf urgence, est écrite, quantitative et qualitative, datée et signée.

Il demande au prescripteur un complément d'information chaque fois qu'il le juge utile, notamment s'il estime être insuffisamment éclairé.

Si l'infirmier a un doute sur la prescription, il la vérifie auprès de son auteur ou, en cas d'impossibilité, auprès d'un autre membre de la profession concernée. En cas d'impossibilité de vérification et de risques manifestes et imminents pour la santé du patient, il adopte, en vertu de ses compétences propres, l'attitude qui permet de préserver au mieux la santé du patient, et ne fait prendre à ce dernier aucun risque injustifié.

Art. R. 4312-43 L'infirmier applique et respecte les protocoles élaborés par le médecin prévus par les dispositions des articles R. 4311-7 et R. 4311-14.

Chaque fois qu'il l'estime indispensable, l'infirmier demande au médecin responsable d'établir un protocole écrit, daté et signé.

En cas de mise en œuvre d'un protocole écrit de soins d'urgence, ou d'actes conservatoires accomplis jusqu'à l'intervention d'un médecin, l'infirmier remet à ce dernier un compte rendu écrit, daté et signé, et annexé au dossier du patient.

En cas d'urgence et en dehors de la mise en œuvre d'un protocole, l'infirmier décide des gestes à pratiquer en attendant que puisse intervenir un médecin. Il prend toute mesure en son pouvoir afin de diriger la personne vers la structure de soins la plus appropriée à son état.

Art. R. 4312-44 L'infirmier intervenant dans le cadre d'actions de prévention, d'éducation, de coordination, de formation, d'encadrement, ou de toute autre action professionnelle observe dans ces activités l'ensemble des principes et des règles du présent code de déontologie.

Art. R. 4312-45 Conformément à la loi, l'infirmier peut, dans les établissements d'enseignement du second degré, en application d'un protocole national déterminé par décret, dans les cas d'urgence, administrer aux élèves mineures et majeures une contraception d'urgence. Il s'assure de l'accompagnement psychologique de l'élève et veille à la mise en œuvre d'un suivi médical.

Art. R. 4312-46 Pour garantir la qualité des soins qu'il dispense et la sécurité du patient, l'infirmier a le devoir d'actualiser et de perfectionner ses compétences. Il prend toutes dispositions nécessaires pour respecter ses obligations en matière de développement professionnel continu.

Art. R. 4312-47 L'infirmier ne doit pas diffuser dans les milieux professionnels ou médicaux une technique ou un procédé nouveau de soins infirmiers insuffisamment éprouvés sans accompagner cette diffusion des réserves qui s'imposent.

Il a également le devoir de ne pas utiliser des techniques nouvelles de soins infirmiers qui feraient courir au patient un risque injustifié.

Art. R. 4312-48 Lors des stages cliniques des étudiants, l'infirmier veille à obtenir le consentement préalable de la personne, pour l'examen ou les soins qui lui sont dispensés par l'étudiant ou en sa présence. L'étudiant qui reçoit cet enseignement doit être au préalable informé par l'infirmier de la nécessité de respecter les droits des malades ainsi que les devoirs des infirmiers énoncés par le présent code de déontologie.

Art. R. 4312-49 Lorsqu'il utilise son expérience ou des documents à des fins d'enseignement ou de publication scientifique, l'infirmier fait en sorte que l'identification des personnes ne soit pas possible.

Art. R. 4312-50 Il est interdit d'exercer la profession d'infirmier sous un pseudonyme.

Un infirmier qui se sert d'un pseudonyme pour des activités se rattachant à sa profession est tenu d'en faire la déclaration au conseil départemental de l'ordre.

Il est interdit, pour un professionnel agissant à titre privé sous couvert d'un pseudonyme, et quel que soit le moyen de communication utilisé, d'arguer de sa qualité de professionnel sans dévoiler son identité.

Art. R. 4312-51 L'infirmier qui a des liens avec des entreprises et établissements produisant ou exploitant des produits de santé ou des organismes de conseil intervenant sur ces produits est tenu de faire connaître ces liens au public, lorsqu'il s'exprime lors d'une manifestation publique, d'un enseignement universitaire ou d'une action de formation continue ou d'éducation thérapeutique, dans la presse écrite ou audiovisuelle ou par toute publication écrite ou en ligne.

Art. R. 4312-52 Il est interdit à l'infirmier de recevoir des avantages en nature ou en espèces, sous quelque forme que ce soit, d'une façon directe ou indirecte, procurés par des entreprises assurant des prestations, produisant ou commercialisant des produits pris en charge par les régimes obligatoires de sécurité sociale. Toutefois, les exceptions prévues par les dispositions de l'article L. 4113-6 s'appliquent aux infirmiers.

Art. R. 4312-53 L'infirmier veille, notamment lorsqu'il participe en tant qu'expert à une instance, groupe, ou autre commission organisés par l'autorité publique, à déclarer les intérêts susceptibles de mettre en cause son impartialité et son indépendance, ou de nuire à la qualité de son expertise ou de son jugement. Il respecte les procédures organisées à cette fin par l'autorité publique.

Art. R. 4312-54 L'infirmier ne doit pas user de sa situation professionnelle pour tenter d'obtenir pour lui-même ou pour autrui un avantage ou un profit injustifié ou pour commettre un acte contraire à la probité.

Art. R. 4312-55 L'infirmier ne peut exercer en dehors d'activités de soins, de prévention, d'éducation à la santé, de formation, de recherche ou d'expertise, une autre activité lui permettant de tirer profit des compétences qui lui sont reconnues par la réglementation.

Il ne peut exercer une autre activité professionnelle que si un tel cumul est compatible avec la dignité et la qualité qu'exige son exercice professionnel et n'est pas exclu par la réglementation en vigueur.

Art. R. 4312-56 Les seules indications que l'infirmier est autorisé à mentionner sur ses documents professionnels et feuilles d'ordonnances sont :

1° Ses nom, prénoms, numéro d'inscription à l'ordre, adresse professionnelle, numéros de téléphone et de télécopie, adresse électronique, jours et heures de consultation ;

2° Si le professionnel exerce en association ou en société, les noms des confrères associés, et l'indication du type de société ;

3° Sa situation vis-à-vis des organismes d'assurance maladie ;

4° Ses diplômes, titres et fonctions lorsqu'ils sont reconnus par la réglementation en vigueur en France ;

5° La mention de l'adhésion à une association de gestion agréée ;

6° Ses distinctions honorifiques reconnues par la République française.

Art. R. 4312-57 L'infirmier ne doit pas accepter une mission d'expertise dans laquelle sont en jeu ses propres intérêts, ceux d'un de ses patients, d'un de ses proches, d'un de ses amis ou d'un groupement qui fait habituellement appel à ses services, ou si son indépendance est affectée de quelque manière que ce soit.

Nul ne peut être à la fois infirmier expert et infirmier traitant d'un même malade.

Lorsqu'il est investi d'une mission, l'infirmier expert doit se récuser s'il estime que *les questions* qui lui sont posées sont étrangères à la technique proprement infirmière, à ses connaissances, à ses possibilités ou qu'elles l'exposeraient à contrevenir aux dispositions du présent code.

Art. R. 4312-58 Avant d'entreprendre toute opération d'expertise, l'infirmier expert informe la personne qu'il doit examiner de sa mission et du cadre juridique dans lequel son avis est demandé.

L'infirmier expert est tenu de respecter le principe du contradictoire pendant la totalité des opérations d'expertise.

Dans la rédaction de son rapport, l'infirmier expert ne doit révéler que les éléments de nature à apporter une réponse aux questions posées. Hors ces limites, il doit taire tout ce qu'il a pu connaître à l'occasion de cette expertise.

Il atteste qu'il a accompli personnellement sa mission.

SECTION V RÈGLES RELATIVES AUX DIFFÉRENTS MODES D'EXERCICE

SOUS-SECTION 1 RÈGLES COMMUNES

Art. R. 4312-59 Le mode d'exercice de l'infirmier est salarié ou libéral. Il peut également être mixte.

Art. R. 4312-60 L'infirmier est libre de dispenser gratuitement ses soins.

Art. R. 4312-61 Le détournement et la tentative de détournement de clientèle sont interdits.

SOUS-SECTION 2 EXERCICE SALARIÉ

Art. R. 4312-62 L'infirmier salarié, lié à son employeur par un contrat, ou employé dans un cadre public, ne doit pas profiter de ses fonctions pour augmenter sa clientèle personnelle.

Art. R. 4312-63 L'infirmier, quel que soit son statut, est tenu de respecter ses devoirs professionnels et en particulier ses obligations concernant le secret professionnel et l'indépendance de ses décisions.

En aucune circonstance l'infirmier ne peut accepter, de la part de son employeur, de limitation à son indépendance professionnelle. Quel que soit le lieu où il exerce, il doit toujours agir en priorité dans l'intérêt de la santé publique, des personnes et de leur sécurité.

Art. R. 4312-64 L'infirmier salarié ne peut, en aucun cas, accepter que sa rémunération ou la durée de son engagement dépendent, pour tout ou partie, de normes de productivité, de rendement horaire ou de toute autre disposition qui auraient pour conséquence une limitation ou un abandon de son indépendance ou une atteinte à la qualité ou à la sécurité des soins.

Art. R. 4312-65 I. — Conformément aux dispositions de l'article L. 4113-9, l'exercice de la profession d'infirmier sous quelque forme que ce soit, au sein d'une entreprise, d'une collectivité ou d'une institution ressortissant du droit privé fait l'objet d'un contrat écrit.

Ce contrat définit les obligations respectives des parties et précise les moyens permettant au professionnel de respecter les dispositions du présent code de déontologie.

II. — Tout contrat, renouvellement de contrat ou avenant avec l'un des organismes prévus au premier alinéa est communiqué au conseil départemental intéressé. Celui-ci vérifie sa conformité avec les prescriptions du présent code de déontologie ainsi que, s'il en existe, avec les clauses essentielles des contrats types établis soit par un accord entre le Conseil national de l'ordre et les collectivités ou institutions intéressées, soit conformément aux dispositions législatives ou réglementaires.

III. — Tout projet de contrat peut être communiqué au conseil départemental qui fait connaître ses observations dans le délai d'un mois. Passé ce délai, son avis est réputé rendu.

IV. — Le conseil départemental de l'ordre peut, s'il le juge utile, transmettre pour avis les contrats, projets de contrats, ou avenants au Conseil national.

V. — L'infirmier signe et remet au conseil départemental une déclaration aux termes de laquelle il affirme sur l'honneur qu'il n'a passé aucune contre-lettre relative au contrat, à son renouvellement, ou à un avenant soumis à l'examen du conseil.

Art. R. 4312-66 L'exercice habituel de la profession d'infirmier, sous quelque forme que ce soit, au sein d'une administration de l'État, d'une collectivité territoriale ou d'un établissement public fait l'objet d'un contrat écrit, hormis les cas où le professionnel a la qualité d'agent titulaire de l'État, d'une collectivité territoriale ou d'un établissement public ainsi que dans les cas où il est régi par des dispositions législatives ou réglementaires qui ne prévoient pas la conclusion d'un contrat.

L'infirmier est tenu de communiquer ce contrat au conseil départemental de l'ordre. Ce conseil peut, s'il le juge utile, transmettre pour avis les contrats ou avenants au Conseil national. Les observations que cette instance aurait à formuler sont adressées par elle à l'autorité administrative intéressée et au professionnel concerné.

SOUS-SECTION 3 EXERCICE LIBÉRAL

§ 1er DEVOIRS GÉNÉRAUX

Art. R. 4312-67 L'infirmier dispose, au lieu de son exercice professionnel, d'une installation adaptée et de moyens techniques pertinents pour assurer l'accueil, la bonne exécution des soins, la sécurité des patients ainsi que le respect du secret professionnel.

Il veille notamment à la stérilisation et à la décontamination des dispositifs médicaux qu'il utilise et à l'élimination des déchets de soins selon les procédures réglementaires.

Il ne doit pas exercer sa profession dans des conditions qui puissent compromettre la qualité des soins et des actes professionnels ou la sécurité des personnes examinées.

Art. R. 4312-68 Un infirmier ne doit pas s'installer dans un immeuble où exerce un autre infirmier sans l'accord de celui-ci ou, à défaut, sans l'autorisation du conseil départemental de l'ordre. Cette autorisation ne peut être refusée que pour des motifs tirés d'un risque de confusion pour le public.

Le silence gardé par le conseil départemental vaut autorisation tacite à l'expiration d'un délai de deux mois à compter de la réception de la demande.

Art. R. 4312-69 Les seules indications que l'infirmier est autorisé à diffuser par voie d'annuaire ou de tout autre support accessible au public, notamment sur un site internet, sont ses nom, prénoms, adresse professionnelle, numéros de téléphone, de télécopie, adresse électronique professionnels, titre de formation lui permettant d'exercer sa profession, et horaires de permanence, à l'exclusion des coordonnées personnelles.

Les sociétés d'exercice en commun de la profession peuvent se faire connaître dans les mêmes conditions.

Toute insertion payante dans un annuaire est considérée comme une publicité, et, à ce titre, interdite.

Toutefois, pour les coordonnées mentionnées au premier alinéa, si toute insertion est rendue payante par l'éditeur, celle-ci peut être autorisée par le conseil départemental de l'ordre.

Art. R. 4312-70 L'infirmier ne peut signaler son cabinet que sur des plaques professionnelles, à son lieu d'exercice, l'une apposée à l'entrée de l'immeuble, l'autre à la porte du cabinet. Lorsque la disposition des lieux l'impose, une signalisation complémentaire peut être prévue.

Les seules indications que l'infirmier est autorisé à faire figurer sur ces plaques sont ses nom, prénoms, numéros de téléphone, jours et heures de consultations, diplômes et titres. Il doit indiquer sa situation vis-à-vis des organismes d'assurance-maladie. L'ensemble de ces indications doit être présenté avec discrétion.

Ces plaques ne peuvent dépasser 25 cm par 30 cm.

Art. R. 4312-71 Lors de son installation ou d'une modification de son lieu d'exercice, l'infirmier peut faire paraître dans la presse deux annonces sans caractère publicitaire dont le texte et les modalités de publication doivent être, dans le mois qui précède l'installation ou la modification du lieu d'exercice, communiqués au conseil *départemental de l'ordre.* Si le nouveau lieu d'exercice est situé dans un département différent de celui du premier lieu d'exercice, les annonces sont également communiquées au conseil départemental du lieu de la nouvelle installation.

Art. R. 4312-72 I. – Le lieu d'exercice de l'infirmier est celui de la résidence professionnelle au titre de laquelle il est inscrit au tableau du conseil départemental de l'ordre.

II. — Si les besoins de la population l'exigent, un infirmier peut exercer son activité professionnelle sur un ou plusieurs sites distincts de sa résidence professionnelle habituelle, lorsqu'il existe dans le secteur géographique considéré une carence ou une insuffisance de l'offre de soins préjudiciable aux besoins des patients ou à la continuité des soins.

L'infirmier prend toutes dispositions pour que soient assurées sur tous ces sites d'exercice, la qualité, la sécurité et la continuité des soins.

III. — La demande d'ouverture d'un lieu d'exercice distinct est adressée au conseil départemental dans le ressort duquel se situe l'activité envisagée par tout moyen lui conférant date certaine. Elle est accompagnée de toutes informations utiles sur les besoins de la population et les conditions d'exercice. Si celles-ci sont insuffisantes, le conseil départemental demande des précisions complémentaires.

Le conseil départemental au tableau duquel l'infirmier est inscrit est informé de la demande lorsque le site distinct se trouve dans un autre département.

Le silence gardé par le conseil départemental sollicité vaut autorisation implicite à l'expiration d'un délai de trois mois à compter de la date de réception de la demande ou de la réponse au supplément d'information demandé.

IV. — L'autorisation est personnelle et incessible. Il peut y être mis fin si les conditions fixées aux alinéas précédents ne sont plus réunies.

V. — Les recours contentieux contre les décisions de refus, de retrait ou d'abrogation d'autorisation ainsi que ceux dirigés contre les décisions explicites ou implicites d'autorisation ne sont recevables qu'à la condition d'avoir été précédés d'un recours administratif devant le Conseil national de l'ordre.

Art. R. 4312-73 I. — Tout contrat ou avenant ayant pour objet l'exercice de la profession est établi par écrit. Toute association ou société à objet professionnel fait l'objet d'un contrat écrit.

Ces contrats doivent respecter l'indépendance de chaque infirmier.

II. — Les contrats et avenants mentionnés au I sont communiqués au conseil départemental de l'ordre dont l'infirmier relève. Ce conseil vérifie leur conformité avec les principes du présent code de déontologie ainsi que, s'il en existe, avec les clauses essentielles des contrats types établis par le Conseil national.

Le conseil départemental de l'ordre peut, s'il le juge utile, transmettre pour avis les contrats ou avenants, statuts d'association ou de société, au Conseil national.

III. — Tout contrat d'association ou de société ayant un objet professionnel entre un ou plusieurs infirmiers d'une part, et un ou plusieurs membres de professions de santé ou toute autre personne, d'autre part, est communiqué au conseil départemental de l'ordre. Celui-ci le transmet avec son avis au Conseil national qui examine si le contrat est compatible avec les lois en vigueur, avec le code de déontologie et notamment avec l'indépendance des infirmiers.

IV. — Les projets de convention ou de contrat établis en vue de l'application du présent article peuvent être communiqués au conseil départemental de l'ordre, qui fait connaître ses observations dans le délai d'un mois.

V. — L'infirmier signe et remet au conseil départemental une déclaration aux termes de laquelle il affirme sur l'honneur qu'il n'a passé aucune contre-lettre relative au contrat ou à l'avenant soumis à l'examen du conseil.

Art. R. 4312-74 Dans les cabinets regroupant plusieurs infirmiers exerçant en commun, *quel qu'en soit le statut juridique*, l'exercice de la profession doit rester personnel. Chaque infirmier garde son indépendance professionnelle.

L'infirmier respecte le droit que possède toute personne de choisir librement son infirmier.

L'infirmier peut utiliser des documents à en-tête commun de l'association ou de la société dont il est membre. Le signataire doit être identifiable et son adresse mentionnée.

Clause de non-réinstallation. Les clauses de non-réinstallation conclues entre professionnels de santé, susceptibles de porter atteinte tant à la liberté d'exercice de la profession qu'à la liberté de choix des patients, sont d'interprétation stricte et ne peuvent être étendues au-delà de leurs prévisions ; ainsi, l'infirmière qui effectue douze visites de patients dans le territoire visé par la clause de non-réinstallation, puis sept visites le lendemain matin, ne s'installe pas effectivement sur ce territoire ; mais elle méconnaît l'esprit de la clause en continuant d'y exercer son activité principale. • Civ. 1re 4 févr. 2015, n° 13-26.452 : *D. 2015. 379* ; *ibid. 2526, obs. Centre de droit de la concurrence Yves Serra*.

Art. R. 4312-75 L'exercice forain de la profession d'infirmier est interdit. Toutefois des dérogations peuvent être accordées par le conseil départemental de l'ordre dans l'intérêt de la santé publique.

Art. R. 4312-76 La profession d'infirmier ne doit pas être pratiquée comme un commerce.

Sont interdits tous procédés directs ou indirects de réclame ou de publicité et notamment une signalisation donnant aux locaux une apparence commerciale.

Art. R. 4312-77 Il est interdit à un infirmier d'exercer sa profession dans un local commercial et dans tout local où sont mis en vente des médicaments ou des appareils ou produits ayant un rapport avec son activité professionnelle.

Art. R. 4312-78 Il est interdit à un infirmier qui remplit un mandat électif ou une fonction administrative d'en user pour accroître sa clientèle.

§ 2 DEVOIRS ENVERS LES PATIENTS

Art. R. 4312-79 L'infirmier propose la consultation d'un confrère dès que les circonstances l'exigent. Il accepte celle qui est demandée par le patient ou son entourage. A l'issue de la consultation, et avec le consentement du patient, le confrère consulté informe par écrit, le cas échéant par voie électronique, l'infirmier traitant de ses constatations, conclusions et prescriptions éventuelles.

Lorsque les avis de l'infirmier consulté et de l'infirmier traitant diffèrent profondément, ce dernier avise le patient. Si l'avis de l'infirmier consulté prévaut auprès du patient ou de son entourage, l'infirmier traitant est libre de cesser les soins. L'infirmier consulté ne doit pas, de sa propre initiative, au cours du traitement ayant motivé la consultation, convoquer ou réexaminer le patient.

Art. R. 4312-80 L'infirmier informe le patient du tarif des actes effectués au cours du traitement ainsi que de sa situation au regard de la convention nationale des infirmiers prévue par le code de la sécurité sociale. Il affiche ces informations dans son lieu d'exercice et de façon aisément visible.

L'infirmier n'est jamais en droit de refuser des explications sur sa note d'honoraires. Aucun mode de règlement ne peut être imposé au patient.

Les honoraires de l'infirmier non conventionné doivent être fixés avec tact et mesure.

Lorsque des infirmiers collaborent entre eux ou coopèrent avec d'autres professionnels de santé, leurs notes d'honoraires doivent être personnelles et distinctes.

Art. R. 4312-81 Sont interdits toute fraude, tout abus de cotation ou indication inexacte portant sur les actes effectués.

§ 3 DEVOIRS ENVERS LES CONFRÈRES

Art. R. 4312-82 Tous procédés de concurrence déloyale et notamment tout compérage, commission, partage d'honoraires et détournement de clientèle sont interdits à l'infirmier.

Art. R. 4312-83 Un infirmier ne peut se faire remplacer que temporairement par un confrère avec ou sans installation professionnelle. Dans ce dernier cas, et sans préjudice des règles relatives à l'assurance maladie, le remplaçant doit être titulaire d'une autorisation de remplacement, pour une durée d'un an renouvelable, délivrée par le *conseil départemental de* l'ordre auquel il est inscrit.

L'infirmier remplaçant ne peut remplacer plus de deux infirmiers en même temps, y compris dans une association d'infirmiers ou un cabinet de groupe.

Tout contrat de remplacement est transmis, par l'infirmier remplaçant et l'infirmier remplacé, au conseil départemental ou aux conseils départementaux auxquels ils sont inscrits.

Art. R. 4312-84 Durant la période de remplacement, l'infirmier remplacé doit s'abstenir de toute activité professionnelle infirmière, sous réserve des hypothèses de non-assistance à personne en péril et de demande de l'autorité en cas d'urgence, de sinistre ou de calamité, telle que mentionnée au second alinéa de l'article R. 4312-8.

Lorsque l'infirmier remplacé exerce dans le cadre d'une association ou d'une société, il en informe celle-ci.

Art. R. 4312-85 Le remplacement d'un infirmier est possible pour une durée correspondant à son indisponibilité. Toutefois, un infirmier interdit d'exercice par décision disciplinaire ne peut se faire remplacer pendant la durée de la sanction.

Au-delà d'une durée de vingt-quatre heures, ou en cas de remplacement d'une durée inférieure à vingt-quatre heures mais répété, un contrat de remplacement doit être établi par écrit entre les deux parties et être communiqué au conseil départemental de l'ordre.

Art. R. 4312-86 L'infirmier remplaçant qui n'est pas installé assure le remplacement au lieu d'exercice professionnel de l'infirmier remplacé et sous sa responsabilité propre.

L'infirmier d'exercice libéral remplaçant peut, si l'infirmier remplacé en est d'accord, recevoir les patients dans son propre cabinet.

Art. R. 4312-87 Lorsqu'il a terminé sa mission et assuré la continuité des soins, l'infirmier remplaçant abandonne l'ensemble de ses activités de remplacement auprès de la clientèle de l'infirmier remplacé.

L'infirmier qui remplace un de ses collègues pendant une période supérieure à trois mois, consécutifs ou non, ne doit pas, pendant une période de deux ans, s'installer dans un cabinet où il puisse entrer en concurrence directe avec le confrère remplacé et, éventuellement, avec les infirmiers exerçant en association ou en société avec celui-ci, à moins qu'il n'y ait entre les intéressés un accord, lequel doit être notifié au conseil départemental de l'ordre. Lorsqu'un tel accord n'a pu être obtenu, l'affaire doit être soumise audit conseil qui apprécie l'opportunité et décide de l'installation.

Art. R. 4312-88 L'infirmier peut s'attacher le concours d'un ou *[de]* plusieurs confrères collaborateurs libéraux, dans les conditions prévues par l'article 18 de la loi n° 2005-882 du 2 août 2005 en faveur des petites et moyennes entreprises.

Chacun d'entre eux exerce son activité en toute indépendance, sans lien de subordination, et dans le respect des règles de la profession, notamment le libre choix de l'infirmier par les patients, l'interdiction du compérage et la prohibition de la concurrence déloyale.

Travail dissimulé. Il y a délit de travail dissimulé lorsqu'un infirmier censé être collaborateur libéral perçoit en réalité une somme fixe mensuelle connue d'avance, et ne jouit d'aucune indépendance économique ni technique vis-à-vis de l'infirmier titulaire, en particulier lorsque ce dernier fixe la nature et le volume des soins à apporter par le collaborateur à ses propres patients. • Crim. 31 oct. 2017, n° 16-86.948.

SOUS-SECTION 4 DISPOSITIONS DIVERSES ET FINALES

Art. R. 4312-89 Tout infirmier qui modifie ses conditions d'exercice y compris son adresse professionnelle ou cesse d'exercer est tenu d'avertir sans délai le conseil départemental. Celui-ci prend acte de ces modifications et en informe le Conseil national.

Art. R. 4312-90 Toute déclaration volontairement inexacte ou incomplète faite au conseil départemental de l'ordre par un infirmier peut donner lieu à des poursuites disciplinaires. Il en est de même de la dissimulation de contrats professionnels.

Art. R. 4312-91 Toutes les décisions prises par l'ordre des infirmiers en application du présent code de déontologie sont motivées.

Les décisions des conseils départementaux peuvent être réformées ou annulées par le Conseil national de l'ordre soit d'office, soit à la demande des intéressés. Dans ce dernier cas, le recours doit être présenté dans les deux mois de la notification de la décision.

Les recours contentieux contre les décisions des conseils départementaux ne sont recevables qu'à la condition d'avoir été précédés d'un recours administratif devant le Conseil national de l'ordre.

Art. R. 4312-92 Les articles R. 4126-1 à R. 4126-54 sont applicables aux infirmiers.

CHAPITRE IV DISPOSITIONS PÉNALES

Le présent chapitre ne comporte pas de dispositions réglementaires.

TITRE DEUXIÈME PROFESSIONS DE MASSEUR-KINÉSITHÉRAPEUTE ET DE PÉDICURE-PODOLOGUE

CHAPITRE PREMIER MASSEUR-KINÉSITHÉRAPEUTE

SECTION PREMIÈRE ACTES PROFESSIONNELS

Art. R. 4321-1 La masso-kinésithérapie consiste en des actes réalisés de façon manuelle ou instrumentale, notamment à des fins de rééducation, qui ont pour but de prévenir l'altération des capacités fonctionnelles, de concourir à leur maintien et, lorsqu'elles sont altérées, de les rétablir ou d'y suppléer. Ils sont adaptés à l'évolution des sciences et des techniques.

Art. R. 4321-2 Dans l'exercice de son activité, le masseur-kinésithérapeute tient compte des caractéristiques psychologiques, sociales, économiques et culturelles de la personnalité de chaque patient, à tous les âges de la vie. Le masseur-kinésithérapeute communique au médecin toute information en sa possession susceptible de lui être utile pour l'établissement du diagnostic médical ou l'adaptation du traitement en fonction de l'état de santé de la personne et de son évolution.

Dans le cadre de la prescription médicale, il établit un bilan qui comprend le diagnostic kinésithérapique et les objectifs de soins, ainsi que le choix des actes et des techniques qui lui paraissent les plus appropriés.

(Décr. n° 2009-955 du 29 juill. 2009) « Ce bilan est tenu à la disposition du médecin prescripteur.

« Le traitement mis en œuvre en fonction du bilan kinésithérapique est retracé dans une fiche de synthèse qui est tenue à la disposition du médecin prescripteur. Cette fiche lui est adressée, à l'issue de la dernière séance de soins, lorsque le traitement a comporté un nombre de séances égal ou supérieur à dix.

« Elle est également adressée au médecin prescripteur lorsqu'il est nécessaire de modifier le traitement initialement prévu ou lorsque apparaît une complication pendant le déroulement du traitement. »

Diagnostic. Est fautif le masseur-kinésithérapeute qui, lors de son premier entretien avec son patient, omet de rechercher si celui-ci présentait des antécédents cardiaques incompatibles avec le soin qu'il devait pratiquer. • CE 17 juill. 2013, Mme F., n° 354171 (interdiction de trois mois dont deux avec sursis).

Art. R. 4321-3 On entend par massage toute manœuvre externe, réalisée sur les tissus, dans un but thérapeutique ou non, de façon manuelle ou par l'intermédiaire d'appareils autres que les appareils d'électrothérapie, avec ou sans l'aide de produits, qui comporte une mobilisation ou une stimulation méthodique, mécanique ou réflexe de ces tissus.

Art. R. 4321-4 *On entend par* gymnastique médicale la réalisation et la surveillance des actes à visée de rééducation neuromusculaire, corrective ou compensatrice, effectués dans un but thérapeutique ou préventif afin d'éviter la survenue ou l'aggravation d'une affection. Le masseur-kinésithérapeute utilise à cette fin des postures et des actes de mobilisation articulaire passive, active, active aidée ou contre résistance, à l'exception des techniques ergothérapiques.

Art. R. 4321-5 Sur prescription médicale, le masseur-kinésithérapeute est habilité à participer aux traitements de rééducation suivants :

1° Rééducation concernant un système ou un appareil :

a) Rééducation orthopédique ;

b) Rééducation neurologique ;

c) Rééducation des affections traumatiques ou non de l'appareil locomoteur ;

d) Rééducation respiratoire ;

e) Rééducation cardio-vasculaire, sous réserve des dispositions de l'article R. 4321-8 ;

f) Rééducation des troubles trophiques vasculaires et lymphatiques ;

2° Rééducation concernant des séquelles :

a) Rééducation de l'amputé, appareillé ou non ;

b) Rééducation abdominale, y compris du *post-partum* à compter de l'examen postnatal ;

c) Rééducation périnéo-sphinctérienne dans les domaines urologique, gynécologique et proctologique, y compris du *post-partum* à compter du quatre-vingt-dixième jour après l'accouchement ;

d) Rééducation des brûlés ;

e) Rééducation cutanée ;

3° Rééducation d'une fonction particulière :

a) Rééducation de la mobilité faciale et de la mastication ;

b) Rééducation de la déglutition ;

c) Rééducation des troubles de l'équilibre.

Art. R. 4321-6 Le masseur-kinésithérapeute est habilité à procéder à toutes évaluations utiles à la réalisation des traitements mentionnés à l'article R. 4321-5, ainsi qu'à assurer l'adaptation et la surveillance de l'appareillage et des moyens d'assistance.

Art. R. 4321-7 Pour la mise en œuvre des traitements mentionnés à l'article R. 4321-5, le masseur-kinésithérapeute est habilité à utiliser les techniques et à réaliser les actes suivants :

1° Massages, notamment le drainage lymphatique manuel ;

2° Postures et actes de mobilisation articulaire mentionnés à l'article R. 4321-4 ;

3° Mobilisation manuelle de toutes articulations, à l'exclusion des manœuvres de force, notamment des manipulations vertébrales et des réductions de déplacement osseux ;

4° Étirements musculo-tendineux ;

5° Mécanothérapie ;

6° Réalisation et application de contentions souples, adhésives ou non, d'appareils temporaires de rééducation et d'appareils de postures ;

7° Relaxation neuromusculaire ;

8° Électro-physiothérapie :

a) Applications de courants électriques : courant continu ou galvanique, galvanisation, diélectrolyse médicamenteuse, le choix du produit médicamenteux étant de la compétence exclusive du médecin prescripteur, et courant d'électro-stimulation antalgique et excito-moteur ;

b) Utilisation des ondes mécaniques, infrasons, vibrations sonores, ultrasons ;

c) Utilisation des ondes électromagnétiques, ondes courtes, ondes centrimétriques, infrarouges, ultraviolets ;

9° Autres techniques de physiothérapie :

a) Thermothérapie et cryothérapie, à l'exclusion de tout procédé pouvant aboutir à une lésion des téguments ;

b) Kinébalnéothérapie et hydrothérapie ;

c) Pressothérapie.

Interprétation. L'art. R. 4321-7 ne saurait être interprété comme habilitant un praticien à mettre en œuvre une technique non fondée sur les données acquises de la science, ce qui est le cas de la magnothérapie par utilisation du « magnobiopulse ». • CE 27 juin 2013, *M. B.*, n° 349883 (interdiction de donner des soins aux assurés sociaux durant un mois). ♦ V. aussi notes de jurisprudence ss. art. R. 4321-80.

Art. R. 4321-8 Sur prescription médicale, et à condition qu'un médecin puisse intervenir à tout moment, le masseur-kinésithérapeute est habilité :

1° A pratiquer des élongations vertébrales par tractions mécaniques, par mise en œuvre manuelle ou électrique ;

2° A participer à la rééducation cardio-vasculaire de sujets atteints d'infarctus du myocarde récent et à procéder à l'enregistrement d'électrocardiogrammes au cours des séances de rééducation cardiovasculaire, l'interprétation en étant réservée au médecin ;

3° A participer à la rééducation respiratoire.

Art. R. 4321-9 Dans le cadre des traitements prescrits par le médecin et au cours de la rééducation entreprise, le masseur-kinésithérapeute est habilité :

1° A prendre la pression artérielle et les pulsations ;

2° Au cours d'une rééducation respiratoire :

a) A pratiquer les aspirations rhinopharyngées et les aspirations trachéales chez un malade trachéotomisé ou intubé ;

b) A administrer en aérosols, préalablement à l'application de techniques de désencombrement ou en accompagnement de celle-ci, des produits non médicamenteux ou des produits médicamenteux prescrits par le médecin ;

c) A mettre en place une ventilation par masque ;

d) A mesurer le débit respiratoire maximum ;

3° A prévenir les escarres ;

4° A assurer la prévention non médicamenteuse des thromboses veineuses ;

5° A contribuer à la lutte contre la douleur et à participer aux soins palliatifs.

Art. R. 4321-10 En cas d'urgence et en l'absence d'un médecin, le masseur-kinésithérapeute est habilité à accomplir les gestes de secours nécessaires jusqu'à l'intervention d'un médecin. Un compte rendu des actes accomplis dans ces conditions est remis au médecin dès son intervention.

Art. R. 4321-11 En milieu sportif, le masseur-kinésithérapeute est habilité à participer à l'établissement des bilans d'aptitude aux activités physiques et sportives et au suivi de l'entraînement et des compétitions.

Art. R. 4321-12 Le masseur-kinésithérapeute est habilité à participer à la réalisation de bilans ergonomiques et à participer à la recherche ergonomique.

Art. R. 4321-13 Selon les secteurs d'activité où il exerce et les besoins rencontrés, le masseur-kinésithérapeute participe à différentes actions d'éducation, de prévention, de dépistage, de formation et d'encadrement.

Ces actions concernent en particulier :

1° La formation initiale et continue des masseurs-kinésithérapeutes ;

2° La contribution à la formation d'autres professionnels ;

3° La collaboration, en particulier avec les autres membres des professions sanitaires et sociales, permettant de réaliser des interventions coordonnées, notamment en matière de prévention ;

4° Le développement de la recherche en rapport avec la masso-kinésithérapie ;

5° La pratique de la gymnastique hygiénique, d'entretien ou préventive.

SECTION II PERSONNES AUTORISÉES À EXERCER LA PROFESSION

SOUS-SECTION 1 TITULAIRE DU DIPLÔME D'ÉTAT

Art. D. 4321-14 Le diplôme d'État de masseur-kinésithérapeute est délivré par le préfet de région aux personnes qui, sauf dispense, ont suivi l'enseignement préparatoire au diplôme d'État *(Décr. n° 2015-1110 du 2 sept. 2015, art. 1er)* « et validé les enseignements théoriques et pratiques ainsi que les stages constitutifs de la formation.

« La composition du jury d'attribution du diplôme d'État est fixée par arrêté des *ministres chargés* de la santé et de l'enseignement supérieur. »

Les dispositions du Décr. n° 2015-1110 du 2 sept. 2015 sont applicables, à compter de la rentrée de septembre 2015, aux étudiants entrant en première année de formation conduisant au diplôme d'État de masseur-kinésithérapeute.

Les étudiants ayant entrepris leurs études avant cette date demeurent régis par les dispositions des art. D. 4321-14 à D. 4321-21 dans leur rédaction antérieure à ce même décret jusqu'au 30 sept.

2019, à l'exception des sportifs de haut niveau visés à l'art. D. 4381-89 et des étudiants de première année qui redoublent ou qui ont interrompu une formation suivie selon le programme défini par l'Arr. du 5 sept. 1989 relatif aux études préparatoires et au diplôme d'État de masseur-kinésithérapeute.

Les modalités de poursuite d'études des étudiants mentionnés à l'alinéa précédent qui redoublent, ont échoué au diplôme d'État, ou ont interrompu leur formation sont précisées par arrêté des ministres chargés de la santé et de l'enseignement supérieur.

Les dispositions dudit décret sont applicables aux personnes en situation de handicap visuel. Des modalités spécifiques d'organisation de la formation sont fixées par arrêté des ministres chargés de la santé et de l'enseignement supérieur (Décr. préc., art. 10).

Art. D. 4321-15 *(Décr. n° 2015-1110 du 2 sept. 2015, art. 2)* **Le diplôme d'État de masseur-kinésithérapeute atteste des compétences pour exercer les activités de la profession de masseur-kinésithérapeute définies par :**

1° Les articles L. 4321-1 et R. 4321-1 à R. 4321-13 du code de la santé publique ;

2° Les référentiels d'activités et de compétences fixés par voie réglementaire.

Art. D. 4321-16 *(Décr. n° 2015-1110 du 2 sept. 2015, art. 3)* **La formation conduisant au diplôme d'État de masseur-kinésithérapeute, organisée en deux cycles de quatre semestres chacun, dure quatre années, soit huit semestres.**

La formation organise le développement des compétences professionnelles. Le premier cycle apporte les enseignements scientifiques, méthodologiques et professionnels fondamentaux nécessaires à la compréhension des problèmes de santé et des situations cliniques rencontrées en kinésithérapie. Le second cycle, à partir du socle de connaissances théoriques et pratiques acquis, organise le développement des compétences diagnostiques et d'intervention kinésithérapique dans tous les champs d'exercice de la profession.

La répartition des enseignements sur les quatre années est la suivante :

1° La formation théorique et pratique de 1 980 heures, sous la forme de cours magistraux (895 heures) et de travaux dirigés (1 085 heures) ;

2° La formation à la pratique masso-kinésithérapique de 1 470 heures.

Le travail personnel complémentaire est estimé à 3 220 heures environ.

L'ensemble, soit 6 670 heures, constitue la charge de travail de l'étudiant.

Le programme et les modalités d'organisation de la formation en lien avec l'université sont fixés par arrêté des ministres chargés de la santé et de l'enseignement supérieur.

Art. D. 4321-16-1 *(Décr. n° 2015-1110 du 2 sept. 2015, art. 4)* **Les études préparatoires comprennent un enseignement théorique et pratique et un parcours de stages conformes à un programme fixé par voie réglementaire.**

Les enseignements sont dispensés par des enseignants universitaires, des médecins, des cadres de santé masseurs-kinésithérapeutes ou des masseurs-kinésithérapeutes titulaires d'un diplôme universitaire ou titre de niveau 1 dans les domaines de la pédagogie ou des différents champs enseignés. Il est également fait appel à des personnes qualifiées ou expertes.

Les conditions d'indemnisation des stages et de remboursement des frais de déplacement liés aux stages sont fixées par arrêté des ministres chargés de la santé et de l'enseignement supérieur.

***L'étudiant assiste aux activités* du maître de stage ou du tuteur et participe, sous la responsabilité et la supervision du maître de stage ou du tuteur, aux actes professionnels que ce dernier accomplit habituellement.**

L'étudiant ne peut recevoir de rémunération ni de son maître de stage ou de son tuteur, ni des personnes prises en charge au titre de ses activités de stagiaire.

Pour le remboursement ou la prise en charge par l'assurance maladie, les actes ainsi effectués sont réputés être accomplis par le masseur-kinésithérapeute diplômé.

Art. D. 4321-17 *(Décr. n° 2015-1110 du 2 sept. 2015, art. 5)* **Des dispenses du suivi et de la validation d'une partie des unités d'enseignement ou des stages peuvent être accordées aux étudiants par le directeur de l'institut de formation en masso-kinésithérapie, sur proposition de la commission d'attribution des crédits et après avis**

du conseil pédagogique, selon des modalités fixées par arrêté des ministres chargés de la santé et de l'enseignement supérieur.

Elles sont déterminées sur la base d'une comparaison entre la formation suivie, ou l'expérience professionnelle acquise, avant leur entrée dans l'institut et les unités d'enseignement composant le programme du diplôme d'État de masseur-kinésithérapeute.

Art. D. 4321-18 *(Décr. nº 2015-1110 du 2 sept. 2015, art. 6)* L'admission en institut de formation préparant au diplôme d'État de masseur-kinésithérapeute s'effectue après une première année universitaire validée et obtention de 60 crédits européens à compter de l'année universitaire 2016-2017.

Les modalités d'admission dans ces instituts sont fixées par arrêté des ministres chargés de la santé et de l'enseignement supérieur.

Art. D. 4321-19 *(Décr. nº 2015-1110 du 2 sept. 2015, art. 7)* Le diplôme d'État de masseur-kinésithérapeute s'obtient par l'acquisition des compétences définies dans le référentiel de compétences mentionné à l'article D. 4321-15.

Chaque compétence s'obtient de façon cumulée :

1º Par la validation de la totalité des unités d'enseignement en relation avec la compétence ;

2º Par l'acquisition de l'ensemble des compétences évaluées lors des stages.

Art. D. 4321-20 *(Décr. nº 2015-1110 du 2 sept. 2015, art. 8)* Le diplôme d'État de masseur-kinésithérapeute correspond à 240 crédits européens.

Art. D. 4321-21 *(Décr. nº 2015-1110 du 2 sept. 2015, art. 9)* L'évaluation des connaissances et des compétences est réalisée selon les modalités fixées pour chacune des unités d'enseignement du référentiel de formation par arrêté des ministres chargés de la santé et de l'enseignement supérieur.

La validation de chaque semestre s'obtient par l'acquisition de 30 crédits européens.

L'acquisition des unités d'enseignement s'opère selon des principes de capitalisation et de compensation. Les unités d'enseignement sont définitivement acquises et capitalisables dès lors que l'étudiant a obtenu la moyenne à chacune d'entre elles, ou par application des modalités de compensation déterminées par arrêté des ministres chargés de la santé et de l'enseignement supérieur.

Les modalités de passage en année supérieure sont fixées par arrêté des ministres chargés de la santé et de l'enseignement supérieur.

Art. D. 4321-22 Le montant des droits annuels d'inscription exigés des candidats au diplôme d'État de masseur-kinésithérapeute effectuant leurs études dans un institut de formation relevant d'un établissement public de santé est fixé par arrêté du ministre chargé de la santé.

Art. D. 4321-23 Les instituts de formation en masso-kinésithérapie autorisés à délivrer l'enseignement préparant au diplôme d'État sont chargés de la mise en œuvre des modalités d'admission sous le contrôle des *(Décr. nº 2010-344 du 31 mars 2010, art. 135)* « directeurs généraux des agences régionales de santé ». Ils ont la charge de l'organisation des épreuves et de l'affichage des résultats.

La composition des jurys et la nomination de leurs membres sont *(Décr. nº 2010-344 du 31 mars 2010, art. 135)* « fixées par les directeurs d'instituts dans les conditions fixées par arrêté du ministre chargé de la santé ».

Art. D. 4321-24 *Abrogé par Décr. nº 2006-393 du 30 mars 2006, art. 3-2º.*

Art. D. 4321-25 La nomination des médecins conseillers scientifiques des instituts est subordonnée à leur agrément par le *(Décr. nº 2010-344 du 31 mars 2010, art. 135)* « directeur général de l'agence régionale de santé ».

Art. R. 4321-26 Le silence gardé pendant plus de quatre mois sur les demandes de dispense d'enseignement, de stages cliniques ou d'examens de passage mentionnées à l'article D. 4321-17 vaut décision de rejet.

SOUS-SECTION 2 RESSORTISSANTS D'UN ÉTAT MEMBRE DE L'UNION EUROPÉENNE OU D'UN AUTRE ÉTAT PARTIE À L'ACCORD SUR L'ESPACE ÉCONOMIQUE EUROPÉEN *(Décr. n° 2010-334 du 26 mars 2010, art. 7).*

§ 1er LIBRE ÉTABLISSEMENT

(Décr. n° 2009-957 du 29 juill. 2009, art. 4)

Art. R. 4321-27 Le *(Décr. n° 2010-334 du 26 mars 2010, art. 7)* « préfet de la région » *(Décr. n° 2017-1520 du 2 nov. 2017, art. 2-I)* « désignée par arrêté du ministre chargé de la santé » délivre, après avis de la commission des masseurs-kinésithérapeutes, l'autorisation d'exercice prévue à l'article L. 4321-4, au vu d'une demande accompagnée d'un dossier présenté et instruit selon les modalités fixées par l'arrêté mentionné à l'article R. 4321-29.

(Décr. n° 2010-334 du 26 mars 2010, art. 7) « Il accuse réception de la demande dans le délai d'un mois à compter de sa réception. »

Le silence gardé par *(Décr. n° 2010-334 du 26 mars 2010, art. 7)* « le préfet de région » à l'expiration d'un délai de quatre mois à compter de la réception du dossier complet vaut décision de rejet de la demande.

Art. R. 4321-28 *(Décr. n° 2017-1520 du 2 nov. 2017, art. 2-II)* La commission examine les connaissances, aptitudes et compétences acquises au cours de la formation initiale, de l'expérience professionnelle et de la formation tout au long de la vie ayant fait l'objet d'une validation par un organisme compétent, de l'intéressé, selon les modalités prévues aux articles R. 4311-35 et R. 4311-36.

Art. R. 4321-28-1 *(Décr. n° 2010-334 du 26 mars 2010, art. 7)* Dans chaque région, la commission des masseurs-kinésithérapeutes mentionnée à l'article L. 4321-4 comprend :

1° Le directeur régional de la jeunesse, des sports et de la cohésion sociale ou son représentant, président ;

2° Le directeur général de l'agence régionale de santé ou son représentant ;

3° Un représentant du conseil régional de l'ordre des masseurs-kinésithérapeutes ;

4° Un médecin ;

5° Un masseur-kinésithérapeute salarié exerçant ses fonctions dans un établissement médico-social ou de santé ;

6° Un cadre masseur-kinésithérapeute exerçant dans un institut de formation en masso-kinésithérapie ;

7° Un masseur-kinésithérapeute exerçant à titre libéral.

Un arrêté du préfet de région, pris sur proposition du directeur régional de la jeunesse, des sports et de la cohésion sociale, nomme, pour une durée de cinq ans renouvelable, les membres titulaires et suppléants mentionnés aux 3° à 7°.

Art. R. 4321-28-2 *(Décr. n° 2010-334 du 26 mars 2010, art. 7)* La direction régionale de la jeunesse, des sports et de la cohésion sociale assure le secrétariat de la commission.

Art. R. 4321-29 Sont fixées par arrêté du ministre chargé de la santé :

1° La composition du dossier produit à l'appui de la demande d'autorisation ;

(Décr. n° 2010-334 du 26 mars 2010, art. 7) « 2° La composition du jury de l'épreuve d'aptitude et les modalités d'organisation de cette épreuve ; »

(Décr. n° 2017-1520 du 2 nov. 2017, art. 2-III) « 3° Les modalités et les conditions dans lesquelles un stage d'adaptation, une épreuve d'aptitude ou les deux sont imposés ;

« 4° » Les modalités d'organisation et d'évaluation du stage d'adaptation ;

(Décr. n° 2017-1520 du 2 nov. 2017, art. 2-III) « 5° » *(Décr. n° 2010-334 du 26 mars 2010, art. 7)* « Les informations à fournir dans les états statistiques. »

§ 2 LIBRE PRESTATION DE SERVICES

(Décr. n° 2009-957 du 29 juill. 2009, art. 4)

Art. R. 4321-30 Les dispositions des articles R. 4311-38 à R. 4311-41-2 sont applicables à la prestation de services des masseurs-kinésithérapeutes dont la déclaration est prévue à l'article L. 4321-11.

§ 3 DISPOSITIONS COMMUNES

(Décr. n° 2017-1520 du 2 nov. 2017, art. 2)

Art. R. 4321-31 Le contrôle par l'autorité compétente de la maîtrise de la langue française par le demandeur donne lieu à une décision qui peut faire l'objet d'un recours devant le tribunal administratif territorialement compétent.

§ 4 CARTE PROFESSIONNELLE

(Décr. n° 2017-1520 du 2 nov. 2017, art. 10)

Art. R. 4321-32 Un masseur-kinésithérapeute qui souhaite obtenir une carte professionnelle européenne en application de l'article L. 4002-2 dépose, par voie électronique, sa demande, accompagnée des pièces justificatives, auprès d'une direction régionale de la jeunesse, des sports et de la cohésion sociale désignée par arrêté du ministre chargé de la santé. Celle-ci transmet le dossier électronique individuel, créé dans le système d'information du marché intérieur mentionné au II de l'article 1er de l'ordonnance n° 2016-1809 du 22 décembre 2016 relative à la reconnaissance des qualifications professionnelles de professions réglementées, au conseil national de l'ordre. Le conseil national de l'ordre en accuse réception dans un délai d'une semaine et, le cas échéant, informe le demandeur de tout document manquant.

Dans un délai d'un mois à compter de l'accusé de réception du dossier complet ou de la réception des documents manquants, le conseil national vérifie que le demandeur est légalement établi en France et que les pièces justificatives sont valides.

En cas de doute sérieux, le conseil national de l'ordre peut s'adresser aux organismes français concernés ou aux autorités compétentes des autres États, membres de l'Union européenne ou parties à l'Espace économique européen, pour qu'elles authentifient les pièces concernées.

Dans le cas où le masseur-kinésithérapeute souhaite s'établir ou effectuer une prestation de services dans un autre État, membre ou partie, le conseil national de l'ordre transmet le dossier complet, sans délai et par voie électronique, à l'autorité compétente de cet État. Il informe simultanément le masseur-kinésithérapeute de cette transmission.

Lorsque l'État, membre ou partie, d'accueil du masseur-kinésithérapeute sollicite des informations complémentaires, l'autorité compétente française répond au plus tard dans les quinze jours qui suivent la demande.

Art. R. 4321-32-1 I. — La demande de carte professionnelle européenne, accompagnée des pièces justificatives, est déposée par un masseur-kinésithérapeute auprès de l'autorité compétente d'un État membre de l'Union européenne ou partie à l'Accord sur l'Espace économique européen, en vue d'exercer la profession de masseur-kinésithérapeute en France ou d'y effectuer une prestation de services. L'autorité compétente de l'État, membre ou partie, d'origine du demandeur, transmet par voie électronique le dossier à la direction régionale mentionnée au premier alinéa de l'article R. 4321-32.

II. — La direction régionale mentionnée au premier alinéa de l'article R. 4321-32, qui reçoit d'une autorité compétente d'un État, membre ou partie, la demande de carte professionnelle européenne d'un infirmier, accompagnée des pièces justificatives nécessaires :

1° Soit, lorsque le masseur-kinésithérapeute souhaite effectuer une prestation de services, *transmet le dossier électronique* individuel au conseil national de l'ordre qui peut, le cas échéant, soumettre l'intéressé à une épreuve d'aptitude dans un délai de deux mois à compter de la réception de la demande ;

2° Soit, en cas de demande d'exercice de la profession en France, peut, le cas échéant, soumettre l'intéressé à une mesure de compensation dans un délai de deux mois à compter de la réception de la demande.

Le conseil national de l'ordre ou la direction régionale peuvent solliciter des informations complémentaires auprès de l'État, membre ou partie, d'origine du demandeur. Ils peuvent refuser de délivrer la carte s'ils ne reçoivent pas les informations nécessaires à l'examen de la demande. Ce refus est motivé.

III. — Les délais prévus au 1° et au 2° du II peuvent être prolongés d'une durée de quinze jours, renouvelable une fois, pour des raisons de santé publique. La décision de prolongation est motivée et communiquée au demandeur.

En l'absence de décision dans les délais prévus au 1° et au 2° du II, la carte professionnelle européenne est considérée comme délivrée et adressée par voie électronique au masseur-kinésithérapeute.

Art. R. 4321-32-2 Un arrêté du ministre chargé de la santé fixe :

1° La liste des pièces justificatives accompagnant la demande de carte professionnelle européenne, comportant les conditions dans lesquelles les documents manquants sont exigibles et les obligations de traduction ;

2° Les conditions et les procédures de soumission, de transmission, de traitement et de délivrance d'une demande de carte professionnelle européenne ;

3° Les modalités de mise à jour, en application de l'article 4 de l'ordonnance n° 2016-1809 du 22 décembre 2016 déjà citée, des dossiers électroniques des masseurs-kinésithérapeutes titulaires d'une carte professionnelle européenne.

SOUS-SECTION 3 PERSONNES TITULAIRES DU DIPLÔME DE L'ÉCOLE DES TECHNIQUES THERMALES D'AIX-LES-BAINS

Art. R. 4321-33 *(Décr. n° 2010-245 du 9 mars 2010)* Les personnes mentionnées à l'article L. 4321-6 sont autorisées à effectuer les actes suivants :

1° Au sein des établissements thermaux, les actes de massage et de gymnastique médicale suivants :

a) Mobilisation articulaire en bain d'eau thermale ;

b) Massage manuel sous l'eau thermale ;

c) Massage manuel avec pulvérisations ou vaporisations d'eau thermale ;

d) Massage manuel avec application de boues thermales ;

2° Au sein des établissements mentionnés au 2° de l'article L. 4321-6, selon les indications du masseur-kinésithérapeute agissant sur prescription médicale et sous son contrôle, les actes suivants :

a) Lever du patient et aide à la marche ;

b) Techniques d'activation dans un objectif de prévention de la perte d'autonomie de la personne ;

c) Massage manuel ;

d) Mobilisation articulaire en balnéothérapie et hydrothérapie ;

e) Installation d'appareils de mobilisation articulaire passive ;

f) Thermothérapie.

Art. D. 4321-33-1 *(Décr. n° 2010-246 du 9 mars 2010, art. 1er)* Les épreuves de vérification des connaissances prévues à l'article L. 4321-6 sont organisées par l'agence régionale de santé de Rhône-Alpes.

Art. D. 4321-33-2 *(Décr. n° 2010-246 du 9 mars 2010, art. 1er)* Le jury, présidé par le directeur général de l'agence régionale de santé ou son représentant, comprend :

1° Un médecin disposant de compétences dans le domaine de la rééducation ;

2° Deux masseurs-kinésithérapeutes, dont l'un au moins est cadre de santé ;

3° Un infirmier cadre de santé.

Les membres du jury et leurs suppléants sont désignés par le directeur général de l'agence régionale de santé.

Art. D. 4321-33-3 *(Décr. n° 2010-246 du 9 mars 2010, art. 1er)* Les épreuves de vérification des connaissances comprennent une épreuve écrite et une épreuve de mise en situation professionnelle devant les membres du jury.

Ces épreuves doivent permettre d'apprécier les connaissances théoriques et pratiques des candidats sur :

1° L'anatomie, la biomécanique et la kinésiologie ;

2° L'application des aides techniques et des techniques de marche ;
3° L'application des techniques d'activation dans le temps et l'espace ;
4° L'application des techniques de massage manuel ;
5° L'installation des appareils de mobilisation articulaire passive ;
6° L'application des agents physiques (thermothérapie, balnéothérapie et hydrothérapie).

Art. D. 4321-33-4 *(Décr. nº 2010-246 du 9 mars 2010, art. 1er)* **Sont fixés par arrêté du ministre chargé de la santé :**
1° La composition du dossier de candidature ;
2° Les modalités d'inscription aux épreuves de vérification des connaissances et les modalités d'ouverture de celles-ci ;
3° La nature et les modalités d'organisation et de validation des épreuves énumérées à l'article D. 4321-33-3 ;
4° Le modèle de l'attestation mentionnée à l'article D. 4321-33-5.

Art. D. 4321-33-5 *(Décr. nº 2010-246 du 9 mars 2010, art. 1er)* **Le directeur général de l'agence régionale de santé délivre aux candidats que le jury a jugés aptes une attestation certifiant qu'ils ont satisfait aux épreuves de vérification des connaissances et qu'ils sont habilités à effectuer les actes mentionnés au 2° de l'article R. 4321-33.**

SECTION III RÈGLES D'ORGANISATION

(Décr. nº 2006-270 du 7 mars 2006)

SOUS-SECTION 1 DISPOSITIONS GÉNÉRALES

Art. R. 4321-34 *(Décr. nº 2017-319 du 10 mars 2017, art. 5-1°-a)* **« Les conseils de l'ordre sont élus pour six ans au suffrage direct par scrutin binominal majoritaire à un tour et renouvelé***[s]* **par moitié tous les trois ans. Chaque binôme est composé de candidats de sexe différent. »**

Sous réserve des adaptations rendues nécessaires par la répartition des électeurs en deux collèges, le premier représentant les masseurs-kinésithérapeutes *(Décr. nº 2017-319 du 10 mars 2017, art. 5-1°-b)* **« inscrits » à titre libéral, le second ceux** *(Décr. nº 2017-319 du 10 mars 2017, art. 5-1°-b)* **« inscrits » en qualité de salariés, les modalités des élections aux conseils et aux chambres disciplinaires de l'ordre des masseurs-kinésithérapeutes sont celles qui sont fixées, notamment, par les articles R. 4125-1 à R. 4125-7 pour les élections aux conseils et aux chambres disciplinaires de l'ordre des médecins.**

(Décr. nº 2017-319 du 10 mars 2017, art. 5-1°-c) **« Les masseurs-kinésithérapeutes retraités sont affectés au collège dont ils relevaient au moment de leur départ en retraite. S'ils ont conservé ou repris une activité, ils sont affectés au collège dont relève cette activité. »**

Les masseurs-kinésithérapeutes qui exercent à la fois à titre libéral et en qualité de salarié font partie du premier collège.

Nouvel art. R. 4321-34 (Décr. nº 2017-319 du 10 mars 2017, art. 5-1°-a) *« Les conseils de l'ordre sont élus pour six ans au suffrage direct par scrutin binominal majoritaire à un tour et renouvelé[s] par moitié tous les trois ans. Chaque binôme est composé de candidats de sexe différent. »*

Sous réserve des adaptations rendues nécessaires (Décr. nº 2017-1418 du 29 sept. 2017, art. 10-1°) *« , notamment, » par la répartition des électeurs en deux collèges, le premier représentant les masseurs-kinésithérapeutes* (Décr. nº 2017-319 du 10 mars 2017, art. 5-1°-b) *« inscrits » à titre libéral, le second ceux* (Décr. nº 2017-319 du 10 mars 2017, art. 5-1°-b) *« inscrits » en qualité de salariés, les modalités des élections aux conseils et aux chambres disciplinaires de l'ordre des masseurs-kinésithérapeutes sont celles qui sont fixées* (Décr. nº 2017-1418 du 29 sept. 2017, art. 10-1°) *« par les dispositions du chapitre V du titre II du livre Ier » pour les élections aux conseils et aux chambres disciplinaires de l'ordre des médecins.*

(Décr. nº 2017-319 du 10 mars 2017, art. 5-1°-c) *« Les masseurs-kinésithérapeutes retraités sont affectés au collège dont ils relevaient au moment de leur départ en retraite. S'ils ont conservé ou repris une activité, ils sont affectés au collège dont relève cette activité. »*

Les masseurs-kinésithérapeutes qui exercent à la fois à titre libéral et en qualité de salarié font partie du premier collège.

Le nouvel art. entre en vigueur pour les prochains renouvellements de chacun des conseils de l'ordre (Décr. n° 2017-1418 du 29 sept. 2017, art. 17).

Art. R. 4321-35 Sous réserve des dispositions de l'article L. 4124-6 du code de la santé publique et de l'article *(Décr. n° 2007-313 du 6 mars 2007, art. 1er)* « L. 145-5-3 » du code de la sécurité sociale, seuls sont éligibles aux conseils et aux chambres disciplinaires de l'ordre les masseurs-kinésithérapeutes inscrits à l'ordre depuis au moins trois ans.

Art. D. 4321-35-1 *(Décr. n° 2010-451 du 3 mai 2010, art. 4-1°)* Les modalités d'attribution des indemnités mentionnées aux deuxième et troisième alinéas de l'article L. 4125-3-1 sont celles prévues aux articles D. 4125-8 et D. 4125-9 sous réserve de la modification suivante :

La référence : "L. 4122-2" est remplacée par la référence : "L. 4321-16".

Nouvel art. D. 4321-35-1 (Décr. n° 2010-451 du 3 mai 2010, art. 4-1°) *Les modalités d'attribution des indemnités mentionnées aux deuxième et troisième alinéas de l'article L. 4125-3-1 sont celles prévues aux articles* (Décr. n° 2017-1418 du 29 sept. 2017, art. 10-2°) *« D. 4125-33 et D. 4125-34 » sous réserve de la modification suivante :*

La référence : "L. 4122-2" est remplacée par la référence : "L. 4321-16".

Le nouvel art. entre en vigueur pour les prochains renouvellements de chacun des conseils de l'ordre (Décr. n° 2017-1418 du 29 sept. 2017, art. 17).

Art. R. 4321-36 *(Décr. n° 2017-319 du 10 mars 2017, art. 5-2°)* Le vote s'effectue par correspondance ou par voie électronique. Le vote électronique exclut toute autre modalité de vote. Le règlement électoral prévoit les conditions dans lesquelles peuvent participer au scrutin les masseurs-kinésithérapeutes qui ne sont pas dotés d'un équipement permettant le vote électronique.

Art. R. 4321-36-1 *(Décr. n° 2017-319 du 10 mars 2017, art. 5-3°)* Le recours au vote électronique par internet est organisé dans le respect des principes fondamentaux qui régissent les opérations électorales, l'accès au vote de tous les électeurs, le secret du scrutin, le caractère personnel libre et anonyme du vote, l'intégrité des suffrages exprimés, la surveillance effective du scrutin et le contrôle *a posteriori* par le juge de l'élection.

Les données relatives aux électeurs et à leur vote font l'objet de trois traitements automatisés d'information distincts, respectivement dénommés "fichier des électeurs", "fichier des candidats" et "contenu de l'urne électronique".

Les modalités d'organisation du vote électronique par internet sont fixées dans le règlement électoral établi par le Conseil national de l'ordre des masseurs-kinésithérapeutes et pris après avis de la Commission nationale de l'informatique et des libertés.

Le Conseil national de l'ordre des masseurs-kinésithérapeutes est responsable de la mise en œuvre des traitements automatisés d'information distincts, notamment s'agissant de la création desdits traitements dans les conditions définies par la loi n° 78-17 du 6 janvier 1978 modifiée relative à l'informatique, aux fichiers et aux libertés.

Le droit d'accès s'exerce auprès du Conseil national de l'ordre des masseurs-kinésithérapeutes.

SOUS-SECTION 2 CONSEIL NATIONAL

Art. R. 4321-37 *(Décr. n° 2017-319 du 10 mars 2017, art. 6)* Le Conseil national de l'ordre des masseurs-kinésithérapeutes comprend trente-huit membres, dont trente inscrits à titre libéral et huit en qualité de salariés *[salarié]*, répartis ainsi :

1° Pour le collège libéral :

a) Un binôme représentant chacun des treize secteurs déterminés par un arrêté du ministre chargé de la santé sur la base du ressort territorial des conseils régionaux ;

b) Un binôme supplémentaire pour l'Île-de-France ;

c) Un binôme supplémentaire pour les collectivités et régions d'outre-mer ;

2° Pour le collège salarié, quatre binômes représentant l'ensemble des secteurs.

Les membres du Conseil national sont élus par les membres titulaires des conseils départementaux et sont renouvelables par moitié tous les trois ans par une fraction de

neuf binômes et une deuxième fraction de dix binômes, la première fraction comprenant sept binômes de libéraux et la deuxième fraction en comprenant huit.

Art. R. 4321-38 (Abrogé par Décr. n° 2017-1418 du 29 sept. 2017, art. 10-6° et 17, à compter du prochain renouvellement du conseil national) *Les dispositions des articles R. 4122-1 à* (Décr. n° 2010-199 du 26 févr. 2010, art. 6-2°) *« R. 4122-4-1 » sont applicables aux élections du Conseil national de l'ordre des masseurs-kinésithérapeutes.*

Art. R. 4321-38-1 *(Décr. n° 2018-79 du 9 févr. 2018, art. 3 et 11, en vigueur pour le prochain renouvellement du conseil national)* **Sous réserve des adaptations prévues par la présente sous-section, les élections au Conseil national de l'ordre des masseurs-kinésithérapeutes ont lieu dans les conditions prévues au chapitre V du titre II du livre Ier de la quatrième partie du présent code.**

Le vote a lieu par correspondance ou, lorsque le Conseil national l'a décidé en application de l'article R. 4321-36, par voie électronique.

Art. R. 4321-38-2 *(Décr. n° 2018-79 du 9 févr. 2018, art. 3 et 11, en vigueur pour le prochain renouvellement du conseil national)* **Le Conseil national de l'ordre des masseurs-kinésithérapeutes élit en son sein les membres qui constituent la formation restreinte appelée à délibérer dans les cas prévus au II de l'article L. 4321-17-1.**

La formation restreinte comporte en outre le membre du Conseil d'État qui assiste le Conseil national ou son suppléant, mentionnés à l'article L. 4122-1-1.

Elle est composée de neuf membres élus et ne peut valablement délibérer que si cinq de ses membres sont présents.

SOUS-SECTION 3 CHAMBRE DISCIPLINAIRE NATIONALE

Art. R. 4321-39 **La chambre disciplinaire nationale comprend, outre son président, douze membres titulaires et un nombre égal de suppléants répartis ainsi qu'il suit :**

1° Cinq membres titulaires et autant de suppléants représentant les masseurs-kinésithérapeutes libéraux, et un membre titulaire et un membre suppléant représentant les masseurs-kinésithérapeutes salariés, élus par le Conseil national parmi ses membres ;

2° Cinq membres titulaires et autant de suppléants représentant les masseurs-kinésithérapeutes libéraux, et un membre titulaire et un membre suppléant représentant les masseurs-kinésithérapeutes salariés, élus pour six ans par le Conseil national parmi les membres et anciens membres *(Décr. n° 2010-199 du 26 févr. 2010, art. 6-3°)* **« titulaires et suppléants » des conseils de l'ordre** *(Décr. n° 2010-199 du 26 févr. 2010, art. 6-3°)* **« , à l'exclusion des conseillers nationaux en cours de mandat, » et renouvelables par** *(Décr. n° 2010-199 du 26 févr. 2010, art. 6-3°)* **« moitié » tous les** *(Décr. n° 2010-199 du 26 févr. 2010, art. 6-3°)* **« trois » ans.**

Les anciens membres doivent être inscrits au tableau.

La chambre siège en formation d'au moins cinq membres.

Nouvel art. R. 4321-39 *La chambre disciplinaire nationale comprend, outre son président, douze membres titulaires et un nombre égal de suppléants répartis ainsi qu'il suit :*

1° Cinq membres titulaires et autant de suppléants représentant les masseurs-kinésithérapeutes libéraux, et un membre titulaire et un membre suppléant représentant les masseurs-kinésithérapeutes salariés, élus (Décr. n° 2018-79 du 9 févr. 2018, art. 3) *« pour trois ans » par le Conseil national* (Décr. n° 2017-1418 du 29 sept. 2017, art. 10-3°) *« parmi ses anciens membres »* (Abrogé par Décr. n° 2010-199 du 26 févr. 2010, art. 6-3°) *« à la première réunion qui suit chaque renouvellement partiel » ;*

2° Cinq membres titulaires et autant de suppléants représentant les masseurs-kinésithérapeutes libéraux, et un membre titulaire et un membre suppléant représentant les masseurs-kinésithérapeutes salariés, élus pour six ans par le Conseil national parmi les membres et anciens membres (Décr. n° 2010-199 du 26 févr. 2010, art. 6-3°) *« titulaires et suppléants » des conseils* (Décr. n° 2017-1418 du 29 sept. 2017, art. 10-3°) *« départementaux, interdépartementaux, régionaux et interrégionaux de l'ordre »* (Décr. n° 2018-79 du 9 févr. 2018, art. 3) *« à l'exclusion des conseillers nationaux en cours de mandat, » et renouvelables par* (Décr. n° 2010-199 du 26 févr. 2010, art. 6-3°) *« moitié » tous les* (Décr. n° 2010-199 du 26 févr. 2010, art. 6-3°) *« trois » ans.*

Les anciens membres doivent être inscrits au tableau.

La chambre siège en formation (Abrogé par Décr. n° 2007-552 du 13 avr. 2007) ***« impaire » d'au moins cinq membres.***

Le nouvel art. entre en vigueur pour le prochain renouvellement du conseil national (Décr. n° 2017-1418 du 29 sept. 2017, art. 17 ; Décr. n° 2018-79 du 9 févr. 2018, art. 11).

Art. R. 4321-40 (Abrogé par Décr. n° 2017-1418 du 29 sept. 2017, art. 10-6° et 17, à compter du prochain renouvellement du conseil national) ***Sont applicables aux élections de la chambre disciplinaire nationale les dispositions des articles R. 4122-5 à R. 4122-8.***

Nouvel art. R. 4321-40 (Décr. n° 2018-79 du 9 févr. 2018, art. 3 et 11, en vigueur pour les prochains renouvellements de chacun des conseils de l'ordre) ***Sous réserve des adaptations prévues par la présente sous-section, les élections à la chambre disciplinaire nationale de l'ordre des masseurs-kinésithérapeutes ont lieu dans les conditions prévues au chapitre V du titre II du livre Ier de la quatrième partie du présent code.***

Les dispositions de l'article R. 4122-6 sont également applicables aux élections de la chambre disciplinaire nationale.

Art. R. 4321-41 Le renouvellement par *(Décr. n° 2010-199 du 26 févr. 2010, art. 6-4°)* « moitié » des membres de la chambre disciplinaire nationale élus en application du 2° de l'article R. 4321-39 est effectué conformément aux dispositions du 1° de l'article R. 4321-44.

Nouvel art. R. 4321-41 *Le renouvellement par* (Décr. n° 2010-199 du 26 févr. 2010, art. 6-4°) ***« moitié » des membres de la chambre disciplinaire nationale élus en application du 2° de l'article R. 4321-39 est effectué*** (Décr. n° 2017-1418 du 29 sept. 2017, art. 10-4°) ***« en deux fractions, l'une de deux membres représentant les masseurs-kinésithérapeutes libéraux et un membre représentant les masseurs-kinésithérapeutes salariés, et l'autre de trois membres représentant les masseurs-kinésithérapeutes libéraux. »***

Le nouvel art. entre en vigueur pour le prochain renouvellement du conseil national (Décr. n° 2017-1418 du 29 sept. 2017, art. 17).

SOUS-SECTION 4 CONSEILS DÉPARTEMENTAUX ET INTERDÉPARTEMENTAUX *(Décr. n° 2017-319 du 10 mars 2017, art. 7-1°).*

Art. R. 4321-42 *(Décr. n° 2017-319 du 10 mars 2017, art. 7-2°)* **Le conseil départemental ou interdépartemental de l'ordre des masseurs-kinésithérapeutes est ainsi composé :**

1° Lorsque le nombre des masseurs-kinésithérapeutes inscrits au dernier tableau publié est inférieur ou égal à 150 :

a) Deux binômes de titulaires et deux binômes de suppléants représentant les masseurs-kinésithérapeutes libéraux ;

b) Un binôme de titulaires et un binôme de suppléants représentant les masseurs-kinésithérapeutes salariés ;

2° Lorsque le nombre des masseurs-kinésithérapeutes inscrits au dernier tableau publié est supérieur à 150 et inférieur ou égal à 500 :

a) Trois binômes de titulaires et trois binômes de suppléants représentant les masseurs-kinésithérapeutes libéraux ;

b) Un binôme de titulaires et un binôme de suppléants représentant les masseurs-kinésithérapeutes salariés ;

3° Lorsque le nombre de masseurs-kinésithérapeutes inscrits au dernier tableau publié est supérieur à 500 et inférieur ou égal à 1 000 :

a) Quatre binômes de titulaires et quatre binômes de suppléants représentant les masseurs-kinésithérapeutes libéraux ;

b) Un binôme de titulaires et un binôme de suppléants représentant les masseurs-kinésithérapeutes salariés ;

4° Lorsque le nombre de masseurs-kinésithérapeutes inscrits au dernier tableau publié est supérieur à 1 000 et inférieur ou égal à 1 500 :

a) Cinq binômes de titulaires et cinq binômes de suppléants représentant les masseurs-kinésithérapeutes libéraux ;

b) Un binôme de titulaires et un binôme de suppléants représentant les masseurs-kinésithérapeutes salariés ;

5° Lorsque le nombre des masseurs-kinésithérapeutes inscrits au dernier tableau publié est supérieur à 1 500 et inférieur ou égal à 2 500 :

***a)* Six binômes de titulaires et six binômes de suppléants représentant les masseurs-kinésithérapeutes libéraux ;**

***b)* Deux binômes de titulaires et deux binômes de suppléants représentant les masseurs-kinésithérapeutes salariés ;**

6° Lorsque le nombre des masseurs-kinésithérapeutes inscrits au dernier tableau publié est supérieur à 2 500 :

***a)* Sept binômes de titulaires et sept binômes de suppléants représentant les masseurs-kinésithérapeutes libéraux ;**

***b)* Deux binômes de titulaires et deux binômes de suppléants représentant les masseurs-kinésithérapeutes salariés.**

Lorsque l'évolution démographique des masseurs-kinésithérapeutes au sein d'un département aboutit à une augmentation du nombre de sièges à pourvoir, et qu'à l'issue du renouvellement l'ensemble des sièges n'a pu être pourvu, un conseil départemental peut, à titre dérogatoire et ce jusqu'au prochain renouvellement, disposer d'un nombre de sièges de conseillers ordinaux inférieur à celui prévu.

Sur les dispositions transitoires relatives aux élections des membres des conseils de l'ordre des infirmiers et de l'ordre des masseurs-kinésithérapeutes, V. Décr. n° 2017-319 du 10 mars 2017, art. 9-II.

Décret n° 2017-319 du 10 mars 2017,

Relatif aux élections des membres des conseils de l'ordre des infirmiers et de l'ordre des masseurs-kinésithérapeutes.

Art. 9 *[...]* II. — Les conseils départementaux et interdépartementaux de l'ordre des masseurs-kinésithérapeutes sont renouvelés par moitié lors des élections organisées en 2017. Par dérogation aux articles R. 4321-42 et R. 4321-44 du code de la santé publique dans leur rédaction issue du présent décret et jusqu'aux élections organisées en 2020, ces conseils sont constitués pour moitié de conseillers déjà élus au scrutin uninominal majoritaire et pour moitié de conseillers élus au scrutin binominal majoritaire.

A titre transitoire et jusqu'aux élections organisées en 2020, la composition des conseils départementaux et interdépartementaux de l'ordre des masseurs-kinésithérapeutes est ainsi déterminée :

1° Les membres titulaires et suppléants dont le mandat arrive à échéance en 2020 ;

2° Les binômes paritaires composant la première fraction prévue à l'article R. 4321-44 selon la répartition suivante :

a) Lorsque le nombre de masseurs-kinésithérapeutes inscrits au dernier tableau publié est inférieur ou égal à 150 : un binôme de masseurs-kinésithérapeutes libéraux et un binôme de masseurs-kinésithérapeutes salariés ;

b) Lorsque le nombre de masseurs-kinésithérapeutes inscrits au dernier tableau publié est supérieur à 150 et inférieur ou égal à 500 : un binôme de masseurs-kinésithérapeutes libéraux et un binôme de masseurs-kinésithérapeutes salariés ;

c) Lorsque le nombre de masseurs-kinésithérapeutes inscrits au dernier tableau publié est supérieur à 500 et inférieur ou égal à 1 000 : deux binômes de masseurs-kinésithérapeutes libéraux et un binôme de masseurs-kinésithérapeutes salariés ;

d) Lorsque le nombre de masseurs-kinésithérapeutes inscrits au dernier tableau publié est supérieur à 1 000 et inférieur ou égal à 1 500 : deux binômes de masseurs-kinésithérapeutes libéraux et un binôme de masseurs-kinésithérapeutes salariés ;

e) Lorsque le nombre de masseurs-kinésithérapeutes inscrits au dernier tableau publié est supérieur à 1 500 et inférieur ou égal à 2 500 : trois binômes de masseurs-kinésithérapeutes libéraux et un binôme de masseurs-kinésithérapeutes salariés ;

f) Lorsque le nombre de masseurs-kinésithérapeutes inscrits au dernier tableau publié est supérieur à 2 500 : trois binômes de masseurs-kinésithérapeutes libéraux et un binôme de masseurs-kinésithérapeutes salariés.

Art. R. 4321-43 *Abrogé par Décr. n° 2017-319 du 10 mars 2017, art. 7-3°.*

Art. R. 4321-44 *(Décr. n° 2017-319 du 10 mars 2017, art. 7-4°)* Pour le renouvellement par moitié des conseils départementaux, la composition de chacune des fractions est ainsi déterminée :

1° Pour les conseils composés de deux binômes de libéraux et d'un binôme de salariés :

a) La première fraction comprend un binôme de libéraux et le binôme de salariés ;

b) La deuxième fraction comprend un binôme de libéraux ;

2° Pour les conseils composés de trois binômes de libéraux et d'un binôme de salariés :

a) La première fraction comprend un binôme de libéraux et le binôme de salariés ;

b) La deuxième fraction comprend deux binômes de libéraux ;

3° Pour les conseils composés de quatre binômes de libéraux et d'un binôme de salariés :

a) La première fraction comprend deux binômes de libéraux et le binôme de salariés ;

b) La deuxième fraction comprend deux binômes de libéraux ;

4° Pour les conseils composés de cinq binômes de libéraux et d'un binôme de salariés ;

a) La première fraction comprend deux binômes de libéraux et le binôme de salariés ;

b) La deuxième fraction comprend trois binômes de libéraux ;

5° Pour les conseils composés de six binômes de libéraux et de deux binômes de salariés, chacune des deux fractions comprend trois binômes de libéraux et un binôme de salariés ;

6° Pour les conseils composés de sept binômes de libéraux et de deux binômes de salariés :

a) La première fraction comprend trois binômes de libéraux et un binôme de salariés ;

b) La deuxième fraction comprend quatre binômes de libéraux et un binôme de salariés.

Sur les dispositions transitoires relatives aux élections des membres des conseils de l'ordre des infirmiers et de l'ordre des masseurs-kinésithérapeutes, V. Décr. n° 2017-319 du 10 mars 2017, art. 9-II, ss. art. R. 4321-42.

SOUS-SECTION 5 CONSEILS RÉGIONAUX ET INTERRÉGIONAUX *(Décr. n° 2017-319 du 10 mars 2017, art. 8-1°).*

Art. R. 4321-45 *(Décr. n° 2017-319 du 10 mars 2017, art. 8-2°)* I. — Le conseil régional ou interrégional de l'ordre des masseurs-kinésithérapeutes est ainsi composé :

1° Lorsque le nombre total de masseurs-kinésithérapeutes inscrits au dernier tableau publié est inférieur ou égal à 2 000 :

a) Trois binômes de titulaires et trois binômes de suppléants représentant les masseurs-kinésithérapeutes libéraux ;

b) Un binôme de titulaires et un binôme de suppléants représentant les masseurs-kinésithérapeutes salariés ;

2° Lorsque le nombre total de masseurs-kinésithérapeutes inscrits au dernier tableau publié est supérieur à 2 000 et inférieur ou égal 5 000 :

a) Cinq binômes de titulaires et cinq binômes de suppléants représentant les masseurs-kinésithérapeutes libéraux ;

b) Un binôme de titulaires et un binôme de suppléants représentant les masseurs-kinésithérapeutes salariés ;

3° Lorsque le nombre total de masseurs-kinésithérapeutes inscrits au dernier tableau publié est supérieur à 5 000 :

a) Six binômes de titulaires et six binômes de suppléants représentant les masseurs-kinésithérapeutes libéraux ;

b) Deux binôme*[s]* de titulaires et deux binôme*[s]* de suppléants représentant les masseurs-kinésithérapeutes salariés.

II. — Lorsque l'évolution démographique des masseurs-kinésithérapeutes au sein d'une région aboutit, entre deux renouvellements, à une augmentation du nombre de sièges à pourvoir et qu'à l'issue du renouvellement l'ensemble des sièges n'a pu être pourvu, un conseil régional peut, à titre dérogatoire et ce jusqu'au prochain renouvellement, disposer d'un nombre de sièges de conseillers ordinaux inférieur à celui prévu.

III. — Les ressorts territoriaux des conseils régionaux correspondent aux délimitations des régions administratives. Un arrêté du ministre chargé de la santé, pris après avis du Conseil national de l'ordre, peut créer des conseils interrégionaux constitués par regroupement de plusieurs conseils régionaux.

Art. R. 4321-45-1 *(Décr. nº 2018-79 du 9 févr. 2018, art. 3 et 11, en vigueur pour les prochains renouvellements des conseils régionaux et interrégionaux)* Sous réserve des adaptations prévues par la présente sous-section, les élections au sein des conseils régionaux et interrégionaux de l'ordre des masseurs-kinésithérapeutes ont lieu dans les conditions prévues au chapitre V du titre II du livre Ier de la quatrième partie du présent code.

Le vote a lieu par correspondance ou, lorsque le Conseil national l'a décidé en application de l'article R. 4321-36, par voie électronique.

Le résultat de l'élection est publié sans délai par le directeur de l'agence régionale de santé de la région concernée ou de la région dans laquelle est situé le siège du conseil interrégional sur le site internet de l'agence.

Art. R. 4321-46 *(Abrogé par Décr. nº 2017-1418 du 29 sept. 2017, art. 10-6º et 17, à compter des prochains renouvellements de chacun des conseils régionaux et interrégionaux) (Décr. nº 2010-199 du 26 févr. 2010, art. 6-8º) « Sous réserve des modifications prévues à l'article R. 4321-43, » les élections ont lieu dans les conditions fixées par les articles R. 4124-1, R. 4124-1-1 et R. 4321-43.*

Art. R. 4321-47 *(Décr. nº 2017-319 du 10 mars 2017, art. 8-3º)* Pour le renouvellement par moitié des conseils régionaux et interrégionaux, la composition de chacune des fractions est ainsi déterminée :

1º Pour les conseils composés de trois binômes de libéraux et d'un binôme de salariés :

a) La première fraction comprend un binôme de libéraux et un binôme de salariés ;

b) La deuxième fraction comprend deux binômes de libéraux ;

2º Pour les conseils composés de cinq binômes de libéraux et d'un binôme de salariés :

a) La première fraction comprend deux binômes de libéraux et un binôme de salariés ;

b) La deuxième fraction comprend trois binômes de libéraux ;

3º Pour les conseils composés de six binômes de libéraux et deux binômes de salariés, chacune des deux fractions comprend trois binômes de libéraux et un binôme de salariés.

Art. R. 4321-47-1 *(Décr. nº 2018-79 du 9 févr. 2018, art. 3 et 11, en vigueur pour les prochains renouvellements des conseils régionaux et interrégionaux)* Le conseil régional élit en son sein les membres qui constituent la formation restreinte appelée à délibérer dans les conditions prévues au I de l'article L. 4321-17-1.

Cette formation est composée de six membres et ne peut valablement délibérer que si trois de ses membres sont présents.

SOUS-SECTION 6 CHAMBRES DISCIPLINAIRES DE PREMIÈRE INSTANCE

Art. R. 4321-48 La chambre disciplinaire de première instance comprend, outre son président, huit membres titulaires et huit membres suppléants, répartis ainsi qu'il suit :

1º Trois membres titulaires et trois suppléants représentant les masseurs-kinésithérapeutes libéraux, et un membre titulaire et un membre suppléant représentant les masseurs-kinésithérapeutes salariés, élus par le conseil régional parmi ses membres *(Abrogé par Décr. nº 2010-199 du 26 févr. 2010, art. 6-10º) « à la première réunion qui suit chaque renouvellement partiel »* ;

2º Trois membres titulaires et trois suppléants représentant les masseurs-kinésithérapeutes libéraux, et un membre titulaire et un membre suppléant représentant les masseurs-kinésithérapeutes salariés, élus pour six ans par le conseil régional parmi les membres et anciens membres *(Décr. nº 2010-199 du 26 févr. 2010, art. 6-10º)* « titulaires et suppléants » des conseils de l'ordre *(Décr. nº 2010-199 du 26 févr. 2010, art. 6-10º)* « , à l'exclusion des conseillers régionaux en cours de mandat, » et

renouvelables par *(Décr. nº 2010-199 du 26 févr. 2010, art. 6-10º)* **« moitié » tous les** *(Décr. nº 2010-199 du 26 févr. 2010, art. 6-10º)* **« trois ans »** *(Abrogé par Décr. nº 2010-199 du 26 févr. 2010, art. 6-10º) « en deux fractions de un membre et une fraction de deux membres ».*

Les *(Décr. nº 2010-199 du 26 févr. 2010, art. 6-10º)* **« membres et » anciens membres doivent être inscrits au tableau dans le ressort de la chambre.**

La chambre siège en formation *(Abrogé par Décr. nº 2007-552 du 13 avr. 2007) « impaire »* **d'au moins cinq membres.**

Nouvel art. R. 4321-48 ***La chambre disciplinaire de première instance comprend, outre son président, huit membres titulaires et huit membres suppléants, répartis ainsi qu'il suit :***

1º Trois membres titulaires et trois suppléants représentant les masseurs-kinésithérapeutes libéraux, et un membre titulaire et un membre suppléant représentant les masseurs-kinésithérapeutes salariés, élus (Décr. nº 2018-79 du 9 févr. 2018, art. 3) ***« pour trois ans » par le conseil régional*** (Décr. nº 2017-1418 du 29 sept. 2017, art. 10-5º) ***« ou interrégional » parmi ses membres*** (Abrogé par Décr. nº 2010-199 du 26 févr. 2010, art. 6-10º) ***« à la première réunion qui suit chaque renouvellement partiel » ;***

2º Trois membres titulaires et trois suppléants représentant les masseurs-kinésithérapeutes libéraux, et un membre titulaire et un membre suppléant représentant les masseurs-kinésithérapeutes salariés, élus pour six ans par le conseil régional parmi les (Abrogé par Décr. nº 2018-79 du 9 févr. 2018, art. 3) ***« membres et » anciens membres*** (Décr. nº 2010-199 du 26 févr. 2010, art. 6-10º) ***« titulaires et suppléants » des conseils*** (Décr. nº 2018-79 du 9 févr. 2018, art. 3) ***« départementaux, interdépartementaux, régionaux et interrégionaux de l'ordre à l'exclusion des conseillers »*** (Décr. nº 2017-1418 du 29 sept. 2017, art. 10-5º) ***« nationaux »*** (Décr. nº 2010-199 du 26 févr. 2010, art. 6-10º) ***« en cours de mandat, » et renouvelables par*** (Décr. nº 2010-199 du 26 févr. 2010, art. 6-10º) ***« moitié » tous les*** (Décr. nº 2010-199 du 26 févr. 2010, art. 6-10º) ***« trois ans »*** (Abrogé par Décr. nº 2010-199 du 26 févr. 2010, art. 6-10º) ***« en deux fractions de un membre et une fraction de deux membres ».***

Les (Décr. nº 2010-199 du 26 févr. 2010, art. 6-10º) ***« membres et » anciens membres doivent être inscrits au tableau dans le ressort de la chambre.***

La chambre siège en formation (Abrogé par Décr. nº 2007-552 du 13 avr. 2007) ***« impaire » d'au moins cinq membres.***

Le nouvel art. entre en vigueur pour les prochains renouvellements de chacun des conseils de l'ordre (Décr. nº 2017-1418 du 29 sept. 2017, art. 17 ; Décr. nº 2018-79 du 9 févr. 2018, art. 11).

Art. R. 4321-49 (Abrogé par Décr. nº 2017-1418 du 29 sept. 2017, art. 10-6º et 17, à compter des prochains renouvellements de chacun des conseils de l'ordre) ***La chambre disciplinaire de première instance de la région Île-de-France comprend deux sections de huit membres chacune.***

Art. R. 4321-49-1 *(Décr. nº 2018-79 du 9 févr. 2018, art. 3 et 11, en vigueur pour les prochains renouvellements de chacun des conseils de l'ordre)* **Sous réserve des adaptations prévues par la présente sous-section, les élections au sein des conseils régionaux et interrégionaux de l'ordre des masseurs-kinésithérapeutes ont lieu dans les conditions prévues au chapitre V du titre II du livre Ier de la quatrième partie du présent code.**

Les dispositions de l'article R. 4124-5 sont également applicables aux élections des chambres disciplinaires de première instance des masseurs-kinésithérapeutes.

Art. R. 4321-50 (Abrogé par Décr. nº 2017-1418 du 29 sept. 2017, art. 10-6º et 17, à compter des prochains renouvellements de chacun des conseils de l'ordre) ***Sont applicables aux élections des chambres disciplinaires de première instance les articles*** (Décr. nº 2010-199 du 26 févr. 2010, art. 6-11º) ***« R. 4124-5 » à R. 4124-7.***

SECTION IV **DÉONTOLOGIE DES MASSEURS-KINÉSITHÉRAPEUTES**

(Décr. nº 2008-1135 du 3 nov. 2008)

BIBL. ▶ Dubouis, Le code de déontologie des masseurs-kinésithérapeutes entre mimétisme et particularisme, *RDSS 2009. 522*.

SOUS-SECTION 1 **DEVOIRS GÉNÉRAUX DES MASSEURS-KINÉSITHÉRAPEUTES**

Art. R. 4321-51 **Les dispositions du présent code de déontologie s'imposent aux masseurs-kinésithérapeutes inscrits au tableau de l'ordre et aux masseurs-**

kinésithérapeutes exerçant un acte professionnel dans les conditions prévues aux articles L. 4321-1, L. 4321-2, L. 4321-4 et L. 4321-5.

Conformément à l'article L. 4321-14, l'ordre des masseurs-kinésithérapeutes est chargé de veiller au respect de ces dispositions. Les infractions à ces dispositions relèvent de la juridiction disciplinaire de l'ordre.

Art. R. 4321-52 Les dispositions des sous-sections 1 et 2 du présent code sont également applicables aux étudiants en masso-kinésithérapie mentionnés à l'article L. 4321-3. Les infractions à ces dispositions relèvent des organes disciplinaires des établissements et organismes de formation auxquels ces étudiants sont inscrits.

Art. R. 4321-53 Le masseur-kinésithérapeute, au service de l'individu et de la santé publique, exerce sa mission dans le respect de la vie humaine, de la personne et de sa dignité. Le respect dû à la personne ne cesse pas de s'imposer après la mort.

Art. R. 4321-54 Le masseur-kinésithérapeute respecte, en toutes circonstances, les principes de moralité, de probité et de responsabilité indispensables à l'exercice de la masso-kinésithérapie.

Abus sexuel. Est fautif le masseur-kinésithérapeute développant avec l'une de ses patientes une relation intime alors qu'il connaissait sa grande fragilité psychologique, et abusant de l'autorité qu'il détient sur elle pour obtenir, dans le cadre d'une consultation, une relation sexuelle. • CE 4 juin 2014, *M. A.*, n° 362492 : *Lebon* (interdiction de trois ans dont deux et demi avec sursis).

Art. R. 4321-55 Le secret professionnel institué dans l'intérêt des patients s'impose au masseur-kinésithérapeute et à l'étudiant en masso-kinésithérapie dans les conditions établies respectivement par les articles L. 1110-4 et L. 4323-3. Le secret couvre tout ce qui est venu à la connaissance du masseur-kinésithérapeute dans l'exercice de sa profession, c'est-à-dire non seulement ce qui lui a été confié, mais aussi ce qu'il a vu, entendu ou compris.

Art. R. 4321-56 Le masseur-kinésithérapeute ne peut aliéner son indépendance professionnelle sous quelque forme que ce soit.

Portée. L'indépendance professionnelle reconnue à l'art. R. 4321-56 ne porte que sur l'exercice des soins à prodiguer, et ne permet pas de désobéir aux directives de l'employeur sur le choix des personnes à prendre en charge. • Crim. 1er déc. 2015, n° 14-22.133.

Art. R. 4321-57 Le masseur-kinésithérapeute respecte le droit que possède toute personne de choisir librement son masseur-kinésithérapeute. Il lui facilite l'exercice de ce droit.

Art. R. 4321-58 Le masseur-kinésithérapeute doit écouter, examiner, conseiller, soigner avec la même conscience toutes les personnes quels que soient leur origine, leurs mœurs et leur situation de famille, leur appartenance ou leur non-appartenance, réelle ou supposée, à une ethnie, une nation ou une religion déterminée, leur handicap ou leur état de santé, leur couverture sociale, leur réputation ou les sentiments qu'il peut éprouver à leur égard. Il ne doit jamais se départir d'une attitude correcte et attentive envers la personne soignée.

Art. R. 4321-59 Dans les limites fixées par la loi, le masseur-kinésithérapeute est libre de ses actes qui sont ceux qu'il estime les plus appropriés en la circonstance. Sans négliger son devoir d'accompagnement moral, il limite ses actes à ce qui est nécessaire à la qualité, à la sécurité et à l'efficacité des soins. Il agit de même pour ses prescriptions, conformément à l'article L. 4321-1. Il prend en compte les avantages, les inconvénients et les conséquences des différents choix possibles.

Art. R. 4321-60 Le masseur-kinésithérapeute qui se trouve en présence d'un malade ou d'un blessé en péril ou, informé qu'un malade ou un blessé est en péril, lui porte assistance ou s'assure qu'il reçoit les soins nécessaires.

Art. R. 4321-61 Le masseur-kinésithérapeute amené à examiner une personne privée de liberté ou à lui donner des soins ne peut, directement ou indirectement, serait-ce par sa seule présence, favoriser ou cautionner une atteinte à l'intégrité physique ou mentale de cette personne ou à sa dignité. S'il constate que cette personne a subi des sévices ou des mauvais traitements, sous réserve de l'accord de l'intéressé, il en informe l'autorité judiciaire. S'il s'agit d'un mineur de quinze ans ou d'une personne qui n'est pas en mesure de se protéger en raison de son âge ou de son état physique ou psychique, l'accord de l'intéressé n'est pas nécessaire.

Art. R. 4321-62 Le masseur-kinésithérapeute doit entretenir et perfectionner ses connaissances ; il prend toutes dispositions nécessaires pour satisfaire à ses obligations de formation continue. Il ne peut se soustraire à l'évaluation de ses pratiques professionnelles prévue à l'article L. 4382-1.

Art. R. 4321-63 Le masseur-kinésithérapeute apporte son concours à l'action entreprise par les autorités compétentes en vue de la protection de la santé et de l'éducation sanitaire.

La collecte, l'enregistrement, le traitement et la transmission d'informations nominatives ou indirectement nominatives sont autorisés dans les conditions prévues par la loi.

Art. R. 4321-64 Lorsque le masseur-kinésithérapeute participe à une action d'information de caractère éducatif et sanitaire auprès d'un public non professionnel, quel qu'en soit le moyen de diffusion, il ne fait état que de données suffisamment confirmées, fait preuve de prudence et a le souci des répercussions de ses propos auprès du public. Il se garde à cette occasion de toute attitude publicitaire, soit personnelle, soit en faveur des organismes où il exerce ou auxquels il prête son concours. Il ne promeut pas une cause qui ne soit pas d'intérêt général.

Art. R. 4321-65 Le masseur-kinésithérapeute ne divulgue pas dans les milieux professionnels une nouvelle pratique insuffisamment éprouvée sans accompagner sa communication des réserves qui s'imposent. Il ne fait pas une telle divulgation auprès d'un public non professionnel.

Art. R. 4321-66 Le masseur-kinésithérapeute ne participe à des recherches sur les personnes que dans les conditions prévues par la loi. Il s'assure, dans la limite de ses compétences, de la régularité et de la pertinence de ces recherches ainsi que de l'objectivité de leurs conclusions. Le masseur-kinésithérapeute traitant, qui participe à une recherche en tant qu'investigateur au sens de l'article L. 1121-1, veille à ce que la réalisation de l'étude n'altère ni la relation de confiance qui le lie au patient ni la continuité des soins.

Art. R. 4321-67 La masso-kinésithérapie ne doit pas être pratiquée comme un commerce. Sont interdits tous procédés directs ou indirects de publicité, exception faite des cas prévus aux articles R. 4321-124 et R. 4321-125. En particulier, les vitrines doivent être occultées et ne porter aucune mention autre que celles autorisées par l'article R. 4321-123.

Exemple. Un article dans un journal local intitulé « Les conseils d'un coach pour reprendre le sport après des années d'interruption », présentant le centre de remise en forme créé par un masseur-kinésithérapeute à la même adresse que son cabinet, revêt un caractère publicitaire manifeste ; s'il n'a pas sollicité cet article, le praticien aurait dû en vérifier la teneur avant publication, ou protester après. • CDNONMK 25 févr. 2011, *Hubert C.*, n° 002-2010.

Art. R. 4321-68 *Un masseur-kinésithérapeute* peut exercer une autre activité, sauf si *un tel* cumul est incompatible avec l'indépendance, la moralité et la dignité professionnelles ou est susceptible de lui permettre de tirer profit de ses prescriptions.

Dans le cadre de cette autre activité, après accord du conseil départemental de l'ordre, il peut utiliser son titre de masseur-kinésithérapeute.

Art. R. 4321-69 Il est interdit à un masseur-kinésithérapeute, sauf dérogations accordées par le Conseil national de l'ordre, dans les conditions prévues par l'article L. 4113-6, de distribuer à des fins lucratives, des remèdes, appareils ou produits présentés comme ayant un intérêt pour la santé.

Art. R. 4321-70 Le partage d'honoraires entre masseurs-kinésithérapeutes, ou entre un masseur-kinésithérapeute et un autre professionnel de santé, est interdit sous quelque forme que ce soit, hormis les cas prévus dans les contrats validés par le conseil départemental de l'ordre.

L'acceptation, la sollicitation ou l'offre d'un partage d'honoraires, même non suivies d'effet, sont interdites.

Art. R. 4321-71 Le compérage entre masseurs-kinésithérapeutes, ou entre un masseur-kinésithérapeute et un autre professionnel de santé ou toute autre personne est interdit.

Art. R. 4321-72 Sont interdits au masseur-kinésithérapeute :

1° Tout acte de nature à procurer au patient un avantage matériel injustifié ou illicite ;

2° Toute ristourne en argent ou en nature, toute commission à quelque personne que ce soit ;

3° En dehors des conditions fixées par l'article L. 4113-6, la sollicitation ou l'acceptation d'un avantage en nature ou en espèces sous quelque forme que ce soit, d'une façon directe ou indirecte, pour une prescription ou un acte thérapeutique quelconque.

Art. R. 4321-73 Il est interdit au masseur-kinésithérapeute de dispenser tout acte ou de délivrer toute prescription dans des locaux commerciaux et dans tout autre lieu où sont mis en vente des produits ou appareils figurant dans la liste des dispositifs médicaux qu'il peut prescrire.

Art. R. 4321-74 Le masseur-kinésithérapeute veille à l'usage qui est fait de son nom, de sa qualité ou de ses déclarations. Il ne doit pas tolérer que les organismes, publics ou privés, où il exerce ou auxquels il prête son concours, utilisent son identité à des fins publicitaires auprès du public non professionnel.

Art. R. 4321-75 Il est interdit à un masseur-kinésithérapeute qui remplit un mandat électif ou une fonction administrative d'en user pour accroître sa clientèle.

Art. R. 4321-76 La délivrance d'un rapport tendancieux ou d'un certificat de complaisance est interdite.

Art. R. 4321-77 Toute fraude, abus de cotation, indication inexacte des actes effectués ou des honoraires perçus, ou les deux simultanément, sont interdits.

Art. R. 4321-78 Sont interdites la facilité accordée ou la complicité avec quiconque se livre à l'exercice illégal de la masso-kinésithérapie.

Art. R. 4321-79 Le masseur-kinésithérapeute s'abstient, même en dehors de l'exercice de sa profession, de tout acte de nature à déconsidérer celle-ci.

SOUS-SECTION 2 DEVOIRS ENVERS LES PATIENTS

Art. R. 4321-80 Dès lors qu'il a accepté de répondre à une demande, le masseur-kinésithérapeute s'engage personnellement à assurer au patient des soins consciencieux, attentifs et fondés sur les données actuelles de la science.

Pratiques non conformes. Si l'art. R. 4321-7, qui habilite le kinésithérapeute à utiliser « des ondes électromagnétiques, ondes courtes, ondes centrimétriques, infrarouges, ultraviolets », n'exclut pas explicitement les ondes issues de champs magnétiques variables, cette disposition ne saurait pour autant être interprétée comme habilitant l'intéressé à mettre en œuvre une technique non fondée sur les données acquises de la science. • CE 23 oct. 2013, *M.A.*, n° 349882 (interdiction d'un mois). ♦ V. aussi note ss. art. R. 4321-7.

Art. R. 4321-81 Le masseur-kinésithérapeute élabore toujours son diagnostic avec le plus grand soin, en s'aidant dans toute la mesure du possible des méthodes scientifiques les mieux adaptées et, s'il y a lieu, de concours appropriés.

Art. R. 4321-82 Le masseur-kinésithérapeute formule ses prescriptions avec toute la clarté indispensable, veille à leur compréhension par le patient et son entourage et s'efforce d'en obtenir la bonne exécution.

Art. R. 4321-83 Le masseur-kinésithérapeute, dans les limites de ses compétences, doit à la personne qu'il examine, qu'il soigne ou qu'il conseille, une information loyale, claire et appropriée sur son état, et les soins qu'il lui propose. Tout au long de la maladie, il tient compte de la personnalité du patient dans ses explications et veille à leur compréhension. Toutefois, sous réserve des dispositions de l'article L. 1111-7, lorsque le médecin, appréciant en conscience, tient, pour des raisons légitimes, le patient dans l'ignorance d'un diagnostic ou pronostic graves, le masseur-kinésithérapeute ne doit pas révéler ces derniers.

Art. R. 4321-84 Le consentement de la personne examinée ou soignée est recherché dans tous les cas. Lorsque le patient, en état d'exprimer sa volonté, refuse le traitement proposé, le masseur-kinésithérapeute respecte ce refus après avoir informé le patient de ses conséquences et, avec l'accord de ce dernier, le médecin prescripteur.

Si le patient est hors d'état d'exprimer sa volonté, le masseur-kinésithérapeute ne peut intervenir sans que la personne de confiance désignée ou ses proches aient été prévenus et informés, sauf urgence ou impossibilité. Le masseur-kinésithérapeute appelé à donner des soins à un mineur ou à un majeur protégé s'efforce de prévenir ses parents ou son représentant légal et d'obtenir leur consentement. En cas d'urgence, même si ceux-ci ne peuvent être joints, le masseur-kinésithérapeute donne les soins nécessaires. Si l'avis de l'intéressé peut être recueilli, le masseur-kinésithérapeute en tient compte dans toute la mesure du possible.

Art. R. 4321-85 En toutes circonstances, le masseur-kinésithérapeute s'efforce de soulager les souffrances du patient par des moyens appropriés à son état et l'accompagne moralement.

Art. R. 4321-86 Le masseur-kinésithérapeute contribue à assurer par des soins et mesures appropriés la qualité d'une vie qui prend fin, sauvegarde la dignité du patient et réconforte son entourage. Il n'a pas le droit de provoquer délibérément la mort.

Art. R. 4321-87 Le masseur-kinésithérapeute ne peut conseiller et proposer au patient ou à son entourage, comme étant salutaire ou sans danger, un produit ou un procédé, illusoire ou insuffisamment éprouvé. Toute pratique de charlatanisme est interdite.

Exemple. Pour le cas d'une séance dite de « libération des émotions ». • CE 17 juill. 2013, *Mme F.*, n° 354171 : *Lebon* (interdiction de trois mois dont deux avec sursis). ♦ La technique psychothérapeutique dite de « libération des émotions » n'est pas reconnue en l'état des données actuelles de la science, et ne relève pas de l'exercice de la masso-kinésithérapie, peu importe que le patient s'y soit activement soumis et que la praticienne y ait été formée. • CD-NONMK 20 sept. 2011, *M. Marc D.*, n° 034-2010 (interdiction 3 mois, dont 2 avec sursis). ♦ Le refus par l'ordre de reconnaître la « fasciathérapie » est légal. • CE 8 déc. 2014, *M. I.*, n° 364750.

Art. R. 4321-88 Le masseur-kinésithérapeute s'interdit, dans les actes qu'il pratique comme dans les dispositifs médicaux qu'il prescrit, de faire courir au patient un risque injustifié.

Art. R. 4321-89 Le masseur-kinésithérapeute doit être le défenseur de l'enfant, lorsqu'il estime que l'intérêt de sa santé est mal compris ou mal préservé par son entourage.

Art. R. 4321-90 Lorsqu'un masseur-kinésithérapeute discerne qu'une personne à laquelle il est appelé à donner des soins est victime de sévices ou de privations, il doit *mettre en œuvre* les moyens les plus adéquats pour la protéger en faisant preuve de prudence et de circonspection.

S'il s'agit d'un mineur de quinze ans ou d'une personne qui n'est pas en mesure de se protéger en raison de son âge ou de son état physique ou psychique, sauf circonstances particulières qu'il apprécie en conscience, il alerte les autorités judiciaires, médicales ou administratives.

Art. R. 4321-91 Indépendamment du dossier médical personnel prévu par l'article L. 161-36-1 du code de la sécurité sociale *[devenu CSP, art. L. 1111-14 s.]*, le masseur-kinésithérapeute tient pour chaque patient un dossier qui lui est personnel ; il est confidentiel et comporte les éléments actualisés, nécessaires aux décisions diagnostiques et thérapeutiques.

Dans tous les cas, ces documents sont conservés sous la responsabilité du masseur-kinésithérapeute. Sous réserve des dispositions applicables aux établissements de santé, les dossiers de masso-kinésithérapie sont conservés sous la responsabilité du masseur-kinésithérapeute qui les a établis ou qui en a la charge. En cas de non-reprise d'un cabinet, les documents médicaux sont adressés au conseil départemental de l'ordre qui en devient le garant.

Le masseur-kinésithérapeute transmet, avec le consentement du patient, aux autres masseurs-kinésithérapeutes et aux médecins qu'il entend consulter, les informations et documents utiles à la continuité des soins.

Art. R. 4321-92 La continuité des soins aux patients doit être assurée. Hors le cas d'urgence et celui où il manquerait à ses devoirs d'humanité, le masseur-kinésithérapeute a le droit de refuser ses soins pour des raisons professionnelles ou personnelles. S'il se dégage de sa mission, il en avertit alors le patient et transmet au masseur-kinésithérapeute désigné par celui-ci les informations utiles à la poursuite des soins.

Art. R. 4321-93 Le masseur-kinésithérapeute ne peut pas abandonner ses patients en cas de danger public.

Art. R. 4321-94 Le masseur-kinésithérapeute appelé à donner ses soins dans une famille ou une collectivité doit, dans la mesure du possible, tout mettre en œuvre pour obtenir le respect des règles d'hygiène et de prophylaxie. Il informe le patient de ses responsabilités et devoirs vis-à-vis de lui-même et des tiers ainsi que des précautions qu'il doit prendre.

Art. R. 4321-95 Le masseur-kinésithérapeute, sans céder à aucune demande abusive, facilite l'obtention par le patient des avantages sociaux auxquels son état lui donne droit.

A cette fin, il est autorisé, avec le consentement du patient, à communiquer au praticien-conseil de l'organisme de sécurité sociale dont il dépend, ou relevant d'un organisme public ou privé décidant de l'attribution d'avantages sociaux, les renseignements strictement indispensables.

Art. R. 4321-96 Le masseur-kinésithérapeute ne doit pas s'immiscer sans raison professionnelle dans les affaires de famille ni dans la vie privée de ses patients.

Art. R. 4321-97 Le masseur-kinésithérapeute qui a participé au traitement d'une personne pendant la maladie dont elle est décédée ne peut profiter des dispositions entre vifs et testamentaires faites en sa faveur par celle-ci pendant le cours de cette maladie que dans les cas et conditions prévus par l'article 909 du code civil. Il ne doit pas davantage abuser de son influence pour obtenir un mandat ou contracter à titre onéreux dans des conditions qui lui seraient anormalement favorables.

Critère de la « maladie dont elle est décédée », vérification. Est fautif le masseur-kinésithérapeute qui a prodigué des soins à une patiente plusieurs fois par semaine durant cinq ans jusqu'à son décès à 87 ans, a noué avec elle des relations qui l'avaient mis en mesure d'accepter qu'elle lui lègue sa maison et consente des legs à ses enfants ; toutefois, la chambre disciplinaire aurait dû rechercher si la patiente était décédée de la maladie pour laquelle le masseur-kinésithérapeute lui avait prodigué ses soins, et si les dispositions testamentaires en cause avaient été prises pendant cette même maladie (annulation). • CE 27 juill. 2016, *M. A.C.*, nº 392282.

Art. R. 4321-98 Les honoraires du masseur-kinésithérapeute sont déterminés avec tact et mesure, en tenant compte de la réglementation en vigueur, des actes dispensés *ou de circonstances particulières*. Ils ne peuvent être réclamés qu'à l'occasion d'actes réellement effectués. L'avis ou le conseil dispensé à un patient par téléphone ou par correspondance ne donnent lieu à aucun honoraire.

Le masseur-kinésithérapeute répond à toute demande d'information préalable et d'explications sur ses honoraires ou le coût d'un traitement. Il ne peut refuser un acquit des sommes perçues.

Aucun mode particulier de règlement ne peut être imposé aux patients. Le forfait pour un traitement, sauf dispositions réglementaires particulières, et la demande d'une provision dans le cadre des soins thérapeutiques sont interdits en toute circonstance.

SOUS-SECTION 3 DEVOIRS ENTRE CONFRÈRES ET MEMBRES DES AUTRES PROFESSIONS DE SANTÉ

Art. R. 4321-99 Les masseurs-kinésithérapeutes entretiennent entre eux des rapports de bonne confraternité. Il est interdit à un masseur-kinésithérapeute d'en calomnier un autre, de médire de lui ou de se faire l'écho de propos capables de lui nuire dans l'exercice de sa profession. Il est interdit de s'attribuer abusivement, notamment dans une publication, le mérite d'une découverte scientifique ainsi que de plagier, y compris dans le cadre d'une formation initiale et continue.

Le masseur-kinésithérapeute qui a un différend avec un confrère recherche une conciliation, au besoin par l'intermédiaire du conseil départemental de l'ordre.

Sur la conciliation, V. notes ss. art. R. 4127-56.

Art. R. 4321-100 Le détournement ou la tentative de détournement de clientèle sont interdits.

Art. R. 4321-101 Le masseur-kinésithérapeute consulté par un patient soigné par un de ses confrères respecte l'intérêt et le libre choix du patient qui désire s'adresser à un autre masseur-kinésithérapeute.

Le masseur-kinésithérapeute consulté, avec l'accord du patient, informe le masseur-kinésithérapeute ayant commencé les soins et lui fait part de ses constatations et décisions. En cas de refus du patient, il informe celui-ci des conséquences que peut entraîner son refus.

Art. R. 4321-102 Le masseur-kinésithérapeute appelé d'urgence auprès d'un malade rédige à l'intention de son confrère, si le patient doit être revu par son masseur-kinésithérapeute traitant ou un autre masseur-kinésithérapeute, un compte rendu de son intervention et de ses éventuelles prescriptions. Il le remet au patient ou l'adresse directement à son confrère en en informant le patient. Il en conserve le double.

Art. R. 4321-103 Le masseur-kinésithérapeute doit proposer la consultation d'un confrère dès que les circonstances l'exigent ou accepte celle qui est demandée par le patient ou son entourage. Il respecte le choix du patient et, sauf objection sérieuse, l'adresse ou fait appel à un confrère. A l'issue de la consultation, et avec le consentement du patient, le confrère consulté informe par écrit le masseur-kinésithérapeute traitant de ses constatations, conclusions et éventuelles prescriptions.

Art. R. 4321-104 Quand les avis du masseur-kinésithérapeute consulté et du masseur-kinésithérapeute traitant diffèrent profondément, ce dernier avise le patient. Si l'avis du masseur-kinésithérapeute consulté prévaut auprès du patient ou de son entourage, le masseur-kinésithérapeute traitant est libre de cesser les soins. Le masseur-kinésithérapeute consulté ne doit pas, de sa propre initiative, au cours du traitement ayant motivé la consultation, convoquer ou réexaminer le patient.

Art. R. 4321-105 Lorsque plusieurs masseurs-kinésithérapeutes collaborent à l'examen ou au traitement d'un patient, ils se tiennent mutuellement informés avec le consentement du patient. Chacun des praticiens assume ses responsabilités personnelles et veille à l'information du patient. Chacun peut librement refuser de prêter son concours, ou le retirer, à condition de ne pas nuire au patient et d'en avertir son ou ses confrères.

Art. R. 4321-106 Sans préjudice des dispositions applicables aux établissements publics et privés de santé, le masseur-kinésithérapeute qui prend en charge un patient à l'occasion d'une hospitalisation en avise le masseur-kinésithérapeute désigné par le patient ou son entourage. Il le tient informé des décisions essentielles concernant le patient après consentement de celui-ci. Dans le cadre d'une hospitalisation programmée, le masseur-kinésithérapeute traitant, avec le consentement du patient, communique au confrère de l'établissement toutes informations utiles.

Art. R. 4321-107 Un masseur-kinésithérapeute ne peut se faire remplacer dans son exercice que temporairement et par un confrère inscrit au tableau de l'ordre. Le remplacement est personnel.

Le masseur-kinésithérapeute qui se fait remplacer doit en informer préalablement, sauf urgence, le conseil départemental de l'ordre dont il relève en indiquant les noms et qualité du remplaçant, les dates et la durée du remplacement. Il communique le contrat de remplacement.

Le masseur-kinésithérapeute libéral remplacé doit cesser toute activité de soin pendant la durée du remplacement sauf accord préalable du conseil départemental de l'ordre.

Art. R. 4321-108 Le remplacement terminé, le remplaçant cesse toute activité s'y rapportant et transmet les informations nécessaires à la continuité des soins et les documents administratifs s'y référant.

Art. R. 4321-109 Le masseur-kinésithérapeute est libre de donner gratuitement ses soins.

Art. R. 4321-110 Le masseur-kinésithérapeute entretient de bons rapports avec les membres des autres professions de santé.

Art. R. 4321-111 Dans le cadre d'une activité thérapeutique, tout contrat de salariat d'une personne exerçant une autre profession de santé, réglementée ou non, ainsi que tout contrat de collaboration génératrice de liens de subordination sont, conformément à l'article L. 4113-9, communiqués au conseil départemental de l'ordre.

SOUS-SECTION 4 EXERCICE DE LA PROFESSION

§ 1er RÈGLES COMMUNES À TOUS LES MODES D'EXERCICE

Art. R. 4321-112 L'exercice de la masso-kinésithérapie est personnel. Chaque masseur-kinésithérapeute est responsable de ses décisions, de ses actes et de ses prescriptions.

Art. R. 4321-113 Tout masseur-kinésithérapeute est habilité à dispenser l'ensemble des actes réglementés. Mais il ne doit pas, sauf circonstances exceptionnelles, entreprendre ou poursuivre des soins, ni prescrire dans des domaines qui dépassent ses compétences, ses connaissances, son expérience et les moyens dont il dispose.

Art. R. 4321-114 Le masseur-kinésithérapeute dispose, au lieu de son exercice professionnel, d'une installation convenable, de locaux adéquats permettant le respect du secret professionnel et de moyens techniques suffisants en rapport avec la nature des actes qu'il pratique.

Au domicile du patient, le masseur-kinésithérapeute doit, dans la limite du possible, disposer de moyens techniques suffisants. Dans le cas contraire, il propose au patient de poursuivre ses soins en cabinet ou dans une structure adaptée. Il veille notamment, en tant que de besoin, à l'élimination des déchets infectieux selon les procédures réglementaires.

Il veille au respect des règles d'hygiène et de propreté. Il ne doit pas exercer sa profession dans des conditions qui puissent compromettre la qualité des soins ou la sécurité des personnes prises en charge.

Art. R. 4321-115 Le masseur-kinésithérapeute veille à ce que les personnes qui l'assistent dans son exercice soient instruites de leurs obligations en matière de secret professionnel et s'y conforment. Il veille en particulier à ce qu'aucune atteinte ne soit portée par son entourage au secret qui s'attache à sa correspondance professionnelle.

Art. R. 4321-116 Le masseur-kinésithérapeute protège contre toute indiscrétion les documents professionnels, concernant les personnes qu'il soigne ou a soignées, examinées ou prises en charge, quels que soient le contenu et le support de ces documents. Il en va de même des informations professionnelles dont il peut être le détenteur. Le masseur-kinésithérapeute fait en sorte, lorsqu'il utilise son expérience ou ses documents à des fins de publication scientifique ou d'enseignement, que l'identification des personnes ne soit pas possible. A défaut, leur accord écrit doit être obtenu.

Art. R. 4321-117 L'exercice forain de la masso-kinésithérapie est interdit. Toutefois, des dérogations peuvent être accordées par le conseil départemental de l'ordre dans l'intérêt de la santé publique ou pour la promotion de la profession.

Art. R. 4321-118 Il est interdit d'exercer la masso-kinésithérapie sous un pseudonyme. Un masseur-kinésithérapeute qui se sert d'un pseudonyme pour des activités se rattachant à sa profession est tenu d'en faire la déclaration au conseil départemental de l'ordre.

Art. R. 4321-119 L'exercice de la masso-kinésithérapie comporte l'établissement par le masseur-kinésithérapeute des documents dont la production est prescrite par les textes législatifs et réglementaires. Toute ordonnance ou document délivré par un masseur-kinésithérapeute est rédigé lisiblement, en français, est daté, permet l'identification du praticien dont il émane et est signé par lui.

Art. R. 4321-120 Le masseur-kinésithérapeute participe à la permanence des soins dans le cadre des lois et des textes qui l'organisent.

Art. R. 4321-121 Lorsqu'il participe à un service de garde, d'urgences ou d'astreinte, le masseur-kinésithérapeute prend toutes dispositions pour pouvoir être joint.

Art. R. 4321-122 Les indications qu'un masseur-kinésithérapeute est autorisé à mentionner sur ses documents professionnels sont :

1° Ses nom, prénoms, adresse professionnelle, numéros de téléphone, de télécopie, son adresse de messagerie internet, les jours et heures de consultation ;

2° Si le masseur-kinésithérapeute exerce en association ou en société, les noms des masseurs-kinésithérapeutes associés et l'indication du type de société ;

3° Sa situation vis-à-vis des organismes d'assurance maladie ainsi que son numéro d'identification ;

4° Éventuellement, la qualification qui lui aura été reconnue conformément au règlement de qualification établi par l'ordre et approuvé par le ministre chargé de la santé ;

5° Ses diplômes, titres, grades et fonctions lorsqu'ils ont été reconnus par le Conseil national de l'ordre ;

6° La mention de l'adhésion à une association de gestion agréée ;

7° Ses distinctions honorifiques reconnues par la République française.

Mention d'une qualification non reconnue. Est fautive la mention d'une qualification de « fasciathérapie », dès lors qu'elle n'est pas reconnue par l'ordre. • CE 8 déc. 2014, *M. I*, n° 364750.

Art. R. 4321-123 Les indications qu'un masseur-kinésithérapeute est autorisé à faire figurer dans les annuaires à usage du public, dans la rubrique : "masseurs-kinésithérapeutes", quel qu'en soit le support, sont :

1° Ses nom, prénoms, adresse professionnelle, numéros de téléphone et de télécopie, adresse de messagerie internet, jours et heures de consultation ;

2° Sa situation vis-à-vis des organismes d'assurance maladie ;

3° La qualification, les titres reconnus conformément au règlement de qualification, les titres et les diplômes d'études complémentaires reconnus par le Conseil national de l'ordre.

Dans le cadre de l'activité thérapeutique toute autre insertion dans un annuaire est considérée comme une publicité et par conséquent interdite.

Art. R. 4321-124 Dans le cadre de l'activité non thérapeutique, la publicité est exclusivement autorisée dans les annuaires à usage du public, dans une autre rubrique que celle des masseurs-kinésithérapeutes. Le dispositif publicitaire est soumis pour autorisation au conseil départemental de l'ordre.

Lorsque le masseur-kinésithérapeute exerce exclusivement dans le cadre non thérapeutique, le dispositif publicitaire est soumis à l'accord du conseil départemental de l'ordre. En cas de refus, un recours peut être formé devant le Conseil national de l'ordre.

Art. R. 4321-125 Les indications qu'un masseur-kinésithérapeute est autorisé à faire figurer sur une plaque à son lieu d'exercice sont celles mentionnées à l'article R. 4321-

123. Une plaque peut être apposée à l'entrée de l'immeuble et une autre à la porte du cabinet ; lorsque la disposition des lieux l'impose, une signalisation intermédiaire peut être prévue. Ces indications sont présentées avec discrétion, conformément aux usages de la profession. Une signalétique spécifique à la profession, telle que définie par le Conseil national de l'ordre, peut être apposée sur la façade. Une plaque supplémentaire, d'une taille et de modèle identiques à la plaque professionnelle, est autorisée : sur cette plaque peuvent figurer les spécificités pratiquées dans le cabinet, après accord du conseil départemental de l'ordre.

Art. R. 4321-126 Lors de son installation ou d'une modification des conditions de son exercice, le masseur-kinésithérapeute peut faire paraître dans la presse une annonce sans caractère publicitaire, dont le conseil départemental de l'ordre vérifie la conformité aux dispositions du présent code de déontologie.

Art. R. 4321-127 Conformément aux dispositions de l'article L. 4113-9, l'exercice habituel de la masso-kinésithérapie, sous quelque forme que ce soit, au sein d'une entreprise, d'une collectivité, d'une organisation de soins ou d'une institution de droit privé fait, dans tous les cas, l'objet d'un contrat écrit.

Ce contrat définit les obligations respectives des parties et précise les moyens permettant aux masseurs-kinésithérapeutes de respecter les dispositions du présent code de déontologie. Le projet de contrat est communiqué au conseil départemental de l'ordre, qui fait connaître ses observations dans le délai d'un mois. Passé ce délai, son avis est réputé rendu.

Une convention ou le renouvellement d'une convention avec un des organismes mentionnés au premier alinéa en vue de l'exercice de la masso-kinésithérapie est communiqué au conseil départemental de l'ordre intéressé, de même que les avenants et règlements intérieurs lorsque le contrat y fait référence. Celui-ci vérifie sa conformité avec les dispositions du présent code de déontologie ainsi que, s'il en existe, avec les clauses essentielles des contrats types établis soit par un accord entre le Conseil national de l'ordre et les organismes ou institutions intéressés, soit conformément aux dispositions législatives ou réglementaires.

Le masseur-kinésithérapeute signe et remet au conseil départemental de l'ordre une déclaration aux termes de laquelle il affirme sur l'honneur qu'il n'a passé aucune contre-lettre, ni aucun avenant relatifs au contrat soumis à l'examen du conseil départemental.

Art. R. 4321-128 L'exercice habituel de la masso-kinésithérapie, sous quelque forme que ce soit, au sein d'une administration de l'État, d'une collectivité territoriale ou d'un établissement public fait l'objet d'un contrat écrit, hormis les cas où le masseur-kinésithérapeute a la qualité d'agent titulaire de l'État, d'une collectivité territoriale ou d'un établissement public, ainsi que ceux où il est régi par des dispositions législatives ou réglementaires qui ne prévoient pas la conclusion d'un contrat.

Le masseur-kinésithérapeute communique ce contrat au conseil départemental de l'ordre. Les éventuelles observations de cette instance sont adressées à l'autorité administrative et au masseur-kinésithérapeute concernés.

§ 2 MODALITÉS D'EXERCICE LIBÉRAL

Art. R. 4321-129 Le lieu habituel d'exercice du masseur-kinésithérapeute est celui de la résidence professionnelle au titre de laquelle, conformément à l'article L. 4321-10, il est inscrit sur le tableau du conseil départemental de l'ordre.

Un masseur-kinésithérapeute ne peut avoir plus d'un cabinet secondaire, dont la déclaration au conseil départemental de l'ordre est obligatoire.

Toutefois, le conseil départemental de l'ordre dans le ressort duquel se situe l'activité envisagée peut accorder, lorsqu'il existe dans un secteur géographique donné une carence ou une insuffisance de l'offre de soins, préjudiciable aux besoins des patients ou à la permanence des soins, une autorisation d'ouverture d'un ou plusieurs lieux d'exercice supplémentaires. La demande est accompagnée de toutes informations utiles sur les conditions d'exercice. Si celles-ci sont insuffisantes, le conseil départemental de l'ordre demande des précisions complémentaires.

Lorsque la demande concerne un secteur situé dans un autre département, le conseil départemental de l'ordre au tableau duquel le masseur-kinésithérapeute est inscrit en est informé.

Le conseil départemental de l'ordre sollicité est seul habilité à donner l'autorisation. Le silence gardé pendant un délai de deux mois à compter de la date de réception de la demande vaut autorisation tacite. L'autorisation est personnelle, temporaire et incessible. Il peut y être mis fin si les conditions prévues au troisième alinéa ne sont plus réunies.

En application de l'art. L. 231-5 CRPA, et par exception à l'art. L. 231-1 du même code, le silence gardé par l'administration pendant trois mois vaut décision d'acceptation pour une demande d'autorisation d'ouverture d'un ou de plusieurs lieux d'exercice distincts de la résidence professionnelle du masseur-kinésithérapeute.

Les dispositions du Décr. n° 2015-1457 du 10 nov. 2015 sont applicables aux demandes présentées à compter du 12 nov. 2015 (Décr. préc., art. 1er et 3).

Résidence professionnelle unique. Un masseur-kinésithérapeute ne peut être inscrit qu'à un seul tableau, qui est celui du département où il a sa résidence professionnelle. • CE 10 févr. 2017, *Conseil dptal de l'ordre des masseurs-kinésithérapeutes du Gard*, n° 394756 : *Lebon T ; AJDA 2017. 557*

Art. R. 4321-130 Le masseur-kinésithérapeute qui a remplacé un de ses confrères, pendant au moins trois mois, consécutifs ou non, ne doit pas, pendant une période de deux ans, s'installer dans un cabinet où il puisse entrer en concurrence directe avec le masseur-kinésithérapeute remplacé et avec les masseurs-kinésithérapeutes qui, le cas échéant, exercent en association avec ce dernier, à moins qu'il n'y ait entre les intéressés un accord qui doit être notifié au conseil départemental.

Art. R. 4321-131 La durée de la collaboration libérale ne peut excéder quatre années. Passé ce délai, les modalités de la collaboration sont renégociées.

Art. R. 4321-132 Il est interdit au masseur-kinésithérapeute de mettre en gérance son cabinet.

Toutefois, le conseil départemental de l'ordre peut autoriser, pendant une période de six mois, éventuellement renouvelable une fois, la tenue par un masseur-kinésithérapeute du cabinet d'un confrère décédé ou en incapacité définitive d'exercer. Des dérogations exceptionnelles de délai peuvent être accordées par le conseil départemental.

Art. R. 4321-133 Le masseur-kinésithérapeute ne doit pas s'installer dans un immeuble où exerce un confrère sans l'accord de celui-ci ou sans l'autorisation du conseil départemental de l'ordre. Cette autorisation ne peut être refusée que pour des motifs tirés d'un risque de confusion pour le public. Le silence gardé par le conseil départemental de l'ordre vaut autorisation tacite à l'expiration d'un délai de deux mois à compter de la date de réception de la demande.

Conseil départemental, prérogatives. Un conseil départemental n'a pas compétence pour établir un « protocole d'accord » masseurs-kinésithérapeutes, par lequel l'un s'engage à ne pas exercer dans le même secteur administratif que l'autre, pendant une durée de trois ans. • CE 23 juill. 2014, *Mme B.*, n° 360298.

Art. R. 4321-134 L'association ou la constitution d'une société entre masseurs-kinésithérapeutes en vue de l'exercice de la profession fait l'objet d'un contrat écrit qui respecte l'indépendance professionnelle de chacun d'eux.

Conformément aux dispositions de l'article L. 4113-9, les conventions, contrats et avenants sont communiqués au conseil départemental de l'ordre, qui vérifie leur conformité avec les principes du présent code de déontologie, ainsi que, s'il en existe, avec les clauses essentielles des contrats types établis par le Conseil national de l'ordre.

Le conseil départemental de l'ordre dispose d'un délai d'un mois pour faire connaître ses observations. Passé ce délai, son avis est réputé rendu.

Le masseur-kinésithérapeute signe et remet au conseil départemental de l'ordre une déclaration aux termes de laquelle il affirme sur l'honneur qu'il n'a passé aucune contre-lettre ni aucun avenant relatifs au contrat soumis à l'examen dudit conseil.

Art. R. 4321-135 Dans les cabinets regroupant plusieurs praticiens exerçant en commun, quel qu'en soit le statut juridique, l'exercice de la masso-kinésithérapie doit rester personnel. Chaque praticien garde son indépendance professionnelle et le libre choix du masseur-kinésithérapeute par le patient doit être respecté.

Le masseur-kinésithérapeute peut utiliser des documents à en-tête commun de l'association ou de la société d'exercice libéral dont il est membre. Le signataire doit être identifiable et son adresse mentionnée.

§ 3 AUTRES FORMES D'EXERCICE

Art. R. 4321-136 Le fait pour le masseur-kinésithérapeute d'être lié dans son exercice professionnel par un contrat ou un statut à une administration, une collectivité ou tout autre organisme public ou privé n'enlève rien à ses devoirs professionnels et en particulier à ses obligations concernant le secret professionnel et l'indépendance de ses décisions.

En aucune circonstance, le masseur-kinésithérapeute ne doit accepter de limitation à son indépendance dans son exercice professionnel de la part de son employeur. Il doit toujours agir, en priorité dans l'intérêt des personnes, de leur sécurité et de la santé publique au sein des entreprises ou des collectivités où il exerce.

Art. R. 4321-137 Le masseur-kinésithérapeute qui exerce dans un service privé ou public de soins ou de prévention ne peut user de sa fonction pour accroître sa clientèle.

Art. R. 4321-138 Nul ne peut être à la fois masseur-kinésithérapeute expert ou sapiteur et masseur-kinésithérapeute traitant d'un même patient.

Le masseur-kinésithérapeute ne doit pas accepter une mission d'expertise dans laquelle sont en jeu ses propres intérêts, ceux d'un de ses patients, d'un de ses proches, d'un de ses amis ou d'un groupement qui fait habituellement appel à ses services.

Art. R. 4321-139 Lorsqu'il est investi d'une mission, le masseur-kinésithérapeute expert doit se récuser s'il estime que les questions qui lui sont posées sont étrangères à l'art de la masso-kinésithérapie, à ses connaissances, à ses possibilités ou qu'elles l'exposeraient à contrevenir aux dispositions du présent code de déontologie.

Art. R. 4321-140 Le masseur-kinésithérapeute expert, avant d'entreprendre toute opération d'expertise, informe la personne en cause de sa mission et du cadre juridique dans lequel son avis est demandé.

Art. R. 4321-141 Dans la rédaction de son rapport, le masseur-kinésithérapeute expert ne doit révéler que les éléments de nature à apporter la réponse aux questions posées. Hors de ces limites, il doit taire tout ce qu'il a pu connaître à l'occasion de cette expertise. Il atteste qu'il a accompli personnellement sa mission.

SOUS-SECTION 5 DISPOSITIONS DIVERSES

Art. R. 4321-142 Tout masseur-kinésithérapeute, lors de son inscription au tableau, atteste devant le conseil départemental de l'ordre qu'il a eu connaissance du présent code de déontologie et s'engage sous serment écrit à le respecter.

Art. R. 4321-143 Toute déclaration volontairement inexacte ou incomplète faite au conseil départemental de l'ordre par un masseur-kinésithérapeute peut donner lieu à des poursuites disciplinaires. Il en est de même de la dissimulation de contrats professionnels.

Art. R. 4321-144 Tout masseur-kinésithérapeute qui modifie ses conditions d'exercice, y compris l'adresse professionnelle, ou cesse d'exercer dans le département est tenu d'en avertir sans délai le conseil départemental de l'ordre. Celui-ci prend acte de ces modifications et en informe le Conseil national.

Art. R. 4321-145 Les décisions prises par l'ordre des masseurs-kinésithérapeutes en application des présentes dispositions doivent être motivées.

Les décisions des conseils départementaux peuvent être réformées ou annulées par le Conseil national de l'ordre soit d'office, soit à la demande des intéressés ; dans ce dernier cas, le recours doit être présenté dans les deux mois de la notification de la décision.

Les recours contentieux contre les décisions des conseils départementaux ne sont recevables qu'à la condition d'avoir été précédés d'un recours administratif devant le Conseil national de l'ordre.

CHAPITRE II PÉDICURE-PODOLOGUE

SECTION PREMIÈRE ACTES PROFESSIONNELS

Art. R. 4322-1 Les pédicures-podologues accomplissent, sans prescription médicale préalable et dans les conditions fixées par l'article L. 4322-1, les actes professionnels suivants :

1° Diagnostic et traitement des :

a) Hyperkératoses mécaniques ou non, d'étiologie ou de localisations diverses ;

b) Verrues plantaires ;

c) Ongles incarnés, onychopathies mécaniques ou non, et des autres affections épidermiques ou unguéales du pied, à l'exclusion des interventions impliquant l'effusion de sang ;

2° Exfoliation et abrasion des téguments et phanères par rabotage, fraisage et meulage ;

3° Soins des conséquences des troubles sudoraux ;

4° Soins d'hygiène du pied permettant d'en maintenir l'intégrité : surveillance et soins des personnes, valides ou non, pouvant présenter des complications spécifiques entrant dans le champ de compétence des pédicures-podologues *(Décr. n° 2008-768 du 30 juill. 2008)* « à l'occasion de ces soins, lorsque des signes de perte de sensibilité du pied sont constatés, signalement au médecin traitant ; »

5° Prescription et application des topiques à usage externe figurant sur une liste fixée par un arrêté du ministre chargé de la santé pris après avis de l'Académie nationale de médecine ;

(Décr. n° 2008-768 du 30 juill. 2008) « 6° Prescription et pose de pansements figurant sur une liste fixée par un arrêté du ministre chargé de la santé pris après avis de l'Académie nationale de médecine ; »

7° Prescription, confection et application des prothèses et orthèses, onychoplasties, orthonyxies, orthoplasties externes, *(Décr. n° 2008-768 du 30 juill. 2008)* « chaussures thérapeutiques de série, » semelles orthopédiques et autres appareillages podologiques visant à prévenir ou à traiter les affections épidermiques et unguéales du pied.

Art. D. 4322-1-1 *(Décr. n° 2009-983 du 20 août 2009)* Les pédicures-podologues sont autorisés à renouveler et, le cas échéant, à adapter des prescriptions médicales d'orthèses plantaires datant de moins de trois ans, sous réserve que le médecin n'ait pas exclu la possibilité de renouvellement et d'adaptation sans nouvelle prescription par une mention expresse portée sur l'ordonnance initiale.

Les pédicures-podologues informent le médecin prescripteur ou, le cas échéant, un autre médecin désigné par le patient du renouvellement et, s'il y a lieu, de l'adaptation de la prescription médicale initiale.

SECTION II PERSONNES AUTORISÉES À EXERCER LA PROFESSION

SOUS-SECTION 1 TITULAIRES DU DIPLÔME D'ÉTAT

Art. D. 4322-2 Le diplôme d'État de pédicure-podologue est délvré par le préfet de région aux personnes qui *(Décr. n° 2012-848 du 2 juill. 2012, art. 1er)* « ont validé les enseignements théoriques et pratiques ainsi que les stages constitutfs de la formation.

« La composition du jury d'attribution du diplôme d'État est fixée par arrêté du ministre chargé de la santé. »

Art. D. 4322-3 *(Décr. n° 2012-848 du 2 juill. 2012, art. 2)* Le diplôme d'État de pédicure-podologue atteste des compétences professionnelles pou exercer les activités du métier de pédicure-podologue définies par :

1° L'article R. 4322-1 du code de la santé publique ;

2° Les référentiels d'activités et de compétences définis par arrêt du ministre chargé de la santé.

Art. D. 4322-4 *(Décr. n° 2012-848 du 2 juill. 2012, art. 3)* La durée de la formation conduisant au diplôme d'État de pédicure-podologue est de trois années, soit six semestres de vingt semaines chacun.

La répartition des enseignements est la suivante :

1° La formation théorique et pratique de 2 028 heures, sous la forme de cours magistraux (985 heures) et de travaux dirigés (1 043 heures) ;

2° La formation clinique de 1 170 heures.

Le travail personnel complémentaire est estimé à 2 202 heures. Il comprend du travail personnel guidé.

L'ensemble, soit 5 400 heures, constitue la charge de travail de l'étudiant.

Le programme de formation figure en annexe du présent article.

Sur le projet de décret relatif au diplôme d'état de pédicure-podologue, V. annexe .

Art. D. 4322-5 *(Décr. n° 2012-848 du 2 juill. 2012, art. 4)* Le diplôme d'État de pédicure-podologue correspond à 180 crédits européens :

1° 141 crédits européens pour les unités d'enseignement dont les unités d'intégration ;

2° 39 crédits européens pour l'enseignement en formation clinique.

Le référentiel de formation incluant les unités d'enseignement et les stages, ainsi que leur contenu, est défini par arrêté du ministre chargé de la santé.

Art. D. 4322-6 *(Décr. n° 2012-848 du 2 juill. 2012, art. 5)* Le diplôme d'État de pédicure-podologue s'obtient par l'acquisition des compétences définies dans le référentiel de compétences mentionné à l'article D. 4322-3.

Chaque compétence s'obtient par la validation :

1° De la totalité des unités d'enseignement en relation avec la compétence ;

2° De l'ensemble des éléments de la compétence évalués lors des stages ;

3° Des actes, activités et techniques de soins évalués au cours des temps de formation clinique.

Art. D. 4322-7 *(Décr. n° 2012-848 du 2 juill. 2012, art. 6)* Des dispenses des épreuves d'admission, du suivi et de la validation d'une partie des unités d'enseignement ou de la formation clinique peuvent être accordées aux titulaires de diplômes dont la liste est fixée par arrêté du ministre chargé de la santé, sur la base d'une comparaison entre la formation suivie ou l'expérience professionnelle acquise avant leur entrée dans l'institut et les unités d'enseignement composant le programme du diplôme d'État de pédicure-podologue.

Ces dispenses sont accordées par le directeur de l'institut de formation en pédicurie-podologie, après avis du conseil pédagogique.

Un arrêté du ministre chargé de la santé définit les modalités selon lesquelles sont accordées les dispenses de scolarité.

Art. D. 4322-8 *(Décr. n° 2012-848 du 2 juill. 2012, art. 7)* L'évaluation des connaissances et des compétences est réalisée soit par un contrôle continu et régulier, soit par un examen terminal, soit par ces deux modes de contrôle combinés.

La validation de chaque semestre s'obtient par l'acquisition de trente crédits européens.

L'acquisition des unités d'enseignement s'opère selon des principes de capitalisation et de compensation. Les unités d'enseignement sont définitivement acquises et capitalisables dès lors que l'étudiant a obtenu la moyenne à chacune d'entre elles, ou par application des modalités de compensation.

Un arrêté du ministre chargé de la santé détermine, pour chacune des unités d'enseignement, les modalités d'évaluation des connaissances et des compétences, les modalités de compensation entre les unités d'enseignement ainsi que les modalités de passage en année supérieure.

Art. D. 4322-9 Le montant des droits annuels d'inscription exigés des candidats au diplôme d'État de pédicure-podologue effectuant leurs études dans un institut de formation relevant d'un établissement public de santé est fixé par arrêté du ministre chargé de la santé.

Art. D. 4322-10 Les instituts de formation en pédicurie-podologie autorisés à délivrer l'enseignement préparant au diplôme d'État sont chargés de la mise en œuvre des modalités d'admission sous le contrôle des *(Décr. n° 2010-344 du 31 mars 2010, art. 136)* « directeurs généraux des agences régionales de santé ». Ils ont la charge de l'organisation des épreuves et de l'affichage des résultats.

La composition des jurys et la nomination de leurs membres sont *(Décr. n° 2010-344 du 31 mars 2010, art. 136)* « fixées par les directeurs d'instituts dans les conditions fixées par arrêté du ministre chargé de la santé ».

Art. D. 4322-11 *(Décr. n° 2012-848 du 2 juill. 2012, art. 8)* Sont déterminées par arrêté du ministre chargé de la santé :

1° Les conditions d'accès aux études conduisant au diplôme d'État de pédicure-podologue ;

2° Les modalités d'admission à la formation ;

3° La nature des épreuves d'admission.

Art. D. 4322-12 La nomination *(Abrogé par Décr. n° 2006-393 du 30 mars 2006, art. 4-3°) « des directeurs et »* des médecins conseillers scientifiques des instituts est subordonnée à leur agrément par le *(Décr. n° 2010-344 du 31 mars 2010, art. 136)* « directeur général de l'agence régionale de santé ».

Dernier al. abrogé par Décr. n° 2006-393 du 30 mars 2006, art. 4-3°.

Art. R. 4322-13 Le silence gardé pendant plus de quatre mois sur les demandes de dispense de tout ou partie de la scolarité, des stages cliniques et des examens de passage mentionnées à l'article D. 4322-4 vaut décision de rejet.

SOUS-SECTION 2 RESSORTISSANTS D'UN ÉTAT MEMBRE DE L'UNION EUROPÉENNE OU D'UN AUTRE ÉTAT PARTIE À L'ACCORD SUR L'ESPACE ÉCONOMIQUE EUROPÉEN *(Décr. n° 2010-334 du 26 mars 2010, art. 8).*

§ 1er LIBRE ÉTABLISSEMENT

(Décr. n° 2009-957 du 29 juill. 2009, art. 5)

Art. R. 4322-14 Le *(Décr. n° 2010-334 du 26 mars 2010, art. 8)* « préfet de la région » *(Décr. n° 2017-1520 du 2 nov. 2017, art. 2-I)* « désignée par arrêté du ministre chargé de la santé » délivre, après avis de la commission des pédicures-podologues, l'autorisation d'exercice prévue à l'article L. 4322-4, au vu d'une demande accompagnée d'un dossier présenté et instruit selon les modalités fixées par l'arrêté mentionné à l'article R. 4322-16.

(Décr. n° 2010-334 du 26 mars 2010, art. 8) « Il accuse réception de la demande dans le délai d'un mois à compter de sa réception. »

Le silence gardé par *(Décr. n° 2010-334 du 26 mars 2010, art. 8)* « le préfet de région » à l'expiration d'un délai de quatre mois à compter de la réception du dossier complet vaut décision de rejet de la demande.

Art. R. 4322-15 *(Décr. n° 2017-1520 du 2 nov. 2017, art. 2-II)* La commission examine les connaissances, aptitudes et compétences acquises au cours de la formation initiale, de l'expérience professionnelle et de la formation tout au long de la vie ayant fait l'objet d'une validation par un organisme compétent, de l'intéressé, selon les modalités prévues aux articles R. 4311-35 et R. 4311-36.

Art. R. 4322-15-1 *(Décr. n° 2017-1520 du 2 nov. 2017, art. 12)* « La commission des pédicures-podologues de la région désignée par arrêté du ministre chargé de la santé comprend : »

1° Le directeur régional de la jeunesse, des sports et de la cohésion sociale ou son représentant, président ;

2° Le directeur général de l'agence régionale de santé ou son représentant ;

3° Un représentant du conseil régional de l'ordre des pédicures-podologues ;

4° Un médecin ;

5° Deux pédicures-podologues.

Un arrêté du préfet de région, pris sur proposition du directeur régional de la jeunesse, des sports et de la cohésion sociale, nomme, pour une durée de cinq ans renouvelable, les membres titulaires et suppléants mentionnés aux 3° à 5°.

Art. R. 4322-15-2 *(Décr. n° 2010-334 du 26 mars 2010, art. 8)* La direction régionale de la jeunesse, des sports et de la cohésion sociale assure le secrétariat de la commission.

Art. R. 4322-16 Sont fixées par arrêté du ministre chargé de la santé :

1° La composition du dossier produit à l'appui de la demande d'autorisation ;

(Décr. n° 2010-334 du 26 mars 2010, art. 8) « 2° La composition du jury de l'épreuve d'aptitude et les modalités d'organisation de cette épreuve ; »

(Décr. n° 2017-1520 du 2 nov. 2017, art. 2-III) « 3° Les modalités et les conditions dans lesquelles un stage d'adaptation, une épreuve d'aptitude ou les deux sont imposés ;

« 4° » Les modalités d'organisation et d'évaluation du stage d'adaptation ;

(Décr. n° 2017-1520 du 2 nov. 2017, art. 2-III) « 5° » *(Décr. n° 2010-334 du 26 mars 2010, art. 8)* « Les informations à fournir dans les états statistiques. »

§ 2 LIBRE PRESTATION DE SERVICES

(Décr. n° 2009-957 du 29 juill. 2009, art. 5)

Art. R. 4322-17 Les dispositions des articles R. 4311-38 à R. 4311-41-2 sont applicables à la prestation de services des pédicures-podologues dont la déclaration est prévue à l'article L. 4322-15.

§ 3 DISPOSITIONS COMMUNES

Art. R. 4322-18 *(Décr. n° 2017-1520 du 2 nov. 2017, art. 2-IX)* Le contrôle par l'autorité compétente de la maîtrise de la langue française par le demandeur donne lieu à une décision qui peut faire l'objet d'un recours devant le tribunal administratif territorialement compétent.

SOUS-SECTION 3 *[ABROGÉE]* SUSPENSION DU DROIT D'EXERCER

(Abrogée par Décr. n° 2007-434 du 25 mars 2007, art. 6)

Art. R. 4322-19-1 *Abrogé par Décr. n° 2007-434 du 25 mars 2007, art. 6.*

SECTION III RÈGLES D'ORGANISATION

(Décr. n° 2006-270 du 7 mars 2006)

SOUS-SECTION 1 DISPOSITIONS GÉNÉRALES

Art. R. 4322-20 Les modalités des élections aux conseils et aux chambres disciplinaires de l'ordre des pédicures-podologues sont celles qui sont fixées, notamment par les articles R. 4125-1 à R. 4125-7, pour les élections aux conseils et aux chambres disciplinaires de l'ordre des médecins.

Sous réserve des dispositions de l'article L. 4124-6 et de l'article *(Décr. n° 2007-313 du 6 mars 2007, art. 1er)* « L. 145-5-3 » du code de la sécurité sociale, seuls sont éligibles aux conseils et aux chambres disciplinaires de l'ordre les pédicures-podologues inscrits à l'ordre depuis au moins trois ans.

Nouvel art. R. 4322-20 (Décr. n° 2017-1418 du 29 sept. 2017, art. 11-1°) *« Sous réserve des adaptations prévues par le présent chapitre, les modalités des élections aux conseils et aux chambres disciplinaires de l'ordre des pédicures-podologues sont celles fixées par les dispositions du chapitre V du titre II du livre Ier pour les élections aux conseils et aux chambres disciplinaires des ordres des professions médicales. »*

Sous réserve des dispositions de l'article L. 4124-6 et de l'article (Décr. n° 2007-313 du 6 mars 2007, art. 1er) *« L. 145-5-3 » du code de la sécurité sociale, seuls sont éligibles aux conseils et aux chambres disciplinaires de l'ordre les pédicures-podologues inscrits à l'ordre depuis au moins trois ans.*

(Décr. n° 2017-1418 du 29 sept. 2017, art. 11-1°) *« Le premier alinéa de l'article R. 4125-3 n'est pas applicable aux élections aux conseils et aux chambres disciplinaires de l'ordre des pédicures-podologues. »*

Le nouvel art. entre en vigueur pour les prochains renouvellements de chacun des conseils de l'ordre (Décr. n° 2017-1418 du 29 sept. 2017, art. 17).

Sur les dispositions transitoires relatives au renouvellement de l'ensemble des conseils de l'ordre des pédicures-podologues, V. Décr. n° 2018-79 du 9 févr. 2018, art. 9.

Décret n° 2018-79 du 9 février 2018,

Portant diverses mesures d'adaptation relatives aux professions de santé.

Art. 9 I. — Lors des élections prévues pour le prochain renouvellement partiel, l'ensemble des conseils de l'ordre des pédicures-podologues sont intégralement renouvelés.

Dans les régions dont le périmètre a été modifié suite à la loi susvisée du 16 janvier 2015 relative à la délimitation des régions, aux élections régionales et départementales et modifiant le calendrier électoral, les conseils organisateurs sont les conseils régionaux ou interrégionaux de l'ordre des pédicures-podologues dont le siège se situe dans le département au sein duquel l'agence régionale de santé a son siège, sauf s'il en a été disposé autrement par une décision du Conseil national de l'ordre des pédicures-podologues prise en application de l'article L. 4322-10 du code de la santé publique.

II. — L'article 16 du décret du 29 septembre 2017 susvisé est abrogé.

Art. D. 4322-20-1 *(Décr. n° 2010-451 du 3 mai 2010, art. 4-2°)* **Les modalités d'attribution des indemnités mentionnées aux deuxième et troisième alinéas de l'article L. 4125-3-1 sont celles prévues aux articles D. 4125-8 et D. 4125-9 sous réserve de la modification suivante :**

La référence : "L. 4122-2" est remplacée par la référence : "L. 4322-9".

Nouvel art. D. 4322-20-1 (Décr. n° 2010-451 du 3 mai 2010, art. 4-2°) ***Les modalités d'attribution des indemnités mentionnées aux deuxième et troisième alinéas de l'article L. 4125-3-1 sont celles prévues aux articles*** (Décr. n° 2017-1418 du 29 sept. 2017, art. 11-2°) ***« D. 4125-33 et D. 4125-34 » sous réserve de la modification suivante :***

La référence : "L. 4122-2" est remplacée par la référence : "L. 4322-9".

Le nouvel art. entre en vigueur pour les prochains renouvellements de chacun des conseils de l'ordre (Décr. n° 2017-1418 du 29 sept. 2017, art. 17).

V. notes ss. art. R. 4322-20 nouv.

Art. R. 4322-21 **L'article D. 4124-2-1, modifié ainsi qu'il suit, est applicable à la détermination des ressorts territoriaux des conseils régionaux ou interrégionaux de l'ordre des pédicures-podologues :**

1° Au 19° sont ajoutés les mots : "de la Réunion, de la Guadeloupe, de la Guyane et de la Martinique" ;

2° Les 22° et 23° sont supprimés.

Nouvel art. R. 4322-21 (Décr. n° 2017-1418 du 29 sept. 2017, art. 11-3°, en vigueur pour les prochains renouvellements de chacun des conseils de l'ordre) ***Le vote s'effectue par correspondance ou par voie électronique si le Conseil national en décide en application de l'article R. 4125-22.***

V. notes ss. art. R. 4322-20 nouv.

SOUS-SECTION 2 CONSEIL NATIONAL

Art. R. 4322-22 ***Le Conseil national*** **de l'ordre des pédicures-podologues comprend quinze membres titulaires et autant de suppléants élus par les conseils régionaux, ceux-ci étant regroupés par secteurs déterminés, en fonction de leur démographie, par arrêté du ministre chargé de la santé.**

Nouvel art. R. 4322-22 (Décr. n° 2017-1418 du 29 sept. 2017, art. 11-4° et 17, en vigueur pour le prochain renouvellement du Conseil national) ***Le Conseil national de l'ordre des pédicures-podologues comprend des binômes élus par les conseils régionaux et interrégionaux, ceux-ci étant regroupés par secteurs déterminés, en fonction de leur démographie, par arrêté du ministre chargé de la santé.***

Le nombre de binômes dans chacun des secteurs est fixé comme suit :

1° Lorsque le nombre des pédicures-podologues inscrits au dernier tableau publié est inférieur ou égal à 2 000 : un binôme ;

2° Lorsque le nombre de pédicures-podologues inscrits au dernier tableau publié est supérieur à 2 000 : deux binômes.

V. notes ss. art. R. 4322-20 nouv.

Art. R. 4322-23 Les dispositions des articles R. 4122-1 à *(Décr. n° 2010-199 du 26 févr. 2010, art. 7-1°)* « R. 4122-4-1 » sont applicables aux élections du Conseil national de l'ordre des pédicures-podologues.

Nouvel art. R. 4322-23 (Décr. n° 2017-1418 du 29 sept. 2017, art. 11-5° et 17, en vigueur pour le prochain renouvellement du Conseil national) ***Le Conseil national élit parmi ses membres, les membres qui constituent la formation restreinte appelée à délibérer dans les cas prévus au II de l'article L. 4322-10-1. Cette formation comporte en outre le membre du Conseil d'État qui assiste le Conseil national ou son suppléant, membre de droit. La formation restreinte du Conseil national est composée de huit membres élus et siège en formation de cinq membres.***

V. notes ss. art. R. 4322-20 nouv.

SOUS-SECTION 3 CHAMBRE DISCIPLINAIRE NATIONALE

Art. R. 4322-24 La chambre disciplinaire nationale comprend, outre son président :

1° Trois membres titulaires et trois suppléants élus par le Conseil national parmi ses membres ;

2° Trois membres titulaires et trois suppléants élus pour six ans par le Conseil national parmi les membres et anciens membres *(Décr. n° 2010-199 du 26 févr. 2010, art. 7-2°)* « titulaires et suppléants » des conseils de l'ordre *(Décr. n° 2010-199 du 26 févr. 2010, art. 7-2°)* « , à l'exclusion des conseillers nationaux en cours de mandat, » et renouvelables *(Décr. n° 2010-199 du 26 févr. 2010, art. 7-2°)* « par moitié tous les trois ans par une fraction de un membre et une fraction de deux membres ».

Les anciens membres doivent être inscrits au tableau.

La chambre siège en formation *(Décr. n° 2007-552 du 13 avr. 2007)* « d'au moins cinq membres ».

Nouvel art. R. 4322-24 ***La chambre disciplinaire nationale comprend, outre son président :***

1° Trois membres titulaires et trois (Décr. n° 2018-79 du 9 févr. 2018, art. 4) ***« membres suppléants élus par le Conseil national parmi*** (Décr. n° 2018-79 du 9 févr. 2018, art. 4) ***« ses membres »*** (Décr. n° 2017-1418 du 29 sept. 2017, art. 11-6°) ***« les anciens membres de ce conseil »*** (Décr. n° 2018-79 du 9 févr. 2018, art. 4) ***« pour trois ans »*** (Abrogé par Décr. n° 2010-199 du 26 févr. 2010, art. 7-2°) ***« à la première réunion qui suit chaque renouvellement partiel » ;***

2° Trois membres titulaires et trois suppléants élus pour six ans par le Conseil national parmi les membres et anciens membres (Décr. n° 2017-1418 du 29 sept. 2017, art. 11-6°) ***« des conseils régionaux et interrégionaux de l'ordre »*** (Décr. n° 2018-79 du 9 févr. 2018, art. 4) ***« , à l'exclusion des conseillers nationaux en cours de mandat, » et renouvelables*** (Décr. n° 2010-199 du 26 févr. 2010, art. 7-2°) ***« par moitié tous les trois ans par une fraction de un membre et une fraction de deux membres ».***

Les anciens membres doivent être inscrits au tableau.

La chambre siège en formation (Décr. n° 2007-552 du 13 avr. 2007) ***« d'au moins cinq membres ».***

Le nouvel art. R. 4322-24 entre en vigueur pour le prochain renouvellement du Conseil national de l'ordre (Décr. n° 2017-1418 du 29 sept. 2017, art. 17 ; Décr. n° 2018-79 du 9 févr. 2018, art. 11).

V. notes ss. art. R. 4322-20 nouv.

Art. R. 4322-24-1 *(Décr. n° 2018-79 du 9 févr. 2018, art. 4 et 11, en vigueur pour les prochains renouvellements de chacun des conseils de l'ordre)* Les dispositions de l'article R. 4122-6 sont applicables aux élections de la chambre disciplinaire nationale.

Art. R. 4322-25 (Abrogé par Décr. n° 2017-1418 du 29 sept. 2017, art. 11 et 17, à compter du prochain renouvellement du Conseil national de l'ordre) ***Sont applicables aux élections de la chambre disciplinaire nationale les dispositions des articles*** (Décr. n° 2010-199 du 26 févr. 2010, art. 7-3°) ***« R. 4122-6 » à R. 4122-8.***

SOUS-SECTION CONSEILS RÉGIONAUX ET INTERRÉGIONAUX

Art. R. 4322-26 Chacun des conseils régionaux ou interrégionaux de l'ordre est composé de quatre ou six membres titulaires et d'autant de suppléants selon que le nombre de pédicures-podologues inscrits au dernier tableau publié de la région ou de l'interrégion est respectivement inférieur ou égal à 300, ou supérieur à 300.

Dans la région Île-de-France, le conseil régional comprend neuf membres titulaires et neuf membres suppléants *(Décr. n° 2010-199 du 26 févr. 2010, art. 7-4°)* « renouvelés par une fraction de quatre membres et une fraction de cinq membres ».

Nouvel art. R. 4322-26 (Décr. n° 2017-1418 du 29 sept. 2017, art. 11-7° et 17, en vigueur pour les prochains renouvellements de chacun des conseils régionaux et interrégionaux) *Chacun des conseils régionaux ou interrégionaux de l'ordre est composé de quatre, cinq, six ou sept binômes selon que le nombre de pédicures-podologues inscrits au dernier tableau publié de la région ou de l'interrégion est respectivement inférieur ou égal à 1 000, supérieur à 1 000 et inférieur ou égal à 2 000, supérieur à 2 000 et inférieur ou égal à 3 000, ou supérieur à 3 000.*

V. notes ss. art. R. 4322-20 nouv.

Art. R. 4322-27 Les élections des conseils régionaux et interrégionaux ont lieu dans les conditions prévues aux articles R. 4123-1 à *(Décr. n° 2010-199 du 26 févr. 2010, art. 7-5°)* « R. 4123-6 et R. 4123-8 » à R. 4123-14.

Copie du procès-verbal de l'élection est adressée au *(Décr. n° 2010-344 du 31 mars 2010, art. 137)* « directeur général de l'agence régionale de santé », au Conseil national de l'ordre et au ministre chargé de la santé. Le résultat est publié sans délai par les soins du *(Décr. n° 2010-344 du 31 mars 2010, art. 137)* « directeur général de l'agence régionale de santé » dans les journaux d'annonces légales des départements concernés.

L'article R. 4124-1-1 est applicable aux pédicures-podologues.

Nouvel art. R. 4322-27 (Décr. n° 2017-1418 du 29 sept. 2017, art. 11-8° et 17, en vigueur pour les prochains renouvellements de chacun des conseils régionaux et interrégionaux) *Le conseil régional ou interrégional élit parmi ses membres, les membres qui constituent la formation restreinte appelée à délibérer dans les cas prévus au I de l'article L. 4322-10-1.*

Cette formation restreinte est composée de cinq membres élus et siège en formation de trois membres.

V. notes ss. art. R. 4322-20 nouv.

Art. R. 4322-27-1 *(Décr. n° 2016-1591 du 24 nov. 2016, art. 1er-1°)* Lorsqu'un conseil régional ou interrégional de l'ordre constate qu'il existe une raison objective susceptible de remettre en cause son impartialité, lors de la réception d'une demande, il transmet immédiatement celle-ci au président du Conseil national de l'ordre qui l'attribue sans délai à un autre conseil et en informe simultanément le demandeur concerné par tout moyen permettant d'apporter la preuve de sa date de réception.

SOUS-SECTION 5 CHAMBRES DISCIPLINAIRES DE PREMIÈRE INSTANCE

Art. R. 4322-28 *(Décr. n° 2010-199 du 26 févr. 2010, art. 7-6°)* La chambre disciplinaire de première instance comprend, outre son président, deux membres titulaires et deux membres suppléants élus par le conseil régional ou interrégional parmi les membres et les anciens membres titulaires et suppléants des conseils de l'ordre dans les conditions prévues à l'article L. 4322-10.

Les anciens membres doivent être inscrits au tableau dans le ressort de la chambre.

La chambre siège au complet.

Les mandats des membres ainsi élus sont de six ans, renouvelables par moitié tous *les trois ans.*

Nouvel art. R. 4322-28 (Décr. n° 2017-1418 du 29 sept. 2017, art. 11-9°) *« La chambre disciplinaire de première instance comprend, outre son président :*

« 1° Deux membres titulaires et deux membres suppléants élus par le conseil régional ou interrégional parmi ses membres (Décr. n° 2018-79 du 9 févr. 2018, art. 4) *« pour trois ans » ;*

« 2° Deux membres titulaires et deux membres suppléants élus par le conseil régional ou interrégional parmi les membres et anciens membres des conseils de l'ordre dans les conditions prévues à l'article L. 4322-10 (Décr. n° 2018-79 du 9 févr. 2018, art. 4) *« , à l'exclusion des conseillers du conseil concerné en cours de mandat. Les mandats des membres ainsi élus sont de six ans, renouvelables par moitié tous les trois ans ». »*

Les anciens membres doivent être inscrits au tableau (Abrogé par Décr. n° 2017-1418 du 29 sept. 2017, art. 11-9°) *« dans le ressort de la chambre ».*

La chambre siège (Décr. n° 2017-1418 du 29 sept. 2017, art. 11-9°) *« en formation d'au moins trois membres. »*

(Abrogé par Décr. n° 2018-79 du 9 févr. 2018, art. 4) *« Les mandats des membres ainsi élus sont de six ans, renouvelables par moitié tous les trois ans. »*

Le nouvel art. R. 4322-28 entre en vigueur pour les prochains renouvellements de chacun des conseils de l'ordre (Décr. n° 2017-1418 du 29 sept. 2017, art. 17 ; Décr. n° 2018-79 du 9 févr. 2018, art. 11).

V. notes ss. art. R. 4322-20 nouv.

Art. R. 4322-29 (Abrogé par Décr. n° 2017-1418 du 29 sept. 2017, art. 11 et 17, à compter des prochains renouvellements de chacun des conseils de l'ordre) *La chambre disciplinaire de première instance de la région Île-de-France comprend* (Décr. n° 2010-199 du 26 févr. 2010, art. 7-7°) *« , outre son président, » trois membres titulaires et trois suppléants* (Décr. n° 2010-199 du 26 févr. 2010, art. 7-7°) *« élus par le conseil régional parmi les membres et les anciens membres titulaires et suppléants des conseils de l'ordre.*

« Les anciens membres doivent être inscrits au tableau dans le ressort de la chambre.

« La chambre siège en formation d'au moins trois membres.

« Les mandats des membres ainsi élus sont de six ans, renouvelables par moitié tous les trois ans par une fraction de deux membres et une fraction de un membre. »

Art. R. 4322-29-1 *(Décr. n° 2018-79 du 9 févr. 2018, art. 4 et 11, en vigueur pour les prochains renouvellements de chacun des conseils de l'ordre)* Les dispositions de l'article R. 4124-5 sont applicables aux élections des chambres disciplinaires de première instance des pédicures-podologues.

Art. R. 4322-30 (Abrogé par Décr. n° 2017-1418 du 29 sept. 2017, art. 11 et 17, à compter des prochains renouvellements de chacun des conseils de l'ordre) *Les articles R. 4124-5* (Décr. n° 2010-199 du 26 févr. 2010, art. 7-8°) *« , R. 4124-6, à l'exception du premier alinéa, et » R. 4124-7 sont applicables aux élections des chambres disciplinaires de première instance des pédicures-podologues.*

SECTION IV DÉONTOLOGIE DES PÉDICURES-PODOLOGUES

(Décr. n° 2012-1267 du 16 nov. 2012)

SOUS-SECTION 1 DEVOIRS GÉNÉRAUX DES PÉDICURES-PODOLOGUES

Art. R. 4322-31 Les dispositions de la présente section constituent le code de déontologie des pédicures-podologues. Elles s'imposent à tout pédicure-podologue inscrit au tableau de l'ordre, effectuant un acte professionnel dans les conditions prévues aux articles L. 4322-1, L. 4322-2, L. 4322-4 et L. 4322-5. *(Décr. n° 2016-1591 du 24 nov. 2016, art. 1er-2°-b)* « Elles s'appliquent également aux pédicures-podologues mentionnés à l'article L. 4322-15*[,]* » ainsi qu'aux étudiants en pédicurie-podologie mentionnés à l'article L. 4322-3 du présent code. Les infractions à ces dispositions relèvent de la juridiction disciplinaire de l'ordre qui, conformément à l'article L. 4322-7, est chargé de veiller au respect de ce code.

Art. R. 4322-32 Tout pédicure-podologue, lors de son inscription au tableau, doit déclarer sous serment et par écrit devant le conseil régional dont il relève qu'il a pris connaissance du présent code de déontologie et qu'il s'engage à le respecter.

Il doit informer sans délai le conseil régional de toute modification survenant dans sa situation et ses conditions d'exercice.

Art. R. 4322-33 Le pédicure-podologue, au service de l'individu et de la santé publique, exerce sa mission dans le respect de la vie humaine, de la personne et de sa dignité. Le pédicure-podologue respecte, en toutes circonstances, les principes de moralité, de probité et de dévouement indispensables à l'exercice de la pédicurie-podologie.

Art. R. 4322-34 En aucun cas le pédicure-podologue ne doit exercer sa profession dans des conditions susceptibles de compromettre la qualité des soins et des actes qu'il accomplit ou la sécurité des patients. Il ne peut aliéner son indépendance professionnelle sous quelque forme que ce soit et quelles que soient la forme ou les conditions de son exercice professionnel.

Art. R. 4322-35 Le secret professionnel s'impose à tout pédicure-podologue, dans les conditions prévues par l'article L. 1110-4 du présent code.

Le pédicure-podologue doit veiller à ce que les personnes qui l'assistent soient instruites de leurs obligations en matière de secret professionnel et s'y conforment.

Art. R. 4322-36 Tout pédicure-podologue doit s'abstenir, même en dehors de l'exercice de sa profession, de tout acte de nature à déconsidérer celle-ci. Il lui est interdit d'exercer en même temps que la pédicurie-podologie une autre activité incompatible avec les règles applicables à la profession.

Art. R. 4322-37 Les principes ci-après énoncés s'imposent à tout pédicure-podologue exerçant à titre libéral.

Ces principes sont :

1° Le libre choix du pédicure-podologue par le patient ;

2° La liberté de prescription du pédicure-podologue dans le respect des dispositions de l'article R. 4322-1 ;

3° L'entente directe entre patient et pédicure-podologue en matière d'honoraires ;

4° Le paiement direct de ses honoraires par le patient.

Art. R. 4322-38 Tout pédicure-podologue entretient et perfectionne ses connaissances dans le respect de son obligation de développement professionnel continu.

Art. R. 4322-39 La profession de pédicure-podologue ne doit pas être pratiquée comme un commerce.

Sont interdits tous procédés directs ou indirects de publicité et notamment tout aménagement ou signalisation donnant aux locaux une apparence commerciale et toute publicité intéressant un tiers ou une firme quelconque.

Art. R. 4322-40 Le pédicure-podologue doit veiller à l'usage qui est fait de son nom, de sa qualité ou de ses déclarations.

Art. R. 4322-41 Tout partage d'honoraires entre pédicures-podologues est interdit sous quelque forme que ce soit. L'acceptation, la sollicitation ou l'offre d'un partage d'honoraires, même non suivies d'effet, sont interdites.

Art. R. 4322-42 Tout compérage entre pédicures-podologues, entre ceux-ci et les autres professionnels de santé ou toute autre personne physique ou morale est interdit.

Art. R. 4322-43 Sont interdits au pédicure-podologue :

1° Tout acte de nature à procurer à un patient un avantage matériel injustifié ou illicite ;

2° Toute sollicitation ou acceptation d'un avantage en nature ou en espèces sous quelque forme que ce soit, d'une façon directe ou indirecte, pour un acte quelconque, hors les cas prévus par l'article L. 4113-6 ;

3° Toute fraude, abus de cotation, indication inexacte des honoraires perçus ou des actes effectués.

Art. R. 4322-44 Il est interdit au pédicure-podologue de dispenser des actes au sein de locaux à finalité commerciale partagés avec des personnes exerçant une activité commerciale.

Art. R. 4322-45 *Il est interdit* au pédicure-podologue de collaborer et de donner sa caution à des actions commerciales destinées à la vente de produits ou d'appareils qu'il prescrit ou utilise.

Art. R. 4322-46 Un pédicure-podologue ne peut exercer une autre activité que si ce cumul est compatible avec son indépendance et sa dignité professionnelle et s'il n'est pas susceptible de lui permettre de tirer profit de ses actes ou de ses conseils.

Art. R. 4322-47 Le pédicure-podologue doit veiller dans ses écrits, propos ou conférences à ne porter aucune atteinte à l'honneur de la profession ou de ses membres.

La pédicurie-podologie ne peut être exercée sous un pseudonyme. Le pédicure-podologue se servant d'un pseudonyme pour des activités se rattachant à sa profession est tenu d'en faire déclaration auprès du conseil régional de l'ordre.

Art. R. 4322-48 Il est interdit au pédicure-podologue :

1° De divulguer prématurément auprès des professionnels de santé en vue d'une application immédiate un procédé de traitement nouveau et insuffisamment éprouvé s'il n'a pas pris le soin de les mettre en garde contre les dangers éventuels qu'il pourrait comporter ;

2° De divulguer ce même procédé auprès d'un public non professionnel quand son efficacité et son innocuité ne sont pas démontrées ;

3° De tromper la bonne foi des praticiens ou de la clientèle en leur présentant comme salutaire et sans danger un procédé insuffisamment éprouvé.

Art. R. 4322-49 Il est interdit au pédicure-podologue qui remplit un mandat électif ou une fonction administrative d'en user pour accroître sa clientèle.

Art. R. 4322-50 Tout certificat, toute attestation ou tout document remis à un patient doit comporter la signature manuscrite du pédicure-podologue et être rédigé en langue française ; une traduction dans la langue du patient peut être remise à celui-ci à ses frais. Il est interdit d'établir un rapport tendancieux, un certificat ou une attestation de complaisance.

SOUS-SECTION 2 DEVOIRS ENVERS LES PATIENTS

Art. R. 4322-51 Le pédicure-podologue ne doit jamais se départir d'une attitude correcte et attentive envers le patient et sa famille. Il doit respecter leur intimité et leur dignité. Il ne doit pas s'immiscer sans raison professionnelle dans les affaires personnelles ou familiales de son patient.

Art. R. 4322-52 Le pédicure-podologue doit examiner, conseiller ou soigner avec la même conscience tous ses patients, quels que soient leur origine, leurs mœurs, leur situation sociale ou de famille, leur appartenance ou leur non-appartenance à une ethnie, une nation ou une religion déterminées, leur handicap ou leur état de santé, leur réputation ou les sentiments qu'il peut éprouver à leur égard.

Art. R. 4322-53 Le pédicure-podologue qui a accepté de donner des soins à un patient s'oblige :

1° A lui prodiguer des soins éclairés et conformes aux données acquises de la science soit personnellement, soit, lorsque sa conscience le lui commande, en faisant appel à un autre pédicure-podologue ou à un autre professionnel de santé ;

2° A agir en toute circonstance avec correction et aménité envers le patient et à se montrer compatissant envers lui ;

3° A se prêter à une tentative de conciliation qui lui serait demandée par le président du conseil régional de l'ordre en cas de difficultés avec un patient.

Art. R. 4322-54 Dans le respect de ses obligations légales d'assistance et hors dans les cas d'urgence, le pédicure-podologue peut refuser ses soins pour des raisons professionnelles ou personnelles. Il doit alors avertir le patient, s'assurer de la continuité des soins et fournir à cet effet tous renseignements utiles pour la poursuite de ceux-ci.

Art. R. 4322-55 Toute personne a le droit d'être informée par le pédicure-podologue des examens et bilans qu'il envisage de pratiquer ou de faire pratiquer ainsi que des différentes investigations, traitements ou actions de prévention qu'il lui propose de réaliser. Le pédicure-podologue doit notamment l'informer sur leur utilité, leurs conséquences, les risques envisageables normalement prévisibles qu'ils comportent, les autres solutions et les conséquences possibles en cas de refus.

Art. R. 4322-56 Le pédicure-podologue est tenu de conserver et de tenir à jour les informations qu'il détient sur son patient, dans les conditions prévues par la loi.

Art. R. 4322-57 Si le pédicure-podologue constate, à l'occasion de l'exercice de sa profession, qu'une personne a subi des sévices ou des mauvais traitements ou si son attention est appelée par des marques visibles d'agression ou de contrainte, il doit, sous réserve de l'accord de l'intéressé, en informer l'autorité judiciaire.

Art. R. 4322-58 Lorsqu'un pédicure-podologue discerne qu'un mineur ou qu'une personne vulnérable est victime de mauvais traitements, de sévices ou de privations, il doit mettre en œuvre les moyens les plus adéquats pour le protéger et alerter les autorités judiciaires, médicales ou administratives compétentes.

Art. R. 4322-59 Dans toute la mesure compatible avec la qualité et l'efficacité des soins envers son patient, le pédicure-podologue doit limiter ses actes et ses prescriptions au strict nécessaire.

Art. R. 4322-60 Lorsque le pédicure-podologue est conduit à proposer des prothèses ou des orthèses d'un coût élevé à son patient, il établit au préalable un devis écrit qu'il lui remet.

Art. R. 4322-61 Le pédicure-podologue doit toujours déterminer le montant de ses honoraires avec tact et mesure.

Il est libre de donner gratuitement ses soins. Il doit répondre à toute demande d'information préalable ou d'explications sur le montant de ses honoraires.

SOUS-SECTION 3 DEVOIRS ENTRE CONFRÈRES ET MEMBRES DES AUTRES PROFESSIONS DE SANTÉ

Art. R. 4322-62 Les pédicures-podologues doivent entretenir entre eux des rapports de bonne confraternité.

Il leur est interdit de calomnier un confrère, de médire sur lui ou de se faire l'écho de propos capables de lui nuire. Il est de bonne confraternité de prendre la défense d'un confrère injustement attaqué.

Art. R. 4322-63 En cas de dissentiment professionnel avec un confrère, le pédicure-podologue doit d'abord rechercher une conciliation, au besoin par l'intermédiaire du conseil régional de l'ordre.

Art. R. 4322-64 Le détournement ou la tentative de détournement de clientèle est interdit.

Art. R. 4322-65 Dans tous les cas où ils sont appelés à témoigner en matière disciplinaire, les pédicures-podologues sont, dans la mesure compatible avec le respect du secret professionnel, tenus de révéler tous les faits utiles à l'instruction parvenus à leur connaissance.

Art. R. 4322-66 Le pédicure-podologue peut accueillir dans son cabinet, même en dehors de toute urgence, tous les patients, quel que soit leur pédicure-podologue traitant.

Si le patient fait connaître son intention de changer de pédicure-podologue, ce dernier doit lui remettre les informations nécessaires pour assurer la continuité et la qualité des soins.

Art. R. 4322-67 Lorsqu'un patient fait appel, en l'absence de son pédicure-podologue traitant, à un autre pédicure-podologue, celui-ci peut assurer les soins nécessaires pendant cette absence. Il doit donner à son confrère, dès son retour, et en accord avec le patient, toutes les informations qu'il juge utiles.

Art. R. 4322-68 La consultation entre le pédicure-podologue traitant et un professionnel de santé ou un autre pédicure-podologue justifie des honoraires distincts.

Art. R. 4322-69 Tout partage d'honoraires entre pédicure-podologue et autres professionnels de santé est interdit.

Chaque praticien doit demander ses honoraires personnels.

La distribution des dividendes entre les membres d'une société d'exercice ne constitue pas un partage d'honoraires prohibé. Les rétrocessions d'honoraires prévues par les contrats d'exercice ne sont pas considérées comme des partages d'honoraires.

Art. R. 4322-70 Dans leurs rapports professionnels avec les autres professionnels de santé, les pédicures-podologues doivent respecter l'indépendance de ceux-ci.

SOUS-SECTION 4 MODALITÉS D'EXERCICE DE LA PROFESSION

§ 1er MODALITÉS D'EXERCICE LIBÉRAL

Art. R. 4322-71 Les seules indications que le pédicure-podologue est autorisé à mentionner sur ses imprimés professionnels, notamment ses feuilles d'ordonnance, notes d'honoraires, cartes professionnelles et cartes de visite, sont :

1° Ses nom, prénoms, numéro d'inscription à l'ordre, adresse postale, numéros de téléphone et télécopie, messagerie électronique, jours et heures de consultation ;

2° Ses titres de formation ou autorisations enregistrés conformément à l'article L. 4322-2 ;

3° Ses autres titres de formation ou fonctions dans les conditions autorisées par le Conseil national de l'ordre ;

4° Ses distinctions honorifiques reconnues par la République française ;

5° S'il y a lieu, la mention de son adhésion à une association de gestion agréée prévue à l'article 64 de la loi de finances pour 1977 ;

6° Sa situation vis-à-vis des organismes d'assurance maladie ;

7° S'il exerce en association ou en société d'exercice libéral, les noms des pédicures-podologues associés.

Art. R. 4322-72 Les seules indications qu'un pédicure-podologue est autorisé à faire figurer dans les annuaires à usage public, quel qu'en soit le support, sont ses nom, prénoms, adresse postale, numéros de téléphone et télécopie, messagerie électronique.

Les sociétés d'exercice en commun de la profession peuvent figurer dans les annuaires dans les mêmes conditions.

Toute insertion payante dans un annuaire est considérée comme une publicité, et, à ce titre, interdite. Toutefois, des dérogations peuvent être accordées par le Conseil national de l'ordre :

1° Pour les pédicures-podologues qui exercent conjointement sans avoir constitué de société d'exercice en commun, afin qu'ils puissent mentionner leurs noms à usage professionnel dans les annuaires à usage du public ;

2° Pour les pédicures-podologues qui souhaitent voir figurer dans l'annuaire leurs numéros de téléphone professionnels et que cette insertion est rendue payante par l'annonceur.

Art. R. 4322-73 *(Décr. n° 2016-1591 du 24 nov. 2016, art. 1er-4°)* Toute diffusion par un pédicure-podologue d'information, directe ou indirecte et par quelque moyen que ce soit, notamment sur un site internet, doit porter sur des données exactes, exhaustives, actualisées et objectives. Ces données informatives :

1° Soit présentent un caractère éducatif ou sanitaire ;

2° Soit figurent parmi les mentions légales autorisées ou prescrites par l'article R. 4322-71 ;

3° Soit sont relatives aux conditions d'accès au lieu d'exercice et aux contacts possibles en cas d'urgence ou d'absence du professionnel.

Le Conseil national de l'ordre émet, dans ce domaine, des recommandations sur les modalités pratiques de diffusion d'information.

Art. R. 4322-74 Les seules indications qu'un pédicure-podologue est autorisé à faire figurer sur sa plaque professionnelle à son lieu d'exercice sont ses nom, prénoms, numéros de téléphone, jours et heures de consultation, diplômes, titres ou fonctions reconnus conformément à l'article R. 4322-71.

Une plaque peut être apposée à l'entrée de l'immeuble et une autre à la porte du cabinet, à l'exclusion de toute autre signalétique.

Lorsque la disposition des lieux l'impose, une signalisation intermédiaire, soumise à l'appréciation du conseil régional de l'ordre, peut être prévue.

Ces indications doivent être présentées avec discrétion, selon les usages des professions de santé. En cas de confusion possible, la mention de plusieurs prénoms peut être exigée par le conseil régional.

Art. R. 4322-75 Les annonces concernant l'ouverture, la fermeture définitive, la cession ou le transfert de cabinet sont préalablement communiquées au conseil régional de l'ordre. Le Conseil national de l'ordre détermine la présentation et les modalités de diffusion de ces types d'annonces.

Art. R. 4322-76 Conformément à l'article L. 4323-5 du présent code, l'usage sans droit de la qualité de pédicure-podologue, de pédicure ou de podologue est interdit. Sont également interdits l'usage de diplômes, de certificats ou de titres non reconnus par le Conseil national de l'ordre ainsi que tous les procédés destinés à tromper le public sur la valeur de ceux-ci, notamment par l'emploi d'abréviations non autorisées.

Art. R. 4322-77 Sous réserve du respect des dispositions des articles R. 4322-39, R. 4322-89 et R. 4322-93 du présent code, tout pédicure-podologue doit, pour exercer à titre individuel ou en association, bénéficier directement ou par l'intermédiaire d'une société d'exercice ou de moyens :

1° Du droit à la jouissance, en vertu de titres réguliers, d'un local professionnel, d'un mobilier meublant, d'un matériel technique suffisant pour recevoir et soigner les patients *(Décr. n° 2016-1591 du 24 nov. 2016, art. 1er-5°-a)* « *[,]* d'une pièce distincte au sein du même local et d'un matériel approprié pour l'exécution des orthèses et autres appareillages podologiques » ;

2° De la propriété des documents concernant toutes données personnelles des patients.

Il appartient au conseil régional de l'ordre de vérifier à tout moment si les conditions légales d'exercice exigées sont remplies.

(Décr. n° 2016-1591 du 24 nov. 2016, art. 1er-5°-b) « Dans tous les cas, sont assurés l'accueil, la confidentialité, la qualité des soins notamment instrumentaux et orthétiques, et la sécurité des patients. Le pédicure-podologue veille également au respect des règles qui s'imposent à la profession en matière d'hygiène, de stérilisation et d'élimination des déchets. »

Art. R. 4322-78 Le pédicure-podologue est tenu de se conformer à l'obligation d'assurance prévue à l'article L. 1142-2 du présent code.

Art. R. 4322-79 Le lieu habituel d'exercice d'un pédicure-podologue est celui de la résidence professionnelle au titre de laquelle il est inscrit sur le tableau du conseil régional de l'ordre.

Toutefois *[,]* la création d'un ou de plusieurs cabinets secondaires est autorisée si elle satisfait aux conditions d'exercice définies à l'article R. 4322-77 et lorsqu'il existe dans le secteur géographique considéré une carence ou une insuffisance de l'offre de soins préjudiciable aux besoins des patients ou à la continuité des soins.

La demande de création d'un cabinet secondaire est adressée par lettre recommandée avec demande d'avis de réception au conseil régional de l'ordre dans le ressort duquel se situe l'implantation du ou des cabinets secondaires envisagés. Elle doit être accompagnée de toutes informations utiles sur les conditions d'exercice. Si ces informations sont insuffisantes, le conseil régional demande des précisions complémentaires.

Si le cabinet principal se situe dans une autre région, le conseil régional de l'ordre de cette dernière fait connaître son avis au conseil régional compétent.

L'autorisation est accordée par le conseil régional de l'ordre du lieu où est envisagée l'implantation du ou des cabinets secondaires.

Le silence gardé par le conseil régional saisi vaut autorisation implicite à l'expiration d'un délai de trois mois à compter de la date de réception de la demande ou de la réponse au complément d'information demandé.

L'autorisation est donnée à titre personnel et n'est pas cessible.

Règlement intérieur relatif à la procédure. Est illégal le règlement intérieur de l'Ordre national prévoyant la compétence d'un ordre régional autre que celui du lieu d'implantation d'un cabinet secondaire, pour statuer sur la demande d'autorisation. • TA Cergy-Pontoise, 5 mai 2015, *M. Létang-Delys*, n° 1202676 : *RDSS 2015.1042, concl. Mérenne*.

Art. R. 4322-80 N'est pas considéré comme l'ouverture d'un cabinet secondaire, mais constitue un exercice annexe, l'exercice de la pédicurie-podologie *(Décr. n° 2016-1591 du 24 nov. 2016, art. 1er-6°)* « auprès des patients dans un organisme ou dans un établissement public ou privé ».

Art. R. 4322-81 L'autorisation de cabinet secondaire peut être retirée par l'autorité qui l'a accordée lorsque les conditions de l'article R. 4322-79 ne sont plus remplies.

Art. R. 4322-82 Le Conseil national de l'ordre détermine les situations dans lesquelles la gérance d'un cabinet de pédicure-podologue est autorisée en cas d'indisponibilité du pédicure-podologue ou d'un associé ou de leur cessation temporaire d'activité. Le pédicure-podologue qui donne en gérance son cabinet en informe préalablement le conseil régional de l'ordre, en lui transmettant une copie du contrat de gérance.

Art. R. 4322-83 L'exercice libéral de la profession de pédicure-podologue nécessite une installation professionnelle fixe. L'exercice exclusif de la pédicurie-podologie au domicile des patients est interdit.

Art. R. 4322-84 Le pédicure-podologue peut conclure un bail commercial dans les conditions de l'article L. 145-2 du code de commerce.

Art. R. 4322-85 Le pédicure-podologue qui cesse momentanément son exercice professionnel ne peut se faire remplacer que par un praticien inscrit au tableau de l'ordre. Le président du conseil régional de l'ordre doit en être immédiatement informé.

Le remplacement ne peut excéder une durée de quatre mois, sauf dérogation accordée par le *(Abrogé par Décr. n° 2016-1591 du 24 nov. 2016, art. 1er-7°-a)* ***« président du Conseil national de l'ordre, après avis motivé du »*** conseil régional de l'ordre.

Il doit faire l'objet d'un contrat écrit conforme à un contrat type établi par le Conseil national de l'ordre.

A l'expiration du remplacement, tous les éléments utiles à la continuité des soins doivent être transmis *(Décr. n° 2016-1591 du 24 nov. 2016, art. 1er-7°-b)* « au titulaire ».

Art. R. 4322-86 Le pédicure-podologue doit exercer personnellement sa profession dans l'ensemble de ses cabinets.

Art. R. 4322-87 Le pédicure-podologue qui a été remplaçant d'un confrère pour une durée supérieure à trois mois consécutifs ne doit pas exercer, avant l'expiration d'un délai de deux ans, dans un immeuble où il entrerait en concurrence directe avec celui-ci, à moins qu'il n'y ait entre les intéressés un accord communiqué au conseil régional.

En cas de différend, les intéressés peuvent saisir le conseil régional, qui met en place la procédure de conciliation, conformément à l'article R. 4322-63.

Art. R. 4322-88 Le pédicure-podologue ou toute société d'exercice ne doit pas s'installer dans l'immeuble où exerce un confrère, ni dans une résidence professionnelle quittée par un confrère dans les douze mois qui suivent son départ, à moins qu'il n'y ait entre les intéressés un accord communiqué au conseil régional.

En cas de différend, les intéressés peuvent saisir le conseil régional qui met en place la procédure de conciliation, conformément à l'article R. 4322-63.

Art. R. 4322-89 I. — Le pédicure-podologue ou la société d'exercice peut s'attacher le concours d'un ou de plusieurs pédicures-podologues collaborateurs libéraux, dans les conditions prévues par l'article 18 de la loi n° 2005-882 du 2 août 2005 en faveur des petites et moyennes entreprises.

Chacun des pédicures-podologues exerce son activité en toute indépendance, sans lien de subordination, et dans le respect des règles de la profession, notamment le libre choix du patient et l'interdiction du compérage.

La durée de la collaboration libérale ne peut excéder quatre années. Passé ce délai, les modalités de la collaboration sont renégociées.

II. — Toute collaboration, association ou société entre pédicures-podologues fait l'objet d'un contrat écrit qui est soumis au conseil régional de l'ordre et qui respecte l'indépendance professionnelle de chacun d'entre eux.

Art. R. 4322-90 En cas de décès d'un pédicure-podologue, le conseil régional de l'ordre peut, à la demande des ayants droit ou, à défaut, du mandataire désigné dans le cadre de l'article 812 du code civil, autoriser un autre praticien à assurer le fonctionnement du cabinet pour une durée que le conseil régional détermine en fonction des situations particulières.

§ 2 AUTRES FORMES D'EXERCICE

Art. R. 4322-91 Le pédicure-podologue doit prêter son concours à l'action entreprise par les autorités compétentes en vue de la protection de la santé et de l'organisation des soins.

Art. R. 4322-92 L'existence d'un tiers garant, telle qu'une assurance publique ou privée, ne doit pas conduire le pédicure-podologue à déroger aux prescriptions de l'article R. 4322-59 du présent code.

Art. R. 4322-93 Conformément aux dispositions des articles L. 4113-9 et L. 4322-12 du présent code, l'exercice de la profession de pédicure-podologue, sous quelque forme que ce soit, au service d'une entreprise, d'une collectivité ou d'une institution de droit privé, doit faire l'objet d'un contrat écrit. Ce contrat définit des obligations respectives des parties.

Tout projet de convention ou renouvellement de convention avec un des organismes mentionnés au paragraphe précédent en vue de l'exercice de la profession de pédicure-podologue est préalablement soumis pour avis au conseil régional de l'ordre intéressé.

Celui-ci vérifie sa conformité avec les prescriptions du présent code de déontologie ainsi que, s'il en existe, avec les clauses essentielles des contrats types établies par le Conseil national de l'ordre soit en accord avec les collectivités ou institutions intéressées, soit conformément aux dispositions législatives ou réglementaires. Copie de ces contrats, accompagnée de l'avis du conseil régional de l'ordre, est transmise au Conseil national de l'ordre.

Le pédicure-podologue doit déclarer sur l'honneur qu'il n'a passé aucune contre-lettre ni aucun avenant au contrat soumis à l'examen du conseil régional de l'ordre.

Le pédicure-podologue est tenu, avant tout engagement, de vérifier s'il existe un contrat type établi par le Conseil national de l'ordre dans les conditions prévues au présent article et, dans ce cas, d'en faire connaître la teneur à l'entreprise, la collectivité ou l'institution avec laquelle il se propose de conclure un contrat pour l'exercice de sa profession.

Les dispositions du présent article ne sont pas applicables aux pédicures-podologues appartenant à la fonction publique hospitalière.

Art. R. 4322-94 Le pédicure-podologue peut participer à des manifestations touchant à sa spécialité ayant un but préventif, curatif, scientifique ou éducatif, au sein d'une collectivité, à l'occasion d'une consultation publique de dépistage ou dans des événements sportifs. Toutefois, il ne peut user de cette activité pour augmenter sa clientèle particulière.

Art. R. 4322-95 Sauf cas d'urgence et sous réserve des dispositions législatives ou réglementaires relatives aux services médicaux et sociaux du travail, tout pédicure-podologue qui pratique un service de pédicurie-podologie préventif pour le compte d'une collectivité n'a pas le droit d'y donner des soins.

Il doit renvoyer le patient à son pédicure-podologue traitant ou, à défaut, lui laisser toute latitude d'en choisir un.

Ce devoir s'applique également au pédicure-podologue qui assure une consultation publique de dépistage.

Toutefois, il peut donner ses soins lorsqu'il s'agit :

— de patients astreints au régime de l'internat, dans un établissement auprès duquel il peut être accrédité ;

— de patients dépendant d'œuvres, d'établissements et d'institutions autorisés à cet effet, dans un intérêt public, par le ministre chargé de la santé après avis du Conseil national de l'ordre des pédicures-podologues.

Art. R. 4322-96 Le pédicure-podologue, autorisé à exercer un rôle de coordination ou d'encadrement, est tenu d'assurer le suivi des interventions et de veiller à la bonne exécution des actes professionnels accomplis par les pédicures-podologues ou par les étudiants qu'il encadre.

SOUS-SECTION 5 DISPOSITIONS DIVERSES

Art. R. 4322-97 Les décisions de nature administrative prises par l'ordre des pédicures-podologues en application du présent code sont motivées *(Abrogé par Décr. n° 2016-1591 du 24 nov. 2016, art. 1er-8°-a)* *« et font l'objet d'une publication sur le site internet du Conseil national de l'ordre ».*

(Décr. n° 2016-1591 du 24 nov. 2016, art. 1er-8°-b) « Les décisions de nature réglementaire ainsi que les décisions relatives aux cabinets secondaires et aux suspensions temporaires du droit d'exercer pour infirmité, état pathologique ou insuffisance professionnelle font l'objet d'une publication sur le site internet du Conseil national de l'ordre. »

Les décisions prises par les conseils régionaux *(Décr. n° 2016-1591 du 24 nov. 2016, art. 1er-8°-c)* « sont notifiées au demandeur ainsi qu'au Conseil national de l'ordre. Elles » peuvent être réformées, retirées ou abrogées par le Conseil national soit d'office, soit à la demande des intéressés.

Le Conseil national ne peut statuer d'office qu'après avoir invité les intéressés, dans les deux mois suivant *(Décr. n° 2016-1591 du 24 nov. 2016, art. 1er-8°-d)* « la notification de » la décision du conseil régional, à présenter par écrit leurs observations. L'auteur d'un recours introduit sa demande devant le Conseil national dans le délai de deux mois à compter de la date soit de la notification de la décision, soit de sa publication.

Art. R. 4322-98 Toute déclaration volontairement inexacte ou incomplète faite au conseil régional par un pédicure-podologue peut donner lieu à des poursuites disciplinaires.

Art. R. 4322-99 Est interdite toute facilité accordée à quiconque se livre à l'exercice illégal de la pédicurie-podologie.

CHAPITRE III DISPOSITIONS COMMUNES AUX PROFESSIONS DE MASSEUR-KINÉSITHÉRAPEUTE ET DE PÉDICURE-PODOLOGUE

(Décr. n° 2007-434 du 25 mars 2007, art. 6).

SECTION PREMIÈRE INSCRIPTION AU TABLEAU DE L'ORDRE

(Décr. n° 2007-434 du 25 mars 2007, art. 6)

Art. R. 4323-1 Les dispositions des articles R. 4112-1 à R. 4112-6-1 sont applicables aux masseurs-kinésithérapeutes et aux pédicures-podologues, sous réserve des adaptations suivantes :

1° Pour les masseurs-kinésithérapeutes, le 3° de l'article R. 4112-1 est remplacé par les dispositions suivantes :

"3° Une copie de l'un des diplômes, certificats, titres ou autorisations exigés par l'article *(Décr. n° 2010-199 du 26 févr. 2010, art. 7-9°)* « L. 4321-3 » ou L. 4321-4."

2° Pour les pédicures-podologues, le 3° de l'article R. 4112-1, est remplacé par les dispositions suivantes :

"3° Une copie de l'un des diplômes, certificats, titres ou autorisations exigés par l'article L. 4322-3 ou L. 4322-4."

Art. D. 4323-1-1 *(Décr. n° 2016-746 du 2 juin 2016, art. 1er)* I. — Les listes nominatives mentionnées à l'article L. 4321-10 regroupent les masseurs-kinésithérapeutes titulaires d'un titre de formation ou d'une autorisation d'exercice requis pour l'exercice de la profession, qui sont employés par des structures publiques ou privées.

Ces listes sont composées des données d'identification suivantes :

1° Les noms *[nom]* et prénoms du professionnel concerné ;

2° La dernière adresse de correspondance du professionnel détenue par l'établissement ;

3° La date et le lieu de naissance du professionnel ;

4° La date et le lieu d'obtention du titre de formation ou de l'autorisation d'exercice délivré au professionnel.

Ces informations sont transmises, par les structures publiques ou privées employant les masseurs-kinésithérapeutes, au conseil départemental de l'ordre des masseurs-kinésithérapeutes dans le ressort duquel elles sont situées, par voie électronique, une fois par trimestre. Elles sont adressées aux personnes habilitées par le conseil départemental à assurer la gestion du tableau dans des conditions garantissant la confidentialité des données recueillies.

Toute première transmission de ces données d'identification fait l'objet d'une information préalable du professionnel concerné.

II. – A partir des informations communiquées, le conseil départemental de l'ordre identifie ceux des masseurs-kinésithérapeutes qui ne sont pas inscrits au tableau et procède à leur inscription provisoire dans l'attente de la communication des pièces nécessaires à l'instruction du dossier.

Le conseil départemental informe sans délai le professionnel et la structure de cette inscription provisoire et communique la liste des pièces à fournir par le masseur-kinésithérapeute concerné, dans le délai de trois mois, en vue de son inscription au tableau. Ces pièces sont celles énumérées à l'article R. 4112-1, sous réserve des modifications prévues aux deuxième et troisième alinéas de l'article R. 4323-1.

A défaut de transmission du dossier complet dans les trois mois, le conseil départemental de l'ordre informe le professionnel, par lettre recommandée avec demande d'avis de réception, qu'il se trouve dans l'impossibilité de vérifier les conditions nécessaires à son inscription définitive au tableau de l'ordre et que, en l'absence de communication de sa part des pièces demandées dans le délai d'un mois, son inscription provisoire prendra fin automatiquement. Le conseil départemental de l'ordre en informe également la structure publique ou privée employant le masseur-kinésithérapeute, ainsi que le Conseil national. Le conseil départemental ne pourra plus mettre en œuvre cette procédure d'inscription provisoire pour le professionnel concerné.

III. – A réception des pièces dans le délai requis, et dans les trois mois à compter de cette date, le conseil départemental procède à l'instruction du dossier et statue dans les conditions fixées et suivant les modalités prévues à l'article R. 4112-2.

La décision prise par le conseil départemental est notifiée au masseur-kinésithérapeute dans les conditions et suivant les modalités prévues à l'article R. 4112-4. Elle est également notifiée à la structure publique ou privée qui emploie le masseur-kinésithérapeute concerné.

Art. D. 4323-1-2 *(Décr. n° 2016-746 du 2 juin 2016, art. 1er)* Pour l'application des dispositions prévues à l'article D. 4323-1-1, les informations collectées et triées par l'ordre des masseurs-kinésithérapeutes sont conservées par celui-ci pour une durée correspondant à la période d'inscription provisoire.

Conformément aux articles 39 et suivants de la loi n° 78-17 du 6 janvier 1978 relative à l'informatique, aux fichiers et aux libertés, le masseur-kinésithérapeute concerné peut obtenir communication des informations collectées en s'adressant au conseil départemental dans le ressort duquel est située sa résidence professionnelle. Il peut également exiger que soient, selon les cas, rectifiées, complétées, mises à jour, verrouillées ou effacées les données à caractère personnel le concernant, lorsqu'elles sont inexactes, incomplètes, équivoques, périmées, ou lorsque leur collecte, leur utilisation, leur communication ou leur conservation est interdite.

Le droit d'opposition prévu à l'article 38 de la loi précitée ne s'applique pas.

SECTION II RÈGLES COMMUNES LIÉES À L'EXERCICE DE LA PROFESSION

(Décr. n° 2007-434 du 25 mars 2007, art. 6)

Art. R. 4323-2 *(Décr. n° 2007-434 du 25 mars 2007, art. 6 ; Décr. n° 2007-454 du 25 mars 2007, art. 3 ; Décr. n° 2007-552 du 13 avr. 2007)* Les articles R. 4113-4 à R. 4113-10, R. 4113-28 à R. 4113-33, R. 4113-104 à R. 4113-107, R. 4113-109 à R. 4113-114, R. 4123-18 à R. 4123-21 et *(Décr. n° 2014-545 du 26 mai 2014, art. 8-1°-a et b)* « R. 4124-3 à R. 4124-3-9 sont applicables aux masseurs-kinésithérapeutes.

« Pour l'application de l'article R. 4124-3-5 aux masseurs-kinésithérapeutes, les 1°, 2° et 3° du II de l'article R. 4124-3-5 sont remplacés par les dispositions suivantes :

« "Pour les masseurs-kinésithérapeutes, le rapport est établi par trois masseurs-kinésithérapeutes en exercice désignés comme experts, le premier par l'intéressé, le deuxième par le conseil régional ou interrégional et le troisième par les deux premiers experts. Ce dernier est choisi parmi les enseignants en masso-kinésithérapie." »

Art. R. 4323-2-1 *(Décr. nº 2014-545 du 26 mai 2014, art. 8-3º)* Les articles R. 4113-4 à R. 4113-10, R. 4113-28 à R. 4113-33, R. 4113-104 à R. 4113-107, R. 4113-109 à R. 4113-114, R. 4123-18 à R. 4123-21 et R. 4124-3 à R. 4124-3-9 sont applicables aux pédicures-podologues sous réserve des adaptations suivantes :

a) Au deuxième alinéa de l'article R. 4124-3 et au deuxième alinéa du I de l'article R. 4124-3-5, les mots : "du conseil départemental ou" sont supprimés ;

b) Au deuxième alinéa de l'article R. 4124-3-1, les mots : ", le conseil départemental" sont supprimés ;

c) Au troisième alinéa de l'article R. 4124-3-1, les mots : "le conseil départemental ou" sont supprimés ;

d) Au premier alinéa de l'article R. 4124-3-2, les mots : "au conseil départemental," sont supprimés ;

e) Au deuxième alinéa de l'article R. 4124-3-2, les mots : ", du conseil départemental" sont supprimés ;

f) Au dernier alinéa de l'article R. 4124-3-2, les mots : "conseils départementaux", sont remplacés par les mots : "conseils régionaux ou interrégionaux" ;

g) Les 1º, 2º, 3º du II de l'article R. 4124-3-5 sont remplacés par les dispositions suivantes :

"Pour les pédicures-podologues, le rapport est établi par trois pédicures-podologues désignés comme experts, le premier par l'intéressé, le deuxième par le conseil régional ou interrégional et le troisième par les deux premiers experts. Ce dernier est choisi parmi les professionnels compétents dans le domaine de la formation et de l'analyse des pratiques professionnelles en pédicurie-podologie." ;

h) Aux articles R. 4113-4 à R. 4113-8, R. 4113-10, R. 4113-28 à R. 4113-30, R. 4113-32, R. 4113-33, R. 4113-104, R. 4123-18 à R. 4123-21, les mots : "conseil départemental" sont remplacés par les mots : "conseil régional ou interrégional".

Art. D. 4323-2-2 *(Décr. nº 2010-1131 du 27 sept. 2010, art. 3)* Les articles D. 4311-95 à D. 4311-104 sont applicables aux masseurs-kinésithérapeutes et aux pédicures-podologues, sous réserve des adaptations suivantes :

1º Au premier alinéa de l'article D. 4311-95, les mots : "à l'article L. 4311-15" sont remplacés par les mots : "aux articles L. 4321-10 et L. 4322-2" ;

2º Au premier et au deuxième alinéa du même article ainsi qu'à l'article D. 4311-97, les mots : "conseil départemental" sont remplacés par les mots :

– "conseil départemental ou interdépartemental" pour les masseurs-kinésithérapeutes ;

– "conseil régional ou interrégional" pour les pédicures-podologues ;

3º Au troisième alinéa de l'article D. 4311-96, les mots : "des articles L. 4112-6 et L. 4311-28" sont remplacés par les mots :

– "des articles L. 4112-6 et L. 4321-19" pour les masseurs-kinésithérapeutes ;

– "des articles L. 4112-6 et L. 4322-12" pour les pédicures-podologues ;

4º A l'article D. 4311-97, les mots : "de l'article L. 4311-15-2" sont remplacés par les mots : "des articles L. 4321-10-1 et L. 4322-2-2" ;

5º Au premier alinéa de l'article D. 4311-98, les mots : "conseils départementaux" sont remplacés par les mots :

– "conseils départementaux ou interdépartementaux" pour les masseurs-kinésithérapeutes ;

– "conseils régionaux ou interrégionaux" pour les pédicures-podologues ;

6º Au premier alinéa de l'article D. 4311-101, les mots : "de l'article L. 4311-15" sont remplacés par les mots : "des articles L. 4321-10 et L. 4322-2" ;

7º Au troisième alinéa de l'article D. 4311-102, les mots : "à l'article L. 4311-15-1" *sont remplacés par les mots* : "aux articles L. 4321-10-1 et L. 4322-2-2".

Art. R. 4323-2-3 Les articles R. 4311-105 et R. 4311-106 sont applicables aux masseurs-kinésithérapeutes et aux pédicures-podologues, sous réserve des adaptations suivantes :

1º Au premier alinéa de l'article R. 4311-105, les mots : "de l'article L. 4311-15-1" sont remplacés par les mots : "de l'article L. 4321-10-1 ou de l'article L. 4322-2-2" et les mots : "à l'article L. 4311-15" sont remplacés par les mots : "à l'article L. 4321-10 ou à l'article L. 4322-2" ;

2° Au 4° de l'article R. 4311-105, les mots : "des actes infirmiers, dans les conditions définies par l'article L. 4311-12-1" sont remplacés par les mots : "des actes de masso-kinésithérapie, dans les conditions définies par l'article L. 4321-7".

SECTION III **PROCÉDURE DISCIPLINAIRE**

(Décr. n° 2007-434 du 25 mars 2007, art. 6)

Art. R. 4323-3 Les dispositions des articles R. 4126-1 à R. 4126-54 sont applicables aux masseurs-kinésithérapeutes et aux pédicures-podologues.

TITRE TROISIÈME **PROFESSIONS D'ERGOTHÉRAPEUTE ET DE PSYCHOMOTRICIEN**

CHAPITRE PREMIER **ERGOTHÉRAPEUTE**

SECTION PREMIÈRE **ACTES PROFESSIONNELS**

Art. R. 4331-1 Les personnes remplissant les conditions définies aux articles L. 4331-2 et L. 4331-4 peuvent contribuer, lorsque ces traitements sont assurés par un établissement ou service à caractère sanitaire ou médico-social régi par le livre Ier de la partie VI du présent code ou par le livre III du code de l'action sociale et des familles aux traitements des déficiences, des dysfonctionnements, des incapacités ou des handicaps de nature somatique, psychique ou intellectuelle, en vue de solliciter, en situation d'activité et de travail, les fonctions déficitaires et les capacités résiduelles d'adaptation fonctionnelle et relationnelle des personnes traitées, pour leur permettre de maintenir, de récupérer ou d'acquérir une autonomie individuelle, sociale ou professionnelle.

Les actes professionnels qu'au cours de ces traitements ces personnes sont habilitées à accomplir, le cas échéant, au domicile des patients, sur prescription médicale, sont :

1° Des bilans ostéo-articulaires, neurologiques, musculaires, trophiques, fonctionnels, d'autonomie ou d'évaluation des difficultés relationnelles ;

2° La mise en condition articulaire et musculaire ou la facilitation d'une fonction permettant d'accomplir les actes définis au 3°, à l'exclusion des actes mentionnés à l'article L. 4321-1 ;

3° Par l'organisation d'activités d'artisanat, de jeu, d'expression, de la vie quotidienne, de loisirs ou de travail :

a) La transformation d'un mouvement en geste fonctionnel ;

b) La rééducation de la sensori-motricité ;

c) La rééducation des repères temporo-spatiaux ;

d) L'adaptation ou la réadaptation aux gestes professionnels ou de la vie courante ;

e) Le développement des facultés d'adaptation ou de compensation ;

f) Le maintien des capacités fonctionnelles et relationnelles et la prévention des aggravations ;

g) La revalorisation et la restauration des capacités de relation et de création ;

h) Le maintien ou la reprise de l'identité personnelle et du rôle social ;

i) L'expression des conflits internes ;

4° L'application d'appareillages et de matériels d'aide technique appropriés à l'ergothérapie.

Ces actes professionnels peuvent, le cas échéant, être assortis d'actions sur l'environnement.

SECTION II **PERSONNES AUTORISÉES À EXERCER LA PROFESSION**

SOUS-SECTION 1 **TITULAIRES DU DIPLÔME D'ÉTAT**

Art. D. 4331-2 Le diplôme d'État d'ergothérapeute est délivré par le préfet de région aux personnes qui ont suivi une formation *(Décr. n° 2012-851 du 4 juill. 2012, art. 3-*

1°) « et validé les enseignements théoriques et pratiques ainsi que les stages constitutifs de la formation. »

(Décr. nº 2014-1640 du 26 déc. 2014, art. 1er) « Ce diplôme peut être obtenu par la validation des acquis de l'expérience dont les modalités d'organisation sont fixées par arrêté du ministre chargé de la santé. »

Art. D. 4331-3 La durée de l'enseignement est de trois ans.

Sont fixés par arrêté du ministre chargé de la santé :

1° Le programme et le déroulement des études ;

2° *(Décr. nº 2012-851 du 4 juill. 2012, art. 3-2°)* « Les modalités de validation des enseignements et des stages en vue de la délivrance du diplôme d'État ; »

3° Les conditions d'admission des étudiants et la nature des épreuves ;

(Décr. nº 2007-967 du 15 mai 2007) « 5° *[4°]* Les conditions d'indemnisation des stages et de remboursement des frais de déplacement liés aux stages. »

Art. D. 4331-4 Les conditions dans lesquelles des dispenses d'enseignement, de stages et d'épreuves peuvent être accordées par dérogation aux dispositions de l'article D. 4331-6 sont fixées par arrêté du ministre chargé de la santé.

Art. D. 4331-5 Le montant des droits annuels d'inscription exigés des candidats au diplôme d'État d'ergothérapeute effectuant leurs études dans un institut de formation relevant d'un établissement public de santé est fixé par arrêté du ministre chargé de la santé.

Art. D. 4331-6 Les instituts de formation en ergothérapie autorisés à délivrer l'enseignement préparant au diplôme d'État sont chargés de la mise en œuvre des modalités d'admission sous le contrôle des *(Décr. nº 2010-344 du 31 mars 2010, art. 138)* « directeurs généraux de l'agence régionale de santé dans le ressort de laquelle ils sont implantés ». Ils ont la charge de l'organisation des épreuves et de l'affichage des résultats.

La composition des jurys et la nomination de leurs membres sont *(Décr. nº 2010-344 du 31 mars 2010, art. 138)* « fixées par les directeurs d'instituts dans les conditions fixées par arrêté du ministre chargé de la santé ».

Art. D. 4331-7 La nomination *(Abrogé par Décr. nº 2006-393 du 30 mars 2006, art. 5-3°) « des directeurs et »* des médecins conseillers scientifiques des instituts est subordonnée à leur agrément par le *(Décr. nº 2010-344 du 31 mars 2010, art. 138)* « directeur général de l'agence régionale de santé ».

***Dernier al.** abrogé par Décr. nº 2006-393 du 30 mars 2006, art. 5-3°.*

Art. R. 4331-8 Le silence gardé pendant plus de quatre mois sur les demandes de dispense d'enseignement, de stages et d'épreuves mentionnées à l'article D. 4331-4 vaut décision de rejet.

SOUS-SECTION 2 RESSORTISSANTS D'UN ÉTAT MEMBRE DE L'UNION EUROPÉENNE OU D'UN AUTRE ÉTAT PARTIE À L'ACCORD SUR L'ESPACE ÉCONOMIQUE EUROPÉEN *(Décr. nº 2010-334 du 26 mars 2010, art. 9).*

§ 1er LIBRE ÉTABLISSEMENT

(Décr. nº 2009-957 du 29 juill. 2009, art. 6)

Art. R. 4331-9 Le *(Décr. nº 2010-334 du 26 mars 2010, art. 9)* « préfet de la région » *(Décr. nº 2017-1520 du 2 nov. 2017, art. 2-I)* « désignée par arrêté du ministre chargé de la santé » délivre après avis de la commission des ergothérapeutes l'autorisation d'exercice prévue à l'article L. 4331-4, au vu d'une demande accompagnée d'un dossier présenté et instruit selon les modalités fixées par l'arrêté mentionné à l'article R. 4331-11.

(Décr. nº 2010-334 du 26 mars 2010, art. 9) « Il accuse réception de la demande dans le délai d'un mois à compter de sa réception. »

Le silence gardé par *(Décr. nº 2010-334 du 26 mars 2010, art. 9)* « le préfet de région » à l'expiration d'un délai de quatre mois à compter de la réception du dossier complet vaut *(Décr. nº 2017-1520 du 2 nov. 2017, art. 2-XII)* « décision d'acceptation » de la demande.

Art. R. 4331-10 *(Décr. nº 2017-1520 du 2 nov. 2017, art. 2-II)* La commission examine les connaissances, aptitudes et compétences acquises au cours de la formation initiale, de l'expérience professionnelle et de la formation tout au long de la vie ayant fait l'objet d'une validation par un organisme compétent, de l'intéressé, selon les modalités prévues aux articles R. 4311-35 et R. 4311-36.

Art. R. 4331-11 Sont fixées par arrêté du ministre chargé de la santé :

1° La composition du dossier produit à l'appui de la demande d'autorisation ;

(Décr. nº 2010-334 du 26 mars 2010, art. 9) « 2° La composition du jury de l'épreuve d'aptitude et les modalités d'organisation de cette épreuve ; »

(Décr. nº 2017-1520 du 2 nov. 2017, art. 2-III) « 3° Les modalités et les conditions dans lesquelles un stage d'adaptation, une épreuve d'aptitude ou les deux sont imposés ;

« 4° » Les modalités d'organisation et d'évaluation du stage d'adaptation ;

(Décr. nº 2017-1520 du 2 nov. 2017, art. 2-III) « 5° » *(Décr. nº 2010-334 du 26 mars 2010, art. 9)* « Les informations à fournir dans les états statistiques. »

§ 2 LIBRE PRESTATION DE SERVICES

(Décr. nº 2009-957 du 29 juill. 2009, art. 6)

Art. R. 4331-12 *(Décr. nº 2010-334 du 26 mars 2010, art. 9)* La déclaration prévue à l'article L. 4331-6 est adressée avant la première prestation de services au *(Décr. nº 2017-1520 du 2 nov. 2017, art. 11-1°)* « préfet de la région désignée par arrêté du » ministre chargé de la santé.

Elle comporte des informations relatives à l'état civil, à la nationalité, *(Décr. nº 2017-1520 du 2 nov. 2017, art. 11-1°)* « à la formation initiale, à l'expérience professionnelle et à la formation tout au long de la vie ayant fait l'objet d'une validation par un organisme compétent, aux connaissances linguistiques, » à la légalité de l'établissement dans l'État membre d'origine ou de provenance, à l'absence d'interdiction, même temporaire, d'exercer, aux qualifications professionnelles, à l'assurance professionnelle et au lieu d'exécution de la première prestation de services ainsi que la liste des pièces justificatives qui l'accompagne.

Le caractère temporaire et occasionnel de la prestation de services est apprécié au cas par cas, notamment en fonction de sa durée, de sa fréquence, de sa périodicité et de sa continuité.

Art. R. 4331-12-1 *(Décr. nº 2017-1520 du 2 nov. 2017, art. 11-2°)* I. — Dans un délai d'un mois à compter de la réception de la déclaration, le préfet de la région mentionnée au premier alinéa de l'article R. 4331-12 informe le prestataire, au vu de l'examen de son dossier :

1° Ou bien qu'il peut débuter la prestation de services sans vérification préalable de ses qualifications professionnelles ;

2° Ou bien, lorsque la vérification de ses qualifications professionnelles met en évidence une différence substantielle avec la formation exigée en France de nature à nuire à la santé publique et qu'elle ne peut pas être compensée par l'expérience professionnelle ou par la formation tout au long de la vie ayant fait l'objet d'une validation par un organisme compétent, qu'il doit se soumettre à une épreuve d'aptitude afin de démontrer qu'il a acquis les connaissances et compétences manquantes. S'il satisfait à ce contrôle, la prestation de services débute dans le mois qui suit la décision relative à l'épreuve d'aptitude. Dans le cas contraire, il est informé qu'il ne peut pas débuter la prestation de services ;

3° Ou bien qu'il ne peut pas débuter la prestation de services.

II. — Dans le même délai d'un mois à compter de la réception de la déclaration, lorsque l'examen du dossier met en évidence une difficulté susceptible de provoquer un retard de sa décision, le préfet de région informe le prestataire des raisons de ce retard. La décision est prise dans les deux mois suivant la résolution de la difficulté et, au plus tard, dans un délai de trois mois à compter de la date à laquelle le prestataire a été informé de l'existence de la difficulté ;

III. — En l'absence de réponse du préfet de région dans les délais fixés au premier alinéa du I et à la seconde phrase du II, la prestation de services peut débuter.

Art. R. 4331-12-2 *(Décr. n° 2010-334 du 26 mars 2010, art. 9) (Décr. n° 2017-1520 du 2 nov. 2017, art. 11-3°)* « Le préfet de région » enregistre le prestataire de services sur une liste particulière. Il adresse au demandeur un récépissé comportant son numéro d'enregistrement *(Décr. n° 2017-1520 du 2 nov. 2017, art. 11-3°)* « , mentionnant, en cas d'accès partiel, le titre professionnel sous lequel il est autorisé à exercer et le champ d'activités correspondant » et précisant l'organisme national d'assurance maladie compétent.

La déclaration est renouvelable tous les ans. En cas de changement de la situation du demandeur telle qu'établie par les documents joints, il déclare ces modifications et fournit, le cas échéant, les pièces fixées par l'arrêté mentionné à l'article R. 4331-15.

Art. R. 4331-13 Le prestataire de services informe au préalable l'organisme national d'assurance maladie compétent de sa prestation par l'envoi d'une copie du récépissé mentionné à l'article *(Décr. n° 2010-334 du 26 mars 2010, art. 9)* « R. 4331-12-2 » ou par tout autre moyen.

Art. R. 4331-14 En cas de doute sur les connaissances linguistiques nécessaires à l'exercice de la profession, *(Décr. n° 2010-334 du 26 mars 2010, art. 9)* « le directeur régional de la jeunesse, des sports et de la cohésion sociale ou son représentant, désigné par arrêté du ministre chargé de la santé » vérifie le caractère suffisant de la maîtrise de la langue française par le demandeur. »

Art. R. 4331-15 Sont fixés par arrêté du ministre chargé de la santé :

1° Le modèle de la déclaration *(Décr. n° 2017-1520 du 2 nov. 2017, art. 11-4°)* « et de la déclaration d'exercice partiel » ainsi que la liste des pièces justificatives ;

(Décr. n° 2010-334 du 26 mars 2010, art. 9) « 2° Les informations à fournir dans les états statistiques. »

§ 3 DISPOSITIONS COMMUNES

(Décr. n° 2010-334 du 26 mars 2010, art. 9)

Art. R. 4331-16 *(Décr. n° 2017-1520 du 2 nov. 2017, art. 11-5°)* « La commission des ergothérapeutes de la région désignée par arrêté du ministre chargé de la santé comprend : »

1° Le directeur régional de la jeunesse, des sports et de la cohésion sociale ou son représentant, président ;

2° Le directeur général de l'agence régionale de santé ou son représentant ;

3° Un médecin ;

4° Deux ergothérapeutes, dont l'un exerçant en institut de formation.

Un arrêté du préfet de région, pris sur proposition du directeur régional de la jeunesse, des sports et de la cohésion sociale, nomme, pour une durée de cinq ans renouvelable, les membres titulaires et suppléants mentionnés aux 3° et 4°.

Art. R. 4331-17 La direction régionale de la jeunesse, des sports et de la cohésion sociale assure le secrétariat de la commission.

Art. R. 4331-18 *(Décr. n° 2017-1520 du 2 nov. 2017, art. 2-VIII)* Le contrôle par l'autorité compétente de la maîtrise de la langue française par le demandeur donne lieu à une décision qui peut faire l'objet d'un recours devant le tribunal administratif territorialement compétent.

CHAPITRE II PSYCHOMOTRICIEN

SECTION PREMIÈRE ACTES PROFESSIONNELS

Art. R. 4332-1 Les personnes remplissant les conditions définies aux articles L. 4332-2, L. 4332-4 et L. 4332-5 sont habilitées à accomplir, sur prescription médicale et après examen neuropsychologique du patient par le médecin, les actes professionnels suivants :

1° Bilan psychomoteur ;

2° Éducation précoce et stimulation psychomotrices ;

3° Rééducation des troubles du développement psychomoteur ou des désordres psychomoteurs suivants au moyen de techniques de relaxation dynamique, d'éducation gestuelle, d'expression corporelle ou plastique et par des activités rythmiques, de jeu, d'équilibration et de coordination :

a) Retards du développement psychomoteur ;
b) Troubles de la maturation et de la régulation tonique ;
c) Troubles du schéma corporel ;
d) Troubles de la latéralité ;
e) Troubles de l'organisation spatio-temporelle ;
f) Dysharmonies psychomotrices ;
g) Troubles tonico-émotionnels ;
h) Maladresses motrices et gestuelles, dyspraxies ;
i) Débilité motrice ;
j) Inhibition psychomotrice ;
k) Instabilité psychomotrice ;
l) Troubles de la graphomotricité, à l'exclusion de la rééducation du langage écrit ;

4° Contribution, par des techniques d'approche corporelle, au traitement des déficiences intellectuelles, des troubles caractériels ou de la personnalité, des troubles des régulations émotionnelles et relationnelles et des troubles de la représentation du corps d'origine psychique ou physique.

SECTION II PERSONNES AUTORISÉES À EXERCER LA PROFESSION

SOUS-SECTION 1 TITULAIRES DU DIPLÔME D'ÉTAT

Art. D. 4332-2 Le diplôme d'État de psychomotricien est délivré par le préfet de région aux personnes qui, après avoir suivi, sauf dispense, une formation *(Abrogé par Décr. nº 2006-393 du 30 mars 2006, art. 6-1º)* *« agréée par la même autorité »*, ont subi avec succès les épreuves d'un examen à l'issue de cet enseignement.

Art. D. 4332-3 La durée de l'enseignement est de trois ans.

Sont fixés par arrêté des ministres chargés de l'enseignement supérieur et de la santé :

(Décr. nº 2006-393 du 30 mars 2006, art. 6-2º) « 1° » Le programme et le déroulement des études ;

(Décr. nº 2006-393 du 30 mars 2006, art. 6-2º) « 2° » Les conditions d'admission des étudiants en première année de formation ;

(Décr. nº 2006-393 du 30 mars 2006, art. 6-2º) « 3° Les conditions d'accès aux études conduisant au diplôme d'État, les modalités d'admission ainsi que la nature des épreuves ;

« 4° » Les modalités des épreuves précédant la délivrance du diplôme.

Art. D. 4332-4 Les conditions dans lesquelles des praticiens exerçant certaines professions paramédicales ou à caractère social peuvent être dispensés de la première année d'études et se présenter directement à l'examen de passage en deuxième année dans les conditions définies au 2° de l'article D. 4332-3 et dans les limites d'un quota fixé par le ministre chargé de la santé sont fixées par arrêté des ministres chargés de l'enseignement supérieur et de la santé.

(Décr. nº 2008-1120 du 31 oct. 2008) « Des dispenses partielles de formations peuvent être accordées à des personnes titulaires d'un diplôme étranger de psychomotricien, dans des conditions fixées par un arrêté du ministre chargé de l'enseignement supérieur et de la recherche et du ministre chargé de la santé. »

Art. D. 4332-5 Pour être admis en première année dans les instituts de formation, les candidats doivent posséder le baccalauréat de l'enseignement du second degré ou un titre admis en dispense du baccalauréat en vue de l'inscription dans les facultés et établissements de l'enseignement supérieur.

Art. D. 4332-6 Les instituts de formation autorisés à délivrer l'enseignement préparant au diplôme d'État sont chargés de la mise en œuvre des modalités d'admission sous le contrôle des *(Décr. nº 2010-344 du 31 mars 2010, art. 139)* « directeurs généraux des agences régionales de santé dans le ressort de laquelle *[desquelles]* ils sont implantés ». Ils ont la charge de l'organisation des épreuves et de l'affichage des résultats.

La composition des jurys et la nomination de leurs membres sont *(Décr. n° 2010-344 du 31 mars 2010, art. 139)* « fixées par les directeurs d'instituts dans les conditions fixées par arrêté du ministre chargé de la santé ».

Art. D. 4332-7 La nomination des conseillers scientifiques des instituts est subordonnée à leur agrément par le *(Décr. n° 2010-344 du 31 mars 2010, art. 139)* « directeur général de l'agence régionale de santé ».

Art. R. 4332-8 Le silence gardé pendant plus de quatre mois sur les demandes d'agrément mentionnées *(Décr. n° 2006-393 du 30 mars 2006, art. 6-4°)* « à l'article D. 4332-7 » vaut décision de rejet.

SOUS-SECTION 2 RESSORTISSANTS D'UN ÉTAT MEMBRE DE L'UNION EUROPÉENNE OU D'UN AUTRE ÉTAT PARTIE À L'ACCORD SUR L'ESPACE ÉCONOMIQUE EUROPÉEN *(Décr. n° 2010-334 du 26 mars 2010, art. 10)*.

§ 1er LIBRE ÉTABLISSEMENT

(Décr. n° 2009-957 du 29 juill. 2009, art. 7)

Art. R. 4332-9 Le *(Décr. n° 2010-334 du 26 mars 2010, art. 10)* « préfet de la région » *(Décr. n° 2017-1520 du 2 nov. 2017, art. 2-I)* « désignée par arrêté du ministre chargé de la santé » délivre après avis de la commission des psychomotriciens l'autorisation d'exercice prévue à l'article L. 4332-4, au vu d'une demande accompagnée d'un dossier présenté et instruit selon les modalités fixées par l'arrêté mentionné à l'article R. 4332-11.

(Décr. n° 2010-334 du 26 mars 2010, art. 10) « Il accuse réception de la demande dans le délai d'un mois à compter de sa réception. »

Le silence gardé par *(Décr. n° 2010-334 du 26 mars 2010, art. 10)* « le préfet de région » à l'expiration d'un délai de quatre mois à compter de la réception du dossier complet vaut décision de rejet de la demande.

Art. R. 4332-10 *(Décr. n° 2017-1520 du 2 nov. 2017, art. 2-II)* La commission examine les connaissances, aptitudes et compétences acquises au cours de la formation initiale, de l'expérience professionnelle et de la formation tout au long de la vie ayant fait l'objet d'une validation par un organisme compétent, de l'intéressé, selon les modalités prévues aux articles R. 4311-35 et R. 4311-36.

Art. R. 4332-11 Sont fixées par arrêté du ministre chargé de l'enseignement supérieur et du ministre chargé de la santé :

1° La composition du dossier produit à l'appui de la demande d'autorisation ;

(Décr. n° 2010-334 du 26 mars 2010, art. 10) « 2° La composition du jury de l'épreuve d'aptitude et les modalités d'organisation de cette épreuve ; »

(Décr. n° 2017-1520 du 2 nov. 2017, art. 2-V) « 3° Les modalités et les conditions dans lesquelles un stage d'adaptation, une épreuve d'aptitude ou les deux sont imposés ;

« 4° » Les modalités d'organisation et d'évaluation du stage d'adaptation ;

(Décr. n° 2017-1520 du 2 nov. 2017, art. 2-V) « 5° Les informations à fournir dans les états statistiques. »

§ 2 LIBRE PRESTATION DE SERVICES

(Décr. n° 2009-957 du 29 juill. 2009, art. 7)

Art. R. 4332-12 *Les dispositions des articles* R. 4331-12 à R. 4331-15 sont applicables à la prestation de services des psychomotriciens dont la déclaration est prévue à l'article L. 4332-6. *(Abrogé par Décr. n° 2017-1520 du 2 nov. 2017, art. 2-VII)* « *(Décr. n° 2010-334 du 26 mars 2010, art. 10)* « *L'autorité compétente, pour l'application des articles* R. 4331-12 à R. 4331-13, *est le ministre chargé de la santé, qui se prononce après avis d'une des commissions mentionnées à l'article* R. 4332-13 *qu'il désigne par arrêté* ». »

§ 3 DISPOSITIONS COMMUNES

(Décr. nº 2010-334 du 26 mars 2010, art. 10)

Art. R. 4332-13 *(Décr. nº 2017-1520 du 2 nov. 2017, art. 12)* « La commission des psychomotriciens de la région désignée par arrêté du ministre chargé de la santé comprend : »

1° Le directeur régional de la jeunesse, des sports et de la cohésion sociale ou son représentant, président ;

2° Le directeur général de l'agence régionale de santé ou son représentant ;

3° Le recteur de l'académie dans le ressort de laquelle se situe la préfecture de région ou son représentant ;

4° Un médecin ;

5° Un psychomotricien salarié exerçant ses fonctions dans un établissement de santé ou médico-social ;

6° Un psychomotricien exerçant à titre libéral ;

7° Un psychomotricien exerçant dans un institut de formation.

Un arrêté du préfet de région, pris sur proposition du directeur régional de la jeunesse, des sports et de la cohésion sociale, nomme, pour une durée de cinq ans renouvelable, les membres titulaires et suppléants mentionnés aux 4° à 7°.

Art. R. 4332-14 La direction régionale de la jeunesse, des sports et de la cohésion sociale assure le secrétariat de la commission.

Art. R. 4332-15 *(Décr. nº 2017-1520 du 2 nov. 2017, art. 2-VIII)* Le contrôle par l'autorité compétente de la maîtrise de la langue française par le demandeur donne lieu à une décision qui peut faire l'objet d'un recours devant le tribunal administratif territorialement compétent.

CHAPITRE III DISPOSITIONS COMMUNES

SECTION PREMIÈRE ENREGISTREMENT DES MEMBRES DES PROFESSIONS D'ERGOTHÉRAPEUTE ET DE PSYCHOMOTRICIEN *(Décr. nº 2011-462 du 26 avr. 2011).*

(Décr. nº 2010-1131 du 27 sept. 2010, art. 4)

Art. D. 4333-1 L'agence régionale de santé du lieu d'exercice professionnel des personnes autorisées à exercer la profession d'ergothérapeute ou de psychomotricien procède à l'enregistrement prévu à l'article L. 4333-1 au vu du titre de formation ou de l'autorisation présenté par l'intéressé ou, à défaut, de l'attestation qui en tient lieu.

Les ergothérapeutes et les psychomotriciens informent l'agence, dans le délai d'un mois, de tout changement de leur situation professionnelle, de prise ou d'arrêt de fonction supplémentaire, d'intégration au corps de réserve sanitaire prévu à l'article L. 3132-1 ou de cessation, temporaire ou définitive, d'activité.

Pour les ergothérapeutes et les psychomotriciens relevant des dispositions de l'article L. 4138-2 du code de la défense, les opérations d'enregistrement de leurs titres de formation ou de leurs autorisations et de recueil ou de tenue à jour des informations mentionnées au deuxième alinéa sont réalisées, dans le même délai, par le service de santé des armées.

Art. D. 4333-2 Sous réserve des dispositions de l'article L. 4333-1-1, l'agence régionale de santé et le service de santé des armées mettent en œuvre les procédures appropriées afin de s'assurer de l'authenticité des pièces justificatives produites par le demandeur ainsi que, le cas échéant, de la régularité de l'autorisation d'exercice, notamment par leur confrontation avec les informations obtenues auprès de l'autorité ayant délivré le titre de formation ou l'attestation qui en tient lieu.

Art. D. 4333-3 Le directeur général de l'agence régionale de santé et le service de santé des armées transmettent au ministre chargé de la santé ainsi qu'à l'organisme chargé de la gestion du répertoire mentionné à l'article D. 4113-118 une mise à jour mensuelle des éléments issus des opérations prévues au premier et au deuxième alinéa de l'article D. 4333-1.

Art. D. 4333-4 A partir des traitements mis en œuvre dans le cadre des procédures d'autorisation d'exercice, de gestion ou de suivi de l'activité des ergothérapeutes et des psychomotriciens, les services compétents de l'État et des établissements publics de l'État placés sous la tutelle du ministre chargé de la santé transmettent à l'organisme gestionnaire du répertoire mentionné à l'article D. 4113-118 une mise à jour hebdomadaire des données propres à compléter celles mentionnées au premier alinéa de l'article D. 4333-3, notamment en ce qui concerne l'identification, les positions statutaires, les droits, les modes et les lieux d'exercice de ces professionnels.

Art. D. 4333-5 Les données transmises en application des articles D. 4333-3 et D. 4333-4 sont réputées validées par l'organisme ou l'autorité qui en a assuré la transmission.

Art. D. 4333-6 Pour l'application de l'article L. 4333-1, les listes des professions d'ergothérapeute et de psychomotricien sont obtenues à partir des informations contenues dans le répertoire mentionné à l'article D. 4113-118. Le contenu de chaque liste est limité aux professionnels en exercice et, pour chacun d'eux, aux données suivantes :

1° L'identifiant personnel dans le répertoire mentionné à l'article D. 4113-118 ;

2° Les nom et prénom d'exercice ;

3° Les qualifications et titres professionnels correspondant à l'activité exercée ;

4° Les coordonnées des structures d'exercice.

Les listes sont consultables, dans chaque département, dans les locaux des services ou organismes ouverts au public, désignés par arrêté du ministre chargé de la santé ou, pour les ergothérapeutes et les psychomotriciens relevant des dispositions de l'article L. 4138-2 du code de la défense, par arrêté du ministre de la défense.

Les listes sont également consultables sous forme électronique, dans des conditions fixées par l'arrêté prévu à l'article D. 4113-118.

Art. D. 4333-6-1 *(Décr. nº 2017-1520 du 2 nov. 2017, art. 2-XI)* Les professionnels ayant obtenu une autorisation d'exercice partiel de la profession concernée figurent sur une liste distincte qui contient le titre professionnel sous lequel ils sont autorisés à exercer et le champ d'activités correspondant.

SECTION II TRANSMISSION D'INFORMATIONS AUX FINS D'ENREGISTREMENT DES PERSONNES EXERÇANT LA PROFESSION D'ERGOTHÉRAPEUTE OU DE PSYCHOMOTRICIEN

(Décr. nº 2011-462 du 26 avr. 2011)

Art. R. 4333-7 Les informations transmises, en application de l'article L. 4333-1-1, par les organismes délivrant les titres de formation au service ou à l'organisme chargé de l'enregistrement des personnes mentionnées à l'article L. 4333-1 sont :

1° Les données d'état civil du titulaire du titre de formation et les autres données d'identification permettant au service ou à l'organisme chargé de l'enregistrement de s'assurer de l'identité du demandeur ;

2° Le libellé et l'adresse de l'établissement ou de l'organisme ayant dispensé la formation correspondant au titre délivré ;

3° L'intitulé du titre de formation délivré à l'issue du cycle de formation, selon la classification prévue par les textes réglementaires en vigueur.

Art. R. 4333-8 Les informations mentionnées à l'article R. 4333-7 sont transmises au moment de l'obtention du titre de formation.

CHAPITRE IV DISPOSITIONS PÉNALES

Le présent chapitre ne comporte pas de dispositions réglementaires.

TITRE QUATRIÈME PROFESSIONS D'ORTHOPHONISTE ET D'ORTHOPTISTE

CHAPITRE PREMIER ORTHOPHONISTE

SECTION PREMIÈRE ACTES PROFESSIONNELS

Art. R. 4341-1 L'orthophonie consiste :

1° A prévenir, à évaluer et à prendre en charge, aussi précocement que possible, par des actes de rééducation constituant un traitement, les troubles de la voix, de l'articulation, de la parole, ainsi que les troubles associés à la compréhension du langage oral et écrit et à son expression ;

2° A dispenser l'apprentissage d'autres formes de communication non verbale permettant de compléter ou de suppléer ces fonctions.

Art. R. 4341-2 Dans le cadre de la prescription médicale, l'orthophoniste établit un bilan qui comprend le diagnostic orthophonique, les objectifs et le plan de soins. Le compte rendu de ce bilan est communiqué au médecin prescripteur accompagné de toute information en possession de l'orthophoniste et de tout avis susceptible d'être utile au médecin pour l'établissement du diagnostic médical, pour l'éclairer sur l'aspect technique de la rééducation envisagée et lui permettre l'adaptation du traitement en fonction de l'état de santé de la personne et de son évolution.

Art. R. 4341-3 L'orthophoniste est habilité à accomplir les actes suivants :

1° Dans le domaine des anomalies de l'expression orale ou écrite :

a) La rééducation des fonctions du langage chez le jeune enfant présentant un handicap moteur, sensoriel ou mental ;

b) La rééducation des troubles de l'articulation, de la parole ou du langage oral, dysphasies, bégaiements, quelle qu'en soit l'origine ;

c) La rééducation des troubles de la phonation liés à une division palatine ou à une incompétence vélo-pharyngée ;

d) La rééducation des troubles du langage écrit, dyslexie, dysorthographie, dysgraphie, et des dyscalculies ;

e) L'apprentissage des systèmes alternatifs ou augmentatifs de la communication ;

2° Dans le domaine des pathologies oto-rhino-laryngologiques :

a) La rééducation des troubles vélo-tubo-tympaniques ;

b) La rééducation des fonctions oro-faciales entraînant des troubles de l'articulation et de la parole ;

c) La rééducation et la conservation de la voix, de la parole et du langage, la démutisation et l'apprentissage de la lecture labiale, y compris dans le cas d'implants cochléaires ou d'autres dispositifs de réhabilitation ou de suppléance de la surdité ;

d) La rééducation des troubles de la déglutition, dysphagie, apraxie et dyspraxie bucco-lingo-faciale ;

e) La rééducation des troubles de la voix d'origine organique ou fonctionnelle pouvant justifier l'apprentissage des voix oro-œsophagienne ou trachéo-pharyngienne et de l'utilisation de toute prothèse phonatoire ;

3° Dans le domaine des pathologies neurologiques :

a) La rééducation des dysarthries et des dysphagies ;

b) La rééducation des fonctions du langage oral ou écrit liées à des lésions cérébrales localisées, aphasie, alexie, agnosie, agraphie, acalculie ;

c) Le maintien et l'adaptation des fonctions de communication dans les lésions dégénératives du vieillissement cérébral.

Art. R. 4341-4 La rééducation orthophonique est accompagnée de conseils appropriés à l'entourage proche du patient.

L'orthophoniste peut proposer des actions de prévention, d'éducation sanitaire ou de dépistage, les organiser ou y participer. Il peut participer à des actions concernant la formation initiale et continue des orthophonistes et éventuellement d'autres professionnels, la lutte contre l'illettrisme ou la recherche dans le domaine de l'orthophonie.

SECTION II PERSONNES AUTORISÉES À EXERCER LA PROFESSION

SOUS-SECTION 1 TITULAIRES DU CERTIFICAT DE CAPACITÉ D'ORTHOPHONISTE

Art. D. 4341-5 Le certificat de capacité d'orthophoniste est un diplôme national de l'enseignement supérieur, conformément *(Décr. n° 2013-756 du 19 août 2013, art. 6-3°)* « au troisième alinéa (2°) de l'article D. 613-7 du code de l'éducation ».

SOUS-SECTION 2 STAGE EN ORTHOPHONIE AUPRÈS D'UN PRATICIEN

Art. D. 4341-6 Les étudiants en orthophonie effectuent leur stage pratique auprès d'un orthophoniste, appelé maître de stage.

Ce stage s'effectue soit auprès d'un orthophoniste exerçant à titre libéral, soit auprès d'un orthophoniste exerçant dans un établissement de santé public ou privé à but non lucratif. Le stage s'effectue alors sous la responsabilité du médecin chef de service ou du directeur médical de l'établissement au sein duquel exerce le maître de stage.

Art. D. 4341-7 Le maître de stage doit exercer son activité professionnelle depuis trois ans au moins et être agréé par une commission que préside le directeur de l'unité de formation et de recherche dont relève l'étudiant, suivant des modalités définies par un arrêté des ministres chargés de l'enseignement supérieur et de la santé.

Le directeur de l'unité de formation et de recherche dresse la liste des maîtres de stage et prononce l'affectation des étudiants.

Art. D. 4341-8 Le nombre maximum de stagiaires que le maître de stage peut accueillir ne peut excéder trois si le maître de stage exerce dans un établissement de santé public ou privé à but non lucratif. Dans cette limite, il est fixé par accord entre le maître de stage et le chef de service ou le directeur médical de l'établissement.

Dans le cadre de l'exercice libéral, un maître de stage ne peut recevoir plus d'un stagiaire à la fois.

Art. D. 4341-9 Le stagiaire, après consentement du patient, assiste aux activités du maître de stage et participe, sous la responsabilité et en présence du maître de stage, aux actes professionnels que ce dernier accomplit habituellement.

L'étudiant ne peut recevoir de rémunération, ni de son maître de stage, ni des malades au titre de ses activités de stagiaire.

Art. D. 4341-10 Le directeur de l'unité de formation et de recherche peut mettre fin au stage ou le suspendre de sa propre initiative ou sur la demande soit du maître de stage, soit de l'étudiant, soit, le cas échéant, du chef de service ou du directeur médical de l'établissement. Le stagiaire est pourvu, le cas échéant, d'une autre affectation.

Art. D. 4341-11 et D. 4341-12 *Abrogés par Décr. n° 2013-798 du 30 août 2013, art. 30.*

SOUS-SECTION 3 RESSORTISSANTS D'UN ÉTAT MEMBRE DE L'UNION EUROPÉENNE OU D'UN AUTRE ÉTAT PARTIE À L'ACCORD SUR L'ESPACE ÉCONOMIQUE EUROPÉEN *(Décr. n° 2010-334 du 26 mars 2010, art. 11).*

§ 1er LIBRE ÉTABLISSEMENT

(Décr. n° 2009-957 du 29 juill. 2009, art. 8)

Art. R. 4341-13 Le *(Décr. n° 2010-334 du 26 mars 2010, art. 11)* « préfet de la région » *(Décr. n° 2017-1520 du 2 nov. 2017, art. 2-I)* « désignée par arrêté du ministre chargé de la santé » délivre après avis de la commission des orthophonistes l'autorisation d'exercice prévue à l'article L. 4341-4, au vu d'une demande accompagnée d'un dossier présenté et instruit selon les modalités fixées par l'arrêté mentionné *(Décr. n° 2010-334 du 26 mars 2010, art. 11)* « à » l'article R. 4341-15.

(Décr. n° 2010-334 du 26 mars 2010, art. 11) « Il accuse réception de la demande dans le délai d'un mois à compter de sa réception. »

Le silence gardé par *(Décr. n° 2010-334 du 26 mars 2010, art. 11)* « le préfet de région » à l'expiration d'un délai de quatre mois à compter de la réception du dossier complet vaut décision de rejet de la demande.

Art. R. 4341-14 *(Décr. nº 2017-1520 du 2 nov. 2017, art. 2-II)* La commission examine les connaissances, aptitudes et compétences acquises au cours de la formation initiale, de l'expérience professionnelle et de la formation tout au long de la vie ayant fait l'objet d'une validation par un organisme compétent, de l'intéressé, selon les modalités prévues aux articles R. 4311-35 et R. 4311-36.

Art. R. 4341-15 Sont fixées par arrêté du ministre chargé de l'enseignement supérieur et du ministre chargé de la santé :

1º La composition du dossier produit à l'appui de la demande d'autorisation ;

(Décr. nº 2010-334 du 26 mars 2010, art. 11) « 2º La composition du jury de l'épreuve d'aptitude et les modalités d'organisation de cette épreuve ; »

(Décr. nº 2017-1520 du 2 nov. 2017, art. 2-V) « 3º Les modalités et les conditions dans lesquelles un stage d'adaptation, une épreuve d'aptitude ou les deux sont imposés ;

« 4º » Les modalités d'organisation et d'évaluation du stage d'adaptation ;

(Décr. nº 2017-1520 du 2 nov. 2017, art. 2-V) « 5º Les informations à fournir dans les états statistiques. »

§ 2 LIBRE PRESTATION DE SERVICES

(Décr. nº 2009-957 du 29 juill. 2009, art. 8)

Art. R. 4341-16 Les dispositions des articles R. 4331-12 à R. 4331-15 sont applicables à la prestation de services des orthophonistes dont la déclaration est prévue à l'article L. 4341-7. *(Abrogé par Décr. nº 2017-1520 du 2 nov. 2017, art. 2-VII)* « *(Décr. nº 2010-334 du 26 mars 2010, art. 11)* « *L'autorité compétente, pour l'application des articles* R. 4331-12 à R. 4331-13, *est le ministre chargé de la santé, qui se prononce après avis d'une des commissions mentionnées à l'article* R. 4341-17 *qu'il désigne par arrêté* ». »

§ 3 DISPOSITIONS COMMUNES

(Décr. nº 2010-334 du 26 mars 2010, art. 11)

Art. R. 4341-17 *(Décr. nº 2017-1520 du 2 nov. 2017, art. 12)* « La commission des orthophonistes de la région désignée par arrêté du ministre chargé de la santé comprend : »

1º Le directeur régional de la jeunesse, des sports et de la cohésion sociale ou son représentant, président ;

2º Le directeur général de l'agence régionale de santé ou son représentant ;

3º Le recteur de l'académie dans le ressort de laquelle se situe la préfecture de région ou son représentant ;

4º Un médecin ;

5º Deux orthophonistes salariés, dont l'un exerçant ses fonctions dans un établissement de santé et l'autre dans un établissement médico-social ;

6º Deux orthophonistes exerçant à titre libéral.

Un arrêté du préfet de région, pris sur proposition du directeur régional de la jeunesse, des sports et de la cohésion sociale, nomme, pour une durée de cinq ans renouvelable, les membres titulaires et suppléants mentionnés aux 4º à 6º.

Art. R. 4341-18 La direction régionale de la jeunesse, des sports et de la cohésion sociale assure le secrétariat de la commission.

Art. R. 4341-18-1 *(Décr. nº 2017-1520 du 2 nov. 2017, art. 2-VIII)* Le contrôle par l'autorité compétente de la maîtrise de la langue française par le demandeur donne lieu à une décision qui peut faire l'objet d'un recours devant le tribunal administratif territorialement compétent.

SECTION III RÈGLES D'EXERCICE DE LA PROFESSION

Art. R. 4341-19 La profession d'orthophoniste ne peut s'exercer dans les locaux ou les dépendances des locaux commerciaux.

L'interdiction prévue à l'alinéa précédent ne fait pas obstacle à l'exercice de cette profession dans des locaux dépendant d'un établissement sanitaire, social ou médico-social ou d'éducation, ou dans des locaux aménagés par une entreprise pour les soins donnés à son personnel.

Art. R. 4341-20 Lors de l'enregistrement *(Décr. n° 2010-344 du 31 mars 2010, art. 140)* « à l'agence régionale de santé » du titre de capacité ou, le cas échéant, de l'autorisation d'exercice, il est délivré à l'intéressé une carte professionnelle, dont le modèle est établi par le ministre chargé de la santé.

Le changement de résidence professionnelle hors des limites du département oblige à un nouvel enregistrement. La même obligation s'impose aux personnes qui, après deux ans d'interruption, veulent reprendre l'exercice de leur profession.

Dans chaque département, le *(Décr. n° 2010-344 du 31 mars 2010, art. 140)* « directeur général de l'agence régionale de santé » dresse annuellement les listes des personnes qui exercent la profession d'orthophoniste. Ces listes sont insérées au recueil des actes administratifs de la préfecture.

Art. R. 4341-20-1 *(Décr. n° 2017-1520 du 2 nov. 2017, art. 2-XI)* Les professionnels ayant obtenu une autorisation d'exercice partiel de la profession concernée figurent sur une liste distincte qui contient le titre professionnel sous lequel ils sont autorisés à exercer et le champ d'activités correspondant.

Art. R. 4341-21 Seules les personnes remplissant les conditions exigées aux articles L. 4341-2 et L. 4341-6 pour l'exercice de la profession d'orthophoniste peuvent porter le titre d'orthophoniste.

CHAPITRE II **ORTHOPTISTE**

SECTION PREMIÈRE **ACTES PROFESSIONNELS**

Art. R. 4342-1 *(Décr. n° 2016-1670 du 5 déc. 2016, art. 1er-1°)* L'orthoptie consiste en des actes d'exploration, de rééducation et de réadaptation de la vision utilisant éventuellement des appareils et destinés à traiter les anomalies de la fonction visuelle.

Dans son activité, l'orthoptiste est habilité à réaliser un interrogatoire et à recueillir les informations concernant le patient et son entourage dans le respect du secret professionnel.

La prise en charge orthoptique est accompagnée, le cas échéant, de conseils appropriés à l'entourage proche du patient.

Art. R. 4342-1-1 *(Décr. n° 2016-1670 du 5 déc. 2016, art. 1er-2°)* I. — L'orthoptiste est habilité à pratiquer ses actes en application d'une prescription médicale écrite, datée et signée par le médecin prescripteur.

II. — Lorsqu'il exerce dans le cadre du cabinet d'un médecin ophtalmologiste, au sein d'un établissement de santé, dans les services de santé décrits au titre II du livre III de la sixième partie, dans les hôpitaux et centres médicaux des armées ou dans les services de santé au travail, l'orthoptiste peut également réaliser les actes mentionnés aux articles R. 4342-2 et R. 4342-4 à R. 4342-7, en application d'un protocole organisationnel préalablement établi, daté et signé par un ou plusieurs médecins ophtalmologistes exerçant dans ces structures. Ce protocole mentionne les noms et les adresses professionnelles des orthoptistes concernés.

III. — En cas d'urgence et en l'absence d'un médecin, l'orthoptiste est habilité à accomplir les premiers actes de soins nécessaires en orthoptie. Un compte-rendu des actes accomplis dans ces conditions est transmis au médecin dès son intervention.

Art. R. 4342-1-2 *(Décr. n° 2016-1670 du 5 déc. 2016, art. 1er-2°)* Le protocole organisationnel permet à un orthoptiste de participer à la prise en charge de patients suivis par un médecin ophtalmologiste signataire de ce protocole.

Il peut concerner :

1° La préparation par l'orthoptiste de l'examen médical du médecin ophtalmologiste ;

2° Le suivi par l'orthoptiste d'un patient dont la pathologie visuelle est déjà diagnostiquée, sans examen ophtalmologique réalisé le même jour, afin de vérifier que l'état reste stabilisé.

Le patient est informé de sa prise en charge dans le cadre d'un protocole organisationnel.

Art. R. 4342-1-3 *(Décr. n° 2016-1670 du 5 déc. 2016, art. 1er-2°)* Le protocole organisationnel décrit les situations médicales concernées et les actes orthoptiques nécessaires.

Art. R. 4342-1-4 *(Décr. nº 2016-1670 du 5 déc. 2016, art. 1er-2º)* Lorsque le protocole est utilisé pour le suivi par l'orthoptiste d'un patient dont la pathologie visuelle est déjà diagnostiquée, sans examen ophtalmologique réalisé le même jour, afin de vérifier que l'état reste stabilisé, il précise :

1º La durée au-delà de laquelle un examen médical ophtalmologique est nécessaire ;

2º Les situations de sortie du protocole, notamment en cas d'évolution apparaissant sur les examens pratiqués ou de constatation d'éléments sans rapport avec la situation ciblée par le protocole ;

3º Les modalités de transmission au médecin ophtalmologiste des informations relatives à l'interrogatoire et aux examens réalisés.

Un compte-rendu, signé par le médecin ophtalmologiste, est alors adressé au patient.

Art. R. 4342-2 *(Décr. nº 2016-1670 du 5 déc. 2016, art. 1er-3º)* L'orthoptiste est seul habilité, sur prescription médicale ou dans le cadre d'un protocole organisationnel défini à la présente section, à établir un bilan qui comprend le diagnostic orthoptique, l'objectif et le plan de soins. Ce bilan, accompagné du choix des actes et des techniques appropriées, est communiqué au médecin prescripteur.

La réalisation d'un bilan orthoptique comporte l'étude des axes sensoriel, moteur et fonctionnel de la vision.

Dans le cadre de ce bilan, l'orthoptiste peut être amené à effectuer :

1º Une mesure de la réfraction et de l'acuité visuelle ;

2º Une étude des mouvements oculaires enregistrés ou non ;

3º Un bilan des déséquilibres oculomoteurs ;

4º Une déviométrie ;

5º Une analyse fonctionnelle des troubles neuro-visuels.

Art. R. 4342-3 *(Décr. nº 2016-1670 du 5 déc. 2016, art. 1er-3º)* L'orthoptiste est seul habilité, sur prescription médicale et après réalisation du bilan décrit à l'article R. 4342-2, à effectuer la prise en charge orthoptique :

1º Des strabismes ;

2º Des paralysies oculomotrices ;

3º De l'amblyopie ;

4º Des hétérophories ;

5º Des troubles de la vision binoculaire et de ses déséquilibres ;

6º Des troubles neurosensoriels, fusionnels et accommodatifs ;

7º Des troubles de l'orientation du regard et des mouvements oculaires ;

8º Des troubles neuro-ophtalmologiques ou neuro-visuels ;

9º Des conséquences neuro-ophtalmologiques des pathologies générales ;

10º Des troubles de la communication visuelle ;

11º Des déficiences visuelles d'origine périphérique ou neuro-ophtalmologique (basse vision).

L'orthoptiste informe le médecin prescripteur de l'éventuelle adaptation du traitement en fonction de l'évolution et de l'état de santé du patient et de l'évolution du traitement orthoptique à l'issue de la dernière séance prévue dans le plan de soin *[soins]* effectué lors du bilan.

Art. R. 4342-4 *(Décr. nº 2016-1670 du 5 déc. 2016, art. 1er-3º)* Sur prescription médicale, ou dans le cadre d'un protocole organisationnel défini à la présente section, l'orthoptiste est habilité à :

1º Déterminer l'acuité visuelle et la réfraction, avec ou sans dilatation, les médicaments nécessaires à la réalisation étant prescrits par le médecin ;

2º Procéder à l'irrigation de l'œil et *[l']*instillation de collyres ;

3º Recueillir des sécrétions lacrymales ;

4º Réaliser les séances d'apprentissage à la manipulation et à la pose des lentilles de contact oculaire et des verres scléraux.

Art. R. 4342-5 *(Décr. nº 2016-1670 du 5 déc. 2016, art. 1er-3º)* L'orthoptiste est habilité, sur prescription médicale ou dans le cadre d'un protocole organisationnel défini à la présente section, à effectuer les actes professionnels suivants :

1º Périmétrie ;

2º Campimétrie ;

3° Étude de la sensibilité au contraste et de la vision nocturne ;

4° Exploration du sens chromatique ;

5° Rétinographie mydriatique et non mydriatique. Les médicaments nécessaires à la réalisation sont prescrits par le médecin ;

6° Tonométrie sans contact.

L'interprétation des résultats est de la compétence du médecin prescripteur ou d'un médecin ophtalmologiste signataire du protocole organisationnel.

Art. R. 4342-6 *(Décr. n° 2016-1670 du 5 déc. 2016, art. 1er-3°)* L'orthoptiste est habilité, sur prescription médicale ou dans le cadre d'un protocole organisationnel défini à la présente section, à effectuer les actes professionnels suivants :

1° Pachymétrie cornéenne sans contact ;

2° Enregistrement des mouvements oculaires ;

3° Tomographie par cohérence optique oculaire ;

4° Topographie cornéenne ;

5° Biométrie oculaire préopératoire sans contact ;

6° Examen spéculaire de la cornée sans contact ;

7° Aberrométrie oculaire ;

8° Photographie du segment antérieur de l'œil et de la surface oculo-palpébrale ;

9° Photographie des deux yeux dans les différentes positions du regard.

L'interprétation des résultats est de la compétence d'un médecin ophtalmologiste.

Art. R. 4342-7 *(Décr. n° 2016-1670 du 5 déc. 2016, art. 1er-3°)* L'orthoptiste est habilité, sur prescription médicale ou dans le cadre d'un protocole organisationnel défini à la présente section, à participer, sous la responsabilité d'un médecin en mesure d'en contrôler l'exécution et d'intervenir immédiatement, aux enregistrements effectués à l'occasion des explorations fonctionnelles suivantes :

1° Angiographie rétinienne, à l'exception de l'injection qui est effectuée par un professionnel de santé habilité ;

2° Électrophysiologie oculaire ;

3° Biométrie oculaire avec contact ;

4° Pachymétrie avec contact.

L'interprétation des résultats est de la compétence du médecin responsable de l'exécution de l'examen.

Art. R. 4342-8 *(Décr. n° 2016-1670 du 5 déc. 2016, art. 1er-3°)* Selon les secteurs d'activité où il exerce et les besoins rencontrés, l'orthoptiste participe, dans le cadre des actes prévus aux articles R. 4342-1 à R. 4342-7, à différentes actions d'éducation, de prévention, de dépistage, de formation, de recherche et d'encadrement.

Ces actions concernent en particulier :

1° La formation initiale et continue des orthoptistes ;

2° La contribution à la formation d'autres professionnels ;

3° La collaboration, en particulier avec les autres membres des professions sanitaires et sociales, permettant de réaliser des interventions coordonnées, notamment en matière de prévention ;

4° Le développement de la recherche dans le domaine de l'orthoptie.

SECTION II PERSONNES AUTORISÉES À EXERCER LA PROFESSION

SOUS-SECTION 1 *TITULAIRES DU CERTIFICAT DE CAPACITÉ D'ORTHOPTISTE*

Art. D. 4342-9 Le certificat de capacité d'orthoptiste, institué par le décret du 11 août 1956, est un diplôme national de l'enseignement supérieur, conformément *(Décr. n° 2013-756 du 19 août 2013, art. 6-4°)* « au deuxième alinéa (1°) de l'article D. 613-7 du code de l'éducation ».

SOUS-SECTION 2 RESSORTISSANTS D'UN ÉTAT MEMBRE DE L'UNION EUROPÉENNE OU D'UN AUTRE ÉTAT PARTIE À L'ACCORD SUR L'ESPACE ÉCONOMIQUE EUROPÉEN *(Décr. n° 2010-334 du 26 mars 2010, art. 12).*

§ 1er LIBRE ÉTABLISSEMENT

(Décr. n° 2009-957 du 29 juill. 2009, art. 9)

Art. R. 4342-10 Le *(Décr. n° 2010-334 du 26 mars 2010, art. 12)* « préfet de la région » *(Décr. n° 2017-1520 du 2 nov. 2017, art. 2-I)* « désignée par arrêté du ministre chargé de la santé » délivre après avis de la commission des orthoptistes l'autorisation d'exercice prévue à l'article L. 4342-4, au vu d'une demande accompagnée d'un dossier présenté et instruit selon les modalités fixées par l'arrêté mentionné *(Décr. n° 2010-334 du 26 mars 2010, art. 12)* « à » l'article R. 4342-12.

(Décr. n° 2010-334 du 26 mars 2010, art. 12) « Il accuse réception de la demande dans le délai d'un mois à compter de sa réception. »

Le silence gardé par *(Décr. n° 2010-334 du 26 mars 2010, art. 12)* « le préfet de région » à l'expiration d'un délai de quatre mois à compter de la réception du dossier complet vaut décision de rejet de la demande.

Art. R. 4342-11 *(Décr. n° 2017-1520 du 2 nov. 2017, art. 2-II)* La commission examine les connaissances, aptitudes et compétences acquises au cours de la formation initiale, de l'expérience professionnelle et de la formation tout au long de la vie ayant fait l'objet d'une validation par un organisme compétent, de l'intéressé, selon les modalités prévues aux articles R. 4311-35 et R. 4311-36.

Art. R. 4342-12 Sont fixées par arrêté du ministre chargé de l'enseignement supérieur et du ministre chargé de la santé :

1° La composition du dossier produit à l'appui de la demande d'autorisation ;

(Décr. n° 2010-334 du 26 mars 2010, art. 12) « 2° La composition du jury de l'épreuve d'aptitude et les modalités d'organisation de cette épreuve ; »

(Décr. n° 2017-1520 du 2 nov. 2017, art. 2-V) « 3° Les modalités et les conditions dans lesquelles un stage d'adaptation, une épreuve d'aptitude ou les deux sont imposés ;

« 4° » Les modalités d'organisation et d'évaluation du stage d'adaptation ;

(Décr. n° 2017-1520 du 2 nov. 2017, art. 2-V) « 5° Les informations à fournir dans les états statistiques. »

§ 2 LIBRE PRESTATION DE SERVICES

(Décr. n° 2009-957 du 29 juill. 2009, art. 9)

Art. R. 4342-13 Les dispositions des articles R. 4331-12 à R. 4331-15 sont applicables à la prestation de services des orthoptistes dont la déclaration est prévue à l'article L. 4342-5. *(Abrogé par Décr. n° 2017-1520 du 2 nov. 2017, art. 2-VII)* « *(Décr. n° 2010-334 du 26 mars 2010, art. 12)* « *L'autorité compétente, pour l'application des articles* R. 4331-12 à R. 4331-13, *est le ministre chargé de la santé, qui se prononce après avis d'une des commissions mentionnées à l'article* R. 4342-14 *qu'il désigne par arrêté* ». »

§ 3 DISPOSITIONS COMMUNES

(Décr. n° 2010-334 du 26 mars 2010, art. 12)

Art. R. 4342-14 *(Décr. n° 2017-1520 du 2 nov. 2017, art. 12)* « La commission des orthoptistes de la région désignée par arrêté du ministre chargé de la santé comprend : »

1° Le directeur régional de la jeunesse, des sports et de la cohésion sociale ou son représentant, président ;

2° Le directeur général de l'agence régionale de santé ou son représentant ;

3° Le recteur de l'académie dans le ressort de laquelle se situe la préfecture de région ou son représentant ;

4° Un médecin ;

5° Deux orthoptistes, dont l'un au moins exerçant à titre libéral.

Un arrêté du préfet de région, pris sur proposition du directeur régional de la jeunesse, des sports et de la cohésion sociale, nomme, pour une durée de cinq ans renouvelable, les membres titulaires et suppléants mentionnés aux 4° et 5°.

Art. R. 4342-15 La direction régionale de la jeunesse, des sports et de la cohésion sociale assure le secrétariat de la commission.

Art. R. 4342-15-1 *(Décr. n° 2017-1520 du 2 nov. 2017, art. 2-VIII)* Le contrôle par l'autorité compétente de la maîtrise de la langue française par le demandeur donne lieu à une décision qui peut faire l'objet d'un recours devant le tribunal administratif territorialement compétent.

SECTION III RÈGLES D'EXERCICE DE LA PROFESSION

Art. R. 4342-16 La profession d'orthoptiste ne peut s'exercer dans les locaux ou les dépendances des locaux commerciaux.

L'interdiction prévue à l'alinéa précédent ne fait pas obstacle à l'exercice de cette profession dans des locaux dépendant d'un établissement sanitaire, social ou médico-social ou d'éducation, ou dans des locaux aménagés par une entreprise pour les soins donnés à son personnel.

Art. R. 4342-17 Lors de l'enregistrement *(Décr. n° 2010-344 du 31 mars 2010, art. 141)* « à l'agence régionale de santé » du titre de capacité ou, le cas échéant, de l'autorisation d'exercice, il est délivré à l'intéressé une carte professionnelle, dont le modèle est établi par le ministre chargé de la santé.

Le changement de résidence professionnelle hors des limites du département oblige à un nouvel enregistrement. La même obligation s'impose aux personnes qui après deux ans d'interruption, veulent reprendre l'exercice de leur profession.

Dans chaque département, le *(Décr. n° 2010-344 du 31 mars 2010, art. 141)* « directeur général de l'agence régionale de santé » dresse annuellement les listes des personnes qui exercent la profession d'orthoptiste. Ces listes sont insérées au recueil des actes administratifs de la préfecture.

Art. R. 4342-17-1 *(Décr. n° 2017-1520 du 2 nov. 2017, art. 2-XI)* Les professionnels ayant obtenu une autorisation d'exercice partiel de la profession concernée figurent sur une liste distincte qui contient le titre professionnel sous lequel ils sont autorisés à exercer et le champ d'activités correspondant.

Art. R. 4342-18 Seules les personnes remplissant les conditions exigées à l'article L. 4342-2 pour l'exercice de la profession d'orthoptiste peuvent porter le titre d'orthoptiste.

CHAPITRE III DISPOSITIONS COMMUNES

SECTION PREMIÈRE ENREGISTREMENT DES MEMBRES DES PROFESSIONS D'ORTHOPHONISTE ET D'ORTHOPTISTE

(Décr. n° 2010-1131 du 27 sept. 2010, art. 5)

Art. D. 4343-1 Les articles D. 4333-1 à *(Décr. n° 2017-1520 du 2 nov. 2017, art. 2-XIII)* « D. 4333-6-1 » sont applicables aux orthophonistes et aux orthoptistes, sous réserve des adaptations suivantes :

1° Dans la deuxième phrase de l'article D. 4333-1, les mots : "à l'article L. 4333-1" sont remplacés par les mots : "aux articles L. 4341-2 et L. 4342-2" ;

2° Le troisième alinéa de l'article D. 4333-1 est remplacé par un alinéa ainsi rédigé : "Pour les orthophonistes et les orthoptistes relevant des dispositions de l'article L. 4138-2 du code de la défense, les opérations de recueil ou de tenue à jour des informations mentionnées au premier et au deuxième alinéa sont réalisées, dans le même délai, par le service de santé des armées." ;

3° A l'article D. 4333-2, les mots : "de l'article L. 4333-1-1" sont remplacés par les mots : "des articles L. 4341-2-2 et L. 4342-2-2" ;

4° Au premier alinéa de l'article *(Décr. n° 2017-1520 du 2 nov. 2017, art. 2-XIII)* « D. 4333-6-1 », les mots : "de l'article L. 4333-1" sont remplacés par les mots : "des articles L. 4341-2 et L. 4342-2".

SECTION II TRANSMISSION D'INFORMATIONS AUX FINS D'ENREGISTREMENT DES PERSONNES EXERÇANT LA PROFESSION D'ORTHOPHONISTE OU D'ORTHOPTISTE

(Décr. nº 2011-462 du 26 avr. 2011)

Art. R. 4343-2 Les articles R. 4333-7 et R. 4333-8 sont applicables aux orthophonistes et aux orthoptistes, sous réserve de l'adaptation suivante :

Au premier alinéa de l'article R. 4333-7, les mots : "de l'article L. 4333-1-1" sont remplacés par les mots : "de l'article L. 4341-2-2 ou de l'article L. 4342-2-2" et les mots : "à l'article L. 4333-1" sont remplacés par les mots : "à l'article L. 4341-2 ou à l'article L. 4342-2".

CHAPITRE IV DISPOSITIONS PÉNALES

SECTION PREMIÈRE EXERCICE ILLÉGAL

Art. R. 4344-1 *(Décr. nº 2007-1671 du 27 nov. 2007, art. 4)* L'exercice illégal de la profession d'orthophoniste ou d'orthoptiste est puni dans les conditions fixées par l'article L. 4344-4.

SECTION II AUTRES DISPOSITIONS

Art. R. 4344-2 Le fait d'exercer la profession d'orthophoniste ou celle d'orthoptiste dans les locaux ou les dépendances des locaux commerciaux, sans respecter les dispositions des articles R. 4341-19 ou *(Décr. nº 2007-1671 du 27 nov. 2007, art. 2)* « R. 4342-16 », est puni de l'amende prévue pour les contraventions de la quatrième classe.

TITRE CINQUIÈME PROFESSIONS DE MANIPULATEUR D'ÉLECTRORADIOLOGIE MÉDICALE ET DE TECHNICIEN DE LABORATOIRE MÉDICAL *(Décr. nº 2010-334 du 26 mars 2010, art. 13)*.

CHAPITRE PREMIER RÈGLES LIÉES À L'EXERCICE DE LA PROFESSION DE MANIPULATEUR D'ÉLECTRORADIOLOGIE MÉDICALE *(Décr. nº 2010-334 du 26 mars 2010, art. 13)*.

SECTION PREMIÈRE ACTES PROFESSIONNELS

Art. R. 4351-1 *(Décr. nº 2016-1672 du 5 déc. 2016, art. 1er-1º)* Le manipulateur d'électroradiologie médicale contribue, dans les conditions définies aux articles R. 4351-2 à R. 4351-3, à la réalisation :

1º Des examens nécessaires à l'établissement d'un diagnostic mettant en œuvre des rayonnements ionisants ou d'autres agents physiques ;

2º Des traitements mettant en œuvre des rayonnements ionisants ou d'autres agents physiques.

Il intervient dans les domaines de l'imagerie médicale, de la médecine nucléaire, de la radiothérapie et des explorations fonctionnelles, sur prescription médicale et sous la responsabilité d'un médecin de la spécialité concernée.

Art. R. 4351-2 *(Décr. nº 2016-1672 du 5 déc. 2016, art. 1er-1º)* Dans le cadre des actes et activités prévus aux articles R. 4351-2-1 à R. 4351-2-3 qu'il réalise, le manipulateur d'électroradiologie médicale est habilité à accomplir, sous la responsabilité du médecin mentionné à l'article R. 4351-1, les activités suivantes :

1º Accueil et information du patient sur le déroulement de l'examen ou du traitement, y compris en phase pré-thérapeutique ;

2º Recueil auprès du patient puis analyse des informations et données nécessaires à la sécurité et à la réalisation de l'examen ou du traitement ;

3º Identification des besoins du patient en rapport avec les techniques utilisées et selon la situation clinique ;

4° Installation et positionnement du patient, conformément aux exigences de la technique utilisée, en tenant compte de son état clinique ;

5° Surveillance clinique du patient et continuité des soins durant les examens et traitements ;

6° Paramétrage et déclenchement de l'appareillage ;

7° Recueil, analyse qualitative, traitement et transfert du signal ou de l'image, à l'exclusion des actes mentionnés au *b* du 1° de l'article R. 4351-2-2 ;

8° Préparation du matériel de ponction, de cathétérisme, d'injection, d'exploration et médicochirurgical ;

9° Reconstitution et mise sous forme appropriée à leur administration des médicaments nécessaires à la réalisation de l'examen ou du traitement, en dehors des situations prévues à l'article R. 4351-2-4 ;

10° Réalisation ou recueil des prélèvements de sang veineux et capillaire, ainsi que des prélèvements d'excrétions ou de sécrétions ;

11° Réalisation, en cas d'urgence, des actes conservatoires nécessaires jusqu'à l'intervention du médecin ;

12° Évaluation de la douleur et mise en œuvre des techniques de prévention, de soulagement et de traitement de la douleur ;

13° Transmission écrite et orale aux professionnels de santé de toutes les informations relatives au déroulement des examens et traitements ;

14° Traçabilité de la réalisation de l'examen ou du traitement ;

15° Mise en œuvre des règles relatives à la gestion des stocks et des déchets, y compris radioactifs ;

16° Vérification du fonctionnement conforme et entretien courant du matériel confié ;

17° Mise en œuvre des règles d'hygiène, de sécurité et de vigilances conformes aux bonnes pratiques ;

18° Mise en œuvre des règles de radioprotection pour les patients, le personnel, le public, l'environnement et lui-même ;

19° Contribution à l'élaboration des programmes d'assurance de la qualité et à l'application des protocoles de contrôle de qualité.

Art. R. 4351-2-1 *(Décr. n° 2016-1672 du 5 déc. 2016, art. 1er-2°)* Le manipulateur d'électroradiologie médicale est habilité à réaliser, sous la responsabilité du médecin mentionné à l'article R. 4351-1, en application soit d'une prescription médicale individuelle, soit d'un protocole écrit, qualitatif et quantitatif, préalablement établi, daté et signé par ce médecin, les actes et activités suivants :

1° Dans le domaine de l'imagerie médicale :

Réalisation des actes d'exploration ne nécessitant pas l'administration concomitante de médicaments, à l'exclusion des échographies ;

2° Dans le domaine de la médecine nucléaire :

a) Mesure et vérification de l'activité des composés radioactifs ;

b) Mesure et vérification de l'activité prescrite par le médecin mentionné à l'article R. 4351-1 ;

c) Réalisation des actes d'exploration ne nécessitant pas l'administration concomitante de médicaments ;

3° Dans le domaine de la radiothérapie :

a) Confection des moyens de contention et des caches personnalisés ;

b) Mise à jour des éléments de traçabilité du traitement ;

4° Dans le domaine des explorations fonctionnelles :

Réalisation des explorations d'électrophysiologie et magnétophysiologie ne nécessitant pas de stimulation.

Art. R. 4351-2-2 *(Décr. n° 2016-1672 du 5 déc. 2016, art. 1er-2°)* Le manipulateur d'électroradiologie médicale est habilité à pratiquer, sous la responsabilité du médecin mentionné à l'article R. 4351-1, en application soit d'une prescription médicale individuelle, soit d'un protocole écrit, qualitatif et quantitatif, préalablement établi, daté et signé par ce médecin, les actes et activités suivants, à condition qu'un médecin et, le cas échéant, un physicien médical, dans le champ qui le concerne, puissent intervenir à tout moment :

1° Dans les domaines de l'imagerie médicale et de la médecine nucléaire :

a) Réalisation des explorations nécessitant l'administration de médicaments, y compris radiopharmaceutiques ;

b) Recueil du signal et des images en échographie, sous réserve de l'obtention d'un titre ou d'un diplôme dont la liste est fixée par arrêté du ministre chargé de la santé ;

c) Sur prescription médicale, administration de médicaments requise par l'état du patient bénéficiant de l'examen ou du traitement ;

2° Dans le domaine de la radiothérapie :

a) Contribution aux procédures relatives à la préparation des traitements ;

b) Mise en œuvre des séances de traitement, pouvant comporter l'imagerie de positionnement ou de repositionnement du patient, qui ne relèvent pas des actes et activités mentionnés au *c* du 3° de l'article R. 4351-2-3 ;

c) Réalisation des contrôles par dosimétrie ;

3° Dans le domaine des explorations fonctionnelles :

Réalisation des explorations nécessitant la mise en place de systèmes de détection à caractère invasif.

Art. R. 4351-2-3 *(Décr. n° 2016-1672 du 5 déc. 2016, art. 1er-2°)* Le manipulateur d'électroradiologie médicale est habilité à participer, sous la responsabilité et en présence du médecin mentionné à l'article R. 4351-1, et, le cas échéant, d'un physicien médical, dans le champ qui le concerne, en application d'un protocole écrit, qualitatif et quantitatif, préalablement établi, daté et signé par ce médecin, à la réalisation des actes et activités suivants :

1° Dans le domaine de l'imagerie médicale :

Acte d'imagerie interventionnelle, en milieu radiologique et au bloc opératoire ;

2° Dans le domaine de la médecine nucléaire :

a) Épreuves d'effort ;

b) Administration de médicaments radiopharmaceutiques à visée thérapeutique ;

3° Dans le domaine de la radiothérapie :

a) Pose du matériel vecteur et application de sources radioactives ;

b) Installation et vérification du positionnement des patients lors de la mise en œuvre des séances d'irradiation corporelle totale ;

c) Installation et vérification du positionnement des patients lors de la mise en œuvre de traitements hypofractionnés délivrés avec une dose par fraction supérieure à un seuil fixé par arrêté du ministre chargé de la santé ;

4° Dans le domaine des explorations fonctionnelles :

Réalisation d'explorations électrophysiologiques et magnétophysiologiques permettant de guider un geste médical.

Art. R. 4351-2-4 *(Décr. n° 2016-1672 du 5 déc. 2016, art. 1er-2°)* Lorsqu'il exerce dans le cadre d'une pharmacie à usage intérieur, le manipulateur d'électroradiologie médicale est habilité, sous l'autorité technique d'un pharmacien, à aider à réaliser :

1° Les activités définies au 5° de l'article R. 5126-9 ;

2° La reconstitution des médicaments radiopharmaceutiques ;

3° La mise sous forme appropriée à leur utilisation des médicaments radiopharmaceutiques prêts à l'emploi.

Art. R. 4351-3 Selon les secteurs d'activité où il exerce et les besoins rencontrés, le manipulateur d'électroradiologie médicale propose et organise différentes actions, *notamment d'éducation*, de recherche, de prévention, de dépistage, de formation et d'encadrement ou y participe. Ces actions concernent en particulier :

1° La formation initiale et continue des manipulateurs d'électroradiologie médicale et d'autres professionnels ;

2° La collaboration, *(Décr. n° 2016-1672 du 5 déc. 2016, art. 1er-3°-a)* « notamment » avec les membres des autres professions sanitaires et sociales, à la réalisation d'interventions coordonnées, y compris en matière de prévention ;

3° La recherche dans son domaine professionnel, notamment en ce qui concerne *(Décr. n° 2016-1672 du 5 déc. 2016, art. 1er-3°-b)* « la prise en charge des patients, » l'hygiène, la sécurité, la radioprotection et l'assurance de la qualité.

Il participe également à des actions de secours, de médecine de catastrophe et d'aide humanitaire.

(Décr. n° 2016-1672 du 5 déc. 2016, art. 1er-3°-c) « Le manipulateur d'électroradiologie médicale adapte sa pratique professionnelle à l'évolution des sciences et des techniques, en lien avec les spécialités médicales ou les autres professions concernées. »

Art. R. 4351-4 et R. 4351-5 *Abrogés par Décr. n° 2016-1672 du 5 déc. 2016, art. 1er-4°.*

SECTION II PERSONNES AUTORISÉES À EXERCER LA PROFESSION

SOUS-SECTION 1 TITULAIRES DU DIPLÔME D'ÉTAT

Art. D. 4351-7 Le diplôme d'État de manipulateur d'électroradiologie médicale est délivré par le préfet de région aux personnes qui, sauf dispense, ont suivi une formation *(Décr. n° 2012-851 du 4 juill. 2012, art. 4-1°)* « et validé les enseignements théoriques et pratiques ainsi que les stages constitutifs de la formation. »

Art. D. 4351-8 La durée de l'enseignement préparatoire au diplôme d'État de manipulateur d'électroradiologie médicale est de trois ans.

Sont fixées par arrêté du ministre chargé de la santé :

(Décr. n° 2006-393 du 30 mars 2006, art. 7-2°) « 1° Les conditions d'admission des étudiants ;

« 2° Le programme et le déroulement des études ;

« 3° Les conditions d'indemnisation des stages effectués par les étudiants ;

« 4° *(Décr. n° 2012-851 du 4 juill. 2012, art. 4-2°)* « Les modalités de validation des enseignements et des stages en vue de la délivrance du diplôme d'État. »

Les modalités d'admission des candidats pour les études conduisant au diplôme, ainsi que la nature des épreuves sont fixées par arrêté du ministre chargé de la santé.

Art. D. 4351-9 Les conditions dans lesquelles les dispenses d'enseignement, de stages et d'épreuves peuvent être accordées par dérogation aux dispositions de l'article D. 4351-12 sont fixées par arrêté du ministre chargé de la santé.

Art. D. 4351-10 Le montant des droits annuels d'inscription exigés des candidats au diplôme d'État de manipulateur d'électroradiologie médicale effectuant leurs études dans un institut de formation relevant d'un établissement public de santé est fixé par arrêté du ministre chargé de la santé.

Art. D. 4351-11 Les instituts de formation autorisés à délivrer l'enseignement préparant au diplôme d'État sont chargés de la mise en œuvre des modalités d'admission sous le contrôle des *(Décr. n° 2010-344 du 31 mars 2010, art. 142)* « directeurs généraux des agences régionales de santé ». Ils ont la charge de l'organisation des épreuves et de l'affichage des résultats.

La composition des jurys et la nomination de leurs membres sont *(Décr. n° 2010-344 du 31 mars 2010, art. 142)* « fixées par les directeurs d'instituts dans les conditions fixées par arrêté du ministre chargé de la santé ».

Art. D. 4351-12 La nomination des médecins conseillers scientifiques des instituts est subordonnée à leur agrément par le *(Décr. n° 2010-344 du 31 mars 2010, art. 143)* « directeur général de l'agence régionale de santé ».

Art. R. 4351-13 Le silence gardé pendant plus de quatre mois sur les demandes de dispense de scolarité, de stages et d'épreuves mentionnées à l'article D. 4351-9 vaut décision de rejet.

SOUS-SECTION 2 TITULAIRES DU DIPLÔME DE TECHNICIEN SUPÉRIEUR EN IMAGERIE MÉDICALE ET RADIOLOGIE THÉRAPEUTIQUE

Art. D. 4351-13-1 *(Décr. n° 2013-756 du 19 août 2013, art. 6-5°)* Le diplôme de technicien supérieur en imagerie médicale et radiologie thérapeutique, diplôme national de l'enseignement supérieur conformément au cinquième alinéa (4°) de l'article D. 613-7 du code de l'éducation, est régi par les articles D. 636-48 à D. 636-67 du même code*[.]*

Art. D. 4351-14 à D. 4351-21 *Abrogés par Décr. n° 2013-756 du 19 août 2013, art. 6-6°.*

SOUS-SECTION 3 RESSORTISSANTS D'UN ÉTAT MEMBRE DE L'UNION EUROPÉENNE OU D'UN AUTRE ÉTAT PARTIE À L'ACCORD SUR L'ESPACE ÉCONOMIQUE EUROPÉEN *(Décr. nº 2010-334 du 26 mars 2010, art. 14)*.

§ 1er LIBRE ÉTABLISSEMENT

(Décr. nº 2009-957 du 29 juill. 2009, art. 10)

Art. R. 4351-22 Le *(Décr. nº 2010-334 du 26 mars 2010, art. 14)* « préfet de la région » *(Décr. nº 2017-1520 du 2 nov. 2017, art. 2-I)* « désignée par arrêté du ministre chargé de la santé » délivre après avis de la commission des manipulateurs d'électroradiologie médicale l'autorisation d'exercice prévue à l'article L. 4351-4, au vu d'une demande accompagnée d'un dossier présenté et instruit selon les modalités fixées par l'arrêté mentionné à l'article R. 4351-24.

(Décr. nº 2010-334 du 26 mars 2010, art. 14) « Il accuse réception de la demande dans le délai d'un mois à compter de sa réception. »

Le silence gardé par *(Décr. nº 2010-334 du 26 mars 2010, art. 14)* « le préfet de région » à l'expiration d'un délai de quatre mois à compter de la réception du dossier complet vaut décision de rejet de la demande.

Art. R. 4351-23 *(Décr. nº 2017-1520 du 2 nov. 2017, art. 2-II)* La commission examine les connaissances, aptitudes et compétences acquises au cours de la formation initiale, de l'expérience professionnelle et de la formation tout au long de la vie ayant fait l'objet d'une validation par un organisme compétent, de l'intéressé, selon les modalités prévues aux articles R. 4311-35 et R. 4311-36.

Art. R. 4351-24 Sont fixées par arrêté du ministre chargé de la santé :

1º La composition du dossier produit à l'appui de la demande d'autorisation ;

(Décr. nº 2010-334 du 26 mars 2010, art. 14) « 2º La composition du jury de l'épreuve d'aptitude et les modalités d'organisation de cette épreuve ; »

(Décr. nº 2017-1520 du 2 nov. 2017, art. 2-III) « 3º Les modalités et les conditions dans lesquelles un stage d'adaptation, une épreuve d'aptitude ou les deux sont imposés ;

« 4º » Les modalités d'organisation et d'évaluation du stage d'adaptation ;

(Décr. nº 2017-1520 du 2 nov. 2017, art. 2-III) « 5º » *(Décr. nº 2010-334 du 26 mars 2010, art. 14)* « Les informations à fournir dans les états statistiques. »

§ 2 LIBRE PRESTATION DE SERVICES

(Décr. nº 2009-957 du 29 juill. 2009, art. 10)

Art. R. 4351-25 Les dispositions des articles R. 4331-12 à R. 4331-15 sont applicables à la prestation de services des manipulateurs d'électroradiologie médicale dont la déclaration est prévue à l'article L. 4351-8. *(Abrogé par Décr. nº 2017-1520 du 2 nov. 2017, art. 2-VII)* « *(Décr. nº 2010-334 du 26 mars 2010, art. 14)* « *L'autorité compétente, pour l'application des articles* R. 4331-12 à R. 4331-13, *est le ministre chargé de la santé, qui se prononce après avis d'une des commissions mentionnées à l'article* R. 4351-26 *qu'il désigne par arrêté* ». »

§ 3 DISPOSITIONS COMMUNES

(Décr. nº 2010-334 du 26 mars 2010, art. 14)

Art. R. 4351-26 *(Décr. nº 2017-1520 du 2 nov. 2017, art. 12)* « La commission des manipulateurs d'électrologie médicale de la région désignée par arrêté du ministre chargé de la santé comprend : »

1º Le directeur régional de la jeunesse, des sports et de la cohésion sociale ou son représentant, président ;

2º Le directeur général de l'agence régionale de santé ou son représentant ;

3º Le recteur de l'académie dans le ressort de laquelle se situe la préfecture de région ou son représentant ;

4º Un médecin ;

5º Un manipulateur d'électroradiologie médicale exerçant dans le domaine de l'imagerie médicale ;

6° Un manipulateur d'électroradiologie médicale exerçant dans le domaine de la radiothérapie ;

7° Un manipulateur d'électroradiologie médicale exerçant des fonctions d'enseignant à titre permanent.

Un arrêté du préfet de région, pris sur proposition du directeur régional de la jeunesse, des sports et de la cohésion sociale, nomme, pour une durée de cinq ans renouvelable, les membres titulaires et suppléants mentionnés aux 4° à 7°.

Art. R. 4351-27 La direction régionale de la jeunesse, des sports et de la cohésion sociale assure le secrétariat de la commission.

Art. R. 4351-27-1 *(Décr. nº 2017-1520 du 2 nov. 2017, art. 2-VIII)* Le contrôle par l'autorité compétente de la maîtrise de la langue française par le demandeur donne lieu à une décision qui peut faire l'objet d'un recours devant le tribunal administratif territorialement compétent.

SECTION III ACTES DE RADIOLOGIE SUSCEPTIBLES D'ÊTRE EXÉCUTÉS PAR DES PERSONNES SPÉCIALEMENT AUTORISÉES

Art. R. 4351-28 Les personnes mentionnées à l'article L. 4351-7 peuvent uniquement participer, dans les conditions prévues par cet article et pour l'exécution des examens de radiographie énumérés à l'article R. 4351-29 :

1° A l'installation du patient ;

2° A la préparation du matériel nécessaire à l'obtention de l'image ;

3° Au réglage et au déclenchement des appareils ;

4° Au recueil de l'image ainsi qu'à son traitement limité, en ce qui concerne l'image numérique, au réglage de la densité du contraste.

Elles ne peuvent participer à l'administration de substances médicamenteuses ou de produits de contraste.

Art. R. 4351-29 Les personnes mentionnées à l'article L. 4351-7 peuvent participer à l'exécution, par un radiologue libéral, des seuls examens suivants :

1° Mammographies ;

(Décr. nº 2012-882 du 17 juill. 2012, art. 1er-2°) « Un arrêté du ministre chargé de la santé fixe le contenu et les modalités de la formation de ces personnes pour la mise en œuvre du programme de dépistage organisé du cancer du sein. »

2° Chez l'adulte :

a) Radiographies du squelette des membres, du rachis, du bassin et du crâne ;

b) Radiographies du thorax et de l'abdomen sans préparation ;

3° Chez l'enfant de plus de cinq ans :

a) Radiographies du crâne et du rachis cervical, hors cas de lésion traumatique ;

b) Hors cas d'urgence traumatologique, radiographies du thorax et de l'abdomen sans préparation et radiographies du squelette des membres supérieurs et des membres inférieurs, du genou au pied.

Est notamment exclue toute participation à l'exécution d'actes d'imagerie faisant appel aux techniques diagnostiques et interventionnelles de scanographie, d'exploration vasculaire, de médecine nucléaire, d'imagerie par résonance magnétique ou d'échographie *(Abrogé par Décr. nº 2012-882 du 17 juill. 2012, art. 1er-3°)* ***« ou encore à des techniques qui n'étaient pas utilisées de façon courante avant le 21 novembre 1997 ».***

CHAPITRE II RÈGLES LIÉES À L'EXERCICE DE LA PROFESSION DE TECHNICIEN DE LABORATOIRE MÉDICAL

(Décr. nº 2010-334 du 26 mars 2010, art. 15)

SECTION PREMIÈRE *PERSONNES* AUTORISÉES À EXERCER LA PROFESSION

SOUS-SECTION 1 TITULAIRES DU DIPLÔME D'ÉTAT

Art. D. 4352-1 Le diplôme d'État de technicien de laboratoire médical est délivré par le préfet de région aux personnes qui ont suivi la formation correspondante *(Décr.*

n° 2012-851 du 4 juill. 2012, art. 4-3°) « et validé les enseignements théoriques et pratiques ainsi que les stages constitutifs de la formation. »

Art. D. 4352-2 La durée de l'enseignement préparatoire au diplôme d'État de technicien de laboratoire médical est fixée à trois ans.

Des arrêtés du ministre chargé de la santé fixent notamment :

1° Les conditions et modalités d'admission des étudiants ;

2° Les conditions dans lesquelles des dispenses d'enseignement, de stages et d'épreuves peuvent être accordées ;

3° Le programme des études ;

4° Les modalités d'évaluation des élèves en cours de formation ;

5° *(Décr. n° 2012-851 du 4 juill. 2012, art. 4-4°)* « Les modalités de validation des enseignements et des stages en vue de la délivrance du diplôme d'État. »

6° Les conditions d'attribution, par équivalence, du diplôme d'État de technicien de laboratoire médical à des personnes munies d'un autre titre.

Art. D. 4352-3 Le montant des droits annuels d'inscription exigés des candidats au diplôme d'État de technicien de laboratoire médical effectuant leurs études dans une école rattachée à un établissement public de santé est fixé par arrêté du ministre chargé de la santé.

Art. D. 4352-4 Les instituts de formation autorisés à délivrer l'enseignement préparatoire au diplôme d'État sont chargés, sous le contrôle des directeurs généraux des agences régionales de santé, de l'organisation des épreuves et de l'affichage des résultats.

La composition des jurys est fixée par les directeurs d'instituts qui en désignent les membres.

Art. D. 4352-5 Des médecins ou pharmaciens biologistes sont désignés en qualité de conseillers scientifiques des instituts par le directeur général de l'agence régionale de santé.

Art. D. 4352-6 Le silence gardé pendant plus de quatre mois sur les demandes de dispense d'enseignement, de stages et d'épreuves mentionnées à l'article D. 4352-2 vaut décision de rejet.

SOUS-SECTION 2 RESSORTISSANTS D'UN ÉTAT MEMBRE DE L'UNION EUROPÉENNE OU D'UN AUTRE ÉTAT PARTIE À L'ACCORD SUR L'ESPACE ÉCONOMIQUE EUROPÉEN

§ 1er LIBRE ÉTABLISSEMENT

Art. R. 4352-7 Le préfet de la région *(Décr. n° 2017-1520 du 2 nov. 2017, art. 2-I)* « désignée par arrêté du ministre chargé de la santé » délivre, après avis de la commission des techniciens de laboratoire médical, l'autorisation d'exercice prévue à l'article L. 4352-6, au vu d'une demande accompagnée d'un dossier présenté et instruit selon les modalités fixées par l'arrêté mentionné à l'article R. 4352-9.

Il accuse réception de la demande dans le délai d'un mois à compter de sa réception.

Le silence gardé par le préfet de région à l'expiration d'un délai de quatre mois à compter de la réception du dossier complet vaut *(Décr. n° 2017-1520 du 2 nov. 2017, art. 2-XII)* « décision d'acceptation » de la demande.

Art. R. 4352-8 *(Décr. n° 2017-1520 du 2 nov. 2017, art. 2-II)* La commission examine les connaissances, aptitudes et compétences acquises au cours de la formation initiale, de l'expérience professionnelle et de la formation tout au long de la vie ayant fait l'objet d'une validation par un organisme compétent, de l'intéressé, selon les modalités prévues aux articles R. 4311-35 et R. 4311-36.

Art. R. 4352-9 Sont fixées par arrêté du ministre chargé de la santé :

1° La composition du dossier produit à l'appui de la demande d'autorisation ;

2° La composition du jury de l'épreuve d'aptitude et les modalités d'organisation de cette épreuve ;

(Décr. n° 2017-1520 du 2 nov. 2017, art. 2-III) « 3° Les modalités et les conditions dans lesquelles un stage d'adaptation, une épreuve d'aptitude ou les deux sont imposés ;

« 4° » Les modalités d'organisation et d'évaluation du stage d'adaptation ;

(Décr. n° 2017-1520 du 2 nov. 2017, art. 2-III) « 5° » Les informations à fournir dans les états statistiques.

§ 2 LIBRE PRESTATION DE SERVICES

Art. R. 4352-10 Les dispositions des articles R. 4331-12 à R. 4331-15 sont applicables à la prestation de services des techniciens de laboratoire médical dont la déclaration est prévue à l'article L. 4352-7. *(Abrogé par Décr. n° 2017-1520 du 2 nov. 2017, art. 2-VII)* « *L'autorité compétente, pour l'application des articles* R. 4331-12 à R. 4331-13, *est le ministre chargé de la santé, qui se prononce après avis d'une des commissions mentionnées à l'article* R. 4352-11 *qu'il désigne par arrêté.* »

§ 3 DISPOSITIONS COMMUNES

Art. R. 4352-11 *(Décr. n° 2017-1520 du 2 nov. 2017, art. 12)* « La commission des techniciens de laboratoire médical de la région désignée par arrêté du ministre chargé de la santé comprend : »

1° Le directeur régional de la jeunesse, des sports et de la cohésion sociale ou son représentant, président ;

2° Le directeur général de l'agence régionale de santé ou son représentant ;

3° Le recteur de l'académie dans laquelle se situe la préfecture de région ou son représentant ;

4° Un biologiste médical ;

5° Un médecin spécialiste qualifié en anatomie et cytologie pathologique ;

6° Un technicien de laboratoire médical exerçant ses fonctions dans un établissement de santé ;

7° Un technicien de laboratoire médical exerçant ses fonctions dans le secteur libéral.

Un arrêté du préfet de région, pris sur proposition du directeur régional de la jeunesse, des sports et de la cohésion sociale, nomme, pour une durée de cinq ans renouvelable, les membres titulaires et suppléants mentionnés aux 4° à 7°.

Art. R. 4352-12 La direction régionale de la jeunesse, des sports et de la cohésion sociale assure le secrétariat de la commission.

Art. R. 4352-12-1 *(Décr. n° 2017-1520 du 2 nov. 2017, art. 2-VIII)* Le contrôle par l'autorité compétente de la maîtrise de la langue française par le demandeur donne lieu à une décision qui peut faire l'objet d'un recours devant le tribunal administratif territorialement compétent.

SECTION II PERSONNES HABILITÉES À EFFECTUER CERTAINS ACTES DE PRÉLÈVEMENTS SANGUINS

(Décr. n° 2012-461 du 6 avr. 2012, art. 2)

Art. R. 4352-13 Dans les laboratoires de biologie médicale, en vue de la réalisation des phases analytique et postanalytique des examens de biologie médicale et sur prescription médicale, les prélèvements de sang veineux ou capillaire au lobule de l'oreille, à la pulpe des doigts, au pli du coude, au dos de la main et en région malléolaire peuvent être effectués par :

1° Les techniciens de laboratoire médical mentionnés à l'article L. 4352-2, entrés en fonctions après la date d'entrée en vigueur du premier arrêté pris en application du 2° dudit article ;

2° Les techniciens de laboratoire médical mentionnés à l'article L. 4352-2, entrés en fonctions avant la date d'entrée en vigueur de l'arrêté mentionné au 1° et titulaires du certificat de capacité pour effectuer des prélèvements sanguins ou du certificat analogue délivré antérieurement au 9 décembre 1980 ;

3° Les techniciens de laboratoire médical mentionnés à l'article L. 4352-3 qui sont titulaires du certificat de capacité pour effectuer des prélèvements sanguins ou du certificat analogue délivré antérieurement au 9 décembre 1980 ;

(Décr. nº 2014-1042 du 12 sept. 2014, art. 12) « 4º Les personnes exerçant les fonctions de techniciens de laboratoire médical mentionnées aux articles L. 4352-3-1 et L. 4352-3-2, titulaires du certificat de capacité mentionné aux 2º et 3º. »

Le certificat de capacité pour effectuer des prélèvements sanguins prévu au présent article est délivré après un stage effectué dans un service d'un établissement public de santé ou d'un établissement de santé privé d'intérêt collectif, un centre d'information, de dépistage, de diagnostic des infections sexuellement transmissibles, un établissement de transfusion sanguine ou un laboratoire de biologie médicale, et après des épreuves théoriques et pratiques, dans les conditions fixées par un arrêté du ministre chargé de la santé.

Les prélèvements sont effectués sous la responsabilité d'un biologiste médical du laboratoire de biologie médicale.

CHAPITRE III DISPOSITIONS PÉNALES

Le présent chapitre ne comporte pas de dispositions réglementaires.

CHAPITRE IV DISPOSITIONS COMMUNES

(Décr. nº 2010-1131 du 27 sept. 2010, art. 6)

SECTION PREMIÈRE ENREGISTREMENT DES MEMBRES DES PROFESSIONS DE MANIPULATEUR D'ÉLECTRORADIOLOGIE MÉDICALE ET DE TECHNICIEN DE LABORATOIRE MÉDICAL ET DES DIPLÔMÉS NON EXERÇANT*[S]* *(Décr. nº 2011-462 du 26 avr. 2011).*

(Décr. nº 2010-1131 du 27 sept. 2010, art. 6)

Art. D. 4354-1 L'agence régionale de santé du lieu d'exercice professionnel des personnes autorisées à exercer la profession de manipulateur d'électroradiologie médicale ou de technicien de laboratoire médical procède à l'enregistrement prévu à l'article L. 4351-10 et à l'article L. 4352-4 au vu du titre de formation ou de l'autorisation présenté par l'intéressé ou, à défaut, de l'attestation qui en tient lieu.

Les manipulateurs d'électroradiologie médicale et les techniciens de laboratoire médical informent l'agence, dans le délai d'un mois, de tout changement de leur situation professionnelle ou de leur résidence, notamment en cas de modification de leurs coordonnées de correspondance, de prise ou arrêt de fonction supplémentaire, d'intégration au corps de réserve sanitaire prévu à l'article L. 3132-1 ou de cessation, temporaire ou définitive, d'activité.

Les manipulateurs d'électroradiologie médicale et les techniciens de laboratoire médical ayant interrompu ou cessé leur activité restent tenus, pendant une période de trois ans suivant la date d'interruption ou de cessation de leur activité, d'informer, dans le délai d'un mois, l'agence régionale de santé de leur dernière résidence professionnelle de toute modification de leurs coordonnées de correspondance.

Pour les manipulateurs d'électroradiologie médicale et les techniciens de laboratoire médical relevant des dispositions de l'article L. 4138-2 du code de la défense, les opérations de recueil ou de tenue à jour des informations mentionnées au premier et au deuxième alinéa sont réalisées, dans le même délai, par le service de santé des armées.

Art. D. 4354-2 Sous réserve des dispositions des articles L. 4351-11 et L. 4352-5, *l'agence régionale de santé et le* service de santé des armées mettent en œuvre les procédures appropriées afin de s'assurer de l'authenticité des pièces justificatives produites par le demandeur ainsi que, le cas échéant, de la régularité de l'autorisation d'exercice, notamment par leur confrontation des informations obtenues auprès de l'autorité ayant délivré le titre de formation ou l'attestation qui en tient lieu.

Art. D. 4354-3 Le directeur de l'agence régionale de santé et le service de santé des armées transmettent au ministre chargé de la santé ainsi qu'à l'organisme chargé de la gestion du répertoire mentionné à l'article D. 4113-118 une mise à jour mensuelle des éléments issus des opérations prévues aux trois premiers alinéas de l'article D. 4354-1.

Art. D. 4354-4 A partir des traitements mis en œuvre dans le cadre des procédures d'autorisation d'exercice, de gestion ou de suivi de l'activité des manipulateurs d'électroradiologie médicale et des techniciens de laboratoire médical, les services compétents de l'État et des établissements publics de l'État placés sous la tutelle du ministre chargé de la santé transmettent à l'organisme gestionnaire du répertoire mentionné à l'article D. 4113-118 une mise à jour hebdomadaire des données propres à compléter celles mentionnées au premier alinéa de l'article D. 4354-3, notamment en ce qui concerne l'identification, les positions statutaires, les droits, les modes et les lieux d'exercice de ces professionnels.

Art. D. 4354-5 Les données transmises en application des articles D. 4354-3 et D. 4354-4 sont réputées validées par l'organisme ou l'autorité qui en a assuré la transmission.

Art. D. 4354-6 Pour l'application de l'article L. 4351-10, les listes de la profession de manipulateur d'électroradiologie médicale sont obtenues à partir des informations contenues dans le répertoire mentionné à l'article D. 4113-118. Le contenu de chaque liste est limité aux professionnels en exercice et, pour chacun d'eux, aux données suivantes :

1° L'identifiant personnel dans le répertoire mentionné à l'article D. 4113-118 ;
2° Les nom et prénom d'exercice ;
3° Les qualifications et titres professionnels correspondant à l'activité exercée ;
4° Les coordonnées des structures d'exercice.

Les listes sont consultables, dans chaque département, dans les locaux des services ou organismes ouverts au public, désignés par arrêté du ministre chargé de la santé ou, pour les manipulateurs d'électroradiologie médicale relevant des dispositions de l'article L. 4138-2 du code de la défense, par arrêté du ministre de la défense.

Les listes sont également consultables sous forme électronique, dans des conditions fixées par l'arrêté prévu à l'article D. 4113-118.

Art. D. 4354-6-1 *(Décr. nº 2017-1520 du 2 nov. 2017, art. 2-XI)* Les professionnels ayant obtenu une autorisation d'exercice partiel de la profession concernée figurent sur une liste distincte qui contient le titre professionnel sous lequel ils sont autorisés à exercer et le champ d'activités correspondant.

Art. D. 4354-7 Les personnes ayant obtenu depuis moins de trois ans un titre de formation ou une autorisation requis pour l'exercice de la profession de manipulateur d'électroradiologie médicale ou de technicien de laboratoire médical mais qui n'exercent pas cette profession s'enregistrent auprès de l'agence régionale de santé de leur domicile ou de toute autre agence régionale de santé.

L'agence procède à l'enregistrement après vérification des pièces justificatives d'identité présentées ou transmises par l'intéressé.

Jusqu'à la mise en œuvre du dispositif prévu à l'article L. 4351-11 et à l'article L. 4352-5, l'agence procède également à la vérification de l'authenticité des documents présentés ou transmis par l'intéressé pour justifier de son titre de formation par leur confrontation avec les informations obtenues, notamment auprès des organismes ayant délivré ce titre.

Art. D. 4354-8 Les personnes mentionnées à l'article D. 4354-7 informent l'agence régionale de santé, dans le délai d'un mois, de tout changement de leur état civil, de leur situation professionnelle ou de leur résidence, notamment en cas de modification de leurs coordonnées de correspondance.

Art. D. 4354-9 Le directeur de l'agence régionale de santé transmet à l'organisme chargé de la gestion du répertoire mentionné à l'article D. 4113-118 une mise à jour mensuelle des données issues des opérations prévues aux articles D. 4354-7 et D. 4354-8. Les données ainsi transmises sont réputées validées par l'agence.

SECTION II TRANSMISSION D'INFORMATIONS AUX FINS D'ENREGISTREMENT DES PERSONNES EXERÇANT LA PROFESSION DE MANIPULATEUR D'ÉLECTRORADIOLOGIE MÉDICALE OU DE TECHNICIEN DE LABORATOIRE MÉDICAL

(Décr. nº 2011-462 du 26 avr. 2011)

Art. R. 4354-10 Les informations transmises, en application de l'article L. 4351-11 ou de l'article L. 4352-5, par les organismes délivrant les titres de formation au service ou à l'organisme chargé de l'enregistrement des personnes mentionnées à l'article L. 4351-10 et à l'article L. 4352-4 sont :

1° Les données d'état civil du titulaire du titre de formation et les autres données d'identification permettant au service ou à l'organisme chargé de l'enregistrement de s'assurer de l'identité du demandeur ;

2° Le cas échéant, le libellé et l'adresse de l'établissement ou de l'organisme ayant dispensé la formation correspondant au titre délivré ;

3° L'intitulé du titre de formation délivré à l'issue du cycle de formation, selon la classification prévue par les textes réglementaires en vigueur.

Art. R. 4354-11 Les informations mentionnées à l'article R. 4354-10 sont transmises au moment de l'obtention du titre de formation.

TITRE SIXIÈME PROFESSIONS D'AUDIOPROTHÉSISTE, D'OPTICIEN-LUNETIER, DE PROTHÉSISTES ET D'ORTHÉSISTES POUR L'APPAREILLAGE DES PERSONNES HANDICAPÉES *(Décr. n° 2005-988 du 10 août 2005).*

CHAPITRE PREMIER AUDIOPROTHÉSISTE

SECTION PREMIÈRE PERSONNES AUTORISÉES À EXERCER LA PROFESSION

SOUS-SECTION 1 TITULAIRES DU DIPLÔME D'ÉTAT

Art. D. 4361-1 *(Décr. n° 2013-756 du 19 août 2013, art. 6-7°)* Le diplôme d'État d'audioprothésiste, diplôme national de l'enseignement supérieur conformément au quatrième alinéa (3°) de l'article D. 613-7 du code de l'éducation, est régi par les articles D. 636-1 à D. 636-17 du même code.

Art. D. 4361-2 à D. 4361-12 *Abrogés par Décr. n° 2013-756 du 19 août 2013, art. 6-8°.*

SOUS-SECTION 2 RESSORTISSANTS D'UN ÉTAT MEMBRE DE L'UNION EUROPÉENNE OU D'UN AUTRE ÉTAT PARTIE À L'ACCORD SUR L'ESPACE ÉCONOMIQUE EUROPÉEN *(Décr. n° 2010-334 du 26 mars 2010, art. 16).*

§ 1er LIBRE ÉTABLISSEMENT

(Décr. n° 2009-957 du 29 juill. 2009, art. 11)

Art. R. 4361-13 Le *(Décr. n° 2010-334 du 26 mars 2010, art. 16)* « préfet de la région » *(Décr. n° 2017-1520 du 2 nov. 2017, art. 2-I)* « désignée par arrêté du ministre chargé de la santé » délivre après avis de la commission des audioprothésistes l'autorisation d'exercice prévue à l'article L. 4361-4, au vu d'une demande accompagnée d'un dossier présenté et instruit selon les modalités fixées par l'arrêté mentionné à l'article R. 4361-15.

(Décr. n° 2010-334 du 26 mars 2010, art. 16) « Il accuse réception de la demande dans le délai d'un mois à compter de sa réception. »

Le silence gardé par *(Décr. n° 2010-334 du 26 mars 2010, art. 16)* « le préfet de région » à l'expiration d'un délai de quatre mois à compter de la réception du dossier complet vaut décision de rejet de la demande.

Art. R. 4361-14 *(Décr. n° 2017-1520 du 2 nov. 2017, art. 2-II)* La commission examine les connaissances, aptitudes et compétences acquises au cours de la formation initiale, de l'expérience professionnelle et de la formation tout au long de la vie ayant fait l'objet d'une validation par un organisme compétent, de l'intéressé, selon les modalités prévues aux articles R. 4311-35 et R. 4311-36.

Art. R. 4361-15 Sont fixées par arrêté du ministre chargé de l'enseignement supérieur et du ministre chargé de la santé :

1° La composition du dossier produit à l'appui de la demande d'autorisation ;

(Décr. n° 2010-334 du 26 mars 2010, art. 16) « 2° La composition du jury de l'épreuve d'aptitude et les modalités d'organisation de cette épreuve ; »

(Décr. n° 2017-1520 du 2 nov. 2017, art. 2-V) « 3° Les modalités et les conditions dans lesquelles un stage d'adaptation, une épreuve d'aptitude ou les deux sont imposés ;

« 4° » Les modalités d'organisation et d'évaluation du stage d'adaptation ;

(Décr. n° 2017-1520 du 2 nov. 2017, art. 2-V) « 5° Les informations à fournir dans les états statistiques. »

§ 2 LIBRE PRESTATION DE SERVICES

(Décr. n° 2009-957 du 29 juill. 2009, art. 11)

Art. R. 4361-16 Les dispositions des articles R. 4331-12 à R. 4331-15 sont applicables à la prestation de services des audioprothésistes dont la déclaration est prévue à l'article L. 4361-9. *(Abrogé par Décr. n° 2017-1520 du 2 nov. 2017, art. 2-VII) (Décr. n° 2010-334 du 26 mars 2010, art. 16) « L'autorité compétente, pour l'application des articles* R. 4331-12 à R. 4331-13, *est le ministre chargé de la santé, qui se prononce après avis d'une des commissions mentionnées à l'article* R. 4361-17 *qu'il désigne par arrêté. »*

§ 3 DISPOSITIONS COMMUNES

(Décr. n° 2010-334 du 26 mars 2010, art. 16)

Art. R. 4361-17 *(Décr. n° 2017-1520 du 2 nov. 2017, art. 12)* « La commission des audioprothésistes de la région désignée par arrêté du ministre chargé de la santé comprend : »

1° Le directeur régional de la jeunesse, des sports et de la cohésion sociale ou son représentant, président ;

2° Le directeur général de l'agence régionale de santé ou son représentant ;

3° Le recteur de l'académie dans le ressort de laquelle se situe la préfecture de région ou son représentant ;

4° Un médecin ;

5° Deux audioprothésistes.

Un arrêté du préfet de région, pris sur proposition du directeur régional de la jeunesse, des sports et de la cohésion sociale, nomme, pour une durée de cinq ans renouvelable, les membres titulaires et suppléants mentionnés aux 4° et 5°.

Art. R. 4361-18 La direction régionale de la jeunesse, des sports et de la cohésion sociale assure le secrétariat de la commission.

Art. R. 4361-18-1 *(Décr. n° 2017-1520 du 2 nov. 2017, art. 2-VIII)* Le contrôle par l'autorité compétente de la maîtrise de la langue française par le demandeur donne lieu à une décision qui peut faire l'objet d'un recours devant le tribunal administratif territorialement compétent.

SECTION II LOCAL RÉSERVÉ À L'ACTIVITÉ PROFESSIONNELLE

Art. D. 4361-19 Le local réservé à l'activité professionnelle d'audioprothésiste comprend :

1° Soit un cabinet et une cabine insonorisée, soit une salle de mesures audioprothétiques d'un volume utile minimum de quinze mètres cubes. Dans les deux cas, le niveau de bruit dans les conditions normales d'utilisation n'excède pas quarante décibels A exprimé en niveau constant équivalent sur une durée de mesure d'une heure ; ce temps de réverbération ne doit pas, pendant les mesures audioprothétiques, y être supérieur à 0,5 seconde à la fréquence de 500 hertz ;

2° Une salle d'attente distincte de la salle de mesures audioprothétiques ;

3° Un laboratoire isolé de la salle de mesures audioprothétiques lorsqu'il y a fabrication d'embouts ou de coques.

Art. D. 4361-20 L'audioprothésiste dispose dans le local défini à l'article D. 4361-19 des matériels suivants :

1° Matériel de mesures audioprothétiques :

a) Un audiomètre tonal et vocal classe A normalisé ou un ensemble audiométrique équivalent comportant des sorties sur écouteurs, vibrateur, haut-parleur. Un système de localisation sonore est composé d'au moins trois haut-parleurs distants d'un mètre au moins par rapport au sujet testé ;

b) Un dispositif permettant l'équilibrage des prothèses stéréophoniques ;

c) Une boucle magnétique ;

d) Un dispositif permettant d'effectuer des tests d'audition dans le bruit ;

e) Un dispositif de conditionnement audiométrique adaptable aux aptitudes psychomotrices du sujet testé, comprenant notamment en cas d'appareillage du jeune enfant un matériel d'audiologie infantile ;

f) Un dispositif permettant de tester l'efficacité des prothèses auditives vis-à-vis de différents moyens de communication ;

g) Une chaîne de mesure électro-acoustique permettant de contrôler les caractéristiques des amplificateurs correcteurs de l'audition : courbe de réponse, gain ou formule acoustique, distorsions, niveau de sortie ;

h) Un sonomètre de précision normalisé.

2° Matériel et produits nécessaires aux prises d'empreintes du conduit auditif :

a) Otoscope éclairant ;

b) Miroir de Clar pour l'examen du conduit auditif externe ;

c) Seringues à empreintes ;

d) Spéculum d'oreille.

3° Matériel d'entretien nécessaire à la maintenance des amplificateurs correcteurs de l'audition et des embouts.

CHAPITRE II OPTICIEN-LUNETIER

SECTION PREMIÈRE PERSONNES AUTORISÉES À EXERCER LA PROFESSION

SOUS-SECTION 1 TITULAIRES DU BREVET DE TECHNICIEN SUPÉRIEUR D'OPTICIEN-LUNETIER

Art. D. 4362-1 Le brevet de technicien supérieur d'opticien-lunetier est régi par les dispositions du décret n° 95-665 du 9 mai 1995 portant règlement général du brevet de technicien supérieur.

SOUS-SECTION 2 RESSORTISSANTS D'UN ÉTAT MEMBRE DE L'UNION EUROPÉENNE OU D'UN AUTRE ÉTAT PARTIE À L'ACCORD SUR L'ESPACE ÉCONOMIQUE EUROPÉEN *(Décr. n° 2010-334 du 26 mars 2010, art. 17).*

§ 1er LIBRE ÉTABLISSEMENT

(Décr. n° 2009-957 du 29 juill. 2009, art. 12)

Art. R. 4362-2 Le *(Décr. n° 2010-334 du 26 mars 2010, art. 17)* « préfet de la région » *(Décr. n° 2017-1520 du 2 nov. 2017, art. 2-I)* « désignée par arrêté du ministre chargé de la santé » délivre après avis de la commission des opticiens-lunetiers l'autorisation d'exercice prévue à l'article L. 4362-3, au vu d'une demande accompagnée d'un dossier présenté et instruit selon les modalités fixées par l'arrêté mentionné *(Décr. n° 2010-334 du 26 mars 2010, art. 17)* « à » l'article R. 4362-4.

(Décr. n° 2010-334 du 26 mars 2010, art. 17) « Il accuse réception de la demande dans le délai d'un mois à compter de sa réception. »

Le silence gardé par *(Décr. n° 2010-334 du 26 mars 2010, art. 17)* « le préfet de région » à l'expiration d'un délai de quatre mois à compter de la réception du dossier complet vaut *(Décr. n° 2017-1520 du 2 nov. 2017, art. 2-XII)* « décision d'acceptation » de la demande.

Art. R. 4362-3 *(Décr. n° 2017-1520 du 2 nov. 2017, art. 2-II)* La commission examine les connaissances, aptitudes et compétences acquises au cours de la formation initiale, de l'expérience professionnelle et de la formation tout au long de la vie ayant fait l'objet d'une validation par un organisme compétent, de l'intéressé, selon les modalités prévues aux articles R. 4311-35 et R. 4311-36.

Art. R. 4362-4 Sont fixées par arrêté du ministre chargé de l'enseignement supérieur et du ministre chargé de la santé :

1° La composition du dossier produit à l'appui de la demande d'autorisation ;

(Décr. n° 2010-334 du 26 mars 2010, art. 17) « 2° La composition du jury de l'épreuve d'aptitude et les modalités d'organisation de cette épreuve ; »

(Décr. n° 2017-1520 du 2 nov. 2017, art. 2-V) « 3° Les modalités et les conditions dans lesquelles un stage d'adaptation, une épreuve d'aptitude ou les deux sont imposés ;

« 4° » Les modalités d'organisation et d'évaluation du stage d'adaptation ;

(Décr. n° 2017-1520 du 2 nov. 2017, art. 2-V) « 5° Les informations à fournir dans les états statistiques. »

§ 2 LIBRE PRESTATION DE SERVICES

(Décr. n° 2009-957 du 29 juill. 2009, art. 12)

Art. R. 4362-5 Les dispositions des articles R. 4331-12 à R. 4331-15 sont applicables à la prestation de services des opticiens-lunetiers dont la déclaration est prévue à l'article L. 4362-7*[.] (Abrogé par Décr. n° 2017-1520 du 2 nov. 2017, art. 2-VII) « (Décr. n° 2010-334 du 26 mars 2010, art. 17)* « ***L'autorité compétente, pour l'application des articles*** R. 4331-12 à R. 4331-13, ***est le ministre chargé de la santé, qui se prononce après avis d'une des commissions mentionnées à l'article*** R. 4362-6 ***qu'il désigne par arrêté*** ». »

§ 3 DISPOSITIONS COMMUNES

(Décr. n° 2010-334 du 26 mars 2010, art. 17)

Art. R. 4362-6 *(Décr. n° 2017-1520 du 2 nov. 2017, art. 12)* « La commission des opticiens-lunetiers de la région désignée par arrêté du ministre chargé de la santé comprend : »

1° Le directeur régional de la jeunesse, des sports et de la cohésion sociale ou son représentant, président ;

2° Le directeur général de l'agence régionale de santé ou son représentant ;

3° Le recteur de l'académie dans le ressort de laquelle se situe la préfecture de région ou son représentant ;

4° Un médecin ;

5° Deux opticiens-lunetiers.

Un arrêté du préfet de région, pris sur proposition du directeur régional de la jeunesse, des sports et de la cohésion sociale, nomme, pour une durée de cinq ans renouvelable, les membres titulaires et suppléants mentionnés aux 4° et 5°.

Art. R. 4362-7 La direction régionale de la jeunesse, des sports et de la cohésion sociale assure le secrétariat de la commission.

Art. R. 4362-8 *(Décr. n° 2017-1520 du 2 nov. 2017, art. 2-VIII)* Le contrôle par l'autorité compétente de la maîtrise de la langue française par le demandeur donne lieu à une décision qui peut faire l'objet d'un recours devant le tribunal administratif territorialement compétent.

SECTION II AUTRES PERSONNES AUTORISÉES À EXERCER LA PROFESSION

Art. R. 4362-9 La commission est ainsi composée :

1° Un représentant du ministre chargé de la santé, président ;

2° Un représentant du ministre chargé de l'enseignement supérieur ;

3° Un représentant du ministre chargé du commerce et de l'artisanat ;

4° Un médecin spécialiste en ophtalmologie nommé ainsi que son suppléant par arrêté du ministre chargé de la santé, sur proposition de la commission des opticiens-lunetiers du Conseil supérieur des professions paramédicales ;

5° Quatre opticiens-lunetiers détaillants nommés ainsi que leurs suppléants par arrêté du ministre chargé de la santé, sur proposition de la commission des opticiens-lunetiers du Conseil supérieur des professions paramédicales.

La commission ne peut siéger que si la majorité de ses membres est présente et se prononce à la majorité des voix des membres présents. En cas de partage égal des voix, celle du président est prépondérante.

Art. R. 4362-10 Le ministre chargé de la santé délivre aux personnes désignées par la commission une attestation les autorisant à exercer, par dérogation aux dispositions de l'article L. 4362-1, la profession d'opticien-lunetier détaillant.

SECTION III ACTES PROFESSIONNELS

(Décr. nº 2015-888 du 21 juill. 2015, art. 1er)

Art. R. 4362-11 La délivrance de lentilles de contact oculaire correctrices par un opticien-lunetier à une personne qui en porte pour la première fois est subordonnée à la présentation d'une ordonnance médicale comportant la correction et les caractéristiques essentielles de ces produits, dont la liste est fixée par arrêté du ministre chargé de la santé.

La durée de validité de cette ordonnance médicale est fixée à un an.

Art. D. 4362-11-1 *(Décr. nº 2016-1381 du 12 oct. 2016, art. 1er)* L'opticien-lunetier peut adapter dans le cadre d'un renouvellement de délivrance, après réalisation d'un examen de la réfraction et sauf opposition du médecin mentionnée expressément sur l'ordonnance, les corrections optiques des prescriptions médicales de lentilles de contact oculaire datant de moins de :

– un an, pour les patients âgés de moins de 16 ans ;
– trois ans, pour les patients âgés de plus 16 ans ;

Le prescripteur peut limiter cette durée, par une mention expresse sur l'ordonnance, dans les situations médicales précisées, à titre indicatif, par arrêté.

L'opticien-lunetier reporte sur la prescription médicale l'adaptation de la correction qu'il réalise et en informe le médecin prescripteur par tout moyen garantissant la confidentialité des informations transmises.

Art. D. 4362-12 *(Décr. nº 2016-1381 du 12 oct. 2016, art. 1er)* La délivrance des verres correcteurs d'amétropie par un opticien-lunetier est subordonnée à la présentation ou la vérification de l'existence d'une ordonnance médicale comportant la prescription de ces produits.

La durée de validité de l'ordonnance médicale est fixée à :

– un an, pour les patients âgés de moins de 16 ans ;
– cinq ans, pour les patients âgés de 16 à 42 ans ;
– trois ans, pour les patients âgés de plus de 42 ans.

Une copie de cette ordonnance est conservée par l'opticien-lunetier jusqu'à l'expiration de sa validité, sauf opposition du patient.

Art. D. 4362-12-1 *(Décr. nº 2016-1381 du 12 oct. 2016, art. 1er)* L'opticien-lunetier qui réalise une réfraction lors de la première délivrance suivant la prescription de verres correcteurs ne peut pas adapter cette prescription.

L'opticien-lunetier peut adapter dans le cadre d'un renouvellement de délivrance, après réalisation d'un examen de la réfraction et sauf opposition du médecin mentionnée expressément sur l'ordonnance, les prescriptions médicales de verres correcteurs en cours de validité.

Le prescripteur peut limiter la durée pendant laquelle l'opticien-lunetier peut adapter la prescription, par une mention expresse sur l'ordonnance, dans les situations médicales précisées, à titre indicatif, par arrêté.

L'opticien-lunetier reporte sur la prescription médicale l'adaptation de la correction qu'il réalise et en informe le médecin prescripteur par tout moyen garantissant la confidentialité des informations transmises.

Art. D. 4362-13 *(Décr. nº 2016-1381 du 12 oct. 2016, art. 1er)* En cas de perte ou de bris des verres correcteurs d'amétropie, lorsque l'urgence est constatée et en l'absence de solution médicale adaptée, l'opticien-lunetier peut exceptionnellement délivrer sans ordonnance médicale un nouvel équipement après avoir réalisé un examen réfractif.

L'opticien-lunetier remet au patient le résultat de l'examen de réfraction réalisé et le transmet par tout moyen adapté au médecin prescripteur ou au médecin désigné par le patient, à l'exception des cas où l'ordonnance est établie dans un autre État que la France.

L'opticien-lunetier consigne dans un registre ces délivrances exceptionnelles d'équipement optique sans ordonnance afin d'en assurer la traçabilité.

Ces données sont conservées par l'opticien-lunetier pendant un délai de trois ans.

SECTION IV VENTE EN LIGNE DES VERRES CORRECTEURS ET DES LENTILLES DE CONTACT OCULAIRE CORRECTRICES

(Décr. n° 2015-1223 du 2 oct. 2015, art. 1er, en vigueur le 1er nov. 2015)

Art. R. 4362-14 Le site de vente en ligne de verres correcteurs et de lentilles de contact oculaire correctrices inclut et fait apparaître de façon lisible et compréhensible :

1° Un lien hypertexte renvoyant vers la législation et réglementation applicables en matière d'optique-lunetterie ;

2° Un lien hypertexte vers l'adresse du site internet de l'Agence nationale de sécurité du médicament et des produits de santé mentionnée à l'article L. 5311-1, donnant accès à la procédure de signalement prévue à l'article L. 5212-2 ;

3° Les mentions prévues à l'article 19 de la loi n° 2004-575 du 21 juin 2004 tant pour la société en charge de l'activité de vente à distance que pour les opticiens-lunetiers qui exercent au sein de cette structure ou en lien avec elle ;

4° Le numéro d'enregistrement, en application de l'article L. 4362-1, ou, en cas de prestations de service, le numéro de déclaration, en application de l'article L. 4362-7, obtenu auprès de l'autorité compétente par le ou les opticiens-lunetiers mentionnés au 3° ;

5° La mention suivante : "Il est communiqué un devis gratuit préalablement à la conclusion de la vente." Les modalités relatives à ce devis, notamment sa durée de conservation, sont prévues par arrêté du ministre chargé de la consommation ;

6° Un espace personnel, mis à la disposition du patient, protégé par un accès sécurisé, dédié à ses échanges et transactions, et qui permet notamment à l'acheteur de demander le conseil d'un opticien-lunetier et de transmettre :

a) Soit une copie dématérialisée de l'ordonnance médicale prescrivant les produits demandés ;

b) Soit une attestation sur l'honneur justifiant que la vente des produits demandés n'est pas soumise à une prescription médicale ;

7° Une mention informant le patient que la preuve d'achat, qui lui sera remise lors de la livraison, précisera l'opticien-lunetier ayant examiné sa demande ;

8° Un accès aux stipulations contractuelles ;

9° Le délai de conservation des données liées aux transactions effectuées, notamment les données médicales, fixé par arrêté du ministre chargé de la santé ;

10° Une représentation du conditionnement des lentilles de contact oculaire correctrices actualisée ;

11° Des précautions d'emploi des lentilles de contact oculaire correctrices, des verres correcteurs et des montures y compris les éventuelles mises en garde et recommandations établies par le fabricant ;

12° Le prix de vente exprimé en euros, toutes taxes comprises ;

13° Le montant des frais de livraison, lors du paiement de la commande.

Art. R. 4362-15 L'opticien-lunetier délivre, à la demande du patient et à titre gratuit, un conseil pertinent, ciblé, approprié et individualisé aux heures et jours figurant sur le site.

L'opticien-lunetier, s'il l'estime justifié, recommande une consultation médicale, notamment en cas d'inconfort exprimé par le patient, faisant suite à l'utilisation du produit livré.

SECTION V RÈGLES D'EXERCICE DE LA PROFESSION D'OPTICIEN-LUNETIER

(Décr. n° 2016-1381 du 12 oct. 2016, art. 2)

Art. D. 4362-16 L'opticien-lunetier est identifié par le port d'un badge signalant son nom, prénom et titre professionnel.

Art. D. 4362-17 La première délivrance de verres correcteurs multifocaux intégrant une correction de la presbytie est soumise à prescription médicale.

Art. D. 4362-18 L'opticien-lunetier déterminant la réfraction reçoit le patient dans l'enceinte du magasin d'optique-lunetterie ou dans un local y attenant, conçu de façon à permettre une prise en charge dans les bonnes conditions d'isolement phonique et visuel et d'assurer la confidentialité des informations échangées par la personne lors de l'examen optique.

Les locaux sont équipés de manière à préserver l'intimité du patient.

Art. D. 4362-19 L'opticien-lunetier s'interdit, en dehors de son lieu d'exercice, toute publicité et toute communication destinée au public sur sa capacité à déterminer la réfraction.

Art. D. 4362-20 L'opticien-lunetier procède à toutes les mesures utiles à la réalisation d'un équipement d'optique. Ces mesures peuvent être faites à distance.

Art. D. 4362-21 L'opticien-lunetier, dont la résidence professionnelle est identifiée, peut procéder, à la demande du médecin ou du patient, à la délivrance des lentilles oculaires correctrices et verres correcteurs auprès des patients à leur domicile ou admis au sein des établissements de santé publics ou privés ou médico-sociaux.

CHAPITRE III DISPOSITIONS PÉNALES

Art. R. 4363-1 Est puni de l'amende prévue pour les contraventions de la cinquième classe le fait pour un audioprothésiste :

1° De délivrer un appareil de prothèse auditive sans prescription médicale préalable ;

2° D'exercer son activité dans un local ne répondant pas aux prescriptions de l'article L. 4361-6.

Art. R. 4363-2 La location, le colportage, les ventes itinérantes, les ventes dites de démonstration, les ventes par démarchage et par correspondance des appareils de prothèse auditive sont punies de l'amende prévue pour les contraventions de la cinquième classe.

Art. R. 4363-3 La récidive des contraventions prévues au présent chapitre est punie des peines prévues à l'article 132-11 du code pénal.

CHAPITRE IV PROTHÉSISTES ET ORTHÉSISTES POUR L'APPAREILLAGE DES PERSONNES HANDICAPÉES

(Décr. n° 2005-988 du 10 août 2005)

SECTION PREMIÈRE DÉFINITION DU CHAMP DES MÉTIERS DE L'APPAREILLAGE

Art. D. 4364-1 Les prothésistes et orthésistes pour l'appareillage des personnes malades ou atteintes d'un handicap comprennent les professions suivantes :

1° Les orthoprothésistes ;

2° Les podo-orthésistes ;

3° Les ocularistes ;

4° Les épithésistes ;

5° Les orthopédistes-orthésistes.

Art. D. 4364-2 Est considérée comme exerçant la profession d'orthoprothésiste toute personne qui procède à l'appareillage orthopédique externe sur mesure avec prise d'empreinte ou moulage d'une personne malade ou handicapée présentant soit une amputation de tout ou partie d'un membre, soit une déficience ostéoarticulaire, musculaire ou neurologique.

L'appareillage recouvre la conception, la prise de mesure avec prise d'empreinte ou moulage, la fabrication, l'essayage, l'adaptation, la délivrance de l'appareil, le contrôle de sa tolérance et de son efficacité fonctionnelle immédiate, le suivi de l'appareillage, de son adaptation, sa maintenance et ses réparations.

La définition des appareillages réservés aux orthoprothésistes est fixée par arrêté du ministre chargé de la santé.

(Décr. n° 2011-1432 du 3 nov. 2011, art. 1er) « La liste des orthèses de série pouvant être délivrées par les orthoprothésistes est fixée par arrêté du ministre chargé de la santé. »

Art. D. 4364-3 Est considérée comme exerçant la profession de podo-orthésiste toute personne qui procède à l'appareillage orthopédique sur mesure du pied, par chaussure orthopédique sur mesure et sur moulage, par appareil podojambier sur moulage pour chaussures de série ou orthopédiques, d'une personne malade ou handicapée présentant soit une amputation partielle du pied, soit une déficience ostéoarticulaire, musculaire ou neurologique du pied ou de l'extrémité distale de la jambe, voire de ces deux régions anatomiques associées.

L'appareillage recouvre la conception, la prise de mesure avec moulage éventuel, la fabrication, l'essayage, la délivrance de l'appareil, le contrôle de sa tolérance et de son efficacité fonctionnelle immédiate, le suivi de l'appareillage, de son adaptation et ses réparations.

(Décr. n° 2011-1432 du 3 nov. 2011, art. 2) « La liste des orthèses de série pouvant être délivrées par les podo-orthésistes est fixée par arrêté du ministre chargé de la santé. »

Art. D. 4364-4 Est considérée comme exerçant la profession d'oculariste toute personne qui procède à l'appareillage du globe oculaire non fonctionnel ou d'une cavité orbitaire consécutive à une énucléation ou une éviscération, par prothèse oculaire externe sur mesure, d'une personne malade ou handicapée.

L'appareillage recouvre la conception, la prise de mesure avec moulage éventuel, la fabrication, l'essayage, la délivrance de l'appareil, le contrôle de sa tolérance et de son efficacité fonctionnelle immédiate, le suivi de l'appareillage, dont le repolissage et le suivi de son adaptation.

Art. D. 4364-5 Est considérée comme exerçant la profession d'épithésiste toute personne qui procède à l'appareillage, par prothèse faciale externe sur mesure, d'une personne malade ou handicapée présentant une perte de substance de la face ou des oreilles, voire de ces deux régions anatomiques associées.

L'appareillage recouvre la conception, la prise de mesure avec moulage éventuel, la fabrication, l'essayage, la délivrance de l'appareil, le contrôle de sa tolérance et de son efficacité immédiate, le suivi de l'appareillage et de son adaptation.

Art. D. 4364-6 Est considérée comme exerçant la profession d'orthopédiste-orthésiste toute personne qui procède à l'appareillage des personnes malades ou atteintes d'un handicap par appareillage orthétique ou orthopédique réalisé sur mesure ou par appareillage orthétique ou orthopédique de série.

L'appareillage recouvre pour les produits sur mesure la prise de mesure, la conception et éventuellement la fabrication ainsi que, pour tous les produits, le choix de l'appareillage, l'essayage, l'adaptation, la délivrance, le contrôle de sa tolérance et de son efficacité fonctionnelle immédiate, le suivi de l'appareillage, de son adaptation, ses réparations.

La définition des appareillages réservés aux orthopédistes-orthésistes est fixée par arrêté du ministre chargé de la santé.

(Décr. n° 2011-1432 du 3 nov. 2011, art. 3) « La liste des orthèses de série pouvant être délivrées par les orthopédistes-orthésistes est fixée par arrêté du ministre chargé de la santé. »

SECTION II CONDITIONS D'EXERCICE ET RÈGLES PROFESSIONNELLES

SOUS-SECTION 1 CONDITIONS REQUISES POUR L'EXERCICE DES MÉTIERS DE L'APPAREILLAGE *(Décr. n° 2009-1027 du 25 août 2009, art. 2).*

Art. D. 4364-7 Peuvent exercer les professions d'orthoprothésiste, de podo-orthésiste, d'oculariste, d'épithésiste et d'orthopédiste-orthésiste les titulaires du diplôme d'État français permettant d'exercer chacune de ces professions, délivré par le préfet de région.

Des arrêtés du ministre chargé de la santé fixent pour chacun de ces diplômes d'État :

1° Les conditions d'accès à la formation ;

2° Le référentiel de formation : durée des études, modalités pédagogiques, contenus des enseignements théoriques, pratiques ainsi que des stages cliniques ;

3° Le référentiel de certification incluant les modalités d'évaluation continue et de validation des compétences en vue de l'obtention du diplôme d'État ;

4° Les conditions d'agrément des établissements, services, structures et institutions où les étudiants effectuent leur stages cliniques ;

5° Les conditions de fonctionnement pédagogique des structures de formation et les modalités de leur contrôle ;

6° Les modalités de délivrance du diplôme d'État : modalités de l'examen, composition du jury.

Art. D. 4364-8 Peuvent exercer la profession d'orthoprothésiste ou de podo-orthésiste :

1° Les personnes titulaires du diplôme d'État français d'orthoprothésiste ou du diplôme d'État français de podo-orthésiste mentionnés à l'article D. 4364-7 ;

2° Par dérogation aux dispositions de l'alinéa précédent, les personnes non titulaires du diplôme d'État français prévu à l'article D. 4364-7 mais dont la compétence professionnelle a été reconnue par le ministère chargé de la santé, le ministère chargé des anciens combattants et victimes de guerre ou les organismes d'assurance maladie sur la base de l'ancienne procédure des agréments de prise en charge.

Art. D. 4364-9 Peuvent exercer la profession d'ocularistе ou d'épithésiste :

1° Les personnes titulaires du diplôme d'État français d'oculariste ou du diplôme d'État d'épithésiste mentionnés à l'article D. 4364-7 ;

2° Par dérogation aux dispositions de l'alinéa précédent, les personnes non titulaires du diplôme d'État français prévu à l'article D. 4364-7 mais dont la compétence professionnelle a été reconnue par le ministère chargé de la santé, le ministère chargé des anciens combattants et victimes de guerre ou les organismes d'assurance maladie sur la base de l'ancienne procédure des agréments de prise en charge.

Art. D. 4364-10 Peuvent exercer la profession d'orthopédiste-orthésiste :

1° Les personnes titulaires du diplôme d'État français d'orthopédiste-orthésiste mentionné à l'article D. 4364-7 ;

2° Par dérogation aux dispositions de l'alinéa précédent, les personnes non titulaires du diplôme d'État français prévu à l'article D. 4364-7 mais dont la compétence professionnelle a été reconnue par le ministère chargé de la santé, le ministère chargé des anciens combattants et victimes de guerre ou les organismes d'assurance maladie sur la base de l'ancienne procédure des agréments de prise en charge pour délivrer les appareillages dont la liste est prévue à l'article D. 4364-6.

Art. D. 4364-10-1 *(Décr. n° 2009-1027 du 25 août 2009, art. 2)* Par dérogation aux dispositions des articles D. 4364-7 à *(Décr. n° 2011-139 du 1er févr. 2011, art. 1er-1°)* « D. 4364-10 », peuvent exercer les professions d'orthoprothésiste, podo-orthésiste, oculariste, épithésiste ou orthopédiste-orthésiste :

1° Les professionnels en exercice disposant, avant la publication des arrêtés prévus à l'article D. 4364-7, de diplômes, titres, certificats ou attestations définis par arrêté du ministre chargé de la santé ;

2° Parmi les professionnels en exercice ne satisfaisant ni aux conditions des articles D. 4364-7 à *(Décr. n° 2011-139 du 1er févr. 2011, art. 1er-2°)* « D. 4364-10 » ni au 1° du présent article *(Décr. n° 2011-139 du 1er févr. 2011, art. 1er-2°)* « , à condition que leur compétence professionnelle soit reconnue par le préfet après avis d'une Commission nationale, notamment composée de professionnels, compétente pour les professions mentionnées aux 1° à 5° de l'article D. 4364-1 » :

— ceux qui ont débuté leur exercice en tant qu'orthoprothésiste, podo-orthésiste, oculariste, épithésiste ou orthopédiste-orthésiste depuis la fin de la procédure d'agrément de prise en charge ;

— les applicateurs exerçant depuis cinq années continues au moins, à la date de publication du décret n° 2007-245 du 23 février 2007 relatif aux professions de prothésiste et d'orthésiste pour l'appareillage des personnes handicapées et modifiant le code de la santé publique, dans un ou plusieurs établissements de santé ou chez un ou plusieurs orthoprothésistes, podo-orthésistes, ocularistes, épithésistes ou orthopédiste-orthésistes.

La composition et le fonctionnement *(Décr. n° 2011-139 du 1er févr. 2011, art. 1er-3°)* « de la commission mentionnée » au présent article sont définis par arrêté du ministre chargé de la santé.

Art. R. 4364-10-2 *(Décr. n° 2010-334 du 26 mars 2010, art. 18)* Le silence gardé par le préfet à l'expiration d'un délai de huit mois à compter de la réception d'un dossier de demande d'autorisation d'exercice en application du 2° de l'article D. 4364-10-1 vaut rejet de la demande.

SOUS-SECTION 2 RESSORTISSANTS D'UN ÉTAT MEMBRE DE L'UNION EUROPÉENNE OU D'UN ÉTAT PARTIE À L'ACCORD SUR L'ESPACE ÉCONOMIQUE EUROPÉEN *(Décr. n° 2011-139 du 1er févr. 2011, art. 2-I)*.

§ 1er LIBRE ÉTABLISSEMENT

(Décr. n° 2017-1520 du 2 nov. 2017, art. 13)

Art. R. 4364-11 Le représentant de l'État dans la région délivre, après avis de la commission des prothésistes et orthésistes pour l'appareillage des personnes handicapées prévue à l'article R. 4364-11-4, l'autorisation d'exercice mentionnée à l'article L. 4364-5, au vu d'une demande accompagnée d'un dossier présenté et instruit selon les modalités fixées par l'arrêté mentionné à l'article R. 4364-11-2.

Il accuse réception de la demande dans le délai d'un mois à compter de sa réception.

Le silence gardé par représentant de l'État à l'expiration d'un délai de quatre mois à compter de la réception du dossier complet vaut décision de rejet de la demande.

Art. R. 4364-11-1 La commission examine les connaissances, aptitudes et compétences acquises au cours de la formation initiale, de l'expérience professionnelle et de la formation tout au long de la vie ayant fait l'objet d'une validation par un organisme compétent, du demandeur, selon les modalités prévues aux articles R. 4311-35 et R. 4311-36.

Art. R. 4364-11-2 Sont fixées par arrêté du ministre chargé de la santé :

1° La composition du dossier produit à l'appui de la demande d'autorisation ;

2° La composition du jury de l'épreuve d'aptitude et les modalités d'organisation de cette épreuve ;

3° Les modalités et les conditions dans lesquelles un stage d'adaptation, une épreuve d'aptitude ou les deux sont imposés ;

4° Les modalités d'organisation et d'évaluation du stage d'adaptation ;

5° Les informations à fournir dans les états statistiques.

§ 2 LIBRE PRESTATION DE SERVICES

(Décr. n° 2017-1520 du 2 nov. 2017, art. 13)

Art. R. 4364-11-3 Les dispositions des articles R. 4331-12 à R. 4331-15 sont applicables à la prestation de services des prothésistes et orthésistes pour l'appareillage des personnes handicapées dont la déclaration est prévue à l'article L. 4364-6.

§ 3 DISPOSITIONS COMMUNES

(Décr. n° 2017-1520 du 2 nov. 2017, art. 13)

Art. R. 4364-11-4 La commission des prothésistes et orthésistes pour l'appareillage des personnes handicapées de la région désignée par arrêté du ministre chargé de la santé comprend :

1° Le directeur régional de la jeunesse, des sports et de la cohésion sociale, président ;

2° Le directeur général de l'agence régionale de santé ;

3° Un médecin spécialiste de l'appareillage du ministère de la défense ;

4° Lorsqu'elle statue sur une demande d'exercice de la profession d'orthoprothésiste, *de podo-orthésiste ou d'orthopédiste-orthésiste* :

a) Un médecin spécialiste en médecine physique et de réadaptation ou en chirurgie orthopédique ;

b) Un médecin compétent en appareillage orthopédique ;

c) Deux orthoprothésistes exerçant depuis au moins cinq années ;

d) Deux podo-orthésistes exerçant depuis au moins cinq années ;

e) Deux orthopédistes-orthésistes exerçant depuis au moins cinq années ;

5° Lorsqu'elle statue sur une demande d'exercice de la profession d'oculariste ou d'épithésiste :

a) Un médecin spécialiste en chirurgie plastique et reconstructrice ou spécialiste en chirurgie de la face et du cou ou spécialiste en chirurgie maxillo-faciale et stomatologie, compétent en appareillage ;

b) Un médecin spécialiste en ophtalmologie, compétent en appareillage ;

c) Un médecin spécialiste en otorhino-laryngologie, compétent en appareillage ;

d) Deux ocularistes exerçant depuis au moins cinq années ;

e) Deux épithésistes exerçant depuis au moins cinq années.

Un arrêté du représentant de l'État dans la région, pris sur proposition du directeur régional de la jeunesse, des sports et de la cohésion sociale, nomme, pour une durée de cinq ans renouvelable, les membres titulaires mentionnés aux 3° à 5°, ainsi que leurs suppléants.

Art. R. 4364-11-5 La direction régionale de la jeunesse, des sports et de la cohésion sociale assure le secrétariat de la commission.

Art. R. 4364-11-6 Le contrôle par l'autorité compétente de la maîtrise de la langue française par le demandeur donne lieu à une décision qui peut faire l'objet d'un recours devant le tribunal administratif territorialement compétent.

SECTION III **DISPOSITIONS COMMUNES**

Art. D. 4364-12 L'orthoprothésiste, le podo-orthésiste, l'oculariste, l'épithésiste et l'orthopédiste-orthésiste sont soumis au secret professionnel dans les conditions et sous les peines énoncées aux articles 226-13 et 226-14 du code pénal.

Art. D. 4364-13 L'orthoprothésiste, le podo-orthésiste, l'oculariste, l'épithésiste et l'orthopédiste-orthésiste sont soumis à des règles de bonne pratique de délivrance fixées par arrêté du ministre chargé de la santé.

Art. D. 4364-14 Les professionnels mentionnés à l'article D. 4364-1 ne peuvent exercer leur activité que dans un local réservé à cet effet et comprenant au minimum un espace satisfaisant aux exigences d'accessibilité pour les personnes handicapées conformes aux dispositions de l'article L. 111-7-3 du code de la construction et de l'habitation *(Décr. n° 2007-245 du 23 févr. 2007, art. 3)* « et aux dispositions réglementaires régissant les établissements recevant du public de 5e catégorie ». Cet espace réservé à l'accueil personnalisé du patient, et notamment à l'essayage, répond à des conditions d'isolation phonique et visuelle permettant d'assurer au patient la confidentialité de la prestation.

Les locaux comprennent l'ensemble des équipements nécessaires à l'adaptation de l'appareillage et à son suivi définis par arrêté du ministre chargé de la santé. En cas d'exercice dans plusieurs locaux, chaque local répond aux conditions précitées.

Art. D. 4364-15 Lorsque la délivrance des appareillages et produits est assurée par des établissements comportant un ou plusieurs points de vente, chaque point de vente dispose aux jours et heures de prise en charge technique des patients d'au moins un professionnel formé et compétent dans les conditions définies aux articles D. 4364-8, D. 4364-9, D. 4364-10 et R. 4364-11. Ce professionnel peut être distinct du directeur ou du gérant du point de vente ou de l'établissement.

Art. D. 4364-16 La location, le colportage, les ventes itinérantes, les ventes dites de démonstration, les ventes par démarchage ou par correspondance des orthoprothèses, des podo-orthèses, des prothèses oculaires ou faciales et des produits délivrés par les orthopédistes-orthésistes sont interdits.

Art. D. 4364-17 Un orthopédiste, un podo-orthésiste, un oculariste, un épithésiste, un orthopédiste-orthésiste ne peut être inscrit que dans un seul département ou seulement à Saint-Pierre-et-Miquelon. En cas de changement de situation professionnelle, il en informe le *(Décr. n° 2010-344 du 31 mars 2010, art. 144)* « directeur général de l'agence régionale de santé » ou l'organisme désigné par le ministre chargé de la santé à cette fin.

Dans le cas où l'activité est exercée dans des locaux situés dans plusieurs départements, le professionnel est inscrit sur la liste du département dans lequel est situé son local principal d'exercice professionnel.

Art. D. 4364-18 Les professionnels mentionnés à l'article D. 4364-1 sont tenus de faire enregistrer sans frais le diplôme d'État ou autorisations auprès du service de l'État compétent ou de l'organisme désigné à cette fin. En cas de changement de situation professionnelle, ils en informent ce service ou cet organisme.

Il est établi, pour chaque département, par le service de l'État compétent ou l'organisme désigné à cette fin, une liste de cette profession, portée à la connaissance du public. Nul ne peut exercer la profession si son diplôme ou autorisation n'ont été enregistrés conformément au premier alinéa.

CHAPITRE V DISPOSITIONS COMMUNES AUX PROFESSIONS D'AUDIOPROTHÉSISTE, D'OPTICIEN-LUNETIER, DE PROTHÉSISTE ET D'ORTHÉSISTE POUR L'APPAREILLAGE DES PERSONNES HANDICAPÉES

(Décr. n° 2010-1131 du 27 sept. 2010, art. 7)

SECTION PREMIÈRE ENREGISTREMENT DES MEMBRES DES PROFESSIONS D'AUDIOPROTHÉSISTE, D'OPTICIEN-LUNETIER, DE PROTHÉSISTE ET D'ORTHÉSISTE POUR L'APPAREILLAGE DES PERSONNES HANDICAPÉES

(Décr. n° 2011-462 du 26 avr. 2011).

(Décr. n° 2010-1131 du 27 sept. 2010, art. 7)

Art. D. 4365-1 Les articles D. 4333-1 à *(Décr. n° 2017-1520 du 2 nov. 2017, art. 2-XIII)* « D. 4333-6-1 » sont applicables aux audioprothésistes, aux opticiens-lunetiers, aux prothésistes et aux orthésistes pour l'appareillage des personnes handicapées, sous réserve des adaptations suivantes :

1° Dans la deuxième phrase du premier alinéa de l'article D. 4333-1, les mots : "à l'article L. 4333-1" sont remplacés par les mots : "aux articles L. 4361-2, L. 4362-1 et L. 4364-2" ;

2° A l'article D. 4333-2, les mots : "de l'article L. 4333-1-1" sont remplacés par les mots : "des articles L. 4361-2-1, L. 4362-1-1 et L. 4364-3" ;

3° Au premier alinéa de l'article *(Décr. n° 2017-1520 du 2 nov. 2017, art. 2-XIII)* « D. 4333-6-1 », les mots : "de l'article L. 4333-1" sont remplacés par les mots : "des articles L. 4361-2, L. 4362-1 et D. 4364-18".

SECTION II TRANSMISSION DES INFORMATIONS AUX FINS D'ENREGISTREMENT DES PERSONNES EXERÇANT LA PROFESSION D'AUDIOPROTHÉSISTE, D'OPTICIEN-LUNETIER, DE PROTHÉSISTE ET *[D']*ORTHÉSISTE POUR L'APPAREILLAGE DES PERSONNES HANDICAPÉES

(Décr. n° 2011-462 du 26 avr. 2011)

Art. R. 4365-2 Les articles R. 4333-7 et R. 4333-8 sont applicables aux audioprothésistes, aux opticiens-lunetiers, aux prothésistes et *[aux]* orthésistes pour l'appareillage des personnes handicapées, sous réserve des adaptations suivantes :

1° Au premier alinéa de l'article R. 4333-7, les mots : "de l'article L. 4333-1-1" sont remplacés par les mots : "de l'article L. 4361-2-1, de l'article L. 4362-1-1 ou de l'article L. 4364-3" et les mots : "à l'article L. 4333-1" sont remplacés par les mots : "à l'article L. 4361-2, à l'article L. 4362-1 ou à l'article L. 4364-2" ;

2° Au 2° de l'article R. 4337-7, avant les mots : "le libellé et l'adresse" sont ajoutés les mots : "le cas échéant".

TITRE SEPTIÈME PROFESSION DE DIÉTÉTICIEN

CHAPITRE PREMIER EXERCICE DE LA PROFESSION

SECTION PREMIÈRE TITULAIRES D'UN DIPLÔME PERMETTANT L'EXERCICE DE LA PROFESSION DE DIÉTÉTICIEN *(Décr. nº 2009-957 du 29 juill. 2009, art. 13).*

Art. D. 4371-1 Les diplômes, certificats ou titres permettant à leurs titulaires de faire usage professionnel du titre de diététicien sont :

1º Le brevet de technicien supérieur de diététique régi par les dispositions du décret nº 95-665 du 9 mai 1995 portant règlement général du brevet de technicien supérieur ;

2º Le diplôme universitaire de technologie, spécialité biologie appliquée, option diététique ;

3º Le brevet de technicien de diététique institué par l'arrêté du 30 décembre 1952, première partie, et l'arrêté du 14 septembre 1953, deuxième partie, conformément au décret nº 52-178 du 19 février 1952 portant création et fixation des dispositions générales des examens publics prévus par la loi du 4 août 1942 modifiée relative à la délivrance des diplômes professionnels et reclassé comme brevet de technicien supérieur par l'arrêté du 2 août 1962.

SECTION PREMIÈRE *BIS* ENREGISTREMENT DES MEMBRES DE LA PROFESSION DE DIÉTÉTICIEN

(Décr. nº 2011-462 du 26 avr. 2011)

Art. D. 4371-1-1 Les articles D. 4333-1 à *(Décr. nº 2017-1520 du 2 nov. 2017, art. 2-XIII)* « D. 4333-6-1 » sont applicables aux diététiciens, sous réserve des adaptations suivantes :

1º Dans la deuxième phrase du premier alinéa de l'article D. 4333-1, les mots : "à l'article L. 4333-1" sont remplacés par les mots : "à l'article L. 4371-5" ;

2º A l'article D. 4333-2, les mots : "de l'article L. 4333-1-1" sont remplacés par les mots : "de l'article L. 4371-5-1" ;

3º Au premier alinéa de l'article *(Décr. nº 2017-1520 du 2 nov. 2017, art. 2-XIII)* « D. 4333-6-1 », les mots : "de l'article L. 4333-1" sont remplacés par les mots : "de l'article L. 4371-5".

SECTION PREMIÈRE *TER* TRANSMISSION D'INFORMATIONS AUX FINS D'ENREGISTREMENT DES PERSONNES EXERÇANT LA PROFESSION DE DIÉTÉTICIEN

(Décr. nº 2011-462 du 26 avr. 2011)

Art. R. 4371-1-2 Les articles R. 4333-7 et R. 4333-8 sont applicables aux diététiciens, sous réserve des adaptations suivantes :

1º Au premier alinéa de l'article R. 4333-7, les mots : "de l'article L. 4333-1-1" sont remplacés par les mots : "de l'article L. 4371-5-1" et les mots : "à l'article L. 4333-1" sont remplacés par les mots : "à l'article L. 4371-5" ;

2º Au 2º de l'article R. 4337-7, avant les mots : "le libellé et l'adresse", sont ajoutés les mots : "le cas échéant".

SECTION II RESSORTISSANTS D'UN ÉTAT MEMBRE DE L'UNION EUROPÉENNE OU D'UN AUTRE ÉTAT PARTIE À L'ACCORD SUR L'ESPACE ÉCONOMIQUE EUROPÉEN *(Décr. nº 2010-334 du 26 mars 2010, art. 19).*

(Décr. nº 2009-957 du 29 juill. 2009, art. 13)

§ 1er LIBRE ÉTABLISSEMENT

Art. R. 4371-2 Le *(Décr. nº 2010-334 du 26 mars 2010, art. 19)* « préfet de la région » *(Décr. nº 2017-1520 du 2 nov. 2017, art. 2-I)* « désignée par arrêté du ministre chargé de la santé » délivre après avis de la commission des diététiciens l'autorisation d'exercice prévue à l'article L. 4371-4, au vu d'une demande accompagnée d'un dossier présenté et instruit selon les modalités fixées par l'arrêté mentionné à l'article R. 4371-4.

(Décr. n° 2010-334 du 26 mars 2010, art. 19) « Il accuse réception de la demande dans le délai d'un mois à compter de sa réception. »

Le silence gardé par *(Décr. n° 2010-334 du 26 mars 2010, art. 19)* « le préfet de région » à l'expiration d'un délai de quatre mois à compter de la réception du dossier complet vaut *(Décr. n° 2017-1520 du 2 nov. 2017, art. 2-XII)* « décision d'acceptation » de la demande.

Art. R. 4371-3 *(Décr. n° 2017-1520 du 2 nov. 2017, art. 2-II)* La commission examine les connaissances, aptitudes et compétences acquises au cours de la formation initiale, de l'expérience professionnelle et de la formation tout au long de la vie ayant fait l'objet d'une validation par un organisme compétent, de l'intéressé, selon les modalités prévues aux articles R. 4311-35 et R. 4311-36.

Art. R. 4371-4 Sont fixées par arrêté du ministre chargé de la santé :

1° La composition du dossier produit à l'appui de la demande d'autorisation ;

(Décr. n° 2010-334 du 26 mars 2010, art. 19) « 2° La composition du jury de l'épreuve d'aptitude et les modalités d'organisation de cette épreuve ; »

(Décr. n° 2017-1520 du 2 nov. 2017, art. 2-III) « 3° Les modalités et les conditions dans lesquelles un stage d'adaptation, une épreuve d'aptitude ou les deux sont imposés ;

« 4° » Les modalités d'organisation et d'évaluation du stage d'adaptation ;

(Décr. n° 2017-1520 du 2 nov. 2017, art. 2-III) « 5° » *(Décr. n° 2010-334 du 26 mars 2010, art. 19)* « Les informations à fournir dans les états statistiques. »

§ 2 LIBRE PRESTATION DE SERVICES

(Décr. n° 2009-957 du 29 juill. 2009, art. 13)

Art. R. 4371-5 Les dispositions des articles R. 4331-12 à R. 4331-15 sont applicables à la prestation de services des diététiciens dont la déclaration est prévue à l'article L. 4371-7. *(Abrogé par Décr. n° 2017-1520 du 2 nov. 2017, art. 2-VII) (Décr. n° 2010-334 du 26 mars 2010, art. 19) « L'autorité compétente, pour l'application des articles* R. 4331-12 à R. 4331-13, *est le ministre chargé de la santé, qui se prononce après avis d'une des commissions mentionnées à l'article* R. 4371-6 *qu'il désigne par arrêté. »*

§ 3 DISPOSITIONS COMMUNES

(Décr. n° 2010-334 du 26 mars 2010, art. 19)

Art. R. 4371-6 *(Décr. n° 2017-1520 du 2 nov. 2017, art. 12)* « La commission des diététiciens de la région désignée par arrêté du ministre chargé de la santé comprend : »

1° Le directeur régional de la jeunesse, des sports et de la cohésion sociale ou son représentant, président ;

2° Le directeur général de l'agence régionale de santé ou son représentant ;

3° Le recteur de l'académie dans le ressort de laquelle se situe la préfecture de région ou son représentant ;

4° Un médecin titulaire de diplômes ou titres relatifs à la nutrition ;

5° Deux diététiciens, dont l'un exerce à titre salarié dans un établissement de santé et l'autre à titre libéral.

Un arrêté du préfet de région, pris sur proposition du directeur régional de la jeunesse, des sports et de la cohésion sociale, nomme, pour une durée de cinq ans renouvelable, les membres titulaires et suppléants mentionnés aux 4° et 5°.

Art. R. 4371-7 *La direction* régionale de la jeunesse, des sports et de la cohésion sociale assure le secrétariat de la commission.

Art. R. 4371-8 *(Décr. n° 2017-1520 du 2 nov. 2017, art. 2-VIII)* Le contrôle par l'autorité compétente de la maîtrise de la langue française par le demandeur donne lieu à une décision qui peut faire l'objet d'un recours devant le tribunal administratif territorialement compétent.

SECTION III *[ABROGÉE]* ENREGISTREMENT DES MEMBRES DE LA PROFESSION DE DIÉTÉTICIEN

(Abrogée par Décr. n° 2011-462 du 26 avr. 2011)

Art. D. 4371-6 *Abrogé par Décr. n° 2011-462 du 26 avr. 2011.*

CHAPITRE II DISPOSITIONS PÉNALES

Le présent chapitre ne comporte pas de dispositions réglementaires.

TITRE HUITIÈME DISPOSITIONS COMMUNES ET COMPÉTENCES RESPECTIVES DE L'ÉTAT ET DE LA RÉGION

(Décr. n° 2005-418 du 3 mai 2005).

CHAPITRE PREMIER DISPOSITIONS DIVERSES APPLICABLES AUX AUXILIAIRES MÉDICAUX *(Décr. n° 2005-418 du 3 mai 2005).*

SECTION PREMIÈRE HAUT CONSEIL DES PROFESSIONS PARAMÉDICALES *(Décr. n° 2007-974 du 15 mai 2007).*

(Décr. n° 2007-974 du 15 mai 2007)

Art. D. 4381-1 Auprès du ministre chargé de la santé, le Haut Conseil des professions paramédicales a pour missions :

1° De promouvoir une réflexion interprofessionnelle sur :

a) Les conditions d'exercice des professions paramédicales, l'évolution de leurs métiers, la coopération entre les professionnels de santé et la répartition de leurs compétences ;

b) La formation et les diplômes ;

c) La place des professions paramédicales dans le système de santé ;

2° De participer, en coordination avec la Haute Autorité de santé, à la diffusion des recommandations de bonne pratique et à la promotion de l'évaluation des pratiques des professions paramédicales ;

Dans la conduite de ses missions, le Haut Conseil des professions paramédicales prend en compte les études et réflexions menées au niveau européen et international.

Art. D. 4381-2 Le Haut Conseil des professions paramédicales peut formuler de sa propre initiative des propositions au ministre chargé de la santé sur les thèmes mentionnés au 1° de l'article D. 4381-1.

Le Haut Conseil peut être saisi par le ministre sur tous sujets correspondant à ses missions.

Le Haut Conseil est consulté par le ministre chargé de la santé sur les textes réglementaires relatifs aux *a* et *b* du 1° de l'article D. 4381-1.

Le Haut Conseil remet *(Décr. n° 2012-994 du 23 août 2012, art. 1er-1°)* « tous les deux ans » un rapport d'activité au ministre chargé de la santé.

Obligation de consultation, portée. L'art. D. 4381-2 n'a pas pour objet de limiter la consultation du Haut Conseil pour les professions paramédicales aux seules formations et aux seuls diplômes qui ont un champ interprofessionnel ; il en résulte que le ministre chargé de la santé est tenu de le consulter sur les textes réglementaires relatifs à la formation et aux diplômes exigés pour l'exercice de chacune des professions paramédicales. • CE 11 oct. 2010, *Synd. Alyzé*, n° 329373 : *Lebon T. 610 ; ibid. 958 ; ibid. 988 ; AJDA 2011. 471*. ♦ Cette formalité est substantielle compte tenu de l'importance des modifications introduites par le texte en question. • Même arrêt. ♦ Toutefois, si un Décr. contesté n° 2011-32 du 7 janv. 2011 relatif aux actes et aux conditions d'exercice de la chiropraxie porte sur des actes que peuvent aussi accomplir certains professionnels paramédicaux sous le titre de chiropracteur, cette circonstance ne suffit pas à rendre obligatoire la consultation du Haut Conseil des professions paramédicales. • CE 17 juill. 2013, *Synd. de médecine manuelle-ostéopathie de France*, n° 347291. ♦ Aucun texte ne qualifiant la pratique de l'ostéopathie d'exercice d'une profession paramédicale, l'adoption d'un décret relatif à la formation en ostéopathie n'a pas à être précédée d'une consultation du Haut Conseil. • CE 23 mars 2016, *CNOMK et a.*, n° 387595 : *Lebon*.

Art. D. 4381-3 Le président du Haut Conseil des professions paramédicales est nommé par arrêté du ministre chargé de la santé parmi les personnalités ayant manifesté, par leurs travaux ou leurs activités professionnelles, leur connaissance du domaine des métiers de santé et de l'organisation des soins. *(Décr. nº 2012-994 du 23 août 2012, art. 1er-2º)* « Un vice-président est désigné dans les mêmes conditions. Il supplée le président en cas d'absence. »

Le Haut Conseil est composé en outre :

1º Des représentants des organisations syndicales représentatives au niveau national des fonctionnaires hospitaliers. Les organisations syndicales disposent d'un siège au sein du Haut Conseil des professions paramédicales lorsqu'elles ont un ou deux sièges au Conseil supérieur de la fonction publique hospitalière, et de deux sièges au Haut Conseil lorsque le nombre de leurs représentants au Conseil supérieur de la fonction publique hospitalière est égal ou supérieur à trois ;

2º Des représentants des syndicats professionnels reconnus représentatifs en application de l'article L. 162-33 du code de la sécurité sociale, selon la répartition suivante, à la date de renouvellement général du Haut Conseil :

a) Un représentant de chacun des deux syndicats les plus représentatifs des infirmiers ;

b) Un représentant de chacun des deux syndicats les plus représentatifs des masseurs-kinésithérapeutes ;

c) Un représentant du syndicat le plus représentatif pour chacune des autres professions d'auxiliaires médicaux ;

3º D'un représentant de chacune des fédérations d'employeurs d'établissements de santé publics et privés ;

4º D'un représentant de chacune des professions ou groupe de professions suivantes : ergothérapeute, psychomotricien, manipulateur d'électroradiologie médicale, audioprothésiste, opticien-lunetier, prothésiste et orthésiste, diététicien, technicien de laboratoire, infirmier anesthésiste diplômé d'État, infirmier de bloc opératoire diplômé d'État et puéricultrice diplômée d'État ;

5º D'un représentant, pour les sujets qui les concernent, de chacune des autres professions de santé non médicales.

Assistent aux réunions du Haut Conseil avec voix consultative :

a) Un représentant de chacun des deux syndicats les plus représentatifs des médecins généralistes libéraux, reconnus représentatifs en application de l'article L. 162-33 du code de la sécurité sociale ;

b) Un représentant du Conseil national de l'ordre des médecins et de chaque ordre des professions paramédicales.

Le Haut Conseil des professions paramédicales peut, sur décision de son président, entendre des experts.

Un représentant du ministre chargé de la santé peut assister aux réunions et aux délibérations du Haut Conseil des professions paramédicales.

Les membres du Haut Conseil sont nommés par arrêté du ministre chargé de la santé, pour une durée de trois ans renouvelable. *(Décr. nº 2012-994 du 23 août 2012, art. 1er-2º)*. « Il est désigné pour chaque membre titulaire et dans les mêmes conditions deux suppléants. En l'absence du titulaire, un seul suppléant siège aux séances. »

Tout membre perdant la qualité en vertu de laquelle il a été nommé cesse d'appartenir au Haut Conseil. Il est remplacé par un membre nommé pour la durée du mandat restant à courir.

Art. D. 4381-4 Le Haut Conseil des professions paramédicales se réunit au moins deux fois par an sur convocation de son président. La convocation est de droit lorsqu'elle est demandée par le ministre chargé de la santé ou par un tiers des membres du Haut Conseil. Le président fixe l'ordre du jour, où figurent obligatoirement les sujets dont l'inscription est demandée par le ministre chargé de la santé ou par un tiers des membres du Haut Conseil.

Art. D. 4381-4-1 *(Décr. nº 2012-994 du 23 août 2012, art. 1er-3º)* Les agents des établissements publics de santé, des établissements de santé privés et des centres de santé, membres du Haut Conseil des professions paramédicales, bénéficient d'une autorisation spéciale d'absence de leur employeur, sur présentation de la convocation à cette instance, et, pour les suppléants, de l'avis d'absence du titulaire qu'il remplace. La durée de cette autorisation correspond au double de la durée de la séance précisée dans la convocation, à laquelle s'ajoute la durée nécessaire pour s'y rendre.

Art. D. 4381-5 Le Haut Conseil des professions paramédicales établit un règlement intérieur, qui fixe notamment ses conditions de fonctionnement. Les articles R. 133-5 à R. 133-15 du code des relations entre le public et l'administration sont applicables.

Art. D. 4381-6 à D. 4381-6-6 *Abrogés par Décr. nº 2016-942 du 8 juill. 2016, art. 2-II-1º-d.*

SECTION II FIXATION DU NOMBRE D'ÉTUDIANTS

(Décr. nº 2006-393 du 30 mars 2006, art. 8-I)

Art. R. 4381-7 Lorsque le ministre chargé de la santé envisage de fixer pour une ou plusieurs années scolaires le nombre des étudiants à admettre en première année d'études dans les instituts ou écoles de formation des professions mentionnées aux titres Ier à VII du présent livre et sa répartition entre les régions, chaque *(Décr. nº 2010-344 du 31 mars 2010, art. 145)* « directeur général de l'agence régionale de santé » saisit de ce projet le conseil régional avant le 15 mai de l'année précédente.

Chaque conseil régional transmet son avis motivé au plus tard le 15 juin de la même année, au *(Décr. nº 2010-344 du 31 mars 2010, art. 145)* « directeur général de l'agence régionale de santé » qui l'adresse au ministre chargé de la santé.

1. Sur l'obligation, imposée par le Décr. nº 81-290 du 31 mars 1981 modifié, de consulter les organismes gestionnaires des écoles de masseurs-kinésithérapeutes avant de fixer le nombre maximal d'élèves pour une année déterminée, V. • CE 18 déc. 1987, *Synd. nat. des directeurs d'école de masso-kinésithérapie : RDSS 1988. 238, obs. Dubouis.*

2. Mais les propositions des directeurs départementaux des affaires sanitaires et sociales ne lient pas les autorités supérieures. • CE 18 déc. 1987, *Synd. nat. des directeurs d'école de masso-kinésithérapie*, nº 70952 : *RDSS 1988. 474, obs. Dubouis.*

SECTION III SOCIÉTÉS D'EXERCICE LIBÉRAL CONSTITUÉES PAR DES AUXILIAIRES MÉDICAUX *(Décr. nº 2009-1036 du 25 août 2009).*

SOUS-SECTION 1 CONSTITUTION

Art. R. 4381-8 Les dispositions de la présente section régissent les sociétés constituées en application du titre Ier de la loi nº 90-1258 du 31 décembre 1990 relative à l'exercice sous forme de sociétés des professions libérales et dont l'objet social est l'exercice en commun de l'une des professions suivantes :

1º Infirmier ou infirmière ;
2º Masseur-kinésithérapeute ;
3º Pédicure-podologue ;
4º Orthophoniste ;
5º Orthoptiste ;
6º Diététicien ;
(Décr. nº 2009-1036 du 25 août 2009) « 7º Psychomotricien. »

Art. R. 4381-9 *Les actes et documents* destinés aux tiers, notamment les lettres, factures, annonces et publications diverses, émanant d'une société mentionnée à l'article R. 4381-21 indiquent :

1º Sa dénomination sociale, précédée ou suivie immédiatement, selon le cas :

a) Soit de la mention "société d'exercice libéral à responsabilité limitée" ou de la mention "SELARL" ;

b) Soit de la mention "société d'exercice libéral à forme anonyme" ou de la mention "SELAFA" ;

c) Soit de la mention "société d'exercice libéral en commandite par actions" ou de la mention "SELCA";

d) Soit de la mention "société d'exercice libéral par actions simplifiée" ou de la mention "SELAS" ;

2° L'indication de la profession ;

3° L'énonciation du montant de son capital social et de son siège social.

Art. R. 4381-10 La société est constituée sous la condition suspensive de son agrément par le *(Décr. n° 2010-344 du 31 mars 2010, art. 146)* « directeur général de l'agence régionale de santé de la région » du siège de la société.

La demande d'agrément de la société d'exercice libéral est présentée collectivement par les associés et adressée au *(Décr. n° 2010-344 du 31 mars 2010, art. 146)* « directeur général de l'agence régional*[e]* de santé » par lettre recommandée avec demande d'avis de réception, accompagnée :

1° D'un exemplaire des statuts et, s'il en a été établi, du règlement intérieur de la société ainsi que, le cas échéant, une expédition ou une copie de l'acte constitutif ;

2° D'un certificat d'inscription de chaque associé exerçant au sein de la société sur la liste dressée par le *(Décr. n° 2010-344 du 31 mars 2010, art. 146)* « directeur général de l'agence régionale de santé de la région » de sa résidence professionnelle ou, pour les associés non encore inscrits sur ces listes, la justification de la demande d'agrément ;

3° D'une attestation du greffier du tribunal de commerce, ou du tribunal de grande instance statuant commercialement du lieu du siège social, constatant le dépôt au greffe de la demande et des pièces nécessaires à l'immatriculation ultérieure de la société au registre du commerce et des sociétés ;

4° D'une attestation des associés indiquant :

a) La nature et l'évaluation distincte de chacun des apports effectués par les associés ;

b) Le montant du capital social, le nombre, le montant nominal et la répartition des parts sociales ou actions représentatives de ce capital ;

c) L'affirmation de la libération totale ou partielle, suivant le cas, des apports concourant à la formation du capital social.

Toute modification des statuts et des éléments figurant au présent article est transmise au *(Décr. n° 2010-344 du 31 mars 2010, art. 146)* « directeur général de l'agence régional*[e]* de santé » sans délai et dans les formes mentionnées à cet alinéa.

Le règlement intérieur, s'il a été établi après la constitution de la société, est communiqué au *(Décr. n° 2010-344 du 31 mars 2010, art. 146)* « directeur général de l'agence régional*[e]* de santé » dans le mois suivant son établissement.

(Décr. n° 2007-434 du 25 mars 2007, art. 6) « Les dispositions du présent article ne sont pas applicables aux sociétés constituées de professionnels relevant d'un ordre, et qui font l'objet d'une inscription au tableau dans les conditions fixées par les articles R. 4113-4 à R. 4113-10. »

En application des art. L. 231-5 et L. 231-6 CRPA, et par exception à l'application du délai de deux mois prévu à l'art. L. 231-1 du même code, le délai à l'expiration duquel le silence gardé par l'administration vaut acceptation est de trois mois pour les demandes d'autorisation de constitution d'une société d'exercice libéral pour les auxiliaires médicaux (Décr. n° 2014-1287 du 23 oct. 2014, art. 1er).

Art. R. 4381-11 La décision d'agrément est notifiée par lettre recommandée avec demande d'avis de réception à chacun des intéressés et aux organismes d'assurance maladie du régime général, de la mutualité sociale agricole et du régime des travailleurs non salariés des professions non agricoles ayant compétence dans le département.

Art. R. 4381-12 L'agrément est refusé si la demande n'est pas conforme aux conditions énoncées à l'article *(Décr. n° 2006-393 du 30 mars 2006, art. 8-II-2°-a)* « R. 4381-10 » ou si les statuts ne sont pas conformes aux dispositions législatives et réglementaires en vigueur.

La décision de refus d'inscription est motivée. Elle est notifiée, par lettre recommandée avec demande d'avis de réception, à chacun des intéressés. Elle ne peut être prise qu'après que les intéressés ont été appelés à présenter toutes observations orales ou écrites.

Art. R. 4381-13 Une même personne physique ou morale figurant parmi celles mentionnées aux 1° et 5° de l'article 5 de la loi n° 90-1258 du 31 décembre 1990 relative à l'exercice sous forme de sociétés des professions libérales ne peut détenir des participations que dans deux sociétés constituées pour l'exercice de l'une des professions auxquelles s'applique la présente section.

Art. R. 4381-14 Le quart au plus du capital d'une société d'exercice libéral mentionnée à l'article *(Décr. n° 2006-393 du 30 mars 2006, art. 8-II-2°-b)* « R. 4381-8 » peut être détenu par une ou plusieurs personnes ne répondant pas aux conditions du premier alinéa ou des 1° et 5° de l'article 5 de la loi n° 90-1258 du 31 décembre 1990 relative à l'exercice sous forme de sociétés des professions libérales.

Toutefois, lorsque la société d'exercice libéral est constituée sous la forme d'une société en commandite par actions, la quotité du capital détenue par des personnes autres que celles mentionnées à l'article 5 de la loi du 31 décembre 1990 peut être supérieure à celle fixée à l'alinéa qui précède sans pouvoir cependant atteindre la moitié de ce capital.

Art. R. 4381-15 Dans une société d'exercice libéral constituée pour l'exercice de l'une des professions auxquelles s'applique la présente section, la détention directe ou indirecte de parts ou d'actions représentant tout ou partie du capital social non détenu par des personnes mentionnées au premier alinéa ou aux 1° et 4° de l'article 5 de la loi n° 90-1258 du 31 décembre 1990 relative à l'exercice sous forme de sociétés des professions libérales est interdite :

1° Aux fabricants et distributeurs de matériels, produits, équipements en rapport avec chacune de ces professions ;

2° Aux médecins, chirurgiens-dentistes, sages-femmes et pharmaciens ;

3° Aux entreprises d'assurance et de capitalisation, aux organismes de prévoyance, de retraite et de protection sociale facultatifs ou obligatoires, aux établissements bancaires ;

4° Aux établissements sanitaires, médico-sociaux et sociaux de droit privé.

Art. R. 4381-15-1 *(Décr. n° 2009-1036 du 25 août 2009)* Un associé pédicure-podologue n'exerce sa profession qu'au sein d'une seule société d'exercice libéral et ne peut exercer la même profession à titre individuel.

Une société d'exercice libéral de pédicures-podologues ne doit avoir, en principe, qu'un seul cabinet, sauf dérogation accordée par le conseil régional de l'ordre dans les conditions fixées à l'article R. 4322-79 du présent code.

SOUS-SECTION 2 FONCTIONNEMENT

Art. R. 4381-16 L'associé exerçant au sein d'une société d'exercice libéral constituée pour l'exercice de l'une des professions mentionnées à la présente section peut en être exclu :

a) Lorsqu'il est frappé d'une sanction entraînant une interdiction d'exercice ou de dispenser des soins aux assurés sociaux égale ou supérieure à trois mois ;

b) Lorsqu'il contrevient aux règles de fonctionnement de la société.

Cette exclusion est décidée par les associés statuant à la majorité renforcée prévue par les statuts, calculée en excluant, outre l'intéressé, les associés ayant fait l'objet d'une sanction pour les mêmes faits ou pour des faits connexes, l'unanimité des autres associés exerçant au sein de la société et habilités à se prononcer en l'espèce devant être recueillie.

Aucune décision d'exclusion ne peut être prise si l'associé n'a pas été régulièrement convoqué à l'assemblée générale, quinze jours au moins avant la date prévue et par lettre recommandée avec demande d'avis de réception, et s'il n'a pas été mis à même de présenter sa défense sur les faits précis qui lui sont reprochés.

Les parts ou actions de l'associé exclu sont soit achetées par un acquéreur agréé par les associés subsistants, soit achetées par la société qui doit alors réduire son capital.

A défaut d'accord sur le prix de cession des titres ou sur leur valeur de rachat, il est recouru à la procédure de l'article 1843-4 du code civil.

Art. R. 4381-17 En cas d'interdiction temporaire d'exercer ou de dispenser des soins aux assurés sociaux, sauf à être exclu par les autres associés dans les conditions prévues à l'article *(Décr. n° 2006-393 du 30 mars 2006, art. 8-II-2°-c)* « R. 4381-16 », l'intéressé conserve ses droits et obligations d'associé, à l'exclusion de la rémunération liée à l'exercice de son activité professionnelle.

Art. R. 4381-18 La société d'exercice libéral est soumise, lorsqu'elles existent, aux dispositions disciplinaires applicables à la profession. Elle ne peut faire l'objet de poursuites disciplinaires indépendamment de celles qui seraient intentées contre un ou plusieurs associés exerçant leur profession en son sein.

La décision qui prononce l'interdiction d'un ou de plusieurs associés, mais non de la totalité d'entre eux, ne commet pas d'administrateur.

La décision qui prononce l'interdiction soit de la société, soit de tous les associés, commet un ou plusieurs administrateurs pour accomplir tous actes nécessaires à la gestion de la société.

Au cas où la société et l'un ou plusieurs des associés sont interdits, les associés non interdits sont nommés administrateurs.

Art. R. 4381-19 L'associé peut, à la condition d'en informer la société par lettre recommandée avec avis de réception, cesser l'activité professionnelle qu'il exerce au sein de cette société. Il respecte le délai fixé par les statuts sans que ce délai puisse excéder six mois à compter de la notification relative à la cessation d'activité.

Il avise de sa décision le *(Décr. nº 2010-344 du 31 mars 2010, art. 146)* « directeur général de l'agence régionale de santé » du siège social.

Art. R. 4381-20 La société, comme les associés eux-mêmes, est soumise à l'ensemble des lois et règlements régissant les rapports de la profession avec l'assurance maladie.

Art. R. 4381-21 Lorsque les caisses d'assurance maladie ont décidé de placer hors de la convention prévue à l'article L. 162-9 du code de la sécurité sociale, pour violation des engagements prévus par celle-ci, un ou plusieurs associés exerçant leur profession au sein de la société, et que ceux-ci ne se retirent pas de la société, et faute pour les autres associés, dans les conditions prévues par les statuts, de suspendre pour la durée de la mise hors convention l'exercice de ces professionnels dans le cadre de la société, celle-ci est placée de plein droit hors convention à l'expiration d'un délai de deux mois à compter de la notification prévue à l'article *(Décr. nº 2006-393 du 30 mars 2006, art. 8-II-2º-d)* « R. 4381-22 ».

Les dispositions de l'alinéa précédent ne s'appliquent qu'en cas de déconventionnement d'une durée supérieure à trois mois ou en cas de récidive des manquements ayant entraîné un premier déconventionnement quelle qu'en soit la durée.

Art. R. 4381-22 Toute décision prise par une caisse d'assurance maladie de placer hors convention la société ou un associé exerçant sa profession en son sein, ou constatant que la société s'est placée hors convention, est notifiée à la société ainsi qu'à chacun des associés.

SECTION IV SOCIÉTÉS EN PARTICIPATION CONSTITUÉES PAR DES PROFESSIONNELS RELEVANT DES TITRES Ier, II, IV ET VII DU PRÉSENT LIVRE

Art. D. 4381-23 La constitution d'une société en participation d'infirmiers ou d'infirmières, de masseurs-kinésithérapeutes, de pédicures-podologues, d'orthophonistes, d'orthoptistes et de diététiciens mentionnée au titre II de la loi nº 90-1258 du 31 décembre 1990 relative à l'exercice sous forme de sociétés des professions libérales donne lieu à l'insertion d'un avis dans un journal habilité à recevoir les annonces légales de chacun des lieux d'exercice. L'avis contient la dénomination, l'objet et l'adresse des lieux d'exercice. Il est communiqué au préalable au *(Décr. nº 2010-344 du 31 mars 2010, art. 147)* « directeur général de l'agence régionale de santé » de chacun des lieux *d'exercice.*

Art. D. 4381-24 L'appartenance à la société en participation, avec la dénomination de celle-ci, est indiquée dans les actes professionnels et les correspondances de chaque associé.

SECTION V SOCIÉTÉS CIVILES PROFESSIONNELLES CONSTITUÉES PAR DES PROFESSIONNELS RELEVANT DES TITRES Ier ET II DU PRÉSENT LIVRE

SOUS-SECTION 1 CONSTITUTION

§ 1er DISPOSITIONS GÉNÉRALES

Art. R. 4381-25 Les sociétés régies par la présente section ont pour objet l'exercice en commun de la profession d'infirmier ou d'infirmière ou de masseur-kinésithérapeute.

Ces sociétés reçoivent la dénomination de sociétés civiles professionnelles d'infirmiers ou d'infirmières ou de masseurs-kinésithérapeutes.

La responsabilité de chaque associé à l'égard de la personne qui se confie à lui demeure personnelle et entière, sans préjudice de l'application de l'article 16 de la loi n° 66-879 du 29 novembre 1966 relative aux sociétés civiles professionnelles.

Art. R. 4381-26 Les sociétés civiles professionnelles d'infirmiers ou d'infirmières ne peuvent comprendre plus de dix associés.

Les sociétés civiles professionnelles de masseurs-kinésithérapeutes ne peuvent comprendre plus de six associés.

Art. R. 4381-27 La société est constituée sous la condition suspensive de son inscription sur la liste des sociétés civiles professionnelles d'infirmiers ou d'infirmières ou de masseurs-kinésithérapeutes établie dans chaque département par le *(Décr. n° 2010-344 du 31 mars 2010, art. 148)* « directeur général de l'agence régionale de santé ». Elle jouit de la personnalité morale à compter de cette inscription.

(Décr. n° 2007-434 du 25 mars 2007, art. 6) « Les dispositions du présent article ne sont pas applicables aux sociétés constituées de professionnels relevant d'un ordre, et qui font l'objet d'une inscription au tableau dans les conditions fixées par les articles R. 4113-28 à R. 4113-33. »

En application des art. L. 231-5 et L. 231-6 CRPA, et par exception à l'application du délai de deux mois prévu à l'art. L. 231-1 du même code, le délai à l'expiration duquel le silence gardé par l'administration vaut acceptation est de trois mois pour les demandes d'inscription de la société sur la liste des sociétés civiles professionnelles d'infirmiers ou d'infirmières ou de masseurs-kinésithérapeutes établie dans chaque département par le directeur général de l'ARS (Décr. n° 2014-1287 du 23 oct. 2014, art. 1er).

Art. R. 4381-28 La demande d'inscription de la société est présentée au *(Décr. n° 2010-344 du 31 mars 2010, art. 149)* « directeur général de l'agence régionale de santé » du siège de la société soit collectivement par les associés, soit par l'associé désigné en qualité de gérant par les statuts. Elle est accompagnée :

1° D'un exemplaire des statuts et, s'il en a été établi, du règlement intérieur de la société ainsi que, le cas échéant, une expédition ou une copie de l'acte constitutif ;

2° Pour chaque associé :

a) D'une copie du diplôme, certificat ou autre titre d'infirmier ou de masseur-kinésithérapeute ou la justification de l'autorisation d'exercer la profession ;

b) De l'indication du numéro d'enregistrement à la préfecture de ce diplôme, certificat ou titre.

Art. R. 4381-29 Avant son inscription, la société est tenue de communiquer au *(Décr. n° 2010-344 du 31 mars 2010, art. 148)* « directeur général de l'agence régionale de santé » une attestation du greffier du tribunal de commerce du lieu du siège social ou du tribunal de grande instance statuant commercialement. Cette attestation constate le dépôt au greffe de la demande et des pièces et actes nécessaires à l'immatriculation ultérieure de la société au registre du commerce et des sociétés, dans les conditions définies par la réglementation relative à ce registre et par les articles *(Décr. n° 2006-393 du 30 mars 2006, art. 8-IV-2°-a)* « R. 4381-37 à R. 4381-39 ».

Art. R. 4381-30 L'inscription ne peut être refusée que si les statuts déposés ne sont pas conformes aux dispositions législatives et réglementaires régissant les sociétés civiles professionnelles et l'exercice de la profession ou si l'attestation prévue à l'article *(Décr. n° 2006-393 du 30 mars 2006, art. 8-IV-2°-b)* « R. 4381-29 » n'a pas été communiquée au *(Décr. n° 2010-344 du 31 mars 2010, art. 148)* « directeur général de l'agence régionale de santé ».

La décision de refus d'inscription est motivée. Elle est notifiée aux demandeurs par lettre recommandée avec demande d'avis de réception.

Si l'inscription est prononcée, notification en est faite à chacun des associés.

La société avise de son inscription, sans délai, les organismes d'assurance maladie du régime général, de la mutualité sociale agricole et du régime des travailleurs non salariés des professions non agricoles ayant compétence dans le département.

Art. R. 4381-31 La radiation de l'inscription peut être prononcée par le *(Décr. n° 2010-344 du 31 mars 2010, art. 148)* « directeur général de l'agence régionale de santé » dans le cas où la société ne se conforme pas aux dispositions législatives ou réglementaires régissant les sociétés civiles professionnelles d'infirmiers ou d'infirmières ou de masseurs-kinésithérapeutes.

La décision de radiation est motivée. Elle ne peut être prise qu'après que la société a été mise en mesure de présenter ses observations orales ou écrites. Elle est notifiée à la société par lettre recommandée avec demande d'avis de réception.

§ 2 STATUTS, CAPITAL SOCIAL, PARTS SOCIALES

Art. R. 4381-32 Si les statuts sont établis par acte sous seing privé, il en est adressé autant d'originaux qu'il est nécessaire pour la remise d'un exemplaire à chaque associé et pour satisfaire aux dispositions de la présente section.

Art. R. 4381-33 Sans préjudice des dispositions dont la loi n° 66-879 du 29 novembre 1966 relative aux sociétés civiles professionnelles ou d'autres articles de la présente section rendent l'insertion obligatoire dans les statuts de la société, ceux-ci indiquent :

1° Les noms, prénoms, domiciles des associés, leur situation matrimoniale et, le cas échéant, l'existence de clauses, d'actes opposables aux tiers ou de décisions restrictives de la libre disposition de leurs biens ;

2° La durée pour laquelle la société est constituée ;

3° L'adresse du siège social ;

4° La nature et l'évaluation distincte de chacun des apports effectués par les associés ;

5° Le montant du capital social, le nombre, le montant nominal et la répartition des parts sociales représentatives de ce capital ;

6° L'affirmation de la libération totale ou partielle, suivant le cas, des apports concourant à la formation du capital social ;

7° Le nombre de parts sociales attribuées à chaque apporteur en industrie.

Les statuts ne peuvent comporter aucune disposition tendant à obtenir d'un associé un rendement minimum ou de nature à porter atteinte à la liberté de choix du malade.

Art. R. 4381-34 Peuvent faire l'objet d'apports à une société civile professionnelle d'infirmiers ou d'infirmières ou de masseurs-kinésithérapeutes, en propriété ou en jouissance :

1° Tous droits incorporels, mobiliers ou immobiliers, et notamment le droit pour un associé de présenter la société comme successeur à sa clientèle, ou, s'il est ayant droit d'un infirmier décédé, à la clientèle de son auteur ;

2° D'une manière générale, tous autres objets mobiliers à usage professionnel ainsi que tous documents et archives ;

3° Les immeubles ou locaux utiles à l'exercice de la profession ;

4° Toutes sommes en numéraire.

L'industrie des associés qui, en vertu de l'article 10 de la loi n° 66-879 du 29 novembre 1966 relative aux sociétés civiles professionnelles, ne concourt pas à la formation du capital peut donner lieu à l'attribution de parts sociales.

Sous réserve des dispositions du deuxième alinéa de l'article 26 de la loi précitée, un associé d'une société de masseurs-kinésithérapeutes ne peut posséder plus de 50 % du nombre total des parts représentant le capital social.

Art. R. 4381-35 Les parts sociales ne peuvent être données en nantissement.

Leur montant nominal ne peut être inférieur à 15 €.

Les parts sociales correspondant aux apports en industrie sont incessibles et doivent être annulées lorsque leur titulaire perd sa qualité d'associé pour quelque cause que ce soit.

Art. R. 4381-36 Les parts sociales correspondant à des apports en numéraire sont, lors de la souscription, libérées de la moitié au moins de leur valeur nominale.

La libération du surplus intervient en une ou plusieurs fois, soit aux dates prévues par les statuts, soit sur décision de l'assemblée des associés et au plus tard dans le délai de deux ans à compter de l'inscription de la société.

Dans les huit jours de leur réception, les fonds provenant des souscriptions en numéraire sont déposés, pour le compte de la société, à la caisse des dépôts et consignations, chez un notaire ou dans une banque.

Le retrait des fonds provenant de souscription en numéraire est effectué par un mandataire de la société sur la seule justification de l'inscription de la société, sur la liste des sociétés civiles professionnelles d'infirmiers ou d'infirmières ou de masseurs-kinésithérapeutes.

§ 3 IMMATRICULATION ET PUBLICITÉ

Art. R. 4381-37 Par dérogation aux articles 22, 24 et 26 du décret n° 78-704 du 3 juillet 1978 relatif à l'application de la loi n° 78-9 du 4 janvier 1978 modifiant le titre IX du livre III du code civil, la société est dispensée d'insérer dans un journal d'annonces légales les avis prévus à ces articles.

Art. R. 4381-38 La demande d'immatriculation de la société au registre du commerce et des sociétés est établie dans les conditions prévues à l'article 11 du décret n° 84-406 du 30 mai 1984 relatif au registre du commerce et des sociétés, à l'exception des 8°, 9° et 10° de cet article.

Toutefois, la demande reproduit sans autre justification les extraits d'actes de naissance, les renseignements prévus au 1° de l'article *(Décr. n° 2006-393 du 30 mars 2006, art. 8-IV-2°-c)* « R. 4381-33 » complétés par les date et lieu de naissance de chacun des associés et la mention de leur nationalité. Elle indique également les nom et prénoms du gérant ou que tous les associés sont gérants.

Art. R. 4381-39 Les cabinets secondaires prévus à l'article *(Décr. n° 2006-393 du 30 mars 2006, art. 8-IV-2°-d)* « R. 4381-75 » ne sont pas soumis à l'inscription complémentaire ou à l'immatriculation secondaire prévues par les articles 9 et 20 du décret n° 84-406 du 30 mai 1984 relatif au registre du commerce et des sociétés. Ils sont toutefois considérés comme des établissements dont l'adresse est indiquée dans la demande d'immatriculation de la société, conformément aux dispositions du B de l'article 15 du même décret.

Art. R. 4381-40 Le *(Décr. n° 2010-344 du 31 mars 2010, art. 148)* « directeur général de l'agence régionale de santé » adresse une ampliation de la décision d'inscription de la société sur la liste des sociétés civiles professionnelles d'infirmiers ou d'infirmières ou de masseurs-kinésithérapeutes au greffe du tribunal de commerce ou du tribunal de grande instance statuant commercialement où a été déposée la demande d'immatriculation de la société au registre du commerce et des sociétés ; cette ampliation justifie *que la société dispose* de l'autorisation nécessaire à l'exercice de son activité et que les associés disposent eux-mêmes de l'autorisation, des diplômes ou des titres nécessaires à l'exercice de cette activité.

Au reçu de cette ampliation, le greffier procède à l'immatriculation de la société.

SOUS-SECTION 2 FONCTIONNEMENT DE LA SOCIÉTÉ

§ 1er ADMINISTRATION

Art. R. 4381-41 L'organisation de la gérance et la détermination des pouvoirs des gérants sont fixées par les statuts dans les conditions prévues par l'article 11 de la loi n° 66-879 du 29 novembre 1966 relative aux sociétés civiles professionnelles.

Art. R. 4381-42 Les décisions qui excèdent les pouvoirs des gérants sont prises par les associés réunis en assemblée. Elles ne peuvent résulter d'une consultation écrite des associés.

L'assemblée est réunie au moins une fois par an. Elle est également réunie sur la demande présentée par un ou plusieurs associés représentant au moins la moitié en nombre de ceux-ci, la demande devant indiquer l'ordre du jour proposé.

Les modalités de convocation de l'assemblée sont fixées par les statuts.

Art. R. 4381-43 Toute délibération de l'assemblée donne lieu à l'établissement d'un procès-verbal signé par les associés présents et contenant notamment la date et le lieu de la réunion, les questions écrites à l'ordre du jour, l'identité des associés présents ou représentés, un résumé des débats, le texte des résolutions mises aux voix et le résultat des votes.

Les procès-verbaux sont établis sur un registre spécial préalablement coté et paraphé par le *(Décr. n° 2010-344 du 31 mars 2010, art. 148)* « directeur général de l'agence régionale de santé », par le secrétaire-greffier du tribunal d'instance dans le ressort duquel la société a son siège ou par le maire ou un adjoint au maire de la commune du siège de la société.

Art. R. 4381-44 Lorsque la décision des associés résulte de leur consentement exprimé dans un acte, cette décision est mentionnée à sa date, dans le registre prévu à l'article *(Décr. n° 2006-393 du 30 mars 2006, art. 8-IV-2°-e)* « R. 4381-43 ». La mention dans le registre contient obligatoirement l'indication de la forme, de la nature de l'objet et des signataires de l'acte. L'acte lui-même, s'il est sous seing privé ou sa copie authentique, s'il est notarié, est conservé par la société de manière à permettre sa consultation en même temps que le registre des délibérations.

Art. R. 4381-45 Les copies ou extraits des procès-verbaux des délibérations des associés sont valablement certifiés conformes par un seul gérant. Au cours de la liquidation de la société, leur certification est valablement effectuée par un seul liquidateur.

Art. R. 4381-46 Chaque associé dispose d'un nombre de voix égal, quel que soit le nombre de parts qu'il possède.

Toutefois, lorsque les associés n'exercent qu'à temps partiel, les statuts peuvent leur attribuer un nombre de voix réduit.

Un associé peut donner mandat écrit à un autre associé de le représenter à l'assemblée. Un associé ne peut être porteur de plus de deux mandats.

L'assemblée ne peut délibérer valablement que si les trois quarts au moins des associés sont présents ou représentés. Si le quorum n'est pas atteint, les associés sont convoqués une nouvelle fois et l'assemblée délibère valablement si deux associés au moins sont présents ou représentés.

Art. R. 4381-47 En dehors des cas prévus par l'article 19 de la loi n° 66-879 du 29 novembre 1966 relative aux sociétés civiles professionnelles et par les articles *(Décr. n° 2006-393 du 30 mars 2006, art. 8-IV-2°-f)* « R. 4381-48, R. 4381-52, R. 4381-79 et R. 4381-80 » imposant des conditions spéciales de majorité, les décisions sont prises à la majorité des voix dont disposent les associés présents ou représentés.

Dans tous les cas, les statuts peuvent prévoir une majorité plus forte ou même l'unanimité des associés pour toutes les décisions ou seulement pour celles qu'ils énumèrent.

Art. R. 4381-48 Toute modification des statuts est décidée à la majorité des trois quarts des voix des associés présents ou représentés. L'adoption et la modification du règlement intérieur est décidée à la même majorité.

Toutefois, l'augmentation des engagements des associés ne peut être décidée qu'à l'unanimité.

Art. R. 4381-49 Après clôture de chaque exercice, le ou les gérants établissent, dans les conditions fixées par les statuts, les comptes annuels de la société, un rapport sur les résultats de l'exercice ainsi que des propositions relatives à leur affectation.

Dans les trois mois qui suivent la clôture de l'exercice, les documents mentionnés à l'alinéa précédent sont soumis à l'approbation de l'assemblée des associés.

A cette fin, ils sont adressés à chacun des associés, qu'ils soient ou non gérants, avec le texte des résolutions proposées, quinze jours au moins avant la réunion de l'assemblée et, au plus tard, avec la convocation à cette assemblée.

Art. R. 4381-50 Chaque associé peut, à toute époque, prendre connaissance des documents mentionnés à l'article *(Décr. n° 2006-393 du 30 mars 2006, art. 8-IV-2°-g)* « R. 4381-49 », des registres de procès-verbaux, des registres et documents détenus par la société. Le droit de prendre connaissance emporte celui de prendre copie.

Art. R. 4381-51 La rémunération servie aux parts représentant les apports prévus au 1° de l'article R. 4381-34 ne peut excéder le taux des avances sur titres de la Banque de France diminué de deux points. La rémunération des parts sociales représentant les autres apports prévus aux 2°, 3° et 4° de l'article *(Décr. n° 2006-393 du 30 mars 2006, art. 8-IV-2°-h)* « R. 4381-34 » et des parts distribuées à la suite d'une augmentation de capital ne peut excéder le même taux majoré de deux points.

Le surplus des bénéfices, après constitution éventuelle de réserves, est réparti entre les associés selon des bases de répartition périodique fondées sur les critères professionnels fixés par les statuts.

§ 2 CESSIONS ET TRANSMISSIONS DE PARTS SOCIALES

Art. R. 4381-52 Les parts sociales sont librement cessibles entre associés sauf disposition contraire des statuts.

Elles ne peuvent être cédées à des tiers qu'avec le consentement de la société exprimé dans les conditions prévues à l'article 19 de la loi n° 66-879 du 29 novembre 1966 relative aux sociétés civiles professionnelles.

Art. R. 4381-53 Dans le cas où un associé décide de céder des parts à un tiers étranger à la société, le projet de cession des parts sociales est notifié à la société et à chacun des associés soit par lettre recommandée avec demande d'avis de réception, soit dans l'une des formes prévues à l'article 1690 du code civil.

Dans le délai de deux mois à compter de la notification du projet de cession par le cédant à la société, la société notifie son consentement exprès à la cession ou son refus dans les formes prévues à l'alinéa précédent. Si la société n'a pas fait connaître sa décision, le consentement est implicitement donné.

Art. R. 4381-54 Dans le cas où la société refuse de consentir à la cession, elle dispose d'un délai de six mois à compter de la notification de son refus pour notifier à l'associé, dans l'une des formes prévues au premier alinéa de l'article *(Décr. n° 2006-393 du 30 mars 2006, art. 8-IV-2°-i)* « R. 4381-53 », un projet de cession ou de rachat de ses parts qui constitue engagement du cessionnaire ou de la société.

Si le prix proposé pour la cession ou le rachat n'est pas accepté par le cédant et si celui-ci persiste dans son intention de céder ses parts sociales, le prix est fixé à la demande de la partie la plus diligente par le président du tribunal de grande instance, statuant comme en référé.

Lorsque l'associé cédant refuse de signer l'acte portant cession de ses parts au prix ainsi fixé, il est passé outre à ce refus deux mois après la sommation, à lui faite par la société dans l'une des formes prévues au premier alinéa de l'article *(Décr. n° 2006-393 du 30 mars 2006, art. 8-IV-2°-i)* « R. 4381-53 » et demeurée infructueuse.

Si la cession porte sur la totalité des parts sociales détenues par l'associé, celui-ci perd sa qualité d'associé à l'expiration du délai prévu à l'alinéa précédent. Le prix de cession des parts est consigné à la diligence du cessionnaire.

Art. R. 4381-55 Les articles *(Décr. n° 2006-393 du 30 mars 2006, art. 8-IV-2°-j)* « R. 4381-52 à R. 4381-54 » sont également applicables à la cession à titre gratuit de tout ou partie de ses parts sociales consentie par l'un des associés.

Art. R. 4381-56 Lorsqu'un associé entend se retirer de la société en application de l'article 21 de la loi n° 66-879 du 29 novembre 1966 relative aux sociétés civiles professionnelles, il notifie sa décision à la société dans l'une des formes prévues au premier alinéa de l'article *(Décr. n° 2006-393 du 30 mars 2006, art. 8-IV-2°-k)* « R. 4381-53 ».

La société dispose d'un délai de six mois à compter de cette notification pour notifier à l'associé, dans la même forme, soit un projet de cession de ses parts à un associé ou à un tiers remplissant les conditions requises pour l'exercice de la profession d'infirmier et d'infirmière, soit un projet de rachat desdites parts par la société. Cette notification implique un engagement du cessionnaire ou de la société qui se porte acquéreur. Il est fait, en tant que de besoin, application des dispositions des deuxième, troisième et quatrième alinéas de l'article *(Décr. n° 2006-393 du 30 mars 2006, art. 8-IV-2°-k)* « R. 4381-54 ».

Art. R. 4381-57 L'associé qui est frappé de l'interdiction définitive d'exercer sa profession résultant d'une décision définitive dispose d'un délai de six mois pour céder ses parts sociales dans les conditions prévues aux articles *(Décr. n° 2006-393 du 30 mars 2006, art. 8-IV-2°-l)* « R. 4381-52 à R. 4381-55 ».

Ce délai a pour point de départ la date à laquelle la décision est devenue définitive.

Si à l'expiration de ce délai aucune cession n'est intervenue, la société procède à la cession ou au rachat dans les conditions prévues au deuxième alinéa de l'article *(Décr. n° 2006-393 du 30 mars 2006, art. 8-IV-2°-l)* « R. 4381-56 ».

Art. R. 4381-58 Sous réserve des règles de protection et de représentation des majeurs protégés, les dispositions de l'article *(Décr. n° 2006-393 du 30 mars 2006, art. 8-IV-2°-m)* « R. 4381-57 » sont applicables à la cession des parts sociales de l'associé frappé d'interdiction légale ou placé sous le régime de la tutelle des majeurs.

Art. R. 4381-59 Le délai prévu par le deuxième alinéa de l'article 24 de la loi n° 66-879 du 29 novembre 1966 relative aux sociétés civiles professionnelles pour la cession des parts de l'associé décédé est fixé à un an à compter du décès de l'associé. Il peut être renouvelé par le *(Décr. n° 2010-344 du 31 mars 2010, art. 148)* « directeur général de l'agence régionale de santé » à la demande des ayants droit de l'associé décédé et avec le consentement de la société donné dans les conditions prévues pour la cession des parts sociales par le premier alinéa de l'article 19 de la loi précitée.

Art. R. 4381-60 Si pendant le délai prévu à l'article *(Décr. n° 2006-393 du 30 mars 2006, art. 8-IV-2°-n)* « R. 4381-59 » le ou les ayants droit décident de céder les parts sociales de leur auteur à un tiers étranger à la société, il est procédé, conformément aux dispositions du deuxième alinéa de l'article *(Décr. n° 2006-393 du 30 mars 2006, art. 8-IV-2°-n)* « R. 4381-52 ainsi que des articles R. 4381-53 et R. 4381-54 ». Pendant le même délai, si la société, les associés survivants ou un ou plusieurs de ceux-ci acceptent, en accord avec le ou les ayants droit de l'infirmier, de l'infirmière ou du masseur-kinésithérapeute décédé, d'acquérir les parts sociales de celui-ci ou de celle-ci, il est procédé conformément aux dispositions de l'article *(Décr. n° 2006-393 du 30 mars 2006, art. 8-IV-2°-n)* « R. 4381-54 ».

Art. R. 4381-61 Toute demande d'un ou de plusieurs ayants droit d'un associé décédé tendant à l'attribution préférentielle à leur profit des parts sociales de leur auteur est notifiée à la société et à chacun des associés dans l'une des formes prévues au premier alinéa de l'article *(Décr. n° 2006-393 du 30 mars 2006, art. 8-IV-2°-o)* « R. 4381-53 ».

Art. R. 4381-62 Lorsque, à l'expiration du délai prévu à l'article *(Décr. n° 2006-393 du 30 mars 2006, art. 8-IV-2°-p)* « R. 4381-59 », les ayants droit de l'associé décédé n'ont pas exercé la faculté de céder les parts sociales de leur auteur et si aucun consentement préalable à l'attribution préférentielle n'a été donné par la société, celle-ci dispose d'une année pour acquérir, dans les conditions prévues à l'article *(Décr. n° 2006-393 du 30 mars 2006, art. 8-IV-2°-p)* « R. 4381-54 », les parts sociales de l'associé décédé.

Si les parts sociales sont cédées à un tiers, les dispositions du deuxième alinéa des articles *(Décr. n° 2006-393 du 30 mars 2006, art. 8-IV-2°-p)* « R. 4381-52 et R. 4381-53 *et de l'article* R. 4381-54 » sont applicables.

Si elles sont acquises par la société, par les associés ou par certains d'entre eux, il est procédé conformément aux dispositions de l'article *(Décr. n° 2006-393 du 30 mars 2006, art. 8-IV-2°-p)* « R. 4381-54 ».

Art. R. 4381-63 La publicité de la cession des parts est accomplie conformément aux dispositions de l'article 52 du décret n° 78-704 du 3 juillet 1978 relatif à l'application de la loi n° 78-9 du 4 janvier 1978 modifiant le titre IX du livre III du code civil. Dans le cas prévu au deuxième alinéa de l'article *(Décr. n° 2006-393 du 30 mars 2006, art. 8-IV-2°-q)* « R. 4381-54 », la publicité de la cession est accomplie par dépôt dans les mêmes conditions de deux copies de la sommation adressée au cédant accompagnées des justifications de la notification ou de la signification de cette sommation.

Art. R. 4381-64 Dans le délai d'un mois le cessionnaire informe le *(Décr. n° 2010-344 du 31 mars 2010, art. 148)* « directeur général de l'agence régionale de santé » de la cession.

§ 3 MODIFICATION DES STATUTS

Art. R. 4381-65 Dans les limites prévues à l'article *(Décr. n° 2006-393 du 30 mars 2006, art. 8-IV-2°-r)* « R. 4381-26 », le nombre des associés peut être augmenté au cours de l'existence de la société, avec ou sans augmentation du capital social.

Art. R. 4381-66 Si la constitution des réserves ou le dégagement de plus-values le permet, il est procédé périodiquement à l'augmentation du capital social. Les parts sociales ainsi créées sont attribuées aux associés y compris à ceux qui n'ont apporté que leur industrie, dans les conditions déterminées au deuxième alinéa de l'article *(Décr. n° 2006-393 du 30 mars 2006, art. 8-IV-2°-s)* « R. 4381-51 », pour la répartition des bénéfices.

Cette augmentation de capital ne peut intervenir avant la libération totale des parts sociales correspondant à des apports en numéraire.

Art. R. 4381-67 Toute modification des statuts est portée, dans le délai d'un mois, à la diligence du gérant, à la connaissance du *(Décr. n° 2010-344 du 31 mars 2010, art. 148)* « directeur général de l'agence régionale de santé ».

De même, sont portés à la connaissance du *(Décr. n° 2010-344 du 31 mars 2010, art. 148)* « directeur général de l'agence régionale de santé », dans les mêmes conditions, le règlement intérieur, s'il est établi après la demande d'inscription, et toute modification de ce règlement.

§ 4 RETRAIT D'UN ASSOCIÉ

Art. R. 4381-68 L'associé dont l'apport est exclusivement d'industrie, pour se retirer de la société, notifie à celle-ci sa décision dans les formes prévues au premier alinéa de l'article *(Décr. n° 2006-393 du 30 mars 2006, art. 8-IV-2°-t)* « R. 4381-53 ». Son retrait prend effet à la date qu'il indique, ou à défaut, à celle de cette notification. Toutefois, les statuts peuvent prévoir que le retrait ne prend effet qu'à l'expiration d'un délai, sans que ce délai puisse excéder six mois à compter de la notification faite par l'associé.

Art. R. 4381-69 L'associé titulaire de parts sociales correspondant à un apport en capital peut, à la condition d'en informer la société dans les formes prévues au premier alinéa de l'article *(Décr. n° 2006-393 du 30 mars 2006, art. 8-IV-2°-t)* « R. 4381-53 », cesser l'activité professionnelle qu'il exerce au sein de cette société avant la fin de la procédure de cession ou de rachat de ses parts. Il respecte, le cas échéant, le délai fixé par les statuts, sans que ce délai puisse excéder six mois à compter de la notification relative à la cessation d'activité.

Art. R. 4381-70 *L'associé perd, à compter de sa cessation d'activité*, les droits attachés à sa qualité d'associé, à l'exception toutefois des rémunérations afférentes aux apports en capital et de sa part éventuelle dans le capital et dans les réserves et les plus-values d'actif ; il cesse à la même date d'être soumis aux incompatibilités et interdictions attachées à cette qualité.

La cessation d'activité professionnelle d'un associé est, à la diligence du gérant, portée à la connaissance du *(Décr. n° 2010-344 du 31 mars 2010, art. 148)* « directeur général de l'agence régionale de santé ».

§ 5 EXERCICE DE LA PROFESSION

Art. R. 4381-71 Sous réserve de l'application de la loi n° 66-879 du 29 novembre 1966 relative aux sociétés civiles professionnelles et de la présente section, toutes les dispositions législatives et réglementaires relatives à l'exercice de la profession d'infirmier, d'infirmière ou de masseur-kinésithérapeute sont applicables aux membres de la société et, dans la mesure où elles sont applicables aux personnes morales, à la société civile professionnelle elle-même.

Un associé ne peut se substituer à un autre associé auprès de la personne soignée sans l'accord préalable de celle-ci, sauf urgence.

Art. R. 4381-72 La qualification de société civile professionnelle d'infirmiers ou d'infirmières ou de masseurs-kinésithérapeutes, à l'exclusion de toute autre, accompagne la raison sociale dans toute correspondance et tout document émanant de la société. Elle est complétée par la référence aux mentions portées aux 1° et 2° de l'article 72 du décret n° 84-406 du 30 mai 1984 relatif au registre du commerce et des sociétés.

Dans les actes professionnels, chaque associé se présente sous son nom personnel et indique, en plus de son patronyme, la raison sociale de la société déterminée conformément aux dispositions de l'article 8 de loi n° 66-879 du 29 novembre 1966 relative aux sociétés civiles professionnelles.

Art. R. 4381-73 Un associé ne peut exercer sa profession à titre individuel sous forme libérale, sauf gratuitement, ni être membre d'une autre société civile professionnelle dont les membres exercent la même profession.

Art. R. 4381-74 Sous réserve des dispositions de l'article *(Décr. n° 2006-393 du 30 mars 2006, art. 8-IV-2°-u)* « R. 4381-73 », les associés consacrent à la société toute leur activité professionnelle libérale.

Art. R. 4381-75 Les membres d'une société civile professionnelle ont une résidence professionnelle commune.

Toutefois, la société peut être autorisée par le *(Décr. n° 2010-344 du 31 mars 2010, art. 148)* « directeur général de l'agence régionale de santé » à exercer dans un ou plusieurs cabinets secondaires si la satisfaction des besoins des malades l'exige et à condition que la situation de chaque cabinet secondaire par rapport au cabinet principal ainsi que l'organisation des soins dans ce ou ces cabinets permettent de répondre aux urgences.

En application des art. L. 231-5 et L. 231-6 CRPA, et par exception à l'application du délai de deux mois prévu à l'art. L. 231-1 du même code, le délai à l'expiration duquel le silence gardé par l'administration vaut acceptation est de trois mois pour les demandes d'autorisation délivrée par le directeur général de l'ARS pour l'exercice des sociétés civiles professionnelles d'infirmiers ou de masseurs-kinésithérapeutes dans un ou plusieurs cabinets secondaires (Décr. n° 2014-1287 du 23 oct. 2014, art. 1er).

Art. R. 4381-76 La société, comme les associés eux-mêmes, est soumise à l'ensemble des lois et règlements régissant les rapports de la profession avec l'assurance maladie.

Art. R. 4381-77 Tous les registres et documents sont ouverts et établis au nom de la société.

Art. R. 4381-78 Il appartient à la société de justifier de l'assurance de responsabilité prévue par le deuxième alinéa de l'article 16 de la loi n° 66-879 du 29 novembre 1966 relative aux sociétés civiles professionnelles.

SOUS-SECTION III NULLITÉ, DISSOLUTION ET LIQUIDATION

Art. R. 4381-79 L'associé frappé d'une mesure comportant suspension ou interdiction temporaire d'exercice peut être contraint de se retirer de la société par décision prise à la majorité renforcée prévue par les statuts, calculée en excluant les associés ayant fait l'objet d'une sanction pour les mêmes faits ou pour des faits connexes. Dans le cas où *l'exclusion n'est pas prononcée*, l'intéressé conserve la qualité d'associé, mais sa participation aux bénéfices résultant de l'application du deuxième alinéa de l'article *(Décr. n° 2006-393 du 30 mars 2006, art. 8-IV-2°-v)* « R. 4381-51 » est réduite au prorata de la durée de la période de suspension.

L'associé qui n'est plus inscrit sur la liste préfectorale ou qui a été exclu de la société conformément aux dispositions de l'alinéa précédent cède ses parts dans les conditions prévues à l'article *(Décr. n° 2006-393 du 30 mars 2006, art. 8-IV-2°-v)* « R. 4381-57 ». A compter du jour où il n'est plus inscrit sur la liste ou du jour de la décision d'exclusion prise par les autres associés, il perd les droits attachés à la qualité d'associé, à l'exception des rémunérations afférentes à ses apports en capital.

Art. R. 4381-80 La dissolution anticipée de la société ne peut être décidée que par les trois quarts des associés.

Art. R. 4381-81 Dans le cas où tous les associés font l'objet de décisions définitives d'incapacité absolue d'exercice ou d'interdiction d'exercer la profession, la société est dissoute de plein droit.

Ces décisions sont portées à la connaissance du *(Décr. n° 2010-344 du 31 mars 2010, art. 148)* « directeur général de l'agence régionale de santé » à la diligence du ministère public.

Art. R. 4381-82 La société est également dissoute de plein droit par le décès simultané de tous les associés ou par le décès du dernier associé.

Art. R. 4381-83 La société est également dissoute de plein droit par la demande de retrait faite soit simultanément par tous les associés, soit par le dernier de ceux-ci.

Art. R. 4381-84 S'il ne subsiste qu'un seul associé, celui-ci peut, dans le délai prévu par le deuxième alinéa de l'article 26 de la loi n° 66-879 du 29 novembre 1966 relative aux sociétés civiles professionnelles, céder une partie de ses parts à un tiers infirmier ou infirmière, ou masseur-kinésithérapeute inscrit sur les listes préfectorales.

A défaut, la société peut être dissoute dans les conditions prévues audit article.

Art. R. 4381-85 Toute décision judiciaire constatant la nullité ou prononçant la dissolution d'une société est portée à la connaissance du *(Décr. n° 2010-344 du 31 mars 2010, art. 148)* « directeur général de l'agence régionale de santé » à la diligence du secrétaire-greffier de la juridiction saisie.

Art. R. 4381-86 En aucun cas, les fonctions de liquidateur ne peuvent être confiées à une personne contre laquelle l'incapacité absolue, l'interdiction d'exercice ou la suspension temporaire a été prononcée.

Art. R. 4381-87 L'acte de nomination des liquidateurs, quelle que soit sa forme, est adressé par les soins de ces derniers au *(Décr. n° 2010-344 du 31 mars 2010, art. 148)* « directeur général de l'agence régionale de santé ».

Le liquidateur informe le *(Décr. n° 2010-344 du 31 mars 2010, art. 148)* « directeur général de l'agence régionale de santé » de la clôture de la liquidation.

Art. R. 4381-88 Dans les cas prévus par le deuxième alinéa de l'article 37 de la loi n° 66-879 du 29 novembre 1966 relative aux sociétés civiles professionnelles concernant les sociétés adoptant le statut de sociétés coopératives, l'actif net de la société subsistant après extinction du passif et le remboursement du capital est réparti entre les associés au prorata des parts détenues par chacun d'eux, y compris les parts correspondant aux apports en industrie.

SECTION VI DISPOSITIONS RELATIVES AUX SPORTIFS DE HAUT NIVEAU

(Décr. n° 2010-979 du 26 août 2010, art. 1er)

Art. D. 4381-89 *(Décr. n° 2016-668 du 24 mai 2016, art. 1er)* Des dispenses d'épreuves pour l'admission dans les instituts de formation en pédicurie-podologie, en ergothérapie et en psychomotricité peuvent être accordées à des sportifs de haut niveau par la commission prévue à l'article D. 4381-90.

Peuvent présenter leur candidature en vue de l'admission en première année de formation en masso-kinésithérapie les sportifs de haut niveau ayant :

– validé une première année universitaire ;

– ou bénéficié d'une procédure de validation des études, expériences professionnelles ou acquis personnels dans les conditions déterminées par les articles D. 613-38 et suivants du code de l'éducation en vue d'accéder à cette première année de formation en masso-kinésithérapie.

Un arrêté des ministres chargés de la santé et de l'enseignement supérieur fixe les conditions dans lesquelles sont accordées les dispenses des épreuves d'admission dans les instituts de formation en pédicurie-podologie, en ergothérapie et en psychomotricité ainsi que les conditions spécifiques à la masso-kinésithérapie.

Les sportifs de haut niveau sont affectés dans les instituts par le ministre chargé de la santé après avis de la commission prévue à l'article D. 4381-90.

Art. D. 4381-90 *(Décr. n° 2016-668 du 24 mai 2016, art. 2)* Il est institué auprès du ministre chargé de la santé une commission d'admission des sportifs de haut niveau.

La commission est composée :

1° Du directeur général de l'offre de soins ou de son représentant, qui assure la présidence et a voix prépondérante en cas de partage égal des voix ;

2° Du directeur des sports ou de son représentant, qui assure la vice-présidence ;

3° Du directeur général de l'enseignement supérieur et de l'insertion professionnelle ou de son représentant ;

4° D'un représentant des conseils régionaux, désigné par l'Association des régions de France ;

5° D'un représentant des services déconcentrés régionaux de la jeunesse, des sports et de la cohésion sociale ;

6° Du président de l'Association des directeurs techniques nationaux ou de son représentant ;

7° D'un représentant du réseau national consacré au sport de haut niveau mentionnée *[mentionné]* au 2° de l'article R. 211-2 du code du sport ;

8° D'un représentant de la profession des masseurs-kinésithérapeutes, désigné par le Conseil national de l'ordre des masseurs-kinésithérapeutes ;

9° D'un représentant de la profession des pédicures-podologues, désigné par l'Ordre national des pédicures-podologues ;

10° D'un représentant de la profession des ergothérapeutes, désigné par l'Association nationale française des ergothérapeutes ;

11° D'un représentant de la profession des psychomotriciens, désigné par la Fédération française des psychomotriciens ;

12° D'un représentant des directeurs d'instituts de formation pour chaque filière de formation concernée par le dispositif ;

13° Du directeur de l'École nationale de kinésithérapie et de rééducation de Saint-Maurice ;

14° D'un conseiller pédagogique, désigné par la direction générale de l'offre de soins.

La commission se réunit, à l'initiative de son président, au moins une fois par an. Son secrétariat est assuré par la direction générale de l'offre de soins. Les membres de la commission exercent leurs fonctions à titre gratuit. Ils peuvent bénéficier du remboursement de leurs frais de déplacement et de séjour dans les conditions prévues par la réglementation applicable pour les fonctionnaires de l'État.

CHAPITRE II DÉVELOPPEMENT PROFESSIONNEL CONTINU

(Décr. n° 2011-2114 du 30 déc. 2011, art. 2)

SECTION PREMIÈRE CONTENU DE L'OBLIGATION

Art. R. 4382-1 à R. 4382-5 *Abrogés par Décr. n° 2016-942 du 8 juill. 2016, art. 2-II-1°-d.*

SECTION II ORGANISATION

Art. R. 4382-6 Les établissements employeurs, les conseils des ordres compétents ainsi que les unions régionales des professionnels de santé représentant les auxiliaires médicaux libéraux assurent la promotion de programmes de développement professionnel continu qui peuvent être *suivis* par des auxiliaires médicaux libéraux, des auxiliaires médicaux hospitaliers, des auxiliaires médicaux salariés, des aides-soignants et des auxiliaires de puériculture. Ces programmes peuvent associer d'autres professionnels.

Dans les établissements publics de santé, le comité technique d'établissement et la commission des soins infirmiers, de rééducation et médico-techniques sont consultés sur le plan de développement professionnel continu, en application des articles R. 6144-40 et R. 6146-10.

Art. R. 4382-7 *Abrogé par Décr. nº 2016-942 du 8 juill. 2016, art. 2-II-1º-d.*

SECTION III FINANCEMENT

Art. R. 4382-8 *Abrogé par Décr. nº 2016-942 du 8 juill. 2016, art. 2-II-1º-d.*

Art. R. 4382-9 Les établissements énumérés à l'article 2 de la loi nº 86-33 du 9 janvier 1986 portant dispositions statutaires relatives à la fonction publique hospitalière, les autres employeurs publics et les employeurs du secteur privé financent les actions de développement professionnel continu.

Ils mettent en œuvre le développement professionnel continu des auxiliaires médicaux, des aides-soignants et des auxiliaires de puériculture qu'ils emploient et peuvent avoir recours, à cette fin, à un organisme paritaire collecteur agréé ainsi qu'à l'organisme agréé mentionné à l'article 16 de l'ordonnance nº 2005-406 du 2 mai 2005 simplifiant le régime juridique des établissements de santé, dans le respect des règles d'organisation et de prise en charge de la formation tout au long de la vie qui leur sont propres.

SECTION IV CONTRÔLE

Art. R. 4382-10 à R. 4382-15 *Abrogés par Décr. nº 2016-942 du 8 juill. 2016, art. 2-II-1º-d.*

SECTION V MODALITÉS D'APPLICATION AU SERVICE DE SANTÉ DES ARMÉES

Art. R. 4382-16 *Abrogé par Décr. nº 2016-942 du 8 juill. 2016, art. 2-II-1º-d.*

CHAPITRE III COMPÉTENCES RESPECTIVES DE L'ÉTAT ET DE LA RÉGION

(Décr. nº 2005-418 du 3 mai 2005)

SECTION PREMIÈRE AIDES AUX ÉTUDIANTS *(Décr. nº 2006-393 du 30 mars 2006, art. 9-I).*

Art. D. 4383-1 *(Décr. nº 2016-1901 du 28 déc. 2016, art. 2)* Le barème des aides mentionnées à l'article L. 4383-4 accordées sous forme de bourses d'études comporte, d'une part, des échelons auxquels correspondent des plafonds de ressources minimaux et, d'autre part, une liste de points de charges minimaux de l'élève ou de l'étudiant. A chaque échelon correspond un taux minimum *[minimal]* exprimé en euros.

Les taux minimaux des échelons, les plafonds de ressources minimaux, ainsi que la liste des points de charge minimaux de l'élève ou de l'étudiant sont déterminés par référence à ceux fixés par le ministre chargé de l'enseignement supérieur en application de l'article D. 821-1 du code de l'éducation.

Pour les formations d'aide-soignant, d'auxiliaire de puériculture et d'ambulancier, les taux minimaux des échelons, les plafonds de ressources minimaux, ainsi que la liste des points de charge minimaux de l'élève ou de l'étudiant sont déterminés à l'annexe 41-2.

Sur les aides accordées aux étudiants et élèves sous forme de bourses d'études, V. annexe 41-2.

SECTION II AUTORISATION DES INSTITUTS ET ÉCOLES DE FORMATION DES AUXILIAIRES MÉDICAUX, DES AIDES-SOIGNANTS, DES AUXILIAIRES DE PUÉRICULTURE, DES AMBULANCIERS ET DES TECHNICIENS DE LABORATOIRES D'ANALYSES DE BIOLOGIE MÉDICALE ET AGRÉMENT DE LEURS DIRECTEURS

(Décr. nº 2006-393 du 30 mars 2006, art. 9-III)

SOUS-SECTION 1 AUTORISATION DES INSTITUTS ET ÉCOLES DE FORMATION

Art. R. 4383-2 L'autorisation mentionnée à l'article L. 4383-3 est délivrée pour une durée de cinq ans par le président du conseil régional, après avis du *(Décr. nº 2010-*

344 du 31 mars 2010, art. 149) « directeur général de l'agence régionale de santé », aux instituts et écoles de formation dont le projet répond aux conditions suivantes :

1° Qualification des directeurs des instituts et écoles concernés ;

2° Adéquation, en nombre et qualité, de l'équipe pédagogique à la formation dispensée selon les conditions définies par arrêté du ministre chargé de la santé ;

3° Existence d'un projet pédagogique établi conformément aux prescriptions fixées par arrêté du ministre chargé de la santé, relatives aux conditions d'accès à la formation concernée, au contenu du programme d'enseignement, aux modalités de l'enseignement et de l'évaluation des connaissances des étudiants ou élèves au cours de la scolarité ;

4° Organisation satisfaisant l'articulation entre les enseignements théoriques et les stages cliniques ;

5° Adaptation des locaux, des matériels techniques et pédagogiques au nombre d'étudiants ou d'élèves accueillis selon les conditions fixées par arrêté du ministre chargé de la santé ;

6° Adaptation de la capacité totale d'accueil envisagée pour l'institut ou l'école, soit à la capacité totale d'accueil des écoles et instituts dans la région et au nombre d'étudiants à admettre en première année d'études dans la profession considérée fixé conformément à l'article L. 4383-2, soit, en l'absence de toute détermination de ce nombre, aux besoins de formation appréciés par la région.

Le dossier de demande d'autorisation, dont la composition est fixée par arrêté du ministre chargé de la santé, est établi par le représentant légal de l'institut ou de l'école et transmis au président du conseil régional de la région d'implantation de l'école de formation, avec copie au *(Décr. n° 2010-344 du 31 mars 2010, art. 149)* « directeur général de l'agence régionale de santé ».

Art. R. 4383-3 Le silence gardé pendant plus de quatre mois à compter de la réception du dossier complet de la demande d'autorisation d'un institut ou d'une école de formation vaut décision de rejet.

L'autorisation prévue à l'article R. 4383-2 peut être retirée, après mise en demeure et par décision motivée lorsque les conditions fixées audit article ne sont plus remplies.

SOUS-SECTION 2 AGRÉMENT DES DIRECTEURS DES INSTITUTS OU ÉCOLES DE FORMATION

Art. R. 4383-4 Pour bénéficier de l'agrément mentionné à l'article L. 4383-3, les directeurs des instituts ou écoles de formation des professionnels mentionnés aux titres Ier à VII du présent livre, des aides-soignants, des auxiliaires de puériculture, des ambulanciers et des techniciens de laboratoires d'analyses de biologie médicale doivent remplir des conditions d'âge et de diplômes fixées par arrêté du ministre chargé de la santé, et ne pas avoir fait l'objet d'une condamnation inscrite au bulletin n° 2 du casier judiciaire national.

L'agrément des directeurs des instituts ou écoles relevant d'un établissement public de santé est délivré dans le respect des dispositions statutaires régissant les personnels relevant du titre IV du statut général des fonctionnaires et des dispositions légales et réglementaires s'appliquant aux agents publics.

Les fonctions, les missions et les obligations des directeurs des instituts ou écoles mentionnés au premier alinéa du présent article autres que ceux régis par le titre IV du statut général des fonctionnaires sont fixées par arrêté du ministre chargé de la santé.

Art. R. 4383-5 La demande d'agrément du directeur est déposée auprès du président du conseil régional par le représentant légal de l'établissement, de l'institut ou de l'école avec copie au *(Décr. n° 2010-344 du 31 mars 2010, art. 149)* « directeur général de l'agence régionale de santé ».

Le silence gardé par le président du conseil régional pendant plus de deux mois à compter de la réception de la demande complète d'agrément vaut agrément.

L'agrément peut être retiré après mise en demeure et par décision motivée lorsque les conditions fixées à l'article R. 4383-4 ne sont plus remplies.

SECTION III *[ABROGÉE]* PROFESSION D'AIDES-SOIGNANTS, D'AUXILIAIRES DE PUÉRICULTURE, D'AMBULANCIERS ET DE TECHNICIENS EN ANALYSES BIOMÉDICALES

(Abrogée par Décr. n° 2010-334 du 26 mars 2010, art. 20)

Art. R. 4383-6 à R. 4383-21 *Abrogés par Décr. n° 2010-334 du 26 mars 2010, art. 20.*

TITRE NEUVIÈME AIDES-SOIGNANTS, AUXILIAIRES DE PUÉRICULTURE, AMBULANCIERS ET ASSISTANTS DENTAIRES *(Décr. n° 2016-1646 du 1er déc. 2016, art. 1er-2°-a).*

(Décr. n° 2010-334 du 26 mars 2010, art. 21)

CHAPITRE PREMIER AIDES-SOIGNANTS

SECTION PREMIÈRE DIPLÔME D'ÉTAT

Art. D. 4391-1 Sont fixés par arrêté du ministre chargé de la santé :

1° Le programme et les modalités de la formation préparatoire au diplôme d'État d'aide-soignant ;

2° Les conditions de délivrance de ce diplôme.

(Décr. n° 2014-1640 du 26 déc. 2014, art. 1er) « Ce diplôme peut être obtenu par la validation des acquis de l'expérience dont les modalités d'organisation sont fixées par arrêté du ministre chargé de la santé. »

SECTION II RESSORTISSANTS D'UN ÉTAT MEMBRE DE L'UNION EUROPÉENNE OU D'UN AUTRE ÉTAT PARTIE À L'ACCORD SUR L'ESPACE ÉCONOMIQUE EUROPÉEN

§ 1er LIBRE ÉTABLISSEMENT

Art. R. 4391-2 Le préfet de la région *(Décr. n° 2017-1520 du 2 nov. 2017, art. 2-I)* « désignée par arrêté du ministre chargé de la santé » délivre, après avis de la commission des aides-soignants, l'autorisation d'exercice prévue à l'article L. 4391-2, au vu d'une demande accompagnée d'un dossier présenté et instruit selon les modalités fixées par l'arrêté mentionné à l'article R. 4391-4.

Il accuse réception de la demande dans le délai d'un mois à compter de sa réception.

Le silence gardé par le préfet de région à l'expiration d'un délai de quatre mois à compter de la réception du dossier complet vaut décision de rejet de la demande.

Art. R. 4391-3 *(Décr. n° 2017-1520 du 2 nov. 2017, art. 2-II)* La commission examine les connaissances, aptitudes et compétences acquises au cours de la formation initiale, de l'expérience professionnelle et de la formation tout au long de la vie ayant fait l'objet d'une validation par un organisme compétent, de l'intéressé, selon les modalités prévues aux articles R. 4311-35 et R. 4311-36.

Art. R. 4391-4 Sont fixées par arrêté du ministre chargé de la santé :

1° La composition du dossier produit à l'appui de la demande d'autorisation ;

2° La composition du jury de l'épreuve d'aptitude et les modalités d'organisation de cette épreuve ;

(Décr. n° 2017-1520 du 2 nov. 2017, art. 2-III) « 3° Les modalités et les conditions dans lesquelles un stage d'adaptation, une épreuve d'aptitude ou les deux sont imposés ;

« 4° » Les modalités d'organisation et d'évaluation du stage d'adaptation ;

(Décr. n° 2017-1520 du 2 nov. 2017, art. 2-III) « 5° » Les informations à fournir dans les états statistiques.

§ 2 LIBRE PRESTATION DE SERVICES

Art. R. 4391-5 Les dispositions des articles R. 4331-12 à R. 4331-15 sont applicables à la prestation de services des aides-soignants dont la déclaration est prévue à l'article L. 4391-4. *(Abrogé par Décr. nº 2017-1520 du 2 nov. 2017, art. 2-VII)* « *L'autorité compétente, pour l'application des articles* R. 4331-12 à R. 4331-13, *est le ministre chargé de la santé, qui se prononce après avis d'une des commissions mentionnées à l'article* R. 4391-6 *qu'il désigne par arrêté.* »

§ 3 DISPOSITIONS COMMUNES

Art. R. 4391-6 *(Décr. nº 2017-1520 du 2 nov. 2017, art. 12)* « La commission des aides-soignants de la région désignée par arrêté du ministre chargé de la santé comprend : »

1° Le directeur régional de la jeunesse, des sports et de la cohésion sociale ou son représentant, président ;

2° Le directeur général de l'agence régionale de santé ou son représentant ;

3° Deux infirmiers, dont l'un exerçant ses fonctions dans un établissement de santé ou médico-social et l'autre, cadre de santé, exerçant en institut de formation d'aide-soignant ;

4° Deux aides-soignants, dont l'un exerçant ses fonctions dans un établissement médico-social.

Un arrêté du préfet de région, pris sur proposition du directeur régional de la jeunesse, des sports et de la cohésion sociale, nomme, pour une durée de cinq ans renouvelable, les membres titulaires et suppléants mentionnés aux 3° et 4°.

Art. R. 4391-7 La direction régionale de la jeunesse, des sports et de la cohésion sociale assure le secrétariat de la commission.

Art. R. 4391-8 *(Décr. nº 2017-1520 du 2 nov. 2017, art. 2-VIII)* Le contrôle par l'autorité compétente de la maîtrise de la langue française par le demandeur donne lieu à une décision qui peut faire l'objet d'un recours devant le tribunal administratif territorialement compétent.

CHAPITRE II AUXILIAIRES DE PUÉRICULTURE

SECTION PREMIÈRE DIPLÔME D'ÉTAT

Art. D. 4392-1 Sont fixés par arrêté du ministre chargé de la santé :

1° Le programme et les modalités de la formation préparatoire au diplôme d'État d'auxiliaire de puériculture ;

2° Les conditions de délivrance de ce diplôme.

(Décr. nº 2014-1640 du 26 déc. 2014, art. 1er) « Ce diplôme peut être obtenu par la validation des acquis de l'expérience dont les modalités d'organisation sont fixées par arrêté du ministre chargé de la santé. »

SECTION II RESSORTISSANTS D'UN ÉTAT MEMBRE DE L'UNION EUROPÉENNE OU D'UN AUTRE ÉTAT PARTIE À L'ACCORD SUR L'ESPACE ÉCONOMIQUE EUROPÉEN

§ 1er LIBRE ÉTABLISSEMENT

Art. R. 4392-2 Le préfet de la région *(Décr. nº 2017-1520 du 2 nov. 2017, art. 2-I)* « désignée par arrêté du ministre chargé de la santé » délivre, après avis de la commission des auxiliaires de puériculture, l'autorisation d'exercice prévue à l'article L. 4392-2, au vu d'une demande accompagnée d'un dossier présenté et instruit selon les modalités fixées par l'arrêté mentionné à l'article R. 4392-4.

Il accuse réception de la demande dans le délai d'un mois à compter de sa réception.

Le silence gardé par le préfet de région à l'expiration d'un délai de quatre mois à *compter de la réception* du dossier complet vaut décision de rejet de la demande.

Art. R. 4392-3 *(Décr. nº 2017-1520 du 2 nov. 2017, art. 2-II)* La commission examine les connaissances, aptitudes et compétences acquises au cours de la formation initiale, de l'expérience professionnelle et de la formation tout au long de la vie ayant fait l'objet d'une validation par un organisme compétent, de l'intéressé, selon les modalités prévues aux articles R. 4311-35 et R. 4311-36.

Art. R. 4392-4 Sont fixées par arrêté du ministre chargé de la santé :

1° La composition du dossier produit à l'appui de la demande d'autorisation ;

2° La composition du jury de l'épreuve d'aptitude et les modalités d'organisation de cette épreuve ;

(Décr. n° 2017-1520 du 2 nov. 2017, art. 2-III) « 3° Les modalités et les conditions dans lesquelles un stage d'adaptation, une épreuve d'aptitude ou les deux sont imposés ;

« 4° » Les modalités d'organisation et d'évaluation du stage d'adaptation ;

(Décr. n° 2017-1520 du 2 nov. 2017, art. 2-III) « 5° » Les informations à fournir dans les états statistiques.

§ 2 LIBRE PRESTATION DE SERVICES

Art. R. 4392-5 Les dispositions des articles R. 4331-12 à R. 4331-15 sont applicables à la prestation de services des auxiliaires de puériculture dont la déclaration est prévue à l'article L. 4392-4. *(Abrogé par Décr. n° 2017-1520 du 2 nov. 2017, art. 2-VII) « L'autorité compétente, pour l'application des articles* R. 4331-12 à R. 4331-13, *est le ministre chargé de la santé, qui se prononce après avis d'une des commissions mentionnées à l'article* R. 4392-6 *qu'il désigne par arrêté. »*

§ 3 DISPOSITIONS COMMUNES

Art. R. 4392-6 *(Décr. n° 2017-1520 du 2 nov. 2017, art. 12)* « La commission des auxiliaires de puériculture de la région désignée par arrêté du ministre chargé de la santé comprend : »

1° Le directeur régional de la jeunesse, des sports et de la cohésion sociale ou son représentant, président ;

2° Le directeur général de l'agence régionale de santé ou son représentant ;

3° Deux infirmiers titulaires du diplôme d'État de puéricultrice, dont l'un exerçant ses fonctions dans un établissement de santé ou médico-social et l'autre, cadre de santé, exerçant en institut de formation d'auxiliaire de puériculture ;

4° Deux auxiliaires de puériculture, dont l'un exerçant ses fonctions dans une structure d'accueil de la petite enfance.

Un arrêté du préfet de région, pris sur proposition du directeur régional de la jeunesse, des sports et de la cohésion sociale, nomme, pour une durée de cinq ans renouvelable, les membres titulaires et suppléants mentionnés aux 3° et 4°.

Art. R. 4392-7 La direction régionale de la jeunesse, des sports et de la cohésion sociale assure le secrétariat de la commission.

Art. R. 4392-8 *(Décr. n° 2017-1520 du 2 nov. 2017, art. 2-VIII)* Le contrôle par l'autorité compétente de la maîtrise de la langue française par le demandeur donne lieu à une décision qui peut faire l'objet d'un recours devant le tribunal administratif territorialement compétent.

CHAPITRE III AMBULANCIERS

SECTION PREMIÈRE DIPLÔME D'ÉTAT

Art. D. 4393-1 Sont fixés par arrêté du ministre chargé de la santé :

1° Le programme et les modalités de la formation préparatoire au diplôme d'État d'ambulancier ;

2° Les conditions de délivrance de ce diplôme.

SECTION II RESSORTISSANTS D'UN ÉTAT MEMBRE DE L'UNION EUROPÉENNE OU D'UN AUTRE ÉTAT PARTIE À L'ACCORD SUR L'ESPACE ÉCONOMIQUE EUROPÉEN

§ 1er LIBRE ÉTABLISSEMENT

Art. R. 4393-2 Le préfet de la région *(Décr. n° 2017-1520 du 2 nov. 2017, art. 2-I)* « désignée par arrêté du ministre chargé de la santé » délivre, après avis de la commission des ambulanciers, l'autorisation d'exercice prévue à l'article L. 4393-3, au vu d'une demande accompagnée d'un dossier présenté et instruit selon les modalités fixées par l'arrêté mentionné à l'article R. 4393-4.

Il accuse réception de la demande dans le délai d'un mois à compter de sa réception. Le silence gardé par le préfet de région à l'expiration d'un délai de quatre mois à compter de la réception du dossier complet vaut *(Décr. nº 2017-1520 du 2 nov. 2017, art. 2-XII)* « décision d'acceptation » de la demande.

Art. R. 4393-3 *(Décr. nº 2017-1520 du 2 nov. 2017, art. 2-II)* La commission examine les connaissances, aptitudes et compétences acquises au cours de la formation initiale, de l'expérience professionnelle et de la formation tout au long de la vie ayant fait l'objet d'une validation par un organisme compétent, de l'intéressé, selon les modalités prévues aux articles R. 4311-35 et R. 4311-36.

Art. R. 4393-4 Sont fixées par arrêté du ministre chargé de la santé :

1° La composition du dossier produit à l'appui de la demande d'autorisation ;

2° La composition du jury de l'épreuve d'aptitude et les modalités d'organisation de cette épreuve ;

(Décr. nº 2017-1520 du 2 nov. 2017, art. 2-III) « 3° Les modalités et les conditions dans lesquelles un stage d'adaptation, une épreuve d'aptitude ou les deux sont imposés ;

« 4° » Les modalités d'organisation et d'évaluation du stage d'adaptation ;

(Décr. nº 2017-1520 du 2 nov. 2017, art. 2-III) « 5° » Les informations à fournir dans les états statistiques.

§ 2 LIBRE PRESTATION DE SERVICES

Art. R. 4393-5 Les dispositions des articles R. 4331-12 à R. 4331-15 sont applicables à la prestation de services des ambulanciers dont la déclaration est prévue à l'article L. 4393-5. *(Abrogé par Décr. nº 2017-1520 du 2 nov. 2017, art. 2-VII) « L'autorité compétente, pour l'application des articles* R. 4331-12 à R. 4331-13, *est le ministre chargé de la santé, qui se prononce après avis d'une des commissions mentionnées à l'article* R. 4393-6 *qu'il désigne par arrêté.* »

§ 3 DISPOSITIONS COMMUNES

Art. R. 4393-6 *(Décr. nº 2017-1520 du 2 nov. 2017, art. 12)* « La commission des ambulanciers de la région désignée par arrêté du ministre chargé de la santé comprend : »

1° Le directeur régional de la jeunesse, des sports et de la cohésion sociale ou son représentant, président ;

2° Le directeur général de l'agence régionale de santé ou son représentant ;

3° Un médecin exerçant ses fonctions dans un établissement de santé ou médico-social ;

4° Un infirmier exerçant ses fonctions dans un établissement de santé ou médico-social ;

5° Deux ambulanciers, dont l'un exerçant ses fonctions dans un établissement de santé et l'autre dans une entreprise de transports sanitaires.

Un arrêté du préfet de région, pris sur proposition du directeur régional de la jeunesse, des sports et de la cohésion sociale, nomme, pour une durée de cinq ans renouvelable, les membres titulaires et suppléants mentionnés aux 3° à 5°.

Art. R. 4393-7 La direction régionale de la jeunesse, des sports et de la cohésion sociale assure le secrétariat de la commission.

Art. R. 4393-7-1 *(Décr. nº 2017-1520 du 2 nov. 2017, art. 2-VIII)* Le contrôle par l'autorité compétente de la maîtrise de la langue française par le demandeur donne lieu à une décision qui peut faire l'objet d'un recours devant le tribunal administratif territorialement compétent.

CHAPITRE III *BIS* ASSISTANTS DENTAIRES

(Décr. n° 2016-1646 du 1er déc. 2016, art. 1er-2°-b)

SECTION PREMIÈRE ACTIVITÉS PROFESSIONNELLES

Art. R. 4393-8 Sous la responsabilité et le contrôle effectif du chirurgien-dentiste ou du médecin exerçant dans le champ de la médecine bucco-dentaire, l'assistant dentaire est habilité à pratiquer les activités suivantes dans le respect des règles d'hygiène et de sécurité :

1° L'assistance du chirurgien-dentiste ou du médecin exerçant dans le champ de la médecine bucco-dentaire dans la réalisation des gestes avant, pendant et après les soins ;

2° L'accueil des patients et la communication à leur attention ;

3° L'information et l'éducation des patients dans le champ de la santé bucco-dentaire ;

4° L'entretien de l'environnement de soins, des matériels liés aux activités et la gestion du risque infectieux ;

5° La gestion et le suivi du dossier du patient ;

6° Le recueil, la transmission des informations, la mise en œuvre de la traçabilité dans le cadre de la structure de soins ;

7° L'accueil, l'accompagnement des assistants dentaires en formation ou nouveaux arrivants dans la structure et l'amélioration des pratiques professionnelles.

SECTION II PERSONNES AUTORISÉES À EXERCER LA PROFESSION RESSORTISSANTS *[RESSORTISSANT]* D'UN ÉTAT MEMBRE DE L'UNION EUROPÉENNE OU D'UN AUTRE ÉTAT PARTIE À L'ACCORD SUR L'ESPACE ÉCONOMIQUE EUROPÉEN

Art. R. 4393-9 Le préfet de la région *[,]* *(Décr. n° 2017-1520 du 2 nov. 2017, art. 2-I)* « désignée par arrêté du ministre chargé de la santé », délivre après avis de la commission des assistants dentaires l'autorisation d'exercice prévue à l'article L. 4393-12, au vu d'une demande accompagnée d'un dossier présenté et instruit selon les modalités fixées par l'arrêté mentionné à l'article R. 4393-16.

Il accuse réception de la demande dans le délai d'un mois à compter de sa réception.

Le silence gardé par le préfet de région à l'expiration d'un délai de quatre mois à compter de la réception du dossier complet vaut décision de rejet de la demande.

Art. R. 4393-10 *(Décr. n° 2017-1520 du 2 nov. 2017, art. 2-II)* La commission examine les connaissances, aptitudes et compétences acquises au cours de la formation initiale, de l'expérience professionnelle et de la formation tout au long de la vie ayant fait l'objet d'une validation par un organisme compétent, de l'intéressé, selon les modalités prévues aux articles R. 4311-35 et R. 4311-36.

Art. R. 4393-11 Sont fixées par arrêté du ministre chargé de la santé :

1° La composition du dossier produit à l'appui de la demande d'autorisation ;

2° La composition du jury de l'épreuve d'aptitude et les modalités d'organisation de cette épreuve ;

(Décr. n° 2017-1520 du 2 nov. 2017, art. 2-III) « 3° Les modalités et les conditions dans lesquelles un stage d'adaptation, une épreuve d'aptitude ou les deux sont imposés ;

« 4° » Les modalités d'organisation et d'évaluation du stage d'adaptation ;

(Décr. n° 2017-1520 du 2 nov. 2017, art. 2-III) « 5° » Les informations à fournir dans les états statistiques.

Art. R. 4393-12 Les dispositions des articles R. 4331-12 à R. 4331-15 sont applicables à la prestation de services des assistants dentaires dont la déclaration est prévue à l'article L. 4393-14. *(Abrogé par Décr. n° 2017-1520 du 2 nov. 2017, art. 2-VII)* ***« L'autorité compétente, pour l'application des articles R. 4331-12 à R. 4331-13, est le ministre chargé de la santé, qui se prononce après avis de l'une des commissions mentionnées à l'article R. 4393-13 qu'il désigne par arrêté. »***

Art. R. 4393-13 *(Décr. n° 2017-1520 du 2 nov. 2017, art. 12)* « La commission des assistants dentaires de la région désignée par arrêté du ministre chargé de la santé comprend : »

1° Le directeur régional de la jeunesse, des sports et de la cohésion sociale ou son représentant, président ;

2° Le directeur général de l'agence régionale de santé ;

3° Un médecin exerçant dans le champ de la chirurgie dentaire ;

4° Un chirurgien-dentiste en exercice ;

5° Deux assistants dentaires en activité répondant aux conditions d'exercice en France.

Un arrêté du préfet de région, pris sur proposition du directeur régional de la jeunesse, des sports et de la cohésion sociale, nomme, pour une durée de cinq ans renouvelable, les membres titulaires et ses deux membres suppléants mentionnés aux 3° à 5°.

Art. R. 4393-14 La direction régionale de la jeunesse, des sports et de la cohésion sociale assure le secrétariat de la commission.

Art. R. 4393-14-1 *(Décr. n° 2017-1520 du 2 nov. 2017, art. 2-VIII)* Le contrôle par l'autorité compétente de la maîtrise de la langue française par le demandeur donne lieu à une décision qui peut faire l'objet d'un recours devant le tribunal administratif territorialement compétent.

SECTION III EXERCICE DE LA PROFESSION PAR DES ÉTUDIANTS EN CHIRURGIE DENTAIRE

Art. D. 4393-15 Les étudiants en chirurgie dentaire peuvent être autorisés à exercer la profession d'assistant dentaire en tant que remplaçant lorsqu'ils ont validé le 1er cycle des études odontologiques.

Art. D. 4393-16 L'étudiant en chirurgie dentaire remet à l'employeur de l'assistant dentaire remplacé, une autorisation délivrée par le conseil départemental de l'ordre des chirurgiens-dentistes du département dans lequel exerce l'assistant dentaire que l'étudiant remplace.

Cette autorisation est établie sur la base d'une attestation constatant la durée des études effectuées et remise à l'étudiant par le directeur de l'unité de formation et de recherche auprès de laquelle il est inscrit en vue de l'obtention du diplôme d'État de docteur en chirurgie dentaire.

Cette autorisation est valable un an sur l'ensemble du territoire. Elle peut être renouvelée dans les mêmes conditions, sur justification de la poursuite des mêmes études.

Tout avis défavorable du conseil de l'ordre des chirurgiens-dentistes est motivé.

SECTION IV ENREGISTREMENT DES MEMBRES DE LA PROFESSION D'ASSISTANT DENTAIRE

Art. D. 4393-17 L'agence régionale de santé du lieu d'exercice professionnel des personnes autorisées à exercer la profession d'assistant dentaire procède à l'enregistrement prévu à l'article L. 4393-17 au vu du titre de formation ou de l'autorisation présenté par l'intéressé ou, à défaut, de l'attestation qui en tient lieu.

Les assistants dentaires informent l'agence, dans le délai d'un mois, de tout changement de leur situation professionnelle, de prise ou d'arrêt de fonction supplémentaire ou de cessation, temporaire ou définitive, d'activité.

Nul ne peut exercer la profession d'assistant dentaire si son titre de formation ou autorisation n'a pas été enregistré conformément au premier alinéa du présent article.

Il est établi, pour chaque département, par le directeur général de l'agence régionale de santé, une liste de ces professionnels portée à la connaissance du public.

Les étudiants en chirurgie dentaire mentionnés à l'article D. 4393-15 sont enregistrés sur une liste spécifique.

LIVRE QUATRIÈME MAYOTTE, ÎLES WALLIS-ET-FUTUNA ET TERRES AUSTRALES ET ANTARCTIQUES FRANÇAISES, NOUVELLE-CALÉDONIE ET POLYNÉSIE FRANÇAISE

V. Dalloz.fr

CINQUIÈME PARTIE PRODUITS DE SANTÉ

LIVRE PREMIER PRODUITS PHARMACEUTIQUES

TITRE PREMIER DISPOSITIONS GÉNÉRALES RELATIVES AUX MÉDICAMENTS

CHAPITRE PREMIER DÉFINITIONS

Le présent chapitre ne comporte pas de dispositions réglementaires.

CHAPITRE II PHARMACOPÉE

SECTION PREMIÈRE DISPOSITIONS GÉNÉRALES

Art. R. 5112-1 La Pharmacopée mentionnée à l'article L. 5112-1 est un recueil comprenant :

1° La nomenclature des drogues, des médicaments simples et composés, des articles officinaux ;

2° Une liste des dénominations communes de médicaments ;

3° Les tableaux de posologie maximale et usuelle des médicaments pour l'adulte et pour l'enfant ;

4° Des renseignements qui peuvent être utiles au pharmacien pour la pratique pharmaceutique.

La Pharmacopée indique les caractères des médicaments, les moyens qui permettent de les identifier, les méthodes d'essai et d'analyse à utiliser pour assurer leur contrôle, les procédés de préparation, de stérilisation, de conservation desdits médicaments ainsi que les règles de leur conditionnement, leurs principales incompatibilités et un ensemble de données qui peuvent être utiles au pharmacien pour leur préparation et leur délivrance.

(Décr. n° 2006-1145 du 12 sept. 2006, art. 1er) « La Pharmacopée est constituée par sa dernière édition et par ses mises à jour, ayant fait l'objet de » *(Décr. n° 2017-20 du 9 janv. 2017, art. 2-2°)* « la décision prévue » à l'article R. 5112-2.

Toute substance présentée sous une dénomination scientifique ou commune de la Pharmacopée en vigueur répond aux spécifications de celle-ci.

Art. R. 5112-2 Les dispositions de la Pharmacopée française et de la Pharmacopée européenne sont rendues obligatoires *(Décr. n° 2017-20 du 9 janv. 2017, art. 2-3°)* « par décision » du directeur général de l'*(Décr. n° 2012-597 du 27 avr. 2012, art. 5-I-1°)* « Agence nationale de sécurité du médicament et des produits de santé », *(Décr. n° 2017-20 du 9 janv. 2017, art. 2-3°)* « publiée sur le site internet de l'agence ».

Art. R. 5112-3 *Abrogé par Décr. n° 2017-20 du 9 janv. 2017, art. 2.*

Art. R. 5112-4 La Pharmacopée française est complétée par un formulaire national.

Les dispositions de ce formulaire national peuvent être rendues obligatoires dans les conditions prévues à l'article R. 5112-2.

Art. R. 5112-5 *(Décr. n° 2017-20 du 9 janv. 2017, art. 2-5°)* La Pharmacopée française et le formulaire national mentionné à l'article R. 5112-4 font l'objet d'une publication sur le site internet de l'Agence nationale de sécurité du médicament et des produits de santé.

SECTION II *[ABROGÉE]* COMMISSION NATIONALE DE LA PHARMACOPÉE

(Abrogée par Décr. n° 2012-597 du 27 avr. 2012, art. 4)

Art. R. 5112-6 à R. 5112-14 *Abrogés par Décr. n° 2012-597 du 27 avr. 2012, art. 4.*

TITRE DEUXIÈME MÉDICAMENTS À USAGE HUMAIN

CHAPITRE PREMIER DISPOSITIONS GÉNÉRALES

SECTION PREMIÈRE DÉFINITIONS

Art. R. 5121-1 Pour l'application du présent livre, on entend par :

1° Biodisponibilité, la vitesse et l'intensité de l'absorption dans l'organisme, à partir d'une forme pharmaceutique, *(Décr. n° 2008-435 du 6 mai 2008, art. 1er)* « de la substance active » ou de sa fraction thérapeutique destiné à devenir disponible au niveau des sites d'action ;

2° Bioéquivalence, l'équivalence des biodisponibilités ;

3° Conditionnement primaire, le récipient ou toute autre forme de conditionnement avec lequel le médicament se trouve en contact direct ;

4° Conditionnement extérieur, l'emballage dans lequel est placé le conditionnement primaire ;

5° Dénomination commune, la dénomination commune internationale recommandée par l'Organisation mondiale de la santé, à défaut la dénomination de la Pharmacopée européenne ou française ou, à défaut, la dénomination commune usuelle ;

6° Dosage du médicament, la teneur en *(Décr. n° 2008-435 du 6 mai 2008, art. 1er)* « substance active », exprimée en quantité par unité de prise ou par unité de volume ou de poids en fonction de la présentation ;

7° Étiquetage, les mentions portées sur le conditionnement extérieur ou le conditionnement primaire ;

8° Excipient à effet notoire, tout excipient dont la présence peut nécessiter des précautions d'emploi pour certaines catégories particulières de patients ;

9° Notice, le document d'information accompagnant le médicament et destiné à l'utilisateur ;

(Décr. n° 2008-436 du 6 mai 2008, art. 2) « 10° Substance végétale, l'ensemble des plantes, parties de plantes, algues, champignons, lichens, principalement entiers, fragmentés ou coupés, utilisés en l'état, desséchés ou frais, ainsi que certains exsudats n'ayant pas subi de traitements spécifiques ; les substances végétales sont précisément définies par la partie de la plante utilisée et la dénomination botanique selon le système à deux mots – genre, espèce, variété et auteur ;

« 11° Préparation à base de plantes, les préparations obtenues par traitement de substances végétales, tel que l'extraction, la distillation, l'expression, le fractionnement, la purification, la concentration ou la fermentation ; elles comprennent les substances végétales concassées ou pulvérisées, les teintures, les extraits, les huiles essentielles, les jus obtenus par pression et les exsudats traités. »

SECTION II NOM DU MÉDICAMENT *(Décr. n° 2008-435 du 6 mai 2008, art. 2)*.

Art. R. 5121-2 *(Décr. n° 2008-435 du 6 mai 2008, art. 3)* « Le nom » d'un médicament peut être soit un nom de fantaisie, soit une dénomination commune ou scientifique assortie d'une marque ou du nom du *(Décr. n° 2008-435 du 6 mai 2008, art. 3)* « titulaire de l'autorisation de mise sur le marché ou de l'entreprise assurant l'exploitation du médicament ». Le nom de fantaisie ne peut se confondre avec la dénomination commune.

Art. R. 5121-3 Sans préjudice de l'application de la législation relative aux marques de fabrique, de commerce et de service, le nom de fantaisie est choisi de façon à éviter toute confusion avec d'autres médicaments et ne pas induire en erreur sur la qualité ou les propriétés de la spécialité.

Art. R. 5121-4 *Abrogé par Décr. n° 2008-435 du 6 mai 2008, art. 4.*

SECTION III SPÉCIALITÉS GÉNÉRIQUES

Art. R. 5121-5 *(Décr. n° 2008-435 du 6 mai 2008, art. 5)* « En vue de leur inscription au répertoire des groupes génériques mentionné à l'article L. 5121-10, les spécialités génériques sont identifiées *(Décr. n° 2012-597 du 27 avr. 2012, art. 4-4°)* « par une décision de l'Agence nationale de sécurité du médicament et des produits de santé mentionnant la spécialité de référence correspondante ». Cette décision peut, le cas échéant, préciser que la substitution de la spécialité de référence par la spécialité générique peut entraîner un risque particulier pour la santé de certains patients dans certaines conditions d'utilisation. Elle est notifiée au titulaire de l'autorisation de mise sur le marché délivrée pour cette spécialité générique. Ces dispositions sont également applicables aux médicaments mentionnés au 4° de l'article R. 5121-28. »

Le directeur général de l'agence informe, dans un délai d'un mois, le titulaire de l'autorisation de mise sur le marché de la spécialité de référence de la délivrance d'une autorisation de mise sur le marché pour une spécialité générique. A l'issue d'un délai de soixante jours suivant cette information, le directeur général de l'agence procède à l'inscription de la spécialité générique au répertoire des groupes génériques.

La décision d'identification d'une spécialité générique dont l'autorisation de mise sur le marché est suspendue ou supprimée par le directeur général de l'agence est suspendue ou supprimée.

Art. R. 5121-5-1 *(Décr. n° 2008-435 du 6 mai 2008, art. 6 ; Décr. n° 2011-149 du 3 févr. 2011, art. 1er)* Sauf en cas de risque pour la santé des patients, les spécialités remplissant les conditions pour être spécialité de référence dans un groupe générique déjà existant peuvent être inscrites par décision du directeur général de l'*(Décr. n° 2012-597 du 27 avr. 2012, art. 5-I-1°)* « Agence nationale de sécurité du médicament et des produits de santé » au répertoire des groupes génériques dans ce même groupe, jusqu'à ce qu'une autorisation de mise sur le marché soit délivrée pour une spécialité générique de ces spécialités. Aux fins d'application des présentes dispositions, les ministres chargés de la santé et de la sécurité sociale sollicités par un demandeur peuvent saisir le directeur de l'agence d'une demande en ce sens.

Dans ce cas, le directeur général de l'agence, si les conditions prévues au *b* du 5° de l'article L. 5121-1 sont remplies, informe le titulaire de l'autorisation de mise sur le marché délivrée pour cette spécialité de son intention d'inscrire au répertoire des groupes génériques la spécialité concernée. A l'issue d'un délai de soixante jours suivant cette information, le directeur général de l'agence procède à l'inscription de la spécialité au répertoire des groupes génériques.

Art. R. 5121-5-2 *(Décr. n° 2011-149 du 3 févr. 2011, art. 2)* Sauf en cas de risque pour la santé des patients, les spécialités mentionnées au *b* du 5° de l'article L. 5121-1 qui se présentent sous une forme pharmaceutique orale à libération modifiée différente de celle de la spécialité de référence sont identifiées par une décision du directeur général de l'*(Décr. n° 2012-597 du 27 avr. 2012, art. 5-I-1°)* « Agence nationale de sécurité du médicament et des produits de santé » mentionnant la spécialité de référence correspondante. Cette décision est notifiée au titulaire de l'autorisation de mise sur le marché délivrée pour ces spécialités.

Le directeur général de l'agence informe de cette décision, dans un délai d'un mois, le titulaire de l'autorisation de mise sur le marché de la spécialité de référence. Il l'informe également, dans le même délai, de la délivrance d'une autorisation de mise sur le marché pour une spécialité qui se présente sous une forme pharmaceutique orale à libération modifiée différente de celle de la spécialité de référence. A l'issue d'un délai de soixante jours suivant cette information, le directeur de l'agence procède à l'inscription de cette dernière au répertoire des groupes génériques.

Lorsque l'autorisation de mise sur le marché d'une spécialité qui se présente sous une forme pharmaceutique orale à libération modifiée différente de celle de la spécialité de référence est suspendue ou supprimée par le directeur général de l'agence, la décision d'identification de cette spécialité est également suspendue ou supprimée.

Art. R. 5121-5-3 *(Décr. n° 2016-469 du 14 avr. 2016, art. 1er)* Les spécialités génériques à base de plantes relèvent des dispositions prévues aux articles R. 5121-6 et R. 5121-7.

Art. R. 5121-5-4 *(Décr. n° 2016-469 du 14 avr. 2016, art. 1er)* Les spécialités génériques dont la ou les substances actives sont exclusivement une ou plusieurs substances minérales relèvent des dispositions des articles R. 5121-5, R. 5121-5-1 et R. 5121-5-2.

Art. R. 5121-6 Les groupes génériques sans spécialité de référence, tels que prévus à l'article L. 5121-1, sont créés dans le répertoire des groupes génériques par décision du directeur général de l'*(Décr. n° 2012-597 du 27 avr. 2012, art. 5-I-1°)* « Agence nationale de sécurité du médicament et des produits de santé ». *(Décr. n° 2008-435 du 6 mai 2008, art. 7)* « Aux fins d'application des présentes dispositions, les ministres chargés de la santé et de la sécurité sociale sollicités par un demandeur peuvent saisir le directeur général de l'agence d'une demande signalant des spécialités susceptibles de constituer un tel groupe. » La création d'un tel groupe intervient après que les titulaires des autorisations de mise sur le marché des spécialités incluses dans le groupe ont été mis en mesure de présenter leurs observations. Cette décision mentionne *(Décr. n° 2008-435 du 6 mai 2008, art. 7)* « la substance active », le dosage et la forme pharmaceutique caractérisant le groupe générique concerné et les spécialités incluses dans celui-ci.

L'inscription d'une spécialité dans un groupe générique déjà créé dans les conditions prévues au premier alinéa est effectuée par décision du directeur général de l'*(Décr. n° 2012-597 du 27 avr. 2012, art. 5-I-1°)* « Agence nationale de sécurité du médicament et des produits de santé », après que le titulaire de l'autorisation de mise sur le marché de la spécialité a été mis en mesure de présenter ses observations.

Art. R. 5121-7 Une spécialité générique ou une spécialité appartenant à un groupe générique sans spécialité de référence, dont l'autorisation de mise sur le marché est supprimée, est radiée du répertoire des groupes génériques. Lorsque l'autorisation de mise sur le marché d'une spécialité générique ou d'une spécialité appartenant à un groupe générique sans spécialité de référence est suspendue, il en est fait mention au répertoire des groupes génériques pendant la durée de cette suspension.

Art. R. 5121-8 Le répertoire des groupes génériques présente les spécialités incluses dans chaque groupe générique, en précisant leur dosage et leur forme pharmaceutique. Les groupes génériques sont regroupés par *(Décr. n° 2008-435 du 6 mai 2008, art. 8)* « substance active désignée » par sa dénomination commune précédée de la mention "dénomination commune" et par voie d'administration. Les mentions qui doivent, en application de l'article R. 5125-55, figurer dans une prescription libellée en dénomination commune sont spécifiées dans le répertoire à l'attention des prescripteurs.

Le répertoire des groupes génériques indique, pour chaque spécialité, *(Décr. n° 2008-435 du 6 mai 2008, art. 8)* « son nom, son dosage et sa forme pharmaceutique », ainsi que le nom du titulaire de l'autorisation de mise sur le marché, et, s'il diffère de ce dernier, le nom de l'entreprise ou de l'organisme exploitant la spécialité, ainsi que, le cas échéant, les excipients à effets notoires qu'elle contient.

Art. R. 5121-9 *(Décr. n° 2016-469 du 14 avr. 2016, art. 3)* Les décisions d'inscription d'une spécialité au répertoire des groupes génériques, de modification de ces décisions et de radiation de ce répertoire, régies par la présente section, sont publiées sur le site internet de l'Agence nationale de sécurité du médicament et des produits de santé.

SECTION III *BIS* MÉDICAMENTS BIOLOGIQUES SIMILAIRES

(Décr. n° 2016-960 du 12 juill. 2016, art. 1er)

Art. R. 5121-9-1 La liste de référence des groupes biologiques similaires prévue à l'article L. 5121-10-2 est présentée par médicament biologique de référence dont le nom, le dosage, la forme pharmaceutique et la dénomination commune de la substance active qu'il contient sont indiqués.

Cette liste comporte les médicaments inclus dans chaque groupe biologique similaire au sens du *b* du 15° de l'article L. 5121-1 et précise, pour chacun de ces médicaments, son nom, son dosage, sa forme pharmaceutique, le nom du titulaire de l'autorisation de mise sur le marché, et, s'il diffère de ce dernier, le nom de l'entreprise ou de l'organisme exploitant le médicament, sa ou ses indications thérapeutiques, sa posologie et, le cas échéant, les excipients à effets notoires qu'il contient.

Art. R. 5121-9-2 Lorsqu'une autorisation de mise sur le marché est délivrée à un médicament biologique susceptible d'être identifié comme un médicament biologique similaire, le directeur général de l'Agence nationale de sécurité des médicaments et des produits de santé :

1° L'identifie comme médicament biologique similaire, en mentionnant le médicament de référence correspondant, par une décision, qu'il peut assortir de recommandations et de mises en garde, et qu'il notifie au titulaire de l'autorisation de mise sur le marché délivrée pour ce médicament biologique similaire ;

2° Informe, dans le délai d'un mois suivant cette notification, le titulaire de l'autorisation de mise sur le marché du médicament biologique de référence de la délivrance d'une autorisation de mise sur le marché pour le médicament biologique similaire mentionné au 1°.

A l'issue d'un délai de soixante jours suivant la réception de l'information par le titulaire de l'autorisation mentionnée au 2°, le directeur général de l'agence inscrit le médicament biologique similaire sur la liste de référence des groupes biologiques similaires.

Art. R. 5121-9-3 Le directeur général de l'Agence nationale de sécurité des médicaments et des produits de santé :

1° Suspend ou retire la décision mentionnée au 1° de l'article R. 5121-9-2 identifiant un médicament biologique similaire en cas de non-renouvellement, de suspension, de retrait ou de caducité de l'autorisation de mise sur le marché de ce médicament ;

2° Radie le médicament biologique similaire de la liste de référence des groupes biologiques similaires en cas de non-renouvellement, de retrait ou de caducité de son autorisation de mise sur le marché ;

3° Fait mention sur la même liste de la suspension de l'autorisation de mise sur le marché de ce médicament pendant la durée de cette suspension.

Art. R. 5121-9-4 Les décisions d'inscription d'un médicament sur la liste de référence des groupes biologiques similaires, de modification de ces décisions et de radiation de cette liste sont publiées sur le site internet de l'Agence nationale de sécurité du médicament et des produits de santé.

SECTION IV EXPÉRIMENTATIONS

Art. R. 5121-10 *(Décr. n° 2006-477 du 26 avr. 2006, art. 5-I)* « On entend par expérimentation des médicaments, au sens du 9° de l'article L. 5121-20, tous les essais chimiques, pharmaceutiques, biologiques, les essais non cliniques et les essais cliniques. »

Sans préjudice des dispositions du titre II du livre Ier de la partie I du présent code, ces essais sont réalisés dans les conditions fixées à la présente section.

Art. R. 5121-11 Les normes et méthodes applicables à l'expérimentation des médicaments sont fixées, sur proposition du directeur général de l'*(Décr. n° 2012-597 du 27 avr. 2012, art. 5-I-1°)* « Agence nationale de sécurité du médicament et des produits de santé », par arrêté du ministre chargé de la santé.

Art. R. 5121-12 Les personnes qui dirigent et surveillent la réalisation d'essais chimiques, pharmaceutiques, biologiques, pharmacologiques ou toxicologiques sont dénommées expérimentateurs.

Al. 2 et 3 abrogés par Décr. n° 2006-477 du 26 avr. 2006, art. 5-III.

Art. R. 5121-13 *(Décr. n° 2006-477 du 26 avr. 2006, art. 5-IV)* « Sous réserve des dispositions des articles L. 1123-6 à L. 1123-8 et L. 1123-13 » et de celles prises pour leur application, les expérimentateurs, les investigateurs et les personnes appelées à collaborer aux essais sont tenus au secret professionnel en ce qui concerne notamment la nature des produits étudiés, les essais, les personnes qui s'y prêtent et les résultats obtenus.

Ils ne peuvent, sans l'accord du promoteur, donner d'informations relatives aux essais qu'au ministre chargé de la santé, aux médecins inspecteurs de santé publique, aux pharmaciens inspecteurs de santé publique, au directeur général et aux inspecteurs de l'*(Décr. n° 2012-597 du 27 avr. 2012, art. 5-I-1°)* « Agence nationale de sécurité du médicament et des produits de santé ».

Les essais ne peuvent faire l'objet d'aucun commentaire écrit ou oral sans l'accord conjoint de l'expérimentateur ou de l'investigateur et du promoteur.

Art. R. 5121-14 Le promoteur communique aux expérimentateurs des essais chimiques, pharmaceutiques, biologiques, pharmacologiques ou toxicologiques :

1° Le titre et l'objectif de l'essai demandé ;

2° L'identification du médicament soumis à l'essai :

a) Sa dénomination spéciale ou scientifique ou son nom de code ;

b) Sa forme pharmaceutique ;

c) Sa composition qualitative et quantitative, en utilisant les dénominations communes internationales lorsqu'elles existent ou, à défaut, les dénominations de la pharmacopée européenne ou française ;

d) Son ou ses numéros de lot ;

(Décr. nº 2006-477 du 26 avr. 2006, art. 5-V) « *e)* Sa date de péremption ou la date à laquelle il fait l'objet d'un nouveau contrôle ; »

3° *(Décr. nº 2006-477 du 26 avr. 2006, art. 5-VI)* « Pour un médicament utilisé comme référence (s'il y a lieu) :

« *a)* Sa dénomination spéciale ou scientifique ;

« *b)* Sa forme pharmaceutique ;

« *c)* Sa composition qualitative et quantitative en *(Décr. nº 2008-435 du 6 mai 2008, art. 10)* « substances actives » ;

« *d)* Son ou ses numéros de lot ;

« *e)* Sa date de péremption ; »

(Décr. nº 2006-477 du 26 avr. 2006, art. 5-VII) « 4° La synthèse du dernier état des connaissances scientifiques requises pour la mise en œuvre de la recherche, selon sa nature, dans les domaines chimique, technologique, pharmaceutique, biologique, pharmacologique, toxicologique et clinique, dénommées prérequis, accompagnée des références des principaux travaux exploités pour cette synthèse, et le résumé des caractéristiques du produit si le médicament a obtenu une autorisation de mise sur le marché. »

Art. R. 5121-15 Le promoteur communique aux investigateurs d'essais cliniques :

1° Le titre et l'objectif de l'essai demandé ;

2° *(Décr. nº 2006-477 du 26 avr. 2006, art. 5-VIII)* « La forme pharmaceutique, le ou les numéros de lot et la date de péremption du médicament expérimental ;

« 3° Pour le médicament expérimenté ou utilisé comme référence, sa dénomination spéciale ou scientifique ou son nom de code, sa composition qualitative et quantitative en *(Décr. nº 2008-435 du 6 mai 2008, art. 10)* « substances actives » et en constituants de l'excipient dont la connaissance est nécessaire à une bonne administration du médicament, en utilisant les dénominations communes internationales lorsqu'elles existent ou, à défaut, les dénominations de la pharmacopée européenne ou française ;

« 4° Pour un placebo, sa composition ; »

5° Les informations qui seront données, en application de l'article L. 1122-1, aux personnes sollicitées de se prêter à l'essai et les modalités de recueil du consentement de ces personnes, y compris le ou les documents qui leur seront remis ;

6° Une copie de l'attestation d'assurance ;

7° Le cas échéant, la période d'exclusion *(Décr. nº 2006-477 du 26 avr. 2006, art. 5-IX)* « mentionnée à l'article L. 1121-12 » ;

8° L'avis du comité consultatif de protection des personnes consulté sur le projet en application de l'article L. 1123-6, si l'investigateur n'en dispose pas déjà ;

9° *(Décr. nº 2006-477 du 26 avr. 2006, art. 5-X)* « La brochure pour l'investigateur mentionnée à l'article R. 1123-20 », accompagnée des références des principaux travaux exploités pour cette synthèse ;

10° Le protocole de l'essai clinique ;

11° Les références des autorisations de mise sur le marché éventuellement obtenues *en France ou à l'étranger pour le médicament* ainsi que celles des éventuelles décisions de refus, de suspension ou de retrait de telles autorisations ;

12° L'identité des autres investigateurs qui participent au même essai et les lieux où ils conduisent leurs travaux ;

(Décr. nº 2006-477 du 26 avr. 2006, art. 5-XI) « 13° L'autorisation prévue à l'article L. 1123-8 ».

Les investigateurs peuvent demander au promoteur tout document ou essai complémentaire s'ils s'estiment insuffisamment éclairés par les informations fournies.

Art. R. 5121-16 *(Décr. nº 2006-477 du 26 avr. 2006, art. 5-XII)* Les médicaments expérimentaux sont préparés selon les bonnes pratiques mentionnées à l'article L. 5121-5.

Les renseignements qui figurent sur l'étiquetage sont rédigés au moins en français.

L'étiquetage doit garantir la protection de la personne qui se prête à la recherche et la traçabilité, permettre l'identification du produit et de l'essai et faciliter l'usage adéquat du médicament expérimental.

Le contenu de l'étiquetage de ces médicaments est défini par arrêté du ministre chargé de la santé pris sur proposition du directeur général de l'*(Décr. nº 2012-597 du 27 avr. 2012, art. 5-I-1º)* « Agence nationale de sécurité du médicament et des produits de santé ».

Art. R. 5121-17 *(Décr. nº 2006-477 du 26 avr. 2006, art. 5-XIII)* Les médicaments expérimentaux et, le cas échéant, les dispositifs utilisés pour les administrer sont fournis gratuitement par le promoteur, sauf dans les cas où la loi en dispose autrement.

Art. R. 5121-18 et R. 5121-19 *Abrogés par Décr. nº 2006-477 du 26 avr. 2006, art. 5.*

Art. R. 5121-20 *(Décr. nº 2006-477 du 26 avr. 2006, art. 5-XIV)* Chaque essai chimique, pharmaceutique, biologique et non clinique donne lieu à un rapport établi par l'expérimentateur qui a réalisé cet essai. Ce rapport, daté et signé, rappelle notamment :

1º L'identité du ou des expérimentateurs, leurs titres, expérience et fonctions ;

2º Les dates et lieux de réalisation de l'essai ;

3º Les renseignements mentionnés aux 2º et 3º de l'article R. 5121-14.

SECTION V AUTORISATION DE MISE SUR LE MARCHÉ

SOUS-SECTION 1 DEMANDE D'AUTORISATION

Art. R. 5121-21 La demande d'autorisation de mise sur le marché est adressée au directeur général de l'*(Décr. nº 2012-597 du 27 avr. 2012, art. 5-I-1º)* « Agence nationale de sécurité du médicament et des produits de santé ». Elle mentionne :

1º *(Décr. nº 2008-435 du 6 mai 2008, art. 11)* « Le nom et l'adresse du futur titulaire de l'autorisation de mise sur le marché et, le cas échéant, ceux de l'entreprise exploitant la spécialité pharmaceutique, ainsi que ceux du fabricant lorsque ni le futur titulaire de l'autorisation ni l'entreprise exploitant la spécialité n'assure la fabrication ;

« 2º Le nom du médicament ;

« 3º La composition intégrale du médicament, soit par unité de prise, soit par unité de poids ou de volume, comportant la mention de la dénomination commune de ses composants.

« La demande est accompagnée du projet de résumé des caractéristiques du produit dont la présentation et le contenu sont fixés conformément à l'article 11 de la directive 2001/83/CE du 6 novembre 2001 par arrêté du ministre chargé de la santé, pris sur proposition du directeur général de l'agence. »

Art. R. 5121-21-1 *(Décr. nº 2007-1932 du 26 déc. 2007, art. 1er)* Lorsqu'un médicament, déjà autorisé ou faisant l'objet d'une demande d'autorisation de mise sur le marché en cours d'instruction dans un autre État membre de la Communauté européenne ou partie à l'accord sur l'Espace économique européen, fait l'objet d'une demande d'autorisation de mise sur le marché en France sans respecter les dispositions de la sous-section 3 *bis* de la présente section, le directeur général de l'*(Décr. nº 2012-597 du 27 avr. 2012, art. 5-I-1º)* « Agence nationale de sécurité du médicament et des produits de santé » informe immédiatement le demandeur de l'irrecevabilité de sa demande ainsi que de la procédure à suivre.

Art. R. 5121-21-2 *(Décr. nº 2008-435 du 6 mai 2008, art. 12)* Le demandeur est responsable de l'exactitude et de la sincérité des documents et données fournis à l'agence lors du dépôt de la demande d'autorisation de mise sur le marché et pendant l'instruction de cette dernière.

Il transmet sans délai à l'agence, en en signalant la portée, toute donnée nouvelle dont il dispose ou a connaissance, notamment les résultats d'études ou de recherches biomédicales effectuées dans ou en dehors de la Communauté européenne ou de l'Espace économique européen, qui pourrait entraîner une modification de l'évaluation du rapport entre le bénéfice et les risques liés au médicament tel que défini au premier alinéa de l'article L. 5121-9.

Art. R. 5121-22 Lorsque la demande d'autorisation de mise sur le marché concerne un générateur, elle comporte en outre :

1° Une description générale du système ainsi qu'une description détaillée des composantes du système susceptibles d'affecter la composition ou la qualité de la préparation du nucléide de filiation ;

2° Les caractéristiques qualitatives et quantitatives de l'éluat ou du sublimé.

Art. R. 5121-23 et R. 5121-24 *Abrogés par Décr. n° 2008-435 du 6 mai 2008, art. 13.*

Art. R. 5121-25 *(Décr. n° 2008-435 du 6 mai 2008, art. 14)* A la demande prévue par l'article R. 5121-21 est joint un dossier comprenant les renseignements et documents suivants *(Décr. n° 2012-1244 du 8 nov. 2012, art. 1er-1°)* « , mis à jour en tant que de besoin », présentés conformément à l'arrêté mentionné à l'article R. 5121-11 :

1° Les données chimiques, pharmaceutiques et biologiques ;

2° Les résultats des essais précliniques et des essais cliniques ;

(Décr. n° 2012-1244 du 8 nov. 2012, art. 1er-1°) « 3° Un résumé décrivant le système de pharmacovigilance du futur titulaire de l'autorisation ou de l'entreprise exploitant la spécialité pharmaceutique et comprenant les éléments suivants :

« *a)* Une déclaration signée par le demandeur par laquelle il atteste que le futur titulaire de l'autorisation ou l'entreprise exploitant la spécialité pharmaceutique dispose d'une personne qualifiée responsable en matière de pharmacovigilance dans un État membre de l'Union européenne ou un État partie à l'accord sur l'Espace économique européen ;

« *b)* L'État membre dans lequel la personne qualifiée réside et exerce ses activités ;

« *c)* Les coordonnées de la personne qualifiée responsable en matière de pharmacovigilance ;

« *d)* Une déclaration signée par le demandeur par laquelle il atteste que le futur titulaire de l'autorisation ou l'entreprise exploitant la spécialité pharmaceutique dispose des moyens nécessaires pour s'acquitter des tâches et des responsabilités qui lui incombent en matière de pharmacovigilance ;

« *e)* L'adresse du lieu de conservation du dossier permanent du système de pharmacovigilance correspondant au médicament concerné ;

« 3° *bis* Le plan de gestion des risques décrivant le système de gestion des risques dont le modèle est fixé par la Commission européenne, à mettre en place par le futur titulaire de l'autorisation ou l'entreprise exploitant la spécialité pharmaceutique pour le médicament concerné, accompagné de son résumé ; »

4° Les indications thérapeutiques, les contre-indications et les effets indésirables ;

5° La posologie, la forme pharmaceutique, les mode et voie d'administration et la durée présumée de stabilité ;

6° Des explications sur les mesures de précaution et de sécurité à prendre lors du stockage du médicament, de son administration au patient et de l'élimination des déchets ;

7° Une déclaration du demandeur attestant que les essais cliniques réalisés en dehors de *(Décr. n° 2012-1244 du 8 nov. 2012, art. 1er-1°)* « l'Union » européenne ou de l'Espace économique européen répondent à des exigences éthiques équivalentes à celles de la directive 2001/20/CE du 4 avril 2001 ;

(Décr. n° 2012-1562 du 31 déc. 2012, art. 1er-1°) « 8° Une déclaration attestant que le fabricant de la spécialité pharmaceutique a vérifié que le fabricant de la substance active a respecté les bonnes pratiques de fabrication en effectuant des audits.

« Cette déclaration mentionne la date de l'audit et atteste que les résultats obtenus permettent d'affirmer que la fabrication est conforme aux bonnes pratiques de fabrication. »

9° Une ou plusieurs maquettes ou échantillons du conditionnement extérieur et du conditionnement primaire et, s'il y a lieu, le projet de notice accompagné des résultats de l'évaluation portant sur la lisibilité, la clarté et la facilité d'utilisation de cette dernière, réalisée en coopération avec des groupes cibles de patients ;

10° Une copie des décisions autorisant la fabrication de la spécialité concernée et délivrées, selon le cas, soit en vertu de la législation nationale du fabricant, soit en application des articles R. 5124-6, R. 5124-7 et R. 5124-10 ou, le cas échéant, copie des récépissés des demandes d'autorisation si lesdites demandes n'ont pas encore donné lieu à décision ;

11° Une copie des autorisations de mise sur le marché obtenues pour ce médicament, soit dans un autre État membre de *(Décr. nº 2012-1244 du 8 nov. 2012, art. 1er-1º)* « l'Union » européenne ou État partie à l'accord sur l'Espace économique européen, soit dans un pays tiers, accompagnées *(Décr. nº 2012-1244 du 8 nov. 2012, art. 1er-1º)* « des résumés des informations de sécurité comprenant les données qui figurent dans les rapports périodiques actualisés de sécurité, lorsqu'ils sont disponibles, et les notifications d'effets indésirables suspectés, » des résumés des caractéristiques du produit et des notices lorsque les autorisations ont été obtenues dans un autre État membre de *(Décr. nº 2012-1244 du 8 nov. 2012, art. 1er-1º)* « l'Union » européenne ou État partie à l'accord sur l'Espace économique européen ;

12° La liste des États membres de *(Décr. nº 2012-1244 du 8 nov. 2012, art. 1er-1º)* « l'Union » européenne ou États parties à l'accord sur l'Espace économique européen dans lesquels des demandes d'autorisation de mise sur le marché pour le même médicament ont été déposées et sont à l'examen, accompagnée des résumés des caractéristiques du produit et des notices proposés ;

13° Une copie des décisions de refus d'autorisation de mise sur le marché de ce médicament intervenues dans un État membre de *(Décr. nº 2012-1244 du 8 nov. 2012, art. 1er-1º)* « l'Union » européenne ou État partie à l'accord sur l'Espace économique européen ou dans un pays tiers, accompagnée de leurs motifs ;

14° L'évaluation et l'indication des risques que le médicament est susceptible de présenter pour l'environnement ; cet impact est étudié et, au cas par cas, des dispositions particulières visant à le limiter sont envisagées.

Art. R. 5121-26 *(Décr. nº 2008-435 du 6 mai 2008, art. 15)* Par dérogation au 2° de l'article R. 5121-25, pour les médicaments mentionnés au présent article, le dossier joint à la demande d'autorisation de mise sur le marché est constitué dans les conditions suivantes :

1° Lorsque le demandeur démontre, par référence à une documentation bibliographique appropriée, que la demande porte sur une spécialité dont la ou les substances actives sont d'un usage médical bien établi depuis au moins dix ans en France, dans la Communauté européenne ou dans l'Espace économique européen et présentent une efficacité reconnue ainsi qu'un niveau acceptable de sécurité, le dossier fourni à l'appui de la demande comporte la documentation bibliographique appropriée ;

2° Lorsque la demande porte sur une spécialité nouvelle renfermant des substances actives entrant dans la composition de médicaments autorisés, mais qui n'ont pas encore été associés dans un but thérapeutique, le dossier fourni à l'appui de la demande comporte les résultats des essais précliniques et cliniques relatifs à l'association de ces substances sans qu'il soit nécessaire de fournir la documentation préclinique et clinique relative à chaque substance active individuelle ;

3° Pour les demandes *(Décr. nº 2015-709 du 22 juin 2015, art. 1er-I)* « d'extensions telles que définies au 4° de l'article 2 du règlement (CE) nº 1234/2008 de la Commission du 28 novembre 2008 concernant l'examen des modifications des termes d'une autorisation de mise sur le marché de médicaments à usage humain et de médicaments vétérinaires », le dossier fourni à l'appui de la demande comporte, outre des données chimiques, pharmaceutiques et biologiques, les résultats des essais précliniques et cliniques relatifs aux changements ou ajouts apportés au produit précédemment autorisé.

Art. R. 5121-27 *(Décr. nº 2008-435 du 6 mai 2008, art. 16)* Les dossiers fournis à l'appui de la demande d'autorisation des médicaments mentionnés aux articles R. 5121-25 et R. 5121-26 sont considérés comme comportant l'ensemble des données nécessaires et suffisantes pour l'évaluation de ces médicaments au sens de l'article L. 5121-1.

Art. R. 5121-28 *(Décr. nº 2008-435 du 6 mai 2008, art. 17 ; Décr. nº 2011-149 du 3 févr. 2011, art. 3)* Par dérogation au 2° de l'article R. 5121-25, pour les médicaments mentionnés au présent article, le dossier joint à la demande d'autorisation de mise sur le marché est constitué dans les conditions suivantes :

1° Lorsque la demande porte sur une spécialité générique d'une spécialité de référence qui est ou a été autorisée depuis au moins huit ans en France, le dossier fourni à l'appui de la demande comprend, outre les données chimiques, pharmaceutiques et biologiques, les études de biodisponibilité démontrant la bioéquivalence à la spécialité de référence.

Si cette spécialité est autorisée depuis moins de huit ans en France et qu'elle est ou a été autorisée depuis au moins huit ans dans un État membre de la Communauté européenne ou partie à l'accord sur l'Espace économique européen, la procédure est également applicable ;

2° Lorsque la demande porte sur une spécialité qui ne répond pas à la définition de la spécialité générique parce qu'elle comporte, par rapport à une spécialité de référence qui est ou a été autorisée depuis au moins huit ans en France, des différences relatives à la substance active, aux indications thérapeutiques, au dosage, à la forme pharmaceutique ou à la voie d'administration, ou lorsque la bioéquivalence par rapport à cette spécialité de référence n'a pu être démontrée par des études de biodisponibilité et que la spécialité ne répond pas aux conditions prévues par l'article R. 5121-29-1, le dossier fourni à l'appui de la demande comporte, outre les données chimiques, pharmaceutiques et biologiques, les résultats des essais précliniques et cliniques appropriés déterminés en fonction de ces différences.

Si ce médicament est autorisé depuis moins de huit ans en France et qu'il est ou a été autorisé depuis au moins huit ans dans un État membre de la Communauté européenne ou partie à l'accord sur l'Espace économique européen, la procédure est également applicable ;

3° Lorsque la demande porte sur un médicament biologique similaire mentionné au 14° de l'article L. 5121-1 à un médicament biologique de référence autorisé en France depuis au moins huit ans, le dossier fourni à l'appui de la demande comporte, outre les données chimiques, pharmaceutiques et biologiques, les résultats des essais précliniques et cliniques appropriés notamment relatifs à la matière première ou aux procédés de fabrication du médicament biologique similaire.

Si ce médicament est autorisé depuis moins de huit ans en France et qu'il est ou a été autorisé depuis au moins huit ans dans un État membre de la Communauté européenne ou partie à l'accord sur l'Espace économique européen, la procédure est également applicable ;

4° Lorsque la demande porte sur un médicament de même composition qualitative et quantitative en substances actives et de même forme pharmaceutique qu'un médicament autorisé, dont le titulaire a consenti à ce qu'il soit fait recours à la documentation pharmaceutique, préclinique et clinique figurant au dossier de ce médicament, le dossier fourni à l'appui de la demande comporte une duplication du dossier pharmaceutique du médicament autorisé ;

5° Lorsque la demande porte sur un médicament homéopathique soumis à autorisation de mise sur le marché, le dossier fourni à l'appui de la demande comporte, outre les données chimiques, pharmaceutiques et biologiques, les résultats des essais précliniques et cliniques appropriés lorsque le demandeur ne peut pas démontrer par référence détaillée à la littérature publiée et reconnue dans la tradition de la médecine homéopathique pratiquée en France que l'usage homéopathique du médicament ou des souches homéopathiques le composant est bien établi et présente toutes garanties d'innocuité.

Art. R. 5121-29 *(Décr. nº 2008-435 du 6 mai 2008, art. 18)* Pour l'application des dispositions du 1° de l'article R. 5121-28, le directeur général de l'Agence française de sécurité sanitaire des produits de santé *[l'Agence nationale de sécurité du médicament et des produits de santé]* peut exonérer le demandeur d'une autorisation de mise sur le marché pour une spécialité générique de fournir les études de biodisponibilité prévues à l'article L. 5121-1 dans les hypothèses suivantes :

1° Son dossier est une simple duplication du dossier d'autorisation de mise sur le marché de la spécialité de référence, et l'établissement pharmaceutique de fabrication, les procédés de fabrication et l'origine de la substance active sont les mêmes que ceux de la spécialité de référence ;

2° Sa biodisponibilité, compte tenu de sa forme pharmaceutique et de son mode d'administration, n'est pas susceptible de différer de celle de la spécialité de référence, ou bien sa substance active, au regard notamment de sa toxicité ou d'exigences spécifiques de concentrations plasmatiques, n'est pas susceptible d'entraîner des différences significatives en termes d'efficacité thérapeutique ou d'effets indésirables ; dans ces deux cas, la composition qualitative et quantitative des composants, les contrôles des matières premières, le mode de préparation de la forme pharmaceutique, les contrôles du produit fini et, en particulier pour les formes orales solides, les essais comparatifs de dissolution *in vitro*, figurant dans la documentation chimique, pharmaceutique et biologique du dossier de demande d'autorisation de mise sur le marché, doivent mettre en évidence que la substance active de la spécialité considérée sera délivrée dans l'organisme, à partir de la forme pharmaceutique concernée, de la même manière qu'elle l'est à partir de la forme pharmaceutique de la spécialité de référence.

Art. R. 5121-29-1 *(Décr. n° 2008-435 du 6 mai 2008, art. 19)* Lorsqu'une demande d'autorisation porte sur une spécialité générique d'une spécialité de référence qui n'a pas été autorisée en France, le demandeur indique l'État membre de la Communauté européenne ou partie à l'accord sur l'Espace économique européen dans lequel cette spécialité de référence est ou a été autorisée. Dans ce cas, le directeur général de l'*(Décr. n° 2012-597 du 27 avr. 2012, art. 5-I-1°)* « Agence nationale de sécurité du médicament et des produits de santé » demande à l'autorité compétente de cet État de lui confirmer que la spécialité de référence est ou a été autorisée et de lui communiquer la composition complète de ladite spécialité ainsi que, le cas échéant, toute documentation pertinente.

La procédure n'est applicable que lorsqu'il n'existe pas de spécialité de référence autorisée ou ayant été autorisée en France.

Lorsqu'un État membre de la Communauté européenne ou partie à l'accord sur l'Espace économique européen, saisi d'une demande d'autorisation de mise sur le marché mentionnant une spécialité de référence qui est ou a été autorisée en France, demande au directeur général de l'agence de lui confirmer que la spécialité de référence est ou a été autorisée, celui-ci répond à l'État qui a transmis la demande dans un délai d'un mois et lui communique la composition complète de ladite spécialité ainsi que, le cas échéant, toute documentation pertinente.

Art. R. 5121-29-2 *(Décr. n° 2008-435 du 6 mai 2008, art. 19)* Lorsqu'il est informé par le titulaire d'une autorisation de mise sur le marché d'un médicament délivrée au titre du 1°, du 2° ou du 3° de l'article R. 5121-28, avant la commercialisation du médicament ou de la spécialité concerné, du fait que pour une partie des indications, des formes pharmaceutiques ou des dosages de la spécialité ou du médicament de référence les droits de propriété intellectuelle n'ont pas expiré, le directeur général de l'agence supprime du résumé des caractéristiques du produit du médicament ou de la spécialité autorisée, en application du 1°, du 2° ou du 3° de l'article R. 5121-28, les parties faisant référence à ces indications, formes ou dosages.

Art. R. 5121-30 Pour l'application du *(Décr. n° 2008-435 du 6 mai 2008, art. 20)* « 1° de l'article R. 5121-26 », lorsqu'il est fait référence à la littérature scientifique publiée, des experts justifient le recours à cette documentation bibliographique et démontrent qu'elle satisfait aux exigences des protocoles arrêtés en application de l'article R. 5121-11, compte tenu notamment de la forme pharmaceutique et des constituants de l'excipient.

Art. R. 5121-31 Pour l'application du *(Décr. n° 2008-435 du 6 mai 2008, art. 21)* « 5° de l'article R. 5121-28 », lorsqu'il est fait référence à la littérature publiée et reconnue dans la tradition de la médecine homéopathique pratiquée en France, des experts justifient, sur la base de la documentation fournie :

1° *(Décr. n° 2008-436 du 6 mai 2008, art. 3)* « L'usage » homéopathique des souches utilisées et leur utilisation traditionnelle dans l'indication revendiquée ;

2° L'innocuité du médicament homéopathique, notamment au regard du degré de dilution de chacun de ses composants ;

3° La voie d'administration, pour les médicaments homéopathiques injectables.

Art. D. 5121-32 *(Décr. n° 2017-707 du 2 mai 2017, art. 1er)* La valeur maximale du délai mentionné au 1° du I de l'article L. 5121-12 est fixée à un an à compter de la date d'octroi de l'autorisation mentionnée à cet article.

SOUS-SECTION 2 QUALIFICATION DES EXPERTS

Art. R. 5121-33 Les experts mentionnés à l'article L. 5121-20 disposent des qualifications et de l'expérience suivantes *(Décr. n° 2008-435 du 6 mai 2008, art. 23)* « , énoncées dans un résumé du *curriculum vitae* joint au dossier de demande d'autorisation de mise sur le marché » :

1° Pour l'expert pharmaceutique : une qualification en pharmacie attestée par un diplôme d'État ou d'université de pharmacien, ou, pour les médicaments issus de la biotechnologie, une qualification particulière attestée par un diplôme, et une expérience pratique suffisante soit dans la recherche et le développement, soit dans la fabrication, soit dans les contrôles physiques, chimiques, physico-chimiques, biologiques ou microbiologiques des médicaments ;

2° Pour l'expert toxicologue : une qualification en toxicologie générale ou spécialisée attestée par un diplôme et une expérience pratique suffisante ;

3° Pour l'expert pharmacologue : une qualification générale ou spécialisée attestée par un diplôme et une expérience pratique suffisante ;

4° Pour l'expert clinicien : une qualification attestée par un diplôme de médecin et une expérience pratique clinique et statistique suffisante.

Ils disposent des moyens propres à l'accomplissement des travaux d'expertise, présentent les garanties d'honorabilité nécessaires et n'ont aucun intérêt financier direct ou indirect même par personnes interposées dans la commercialisation des médicaments faisant l'objet de leurs expertises.

SOUS-SECTION 3 INSTRUCTION ET CONDITIONS DE L'AUTORISATION

Art. R. 5121-34 Lors de l'instruction des demandes d'autorisation de mise sur le marché, le directeur général de l'*(Décr. n° 2012-597 du 27 avr. 2012, art. 5-I-1°)* « Agence nationale de sécurité du médicament et des produits de santé » peut ordonner toute mesure d'instruction qu'il juge nécessaire et notamment :

1° Faire procéder à toute enquête relative à la fabrication du médicament ;

2° Consulter les experts qui ont été choisis pour effectuer les essais en vue de la constitution du dossier de demande d'autorisation de mise sur le marché ;

3° Recueillir l'avis d'experts désignés par lui ;

4° Désigner des rapporteurs qui s'assurent de la régularité des demandes par rapport aux dispositions du présent code ;

5° Exiger du demandeur qu'il complète son dossier, notamment en ce qui concerne les comptes rendus des essais analytiques, toxicologiques, pharmacologiques et cliniques ;

6° Soumettre le médicament, ses matières premières et, si nécessaire, ses produits intermédiaires ou autres composants au contrôle de l'*(Décr. n° 2012-597 du 27 avr. 2012, art. 5-I-1°)* « Agence nationale de sécurité du médicament et des produits de santé » *(Décr. n° 2008-435 du 6 mai 2008, art. 24)* « ou d'un laboratoire qu'elle désigne » pour s'assurer que les méthodes de contrôle utilisées par le fabricant et décrites dans le dossier de demande d'autorisation de mise sur le marché sont satisfaisantes.

Art. R. 5121-35 *(Décr. n° 2008-435 du 6 mai 2008, art. 25)* « Le directeur général de l'*(Décr. n° 2012-597 du 27 avr. 2012, art. 5-I-1°)* « Agence nationale de sécurité du médicament et des produits de santé » se prononce dans un délai de deux cent dix jours à compter de la présentation d'un dossier de demande complet. »

Lorsque le directeur général de l'agence a recours à la faculté que lui confère le 5° de l'article R. 5121-34, ces délais sont suspendus jusqu'à ce que les informations complémentaires requises aient été fournies.

(Décr. n° 2008-435 du 6 mai 2008, art. 25) **« Le directeur général de l'agence établit un rapport d'évaluation du médicament comportant des commentaires relatifs aux données chimiques, pharmaceutiques et biologiques,** *(Décr. n° 2012-1244 du 8 nov. 2012, art. 1er-2°)* **« aux essais précliniques et recherches biomédicales, ainsi qu'au système de gestion des risques et de pharmacovigilance mis en place pour le médicament ou le produit concerné ». Le rapport d'évaluation est mis à jour par le directeur général de l'agence dès que de nouvelles informations qui s'avèrent importantes pour l'évaluation de la qualité, de la sécurité et de l'efficacité du médicament concerné sont disponibles. »**

Art. R. 5121-36 **L'autorisation de mise sur le marché est accordée par le directeur général de l'***(Décr. n° 2012-597 du 27 avr. 2012, art. 5-I-1°)* **« Agence nationale de sécurité du médicament et des produits de santé ».**

Elle indique, le cas échéant, le classement du médicament dans les catégories suivantes :

1° Médicament soumis à prescription du fait de son inscription sur l'une des listes définies à l'article L. 5132-6 ;

2° Médicament soumis à prescription spéciale du fait de son classement comme stupéfiant ou de l'application des dispositions des articles R. 5132-23 ou R. 5132-39 ;

3° Médicament soumis à prescription restreinte en application des dispositions de l'article R. 5121-77.

Pour un médicament classé dans une des catégories de médicaments mentionnées au 1°, 2°, 3° ou 4° de l'article R. 5121-77, elle comporte, le cas échéant, la mention "Article R. 5121-96 du code de la santé publique" et désigne les utilisateurs habilités. Pour un médicament classé dans la catégorie des médicaments à prescription réservée à certains médecins spécialistes, elle indique la ou les spécialités requises pour pouvoir le prescrire.

Elle indique le cas échéant que le médicament ne peut être délivré qu'aux professionnels de santé habilités à les prescrire et à les administrer en vertu de l'article R. 5121-80.

Elle fixe, le cas échéant, les restrictions *(Décr. n° 2008-435 du 6 mai 2008, art. 26)* **« ou interdictions » en matière de publicité auprès du public prévues au premier alinéa de l'article L. 5122-6.**

(Décr. n° 2012-1244 du 8 nov. 2012, art. 1er-3°) **« Elle indique la fréquence de transmission du rapport périodique actualisé de sécurité mentionné à l'article R. 5121-168. »**

L'autorisation est accompagnée du résumé des caractéristiques du produit mentionné à l'article R. 5121-21, *(Décr. n° 2008-435 du 6 mai 2008, art. 26)* **« du libellé de la notice et du libellé de l'étiquetage, tels qu'approuvés par le directeur général de l'agence ».**

Art. R. 5121-36-1 *(Décr. n° 2012-1244 du 8 nov. 2012, art. 1er-5°)* **L'autorisation de mise sur le marché peut imposer l'exécution d'une ou de plusieurs des conditions suivantes, qui doivent être mentionnées dans le système de gestion des risques :**

1° La mise en œuvre de mesures garantissant une utilisation sûre du médicament ou du produit ;

2° La réalisation d'études de sécurité post-autorisation ;

3° Le respect d'obligations particulières en ce qui concerne l'enregistrement ou la notification des effets indésirables suspectés ;

4° Toute autre condition ou restriction destinée à garantir une utilisation sûre et efficace du médicament ou du produit ;

5° L'existence d'un système de pharmacovigilance adéquat ;

6° La réalisation d'études d'efficacité post-autorisation lorsque l'acquisition de données supplémentaires est nécessaire après la mise sur le marché du médicament ou du produit.

L'autorisation de mise sur le marché précise, le cas échéant, les délais dans lesquels ces conditions doivent être exécutées.

Le titulaire de l'autorisation de mise sur le marché évalue si les résultats des études mentionnées aux 2° et 6° du présent article ont une incidence sur cette autorisation. Le titulaire dépose, le cas échéant, une demande appropriée de modification de l'auto-

risation de mise sur le marché auprès du directeur général de l'Agence nationale de sécurité du médicament et des produits de santé, suivant le calendrier prévu pour sa mise en œuvre.

Art. R. 5121-36-2 *(Décr. n° 2008-435 du 6 mai 2008, art. 26)* I. — L'autorisation de mise sur le marché délivrée par l'*(Décr. n° 2012-597 du 27 avr. 2012, art. 5-I-1°)* « Agence nationale de sécurité du médicament et des produits de santé » devient caduque s'il apparaît :

1° Qu'elle n'est pas suivie d'une mise sur le marché du médicament sur le territoire national dans les trois années qui suivent sa délivrance ;

2° Que le médicament, précédemment mis sur le marché sur le territoire national, n'est plus sur le marché pendant trois années consécutives.

Une dérogation à ces dispositions peut être accordée par l'agence à titre exceptionnel, soit pour des raisons de santé publique, soit lorsque le médicament ne peut légalement être commercialisé pendant la période considérée, soit lorsque le médicament est exclusivement destiné à l'exportation vers un État non partie à l'accord sur l'Espace économique européen, soit lorsque le médicament est commercialisé dans au moins un autre État membre de la Communauté *[l'Union]* européenne ou État partie à l'accord sur l'Espace économique européen dans lequel il a obtenu une autorisation en application d'une procédure de reconnaissance mutuelle ou d'une procédure décentralisée pour laquelle la France est désignée comme État membre de référence et qu'au moins un dosage différent ou une forme pharmaceutique différente de ce médicament est commercialisé en France.

II. — Pour l'application du I du présent article, la période de trois ans avant la caducité de l'autorisation de mise sur le marché est décomptée à partir :

1° De la date de publication du décret n° 2008-435 du 6 mai 2008 pour les autorisations de mise sur le marché délivrées jusqu'à cette date, à l'exception de celles des médicaments à base de plantes ayant fait l'objet d'une demande d'enregistrement déposée dans les conditions prévues à l'article L. 5121-14-1, pour lesquelles la période de trois ans n'est décomptée qu'à partir de la date de la notification de la décision du directeur général de l'*(Décr. n° 2012-597 du 27 avr. 2012, art. 5-I-1°)* « Agence nationale de sécurité du médicament et des produits de santé » ;

2° De la date de délivrance des autorisations de mise sur le marché pour les autorisations délivrées après la date de publication du décret précité.

Art. R. 5121-37 *(Décr. n° 2005-156 du 18 févr. 2005, art. 1er-V)* Après délivrance de l'autorisation de mise sur le marché, le titulaire de l'autorisation doit, pour ce qui est des méthodes de fabrication et de contrôle, tenir compte des progrès scientifiques et techniques et introduire toutes les modifications nécessaires pour que le médicament soit fabriqué et contrôlé selon les méthodes scientifiques reconnues.

Ces modifications doivent préalablement être autorisées dans les conditions prévues à l'article R. 5121-41-1.

Art. R. 5121-37-1 *(Décr. n° 2012-1244 du 8 nov. 2012, art. 1er-6°)* « Après la délivrance de l'autorisation de mise sur le marché, le titulaire transmet sans délai à l'Agence nationale de sécurité du médicament et des produits de santé, en en signalant la portée, toute donnée nouvelle dont il dispose ou a connaissance, qui pourrait entraîner une modification de l'évaluation du rapport entre les bénéfices et les risques liés au médicament ou au produit tel que défini au premier alinéa de l'article L. 5121-9. Il transmet les résultats de toutes les études, en particulier des études de sécurité et d'efficacité, et les résultats de recherches biomédicales effectuées dans ou en dehors de l'Union européenne ou de l'Espace économique européen, qu'ils soient favorables ou défavorables, pour toutes les indications et populations, qu'elles soient mentionnées ou non dans l'autorisation de mise sur le marché, ainsi que les données concernant toute utilisation du médicament non conforme aux termes de l'autorisation de mise sur le marché. »

(Décr. n° 2008-435 du 6 mai 2008, art. 29) « Il communique à l'agence toute donnée nouvelle qui pourrait entraîner une modification du dossier d'autorisation de mise sur le marché, ainsi que toute interdiction ou restriction décidée par l'autorité compétente de tout pays dans lequel le médicament est mis sur le marché. »

(Décr. n° 2012-1244 du 8 nov. 2012, art. 1er-6°) **« Le titulaire de l'autorisation de mise sur le marché veille à ce que les informations sur le médicament ou le produit soient mises à jour d'après les connaissances scientifiques actuelles, y compris les conclusions des évaluations et les recommandations rendues publiques par l'intermédiaire du portail Web européen sur les médicaments, institué par l'article 26 du règlement (CE) n° 726/2004 du Parlement européen et du Conseil du 31 mars 2004.**

« Le titulaire informe le directeur général de l'agence et l'Agence européenne des médicaments lorsque des risques nouveaux, des changements de risques existants ou des modifications du rapport entre les bénéfices et les risques liés au médicament ou au produit sont constatés. »

(Décr. n° 2008-435 du 6 mai 2008, art. 29) **« Sur demande du directeur général de l'agence, il lui communique, dans le respect des règles relatives au secret industriel et commercial, toute information relative au volume des ventes, à l'état des stocks et au volume des prescriptions.**

« Il est responsable de l'exactitude et de la sincérité des documents fournis à l'agence dans ce cadre. »

Art. R. 5121-37-2 *(Décr. n° 2012-1244 du 8 nov. 2012, art. 1er-7°)* **Postérieurement à la délivrance d'une autorisation de mise sur le marché, y compris pour une autorisation délivrée avant le 21 juillet 2012, le directeur général de l'Agence nationale de sécurité du médicament et des produits de santé peut, par décision motivée et notifiée par écrit, lorsqu'il a des préoccupations quant aux risques liés au médicament ou au produit autorisé, exiger du titulaire de cette autorisation la mise en place d'un système de gestion des risques, accompagné de la description détaillée de ce système dans un délai qu'il détermine. Cette décision ne peut intervenir qu'après que le titulaire a été invité à présenter ses observations dans un délai de trente jours. En fonction des observations écrites fournies par le titulaire de l'autorisation de mise sur le marché, l'Agence nationale de sécurité du médicament et des produits de santé retire ou confirme l'obligation. Si elle confirme l'obligation, l'autorisation de mise sur le marché est modifiée de manière à y faire figurer les mesures à prendre dans le cadre du système de gestion des risques en tant que conditions de l'autorisation de mise sur le marché, conformément au 1° de l'article R. 5121-36-1.**

Art. R. 5121-37-3 *(Décr. n° 2012-1244 du 8 nov. 2012, art. 1er-8°)* **Postérieurement à la délivrance d'une autorisation de mise sur le marché, le directeur général de l'Agence nationale de sécurité du médicament et des produits de santé peut exiger du titulaire de cette autorisation qu'il effectue une ou des études de sécurité ou d'efficacité post-autorisation, ou un suivi spécifique du risque, de ses complications et de sa prise en charge médico-sociale, tels que prévus à l'article L. 5121-8-1.**

Le directeur général de l'agence peut demander que ces études ou ce suivi spécifique soient effectués conjointement par plusieurs titulaires d'autorisation de mise sur le marché.

Le directeur général informe le ou les titulaires de son intention en précisant les objectifs et les délais des études et du suivi spécifique envisagés. Il le ou les invite à présenter leurs observations dans un délai de trente jours.

En fonction des observations fournies par le ou les titulaires, le directeur général de l'agence motive et notifie par écrit sa décision.

S'il confirme l'obligation, l'autorisation de mise sur le marché est modifiée de *manière à mentionner* **cette obligation, et le système de gestion des risques est adapté en conséquence.**

A l'issue de la réalisation d'une étude de sécurité ou d'efficacité telle que prévue à l'article L. 5121-8-1, le titulaire de l'autorisation de mise sur le marché évalue si les résultats de l'étude ont une incidence sur ladite autorisation. Le titulaire dépose, le cas échéant, une demande appropriée de modification de l'autorisation de mise sur le marché auprès du directeur général de l'agence, suivant le calendrier prévu pour sa mise en œuvre.

Art. R. 5121-38 **Le ministre chargé de la santé peut, sur proposition du directeur général de l'***(Décr. n° 2012-597 du 27 avr. 2012, art. 5-I-1°)* **« Agence nationale de sécurité du médicament et des produits de santé », exiger par arrêté que les entreprises exploitant certains médicaments immunologiques mentionnés à l'article**

L. 5121-1 soumettent à l'*(Décr. n° 2012-597 du 27 avr. 2012, art. 5-I-1°)* « Agence nationale de sécurité du médicament et des produits de santé » une copie de tous les comptes rendus de contrôle signés par le pharmacien responsable.

Art. R. 5121-38-1 *(Décr. n° 2008-435 du 6 mai 2008, art. 30)* Le directeur général de l'*(Décr. n° 2012-597 du 27 avr. 2012, art. 5-I-1°)* « Agence nationale de sécurité du médicament et des produits de santé » peut exiger la remise d'échantillons et de maquettes au moment de la commercialisation de la spécialité.

Art. R. 5121-39 Pour des raisons de santé publique, l'*(Décr. n° 2012-597 du 27 avr. 2012, art. 5-I-1°)* « Agence nationale de sécurité du médicament et des produits de santé » peut exiger qu'une entreprise soumette à son contrôle des échantillons de chaque lot du produit en vrac et du produit fini avant la mise en circulation de ce lot lorsqu'elle exploite :

1° Un vaccin vivant ;

2° Un médicament immunologique utilisé pour l'immunisation primaire de jeunes enfants ou des personnes appartenant à des groupes à risque ;

3° Un médicament immunologique utilisé dans des programmes publics de vaccination.

Lorsqu'il s'agit d'un médicament immunologique nouveau ou fabriqué à l'aide de techniques nouvelles ou modifiées ou présentant un caractère de nouveauté pour un fabricant déterminé, le directeur général de l'agence peut préciser dans l'autorisation de mise sur le marché que des échantillons de chaque lot du produit en vrac et du produit fini devront être soumis avant sa mise en circulation à son contrôle pendant une période déterminée.

L'*(Décr. n° 2012-597 du 27 avr. 2012, art. 5-I-1°)* « Agence nationale de sécurité du médicament et des produits de santé » effectue les contrôles mentionnés aux alinéas précédents dans un délai de soixante jours à compter de la réception des échantillons.

Ces contrôles ne peuvent être exigés dans le cas d'un lot provenant d'un autre État membre de la Communauté européenne lorsque l'autorité compétente de cet État membre a déjà contrôlé ce lot et l'a déclaré conforme aux spécifications approuvées.

Art. R. 5121-40 Pour les médicaments dérivés du sang, l'*(Décr. n° 2012-597 du 27 avr. 2012, art. 5-I-1°)* « Agence nationale de sécurité du médicament et des produits de santé » peut soumettre à son contrôle, lors de l'instruction de la demande d'autorisation de mise sur le marché, des échantillons soit du produit en vrac et du produit fini, soit de l'un d'eux seulement.

Dans l'intérêt de la santé publique, l'*(Décr. n° 2012-597 du 27 avr. 2012, art. 5-I-1°)* « Agence nationale de sécurité du médicament et des produits de santé » peut exiger qu'une entreprise exploitant un médicament dérivé du sang soumette à son contrôle des échantillons de chaque lot soit du produit en vrac et du produit fini, soit de l'un des deux seulement, avant la mise en circulation de ce lot. L'*(Décr. n° 2012-597 du 27 avr. 2012, art. 5-I-1°)* « Agence nationale de sécurité du médicament et des produits de santé » doit effectuer ce contrôle dans un délai de soixante jours à compter de la réception des échantillons.

Ces contrôles ne peuvent être exigés dans le cas d'un lot provenant d'un autre État membre de la Communauté européenne lorsque l'autorité compétente de cet État membre a déjà contrôlé ce lot et l'a déclaré conforme aux spécifications approuvées.

Le ministre chargé de la santé peut, sur proposition du directeur général de l'*(Décr. n° 2012-597 du 27 avr. 2012, art. 5-I-1°)* « Agence nationale de sécurité du médicament et des produits de santé », exiger par arrêté que les entreprises exploitant un médicament dérivé du sang soumettent à l'*(Décr. n° 2012-597 du 27 avr. 2012, art. 5-I-1°)* « Agence nationale de sécurité du médicament et des produits de santé » une copie de tous les comptes rendus des contrôles signés par le pharmacien responsable.

Art. R. 5121-41 Le titulaire de l'autorisation de mise sur le marché soumet au directeur général de l'*(Décr. n° 2012-597 du 27 avr. 2012, art. 5-I-1°)* « Agence nationale de sécurité du médicament et des produits de santé » tout projet de modification d'un élément relatif à l'étiquetage ou à la notice, autre que les modifications du résumé des caractéristiques du produit.

Si le directeur général de l'agence ne s'est pas prononcé dans un délai de quatre-vingt-dix jours à compter de la date de présentation de la demande, le demandeur peut procéder à la mise en œuvre des modifications.

Art. R. 5121-41-1 *(Décr. nº 2015-709 du 22 juin 2015, art. 1er-II-1º)* Lorsqu'un médicament a obtenu une première autorisation de mise sur le marché conformément à l'article L. 5121-8, sont également soumises à autorisation toute modification ou toute extension, telles que prévues au chapitre Ier du règlement (CE) nº 1234/2008 de la Commission du 28 novembre 2008 concernant l'examen des modifications des termes d'une autorisation de mise sur le marché de médicaments à usage humain et de médicaments vétérinaires.

Toutes ces autorisations sont considérées comme faisant partie d'une même autorisation globale, notamment aux fins de l'application du *b* du 5º de l'article L. 5121-1 et des 1º, 2º et 3º de l'article R. 5121-28.

Les modifications et les extensions d'une autorisation de mise sur le marché sont présentées et instruites dans les conditions fixées par le règlement mentionné au premier alinéa, à l'exception du changement de titulaire d'une autorisation de mise sur le marché qui est autorisé dans les conditions prévues à l'article R. 5121-46.

Art. R. 5121-41-2 à R. 5121-41-5 *Abrogés par Décr. nº 2015-709 du 22 juin 2015, art. 1er.*

Art. R. 5121-41-5-1 *(Décr. nº 2008-435 du 6 mai 2008, art. 34)* Lorsqu'une nouvelle indication est autorisée par l'*(Décr. nº 2012-597 du 27 avr. 2012, art. 5-I-1º)* « Agence nationale de sécurité du médicament et des produits de santé », sur la base d'études précliniques et cliniques considérées comme significatives lors de l'évaluation scientifique conduite en vue de cette autorisation, pour un médicament dont la substance active est d'un usage médical bien établi depuis au moins dix ans en France, dans la Communauté européenne ou dans l'Espace économique européen, une demande d'autorisation de la même indication pour un autre médicament ne peut faire référence à ces études pendant une période d'un an. Dans ce cas, le directeur général de l'agence informe le titulaire de l'autorisation de mise sur le marché que les données issues de ces études bénéficient d'une protection d'un an et rend publique cette information.

Art. R. 5121-41-5-2 *(Décr. nº 2008-435 du 6 mai 2008, art. 34)* Lorsqu'une modification du classement mentionné au 1º de l'article R. 5121-36 est autorisée, sur la base d'études précliniques et cliniques considérées comme significatives lors de l'évaluation scientifique conduite en vue de cette autorisation, une demande d'autorisation de la même modification pour un autre médicament contenant la même substance active ne peut faire référence à ces études pendant une période d'un an. Dans ce cas, le directeur général de l'agence informe le titulaire de l'autorisation de mise sur le marché que les données issues de ces études bénéficient d'une protection d'un an et rend publique cette information.

Art. R. 5121-41-6 *Abrogé par Décr. nº 2015-709 du 22 juin 2015, art. 1er.*

Art. R. 5121-41-7 *(Décr. nº 2005-156 du 18 févr. 2005, art. 1er-VI)* 1º Dans l'intérêt des malades ou pour tout autre motif de santé publique, et, le cas échéant, à la demande du ministre chargé de la santé, le directeur général de l'*(Décr. nº 2012-597 du 27 avr. 2012, art. 5-I-1º)* « Agence nationale de sécurité du médicament et des produits de santé » peut, par décision motivée indiquant les voies et délais de recours, modifier l'autorisation de mise sur le marché, lorsqu'il est nécessaire de la mettre à jour en fonction des connaissances scientifiques.

Sauf en cas d'urgence, le titulaire de l'autorisation de mise sur le marché doit être mis à même de présenter ses observations avant l'intervention de la décision de modification.

2º L'autorisation de mise sur le marché est également modifiée par le directeur général de l'*(Décr. nº 2012-597 du 27 avr. 2012, art. 5-I-1º)* « Agence nationale de sécurité du médicament et des produits de santé » lorsqu'il apparaît nécessaire de la mettre en conformité avec une décision de la Commission européenne saisie dans le cadre des articles 30, 31 et 36 de la directive 2001/83/CE du 6 novembre 2001 instituant un code communautaire relatif aux médicaments à usage humain. La décision du directeur général de l'*(Décr. nº 2012-597 du 27 avr. 2012, art. 5-I-1º)* « Agence nationale de sécurité du médicament et des produits de santé » intervient dans un délai de trente jours à compter de la notification de la décision de la Commission européenne. Elle est immédiatement communiquée à la Commission européenne et à l'Agence européenne des médicaments.

Art. R. 5121-42 *(Décr. nº 2008-435 du 6 mai 2008, art. 35)* « Le directeur général de l'*(Décr. nº 2012-597 du 27 avr. 2012, art. 5-I-1º)* « Agence nationale de sécurité du médicament et des produits de santé » refuse l'autorisation de mise sur le marché pour les motifs mentionnés à l'article L. 5121-9. »

La demande d'autorisation ne peut être rejetée qu'après que le demandeur a été invité à *(Décr. nº 2008-435 du 6 mai 2008, art. 35)* « présenter ses observations ».

La décision de rejet est motivée et mentionne les voies et délais de recours qui lui sont applicables.

Art. R. 5121-43 *(Décr. nº 2008-435 du 6 mai 2008, art. 36)* Les obligations spécifiques pouvant être imposées en application du troisième alinéa de l'article L. 5121-9 *(Décr. nº 2012-1244 du 8 nov. 2012, art. 1er-9º)* « *[,]* et qui sont à mentionner dans le système de gestion des risques, » sont notamment les suivantes :

1º Le demandeur doit mener à terme un programme d'essais dans un délai fixé par l'agence, dont les résultats serviront à une réévaluation du rapport entre le bénéfice et les risques liés au médicament tel que défini au premier alinéa de l'article L. 5121-9 ;

2º Le médicament en question ne doit pouvoir être délivré que sur prescription médicale et, le cas échéant, son administration peut n'être autorisée que sous contrôle médical strict, éventuellement en milieu hospitalier et, pour un médicament radiopharmaceutique, par une personne autorisée ;

3º La notice et toute information médicale doivent attirer l'attention du médecin sur le fait que, sous certains aspects, nommément désignés, il n'existe pas encore suffisamment de renseignements sur le médicament en question.

Ces obligations et leurs délais d'exécution sont rendus publics.

Les justifications susceptibles d'être fournies par le demandeur pour démontrer qu'il n'est pas en mesure de fournir des renseignements complets sur l'efficacité et la sécurité du médicament dans des conditions normales d'emploi sont déterminées par arrêté du ministre chargé de la santé, sur proposition du directeur général de l'*(Décr. nº 2012-597 du 27 avr. 2012, art. 5-I-1º)* « Agence nationale de sécurité du médicament et des produits de santé ».

Art. R. 5121-44 *Abrogé par Décr. nº 2007-1932 du 26 déc. 2007, art. 3.*

Art. R. 5121-45 *(Décr. nº 2008-435 du 6 mai 2008, art. 37-I)* « L'autorisation de mise sur le marché est renouvelable sur demande du titulaire adressée à l'*(Décr. nº 2012-597 du 27 avr. 2012, art. 5-I-1º)* « Agence nationale de sécurité du médicament et des produits de santé » au plus tard *(Décr. nº 2012-1244 du 8 nov. 2012, art. 1er-10º)* « neuf » mois avant sa date d'expiration.

« La demande de renouvellement est accompagnée d'une version consolidée du dossier comportant des informations administratives et des données relatives à la qualité, la sécurité et l'efficacité du médicament, y compris *(Décr. nº 2012-1244 du 8 nov. 2012, art. 1er-10º)* « l'évaluation des données figurant dans les notifications d'effets indésirables suspectés et dans les rapports périodiques actualisés de sécurité, ainsi que » toutes les modifications autorisées depuis la délivrance de l'autorisation initiale ou le renouvellement précédent. Le contenu du dossier est fixé par arrêté du ministre chargé de la santé pris sur proposition du directeur général de l'agence.

« L'autorisation n'est pas renouvelée si le rapport entre le bénéfice et les risques liés au médicament tel que défini au premier alinéa de l'article L. 5121-9 évalué par le directeur général de l'agence n'est plus favorable. »

(Décr. nº 2004-802 du 29 juill. 2004) « Si aucune décision n'est notifiée ou si aucune demande de justification complémentaire n'est adressée au demandeur à la date d'expiration de l'autorisation de mise sur le marché, l'autorisation est considérée comme renouvelée à cette date. »

(Décr. n° 2012-1244 du 8 nov. 2012, art. 1er-10°) « Si une demande de justification complémentaire ou si un projet de refus de renouvellement est adressé au demandeur avant la date d'expiration de l'autorisation de mise sur le marché, l'autorisation est prorogée jusqu'à la notification de la décision de l'agence. »

(Décr. n° 2008-435 du 6 mai 2008, art. 37-II) « Une fois renouvelée, l'autorisation de mise sur le marché est délivrée sans limitation de durée. Toutefois, l'agence peut, à l'occasion du renouvellement, décider, *(Décr. n° 2012-1244 du 8 nov. 2012, art. 1er-10°)* « notamment » pour des raisons relatives à la pharmacovigilance, *(Décr. n° 2012-1244 du 8 nov. 2012, art. 1er-10°)* « dont une exposition d'un nombre insuffisant de patients au médicament ou au produit concerné, » que cette autorisation doit faire l'objet d'un renouvellement *(Décr. n° 2012-1244 du 8 nov. 2012, art. 1er-10°)* « quinquennal ». L'autorisation de mise sur le marché est alors renouvelée pour une durée de cinq ans. A l'issue de ce délai, le titulaire demande le renouvellement de l'autorisation de mise sur le marché dans les conditions prévues au présent article. »

Art. R. 5121-45-1 *Abrogé par Décr. n° 2012-1244 du 8 nov. 2012, art. 1er.*

Art. R. 5121-46 Le changement du titulaire de l'autorisation de mise sur le marché est subordonné à une autorisation du directeur général de l'*(Décr. n° 2012-597 du 27 avr. 2012, art. 5-I-1°)* « Agence nationale de sécurité du médicament et des produits de santé ».

La demande comporte les mentions prévues à l'article R. 5121-21 et elle est accompagnée d'un dossier comprenant :

1° Une copie, certifiée conforme par le titulaire, de l'autorisation de mise sur le marché ;

2° L'accord de ce titulaire sur le transfert de l'autorisation de mise sur le marché ;

3° La désignation des lieux de fabrication, de contrôle et de conditionnement ;

4° L'engagement du demandeur de se soumettre à l'ensemble des conditions auxquelles a été subordonnée l'autorisation de mise sur le marché et, notamment, de respecter les méthodes de fabrication et de contrôle ;

5° Les comptes rendus des contrôles, effectués par le demandeur dans le respect desdites méthodes ;

6° La formule de préparation avec, notamment, toutes indications utiles sur le récipient ;

7° La *(Décr. n° 2008-435 du 6 mai 2008, art. 39)* « contenance » des nouveaux modèles destinés à la vente ;

8° Le projet de nouvel étiquetage et, si elle est prévue, de la notice ;

9° Copie des décisions autorisant la fabrication de la spécialité concernée et délivrée selon le cas, soit en vertu de la législation nationale du fabricant, soit en application des articles R. 5124-6, R. 5124-7 et R. 5124-10 ou, le cas échéant, copie des récépissés des demandes d'autorisation si lesdites demandes n'ont pas encore donné lieu à décision ;

(Décr. n° 2005-156 du 18 févr. 2005, art. 1er-VII) « 10° Le cas échéant, un extrait du registre du commerce et des sociétés relatif au demandeur. »

Dans le cas de fusion ou d'apport partiel d'actifs, les sociétés intéressées peuvent déposer une demande de transfert des autorisations de mise sur le marché avant que la fusion ou l'apport ne soit définitivement réalisé. Elles fournissent, à l'appui de leur demande, le protocole d'accord de principe concernant la fusion ou l'apport. Le transfert est accordé sous la condition suspensive de la réalisation définitive qui est notifiée au directeur général de l'*(Décr. n° 2012-597 du 27 avr. 2012, art. 5-I-1°)* « Agence nationale de sécurité du médicament et des produits de santé ».

(Décr. n° 2005-156 du 18 févr. 2005, art. 1er-VII) « Le directeur général de l'*(Décr. n° 2012-597 du 27 avr. 2012, art. 5-I-1°)* « Agence nationale de sécurité du médicament et des produits de santé » notifie sa décision dans un délai de soixante jours à compter de la date de réception de la demande. A défaut, le silence gardé par le directeur général de l'*(Décr. n° 2012-597 du 27 avr. 2012, art. 5-I-1°)* « Agence nationale de sécurité du médicament et des produits de santé » vaut autorisation à l'expiration de ce délai. »

Art. R. 5121-47 *(Décr. n° 2012-1244 du 8 nov. 2012, art. 1er-12°)* « Le directeur général de l'Agence nationale de sécurité du médicament et des produits de santé peut, par décision motivée indiquant les voies et les délais de recours, modifier d'office, suspendre, pour une période ne pouvant excéder un an, ou retirer une autorisation de mise sur le marché pour les motifs mentionnés à l'article L. 5121-9. Toutefois, lorsque l'autorisation est suspendue, soit à titre conservatoire dans l'attente de l'issue d'une procédure d'arbitrage de l'Union européenne, soit conformément à une décision de la Commission européenne prise à l'issue de cette procédure, la suspension demeure en vigueur jusqu'à ce que la Commission européenne ordonne qu'il y soit mis fin.

« L'autorisation de mise sur le marché est également modifiée d'office, suspendue ou retirée par le directeur général de l'agence :

« 1° Lorsqu'il apparaît que les renseignements fournis à l'occasion de la demande d'autorisation de mise sur le marché sont erronés ou n'ont pas été modifiés conformément aux articles R. 5121-37 et R. 5121-37-1, que les conditions prévues à la présente section ne sont pas ou ne sont plus remplies ou que les contrôles n'ont pas été effectués ;

« 2° Lorsque l'étiquetage ou la notice du médicament ou du produit ne sont pas conformes aux prescriptions générales ou spécifiques prévues au présent titre ;

« 3° Lorsque les obligations imposées en application des articles R. 5121-36-1 et R. 5121-43 ne sont pas exécutées ;

« 4° Lorsque l'autorisation doit être mise en conformité avec la décision prise par la Commission européenne à l'issue d'une procédure d'arbitrage de l'Union européenne ;

« 5° Lorsque l'autorisation doit être mise en conformité avec un accord ayant fait l'objet d'un consensus au sein du groupe de coordination mentionné à l'article 27 de la directive 2001/83/CE du Parlement européen et du Conseil. »

Sauf en cas d'urgence, *(Décr. n° 2012-1244 du 8 nov. 2012, art. 1er-12°)* « la modification d'office, » la suspension ou le retrait ne peut intervenir qu'après communication des griefs au titulaire de l'autorisation de mise sur le marché et, dans le cas prévu au 2°, que si celui-ci, mis en demeure de régulariser la situation du médicament ou du produit, n'a pas donné suite à cette mise en demeure dans le délai fixé par le directeur général de l'agence.

Sans préjudice de l'application des dispositions du *(Décr. n° 2008-435 du 6 mai 2008, art. 40)* « deuxième » alinéa de l'article R. 5121-50, la décision de modification d'office, de suspension ou de retrait fait l'objet des autres mesures de publicité que le directeur général de l'agence juge nécessaire d'ordonner.

Lorsque l'autorisation est suspendue ou retirée, ou lorsqu'une décision de modification d'office le rend nécessaire, le titulaire doit prendre toutes dispositions utiles, notamment auprès des détenteurs de stocks, pour faire cesser la distribution de la spécialité. Si ces dispositions n'interviennent pas dans des délais compatibles avec l'intérêt de la santé publique, le directeur général de l'agence prend toutes mesures appropriées.

Art. R. 5121-48 *(Décr. n° 2012-1244 du 8 nov. 2012, art. 1er-13°)* Le directeur général de l'Agence nationale de sécurité du médicament et des produits de santé peut interdire la prescription et la délivrance d'une spécialité pharmaceutique et la retirer du marché pour les motifs mentionnés à l'article L. 5121-14-2. La décision est motivée et, sauf en cas d'urgence, ne peut intervenir qu'après que le titulaire a été invité à présenter ses observations.

Pour une spécialité pharmaceutique dont la délivrance a été interdite, le directeur général de l'agence peut, dans des circonstances exceptionnelles et pour une période transitoire, autoriser la délivrance de la spécialité à des patients qui sont déjà traités, notamment lorsque l'une des conditions suivantes est remplie :

1° Il est nécessaire de mettre en œuvre une décroissance progressive du traitement afin de prévenir ou de limiter un effet rebond ou l'effet d'un syndrome de sevrage ;

2° Un délai est nécessaire pour adapter les recommandations de prise en charge de la pathologie concernée ;

3° Un délai est nécessaire pour que les professionnels de santé puissent définir la meilleure alternative thérapeutique possible pour leurs patients.

La durée de la période transitoire envisagée est indiquée dans le courrier par lequel le titulaire est invité à présenter ses observations conformément au premier alinéa.

Art. R. 5121-49 *(Décr. n° 2012-1244 du 8 nov. 2012, art. 1er-14°)* Lorsque à l'occasion de la mise en œuvre de l'article 20, paragraphe 4, du règlement (CE) n° 726/2004 du Parlement européen et du Conseil du 31 mars 2004, une action urgente est indispensable pour protéger la santé humaine ou l'environnement, en attendant qu'une décision définitive soit prise par la Commission européenne, le directeur général de l'Agence nationale de sécurité du médicament et des produits de santé peut suspendre l'utilisation d'une spécialité qui fait l'objet d'une autorisation de mise sur le marché délivrée en application dudit règlement, de sa propre initiative ou à la demande de la Commission européenne. La décision du directeur général de l'agence est motivée. Le titulaire de l'autorisation de mise sur le marché est préalablement informé de la décision et, si la situation le permet, il est préalablement invité à présenter ses observations.

Lorsqu'il agit de sa propre initiative, le directeur général de l'agence informe la Commission européenne et l'Agence européenne des médicaments des raisons de cette mesure au plus tard le premier jour ouvrable suivant sa décision.

Art. R. 5121-50 *(Décr. n° 2012-597 du 27 avr. 2012, art. 5-4-9°)* « Le directeur général de l'Agence *[nationale]* de sécurité du médicament et des produits de santé » rend publiques *(Décr. n° 2012-1244 du 8 nov. 2012, art. 1er-15°)* « [,] notamment par le site internet de l'agence :

« 1° Les décisions d'autorisation de mise sur le marché des médicaments ou des produits qu'il a délivrées, accompagnées du résumé des caractéristiques du produit correspondant, de la notice, de toute condition fixée en application du troisième alinéa de l'article L. 5121-9, de l'article R. 5121-36-1 et de l'article R. 5121-37-3, assortie *[assorties]* de leur délai d'exécution ;

« 1° *bis* Le rapport public d'évaluation, ainsi que les motifs justifiant la décision pour chaque indication thérapeutique revendiquée, à l'exclusion de toute information présentant un caractère de confidentialité industrielle ou commerciale. Ce rapport contient un résumé, en termes aisément compréhensibles pour tous les usagers, contenant notamment une section relative aux conditions d'utilisation du médicament ou du produit ; »

(Décr. n° 2008-435 du 6 mai 2008, art. 41) « 2° Les décisions de suspension et de retrait d'autorisation de mise sur le marché ; »

(Décr. n° 2012-1244 du 8 nov. 2012, art. 1er-15°) « 3° La liste des médicaments visée à l'article 23 du règlement (CE) n° 726/2004 du Parlement européen et du Conseil du 31 mars 2004 ;

« 4° Les synthèses des plans de gestion des risques des médicaments ou des produits ;

« 5° Les informations importantes relatives aux questions de pharmacovigilance liées à l'utilisation d'un médicament ou d'un produit.

« Les décisions prévues au troisième alinéa de l'article L. 5121-9 et aux articles R. 5121-36, R. 5121-36-1, R. 5121-37-3, R. 5121-42, R. 5121-43 et R. 5121-47 ou leurs annulations sont immédiatement communiquées par le directeur général de l'Agence nationale de sécurité du médicament et des produits de santé à l'Agence européenne des médicaments. »

Art. R. 5121-50-1 *(Décr. n° 2013-923 du 16 oct. 2013, art. 4)* Sans préjudice des dispositions prévues au 2° de l'article R. 5121-50, l'Agence nationale de sécurité du médicament et des produits de santé publie chaque année sur son site internet la liste des médicaments ou des produits pour lesquels les autorisations de mise sur le marché ont été refusées, retirées ou suspendues en France, dont la délivrance a été interdite ou qui ont été retirés du marché, en mentionnant les motifs de ces mesures.

Elle rend également accessible, à partir de son site internet, la liste des médicaments, publiée chaque année par l'Agence européenne des médicaments, pour lesquels les autorisations de mise sur le marché ont été refusées, retirées ou suspendues dans l'Union européenne, dont la délivrance a été interdite ou qui ont été retirés du marché.

SOUS-SECTION 3 *BIS* PROCÉDURE DE RECONNAISSANCE MUTUELLE ET PROCÉDURE DÉCENTRALISÉE

(Décr. n° 2007-1932 du 26 déc. 2007, art. 2)

§ 1er DISPOSITIONS GÉNÉRALES

Art. R. 5121-51 Pour obtenir une autorisation de mise sur le marché d'un médicament qui ne relève pas de la procédure d'autorisation de mise sur le marché délivrée par la Commission européenne en application du règlement (CE) n° 726/2004 du Parlement européen et du Conseil du 31 mars 2004, dans plus d'un État membre de la Communauté européenne ou partie à l'accord sur l'Espace économique européen, le demandeur se soumet à l'une des deux procédures prévues par la présente sous-section :

– soit la procédure de reconnaissance mutuelle lorsqu'une autorisation de mise sur le marché a déjà été délivrée pour ce médicament dans un de ces États ;

– soit la procédure décentralisée si le médicament n'est autorisé dans aucun d'entre eux.

Toute demande introduite en application de l'une de ces procédures comporte la liste des États concernés ainsi qu'une attestation certifiant que les dossiers déposés dans chacun de ces États sont identiques.

Toute demande de modification d'une autorisation de mise sur le marché délivrée en application de l'une de ces procédures est soumise par le titulaire à tous les États qui ont autorisé le médicament concerné. Ces demandes de modification sont examinées conformément aux dispositions du *(Décr. n° 2015-709 du 22 juin 2015, art. 2)* « règlement (CE) n° 1234/2008 de la Commission du 28 novembre 2008 concernant l'examen des modifications des termes d'une autorisation de mise sur le marché de médicaments à usage humain et de médicaments vétérinaires, et notamment son chapitre II ».

§ 2 PROCÉDURE DE RECONNAISSANCE MUTUELLE

Art. R. 5121-51-1 Pour obtenir la reconnaissance, par au moins un autre État membre de la Communauté européenne ou partie à l'accord sur l'Espace économique européen, d'une autorisation de mise sur le marché délivrée par le directeur général de l'*(Décr. n° 2012-597 du 27 avr. 2012, art. 5-I-1°)* « Agence nationale de sécurité du médicament et des produits de santé », la France agissant alors comme État de référence, le titulaire de cette autorisation demande à ce dernier de mettre à jour ou d'élaborer le rapport d'évaluation du médicament ; il lui transmet les éventuels compléments au dossier dont l'agence dispose.

Le directeur général de l'agence transmet ce rapport d'évaluation, accompagné du résumé des caractéristiques du produit, de l'étiquetage et de la notice, aux États concernés et au titulaire de l'autorisation de mise sur le marché dans un délai de quatre-vingt-dix jours à compter de la réception du dossier complet :

1° En cas d'approbation de ces documents par chacun des États concernés dans un délai de quatre-vingt-dix jours, le directeur général de l'agence notifie l'accord à ces États et au titulaire de l'autorisation de mise sur le marché.

2° A défaut d'accord dans le délai mentionné au 1°, le directeur général de l'agence saisit le groupe de coordination mentionné à l'article 27 de la directive 2001/83/CE du Parlement européen et du Conseil.

Art. R. 5121-51-2 Pour obtenir la reconnaissance en France d'une autorisation de mise sur le marché délivrée par un autre État dit État de référence, membre de la Communauté européenne ou partie à l'accord sur l'Espace économique européen, le titulaire de cette autorisation adresse une demande d'autorisation de mise sur le marché au directeur général de l'*(Décr. n° 2012-597 du 27 avr. 2012, art. 5-I-1°)* « Agence nationale de sécurité du médicament et des produits de santé ».

A compter de la réception du rapport d'évaluation du médicament, accompagné du résumé des caractéristiques du produit, de l'étiquetage et de la notice, transmis par l'État de référence, le directeur général de l'agence dispose d'un délai de quatre-vingt-dix jours pour se prononcer :

1° Si le directeur général de l'agence approuve ces documents, il en informe l'État de référence. En cas d'accord entre tous les États concernés, notifié par l'État de référence, il délivre une autorisation de mise sur le marché en conformité avec le rapport d'évaluation ainsi approuvé dans un délai de trente jours à compter de la réception de cette notification.

2° Si le directeur général de l'agence n'approuve pas ces documents parce qu'il estime que le médicament concerné présente un risque potentiel grave pour la santé publique au sens des lignes directrices mentionnées à l'article 29.2 de la directive

2001/83/CE du Parlement européen et du Conseil, il fait immédiatement connaître son opposition motivée à l'État de référence, aux autres États concernés, au demandeur et au groupe de coordination mentionné à l'article 27 de la directive précitée.

§ 3 PROCÉDURE DÉCENTRALISÉE

Art. R. 5121-51-3 Pour obtenir une autorisation de mise sur le marché en France et dans au moins un autre État membre de la Communauté européenne ou partie à l'accord sur l'Espace économique européen, pour un médicament qui n'est autorisé ni dans la Communauté européenne ni dans l'Espace économique européen, le demandeur adresse une demande d'autorisation de mise sur le marché au directeur général de l'*(Décr. nº 2012-597 du 27 avr. 2012, art. 5-I-1º)* « Agence nationale de sécurité du médicament et des produits de santé ».

1º Si le demandeur désigne la France comme État de référence, la demande est instruite dans les conditions prévues aux articles R. 5121-34 et R. 5121-35. Le directeur général de l'agence transmet aux États concernés et au demandeur un projet de rapport d'évaluation du médicament, le cas échéant défavorable, accompagné des projets de résumé des caractéristiques du produit, d'étiquetage et de notice, dans un délai de cent vingt jours à compter de la réception du dossier complet.

En cas d'approbation de ces documents par chacun des États concernés dans un délai de quatre-vingt-dix jours, le directeur général de l'agence notifie l'accord à ces États et au demandeur. En conformité avec le rapport d'évaluation ainsi approuvé, il délivre ou refuse l'autorisation de mise sur le marché dans un délai de trente jours à compter de cette notification.

A défaut d'accord entre les États concernés dans le délai de quatre-vingt-dix jours mentionné à l'alinéa précédent, le directeur général de l'agence saisit le groupe de coordination mentionné à l'article 27 de la directive 2001/83/CE du Parlement européen et du Conseil.

2º Si le demandeur désigne un autre État membre de la Communauté européenne ou partie à l'accord sur l'Espace économique européen comme État de référence, le directeur général de l'agence dispose, à compter de la réception du projet de rapport d'évaluation, accompagné des projets de résumé des caractéristiques du produit, d'étiquetage et de notice transmis par l'État de référence, d'un délai de quatre-vingt-dix jours pour se prononcer.

Si le directeur général de l'agence approuve ces documents, il en informe l'État de référence. En cas d'accord entre tous les États concernés, notifié par l'État de référence, il délivre ou refuse une autorisation de mise sur le marché en conformité avec le rapport d'évaluation ainsi approuvé dans un délai de trente jours à compter de la réception de la notification.

Si le directeur général de l'agence n'approuve pas ces documents parce qu'il estime que le médicament concerné présente un risque potentiel grave pour la santé publique au sens des lignes directrices mentionnées à l'article 29.2 de la directive 2001/83/CE du Parlement européen et du Conseil, il fait immédiatement connaître son opposition motivée à l'État de référence, aux autres États concernés, au demandeur et au groupe de coordination mentionné à l'article 27 de la directive mentionnée ci-dessus.

§ 4 DISPOSITIONS COMMUNES AUX DEUX PROCÉDURES

Art. R. 5121-51-4 En cas d'accord au sein du groupe de coordination, saisi par le directeur général de l'*(Décr. nº 2012-597 du 27 avr. 2012, art. 5-I-1º)* « Agence nationale de sécurité du médicament et des produits de santé » ou par un autre État :

1º Dans le cas prévu à l'article R. 5121-51-1, le directeur général de l'agence notifie l'accord aux États concernés et au titulaire de l'autorisation de mise sur le marché. Conformément au rapport d'évaluation ainsi approuvé, il modifie ou retire, le cas échéant, l'autorisation de mise sur le marché dans un délai de trente jours suivant cette notification.

2º Dans le cas prévu au 1º de l'article R. 5121-51-3, le directeur général de l'agence notifie l'accord aux États concernés et au demandeur. Conformément au rapport d'évaluation ainsi approuvé, il délivre ou refuse l'autorisation de mise sur le marché dans un délai de trente jours suivant cette notification.

3° Dans les cas prévus à l'article R. 5121-51-2 et au 2° de l'article R. 5121-51-3, le directeur général de l'agence délivre ou refuse l'autorisation de mise sur le marché en conformité avec le rapport d'évaluation ainsi approuvé dans un délai de trente jours à compter de la notification de l'accord par l'État de référence.

Art. R. 5121-51-5 A défaut d'accord au sein du groupe de coordination, la procédure d'arbitrage communautaire prévue aux articles 32 à 34 de la directive 2001/83/CE du Parlement européen et du Conseil s'applique. Lorsque la France est l'État de référence, il appartient au directeur général de l'*(Décr. n° 2012-597 du 27 avr. 2012, art. 5-I-1°)* « Agence nationale de sécurité du médicament et des produits de santé » de déclencher cette procédure en informant l'Agence européenne des médicaments de ce désaccord. Le directeur général de l'agence délivre, refuse, modifie ou retire l'autorisation de mise sur le marché du médicament concerné conformément à la décision prise par la Commission européenne à l'issue de cette procédure dans un délai de trente jours.

Dans l'attente de la décision de la Commission européenne, le directeur général de l'agence peut, sur requête du demandeur, délivrer une autorisation de mise sur le marché. Après l'intervention de cette décision, l'autorisation est, si nécessaire, modifiée ou retirée dans les conditions prévues à l'alinéa précédent.

Art. R. 5121-51-6 A l'issue des procédures prévues par la présente sous-section, la délivrance ou la modification de l'autorisation de mise sur le marché par le directeur général de l'*(Décr. n° 2012-597 du 27 avr. 2012, art. 5-I-1°)* « Agence nationale de sécurité du médicament et des produits de santé » intervient dans un délai de trente jours après la notification de l'accord par l'État de référence ou par la Commission européenne, sous réserve de la fourniture par le demandeur d'une traduction en français du résumé des caractéristiques du produit, de la notice et de l'étiquetage du médicament concerné.

Art. R. 5121-51-7 Les articles R. 5121-51 à R. 5121-51-4 sont applicables aux médicaments homéopathiques soumis à l'enregistrement mentionné à l'article L. 5121-13.

La présente sous-section n'est pas applicable aux médicaments homéopathiques soumis à l'autorisation de mise sur le marché mentionnée à l'article L. 5121-8.

§ 5 AUTRES APPLICATIONS DE LA PROCÉDURE D'ARBITRAGE COMMUNAUTAIRE

Art. R. 5121-51-8 Le directeur général de l'*(Décr. n° 2012-597 du 27 avr. 2012, art. 5-I-1°)* « Agence nationale de sécurité du médicament et des produits de santé » ou le demandeur de l'autorisation de mise sur le marché peut saisir l'Agence européenne des médicaments en vue de l'application de la procédure d'arbitrage communautaire prévue aux articles 32 à 34 de la directive 2001/83/CE du Parlement européen et du Conseil lorsqu'un médicament a fait l'objet, de la part d'États membres de la Communauté européenne ou parties à l'accord sur l'Espace économique européen, de décisions divergentes concernant l'autorisation, sa modification, sa suspension ou son retrait.

Art. R. 5121-51-9 Dans des cas particuliers présentant un *(Décr. n° 2012-1244 du 8 nov. 2012, art. 1er-16°)* « intérêt pour l'Union européenne », le directeur général de l'*(Décr. n° 2012-597 du 27 avr. 2012, art. 5-I-1°)* « Agence nationale de sécurité du médicament et des produits de santé » ou le demandeur saisit l'Agence européenne des médicaments pour l'application de la procédure d'arbitrage communautaire avant qu'une décision ne soit prise sur la délivrance, la modification, la suspension ou le retrait de l'autorisation de mise sur le marché.

(Décr. n° 2013-923 du 16 oct. 2013, art. 1er) « Le directeur général de l'Agence nationale de sécurité du médicament et des produits de santé peut, à tout stade de la procédure, lorsqu'une mesure urgente est nécessaire pour protéger la santé publique, suspendre l'autorisation de mise sur le marché et interdire l'utilisation d'un médicament ou d'un produit en attendant qu'une décision définitive soit prise en application de la procédure d'arbitrage communautaire. Il informe la Commission européenne, l'Agence européenne des médicaments et les autres États membres de l'Union européenne des raisons de cette mesure au plus tard le premier jour ouvrable suivant sa décision.

« Toutefois, lorsque les conditions prévues à l'article R. 5121-157 pour la mise en œuvre de la procédure d'urgence de l'Union européenne en matière de pharmacovigilance sont remplies, les dispositions de cet article s'appliquent. »

Art. R. 5121-51-10 *Abrogé par Décr. n° 2012-1244 du 8 nov. 2012, art. 1er.*

Art. R. 5121-51-11 A l'issue de la procédure d'arbitrage communautaire mise en œuvre conformément aux dispositions des articles R. 5121-51-8 *(Décr. n° 2012-1244 du 8 nov. 2012, art. 1er-18°)* « et R. 5121-51-9 », le directeur général de l'*(Décr. n° 2012-597 du 27 avr. 2012, art. 5-I-1°)* « Agence nationale de sécurité du médicament et des produits de santé » délivre, modifie, suspend ou retire l'autorisation de mise sur le marché dans un délai de trente jours, conformément à la décision prise par la Commission européenne à l'issue de cette procédure.

§ 6 HARMONISATION COMMUNAUTAIRE

Art. R. 5121-51-12 Le directeur général de l'*(Décr. n° 2012-597 du 27 avr. 2012, art. 5-I-1°)* « Agence nationale de sécurité du médicament et des produits de santé » transmet chaque année au groupe de coordination mentionné à l'article 27 de la directive 2001/83/CE du Parlement européen et du Conseil une liste de médicaments pour lesquels il estime nécessaire d'harmoniser les résumés des caractéristiques du produit.

Art. R. 5121-52 *Abrogé par Décr. n° 2005-156 du 18 févr. 2005, art. 1er-X.*

SOUS-SECTION 4 *[ABROGÉE]* COMMISSION D'AUTORISATION DE MISE SUR LE MARCHÉ

(Abrogée par Décr. n° 2012-597 du 27 avr. 2012, art. 4)

Art. R. 5121-53 à R. 5121-60 *Abrogés par Décr. n° 2012-597 du 27 avr. 2012, art. 4.*

SOUS-SECTION 5 PRÉLÈVEMENTS D'ÉCHANTILLONS

Art. R. 5121-61 Le directeur général de l'*(Décr. n° 2012-597 du 27 avr. 2012, art. 5-I-1°)* « Agence nationale de sécurité du médicament et des produits de santé » fait procéder par les inspecteurs de l'agence à des prélèvements de spécialités pharmaceutiques pour s'assurer de leur conformité à la formule déclarée.

Les échantillons prélevés sont rassemblés dans des sachets munis d'une étiquette précisant le nom et le numéro du lot de fabrication de la spécialité, la date du prélèvement, son motif et le nom de l'inspecteur qui l'a effectué.

Ces prélèvements ne donnent lieu à aucun paiement à la charge de l'État ou de l'*(Décr. n° 2012-597 du 27 avr. 2012, art. 5-I-1°)* « Agence nationale de sécurité du médicament et des produits de santé ».

Art. R. 5121-62 A titre exceptionnel, le directeur général de l'*(Décr. n° 2012-597 du 27 avr. 2012, art. 5-I-1°)* « Agence nationale de sécurité du médicament et des produits de santé » peut, sur demande motivée du titulaire de l'autorisation de mise sur le marché, l'autoriser à présenter sous un seul conditionnement plusieurs spécialités ayant obtenu chacune une autorisation de mise sur le marché.

SECTION VI DROIT ET TAXES

SOUS-SECTION 1 DROIT PERÇU LORS D'UNE DEMANDE D'AUTORISATION

Art. D. 5121-63 à D. 5121-66-1 *Abrogés par Décr. n° 2012-381 du 19 mars 2012, art. 4.*

SOUS-SECTION 2 TAXE ANNUELLE

Art. D. 5121-67 *Abrogé par Décr. n° 2012-381 du 19 mars 2012, art. 4.*

SECTION VII AUTORISATIONS TEMPORAIRES D'UTILISATION

(Décr. n° 2013-66 du 18 janv. 2013, art. 1er)

SOUS-SECTION 1 DEMANDES D'AUTORISATION TEMPORAIRE D'UTILISATION

Art. R. 5121-68 I. — La demande tendant à obtenir l'autorisation temporaire d'utilisation prévue au 1° du I de l'article L. 5121-12 est adressée à l'Agence nationale de sécurité du médicament et des produits de santé par le titulaire des droits d'exploitation ou son mandataire.

Elle est accompagnée d'un dossier comprenant :

1° Le nom et l'adresse du titulaire des droits d'exploitation ou de son mandataire et, dans cette hypothèse, celui pour le compte duquel le mandataire fait la demande ;

2° Les informations et documents relatifs au médicament concerné et à son utilisation dans l'indication thérapeutique sollicitée parmi lesquelles figurent :

a) Le projet de résumé des caractéristiques du produit ;

b) Les titres et objectifs des essais thérapeutiques en cours avec leur état d'avancement et des essais thérapeutiques programmés, l'identité de l'investigateur principal de ces essais ainsi que, pour les essais thérapeutiques conduits en France, l'identité de l'ensemble des investigateurs et la désignation du ou des lieux concernés ;

c) Les documents mentionnés aux articles R. 5121-21 et R. 5121-25 ou, à défaut, la brochure pour l'investigateur mentionnée à l'article R. 1123-20 et le dossier technique mentionné au 3° de l'article R. 1123-30 ;

3° Les motifs de la demande comportant les éléments permettant d'établir :

a) L'absence de traitement approprié pour traiter la maladie grave ou rare en question ;

b) L'impossibilité de différer la mise en œuvre du traitement ;

c) Que l'efficacité et la sécurité de ce médicament sont fortement présumées au vu des résultats des essais thérapeutiques auxquels il a été procédé en vue de la demande d'autorisation de mise sur le marché ;

4° Une estimation du nombre de patients susceptibles d'être traités par ce médicament pendant la durée de l'autorisation ;

5° Le projet d'étiquetage élaboré conformément aux dispositions de l'article R. 5121-144 et le projet de notice, établis conformément au projet de résumé des caractéristiques du produit ;

6° Une copie de la demande d'autorisation de mise sur le marché ou, lorsqu'elle n'a pas été déposée, une lettre du demandeur de l'autorisation temporaire d'utilisation s'engageant à déposer une telle demande dans un délai déterminé ;

7° Lorsque la demande porte sur un médicament autorisé dans un État membre de l'Union européenne ou partie à l'accord sur l'Espace économique européen ou dans un pays tiers, la copie de l'autorisation de mise sur le marché et le résumé des caractéristiques du produit ainsi que le dernier rapport périodique actualisé de sécurité ou les documents équivalents ;

8° Le cas échéant, une copie des décisions de refus ou de retrait d'autorisation de mise sur le marché de ce médicament intervenues dans un État membre de l'Union européenne ou partie à l'accord sur l'Espace économique européen ou dans un pays tiers ;

9° Le cas échéant, une copie de la désignation du médicament comme médicament orphelin en application du règlement (CE) n° 141/2000 du Parlement européen et du Conseil du 16 décembre 1999 ;

10° Toute information relative à une utilisation à titre exceptionnel et précoce dans l'indication sollicitée, dans un autre État membre de l'Union européenne ou partie à l'accord sur l'Espace économique européen ou dans un pays tiers ainsi que, le cas échéant, une copie de toute autorisation ou avis scientifique relatif à une telle utilisation rendu par l'autorité compétente d'un État membre ou d'un pays tiers, ou par l'Agence européenne des médicaments ;

11° Le projet de protocole d'utilisation thérapeutique et de recueil d'informations défini à l'article R. 5121-70.

II. — En cours d'instruction du dossier, le demandeur transmet sans délai au directeur général de l'agence toute information complémentaire se rapportant aux éléments constitutifs du dossier, notamment le dépôt de la demande d'autorisation de mise sur le marché, et toute donnée nouvelle dont il dispose ou a connaissance de nature à influencer l'évaluation du rapport entre les bénéfices et les risques liés au médicament.

Art. R. 5121-69 I. — La demande du prescripteur tendant à obtenir l'autorisation temporaire d'utilisation prévue au 2° du I de l'article L. 5121-12 est adressée à l'Agence nationale de sécurité du médicament et des produits de santé par le pharmacien gérant la pharmacie à usage intérieur d'un établissement de santé ou par le responsable mentionné à l'article L. 5126-6.

Elle comporte les éléments suivants :

1° Le nom et la qualité du médecin prescripteur ainsi que le nom du pharmacien ou du responsable mentionné à l'article L. 5126-6 qui transmet la demande ;

2° Les initiales des nom et prénom du patient, son âge, son sexe et son poids ;

3° Le nom du médicament concerné ou, le cas échéant, son nom de code, sa forme pharmaceutique et son dosage ;

4° Les motifs de la demande comportant les éléments permettant d'établir :

a) L'absence de traitement approprié pour traiter la maladie grave ou rare en question ;

b) L'impossibilité de différer la mise en œuvre du traitement ;

c) L'impossibilité pour le patient de participer à un essai thérapeutique ;

d) Que ce médicament est susceptible de présenter un bénéfice pour le patient et que son efficacité et sa sécurité sont présumées en l'état des connaissances scientifiques ;

5° L'indication thérapeutique pour laquelle ce médicament est prescrit au malade considéré et la posologie prescrite ;

6° L'engagement du prescripteur, d'une part, à informer le patient, son représentant légal ou la personne de confiance qu'il a désignée en application de l'article L. 1111-6 sur l'absence d'alternative thérapeutique, les risques encourus, les contraintes et le bénéfice susceptible d'être apporté par le médicament et, d'autre part, à inscrire la procédure d'information suivie dans le dossier médical du patient ;

7° Toute information dont le prescripteur dispose sur ce médicament au moment de la demande.

II. — En cours d'instruction, le demandeur transmet sans délai au directeur général de l'agence toute information complémentaire se rapportant aux éléments constitutifs de la demande et toute donnée nouvelle dont il dispose ou a connaissance de nature à influencer l'évaluation du rapport entre les bénéfices et les risques liés au médicament.

SOUS-SECTION 2 INSTRUCTION, AUTORISATION, REFUS

Art. R. 5121-70 I. — Les autorisations temporaires d'utilisation de médicaments, hormis celles accordées au titre du IV de l'article L. 5121-12, sont subordonnées à la conclusion d'un protocole d'utilisation thérapeutique et de recueil d'informations entre le titulaire des droits d'exploitation du médicament faisant l'objet de la demande ou son mandataire et l'Agence nationale de sécurité des médicaments et des produits de santé.

Ce protocole comporte les éléments suivants :

1° Les conditions de délivrance de l'autorisation temporaire d'utilisation et l'objet du *protocole d'utilisation thérapeutique* et de recueil d'informations ;

2° Les modalités de prescription, de délivrance et d'utilisation du médicament, ainsi que les modalités de surveillance des patients traités ;

3° Les modalités de recueil des informations relatives notamment :

a) Aux caractéristiques des patients traités ;

b) A l'utilisation effective du médicament ;

c) A l'efficacité du médicament ;

d) Aux effets indésirables résultant de cette utilisation ;

4° Les obligations relatives à la pharmacovigilance ainsi que leurs modalités de mise en œuvre en application de l'article R. 5121-172 ;

5° Les modalités d'information du patient, de son représentant légal ou de la personne de confiance qu'il a désignée en application de l'article L. 1111-6 sur l'absence d'alternative thérapeutique, les risques encourus, les contraintes et le bénéfice susceptible d'être apporté par le médicament ;

6° Le rôle de chacun des intervenants dans le cadre du dispositif de l'autorisation temporaire d'utilisation, notamment des professionnels de santé, du titulaire des droits d'exploitation et du centre régional de pharmacovigilance le cas échéant désigné pour effectuer le suivi national de la pharmacovigilance du médicament concerné ;

7° Lorsque le protocole concerne une autorisation temporaire d'utilisation prévue au 1° du I de l'article L. 5121-12, les caractéristiques des patients susceptibles d'être traités, établies en conformité avec le résumé des caractéristiques du produit.

II. – Ce protocole est transmis aux médecins susceptibles de prescrire le médicament qui en font la demande et aux pharmaciens ou personnes mentionnées à l'article L. 5126-6 susceptibles de le dispenser ainsi qu'aux centres régionaux de pharmacovigilance mentionnés à l'article R. 5121-158 et aux centres antipoison mentionnés à l'article L. 6141-4, par le titulaire des droits d'exploitation ou, le cas échéant, son mandataire.

Le titulaire des droits d'exploitation du médicament ou son mandataire, les médecins prescripteurs et les pharmaciens ou personnes mentionnées à l'article L. 5126-6 concernés respectent les obligations figurant dans le protocole.

(Décr. n° 2017-605 du 21 avr. 2017, art. 1er) « III. – A la suite de la délivrance de l'autorisation de mise sur le marché pour un médicament, l'Agence nationale de sécurité du médicament et des produits de santé adapte, en lien avec le titulaire des droits d'exploitation, les dispositions du protocole d'utilisation thérapeutique et de recueil d'informations mentionné au IV de l'article L. 162-16-5-2, dont la modification est rendue nécessaire du fait de cette délivrance. »

Art. R. 5121-71 I. – Pour l'instruction de toute demande d'autorisation temporaire d'utilisation, le directeur général de l'Agence nationale de sécurité du médicament et des produits de santé dispose des prérogatives prévues par l'article R. 5121-34.

II. – Pour l'instruction des demandes d'autorisation temporaire d'utilisation mentionnées au 2° du I de l'article L. 5121-12, hormis celles instruites à titre dérogatoire au titre du IV de cet article, le directeur général de l'agence demande au titulaire des droits d'exploitation du médicament concerné ou à son mandataire de lui transmettre les documents attestant que ce médicament a fait l'objet soit :

1° D'une demande au titre du 1° du I de l'article L. 5121-12 ;

2° D'une demande d'autorisation de mise sur le marché ;

3° D'une demande d'essais thérapeutiques ou l'attestation que des essais thérapeutiques sont conduits en France pour le médicament considéré ;

4° De l'engagement du titulaire des droits d'exploitation à déposer, dans un délai approuvé par l'agence, une des demandes mentionnées aux 1° et 2°.

III. – Pour l'instruction des demandes d'autorisation temporaire d'utilisation mentionnées au 2° du I de l'article L. 5121-12, le directeur général de l'agence peut demander au titulaire des droits d'exploitation du médicament concerné ou à son mandataire la transmission de :

1° Toute information relative à l'efficacité, à la sécurité, à la fabrication et au contrôle du médicament ;

2° Toute information relative aux titres et objectifs des essais thérapeutiques en cours avec leur état d'avancement, aux essais thérapeutiques programmés, à l'identité de l'investigateur principal de ces essais ainsi que, pour les essais thérapeutiques conduits en France, les informations relatives à l'identité de l'ensemble des investigateurs et la désignation du ou des lieux concernés ;

3° Lorsque le médicament a fait l'objet d'une autorisation à l'étranger, la copie de cette autorisation.

Art. R. 5121-71-1 *I. – Pour* les médicaments mentionnés au 1° du I de l'article L. 5121-12, l'autorisation temporaire d'utilisation :

1° Est accordée pour une durée d'un an par le directeur général de l'Agence nationale de sécurité du médicament et des produits de santé ;

2° Comporte le nom du médicament ou, le cas échéant, son nom de code, sa forme pharmaceutique et son dosage ;

3° Indique le classement du médicament dans les catégories énumérées au deuxième alinéa de l'article R. 5121-36 ;

4° Est accompagnée du résumé des caractéristiques du produit, de l'étiquetage et de la notice mentionnés à l'article R. 5121-68 ainsi que du protocole d'utilisation thérapeutique et de recueil d'informations mentionné à l'article R. 5121-70.

II. – Ces médicaments sont délivrés par le pharmacien gérant la pharmacie à usage intérieur d'un établissement de santé ou par le responsable mentionné à l'article L. 5126-6.

Art. R. 5121-71-2 I. – Pour les médicaments mentionnés au 2° du I de l'article L. 5121-12, l'autorisation temporaire d'utilisation est accordée par le directeur général de l'Agence nationale de sécurité du médicament et des produits de santé pour une durée de traitement, dans la limite maximale d'un an.

Cette autorisation comporte :

1° Le nom et les coordonnées du prescripteur ainsi que les coordonnées de la pharmacie à usage intérieur de l'établissement de santé ou du responsable mentionné à l'article L. 5126-6 ;

2° Les initiales des nom et prénom du patient auquel est destinée la prescription ;

3° Le nom du médicament ou, le cas échéant, son nom de code, sa forme pharmaceutique et son dosage ;

4° Le cas échéant, le classement du médicament dans les catégories énumérées au deuxième alinéa de l'article R. 5121-36 ;

5° La durée de l'autorisation.

Lorsque l'autorisation temporaire d'utilisation est accordée en application du IV de l'article L. 5121-12, elle précise la nature des données de suivi du patient traité et, le cas échéant, les informations complémentaires relatives à l'utilisation du médicament.

II. – Lorsque l'autorisation temporaire d'utilisation est subordonnée, en application du V de l'article L. 5121-12, à la conclusion d'un protocole d'utilisation thérapeutique et de recueil d'informations, le directeur général de l'agence informe le titulaire de l'autorisation qu'il est tenu, au même titre que les autres personnes mentionnées à l'article R. 5121-70, de mettre en œuvre ce protocole, qui est disponible sur le site internet de l'agence.

III. – Ces médicaments sont délivrés par le pharmacien gérant la pharmacie à usage intérieur d'un établissement de santé ou par le responsable mentionné à l'article L. 5126-6.

Art. R. 5121-72 Le directeur général de l'Agence nationale de sécurité du médicament et des produits de santé refuse l'autorisation temporaire d'utilisation si les conditions prévues à l'article L. 5121-12 ou les dispositions prévues par la présente section ne sont pas respectées ou pour tout autre motif de santé publique.

V. Décr. n° 2014-1288 du 23 oct. 2014 relatif aux exceptions à l'application du principe « silence vaut acceptation » sur le fondement de l'art. L. 231-4 CRPA.

SOUS-SECTION 3 PUBLICITÉ ET SUIVI DES AUTORISATIONS TEMPORAIRES D'UTILISATION

Art. R. 5121-73 I. – Le directeur général de l'Agence nationale de sécurité du médicament et des produits de santé rend publics, sur le site internet de l'agence :

1° Les protocoles d'utilisation thérapeutique et de recueil d'informations conclus ;

2° Les résumés des rapports de synthèse mentionnés à l'article R. 5121-73-1 ;

3° La liste des médicaments faisant l'objet d'une autorisation temporaire d'utilisation mentionnée au 1° du I de l'article L. 5121-12 ainsi que la liste des médicaments pour lesquels cette autorisation a été refusée, suspendue ou retirée ;

4° Les motifs justifiant la suspension ou le retrait d'une autorisation temporaire d'utilisation mentionnée au 1° du I de l'article L. 5121-12.

II. – Le directeur général de l'agence établit des modèles types de formulaires, notamment ceux des demandes d'autorisation temporaire d'utilisation, celui de la demande de renouvellement de l'autorisation temporaire d'utilisation mentionnée au 1° du I de l'article L. 5121-12 et celui du protocole d'utilisation thérapeutique et de recueil d'informations.

Art. R. 5121-73-1 Dans le cadre des obligations de suivi prévues par le protocole d'utilisation thérapeutique et de recueil d'informations pour l'ensemble des autorisations temporaires d'utilisation hormis celles délivrées en application du IV de l'article L. 5121-12, le titulaire des droits d'exploitation du médicament ou, le cas échéant, son mandataire, adresse au directeur général de l'Agence nationale de sécurité du médicament et des produits de santé, selon une périodicité établie par ce dernier, un rapport dénommé "rapport de synthèse" comprenant :

1° Une synthèse de toutes les informations recueillies dans le cadre de la mise en œuvre du protocole, relatives aux conditions d'utilisation du médicament, à son efficacité et à sa sécurité d'emploi ainsi que toute information qui pourrait entraîner une modification de l'évaluation du rapport entre les bénéfices et les risques liés au médicament ;

2° Une analyse du rapport entre les bénéfices et les risques liés au médicament.

Il transmet en outre au directeur général de l'agence un projet de résumé du rapport de synthèse.

Après approbation du résumé du rapport de synthèse par le directeur général de l'agence, le titulaire des droits d'exploitation ou, le cas échéant, son mandataire transmet ce résumé aux médecins qui ont prescrit le médicament, aux pharmaciens ou personnes mentionnées à l'article L. 5126-6 qui l'ont délivré, aux centres régionaux de pharmacovigilance et aux centres antipoison.

Art. R. 5121-73-2 Afin de pouvoir évaluer en continu le rapport entre les bénéfices et les risques liés au médicament, le directeur général de l'Agence nationale de sécurité du médicament et des produits de santé peut à tout moment demander au titulaire des droits d'exploitation du médicament faisant l'objet de l'autorisation temporaire d'utilisation ou, le cas échéant, à son mandataire, de lui transmettre des données permettant d'apprécier que ce rapport reste présumé favorable.

Art. R. 5121-73-3 Le titulaire des droits d'exploitation du médicament faisant l'objet de l'autorisation temporaire d'utilisation, hormis lorsque celle-ci a été accordée au titre du IV de l'article L. 5121-12 ou, le cas échéant, son mandataire, transmet sans délai à l'Agence nationale de sécurité du médicament et des produits de santé, en en signalant la portée, toute donnée nouvelle dont il dispose ou a connaissance qui pourrait entraîner une modification de l'évaluation du rapport entre les bénéfices et les risques liés au médicament.

Il transmet notamment toute interdiction ou restriction imposée par l'autorité compétente de tout pays dans lequel le médicament est disponible ainsi que les résultats de toutes les études, en particulier des études de sécurité et d'efficacité, et les résultats des essais thérapeutiques effectués dans ou en dehors de l'Union européenne ou de l'Espace économique européen, qu'ils soient favorables ou défavorables. Les données relatives à l'efficacité ainsi transmises concernent l'indication mentionnée dans l'autorisation, alors que les données relatives à la sécurité concernent toutes les indications et populations, qu'elles soient mentionnées ou non dans l'autorisation.

Art. R. 5121-74 I. — L'autorisation temporaire d'utilisation peut être renouvelée.

Le renouvellement fait l'objet d'une nouvelle demande du titulaire de cette autorisation adressée au directeur général de l'Agence nationale de sécurité du médicament et des produits de santé.

Cette demande est accompagnée de toute information obtenue au cours de la période d'autorisation précédente sur le médicament en cause et les conséquences de son utilisation.

II. — Pour les médicaments mentionnés au 1° du I de l'article L. 5121-12, la demande de renouvellement est adressée par tout moyen permettant d'établir une date certaine au directeur général de l'agence au plus tard deux mois avant la date d'expiration de l'autorisation. Cette demande est accompagnée des informations mentionnées à l'article R. 5121-68 qui doivent faire l'objet d'une actualisation et dont la liste est fixée par le directeur général de l'agence.

III. — Pour les médicaments mentionnés au 2° du I de l'article L. 5121-12 qui ne font pas l'objet d'un protocole d'utilisation thérapeutique et de recueil d'informations, le prescripteur doit fournir des données de suivi du patient traité dont la nature est précisée dans l'autorisation initiale *[,]* et notamment toute information relative à l'efficacité et à la sécurité d'emploi du médicament concernant le patient pour lequel cette autorisation a été délivrée, permettant de justifier la poursuite du traitement.

IV. – Pour les autres médicaments mentionnés au 2° du I de l'article L. 5121-12 qui font l'objet d'un protocole d'utilisation thérapeutique et de recueil d'informations, le prescripteur doit fournir les informations actualisées prévues par le protocole.

V. – Le directeur général de l'agence refuse le renouvellement de l'autorisation temporaire d'utilisation si les conditions prévues par l'article L. 5121-12 ne sont pas remplies, si les obligations du présent article ne sont pas respectées ou pour tout autre motif de santé publique.

Art. R. 5121-74-1 Toute modification de l'autorisation temporaire d'utilisation mentionnée au 1° du I de l'article L. 5121-12, ainsi que toute modification du résumé des caractéristiques du produit, de l'étiquetage, de la notice ou du protocole d'utilisation thérapeutique et de recueil d'informations qui accompagnent l'autorisation, est soumise à autorisation préalable du directeur général de l'Agence nationale de sécurité du médicament et des produits de santé.

La demande de modification est accompagnée, en fonction de la modification envisagée, des renseignements et des éléments du dossier prévu à l'article R. 5121-68.

Art. R. 5121-75 Le directeur général de l'Agence nationale de sécurité du médicament et des produits de santé peut demander au titulaire de l'autorisation temporaire d'utilisation de modifier son autorisation en application de l'article R. 5121-74-1, suspendre ou retirer une autorisation temporaire d'utilisation lorsque les conditions prévues par l'article L. 5121-12 ou les dispositions de la présente section ne sont pas respectées ou pour tout autre motif de santé publique.

Sauf en cas d'urgence, la suspension ou le retrait ne peuvent intervenir qu'après que le titulaire de l'autorisation a été invité à fournir ses observations.

Les décisions de suspension ou de retrait sont motivées et indiquent les voies et délais de recours.

La durée de suspension ne peut excéder trois mois.

Art. R. 5121-75-1 Lorsque l'autorisation est suspendue, retirée ou non renouvelée, ou lorsqu'une décision de modification le rend nécessaire, le titulaire de l'autorisation temporaire d'utilisation mentionnée au 1° du I de l'article L. 5121-12 prend toutes dispositions utiles, notamment auprès des détenteurs de stocks, pour faire cesser la distribution de la spécialité. Si ces dispositions n'interviennent pas dans des délais compatibles avec l'intérêt de la santé publique, le directeur général de l'Agence nationale de sécurité du médicament et des produits de santé prend toutes mesures appropriées.

Art. R. 5121-76 Lorsqu'un médicament qui fait l'objet d'une autorisation temporaire d'utilisation obtient une autorisation de mise sur le marché, le directeur général de l'Agence nationale de sécurité du médicament et des produits de santé fixe la date à laquelle l'autorisation temporaire d'utilisation mentionnée au 1° du I de l'article L. 5121-12 cesse de produire ses effets ou la date à laquelle cesse la délivrance d'autorisations temporaires d'utilisation mentionnées au 2° du I du même article. Cette date est déterminée en fonction de la date de notification de l'autorisation de mise sur le marché et du délai nécessaire à la mise sur le marché du médicament conforme aux dispositions de l'autorisation de mise sur le marché. Ces informations sont communiquées au *directeur général de l'agence* par le titulaire de l'autorisation de mise sur le marché. Le directeur général peut proroger la durée de validité de l'autorisation temporaire mentionnée au 1° du I de l'article L. 5121-12 ou poursuivre la délivrance des autorisations prévues au 2° du I de cet article jusqu'à la disponibilité du médicament conforme aux dispositions de l'autorisation de mise sur le marché.

La date à laquelle l'autorisation temporaire d'utilisation accordée dans le cas prévu au 1° du I de l'article L. 5121-12 cesse de produire ses effets est communiquée par le directeur général de l'agence au titulaire de cette autorisation et au titulaire de l'autorisation de mise sur le marché. La date à laquelle il n'est plus délivré d'autorisations au titre du 2° du I de cet article est communiquée au titulaire de l'autorisation de mise sur le marché. Ces dates sont également communiquées aux ministres chargés de la santé et de la sécurité sociale.

SECTION VII *BIS* RECOMMANDATION TEMPORAIRE D'UTILISATION

(Décr. n° 2012-742 du 9 mai 2012)

Art. R. 5121-76-1 *(Décr. n° 2014-1703 du 30 déc. 2014, art. 1er-1°-a)* « La recommandation temporaire d'utilisation, établie en application du I de l'article L. 5121-12-1, a pour objet de sécuriser la prescription d'un médicament non conforme à son autorisation de mise sur le marché par un prescripteur qui, pour répondre aux besoins spéciaux du patient, appréciés à l'issue d'un examen effectif de ce dernier, et en se fondant sur les considérations thérapeutiques qui lui sont propres, lui prescrit ce médicament selon la forme galénique et la posologie qu'il estime appropriées, en l'absence d'une spécialité ayant le même principe actif, la même forme pharmaceutique et le même dosage, disposant d'une autorisation de mise sur le marché ou d'une autorisation temporaire d'utilisation dans l'indication ou les conditions d'utilisation considérées.

« La recommandation temporaire d'utilisation mentionne, notamment, pour chaque spécialité concernée : »

(Décr. n° 2012-742 du 9 mai 2012) « 1° L'indication ;

« 2° La posologie et le mode d'administration ;

« 3° Les effets indésirables ;

« 4° Le classement de la spécialité dans les catégories mentionnées à l'article R. 5121-36, s'il diffère de celui indiqué dans l'autorisation de mise sur le marché.

« Elle comporte en outre la mention de sa durée de validité. Elle est assortie d'un argumentaire faisant apparaître les données disponibles qui permette de présumer *(Décr. n° 2014-1703 du 30 déc. 2014, art. 1er-1°-b)* « que » les bénéfices attendus de la spécialité concernée sont supérieurs aux risques encourus dans cette indication ou ces conditions d'utilisation.

« Une recommandation temporaire d'utilisation peut concerner plusieurs spécialités, le cas échéant appartenant à un groupe générique mentionné à l'article L. 5121-1, et autoriser leur prescription dans la même indication ou dans les mêmes conditions d'utilisation, dès lors que leur mécanisme d'action est similaire.

« L'existence d'une autorisation temporaire d'utilisation nominative mentionnée au 2° du I de l'article L. 5121-12 dans la même indication ne fait pas obstacle à l'établissement d'une recommandation temporaire d'utilisation.

« La recommandation temporaire d'utilisation prévoit notamment les modalités de suivi des patients et de recueil des informations relatives à l'efficacité, à la sécurité et aux conditions réelles d'utilisation de la spécialité, formalisées dans un protocole de suivi des patients, ainsi que la périodicité et les modalités de l'envoi à l'agence des rapports de synthèse de ces données.

Art. R. 5121-76-2 *(Décr. n° 2014-1703 du 30 déc. 2014, art. 1er-2°)* Le protocole mentionné à l'article R. 5121-76-1 précise en outre le rôle de chacun des intervenants pour le suivi des patients et notamment celui des prescripteurs et des pharmaciens et du titulaire de l'autorisation de mise sur le marché ou de l'entreprise assurant son exploitation et mandatée à cet effet par le titulaire. Les prescripteurs et pharmaciens sont tenus de participer au recueil des informations. La recommandation peut autoriser le laboratoire à sous-traiter, par un contrat écrit, en tout ou partie, le suivi des patients.

Art. R. 5121-76-3 Les ministres chargés de la santé et de la sécurité sociale, la Haute Autorité de santé, l'Union nationale des caisses d'assurance maladie, l'Institut national du cancer, les centres de référence et les centres de compétence en charge des maladies rares ainsi que les associations de patients agréées au titre de l'article L. 1114-1 peuvent signaler au directeur général de l'agence toute prescription d'une spécialité non conforme à son autorisation de mise sur le marché dont ils estiment qu'elle pourrait donner lieu à l'élaboration d'une recommandation temporaire d'utilisation.

Art. R. 5121-76-4 Lorsqu'elle envisage d'élaborer une recommandation temporaire d'utilisation, l'Agence nationale de sécurité du médicament et des produits de santé demande au titulaire de l'autorisation de mise sur le marché de la spécialité concernée, ou à l'entreprise qui en assure l'exploitation mandatée à cet effet par le titulaire, de lui transmettre, dans un délai de trois mois à partir de la réception de la demande, toutes les informations dont il dispose relatives à cette indication ou à ces conditions d'utilisation et notamment :

1° Les données relatives à l'efficacité et à la sécurité de la spécialité dans cette indication ou dans ces conditions d'utilisation ;

2° Le cas échéant, les titres et objectifs des recherches biomédicales en cours et leur état d'avancement ainsi que celles programmées en France ou en dehors du territoire national et la désignation des lieux de ces recherches lorsqu'elles sont effectuées en France ;

3° Une estimation du nombre de patients potentiellement concernés en France ;

4° Un projet de protocole de suivi des patients précisant les données à suivre concernant l'efficacité et la sécurité de la spécialité dans l'indication considérée ou dans les conditions d'utilisation envisagées ainsi que les informations permettant de rendre compte des conditions réelles d'utilisation de la spécialité ;

5° Lorsque l'indication ou les conditions d'utilisation de la spécialité pharmaceutique concernée sont autorisées dans un autre État, la copie de cette autorisation et, le cas échéant, le résumé des caractéristiques du produit, ainsi que le dernier rapport périodique actualisé de pharmacovigilance ou les documents équivalents ;

6° Le cas échéant, une copie des décisions de refus ou de retrait d'autorisation de mise sur le marché de la spécialité prises par l'autorité compétente d'un autre État ;

7° Le cas échéant, la copie de tout avis scientifique rendu sur cette indication ou ces conditions d'utilisation par l'Agence européenne des médicaments ou par l'autorité compétente d'un autre État ;

(Décr. n° 2014-1703 du 30 déc. 2014, art. 1er-3°) « 8° Le cas échéant, l'intention du titulaire de déposer une demande de modification de l'autorisation de mise sur le marché en vue de l'extension des indications thérapeutiques ou de modification des conditions d'utilisation de la spécialité à la suite de la recommandation temporaire d'utilisation et le calendrier envisagé. »

Art. R. 5121-76-5 Outre les informations mentionnées à l'article R. 5121-76-4, l'agence sollicite simultanément dans le même délai de trois mois :

1° Si l'indication ou les conditions d'utilisation concernent une maladie rare, l'avis du centre de référence compétent, lorsqu'il existe ;

2° Si l'indication ou les conditions d'utilisation concernent le traitement d'un cancer, l'avis de l'Institut national du cancer.

Ces avis portent notamment sur le besoin d'une évaluation par l'agence de la spécialité dans l'indication ou les conditions d'utilisation envisagées au regard des pratiques et des recommandations de prise en charge thérapeutique existantes. Ils mentionnent en outre les données françaises et internationales disponibles qui permettent de présumer de l'efficacité et de la sécurité du médicament dans l'utilisation concernée. S'agissant des maladies rares, l'avis indique, le cas échéant, les travaux conduits par le centre de référence de la pathologie.

Art. R. 5121-76-6 Sur la base des informations mentionnées aux articles R. 5121-76-4 et R. 5121-76-5 ainsi que des connaissances scientifiques disponibles et notamment, s'agissant de la prise en charge d'une maladie rare, du protocole national de diagnostic et de soins *(Décr. n° 2014-1703 du 30 déc. 2014, art. 1er-4°-a)* « publié » par la Haute Autorité de santé lorsqu'il existe, l'agence procède à l'évaluation de l'efficacité et de la sécurité présumées de la spécialité dans l'indication ou les conditions d'utilisation considérées. Si cette évaluation permet de présumer que le rapport entre le bénéfice attendu et les effets indésirables encourus est favorable, elle élabore un projet de recommandation temporaire d'utilisation qui comporte en annexe un protocole de suivi des patients élaboré à partir du projet mentionné au 4° de l'article R. 5121-76-4.

L'agence adresse, par lettre recommandée avec demande d'accusé de réception, au titulaire de l'autorisation de mise sur le marché de la spécialité ou à l'entreprise qui en assure l'exploitation et qui a été mandatée à cet effet par le titulaire, le projet de recommandation temporaire d'utilisation accompagné du projet de *(Décr. n° 2014-1703 du 30 déc. 2014, art. 1er-4°-b)* « protocole ».

Le titulaire de l'autorisation de mise sur le marché ou l'entreprise qui en assure l'exploitation retourne à l'agence *(Décr. n° 2014-1703 du 30 déc. 2014, art. 1er-4°-c)* « le projet de protocole accompagné de ses observations », dans le mois qui suit la réception de ces documents. A la demande du titulaire ou de l'exploitant, ce délai peut être prolongé d'un mois. A l'expiration de ce délai, le directeur général de l'agence signe la recommandation *(Décr. nº 2014-1703 du 30 déc. 2014, art. 1er 4º-c)* « assortie du protocole de suivi des patients ».

Art. R. 5121-76-7 Le coût du suivi des patients traités est à la charge du titulaire de l'autorisation de mise sur le marché de la spécialité ou de l'entreprise qui en assure l'exploitation et qui a été mandatée à cet effet par le titulaire. Le titulaire ou l'entreprise organise la collecte des données par les prescripteurs mentionnés à l'article L. 5121-12-1.

Lorsque la recommandation temporaire d'utilisation concerne plusieurs spécialités, le coût du suivi est réparti entre les titulaires des autorisations de mise sur le marché des spécialités concernées ou les entreprises qui en assurent l'exploitation et qui ont été mandatées à cet effet par les titulaires au prorata du chiffre d'affaires respectif réalisé sur le marché français de chacune de ces spécialités l'année civile antérieure.

Art. R. 5121-76-8 En cas de suspicion de risque pour la santé publique ou en cas de manquement à l'obligation de suivi des patients et de recueil d'informations ou si le directeur général de l'agence estime que les conditions mentionnées à l'article L. 5121-12-1 ne sont plus remplies, il peut modifier, suspendre ou retirer la recommandation temporaire d'utilisation.

Sauf en cas d'urgence, la modification, la suspension ou le retrait de la recommandation ne peut intervenir qu'à l'expiration d'un délai d'un mois après réception, par le titulaire de l'autorisation de mise sur le marché de la spécialité concernée ou l'entreprise en assurant l'exploitation et qui a été mandatée à cet effet par le titulaire, d'un courrier recommandé avec accusé de réception, l'informant de l'intention de l'agence de procéder à cette modification, à cette suspension ou à ce retrait.

La délivrance d'une autorisation de mise sur le marché ou d'une autorisation temporaire d'utilisation mentionnée au 1º du I de l'article L. 5121-12 pour une ou plusieurs indications ou conditions d'utilisation prévues par une recommandation temporaire d'utilisation met immédiatement fin, pour ces indications et conditions, à la recommandation.

Art. R. 5121-76-9 La recommandation temporaire d'utilisation initiale et chacune de ses mises à jour sont notifiées au titulaire de l'autorisation de mise sur le marché ou à l'entreprise qui en assure l'exploitation mandatée à cet effet par le titulaire. *(Décr. nº 2014-1703 du 30 déc. 2014, art. 1er-5º-a)* « Le titulaire de l'autorisation de mise sur le marché ou l'entreprise qui en assure l'exploitation diffuse auprès des prescripteurs la recommandation temporaire d'utilisation initiale et chacune de ses mises à jour. Les mesures prises pour cette diffusion sont soumises à l'avis préalable de l'agence et ne doivent pas constituer une publicité au sens de l'article L. 5122-1. »

Les recommandations font l'objet d'une publication sur le site internet de l'Agence nationale de sécurité du médicament et des produits de santé.

L'Agence nationale de sécurité du médicament et des produits de santé informe sans délai les ministres chargés de la santé et de la sécurité sociale ainsi que la Haute Autorité de santé de toute décision renouvelant *[,]* modifiant ou mettant fin à une recommandation temporaire d'utilisation.

SECTION VIII MÉDICAMENTS SOUMIS À PRESCRIPTION RESTREINTE

SOUS-SECTION 1 DISPOSITIONS GÉNÉRALES

Art. R. 5121-77 L'autorisation de mise sur le marché, l'autorisation temporaire d'utilisation ou l'autorisation d'importation d'un médicament peut classer celui-ci dans une *des catégories de* médicaments soumis à prescription restreinte suivantes :

1º Médicament réservé à l'usage hospitalier ;
2º Médicament à prescription hospitalière ;
3º Médicament à prescription initiale hospitalière ;
4º Médicament à prescription réservée à certains médecins spécialistes ;
5º Médicament nécessitant une surveillance particulière pendant le traitement.

Le classement d'un médicament dans la catégorie mentionnée au 5° ne fait pas obstacle à son classement dans une autre catégorie de médicaments soumis à prescription restreinte.

L'autorisation de mise sur le marché, l'autorisation temporaire d'utilisation ou l'autorisation d'importation d'un médicament soumis à prescription restreinte peut, pour tout ou partie des risques liés à son utilisation, imposer au prescripteur de mentionner sur l'ordonnance qu'il a informé le patient de ces risques.

Lorsque la spécialité de référence d'une spécialité générique est classée dans une catégorie de médicaments soumis à prescription restreinte, l'autorisation de mise sur le marché de la spécialité générique procède au même classement.

Art. R. 5121-78 Lors de la présentation d'une ordonnance prescrivant un médicament classé dans une des catégories de médicaments soumis à prescription restreinte, le pharmacien s'assure, selon les règles de la présente section, de l'habilitation du prescripteur à le prescrire et, le cas échéant, de la présence, sur l'ordonnance, des mentions obligatoires et de la présentation simultanée de l'ordonnance initiale.

Art. R. 5121-79 Le directeur général de l'*(Décr. n° 2012-597 du 27 avr. 2012, art. 5-I-1°)* « Agence nationale de sécurité du médicament et des produits de santé » peut, en vue de l'application des dispositions de la présente section et après avoir invité le titulaire d'une autorisation de mise sur le marché à présenter ses observations, modifier l'autorisation de mise sur le marché avant l'échéance prévue pour son renouvellement.

Art. R. 5121-80 L'autorisation de mise sur le marché, l'autorisation temporaire d'utilisation ou l'autorisation d'importation d'un médicament peut prévoir qu'il n'est délivré qu'aux professionnels de santé habilités à le prescrire et à l'administrer, sur présentation d'une commande à usage professionnel effectuée dans les conditions prévues à l'article R. 5132-4 pour des raisons liées à la sécurité d'utilisation du médicament et nécessitant une détention et une manipulation exclusive par un professionnel de santé.

Art. R. 5121-81 Pour l'application des dispositions de la présente section, les hôpitaux des armées et le Centre de transfusion sanguine des armées sont respectivement considérés comme des établissements publics de santé et comme un établissement de transfusion sanguine.

SOUS-SECTION 2 MÉDICAMENTS RÉSERVÉS À L'USAGE HOSPITALIER

Art. R. 5121-82 Le classement dans la catégorie des médicaments réservés à l'usage hospitalier ne peut intervenir que si les restrictions apportées à la prescription, à la délivrance et à l'administration du médicament sont justifiées par des contraintes techniques d'utilisation ou par des raisons de sécurité d'utilisation, nécessitant que le traitement s'effectue sous hospitalisation *(Décr. n° 2017-247 du 27 févr. 2017, art. 11-1°)* « ou dans un environnement hospitalier ».

Art. R. 5121-83 *(Décr. n° 2010-344 du 31 mars 2010, art. 151)* Le classement dans la catégorie des médicaments réservés à l'usage hospitalier a les effets suivants :

1° La prescription du médicament est réservée :

a) A un médecin, un chirurgien-dentiste ou une sage-femme répondant aux conditions fixées au livre Ier de la partie IV du présent code, ainsi qu'au I de l'article 60 de la loi n° 99-641 du 27 juillet 1999 portant création d'une couverture maladie universelle, et exerçant dans un établissement de santé public ou privé ainsi que dans un groupement de coopération sanitaire autorisé, respectivement en vertu des articles L. 6132-2, dans sa rédaction antérieure à la publication de la loi n° 2009-879 du 21 juillet 2009 portant réforme de l'hôpital et relative aux patients, à la santé et aux territoires, et L. 6133-7, à assurer les missions d'un établissement de santé ;

b) A un médecin répondant aux mêmes conditions, dans le cadre strict de l'activité qu'il exerce dans une installation de chirurgie esthétique autorisée ;

c) Dans les établissements publics de santé, à toute autre personne habilitée à prescrire, agissant sous la responsabilité d'un responsable de pôle ou, sur délégation de celui-ci, d'un responsable d'une structure interne du pôle, à l'exclusion des unités fonctionnelles ;

2° La dispensation du médicament est réservée aux pharmacies à usage intérieur des établissements mentionnés au 1° ou à celles des groupements de coopération sanitaire agissant pour le compte des établissements de santé qui en sont membres ou, le cas échéant, aux personnes assurant, dans ces établissements, les responsabilités mentionnées à l'article L. 5126-6 ;

(Décr. nº 2017-247 du 27 févr. 2017, art. 11-2º) « 3° L'administration du médicament ne peut être effectuée que dans le cadre d'une hospitalisation ou d'une prise en charge en environnement hospitalier au sein d'un établissement énuméré au 1° ou au domicile du patient dans le cadre d'une activité d'hospitalisation à domicile ou de dialyse à domicile. Toutefois, l'autorisation de mise sur le marché peut, par une mention expresse, prévoir que l'administration du médicament ne peut être effectuée qu'au cours d'une hospitalisation dans un établissement énuméré au 1°. »

SOUS-SECTION 3 MÉDICAMENTS À PRESCRIPTION HOSPITALIÈRE

Art. R. 5121-84 Le classement dans la catégorie des médicaments à prescription hospitalière ne peut intervenir que si les restrictions apportées à la prescription du médicament sont justifiées par la nécessité d'effectuer dans des établissements disposant de moyens adaptés le diagnostic et le suivi des maladies pour le traitement desquelles le médicament est habituellement utilisé ou par ses caractéristiques pharmacologiques, son degré d'innovation, ou un autre motif de santé publique.

Art. R. 5121-85 *(Décr. nº 2010-344 du 31 mars 2010, art. 151)* Le classement dans la catégorie des médicaments à prescription hospitalière a pour effet de réserver la prescription du médicament :

1° A un médecin, un chirurgien-dentiste ou une sage-femme répondant aux conditions fixées au livre Ier de la partie IV du présent code, ainsi qu'au I de l'article 60 de la loi nº 99-641 du 27 juillet 1999 portant création d'une couverture maladie universelle, et exerçant dans un établissement de santé public ou privé ainsi que dans un groupement de coopération sanitaire autorisé, respectivement en vertu des articles L. 6132-2, dans sa rédaction antérieure à la publication de la loi nº 2009-879 du 21 juillet 2009 portant réforme de l'hôpital et relative aux patients, à la santé et aux territoires, et L. 6133-7, à assurer les missions d'un établissement de santé, ou, sous réserve, dans ces hypothèses, que son autorisation de mise sur le marché, son autorisation temporaire d'utilisation ou son autorisation d'importation le prévoit, dans un établissement de transfusion sanguine autorisé à dispenser des médicaments aux malades qui y sont traités, en application des dispositions de l'article L. 1223-1, ou dans un centre de soins, d'accompagnement et de prévention en addictologie *(Décr. nº 2016-1242 du 21 sept. 2016, art. 1er)* « ou dans un centre gratuit d'information, de dépistage et de diagnostic prévu à l'article L. 3121-2 » ;

2° A un médecin répondant aux mêmes conditions, dans le cadre strict de l'activité qu'il exerce dans une installation de chirurgie esthétique dûment autorisée ;

3° Dans les établissements publics de santé, à toute autre personne habilitée à prescrire agissant sous la responsabilité d'un responsable de pôle ou, sur délégation de celui-ci, d'un responsable d'une structure interne du pôle, à l'exclusion des unités fonctionnelles.

Art. R. 5121-86 L'autorisation de mise sur le marché, l'autorisation temporaire d'utilisation ou l'autorisation d'importation du médicament peut réserver sa prescription aux médecins mentionnés à l'article R. 5121-85 qui possèdent une qualification reconnue dans les conditions prévues à l'article R. 5121-91.

L'autorisation de mise sur le marché, l'autorisation temporaire d'utilisation ou l'autorisation d'importation du médicament peut, en outre, prévoir que, pendant tout ou partie du traitement, il doit être administré au cours d'actes de soins ou de diagnostic effectués, sans hospitalisation, dans un établissement de santé ou un établissement de transfusion sanguine autorisé à dispenser des médicaments aux malades qui y sont traités.

SOUS-SECTION 4 MÉDICAMENTS À PRESCRIPTION INITIALE HOSPITALIÈRE

Art. R. 5121-87 Le classement dans la catégorie des médicaments à prescription initiale hospitalière ne peut intervenir que si les restrictions apportées à la prescription du médicament sont justifiées par la nécessité d'effectuer dans des établissements disposant de moyens adaptés le diagnostic des maladies pour le traitement desquelles le médicament est habituellement utilisé.

Art. R. 5121-88 *(Décr. nº 2010-344 du 31 mars 2010, art. 151)* Le classement dans la catégorie des médicaments à prescription initiale hospitalière a les effets suivants :

1° La prescription initiale du médicament est réservée :

a) A un médecin, un chirurgien-dentiste ou une sage-femme répondant aux conditions fixées au livre Ier de la partie IV du présent code, ainsi qu'au I de l'article 60 de la loi nº 99-641 du 27 juillet 1999 portant création d'une couverture maladie universelle*[,]* et exerçant dans un établissement de santé public ou privé ainsi que dans un groupement de coopération sanitaire autorisé, *(Décr. nº 2012-1483 du 27 déc. 2012, art. 11-I-13°)* « en vertu de l'article » L. 6133-7, à assurer les missions d'un établissement de santé, ou, sous réserve, dans ces hypothèses, que son autorisation de mise sur le marché, son autorisation temporaire d'utilisation ou son autorisation d'importation le prévoit, dans un établissement de transfusion sanguine autorisé à dispenser des médicaments aux malades qui y sont traités, en application des dispositions de l'article L. 1223-1, ou dans un centre de soins, d'accompagnement et de prévention en addictologie *(Décr. nº 2016-1242 du 21 sept. 2016, art. 1er)* « ou dans un centre gratuit d'information, de dépistage et de diagnostic prévu à l'article L. 3121-2 » ;

b) A un médecin répondant aux mêmes conditions, dans le cadre strict de l'activité qu'il exerce dans une installation de chirurgie esthétique dûment autorisée ;

c) Dans les établissements publics de santé, à toute autre personne habilitée à prescrire agissant sous la responsabilité d'un responsable de pôle ou, sur délégation de celui-ci, d'un responsable d'une structure interne du pôle, à l'exclusion des unités fonctionnelles ;

2° Après cette première prescription, le traitement peut être renouvelé par tout prescripteur dans les conditions de droit commun. L'ordonnance de renouvellement, lorsqu'elle est rédigée par un prescripteur autre que ceux qui sont autorisés à effectuer la première prescription, reprend les mentions de l'ordonnance initiale. En cas de nécessité, elle peut comporter une modification de la posologie ou de la durée du traitement.

Art. R. 5121-89 L'autorisation de mise sur le marché, l'autorisation temporaire d'utilisation ou l'autorisation d'importation du médicament peut réserver sa prescription aux médecins mentionnés à l'article R. 5121-88 qui possèdent une qualification reconnue dans les conditions prévues à l'article R. 5121-91.

L'autorisation de mise sur le marché, l'autorisation temporaire d'utilisation ou l'autorisation d'importation du médicament peut en fonction des caractéristiques de celui-ci, fixer un délai au terme duquel la prescription initiale devient caduque et ne peut plus être renouvelée sans l'intervention d'un diagnostic dans un établissement mentionné à l'article R. 5121-88 et sans l'élaboration d'une nouvelle prescription initiale.

SOUS-SECTION 5 MÉDICAMENTS À PRESCRIPTION RÉSERVÉE À CERTAINS MÉDECINS SPÉCIALISTES

Art. R. 5121-90 Le classement dans la catégorie des médicaments à prescription réservée à certains médecins spécialistes ne peut intervenir que si les restrictions apportées à la prescription du médicament sont justifiées par les contraintes de mise en œuvre du traitement, eu égard à la spécificité de la pathologie et aux caractéristiques pharmacologiques du médicament, à son degré d'innovation, ou à un autre motif de santé publique.

Art. R. 5121-91 Le classement dans la catégorie des médicaments à prescription réservée à certains médecins spécialistes a les effets suivants :

1° La prescription ou la prescription initiale du médicament est réservée aux médecins auxquels a été reconnue une qualification de spécialiste dans les conditions prévues par le décret nº 2004-252 du 19 mars 2004 relatif aux conditions dans lesquelles les docteurs en médecine peuvent obtenir une qualification de spécialiste ;

2° Dans l'hypothèse où seule la prescription initiale du médicament est réservée à certains médecins spécialistes, le traitement peut, après la première prescription, être renouvelé par tout médecin dans les conditions de droit commun. L'ordonnance de renouvellement, lorsqu'elle est rédigée par un prescripteur autre que ceux qui sont autorisés à effectuer la première prescription, reprend les mentions de l'ordonnance initiale. En cas de nécessité, elle peut comporter une modification de la posologie ou de la durée du traitement.

Art. R. 5121-92 L'autorisation de mise sur le marché, l'autorisation temporaire d'utilisation ou l'autorisation d'importation du médicament peut, en fonction des caractéristiques de celui-ci, fixer un délai au terme duquel la prescription initiale devient caduque et ne peut plus être renouvelée par des personnes autres que celles autorisées à effectuer la prescription initiale.

SOUS-SECTION 6 MÉDICAMENTS NÉCESSITANT UNE SURVEILLANCE PARTICULIÈRE PENDANT LE TRAITEMENT

Art. R. 5121-93 Le classement dans la catégorie des médicaments nécessitant une surveillance particulière pendant le traitement ne peut intervenir que si les restrictions apportées à la prescription du médicament sont justifiées par la gravité des effets indésirables que peut provoquer son emploi.

Art. R. 5121-94 Le classement d'un médicament dans la catégorie des médicaments nécessitant une surveillance particulière pendant le traitement a pour effet de subordonner sa prescription à la réalisation d'examens périodiques auxquels doit se soumettre le patient.

Art. R. 5121-95 L'autorisation de mise sur le marché, l'autorisation temporaire d'utilisation ou l'autorisation d'importation du médicament classé dans la catégorie des médicaments nécessitant une surveillance particulière pendant le traitement indique la nature et la périodicité des examens que le médecin doit prescrire ainsi que, le cas échéant, les conditions dans lesquelles le traitement peut, compte tenu des résultats de ces examens, être conduit.

Elle peut, en outre, prévoir que lorsqu'il prescrit le médicament, il mentionne sur l'ordonnance que ces examens ont été effectués et que ces conditions sont respectées.

Elle peut aussi lui imposer d'indiquer sur l'ordonnance la date de réalisation de ces examens et le délai au terme duquel l'ordonnance, en l'absence de réalisation des examens requis, devient caduque.

Enfin, elle peut subordonner la mise sur le marché du médicament, eu égard à la surveillance dont il doit faire l'objet, à ce qu'un support d'information ou de suivi du traitement soit mis à la disposition des prescripteurs ou des patients.

SOUS-SECTION 7 CONDITIONS EXCEPTIONNELLES D'ADMINISTRATION

Art. R. 5121-96 Les médecins, chirurgiens-dentistes ou sages-femmes n'exerçant pas dans un établissement, service ou centre mentionné à l'article R. 5121-88 ou ne répondant pas aux conditions prévues par l'article R. 5121-91 peuvent être autorisés à administrer eux-mêmes certains médicaments classés dans une des catégories mentionnées au 1°, 2°, 3° ou 4° de l'article R. 5121-77. Cette autorisation ne vaut que dans les cas où ils interviennent en situation d'urgence ou dans le cadre d'une structure d'assistance médicale mobile ou de rapatriement sanitaire.

Lorsque l'autorisation de mise sur le marché d'un médicament qui a procédé au classement mentionné au 1°, au 2° ou au 3° de l'article R. 5121-77 autorise cependant l'administration directe prévue par l'alinéa précédent, elle peut réserver cette possibilité à certaines catégories de prescripteurs mentionnées à l'article R. 5121-91 *(Décr. n° 2008-834 du 22 août 2008)* « ou auxquelles ont été reconnues certaines qualifications ». Cette restriction ne peut être apportée que si elle est justifiée par les contraintes de mise en œuvre du traitement, eu égard à la spécificité de la pathologie et aux caractéristiques pharmacologiques du médicament, son degré d'innovation ou un autre motif de santé publique.

L'autorisation de mise sur le marché du médicament fixe les conditions d'utilisation de ce médicament par les médecins, chirurgiens-dentistes ou sages-femmes qui sont autorisés à procéder à son administration directe.

SECTION IX MÉDICAMENTS SOUMIS À ENREGISTREMENT

(Décr. nº 2008-436 du 6 mai 2008)

SOUS-SECTION 1 DISPOSITIONS COMMUNES

Art. R. 5121-97 Le directeur général de l'*(Décr. nº 2012-597 du 27 avr. 2012, art. 5-I-1º)* « Agence nationale de sécurité du médicament et des produits de santé » procède à l'enregistrement des médicaments homéopathiques mentionnés à l'article L. 5121-13 et des médicaments traditionnels à base de plantes mentionnés à l'article L. 5121-14-1 au vu d'une demande accompagnée d'un dossier présenté et instruit dans les conditions définies à la présente section.

V. Décr. nº 2014-1288 du 23 oct. 2014 relatif aux exceptions à l'application du principe « silence vaut acceptation » sur le fondement des art. L. 231-5 et L. 231-6 CRPA.

Art. R. 5121-98 Le directeur général de l'agence se prononce dans un délai de deux cent dix jours à compter de la présentation d'un dossier de demande complet.

Il peut requérir du demandeur, par un courrier motivé, toute information complémentaire qu'il estime nécessaire pour se prononcer sur la demande. Le délai prévu au premier alinéa est suspendu jusqu'à la réception des éléments demandés.

Art. R. 5121-99 L'enregistrement est valable pour une durée de cinq ans. Il est renouvelable, le cas échéant, sans limitation de durée, sauf si le directeur général de l'agence décide à l'occasion de ce renouvellement de procéder à un renouvellement supplémentaire pour des raisons justifiées ayant trait à la pharmacovigilance et sur la base d'une réévaluation de la qualité, de la sécurité ou de l'usage homéopathique du médicament pour les médicaments homéopathiques ou du rapport entre le bénéfice et les risques liés au médicament tel que défini au premier alinéa de l'article L. 5121-9 pour les médicaments traditionnels à base de plantes. Dans ce cas, le renouvellement supplémentaire intervient cinq ans après cette décision.

La demande de renouvellement est adressée au directeur général de l'agence au plus tard six mois avant la date d'expiration de l'enregistrement. Elle est accompagnée d'un dossier actualisé comportant des informations administratives et des données relatives à la qualité, à la sécurité et à l'usage homéopathique du médicament pour les médicaments homéopathiques ou à la qualité, à la sécurité et à l'efficacité du médicament pour les médicaments traditionnels à base de plantes, y compris toutes les modifications enregistrées depuis qu'il a été procédé à l'enregistrement initial ou au renouvellement antérieur. Le contenu du dossier de renouvellement est fixé par arrêté du ministre chargé de la santé pris sur proposition du directeur général de l'agence.

L'enregistrement n'est pas renouvelé si l'évaluation de la qualité, de la sécurité ou de l'usage homéopathique du médicament pour les médicaments homéopathiques ou le rapport entre le bénéfice et les risques liés au médicament pour les médicaments traditionnels à base de plantes, effectués par le directeur général de l'agence, n'est plus favorable.

Art. R. 5121-100 Après qu'il a été procédé à l'enregistrement, les méthodes de fabrication et les techniques de contrôle tiennent compte des progrès scientifiques et techniques.

Les modifications qui en résultent doivent préalablement être enregistrées dans les conditions prévues *(Décr. nº 2015-709 du 22 juin 2015, art. 3)* « à l'article R. 5121-100-1 ».

Art. R. 5121-100-1 *(Décr. nº 2015-709 du 22 juin 2015, art. 3)* Les modifications des termes de la décision d'enregistrement et du dossier d'enregistrement sont présentées et instruites, dans les conditions prévues aux chapitre Ier et II *bis* du règlement (CE) nº 1234/2008 de la Commission du 28 novembre 2008 concernant l'examen des modifications des termes d'une autorisation de mise sur le marché de médicaments à usage humain et de médicaments vétérinaires, en fonction de la modification envisagée dans sa rédaction en vigueur au 1er mai 2015.

Par dérogation à l'alinéa précédent, le changement de titulaire d'un enregistrement est autorisé dans les conditions prévues à l'article R. 5121-46.

Art. R. 5121-101 I. — Le demandeur ou le titulaire de l'enregistrement transmet sans délai à l'agence, en en signalant la portée, toute donnée nouvelle dont il dispose ou a connaissance après le dépôt de la demande d'enregistrement ou après qu'il a été procédé à l'enregistrement, qui pourrait entraîner une modification du dossier d'enregistrement. Ces données concernent notamment l'évaluation de la qualité, de la sécurité et de l'usage homéopathique du médicament pour les médicaments homéopathiques, le rapport entre le bénéfice et les risques liés au médicament pour les médicaments traditionnels à base de plantes, ainsi que toute interdiction ou restriction décidée par l'autorité compétente de tout pays dans lequel le médicament est mis sur le marché.

II. — Le directeur général de l'agence peut à tout moment demander au titulaire de l'enregistrement de lui communiquer toute information relative au volume des ventes et au volume des prescriptions, dans le respect des règles relatives au secret industriel et commercial, ainsi que toute donnée permettant d'évaluer en permanence que la qualité, la sécurité ou l'usage homéopathique du médicament pour les médicaments homéopathiques ou le rapport entre le bénéfice et les risques liés au médicament pour les médicaments traditionnels à base de plantes demeurent favorables.

III. — Le demandeur ou le titulaire de l'enregistrement est responsable de l'exactitude et de la sincérité des documents et données fournis à l'agence lors de la demande d'enregistrement, pendant l'instruction de cette dernière et après qu'il a été procédé à l'enregistrement.

Art. R. 5121-102 Par dérogation aux dispositions de l'article R. 5121-99, l'enregistrement devient caduc s'il apparaît qu'il n'est pas suivi d'une mise sur le marché du médicament sur le territoire national dans les trois années qui suivent l'enregistrement ou que le médicament, précédemment mis sur le marché sur le territoire national, n'est plus sur le marché pendant trois années consécutives. La période de trois ans est décomptée à partir de la date de délivrance de l'enregistrement. Pour les enregistrements délivrés jusqu'à la date de publication du décret n° 2008-436 du 6 mai 2008 relatif à l'enregistrement des médicaments homéopathiques et des médicaments traditionnels à base de plantes, elle est décomptée à partir de cette date.

Toutefois, le directeur général de l'agence peut maintenir en vigueur l'enregistrement à titre exceptionnel soit pour des raisons de santé publique, soit lorsque le médicament ne peut pas être légalement commercialisé pendant la période considérée, soit lorsque le médicament est exclusivement destiné à l'exportation vers un État non partie à l'accord sur l'Espace économique européen, soit lorsque le médicament est commercialisé dans au moins un État membre de la Communauté européenne ou État partie à l'accord sur l'Espace économique européen dans lequel il a obtenu un enregistrement en application d'une procédure de reconnaissance mutuelle ou d'une procédure décentralisée pour laquelle la France est désignée comme État membre de référence et qu'au moins un dosage différent ou une forme pharmaceutique différente de ce médicament est commercialisé en France.

Art. R. 5121-103 Lorsque l'enregistrement est suspendu ou supprimé, le titulaire en informe les détenteurs de stocks sans délai. Ceux-ci prennent toutes les dispositions utiles pour faire cesser la distribution du médicament. Si ces dispositions n'interviennent pas dans les délais compatibles avec l'intérêt de la santé publique, le directeur général de l'agence prend toutes les mesures appropriées.

Indépendamment des décisions de suspension ou de suppression et pour les motifs qui les justifient, le directeur général de l'agence peut interdire à titre conservatoire la délivrance d'un médicament enregistré, en limitant le cas échéant cette interdiction aux seuls lots de fabrication qui font l'objet de contestation, et faire procéder au rappel des lots correspondants.

Art. R. 5121-104 L'enregistrement de médicaments homéopathiques et de médicaments traditionnels à base de plantes, ainsi que la suspension et la suppression de l'enregistrement, *(Décr. n° 2017-20 du 9 janv. 2017, art. 2-6°)* « sont mis » à la disposition du public par le directeur général de l'agence.

SOUS-SECTION 2 MÉDICAMENTS HOMÉOPATHIQUES

Art. R. 5121-105 Il ne peut être procédé à un enregistrement d'un médicament ou d'une série de médicaments mentionnés à l'article L. 5121-13 que lorsque le demandeur est établi dans un État membre de la Communauté européenne ou partie à l'accord sur l'Espace économique européen.

Art. R. 5121-106 Le dossier de demande d'enregistrement d'un médicament ou d'une série de médicaments mentionnés à l'article L. 5121-13 est adressé à l'agence. Il comprend les renseignements et documents suivants :

1° Le nom et l'adresse du demandeur et de l'exploitant du médicament et, lorsque celui-ci ne le fabrique pas, le nom et l'adresse du fabricant ainsi que, le cas échéant, le nom et l'adresse de l'importateur ;

2° La dénomination commune des souches homéopathiques en se référant à la pharmacopée européenne ou française lorsqu'elle y figure ;

3° Les voies d'administration ainsi que les formes pharmaceutiques ;

4° Les degrés de dilution ;

5° La contenance des modèles de vente ;

6° Des données relatives à la composition quantitative et qualitative du médicament ;

7° Un document décrivant l'obtention et le contrôle des souches en se référant aux monographies de la pharmacopée européenne ou, à défaut, de l'une des pharmacopées utilisées de façon officielle dans les États membres de la Communauté européenne ou parties à l'accord sur l'Espace économique européen, et mentionnant la dénomination scientifique de ces souches ;

8° Un document justifiant, sur la base d'une bibliographie adéquate, l'usage homéopathique de chaque souche, sans que la preuve de l'effet thérapeutique soit requise, et définissant le degré de dilution à partir duquel l'innocuité est garantie ;

9° Pour chaque forme pharmaceutique, un document relatif à la fabrication et au contrôle du médicament, décrivant les méthodes de déconcentration utilisées et se référant aux monographies de la pharmacopée européenne ou, à défaut, de l'une des pharmacopées utilisées de façon officielle dans les États membres de la Communauté européenne ou parties à l'accord sur l'Espace économique européen ;

10° Des données concernant la stabilité du médicament ;

11° S'il y a lieu, des données concernant les précautions particulières de conservation ;

12° Une copie des autorisations d'ouverture de l'établissement fabriquant ou important le produit ;

13° Une copie des enregistrements ou des autorisations éventuellement obtenues pour le même médicament dans un autre État membre de la Communauté européenne ou partie à l'accord sur l'Espace économique européen ;

14° Le projet de conditionnement extérieur et de conditionnement primaire du médicament et, s'il y a lieu, du projet de notice.

Art. R. 5121-107 et R. 5121-107-1 *Abrogés par Décr. n° 2015-709 du 22 juin 2015, art. 3.*

Art. R. 5121-107-2 I. – L'enregistrement des médicaments mentionnés à l'article L. 5121-13 peut être refusé, modifié, suspendu ou supprimé par le directeur général de l'agence. La période de suspension ne peut être supérieure à un an.

Les décisions de refus, de modification, de suspension ou de suppression de l'enregistrement sont motivées. Elles sont notifiées au demandeur ou au titulaire de l'enregistrement et mentionnent les voies et délais de recours applicables. Elles ne peuvent intervenir qu'après que le demandeur ou le titulaire a été invité à fournir ses observations.

II. – L'enregistrement est refusé lorsqu'il apparaît que l'évaluation de la qualité, de la sécurité ou de l'usage homéopathique du médicament n'est pas favorable, ou que le médicament n'a pas la composition qualitative et quantitative déclarée, ou que la documentation et les renseignements fournis ne sont pas conformes au dossier de demande défini à l'article R. 5121-106.

III. – L'enregistrement peut être modifié, suspendu ou supprimé lorsqu'il apparaît que l'évaluation de la qualité, de la sécurité ou de l'usage homéopathique du médicament n'est pas favorable dans les conditions normales d'emploi, ou que le médicament n'a pas la composition qualitative et quantitative déclarée. Il peut également être suspendu ou supprimé lorsque les renseignements fournis à l'occasion de la demande d'enregistrement sont erronés ou n'ont pas été modifiés conformément à l'article R. 5121-100, lorsque les conditions prévues à la présente section ne sont pas ou ne sont plus remplies, lorsque les contrôles n'ont pas été effectués, ou lorsque l'étiquetage ou la notice du médicament ne sont pas conformes aux prescriptions générales ou spécifiques prévues au présent titre.

SOUS-SECTION 3 MÉDICAMENTS TRADITIONNELS À BASE DE PLANTES

Art. R. 5121-107-3 I. – La durée d'usage médical traditionnel prévue au 4° de l'article L. 5121-14-1 est de trente ans, dont au moins quinze ans dans un État membre de la Communauté européenne ou dans un autre État partie à l'Espace économique européen, attesté par des éléments bibliographiques ou des rapports d'experts ; l'usage médical trentenaire est établi même si la mise sur le marché du produit n'a pas fait l'objet d'une autorisation spécifique ou si le nombre des composants du produit ou leur dosage a été réduit au cours de la période de trente ans précitée.

Par dérogation à l'alinéa précédent, le directeur général de l'agence peut, le cas échéant, procéder à l'enregistrement d'un produit utilisé dans la Communauté européenne ou dans l'Espace économique européen depuis moins de quinze ans, mais qui répond par ailleurs aux autres conditions énumérées à l'article L. 5121-14-1. Préalablement, il saisit pour avis le comité des médicaments à base de plantes de l'Agence européenne des médicaments, mentionné à l'article 16 *nonies* de la directive 2001/83/CE du Parlement européen et du Conseil du 6 novembre 2001 instituant un code communautaire relatif aux médicaments à usage humain et tient compte de cet avis dans sa décision finale.

II. – Pour l'application du 5° de l'article L. 5121-14-1, l'innocuité du produit est démontrée dans les conditions d'emploi spécifiées et les effets pharmacologiques ou l'efficacité du médicament sont plausibles du fait de l'ancienneté de l'usage et de l'expérience.

III. – La présence, dans un médicament à base de plantes, de vitamines ou de minéraux dont la sécurité est dûment établie n'empêche pas ce médicament de pouvoir bénéficier de l'enregistrement, pour autant que l'action des vitamines et des minéraux soit accessoire à celle des substances actives à base de plantes pour ce qui concerne les indications spécifiées revendiquées.

Art. R. 5121-107-4 Le dossier de demande d'enregistrement comprend les renseignements et documents suivants, présentés conformément à l'arrêté mentionné à l'article R. 5121-11 :

1° Le nom et l'adresse du demandeur et, le cas échéant, ceux de l'entreprise exploitant le médicament ainsi que du fabricant lorsque ni le demandeur ni l'entreprise exploitant le médicament n'assure la fabrication ;

2° Le nom du médicament ;

3° La composition quantitative et qualitative de tous les composants du médicament, comprenant la mention de la dénomination commune internationale quand elle existe, ou la mention de la dénomination chimique, ou la dénomination botanique selon le système à deux mots mentionné au 10° de l'article R. 5121-1;

4° La posologie, la forme pharmaceutique, les modes et voie d'administration et la durée présumée de stabilité ;

5° Les éléments bibliographiques ou rapports d'expert établissant que le médicament a fait l'objet d'un usage médical depuis au moins trente ans au moment de la demande, dont au moins quinze ans dans la Communauté européenne ou l'Espace économique européen ;

*6° Une étude bibli*ographique des données de sécurité accompagnée d'un rapport d'expert ainsi que, sur demande du directeur général de l'agence, les données nécessaires à l'évaluation de la sécurité du médicament ;

7° L'évaluation et l'indication des risques que le médicament est susceptible de présenter pour l'environnement ; cet impact est étudié et, au cas par cas, des dispositions particulières visant à le limiter sont envisagées ;

8° La description du mode de fabrication ;

9° Les indications thérapeutiques, les contre-indications et les effets indésirables ;

10° Des explications sur les mesures de précaution et de sécurité à prendre lors du stockage du médicament, de son administration au patient et de l'élimination des déchets ;

11° La description des méthodes de contrôle utilisées par le fabricant ;

12° Les données chimiques, pharmaceutiques et biologiques ;

13° En cas d'association de substances végétales, de préparations à base de plantes ou de présence de vitamines ou de minéraux dans le médicament tel que prévu au III de l'article R. 5121-107-3, les données sur l'usage traditionnel de l'association, en particulier celles relatives à l'innocuité du médicament dans les conditions d'emploi spécifiées, aux effets pharmacologiques, à l'efficacité du médicament du fait de l'ancienneté de l'usage et de l'expérience ; ces données doivent concerner les diverses substances actives si elles ne sont pas connues ;

14° Un résumé des caractéristiques du produit établi conformément à l'arrêté prévu à l'article R. 5121-21, à l'exclusion de l'exigence des informations cliniques ;

15° Une copie de l'autorisation d'ouverture de l'établissement fabriquant ou important le médicament ;

16° Une copie des enregistrements ou des autorisations obtenues pour ce même médicament, soit dans un autre État membre de la Communauté européenne ou État partie à l'accord sur l'Espace économique européen, soit dans un pays tiers, ainsi que les données relatives aux décisions de refus d'autorisation ou d'enregistrement, accompagnées des motifs de ces décisions ;

17° Une ou plusieurs maquettes ou échantillons du conditionnement extérieur et du conditionnement primaire comportant les mentions prévues aux articles R. 5121-138, R. 5121-141 et R. 5121-142, ainsi que le projet de notice accompagné des résultats de l'évaluation portant sur la lisibilité, la clarté et la facilité d'utilisation de cette dernière, réalisée en coopération avec des groupes cibles de patients.

Art. R. 5121-107-5 Les résumés détaillés des essais accompagnant la demande d'enregistrement et les rapports d'experts sont établis et signés par des personnes possédant les qualifications et l'expérience nécessaires telles que mentionnées à l'article R. 5121-33.

Art. R. 5121-107-6 Lorsque la demande d'enregistrement concerne une substance végétale, une préparation à base de plantes ou une association de celles-ci inscrites sur la liste établie en vue de leur utilisation dans des médicaments traditionnels à base de plantes par la Commission des Communautés européennes en application de l'article 16 *septies* de la directive 2001/83/CE du Parlement européen et du Conseil du 6 novembre 2001 instituant un code communautaire relatif aux médicaments à usage humain, le demandeur est dispensé de fournir les données mentionnées aux 5°, 6° et 16° de l'article R. 5121-107-4.

Art. R. 5121-107-7 Lorsque la demande d'enregistrement concerne un produit ayant fait l'objet d'une monographie communautaire de plante médicinale établie par le comité des médicaments à base de plantes de l'Agence européenne des médicaments, le directeur général de l'agence tient compte de la monographie lors de l'instruction de la demande.

Lorsque aucune monographie communautaire n'a été établie pour le produit concerné, il peut se référer à d'autres monographies, publications ou données appropriées.

Art. R. 5121-107-8 *Abrogé par Décr. n° 2015-709 du 22 juin 2015, art. 3.*

Art. R. 5121-107-9 L'enregistrement du médicament traditionnel à base de plantes est refusé par le directeur général de l'agence si la demande n'est pas conforme aux dispositions des articles L. 5121-14-1, R. 5121-97, R. 5121-107-4 et R. 5121-107-5, ou si au moins l'une des conditions suivantes est remplie :

1° La composition qualitative ou quantitative du médicament ne correspond pas à celle qui est déclarée ;

2° Le médicament pourrait être nocif dans les conditions normales d'emploi ;

3° Les données sur l'usage traditionnel sont insuffisantes, en particulier au motif que les effets pharmacologiques ou l'efficacité ne sont pas plausibles malgré l'ancienneté de l'usage et de l'expérience ;

4° La qualité pharmaceutique n'est pas démontrée de manière satisfaisante.

Lorsque la demande d'enregistrement concerne une substance végétale, une préparation à base de plantes ou une association de substances inscrite sur la liste établie par la Commission des Communautés européennes en application de l'article 16 *septies* de la directive 2001/83/CE du Parlement européen et du Conseil du 6 novembre 2001 instituant un code communautaire relatif aux médicaments à usage humain, les 2° et 3° ne sont pas applicables.

Art. R. 5121-107-10 Le directeur général de l'agence peut modifier d'office, suspendre ou supprimer un enregistrement dans les mêmes cas et selon les mêmes modalités que ceux prévus pour une autorisation de mise sur le marché à l'article R. 5121-47. Il en informe immédiatement l'Agence européenne des médicaments.

Les décisions de refus, de modification, de suspension ou de suppression de l'enregistrement sont motivées. Elles ne peuvent intervenir qu'après que le titulaire de l'enregistrement a été invité à présenter ses observations. Les décisions de refus sont notifiées, accompagnées de leurs motifs, *(Décr. n° 2012-597 du 27 avr. 2012, art. 4-15°)* « à la Commission européenne et sur leur demande aux autres États membres de l'Union européenne » ou parties à l'accord sur l'Espace économique européen.

La période de suspension ne peut être supérieure à un an.

Art. R. 5121-107-11 Lorsqu'une substance végétale, une préparation à base de plantes ou une association de substances est retirée de la liste établie par la Commission des Communautés européennes, tout enregistrement de médicaments traditionnels à base de plantes contenant cette substance est supprimé par le directeur général de l'agence, sauf si le titulaire demande une modification du dossier d'enregistrement en fournissant, dans un délai de trois mois à compter du retrait de la liste par la Commission, les renseignements et documents mentionnés aux 5°, 6° et 16° de l'article R. 5121-107-4.

Art. R. 5121-107-12 Lorsqu'une monographie communautaire des plantes médicinales a été établie ou lorsque le médicament à base de plantes est composé de substances végétales, de préparations à base de plantes ou d'associations de celles-ci inscrites sur la liste établie par la Commission des Communautés européennes en application de l'article 16 *septies* de la directive 2001/83/CE du Parlement européen et du Conseil du 6 novembre 2001 instituant un code communautaire relatif aux médicaments à usage humain, l'enregistrement est obtenu selon la procédure de reconnaissance mutuelle ou selon la procédure décentralisée dans les mêmes conditions que celles fixées pour l'autorisation de mise sur le marché aux articles R. 5121-51 à R. 5121-51-7.

Art. R. 5121-107-13 *(Décr. n° 2015-709 du 22 juin 2015, art. 3-5°)* A la suite de l'établissement d'une nouvelle monographie communautaire de plantes médicinales ou de la révision d'une monographie existante, le titulaire de l'enregistrement adresse sans délai à l'agence une demande de modification du dossier d'enregistrement.

Art. R. 5121-107-14 *(Décr. n° 2015-709 du 22 juin 2015, art. 3-6°)* Lorsque, à la suite de l'établissement d'une nouvelle monographie communautaire de plantes médicinales, de la révision d'une monographie existante ou de la révision de la liste établie par la Commission européenne en application de l'article 16 *septies* de la directive 2001/83/CE, un médicament à base de plantes faisant l'objet d'une autorisation de mise sur le marché relève désormais en tout ou partie du régime de l'enregistrement, le titulaire adresse à l'Agence nationale de sécurité du médicament et des produits de santé, dans un délai de soixante jours à compter de la publication de la monographie, de la monographie révisée ou de la liste révisée, une demande en vue de la modification de régime, accompagnée des renseignements ou des éléments du dossier relatifs à cette modification. A l'expiration d'un délai de soixante jours à compter de la demande, le silence gardé par le directeur de l'agence vaut acceptation de cette demande.

Les mêmes dispositions s'appliquent dans le cas où un médicament à base de plantes faisant l'objet d'un enregistrement relève désormais en tout ou partie du régime de l'autorisation de mise sur le marché.

Lorsque la modification de régime est partielle, le médicament faisant l'objet d'une autorisation de mise sur le marché et celui faisant l'objet d'un enregistrement doivent avoir des noms différents, choisis de façon à éviter toute confusion entre eux.

Art. R. 5121-107-15 *(Décr. nº 2015-709 du 22 juin 2015, art. 3-6º)* Si, après qu'il a été procédé à l'enregistrement d'un médicament traditionnel à base de plantes, le titulaire estime au vu de nouvelles données dont il dispose que, compte tenu de ses caractéristiques, le médicament relève désormais du régime de l'autorisation de mise sur le marché ou du régime de l'enregistrement de médicaments homéopathiques, il adresse à l'agence nationale de sécurité du médicament et des produits de santé une demande d'autorisation de mise sur le marché ou d'enregistrement dans les conditions respectivement prévues aux articles R. 5121-21 et R. 5121-97.

SECTION X **IMPORTATION ET EXPORTATION**

Art. R. 5121-108 Tout médicament qui n'est pas pourvu de l'autorisation de mise sur le marché mentionnée à l'article L. 5121-8 ou de l'autorisation temporaire d'utilisation mentionnée *(Décr. nº 2013-66 du 18 janv. 2013, art. 2)* « à l'article L. 5121-12 » ou de l'enregistrement mentionné à l'article L. 5121-13 *(Décr. nº 2008-891 du 2 sept. 2008)* « ou de l'autorisation mentionnée au 12º ou au 13º de l'article L. 5121-1 » *(Décr. nº 2006-477 du 26 avr. 2006, art. 6-I)* « ou qui n'est pas un médicament nécessaire à la réalisation d'une recherche impliquant la personne humaine qui a fait l'objet d'une autorisation au sens de l'article L. 1123-8 » fait l'objet, avant son importation dans le territoire douanier, d'une autorisation d'importation délivrée par le directeur général de l'*(Décr. nº 2012-597 du 27 avr. 2012, art. 5-I-1º)* « Agence nationale de sécurité du médicament et des produits de santé », soit dans les conditions prévues aux articles R. 5121-109 à R. 5121-114, soit au titre de l'autorisation d'importation parallèle définie aux articles R. 5121-115 et suivants. Cette autorisation peut être refusée si le médicament présente ou est susceptible de présenter un risque pour la santé publique *(Décr. nº 2006-477 du 26 avr. 2006, art. 6-I)* « et, pour le médicament nécessaire à la réalisation d'une *(Décr. nº 2016-1537 du 16 nov. 2016, art. 23-I)* « recherche impliquant la personne humaine », si la *(Décr. nº 2016-1537 du 16 nov. 2016, art. 23-I)* « recherche impliquant la personne humaine » a fait l'objet d'un refus d'autorisation ».

(Décr. nº 2016-183 du 23 févr. 2016, art. 1er-I) « Les dispositions de l'alinéa précédent ne sont pas applicables en cas de transit ou d'emprunt du territoire douanier. »

Art. R. 5121-109 Pour les produits finis, définis comme des médicaments ayant subi tous les stades de la fabrication, y compris le conditionnement, une autorisation d'importation est requise pour chaque opération d'importation.

(Décr. nº 2016-183 du 23 févr. 2016, art. 1er-II-2º et 3º) « Pour les médicaments autres que les produits finis et pour les médicaments nécessaires à la réalisation de *(Décr. nº 2016-1537 du 16 nov. 2016, art. 23-I)* « recherches impliquant la personne humaine » déclarées en vertu de la loi du 20 décembre 1988, l'autorisation d'importation est requise pour une série d'opérations d'importation envisagées pour chaque médicament pendant une période maximale d'un an et pour une quantité globale donnée. Dans ce cas, l'autorisation précise le nombre d'opérations prévues, la durée de la période pendant laquelle les opérations peuvent être effectuées ainsi que la quantité globale du médicament considéré pouvant être importée.

« Les deux alinéas précédents ne s'appliquent pas aux produits finis et aux médicaments en provenance d'un État membre de l'Union européenne, stockés dans des locaux bénéficiant d'un statut d'établissement pharmaceutique et destinés exclusivement à l'exportation vers des pays tiers à l'Union européenne. »

L'autorisation d'importation peut être suspendue ou supprimée par le directeur général de l'*(Décr. nº 2012-597 du 27 avr. 2012, art. 5-I-1º)* « Agence nationale de sécurité du médicament et des produits de santé ». Sauf en cas d'urgence, ces décisions ne peuvent intervenir qu'après que le titulaire de l'autorisation a été mis à même de présenter ses observations.

Art. R. 5121-110 Les particuliers ne peuvent importer un médicament qu'en quantité compatible avec un usage thérapeutique personnel pendant une durée de traitement n'excédant pas trois mois aux conditions normales d'emploi ou pendant la durée de traitement prévue par l'ordonnance prescrivant le médicament. Lorsqu'ils transportent personnellement ce médicament, ils sont dispensés d'autorisation.

(Décr. n° 2016-183 du 23 févr. 2016, art. 1er-III) « Lorsqu'ils importent des médicaments par une autre voie que le transport personnel, ils sont dispensés d'autorisation d'importation dans les conditions prévues à l'article L. 5124-13. Est dispensé d'autorisation dans les mêmes conditions le médecin d'une équipe sportive qui transporte personnellement un médicament ou qui procède à l'importation d'un médicament par une autre voie.

« Lorsque l'autorisation est requise, elle peut être délivrée pour une série d'opérations d'importation. L'autorisation précise le nombre d'opérations prévues, correspondant à la durée de traitement prévue par l'ordonnance prescrivant le médicament, ainsi que la quantité globale du médicament considéré pouvant être importée et la période pendant laquelle les opérations peuvent être effectuées.

« L'importation peut être interdite par le directeur général de l'Agence nationale de sécurité du médicament et des produits de santé si le médicament présente ou est susceptible de présenter un risque pour la santé publique, y compris dans les cas où l'autorisation d'importation n'est pas requise. »

Art. R. 5121-111 La demande d'autorisation d'importation *(Décr. n° 2016-183 du 23 févr. 2016, art. 1er-IV)* « est adressée par tout moyen permettant de lui donner date certaine et » indique :

1° Le nom ou la raison sociale et l'adresse de la personne physique ou morale responsable de l'importation *(Décr. n° 2008-891 du 2 sept. 2008)* « ou, pour les préparations de thérapie génique ou de thérapie cellulaire xénogénique, le nom et l'adresse de l'établissement ou de l'organisme autorisé au titre de l'article L. 4211-8 ou de l'article L. 4211-9 » ;

2° Le pays de provenance et, s'il est distinct, le pays d'origine du médicament ;

3° *(Décr. n° 2008-435 du 6 mai 2008, art. 43)* « Son nom », sa composition, sa forme pharmaceutique, son dosage et sa voie d'administration ;

4° Les quantités importées ;

5° L'objectif de l'importation.

Art. R. 5121-112 La demande est accompagnée :

1° *(Décr. n° 2006-477 du 26 avr. 2006, art. 6-II)* « Pour les médicaments importés en vue d'une *(Décr. n° 2016-1537 du 16 nov. 2016, art. 23-I)* « recherche impliquant la personne humaine », de l'accusé de réception de la demande adressée à l'*(Décr. n° 2012-597 du 27 avr. 2012, art. 5-I-1°)* « Agence nationale de sécurité du médicament et des produits de santé » telle que prévue aux articles L. 1123-8 et R. 1123-30 ; toutefois, lorsque la mise en œuvre d'une recherche présente un caractère d'urgence, ce document peut être remplacé par une lettre du demandeur justifiant la nécessité d'importer les médicaments nécessaires à la réalisation de la *(Décr. n° 2016-1537 du 16 nov. 2016, art. 23-I)* « recherche impliquant la personne humaine », accompagnée notamment d'un engagement précisant que les médicaments importés ne seront distribués qu'après obtention de l'autorisation de *(Décr. n° 2016-1537 du 16 nov. 2016, art. 23-I)* « recherche impliquant la personne humaine » prévue à l'article L. 1123-8 ; »

2° Pour les médicaments importés en vue d'études analytiques, pharmacologiques ou toxicologiques, d'une lettre de l'importateur justifiant leur utilisation ;

(Décr. n° 2016-183 du 23 févr. 2016, art. 1er-V) « 3° Lorsqu'une autorisation d'importation est requise pour un médicament importé par un particulier, de la copie *[de]* l'ordonnance prescrivant le médicament, le cas échéant établie conformément aux conditions particulières de prescription et de délivrance applicables à ce médicament en vertu de la réglementation française ; »

4° Dans les autres cas, d'une lettre du demandeur justifiant la nécessité d'importer le médicament.

Dans tous les cas, le directeur général de l'*(Décr. n° 2012-597 du 27 avr. 2012, art. 5-I-1°)* « Agence nationale de sécurité du médicament et des produits de santé » peut requérir du demandeur toute information complémentaire nécessaire pour se prononcer sur la demande.

Art. R. 5121-113 Le silence gardé par le directeur général de l'*(Décr. n° 2012-597 du 27 avr. 2012, art. 5-I-1°)* « Agence nationale de sécurité du médicament et des produits de santé » vaut refus d'autorisation à l'expiration d'un délai de quarante-cinq jours à compter de la date de réception de la demande et du dossier complets mentionnés aux articles R. 5121-111 et R. 5121-112.

Le délai mentionné à l'alinéa précédent est prorogé de quinze jours si le directeur général de l'agence requiert du demandeur les informations complémentaires qui seraient nécessaires à l'instruction de la demande.

Art. R. 5121-114 L'autorisation d'importation ou, pour les particuliers, la copie de l'autorisation d'importation par une autre voie que le transport personnel, mentionnées à l'article R. 5121-109, ou une copie de l'autorisation temporaire d'utilisation mentionnée *(Décr. n° 2013-66 du 18 janv. 2013, art. 5)* « au 2° du I » de l'article L. 5121-12 accordée pour un médicament importé *(Décr. n° 2008-891 du 2 sept. 2008)* « ou une copie de l'autorisation mentionnée au 12° ou au 13° de l'article L. 5121-1 » est présentée lors du contrôle par les agents des douanes.

(Décr. n° 2006-477 du 26 avr. 2006, art. 6-III) « Pour les médicaments importés nécessaires à la réalisation d'une recherche biomédicale, un document établi par l'*(Décr. n° 2012-597 du 27 avr. 2012, art. 5-I-1°)* « Agence nationale de sécurité du médicament et des produits de santé », attestant que le médicament importé est destiné à une recherche autorisée par l'*(Décr. n° 2012-597 du 27 avr. 2012, art. 5-I-1°)* « Agence nationale de sécurité du médicament et des produits de santé », est présenté par le responsable de l'importation lors du contrôle par les agents des douanes. »

Pour les médicaments importés pourvus de l'autorisation de mise sur le marché mentionnée à l'article L. 5121-8 *(Décr. n° 2013-66 du 18 janv. 2013, art. 4)* « *[,]* de l'autorisation temporaire d'utilisation mentionnée au 1° du I de l'article L. 5121-12 » ou de l'enregistrement mentionné à l'article L. 5121-13, les agents des douanes contrôlent le numéro d'autorisation de mise sur le marché *(Décr. n° 2013-66 du 18 janv. 2013, art. 4)* « d'autorisation temporaire d'utilisation » ou d'enregistrement correspondant qui figure sur le conditionnement.

Art. R. 5121-115 Constitue une importation parallèle, en vue d'une mise sur le marché en France, l'importation d'une spécialité pharmaceutique :

1° Qui provient d'un autre État membre de la Communauté européenne ou partie à l'accord sur l'Espace économique européen, dans lequel elle a obtenu une autorisation de mise sur le marché ;

2° Dont la composition quantitative et qualitative en *(Décr. n° 2008-435 du 6 mai 2008, art. 44-I)* « substances actives » et en excipients, la forme pharmaceutique et les effets thérapeutiques sont identiques à ceux d'une spécialité pharmaceutique ayant obtenu une autorisation de mise sur le marché délivrée par l'*(Décr. n° 2012-597 du 27 avr. 2012, art. 5-I-1°)* « Agence nationale de sécurité du médicament et des produits de santé ». Toutefois, la spécialité peut comporter des excipients différents de ceux de la spécialité ayant obtenu une autorisation de mise sur le marché délivrée par l'*(Décr. n° 2012-597 du 27 avr. 2012, art. 5-I-1°)* « Agence nationale de sécurité du médicament et des produits de santé » ou les mêmes excipients en quantité différente de celle contenue dans cette spécialité, sous réserve que cette différence n'ait aucune incidence thérapeutique et qu'elle n'entraîne pas de risque pour la santé publique.

Art. R. 5121-116 Sauf lorsque des motifs de santé publique y font obstacle, l'autorisation d'importation parallèle est accordée si les conditions suivantes sont remplies :

1° La spécialité pharmaceutique est obtenue auprès d'une entreprise autorisée au sens de l'article 77 de la directive 2001/83/CE du Parlement européen et du Conseil du 6 novembre 2001 instituant un code communautaire relatif aux médicaments à usage humain ;

2° Les lots de cette spécialité ont été libérés conformément à l'article 51 de la directive susmentionnée ;

3° Sous réserve des dispositions des articles R. 5121-117 à R. 5121-119, le contenu du conditionnement en poids, en volume ou en nombre d'unités de prise, le classement dans les catégories mentionnées à l'article R. 5121-36, le résumé des caractéristiques du produit, la notice et l'étiquetage de la spécialité pharmaceutique telle qu'elle sera commercialisée sont identiques à ceux de la spécialité pharmaceutique ayant obtenu l'autorisation de mise sur le marché en France.

En outre, pour des motifs de santé publique, le directeur général de l'*(Décr. n° 2012-597 du 27 avr. 2012, art. 5-I-1°)* « Agence nationale de sécurité du médicament et des produits de santé » peut subordonner l'autorisation d'importation parallèle à une modification *(Décr. n° 2008-435 du 6 mai 2008, art. 45)* « du nom initialement proposé ».

Art. R. 5121-117 La spécialité pharmaceutique pour laquelle l'autorisation d'importation parallèle est sollicitée peut différer de la spécialité ayant déjà obtenu l'autorisation de mise sur le marché en France, en ce qui concerne :

1° La durée de stabilité, les précautions particulières de conservation lorsqu'elles sont plus strictes que celles de la spécialité pharmaceutique ayant obtenu l'autorisation de mise sur le marché en France ;

2° La taille, la forme, la couleur, la gravure, l'impression ou tout autre marquage ;

3° La composition en excipients ;

4° La date de la dernière révision de la notice.

Art. R. 5121-118 *(Décr. n° 2012-1562 du 31 déc. 2012, art. 1er-2°)* « L'étiquetage et le conditionnement extérieur de la spécialité pharmaceutique bénéficiant d'une autorisation d'importation parallèle sont identiques à ceux de la spécialité pharmaceutique ayant obtenu l'autorisation de mise sur le marché en France, sauf en ce qu'ils comportent : »

1° L'ajout, en sus des mentions prévues à l'article R. 5121-138, du nom et de l'adresse de l'établissement chargé d'effectuer la modification du conditionnement ;

2° Le numéro d'autorisation d'importation parallèle et le numéro d'autorisation de mise sur le marché de la spécialité pharmaceutique dans l'État de provenance au lieu et place du numéro d'autorisation de mise sur le marché en France ;

3° Les précautions particulières de conservation de la spécialité pharmaceutique bénéficiant d'une autorisation d'importation parallèle lorsqu'elles sont plus strictes que celles de la spécialité pharmaceutique ayant obtenu l'autorisation de mise sur le marché en France ;

4° La taille, la forme, la couleur, la gravure, l'impression ou tout autre marquage de la spécialité pharmaceutique bénéficiant d'une autorisation d'importation parallèle lorsqu'ils sont différents de ceux de la spécialité pharmaceutique ayant obtenu l'autorisation de mise sur le marché en France. Ces éléments figurent sous la mention :

Différences observées par rapport à la spécialité pharmaceutique ayant obtenu l'autorisation de mise sur le marché en France ;

(Décr. n° 2012-1562 du 31 déc. 2012, art. 1er-2°) « 5° Des dispositifs de sécurité équivalents à ceux de la spécialité pharmaceutique ayant obtenu l'autorisation de mise sur le marché en France. »

Art. R. 5121-119 La notice de la spécialité pharmaceutique bénéficiant d'une autorisation d'importation parallèle est identique à celle de la spécialité pharmaceutique ayant obtenu l'autorisation de mise sur le marché en France, sauf en ce qu'elle comporte :

1° L'ajout, en sus des mentions prévues au *e* du 1° de l'article R. 5121-149, du nom et de l'adresse de l'établissement chargé d'effectuer la modification du conditionnement ;

2° La composition qualitative complète en excipients lorsqu'elle diffère de celle de la spécialité pharmaceutique ayant obtenu l'autorisation de mise sur le marché en France ;

3° Les précautions particulières de conservation de la spécialité pharmaceutique bénéficiant d'une autorisation d'importation parallèle lorsqu'elles sont plus strictes que celles de la spécialité pharmaceutique ayant obtenu l'autorisation de mise sur le marché en France ;

4° La date de sa dernière révision au lieu et place de la date de la dernière révision de la notice de la spécialité pharmaceutique ayant obtenu l'autorisation de mise sur le marché en France.

Art. R. 5121-120 La demande d'autorisation d'importation parallèle est adressée au directeur général de l'*(Décr. n° 2012-597 du 27 avr. 2012, art. 5-I-1°)* « Agence nationale de sécurité du médicament et des produits de santé ».

Elle mentionne :

1° Le nom ou la dénomination sociale et l'adresse du demandeur ;

2° En ce qui concerne la spécialité pharmaceutique ayant obtenu l'autorisation de mise sur le marché en France : *(Décr. n° 2008-435 du 6 mai 2008, art. 44-II)* « son nom, son dosage », sa forme pharmaceutique et sa composition qualitative et quantitative en *(Décr. n° 2008-435 du 6 mai 2008, art. 44-II)* « substances actives » ;

3° En ce qui concerne la spécialité pharmaceutique objet de la demande d'autorisation d'importation parallèle :

a) L'État de provenance ;

b) *(Décr. n° 2008-435 du 6 mai 2008, art. 44-II)* « Le nom, le dosage » et le contenu du conditionnement de la spécialité dans l'État de provenance, en poids, en volume ou en nombre d'unités de prise, ainsi que la dénomination au sens de l'article R. 5121-1 et le contenu du conditionnement de la spécialité telle qu'elle sera commercialisée en France ;

c) La description détaillée de la spécialité, y compris sa taille, sa forme, sa couleur, sa gravure, son impression ou tout autre marquage ;

d) Le numéro de l'autorisation de mise sur le marché qui lui a été accordée dans l'État de provenance, ainsi que le nom ou la dénomination sociale et l'adresse du titulaire de cette dernière ;

e) La forme pharmaceutique, la voie d'administration, la composition qualitative et quantitative en *(Décr. n° 2008-435 du 6 mai 2008, art. 44-II)* « substances actives » et la composition qualitative en excipients ;

f) Le nom ou la dénomination sociale et l'adresse de la ou des entreprises situées dans l'État de provenance auprès desquelles le demandeur s'est procuré la spécialité ;

g) Le nom ou la dénomination sociale et l'adresse du fabricant de la spécialité ;

h) S'il est distinct du demandeur, le nom ou la dénomination sociale et l'adresse de l'établissement autorisé au titre de l'article 40 de la directive 2001/83/CE du Parlement européen et du Conseil du 6 novembre 2001 instituant un code communautaire relatif aux médicaments à usage humain chargé d'effectuer la modification du conditionnement ;

i) La description précise du procédé de modification du conditionnement de la spécialité telle qu'elle sera commercialisée en France, après obtention de l'autorisation d'importation parallèle ;

j) Si les lots de spécialités importés ne sont pas stockés par le demandeur lui-même ou par l'établissement qui a effectué la modification du conditionnement, le nom ou la dénomination sociale et l'adresse du dépositaire au sens du 4° de l'article R. 5124-2 qui sera chargé du stockage.

Art. R. 5121-121 La demande d'autorisation d'importation parallèle est accompagnée d'un dossier comprenant :

1° Un échantillon de la spécialité ayant obtenu l'autorisation de mise sur le marché en France et un échantillon de la spécialité commercialisée dans l'État de provenance, dont l'importation en France est envisagée ;

2° Une copie de l'autorisation d'ouverture de l'établissement autorisé au sens de l'article 40 de la directive 2001/83/CE du Parlement européen et du Conseil du 6 novembre 2001 instituant un code communautaire relatif aux médicaments à usage humain et chargé d'effectuer la modification du conditionnement ;

3° Les projets de conditionnement et de notice de la spécialité telle qu'elle sera commercialisée en France ;

4° Une déclaration du demandeur indiquant que l'état originaire du médicament ne sera pas altéré lors ou par suite de la modification du conditionnement.

Art. R. 5121-122 Le silence gardé par le directeur général de l'*(Décr. n° 2012-597 du 27 avr. 2012, art. 5-I-1°)* « Agence nationale de sécurité du médicament et des produits de santé » dans un délai de quarante-cinq jours à compter de la date de réception de la demande et du dossier complets mentionnés aux articles R. 5121-120 et R. 5121-121 vaut refus d'autorisation de l'importation parallèle. Ce délai est prorogé de quinze jours si le directeur général de l'agence requiert du demandeur les informations complémentaires qui seraient nécessaires à l'instruction de la demande.

Lorsque l'instruction de la demande nécessite d'obtenir des informations auprès de l'autorité sanitaire compétente de l'État de provenance de la spécialité, les délais mentionnés à l'alinéa précédent sont suspendus jusqu'à communication de celles-ci au directeur général de l'agence.

Art. R. 5121-123 L'autorisation d'importation parallèle est accordée pour une durée de cinq ans. Elle précise les différences mentionnées aux articles R. 5121-117 à R. 5121-119 avec la spécialité ayant obtenu l'autorisation de mise sur le marché en France. Elle est publiée *(Décr. n° 2016-183 du 23 févr. 2016, art. 3-IV-1°)* « sur le site internet de l'agence ».

Le directeur général de l'*(Décr. n° 2012-597 du 27 avr. 2012, art. 5-I-1°)* « Agence nationale de sécurité du médicament et des produits de santé » adresse une copie de l'autorisation d'importation parallèle au titulaire de l'autorisation de mise sur le marché de la spécialité ayant obtenu l'autorisation de mise sur le marché en France.

(Décr. n° 2016-183 du 23 févr. 2016, art. 3-IV-2°) « La liste des spécialités pharmaceutiques faisant l'objet d'une notification de distribution parallèle émise par l'Agence européenne des médicaments est également publiée sur le site internet de l'Agence nationale de sécurité du médicament et des produits de santé. »

Art. R. 5121-124 Le titulaire d'une autorisation d'importation parallèle avertit le titulaire de l'autorisation de mise sur le marché de la spécialité dans l'État membre de provenance de la mise sur le marché en France de la spécialité pharmaceutique, préalablement à sa commercialisation. Il lui fournit, en outre, sur sa demande, un échantillon de la spécialité telle qu'elle sera mise sur le marché.

Lors de la première commercialisation, le titulaire d'une autorisation d'importation parallèle fournit un échantillon de la spécialité, telle qu'elle sera mise sur le marché, à l'*(Décr. n° 2012-597 du 27 avr. 2012, art. 5-I-1°)* « Agence nationale de sécurité du médicament et des produits de santé » qui s'assure de sa conformité à l'autorisation de mise sur le marché en France.

Art. R. 5121-125 La demande de renouvellement de l'autorisation d'importation parallèle est déposée au plus tard trois mois avant la date d'expiration de l'autorisation d'importation parallèle. Elle est accompagnée d'un document attestant qu'aucune modification n'est intervenue dans les éléments produits par l'intéressé, soit à l'appui de sa demande d'autorisation initiale, soit lors de sa dernière demande de renouvellement, soit pendant la période d'autorisation.

Le renouvellement de l'autorisation est accordé dans les conditions prévues aux articles R. 5121-116 et R. 5121-123.

Le silence gardé par le directeur général de l'*(Décr. n° 2012-597 du 27 avr. 2012, art. 5-I-1°)* « Agence nationale de sécurité du médicament et des produits de santé » vaut renouvellement de l'autorisation à l'expiration d'un délai de trois mois à compter de la date de réception de la demande de renouvellement.

Art. R. 5121-126 *(Décr. n° 2005-840 du 20 juill. 2005, art. 12)* Après sa délivrance, l'autorisation d'importation parallèle peut être suspendue ou supprimée par le directeur général de l'*(Décr. n° 2012-597 du 27 avr. 2012, art. 5-I-1°)* « Agence nationale de sécurité du médicament et des produits de santé » lorsque la spécialité ne satisfait plus aux conditions de l'autorisation. Sauf en cas d'urgence, ces décisions de suspension ou de suppression ne peuvent intervenir qu'après que le titulaire de l'autorisation a été mis à même de présenter ses observations.

Art. R. 5121-127 Lors de chaque opération d'importation parallèle, le titulaire de l'autorisation communique au directeur général de l'*(Décr. n° 2012-597 du 27 avr. 2012, art. 5-I-1°)* « Agence nationale de sécurité du médicament et des produits de santé » *le numéro des lots de la spécialité autorisée* qui font l'objet de l'importation, en rappelant le numéro de l'autorisation d'importation parallèle, *(Décr. n° 2008-435 du 6 mai 2008, art. 45)* « le nom, le dosage et la forme pharmaceutique de la spécialité pharmaceutique importée » et l'État de provenance.

Art. R. 5121-128 La spécialité pharmaceutique bénéficiant d'une autorisation d'importation parallèle est soumise aux dispositions de l'autorisation de mise sur le marché de la spécialité pharmaceutique ayant obtenu l'autorisation de mise sur le marché en France relatives :

– au résumé des caractéristiques du produit *(Abrogé par Décr. n° 2008-435 du 6 mai 2008, art. 46)* « *mentionné à l'article R. 5121-23* », sauf en ce qui concerne la durée de stabilité et les précautions particulières de conservation qui sont celles prévues par l'autorisation de mise sur le marché obtenues dans l'État de provenance lorsqu'elles sont plus strictes que celles mentionnées dans le résumé des caractéristiques du produit de la spécialité pharmaceutique ayant obtenu l'autorisation de mise sur le marché en France ;

– au classement du produit dans les catégories mentionnées à l'article R. 5121-36.

Art. R. 5121-129 Lorsque l'autorisation de mise sur le marché de la spécialité pharmaceutique ayant obtenu l'autorisation de mise sur le marché en France est modifiée par le directeur général de l'*(Décr. n° 2012-597 du 27 avr. 2012, art. 5-I-1°)* « Agence nationale de sécurité du médicament et des produits de santé », celui-ci notifie cette modification au titulaire de l'autorisation d'importation parallèle qui prend les mesures nécessaires pour que la spécialité bénéficiant de l'autorisation d'importation parallèle respecte les dispositions des articles R. 5121-118, R. 5121-119 et R. 5121-128.

Art. R. 5121-130 L'exploitation, telle que définie au deuxième alinéa du 3° de l'article R. 5124-2, d'une spécialité pharmaceutique bénéficiant de l'autorisation d'importation parallèle est assurée par le titulaire de cette autorisation, sous réserve qu'il ait obtenu l'autorisation d'ouverture prévue au premier alinéa de l'article L. 5124-3.

Art. R. 5121-131 Dès qu'il en a connaissance, le titulaire d'une autorisation d'importation parallèle informe immédiatement le titulaire de l'autorisation de mise sur le marché dans l'État de provenance ainsi que le titulaire de l'autorisation de mise sur le marché de la spécialité ayant obtenu l'autorisation de mise sur le marché en France de tout effet indésirable grave, au sens de l'article R. 5121-153, concernant la spécialité importée.

Il informe également l'*(Décr. n° 2012-597 du 27 avr. 2012, art. 5-I-1°)* « Agence nationale de sécurité du médicament et des produits de santé » de toute modification dont il a connaissance portant sur l'autorisation de mise sur le marché dont bénéficie la spécialité dans l'État de provenance. Le cas échéant, il prend les mesures nécessaires pour que la spécialité bénéficiant de l'autorisation d'importation parallèle respecte les dispositions des articles R. 5121-118, R. 5121-119 et R. 5121-128.

Art. R. 5121-132 Pour les spécialités pharmaceutiques pourvues de l'autorisation d'importation parallèle, les agents des douanes contrôlent le numéro d'autorisation d'importation qui figure sur le conditionnement. Lorsque ce numéro ne figure pas sur le conditionnement au moment de l'importation, l'autorisation d'importation parallèle est présentée lors du contrôle par les agents des douanes.

Art. R. 5121-132-1 *(Décr. n° 2008-834 du 22 août 2008)* Tout établissement pharmaceutique autre que le titulaire de l'autorisation de mise sur le marché délivrée par la Communauté européenne en application du règlement (CE) n° 726/2004 du Parlement européen et du Conseil du 31 mars 2004 qui importe d'un autre État membre une spécialité pharmaceutique ayant une autorisation de mise sur le marché notifie son intention d'importer ce produit au titulaire de l'autorisation de mise sur le marché *(Décr. n° 2012-1562 du 31 déc. 2012, art. 1er-3°)* « , à l'Agence nationale de sécurité du médicament et des produits de santé et à l'Agence européenne des médicaments ».

Art. R. 5121-133 Les certificats mentionnés à l'article L. 5124-11 sont délivrés par le directeur général de l'*(Décr. n° 2012-597 du 27 avr. 2012, art. 5-I-1°)* « Agence nationale de sécurité du médicament et des produits de santé ».

La durée de validité de ces certificats est de trois ans.

Art. R. 5121-134 Lorsque, en application du deuxième alinéa de l'article L. 5124-11, le directeur général de l'*(Décr. n° 2012-597 du 27 avr. 2012, art. 5-I-1°)* « Agence nationale de sécurité du médicament et des produits de santé » envisage d'interdire l'exportation d'un médicament, il notifie au préalable son intention et ses motifs à l'établissement pharmaceutique effectuant l'exportation.

Celui-ci dispose d'un délai d'un mois pour présenter ses observations.

En cas d'urgence, le directeur général de l'agence peut interdire immédiatement l'exportation pour une durée maximale de six mois.

Les décisions d'interdiction sont motivées. Elle sont notifiées par le directeur général de l'agence à l'établissement pharmaceutique effectuant l'exportation qui prend toutes dispositions utiles, notamment auprès d'autres détenteurs de stocks, pour faire cesser l'exportation.

Lorsque l'exportation d'un médicament est interdite en application du troisième alinéa de l'article L. 5124-11, le titulaire de l'autorisation de mise sur le marché suspendue ou retirée prend toutes dispositions utiles pour faire cesser l'exportation.

Art. R. 5121-135 La déclaration prévue au quatrième alinéa de l'article L. 5124-11 est adressée à l'*(Décr. n° 2012-597 du 27 avr. 2012, art. 5-I-1°)* « Agence nationale de sécurité du médicament et des produits de santé » *(Décr. n° 2016-183 du 23 févr. 2016, art. 1er-VI)* « par tout moyen permettant de lui donner date certaine » par l'établissement pharmaceutique exportateur avant l'exportation d'un médicament, lorsqu'il s'agit de la première exportation de ce médicament vers l'État d'importation.

Cette déclaration est accompagnée d'un dossier comprenant :

1° *(Décr. n° 2008-435 du 6 mai 2008, art. 47)* « Le nom, le dosage et la forme pharmaceutique » du médicament ;

2° Ses indications thérapeutiques ;

3° Sa présentation ;

4° Toutes informations pharmacologiques, toxicologiques et cliniques permettant d'apprécier les risques liés à son utilisation ;

5° Toutes informations chimiques, technologiques, pharmaceutiques et biologiques permettant de garantir la qualité des médicaments et notamment les méthodes de fabrication et de contrôle.

(Décr. n° 2005-840 du 20 juill. 2005, art. 12) « Toute modification relative aux médicaments et aux éléments figurant dans le dossier fait l'objet d'une déclaration complémentaire auprès de l'agence. »

Art. R. 5121-135-1 *(Décr. n° 2008-891 du 2 sept. 2008)* I. – Pour les préparations de thérapie génique et de thérapie cellulaire xénogénique, les articles R. 5121-133 à R. 5121-135 ne sont pas applicables.

II. – Toute préparation de thérapie génique ou de thérapie cellulaire xénogénique qui n'est pas pourvue de l'autorisation mentionnée au 12° ou au 13° de l'article L. 5121-1 est soumise à une autorisation d'exportation délivrée par le directeur général de l'*(Décr. n° 2012-597 du 27 avr. 2012, art. 5-I-1°)* « Agence nationale de sécurité du médicament et des produits de santé ».

III. – La demande d'autorisation d'exportation *(Décr. n° 2016-183 du 23 févr. 2016, art. 1er-VII)* « , par tout moyen permettant de lui donner date certaine. Elle » indique :

1° Le nom et l'adresse de l'établissement ou organisme autorisé au titre des articles L. 4211-8 ou L. 4211-9 ;

2° Le pays et l'établissement destinataires ;

3° Le nom, la composition, la forme pharmaceutique, le dosage et la voie d'administration du produit ;

4° Les quantités exportées ;

5° L'objectif de l'exportation.

Une autorisation d'exportation est requise pour chaque opération d'exportation.

Art. R. 5121-136 Les dispositions de la présente section s'appliquent à l'importation et à l'exportation :

1° *Des médicaments classés comme* stupéfiants ou auxquels la réglementation des stupéfiants est appliquée en tout ou partie ;

2° Des médicaments classés comme psychotropes.

Ces médicaments restent néanmoins soumis, par ailleurs, aux dispositions particulières qui les concernent respectivement et qui sont édictées aux articles R. 5132-27 et R. 5132-86.

SECTION XI ÉTIQUETAGE

SOUS-SECTION 1 DISPOSITIONS GÉNÉRALES

Art. R. 5121-137 *Abrogé par Décr. n° 2014-955 du 21 août 2014, art. 2.*

Art. R. 5121-138 Sans préjudice des mentions exigées par d'autres dispositions législatives et réglementaires, l'étiquetage du conditionnement extérieur ou, à défaut de conditionnement extérieur, l'étiquetage du conditionnement primaire d'un médicament ou d'un produit mentionné à l'article L. 5121-8, porte les mentions suivantes, inscrites de manière à être facilement lisibles, clairement compréhensibles et indélébiles :

1° *(Décr. n° 2008-435 du 6 mai 2008, art. 49)* « Le nom du médicament ou du produit, le dosage, la forme pharmaceutique, le cas échéant la mention du destinataire ("nourrissons", "enfants" ou "adultes"), ainsi que, lorsque le médicament contient au maximum trois substances actives, la ou les dénominations communes ; les modalités de l'inscription du nom et du dosage en braille ainsi que les modalités d'information de l'*(Décr. n° 2012-597 du 27 avr. 2012, art. 5-I-1°)* « Agence nationale de sécurité du médicament et des produits de santé » liée à cette inscription sont prévues par décision du directeur général de l'agence » ;

2° La composition qualitative et quantitative en *(Décr. n° 2008-435 du 6 mai 2008, art. 49)* « substances actives » par unité de prise ou, selon la forme d'administration, pour un volume ou un poids déterminé, en utilisant les dénominations communes ;

3° La forme pharmaceutique et le contenu en poids, en volume ou en unités de prise ;

4° La liste des excipients qui ont une action ou un effet notoire. Toutefois, s'il s'agit d'un produit injectable, d'une préparation topique ou d'un collyre, tous les excipients sont mentionnés ;

5° Le mode d'administration et, si nécessaire, la voie d'administration *(Décr. n° 2008-435 du 6 mai 2008, art. 49)* « , suivis d'un espace prévu pour indiquer la posologie prescrite ;

« 6° Une mise en garde spéciale selon laquelle ce médicament doit être tenu hors de la portée et de la vue des enfants ; »

7° Une mise en garde spéciale, si elle s'impose pour ce médicament ;

8° Le numéro du lot de fabrication ;

9° La date de péremption en clair ;

10° Les précautions particulières de conservation, s'il y a lieu ;

11° Les précautions particulières d'élimination des produits non utilisés ou des déchets dérivés de ces produits s'il y a lieu *(Décr. n° 2008-435 du 6 mai 2008, art. 49)* « , ainsi qu'une référence à tout système de collecte approprié mis en place ;

« 12° Le nom et l'adresse du titulaire de l'autorisation de mise sur le marché et, le cas échéant, de l'entreprise exploitant le médicament ou le produit ; »

13° La mention : "Médicament autorisé n°" suivie du numéro de l'autorisation de mise sur le marché ;

14° Pour les médicaments non soumis à prescription, l'indication thérapeutique ;

15° et 16° Abrogés par Décr. n° 2014-955 du 21 août 2014, art. 2.

17° Le classement du médicament en matière de prescription et de délivrance, mentionné dans l'autorisation de mise sur le marché ;

18° *(Décr. n° 2005-156 du 18 févr. 2005, art. 1er-IV)* « Pour les médicaments homéopathiques mentionnés » *(Décr. n° 2008-435 du 6 mai 2008, art. 49)* « au 5° de l'article R. 5121-28 » la mention : "Médicament homéopathique traditionnellement utilisé dans" suivie de l'indication thérapeutique.

Art. R. 5121-138-1 *(Décr. n° 2012-1562 du 31 déc. 2012, art. 1er-4°)* Les médicaments soumis à prescription obligatoire sont dotés des dispositifs de sécurité décrits à l'article R. 5121-138-2, à moins qu'ils n'en soient exonérés en raison de leur présence sur la liste établie à cette fin par acte délégué de la Commission européenne en application de l'article 54 *bis* de la directive 2001/83/CE du Parlement européen et du Conseil du 6 novembre 2001 instituant un code communautaire relatif aux médicaments à usage humain.

Les médicaments non soumis à prescription obligatoire ne sont pas dotés de ces dispositifs de sécurité à moins que, par exception, ils figurent sur la liste établie à cette fin par acte délégué de la Commission européenne, après qu'un risque de falsification a été identifié.

Par dérogation aux deux alinéas précédents, les médicaments remboursables par les régimes obligatoires d'assurance maladie sont dotés de tels dispositifs de sécurité.

Art. R. 5121-138-2 *(Décr. nº 2012-1562 du 31 déc. 2012, art. 1er-4º)* L'étiquetage du conditionnement extérieur ou, à défaut de conditionnement extérieur, l'étiquetage du conditionnement primaire des médicaments mentionnés à l'article R. 5121-138-1 porte des dispositifs de sécurité, qu'ils soient visibles ou non, qui permettent aux personnes dont l'activité est la distribution en gros de médicaments ou la dispensation au détail de médicaments :

1º De vérifier l'authenticité du médicament ;

2º D'identifier les boîtes individuelles de médicaments.

Art. R. 5121-138-3 *(Décr. nº 2012-1562 du 31 déc. 2012, art. 1er-4º)* Tous les médicaments sont dotés d'un dispositif permettant de vérifier l'intégrité de leurs conditionnements extérieurs.

Art. R. 5121-138-4 *(Décr. nº 2012-1562 du 31 déc. 2012, art. 1er-4º)* Les dispositifs de sécurité ne peuvent être remplacés que par des dispositifs de sécurité équivalents afin de vérifier l'authenticité, d'identifier et d'apporter la preuve de manipulation illicite du médicament. Ce remplacement est effectué sans ouvrir le conditionnement primaire tel que défini au 3º de l'article R. 5121-1 et dans le respect des bonnes pratiques mentionnées à l'article L. 5121-5.

Les dispositifs de sécurité sont considérés comme équivalents si :

1º Ils répondent aux exigences fixées dans les actes délégués pris par la Commission européenne sur la base de l'article 54 *bis*, paragraphe 2, de la directive 2001/83/CE du Parlement européen et du Conseil du 6 novembre 2001 instituant un code communautaire relatif aux médicaments à usage humain ;

2º Ils permettent de vérifier l'authenticité et d'identifier les médicaments, avec la même efficacité, et d'apporter la preuve de la manipulation illicite des médicaments.

Art. R. 5121-139 *(Décr. nº 2017-550 du 14 avr. 2017, art. 1er-1º)* « I. — » Le conditionnement extérieur peut comporter, outre le signe distinctif de l'entreprise, des signes ou des pictogrammes explicitant certaines des informations ci-dessus ainsi que d'autres informations compatibles avec le résumé des caractéristiques du produit. Ces éléments doivent être utiles *(Décr. nº 2008-435 du 6 mai 2008, art. 50)* « pour les patients » et ne présenter aucun caractère promotionnel.

(Décr. nº 2017-550 du 14 avr. 2017, art. 1er-2º) « II. — » Lorsque le médicament ou produit a des effets sur la capacité de conduire des véhicules ou d'utiliser des machines, mentionnés *(Décr. nº 2008-435 du 6 mai 2008, art. 50)* « dans le résumé des caractéristiques du produit », son conditionnement extérieur comporte un pictogramme, dont le modèle est déterminé, *(Décr. nº 2017-550 du 14 avr. 2017, art. 1er-2º)* « après avis » du directeur général de l'*(Décr. nº 2012-597 du 27 avr. 2012, art. 5-I-1º)* « Agence nationale de sécurité du médicament et des produits de santé », par arrêté du ministre chargé de la santé.

(Décr. nº 2017-550 du 14 avr. 2017, art. 1er-3º) « III. — Lorsqu'un médicament ou un produit a des effets tératogènes ou foetotoxiques mentionnés dans son résumé des caractéristiques du produit, son conditionnement extérieur comporte un pictogramme dont le modèle est déterminé, après avis du directeur général de l'Agence nationale de sécurité du médicament et des produits de santé, par arrêté du ministre chargé de la santé.

« IV. — Le titulaire d'une autorisation de mise sur le marché d'un médicament ou produit transmet pour information au directeur général de l'Agence nationale de sécurité du médicament et des produits de santé un exemplaire du conditionnement extérieur de ce médicament ou produit comprenant le pictogramme prévu au II ou au III qu'il met en œuvre, sans faire application des dispositions de l'article R. 5121-41.

« V. — En cas de non-respect des dispositions des II, III et IV, la mesure de suspension de l'autorisation de mise sur le marché prévue à l'article R. 5121-47 est applicable. »

Sur la mise en place du pictogramme mentionné dans ce présent al., V. Décr. n° 2017-550 du 14 avr. 2017, art. 2 🏛.

Art. R. 5121-140 Les mentions prévues aux articles R. 5121-138 et R. 5121-139 sont rédigées en français. Elles peuvent en outre être rédigées dans d'autres langues, à condition que les mêmes mentions figurent dans toutes les langues utilisées.

(Décr. n° 2008-435 du 6 mai 2008, art. 51) « Lorsque le médicament n'est pas destiné à être *(Décr. n° 2012-1244 du 8 nov. 2012, art. 2)* « délivré » directement au patient ou lorsqu'il est mis à disposition du patient à titre exceptionnel notamment en raison de l'indisponibilité du médicament ayant une autorisation de mise sur le marché en France, le directeur général de l'*(Décr. n° 2012-597 du 27 avr. 2012, art. 5-I-1°)* « Agence nationale de sécurité du médicament et des produits de santé » peut *(Décr. n° 2012-1244 du 8 nov. 2012, art. 2)* « , sous réserve des mesures qu'il juge nécessaires pour protéger la santé humaine, » exonérer de l'obligation de faire figurer certaines mentions et de rédiger les mentions en français. »

Art. R. 5121-141 Par dérogation aux dispositions de l'article *(Décr. n° 2008-435 du 6 mai 2008, art. 52)* « R. 5121-138 », lorsque les médicaments ou les produits sont contenus dans un conditionnement extérieur conforme aux prescriptions dudit article, les conditionnements primaires sous forme de blister comportent au moins les indications suivantes :

1° *(Décr. n° 2008-435 du 6 mai 2008, art. 52)* « Le nom du médicament ou du produit, le dosage, la forme pharmaceutique, le cas échéant la mention du destinataire ("nourrissons", "enfants" ou "adultes"), ainsi que, lorsque le médicament contient au maximum trois substances actives, la ou les dénominations communes ;

« 2° Le nom du titulaire de l'autorisation de mise sur le marché du médicament ou produit ; »

3° Le numéro du lot de fabrication ;

4° La date de péremption.

Art. R. 5121-142 Les ampoules ou autres petits conditionnements primaires sur lesquels il est impossible de mentionner l'ensemble des indications prévues à l'article *(Décr. n° 2008-435 du 6 mai 2008, art. 53)* « R. 5121-138 » peuvent ne porter que les indications suivantes :

1° *(Décr. n° 2008-435 du 6 mai 2008, art. 53)* « Le nom du médicament ou du produit, le dosage, la forme pharmaceutique, le cas échéant la mention du destinataire ("nourrissons", "enfants" ou "adultes"), ainsi que, lorsque le médicament contient au maximum trois substances actives, la ou les dénominations communes ; »

2° Le mode d'administration et, si nécessaire, la voie d'administration ;

3° La date de péremption ;

4° Le numéro du lot de fabrication ;

5° Le contenu en poids, en volume ou en unités.

SOUS-SECTION 2 MÉDICAMENTS CONTENANT DES RADIONUCLÉIDES

Art. R. 5121-143 Pour les médicaments contenant des radionucléides, outre les mentions prévues à l'article R. 5121-140, l'étiquetage du blindage de protection fournit toutes les explications relatives aux codes utilisés sur le flacon et indique, s'il y a lieu, la quantité totale ou unitaire de radioactivité pour une heure et date données ainsi que le nombre de capsules ou, pour les liquides, le nombre de millilitres contenus dans le récipient.

L'étiquetage du conditionnement primaire comporte les renseignements suivants :

1° Le nom ou le code du médicament, y compris le nom ou le symbole chimique du radionucléide ;

2° L'identification du lot et la date de péremption ;

3° *(Décr. n° 2008-435 du 6 mai 2008, art. 54)* « Le nom et l'adresse du fabricant ; »

4° Le symbole international de la radioactivité ;

5° La quantité totale ou unitaire de la radioactivité.

SOUS-SECTION 3 MÉDICAMENTS BÉNÉFICIANT D'UNE AUTORISATION TEMPORAIRE D'UTILISATION

Art. R. 5121-144 L'étiquetage des médicaments mentionnés *(Décr. n° 2013-66 du 18 janv. 2013, art. 5)* « au 1° du I » de l'article L. 5121-12 comporte au moins les mentions suivantes :

1° La dénomination du médicament ou, le cas échéant, son nom de code ;

2° Le nom ou la raison sociale et l'adresse de l'entreprise exploitant le médicament ;

3° Le numéro du lot de fabrication ;

4° La voie et, s'il y a lieu, le mode d'administration du médicament ;

5° La composition en principes actifs ;

6° La date de péremption ;

7° Le cas échéant, les indications nécessaires à la bonne conservation du médicament.

Les mentions prévues ci-dessus sont rédigées en français. Elles peuvent en outre être rédigées dans d'autres langues, à condition que les mêmes mentions figurent dans toutes les langues utilisées.

Art. R. 5121-145 L'étiquetage des médicaments mentionnés *(Décr. n° 2013-66 du 18 janv. 2013, art. 5)* « au 2° du I » de l'article L. 5121-12 comporte au moins les informations suivantes :

1° La dénomination du médicament ou, le cas échéant, son nom de code ;

2° Le numéro du lot de fabrication ;

3° La date de péremption.

SOUS-SECTION 4 MÉDICAMENTS SOUMIS À ENREGISTREMENT

Art. R. 5121-146 L'étiquetage et, le cas échéant, la notice des médicaments mentionnés à l'article L. 5121-13 portent obligatoirement et exclusivement les mentions suivantes :

1° Médicament homéopathique en caractères très apparents ;

2° La dénomination commune de la ou des souches homéopathiques en se référant à la pharmacopée européenne ou, à défaut, française, lorsqu'elle y figure, suivie du degré de dilution. *(Décr. n° 2008-436 du 6 mai 2008, art. 5)* « Si le médicament homéopathique est composé de plusieurs souches, la dénomination commune des souches mentionnée dans l'étiquetage peut être complétée par un nom de fantaisie ; »

3° Les nom et adresse de l'exploitant du médicament et, si celui-ci ne fabrique pas le médicament, du fabricant ;

4° La voie d'administration et, si nécessaire, le mode d'administration ;

5° La date de péremption en clair ;

6° La forme pharmaceutique ;

7° La contenance du modèle de vente ;

8° S'il y a lieu, les précautions particulières de conservation ;

9° Une mise en garde spéciale, si elle s'impose pour le médicament ;

10° Le numéro du lot de fabrication ;

11° Le numéro d'enregistrement, suivi de la mention : "Enregistrement sans indications thérapeutiques" ;

12° Un avertissement conseillant à l'utilisateur de consulter un médecin si les symptômes persistent.

Art. R. 5121-146-1 *(Décr. n° 2008-436 du 6 mai 2008, art. 6)* Outre les mentions prévues aux articles R. 5121-138 et R. 5121-149, l'étiquetage et la notice des médicaments traditionnels à base de plantes indiquent que :

1° Le produit est un médicament traditionnel à base de plantes ayant des indications spécifiées sur la base exclusive de l'ancienneté de l'usage ;

2° L'utilisateur est invité à consulter un médecin ou un professionnel de la santé qualifié si les symptômes persistent pendant l'utilisation du médicament ou si des effets indésirables non mentionnés sur la notice se produisent.

SOUS-SECTION 5 ÉTIQUETAGE DES PRÉPARATIONS

(Décr. n° 2012-1201 du 29 oct. 2012, art. 1er)

Art. R. 5121-146-2 Sans préjudice des dispositions de l'article R. 5132-15, l'étiquetage du conditionnement primaire et, s'il existe, du conditionnement extérieur des préparations mentionnées aux 1° à 3° de l'article L. 5121-1 porte, sur fond blanc, les mentions suivantes, inscrites de manière à être facilement lisibles, clairement compréhensibles et indélébiles :

1° Mentions relatives à l'identification de la préparation :

a) Le nom ou la dénomination de la préparation, le dosage, la forme pharmaceutique et, le cas échéant, la mention du destinataire ("nourrissons", "enfants", "adultes" ou, le cas échéant, toute autre catégorie de patients dont les caractéristiques nécessitent une mention particulière) ;

b) La composition qualitative et quantitative en substances actives par unité de prise ou, selon la forme d'administration, pour un volume ou une masse déterminé, en utilisant, le cas échéant, les dénominations communes ;

c) Le contenu en masse, en volume ou en unités de prise ;

d) Lorsqu'il s'agit d'une préparation sous forme liquide, les mentions du *b* et du *c* sont remplacées par la quantité totale de chaque substance active dans le volume total de solution et la concentration en unité de masse par volume ;

e) Les excipients qui ont une action ou un effet notoire. Toutefois, s'il s'agit d'un produit injectable, d'une préparation topique ou d'un collyre, tous les excipients sont mentionnés ;

f) La voie d'administration si le produit est destiné à être administré directement au patient.

Pour les préparations qui ne sont pas destinées à être administrées directement au patient et qui sont utilisées pour la réalisation d'autres préparations, l'étiquette comporte dans un encadré rouge et en caractères rouges la mention : "Ne pas administrer – Réservé à la réalisation de préparations en pharmacie" ainsi que les modalités d'utilisation ;

g) Le mode d'administration, si nécessaire ;

h) La mention "ATTENTION – SOLUTION HYPERTONIQUE" en caractères gras et noirs sur fond bleu clair pour les solutions injectables hypertoniques, apposée perpendiculairement aux autres mentions ;

i) Lorsque la préparation est destinée à une autre voie d'administration que la voie orale, sublinguale ou perlinguale, l'étiquette porte la mention "Ne pas avaler" en caractère gras et noirs sur fond rouge ; pour les formes injectables susceptibles d'être administrées par voie orale, la mention "Ne pas avaler" peut être supprimée, sous réserve de respecter les prérequis fixés par les bonnes pratiques applicables aux préparations mentionnées à l'article L. 5121-5.

Pour les solutions injectables conditionnées en flacon destinées à être administrées en perfusion, les mentions définies aux *a* et *f* du présent article sont apposées, en double et inversées par rapport à un axe horizontal.

Pour les solutions injectables conditionnées en poche destinées à être administrées en perfusion, les mentions définies aux *a* et *f* du présent article sont apposées de façon à permettre leur lecture lors de la mise en place et de l'administration des poches ;

2° Mentions relatives au numéro de lot et à la traçabilité :

a) Le numéro du lot de la préparation réalisée par une officine, une pharmacie à usage intérieur ou un établissement pharmaceutique. Lorsque celle-ci est réalisée dans les conditions de sous-traitance mentionnées aux articles L. 5125-1 et L. 5126-2, le numéro du lot est celui de l'officine, de la pharmacie à usage intérieur ou de l'établissement pharmaceutique ayant réalisé la préparation ;

b) Le numéro d'enregistrement de la préparation figurant sur le livre-registre ou dans le système informatisé ;

c) La date limite d'utilisation ;

d) Les précautions particulières de conservation, s'il y a lieu ;

e) Le nom et l'adresse de la pharmacie à usage intérieur ou de la pharmacie d'officine ayant réalisé et dispensé la préparation ou le nom et l'adresse de l'établissement pharmaceutique ayant réalisé la préparation. Lorsque ladite préparation est réalisée pour le compte d'une pharmacie à usage intérieur ou d'une officine, le nom et l'adresse de la pharmacie à usage intérieur ou de l'officine ayant dispensé la préparation sont également mentionnés sur l'étiquette ou sur une contre-étiquette.

Art. R. 5121-146-3 Les ampoules ou autres petits conditionnements primaires sur lesquels il est impossible de mentionner l'ensemble des indications prévues à l'article R. 5121-146-2 peuvent ne porter que les indications prévues aux *a*, *c*, *d*, et *h* du 1° de l'article R. 5121-146-2, aux *a*, *b* et *c* du 2° du même article ainsi que :

1° Lorsque la préparation contient jusqu'à trois substances actives, la ou les dénominations communes ;

2° La voie d'administration si le produit est destiné à être administré directement au patient. Pour les préparations qui ne sont pas destinées à être administrées directement au patient et qui sont utilisées pour la réalisation d'autres préparations, l'étiquette comporte dans un encadré rouge et en caractères rouges la mention : "Ne pas administrer" ainsi que les modalités d'utilisation ;

3° Le nom et le code postal de la pharmacie à usage intérieur ou de l'officine ayant dispensé la préparation.

SECTION XII NOTICE

Art. R. 5121-147 Le titulaire de l'autorisation de mise sur le marché se conforme aux bonnes pratiques de notice établies, *(Décr. nº 2008-435 du 6 mai 2008, art. 55 ; Décr. nº 2012-597 du 27 avr. 2012, art. 5-I-1º)* « par décision du directeur général de l'Agence nationale de sécurité du médicament et des produits de santé ».

Art. R. 5121-148 La présence d'une notice d'information pour l'utilisateur dans le conditionnement de tout médicament ou produit est obligatoire, sauf si les mentions citées à l'article R. 5121-149 figurent directement sur le conditionnement extérieur ou le conditionnement primaire.

Elle est rédigée en français, en termes aisément compréhensibles pour l'utilisateur et suffisamment lisibles *(Décr. nº 2008-435 du 6 mai 2008, art. 56)* « , compte tenu des résultats de la consultation de groupes de patients ».

Elle peut en outre être rédigée en plusieurs autres langues, à condition que les mêmes informations figurent dans toutes les langues utilisées.

(Décr. nº 2008-435 du 6 mai 2008, art. 56) « Lorsque le médicament n'est pas destiné à être *(Décr. nº 2012-1244 du 8 nov. 2012, art. 3)* « délivré » directement au patient ou lorsqu'il est mis à disposition du patient à titre exceptionnel notamment en raison de l'indisponibilité du médicament ayant une autorisation de mise sur le marché en France, le directeur général de l'*(Décr. nº 2012-597 du 27 avr. 2012, art. 5-I-1º)* « Agence nationale de sécurité du médicament et des produits de santé » peut *(Décr. nº 2012-1244 du 8 nov. 2012, art. 3)* « , sous réserve des mesures qu'il juge nécessaires pour protéger la santé humaine, » exonérer de l'obligation de faire figurer certaines mentions et de rédiger la notice en français.

« Le titulaire de l'autorisation de mise sur le marché veille à ce que la notice soit disponible, sur demande des organisations de patients, dans des formats appropriés pour les aveugles et les mal-voyants. »

Art. R. 5121-149 *(Décr. nº 2012-1244 du 8 nov. 2012, art. 4)* « La notice est établie en conformité avec le résumé des caractéristiques du produit. Elle comporte un texte standard, invitant expressément les patients à signaler tout effet indésirable suspecté à leur médecin, à leur pharmacien ou à tout autre professionnel de santé ou bien directement au centre régional de pharmacovigilance, et précisant les différents modes de notification à leur disposition. Elle comporte également, dans l'ordre, les indications suivantes : »

1° *(Décr. nº 2008-435 du 6 mai 2008, art. 57)* « Pour l'identification du médicament ou du produit :

« *a)* Le nom du médicament ou du produit, le dosage, la forme pharmaceutique, le cas échéant la mention du destinataire ("nourrissons", "enfants" ou "adultes") ainsi que la dénomination commune lorsqu'il ne contient qu'une seule substance active et que son nom est un nom de fantaisie ;

« *b)* La catégorie pharmacothérapeutique ou le type d'activité dans des termes aisément compréhensibles pour le patient ; »

2° Les indications thérapeutiques ;

3° L'énumération des informations nécessaires avant la prise du médicament relatives aux contre-indications, aux précautions d'emploi, aux interactions médicamenteuses et autres interactions susceptibles d'affecter l'action du médicament et aux mises en garde spéciales. Cette énumération doit :

a) Tenir compte de la situation particulière des catégories suivantes d'utilisateurs : enfants, femmes enceintes ou allaitant, personnes âgées, personnes présentant certaines pathologies spécifiques ;

b) Mentionner, s'il y a lieu, les effets possibles du traitement sur la capacité à conduire un véhicule ou à utiliser certaines machines ;

c) Comporter une liste des excipients dont la connaissance est nécessaire pour une utilisation efficace et sans risque du médicament ou du produit ;

4° Les instructions nécessaires pour un bon usage, en particulier :

a) La posologie ;

b) Le mode et, si nécessaire, la voie d'administration ;

c) La fréquence de l'administration, en précisant, si nécessaire, le moment auquel le médicament ou produit peut ou doit être administré, et, le cas échéant, selon la nature du produit ;

d) La durée du traitement ;

e) La conduite à tenir en cas de surdosage ;

f) La conduite à tenir au cas où l'administration d'une ou plusieurs doses a été omise ;

g) La mention, si nécessaire, d'un risque de syndrome de sevrage ;

(Décr. n° 2008-435 du 6 mai 2008, art. 57) « *h)* La recommandation de consulter un médecin ou un pharmacien pour toute précision ou conseil relatif à l'utilisation du produit ; »

5° Une description des effets indésirables pouvant être observés lors de l'usage normal du médicament ou du produit et, le cas échéant, la conduite à tenir ;

6° Un renvoi à la date de péremption figurant sur le conditionnement extérieur, avec :

a) Une mise en garde contre tout dépassement de cette date ;

b) S'il y a lieu, les précautions particulières de conservation ;

c) S'il y a lieu, une mise en garde en cas de signes visibles de détérioration ;

(Décr. n° 2008-435 du 6 mai 2008, art. 57) « *d)* La composition qualitative complète en substances actives et excipients ainsi que la composition quantitative en substances actives, en utilisant les dénominations communes pour chaque présentation du médicament ou du produit ;

« *e)* La forme pharmaceutique et le contenu en poids, en volume, ou en unités de prises, pour chaque présentation du médicament ;

« *f)* Le nom et l'adresse du titulaire de l'autorisation de mise sur le marché et, le cas échéant, de l'entreprise exploitant le médicament ou le produit ;

« *g)* Le nom et l'adresse du fabricant ;

« 7° Lorsque le médicament est autorisé conformément aux articles R. 5121-51 et suivants sous des noms différents dans les États concernés, une liste des noms autorisés dans chacun de ces États ;

« 8° » La date à laquelle la notice a été révisée pour la dernière fois.

(Décr. n° 2012-1244 du 8 nov. 2012, art. 4) « Pour les médicaments figurant sur la *liste visée à l'article 23 du* règlement (CE) n° 726/2004 du Parlement européen et du Conseil du 31 mars 2004, la notice doit, outre les renseignements mentionnés ci-dessus, comporter la mention : "Ce médicament fait l'objet d'une surveillance supplémentaire". Cette mention est précédée du symbole noir mentionné à l'article 23 du règlement (CE) n° 726/2004 du Parlement européen et du Conseil du 31 mars 2004 et suivie d'une phrase explicative déterminée par la Commission européenne. »

Pour les préparations radiopharmaceutiques, la notice doit, en outre, mentionner les précautions à prendre par l'utilisateur et le patient durant la préparation et l'administration du produit et les précautions spéciales pour l'élimination du conditionnement et de ses contenus non utilisés.

La notice peut comporter, outre le signe distinctif de l'entreprise, des signes ou des pictogrammes explicitant certaines des informations ci-dessus ainsi que d'autres informations compatibles avec le résumé des caractéristiques du produit. Ces éléments doivent être utiles *(Décr. n° 2008-435 du 6 mai 2008, art. 57)* « pour les patients » et ne présenter aucun caractère promotionnel.

SECTION XIII PHARMACOVIGILANCE

SOUS-SECTION 1 DISPOSITIONS GÉNÉRALES

(Décr. n° 2012-1244 du 8 nov. 2012, art. 5-1°)

Art. R. 5121-150 La pharmacovigilance s'exerce :

1° Pour les médicaments et pour les produits devant faire l'objet de l'autorisation de mise sur le marché prévue par l'article L. 5121-8, après la délivrance de cette autorisation ;

2° Pour les médicaments mentionnés à l'article L. 5121-12, après la délivrance de l'autorisation temporaire d'utilisation, sous réserve des règles particulières prévues pour ces médicaments à l'article R. 5121-169 ;

3° Pour les médicaments homéopathiques mentionnés à l'article L. 5121-13, après l'enregistrement prévu par cet article ;

4° Pour les médicaments traditionnels à base de plantes mentionnés à l'article L. 5121-14-1, après l'enregistrement prévu à cet article ;

5° Pour les autres produits mentionnés à l'article L. 5121-1 après leur délivrance ;

6° Pour les allergènes, préparés spécialement pour un seul individu, mentionnés à l'article L. 4211-6, après la délivrance de l'autorisation prévue par cet article ;

7° Pour les médicaments dérivés du sang et pour les autres médicaments d'origine humaine, sous réserve des règles particulières prévues pour ces médicaments par le 14° de l'article L. 5121-20 ;

8° Pour les médicaments mentionnés à l'article L. 5121-9-1 après la délivrance de l'autorisation prévue à ce même article.

Art. R. 5121-151 La pharmacovigilance comporte :

1° Le signalement des effets indésirables suspectés d'être dus à un médicament ou à un produit mentionné à l'article R. 5121-150, y compris en cas de surdosage, de mésusage, d'abus et d'erreur médicamenteuse tels que définis à l'article R. 5121-152, ainsi que la surveillance des effets indésirables liés à une exposition professionnelle et le recueil des informations les concernant. Pour les médicaments faisant l'objet d'une autorisation de mise sur le marché ou d'un enregistrement, cela s'entend dans les cas d'utilisation conforme ou non conforme aux termes de cette autorisation ou de cet enregistrement ;

2° Le recueil, l'enregistrement, l'évaluation et l'exploitation de ces informations dans un but de prévention ou de réduction des risques et au besoin pour prendre des mesures appropriées. Ces informations sont analysées en prenant en compte les données disponibles relatives à la vente, à la délivrance et aux pratiques de consommation, de prescription et d'administration aux patients des médicaments et des produits mentionnés à l'article R. 5121-150 ;

3° La réalisation de toutes les études et de tous les travaux concernant la sécurité d'emploi des médicaments et des produits mentionnés à l'article R. 5121-150.

L'exercice de la pharmacovigilance peut nécessiter la recherche et l'analyse des données contenues dans le dossier préclinique d'expérimentation animale ou dans le dossier des recherches biomédicales d'un médicament ou d'un produit mentionné à l'article R. 5121-150, ainsi que des informations relatives à sa fabrication et à sa conservation.

Les dispositions de la présente section ne font pas obstacle à l'application des dispositions du présent code relatives à la pharmacodépendance et à la toxicovigilance.

Art. R. 5121-152 Pour l'application du présent chapitre, on entend par :

1° "Effet indésirable" : une réaction nocive et non voulue à un médicament ou à un produit mentionné à l'article R. 5121-150 ;

2° "Effet indésirable grave" : un effet indésirable létal, ou susceptible de mettre la vie en danger, ou entraînant une invalidité ou une incapacité importantes ou durables, ou provoquant ou prolongeant une hospitalisation, ou se manifestant par une anomalie ou une malformation congénitale ;

3° "Effet indésirable inattendu" : un effet indésirable dont la nature, la sévérité ou l'évolution ne correspondent pas aux informations contenues dans le résumé des caractéristiques du produit mentionné à l'article R. 5121-21 ;

(Décr. nº 2013-923 du 16 oct. 2013, art. 2) « 4° "Mésusage" : une utilisation intentionnelle et inappropriée d'un médicament ou d'un produit, non conforme à l'autorisation de mise sur le marché ou à l'enregistrement ainsi qu'aux recommandations de bonnes pratiques ; »

5° "Abus" : un usage excessif intentionnel, persistant ou sporadique, de médicaments ou de produits mentionnés à l'article R. 5121-150, accompagné de réactions physiques ou psychologiques nocives ;

(Décr. nº 2013-923 du 16 oct. 2013, art. 2) « 6° "Surdosage" : administration d'une quantité de médicament ou de produit, quantité par prise ou cumulée supérieure à la dose maximale recommandée par le résumé des caractéristiques du produit mentionné à l'article R. 5121-1 ; »

7° "Études de sécurité post-autorisation" : toute étude portant sur un médicament ou un produit autorisé et visant à identifier, caractériser ou quantifier un risque relatif à la sécurité, à confirmer le profil de sécurité du médicament ou à mesurer l'efficacité des mesures de gestion des risques ;

8° "Études d'efficacité post-autorisation" : toute recherche biomédicale ou toute étude observationnelle sur l'efficacité en pratique médicale courante portant sur un médicament ou un produit ;

9° "Système de gestion des risques" : un ensemble d'activités de pharmacovigilance ayant pour but d'identifier et de décrire les risques liés à un médicament ou à un produit mentionné à l'article R. 5121-150 et un ensemble de mesures dont l'objectif est de prévenir ou de minimiser ces risques, y compris l'évaluation de l'efficacité desdites activités et mesures. Cet ensemble d'activités et de mesures est proportionné aux risques avérés et aux risques potentiels du médicament ou du produit, ainsi qu'à la nécessité de disposer d'informations de sécurité après l'autorisation de mise sur le marché ;

10° "Plan de gestion des risques" : une description détaillée du système de gestion des risques défini au 9° ;

11° "Système de pharmacovigilance" : un système mis en place et utilisé par toute entreprise ou tout organisme exploitant un médicament ou un produit mentionné à l'article R. 5121-150 ainsi que par l'Agence nationale de sécurité du médicament et des produits de santé afin de s'acquitter des obligations qui leur incombent en matière de pharmacovigilance et visant à surveiller la sécurité des médicaments ou des produits mentionnés à l'article R. 5121-150 et à repérer toute modification du rapport entre leurs bénéfices et leurs risques ;

12° "Dossier permanent du système de pharmacovigilance" : une description détaillée du système de pharmacovigilance mis en place et utilisé par toute entreprise ou tout organisme exploitant un médicament ou un produit mentionné à l'article R. 5121-150 concernant un ou plusieurs de ces médicaments ou de ces produits ;

13° "Erreur médicamenteuse" : une erreur non intentionnelle d'un professionnel de santé, d'un patient ou d'un tiers, selon le cas, survenue au cours du processus de soin impliquant un médicament ou un produit de santé mentionné à l'article R. 5121-150, notamment lors de la prescription, de la dispensation ou de l'administration ;

14° "Exposition professionnelle" : une exposition à un médicament ou à un produit mentionné à l'article R. 5121-150 dans le cadre de l'activité professionnelle.

SOUS-SECTION 2 ORGANISATION

§ 1er SYSTÈME NATIONAL

(Décr. nº 2012-1244 du 8 nov. 2012, art. 5-2°)

Art. R. 5121-153 Les acteurs du système de pharmacovigilance tel que mentionné à l'article L. 5121-23 sont :

1° L'Agence nationale de sécurité du médicament et des produits de anté ;

2° Les centres régionaux de pharmacovigilance mentionnés à l'article R. 5121-158 ;

3° Les professionnels de santé mentionnés à l'article R. 5121-161, les pharmacies à usage intérieur mentionnées à l'article L. 5126-1 ainsi que les titulaires de l'autorisation prévue à l'article L. 4211-6 ;

4° Les entreprises ou les organismes exploitant un médicament ou un produit mentionné à l'article R. 5121-150 et tout tiers effectuant tout ou partie des opérations constitutives de la pharmacovigilance mentionnées au quatrième alinéa de l'article R. 5124-47 pour le compte des entreprises et organismes mentionnés ci-dessus ;

5° Les établissements pharmaceutiques, y compris ceux gérés par les établissements pharmaceutiques des établissements publics de santé mentionnés aux articles R. 5124-68 à R. 5124-73 pour leur activité de réalisation de préparation hospitalière et de préparation magistrale.

Les patients et les associations agréées de patients mentionnés à l'article R. 5121-161 concourent à ce système.

§ 2 RÔLE DE L'AGENCE NATIONALE DE SÉCURITÉ DU MÉDICAMENT ET DES PRODUITS DE SANTÉ

(Décr. n° 2012-1244 du 8 nov. 2012, art. 5-2°)

Art. R. 5121-154 I. — L'Agence nationale de sécurité du médicament et des produits de santé assure la mise en œuvre au niveau national du système de pharmacovigilance pour s'acquitter des obligations qui lui incombent en matière de pharmacovigilance et de participation aux activités de l'Union européenne dans ce domaine.

(Décr. n° 2017-885 du 9 mai 2017, art. 5-1°) « L'Agence nationale de sécurité du médicament et des produits de santé assure la mise en œuvre au niveau national du système de pharmacovigilance pour procéder à l'évaluation scientifique de toutes les informations, pour examiner les options permettant de prévenir les risques ou les réduire et, au besoin, pour prendre des mesures appropriées. Elle définit les orientations de la pharmacovigilance, anime et coordonne les actions des différents intervenants, veille au respect des procédures de surveillance et participe aux activités de l'Union européenne dans ce domaine. »

Une évaluation périodique du système de pharmacovigilance est réalisée. Les résultats de cette évaluation sont transmis à la Commission européenne tous les deux ans à compter de la première transmission.

II. — L'agence est destinataire des documents suivants :

1° Les notifications, transmises par voie électronique par la base de données européenne "Eudravigilance", d'effets indésirables survenus en France, déclarés dans cette base de données par les entreprises et organismes exploitant un médicament ou un produit mentionné à l'article R. 5121-150 ;

2° Les rapports transmis par les entreprises et les organismes exploitant des médicaments ou des produits mentionnés à l'article R. 5121-150 en application du II de l'article R. 5121-168 et de l'article R. 5121-170 ;

3° Les informations transmises par les centres régionaux de pharmacovigilance en application de l'article R. 5121-159 ;

4° Les rapports transmis en application de l'article R. 5121-175 par les établissements pharmaceutiques, y compris les établissements pharmaceutiques des établissements publics de santé mentionnés aux articles R. 5124-68 à R. 5124-73 pour leur activité de réalisation de préparation hospitalière et de préparation magistrale ;

5° Les rapports transmis en application de l'article R. 5121-176 par les pharmacies à usage intérieur mentionnées à l'article L. 5126-1 pour leur activité de réalisation ou de sous-traitance de préparation hospitalière et de préparation magistrale ;

6° Les rapports transmis en application de l'article R. 5121-174 par le titulaire de l'autorisation prévue à l'article L. 4211-6.

L'agence reçoit les signalements de doublons transmis par les entreprises et organismes exploitant des médicaments ou des produits mentionnés à l'article R. 5121-150, en application de l'article R. 5121-167.

Elle signale à l'Agence européenne des médicaments et à l'entreprise ou l'organisme exploitant un produit mentionné à l'article R. 5121-150 tout doublon qu'elle aurait détecté dans la notification des effets indésirables.

III. — L'agence évalue les rapports périodiques actualisés de sécurité qu'elle a reçus conformément à l'article R. 5121-170 et transmet ses rapports d'évaluation au comité pour l'évaluation des risques en matière de pharmacovigilance mentionné à l'article 56 du règlement (CE) n° 726/2004 du Parlement européen et du Conseil du 31 mars 2004.

En collaboration avec l'Agence européenne des médicaments, l'agence surveille les résultats des mesures de réduction des risques prévues dans les plans de gestion des risques, les résultats des obligations visées aux articles R. 5121-36-1, R. 5121-37-3 et R. 5121-43, évalue les mises à jour du système de gestion des risques et surveille les informations consignées dans la base de données européenne "Eudravigilance" en vue de déterminer si des risques nouveaux sont apparus, si les risques existants ont changé et, le cas échéant, s'ils ont une incidence sur le rapport entre les bénéfices et les risques liés au médicament.

Elle informe l'Agence européenne des médicaments et l'entreprise ou l'organisme exploitant un médicament ou un produit mentionné à l'article R. 5121-150 lorsque des risques nouveaux, des changements de risques existants ou des modifications du rapport entre les bénéfices et les risques liés au médicament sont constatés en application de l'alinéa précédent.

Elle informe, vingt-quatre heures au plus tard avant la diffusion au grand public d'un avis portant sur des informations relatives à la pharmacovigilance, l'Agence européenne des médicaments, la Commission européenne et les États membres de l'Union européenne ou les États parties à l'accord sur l'Espace économique européen d'une telle communication, sauf en cas d'urgence. Toute information à caractère personnel ou présentant un caractère de confidentialité commerciale est supprimée, sauf si la divulgation d'une telle information est nécessaire à la protection de la santé publique.

Lorsque l'avis mentionné à l'alinéa précédent concerne des médicaments ou des produits qui contiennent la même substance active ou la même combinaison de substances actives et qui sont autorisés dans plusieurs États membres de l'Union européenne ou des États parties à l'accord sur l'Espace économique européen, l'Agence nationale de sécurité du médicament et des produits de santé élabore en collaboration avec les autres États membres de l'Union européenne ou les États parties à l'accord sur l'Espace économique européen un message commun relatif à la sécurité du médicament ou du produit concerné. L'agence diffuse au grand public cet avis selon le calendrier prévu par l'Agence européenne des médicaments. Toute information à caractère personnel ou présentant un caractère de confidentialité commerciale est supprimée, sauf si la divulgation d'une telle information est nécessaire à la protection de la santé publique.

Art. R. 5121-155 I. — Le directeur général de l'agence peut demander aux centres régionaux de pharmacovigilance de mener à bien toutes enquêtes et tous travaux de pharmacovigilance.

Il peut également demander aux centres d'évaluation et d'information sur la pharmacodépendance *(Décr. n° 2017-885 du 9 mai 2017, art. 5-5°)* « et d'addictovigilance » mentionnés à l'article R. 5132-112 et aux centres antipoison mentionnés à l'article L. 6141-4 de lui fournir les informations et d'effectuer les études qu'il estime utiles dans un but de pharmacovigilance.

Le directeur général de l'agence peut associer toute entreprise ou tout organisme exploitant un médicament ou un produit mentionné à l'article R. 5121-150 ayant déclaré un effet indésirable suspecté en application des dispositions de l'article R. 121-166 au suivi de cette déclaration.

Il peut également associer les professionnels de santé, les patients et les associations agréées de patients ayant déclaré un effet indésirable suspecté en application de l'article R. 5121-161 au suivi de cette déclaration.

Il peut demander à toute entreprise ou tout organisme exploitant un médicament ou un produit mentionné à l'article L. 5121-1 de fournir toute information mentionnée au 2° et à l'avant-dernier alinéa de l'article R. 5121-151 ou d'effectuer toutes enquêtes, toutes études et tous travaux concernant les bénéfices et les risques d'effets indésirables que ces médicaments ou ces produits sont susceptibles de présenter. Cette demande est motivée.

II. — Après exploitation des informations recueillies notamment en application de l'article R. 5121-154, le directeur général de l'Agence nationale de sécurité du médicament et des produits de santé prend, le cas échéant, les mesures appropriées pour assurer la sécurité d'emploi des médicaments et des produits mentionnés à l'article R. 5121-150 et pour faire cesser les incidents et les accidents qui se sont révélés liés à leur emploi, ou saisit les autorités compétentes.

Art. R. 5121-156 Le directeur général de l'Agence nationale de sécurité du médicament et des produits de santé :

1° Enregistre tout effet indésirable suspecté d'être dû à un médicament ou à un produit mentionné à l'article R. 5121-150, survenu en France, qui lui a été déclaré ou notifié ;

2° Déclare par voie électronique à la base de données européenne "Eudravigilance" :

a) Tout effet indésirable grave suspecté, survenu en France, dans un délai de quinze jours à compter de la réception de la déclaration ou de la notification ;

b) Tout effet indésirable non grave suspecté, survenu en France, dans un délai de quatre-vingt-dix jours à compter de la réception de la déclaration ou de la notification.

Art. R. 5121-157 *(Décr. n° 2013-923 du 16 oct. 2013, art. 3, en vigueur le 28 oct. 2013)* I. — Le directeur général de l'Agence nationale de sécurité du médicament et des produits de santé, sur la base d'inquiétudes résultant de l'évaluation des données issues des activités de pharmacovigilance, engage la procédure d'urgence de l'Union européenne en matière de pharmacovigilance dans les conditions précisées aux II à IV du présent article.

II. — Il informe la Commission européenne, l'Agence européenne des médicaments et les autres États membres de l'Union européenne de l'une des situations suivantes :

1° Il envisage de suspendre ou de retirer une autorisation de mise sur le marché ;

2° Il envisage d'interdire la délivrance d'un médicament ou d'un produit bénéficiant d'une autorisation de mise sur le marché ;

3° Il envisage de refuser le renouvellement d'une autorisation de mise sur le marché ;

4° Il est informé par toute entreprise ou tout organisme exploitant un médicament ou un produit mentionné à l'article R. 5121-150, que, en raison de leurs inquiétudes concernant la sécurité d'un médicament, la mise sur le marché du médicament ou du produit a été interrompue, ou que des mesures tendant au retrait de l'autorisation de mise sur le marché ont été engagées, ou que l'entreprise ou l'organisme envisage de prendre de telles mesures, ou que le renouvellement de l'autorisation de mise sur le marché n'a pas été demandé.

III. — Le directeur général de l'Agence nationale de sécurité du médicament et des produits de santé, lorsqu'il estime nécessaire de signaler une nouvelle contre-indication, de réduire le dosage recommandé ou de restreindre les indications d'un médicament, en informe la Commission européenne, l'Agence européenne des médicaments et les autres États membres de l'Union européenne. Il précise les mesures qu'il envisage de prendre et leurs motifs. Il engage la procédure d'urgence de l'Union européenne lorsqu'il juge qu'une mesure urgente est nécessaire.

IV. — Lorsque, dans les cas prévus au II et au III, le directeur général de l'Agence nationale de sécurité du médicament et des produits de santé décide de suspendre en urgence l'autorisation de mise sur le marché et d'interdire l'utilisation du médicament ou du produit en vue de protéger la santé publique, en attendant qu'une décision définitive soit prise en application de la procédure d'arbitrage de l'Union européenne, il informe la Commission européenne, l'Agence européenne des médicaments et les autres États membres de l'Union européenne des motifs de cette mesure au plus tard le premier jour ouvrable suivant sa décision. Il met à la disposition de l'Agence européenne des médicaments toute information scientifique pertinente qu'il détient ainsi que toute évaluation que l'Agence nationale de sécurité du médicament et des produits de santé aurait réalisée.

§ 3 CENTRES RÉGIONAUX DE PHARMACOVIGILANCE

Art. R. 5121-158 *(Décr. n° 2010-344 du 31 mars 2010, art. 152)* Les centres régionaux de pharmacovigilance sont chargés :

1° De recueillir les déclarations que leur adressent les professionnels de santé en application de l'article *(Décr. n° 2016-1645 du 1er déc. 2016, art. 3-14°-a)* « R. 5121-161 » *(Décr. n° 2011-655 du 10 juin 2011, art. 2)* « ainsi que les signalements que peuvent leur adresser les autres professionnels de santé, les patients et les associations agréées de patients » ;

2° De recueillir les informations relatives aux effets indésirables des médicaments ou produits mentionnés à l'article R. 5121-150 qui doivent leur être communiquées par les établissements publics de santé, par les centres antipoison *(Décr. n° 2016-1645 du 1er déc. 2016, art. 3-14°-b)* « , par les établissements de santé privés et par les groupements de coopération sanitaire autorisés en vertu de l'article L. 6133-7 à assurer les missions de ces établissements » ;

3° De réunir les informations de même nature qui leur sont transmises, à titre individuel, par les membres de professions de santé ;

4° De transmettre au directeur général de l'*(Décr. n° 2012-597 du 27 avr. 2012, art. 5-I-1°)* « Agence nationale de sécurité du médicament et des produits de santé » les informations recueillies en application des 1°, 2° et 3°, celles qui concernent des effets indésirables graves devant lui être transmises sans délai ;

(Décr. n° 2017-885 du 9 mai 2017, art. 5-2°-b) « 5° De transmettre au directeur général de l'agence régionale de santé territorialement compétente les signalements mentionnés à l'article R. 1413-59 ;

« 6° » De remplir auprès du ministre chargé de la santé et du directeur général de l'agence une mission d'expertise, en conduisant les études et travaux qui leur sont demandés par ces autorités et en procédant à l'évaluation des informations relatives aux effets indésirables ;

(Décr. n° 2017-885 du 9 mai 2017, art. 5-2°-b) « 7° » De contribuer au développement des connaissances sur les méthodes de la pharmacovigilance et sur la nature et les mécanismes des effets indésirables des médicaments et produits mentionnés à l'article R. 5121-150.

(Décr. n° 2017-885 du 9 mai 2017, art. 5-2°-c) « Les centres régionaux de pharmacovigilance sont membres des réseaux régionaux de vigilances et d'appui mentionnés à l'article à l'article R. 1413-62 et dans le périmètre desquels ils sont constitués. »

Art. R. 5121-159 Les centres, en outre, sur leur territoire géographique d'intervention :

1° Contribuent au développement de l'information en matière de pharmacovigilance, notamment en renseignant les membres des professions de santé et en participant à leur formation ;

2° Remplissent une mission d'expertise et de conseil en matière de pharmacovigilance auprès des établissements *(Décr. n° 2006-550 du 15 mai 2006, art. 5-II ; Décr. n° 2012-1244 du 8 nov. 2012, art. 5-2°)* « mentionnés *(Décr. n° 2016-1645 du 1er déc. 2016, art. 3-15°)* « au 2° » de l'article R. 5121-158 », en collaboration avec les pharmacies à usage intérieur *(Décr. n° 2006-550 du 15 mai 2006, art. 5-II)* « dont disposent ces établissements » ;

3° Portent à la connaissance des centres d'évaluation et d'information sur la pharmacodépendance *(Décr. n° 2017-885 du 9 mai 2017, art. 5-5°)* « et d'addictovigilance » les cas de pharmacodépendance ou d'abus tels qu'ils sont définis à l'article R. 5132-92.

Art. R. 5121-160 Les centres sont agréés, sur proposition du directeur général de l'*(Décr. n° 2012-597 du 27 avr. 2012, art. 5-I-1°)* « Agence nationale de sécurité du médicament et des produits de santé » *(Décr. n° 2017-885 du 9 mai 2017, art. 5-4°)* « et avis du directeur général de l'agence régionale de santé territorialement compétente », par arrêté du ministre chargé de la santé. L'arrêté agréant un centre détermine son territoire d'intervention.

Pour être agréés, les centres sont constitués au sein d'une structure de pharmacologie, de pharmacologie clinique ou de toxicologie clinique d'un établissement public de santé, sous la forme d'une unité fonctionnelle ou, si l'établissement a fait usage de la faculté prévue par l'article L. 6146-8, d'une unité distincte.

Le responsable du centre est un médecin formé à la pharmacologie ou à la toxicologie clinique ou justifiant d'une expérience pratique d'au moins trois ans en matière de pharmacovigilance.

L'agrément mentionné au premier alinéa peut être retiré en cas de non-respect des dispositions de la présente section.

Les modalités de fonctionnement des centres, notamment les conditions dans lesquelles ils accomplissent les missions qui leur sont confiées par l'*(Décr. n° 2012-597 du 27 avr. 2012, art. 5-I-1°)* « Agence nationale de sécurité du médicament et des produits de santé », font l'objet de conventions conclues entre le directeur général de l'agence *(Décr. n° 2017-885 du 9 mai 2017, art. 5-4°)* « , le directeur général de l'agence régionale de santé territorialement compétente » et les établissements de santé dans lesquels les centres sont agréés. Ces conventions respectent les dispositions de la présente section. Elles sont communiquées pour information au ministre chargé de la santé.

§ 4 PROFESSIONNELS DE SANTÉ ET PATIENTS

(Décr. n° 2012-1244 du 8 nov. 2012, art. 5-2°)

Art. R. 5121-161 Le médecin, le chirurgien-dentiste, la sage-femme ou le pharmacien déclare immédiatement tout effet indésirable suspecté d'être dû à un médicament ou à un produit mentionné à l'article R. 5121-150, dont il a connaissance, au centre régional de pharmacovigilance.

Les autres professionnels de santé, les patients et les associations agréées de patients peuvent déclarer tout effet indésirable suspecté d'être dû à un médicament ou à un produit mentionné à l'article R. 5121-150, dont ils ont connaissance, au centre régional de pharmacovigilance.

Le directeur général de l'Agence nationale de sécurité du médicament et des produits de santé rend publics, sur le site internet de l'agence, les informations relatives aux différents modes de notification des effets indésirables suspectés d'être dus à un médicament ou à un produit mentionné à l'article R. 5121-150 par les professionnels de santé et les patients ainsi que le formulaire de déclaration de ces effets indésirables.

§ 5 ENTREPRISES OU ORGANISMES EXPLOITANT UN MÉDICAMENT OU UN PRODUIT MENTIONNÉ À L'ARTICLE R. 5121-150

(Décr. n° 2012-1244 du 8 nov. 2012, art. 5-2°)

Art. R. 5121-162 Toute entreprise ou tout organisme exploitant un médicament ou un produit mentionné à l'article R. 5121-150 met en œuvre un système de pharmacovigilance pour s'acquitter des obligations qui lui incombent en matière de pharmacovigilance, et notamment pour procéder au recueil et à l'évaluation scientifique de toutes les informations relatives aux effets indésirables mentionnés à l'article R. 5121-151, dans un but de prévention et de réduction des risques et, au besoin, pour prendre des mesures appropriées.

Toute entreprise ou tout organisme exploitant un médicament ou un produit mentionné à l'article R. 5121-150 gère un dossier permanent du système de pharmacovigilance et met à disposition dans les sept jours, sur demande du directeur général de l'Agence nationale de sécurité du médicament et des produits de santé, une copie de ce dossier.

Un audit du système de pharmacovigilance est réalisé et consigné dans le dossier permanent du système de pharmacovigilance. En fonction de ces résultats, un plan d'actions visant à remédier aux problèmes constatés doit être mis en œuvre. Une fois les mesures correctives intégralement mises en œuvre, les mentions consignées peuvent être supprimées.

Art. R. 5121-163 Dans le cadre du système de pharmacovigilance, toute entreprise ou tout organisme exploitant un médicament ou un produit mentionné à l'article R. 5121-150 :

1° Met en œuvre un système de gestion des risques pour chaque médicament ou chaque produit dont l'autorisation de mise sur le marché a été délivrée après le *21 juillet 2012* ;

2° Surveille les résultats des mesures de réduction des risques décrites dans le plan de gestion des risques ou prises en application des articles R. 5121-36-1, R. 5121-37-3 et R. 5121-43 ;

3° Tient à jour le système de gestion des risques et surveille les données de pharmacovigilance afin de repérer des risques nouveaux, des changements de risques existants ou une modification du rapport entre les bénéfices et les risques liés aux médicaments ou aux produits ;

4° Veille à ce que les notifications d'effets indésirables suspectés d'être dus à un médicament ou un produit mentionné à l'article R. 5121-150 survenus dans un État membre de l'Union européenne ou un État partie à l'accord sur l'Espace économique européen ou un pays tiers soient accessibles dans la base "Eudravigilance".

Art. R. 5121-164 Toute entreprise ou tout organisme exploitant un médicament ou un produit mentionné à l'article R. 5121-150 dispose en permanence des services d'une personne responsable de la pharmacovigilance résidant et exerçant dans un État membre de l'Union européenne ou un État partie à l'accord sur l'Espace économique européen, et justifiant de qualifications appropriées en matière de pharmacovigilance. L'identité, la qualité et la fonction ainsi que les coordonnées de cette personne sont communiquées au directeur général de l'Agence nationale de sécurité du médicament et des produits de santé et à l'Agence européenne des médicaments dès sa nomination.

En outre, toute entreprise ou tout organisme exploitant un médicament ou un produit mentionné à l'article R. 5121-150 dispose des services d'une personne de référence en matière de pharmacovigilance rattachée à la personne qualifiée responsable pour les activités de pharmacovigilance. Cette personne de référence, médecin ou pharmacien, réside et exerce en France et doit justifier d'une expérience en matière de pharmacovigilance. L'identité et la qualité ainsi que les coordonnées de cette personne sont communiquées au directeur général de l'Agence nationale de sécurité du médicament et des produits de santé dès sa nomination.

Ces personnes collaborent en vue de :

1° Rassembler, traiter et rendre accessibles à toute personne habilitée les informations portées à la connaissance de l'entreprise ou de l'organisme exploitant le médicament ou le produit, ainsi qu'aux personnes mentionnées à l'article L. 5122-11 qui font de l'information par démarchage ou de la prospection pour des médicaments et des produits, et relatives aux effets indésirables suspectés d'être dus à des médicaments ou des produits qu'exploite l'entreprise ou l'organisme ;

2° Mettre en place et gérer le système de pharmacovigilance prévu à l'article R. 5121-162 et le système de gestion des risques prévu à l'article R. 5121-163 ;

3° Préparer et soumettre les déclarations et rapports mentionnés aux articles R. 5121-166, R. 5121-168 et R. 5121-170 ;

4° Assurer la mise en œuvre et le suivi des études de sécurité post-autorisation ainsi que le suivi spécifique du risque, de ses complications et de sa prise en charge médico-sociale mentionnés aux articles R. 5121-36-1 et R. 5121-37-3 ;

5° Assurer la mise en place des procédures et le recueil des informations mentionnés au premier alinéa de l'article R. 5121-167 et en envoyer les éléments nouveaux à la base de données européenne "Eudravigilance";

6° Veiller à ce qu'il soit répondu, de manière complète et rapide, aux demandes du directeur général de l'Agence nationale de sécurité du médicament et des produits de santé mentionnées au troisième alinéa du I de l'article R. 5121-155 et aux demandes des centres régionaux de pharmacovigilance mentionnés à l'article R. 5121-158 et des centres d'évaluation et d'information sur la pharmacodépendance *(Décr. n° 2017-885 du 9 mai 2017, art. 5-5°)* « et d'addictovigilance » mentionnés à l'article R. 5132-112 ;

7° Fournir au directeur général de l'Agence nationale de sécurité du médicament et des produits de santé toute autre information présentant un intérêt pour l'évaluation des risques et des bénéfices liés à un médicament ou à un produit, notamment les résultats tant positifs que négatifs des recherches biomédicales et des études de sécurité et d'efficacité pour toutes les indications et populations, qu'elles soient mentionnées ou non dans l'autorisation de mise sur le marché, ainsi que les données concernant toute utilisation du médicament non conforme aux termes de l'autorisation de mise sur le marché et toute information relative au volume des ventes et à la prescription pour le médicament ou le produit concerné.

Art. R. 5121-165 L'entreprise ou l'organisme exploitant un médicament ou un produit mentionné à l'article R. 5121-150 ne peut communiquer au grand public, sur ce médicament ou ce produit, des informations portant sur la pharmacovigilance sans les transmettre, au préalable ou, en cas d'urgence, simultanément, au directeur général de l'Agence nationale de sécurité du médicament et des produits de santé, à l'Agence européenne des médicaments ainsi qu'à la Commission européenne. Ces informations sont présentées de manière objective et non trompeuse.

L'entreprise ou l'organisme exploitant un médicament ou un produit mentionné à l'article R. 5121-150 qui informe, en application de l'article L. 5124-6, le directeur général de l'Agence nationale de sécurité du médicament et des produits de santé qu'il a engagé une action pour suspendre la commercialisation d'un médicament ou d'un produit ou le retirer du marché, ou pour en retirer un lot déterminé, indique la teneur des messages de communication, le cas échéant, prévus pour accompagner cette action, ainsi que les modalités de leur diffusion, lorsque la suspension ou le retrait est justifié par un des motifs mentionnés à l'article R. 5121-47.

Art. R. 5121-166 Toute entreprise ou tout organisme exploitant un médicament ou un produit mentionné à l'article R. 5121-150 est tenue *[tenu]* :

1° D'enregistrer tous les effets indésirables suspectés d'être dus à un médicament ou à un produit mentionné à l'article R. 5121-150, survenus dans un État membre de l'Union européenne ou un État partie à l'accord sur l'Espace économique européen ou un pays tiers, dont il a connaissance, que ces effets aient été signalés de façon spontanée ou sollicitée par des professionnels de santé ou des patients, ou observés lors d'une étude post-autorisation ;

2° De déclarer, par voie électronique, à la base de données européenne "Eudravigilance" :

a) Tout effet indésirable grave suspecté, survenu dans un État membre de l'Union européenne ou un État partie à l'accord sur l'Espace économique européen ou un pays tiers, dont il a connaissance, sans délai et au plus tard dans les quinze jours suivant la réception de l'information ;

b) Tout effet indésirable non grave suspecté, survenu dans un État membre de l'Union européenne ou un État partie à l'accord sur l'Espace économique européen, dont il a connaissance, et ce*[,]* dans les quatre-vingt-dix jours suivant la réception de l'information.

L'entreprise ou l'organisme exploitant un médicament ou un produit mentionné à l'article R. 5121-150 est tenu de notifier à la base de données européenne "Eudravigilance" les effets indésirables des médicaments dont font état les publications médicales autres que celles faisant l'objet pour certaines substances actives d'une veille bibliographique par l'Agence européenne des médicaments en application de l'article 27 du règlement (CE) n° 726/2004 du Parlement européen et du Conseil du 31 mars 2004.

Art. R. 5121-167 Toute entreprise ou tout organisme exploitant un médicament ou un produit mentionné à l'article R. 5121-150 met en place des procédures permettant d'obtenir des informations exactes et vérifiables pour la réalisation de l'évaluation scientifique des notifications d'effets indésirables suspectés, recueille les informations de suivi concernant ces notifications et envoie les éléments nouveaux à la base de données européenne "Eudravigilance".

Toute entreprise ou tout organisme exploitant un médicament ou un produit mentionné à l'article R. 5121-150 participe à la détection des doublons dans les notifications d'effets indésirables suspectés notamment en signalant à l'Agence nationale de sécurité du médicament et des produits de santé et à l'Agence européenne des médicaments tout doublon qu'il aurait détecté.

Art. R. 5121-168 I. – Toute entreprise ou tout organisme exploitant un médicament ou un produit mentionné à l'article R. 5121-150 est tenu de transmettre par voie électronique à l'Agence européenne des médicaments un rapport périodique actualisé de sécurité contenant :

1° Toutes les informations relatives aux bénéfices et aux risques liés à ce médicament ou ce produit, y compris les résultats des études qui sont susceptibles d'avoir une incidence sur l'autorisation de mise sur le marché ;

2° Une évaluation scientifique du rapport entre les bénéfices et les risques liés au médicament ou au produit effectuée sur la base de toutes les informations disponibles, y compris celles résultant de recherche *[recherches]* biomédicales pour des indications et des populations non autorisées par l'autorisation de mise sur le marché ;

3° Toutes les informations concernant la vente, la prescription et la population exposée au médicament ou au produit.

La fréquence de transmission du rapport mentionné au premier alinéa est déterminée dans l'autorisation de mise sur le marché. La date de transmission conforme à cette fréquence est calculée à partir de la date de délivrance de l'autorisation de mise sur le marché. L'Agence européenne des médicaments rend publique une liste des dates de référence pour l'Union européenne et des fréquences de soumission des rapports périodiques actualisés de sécurité.

II. – Toute entreprise ou tout organisme exploitant un médicament ou un produit bénéficiant d'une autorisation de mise sur le marché délivrée avant le 21 juillet 2012 qui n'est pas assortie d'une condition spécifique mentionnée dans cette autorisation fixant la fréquence de soumission du rapport périodique actualisé de sécurité est tenu de transmettre ce rapport au directeur général de l'Agence nationale de sécurité du médicament et des produits de santé ou à l'Agence européenne des médicaments :

1° Immédiatement sur demande ;

2° Semestriellement :

a) Pendant la période comprise entre la délivrance de l'autorisation de mise sur le marché et la mise sur le marché effective du médicament ou du produit ;

b) Pendant les deux premières années suivant la première mise sur le marché ;

3° Annuellement, pendant les deux années suivantes ;

4° Tous les trois ans pour les années suivantes.

Ces dispositions s'appliquent également aux médicaments qui ne sont autorisés qu'en France et auxquels les dispositions du III ci-après ne s'appliquent pas.

III. – Lorsque plusieurs médicaments ou plusieurs produits contiennent la même substance active ou la même combinaison de substances actives ou qu'ils sont autorisés dans plusieurs États membres de l'Union européenne ou États parties à l'accord sur l'Espace économique européen, la fréquence et la date de soumission des rapports périodiques actualisés de sécurité peuvent être modifiées et harmonisées en vue de procéder à une évaluation unique. Cette fréquence harmonisée pour la soumission des rapports périodiques actualisés de sécurité est rendue publique par l'Agence européenne des médicaments. Le cas échéant, le titulaire de l'autorisation de mise sur le marché soumet au directeur général de l'Agence nationale de sécurité du médicament et des produits de santé une demande de modification de son autorisation en conséquence. La modification des dates et de la fréquence de soumission de ces rapports prend effet six mois après la date de publication par l'Agence européenne des médicaments.

Art. R. 5121-169 Le titulaire de l'autorisation de mise sur le marché peut, par demande écrite et motivée, saisir le comité des médicaments à usage humain mentionné à l'article 56 du règlement (CE) n° 726/2004 du Parlement européen et du Conseil ou le groupe de coordination mentionné à l'article 27 de la directive 2001/83/CE du Parlement européen et du Conseil pour demander la fixation de dates de référence pour l'Union européenne ou une modification de la fréquence de soumission des rapports périodiques actualisés de sécurité, pour des raisons de santé publique, afin d'éviter la duplication d'évaluations ou dans un but d'harmonisation internationale.

Les modifications des dates de référence pour l'Union européenne et de la fréquence de soumission des rapports périodiques actualisés de sécurité sont rendues publiques par l'Agence européenne des médicaments et prennent effet six mois après la date de publication.

Le titulaire de l'autorisation de mise sur le marché concernée soumet au directeur général de l'Agence nationale de sécurité du médicament et des produits de santé une demande de modification de son autorisation en ce sens.

Art. R. 5121-170 Par dérogation aux dispositions de l'article R. 5121-168, toute entreprise ou tout organisme exploitant un médicament ou un produit autorisé ou enregistré, conformément à la procédure prévue au 1° des articles R. 5121-26 et R. 5121-28 et à l'article R. 5121-97 est tenu de transmettre un rapport périodique actualisé de sécurité :

1° Dans les conditions déterminées par l'autorisation de mise sur le marché ou l'enregistrement ;

2° Sur demande du directeur général de l'Agence nationale de sécurité du médicament et des produits de santé :

a) Lorsque ce dernier a des préoccupations relatives aux données de pharmacovigilance ;

b) Ou lorsqu'il n'existe pas de rapport périodique actualisé de sécurité pour une substance active après l'octroi de l'autorisation de mise sur le marché.

Art. R. 5121-171 En cas d'accord du groupe de coordination, à l'issue de la procédure d'évaluation unique des rapports périodiques actualisés de sécurité prévue à l'article 107 *octies*, paragraphe 1, de la directive 2001/83/CE du Parlement européen et du conseil, recommandant la modification de l'autorisation de mise sur le marché, le titulaire de ladite autorisation soumet au directeur général de l'Agence nationale de sécurité du médicament et des produits de santé une demande de modification de son autorisation en ce sens, selon le calendrier prévu par cette recommandation.

Art. R. 5121-172 Pour les médicaments mentionnés au 1° du I de l'article L. 5121-12 et pour les médicaments mentionnés au 2° du I du même article faisant l'objet d'un protocole d'utilisation thérapeutique et de recueil d'informations, les obligations prévues à l'article R. 5121-161 et aux articles R. 5121-166 à R. 5121-170 s'exercent selon les modalités fixées par ledit protocole.

Pour les médicaments mentionnés au 2° du I de l'article L. 5121-12 ne faisant pas l'objet d'un protocole d'utilisation thérapeutique et de recueil d'informations, les modalités et le modèle type des rapports périodiques actualisés de sécurité mentionnés aux articles R. 5121-168 à R. 5121-170 sont fixés par décision du directeur général de l'Agence nationale de sécurité du médicament et des produits de santé.

Art. R. 5121-173 Les déclarations et le rapport périodique actualisé de sécurité mentionné aux articles R. 5121-161, R. 5121-168 et R. 5121-170 sont établis selon les modalités et le modèle type fixés par la Commission européenne.

Art. R. 5121-174 Le titulaire de l'autorisation prévue à l'article L. 4211-6 est tenu de déclarer au directeur général de l'Agence nationale de sécurité du médicament et des produits de santé :

1° Tout effet indésirable grave suspecté d'être dû aux allergènes qu'il a préparés et délivrés, dont il a connaissance, sans délai et au plus tard dans les quinze jours suivant la réception de l'information ;

2° Tout effet indésirable non grave suspecté d'être dû aux allergènes qu'il a préparés et délivrés, dont il a connaissance, et ce*[,]* dans les quatre-vingt-dix jours suivant la réception de l'information.

Le titulaire d'une autorisation prévue à l'article L. 4211-6 transmet au directeur général de l'Agence, annuellement et immédiatement sur demande, un rapport présentant la synthèse des informations relatives aux effets indésirables qu'il a déclarés ou qui lui ont été signalés et de toutes les informations utiles à l'évaluation des risques et des bénéfices liés à l'emploi des produits qu'il utilise.

Art. R. 5121-175 Les établissements pharmaceutiques y compris ceux gérés par les établissements publics de santé mentionnés aux articles R. 5124-68 à R. 5124-73 pour leur activité de réalisation, de préparation hospitalière et de préparation magistrale sont soumis aux dispositions des articles R. 5121-162, R. 5121-163 à l'exclusion du 4°, R. 5121-164 à l'exclusion des 3° et 5°*[,]* et R. 5121-165.

Ils déclarent *(Décr. n° 2013-923 du 16 oct. 2013, art. 5, en vigueur le 28 oct. 2013)* « , par voie électronique, à la base de données européenne "Eudravigilance" » :

1° Tout effet indésirable grave suspecté d'être dû aux préparations hospitalières et magistrales qu'ils réalisent, dont ils ont connaissance, sans délai et au plus tard dans *les quinze jours suivant la réception* de l'information ;

2° Tout effet indésirable non grave suspecté d'être dû aux préparations hospitalières et magistrales qu'ils réalisent, dont ils ont connaissance, et ce *[,]* dans les quatre-vingt-dix jours suivant la réception de l'information.

Ils transmettent au directeur général de l'Agence nationale de sécurité du médicament et des produits de santé, annuellement et immédiatement sur demande *[,]* un rapport présentant la synthèse des informations relatives aux effets indésirables qu'ils ont déclarés ou qui leur ont été signalés, et de toutes les informations utiles à l'évaluation des risques et des bénéfices liés à l'emploi de ces préparations.

Art. R. 5121-176 Les pharmacies à usage intérieur mentionnées à l'article L. 5126-1 transmettent au directeur général de l'Agence nationale de sécurité du médicament et des produits de santé, immédiatement sur demande, un rapport présentant la synthèse des informations relatives aux effets indésirables qu'elles ont déclarés ou qui leur ont été signalés et de toutes les informations utiles à l'évaluation des risques et des bénéfices liés à l'emploi des préparations hospitalières et des préparations magistrales qu'elles réalisent ou qu'elles font effectuer en sous-traitance.

Art. R. 5121-177 Les modalités et le modèle type des déclarations et du rapport mentionnés aux articles R. 5121-174 à R. 5121-176 sont fixés par décision du directeur général de l'Agence nationale de sécurité du médicament et des produits de santé.

SOUS-SECTION 3 SURVEILLANCE DES ÉTUDES DE SÉCURITÉ POST-AUTORISATION

(Décr. nº 2012-1244 du 8 nov. 2012, art. 5-3º)

Art. R. 5121-178 La présente sous-section s'applique aux études de sécurité post-autorisation ayant un caractère non interventionnel au sens de l'article R. 1121-2, qui donnent lieu à la collecte d'informations de sécurité auprès de patients ou de professionnels de santé.

Ces études sont réalisées sous la responsabilité du titulaire de l'autorisation de mise sur le marché, mentionnée à l'article L. 5121-8, qui en assure la gestion et vérifie que son financement est prévu.

Ces études peuvent également être réalisées, pour le compte de ce titulaire et sous sa responsabilité, par une autre entreprise ou un autre organisme.

Les modalités de réalisation de ces études ne doivent en aucun cas promouvoir l'utilisation du médicament.

Art. R. 5121-178-1 Le présent article s'applique aux études de sécurité post-autorisation mentionnées à l'article R. 5121-178 qui sont réalisées soit à titre volontaire par le titulaire de l'autorisation de mise sur le marché mentionnée à l'article L. 5121-8, soit à la demande des autorités nationales compétentes, soit pour respecter une obligation imposée en application des articles R. 5121-36-1 et R. 5121-37-3.

Le directeur général de l'Agence nationale de sécurité du médicament et des produits de santé peut exiger du titulaire de l'autorisation prévue à l'article L. 5121-8, qu'il lui soumette, ainsi qu'aux autorités compétentes des États membres dans lesquels l'étude est menée, le protocole et les rapports sur l'état d'avancement de l'étude.

Le titulaire de l'autorisation prévue à l'article L. 5121-8 envoie le rapport final aux autorités compétentes des États membres dans lesquels l'étude a été réalisée dans un délai d'un an à compter de la fin de la collecte des données.

Pendant la réalisation de l'étude, le titulaire de l'autorisation prévue à l'article L. 5121-8 supervise les données produites et examine leur incidence sur le rapport entre les bénéfices et les risques liés au médicament.

Le titulaire transmet aux autorités compétentes des États membres dans lesquels le médicament a été autorisé et, le cas échéant, au directeur général de l'Agence nationale de sécurité du médicament et des produits de santé, toute nouvelle information susceptible d'influencer l'évaluation du rapport entre les bénéfices et les risques liés au médicament, conformément aux dispositions de l'article R. 5121-37-1.

Art. R. 5121-178-2 I. — Le présent article s'applique aux études post-autorisation mentionnées à l'article R. 5121-178 qui sont réalisées par le titulaire de l'autorisation mentionnée à l'article L. 5121-8 pour respecter une obligation imposée en application des articles R. 5121-36-1 et R. 5121-37-3.

II. — Avant la réalisation d'une étude, le titulaire de l'autorisation prévue à l'article L. 5121-8 soumet un projet de protocole au comité pour l'évaluation des risques en matière de pharmacovigilance mentionné à l'article 56 du règlement (CE) nº 726/2004 du Parlement européen et du Conseil du 31 mars 2004. Le projet de protocole est soumis au seul directeur général de l'Agence nationale de sécurité du médicament et des produits de santé dans le cas où la réalisation de l'étude est effectuée sur la demande de cette autorité exclusivement en France.

Le comité précité ou le directeur général de l'agence fait part*[,]* dans un délai de soixante jours à compter de la soumission du projet de protocole et par lettre écrite au titulaire, de sa décision, selon le cas :

1° D'approuver le projet de protocole ;

2° De rejeter le protocole de manière circonstanciée et motivée par l'un des motifs ou les motifs suivants :

a) La conduite de l'étude promeut l'usage du médicament ;

b) La méthodologie de l'étude ne permet pas d'atteindre les objectifs qu'elle poursuit ;

3° De requalifier l'étude comme recherche biomédicale.

L'étude ne peut débuter qu'à compter de l'approbation écrite du comité précité ou*[,]* lorsque l'étude est exclusivement réalisée en France, de l'approbation du directeur général de l'agence.

Lorsque le protocole a été approuvé par le comité précité conformément au 1°, le titulaire de l'autorisation prévue à l'article L. 5121-8 transmet ce protocole ainsi que la décision d'approbation aux autorités compétentes des États membres dans lesquels l'étude sera réalisée.

III. — Au cours de l'étude, le titulaire de l'autorisation prévue à l'article L. 5121-8 soumet, pour approbation, toute modification substantielle du protocole, au comité précité ou, lorsque l'étude est réalisée exclusivement en France, au directeur général de l'Agence nationale de sécurité du médicament et des produits de santé, avant sa mise en œuvre.

Après l'évaluation de ces modifications, le comité ou le directeur général de l'agence informe le titulaire de son approbation ou de son objection.

Lorsque la décision est issue du comité, le titulaire la communique aux États membres dans lesquels l'étude est réalisée.

IV. — A l'issue de l'étude, le titulaire de l'autorisation prévue à l'article L. 5121-8 soumet un rapport final accompagné d'un résumé des résultats de l'étude par voie électronique, au comité précité, ou, le cas échant *[échéant]*, au directeur général de l'Agence nationale de sécurité du médicament et des produits de santé, dans un délai d'un an à compter de la fin de la collecte des données, sauf si une dérogation lui a été octroyée.

SOUS-SECTION 4 BONNES PRATIQUES DE PHARMACOVIGILANCE *(Décr. nº 2012-1244 du 8 nov. 2012, art. 5-4º).*

Art. R. 5121-178 Toute entreprise ou tout organisme exploitant un médicament ou produit mentionné à l'article R. 5121-150 dispose en permanence des services d'une personne, médecin ou pharmacien, responsable de la pharmacovigilance *(Décr. nº 2007-1860 du 26 déc. 2007, art. 1er)* « résidant dans un État membre de la Communauté européenne ou partie à l'accord sur l'Espace économique européen », et justifiant d'une expérience en matière de pharmacovigilance. L'identité et la qualité *(Décr. nº 2007-1860 du 26 déc. 2007, art. 1er)* « ainsi que les coordonnées » de cette personne sont communiquées à l'*(Décr. nº 2012-597 du 27 avr. 2012, art. 5-I-1º)* « Agence nationale de sécurité du médicament et des produits de santé » dès sa nomination.

Cette personne est chargée de :

1° Rassembler, traiter, rendre accessibles à toute personne habilitée à en connaître les informations portées à la connaissance de l'entreprise ou de l'organisme exploitant le médicament ou produit ainsi que des personnes mentionnées à l'article L. 5122-11 qui font de l'information par démarchage ou de la prospection pour des médicaments et relatives aux effets indésirables susceptibles d'être dus à des médicaments ou produits qu'exploite l'entreprise ou l'organisme ;

2° Préparer les déclarations et rapports mentionnés aux articles R. 5121-171 à R. 5121-173 ;

3° Veiller à ce qu'il soit répondu, de manière complète et rapide, aux demandes du directeur général de l'*(Décr. nº 2012-597 du 27 avr. 2012, art. 5-I-1º)* « Agence nationale de sécurité du médicament et des produits de santé » mentionnées au dernier alinéa de l'article R. 5121-155 ;

4° Fournir au directeur général de l'*(Décr. n° 2012-597 du 27 avr. 2012, art. 5-I-1°)* « Agence nationale de sécurité du médicament et des produits de santé » toute autre information présentant un intérêt pour l'évaluation des risques et des bénéfices que présente un médicament ou produit, notamment les informations relatives aux études de sécurité après autorisation de mise sur le marché, au volume des ventes ou à la prescription pour le médicament ou le produit concerné.

Art. R. 5121-179 *(Décr. n° 2017-20 du 9 janv. 2017, art. 2-8°-a)* « Une décision » du directeur général de l'*(Décr. n° 2012-597 du 27 avr. 2012, art. 5-I-1°)* « Agence nationale de sécurité du médicament et des produits de santé » définit les principes des bonnes pratiques de pharmacovigilance auxquels sont soumis les intervenants du système national de pharmacovigilance mentionnés à l'article *(Décr. n° 2012-1244 du 8 nov. 2012, art. 5-4°)* « R. 5121-153 ». *(Décr. n° 2017-20 du 9 janv. 2017, art. 2-8°-a)* « Cette décision » fixe en outre les modalités de recueil, de vérification et d'évaluation des informations mentionnées à l'article R. 5121-151. *(Décr. n° 2017-20 du 9 janv. 2017, art. 2-8°-b)* « Elle est publiée sur le site internet de l'agence. »

Art. R. 5121-180 *Abrogé par Décr. n° 2012-1244 du 8 nov. 2012, art. 5.*

SOUS-SECTION 5 MÉDICAMENTS DÉRIVÉS DU SANG

§ 1er CORRESPONDANTS AU SEIN DES ÉTABLISSEMENTS DE SANTÉ

Art. R. 5121-181 Au sein des établissements de santé *(Décr. n° 2006-550 du 15 mai 2006, art. 5-II)* « et » des groupements de coopération sanitaire » disposant d'une pharmacie à usage intérieur, le pharmacien gérant cette pharmacie est le correspondant du centre régional de pharmacovigilance pour les médicaments dérivés du sang. Lorsqu'un établissement dispose de plusieurs pharmacies à usage intérieur, le pharmacien gérant chacune de ces pharmacies est le correspondant du centre régional pour les médicaments dérivés du sang qu'il délivre.

Dans les établissements de santé *(Décr. n° 2006-550 du 15 mai 2006, art. 5-II)* « et » les groupements de coopération sanitaire autorisés en vertu *(Décr. n° 2012-1483 du 27 déc. 2012, art. 11-I-15°)* « de l'article » *(Décr. n° 2010-344 du 31 mars 2010, art. 152)* « L. 6133-7 » à assurer les missions de ces établissements qui ne disposent pas » d'une pharmacie à usage intérieur, le dépôt de médicaments destinés à des soins urgents mentionné au deuxième alinéa de l'article R. 5126-113 ne peut contenir des médicaments dérivés du sang que si l'établissement a désigné un correspondant du centre régional de pharmacovigilance pour les médicaments dérivés du sang. Ce correspondant peut être soit le médecin mentionné à l'article L. 5126-6, soit un pharmacien recruté à cet effet et satisfaisant à des conditions fixées par arrêté du ministre chargé de la santé. *(Décr. n° 2006-550 du 15 mai 2006, art. 5-II)* « Dans les groupements de coopération sanitaire, ce correspondant peut être un praticien exerçant les mêmes fonctions au sein de l'un des établissements de santé membres du groupement. » Son nom est communiqué au centre régional de pharmacovigilance.

Art. R. 5121-182 Le correspondant de pharmacovigilance pour les médicaments dérivés du sang mentionné à l'article R. 5121-181 est responsable au sein de l'établissement de la dispensation et du suivi de ces médicaments.

(Décr. n° 2006-550 du 15 mai 2006, art. 2-III) « Dans les établissements de santé, il *participe dans les conditions prévues* à l'article R. 1221-46 aux travaux du comité de sécurité transfusionnelle et d'hémovigilance ou de la sous-commission en charge de la sécurité transfusionnelle et de l'hémovigilance. »

Il est responsable de l'enregistrement et de la conservation des informations relatives aux médicaments dérivés du sang, dans les conditions prévues aux articles R. 5121-187 à R. 5121-191 et R. 5121-195.

Il reçoit et transmet au centre régional de pharmacovigilance, conformément à l'article R. 5121-197, les déclarations d'effets indésirables susceptibles d'être dus à un médicament dérivé du sang qu'il a délivré. Toutefois, le centre régional reçoit directement les déclarations relatives aux effets indésirables susceptibles d'être dus à un médicament délivré dans l'établissement au sein duquel ce centre est implanté ; il en transmet copie sans délai à son correspondant dans l'établissement.

Les correspondants de pharmacovigilance pour les médicaments dérivés du sang sont soumis aux bonnes pratiques de pharmacovigilance prévues à l'article R. 5121-179.

§ 2 SUIVI DES MÉDICAMENTS DÉRIVÉS DU SANG

Art. R. 5121-183 La pharmacovigilance exercée sur les médicaments dérivés du sang comporte un suivi, dit traçabilité, effectué depuis leur fabrication jusqu'à leur administration aux patients.

Ce suivi a notamment pour objet de permettre d'identifier rapidement :

1° Les prélèvements sanguins à partir desquels a été fabriqué un lot donné de médicaments, ainsi que les lots de médicaments qui ont été fabriqués à partir de prélèvements sanguins donnés ;

2° Les lots dont proviennent les médicaments administrés à un patient ainsi que les patients auxquels les médicaments d'un lot ont été administrés.

Le suivi est assuré par l'accomplissement des formalités prévues au présent paragraphe. Lorsqu'il est fait appel à cette fin à des traitements automatisés d'informations, les modes de traitement doivent être approuvés par le ministre chargé de la santé, sans préjudice des dispositions de la loi n° 78-17 du 6 janvier 1978 relative à l'informatique, aux fichiers et aux libertés.

Art. R. 5121-184 Sans préjudice des obligations prévues aux articles R. 5121-138 à R. 5121-142, le conditionnement d'un médicament dérivé du sang comporte trois étiquettes détachables, distinctes du support des informations mentionné à l'article L. 161-36 du code de la sécurité sociale et indiquant *(Décr. n° 2008-435 du 6 mai 2008, art. 58)* « le nom, le dosage et la forme pharmaceutique » du médicament, le nom de l'entreprise ou de l'organisme qui l'exploite et le numéro du lot. Ces étiquettes portent également un code à barres reprenant tout ou partie de ces informations, selon des modalités fixées, sur proposition du directeur général de l'*(Décr. n° 2012-597 du 27 avr. 2012, art. 5-I-1°)* « Agence nationale de sécurité du médicament et des produits de santé », par arrêté du ministre chargé de la santé.

Une des étiquettes détachables est apposée sur le conditionnement extérieur et les deux autres sur le conditionnement primaire. L'autorisation de mise sur le marché ou l'autorisation temporaire d'utilisation peuvent toutefois prévoir une autre répartition, en fonction de la nature et de la destination du produit.

L'étiquetage des médicaments dérivés du sang comporte, outre les mentions prévues à l'article R. 5121-138, la mention "médicament dérivé du sang humain".

Art. R. 5121-185 L'établissement pharmaceutique assurant la fabrication, l'exploitation, l'importation, l'exportation ou la distribution en gros de médicaments dérivés du sang enregistre, lorsqu'il se dessaisit de ces médicaments :

1° *(Décr. n° 2008-435 du 6 mai 2008, art. 58)* « Le nom, le dosage et la forme pharmaceutique » du médicament concerné ;

2° Le numéro du lot et le nombre d'unités délivrées ;

3° La date de l'opération de sortie ;

4° Le nom et l'adresse du ou des destinataires.

Les établissements qui fabriquent les médicaments dérivés du sang enregistrent en outre les données permettant d'identifier les prélèvements sanguins utilisés pour la fabrication de chaque lot de médicaments.

Art. R. 5121-186 Les pharmaciens d'officine qui délivrent un médicament dérivé du sang transcrivent aussitôt sur un registre spécial coté et paraphé par le maire ou par le commissaire de police, ou enregistrent immédiatement, par tout système approuvé par le ministre chargé de la santé, les informations mentionnées à l'article *(Décr. n° 2005-840 du 20 juill. 2005, art. 12)* « R. 5132-10 », la date de naissance du patient ainsi que les informations figurant sur l'étiquette détachable du conditionnement extérieur. En cas de transcription sur un registre, cette étiquette y est apposée.

Les transcriptions ou enregistrements comportent pour chaque médicament délivré un numéro d'ordre différent.

Art. R. 5121-187 Dans les établissements de santé et les autres établissements disposant d'une pharmacie à usage intérieur, les médicaments dérivés du sang sont délivrés par la pharmacie à usage intérieur au vu d'une prescription médicale nominative.

La pharmacie à usage intérieur joint au médicament un bordereau numéroté, dénommé bordereau de délivrance et d'administration, sur lequel elle porte les informations suivantes :

1° Le nom du prescripteur et le service auquel il appartient ;

2° Les nom, prénoms et date de naissance du patient auquel le médicament est destiné ;

3° Les informations figurant sur l'étiquette détachable du conditionnement extérieur ;

4° La date de délivrance *(Décr. n° 2016-1706 du 12 déc. 2016, art. 6-1°)* « et pour les médicaments dérivés du sang mentionnés au *b* du 18° de l'article L. 5121-1, l'heure de la décongélation » ;

5° Les quantités délivrées.

En cas d'enregistrement manuscrit, l'étiquette détachable du conditionnement extérieur est apposée sur le bordereau. Une copie du bordereau est conservée par la pharmacie à usage intérieur jusqu'au retour de l'original.

Art. R. 5121-188 Dans les établissements mentionnés à l'article R. 5121-187, la personne qui administre au patient le médicament dérivé du sang complète le bordereau de délivrance et d'administration en y portant les informations suivantes :

1° Les nom, prénoms et date de naissance du patient ;

2° La date d'administration ;

3° La dose administrée.

Elle mentionne la dose administrée et la date de cette administration sur l'ordonnance conservée dans le dossier médical et elle y appose une étiquette détachable du conditionnement primaire. Elle appose sur le bordereau l'autre étiquette détachable du conditionnement primaire.

Le bordereau complété est immédiatement retourné à la pharmacie à usage intérieur.

S'il n'est pas utilisé, le médicament est retourné à la pharmacie à usage intérieur accompagné du bordereau.

Art. R. 5121-189 Lorsque la pharmacie à usage intérieur délivre directement un médicament dérivé du sang à un patient, les informations mentionnées à l'article R. 5121-187 sont transcrites sur un registre spécial *(Décr. n° 2005-840 du 20 juill. 2005, art. 12)* « coté et paraphé » par le maire ou le commissaire de police, ou enregistrées par tout système approuvé par le ministre chargé de la santé.

Art. R. 5121-190 A titre exceptionnel, après avis du pharmacien gérant, sur décision du directeur de l'établissement de santé *(Décr. n° 2006-550 du 15 mai 2006, art. 5-II)* « ou de l'administrateur du groupement de coopération sanitaire »*[,]* des services peuvent disposer d'une dotation de médicaments dérivés du sang destinés à des soins urgents. Cette dotation est gérée dans le respect des dispositions de l'arrêté prévu à l'article R. 5132-42.

Lorsqu'un médicament est prélevé sur la dotation prévue au précédent alinéa, la personne qui l'administre au patient porte sur le bordereau de délivrance et d'administration l'ensemble des informations mentionnées aux articles R. 5121-187 et R. 5121-188 et satisfait aux autres prescriptions de l'article R. 5121-188. Le bordereau est ensuite transmis à la pharmacie à usage intérieur.

Art. R. 5121-191 *Dans les établissements* de santé *(Décr. n° 2006-550 du 15 mai 2006, art. 5-II)* « ou les groupements de coopération sanitaire autorisés en vertu *(Décr. n° 2012-1483 du 27 déc. 2012, art. 11-I-17°)* « de l'article » *(Décr. n° 2010-344 du 31 mars 2010, art. 152)* « L. 6133-7 » à assurer les missions de ces établissements » ne disposant pas d'une pharmacie à usage intérieur qui détiennent des médicaments dérivés du sang dans les conditions mentionnées à l'article L. 5126-6, l'approvisionnement en médicaments dérivés du sang donne lieu à l'enregistrement par le correspondant mentionné à l'article R. 5121-181, sur un registre spécial coté et paraphé par le maire ou par le commissaire de police, ou par tout système approuvé par le ministre chargé de la santé, *(Décr. n° 2008-435 du 6 mai 2008, art. 58)* « du nom, du dosage et de la forme pharmaceutique » des médicaments, du nom de l'organisme ou de l'entreprise qui les exploite, des quantités reçues et des numéros des lots.

La délivrance et l'administration des médicaments s'effectuent dans les conditions prévues aux articles R. 5121-187 et R. 5121-188. Elles donnent notamment lieu à l'établissement de bordereaux de délivrance et d'administration.

Art. R. 5121-192 Dans les établissements de transfusion sanguine et dans tout organisme, autre que les officines de pharmacie *(Décr. n° 2006-550 du 15 mai 2006, art. 5-II)* « , les établissements de santé et les groupements de coopération sanitaire », habilité à dispenser des médicaments dérivés du sang, ces médicaments sont délivrés au vu d'une prescription médicale nominative.

La délivrance des médicaments donne lieu à l'enregistrement des informations mentionnées à l'article R. 5121-187 sur un registre spécial coté et paraphé par le maire ou le commissaire de police, ou par tout autre système approuvé par le ministre chargé de la santé.

Après administration, une étiquette détachable du conditionnement primaire est apposée sur l'ordonnance figurant dans le dossier médical du patient et une autre étiquette est apposée sur le registre.

Art. R. 5121-193 Lorsqu'un professionnel de santé administre un médicament dérivé du sang hors des établissements de santé ou des établissements et organismes mentionnés à l'article R. 5121-192, il appose une étiquette détachable du conditionnement primaire de l'unité administrée sur l'original de l'ordonnance conservée par le patient. Lorsque le médicament est administré par un médecin, celui-ci appose l'autre étiquette détachable du conditionnement primaire de l'unité administrée dans le dossier médical, s'il existe.

Art. R. 5121-194 Les formalités de transcription, d'enregistrement et d'établissement de bordereaux prévues au présent paragraphe tiennent lieu des transcriptions et enregistrements mentionnés à l'article *(Décr. n° 2005-840 du 20 juill. 2005, art. 12)* « R. 5132-10 ».

Art. R. 5121-195 Les registres ou enregistrements prévus aux articles R. 5121-185 à R. 5121-193 sont conservés pendant une durée de quarante ans. Lorsque cela est nécessaire à l'exercice de la pharmacovigilance, les centres régionaux de pharmacovigilance ont accès à ces documents.

§ 3 OBLIGATIONS DE SIGNALEMENT

Art. R. 5121-196 Lorsqu'une personne habilitée à prescrire, dispenser ou administrer des médicaments constate un effet indésirable susceptible d'être dû à un médicament dérivé du sang, elle en fait la déclaration immédiate, même si elle n'a pas personnellement prescrit, dispensé ou administré le médicament en cause. La déclaration est adressée :

1° Lorsque le médicament a été délivré dans un établissement de santé *(Décr. n° 2006-550 du 15 mai 2006, art. 5-II)* « ou un groupement de coopération sanitaire »*[,]* au centre régional de pharmacovigilance, s'il est implanté au sein de cet établissement, et au correspondant mentionné à l'article R. 5121-181 dans les autres cas ;

2° Lorsque le médicament n'a pas été délivré dans un établissement *(Décr. n° 2006-550 du 15 mai 2006, art. 5-II)* « mentionné au 1° », au centre régional de pharmacovigilance.

La déclaration est faite selon les modalités fixées par l'arrêté mentionné à l'article R. 5121-177.

Art. R. 5121-197 Le correspondant mentionné à l'article R. 5121-181 ayant reçu la déclaration prévue par l'article R. 5121-196 la transmet immédiatement au centre régional de pharmacovigilance. S'il a autrement connaissance d'un effet indésirable *susceptible d'être dû à un médicament* dérivé du sang, il en fait la déclaration immédiate au centre régional.

Lorsque des effets indésirables sont susceptibles d'être dus à l'administration de médicaments dérivés du sang à un patient auquel ont également été administrés des produits sanguins labiles, le correspondant de pharmacovigilance communique une copie de la déclaration au correspondant d'hémovigilance de l'établissement de santé dans lequel ces produits ont été administrés. Le correspondant d'hémovigilance informe aussitôt le coordonnateur régional d'hémovigilance.

Art. R. 5121-198 Les centres régionaux de pharmacovigilance informent le jour même l'*(Décr. n° 2012-597 du 27 avr. 2012, art. 5-I-1°)* « Agence nationale de sécurité du médicament et des produits de santé » des déclarations d'effets indésirables susceptibles d'être dus à un médicament dérivé du sang qu'ils ont reçues.

Art. R. 5121-199 Les organismes ou entreprises exploitant des médicaments dérivés du sang qui ont connaissance d'effets indésirables susceptibles d'être dus à ces médicaments en informent le directeur général de l'*(Décr. n° 2012-597 du 27 avr. 2012, art. 5-I-1°)* « Agence nationale de sécurité du médicament et des produits de santé » dans les conditions prévues aux articles R. 5121-171 à R. 5121-173.

Art. R. 5121-200 Les établissements de transfusion sanguine et les organismes ou entreprises fabriquant ou exploitant des médicaments dérivés du sang qui ont connaissance d'une information de nature à faire peser un doute sur la qualité de sang ou de plasma destiné au fractionnement s'en informent mutuellement. Les établissements de transfusion sanguine informent le président de l'Établissement français du sang. Les organismes ou entreprises fabriquant ou exploitant les médicaments informent l'*(Décr. n° 2012-597 du 27 avr. 2012, art. 5-I-1°)* « Agence nationale de sécurité du médicament et des produits de santé ».

L'*(Décr. n° 2012-597 du 27 avr. 2012, art. 5-I-1°)* « Agence nationale de sécurité du médicament et des produits de santé » et l'Établissement français du sang se communiquent mutuellement toute information relative à la qualité du plasma destiné au fractionnement. Elles s'informent également de tout incident susceptible d'être lié à l'administration soit d'un médicament dérivé du sang, soit d'un produit labile issu d'un don de sang dont le plasma a été destiné au fractionnement.

Art. R. 5121-201 Pour l'application des dispositions de la présente sous-section, les hôpitaux des armées et le Centre de transfusion sanguine des armées sont regardés, respectivement, comme des établissements publics de santé et comme un établissement de transfusion sanguine.

§ 4 *[ABROGÉ]* MÉDICAMENTS DÉFINIS AU B DU 18° DE L'ARTICLE L. 5121-1

(Abrogé par Décr. n° 2016-1706 du 12 déc. 2016, art. 6)

Art. R. 5121-201-1 à R. 5121-201-3 *Abrogés par Décr. n° 2016-1706 du 12 déc. 2016, art. 6.*

SOUS-SECTION 6 MÉDICAMENTS DE THÉRAPIE INNOVANTE PRÉPARÉS PONCTUELLEMENT

(Décr. n° 2016-1536 du 15 nov. 2016, art. 2-I-1°)

Art. R. 5121-201-4 La pharmacovigilance exercée sur les médicaments de thérapie innovante préparés ponctuellement comporte un suivi, permettant d'assurer une traçabilité entre les différentes étapes allant, le cas échéant, du prélèvement de tissus, de cellules ou de sang, à l'administration du médicament de thérapie innovante préparé ponctuellement à un patient. Cette traçabilité s'exerce aussi dans le cadre d'une recherche mentionnée à l'article L. 1121-1.

Cette traçabilité complète les exigences relatives à la traçabilité des tissus et des cellules mentionnées à l'article R. 1211-19 et dans les bonnes pratiques prévues par l'article L. 1245-6, ou celles relatives au sang et à ses composants telles que prévues aux articles R. 1221-36 et suivants, ainsi que dans les bonnes pratiques mentionnées à l'article L. 1223-3.

Art. R. 5121-201-5 I. – Tout établissement ou *[tout]* organisme mentionné à l'article L. 4211-9-1 ou tout établissement pharmaceutique mentionné aux articles L. 5124-1 ou L. 5124-9-1 met en place et tient à jour un système assurant la traçabilité du médicament de thérapie innovante préparé ponctuellement.

II. – Les établissements qui préparent des médicaments de thérapie innovante préparés ponctuellement conservent les données permettant d'identifier les prélèvements de tissus, de cellules, de sang ou de ses composants utilisés pour la fabrication de chaque médicament de thérapie innovante préparé ponctuellement. Ces données portent sur :

1° L'identification de l'établissement préleveur ;

2° Le service préleveur ;

3° Le numéro d'identification du don ;

4° La date du prélèvement ;

5° Le type de don :

a) Si ce dernier est constitué d'un seul tissu ou de plusieurs tissus ;

b) S'il provient d'un donneur vivant ou d'un donneur décédé ;

6° L'usage autologue ou allogénique ;

7° Le type de tissus ou de cellules prélevés ;

8° Les résultats individuels des examens biologiques pratiqués chez le donneur ;

9° Les antécédents médicaux et, le cas échéant, les facteurs de risques ayant servi de base à la sélection clinique du donneur.

Ils enregistrent également tous les produits ou substances entrant en contact avec les tissus, les cellules ou le sang.

III. — Les établissements qui distribuent ou cèdent des médicaments de thérapie innovante préparés ponctuellement enregistrent :

1° Le nom du médicament de thérapie innovante préparé ponctuellement ;

2° La date et l'heure de la distribution ou de cession du médicament ;

3° La personne en charge de la distribution ou de la cession ;

4° Le code du produit, le numéro du lot de fabrication et, le cas échéant, le numéro d'identification du don ;

5° Le nom de famille et le prénom du patient désigné sur la prescription médicale ;

6° Le nom et l'adresse de l'établissement de santé dans lequel le médicament va être administré et le nom du prescripteur désigné dans la prescription médicale ;

7° Le nom et l'adresse de l'établissement auquel le médicament est cédé, le cas échéant.

IV. — Sauf dans le cadre d'une recherche mentionnée à l'article L. 1121-1, un médicament de thérapie innovante préparé ponctuellement est distribué à l'établissement de santé destinataire accompagné de sa notice et de son étiquetage tels que prévus dans l'arrêté mentionné au I de l'article R. 5121-210.

Art. R. 5121-201-6 Avant d'administrer le médicament de thérapie innovante préparé ponctuellement, le professionnel de santé de l'établissement de santé s'assure que les informations nécessaires à la traçabilité du médicament figurent sur l'étiquetage du conditionnement primaire de celui-ci.

Après l'avoir administré, le professionnel de santé établit une fiche d'administration qui comporte les informations suivantes :

1° Le nom du médicament de thérapie innovante préparé ponctuellement ;

2° Le nom et l'adresse de l'établissement ou *[l']*organisme mentionné à l'article L. 4211-9-1 ou de l'établissement pharmaceutique mentionné à l'article L. 5124-1 ou à l'article L. 5124-9-1 ;

3° Le *[Les]* nom de famille, prénom et date de naissance du patient ;

4° Le code du produit, le numéro du lot de fabrication et, le cas échéant, le numéro d'identification du don ;

5° Le nom du professionnel de santé administrant le médicament de thérapie innovante préparé ponctuellement ;

6° L'indication de l'administration du médicament ;

7° La dose administrée ;

8° La date et l'heure de l'administration du médicament ;

9° Le cas échéant, les complications survenues.

La fiche ainsi complétée est conservée dans le dossier médical du patient défini à l'article R. 1112-2. Un double de cette fiche est adressé à l'établissement ou *[l']*organisme mentionné à l'article L. 4211-9-1 ou à l'établissement pharmaceutique mentionné à l'article L. 5124-1 ou à l'article L. 5124-9-1, en charge de la préparation de ce médicament et de sa distribution.

Lorsque le médicament n'a pas été administré au patient, le professionnel de santé mentionne dans cette fiche les raisons pour lesquelles le médicament n'a pas été administré et ce qu'il est devenu, notamment s'il a été stocké ou détruit.

Art. R. 5121-201-7 Les données mentionnées aux II et III de l'article R. 5121-201-5 et une copie de la fiche d'administration mentionnée à l'article R. 5121-201-6 sont conservées par les établissements mentionnés à l'article R. 5121-201-5 pendant trente ans au minimum après la date de péremption du médicament de thérapie innovante préparé ponctuellement.

Art. R. 5121-201-8 En cas d'interruption ou de cessation d'activité d'un établissement ou *[un]* organisme mentionné à l'article L. 4211-9-1, les données relatives à la traçabilité des médicaments de thérapie innovante préparés ponctuellement sont transférées à l'établissement ou l'organisme autorisé au titre du même article, avec qui il a mis en place des accords ou des procédures en application du I de l'article R. 4211-42.

En cas d'interruption ou de cessation d'activité d'un établissement pharmaceutique mentionné à l'article L. 5124-1 ou à l'article L. 5124-9-1 fabriquant des médicaments de thérapie innovante préparés ponctuellement, les données relatives à la traçabilité de ces médicaments sont transférées à l'Agence nationale de sécurité du médicament et des produits de santé.

SECTION XIV INSCRIPTION SUR LA LISTE DES MÉDICAMENTS DE MÉDICATION OFFICINALE

(Décr. nº 2008-641 du 30 juin 2008)

Art. R. 5121-202 Le directeur général de l'*(Décr. nº 2012-597 du 27 avr. 2012, art. 5-I-1º)* « Agence nationale de sécurité du médicament et des produits de santé » fixe la liste des médicaments, dits médicaments de médication officinale, que le pharmacien d'officine peut présenter en accès direct au public dans les conditions prévues à l'article R. 4235-55. Elle est publiée *(Décr. nº 2016-183 du 23 févr. 2016, art. 3-I)* « sur le site internet de l'agence ».

Sur demande du titulaire de l'autorisation de mise sur le marché ou de la personne ayant procédé à l'enregistrement prévu à l'article L. 5121-14-1, le directeur général inscrit sur cette liste les médicaments dont :

1º L'autorisation de mise sur le marché n'indique pas qu'ils sont soumis à prescription au titre d'une des catégories prévues à l'article R. 5121-36 ;

2º Les indications thérapeutiques, la durée de traitement et les informations figurant dans la notice permettent leur utilisation, avec le conseil particulier du pharmacien d'officine prévu à l'article R. 4235-48, sans qu'une prescription médicale n'ait été établie ;

3º Le contenu du conditionnement en poids, en volume ou en nombre d'unités de prise est adapté à la posologie et à la durée de traitement recommandées dans la notice ;

4º L'autorisation de mise sur le marché ou la décision d'enregistrement ne comporte pas d'interdiction ou de restriction en matière de publicité auprès du public en raison d'un risque possible pour la santé publique.

Art. R. 5121-203 Le directeur général de l'*(Décr. nº 2012-597 du 27 avr. 2012, art. 5-I-1º)* « Agence nationale de sécurité du médicament et des produits de santé » peut, par décision motivée, refuser d'inscrire un médicament sur la liste mentionnée à l'article R. 5121-202 pour tout motif de santé publique, notamment lorsque le rapport entre le bénéfice et les risques liés au médicament tel qu'il est défini au premier alinéa de l'article L. 5121-9 est en cours de réévaluation.

Art. R. 5121-204 Le directeur général de l'*(Décr. nº 2012-597 du 27 avr. 2012, art. 5-I-1º)* « Agence nationale de sécurité du médicament et des produits de santé » peut suspendre ou supprimer l'inscription d'un médicament de la liste prévue à l'article R. 5121-202 si les conditions posées à cet article ne sont plus remplies ou pour tout motif de santé publique, notamment lorsque le rapport entre le bénéfice et les risques liés au médicament tel qu'il est défini au premier alinéa de l'article L. 5121-9 est en cours de réévaluation.

La décision du directeur général prévue à l'alinéa précédent est motivée et ne peut intervenir, sauf en cas d'urgence, qu'après que le demandeur a pu présenter des observations écrites et, le cas échéant, sur sa demande, des observations orales.

SECTION XV POUVOIR DU MINISTRE CHARGÉ DE LA SANTÉ

(Décr. n° 2008-641 du 30 juin 2008)

Art. R. 5121-206 Les modalités d'application des sections 1 à 12 du présent chapitre sont déterminées en tant que de besoin, après avis du directeur général de l'*(Décr. n° 2012-597 du 27 avr. 2012, art. 5-I-1°)* « Agence nationale de sécurité du médicament et des produits de santé », par arrêté du ministre chargé de la santé.

Sont ainsi précisés, s'il y a lieu, les mentions à porter sur le conditionnement des spécialités pharmaceutiques destinées aux établissements de santé et les signes distinctifs à faire figurer sur le conditionnement et l'étiquette des médicaments lorsqu'il est nécessaire de signaler à l'attention de l'utilisateur des précautions d'emploi à respecter.

SECTION XVI CONDITIONS GÉNÉRALES D'AUTORISATION DES PRÉPARATIONS DE THÉRAPIE GÉNIQUE ET DES PRÉPARATIONS DE THÉRAPIE CELLULAIRE XÉNOGÉNIQUE

(Décr. n° 2008-968 du 16 sept. 2008)

Art. R. 5121-207 La demande d'autorisation ou de renouvellement d'autorisation prévue au 12° et au 13° de l'article L. 5121-1 est adressée sous pli recommandé avec demande d'avis de réception ou déposée contre récépissé au directeur général de l'*(Décr. n° 2012-597 du 27 avr. 2012, art. 5-I-1°)* « Agence nationale de sécurité du médicament et des produits de santé » par les établissements et les organismes autorisés à effectuer les activités mentionnées à l'article R. 4211-16.

La demande doit être accompagnée d'un dossier dont le contenu est fixé par arrêté du ministre chargé de la santé sur proposition du directeur général de l'*(Décr. n° 2012-597 du 27 avr. 2012, art. 5-I-1°)* « Agence nationale de sécurité du médicament et des produits de santé » et qui comprend :

1° Des informations administratives concernant l'établissement ou l'organisme autorisé demandeur ;

2° Des informations sur les substances actives ;

3° Des informations sur chaque étape du procédé et notamment les contrôles en cours de fabrication ;

4° Des informations sur les méthodes et les critères de contrôle de la qualité des produits ;

5° Des informations sur les données pré-cliniques ;

6° Les indications thérapeutiques proposées pour la préparation de thérapie génique ou la préparation de thérapie cellulaire xénogénique et les résultats des essais cliniques justifiant de l'utilisation thérapeutique proposée pour le produit ;

7° Pour les préparations de thérapie cellulaire xénogénique, des informations sur les animaux source utilisés.

Le dossier est réputé complet si, dans un délai d'un mois à compter de sa réception, le directeur général de l'*(Décr. n° 2012-597 du 27 avr. 2012, art. 5-I-1°)* « Agence nationale de sécurité du médicament et des produits de santé » n'a pas fait connaître au demandeur qu'il manquait des informations par lettre recommandée avec demande d'avis de réception et mentionnant le délai imparti pour les fournir.

Le directeur général de l'Agence se prononce sur la demande d'autorisation après avis de la commission de thérapie génique et cellulaire prévue à l'article R. 1243-38.

Art. R. 5121-208 Sans préjudice des dispositions du chapitre III du titre III du livre V du code de l'environnement, les dispositions des articles R. 1243-34 à R. 1243-38 sont applicables aux conditions d'autorisation des préparations de thérapie génique et des préparations de thérapie cellulaire xénogénique, à l'exception, pour les préparations de thérapie génique, du recueil de l'avis de l'Agence de la biomédecine prévu à l'article R. 1243-34. Pour l'application de ces articles, l'autorisation de ces préparations est celle mentionnée à l'article R. 5121-207.

SECTION XVII CONDITIONS D'AUTORISATION DES MÉDICAMENTS DE THÉRAPIE INNOVANTE PRÉPARÉS PONCTUELLEMENT

(Décr. nº 2012-1236 du 6 nov. 2012, art. 3)

Art. R. 5121-209 Pour l'application de la présente section, on entend par médicaments de thérapie innovante préparés ponctuellement les médicaments de thérapie innovante mentionnés au 17° de l'article L. 5121-1.

Art. R. 5121-210 I. — La demande d'autorisation de médicament de thérapie innovante préparé ponctuellement est accompagnée d'un dossier dont le contenu est fixé par arrêté du ministre chargé de la santé, sur proposition du directeur général de l'Agence nationale de sécurité du médicament et des produits de santé et qui comprend :

1° Le nom du médicament et sa composition ;

2° Un résumé des informations relatives au produit, le projet d'étiquetage et de notice ;

3° Le nombre prévu de patients concernés par le médicament ;

4° Des informations concernant les tissus et cellules prélevés ainsi que les produits et matériels entrant en contact avec eux ;

5° Les données relatives à la qualité du médicament concernant la substance active et le produit fini, y compris les contrôles mis en œuvre ;

6° Les résultats des essais précliniques ;

7° Les indications thérapeutiques proposées et, le cas échéant, les résultats des essais cliniques justifiant de l'utilisation thérapeutique du médicament ;

8° La posologie, la forme pharmaceutique et les modes et voies d'administration ;

9° La description du système de pharmacovigilance sur la base des dispositions de pharmacovigilance prévues pour cette catégorie de médicaments ;

10° Les éléments du plan de suivi de l'efficacité et de la sécurité des patients envisagé ;

11° Les établissements de santé publics ou privés dans lesquels le médicament peut être administré.

II. — Lorsque la demande porte sur un médicament combiné de thérapie innovante préparé ponctuellement incorporant un ou plusieurs dispositifs mentionnés à l'article L. 5211-1, le dossier comprend en outre :

1° La destination du ou des dispositifs telle que définie au 1° de l'article R. 5211-4 ;

2° Les spécifications de conception, y compris les normes appliquées et les résultats de l'analyse de risque ;

3° Lorsque les normes mentionnées à l'article R. 5211-18 ne sont pas appliquées entièrement, la description des solutions adoptées pour satisfaire aux exigences essentielles mentionnées aux articles R. 5211-21 et suivants, qui s'appliquent au produit.

III. — Lorsque les essais cliniques n'ont pas pu être réalisés, le demandeur apporte, en outre, les justifications suivantes :

1° Les raisons pour lesquelles les essais cliniques n'ont pu être réalisés ;

2° Il n'existe pas, au moment de la demande d'autorisation, de traitement approprié pour améliorer l'état du patient et le traitement en cause apparaît comme la seule chance de lui éviter une issue fatale à court terme ;

3° Le patient, son représentant légal ou la personne de confiance qu'il a désignée en *application de l'article L. 1111-6* a reçu du médecin prescripteur une information adaptée à sa situation sur l'absence d'alternative thérapeutique, les risques courus, les contraintes et le bénéfice susceptible d'être apporté par le médicament. La procédure suivie est inscrite dans le dossier médical ;

4° Le médicament est susceptible de présenter un bénéfice pour le patient et l'état des connaissances scientifiques laisse préjuger de son efficacité et sa sécurité ;

5° Les données de sécurité et d'efficacité éventuellement disponibles.

IV. — La demande d'autorisation est adressée au directeur général de l'Agence nationale de sécurité du médicament et des produits de santé par lettre recommandée, avec demande d'avis de réception ou déposée contre récépissé, par les établissements ou organismes autorisés en application des articles L. 4211-9-1, L. 5124-3 ou L. 5124-9-1.

V. – Les dispositions de la section II du chapitre III du titre III du livre V du code de l'environnement sont applicables aux médicaments préparés ponctuellement lorsqu'ils comportent en tout ou en partie des organismes génétiquement modifiés.

Art. R. 5121-211 Le dossier de demande d'autorisation est réputé complet si, dans un délai d'un mois à compter de sa réception, le directeur général de l'Agence nationale de sécurité du médicament et des produits de santé n'a pas fait connaître au demandeur, par lettre recommandée avec demande d'avis de réception, la liste des pièces manquantes ou incomplètes.

Lorsque les pièces indispensables à l'instruction de la demande sont manquantes ou incomplètes, le directeur général de l'agence fixe le délai dans lequel ces pièces doivent être fournies.

Art. R. 5121-212 Le directeur général de l'Agence nationale de sécurité du médicament et des produits de santé notifie sa décision au demandeur dans un délai maximum de cent vingt jours à compter de la date de réception du dossier complet. *(Décr. n° 2016-1536 du 15 nov. 2016, art. 2-I-2°-a)* « L'absence de décision à l'expiration du délai prévu vaut rejet de la demande. »

Si le directeur général de l'Agence nationale de sécurité du médicament et des produits de santé estime que des informations complémentaires sont nécessaires pour lui permettre de se prononcer sur la demande, il peut interrompre l'examen de celle-ci jusqu'à réception des informations manquantes, dans la limite d'un délai de six mois. Il doit dans ce cas notifier au demandeur les motifs de cette interruption et lui préciser le délai au terme duquel ces informations doivent lui être adressées.

Lorsque le médicament de thérapie innovante est composé en tout ou partie d'organismes génétiquement modifiés, le directeur général de l'Agence nationale de sécurité du médicament et des produits de santé recueille l'accord du ministre chargé de l'environnement et l'avis du Haut Conseil des biotechnologies dans les conditions prévues aux quatrième et cinquième alinéas de l'article R. 533-29 du code de l'environnement.

Art. R. 5121-213 L'autorisation peut être soumise à des conditions particulières impliquant l'obligation pour le bénéficiaire de l'autorisation de mettre en œuvre un plan de suivi de l'efficacité et de la sécurité du médicament, comportant le recueil périodique d'informations concernant l'efficacité et les effets indésirables ainsi que la transmission de ces informations au directeur général de l'Agence nationale de sécurité du médicament et des produits de santé.

Art. R. 5121-214 Les modifications ayant un impact sur la qualité, la sécurité et l'efficacité du médicament font l'objet d'une demande d'autorisation. Cette demande est accompagnée d'un dossier technique dont le modèle est fixé par arrêté du ministre chargé de la santé, sur proposition du directeur général de l'Agence nationale de sécurité du médicament et des produits de santé.

La décision du directeur général de l'agence intervient dans un délai de quatre-vingt-dix jours à compter de la réception du dossier complet. *(Décr. n° 2016-1536 du 15 nov. 2016, art. 2-I-2°-b)* « L'absence de décision à l'expiration du délai prévu vaut rejet de la demande. »

Tout autre projet de modification fait l'objet d'une demande d'autorisation et est réputé autorisé si le directeur général de l'agence ne s'est pas prononcé dans un délai de soixante jours à compter de la date de réception de la demande.

En cas de refus de la modification, l'autorisation initiale demeure si ce refus n'est pas de nature à remettre en cause cette autorisation.

Art. R. 5121-215 En cas de non-respect des prescriptions législatives et réglementaires, des conditions d'octroi ou de suivi de l'autorisation mentionnées aux articles R. 5121-212 et R. 5121-213, ou lorsqu'il apparaît, notamment à la suite de l'évaluation, que le rapport entre le bénéfice et les risques liés au médicament n'est pas favorable ou que l'effet thérapeutique annoncé fait défaut ou en cas de danger pour la santé publique*[,]* l'autorisation peut être suspendue ou retirée par le directeur général de l'Agence nationale de sécurité du médicament et des produits de santé.

Sauf en cas d'urgence tenant à la sécurité des personnes, la décision de suspension ou de retrait d'une autorisation ne peut intervenir qu'après que le titulaire de l'autorisation a été invité à présenter ses observations dans un délai déterminé par le directeur général de l'agence.

La suspension de l'autorisation est prononcée soit pour une durée n'excédant pas un an lorsque le rapport entre le bénéfice et les risques liés au médicament n'est pas favorable ou que l'effet thérapeutique annoncé fait défaut ou en cas de danger pour la santé publique, soit jusqu'à mise en conformité, en cas d'infraction aux dispositions législatives ou réglementaires ou en cas de non-respect des conditions d'octroi et de suivi de l'autorisation.

Art. R. 5121-216 L'Agence de la biomédecine est informée des décisions prises en application de l'article R. 5121-212.

SECTION XVIII MODALITÉS D'APPLICATION AUX HÔPITAUX DES ARMÉES ET AU CENTRE DE TRANSFUSION SANGUINE DES ARMÉES

(Décr. n° 2008-968 du 16 sept. 2008)

Art. R. 5121-217 Pour l'application des dispositions du présent chapitre, les hôpitaux des armées et le Centre de transfusion sanguine des armées sont regardés respectivement comme des établissements de santé et comme un établissement de transfusion sanguine.

CHAPITRE II PUBLICITÉ

SECTION PREMIÈRE DISPOSITIONS GÉNÉRALES

Art. R. 5122-1 Les éléments contenus dans la publicité pour un médicament doivent être conformes aux renseignements figurant dans le résumé des caractéristiques du produit mentionné à l'article R. 5121-21 *(Décr. n° 2012-741 du 9 mai 2012, art. 1er)* « ainsi qu'aux stratégies thérapeutiques recommandées par la Haute Autorité de santé mentionnées à l'article L. 5122-2 ». *(Décr. n° 2008-436 du 6 mai 2008, art. 8)* « Toute publicité pour un médicament traditionnel à base de plantes comporte, outre les mentions prévues aux articles R. 5122-3 et R. 5122-8, la mention : "Médicament traditionnel à base de plantes à utiliser", suivie des indications à spécifier, elles-mêmes suivies de la mention : "sur la base exclusive de l'ancienneté de l'usage". » Seules les mentions prévues à l'article R. 5121-146 peuvent être utilisées dans la publicité pour les médicaments homéopathiques mentionnés à l'article L. 5121-13.

Art. R. 5122-2 L'entreprise exploitant un médicament se dote d'un service chargé de la publicité au sens de l'article L. 5122-1, placé sous le contrôle du pharmacien responsable, qui s'assure du respect des dispositions des sections 1 à 3 du présent chapitre, et notamment de la validité scientifique des informations diffusées.

L'entreprise conserve un exemplaire de chaque publicité qu'elle émet durant trois années à compter de la date de la dernière diffusion de celle-ci et tient cet exemplaire à la disposition de l'*(Décr. n° 2012-597 du 27 avr. 2012, art. 5-I-1°)* « Agence nationale de sécurité du médicament et des produits de santé », accompagné d'une fiche indiquant les destinataires, le mode de diffusion et la date de première diffusion.

Art. R. 5122-2-1 *(Décr. n° 2012-741 du 9 mai 2012, art. 2)* Lorsqu'un médicament fait l'objet d'une réévaluation du rapport entre les bénéfices et les risques *(Abrogé par Décr. n° 2017-20 du 9 janv. 2017, art. 2-9°) « à la suite d'un signalement de pharmacovigilance », le directeur général* de l'Agence nationale de sécurité du médicament et des produits de santé en informe sans délai l'exploitant. Il l'informe également sans délai de l'achèvement et du résultat de la réévaluation.

Si la réévaluation donne lieu à une modification de l'autorisation de mise sur le marché ou de l'enregistrement imposant une modification des mentions figurant dans une publicité qui bénéficiait, avant la réévaluation, du visa mentionné aux articles L. 5122-8 ou L. 5122-9, l'exploitant doit, pour reprendre la publicité obtenir un nouveau visa. Dans ce cas, par dérogation aux dispositions des articles R. 5122-5 et R. 5122-13, la demande de visa peut être déposée en dehors des périodes déterminées par décision du directeur général de l'agence et est réputée acceptée en l'absence de décision du directeur général dans un délai de deux mois à compter de la date de réception de la demande.

SECTION II **PUBLICITÉ AUPRÈS DU PUBLIC**

Art. R. 5122-3 Lorsqu'elle est admise en vertu des dispositions de l'article L. 5122-6, la publicité pour un médicament auprès du public :

1° Est conçue de façon que le caractère publicitaire du message soit évident et que le produit soit clairement identifié comme médicament ;

2° Comporte au moins :

a) La dénomination du médicament, ainsi que la dénomination commune ;

b) Les informations indispensables pour un bon usage du médicament ;

c) Une invitation expresse à lire attentivement les instructions figurant sur la notice ou sur le conditionnement extérieur, selon le cas ;

(Décr. n° 2007-157 du 5 févr. 2007, art. 1er) « *d)* Un message de prudence, un renvoi au conseil d'un pharmacien et, en cas de persistance des symptômes, une invitation à la consultation d'un médecin ; »

(Décr. n° 2012-741 du 9 mai 2012, art. 3-3°) « *e)* Pour une spécialité générique, la mention de cette qualité et, si le groupe générique auquel appartient la spécialité comporte une ou plusieurs spécialités de référence, la mention : "Cette spécialité est un générique de", suivie du nom de la ou des spécialités de référence, de leur dosage et de leur forme pharmaceutique. En ce cas, la publicité comporte également la mention : "Médicament inscrit au répertoire des génériques. Lors de la substitution, consultez la liste des excipients à effet notoire figurant sur l'emballage ainsi que le répertoire des génériques pour prendre connaissance des mises en garde éventuelles y figurant."

« Pour une publicité sur un support de diffusion radiophonique, la mention de la dénomination commune prévue au *a* n'est requise que lorsque le médicament ne contient pas plus de deux principes actifs. En outre, pour l'application du *e*, seule est requise la mention que la spécialité est générique. »

Art. R. 5122-4 Sans préjudice des dispositions de l'article L. 5122-7, une publicité pour un médicament auprès du public ne peut comporter aucun élément qui :

1° Ferait apparaître la consultation médicale ou l'intervention chirurgicale comme superflue, en particulier en offrant un diagnostic ou en préconisant un traitement par correspondance ;

2° Suggérerait que l'effet du médicament est assuré, qu'il est sans effets indésirables, ou qu'il est supérieur ou égal à celui d'un autre traitement ou médicament ;

3° Suggérerait qu'un état de santé normal peut être amélioré par l'utilisation du médicament ;

4° Suggérerait qu'un état de santé normal peut être affecté en cas de non-utilisation du médicament ; cette interdiction ne s'applique pas aux campagnes publicitaires pour des vaccins ou médicaments mentionnés au *(Décr. n° 2012-741 du 9 mai 2012, art. 4)* « troisième » alinéa de l'article L. 5122-6 ;

5° S'adresserait exclusivement ou principalement aux enfants ;

6° Se référerait à une recommandation émanant de scientifiques, de professionnels de santé ou de personnes qui, bien que n'étant ni des scientifiques ni des professionnels de santé, peuvent, par leur notoriété, inciter à la consommation du médicament concerné ;

7° Assimilerait le médicament à une denrée alimentaire, à un produit cosmétique ou à un autre produit de consommation ;

8° Suggérerait que la sécurité ou l'efficacité du médicament est due au fait qu'il s'agit d'une substance naturelle ;

9° Pourrait conduire, par une description détaillée de symptômes, à un faux autodiagnostic ;

10° Utiliserait de manière abusive, effrayante ou trompeuse des représentations visuelles d'altérations du corps humain dues à des maladies ou à des lésions ;

11° Présenterait de manière excessive ou trompeuse l'action du médicament dans le corps humain ;

12° Se référerait à des attestations de guérison ;

13° Insisterait sur le fait que le médicament a reçu une autorisation de mise sur le marché ou a fait l'objet d'un enregistrement ;

14° Comporterait des offres de primes, objets ou produits quelconques ou d'avantages matériels directs ou indirects de quelque nature que ce soit.

Art. R. 5122-5 *(Décr. n° 2012-741 du 9 mai 2012, art. 5)* Un calendrier des périodes de dépôt des demandes de visa mentionnées à l'article L. 5122-8 est fixé pour chaque année, par décision du directeur général de l'Agence nationale de sécurité du médicament et des produits de santé *(Décr. n° 2016-183 du 23 févr. 2016, art. 3-V)* « publiée sur le site internet de l'agence », avant le 1er novembre de l'année précédente. Ce calendrier détermine au minimum quatre périodes par an, d'une durée comprise entre une semaine et deux mois chacune, au cours desquelles les demandes doivent être déposées.

Les demandes de visa sont réputées acceptées en l'absence de décision du directeur général de l'agence dans un délai de deux mois à compter du jour suivant la fin de la période au cours de laquelle elles ont été déposées.

La durée de validité du visa est de deux ans.

Art. R. 5122-6 *(Décr. n° 2012-741 du 9 mai 2012, art. 5)* Lors du dépôt de la demande de visa, le demandeur attribue, à chacun des supports prévus pour la publicité, un numéro interne de référencement, selon des règles définies par une décision du directeur général de l'Agence nationale de sécurité du médicament et des produits de santé.

La publicité diffusée auprès du public fait mention de ce numéro, sauf pour une publicité sur un support de diffusion radiophonique.

Art. R. 5122-7 *(Décr. n° 2012-741 du 9 mai 2012, art. 5)* Le retrait de visa prévu au troisième alinéa de l'article L. 5122-8 est prononcé par le directeur général de l'Agence nationale de sécurité du médicament et des produits de santé après que le bénéficiaire du visa a été invité, par tout moyen permettant de rapporter la preuve de la date de réception de cet avis, à présenter ses observations écrites ou orales dans un délai fixé par le directeur général, qui ne peut être inférieur à un mois.

En cas d'urgence, le directeur général de l'agence peut suspendre le visa, pour une durée de trois mois au plus.

Art. D. 5122-7-1 *Abrogé par Décr. n° 2012-597 du 27 avr. 2012, art. 4.*

SECTION III PUBLICITÉ À DESTINATION DES PROFESSIONS DE SANTÉ

Art. R. 5122-8 La publicité pour un médicament auprès des professionnels de santé mentionnés à l'article L. 5122-9 est adaptée à ses destinataires. Elle précise la date à laquelle elle a été établie ou révisée en dernier lieu et comporte au moins les informations suivantes :

1° La dénomination du médicament ;

2° Le nom et l'adresse de l'entreprise exploitant le médicament ;

3° La forme pharmaceutique du médicament ;

4° La composition qualitative et quantitative en principes actifs, avec la dénomination commune, et en constituants de l'excipient dont la connaissance est nécessaire à la bonne administration du médicament ;

5° Les numéros d'autorisation de mise sur le marché ou d'enregistrement ;

6° Les propriétés pharmacologiques essentielles au regard des indications thérapeutiques ;

7° Les indications thérapeutiques et les contre-indications ;

8° Le mode d'administration et, si nécessaire, la voie d'administration ;

9° La posologie ;

10° Les effets indésirables ;

11° Les mises en garde spéciales et les précautions particulières d'emploi ;

12° Les interactions médicamenteuses et autres ;

13° Le classement du médicament en matière de prescription et de délivrance mentionné dans l'autorisation de mise sur le marché ;

14° Le prix limite de vente au public lorsqu'un tel prix est fixé en application des lois et règlements en vigueur, accompagné, dans ce cas, du coût du traitement journalier ;

15° La situation du médicament au regard du remboursement par les organismes d'assurance maladie ou de l'agrément pour les collectivités publiques prévu à l'article L. 5123-2 ;

(Décr. nº 2012-741 du 9 mai 2012, art. 6) « 16º Pour une spécialité générique, la mention de cette qualité et, si le groupe générique auquel appartient la spécialité comporte une ou plusieurs spécialités de référence, la mention : "Cette spécialité est un générique de", suivie du nom de la ou des spécialités de référence, de leur dosage et de leur forme pharmaceutique. En ce cas, la publicité comporte également la mention : "Médicament inscrit au répertoire des génériques. Lors de la substitution, consultez la liste des excipients à effet notoire figurant sur l'emballage ainsi que le répertoire des génériques pour prendre connaissance des mises en garde éventuelles y figurant." Toutefois, pour une publicité sur un support de diffusion radiophonique, seule est requise la mention que la spécialité est générique. »

Art. R. 5122-9 Les informations contenues dans cette publicité doivent être exactes, à jour, vérifiables et suffisamment complètes pour permettre au destinataire de se faire une idée personnelle de la valeur thérapeutique du médicament.

Les citations, tableaux et autres illustrations empruntés à des revues médicales ou à des ouvrages scientifiques, qui sont utilisés dans la publicité, doivent être reproduits fidèlement et la source exacte précisée.

La publicité ne peut mentionner la position prise à l'égard d'un médicament par une autorité administrative ou une instance consultative d'une manière susceptible d'altérer le sens ou l'objectivité de cette position.

Toute mention écrite doit être parfaitement lisible.

Art. R. 5122-10 Lorsqu'un médicament est soumis aux conditions de prescription restreinte prévues à la section 8 du chapitre Ier du présent titre, la publicité ne peut être effectuée qu'auprès des prescripteurs habilités à établir la prescription et des pharmaciens exerçant dans des structures susceptibles de délivrer le médicament.

Art. R. 5122-11 La présentation verbale d'un médicament est faite par une personne mentionnée à l'article L. 5122-11 et est accompagnée de la remise en mains propres par cette dernière au professionnel de santé :

1º Du résumé des caractéristiques du produit, mentionné à l'article R. 5121-21 ;

2º Des informations prévues aux 13º, 14º et 15º de l'article R. 5122-8 ;

3º De l'avis rendu en application de l'article R. 163-4 du code de la sécurité sociale par la Commission de la transparence mentionnée à l'article R. 163-15 du même code et le plus récemment publié dans les conditions prévues au dernier alinéa du III de l'article R. 163-16 de ce code.

Lorsque le médicament fait l'objet de plusieurs avis en raison d'une extension des indications thérapeutiques, la notion d'avis s'entend de l'ensemble des avis comportant une appréciation du service médical rendu dans chacune des indications thérapeutiques du médicament concerné.

Ces documents doivent être parfaitement lisibles et comporter la date à laquelle ils ont été établis ou révisés en dernier lieu.

Art. R. 5122-12 En application de l'article L. 5122-1, *(Décr. nº 2012-741 du 9 mai 2012, art. 7)* « la demande de visa de publicité pour un médicament, prévu à l'article L. 5122-9, est formée » pour toute forme d'information, telle que définie par l'article L. 5122-1, communiquée aux professionnels de santé habilités à prescrire, dispenser ou utiliser dans l'exercice de leur art ce médicament, notamment à l'occasion :

1º De la présentation du médicament à ces professionnels par les personnes mentionnées à l'article L. 5122-11 ;

2º Des études ou enquêtes auprès de ces professionnels ;

3º Des réunions ou congrès scientifiques auxquels assistent ces professionnels, en particulier lorsque ces réunions ou congrès font l'objet d'un parrainage consistant en une contribution au financement de ces réunions ou congrès ;

4º Des émissions de télévision destinées à ces professionnels, en particulier lorsque ces émissions font l'objet d'un parrainage dans les conditions et limites fixées par la réglementation relative à la communication audiovisuelle.

Art. R. 5122-13 *(Décr. nº 2012-741 du 9 mai 2012, art. 8)* Un calendrier des périodes de dépôt des demandes de visa mentionnées à l'article L. 5122-9 est fixé pour chaque année, par décision du directeur général de l'Agence nationale de sécurité du médicament et des produits de santé *(Décr. nº 2016-183 du 23 févr. 2016, art. 3-V)*

« publiée sur le site internet de l'agence », avant le 1er novembre de l'année précédente. Ce calendrier détermine au minimum quatre périodes par an, d'une durée comprise entre une semaine et deux mois chacune, au cours desquelles les demandes doivent être déposées.

Les demandes de visa sont réputées acceptées en l'absence de décision du directeur général de l'agence dans un délai de deux mois à compter du jour suivant la fin de la période au cours de laquelle elles ont été déposées.

La durée de validité du visa est de deux ans.

Art. R. 5122-14 *(Décr. nº 2012-741 du 9 mai 2012, art. 8)* Lors du dépôt de la demande de visa, le demandeur attribue, à chacun des supports prévus pour la publicité, un numéro interne de référencement, selon des règles définies par une décision du directeur général de l'Agence nationale de sécurité du médicament et des produits de santé.

La publicité diffusée auprès des professionnels de santé fait mention de ce numéro, sauf pour une publicité sur un support de diffusion radiophonique.

Art. R. 5122-15 *(Décr. nº 2012-741 du 9 mai 2012, art. 8)* Le retrait de visa prévu au troisième alinéa de l'article L. 5122-9 est prononcé par le directeur général de l'Agence nationale de sécurité du médicament et des produits de santé après que le bénéficiaire du visa a été invité, par tout moyen permettant de rapporter la preuve de la date de réception de cet avis, à présenter ses observations écrites ou orales dans un délai fixé par le directeur général, qui ne peut être inférieur à un mois.

En cas d'urgence, le directeur général de l'agence peut suspendre le visa, pour une durée de trois mois au plus.

Art. R. 5122-16 Pour des raisons tenant à la protection de la santé publique, les mesures *(Décr. nº 2012-741 du 9 mai 2012, art. 9-1º)* « prévues à l'article R. 5122-15 » peuvent être prises en cas de mésusage, tel que défini à l'article R. 5121-153, ou de pharmacodépendance ou d'abus, tels que définis à l'article *(Décr. nº 2012-741 du 9 mai 2012, art. 9-2º)* « R. 5132-97 », du médicament faisant l'objet de la publicité.

Art. R. 5122-17 *(Décr. nº 2012-741 du 9 mai 2012, art. 10-1º)* « I. — La remise d'échantillons gratuits mentionnée à l'article L. 5122-10 n'est admise que pendant les deux années suivant la première commercialisation effective en France :

« 1º D'une spécialité bénéficiant d'un premier enregistrement ou d'une première autorisation de mise sur le marché ; ou

« 2º D'une spécialité déjà enregistrée ou autorisée ayant obtenu un enregistrement ou une autorisation de mise sur le marché pour un nouveau dosage ou une nouvelle forme pharmaceutique, si l'enregistrement ou l'autorisation est assorti d'une extension d'indication.

« Elle est également admise pendant les deux années suivant une modification du classement du médicament mentionné au 1º de l'article R. 5121-36.

« II. — La remise d'échantillons gratuits respecte en outre les conditions suivantes : »

1º Chaque fourniture d'échantillons répond à une demande écrite, datée et signée, émanant du destinataire ;

2º Pour chaque médicament, il ne peut être remis qu'un nombre restreint d'échantillons, dans la limite de *(Décr. nº 2012-741 du 9 mai 2012, art. 10-2º)* « quatre par an et par destinataire », déterminé en fonction de la nature du médicament et de la *nécessité pour le prescripteur* de se familiariser avec celui-ci ; chaque échantillon est identique au plus petit conditionnement commercialisé ;

3º Lorsqu'un médicament est soumis aux conditions de prescription restreinte prévues à la section 8 du chapitre Ier du présent titre, les échantillons ne peuvent être remis qu'aux pharmaciens gérants des pharmacies à usage intérieur des établissements de santé et aux prescripteurs habilités à établir la prescription ;

4º Chaque établissement pharmaceutique remettant des échantillons organise en son sein le contrôle de cette remise et le suivi des échantillons ;

5º Chaque échantillon est accompagné d'une copie du résumé des caractéristiques du produit, mentionné à l'article R. 5121-21.

Le directeur général de l'*(Décr. nº 2012-597 du 27 avr. 2012, art. 5-I-1º)* « Agence nationale de sécurité du médicament et des produits de santé » peut restreindre, en raison d'un risque possible pour la santé publique, la distribution d'échantillons de certains médicaments.

SECTION IV PUBLICITÉ POUR CERTAINS PRODUITS OU OBJETS

SOUS-SECTION 1 GÉNÉRATEURS, TROUSSES ET PRÉCURSEURS

Art. R. 5122-18 Les dispositions des sections I à III du présent chapitre, à l'exception de l'article R. 5122-17, sont applicables à la publicité pour les générateurs, trousses et précurseurs définis aux 8°, 9° et 10° de l'article L. 5121-1.

SOUS-SECTION 2 PRODUITS PRÉSENTÉS COMME FAVORISANT LE DIAGNOSTIC, LA PRÉVENTION OU LE TRAITEMENT

Art. R. 5122-19 Pour un produit mentionné à l'article L. 5122-14, le visa de publicité auprès du public mentionné à l'article L. 5122-8 est délivré et peut être suspendu ou retiré dans les conditions prévues aux articles R. 5122-5 à R. 5122-7.

Le visa ne confère aucune garantie quant aux propriétés et aux effets du produit.

Il est accordé pour une durée qui ne peut excéder cinq ans.

Art. R. 5122-20 La demande tendant à obtenir le visa mentionné à l'article R. 5122-19 est adressée au directeur général de l'*(Décr. n° 2012-597 du 27 avr. 2012, art. 5-I-1°)* « Agence nationale de sécurité du médicament et des produits de santé » par le fabricant ou le distributeur du produit. Elle est accompagnée :

1° Du projet de publicité, quel qu'en soit le support, et notamment d'un exemplaire du projet d'étiquetage figurant sur les conditionnements primaire et secondaire du produit, ainsi que, s'il y a lieu, du projet de notice ou de prospectus ;

2° D'un dossier justificatif des propriétés annoncées par le projet de publicité.

Elle indique en outre l'adresse du ou des lieux de fabrication du produit.

Il peut être demandé au fabricant ou au distributeur du produit de fournir tous les éléments d'information complémentaire indispensables au contrôle de l'exactitude des propriétés annoncées.

Art. R. 5122-21 Sont dispensées de visa de publicité, lorsqu'elles figurent sur les étiquetages, notices ou prospectus relatifs aux produits mentionnés à l'article L. 5122-14, les mentions suivantes :

1° Le nom et la composition du produit ;

2° Le mode d'emploi et les précautions d'emploi, s'il y a lieu.

Art. R. 5122-22 *(Décr. n° 2012-741 du 9 mai 2012, art. 11)* « Pour un produit mentionné à l'article L. 5122-14, le visa de publicité à destination des professionnels mentionné à l'article L. 5122-9 est délivré et peut être suspendu ou retiré dans les conditions prévues aux articles R. 5122-13 à R. 5122-16.

« Les dispositions de l'article R. 5122-20 sont applicables à la demande de visa de publicité. La publicité mentionne, en outre, la date à laquelle elle a été établie ou révisée en dernier lieu. »

Les mentions sont écrites d'une façon parfaitement lisible.

En cas de méconnaissance des dispositions du premier alinéa de l'article L. 5122-2, le directeur général de l'agence peut prendre les mesures prévues aux articles R. 5122-13 à R. 5122-16.

SOUS-SECTION 3 OBJETS, APPAREILS ET MÉTHODES PRÉSENTÉS COMME FAVORISANT LE DIAGNOSTIC, LA PRÉVENTION OU LE TRAITEMENT

Art. R. 5122-23 à R. 5122-25 *Abrogés par Décr. n° 2012-597 du 27 avr. 2012, art. 4.*

Art. R. 5122-26 Les décisions d'interdiction ou celles tendant à soumettre une publicité ou propagande à l'obligation de mentionner les avertissements et précautions d'emploi nécessaires à l'information des consommateurs, prévues à l'article L. 5122-15, prises par le directeur général de l'*(Décr. n° 2012-597 du 27 avr. 2012, art. 5-I-1°)* « Agence nationale de sécurité du médicament et des produits de santé » sont publiées au *Journal officiel* de la République française.

Art. R. 5122-27 à R. 5122-34 *Abrogés par Décr. nº 2012-597 du 27 avr. 2012, art. 4.*

SECTION V **REDEVANCE**

Art. D. 5122-35 *Abrogé par Décr. nº 2012-381 du 19 mars 2012, art. 4.*

SECTION VI *[ABROGÉE]* **COMMISSION DE CONTRÔLE DE LA PUBLICITÉ**

(Abrogée par Décr. nº 2012-597 du 27 avr. 2012, art. 4)

Art. R. 5122-36 à R. 5122-47 *Abrogés par Décr. nº 2012-597 du 27 avr. 2012, art. 4.*

CHAPITRE III **PRIX ET AGRÉMENT**

SECTION UNIQUE

Art. R. 5123-1 L'ordonnance comportant une prescription de médicaments indique, pour permettre la prise en charge de ces médicaments par un organisme d'assurance maladie, pour chacun des médicaments prescrits :

1° La posologie ;

2° Soit la durée du traitement, soit, lorsque la prescription comporte la dénomination du médicament au sens de l'article R. 5121-2, le nombre d'unités de conditionnement.

Toutefois, si l'une ou l'autre des mentions prévues aux 1° et 2° ou les deux font défaut, le médicament peut être pris en charge si le pharmacien dispense le nombre d'unités de conditionnement correspondant aux besoins du patient après avoir recueilli l'accord du prescripteur qu'il mentionne expressément sur l'ordonnance. Lorsque le médicament n'est pas soumis aux dispositions de l'article *(Décr. nº 2005-840 du 20 juill. 2005, art. 12)* « R. 5132-3 », il peut être pris en charge sans l'accord du prescripteur si le pharmacien délivre soit le nombre d'unités de conditionnement qui figure sur l'ordonnance sous réserve de délivrer le conditionnement commercialisé comportant le plus petit nombre d'unités de prise, soit, si le nombre d'unités de conditionnement ne figure pas sur l'ordonnance, le conditionnement comportant le plus petit nombre d'unités de prise, parmi les conditionnements commercialisés.

Art. R. 5123-2 *(Décr. nº 2004-1367 du 16 déc. 2004, art. 1er)* L'ordonnance comportant la prescription d'un médicament pour une durée de traitement supérieure à un mois indique, pour permettre la prise en charge de ce médicament, soit le nombre de renouvellements de l'exécution de la prescription par périodes maximales d'un mois ou de trois mois pour les médicaments présentés sous un conditionnement correspondant à une durée de traitement supérieure à un mois, soit la durée totale de traitement, dans la limite de douze mois. Pour les médicaments contraceptifs, le renouvellement de l'exécution de la prescription peut se faire par périodes maximales de trois mois, quel que soit leur conditionnement.

Pour en permettre la prise en charge, le pharmacien ne peut délivrer en une seule fois une quantité de médicaments correspondant à une durée de traitement supérieure à quatre semaines ou à trente jours selon le conditionnement. Toutefois, les médicaments présentés sous un conditionnement correspondant à une durée de traitement supérieure à un mois peuvent être délivrés pour cette durée dans la limite de trois mois. En outre, quel que soit leur conditionnement, les médicaments contraceptifs *peuvent être délivrés pour* une durée de douze semaines.

Art. R. 5123-2-1 *(Décr. nº 2008-108 du 5 févr. 2008, art. 1er)* Dans le cadre d'un traitement chronique, lorsque la durée de validité d'une ordonnance renouvelable est expirée, le pharmacien dispense les médicaments nécessaires à la poursuite du traitement si les conditions suivantes sont remplies :

1° L'ordonnance comporte la prescription du médicament permettant, en application des dispositions de l'article R. 5123-2, une durée totale de traitement d'au moins trois mois ;

2° Ce médicament ne relève pas d'une des catégories mentionnées dans l'arrêté ministériel prévu à l'article L. 5125-23-1.

Le pharmacien délivre le conditionnement commercialisé comportant le plus petit nombre d'unités de prise. Il porte sur l'ordonnance la mention "délivrance par la procédure exceptionnelle d'une boîte supplémentaire" en indiquant la ou les spécialités ayant fait l'objet de la dispensation. Il appose en outre sur l'ordonnance le timbre de l'officine et la date de délivrance.

Il informe de la dispensation le médecin prescripteur dès que possible et par tous moyens dont il dispose.

La même ordonnance ne peut donner lieu qu'à une seule dispensation en application du présent article.

Art. R. 5123-3 *(Décr. n° 2008-108 du 5 févr. 2008, art. 2)* Sous réserve de l'application des dispositions de l'article R. 5123-2-1, le pharmacien délivre le conditionnement le plus économique compatible avec les mentions figurant sur l'ordonnance.

Art. D. 5123-4 La commission chargée de proposer la liste des produits agréés pour les collectivités publiques, conformément aux dispositions des articles L. 5123-2 et L. 5123-3, est la commission de la transparence, dont la composition et le fonctionnement sont prévus aux articles R. 163-15 à R. 163-21 du code de la sécurité sociale.

CHAPITRE IV FABRICATION ET DISTRIBUTION EN GROS

SECTION PREMIÈRE CHAMP D'APPLICATION ET DÉFINITIONS

Art. R. 5124-1 *(Décr. n° 2012-1236 du 6 nov. 2012, art. 5-1°)* Les dispositions du présent chapitre sont applicables aux entreprises, organismes et établissements publics mentionnés aux articles *(Décr. n° 2016-523 du 27 avr. 2016, art. 4-I-15°)* « L. 1413-1 », L. 5124-2, L. 5124-7, L. 5124-8, L. 5124-9-1 ainsi qu'à leurs établissements pharmaceutiques.

Art. R. 5124-2 On entend par :

1° Fabricant, l'entreprise ou l'organisme se livrant, en vue de leur vente en gros, de leur cession à titre gratuit ou de leur expérimentation sur l'homme à la fabrication de médicaments, produits ou objets mentionnés à l'article L. 4211-1 et au 4° de l'article L. 5121-1.

La fabrication comprend les opérations concernant l'achat des matières premières et des articles de conditionnement, les opérations de production, de contrôle de la qualité, de libération des lots, ainsi que les opérations de stockage correspondantes, telles qu'elles sont définies par les bonnes pratiques prévues *(Décr. n° 2008-109 du 5 févr. 2008, art. 4)* « à l'article L. 5121-5 » applicables à cette activité.

Pour les objets de pansement et articles présentés comme conformes à la pharmacopée mentionnés au 2° de l'article L. 4211-1 et les produits officinaux divisés mentionnés au 4° de l'article L. 5121-1, la vente en gros, la cession à titre gratuit ainsi que les opérations de suivi des lots et, s'il y a lieu, de leur retrait et, le cas échéant, de pharmacovigilance sont effectuées par le fabricant. Pour les *(Décr. n° 2006-477 du 26 avr. 2006, art. 7-I)* « médicaments expérimentaux », les opérations de suivi desdits médicaments et, s'il y a lieu, de leur retrait sont effectuées par le fabricant, sous la responsabilité du promoteur mentionné à l'article L. 1121-1 ;

2° Importateur, l'entreprise ou l'organisme se livrant, en vue de leur vente en gros, de leur cession à titre gratuit ou de leur expérimentation sur l'homme, à l'importation, au stockage, au contrôle de la qualité et à la libération des lots de médicaments, produits ou objets mentionnés à l'article L. 4211-1 et au 4° de l'article L. 5121-1 en provenance :

a) D'États non membres de la Communauté européenne et non parties à l'accord sur l'Espace économique européen ;

b) Ou d'autres États membres de la Communauté européenne ou parties à l'accord sur l'Espace économique européen lorsque les médicaments, produits ou objets ont été fabriqués par un établissement non autorisé au titre l'article 40 de la directive *2001/83 du 6* novembre 2001 instituant un code communautaire relatif aux médicaments à usage humain.

Pour les objets de pansement et articles présentés comme conformes à la pharmacopée mentionnés au 2° de l'article L. 4211-1 et les produits officinaux divisés mentionnés au 4° de l'article L. 5121-1, la vente en gros, la cession à titre gratuit ainsi que les opérations de suivi des lots et, s'il y a lieu, de leur retrait et, le cas échéant, de pharmacovigilance sont effectuées par l'importateur. Pour les *(Décr. n° 2006-477 du 26 avr. 2006, art. 7-I)* « médicaments expérimentaux », les opérations de suivi desdits médicaments et, s'il y a lieu, de leur retrait sont effectuées par l'importateur, sous la responsabilité du promoteur mentionné à l'article L. 1121-1 ;

3° Exploitant, l'entreprise ou l'organisme se livrant à l'exploitation de médicaments *(Décr. n° 2006-477 du 26 avr. 2006, art. 7-II)* « autres que des médicaments expérimentaux », de générateurs, trousses et précurseurs mentionnés au 3° de l'article L. 4211-1.

L'exploitation comprend les opérations de vente en gros ou de cession à titre gratuit, de publicité, d'information, de pharmacovigilance, de suivi des lots et, s'il y a lieu, de leur retrait ainsi que, le cas échéant, les opérations de stockage correspondantes.

L'exploitation est assurée soit par le titulaire de l'autorisation de mise sur le marché mentionnée à l'article L. 5121-8, de l'autorisation temporaire d'utilisation mentionnée *(Décr. n° 2013-66 du 18 janv. 2013, art. 5)* « au 1° du I » de l'article L. 5121-12 ou de *(Décr. n° 2008-436 du 6 mai 2008, art. 9)* « l'un des enregistrements mentionnés aux articles L. 5121-13 et L. 5121-14-1 », soit, pour le compte de ce titulaire, par une autre entreprise ou un autre organisme, soit par l'un et l'autre, chacun assurant dans ce cas une ou plusieurs catégories d'opérations constitutives de l'exploitation du médicament ou produit ;

4° Dépositaire, l'entreprise se livrant, d'ordre et pour le compte :

– d'un ou *[de]* plusieurs exploitants de médicaments, de générateurs, trousses ou précurseurs mentionnés au 3° de l'article L. 4211-1 ;

– ou d'un ou *[de]* plusieurs fabricants ou importateurs d'objets de pansement ou articles présentés comme conformes à la Pharmacopée mentionnés au 2° de l'article L. 4211-1 ou de produits officinaux divisés mentionnés au 4° de l'article L. 5121-1, au stockage de ces médicaments, produits, objets ou articles dont elle n'est pas propriétaire, en vue de leur distribution en gros et en l'état ;

5° Grossiste-répartiteur, l'entreprise se livrant à l'achat et au stockage de médicaments *(Décr. n° 2006-477 du 26 avr. 2006, art. 7-II)* « autres que des médicaments expérimentaux », en vue de leur distribution en gros et en l'état ;

(Décr. n° 2009-741 du 19 juin 2009) « Cette entreprise peut également se livrer, d'ordre et pour le compte de pharmaciens titulaires d'officine ou des structures mentionnées à l'article D. 5125-24-1, à l'achat et au stockage de médicaments autres que des médicaments expérimentaux, à l'exception des médicaments remboursables par les régimes obligatoires d'assurance maladie, en vue de leur distribution en gros et en l'état ; »

6° Distributeur en gros de produits pharmaceutiques autres que les médicaments, l'entreprise se livrant à l'achat et au stockage *(Décr. n° 2017-20 du 9 janv. 2017, art. 1er-4°-a)* « de produits intermédiaires destinés à une transformation ultérieure par un fabricant autorisé ou » de produits, objets, articles, générateurs, trousses ou précurseurs mentionnés aux 2° et 3° de l'article L. 4211-1 ou de produits officinaux divisés mentionnés au 4° de l'article L. 5121-1, en vue de leur distribution en gros et en l'état ;

7° Distributeur en gros à l'exportation, l'entreprise se livrant à l'achat et au stockage de médicaments *(Décr. n° 2006-477 du 26 avr. 2006, art. 7-II)* « autres que des médicaments expérimentaux », de produits, objets, articles, générateurs, trousses ou précurseurs mentionnés aux 2° et 3° de l'article L. 4211-1, de plantes médicinales mentionnées au 5° de l'article L. 4211-1 ou de produits officinaux divisés mentionnés au 4° de l'article L. 5121-1, en vue de leur exportation en l'état ;

8° Distributeur en gros à vocation humanitaire, l'organisme à but non lucratif mentionné à l'article L. 5124-7 se livrant à l'acquisition à titre gratuit ou onéreux et au stockage de médicaments *(Décr. n° 2006-477 du 26 avr. 2006, art. 7-II)* « autres que des médicaments expérimentaux », en vue de leur distribution en gros ou de leur exportation dans les conditions prévues au même article ;

9° Abrogé par Décr. n° 2017-20 du 9 janv. 2017, art. 1er.

10° *(Décr. n° 2006-477 du 26 avr. 2006, art. 7-IV)* « Distributeurs *[Distributeur]* de médicaments expérimentaux, toute entreprise se livrant, le cas échéant d'ordre et pour le compte d'un ou *[de]* plusieurs promoteurs définis à l'article L. 1121-1, au stockage de médicaments expérimentaux fabriqués ou importés par des entreprises ou organismes définis au 1° ou au 2° du présent article, en vue de leur distribution en l'état ; »

11° Distributeur en gros de plantes médicinales, l'entreprise se livrant au stockage et aux contrôles et opérations nécessaires pour la distribution en gros et en vrac, en sachets-doses, en fragments ou à l'état frais ou desséché de plantes médicinales mentionnées au 5° de l'article L. 4211-1 ;

12° Distributeur en gros de gaz à usage médical, l'entreprise se livrant à l'achat et au stockage de gaz à usage médical *(Décr. n° 2017-20 du 9 janv. 2017, art. 1er-4°-c)* « conditionnés », en vue de leur distribution en gros et en l'état ;

13° Distributeur en gros du service de santé des armées, l'établissement de ravitaillement sanitaire du service de santé des armées comportant un ou plusieurs établissements pharmaceutiques se livrant, dans le cadre du décret n° 91-685 du 14 juillet 1991 fixant les attributions du service de santé des armées, à la distribution en gros et en l'état des médicaments, produits ou objets mentionnés à l'article L. 5124-8 ;

(Décr. n° 2008-834 du 22 août 2008) « 14° Établissement pharmaceutique pour la protection de la population face aux menaces sanitaires graves, l'établissement pharmaceutique ouvert par l'*(Décr. n° 2016-523 du 27 avr. 2016, art. 4)* « Agence nationale de santé publique », se livrant à des opérations d'achat, de fabrication, d'importation, d'exportation de produits nécessaires à la protection de la population face aux menaces sanitaires graves, en vue de leur distribution.

« Cet établissement pharmaceutique se livre, le cas échéant, à des opérations d'exploitation comprenant l'information, la pharmacovigilance, le suivi des lots et, s'il y a lieu, leur retrait ainsi que les opérations de stockage correspondantes. La réalisation de tout ou partie de ces opérations peut être confiée à un tiers dans le cadre d'un contrat écrit qui fixe leurs obligations respectives ; »

(Décr. n° 2009-741 du 19 juin 2009) « 15° Centrale d'achat pharmaceutique, l'entreprise se livrant, soit en son nom et pour son compte, soit d'ordre et pour le compte de pharmaciens titulaires d'officine ou des structures mentionnées à l'article *(Décr. n° 2013-466 du 4 juin 2013, art. 2-5°)* « D. 5125-24-16 », à l'achat et au stockage des médicaments autres que des médicaments expérimentaux, à l'exception des médicaments remboursables par les régimes obligatoires d'assurance maladie, en vue de leur distribution en gros et en l'état à des pharmaciens titulaires d'officine. »

Art. R. 5124-3 Les fabricants, les importateurs, les exploitants, les dépositaires, les grossistes-répartiteurs, les distributeurs en gros de produits pharmaceutiques autres que les médicaments, les distributeurs en gros de plantes médicinales, les distributeurs en gros de gaz à usage médical *(Décr. n° 2008-784 du 18 août 2008)* « , les distributeurs en gros du service de santé des armées et les distributeurs en gros à vocation humanitaire » ne peuvent distribuer les médicaments ou produits qu'ils stockent qu'à d'autres entreprises ou organismes autorisés à les distribuer en gros ou à des personnes physiques ou morales habilitées à les dispenser. *(Décr. n° 2012-1562 du 31 déc. 2012, art. 2-1°)* « Ils vérifient à cette fin par tout moyen que ces établissements sont autorisés en tant qu'établissements pharmaceutiques et qu'ils respectent les bonnes pratiques mentionnées à l'article L. 5121-5 qui leur sont applicables.

(Décr. n° 2017-20 du 9 janv. 2017, art. 1er-5°-b) « Toutefois, les distributeurs en gros mentionnés au 6° de l'article R. 5124-2 ne peuvent céder ou vendre les produits intermédiaires qu'à des fabricants mentionnés au 1° du même article. »

« Lorsque le médicament est obtenu par l'intermédiaire d'un courtier, l'établissement pharmaceutique vérifie que le courtier s'est déclaré auprès de l'Agence nationale de sécurité du médicament et des produits de santé conformément à l'article L. 5124-20. »

Pour les médicaments *(Décr. n° 2006-477 du 26 avr. 2006, art. 7-V)* « autres que les *médicaments* expérimentaux » *(Décr. n° 2008-109 du 5 févr. 2008, art. 5)* « et pour les générateurs, trousses et précurseurs mentionnés au 3° de l'article L. 4211-1 » et, lorsque le fabricant ou l'importateur n'assure pas lui-même l'exploitation, il ne peut vendre en gros ou céder à titre gratuit les médicaments ou produits qu'il fabrique ou importe que par l'intermédiaire de l'exploitant qui assure ces opérations de vente ou de cession.

Art. R. 5124-3-1 *(Décr. nº 2006-477 du 26 avr. 2006, art. 8)* Par dérogation aux dispositions de l'article R. 5124-3, les fabricants et les importateurs de médicaments ne peuvent distribuer les médicaments expérimentaux *(Décr. nº 2017-20 du 9 janv. 2017, art. 1er-6º)* « ainsi que, le cas échéant, les médicaments auxiliaires utilisés pour les besoins d'un essai clinique au sens du règlement (UE) nº 536/2014 du Parlement européen et du Conseil du 16 avril 2014 relatif aux essais cliniques de médicaments à usage humain et abrogeant la directive 2001/20/CE, » qu'ils stockent qu'à des distributeurs de médicaments expérimentaux, aux pharmaciens mentionnés aux articles L. 5126-11 et L. 5126-12, aux pharmaciens assurant la gérance d'une pharmacie à usage intérieur d'un hôpital des armées, aux pharmaciens des lieux autorisés au sens de l'article L. 1121-13, le cas échéant, ou, dans les autres cas, aux investigateurs définis à l'article L. 1121-1, ou à des personnes physiques ou morales habilitées à exercer des activités analogues hors du territoire national.

Les distributeurs de médicaments expérimentaux ne peuvent distribuer ces médicaments qu'aux pharmaciens mentionnés aux articles L. 5126-11 et L. 5126-12, aux pharmaciens assurant la gérance d'une pharmacie à usage intérieur d'un hôpital des armées ou, dans les autres cas, aux investigateurs définis à l'article L. 1121-1, aux pharmaciens des lieux autorisés au sens de l'article L. 1121-13, le cas échéant, ou à des personnes physiques ou morales habilitées à exercer des activités analogues hors du territoire national.

Lorsque la recherche biomédicale se déroule hors d'un établissement mentionné à l'article L. 5126-1 disposant d'une pharmacie à usage intérieur, la mise à disposition de médicaments expérimentaux par un investigateur défini à l'article L. 1121-1 à d'autres investigateurs peut être effectuée à titre exceptionnel. Elle est mentionnée dans les éléments du protocole prévus à l'article R. 1123-20 et s'effectue en accord avec le promoteur et dans le respect des bonnes pratiques cliniques prévues à l'article L. 1121-3.

Dans le cadre de recherches biomédicales, les fabricants et les importateurs de médicaments autres que les médicaments expérimentaux, les exploitants, les dépositaires et les grossistes-répartiteurs peuvent distribuer les médicaments ou produits qu'ils stockent à d'autres établissements autorisés se livrant d'ordre et pour le compte d'un promoteur, à la fabrication de médicaments expérimentaux ou, le cas échéant, aux pharmaciens mentionnés aux articles L. 5126-11 et L. 5126-12, aux pharmaciens assurant la gérance d'une pharmacie à usage intérieur d'un hôpital des armées, ou aux pharmaciens des lieux de recherches autorisés dans le cadre de l'article L. 1121-13.

Art. R. 5124-4 Les fabricants, les importateurs, les exploitants, les dépositaires, les grossistes-répartiteurs, les distributeurs en gros de produits pharmaceutiques autres que les médicaments, les distributeurs en gros de plantes médicinales, les distributeurs de gaz à usage médical *(Décr. nº 2007-1273 du 27 août 2007, art. 3)* « *[,]* les distributeurs en gros de produits nécessaires à la protection de la population face aux menaces sanitaires graves » et les distributeurs en gros du service de santé des armées peuvent exporter en dehors du territoire national les médicaments ou produits qu'ils vendent, cèdent à titre gratuit ou distribuent *(Décr. nº 2012-1236 du 6 nov. 2012, art. 5-2º)* « , à l'exception des médicaments de thérapie innovante préparés ponctuellement mentionnés au 17º de l'article L. 5121-1 » *(Décr. nº 2016-1536 du 15 nov. 2016, art. 2-II)* « qui ne sont pas utilisés dans le cadre d'une recherche mentionnée au premier alinéa de l'article L. 1121-1 ».

Les exportations effectuées par ces entreprises ou organismes, ainsi que par les distributeurs en gros à l'exportation, vers d'autres États membres de la Communauté *[l'Union]* européenne ou parties à l'accord sur l'Espace économique européen ne peuvent être destinées qu'à des personnes physiques ou morales autorisées à exercer des activités analogues ou habilitées à dispenser les médicaments ou produits concernés dans ces États. *(Décr. nº 2013-923 du 16 oct. 2013, art. 6)* « Lorsque ces exportations ont lieu vers des pays tiers à l'Union européenne ou non parties à l'accord sur l'Espace économique européen, elles ne peuvent être destinées qu'à des personnes autorisées ou habilitées à recevoir les médicaments en vue de la distribution en gros ou de la dispensation au public dans ces pays.

« Les médicaments ou produits reçus directement en provenance de pays tiers à l'Union européenne ou non parties à l'accord sur l'Espace économique européen, sans être importés, ne peuvent être obtenus qu'auprès de personnes autorisées ou habilitées à délivrer des médicaments, conformément aux dispositions juridiques et administratives en vigueur dans le pays tiers concerné.

« Les documents attestant de l'autorisation ou de l'habilitation à délivrer ou dispenser des médicaments ou à en recevoir en vue de leur distribution en gros des personnes situées dans un pays tiers mentionnées aux alinéas précédents sont tenus à la disposition du directeur général de l'Agence nationale de sécurité du médicament et des produits de santé. »

Art. R. 5124-5 Les modalités de présentation et d'instruction des demandes d'autorisation d'ouverture, de modification des autorisations initiales et de transfert des autorisations d'ouverture prévues aux articles R. 5124-6, R. 5124-7, R. 5124-10, *(Décr. n° 2008-834 du 22 août 2008)* « R. 5124-10-1, R. 5124-10-2, » R. 5124-13 et R. 5124-14 sont fixées, *(Décr. n° 2017-20 du 9 janv. 2017, art. 1er-8°)* « par décision » du directeur général de l'*(Décr. n° 2012-597 du 27 avr. 2012, art. 5-I-1°)* « Agence nationale de sécurité du médicament et des produits de santé ».

Les modalités des demandes concernant les établissements pharmaceutiques de la pharmacie centrale des armées et des établissements de ravitaillement sanitaire du service de santé des armées sont fixées, sur proposition du directeur général de l'agence, par arrêté des ministres chargés des armées et de la santé.

Art. R. 5124-6 *(Décr. n° 2010-344 du 31 mars 2010, art. 153)* « L'autorisation d'ouverture, prévue au premier alinéa de l'article L. 5124-3, d'un établissement pharmaceutique, d'une entreprise ou d'un organisme mentionné à l'article R. 5124-2 est délivrée par le directeur général de l'*(Décr. n° 2012-597 du 27 avr. 2012, art. 5-I-1°)* « Agence nationale de sécurité du médicament et des produits de santé », après avis du conseil central compétent de l'Ordre national des pharmaciens et » *(Décr. n° 2017-20 du 9 janv. 2017, art. 1er-9°-a)* « après enquête administrative réalisée par un des agents de l'agence, prenant la forme, le cas échéant, d'une enquête sur site, réalisée par un inspecteur mentionné aux articles L. 5313-1 et L. 5313-3 ».

Si le conseil central n'a pas donné son avis dans un délai de deux mois, le directeur général peut statuer.

L'avis du conseil central n'est pas requis pour l'autorisation d'ouverture d'un établissement pharmaceutique dépendant de la pharmacie centrale des armées ou des établissements de ravitaillement sanitaire du service de santé des armées.

(Décr. n° 2017-20 du 9 janv. 2017, art. 1er-9°-b) « Les autorisations d'ouverture accordées à une entreprise ou un organisme sont consignées dans la banque de données de l'Union européenne, conformément à l'article 40 de la directive 2001/83/CE du Parlement européen et du Conseil du 6 novembre 2001 instituant un code communautaire relatif aux médicaments à usage humain. »

Art. R. 5124-7 *(Décr. n° 2017-20 du 9 janv. 2017, art. 1er-10°-a et b)* « I. — Les locaux d'un établissement pharmaceutique sont situés sur un même lieu dont la continuité n'est pas interrompue par la présence d'autres locaux occupés par des tiers.

« Les établissements pharmaceutiques autorisés au titre du 1° et du 4° de l'article R. 5124-2 peuvent comprendre, sans autorisation distincte, un local de stockage situé à proximité de l'établissement. Ce local, placé sous la responsabilité du pharmacien responsable ou du pharmacien délégué de l'établissement auquel il est rattaché, est réservé aux seules opérations de stockage et d'expédition. Aucune autre opération, notamment de préparation ou de commande, ne peut y être effectuée.

« II. — » Lorsqu'une entreprise ou un organisme comporte plusieurs établissements pharmaceutiques, chacun d'entre eux fait l'objet d'une autorisation distincte.

Pour les établissements où est effectuée la fabrication ou l'importation de médicaments, l'autorisation précise les formes pharmaceutiques concernées ou, à défaut, la *nature des produits.*

(Décr. n° 2008-834 du 22 août 2008) « Toutefois, les établissements pharmaceutiques se livrant à la fabrication ou à l'importation de gaz à usage médical peuvent comprendre, sans qu'il soit besoin d'une autorisation distincte :

« 1° Des réservoirs de stockage et équipements de contrôle associés situés dans l'enceinte de l'entreprise qui leur fournit la matière première ;

« 2° Des réservoirs de stockage situés dans des lieux dépendant des établissements ou organismes disposant d'une pharmacie à usage intérieur ou des personnes morales mentionnées à l'article L. 4211-5 ;

« 3° Des locaux de stockage de gaz conditionné *[conditionnés]* servant de relais entre le site fabricant et les destinataires de distribution, à condition que la sécurité de ces locaux soit garantie.

« Les locaux et réservoirs mentionnés aux 1°, 2° et 3° sont sous la responsabilité du pharmacien responsable de l'établissement pharmaceutique. »

L'autorisation d'ouverture précise la catégorie prévue à l'article R. 5124-2 au titre de laquelle elle est accordée. Une seule autorisation peut être accordée au même établissement au titre de plusieurs catégories.

Art. R. 5124-8 Sauf disposition expresse mentionnée dans l'autorisation d'ouverture prévue à l'article R. 5124-6, l'établissement pharmaceutique bénéficiant d'une autorisation accordée au titre du 5° de l'article R. 5124-2 bénéficie en outre des autorisations accordées au titre *(Décr. n° 2017-20 du 9 janv. 2017, art. 1er-11°)* « du 6° du même article, à l'exception des produits intermédiaires ».

Art. R. 5124-9 Le directeur général de l'*(Décr. n° 2012-597 du 27 avr. 2012, art. 5-I-1°)* « Agence nationale de sécurité du médicament et des produits de santé » notifie sa décision au demandeur dans un délai de quatre-vingt-dix jours à compter de la date de réception de la demande *(Décr. n° 2017-20 du 9 janv. 2017, art. 1er-12°-a et b)* « accompagnée d'un dossier complet.

« Le directeur général peut solliciter le demandeur afin d'obtenir toute information complémentaire pour lui permettre de se prononcer sur la demande en toute connaissance de cause.

« Le délai mentionné au premier alinéa est alors suspendu à compter de la date de notification au pharmacien responsable, par le directeur général de l'Agence nationale de sécurité du médicament et des produits de santé, de la demande d'informations complémentaires, jusqu'à réception des informations demandées.

« Le directeur général peut également procéder à une enquête afin de s'assurer de l'exactitude des informations fournies par le demandeur, dans le délai mentionné au premier alinéa. »

Pour les établissements pharmaceutiques dépendant d'entreprises ou organismes mentionnés *(Décr. n° 2008-834 du 22 août 2008)* « aux 1° et 2° » de l'article R. 5124-2, le silence gardé par le directeur général vaut refus d'autorisation à l'expiration d'un délai de quatre-vingt-dix jours à compter de la date *(Décr. n° 2017-20 du 9 janv. 2017, art. 1er-12°-c)* « mentionnée au premier alinéa ».

Pour les établissements pharmaceutiques dépendant d'entreprises ou organismes mentionnés *(Décr. n° 2009-741 du 19 juin 2009)* « aux 3° à 15° » de l'article R. 5124-2, le silence gardé par le directeur général vaut autorisation tacite à l'expiration d'un délai de quatre-vingt-dix jours à compter de la date *(Décr. n° 2017-20 du 9 janv. 2017, art. 1er-12°-c)* « mentionnée au premier alinéa ».

(Décr. n° 2007-1273 du 27 août 2007, art. 3) « Lorsque la demande d'ouverture présentée par le distributeur en gros mentionné au 14° de l'article R. 5124-2 résulte d'une situation telle que définie par l'article *(Décr. n° 2013-15 du 7 janv. 2013, art. 7)* « R. 3134-1 », le délai prévu *(Décr. n° 2017-20 du 9 janv. 2017, art. 1er-12°-e)* « au premier alinéa » est ramené à trente jours. »

Art. R. 5124-9-1 *(Décr. n° 2017-20 du 9 janv. 2017, art. 1er-13°)* Pour un établissement autorisé, l'ajout d'une nouvelle activité au sens de l'article R. 5124-2 fait l'objet d'une demande d'autorisation instruite dans les conditions prévues à l'article R. 5124-9.

Art. R. 5124-10 *(Décr. n° 2008-834 du 22 août 2008) (Décr. n° 2017-20 du 9 janv. 2017, art. 1er-14°-a)* « I. — » Sont soumises à autorisation, en raison de leur caractère substantiel, les modifications de l'autorisation d'ouverture d'un établissement pharmaceutique, prévue à l'article L. 5124-3, qui ont trait à l'un des éléments suivants :

1° La fabrication ou l'importation d'une nouvelle catégorie de produits parmi les médicaments à usage humain, les médicaments expérimentaux à usage humain, les produits mentionnés aux 4°, 8°, 9° et 10° de l'article L. 5121-1, les produits mentionnés au 2° de l'article L. 4211-1 ;

2° La fabrication ou l'importation d'une nouvelle forme pharmaceutique ou d'un produit pharmaceutique non mentionné par l'autorisation d'ouverture en vigueur ;

3° La mise en œuvre d'une nouvelle opération pharmaceutique de fabrication, d'importation ou d'exploitation ;

4° La création de locaux dans lesquels sont réalisées des opérations pharmaceutiques de fabrication, d'importation, de distribution en gros ou de stockage ;

5° La suppression de locaux dans lesquels sont réalisées des opérations de production et de contrôle de la qualité *(Décr. n° 2017-20 du 9 janv. 2017, art. 1er-14°-d)* « , ou toute suppression de locaux dans les cas prévus à l'article R. 5124-14 » ;

6° Les modifications des conditions de stockage des médicaments classés comme stupéfiants pour les distributeurs en gros mentionnés *(Décr. n° 2009-741 du 19 juin 2009)* « aux 4° à 15° » de l'article R. 5124-2 ;

(Décr. n° 2012-1096 du 28 sept. 2012, art. 1er-I) « 7° La modification du territoire de répartition mentionné à l'article R. 5124-59 ; »

(Décr. n° 2017-20 du 9 janv. 2017, art. 1er-14°-e et g) « 8° Le déménagement sur un même site d'un établissement pharmaceutique disposant du statut d'exploitant prévu au 3° de l'article R. 5124-2 ;

« 9° Le déménagement sur un même site d'un établissement pharmaceutique disposant du statut de fabricant prévu au 1° de l'article R. 5124-2 ou d'importateur prévu au 2° de l'article R. 5124-2, lorsque les activités de ceux-ci sont limitées à la libération des lots ;

« 10° Pour les fabricants de gaz à usage médical, l'ajout d'un local de stockage de gaz conditionné *[conditionnés]* prévu au 3° de l'article R. 5124-7.

« II. — Le directeur général de l'Agence nationale de sécurité du médicament et des produits de santé notifie sa décision au demandeur dans un délai de trente jours à compter de la date de réception de la demande accompagnée d'un dossier complet.

« Le directeur général peut solliciter du demandeur toute information complémentaire et faire procéder à une enquête administrative par un de ses agents ou à une enquête sur place réalisée par un inspecteur mentionné aux articles L. 5313-1 et L. 5313-3, pour lui permettre de se prononcer sur la demande.

« Le directeur général peut, à ces fins, prolonger le délai prévu au premier alinéa du présent II pour une durée de quatre-vingt-dix jours. Dans ce cas, il notifie cette décision de prolongation au demandeur.

« Ce délai est alors suspendu à compter de la date de notification de la demande d'informations complémentaires au pharmacien responsable par le directeur général de l'Agence nationale de sécurité du médicament et des produits de santé, jusqu'à réception des informations demandées.

« Pour les établissements pharmaceutiques dépendant d'entreprises ou organismes mentionnés aux 1° et 2° de l'article R. 5124-2, le silence gardé par le directeur général, soit à l'issue du délai de trente jours, soit, s'il a demandé un complément de dossier, du délai de quatre-vingt-dix jours, vaut refus d'autorisation.

« Pour les autres établissements pharmaceutiques, le silence gardé par le directeur général à l'issue des mêmes délais vaut autorisation tacite. »

Art. R. 5124-10-1 *(Décr. n° 2008-834 du 22 août 2008)* Font l'objet d'une déclaration, en vertu du deuxième alinéa de l'article L. 5124-3, les modifications suivantes de l'autorisation d'ouverture d'un établissement pharmaceutique :

1° Changement de dénomination sociale de l'entreprise titulaire d'une autorisation d'ouverture ;

2° Changement de forme juridique de l'entreprise titulaire d'une autorisation d'ouverture ;

3° Transfert du siège social (Décr. n° 2017-20 du 9 janv. 2017, art. 1er-15°-a) « ou changement de libellé de l'adresse du siège social » de l'entreprise titulaire d'une autorisation d'ouverture ;

4° Nomination d'un nouveau pharmacien responsable ;

5° *(Décr. n° 2017-20 du 9 janv. 2017, art. 1er-15°-b)* « Changement de libellé de l'adresse d'un établissement pharmaceutique ; »

6° Cessation d'une activité ou d'une opération pharmaceutique dans l'établissement pharmaceutique.

Les modifications sont déclarées dans le mois qui suit leur mise en œuvre à l'*(Décr. n° 2012-597 du 27 avr. 2012, art. 5-I-1°)* « Agence nationale de sécurité du médicament et des produits de santé ». Le directeur général de l'*(Décr. n° 2012-597 du 27 avr. 2012, art. 5-I-1°)* « Agence nationale de sécurité du médicament et des produits de santé » fait connaître son opposition motivée à cette modification, ou procède à l'actualisation de l'autorisation, dans un délai de trois mois à compter de la déclaration mentionnée au premier alinéa.

Art. R. 5124-10-2 *(Décr. n° 2008-834 du 22 août 2008)* Les modifications autres que celles énumérées aux articles R. 5124-10 et R. 5124-10-1 sont déclarées dans l'état annuel prévu à l'article R. 5124-46.

Art. R. 5124-11 Le directeur général de l'*(Décr. n° 2012-597 du 27 avr. 2012, art. 5-I-1°)* « Agence nationale de sécurité du médicament et des produits de santé » peut requérir du demandeur les informations complémentaires nécessaires à l'instruction de la demande.

Les délais prévus aux articles R. 5124-9 et R. 5124-10 sont alors suspendus jusqu'à réception de ces informations.

Art. R. 5124-12 *(Décr. n° 2008-834 du 22 août 2008)* « La fermeture d'un établissement pharmaceutique dépendant des entreprises et organismes mentionnés aux 1° à 3° du *[de l'article]* R. 5124-2 donne lieu à une information de l'*(Décr. n° 2012-597 du 27 avr. 2012, art. 5-I-1°)* « Agence nationale de sécurité du médicament et des produits de santé » au plus tard six mois avant la fermeture définitive de cet établissement.

« La fermeture d'un établissement pharmaceutique des entreprises et organismes mentionnés aux 4° à *(Décr. n° 2012-1096 du 28 sept. 2012, art. 1er-II-1°)* « 15° » du *[de l'article]* R. 5124-2 donne lieu à une information de l'*(Décr. n° 2012-597 du 27 avr. 2012, art. 5-I-1°)* « Agence nationale de sécurité du médicament et des produits de santé » au plus tard un mois avant la fermeture définitive de cet établissement. »

(Décr. n° 2012-1096 du 28 sept. 2012, art. 1er-II-2°) « Si, dans un délai d'un an qui suit la notification de l'autorisation d'ouverture, l'établissement n'a pas mis en œuvre l'activité autorisée, cette autorisation devient caduque. » Toutefois, sur justification produite avant l'expiration dudit délai, celui-ci peut être prorogé par le directeur général.

Art. R. 5124-13 *(Décr. n° 2017-20 du 9 janv. 2017, art. 1er-16°-a et b)* « Le changement de titulaire d'une autorisation d'ouverture d'établissement pharmaceutique est soumis à une autorisation préalable. Toutefois, le directeur général de l'Agence nationale de sécurité du médicament et des produits de santé peut autoriser, sur demande conjointe des deux pharmaciens responsables concernés, le transfert de l'autorisation initiale d'ouverture.

« En cas de mise en location-gérance de l'établissement, le locataire-gérant demande dans les mêmes conditions, le changement de titulaire de l'autorisation d'ouverture ou, le cas échéant, son transfert pour la durée de la location-gérance. »

Le transfert est prononcé par le directeur général de l'agence sous réserve du respect des dispositions du présent chapitre par le nouveau propriétaire ou le locataire-gérant.

Art. R. 5124-14 *(Décr. n° 2017-20 du 9 janv. 2017, art. 1er-17°)* Le changement de titulaire d'une partie de l'autorisation d'ouverture d'un établissement pharmaceutique est subordonné à une modification de l'autorisation initiale d'ouverture dans les conditions prévues à l'article R. 5124-10 et à la délivrance d'une autorisation d'ouverture accordée à l'acquéreur dans les conditions définies aux articles R. 5124-6 et R. 5124-7.

Art. R. 5124-15 La suspension, dont la durée ne peut excéder un an, et le retrait de l'autorisation d'ouverture, prévus à l'article L. 5124-3 sont prononcés par le directeur général de l'*(Décr. n° 2012-597 du 27 avr. 2012, art. 5-I-1°)* « Agence nationale de sécurité du médicament et des produits de santé ». Ces décisions *(Décr. n° 2012-1096 du 28 sept. 2012, art. 1er-III-1°)* « peuvent concerner tout ou partie de l'activité autorisée et » ne peuvent intervenir qu'après que l'intéressé a été informé de la nature des infractions constatées et mis en demeure de les faire cesser dans un délai déterminé.

(Décr. nº 2012-1096 du 28 sept. 2012, art. 1er-III-2º) « La décision de suspension ou de retrait de l'autorisation est rendue publique par le directeur général de l'agence. » *(Décr. nº 2008-834 du 22 août 2008)* « Lorsque la suspension ou le retrait de l'autorisation concerne un établissement pharmaceutique se livrant à la vente en gros, à la cession à titre gratuit ou à la distribution en gros de médicaments, le directeur général de l'*(Décr. nº 2012-597 du 27 avr. 2012, art. 5-I-1º)* « Agence nationale de sécurité du médicament et des produits de santé » en informe les autorités compétentes des États membres et des États parties à l'accord sur l'Espace économique européen et la Commission européenne. »

SECTION II PHARMACIENS RESPONSABLES ET PHARMACIENS DÉLÉGUÉS

SOUS-SECTION 1 CONDITIONS D'EXERCICE

Art. R. 5124-16 Le pharmacien responsable et le ou les pharmaciens délégués des entreprises ou organismes mentionnés *(Décr. nº 2008-834 du 22 août 2008)* « aux 1º et 2º » de l'article R. 5124-2 justifient d'une expérience pratique d'au moins deux ans, dans un ou plusieurs établissements autorisés à fabriquer ou à importer des médicaments ou produits dans un État membre de la Communauté *[l'Union]* européenne ou partie à l'accord sur l'Espace économique européen ; tout ou partie de cette expérience peut, le cas échéant, avoir été acquise au cours de stages d'internat au-delà de sa première année dans ces établissements.

Pour exercer ses fonctions dans une entreprise, un organisme ou un établissement assurant la fabrication ou l'importation de médicaments, le pharmacien responsable ou le pharmacien délégué justifie que cette expérience pratique comporte des activités d'analyse qualitative des médicaments *(Abrogé par Décr. nº 2008-834 du 22 août 2008) (Décr. nº 2006-477 du 26 avr. 2006, art. 7-II) « autres que des médicaments expérimentaux »*, d'analyse quantitative des principes actifs ainsi que d'essais et vérifications nécessaires pour assurer la qualité des médicaments.

(Décr. nº 2008-834 du 22 août 2008) « Dans les entreprises et leurs établissements mentionnés au 3º de l'article R. 5124-2, le pharmacien responsable et les pharmaciens délégués justifient soit de l'expérience pratique prévue au premier alinéa, soit d'une expérience pratique d'au moins deux ans dans un établissement pharmaceutique assurant l'exploitation de médicaments à usage humain, à condition que cette expérience ait consisté au moins en des activités de suivi des lots associés avec des activités de pharmacovigilance. »

Pour la désignation du pharmacien responsable et des pharmaciens délégués des établissements pharmaceutiques de la pharmacie centrale des armées ou des établissements pharmaceutiques des établissements de ravitaillement sanitaire du service de santé des armées assurant des activités d'importation, l'expérience pratique comportant l'exercice des activités mentionnées ci-dessus au sein de la pharmacie centrale ou des établissements de ravitaillement sanitaire pendant la période précédant l'octroi des autorisations d'ouverture desdits établissements pharmaceutiques est prise en compte.

(Décr. nº 2012-1236 du 6 nov. 2012, art. 5-3º) « Dans les établissements pharmaceutiques créés au sein d'établissements publics ou organismes à but non lucratif en application de l'article L. 5124-9-1 afin de réaliser des activités portant sur les médicaments de thérapie innovante, les personnes remplissant les conditions mentionnées à l'article L. 4221-1 justifiant d'une expérience pratique d'une durée d'au moins deux ans acquise en qualité de personne responsable ou en tant que personne responsable des activités au sens de l'article R. 1243-12 dans un ou plusieurs établissements ou organismes autorisés au titre des articles L. 1243-2 et L. 4211-8 sont considérées comme remplissant les conditions d'expérience pratique requises pour être nommées en qualité de *pharmacien responsable ou de pharmacien* responsable intérimaire. »

(Décr. nº 2008-968 du 16 sept. 2008) « Le pharmacien responsable des établissements pharmaceutiques exerçant les activités de fabrication et de distribution de *(Décr. nº 2012-1236 du 6 nov. 2012, art. 5-3º)* « médicaments de thérapie innovante » doit justifier de titres et travaux spécifiques dans ces domaines d'activités ou être assisté d'une personne justifiant de cette compétence. »

Art. R. 5124-17 La durée de l'expérience pratique prévue à l'article R. 5124-16 est ramenée à une année pour les pharmaciens dont les études ont été effectuées dans le cadre d'un régime de cinq années.

Elle est ramenée à six mois :

1° Pour les pharmaciens dont les études ont été effectuées dans le cadre d'un régime de six années au moins ;

2° Pour les pharmaciens dont les études ont été effectuées dans un régime de cinq années, s'ils ont obtenu un diplôme de troisième cycle sanctionnant des études relatives aux activités concernées, lorsque ce diplôme et l'intitulé de la formation figurent sur une liste établie par arrêté des ministres chargés de l'enseignement supérieur et de la santé.

Art. R. 5124-18 Le pharmacien responsable et le ou les pharmaciens délégués des entreprises ou organismes mentionnés aux 4°, 5°, 6°, 7°, 8°, 10°, 11°, *(Décr. nº 2007-1273 du 27 août 2007, art. 3 ; Décr. nº 2009-741 du 19 juin 2009)* « 12°, 13°, 14° et 15° » de l'article R. 5124-2 justifient d'une expérience pratique d'au moins six mois dans un établissement pharmaceutique, une officine de pharmacie ou une pharmacie à usage intérieur.

Pour la désignation des pharmaciens délégués des établissements pharmaceutiques des établissements de ravitaillement sanitaire du service de santé des armées n'exerçant pas d'activité d'importation, l'expérience pratique au sein des établissements de ravitaillement sanitaire pendant la période précédant l'octroi des autorisations d'ouverture desdits établissements est prise en compte.

Les pharmaciens responsables et les pharmaciens délégués des organismes mentionnés au 9° de l'article R. 5124-2 justifient d'une expérience pratique d'au moins six mois dans un établissement pharmaceutique, un établissement de transfusion sanguine, une pharmacie à usage intérieur ou dans une officine.

L'expérience mentionnée au présent article peut être acquise dans le cadre de leur formation pour les titulaires d'un diplôme de troisième cycle figurant sur une liste établie par arrêté des ministres chargés de l'enseignement supérieur et de la santé.

Art. R. 5124-19 Tout acte pharmaceutique est effectué sous le contrôle effectif d'un pharmacien qui remplit les conditions d'exercice de la pharmacie en France.

Art. R. 5124-20 Tout pharmacien responsable ou délégué, à l'exception des pharmaciens chimistes des armées, après son inscription à l'ordre, fait enregistrer son diplôme dans les conditions prévues à l'article L. 4221-16.

Le diplôme du pharmacien responsable ne peut être enregistré que pour une seule entreprise ou un seul organisme.

Le diplôme du pharmacien délégué ne peut être enregistré que pour un seul établissement pharmaceutique, sauf dans le cas où un même pharmacien exerce en qualité de pharmacien délégué de deux établissements pharmaceutiques implantés sur le même site.

En cas de cessation définitive de son activité ou en cas de cessation temporaire supérieure à un an, l'intéressé est tenu, sauf en cas de force majeure, de demander l'annulation de l'enregistrement de son diplôme et sa radiation du tableau correspondant de l'ordre.

Art. R. 5124-21 A l'exception des pharmaciens chimistes des armées, un pharmacien *assurant un remplacement* sollicite, pour ce faire, son inscription au tableau de la section compétente de l'Ordre national des pharmaciens et fait enregistrer son diplôme conformément à l'article L. 4221-16.

Les pharmaciens responsables intérimaires et les pharmaciens délégués intérimaires mentionnés à l'article R. 5124-23 ainsi que les gérants après décès mentionnés à l'article R. 5124-29 procèdent, lors de leur désignation, aux mêmes formalités.

Art. R. 5124-22 En cas d'absence ou d'empêchement des pharmaciens responsables ou délégués, leur remplacement ne peut excéder une année, sauf dans le cas d'obligations militaires. Dans ce cas, la durée du remplacement est prolongée jusqu'à la cessation de l'empêchement.

En cas de cessation définitive des fonctions du pharmacien responsable, il est procédé sans délai à la désignation d'un nouveau pharmacien responsable.

Art. R. 5124-23 Sous réserve des dispositions *(Décr. n° 2006-982 du 1er août 2006, art. 1er)* « des articles R. 5124-25 à *(Décr. n° 2012-1236 du 6 nov. 2012, art. 5-4°)* « R. 5124-28-1 », l'organe social compétent d'une entreprise ou d'un organisme mentionné à l'article R. 5124-2 désigne, en même temps que le pharmacien responsable, un ou plusieurs pharmaciens responsables intérimaires.

Le pharmacien responsable intérimaire se voit conférer, pour les périodes de remplacement, les mêmes pouvoirs et attributions que ceux conférés au pharmacien responsable et les exerce effectivement pendant la durée du remplacement.

Si le pharmacien responsable intérimaire est un pharmacien délégué de l'entreprise ou organisme, un pharmacien délégué intérimaire est désigné en même temps par le pharmacien responsable.

L'identité des pharmaciens assurant des remplacements, les dates et durées de ces remplacements sont conservées dans l'établissement pendant une durée de cinq ans.

Art. R. 5124-24 *(Décr. n° 2007-1273 du 27 août 2007, art. 3)* Le pharmacien responsable et le ou les pharmaciens responsables intérimaires de l'*(Décr. n° 2016-523 du 27 avr. 2016, art. 4)* « Agence nationale de santé publique » sont désignés par le directeur général de cet établissement.

Art. R. 5124-25 *Abrogé par Décr. n° 2017-20 du 9 janv. 2017, art. 1er.*

Art. R. 5124-26 Dans les organismes à but non lucratif et à vocation humanitaire, le ou les pharmaciens responsables intérimaires sont désignés par le président de l'association.

Art. R. 5124-27 Lorsque l'entreprise est la propriété d'un pharmacien, son remplacement peut être assuré par :

1° Un pharmacien délégué ou adjoint de la même entreprise ;

2° Un pharmacien n'ayant pas d'autre activité professionnelle pendant la durée de son remplacement et s'inscrivant pour ce faire à la section compétente de l'Ordre national des pharmaciens.

Art. R. 5124-28 Dans la pharmacie centrale des armées et dans les établissements de ravitaillement sanitaire du service de santé des armées, le ou les pharmaciens responsables intérimaires sont désignés par le ministre de la défense.

Art. R. 5124-28-1 *(Décr. n° 2012-1236 du 6 nov. 2012, art. 5-5°)* Dans les établissements pharmaceutiques créés au sein des établissements publics et des organismes à but non lucratif en application de l'article L. 5124-9-1, le représentant légal de la personne morale concernée désigne, en même temps que le pharmacien responsable, un ou plusieurs pharmaciens responsables intérimaires.

Lorsqu'un établissement ou un organisme fabrique des médicaments de thérapie innovante dans plusieurs établissements, le représentant légal de la personne morale concernée désigne un pharmacien délégué ainsi qu'un ou plusieurs pharmaciens délégués intérimaires qui exercent leur mission sous l'autorité du pharmacien responsable.

Au sein de l'Établissement français du sang, le pharmacien responsable a autorité sur les directeurs des établissements de transfusion sanguine pour l'exercice de cette mission.

Art. R. 5124-29 En cas de décès du pharmacien propriétaire d'une entreprise mentionnée à l'article R. 5124-2, le gérant après décès est le pharmacien qui en poursuit l'exploitation dans les conditions prévues à l'article L. 5124-4.

Il est choisi parmi les pharmaciens mentionnés à l'article R. 5124-27 et sollicite, dès qu'il a accepté les fonctions qui lui sont confiées par le conjoint ou les héritiers, l'autorisation du *(Décr. n° 2010-344 du 31 mars 2010, art. 153)* « directeur général de l'agence régionale de santé ».

Art. R. 5124-30 En application de l'article L. 5124-4, le remplacement d'un pharmacien délégué est assuré dans les conditions suivantes :

1° Par le pharmacien délégué intérimaire désigné par l'autorité compétente mentionnée aux articles R. 5124-23 à *(Décr. n° 2012-1236 du 6 nov. 2012, art. 5-6°)* « R. 5124-28-1 » ;

2° Ou, à défaut, par un pharmacien adjoint de la même entreprise ou du même organisme ou par un pharmacien n'ayant pas d'autre activité professionnelle pendant la durée du remplacement ;

3° Ou, à défaut, pour les établissements dépendant d'entreprises ou organismes mentionnés *(Décr. n° 2009-741 du 19 juin 2009)* « aux 4° à 12°, au 14° et au 15° » de l'article R. 5124-2, par un pharmacien ayant sollicité son inscription au tableau de l'une des sections de l'Ordre national des pharmaciens en attendant qu'il soit statué sur sa demande et n'ayant pas d'autre activité professionnelle pendant la durée du remplacement.

Art. R. 5124-31 Les pharmaciens assurant le remplacement ou la gérance après décès justifient de l'expérience pratique prévue, selon le cas, aux articles R. 5124-16 à R. 5124-18.

Les pharmaciens assurant un remplacement de pharmacien responsable ou délégué se consacrent exclusivement à cette activité pendant la période où ils en ont la charge.

Art. R. 5124-32 L'exercice des fonctions de pharmacien responsable ou délégué d'une entreprise, d'un établissement ou d'un organisme mentionné à l'article R. 5124-2 est incompatible avec l'exploitation d'une officine ou la gérance d'une pharmacie mutualiste ou d'une pharmacie de société de secours minière.

Art. R. 5124-33 Par dérogation à l'article R. 5124-32, les pharmaciens et les sociétés propriétaires d'un établissement pharmaceutique de fabrication annexé à leur officine en vertu d'une autorisation d'ouverture obtenue avant la date du 13 février 1998 peuvent continuer à exploiter ledit établissement en même temps que leur officine tant qu'ils restent propriétaires de cette dernière.

Les pharmaciens et les sociétés mentionnés à l'alinéa précédent sont soumis aux obligations imposées aux établissements pharmaceutiques.

Les pharmaciens peuvent dispenser dans leur officine les produits pharmaceutiques qu'ils fabriquent.

SOUS-SECTION 2 FONCTIONS ET ATTRIBUTIONS DES PHARMACIENS RESPONSABLES

Art. R. 5124-34 Le pharmacien responsable est :

1° Dans les sociétés mentionnées à l'article L. 5124-2 :

a) Dans les sociétés anonymes autres que celles régies par les articles L. 225-57 et suivants du code de commerce, *(Décr. n° 2007-157 du 5 févr. 2007, art. 2-I)* « le président du conseil d'administration ayant la qualité de directeur général, le directeur général ou un directeur général délégué » ;

b) Dans les sociétés anonymes régies par ces articles, soit le président du directoire, soit un autre membre du directoire ayant la qualité de directeur général, soit le directeur général unique ;

c) Dans les sociétés en commandite par actions, les sociétés à responsabilité limitée, les entreprises unipersonnelles à responsabilité limitée, les sociétés en nom collectif et les sociétés en commandite simple, un gérant ;

d) Dans les sociétés par actions simplifiées, soit le président de la société, soit *(Décr. n° 2017-20 du 9 janv. 2017, art. 1er-19°-a et b)* « le directeur général ou le directeur général délégué.

« Les statuts sont rédigés de manière à permettre au pharmacien responsable d'exercer effectivement l'ensemble des missions mentionnées à l'article R. 5124-36 ; »

2° Dans les organismes à but non lucratif à vocation humanitaire, le président, un vice-président ou l'une des personnes chargées de la direction ;

3° Dans les établissements distributeurs en gros de médicaments dérivés du sang, un membre de leur direction ;

(Décr. n° 2007-1273 du 27 août 2007, art. 3) « 4° Dans l'*(Décr. n° 2016-523 du 27 avr. 2016, art. 4)* « Agence nationale de santé publique », un membre de la direction » ;

(Décr. n° 2012-1236 du 6 nov. 2012, art. 5-7°) « 5° Dans les organismes ou établissements mentionnés à l'article L. 5124-9-1 :

« *a)* Dans les établissements publics à caractère administratif autres que les établissements de santé et dans les établissements publics à caractère scientifique et technologique, un des membres du conseil d'administration ou, à défaut, la personne désignée par le représentant légal de la personne morale concernée ;

« *b)* Dans les établissements publics à caractère industriel et commercial, un des membres du conseil d'administration ;

« *c)* Dans les groupements d'intérêt public, le directeur ou une personne désignée par l'assemblée générale ou le conseil d'administration ;

« *d)* Dans les fondations d'utilité publique à conseil d'administration, régies par la loi n° 87-571 du 23 juillet 1987 modifiée sur le développement du mécénat, le président du conseil d'administration ou un autre membre du bureau ;

« *e)* Dans les fondations d'utilité publique à conseil de surveillance et directoire, régies par la loi n° 87-571 du 23 juillet 1987 précitée, le président du conseil de surveillance ou le président du directoire ou un autre membre du directoire ;

« *f)* Dans les fondations de coopération scientifique, régies par les articles L. 344-11 et suivants du code de la recherche, le président ou un autre membre du conseil d'administration de la fondation ;

« *g)* Dans les associations régies par la loi du 1er juillet 1901 modifiée relative au contrat d'association, le président élu par l'assemblée générale ou un autre membre du bureau de l'association ou l'une des personnes chargées de la direction. »

Dans la pharmacie centrale des armées et dans les établissements de ravitaillement sanitaire du service de santé des armées, le pharmacien responsable des établissements pharmaceutiques qui en dépendent est le pharmacien chimiste des armées désigné par le ministre de la défense.

Art. R. 5124-35 *(Décr. n° 2017-20 du 9 janv. 2017, art. 1er-20°)* L'entreprise ou l'organisme informe, dans le mois qui suit sa mise en œuvre, au moyen d'un portail internet dédié, le directeur général de l'Agence nationale de sécurité du médicament et des produits de santé de la désignation d'un nouveau pharmacien responsable défini à l'article L. 5124-2.

L'entreprise ou l'organisme adresse au conseil central compétent de l'Ordre national des pharmaciens, sauf si l'intéressé est un pharmacien chimiste des armées, copie de tout acte portant désignation du pharmacien responsable et du ou des pharmaciens responsables intérimaires définis aux articles R. 5124-23 à R. 5124-28-1 et fixant ses attributions.

Art. R. 5124-36 En vue de l'application des règles édictées dans l'intérêt de la santé publique, le pharmacien responsable défini à l'article R. 5124-34 assume les missions suivantes dans la mesure où elles correspondent aux activités de l'entreprise ou organisme dans lequel il exerce :

1° Il organise et surveille l'ensemble des opérations pharmaceutiques de l'entreprise ou de l'organisme, et notamment la fabrication, la publicité, l'information, la pharmacovigilance, le suivi et le retrait des lots, la distribution, l'importation et l'exportation des médicaments, produits, objets ou articles concernés ainsi que les opérations de stockage correspondantes ;

2° Il veille à ce que les conditions de transport garantissent la bonne conservation, l'intégrité et la sécurité de ces médicaments, produits, objets ou articles ;

3° Il signe, après avoir pris connaissance du dossier, les demandes d'autorisation de mise sur le marché présentées par l'entreprise ou organisme et toute autre demande liée aux activités qu'il organise et surveille ;

4° Il participe à l'élaboration du programme de recherches et d'études ;

5° Il a autorité sur les pharmaciens délégués et adjoints ; il donne son agrément à leur engagement et est consulté sur leur licenciement, sauf s'il s'agit d'un pharmacien chimiste des armées ;

6° Il désigne les pharmaciens délégués intérimaires ;

7° Il signale aux autres dirigeants de l'entreprise ou organisme tout obstacle ou limitation à l'exercice de ces attributions ;

(Décr. n° 2012-1096 du 28 sept. 2012, art. 2) « 8° Il met en œuvre tous les moyens nécessaires en vue du respect des obligations prévues aux articles R. 5124-48 et R. 5124-48-1 » ;

(Décr. n° 2012-1562 du 31 déc. 2012, art. 2-3°) « 9° Il veille, dans le cas de médicaments destinés à être mis sur le marché dans l'Union européenne, à ce que les dispositifs de sécurité visés à l'article R. 5121-138-1 aient été apposés sur le conditionnement dans les conditions prévues aux articles R. 5121-138-1 à R. 5121-138-4 ;

« 10° Il signale à l'Agence nationale de sécurité du médicament et des produits de santé toute mise sur le marché national d'un médicament qu'il estime falsifié au sens des dispositions de l'article L. 5111-3, dont il assure la fabrication, l'exploitation et la distribution. »

Dans le cas où un désaccord portant sur l'application des règles édictées dans l'intérêt de la santé publique oppose un organe de gestion, d'administration, de direction ou de surveillance au pharmacien responsable, celui-ci en informe le directeur général de l'*(Décr. n° 2012-597 du 27 avr. 2012, art. 5-I-1°)* « Agence nationale de sécurité du médicament et des produits de santé » ou, s'agissant des pharmaciens chimistes des armées, l'inspecteur technique des services pharmaceutiques et chimiques des armées, à charge pour celui-ci, si nécessaire, de saisir le directeur général de l'agence.

(Décr. n° 2007-157 du 5 févr. 2007, art. 2-II) « Le pharmacien responsable participe aux délibérations des organes de gestion, d'administration, de direction ou de surveillance, ou à celles de tout autre organe ayant une charge exécutive, de l'entreprise ou de l'organisme, lorsque ces délibérations concernent ou peuvent affecter l'exercice des missions relevant de sa responsabilité et énumérées du 1° au *(Décr. n° 2012-1562 du 31 déc. 2012, art. 2-3°)* « 10° » du présent article. »

Art. R. 5124-37 Dans le cas où il est mis fin aux fonctions d'un pharmacien responsable ou que celles-ci, venues à leur terme, ne sont pas renouvelées, l'intéressé peut saisir le conseil central de la section compétente de l'Ordre national des pharmaciens.

Le conseil, après instruction contradictoire, émet un avis portant sur le point de savoir si l'intéressé a manqué ou non aux obligations qui lui incombaient, dans l'intérêt de la santé publique, en sa qualité de pharmacien responsable.

Le présent article ne s'applique pas aux pharmaciens chimistes des armées.

SOUS-SECTION 3 PHARMACIENS ADJOINTS DES ÉTABLISSEMENTS PHARMACEUTIQUES

Art. R. 5124-38 Pour chaque établissement dépendant d'entreprises ou organismes mentionnés aux 1°, 2° et 3° de l'article R. 5124-2, le nombre de pharmaciens adjoints qui assistent et remplacent le pharmacien responsable ou le pharmacien délégué, conformément au deuxième alinéa de l'article L. 5124-4 est fixé comme suit, en fonction de l'effectif du personnel calculé dans les conditions prévues à l'article R. 5124-40 :

1° Un pharmacien adjoint pour un effectif de 20 à 35 personnes ;

2° Un deuxième pharmacien adjoint pour un effectif de 36 à 75 personnes et ainsi de suite par effectif de 40 personnes supplémentaires.

Art. R. 5124-39 Pour chaque établissement dépendant d'entreprises ou organismes mentionnés *(Décr. n° 2009-741 du 19 juin 2009)* « aux 4° à 15° » de l'article R. 5124-2, le nombre de pharmaciens adjoints qui assistent et remplacent le pharmacien responsable ou le pharmacien délégué, conformément au deuxième alinéa de l'article L. 5124-4 est fixé comme suit, en fonction de l'effectif du personnel calculé dans les conditions prévues à l'article R. 5124-40 :

1° Un pharmacien adjoint pour un effectif de 40 à 100 personnes ;

2° Un deuxième pharmacien adjoint pour un effectif de 101 à 175 personnes ;

3° Un troisième pharmacien adjoint pour un effectif de 176 à 275 personnes et ainsi de suite par effectif de 100 personnes supplémentaires.

Art. R. 5124-40 Pour le calcul de l'effectif des personnels mentionnés aux articles R. 5124-38 et R. 5124-39, il est tenu compte des personnes qui se livrent aux opérations suivantes :

1° Opérations de fabrication et d'importation et tous contrôles y afférents ;

2° Magasinage, préparation des commandes et emballage, et, en ce qui concerne le gaz à usage médical, le transport *(Décr. n° 2008-834 du 22 août 2008)* « jusqu'aux réservoirs ou locaux de stockage de l'établissement mentionnés à l'article R. 5124-7 » ;

3° Suivi des lots, traitement des réclamations, retraits et retours des produits.

Art. R. 5124-41 Lorsque, pendant une période supérieure à un mois, un pharmacien adjoint, recruté en application des articles R. 5124-38 ou R. 5124-39, s'absente ou remplace le pharmacien responsable ou délégué, il est remplacé.

SECTION III DISPOSITIONS COMMUNES AUX ENTREPRISES, ORGANISMES ET ÉTABLISSEMENTS PHARMACEUTIQUES

Art. R. 5124-42 Les entreprises ou organismes mentionnés à l'article R. 5124-2 ne sont pas autorisés à délivrer au public les médicaments, produits ou objets mentionnés à l'article L. 4211-1 et au 4° de l'article L. 5121-1.

Art. R. 5124-43 Les dispositions de l'article R. 5124-42 ne font pas obstacle, sous réserve que soit effectué un suivi individualisé des lots et, s'il y a lieu, leur retrait, à ce que les entreprises ou organismes autorisés au titre des 1°, 2°, 3°, 4°, 5°, 6° *(Décr. n° 2017-20 du 9 janv. 2017, art. 1er-21°)* « (à l'exception des produits intermédiaires) » *(Décr. n° 2007-1273 du 27 août 2007, art. 3)* « , 12° et 14° » de l'article R. 5124-2 vendent directement aux praticiens habilités à les utiliser et en vue de l'emploi exclusif par ces praticiens pour leur usage professionnel, sur commande écrite du praticien effectuée dans les conditions prévues *(Décr. n° 2008-834 du 22 août 2008)* « à l'article R. 5132-4 » :

1° Les articles de pansement et de suture chirurgicale ;

2° Les médicaments mentionnés à l'article L. 5121-8 utilisés en diagnostic médical, en anesthésie, en allergologie ou d'usage antalgique ou dentaire *(Décr. n° 2008-834 du 22 août 2008)* « , en oxygénothérapie » ;

3° Les médicaments mentionnés à l'article *(Décr. n° 2005-840 du 20 juill. 2005, art. 12)* « R. 5121-96 » ;

4° Les médicaments qui ne peuvent être délivrés qu'à des professionnels de santé en vertu de l'article R. 5121-80.

Art. R. 5124-44 Les dispositions de l'article R. 5124-42 ne font pas non plus obstacle, sous réserve que soit effectué un suivi individualisé des lots et, s'il y a lieu, leur retrait, à ce que les entreprises ou organismes mentionnées à l'article R. 5124-43 vendent directement :

1° Aux vétérinaires, en vue de l'emploi exclusif par ces vétérinaires pour leur usage professionnel sur commande écrite, les médicaments *(Décr. n° 2009-729 du 18 juin 2009, art. 1er)* « figurant sur les listes prévues aux articles R. 5141-122 et R. 5141-122-1 » ;

2° Aux organismes autorisés à pratiquer l'expérimentation animale, en application du code rural et de la pêche maritime sur commande écrite justifiée, les médicaments à usage humain classés dans l'une des catégories de prescription restreinte mentionnées à l'article R. 5121-77 bénéficiant d'une autorisation de mise sur le marché.

Art. R. 5124-45 Outre leurs activités de distribution aux officines, aux pharmacies mutualistes ou de sociétés de secours minières et aux pharmacies à usage intérieur, les entreprises ou organismes autorisés au titre des 1°, 2°, 3°, 4°, 5°, 6° *(Décr. n° 2017-20 du 9 janv. 2017, art. 1er-22°-a)* « (à l'exception des produits intermédiaires) », *(Décr. n° 2007-1273 du 27 août 2007, art. 3 ; Décr. n° 2008-784 du 18 août 2008)* « 8°, 12° et 14° » de l'article R. 5124-2 fournissent *(Décr. n° 2008-834 du 22 août 2008)* « , en effectuant un suivi individualisé des lots et, s'il y a lieu, leur retrait » :

(Décr. n° 2017-1199 du 27 juill. 2017, art. 9-I) « 1° A l'Établissement français du sang mentionné à l'article L. 1222-1, les médicaments que cet établissement dispense et administre dans le cadre de son activité liée à la transfusion sanguine et de son activité de soins, sur commande écrite du directeur si celui-ci est médecin ou pharmacien, ou d'un pharmacien d'un de ses établissements de transfusion sanguine ; »

(Décr. n° 2015-1621 du 9 déc. 2015, art. 3) « 2° Aux centres gratuits d'information, de dépistage et de diagnostic mentionnés à l'article L. 3121-2, les médicaments nécessaires pour la prévention, le traitement des infections sexuellement transmissibles et la contraception d'urgence ainsi que pour le traitement des éventuelles réactions indésirables graves, sur commande écrite du pharmacien ou du médecin responsable de la détention et de la dispensation de ces produits » ;

3° Aux centres de planification ou d'éducation familiale, les médicaments, produits ou objets contraceptifs que les centres distribuent dans les conditions prévues aux articles L. 2311-1, L. 2311-2, L. 2311-4 et L. 2311-6 *(Décr. n° 2009-516 du 6 mai 2009)* « , les médicaments nécessaires à la pratique d'interruptions volontaires de grossesse réalisées dans les conditions prévues à l'article L. 2311-3 » ainsi que les médicaments que les centres distribuent en application de l'article L. 2311-5, sur commande écrite du pharmacien attaché au centre, ou, à défaut, du directeur, ou d'un autre médecin *(Décr. n° 2016-743 du 2 juin 2016, art. 4-1°)* « ou d'une sage-femme du centre » autorisé par le *(Décr. n° 2010-344 du 31 mars 2010, art. 153)* « directeur général de l'agence régionale de santé » ;

4° Aux services ou centres procédant à des vaccinations collectives, les produits nécessaires à ces vaccinations, sur commande écrite du médecin responsable du service ou centre ;

(Décr. n° 2005-1765 du 30 déc. 2005) « 5° Aux organismes relevant d'une collectivité territoriale ayant conclu avec l'État une convention en application de l'article L. 3112-2 et aux établissements ou organismes habilités pour la lutte contre la tuberculose ou pour la lutte contre la lèpre en application de l'article L. 3112-3, les médicaments antituberculeux, ou les médicaments nécessaires au traitement ambulatoire de la lèpre, sur commande écrite du pharmacien ou du médecin responsable dans l'établissement ou l'organisme de la détention et de la dispensation de ces produits ; »

6° Aux *(Décr. n° 2008-87 du 24 janv. 2008, art. 1er)* « centres de soins, d'accompagnement et de prévention en addictologie », les médicaments correspondant strictement aux missions de ces centres, sur commande écrite du pharmacien ou du médecin responsable dans le centre de la détention et de la dispensation de ces médicaments ;

7° Aux personnes morales mentionnées à l'article L. 4211-5, des gaz à usage médical, sur commande écrite du pharmacien qui assure la responsabilité de leur dispensation à domicile ;

8° Aux établissements de santé et aux installations de chirurgie esthétique se trouvant dans la situation prévue à l'article L. 5126-6, sous réserve, pour ces dernières, qu'une mention contraire ne figure pas dans l'autorisation de mise sur le marché, les médicaments répondant aux conditions fixées par ledit article et classés dans la catégorie des médicaments réservés à l'usage hospitalier prévue à l'article R. 5121-83 sur commande écrite du pharmacien ou du médecin responsable dans l'établissement de la détention et de la dispensation de ces médicaments ;

(Décr. n° 2008-784 du 18 août 2008) « 9° Aux centres et structures disposant d'équipes mobiles de soins mentionnés à l'article L. 6325-1 les médicaments nécessaires au traitement des personnes en situation de précarité ou d'exclusion, sur commande écrite du pharmacien attaché au centre ou à la structure de soins, ou du médecin désigné comme responsable de l'action sanitaire ; »

(Décr. n° 2008-834 du 22 août 2008) « 9° Aux établissements et aux organismes autorisés à effectuer une ou plusieurs des activités mentionnées à l'article L. 1243-2, les médicaments nécessaires à la mise en œuvre des procédés de préparation ou de conservation des tissus ou de leurs dérivés ou des préparations de thérapie cellulaire, sur commande écrite d'un médecin de l'établissement ou de l'organisme responsable de la préparation ou de la conservation de ces produits ;

« 10° Aux personnes soumises à l'obligation d'en disposer, à l'exception des services *départementaux d'incendie* et de secours, de l'oxygène à usage médical, à des fins d'assistance et de secours aux personnes ou en vue de pratiquer ou de faire pratiquer une oxygénothérapie ;

« 11° Aux sociétés d'assistance médicale et de rapatriement sanitaire pour leurs équipes médicales sur commande écrite du pharmacien ou du médecin responsable dans la société de la détention et de la dispensation des médicaments ;

« 12° Aux entreprises maritimes exploitants de navires soumis à l'obligation de détention de dotations médicales à leur bord, les médicaments inscrits sur les dotations médicales prévues par le règlement annexé à l'arrêté du 23 novembre 1987 relatif à la sécurité des navires, sur présentation, par le pharmacien ou le médecin responsable de la détention des médicaments attaché à l'entreprise maritime ou, à défaut, par le directeur de l'armement attaché à l'entreprise maritime, et responsable de la détention des médicaments, du bon de commande prévu à la division 217 et à la division 241 de ce règlement ;

« 13° Aux compagnies aériennes soumises à l'obligation de disposer d'une trousse d'urgence et d'une trousse de secours à bord de chaque avion par l'arrêté du 12 mai 1997 relatif aux conditions techniques d'exploitation d'avions par une entreprise de transport aérien, les médicaments et produits que doivent comporter ces trousses, sur commande écrite du pharmacien ou du médecin responsable de la détention des médicaments au sein de la compagnie ;

« 14° Aux lieux de *(Décr. n° 2016-1537 du 16 nov. 2016, art. 23-I)* « recherches impliquant la personne humaine » mentionnées à l'article L. 1121-13, les médicaments nécessaires à la sécurité des personnes participant aux recherches menées dans ces lieux et permettant d'assurer en cas d'urgence une prise en charge immédiate de ces personnes, sur commande écrite d'un médecin exerçant pour le compte du lieu ;

« 15° Aux centres d'accueil et d'accompagnement à la réduction des risques pour usagers de drogue, prévus à l'article L. 3121-5, de l'eau pour préparations injectables sur demande écrite du pharmacien, ou à défaut du médecin responsable de la détention des produits » ;

(Décr. n° 2009-516 du 6 mai 2009) « 16° Aux centres de santé, les médicaments nécessaires à la réalisation des interruptions volontaires de grossesse par voie médicamenteuse pratiquées dans les conditions prévues à l'article L. 6323-1, sur commande écrite du pharmacien ou, à défaut, d'un médecin » *(Décr. n° 2016-743 du 2 juin 2016, art. 4-2°)* « ou d'une sage-femme autorisé par le directeur général de l'agence régionale de santé » autorisé par le préfet ; »

(Décr. n° 2009-741 du 19 juin 2009) « 17° Aux centres et structures disposant d'équipes mobiles de soins mentionnés à l'article L. 6325-1 les médicaments nécessaires au traitement des personnes en situation de précarité ou d'exclusion, sur commande écrite du pharmacien attaché au centre ou à la structure de soins, ou du médecin désigné comme responsable de l'action sanitaire ; »

(Décr. n° 2012-910 du 24 juill. 2012, art. 2) « 18° Aux services universitaires et interuniversitaires de médecine préventive et de promotion de la santé, les médicaments contraceptifs indiqués dans la contraception d'urgence qu'ils délivrent en application du III de l'article L. 5134-1, sur commande écrite du médecin responsable du service ; »

(Décr. n° 2017-20 du 9 janv. 2017, art. 1er-22°-b) « 19° Aux entreprises fabriquant ou contrôlant des dispositifs médicaux de diagnostic *in vitro* sur commande écrite du directeur de l'entreprise ou, à défaut, de toute personne dûment habilitée par écrit par le directeur de cette entreprise les médicaments nécessaires à leurs activités de fabrication et de contrôle. »

(Décr. n° 2007-1273 du 27 août 2007, art. 3) « En cas d'urgence telle que définie à l'article *(Décr. n° 2013-15 du 7 janv. 2013, art. 7)* « R. 3134-1 », les établissements pharmaceutiques de l'*(Décr. n° 2016-523 du 27 avr. 2016, art. 4-I-13°)* « Agence nationale de santé publique » peuvent, en outre, distribuer les produits mentionnés à l'article L. 4211-1 aux grossistes-répartiteurs, aux dépositaires dans les conditions prévues *(Décr. n° 2008-834 du 22 août 2008)* « au 4° de l'article R. 5124-2 », aux professionnels de santé, aux collectivités territoriales et aux services ou organismes dont relèvent les sites identifiés dans les plans de réponse aux menaces sanitaires, sous réserve, dans ces deux derniers cas, qu'ils disposent de lieux spécifiquement adaptés placés sous la responsabilité d'un professionnel de santé. »

Art. R. 5124-46 Les établissements pharmaceutiques fonctionnent conformément aux bonnes pratiques mentionnées *(Décr. n° 2008-109 du 5 févr. 2008, art. 6)* « à l'article L. 5121-5 » qui leur sont applicables. Ils possèdent notamment :

1° Des locaux aménagés, agencés et entretenus en fonction des opérations pharmaceutiques qui y sont effectuées ;

2° Les moyens en personnels et matériels nécessaires à l'exercice de ces activités.

Ils adressent chaque année *(Décr. n° 2017-20 du 9 janv. 2017, art. 1er-23°)* « , au moyen d'un portail internet dédié, » au directeur général de l'*(Décr. n° 2012-597 du 27 avr. 2012, art. 5-I-1°)* « Agence nationale de sécurité du médicament et des produits de santé » un état de leur établissement dont la forme et le contenu sont fixés, *(Décr. n° 2008-834 du 22 août 2008)* « sur décision du directeur général de l'agence ».

Art. R. 5124-47 *(Décr. n° 2006-477 du 26 avr. 2006, art. 9)* Les entreprises et organismes mentionnés à l'article R. 5124-2 ne peuvent sous-traiter aucune des activités définies au même article et aucune des opérations mentionnées à l'article R. 5124-40, sous réserve des exceptions mentionnées ci-dessous :

1° Les fabricants et les importateurs de médicaments mentionnés au 1° de l'article L. 4211-1 *(Décr. n° 2008-109 du 5 févr. 2008, art. 7)* « et les fabricants et importateurs de générateurs, trousses ou précurseurs mentionnés au 3° du même article » peuvent sous-traiter une partie des opérations constitutives de la fabrication telle que définie à l'article R. 5124-2 auprès d'autres fabricants ou importateurs de ces médicaments ou produits dans le cadre d'un contrat écrit qui fixe, conformément aux bonnes pratiques prévues *(Décr. n° 2008-109 du 5 févr. 2008, art. 6)* « à l'article L. 5121-5 » applicables à ces opérations, leurs obligations respectives ;

2° Les fabricants et les importateurs de médicaments mentionnés au 1° de l'article L. 4211-1, de générateurs, trousses ou précurseurs mentionnés au 3° du même article *(Décr. n° 2017-20 du 9 janv. 2017, art. 1er-24°-a)* « et les distributeurs en gros de plantes médicinales mentionnés au 11° de l'article R. 5124-2 », peuvent, à condition de justifier de ce recours auprès de l'*(Décr. n° 2012-597 du 27 avr. 2012, art. 5-I-1°)* « Agence nationale de sécurité du médicament et des produits de santé », *(Décr. n° 2008-834 du 22 août 2008)* « sous-traiter » certaines des opérations de contrôle de qualité mentionnées à l'article R. 5124-53 à un laboratoire dans le cadre d'un contrat écrit qui fixe, conformément aux bonnes pratiques prévues *(Décr. n° 2008-109 du 5 févr. 2008, art. 6)* « à l'article L. 5121-5 » applicables à ces opérations, leurs obligations respectives ; dans ce cas, le fabricant ou l'importateur en informe l'*(Décr. n° 2012-597 du 27 avr. 2012, art. 5-I-1°)* « Agence nationale de sécurité du médicament et des produits de santé » afin que celle-ci soit en mesure de vérifier que le laboratoire sous-traitant possède la compétence et les moyens suffisants ;

(Décr. n° 2008-109 du 5 févr. 2008, art. 16) « 3° Les fabricants de médicaments mentionnés au 1° de l'article L. 4211-1 peuvent sous-traiter au fabricant d'une matière première à usage pharmaceutique entrant dans la composition de leurs médicaments tout ou partie des contrôles de cette matière première tels que prévus par le dossier d'autorisation de mise sur le marché ou d'enregistrement, à l'exception de son identification, dans un contrat écrit qui fixe, conformément aux bonnes pratiques prévues à l'article L. 5121-5, leurs obligations respectives et précise les conditions de transport et de stockage intermédiaires de ces matières premières ; »

(Décr. n° 2008-834 du 22 août 2008) « 4° Les exploitants de médicaments autres que ceux destinés à être expérimentés sur l'homme, de générateurs, trousses et précurseurs mentionnés au 3° de l'article L. 4211-1 peuvent sous-traiter à un tiers tout ou partie des opérations constitutives de la pharmacovigilance dans le cadre d'un contrat écrit qui fixe, conformément aux bonnes pratiques prévues à l'article R. 5121-179, leurs obligations respectives. » *(Décr. n° 2017-20 du 9 janv. 2017, art. 1er-24°-b)* « La mise en œuvre de cette sous-traitance n'exonère pas l'exploitant de ses obligations en matière de pharmacovigilance dont il doit conserver la maîtrise et la responsabilité pharmaceutique, conformément aux dispositions de l'article L. 5121-24 et des articles R. 5121-162 à R. 5121-178 » ;

(Décr. n° 2016-993 du 20 juill. 2016, art. 1er-1°) « 5° Ils peuvent également sous-traiter à un tiers, dans le cadre d'un contrat écrit*[,]* la mise en place, et la gestion du centre d'appel d'urgence ou de tout système équivalent permettant un contact direct mentionnés au III de l'article R. 5124-49-1 ;

(Décr. n° 2017-20 du 9 janv. 2017, art. 1er-24°-c) « 6° Les exploitants de médicaments autres que ceux destinés à être expérimentés sur l'homme, de générateurs, trousses et précurseurs mentionnés au 3° de l'article L. 4211-1 peuvent sous-traiter à un tiers tout ou partie des opérations constitutives de la publicité ou de l'information médicale dans le cadre d'un contrat écrit qui fixe leurs obligations respectives. La mise en œuvre de cette sous-traitance n'exonère pas l'exploitant de ses obligations en matière de publicité ou d'information médicale dont il doit conserver la maîtrise et la responsabilité pharmaceutique. »

« Les opérations de sous-traitance mentionnées aux 1° à *(Décr. n° 2017-20 du 9 janv. 2017, art. 1er-24°-d)* « 6° » et leurs justifications sont récapitulées dans l'état annuel mentionné à l'article R. 5124-46. »

Art. R. 5124-48 Les entreprises et organismes mentionnés à l'article R. 5124-2 prennent les mesures nécessaires pour que le transport et la livraison des médicaments et autres produits pharmaceutiques soient effectués dans des conditions garantissant leur bonne conservation, leur intégrité et leur sécurité.

Art. R. 5124-48-1 *(Décr. n° 2008-834 du 22 août 2008)* Les entreprises et organismes exploitant ou distribuant en France un médicament assurent, dans la limite de leur responsabilité respective, un approvisionnement approprié et continu des pharmacies et des personnes autorisées à délivrer des médicaments, de manière à couvrir les besoins des patients en France.

(Décr. n° 2012-1096 du 28 sept. 2012, art. 3) « L'entreprise pharmaceutique exploitant des médicaments assure un approvisionnement approprié et continu de tous les établissements autorisés au titre d'une activité de grossiste-répartiteur mentionnée au 5° de l'article R. 5124-2 afin de permettre à ces derniers de remplir les obligations prévues à l'article R. 5124-59 et de manière à couvrir les besoins des patients en France. »

(Décr. n° 2016-993 du 20 juill. 2016, art. 2) « Elle peut faire appel aux entreprises se livrant à l'activité de dépositaire mentionnées au 4° de l'article R. 5124-2 pour prévenir et gérer toute situation de rupture. »

Art. R. 5124-48-2 *(Décr. n° 2012-1562 du 31 déc. 2012, art. 2-4°)* Lorsque les entreprises et organismes mentionnés à l'article R. 5124-2 ont connaissance d'une falsification ou de la suspicion de falsification de médicaments dont ils assurent la fabrication, l'exploitation ou la distribution, que ces produits soient distribués via la chaîne d'approvisionnement légale ou par des moyens illégaux, y compris la vente illégale au moyen de services de la société de l'information, ils en informent sans délai l'Agence nationale de sécurité du médicament et des produits de santé et le titulaire de l'autorisation de mise sur le marché.

SECTION IV FABRICATION ET IMPORTATION

SOUS-SECTION 1 DISPOSITIONS GÉNÉRALES APPLICABLES À LA FABRICATION ET L'IMPORTATION

(Décr. n° 2006-477 du 26 avr. 2006, art. 10-I)

Art. R. 5124-49 Les fabricants de médicaments mentionnés au 1° de l'article L. 4211-1 *(Décr. n° 2008-109 du 5 févr. 2008, art. 8)* « et les fabricants de générateurs, trousses ou précurseurs mentionnés au 3° du même article » justifient, à tout moment, que tous les produits qu'ils utilisent, fabriquent et livrent sont conformes aux caractéristiques auxquelles ils doivent répondre et qu'il a été procédé aux contrôles nécessaires.

Les fabricants de médicaments ou produits faisant l'objet d'une autorisation de mise sur le marché mentionnée à l'article L. 5121-8 *(Décr. n° 2012-1236 du 6 nov. 2012, art. 5-9°)* « , d'une autorisation de médicament de thérapie innovante mentionnée au 17° de l'article L. 5121-1, » d'une autorisation temporaire d'utilisation mentionnée *(Décr. n° 2013-66 du 18 janv. 2013, art. 5)* « au 1° du I » de l'article L. 5121-12 ou *(Décr. n° 2008-436 du 6 mai 2008, art. 9)* « de l'un des enregistrements mentionnés aux articles L. 5121-13 et L. 5121-14-1 » veillent à ce que les opérations de fabrication soient conduites dans le respect des données du dossier de cette autorisation ou de cet enregistrement acceptées par l'*(Décr. n° 2012-597 du 27 avr. 2012, art. 5-I-1°)* « Agence nationale de sécurité du médicament et des produits de santé ». Ils sont *tenus* de réévaluer et, si nécessaire, de modifier leurs méthodes de fabrication et de contrôle en fonction des progrès scientifiques et techniques. Le cas échéant, le fabricant avise le titulaire de l'autorisation ou de l'enregistrement et, s'il est distinct, l'exploitant du médicament ou du produit de ces modifications.

Art. R. 5124-49-1 *(Décr. n° 2016-993 du 20 juill. 2016, art. 3)* I. — La rupture d'approvisionnement se définit comme l'incapacité pour une pharmacie d'officine ou une pharmacie à usage intérieur définie à l'article L. 5126-1 de dispenser un médicament à un patient dans un délai de 72 heures, après avoir effectué une demande d'approvisionnement auprès de deux entreprises exerçant une activité de distribution de médicaments mentionnée à l'article R. 5124-2. Ce délai de 72 heures peut être réduit à l'initiative du pharmacien en fonction de la compatibilité avec la poursuite optimale du traitement du patient.

II. – Cette rupture d'approvisionnement peut être imputable notamment à une rupture de stock, qui se définit comme l'impossibilité de fabriquer ou d'exploiter un médicament. Lorsque l'exploitant anticipe, constate, ou est informé d'une situation de rupture de stock d'un médicament d'intérêt thérapeutique majeur, il en informe sans délai l'Agence nationale de sécurité du médicament et des produits de santé en précisant les délais de survenue, les stocks disponibles, les modalités de disponibilité et les délais prévisionnels de remise à disposition et l'identification de spécialités, le cas échéant, pouvant se substituer à la spécialité pharmaceutique en défaut, ainsi que, pour les médicaments d'intérêt thérapeutique majeur faisant l'objet d'un plan de gestion des pénuries mentionnés à l'article L. 5121-31, les mesures définies dans le plan de gestion des pénuries.

III. – Les établissements pharmaceutiques exploitants mentionnés au 3° de l'article R. 5124-2 disposent de centres d'appel d'urgence permanents ou de tout système équivalent permettant un contact direct, accessibles aux pharmaciens d'officine, aux pharmaciens de pharmacie à usage intérieur définie à l'article L. 5126-1 et aux pharmaciens responsables ou délégués des grossistes-répartiteurs. Les exploitants prennent toutes dispositions pour faire connaître les numéros d'appel ou les systèmes équivalents, auprès des professionnels de santé précités. L'exploitant assure la traçabilité des appels et réponses apportées.

Ces centres sont organisés de manière à permettre la dispensation de la spécialité manquante dès que la rupture d'approvisionnement est effective ou, de manière anticipée, lorsque la rupture est confirmée par le grossiste-répartiteur ou le dépositaire. La traçabilité des approvisionnements d'urgence est assurée dans les conditions définies par l'article R. 5124-58.

Art. R. 5124-49-2 *(Décr. n° 2012-1562 du 31 déc. 2012, art. 2-5°)* Les fabricants de médicaments mentionnés à l'article R. 5124-2 vérifient que les substances actives utilisées proviennent de fabricants, importateurs ou distributeurs soit autorisés par l'Agence nationale de sécurité du médicament et des produits de santé lorsque ces derniers exercent leur activité sur le territoire national, soit enregistrés auprès de l'autorité compétente de l'État membre dans lequel ils sont établis.

Art. R. 5124-49-3 *(Décr. n° 2012-1562 du 31 déc. 2012, art. 2-5°)* Les fabricants de médicaments doivent être en mesure de documenter les mesures qu'ils ont prises pour s'assurer du respect, par leur fournisseur d'excipients, des bonnes pratiques dans les conditions prévues à l'article L. 5138-3.

Art. R. 5124-49-4 *(Décr. n° 2016-993 du 20 juill. 2016, art. 4)* Les titulaires d'autorisation de mise sur le marché et les exploitants identifient, parmi les médicaments d'intérêt thérapeutique majeur appartenant aux classes thérapeutiques précisées par l'arrêté du ministre chargé de la santé prévu à l'article L. 5121-31, ceux qui doivent faire l'objet d'un plan de gestion des pénuries. Les caractéristiques leur permettant de procéder à une *telle* identification sont :

1° L'absence, au regard de l'importance de la part de marché du médicament concerné en France, de médicaments contenant la même substance active ou appartenant à la même classe thérapeutique et disponibles en quantités suffisantes sur le territoire français. Il convient de tenir compte, le cas échéant, des spécificités au regard de son utilisation et de ses conditions d'administration, de la population cible et de la pathologie concernée ;

2° Les fragilités inhérentes à la fabrication du médicament concerné, notamment l'absence d'autres sites pour la fabrication ou le conditionnement des matières premières à usage pharmaceutique, du produit fini ou des articles de conditionnement, la complexité de la réalisation des opérations précitées ou de celles relatives au stockage ou au transport du médicament concerné.

Art. R. 5124-49-5 *(Décr. n° 2016-993 du 20 juill. 2016, art. 4)* I. – Les titulaires d'autorisation de mise sur le marché et les entreprises pharmaceutiques exploitant des médicaments procèdent, sous leur responsabilité, à l'identification des médicaments devant faire l'objet des plans de gestion des pénuries mentionnés à l'article L. 5121-31, à la définition du contenu de ces plans, ainsi qu'à leur mise en œuvre. Ces plans de gestion des pénuries tiennent compte des principes de gestion du risque du cycle de fabrication et de distribution de la spécialité concernée.

Ces plans de gestion des pénuries peuvent notamment prévoir la constitution de stocks de médicaments destinés au marché national en fonction des parts de marché de chaque entreprise pharmaceutique, d'autres sites de fabrication de matières premières à usage pharmaceutique, d'autres sites de fabrication des spécialités pharmaceutiques, ainsi que, le cas échéant, l'identification de spécialités pharmaceutiques pouvant constituer une alternative à la spécialité pharmaceutique en défaut.

II. – Les titulaires d'autorisation de mise sur le marché et les entreprises pharmaceutiques exploitant des médicaments actualisent et modifient ces plans de gestion des pénuries en tant que de besoin.

III. – La liste des médicaments d'intérêt thérapeutique majeur faisant l'objet de plans de gestion des pénuries est mentionné *[mentionnée]* dans l'état de l'établissement prévu à l'article R. 5124-46. Le contenu des plans de gestion des pénuries est tenu à la disposition de l'Agence nationale de sécurité du médicament et des produits de santé et lui est transmis, à tout moment, à sa demande.

Art. R. 5124-50 Sont reconnus par les autorités françaises, pour les lots de médicaments ou produits bénéficiant des autorisations ou de l'enregistrement qui sont importés d'un autre État membre de la Communauté européenne ou partie à l'accord sur l'Espace économique européen, les comptes rendus du contrôle correspondant à ces lots détenus par l'établissement fabricant situé dans l'État membre ou partie concerné, titulaire d'une autorisation de fabrication ou d'importation de tels médicaments ou produits, qui assure le suivi de ces lots pour la France. Le titulaire de l'autorisation tient ces autorités informées de l'identité du détenteur de ces comptes rendus.

Art. R. 5124-51 *Abrogé par Décr. n° 2006-477 du 26 avr. 2006, art. 10-II.*

Art. R. 5124-52 Chaque lot de médicaments ou de produits bénéficiant des autorisations ou de l'enregistrement prévus au deuxième alinéa de l'article *(Décr. n° 2005-840 du 20 juill. 2005, art. 12)* « R. 5124-49 » fait l'objet, en France, du contrôle du produit fini lorsqu'il est importé :

1° D'un État non membre de la Communauté européenne et non partie à l'accord sur l'Espace économique européen ;

2° Ou d'un autre État membre de la Communauté européenne ou partie à l'accord sur l'Espace économique européen lorsqu'il a été fabriqué par un établissement non autorisé au titre de l'article 40 de la directive 2001/83/CE du Parlement européen et du Conseil instituant un code communautaire relatif aux médicaments à usage humain.

(Décr. n° 2008-834 du 22 août 2008) « Ce contrôle n'est pas effectué lorsque l'importateur justifie qu'il a été fait dans un autre État membre ou partie à l'accord sur l'Espace économique européen, sous sa responsabilité. »

(Décr. n° 2008-436 du 6 mai 2008, art. 9) « Lorsque ces médicaments ou produits bénéficient d'une autorisation de mise sur le marché mentionnée à l'article L. 5121-8 ou d'un enregistrement mentionné à l'article L. 5121-14-1, ce contrôle est celui prévu au dossier de cette autorisation ou de cet enregistrement. »

L'établissement s'assure que ces médicaments ou produits ont été fabriqués par des fabricants dûment autorisés au titre de la législation ou de la réglementation de l'État concerné et ont été soumis à des normes de bonnes pratiques au moins équivalentes à celles que *(Décr. n° 2008-109 du 5 févr. 2008, art. 9)* « prévoit l'article L. 5121-5 ».

Art. R. 5124-53 *(Décr. n° 2017-20 du 9 janv. 2017, art. 1er-25°)* Le fabricant et l'importateur de médicaments mentionnés au 1° de l'article L. 4211-1, ou de générateurs, trousses ou précurseurs mentionnés au 3° dudit article, mettent en œuvre un système qualité pharmaceutique. Ce système est géré par une personne possédant les qualifications requises conformément aux bonnes pratiques mentionnées à l'article L. 5121-5.

Au sein de l'établissement, le fabricant et l'importateur mentionnés à l'alinéa précédent, dans le cadre d'un contrat de sous-traitance établi dans les conditions fixées à l'article R. 5124-47, disposent de, ou peuvent accéder à, un ou plusieurs laboratoires de contrôle possédant des moyens suffisants en personnel et en matériel pour effectuer les contrôles et essais nécessaires sur les matières premières et articles de conditionnement ainsi que les contrôles des produits intermédiaires et finis.

Art. R. 5124-54 L'établissement pharmaceutique assurant la fabrication de médicaments mentionnés au 1° de l'article L. 4211-1, de générateurs, trousses ou précurseurs mentionnés au 3° de cet article dispose d'un système de documentation comportant les spécifications, les formules de fabrication, les procédures et les relevés, comptes rendus et enregistrements couvrant les différentes opérations qu'il effectue.

Pour les médicaments *(Décr. n° 2006-477 du 26 avr. 2006, art. 7-V)* « autres que les médicaments expérimentaux », les générateurs, trousses ou précurseurs mentionnés au 3° de l'article L. 4211-1, les documents relatifs à chaque lot sont conservés par l'établissement pharmaceutique qui en assure la fabrication, pendant au moins un an après la date de péremption du lot concerné et pendant au moins cinq ans après sa libération.

Les établissements pharmaceutiques assurant l'importation de médicaments ou produits dans les conditions mentionnées à l'article R. 5124-52 détiennent ces documents et les conservent pendant les mêmes délais.

Art. R. 5124-54-1 *(Décr. n° 2012-1562 du 31 déc. 2012, art. 2-6°)* L'établissement pharmaceutique qui assure la fabrication de médicaments vérifie, avant de retirer ou de recouvrir partiellement ou totalement les dispositifs de sécurité prévus à l'article R. 5121-138-2, que le médicament concerné est authentique et qu'il n'a pas subi de manipulation illicite.

Art. R. 5124-55 Lorsque le pharmacien responsable d'un fabricant, d'un importateur ou d'un exploitant de médicaments *(Décr. n° 2006-477 du 26 avr. 2006, art. 7-II)* « autres que des médicaments expérimentaux », de générateurs, trousses ou précurseurs mentionnés au 3° de l'article L. 4211-1 a connaissance, après la commercialisation d'un lot de médicaments ou de produits, d'un incident ou d'un accident survenu lors de la fabrication ou de la distribution de ce lot et susceptible d'entraîner un risque pour la santé publique, il en fait la déclaration sans délai au directeur général de l'*(Décr. n° 2012-597 du 27 avr. 2012, art. 5-I-1°)* « Agence nationale de sécurité du médicament et des produits de santé ».

Art. R. 5124-56 Les dispositions des articles R. 5124-49 à R. 5124-55 sont applicables aux fabricants et importateurs d'objets de pansement ou d'articles présentés comme conformes à la pharmacopée mentionnés au 2° de l'article L. 4211-1, ou de produits officinaux divisés mentionnés au 4° de l'article L. 5121-1. Les obligations prévues par ces articles sont appliquées par référence aux monographies de la pharmacopée qui les décrivent.

Art. D. 5124-57 *Abrogé par Décr. n° 2009-421 du 15 avr. 2009.*

SOUS-SECTION 2 FABRICATION ET IMPORTATION DE MÉDICAMENTS EXPÉRIMENTAUX

(Décr. n° 2006-477 du 26 avr. 2006, art. 10-VII)

Art. R. 5124-57-1 Par dérogation aux dispositions de la première sous-section, les dispositions de la présente sous-section s'appliquent à la fabrication et l'importation de médicaments expérimentaux.

Art. R. 5124-57-2 Le fabricant ou l'importateur de médicaments expérimentaux s'assure que toutes les opérations de fabrication sont réalisées conformément à l'information donnée par le promoteur dans le dossier de demande d'autorisation mentionnée à l'article L. 1123-8 et acceptée par l'*(Décr. n° 2012-597 du 27 avr. 2012, art. 5-I-1°)* « Agence nationale de sécurité du médicament et des produits de santé ».

Les méthodes de fabrication d'un médicament sont révisées régulièrement par le fabricant au regard des progrès scientifiques et techniques et de la mise au point du médicament expérimental.

Art. R. 5124-57-3 Lorsque des lots de médicaments expérimentaux proviennent d'un autre État membre de la Communauté européenne ou partie à l'accord sur l'Espace économique européen et sont fabriqués ou importés conformément aux exigences de la directive 2003/94/CE et par un établissement autorisé au titre de l'article 13-1 de la directive 2001/20/CE du Parlement européen et du Conseil du 4 avril 2001, les certificats de libération des lots signés par la personne qualifiée prévue à l'article 13-2 de la même directive, détenus par cet établissement qui assure le suivi de ces lots pour la France, sont reconnus par les autorités françaises. Une copie des certificats de libération des lots accompagne les médicaments expérimentaux.

Art. R. 5124-57-4 L'établissement pharmaceutique importateur s'assure que les médicaments expérimentaux qu'il importe ont été soumis à des normes de bonnes pratiques de fabrication au moins équivalentes à celles que prévoit l'article L. 5121-5 lorsqu'ils sont importés :

a) D'un État non membre de la Communauté européenne et non partie à l'accord sur l'Espace économique européen ;

b) Ou d'un autre État membre de la Communauté européenne ou partie à l'accord sur l'Espace économique européen lorsqu'ils ont été fabriqués par un établissement non autorisé au titre de l'article 13.1 de la directive 2001/20/CE du Parlement européen et du Conseil du 4 avril 2001.

Dans le cas de médicaments de référence bénéficiant d'une autorisation de mise sur le marché dans un État non membre de la Communauté européenne ou non partie à l'accord sur l'Espace économique européen, lorsque la documentation attestant que chaque lot de fabrication a été fabriqué selon des normes au moins équivalentes à celles que prévoit l'article L. 5121-5 ne peut être obtenue par l'importateur, une justification du recours à ce médicament et une présentation des éléments pris en compte pour la libération du médicament sont fournies dans la demande d'autorisation mentionnée à l'article L. 1123-8. L'établissement pharmaceutique importateur s'assure que chaque lot de ces médicaments a fait l'objet des analyses, essais ou vérifications nécessaires pour assurer sa qualité.

L'importateur de médicaments expérimentaux s'assure que ceux-ci ont été fabriqués par un fabricant autorisé ou, le cas échéant, notifié aux autorités compétentes de l'État dans lequel le fabricant est installé, et accepté par elles à cette fin.

Dans le cas où le contrôle analytique des médicaments expérimentaux importés n'est pas réalisé en France ou dans la Communauté européenne ou dans l'Espace économique européen, un justificatif est apporté par le promoteur dans la demande d'autorisation mentionnée à l'article L. 1123-8.

Les éléments à prendre en compte lors de l'évaluation des produits en vue de la libération des lots sont décrits dans les bonnes pratiques mentionnées à l'article L. 5121-5.

Art. R. 5124-57-5 Dans le cas où les fabricants et importateurs de médicaments expérimentaux confient certaines opérations de contrôle de qualité à un laboratoire conformément à l'article R. 5124-47 (2°), le promoteur de la recherche biomédicale veille à ce que ce laboratoire respecte les éléments relatifs aux médicaments expérimentaux de la demande d'autorisation mentionnée à l'article L. 1123-8 acceptée par l'*(Décr. n° 2012-597 du 27 avr. 2012, art. 5-I-1°)* « Agence nationale de sécurité du médicament et des produits de santé ».

Art. R. 5124-57-6 Pour les médicaments expérimentaux, les documents relatifs à chaque lot sont conservés par l'établissement pharmaceutique qui en assure la fabrication, pendant au moins cinq ans après la fin de l'essai ou l'arrêt anticipé du dernier essai clinique durant lequel le lot a été utilisé.

Les établissements assurant l'importation de médicaments expérimentaux dans les conditions mentionnées aux articles R. 5124-57-3 et R. 5124-57-4 détiennent ces documents et les conservent pendant les mêmes délais.

Lorsque les essais aboutissent à la commercialisation du médicament, les renseignements relatifs aux médicaments expérimentaux sont conservés par le promoteur ou un autre propriétaire des données aussi longtemps que le médicament est autorisé.

SECTION V **DISTRIBUTION EN GROS**

Art. R. 5124-58 L'établissement pharmaceutique d'une entreprise ou d'un organisme mentionné à l'article R. 5124-2 se livrant à la vente en gros, à la cession à titre gratuit ou à la distribution en gros conserve, pour chaque transaction d'entrée et de sortie *(Décr. n° 2012-1562 du 31 déc. 2012, art. 2-7°)* « , y compris lorsqu'il a recours à un courtier », au moins les informations suivantes :

1° La date de la transaction ;

2° *(Décr. n° 2008-834 du 22 août 2008)* « Le nom » du médicament ou autre produit pharmaceutique ;

(Décr. n° 2008-834 du 22 août 2008) « 3° Le numéro et la date de péremption des différents lots avec les quantités fournies et reçues par lot, conformément aux bonnes pratiques mentionnées à l'article L. 5121-5 » ;

4° Les nom et adresse du fournisseur et du destinataire.

Pour une livraison à une personne morale ou physique habilitée à dispenser des médicaments ou autres produits pharmaceutiques, ces informations sont portées sur un document qui est joint à la livraison. Pour un médicament, ce document comporte en outre la forme pharmaceutique du médicament.

Ces informations sont conservées sous la forme de factures, sur un support informatique ou sous une autre forme appropriée.

Le fournisseur et le destinataire tiennent ces informations pendant cinq ans à la disposition de l'inspection compétente.

Pour les médicaments dérivés du sang, un établissement pharmaceutique se conforme en outre aux dispositions des articles R. 5121-185 et R. 5121-195.

Art. R. 5124-59 *(Décr. n° 2008-834 du 22 août 2008)* L'entreprise exerçant l'activité de grossiste-répartiteur déclare au directeur général de l'*(Décr. n° 2012-597 du 27 avr. 2012, art. 5-I-1°)* « Agence nationale de sécurité du médicament et des produits de santé » le territoire sur lequel chacun de ses établissements exerce son activité de répartition. *(Décr. n° 2012-1096 du 28 sept. 2012, art. 5-1°)* « La déclaration du territoire de répartition envisagée est jointe au dossier accompagnant la demande d'autorisation d'ouverture mentionnée à l'article L. 5124-3 ».

(Décr. n° 2012-1096 du 28 sept. 2012, art. 5-3°) « Le territoire déclaré est compatible avec les obligations prévues aux 1° et 2° ci-dessous. La demande de modification mentionnée au 9° de l'article R. 5124-10 du territoire de répartition déclaré est accompagnée de tout élément d'information justifiant du respect des obligations prévues aux 1° et 2° ci-dessous pour l'ensemble du territoire de répartition. Le directeur général de l'agence peut demander tout élément justifiant du respect de ces obligations. Il peut refuser, par décision motivée et dans le délai prévu à l'article R. 5124-10, tout ou partie de la modification demandée du territoire de répartition déclaré ».

Une commune dans laquelle l'établissement dessert habituellement au moins une officine de pharmacie ou une pharmacie à usage intérieur fait partie de ce territoire.

(Décr. n° 2012-1096 du 28 sept. 2012, art. 5-4° et 5°) « L'entreprise dispose, en vue de sa distribution, d'une manière effective et suffisante pour couvrir les besoins du territoire de répartition déclaré, d'un assortiment de médicaments comportant au moins les neuf dixièmes des présentations de spécialités pharmaceutiques effectivement commercialisées en France telles que définies au 1° ci-dessous.

« Les médicaments achetés par le grossiste-répartiteur ou cédés au grossiste-répartiteur sont distribués de manière à couvrir les besoins des patients en France, sur le territoire de répartition déclaré. »

Sur son territoire de répartition, l'établissement est tenu aux obligations de service public suivantes :

1° Il est en mesure, en dehors du samedi après 14 heures, du dimanche et des jours fériés :

a) De satisfaire à tout moment la consommation de sa clientèle habituelle durant au moins deux semaines ;

b) De livrer dans les vingt-quatre heures toute commande passée avant le samedi 14 heures, de toute présentation des spécialités effectivement commercialisées, à l'exception des médicaments réservés à l'usage hospitalier, des plantes médicinales et des médicaments homéopathiques ; néanmoins, pour les spécialités pharmaceutiques appartenant à des groupes génériques, il doit être en mesure de livrer la spécialité de référence et au moins une spécialité générique et, dans le cas d'un groupe générique sans spécialité de référence, au moins deux spécialités ;

c) De livrer tout médicament et, lorsqu'il en assure la distribution dans les conditions prévues à l'article R. 5124-8, tout autre produit, objet ou article mentionné à l'article L. 4211-1 et tout produit officinal divisé mentionné au 4° de l'article L. 5121-1 exploité en France à toute officine qui le lui demande ;

2° Le samedi, à partir de 14 heures, ainsi que le dimanche et les jours fériés, il est tenu de participer à un système d'astreinte inter-entreprises, permettant la *(Décr. n° 2012-1096 du 28 sept. 2012, art. 5-6°)* « livraison » de médicaments *(Décr. n° 2012-1096 du 28 sept. 2012, art. 5-6°)* « dans les délais et au maximum dans les huit heures », afin de répondre :

a) A la demande du préfet, après avis du directeur *(Décr. n° 2010-344 du 31 mars 2010, art. 153)* « général de l'agence régionale de santé », aux situations présentant un caractère d'urgence sanitaire, notamment dans le cadre de l'application de l'article L. 3131-1 ;

b) A la demande du pharmacien d'officine assurant le service de garde prévu à l'article L. 5125-22, pour répondre aux besoins urgents en médicaments soumis à prescription au titre d'une des catégories prévues à l'article R. 5121-36 et en vaccins, dans les conditions définies par une charte conclue entre les organisations représentatives des grossistes-répartiteurs et des pharmaciens d'officine ; à défaut d'accord entre elles ou si l'organisation retenue ne permet pas de satisfaire les besoins urgents en médicaments, un arrêté du ministre de la santé définit ces conditions.

Le tableau des astreintes est transmis semestriellement pour le semestre suivant par les organisations représentatives à l' *(Décr. n° 2010-344 du 31 mars 2010, art. 153 ; Décr. n° 2012-1096 du 28 sept. 2012, art. 5-7°)* « agence régionale de santé territorialement compétente et à l'Agence nationale de sécurité du médicament et des produits de santé ».

Ces dispositions ne font pas obstacle à ce qu'un établissement livre exceptionnellement en cas d'urgence une officine de pharmacie ou une pharmacie à usage intérieur d'un établissement de santé située hors de son territoire de répartition.

A titre exceptionnel et en l'absence d'autre source d'approvisionnement, le directeur général de l'*(Décr. n° 2012-597 du 27 avr. 2012, art. 5-I-1°)* « Agence nationale de sécurité du médicament et des produits de santé » peut, de sa propre initiative, ou à la demande du préfet, après avis du directeur *(Décr. n° 2010-344 du 31 mars 2010, art. 153)* « général de l'agence régionale de santé », imposer à un établissement de livrer une officine de pharmacie ou une pharmacie à usage intérieur d'un établissement de santé située hors de son territoire de répartition.

Art. R. 5124-59-1 *(Décr. n° 2012-1096 du 28 sept. 2012, art. 6-I)* L'entreprise exerçant l'activité de grossiste-répartiteur informe l'exploitant de toute rupture d'approvisionnement sur un médicament dont elle assure l'achat et le stockage et dont elle n'a pas été déjà informée par celui-ci ou par l'Agence nationale de sécurité du médicament et des produits de santé.

Art. R. 5124-60 L'établissement pharmaceutique d'une entreprise ou d'un organisme mentionné à l'article R. 5124-2 se livrant à la vente en gros, à la cession à titre gratuit ou à la distribution en gros de médicaments mentionnés au 1° de l'article L. 4211-1, de générateurs, trousses ou précurseurs mentionnés au 3° du même article se dote d'un plan d'urgence qui garantit la mise en œuvre effective de tout retrait de lots de ces médicaments ou produits organisé par l'exploitant.

Cette obligation s'impose dans les mêmes conditions aux établissements se livrant à la vente en gros, à la cession à titre gratuit ou à la distribution en gros de *(Décr. n° 2006-477 du 26 avr. 2006, art. 7-I)* « *médicaments expérimentaux* », d'objets de pansement et articles présentés comme conformes à la pharmacopée mentionnés au 2° de l'article L. 4211-1 ou de produits officinaux divisés mentionnés au 4° de l'article L. 5121-1, dont le retrait est organisé par le fabricant ou l'importateur.

Les établissements mentionnés aux alinéas précédents conservent pendant deux ans une copie des décisions de retrait de lots.

Art. R. 5124-60-1 *(Décr. n° 2012-1562 du 31 déc. 2012, art. 2-8°)* L'établissement pharmaceutique d'une entreprise ou d'un organisme mentionné à l'article R. 5124-2 se livrant à la vente en gros, à la cession à titre gratuit ou à la distribution en gros vérifie que les médicaments reçus n'ont pas été falsifiés en contrôlant les dispositifs de sécurité mentionnés aux articles R. 5121-138-2 et R. 5121-138-3, selon les modalités fixées par la Commission européenne en application de l'article 54 *bis* de la directive 2001/83/CE du Parlement européen et du Conseil du 6 novembre 2001 instituant un code communautaire relatif aux médicaments à usage humain.

Art. R. 5124-61 *(Décr. n° 2017-20 du 9 janv. 2017, art. 1er-26°-a)* « Sans préjudice des compétences attribuées à l'Agence nationale de sécurité du médicament et des produits de santé par l'article L. 5124-3, la distribution en gros de médicaments à une personne physique ou morale, habilitée à dispenser de tels médicaments en France, par un distributeur en gros situé dans un autre État membre de l'Union européenne ou partie à l'accord sur l'Espace économique européen, est subordonnée à la production au directeur général de l'agence : »

1° De la copie de l'autorisation délivrée par l'autorité administrative compétente, en application de l'article 77 de la directive 2001/83/CE du Parlement européen et du Conseil du 6 novembre 2001 instituant un code communautaire relatif aux médicaments à usage humain ;

2° D'une déclaration du territoire de répartition envisagé en France *(Décr. n° 2017-20 du 9 janv. 2017, art. 1er-26°-b)* « ou du territoire modifié au titre des dispositions de l'article R. 5124-59 » ;

3° De tous éléments prouvant qu'il est en mesure de satisfaire aux besoins des officines de ce territoire dans les conditions prévues au 1° et aux *a* et *b* du 2° de l'article R. 5124-59.

Cet établissement respecte en outre les exigences de nature à lui être applicables mentionnées aux articles R. 5124-58 et R. 5124-60.

Art. R. 5124-62 Les dépositaires définis au 4° de l'article R. 5124-2 exercent leurs activités dans les conditions prévues par un contrat écrit qui fixe, conformément aux bonnes pratiques prévues *(Décr. n° 2008-109 du 5 févr. 2008, art. 6)* « à l'article L. 5121-5 », applicables à ces activités, les obligations respectives du dépositaire et de l'exploitant, du fabricant ou de l'importateur pour le compte duquel il agit. Ils ne peuvent distribuer que des lots de médicaments ou autres produits pharmaceutiques ayant fait l'objet d'une libération par le pharmacien responsable de l'entreprise ou organisme qui en assure la fabrication ou l'importation.

Les dépositaires peuvent assurer, pour le compte d'un ou plusieurs exploitants de médicaments, le stockage et la livraison d'échantillons de médicaments aux professionnels de santé mentionnés à l'article L. 5122-10. Ils rendent compte de l'envoi de ces échantillons à ces exploitants.

Art. R. 5124-63 L'agrément d'un organisme à but non lucratif et à vocation humanitaire prévu à l'article L. 5124-7 est accordé, après avis du ministre chargé de l'action humanitaire et, selon le lieu d'implantation de l'établissement pharmaceutique envisagé, du conseil central de la section C ou E de l'Ordre national des pharmaciens, par le ministre chargé de la santé.

Le silence gardé pendant plus de quatre mois par le ministre sur la demande d'agrément vaut décision de rejet.

Art. R. 5124-63-1 *(Décr. n° 2008-784 du 18 août 2008)* Les distributeurs en gros à vocation humanitaire définis au 8° de l'article R. 5124-2 sont soumis au respect des bonnes pratiques de dons de médicaments fixées par arrêté du ministre chargé de la santé et relatives notamment à la qualité, à la durée de conservation et au stockage des produits.

Art. R. 5124-64 Les distributeurs en gros de plantes médicinales procèdent, eu égard aux opérations qu'ils effectuent et préalablement à la commercialisation, à un contrôle d'identification des plantes et à une libération des lots définis au cours des opérations effectuées. Ils veillent en outre à la bonne conservation des plantes au cours des opérations effectuées et jusqu'à leur livraison.

Les opérations éventuellement réalisées sur ces plantes ne peuvent ni en modifier les propriétés botaniques ou organoleptiques ni en affecter la composition chimique.

SECTION VI PUBLICITÉ ET PROMOTION

Art. R. 5124-65 Sous réserve des dispositions prévues par les deuxième et troisième alinéas de l'article L. 4113-6, et par les articles L. 4311-28, L. 4321-20 et L. 4343-1, la publicité en faveur des entreprises et établissements pharmaceutiques ne peut comporter aucune offre de primes, objets, produits ou avantages matériels, procurés de manière directe ou indirecte, de quelque nature que ce soit, à moins qu'ils ne soient de valeur négligeable.

Art. R. 5124-66 Les établissements et entreprises pharmaceutiques sont autorisés à faire à des personnes morales des dons destinés à encourager la recherche ou la formation des professionnels de santé, sous réserve de leur déclaration préalable au *(Décr. n° 2010-344 du 31 mars 2010, art. 153)* « directeur général de l'agence régionale de santé » du lieu où est situé le siège de l'organisme bénéficiaire et à condition que ces dons n'aient pas pour objet réel de procurer un avantage individuel à un membre ou à des membres d'une profession mentionnée aux articles L. 4113-6, L. 4321-20, L. 4311-28 et L. 4343-1.

La déclaration comporte les éléments suivants :

1° La désignation du donateur ainsi que la nature de son activité et son adresse ;

2° La désignation du bénéficiaire ainsi que la nature de son activité et son adresse ;

3° La nature et le montant du don ;

4° L'objet du don.

Art. R. 5124-67 Lorsqu'une publicité en faveur d'une entreprise ou d'un établissement pharmaceutique mentionne un médicament, elle est régie par les dispositions des sections I, II et III du chapitre II du présent titre ; lorsqu'elle mentionne un produit ou objet figurant à la section IV du même chapitre, elle est régie par les dispositions de cette section.

Les dispositions de l'alinéa précédent ne sont pas applicables aux documents d'information à caractère scientifique, technique ou financier, émis par l'établissement ou l'entreprise, qui n'ont pas pour objet la promotion d'un médicament.

SECTION VII ÉTABLISSEMENTS PHARMACEUTIQUES DES ÉTABLISSEMENTS PUBLICS DE SANTÉ

Art. R. 5124-68 Pour exercer les activités énumérées au premier alinéa de l'article L. 5124-1, dans les limites définies par la présente section, les établissements publics de santé qui remplissent la condition énoncée à l'article L. 5124-9, créent en leur sein, par délibération de leur conseil d'administration, un ou plusieurs établissements pharmaceutiques. Ils doivent obtenir pour ces établissements l'autorisation mentionnée à l'article L. 5124-3.

Sous réserve des dispositions de la présente section, les établissements pharmaceutiques mentionnés au premier alinéa sont soumis aux règles du présent code applicables aux établissements pharmaceutiques.

Art. R. 5124-69 Les activités des établissements pharmaceutiques gérés par les établissements publics de santé ne peuvent concerner que des médicaments répondant à des besoins de santé publique qui ne sont pas déjà satisfaits par les médicaments disponibles en France et bénéficiant de l'autorisation de mise sur le marché prévue à l'article L. 5121-8 ou de l'autorisation temporaire d'utilisation prévue à l'article L. 5121-12.

(Décr. n° 2008-834 du 22 août 2008) « Le contenu du rapport annuel mentionné au dernier alinéa de l'article L. 5126-2 est fixé par décision du directeur général de l'*(Décr. n° 2012-597 du 27 avr. 2012, art. 5-I-1°)* « Agence nationale de sécurité du médicament et des produits de santé ». »

(Décr. n° 2007-1428 du 3 oct. 2007, art. 5) « Ces établissements peuvent être autorisés dans les conditions prévues à l'article L. 5124-3 à réaliser des préparations hospitalières et des reconstitutions de spécialités pharmaceutiques pour le compte des

établissements publics de santé où ils sont implantés. La même autorisation peut, dans les conditions prévues au dernier alinéa de l'article L. 5126-2 et au vu d'un cahier des charges garantissant la qualité et la sécurité sanitaire de la prestation, leur permettre de confier, sous leur responsabilité, la réalisation des préparations hospitalières susmentionnées à un autre établissement pharmaceutique.

« Les établissements pharmaceutiques des établissements publics de santé peuvent être autorisés, dans les conditions définies aux articles L. 5126-3 et R. 5126-20, à délivrer ces préparations et reconstitutions à d'autres établissements mentionnés à l'article L. 5126-1 et à des professionnels de santé participant à des réseaux de santé qui satisfont aux conditions définies au troisième alinéa de l'article L. 6321-1. »

Art. R. 5124-70 A l'appui de la demande d'autorisation prévue par l'article L. 5124-3, les établissements publics de santé justifient qu'ils fabriquaient industriellement des médicaments à la date du 31 décembre 1991 et précisent la nature et les quantités des médicaments fabriqués annuellement.

Art. R. 5124-71 Dans chacun des établissements publics de santé mentionnés à l'article R. 5124-68, le ou les établissements pharmaceutiques sont placés sous la responsabilité d'un pharmacien responsable au sens du deuxième alinéa de l'article L. 5124-2. *(Décr. n° 2007-1428 du 3 oct. 2007, art. 5)* « A cet effet, ce ou ces établissements pharmaceutiques sont constitués en pôles d'activité ou en structures internes d'un tel pôle, autres que les unités fonctionnelles. »

Art. R. 5124-72 Les décisions de nomination ou d'affectation dans l'établissement pharmaceutique de personnels relevant des dispositions de l'article L. 6152-1 sont prises après avis du pharmacien responsable.

Art. R. 5124-73 Lorsqu'un établissement public de santé crée en son sein plusieurs établissements pharmaceutiques, chacun de ceux-ci est placé sous le contrôle d'un pharmacien délégué qui veille au respect des dispositions de la présente section sous l'autorité du pharmacien responsable.

Lorsque le pharmacien responsable exerce ses fonctions dans l'un des établissements pharmaceutiques, la désignation d'un pharmacien délégué n'est pas obligatoire dans cet établissement.

Le pharmacien délégué est choisi parmi les personnels mentionnés au 1° et au 2° de l'article L. 6152-1. Il est désigné, avec l'accord du pharmacien responsable, par le directeur général ou le directeur de l'établissement public de santé pour une durée maximum de trois ans renouvelable.

A la demande du pharmacien responsable ou après avoir recueilli son avis, le directeur ou le directeur général de l'établissement de santé peut, dans l'intérêt du bon fonctionnement de l'établissement pharmaceutique, mettre fin aux fonctions du pharmacien délégué après l'avoir entendu.

CHAPITRE IV *BIS* COURTAGE DE MÉDICAMENTS

(Décr. n° 2012-1562 du 31 déc. 2012, art. 2-9°)

Art. R. 5124-74 La déclaration prévue à l'article L. 5124-20 est adressée à l'Agence nationale de sécurité du médicament et des produits de santé par la personne exerçant l'activité de courtage ou par les représentants légaux de l'entreprise par tout moyen permettant d'en accuser réception.

La déclaration comprend les renseignements administratifs relatifs à l'entreprise comprenant le nom des représentants légaux de l'entreprise, de l'entreprise ou, dans le cas où l'entreprise est la propriété d'une société, sa forme juridique, sa dénomination sociale et l'adresse du siège social de l'entreprise.

La forme et le contenu du document comportant la liste des renseignements administratifs sont fixés par décision du directeur général de l'agence.

Le directeur général de l'agence peut requérir toute information complémentaire.

Toute modification des renseignements administratifs est notifiée sans délai à l'agence par tout moyen permettant d'en accuser réception.

La cessation d'activité de l'établissement est communiquée sans délai dans les mêmes formes.

Art. R. 5124-75 En cas de non-respect des obligations mentionnées à l'article L. 5124-20 et au présent chapitre, constaté le cas échéant à la suite d'une inspection, le directeur général de l'agence peut interdire, pour une durée maximale de six mois, l'exercice de l'activité de courtage.

Sauf en cas d'urgence, la décision d'interdiction d'exercice ne peut intervenir qu'après que la personne exerçant l'activité de courtage des médicaments a été invitée à présenter ses observations.

Lorsqu'au *[Lorsque au]* terme de la durée d'interdiction la personne exerçant l'activité de courtage de médicaments ne s'est pas mise en conformité avec les règles applicables, le directeur général de l'agence peut prononcer dans les mêmes conditions une nouvelle interdiction.

Art. R. 5124-76 L'agence rend les renseignements administratifs mentionnés à l'article R. 5124-74, à l'exception du nom des représentants légaux de l'entreprise, et toute interdiction temporaire d'exercice, accessibles au public.

Art. R. 5124-77 Les obligations mentionnées aux articles R. 5124-48-2, R. 5124-58 et R. 5124-60 sont applicables aux personnes exerçant l'activité de courtage de médicaments mentionnée à l'article L. 5124-19.

CHAPITRE V DISTRIBUTION AU DÉTAIL

SECTION PREMIÈRE OFFICINES DE PHARMACIE

SOUS-SECTION 1 CRÉATION, TRANSFERT OU REGROUPEMENT

Art. R. 5125-1 L'autorisation de création ou de transfert d'une officine de pharmacie ou de regroupement d'officines, sauf pour celles mentionnées à l'article L. 5125-19, est demandée au *(Décr. n° 2010-344 du 31 mars 2010, art. 154)* « directeur général de l'agence régionale de santé » où l'exploitation est envisagée par la personne responsable du projet, ou son représentant s'il s'agit d'une personne morale. Lorsque la demande est présentée par une société ou par plusieurs pharmaciens réunis en copropriété, elle est signée par chaque associé ou copropriétaire devant exercer dans l'officine.

La demande est accompagnée d'un dossier comportant :

1° L'identité, la qualification et les conditions d'exercice professionnel des pharmaciens auteurs du projet ;

2° Le cas échéant, les statuts de la personne morale pour laquelle la demande est formée ;

3° La localisation de l'officine projetée et, le cas échéant, de l'officine ou des officines dont le transfert ou le regroupement est envisagé ;

4° Les éléments de nature à justifier les droits du demandeur sur le local proposé ;

5° Les éléments permettant de vérifier le respect des conditions minimales d'installation prévues à la sous-section 2 de la présente section.

La liste des pièces justificatives correspondantes est fixée par arrêté du ministre chargé de la santé.

Lorsque le dossier est complet, le *(Décr. n° 2010-344 du 31 mars 2010, art. 154)* « directeur général de l'agence régionale de santé » procède à l'enregistrement de la demande. Il délivre au demandeur un récépissé mentionnant la date et l'heure de cet enregistrement.

Art. R. 5125-2 Le *(Décr. n° 2010-344 du 31 mars 2010, art. 154)* « directeur général de l'agence régionale de santé » transmet pour avis le dossier complet *(Décr. n° 2010-344 du 31 mars 2010, art. 154)* « au représentant de l'État dans le département »*[,]* au *conseil régional ou au conseil central* de la section E de l'Ordre national des pharmaciens, ainsi qu'aux syndicats représentatifs localement des pharmaciens titulaires d'officine. A défaut de réponse dans un délai de deux mois à compter de la date de réception de la demande d'avis, l'avis est réputé rendu.

Art. R. 5125-3 Le défaut de réponse dans le délai de quatre mois à compter de l'enregistrement de la demande vaut rejet.

Art. R. 5125-4 Lorsque le *(Décr. n° 2010-344 du 31 mars 2010, art. 154)* « directeur général de l'agence régionale de santé » décide, en application du deuxième ou du troisième alinéa de l'article L. 5125-6, d'imposer une distance minimum entre l'emplacement prévu pour la future officine et l'officine existante la plus proche ou de déterminer le ou les secteurs de la commune dans lesquels l'officine devra être située, le délai prévu à l'article R. 5125-3 est interrompu par la notification de cette décision au demandeur.

Le demandeur dispose alors d'un délai de six mois non renouvelable à compter de cette notification pour proposer un nouveau local répondant aux conditions fixées par la décision et pour produire les pièces justificatives y afférentes.

Le *(Décr. n° 2010-344 du 31 mars 2010, art. 154)* « directeur général de l'agence régionale de santé » transmet pour information les pièces complémentaires aux instances consultées en application de l'article R. 5125-2.

Le défaut de réponse par le *(Décr. n° 2010-344 du 31 mars 2010, art. 154)* « directeur général de l'agence régionale de santé » dans le délai de deux mois à compter de la réception de l'ensemble des pièces justificatives vaut rejet de la demande.

Art. R. 5125-5 La demande peut être confirmée jusqu'à l'expiration d'un délai de deux mois à compter de la notification de la décision de rejet ou de la formation de cette décision quand elle est implicite. Dans l'intervalle, le bénéfice des règles d'antériorité prévues à l'article L. 5125-5, attaché à la demande initiale est conservé. Pour l'application du droit d'antériorité, la demande confirmative est considérée comme présentée à la date de la demande initiale.

La demande confirmative est présentée par la même personne, pour les mêmes pharmaciens et au titre de la même commune et le cas échéant de la même zone géographique. Elle est accompagnée des pièces justificatives complémentaires éventuellement nécessaires. Le *(Décr. n° 2010-344 du 31 mars 2010, art. 154)* « directeur général de l'agence régionale de santé » enregistre la demande et en délivre récépissé. Elle est examinée dans les conditions prévues aux articles R. 5125-2 à R. 5125-4.

Art. R. 5125-6 Les règles de priorité et d'antériorité prévues à l'article L. 5125-5 s'apprécient parmi les demandes tendant à la création ou au transfert d'une officine ou au regroupement d'officines dans une même commune ou dans des zones géographiques comportant au moins une même commune.

Le droit d'antériorité s'apprécie parmi les demandes ayant le même rang de priorité, en fonction de la date et de l'heure d'enregistrement mentionnées à l'article R. 5125-1.

Art. R. 5125-7 La population à prendre en compte pour l'application des dispositions de l'article L. 5125-10 est la population *(Décr. n° 2005-840 du 20 juill. 2005, art. 12)* « municipale » figurant dans le dernier recensement de la commune.

Art. R. 5125-8 *(Décr. n° 2010-344 du 31 mars 2010, art. 154)* « La décision du directeur général de l'agence régionale de santé » autorisant une création, un transfert ou un regroupement est publié *[publiée]* au recueil des actes administratifs de la préfecture ou, le cas échéant, des préfectures compétentes.

Lorsque la création ou le transfert d'une officine dans une commune prend en compte une autre commune située dans *(Décr. n° 2010-344 du 31 mars 2010, art. 154)* « une région limitrophe », l'arrêté autorisant la création ou le transfert est pris sur *(Décr. n° 2010-344 du 31 mars 2010, art. 154)* « avis du directeur général de l'agence régionale de santé de cette région ».

L'arrêté ministériel autorisant une création, un transfert ou un regroupement à la suite d'un recours hiérarchique est publié au *Journal officiel* de la République française.

SOUS-SECTION 2 CONDITIONS D'INSTALLATION

Art. R. 5125-9 La superficie, l'aménagement, l'agencement et l'équipement des locaux d'une officine de pharmacie sont adaptés à ses activités et permettent le respect des bonnes pratiques mentionnées à l'article L. 5121-5.

Les locaux de l'officine forment un ensemble d'un seul tenant y compris pour ce qui concerne les activités spécialisées d'optique-lunetterie, d'audioprothèse et d'orthopédie. Toutefois, des lieux de stockage peuvent se trouver à proximité immédiate, à condition qu'ils ne soient pas ouverts au public et ne comportent ni signalisation, ni vitrine extérieure.

Aucune communication directe n'existe entre l'officine et un autre local professionnel ou commercial.

L'accueil de la clientèle et la dispensation des médicaments s'effectuent dans des conditions de confidentialité permettant la tenue d'une conversation à l'abri des tiers.

Le mobilier pharmaceutique est disposé de telle sorte que le public n'ait directement accès ni aux médicaments, ni aux autres produits dont la vente est réservée aux officines.

(Décr. n° 2008-641 du 30 juin 2008) « Toutefois, les médicaments de médication officinale mentionnés à l'article R. 5121-202 peuvent être présentés au public en accès direct dans les conditions prévues à l'article R. 4235-55. » *(Décr. n° 2011-969 du 16 août 2011, art. 1er)* « Les tests de grossesse et les tests d'ovulation peuvent également être présentés au public en accès direct, dans les mêmes conditions. »

Lorsque des livraisons sont envisagées en dehors des heures d'ouverture, l'officine est équipée d'un dispositif permettant l'isolement des médicaments et autres produits livrés.

Art. R. 5125-10 L'officine comporte :

1° Un emplacement adapté et réservé à l'exécution et au contrôle des préparations magistrales et officinales ;

2° Une armoire ou un local de sécurité destiné au stockage des médicaments et produits classés comme stupéfiants ainsi qu'il est prévu à l'article R. 5132-80 ;

3° Un emplacement destiné au stockage des médicaments inutilisés au sens de l'article L. 4211-2 ;

4° Le cas échéant, un emplacement destiné à l'exécution des analyses de biologie médicale autorisées ;

(Décr. n° 2010-1263 du 22 oct. 2010, art. 3) « 5° Le cas échéant, un emplacement destiné au stockage des déchets mentionnés à l'article R. 1335-8-1, rassemblés dans des collecteurs fermés définitivement, conformément aux dispositions de l'article R. 1335-6. »

Les activités spécialisées d'optique-lunetterie, d'audioprothèse et d'orthopédie font l'objet d'un rayon individualisé et, le cas échéant, d'un espace permettant au patient d'essayer le produit dans des conditions satisfaisantes.

Lorsque des gaz à usage médical et des liquides inflammables sont stockés dans une officine, ses locaux respectent les obligations y afférentes.

Art. R. 5125-11 Les autorisations de création, de transfert ou de regroupement d'officines de pharmacie sont subordonnées au respect des conditions prévues par les articles R. 5125-9 et R. 5125-10 et par le deuxième alinéa de l'article L. 5125-3.

Art. R. 5125-12 Toute modification substantielle des conditions d'installation de l'officine est déclarée *(Décr. n° 2010-344 du 31 mars 2010, art. 154)* « au directeur général de l'agence régionale de santé » et au conseil régional compétent ou au conseil central de la section D ou de la section E de l'Ordre national des pharmaciens.

Art. R. 5125-13 Une personne remplissant les conditions fixées au premier alinéa de l'article L. 5125-2 et se proposant d'exercer la pharmacie concurremment avec l'une des professions de médecin, chirurgien-dentiste, sage-femme ou vétérinaire en fait la déclaration au *(Décr. n° 2010-344 du 31 mars 2010, art. 154)* « directeur général de l'agence régionale de santé ».

Le dossier comporte, indépendamment des pièces justifiant que les conditions requises sont remplies, une ampliation de l'engagement sur l'honneur, jointe à la demande d'inscription aux deux ordres dont l'intéressé relève, de prendre toutes dispositions utiles pour pouvoir exercer les deux professions conformément aux lois et règlements en vigueur.

Le demandeur ne peut exercer la double profession qu'après avoir reçu du *(Décr. n° 2010-344 du 31 mars 2010, art. 154)* « directeur général de l'agence régionale de santé » une attestation établissant qu'il remplit les conditions légales. L'attestation ou le refus d'attestation est notifié dans les trois mois de la réception de la demande à la préfecture.

Le silence gardé par le *(Décr. nº 2010-344 du 31 mars 2010, art. 154)* « directeur général de l'agence régionale de santé » à l'expiration du délai de trois mois équivaut à la délivrance de l'attestation.

SOUS-SECTION 3 SOCIÉTÉ D'EXERCICE LIBÉRAL DE PHARMACIENS D'OFFICINE *(Décr. nº 2013-466 du 4 juin 2013, art. 2-1º-a).*

Art. R. 5125-14 Les dispositions des articles R. 5125-15 à R. 5125-24 régissent les sociétés constituées en application du titre Ier de la loi nº 90-1258 du 31 décembre 1990 relative à l'exercice sous forme de sociétés des professions libérales soumises à un statut législatif ou réglementaire ou dont le titre est protégé, et dont l'objet social est l'exercice en commun de la profession de pharmacien d'officine. Ces sociétés portent la dénomination de sociétés d'exercice libéral de pharmaciens d'officine.

Art. R. 5125-15 La société d'exercice libéral de pharmaciens d'officine est constituée sous la condition suspensive de son inscription au tableau de l'ordre dans les conditions prévues aux articles R. 4222-1 et suivants.

(Décr. nº 2013-466 du 4 juin 2013, art. 2-1º-b) « En cas de constitution d'une société d'exercice libéral par voie de fusion ou de scission ou résultant d'une modification de la forme juridique de la société, celle-ci est soumise aux dispositions de l'alinéa précédent. »

Art. R. 5125-15-1 *(Décr. nº 2017-354 du 20 mars 2017, art. 2-1º)* Le représentant légal de la société communique au président du conseil compétent de l'ordre des pharmaciens, par tout moyen permettant de rapporter la preuve de sa date de réception et dans le mois suivant la date à laquelle il se produit, tout changement dans la situation déclarée en application de l'article R. 4222-3, en joignant les pièces justificatives

Sous réserve du II de l'article 5 de la loi nº 90-1258 du 31 décembre 1990 relative à l'exercice sous forme de sociétés des professions libérales soumises à un statut législatif ou réglementaire ou dont le titre est protégé, si la société d'exercice libéral cesse de se conformer aux dispositions législatives et réglementaires en vigueur, le président du conseil de l'ordre compétent la met en demeure de régulariser sa situation dans un délai qu'il fixe. A défaut, le conseil de l'ordre prononce la radiation de la société par une décision motivée qui lui est notifiée par tout moyen permettant de rapporter la preuve de sa date de réception.

Une décision de radiation ne peut être prise qu'après que les associés ou leur mandataire ont été mis à même de présenter leurs observations.

La décision de radiation peut faire l'objet d'un recours devant le Conseil national de l'ordre, dans le délai prévu à l'article L. 4222-5.

Sur l'exercice en commun de la profession de pharmacien d'officine sous forme de société d'exercice libéral et aux sociétés de participations financières de profession libérale de pharmaciens d'officine, V. Décr. nº 2017-354 du 20 mars 2017, art. 3 🏛.

Art. R. 5125-16 Une société d'exercice libéral ne peut exploiter plus d'une officine de pharmacie.

Art. R. 5125-17 Sous réserve des dispositions de l'article R. 5125-13, un pharmacien *(Décr. nº 2017-354 du 20 mars 2017, art. 2-2º-a)* « titulaire » associé *(Décr. nº 2013-466 du 4 juin 2013, art. 2-1º-c)* « d'une ou [de] plusieurs sociétés » d'exercice libéral exploitant une officine de pharmacie ne peut exercer sa profession qu'au sein *(Décr. nº 2017-354 du 20 mars 2017, art. 2-2º)* « de la société exploitant l'officine dont il est titulaire ».

Art. R. 5125-18 *(Décr. nº 2013-466 du 4 juin 2013, art. 2-1º-d)* Un pharmacien *(Décr. nº 2017-354 du 20 mars 2017, art. 2-3º-a)* « titulaire » ne peut détenir des participations directes ou indirectes que dans quatre sociétés d'exercice libéral de pharmaciens d'officine autres que celle au sein de laquelle il exerce.

(Décr. nº 2017-354 du 20 mars 2017, art. 2-3º-b) « Sous réserve du plafond fixé par l'article L. 5125-17-1, un pharmacien adjoint d'une officine ne peut détenir des participations directes que dans la société d'exercice libéral de pharmaciens d'officine au sein de laquelle il exerce à titre exclusif et des participations indirectes que dans qua-

tre sociétés d'exercice libéral de pharmaciens d'officine autres que celle au sein de laquelle il exerce à titre exclusif. »

Une société d'exercice libéral de pharmaciens d'officine ne peut détenir des participations directes ou indirectes que dans quatre sociétés d'exercice libéral de pharmaciens d'officine.

Une société de participation financière de profession libérale de pharmaciens d'officine ne peut détenir des participations que dans trois sociétés d'exercice libéral de pharmaciens d'officine.

Art. R. 5125-18-1 *(Décr. n° 2013-466 du 4 juin 2013, art. 2-1°-e)* Le *(Décr. n° 2016-44 du 26 janv. 2016, art. 2)* « 2° du I de l'article 6 » de la loi n° 90-1258 du 31 décembre 1990 relative à l'exercice sous forme de sociétés des professions libérales soumises à un statut législatif ou réglementaire ou dont le titre est protégé et aux sociétés de participations financières de professions libérales n'est pas applicable aux sociétés d'exercice libéral de pharmaciens d'officine.

(Décr. n° 2017-354 du 20 mars 2017, art. 2-4°) « Plus de la moitié du capital social et des droits de vote d'une société d'exercice libéral de pharmaciens d'officine est détenue*[,]* dans les conditions du A du I de l'article 5 de la même loi, par des pharmaciens titulaires de l'officine exploitée par cette société.

« Une société de participations financières de profession libérale de pharmaciens d'officine peut toutefois détenir la majorité du capital et des droits de vote d'une société d'exercice libéral de pharmaciens d'officine lorsque la majorité de son capital et de ses droits de vote est détenue par un ou plusieurs pharmaciens titulaires de l'officine exploitée par la société d'exercice libéral. »

Art. R. 5125-19 Est interdite la détention, directe ou indirecte, de parts ou d'actions représentant tout ou partie du capital social d'une société d'exercice libéral *(Décr. n° 2013-466 du 4 juin 2013, art. 2-1°-f)* « de pharmaciens d'officine » par une personne physique ou morale exerçant une profession libérale de santé autre que celle de pharmacien d'officine.

Art. R. 5125-19-1 *(Décr. n° 2013-466 du 4 juin 2013, art. 2-1°-g)* L'immatriculation de la société au registre du commerce et des sociétés est régie par les articles R. 123-31 et suivants du code de commerce, sous réserve des dispositions suivantes.

Le mandataire commun désigné par les associés adresse au greffe du tribunal où a été déposée la demande d'immatriculation une copie de la demande d'inscription à l'ordre prévue à l'article R. 4222-3 et, le cas échéant, la décision du conseil de l'ordre compétent mentionnée à l'article L. 4222-4.

A la réception de ce document, le greffier procède à l'immatriculation et en informe le président du conseil de l'ordre auprès duquel la société est inscrite.

La société est dispensée de procéder aux formalités de publicité prévues aux articles R. 210-16 et suivants du code de commerce.

Art. R. 5125-20 *(Décr. n° 2017-354 du 20 mars 2017, art. 2-5°-a)* « I. — Un associé, pharmacien titulaire, » exerçant au sein d'une société d'exercice libéral peut, à la condition d'en informer la société *(Décr. n° 2013-466 du 4 juin 2013, art. 2-1°-h)* « et le conseil de l'ordre compétent » par lettre recommandée avec demande d'avis de réception, cesser cette activité professionnelle. Le délai fixé à cet effet par les statuts ne peut excéder six mois à compter de la notification de cessation d'activité.

(Décr. n° 2017-354 du 20 mars 2017, art. 2-5°-b) « Les actions ou parts sociales de l'associé retrayant sont achetées, le cas échéant à l'issue du délai prévu au 2° du B du I de l'article 5 de la loi n° 90-1258 du 31 décembre 1990 relative à l'exercice sous forme de sociétés des professions libérales soumises à un statut législatif ou réglementaire ou dont le titre est protégé et aux sociétés de participations financières de professions libérales, soit par des associés subsistants, soit par un acquéreur agréé par ces *derniers, soit par la société* qui réduit alors son capital.

« II. — Lorsqu'un pharmacien adjoint associé de la société d'exercice libéral*[,]* conformément à l'article L. 5125-17-1, cesse son activité au sein de celle-ci, il peut rester associé à condition de devenir titulaire d'une officine et sous réserve des dispositions de l'article R. 5125-18 et, le cas échéant, des clauses statutaires prévoyant les causes d'exclusion d'un associé. Lorsqu'il cesse son activité à titre exclusif au sein de l'officine sans devenir titulaire, et au plus tard dans le délai d'un an, il se retire de la société et les actions ou parts sociales qu'il détient directement dans la société sont vendus *[vendues]* :

« 1° Soit à un des associés subsistants ou à un acquéreur agréé par ceux-ci, sous réserve du respect des seuils ou plafonds de détention du capital prévus par le I de l'article 5 de la loi n° 90-1258 du 31 décembre 1990 précitée ou, le cas échéant, par l'article L. 5125-17-1 ;

« 2° Soit à la société, qui réduit alors son capital.

« Pour l'application du 1°, l'acquéreur agréé par les associés subsistant dans la société d'exercice libéral, peut être une société de participations financières dont la majorité du capital et des droits de vote est détenue par le pharmacien adjoint, sous réserve des dispositions de l'article R. 5125-18.

« III. – Pour l'application du I et du II, à défaut d'accord sur le prix de cession des actions ou parts sociales ou sur leur valeur de rachat, il est recouru à la procédure de l'article 1843-4 du code civil. »

Art. R. 5125-21 Sous réserve des dispositions de l'article R. 5125-24, l'exclusion d'un associé d'une société d'exercice libéral *(Décr. n° 2013-466 du 4 juin 2013, art. 2-1°-i)* « de pharmaciens d'officine » peut être décidée, lorsqu'il contrevient aux règles de fonctionnement de la société, par les autres associés statuant à la majorité renforcée prévue par les statuts, calculée en excluant les associés ayant fait l'objet d'une sanction pour les mêmes faits ou pour des faits connexes, l'unanimité des autres associés exerçant au sein de la société et habilités à se prononcer en l'espèce devant être recueillie.

Aucune décision d'exclusion ne peut être prise si l'associé n'a pas été régulièrement convoqué à l'assemblée générale, quinze jours au moins avant la date prévue et par lettre recommandée avec demande d'avis de réception, et s'il n'a pas été mis à même de présenter sa défense sur les faits précis qui lui sont reprochés.

Une décision d'exclusion peut être contestée devant le tribunal de grande instance du lieu du siège social.

Les parts ou actions de l'associé exclu sont soit achetées par un acquéreur agréé par les associés subsistants, soit achetées par la société qui réduit alors son capital.

A défaut d'accord sur le prix de cession des titres ou sur leur valeur de rachat, il est recouru à la procédure de l'article 1843-4 du code civil.

Art. R. 5125-22 Les actes et documents destinés aux tiers, notamment les lettres, factures, annonces et publications diverses, émanant d'une société d'exercice libéral *(Décr. n° 2013-466 du 4 juin 2013, art. 2-1°-f)* « de pharmaciens d'officine » indiquent :

1° Sa dénomination sociale, précédée ou suivie immédiatement, selon le cas :

a) Soit de la mention "société d'exercice libéral à responsabilité limitée" ou de la mention "SELARL" ;

b) Soit de la mention "société d'exercice libéral à forme anonyme" ou de la mention "SELAFA" ;

c) Soit de la mention "société d'exercice libéral en commandite par actions" ou de la mention "SELCA" ;

d) Soit de la mention "société d'exercice libéral par actions simplifiée" ou de la mention "SELAS" ;

2° L'énonciation du montant de son capital social et de son siège social ;

3° La mention de son inscription au tableau de l'ordre.

Art. R. 5125-23 La société d'exercice libéral est soumise aux dispositions disciplinaires applicables à la profession de pharmacien. Elle ne peut faire l'objet de poursuites disciplinaires indépendamment de celles qui seraient intentées contre un ou plusieurs associés exerçant leurs fonctions en son sein.

Art. R. 5125-24 L'associé faisant l'objet d'une sanction disciplinaire d'interdiction définitive d'exercer la pharmacie perd l'ensemble de ses droits d'associé, la valeur de ses parts lui étant remboursée sur la base d'une valeur déterminée conformément aux dispositions de l'article 1843-4 du code civil.

Il en va de même, sur décision prise dans les conditions prévues à l'article R. 5125-21, d'une interdiction temporaire prononcée pour une durée de plus d'un an.

Dans le cas où l'interdiction temporaire est prononcée pour une durée au plus égale à un an, l'associé conserve pendant ce temps sa qualité d'associé avec tous les droits et obligations qui en découlent, à l'exclusion de la rémunération liée à l'exercice de son activité professionnelle.

(Décr. n° 2013-466 du 4 juin 2013, art. 2-1°-j) « La décision qui prononce l'interdiction soit de la société d'exercice libéral de pharmaciens d'officine, soit de tous les associés commet un ou plusieurs administrateurs provisoires pour accomplir tous actes nécessaires à la gestion de la société et à l'exercice de la profession.

« Au cas où la société d'exercice libéral et l'un ou plusieurs des associés sont interdits, les associés non interdits peuvent être nommés administrateurs provisoires. »

SOUS-SECTION 4 SOCIÉTÉS DE PARTICIPATIONS FINANCIÈRES DE PROFESSION LIBÉRALE DE PHARMACIENS D'OFFICINE

(Décr. n° 2013-466 du 4 juin 2013, art. 2-6°)

Art. R. 5125-24-1 Les sociétés de participations financières de profession libérale de pharmaciens d'officine sont régies par les dispositions du livre II du code de commerce, sous réserve des dispositions de la présente sous-section.

Sur les conditions d'exploitation d'une officine de pharmacie par une société d'exercice libéral et les sociétés de participations financières de profession libérale de pharmaciens d'officine, V. Décr. n° 2013-466 du 4 juin 2013, art. 3

§ 1er CONSTITUTION DE LA SOCIÉTÉ

Art. R. 5125-24-2 Des pharmaciens titulaires ou des pharmaciens adjoints exerçant en officine ou des sociétés d'exercice libéral de pharmaciens d'officine peuvent, dans les conditions prévues à l'article 31-1 de la loi n° 90-1258 du 31 décembre 1990 relative à l'exercice sous forme de sociétés des professions libérales soumises à un statut législatif ou réglementaire ou dont le titre est protégé et aux sociétés de participations financières de professions libérales, constituer une société de participations financières de profession libérale de pharmaciens d'officine.

Peuvent également être associés :

1° Pendant une durée de dix ans à compter de la date de cessation de toute activité professionnelle des personnes physiques qui ont exercé la profession de pharmacien d'officine au sein de l'une des sociétés d'exercice libéral dont des parts ou actions sont détenues par la société de participations financières de profession libérale de pharmaciens d'officine ;

2° Les ayants droit des personnes physiques mentionnées aux alinéas qui précèdent, pendant un délai de cinq ans suivant leur décès.

La détention d'une part ou action du capital social d'une société de participation financière de profession libérale de pharmaciens d'officine est interdite à toute personne physique ou morale exerçant ou ayant exercé une autre profession de santé.

Art. R. 5125-24-3 La société de participations financières de profession libérale de pharmaciens d'officine est constituée sous la condition suspensive de son inscription au tableau de la section concernée de l'ordre des pharmaciens, dans les conditions prévues aux articles R. 4222-1, R. 4222-3-1 et R. 4222-4.

Art. R. 5125-24-4 Le conseil de l'ordre compétent statue sur la demande d'inscription dans les conditions prévues aux articles L. 4222-2 à L. 4222-5 et L. 4232-12.

La décision de refus d'inscription est motivée. Elle est notifiée à chacun des associés, par tout moyen permettant de rapporter la preuve de sa date de réception. Elle ne peut être prise qu'après que les associés ont été appelés à présenter leurs observations au conseil de l'ordre, dans un délai de quinze jours.

L'inscription au tableau de l'ordre est notifiée à chacun des associés par tout moyen permettant de rapporter la preuve de sa date de réception.

Le conseil de l'ordre compétent notifie la décision ou l'avis d'inscription et au Conseil national de l'ordre.

Art. R. 5125-24-5 L'immatriculation de la société au registre du commerce et des sociétés est régie par les articles R. 123-31 et suivants du code de commerce, sous réserve des dispositions suivantes.

Le mandataire commun désigné par les associés adresse au greffe du tribunal où a été déposée la demande d'immatriculation une copie de la demande d'inscription à l'ordre prévue à l'article R. 4222-3-1 et, le cas échéant, la décision du conseil de l'ordre compétent mentionnée à l'article R. 5125-24-4.

A la réception de ce document, le greffier procède à l'immatriculation et en informe le président du conseil de l'ordre auprès duquel la société est inscrite, ainsi que le directeur général de l'agence régionale de santé.

La société est dispensée de procéder aux formalités de publicité prévues aux articles R. 210-16 et suivants du code de commerce.

Art. R. 5125-24-6 En cas de constitution de sociétés de participations financières de profession libérale de pharmaciens d'officine par voie de fusion ou absorption, les articles R. 5125-24-1 à R. 5125-24-5 sont applicables.

§ 2 FONCTIONNEMENT ET CONTRÔLE DE LA SOCIÉTÉ

Art. R. 5125-24-7 La société de participations financières de profession libérale de pharmaciens d'officine fait connaître au directeur général de l'agence régionale de santé, dans le ressort de laquelle est situé le siège de la société, et au président du conseil de l'ordre compétent, dans un délai de trente jours à compter de la date à laquelle il se produit, tout changement dans la situation déclarée en application des articles R. 5125-24-3 et R. 5125-24-4, avec les pièces justificatives.

Art. R. 5125-24-8 Si la société de participations financières de profession libérale de pharmaciens d'officine cesse de se conformer aux dispositions législatives et réglementaires en vigueur, elle est mise en demeure par le président du conseil de l'ordre compétent de régulariser sa situation dans le délai indiqué par la mise en demeure.

Si, à l'expiration de ce délai, la société n'a pas régularisé sa situation, le conseil de l'ordre prononce la radiation par une décision motivée qui est notifiée à la société par tout moyen permettant de rapporter la preuve de sa date de réception.

Une mesure de radiation ne peut être prise qu'après que les associés ou leur mandataire ont été mis à même de présenter leurs observations.

La décision de radiation peut faire l'objet d'un recours devant le Conseil national de l'ordre, conformément aux dispositions de l'article L. 4222-5.

Art. R. 5125-24-9 Chaque société de participations financières de profession libérale de pharmaciens d'officine peut être soumise à des contrôles occasionnels *(Décr. nº 2017-354 du 20 mars 2017, art. 2-7º-b)* « sur l'étendue de ses activités, » prescrits par le Conseil national de l'ordre des pharmaciens d'officine.

Ces contrôles sont effectués par le conseil de l'ordre compétent, dans les conditions définies par le règlement intérieur de cet ordre.

Art. R. 5125-24-10 Le non-respect des dispositions régissant la constitution et le fonctionnement des sociétés de participations financières de profession libérale de pharmaciens d'officine par les pharmaciens associés d'une telle société peut donner lieu à des poursuites disciplinaires.

§ 3 DISSOLUTION ET LIQUIDATION DE LA SOCIÉTÉ

Art. R. 5125-24-11 La radiation de la société de participations financières de profession libérale de pharmaciens d'officine du tableau de l'ordre emporte sa dissolution *(Décr. nº 2017-354 du 20 mars 2017, art. 2-8º-a et b)* « à l'issue d'un délai d'un an, si elle n'est pas transformée en une société d'une autre forme.

« Le cas échéant, les actions ou parts sociales que la société de participations financières de profession libérale détient dans des sociétés d'exercice libéral doivent être cédés *[cédées]* avant sa transformation. »

A la diligence du président du conseil de l'ordre compétent, la radiation de la société est portée à la connaissance du directeur général de l'agence régionale de santé, dans le ressort de laquelle est situé le siège de la société, et une expédition de la décision définitive prononçant la radiation de la société du tableau de l'ordre est versée au dossier ouvert au nom de la société au greffe chargé de la tenue du registre du commerce et des sociétés.

Art. R. 5125-24-12 En cas de dissolution de la société de participations financières de profession libérale de pharmaciens d'officine, un liquidateur est choisi parmi les associés.

Les fonctions de liquidateur ne peuvent en aucun cas être confiées à un associé ayant fait l'objet d'une sanction disciplinaire.

Plusieurs liquidateurs peuvent être désignés.

Le liquidateur peut être remplacé pour cause d'empêchement, ou pour tout autre motif grave, par le président du tribunal de grande instance du lieu du siège social de la société statuant sur requête à la demande du liquidateur lui-même, des associés ou de leurs ayants droit, ou du président du conseil de l'ordre compétent.

Art. R. 5125-24-13 Lorsque la dissolution de la société de participations financières de profession libérale de pharmaciens d'officine ne résulte pas de sa radiation du tableau de l'ordre, le liquidateur informe de cette dissolution le directeur général de l'agence régionale de santé compétent et le président du conseil de l'ordre compétent.

Dans tous les cas de dissolution, le liquidateur les informe de sa désignation. A cet effet, il leur fait parvenir une expédition de la délibération des associés ou de la décision de justice qui l'a nommé dans ses fonctions.

Le liquidateur dépose au greffe chargé de la tenue du registre du commerce et des sociétés où la société est inscrite, pour être versée au dossier ouvert au nom de la société, la copie de l'expédition prévue au deuxième alinéa, dont tout intéressé peut obtenir communication.

Il ne peut entrer en fonction avant l'accomplissement des formalités précitées.

Art. R. 5125-24-14 Le liquidateur procède à la cession des actions ou des parts sociales que la société de participations financières de profession libérale de pharmaciens d'officine détient dans la ou les sociétés d'exercice libéral, dans les conditions prévues aux deux derniers alinéas de l'article R. 5125-21.

Art. R. 5125-24-15 Le liquidateur informe de la clôture des opérations de liquidation le directeur général de l'agence régionale de santé compétent, le président du conseil de l'ordre compétent ainsi que le greffier chargé de la tenue du registre du commerce et des sociétés où est immatriculée la société.

SOUS-SECTION 5 STRUCTURES DE REGROUPEMENT À L'ACHAT

(Décr. nº 2009-741 du 19 juin 2009)

Art. D. 5125-24-16 Les pharmaciens titulaires d'officine ou les sociétés exploitant une officine peuvent constituer une société, un groupement d'intérêt économique ou une association, en vue de l'achat, d'ordre et pour le compte de ses associés, membres ou adhérents pharmaciens titulaires d'officine ou sociétés exploitant une officine, de médicaments autres que des médicaments expérimentaux, à l'exception des médicaments remboursables par les régimes obligatoires d'assurance maladie. Cette structure peut se livrer à la même activité pour les marchandises autres que des médicaments figurant dans l'arrêté mentionné à l'article L. 5125-24.

La structure mentionnée au premier alinéa ne peut se livrer aux opérations d'achat, en son nom et pour son compte, et de stockage des médicaments en vue de leur distribution en gros à ses associés, membres ou adhérents, que si elle comporte un établissement pharmaceutique autorisé pour l'activité de distribution en gros.

Art. D. 5125-24-17 La structure mentionnée à l'article *(Décr. nº 2013-466 du 4 juin 2013, art. 2-5º)* « D. 5125-24-16 » peut, au bénéfice exclusif de ses associés, membres ou adhérents :

1º Organiser des actions de formation, notamment sur le conseil pharmaceutique ;

2º Diffuser des informations et des recommandations sur des thèmes de santé publique relatifs notamment à la prévention, à l'éducation pour la santé et au bon usage du médicament.

SOUS-SECTION 6 PHARMACIES MUTUALISTES

Art. R. 5125-25 La demande d'ouverture, d'acquisition ou de transfert d'une pharmacie par une société mutualiste ou une union de sociétés mutualistes est présentée dans la forme prescrite par arrêté des ministres chargés de la santé et de la sécurité sociale qui fixe également les pièces à produire à l'appui de la demande.

Le ministre statue sur la demande après avis *(Décr. n° 2010-344 du 31 mars 2010, art. 154)* « du directeur général de l'agence régionale de santé », du conseil régional de l'ordre des pharmaciens, du Conseil supérieur de la pharmacie et du Conseil supérieur de la mutualité ou de sa commission spécialisée.

Les autorités et organismes mentionnés à l'alinéa précédent émettent leur avis dans un délai de deux mois à partir de la date à laquelle ils sont saisis, faute de quoi il est passé outre.

La gérance des pharmacies mentionnées à l'article L. 5125-19 est confiée à un pharmacien n'ayant pas d'autre activité professionnelle.

En cas de fusion de sociétés mutualistes ou d'unions de sociétés mutualistes, propriétaires d'une ou de plusieurs pharmacies, la société mutualiste ou l'union des sociétés mutualistes résultant de la fusion en fait la déclaration dans le délai de quinze jours aux *(Décr. n° 2010-344 du 31 mars 2010, art. 154)* « directeurs généraux des agences régionales de santé dans lesquelles » se trouvent situées ces pharmacies.

SOUS-SECTION 7 PUBLICITÉ

Art. R. 5125-26 La publicité en faveur des officines de pharmacie n'est autorisée que dans les conditions et sous les réserves ci-après définies :

1° La création, le transfert, le changement de titulaire d'une officine *(Décr. n° 2012-1562 du 31 déc. 2012, art. 3-I)* « , ainsi que la création d'un site internet de l'officine » peuvent donner lieu à un communiqué dans la presse écrite limité à l'indication du nom du pharmacien, de ses titres universitaires, hospitaliers et scientifiques figurant sur la liste établie par le Conseil national de l'ordre des pharmaciens, mentionnée à l'article R. 4235-52, *(Décr. n° 2012-1562 du 31 déc. 2012, art. 3-I)* « l'adresse du site internet de l'officine, » le nom du prédécesseur, l'adresse de l'officine avec, le cas échéant, la mention d'activités liées au commerce des marchandises figurant sur la liste mentionnée au premier alinéa de l'article L. 5125-24.

Cette annonce est préalablement communiquée au conseil régional de l'ordre des pharmaciens. Elle ne saurait excéder la dimension de 100 cm^2 ;

2° Outre les moyens d'information sur l'officine mentionnés à l'article R. 4235-57, les pharmaciens peuvent faire paraître dans la presse écrite des annonces en faveur des activités mentionnées au 1° ci-dessus d'une dimension maximale de 100 cm^2, comportant leur nom et adresse ainsi que les numéros de téléphone et de télécopie et les heures d'ouverture des officines.

Art. R. 5125-27 Des brochures d'éducation sanitaire peuvent être remises gratuitement au public dans l'officine, à la condition que n'y figure aucune publicité en faveur de cette dernière, hormis le nom et l'adresse du pharmacien.

Art. R. 5125-28 Il est interdit aux pharmaciens d'officine d'octroyer à leur clientèle des primes ou des avantages matériels directs ou indirects, de lui donner des objets ou produits quelconques à moins que ceux-ci ne soient de valeur négligeable, et d'avoir recours à des moyens de fidélisation de la clientèle pour une officine donnée.

Art. R. 5125-29 Un groupement ou un réseau constitué entre pharmacies ne peut faire de la publicité en faveur des officines qui le constituent.

Aucune publicité ne peut être faite auprès du public pour un groupement ou un réseau constitué entre officines.

SOUS-SECTION 8 FERMETURE TEMPORAIRE OU DÉFINITIVE

Art. R. 5125-30 En cas de fermeture temporaire ou définitive d'une officine de pharmacie, en application des articles L. 4212-8, L. 4223-3, L. 5423-7 ou L. 5424-19, le titulaire de celle-ci remet l'ordonnancier à un pharmacien qu'il désigne au conseil régional de l'ordre dont il relève.

A défaut de cette désignation, le livre d'ordonnances est confié, au moment de la fermeture de l'officine, au pharmacien le plus proche proposé par ledit conseil.

SOUS-SECTION 8 *[ABROGÉE]* **COMMISSION DÉPARTEMENTALE**

(Abrogée par Décr. n° 2013-466 du 4 juin 2013, art. 2)

Art. R. 5125-31 à R. 5125-33 *Abrogés par Décr. n° 2010-344 du 31 mars 2010, art. 166.*

SOUS-SECTION 9 **DISPOSITIONS RELATIVES À L'EXÉCUTION DE PRÉPARATIONS POUVANT PRÉSENTER UN RISQUE POUR LA SANTÉ** *(Décr. n° 2014-1367 du 14 nov. 2014, art. 1er-I).*

(Décr. n° 2009-1283 du 22 oct. 2009 art. 1er)

Art. R. 5125-33-1 *(Décr. n° 2014-1367 du 14 nov. 2014, art. 1er-II-1°-a)* « I. – L'autorisation d'exécution de préparations pouvant présenter un risque pour la santé mentionnée au deuxième alinéa de l'article L. 5125-1-1 est demandée par le pharmacien titulaire de l'officine concernée au directeur général de l'agence régionale de santé territorialement compétente. »

Lorsque la demande est présentée par une société ou par plusieurs pharmaciens réunis en copropriété, elle est signée par chaque associé ou copropriétaire *(Décr. n° 2014-1367 du 14 nov. 2014, art. 1er-II-1°-b)* « exerçant » dans l'officine.

La demande est accompagnée d'un dossier comportant :

(Décr. n° 2014-1367 du 14 nov. 2014, art. 1er-II-1°-c) « 1° Une photocopie de la carte professionnelle de l'année en cours » ;

2° La liste des formes pharmaceutiques envisagées *(Décr. n° 2014-1367 du 14 nov. 2014, art. 1er-II-1°-d)* « et la ou les catégories de préparations figurant dans l'arrêté du ministre chargé de la santé mentionné à l'article L. 5125-1-1 » ;

3° Le plan des locaux de l'officine où sont exécutées les préparations, avec indications des différentes zones et leurs superficies ;

4° Le nombre et la qualification des personnels affectés à l'exécution des préparations ;

5° Les matériels, équipements et installations de préparation ;

6° La description des systèmes informatisés dédiés à cette activité ;

7° Une notice d'information décrivant l'organisation générale, les moyens et procédures mis en œuvre pour respecter les bonnes pratiques de préparation mentionnées à l'article L. 5125-1 ;

8° Une évaluation quantitative du nombre de préparations réalisées ou projetées par formes pharmaceutiques ;

(Décr. n° 2014-1367 du 14 nov. 2014, art. 1er-II-2°) « II. – L'autorisation d'exécution de préparations pouvant présenter un risque pour la santé est délivrée après enquête d'un inspecteur de l'agence régionale de santé mentionné à l'article L. 5127-1. Cette autorisation est subordonnée au respect des bonnes pratiques de préparation mentionnées à l'article L. 5121-5. La décision d'autorisation indique les formes pharmaceutiques et les catégories de préparations pour lesquelles l'autorisation est délivrée, conformément à l'arrêté du ministre chargé de la santé cité à l'article L. 5125-1-1. »

III. – Le défaut de réponse dans le délai de quatre mois à compter de la réception *(Décr. n° 2014-1367 du 14 nov. 2014, art. 1er-II-3°)* « du dossier complet » vaut autorisation tacite pour l'activité qui en fait l'objet.

Le *(Décr. n° 2010-344 du 31 mars 2010, art. 154)* « directeur général de l'agence régionale de santé » peut requérir du demandeur les informations complémentaires à l'instruction de la demande. Dans ce cas, le délai prévu au premier alinéa est suspendu jusqu'à réception de ces informations.

IV. – Fait l'objet d'une déclaration au *(Décr. n° 2010-344 du 31 mars 2010, art. 154)* « directeur général de l'agence régionale de santé » toute modification des éléments mentionnés aux *(Décr. n° 2014-1367 du 14 nov. 2014, art. 1er-II-4°)* « 2°, 3°, 4° et 5° du I ». Le respect de cette formalité dispense de procéder à la déclaration *(Décr. n° 2014-1367 du 14 nov. 2014, art. 1er-II-4°)* « au directeur général de l'agence régionale de santé » prévue à l'article R. 5125-12.

(Décr. n° 2014-1367 du 14 nov. 2014, art. 1er-II-5°-a) « V. – Le retrait ou la suspension, totale ou partielle, de l'autorisation d'exécuter des préparations pouvant présenter un risque pour la santé peut être prononcé par le directeur général de l'agence

régionale de santé, lorsqu'il a été établi, après enquête d'un inspecteur de l'agence régionale de santé mentionné à l'article L. 5127-1, que l'officine ne respecte plus les bonnes pratiques de préparation, ne respecte pas le champ de l'autorisation ou réalise les préparations dans des conditions dangereuses pour la santé publique. »

La décision de retrait ou de suspension de l'autorisation d'exécuter des préparations *(Décr. n° 2014-1367 du 14 nov. 2014, art. 1er-II-5°-b)* « pouvant présenter un risque pour la santé » ne peut intervenir qu'après que le titulaire ou le gérant de l'officine a été mis en demeure de présenter dans un délai d'un mois ses observations sur les faits de nature à justifier la décision.

En cas d'urgence, le *(Décr. n° 2010-344 du 31 mars 2010, art. 154)* « directeur général de l'agence régionale de santé » peut, sans procédure préalable, prononcer une suspension d'autorisation pour une durée qui ne peut être supérieure à un mois.

La décision de retrait ou de suspension est notifiée par lettre recommandée avec demande d'avis de réception.

(Décr. n° 2014-1367 du 14 nov. 2014, art. 1er-II-6° et 7°) « VI. — Un bilan quantitatif annuel des préparations pouvant présenter un risque pour la santé, classées par formes pharmaceutiques et par catégories, est effectué par le titulaire de l'autorisation d'exécuter ce type de préparations au plus tard le 31 mars de l'année suivante. Il est transmis, sur sa demande, au directeur général de l'agence régionale de santé.

« A défaut de transmission, l'autorisation peut être retirée dans les conditions prévues au V.

« VII. — L'autorisation d'exercer l'activité de sous-traitance mentionnée au deuxième alinéa de l'article L. 5125-1 pour les préparations présentant un risque pour la santé vaut autorisation d'exécuter ce type de préparations au titre de l'article L. 5125-1-1. »

SOUS-SECTION 10 **DISPOSITIONS RELATIVES À L'ACTIVITÉ DE SOUS-TRAITANCE DE L'EXÉCUTION DE PRÉPARATIONS** *(Décr. n° 2014-1367 du 14 nov. 2014, art. 2-I).*

(Décr. n° 2009-1283 du 22 oct. 2009 art. 1er)

Art. R. 5125-33-2 *(Décr. n° 2014-1367 du 14 nov. 2014, art. 2-II)* I. — L'autorisation d'exercice de l'activité de sous-traitance mentionnée au deuxième alinéa de l'article L. 5125-1 est demandée par le pharmacien titulaire de l'officine au directeur général de l'agence régionale de santé territorialement compétente.

Lorsque la demande est présentée par une société ou par plusieurs pharmaciens réunis en copropriété, elle est signée par chaque associé ou copropriétaire exerçant dans l'officine.

La demande est accompagnée d'un dossier comportant les éléments mentionnés aux 1° à 8° du I de l'article R. 5125-33-1.

II. — L'autorisation d'exercice de l'activité de sous-traitance est délivrée après enquête d'un inspecteur de l'agence régionale de santé mentionné à l'article L. 5127-1. Cette autorisation est subordonnée au respect des bonnes pratiques de préparation mentionnées à l'article L. 5121-5. La décision d'autorisation mentionne les formes pharmaceutiques et, le cas échéant, les catégories de préparations mentionnées au 2° du I de l'article R. 5125-33-1 pour lesquelles l'autorisation est délivrée.

III. — Le défaut de réponse dans le délai de quatre mois à compter de la réception du dossier complet vaut autorisation tacite pour l'activité qui en fait l'objet.

Le directeur général de l'agence régionale de santé peut requérir du demandeur les informations complémentaires à l'instruction de la demande. Dans ce cas, le délai prévu au premier alinéa du présent III est suspendu jusqu'à réception de ces informations.

IV. — Fait l'objet d'une déclaration au directeur général de l'agence régionale de santé toute modification des éléments mentionnés aux 2°, 3°, 4° et 5° du I de l'article R. 5125-33-1. Le respect de cette formalité dispense de procéder à la déclaration prévue à l'article R. 5125-12.

V. — Le retrait ou la suspension, total ou partiel, de l'autorisation d'exercer l'activité de sous-traitance peut être prononcé par le directeur général de l'agence régionale de santé, lorsqu'il a été établi, après enquête d'un inspecteur de l'agence régionale de la santé mentionné à l'article L. 5127-1, que l'officine ne respecte plus les bonnes pratiques de préparation, ne respecte pas le champ de l'autorisation, ou réalise les préparations dans des conditions dangereuses pour la santé publique.

La décision de retrait ou de suspension de l'autorisation d'exercer l'activité de sous-traitance ne peut intervenir qu'après que le titulaire ou le gérant de l'officine a été mis en demeure de présenter dans un délai d'un mois ses observations.

En cas d'urgence, le directeur général de l'agence régionale de santé peut, sans procédure préalable, prononcer une suspension d'autorisation pour une durée qui ne peut être supérieure à un mois.

La décision de retrait ou de suspension est notifiée par lettre recommandée avec demande d'avis de réception.

VI. — Le contrat écrit de sous-traitance mentionné au deuxième alinéa de l'article L. 5125-1 est établi conformément aux bonnes pratiques de préparation mentionnées à l'article L. 5121-5.

VII. — Un relevé annuel des contrats de sous-traitance indiquant les coordonnées des donneurs d'ordre, le nombre de préparations sous-traitées, les formes pharmaceutiques des préparations sous-traitées, les substances actives qu'elles contiennent et, le cas échéant, les catégories de préparations pour lesquelles l'autorisation est délivrée est effectué par le titulaire de l'autorisation d'exercer l'activité de sous-traitance au plus tard le 31 mars de l'année suivante. Il est transmis, sur sa demande, au directeur général de l'agence régionale de santé.

A défaut de transmission, l'autorisation peut être retirée dans les conditions prévues au V.

SOUS-SECTION 11 *[ABROGÉE]* DISPOSITIONS PARTICULIÈRES À L'ACTIVITÉ D'EXÉCUTION DE PRÉPARATIONS STÉRILES OU DANGEREUSES

(Abrogée par Décr. nº 2014-1367 du 14 nov. 2014, art. 3)

Art. R. 5125-33-3 *Abrogé par Décr. nº 2014-1367 du 14 nov. 2014, art. 3.*

SOUS-SECTION 11 SOUS-TRAITANCE DE PRÉPARATIONS À UN ÉTABLISSEMENT PHARMACEUTIQUE DE FABRICATION *(Décr. nº 2014-1367 du 14 nov. 2014, art. 3-I).*

(Décr. nº 2009-1283 du 22 oct. 2009 art. 1er)

Art. R. 5125-33-3 I. — Les catégories de préparations magistrales qui peuvent être sous-traitées par une pharmacie d'officine à un établissement pharmaceutique autorisé à fabriquer des médicaments sont :

1º Les préparations obtenues à partir de souches homéopathiques, selon un procédé de fabrication homéopathique décrit par la pharmacopée européenne, la pharmacopée française ou, à défaut, par les pharmacopées utilisées de façon officielle dans un autre État membre de *(Décr. nº 2014-1367 du 14 nov. 2014, art. 3-II-1º)* « l'Union européenne » ;

(Décr. nº 2014-1367 du 14 nov. 2014, art. 3-II-2º) « 2º Les préparations pouvant présenter un risque pour la santé mentionnées dans l'arrêté du ministre chargé de la santé prévu à l'article L. 5125-1-1 » ;

3º Abrogé par Décr. nº 2014-1367 du 14 nov. 2014, art. 3.

II. — Le contrat écrit de sous-traitance mentionné au troisième alinéa de l'article L. 5125-1 entre une officine et un établissement pharmaceutique est établi dans le respect des bonnes pratiques de préparation mentionnées à l'article L. 5121-5.

(Décr. nº 2014-1367 du 14 nov. 2014, art. 3-II-4º) « III. — Un relevé annuel des contrats de sous-traitance de préparations mentionnées au 2º du I indiquant les coordonnées des fabricants sous-traitants, les catégories et les formes pharmaceutiques des préparations sous-traitées ainsi que les substances actives qu'elles contiennent est effectué par le pharmacien titulaire de l'officine au plus tard le 31 mars de l'année suivante. Il est transmis, sur sa demande, au directeur général de l'agence régionale de santé par le pharmacien titulaire de l'officine pour le compte duquel la sous-traitance est réalisée. »

IV. — L'activité de sous-traitance de l'établissement pharmaceutique est mentionnée dans le document prévu à l'article R. 5124-46, qui comporte notamment un bilan quantitatif des préparations exécutées, par catégorie de préparations et par forme pharmaceutique.

SECTION II EXERCICE DE LA PROFESSION DE PHARMACIEN

SOUS-SECTION PRÉLIMINAIRE MISSIONS POUVANT ÊTRE EXERCÉES PAR LES PHARMACIENS D'OFFICINE

(Décr. n° 2011-375 du 5 avr. 2011)

Art. R. 5125-33-5 I. – En application du 7° de l'article L. 5125-1-1-A, le patient peut désigner un pharmacien d'officine correspondant, titulaire ou adjoint ou pharmacien gérant d'une pharmacie d'officine avec l'accord de ce pharmacien, pour mettre en œuvre un protocole prévu à l'article L. 4011-1.

II. – Dans le cadre d'un protocole portant sur un traitement chronique, le pharmacien d'officine désigné comme correspondant par le patient peut, à la demande du médecin ou avec son accord, renouveler périodiquement le traitement concerné, ajuster au besoin sa posologie au vu du bilan de médication qu'il a effectué, selon un rythme et des modalités définis par le protocole.

Ce protocole détermine le nombre de renouvellements autorisés et leur durée. La durée totale de la prescription et des renouvellements ne peut excéder douze mois.

La prescription médicale rédigée dans le cadre du protocole précise les posologies minimales et maximales, la durée totale du traitement comprenant les renouvellements ainsi que la nature éventuelle des prestations à associer selon le produit prescrit.

Le protocole peut prévoir des bilans de médication à effectuer par le pharmacien. Un bilan de médication comprend l'évaluation de l'observance et de la tolérance du traitement ainsi que tous les éléments prévus avec le médecin pour le suivi du protocole. Dans ce bilan, le pharmacien recense les effets indésirables et identifie les interactions avec d'autres traitements en cours dont il a connaissance. Il s'assure du bon déroulement des prestations associées.

Le pharmacien communique le bilan ainsi effectué au médecin prescripteur. Cette transmission est à réaliser sans préjudice des dispositions de l'article R. 5121-170.

Le pharmacien mentionne le renouvellement de la prescription sur l'ordonnance. En cas d'ajustement de la posologie, le pharmacien précise sur une feuille annexée à l'ordonnance datée et signée, et comportant le timbre de la pharmacie, le nom du médicament qui donne lieu à un ajustement de la posologie ainsi que la nouvelle posologie ou le nom du produit concerné associé éventuellement à une prestation. Le pharmacien indique sur l'ordonnance la présence de la feuille annexée.

Il informe le médecin prescripteur de l'ajustement de la posologie.

Le dossier pharmaceutique du patient, mentionné à l'article *(Décr. n° 2012-1131 du 5 oct. 2012, art. 2-I)* « R. 1111-20-1 », lorsqu'il existe, prend en compte tous ces éléments.

SOUS-SECTION 1 PHARMACIENS ADJOINTS

Art. R. 5125-34 On entend par pharmaciens adjoints mentionnés à l'article L. 5125-20 les personnes qui, remplissant les conditions d'exercice de la pharmacie en France, exercent leur activité :

1° Dans une officine, avec le ou les pharmaciens titulaires ou le gérant de la pharmacie après décès ;

2° Dans une pharmacie mutualiste ou une société de secours minière, avec le gérant ;

3° Dans une pharmacie à usage intérieur, avec le pharmacien chargé de la gérance ;

4° Dans un établissement pharmaceutique, avec le pharmacien responsable ou délégué ;

5° Dans un établissement pharmaceutique vétérinaire mentionné à l'article R. 5142-1, avec le pharmacien ou le vétérinaire responsable ou délégué.

Les pharmaciens adjoints exercent leur activité dans les conditions prévues aux articles L. 5125-20, L. 5125-21, L. 5126-14 et L. 5124-4.

Art. R. 5125-35 Les activités des pharmaciens adjoints comprennent :

1° Dans les officines et les pharmacies mutualistes ou des sociétés de secours minières, les activités mentionnées aux articles L. 5125-1, L. 5125-2 et L. 5125-25 ;

2° Dans les pharmacies à usage intérieur, les activités mentionnées aux articles L. 5126-5, L. 5126-11 et L. 5126-12 ;

3° Dans les établissements pharmaceutiques, les activités mentionnées aux articles R. 5124-2 et R. 5124-40 ;

4° Dans les établissements pharmaceutiques vétérinaires, les activités ou opérations mentionnées aux 1° à 10° de l'article R. 5142-1 et à l'article R. 5142-40.

Art. R. 5125-36 A l'exception des pharmaciens chimistes des armées, un pharmacien adjoint ne peut exercer cette fonction que s'il est inscrit au tableau de la section compétente de l'Ordre national des pharmaciens et a fait enregistrer son diplôme à la préfecture.

SOUS-SECTION 2 OBLIGATION DE DÉCLARATION

Art. R. 5125-37 Le pharmacien titulaire d'une officine ou gérant après décès ou le pharmacien gérant d'une pharmacie mutualiste ou d'une société de secours minière est tenu de déclarer chaque année au *(Décr. nº 2010-344 du 31 mars 2010, art. 155)* « directeur général de l'agence régionale de santé » le nombre et le nom des pharmaciens exerçant dans l'officine et le chiffre d'affaires hors taxe total de celle-ci.

Le pharmacien chargé de la gérance d'une pharmacie à usage intérieur est tenu de déclarer chaque année au *(Décr. nº 2010-344 du 31 mars 2010, art. 155)* « directeur général de l'agence régionale de santé » le nombre et le nom des pharmaciens exerçant dans la pharmacie.

Art. R. 5125-38 Le pharmacien responsable mentionné aux articles L. 5124-2, L. 5124-7 et L. 5124-15 est tenu de déclarer chaque année, sauf s'il s'agit d'un pharmacien chimiste des armées, au conseil central de la section D ou E de l'Ordre national des pharmaciens dont il relève :

1° Le nombre et le nom des pharmaciens adjoints exerçant dans son ou ses établissements ;

2° Le nombre des autres personnes affectées dans lesdits établissements aux opérations mentionnées à l'article R. 5124-40.

Art. D. 5125-38-1 *(Décr. nº 2009-134 du 6 févr. 2009)* La déclaration prévue à l'article L. 5125-16 est faite, préalablement à l'exploitation, par le pharmacien ou la société d'exercice libéral auprès du conseil régional de la section A de l'ordre des pharmaciens ou, le cas échéant, auprès des délégués mentionnés à l'article L. 4232-11, à l'occasion de ses démarches en vue de l'inscription au tableau prévue à l'article R. 4222-1.

En cas de cessation d'exploitation d'officine, de transfert ou de regroupement d'officine ou de tout autre changement affectant la propriété de l'officine, le pharmacien ou la société fournit les informations correspondantes au conseil régional de la section A ou, le cas échéant, à la délégation locale dont relève le pharmacien ou la société, dans le délai de quinze jours à compter de la date de production de l'acte administratif constatant ou autorisant ce changement.

Le conseil régional de la section A et le conseil central de la section E transmettent sans délai les informations concernant les débuts, les changements et les cessations d'exploitation des officines à l'organisme mentionné au premier alinéa de l'article D. 4221-23.

Outre ces informations, le conseil régional de la section A et le conseil central de la section E communiquent aux pharmaciens inspecteurs de santé publique, au plus tard à la date d'effet du changement affectant l'exploitation ou la propriété de l'officine, les éléments d'information recueillis dans le cadre des procédures prévues au premier et *au deuxième alinéas, nécess*aires à l'exercice de leur mission d'inspection mentionnée à l'article L. 5127-1.

SOUS-SECTION 3 REMPLACEMENT

Art. R. 5125-39 Le remplacement d'un pharmacien titulaire d'une officine autre que celles mentionnées à l'article L. 5125-19 est effectué dans les conditions suivantes :

1° Pour une absence comprise entre quatre mois et un an, le remplacement peut être effectué :

a) Par un pharmacien inscrit au tableau de la section D de l'Ordre national des pharmaciens et n'ayant pas d'autre activité professionnelle pendant la durée du remplacement ;

b) Par un pharmacien adjoint de la même officine ;

2° Pour une absence comprise entre un et quatre mois, le remplacement peut, en outre, être effectué :

a) Par un pharmacien ayant sollicité son inscription au tableau de l'une des sections de l'Ordre national des pharmaciens en attendant qu'il soit statué sur sa demande, et n'ayant pas d'autre activité professionnelle pendant la durée du remplacement ;

b) Par un étudiant en pharmacie de l'une des nationalités prévues au 2° de l'article L. 4221-1, ayant validé la cinquième année d'études en vue du diplôme d'État de docteur en pharmacie et un stage de six mois de pratique professionnelle dans le cadre du troisième cycle de ses études. Dans ce cas, le président du conseil régional de l'ordre des pharmaciens délivre à l'étudiant un certificat à remettre au pharmacien qu'il remplace, attestant qu'il remplit les conditions prévues pour ce remplacement : l'établissement de ce certificat est subordonné, pour ce qui concerne la constatation des études effectuées, à une attestation délivrée à l'étudiant par le directeur de l'unité de formation et de recherche auprès de laquelle il est inscrit en vue de l'obtention du diplôme d'État de docteur en pharmacie. Ce certificat est valable un an sur l'ensemble du territoire de la République française. Il peut être renouvelé dans les mêmes conditions, sur justification de la poursuite des mêmes études ;

3° Lorsque l'absence n'excède pas un mois, le remplacement peut être assuré par l'une des personnes mentionnées aux 1° et 2° ci-dessus ou par un pharmacien cotitulaire de la même officine.

En application de l'art. L. 231-4 CRPA, le silence gardé par l'administration pendant deux mois vaut décision de rejet pour une demande de délivrance d'un certificat attestant qu'un étudiant en pharmacie respecte les conditions posées au b du 2° de l'art. R. 5125-39 pour effectuer un remplacement (Décr. n° 2015-1457 du 10 nov. 2015, art. 1er).

Art. R. 5125-40 En cas de condamnation à une interdiction d'exercer la pharmacie en application de l'article L. 4234-6, le remplacement du pharmacien titulaire prévu à l'article L. 5125-21, ne peut être assuré que dans les conditions prévues au *a* du 1° de l'article R. 5125-39.

Art. R. 5125-41 Pour une absence supérieure à huit jours, le pharmacien titulaire signale par lettre recommandée, *(Décr. n° 2010-344 du 31 mars 2010, art. 155)* « au directeur général de l'agence régionale de santé » et au président du conseil de l'ordre des pharmaciens dont il dépend, les nom, adresse et qualité du remplaçant qui se sera engagé par écrit à assurer le remplacement.

Art. R. 5125-42 Lorsque, pendant une période supérieure à un mois, un pharmacien adjoint recruté en application de l'article L. 5125-20 s'absente ou remplace le pharmacien titulaire, il est remplacé dans les conditions prévues aux 1° et 2° de l'article R. 5125-39.

Art. R. 5125-43 Le gérant après décès est le pharmacien qui maintient ouverte, dans les conditions prévues à l'article L. 5125-21, l'officine d'un pharmacien titulaire décédé. Il est choisi parmi les catégories de pharmaciens prévues au 1°, au *a* du 2° et au 3° de l'article R. 5125-39 et sollicite, dès qu'il a accepté les fonctions qui lui sont confiées par les héritiers, l'autorisation du *(Décr. n° 2010-344 du 31 mars 2010, art. 155)* « directeur général de l'agence régionale de santé ».

SOUS-SECTION 4 EXERCICE DANS LES DÉPARTEMENTS D'OUTRE-MER

V. Dalloz.fr 🏛.

SECTION III DÉLIVRANCE, LIVRAISON, DISPENSATION À DOMICILE DES MÉDICAMENTS

SOUS-SECTION 1 DÉLIVRANCE

Art. R. 5125-45 *(Décr. nº 2007-157 du 5 févr. 2007, art. 3)* Toute réalisation ou délivrance par un pharmacien d'une préparation magistrale ou officinale fait immédiatement l'objet d'une transcription sur un livre-registre ou d'un enregistrement par tout système approprié.

Chaque transcription ou enregistrement comporte un numéro d'ordre différent et chronologique ainsi que les mentions suivantes :

— la date de réalisation ou de délivrance de la préparation ;

— les nom et adresse du prescripteur pour les préparations magistrales ;

— les nom et adresse du patient, lors de la transcription ou de l'enregistrement de la délivrance, et, dans le cas d'une préparation magistrale vétérinaire, les nom, prénom, adresse du détenteur des animaux, l'identification des animaux quant à leur espèce, leur âge, leur sexe, leur numéro d'identification ou tout moyen d'identification du lot d'animaux ;

— la composition qualitative et quantitative complète de la préparation avec indication du numéro de lot de chaque matière première et du nom du fournisseur ;

— la quantité réalisée ou délivrée avec indication de la masse, du volume et du nombre d'unités de prise pour les formes unitaires ;

— l'identification de la personne ayant réalisé la préparation.

Lors de l'inscription ou de l'enregistrement de la délivrance d'une préparation officinale, sa composition est remplacée par le numéro d'ordre de réalisation.

Les systèmes d'enregistrement permettent, à la demande de toute autorité de contrôle, une édition immédiate des données prévues *(Décr. nº 2008-834 du 22 août 2008)* « ci-dessus ». Chaque page éditée comporte le nom et l'adresse de l'officine. Les données que comportent ces systèmes ne doivent faire l'objet d'aucune modification après validation de leur enregistrement. Elles doivent figurer sur un support garantissant leur pérennité et leur intégrité. Leur duplication est obligatoire et doit être assurée sur deux supports distincts, le premier servant à la consultation habituelle, le second étant gardé en réserve. Les données archivées doivent pouvoir être accessibles, consultées et exploitées pendant *(Décr. nº 2008-834 du 22 août 2008)* « une durée de dix ans ».

Art. D. 5125-45-1 *(Décr. nº 2016-1537 du 16 nov. 2016, art. 22-I)* Les médicaments expérimentaux ou auxiliaires autorisés lorsqu'ils sont utilisés dans le cadre des dispositions du 1° ou du 2° du III de l'article L. 1121-16-1 peuvent être dispensés par les officines, s'ils figurent sur la liste mentionnée au premier alinéa de l'article L. 162-17 du code de la sécurité sociale, et sous réserve que :

1° Les personnes participant à la recherche présentent les mêmes caractéristiques que celles qui sont visées par l'indication autorisée ;

2° La conception de la recherche ne requiert pas de fabrication ou de conditionnement particulier ;

3° Ces recherches portent sur des médicaments qui, dans le cadre du soin, sont dispensés en officine ;

4° Les patients auraient reçu ces médicaments s'ils n'avaient pas été inclus dans ces essais cliniques ;

5° Le promoteur ait mis en place des méthodes spécifiques de suivi de l'observance et de la traçabilité ;

6° Des règles d'observance et de traçabilité dont les modalités sont précisées par *arrêté du ministre chargé* de la santé soient respectées.

Art. R. 5125-46 Avant de délivrer un médicament quel qu'il soit, le pharmacien appose sur le récipient, la boîte ou le paquet qui le contient son nom et son adresse et la désignation du médicament. Les dispositions du présent article ne sont pas applicables aux médicaments mentionnés aux articles L. 5121-8 et L. 5141-2, à l'exception de ceux qui sont soumis au régime des substances vénéneuses.

Art. R. 5125-46-1 *(Décr. nº 2012-1096 du 28 sept. 2012, art. 6-II)* Le pharmacien d'officine peut informer l'exploitant, notamment par les centres d'appel d'urgence *(Décr. nº 2016-993 du 20 juill. 2016, art. 5)* « ou tout système équivalent » mentionnés à l'article R. 5124-49-1, des ruptures d'approvisionnement sur les médicaments dont il assure la délivrance et dont il n'a pas été déjà informé par l'exploitant ou par l'Agence nationale de sécurité du médicament et des produits de santé *(Décr. nº 2016-993 du 20 juill. 2016, art. 5)* « et, le cas échéant, solliciter un approvisionnement en urgence. »

SOUS-SECTION 2 LIVRAISON À DOMICILE

Art. R. 5125-47 Pour l'application du troisième alinéa de l'article L. 5125-25, il y a lieu d'entendre par paquet scellé tout paquet opaque au nom d'un seul patient dont la fermeture est telle que le destinataire puisse s'assurer qu'il n'a pas pu être ouvert par un tiers.

Art. R. 5125-48 Le pharmacien veille à ce que les conditions de transport soient compatibles avec la bonne conservation des médicaments, produits ou objets mentionnés à l'article L. 4211-1.

Il veille également à ce que toutes explications et recommandations soient mises à la disposition du patient.

Art. R. 5125-49 Le transporteur effectue le transport des médicaments, produits ou objets mentionnés à l'article L. 4211-1 dans des conditions garantissant leur parfaite conservation ; ces médicaments, produits ou objets ne peuvent être stockés et sont livrés directement au patient.

SOUS-SECTION 3 DISPENSATION À DOMICILE

Art. R. 5125-50 Les médicaments, produits ou objets mentionnés à l'article L. 4211-1 ne peuvent être dispensés à domicile en application de l'article L. 5125-25 que lorsque le patient est dans l'impossibilité de se déplacer, notamment en raison de son état de santé, de son âge ou de situations géographiques particulières.

Art. R. 5125-51 La dispensation à domicile peut être effectuée par le pharmacien titulaire ou gérant de l'officine après décès, ou par le pharmacien gérant de la pharmacie mutualiste ou d'une société de secours minière, ou par leurs adjoints ou leur remplaçant.

Elle peut également être effectuée par les préparateurs en pharmacie ou les étudiants mentionnés à l'article L. 4241-10.

Dans le cas mentionné à l'alinéa précédent, le pharmacien titulaire ou le pharmacien gérant, ou, le cas échéant, son remplaçant ou un adjoint de l'officine ou de la pharmacie mutualiste ou d'une société de secours minière, veille personnellement à ce que les instructions nécessaires à une bonne observance et compréhension de la prescription par le patient soient données préalablement à la personne qui assure la dispensation.

Art. R. 5125-52 Les médicaments, produits ou objets mentionnés à l'article L. 4211-1 sont transportés par le pharmacien qui assure la dispensation à domicile dans des conditions garantissant leur parfaite conservation.

SECTION IV DROIT DE SUBSTITUTION

Art. R. 5125-53 Lorsqu'il délivre un médicament ou produit autre que celui qui a été prescrit en application de l'article L. 5125-23, le pharmacien indique sur l'ordonnance le nom du médicament ou du produit délivré, qui, dans le cas d'une spécialité pharmaceutique, est sa dénomination au sens de l'article R. 5121-1. Il inscrit sur l'ordonnance la forme pharmaceutique du médicament délivré si celle-ci diffère de celle du médicament prescrit ; il fait de même pour le nombre d'unités de prise correspondant à la posologie du traitement prescrit, si ce nombre d'unités diffère pour le médicament délivré de celui du médicament prescrit.

Il appose, en outre, sur cette ordonnance, le timbre de l'officine et la date de la délivrance.

Art. R. 5125-54 La mention expresse par laquelle le prescripteur exclut la possibilité de la substitution prévue au deuxième alinéa de l'article L. 5125-23 est la suivante : "Non substituable". Cette mention est portée de manière manuscrite sur l'ordonnance avant la dénomination de la spécialité prescrite.

(Décr. nº 2013-1216 du 23 déc. 2013, art. 1er) « Pour les prescriptions établies à la demande d'un patient en vue de les utiliser dans un autre État membre de l'Union européenne, la mention prévue au premier alinéa est complétée par un bref exposé des raisons qui justifient l'exclusion de la possibilité de substitution. »

SECTION V DISPENSATION AU VU D'UNE PRESCRIPTION LIBELLÉE EN DÉNOMINATION COMMUNE

Art. R. 5125-55 Sans préjudice des dispositions des articles R. 5132-4 et R. 5132-29, une prescription libellée en dénomination commune en application de l'article L. 5125-23 et telle que définie à l'article R. 5121-1 comporte au moins :

1° Le principe actif du médicament désigné par sa dénomination commune ;

2° Le dosage en principe actif ;

3° La voie d'administration et la forme pharmaceutique.

Si le médicament prescrit comporte plusieurs principes actifs, la prescription indique la dénomination commune et le dosage de chaque principe actif dans les conditions prévues aux 1° et 2° ci-dessus. L'association de ces différents principes actifs est signalée par l'insertion du signe "+" entre chaque principe actif.

Les mentions prévues aux 1°, 2° et 3° figurent dans le répertoire des génériques prévu à l'article R. 5121-5 ainsi que dans la base de données prévue au III de l'article 47 de la loi nº 2000-1257 du 23 décembre 2000 relative au financement de la sécurité sociale.

Art. R. 5125-56 Au vu d'une prescription libellée en dénomination commune, le pharmacien dispense un médicament répondant aux mentions prévues à l'article R. 5125-55.

Néanmoins, la forme pharmaceutique orale à libération immédiate du médicament dispensé peut être différente de celle figurant dans la prescription libellée en dénomination commune, sous réserve que le médicament dispensé figure dans le même groupe générique que le médicament prescrit.

SECTION VI REMÈDES SECRETS *(Décr. nº 2017-20 du 9 janv. 2017, art. 2-11°).*

SOUS-SECTION 1 REMÈDES SECRETS

Art. R. 5125-57 Est considéré comme remède secret un médicament, simple ou composé, détenu en vue de la vente, mis en vente ou vendu, alors qu'une ou plusieurs des mentions suivantes ont été omises sur un des éléments de son conditionnement :

(Décr. nº 2012-1201 du 29 oct. 2012, art. 2-1°, en vigueur le 1er avr. 2013) « 1° Pour les préparations mentionnées aux 1° à 3° de l'article L. 5121-1, le nom et l'adresse du pharmacien ayant dispensé la préparation, sauf pour les ampoules et autres petits conditionnements primaires mentionnés par l'article R. 5121-146-3, pour lesquels ne peuvent être mentionnés que le nom et le code postal » ;

2° Le nom et la dose de chacune des substances actives contenues dans le produit préparé.

Ces deux dernières indications définies aux articles R. 5125-58 et R. 5125-59 peuvent être remplacées ainsi qu'il suit :

a) S'il figure à la pharmacopée française, ou au formulaire prévu à l'article R. 5112-4, par le nom attribué au médicament dans ces recueils, suivi s'il y a lieu de la référence de l'édition ;

b) Si le produit terminé a une composition peu définie, par l'application du nom et *des qualités des matières* premières employées pour sa préparation ainsi que des procédés opératoires suivis, la référence et la description de ces derniers devant être suffisamment précises pour permettre, en les reproduisant, l'obtention d'un remède de composition identique à celui en cause.

Art. R. 5125-58 Sont qualifiées substances actives pour l'application de l'article R. 5125-57 les substances qui sont réputées posséder des propriétés médicamenteuses, ainsi que celles que le pharmacien préparateur déclare contribuer à l'efficacité curative ou préventive du produit.

Le nom de chaque substance active s'entend de sa dénomination scientifique usuelle ou de son nom commun défini à l'article R. 5121-1. Une notation en symboles chimiques ne peut intervenir que comme complément de dénomination.

Art. R. 5125-59 La dose de chaque substance active s'entend :

1° Soit de son poids par unité de prise déterminée ;

2° Soit de sa proportion centésimale pondérale dans la préparation ;

3° Soit, s'il s'agit d'un produit titré en unités biologiques, du nombre d'unités contenues par unité de prise, par centimètre cube ou pour une quantité pondérale déterminée du produit, avec la définition de l'unité biologique employée si cette définition est nécessaire à la détermination de l'activité du médicament.

SOUS-SECTION 2 *[ABROGÉE]* PRODUITS OFFICINAUX DIVISÉS

(Abrogée par Décr. n° 2017-20 du 9 janv. 2017, art. 2)

Art. R. 5125-60 et R. 5125-61 *Abrogés par Décr. n° 2017-20 du 9 janv. 2017, art. 2.*

SECTION VII CONSEIL SUPÉRIEUR DE LA PHARMACIE

Art. D. 5125-62 Le Conseil supérieur de la pharmacie est chargé de donner son avis sur les questions d'ordre pharmaceutique qui lui sont soumises par le ministre chargé de la santé.

Art. D. 5125-63 Le conseil comprend :

1° *(Décr. n° 2010-1272 du 25 oct. 2010, art. 13)* « Six » membres de droit :

a) Le directeur général de l'offre de soins ou son représentant ;

b) Le président de l'Académie nationale de pharmacie ou son représentant ;

c) Le président du Conseil national de l'ordre des pharmaciens ou son représentant ;

d) Le directeur général de l'*(Décr. n° 2012-597 du 27 avr. 2012, art. 5-I-1°)* « Agence nationale de sécurité du médicament et des produits de santé » ;

e) Le président de la Conférence des directeurs d'unité de formations et de recherche de pharmacie ou son représentant.

2° Dix-huit personnalités, dont au moins douze pharmaciens, désignées par le ministre chargé de la santé en raison de leur compétence.

Art. D. 5125-64 Les membres titulaires et suppléants autres que les membres de droit sont désignés pour trois ans. Leur mandat est renouvelable et peut être prorogé pour une durée n'excédant pas six mois.

Lorsqu'un des membres, autre qu'un membre de droit, vient à cesser ses fonctions avant l'expiration de son mandat, il est procédé à la désignation d'un remplaçant jusqu'à l'expiration du mandat des membres du conseil.

Art. D. 5125-65 Le conseil est présidé par le ministre chargé de la santé ou, en son absence, par un vice-président désigné par le ministre, pour une durée d'un an, parmi les membres de droit de ce conseil.

En cas d'absence du vice-président, il est présidé par le directeur général de l'offre de soins.

Art. D. 5125-66 Le conseil peut faire appel à toute personne dont les avis sont susceptibles de l'éclairer.

Art. D. 5125-67 Le conseil peut donner délégation à une commission permanente de dix membres désignés sur sa proposition par le ministre chargé de la santé pour examiner, dans l'intervalle des sessions, les affaires courantes.

Art. D. 5125-68 Le conseil se réunit sur convocation du ministre chargé de la santé. La convocation fixe l'ordre du jour de la réunion.

Art. D. 5125-69 Les délibérations du conseil sont secrètes. Les membres du conseil sont soumis à l'obligation de discrétion professionnelle en raison de tous les faits ou documents dont ils ont eu connaissance en cette qualité.

CHAPITRE V *BIS* COMMERCE ÉLECTRONIQUE DE MÉDICAMENTS PAR UNE PHARMACIE D'OFFICINE

(*Décr. n° 2012-1562 du 31 déc. 2012, art. 3-II*)

Art. R. 5125-70 Le site internet de commerce électronique de l'officine de pharmacie est créé ou exploité par les pharmaciens mentionnés à l'article L. 5125-33 inscrits aux sections A, D et E de l'Ordre national des pharmaciens.

Le site internet contient les coordonnées de l'Agence nationale de sécurité du médicament et des produits de santé, un lien hypertexte vers le site internet de l'Ordre national des pharmaciens et du ministère chargé de la santé, ainsi que le logo commun mis en place au niveau communautaire, qui est affiché sur chaque page du site internet qui a trait au commerce électronique de médicaments.

Art. R. 5125-71 La demande d'autorisation de commerce électronique de médicaments et de création d'un site internet de commerce électronique de médicaments prévue à l'article L. 5125-36 est adressée par les pharmaciens mentionnés aux 1° et 2° de l'article L. 5125-33 au directeur général de l'agence régionale de santé dans le ressort duquel est située l'officine, par tout moyen permettant d'en accuser réception.

La demande comporte les éléments suivants :

1° Le nom du pharmacien titulaire de l'officine ou gérant d'une pharmacie mutualiste ou de secours minière responsable du site ;

2° Le certificat d'inscription à l'ordre des pharmaciens du pharmacien titulaire de l'officine ou gérant d'une pharmacie mutualiste ou de secours minière ;

3° Le nom et l'adresse de l'officine ou de la pharmacie mutualiste ou de secours minière ;

4° L'adresse du site internet utilisé à des fins de commerce électronique ;

5° Toutes les informations nécessaires pour identifier le site internet ;

6° La description du site et de ses fonctionnalités permettant de s'assurer du respect de la législation et de la réglementation en vigueur ;

7° Le descriptif des conditions d'installation de l'officine prescrites par l'article R. 5125-9.

La demande d'autorisation est réputée acceptée en l'absence de décision du directeur général de l'agence régionale de santé dans un délai de deux mois à compter de la date de réception de la demande.

Dans les quinze jours suivant la date d'autorisation explicite ou implicite, le titulaire d'officine informe le conseil de l'ordre des pharmaciens dont il relève de la création de son site internet de commerce électronique de médicaments et transmet à cet effet une copie de la demande adressée à l'agence régionale de santé et, le cas échéant, une copie de l'autorisation expresse.

Art. R. 5125-72 En cas de modification substantielle des éléments de l'autorisation mentionnés à l'article R. 5125-71, le pharmacien titulaire de l'officine ou gérant d'une pharmacie mutualiste ou de secours minière en informe sans délai, par tout moyen permettant d'en accuser réception, le directeur général de l'agence régionale de santé territorialement compétente et le conseil de l'ordre des pharmaciens dont il relève.

Art. R. 5125-73 En cas de suspension ou de cessation d'exploitation de son site internet, le pharmacien titulaire de l'officine ou gérant d'une pharmacie mutualiste ou de secours minière en informe sans délai le directeur général de l'agence régionale de santé territorialement compétente et le conseil de l'ordre des pharmaciens dont il relève.

Art. R. 5125-74 L'Ordre national des pharmaciens tient à jour une liste des sites internet des officines de pharmacie autorisés et la met à la disposition du public sur son site internet. Cette liste est également disponible sur le site du ministère chargé de la santé.

Le site internet de l'Ordre national des pharmaciens et celui du ministère chargé de la santé contiennent des informations sur la législation applicable au commerce électronique des médicaments par une pharmacie d'officine, sur les risques liés aux médicaments fournis illégalement sur internet ainsi que sur le logo commun mis en place au niveau communautaire.

CHAPITRE VI PHARMACIES À USAGE INTÉRIEUR

SECTION PREMIÈRE PHARMACIES À USAGE INTÉRIEUR DES ÉTABLISSEMENTS DE SANTÉ, DES HÔPITAUX DES ARMÉES, DES ÉTABLISSEMENTS DE CHIRURGIE ESTHÉTIQUE, DES ÉTABLISSEMENTS MÉDICO-SOCIAUX, DES GROUPEMENTS DE COOPÉRATION SANITAIRE ET DES ÉTABLISSEMENTS PÉNITENTIAIRES *(Décr. n° 2012-1483 du 27 déc. 2012, art. 11-I-20°).*

SOUS-SECTION 1 DISPOSITIONS GÉNÉRALES

Art. R. 5126-1 Pour l'application de l'article L. 5126-1, sont considérés comme établissements médico-sociaux recevant des malades :

1° Les établissements assurant l'hébergement de personnes âgées dans les conditions prévues au 6° du I de l'article L. 312-1 du code de l'action sociale et des familles ;

2° Les établissements assurant l'hébergement des personnes handicapées mineures ou adultes mentionnés aux 2° et 7° du même article ;

(Décr. n° 2008-793 du 20 août 2008) « 3° Les structures dénommées "lits haltes soins santé" mentionnées au 9° du même article ».

Art. R. 5126-2 Il ne peut être autorisé qu'une pharmacie à usage intérieur par site géographique d'implantation d'un établissement de santé, de chirurgie esthétique ou médico-social *(Décr. n° 2007-1428 du 3 oct. 2007, art. 1er)* « , d'un hôpital des armées » ou des établissements membres d'un groupement de coopération sanitaire. On entend par site géographique tout lieu où sont installées des structures habilitées à assurer des soins et non traversé par une voie publique.

Une pharmacie à usage intérieur peut disposer de locaux implantés sur plusieurs emplacements distincts situés dans un ou plusieurs sites géographiques.

Art. R. 5126-3 Une pharmacie à usage intérieur peut desservir plusieurs sites géographiques relevant d'un même gestionnaire public ou privé à condition que la dispensation des médicaments, produits ou objets mentionnés à l'article L. 4211-1 ainsi que des dispositifs médicaux stériles dans les structures habilitées à assurer les soins dans chaque site puisse être assurée au minimum une fois par jour et dans des délais permettant de répondre aux demandes urgentes, dans les conditions fixées par les arrêtés du ministre chargé de la santé prévus aux articles R. 5126-14 et R. 5132-42.

Art. R. 5126-4 Les pharmacies à usage intérieur des groupements de coopération sanitaire desservent *(Décr. n° 2007-1428 du 3 oct. 2007, art. 1er)* « les différents sites géographiques des établissements membres », dans les conditions prévues *(Décr. n° 2007-1428 du 3 oct. 2007, art. 1er)* « à l'article R. 5126-3 ».

(Décr. n° 2010-344 du 31 mars 2010, art. 156) « Elles sont destinées à l'usage particulier des malades des établissements de santé ou structures membres du groupement, ainsi que, le cas échéant, à l'usage particulier des patients pris en charge par le groupement de coordination sanitaire érigé en établissement de santé en application de l'article L. 6133-7. »

Art. R. 5126-5 *(Décr. n° 2007-1428 du 3 oct. 2007, art. 1er)* Par dérogation aux articles R. 5126-2 et R. 5126-3, il peut être implanté une pharmacie à usage intérieur en tout lieu dépendant d'un établissement *(Décr. n° 2012-1483 du 27 déc. 2012, art. 11-I-23°)* « ou d'un groupement » mentionné à l'article R. 5126-2 en vue, exclusivement :

1° D'approvisionner les autres pharmacies à usage intérieur de cet établissement ou des membres de ce groupement ;

2° D'assurer la stérilisation des dispositifs médicaux ;

3° De vendre au public des médicaments et des dispositifs médicaux stériles dans les conditions prévues à l'article L. 5126-4 ;

4° D'effectuer la dispensation des médicaments, produits ou objets mentionnés à l'article L. 5121-1, aux articles L. 4211-1 et L. 5137-1 ainsi que des dispositifs médicaux stériles à des patients pris en charge par :

a) *(Décr. n° 2010-344 du 31 mars 2010, art. 156)* « Des établissements d'hospitalisation à domicile mentionnés à l'article L. 6125-2 » ;

b) Des unités de dialyse à domicile mentionnées au 4° de l'article R. 6123-54.

Le fonctionnement de la pharmacie assurant une ou plusieurs des missions mentionnées aux 1° et 2° ci-dessus permet aux pharmacies à usage intérieur qu'elle approvisionne de respecter les conditions de dispensation prévues à l'article R. 5126-3.

Dans les pharmacies qui desservent *(Décr. n° 2010-344 du 31 mars 2010, art. 156)* « les établissements et » les unités mentionnées au 4°, l'organisation de la dispensation doit permettre d'assurer les besoins quotidiens des patients pris en charge dans des délais permettant de répondre aux demandes urgentes.

Art. R. 5126-6 *(Décr. n° 2007-1428 du 3 oct. 2007, art. 1er)* « Pour l'application des articles R. 5126-2 et R. 5126-3, l'établissement pénitentiaire ou le centre de rétention administrative constitue un site géographique de l'établissement de santé qui y » *(Décr. n° 2016-1645 du 1er déc. 2016, art. 3-16°-a)* « dispense les soins en application de l'article L. 6111-1-2 ».

Dans les établissements pénitentiaires ou les locaux de rétention administrative qui ne peuvent être desservis quotidiennement par la pharmacie à usage intérieur de l'établissement de santé *(Décr. n° 2016-1645 du 1er déc. 2016, art. 3-16°-b)* « dispensant les soins en application de l'article L. 6111-1-2 », l'établissement de santé implante une pharmacie à usage intérieur. Cette pharmacie doit être située en dehors des locaux de détention ou des locaux de rétention administrative.

Art. R. 5126-7 Une pharmacie à usage intérieur est implantée dans les établissements pénitentiaires *(Décr. n° 2016-1645 du 1er déc. 2016, art. 3-17°)* « pour lesquels aucun établissement de santé n'assure de soins aux personnes détenues en application de l'article L. 6111-1-2 ».

Art. R. 5126-7-1 *(Décr. n° 2012-1096 du 28 sept. 2012, art. 6-III)* Les pharmaciens exerçant dans les pharmacies à usage intérieur des établissements et des organismes définies à l'article L. 5126-1 peuvent informer l'exploitant, notamment par les centres d'appel d'urgence *(Décr. n° 2016-993 du 20 juill. 2016, art. 5)* « ou tout système équivalent » mentionnés à l'article R. 5124-49-1, des ruptures d'approvisionnement sur un médicament dont ils assurent la délivrance et dont il n'a pas été déjà informé par l'exploitant ou par l'Agence nationale de sécurité du médicament et des produits de santé *(Décr. n° 2016-993 du 20 juill. 2016, art. 5)* « et, le cas échéant, solliciter un approvisionnement en urgence. »

SOUS-SECTION 2 INSTALLATION ET FONCTIONNEMENT

Art. R. 5126-8 Les pharmacies à usage intérieur disposent de locaux, de moyens en personnel, de moyens en équipements et d'un système d'information leur permettant d'assurer l'ensemble des missions suivantes :

1° La gestion, l'approvisionnement, le contrôle, la détention et la dispensation des médicaments, produits ou objets mentionnés à l'article L. 4211-1 ainsi que des dispositifs médicaux stériles ;

2° La réalisation des préparations magistrales à partir de matières premières ou de spécialités pharmaceutiques ;

3° La division des produits officinaux ;

(Décr. n° 2007-1428 du 3 oct. 2007, art. 1er) « Les unités de dialyse à domicile et les unités d'autodialyse mentionnées à l'article R. 6123-54 ne peuvent détenir et dispenser que des médicaments, produits ou objets ainsi que des dispositifs médicaux stériles directement liés à la dialyse. »

Art. R. 5126-8-1 *(Décr. n° 2016-1706 du 12 déc. 2016, art. 6-5°)* Pour la dispensation des médicaments dérivés du sang mentionnés au *b* du 18° de l'article L. 5121-1, les pharmacies à usage intérieur se conforment au résumé des caractéristiques du produit concerné.

Art. R. 5126-9 Sous réserve de disposer des moyens en locaux, personnel, équipements et systèmes d'information nécessaires, les pharmacies à usage intérieur peuvent être autorisées à exercer les activités prévues aux articles L. 5126-5 et *(Décr. n° 2008-109 du 5 févr. 2008, art. 14)* « L. 5137-2 », notamment :

1° La réalisation des préparations hospitalières à partir de matières premières ou de spécialités pharmaceutiques ;

2° *(Décr. n° 2006-477 du 26 avr. 2006, art. 11)* « La réalisation des préparations rendues nécessaires par les *(Décr. n° 2016-1537 du 16 nov. 2016, art. 23-I)* « recherches impliquant la personne humaine » mentionnées à l'article L. 5126-11, y compris la préparation des médicaments expérimentaux mentionnée à l'article L. 5126-5 » ;

3° La délivrance des aliments diététiques destinés à des fins médicales spéciales mentionnés *(Décr. n° 2007-1428 du 3 oct. 2007, art. 1er ; Décr. n° 2008-109 du 5 févr. 2008, art. 14)* « à l'article L. 5137-2 » ;

4° La stérilisation des dispositifs médicaux dans les conditions prévues par le décret mentionné à l'article L. 6111-1 ;

5° La préparation des médicaments radiopharmaceutiques ;

(Décr. n° 2006-477 du 26 avr. 2006, art. 11) « 6° L'importation de médicaments expérimentaux ; »

(Décr. n° 2007-1428 du 3 oct. 2007, art. 1er) « 7° La vente de médicaments au public dans les conditions prévues à l'article L. 5126-4 ;

« 8° La réalisation de préparations magistrales ou hospitalières, la reconstitution de spécialités pharmaceutiques ainsi que la stérilisation de dispositifs médicaux pour le compte d'autres établissements ou de professionnels de santé libéraux, dans les conditions prévues aux cinquième et sixième alinéas de l'article L. 5126-2 et à l'article L. 5126-3. »

« Pour la préparation et l'importation des médicaments expérimentaux mentionnées au 2° et au 6°, les pharmacies à usage intérieur sont soumises aux dispositions des articles R. 5124-57-1 à R. 5124-57-6.

« L'activité prévue au 7° est réservée aux pharmacies à usage intérieur des établissements de santé, à l'exception de celles exclusivement dédiées à des *(Décr. n° 2010-344 du 31 mars 2010, art. 156)* « établissements d'hospitalisation » à domicile, à des unités de dialyse à domicile ou à des unités d'autodialyse.

« Les dispositions des articles L. 5126-4 et L. 5126-11 sont applicables aux hôpitaux des armées ainsi qu'aux groupements de coopération sanitaire gérant des pharmacies à usage intérieur. »

Art. R. 5126-10 *(Décr. n° 2007-1428 du 3 oct. 2007, art. 1er)* « Par dérogation aux dispositions de l'article R. 5126-8, une pharmacie à usage intérieur peut être autorisée à faire assurer :

« 1° Certaines de ses opérations de contrôle par un laboratoire sous-traitant en vertu d'un contrat écrit. Dans ce cas, le pharmacien chargé de la gérance s'assure que le laboratoire sous-traitant possède la compétence et les moyens suffisants nécessaires à l'exécution des prestations ; il justifie du recours à la sous-traitance auprès *(Décr. n° 2010-344 du 31 mars 2010, art. 156)* « du directeur général de l'agence régionale de santé » ou, si la prestation est demandée par la pharmacie d'un hôpital des armées, auprès de l'inspection technique des services pharmaceutiques des armées. Lorsque le laboratoire sous-traitant fait partie d'un établissement pharmaceutique de fabrication, l'activité de sous-traitance est autorisée par l'*(Décr. n° 2012-597 du 27 avr. 2012, art. 5-I-1°)* « Agence nationale de sécurité du médicament et des produits de santé » ;

« 2° Tout ou partie de ses préparations magistrales, par une pharmacie à usage intérieur relevant d'un autre gestionnaire dans les conditions prévues au cinquième alinéa de l'article L. 5126-2 et à l'article L. 5126-3 ;

« 3° Tout ou partie de ses préparations magistrales stériles, par d'autres pharmacies relevant du même gestionnaire ; si la pharmacie délégante dessert exclusivement des *(Décr. n° 2010-344 du 31 mars 2010, art. 156)* « établissements d'hospitalisation » à domicile, des unités de dialyse à domicile ou des unités d'autodialyse, cette autorisation peut lui être accordée pour la totalité des préparations magistrales ainsi que pour la division des produits officinaux ;

« 4° La délivrance de gaz à usage médical destinés à des patients hospitalisés à domicile, par les personnes morales mentionnées à l'article L. 4211-5. »

A titre exceptionnel et si elle n'est plus provisoirement à même d'assurer une ou plusieurs de ses activités, une pharmacie à usage intérieur peut en confier la réalisation à d'autres pharmacies à usage intérieur du même établissement ou du groupement de coopération sanitaire dont est membre l'établissement où elle est implantée. *(Décr. n° 2007-1428 du 3 oct. 2007, art. 1er)* « L'autorité administrative compétente en vertu de l'article R. 5126-16 ou de l'article R. 5126-16-1 est immédiatement tenue informée de l'adoption d'une telle organisation ainsi que de la durée prévisionnelle de sa mise en œuvre. »

Art. R. 5126-10-1 *(Décr. n° 2010-1243 du 20 oct. 2010, en vigueur le 1er déc. 2010)* Les catégories de préparation mentionnées au huitième alinéa de l'article L. 5126-2 dont une pharmacie à usage intérieur d'un établissement de santé peut confier la réalisation à un établissement pharmaceutique autorisé à fabriquer des médicaments sont :

1° Les préparations hospitalières ;

2° Les préparations magistrales ;

3° Les préparations de médicaments radiopharmaceutiques.

Art. R. 5126-10-2 *(Décr. n° 2010-1243 du 20 oct. 2010, en vigueur le 1er déc. 2010)* Le projet de contrat par lequel une pharmacie à usage intérieur confie la réalisation des préparations mentionnées à l'article R. 5126-10-1 à un établissement pharmaceutique est soumis à l'avis du directeur général de l'agence régionale de santé dans le ressort de laquelle se trouve le siège de l'établissement de santé. Ce dernier transmet ses observations dans un délai de deux mois. Dès sa conclusion, le contrat est transmis pour information à l'agence régionale de santé.

Art. R. 5126-11 La conception, la superficie, l'aménagement et l'agencement des locaux de la pharmacie à usage intérieur sont adaptés aux activités dont est chargée cette pharmacie.

Ces locaux sont d'accès aisé pour faciliter la livraison et la réception des produits ainsi que leur bonne conservation.

La pharmacie dispose d'un local permettant d'assurer l'isolement des médicaments et autres produits lorsque leur livraison a lieu exceptionnellement en dehors de ses heures d'ouverture.

L'aménagement et l'équipement de la pharmacie permettent une délivrance rapide et aisée aux structures desservies.

Art. R. 5126-12 Les locaux sont installés et équipés de façon à assurer la bonne conservation, le suivi et, s'il y a lieu, le retrait des médicaments, produits ou objets mentionnés au 4° de l'article L. 5121-1, aux articles L. 4211-1 et *(Décr. n° 2008-109 du 5 févr. 2008, art. 15)* « L. 5137-2 » ainsi que des dispositifs médicaux stériles détenus à la pharmacie, de même que leur sécurité et celle du personnel concerné.

Art. R. 5126-13 Si l'établissement est amené à délivrer des médicaments ou produits au public en application du troisième alinéa de l'article L. 5126-2 ou des articles L. 5126-4 ou L. 6112-6, les locaux de la pharmacie à usage intérieur comportent un aménagement permettant de respecter la confidentialité et d'assurer la sécurité du personnel concerné.

Art. R. 5126-14 Les pharmacies à usage intérieur ne peuvent fonctionner *(Décr. n° 2007-1428 du 3 oct. 2007, art. 1er)* « sur chacun de leurs sites d'implantation » qu'en présence du pharmacien chargé de la gérance ou de son remplaçant ou d'un pharmacien adjoint mentionné à l'article R. 5125-34 exerçant dans cette pharmacie.

Elles fonctionnent en outre conformément aux bonnes pratiques de pharmacie hospitalière dont les principes sont fixés par arrêté du ministre chargé de la santé.

Les conditions dans lesquelles les médicaments, produits ou objets mentionnés aux articles L. 5121-1, L. 5126-5 et *(Décr. n° 2008-109 du 5 févr. 2008, art. 15)* « L. 5137-2 », autres que ceux concernés par l'arrêté prévu à l'article R. 5132-42, sont détenus, prescrits et dispensés sont fixées par arrêté du ministre chargé de la santé. Cet arrêté fixe en outre les conditions de détention et de dispensation des médicaments, produits, objets, dispositifs médicaux stériles mentionnés aux articles L. 5126-11 et L. 5126-12.

(Décr. n° 2007-1428 du 3 oct. 2007, art. 1er) « Les arrêtés prévus au présent article fixent, le cas échéant, des dispositions particulières aux pharmacies desservant des *(Décr. n° 2010-344 du 31 mars 2010, art. 156)* « établissements d'hospitalisation » à domicile ou des unités de dialyse à domicile. »

SOUS-SECTION 3 AUTORISATION DE CRÉATION OU DE TRANSFERT

Art. R. 5126-15 *(Décr. n° 2010-344 du 31 mars 2010, art. 156)* La demande tendant à obtenir l'autorisation prévue à l'article L. 5126-7 de création d'une pharmacie à usage intérieur ou de transfert d'un site géographique à un autre est présentée par la personne physique titulaire de l'autorisation d'exploiter l'établissement ou par le représentant légal de la personne morale intéressée.

Elle est adressée, par lettre recommandée avec demande d'avis de réception, à l'autorité administrative compétente mentionnée à l'article R. 5126-16.

La demande est accompagnée d'un dossier comportant, selon la catégorie d'établissement, les renseignements suivants :

1° Le nombre de patients devant être pris en charge quotidiennement par la pharmacie, répartis par activité ou discipline en précisant leurs localisations respectives ;

2° L'énumération des activités envisagées ;

3° Les effectifs de pharmaciens, prévus pour l'exercice des missions de la pharmacie ainsi que leur temps de présence exprimé en demi-journées hebdomadaires ;

4° Pour les établissements de santé, la copie du contrat d'objectifs et de moyens prévu à l'article L. 6114-1 ;

5° Le ou les sites d'implantation de la pharmacie, le ou les emplacements de ses locaux sur chacun d'eux et, le cas échéant, le ou les autres sites géographiques dont la desserte est prévue ainsi que la zone géographique d'intervention des établissements d'hospitalisation à domicile ou des unités de dialyse à domicile desservis par la pharmacie ;

6° Un plan détaillé et coté des locaux et les informations relatives aux éléments mentionnés aux articles R. 5126-8 à R. 5126-14 ;

7° Les modalités envisagées pour la dispensation ou le retrait éventuel des médicaments et des produits ou objets mentionnés aux articles L. 4211-1 et L. 5137-1 ainsi que des dispositifs médicaux stériles, sur le ou les sites desservis par la pharmacie ainsi qu'au domicile des patients pris en charge par un établissement d'hospitalisation à domicile ou une unité de dialyse à domicile ;

8° Lorsque la pharmacie a notamment pour rôle d'approvisionner d'autres pharmacies à usage intérieur en application de l'article R. 5126-5, tout renseignement concernant ces pharmacies à usage intérieur pour ce qui est de leur localisation et de leur activité, ainsi que les modalités de leur approvisionnement ;

9° En outre, pour les groupements de coopération sanitaire, l'arrêté ou l'acte d'approbation *(Décr. n° 2012-1483 du 27 déc. 2012, art. 11-I-26°)* « prévu à l'article » L. 6133-3 permettant de vérifier qu'une telle demande est conforme à l'objet du groupement ;

10° Lorsque la pharmacie d'un établissement de santé ou de chirurgie esthétique ou d'un groupement de coopération sanitaire a notamment pour rôle d'assurer la stérilisation des dispositifs médicaux, un document attestant de l'adoption du système prévu à l'article L. 6111-1 ;

11° Lorsque l'autorisation est sollicitée en application de l'article L. 5126-3, la convention fixant les engagements des parties, mentionnée au même article ;

12° Lorsque l'autorisation est sollicitée par une unité de dialyse à domicile ou une unité d'autodialyse, le dossier précise également les différentes catégories de médicaments, produits, objets et dispositifs médicaux dispensés.

Art. R. 5126-16 *(Décr. n° 2010-344 du 31 mars 2010, art. 156)* L'autorisation de création ou de transfert est délivrée par le directeur général de l'agence régionale de santé de la région du lieu d'implantation prévu, pour les établissements de santé, les groupements de coopération sanitaire ainsi que les établissements pénitentiaires, les établissements médico-sociaux mentionnés à l'article R. 5126-1 et les établissements de chirurgie esthétique. Le directeur général de l'agence régionale de santé prend sa décision après avis, selon le cas, de la section E ou H de l'Ordre national des pharmaciens. Si l'Ordre national des pharmaciens n'a pas donné son avis dans un délai de trois mois à compter de la date de signature de l'accusé de réception du dossier par l'ordre, le directeur général de l'agence régionale de santé peut statuer.

L'autorisation mentionne :

1° Le ou les sites d'implantation de la pharmacie et le ou les emplacements de ses locaux ;

2° Les activités assurées sur chacun des sites d'implantation ainsi que, le cas échéant :

a) Le ou les autres sites géographiques desservis ;

b) La zone géographique d'intervention des établissements d'hospitalisation à domicile ou des unités de dialyse à domicile ;

c) Les établissements ou professionnels de santé bénéficiaires des prestations assurées en vertu du 8° de l'article R. 5126-9 ;

d) Les dérogations accordées en vertu des 1° à 4° de l'article R. 5126-10 ainsi que les conditions dans lesquelles les activités considérées sont assurées ;

3° Le temps de présence du pharmacien chargé de la gérance, exprimé en demi-journées hebdomadaires.

Cette autorisation peut n'être accordée que pour certains des sites géographiques à desservir mentionnés dans la demande ou pour certaines des activités sollicitées au titre de l'article R. 5126-9.

Pour la réalisation des préparations rendues nécessaires par les *(Décr. n° 2016-1537 du 16 nov. 2016, art. 23-I)* « recherches impliquant la personne humaine », y compris la préparation des médicaments expérimentaux et pour l'importation de médicaments expérimentaux, l'autorisation précise la forme pharmaceutique ou, à défaut, la nature des produits et, dans le cas de la préparation, les opérations réalisées. Pour la réalisation des préparations hospitalières à partir de matières premières ou de spécialités pharmaceutiques, cette autorisation précise la forme pharmaceutique des préparations hospitalières. Le contenu de cette autorisation est fixé par arrêté du ministre chargé de la santé.

Une copie de cette autorisation est adressée au directeur général de l'*(Décr. n° 2012-597 du 27 avr. 2012, art. 5-I-1°)* « Agence nationale de sécurité du médicament et des produits de santé » lorsque la pharmacie à usage intérieur est autorisée à réaliser des activités mentionnées à l'article R. 5126-9, à l'exception de celles mentionnées à ses 3° et 7°.

Art. R. 5126-16-1 *(Décr. n° 2007-1428 du 3 oct. 2007, art. 1er)* Dans les hôpitaux des armées, l'autorisation de création d'une pharmacie à usage intérieur ou de transfert d'un site géographique à un autre est délivrée par le ministre de la défense.

Préalablement à cette décision, le ministre de la défense transmet, pour avis, au ministre chargé de la santé un dossier comportant les informations mentionnées à l'article R. 5126-15.

L'autorisation comporte les mentions prévues à l'article R. 5126-16.

Une copie de cette autorisation est transmise au ministre chargé de la santé et, dans le cas prévu au dernier alinéa de l'article R. 5126-16, au directeur général de l'*(Décr. n° 2012-597 du 27 avr. 2012, art. 5-I-1°)* « Agence nationale de sécurité du médicament et des produits de santé ».

Art. R. 5126-17 Le silence gardé *(Décr. n° 2007-1428 du 3 oct. 2007, art. 1er ; Décr. n° 2010-344 du 31 mars 2010, art. 156)* « par le directeur général de l'agence régionale de santé », à l'expiration d'un délai de quatre mois à compter de la date de réception de la demande tendant à obtenir l'autorisation mentionnée à l'article L. 5126-7, vaut autorisation tacite pour les activités qui font l'objet de la demande.

(Décr. n° 2007-1428 du 3 oct. 2007, art. 1er ; Décr. n° 2010-344 du 31 mars 2010, art. 156) « Le directeur général de l'agence régionale de santé » peut requérir du demandeur les informations complémentaires nécessaires à l'instruction de la demande. Le délai prévu au premier alinéa est alors suspendu jusqu'à réception de ces informations.

Art. R. 5126-18 La pharmacie, dont la création ou le transfert a été autorisé, fonctionne effectivement au plus tard à l'issue d'un délai d'un an qui court à compter du jour où l'autorisation a été notifiée ou est réputée acquise.

Si la pharmacie ne fonctionne pas à l'issue de ce délai, l'autorisation devient caduque. Toutefois, sur justification produite avant l'expiration de ce délai, celui-ci peut être prorogé par décision de l'autorité administrative compétente.

Art. R. 5126-19 *(Décr. n° 2007-1428 du 3 oct. 2007, art. 1er)* La modification des éléments figurant dans l'autorisation initiale est autorisée dans les mêmes conditions que celles prévues aux articles R. 5126-15 à R. 5126-17. Toutefois, parmi les renseignements énumérés à l'article R. 5126-15, seules doivent être transmises les informations permettant au *(Décr. n° 2010-344 du 31 mars 2010, art. 156)* « directeur général de l'agence régionale de santé » ainsi que, dans la procédure prévue à l'article R. 5126-16-1, au ministre chargé de la santé, d'apprécier la nature et l'importance de la modification.

Art. R. 5126-20 *(Décr. n° 2007-1428 du 3 oct. 2007, art. 1er)* Lorsque la modification envisagée consiste à assurer tout ou partie des activités mentionnées au 8° de l'article R. 5126-9, le dossier prévu à l'article R. 5126-15 ne comporte que les éléments d'information énumérés audit article permettant d'apprécier la nature et l'importance des besoins du bénéficiaire de la prestation ainsi que des moyens dont dispose, à cet effet, la pharmacie prestataire.

L'autorisation est délivrée au vu de la convention prévue à l'article L. 5126-3, *(Décr. n° 2010-344 du 31 mars 2010, art. 156)* « sur le rapport d'un inspecteur mentionné à l'article L. 5127-1 » ou de l'inspection technique des services pharmaceutiques des armées si la prestation est assurée par la pharmacie d'un hôpital des armées.

Lorsque le prestataire et le bénéficiaire ne relèvent pas d'une même autorité administrative, l'autorisation est délivrée après avis de l'autorité compétente à l'égard du bénéficiaire en vertu de l'article R. 5126-16 ou de l'article R. 5126-16-1.

L'autorisation est accordée pour une durée maximale de cinq ans. Elle est renouvelable dans les conditions prévues pour son attribution initiale.

La prestation doit être assurée dans des conditions permettant aux établissements bénéficiaires de satisfaire aux exigences de dispensation prévues à l'article R. 5126-3 et aux professionnels de santé de répondre aux besoins de leurs patients, y compris en urgence.

Lorsque les préparations et reconstitutions sont réalisées à partir de spécialités pharmaceutiques classées dans les catégories définies aux 1° à 5° de l'article R. 5121-77, l'autorisation ne peut être accordée que si la qualité des bénéficiaires et les clauses de la convention prévue à l'article L. 5126-3 garantissent que les prestations seront fournies dans les conditions respectivement définies par les articles R. 5121-83, R. 5121-85, R. 5121-88, R. 5121-91 et R. 5121-94.

Art. R. 5126-21 Les dispositions des deux premiers alinéas de l'article R. 5126-15 et celles des articles R. 5126-16 et R. 5126-17 sont applicables aux demandes de suppression de pharmacie à usage intérieur. Ces demandes comportent tout élément établissant que l'existence d'une pharmacie à usage intérieur n'est plus justifiée et, s'il y a lieu, précisent les moyens envisagés pour satisfaire les besoins pharmaceutiques subsistants.

(Décr. n° 2007-1428 du 3 oct. 2007, art. 1er) « Le ministre chargé de la défense autorise la suppression des pharmacies à usage intérieur des hôpitaux des armées dans les conditions prévues à l'article R. 5126-16-1. »

Art. R. 5126-22 Pour l'application de l'article L. 5126-10, la suspension, sauf en cas de danger immédiat pour la santé publique, ou le retrait de l'autorisation ne peut intervenir que lorsque l'autorité administrative compétente *(Décr. n° 2007-1428 du 3 oct. 2007, art. 1er)* « en vertu de l'article R. 5126-16 » a informé, selon le cas, la personne physique titulaire de l'autorisation d'exploiter l'établissement ou le représentant légal de la personne morale intéressée de la nature des infractions constatées et l'a mis en demeure de les faire cesser dans un délai déterminé. L'autorité administrative compétente *(Décr. n° 2007-1428 du 3 oct. 2007, art. 1er)* « en vertu de l'article R. 5126-16 » adresse une copie de la mise en demeure au pharmacien chargé de la gérance. Le retrait ou la suspension de l'autorisation est motivé. Ces décisions peuvent ne concerner qu'une partie des éléments de l'autorisation.

Dans tous les cas, l'autorité administrative compétente *(Décr. n° 2007-1428 du 3 oct. 2007, art. 1er)* « en vertu de l'article R. 5126-16 » adresse copie des décisions au directeur régional des affaires sanitaires et sociales.

SOUS-SECTION 4 PHARMACIENS ASSURANT LA GÉRANCE

§ 1er ÉTABLISSEMENTS PUBLICS DE SANTÉ, ÉTABLISSEMENTS MÉDICO-SOCIAUX PUBLICS, GROUPEMENTS DE COOPÉRATION SANITAIRE DOTÉS DE LA PERSONNALITÉ MORALE DE DROIT PUBLIC, HÔPITAUX DES ARMÉES ET ÉTABLISSEMENTS PÉNITENTIAIRES DANS LESQUELS LE SERVICE PUBLIC HOSPITALIER ASSURE LES SOINS *(Décr. n° 2012-1483 du 27 déc. 2012, art. 11-I-28°).*

Art. R. 5126-23 Le pharmacien chargé de la gérance de la pharmacie à usage intérieur est responsable des activités prévues à l'article L. 5126-5 et autorisées pour cette pharmacie.

Le personnel attaché à la pharmacie exerce ses fonctions sous l'autorité technique du pharmacien chargé de la gérance et des pharmaciens adjoints de cette pharmacie à usage intérieur.

Le pharmacien chargé de la gérance de la pharmacie à usage intérieur dirige et, en liaison avec les autres pharmaciens, surveille le travail des internes en pharmacie et des étudiants de cinquième année hospitalo-universitaire conformément aux dispositions respectivement de l'article 4 du décret n° 99-930 du 10 novembre 1999 fixant le statut des internes et des résidents en médecine, des internes en pharmacie et des internes en odontologie et de l'article 2 du décret n° 85-385 du 29 mars 1985 fixant le statut des étudiants hospitaliers en pharmacie.

La comptabilité matière de la pharmacie est tenue sous son contrôle direct et sous sa responsabilité. La tenue de cette comptabilité est exclusive de tout maniement de fonds.

Art. R. 5126-24 La gérance d'une pharmacie à usage intérieur d'un établissement public de santé est assurée par un pharmacien exerçant l'une des fonctions suivantes :

(Décr. n° 2007-1428 du 3 oct. 2007, art. 1er) « 1° Responsable de pôle, dans les pôles d'activité exclusivement pharmaceutique qui ne comportent pas de structures internes ou qui ne comportent que des unités fonctionnelles ;

« 2° Responsable d'une structure interne de pharmacie autre qu'une unité fonctionnelle, dans les autres pôles d'activité clinique ou médico-technique. »

(Décr. n° 2010-1228 du 19 oct. 2010) « Les dispositions prévues au présent article ne s'appliquent pas dans les établissements publics de santé non organisés en pôles d'activité. »

Art. R. 5126-25 *Abrogé par Décr. n° 2007-1428 du 3 oct. 2007, art. 1er.*

Art. R. 5126-26 *(Décr. n° 2010-1228 du 19 oct. 2010)* En l'absence d'une organisation en pôles d'activité, la gérance de la pharmacie à usage intérieur d'un établissement public de santé peut être assurée par un pharmacien appartenant à un autre établissement de santé avec lequel l'établissement public de santé passe convention à cet effet.

Art. R. 5126-27 Dans les établissements médico-sociaux publics mentionnés au 1° de l'article R. 5126-1, la gérance de la pharmacie à usage intérieur est assurée par un pharmacien appartenant à l'une des catégories de praticiens mentionnées au 1° de l'article L. 6152-1 ou par un pharmacien recruté à cet effet dans le cadre d'un contrat de droit public. Dans les établissements médico-sociaux publics mentionnés au 2° de l'article R. 5126-1, la gérance est assurée par un pharmacien contractuel recruté dans les mêmes conditions.

Art. R. 5126-28 *(Décr. n° 2007-1428 du 3 oct. 2007, art. 1er)* Dans les groupements de coopération sanitaire de droit public, la gérance de la pharmacie à usage intérieur est confiée à l'un des pharmaciens mis à la disposition du groupement par les établissements qui en sont membres. Parmi les pharmaciens mis à disposition par un établissement public de santé, seuls les praticiens mentionnés au 1° de l'article L. 6152-1 peuvent assurer la gérance.

Art. R. 5126-29 *(Décr. n° 2007-1428 du 3 oct. 2007, art. 1er)* La gérance des pharmacies à usage intérieur des hôpitaux des armées est assurée par les pharmaciens praticiens certifiés du service de santé des armées ou les praticiens professeurs agrégés du service de santé des armées nommés en qualité de responsable ou de chef de service d'une pharmacie à usage intérieur, par décision du ministre de la défense.

Art. R. 5126-30 Les pharmaciens *(Décr. n° 2007-1428 du 3 oct. 2007, art. 1er)* « qui » exercent la gérance d'une pharmacie à usage intérieur implantée dans un établissement pénitentiaire, *(Décr. n° 2007-1428 du 3 oct. 2007, art. 1er)* « doivent » avoir fait l'objet d'une habilitation personnelle dans les conditions prévues par le code de procédure pénale, sans préjudice des dispositions de l'article 17-1 de la loi n° 95-73 du 21 janvier 1995 d'orientation et de programmation relative à la sécurité et du décret n° 2002-424 du 28 mars 2002 pris pour son application et fixant la liste des enquêtes administratives pouvant donner lieu à la consultation de traitements autorisés de données personnelles.

Art. R. 5126-31 *Abrogé par Décr. n° 2007-1428 du 3 oct. 2007, art. 1er.*

Art. R. 5126-32 Le pharmacien chargé de la gérance de la pharmacie à usage intérieur est désigné par le représentant légal de la personne morale *(Décr. n° 2007-1428 du 3 oct. 2007, art. 1er)* « gestionnaire ».

En ce qui concerne les établissements publics de santé, cette désignation *(Décr. n° 2007-1428 du 3 oct. 2007, art. 1er)* « résulte de » la nomination du pharmacien dans l'une des fonctions mentionnées à l'article R. 5126-24.

Art. R. 5126-33 *Abrogé par Décr. n° 2007-1428 du 3 oct. 2007, art. 1er.*

§ 2 ÉTABLISSEMENTS DE SANTÉ PRIVÉS, ÉTABLISSEMENTS MÉDICO-SOCIAUX PRIVÉS, ÉTABLISSEMENTS DE CHIRURGIE ESTHÉTIQUE ET GROUPEMENTS DE COOPÉRATION SANITAIRE DOTÉS DE LA PERSONNALITÉ MORALE DE DROIT PRIVÉ

Art. R. 5126-34 La gérance d'une pharmacie à usage intérieur relevant d'une personne privée est assurée par un pharmacien salarié qui, remplissant les conditions d'exercice de la pharmacie requises par l'article L. 4221-1 ou ayant obtenu l'autorisation mentionnée aux articles L. 4221-9, L. 4221-11 ou L. 4221-12, est lié à l'établissement par un contrat de gérance conforme à un contrat type fixé, après avis du Conseil national de l'ordre des pharmaciens, par arrêté du ministre chargé de la santé. *(Décr. n° 2007-1428 du 3 oct. 2007, art. 1er)* « Ce contrat type peut comporter des clauses spécifiques pour la gérance des pharmacies des *(Décr. n° 2010-344 du 31 mars 2010, art. 156)* « établissements d'hospitalisation » à domicile et des unités de dialyse à domicile. »

Art. R. 5126-35 Le contrat de gérance mentionné à l'article R. 5126-34 comporte notamment les éléments suivants :

1° *(Décr. n° 2007-1428 du 3 oct. 2007, art. 1er)* « Le temps de présence que le pharmacien doit assurer et sa répartition hebdomadaire ; »

2° Les obligations de service du pharmacien et les modalités de son remplacement en cas d'absence ;

3° Les éléments de la rémunération du pharmacien et les conditions d'évolution de celle-ci prenant en compte, pour les pharmaciens des hôpitaux publics en détachement, les dispositions statutaires qui leur sont applicables ;

4° Les conditions dans lesquelles sont mis à la disposition du pharmacien le personnel ainsi que les locaux, équipements et aménagements nécessaires au bon fonctionnement de la pharmacie.

Dans les groupements de coopération sanitaire qui ont la personnalité morale de droit privé, la gérance de la pharmacie à usage intérieur peut être assurée par un pharmacien *(Décr. n° 2007-1428 du 3 oct. 2007, art. 1er)* « mis à la disposition du groupement par l'un des établissements membres ». Dans ce cas, le contrat de gérance ne comporte pas les éléments mentionnés au 3° ci-dessus. *(Décr. n° 2007-1428 du 3 oct. 2007, art. 1er)* « Parmi les pharmaciens mis à disposition par un établissement public de santé, seuls les praticiens mentionnés au 1° de l'article L. 6152-1 peuvent assurer la gérance dans les conditions prévues par le statut dont ils relèvent. »

Art. R. 5126-36 Dans les conditions prévues par leurs statuts, les pharmaciens appartenant à l'une des catégories de praticiens mentionnées au 1° de l'article L. 6152-1 peuvent assurer la gérance d'une pharmacie à usage intérieur dans les établissements de santé privés assurant des soins de longue durée et les établissements médico-sociaux privés mentionnés au 1° de l'article R. 5126-1.

Art. R. 5126-37 à R. 5126-39 *Abrogés par Décr. n° 2007-1428 du 3 oct. 2007, art. 1er.*

Art. R. 5126-40 Le pharmacien chargé de la gérance de la pharmacie à usage intérieur est désigné, selon le cas, par la personne physique titulaire de l'autorisation d'exploiter l'établissement ou par le représentant légal de la personne morale intéressée.

Art. R. 5126-41 La gérance de la pharmacie à usage intérieur des établissements pénitentiaires *(Décr. n° 2016-1645 du 1er déc. 2016, art. 3-18°)* « mentionnés au deuxième alinéa de l'article R. 5126-6 ou à l'article R. 5126-7 » est assurée par un pharmacien de nationalité française ou ressortissant d'un autre État membre de la Communauté européenne remplissant les conditions d'exercice de la pharmacie requises par l'article L. 4221-1 ou ayant obtenu l'autorisation mentionnée aux articles L. 4221-11 ou L. 4221-12. Ce pharmacien est lié, par un contrat type fixé après avis du Conseil national de l'ordre des pharmaciens par arrêté des ministres chargés de la justice et de la santé, à la personne ou au groupement de personnes ayant passé convention avec l'État en application de l'article 2 de la loi n° 87-432 du 22 juin 1987 relative au service public pénitentiaire.

Ce pharmacien fait l'objet d'une habilitation, conformément au décret n° 87-604 du 31 juillet 1987 fixant les conditions d'habilitation des personnes auxquelles peuvent être confiées certaines fonctions dans les établissements pénitentiaires. *(Décr. n° 2007-1428 du 3 oct. 2007, art. 1er)* « Il est désigné, selon le cas, par la personne physique ou par le représentant légal de la personne morale ayant passé convention avec l'État pour en assurer la fonction sanitaire. »

§ 3 DISPOSITIONS COMMUNES

(Décr. n° 2007-1428 du 3 oct. 2007, art. 1er)

Art. R. 5126-42 Le temps de présence du pharmacien chargé de la gérance d'une pharmacie à usage intérieur d'un établissement régi par les dispositions de la présente sous-section ne peut être inférieur à l'équivalent de cinq demi-journées par semaine.

Toutefois, dans les établissements médico-sociaux, ce temps de présence peut être réduit compte tenu des besoins des personnes accueillies, sans qu'il puisse être inférieur à l'équivalent de deux demi-journées par semaine.

Art. R. 5126-43 Quelles que soient la cause et la durée de l'absence du pharmacien chargé de la gérance de la pharmacie à usage intérieur, il est remplacé dans les conditions définies par les dispositions statutaires qui lui sont applicables ou par le contrat qui le lie à l'établissement.

Le remplacement ne peut être effectué que par un pharmacien remplissant les conditions d'exercice définies, selon les cas, par les paragraphes 1 et 2 ci-dessus. Le remplaçant est soumis aux mêmes obligations de service que le pharmacien qu'il remplace.

Dans les pharmacies régies par les dispositions du paragraphe 2 ci-dessus et lorsque l'absence est inférieure à quatre mois, le remplacement peut, en outre, être effectué par un pharmacien qui, remplissant les conditions requises aux 1° et 2° de l'article L. 4221-1 ou ayant obtenu l'autorisation prévue aux articles L. 4221-9, L. 4221-11 ou L. 4221-12, a sollicité son inscription au tableau de l'une des sections de l'Ordre national des pharmaciens, en attendant qu'il soit statué sur sa demande.

Art. R. 5126-44 Sous réserve qu'il remplisse les conditions de désignation exigées pour chacune d'elles, un même pharmacien peut assurer la gérance de deux pharmacies à usage intérieur relevant de gestionnaires différents. Ce nombre peut être porté à trois lorsque les pharmacies considérées relèvent d'établissements médico-sociaux.

Ces gérances peuvent être exercées sous réserve que le pharmacien concerné puisse accomplir le temps de présence qu'il doit assurer dans chaque pharmacie et remplir quotidiennement ses missions dans chacune d'elles, notamment les urgences. Cet exercice partagé est subordonné à la condition que le pharmacien ait obtenu l'accord de la personne chargée de sa désignation dans chaque pharmacie ; un refus ne peut être opposé par cette dernière que pour des motifs de sécurité sanitaire. Lorsqu'il s'agit d'un praticien hospitalier, l'exercice partagé est subordonné à la conclusion de la convention prévue à l'article R. 6152-4 ou, le cas échéant, à l'article R. 6152-30.

Art. R. 5126-44-1 *(Décr. n° 2010-1228 du 19 oct. 2010)* Le pharmacien chargé de la gérance de la pharmacie à usage intérieur est destinataire de l'ensemble des prescriptions établies dans le cadre des soins à domicile dispensés aux patients par l'établissement de santé.

Il organise pour chaque patient, après avis du médecin coordonnateur, le circuit des médicaments, produits, objets ou dispositifs médicaux prescrits :

1° Soit en ayant recours à la pharmacie à usage intérieur ;

2° Soit, lorsque cela permet de simplifier ou d'améliorer l'organisation des soins ou la qualité du service rendu au patient, en ayant recours, pour les médicaments, produits, objets ou dispositifs médicaux mentionnés à l'article L. 5126-5-1, à une pharmacie d'officine. Dans ce cas, une convention conclue avec le pharmacien titulaire de l'officine précise les obligations incombant à ce dernier en vue de garantir la qualité et la sécurité de la dispensation pharmaceutique. – *[Anc. art. R. 5126-23-1]*.

SOUS-SECTION 5 AUTRES PHARMACIENS EXERÇANT DANS UNE PHARMACIE À USAGE INTÉRIEUR

Art. R. 5126-45 Lorsque l'importance de l'activité de la pharmacie à usage intérieur l'exige, un ou plusieurs des pharmaciens *(Décr. n° 2007-1428 du 3 oct. 2007, art. 1er)* « adjoints » assistent le pharmacien chargé de la gérance.

En ce qui concerne les établissements de santé, le nombre de ces pharmaciens est déterminé en tenant compte du contrat conclu avec l'*(Décr. n° 2010-344 du 31 mars 2010, art. 156)* « agence régionale de santé » en application de l'article L. 6114-1 et en prenant en considération l'amélioration de la qualité du fonctionnement de la pharmacie, notamment à l'issue de *(Décr. n° 2010-344 du 31 mars 2010, art. 156)* « la certification » de l'établissement réalisée conformément à l'article L. 6113-3.

Lorsque la pharmacie dispose d'assistants associés ou de praticiens attachés associés, il en est tenu compte pour la détermination de ce nombre.

Art. R. 5126-46 Les pharmaciens adjoints qui s'absentent pour une durée supérieure à un mois, quelle qu'en soit la cause, sont remplacés.

Leur remplacement *(Abrogé par Décr. n° 2007-1428 du 3 oct. 2007, art. 1er)* « *ne peut excéder un an et* » s'effectue conformément aux dispositions statutaires qui leur sont applicables ou au contrat qui les lie à l'établissement.

Art. R. 5126-47 Les pharmaciens adjoints et les pharmaciens qui les remplacent dans les pharmacies à usage intérieur implantées dans des établissements pénitentiaires en vertu des articles R. 5126-6 ou R. 5126-7 doivent, en outre, répondre aux conditions d'exercice et de nationalité prévues respectivement aux articles R. 5126-30 et R. 5126-41.

SOUS-SECTION 6 *[ABROGÉE]* COMMISSION DU MÉDICAMENT ET DES DISPOSITIFS MÉDICAUX STÉRILES

(Abrogée par Décr. n° 2010-1029 du 30 août 2010, art. 2)

Art. R. 5126-48 à R. 5126-51 *Abrogés par Décr. n° 2010-1029 du 30 août 2010, art. 2.*

Art. R. 5126-52 *Abrogé par Décr. n° 2006-550 du 15 mai 2006, art. 3-V.*

Art. R. 5126-53 *Abrogé par Décr. n° 2010-1029 du 30 août 2010, art. 2.*

SECTION II *[ABROGÉE]* STRUCTURES D'HOSPITALISATION À DOMICILE

(Abrogée par Décr. n° 2007-1428 du 3 oct. 2007, art. 2)

Art. R. 5126-54 à R. 5126-66 *Abrogés par Décr. n° 2007-1428 du 3 oct. 2007, art. 2.*

SECTION II AUTRES PHARMACIES À USAGE INTÉRIEUR *(Décr. n° 2007-1428 du 3 oct. 2007, art. 2).*

SOUS-SECTION 1 SERVICES DÉPARTEMENTAUX D'INCENDIE ET DE SECOURS

§ 1er MISSIONS

Art. R. 5126-67 La pharmacie à usage intérieur du service départemental d'incendie et des secours approvisionne les centres d'incendie et de secours en médicaments, objets ou produits nécessaires aux malades ou blessés auxquels ils donnent des secours et assure la surveillance de ces dotations. Ces dotations comprennent les médicaments mentionnés à l'article R. 5121-90 destinés aux médecins du service de santé et de secours médical qui interviennent en situation d'urgence.

§ 2 INSTALLATION ET FONCTIONNEMENT

Art. R. 5126-68 La conception et la superficie des locaux sont adaptées aux dotations en médicaments, produits et objets des centres d'incendie et de secours du département en prenant en compte, pour chacun d'entre eux, le nombre moyen d'interventions de secours à personne et l'importance des lots médicaux d'intervention.

Art. R. 5126-69 *(Décr. nº 2007-1428 du 3 oct. 2007, art. 2)* Les dispositions de l'article R. 5126-8, en ce qui concerne les activités mentionnées à son 1°, celles de l'article R. 5126-9, en ce qui concerne l'activité mentionnée à son 4°, ainsi que les dispositions des articles R. 5126-11 et R. 5126-12 s'appliquent aux pharmacies à usage intérieur des services départementaux d'incendie et de secours pour les produits qu'ils sont autorisés à détenir.

Les bonnes pratiques de fonctionnement de ces pharmacies ainsi que les conditions dans lesquelles les médicaments, objets ou produits mentionnés à l'article L. 5126-13 y sont détenus et dispensés sont fixées par arrêtés du ministre de l'intérieur et du ministre chargé de la santé.

Art. R. 5126-70 La pharmacie à usage intérieur, dont peut bénéficier le service départemental d'incendie et de secours, est implantée dans des locaux relevant de celui-ci.

Si une seule pharmacie n'est pas en mesure d'approvisionner dans des conditions satisfaisantes tous les centres d'incendie et de secours, le service départemental d'incendie et de secours sollicite la création d'une ou de plusieurs autres pharmacies à usage intérieur.

§ 3 AUTORISATION DE CRÉATION OU DE TRANSFERT

Art. R. 5126-71 La demande prévue à l'article L. 5126-7 tendant à obtenir l'autorisation de création ou de transfert d'une pharmacie à usage intérieur d'un service départemental d'incendie et de secours est présentée par le président du conseil d'administration du service départemental d'incendie et de secours.

(Décr. nº 2010-344 du 31 mars 2010, art. 156) « Elle est adressée par lettre recommandée avec demande d'accusé de réception au directeur général de l'agence régionale de santé qui en adresse copie au préfet du département. »

Elle comporte les renseignements suivants :

1° Le nombre d'interventions de secours à personne effectuées au cours de l'année précédant la demande ;

2° L'emplacement de la pharmacie ;

3° Un plan détaillé et coté des locaux et les informations relatives aux éléments mentionnés à l'article R. 5126-69 ;

4° Le nombre de centres d'incendie et de secours à desservir ainsi que leur adresse ;

5° Les effectifs de pharmaciens, prévus pour l'exercice des missions de la pharmacie ;

6° Le nombre de véhicules de secours d'urgence aux asphyxiés et aux blessés, le nombre de voitures radiomédicalisées ainsi que le nombre de lots médicaux.

Art. R. 5126-72 L'autorisation est délivrée par le *(Décr. nº 2010-344 du 31 mars 2010, art. 156)* « directeur général de l'agence régionale de santé après avis du préfet du département ». Les dispositions de l'article R. 5126-16 à l'exception *(Décr. nº 2007-1428 du 3 oct. 2007, art. 2)* « du dernier alinéa » et celles des articles R. 5126-17 et R. 5126-18 sont applicables aux pharmacies à usage intérieur des services départementaux d'incendie et de secours.

L'article R. 5126-19 est applicable aux demandes de modification des pharmacies à usage intérieur des services départementaux d'incendie et de secours.

Art. R. 5126-73 Les dispositions des deux premiers alinéas de l'article R. 5126-71 sont applicables aux demandes de suppression de pharmacie à usage intérieur mentionnées au deuxième alinéa de l'article R. 5126-70. Elles comportent tout élément établissant que l'existence de la pharmacie à usage intérieur n'est plus justifiée et, s'il y a lieu, précisent les moyens envisagés pour satisfaire les besoins pharmaceutiques subsistants.

Art. R. 5126-74 Pour l'application de l'article L. 5126-10, la suspension, sauf en cas de danger immédiat pour la santé publique, ou le retrait de l'autorisation ne peut intervenir qu'après que le président du conseil d'administration du service départemental d'incendie et de secours a été informé de la nature des infractions constatées et mis en demeure de les faire cesser dans un délai déterminé. Le *(Décr. n° 2010-344 du 31 mars 2010, art. 156)* « directeur général de l'agence régionale de santé » adresse une copie de la mise en demeure *(Décr. n° 2010-344 du 31 mars 2010, art. 156)* « au préfet du département, » au directeur du service départemental d'incendie et de secours et au pharmacien chargé de la gérance.

Le retrait ou la suspension de l'autorisation est motivé. Le *(Décr. n° 2010-344 du 31 mars 2010, art. 156)* « directeur général de l'agence régionale de santé » en adresse copie au *(Décr. n° 2010-344 du 31 mars 2010, art. 156)* « préfet ».

§ 4 PHARMACIENS ASSURANT LA GÉRANCE

Art. R. 5126-75 La gérance de la pharmacie à usage intérieur mentionnée à l'article R. 5126-70 est assurée par un pharmacien de sapeurs-pompiers mentionné à l'article R. 1424-25 du code général des collectivités territoriales.

Son temps de présence au sein de la pharmacie à usage intérieur est au moins l'équivalent de cinq demi-journées par semaine. Les dispositions du premier alinéa de l'article R. 5126-14 *(Décr. n° 2007-1428 du 3 oct. 2007, art. 2)* « ainsi que celles de l'article R. 5126-23, à l'exception de son troisième alinéa, » lui sont applicables.

Art. R. 5126-76 Les pharmaciens chargés de la gérance d'une pharmacie à usage intérieur mentionnée à l'article R. 5126-67 ne peuvent être titulaires d'officine, directeurs ou directeurs adjoints de laboratoire d'analyses de biologie médicale, pharmaciens responsables ou délégués d'établissement pharmaceutique ; ils ne peuvent non plus assurer la gérance d'une pharmacie mutualiste ou d'une société de secours minière.

Sous réserve des dispositions statutaires applicables aux pharmaciens mentionnés à l'article L. 6152-1, un même pharmacien peut, le cas échéant, assurer la gérance de deux pharmacies à usage intérieur de services départementaux d'incendie et de secours du même département ou de deux départements limitrophes.

Le pharmacien chargé de la gérance d'une seule pharmacie à usage intérieur d'un service départemental d'incendie et de secours peut, par ailleurs, s'il y exerce son activité à temps partiel, assurer la gérance d'une autre pharmacie à usage intérieur mentionnée à l'article L. 5126-1.

Art. R. 5126-77 Le pharmacien chargé de la gérance d'une pharmacie à usage intérieur d'un service départemental d'incendie et de secours est désigné par le président du conseil d'administration de ce service.

Art. R. 5126-78 Les dispositions de l'article *(Décr. n° 2007-1428 du 3 oct. 2007, art. 2)* « R. 5126-43 » sont applicables au remplacement des pharmaciens chargés de la gérance des pharmacies à usage intérieur des services départementaux d'incendie et de secours. Les pharmaciens remplaçants sont pharmaciens de sapeurs-pompiers pendant le temps du remplacement.

§ 5 AUTRES PHARMACIENS

Art. R. 5126-79 Lorsque l'importance de l'activité de la pharmacie à usage intérieur exige une présence pharmaceutique supérieure à dix demi-journées hebdomadaires, un ou plusieurs pharmaciens mentionnés à l'article R. 5125-34 sont recrutés pour assister le pharmacien chargé de la gérance. Ils sont pharmaciens de sapeurs-pompiers.

Lorsque ces pharmaciens s'absentent pour une durée supérieure à un mois, quelle qu'en soit la cause, ils sont remplacés.

Leur remplacement ne peut excéder un an et s'effectue conformément aux dispositions statutaires qui leur sont applicables ou au contrat qui les lie au service.

En outre, des pharmaciens mentionnés à l'article R. 5125-34 peuvent assister le pharmacien chargé de la gérance pour assurer la surveillance des médicaments dans les centres d'incendie et de secours. Ils sont pharmaciens de sapeurs-pompiers.

Art. R. 5126-80 à R. 5126-91 *Abrogés par Décr. n° 2007-1428 du 3 oct. 2007, art. 2.*

SOUS-SECTION 2 PHARMACIE CENTRALE DES ARMÉES (*Décr. n° 2007-1428 du 3 oct. 2007, art. 2*).

§ 1er MISSIONS

Art. R. 5126-92 La pharmacie à usage intérieur de la pharmacie centrale des armées approvisionne les hôpitaux des armées ainsi que les services médicaux des armées et de la gendarmerie nationale en préparations hospitalières et en produits officinaux divisés et notamment les gaz à usage médical, réalisés afin de répondre aux besoins spécifiques des armées en l'absence de spécialité pharmaceutique disponible ou adaptée.

§ 2 INSTALLATION ET FONCTIONNEMENT

Art. R. 5126-93 Les locaux de la pharmacie à usage intérieur peuvent être implantés sur le même emplacement qu'un établissement pharmaceutique de la pharmacie centrale des armées ou d'un établissement de ravitaillement sanitaire du service de santé des armées.

Art. R. 5126-94 La conception et la superficie des locaux sont adaptées aux activités techniques de préparation des produits mentionnés à l'article R. 5126-92 et à leur stockage en vue de leur délivrance aux structures à desservir.

Art. R. 5126-95 Les dispositions des articles R. 5126-8 à R. 5126-12 et de l'article R. 5126-14 à l'exception du troisième alinéa sont applicables, pour ce qui la concerne, à la pharmacie à usage intérieur de la pharmacie centrale des armées.

Les conditions dans lesquelles les préparations mentionnées au *(Décr. n° 2005-840 du 20 juill. 2005, art. 12 ; Décr. n° 2007-1428 du 3 oct. 2007, art. 2)* « huitième alinéa de l'article L. 5126-5 » sont détenues et dispensées dans la pharmacie à usage intérieur de la pharmacie centrale des armées sont fixées par arrêté des ministres chargés de la défense et de la santé.

Art. R. 5126-96 Afin de permettre aux services compétents de vérifier que la pharmacie à usage intérieur de la pharmacie centrale des armées se conforme aux dispositions des articles R. 5126-94 et R. 5126-95, le ministre de la défense adresse au ministre chargé de la santé les renseignements suivants :

1° Le ou les emplacements des locaux de la pharmacie à usage intérieur et les sites géographiques des structures qu'elle approvisionne ;

2° L'énumération des activités pharmaceutiques ;

3° Les effectifs de pharmaciens chimistes des armées, prévus pour l'exercice des missions de la pharmacie à usage intérieur ;

4° Un plan détaillé et coté des locaux et les informations relatives aux éléments mentionnés aux articles R. 5126-94 et R. 5126-95 ;

5° Les modalités d'approvisionnement des structures à desservir.

Art. R. 5126-97 Le ministre chargé de la santé fait connaître au ministre de la défense pour chacun des emplacements de la pharmacie à usage intérieur les conclusions des services compétents sur le respect des dispositions des articles R. 5126-94 et R. 5126-95 par la pharmacie centrale des armées et, s'il y a lieu, il lui demande de prendre les mesures correctives nécessaires.

§ 3 PHARMACIENS ASSURANT LA GÉRANCE

Art. R. 5126-98 La gérance de la pharmacie à usage intérieur de la pharmacie centrale des armées est assurée par un pharmacien chimiste des armées désigné par le ministre de la défense. Ce pharmacien assure personnellement ses fonctions dans l'un des emplacements de la pharmacie à usage intérieur.

Art. R. 5126-99 Lorsque les locaux de la pharmacie à usage intérieur de la pharmacie centrale des armées se trouvent sur le même emplacement qu'un établissement pharmaceutique de la pharmacie centrale des armées ou d'un établissement de ravitaillement sanitaire du service de santé des armées, un même pharmacien chimiste des armées peut assurer simultanément la gérance de cette pharmacie à usage intérieur et les fonctions de pharmacien responsable, délégué ou adjoint de l'établissement considéré sous réserve, le cas échéant, qu'il remplisse les conditions prévues aux articles R. 5124-17 ou R. 5124-18.

Art. R. 5126-100 Quelles que soient la cause et la durée de l'absence du pharmacien chargé de la gérance de la pharmacie à usage intérieur, son remplacement ne peut excéder un an. Ce remplacement est effectué par un pharmacien chimiste des armées, soumis aux mêmes obligations de service que celui qu'il remplace.

§ 4 AUTRES PHARMACIENS

Art. R. 5126-101 Lorsque l'importance de l'activité de la pharmacie à usage intérieur l'exige et en tout état de cause pour exercer ces activités sur chacun des emplacements de la pharmacie à usage intérieur, le ministre de la défense désigne un ou plusieurs pharmaciens chimistes des armées pour assister le pharmacien chargé de la gérance.

Ces pharmaciens peuvent exercer simultanément leurs fonctions et celles de pharmacien responsable, délégué ou adjoint d'un établissement pharmaceutique dans les mêmes conditions que le pharmacien chargé de la gérance de la pharmacie à usage intérieur.

Lorsque ces pharmaciens s'absentent pour une durée supérieure à un mois, ils sont remplacés. Leur remplacement, qui ne peut excéder un an, est effectué par un pharmacien chimiste des armées soumis aux mêmes obligations de service que celui qu'il remplace.

SECTION III DISPOSITIONS COMMUNES À L'ENSEMBLE DES PHARMACIES À USAGE INTÉRIEUR

(Décr. n° 2015-9 du 7 janv. 2015, art. 1er)

Art. R. 5126-101-1 Pour exercer au sein d'une pharmacie à usage intérieur, le pharmacien est titulaire soit :

1° Du diplôme d'études spécialisées de pharmacie hospitalière et des collectivités ;

2° Du diplôme d'études spécialisées de pharmacie industrielle et biomédicale ;

3° Du diplôme d'études spécialisées de pharmacie.

Ces dispositions ne s'appliquent pas aux pharmaciens sapeurs-pompiers volontaires exerçant au sein des pharmacies à usage intérieur des services départementaux d'incendie et de secours, ni aux pharmaciens militaires réservistes exerçant au sein des pharmacies à usage intérieur militaires une activité au titre d'un engagement à servir dans la réserve opérationnelle.

Sur les conditions d'exercice et de remplacement au sein des pharmacies à usage intérieur, V. Décr. n° 2015-9 du 7 janv. 2015, art. 3 🏛.

Sur les conditions d'exercice et de remplacement au sein des pharmacies à usage intérieur et les modalités d'organisation du développement professionnel continu des professions de santé, V. Décr. n° 2017-883 du 9 mai 2017, art. 7 🏛.

Art. R. 5126-101-2 *(Décr. n° 2017-883 du 9 mai 2017, art. 1er)* I. — Par dérogation aux dispositions de l'article R. 5126-101-1, peut également exercer au sein d'une *pharmacie à usage intérieur*, le pharmacien qui :

1° A la date du 1er juin 2017, justifie d'un exercice au sein d'une pharmacie à usage intérieur, soit à temps plein soit à temps partiel, d'une durée équivalente à deux ans à temps plein sur la période des dix dernières années ;

2° Après le 1er juin 2017 et jusqu'au 1er juin 2025, reprend un exercice au sein d'une pharmacie à usage intérieur et justifie, à la date de la reprise, d'un exercice au sein d'une pharmacie à usage intérieur, soit à temps plein soit à temps partiel, d'une durée équivalente à deux ans à temps plein sur la période des dix dernières années.

II. — Les périodes de fonction en pharmacie à usage intérieur en qualité de faisant fonction d'interne, d'attaché associé, de praticien attaché associé ou d'assistant associé sont prises en compte au titre de la condition de durée minimale d'exercice de deux ans prévue aux 1° et 2° du I.

Art. R. 5126-101-3 I. – Le ministre chargé de la santé peut, après avis de la commission d'autorisation d'exercice mentionnée aux articles L. 4221-14-1 et L. 4221-14-2 et au vu d'un dossier, autoriser individuellement à exercer la profession de pharmacien au sein d'une pharmacie à usage intérieur les ressortissants d'un État membre de l'Union européenne ou d'un autre État partie à l'accord sur l'Espace économique européen qui ont suivi, avec succès, une formation de pharmacien conforme aux exigences de l'article 44 de la directive n° 2005/36/CE du Parlement européen et du Conseil du 7 septembre 2005 relative à la reconnaissance des qualifications professionnelles et qui, sans posséder l'un des diplômes mentionnés à l'article R. 5126-101-1, sont titulaires :

(Décr. n° 2017-883 du 9 mai 2017, art. 2-1°) « 1° De titres de formation délivrés par un ou plusieurs États, membres ou parties, et requis par l'autorité compétente de ces États, membres ou parties, qui réglementent l'accès à cette profession au sein d'une structure équivalente à une pharmacie à usage intérieur ou son exercice, et permettant d'exercer légalement ces fonctions dans ces États ;

« 2° Ou, lorsque les intéressés ont exercé dans un ou plusieurs États, membres ou parties, qui ne règlementent ni la formation, ni l'accès à cette profession au sein d'une structure équivalente à une pharmacie à usage intérieur ou son exercice, de titres de formation délivrés par un ou plusieurs États, membres ou parties, attestant de la préparation à l'exercice de la profession de pharmacien au sein d'une structure équivalente à une pharmacie à usage intérieur, accompagnés d'une attestation justifiant, dans ces États, de son exercice à temps plein pendant un an ou à temps partiel pendant une durée totale équivalente au cours des dix dernières années. »

3° Ou d'un titre de formation délivré par un État tiers et reconnu dans un État*[,]* membre ou partie, autre que la France, et requis par l'autorité compétente d'un État, membre ou partie, qui réglemente l'accès à la profession de pharmacien au sein d'une structure équivalente à une pharmacie à usage intérieur ou son exercice, et permettant d'y exercer légalement cette activité professionnelle. *(Décr. n° 2017-883 du 9 mai 2017, art. 2-1°)* « L'intéressé justifie l'avoir exercée pendant trois ans à temps plein ou à temps partiel pendant une durée totale équivalente dans cet État, membre ou partie. »

Ces autorisations d'exercice sont délivrées dans les conditions prévues par les articles R. 4221-13-5 et R. 4221-13-6.

II. – Le ministre chargé de la santé peut, après avis de la commission d'autorisation d'exercice mentionnée à l'article L. 4221-9 et au vu d'un dossier, autoriser individuellement à exercer la profession de pharmacien au sein d'une pharmacie à usage intérieur des ressortissants d'un État autre que les États membres de l'Union européenne ou les États parties à l'accord sur l'Espace économique européen, titulaires d'un titre de formation permettant d'exercer au sein d'une structure équivalente à une pharmacie à usage intérieur, obtenu dans l'un de ces États, et dont l'expérience professionnelle est attestée par tout moyen.

III. – Les autorisations d'exercice mentionnées aux I et II du présent article sont publiées au *Journal officiel* de la République française.

La délivrance de l'autorisation d'exercice permet au bénéficiaire d'exercer au sein d'une pharmacie à usage intérieur dans les mêmes conditions que les personnes titulaires d'un diplôme mentionné à l'article R. 5126-101-1.

Art. R. 5126-101-4 *(Décr. n° 2017-883 du 9 mai 2017, art. 3)* Peut également exercer au sein d'une pharmacie à usage intérieur, le titulaire d'un titre de formation de pharmacien délivré par un État membre de l'Union européenne, un autre État partie à l'accord sur l'Espace économique européen qui :

1° A la date du 1er juin 2017, justifie d'un exercice au sein d'une structure équivalente à une pharmacie à usage intérieur dans l'un de ces États, soit à temps plein soit à temps partiel, d'une durée équivalente à deux ans à temps plein sur la période des dix dernières années ;

2° Après le 1er juin 2017 et jusqu'au 1er juin 2025, reprend un exercice au sein d'une pharmacie à usage intérieur et justifie, à la date de la reprise, d'un exercice au sein d'une structure équivalente à une pharmacie à usage intérieur dans l'un de ces États soit à temps plein soit à temps partiel, d'une durée équivalente à deux ans à temps plein sur la période des dix dernières années.

Art. R. 5126-101-5 Les conditions dans lesquelles est attestée la preuve de l'exercice au sein d'une pharmacie à usage intérieur ou d'une structure équivalente à une pharmacie à usage intérieur, mentionné aux articles R. 5126-101-2 à R. 5126-101-4, sont précisées par arrêté du ministre chargé de la santé. — *[Anc. art. R. 5126-101-6.]*

Art. R. 5126-101-6 *(Décr. nº 2017-883 du 9 mai 2017, art. 5-1º)* « I. — » Lorsque le remplacement d'un pharmacien exerçant dans une pharmacie à usage intérieur, autre que le pharmacien gérant, ne peut être assuré dans les conditions prévues aux articles R. 5126-46, R. 5126-79 ou R. 5126-101, il peut être effectué par les internes en pharmacie et par les *(Décr. nº 2017-883 du 9 mai 2017, art. 5-1º)* « internes et » pharmaciens assistants des hôpitaux des armées ayant validé :

1º La totalité du deuxième cycle des études pharmaceutiques en France ;

2º Cinq semestres de formation du diplôme d'études spécialisées de pharmacie effectués, au titre du troisième cycle spécialisé des études pharmaceutiques, dans chacun des quatre domaines de la pharmacie.

Dans ce cas, le président du conseil central de l'ordre des pharmaciens délivre à l'interne un certificat à remettre au directeur d'établissement et *(Décr. nº 2017-883 du 9 mai 2017, art. 5-2º)* « , le cas échéant, » au pharmacien assurant la gérance de la pharmacie à usage intérieur, attestant qu'il remplit les conditions prévues pour ce remplacement : l'établissement de ce certificat est subordonné, pour ce qui concerne la constatation des études effectuées, à une attestation délivrée à l'interne par le directeur de l'unité de formation et de recherche auprès de laquelle il est inscrit en vue de l'obtention du diplôme d'État de docteur en pharmacie. Ce certificat est valable un an sur l'ensemble du territoire. Il peut être renouvelé dans les mêmes conditions, sur justification de la poursuite des mêmes études.

Pour les *(Décr. nº 2017-883 du 9 mai 2017, art. 5-3º)* « internes et les » pharmaciens assistants des hôpitaux des armées, ce certificat est délivré par le ministre de la défense. — *[Anc. art. R. 5126-101-7.]*

(Décr. nº 2017-883 du 9 mai 2017, art. 5-4º) « II. — Lorsque le remplacement du pharmacien gérant d'une pharmacie à usage intérieur ne peut être assuré dans les conditions prévues aux articles R. 5126-43 ou R. 5126-100, il peut être effectué par les internes en pharmacie et par les internes et pharmaciens assistants des hôpitaux des armées dans les conditions prévues au I.

« Dans ce cas, le remplacement est conditionné à la signature d'une convention d'assistance entre l'établissement auquel est rattachée la pharmacie à usage intérieur dans lequel le remplacement est effectué et un établissement dans lequel la gérance de la pharmacie à usage intérieur est assurée, pendant la durée du remplacement, par un pharmacien.

« La durée maximale de remplacement pouvant être assurée par les internes en pharmacie et par les internes et pharmaciens assistants des hôpitaux des armées est de quatre mois par an, dans la limite d'un mois par remplacement.

« Un arrêté des ministres chargés de la santé et de la défense fixe le contenu de la convention prévue au deuxième alinéa du II. »

En application de l'art. L. 231-5 CRPA, le silence gardé par l'administration pendant deux mois vaut décision de rejet pour une demande de délivrance d'un certificat attestant qu'un étudiant en pharmacie respecte les conditions posées au 2º de l'art. R. 5126-101-7 pour effectuer un remplacement en PUI.

Les dispositions du Décr. nº 2015-1457 du 10 nov. 2015 spécifiques au présent art. sont applicables aux demandes présentées à compter du 1er sept. 2016 (Décr. préc., art. 1er et 3).

SECTION IV **VENTE DE MÉDICAMENTS AU PUBLIC PAR CERTAINES PHARMACIES À USAGE INTÉRIEUR** *(Décr. nº 2007-1428 du 3 oct. 2007, art. 2).*

Art. R. 5126-102 Peuvent être inscrits sur la liste prévue à l'article L. 5126-4, dans l'intérêt des malades non hospitalisés, les médicaments dont la vente au public par la pharmacie à usage intérieur d'un établissement de santé se justifie par des raisons tenant notamment à des contraintes de distribution, de dispensation ou d'administration, à la sécurité de l'approvisionnement ou à la nécessité d'effectuer un suivi de leur prescription ou de leur délivrance.

Art. R. 5126-103 Les médicaments bénéficiant d'une autorisation de mise sur le marché, d'une autorisation temporaire d'utilisation mentionnée *(Décr. nº 2013-66 du 18 janv. 2013, art. 5)* « au 1º du I » de l'article L. 5121-12 ou d'une autorisation d'importation parallèle doivent, en outre, pour pouvoir figurer sur la liste prévue à l'article L. 5126-4, répondre aux conditions suivantes :

1º Être soumis aux dispositions de la section 1 du chapitre II du titre III du présent livre ;

2º Ne pas avoir été classés dans la catégorie de médicaments réservés à l'usage hospitalier.

Les médicaments sont inscrits sur la liste sous la dénomination définie à l'article R. 5121-1. L'inscription mentionne également le nom de l'entreprise ou de l'organisme exploitant.

Art. R. 5126-104 Sont réputées remplir les critères définis à l'article R. 5126-102 et sont inscrites sur la liste prévue à l'article L. 5126-4 les catégories de médicaments suivantes :

1º Les médicaments bénéficiant d'une autorisation temporaire d'utilisation mentionnée *(Décr. nº 2013-66 du 18 janv. 2013, art. 5)* « au 2º du I » de l'article L. 5121-12 et qui ne sont pas classés dans la catégorie de médicaments réservés à l'usage hospitalier ;

2º Les préparations hospitalières mentionnées au 2º de l'article L. 5121-1 faisant l'objet d'une prescription initiale effectuée par un médecin répondant aux conditions prévues par l'article R. 5121-88 ;

3º Les préparations magistrales réalisées dans un établissement de santé à la condition qu'il n'existe pas de spécialité pharmaceutique disponible et adaptée et que les préparations concernées aient fait l'objet d'une prescription initiale effectuée par un médecin répondant aux conditions prévues par l'article R. 5121-88 ;

4º Les médicaments bénéficiant d'une autorisation d'importation autre que celle mentionnée à l'article R. 5121-116 et qui ne sont pas classés dans la catégorie de médicaments réservés à l'usage hospitalier.

Art. R. 5126-105 La liste est arrêtée par le ministre chargé de la santé après avoir recueilli, sauf urgence, l'avis du directeur général de l'*(Décr. nº 2012-597 du 27 avr. 2012, art. 5-I-1º)* « Agence nationale de sécurité du médicament et des produits de santé ».

Le directeur général de l'*(Décr. nº 2012-597 du 27 avr. 2012, art. 5-I-1º)* « Agence nationale de sécurité du médicament et des produits de santé » peut proposer au ministre chargé de la santé d'inscrire un médicament sur la liste prévue à l'article L. 5126-4.

Art. R. 5126-106 Un médicament qui cesse de répondre aux critères prévus à l'article R. 5126-102 ou de remplir l'une des conditions mentionnées à l'article R. 5126-103 ayant justifié son inscription est radié de la liste dans les conditions suivantes :

1º S'il s'agit d'un médicament bénéficiant d'une autorisation de mise sur le marché, le ministre chargé de la santé fait part à l'entreprise ou à l'organisme qui l'exploite de son intention de le radier de la liste. L'entreprise ou l'organisme dispose d'un délai d'un mois pour présenter ses observations. A l'issue de ce délai, le ministre lui notifie sa décision. Elle entre en vigueur six mois après sa notification ;

2º S'il s'agit d'un médicament bénéficiant d'une autorisation temporaire d'utilisation prévue *(Décr. nº 2013-66 du 18 janv. 2013, art. 5)* « au 1º du I » de l'article L. 5121-12, le ministre chargé de la santé, lorsqu'il envisage, après avoir été informé, en application de l'article R. 5121-76, de la date à laquelle elle cesse de produire ses effets, de la radier de la liste et de ne pas l'inscrire au titre de son autorisation de mise sur le marché, en informe l'entreprise ou l'organisme qui l'exploite. Cette décision entre en vigueur dans un délai de six mois à compter de la date à laquelle l'autorisation temporaire d'utilisation cesse de produire ses effets. Lorsque le ministre chargé de la santé envisage de l'inscrire sur la liste au titre de son autorisation de mise sur le marché, cette inscription est effectuée sans délai.

Art. R. 5126-107 Le prix de cession des spécialités pharmaceutiques inscrites sur la liste mentionnée à l'article L. 5126-4 et disposant d'une autorisation de mise sur le marché est déterminé dans les conditions et selon les critères définis à l'article L. 162-16-5 du code de la sécurité sociale.

Art. R. 5126-108 Le prix de cession des spécialités mentionnées au 1° et au 4° de l'article R. 5126-104 et de celles bénéficiant d'une autorisation temporaire d'utilisation mentionnée *(Décr. n° 2013-66 du 18 janv. 2013, art. 5)* « au 1° du I » de l'article L. 5121-12 est égal à la somme du prix d'achat de la spécialité par l'établissement de santé et d'une marge forfaitaire dont la valeur est arrêtée par les ministres chargés de la santé, de la sécurité sociale et de l'économie en tenant compte des frais inhérents à la gestion et à la dispensation de ces spécialités. Le prix de cession est majoré, le cas échéant, du montant de la taxe sur la valeur ajoutée.

Art. R. 5126-109 Pour les préparations hospitalières et les préparations magistrales réalisées par la pharmacie à usage intérieur d'un établissement de santé ou par un établissement pharmaceutique créé au sein d'un établissement public de santé en application de l'article L. 5124-9, le prix de cession est égal à la somme de leur coût de fabrication majoré d'une marge forfaitaire dont la valeur est déterminée par arrêté des ministres chargés de l'économie et des finances, de la santé et de la sécurité sociale et en tenant compte des frais inhérents à la gestion et à la dispensation de ces préparations. Ce prix de cession est majoré, le cas échéant, du montant de la taxe sur la valeur ajoutée.

Art. R. 5126-110 Le remboursement des médicaments inscrits sur la liste prévue à l'article L. 5126-4 est effectué sur la base de leur prix de cession.

Les ministres chargés de la santé et de la sécurité sociale arrêtent les conditions de prise en charge de ces médicaments. Les dispositions de l'article *(Décr. n° 2015-1865 du 30 déc. 2015, art. 11-III)* « R. 160-5 » du code de la sécurité sociale s'appliquent à ces médicaments.

Lorsqu'un médicament inscrit sur la liste prévue à l'article L. 5126-4 figure également sur la liste des spécialités remboursables aux assurés sociaux en application de l'article L. 162-17 du code de la sécurité sociale, le taux de participation de l'assuré est le même dans les deux cas.

SECTION V **ÉTABLISSEMENTS NE DISPOSANT PAS DE PHARMACIE À USAGE INTÉRIEUR** *(Décr. n° 2007-1428 du 3 oct. 2007, art. 3).*

Art. R. 5126-111 *(Décr. n° 2007-1428 du 3 oct. 2007, art. 3)* Les dispositions de la présente section sont applicables :

1° Aux établissements de santé ;

2° Aux établissements de chirurgie esthétique ;

3° Aux établissements médico-sociaux mentionnés à l'article R. 5126-1 ;

4° Aux groupements de coopération sanitaire autorisés, *(Décr. n° 2012-1483 du 27 déc. 2012, art. 11-I-30°)* « en vertu de l'article » *(Décr. n° 2010-344 du 31 mars 2010, art. 156)* « L. 6133-7 », à assurer les missions d'un établissement de santé ou, en ce qui concerne la détention et la dispensation des gaz à usage médical, aux groupements qui gèrent des blocs opératoires pour le compte de leurs membres.

Art. R. 5126-112 Les produits pharmaceutiques détenus en application de l'article L. 5126-6, autres que les médicaments réservés à l'usage hospitalier, sont fournis aux établissements mentionnés à l'article R. 5126-111 soit par une pharmacie d'officine sur commande écrite du médecin attaché à l'établissement, soit par la pharmacie d'officine dont le titulaire a passé convention avec l'établissement à cette fin.

Les médicaments détenus en application de l'article L. 5126-6 et réservés à l'usage hospitalier sont fournis aux établissements mentionnés à l'article R. 5126-111 autres que les établissements médico-sociaux par une entreprise pharmaceutique en application du *(Décr. n° 2005-840 du 20 juill. 2005, art. 12)* « 8° » de l'article R. 5124-45, sur commande écrite du médecin ou du pharmacien précités.

(Décr. n° 2007-1428 du 3 oct. 2007, art. 3) « Les établissements mentionnés à l'article R. 5126-111 peuvent se procurer des spécialités pharmaceutiques reconstituées ainsi que des préparations magistrales ou hospitalières auprès d'une pharmacie à usage intérieur ou d'un établissement pharmaceutique mentionné à l'article L. 5124-9, autorisés

à cet effet dans les conditions respectivement prévues aux articles R. 5126-20 et R. 5124-69. »

(Décr. n° 2010-1228 du 19 oct. 2010) « Les établissements de santé délivrant des soins à domicile peuvent également se procurer des médicaments réservés à l'usage hospitalier auprès d'une pharmacie à usage intérieur.

« Une convention précise les modalités d'approvisionnement des médicaments réservés à l'usage hospitalier qui doivent permettre de garantir la continuité et la sécurité de cet approvisionnement. »

(Décr. n° 2007-1428 du 3 oct. 2007, art. 3) « Dans les groupements de coopération sanitaire, les produits pharmaceutiques mentionnés aux précédents alinéas peuvent être détenus et dispensés sous la responsabilité d'un pharmacien chargé de la gérance de l'une des pharmacies à usage intérieur des établissements membres. »

Les médicaments mentionnés à l'article R. 5132-1 sont détenus et leur stock reconstitué dans les conditions de l'article R. 5132-42.

Art. R. 5126-113 Les médicaments pour soins urgents mentionnés à l'article L. 5126-6 sont détenus dans une armoire fermée à clef *(Décr. n° 2007-1428 du 3 oct. 2007, art. 3)* « ou disposant d'un mode de fermeture assurant la même sécurité » dont le contenu maximal est fixé, après avis du conseil départemental de l'ordre des médecins *(Décr. n° 2007-157 du 5 févr. 2007, art. 4)* « et du conseil compétent de l'ordre des pharmaciens », par le *(Décr. n° 2010-1733 du 30 déc. 2010, art. 3)* « directeur général de l'agence régionale de santé ».

Art. R. 5126-114 Les médecins exerçant dans les établissements mentionnés à l'article R. 5126-111 peuvent se procurer, pour leur usage professionnel, les médicaments *(Décr. n° 2007-1428 du 3 oct. 2007, art. 3)* « autres que ceux destinés à des soins urgents », soit auprès d'entreprises pharmaceutiques conformément aux 2° et 3° de l'article R. 5124-43, soit auprès d'une pharmacie d'officine, sur commande à usage professionnel prévue à l'article R. 5132-6.

Art. R. 5126-115 Les pharmaciens d'officine et les autres personnes légalement habilitées à les remplacer, assister ou seconder peuvent dispenser au sein des établissements mentionnés à l'article R. 5126-111 les médicaments autres que ceux destinés aux soins urgents, dans les conditions prévues aux articles R. 5125-50 à R. 5125-52 et sous réserve, en ce qui concerne les médicaments mentionnés à l'article R. 5132-1, qu'ils aient fait l'objet d'une prescription médicale.

CHAPITRE VII INSPECTION DE LA PHARMACIE

SECTION PREMIÈRE DISPOSITIONS GÉNÉRALES

Art. R. 5127-1 Les pharmaciens inspecteurs de santé publique procèdent, selon une périodicité fixée par le ministre chargé de la santé, à l'inspection des officines et pharmacies mentionnées aux articles L. 5125-1, L. 5125-19, L. 5126-1, L. 5126-8, L. 5126-9 et L. 5126-13, des lieux de détention de médicaments par les médecins mentionnés à l'article L. 4211-3 et par les personnes physiques et morales mentionnées aux articles R. 5124-2 et R. 5124-45, ainsi que des herboristeries mentionnées à l'article L. 4211-7.

SECTION II POUVOIRS D'ENQUÊTE

SOUS-SECTION 1 PRÉSENTATION ET INSTRUCTION DE CERTAINES REQUÊTES

Art. R. 5127-2 Les requêtes présentées par les pharmaciens inspecteurs de santé publique auprès du président du tribunal de grande instance en vertu du deuxième alinéa de l'article L. 1421-2, sont dispensées du ministère d'avocat ou d'officier public ou *ministériel*).

Art. R. 5127-3 La requête tendant à la prorogation de la mesure de consignation, mentionnée au deuxième alinéa de l'article L. 5127-2, présentée par les pharmaciens inspecteurs de santé publique est portée devant le président du tribunal de grande instance dans le ressort duquel est situé le lieu où les produits ont été consignés ou devant le magistrat délégué à cet effet, qui est saisi sans forme.

L'ordonnance de prorogation de la mesure de consignation est notifiée par tous moyens au détenteur des produits consignés.

La requête tendant à la mainlevée de la mesure de consignation, mentionnée au troisième alinéa de l'article L. 5127-2, est présentée sans forme par le détenteur des produits consignés.

Le président du tribunal de grande instance ou le magistrat délégué par lui recueille les observations de l'administration avant de se prononcer.

La consignation est levée de plein droit par les inspecteurs dès lors que la conformité des produits consignés aux réglementations en vigueur est établie.

SOUS-SECTION 2 PRÉLÈVEMENTS D'ÉCHANTILLONS

Art. R. 5127-4 Sauf dans les cas prévus à l'article R. 5127-13, un prélèvement comporte trois échantillons, l'un laissé au propriétaire ou détenteur du produit, le deuxième destiné au laboratoire compétent pour procéder aux analyses et le troisième conservé par l'agent ayant effectué le prélèvement.

Art. R. 5127-5 Un prélèvement donne lieu, séance tenante, à la rédaction :

– dans le cadre d'un contrôle effectué dans les conditions prévues aux articles L. 1421-1 à L. 1421-3, à l'article L. 5127-2 ou à l'article L. 5313-3, d'un rapport ;

– dans le cadre d'une procédure de recherche et de constatation d'infractions pénales dans les conditions prévues à l'article L. 5412-1 ou aux articles L. 5411-1 à L. 5411-3, d'un procès-verbal.

Art. R. 5127-6 Le rapport ou le procès-verbal comporte les mentions suivantes :

1° Les noms, prénoms, qualités et résidences du ou des agents auteurs du rapport ou du procès-verbal ;

2° La date, l'heure et le lieu où le prélèvement a été effectué ;

3° Les nom, prénom, profession, domicile ou résidence de la personne chez laquelle le prélèvement a été opéré ; si le prélèvement a lieu en cours de transport, les nom et domicile des personnes identifiées comme étant les expéditeurs et les destinataires ;

4° La quantité de produits prélevés et, s'ils existent, leurs numéros de lots de fabrication ;

5° Le numéro d'ordre du prélèvement ;

6° La signature du ou des agents auteurs du rapport ou du procès-verbal.

Art. R. 5127-7 Le rapport ou le procès-verbal :

1° Contient un exposé succinct des circonstances dans lesquelles le prélèvement a été effectué ;

2° Relate :

a) Les marques et étiquettes apposées sur les conditionnements primaires ou extérieurs ;

b) L'importance du lot de produits échantillonnés ;

c) Les indications jugées utiles pour établir l'authenticité des échantillons prélevés ;

d) L'identité du produit et la dénomination exacte sous laquelle ce dernier était détenu ou mis en vente.

Art. R. 5127-8 Le propriétaire ou détenteur du produit ou, le cas échéant, le représentant de l'entreprise de transport peut faire insérer dans le rapport ou le procès-verbal les déclarations qu'il juge utiles.

Il est invité à signer le rapport ou le procès-verbal ; en cas de refus, mention en est faite par le ou les agents auteurs du rapport ou du procès-verbal.

Art. R. 5127-9 Les prélèvements sont effectués de telle sorte que les trois échantillons soient, autant que possible, identiques.

Les mesures nécessaires sont prises pour que le transport des échantillons soit effectué dans des conditions garantissant leur bonne conservation et leur intégrité.

Art. R. 5127-10 Les échantillons prélevés sont mis sous scellés. Ces scellés sont appliqués sur une étiquette comportant notamment les indications suivantes :

1° La dénomination du produit ;

2° La catégorie à laquelle le produit appartient en se référant à celles mentionnées à l'article L. 5311-1 ;

3° Les nom et adresse du propriétaire ou détenteur du produit ;
4° La date du prélèvement ;
5° Le numéro d'ordre du prélèvement ;
6° Le numéro d'ordre de chaque échantillon ;
7° La signature du ou des agents auteurs du rapport ou du procès-verbal ;
8° Éventuellement, la signature du propriétaire ou détenteur du produit.

Art. R. 5127-11 Les prélèvements ne donnent lieu à aucun paiement à la charge de l'État ou, selon le cas, de l'*(Décr. n° 2012-597 du 27 avr. 2012, art. 5-I-1°)* « Agence nationale de sécurité du médicament et des produits de santé » ou de l'*(Décr. n° 2011-385 du 11 avr. 2011, art. 1er)* « Agence nationale de sécurité sanitaire de l'alimentation, de l'environnement et du travail ».

Une copie du rapport ou du procès-verbal de prélèvement est remise au propriétaire ou détenteur du produit.

Art. R. 5127-12 L'un des échantillons est laissé au propriétaire ou détenteur du produit.

Si l'intéressé refuse de conserver ledit échantillon en dépôt, mention de ce refus est faite dans le rapport ou le procès-verbal.

Sous aucun prétexte l'intéressé ne modifie l'état de l'échantillon qui lui est confié.

Art. R. 5127-13 Lorsqu'en raison de la qualité ou de la quantité d'un produit, la division en trois échantillons est impossible, l'agent qui effectue le prélèvement place sous scellés, en un échantillon unique, la totalité du produit.

Art. R. 5127-14 Une copie du rapport ou du procès-verbal de prélèvement est envoyée, par son ou ses auteurs, selon le cas, au directeur général de l'*(Décr. n° 2012-597 du 27 avr. 2012, art. 5-I-1°)* « Agence nationale de sécurité du médicament et des produits de santé » ou au directeur général de l'*(Décr. n° 2011-385 du 11 avr. 2011, art. 1er)* « Agence nationale de sécurité sanitaire de l'alimentation, de l'environnement et du travail ».

L'agence indique sans délai aux agents auteurs du rapport ou du procès-verbal si elle est destinataire des échantillons prélevés, en précisant dans ce cas celui de ses laboratoires qui est compétent pour effectuer les analyses, ou, le cas échéant, l'établissement ou organisme spécialisé désigné à cet effet. Dans ce dernier cas, une copie du rapport ou du procès-verbal est également adressée par son ou ses auteurs à cet établissement ou organisme en même temps que les échantillons.

Art. R. 5127-15 Dès réception du ou des échantillons, selon le cas, l'*(Décr. n° 2012-597 du 27 avr. 2012, art. 5-I-1°)* « Agence nationale de sécurité du médicament et des produits de santé » ou l'*(Décr. n° 2011-385 du 11 avr. 2011, art. 1er)* « Agence nationale de sécurité sanitaire de l'alimentation, de l'environnement et du travail » ou l'établissement ou organisme spécialisé désigné par elle pour effectuer les analyses inscrit un numéro d'enregistrement pour chaque échantillon sur l'étiquette mentionnée à l'article R. 5127-10.

SOUS-SECTION 3 ANALYSES DES ÉCHANTILLONS PRÉLEVÉS

Art. R. 5127-16 Les résultats des analyses et les conclusions du rapport d'analyses sont communiqués aux agents auteurs du rapport ou du procès-verbal de prélèvement, ainsi que, selon le cas, à l'*(Décr. n° 2012-597 du 27 avr. 2012, art. 5-I-1°)* « Agence nationale de sécurité du médicament et des produits de santé » ou à l'*(Décr. n° 2011-385 du 11 avr. 2011, art. 1er)* « Agence nationale de sécurité sanitaire de l'alimentation, de l'environnement et du travail » dans le cas où celle-ci a désigné un autre établissement ou organisme spécialisé pour effectuer ces analyses.

Le propriétaire ou détenteur des produits est informé des résultats des analyses.

Art. R. 5127-17 *Si le rapport* d'analyses fait apparaître des faits susceptibles d'entraîner des poursuites pénales, il est transmis, accompagné du rapport ou du procès-verbal de prélèvement et du troisième échantillon conservé par l'agent ayant effectué le prélèvement, au procureur de la République.

Art. R. 5127-18 Pour l'application de l'article R. 5127-13, lorsqu'en raison des circonstances qui ont provoqué le prélèvement ou de l'aspect de l'échantillon, selon le cas, le directeur général de l'*(Décr. n° 2012-597 du 27 avr. 2012, art. 5-I-1°)* « Agence nationale de sécurité du médicament et des produits de santé » ou le directeur général de l'*(Décr. n° 2011-385 du 11 avr. 2011, art. 1er)* « Agence nationale de sécurité sanitaire de l'alimentation, de l'environnement et du travail » ou le ou les agents auteurs du rapport ou du procès-verbal de prélèvement présument une infraction, l'échantillon accompagné du rapport ou du procès-verbal de prélèvement et des pièces utiles est adressé au procureur de la République.

SOUS-SECTION 4 SAISIES

Art. R. 5127-19 Les produits saisis sont placés sous scellés et envoyés au procureur de la République en même temps que le procès-verbal. Si leur envoi immédiat est impossible, ils sont laissés en dépôt à l'intéressé ou, sur son refus, dans un lieu choisi par l'auteur du procès-verbal.

SOUS-SECTION 5 FONCTIONNEMENT DE L'EXPERTISE CONTRADICTOIRE

Art. R. 5127-20 Le procureur de la République, s'il estime à la suite du procès-verbal de l'inspecteur ou du rapport du laboratoire, et au besoin après enquête préalable, qu'une poursuite doit être engagée ou une information ouverte, saisit suivant le cas le tribunal ou le juge d'instruction. S'il y a lieu à expertise, il y est procédé conformément aux règles de la présente sous-section.

Art. R. 5127-21 Dans le cas où la présomption d'infraction résulte de l'analyse faite au laboratoire, l'auteur présumé de la fraude ou de la falsification est avisé par le procureur de la République qu'il peut prendre communication du rapport du laboratoire et qu'un délai de trois jours francs lui est imparti pour présenter ses observations et pour faire connaître s'il réclame une expertise contradictoire.

Art. R. 5127-22 Lorsque l'expertise a été réclamée, il est désigné deux experts, l'un par le juge d'instruction et l'autre par l'intéressé. Un délai est imparti à cet effet par le magistrat instructeur à ce dernier, qui a toutefois le droit de renoncer explicitement à cette désignation et de s'en rapporter aux conclusions de l'expert désigné par le juge. Si l'intéressé, sans avoir renoncé à son droit, n'a pas désigné son expert dans le délai qui lui a été imparti, cet expert est nommé d'office par le juge d'instruction. Les experts sont choisis sur les listes spéciales d'experts dressées dans chaque ressort par les cours d'appel ou les tribunaux de grande instance.

L'intéressé a le droit de choisir son expert en dehors des listes officielles, mais s'il use de cette faculté, son choix est subordonné à l'agrément du juge d'instruction. L'ordonnance du juge d'instruction définit la mission donnée aux experts.

Art. R. 5127-23 Après vérification de l'intégrité des scellés, les deux experts sont mis en possession de l'échantillon précédemment conservé par le propriétaire ou détenteur ainsi que de celui précédemment conservé par l'agent ayant effectué le prélèvement et transmis au procureur de la République.

Le juge d'instruction donne communication aux experts des procès-verbaux de prélèvement ainsi que du rapport du laboratoire, des ordonnances médicales, des factures, lettres de voiture, pièces de régie et, d'une façon générale, de tous les documents que la personne en cause a jugé utile de produire ou que le juge s'est fait remettre. Il les commet, en outre, à l'expertise de tous échantillons de comparaison qui ont pu être prélevés administrativement ou qui pourront être prélevés par la suite, sur son ordre.

Aucune méthode officielle n'est imposée aux experts, ils opèrent à leur gré, ensemble ou séparément, chacun d'eux étant libre d'employer les procédés qui lui paraissent les mieux appropriés. Toutefois, ils discutent en commun leurs conclusions et dressent un seul rapport. S'ils sont d'avis différents, ou s'ils ont des réserves à formuler sur des conclusions communes, chacun d'eux indique son opinion ou ses réserves et les motifs à l'appui. Ce rapport est déposé dans le délai fixé par le juge.

Art. R. 5127-24 Si le propriétaire ou détenteur ne représente pas son échantillon intact dans le délai fixé par le juge d'instruction, il n'est plus fait état de cet échantillon. Les deux experts sont, dans ce cas, commis à l'examen d'un échantillon unique. Lorsque, au cours ou à la suite de leurs recherches, les experts sont conduits à présumer qu'une substitution d'échantillons a été opérée, ils sont tenus d'en informer aussitôt le juge d'instruction et de tenir à sa disposition les pièces à conviction susceptibles de révéler la substitution.

Art. R. 5127-25 Si les experts sont en désaccord, ils désignent un tiers expert pour les départager. A défaut d'entente pour le choix de ce tiers expert, celui-ci est désigné par le président du tribunal de grande instance. Le tiers expert peut être choisi en dehors des listes officielles.

Art. R. 5127-26 Dans le cas prévu à l'article R. 5127-18, le procureur de la République notifie à l'intéressé que l'échantillon unique va être soumis à l'expertise et l'informe qu'il a trois jours francs pour faire connaître s'il entend user du droit de désigner un expert. Si ce droit est réclamé, il est procédé, dans le délai fixé par le juge d'instruction, à la nomination simultanée tant des deux experts prévus à l'article R. 5127-22, que du tiers prévu à l'article R. 5127-25.

Les trois experts procèdent ensemble à l'examen de l'échantillon unique. Toutefois, il n'est nommé qu'un seul expert si l'intéressé a déclaré, avant l'expiration du délai prévu à l'alinéa précédent, s'en rapporter aux conclusions de l'expert désigné par le juge.

Art. R. 5127-27 Lorsque l'expertise est ordonnée par le tribunal, il y est procédé conformément aux règles de la présente sous-section.

TITRE TROISIÈME AUTRES PRODUITS ET SUBSTANCES PHARMACEUTIQUES RÉGLEMENTÉS

CHAPITRE PREMIER PRODUITS COSMÉTIQUES

SECTION PREMIÈRE DÉCLARATION DES ÉTABLISSEMENTS

Art. R. 5131-1 *(Décr. nº 2015-1417 du 4 nov. 2015, art. 3-1º)* La déclaration prévue à l'article L. 5131-2 est adressée à l'Agence nationale de sécurité du médicament et des produits de santé par une personne habilitée à engager l'entreprise à laquelle appartient l'établissement par tout moyen lui conférant date certaine. Elle comprend les renseignements suivants :

1º Le nom ou la dénomination sociale et l'adresse de l'entreprise à laquelle appartient l'établissement ainsi que l'adresse de l'établissement qui exerce l'activité de fabrication ou de conditionnement de produits cosmétiques ;

2º Le nom et la fonction du déclarant ;

(Abrogé par Décis. CE nº 399450 du 2 oct. 2017) *« 3º Le nom, la fonction et la qualification, telle que définie au troisième alinéa de l'article L. 5131-2, de la ou des personnes responsables de l'évaluation de la sécurité ; »*

4º Des renseignements administratifs relatifs à l'établissement où s'exerce l'activité de fabrication ou de conditionnement de produits cosmétiques ;

5º Des informations techniques relatives aux activités de fabrication et de conditionnement de produits cosmétiques, ainsi qu'à l'existence, le cas échéant, d'autres activités exercées sur le site.

La liste des informations mentionnées aux 4º et 5º est précisée par arrêté du ministre chargé de la santé après avis de l'Agence nationale de sécurité du médicament et des produits de santé.

La cessation d'activité de l'établissement est communiquée sans délai à l'Agence nationale de sécurité du médicament et des produits de santé par tout moyen permettant d'en accuser réception.

Art. R. 5131-2 *Abrogé par Décr. nº 2015-1417 du 4 nov. 2015, art. 3.*

SECTION II COMPOSITION DES PRODUITS COSMÉTIQUES

Art. R. 5131-3 *Abrogé par Décr. nº 2015-1417 du 4 nov. 2015, art. 3.*

SECTION III ÉTIQUETAGE DES PRODUITS COSMÉTIQUES

SOUS-SECTION 1 DISPOSITIONS COMMUNES *(Abrogée par Décr. n° 2015-1417 du 4 nov. 2015, art. 3-4°).*

Art. R. 5131-4 *(Décr. n° 2015-1417 du 4 nov. 2015, art. 3-5°)* I. — Le récipient et l'emballage des produits cosmétiques mis à disposition sur le marché portent en caractères indélébiles, facilement lisibles et visibles, les mentions visées aux paragraphes 1 à 3 de l'article 19 du règlement (CE) n° 1223/2009 du Parlement européen et du Conseil du 30 novembre 2009 relatif aux produits cosmétiques.

II. — Tout produit cosmétique présenté non préemballé, emballé sur les lieux de vente à la demande de l'acheteur ou préemballé en vue de sa vente immédiate doit être muni sur lui-même ou à proximité immédiate, par tout moyen visible et lisible, des mentions visées au paragraphe 1 de l'article 19 du même règlement, en indiquant à quel(s) produit(s) ces mentions se rattachent, sans risque de confusion.

III. — Les mentions prévues aux points *b*, *c*, *d* et *f* du paragraphe 1 de l'article 19 du même règlement et au paragraphe II du présent article sont rédigées en français. Elles peuvent, en outre, être rédigées dans d'autres langues.

Art. R. 5131-5 et R. 5131-6 *Abrogés par Décr. n° 2015-1417 du 4 nov. 2015, art. 3.*

SOUS-SECTION 2 *[ABROGÉE]* DÉROGATION POUR RAISON DE CONFIDENTIALITÉ COMMERCIALE *(Décr. n° 2005-840 du 20 juill. 2005, art. 12).*

(Abrogée par Décr. n° 2015-1417 du 4 nov. 2015, art. 3-8°)

Art. R. 5131-7 à R. 5131-12 *Abrogés par Décr. n° 2015-1417 du 4 nov. 2015, art. 3.*

SECTION IV INFORMATION DU PUBLIC

(Décr. n° 2006-62 du 18 janv. 2006)

Art. R. 5131-5 *(Décr. n° 2015-1417 du 4 nov. 2015, art. 3-9°)* La personne responsable veille à rendre facilement accessible au public par des moyens appropriés les informations mentionnées à l'article 21 du règlement (CE) n° 1223/2009 du Parlement européen et du Conseil, du 30 novembre 2009, relatif aux produits cosmétiques.

Elle adresse ces informations par tout moyen conférant date certaine, dans un délai de trois semaines à compter de la réception de la demande.

Art. R. 5131-14 *Abrogé par Décr. n° 2015-1417 du 4 nov. 2015, art. 3.*

SECTION V SYSTÈME NATIONAL DE COSMÉTOVIGILANCE

(Décr. n° 2015-1417 du 4 nov. 2015, art. 3-11°)

Art. R. 5131-6 Les produits cosmétiques font l'objet d'une vigilance destinée à surveiller l'ensemble des effets indésirables et des mésusages résultant de leur utilisation. Cette vigilance s'exerce sur l'ensemble de ces produits après leur mise sur le marché.

Art. R. 5131-7 Pour l'application de la présente section, on entend par :

"Mésusage" : une utilisation non conforme à la destination du produit, à son usage normal ou raisonnablement prévisible ou à son mode d'emploi, ou aux précautions particulières d'emploi mentionnées au point *d* du paragraphe 1 de l'article 19 du règlement (CE) n° 1223/2009 du 30 novembre 2009.

"Effet indésirable" : une réaction nocive pour la santé humaine imputable à l'utilisation normale ou raisonnablement prévisible d'un produit cosmétique, conformément au *o* du paragraphe 1 de l'article 2 du même règlement.

"Effet indésirable grave" : effet indésirable entraînant une incapacité fonctionnelle temporaire ou permanente, un handicap, une hospitalisation, des anomalies congénitales, un risque vital immédiat ou un décès, conformément au *p* du paragraphe 1 de l'article 2 du même règlement.

Art. R. 5131-8 Le système national de cosmétovigilance comprend :

1° L'Agence nationale de sécurité du médicament et des produits de santé ;

2° La direction générale de la consommation, de la concurrence et de la répression des fraudes ;

3° La personne responsable telle que déterminée à l'article 4 du règlement (CE) n° 1223/2009 du Parlement européen et du Conseil, du 30 novembre 2009, relatif aux produits cosmétiques et les distributeurs de produits cosmétiques tels que définis au *e* du paragraphe 1 de l'article 2 du même règlement ;

4° Les professionnels de santé ;

5° Les utilisateurs professionnels et les consommateurs de produits cosmétiques.

Art. R. 5131-9 La personne responsable telle que déterminée à l'article 4 du règlement (CE) n° 1223/2009 du Parlement européen et du Conseil, du 30 novembre 2009, relatif aux produits cosmétiques et les distributeurs de produits cosmétiques tels que définis au *e* du paragraphe 1 de l'article 2 du même règlement :

1° Doivent déclarer sans délai à l'Agence nationale de sécurité du médicament et des produits de santé les effets indésirables graves mentionnés à l'article 23 du règlement (CE) n° 1223/2009 du Parlement européen et du Conseil, du 30 novembre 2009, relatif aux produits cosmétiques ;

2° Peuvent déclarer à l'agence précitée les autres effets indésirables et les effets susceptibles de résulter d'un mésusage du produit, en application du I de l'article L. 5131-5.

Art. R. 5131-10 Les professionnels de santé, en application du premier alinéa du II de l'article L. 5131-5 :

1° Doivent déclarer sans délai à l'Agence nationale de sécurité du médicament et des produits de santé les effets indésirables graves dont ils ont connaissance ;

2° Peuvent déclarer à l'agence précitée les autres effets indésirables dont ils ont connaissance et les effets susceptibles de résulter d'un mésusage du produit.

Art. R. 5131-11 Les utilisateurs professionnels et les consommateurs, en application des deuxième et troisième alinéas du II de l'article L. 5131-5, peuvent déclarer à l'Agence nationale de sécurité du médicament et des produits de santé tout effet indésirable et les effets susceptibles de résulter d'un mésusage.

Art. R. 5131-12 La vigilance exercée sur les produits cosmétiques par l'Agence nationale de sécurité du médicament et des produits de santé comporte :

1° La réception et l'enregistrement des déclarations d'effets indésirables graves transmises par les acteurs mentionnés aux articles R. 5131-9 à 11 et la transmission des informations déclarées dans les conditions prévues aux paragraphes 2 à 4 de l'article 23 du règlement (CE) n° 1223/2009 du Parlement européen et du Conseil, du 30 novembre 2009, relatif aux produits cosmétiques ;

2° La réception et l'enregistrement des déclarations des autres effets indésirables et des effets susceptibles de résulter d'un mésusage du produit, transmises par les acteurs mentionnés aux articles R. 5131-9 à 11 ;

3° La réalisation de toutes études et de tous travaux concernant la sécurité d'emploi de ces produits ;

4° Le suivi des actions correctives.

L'exercice de la cosmétovigilance peut impliquer la demande et l'analyse des données contenues dans le dossier d'information prévu à l'article 11 du règlement précité.

Art. R. 5131-13 La direction générale de la consommation, de la concurrence et de la répression des fraudes communique à l'Agence nationale de sécurité du médicament et des produits de santé les déclarations d'effets indésirables graves portées à sa connaissance dans le cadre de sa mission de surveillance du marché des produits cosmétiques.

Art. R. 5131-14 Les autorités compétentes mentionnées à l'article L. 5131-3 peuvent utiliser les informations visées aux articles R. 5131-9 à 11 à des fins de surveillance au sein du marché, d'analyse du marché, d'évaluation et d'information des consommateurs dans le cadre des articles 25, 26 et 27 du règlement cité à l'article R. 5131-12.

Art. R. 5131-15 Les déclarations prévues à l'article L. 5131-5 sont effectuées selon des modalités et un modèle-type fixés par arrêté du ministre chargé de la santé sur proposition du directeur général de l'Agence nationale de sécurité du médicament et des produits de santé.

CHAPITRE II SUBSTANCES ET PRÉPARATIONS VÉNÉNEUSES

SECTION PREMIÈRE MÉDICAMENTS RELEVANT DES LISTES I ET II ET MÉDICAMENTS STUPÉFIANTS

SOUS-SECTION 1 DISPOSITIONS COMMUNES

§ 1er CHAMP D'APPLICATION

Art. R. 5132-1 Les dispositions de la présente section s'appliquent aux médicaments mentionnés à l'article L. 5111-1, lorsque ces médicaments :

1° Sont classés, sur proposition du directeur général de l'*(Décr. n° 2012-597 du 27 avr. 2012, art. 5-I-1°)* « Agence nationale de sécurité du médicament et des produits de santé », par arrêté du ministre chargé de la santé, sur les listes I ou II définies à l'article L. 5132-6, ou comme stupéfiants ;

2° Ou renferment une ou plusieurs substances ou préparations classées, sur proposition du directeur général de l'agence par arrêté du ministre chargé de la santé, sur les listes I ou II ou comme stupéfiants.

Lorsque les substances, préparations ou médicaments mentionnés aux 1° et 2° sont utilisés en médecine vétérinaire, le directeur général de l'*(Décr. n° 2012-597 du 27 avr. 2012, art. 5-I-1°)* « Agence nationale de sécurité du médicament et des produits de santé » sollicite, préalablement à sa proposition, l'avis du directeur général de l'*(Décr. n° 2011-385 du 11 avr. 2011, art. 1er)* « Agence nationale de sécurité sanitaire de l'alimentation, de l'environnement et du travail ».

Les médicaments mentionnés aux alinéas précédents peuvent faire l'objet d'un classement autre que celui de la ou des substances ou préparations classées qu'ils comportent. Ils sont alors soumis au régime se rapportant au classement mentionné au 1° ci-dessus.

Lorsqu'un médicament non classé contient plusieurs substances ou préparations relevant d'un classement différent, il est soumis au régime le plus strict se rapportant au classement de ces substances ou préparations selon l'ordre décroissant suivant : stupéfiant, liste I, liste II.

Art. R. 5132-2 Ne sont pas soumis aux dispositions de la présente section :

1° Les médicaments mentionnés à l'article R. 5132-1 qui sont destinés à la médecine humaine et renferment des substances classées à des doses ou concentrations très faibles ou sont utilisés pendant une durée de traitement très brève. Les formes ou voies d'administration de ces médicaments, leur composition, les doses ou concentrations maximales de substances qu'ils renferment, ainsi que, le cas échéant, la durée maximale du traitement, sont fixées, sur proposition du directeur général de l'*(Décr. n° 2012-597 du 27 avr. 2012, art. 5-I-1°)* « Agence nationale de sécurité du médicament et des produits de santé », après avis de l'Académie nationale de pharmacie, par arrêté du ministre chargé de la santé ;

2° Les médicaments mentionnés à l'article R. 5132-1 qui sont destinés à la médecine vétérinaire et renferment des substances classées à des doses ou concentrations trop faibles pour justifier qu'ils soient soumis à ces dispositions. Les formes ou voies d'administration de ces médicaments, leur composition, les doses ou concentrations maximales de substances qu'ils renferment et les espèces animales concernées sont fixées, sur proposition du directeur général de l'*(Décr. n° 2012-597 du 27 avr. 2012, art. 5-I-1°)* « Agence nationale de sécurité du médicament et des produits de santé » après avis du directeur général de l'*(Décr. n° 2011-385 du 11 avr. 2011, art. 1er)* « Agence nationale de sécurité sanitaire de l'alimentation, de l'environnement et du travail », par arrêté des ministres chargés de l'agriculture et de la santé.

§ 2 PRESCRIPTION ET COMMANDE À USAGE PROFESSIONNEL

Art. R. 5132-3 La prescription de médicaments ou produits *(Décr. nº 2007-596 du 24 avr. 2007)* « destinés à la médecine humaine » mentionnés à la présente section est rédigée, après examen du malade, sur une ordonnance et indique lisiblement :

1º *(Décr. nº 2013-1216 du 23 déc. 2013, art. 2-1º-a)* « Les nom et prénoms, la qualité et, le cas échéant, » le titre, ou la spécialité du prescripteur telle que définie à l'article R. 5121-91, son identifiant lorsqu'il existe, son adresse *(Décr. nº 2013-1216 du 23 déc. 2013, art. 2-1º-a)* « professionnelle précisant la mention "France", ses coordonnées téléphoniques précédées de l'indicatif international "+33" et son adresse électronique, » sa signature, la date à laquelle l'ordonnance a été rédigée, et pour les médicaments à prescription hospitalière ou pour les médicaments à prescription initiale hospitalière, le nom de l'établissement ou du service de santé ;

2º La dénomination du médicament ou du produit prescrit, ou le principe actif du médicament désigné par sa dénomination commune, la posologie et le mode d'emploi, et, s'il s'agit d'une préparation, la formule détaillée ;

3º La durée de traitement ou, lorsque la prescription comporte la dénomination du médicament au sens de l'article R. 5121-2, le nombre d'unités de conditionnement et, le cas échéant, le nombre de renouvellements de la prescription ;

4º Pour un médicament classé dans la catégorie des médicaments à prescription initiale hospitalière, la date à laquelle un nouveau diagnostic est effectué lorsque l'autorisation de mise sur le marché ou l'autorisation temporaire d'utilisation le prévoit ;

5º Les mentions prévues à l'article R. 5121-95 et au huitième alinéa de l'article R. 5121-77 lorsque l'autorisation de mise sur le marché ou l'autorisation temporaire d'utilisation les prévoit ;

6º Le cas échéant, la mention prévue à l'article R. 5125-54 ;

7º Les nom et prénoms, le sexe *(Décr. nº 2013-1216 du 23 déc. 2013, art. 2-1º-b)* « , la date de naissance » du malade et, si nécessaire, sa taille et son poids ;

Art. R. 5132-3-1 *(Décr. nº 2013-1216 du 23 déc. 2013, art. 2-2º)* Les prescriptions établies à la demande d'un patient en vue de les utiliser dans un autre État membre de l'Union européenne comportent les mentions prévues aux 1º, 3º et 7º de l'article R. 5132-3 et indiquent en outre :

1º La dénomination commune du médicament prescrit, conformément aux dispositions de l'article R. 5125-55, ainsi que la posologie du médicament prescrit ;

2º Le nom de marque et, le cas échéant, le nom de fantaisie de la spécialité prescrite dans l'un des cas suivants :

a) Cette spécialité est l'un des médicaments mentionnés aux 6º, 14º et 15º de l'article L. 5121-1, à l'article L. 5121-3, ainsi qu'aux points *a* et *d* du 1º de l'article 2 du règlement (CE) nº 1394/2007 du Parlement européen et du Conseil du 13 novembre 2007 concernant les médicaments de thérapie innovante et modifiant la directive 2001/83/CE ainsi que le règlement (CE) nº 726/2004 ;

b) Le prescripteur s'oppose, pour des raisons médicales, à la substitution de cette spécialité par une spécialité du même groupe générique en application de l'article L. 5125-23. Dans ce dernier cas, il l'indique sur l'ordonnance conformément aux dispositions de l'article R. 5125-54.

Art. R. 5132-4 La commande à usage professionnel de médicaments *(Décr. nº 2007-596 du 24 avr. 2007)* « destinés à la médecine humaine » mentionnés à la présente section indique lisiblement :

1º Le nom, la qualité, le numéro d'inscription à l'ordre, l'adresse et la signature du praticien, ainsi que la date ;

2º La dénomination et la quantité du médicament ou du produit ;

3º La mention : "Usage professionnel".

Le prescripteur appose sa signature immédiatement sous la dernière ligne de la prescription ou rend inutilisable l'espace laissé libre entre cette dernière ligne et sa signature par tout moyen approprié. Cette règle s'applique également aux commandes à usage professionnel.

En cas de perte ou de vol de leurs ordonnances, les prescripteurs en font la déclaration sans délai aux autorités de police.

Art. R. 5132-5 La prescription ainsi que toute commande à usage professionnel de médicaments ou produits destinés à la médecine humaine ou de médicaments destinés à la médecine vétérinaire, classés comme stupéfiants ou soumis à la réglementation des stupéfiants est rédigée sur une ordonnance répondant à des spécifications techniques fixées, après avis du directeur général de l'*(Décr. n° 2012-597 du 27 avr. 2012, art. 5-I-1°)* « Agence nationale de sécurité du médicament et des produits de santé », par arrêté du ministre chargé de la santé.

§ 3 DÉLIVRANCE

Art. R. 5132-6 Les pharmaciens délivrent *(Décr. n° 2007-157 du 5 févr. 2007, art. 5-I)* « les médicaments relevant des listes I et II et les médicaments classés comme stupéfiants » sur prescription ou sur commande à usage professionnel :

1° D'un médecin ;

2° D'un chirurgien-dentiste, pour l'usage de l'art dentaire ;

3° D'une sage-femme, dans les limites de la liste mentionnée à l'article L. 4151-4 ;

4° D'un directeur de laboratoire d'analyse de biologie médicale, dans les limites prévues à l'article L. 6221-9 ;

5° D'un vétérinaire pour la médecine vétérinaire ;

(Décr. n° 2013-1216 du 23 déc. 2013, art. 2-3°-a) « 6° D'un professionnel de santé légalement autorisé ou habilité à prescrire des médicaments dans l'État membre de l'Union européenne dans lequel la prescription a été établie*[.]*

(Décr. n° 2012-883 du 17 juill. 2012, art. 2) « Ils délivrent également les contraceptifs oraux faisant l'objet d'un renouvellement de prescription par un infirmier en application des dispositions de l'article L. 4311-1. »

(Décr. n° 2013-1216 du 23 déc. 2013, art. 2-3°-b) « Ils délivrent également, sur commande à usage professionnel d'un infirmier, les médicaments inscrits sur une liste fixée par arrêté du ministre chargé de la santé. »

Art. R. 5132-6-1 *(Décr. n° 2008-834 du 22 août 2008)* Les pharmaciens d'officine peuvent délivrer aux entreprises maritimes exploitants de navires les médicaments inscrits sur les dotations médicales prévues par le règlement annexé à l'arrêté du 23 novembre 1987 relatif à la sécurité des navires, sur présentation, par le pharmacien ou le médecin, ou à défaut le directeur de l'armement, attaché à l'entreprise maritime, et responsable de la détention des médicaments, du bon de commande prévu à la division 217 et à la division 241 dudit règlement.

Ils peuvent également délivrer à ces entreprises des médicaments classés comme stupéfiants, sur présentation du bon de commande précité comportant une ordonnance sécurisée rédigée conformément à la réglementation en vigueur.

Art. R. 5132-6-2 *(Décr. n° 2013-1216 du 23 déc. 2013, art. 2-4°)* Sans préjudice des dispositions de l'article R. 4235-61, lorsque la prescription comporte les mentions prévues à l'article R. 5132-3-1, les pharmaciens ne peuvent refuser de délivrer les médicaments relevant des listes I et II, à l'exception des médicaments soumis à la réglementation des stupéfiants en application de l'article R. 5132-39, prescrits dans un autre État membre de l'Union européenne par un professionnel de santé légalement autorisé ou habilité à prescrire des médicaments dans cet État, que si l'intérêt de la santé du patient leur paraît l'exiger ou s'ils ont des doutes légitimes et justifiés quant à l'authenticité, au contenu ou à l'intelligibilité de la prescription, ou à la qualité du professionnel de santé qui l'a établie.

Sans préjudice des dispositions de l'article R. 4235-61, les pharmaciens ne peuvent délivrer les médicaments classés comme stupéfiants et les médicaments relevant des listes I et II et soumis à la réglementation des stupéfiants en application de l'article R. 5132-39, prescrits dans un autre État membre de l'Union européenne par un professionnel de santé légalement autorisé ou habilité à prescrire des médicaments dans cet État, que si la prescription comporte les mentions prévues à l'article R. 5132-3-1 et respecte les dispositions de l'article R. 5132-5 et de la sous-section 3 de la présente section lorsqu'elles leur sont applicables.

Par dérogation aux dispositions de l'alinéa précédent, les pharmaciens peuvent délivrer de tels médicaments lorsque la prescription ne respecte pas les dispositions de l'article R. 5132-5 et de la sous-section 3 de la présente section qui leur sont applicables dans la limite de la quantité minimale nécessaire pour assurer la continuité du traitement et permettre au malade d'obtenir une prescription respectant ces conditions.

Art. R. 5132-7 Les médecins, les vétérinaires et les groupements définis à l'article L. 5143-6 qui sont autorisés à délivrer des médicaments sont soumis aux obligations imposées aux pharmaciens par le présent chapitre sous réserve, pour les vétérinaires, des dispositions du troisième alinéa de l'article R. 5141-112.

Art. R. 5132-8 Une spécialité pharmaceutique relevant de la réglementation des substances vénéneuses ne peut faire l'objet d'un déconditionnement par le pharmacien d'officine en vue de son incorporation dans une préparation magistrale.

Cette interdiction n'est pas applicable aux spécialités destinées à être appliquées sur la peau.

(Décr. nº 2009-1283 du 22 oct. 2009, art. 2) « A titre exceptionnel, une préparation magistrale peut être réalisée à partir d'une spécialité pharmaceutique dans le respect des conditions prévues par les bonnes pratiques de préparation mentionnées à l'article L. 5121-5. »

Art. R. 5132-9 *(Décr. nº 2007-157 du 5 févr. 2007, art. 5-II)* Les personnes habilitées à exécuter les ordonnances ou les commandes comportant des médicaments autres que les préparations relevant de la présente section les transcrivent aussitôt à la suite, à l'encre, sans blanc ni surcharge, sur un registre ou les enregistrent immédiatement par tout système approprié ne permettant aucune modification des données qu'il contient après validation de leur enregistrement.

Les systèmes d'enregistrement permettent une édition immédiate à la demande de toute autorité de contrôle des mentions prévues à l'article R. 5132-10, chaque page éditée devant comporter le nom et l'adresse de l'officine. Les données qu'ils contiennent doivent figurer sur un support garantissant leur pérennité et leur intégrité. Elles doivent en outre être dupliquées sur deux supports distincts, le premier servant à la consultation habituelle, le second étant gardé en réserve. Les données archivées doivent pouvoir être accessibles, consultées et exploitées pendant la durée de leur conservation.

Art. R. 5132-10 Les transcriptions ou enregistrements comportent pour chaque médicament délivré relevant de la présente section un numéro d'ordre différent et mentionnent :

1° Le nom et l'adresse du prescripteur ou de l'auteur de la commande et, selon le cas :

a) Le nom et l'adresse du malade *(Décr. nº 2008-87 du 24 janv. 2008, art. 1er)* « , sous réserve des dispositions de l'article L. 3414-1 » ;

b) Le nom et l'adresse du détenteur du ou des animaux ;

c) La mention : "Usage professionnel" ;

2° La date de délivrance ;

3° La dénomination ou la formule du médicament ou de la préparation ;

4° Les quantités délivrées ;

5° Pour un médicament classé dans la catégorie des médicaments à prescription hospitalière ou dans celle des médicaments à prescription initiale hospitalière, le nom de l'établissement ou du service de santé et le nom du prescripteur ayant effectué la prescription ou la prescription initiale ;

6° Pour un médicament classé dans la catégorie des médicaments à prescription réservée à certains médecins spécialistes, la spécialité du prescripteur telle que définie à l'article R. 5121-91.

(Décr. nº 2007-157 du 5 févr. 2007, art. 5-III) « Les registres ou les enregistrements informatisés sont conservés pendant une durée de dix ans et sont tenus à la disposition des autorités de contrôle pendant la durée prescrite. Ces enregistrements doivent pouvoir être édités sur papier et être classés par patient, par médicament et par ordre chronologique. Ils sont mis à la disposition des autorités de contrôle à leur demande. »

Art. R. 5132-11 *(Décr. nº 2012-910 du 24 juill. 2012, art. 3)* Les dispositions des articles R. 5132-9 et R. 5132-10 ne sont pas applicables aux centres de planification ou d'éducation familiale et aux services universitaires et interuniversitaires de médecine

préventive et de promotion de la santé dans le cas de délivrance d'une contraception à une personne mineure désirant garder le secret.

Art. R. 5132-12 **Il ne peut être délivré en une seule fois une quantité de médicaments correspondant à une durée de traitement supérieure à quatre semaines ou à un mois de trente jours selon le conditionnement.**

(Décr. nº 2004-1367 du 16 déc. 2004, art. 2) **« Toutefois, les médicaments présentés sous un conditionnement correspondant à une durée de traitement supérieure à un mois peuvent être délivrés pour cette durée dans la limite de trois mois. En outre, quel que soit leur conditionnement, les médicaments contraceptifs peuvent être délivrés pour une durée de douze semaines. »**

Art. R. 5132-13 **Après exécution, sont apposés sur l'ordonnance ou le bon de commande :**

1º Le timbre de l'officine ;

2º Le ou les numéros d'enregistrement prévus à l'article R. 5132-10 ;

3º La date d'exécution ;

4º Les quantités délivrées ;

5º Le cas échéant, les mentions prévues au premier alinéa de l'article R. 5125-53.

Art. R. 5132-14 **Le renouvellement de la délivrance d'un médicament ou d'une préparation relevant de la présente section ne peut avoir lieu qu'après un délai déterminé résultant de la posologie et des quantités précédemment délivrées.**

Le renouvellement fait l'objet d'un nouvel enregistrement. Lorsque le renouvellement est effectué par le même dispensateur, l'enregistrement peut consister en la seule indication du numéro afférent à la délivrance précédente.

Sont ajoutées sur l'ordonnance les mêmes indications que celles énumérées à l'article R. 5132-13.

§ 4 EMBALLAGE

Art. R. 5132-15 **L'emballage extérieur des médicaments relevant de la présente section comporte :**

(Décr. nº 2007-157 du 5 févr. 2007, art. 5-IV ; Décr. nº 2009-729 du 18 juin 2009, art. 2) **« 1º Si ce médicament est destiné à l'homme, un espace blanc, entouré d'un filet coloré, dans lequel le pharmacien ou le médecin dispensateur inscrit la posologie prescrite ; s'il s'agit d'un médicament classé comme stupéfiant ou soumis à la réglementation des stupéfiants, le pharmacien ou le médecin dispensateur inscrit en outre son nom, son adresse et le numéro d'ordre prévu à l'article R. 5132-10 ;**

« 2º S'il est destiné à l'animal, un espace blanc, entouré d'un filet coloré, dans lequel le pharmacien ou le vétérinaire dispensateur inscrit la posologie prescrite ainsi que la mention prévue au 12º de l'article R. 5141-73 en caractères noirs sur fond rouge. » *(Décr. nº 2007-596 du 24 avr. 2007)* **« S'il s'agit d'un médicament classé comme stupéfiant ou soumis à la réglementation des stupéfiants, le pharmacien ou le vétérinaire dispensateur inscrit en outre son nom, son adresse et le numéro d'ordre prévu à l'article R. 5141-112. »**

L'espace blanc est d'une surface suffisante pour permettre l'apposition des mentions requises ; il est placé sous la dénomination spéciale de la spécialité pharmaceutique ou du produit.

(Décr. nº 2012-1201 du 29 oct. 2012, art. 3) **« L'étiquetage du récipient et le conditionnement des médicaments mentionnés au premier alinéa comportent d'une façon lisible :**

« ***a)*** **Pour les médicaments vétérinaires, les mentions "Respecter les doses prescrites" en caractères noirs sur fond rouge et "Uniquement sur ordonnance" imprimée en caractères noirs et, lorsque le médicament est destiné à une autre voie d'administration que les voies orale, sublinguale, perlinguale et injectable, "Ne pas faire avaler" en caractères noirs sur fond rouge ;**

« ***b)*** **Pour les médicaments à usage humain, à l'exception des préparations magistrales et hospitalières mentionnées aux 1º et 2º de l'article L. 5121-1 du code de la santé publique et utilisées pour la réalisation d'autres préparations, les mentions "Respecter les doses prescrites" en caractères noirs sur fond rouge, "Uniquement sur ordon-**

nance" en caractères noirs et, lorsque le médicament est destiné à une autre voie d'administration que les voies orale, sublinguale, perlinguale et injectable, "Ne pas avaler" en caractères noirs sur fond rouge.

« Pour les préparations magistrales et hospitalières qui ne sont pas destinées à être administrées directement au patient et qui sont utilisées pour la réalisation d'autres préparations, la mention "Uniquement sur ordonnance" en caractères noirs. »

(Décr. nº 2007-157 du 5 févr. 2007, art. 5-IV) « Lorsque les médicaments sont contenus dans un emballage extérieur conforme aux dispositions du présent article :

« 1º La mention "Uniquement sur ordonnance" n'est pas obligatoire pour les conditionnements primaires ne contenant qu'une dose d'utilisation ;

« 2º La mention "Respecter les doses prescrites" n'est pas obligatoire pour les ampoules ou autres petits conditionnements primaires pour lesquels l'apposition de cette mention ne permettrait pas une lisibilité optimale des mentions prévues à l'article R. 5121-142 et à l'article R. 5141-74. »

Art. R. 5132-16 Les dispositions du 1º de l'article R. 5132-15 ne sont pas applicables aux médicaments mentionnés aux 2º et 3º de l'article R. 5124-43. Toutefois, la mention : "Réservé à l'usage professionnel", entourée d'un filet coloré, est portée sur l'emballage extérieur, directement sous la dénomination spéciale de la spécialité pharmaceutique ou du produit.

Les dispositions du 2º de l'article R. 5132-15 ne sont pas applicables aux médicaments mentionnés à l'article R. 5141-122.

Art. R. 5132-17 Il est interdit d'employer, pour les médicaments mentionnés à l'article R. 5132-1, des contenants ou des emballages portant inscrit le nom d'un produit destiné à l'alimentation humaine ou animale ou susceptible de créer une confusion avec un tel produit.

Aucun contenant ou emballage ayant renfermé ces médicaments ne peut être réutilisé pour recevoir des produits destinés à l'alimentation humaine ou animale.

§ 5 ÉTIQUETAGE DES PRÉPARATIONS MAGISTRALES OU OFFICINALES DESTINÉES À LA MÉDECINE VÉTÉRINAIRE *(Décr. nº 2012-1201 du 29 oct. 2012, art. 3)*.

Art. R. 5132-18 L'étiquette des préparations magistrales *(Décr. nº 2012-1201 du 29 oct. 2012, art. 3-3º, en vigueur le 1er avr. 2013)* « ou officinales destinées à la médecine vétérinaire » relevant de la réglementation de la présente section comporte les indications suivantes :

1º Nom et adresse du pharmacien, ou du vétérinaire dispensateur ;

2º Numéro d'enregistrement ;

3º Posologie et mode d'emploi.

L'étiquette est blanche lorsque le médicament est destiné aux voies nasale, orale, perlinguale, sublinguale, rectale, vaginale, urétrale ou est injectable.

Elle est rouge, avec la mention : "Ne pas faire avaler" imprimée en caractères noirs, lorsque le médicament est destiné aux autres voies d'administration. Afin d'inscrire le numéro d'enregistrement, la posologie et le mode d'emploi, elle peut comporter un espace blanc de dimension suffisante.

Les étiquettes comportent, en outre, la mention prévue au *(Décr. nº 2009-729 du 18 juin 2009, art. 2)* « 12º de l'article R. 5141-73 », en caractères noirs sur fond rouge.

Dans tous les cas, ces médicaments portent une contre-étiquette, avec la mention "Respecter les doses prescrites" en caractères noirs sur fond rouge.

§ 6 JUSTIFICATION DE L'ACQUISITION ET DE LA CESSION

Art. R. 5132-19 Les responsables des établissements mentionnés aux articles L. 5124-2 et L. 5142-1 et les personnes physiques ou morales habilitées à leur passer commande sont, à tout moment, tenus de justifier de l'acquisition et de la cession des médicaments mentionnés à l'article R. 5132-1.

Les documents justificatifs sont conservés au moins trois ans, sous réserve des dispositions particulières applicables aux stupéfiants et aux psychotropes.

(Décr. n° 2007-157 du 5 févr. 2007, art. 5-V) « Les responsables et personnes mentionnés au premier alinéa sont également tenus de justifier à tout moment de l'autorisation délivrée en application de l'article R. 5132-75. »

§ 7 DÉTENTION

Art. R. 5132-20 Les médicaments mentionnés à la présente section sont détenus dans un endroit où n'ont pas librement accès les personnes étrangères à l'établissement.

SOUS-SECTION 2 RÉGIME PARTICULIER DES MÉDICAMENTS RELEVANT DES LISTES I ET II

§ 1er PRESCRIPTION

Art. R. 5132-21 Une prescription de médicaments relevant des listes I et II ne peut être faite pour une durée de traitement supérieure à douze mois.

Toutefois, pour des motifs de santé publique, pour certains médicaments, substances psychotropes ou susceptibles d'être utilisées pour leur effet psychoactif, cette durée peut être réduite, sur proposition du directeur général de l'*(Décr. n° 2012-597 du 27 avr. 2012, art. 5-I-1°)* « Agence nationale de sécurité du médicament et des produits de santé » après avis des conseils nationaux *(Décr. n° 2012-597 du 27 avr. 2012, art. 4-31°)* « de l'ordre des médecins et de l'ordre des pharmaciens », par arrêté du ministre chargé de la santé.

§ 2 DÉLIVRANCE

Art. R. 5132-22 Les pharmaciens ne sont autorisés à effectuer la première délivrance de ces médicaments que sur présentation d'une ordonnance datant de moins de trois mois.

La délivrance d'un médicament relevant de la liste I ne peut être renouvelée que sur indication écrite du prescripteur précisant le nombre de renouvellements ou la durée du traitement.

La délivrance d'un médicament relevant de la liste II peut être renouvelée lorsque le prescripteur ne l'a pas expressément interdit.

Dans tous les cas, le ou les renouvellements ne peuvent être exécutés que dans la limite du délai de traitement mentionnée à l'article R. 5132-21.

Les dispensateurs sont tenus d'exécuter les renouvellements selon les modalités définies à l'article R. 5132-14, sous réserve des dispositions de l'article R. 5121-95.

Art. R. 5132-23 Les conditions de prescription, de détention ou de distribution des médicaments relevant des listes I et II peuvent, pour des motifs de santé publique, être soumises en totalité ou en partie aux dispositions de la sous-section 3 de la présente section par arrêté du ministre chargé de la santé, sur proposition du directeur général de l'*(Décr. n° 2012-597 du 27 avr. 2012, art. 5-I-1°)* « Agence nationale de sécurité du médicament et des produits de santé ».

§ 3 EMBALLAGE ET ÉTIQUETTE

Art. R. 5132-24 *Les récipients ou emballages* contenant des médicaments relevant des listes I et II et qui n'ont pas fait l'objet d'un conditionnement destiné au public sont revêtus d'une étiquette d'un format adapté à leur volume, apposée de manière à ne pouvoir être involontairement détachée.

Cette étiquette porte de façon apparente, en caractères lisibles et indélébiles, les indications suivantes :

1° La dénomination du contenu ;

2° Le nom ou la raison sociale et l'adresse ou le siège social du fabricant ou du distributeur ou de l'importateur ;

3° Pour les médicaments relevant de la liste I, une tête de mort à tibias croisés imprimée en noir, sur un fond carré de couleur orangé-jaune et de dimensions suffisantes ; ce carré est placé à l'angle supérieur gauche de l'étiquette ;

4° Pour les médicaments relevant de la liste II, une croix de Saint-André imprimée en noir sur un fond carré de couleur orangé-jaune et de dimensions suffisantes ; ce carré est placé à l'angle supérieur gauche de l'étiquette.

Art. R. 5132-25 Le filet coloré prévu par l'article R. 5132-15 est rouge pour les médicaments relevant de la liste I, vert pour ceux qui relèvent de la liste II.

§ 4 DÉTENTION

Art. R. 5132-26 Les médicaments relevant de la liste I sont détenus dans des armoires ou des locaux fermés à clef et ne contenant rien d'autre, à l'exception des substances dangereuses classées comme très toxiques ou toxiques, en application de l'article L. 5132-2.

Les médicaments relevant de la liste II sont détenus séparément de tout autre médicament, produit ou substance, à l'exception des substances classées comme nocives, corrosives ou irritantes, en application de l'article L. 5132-2.

(Décr. n° 2007-157 du 5 févr. 2007, art. 5-VI) « Toutefois, dans les établissements mentionnés à l'article R. 5124-2 et à l'article R. 5142-1, les médicaments et substances, préparations et produits relevant de la liste I et de la liste II sont détenus en un lieu ou un emplacement dont l'accès est réservé au personnel autorisé. »

Les dispositions des *(Décr. n° 2007-157 du 5 févr. 2007, art. 5-VI)* « trois » alinéas précédents ne sont pas applicables aux spécialités pharmaceutiques ayant fait l'objet du conditionnement sous lequel ils sont délivrés aux utilisateurs.

Les médicaments mentionnés au présent article sont disposés de façon à ne pas être directement accessibles au public.

SOUS-SECTION 3 RÉGIME PARTICULIER DES STUPÉFIANTS

§ 1er PRESCRIPTION ET COMMANDE

Art. R. 5132-27 Sont applicables aux médicaments mentionnés à l'article R. 5132-1 et classés comme stupéfiants les dispositions des articles R. 5132-74 à R. 5132-83.

Art. R. 5132-28 *Abrogé par Décr. n° 2007-157 du 5 févr. 2007, art. 5-VII.*

Art. R. 5132-29 Il est interdit de prescrire et de délivrer des substances classées comme stupéfiants lorsqu'elles ne sont pas contenues dans une spécialité pharmaceutique ou une préparation.

Outre les mentions prévues aux articles R. 5132-3 et R. 5132-4 *(Décr. n° 2007-596 du 24 avr. 2007)* « ou, pour les médicaments vétérinaires, au I de l'article R. 5141-111 », l'auteur d'une ordonnance, comportant une prescription de médicaments classés comme stupéfiants ou soumis à la réglementation des stupéfiants, indique en toutes lettres le nombre d'unités thérapeutiques par prise, le nombre de prises et le dosage s'il s'agit de spécialités, les doses ou les concentrations de substances et le nombre d'unités ou le volume s'il s'agit de préparations.

Art. R. 5132-30 Il est interdit de prescrire des médicaments classés comme stupéfiants ou soumis à la réglementation des stupéfiants pour un traitement d'une durée supérieure à vingt-huit jours.

Cette durée peut être réduite pour certains médicaments désignés, après avis du directeur général de l'*(Décr. n° 2012-597 du 27 avr. 2012, art. 5-I-1°)* « Agence nationale de sécurité du médicament et des produits de santé », par arrêté du ministre chargé de la santé.

La délivrance fractionnée d'un médicament classé comme stupéfiant ou soumis à la réglementation des stupéfiants peut être décidée, après avis du directeur général de l'*(Décr. n° 2012-597 du 27 avr. 2012, art. 5-I-1°)* « Agence nationale de sécurité du médicament et des produits de santé », par arrêté du ministre chargé de la santé. L'arrêté mentionne la durée de traitement *(Décr. n° 2007-157 du 5 févr. 2007, art. 5-VIII)* « maximum » correspondant à chaque fraction.

(Décr. n° 2007-157 du 5 févr. 2007, art. 5-VIII) « Le prescripteur mentionne sur l'ordonnance la durée de traitement correspondant à chaque fraction. Toutefois, il

peut, pour des raisons particulières tenant à la situation du patient, exclure le fractionnement en portant sur l'ordonnance la mention "délivrance en une seule fois". »

Art. R. 5132-31 Les médecins, les chirurgiens-dentistes, les sages-femmes et les vétérinaires ne peuvent se faire délivrer et détenir pour leur usage professionnel des médicaments classés comme stupéfiants que dans la limite d'une provision pour soins urgents.

Cette provision est déterminée, après avis du directeur général de l'*(Décr. n° 2012-597 du 27 avr. 2012, art. 5-I-1°)* « Agence nationale de sécurité du médicament et des produits de santé », par arrêté du ministre chargé de la santé.

La constitution et la reconstitution de cette provision sont effectuées par commandes à usage professionnel dans les conditions prévues au troisième alinéa de l'article R. 5132-4 *(Décr. n° 2007-596 du 24 avr. 2007)* « ou au VI de l'article R. 5141-111 pour les vétérinaires » et à l'article R. 5132-29.

Un relevé trimestriel indiquant le nom des praticiens, la nature et les quantités des médicaments délivrés est adressé par le pharmacien d'officine à *(Décr. n° 2010-344 du 31 mars 2010, art. 157)* « l'agence régionale de santé » dont il relève.

Art. R. 5132-32 Les feuilles de commandes mentionnées à l'article R. 5132-31 sont conservées et classées par les pharmaciens d'officine dans les mêmes conditions que les ordonnances prescrivant des stupéfiants.

§ 2 DÉLIVRANCE

Art. R. 5132-33 L'ordonnance comportant une prescription de médicaments classés comme stupéfiants ou soumis à la réglementation des stupéfiants ne peut être exécutée dans sa totalité ou pour la totalité de la fraction de traitement que si elle est présentée au pharmacien dans les *(Décr. n° 2007-157 du 5 févr. 2007, art. 5-IX)* « trois jours » suivant sa date d'établissement ou suivant la fin de la fraction précédente ; si elle est présentée au-delà de ce délai, elle ne peut être exécutée que pour la durée de la prescription ou de la fraction de traitement restant à courir.

Une nouvelle ordonnance ne peut être ni établie ni exécutée par les mêmes praticiens pendant la période déjà couverte par une précédente ordonnance prescrivant de tels médicaments, sauf si le prescripteur en décide autrement par une mention expresse portée sur l'ordonnance.

Art. R. 5132-34 *Abrogé par Décr. n° 2007-157 du 5 févr. 2007, art. 5-X.*

Art. R. 5132-35 *(Décr. n° 2007-157 du 5 févr. 2007, art. 5-XI)* « Une copie de toute ordonnance comportant la prescription d'un ou plusieurs médicaments classés comme stupéfiants ou soumis à la réglementation des stupéfiants, revêtue des mentions prévues à l'article R. 5132-13 est conservée pendant trois ans par le pharmacien ou le vétérinaire. Pour les spécialités pharmaceutiques, les quantités délivrées sont formulées en unités de prise. Ces copies sont présentées à toute réquisition des autorités de contrôle. »

Sans préjudice des transcriptions mentionnées à l'article R. 5132-10, le pharmacien enregistre le nom et l'adresse du porteur de l'ordonnance lorsque celui-ci n'est pas le malade.

De plus, si le porteur de l'ordonnance est inconnu du pharmacien, celui-ci demande une justification d'identité dont il reporte les références sur le registre prévu à l'article R. 5132-9.

Art. R. 5132-36 *(Décr. n° 2007-157 du 5 févr. 2007, art. 5-XII)* Toute entrée et toute sortie de substances et de médicaments classés comme stupéfiants sont inscrites par les personnes mentionnées à l'article R. 5132-76 sur un registre ou enregistrée par un système informatique spécifique répondant aux conditions suivantes :

a) Aucune modification des données ne doit être possible après validation de leur enregistrement ;

b) Une édition immédiate des mentions prévues au présent article doit pouvoir être effectuée à la demande de toute autorité de contrôle ;

c) Chaque page éditée doit comporter le nom et l'adresse de l'établissement.

L'inscription ou l'enregistrement des entrées et des sorties se fait à chaque opération, en précisant la date à laquelle il est établi.

L'inscription ou l'enregistrement des entrées comporte la désignation et la quantité de stupéfiants reçus et, pour les spécialités pharmaceutiques, leur désignation et les quantités reçues en unités de prise.

L'inscription des sorties comporte :

1° Pour les préparations magistrales et officinales, y compris celles qui sont mentionnées à l'article R. 5125-45, la désignation et la quantité de stupéfiants utilisés ;

2° Pour les spécialités pharmaceutiques, leur désignation et les quantités délivrées en unités de prise.

Une balance mensuelle des entrées et sorties est portée au registre ou éditée. Ces inscriptions sont faites à l'encre, sans blanc, ni surcharge.

Chaque année, il est procédé à l'inventaire du stock, par pesées et décomptes. Les différences constatées entre la balance et l'inventaire sont soumises au contrôle des *(Décr. n° 2010-344 du 31 mars 2010, art. 157)* « inspecteurs mentionnés à l'article L. 5127-1 » ou, le cas échéant, du *(Décr. n° 2010-344 du 31 mars 2010, art. 157)* « vétérinaire officiel », lors de la première visite qui suit l'établissement de l'inventaire. Les mentions des écarts constatés sont, le cas échéant, inscrites sur celui-ci. Cet inventaire est porté sur le registre à l'encre, sans blanc ni rature ou surcharge, ou par voie d'enregistrement électronique. Aucune modification des données ne doit être possible après validation de leur enregistrement. Les données doivent figurer sur un support garantissant leur pérennité et leur intégrité. Leur duplication est obligatoire sur deux supports distincts, le premier servant à la consultation habituelle, le second étant gardé en réserve. Les données archivées doivent pouvoir être accessibles, consultées et exploitées pendant la durée de leur conservation.

En cas de péremption, d'altération ou de retour, le pharmacien titulaire de l'officine, ou le vétérinaire mentionné à l'article L. 5143-2, procède à la dénaturation des substances, préparations ou médicaments classés comme stupéfiants en présence d'un confrère, désigné dans des conditions excluant toute réciprocité et tout conflit d'intérêt par le président du conseil régional de l'ordre des pharmaciens, ou, pour les pharmaciens d'outre-mer, du conseil central E, ou, pour les vétérinaires, le président du conseil régional de l'ordre des vétérinaires. Un mois avant l'opération envisagée, il en informe par écrit les *(Décr. n° 2010-344 du 31 mars 2010, art. 157)* « inspecteurs mentionnés à l'article L. 5127-1 », ou, le cas échéant, le *(Décr. n° 2010-344 du 31 mars 2010, art. 157)* « directeur départemental chargé de la protection des populations », en indiquant la date prévue, les noms, quantités et toutes précisions sur les formes et conditionnements des produits à détruire. Après destruction des produits dénaturés, il adresse aux *(Décr. n° 2010-344 du 31 mars 2010, art. 157)* « inspecteurs mentionnés à l'article L. 5127-1 » ou, le cas échéant, au *(Décr. n° 2010-344 du 31 mars 2010, art. 157)* « directeur départemental chargé de la protection des populations » une copie du document attestant cette destruction. Les modalités de destruction des produits dénaturés doivent respecter la réglementation en vigueur en matière d'élimination des déchets. Un document attestant la destruction est tenu, par le titulaire, à la disposition des autorités de contrôle. Le modèle du document attestant la destruction est fixé par arrêté des ministres chargés de la santé et de l'agriculture après avis du directeur général de l'*(Décr. n° 2012-597 du 27 avr. 2012, art. 5-I-1°)* « Agence nationale de sécurité du médicament et des produits de santé ». Ces dispositions s'appliquent également aux reliquats issus du déconditionnement de spécialités.

Le registre, les enregistrements informatiques et les éditions de ces enregistrements par période maximale d'un mois ainsi que les documents attestant la destruction sont conservés dix ans à compter de leur dernière mention, pour être présentés à toute réquisition des autorités de contrôle.

Art. R. 5132-37 *(Décr. n° 2007-157 du 5 févr. 2007, art. 5-XIII)* Le pharmacien qui cède son officine ou le vétérinaire qui cède son domicile d'exercice professionnel procède, en présence de l'acquéreur, à l'inventaire des substances, préparations ou médicaments classés comme stupéfiants. Cet inventaire est reporté sur le registre spécial des stupéfiants ou dans les enregistrements informatiques et, dans ce second cas, annexé aux éditions des enregistrements et contresigné par les intéressés.

Le cédant remet à l'acquéreur qui lui en donne décharge le registre des stupéfiants ou les enregistrements et, dans ce second cas, les éditions des enregistrements et les pièces à conserver en vertu des articles R. 5132-32, R. 5132-35 et R. 5132-36.

En cas de fermeture définitive de l'officine ou du domicile d'exercice professionnel du vétérinaire, ce registre ou les enregistrements et, dans ce second cas, les éditions des enregistrements et ces pièces sont déposés à *(Décr. n° 2010-344 du 31 mars 2010, art. 157)* « l'agence régionale de santé » ou, le cas échéant, à la direction départementale de services vétérinaires.

Lors de la fermeture définitive de l'officine ou de ce domicile, le pharmacien titulaire de l'officine ou le vétérinaire détruit les substances ou préparations, ainsi que les médicaments classés comme stupéfiants dans les conditions prévues à l'article R. 5132-36.

§ 3 ÉTIQUETTE

Art. R. 5132-38 Les récipients ou emballages contenant des médicaments relevant de la réglementation des stupéfiants et n'ayant pas fait l'objet d'un conditionnement destiné au public sont revêtus d'une étiquette d'un format adapté à leur volume, apposée de manière à ne pouvoir être involontairement détachée.

Cette étiquette porte de façon apparente, en caractères noirs lisibles, indélébiles, les indications suivantes :

1° La dénomination du contenu ;

2° *(Décr. n° 2007-157 du 5 févr. 2007, art. 5-XIV)* « La masse brute et la tare correspondant au conditionnement utilisé ; »

3° L'indication d'origine : les nom et adresse du fabricant ou du distributeur ou de l'importateur ;

4° Une tête de mort à tibias croisés sur un fond carré de couleur orangé-jaune et de dimensions suffisantes ; ce carré est placé à l'angle supérieur gauche de l'étiquette ;

5° Un numéro de référence pour chaque récipient ou emballage.

Pour les spécialités pharmaceutiques relevant de la réglementation des stupéfiants, le filet coloré prévu à l'article R. 5132-15 est de couleur rouge.

§ 4 APPLICATIONS PARTICULIÈRES

Art. R. 5132-39 Les dispositions de la présente sous-section peuvent, pour des motifs de santé publique, être appliquées, en totalité ou en partie, à des médicaments contenant des substances ou des préparations qui, bien que n'étant pas classées comme stupéfiants, sont fabriquées à partir de stupéfiants ou donnent lieu à la formation de stupéfiants au cours de leur fabrication. *(Décr. n° 2007-157 du 5 févr. 2007, art. 5-XV)* « Il en est de même pour les médicaments ou produits qui, en cas de mésusage tel que défini à l'article R. 5121-153 ou en cas de pharmacodépendance telle que définie à l'article R. 5132-97 ou en cas d'abus tels qu'ils sont définis aux articles R. 5121-153 et R. 5132-97 peuvent nécessiter un contrôle à certains stades de leur commercialisation ainsi que de leur prescription. »

Les dispositions de la présente sous-section applicables aux médicaments *(Décr. n° 2007-157 du 5 févr. 2007, art. 5-XV)* « mentionnés au premier alinéa du présent article » sont fixées, sur proposition du directeur général de l'*(Décr. n° 2012-597 du 27 avr. 2012, art. 5-I-1°)* « Agence nationale de sécurité du médicament et des produits de santé », par arrêté du ministre *chargé de la santé*.

(Décr. n° 2007-157 du 5 févr. 2007, art. 5-XV) « Lorsque ces médicaments ou produits sont utilisés en médecine vétérinaire, le directeur de l'*(Décr. n° 2012-597 du 27 avr. 2012, art. 5-I-1°)* « Agence nationale de sécurité du médicament et des produits de santé » sollicite, préalablement à sa proposition, l'avis du directeur général de l'*(Décr. n° 2011-385 du 11 avr. 2011, art. 1er)* « Agence nationale de sécurité sanitaire de l'alimentation, de l'environnement et du travail ». »

SOUS-SECTION 4 PRÉPARATIONS COMPORTANT PLUSIEURS SUBSTANCES VÉNÉNEUSES

Art. R. 5132-40 Sont interdites la prescription sous forme d'une préparation magistrale et l'incorporation dans une même préparation des substances vénéneuses figurant sur la liste de classement figurant à l'annexe 51-1 et appartenant à des groupes différents.

Sur la liste des substances vénéneuses, classées en quatre groupes, V. annexe 51-1 .

Art. R. 5132-41 Les dispositions de l'article R. 5132-40 sont applicables aux sels et esters de ces substances ainsi qu'aux compositions renfermant ces substances, leurs sels ou leurs esters sous quelque forme que ce soit.

SOUS-SECTION 5 APPLICATION À CERTAINS DES ÉTABLISSEMENTS DISPOSANT D'UNE PHARMACIE À USAGE INTÉRIEUR

Art. R. 5132-42 Les modalités d'application des sections I à III du présent chapitre aux établissements mentionnés aux articles L. 5126-1 et L. 5126-13 sont fixées, le cas échéant, après avis du directeur général de l'*(Décr. nº 2012-597 du 27 avr. 2012, art. 5-I-1º)* « Agence nationale de sécurité du médicament et des produits de santé », par arrêté du ministre chargé de la santé.

SECTION II AUTRES SUBSTANCES ET PRÉPARATIONS VÉNÉNEUSES

SOUS-SECTION 1 DISPOSITIONS COMMUNES

Art. R. 5132-43 Sous réserve des dispositions de l'article R. 5132-27, les dispositions de la présente section s'appliquent aux substances et préparations vénéneuses qui ne constituent ni des médicaments mentionnés à la section 1, ni des produits cosmétiques.

Art. R. 5132-44 Des préparations vénéneuses renfermant une ou plusieurs substances dangereuses à des doses ou concentrations trop faibles pour justifier qu'elles y soient soumises peuvent être dispensées, sur proposition du directeur général de l'*(Décr. nº 2012-597 du 27 avr. 2012, art. 5-I-1º)* « Agence nationale de sécurité du médicament et des produits de santé », du respect de certaines ou de toutes les dispositions de la présente section par arrêté des ministres chargés de l'agriculture, de l'industrie et de la santé et, selon le cas, de la consommation et de l'environnement.

Des préparations renfermant une ou plusieurs substances stupéfiantes ou psychotropes à des doses ou concentrations trop faibles pour justifier qu'elles y soient soumises peuvent être dispensées, sur proposition du directeur général de l'*(Décr. nº 2012-597 du 27 avr. 2012, art. 5-I-1º)* « Agence nationale de sécurité du médicament et des produits de santé », par arrêté du ministre chargé de la santé.

SOUS-SECTION 2 SUBSTANCES ET PRÉPARATIONS AUTRES QUE CELLES MENTIONNÉES À LA SECTION I ET AUX SOUS-SECTIONS 3, 4 ET 5

(Décr. nº 2007-157 du 5 févr. 2007, art. 5-XVI)

Art. R. 5132-44-1 Lorsqu'elles relèvent des listes I ou II, les substances et préparations autres que celles mentionnées à la section I sont soumises aux dispositions des articles R. 5132-1 à R. 5132-26.

SOUS-SECTION 3 AUTRES SUBSTANCES ET PRÉPARATIONS DANGEREUSES

§ 1er DISPOSITIONS GÉNÉRALES

Art. R. 5132-45 *(Décr. nº 2007-157 du 5 févr. 2007, art. 5-XVII)* Pour des raisons d'hygiène et de santé publique, la production, la fabrication, le transport, l'importation, l'exportation, la détention, l'offre, la cession, l'acquisition ou l'emploi ainsi que la publicité des substances ou préparations mentionnées à l'article L. 5132-2 peuvent faire l'objet de mesures d'interdiction ou de restriction ou de prescriptions particulières définies après avis du Haut Conseil de la santé publique, par arrêté du ministre chargé de la santé et, selon le cas, des ministres chargés de l'agriculture, de la consommation, des douanes, de l'environnement ou de l'industrie.

§ 2 CONTENANTS, EMBALLAGES ET ÉTIQUETAGE

Art. R. 5132-46 Le symbole d'identification, l'indication du danger de chacune des catégories de substances dangereuses prévue à l'article L. 5132-2, les phrases types mentionnant les risques particuliers d'emploi et les phrases types mentionnant les conseils de prudence sont fixés par arrêté des ministres chargés de l'agriculture, de la consommation, de l'environnement, de l'industrie et de la santé.

Lorsqu'une substance ou une préparation dangereuse reçoit plusieurs symboles d'identification, l'emploi de certains de ces symboles peut être rendu facultatif par arrêté des mêmes ministres.

Art. R. 5132-47 Aucun contenant ou emballage ayant été en contact avec des substances ou préparations mentionnées à l'article L. 5132-2 ne peut recevoir des produits destinés à l'alimentation humaine ou animale.

Art. R. 5132-48 *(Décr. n° 2007-157 du 5 févr. 2007, art. 5-XVIII)* Sont interdits la production, la fabrication, le transport, l'importation, l'exportation, la détention, l'offre, la cession, l'acquisition ou l'emploi des substances ou préparations mentionnées à l'article L. 5132-2 sous une présentation ou une dénomination susceptible de créer une confusion avec un aliment, un médicament, ou un produit cosmétique.

Art. R. 5132-49 Sans préjudice de la réglementation du transport des matières dangereuses, il est interdit de mettre sur le marché des substances ou préparations mentionnées à l'article L. 5132-2 autrement que dans des contenants et des emballages et sous un étiquetage conformes aux prescriptions de la présente section.

Art. R. 5132-50 Les contenants et emballages mentionnés à l'article R. 5132-49 sont aménagés et fermés de manière à empêcher toute déperdition du contenu. Les matières dont ils sont constitués, ainsi que celles de leur fermeture, ne sont pas susceptibles d'être attaquées par le contenu ni de former avec ce dernier des combinaisons dangereuses.

Les contenants, emballages et fermetures sont, dans toutes leurs parties, assez solides et robustes pour exclure toute déperdition du contenu et permettre en toute sécurité les manutentions nécessaires.

Les contenants disposant d'un système de fermeture pouvant être remis en place sont conçus de manière que le contenant puisse être refermé à plusieurs reprises, sans déperdition du contenu.

Pour des raisons d'hygiène ou de santé publique, après avis du *(Décr. n° 2006-1675 du 22 déc. 2006)* « Haut Conseil de la santé publique », des arrêtés des ministres chargés de l'agriculture, de la consommation, de l'environnement, de l'industrie et de la santé peuvent notamment :

1° Interdire l'usage de certains types de contenants ou emballages pour des substances ou préparations dangereuses ;

2° Rendre obligatoires des systèmes de protection à l'épreuve des enfants ;

3° Imposer une indication du danger détectable au toucher.

Art. R. 5132-51 Il est interdit de faire figurer sur les contenants ou emballages de substances ou préparations mentionnées à l'article L. 5132-2 les indications "non toxique", "non nocif" ou d'autres indications analogues.

Art. R. 5132-52 Sous réserve des dispositions de l'article R. 5132-69, le contenant ou emballage d'une substance ou d'une préparation mentionnée à l'article L. 5132-2 comporte les mentions suivantes :

1° Le nom de la substance tel qu'il figure à l'arrêté de classement ou, lorsqu'il s'agit d'une préparation, la désignation ou le nom commercial de ladite préparation ainsi que le nom des substances vénéneuses qu'elle contient ;

2° Le nom ou la raison sociale et l'adresse ou le siège social du fabricant, du distributeur ou de l'importateur ;

3° Le ou les symboles d'identification de la catégorie à laquelle appartient la substance ou préparation ;

4° Les phrases types prévues par l'arrêté de classement et concernant les risques particuliers que comporte son emploi ;

5° Les phrases types prévues par l'arrêté de classement et concernant les conseils de prudence.

Les mentions sont apposées sur le contenant ou l'emballage de façon apparente, lisible et en caractères indélébiles. Elles sont rédigées en langue française lorsque les substances ou préparations sont destinées au marché intérieur.

Toutefois, le nom d'une substance dangereuse peut être remplacé par une autre dénomination dans les conditions prévues aux articles R. 231-53-2 à R. 231-53-4 *[R. 4411-74 à R. 4411-82 nouv.]* du code du travail.

Art. R. 5132-53 Les modalités d'application des articles R. 5132-51 et R. 5132-52 sont fixées par arrêté des ministres chargés de l'agriculture, de la consommation, de l'environnement, de l'industrie et de la santé, et notamment :

1° Les dimensions minimales de l'étiquette et les conditions dans lesquelles les mentions exigées y sont apposées ;

2° La présentation et la couleur des mentions portées sur l'emballage ou l'étiquette.

Art. R. 5132-54 Lorsqu'il est fait usage d'un seul emballage extérieur renfermant un ou plusieurs emballages intérieurs pour une ou *[pour]* plusieurs substances ou préparations mentionnées à l'article L. 5132-2, cet emballage peut ne comporter que les mentions prévues par la réglementation des transports des matières dangereuses. Dans ce cas, l'emballage intérieur ou le contenant de chaque substance ou préparation comporte les indications prévues à l'article R. 5132-52.

Art. R. 5132-55 Dans le cas d'un emballage unique, celui-ci peut ne porter que les mentions prévues par la réglementation des transports des matières dangereuses ainsi que les mentions prévues aux 1°, 2°, 4° et 5° de l'article R. 5132-52.

Art. R. 5132-56 Pour les substances et préparations irritantes, le contenant, l'emballage ou l'étiquetage peuvent ne pas comporter les mentions prévues aux 4° et 5° de l'article R. 5132-52, lorsque le contenu ne dépasse pas 125 millilitres. Dans ce cas, ces mentions figurent sur une notice jointe à l'emballage ou au contenant. Il en est de même pour les substances et préparations nocives lorsqu'elles ne sont pas destinées à la vente au public.

§ 3 PUBLICITÉ

Art. R. 5132-57 La publicité, sous quelque forme que ce soit, concernant une substance ou une préparation mentionnée à l'article L. 5132-2 comporte la mention : "Dangereux. – Respecter les précautions d'emploi".

§ 4 SUBSTANCES OU PRÉPARATIONS TRÈS TOXIQUES, TOXIQUES, CANCÉROGÈNES, TÉRATOGÈNES OU MUTAGÈNES

Art. R. 5132-58 La cession à titre gratuit ou onéreux de substances ou préparations dangereuses classées comme très toxiques, toxiques, cancérogènes, tératogènes ou mutagènes ne peut être faite qu'au profit d'une personne physique ou morale connue du cédant ou justifiant de son identité. Elle n'a lieu que contre remise au cédant d'un reçu ou d'une commande mentionnant le nom des substances ou préparations, leur quantité, le nom et l'adresse de l'acquéreur.

Si la profession de l'acheteur n'implique pas l'emploi des substances ou préparations demandées, le reçu ou la commande mentionne l'usage auquel ces substances ou préparations sont destinées. Le reçu ou la commande est conservé pendant trois ans par le vendeur pour être présenté à toute réquisition de l'autorité compétente.

La cession de ces substances ou préparations à une personne âgée de moins de dix-huit ans est interdite.

Art. R. 5132-59 La cession des substances ou préparations mentionnées à l'article R. 5132-58 à titre gratuit ou onéreux est enregistrée selon un procédé agréé par arrêté des ministres chargés de l'agriculture, de la consommation, de l'industrie et de la santé et permettant un contrôle par les autorités compétentes des opérations effectuées. Ces enregistrements indiquent le nom et la quantité des substances ou préparations cédées, la date de leur cession, les nom, profession et adresse de l'acquéreur.

A chacune de ces cessions est attribué un numéro d'ordre qui peut s'appliquer aux substances ou préparations d'une même livraison. Ce numéro est inscrit, ainsi que le nom et l'adresse du vendeur, sur l'emballage du produit considéré.

Par dérogation aux dispositions du premier alinéa, les cessions peuvent ne pas faire l'objet d'un enregistrement, dès lors que les factures commerciales permettent de retrouver trace de la cession avec ses références.

L'enregistrement ou les factures sont conservés pendant dix ans pour être présentés à toute réquisition des autorités compétentes.

Art. R. 5132-60 Lorsqu'elles sont destinées à la destruction des parasites nuisibles à l'agriculture, les substances mentionnées à l'article L. 5132-2 sont mélangées à des matières odorantes et colorantes suivant les formules agréées par les ministres chargés de l'agriculture et de la consommation qui peuvent fixer, par arrêté, la concentration de la ou desdites substances dangereuses et les conditions de délivrance des préparations obtenues. Lorsque ces préparations sont elles-mêmes classées très toxiques, toxiques, cancérogènes, tératogènes ou mutagènes, elles ne peuvent être délivrées qu'aux personnes physiques ou morales en ayant l'usage dans le cadre de leur profession.

Par dérogation aux prescriptions de l'alinéa qui précède, les substances mentionnées à l'article L. 5132-2 peuvent être délivrées en nature, c'est-à-dire sans qu'elles soient mélangées, en vue d'expériences scientifiques, sur autorisation spéciale des ministres chargés de l'agriculture, de la consommation et de la santé qui précise sa durée de validité. Cette autorisation est présentée à l'appui de toute acquisition desdites substances.

Art. R. 5132-61 Sont interdits la délivrance et l'emploi, lorsqu'ils sont classés comme très toxiques, toxiques, cancérogènes, tératogènes ou mutagènes :

1° Des composés arsenicaux pour la destruction des mouches et celle des parasites nuisibles à l'agriculture, exception faite des composés arsenicaux solubles destinés aux traitements d'hiver de la vigne et du diméthylarsinate de sodium (cacodylate de sodium) utilisé comme formicide ;

2° De l'arsenic, du cadmium, du plomb, du mercure et de leurs composés en vue de désinfecter les produits récoltés destinés à la consommation par l'homme et les animaux, d'embaumer les cadavres et de détruire les mauvaises herbes dans les allées des jardins, les cours et les terrains de sport ;

3° De la picrotoxine et de la coque du levant pour tout autre usage que celui de la médecine : en conséquence, la délivrance de ces substances au public est interdite à quiconque n'est pas pharmacien titulaire d'une officine.

Art. R. 5132-62 *(Décr. nº 2006-1177 du 22 sept. 2006, art. 3)* L'emploi des produits phytopharmaceutiques mentionnés à l'article L. 253-1 du code rural et de la pêche maritime contenant des substances mentionnées à l'article R. 5132-58 du présent code est réglementé dans les conditions prévues par le chapitre III du titre V du livre II du code rural et de la pêche maritime.

Art. R. 5132-63 Lorsqu'elles sont destinées à la confection d'appâts empoisonnés pour la destruction des insectes et animaux nuisibles, les substances ou préparations mentionnées à l'article R. 5132-58 ne peuvent pas être délivrées en nature. Elles sont mélangées à dix fois au moins de leur poids de substances inertes et insolubles puis additionnées d'une matière colorante intense rouge, noire, verte ou bleue.

La délivrance au public de ces mélanges est interdite à quiconque n'est pas pharmacien titulaire d'une officine.

Dans le cas de luttes collectives contre les insectes et animaux nuisibles, le fait que leur préparation et leur utilisation soient effectuées sous le contrôle d'un pharmacien peut être exigé par arrêté des ministres chargés de l'agriculture et de la santé.

Art. R. 5132-64 En vue de faciliter, en cas de diffusion de la rage par les animaux sauvages, la *destruction de ces* animaux, des substances classées comme très toxiques ou toxiques ou des préparations qui en contiennent peuvent être délivrées sous des formes et dans des conditions qui dérogent aux prescriptions de l'article R. 5132-48 et du premier alinéa de l'article R. 5132-63.

Sur les ampoules, boîtes, sachets et autres récipients contenant ces substances ou préparations, est inscrite, en caractères indélébiles, outre le nom de la substance très toxique qu'ils contiennent, la mention : "poison pour la destruction des animaux sauvages, mortel pour l'homme".

Les emballages extérieurs de ces produits comportent les mêmes inscriptions et, le cas échéant, signalent le danger des émanations.

Ils comportent, en outre, les indications suivantes :

1° Quantités de substance active contenue dans chaque ampoule ou autre récipient ;

2° Antidote à utiliser en cas d'intoxication de l'homme, ainsi que sa posologie et son mode d'administration ;

3° Nom et adresse du fabricant ou de l'importateur ;

4° Numéro du lot de fabrication ou d'importation.

Les ampoules, boîtes, sachets et autres récipients contenant ces substances ou préparations très toxiques ou toxiques sont fermés hermétiquement et leurs emballages sont assez résistants pour permettre leur transport sans danger.

Les conditions auxquelles satisfont les récipients et les emballages, compte tenu de leur nature et de leurs dimensions, sont fixées par arrêté des ministres chargés de l'agriculture et de la santé.

Art. R. 5132-65 Les substances très toxiques ou toxiques auxquelles peuvent s'appliquer les dérogations prévues à l'article R. 5132-64 et les zones géographiques et les périodes dans lesquelles ces substances peuvent être utilisées sont fixées après avis *(Décr. n° 2006-1675 du 22 déc. 2006 ; Décr. n° 2011-385 du 11 avr. 2011, art. 4)* « de l'Agence nationale de sécurité sanitaire de l'alimentation, de l'environnement et du travail », par arrêté des ministres chargés de l'agriculture et de la santé.

Cet arrêté précise, en outre, les conditions d'utilisation de ces substances et préparations ; il désigne, notamment, d'une part, les personnes auxquelles, en plus des pharmaciens titulaires d'une officine, les ampoules et sachets contenant ces substances peuvent être délivrés par le fabricant ou l'importateur dans les conditions prévues à l'article R. 5132-58 et, d'autre part, les services chargés de contrôler l'emploi de ces produits.

Les pharmaciens et les autres personnes habilitées, mentionnées à l'alinéa précédent, ne peuvent céder ces produits qu'à des personnes appelées à concourir à la destruction des animaux propageant la rage, désignées par arrêté du préfet et dans des conditions prévues à l'article R. 5132-58.

Lorsqu'une des substances très toxiques ou toxiques est contenue dans des ampoules de verre destinées à être introduites dans les appâts, les personnes chargées de les employer procèdent, dans le délai fixé, compte tenu des conditions locales, par l'arrêté prévu au premier alinéa, au ramassage des ampoules contenues dans les appâts qui n'auraient pas été gobés.

Art. R. 5132-66 Les substances ou préparations dangereuses mentionnées à l'article R. 5132-58, détenues soit en vue de leur mise sur le marché, soit en vue de leur emploi, sont placées dans des armoires fermées à clef ou dans des locaux où n'ont pas librement accès les personnes étrangères à l'établissement. En aucun cas, il ne doit être introduit dans les armoires et locaux des produits destinés à l'alimentation de l'homme ou des animaux.

Dans ces armoires ou locaux, les substances ou préparations mentionnées au premier alinéa sont détenues séparément des autres substances ou préparations, notamment de celles relevant des autres catégories fixées à l'article L. 5132-2.

Lorsque le détenteur exerce le commerce de produits destinés à l'alimentation humaine ou animale, les substances ou préparations mentionnées au premier alinéa sont obligatoirement détenues dans un local spécifique.

§ 5 SUBSTANCES OU PRÉPARATIONS NOCIVES, CORROSIVES OU IRRITANTES

Art. R. 5132-67 Les substances ou préparations dangereuses, classées comme nocives, corrosives ou irritantes, lorsqu'elles sont destinées à la destruction des parasites et animaux nuisibles à l'agriculture, ne peuvent être délivrées en nature ; elles sont mélangées, sauf en cas d'incompatibilité, à des matières odorantes et colorantes ou à l'une d'elles seulement suivant des modalités prévues par les ministres chargés de l'agriculture et de la consommation qui peuvent fixer, par arrêté, la concentration de la ou desdites substances dangereuses et les conditions de délivrance des préparations obtenues.

Art. R. 5132-68 Les substances ou préparations dangereuses, mentionnées à l'article R. 5132-67, détenues en vue de leur mise sur le marché ou de leur emploi, sont conservées séparément des autres substances ou préparations.

§ 6 ÉTIQUETAGE DE CERTAINES SUBSTANCES NOCIVES OU IRRITANTES

Art. R. 5132-69 Par dérogation à l'article R. 5132-52, lorsque la personne responsable de la mise sur le marché d'une préparation prouve que la divulgation sur l'étiquette de l'identité chimique d'une substance nocive ou irritante, seule ou combinée avec d'autres substances dangereuses mentionnées à l'article L. 1342-2, est de nature à entraîner la divulgation de secrets industriels et commerciaux, elle peut être autorisée à désigner cette substance soit par le nom des groupes chimiques les plus importants, soit par toute autre dénomination.

La dénomination de remplacement doit fournir suffisamment d'informations sur la substance pour que les précautions nécessaires en matière de santé et de sécurité puissent être prises.

V. Décr. n° 2014-1288 du 23 oct. 2014 relatif aux exceptions à l'application du principe « silence vaut acceptation » sur le fondement du 4° du I de l'art. 21 de la L. n° 2000-321 du 12 avr. 2000 relative aux droits des citoyens dans leurs relations avec les administrations.

Art. R. 5132-70 La personne responsable de la mise sur le marché adresse la demande d'autorisation au ministre chargé de la santé.

L'autorisation est délivrée par les ministres chargés de l'agriculture, de la consommation, de l'environnement, de l'industrie et de la santé pour une durée de trois ans, après avis de l'organisme agréé mentionné à l'article L. 1342-1.

Le silence gardé par les ministres pendant plus de quatre mois à compter de la réception de la demande d'autorisation vaut décision de rejet.

Art. R. 5132-71 L'autorisation est suspendue ou supprimée si les conditions ayant justifié sa délivrance ne sont plus remplies et après que la personne responsable de la mise sur le marché a été invité à présenter ses observations.

Art. R. 5132-72 La personne responsable de la mise sur le marché informe le ministre chargé de la santé de tout élément de nature à modifier les informations transmises lors de la demande d'autorisation.

Elle informe les autorités compétentes des États membres de la Communauté européenne ou partie à l'accord sur l'Espace économique européen dans lesquels la substance est mise sur le marché de l'autorisation obtenue, ainsi que des suspensions ou des suppressions éventuelles.

Art. R. 5132-73 Sont fixées par arrêté des ministres chargés de l'agriculture, de la consommation, de l'environnement, de l'industrie et de la santé :

1° La composition du dossier relatif à la demande d'autorisation ;

2° La liste des noms identifiant les groupes chimiques les plus importants.

SOUS-SECTION 4 AUTRES SUBSTANCES ET PRÉPARATIONS STUPÉFIANTES

Art. R. 5132-74 Sont interdits, à moins d'autorisation expresse, *(Décr. n° 2007-157 du 5 févr. 2007, art. 5-XIX)* « la production, la fabrication, le transport, l'importation, l'exportation, la détention, l'offre, la cession, l'acquisition ou l'emploi » et, d'une manière générale, les opérations agricoles, artisanales, commerciales et industrielles relatifs aux substances ou préparations *(Décr. n° 2007-157 du 5 févr. 2007, art. 5-XIX)* « et plantes ou parties de plantes » classées comme stupéfiantes, sur proposition du directeur général de l'*(Décr. n° 2012-597 du 27 avr. 2012, art. 5-I-1°)* « Agence nationale de sécurité du médicament et des produits de santé », par arrêté du ministre chargé de la santé.

Lorsque ces *(Décr. n° 2007-157 du 5 févr. 2007, art. 5-XIX)* « substances ou préparations et ces plantes ou parties de plantes » sont utilisées en médecine vétérinaire, le directeur général de l'*(Décr. n° 2012-597 du 27 avr. 2012, art. 5-I-1°)* « Agence nationale de sécurité du médicament et des produits de santé » sollicite, préalablement à sa proposition, l'avis du directeur général de l'*(Décr. n° 2011-385 du 11 avr. 2011, art. 1er)* « Agence nationale de sécurité sanitaire de l'alimentation, de l'environnement et du travail ».

(Décr. n° 2016-183 du 23 févr. 2016, art. 2-I-2°) « L'autorisation mentionnée au premier alinéa est donnée ou retirée dans les conditions prévues aux articles R. 5132-75

à R. 5132-77. L'autorisation est également subordonnée à la transcription par le titulaire de l'autorisation des opérations sur un registre affecté à cet usage qui comporte notamment les quantités reçues et cédées. Ce registre est tenu à la disposition de l'agence et lui est transmis lorsqu'elle en fait la demande. »

V. Décr. n° 2014-1288 du 23 oct. 2014 relatif aux exceptions à l'application du principe « silence vaut acceptation » sur le fondement de l'art. L. 231-4 CRPA.

Art. R. 5132-75 L'autorisation prévue à l'article R. 5132-74 est délivrée par le directeur général de l'*(Décr. n° 2012-597 du 27 avr. 2012, art. 5-I-1°)* « Agence nationale de sécurité du médicament et des produits de santé » *(Décr. n° 2016-183 du 23 févr. 2016, art. 2-II-1°)* « , après avis du directeur général de l'Agence nationale de sécurité sanitaire de l'alimentation, de l'environnement et du travail, pour les établissements pharmaceutiques relevant de sa compétence. Le directeur général de l'agence notifie au demandeur sa décision dans un délai de deux mois à compter de la date à laquelle le dossier est réputé complet. A l'issue de ce délai, l'absence de décision du directeur général vaut décision de rejet. »

La modification de l'un des éléments mentionnés dans la demande rend caduque l'autorisation précédemment donnée. Le titulaire en informe le directeur général de l'agence et lui fait retour du document attestant l'autorisation.

(Décr. n° 2016-183 du 23 févr. 2016, art. 2-II-2°) « Les dispositions de l'alinéa précédant *[précédent]* ne sont pas applicables lorsque le pharmacien délégué mentionné à l'article L. 5124-2, titulaire de l'autorisation prévue à l'article R. 5132-74, change d'établissement pharmaceutique au sein d'une même entreprise pharmaceutique. Dans ce cas, il en informe sans délai le directeur général de l'agence. »

Art. R. 5132-76 *(Décr. n° 2007-157 du 5 févr. 2007, art. 5-XX) (Décr. n° 2016-183 du 23 févr. 2016, art. 2-III-1°)* « I. — » Par dérogation aux dispositions du premier alinéa de l'article R. 5132-74, tiennent lieu d'autorisation, pour le seul usage professionnel :

1° L'inscription à l'ordre des pharmaciens des pharmaciens titulaires d'une officine et des pharmaciens gérants des pharmacies mutualistes ou l'appartenance au cadre actif du service de santé des armées ;

2° L'inscription à l'ordre des pharmaciens des pharmaciens assurant la gérance de la pharmacie à usage intérieur autorisée en application de l'article L. 5126-7 ou l'appartenance au cadre actif du service de santé des armées ;

3° L'inscription à l'ordre des vétérinaires pour les vétérinaires ou, s'ils appartiennent au cadre actif des armées, la qualité de vétérinaires des armées ;

(Décr. n° 2016-183 du 23 févr. 2016, art. 2-III-2°) « 3° *bis* L'habilitation établie en faveur de l'Institut Pasteur par l'article L. 5124-10 ;

« 3° *ter* L'accréditation prévue à l'article L. 6221-2 pour les laboratoires d'analyse médicale ; »

4° La faculté accordée par le quatrième alinéa de l'article L. 5143-2 aux chefs des services de pharmacie et toxicologie des écoles nationales vétérinaires ;

5° L'autorisation du *(Décr. n° 2010-344 du 31 mars 2010, art. 158)* « directeur général de l'agence régionale de santé » délivrée en application de l'article L. 4211-3 ;

6° *(Décr. n° 2008-87 du 24 janv. 2008, art. 1er)* « L'autorisation *(Décr. n° 2010-344 du 31 mars 2010, art. 158)* « du directeur général de l'agence régionale de santé » accordée au médecin d'un centre de soins, d'accompagnement et de prévention en addictologie mentionnée au deuxième alinéa de l'article D. 3411-9 ou l'inscription à l'ordre des pharmaciens pour les pharmaciens attachés à ces établissements ; »

7° Pour les établissements mentionnés à l'article L. 5126-6 autres que les *(Décr. n° 2008-87 du 24 janv. 2008, art. 1er)* « centres de soins, d'accompagnement et de prévention en addictologie », l'inscription au conseil de l'ordre des médecins pour les médecins attachés à ces établissements ainsi que la convention passée entre le pharmacien et ces établissements.

(Décr. n° 2016-183 du 23 févr. 2016, art. 2-III-3°) « II. — Sont dispensés, pour l'exercice de leurs missions, de l'autorisation prévue à l'article R. 5132-74 :

« 1° Les services de biologie médicale du service de santé des armées ;

« 2° L'Agence française de lutte contre le dopage ;

« 3° L'Agence nationale de sécurité sanitaire de l'alimentation, de l'environnement et du travail ;

« 4° L'Agence nationale de sécurité du médicament et des produits de santé ;

« 5° Les laboratoires de police technique et scientifique, le laboratoire de l'Institut de recherche criminelle de la gendarmerie nationale, les laboratoires des services communs des laboratoires des ministères chargés de la consommation et des douanes, les directions départementales de la sécurité publique du ministère de l'intérieur, les légions régionales de la gendarmerie nationale, les directions régionales, interrégionales et les services à compétence nationale des douanes, les commandements des forces aériennes et de la direction générale de l'armement du ministère de la défense. »

Art. R. 5132-77 *(Décr. nº 2007-157 du 5 févr. 2007, art. 5-XXI)* « L'autorisation mentionnée à l'article R. 5132-74 ne peut être accordée qu'à une personne physique. Dans les entreprises mentionnées aux articles L. 5124-2 et L. 5142-1, l'autorisation peut être demandée pour le pharmacien responsable, *(Décr. nº 2016-183 du 23 févr. 2016, art. 2-IV-1º)* « le pharmacien responsable intérimaire, » les pharmaciens délégués et les pharmaciens adjoints ainsi que pour le vétérinaire responsable, *(Décr. nº 2016-183 du 23 févr. 2016, art. 2-IV-1º)* « le vétérinaire responsable intérimaire, » les vétérinaires délégués et les vétérinaires adjoints. En cas d'absence des titulaires de l'autorisation pour une durée n'excédant pas quinze jours, l'autorisation bénéficie dans les mêmes conditions à ceux qui les remplacent, dûment inscrits en cette qualité au tableau de l'Ordre national des pharmaciens ou au tableau de l'ordre des vétérinaires. L'autorisation indique les substances ou préparations et les plantes ou parties de plantes dont la production, la fabrication, le transport, l'importation, l'exportation, la détention, l'offre, la cession, l'acquisition ou l'emploi est autorisé. »

Elle peut être assortie de conditions particulières en ce qui concerne la détention *(Décr. nº 2007-157 du 5 févr. 2007, art. 5-XXI)* « des substances ou préparations, des plantes ou parties de plantes classées comme stupéfiants » et le contrôle de leur extraction, de leur fabrication et de leur transformation.

Elle fixe la quantité de stupéfiants qui peut être cédée ou remise lorsqu'elle est accordée à des fins de recherche ou d'enseignement. *(Décr. nº 2007-157 du 5 févr. 2007, art. 5-XXI)* « Toutefois aucune quantité n'est fixée pour les programmes gouvernementaux de collecte de stupéfiants à des fins de recherche en santé publique. »

Elle ne peut être accordée et elle est retirée d'office à une personne condamnée pour infraction aux dispositions de la présente section ou pour usage illicite de stupéfiants.

(Décr. nº 2008-109 du 5 févr. 2008, art. 17) « Lorsque la substance ou la préparation est une matière première à usage pharmaceutique, l'autorisation ne peut être accordée que si » *(Décr. nº 2016-183 du 23 févr. 2016, art. 2-IV-2º)* « l'établissement a été autorisé dans les conditions prévues à l'article L. 5138-1 ».

Art. R. 5132-78 En dehors des cas de transit ou d'emprunt du territoire douanier, il est interdit d'importer ou d'exporter des stupéfiants sans autorisation spéciale délivrée pour chaque opération par le directeur général de l'*(Décr. nº 2012-597 du 27 avr. 2012, art. 5-I-1º)* « Agence nationale de sécurité du médicament et des produits de santé ». *(Décr. nº 2016-183 du 23 févr. 2016, art. 2-V-1º)* « Cette autorisation est délivrée dans les conditions prévues à l'article R. 5132-75. »

L'autorisation mentionne la dénomination et la quantité du produit faisant l'objet de l'opération, la nature et la quantité de substance stupéfiante qu'il renferme, le nom et l'adresse de l'expéditeur et du destinataire, le mode de transport, le bureau de douane.

En cas de transit ou d'emprunt du territoire douanier, la marchandise est accompagnée de l'autorisation d'exportation délivrée par l'autorité administrative compétente de l'État exportateur.

Les documents attestant des autorisations délivrées en application du présent article sont conservés par les titulaires de ces autorisations pendant trois ans à compter de la date de leur délivrance pour être présentés à toute réquisition des autorités de contrôle.

(Décr. nº 2016-183 du 23 févr. 2016, art. 2-V-3º) « Par dérogation au premier alinéa, pour les établissements dont l'autorisation délivrée en application de l'article R. 5132-74 le prévoit, une autorisation peut être délivrée pour une série d'opérations par le directeur général de l'Agence nationale de sécurité du médicament et des produits de santé pour les importations et les exportations des étalons de référence contenant des stupéfiants utilisés exclusivement à des fins scientifiques. »

Art. R. 5132-79 Les récipients ou emballages renfermant des stupéfiants et servant à leur importation ou à leur exportation, à leur transport ou à leur détention sont revêtus d'une étiquette, de format adapté à leur volume, apposée de manière à ne pouvoir être involontairement détachée.

Cette étiquette porte, en caractères noirs indélébiles et lisibles, les indications suivantes :

1° Pour une substance, *(Décr. nº 2007-157 du 5 févr. 2007, art. 5-XXII)* « une plante ou une partie de plante » : la dénomination commune internationale recommandée par l'Organisation mondiale de la santé, chaque fois qu'elle existe ou, dans le cas contraire, celle de la Pharmacopée européenne ou française ou, à défaut, la dénomination scientifique ;

2° Pour une préparation : sa dénomination commerciale, s'il y a lieu, accompagnée du nom de la ou des substances stupéfiantes qu'elle renferme, exprimée comme ci-dessus ;

3° *(Décr. nº 2007-157 du 5 févr. 2007, art. 5-XXII)* « La masse brute et la tare correspondant au conditionnement utilisé » ;

4° Le nom et l'adresse du fabricant ou du distributeur ou de l'importateur ;

5° Une tête de mort à tibias croisés sur un fond carré de couleur orangé jaune et de dimensions suffisantes ; ce carré est placé à l'angle supérieur gauche de l'étiquette ;

6° Un numéro de référence pour chaque récipient ou emballage.

Toutefois, en cas de transport, les emballages extérieurs des colis ne comportent aucune autre indication que le nom et l'adresse de l'expéditeur et du destinataire. Les colis sont cachetés ou scellés à la marque de l'expéditeur.

Art. R. 5132-80 *(Décr. nº 2007-157 du 5 févr. 2007, art. 5-XXIII)* « Les substances ou préparations, et les plantes, ou parties de plantes » classées comme stupéfiants sont détenues dans des armoires ou des locaux fermés à clef et ne contenant rien d'autre. Les modalités matérielles de détention de ces substances et préparations sont fixées, sur proposition du directeur général de l'*(Décr. nº 2012-597 du 27 avr. 2012, art. 5-I-1º)* « Agence nationale de sécurité du médicament et des produits de santé », par arrêté du ministre chargé de la santé.

Tout vol ou détournement est signalé sans délai aux autorités de police, à *(Décr. nº 2010-344 du 31 mars 2010, art. 158)* « l'agence régionale de santé » *(Décr. nº 2016-183 du 23 févr. 2016, art. 2-VI)* « [,] à l'Agence nationale » *(Décr. nº 2012-597 du 27 avr. 2012, art. 5-I-1º)* « de sécurité du médicament et des produits de santé » *(Décr. nº 2016-183 du 23 févr. 2016, art. 2-VI)* « et à l'Agence nationale de sécurité sanitaire de l'alimentation, de l'environnement et du travail pour les médicaments vétérinaires ». *(Décr. nº 2007-157 du 5 févr. 2007, art. 5-XXIII)* « Les quantités volées ou détournées sont portées sur le registre prévu à l'article R. 5132-36. »

Art. R. 5132-81 *(Décr. nº 2007-157 du 5 févr. 2007, art. 5-XXIV)* Les personnes mentionnées du 1° au 5° *(Décr. nº 2016-183 du 23 févr. 2016, art. 2-VII-1º)* « du I » de l'article R. 5132-76 ne peuvent acquérir des substances stupéfiantes et des préparations classées comme stupéfiants que dans un établissement détenteur de l'autorisation prévue au 1er alinéa de l'article R. 5132-75.

(Décr. nº 2016-183 du 23 févr. 2016, art. 2-VII-3º) « L'acquisition ou la cession » de stupéfiants est inscrite sur un registre spécial ou enregistrée par un système informatique spécifique répondant aux conditions suivantes :

a) Aucune modification des données ne doit être possible après validation de leur enregistrement ;

b) Une édition immédiate des mentions prévues au présent article doit pouvoir être effectuée à la demande de toute autorité de contrôle ;

c) Chaque page éditée doit comporter le nom et l'adresse de l'établissement.

La date et le numéro de l'autorisation délivrée en application de l'article R. 5132-74 sont mentionnés à la première page du registre. L'inscription de chaque opération sur le registre ou l'enregistrement reçoit un numéro d'ordre qui peut s'appliquer à tous les produits ayant fait l'objet d'une livraison unique. L'inscription de chaque opération est faite à l'encre, sans blanc ni surcharge quotidiennement. L'inscription ou l'enregistrement réalisé par le cessionnaire précise les nom, profession et adresse du cédant et l'inscription ou l'enregistrement réalisé par le cédant indique les nom, profession et

adresse du cessionnaire. Cette inscription indique en outre la quantité du produit acquis ou cédé, sa dénomination ou sa composition et le numéro de référence prévu à l'article R. 5132-79. *(Décr. nº 2016-183 du 23 févr. 2016, art. 2-VII-4º)* **« Une balance mensuelle des entrées et sorties est portée au registre ou éditée. »**

Lorsque l'exploitation est poursuivie sous le couvert d'une nouvelle autorisation, la date et le numéro de celle-ci sont mentionnés sur le registre prévu à l'alinéa précédent ou sont enregistrés pour figurer sur toute édition de cet enregistrement.

Dans le cas de cessions successives d'un produit sous un emballage revêtu d'un cachet d'origine, le numéro de référence porté sur l'étiquette d'origine est conservé.

Art. R. 5132-82 *(Décr. nº 2007-157 du 5 févr. 2007, art. 5-XXV)* **« Les personnes qui fabriquent, transforment ou divisent des stupéfiants sont tenues d'inscrire, au moment de l'opération et à la suite, sur le registre prévu à l'article R. 5132-81 ou d'enregistrer par le système informatique prévu au même article : »**

1º Les opérations effectuées ;

2º La nature et la quantité des stupéfiants employés ;

3º La nature et la quantité des produits obtenus ;

4º La mention des pertes résultant de ces opérations.

Décharge de ces pertes est donnée sur ce registre *(Décr. nº 2007-157 du 5 févr. 2007, art. 5-XXV)* **« ou sur les éditions des enregistrements » par les inspecteurs de l'***(Décr. nº 2012-597 du 27 avr. 2012, art. 5-I-1º)* **« Agence nationale de sécurité du médicament et des produits de santé », si elles leur paraissent résulter normalement des transformations ou manipulations déclarées.**

(Décr. nº 2007-157 du 5 févr. 2007, art. 5-XXV) **« Ce registre, les enregistrements et les éditions de ces enregistrements par périodes maximales d'un mois ainsi que les documents attestant la destruction mentionnée au dernier alinéa sont conservés dix ans à compter de la date de la dernière opération mentionnée pour être présentés à toute réquisition des autorités compétentes. »**

En cas de cession du fonds ou de l'entreprise, ou s'il y a changement du titulaire de l'autorisation, l'ancien et le nouveau titulaire procèdent à un inventaire du stock des stupéfiants ; cet inventaire est *(Décr. nº 2007-157 du 5 févr. 2007, art. 5-XXV)* **« signé par le cédant et par l'acquéreur et est conservé par ce dernier pendant dix ans.**

« Les substances ou préparations, plantes ou parties de plantes et médicaments classés comme stupéfiants sont détruits sous la responsabilité du titulaire de l'autorisation mentionnée à l'article R. 5132-74, en présence de ce dernier et d'un huissier. Le titulaire de l'autorisation adresse une copie du document attestant cette destruction au directeur général de l'*(Décr. nº 2012-597 du 27 avr. 2012, art. 5-I-1º)* **« Agence nationale de sécurité du médicament et des produits de santé » lors de l'état annuel prévu à l'article R. 5132-83. »**

Art. R. 5132-83 Les personnes titulaires de l'autorisation prévue à l'article R. 5132-74 sont tenues de dresser un état annuel indiquant pour chaque stupéfiant :

1º Les quantités reçues ;

2º Les quantités utilisées pour la fabrication ou la transformation, en indiquant la nature et la quantité des produits obtenus *(Décr. nº 2007-157 du 5 févr. 2007, art. 5-XXVI)* **« ainsi que les pertes résultant de ces opérations » ;**

3º Les quantités cédées ;

4º Les stocks en fin d'année, y compris les stocks de produits en cours de transformation.

Cet état, qui couvre l'année civile écoulée, est adressé au plus tard le 15 février à l'*(Décr. nº 2012-597 du 27 avr. 2012, art. 5-I-1º)* **« Agence nationale de sécurité du médicament et des produits de santé ».**

L'autorisation prévue à l'article *(Décr. nº 2007-157 du 5 févr. 2007, art. 5-XXVI)* **« R. 5132-74 » peut imposer à son titulaire l'établissement et la production au cours de chaque année civile de plusieurs états récapitulatifs.**

(Décr. nº 2007-157 du 5 févr. 2007, art. 5-XXVI) **« En outre, les établissements mentionnés au 5º de l'article R. 5124-2 sont tenus, sur demande du directeur général de l'***(Décr. nº 2012-597 du 27 avr. 2012, art. 5-I-1º)* **« Agence nationale de sécurité du médicament et des produits de santé », de transmettre les quantités cédées mensuellement. »**

(Décr. nº 2016-183 du 23 févr. 2016, art. 2-VIII) « Cet état est également adressé à l'agence par les services, établissements et organismes mentionnés au 3° *bis* et au 3° *ter* du I et au II de l'article R. 5132-76 ».

Art. R. 5132-84 *(Décr. nº 2007-157 du 5 févr. 2007, art. 5-XXVII)* « La production, la fabrication, le transport, l'importation, l'exportation, la détention, l'offre, la cession, l'acquisition ou l'emploi de substances ou préparations, de plantes ou parties de plantes figurant aux tableaux de la convention unique du 30 mars 1961 sur les stupéfiants ou de la convention du 21 février 1971 sur les substances psychotropes, ainsi que de produits contenant de telles substances ou préparations, plantes ou parties de plantes peuvent être interdits, sur proposition du directeur général de l'*(Décr. nº 2012-597 du 27 avr. 2012, art. 5-I-1°)* « Agence nationale de sécurité du médicament et des produits de santé », par arrêté du ministre chargé de la santé et, au cas où l'interdiction porte sur l'importation ou l'exportation, du ministre chargé des douanes. »

Les actes, commerciaux ou non, relatifs à ces produits sont interdits.

Des dérogations aux interdictions énoncées en vertu des alinéas précédents peuvent être accordées par le directeur général de l'agence aux fins de recherche et de contrôle ainsi que de fabrication de dérivés autorisés.

Art. R. 5132-85 *(Décr. nº 2007-157 du 5 févr. 2007, art. 5-XXVIII)* « Sont interdits la production, la fabrication, le transport, l'importation, l'exportation, la détention, l'offre, la cession, l'acquisition ou l'emploi du khat et des préparations contenant ou préparées à partir du khat. »

Des dérogations aux dispositions précédentes peuvent être accordées par le directeur général de l'*(Décr. nº 2012-597 du 27 avr. 2012, art. 5-I-1°)* « Agence nationale de sécurité du médicament et des produits de santé » aux fins de recherche et de contrôle.

Art. R. 5132-86 *(Décr. nº 2013-473 du 5 juin 2013)* « I. – » *(Décr. nº 2007-157 du 5 févr. 2007, art. 5-XXIX)* « Sont interdits la production, la fabrication, le transport, l'importation, l'exportation, la détention, l'offre, la cession, l'acquisition ou l'emploi : »

1° Du cannabis, de sa plante et de sa résine, des *(Décr. nº 2007-157 du 5 févr. 2007, art. 5-XXIX)* « produits qui en contiennent ou de ceux qui sont obtenus » à partir du cannabis, de sa plante ou de sa résine ;

2° *(Décr. nº 2007-157 du 5 févr. 2007, art. 5-XXIX)* « Des tétrahydrocannabinols, à l'exception du delta 9-tétrahydrocannabinol, de leurs esters, éthers, sels ainsi que des sels des dérivés précités et de produits qui en contiennent. »

(Décr. nº 2013-473 du 5 juin 2013) « II. – » Des dérogations aux dispositions énoncées ci-dessus peuvent être accordées aux fins de recherche et de contrôle ainsi que de fabrication de dérivés autorisés par le directeur général de l'*(Décr. nº 2012-597 du 27 avr. 2012, art. 5-I-1°)* « Agence nationale de sécurité du médicament et des produits de santé ».

La culture, l'importation, l'exportation et l'utilisation industrielle et commerciale de variétés de cannabis dépourvues de propriétés stupéfiantes *(Décr. nº 2007-157 du 5 févr. 2007, art. 5-XXIX)* « ou de produits contenant de telles variétés » peuvent être autorisées, sur proposition du directeur général de l'agence, par arrêté des ministres chargés de l'agriculture, des douanes, de l'industrie et de la santé.

(Décr. nº 2013-473 du 5 juin 2013) « III. – Ne sont pas interdites les opérations de fabrication, de transport, d'importation, d'exportation, de détention, d'offre, de cession, d'acquisition ou d'emploi, lorsqu'elles portent sur des spécialités pharmaceutiques contenant l'une des substances mentionnées aux 1° et 2° du présent article et faisant l'objet d'une autorisation de mise sur le marché délivrée en France conformément aux dispositions du chapitre Ier du titre II du présent livre ou par l'Union européenne en application du règlement (CE) nº 726/2004 du Parlement européen et du Conseil du 31 mars 2004 établissant des procédures communautaires pour l'autorisation et la *surveillance* en ce qui concerne les médicaments à usage humain et à usage vétérinaire, et instituant une Agence européenne des médicaments. »

Art. R. 5132-87 Les dispositions de la présente sous-section peuvent être appliquées, en totalité ou en partie, *(Décr. nº 2007-157 du 5 févr. 2007, art. 5-XXX)* « à des substances ou à des préparations, à des plantes, ou à des parties de plantes » les contenant qui, bien que n'étant pas classées comme stupéfiantes, sont fabriquées à partir de stupéfiants ou donnent lieu à la formation de stupéfiants au cours de leur fabrication ou, en cas de pharmacodépendance ou d'abus tels qu'ils sont définis à l'article R. 5132-97 peuvent nécessiter un contrôle à certains stades de leur commercialisation.

Les dispositions de la présente sous-section applicables à chacune de ces substances sont fixées, sur proposition du directeur général de l'*(Décr. n° 2012-597 du 27 avr. 2012, art. 5-I-1°)* « Agence nationale de sécurité du médicament et des produits de santé », par arrêté du ministre chargé de la santé.

SOUS-SECTION 5 SUBSTANCES ET PRÉPARATIONS PSYCHOTROPES

Art. R. 5132-88 Sont interdits, à moins d'autorisation expresse, *(Décr. n° 2007-157 du 5 févr. 2007, art. 5-XXXI)* « la production, la fabrication, le transport, l'importation, l'exportation, la détention, l'offre, la cession, l'acquisition ou l'emploi » et, d'une manière générale, les opérations agricoles, artisanales, commerciales et industrielles relatifs aux substances ou préparations classées comme psychotropes, sur proposition du directeur général de l'*(Décr. n° 2012-597 du 27 avr. 2012, art. 5-I-1°)* « Agence nationale de sécurité du médicament et des produits de santé », par arrêté du ministre chargé de la santé.

Lorsque ces substances ou préparations sont utilisées en médecine vétérinaire, le directeur général de l'agence sollicite, préalablement à sa proposition, l'avis du directeur général de l'*(Décr. n° 2011-385 du 11 avr. 2011, art. 1er)* « Agence nationale de sécurité sanitaire de l'alimentation, de l'environnement et du travail ».

(Décr. n° 2016-183 du 23 févr. 2016, art. 2-IX-2°) « Cette autorisation est donnée ou retirée dans les conditions prévues aux articles R. 5132-88-1 à R. 5132-90. L'autorisation est également subordonnée à la transcription des opérations sur un registre affecté à cet usage. Ce registre est tenu à la disposition de l'agence et lui est transmis lorsqu'elle en fait la demande. »

V. Décr. n° 2014-1288 du 23 oct. 2014 relatif aux exceptions à l'application du principe « silence vaut acceptation » sur le fondement de l'art. L. 231-4 CRPA.

Art. R. 5132-88-1 *(Décr. n° 2016-183 du 23 févr. 2016, art. 2-X)* L'autorisation prévue à l'article R. 5132-88 est délivrée par le directeur général de l'Agence nationale de sécurité du médicament et des produits de santé, après avis du directeur général de l'Agence nationale de sécurité sanitaire de l'alimentation, de l'environnement et du travail, pour les établissements pharmaceutiques relevant de sa compétence.

La modification de l'un des éléments mentionnés dans la demande rend caduque l'autorisation précédemment donnée. Le titulaire en informe le directeur général de l'agence et lui fait retour du document attestant l'autorisation.

Le directeur général de l'agence notifie au demandeur sa décision dans un délai de deux mois à compter de la date à laquelle le dossier est réputé complet. A l'issue de ce délai, l'absence de décision du directeur général vaut décision de rejet.

Art. R. 5132-89 *[I. –]* Par dérogation aux dispositions de l'article R. 5132-88, tiennent lieu d'autorisation pour le seul usage professionnel :

1° L'autorisation délivrée en application des articles L. 5124-3 ou L. 5142-2 ;

(Décr. n° 2007-157 du 5 févr. 2007, art. 5-XXXII) « 2° L'inscription à l'ordre des pharmaciens des pharmaciens titulaires d'une officine et des pharmaciens gérant des pharmacies mutualistes ou l'appartenance au cadre actif du service de santé des armées ;

« 3° L'*inscription à l'ordre des* pharmaciens des pharmaciens assurant la gérance de la pharmacie à usage intérieur autorisée en application de l'article L. 5126-7 ou l'appartenance au cadre actif du service de santé des armées ;

« 4° L'inscription à l'ordre des vétérinaires pour les vétérinaires ou, s'ils appartiennent au cadre actif du service vétérinaire de l'armée, la qualité de vétérinaires des armées ; »

5° L'habilitation établie en faveur de l'Institut Pasteur par l'article L. 5124-10 ;

6° La faculté accordée par l'article L. 5143-2 aux chefs de services de pharmacie et toxicologie des écoles nationales vétérinaires ;

7° L'autorisation accordée en application de l'article L. 1221-10 ;

(Décr. n° 2016-183 du 23 févr. 2016, art. 2-XI-1°) « 8° L'accréditation prévue à l'article L. 6221-2 pour les laboratoires de biologie médicale ; »

9° L'autorisation du *(Décr. n° 2010-344 du 31 mars 2010, art. 158)* « directeur général de l'agence régionale de santé » délivrée en application de l'article L. 4211-3.

(Décr. n° 2016-183 du 23 févr. 2016, art. 2-XI-2°) « II. — Sont dispensés, pour l'exercice de leurs missions, de l'autorisation prévue à l'article R. 5132-88 :

« 1° Les services de biologie médicale du service de santé des armées ;

« 2° L'Agence française de lutte contre le dopage ;

« 3° L'Agence nationale de sécurité sanitaire de l'alimentation, de l'environnement et du travail ;

« 4° L'Agence nationale de sécurité du médicament et des produits de santé ;

« 5° Les laboratoires de police technique et scientifique, le laboratoire de l'Institut de recherche criminelle de la gendarmerie nationale, les laboratoires des services communs des laboratoires des ministères chargés de la consommation et des douanes, les directions départementales de la sécurité publique du ministère de l'intérieur, les légions régionales de la gendarmerie nationale, les directions régionales, interrégionales et les services à compétence nationale des douanes, les commandements des forces aériennes et de la direction générale de l'armement du ministère de la défense. »

Art. R. 5132-90 *(Décr. n° 2016-183 du 23 févr. 2016, art. 2-XII)* L'autorisation mentionnée à l'article R. 5132-88 ne peut être accordée qu'à une personne physique.

Dans les entreprises mentionnées aux articles L. 5124-2 et L. 5142-1, l'autorisation peut être demandée pour le pharmacien responsable, le pharmacien responsable intérimaire, les pharmaciens délégués et les pharmaciens adjoints ainsi que pour le vétérinaire responsable, le vétérinaire responsable intérimaire, les vétérinaires délégués et les vétérinaires adjoints. En cas d'absence des titulaires de l'autorisation pour une durée n'excédant pas quinze jours, l'autorisation bénéficie dans les mêmes conditions à ceux qui les remplacent, dûment inscrits en cette qualité au tableau de l'Ordre national des pharmaciens ou au tableau de l'ordre des vétérinaires.

L'autorisation indique les substances ou préparations et les plantes ou parties de plantes dont la production, la fabrication, le transport, l'importation, l'exportation, la détention, l'offre, la cession, l'acquisition ou l'emploi est autorisé.

Elle peut être assortie de conditions particulières en ce qui concerne la détention des substances ou préparations, des plantes ou parties de plantes classées comme psychotropes et le contrôle de leur extraction, de leur fabrication et de leur transformation.

Elle fixe la quantité de psychotropes qui peut être cédée ou remise lorsqu'elle est accordée à des fins de recherche ou d'enseignement. Toutefois aucune quantité n'est fixée pour les programmes gouvernementaux de collecte de psychotropes à des fins de recherche en santé publique.

Elle ne peut être accordée et elle est retirée d'office à une personne condamnée pour infraction aux dispositions de la présente section.

Lorsque la substance ou la préparation est une matière première à usage pharmaceutique, l'autorisation ne peut être accordée que si l'établissement a été autorisé dans les conditions prévues à l'article L. 5138-1.

Art. R. 5132-91 Les personnes qui se livrent à la fabrication, à la transformation et au commerce intérieur et international des substances psychotropes et de leurs préparations sont tenues de mentionner sur un registre ou d'enregistrer par tout système approprié répondant aux caractéristiques prévues au premier alinéa de l'article R. 5132-9 :

1° La nature et la quantité de substances psychotropes ou de leurs préparations employées ;

2° La nature et la quantité du ou des produits obtenus ;

3° La nature et la quantité des substances psychotropes et de leurs préparations qui sont acquises ou importées, cédées ou exportées, en précisant pour chaque opération les nom *et adresse soit du* fournisseur, soit de l'acquéreur ;

4° La date de réalisation des opérations.

Les factures, documents de fabrication, bons de livraison, bons de commande peuvent tenir lieu d'enregistrement dès lors qu'ils permettent de justifier des opérations et de fournir avec précision les renseignements nécessaires à l'établissement des états annuels mentionnés à l'article R. 5132-93.

Le registre, les enregistrements ou les documents en tenant lieu sont conservés dix ans à compter de la dernière opération mentionnée pour être présentés à toute réquisition des autorités de contrôle.

(Décr. nº 2016-183 du 23 févr. 2016, art. 2-XIII) « Le présent article s'applique aux services, établissements et organismes mentionnés au 8º du I et au II de l'article R. 5132-89. »

Art. R. 5132-92 En dehors des cas de transit ou d'emprunt du territoire douanier, il est interdit d'importer ou d'exporter des psychotropes sans autorisation spéciale délivrée pour chaque opération par le directeur général de l'*(Décr. nº 2012-597 du 27 avr. 2012, art. 5-I-1º)* « Agence nationale de sécurité du médicament et des produits de santé ». *(Décr. nº 2016-183 du 23 févr. 2016, art. 2-XIV-1º)* « Cette autorisation est délivrée dans les conditions prévues à l'article R. 5132-88-1. »

L'autorisation mentionne la dénomination et la quantité du produit faisant l'objet de l'opération, la nature et la quantité de substance psychotrope qu'il renferme, le nom et l'adresse de l'expéditeur et du destinataire, le mode de transport, le bureau de douane *(Abrogé par Décr. nº 2016-183 du 23 févr. 2016, art. 2-XIV-2º)* *« et, s'il y a lieu, soit le représentant, soit le déclarant en douane »*.

En cas de transit ou d'emprunt du territoire douanier, la marchandise est accompagnée de l'autorisation d'exportation délivrée par l'autorité administrative compétente de l'État exportateur.

Les documents attestant les autorisations délivrées en application du présent article sont conservés par les titulaires de ces autorisations pendant trois ans à compter de la date de leur délivrance pour être présentés à toute réquisition des autorités de contrôle.

(Décr. nº 2016-183 du 23 févr. 2016, art. 2-XIV-3º) « Par dérogation au premier alinéa, pour les établissements dont l'autorisation délivrée en application de l'article R. 5132-88 le prévoit, une autorisation peut être délivrée pour une série d'opérations par le directeur général de l'Agence nationale de sécurité du médicament et des produits de santé pour les importations et les exportations des étalons de référence contenant des psychotropes utilisés exclusivement à des fins scientifiques. »

Art. R. 5132-93 Les industriels qui fabriquent ou transforment les substances psychotropes ou leurs préparations, dressent un état annuel récapitulatif indiquant pour chaque substance psychotrope :

1º Les quantités fabriquées ;

2º Les quantités acquises sur le marché national ;

3º Les quantités importées ;

4º Les quantités utilisées pour la fabrication des préparations mentionnées aux articles R. 5132-44 et R. 5132-2, ou la fabrication de substances non psychotropes ;

5º Les quantités utilisées pour la fabrication des préparations autres que celles mentionnées au 4º ;

6º La nature et la quantité des produits obtenus ;

7º Les quantités cédées sur le marché national ;

8º Les quantités exportées ;

9º Les stocks en fin d'année, y compris les stocks de produits en cours de fabrication.

Cet état, qui couvre l'année civile écoulée, est adressé au directeur général de l'*(Décr. nº 2012-597 du 27 avr. 2012, art. 5-I-1º)* « Agence nationale de sécurité du médicament et des produits de santé », au plus tard le 15 février.

L'autorisation prévue à l'article R. 5132-88 peut imposer à son titulaire l'établissement et la production au cours de chaque année civile de plusieurs états récapitulatifs.

(Décr. nº 2016-183 du 23 févr. 2016, art. 2-XV) « Cet état est également adressé à l'agence par les services, les établissements et organismes mentionnés au 8º du I et au II de l'article R. 5132-89. »

Art. R. 5132-94 Les personnes qui se livrent au commerce national et international sont tenues de dresser un état annuel récapitulatif indiquant pour chaque substance psychotrope ou médicament en contenant :

1º Les quantités acquises sur le marché national ;

2º Les quantités importées ;

3º Les quantités cédées sur le marché national ;

4º Les quantités exportées ;

5° Les stocks.

Cet état, qui couvre l'année civile écoulée, est adressé au directeur général de l'*(Décr. n° 2012-597 du 27 avr. 2012, art. 5-I-1°)* « Agence nationale de sécurité du médicament et des produits de santé », au plus tard le 15 février.

L'autorisation prévue à l'article R. 5132-88 peut imposer à son titulaire l'établissement et la production au cours de chaque année civile de plusieurs états récapitulatifs.

Art. R. 5132-95 *(Décr. n° 2007-157 du 5 févr. 2007, art. 5-XXXIV)* Les dispositions de l'article R. 5132-79, à l'exception de celles prévues au 5° et au 6° dudit article, sont applicables aux récipients ou emballages renfermant des substances psychotropes ou leurs préparations.

L'étiquette porte en outre :

1° Pour les substances ou préparations relevant de la liste I, une tête de mort à tibias croisés imprimée en noir sur un fond carré de couleur orangé jaune et de dimensions suffisantes ; ce carré est placé à l'angle supérieur gauche de l'étiquette ;

2° Pour les substances ou préparations relevant de la liste II, une croix de Saint-André imprimée en noir sur un fond carré de couleur orangé jaune et de dimensions suffisantes ; ce carré est placé à l'angle supérieur gauche de l'étiquette.

Les substances classées comme psychotropes sont détenues dans des armoires ou des locaux fermés à clef.

Tout vol ou détournement de substance ou préparation classée comme psychotrope est signalé sans délai aux autorités de police, à *(Décr. n° 2010-344 du 31 mars 2010, art. 158)* « l'agence régionale de santé » et à l'*(Décr. n° 2012-597 du 27 avr. 2012, art. 5-I-1°)* « Agence nationale de sécurité du médicament et des produits de santé ».

Art. R. 5132-96 Les responsables des établissements mentionnés aux articles L. 5124-2 et L. 5142-1 se livrant à des opérations relatives à des médicaments contenant une ou plusieurs substances psychotropes sont soumis aux dispositions des articles R. 5132-91 à R. 5132-94.

SECTION III ADDICTOVIGILANCE *(Décr. n° 2017-885 du 9 mai 2017, art. 6-1°)*.

SOUS-SECTION 1 DISPOSITIONS GÉNÉRALES

Art. R. 5132-97 On entend par :

1° Pharmacodépendance, l'ensemble de phénomènes comportementaux, cognitifs et physiologiques d'intensité variable, dans lesquels l'utilisation d'une ou plusieurs substances psychoactives devient hautement prioritaire et dont les caractéristiques essentielles sont le désir obsessionnel de se procurer et de prendre la ou les substances en cause et leur recherche permanente ; l'état de dépendance peut aboutir à l'auto-administration de ces substances à des doses produisant des modifications physiques ou comportementales qui constituent des problèmes de santé publique ;

2° Abus de substance psychoactive, l'utilisation excessive et volontaire, permanente ou intermittente, d'une ou plusieurs substances psychoactives, ayant des conséquences préjudiciables à la santé physique ou psychique ;

3° *(Décr. n° 2007-157 du 5 févr. 2007, art. 5-XXXV)* « Pharmacodépendance grave ou abus grave de substance psychoactive, la pharmacodépendance ou l'abus de substance psychoactive, soit létal, soit susceptible de mettre la vie en danger ou d'entraîner une invalidité ou une incapacité, de provoquer ou de prolonger une hospitalisation ou de se manifester par une anomalie ou une malformation congénitale » ;

(Décr. n° 2017-885 du 9 mai 2017, art. 6-2°) « 4° Usage détourné, la consommation d'un médicament *à des fins* récréatives, ainsi que sa prescription, son commerce ou toute autre utilisation à des fins frauduleuses ou lucratives. »

Art. R. 5132-98 Les dispositions de la présente section s'appliquent aux substances ou plantes ayant un effet psychoactif, ainsi qu'aux médicaments ou autres produits en contenant, à l'exclusion de l'alcool éthylique et du tabac.

SOUS-SECTION 2 **SYSTÈME NATIONAL D'ADDICTOVIGILANCE** *(Décr. n° 2017-885 du 9 mai 2017, art. 6-3°).*

Art. R. 5132-99 **Le système national** *(Décr. n° 2017-885 du 9 mai 2017, art. 6-4°)* **« d'addictovigilance » comprend :**

1° L'*(Décr. n° 2012-597 du 27 avr. 2012, art. 5-I-1°)* **« Agence nationale de sécurité du médicament et des produits de santé » ;**

2° Les centres d'évaluation et d'information sur la pharmacodépendance *(Décr. n° 2017-885 du 9 mai 2017, art. 6-4°)* **« et d'addictovigilance » ;**

3° Les professionnels de santé et les entreprises ou organismes mentionnés respectivement aux articles R. 5132-114 et R. 5132-115.

Art. R. 5132-100 **L'***(Décr. n° 2012-597 du 27 avr. 2012, art. 5-I-1°)* **« Agence nationale de sécurité du médicament et des produits de santé » assure la mise en œuvre du** *(Décr. n° 2017-885 du 9 mai 2017, art. 6-5°)* **« système national d'addictovigilance », anime et coordonne les actions des différents intervenants et veille au respect des procédures organisées par la présente section.**

Art. R. 5132-101 **Les personnes fabriquant ou commercialisant des substances, plantes, médicaments et autres produits mentionnés à l'article R. 5132-98 fournissent, à sa demande, au directeur général de l'***(Décr. n° 2012-597 du 27 avr. 2012, art. 5-I-1°)* **« Agence nationale de sécurité du médicament et des produits de santé » toutes informations relatives à la pharmacodépendance et aux abus concernant leurs produits, ainsi que celles concernant leur vente.**

Art. R. 5132-102 **Le directeur général de l'***(Décr. n° 2012-597 du 27 avr. 2012, art. 5-I-1°)* **« Agence nationale de sécurité du médicament et des produits de santé » transmet toute information utile à l'***(Décr. n° 2007-1860 du 26 déc. 2007, art. 2)* **« Agence européenne des médicaments », ainsi qu'à l'Organe international de contrôle des stupéfiants de l'Organisation des Nations unies et à l'Organisation mondiale de la santé en application des conventions internationales sur les stupéfiants et les psychotropes.**

SOUS-SECTION 3 *[ABROGÉE]* **COMMISSION NATIONALE DES STUPÉFIANTS ET DES PSYCHOTROPES**

(Abrogée par Décr. n° 2012-597 du 27 avr. 2012, art. 4-33°)

Art. R. 5132-103 à R. 5132-111 *Abrogés par Décr. n° 2012-597 du 27 avr. 2012, art. 4.*

SOUS-SECTION 4 **CENTRES D'ÉVALUATION ET D'INFORMATION SUR LA PHARMACODÉPENDANCE ET D'ADDICTOVIGILANCE** *(Décr. n° 2017-885 du 9 mai 2017, art. 6-7°).*

Art. R. 5132-112 **Les centres d'évaluation et d'information sur la pharmacodépendance** *(Décr. n° 2017-885 du 9 mai 2017, art. 6-6°)* **« et d'addictovigilance » sont chargés :**

1° De recueillir et d'évaluer les données cliniques concernant les cas constatés de pharmacodépendance *(Décr. n° 2017-885 du 9 mai 2017, art. 6-8°)* **« , d'abus et d'usage détourné »** ***des substances, plantes, médicaments et autres produits mentionnés à l'article R. 5132-98*** **;**

2° De recueillir les éléments nécessaires à l'évaluation du risque de pharmacodépendance *(Décr. n° 2017-885 du 9 mai 2017, art. 6-8°)* **« , d'abus et d'usage détourné » de ces substances, plantes, médicaments et autres produits auprès des professionnels de santé ou des autres professionnels concernés, des** *(Décr. n° 2008-87 du 24 janv. 2008, art. 1er)* **« centres de soins, d'accompagnement et de prévention en addictologie » et des établissements de santé, notamment auprès des centres antipoison, des centres régionaux de pharmacovigilance et des** *(Décr. n° 2006-576 du 22 mai 2006, art. 4)* **« structures des urgences » ;**

3° De contribuer au développement de l'information sur le risque de pharmacodépendance *(Décr. n° 2017-885 du 9 mai 2017, art. 6-8°)* **« , d'abus et d'usage détourné »**

de ces substances, plantes, médicaments ou autres produits, notamment en renseignant les différents professionnels concernés et en participant à leur formation ;

4° De contribuer à la recherche sur le risque de pharmacodépendance *(Décr. n° 2017-885 du 9 mai 2017, art. 6-8°)* « , d'abus et d'usage détourné » de ces substances, plantes, médicaments ou autres produits ;

5° De conduire les enquêtes et travaux demandés par le directeur général de l'*(Décr. n° 2012-597 du 27 avr. 2012, art. 5-I-1°)* « Agence nationale de sécurité du médicament et des produits de santé » ;

6° De remplir auprès des établissements de santé, et notamment de leurs instances consultatives spécialisées, une mission d'expertise et de conseil.

Des correspondants exerçant dans les établissements de santé collaborent à l'accomplissement des missions des centres ;

(Décr. n° 2017-885 du 9 mai 2017, art. 6-8°) « 7° De transmettre au directeur général de l'agence régionale de santé territorialement compétente les signalements mentionnés à l'article R. 1413-59.

« Les centres d'évaluation et d'information sur la pharmacodépendance et d'addictovigilance sont membres des réseaux régionaux de vigilances et d'appui mentionnés à l'article R. 1413-62 et constitués dans leur zone de compétence territoriale. »

Art. R. 5132-113 Les centres sont situés dans un établissement public de santé au sein d'une structure de pharmacologie, de pharmacologie clinique ou de toxicologie clinique ou d'un centre antipoison.

Le responsable du centre est un médecin *(Décr. n° 2007-157 du 5 févr. 2007, art. 5-XXXIX)* « ou un pharmacien » formé à la pharmacologie ou à la toxicologie clinique. Cette fonction peut, le cas échéant, être exercée par le responsable du centre régional de pharmacovigilance ou du centre antipoison situé au sein du même établissement de santé.

La création et l'organisation des centres d'évaluation et d'information sur la pharmacodépendance *(Décr. n° 2017-885 du 9 mai 2017, art. 6-6°)* « et d'addictovigilance », les conditions dans lesquelles ils exercent leurs missions ainsi que les modalités de leur représentation au comité technique font l'objet de conventions conclues entre le directeur général de l'*(Décr. n° 2012-597 du 27 avr. 2012, art. 5-I-1°)* « Agence nationale de sécurité du médicament et des produits de santé » *(Décr. n° 2017-885 du 9 mai 2017, art. 6-9°)* « *[,]* les directeurs généraux des agences régionales de santé territorialement compétentes » et les établissements de santé dans lesquels les centres sont situés. Ces conventions précisent les noms et qualités du responsable du centre et de ses correspondants ainsi que le territoire d'intervention du centre. Elles sont communiquées pour information au ministre chargé de la santé.

(Décr. n° 2007-157 du 5 févr. 2007, art. 5-XXXIX) « Un arrêté du ministre chargé de la santé pris sur proposition du directeur général de l'*(Décr. n° 2012-597 du 27 avr. 2012, art. 5-I-1°)* « Agence nationale de sécurité du médicament et des produits de santé » et après avis de la Commission nationale de l'informatique et des libertés définit les modalités de fonctionnement du système informatique, commun à tous les centres d'évaluation et d'information sur la pharmacodépendance *(Décr. n° 2017-885 du 9 mai 2017, art. 6-6°)* « et d'addictovigilance », destiné à recueillir, enregistrer, évaluer et exploiter les données concernant les cas de pharmacodépendance et d'abus en vue d'apporter en ce domaine une aide à la décision publique.

« Ce système comprend notamment une banque nationale de cas, rendus anonymes, de pharmacodépendance et d'abus, destinée à servir de support aux enquêtes de pharmacodépendance. »

Art. R. 5132-114 Le médecin, chirurgien-dentiste ou la sage-femme ayant constaté un *(Décr. n° 2017-885 du 9 mai 2017, art. 6-10°)* « cas grave de pharmacodépendance, d'abus ou d'usage détourné » d'une substance, plante, médicament ou autre produit mentionné à *l'article* R. 5132-98 en fait la déclaration immédiate au centre d'évaluation et d'information sur la pharmacodépendance sur le territoire duquel ce cas a été constaté.

De même, le pharmacien ayant eu connaissance d'un *(Décr. n° 2017-885 du 9 mai 2017, art. 6-10°)* « cas grave de pharmacodépendance, d'abus ou d'usage détourné » de médicament, plante ou autre produit qu'il a délivré le déclare aussitôt au centre d'évaluation et d'information sur la pharmacodépendance *(Décr. n° 2017-885 du 9 mai 2017, art. 6-6°)* « et d'addictovigilance » sur le territoire duquel ce cas a été constaté.

Tout autre professionnel de santé ou toute personne dans le cadre de son exercice professionnel ayant eu connaissance d'un tel cas peut également en informer le centre d'évaluation et d'information sur la pharmacodépendance *(Décr. n° 2017-885 du 9 mai 2017, art. 6-6°)* « et d'addictovigilance » sur le territoire duquel ce cas a été constaté.

Art. R. 5132-115 *(Décr. n° 2007-157 du 5 févr. 2007, art. 5-XL)* Toute entreprise ou organisme exploitant un médicament ou produit mentionné à l'article R. 5132-98 déclare immédiatement tout cas de pharmacodépendance grave ou d'abus grave de ce médicament ou produit dont il a connaissance au directeur général de l'*(Décr. n° 2012-597 du 27 avr. 2012, art. 5-I-1°)* « Agence nationale de sécurité du médicament et des produits de santé ».

Art. R. 5132-116 Les modalités des déclarations prévues aux articles R. 5132-114 et R. 5132-115 sont déterminées, sur proposition du directeur général de l'*(Décr. n° 2012-597 du 27 avr. 2012, art. 5-I-1°)* « Agence nationale de sécurité du médicament et des produits de santé », par arrêté du ministre chargé de la santé.

CHAPITRE III RÉACTIFS

SECTION PREMIÈRE NOTICE ET CONDITIONNEMENT

Art. R. 5133-1 La notice accompagnant chaque réactif bénéficiant d'un enregistrement comporte les informations suivantes rédigées en langue française à l'intention de l'utilisateur :

1° La dénomination du réactif, accompagnée de l'indication de sa destination diagnostique et thérapeutique ;

2° Le nom et l'adresse du fabricant, du distributeur et, le cas échéant, de l'importateur ;

3° La nature du ou des composants principaux et, le cas échéant, la composition des solutions d'étalonnage ou de calibration nécessaires à l'utilisation du réactif ;

4° Les informations utiles sur son intérêt diagnostique et thérapeutique ;

5° Le principe de la mesure et la description de la ou des réactions impliquées ;

6° Les précisions :

a) Sur la spécificité et, le cas échéant, le seuil chiffré de sensibilité du réactif ;

b) Sur les causes connues d'erreurs susceptibles d'entraîner des résultats faussement positifs ou faussement négatifs ;

c) Les valeurs de référence connues, exprimées de préférence dans le système international ;

7° Les règles de conservation ;

8° Le mode d'emploi, les précautions spéciales d'emploi, les limites éventuelles d'utilisation et de détection et, le cas échéant, la nécessité de faire appel à un équipement particulier ;

9° L'indication "usage *in vitro*" ;

10° Si nécessaire, l'indication "danger".

Art. R. 5133-2 Le conditionnement primaire et le conditionnement extérieur, au sens de l'article R. 5121-1, comportent les informations suivantes rédigées en langue française à l'intention de l'utilisateur :

1° La dénomination du réactif ;

2° Le nom et l'adresse du distributeur ;

3° L'indication "usage *in vitro*" ;

4° Si nécessaire, l'indication "danger" ;

5° Les conditions de conservation ;

6° La date limite d'utilisation ;

7° Le numéro de lot de fabrication.

Art. R. 5133-3 Le contenu des informations prévues aux articles R. 5133-1 et R. 5133-2 pour les réactifs qui nécessitent des précautions particulières d'utilisation peut être précisé, sur proposition du directeur général de l'*(Décr. n° 2012-597 du*

27 avr. 2012, art. 5-I-1°) « Agence nationale de sécurité du médicament et des produits de santé », par arrêté du ministre chargé de la santé.

SECTION II OBLIGATION DE SIGNALEMENT

Art. R. 5133-4 Les fabricants, importateurs et distributeurs de réactifs, ainsi que les utilisateurs, et notamment les laboratoires d'analyses de biologie médicale, transmettent à l'*(Décr. n° 2012-597 du 27 avr. 2012, art. 5-I-1°)* « Agence nationale de sécurité du médicament et des produits de santé » toute information sur les effets inattendus ou indésirables, ou sur les insuffisances ou erreurs, susceptibles d'être dus à ces réactifs et dont ils ont connaissance.

Art. R. 5133-5 Lorsqu'il apparaît qu'un réactif présente des risques pour la santé publique, y compris du fait du non-respect des règles fixées par le présent chapitre, le directeur général de l'*(Décr. n° 2012-597 du 27 avr. 2012, art. 5-I-1°)* « Agence nationale de sécurité du médicament et des produits de santé » le signale au fabricant, importateur ou distributeur en l'informant de ses intentions et en l'invitant à présenter ses observations dans un délai qui ne peut excéder un mois. Au vu de la réponse, le directeur général de l'agence peut, par décision motivée, ordonner le retrait du marché du réactif à titre provisoire ou définitif.

En cas d'urgence, le directeur général de l'agence peut, à titre conservatoire, ordonner immédiatement le retrait du réactif par décision motivée. En ce cas, la décision prise selon la procédure prévue à l'alinéa précédent intervient dans un délai de deux mois.

Le fabricant, le distributeur ou l'importateur procède immédiatement auprès des utilisateurs, y compris dans le cas d'un retrait conservatoire, au rappel des réactifs dont le retrait a été décidé.

CHAPITRE IV CONTRACEPTIFS

SECTION PREMIÈRE DÉLIVRANCE AUX MINEURES DES MÉDICAMENTS INDIQUÉS DANS LA CONTRACEPTION D'URGENCE ET NON SOUMIS À PRESCRIPTION MÉDICALE OBLIGATOIRE

Art. D. 5134-1 La délivrance aux mineures des médicaments indiqués dans la contraception d'urgence et non soumis à prescription médicale obligatoire en vertu du deuxième alinéa de l'article L. 5134-1 est effectuée dans les conditions de confidentialité permettant la tenue d'une conversation à l'abri des tiers.

Outre le respect des dispositions de l'article R. 4235-48, la délivrance par le pharmacien est précédée d'un entretien tendant à s'assurer que la situation de la personne mineure correspond aux critères d'urgence et aux conditions d'utilisation de cette contraception. L'entretien permet également au pharmacien de fournir à la mineure une information sur l'accès à une contraception régulière, sur la prévention des maladies sexuellement transmissibles et sur l'intérêt d'un suivi médical. Cette information est complétée par la remise de la documentation dont dispose le pharmacien sur ces sujets. Le pharmacien communique également à la mineure les coordonnées du centre de planification ou d'éducation familiale le plus proche.

Art. D. 5134-2 La minorité à laquelle est subordonnée la gratuité de la délivrance prévue à l'article L. 5134-1 est justifiée par une déclaration orale faite au pharmacien par l'intéressée.

Art. D. 5134-3 Lorsque la délivrance à une mineure de médicaments indiqués dans la contraception d'urgence a été effectuée, le pharmacien adresse à la caisse d'assurance maladie dont il dépend une facture établie sur une feuille de soins ne comportant pas l'identification de l'assuré et du bénéficiaire et utilisant un support papier.

Cet envoi peut faire l'objet d'une transmission électronique.

Art. D. 5134-4 La Caisse nationale de l'assurance maladie des travailleurs salariés communique au plus tard avant le 1er décembre de chaque année au ministre chargé de la sécurité sociale le nombre de boîtes de médicaments mentionnés à l'article

D. 5134-1 délivrées à des mineures et facturées aux caisses d'assurance maladie entre le 1er septembre de l'année précédente et le 31 août de l'année en cours.

SECTION PREMIÈRE *BIS* DISPENSATION SUPPLÉMENTAIRE DE CONTRACEPTIFS ORAUX PAR LE PHARMACIEN

(Décr. n° 2012-883 du 17 juill. 2012, art. 1er)

Art. R. 5134-4-1 Afin de permettre la poursuite d'un traitement contraceptif lorsque la totalité des contraceptifs prescrits a été délivrée, le pharmacien peut dispenser, pour une durée qui ne peut excéder six mois, les contraceptifs oraux mentionnés sur l'ordonnance, si :

1° Le contraceptif visé ne figure pas sur la liste mentionnée au deuxième alinéa de l'article L. 5125-23-1 ;

2° L'ordonnance date de moins d'un an.

La durée de dispensation supplémentaire réalisée par le pharmacien soit sur renouvellement de la prescription par l'infirmier en vertu de l'article L. 4311-1, soit sur son initiative dans le cadre du présent article, soit cumulativement par l'un et l'autre, ne peut excéder au total six mois.

Art. R. 5134-4-2 Lorsque le pharmacien dispense des contraceptifs en application de l'article R. 5134-4-1 :

1° Il ne peut, en application de l'article R. 5132-12 et dans les conditions fixées à l'alinéa 1 de l'article R. 5132-14, délivrer en une seule fois une quantité de médicaments correspondant à une durée de traitement supérieure à trois mois ;

2° Il doit procéder à l'enregistrement de cette délivrance dans les conditions fixées à l'alinéa 2 de l'article R. 5132-14 ;

3° Il doit porter sur l'original de l'ordonnance, outre les mentions obligatoires prévues à l'article R. 5132-13, la mention "dispensation supplémentaire de contraceptifs oraux" et en préciser la durée.

Art. R. 5134-4-3 Le pharmacien doit informer l'intéressée du caractère non renouvelable au-delà de 6 mois de ce mode de dispensation et de la nécessité de consulter un médecin ou une sage-femme, si elle envisage de poursuivre une contraception médicamenteuse.

SECTION II CONTRACEPTION D'URGENCE DANS LES ÉTABLISSEMENTS D'ENSEIGNEMENT DU SECOND DEGRÉ ET DANS LES SERVICES UNIVERSITAIRES ET INTERUNIVERSITAIRES DE MÉDECINE PRÉVENTIVE ET DE PROMOTION DE LA SANTÉ *(Décr. n° 2012-910 du 24 juill. 2012, art. 1er-1°)*.

Art. D. 5134-5 Les conditions dans lesquelles une contraception d'urgence non soumise à prescription obligatoire peut être administrée aux élèves externes et internes des établissements d'enseignement du second degré, en application des dispositions du *(Décr. n° 2012-910 du 24 juill. 2012, art. 1er-2°)* « deuxième alinéa du I » de l'article L. 5134-1, sont déterminées à la présente section.

Il appartient à ces établissements pour les respecter d'adapter en conséquence leur mode de fonctionnement.

Art. D. 5134-6 Peuvent administrer la contraception d'urgence déterminée à l'article D. 5134-5 les infirmiers et les infirmières rattachés à un établissement et y disposant d'un local permettant le respect de la confidentialité.

Art. D. 5134-7 La décision concernant l'administration d'une contraception d'urgence est précédée d'un entretien avec l'élève, qu'elle soit mineure ou majeure.

Cet entretien a pour but de permettre à l'infirmière ou à l'infirmier d'apprécier si la situation de l'élève correspond aux *(Décr. n° 2016-683 du 26 mai 2016, art. 1er)* « cas d'urgence mentionnés au troisième alinéa du I » de l'article L. 5134-1. L'administration du médicament est conforme aux conditions d'utilisation prévues par l'autorisation de mise sur le marché.

Chaque fois, il est indiqué à l'élève que la contraception d'urgence ne constitue pas une méthode régulière de contraception et qu'elle peut ne pas être efficace dans tous les cas. L'élève est également informée que ce médicament ne peut lui être administré de manière répétée et que son usage ne peut être banalisé.

Lorsque les indications du médicament ne permettent plus l'administration d'une contraception d'urgence, l'élève est orientée vers un centre de planification ou d'éducation familiale, un établissement de santé, un médecin généraliste ou gynécologue en cas de retard de règles.

Art. D. 5134-8 *(Décr. n° 2016-683 du 26 mai 2016, art. 2)* L'infirmier ou l'infirmière recherche les modalités les plus appropriées en fonction de l'âge et de la personnalité de l'élève aux fins d'informer celle-ci des différentes possibilités de contraception d'urgence et de lui indiquer les structures existantes pour se procurer de tels médicaments : pharmacie, centre de planification ou d'éducation familiale.

L'infirmier ou l'infirmière peut administrer la contraception d'urgence à l'élève concernée aux fins de permettre d'éviter une grossesse non désirée.

L'infirmier ou l'infirmière s'assure de la prise effective par l'élève du médicament et du respect de la posologie.

L'infirmier ou l'infirmière propose également à l'élève mineure, qui peut le refuser, de s'entretenir avec le titulaire de l'autorité parentale ou avec son représentant légal de la démarche d'aide et de conseil mise en œuvre.

Art. D. 5134-9 L'administration de ce médicament fait l'objet de la part de l'infirmier ou de l'infirmière d'un compte rendu écrit, daté et signé sur le "cahier de l'infirmière" ou un autre document prévu à cet effet dans l'établissement.

A la fin de chaque année scolaire, l'infirmier ou l'infirmière, quel que soit son établissement d'exercice, établit et adresse, à l'infirmière ou à l'infirmier conseiller technique auprès de l'inspecteur d'académie pour les établissements relevant du ministère de l'éducation nationale, ou à la direction régionale de l'alimentation, de l'agriculture et de la forêt pour les établissements relevant du ministère de l'agriculture et de la pêche, un état faisant apparaître le nombre de demandes de ce médicament de la part des élèves mineures et majeures, ainsi que le nombre d'élèves auxquelles une contraception d'urgence a été administrée ainsi que le nombre d'élèves mineures et majeures orientées vers d'autres structures.

Art. D. 5134-10 L'infirmier ou l'infirmière organise un suivi de chaque élève à laquelle une contraception d'urgence a été administrée.

Dans tous les cas, il lui appartient de veiller à la mise en œuvre d'un accompagnement psychologique de l'élève et d'un suivi médical par un centre de planification ou d'éducation familiale, ou d'un médecin traitant ou spécialiste visant à :

1° S'assurer de l'efficacité de la contraception d'urgence, notamment en conseillant un test de grossesse lorsqu'il est constaté un retard de règles ;

2° Prévenir les maladies sexuellement transmissibles et le sida, notamment en vue d'un dépistage et, éventuellement, d'un traitement précoce ;

3° Discuter d'une méthode de contraception régulière adaptée à son cas.

Art. D. 5134-10-1 *(Décr. n° 2012-910 du 24 juill. 2012, art. 1er-4°)* Les services universitaires et interuniversitaires de médecine préventive et de promotion de la santé délivrent aux étudiantes des médicaments indiqués dans la contraception d'urgence dans les conditions suivantes :

1° Les médicaments sont délivrés et administrés à titre gratuit aux étudiantes ;

2° Dans le cas de médicaments pour lesquels la prescription médicale est obligatoire, ceux-ci sont prescrits et peuvent être délivrés et administrés par un médecin ou une sage-femme ; ils peuvent être également délivrés et administrés par un infirmier exerçant dans le service sur la base de la prescription d'un médecin ou d'une sage-femme ; le médecin responsable du service remplit les obligations imposées au pharmacien par les dispositions des articles R. 5132-9 et R. 5132-10 ;

3° Dans le cas de médicaments pour lesquels la prescription médicale n'est pas obligatoire, un infirmier exerçant dans le service peut les délivrer et les administrer ;

4° Dans tous les cas, la délivrance du médicament est précédée d'un entretien avec le professionnel de santé en vue de s'assurer que l'étudiante est dans une situation correspondant aux conditions d'utilisation de ce médicament. L'entretien permet à l'étudiante de bénéficier d'une information sur l'accès à une contraception régulière,

sur la prévention des maladies sexuellement transmissibles et, s'il y a lieu, sur l'intérêt d'un suivi médical.

SECTION III **PUBLICITÉ**

SOUS-SECTION 1 **CONTRACEPTIFS AUTRES QUE LES MÉDICAMENTS ET LES PRÉSERVATIFS**

Art. R. 5134-11 **Les dispositions du deuxième alinéa de l'article R. 5122-2 et celles des articles** *(Décr. nº 2012-741 du 9 mai 2012, art. 12-1º)* **« R. 5122-2-1 », R. 5122-5, R. 5122-6, R. 5122-7, R. 5122-9 et R. 5122-13 à R. 5122-16 sont applicables à la publicité pour les produits et objets contraceptifs autres que les médicaments et les préservatifs, mentionnés à l'article L. 5134-1.**

Tous les éléments contenus dans la publicité sont compatibles avec l'autorisation de mise sur le marché, lorsque celle-ci existe.

Art. R. 5134-12 **La publicité auprès du public pour un produit ou objet défini à l'article R. 5134-11 :**

1º Est conçue de façon à ce que le caractère publicitaire du message soit évident ;

2º Comporte au moins :

a) **La dénomination du produit ou de l'objet ainsi que la dénomination commune ;**

b) **Les informations indispensables pour un bon usage du produit ou de l'objet ;**

c) **Une invitation expresse et lisible à lire attentivement les instructions figurant sur la notice ou sur le conditionnement extérieur, selon le cas.**

(Décr. nº 2012-741 du 9 mai 2012, art. 12-2º) **« Pour une publicité sur un support de diffusion radiophonique, la mention de la dénomination commune prévue au *a* n'est requise que lorsque le produit ne contient pas plus de deux principes actifs. »**

Art. R. 5134-13 **La publicité auprès du public pour un produit ou objet défini à l'article R. 5134-11 ne peut comporter aucun élément qui :**

1º Suggérerait que l'effet du produit ou de l'objet est assuré ou qu'il est sans effets indésirables ;

2º Soulignerait que le produit ou objet a reçu une autorisation de mise sur le marché ;

3º Se référerait à une recommandation émanant de scientifiques, de professionnels de santé ou de personnes qui, bien que n'étant ni des scientifiques ni des professionnels de santé, peuvent, par leur notoriété, inciter à l'utilisation du produit ou de l'objet concerné ;

4º Présenterait de manière abusive, excessive ou trompeuse l'action de ce produit ou de l'objet dans le corps humain ;

5º Se référerait à des attestations de satisfaction.

Art. R. 5134-14 **La publicité auprès des professionnels de santé, pour un produit ou objet défini à l'article R. 5134-11, est adaptée à ses destinataires. Elle précise la date à laquelle elle a été établie ou révisée en dernier lieu et comporte les informations suivantes :**

1º La dénomination du produit ou de l'objet ;

2º Le nom et l'adresse de l'entreprise exploitant le produit ou l'objet ;

3º La forme d'utilisation ;

4º Lorsqu'il s'agit d'un produit, la composition qualitative et quantitative en principes actifs, avec la dénomination commune, ainsi que la ou les propriétés pharmacologiques essentielles ;

5º Les indications et contre-indications fixées par l'autorisation de mise sur le marché ;

6º Les numéros d'autorisation de mise sur le marché ;

7º Les conditions d'utilisation ainsi que les précautions particulières d'emploi ;

8º Les effets indésirables.

SOUS-SECTION 2 PRÉSERVATIFS

Art. R. 5134-15 Les dispositions des articles R. 5122-5, R. 5122-6, R. 5122-7, R. 5122-9 et R. 5122-13 à R. 5122-16 sont applicables à la publicité pour les préservatifs.

Les demandes de visa *(Décr. n° 2012-741 du 9 mai 2012, art. 12-3°)* « sont accompagnées » soit du certificat de conformité exigé par la réglementation en vigueur, soit de la justification de l'apposition du marquage CE prévu à l'article R. 5211-14.

CHAPITRE V PRODUITS APTES À PROVOQUER UNE INTERRUPTION VOLONTAIRE DE GROSSESSE

Le présent chapitre ne comporte pas de dispositions réglementaires.

CHAPITRE VI *[ABROGÉ]* INSECTICIDES ET ACARICIDES

(Abrogé par Décr. n° 2008-109 du 5 févr. 2008, art. 13)

Art. R. 5136-1 à R. 5136-22 *Abrogés par Décr. n° 2008-109 du 5 févr. 2008, art. 13-1°.*

CHAPITRE VII ALIMENTS DIÉTÉTIQUES DESTINÉS À DES FINS MÉDICALES SPÉCIALES

Le présent chapitre ne comporte pas de dispositions réglementaires.

CHAPITRE VIII MATIÈRES PREMIÈRES À USAGE PHARMACEUTIQUE

SECTION PREMIÈRE AUTORISATION DES ACTIVITÉS DE FABRICATION, D'IMPORTATION ET DE DISTRIBUTION DE SUBSTANCES ACTIVES *(Décr. n° 2012-1562 du 31 déc. 2012, art. 4-1°).*

Art. R. 5138-1 *(Décr. n° 2012-1562 du 31 déc. 2012, art. 4-2°)* I. – La demande d'autorisation prévue à l'article L. 5138-1 est adressée à l'Agence nationale de sécurité du médicament et des produits de santé par les représentants légaux de l'établissement par tout moyen permettant d'en accuser réception, au moins soixante jours avant la date prévue pour le commencement de l'activité.

II. – Elle comprend les renseignements suivants :

1° Les renseignements administratifs relatifs à l'établissement comprenant le nom, la raison sociale et l'adresse du siège social à laquelle appartient l'établissement, le nom des représentants légaux de l'établissement ainsi que l'adresse de l'établissement qui exerce l'activité de fabrication, d'importation ou de distribution de substances actives ;

2° Les substances actives à importer, fabriquer ou distribuer ;

3° Les caractéristiques des locaux et équipements techniques utilisés dans le cadre de leur activité ;

4° Les informations techniques relatives aux activités de fabrication, d'importation ou de distribution des substances actives, notamment la liste de ces activités, les procédés et systèmes d'assurance de la qualité utilisés pour les exercer, ainsi que les sous-traitants éventuels.

La forme et le contenu du document comportant la liste des renseignements administratifs et des informations techniques sont fixés par décision du directeur général de l'agence.

Pour les fabricants mentionnés au 1° de l'article R. 5124-2 et au 1° de l'article R. 5142-1 qui, pour leur propre usage, distribuent, en se limitant aux opérations d'achat ou de stockage des substances actives, la mention de cette activité dans l'état prévu à l'article R. 5124-46 ou à l'article R. 5142-42 vaut déclaration au titre de la distribution.

III. – Le directeur général de l'agence peut requérir toute information ou procéder à une inspection sur place pour lui permettre de s'assurer de la conformité du site vis-à-vis des référentiels en vigueur en vue d'un démarrage de leur activité. Il peut à ces fins prolonger le délai prévu à l'alinéa premier pour une durée de soixante jours. Dans ce cas, il notifie cette décision de prorogation au demandeur.

Si dans un délai de soixante jours suivant la réception de la demande d'autorisation le directeur général de l'agence n'a pas notifié au requérant qu'une inspection sera effectuée, l'autorisation est implicitement accordée et le demandeur peut commencer son activité.

IV. – Toute modification susceptible d'avoir une incidence sur la qualité ou la sécurité des matières premières à usage pharmaceutique fabriquées, importées ou distribuées est notifiée par tout moyen et sans délai à l'agence.

Toute autre modification d'un des éléments du dossier est communiquée à l'agence par tout moyen permettant d'en accuser réception, sous la forme d'un état annuel récapitulatif, dont les modalités sont fixées par décision du directeur général de l'agence.

La cessation d'activité de l'établissement est communiquée sans délai dans les mêmes formes.

V. – Le directeur général de l'agence peut refuser d'autoriser tout ou partie de l'activité faisant l'objet de la demande initiale ou toute modification ultérieure susceptible d'avoir une incidence sur la qualité ou la sécurité des substances actives fabriquées, importées ou distribuées.

Il peut également suspendre l'autorisation à la suite d'une inspection ayant constaté le non-respect des obligations mentionnées aux articles L. 5138-1 et suivants et dans le présent chapitre.

Sauf en cas d'urgence, la décision de suspension ne peut intervenir qu'après que la personne exerçant l'activité de fabrication, d'importation ou de distribution de substances actives a été invitée à présenter ses observations.

Art. R. 5138-2 *(Décr. nº 2012-1562 du 31 déc. 2012, art. 4-2º)* Les éléments mentionnés aux 1º à 3º de l'article R. 5138-1, à l'exception du nom des représentants légaux de l'établissement, sont inscrits dans la banque de données de l'Union européenne.

SECTION PREMIÈRE *BIS* DÉCLARATION DES ACTIVITÉS DE FABRICATION, D'IMPORTATION ET DE DISTRIBUTION D'EXCIPIENTS

(Décr. nº 2012-1562 du 31 déc. 2012, art. 4-3º)

Art. R. 5138-2-1 La déclaration prévue à l'article L. 5138-1 est adressée à l'Agence nationale de sécurité du médicament et des produits de santé par une personne habilitée à engager l'entreprise à laquelle appartient l'établissement par tout moyen permettant d'en accuser réception. Elle comprend les renseignements suivants :

1º Le nom ou la dénomination sociale et l'adresse de l'entreprise à laquelle appartient l'établissement ainsi que l'adresse de l'établissement qui exerce l'activité de fabrication, d'importation ou de distribution d'excipients ;

2º Le nom et la fonction du déclarant ;

3º La nature de la ou des activités soumises à déclaration exercées par l'établissement.

Pour les fabricants mentionnés au 1º de l'article R. 5124-2 et au 1º de l'article R. 5142-1 qui importent des excipients pour leur propre usage, la mention de cette activité dans l'état prévu à l'article R. 5124-46 ou à l'article R. 5142-42 vaut déclaration au titre de l'importation.

Toute modification des renseignements contenus dans la déclaration donne lieu à une nouvelle déclaration, *communiquée immédiatement* à l'agence par tout moyen permettant d'en accuser réception.

La cessation d'activité de l'établissement doit être communiquée immédiatement, dans les mêmes formes.

Art. R. 5138-2-2 Le dossier descriptif prévu à l'article L. 5138-1 et accompagnant la déclaration est adressé à l'Agence nationale de sécurité du médicament et des produits de santé par tout moyen permettant d'en accuser réception. Il comporte les renseignements et informations suivants :

1º Des renseignements administratifs relatifs à l'établissement où s'exerce l'activité de fabrication, d'importation ou de distribution d'excipients, à son organisation interne, ainsi que, le cas échéant, à ses autres activités et aux certifications qu'il détient au titre de ses activités ;

2° Des informations techniques relatives aux activités de fabrication, d'importation ou de distribution des excipients, notamment la liste de ces activités, les locaux, matériels, procédés et système d'assurance de la qualité utilisés pour les exercer, ainsi que les sous-traitants éventuels.

La liste de ces renseignements administratifs et de ces informations techniques est fixée par décision du directeur général de l'agence.

Les modifications concernant le dossier descriptif sont communiquées à l'agence par tout moyen permettant d'en accuser réception sous la forme d'un état annuel récapitulatif, selon des modalités fixées par la décision mentionnée ci-dessus.

SECTION II CERTIFICAT DE CONFORMITÉ AUX BONNES PRATIQUES ET BANQUE DE DONNÉES COMMUNAUTAIRE

(Décr. n° 2008-109 du 5 févr. 2008, art. 18)

Art. R. 5138-3 Le certificat de conformité aux bonnes pratiques de fabrication mentionné à l'article L. 5138-4 est délivré à la suite d'une inspection de l'établissement si les bonnes pratiques prévues à l'article L. 5138-3 sont respectées. Ce certificat ne peut valoir garantie de la pureté ou de la qualité des lots individuels de produits fabriqués. Sa délivrance intervient dans un délai de quatre-vingt-dix jours à compter de l'inspection. Le silence gardé à l'issue de ce délai par l'agence vaut décision de refus du certificat.

Art. R. 5138-4 La demande de certificat prévue au deuxième alinéa de l'article L. 5138-4 est adressée à l'*(Décr. n° 2012-597 du 27 avr. 2012, art. 5-I-1°)* « Agence nationale de sécurité du médicament et des produits de santé » par une personne habilitée à engager l'établissement.

Art. R. 5138-5 Lorsque l'inspection fait apparaître que la fabrication ou le reconditionnement et le réétiquetage effectués dans le cadre de la distribution d'une matière première à usage pharmaceutique ne respectent pas les bonnes pratiques prévues à l'article L. 5138-3, l'établissement inspecté en informe immédiatement les fabricants des médicaments dans la composition desquels entre cette matière première.

Si un certificat a été précédemment délivré à cet établissement, le directeur général de l'*(Décr. n° 2012-597 du 27 avr. 2012, art. 5-I-1°)* « Agence nationale de sécurité du médicament et des produits de santé » met fin à sa validité. Les exemplaires de ce certificat détenus par le titulaire sont immédiatement retournés à l'agence.

Art. R. 5138-6 L'*(Décr. n° 2012-597 du 27 avr. 2012, art. 5-I-1°)* « Agence nationale de sécurité du médicament et des produits de santé » transmet à l'Agence européenne des médicaments, pour enregistrement dans la banque de données communautaire, les certificats de bonnes pratiques de fabrication qu'elle délivre.

Lorsqu'une inspection révèle que les bonnes pratiques de fabrication ne sont pas respectées, cette information est également transmise, pour être consignée dans la banque de données communautaire.

Art. D. 5138-7 *Abrogé par Décr. n° 2012-381 du 19 mars 2012, art. 4.*

SECTION III MODALITÉS D'IMPORTATION

(Décr. n° 2012-1562 du 31 déc. 2012, art. 4-4°)

Art. R. 5138-7 Les substances actives ne peuvent être importées *(Décr. n° 2013-752 du 16 août 2013, art. 1er-1°)* « pour la fabrication de médicaments destinés à l'usage humain » d'un pays tiers vers l'Union européenne que si elles sont accompagnées d'une confirmation écrite de l'autorité compétente du pays tiers exportateur attestant que :

1° Les normes de bonnes pratiques de fabrication applicables à l'établissement qui fabrique les substances actives exportées sont au moins équivalentes à celles définies par l'Union européenne ;

2° L'établissement de fabrication concerné fait l'objet de contrôles réguliers, stricts et transparents et de mesures efficaces d'exécution des bonnes pratiques de fabrication, y compris d'inspections répétées et inopinées, garantissant une protection de la santé publique au moins équivalente à celle assurée par l'Union européenne ;

3° Dans le cas où une non-conformité serait constatée, les informations relatives à cette constatation seront immédiatement communiquées à l'Union européenne par le pays tiers exportateur. *(Décr. n° 2013-752 du 16 août 2013, art. 1er-1°)* « La charge de la preuve qu'une substance active n'est pas importée pour la fabrication de médicaments à usage humain incombe à l'importateur. »

Art. R. 5138-8 La confirmation écrite mentionnée à l'article R. 5138-7 n'est pas à fournir lorsque les substances actives importées proviennent d'un pays mentionné sur la liste prévue à l'article 111 *ter* de la directive 2001/83/CE du Parlement européen et du Conseil du 6 novembre 2001 instituant un code communautaire relatif aux médicaments à usage humain.

Art. R. 5138-9 A titre exceptionnel et en cas de nécessité, afin d'assurer la disponibilité des médicaments, lorsqu'un établissement de fabrication d'une substance active destinée à l'exportation et situé dans un pays tiers, a été inspecté par un État membre et s'est révélé conforme aux principes et lignes directrices de bonnes pratiques de fabrication, l'exigence mentionnée à l'article R. 5138-7 peut être levée pour une période ne dépassant pas la validité du certificat de bonnes pratiques de fabrication délivré. Si l'Agence nationale de sécurité du médicament et des produits de santé a recours à cette disposition, elle en informe la Commission européenne conformément à l'article 46 *ter* de la directive 2001/83/CE du Parlement européen et du Conseil du 6 novembre 2001 instituant un code communautaire relatif aux médicaments à usage humain.

CHAPITRE IX **MICRO-ORGANISMES ET TOXINES** *(Décr. n° 2008-210 du 3 mars 2008)*.

SECTION PREMIÈRE **CONDITIONS DE DÉLIVRANCE DES AUTORISATIONS**

(Décr. n° 2010-736 du 30 juin 2010)

Art. R. 5139-1 Toute opération de production, de fabrication, de transport, d'importation, d'exportation, de détention, d'offre, de cession, d'acquisition et d'emploi portant sur les micro-organismes et toxines inscrits sur la liste fixée en application de l'article L. 5139-1 et sur les produits en contenant est soumise à une autorisation délivrée par le directeur général de l'*(Décr. n° 2012-597 du 27 avr. 2012, art. 5-I-1°)* « Agence nationale de sécurité du médicament et des produits de santé », sans préjudice des dispositions du titre III du livre V du code de l'environnement et du décret n° 2001-1192 du 13 décembre 2001 relatif au contrôle à l'exportation, à l'importation et au transfert de biens et technologies à double usage.

L'autorisation est accordée à des fins de préparation, de fabrication, de mise sur le marché ou de mise en service de produits mentionnés à l'article L. 5311-1, de médicaments vétérinaires ou de réactifs destinés aux analyses vétérinaires ou phytosanitaires, ou à des fins de recherche, de développement ou d'enseignement sur ces produits.

Lorsque la nature des opérations envisagées l'exige, le directeur général de l'*(Décr. n° 2012-597 du 27 avr. 2012, art. 5-I-1°)* « Agence nationale de sécurité du médicament et des produits de santé » peut subordonner la délivrance de l'autorisation à des conditions particulières qu'il notifie au demandeur dans sa décision d'autorisation.

Art. R. 5139-2 Sont dispensées de l'autorisation mentionnée à l'article R. 5139-1 :

1° Les opérations relatives aux spécialités pharmaceutiques à usage humain, aux spécialités pharmaceutiques vétérinaires, aux médicaments expérimentaux à usage humain, aux médicaments vétérinaires destinés à l'expérimentation et aux autovaccins à usage vétérinaire qui contiennent des micro-organismes ou des toxines ayant fait l'objet d'une inactivation ou d'une atténuation assurant un niveau de sécurité suffisant pour la santé publique décrite dans les dossiers relatifs à l'autorisation de mise sur le marché, l'autorisation temporaire d'utilisation, l'autorisation de préparation d'autovaccins à usage vétérinaire, la demande d'autorisation de recherche biomédicale ou la déclaration d'essai clinique d'un médicament vétérinaire ;

2° Les opérations relatives aux dispositifs médicaux de diagnostic *in vitro* et aux réactifs contenant des micro-organismes ou des toxines :

a) Lorsqu'ils correspondent à des réactifs destinés aux analyses réalisées dans les domaines vétérinaire et de la protection des végétaux ;

b) Lorsqu'ils contiennent des micro-organismes ou des toxines qui ont fait l'objet d'une inactivation, ou d'une atténuation décrite dans la documentation permettant d'évaluer leur conformité aux exigences essentielles concernant la sécurité et la santé définies aux articles R. 5221-15 à R. 5221-17 ;

3° Les opérations autres que la cession, l'importation et l'exportation réalisées par les établissements recevant des échantillons biologiques aux seules fins d'analyse de biologie médicale ou vétérinaire. Cette dispense vaut seulement pour les échantillons biologiques conservés moins de trente jours au sein de ces établissements, sauf décision contraire du ministre chargé de la santé, du juge administratif ou du juge judicaire ;

4° Les opérations autres que l'offre, la cession, l'importation et l'exportation, effectuées par les établissements du ministère de la défense.

Art. R. 5139-3 Tout dossier technique accompagnant la demande d'autorisation doit comporter les éléments suivants :

1° La liste des personnes que le demandeur se propose d'habiliter pour contribuer, sous son autorité, aux opérations faisant l'objet de l'autorisation ;

2° La justification que le demandeur et les personnes qu'il se propose d'habiliter possèdent les titres de formation et l'expérience professionnelle nécessaires ;

3° L'engagement du directeur de l'établissement selon lequel la ou les opérations portant sur les micro-organismes ou toxines seront réalisées au sein de l'établissement dans le respect des bonnes pratiques applicables à ces activités, pendant la période de validité de l'autorisation ;

4° L'engagement du demandeur selon lequel la ou les opérations portant sur les micro-organismes ou toxines seront réalisées dans le respect des bonnes pratiques applicables à ces activités ;

5° L'analyse des risques induits par les opérations pour lesquelles l'autorisation est demandée et les éléments nécessaires à cette analyse.

Le contenu du dossier technique ainsi défini est précisé par décision du directeur général de l'*(Décr. n° 2012-597 du 27 avr. 2012, art. 5-I-1°)* « Agence nationale de sécurité du médicament et des produits de santé », après avis du directeur général de l'*(Décr. n° 2011-385 du 11 avr. 2011, art. 2)* « Agence nationale de sécurité sanitaire de l'alimentation, de l'environnement et du travail ».

En outre, lorsque la nature des opérations envisagées l'exige, le directeur général de l'*(Décr. n° 2012-597 du 27 avr. 2012, art. 5-I-1°)* « Agence nationale de sécurité du médicament et des produits de santé », après avis du directeur général de l'*(Décr. n° 2011-385 du 11 avr. 2011, art. 2)* « Agence nationale de sécurité sanitaire de l'alimentation, de l'environnement et du travail » peut fixer par décision les autres éléments d'information nécessaires.

Art. R. 5139-3-1 I. – Avant de délivrer l'autorisation sollicitée, le directeur général de l'*(Décr. n° 2012-597 du 27 avr. 2012, art. 5-I-1°)* « Agence nationale de sécurité du médicament et des produits de santé » requiert auprès du ministère de la justice le bulletin n° 2 du casier judicaire ou tout document équivalent auprès de l'administration concernée, et concernant le demandeur de l'autorisation, les personnes habilitées par le demandeur à effectuer les opérations envisagées dans l'autorisation, le directeur de l'établissement et la personne morale pour laquelle ce directeur agit.

II. – L'autorisation est refusée si le demandeur a fait l'objet d'une condamnation, pour un crime ou délit, inscrite au bulletin n° 2 du casier judiciaire ou sur un document équivalent. L'autorisation est également refusée lorsque le directeur de l'établissement dans lequel les opérations sont réalisées ou la personne morale pour le compte de laquelle le directeur d'établissement agit a fait l'objet d'une condamnation, pour un crime ou délit, inscrite au bulletin n° 2 du casier judiciaire ou sur un document équivalent.

L'autorisation cesse de plein droit de produire ses effets lorsque les personnes mentionnées à l'alinéa précédent font l'objet d'une condamnation, pour un crime ou délit, inscrite au bulletin n° 2 du casier judiciaire ou sur un document équivalent. Le directeur général de l'*(Décr. n° 2012-597 du 27 avr. 2012, art. 5-I-1°)* « Agence nationale de sécurité du médicament et des produits de santé » peut, à tout moment, requérir un nouveau bulletin n° 2 du casier judiciaire ou tout autre document équivalent pour les personnes mentionnées à l'alinéa précédent, afin de vérifier que ces personnes n'ont pas fait l'objet d'une condamnation inscrite sur ce bulletin ou sur un document équivalent.

III. — Si l'une des personnes que le demandeur se propose d'habiliter a fait l'objet d'une condamnation, pour un crime ou délit, inscrite sur le bulletin n° 2 du casier judiciaire ou sur un document équivalent, le directeur général de l'*(Décr. n° 2012-597 du 27 avr. 2012, art. 5-I-1°)* « Agence nationale de sécurité du médicament et des produits de santé » fait connaître au demandeur que l'autorisation ne pourra être délivrée que si cette personne ne figure plus sur la liste des personnes que le demandeur se propose d'habiliter.

Lorsque l'une des personnes habilitées par le titulaire de l'autorisation a fait l'objet d'une condamnation, pour un crime ou délit, inscrite sur le bulletin n° 2 du casier judiciaire ou sur un document équivalent, le directeur général de l'agence suspend cette autorisation jusqu'à ce que cette personne ne figure plus sur la liste des personnes habilitées.

Art. R. 5139-4 La demande d'autorisation est adressée au directeur général de l'*(Décr. n° 2012-597 du 27 avr. 2012, art. 5-I-1°)* « Agence nationale de sécurité du médicament et des produits de santé » par lettre recommandée avec demande d'avis de réception ou déposée contre récépissé auprès de cette agence.

Art. R. 5139-5 Le dossier de demande d'autorisation est réputé complet si, dans un délai de 30 jours à compter de sa réception, le directeur général de l'*(Décr. n° 2012-597 du 27 avr. 2012, art. 5-I-1°)* « Agence nationale de sécurité du médicament et des produits de santé » n'a pas fait connaître au demandeur, par lettre recommandée avec demande d'avis de réception, la liste des pièces manquantes ou incomplètes.

Lorsque les pièces indispensables à l'instruction de la demande sont manquantes ou incomplètes, le directeur général de l'agence fixe le délai dans lequel ces pièces doivent être fournies.

Art. R. 5139-6 Le directeur général de l'*(Décr. n° 2012-597 du 27 avr. 2012, art. 5-I-1°)* « Agence nationale de sécurité du médicament et des produits de santé » notifie au demandeur sa décision dans un délai de 90 jours à compter de la date à laquelle le dossier est réputé complet. A l'issue de ce délai, l'absence de décision du directeur général vaut décision implicite de refus d'autorisation.

Lorsqu'il l'estime nécessaire à l'instruction du dossier de demande d'autorisation, le directeur général peut demander dans un délai qu'il fixe, par lettre recommandée avec avis de réception, toute information complémentaire, ou procéder à toute consultation, étude ou vérification sur site. Si la demande d'autorisation concerne les organismes génétiquement modifiées, il recueille l'avis du Haut Conseil des biotechnologies dans les conditions prévues aux articles R. 532-6, R. 532-8 et R. 533-8 du code de l'environnement. Le délai prévu au premier alinéa est alors suspendu jusqu'à la réception de ces informations ou la réalisation de ces consultations, études ou vérifications du site.

Art. R. 5139-7 Lorsque la demande d'autorisation concerne tout ou partie des micro-organismes ou toxines ou les produits en contenant, destinés à un usage vétérinaire, le directeur général de l'*(Décr. n° 2012-597 du 27 avr. 2012, art. 5-I-1°)* « Agence nationale de sécurité du médicament et des produits de santé » recueille au préalable l'avis du directeur général de l'*(Décr. n° 2011-385 du 11 avr. 2011, art. 2)* « Agence nationale de sécurité sanitaire de l'alimentation, de l'environnement et du travail ».

L'absence de réponse de ce dernier dans un délai de 30 jours vaut avis favorable. En cas d'urgence, le directeur général de l'*(Décr. n° 2012-597 du 27 avr. 2012, art. 5-I-1°)* « Agence nationale de sécurité du médicament et des produits de santé » n'est pas tenu d'attendre le terme de ce délai pour délivrer l'autorisation demandée.

Art. R. 5139-8 I. – Outre les cas mentionnés à l'article R. 5139-3-1, l'autorisation est également refusée si la ou les opérations envisagées dans la demande présentent ou sont susceptibles de présenter un risque pour la santé publique.

II. – L'autorisation est suspendue ou retirée par le directeur général de l'agence dans les cas suivants :

1° Lorsque l'usage des micro-organismes et toxines ou des produits en contenant mentionnés dans cette autorisation ne respecte plus les dispositions du présent chapitre ou les conditions qui ont été notifiées au demandeur de l'autorisation ;

2° Lorsqu'il apparaît que les opérations portant sur les micro-organismes et toxines mentionnés dans cette autorisation sont susceptibles de présenter un risque pour la santé publique.

Art. R. 5139-9 La décision de refus, de suspension ou de retrait d'une autorisation est motivée et notifiée au titulaire de l'autorisation par lettre recommandée avec demande d'avis de réception.

En cas de décision de refus implicite, le demandeur peut demander à tout moment les motifs qui ont conduit le directeur général de l'agence à refuser l'autorisation sollicitée.

Sauf en cas d'urgence, la décision de suspension ou de retrait d'une autorisation ne peut intervenir qu'après que le titulaire de l'autorisation a été invité à présenter ses observations dans un délai déterminé par le directeur général de l'agence.

Les décisions de refus, de suspension ou de retrait d'une autorisation sont transmises aux ministres des affaires étrangères, de la défense et de l'intérieur ainsi qu'aux ministres chargés de l'agriculture, du budget, des douanes, de l'environnement, de la recherche et de la santé.

Art. R. 5139-10 I. – L'autorisation est délivrée à une personne physique pour tout ou partie d'une souche de micro-organisme ou d'un type de toxine et pour une ou plusieurs opérations mentionnées au premier alinéa de l'article R. 5139-1 réalisées au sein d'un établissement déterminé.

L'autorisation ne peut pas être délivrée à une personne morale. Elle n'est pas cessible.

La durée maximale de validité des autorisations est fixée à cinq ans.

II. – La demande de renouvellement de l'autorisation est adressée par son titulaire au directeur général de l'agence dans les conditions mentionnées aux articles R. 5139-3 à R. 5139-4 et au plus tard quatre mois avant sa date d'expiration.

La durée de validité de l'autorisation initiale est prorogée jusqu'à ce que le directeur général de l'agence ait pris sa décision dans les conditions mentionnées aux articles R. 5139-4 à R. 5139-7.

Lorsque l'autorisation est renouvelée, la nouvelle durée de validité court à partir du jour suivant l'échéance de la durée de validité précédente.

Art. R. 5139-11 I. – Tout changement d'établissement ou d'affectation des locaux destinés à recevoir des micro-organismes et toxines ou des produits en contenant ou toute modification des opérations prévues dans l'autorisation doivent faire préalablement l'objet d'une nouvelle demande d'autorisation adressée au directeur général de l'*(Décr. n° 2012-597 du 27 avr. 2012, art. 5-I-1°)* « Agence nationale de sécurité du médicament et des produits de santé » dans les conditions mentionnées aux articles R. 5139-3 à R. 5139-7.

L'absence de dépôt d'une nouvelle demande d'autorisation entraîne la suspension immédiate de l'autorisation initiale tant que le directeur général de l'agence n'a pas statué sur l'éventuel retrait de celle-ci, et sans préjudice des poursuites susceptibles d'être engagées.

II. – Les modifications suivantes doivent faire l'objet d'une déclaration préalable adressée au directeur général de l'agence :

1° Toute nouvelle habilitation d'une personne par le titulaire de l'autorisation dans les conditions mentionnées au 1° de l'article R. 5139-3 ;

2° Tout changement susceptible de modifier l'analyse des risques réalisée par le demandeur dans le cadre de la demande initiale ;

3° Tout changement du directeur d'établissement qui doit être accompagné de l'engagement mentionné au 3° de l'article R. 5139-3 signé par le nouveau directeur.

L'absence de déclaration préalable par le titulaire de l'autorisation dans les cas susvisés expose le titulaire de l'autorisation au retrait immédiat de celle-ci, sans préjudice des poursuites susceptibles d'être engagées.

Art. R. 5139-12 Le titulaire de l'autorisation tient à jour la liste prévue au 1° de l'article R. 5139-3 et la transmet à l'*(Décr. n° 2012-597 du 27 avr. 2012, art. 5-I-1°)* « Agence nationale de sécurité du médicament et des produits de santé » au plus tard le 15 février de chaque année. Toute modification de cette liste intervenue en cours d'année est signalée sans délai au directeur général de l'agence.

Art. R. 5139-13 Le directeur général de l'*(Décr. n° 2012-597 du 27 avr. 2012, art. 5-I-1°)* « Agence nationale de sécurité du médicament et des produits de santé » tient à jour la liste des titulaires de l'autorisation ainsi que la liste des personnes habilitées. Ces listes sont accessibles à tout moment aux ministres des affaires étrangères, de la défense et de l'intérieur et aux ministres chargés de l'agriculture, du budget, des douanes, de l'environnement, de la recherche et de la santé.

Art. R. 5139-14 Le titulaire d'une autorisation adresse au directeur général de l'*(Décr. n° 2012-597 du 27 avr. 2012, art. 5-I-1°)* « Agence nationale de sécurité du médicament et des produits de santé », au plus tard le 15 février de chaque année, un état annuel des stocks qu'il détient au 31 décembre de l'année précédente.

Le directeur général de l'agence peut requérir, à tout moment, du titulaire de l'autorisation un état des stocks qu'il détient. Le titulaire de l'autorisation est tenu de présenter cet état sans délai à l'agence.

Art. R. 5139-15 Pour l'application du présent chapitre, on entend par établissement tout lieu ou site dans lequel sont réalisées une ou plusieurs opérations portant sur des micro-organismes et toxines ou sur des produits en contenant.

Art. R. 5139-16 Le titulaire de l'autorisation informe le directeur général de l'agence du début de l'activité prévue par l'autorisation. Il l'informe également de la cessation définitive de cette activité. Il retourne alors à l'agence le document d'autorisation. L'autorisation est également retournée au directeur général de l'agence lorsqu'elle a été retirée conformément aux dispositions de l'article R. 5139-8 et de l'article R. 5139-11.

A l'expiration de l'autorisation ou en cas de retrait de l'autorisation, le titulaire communique au directeur général de l'agence dans le délai d'un mois une attestation de non-détention de micro-organismes ou de toxines visés par l'autorisation. En cas de suspension de l'autorisation prévue à l'article R. 5139-11, le directeur général de l'agence peut, si les circonstances l'exigent, demander au titulaire de lui communiquer cette attestation dans le même délai.

Art. R. 5139-17 Le titulaire de l'autorisation inscrit toute acquisition, toute cession, toute importation ou toute exportation de micro-organismes et toxines ou de produits en contenant sur un registre spécial ou l'enregistre par tout système informatique approprié.

Ce registre ou ces enregistrements sont conservés pendant quarante ans à compter de la date de la dernière opération qui y est mentionnée pour être présentés à toute réquisition des autorités compétentes. Ce délai est réduit à dix ans pour ce qui concerne les prélèvements biologiques, pièces anatomiques ou organismes contaminés par des micro-organismes et toxines inscrits sur la liste prévue à l'article L. 5139-1.

En cas de fermeture définitive de l'établissement ou de cessation d'activité, ce registre ou ces enregistrements sont déposés à l'*(Décr. n° 2012-597 du 27 avr. 2012, art. 5-I-1°)* « Agence nationale de sécurité du médicament et des produits de santé ».

Les dispositions du présent article ne s'appliquent pas aux médicaments à usage humain et aux médicaments vétérinaires contenant des micro-organismes ou des toxines ayant fait l'objet d'une inactivation ou d'une atténuation, auxquels s'appliquent les dispositions prévues respectivement aux articles R. 5124-58, R. 5141-140 et R. 5142-50.

Art. R. 5139-18 L'établissement dans lequel sont effectuées les opérations ayant fait l'objet d'une autorisation fonctionne dans le respect des règles de bonnes pratiques fixées dans les conditions mentionnées au 3° de l'article R. 5139-20 et tendant à garantir la sécurité et la sûreté biologiques.

On entend par :

1° Sécurité biologique : l'ensemble des mesures et des pratiques visant à protéger les personnes et l'environnement des conséquences liées à l'infection, à l'intoxication ou à la dissémination de micro-organismes ou de toxines ;

2° Sûreté biologique : l'ensemble des mesures et des pratiques visant à prévenir les risques de perte, de vol, de détournement ou de mésusage de tout ou partie de micro-organismes ou de toxines dans le but de provoquer une maladie ou le décès d'êtres humains.

Sur le Conseil national consultatif pour la biosécurité, V. Décr. n° 2015-1095 du 31 août 2015, art. 1er à 7 .

Art. R. 5139-19 La transmission d'informations mentionnées aux articles R. 5139-4, R. 5139-5, R. 5139-12 et R. 5139-14 peut être effectuée par voie électronique après apposition de la signature électronique conformément aux dispositions du *(Décr. n° 2017-1416 du 28 sept. 2017, art. 2)* « décret n° 2017-1416 du 28 septembre 2017 relatif à la signature électronique ».

La décision de refus, de suspension ou de retrait d'une autorisation peut également être transmise dans ces conditions en cas d'urgence.

Art. R. 5139-20 Sont fixées, sur proposition du directeur général de l'*(Décr. n° 2012-597 du 27 avr. 2012, art. 5-I-1°)* « Agence nationale de sécurité du médicament et des produits de santé » :

1° Par arrêté du ministre chargé de la santé :

a) Les doses et les concentrations maximales des micro-organismes et des toxines figurant sur la liste prévue à l'article L. 5139-1 au-delà desquelles les produits en contenant sont soumis aux dispositions du présent chapitre ; *— V. Arr. du 4 nov. 2015, fixant les doses et concentrations maximales des micro-organismes et des toxines figurant sur la liste prévue à l'art. L. 5139-1 et pris en application de l'art. R. 5139-20 (JO 24 nov.).*

b) Les renseignements qui figurent sur l'autorisation délivrée par l'*(Décr. n° 2012-597 du 27 avr. 2012, art. 5-I-1°)* « Agence nationale de sécurité du médicament et des produits de santé », notamment les informations relatives au titulaire de l'autorisation, à l'établissement où sont réalisées les opérations autorisées, à la nature de ces opérations, au micro-organisme ou à la toxine utilisé ainsi qu'à la durée de validité de l'autorisation ;

c) Les mentions qui figurent sur les états annuels des stocks, prévus à l'article R. 5139-14 ;

d) Les renseignements qui figurent dans le registre ou les enregistrements mentionnés à l'article R. 5139-17, notamment les modalités de leur tenue et les informations qu'ils contiennent ;

2° Par arrêté des ministres chargés de la recherche et de la santé, les titres de formation et l'expérience professionnelle pertinente dont le titulaire de l'autorisation justifie pour lui-même ainsi que pour les personnes qu'il habilite pour contribuer, sous sa responsabilité, aux opérations faisant l'objet de l'autorisation ;

3° Par arrêté des ministres chargés de l'agriculture, de l'industrie, de la recherche, de la santé et du travail, les règles de bonnes pratiques tendant à garantir la sécurité et la sûreté biologiques mentionnées à l'article R. 5139-18.

SECTION II **PRÉVENTION DES RISQUES**

(Décr. n° 2010-736 du 30 juin 2010)

Art. R. 5139-21 Sont interdits la production, la fabrication, le transport, l'importation, l'exportation, la détention, l'offre, la cession, l'acquisition et l'emploi des micro-organismes et toxines ou des produits en contenant sous une présentation ou une dénomination susceptible de créer une confusion ou d'induire en erreur sur leurs propriétés ou leur dangerosité.

Art. R. 5139-22 Il est interdit de faire figurer sur les contenants ou emballages de micro-organismes ou toxines et des produits en contenant les indications "non toxique", "non nocif" ou toutes autres indications analogues.

Sans préjudice de la réglementation concernant le transport des matières dangereuses, les récipients ou emballages renfermant des micro-organismes ou toxines et les

produits en contenant, servant à leur importation, à leur exportation ou à leur transport sont revêtus d'un étiquetage conforme aux règles de bonnes pratiques mentionnées à l'article R. 5139-18.

Art. R. 5139-23 **Aucun contenant ou emballage ayant été en contact avec des micro-organismes et toxines ou des produits en contenant mentionnés à l'article L. 5139-1 ne peut recevoir des produits destinés à l'alimentation humaine ou animale.**

Art. R. 5139-24 **La perte ou le vol de micro-organismes ou de toxines ainsi que de produits en contenant, tout incident ou accident ainsi que tout fait susceptible d'engendrer leur dissémination doivent être immédiatement déclarés à l'***(Décr. n° 2012-597 du 27 avr. 2012, art. 5-I-1°)* **« Agence nationale de sécurité du médicament et des produits de santé ».**

Art. R. 5139-25 **Les établissements dans lesquels sont effectuées des opérations sur des micro-organismes ou toxines inscrits sur la liste fixée en application de l'article L. 5139-1 et identifiés comme présentant les risques les plus élevés pour la santé publique doivent faire l'objet d'un plan particulier d'intervention mis en place en application de l'article L. 741-6 du code de la sécurité intérieure.**

Un arrêté du ministre chargé de la santé pris après avis du directeur général de l'*(Décr. n° 2012-597 du 27 avr. 2012, art. 5-I-1°)* **« Agence nationale de sécurité du médicament et des produits de santé » définit la liste des autres établissements utilisant des micro-organismes ou toxines qui doivent être soumis à l'obligation de disposer d'un plan particulier d'intervention en fonction des activités exercées, des quantités détenues ou des conditions de manipulation de ces micro-organismes ou toxines.**

SECTION III **LES MODALITÉS DE PRESCRIPTION, DE COMMANDE ET DE DÉLIVRANCE**

(Décr. n° 2010-736 du 30 juin 2010)

Art. R. 5139-26 **Les dispositions de la présente section s'appliquent aux seuls médicaments figurant sur la liste fixée par arrêté du ministre chargé de la santé pris sur proposition du directeur général de l'***(Décr. n° 2012-597 du 27 avr. 2012, art. 5-I-1°)* **« Agence nationale de sécurité du médicament et des produits de santé » et après avis du directeur général de l'***(Décr. n° 2011-385 du 11 avr. 2011, art. 2)* **« Agence nationale de sécurité sanitaire de l'alimentation, de l'environnement et du travail ».** – *V. Arr. du 30 mai 2011 (JO 16 juin).*

Les dispositions de la présente section ne s'appliquent pas aux médicaments à usage humain ou aux médicaments vétérinaires contenant des micro-organismes ou des toxines qui ont fait l'objet d'une inactivation ou d'une atténuation assurant un niveau de sécurité suffisant pour la santé publique et décrite dans le dossier d'autorisation de mise sur le marché, d'autorisation temporaire d'utilisation et d'autorisation de préparation d'autovaccins à usage vétérinaire.

Art. R. 5139-27 **La prescription et la délivrance des médicaments contenant des micro-organismes ou des toxines autres que les médicaments figurant sur la liste prévue à l'article R. 5139-26 sont interdites.**

L'exécution de toutes préparations contenant des micro-organismes ou des toxines est interdite.

***En dehors des opérations nécessaires à leur administration,* une spécialité pharmaceutique à usage humain, une spécialité pharmaceutique vétérinaire ou un autovaccin à usage vétérinaire contenant des micro-organismes ou des toxines ne peut faire l'objet d'un déconditionnement par les personnes habilitées à les délivrer.**

Art. R. 5139-28 **Sont dispensés de l'autorisation pour l'acquisition, la détention ou la cession à titre gratuit ou onéreux des médicaments relevant de la présente section :**

1° Les pharmaciens d'officine, les pharmaciens gérants des pharmacies mutualistes, les pharmaciens chargés de la gérance des pharmacies à usage intérieur, les médecins autorisés à délivrer des médicaments ;

2° Les vétérinaires et les chefs des services de pharmacie et toxicologie des écoles nationales vétérinaires dans les conditions mentionnées à l'article L. 5143-2 ;

3° Les groupements mentionnés à l'article L. 5143-6 ;

Ces professionnels ne peuvent acquérir des médicaments contenant des micro-organismes et des toxines qu'auprès des titulaires d'une autorisation.

Les bons de commande et les bons de livraison sont conservés pendant trois ans pour être présentés à toute réquisition des autorités de contrôle.

Art. R. 5139-29 I. — La prescription de toutes spécialités pharmaceutiques à usage humain contenant des micro-organismes ou des toxines s'effectue dans les conditions mentionnées aux articles R. 5132-3 et R. 5132-4. Une prescription ne peut être faite pour une durée de traitement supérieure à douze mois.

II. — Les pharmaciens délivrent les spécialités pharmaceutiques à usage humain contenant des micro-organismes ou des toxines dans les conditions fixées à l'article R. 5132-6.

Les pharmaciens ne sont autorisés à effectuer la première délivrance de ces médicaments que sur présentation d'une ordonnance datant de moins de trois mois.

Ils ne peuvent délivrer en une seule fois une quantité de médicaments correspondant à une durée de traitement supérieure à quatre semaines ou à un mois de trente jours selon le conditionnement.

Toutefois, les médicaments présentés sous un conditionnement correspondant à une durée de traitement supérieure à un mois peuvent être délivrés pour cette durée dans la limite de trois mois.

Après exécution, sont apposés sur l'ordonnance ou le bon de commande :

1° Le timbre de l'officine ;

2° Le ou les numéros d'enregistrement prévus à l'article R. 5139-31 ;

3° La date d'exécution ;

4° Les quantités délivrées en unité de prise ;

5° Le cas échéant, les mentions prévues au premier alinéa de l'article R. 5125-53.

Une copie de l'ordonnance revêtue des mentions prévues au présent article est conservée pendant dix ans par les personnes habilitées à délivrer les médicaments pour être présentée à toute réquisition des autorités de contrôle.

III. — La délivrance des spécialités pharmaceutiques à usage humain contenant des micro-organismes ou des toxines ne peut être renouvelée que sur indication écrite du médecin prescripteur précisant le nombre de renouvellements ou la durée du traitement.

Le renouvellement de la délivrance d'un médicament ne peut avoir lieu qu'après un délai déterminé résultant de la posologie et des quantités précédemment délivrées.

Dans tous les cas, le ou les renouvellements ne peuvent être exécutés que dans la limite du délai de traitement qui ne peut dépasser douze mois.

Les mentions prévues au II du présent article sont reportées sur l'ordonnance en cas de renouvellement.

Les médecins autorisés à délivrer des médicaments sont soumis aux obligations imposées aux pharmaciens pour la délivrance des médicaments décrites à la présente section.

Art. R. 5139-30 I. — La prescription des spécialités pharmaceutiques vétérinaires et des autovaccins à usage vétérinaire contenant des micro-organismes ou des toxines s'effectue dans les conditions mentionnées aux I, III et IV de l'article R. 5141-111. Une prescription ne peut être faite pour une durée de traitement supérieure à douze mois.

II. — La délivrance des spécialités pharmaceutiques vétérinaires et des autovaccins à usage vétérinaire contenant des micro-organismes ou des toxines s'effectue dans les conditions fixées aux articles R. 5132-6 et R. 5132-7 et aux deux derniers alinéas du I de l'article R. 5141-112. Les quantités délivrées sont formulées en unités de prise. Une copie de l'ordonnance revêtue des mentions prévues au présent article est conservée *pendant dix* ans par les personnes habilitées à délivrer les spécialités et autovaccins susmentionnés pour être présentée à toute réquisition des autorités de contrôle.

Les personnes autorisées à délivrer les spécialités pharmaceutiques vétérinaires et les autovaccins à usage vétérinaire contenant des micro-organismes ou des toxines ne sont autorisées à effectuer la première délivrance de ces médicaments que sur présentation d'une ordonnance datant de moins de trois mois.

III. – La délivrance des spécialités pharmaceutiques vétérinaires et des autovaccins à usage vétérinaire contenant des micro-organismes ou des toxines ne peut être renouvelée que sur indication écrite du prescripteur précisant le nombre de renouvellements ou la durée du traitement. Le renouvellement de la délivrance d'un médicament ne peut avoir lieu qu'après un délai déterminé résultant de la posologie et des quantités précédemment délivrées.

Art. R. 5139-31 Les personnes habilitées à délivrer des spécialités pharmaceutiques à usage humain, des spécialités pharmaceutiques vétérinaires, des médicaments expérimentaux à usage humain ou des autovaccins à usage vétérinaire contenant des micro-organismes ou des toxines transcrivent toute entrée et toute sortie sur un registre ou les enregistrent sur un système informatique spécifique répondant aux conditions suivantes :

1° Aucune modification des données ne doit être possible après validation de leur enregistrement ;

2° Une édition immédiate des mentions prévues au présent article doit pouvoir être effectuée à la demande de toute autorité de contrôle ;

3° Chaque page éditée doit comporter le nom et l'adresse de l'établissement.

L'inscription ou l'enregistrement des entrées et des sorties se fait à chaque opération avec un numéro d'ordre différent, en précisant la date à laquelle il est établi.

L'inscription ou l'enregistrement des entrées comporte la désignation et la quantité de médicaments reçus exprimée en unités de prise.

L'inscription des sorties comporte la désignation du médicament, les quantités délivrées exprimées en unités de prise, le nom et l'adresse du prescripteur, le nom et l'adresse du malade ou le nom et l'adresse du propriétaire de l'animal et, le cas échéant, l'identification de l'animal ou du lot d'animaux.

Le renouvellement fait l'objet d'un nouvel enregistrement. Lorsque le renouvellement est effectué par le même dispensateur, l'enregistrement peut consister en la seule indication du numéro afférent à la délivrance précédente.

Une balance mensuelle des entrées et sorties est portée au registre ou éditée. Ces inscriptions sont faites à l'encre, sans blanc ni surcharge.

Chaque année, il est procédé à l'inventaire du stock. Les différences constatées entre la balance et l'inventaire sont soumises aux autorités de contrôle lors de la première visite qui suit l'établissement de l'inventaire. Les mentions des écarts constatés sont, le cas échéant, inscrites sur celui-ci. Cet inventaire est porté sur le registre à l'encre, sans blanc ni rature ou surcharge, ou par voie d'enregistrement électronique. Aucune modification des données ne doit être possible après validation de leur enregistrement. Les données doivent figurer sur un support garantissant leur pérennité et leur intégrité. Leur duplication est obligatoire sur deux supports distincts, le premier servant à la consultation habituelle, le second étant gardé en réserve. Les données archivées doivent pouvoir être accessibles, consultées et exploitées pendant la durée de leur conservation.

Le registre, les enregistrements informatiques et les éditions de ces enregistrements par période maximale d'un mois ainsi que les documents attestant la destruction sont conservés dix ans à compter de leur dernière mention, pour être présentés à toute réquisition des autorités de contrôle.

Le pharmacien qui cède son officine ou le vétérinaire qui cède son domicile professionnel d'exercice procède, en présence de l'acquéreur, à l'inventaire des spécialités pharmaceutiques à usage humain, des spécialités pharmaceutiques vétérinaires, ou des autovaccins à usage vétérinaire contenant des micro-organismes ou des toxines. Cet inventaire est reporté sur le registre ou dans les enregistrements informatiques et, dans ce second cas, annexé aux éditions des enregistrements. Cet inventaire est signé par le cédant et par l'acquéreur et est conservé par ce dernier pendant dix ans.

Le cédant remet à l'acquéreur qui lui en donne décharge le registre ou les enregistrements et les éditions des enregistrements ainsi que les pièces à conserver en vertu des articles R. 5139-29, R. 5139-30 et R. 5139-31.

En cas de fermeture définitive de l'officine ou du domicile d'exercice professionnel du vétérinaire, ce registre ou les enregistrements et les éditions des enregistrements sont déposés à l'*(Décr. nº 2012-597 du 27 avr. 2012, art. 5-I-1º)* « Agence nationale de sécurité du médicament et des produits de santé ».

CHAPITRE X PRODUITS DE TATOUAGE

(Décr. nº 2008-210 du 3 mars 2008)

SECTION PREMIÈRE FABRICATION, CONDITIONNEMENT ET IMPORTATION DES PRODUITS DE TATOUAGE

Art. R. 513-10-1 Les produits de tatouage sont rendus stériles par l'utilisation de procédés appropriés. Ils sont fournis dans un récipient qui en conserve la stérilité jusqu'à l'utilisation.

Les récipients à doses multiples sont autorisés à condition que la délivrance de chaque dose ne compromette pas la stérilité du produit restant dans le récipient, une dose étant définie comme la quantité de produit utilisée pour une seule personne au cours d'une seule séance.

La qualité des substances colorantes est conforme à celle prévue par l'arrêté mentionné à l'article 2 du décret nº 89-674 du 18 septembre 1989 ou, à défaut, à une monographie nationale ou à d'autres spécifications permettant un niveau de qualité équivalent ou supérieur.

La qualité des récipients et celle des substances autres que les substances colorantes sont conformes aux monographies de la pharmacopée européenne mentionnée à l'article L. 5112-1 ou, à défaut, à une monographie nationale ou à d'autres spécifications permettant un niveau de qualité équivalent ou supérieur.

Art. R. 513-10-2 La déclaration prévue *(Décr. nº 2015-1417 du 4 nov. 2015, art. 4-1º-a)* « à l'article » L. 513-10-2 est adressée *(Décr. nº 2015-1417 du 4 nov. 2015, art. 4-1º-a)* « par tout moyen conférant date certaine » à l'*(Décr. nº 2012-597 du 27 avr. 2012, art. 5-I-1º)* « Agence nationale de sécurité du médicament et des produits de santé ».

Elle indique :

1º Le nom ou la raison sociale, l'adresse et la nature juridique de l'entreprise à laquelle l'établissement appartient ;

2º L'adresse de l'établissement en France et la nature exacte de l'activité envisagée ;

3º Le nom, l'adresse et la nature de l'activité des sous-traitants auxquels sont confiés, le cas échéant, tout ou partie des opérations de fabrication ou de stérilisation des produits ;

4º Le type d'utilisation des produits mis sur le marché ;

5º Le nom, la fonction et la qualification professionnelle ou l'expérience pratique de la *(Décr. nº 2015-1417 du 4 nov. 2015, art. 4-1º-b)* « personne responsable de la mise sur le marché des produits de tatouage et des personnes qualifiées responsables de la fabrication, du conditionnement, de l'importation, des contrôles de qualité, de l'évaluation de la sécurité pour la santé humaine, de la détention et de la surveillance des stocks de matières premières et de produits finis ».

La personne qui signe la déclaration indique sa qualité au regard des dispositions du deuxième alinéa de l'article L. 513-10-2.

Toute modification apportée aux indications ainsi fournies est transmise sans délai dans les mêmes formes à l'*(Décr. nº 2012-597 du 27 avr. 2012, art. 5-I-1º)* « Agence nationale de sécurité du médicament et des produits de santé ».

Art. R. 513-10-3 *(Décr. nº 2015-1417 du 4 nov. 2015, art. 4-2º-a)* « La personne responsable de la mise sur le marché d'un produit de tatouage établie » en France tient à la disposition des autorités de contrôle, à l'adresse mentionnée au 6º de l'article R. 513-10-5, le dossier prévu au troisième alinéa de l'article *(Décr. nº 2015-1417 du 4 nov. 2015, art. 4-2º-a)* « L. 513-10-5 ». Ce dossier comporte :

1º La formule qualitative et quantitative du produit ;

2º Les spécifications physico-chimiques et microbiologiques des matières premières et du produit de tatouage ;

3º La description des conditions de fabrication et de contrôle du produit ;

4º La durée de conservation du produit et la méthode utilisée pour la déterminer ;

5° L'évaluation de la sécurité du produit pour la santé humaine ;

6° Le nom et l'adresse de la personne qualifiée responsable de l'évaluation de la sécurité pour la santé humaine ainsi que son niveau de qualification professionnelle ;

7° Les données existantes en matière d'effets indésirables pour la santé humaine résultant de l'utilisation du produit ;

8° La justification de la transmission aux centres antipoison des informations prévues *(Décr. n° 2015-1417 du 4 nov. 2015, art. 4-2°-b)* « à l'article L. 513-10-6 ».

Chacun des éléments mentionnés au présent article porte l'indication de la date à laquelle il a été établi. Toute modification de ces informations fait l'objet d'un rectificatif daté et conservé dans le dossier.

Le format et le contenu des informations composant le dossier prévu au présent article sont précisés par décision de l'*(Décr. n° 2012-597 du 27 avr. 2012, art. 5-I-1°)* « Agence nationale de sécurité du médicament et des produits de santé ».

SECTION II COMPOSITION DES PRODUITS DE TATOUAGE

Art. R. 513-10-4 Sont fixées par arrêtés du ministre chargé de la santé, sur proposition du directeur général de l'*(Décr. n° 2012-597 du 27 avr. 2012, art. 5-I-1°)* « Agence nationale de sécurité du médicament et des produits de santé » :

1° La liste des substances qui ne peuvent pas entrer dans la composition des produits de tatouage ;

2° La liste des substances qui ne peuvent pas entrer dans la composition des produits de tatouage, sauf à respecter des restrictions et conditions fixées par cette liste.

SECTION III ÉTIQUETAGE DES PRODUITS DE TATOUAGE

Art. R. 513-10-5 Sans préjudice des mentions exigées par d'autres dispositions législatives ou réglementaires, le récipient et l'emballage de chaque unité de produit de tatouage mis sur le marché à titre gratuit ou onéreux comportent les indications suivantes, inscrites de manière à être lisibles, compréhensibles et indélébiles :

1° La dénomination du produit ;

2° Le contenu nominal au moment du conditionnement, indiqué en masse ou en volume ;

3° La date de durabilité maximale, définie comme étant la date jusqu'à laquelle le produit, conservé dans des conditions appropriées, continue à remplir sa fonction initiale et reste notamment conforme aux dispositions de l'article *(Décr. n° 2015-1417 du 4 nov. 2015, art. 4-4°-a)* « L. 513-10-4 ». La date de durabilité maximale est annoncée par la mention : "A utiliser avant fin", suivie soit de la date elle-même, soit de l'indication de l'endroit de l'étiquetage où elle figure. En cas de besoin, ces mentions sont complétées par l'indication des conditions dont le respect permet d'assurer la durabilité indiquée. La date se compose de l'indication, en clair et dans l'ordre, du mois et de l'année ;

4° Le numéro de lot de fabrication ou la référence permettant l'identification de la fabrication ;

5° La mention "stérile" ;

6° Le nom ou la raison sociale et l'adresse *(Décr. n° 2015-1417 du 4 nov. 2015, art. 4-4°-b)* « de la personne responsable de la mise sur le marché d'un produit de tatouage établie » en France. Ces mentions peuvent être abrégées lorsque l'abréviation permet l'identification de l'entreprise. En cas de pluralité d'adresses, celle qui est soulignée désigne le lieu où se trouve le dossier prévu au troisième alinéa de l'article *(Décr. n° 2015-1417 du 4 nov. 2015, art. 4-4°-b)* « L. 513-10-5 » ;

7° Les précautions particulières d'emploi, notamment celles prévues par la liste mentionnée au 2° de l'article R. 513-10-4 ;

8° La liste des ingrédients dans l'ordre décroissant de leur importance pondérale au moment de leur incorporation, précédée du mot "ingrédients". Les ingrédients en concentration inférieure à 1 % peuvent être mentionnés dans un ordre quelconque après ceux dont la concentration est supérieure à 1 %.

Les substances colorantes sont désignées par leur numéro de registre du Colour Index (CI) ou, à défaut, par leur dénomination chimique internationale (IUPAC), leur dénomination selon la nomenclature internationale des ingrédients cosmétiques (INCI), leur numéro de registre du Chemical Abstract Service (CAS) ou par leur dénomination chimique usuelle.

Les ingrédients autres que les substances colorantes sont désignés par leur dénomination chimique internationale (IUPAC) ou, à défaut, par leur dénomination figurant dans la pharmacopée européenne, leur numéro CAS ou par leur dénomination chimique usuelle.

Ne sont pas considérées comme ingrédients :

a) Les impuretés contenues dans les matières premières utilisées ;

b) Les substances techniques subsidiaires utilisées lors de la fabrication mais ne se retrouvant pas dans la composition du produit fini ;

9° Le cas échéant, les numéros de téléphone ou de télécopie ou l'adresse internet où sont mises à la disposition du public les informations prévues à l'article R. 513-10-14.

En cas d'impossibilité pratique, les adresses mentionnées au 6° et les indications prévues aux 7°, 8° et 9° peuvent ne figurer que sur l'emballage ou sur un support joint.

SECTION IV SYSTÈME NATIONAL DE VIGILANCE EXERCÉE SUR LES PRODUITS DE TATOUAGE

Art. R. 513-10-6 Pour l'application de la présente section, on entend par :

"Mésusage" : une utilisation non conforme à la destination du produit, à son usage habituel ou à son mode d'emploi, ou aux précautions particulières d'emploi mentionnées au 7° de l'article R. 513-10-5 ;

"Effet indésirable" : une réaction nocive et non recherchée, se produisant dans les conditions normales d'emploi d'un produit de tatouage ou résultant d'un mésusage d'un tel produit ;

"Effet indésirable grave" : *(Décr. n° 2015-1417 du 4 nov. 2015, art. 4-5°)* « une réaction nocive et non prévisible, qu'elle se produise dans les conditions normales d'emploi du produit chez l'homme ou qu'elle résulte d'un mésusage, » qui soit justifierait une hospitalisation, soit entraînerait une incapacité fonctionnelle permanente ou temporaire, une invalidité, une mise en jeu du pronostic vital immédiat, un décès ou une anomalie ou une malformation congénitale.

Art. R. 513-10-7 Les produits de tatouage font l'objet d'une vigilance destinée à surveiller *(Décr. n° 2015-1417 du 4 nov. 2015, art. 4-6°)* « les effets indésirables se produisant dans des conditions normales d'emploi du produit ou résultant d'un mésusage ». Cette vigilance s'exerce sur l'ensemble de ces produits après leur mise sur le marché.

Art. R. 513-10-8 Le système national de vigilance comprend :

1° L'*(Décr. n° 2012-597 du 27 avr. 2012, art. 5-I-1°)* « Agence nationale de sécurité du médicament et des produits de santé » ;

2° Les autorités administratives compétentes désignées selon les modalités prévues à l'article L. 221-1-3 *[L. 423-3]* du code de la consommation ;

(Décr. n° 2015-1417 du 4 nov. 2015, art. 4-7°) « 3° Les professionnels de santé ;

« 4° La personne responsable de la mise sur le marché d'un produit de tatouage ;

« 5° Les personnes qui réalisent des tatouages à titre professionnel ;

« 6° Les consommateurs de produits de tatouage. »

Art. R. 513-10-9 La vigilance exercée sur les produits de tatouage comporte :

1° La déclaration *(Décr. n° 2015-1417 du 4 nov. 2015, art. 4-8°-a)* « sans délai des effets indésirables graves mentionnés à l'article L. 513-10-8, y compris ceux résultant d'un mésusage*[,]* » et le recueil des informations les concernant ainsi que le recueil des informations mentionnées à l'article R. 513-10-12 ;

(Décr. n° 2015-1417 du 4 nov. 2015, art. 4-8°-b) « 1° *bis* La déclaration des autres effets indésirables, y compris ceux résultant d'un mésusage du produit ; »

2° L'enregistrement, l'évaluation et l'exploitation de ces informations dans un but de prévention ; ces informations sont analysées en prenant en compte les données disponibles concernant la vente et les pratiques d'utilisation des produits de tatouage ;

3° La réalisation de toutes études et de tous travaux concernant la sécurité d'emploi de ces produits ;

4° La réalisation et le suivi des actions correctrices.

L'exercice de la vigilance peut impliquer la recherche et l'analyse des données contenues dans le dossier prévu à l'article R. 513-10-3.

Art. R. 513-10-10 L'*(Décr. n° 2012-597 du 27 avr. 2012, art. 5-I-1°)* « Agence nationale de sécurité du médicament et des produits de santé » assure la mise en œuvre du système national de vigilance sur les produits de tatouage. Elle en définit les orientations, anime et coordonne les actions des différents intervenants et veille au respect des dispositions prévues par la présente section.

Elle reçoit les informations qui lui sont transmises par les professionnels de santé, par les personnes qui réalisent des tatouages *(Décr. n° 2015-1417 du 4 nov. 2015, art. 4-9°-a)* « à titre professionnel, par les personnes responsables de la mise sur le marché d'un produit de tatouage, par les consommateurs » et par les autorités administratives compétentes désignées selon les modalités prévues à l'article L. 221-1-3 *[L. 423-3]* du code de la consommation.

(Décr. n° 2015-1417 du 4 nov. 2015, art. 4-9°-b) « Elle transmet à l'agence régionale de santé territorialement compétente les informations relatives aux conditions dans lesquelles les tatouages ont été pratiqués, inclues dans la déclaration des effets indésirables conformément aux dispositions de l'article L. 513-10-8. »

Art. R. 513-10-11 En cas d'effet indésirable grave susceptible d'être dû à un produit de tatouage, *(Décr. n° 2015-1417 du 4 nov. 2015, art. 4-10°-a)* « les personnes responsables de la mise sur le marché d'un produit de tatouage, » les professionnels de santé qui l'ont constaté ou les personnes réalisant des tatouages *(Décr. n° 2015-1417 du 4 nov. 2015, art. 4-10°-a)* « à titre professionnel » qui en ont eu connaissance en font la déclaration sans délai au directeur général de l'*(Décr. n° 2012-597 du 27 avr. 2012, art. 5-I-1°)* « Agence nationale de sécurité du médicament et des produits de santé ».

(Décr. n° 2015-1417 du 4 nov. 2015, art. 4-10°-b) « Ces personnes déclarent en outre les autres effets indésirables dont elles ont eu connaissance.

« Le professionnel de santé et les personnes qui réalisent des tatouages à titre professionnel précisent si l'effet indésirable résulte d'un mésusage et décrivent les conditions dans lesquelles le tatouage a été pratiqué.

« Le consommateur peut déclarer à l'Agence nationale de sécurité du médicament et des produits de santé tout effet indésirable en faisant état, le cas échéant, d'un mésusage et en décrivant les conditions dans lesquelles le tatouage a été pratiqué.

« Le modèle de déclaration est établi par l'Agence nationale de sécurité du médicament et des produits de santé. »

Art. R. 513-10-12 Lorsque le directeur général de l'*(Décr. n° 2012-597 du 27 avr. 2012, art. 5-I-1°)* « Agence nationale de sécurité du médicament et des produits de santé » en fait la demande motivée, *(Décr. n° 2015-1417 du 4 nov. 2015, art. 4-11°-a)* « la personne » responsable de la mise sur le marché du produit lui transmet sans délai les informations mentionnées à l'article *(Décr. n° 2015-1417 du 4 nov. 2015, art. 4-11°-a)* « L. 513-10-9 » en précisant, pour chaque produit :

1° Sa dénomination commerciale ;

2° Le nom ou la raison sociale et l'adresse *(Décr. n° 2015-1417 du 4 nov. 2015, art. 4-11°-b)* « de la personne responsable de la mise sur le marché d'un produit de tatouage établie » en France, figurant sur l'étiquetage du produit conformément au 6° de l'article R. 513-10-5 ;

3° La concentration exacte des substances dont l'innocuité fait l'objet d'un doute sérieux ;

4° Les présentations et les contenances des différents conditionnements commercialisés.

Ces informations sont conservées et archivées de manière à en assurer la sécurité.

Art. R. 513-10-13 Les personnes qui ont accès aux informations mentionnées à l'article R. 513-10-12 sont astreintes au secret professionnel dans les conditions prévues à l'article 226-13 du code pénal.

SECTION V INFORMATION DU PUBLIC

Art. R. 513-10-14 Les informations mises à la disposition du public sont :

1° La formule qualitative exprimée sous la forme de la liste des ingrédients mentionnée au 8° de l'article R. 513-10-5 ;

2° En outre, pour les substances dangereuses entrant dans la composition du produit de tatouage et mentionnées à l'article L. 1342-2 du présent code, la quantité exprimée en pourcentage, sous la forme d'une fourchette de concentrations ou d'une concentration maximale ;

3° Les effets indésirables mentionnés au 7° de l'article R. 513-10-3, à l'exception de ceux résultant d'un mésusage, en précisant leur nature et leur fréquence.

Art. R. 513-10-15 Toute personne qui souhaite obtenir les informations prévues à l'article précédent en fait la demande par voie postale à l'adresse mentionnée au 6° de l'article R. 513-10-5 ou par télécopie ou par voie électronique aux coordonnées mentionnées au 9° du même article, en précisant notamment le nom du produit, sa marque et, le cas échéant, sa teinte.

Le fabricant ou le responsable de la mise sur le marché du produit répond à cette demande dans un délai de trois semaines à compter de sa réception. Il conserve toutes les demandes et les réponses pendant une période de cinq ans.

TITRE QUATRIÈME MÉDICAMENTS VÉTÉRINAIRES

CHAPITRE PREMIER DISPOSITIONS GÉNÉRALES

SECTION PREMIÈRE DÉFINITIONS *(Décr. n° 2008-433 du 6 mai 2008, art. 1er).*

Art. R. 5141-1 Pour l'application du présent chapitre, on entend par :

1° Substance, toute matière quelle qu'en soit l'origine, celle-ci pouvant être :

– humaine, telle que le sang humain et les produits dérivés du sang humain ;

– animale, telle que les micro-organismes, animaux entiers, parties d'organes, sécrétions animales, toxines, substances obtenues par extraction, produits dérivés du sang ;

– végétale, telle que les micro-organismes, plantes, parties de plantes, sécrétions végétales, substances obtenues par extraction ;

– chimique, telle que les éléments, matières chimiques naturelles et les produits chimiques de transformation et de synthèse ;

2° Biodisponibilité, la vitesse et l'intensité de l'absorption dans l'organisme, à partir d'une forme pharmaceutique, du principe actif ou de sa fraction thérapeutique destiné à devenir disponible au niveau des sites d'action ;

3° Bioéquivalence, l'équivalence des biodisponibilités ;

4° Conditionnement primaire, le récipient ou toute autre forme de conditionnement avec lequel le médicament se trouve en contact direct ;

5° Conditionnement extérieur, l'emballage dans lequel est placé le conditionnement primaire ;

6° Dénomination commune, la dénomination commune internationale recommandée par l'Organisation mondiale de la santé ou, à défaut, la dénomination commune usuelle ;

7° Dosage du médicament vétérinaire, la teneur en substances actives, exprimée en quantité par unité de prise ou par unité de volume ou de poids en fonction de la présentation ;

8° Étiquetage, les mentions portées sur le conditionnement extérieur ou le conditionnement primaire ;

9° Notice, le document d'information accompagnant le médicament vétérinaire et destiné à l'utilisateur ;

10° Risques liés à l'utilisation du médicament vétérinaire : tout risque pour la santé animale ou humaine lié à la qualité, à la sécurité ou à l'efficacité du médicament vétérinaire, et tout risque d'effets indésirables sur l'environnement ;

11° Rapport entre les bénéfices et les risques liés à l'utilisation du médicament vétérinaire, l'évaluation des effets thérapeutiques positifs du médicament vétérinaire au regard des risques définis au 10°.

Art. R. 5141-1-1 Le nom d'un médicament vétérinaire peut être soit un nom de fantaisie, soit une dénomination commune ou scientifique assortie d'une marque ou du nom du titulaire de l'autorisation de mise sur le marché ou de l'entreprise assurant l'exploitation du médicament. Le nom de fantaisie ne peut se confondre avec la dénomination commune.

Sans préjudice de l'application de la législation relative aux marques de fabrique, de commerce et de service, le nom de fantaisie est choisi de façon à éviter une confusion avec d'autres médicaments et à ne pas induire en erreur sur la qualité ou les propriétés du médicament vétérinaire.

SECTION II **EXPÉRIMENTATION**

Art. R. 5141-2 On entend par expérimentation des médicaments vétérinaires au sens *(Abrogé par Décr. n° 2008-433 du 6 mai 2008, art. 2)* « du 6° » de l'article L. 5141-16 tous essais, recherches ou expérimentations, ci-après dénommés essais, auxquels il est procédé en vue d'obtenir une autorisation de mise sur le marché ou une modification de celle-ci.

(Décr. n° 2008-433 du 6 mai 2008, art. 2 ; Décr. n° 2009-729 du 18 juin 2009, art. 3) « Ces expérimentations comprennent :

« *a)* Pour les médicaments non immunologiques :

« – des essais pharmaceutiques, à savoir les essais physico-chimiques, biologiques ou microbiologiques ;

« – des essais non cliniques, à savoir les essais d'innocuité, y compris les essais évaluant le risque pour l'environnement, l'étude des résidus, les essais précliniques ;

« – des essais cliniques ;

« *b)* Pour les médicaments immunologiques :

« – des essais pharmaceutiques, à savoir les essais physico-chimiques, biologiques ou microbiologiques ;

« – des essais non cliniques, à savoir les essais d'innocuité ;

« – des essais cliniques.

« Les essais respectent, selon le cas, les bonnes pratiques de laboratoire ou les bonnes pratiques cliniques mentionnées à l'article L. 5141-4. En outre, tous les essais menés sur les animaux de laboratoire sont réalisés en conformité avec les dispositions de la sous-section 3 de la section V du chapitre IV du titre Ier du livre II du code rural et de la pêche maritime relatives aux expérimentations pratiquées sur les animaux. »

Le directeur général de l'*(Décr. n° 2011-385 du 11 avr. 2011, art. 1er)* « Agence nationale de sécurité sanitaire de l'alimentation, de l'environnement et du travail » peut, sur demande, attester de la conformité, d'une part, des essais non cliniques aux bonnes pratiques de laboratoire et des établissements qui les réalisent et, d'autre part, des essais cliniques aux bonnes pratiques cliniques.

Art. R. 5141-3 La personne physique ou morale qui prend l'initiative d'une expérimentation de médicament vétérinaire définie à l'article R. 5141-2 est dénommée promoteur.

(Décr. n° 2008-433 du 6 mai 2008, art. 2 ; Décr. n° 2009-729 du 18 juin 2009, art. 4) « Les personnes qui dirigent et surveillent la réalisation des essais pharmaceutiques et des essais non cliniques sont dénommées expérimentateurs. Celles qui dirigent et surveillent la réalisation des essais cliniques sont dénommées investigateurs. Les expérimentateurs et les investigateurs disposent, selon leur activité, des qualifications et de l'expérience mentionnées à l'article R. 5141-25. »

Les personnes se prononçant sur la documentation relative aux essais fournis à l'appui d'un dossier d'autorisation de mise sur le marché sont dénommées experts.

Art. R. 5141-4 Les expérimentateurs, les investigateurs, les experts et les personnes appelées à collaborer aux essais sont tenus au secret professionnel dans les conditions et sous les peines prévues par l'article 226-13 du code pénal en ce qui concerne la nature des produits étudiés, les protocoles et les résultats obtenus.

Ils ne peuvent, sans l'accord du promoteur, donner d'informations relatives aux essais qu'aux ministres chargés de l'agriculture et de la santé, au directeur général de l'*(Décr. n° 2011-385 du 11 avr. 2011, art. 1er)* « Agence nationale de sécurité sanitaire de l'alimentation, de l'environnement et du travail » et aux agents des corps d'inspection et de contrôle mentionnés à l'article L. 5146-1.

Les essais ne peuvent faire l'objet d'aucun commentaire écrit ou oral sans l'accord conjoint de l'investigateur ou de l'expérimentateur et du promoteur.

Art. R. 5141-5 Le promoteur communique aux expérimentateurs au sens de l'article R. 5141-3 les renseignements suivants :

1° Le titre et l'objectif de l'essai demandé ;

2° L'identification du médicament soumis à l'essai :

a) *(Décr. n° 2008-433 du 6 mai 2008, art. 2)* « Son nom » ou son nom de code ;

b) Sa forme pharmaceutique ;

c) *(Décr. n° 2008-433 du 6 mai 2008, art. 2)* « Sa composition qualitative et quantitative en substances actives en utilisant les dénominations communes ; pour les médicaments immunologiques, la composition est exprimée en unités d'activité biologique ou en unité de masse pour les constituants protéiques ; »

d) Son ou ses numéros de lot ;

e) Une synthèse des éléments d'information scientifique dont la connaissance est requise pour la mise en œuvre de l'essai, selon sa nature, dans les domaines chimique, technologique, pharmaceutique, biologique, pharmacologique et toxicologique, dénommés prérequis, accompagnée des références des principaux travaux exploités pour cette synthèse ;

3° Le protocole de l'essai demandé.

Art. R. 5141-6 Le promoteur communique aux investigateurs qui réalisent les essais cliniques les renseignements suivants :

1° Le titre et l'objectif de l'essai demandé ;

2° Pour le médicament soumis à l'essai :

a) *(Décr. n° 2008-433 du 6 mai 2008, art. 2)* « Son nom » ou son nom de code ;

b) Sa forme pharmaceutique ;

c) Sa composition qualitative et quantitative en *(Décr. n° 2008-433 du 6 mai 2008, art. 2)* « substances actives » exprimée par unité de prise ou, selon la forme pharmaceutique, pour un volume ou un poids déterminé, en utilisant les dénominations communes ; pour les médicaments immunologiques, la composition est exprimée en unité d'activité biologique ou en unité de masse pour les constituants protéiques ;

d) Son ou ses numéros de lot ;

e) Sa date de péremption ;

3° Pour le médicament de référence :

a) *(Décr. n° 2008-433 du 6 mai 2008, art. 2)* « Son nom » ;

b) Sa forme pharmaceutique ;

c) Sa composition qualitative et quantitative en *(Décr. n° 2008-433 du 6 mai 2008, art. 2)* « substances actives » ;

d) Son ou ses numéros de lots *[lot]* ;

e) Sa date de péremption ;

4° Pour le placebo :

a) Sa forme pharmaceutique ;

b) Sa composition ;

c) Son ou ses numéros de lot ;

d) Sa date de péremption ;

5° Une synthèse des éléments d'information scientifique dont la connaissance est requise pour la mise en œuvre de l'essai, selon sa nature, dans les domaines chimique, technologique, pharmaceutique, biologique, pharmacologique, toxicologique et clinique, dénommés prérequis, accompagnée des références des principaux travaux exploités pour cette synthèse ;

6° Le protocole de l'essai clinique ;

7° Les références des autorisations de mise sur le marché éventuellement obtenues dans un autre État membre de *(Décr. n° 2013-752 du 16 août 2013, art. 1er)* « l'Union européenne » ou un pays tiers ainsi que celles des éventuelles décisions de refus, de suspension, ou de retrait de telles autorisations ;

8° L'identité des autres investigateurs qui participent au même essai et les lieux où ils conduisent leurs travaux.

Les investigateurs peuvent demander au promoteur tout document ou essai complémentaire s'ils s'estiment insuffisamment éclairés par les informations fournies.

Art. R. 5141-7 Les médicaments soumis aux essais cliniques, d'une part, et les éventuels médicaments de référence et les placebos, d'autre part, sont préparés selon les bonnes pratiques de fabrication, définies selon les modalités énoncées à l'article L. 5142-3.

L'étiquetage de ces médicaments comporte :
1° Le nom du promoteur et son adresse ;
2° La référence de l'essai en cours ;
3° La référence permettant de connaître leur formule intégrale, leur numéro de lot de fabrication, leur date de péremption ;
4° Les indications nécessaires à leur bonne conservation ;
5° La mention suivante : "Réservé aux essais cliniques de médicaments vétérinaires" ;
(Décr. n° 2007-358 du 19 mars 2007, art. 40) « 6° La mention : "ce médicament contient un organisme génétiquement modifié" lorsque le médicament est composé en tout ou partie d'un organisme génétiquement modifié. »

Art. R. 5141-8 Dans un délai de deux mois précédant l'essai clinique d'un médicament vétérinaire, le promoteur fait connaître son intention au directeur général de l'*(Décr. n° 2011-385 du 11 avr. 2011, art. 1er)* « Agence nationale de sécurité sanitaire de l'alimentation, de l'environnement et du travail » en lui adressant par envoi recommandé avec demande d'avis de réception un dossier comportant les informations suivantes :
1° L'identité du promoteur ;
2° Le cadre de l'essai :
a) Le titre et l'objectif de l'essai ;
b) Le ou les lieux de l'essai ;
c) L'identité du ou des investigateurs, leur titres, expériences et fonctions ;
d) Si celui-ci est distinct du promoteur, l'identité du fabricant du médicament soumis à essai et du placebo ;
e) S'il y a lieu, l'identité de l'importateur ;
f) Les références des autorisations de mise sur le marché obtenues dans un autre État membre de *(Décr. n° 2013-752 du 16 août 2013, art. 1er)* « l'Union européenne » ou dans un pays tiers pour le médicament soumis à essai ainsi que celles des éventuelles décisions de refus, de suspension ou de retrait de ces autorisations ;
g) La date à laquelle il est envisagé de commencer l'essai et la durée probable de celui-ci ;
3° Le protocole de l'essai précisant en particulier :
a) Le type d'essai ;
b) L'indication thérapeutique faisant l'objet de l'essai ;
c) La posologie du médicament étudié et, s'il y a lieu, celle du médicament de référence ;
d) La durée du traitement ;
e) Le nombre d'animaux qu'il est prévu d'inclure dans l'essai et les principaux critères d'inclusion ;
4° Pour le médicament vétérinaire soumis à l'essai :
a) Sa dénomination telle que définie à l'article R. 5141-1 ou son nom de code ;
b) Sa forme pharmaceutique ;
c) Sa composition qualitative et quantitative en utilisant, s'il y a lieu, les dénominations internationales lorsqu'elles existent ou à défaut les dénominations de la pharmacopée européenne ou française ;
d) La présence éventuelle d'un principe actif nouveau ;
e) L'indication, si elle est connue, des classes chimique, pharmacologique et clinique auxquelles appartient le principe actif ;
f) Le lieu de fabrication ;
g) La voie d'administration ;
h) Les animaux de destination ;
(Décr. n° 2011-1027 du 26 août 2011, art. 1er-1°) « *i)* La situation du ou des principes actifs au regard du règlement (CE) n° 470/2009 du Parlement européen et du Conseil du 6 mai 2009 établissant des procédures communautaires pour la fixation des limites de résidus des substances pharmacologiquement actives dans les aliments d'origine animale » ;
j) Le temps d'attente proposé, s'il y a lieu ;
5° Pour un médicament de référence :
a) Sa dénomination ;

b) Sa forme pharmaceutique ;
c) Sa composition qualitative et quantitative en principe actif ;
d) La situation du ou des principes actifs au regard du règlement précité ;
e) Le temps d'attente, s'il y a lieu ;
6° Pour un placebo :
a) Sa forme pharmaceutique ;
b) Son lieu de fabrication ;
c) Sa composition qualitative et quantitative ;
7° La synthèse des prérequis mentionnée à l'article R. 5141-6, accompagnée des références des principaux travaux exploités pour cette synthèse ;
8° Le cas échéant, une copie des autorisations accordées en application de l'article *(Décr. n° 2005-840 du 20 juill. 2005, art. 12)* « R. 5132-74 » ou de l'article R. 5132-83.
Le directeur général de l'*(Décr. n° 2011-385 du 11 avr. 2011, art. 1er)* « Agence nationale de sécurité sanitaire de l'alimentation, de l'environnement et du travail » peut, dans un délai de deux mois après réception des informations mentionnées ci-dessus, s'opposer à la mise en œuvre de cet essai par une décision motivée.

Art. R. 5141-9 Une modification substantielle de l'essai fait l'objet au préalable de la part du promoteur d'une déclaration complémentaire adressée par envoi recommandé avec demande d'avis de réception au directeur général de l'*(Décr. n° 2011-385 du 11 avr. 2011, art. 1er)* « Agence nationale de sécurité sanitaire de l'alimentation, de l'environnement et du travail ».
Le directeur général peut, dans un délai d'un mois après réception de la déclaration mentionnée ci-dessus, s'opposer à cette modification par une décision motivée.

Art. R. 5141-10 Chaque essai donne lieu à un rapport établi par l'expérimentateur ou l'investigateur qui l'a réalisé. Ce rapport est daté et signé et comporte :
1° L'identité du ou des expérimentateurs ou investigateurs, leurs titres, expériences et fonctions ;
2° Les dates et lieux de réalisation de l'essai ;
3° Pour le médicament soumis à l'essai, les renseignements mentionnés au 4° de l'article R. 5141-8 ;
4° Pour un médicament de référence, les renseignements mentionnés au 5° de l'article R. 5141-8 ;
5° Pour un placebo, les renseignements mentionnés au 6° de l'article R. 5141-8 ;
6° L'exposé des résultats des essais pratiqués, établi conformément aux bonnes pratiques mentionnées à l'article R. 5141-2 et applicables à l'essai concerné.

Art. R. 5141-11 Comme il est dit à l'article R. 234-4 du code rural et de la pêche maritime ainsi reproduit :

Art. R. 234-4 I. — Les denrées alimentaires issues d'un animal ayant été soumis à un essai clinique de médicaments vétérinaires mentionné au V de l'article L. 234-2 *(Décr. n° 2009-1658 du 18 déc. 2009 ; Ord. n° 2010-462 du 6 mai 2010)* « du code rural et de la pêche maritime » ne peuvent être mises sur le marché que si cet essai n'a pas fait l'objet d'une opposition du directeur général de l'*(Décr. n° 2011-385 du 11 avr. 2011, art. 11)* « Agence nationale de sécurité sanitaire de l'alimentation, de l'environnement et du travail » dans les conditions prévues à l'article *(Décr. n° 2009-1658 du 18 déc. 2009)* « R. 5141-8 » du code de la santé publique et s'est déroulé selon le protocole déclaré.
II. — Avant le début de l'essai clinique, l'investigateur, ou chaque investigateur en cas d'essai se déroulant sur plusieurs sites, transmet au préfet du département où cet essai doit se dérouler une déclaration comportant les informations suivantes :
a) Les nom, prénom et adresse de l'investigateur ;
b) L'identité du promoteur de l'essai ;
c) La désignation et l'objet de l'essai ;
d) La durée des expériences ;
e) L'élevage, le nombre des animaux concernés et leur identification lorsqu'ils sont soumis à une obligation d'identification ;
f) Le ou les temps d'attente à respecter en fonction des denrées susceptibles d'être mises à la consommation.

III. — *(Décr. n° 2004-757 du 22 juill. 2004)* « Lorsque l'essai clinique concerne un médicament contenant une *(Décr. n° 2011-1027 du 26 août 2011, art. 2)* « substance pharmacologiquement active relevant du règlement (CE) n° 470/2009 du Parlement européen et du Conseil du 6 mai 2009 établissant des procédures communautaires pour la fixation des limites de résidus des substances pharmacologiquement actives dans les aliments d'origine animale », l'animal ayant fait l'objet de l'essai ne peut être conduit à l'abattoir ou les denrées animales qui en sont issues introduites dans l'alimentation humaine que si le temps d'attente déclaré auprès du directeur de l'*(Décr. n° 2011-385 du 11 avr. 2011, art. 11)* « Agence nationale de sécurité sanitaire de l'alimentation, de l'environnement et du travail » et du préfet est écoulé. Ce temps d'attente doit :

« *a)* Être au minimum celui fixé par l'arrêté prévu au dernier alinéa de l'article L. 5143-4 du code de la santé publique, éventuellement augmenté d'un délai supplémentaire de sécurité tenant compte de la nature de la substance testée ;

« ou

« *b)* Être fixé de manière que la limite maximale de résidus ne soit pas dépassée dans les denrées alimentaires *(Décr. n° 2011-1027 du 26 août 2011, art. 2)* « lorsqu'une telle limite maximale de résidus a été fixée en application du règlement (CE) n° 470/2009 du Parlement européen et du Conseil du 6 mai 2009 mentionné ci-dessus » ;

« Lorsque les animaux doivent être abattus avant la fin du temps d'attente, il appartient à l'investigateur chargé de la conduite de l'essai de faire procéder à la destruction des denrées dans les établissements mentionnés à l'article L. 226-9. Toutefois, si une limite maximale de résidus a été fixée pour la substance ayant fait l'objet de l'essai, les denrées alimentaires peuvent être mises sur le marché à la condition que l'investigateur s'assure, en effectuant les analyses *(Décr. n° 2009-1658 du 18 déc. 2009)* « de résidus décrites par le promoteur de l'essai dans les renseignements fournis au titre du 5° de l'article R. 5141-6 du code de la santé publique, qu'aucune de ces denrées n'est susceptible de contenir des résidus de substances pharmacologiquement actives à un taux supérieur à la limite maximale de résidus. »

IV. — Lors de la présentation à l'abattoir ou lors de la fourniture des denrées aux transformateurs, l'investigateur délivre un document d'accompagnement reprenant la déclaration à la préfecture de l'essai ainsi que la justification du respect du temps d'attente ou la copie des résultats des analyses mentionnées au III.

Art. R. 5141-12 Comme il est dit à l'article R. 234-5 du code rural et de la pêche maritime ainsi reproduit :

Art. R. 234-5 Lorsqu'une personne qui détient des animaux appartenant à une des espèces dont la chair ou les produits sont destinés à la consommation humaine envisage de mener des essais de médicaments autres que ceux mentionnés à l'article R. 234-4, *(Décr. n° 2004-757 du 22 juill. 2004)* « elle doit en faire la déclaration au préfet du département où l'essai est effectué ». Cette déclaration indique les conditions dans lesquelles elle fera assurer, à ses frais, dans un établissement mentionné à l'article L. 226-9, la destruction des animaux objet de l'essai ainsi que de leurs produits.

(Décr. n° 2004-757 du 22 juill. 2004) « Un arrêté du ministre chargé de l'agriculture précise le contenu de la déclaration et le délai dans lequel elle doit être adressée au préfet. »

SECTION III AUTORISATION DE MISE SUR LE MARCHÉ

SOUS-SECTION 1 INSTRUCTION DE LA DEMANDE

Art. R. 5141-13 La demande d'autorisation de mise sur le marché d'un médicament vétérinaire est adressée au directeur général de l'*(Décr. n° 2011-385 du 11 avr. 2011, art. 1er)* « Agence nationale de sécurité sanitaire de l'alimentation, de l'environnement et du travail » *(Décr. n° 2015-709 du 22 juin 2015, art. 4)* « , par tout moyen permettant de lui conférer date certaine ».

(Décr. n° 2011-1027 du 26 août 2011, art. 1er-2°) « Dans le cas de médicaments vétérinaires destinés à une ou plusieurs espèces animales productrices de denrées alimen-

taires, mais dont la ou les substances pharmacologiquement actives ne figurent pas encore, pour l'espèce ou les espèces considérées, au tableau 1 de l'annexe du règlement (UE) n° 37/2010 de la Commission du 22 décembre 2009 relatif aux substances pharmacologiquement actives et à leur classification en ce qui concerne les limites maximales de résidus dans les aliments d'origine animale, la demande d'autorisation de mise sur le marché ne peut être introduite qu'après le dépôt d'une demande valide pour l'établissement de limites maximales de résidus conformément à l'article 3 du règlement (CE) n° 470/2009 du Parlement européen et du Conseil du 6 mai 2009 établissant des procédures communautaires pour la fixation des limites de résidus des substances pharmacologiquement actives dans les aliments d'origine animale. Le délai entre la demande valide d'établissement de limites maximales de résidus et la demande d'autorisation de mise sur le marché est d'au moins six mois. »

Cette demande comporte les renseignements indiqués à l'article R. 5141-14, le résumé des caractéristiques du produit prévu à l'article R. 5141-15 et le dossier mentionné à l'article R. 5141-16.

En outre, le demandeur remet au directeur général des échantillons du médicament et tient à sa disposition des échantillons des matières premières, des substances de référence et des autres constituants, en quantité suffisante pour procéder aux contrôles prévus à l'article R. 5141-27.

Art. R. 5141-13-1 *(Décr. n° 2008-117 du 7 févr. 2008, art. 1er)* Lorsqu'un médicament vétérinaire, déjà autorisé ou faisant l'objet d'une demande d'autorisation de mise sur le marché en cours d'instruction dans un autre État membre de *(Décr. n° 2013-752 du 16 août 2013, art. 1er-2°, en vigueur le 1er févr. 2014)* « l'Union européenne », fait l'objet d'une demande d'autorisation de mise sur le marché en France sans respecter les dispositions de la sous-section 3 *bis* de la présente section, le directeur général de l'*(Décr. n° 2011-385 du 11 avr. 2011, art. 1er)* « Agence nationale de sécurité sanitaire de l'alimentation, de l'environnement et du travail » informe immédiatement le demandeur de l'irrecevabilité de sa demande ainsi que de la procédure à suivre.

Art. R. 5141-14 *(Décr. n° 2008-433 du 6 mai 2008, art. 3)* La demande d'autorisation de mise sur le marché d'un médicament vétérinaire comporte les renseignements suivants :

1° Le nom ou la dénomination sociale et l'adresse du futur titulaire de l'autorisation de mise sur le marché et, le cas échéant, ceux de l'entreprise exploitant le médicament, ainsi que ceux du fabricant lorsque ni le futur titulaire ni l'entreprise exploitant le médicament n'assure la fabrication ;

2° Le nom du médicament vétérinaire ;

3° La composition intégrale du médicament vétérinaire, soit par unité de prise, soit par unité de poids ou de volume, comportant la mention de la dénomination commune de ses composants ;

4° Les animaux de destination accompagnés de l'indication du temps d'attente pour les médicaments vétérinaires destinés aux espèces productrices de denrées alimentaires.

Art. R. 5141-15 *(Décr. n° 2008-433 du 6 mai 2008, art. 3)* « La demande d'autorisation de mise sur le marché est accompagnée d'un projet de résumé des caractéristiques du produit, dont la présentation et le contenu sont fixés conformément à l'article 14 de la directive 2004/28/CE du 31 mars 2004 par arrêté des ministres chargés de l'agriculture et de la santé sur proposition du directeur général de l'*(Décr. n° 2011-385 du 11 avr. 2011, art. 1er)* « Agence nationale de sécurité sanitaire de l'alimentation, de l'environnement et du travail ». »

Les projets des conditionnements extérieurs et primaires et, s'il y a lieu, le projet de notice, sont joints au résumé des caractéristiques du produit.

Art. R. 5141-16 *(Décr. n° 2008-433 du 6 mai 2008, art. 3)* A la demande d'autorisation de mise sur le marché est joint un dossier comprenant :

1° Les informations administratives nécessaires à l'instruction du dossier ;

2° La documentation scientifique démontrant la qualité, la sécurité et l'efficacité du médicament vétérinaire, notamment les rapports d'essais ou d'expérimentations relatifs aux essais pharmaceutiques, non cliniques, cliniques ou d'efficacité, incluant les résultats obtenus au cours de ces différents essais et les rapports d'experts, accompagnés de résumés détaillés et critiques ;

3° La description du système de pharmacovigilance prévu par le futur titulaire de l'autorisation ou par l'entreprise exploitant le médicament vétérinaire et, le cas échéant, du plan de gestion de risque. Le modèle type de plan de gestion de risque est fixé par décision du directeur général de l'*(Décr. n° 2011-385 du 11 avr. 2011, art. 1er)* « Agence nationale de sécurité sanitaire de l'alimentation, de l'environnement et du travail » ;

4° Les indications thérapeutiques, contre-indications et effets indésirables ;

5° La posologie pour les différentes espèces animales auxquelles le médicament vétérinaire est destiné, forme pharmaceutique, mode et voie d'administration et durée limite d'utilisation ;

6° L'explication des mesures de précaution et de sécurité à prendre lors du stockage du médicament vétérinaire, de son administration aux animaux et de l'élimination des déchets, accompagnées de l'indication des risques potentiels que le médicament vétérinaire pourrait présenter pour l'environnement, la santé humaine et animale et les plantes ;

7° La description des méthodes d'essai utilisées par le fabricant ;

8° Un résumé des caractéristiques du produit, conformément à l'article R. 5141-15, une maquette du conditionnement primaire et de l'emballage extérieur du médicament vétérinaire ainsi que la notice ;

9° Un document dont il ressort que le fabricant est autorisé dans son pays à produire des médicaments vétérinaires ;

10° Une copie des autorisations de mise sur le marché obtenues pour ce médicament vétérinaire dans un autre État membre ou dans un pays tiers, ainsi que la liste des États membres où la demande d'autorisation soumise en conformité avec la présente directive est à l'examen, accompagnée d'une copie du résumé des caractéristiques du produit proposé par le demandeur ou approuvé par l'autorité compétente de l'État membre, ainsi qu'une copie de la notice proposée ;

11° Les détails de toute décision de refus d'autorisation, que ce soit dans la Communauté ou dans un pays tiers et les motifs de cette décision ;

12° La preuve que le demandeur dispose d'une personne qualifiée responsable de la pharmacovigilance et qu'il a les infrastructures nécessaires pour notifier tout effet indésirable présumé survenu, soit dans la Communauté, soit dans un pays tiers ;

13° Dans le cas de médicaments visés au deuxième alinéa de l'article R. 5141-13, une attestation certifiant le dépôt d'une demande valide d'établissement de limites maximales de résidus auprès de l'Agence conformément audit règlement.

Un arrêté des ministres chargés de l'agriculture et de la santé pris sur proposition du directeur de l'*(Décr. n° 2011-385 du 11 avr. 2011, art. 1er)* « Agence nationale de sécurité sanitaire de l'alimentation, de l'environnement et du travail » précise les modalités selon lesquelles sont établis et présentés les informations et les documents prévus par *(Décr. n° 2009-729 du 18 juin 2009, art. 5)* « le présent article ».

Art. R. 5141-16-1 *(Décr. n° 2008-433 du 6 mai 2008, art. 3)* Le demandeur de l'autorisation de mise sur le marché est responsable de l'exactitude et de la sincérité des renseignements et données fournis à l'*(Décr. n° 2011-385 du 11 avr. 2011, art. 1er)* « Agence nationale de sécurité sanitaire de l'alimentation, de l'environnement et du travail » lors du dépôt de la demande et durant son instruction. Il lui transmet sans délai, en en signalant la portée, toute donnée nouvelle dont il dispose ou a connaissance, notamment les résultats d'études ou d'essais, effectués dans ou en dehors de *(Décr. n° 2013-752 du 16 août 2013, art. 1er)* « l'Union européenne » qui pourrait entraîner une modification de l'évaluation du rapport entre les bénéfices et les risques liés à l'utilisation du médicament.

Art. R. 5141-17 *(Décr. n° 2008-433 du 6 mai 2008, art. 3)* Les rapports d'experts prévus à l'article R. 5141-16 consistent en une évaluation critique des différents essais pratiqués compte tenu de l'état des connaissances scientifiques au moment du dépôt du dossier, présentés sous forme de résumés et concluent sur l'analyse du rapport entre les bénéfices et les risques liés à l'utilisation du médicament vétérinaire.

Chaque rapport daté et signé par l'expert est accompagné d'un *curriculum vitae*. Le cas échéant, les liens professionnels avec le promoteur sont déclarés.

Art. R. 5141-18 *(Décr. nº 2008-433 du 6 mai 2008, art. 3)* Par dérogation au premier alinéa de l'article R. 5141-16, pour les médicaments vétérinaires mentionnés au présent article, le dossier joint à la demande d'autorisation de mise sur le marché est constitué dans les conditions suivantes :

1º Lorsque le demandeur démontre, par référence à une documentation bibliographique appropriée, que la demande porte sur un médicament vétérinaire dont la ou les substances actives sont d'un usage vétérinaire bien établi depuis au moins dix ans en France ou dans *(Décr. nº 2013-752 du 16 août 2013, art. 1er)* « l'Union européenne », le dossier fourni à l'appui de la demande comporte, outre les données pharmaceutiques, la documentation bibliographique appropriée.

(Décr. nº 2011-1027 du 26 août 2011, art. 1er-3º) « Celle-ci peut faire référence, notamment pour ce qui concerne les essais d'innocuité, au rapport d'évaluation publié par l'Agence européenne des médicaments lors d'une demande de fixation de limites maximales de résidus selon les dispositions du règlement (CE) nº 470/2009 du Parlement européen et du Conseil du 6 mai 2009 établissant des procédures communautaires pour la fixation des limites de résidus des substances pharmacologiquement actives dans les aliments d'origine animale. »

Lorsque le demandeur a recours à une documentation bibliographique appropriée pour un médicament destiné à une espèce productrice de denrées alimentaires et qu'il accompagne cette documentation, en vue d'obtenir une extension de l'autorisation de mise sur le marché à une autre espèce animale productrice de denrées alimentaires, de nouvelles études de résidus *(Décr. nº 2011-1027 du 26 août 2011, art. 1er-3º)* « conformément au règlement (CE) nº 470/2009 du Parlement européen et du Conseil du 6 mai 2009 mentionné à l'alinéa précédent » ainsi que de nouveaux essais cliniques, un autre demandeur ne peut se prévaloir de ces études ou essais dans le cadre d'une demande d'autorisation de mise sur le marché pendant une période de trois ans après la délivrance de l'autorisation de mise sur le marché pour laquelle ils ont été réalisés.

2º Lorsque la demande porte sur un médicament vétérinaire nouveau renfermant des substances actives entrant dans la composition de médicaments vétérinaires autorisés, mais qui n'ont pas encore été associés dans un but thérapeutique, le dossier fourni à l'appui de la demande comporte, outre les données pharmaceutiques, les résultats des essais non cliniques et cliniques relatifs à l'association de ces substances sans qu'il soit nécessaire de fournir la documentation non clinique et clinique relative à chaque substance active individuelle.

3º Pour les demandes *(Décr. nº 2015-709 du 22 juin 2015, art. 5-I)* « d'extensions telles que définies au 4º de l'article 2 du règlement (CE) nº 1234/2008 de la Commission du 28 novembre 2008 concernant l'examen des modifications des termes d'une autorisation de mise sur le marché de médicaments à usage humain et de médicaments vétérinaires », le dossier fourni à l'appui de la demande comporte, outre les données pharmaceutiques, les résultats des essais non cliniques et cliniques appropriés déterminés en fonction des caractéristiques du médicament considéré.

Art. R. 5141-19 *(Décr. nº 2008-433 du 6 mai 2008, art. 3)* Les dossiers fournis à l'appui de l'autorisation des médicaments vétérinaires mentionnés aux articles R. 5141-16 et R. 5141-18 sont considérés comme comportant l'ensemble des données nécessaires et suffisantes pour l'évaluation de ces médicaments au sens du 8º de l'article L. 5141-2.

Art. R. 5141-20 *(Décr. nº 2008-433 du 6 mai 2008, art. 3)* En application du quatrième alinéa de l'article L. 5141-5, pour les médicaments vétérinaires mentionnés au présent article, le dossier joint à la demande d'autorisation de mise sur le marché est constitué dans les conditions suivantes par dérogation au premier alinéa de l'article R. 5141-16 :

1º Lorsque la demande porte sur un médicament vétérinaire générique d'un médicament vétérinaire de référence qui est ou a été autorisé depuis au moins huit ans en France, le dossier fourni à l'appui de la demande comprend, outre les données chimiques, pharmaceutiques et biologiques, les études de biodisponibilité démontrant la bioéquivalence à la spécialité de référence *(Décr. nº 2013-752 du 16 août 2013, art. 1er)*

« ainsi que les essais évaluant les risques que le médicament vétérinaire générique peut présenter pour l'environnement ».

Si ce médicament vétérinaire est autorisé depuis moins de huit ans en France et qu'il est ou a été autorisé depuis au moins huit ans dans un État membre de *(Décr. n° 2013-752 du 16 août 2013, art. 1er)* « l'Union européenne », la procédure est également applicable.

2° Lorsque la demande porte sur un médicament vétérinaire qui ne répond pas à la définition du médicament vétérinaire générique parce qu'il comporte par rapport à un médicament vétérinaire de référence qui est ou a été autorisé depuis au moins huit ans en France des différences relatives à la substance active, aux indications thérapeutiques, au dosage, à la forme pharmaceutique ou à la voie d'administration, ou lorsque la bioéquivalence par rapport à ce médicament vétérinaire de référence n'a pu être démontrée par des études de biodisponibilité, le dossier fourni à l'appui de la demande comporte, outre les données pharmaceutiques, les résultats des essais non cliniques et cliniques appropriés déterminés en fonction de ces différences.

Si ce médicament vétérinaire est autorisé depuis moins de huit ans en France et qu'il est ou a été autorisé depuis au moins huit ans dans un État membre de *(Décr. n° 2013-752 du 16 août 2013, art. 1er)* « l'Union européenne », la procédure est également applicable.

3° Lorsque le demandeur démontre que la demande porte sur un médicament biologique vétérinaire similaire dont le médicament biologique vétérinaire de référence est ou a été autorisé en France depuis au moins huit ans, le dossier fourni à l'appui de la demande comporte, outre les données pharmaceutiques, les résultats des essais non cliniques et cliniques appropriés notamment relatifs à la matière première ou aux procédés de fabrication du médicament biologique vétérinaire similaire.

Si ce médicament vétérinaire est autorisé depuis moins de huit ans en France et qu'il est ou a été autorisé depuis au moins huit ans dans un État membre de *(Décr. n° 2013-752 du 16 août 2013, art. 1er)* « l'Union européenne », la procédure est également applicable.

4° Lorsque la demande porte sur un médicament vétérinaire de même composition qualitative et quantitative en substances actives et de même forme pharmaceutique qu'un médicament vétérinaire autorisé, dont le titulaire a consenti à ce qu'il soit fait recours à la documentation pharmaceutique, non clinique et clinique figurant au dossier de ce médicament, le dossier fourni à l'appui de la demande ne comporte qu'un document établissant le consentement du titulaire et la mise à disposition par celui-ci, en faveur du demandeur, du dossier du médicament vétérinaire autorisé.

5° Lorsque la demande porte sur un médicament homéopathique vétérinaire soumis à autorisation de mise sur le marché, le dossier fourni à l'appui de la demande comporte, outre les données pharmaceutiques, les résultats des essais non cliniques et cliniques appropriés lorsque le demandeur ne peut pas démontrer par référence détaillée à la littérature publiée et reconnue dans la tradition de la médecine homéopathique vétérinaire pratiquée en France que l'usage homéopathique du médicament ou des souches homéopathiques le composant est bien établi et présente toute garanties d'innocuité.

6° Lorsque la demande est présentée dans le cadre des dispositions du 1° de l'article L. 5141-5-1, notamment en cas de situation sanitaire urgente ou limitée géographiquement, le dossier fourni à l'appui de la demande comporte, outre les données pharmaceutiques, les résultats des essais cliniques appropriés déterminés en fonction des caractéristiques du médicament vétérinaire et des circonstances exceptionnelles considérées.

7° Lorsque la demande est présentée dans le cadre des dispositions du 2° de l'article L. 5141-5-1, notamment du fait de la rareté des indications dans une espèce de destination, de l'importance mineure de l'espèce de destination sur le territoire national ou de l'état d'avancement de la science, le dossier fourni à l'appui de la demande comporte, outre les données pharmaceutiques, les résultats des essais non cliniques et cliniques appropriés déterminés en fonction des caractéristiques du médicament vétérinaire considéré.

(Décr. n° 2016-1506 du 8 nov. 2016, art. 1er) « La notion de rareté des indications correspond aux indications de médicaments vétérinaires utilisés pour le traitement de

maladies dont la prévalence ou l'incidence est faible, en raison notamment de conditions épidémiologiques naturelles ou de conséquences de mesures de gestion sanitaires. »

8° Lorsque la demande porte sur un médicament vétérinaire visé au 3° de l'article L. 5141-5-1, le dossier fourni à l'appui de la demande comporte, outre les donnés *[données]* pharmaceutiques, les résultats des essais non cliniques et cliniques appropriés lorsque le demandeur ne peut pas démontrer par référence détaillée à la littérature publiée que l'usage du médicament est bien établi et présente toute garantie d'innocuité.

9° Lorsque la demande porte sur un médicament vétérinaire immunologique, et que le demandeur démontre que, du fait de circonstances exceptionnelles, certains essais sur le terrain pour l'espèce de destination ne peuvent être réalisés pour des raisons dûment justifiées, notamment du fait de dispositions européennes, le dossier fourni à l'appui de la demande est dispensé de comporter le résultat desdits essais.

(Décr. n° 2013-752 du 16 août 2013, art. 1er) « 10° Lorsque la demande porte sur un médicament d'usage traditionnel et dont les substances actives sont exclusivement une ou plusieurs substances végétales, telles que définies au 1° de l'article R. 5141-1, ou préparations à base de plantes ou une association de plusieurs substances végétales ou préparations à base de plantes, le dossier fourni à l'appui de la demande comporte, outre les données pharmaceutiques, les résultats des essais non cliniques et cliniques appropriés lorsque le demandeur ne peut pas démontrer par référence détaillée à la littérature publiée et reconnue dans la tradition de la médecine phytothérapeutique vétérinaire pratiquée en France ou dans l'Union européenne que le médicament est d'un usage bien établi depuis au moins dix ans dans un État membre de l'Union européenne ou dans un autre État partie à l'Espace économique européen et qu'il présente toute garantie d'innocuité. »

Art. R. 5141-21 *(Décr. n° 2008-433 du 6 mai 2008, art. 3)* Lorsqu'une demande d'autorisation porte sur un médicament vétérinaire générique d'un médicament vétérinaire de référence qui n'a pas été autorisé en France mais qui a été autorisé dans un autre État membre de *(Décr. n° 2013-752 du 16 août 2013, art. 1er)* « l'Union européenne », le demandeur indique l'État membre dans lequel ce médicament vétérinaire de référence est ou a été autorisé. Dans ce cas, le directeur général de l'*(Décr. n° 2011-385 du 11 avr. 2011, art. 1er)* « Agence nationale de sécurité sanitaire de l'alimentation, de l'environnement et du travail » demande à l'autorité compétente de cet État de lui confirmer que le médicament de référence est ou a été autorisé et de lui communiquer la composition complète dudit médicament vétérinaire ainsi que toute documentation pertinente.

Lorsqu'un État membre de *(Décr. n° 2013-752 du 16 août 2013, art. 1er)* « l'Union européenne », saisi d'une demande d'autorisation de mise sur le marché mentionnant un médicament vétérinaire de référence qui est ou a été autorisé en France, demande au directeur général de l'*(Décr. n° 2011-385 du 11 avr. 2011, art. 1er)* « Agence nationale de sécurité sanitaire de l'alimentation, de l'environnement et du travail » de lui confirmer que le médicament vétérinaire de référence est ou a été autorisé, celui-ci répond à l'État qui a transmis la demande dans un délai d'un mois et lui communique la composition complète dudit médicament ainsi que toute documentation pertinente.

Art. R. 5141-22 *(Décr. n° 2008-433 du 6 mai 2008, art. 3)* Lorsqu'il est informé par le titulaire d'une autorisation de mise sur le marché délivrée au titre du 1°, 2° ou 3° de l'article R. 5141-20, avant la commercialisation du médicament vétérinaire concerné, du fait que pour tout ou partie des indications, des formes pharmaceutiques ou des dosages du médicament vétérinaire de référence les droits de propriétés *[propriété]* intellectuelle n'ont pas expiré, le directeur général de l'*(Décr. n° 2011-385 du 11 avr. 2011, art. 1er)* « Agence nationale de sécurité sanitaire de l'alimentation, de l'environnement et du travail » supprime du résumé des caractéristiques du produit du médicament vétérinaire autorisé en application du 1°, 2° ou 3° de l'article R. 5141-20, les parties faisant référence à ces indications, formes ou dosages.

Art. R. 5141-23 *(Décr. n° 2013-752 du 16 août 2013, art. 1er)* « I. – » *(Décr. n° 2008-433 du 6 mai 2008, art. 3)* « Pour l'application du 1° de l'article R. 5141-18 » *[,]* lorsqu'il est fait référence à la littérature scientifique publiée, les experts justifient le recours à cette documentation bibliographique et démontrent qu'elle satisfait aux exigences des protocoles arrêtés en application de l'article R. 5141-2 compte tenu notamment de la forme pharmaceutique et des constituants de l'excipient.

(Décr. n° 2013-752 du 16 août 2013, art. 1er) « II. — »*(Décr. n° 2008-433 du 6 mai 2008, art. 3)* « Pour l'application du 5° de l'article R. 5141-20 », lorsqu'il est fait référence à la littérature publiée et reconnue dans la tradition de la médecine homéopathique vétérinaire pratiquée en France, les experts justifient, sur la base de la documentation fournie :

— le caractère homéopathique des souches utilisées et leur utilisation traditionnelle dans l'indication revendiquée ;

— l'innocuité du médicament homéopathique vétérinaire, notamment au regard du degré de dilution de chacun des constituants.

(Décr. n° 2013-752 du 16 août 2013, art. 1er) « III. — Pour l'application du 10° de l'article R. 5141-20, lorsqu'il est fait référence à la littérature publiée et reconnue dans la tradition de la médecine phytothérapeutique vétérinaire pratiquée en France, les experts justifient sur la base de la documentation fournie :

« — l'origine végétale des substances utilisées et leur utilisation traditionnelle dans l'indication revendiquée ;

« — l'innocuité du médicament à base de substances d'origine végétale. »

Art. R. 5141-24 *Abrogé par Décr. n° 2008-433 du 6 mai 2008, art. 3.*

SOUS-SECTION 2 QUALIFICATION DES EXPERTS

Art. R. 5141-25 *(Décr. n° 2008-433 du 6 mai 2008, art. 4)* « Les experts mentionnés à l'article L. 5141-16 possèdent les qualifications et l'expérience suivantes, énoncées dans un résumé du *curriculum vitae* joint au dossier de demande d'autorisation de mise sur le marché : »

1° Pour l'expert se prononçant sur la documentation *(Décr. n° 2008-433 du 6 mai 2008, art. 4)* « pharmaceutique » : selon le cas, un diplôme permettant l'exercice de la pharmacie ou de la médecine vétérinaire, ou un diplôme dans le domaine de la chimie, de la biologie, de la microbiologie ou de la biotechnologie et une expérience pratique suffisante, soit dans la recherche et le développement, soit dans la production, soit dans le contrôle des médicaments ;

2° Pour l'expert se prononçant sur la documentation relative aux essais d'innocuité *(Décr. n° 2008-433 du 6 mai 2008, art. 4)* « et aux essais évaluant le risque pour l'environnement » : un diplôme permettant l'exercice de la pharmacie ou de la médecine vétérinaire ou un diplôme en toxicologie générale ou spécialisée et une expérience pratique suffisante dans cette discipline ;

3° Pour l'expert se prononçant sur la documentation relative à l'étude des résidus : un diplôme attestant d'une qualification générale ou spécialisée dans le domaine de la pharmacologie, de la toxicologie, de la biologie, de la chimie ou de la biochimie et une expérience pratique suffisante ;

4° Pour l'expert se prononçant sur la documentation relative aux essais précliniques : un diplôme attestant d'une qualification en pharmacologie, en toxicologie ou en biologie et une expérience pratique suffisante ;

5° Pour l'expert se prononçant sur la documentation relative aux essais cliniques : un diplôme permettant l'exercice de la médecine vétérinaire et une expérience pratique suffisante.

Les experts présentent les garanties d'honorabilité nécessaires et disposent des moyens propres à l'accomplissement des travaux d'expertise.

SOUS-SECTION 3 MODALITÉS D'AUTORISATION

Art. R. 5141-26 L'autorisation de mise sur le marché est accordée par le directeur général de l'*(Décr. n° 2011-385 du 11 avr. 2011, art. 1er)* « Agence nationale de sécurité sanitaire de l'alimentation, de l'environnement et du travail ». Elle est accompagnée du résumé des caractéristiques du produit mentionné à l'article R. 5141-15 tel qu'il est approuvé par le directeur général de l'*(Décr. n° 2011-385 du 11 avr. 2011, art. 1er)* « Agence nationale de sécurité sanitaire de l'alimentation, de l'environnement et du travail ».

L'autorisation indique, le cas échéant, si le médicament relève des dispositions de l'article L. 5143-5.

(Décr. n° 2008-433 du 6 mai 2008, art. 5) « Elle indique, le cas échéant, que le médicament ne peut être délivré qu'aux vétérinaires habilités à les *[l']* administrer selon les dispositions de l'article L. 234-2 du code rural et de la pêche maritime. »

L'autorisation peut être assortie de l'obligation de mentionner sur le conditionnement primaire ou sur le conditionnement extérieur ainsi que sur la notice des mentions essentielles pour la sécurité ou pour la protection de la santé, notamment des précautions particulières d'emploi.

Art. R. 5141-27 *(Décr. n° 2008-433 du 6 mai 2008, art. 5)* Lors de l'instruction des demandes d'autorisation de mise sur le marché, le directeur général de l'*(Décr. n° 2011-385 du 11 avr. 2011, art. 1er)* « Agence nationale de sécurité sanitaire de l'alimentation, de l'environnement et du travail » peut ordonner toute mesure d'instruction qu'il juge nécessaire et notamment :

1° Faire procéder à toute enquête relative à la fabrication du médicament ;

2° Consulter les experts qui ont été choisis pour effectuer les essais en vue de la constitution du dossier de demande d'autorisation de mise sur le marché ;

3° Recueillir l'avis d'experts désignés par lui ;

4° Désigner des rapporteurs qui s'assurent de la régularité des demandes par rapport aux dispositions du présent code ;

5° Soumettre le médicament et, si nécessaire, ses matières premières, ses produits intermédiaires ou autres constituants, au contrôle de l'*(Décr. n° 2011-385 du 11 avr. 2011, art. 1er)* « Agence nationale de sécurité sanitaire de l'alimentation, de l'environnement et du travail » ou d'un laboratoire qu'elle désigne, permettant de s'assurer que les méthodes de contrôles utilisées par le fabricant et décrites dans le dossier de demande d'autorisation de mise sur le marché sont satisfaisantes. Il procède, le cas échéant, au contrôle de la méthode analytique proposée par le demandeur pour le dépistage des résidus ;

6° Requérir du demandeur une information complémentaire nécessaire à l'instruction de la demande. Le délai prévu à l'article R. 5141-28 est alors suspendu jusqu'à la réception des éléments demandés.

Art. R. 5141-28 Le directeur général de l'*(Décr. n° 2011-385 du 11 avr. 2011, art. 1er)* « Agence nationale de sécurité sanitaire de l'alimentation, de l'environnement et du travail » se prononce dans un délai de deux cent dix jours à compter de la présentation d'un dossier de demande complet.

Le silence gardé par le directeur général vaut refus d'autorisation à l'expiration d'un délai de deux cent dix jours à compter de la présentation d'un tel dossier.

(Décr. n° 2008-433 du 6 mai 2008, art. 5 ; Décr. n° 2009-729 du 18 juin 2009, art. 4) « Le directeur général établit un rapport d'évaluation relatif aux résultats des essais pharmaceutiques, non cliniques et cliniques du médicament vétérinaire concerné. Le rapport d'évaluation est mis à jour par le directeur général dès que de nouvelles informations qui s'avèrent importantes pour l'évaluation de la qualité, de la sécurité et de l'efficacité du médicament vétérinaire concerné sont disponibles. »

Art. R. 5141-29 *(Décr. n° 2008-433 du 6 mai 2008, art. 5)* Les obligations spécifiques pouvant être imposées en application du 1° de l'article L. 5141-5-1 sont notamment les suivantes :

1° Le demandeur doit mener à terme un programme d'essais dans un délai fixé par l'*(Décr. n° 2011-385 du 11 avr. 2011, art. 1er)* « Agence nationale de sécurité sanitaire de l'alimentation, de l'environnement et du travail », dont les résultats serviront à une réévaluation du rapport entre les bénéfices et les risques liés à l'utilisation du médicament vétérinaire ;

2° Le médicament vétérinaire en question ne doit pouvoir être délivré que sur prescription et être administré sous la responsabilité du vétérinaire ;

3° La notice et toute information médicale doivent attirer l'attention du vétérinaire sur le fait que, sous certains aspects nommément désignés, il n'existe pas encore suffisamment de renseignements sur le médicament vétérinaire en question.

Ces obligations et leurs délais d'exécution sont rendus publics.

Art. R. 5141-30 à R. 5141-33 *Abrogés par Décr. nº 2008-117 du 7 févr. 2008, art. 3.*

Art. R. 5141-34 *(Décr. nº 2008-433 du 6 mai 2008, art. 5)* Le titulaire transmet sans délai au directeur général de l'*(Décr. nº 2011-385 du 11 avr. 2011, art. 1er)* « Agence nationale de sécurité sanitaire de l'alimentation, de l'environnement et du travail », y compris pendant l'instruction du dossier, en en signalant la portée, toute donnée nouvelle dont il dispose ou a connaissance notamment les résultats d'études ou d'essais, effectués dans ou en dehors de *(Décr. nº 2013-752 du 16 août 2013, art. 1er)* « l'Union européenne » qui pourrait entraîner une modification de l'évaluation du rapport entre les bénéfices et les risques liés à l'utilisation du médicament vétérinaire.

Il communique également à l'agence toute interdiction ou restriction décidée par les autorités compétentes des pays dans lesquels le médicament est mis sur le marché.

Après délivrance de l'autorisation de mise sur le marché, les méthodes de fabrication et les techniques de contrôle mentionnées dans le dossier pharmaceutique sont modifiées en fonction des progrès techniques et scientifiques dans les conditions *(Décr. nº 2015-709 du 22 juin 2015, art. 5-II)* « fixées par le règlement (CE) nº 1234/2008 de la Commission du 28 novembre 2008 concernant l'examen des modifications des termes d'une autorisation de mise sur le marché de médicaments à usage humain et de médicaments vétérinaires. »

Art. R. 5141-34-1 *(Décr. nº 2008-433 du 6 mai 2008, art. 5)* A la demande du directeur général de l'*(Décr. nº 2011-385 du 11 avr. 2011, art. 1er)* « Agence nationale de sécurité sanitaire de l'alimentation, de l'environnement et du travail », le titulaire de l'autorisation de mise sur le marché examine et, le cas échéant, modifie en fonction des progrès techniques et scientifiques les méthodes d'analyse pour le dépistage des résidus. Il fournit les substances nécessaires et en quantité *[quantités]* suffisantes pour mettre en œuvre les contrôles visant à déceler la présence de résidus des médicaments vétérinaires concernés.

En outre, afin de pouvoir évaluer en permanence le rapport entre les bénéfices et les risques liés à l'utilisation du médicament vétérinaire, le directeur général de l'*(Décr. nº 2011-385 du 11 avr. 2011, art. 1er)* « Agence nationale de sécurité sanitaire de l'alimentation, de l'environnement et du travail » peut à tout moment demander au titulaire de l'autorisation de mise sur le marché de transmettre des données démontrant que ce rapport demeure favorable.

Art. R. 5141-35 *(Décr. nº 2015-709 du 22 juin 2015, art. 5-III)* Lorsqu'un médicament a obtenu une première autorisation de mise sur le marché conformément à l'article L. 5141-5, sont également soumises à autorisation toute modification ou toute extension, telles que prévues au chapitre Ier du règlement (CE) nº 1234/2008 de la Commission du 28 novembre 2008 concernant l'examen des modifications des termes d'une autorisation de mise sur le marché de médicaments à usage humain et de médicaments vétérinaires.

Toutes ces autorisations sont considérées comme faisant partie d'une même autorisation globale, notamment aux fins de l'application de l'article L. 5141-5-4 et des 1º, 2º et 3º de l'article R. 5141-20.

Les modifications et les extensions d'une autorisation de mise sur le marché sont présentées et instruites dans les conditions fixées par le règlement mentionné au premier alinéa, à l'exception du changement de titulaire d'une autorisation de mise sur le marché qui est autorisé dans les conditions prévues à l'article R. 5141-40.

Art. R. 5141-36 *(Décr. nº 2015-709 du 22 juin 2015, art. 5-IV)* Pour l'application de l'article L. 5141-5, sont considérées comme des modifications substantielles les modifications de type II et les extensions telles que définies aux 3º et 4º de l'article 2 du règlement (CE) nº 1234/2008 de la Commission du 28 novembre 2008 concernant l'examen des modifications des termes d'une autorisation de mise sur le marché de médicaments à usage humain et de médicaments vétérinaires.

Art. R. 5141-37 *(Décr. nº 2011-1027 du 26 août 2011, art. 1er-4º)* Dans le cas où une modification de la classification ou de la limite maximale de résidus d'une substance pharmacologiquement active intervient en application du règlement (CE) nº 470/2009 du Parlement européen et du Conseil du 6 mai 2009 établissant des procédures communautaires pour la fixation des limites de résidus des substances pharmacologiquement actives dans les aliments d'origine animale, le titulaire de l'autorisation de mise sur le marché sollicite, si nécessaire, la modification de cette autorisation, après la publication au *Journal officiel de l'Union européenne* de la modification de la classification ou de la limite maximale de résidus. A défaut, le directeur général de l'Agence nationale de sécurité sanitaire de l'alimentation, de l'environnement et du travail prend toutes les mesures nécessaires en vue de la modification de l'autorisation de mise sur le marché ou de sa suppression dans les soixante jours qui suivent cette publication.

Art. R. 5141-38 *(Décr. n° 2008-433 du 6 mai 2008, art. 5)* Le titulaire de l'autorisation de mise sur le marché soumet au directeur général de l'*(Décr. n° 2011-385 du 11 avr. 2011, art. 1er)* « Agence nationale de sécurité sanitaire de l'alimentation, de l'environnement et du travail » tout projet de modification d'un élément relatif à l'étiquetage ou à la notice, autre que les modifications du résumé des caractéristiques du produit.

Si le directeur général de l'agence ne s'est pas prononcé dans un délai de trente jours à compter de la date de présentation de la demande, le demandeur peut procéder à la mise en œuvre des modifications.

Art. R. 5141-39 *(Décr. n° 2008-433 du 6 mai 2008, art. 5)* L'autorisation de mise sur le marché est renouvelable sur demande du titulaire adressée au directeur général de l'*(Décr. n° 2011-385 du 11 avr. 2011, art. 1er)* « Agence nationale de sécurité sanitaire de l'alimentation, de l'environnement et du travail » au plus tard six mois avant sa date d'expiration.

La demande de renouvellement est accompagnée de la liste récapitulative des documents présentés relatifs à la qualité, à la sécurité et à l'efficacité comprenant toutes les modifications autorisées depuis la délivrance de l'autorisation initiale ou du dernier renouvellement. L'*(Décr. n° 2011-385 du 11 avr. 2011, art. 1er)* « Agence nationale de sécurité sanitaire de l'alimentation, de l'environnement et du travail » peut à tout moment demander la communication des documents mentionnés dans cette liste ;

L'autorisation n'est pas renouvelée si le rapport entre les bénéfices et les risques liés à l'utilisation du médicament vétérinaire évalué par le directeur général de l'agence n'est plus favorable.

Si aucune décision n'est notifiée ou si aucune demande de justification complémentaire n'est adressée au demandeur dans un délai de trois mois suivant la réception de sa demande, l'autorisation est considérée comme renouvelée à l'expiration de ce délai.

Une fois renouvelée, l'autorisation de mise sur le marché est délivrée sans limitation de durée. Toutefois, l'agence peut, à l'occasion du renouvellement, décider, pour des raisons relatives à la pharmacovigilance, que cette autorisation doit faire l'objet d'un renouvellement supplémentaire. Celui-ci est alors délivré pour une durée de cinq ans. A l'issue de ce délai, le titulaire demande le renouvellement de l'autorisation de mise sur le marché dans les conditions prévues au présent article.

Art. R. 5141-39-1 *(Décr. n° 2008-433 du 6 mai 2008, art. 5)* L'autorisation de mise sur le marché délivrée par l'*(Décr. n° 2011-385 du 11 avr. 2011, art. 1er)* « Agence nationale de sécurité sanitaire de l'alimentation, de l'environnement et du travail » devient caduque s'il apparaît :

1° Qu'elle n'est pas suivie d'une mise sur le marché du médicament vétérinaire sur le territoire national dans les trois années qui suivent sa délivrance ;

2° Que le médicament vétérinaire, précédemment mis sur le marché sur le territoire national, n'est plus sur le marché pendant trois années consécutives.

La période est décomptée à partir de la date de délivrance de l'autorisation de mise sur le marché ;

Une dérogation à ces dispositions peut être accordée par l'agence à titre exceptionnel, soit pour des raisons de santé publique, soit lorsque le médicament ne peut légalement être commercialisé pendant la période considérée, soit lorsque le médicament est exclusivement destiné à l'exportation vers un État non membre de *(Décr. n° 2013-752 du 16 août 2013, art. 1er)* « l'Union européenne ».

Art. R. 5141-40 *(Décr. n° 2008-433 du 6 mai 2008, art. 5)* Le changement du titulaire de l'autorisation de mise sur le marché est subordonné à une autorisation du directeur général de l'*(Décr. n° 2011-385 du 11 avr. 2011, art. 1er)* « Agence nationale de sécurité sanitaire de l'alimentation, de l'environnement et du travail ».

En vue d'obtenir cette autorisation, le titulaire de l'autorisation de mise sur le marché adresse un dossier comprenant, outre le résumé des caractéristiques du produit, les projets de conditionnements extérieurs et primaires et, s'il y a lieu, de notice :

1° Le nom du médicament vétérinaire concerné et son numéro actuel d'autorisation de mise sur le marché ;

2° L'identification du futur titulaire ;

3° Un document établissant que le dossier complet et à jour du médicament concerné, ou une copie, est transféré au futur titulaire ;

4° L'engagement du pharmacien ou vétérinaire responsable de l'entreprise assurant la fabrication de se soumettre à l'ensemble des conditions auxquelles a été subordonnée l'autorisation de mise sur le marché et, notamment, de respecter les méthodes de fabrication et de contrôle ;

5° La description du dispositif de pharmacovigilance que le futur titulaire envisage de mettre en place.

Dans le cas de fusion ou d'apport partiel d'actif, les sociétés intéressées peuvent déposer une demande de transfert des autorisations de mise sur le marché avant que la fusion ou l'apport ne soit définitivement réalisé. Elles fournissent, à l'appui de leur demande, le protocole d'accord de principe concernant la fusion ou l'apport. Le transfert est accordé sous la condition suspensive de sa réalisation définitive qui est notifiée au directeur général de l'*(Décr. n° 2011-385 du 11 avr. 2011, art. 1er)* « Agence nationale de sécurité sanitaire de l'alimentation, de l'environnement et du travail ».

Le directeur général de l'*(Décr. n° 2011-385 du 11 avr. 2011, art. 1er)* « Agence nationale de sécurité sanitaire de l'alimentation, de l'environnement et du travail » se prononce dans un délai de soixante jours à compter de la date de réception de la demande complète. Le silence du directeur général vaut autorisation à l'expiration de ce délai.

Art. R. 5141-41 *(Décr. n° 2008-433 du 6 mai 2008, art. 5)* Le directeur général de l'*(Décr. n° 2011-385 du 11 avr. 2011, art. 1er)* « Agence nationale de sécurité sanitaire de l'alimentation, de l'environnement et du travail » peut modifier d'office une autorisation de mise sur le marché d'un médicament vétérinaire pour en restreindre les indications, en limiter les conditions de délivrance, en modifier la posologie, ajouter une contre-indication ou toute autre mesure préventive lorsqu'il apparaît :

1° Soit, notamment à la suite de l'évaluation des données mentionnées à l'article R. 5141-90, que le médicament ne satisfait plus aux conditions mentionnées à l'article L. 5141-6 ;

2° Soit qu'il est nécessaire de la mettre à jour en fonction des connaissances scientifiques, dans l'intérêt de la santé animale ou pour tout autre motif de santé publique, et, le cas échéant, à la demande du ministre chargé de l'agriculture ou du ministre chargé de la santé ;

3° Soit qu'il est nécessaire de la mettre en conformité avec une décision prise dans le cadre des procédures mentionnées à la sous-section 3 *bis* de la présente section.

Art. R. 5141-42 *(Décr. n° 2008-433 du 6 mai 2008, art. 5)* Le directeur général de l'*(Décr. n° 2011-385 du 11 avr. 2011, art. 1er)* « Agence nationale de sécurité sanitaire de l'alimentation, de l'environnement et du travail » peut également suspendre, pour une période ne pouvant pas excéder un an, ou supprimer une autorisation de mise sur le marché d'un médicament vétérinaire lorsqu'il apparaît, notamment à la suite de l'évaluation des données mentionnées à l'article R. 5141-90, que le médicament ne satisfait plus aux conditions mentionnées à l'article L. 5141-6.

Dans le cas où le médicament vétérinaire ne respecte pas les conditions mentionnées au 5° de l'article L. 5141-6, la décision de suspension ou de suppression de l'autorisation de mise sur le marché ne peut être prise que si son titulaire, mis en demeure de régulariser la situation du médicament, n'a pas donné suite à cette mise en demeure dans le délai fixé par le directeur général de l'agence.

Art. R. 5141-43 *Abrogé par Décr. n° 2008-433 du 6 mai 2008, art. 5.*

Art. R. 5141-44 La décision de suspension, de suppression ou de modification d'office est motivée et indique les voies et délais de recours. Sauf en cas d'urgence, la décision ne peut intervenir qu'après que le titulaire de l'autorisation de mise sur le marché a été invité à présenter ses observations.

Lorsque l'autorisation est suspendue, supprimée ou modifiée d'office, le titulaire informe les détenteurs de stocks afin que ceux-ci puissent prendre les dispositions utiles pour faire cesser la distribution du médicament vétérinaire concerné. Si ces dispositions n'interviennent pas dans des délais compatibles avec l'intérêt de la santé publique, le directeur général de l'*(Décr. n° 2011-385 du 11 avr. 2011, art. 1er)* « Agence nationale de sécurité sanitaire de l'alimentation, de l'environnement et du travail » prend les mesures appropriées.

Art. R. 5141-45 Indépendamment des décisions de suspension, de modification d'office et de suppression et à titre conservatoire, le directeur général de l'*(Décr. n° 2011-385 du 11 avr. 2011, art. 1er)* « Agence nationale de sécurité sanitaire de l'alimentation, de l'environnement et du travail » peut interdire la délivrance de certains lots de médicaments vétérinaires autorisés qui font l'objet de contestation et demander au titulaire de l'autorisation de procéder au rappel de ces lots.

Art. R. 5141-46 *Abrogé par Décr. n° 2008-433 du 6 mai 2008, art. 5.*

Art. R. 5141-47 Les décisions d'octroi, de modification d'office, de refus, de renouvellement et de suppression d'autorisation de mise sur le marché *(Décr. n° 2008-433 du 6 mai 2008, art. 5)* « soumises à la procédure nationale » sont prises *(Décr. n° 2013-757 du 19 août 2013, art. 1er)* « selon les modalités fixées à l'article R. 5141-27 relatives à l'instruction de ces demandes ».

Elles ne peuvent faire l'objet d'un recours contentieux qu'après l'exercice d'un recours gracieux *(Décr. n° 2016-1506 du 8 nov. 2016, art. 2)* « auprès du » directeur général de l'agence.

Les décisions d'octroi, de modification d'office, de suspension et de suppression d'autorisation de mise sur le marché sont rendues publiques *(Décr. n° 2016-1506 du 8 nov. 2016, art. 2)* « par extrait » sur le site internet de l'*(Décr. n° 2011-385 du 11 avr. 2011, art. 1er)* « Agence nationale de sécurité sanitaire de l'alimentation, de l'environnement et du travail », accompagnées du résumé des caractéristiques du produit correspondant et du rapport de synthèse de l'évaluation effectuée, mentionné à l'article R. 5141-28, comprenant les motifs justifiant la décision, à l'exclusion de toute information présentant un caractère de confidentialité industrielle ou commerciale. »

SOUS-SECTION 3 *BIS* PROCÉDURE DE RECONNAISSANCE MUTUELLE ET PROCÉDURE DÉCENTRALISÉE

(Décr. n° 2008-117 du 7 févr. 2008, art. 2)

§ 1er DISPOSITIONS GÉNÉRALES

Art. R. 5141-47-1 Pour obtenir une autorisation de mise sur le marché d'un médicament qui ne relève pas de la procédure d'autorisation de mise sur le marché délivrée par la Commission européenne en application du règlement (CE) n° 726/2004 du Parlement européen et du Conseil du 31 mars 2004, dans plus d'un État membre de *(Décr. n° 2013-752 du 16 août 2013, art. 1er-6°, en vigueur le 1er févr. 2014)* « l'Union européenne », le demandeur se soumet à l'une des deux procédures prévues par la présente sous-section :

– soit la procédure de reconnaissance mutuelle lorsqu'une autorisation de mise sur le marché a déjà été délivrée pour ce médicament dans un de ces États ;

– soit la procédure décentralisée si le médicament n'est autorisé dans aucun d'entre eux.

Toute demande introduite en application de l'une de ces procédures comporte la liste des États concernés ainsi qu'une attestation certifiant que les dossiers déposés dans chacun de ces État sont identiques.

Toute demande de modification d'une autorisation de mise sur le marché délivrée en application de l'une de ces procédures est soumise par le titulaire à tous les États qui ont autorisé le médicament concerné. Ces demandes de modification sont examinées conformément aux dispositions du *(Décr. n° 2015-709 du 22 juin 2015, art. 6)* « règlement (CE) n° 1234/2008 de la Commission du 28 novembre 2008 concernant l'exa-

men des modifications des termes d'une autorisation de mise sur le marché de médicaments à usage humain et de médicaments vétérinaires. »

§ 2 PROCÉDURE DE RECONNAISSANCE MUTUELLE

Art. R. 5141-47-2 Pour obtenir la reconnaissance, par au moins un autre État membre de *(Décr. nº 2013-752 du 16 août 2013, art. 1er-6º, en vigueur le 1er févr. 2014)* « l'Union européenne », d'une autorisation de mise sur le marché délivrée par le directeur général de l'*(Décr. nº 2011-385 du 11 avr. 2011, art. 1er)* « Agence nationale de sécurité sanitaire de l'alimentation, de l'environnement et du travail », la France agissant alors comme État de référence, le titulaire de cette autorisation demande à ce dernier de mettre à jour ou d'élaborer le rapport d'évaluation du médicament vétérinaire ; il lui transmet les éventuels compléments au dossier dont le directeur général de l'agence dispose.

Le directeur général de l'agence transmet ce rapport d'évaluation, accompagné du résumé des caractéristiques du produit, de l'étiquetage et de la notice, aux États concernés et au titulaire de l'autorisation de mise sur le marché dans un délai de quatre-vingt-dix jours à compter de la réception du dossier complet :

1º En cas d'approbation de ces documents par chacun des États concernés dans un délai de quatre-vingt-dix jours, le directeur général de l'agence notifie l'accord à ces États et au titulaire de l'autorisation de mise sur le marché ;

2º A défaut d'accord dans le délai mentionné au 1º, le directeur général de l'agence saisit le groupe de coordination mentionné à l'article 31 de la directive 2001/82/CE du Parlement européen et du Conseil.

Art. R. 5141-47-3 Pour obtenir la reconnaissance en France d'une autorisation de mise sur le marché délivrée par un autre État, dit État de référence, membre de *(Décr. nº 2013-752 du 16 août 2013, art. 1er-6º, en vigueur le 1er févr. 2014)* « l'Union européenne », le titulaire de cette autorisation adresse une demande d'autorisation de mise sur le marché au directeur général de l'*(Décr. nº 2011-385 du 11 avr. 2011, art. 1er)* « Agence nationale de sécurité sanitaire de l'alimentation, de l'environnement et du travail ».

A compter de la réception du rapport d'évaluation du médicament, accompagné du résumé des caractéristiques du produit, de l'étiquetage et de la notice, transmis par l'État de référence, le directeur général de l'agence dispose d'un délai de quatre-vingt-dix jours pour se prononcer :

1º Si le directeur général de l'agence approuve ces documents, il en informe l'État de référence. En cas d'accord entre tous les États concernés, notifié par l'État de référence, il délivre une autorisation de mise sur le marché en conformité avec le rapport d'évaluation ainsi approuvé dans un délai de trente jours à compter de la réception de cette notification ;

2º Si le directeur général de l'agence n'approuve pas ces documents parce qu'il estime que le médicament concerné présente un risque potentiel grave pour la santé humaine ou animale ou pour l'environnement, il fait immédiatement connaître son opposition motivée à l'État de référence, aux autres États concernés, au demandeur et au groupe de coordination mentionné à l'article 31 de la directive 2001/82/CE du Parlement européen et du Conseil.

En outre, si le directeur général de l'*(Décr. nº 2011-385 du 11 avr. 2011, art. 1er)* « Agence nationale de sécurité sanitaire de l'alimentation, de l'environnement et du travail » estime que le médicament vétérinaire en cause entre dans les catégories définies à l'article L. 5142-5-1, il informe l'État de référence ainsi que les autres États concernés qu'il ne participe plus à la procédure en cours.

§ 3 PROCÉDURE DÉCENTRALISÉE

Art. R. 5141-47-4 Pour obtenir une autorisation de mise sur le marché en France et dans au moins un autre État membre de *(Décr. nº 2013-752 du 16 août 2013, art. 1er)* « l'Union européenne », pour un médicament vétérinaire ne disposant d'aucune autorisation dans *(Décr. nº 2013-752 du 16 août 2013, art. 1er)* « l'Union européenne », le demandeur adresse une demande d'autorisation de mise sur le marché au directeur général de l'*(Décr. n° 2011-385 du 11 avr. 2011, art. 1er)* « Agence nationale de sécurité sanitaire de l'alimentation, de l'environnement et du travail ».

1° Si le demandeur désigne la France comme État de référence, la demande est instruite dans les conditions prévues à l'article R. 5141-27. Le directeur général de l'agence transmet aux États concernés et au demandeur un projet de rapport d'évaluation du médicament, le cas échéant défavorable, accompagné de projets de résumé des caractéristiques du produit, d'étiquetage et de notice, dans un délai de cent vingt jours à compter de la réception du dossier complet.

En cas d'approbation de ces documents par chacun des États concernés dans un délai de quatre-vingt-dix jours, le directeur général de l'agence notifie l'accord à ces États et au demandeur. En conformité avec le rapport d'évaluation ainsi approuvé, il délivre ou refuse l'autorisation de mise sur le marché dans un délai de trente jours à compter de cette notification.

A défaut d'accord entre les États concernés dans le délai de quatre-vingt-dix jours mentionné à l'alinéa précédent, le directeur général de l'agence saisit le groupe de coordination mentionné à l'article 31 de la directive 2001/82/CE du Parlement européen et du Conseil ;

2° Si le demandeur désigne un autre État membre de *(Décr. n° 2013-752 du 16 août 2013, art. 1er-6°, en vigueur le 1er févr. 2014)* « l'Union européenne » comme État de référence, le directeur général de l'agence dispose, à compter de la réception du projet de rapport d'évaluation, accompagné des projets de résumé des caractéristiques du produit, d'étiquetage et de notice transmis par l'État de référence, d'un délai de quatre-vingt-dix jours pour se prononcer.

Si le directeur général de l'agence approuve ces documents, il en informe l'État de référence. En cas d'accord entre tous les États concernés, notifié par l'État de référence, il délivre ou refuse une autorisation de mise sur le marché en conformité avec le rapport d'évaluation ainsi approuvé dans un délai de trente jours à compter de la réception de la notification.

Si le directeur général de l'agence n'approuve pas ces documents parce qu'il estime que le médicament vétérinaire concerné présente un risque potentiel grave pour la santé humaine ou animale ou pour l'environnement, il fait immédiatement connaître son opposition motivée à l'État de référence, aux autres États concernés, au demandeur et au groupe de coordination.

En outre, si le directeur général de l'*(Décr. n° 2011-385 du 11 avr. 2011, art. 1er)* « Agence nationale de sécurité sanitaire de l'alimentation, de l'environnement et du travail » estime que le médicament vétérinaire en cause entre dans les catégories définies à l'article L. 5142-5-1, il informe l'État de référence ainsi que les autres États concernés qu'il ne participe plus à la procédure en cours.

§ 4 DISPOSITIONS COMMUNES AUX DEUX PROCÉDURES

Art. R. 5141-47-5 En cas d'accord au sein du groupe de coordination, saisi par le directeur général de l'*(Décr. n° 2011-385 du 11 avr. 2011, art. 1er)* « Agence nationale de sécurité sanitaire de l'alimentation, de l'environnement et du travail » ou par un autre État :

1° Dans le cas prévu à l'article R. 5141-47-2, le directeur général de l'agence notifie l'accord aux États concernés et au titulaire. Conformément au rapport d'évaluation ainsi approuvé, il modifie ou retire, le cas échéant, l'autorisation de mise sur le marché dans un délai de trente jours suivant cette notification ;

2° Dans le cas prévu au 1° de l'article R. 5141-47-4, le directeur général de l'agence notifie l'accord aux États concernés et au demandeur. Conformément au rapport d'évaluation ainsi approuvé, il délivre ou refuse l'autorisation de mise sur le marché dans un délai de trente jours suivant cette notification ;

3° Dans les cas prévus à l'article R. 5141-47-3 et au 2° de l'article R. 5141-47-4, le directeur général de l'agence délivre ou refuse l'autorisation de mise sur le marché en conformité avec le rapport d'évaluation ainsi approuvé dans un délai de trente jours à compter de la notification de l'accord par l'État de référence.

Art. R. 5141-47-6 A défaut d'accord au sein du groupe de coordination, la procédure d'arbitrage communautaire prévue aux articles 36 à 38 de la directive 2001/82/CE du

Parlement européen et du Conseil s'applique. Lorsque la France est État de référence, il appartient au directeur général de l'*(Décr. n° 2011-385 du 11 avr. 2011, art. 1er)* « Agence nationale de sécurité sanitaire de l'alimentation, de l'environnement et du travail » de déclencher cette procédure en informant l'Agence européenne des médicaments de ce désaccord.

Le directeur général de l'agence délivre, refuse, modifie ou retire l'autorisation de mise sur le marché du médicament vétérinaire concerné conformément à la décision prise par la Commission européenne à l'issue de cette procédure dans un délai de trente jours.

Dans l'attente de la décision de la Commission européenne, le directeur général de l'agence peut, sur requête du demandeur, délivrer une autorisation de mise sur le marché. Après l'intervention de cette décision, l'autorisation est, si nécessaire, modifiée ou retirée dans les conditions prévues à l'alinéa précédent.

Art. R. 5141-47-7 A l'issue des procédures prévues par la présente sous-section, la délivrance ou la modification, par le directeur général de l'*(Décr. n° 2011-385 du 11 avr. 2011, art. 1er)* « Agence nationale de sécurité sanitaire de l'alimentation, de l'environnement et du travail », de l'autorisation de mise sur le marché intervient dans un délai de trente jours après la notification de l'accord par l'État de référence ou par la Commission européenne, sous réserve de la fourniture, par le demandeur, d'une traduction en français du résumé des caractéristiques du produit, de la notice et de l'étiquetage du médicament vétérinaire concerné.

(Décr. n° 2016-1506 du 8 nov. 2016, art. 2) « Les décisions d'octroi, de modification d'office, de suspension et de suppression d'autorisation de mise sur le marché sont rendues publiques, par extrait, sur le site internet de l'Agence nationale de sécurité sanitaire de l'alimentation, de l'environnement et du travail accompagnées du résumé des caractéristiques du produit correspondant et du rapport de synthèse de l'évaluation effectuée, mentionné à l'article R. 5141-28, comprenant les motifs justifiant la décision, à l'exclusion de toute information présentant un caractère de confidentialité industrielle ou commerciale. »

Art. R. 5141-47-8 Les articles R. 5141-47-1 à R. 5141-47-5 sont applicables aux médicaments homéopathiques vétérinaires soumis à l'enregistrement mentionné à l'article L. 5141-9.

La présente sous-section n'est pas applicable aux médicaments homéopathiques vétérinaires destinés à être administrés à des animaux dont la chair ou les produits ne sont pas destinés à la consommation humaine et qui font l'objet d'une autorisation de mise sur le marché mentionnée à l'article L. 5141-5.

§ 5 AUTRES APPLICATIONS DE LA PROCÉDURE D'ARBITRAGE COMMUNAUTAIRE

Art. R. 5141-47-9 Le directeur général de l'*(Décr. n° 2011-385 du 11 avr. 2011, art. 1er)* « Agence nationale de sécurité sanitaire de l'alimentation, de l'environnement et du travail » ou le demandeur de l'autorisation de mise sur le marché peuvent saisir l'Agence européenne des médicaments en vue de l'application de la procédure d'arbitrage communautaire prévue aux articles 36 à 38 de la directive 2001/82/CE du Parlement européen et du Conseil lorsqu'un médicament vétérinaire a fait l'objet, de la part d'États membres de *(Décr. n° 2013-752 du 16 août 2013, art. 1er)* « l'Union européenne », de décisions divergentes concernant l'autorisation, sa modification, sa suspension ou son retrait.

Art. R. 5141-47-10 Dans des cas particuliers présentant un intérêt communautaire, le directeur général de l'*(Décr. n° 2011-385 du 11 avr. 2011, art. 1er)* « Agence nationale de sécurité sanitaire de l'alimentation, de l'environnement et du travail » ou le demandeur saisissent l'Agence européenne des médicaments pour l'application de la procédure d'arbitrage communautaire avant qu'une décision ne soit prise sur la délivrance, la modification, la suspension ou le retrait de l'autorisation de mise sur le marché, notamment sur la base de données de pharmacovigilance.

Art. R. 5141-47-11 Lorsque le directeur général de l'*(Décr. n° 2011-385 du 11 avr. 2011, art. 1er)* « Agence nationale de sécurité sanitaire de l'alimentation, de l'environnement et du travail » considère que la modification, la suspension ou le retrait d'une autorisation de mise sur le marché qu'il a délivrée à l'issue d'une procédure de reconnaissance mutuelle ou décentralisée est nécessaire à la protection de la santé humaine ou animale ou de l'environnement, il en informe immédiatement l'Agence européenne des médicaments pour l'application de la procédure d'arbitrage communautaire.

Dans des cas exceptionnels, lorsque le directeur général de l'*(Décr. n° 2011-385 du 11 avr. 2011, art. 1er)* « Agence nationale de sécurité sanitaire de l'alimentation, de l'environnement et du travail » décide en urgence de suspendre ou de retirer du marché un médicament en vue de protéger la santé humaine ou animale ou l'environnement en attendant qu'une décision définitive soit prise en application de la procédure d'arbitrage communautaire, il informe la Commission européenne et les autres États membres de *(Décr. n° 2013-752 du 16 août 2013, art. 1er)* « l'Union européenne » des raisons de cette mesure au plus tard le premier jour ouvrable suivant sa décision.

Art. R. 5141-47-12 A l'issue de la procédure d'arbitrage communautaire mise en œuvre conformément aux dispositions des articles R. 5141-47-9 à R. 5141-47-11, le directeur général de l'*(Décr. n° 2011-385 du 11 avr. 2011, art. 1er)* « Agence nationale de sécurité sanitaire de l'alimentation, de l'environnement et du travail » délivre, modifie, suspend ou retire l'autorisation de mise sur le marché dans un délai de trente jours, conformément à la décision prise par la Commission européenne à l'issue de cette procédure.

SOUS-SECTION 4 ÉTUDES POST-AUTORISATION

(Décr. n° 2016-1363 du 12 oct. 2016, art. 1er)

Art. R. 5141-48 On entend par "études portant sur des médicaments vétérinaires bénéficiant déjà d'une autorisation de mise sur le marché" au sens du 6° de l'article L. 5141-16, ci-après dénommés *[dénommées]* "études post-autorisation", les études réalisées sous la responsabilité du titulaire de l'autorisation de mise sur le marché, mentionnée à l'article L. 5141-5, qui en assure la gestion, ou sous la responsabilité de l'exploitant, tel que défini à l'article R. 5142-1, et relevant d'une des catégories suivantes :

1° Les "études de surveillance après mise sur le marché" définies au 6° de l'article R. 5141-92 ;

2° Les essais d'innocuité, y compris les essais évaluant le risque pour l'environnement, l'étude des résidus et les essais précliniques, ainsi que les essais cliniques portant sur des médicaments vétérinaires bénéficiant déjà d'une autorisation de mise sur le marché et qui ne sont pas réalisés en vue d'une modification de l'autorisation de mise sur le marché.

Art. R. 5141-49 Les études post-autorisation peuvent être réalisées, pour le compte de ce titulaire et sous sa responsabilité, par une autre entreprise ou un autre organisme.

Toute étude doit faire l'objet d'un protocole validé par le responsable décrivant notamment l'objectif et la méthodologie de l'étude. A l'issue de l'étude, le responsable valide un rapport analysant notamment l'incidence sur le rapport entre les bénéfices et les risques liés au médicament, accompagné d'un résumé des résultats de l'étude.

Les modalités de réalisation de ces études ne doivent en aucun cas promouvoir l'utilisation du médicament vétérinaire.

Art. R. 5141-50 Le titulaire de l'autorisation de mise sur le marché responsable de l'étude mentionnée à l'article R. 5141-30 tient à la disposition du directeur général de l'Agence nationale de sécurité sanitaire de l'alimentation, de l'environnement et du travail le protocole de l'étude et son rapport.

SOUS-SECTION 5 DROIT PERÇU LORS D'UNE DEMANDE D'AUTORISATION

(Décr. n° 2009-1101 du 7 sept. 2009)

§ 1er PROCÉDURE NATIONALE

Art. D. 5141-55 I. — Les montants de la taxe prévue au 1° du 1 du I de l'article L. 5141-8 sont fixés comme indiqué ci-après pour les demandes d'autorisation de mise sur le marché relevant d'une procédure nationale :

1° 20 000 € pour une demande relative à un médicament vétérinaire contenant une nouvelle substance active et faisant l'objet du dossier complet mentionné à l'article R. 5141-16 et 5 000 € pour une demande présentée conjointement concernant un médicament vétérinaire contenant la même substance active nouvelle et faisant référence aux mêmes études ;

2° 14 000 € pour une demande relative à :

a) Un médicament vétérinaire contenant une substance active connue et faisant l'objet du dossier complet mentionné à l'article R. 5141-16 ;

b) Un médicament vétérinaire contenant des substances actives d'un usage vétérinaire bien établi et faisant l'objet du dossier mentionné au 1° de l'article R. 5141-18 ;

c) Un médicament vétérinaire contenant une association de substances actives connues en médecine vétérinaire mais qui n'ont pas encore été associées dans un même médicament vétérinaire et faisant l'objet du dossier mentionné au 2° de l'article R. 5141-18 ;

d) Un médicament vétérinaire qui ne répond pas à la définition du médicament générique et faisant l'objet du dossier mentionné au 2° de l'article R. 5141-20 ;

e) Un médicament biologique vétérinaire similaire et faisant l'objet du dossier mentionné au 3° de l'article R. 5141-20 ;

(Décr. n° 2015-1172 du 22 sept. 2015, art. 1er-1°-a) « *f)* Un médicament vétérinaire dans le cadre de circonstances exceptionnelles visées au 1° de l'article L. 5141-5-1 et faisant l'objet du dossier mentionné au 6° ou 9° de l'article R. 5141-20 ; »

Le montant est fixé à 5 000 € pour une demande présentée conjointement concernant un médicament vétérinaire contenant les mêmes substances actives et faisant référence aux mêmes études.

3° 10 000 € pour une demande relative à un médicament générique et faisant l'objet du dossier mentionné au 1° de l'article R. 5141-20 et 5 000 € pour une demande présentée conjointement concernant un médicament vétérinaire contenant les mêmes substances actives et faisant référence aux mêmes études ;

4° 5 000 € pour une demande relative à un médicament vétérinaire présentée avec le consentement du titulaire de l'autorisation de mise sur le marché du médicament vétérinaire original et faisant l'objet du dossier mentionné au 4° de l'article R. 5141-20.

II. — Les montants de la taxe prévue au 1° du 1 du I de l'article L. 5141-8 sont fixés comme indiqué ci-après pour les demandes d'extension d'une autorisation de mise sur le marché relevant d'une procédure nationale :

1° 14 000 € pour les demandes d'autorisation de mise sur le marché *(Décr. n° 2015-1172 du 22 sept. 2015, art. 1er-1°-b)* « telles que mentionnées au 4° de l'article 2 du règlement (CE) n° 1234/2008 concernant l'examen des modifications des termes d'une autorisation de mise sur le marché de médicaments à usage humain et de médicaments vétérinaires » et faisant l'objet du dossier mentionné au 3° de l'article R. 5141-18 ;

2° 5 000 € pour une demande présentée conjointement concernant un médicament vétérinaire contenant les mêmes substances actives et faisant référence aux mêmes études.

III. — Les montants de la taxe prévue au 1° du 1 du I de l'article L. 5141-8 sont fixés comme indiqué ci-après pour les demandes de modification d'une autorisation de mise sur le marché relevant d'une procédure nationale :

1° Modifications de type II :

a) 4 000 € pour chaque demande de modification de type II mentionnée au *(Décr. n° 2015-1172 du 22 sept. 2015, art. 1er-1°-c)* « 3° de l'article 2 du règlement (CE) n° 1234/2008 concernant l'examen des modifications des termes d'une autorisation de mise sur le marché de médicaments à usage humain et de médicaments vétérinaires » ;

b) 1 000 € pour chaque demande de modification de type II portant uniquement sur le résumé des caractéristiques du produit ;

c) 500 € pour chaque demande présentée conjointement concernant un médicament vétérinaire contenant les mêmes substances actives et faisant référence aux mêmes études.

2° Modifications de type IB :

a) 1 000 € pour chaque demande de modification de type IB mentionnée au *(Décr. n° 2015-1172 du 22 sept. 2015, art. 1er-1°-d)* « 5° de l'article 2 du règlement (CE) n° 1234/2008 concernant l'examen des modifications des termes d'une autorisation de mise sur le marché de médicaments à usage humain et de médicaments vétérinaires » ;

b) 250 € pour chaque demande présentée conjointement concernant un médicament vétérinaire contenant les mêmes substances actives et faisant référence aux mêmes études.

3° Modifications de type IA :

a) 500 € pour chaque demande de modification de type IA mentionnée au 2° de *(Décr. n° 2015-1172 du 22 sept. 2015, art. 1er-1°-e)* « l'article 2 du règlement (CE) n° 1234/2008 concernant l'examen des modifications des termes d'une autorisation de mise sur le marché de médicaments à usage humain et de médicaments vétérinaires » ;

b) 250 € pour chaque demande présentée conjointement concernant un médicament vétérinaire contenant les mêmes substances actives et faisant référence aux mêmes études.

(Décr. n° 2015-1172 du 22 sept. 2015, art. 1er-1°-f) « IV. — Les montants fixés par le présent article ne s'appliquent pas aux médicaments vétérinaires dont l'autorisation de mise sur le marché relève exclusivement d'une procédure prévue aux 2° et 3° de l'article L. 5141-5-1 et faisant l'objet du dossier mentionné au 7° ou au 8° de l'article R. 5141-20 ».

§ 2 PROCÉDURES DE RECONNAISSANCE MUTUELLE ET DÉCENTRALISÉE

Art. D. 5141-56 I. — Les montants de la taxe prévue au 1° du 1 du I de l'article L. 5141-8 sont fixés comme indiqué ci-après pour une demande d'autorisation de mise sur le marché relevant d'une procédure de reconnaissance mutuelle d'une autorisation de mise sur le marché française lorsque cette demande est déposée dans un délai d'un an suivant l'octroi de l'autorisation de mise sur le marché française :

1° 12 000 € pour une demande relative à un médicament vétérinaire contenant une nouvelle substance active et faisant l'objet du dossier complet mentionné à l'article R. 5141-16 et 3 000 € pour une demande présentée conjointement concernant un médicament vétérinaire contenant les mêmes substances actives et faisant référence aux mêmes études ;

2° 8 400 € pour une demande relative à :

a) Un médicament vétérinaire contenant une substance active connue et faisant l'objet du dossier complet mentionné à l'article R. 5141-16 ;

b) Un médicament vétérinaire contenant une substance active d'un usage vétérinaire bien établi et faisant l'objet du dossier mentionné au 1° de l'article R. 5141-18 ;

c) Un médicament vétérinaire contenant une association de substances actives connues en médecine vétérinaire mais qui n'ont pas encore été associées dans un même médicament vétérinaire et faisant l'objet du dossier mentionné au 2° de l'article R. 5141-18 ;

d) Un médicament vétérinaire qui ne répond pas à la définition du médicament générique et faisant l'objet du dossier mentionné au 2° de l'article R. 5141-20 ;

e) Un médicament biologique vétérinaire similaire et faisant l'objet du dossier mentionné au 3° de l'article R. 5141-20 ;

(Décr. n° 2015-1172 du 22 sept. 2015, art. 1er-2°-a) « *f)* Un médicament vétérinaire dans le cadre de circonstances exceptionnelles visées au 1° de l'article L. 5141-5-1 et faisant l'objet du dossier mentionné au 6° ou 9° de l'article R. 5141-20 ; »

Le montant est fixé à 3 000 € pour une demande présentée conjointement concernant un médicament vétérinaire contenant les mêmes substances actives et faisant référence aux mêmes études.

3° 6 000 € pour une demande relative à un médicament générique et faisant l'objet du dossier mentionné au 1° de l'article R. 5141-20 et 3 000 € pour une demande présentée conjointement concernant un médicament vétérinaire contenant les mêmes substances actives et faisant référence aux mêmes études ;

4° 3 000 € pour une demande relative à un médicament vétérinaire présentée avec le consentement du titulaire de l'autorisation de mise sur le marché du médicament vétérinaire original et faisant l'objet du dossier mentionné au 4° de l'article R. 5141-20.

II. — Ces montants, à l'exception des taxes sur les demandes conjointes et sur le consentement, sont doublés lorsque la demande est présentée plus d'un an après l'octroi de l'autorisation de mise sur le marché française.

III. — Lorsqu'une nouvelle demande est présentée pour un médicament ayant déjà fait l'objet d'une autorisation dans les conditions mentionnées au I du présent article, les montants de la taxe sont identiques.

IV. — Les montants de la taxe prévue au 1° du 1 du I de l'article L. 5141-8 sont fixés comme indiqué ci-après pour les demandes d'extension d'une autorisation de mise sur le marché relevant de la procédure de reconnaissance mutuelle d'une autorisation de mise sur le marché française lorsque cette demande est déposée dans un délai d'un an suivant l'octroi ou la modification de l'autorisation de mise sur le marché française :

1° 8 400 € pour une demande *(Décr. n° 2015-1172 du 22 sept. 2015, art. 1er-2°-b)* « telle que mentionnée au 4° de l'article 2 du règlement (CE) n° 1234/2008 concernant l'examen des modifications des termes d'une autorisation de mise sur le marché de médicaments à usage humain et de médicaments vétérinaires » et faisant l'objet du dossier mentionné au 3° de l'article R. 5141-18 ;

2° 3 000 € pour une demande présentée conjointement concernant un médicament vétérinaire contenant les mêmes substances actives et faisant référence aux mêmes études.

V. — Ces montants, à l'exception de la taxe sur les demandes conjointes, sont doublés lorsque la demande d'extension est présentée plus d'un an après l'octroi ou la modification de l'autorisation de mise sur le marché française.

VI. — Lorsqu'une nouvelle demande d'extension est présentée pour un médicament ayant déjà fait l'objet d'une extension dans les conditions mentionnées au IV du présent article, les montants de la taxe sont identiques aux montants mentionnés à ce IV.

VII. — Les montants de la taxe prévue au 1° du 1 du I de l'article L. 5141-8 sont fixés comme indiqué ci-après pour les demandes de modification d'une autorisation de mise sur le marché relevant de la procédure de reconnaissance mutuelle d'une autorisation de mise sur le marché française :

1° Modifications de type II :

a) 6 000 € pour chaque demande de modification de type II mentionnée au *(Décr. n° 2015-1172 du 22 sept. 2015, art. 1er-2°-c)* « 3° de l'article 2 du règlement (CE) n° 1234/2008 concernant l'examen des modifications des termes d'une autorisation de mise sur le marché de médicaments à usage humain et de médicaments vétérinaires » ;

b) 1 500 € pour chaque demande de modification de type II portant uniquement sur le résumé des caractéristiques du produit ;

c) 500 € pour une demande présentée conjointement concernant un médicament vétérinaire contenant les mêmes substances actives et faisant référence aux mêmes études.

2° Modifications de type IB :

1 500 € pour chaque demande de modification de type IB mentionnée au *(Décr. n° 2015-1172 du 22 sept. 2015, art. 1er-2°-d)* « 5° de l'article 2 du règlement (CE) n° 1234/2008 concernant l'examen des modifications des termes d'une autorisation de mise sur le marché de médicaments à usage humain et de médicaments vétérinaires » et 250 € pour chaque demande présentée conjointement concernant un médicament vétérinaire contenant les mêmes substances actives et faisant référence aux mêmes études ;

3° Modifications de type IA :

a) 750 € pour chaque demande de modification de type IA mentionnée au 2° de *(Décr. n° 2015-1172 du 22 sept. 2015, art. 1er-2°-e)* « l'article 2 du règlement (CE) n° 1234/2008 concernant l'examen des modifications des termes d'une autorisation de mise sur le marché de médicaments à usage humain et de médicaments vétérinaires » ;

b) 250 € pour chaque demande présentée conjointement concernant un médicament vétérinaire contenant les mêmes substances actives et faisant référence aux mêmes études[.]

(Décr. n° 2015-1172 du 22 sept. 2015, art. 1er-2°-f) « VIII. – Les montants fixés par le présent article ne s'appliquent pas aux médicaments vétérinaires dont l'autorisation de mise sur le marché relève exclusivement d'une procédure prévue aux 2° et 3° de l'article L. 5141-5-1 et fait l'objet du dossier mentionné au 7° ou au 8° de l'article R. 5141-20. »

Art. D. 5141-56-1 *(Décr. n° 2015-1172 du 22 sept. 2015, art. 1er-3°-a)* « I. – » Les montants de la taxe prévue au 1° du I de l'article L. 5141-8 sont fixés comme indiqué ci-après pour une demande d'autorisation de mise sur le marché relevant d'une procédure décentralisée pour laquelle l'autorité compétente française agit en tant qu'État membre de référence ;

1° 25 000 € pour une demande relative à un médicament vétérinaire contenant une nouvelle substance active et faisant l'objet du dossier complet mentionné à l'article R. 5141-16 et 10 000 € pour une demande présentée conjointement concernant un médicament vétérinaire contenant les mêmes substances actives et faisant référence aux mêmes études ;

2° 20 000 € pour une demande relative à :

a) Un médicament vétérinaire contenant une substance active connue et faisant l'objet du dossier complet mentionné à l'article R. 5141-16 ;

b) Un médicament vétérinaire contenant une substance active d'un usage vétérinaire bien établi et faisant l'objet du dossier mentionné au 1° de l'article R. 5141-18 ;

c) Un médicament vétérinaire contenant une association de substances actives connues en médecine vétérinaire mais qui n'ont pas encore été associées dans un même médicament vétérinaire et faisant l'objet du dossier mentionné au 2° de l'article R. 5141-18 ;

d) Un médicament vétérinaire qui ne répond pas à la définition du médicament générique et faisant l'objet du dossier mentionné au 2° de l'article R. 5141-20 ;

e) Un médicament biologique vétérinaire similaire et faisant l'objet du dossier mentionné au 3° de l'article R. 5141-20 ;

(Décr. n° 2015-1172 du 22 sept. 2015, art. 1er-3°-b) « *f)* Un médicament vétérinaire dans le cadre de circonstances exceptionnelles visées au 1° de l'article L. 5141-5-1 et faisant l'objet du dossier mentionné au 6° ou 9° de l'article R. 5141-20 ; »

Le montant est fixé à 10 000 € pour une demande présentée conjointement concernant un médicament vétérinaire contenant les mêmes substances actives et faisant référence aux mêmes études.

3° 12 500 € pour une demande relative à un médicament générique et faisant l'objet du dossier mentionné au 1° de l'article R. 5141-20 et 10 000 € pour une demande présentée conjointement concernant un médicament vétérinaire contenant les mêmes substances actives et faisant référence aux mêmes études ;

4° 10 000 € pour une demande relative à un médicament vétérinaire présentée avec le consentement du titulaire de l'autorisation de mise sur le marché du médicament vétérinaire original et faisant l'objet du dossier mentionné au 4° de l'article R. 5141-20.

(Décr. n° 2015-1172 du 22 sept. 2015, art. 1er-3°-c) « II. – Les montants de la taxe prévue au 1° du 1 du I de l'article L. 5141-8 sont fixés comme indiqué ci-après pour les demandes d'extension d'une autorisation de mise sur le marché relevant de la procédure décentralisée et pour laquelle l'autorité compétente française agit en tant qu'État membre de référence :

« 1° 20 000 € pour les demandes mentionnées au 4° de l'article 2 du règlement (CE) n° *1234/2008* concernant *l'examen* des modifications des termes d'une autorisation de mise sur le marché de médicaments à usage humain et de médicaments vétérinaires et faisant l'objet du dossier mentionné au 3° de l'article R. 5141-18 ;

« 2° 10 000 € pour une demande présentée conjointement concernant un médicament vétérinaire contenant les mêmes substances actives et faisant référence aux mêmes études.

« III. – Les montants de la taxe prévue au 1° du 1 du I de l'article L. 5141-8 pour les modifications d'une autorisation de mise sur le marché relevant de la procédure décentralisée et pour laquelle l'autorité compétente française agit en tant qu'État membre de référence sont ceux mentionnés au VII de l'article D. 5141-56.

« IV. – Les montants fixés par le présent article ne s'appliquent pas aux médicaments vétérinaires dont l'autorisation de mise sur le marché relève exclusivement d'une procédure prévue aux 2° et 3° de l'article L. 5141-5-1 et faisant l'objet du dossier mentionné au 7° ou au 8° de l'article R. 5141-20. »

Art. D. 5141-57 I. – Les montants de la taxe prévue au 1° du 1 du I de l'article L. 5141-8 sont fixés comme indiqué ci-après pour les demandes d'autorisation de mise sur le marché relevant d'une procédure de reconnaissance mutuelle par la France d'une autorisation de mise sur le marché délivrée par un autre État membre ou d'une procédure décentralisée pour laquelle l'autorité compétente française agit en tant qu'État membre concerné :

1° 11 000 € pour une demande relative à un médicament vétérinaire contenant une nouvelle substance active et faisant l'objet du dossier complet mentionné à l'article R. 5141-16 et 2 750 € pour une demande présentée conjointement concernant un médicament vétérinaire contenant les mêmes substances actives et faisant référence aux mêmes études ;

2° 7 700 € pour une demande relative à :

a) Un médicament vétérinaire contenant une substance active connue et faisant l'objet du dossier complet mentionné à l'article R. 5141-16 ;

b) Un médicament vétérinaire contenant des substances actives d'un usage vétérinaire bien établi et faisant l'objet du dossier mentionné au 1° de l'article R. 5141-18 ;

c) Un médicament vétérinaire contenant une association de substances actives connues en médecine vétérinaire mais qui n'ont pas encore été associées dans un même médicament vétérinaire et faisant l'objet du dossier mentionné au 2° de l'article R. 5141-18 ;

d) Un médicament vétérinaire qui ne répond pas à la définition du médicament générique et faisant l'objet du dossier mentionné au 2° de l'article R. 5141-20 ;

e) Un médicament biologique vétérinaire similaire et faisant l'objet du dossier mentionné au 3° de l'article R. 5141-20 ;

(Décr. n° 2015-1172 du 22 sept. 2015, art. 1er-4°-a) « *f)* Un médicament vétérinaire dans le cadre de circonstances exceptionnelles visées au 1° de l'article L. 5141-5-1 et faisant l'objet du dossier mentionné au 6° ou 9° de l'article R. 5141-20 » ;

Le montant est fixé à 2 750 € pour une demande présentée conjointement concernant un médicament vétérinaire contenant les mêmes substances actives et faisant référence aux mêmes études.

3° 5 500 € pour une demande relative à un médicament générique et faisant l'objet du dossier mentionné au 1° de l'article R. 5141-20 et 2 750 € pour une demande présentée conjointement concernant un médicament vétérinaire contenant les mêmes substances actives et faisant référence aux mêmes études ;

4° 2 750 € pour une demande relative à un médicament vétérinaire présentée avec le consentement du titulaire de l'autorisation de mise sur le marché du médicament vétérinaire original et faisant l'objet du dossier mentionné au 4° de l'article R. 5141-20.

II. – Les montants de la taxe prévue au 1° du 1 du I de l'article L. 5141-8 sont fixés comme indiqué ci-après pour les demandes d'extension d'une autorisation de mise sur le marché relevant de la procédure de reconnaissance mutuelle par la France d'une autorisation de mise sur le marché délivrée par un autre État membre *(Décr. n° 2015-1172 du 22 sept. 2015, art. 1er-4°-b)* « ou d'une procédure décentralisée pour laquelle l'autorité compétente française agit en tant qu'État membre concerné » :

a) 7 700 € pour une demande *(Décr. n° 2015-1172 du 22 sept. 2015, art. 1er-4°-c)* « telle que mentionnée au 4° de l'article 2 du règlement (CE) n° 1234/2008 concernant l'examen des modifications des termes d'une autorisation de mise sur le marché de médicaments à usage humain et de médicaments vétérinaires » et faisant l'objet du dossier mentionné au 3° de l'article R. 5141-18 ;

b) 2 750 € pour une demande présentée conjointement concernant un médicament vétérinaire contenant les mêmes substances actives et faisant référence aux mêmes études.

III. – Les montants de la taxe prévue au 1° du 1 du I de l'article L. 5141-8 sont fixés comme indiqué ci-après pour les demandes de modification d'autorisation de mise sur le marché relevant de la procédure de reconnaissance mutuelle par la France d'une autorisation de mise sur le marché délivrée par un autre État membre :

1° Modifications de type II :

a) 3 000 € pour chaque demande de modification de type II mentionnée au *(Décr. n° 2015-1172 du 22 sept. 2015, art. 1er-4°-d)* « 3° de l'article 2 du règlement (CE) n° 1234/2008 concernant l'examen des modifications des termes d'une autorisation de mise sur le marché de médicaments à usage humain et de médicaments vétérinaires » ;

b) 1 000 € pour chaque demande de modification de type II portant uniquement sur le résumé des caractéristiques du produit ;

c) 500 € pour une demande présentée conjointement concernant un médicament vétérinaire contenant les mêmes substances actives et faisant référence aux mêmes études ;

2° Modifications de type IB :

a) 1 000 € pour chaque demande de modification de type IB mentionnée au *(Décr. n° 2015-1172 du 22 sept. 2015, art. 1er-4°-e)* « 5° de l'article 2 du règlement (CE) n° 1234/2008 concernant l'examen des modifications des termes d'une autorisation de mise sur le marché de médicaments à usage humain et de médicaments vétérinaires » ;

b) 250 € pour chaque demande présentée conjointement concernant un médicament vétérinaire contenant les mêmes substances actives et faisant référence aux mêmes études.

3° Modifications de type IA :

a) 500 € pour chaque demande de modification de type IA mentionnée au 2° de *(Décr. n° 2015-1172 du 22 sept. 2015, art. 1er-4°-f)* « l'article 2 du règlement (CE) n° 1234/2008 concernant l'examen des modifications des termes d'une autorisation de mise sur le marché de médicaments à usage humain et de médicaments vétérinaires » ;

b) 250 € pour chaque demande présentée conjointement concernant un médicament vétérinaire contenant les mêmes substances actives et faisant référence aux mêmes études.

(Décr. n° 2015-1172 du 22 sept. 2015, art. 1er-4°-g) « IV. – Les montants fixés par le présent article ne s'appliquent pas aux médicaments vétérinaires dont l'autorisation de mise sur le marché relève exclusivement d'une procédure prévue aux 2° ou 3° de l'article L. 5141-5-1 et fait l'objet du dossier mentionné au 7° ou 8° de l'article R. 5141-20 ».

§ 3 TAXES MINORÉES

Art. D. 5141-58 I. – Les montants de la taxe prévue au 1° du 1 du I de l'article L. 5141-8 sont fixés comme indiqué ci-après pour les demandes d'autorisation de mise sur le marché des médicaments vétérinaires *(Décr. n° 2015-1172 du 22 sept. 2015, art. 1er-5°-a)* « qui relèvent de la procédure prévue au » 2° de l'article L. 5141-5-1 :

1° 5 000 € pour une demande relative à un médicament vétérinaire contenant une nouvelle substance active et faisant l'objet du dossier mentionné au 7° de l'article R. 5141-20 et 1 000 € pour une demande présentée conjointement concernant un médicament vétérinaire contenant les mêmes substances actives et faisant référence aux mêmes études ;

2° 3 000 € pour une demande relative à :

a) Un médicament vétérinaire contenant une substance active connue et faisant l'objet du dossier mentionné au 7° de l'article R. 5141-20 ;

b) Un médicament vétérinaire contenant une substance active d'un usage vétérinaire bien établi et faisant l'objet du dossier mentionné au 7° de l'article R. 5141-20 ;

c) Un médicament vétérinaire contenant une association de substances actives connues en médecine vétérinaire mais qui n'ont pas encore été associées dans un même médicament vétérinaire et faisant l'objet du dossier mentionné au 7° de l'article R. 5141-20 ;

d) Un médicament vétérinaire qui ne répond pas à la définition du médicament générique et faisant l'objet du dossier mentionné au 7° de l'article R. 5141-20 ;

e) Un médicament biologique vétérinaire similaire et faisant l'objet du dossier mentionné au 7° de l'article R. 5141-20 ;

Le montant est fixé à 1 000 € pour une demande présentée conjointement concernant un médicament vétérinaire contenant les mêmes substances actives et faisant référence aux mêmes études ;

3° 2 000 € pour une demande relative à un médicament générique et faisant l'objet du dossier mentionné au 1° de l'article R. 5141-20 et 1 000 € pour une demande présentée conjointement concernant un médicament vétérinaire contenant les mêmes substances actives et faisant référence aux mêmes études ;

4° 1 000 € pour une demande relative à un médicament vétérinaire présentée avec le consentement du titulaire de l'autorisation de mise sur le marché du médicament vétérinaire original et faisant l'objet du dossier mentionné au 4° de l'article R. 5141-20.

II. — Les montants de la taxe prévue au 1° du 1 du I de l'article L. 5141-8 sont fixés comme indiqué ci-après pour les demandes d'extension d'une autorisation de mise sur le marché des médicaments vétérinaires instruites en procédure nationale et qui relèvent *(Décr. n° 2015-1172 du 22 sept. 2015, art. 1er-5°-i)* « de la procédure prévue au 2° de » l'article L. 5141-5-1 et font l'objet du dossier mentionné au 7° de l'article R. 5141-20 :

1° 3 000 € pour une demande *(Décr. n° 2015-1172 du 22 sept. 2015, art. 1er-5°-j)* « telle que mentionnée au 4° de l'article 2 du règlement (CE) n° 1234/2008 concernant l'examen des modifications des termes d'une autorisation de mise sur le marché de médicaments à usage humain et de médicaments vétérinaires » ;

2° 500 € pour une demande présentée conjointement concernant un médicament vétérinaire contenant les mêmes substances actives et faisant référence aux mêmes études.

III. — Les montants de la taxe prévue au 1° du 1 du I de l'article L. 5141-8 sont fixés comme indiqué ci-après pour les demandes de modification d'autorisation de mise sur le marché des médicaments vétérinaires instruites en procédure nationale qui relèvent *(Décr. n° 2015-1172 du 22 sept. 2015, art. 1er-5°-k)* « de la procédure prévue au 2° de l'article L. 5141-5-1 et qui font l'objet du dossier mentionné au 7° de l'article R. 5141-20 » :

1° Modifications de type II :

a) 800 € pour chaque demande de modification de type II mentionnée au *(Décr. n° 2015-1172 du 22 sept. 2015, art. 1er-5°-l)* « 3° de l'article 2 du règlement (CE) n° 1234/2008 concernant l'examen des modifications des termes d'une autorisation de mise sur le marché de médicaments à usage humain et de médicaments vétérinaires » ;

b) 200 € pour chaque demande de modification de type II portant uniquement sur le résumé des caractéristiques du produit ;

c) 100 € pour une demande présentée conjointement concernant un médicament vétérinaire contenant les mêmes substances actives et faisant référence aux mêmes études.

2° *Modifications de type IB :*

a) 200 € pour chaque demande de modification de type IB mentionnée au *(Décr. n° 2015-1172 du 22 sept. 2015, art. 1er-5°-m)* « 5° de l'article 2 du règlement (CE) n° 1234/2008 concernant l'examen des modifications des termes d'une autorisation de mise sur le marché de médicaments à usage humain et de médicaments vétérinaires » ;

b) 100 € pour chaque demande présentée conjointement concernant un médicament vétérinaire contenant les mêmes substances actives et faisant référence aux mêmes études.

3° Modifications de type IA : 100 € pour chaque demande de modification de type IA mentionnée au 2° de *(Décr. n° 2015-1172 du 22 sept. 2015, art. 1er-5°-n)* « l'article 2 du règlement (CE) n° 1234/2008 concernant l'examen des modifications des termes d'une autorisation de mise sur le marché de médicaments à usage humain et de médicaments vétérinaires ».

Art. D. 5141-58-1 I. – Les montants de la taxe prévue au 1° du 1 du I de l'article L. 5141-8 sont fixés comme indiqué ci-après pour les demandes d'autorisation de mise sur le marché relevant d'une procédure *(Décr. n° 2015-1172 du 22 sept. 2015, art. 1er-6°-a)* « prévue au 3° de l'article L. 5141-5-1 » concernant les médicaments vétérinaires destinés uniquement à être utilisés pour les poissons d'aquarium, oiseaux d'appartement, pigeons voyageurs, animaux de terrarium, petits rongeurs, furets et lapins de compagnie exclusivement, lorsqu'il est fait référence à la littérature publiée et que l'usage du médicament est bien établi et présente toute garantie d'innocuité comme mentionné au 8° de l'article R. 5141-20 :

1° 2 500 € pour une demande relative à un médicament vétérinaire et 500 € pour une demande présentée conjointement concernant un médicament vétérinaire contenant les mêmes substances actives et incluant les mêmes références bibliographiques ;

2° 500 € pour une demande relative à un médicament vétérinaire présentée avec le consentement du titulaire de l'autorisation de mise sur le marché du médicament vétérinaire original.

II. – Les montants de la taxe prévue au 1° du 1 du I de l'article L. 5141-8 sont fixés comme indiqué ci-après pour les demandes d'extension d'une autorisation de mise sur le marché relevant d'une procédure nationale des médicaments vétérinaires destinés uniquement à être utilisés pour les poissons d'aquarium, oiseaux d'appartement, pigeons voyageurs, animaux de terrarium, petits rongeurs, furets et lapins de compagnie exclusivement, lorsqu'il est fait référence à la littérature publiée et que l'usage du médicament est bien établi et présente toute garantie d'innocuité comme mentionné au 8° de l'article R. 5141-20 :

1° 1 500 € pour une demande *(Décr. n° 2015-1172 du 22 sept. 2015, art. 1er-6°-c)* « telle que mentionnée au 4° de l'article 2 du règlement (CE) n° 1234/2008 concernant l'examen des modifications des termes d'une autorisation de mise sur le marché de médicaments à usage humain et de médicaments vétérinaires » ;

2° 500 € pour une demande présentée conjointement concernant un médicament vétérinaire contenant les mêmes substances actives et incluant les mêmes références bibliographiques.

III. – Les montants de la taxe prévue au 1° du 1 du I de l'article L. 5141-8 sont fixés comme indiqué ci-après pour les demandes de modification d'une autorisation de mise sur le marché relevant d'une procédure nationale des médicaments vétérinaires destinés uniquement à être utilisés pour les poissons d'aquarium, oiseaux d'appartement, pigeons voyageurs, animaux de terrarium, petits rongeurs, furets et lapins de compagnie exclusivement, lorsqu'il est fait référence à la littérature publiée et que l'usage du médicament est bien établi et présente toute garantie d'innocuité comme mentionné au 8° de l'article R. 5141-20 :

1° 400 € pour chaque demande de modification de type II mentionnée au *(Décr. n° 2015-1172 du 22 sept. 2015, art. 1er-6°-d)* « 3° de l'article 2 du règlement (CE) n° 1234/2008 concernant l'examen des modifications des termes d'une autorisation de mise sur le marché de médicaments à usage humain et de médicaments vétérinaires » ;

2° 100 € pour chaque demande de modification de type II portant uniquement sur le résumé des caractéristiques du produit et 100 € pour une demande présentée conjointement concernant un médicament vétérinaire contenant les mêmes substances actives et faisant référence aux mêmes études ;

3° 100 € pour chaque demande de modification de type IB mentionnée au *(Décr. n° 2015-1172 du 22 sept. 2015, art. 1er-6°-e)* « 5° de l'article 2 du règlement (CE) n° *1234/2008 concernant* l'examen des modifications des termes d'une autorisation de mise sur le marché de médicaments à usage humain et de médicaments vétérinaires » ;

4° 100 € pour chaque demande de modification de type IA mentionnée au 2° de *(Décr. n° 2015-1172 du 22 sept. 2015, art. 1er-6°-f)* « l'article 2 du règlement (CE) n° 1234/2008 concernant l'examen des modifications des termes d'une autorisation de mise sur le marché de médicaments à usage humain et de médicaments vétérinaires ».

Art. D. 5141-58-1-1 *(Décr. n° 2015-1172 du 22 sept. 2015, art. 1er-7°)* I. — Les montants de la taxe prévue au 1° du 1 du I de l'article L. 5141-8 sont fixés comme indiqué ci-après pour les demandes d'autorisation de mise sur le marché relevant d'une procédure nationale concernant les médicaments vétérinaires visés au 10° de l'article R. 5141-20, lorsqu'il est fait référence à la littérature publiée et reconnue dans la tradition de la médecine phytothérapique vétérinaire pratiquée en France :

1° 5 000 € pour une demande relative à un médicament vétérinaire faisant l'objet du dossier mentionné au III de l'article R. 5141-23 et 1 000 € pour une demande présentée conjointement concernant un médicament vétérinaire contenant les mêmes substances végétales et incluant les mêmes références bibliographiques ;

2° 1 000 € pour une demande relative à un médicament vétérinaire présentée avec le consentement du titulaire de l'autorisation de mise sur le marché du médicament vétérinaire original et faisant l'objet du dossier mentionné au 4° de l'article R. 5141-20.

II. — Les montants de la taxe prévue au 1° du 1 du I de l'article L. 5141-8 sont fixés comme indiqué ci-après pour les demandes d'extension d'une autorisation de mise sur le marché relevant d'une procédure nationale concernant des médicaments vétérinaires visés au 10° de l'article R. 5141-20, lorsqu'il est fait référence à la littérature publiée et reconnue dans la tradition de la médecine phytothérapique vétérinaire pratiquée en France :

1° 3 000 € pour une demande d'extension d'une autorisation de mise sur le marché, telle que mentionnée au 4° de l'article 2 du règlement (CE) n° 1234/2008 de la Commission du 28 novembre 2008 concernant l'examen des modifications des termes d'une autorisation de mise sur le marché de médicaments à usage humain et de médicaments vétérinaires, et faisant l'objet du dossier mentionné au III de l'article R. 5141-23 ;

2° 1 000 € pour une demande présentée conjointement concernant un médicament vétérinaire contenant les mêmes substances végétales et incluant les mêmes références bibliographiques.

III. — Les montants de la taxe prévue au 1° du 1 du I de l'article L. 5141-8 sont fixés comme indiqué ci-après pour les demandes de modification d'autorisations de mise sur le marché relevant d'une procédure nationale concernant des médicaments vétérinaires visés au 10° de l'article R. 5141-20, lorsqu'il est fait référence à la littérature publiée et reconnue dans la tradition de la médecine phytothérapique vétérinaire pratiquée en France :

1° 800 € pour chaque demande de modification majeure de type II mentionnée au 3° de l'article 2 du règlement (CE) n° 1234/2008 concernant l'examen des modifications des termes d'une autorisation de mise sur le marché de médicaments à usage humain et de médicaments vétérinaires et 100 € pour une demande présentée conjointement concernant un médicament vétérinaire contenant les mêmes substances végétales et faisant référence aux mêmes études ;

2° 200 € pour chaque demande de modification mineure de type IB mentionnée au 5° de l'article 2 du règlement (CE) n° 1234/2008 concernant l'examen des modifications des termes d'une autorisation de mise sur le marché de médicaments à usage humain et de médicaments vétérinaires et 100 € pour chaque demande présentée conjointement concernant un médicament vétérinaire contenant les mêmes substances végétales et faisant référence aux mêmes études ;

3° 100 € pour chaque demande de modification mineure de type IA mentionnée au 2° de l'article 2 du règlement (CE) n° 1234/2008 concernant l'examen des modifications des termes d'une autorisation de mise sur le marché de médicaments à usage humain et de médicaments vétérinaires.

Art. D. 5141-58-2 I. — Les montants de la taxe prévue au 1° du 1 du I de l'article L. 5141-8 sont fixés comme indiqué ci-après pour les demandes d'autorisation de mise sur le marché relevant d'une procédure nationale concernant les médicaments homéopathiques vétérinaires, lorsqu'il est fait référence à la littérature publiée et reconnue dans la tradition de la médecine homéopathique vétérinaire pratiquée en France :

1° 5 000 € pour une demande relative à un médicament homéopathique vétérinaire faisant l'objet du dossier mentionné au *(Décr. n° 2015-1172 du 22 sept. 2015, art. 1er-*

8°-a) « II » de l'article R. 5141-23 et 1 000 € pour une demande présentée conjointement concernant un médicament homéopathique vétérinaire contenant les mêmes souches et incluant les mêmes références bibliographiques ;

2° 1 000 € pour une demande relative à un médicament homéopathique vétérinaire présentée avec le consentement du titulaire de l'autorisation de mise sur le marché du médicament vétérinaire original et faisant l'objet du dossier mentionné au 4° de l'article R. 5141-20.

II. – Les montants de la taxe prévue au 1° du 1 du I de l'article L. 5141-8 sont fixés comme indiqué ci-après pour les demandes d'extension d'une autorisation de mise sur le marché relevant d'une procédure nationale de médicaments homéopathiques vétérinaires, lorsqu'il est fait référence à la littérature publiée et reconnue dans la tradition de la médecine homéopathique vétérinaire pratiquée en France :

1° 3 000 € pour une demande *(Décr. n° 2015-1172 du 22 sept. 2015, art. 1er-8°-b)* « telle que mentionnée au 4° de l'article 2 du règlement (CE) n° 1234/2008 concernant l'examen des modifications des termes d'une autorisation de mise sur le marché de médicaments à usage humain et de médicaments vétérinaires » et faisant l'objet du dossier mentionné au deuxième alinéa de l'article R. 5141-23 ;

2° 1 000 € pour une demande présentée conjointement concernant un médicament homéopathique vétérinaire contenant les mêmes souches et incluant les mêmes références bibliographiques.

III. – Les montants de la taxe prévue au 1° du 1 du I de l'article L. 5141-8 sont fixés comme indiqué ci-après pour les demandes de modification d'autorisations de mise sur le marché relevant d'une procédure nationale de médicaments homéopathiques vétérinaires, lorsqu'il est fait référence à la littérature publiée et reconnue dans la tradition de la médecine homéopathique vétérinaire pratiquée en France :

1° 800 € pour chaque demande de modification de type II mentionnée au *(Décr. n° 2015-1172 du 22 sept. 2015, art. 1er-8°-c)* « 3° de l'article 2 du règlement (CE) n° 1234/2008 concernant l'examen des modifications des termes d'une autorisation de mise sur le marché de médicaments à usage humain et de médicaments vétérinaires » et 100 € pour une demande présentée conjointement concernant un médicament vétérinaire contenant les mêmes souches et faisant référence aux mêmes études ;

2° 200 € pour chaque demande de modification de type IB mentionnée au *(Décr. n° 2015-1172 du 22 sept. 2015, art. 1er-8°-d)* « 5° de l'article 2 du règlement (CE) n° 1234/2008 concernant l'examen des modifications des termes d'une autorisation de mise sur le marché de médicaments à usage humain et de médicaments vétérinaires » et 100 € pour chaque demande présentée conjointement concernant un médicament vétérinaire contenant les mêmes souches et faisant référence aux mêmes études ;

3° 100 € pour chaque demande de modification de type IA mentionnée au 2° de *(Décr. n° 2015-1172 du 22 sept. 2015, art. 1er-8°-e)* « l'article 2 du règlement (CE) n° 1234/2008 concernant l'examen des modifications des termes d'une autorisation de mise sur le marché de médicaments à usage humain et de médicaments vétérinaires ».

Art. D. 5141-58-3 Les montants de la taxe prévue au 8° du 1 du I de l'article L. 5141-8 sont fixés comme indiqué ci-après pour les demandes d'enregistrement concernant les médicaments homéopathiques vétérinaires :

1° 200 € pour une demande d'enregistrement relative à un médicament homéopathique vétérinaire ou à une série de médicaments et comportant le dossier mentionné à l'article R. 5141-64 ;

2° 100 € pour une demande de modification d'enregistrement dans les conditions prévues à l'article R. 5141-68 ;

(Décr. n° 2013-32 du 9 janv. 2013, art. 1er-7°) « 3° 10 000 € pour la transformation *d'une autorisation* de mise sur le marché de médicament[s] homéopathique[s] en enregistrement. »

Art. D. 5141-58-4 *(Décr. n° 2013-32 du 9 janv. 2013, art. 1er-8°)* Les montants de la taxe prévue au 1° du I de l'article L. 5141-8 pour les modifications définies à l'article R. 5141-35 du code de la santé publique, lorsqu'elles sont groupées conformément aux articles 7 et 13 *quinquies* du règlement (CE) n° 1234/2008 de la Commission du

24 novembre 2008 concernant l'examen des modifications d'une autorisation de mise sur le marché de médicaments à usage humain et de médicaments vétérinaires, sont fixés comme suit :

a) 500 € pour une déclaration de modification de type IA portant sur plusieurs autorisations de mise sur le marché et relative à la modification du nom ou de l'adresse du titulaire de l'autorisation de mise sur le marché ou du fabricant du médicament vétérinaire sans changement de titulaire ou de fabricant ;

b) Le double du montant prévu pour une modification de type IA dans chaque type de procédure pour les autres modifications groupées concernant une seule autorisation de mise sur le marché et comprenant plusieurs modifications de type IA ;

c) Le double du montant prévu pour une modification de type IB dans chaque type de procédure pour des modifications groupées concernant une seule autorisation de mise sur le marché et comprenant au moins une modification de type IB ;

d) Le montant prévu pour une modification de type II dans chaque type de procédure pour une demande de modifications groupées concernant une seule autorisation de mise sur le marché et comprenant au moins une modification de type II.

Art. D. 5141-58-5 *(Décr. n° 2013-32 du 9 janv. 2013, art. 1er-8°)* Les montants de la taxe prévue au 1° du I de l'article L. 5141-8 pour les modifications évaluées selon la procédure de répartition des tâches en application de l'article 20 du règlement (CE) n° 1234/2008 de la Commission du 24 novembre 2008 concernant l'examen des modifications d'une autorisation de mise sur le marché de médicaments à usage humain et de médicaments vétérinaires, sont fixés comme suit :

a) 8 000 € lorsque la France est État membre de référence ;

b) 3 000 € lorsque la France est État membre concerné.

§ 4 TRANSFERT D'AUTORISATION DE MISE SUR LE MARCHÉ

Art. D. 5141-59 Les montants de la taxe prévue au 1° et 8° du 1 du I de l'article L. 5141-8 sont fixés comme indiqué ci-après pour une demande de transfert d'une autorisation de mise sur le marché de médicament vétérinaire ou d'enregistrement de médicament homéopathique vétérinaire :

1° 1 500 € pour une demande tendant à obtenir le transfert à un autre titulaire d'une autorisation de mise sur le marché dans les conditions prévues à l'article R. 5141-40 ;

2° 400 € pour une demande tendant à obtenir le transfert à un autre titulaire d'une autorisation de mise sur le marché dans les conditions prévues à l'article R. 5141-40 pour les autorisations de mise sur le marché de médicament homéopathique vétérinaire ou quand il s'agit d'un médicament vétérinaire qui relève d'une des procédures de l'article L. 5141-5-1 ;

3° 100 € pour une demande tendant à obtenir le transfert à un autre titulaire d'un enregistrement de médicament homéopathique vétérinaire dans les conditions prévues à l'article R. 5141-69.

SOUS-SECTION 6 TAXE ANNUELLE *(Décr. n° 2006-1273 du 18 oct. 2006, art. 1er).*

Art. D. 5141-60 *(Décr. n° 2013-32 du 9 janv. 2013, art. 2)* Le montant de la taxe annuelle prévue aux 1° et 3° du 1 du II de l'article L. 5141-8 est fixé à 0,40 % du *chiffre d'affaires annuel, hors taxe* à la valeur ajoutée, réalisé en France pour les médicaments vétérinaires bénéficiant d'une autorisation de mise sur le marché ou d'un enregistrement.

Le montant de la taxe ainsi obtenu est arrondi, s'il y a lieu, à l'euro inférieur.

Le montant de cette taxe annuelle est plafonné à 25 000 €.

Le seuil de perception est fixé à 100 €.

Art. D. 5141-61 *Abrogé par Décr. n° 2006-1273 du 18 oct. 2006, art. 1er.*

SECTION IV ENREGISTREMENT DES MÉDICAMENTS HOMÉOPATHIQUES

Art. R. 5141-62 Le directeur général de l'*(Décr. n° 2011-385 du 11 avr. 2011, art. 1er)* « Agence nationale de sécurité sanitaire de l'alimentation, de l'environnement et du travail » procède à l'enregistrement des médicaments homéopathiques vétérinaires mentionnés à l'article L. 5141-9, au vu d'une demande accompagnée d'un dossier présenté et instruit dans les conditions définies à la présente section.

(Décr. n° 2013-757 du 19 août 2013, art. 1er-3°-b, en vigueur le 1er oct. 2013) « Lors de l'instruction des demandes d'enregistrement, le directeur général de l'Agence nationale de sécurité sanitaire de l'alimentation, de l'environnement et du travail peut recueillir l'avis d'experts désignés par lui. »

Art. R. 5141-63 La demande d'enregistrement d'un médicament homéopathique vétérinaire ou d'une série de médicaments mentionnés à l'article L. 5141-9 est adressée à l'*(Décr. n° 2011-385 du 11 avr. 2011, art. 1er)* « Agence nationale de sécurité sanitaire de l'alimentation, de l'environnement et du travail ». On entend par série de médicaments au sens de l'article L. 5141-9 susceptible de donner lieu à un seul enregistrement un ensemble de médicaments, constitués du ou des mêmes composants, se présentant, le cas échéant, sous plusieurs formes pharmaceutiques ou différentes dilutions.

La demande d'enregistrement mentionne :

1° Le nom et l'adresse du demandeur et de l'exploitant du ou des médicaments et, lorsque celui-ci ne fabrique pas le ou les médicaments, le nom et l'adresse du fabricant, ainsi que, le cas échéant, le nom et l'adresse de l'importateur ;

2° La désignation des lieux de fabrication, y compris les lieux de conditionnement et de contrôle ;

3° La dénomination commune usuelle de la ou des souches homéopathiques en se référant à la pharmacopée européenne, ou française lorsqu'elle y figure, ou, à défaut, à une pharmacopée utilisée de façon officielle dans un autre État membre de *(Décr. n° 2013-752 du 16 août 2013, art. 1er)* « l'Union européenne » ou partie à l'accord sur l'Espace économique européen ;

4° La ou les voies d'administration ;

5° La ou les formes pharmaceutiques ;

6° Le ou les degrés de dilution ;

7° La liste des présentations ;

8° L'animal de destination ;

9° La durée de conservation.

Art. R. 5141-64 *(Décr. n° 2008-433 du 6 mai 2008, art. 6)* A la demande d'enregistrement est joint un dossier comprenant :

1° La dénomination scientifique ou autre dénomination figurant dans une pharmacopée, de la ou des souches homéopathiques avec mention des diverses voies d'administration, formes pharmaceutiques et degrés de dilution à enregistrer ;

2° Un document décrivant l'obtention et le contrôle de la ou des souches et en justifiant le caractère homéopathique sur la base d'une bibliographie adéquate ; dans le cas des médicaments homéopathiques vétérinaires contenant des substances biologiques, une description des mesures prises pour assurer l'absence de tout agent pathogène ;

3° Un dossier de fabrication et de contrôle pour chaque forme pharmaceutique et la description des méthodes de dilution et de dynamisation ;

4° La référence de l'autorisation de fabriquer les médicaments en question ou un document dont il ressort que le fabricant est autorisé dans son pays à produire des médicaments vétérinaires ;

5° Une copie des enregistrements ou des autorisations éventuellement obtenus pour les mêmes médicaments dans d'autres États membres ;

6° Une ou plusieurs maquettes de l'emballage extérieur et du conditionnement primaire des médicaments à enregistrer ;

7° Les données concernant la stabilité du médicament ;

8° *Le cas échéant*, le temps d'attente proposé accompagné de toutes les justifications nécessaires.

Art. R. 5141-65 Lorsque le directeur général de l'*(Décr. n° 2011-385 du 11 avr. 2011, art. 1er)* « Agence nationale de sécurité sanitaire de l'alimentation, de l'environnement et du travail » estime que la demande ou le dossier qui l'accompagne est incomplet, il invite le demandeur à compléter cette demande ou ce dossier.

Le directeur général notifie sa décision au demandeur dans un délai de deux cent dix jours à compter de la présentation d'une demande et d'un dossier complets. Le silence gardé par le directeur général vaut refus d'enregistrement à l'expiration du délai précité à compter de la date de réception de cette demande et de ce dossier.

Il peut requérir du demandeur une information complémentaire qu'il estime nécessaire pour se prononcer sur la demande en faisant connaître les motifs de cette décision. Le délai prévu au deuxième alinéa est alors suspendu jusqu'à la réception des éléments demandés.

Art. R. 5141-66 L'enregistrement comporte le numéro d'enregistrement et les données mentionnées à l'article R. 5141-63 telles qu'elles ont été approuvées par le directeur général de l'*(Décr. nº 2011-385 du 11 avr. 2011, art. 1er)* « Agence nationale de sécurité sanitaire de l'alimentation, de l'environnement et du travail ».

(Décr. nº 2008-433 du 6 mai 2008, art. 6) « L'enregistrement est valable pour une durée de cinq ans. Il est renouvelable sur demande du titulaire adressée au directeur général de l'*(Décr. nº 2011-385 du 11 avr. 2011, art. 1er)* « Agence nationale de sécurité sanitaire de l'alimentation, de l'environnement et du travail » au plus tard six mois avant sa date d'expiration. La demande de renouvellement est accompagnée d'une liste récapitulative de tous les documents présentés relatifs à la qualité et à la sécurité comprenant toutes les modifications autorisées depuis la délivrance de l'enregistrement initial ou du dernier renouvellement. L'*(Décr. nº 2011-385 du 11 avr. 2011, art. 1er)* « Agence nationale de sécurité sanitaire de l'alimentation, de l'environnement et du travail » peut à tout moment demander la communication des documents mentionnés dans cette liste.

« L'enregistrement n'est pas renouvelé si le rapport entre les bénéfices et les risques liés à l'utilisation du médicament homéopathique vétérinaire évalué par le directeur général de l'agence n'est plus favorable.

« Si aucune décision n'est notifiée ou si aucune demande de justification complémentaire n'est adressée au demandeur dans un délai de trois mois suivant la réception de sa demande, l'enregistrement est considéré comme renouvelé.

« Une fois renouvelé, l'enregistrement est délivré sans limitation de durée. Toutefois, l'agence peut, à l'occasion du renouvellement, décider, pour des raisons relatives à la pharmacovigilance, que cet enregistrement doit faire l'objet d'un renouvellement supplémentaire. Celui-ci est alors délivré pour une durée de cinq ans. A l'issue de ce délai, le titulaire demande le renouvellement de l'enregistrement dans les conditions prévues au présent article. »

Art. R. 5141-66-1 *(Décr. nº 2008-433 du 6 mai 2008, art. 6)* L'enregistrement délivré par l'*(Décr. nº 2011-385 du 11 avr. 2011, art. 1er)* « Agence nationale de sécurité sanitaire de l'alimentation, de l'environnement et du travail » devient caduc s'il apparaît :

1º Qu'il n'est pas suivi d'une mise sur le marché du médicament homéopathique vétérinaire sur le territoire national dans les trois années qui suivent sa délivrance ;

2º Que le médicament homéopathique vétérinaire, précédemment mis sur le marché sur le territoire national, n'est plus sur le marché pendant trois années consécutives.

La période de trois ans est décomptée à partir de la date de délivrance de l'enregistrement.

Une dérogation à ces dispositions peut être accordée par l'agence à titre exceptionnel, soit pour des raisons de santé publique, soit lorsque le médicament ne peut être *légalement commercialisé pendant* la période considérée, soit lorsque le médicament est exclusivement destiné à l'exportation vers un État non membre de *(Décr. nº 2013-752 du 16 août 2013, art. 1er-6º, en vigueur le 1er févr. 2014)* « l'Union européenne ».

Art. R. 5141-67 Après délivrance de l'enregistrement, les méthodes de fabrication et les techniques de contrôle exposées dans *(Décr. nº 2008-433 du 6 mai 2008, art. 6)* « le dossier prévu à l'article R. 5141-64 » sont modifiées en fonction des progrès scientifiques et techniques.

Art. R. 5141-68 Les modifications concernant les données mentionnées *(Décr. nº 2008-433 du 6 mai 2008, art. 6)* « dans la demande et le dossier prévus » aux articles R. 5141-63 et R. 5141-64 sont soumises pour approbation au directeur général de l'*(Décr. nº 2011-385 du 11 avr. 2011, art. 1er)* « Agence nationale de sécurité sanitaire de l'alimentation, de l'environnement et du travail », accompagnée des pièces justificatives correspondantes. Le silence gardé par le directeur général de l'agence vaut approbation tacite des modifications à l'expiration d'un délai de deux mois à compter de la date de réception de la demande.

Art. R. 5141-69 *(Décr. n° 2008-433 du 6 mai 2008, art. 6)* Le changement du titulaire de l'enregistrement est subordonné à une autorisation du directeur général de l'*(Décr. n° 2011-385 du 11 avr. 2011, art. 1er)* « Agence nationale de sécurité sanitaire de l'alimentation, de l'environnement et du travail ». La demande comporte :

1° Une copie de l'enregistrement ;

2° L'identification du futur titulaire ;

3° Un document établissant que le dossier complet et à jour du médicament homéopathique concerné, ou une copie, est transféré au futur titulaire ;

4° L'engagement du futur pharmacien ou vétérinaire responsable de se soumettre à l'ensemble des conditions auxquelles a été subordonné l'enregistrement et, notamment, de respecter les méthodes de fabrication et de contrôle ;

5° La description du dispositif de pharmacovigilance que le futur titulaire envisage de mettre en place.

Le directeur général de l'*(Décr. n° 2011-385 du 11 avr. 2011, art. 1er)* « Agence nationale de sécurité sanitaire de l'alimentation, de l'environnement et du travail » se prononce dans un délai de soixante jours à compter de la date de réception de la demande complète. Le silence du directeur général vaut autorisation à l'expiration de ce délai.

Art. R. 5141-70 L'enregistrement d'un médicament homéopathique vétérinaire mentionné à l'article L. 5141-9 peut être refusé, suspendu ou supprimé par le directeur général de l'agence. Les décisions de refus, de suspension ou de suppression sont notifiées au demandeur. Elles sont motivées et mentionnent les voies et délais de recours applicables. La décision de suspension ne peut être prise pour une période supérieure à un an.

Les décisions de *(Décr. n° 2008-433 du 6 mai 2008, art. 6)* « suspension » ou de suppression ne peuvent intervenir qu'après que le titulaire de l'enregistrement a été invité à présenter ses observations.

Lorsque l'enregistrement est suspendu ou supprimé, le titulaire en informe les détenteurs de stock sans délai. Ceux-ci prennent les dispositions utiles pour faire cesser la distribution du médicament. A défaut, le directeur général de l'agence prend les mesures appropriées.

Indépendamment des décisions de suspension ou de suppression susmentionnées et à titre conservatoire, le directeur général de l'agence peut interdire la délivrance de certains lots de médicaments enregistrés qui font l'objet de contestation et faire procéder au rappel de ces lots.

Art. R. 5141-71 Les décisions d'enregistrement des médicaments homéopathiques vétérinaires, de suspension ou de suppression de ces enregistrements sont *(Décr. n° 2016-1506 du 8 nov. 2016, art. 2)* « rendues publiques par extrait sur le site internet de l'Agence nationale de sécurité sanitaire de l'alimentation, de l'environnement et du travail. Les décisions d'enregistrement comportent les données prévues à l'article R. 5141-63 ».

Art. R. 5141-72 *(Décr. n° 2008-433 du 6 mai 2008, art. 6)* L'étiquetage et, le cas échéant, la notice des médicaments homéopathiques vétérinaires mentionnés à l'article L. 5141-9 portent obligatoirement et exclusivement les mentions suivantes :

1° L'indication très apparente "médicament homéopathique vétérinaire *["]* sans indication thérapeutique approuvée ;

2° La dénomination scientifique de la ou des souches suivie du degré de dilution en utilisant les symboles de la Pharmacopée européenne ou française, si le médicament homéopathique vétérinaire est composé de plusieurs souches, l'étiquetage peut mentionner un nom de fantaisie outre la dénomination scientifique des souches ;

3° Les nom et adresse du titulaire de l'enregistrement et, le cas échéant, du fabricant ;

4° Le mode d'administration et, si nécessaire, la voie d'administration ;

5° La date de péremption en clair (mois, année) ;

6° La forme pharmaceutique ;
7° La contenance du modèle de vente ;
8° Les précautions particulières de conservation, s'il y a lieu ;
9° Les espèces cibles ;
10° Une mise en garde spéciale si elle s'impose pour le médicament ;
11° Le numéro du lot de fabrication ;
12° Le numéro d'enregistrement.

SECTION V **ÉTIQUETAGE**

Art. R. 5141-73 *(Décr. n° 2008-433 du 6 mai 2008, art. 7)* Sans préjudice des mentions exigées par les dispositions législatives et réglementaires relatives aux substances vénéneuses, l'étiquetage du conditionnement primaire et du conditionnement extérieur d'un médicament vétérinaire faisant l'objet d'une autorisation de mise sur le marché comporte les mentions suivantes, conformes à l'autorisation de mise sur le marché, lisibles, compréhensibles et indélébiles :

1° Le nom du médicament, le dosage, la forme pharmaceutique ainsi que la dénomination commune lorsque le médicament ne contient qu'une seule substance active et qu'il porte un nom de fantaisie ;

2° La composition qualitative et quantitative en substances actives par unité de prise ou, selon la forme d'administration, pour un volume ou un poids déterminé, en utilisant les dénominations communes ;

3° Le numéro du lot de fabrication ;

4° Le numéro de l'autorisation de mise sur le marché ;

5° Le nom ou la dénomination sociale et l'adresse du titulaire de l'autorisation de mise sur le marché et, le cas échéant, ceux de l'entreprise exploitant le médicament ;

6° Les animaux de destination, le mode d'administration, la voie d'administration ; un espace est prévu pour indiquer la posologie prescrite ;

7° Le temps d'attente, pour toutes les espèces concernées et pour les différentes denrées alimentaires concernées même s'il est égal à zéro ;

8° La date de péremption en clair ;

9° Les précautions de conservation, s'il y a lieu ;

10° Les précautions particulières d'élimination des médicaments non utilisés ou des déchets dérivés de médicaments vétérinaires, ainsi qu'une référence à tout système de collecte approprié mis en place ;

11° Toute autre mention prescrite par la décision d'autorisation de mise sur le marché ;

12° La mention "usage vétérinaire".

13° S'il y a lieu, la mention "à ne délivrer que sur ordonnance", accompagnée de la mention de la durée minimale de conservation de l'ordonnance fixée par l'arrêté prévu au dernier alinéa du II de l'article L. 234-1 du code rural et de la pêche maritime et de toute mention découlant des dispositions prises en application du quatrième alinéa de l'article R. 5141-26 ; ces mentions peuvent ne figurer que sur le conditionnement extérieur ;

14° La forme pharmaceutique et le contenu en poids, en volume ou en unités de prise ; ces mentions peuvent ne figurer que sur le conditionnement extérieur.

A défaut de conditionnement extérieur, toutes les informations qui, en vertu du présent article, devraient y figurer, doivent être portées sur le conditionnement primaire.

Les indications prévues ci-dessus sont rédigées en français. Elles peuvent, en outre, être rédigées dans d'autres langues, à condition que les mêmes indications figurent dans toutes les langues utilisées.

Pour les médicaments qui ont obtenu une autorisation de mise sur le marché en vertu du règlement (CE) n° 726/2004 du Parlement européen et du Conseil du 31 mars 2004, l'*(Décr. n° 2011-385 du 11 avr. 2011, art. 1er)* « Agence nationale de sécurité sanitaire de l'alimentation, de l'environnement et du travail » peut autoriser ou exiger que le conditionnement extérieur porte des informations supplémentaires en ce qui concerne la distribution, la détention, la vente ou les mesures de précaution éventuelles, à condition que ces informations ne soient pas contraires à la législation communautaire ou aux termes de l'autorisation de mise sur le marché.

Ces informations supplémentaires doivent figurer dans un encadré à liseré bleu de manière à être clairement séparées des informations mentionnées aux 1° à 14° ci-dessus.

Art. R. 5141-74 Les ampoules et autres petits conditionnements primaires sur lesquels il est impossible de mentionner l'ensemble des indications prévues à l'article R. 5141-73 peuvent ne comporter que les mentions suivantes :

1° *(Décr. nº 2008-433 du 6 mai 2008, art. 7)* « Le nom » du médicament ;

2° *(Décr. nº 2008-433 du 6 mai 2008, art. 7)* « La composition quantitative en substances actives » ;

3° La voie d'administration ;

4° Le numéro du lot de fabrication ;

5° La date de péremption ;

6° La mention "usage vétérinaire".

Dans ce cas, le conditionnement extérieur comporte l'ensemble des mentions prévues à l'article R. 5141-73.

Art. R. 5141-75 Dans le cas des petits conditionnements primaires autres que les ampoules ne contenant qu'une dose d'utilisation et sur lesquels il est impossible de mentionner l'ensemble des indications prévues à l'article R. 5141-74, les mentions prévues à l'article R. 5141-73 ne figurent que sur le conditionnement extérieur.

SECTION VI **NOTICE**

Art. R. 5141-76 L'inclusion d'une notice d'information pour l'utilisateur dans le conditionnement d'un médicament est obligatoire, sauf si les indications mentionnées à l'article R. 5141-77 figurent directement sur le conditionnement extérieur ou le conditionnement primaire.

Lorsqu'une notice est jointe au conditionnement du médicament vétérinaire, elle concerne uniquement ce médicament *(Décr. nº 2015-647 du 10 juin 2015, art. 1er, en vigueur le 1er oct. 2015)* « et ses différents dosages et présentations », sauf dérogation accordée par le directeur général de l'*(Décr. nº 2011-385 du 11 avr. 2011, art. 1er)* « Agence nationale de sécurité sanitaire de l'alimentation, de l'environnement et du travail ». Pour les vaccins, la mention d'autres vaccins peut être autorisée lorsque la description du schéma vaccinal complet l'impose et quand la compatibilité des vaccins a été démontrée.

Cette notice est rédigée en français, en termes aisément compréhensibles pour l'utilisateur et lisibles. Elle peut, en outre, être rédigée dans d'autres langues, à condition que les mêmes informations figurent dans toutes les langues utilisées.

Art. R. 5141-77 La notice est établie en conformité avec le résumé des caractéristiques du produit.

Elle comporte :

1° Le nom ou la dénomination sociale et l'adresse du titulaire de l'autorisation de mise sur le marché et, le cas échéant, ceux de l'entreprise exploitant le médicament, ainsi que, s'ils sont distincts, ceux du ou des fabricants ;

2° *(Décr. nº 2008-433 du 6 mai 2008, art. 8)* « Le nom du médicament vétérinaire suivi du dosage et de la forme pharmaceutique ainsi que la dénomination commune lorsque le médicament ne contient qu'une seule substance active et qu'il porte un nom de fantaisie. Lorsque le médicament est autorisé, conformément aux articles R. 5141-47-1 et suivants, sous des noms différents dans les États concernés, la liste des noms autorisés dans chacun de ces États ;

« 3° La composition qualitative et quantitative en substances actives par unité de prise ou, selon la forme d'administration, pour un volume ou un poids déterminé, en utilisant les dénominations communes ; »

4° Les indications thérapeutiques, contre-indications et effets indésirables dans la mesure ou ces informations sont nécessaires à l'utilisation du médicament ;

5° Les animaux de destination, la posologie, le mode et la voie d'administration et toute autre information pour une administration correcte du médicament, s'il y a lieu ;

6° *(Décr. nº 2008-433 du 6 mai 2008, art. 8)* « Le temps d'attente, même s'il est égal à zéro, pour les médicaments administrés à des animaux producteurs d'aliments ; »

7° Les précautions particulières de conservation, s'il y a lieu ;

8° Les précautions d'emploi et toute autre mention prescrite par la décision d'autorisation de mise sur le marché ;

9° Les précautions particulières pour l'élimination de médicaments non utilisés ou des déchets *(Décr. n° 2008-433 du 6 mai 2008, art. 8)* « dérivés des médicaments », s'il y a lieu.

Art. R. 5141-78 Les emballages ou récipients des aliments médicamenteux, y compris ceux préparés extemporanément dans les conditions prévues aux articles L. 5143-2 et L. 5143-3, portent, imprimée sur les deux faces en lettres très apparentes de quatre centimètres de hauteur au moins, la mention "aliments médicamenteux".

L'étiquetage des aliments médicamenteux est de couleur bleue et comporte les mentions prévues par la réglementation applicable à l'étiquetage des aliments ainsi que les mentions suivantes :

1° La dénomination de l'aliment médicamenteux ;

2° Le poids net ou le volume net ;

3° La composition qualitative et la quantité de prémélange médicamenteux incorporée dans l'aliment médicamenteux ;

4° Le numéro du lot de fabrication ;

5° La dénomination du prémélange médicamenteux et son numéro d'autorisation de mise sur le marché ;

6° Le nom ou la dénomination sociale et l'adresse du fabricant de l'aliment médicamenteux ;

7° Les animaux de destination ;

8° Le cas échéant, le temps d'attente, même s'il est égal à zéro ;

9° La date de péremption ;

10° Les précautions de conservation, s'il y a lieu ;

11° Les précautions particulières d'élimination des aliments médicamenteux non utilisés ou des déchets ;

12° Toute autre mention prescrite par la décision d'autorisation de mise sur le marché du prémélange médicamenteux.

Lorsque l'aliment médicamenteux est commercialisé en citernes ou autres contenants analogues, les mentions précitées peuvent figurer sur un document d'accompagnement à condition qu'un même signe distinctif figure sur le document d'accompagnement et le contenant afin de permettre l'identification de la livraison.

SECTION VII **PRÉLÈVEMENTS D'ÉCHANTILLONS ET CONTRÔLE OFFICIEL DES MÉDICAMENTS VÉTÉRINAIRES** *(Décr. n° 2008-434 du 6 mai 2008, art. 1er).*

Art. R. 5141-79 Pour s'assurer de la conformité des médicaments vétérinaires à la formule déclarée, le directeur général de l'*(Décr. n° 2011-385 du 11 avr. 2011, art. 1er)* « Agence nationale de sécurité sanitaire de l'alimentation, de l'environnement et du travail » peut faire procéder à des prélèvements d'échantillons par les agents mentionnés à l'article L. 5146-1 dans les conditions prévues à l'article R. 5146-2.

Les prélèvements peuvent porter sur les médicaments et, si nécessaire, sur les matières premières, les produits intermédiaires ou les autres constituants.

Art. R. 5141-80 Un prélèvement comporte deux échantillons. L'un est destiné à l'*(Décr. n° 2011-385 du 11 avr. 2011, art. 1er)* « Agence nationale de sécurité sanitaire de l'alimentation, de l'environnement et du travail », l'autre est conservé par l'établissement détenteur du stock, pour être éventuellement soumis à une analyse contradictoire.

Les prélèvements sont effectués de manière que les échantillons soient autant que possible identiques.

(Décr. n° 2015-709 du 22 juin 2015, art. 7) « Chaque échantillon contient la quantité minimale, en constituants du médicament vétérinaire ou en unités de produit fini, qu'il sera nécessaire de prélever pour procéder utilement à des contrôles postérieurs à la délivrance de l'autorisation de mise sur le marché prescrits par le directeur général de l'Agence nationale de sécurité sanitaire de l'alimentation, de l'environnement et du travail. Il est enfermé dans un sachet scellé et muni d'une étiquette précisant le nom du médicament ou du constituant prélevé, le numéro du lot de fabrication, le nom et

l'adresse du détenteur du stock, la date du prélèvement, le nom et la qualité de l'agent. »

Ces prélèvements ne donnent lieu à aucun paiement à la charge de l'État ou de l'*(Décr. n° 2011-385 du 11 avr. 2011, art. 1er)* « Agence nationale de sécurité sanitaire de l'alimentation, de l'environnement et du travail ».

Art. R. 5141-81 Pour des raisons de santé publique, le directeur général de l'*(Décr. n° 2011-385 du 11 avr. 2011, art. 1er)* « Agence nationale de sécurité sanitaire de l'alimentation, de l'environnement et du travail » peut exiger qu'une entreprise exploitant un médicament vétérinaire immunologique soumette à son contrôle des échantillons de chaque lot du produit fini et si nécessaire du produit en vrac *(Décr. n° 2008-434 du 6 mai 2008, art. 1er)* « avant sa mise sur le marché.

« Sur demande du directeur général de l'*(Décr. n° 2011-385 du 11 avr. 2011, art. 1er)* « Agence nationale de sécurité sanitaire de l'alimentation, de l'environnement et du travail », le titulaire de l'autorisation de mise sur le marché doit fournir rapidement les échantillons accompagnés des comptes rendus de contrôle visés par la personne qualifiée mentionnée à l'article L. 5142-1.

« L'*(Décr. n° 2011-385 du 11 avr. 2011, art. 1er)* « Agence nationale de sécurité sanitaire de l'alimentation, de l'environnement et du travail » informe les autres États membres dans lesquels le médicament vétérinaire est autorisé, ainsi que la direction européenne de la qualité des médicaments, de son intention de procéder à de tels contrôles.

« Elle s'abstient d'engager un contrôle sur un lot si elle est informée de l'intention d'un autre État membre d'y procéder.

« Elle reconduit, sur les échantillons fournis, l'ensemble des essais effectués sur le produit fini par le fabricant, conformément aux dispositions figurant à ces fins dans le dossier de l'autorisation de mise sur le marché.

« La liste des essais à reconduire est réduite aux essais justifiés, à condition que ceci fasse l'objet d'un accord de tous les États membres concernés et, le cas échéant, de la direction européenne de la qualité des médicaments.

« L'*(Décr. n° 2011-385 du 11 avr. 2011, art. 1er)* « Agence nationale de sécurité sanitaire de l'alimentation, de l'environnement et du travail » effectue ces contrôles dans un délai de soixante jours à compter de la réception des échantillons. Ces contrôles ne peuvent être exigés dans le cas d'un lot provenant d'un autre État membre de *(Décr. n° 2013-752 du 16 août 2013, art. 1er-6°, en vigueur le 1er févr. 2014)* « l'Union européenne » ou partie à l'accord sur l'Espace économique européen lorsque l'autorité compétente de cet État a déjà contrôlé ce lot et l'a déclaré conforme aux spécifications qu'elle a approuvées. Cependant, et dans la mesure où la différence des conditions sanitaires avec cet État membre le justifie, ces contrôles peuvent être maintenus par le directeur général de l'*(Décr. n° 2011-385 du 11 avr. 2011, art. 1er)* « Agence nationale de sécurité sanitaire de l'alimentation, de l'environnement et du travail », après examen des comptes rendus de contrôle et notification à la Commission des Communautés européennes.

« Elle notifie, dans un délai de soixante jours après réception des échantillons, les résultats de ce contrôle officiel aux autres États membres concernés, à la direction européenne de la qualité des médicaments, au titulaire de l'autorisation de mise sur le marché et, le cas échéant, à l'exploitant. Elle délivre à l'entreprise un certificat officiel de libération du lot concerné.

« Si elle constate qu'un lot d'un médicament immunologique vétérinaire n'est pas conforme aux comptes rendus de contrôle du fabricant ou aux spécifications prévues par l'autorisation de mise sur le marché, elle prend toutes les mesures nécessaires à l'encontre du titulaire d'autorisation de mise sur le marché et du fabricant et en informe les autres États membres dans lesquels le médicament vétérinaire est autorisé. »

SECTION VIII **PUBLICITÉ**

Art. R. 5141-82 *(Décr. n° 2015-647 du 10 juin 2015, art. 2)* On entend par publicité pour les médicaments vétérinaires toute forme d'information, y compris le démarchage, de prospection ou d'incitation qui vise à promouvoir la prescription, la délivrance, la vente ou la consommation de ces médicaments vétérinaires.

Ne sont pas inclus dans le champ de cette définition :

1° La correspondance, accompagnée le cas échéant de tout document non publicitaire, nécessaire pour répondre à une question précise sur un médicament vétérinaire particulier ;

2° Les informations concrètes et les documents de référence relatifs, par exemple, aux changements d'emballages, aux mises en garde concernant les effets indésirables dans le cadre de la pharmacovigilance communiquées à l'Agence nationale de sécurité sanitaire de l'alimentation, de l'environnement et du travail en application de l'article R. 5141-105-2, ainsi qu'aux catalogues de vente et listes de prix s'il n'y figure aucune information sur le médicament vétérinaire, hormis sa classe thérapeutique ;

3° Les informations relatives à la santé animale ou à des maladies animales, pour autant qu'il n'y ait pas de référence même indirecte à un médicament vétérinaire.

Art. R. 5141-82-1 *(Décr. nº 2015-647 du 10 juin 2015, art. 2-2º, en vigueur le 1er oct. 2015)* Seuls peuvent faire l'objet d'une publicité, sous quelque forme que ce soit, les médicaments vétérinaires pour lesquels ont été obtenus l'autorisation mentionnée à l'article L. 5141-5 ou l'enregistrement mentionné à l'article L. 5141-9 ou qui bénéficient d'une autorisation d'importation parallèle en application de l'article L. 5142-7.

La publicité pour des médicaments vétérinaires dont l'autorisation ou l'enregistrement fait l'objet d'une mesure de suspension est interdite.

Art. R. 5141-83 *(Décr. nº 2015-647 du 10 juin 2015, art. 2)* La publicité en faveur des médicaments vétérinaires n'est autorisée auprès des personnes physiques ou morales habilitées à les délivrer par les articles L. 5143-2 et L. 5143-6 que pour ceux qu'elles sont autorisées à prescrire ou à délivrer.

Art. R. 5141-84 La publicité en faveur des médicaments vétérinaires auprès du public est autorisée. Toutefois, elle est interdite pour les médicaments prescrits sur ordonnance en application de l'article L. 5143-5.

Art. R. 5141-84-1 *(Décr. nº 2015-647 du 10 juin 2015, art. 2)* Dans tous les cas, la publicité ne doit pas être trompeuse ni porter atteinte à la protection de la santé humaine ou animale. Elle doit présenter le médicament de façon objective et favoriser son bon usage. Elle ne doit jamais faire apparaître la consultation vétérinaire comme superflue, ni être assortie de promesses ou d'avantages de quelque nature que ce soit, ni utiliser des attestations ou des expertises.

Art. R. 5141-85 *(Décr. nº 2015-647 du 10 juin 2015, art. 2)* La publicité auprès des personnes physiques ou morales mentionnées à l'article R. 5141-83 en faveur des médicaments vétérinaires comporte au moins les renseignements suivants :

1° Le nom du médicament ;

2° Les espèces de destination ;

3° La composition qualitative et quantitative en principes actifs ;

4° Le régime du médicament au regard des règles de prescription et de délivrance ;

5° Les indications thérapeutiques, contre-indications et effets secondaires figurant ou annexés à la décision d'autorisation de mise sur le marché ou d'enregistrement ;

6° Le cas échéant, l'indication du temps d'attente ;

7° Le numéro d'autorisation lorsque la publicité est subordonnée à l'autorisation préalable du directeur général de l'Agence nationale de sécurité sanitaire de l'alimentation, de l'environnement et du travail mentionnée à l'article R. 5141-86.

Toute publicité en faveur d'un antibiotique contient un message indiquant que toute prescription d'antibiotique a un impact sur les résistances bactériennes et qu'elle doit être justifiée.

Art. R. 5141-85-1 *(Décr. nº 2015-647 du 10 juin 2015, art. 2)* Les éléments contenus dans la publicité mentionnée à l'article R. 5141-85 pour un médicament vétérinaire sont conformes aux renseignements figurant dans le résumé des caractéristiques du produit mentionné à l'article R. 5141-15.

Ces éléments sont exacts, à jour, vérifiables et suffisamment complets pour permettre au destinataire de se faire une idée personnelle de la valeur thérapeutique du médicament.

Toute mention écrite est parfaitement lisible par le destinataire de la publicité.

Les citations, tableaux et autres illustrations empruntés à des revues ou à des ouvrages scientifiques, qui sont utilisés dans la publicité, sont reproduits fidèlement et la source exacte est précisée.

La publicité ne peut mentionner la position prise à l'égard d'un médicament par une autorité administrative ou une instance consultative d'une manière susceptible d'altérer le sens ou l'objectivité de cette position.

Art. R. 5141-85-2 *(Décr. n° 2015-647 du 10 juin 2015, art. 2)* Lorsqu'elle est admise en vertu de l'article R. 5141-84, la publicité en faveur des médicaments vétérinaires auprès du public :

1° Est conçue de façon que le caractère publicitaire du message soit évident et que le produit soit clairement identifié comme médicament vétérinaire ;

2° Comporte au moins :

a) Le nom du médicament vétérinaire ;

b) Les informations indispensables pour un bon usage du médicament vétérinaire ;

c) Une invitation expresse à lire attentivement les instructions figurant sur la notice ou sur le conditionnement extérieur, selon le cas ;

d) Le cas échéant, les précautions à prendre par la personne qui administre le médicament ;

e) La mention : "ce produit est un médicament vétérinaire", accompagnée d'un message de prudence, d'un renvoi au conseil d'un pharmacien ou d'un vétérinaire et, en cas de persistance des symptômes, d'une invitation à la consultation d'un vétérinaire ;

f) Le numéro d'autorisation.

Art. R. 5141-85-3 *(Décr. n° 2015-647 du 10 juin 2015, art. 2)* Pour les publicités mentionnées aux articles R. 5141-83 et R. 5141-84, les textes et documents publicitaires font l'objet d'un dépôt auprès du directeur général de l'Agence nationale de sécurité sanitaire de l'alimentation, de l'environnement et du travail, par tout moyen conférant date certaine, deux mois avant leur diffusion.

Art. R. 5141-86 *(Décr. n° 2015-647 du 10 juin 2015, art. 2)* Est subordonnée à une autorisation préalable du directeur général de l'Agence nationale de sécurité sanitaire de l'alimentation, de l'environnement et du travail la publicité en faveur :

1° Des antibiotiques ;

2° Des médicaments vétérinaires soumis à un plan de gestion de risque ;

3° Des médicaments présentés comme favorisant le diagnostic, la prévention ou le traitement des maladies classées parmi les dangers sanitaires de première catégorie à la nomenclature prévue à l'article L. 201-1 du code rural et de la pêche maritime ;

4° Des médicaments vétérinaires comportant des *(Décr. n° 2016-1506 du 8 nov. 2016, art. 3)* « substances à activité anabolisante, anticatabolisante et bêta-agoniste ».

Sont également soumises à autorisation préalable les publicités en faveur des médicaments vétérinaires *(Décr. n° 2016-1506 du 8 nov. 2016, art. 3)* « destinées » au public telles que prévues à l'article R. 5141-84.

La durée de validité de l'autorisation est de deux ans. Elle prend fin avant l'expiration de ce délai, si l'autorisation de mise sur le marché du médicament a fait l'objet de modification.

Art. R. 5141-86-1 *(Décr. n° 2015-647 du 10 juin 2015, art. 2)* Dès lors que l'information concernant chaque médicament reproduit intégralement le résumé des caractéristiques du produit mentionné à l'article R. 5141-15, les publications destinées à référencer les médicaments vétérinaires sont dispensées de l'autorisation prévue à l'article R. 5141-86. Cette dérogation ne s'applique pas aux publications des titulaires d'autorisation de mise sur le marché et des entreprises exploitant les médicaments *vétérinaires.*

Art. R. 5141-86-2 *(Décr. n° 2015-647 du 10 juin 2015, art. 2)* La publicité concernant les autovaccins à usage vétérinaire est interdite. Toutefois, les titulaires d'une autorisation mentionnée à l'article L. 5141-12 peuvent diffuser des informations sur leurs activités à destination des seuls vétérinaires. Ces informations sont conformes aux mentions de l'autorisation prévue à l'article R. 5141-132.

Art. R. 5141-87 Il est interdit aux entreprises mentionnées à l'article R. 5142-1 de remettre directement ou indirectement aux utilisateurs et aux personnes habilitées à prescrire ou à délivrer des médicaments des primes, des objets ou produits quelconques ou de consentir des avantages matériels directs ou indirects autres que les conditions tarifaires en vigueur.

Toutefois, sont autorisés les dons destinés à encourager la recherche et l'enseignement au profit d'établissements publics ou de fondations reconnues d'utilité publique, sous réserve de déclaration préalable au préfet du département dans lequel ces institutions ont leur siège.

Art. R. 5141-88 *(Décr. nº 2015-647 du 10 juin 2015, art. 2)* I. — Les titulaires d'autorisation de mise sur le marché et les entreprises mentionnées à l'article R. 5142-1 ne peuvent délivrer d'échantillons gratuits de médicaments vétérinaires qu'aux seuls vétérinaires qui en font au préalable la demande écrite.

II. — La remise d'échantillons gratuits est admise pendant les deux années suivant la première commercialisation effective en France pour :

1° Une spécialité bénéficiant d'un premier enregistrement ou d'une première autorisation de mise sur le marché, ou ;

2° Une spécialité déjà enregistrée ou autorisée ayant obtenu un enregistrement ou une autorisation de mise sur le marché pour un nouveau dosage ou une nouvelle forme pharmaceutique, si l'enregistrement ou l'autorisation est assorti d'une extension d'indication.

III. — La remise d'échantillons gratuits respecte en outre les conditions suivantes :

1° Pour chaque médicament, il ne peut être remis qu'un nombre restreint d'échantillons par an et par destinataire, déterminé en fonction de la nature du médicament et de la nécessité pour le prescripteur de se familiariser avec celui-ci ; chaque échantillon est identique au plus petit conditionnement commercialisé ;

2° Chaque établissement pharmaceutique remettant des échantillons organise en son sein le contrôle de cette remise et le suivi des échantillons.

Leur remise directe au public, y compris aux propriétaires ou détenteurs professionnels d'animaux relevant d'espèces dont la chair ou les produits sont destinés à la consommation humaine, à des fins promotionnelles ainsi que leur remise dans les enceintes accessibles au public à l'occasion de congrès vétérinaires ou pharmaceutiques est interdite.

IV. — Les échantillons doivent être identiques aux spécialités pharmaceutiques concernées et porter la mention : "échantillon gratuit".

Ces échantillons ne peuvent contenir ni des antibiotiques ni des substances classées comme psychotropes ou stupéfiants, ou auxquelles la réglementation des stupéfiants est appliquée en tout ou partie.

Art. D. 5141-88-1 *(Décr. nº 2006-1273 du 18 oct. 2006, art. 2)* Le montant de la taxe prévue au 6° du 1 du I de l'article L. 5141-8 pour les autorisations de publicité mentionnées à l'article R. 5141-86 est fixé à 2 000 €.

(Décr. nº 2015-647 du 10 juin 2015, art. 2) « Pour les médicaments destinés aux poissons, aux abeilles ou aux autres espèces considérées comme mineures telles que définies au deuxième alinéa de l'article L. 5141-5-4, le montant de la taxe est fixé à 500 euros. »

SECTION IX PHARMACOVIGILANCE VÉTÉRINAIRE

SOUS-SECTION 1 DISPOSITIONS GÉNÉRALES

Art. R. 5141-89 La pharmacovigilance vétérinaire a pour objet la surveillance des effets des médicaments vétérinaires, principalement de leurs effets indésirables sur les animaux et les êtres humains, et l'évaluation scientifique des informations recueillies dans ce but. *(Décr. nº 2008-118 du 7 févr. 2008, art. 1er)* « Elle a également pour objet la surveillance des effets indésirables sur les animaux et les êtres humains résultant de l'administration à un animal dans les conditions prévues au *a* du 3° de l'article L. 5143-4 d'un médicament à usage humain. »

Art. R. 5141-90 La pharmacovigilance vétérinaire comporte :

1° Le signalement des effets indésirables des médicaments vétérinaires *(Décr. nº 2008-118 du 7 févr. 2008, art. 1er)* « et des médicaments à usage humain administrés dans les conditions prévues au *a* du 3° de l'article L. 5143-4 » ;

2° Le recueil des informations disponibles sur l'efficacité insuffisante d'un médicament vétérinaire par rapport à l'efficacité prévue, sur son utilisation en dehors des mentions du résumé des caractéristiques du produit défini à l'article R. 5141-15, sur ses risques éventuels pour l'environnement ainsi que sur la validité du temps d'attente le concernant, dans la mesure où ces informations sont utiles pour l'évaluation des risques et des bénéfices de ce médicament. Ces informations sont mises en rapport avec les données disponibles concernant la vente en gros, la vente au détail et la prescription des médicaments vétérinaires ;

3° L'enregistrement, l'évaluation et l'exploitation des données mentionnées aux 1° et 2° et la réalisation des études et des travaux concernant la sécurité d'emploi des médicaments vétérinaires.

L'exercice de la pharmacovigilance peut impliquer la recherche et l'analyse des données contenues dans le dossier d'autorisation de mise sur le marché d'un médicament vétérinaire ou d'enregistrement d'un médicament homéopathique vétérinaire, ainsi que des informations relatives à la fabrication, à la conservation, à la vente en gros, à la vente au détail, à la prescription et à l'administration aux animaux de ce médicament.

Art. R. 5141-91 Pour les médicaments vétérinaires faisant l'objet d'une autorisation de mise sur le marché ou pour les médicaments homéopathiques vétérinaires faisant l'objet d'un enregistrement, la pharmacovigilance s'exerce après la délivrance de cette autorisation ou de cet enregistrement.

Art. R. 5141-92 Pour l'application de la présente section, on entend par :

1° Effet indésirable : une réaction nocive et non voulue, se produisant aux posologies normalement utilisées chez l'animal pour la prophylaxie, le diagnostic ou le traitement d'une maladie ou *(Décr. nº 2008-118 du 7 févr. 2008, art. 1er)* « pour la restauration, la correction ou la modification d'une fonction physiologique » ;

2° Effet indésirable sur l'être humain : une réaction nocive et non voulue, se produisant chez un être humain à la suite d'une exposition à un médicament vétérinaire ;

3° Effet indésirable grave : un effet indésirable qui entraîne la mort, qui est susceptible de mettre la vie en danger, qui provoque des symptômes permanents ou prolongés, qui se traduit par une anomalie ou une malformation congénitale ou provoque un handicap ou une incapacité importants chez l'animal traité ;

4° *(Décr. nº 2008-118 du 7 févr. 2008, art. 1er)* « Effet indésirable inattendu : un effet indésirable dont la nature, la gravité ou l'effet ne concordent pas avec les mentions du résumé des caractéristiques du produit défini à l'article R. 5141-15 ; »

5° Rapports périodiques actualisés relatifs à la sécurité : les rapports périodiques contenant les informations enregistrées conformément à l'article R. 5141-105 ;

6° Études de surveillance après mise sur le marché : une étude pharmaco-épidémiologique ou un essai clinique effectués conformément aux termes de l'autorisation de mise sur le marché, dans le but d'identifier et d'étudier un risque relatif à un médicament vétérinaire autorisé ;

7° Utilisation en dehors des mentions du résumé des caractéristiques du produit défini à l'article R. 5141-15 : l'usage d'un médicament vétérinaire d'une manière qui n'est pas conforme au résumé des caractéristiques du produit, notamment le mauvais usage ou l'abus grave *(Décr. nº 2008-118 du 7 févr. 2008, art. 1er)* « du médicament ».

Art. R. 5141-93 Le système national de pharmacovigilance vétérinaire comprend :

(Décr. nº 2010-871 du 26 juill. 2010, art. 2, applicable pour une durée de cinq ans à compter du 1er janv. 2011 ; Décr. nº 2011-385 du 11 avr. 2011, art. 2) « 1° L'Agence nationale de sécurité sanitaire de l'alimentation, de l'environnement et du travail ; »

(Abrogé par Décr. nº 2013-757 du 19 août 2013, art. 1er-4°, à compter du 1er oct. 2013) *« 2° La Commission nationale des médicaments vétérinaires mentionnée à l'article R. 5141-48* [*ancienne rédaction : 2° L'Agence française de sécurité sanitaire des aliments ;*] ; »

3° Les centres de pharmacovigilance vétérinaire mentionnés à l'article R. 5141-101 ;

4° Les pharmaciens, les vétérinaires et les membres des autres professions de santé ainsi que les entreprises assurant l'exploitation de médicaments vétérinaires.

SOUS-SECTION 2 ORGANISATION ET FONCTIONNEMENT

§ 1er AGENCE FRANÇAISE DE SÉCURITÉ SANITAIRE DES ALIMENTS

Art. R. 5141-94 L'*(Décr. n° 2011-385 du 11 avr. 2011, art. 1er)* « Agence nationale de sécurité sanitaire de l'alimentation, de l'environnement et du travail » assure la mise en œuvre du système national de pharmacovigilance vétérinaire. Elle anime et coordonne les actions des différents intervenants. Elle recense les informations recueillies et veille au respect des procédures de surveillance organisées par la présente section. Elle organise la diffusion de l'information relative à la pharmacovigilance vétérinaire.

Elle reçoit les déclarations et les rapports qui sont adressés à son directeur général, en application de l'article R. 5141-105, par les entreprises exploitant des médicaments vétérinaires, ainsi que les informations qui lui sont transmises par les centres de pharmacovigilance vétérinaire, en application de l'article R. 5141-101 et par les centres antipoison et les centres régionaux de pharmacovigilance, en application de l'article R. 5141-110.

(Décr. n° 2016-1506 du 8 nov. 2016, art. 4) « Elle reçoit aussi les déclarations qui lui sont transmises par les vétérinaires, les pharmaciens, les membres d'une profession de santé en application de l'article R. 5141-103 et par toute personne ayant constaté un effet indésirable chez l'animal. »

(Décr. n° 2013-757 du 19 août 2013, art. 1er) « Elle évalue les informations sur les effets indésirables, chez l'homme ou chez l'animal, des médicaments vétérinaires et les données transmises à l'agence au titre de la pharmacovigilance vétérinaire et prend les décisions nécessaires ou rend un avis pour faire cesser les incidents et accidents liés à l'emploi d'un médicament vétérinaire, à l'emploi simultané de plusieurs médicaments vétérinaires ou à l'emploi de médicaments à usage humain chez l'animal.

« A cet effet, le directeur général de l'Agence nationale de sécurité sanitaire de l'alimentation, de l'environnement et du travail peut ordonner toute mesure d'instruction qu'il juge nécessaire, notamment :

« – recueillir l'avis d'experts désignés par lui ;

« – conduire tous travaux ou enquêtes qu'il estime utiles à l'exercice de la pharmacovigilance vétérinaire. »

Art. R. 5141-95 Le directeur général de l'*(Décr. n° 2011-385 du 11 avr. 2011, art. 1er)* « Agence nationale de sécurité sanitaire de l'alimentation, de l'environnement et du travail » peut demander aux centres de pharmacovigilance vétérinaire de mener à bien les enquêtes et travaux de pharmacovigilance vétérinaire. Il peut également demander aux centres antipoison mentionnés à l'article L. 6141-4 de lui fournir les informations et d'effectuer les études qu'il estime utiles dans un but de pharmacovigilance vétérinaire. Il peut aussi demander au directeur général de l'*(Décr. n° 2012-597 du 27 avr. 2012, art. 5-I-1°)* « Agence nationale de sécurité du médicament et des produits de santé » tout renseignement qui lui serait utile dans un but de pharmacovigilance vétérinaire.

Les entreprises exploitant des médicaments vétérinaires fournissent, sur demande motivée du directeur général de l'*(Décr. n° 2011-385 du 11 avr. 2011, art. 1er)* « Agence nationale de sécurité sanitaire de l'alimentation, de l'environnement et du travail », toute information mentionnée au second alinéa de l'article R. 5141-90. Les informations ainsi demandées sont nécessaires à l'exercice de la pharmacovigilance vétérinaire.

Art. R. 5141-96 Le directeur général de l'*(Décr. n° 2011-385 du 11 avr. 2011, art. 1er)* « Agence nationale de sécurité sanitaire de l'alimentation, de l'environnement et du travail » informe l'*(Décr. n° 2007-1860 du 26 déc. 2007, art. 2)* « Agence européenne des médicaments », les autres États membres de *(Décr. n° 2013-752 du 16 août 2013, art. 1er)* « l'Union européenne », le directeur général de l'*(Décr. n° 2012-597 du 27 avr. 2012, art. 5-I-1°)* « Agence nationale de sécurité du médicament et des produits de santé » et l'entreprise assurant l'exploitation du médicament vétérinaire de tout effet indésirable grave présumé et de tout effet indésirable présumé sur l'être humain qui lui a été déclaré, au plus tard quinze jours après cette déclaration. *(Décr. n° 2008-118 du 7 févr. 2008, art. 2)* « Il informe également l'*(Décr. n° 2012-597 du 27 avr.*

2012, art. 5-I-1°) « Agence nationale de sécurité du médicament et des produits de santé » de tout effet indésirable présumé sur l'être humain susceptible d'être dû à l'administration à un animal dans les conditions prévues au *a* du 3° de l'article L. 5143-4 d'un médicament à usage humain. »

Le directeur général de l'*(Décr. n° 2011-385 du 11 avr. 2011, art. 1er)* « Agence nationale de sécurité sanitaire de l'alimentation, de l'environnement et du travail » fixe les modalités d'informations des différents intervenants du système national de pharmacovigilance vétérinaire.

(Décr. n° 2008-118 du 7 févr. 2008, art. 2) « Le directeur général de l'*(Décr. n° 2011-385 du 11 avr. 2011, art. 1er)* « Agence nationale de sécurité sanitaire de l'alimentation, de l'environnement et du travail » assure, lorsque la France est désignée comme État membre de référence pour la mise en œuvre de la procédure décentralisée ou de la procédure de reconnaissance mutuelle prévue aux articles R. 5141-47-1 et suivants, l'analyse et le suivi des effets indésirables graves et des transmissions d'agents infectieux susceptibles d'être dus à ce médicament et dont il a eu connaissance conformément au dernier alinéa de l'article R. 5141-104. »

Art. R. 5141-96-1 *(Décr. n° 2008-118 du 7 févr. 2008, art. 2)* Le directeur général de l'*(Décr. n° 2011-385 du 11 avr. 2011, art. 1er)* « Agence nationale de sécurité sanitaire de l'alimentation, de l'environnement et du travail » informe immédiatement l'Agence européenne des médicaments et les autres États membres de *(Décr. n° 2013-752 du 16 août 2013, art. 1er-6°, en vigueur le 1er févr. 2014)* « l'Union européenne » de tout projet de suspension, retrait ou modification d'office d'une autorisation de mise sur le marché fondée sur l'évaluation des données de pharmacovigilance visant à réduire les indications ou la disponibilité, modifier la posologie, ajouter une contre-indication ou une nouvelle mesure préventive.

Lorsque le directeur général de l'*(Décr. n° 2011-385 du 11 avr. 2011, art. 1er)* « Agence nationale de sécurité sanitaire de l'alimentation, de l'environnement et du travail » suspend, en urgence, l'autorisation de mise sur le marché d'un médicament, il en informe immédiatement l'Agence européenne des médicaments, la Commission européenne et les autres États membres, au plus tard le premier jour ouvrable suivant sa décision.

§ 2 *[ABROGÉ]* COMMISSION NATIONALE DE PHARMACOVIGILANCE VÉTÉRINAIRE

(Abrogé par Décr. n° 2010-871 du 26 juill. 2010, art. 2)

Art. R. 5141-97 *à* R. 5141-100 *Abrogés par Décr. n° 2010-871 du 26 juill. 2010, art. 2.*

§ 3 CENTRES DE PHARMACOVIGILANCE VÉTÉRINAIRE

Art. R. 5141-101 Les centres de pharmacovigilance vétérinaire sont chargés :

(Décr. n° 2016-1506 du 8 nov. 2016, art. 4) « 1° De recevoir les déclarations transmises, en application de l'article R. 5141-103, par les vétérinaires, par les pharmaciens ainsi que par tout membre d'une profession de santé ou par toute personne ayant constaté un effet indésirable chez l'animal ; »

2° De réunir les informations de même nature qui leur sont transmises par tout membre d'une profession de santé ;

3° De transmettre trimestriellement au directeur général de l'*(Décr. n° 2011-385 du 11 avr. 2011, art. 1er)* « Agence nationale de sécurité sanitaire de l'alimentation, de l'environnement et du travail » un rapport détaillé faisant la synthèse des informations recueillies en application des 1° et 2°, celles qui concernent les effets indésirables graves présumés et les effets indésirables présumés sur l'être humain devant lui être transmises sans délai ;

4° De remplir auprès des ministres chargés de l'agriculture et de la santé et du directeur général de l'*(Décr. n° 2011-385 du 11 avr. 2011, art. 1er)* « Agence nationale de sécurité sanitaire de l'alimentation, de l'environnement et du travail » une mission d'expertise en conduisant les études et travaux qui leur sont demandés par ces autorités et en procédant à l'évaluation des informations relatives aux effets indésirables ;

5° De contribuer au développement des connaissances sur les méthodes de la pharmacovigilance et sur la nature et les mécanismes des effets indésirables des médicaments vétérinaires ;

6° De mener, à la demande de l'*(Décr. n° 2011-385 du 11 avr. 2011, art. 1er)* « Agence nationale de sécurité sanitaire de l'alimentation, de l'environnement et du travail », des actions de formation et d'information en matière de pharmacovigilance auprès des pharmaciens et des vétérinaires.

Art. R. 5141-102 La création, l'organisation et le financement des centres de pharmacovigilance vétérinaire, ainsi que les conditions dans lesquelles ils exercent les missions qui leur sont confiées par l'*(Décr. n° 2011-385 du 11 avr. 2011, art. 1er)* « Agence nationale de sécurité sanitaire de l'alimentation, de l'environnement et du travail », font l'objet de conventions conclues entre le directeur général de l'*(Décr. n° 2011-385 du 11 avr. 2011, art. 1er)* « Agence nationale de sécurité sanitaire de l'alimentation, de l'environnement et du travail » et les écoles nationales vétérinaires au sein desquelles les centres sont créés. Ces conventions précisent les nom et qualité du responsable du centre, qui est un vétérinaire formé à la pharmacologie ou à la toxicologie clinique, ainsi que le territoire d'intervention du centre. Elles sont communiquées pour information aux ministres chargés de l'agriculture et de la santé.

§ 4 DÉCLARATION ET SIGNALEMENT DE PHARMACOVIGILANCE *(Décr. n° 2016-1506 du 8 nov. 2016, art. 5).*

Art. R. 5141-103 Un vétérinaire ayant constaté, ou à qui a été signalé, un effet indésirable grave ou inattendu susceptible d'être imputé à l'utilisation d'un médicament vétérinaire, qu'il l'ait ou non prescrit *(Décr. n° 2008-118 du 7 févr. 2008, art. 2)* « ou d'un médicament à usage humain administré à un animal dans les conditions prévues au *a* du 3° de l'article L. 5143-4 », en fait la déclaration immédiate *(Décr. n° 2016-1506 du 8 nov. 2016, art. 5)* « à l'Agence nationale de sécurité sanitaire de l'alimentation, de l'environnement et du travail ou » au centre de pharmacovigilance vétérinaire.

Un pharmacien ayant eu connaissance d'un effet indésirable grave ou inattendu susceptible d'être imputé à l'utilisation d'un médicament vétérinaire *(Décr. n° 2008-118 du 7 févr. 2008, art. 2)* « ou d'un médicament à usage humain administré à un animal dans les conditions prévues au *a* du 3° de l'article L. 5143-4 » le déclare également aussitôt *(Décr. n° 2016-1506 du 8 nov. 2016, art. 5)* « à l'Agence nationale de sécurité sanitaire de l'alimentation, de l'environnement et du travail ou » au centre de pharmacovigilance vétérinaire.

Ces mêmes professionnels peuvent, dans les mêmes conditions, informer le centre de pharmacovigilance vétérinaire *(Décr. n° 2016-1506 du 8 nov. 2016, art. 5)* « et l'Agence nationale de sécurité sanitaire de l'alimentation, de l'environnement et du travail » de tout autre effet indésirable susceptible d'être imputé à l'utilisation d'un médicament vétérinaire *(Décr. n° 2008-118 du 7 févr. 2008, art. 2)* « ou d'un médicament à usage humain administré à un animal dans les conditions prévues au *a* du 3° de l'article L. 5143-4 » qu'ils ont constaté ou qui a été porté à leur connaissance ou de toute autre information mentionnée à l'article R. 5141-90 qui a été portée à leur connaissance.

Il en est de même pour tout membre d'une profession de santé en ce qui concerne les effets indésirables sur l'être humain et susceptibles d'être imputés à l'utilisation de *ces médicaments.*

(Décr. n° 2016-1506 du 8 nov. 2016, art. 5) « Toute personne ayant constaté un effet indésirable susceptible d'être imputé à l'utilisation d'un médicament vétérinaire ou à un médicament à usage humain administré à un animal dans les conditions prévues au *a* du 3° de l'article L. 5143-4 peut également en informer l'Agence nationale de sécurité sanitaire de l'alimentation, de l'environnement et du travail ou le centre de pharmacovigilance. »

Art. R. 5141-104 Une entreprise assurant l'exploitation d'un médicament vétérinaire est tenue :

1° De conserver des rapports détaillés de tous les effets indésirables présumés qui sont survenus à l'intérieur ou à l'extérieur de *(Décr. n° 2013-752 du 16 août 2013, art. 1er)* « l'Union européenne » ;

2° D'enregistrer tout effet indésirable grave présumé sur l'animal et tout effet indésirable présumé sur l'être humain résultant de l'utilisation de médicaments vétérinaires *(Décr. n° 2008-118 du 7 févr. 2008, art. 2)* « ainsi que toute présomption de transmission d'agents infectieux par des médicaments vétérinaires, » dont il a eu connaissance ou qui a été porté à son attention et de le déclarer au plus tard dans les quinze jours au directeur général de l'*(Décr. n° 2011-385 du 11 avr. 2011, art. 1er)* « Agence nationale de sécurité sanitaire de l'alimentation, de l'environnement et du travail » *(Décr. n° 2008-118 du 7 févr. 2008, art. 2)* « si cet effet est survenu sur le territoire français » ou aux autorités de l'État membre sur le territoire duquel cet effet est survenu ;

3° De déclarer sans délai au directeur général de l'*(Décr. n° 2011-385 du 11 avr. 2011, art. 1er)* « Agence nationale de sécurité sanitaire de l'alimentation, de l'environnement et du travail » tout effet indésirable grave et inattendu présumé sur l'animal et tout effet indésirable présumé sur l'être humain *(Décr. n° 2008-118 du 7 févr. 2008, art. 2)* « ainsi que toute présomption de transmission d'agents infectieux par un médicament vétérinaire, » survenus sur le territoire d'un État non membre de *(Décr. n° 2013-752 du 16 août 2013, art. 1er)* « l'Union européenne » dont il a eu connaissance, et d'en informer l'*(Décr. n° 2007-1860 du 26 déc. 2007, art. 2)* « Agence européenne des médicaments » et les autorités compétentes des autres États membres de *(Décr. n° 2013-752 du 16 août 2013, art. 1er)* « l'Union européenne » dans lesquels le médicament vétérinaire est autorisé au plus tard dans les quinze jours suivant la réception de l'information.

(Décr. n° 2008-118 du 7 févr. 2008, art. 2) « Lorsque la France est désignée comme État membre de référence pour la mise en œuvre de la procédure décentralisée ou de la procédure de reconnaissance mutuelle prévue aux articles R. 5141-47-1 et suivants, toute entreprise exploitant un médicament vétérinaire autorisé selon l'une de ces procédures dans un ou plusieurs autres États membres de *(Décr. n° 2013-752 du 16 août 2013, art. 1er)* « l'Union européenne » est tenue de porter immédiatement à la connaissance du directeur général de l'*(Décr. n° 2011-385 du 11 avr. 2011, art. 1er)* « Agence nationale de sécurité sanitaire de l'alimentation, de l'environnement et du travail », et au plus tard dans les quinze jours suivant la réception de l'information, les effets indésirables graves et les effets indésirables sur l'être humain ainsi que la transmission d'agents infectieux susceptibles d'être dus à ce médicament survenus dans cet autre ou ces autres États. »

Art. R. 5141-105 Sans préjudice des conditions fixées lors de l'octroi de l'autorisation de mise sur le marché en application des dispositions du quatrième alinéa de l'article L. 5141-5, l'entreprise assurant l'exploitation du médicament vétérinaire transmet au directeur général de l'*(Décr. n° 2011-385 du 11 avr. 2011, art. 1er)* « Agence nationale de sécurité sanitaire de l'alimentation, de l'environnement et du travail », sous la forme d'un rapport périodique actualisé relatif à la sécurité, les informations relatives aux effets indésirables qu'il a déclarés ou qui lui ont été signalés, accompagnées d'une évaluation scientifique des bénéfices et risques que présente le médicament vétérinaire :

1° Immédiatement sur demande ;

2° *(Décr. n° 2008-118 du 7 févr. 2008, art. 2)* « Semestriellement :

« *a)* Pendant la période comprise entre la délivrance de l'autorisation de mise sur le marché et la mise sur le marché effective du médicament vétérinaire dans au moins un État membre de *(Décr. n° 2013-752 du 16 août 2013, art. 1er)* « l'Union européenne » ;

« *b)* Pendant les deux premières années suivant la première mise sur le marché du médicament dans au moins un État membre de *(Décr. n° 2013-752 du 16 août 2013, art. 1er)* « l'Union européenne » ;

3° *Annuellement pendant les* deux années suivantes ;

4° *(Décr. n° 2008-118 du 7 févr. 2008, art. 2)* « Tous les trois ans pour les années suivantes » ;

5° *Abrogé par Décr. n° 2008-118 du 7 févr. 2008, art. 2.*

Après délivrance de l'autorisation de mise sur le marché, l'entreprise assurant l'exploitation du médicament vétérinaire peut demander une modification de la périodicité précitée conformément à la procédure applicable pour la modification de l'autorisation considérée.

Art. R. 5141-105-1 *(Décr. n° 2005-374 du 20 avr. 2005)* Le titulaire d'une autorisation mentionnée à l'article L. 5141-12 doit déclarer au directeur général de l'*(Décr. n° 2011-385 du 11 avr. 2011, art. 1er)* « Agence nationale de sécurité sanitaire de l'alimentation, de l'environnement et du travail », immédiatement après en avoir eu connaissance, tout effet indésirable grave présumé sur l'animal et tout effet indésirable présumé sur l'être humain susceptible d'être dû à un autovaccin à usage vétérinaire.

Il transmet au directeur général de l'*(Décr. n° 2011-385 du 11 avr. 2011, art. 1er)* « Agence nationale de sécurité sanitaire de l'alimentation, de l'environnement et du travail », annuellement et immédiatement sur demande, un rapport présentant la synthèse des informations relatives à l'ensemble des effets indésirables qu'il a déclarés ou qui lui ont été signalés et de toutes informations utiles à l'évaluation des risques et bénéfices liés à l'emploi des autovaccins à usage vétérinaire qu'il prépare ainsi qu'à l'évaluation scientifique de ces informations.

Outre les obligations prévues à l'article R. 5141-103, le vétérinaire prescripteur d'un autovaccin à usage vétérinaire doit déclarer au titulaire de l'autorisation mentionnée à l'article L. 5141-12, immédiatement après en avoir eu connaissance, tout effet indésirable grave présumé et tout effet indésirable présumé sur l'être humain.

Art. R. 5141-105-2 *(Décr. n° 2008-118 du 7 févr. 2008, art. 2)* L'entreprise exploitant un médicament vétérinaire ne peut communiquer au public sur ce médicament vétérinaire des informations portant sur la pharmacovigilance sans les transmettre, au préalable ou simultanément en cas d'urgence, au directeur général de l'*(Décr. n° 2011-385 du 11 avr. 2011, art. 1er)* « Agence nationale de sécurité sanitaire de l'alimentation, de l'environnement et du travail ». Ces informations sont présentées de manière objective et non trompeuse.

Art. R. 5141-106 *(Décr. n° 2008-118 du 7 févr. 2008, art. 2)* Les modalités et le modèle type des déclarations et du rapport périodique actualisé de pharmacovigilance mentionnés aux articles R. 5141-103 à R. 5141-105-1 sont fixés par décision du directeur général de l'*(Décr. n° 2011-385 du 11 avr. 2011, art. 1er)* « Agence nationale de sécurité sanitaire de l'alimentation, de l'environnement et du travail ».

Art. R. 5141-107 Les obligations de déclaration et de signalement prévues par la présente section s'appliquent sans préjudice de celles que prévoient, pour les médicaments vétérinaires autorisés par l'*(Décr. n° 2007-1860 du 26 déc. 2007, art. 2)* « Agence européenne des médicaments », *(Décr. n° 2008-118 du 7 févr. 2008, art. 2)* « le règlement (CE) n° 726/2004 du Parlement européen et du Conseil du 31 mars 2004 établissant des procédures communautaires pour l'autorisation et la surveillance en ce qui concerne les médicaments à usage humain et à usage vétérinaire et instituant une Agence européenne des médicaments ».

§ 5 AUTRES OBLIGATIONS DE PHARMACOVIGILANCE

Art. R. 5141-108 Une entreprise assurant l'exploitation de médicaments vétérinaires dispose, en permanence, des services d'une personne, pharmacien ou vétérinaire, chargée de la pharmacovigilance vétérinaire *(Décr. n° 2008-118 du 7 févr. 2008, art. 2)* « résidant dans *(Décr. n° 2013-752 du 16 août 2013, art. 1er)* « l'Union européenne ». Le nom de cette personne, sa qualité et ses coordonnées sont communiqués » au directeur général de l'*(Décr. n° 2011-385 du 11 avr. 2011, art. 1er)* « Agence nationale de sécurité sanitaire de l'alimentation, de l'environnement et du travail ».

Cette personne est chargée de :

1° Rassembler, traiter et rendre accessibles à toute personne habilitée à en connaître les informations relatives à tous les effets indésirables présumés qui lui ont été signalés. Ces informations sont conservées pendant une période d'au moins cinq ans à compter de la date de leur réception ;

2° Préparer les rapports mentionnés à l'article R. 5141-105 en vue de leur transmission au directeur général de l'agence ;

3° Veiller à ce qu'il soit répondu, de manière complète et rapide, aux demandes du directeur général de l'agence tendant à obtenir des informations complémentaires nécessaires à la pharmacovigilance vétérinaire, notamment les informations relatives aux études de surveillance après mise sur le marché, le volume des ventes ou de prescription pour le médicament vétérinaire concerné.

Art. R. 5141-109 *(Décr. nº 2008-118 du 7 févr. 2008, art. 2)* Les principes de bonnes pratiques de pharmacovigilance vétérinaire auxquelles sont soumis *(Décr. nº 2015-709 du 22 juin 2015, art. 8)* « les vétérinaires, les pharmaciens et les membres des autres professions de santé mentionnés au 4° de l'article R. 5141-93 » sont définis, sur proposition du directeur général de l'*(Décr. nº 2011-385 du 11 avr. 2011, art. 1er)* « Agence nationale de sécurité sanitaire de l'alimentation, de l'environnement et du travail », par arrêté des ministres chargés de l'agriculture et de la santé.

Art. R. 5141-110 Les centres antipoison mentionnés à l'article L. 6141-4 et les centres régionaux de pharmacovigilance mentionnés à l'article R. 5121-167 transmettent, sans délai, *(Décr. nº 2016-1506 du 8 nov. 2016, art. 5)* « à l'Agence nationale de sécurité sanitaire, de l'alimentation, de l'environnement et du travail » les informations dont ils disposent sur les effets indésirables sur l'être humain et susceptibles d'être imputés à l'utilisation de ces médicaments.

SECTION X **DISPOSITIONS PARTICULIÈRES** *(Décr. nº 2007-596 du 24 avr. 2007)*.

Art. R. 5141-111 *(Décr. nº 2007-596 du 24 avr. 2007)* I. — Sans préjudice des dispositions applicables aux médicaments classés comme stupéfiants, toute prescription de médicaments mentionnés à l'article L. 5143-5, ainsi qu'au II de l'article L. 234-2 du code rural et de la pêche maritime, est rédigée, après un diagnostic vétérinaire, sur une ordonnance qui indique lisiblement :

1° Les nom, prénom et adresse du vétérinaire, son numéro national d'inscription au tableau de l'ordre lorsqu'il est tenu de s'y inscrire et sa signature ;

2° Les nom, prénom ou la raison sociale et l'adresse du détenteur des animaux ;

3° La date de la prescription et, le cas échéant, la date de la dernière visite lorsqu'elles sont différentes ;

4° L'identification des animaux : l'espèce ainsi que l'âge et le sexe, le nom ou le numéro d'identification de l'animal ou tout moyen d'identification du lot d'animaux ;

5° La dénomination ou la formule du médicament vétérinaire ; lorsque la prescription concerne un aliment médicamenteux, la dénomination ou la formule du prémélange médicamenteux devant être incorporé dans cet aliment ainsi que son taux d'incorporation ;

6° La posologie, la quantité prescrite et la durée du traitement ; lorsque la prescription concerne un aliment médicamenteux, la quantité d'aliment médicamenteux indiquée en kilogrammes, ainsi que la proportion d'aliment médicamenteux dans la ration journalière et la durée du traitement ;

7° La voie d'administration et, le cas échéant, le point d'injection ou d'implantation ;

8° Dans le cas d'animaux dont la chair ou les produits sont destinés à la consommation humaine, le temps d'attente, même s'il est égal à zéro.

II. — 1° Le renouvellement de la délivrance est interdit pour les médicaments vétérinaires *(Décr. nº 2016-317 du 16 mars 2016, art. 1er)* « contenant une ou plusieurs substances antibiotiques d'importance critique mentionnées à l'article L. 5144-1-1, ou » contenant des substances mentionnées soit aux *c*, *f* ou *g* de l'article L. 5144-1 du présent code, soit au II de l'article L. 234-2 du code rural et de la pêche maritime.

2° La délivrance peut être renouvelée pour les médicaments vétérinaires contenant des substances vénéneuses, si celles-ci figurent sur la liste prévue à l'article L. 5143-6 et si le médicament est utilisé pour le traitement prophylactique des affections habituellement rencontrées dans l'élevage considéré.

Si les substances vénéneuses ne figurent pas sur la liste prévue à l'article L. 5143-6 *ou* bien y figurent sans que le médicament soit utilisé pour le traitement prophylactique des affections habituellement rencontrées dans l'élevage considéré, la délivrance des médicaments vétérinaires relevant de la liste I des substances vénéneuses ne peut être renouvelée que sur indication écrite du vétérinaire prescripteur précisant le nombre de renouvellements ou la durée du traitement et la délivrance des médicaments vétérinaires relevant de la liste II des substances vénéneuses peut être renouvelée lorsque le prescripteur ne l'a pas expressément interdit.

III. — La prescription est valable pour une durée maximale d'un an (*Décr. n° 2016-317 du 16 mars 2016, art. 1er*) « , à l'exception de la prescription d'un médicament vétérinaire contenant une ou plusieurs substances antibiotiques d'importance critique mentionnées à l'article L. 5144-1-1 pour laquelle la durée maximale est d'un mois. »

IV. — Pour les médicaments vétérinaires prescrits à des animaux dont la chair ou les produits sont destinés à la consommation humaine, l'ordonnance est conservée par le détenteur des animaux pendant la durée fixée par l'arrêté prévu au dernier alinéa du II de l'article L. 234-1 du code rural et de la pêche maritime.

En cas de cession des animaux par des détenteurs successifs pendant le temps d'attente du médicament, l'ordonnance est transmise au nouvel acquéreur. En cas de pluralité de détenteurs d'animaux ayant fait l'objet d'une même ordonnance, une copie de celle-ci est remise à chaque nouvel acquéreur. Une copie de l'ordonnance est conservée par le détenteur initial des animaux dans le registre d'élevage.

V. — La prescription d'aliments médicamenteux en vue de leur délivrance est établie en trois exemplaires au moins. Deux exemplaires, dont l'original, sont remis au détenteur des animaux afin d'être présentés à l'établissement fabricant ou au distributeur. Un exemplaire est conservé par ce dernier pendant une durée de cinq ans ; l'original est restitué au détenteur des animaux lors de la livraison de l'aliment médicamenteux. Un exemplaire est conservé par le vétérinaire prescripteur pendant une durée de cinq ans.

VI. — Toute commande à usage professionnel de médicaments à usage humain en vue de l'application du 3° de l'article L. 5143-4 est rédigée par le vétérinaire sur une ordonnance et indique lisiblement :

1° Le nom, la qualité, le numéro d'inscription à l'ordre du vétérinaire lorsqu'il est tenu de s'y inscrire, son adresse et sa signature, ainsi que la date de la commande ;

2° La dénomination du médicament et la quantité commandée ;

3° La mention "Usage professionnel".

VII. — Le vétérinaire prescripteur appose sa signature immédiatement sous la dernière ligne de la prescription ou rend inutilisable l'espace laissé libre entre cette dernière ligne et sa signature par tout moyen approprié. Cette règle s'applique également aux commandes à usage professionnel.

En cas de perte ou de vol de ses ordonnances, le vétérinaire en fait la déclaration sans délai aux autorités de police.

VIII. — Les dispositions du présent article s'appliquent également lorsque le vétérinaire administre lui-même le médicament à l'animal.

Le Conseil d'État a annulé partiellement le décret du 24 avril 2007 en tant qu'il avait inséré au II de l'art. R. 5141-111 des dispositions permettant, pour certaines substances (matières virulentes et produits d'origine microbienne visés aux *a* et *b* de l'art. L. 5144-1 et substances pharmacologiquement actives susceptibles de demeurer à l'état de résidus toxiques ou dangereux dans les denrées alimentaires d'origine animale), le renouvellement de la délivrance de médicaments vétérinaires sur la base d'une même ordonnance, sans nouvelle intervention du prescripteur. Cette faculté de renouvellement est jugée incompatible avec l'art. 67 de la Dir. 2001/82/CE du 6 nov. 2001 qui impose aux États membres de prendre les mesures nécessaires pour éviter une consommation excessive de médicaments vétérinaires. • CE 27 juin 2008 : *Nouv. pharm. déc. 2008, n° 401, p. 452.*

Art. R. 5141-112 (*Décr. n° 2007-596 du 24 avr. 2007*) I. — Lors de la délivrance des *médicaments vétérinaires* prescrits conformément aux dispositions de l'article R. 5141-111, le pharmacien ou le vétérinaire transcrit aussitôt à la suite, à l'encre, sans blanc ni surcharge, cette délivrance sur un registre ou l'enregistre par tout système approprié ne permettant aucune modification des données qu'il contient après validation de leur enregistrement. Les systèmes d'enregistrement permettent une édition immédiate à la demande de toute autorité de contrôle des mentions prévues au présent article, chaque page éditée devant comporter le nom et l'adresse de l'officine ou du domicile professionnel d'exercice vétérinaire. Les données qu'ils contiennent doivent figurer sur un support garantissant leur pérennité et leur intégrité. Elles doivent en outre être dupliquées sur deux supports distincts, le premier servant à la consultation habituelle, le second étant gardé en réserve. Les données archivées doivent pouvoir être accessibles, consultées et exploitées pendant la durée de leur conservation.

Les transcriptions ou les enregistrements comportent pour chaque médicament les mentions suivantes :

1° Un numéro d'ordre ;

2° Les nom, prénom ou raison sociale et adresse du détenteur des animaux, ou la mention "usage professionnel" ;

3° *(Décr. n° 2008-434 du 6 mai 2008, art. 2)* « Le nom » ou la formule du médicament ;

4° La quantité délivrée ;

5° Le nom du prescripteur ;

6° La date de la délivrance ;

7° Le numéro de lot de fabrication des médicaments ;

8° La mention : "médicaments remis par..." avec indication de l'intermédiaire qui remet les médicaments dans les conditions du II du présent article, lorsqu'il s'agit de médicaments autres que des aliments médicamenteux.

Le vétérinaire est dispensé de la transcription ou de l'enregistrement de ces mentions si les ordonnances qu'il rédige sur des feuillets provenant de carnets à souche ou qu'il destine à une édition informatique sont numérotées. Il est tenu de conserver les duplicatas de ces ordonnances dans les mêmes conditions que le registre ou l'enregistrement susmentionné.

(Décr. n° 2008-434 du 6 mai 2008, art. 2) « Le pharmacien ou le vétérinaire, au moins une fois par an, compare la liste des médicaments entrés et sortis avec celle des médicaments en stock, toute divergence devant être consignée dans un rapport. »

Les registres ou les enregistrements informatisés sont conservés pendant une durée de dix ans et sont tenus à la disposition des autorités de contrôle pendant la durée prescrite. Ces enregistrements doivent pouvoir être édités sur papier et être classés par détenteur de l'animal, par médicament et par ordre chronologique. Ils sont mis à la disposition des autorités de contrôle à leur demande.

Le pharmacien ou le vétérinaire reporte immédiatement sur l'ordonnance remise au détenteur des animaux, la date de délivrance, le numéro d'ordre sous lequel la délivrance a été transcrite ou enregistrée, ainsi que la quantité délivrée et, le cas échéant, la mention "médicaments remis par..." avec indication de l'intermédiaire qui remet ces médicaments dans les conditions du II du présent article, s'il s'agit de médicaments autres que des aliments médicamenteux, et accompagne ces mentions de ses nom et adresse. Le vétérinaire, lorsqu'il effectue la délivrance, indique, sur le duplicata de l'ordonnance qu'il conserve, la date de délivrance, la quantité délivrée, le numéro de lot des médicaments et, le cas échéant, la mention "médicaments remis par..." avec indication de l'intermédiaire qui remet ces médicaments dans les conditions du II du présent article, s'il s'agit de médicaments autres que des aliments médicamenteux.

Les indications mentionnées à l'alinéa précédent sont reportées sur l'ordonnance en cas de renouvellement.

II. — Les médicaments vétérinaires sont délivrés au détail par une personne mentionnée à l'article L. 5143-2, dans le respect de l'article L. 5143-9 ou dans les conditions prévues à l'article L. 5143-8, à l'officine pour les pharmaciens, au domicile professionnel d'exercice ou au lieu de détention des animaux pour les vétérinaires, au lieu de stockage des médicaments pour les groupements agréés au titre de l'article L. 5143-6, ou à l'École nationale vétérinaire pour les chefs de service de pharmacie et de toxicologie.

Pour ces professionnels, le recours à l'intervention d'un intermédiaire pour la remise des médicaments vétérinaires contenant des substances vénéneuses est possible pour :

1° Les aliments médicamenteux ;

2° Les médicaments vétérinaires prescrits dans le cadre de la mise en œuvre du programme sanitaire d'élevage ;

3° Les médicaments vétérinaires prescrits dans les conditions définies au IV du R. 5141-112-2 par le vétérinaire auquel la responsabilité du suivi sanitaire de l'élevage a été confiée par le propriétaire ou le détenteur des animaux, conformément au protocole de soins ;

4° Les médicaments vétérinaires prescrits par un vétérinaire dans le cadre des soins qu'il donne personnellement dans la mesure où le délai entre ces soins et la délivrance n'excède pas une durée de dix jours.

Les médicaments vétérinaires mentionnés aux 2°, 3° et 4° sont livrés en paquet scellé portant le nom et l'adresse du propriétaire ou détenteur des animaux. Il y a lieu d'entendre par paquet scellé tout paquet opaque dont la fermeture est telle que le destinataire puisse s'assurer qu'il n'a pas pu être ouvert par un tiers. Pour les médicaments soumis à prescription, l'ordonnance est jointe à l'intérieur du paquet. Elle comporte les mentions spécifiques prévues à l'article R. 5141-111.

Pour les médicaments vétérinaires mentionnés au 1° dont le volume de conditionnement ne permet pas la mise en paquet, le vétérinaire ou le pharmacien mentionné au premier alinéa de l'article R. 5142-54 s'assure que l'ordonnance les prescrivant accompagne les médicaments tout au long de la livraison.

Les personnes habilitées à la délivrance au détail et les personnes sous le contrôle desquelles les médicaments sont délivrés conformément à l'article L. 5143-6 veillent à ce que les conditions de transport soient compatibles avec la bonne conservation des médicaments. Elles veillent également à ce que toutes explications et recommandations soient mises à la disposition de l'utilisateur.

Art. R. 5141-112-1 *(Décr. n° 2007-596 du 24 avr. 2007)* Pour l'application du 2° de l'article L. 5143-2, on entend par :

1° "Interdiction de tenir officine ouverte" :

L'interdiction faite à tout vétérinaire de préparer extemporanément, et de délivrer au détail un médicament vétérinaire, soumis ou non à prescription obligatoire, lorsque celui-ci est destiné à être administré :

a) A un animal ou à plusieurs des animaux auxquels il ne donne pas personnellement des soins ou dont il n'assure pas la surveillance sanitaire et les soins réguliers ;

b) A des animaux auxquels il donne personnellement des soins ou dont il assure régulièrement la surveillance sanitaire et les soins si ce médicament est dépourvu de lien avec ces soins ou cette surveillance.

2° "Donner personnellement des soins" : le fait pour un vétérinaire de réaliser l'examen clinique ou toute intervention médicale ou chirurgicale, sur l'animal, sur les animaux ou sur un ou plusieurs animaux d'un même lot. Cet examen ou cette intervention peut être accompagné ou consister en l'examen nécropsique d'un ou plusieurs animaux du même lot.

3° "Surveillance sanitaire et soins régulièrement confiés au vétérinaire" : le suivi sanitaire permanent d'animaux d'espèces dont la chair ou les produits sont destinés à la consommation humaine, ainsi que d'animaux élevés à des fins commerciales. Il comporte notamment :

a) La réalisation d'un bilan sanitaire d'élevage ;

b) L'établissement et la mise en œuvre d'un protocole de soins ;

c) La réalisation de visites régulières de suivi ;

d) La dispensation régulière de soins, d'actes de médecine ou de chirurgie.

Art. R. 5141-112-2 *(Décr. n° 2007-596 du 24 avr. 2007)* I. — 1° Le bilan sanitaire d'élevage établit au regard de critères qualitatifs et quantitatifs l'état sanitaire de référence de l'élevage. Il comprend la liste des affections auxquelles l'élevage a déjà été confronté, notamment celles qui appellent une action prioritaire. Il repose sur l'analyse méthodique d'informations spécifiquement adaptées à chaque espèce et, le cas échéant, à chaque type de production dont, notamment, les renseignements cliniques, biologiques, nécropsiques, ainsi que les informations zootechniques et l'examen du registre d'élevage. Ces informations sont collectées lors d'une visite du vétérinaire programmée à l'avance avec le détenteur des animaux et effectuée en présence des animaux dans l'élevage. Les résultats de l'expertise du vétérinaire sont consignés dans un document de synthèse rédigé par lui.

2° Au vu du bilan sanitaire d'élevage, le vétérinaire établit le protocole de soins qui définit, pour l'élevage considéré, par espèce animale et, le cas échéant, par type de production :

a) Les actions devant être menées par le détenteur des animaux pour améliorer les conditions sanitaires de l'élevage, notamment les actions prioritaires contre les affections déjà rencontrées ;

b) Les affections habituellement rencontrées dans le type d'élevage considéré et pour lesquelles un traitement préventif, notamment vaccinal, peut être envisagé ;

c) Les affections auxquelles l'élevage a déjà été confronté et pour lesquelles des traitements peuvent être prescrits sans examen préalable des animaux ;

d) Les actions devant être menées par le détenteur des animaux pour la mise en œuvre de ces traitements ;

e) Les informations devant être transmises par le détenteur des animaux à l'attention du vétérinaire ;

f) Les critères d'alerte sanitaire déclenchant la visite du vétérinaire.

II. – Le suivi sanitaire permanent de l'élevage est subordonné à la désignation par le propriétaire ou le détenteur des animaux du vétérinaire auquel il en confie la responsabilité. Ce vétérinaire peut désigner des vétérinaires exerçant au sein du même domicile professionnel administratif ou d'exercice, et effectuant habituellement la surveillance sanitaire et donnant régulièrement des soins à des animaux de l'espèce et, le cas échéant, du type de production de l'élevage considéré, afin d'assurer le suivi de cet élevage en cas d'empêchement ou d'absence. La désignation du vétérinaire auquel le suivi sanitaire est confié ainsi que celle des vétérinaires chargés d'assurer le suivi sanitaire en cas d'empêchement ou d'absence de celui-ci, après acceptation expresse du propriétaire ou du détenteur des animaux, sont inscrites dans le registre d'élevage et le protocole de soins.

Le bilan sanitaire d'élevage et le protocole de soins sont actualisés au moins une fois par an, au vu notamment des comptes rendus de visites réalisées pendant cette période et de l'évolution de l'état sanitaire de l'élevage par rapport à l'état sanitaire de référence défini dans le bilan sanitaire précédent.

Le bilan sanitaire et le protocole de soins sont signés et datés par le vétérinaire et le détenteur des animaux. L'original du bilan sanitaire et du protocole de soins sont insérés dans le registre d'élevage et conservés pendant cinq ans. Un exemplaire du bilan et du protocole mis à jour sont conservés au domicile professionnel administratif ou d'exercice du vétérinaire pendant la même durée.

A l'issue de l'élaboration du protocole de soins et à l'occasion des visites régulières, si des actions sont à mener par le détenteur des animaux qui nécessitent l'utilisation de médicaments, le vétérinaire rédige une ordonnance dans les conditions décrites à l'article R. 5141-111 et la remet au détenteur des animaux.

Lors des visites régulières de suivi ou à l'occasion de la dispensation régulière de soins, le vétérinaire consigne dans le registre d'élevage ses observations sur l'application du protocole de soins ainsi que les actes qu'il a effectués. Le cas échéant, le vétérinaire modifie le protocole de soins pour tenir compte des observations faites au cours de ces visites. Les visites régulières de suivi peuvent avoir lieu lors de tout déplacement du vétérinaire dans l'élevage, notamment lors de la réalisation de soins. Elles font l'objet d'un compte rendu de visite rédigé par le vétérinaire, intégré dans le registre d'élevage.

III. – Pour chaque espèce et, le cas échéant, pour chaque type de production, un arrêté des ministres chargés de l'agriculture et de la santé précise les mentions obligatoires devant figurer dans le bilan sanitaire d'élevage et le protocole de soins et les conditions de réalisation de ce bilan, qui doivent être respectées en ce qui concerne le nombre maximal cumulé d'animaux, le nombre d'élevages ou la surface maximale cumulée d'élevages pour lesquels les animaux peuvent faire l'objet de la surveillance sanitaire et des soins assurés par un même vétérinaire ainsi que la périodicité des visites régulières de suivi.

IV. – Le vétérinaire effectuant la surveillance sanitaire et donnant des soins réguliers à des animaux d'espèces dont la chair ou les produits sont destinés à la consommation humaine ainsi qu'à des animaux élevés à des fins commerciales peut prescrire des médicaments vétérinaires sans examen des animaux, après avoir pris connaissance, le cas échéant, des résultats d'analyses biologiques ou nécropsiques ou d'examens complémentaires permettant d'identifier précisément la maladie à traiter, dans les cas suivants :

1° Les traitements prophylactiques, notamment les vaccinations, pour la prévention d'une maladie identifiée dans le protocole de soins ;

2° Le traitement d'une affection à laquelle l'élevage a déjà été confronté, qui est reconnue comme ne nécessitant pas un examen systématique des animaux et identifiée dans le protocole de soins.

La même faculté est également accordée aux vétérinaires exerçant au sein du même domicile professionnel administratif ou d'exercice, et désignés conformément au II du présent article afin d'assurer le remplacement du vétérinaire auquel le suivi sanitaire est confié.

Art. R. 5141-112-3 *(Décr. n° 2009-729 du 18 juin 2009, art. 6)* **I. — Les médicaments relevant de la réglementation des substances vénéneuses et contenant des substances mentionnées aux 7°, 8° ou 9° de l'article L. 5132-2 sont employés en médecine vétérinaire dans le respect des bonnes pratiques définies par arrêté des ministres chargés de l'agriculture et de la santé. Ces bonnes pratiques fixent :**

1° Les médicaments concernés et leur voie d'administration ;

2° Les espèces animales concernées ;

3° Les conditions et modalités de stockage, de reconstitution, de préparation, d'administration et d'élimination de ces médicaments et de leurs déchets associés ;

4° Les exigences relatives aux établissements de soins vétérinaires où sont susceptibles d'être réalisées les opérations relatives à ces médicaments.

II. — L'intention d'utiliser les médicaments définis au I du présent article en médecine vétérinaire est soumise à une déclaration préalable. Cette déclaration est effectuée :

1° Par les vétérinaires utilisateurs auprès du conseil régional de l'ordre des vétérinaires dont ils relèvent ;

2° Pour les écoles nationales vétérinaires, par leur directeur, auprès du conseil régional de l'ordre des vétérinaires du ressort du département d'implantation de l'école.

Cette déclaration mentionne l'identité du vétérinaire utilisateur ainsi que l'adresse d'exercice. Elle est accompagnée de l'engagement du vétérinaire utilisateur à respecter les bonnes pratiques mentionnées au présent article.

En cas de cessation d'emploi des médicaments mentionnés au présent article, le vétérinaire utilisateur ou le directeur, suivant le cas, en informe le conseil régional de l'ordre des vétérinaires destinataire de la déclaration.

Art. R. 5141-113 **Pour les animaux dont la chair ou les produits sont destinés à la consommation humaine, il ne peut être délivré une quantité d'aliments médicamenteux supérieure à un mois de traitement.**

Le vétérinaire qui prescrit un aliment médicamenteux s'assure que l'aliment médicamenteux prescrit et les aliments en cours d'utilisation ne contiennent pas le même antibiotique ou le même coccidiostatique que ceux utilisés comme principe actif dans le prémélange médicamenteux.

Art. R. 5141-114 **Comme il est dit à l'article R.* 234-6** *[D. 234-6]* **du code rural et de la pêche maritime ainsi reproduit :**

Art. D. 234-6 I. — Les médicaments vétérinaires contenant des substances ou catégories de substances à activité anabolisante, anticatabolisante ou bêta-agoniste ne peuvent être administrés à des animaux appartenant à des espèces dont la chair ou les produits sont destinés à la consommation humaine que dans les conditions suivantes :

1° *(Décr. n° 2004-757 du 22 juill. 2004)* « A titre d'usage thérapeutique :

« *a)* La testostérone, la progestérone ou les dérivés donnant facilement les composés initiaux *à l'hydrolyse après résorption* à l'endroit de l'application, administrés par voie injectable, pour le traitement d'un trouble de la fécondité, à l'exclusion des implants, ou sous forme de spirales vaginales pour le traitement d'un dysfonctionnement ovarien ;

« *b)* Les substances bêta-agonistes :

« — pour l'espèce bovine par voie injectable, pour l'induction de la tocolyse ;

(Décr. n° 2009-504 du 5 mai 2009) « — pour les équidés, pour le traitement des troubles respiratoires, de la maladie naviculaire, de la fourbure aiguë ou l'induction de la tocolyse » ;

« *c)* Le trembolone allyle, ou altrenogest, administré à des équidés, par voie orale, et pour le traitement d'un trouble de la fécondité ;

« 2° A titre d'usage zootechnique :

« *a)* Les substances à effet hormonal œstrogène, androgène ou gestagène, à l'exception de l'œstradiol 17 bêta ou ses dérivés estérifiés, administrées à titre individuel en vue de la synchronisation du cycle œstral, de la préparation au don et à l'implantation d'embryons ;

« *b)* Les substances à effet androgène, administrées aux alevins de poissons qui ne sont pas destinés à la consommation, pendant les trois premiers mois de leur vie et en vue de l'inversion sexuelle ;

II. — Les médicaments mentionnés au I ne doivent pas contenir :

1° Des substances bêta-agonistes induisant un temps d'attente supérieur à vingt-huit jours ;

2° Des substances à effet hormonal dont la mise en forme pharmaceutique ou l'administration provoque un dépôt local ou entraîne un temps d'attente supérieur à quinze jours ;

3° Des substances à effet hormonal pour lesquelles il n'existe pas de réactifs permettant leur identification ou leur dosage, ni le matériel nécessaire à la mise en œuvre d'analyses destinées à détecter des résidus à des taux supérieurs aux limites autorisées.

Art. R. 5141-115 Comme il est dit à l'article R. 234-7 du code rural et de la pêche maritime ainsi reproduit :

Art. R. 234-7 *(Décr. nº 2009-1658 du 18 déc. 2009)* L'administration de médicaments vétérinaires mentionnés à l'article D. 234-6 aux animaux des espèces dont la chair ou les produits sont destinés à l'alimentation humaine doit être effectuée par le vétérinaire prescripteur. Ces traitements sont enregistrés dans le registre d'élevage prévu à l'article L. 234-1 du code rural et dans celui prévu à l'article R. 5141-120 du code de la santé publique.

Toutefois, peuvent être administrés, sous la responsabilité du vétérinaire prescripteur, des médicaments vétérinaires comportant :

— des hormones, à l'exception de l'œstradiol 17 bêta ou de ses dérivés estérifiés, pour la synchronisation du cycle œstral, la préparation au don et à l'implantation d'embryons ;

— du trembolone allyle par voie orale, chez les équidés ;

— des substances bêta-agonistes, chez les équidés.

Dans ce cas, le vétérinaire prescripteur établit, dans les conditions prévues à l'article R. 5141-111 du code de la santé publique, une ordonnance non renouvelable et mentionne, dans le registre d'élevage prévu à l'article L. 234-1 du code rural, le nom et la fonction de la personne qui administre le médicament.

Art. R. 5141-116 Les substances toxiques et vénéneuses prévues au *d* de l'article L. 5144-1 et les médicaments qui en contiennent sont soumis aux dispositions *(Décr. nº 2007-596 du 24 avr. 2007)* « du chapitre II du titre III du présent livre, à l'exception des articles R. 5132-3, R. 5132-4, R. 5132-9, R. 5132-10, R. 5132-11, R. 5132-13, R. 5132-14, dernier alinéa, et R. 5132-22 ».

Art. R. 5141-117 Les substances présentant des propriétés anti-infectieuses, antiparasitaires (externes et internes), anti-inflammatoires, analgésiques, neuroleptiques, anesthésiques, hormonales ou anabolisantes sont soumises, en application du dernier alinéa de l'article L. 5144-1, aux conditions particulières de délivrance définies ci-après.

Sans préjudice des dispositions concernant les substances vénéneuses, la délivrance des substances mentionnées à l'alinéa précédent respecte les règles suivantes :

1° La cession de ces produits ne peut être consentie qu'à des personnes habilitées à les détenir en raison de leur profession ;

2° Les cessions font l'objet d'un enregistrement par tout moyen comportant l'indication du nom, de l'adresse et de la profession de l'acquéreur ainsi que du nom et de la quantité de la substance vendue ou cédée ;

3° Lorsque la profession de l'acquéreur n'implique pas l'utilisation de ces produits, mention est faite de l'usage auquel ils sont destinés selon la déclaration faite par l'intéressé.

Ces substances ne peuvent être délivrées en l'état aux éleveurs ou aux groupements agricoles mentionnés à l'article L. 5143-6, sauf si elles sont destinées à être employées pour des usages agricoles et phytosanitaires autorisés.

Art. R. 5141-117-1 *(Décr. n° 2016-317 du 16 mars 2016, art. 2)* I. — Pour l'application du présent article, on entend par :

1° "Traitement préventif" : tout traitement prophylactique, individuel ou collectif, appliqué à des animaux sains, exposés à un facteur de risque pour une maladie infectieuse considérée ;

2° "Traitement métaphylactique" : tout traitement appliqué aux animaux cliniquement malades et aux autres animaux d'un même groupe qui, bien que cliniquement sains, présentent une forte probabilité d'infection du fait de leur contact étroit avec les animaux malades ;

3° "Traitement curatif" : tout traitement, individuel ou collectif, des seuls animaux présentant les symptômes d'une maladie.

II. — La prescription d'un médicament en médecine vétérinaire contenant une ou plusieurs substances antibiotiques d'importance critique mentionnées à l'article L. 5144-1-1 est réservée aux traitements métaphylactiques et curatifs.

Le vétérinaire ne prescrit un traitement métaphylactique avec un médicament contenant une ou plusieurs de ces substances que s'il suspecte une maladie présentant un taux élevé de mortalité ou de morbidité pour laquelle, en l'absence de traitement précoce, une propagation rapide à l'ensemble des animaux est inévitable.

Le vétérinaire ne peut prescrire un traitement curatif ou métaphylactique avec un médicament contenant une ou plusieurs de ces substances qu'en l'absence de médicament ne contenant pas ces substances suffisamment efficace ou adapté pour traiter la maladie diagnostiquée.

III. — Pour les médicaments contenant une ou plusieurs substances antibiotiques d'importance critique mentionnées au II, l'ordonnance ne peut prescrire qu'un traitement d'une durée au plus égale à un mois même si la durée figurant dans le résumé caractéristique du produit mentionné à l'article R. 5141-15 est supérieure à un mois. Dans le cas où cette durée est supérieure à un mois, ce traitement ne peut être prolongé par une nouvelle prescription qu'après un nouvel examen clinique de l'animal ou du lot d'animaux.

Art. R. 5141-117-2 *(Décr. n° 2016-317 du 16 mars 2016, art. 2)* I. — La prescription d'un médicament utilisé en médecine vétérinaire contenant une ou plusieurs substances antibiotiques d'importance critique mentionnées à l'article L. 5144-1-1 est subordonnée :

1° A la réalisation préalable d'un examen clinique effectué par le vétérinaire prescripteur ou d'un examen nécropsique effectué à sa demande, ainsi que d'une analyse du contexte épidémiologique ;

2° A la réalisation préalable d'un examen complémentaire visant à identifier la souche bactérienne responsable de l'infection à partir d'un échantillon prélevé par le vétérinaire prescripteur ou à sa demande, sur un ou plusieurs animaux vivants ou morts, sous réserve que la localisation de l'infection, le type d'infection ou l'état général du ou des animaux permettent le prélèvement d'échantillon ;

3° A la réalisation préalable d'un examen complémentaire visant à démontrer la sensibilité de la souche bactérienne identifiée à cet antibiotique au moyen d'un test de sensibilité réalisé selon une des méthodes fixées par arrêté conjoint des ministres chargés de la santé et de l'agriculture ;

4° Au respect des mentions figurant dans les paragraphes "contre-indications" et "précautions d'emploi" du résumé des caractéristiques du produit mentionné à l'article R. 5141-15.

II. — Les résultats d'examens et d'analyses mentionnés au I justifiant une prescription d'un médicament contenant une ou plusieurs substances antibiotiques d'importance critique mentionnés au I sont conservés par le vétérinaire prescripteur pendant cinq ans.

III. — Par dérogation au I, le vétérinaire n'est pas tenu de réaliser les examens complémentaires mentionnés aux 2° et 3° si les résultats d'examens complémentaires effectués depuis moins de trois mois pour le même animal ou des animaux du même stade physiologique présents sur le même site et pour la même affection ont été portés à sa connaissance.

IV. — Par dérogation aux 2° et 3° du I, un médicament contenant une ou plusieurs substances antibiotiques d'importance critique mentionnées au I peut être prescrit avant connaissance des résultats des examens complémentaires lorsqu'il s'agit d'un cas aigu d'infection bactérienne pour laquelle un traitement avec d'autres familles d'antibiotiques serait insuffisamment efficace. Dans un délai de quatre jours après la prescription, le vétérinaire adapte le traitement en fonction de l'évolution du contexte clinique et épidémiologique et des résultats des examens complémentaires portés à sa connaissance.

Art. R. 5141-117-3 *(Décr. n° 2016-317 du 16 mars 2016, art. 2)* I. — La prescription d'un médicament à usage humain en médecine vétérinaire contenant une ou plusieurs substances antibiotiques d'importance critique mentionnées à l'article L. 5144-1-1 et non contenues dans un médicament vétérinaire n'est autorisée que dans les cas suivants :

1° La substance figure sur la liste des substances essentielles pour les équidés et pour une des indications prévues par le règlement (CE) n° 1950/2006 ;

2° Le médicament contient une ou plusieurs substances antibiotiques d'importance critique prévues pour un usage précis figurant sur une liste fixée par arrêté des ministres chargés de l'agriculture et de la santé, sous réserve que la prescription respecte les dispositions des articles R. 5141-117-1 et R. 5141-117-2 et du *a* du 3° de l'article L. 5143-4. Cette liste est arrêtée après avis de l'Agence nationale de sécurité sanitaire de l'alimentation, de l'environnement et du travail et de l'Agence nationale de sécurité du médicament et des produits de santé.

II. — Le renouvellement de la délivrance de ces médicaments est interdit.

Art. R. 5141-118 Les entreprises qui produisent des substances mentionnées au II de l'article L. 234-2 du code rural et de la pêche maritime, à savoir des substances bêta-agonistes, œstrogènes, androgènes ou gestagènes, et celles qui font commerce desdites substances ainsi que les établissements mentionnés à l'article L. 5142-1 enregistrent, par ordre chronologique, par tout système d'enregistrement approprié permettant une édition immédiate à la demande des autorités de contrôle et n'autorisant aucune modification des données après validation de leur enregistrement :

1° Le nom et les quantités des substances précitées qui sont produites, acquises, cédées ou utilisées pour la fabrication de médicaments vétérinaires ;

2° La date de réalisation des opérations et, dans le cas d'acquisition ou de cession, les nom, profession et adresse du fournisseur ou de l'acquéreur desdites substances.

Art. R. 5141-119 Les établissements mentionnés à l'article L. 5142-1 qui distribuent des médicaments vétérinaires contenant des substances à activité anabolisante ou anticatabolisante notamment des substances bêta-agonistes, œstrogènes, androgènes ou gestagènes enregistrent, par ordre chronologique, par tout système d'enregistrement approprié permettant une édition immédiate à la demande des autorités de contrôle et n'autorisant aucune modification des données après validation de leur enregistrement :

1° Le nom et la quantité des médicaments cédés ;

2° La date de la cession ainsi que les nom, profession et adresse de l'acquéreur.

Art. R. 5141-120 Le vétérinaire qui prescrit à des animaux d'exploitation des médicaments contenant des substances à action œstrogène, androgène ou gestagène consigne par ordre chronologique sur un registre, ou par tout système d'enregistrement approprié, les renseignements suivants :

1° Numéro de l'ordonnance prescrivant le médicament considéré ;

2° Nature du traitement ;

3° Nature du médicament ;

4° Date du traitement ;

5° Identité des animaux traités ;

6° Identité du détenteur du ou des animaux traités.

Art. R. 5141-121 Les registres ou les enregistrements mentionnés aux articles R. 5141-118 à R. 5141-120 sont conservés pendant cinq ans pour être présentés à toute réquisition des autorités compétentes.

Les systèmes d'enregistrement sont conformes aux caractéristiques fixées par arrêté des ministres chargés de l'agriculture et de la santé.

Art. R. 5141-122 *(Décr. n° 2009-729 du 18 juin 2009, art. 8)* « Les vétérinaires sont seuls autorisés à administrer, dans le cas prévu au *a* du 3° de l'article L. 5143-4, à des animaux dont la chair ou les produits ne sont pas destinés à la consommation humaine, les médicaments à usage humain classés dans l'une des catégories soumises à prescription restreinte par l'article R. 5121-77, bénéficiant d'une autorisation de mise sur le marché, nécessaires pour éviter des souffrances inacceptables à ces animaux ou répondre à des situations sanitaires spécifiques. »

Une liste de ces médicaments est établie, sur proposition du directeur général de l'*(Décr. n° 2011-385 du 11 avr. 2011, art. 1er)* « Agence nationale de sécurité sanitaire de l'alimentation, de l'environnement et du travail » après avis du directeur général de l'*(Décr. n° 2012-597 du 27 avr. 2012, art. 5-I-1°)* « Agence nationale de sécurité du médicament et des produits de santé », par arrêté des ministres chargés de l'agriculture et de la santé. *(Décr. n° 2009-729 du 18 juin 2009, art. 8)* « Cette liste peut, pour des motifs de sécurité ou de santé publique, réserver l'emploi de tout ou partie des médicaments qu'elle mentionne aux vétérinaires exerçant dans certaines des catégories de domiciles professionnels autorisés par l'article R. 242-54 du code rural et de la pêche maritime. »

Un médicament à usage humain mentionné au premier alinéa est retiré de la liste établie par arrêté :

1° Lorsqu'il apparaît des difficultés d'approvisionnement desdits médicaments en médecine humaine ;

2° Lorsqu'une autorisation de mise sur le marché ou une autorisation temporaire d'utilisation est octroyée à un médicament vétérinaire correspondant aux besoins.

Art. R. 5141-122-1 *(Décr. n° 2009-729 du 18 juin 2009, art. 9)* Les vétérinaires sont seuls autorisés à administrer, dans les cas prévus à l'article L. 5143-4, à des équidés déclarés comme étant destinés à l'abattage pour la consommation humaine les médicaments à usage humain classés dans l'une des catégories soumises à prescription restreinte par l'article R. 5121-77, bénéficiant d'une autorisation de mise sur le marché et contenant les substances figurant à l'annexe du règlement (CE) n° 1950/2006 de la Commission du 13 décembre 2006 établissant une liste de substances essentielles pour le traitement des équidés.

Une liste des médicaments à usage humain accessibles aux vétérinaires dans les conditions précitées est rendue publique par voie électronique par l'*(Décr. n° 2011-385 du 11 avr. 2011, art. 1er)* « Agence nationale de sécurité sanitaire de l'alimentation, de l'environnement et du travail ».

Un médicament à usage humain est retiré de cette liste dès lors qu'il existe un médicament à usage humain contenant la même substance ne relevant pas de l'une des catégories de prescription restreinte. Il en est également retiré dès lors qu'une autorisation de mise sur le marché ou une autorisation temporaire d'utilisation est octroyée à un médicament vétérinaire contenant la même substance.

Art. R. 5141-123 *(Décr. n° 2005-558 du 27 mai 2005 ; Décr. n° 2005-840 du 20 juill. 2005, art. 12)* Tout médicament vétérinaire autre que ceux mentionnés aux 1° et 2° de l'article L. 5142-7 qui n'est pas pourvu d'une des autorisations de mise sur le marché mentionnées à l'article L. 5141-5, ou de l'enregistrement mentionné à l'article L. 5141-9, ou de l'autorisation temporaire d'utilisation mentionnée à l'article L. 5141-10 doit, avant son importation, faire l'objet d'une autorisation d'importation.

L'autorisation d'importation est délivrée par le directeur général de l'*(Décr. n° 2011-385 du 11 avr. 2011, art. 1er)* « Agence nationale de sécurité sanitaire de l'alimentation, de l'environnement et du travail ». Cette autorisation est accordée soit dans les conditions prévues aux articles R. 5141-123-2 à R. 5141-123-5, soit au titre de l'autorisation d'importation parallèle définie aux articles R. 5141-123-6 à R. 5141-123-19. Elle est refusée si le médicament vétérinaire présente ou est susceptible de présenter un risque pour la santé humaine ou la santé animale.

L'autorisation d'importation accordée dans les conditions prévues aux articles R. 5141-123-2 à R. 5141-123-5 est suspendue ou supprimée par le directeur général de l'*(Décr. n° 2011-385 du 11 avr. 2011, art. 1er)* « Agence nationale de sécurité sanitaire de l'alimentation, de l'environnement et du travail » si le médicament vétérinaire présente ou est susceptible de présenter un risque pour la santé humaine ou la santé animale. Sauf en cas d'urgence, ces décisions n'interviennent qu'après que le titulaire de l'autorisation a été mis à même de présenter ses observations.

Sauf dans le cas de recours à une procédure d'autorisation d'importation parallèle ou en cas d'importation d'un médicament vétérinaire en vue d'un essai clinique, d'une expérimentation ou d'une opération de fabrication, le recours à l'importation d'un médicament vétérinaire par une autre voie que le transport personnel par le responsable de la garde de l'animal ou des animaux et relevant d'une prescription obligatoire est interdit sauf lorsque le médicament provient d'un autre État membre de *(Décr. n° 2013-752 du 16 août 2013, art. 1er)* « l'Union européenne » et lorsqu'il n'existe en France ni médicament vétérinaire ayant une autorisation pour cette espèce et pour cette indication thérapeutique, ni médicament vétérinaire ayant une autorisation pour le traitement des animaux d'une autre espèce mais pour la même indication thérapeutique, ni médicament vétérinaire ayant une autorisation pour le traitement des animaux de la même espèce ou d'une autre espèce mais pour une affection thérapeutique différente.

Art. R. 5141-123-1 *(Décr. n° 2005-558 du 27 mai 2005 ; Décr. n° 2005-840 du 20 juill. 2005, art. 12)* N'est pas soumise à autorisation d'importation, par dérogation à l'article R. 5141-123, l'importation de médicaments vétérinaires à destination exclusive des animaux dont la chair ou les produits ne sont pas destinés à la consommation humaine, dès lors que les conditions suivantes sont remplies :

1° Les médicaments vétérinaires sont transportés personnellement par le responsable de la garde de l'animal ou des animaux auxquels ils sont destinés ;

2° Le responsable de la garde de l'animal est accompagné de l'animal ou des animaux auxquels les médicaments sont destinés ;

3° L'importation ne concerne que des médicaments vétérinaires autres qu'immunologiques ;

4° La quantité importée est compatible avec un usage thérapeutique pendant une durée de traitement n'excédant pas trois mois aux conditions normales d'emploi ou pendant la durée de traitement prévue par l'ordonnance prescrivant le médicament vétérinaire.

Art. R. 5141-123-2 *(Décr. n° 2005-558 du 27 mai 2005)* Une autorisation d'importation est requise pour chaque opération d'importation concernant des médicaments vétérinaires ayant subi tous les stades de la fabrication, y compris le conditionnement.

Par dérogation aux dispositions du précédent alinéa, les médicaments vétérinaires à un stade intermédiaire de fabrication bénéficient d'une autorisation pour une série d'opérations d'importation envisagées pendant une période maximale d'un an et pour une quantité globale donnée.

Il en est de même pour les médicaments vétérinaires destinés à être stockés dans un entrepôt national d'exportation mentionné à l'article 277 A du code général des impôts, ainsi que pour les médicaments vétérinaires importés par le responsable de la garde de l'animal ou des animaux.

Dans ce cas, l'autorisation précise le nombre d'opérations prévues, la durée de la période pendant laquelle les opérations peuvent être effectuées ainsi que la quantité globale du médicament vétérinaire considéré pouvant être importée ; à l'issue de la période d'autorisation, le renouvellement n'est obtenu que sur présentation de l'autorisation précédente et de l'indication des opérations effectuées et de la quantité importée pendant la période.

L'autorisation est retournée à l'*(Décr. n° 2011-385 du 11 avr. 2011, art. 1er)* « Agence nationale de sécurité sanitaire de l'alimentation, de l'environnement et du travail » dès que les opérations d'importation prennent fin et au plus tard à l'issue de la période couverte par cette autorisation, revêtue de la mention des quantités effectivement importées et des dates des opérations correspondantes.

Art. R. 5141-123-3 *(Décr. n° 2005-558 du 27 mai 2005 ; Décr. n° 2005-840 du 20 juill. 2005, art. 12)* I. — La demande d'autorisation d'importation adressée au directeur général de l'*(Décr. n° 2011-385 du 11 avr. 2011, art. 1er)* « Agence nationale de sécurité sanitaire de l'alimentation, de l'environnement et du travail » indique :

1° Le nom ou la dénomination sociale, l'adresse et la qualité de la personne physique ou morale responsable de l'importation ;

2° Le pays de provenance et, s'il est distinct, le pays où le médicament vétérinaire a été fabriqué, et le cas échéant le nom et l'adresse du fabricant ;

3° La dénomination du médicament vétérinaire importé, sa composition, sa forme pharmaceutique, son dosage, sa voie d'administration et l'animal ou les animaux de destination ;

4° Les quantités importées ;

5° La durée souhaitée des opérations d'importation ;

6° L'objectif de l'importation.

II. – La demande est introduite :

1° Par un vétérinaire ou un pharmacien, à la demande du responsable de la garde de l'animal ou des animaux, pour les médicaments destinés aux animaux dont la chair ou les produits sont destinés à la consommation humaine ou pour les médicaments vétérinaires destinés aux animaux dont la chair ou les produits ne sont pas destinés à la consommation humaine et relevant d'une prescription obligatoire conformément à la législation française ;

2° Directement par le responsable de la garde de l'animal ou des animaux, pour les médicaments vétérinaires destinés aux animaux dont la chair ou les produits ne sont pas destinés à la consommation humaine et ne relevant pas d'une prescription obligatoire conformément à la législation française ;

3° Par le pharmacien ou le vétérinaire responsable d'un établissement pharmaceutique vétérinaire mentionné à l'article L. 5142-1 ;

4° Par le promoteur d'un essai clinique ou par le responsable d'une expérimentation.

III. – Cette demande comporte, en outre, suivant les cas, les informations ou les pièces suivantes :

1° Pour les médicaments vétérinaires importés en vue d'un essai clinique, le nom et l'adresse de l'établissement pharmaceutique vétérinaire qui assure les opérations d'importation ou de distribution, autorisé en application de l'article L. 5142-2.

2° Pour les médicaments vétérinaires importés en vue d'un essai non clinique, la justification et le protocole de l'expérimentation, la copie de l'autorisation d'expérimenter prévue par l'article R. 214-93 du code rural et de la pêche maritime obtenue par le responsable de l'expérimentation et la copie de l'agrément de l'établissement d'expérimentation prévue par l'article R. 214-103 du même code.

3° Pour les médicaments vétérinaires relevant de la réglementation des stupéfiants ou des psychotropes, une copie de l'autorisation du directeur général de l'*(Décr. nº 2012-597 du 27 avr. 2012, art. 5-I-1º)* « Agence nationale de sécurité du médicament et des produits de santé » prévue par l'article R. 5132-78 ou par l'article R. 5132-92.

4° Pour les médicaments vétérinaires importés, dans les conditions prévues au *a* du II du présent article, l'ordonnance prescrivant le médicament vétérinaire en application des dispositions de l'article L. 5143-4.

5° Pour les aliments médicamenteux autres que ceux mentionnés au 2° de l'article L. 5142-7 :

a) La dénomination du prémélange médicamenteux, sa composition, les animaux de destination et, le cas échéant, la copie de l'autorisation de mise sur le marché délivrée par l'État de provenance ;

b) La dénomination de l'aliment médicamenteux, le taux d'incorporation du prémélange, la composition qualitative et quantitative de la fraction alimentaire.

Art. R. 5141-123-4 *(Décr. nº 2005-558 du 27 mai 2005)* Le silence gardé par le directeur général de l'*(Décr. nº 2011-385 du 11 avr. 2011, art. 1er)* « Agence nationale de sécurité sanitaire de l'alimentation, de l'environnement et du travail » vaut refus d'autorisation à l'expiration d'un délai de quarante-cinq jours à compter de la date de réception de la demande complète mentionnée à l'article R. 5141-123-3.

Le délai mentionné à l'alinéa précédent est réduit à vingt jours dès lors que la demande d'autorisation est relative à l'importation de médicaments vétérinaires autorisés et délivrés dans un État membre de *(Décr. nº 2013-752 du 16 août 2013, art. 1er)* « l'Union européenne ».

Les délais mentionnés aux deux premiers alinéas sont prorogés de quinze jours si le directeur général de l'*(Décr. n° 2011-385 du 11 avr. 2011, art. 1er)* « Agence nationale de sécurité sanitaire de l'alimentation, de l'environnement et du travail » requiert du demandeur les informations complémentaires qui seraient nécessaires à l'instruction de la demande, pour permettre notamment d'apprécier le risque pour la santé humaine ou la santé animale.

Art. R. 5141-123-5 *(Décr. n° 2005-558 du 27 mai 2005)* La copie de l'autorisation d'importation ou de l'autorisation temporaire d'utilisation mentionnée à l'article L. 5141-10 est présentée lors du contrôle par les agents des douanes.

Pour les médicaments vétérinaires importés pourvus de l'autorisation de mise sur le marché mentionnée à l'article L. 5141-5 ou de l'enregistrement mentionné à l'article L. 5141-9, les agents des douanes contrôlent le numéro d'autorisation de mise sur le marché ou d'enregistrement correspondant qui figure sur le conditionnement.

Art. R. 5141-123-6 *(Décr. n° 2005-558 du 27 mai 2005)* Constitue une importation parallèle, en vue d'une mise sur le marché en France, l'importation d'une spécialité pharmaceutique vétérinaire :

1° Qui provient d'un autre État membre de *(Décr. n° 2013-752 du 16 août 2013, art. 1er)* « l'Union européenne » ou partie à l'accord sur l'Espace économique européen, dans lequel elle a obtenu une autorisation de mise sur le marché pour les mêmes animaux de destination ;

2° Dont la composition quantitative et qualitative en principes actifs et en excipients, la forme pharmaceutique et les effets thérapeutiques sont identiques à ceux d'une spécialité pharmaceutique vétérinaire ayant obtenu une autorisation de mise sur le marché délivrée par l'*(Décr. n° 2011-385 du 11 avr. 2011, art. 1er)* « Agence nationale de sécurité sanitaire de l'alimentation, de l'environnement et du travail ».

Toutefois, dans les conditions prévues *(Décr. n° 2005-840 du 20 juill. 2005, art. 12)* « aux 3° et 4° » du I de l'article R. 5141-123-8, la spécialité peut comporter des quantités de principes actifs ou d'excipients différentes ou des excipients de nature différente de ceux de la spécialité ayant obtenu une autorisation de mise sur le marché délivrée par l'*(Décr. n° 2011-385 du 11 avr. 2011, art. 1er)* « Agence nationale de sécurité sanitaire de l'alimentation, de l'environnement et du travail », dès lors que ces différences n'ont aucune incidence thérapeutique et qu'elles n'entraînent pas de risque pour la santé publique.

Art. R. 5141-123-7 *(Décr. n° 2005-558 du 27 mai 2005)* Sauf lorsque des motifs de santé humaine ou de santé animale y font obstacle, l'autorisation d'importation parallèle est accordée si les conditions suivantes sont remplies :

1° La spécialité pharmaceutique vétérinaire est obtenue auprès d'une entreprise autorisée au sens de l'article 65 de la directive 2001/82/CE du Parlement européen et du Conseil du 6 novembre 2001 modifiée instituant un code communautaire relatif aux médicaments vétérinaires ;

2° Les lots de cette spécialité ont été libérés conformément à l'article 55 de cette même directive ;

3° Sous réserve des dispositions de l'article R. 5141-123-8, le contenu en poids, en volume ou en nombre d'unités de prise, le résumé des caractéristiques du produit, les conditions de prescription, de délivrance et d'administration, la notice et l'étiquetage de la spécialité pharmaceutique vétérinaire telle qu'elle sera commercialisée sont identiques à ceux de la spécialité pharmaceutique vétérinaire ayant obtenu l'autorisation de mise sur le marché en France.

En outre, pour des motifs de santé humaine ou de santé animale, le directeur général de l'*(Décr. n° 2011-385 du 11 avr. 2011, art. 1er)* « Agence nationale de sécurité sanitaire de l'alimentation, de l'environnement et du travail » peut subordonner l'autorisation d'importation parallèle à une modification de la dénomination initialement proposée.

Art. R. 5141-123-8 *(Décr. n° 2005-558 du 27 mai 2005 ; Décr. n° 2005-840 du 20 juill. 2005, art. 12)* I. – La spécialité pharmaceutique vétérinaire pour laquelle l'autorisation d'importation parallèle est sollicitée peut différer de la spécialité ayant obtenu l'autorisation de mise sur le marché en France, dès lors que ces différences n'ont aucune incidence thérapeutique et qu'elles n'entraînent pas de risque pour la santé publique en ce qui concerne :

1° La durée de stabilité, les précautions particulières de conservation lorsqu'elles sont plus strictes que celles de la spécialité pharmaceutique vétérinaire ayant obtenu l'autorisation de mise sur le marché en France ;

2° La taille, la forme, la couleur, la gravure, l'impression ou tout autre marquage ;

3° La composition qualitative ou quantitative en excipients ;

4° La composition quantitative en principe actif.

II. — L'étiquetage de la spécialité pharmaceutique vétérinaire bénéficiant d'une autorisation d'importation parallèle peut différer de celui de la spécialité pharmaceutique vétérinaire ayant obtenu l'autorisation de mise sur le marché en France, en ce qu'il comporte :

1° Le nom et l'adresse de l'établissement chargé d'effectuer la modification du conditionnement ainsi que ceux du titulaire de l'autorisation d'importation parallèle ;

2° Le numéro d'autorisation d'importation parallèle et le numéro d'autorisation de mise sur le marché de la spécialité pharmaceutique vétérinaire dans l'État de provenance aux lieu et place du numéro d'autorisation de mise sur le marché en France ;

3° Les précautions particulières de conservation de la spécialité pharmaceutique vétérinaire bénéficiant d'une autorisation d'importation parallèle, lorsqu'elles sont plus strictes que celles de la spécialité pharmaceutique vétérinaire ayant obtenu l'autorisation de mise sur le marché en France ;

4° La taille, la forme, la couleur, la gravure, l'impression ou tout autre marquage de la spécialité pharmaceutique vétérinaire bénéficiant d'une autorisation d'importation parallèle, lorsqu'ils sont différents de ceux de la spécialité pharmaceutique vétérinaire ayant obtenu l'autorisation de mise sur le marché en France.

III. — La notice de la spécialité pharmaceutique vétérinaire bénéficiant d'une autorisation d'importation parallèle peut différer de celle de la spécialité pharmaceutique vétérinaire ayant obtenu l'autorisation de mise sur le marché en France, en ce qu'elle comporte :

1° Le nom et l'adresse de l'établissement chargé d'effectuer la modification du conditionnement, ainsi que ceux du titulaire de l'autorisation d'importation parallèle ;

2° La composition qualitative ou quantitative en excipients lorsqu'elle diffère de celle indiquée sur la notice de la spécialité pharmaceutique vétérinaire ayant obtenu l'autorisation de mise sur le marché en France ;

3° La composition quantitative en principe actif lorsqu'elle diffère de celle indiquée sur la notice de la spécialité pharmaceutique vétérinaire ayant obtenu l'autorisation de mise sur le marché en France ;

4° Les précautions particulières de conservation de la spécialité pharmaceutique vétérinaire bénéficiant d'une autorisation d'importation parallèle lorsqu'elles sont plus strictes que celles de la spécialité pharmaceutique vétérinaire ayant obtenu l'autorisation de mise sur le marché en France.

Art. R. 5141-123-9 *(Décr. n° 2005-558 du 27 mai 2005)* La demande d'autorisation d'importation parallèle d'une spécialité pharmaceutique vétérinaire est adressée au directeur général de l'*(Décr. n° 2011-385 du 11 avr. 2011, art. 1er)* « Agence nationale de sécurité sanitaire de l'alimentation, de l'environnement et du travail ».

Elle mentionne :

1° *Le nom ou la dénomination sociale* et l'adresse du demandeur ;

2° En ce qui concerne la spécialité pharmaceutique vétérinaire ayant obtenu l'autorisation de mise sur le marché en France, sa dénomination au sens de l'article R. 5141-1 *(Décr. n° 2008-433 du 6 mai 2008, art. 9)* « et le numéro de cette autorisation » ;

3° En ce qui concerne la spécialité pharmaceutique vétérinaire objet de la demande d'autorisation d'importation parallèle :

a) L'État de provenance ;

b) La dénomination, *(Abrogé par Décr. n° 2008-433 du 6 mai 2008, art. 9)* « *le contenu en poids, en volume ou en nombre d'unités de prise et la nature du conditionnement* » de la spécialité dans l'État de provenance, ainsi que la dénomination au sens de l'article R. 5141-1, le contenu et la nature du conditionnement de la spécialité telle qu'elle sera commercialisée en France ;

c) (Décr. n° 2008-433 du 6 mai 2008, art. 8) « Le numéro de l'autorisation de mise sur le marché qui lui a été accordée dans l'État de provenance » ;

(Décr. n° 2008-433 du 6 mai 2008, art. 8) « *d)* » Le nom ou la dénomination sociale et l'adresse de la ou des entreprises situées dans l'État de provenance auprès desquelles le demandeur s'est procuré la spécialité ;

(Décr. n° 2008-433 du 6 mai 2008, art. 8) « *e)* » Lorsque le demandeur en a connaissance, le nom ou la dénomination sociale et l'adresse du fabricant de la spécialité ;

(Décr. n° 2008-433 du 6 mai 2008, art. 8) « *f)* » S'il est distinct du demandeur, le nom ou la dénomination sociale et l'adresse de l'établissement autorisé au titre du 1° de l'article R. 5142-1 ou de l'article 44 de la directive 2001/82/CE du Parlement européen et du Conseil du 6 novembre 2001 modifiée instituant un code communautaire relatif aux médicaments vétérinaires chargé d'effectuer la modification du conditionnement ;

(Décr. n° 2008-433 du 6 mai 2008, art. 8) « *g)* » La description précise du procédé de modification du conditionnement de la spécialité telle qu'elle sera commercialisée en France, après obtention de l'autorisation d'importation parallèle ;

(Décr. n° 2008-433 du 6 mai 2008, art. 8) « *h)* » Si les lots de spécialités importés ne sont pas stockés par le demandeur lui-même ou par l'établissement qui a effectué la modification du conditionnement, le nom ou la dénomination sociale et l'adresse du dépositaire au sens du 4° de l'article R. 5142-1 qui sera chargé du stockage.

Art. R. 5141-123-10 *(Décr. n° 2005-558 du 27 mai 2005 ; Décr. n° 2005-840 du 20 juill. 2005, art. 12)* La demande d'autorisation d'importation parallèle d'une spécialité pharmaceutique vétérinaire est accompagnée d'un dossier comprenant :

1° Pour chaque présentation, un échantillon de la spécialité ayant obtenu l'autorisation de mise sur le marché en France et un échantillon de la spécialité commercialisée dans l'État de provenance, dont l'importation en France est envisagée ;

(Décr. n° 2008-433 du 6 mai 2008, art. 9) « 2° » Les projets de conditionnement et de notice de la spécialité telle qu'elle sera commercialisée en France.

Les informations ou documents établis en langue étrangère sont accompagnés de leur traduction authentifiée en français.

Art. R. 5141-123-10-1 *(Décr. n° 2008-433 du 6 mai 2008, art. 9)* Lorsque la demande d'importation parallèle concerne une spécialité pharmaceutique vétérinaire ayant déjà fait l'objet d'une autorisation d'importation parallèle, et que la spécialité vétérinaire faisant l'objet de la demande provient du même État membre que celle qui a déjà obtenu l'autorisation, le demandeur est dispensé de fournir à l'*(Décr. n° 2011-385 du 11 avr. 2011, art. 1er)* « Agence nationale de sécurité sanitaire de l'alimentation, de l'environnement et du travail » les informations prévues au 2° de l'article R. 5141-123-9 et au 1° de l'article R. 5141-123-10. Il est également dispensé de fournir les informations mentionnées au 3° de l'article R. 5141-123-9 et au 2° de l'article R. 5141-123-10 s'il n'apporte aucune modification à la présentation du médicament vétérinaire ni, s'il y a lieu, aux conditions de reconditionnement et de stockage.

Art. R. 5141-123-11 *(Décr. n° 2005-558 du 27 mai 2005 ; Décr. n° 2005-840 du 20 juill. 2005, art. 12)* Le directeur général de l'*(Décr. n° 2011-385 du 11 avr. 2011, art. 1er)* « Agence nationale de sécurité sanitaire de l'alimentation, de l'environnement et du travail » notifie à l'intéressé sa décision au regard du risque avéré ou potentiel pour la santé humaine ou animale dans un délai à compter de la date de réception de la demande complète mentionnée à l'article R. 5141-123-9 :

(Décr. n° 2008-433 du 6 mai 2008, art. 9) « 1° De trente jours pour les spécialités pharmaceutiques vétérinaires mentionnées à l'article R. 5141-123-10-1 ;

« 2° » De quarante-cinq jours pour les produits dont la composition quantitative et qualitative en principes actifs et en excipients, la forme pharmaceutique et les effets thérapeutiques sont identiques à ceux d'une spécialité pharmaceutique vétérinaire ayant obtenu une autorisation *de mise sur le marché* délivrée par l'*(Décr. n° 2011-385 du 11 avr. 2011, art. 1er)* « Agence nationale de sécurité sanitaire de l'alimentation, de l'environnement et du travail » ;

(Décr. n° 2008-433 du 6 mai 2008, art. 9) « 3° » De quatre-vingt-dix jours pour les produits qui comportent des quantités de principes actifs ou d'excipients différentes ou des excipients de nature différente de ceux de la spécialité ayant obtenu une autori-

sation de mise sur le marché délivrée par l'*(Décr. n° 2011-385 du 11 avr. 2011, art. 1er)* « Agence nationale de sécurité sanitaire de l'alimentation, de l'environnement et du travail ».

Le délai d'examen de la demande d'autorisation d'importation parallèle d'une spécialité pharmaceutique est suspendu, jusqu'à réception des informations demandées, si le directeur général de l'*(Décr. n° 2011-385 du 11 avr. 2011, art. 1er)* « Agence nationale de sécurité sanitaire de l'alimentation, de l'environnement et du travail » requiert du demandeur les informations complémentaires qui seraient nécessaires à l'instruction de la demande ou lorsque le directeur général de l'*(Décr. n° 2011-385 du 11 avr. 2011, art. 1er)* « Agence nationale de sécurité sanitaire de l'alimentation, de l'environnement et du travail » demande des informations complémentaires à l'autorité sanitaire compétente de l'État de provenance de la spécialité.

Le silence gardé par le directeur général de l'*(Décr. n° 2011-385 du 11 avr. 2011, art. 1er)* « Agence nationale de sécurité sanitaire de l'alimentation, de l'environnement et du travail » vaut autorisation d'importation à l'expiration des délais mentionnés dans le présent article.

Art. R. 5141-123-12 *(Décr. n° 2005-558 du 27 mai 2005)* L'autorisation d'importation parallèle est délivrée pour une durée de cinq ans. Elle précise les différences mentionnées à l'article R. 5141-123-8 avec la spécialité ayant obtenu l'autorisation de mise sur le marché en France. Elle est *(Décr. n° 2016-1506 du 8 nov. 2016, art. 6)* « rendue publique par extrait sur le site internet de l'Agence nationale de sécurité sanitaire de l'alimentation, de l'environnement et du travail ».

Art. R. 5141-123-13 *(Décr. n° 2005-558 du 27 mai 2005 ; Décr. n° 2005-840 du 20 juill. 2005, art. 12)* I. — En cas de reconditionnement, le titulaire d'une autorisation d'importation parallèle d'une spécialité pharmaceutique vétérinaire avertit de la mise sur le marché en France, lors de la commercialisation de cette spécialité, le titulaire de l'autorisation de mise sur le marché de la spécialité dans l'État membre de provenance. Il lui fournit, sur sa demande, un échantillon de la spécialité telle qu'elle sera mise sur le marché.

II. — Lors de la première commercialisation, le titulaire d'une autorisation d'importation parallèle fournit un échantillon de la spécialité, telle qu'elle sera mise sur le marché, à l'*(Décr. n° 2011-385 du 11 avr. 2011, art. 1er)* « Agence nationale de sécurité sanitaire de l'alimentation, de l'environnement et du travail », qui s'assure de sa conformité à l'autorisation d'importation parallèle.

Art. R. 5141-123-14 *(Décr. n° 2008-433 du 6 mai 2008, art. 9)* « La demande de renouvellement d'une autorisation d'importation parallèle est accompagnée d'une liste des modifications intervenues depuis la délivrance de l'autorisation initiale ou du dernier renouvellement. Elle est déposée au plus tard trois mois avant la date d'expiration de l'autorisation. »

(Décr. n° 2005-558 du 27 mai 2005) « Si aucune décision n'est notifiée ou si aucune demande complémentaire n'est adressée au demandeur dans un délai de trois mois suivant la réception de la demande, l'autorisation est considérée comme renouvelée à l'expiration de ce délai.

« Le renouvellement de l'autorisation est accordé dans les conditions prévues aux articles R. 5141-123-7 et R. 5141-123-12. »

Art. R. 5141-123-15 *(Décr. n° 2005-558 du 27 mai 2005)* Après sa délivrance, l'autorisation d'importation parallèle est suspendue ou supprimée par le directeur général de l'*(Décr. n° 2011-385 du 11 avr. 2011, art. 1er)* « Agence nationale de sécurité sanitaire de l'alimentation, de l'environnement et du travail » lorsque la spécialité ne satisfait plus aux conditions de l'autorisation.

Sauf en cas d'urgence, ces décisions de suspension ou de suppression n'interviennent qu'après que le titulaire de l'autorisation a été mis à même de présenter ses observations.

(Décr. n° 2016-1506 du 8 nov. 2016, art. 6) « Ces décisions sont rendues publiques par extrait sur le site internet de l'Agence nationale de sécurité sanitaire de l'alimentation, de l'environnement et du travail. »

Art. R. 5141-123-16 *(Décr. n° 2005-558 du 27 mai 2005)* Lorsque le directeur général de l'*(Décr. n° 2011-385 du 11 avr. 2011, art. 1er)* « Agence nationale de sécurité sanitaire de l'alimentation, de l'environnement et du travail » notifie au titulaire de l'autorisation d'importation parallèle d'une spécialité pharmaceutique vétérinaire une modification apportée à l'autorisation de mise sur le marché de la spécialité pharmaceutique vétérinaire autorisée en France, cette modification est reproduite par le titulaire de l'autorisation d'importation parallèle dans le résumé des caractéristiques du produit, la notice et l'étiquetage de la spécialité pharmaceutique vétérinaire telle qu'elle est commercialisée en France.

Art. R. 5141-123-17 *(Décr. n° 2005-558 du 27 mai 2005)* L'exploitation, telle que définie au deuxième alinéa du 3° de l'article R. 5142-1 et, pour ce qui concerne la pharmacovigilance, aux articles R. 5141-104, R. 5141-105 et R. 5141-108, d'une spécialité pharmaceutique vétérinaire bénéficiant d'une autorisation d'importation parallèle est assurée par le titulaire de cette autorisation, sous réserve qu'il ait obtenu l'autorisation d'ouverture prévue à l'article L. 5142-2.

Art. R. 5141-123-18 *(Décr. n° 2005-558 du 27 mai 2005)* Dès qu'il en a connaissance, le titulaire d'une autorisation d'importation parallèle d'une spécialité pharmaceutique vétérinaire informe immédiatement le titulaire de l'autorisation de mise sur le marché dans l'État de provenance de tout effet indésirable grave, au sens de l'article R. 5141-92, concernant la spécialité importée.

Art. R. 5141-123-19 *(Décr. n° 2005-558 du 27 mai 2005)* Pour les spécialités pharmaceutiques vétérinaires pourvues de l'autorisation d'importation parallèle prévue à l'article R. 5141-123-12, les agents des douanes contrôlent le numéro d'autorisation d'importation parallèle correspondant qui figure sur le conditionnement. Lorsque le numéro d'autorisation d'importation parallèle ne figure pas sur le conditionnement au moment de l'importation, la copie de l'autorisation d'importation parallèle est présentée lors du contrôle par les agents des douanes.

Art. R. 5141-123-20 *(Décr. n° 2005-558 du 27 mai 2005)* Les dispositions relatives aux importations et aux exportations des médicaments vétérinaires s'appliquent :

1° Aux médicaments classés comme stupéfiants ou auxquels la réglementation des stupéfiants est appliquée en tout ou partie ;

2° Aux médicaments classés comme psychotropes.

Ces médicaments restent néanmoins soumis, par ailleurs, aux dispositions particulières qui les concernent respectivement et qui sont édictées aux articles R. 5132-78, R. 5132-27 et R. 5132-91.

Art. D. 5141-123-21 *(Décr. n° 2006-1273 du 18 oct. 2006, art. 3)* Les montants de la taxe prévue au 5° du 1 du I de l'article L. 5141-8 sont fixés comme indiqué ci-après :

a) 2 500 € pour une demande d'autorisation d'importation parallèle mentionnée à l'article R. 5141-123-9 ;

b) 1 500 € pour une demande de renouvellement d'autorisation d'importation parallèle mentionnée à l'article R. 5141-123-14 ;

(Décr. n° 2009-1101 du 7 sept. 2009) « *c)* 1 500 € pour une demande d'autorisation d'importation parallèle mentionnée à l'article R. 5141-123-10-1. »

Art. D. 5141-123-22 *(Décr. n° 2006-1273 du 18 oct. 2006, art. 4)* Le montant de la taxe annuelle prévue au 4° du 1 du II de l'article L. 5141-8 pour les autorisations d'importation parallèle mentionnées à l'article R. 5141-123-9 est fixé à *(Décr. n° 2013-32 du 9 janv. 2013, art. 3)* « 1 100 » €.

Art. R. 5141-124 *(Décr. n° 2005-374 du 20 avr. 2005)* « L'autorisation prévue par l'article L. 5141-10 est délivrée » par le directeur général de l'*(Décr. n° 2011-385 du 11 avr. 2011, art. 1er)* « Agence nationale de sécurité sanitaire de l'alimentation, de l'environnement et du travail ».

Art. R. 5141-125 Le certificat accompagnant les aliments médicamenteux fabriqués dans un autre État membre de *(Décr. n° 2013-752 du 16 août 2013, art. 1er-6°, en vigueur le 1er févr. 2014)* « l'Union européenne » ou partie à l'accord sur l'Espace économique européen lors de leur importation correspond à un modèle fixé par décision du directeur général de l'*(Décr. n° 2011-385 du 11 avr. 2011, art. 1er)* « Agence nationale de sécurité sanitaire de l'alimentation, de l'environnement et du travail » et qui mentionne :

1° Le nom ou la raison sociale et l'adresse du fabricant agréé et, s'ils sont distincts, ceux du distributeur ;

2° La dénomination de l'aliment médicamenteux ;

3° Le type d'animal auquel l'aliment médicamenteux est destiné ;

4° La dénomination, la composition qualitative et quantitative ainsi que le numéro de l'autorisation de mise sur le marché du prémélange médicamenteux utilisé pour la fabrication de l'aliment médicamenteux ;

5° La dénomination et le numéro de l'autorisation de mise sur le marché du prémélange médicamenteux autorisé en France dont la composition qualitative et quantitative est similaire ;

6° Le taux d'incorporation du prémélange ;

7° La quantité d'aliments médicamenteux ;

8° Le nom et l'adresse du destinataire.

Art. R. 5141-126 Les vétérinaires prestataires de services mentionnés à l'article L. 5141-15 qui satisfont aux dispositions de l'article L. 241-3 du code rural et de la pêche maritime peuvent utiliser en France les médicaments vétérinaires autres qu'immunologiques bénéficiant d'une autorisation de mise sur le marché dans l'État membre où ils exercent *(Décr. n° 2008-434 du 6 mai 2008, art. 2)* « lorsque ces médicaments ne sont pas autorisés en France, » en respectant les conditions suivantes :

1° Assurer eux-mêmes le transport des médicaments vétérinaires, la gamme et la quantité des médicaments vétérinaires transportés ne devant pas excéder le niveau généralement requis par les besoins quotidiens nécessaires aux consultations qu'ils effectuent ;

2° Ne pas modifier le conditionnement d'origine des médicaments concernés ;

3° N'utiliser pour les animaux dont la chair ou les produits sont destinés à l'alimentation humaine que des médicaments vétérinaires ayant la même composition qualitative et quantitative, en termes de substances actives, que des médicaments autorisés en France ;

4° Respecter les autres règles de prescription et de délivrance prévues par le présent code, le code rural et notamment le code de déontologie vétérinaire et l'autorisation de mise sur le marché obtenue dans l'État membre ;

5° Administrer eux-mêmes le médicament et ne fournir au propriétaire ou détenteur de l'animal ou des animaux qu'il a pris en charge que les quantités minimales nécessaires pour achever le traitement.

Art. R. 5141-126-1 *(Décr. n° 2008-434 du 6 mai 2008, art. 2)* Le vétérinaire enregistre les médicaments visés au premier alinéa de l'article R. 5141-126 par tout système d'enregistrement permettant une présentation immédiate à la demande des autorités de contrôle et n'autorisant aucune modification des données après validation de leur enregistrement.

Ces enregistrements sont conservés pendant cinq ans et comprennent les renseignements suivants :

— le nom du médicament vétérinaire et le numéro de lot ;

— la date de la prescription ;

— l'identification des animaux ;

— le diagnostic ;

— la posologie, la quantité prescrite et la durée du traitement ;

— la voie d'administration et, le cas échéant, le point d'injection ou d'implantation ;

— dans le cas d'animaux dont la chair et les produits sont destinés à la consommation humaine, le temps d'attente, même s'il est égal à zéro.

Art. R. 5141-127 Le directeur général de l'*(Décr. n° 2011-385 du 11 avr. 2011, art. 1er)* « Agence nationale de sécurité sanitaire de l'alimentation, de l'environnement et du travail », à la demande d'un établissement pharmaceutique vétérinaire qui exporte un médicament vétérinaire :

1° Certifie que cet établissement possède l'autorisation prévue à l'article L. 5142-2 ;

2° Certifie que l'établissement qui assure la fabrication du médicament vétérinaire exporté possède l'autorisation prévue à l'article L. 5142-2 et qu'il est astreint au respect des bonnes pratiques de fabrication prévues à l'article L. 5142-3 ;

3° Lorsque le médicament vétérinaire bénéficie d'une autorisation de mise sur le marché, délivre le résumé des caractéristiques du produit ou un document équivalent.

Lorsque le médicament vétérinaire ne bénéficie pas d'une autorisation de mise sur le marché, l'établissement fournit au directeur général de l'*(Décr. n° 2011-385 du 11 avr. 2011, art. 1er)* « Agence nationale de sécurité sanitaire de l'alimentation, de l'environnement et du travail » une déclaration expliquant les raisons pour lesquelles cette autorisation fait défaut, accompagnée d'un dossier comportant les caractéristiques du médicament vétérinaire exporté. Le directeur général de l'agence atteste que la déclaration a été fournie et communique, à sa demande, ces informations à l'autorité compétente de l'État importateur.

Le directeur général de l'agence délivre à l'autorité compétente de l'État importateur, à sa demande, des documents ou informations relatifs à l'existence et aux conditions de fonctionnement des établissements pharmaceutiques vétérinaires et les certificats et autres documents mentionnés au présent article.

Art. R. 5141-128 Le directeur général de l'*(Décr. n° 2011-385 du 11 avr. 2011, art. 1er)* « Agence nationale de sécurité sanitaire de l'alimentation, de l'environnement et du travail » peut délivrer aux établissements pharmaceutiques vétérinaires qui exportent des aliments médicamenteux un certificat mentionnant :

1° Le nom ou la raison sociale et l'adresse de l'établissement titulaire de l'autorisation d'ouverture prévue à l'article L. 5142-2 au titre du *[des]* 11°, 12°, 13° ou 14° de l'article R. 5142-1 ;

2° La dénomination de l'aliment médicamenteux ;

3° Le type d'animal auquel l'aliment médicamenteux est destiné ;

4° La dénomination, la composition qualitative et quantitative ainsi que le numéro de l'autorisation de mise sur le marché du prémélange médicamenteux utilisé pour la fabrication de l'aliment médicamenteux ;

5° Le taux d'incorporation du prémélange ;

6° La quantité d'aliments médicamenteux ;

7° Le nom et l'adresse du destinataire.

Le directeur général de l'*(Décr. n° 2011-385 du 11 avr. 2011, art. 1er)* « Agence nationale de sécurité sanitaire de l'alimentation, de l'environnement et du travail » certifie que l'aliment médicamenteux a été fabriqué par un établissement titulaire de l'autorisation prévue à l'article 4 de la directive 90/167/CEE du Conseil du 26 mars 1990 établissant les conditions de préparation, de mise sur le marché et d'utilisation des aliments médicamenteux pour animaux dans la Communauté.

Art. *[R.]* 5141-129 *(Décr. n° 2005-374 du 20 avr. 2005)* La préparation des autovaccins est assurée sous la responsabilité d'une personne qualifiée, ayant obtenu l'autorisation prévue à l'article L. 5141-12, dans des installations qui peuvent être, le cas échéant, mises à disposition par un organisme ou une société au sein duquel elle exerce des responsabilités techniques.

La personne qualifiée est pharmacien ou vétérinaire. Elle est inscrite, selon le cas, *(Décr. n° 2013-752 du 16 août 2013, art. 1er-7°)* « à la section B ou E » de l'Ordre national des pharmaciens ou auprès du conseil régional de l'ordre des vétérinaires dont dépend l'installation.

La personne qualifiée justifie d'une formation ou d'une expérience professionnelle dans le domaine de l'immunologie ou de la fabrication de médicaments. Elle exerce personnellement ses fonctions. Elle contrôle les activités de préparation, de stockage, de transport et de suivi des autovaccins à usage vétérinaire dans le respect des bonnes *pratiques* définies par arrêté des ministres chargés de l'agriculture et de la santé, pris sur proposition du directeur général de l'*(Décr. n° 2011-385 du 11 avr. 2011, art. 1er)* « Agence nationale de sécurité sanitaire de l'alimentation, de l'environnement et du travail ».

Art. *[R.]* 5141-130 *(Décr. n° 2005-374 du 20 avr. 2005)* I. — La personne qualifiée adresse la demande d'autorisation prévue à l'article L. 5141-12 au directeur général de l'*(Décr. n° 2011-385 du 11 avr. 2011, art. 1er)* « Agence nationale de sécurité sanitaire de l'alimentation, de l'environnement et du travail ». La demande comporte :

1° Le nom du demandeur ;

2° L'adresse du lieu de préparation ;

3° La dénomination de la société ou le nom de l'organisme qui met à disposition les installations, le cas échéant ;

4° La liste des agents pathogènes par espèces de destination et les formes pharmaceutiques envisagées.

II. — A la demande est joint un dossier comprenant :

1° Les documents justifiant de la qualification du demandeur et de son inscription à l'un des ordres professionnels mentionnés à l'article R. 5141-129 ;

2° Les éléments justifiant le droit du demandeur à utiliser les installations affectées aux opérations de préparation des autovaccins, une description des locaux, des équipements et la liste du personnel affecté à ces activités ;

3° Un dossier technique décrivant :

a) Les techniques d'isolement, de purification, de multiplication, d'inactivation, de contrôle des agents pathogènes et les moyens utilisés pour leur identification, leur conservation et leur suivi ;

b) Les adjuvants utilisés ;

c) La procédure suivie pour l'analyse de la prescription ;

d) Les techniques et procédures utilisées pour la préparation, le contrôle, la conservation, le suivi et, le cas échéant, le transport des autovaccins à usage vétérinaire.

Art. R. 5141-131 *(Décr. n° 2005-374 du 20 avr. 2005)* Le directeur général de l'*(Décr. n° 2011-385 du 11 avr. 2011, art. 1er)* « Agence nationale de sécurité sanitaire de l'alimentation, de l'environnement et du travail » notifie sa décision au demandeur dans un délai de cent vingt jours à compter de la date de réception de la demande complète. Le silence gardé par le directeur général vaut refus d'autorisation à l'expiration de ce délai.

Art. R. 5141-132 *(Décr. n° 2005-374 du 20 avr. 2005)* L'autorisation est délivrée pour une durée de cinq ans ; elle est renouvelable par période quinquennale dans les conditions prévues par l'article R. 5141-137 du même code.

Elle mentionne les nom, prénom et qualité du titulaire de l'autorisation, la dénomination de la société ou le nom de l'organisme qui, le cas échéant, met à sa disposition les installations et l'adresse du lieu de préparation.

Elle précise les agents pathogènes par espèce de destination, les formes pharmaceutiques et les adjuvants autorisés.

Art. R. 5141-133 *(Décr. n° 2005-374 du 20 avr. 2005)* Le titulaire de l'autorisation informe le directeur général de l'*(Décr. n° 2011-385 du 11 avr. 2011, art. 1er)* « Agence nationale de sécurité sanitaire de l'alimentation, de l'environnement et du travail » de la date de début de l'activité de préparation des autovaccins à usage vétérinaire.

Il l'informe également de la cessation définitive de cette activité.

Art. R. 5141-134 *(Décr. n° 2005-374 du 20 avr. 2005)* Après délivrance de l'autorisation prévue à l'article L. 5141-12, les méthodes de préparation et les techniques de contrôle mentionnées aux *a*, *c* et *d* du dossier technique prévu au 3° du II de l'article R. 5141-130 sont modifiées en fonction des progrès scientifiques et techniques.

Art. R. 5141-135 *(Décr. n° 2005-374 du 20 avr. 2005)* Toute modification concernant les éléments et documents mentionnés à l'article R. 5141-130 est soumise pour autorisation au directeur général de l'*(Décr. n° 2011-385 du 11 avr. 2011, art. 1er)* « Agence nationale de sécurité sanitaire de l'alimentation, de l'environnement et du travail », accompagnée des pièces justificatives correspondantes.

Le directeur général notifie sa décision au demandeur dans un délai de trente jours à compter de la date de réception de la demande complète. Le silence gardé par le directeur général vaut refus d'autorisation à l'expiration de ce délai.

Lorsqu'une enquête sur place est nécessaire, le délai peut être prorogé dans la limite de cent vingt jours.

V. Décr. n° 2014-1288 du 23 oct. 2014 relatif aux exceptions à l'application du principe « silence vaut acceptation » sur le fondement du 4° du I de l'art. 21 de la L. n° 2000-321 du 12 avr. 2000 relative aux drois des citoyens dans leurs relations avec les administrations.

Art. R. 5141-136 *(Décr. n° 2005-374 du 20 avr. 2005)* L'autorisation peut être modifiée, suspendue pour une durée maximale d'un an ou retirée par le directeur général de l'*(Décr. n° 2011-385 du 11 avr. 2011, art. 1er)* « Agence nationale de sécurité sanitaire de l'alimentation, de l'environnement et du travail » lorsqu'il apparaît :

1° Qu'il existe un ou des médicaments vétérinaires immunologiques possédant une autorisation de mise sur le marché pour l'espèce considérée contenant un ou plusieurs des agents pathogènes figurant sur l'autorisation de préparer des autovaccins à usage vétérinaire ;

2° Que les autovaccins préparés ou les organismes pathogènes utilisés dans la préparation sont susceptibles de présenter un risque grave pour la santé humaine, la santé animale ou l'environnement ;

3° Que les conditions de conservation des souches, de préparation, de suivi et, le cas échéant, de transport des autovaccins à usage vétérinaire ne sont pas conformes aux conditions déclarées dans la demande ayant donné lieu à l'autorisation prévue à l'article R. 5141-130 ou modifiées dans les conditions fixées par l'article R. 5141-131.

Sauf en cas d'urgence, ces décisions de modification, de suspension ou de retrait ne peuvent intervenir qu'après que le titulaire de l'autorisation a été mis à même de présenter ses observations dans un délai déterminé.

La décision ne peut faire l'objet d'un recours contentieux qu'après l'exercice d'un recours gracieux auprès du directeur général de l'*(Décr. n° 2011-385 du 11 avr. 2011, art. 1er)* « Agence nationale de sécurité sanitaire de l'alimentation, de l'environnement et du travail ».

Indépendamment des décisions de suspension ou de retrait précitées, le directeur général de l'*(Décr. n° 2011-385 du 11 avr. 2011, art. 1er)* « Agence nationale de sécurité sanitaire de l'alimentation, de l'environnement et du travail » peut, à titre conservatoire, demander à la personne titulaire de l'autorisation de procéder au rappel de certains lots.

Art. R. 5141-137 *(Décr. n° 2005-374 du 20 avr. 2005)* Le titulaire de l'autorisation adresse la demande de renouvellement au directeur général de l'*(Décr. n° 2011-385 du 11 avr. 2011, art. 1er)* « Agence nationale de sécurité sanitaire de l'alimentation, de l'environnement et du travail » quatre-vingt-dix jours avant la date d'expiration de l'autorisation.

Cette demande de renouvellement comporte :

1° Une analyse synthétique des données de pharmacovigilance élaborées à partir des rapports prévus à l'article R. 5141-105 ;

2° Suivant le cas, soit un dossier actualisé tenant compte des modifications autorisées, soit l'attestation du demandeur qu'aucune modification n'est intervenue dans les éléments fournis à l'appui de la demande initiale.

Si aucune décision n'est notifiée ou si aucune demande de justification complémentaire n'est adressée au demandeur à la date d'expiration de l'autorisation, l'autorisation est renouvelée à cette date.

Art. R. 5141-138 *(Décr. n° 2016-1506 du 8 nov. 2016, art. 6)* Les décisions d'autorisation, de modification, de renouvellement, de suspension ou de retrait de l'autorisation de préparation des autovaccins sont rendues publiques par extrait sur le site internet de l'Agence nationale de sécurité sanitaire de l'alimentation, de l'environnement et du travail.

Art. R. 5141-139 *(Décr. n° 2005-374 du 20 avr. 2005)* L'étiquetage des autovaccins à usage vétérinaire et, le cas échéant, la fiche d'information qui les accompagne comportent, outre la mention : "autovaccin à usage vétérinaire" en caractères très apparents, les mentions suivantes :

1° La dénomination de l'agent pathogène ;

2° La composition qualitative en substances actives et en adjuvants et constituants de l'excipient dont la connaissance est nécessaire à une bonne administration du médicament, ainsi que le volume ou le nombre de doses par conditionnement ;

3° Le numéro du lot de préparation ;

4° Le nom du titulaire de l'autorisation, la dénomination de la société ou le nom de l'organisme qui, le cas échéant, met à sa disposition les installations et l'adresse du lieu de préparation ;

5° Les espèces de destination ;

6° Le nom et l'adresse du détenteur de l'animal ou de l'élevage où a été prélevé l'agent pathogène ;

7° La date de péremption ;

8° Les précautions de conservation.

Art. R. 5141-140 *(Décr. n° 2005-374 du 20 avr. 2005)* Le suivi des autovaccins à usage vétérinaire consiste pour le titulaire de l'autorisation à consigner par ordre chronologique les informations suivantes :

1° Le nom et l'adresse du détenteur de l'animal ou de l'élevage où a été prélevé l'agent pathogène ;

2° La date de réception de l'agent pathogène prélevé ;

3° Le nom et l'adresse du vétérinaire prescripteur ;

4° L'agent pathogène à partir duquel l'autovaccin a été préparé ;

5° La date de fabrication ;

6° Le numéro de lot ;

7° Le volume ou le nombre de doses préparées ;

8° Le volume ou le nombre de doses délivrées ;

9° Le cas échéant, le schéma vaccinal ou la possibilité de renouvellement mentionnée par la prescription du vétérinaire.

Ces informations peuvent être enregistrées par tout système approprié permettant une édition immédiate à la demande des autorités de contrôle et n'autorisant aucune modification des données après validation de leur enregistrement.

Art. R. 5141-141 *(Décr. n° 2005-374 du 20 avr. 2005)* Au sens de l'article L. 5141-2, le vétérinaire ne peut prescrire un autovaccin à usage vétérinaire que dans les conditions du 4° de l'article L. 5143-4, préparé à partir d'un agent pathogène dont il aura lui-même assuré le prélèvement.

Le titulaire de l'autorisation prévue à l'article L. 5141-12 ne peut céder un autovaccin à usage vétérinaire qu'au vétérinaire prescripteur ou à tout autre vétérinaire ayant déclaré, lors de son inscription à l'ordre, le même domicile professionnel, tel que défini à l'article R. 242-52 du code rural et de la pêche maritime.

Un autovaccin à usage vétérinaire ne peut être administré qu'aux animaux élevés sur le lieu où a été prélevé l'agent pathogène.

Art. D. 5141-142 *(Décr. n° 2006-1273 du 18 oct. 2006, art. 5)* I. — Le montant de la taxe prévue au 3° du 1 du I de l'article L. 5141-8 est fixé à 2 000 € pour une demande d'autorisation de préparer les autovaccins à usage vétérinaire mentionnée à l'article R. 5141-130.

II. — Le montant de la taxe prévue au 3° du 1 du I de l'article L. 5141-8 est fixé à 500 € pour une demande de renouvellement d'autorisation de préparer les autovaccins à usage vétérinaire mentionnée à l'article R. 5141-137.

SECTION XI CONVENTIONS PASSÉES AVEC DES ENTREPRISES

(Décr. n° 2016-1795 du 20 déc. 2016, art. 1er)

Art. R. 5141-143 Les conventions mentionnées à l'article L. 5141-13-1 entre les vétérinaires ou étudiants vétérinaires et les entreprises mentionnées à l'article L. 5142-1 sont transmises par l'entreprise pour avis, par tout moyen permettant de lui conférer date certaine, avant leur signature et leur mise en application, au Conseil national de l'ordre des vétérinaires prévu à l'article L. 242-3-1 du code rural et de la pêche maritime.

Art. R. 5141-144 Le dossier de demande d'avis comporte les renseignements suivants :

1° Pour les conventions qui ont pour objet les activités de recherche et d'évaluation scientifique mentionnées au troisième alinéa de l'article L. 5141-13-1 :

a) La convention non signée, indiquant le nom, la raison sociale et l'adresse du siège social de l'entreprise qui la propose ;

b) Le montant et les modalités de calcul de la rémunération des vétérinaires ou de l'indemnité des étudiants vétérinaires et, le cas échéant, la nature de tous les autres avantages susceptibles de leur être procurés ;

c) La liste nominative des vétérinaires, indiquant leur numéro d'inscription à l'ordre des vétérinaires, ou, pour les étudiants vétérinaires, la liste nominative des étudiants, indiquant l'année de leur cursus et l'établissement d'enseignement dont ils relèvent ;

d) Le résumé du protocole de recherche ou d'évaluation scientifique ;

e) Le projet de cahier d'observations, conforme aux règles de bonnes pratiques de laboratoire ou de bonnes pratiques cliniques mentionnées à l'article L. 5141-16 pour les expérimentations portant sur les médicaments vétérinaires ou le document de recueil des données prévu par le protocole pour les autres activités de recherche ou d'évaluation scientifique ;

2° Pour les conventions qui ont pour objet l'hospitalité offerte, de manière directe ou indirecte, lors de manifestations de promotion ou lors de manifestations à caractère exclusivement professionnel et scientifique, mentionnée au quatrième alinéa de l'article L. 5141-13-1 :

a) La convention non signée, indiquant le nom, la raison sociale et l'adresse du siège social de l'entreprise qui la propose ;

b) Le programme de la manifestation ;

c) La liste nominative des vétérinaires sollicités, indiquant leur numéro d'inscription à l'ordre des vétérinaires, ou, pour les étudiants vétérinaires sollicités, la liste nominative des étudiants, indiquant l'année de leur cursus et l'établissement d'enseignement dont ils relèvent ;

d) La nature et le montant de chacune des prestations ou, le cas échéant, du forfait énumérant les différentes prestations prises en charge à l'occasion de la manifestation considérée.

Art. R. 5141-145 I. — Le Conseil national de l'ordre des vétérinaires dispose, pour rendre son avis, d'un délai de deux mois à compter de la date de réception du dossier de demande d'avis.

Si le Conseil national de l'ordre des vétérinaires constate que le dossier est incomplet, il notifie sans délai à l'entreprise, par tout moyen permettant d'en conférer date certaine, la liste des documents ou renseignements manquants. Le délai est alors suspendu jusqu'à réception de ceux-ci.

II. — Un protocole conclu entre le Conseil national de l'ordre des vétérinaires et une ou plusieurs organisations représentatives des entreprises concernées peut, par dérogation aux dispositions des articles R. 5141-143, R. 5141-144 et aux dispositions du I du présent article, fixer un contenu et une transmission simplifiés des demandes d'avis pour les opérations les plus fréquentes répondant aux caractéristiques que ce protocole précise. En ce cas, pour l'ensemble des dossiers et opérations répondant à ces caractéristiques, l'entreprise transmet une seule demande d'avis au Conseil national de l'ordre des vétérinaires.

III. — Si le Conseil national de l'ordre des vétérinaires émet un avis défavorable, son avis motivé est adressé à l'entreprise par tout moyen permettant d'en conférer date certaine.

Art. R. 5141-146 Les entreprises informent le Conseil national de l'ordre des vétérinaires de la mise en œuvre des conventions mentionnées à l'article L. 5141-13-1 dans un délai d'un mois à compter de leur mise en œuvre.

Art. R. 5141-147 Les dispositions des articles R. 5141-143, R. 5141-144, R. 5141-145 et R. 5141-146 s'appliquent aux conventions passées entre les pharmaciens ou les étudiants se destinant à la profession de pharmacien et les entreprises mentionnées à l'article L. 5142-1.

Lorsque la convention concerne un pharmacien ou un étudiant, elle est transmise au conseil départemental du lieu d'exercice du pharmacien ou du lieu de formation de l'étudiant. Lorsque la convention concerne deux ou plusieurs pharmaciens ou *[des]* étudiants, elle est transmise au conseil régional du lieu d'exercice des pharmaciens ou étudiants, ou à défaut si plusieurs conseils régionaux sont territorialement compétents, au Conseil national de l'ordre des pharmaciens. Pour les internes en pharmacie, le conseil destinataire est le conseil central compétent.

SECTION XII OBLIGATIONS DÉCLARATIVES DE CESSION DE MÉDICAMENTS UTILISÉS EN MÉDECINE VÉTÉRINAIRE

(Décr. nº 2016-1788 du 19 déc. 2016, art. 1er)

Art. R. 5141-148 I. – Les entreprises mentionnées aux 1°, 3°, 4°, 5°, 8° et 9° de l'article R. 5142-1 déclarent, pour les cessions de médicaments vétérinaires comportant une ou plusieurs substances antibiotiques, les données suivantes :

1° Le numéro de l'autorisation d'ouverture de l'établissement pharmaceutique vétérinaire cédant ;

2° La dénomination du médicament, sa forme pharmaceutique et le contenu en poids, en volume ou en unités de prises ;

3° Le nombre d'unités pour chaque présentation de chaque médicament cédé ;

4° Une estimation, par espèce animale, de la répartition par présentation des médicaments cédés ou, pour les entreprises mentionnées au 5° de l'article R. 5142-1, le vétérinaire destinataire de chaque médicament cédé.

II. – Les entreprises mentionnées au 2° de l'article R. 5142-1 déclarent, pour les cessions de médicaments vétérinaires contenant une ou plusieurs substances antibiotiques, les données mentionnées aux 1° à 3° du I.

III. – Les entreprises mentionnées au 6° de l'article R. 5142-1 déclarent pour les cessions de médicaments vétérinaires contenant une ou plusieurs substances antibiotiques les données mentionnées aux 1° à 3° du I, ainsi que le pays de destination.

IV. – Les entreprises mentionnées au 10° de l'article R. 5142-1 déclarent, pour les cessions de prémélanges médicamenteux contenant une ou plusieurs substances antibiotiques, les données mentionnées aux 1° à 3° du I, ainsi que le pays de destination.

V. – Les données sont déclarées et transmises par voie électronique au directeur général de l'Agence nationale de sécurité sanitaire de l'alimentation, de l'environnement et du travail avant la fin du premier trimestre de l'année qui suit celle de la cession des médicaments et des prémélanges médicamenteux concernés. Une décision du directeur général de cette agence, publiée sur son site internet, précise le modèle type de cette déclaration.

Art. R. 5141-149 I. – Les entreprises mentionnées aux 11° et 13° de l'article R. 5142-1 déclarent, pour les cessions d'aliments médicamenteux contenant une ou plusieurs substances antibiotiques, les données suivantes :

1° Le numéro de l'autorisation d'ouverture de l'établissement pharmaceutique vétérinaire cédant ;

2° Les nom, prénom ou raison sociale et adresse de livraison du cessionnaire ;

3° La date de la cession ;

4° Le numéro d'inscription à l'ordre du vétérinaire prescripteur ;

5° La catégorie et la sous-catégorie des animaux destinataires de l'aliment médicamenteux cédé lors d'une cession à un détenteur d'animaux ;

6° Le nom et la quantité du prémélange médicamenteux incorporé dans l'aliment médicamenteux cédé ainsi que le taux d'incorporation du prémélange médicamenteux ;

7° Le tonnage d'aliment médicamenteux ;

8° La quantité d'animaux à traiter ;

9° La durée du traitement prescrit.

II. – Les entreprises mentionnées au 12° de l'article R. 5142-1 déclarent, pour toute cession d'aliments médicamenteux contenant une ou plusieurs substances antibiotiques, les données mentionnées aux 1°, 2°, 3°, 5°, 6° et 7° du I.

III. – Les entreprises mentionnées au 14° de l'article R. 5142-1 déclarent, pour toute cession d'aliments médicamenteux contenant une ou plusieurs substances antibiotiques, les données mentionnées aux 1°, 3°, 6°et 7° du I, ainsi que le pays de destination.

IV. – Ces données sont déclarées et transmises par voie électronique au directeur général de l'Agence nationale de sécurité sanitaire de l'alimentation, de l'environnement et du travail avant la fin du trimestre qui suit celui de la cession des médicaments concernés. Une décision du directeur général de cette agence, publiée sur son site internet, précise le modèle type de cette déclaration.

Art. R. 5141-150 I. – Les vétérinaires mentionnés à l'article L. 5143-2 déclarent, pour les cessions de médicaments vétérinaires contenant une ou plusieurs substances antibiotiques, les données suivantes :

1° Le numéro d'inscription à l'ordre du vétérinaire prescripteur ;

2° L'identification de l'élevage lorsque les médicaments vétérinaires sont destinés à des animaux appartenant à des espèces dont la chair ou les produits sont destinés à la consommation humaine ;

3° La date de la cession ;

4° La catégorie et la sous-catégorie des animaux destinataires du médicament vétérinaire cédé ;

5° Le nom et la présentation de chaque médicament cédé ;

6° La quantité pour chaque présentation de chaque médicament cédé ;

7° La quantité d'animaux traités ou à traiter ;

8° La posologie et la durée du traitement prescrit.

II. – Les chefs de service de pharmacie et de toxicologie des écoles nationales vétérinaires mentionnés à l'article L. 5143-2 déclarent, pour toute cession de médicaments vétérinaires contenant une ou plusieurs substances antibiotiques, les données mentionnées aux 2° à 8° du I, ainsi que le nom de l'école vétérinaire concernée.

III. – Ces données sont déclarées et transmises par voie électronique au ministre chargé de l'agriculture au plus tard avant la fin du mois qui suit la date de la cession des médicaments concernés. Un arrêté des ministres chargés de l'agriculture et de la santé, pris après avis du directeur général de l'Agence nationale de sécurité sanitaire de l'alimentation, de l'environnement et du travail, précise le modèle type de cette déclaration.

Art. R. 5141-151 I. – Les pharmaciens mentionnés à l'article L. 5143-2 déclarent, pour les cessions de médicaments vétérinaires contenant une ou plusieurs substances antibiotiques ou de médicaments à usage humain contenant une ou plusieurs substances antibiotiques prescrits en application de l'article L. 5143-4, les données suivantes :

1° L'identifiant du fichier national des établissements sanitaires et sociaux de la pharmacie d'officine ;

2° Le numéro d'inscription à l'ordre du vétérinaire prescripteur ;

3° L'identification de l'élevage lorsque ces médicaments sont destinés à des animaux appartenant à des espèces dont la chair ou les produits sont destinés à la consommation humaine, sauf si la cession est effectuée pour une commande à usage professionnel ;

4° La date de la cession ;

5° La catégorie et la sous-catégorie des animaux destinataires du médicament cédé ;

6° Le nom et la présentation de chaque médicament cédé ;

7° La quantité pour chaque présentation de chaque médicament cédé ;

8° La quantité d'animaux à traiter ;

9° La posologie et la durée du traitement prescrit.

II. – Ces données sont déclarées et transmises par voie électronique au ministre chargé de l'agriculture au plus tard avant la fin du mois qui suit la date de la cession des médicaments concernés. Un arrêté des ministres chargés de l'agriculture et de la santé, pris après avis du directeur général de l'Agence nationale de sécurité sanitaire de l'alimentation, de l'environnement et du travail, précise le modèle type de cette déclaration.

CHAPITRE II PRÉPARATION INDUSTRIELLE ET VENTE EN GROS

SECTION PREMIÈRE ENTREPRISES ET ÉTABLISSEMENTS PHARMACEUTIQUES *VÉTÉRINAIRES*

SOUS-SECTION 1 DÉFINITION ET ACTIVITÉS

Art. R. 5142-1 On entend par :

1° Fabricant, l'entreprise comportant un ou plusieurs établissements pharmaceutiques vétérinaires se livrant, en vue de leur vente en gros, de leur cession à titre gratuit ou de leur utilisation lors d'essais cliniques sur l'animal, à la fabrication de médicaments vétérinaires autres que les aliments médicamenteux. La fabrication comprend les opérations concernant l'achat des matières premières et des articles de conditionnement, les opérations de production, de contrôle de la qualité, de libération des lots, ainsi que les opérations de stockage correspondantes, telles qu'elles sont définies par les bonnes pratiques prévues à l'article L. 5142-3 applicables à cette activité. Pour les médicaments soumis à des essais cliniques, les opérations de suivi desdits médicaments et, s'il y a lieu, de retrait sont effectuées par le fabricant, sous la responsabilité du promoteur mentionné à l'article R. 5141-3 ;

2° Importateur, l'entreprise comportant un ou plusieurs établissements pharmaceutiques vétérinaires se livrant, en vue de leur vente en gros, de leur cession à titre gratuit ou de leur utilisation lors d'essais cliniques sur l'animal, à l'importation, au stockage, au contrôle de la qualité et à la libération des lots de médicaments vétérinaires, autres que les aliments médicamenteux, en provenance :

a) D'États non membres de *(Décr. nº 2013-752 du 16 août 2013, art. 1er)* « l'Union européenne » et non parties à l'accord sur l'Espace économique européen ;

b) Ou d'autres États membres de *(Décr. nº 2013-752 du 16 août 2013, art. 1er)* « l'Union européenne » ou parties à l'accord sur l'Espace économique européen lorsque ces médicaments vétérinaires ont été fabriqués par un établissement non autorisé au titre de l'article 44 de la directive 2001/82/CE du 6 novembre 2001 instituant un code communautaire relatif aux médicaments vétérinaires. Pour les médicaments soumis à des essais cliniques, les opérations de suivi et, s'il y a lieu, de leur retrait sont effectuées par l'importateur, sous la responsabilité du promoteur mentionné à l'article R. 5141-3 ;

3° Exploitant, l'entreprise comportant un ou plusieurs établissements pharmaceutiques vétérinaires se livrant à l'exploitation de médicaments vétérinaires autres que ceux soumis à des essais cliniques et que les aliments médicamenteux. L'exploitation comprend les opérations de vente en gros ou de cession à titre gratuit, de publicité, d'information, de pharmacovigilance, de suivi des lots et, s'il y a lieu, de leur retrait, ainsi que, le cas échéant, les opérations de stockage correspondantes. L'exploitation est assurée soit par le titulaire de l'autorisation de mise sur le marché mentionnée à l'article L. 5141-5, ou de l'enregistrement mentionné à l'article L. 5141-9, soit, pour le compte de ce titulaire, par une autre entreprise, soit par l'un et l'autre, chacun assurant dans ce cas une ou plusieurs catégories d'opérations constitutives de l'exploitation du médicament vétérinaire ;

4° Dépositaire, l'entreprise comportant un ou plusieurs établissements pharmaceutiques vétérinaires se livrant, d'ordre et pour le compte d'un ou plusieurs exploitants, au stockage de médicaments vétérinaires dont elle n'est pas propriétaire et à leur distribution en gros et en l'état ;

5° Distributeur en gros de médicaments vétérinaires, l'entreprise comportant un ou plusieurs établissements pharmaceutiques vétérinaires se livrant à l'achat de médicaments vétérinaires autres que ceux soumis à des essais cliniques, à leur stockage et à leur distribution en gros et en l'état ;

6° Distributeur en gros spécialisé à l'exportation l'entreprise comportant un ou plusieurs établissements pharmaceutiques vétérinaires se livrant à l'achat de médicaments vétérinaires autres que ceux soumis à des essais cliniques, à leur stockage et à leur *exportation en l'état ;*

7° Distributeur en gros de médicaments vétérinaires antiparasitaires destinés au traitement externe des animaux de compagnie, l'entreprise comportant un ou plusieurs établissements pharmaceutiques vétérinaires se livrant à l'achat et au stockage de ceux de ces médicaments entrant dans le champ de la dérogation prévue au dernier alinéa de l'article L. 5143-2, en vue de leur distribution en gros et en l'état ;

8° Distributeur de médicaments vétérinaires soumis à des essais cliniques, l'entreprise comportant un ou plusieurs établissements pharmaceutiques vétérinaires se livrant, d'ordre et pour le compte d'un ou plusieurs promoteurs définis à l'article R. 5141-3, au stockage de médicaments vétérinaires soumis à des essais cliniques, fabriqués ou importés par des entreprises définies au 1° ou au 2° du présent article et à leur distribution en l'état ;

9° Distributeur en gros de prémélanges médicamenteux, l'entreprise comportant un ou plusieurs établissements pharmaceutiques vétérinaires se livrant à l'achat et au stockage de prémélanges médicamenteux et à leur distribution en gros et en l'état ;

10° Distributeur en gros spécialisé à l'exportation de prémélanges médicamenteux, l'entreprise comportant un ou plusieurs établissements pharmaceutiques vétérinaires se livrant à l'achat et au stockage de prémélanges médicamenteux en vue de leur exportation en l'état ;

11° Fabricant d'aliments médicamenteux, l'entreprise comportant un ou plusieurs établissements pharmaceutiques vétérinaires se livrant, en vue de leur vente, de leur cession à titre gratuit ou de la réalisation d'essais cliniques sur l'animal, à la fabrication d'aliments médicamenteux ; cette fabrication comprend les opérations concernant l'achat du ou des prémélanges médicamenteux, des articles de conditionnement, le mélange, le contrôle de la qualité, les opérations de stockage correspondantes, les contrôles correspondants notamment en matière d'homogénéité, ainsi que le suivi des lots et, s'il y a lieu, leur retrait.

Pour les aliments médicamenteux soumis à des essais cliniques, les opérations de distribution, de suivi desdits médicaments et, s'il y a lieu, de leur retrait sont effectuées par le fabricant, sous la responsabilité du promoteur mentionné à l'article R. 5141-3 ;

12° Importateur d'aliments médicamenteux, l'entreprise comportant un ou plusieurs établissements pharmaceutiques vétérinaires se livrant, en vue de leur vente, de leur cession à titre gratuit ou de la réalisation d'essais cliniques sur l'animal, à l'importation, au stockage, au contrôle de la qualité des lots d'aliments médicamenteux ainsi qu'au suivi et, s'il y a lieu, au retrait des lots d'aliments médicamenteux en provenance :

a) D'États non membres de *(Décr. n° 2013-752 du 16 août 2013, art. 1er)* « l'Union européenne » et non parties à l'accord sur l'Espace économique européen ;

b) Ou d'autres États membres de *(Décr. n° 2013-752 du 16 août 2013, art. 1er)* « l'Union européenne » ou parties à l'accord sur l'Espace économique européen lorsque les aliments médicamenteux ont été fabriqués par un établissement non autorisé au titre de l'article 4 de la directive 90/167/CEE du Conseil du 26 mars 1990 établissant les conditions de préparation, de mise sur le marché et d'utilisation des aliments médicamenteux pour animaux dans la Communauté *[l'Union]*. Pour les aliments médicamenteux soumis à des essais cliniques, les opérations de distribution, de suivi et, s'il y a lieu, de retrait sont effectuées par l'importateur, sous la responsabilité du promoteur mentionné à l'article R. 5141-3 ;

13° Distributeur d'aliments médicamenteux, l'entreprise comportant un ou plusieurs établissements pharmaceutiques vétérinaires se livrant à l'achat et au stockage d'aliments médicamenteux autres que ceux soumis à des essais cliniques et à leur distribution en l'état ;

14° Distributeur à l'exportation d'aliments médicamenteux, l'entreprise comportant un ou plusieurs établissements pharmaceutiques vétérinaires se livrant à l'achat et au stockage d'aliments médicamenteux autres que ceux soumis à des essais cliniques et à leur exportation en l'état.

Art. R. 5142-2 Pour les médicaments autres que ceux soumis à des essais cliniques sur l'animal et que les aliments médicamenteux, lorsque le fabricant ou l'importateur n'assure pas lui-même l'exploitation, il ne peut vendre en gros ni céder à titre gratuit les médicaments qu'il fabrique ou importe que par l'intermédiaire de l'exploitant qui assure ces opérations de vente ou de cession.

Les exploitants, les dépositaires et les distributeurs en gros de médicaments vétérinaires ne peuvent distribuer les médicaments qu'ils stockent qu'à d'autres entreprises autorisées à les distribuer en gros ou à des personnes physiques ou morales habilitées *à les délivrer*.

Les exploitants, les dépositaires et les distributeurs en gros de prémélanges médicamenteux ne peuvent distribuer les prémélanges médicamenteux qu'ils stockent qu'à d'autres entreprises autorisées à les distribuer en gros ou à des personnes physiques ou morales autorisées à fabriquer des aliments médicamenteux ou disposant de l'agrément prévu à l'article L. 5143-3 pour la préparation extemporanée de ces aliments.

Les distributeurs de médicaments soumis à des essais cliniques ne peuvent distribuer ces médicaments qu'à d'autres distributeurs de médicaments soumis à des essais cliniques, aux investigateurs définis à l'article R. 5141-3 ou à des personnes physiques ou morales habilitées à exercer des activités analogues hors du territoire national.

Les fabricants, les importateurs et les distributeurs d'aliments médicamenteux ne peuvent distribuer les aliments médicamenteux qu'aux personnes physiques ou morales habilitées à les délivrer, à d'autres distributeurs ou exportateurs d'aliments médicamenteux ou, dans les conditions mentionnées à l'article L. 5142-4, aux groupements d'éleveurs ou directement aux éleveurs. Les aliments médicamenteux pour essais cliniques ne peuvent être distribués que par les fabricants ou importateurs précités et uniquement aux investigateurs ou à des personnes physiques habilitées à exercer des activités analogues hors du territoire national.

Art. R. 5142-3 **Les entreprises mentionnées à l'article R. 5142-1 peuvent exporter en dehors du territoire national les médicaments vétérinaires qu'elles vendent, cèdent à titre gratuit ou distribuent.**

Les exportations effectuées par ces entreprises vers d'autres États membres de *(Décr. nº 2013-752 du 16 août 2013, art. 1er)* **« l'Union européenne » ou parties à l'accord sur l'Espace économique européen ne peuvent être destinées qu'à des personnes physiques ou morales autorisées à exercer des activités analogues ou habilitées à délivrer ces médicaments ou, dans le cas des aliments médicamenteux, à les utiliser dans ces États.**

SOUS-SECTION 2 **AUTORISATION ADMINISTRATIVE**

Art. R. 5142-4 **Les modalités de présentation et d'instruction des demandes d'autorisation d'ouverture, de modification des autorisations initiales et de transfert des autorisations d'ouverture prévues aux articles R. 5142-5 à R. 5142-7, R. 5142-9, R. 5142-10, R. 5142-13 et R. 5142-14, ainsi que le contenu du dossier joint à la demande sont fixées, sur proposition du directeur général de l'**(*Décr. nº 2011-385 du 11 avr. 2011, art. 1er*) **« Agence nationale de sécurité sanitaire de l'alimentation, de l'environnement et du travail », par arrêté des ministres chargés de l'agriculture et de la santé.**

Ce dossier comporte les renseignements et pièces justificatives relatifs à l'entreprise, à l'établissement et au pharmacien ou vétérinaire responsable et la description de l'établissement et de ses conditions de fonctionnement.

Art. R. 5142-5 **L'autorisation d'ouverture d'un établissement pharmaceutique vétérinaire est délivrée à l'entreprise dont il dépend par le directeur général de l'**(*Décr. nº 2011-385 du 11 avr. 2011, art. 1er*) **« Agence nationale de sécurité sanitaire de l'alimentation, de l'environnement et du travail », après enquête de l'inspection compétente et après avis, selon le cas, du ou des conseils centraux compétents de l'Ordre national des pharmaciens ou du ou des conseils régionaux compétents de l'Ordre national des vétérinaires. Si le conseil de l'ordre compétent n'a pas donné son avis dans un délai de deux mois, le directeur général peut statuer.**

Lorsqu'une entreprise comporte plusieurs établissements pharmaceutiques vétérinaires, chacun d'entre eux fait l'objet d'une autorisation distincte.

Pour les établissements où est effectuée la fabrication ou l'importation de médicaments vétérinaires, l'autorisation précise les formes pharmaceutiques concernées ou, le cas échéant, la nature des médicaments concernés.

L'autorisation d'ouverture précise l'activité **prévue à l'article R. 5142-1 au titre de laquelle elle est accordée. Pour un même établissement, l'autorisation peut mentionner plusieurs activités.**

Art. R. 5142-6 **Le directeur général de l'**(*Décr. nº 2011-385 du 11 avr. 2011, art. 1er*) **« Agence nationale de sécurité sanitaire de l'alimentation, de l'environnement et du travail »** *(Décr. nº 2013-752 du 16 août 2013, art. 1er)* **« informe de sa décision, dans un délai de quinze jours, le » directeur général de l'**(*Décr. nº 2012-597 du 27 avr. 2012, art. 5-I-1º*) **« Agence nationale de sécurité du médicament et des produits de santé » lorsque l'autorisation concerne un établissement comprenant tout ou partie des locaux et des équipements constitutifs d'un établissement autorisé par ce dernier** *(Décr. nº 2013-752 du 16 août 2013, art. 1er-10º-b, en vigueur le 1er févr. 2014)* **« mentionné au 1° ou 2° de l'article R. 5124-2 et » en application de l'article L. 5124-3.**

Art. R. 5142-7 Le directeur général de l'*(Décr. n° 2011-385 du 11 avr. 2011, art. 1er)* « Agence nationale de sécurité sanitaire de l'alimentation, de l'environnement et du travail » *(Décr. n° 2013-752 du 16 août 2013, art. 1er)* « informe de sa décision, dans un délai de quinze jours, le » préfet du département de l'implantation de l'établissement lorsque l'autorisation concerne un établissement mentionné au 11° ou au 12° de l'article R. 5142-1 comprenant tout ou partie des locaux et des équipements constitutifs d'un établissement agréé ou enregistré en application des articles L. 235-1 et L. 236-1 du code rural et de la pêche maritime.

Art. R. 5142-8 Le directeur général de l'*(Décr. n° 2011-385 du 11 avr. 2011, art. 1er)* « Agence nationale de sécurité sanitaire de l'alimentation, de l'environnement et du travail » notifie sa décision au demandeur dans un délai de quatre-vingt-dix jours à compter de la date de réception de la demande complète.

Pour les établissements se livrant à la fabrication *(Décr. n° 2013-752 du 16 août 2013, art. 1er)* « ou à l'importation de médicaments vétérinaires », à la fabrication ou à l'importation de médicaments soumis à des essais cliniques et à la fabrication ou à l'importation d'aliments médicamenteux, le silence gardé par le directeur général vaut refus d'autorisation à l'expiration d'un délai de quatre-vingt-dix jours à compter de la date de réception de la demande complète.

Pour les autres établissements, le silence gardé par le directeur général vaut autorisation tacite à l'expiration d'un délai de quatre-vingt-dix jours à compter de la date de réception de la demande complète.

(Décr. n° 2016-1506 du 8 nov. 2016, art. 6) « Les décisions d'autorisation, de suspension ou de retrait de l'autorisation sont rendues publiques sur le site internet de l'Agence nationale de sécurité sanitaire de l'alimentation, de l'environnement et du travail. L'Agence nationale de sécurité sanitaire de l'alimentation, de l'environnement et du travail rend également publiques, sur son site internet, les informations relatives aux pharmaciens ou aux vétérinaires responsables mentionnés à l'article L. 5142-1. »

(Décr. n° 2008-434 du 6 mai 2008, art. 3-I) « Pour les établissements autorisés à exercer les activités définies au 1° et au 2° de l'article R. 5142-1, le directeur général de l'*(Décr. n° 2011-385 du 11 avr. 2011, art. 1er)* « Agence nationale de sécurité sanitaire de l'alimentation, de l'environnement et du travail » transmet une copie de l'autorisation à l'Agence européenne des médicaments. »

Art. R. 5142-9 *(Décr. n° 2008-434 du 6 mai 2008, art. 3-II)* L'autorisation préalable mentionnée au deuxième alinéa de l'article L. 5142-2 est nécessaire pour les modifications substantielles suivantes :

– l'exercice d'une nouvelle activité pharmaceutique au sens de l'article R. 5142-1 ;

– la fabrication ou l'importation d'une nouvelle catégorie de médicaments vétérinaires ;

– la fabrication ou l'importation d'une nouvelle forme pharmaceutique ;

– la mise en œuvre d'une nouvelle opération pharmaceutique de fabrication ou d'importation ;

– un réaménagement, une extension ou une suppression de locaux dans lesquels sont réalisées des opérations pharmaceutiques de fabrication, d'importation, de distribution en gros ou de stockage ;

– une modification relative aux équipements intervenant dans des opérations pharmaceutiques de fabrication, d'importation, de distribution en gros ou de stockage.

Le directeur général de l'*(Décr. n° 2011-385 du 11 avr. 2011, art. 1er)* « Agence nationale de sécurité sanitaire de l'alimentation, de l'environnement et du travail » notifie sa décision au demandeur dans un délai de trente jours à compter de la date de réception de la demande accompagnée d'un dossier complet.

Il peut procéder à une enquête sur place pour lui permettre de se prononcer sur la demande. Il peut, à ces fins, prolonger le délai prévu à l'alinéa précédent pour une durée qui ne peut excéder quatre-vingt-dix jours. Dans ce cas, il notifie cette décision de prorogation au demandeur.

Pour les établissements se livrant à la fabrication ou à l'importation de médicaments vétérinaires, à la fabrication ou à l'importation de médicaments soumis à des essais cliniques *(Décr. n° 2013-752 du 16 août 2013, art. 1er)* « et à la fabrication ou à l'importation d'aliments médicamenteux, » le silence gardé par le directeur général vaut refus d'autorisation à l'expiration de l'un des délais mentionnés aux alinéas ci-dessus, courant à compter de la date de réception de la demande accompagnée d'un dossier complet.

Pour les autres établissements, le silence gardé par le directeur général vaut autorisation tacite à l'expiration de l'un des délais mentionnés aux alinéas ci-dessus, courant à compter de la date de réception de la demande accompagnée du dossier complet.

Les modifications autres que celles visées au premier alinéa sont déclarées dans le mois qui suit leur mise en œuvre à l'*(Décr. n° 2011-385 du 11 avr. 2011, art. 1er)* « Agence nationale de sécurité sanitaire de l'alimentation, de l'environnement et du travail ». Le directeur général de l'*(Décr. n° 2011-385 du 11 avr. 2011, art. 1er)* « Agence nationale de sécurité sanitaire de l'alimentation, de l'environnement et du travail » fait connaître son opposition motivée à cette modification ou procède à l'actualisation de l'autorisation dans un délai de deux mois.

Art. R. 5142-10 Lorsque l'autorisation initiale a été accordée *(Décr. n° 2013-752 du 16 août 2013, art. 1er)* « après information » du directeur général de l'*(Décr. n° 2012-597 du 27 avr. 2012, art. 5-I-1°)* « Agence nationale de sécurité du médicament et des produits de santé » ou du préfet selon la procédure prévue aux articles R. 5142-6 ou R. 5142-7, *(Décr. n° 2013-752 du 16 août 2013, art. 1er-14°-a, en vigueur le 1er févr. 2014)* « ils sont informés de la modification dans un délai de quinze jours ».

Art. R. 5142-11 Le directeur général de l'*(Décr. n° 2011-385 du 11 avr. 2011, art. 1er)* « Agence nationale de sécurité sanitaire de l'alimentation, de l'environnement et du travail » peut requérir du demandeur toute information complémentaire nécessaire à l'instruction de la demande.

(Décr. n° 2008-434 du 6 mai 2008, art. 3-III) « Les délais prévus aux articles R. 5142-8 à *(Décr. n° 2013-752 du 16 août 2013, art. 1er)* « *[et]* R. 5142-9 » sont, en ce cas, suspendus jusqu'à ce que les données complémentaires requises aient été fournies. »

Art. R. 5142-12 Si, dans le délai de deux ans qui suit la notification des autorisations prévues aux articles R. 5142-8 à R. 5142-10, l'établissement ne fonctionne pas, ces autorisations deviennent caduques. Toutefois, sur justification produite avant l'expiration de ce délai, celui-ci peut être prorogé par le directeur général de l'*(Décr. n° 2011-385 du 11 avr. 2011, art. 1er)* « Agence nationale de sécurité sanitaire de l'alimentation, de l'environnement et du travail ».

Art. R. 5142-12-1 *(Décr. n° 2013-752 du 16 août 2013, art. 1er)* Lorsqu'une entreprise mentionnée à l'article R. 5142-1 envisage la fermeture d'un de ses établissements autorisé en application des dispositions de l'article R. 5142-5, elle en avertit l'Agence nationale de sécurité sanitaire de l'alimentation, de l'environnement et du travail. Cette information a lieu :

1° Au plus tard six mois avant la fermeture définitive de cet établissement pour les établissements mentionnés aux 1° à 3° de l'article R. 5142-1 ;

2° Au plus tard un mois avant la fermeture définitive de cet établissement pour les établissements mentionnés aux 4° à 14° de l'article R. 5142-1.

Art. R. 5142-13 En cas de changement de propriété d'un établissement pharmaceutique vétérinaire, l'autorisation d'ouverture est transférée au nouveau propriétaire sur demande adressée conjointement par les deux pharmaciens ou vétérinaires responsables concernés au directeur général de l'*(Décr. n° 2011-385 du 11 avr. 2011, art. 1er)* « Agence nationale de sécurité sanitaire de l'alimentation, de l'environnement et du travail ».

En cas de mise en location-gérance de l'établissement, l'autorisation d'ouverture est transférée dans les mêmes conditions au locataire-gérant pour la durée de la location-gérance.

Le transfert est autorisé par le directeur général sous réserve du respect des dispositions du présent chapitre par le nouveau propriétaire ou le locataire-gérant dans un délai de deux mois à compter de la date de réception de la demande. Le silence gardé par le directeur général vaut acceptation de la demande à l'expiration de ce délai.

Lorsque le transfert concerne un établissement mentionné aux articles R. 5142-6 ou R. 5142-7, le directeur général de l'*(Décr. n° 2012-597 du 27 avr. 2012, art. 5-I-1°)*

« Agence nationale de sécurité du médicament et des produits de santé » ou le préfet est informé de la décision du directeur général de l'*(Décr. n° 2011-385 du 11 avr. 2011, art. 1er)* « Agence nationale de sécurité sanitaire de l'alimentation, de l'environnement et du travail ».

Art. R. 5142-14 Le changement de propriété ou la mise en location-gérance d'une partie d'un établissement pharmaceutique vétérinaire est subordonné :

1° A une modification de l'autorisation initiale d'ouverture dans les conditions prévues aux articles R. 5142-9 et R. 5142-10 ;

2° A la délivrance d'une autorisation d'ouverture accordée à l'acquéreur ou au locataire-gérant dans les conditions définies aux articles R. 5142-5 à R. 5142-8.

Art. R. 5142-15 La suspension, dont la durée ne peut excéder un an, et le retrait de l'autorisation d'ouverture, prévus à l'article L. 5142-2, sont prononcés par le directeur général de l'*(Décr. n° 2011-385 du 11 avr. 2011, art. 1er)* « Agence nationale de sécurité sanitaire de l'alimentation, de l'environnement et du travail ». Sauf en cas d'urgence, ces décisions ne peuvent intervenir qu'après que l'intéressé a été mis à même de présenter ses observations.

Lorsque la décision concerne un établissement mentionné aux articles R. 5142-6 ou R. 5142-7, le directeur général de l'*(Décr. n° 2012-597 du 27 avr. 2012, art. 5-I-1°)* « Agence nationale de sécurité du médicament et des produits de santé » ou le préfet est informé de la décision du directeur général de l'*(Décr. n° 2011-385 du 11 avr. 2011, art. 1er)* « Agence nationale de sécurité sanitaire de l'alimentation, de l'environnement et du travail ».

La décision ne peut faire l'objet d'un recours contentieux qu'après l'exercice d'un recours gracieux auprès du directeur général de l'*(Décr. n° 2011-385 du 11 avr. 2011, art. 1er)* « Agence nationale de sécurité sanitaire de l'alimentation, de l'environnement et du travail ».

(Décr. n° 2008-434 du 6 mai 2008, art. 3-IV) « Lorsque la décision concerne un établissement dont la copie de l'autorisation d'ouverture a été transmise à l'Agence européenne des médicaments, elle est notifiée à cette agence. »

SOUS-SECTION 3 CONDITIONS D'EXERCICE DES PHARMACIENS OU VÉTÉRINAIRES RESPONSABLES ET DÉLÉGUÉS

Art. R. 5142-16 Dans les entreprises et leurs établissements mentionnés aux 1° et 2° de l'article R. 5142-1, le pharmacien ou le vétérinaire responsable et le ou les pharmaciens ou vétérinaires délégués justifient d'une expérience pratique d'au moins deux ans, dans un ou plusieurs établissements autorisés à fabriquer ou à importer des médicaments vétérinaires dans un État membre de la Communauté européenne ou partie à l'accord sur l'Espace économique européen. Toutefois, tout ou partie de cette expérience peut avoir été acquise soit dans un ou plusieurs établissements autorisés à fabriquer ou à importer des médicaments à usage humain dans un État membre de la Communauté européenne ou partie à l'accord sur l'Espace économique européen, soit au cours de stages d'internat effectués au-delà de la première année dans ces établissements. Le pharmacien ou le vétérinaire responsable et le pharmacien ou le vétérinaire délégué justifient que cette expérience pratique comporte des activités d'analyse qualitative des médicaments, d'analyse quantitative des principes actifs ainsi que d'essais et vérifications nécessaires pour assurer la qualité des médicaments.

Art. R. 5142-17 La durée de l'expérience pratique prévue à l'article R. 5142-16 est ramenée :

1° A une année pour les professionnels dont les études supérieures ont été effectuées dans le cadre d'un régime de cinq années ;

2° A six mois :

a) Pour ceux dont les études supérieures ont été effectuées dans le cadre d'un régime de six années au moins ;

b) Pour ceux dont les études supérieures ont été effectuées dans un régime de cinq années, s'ils ont obtenu en outre un diplôme de troisième cycle sanctionnant des études supérieures relatives aux activités concernées, lorsque ce diplôme et l'intitulé de la formation figurent sur une liste établie par arrêté des ministres chargés de l'agriculture, de l'enseignement supérieur et de la santé.

Art. R. 5142-17-1 *(Décr. n° 2013-752 du 16 août 2013, art. 1er)* Dans les entreprises et leurs établissements mentionnés au 3° de l'article R. 5142-1, le pharmacien ou le vétérinaire responsable et le ou les pharmaciens ou vétérinaires délégués justifient d'une expérience pratique d'au moins six mois acquise dans les conditions mentionnées à l'article R. 5142-16.

Cette expérience peut avoir été acquise en tout ou partie dans un établissement assurant l'exploitation de médicaments à usage humain ou de médicaments vétérinaires, à condition que cette expérience ait consisté au moins en des activités de suivi des lots ou en des activités de pharmacovigilance.

Art. R. 5142-18 Le pharmacien ou le vétérinaire responsable des entreprises mentionnées aux 4°, 5°, 6°, 7°, 8°, 9° et 10° de l'article R. 5142-1 et le ou les pharmaciens ou vétérinaires délégués de leurs établissements justifient d'une expérience pratique d'au moins six mois *(Décr. n° 2013-752 du 16 août 2013, art. 1er)* « dans un établissement pharmaceutique, un établissement pharmaceutique vétérinaire, une officine de pharmacie ou une pharmacie à usage intérieur mentionnée à l'article L. 5126-1 ».

L'expérience mentionnée au présent article peut être acquise dans le cadre de leur formation pour les titulaires d'un diplôme de troisième cycle figurant sur une liste établie par arrêté des ministres chargés de l'agriculture, de l'enseignement supérieur et de la santé.

Art. R. 5142-19 Les pharmaciens ou vétérinaires responsables et délégués qui exercent leurs fonctions dans une entreprise ou dans un établissement d'une entreprise mentionnée aux 1° à 10° de l'article R. 5142-1 à la date du 22 mars 2003 sont réputés répondre aux conditions d'exercice mentionnées aux articles R. 5142-16 à R. 5142-18.

Art. R. 5142-20 Tout acte relevant des activités mentionnées à l'article R. 5142-1 ou à l'article R. 5142-40 est effectué sous le contrôle effectif d'un pharmacien ou d'un vétérinaire qui remplit, selon le cas, les conditions d'exercice de la pharmacie ou de la médecine vétérinaire en France.

Art. R. 5142-21 *(Décr. n° 2008-434 du 6 mai 2008, art. 4)* « Les pharmaciens responsables ou délégués mentionnés à l'article L. 5142-1 *(Décr. n° 2013-752 du 16 août 2013, art. 1er-20°-a, en vigueur le 1er févr. 2014)* « et les pharmaciens intérimaires mentionnés à l'article R. 5142-26 » sont inscrits » au tableau de la section B ou de la section E de l'Ordre national des pharmaciens lorsqu'il s'agit des établissements mentionnés aux 1°, 2°, 3°, 11° et 12° de l'article R. 5142-1 et au tableau de la section C ou de la section E lorsqu'il s'agit d'un établissement mentionné aux 4°, 5°, 6°, 7°, 8°, 9°, 10°, 13° et 14° du même article.

(Décr. n° 2013-752 du 16 août 2013, art. 1er) « Les vétérinaires responsables et intérimaires sont inscrits » auprès du conseil régional de l'ordre dont dépend le siège social de l'entreprise ou de l'établissement où *(Décr. n° 2013-752 du 16 août 2013, art. 1er)* « ils exercent leurs » fonctions.

Les vétérinaires délégués et les vétérinaires *(Décr. n° 2013-752 du 16 août 2013, art. 1er) « délégués intérimaires » sont inscrits* auprès du conseil régional de l'ordre dont dépend l'établissement où ils exercent leurs fonctions.

Art. R. 5142-22 Un pharmacien ou vétérinaire responsable ou délégué s'inscrit à l'ordre dont il dépend, fait enregistrer son diplôme, dans les conditions prévues à l'article L. 4221-16 pour les pharmaciens ou dans les conditions prévues à l'article L. 241-1 du code rural et de la pêche maritime pour les vétérinaires.

Le diplôme du pharmacien ou du vétérinaire responsable ne peut être enregistré que pour une seule entreprise.

Le diplôme du pharmacien ou du vétérinaire délégué ne peut être enregistré que pour un seul établissement, sauf dans le cas où un même pharmacien ou vétérinaire exerce en qualité de pharmacien ou de vétérinaire délégué de deux établissements pharmaceutiques de la même entreprise implantés sur le même site.

En cas de cessation définitive de son activité ou en cas de cessation temporaire supérieure à un an, l'intéressé est tenu, sauf en cas de force majeure, de demander l'annulation de l'enregistrement de son diplôme et, selon le cas, sa radiation ou sa suspension du tableau de l'ordre en sa qualité de pharmacien ou de vétérinaire responsable ou délégué.

Art. R. 5142-23 Un pharmacien ou vétérinaire assurant un remplacement s'inscrit pour ce faire à l'ordre dont il dépend et fait enregistrer son diplôme, dans les conditions prévues à l'article L. 4221-16 pour les pharmaciens ou dans les conditions prévues à l'article L. 241-1 du code rural et de la pêche maritime pour les vétérinaires.

Le pharmacien ou vétérinaire responsable intérimaire et le pharmacien ou vétérinaire délégué intérimaire mentionnés aux articles R. 5142-26 et R. 5142-27 procèdent, lors de leur désignation, aux mêmes formalités.

Art. R. 5142-24 En cas d'absence ou d'empêchement du pharmacien ou du vétérinaire responsable ou délégué, leur remplacement ne peut excéder une année, sauf dans le cas de service national ou de rappel à ce service. Dans ce cas, ce dernier est prolongé jusqu'à la cessation de l'empêchement.

Lorsque le remplacement excède trente jours consécutifs, l'intéressé fait connaître au directeur général de l'*(Décr. n° 2011-385 du 11 avr. 2011, art. 1er)* « Agence nationale de sécurité sanitaire de l'alimentation, de l'environnement et du travail » les nom, adresse et qualité de son remplaçant.

L'identité des pharmaciens ou vétérinaires assurant des remplacements, les dates et durées de ces remplacements sont conservées dans l'établissement pendant une durée de cinq ans.

Art. R. 5142-25 En cas de cessation définitive des fonctions du pharmacien ou vétérinaire responsable, il est procédé sans délai à la désignation d'un nouveau pharmacien ou vétérinaire responsable.

Art. R. 5142-26 Lorsque l'entreprise est exploitée par une société, l'organe social compétent de cette entreprise désigne, en même temps que le pharmacien ou vétérinaire responsable et pour assurer, le cas échéant, leur remplacement, un ou plusieurs pharmaciens ou vétérinaires responsables intérimaires.

Le pharmacien ou vétérinaire responsable intérimaire se voit conférer, pour les périodes de remplacement, les mêmes pouvoirs et attributions que ceux conférés au pharmacien ou vétérinaire responsable et les exerce effectivement pendant la durée du remplacement.

Si le pharmacien ou vétérinaire responsable intérimaire est un pharmacien ou vétérinaire délégué de l'entreprise, un pharmacien ou vétérinaire délégué intérimaire est désigné en même temps par le pharmacien ou vétérinaire responsable.

Art. R. 5142-27 Lorsque l'entreprise est la propriété d'un pharmacien ou d'un vétérinaire, son remplacement peut être assuré par :

1° Un pharmacien ou vétérinaire délégué ou adjoint de la même entreprise ;

2° Un pharmacien ou vétérinaire n'ayant pas d'autre activité professionnelle pendant la durée de son remplacement et s'inscrivant pour ce faire à la section compétente de l'Ordre national des pharmaciens ou au conseil régional de l'ordre des vétérinaires.

Art. R. 5142-28 Le remplacement d'un pharmacien ou vétérinaire délégué est assuré dans les conditions suivantes :

– par le pharmacien ou le vétérinaire délégué intérimaire mentionné à l'article R. 5142-26, désigné par l'organe social compétent ;

– ou, à défaut, par un pharmacien ou un vétérinaire adjoint de la même entreprise ou par un pharmacien ou un vétérinaire n'ayant pas d'autre activité professionnelle pendant la durée du remplacement.

Art. R. 5142-29 En cas de décès du pharmacien ou du vétérinaire propriétaire d'une entreprise mentionnée à l'article R. 5142-1, un pharmacien ou un vétérinaire responsable est désigné sans délai par le conjoint ou les héritiers pour en poursuivre l'exploitation.

Il est choisi parmi les pharmaciens ou vétérinaires mentionnés à l'article R. 5142-27 et se déclare, dès qu'il a accepté les fonctions qui lui sont confiées, par le conjoint ou les héritiers, auprès du directeur général de l'*(Décr. n° 2011-385 du 11 avr. 2011, art. 1er)* « Agence nationale de sécurité sanitaire de l'alimentation, de l'environnement et du travail ».

Art. R. 5142-30 Dans tous les cas, les pharmaciens ou les vétérinaires assurant le remplacement ou l'exploitation après le décès du pharmacien ou du vétérinaire propriétaire de l'entreprise justifient de l'expérience pratique prévue, selon le cas, à l'article R. 5142-16 ou à l'article R. 5142-18.

Art. R. 5142-31 Le pharmacien ou le vétérinaire responsable d'une entreprise mentionnée aux 1°, 2°, 3°, 4°, 5°, 6°, 7°, 8°, 9° et 10° de l'article R. 5142-1 ou le pharmacien ou le vétérinaire délégué de son établissement exerce ses fonctions de façon permanente et continue. Ces fonctions sont incompatibles, notamment avec l'exploitation d'une officine de pharmacie, la gérance d'une pharmacie mutualiste, d'une pharmacie de société de secours minière, d'une pharmacie à usage intérieur, avec l'exercice de la médecine vétérinaire et avec les fonctions des pharmaciens et des vétérinaires mentionnés à l'article L. 5143-8.

Les fonctions de pharmacien responsable ou délégué d'une entreprise ou d'un établissement mentionné aux 1°, 2°, 3°, 4°, 5°, 6°, 7°, 8°, 9° et 10° de l'article R. 5142-1 sont incompatibles avec les fonctions de pharmacien responsable ou délégué d'une entreprise ou d'un établissement mentionné à l'article R. 5124-2 sauf pour deux établissements de la même entreprise situés sur le même site.

Les pharmaciens ou vétérinaires, assurant un remplacement de pharmacien ou de vétérinaire responsable ou délégué, se consacrent exclusivement à cette activité pendant la période où ils en ont la charge.

Art. R. 5142-32 Par dérogation à l'article R. 5142-31, les pharmaciens, les vétérinaires et les sociétés propriétaires d'un établissement pharmaceutique de fabrication annexé à leur officine ou à leur cabinet en vertu d'une autorisation d'ouverture obtenue avant le 20 mars 2003 peuvent continuer à exploiter ledit établissement en même temps que leur officine, leur clinique ou leur cabinet vétérinaires tant qu'ils restent propriétaires de ces derniers.

Les pharmaciens, les vétérinaires et les sociétés mentionnées à l'alinéa précédent sont soumis aux obligations imposées aux entreprises et établissements pharmaceutiques vétérinaires.

Ces pharmaciens peuvent dispenser dans leur officine et ces vétérinaires délivrer au détail conformément aux dispositions de l'article L. 5143-2 les médicaments vétérinaires qu'ils fabriquent.

SOUS-SECTION 4 FONCTIONS DES PHARMACIENS OU VÉTÉRINAIRES RESPONSABLES

Art. R. 5142-33 Dans les sociétés mentionnées à l'article L. 5142-1, autres que celles qui fabriquent, importent ou distribuent des aliments médicamenteux à l'exclusion de tout autre médicament vétérinaire *(Décr. n° 2013-752 du 16 août 2013, art. 1er)* « et qui optent pour la dérogation prévue au dernier alinéa de cet article », le pharmacien ou le vétérinaire responsable est :

1° Dans les sociétés anonymes autres que celles mentionnées aux articles L. 225-57 à L. 225-93 du code de commerce, le président du conseil d'administration *(Décr. n° 2013-752 du 16 août 2013, art. 1er)* « ayant la qualité de directeur général » ou le directeur général ou un directeur général délégué ;

2° Dans les sociétés anonymes mentionnées aux articles du même code, soit le président du directoire, soit un autre membre du directoire ayant la qualité de directeur général, soit le directeur général unique ;

3° Dans les sociétés en commandite par actions, les sociétés à responsabilité limitée, les entreprises unipersonnelles à responsabilité limitée, les sociétés en nom collectif et les sociétés en commandite simple, un gérant ;

4° Dans les sociétés par actions simplifiées, la personne physique ayant la qualité de président de la société *(Décr. n° 2013-752 du 16 août 2013, art. 1er)* « ou le dirigeant auquel les statuts ont confié, en application de l'article L. 227-5 du code de commerce, les attributions mentionnées à l'article R. 5142-35 » ;

5° Dans les sociétés coopératives agricoles, un directeur général ou un membre du directoire.

Art. R. 5142-34 L'entreprise adresse au directeur général de l'*(Décr. n° 2011-385 du 11 avr. 2011, art. 1er)* « Agence nationale de sécurité sanitaire de l'alimentation, de l'environnement et du travail » copie de tout acte portant désignation du pharmacien ou du vétérinaire responsable et du ou des pharmaciens ou des vétérinaires responsables intérimaires définis aux articles R. 5142-26 et R. 5142-27 et fixant ses attributions. L'entreprise en adresse également copie, selon le cas, au conseil central compétent de l'Ordre national des pharmaciens ou au conseil régional de l'ordre des vétérinaires.

Art. R. 5142-35 En vue de l'application des règles édictées dans l'intérêt de la santé publique, le pharmacien ou le vétérinaire responsable assume les missions suivantes dans la mesure où elles correspondent aux activités de l'entreprise dans laquelle il exerce :

1° Il organise et surveille l'ensemble des opérations pharmaceutiques de l'entreprise, et notamment *(Décr. n° 2013-752 du 16 août 2013, art. 1er)* « l'approvisionnement, » la fabrication, la publicité, l'information, la pharmacovigilance, *(Décr. n° 2008-434 du 6 mai 2008, art. 5)* « la libération, » le suivi et le retrait des lots, la distribution, l'importation et l'exportation des médicaments vétérinaires ainsi que les opérations de stockage correspondantes ;

2° Il veille à ce que les conditions de transport garantissent la bonne conservation, l'intégrité et la sécurité de ces médicaments vétérinaires ;

3° Il signe, après avoir pris connaissance du dossier, les demandes d'autorisation de mise sur le marché de médicaments vétérinaires présentées par l'entreprise et toute autre demande liée aux activités qu'il organise et surveille ;

4° Il participe à l'élaboration du programme de recherches et d'études :

5° Il a autorité sur les pharmaciens ou les vétérinaires délégués et adjoints ; il donne son agrément à leur engagement et est consulté sur leur licenciement ;

6° Il désigne les pharmaciens ou les vétérinaires délégués intérimaires ;

7° Il signale aux autres dirigeants de l'entreprise tout obstacle ou limitation à l'exercice de ces attributions.

(Décr. n° 2013-752 du 16 août 2013, art. 1er) « Le pharmacien ou vétérinaire responsable participe aux délibérations des organes de gestion, d'administration, de direction ou de surveillance, ou à celles de tout autre organe ayant une charge exécutive, de l'entreprise, lorsque ces délibérations concernent ou peuvent affecter l'exercice des missions relevant de sa responsabilité et énumérées du 1° au 7° du présent article. »

Dans le cas où un désaccord portant sur l'application des règles édictées dans l'intérêt de la santé publique oppose un organe de gestion, d'administration, de direction ou de surveillance au pharmacien ou au vétérinaire responsable, celui-ci en informe le directeur général de l'*(Décr. n° 2011-385 du 11 avr. 2011, art. 1er)* « Agence nationale de sécurité sanitaire de l'alimentation, de l'environnement et du travail ».

Art. R. 5142-35-1 *(Décr. n° 2013-752 du 16 août 2013, art. 1er)* Lorsque le pharmacien ou le vétérinaire responsable d'un établissement se livrant à la fabrication, à l'importation ou à l'exploitation de médicaments vétérinaires, autres que ceux soumis à des essais cliniques, a connaissance, après la commercialisation d'un lot de médicaments vétérinaires, d'un incident ou d'un accident survenu lors de la fabrication ou de la distribution de ce lot et susceptible d'entraîner un risque pour la santé publique, il en fait immédiatement la déclaration au directeur général de l'Agence nationale de sécurité sanitaire de l'alimentation, de l'environnement et du travail, et aux autorités compétentes des États membres concernés dans le cas d'un médicament ayant fait l'objet d'une procédure mentionnée à l'article R. 5141-47-1.

Art. R. 5142-36 Dans le cas où l'organe compétent met fin aux fonctions de pharmacien ou de vétérinaire responsable d'un pharmacien ou d'un vétérinaire ou refuse de les renouveler lors de leur expiration, ce pharmacien ou ce vétérinaire a la faculté de saisir, selon le cas, le conseil central de la section compétente de l'Ordre national des pharmaciens ou le conseil régional de l'ordre des vétérinaires. Après instruction contradictoire, le conseil concerné émet un avis portant sur le point de savoir si l'intéressé a manqué ou non aux obligations qui lui incombaient, dans l'intérêt de la santé publique, en sa qualité de pharmacien ou de vétérinaire responsable.

SOUS-SECTION 5 PHARMACIENS ET VÉTÉRINAIRES ADJOINTS DES ÉTABLISSEMENTS PHARMACEUTIQUES VÉTÉRINAIRES

Art. R. 5142-37 Les pharmaciens et vétérinaires qui assistent le pharmacien ou le vétérinaire responsable sont qualifiés de pharmaciens et vétérinaires adjoints. Ils sont inscrits respectivement *(Décr. n° 2013-752 du 16 août 2013, art. 1er)* « à la section B, C ou E » de l'ordre des pharmaciens ou au tableau de l'ordre des vétérinaires. Leurs diplômes sont enregistrés dans les conditions prévues à l'article L. 4221-16 ou à l'article L. 241-1 du code rural et de la pêche maritime, selon le cas.

Art. R. 5142-37-1 *(Décr. n° 2013-752 du 16 août 2013, art. 1er)* Les pharmaciens ou vétérinaires adjoints à qui est confiée la libération des lots justifient, avant d'exercer cette attribution, d'une expérience professionnelle d'au moins six mois dans les conditions prévues à l'article R. 5142-16.

Art. R. 5142-38 Pour chaque établissement dépendant d'entreprises mentionnées aux 1°, 2° et 3° de l'article R. 5142-1, le nombre de pharmaciens ou de vétérinaires adjoints est fixé comme suit, en fonction de l'effectif du personnel calculé dans les conditions prévues à l'article R. 5142-40 :

1° Un pharmacien ou un vétérinaire adjoint pour un effectif de 20 à 35 personnes ;

2° Un deuxième pharmacien ou vétérinaire adjoint pour un effectif de 36 à 75 personnes et ainsi de suite par effectif de 40 personnes supplémentaires.

Art. R. 5142-39 Pour chaque établissement dépendant d'entreprises mentionnées *(Décr. n° 2005-840 du 20 juill. 2005, art. 12)* « aux 4° à 10° de l'article R. 5142-1 », le nombre de pharmaciens ou de vétérinaires adjoints est fixé comme suit, en fonction de l'effectif du personnel calculé dans les conditions prévues à l'article R. 5142-40 :

1° Un pharmacien ou un vétérinaire adjoint pour un effectif de 40 à 100 personnes ;

2° Un deuxième pharmacien ou vétérinaire adjoint pour un effectif de 101 à 175 personnes ;

3° Un troisième pharmacien ou vétérinaire adjoint pour un effectif de 176 à 275 personnes et ainsi de suite par effectif de cent personnes supplémentaires.

Art. R. 5142-40 Pour le calcul de l'effectif des personnels mentionnés aux articles R. 5142-38 et R. 5142-39, il est tenu compte des personnes qui se livrent aux opérations suivantes :

1° Opérations de fabrication et d'importation et tous contrôles y afférents ;

2° *(Décr. n° 2013-752 du 16 août 2013, art. 1er)* « Approvisionnement, » magasinage, préparation des commandes et emballage ;

3° Suivi des lots, traitement des réclamations, retraits et retours des produits *(Décr. n° 2013-752 du 16 août 2013, art. 1er)* « , opérations de pharmacovigilance ».

Art. R. 5142-41 Lorsque pendant une période supérieure à un mois un pharmacien ou un vétérinaire adjoint recruté en application de l'article R. 5142-37 s'absente ou remplace le pharmacien ou le vétérinaire responsable, il est remplacé.

SOUS-SECTION 6 FONCTIONNEMENT DES ENTREPRISES ET ÉTABLISSEMENTS PHARMACEUTIQUES VÉTÉRINAIRES

Art. R. 5142-42 Les établissements pharmaceutiques vétérinaires fonctionnent conformément aux bonnes pratiques mentionnées à l'article L. 5142-3 qui leur sont applicables. Ils possèdent notamment :

1° Des locaux aménagés, agencés et entretenus en fonction des opérations pharmaceutiques qui y sont effectuées ;

2° Les moyens en personnels et matériels nécessaires à l'exercice de ces activités.

Ils adressent chaque année au directeur général de l'*(Décr. n° 2011-385 du 11 avr. 2011, art. 1er)* « Agence nationale de sécurité sanitaire de l'alimentation, de l'environnement et du travail » un état de leur établissement dont la forme et le contenu sont fixés *(Décr. n° 2016-1506 du 8 nov. 2016, art. 6)* « par décision » du directeur général de l'*(Décr. n° 2011-385 du 11 avr. 2011, art. 1er)* « Agence nationale de sécurité sanitaire de l'alimentation, de l'environnement et du travail ».

Sur l'application de l'art. R. 5142-42 du code de la santé publique et sur l'état des établissements pharmaceutiques vétérinaires visés à l'art. L. 5142-1, V. Arr. du 17 févr. 2014 .

Art. R. 5142-43 Les établissements mentionnés à l'article R. 5142-1 ne peuvent sous-traiter aucune des activités définies au même article, sous réserve des exceptions mentionnées ci-dessous :

1° Les fabricants de médicaments vétérinaires mentionnés au 1° de l'article R. 5142-1 peuvent sous-traiter une partie des opérations constitutives de la fabrication auprès d'autres fabricants de ces médicaments vétérinaires dans le cadre d'un contrat écrit qui fixe, conformément aux bonnes pratiques prévues à l'article L. 5142-3 applicables à ces opérations, leurs obligations respectives ;

2° Les fabricants et les importateurs de médicaments vétérinaires mentionnés au 1° et au 2° de l'article R. 5142-1 peuvent, dans des cas exceptionnels et à condition de justifier de ce recours auprès de l'*(Décr. n° 2011-385 du 11 avr. 2011, art. 1er)* « Agence nationale de sécurité sanitaire de l'alimentation, de l'environnement et du travail », confier certaines des opérations de contrôle de qualité mentionné à l'article R. 5142-47 à un laboratoire dans le cadre d'un contrat écrit qui fixe, conformément aux bonnes pratiques prévues à l'article L. 5142-3 applicables à ces opérations, leurs obligations respectives ; dans ces cas, le fabricant ou l'importateur en informe l'*(Décr. n° 2011-385 du 11 avr. 2011, art. 1er)* « Agence nationale de sécurité sanitaire de l'alimentation, de l'environnement et du travail » afin que celle-ci soit en mesure de vérifier que le laboratoire sous-traitant possède la compétence et les moyens suffisants ;

(Décr. n° 2008-434 du 6 mai 2008, art. 6) « 3° Les fabricants de médicaments vétérinaires mentionnés au 1° de l'article R. 5142-1 peuvent sous-traiter au fabricant d'une matière première à usage pharmaceutique entrant dans la composition de leurs médicaments tout ou partie des contrôles de cette matière première tels que prévus par le dossier d'autorisation de mise sur le marché ou d'enregistrement, à l'exception de son identification, dans un contrat écrit qui fixe, conformément aux bonnes pratiques prévues à l'article L. 5142-3, leurs obligations respectives et précise les conditions de transport et de stockage intermédiaire de ces matières premières ;

« 4° Les fabricants d'aliments médicamenteux mentionnés au 11° de l'article R. 5142-1 peuvent sous-traiter la fabrication en totalité de certains aliments médicamenteux auprès d'autres fabricants d'aliments médicamenteux. Ils peuvent également confier certaines opérations de contrôle de la qualité à un laboratoire. La sous-traitance ou la prestation de contrôle sont réalisées dans le cadre d'un contrat écrit qui fixe, conformément aux bonnes pratiques prévues à l'article L. 5142-3 applicables à ces opérations, leurs obligations respectives ; »

(Décr. n° 2013-752 du 16 août 2013, art. 1er) « 5° Les exploitants de médicaments vétérinaires mentionnés au 3° de l'article R. 5142-1 peuvent sous-traiter tout ou partie des opérations de pharmacovigilance mentionnées aux articles R. 5141-104 et R. 5141-105 :

« — soit à un autre établissement pharmaceutique vétérinaire installé en France ;

« — soit à un organisme installé dans un autre État membre de l'Union européenne et chargé par le titulaire de l'autorisation de mise sur le marché de réaliser ces opérations.

« Cette sous-traitance se déroule dans le cadre d'un contrat écrit qui fixe, conformément aux bonnes pratiques prévues à l'article L. 5142-3 applicables à ces opérations, les obligations respectives de l'exploitant et du sous-traitant. L'exploitant informe l'Agence nationale de sécurité sanitaire de l'alimentation, de l'environnement et du travail afin que celle-ci soit en mesure de vérifier que le sous-traitant possède la compétence et les moyens suffisants. »

Art. R. 5142-44 Les établissements mentionnés à l'article R. 5142-1 prennent toutes les mesures nécessaires pour que le transport et la livraison des médicaments vétérinaires soient effectués dans des conditions garantissant leur bonne conservation, leur intégrité et leur sécurité.

SOUS-SECTION 7 FABRICATION ET IMPORTATION DES MÉDICAMENTS VÉTÉRINAIRES

Art. R. 5142-45 Les fabricants de médicaments vétérinaires mentionnés au 1° de l'article R. 5142-1 justifient, à tout moment, que tous les produits qu'ils utilisent, fabriquent et livrent sont conformes aux caractéristiques auxquelles ils doivent répondre et qu'il a été procédé aux contrôles nécessaires.

Les fabricants de médicaments vétérinaires faisant l'objet d'une autorisation de mise sur le marché mentionnée à l'article L. 5141-5 ou d'un enregistrement mentionné à l'article L. 5141-9 veillent à ce que les opérations de fabrication soient conduites dans le respect des données du dossier de cette autorisation ou de cet enregistrement acceptées par l'*(Décr. n° 2011-385 du 11 avr. 2011, art. 1er)* « Agence nationale de sécurité sanitaire de l'alimentation, de l'environnement et du travail ». Ils sont tenus de réévaluer et, si nécessaire, de modifier leurs méthodes de fabrication en fonction des progrès scientifiques et techniques. Le cas échéant, le fabricant avise le titulaire de l'autorisation ou de l'enregistrement et, s'il est distinct, l'exploitant du médicament vétérinaire de ces modifications.

Lorsque des lots de médicaments vétérinaires bénéficiant d'une autorisation de mise sur le marché ou d'un enregistrement mentionné à l'article L. 5141-9 sont importés d'un autre État membre de *(Décr. n° 2013-752 du 16 août 2013, art. 1er)* « l'Union européenne » ou partie à l'accord sur l'Espace économique européen, les comptes rendus du contrôle correspondant à ces lots sont reconnus par l'*(Décr. n° 2011-385 du 11 avr. 2011, art. 1er)* « Agence nationale de sécurité sanitaire de l'alimentation, de l'environnement et du travail ». Ces comptes rendus peuvent être détenus par l'établissement fabricant situé dans l'État membre ou partie concerné, titulaire d'une autorisation de fabrication ou d'importation mentionnée à l'article 44 de la directive 2001/82 du 6 novembre 2001 instituant un code communautaire relatif aux médicaments vétérinaires qui peut également assurer le suivi des lots pour la France. Le titulaire de l'autorisation de mise sur le marché ou de l'enregistrement tient l'*(Décr. n° 2011-385 du 11 avr. 2011, art. 1er)* « Agence nationale de sécurité sanitaire de l'alimentation, de l'environnement et du travail » informée de l'identité du détenteur de ces comptes rendus.

Les dispositions du troisième alinéa ci-dessus sont applicables aux lots de médicaments vétérinaires destinés à être expérimentés sur l'animal importés d'un autre État membre de *(Décr. n° 2013-752 du 16 août 2013, art. 1er)* « l'Union européenne » ou partie à l'accord sur l'Espace économique européen et fabriqués par un établissement autorisé au titre de l'article 44 de la directive 2001/82 du 6 novembre 2001.

La liste des médicaments vétérinaires immunologiques mentionnés au 2° de l'article L. 5141-2 dont une copie des comptes rendus de contrôle signés par le pharmacien ou le vétérinaire responsable, est adressée à l'*(Décr. n° 2011-385 du 11 avr. 2011, art. 1er)* « Agence nationale de sécurité sanitaire de l'alimentation, de l'environnement et du travail » lors de la mise en circulation de chaque lot est fixée, sur proposition du directeur général de l'*(Décr. n° 2011-385 du 11 avr. 2011, art. 1er)* « Agence nationale de sécurité sanitaire de l'alimentation, de l'environnement et du travail », par arrêté des ministres chargés de l'agriculture et de la santé.

Art. R. 5142-46 Chaque lot de médicaments vétérinaires bénéficiant d'une autorisa*tion de mise sur le marché* mentionnée à l'article L. 5141-5 ou d'un enregistrement mentionné à l'article L. 5141-9 fait l'objet du contrôle du produit fini lorsqu'il est importé :

1° D'un État non membre de *(Décr. n° 2013-752 du 16 août 2013, art. 1er)* « l'Union européenne » et non partie à l'accord sur l'Espace économique européen ;

2° Ou d'un autre État membre de *(Décr. n° 2013-752 du 16 août 2013, art. 1er)* « l'Union européenne » ou partie à l'accord sur l'Espace économique européen lorsqu'il a été fabriqué par un établissement non autorisé au titre de l'article 44 de la directive 2001/82 du 6 novembre 2001 instituant un code communautaire relatif aux médicaments vétérinaires.

Ce contrôle est effectué par l'établissement pharmaceutique vétérinaire de l'importateur *(Décr. n° 2008-434 du 6 mai 2008, art. 7-I)* « dans un État membre ou partie à l'accord sur l'Espace économique européen » *(Décr. n° 2013-752 du 16 août 2013, art. 1er)* « ou sous sa responsabilité lorsque le contrôle est sous-traité ».

Lorsque ces médicaments bénéficient d'une autorisation de mise sur le marché mentionnée à l'article L. 5141-5 ou d'un enregistrement mentionné à l'article L. 5141-9, ce contrôle est celui prévu au dossier de cette autorisation ou de cet enregistrement.

L'établissement s'assure que ces médicaments vétérinaires ont été fabriqués par des fabricants dûment autorisés au titre de la législation ou de la réglementation de l'État concerné et ont été soumis à des normes de bonnes pratiques au moins équivalentes à celles que prévoit l'article L. 5142-3.

Les dispositions de l'alinéa précédent sont applicables aux médicaments vétérinaires soumis à des essais cliniques importés dans les conditions mentionnées au premier alinéa.

Art. R. 5142-46-1 *(Décr. n° 2008-434 du 6 mai 2008, art. 7-II)* Pour chaque lot de médicaments visés aux articles R. 5142-45 et R. 5142-46, le pharmacien ou le vétérinaire responsable procède à la libération des lots et atteste que chaque lot de fabrication répond aux dispositions des articles précités sur un registre prévu à cet effet ou par tout système approprié ne permettant aucune modification des données qu'il contient après validation de leur enregistrement.

Art. R. 5142-47 Un fabricant et importateur de médicaments vétérinaires mentionnés au 1° et au 2° de l'article R. 5142-1 a un ou plusieurs départements de contrôle de la qualité. Ce ou ces départements sont placés sous l'autorité d'une personne possédant les qualifications requises et hiérarchiquement indépendante des autres responsables de départements.

Le département de contrôle de la qualité dispose d'un ou plusieurs laboratoires de contrôle possédant des moyens suffisants en personnel et en matériel pour effectuer les contrôles et essais nécessaires sur les matières premières et articles de conditionnement ainsi que les contrôles des produits intermédiaires et finis.

Art. R. 5142-48 Un établissement pharmaceutique vétérinaire assurant la fabrication de médicaments mentionnés au 1° de l'article R. 5142-1 dispose d'un système de documentation comportant les spécifications, les formules de fabrication, les procédures et les relevés, comptes rendus et enregistrements, couvrant les différentes opérations qu'il effectue.

Pour les médicaments vétérinaires autres que ceux soumis à des essais cliniques, les documents relatifs à chaque lot sont conservés par l'établissement pharmaceutique vétérinaire qui en assure la fabrication, pendant au moins un an après la date de péremption du lot concerné et pendant au moins cinq ans après sa libération.

Pour les médicaments vétérinaires soumis à des essais cliniques, les documents relatifs à chaque lot sont conservés par l'établissement pharmaceutique vétérinaire qui en assure la fabrication, pendant au moins un an après la date de péremption du lot et pendant au moins cinq ans après la fin de l'essai ou son interruption. Lorsque les essais aboutissent à la commercialisation du médicament vétérinaire, ces documents sont conservés au-delà des durées précitées et jusqu'au terme d'un délai de cinq ans après la fin de cette commercialisation.

Les établissements pharmaceutiques vétérinaires, assurant l'importation de médicaments vétérinaires dans les conditions mentionnées à l'article R. 5142-46, détiennent ces documents et les conservent pendant les mêmes délais.

Art. R. 5142-49 *Abrogé par Décr. n° 2013-752 du 16 août 2013, art. 1er.*

SOUS-SECTION 8 **EXPLOITATION ET DISTRIBUTION EN GROS DES MÉDICAMENTS VÉTÉRINAIRES** *(Décr. n° 2013-752 du 16 août 2013, art. 1er)*.

Art. R. 5142-49-1 *(Décr. n° 2013-752 du 16 août 2013, art. 1er)* Les établissements pharmaceutiques assurant une ou plusieurs opérations constitutives de l'exploitation disposent d'un système de documentation comportant les procédures et les enregistrements couvrant les opérations qu'ils effectuent et les conservent durant cinq ans au moins après la libération du lot ou un an au moins après la date de péremption des lots concernés.

L'exploitant détient le certificat de libération ou tout document attestant de la libération de ce lot pendant les mêmes délais.

Art. R. 5142-50 Tout établissement pharmaceutique vétérinaire d'une entreprise mentionnée à l'article R. 5142-1 se livrant à la vente en gros, à la cession à titre gratuit ou à la distribution en gros conserve, pour chaque transaction d'entrée et de sortie, au moins les informations suivantes :

1° La date de la transaction ;

2° *(Décr. n° 2008-434 du 6 mai 2008, art. 8-I)* « Le nom » du médicament vétérinaire ;

3° Le numéro du lot de fabrication et la date de péremption ;

4° La quantité reçue ou fournie ;

5° Les nom et adresse du fournisseur et du destinataire.

Ces informations peuvent être enregistrées par tout système approprié permettant une édition immédiate à la demande des autorités de contrôle et n'autorisant aucune modification des données après validation de leur enregistrement.

(Décr. n° 2008-434 du 6 mai 2008, art. 8-I) « L'établissement pharmaceutique mentionné au premier alinéa, au moins une fois par an, compare la liste des médicaments entrés et sortis avec les médicaments en stock, toute divergence devant être consignée dans un rapport. »

Les informations conservées ou enregistrées sont tenues pendant cinq ans à la disposition de l'inspection compétente et de l'*(Décr. n° 2011-385 du 11 avr. 2011, art. 1er)* « Agence nationale de sécurité sanitaire de l'alimentation, de l'environnement et du travail ».

Tout établissement pharmaceutique vétérinaire mentionné au premier alinéa s'assure que les personnes morales ou physiques destinataires de sa livraison sont habilitées à délivrer au détail des médicaments vétérinaires, conformément aux articles L. 5143-2, L. 5143-6 et L. 5143-8.

Art. R. 5142-50-1 *(Décr. n° 2008-434 du 6 mai 2008, art. 8-II)* Tout distributeur en gros, lorsqu'il n'est pas titulaire de l'autorisation de mise sur le marché, qui importe un médicament vétérinaire d'un autre État membre informe le titulaire de l'autorisation de mise sur le marché et notifie à l'*(Décr. n° 2011-385 du 11 avr. 2011, art. 1er)* « Agence nationale de sécurité sanitaire de l'alimentation, de l'environnement et du travail » son intention de procéder à cette importation.

L'*(Décr. n° 2011-385 du 11 avr. 2011, art. 1er)* « Agence nationale de sécurité sanitaire de l'alimentation, de l'environnement et du travail » et le titulaire d'une autorisation de mise sur le marché délivrée par *(Décr. n° 2013-752 du 16 août 2013, art. 1er)* « l'Union européenne » en application du règlement (CE) n° 726/2004 du Parlement européen et du Conseil du 31 mars 2004 sont informés de toute intention de commercialiser en France le médicament vétérinaire faisant l'objet de l'autorisation.

Art. R. 5142-51 Une entreprise mentionnée aux 5°, 7° et au 9° de l'article R. 5142-1 déclare au directeur général de l'*(Décr. n° 2011-385 du 11 avr. 2011, art. 1er)* « Agence nationale de sécurité sanitaire de l'alimentation, de l'environnement et du travail » le territoire sur lequel chacun de ses établissements exerce son activité de distribution en gros. Cette déclaration est effectuée à l'occasion de l'ouverture de l'établissement ; elle est modifiée lors de tout changement du territoire de distribution initialement déclaré.

Sur le territoire de distribution déclaré, chaque établissement pharmaceutique vétérinaire des entreprises mentionnées aux 5°, 7° et au 9° de l'article R. 5142-1 est en mesure de satisfaire à tout moment la consommation de sa clientèle habituelle durant au moins deux semaines et, en cas d'urgence, de livrer un médicament vétérinaire dans les 24 heures suivant la réception de la commande.

Art. R. 5142-52 Un établissement pharmaceutique vétérinaire mentionné à l'article R. 5142-1 se livrant à la vente en gros, à la cession à titre gratuit ou à la distribution en gros de médicaments vétérinaires se dote d'un plan d'urgence qui garantit la mise en œuvre effective de tout retrait de lots de ces médicaments organisé par l'exploitant.

Cette obligation s'impose dans les mêmes conditions aux établissements se livrant à la vente en gros, à la cession à titre gratuit ou à la distribution en gros de médicaments vétérinaires soumis à des essais cliniques ou à la distribution d'aliments médicamenteux, dont le retrait est organisé par le fabricant ou l'importateur.

Art. R. 5142-53 Les dépositaires définis au 4° de l'article R. 5142-1 exercent leurs activités dans les conditions prévues par un contrat écrit qui fixe, conformément aux bonnes pratiques prévues à l'article L. 5142-3 applicables à ces activités, les obligations respectives du dépositaire et de l'exploitant pour le compte duquel il agit. Ils ne peuvent distribuer que des lots de médicaments vétérinaires ayant fait l'objet d'une libération par le pharmacien ou le vétérinaire responsable de l'entreprise qui en assure la fabrication ou l'importation.

Art. D. 5142-53-1 *(Décr. n° 2016-624 du 18 mai 2016, art. 1er)* Les personnes assurant l'information par démarchage ou la prospection pour des médicaments vétérinaires, y compris pour des aliments médicamenteux, doivent remplir l'une des conditions de qualification suivantes :

1° Posséder un des diplômes, titres ou certificats au moins égal au niveau III enregistrés dans le répertoire national des certifications professionnelles et figurant sur une liste établie par arrêté des ministres chargés de l'agriculture, de la santé et de l'enseignement supérieur ;

2° Posséder un des diplômes, titres ou certificats figurant sur l'arrêté pris en application de l'article L. 5122-11 du code de la santé publique ;

3° Posséder un des diplômes, titres ou certificats délivrés par les autres États membres de l'Union européenne, les États parties à l'accord sur l'Espace économique européen ou la Confédération suisse reconnus par l'État qui le délivre, conférant au moins 120 crédits européens (ECTS) dans les domaines de l'agriculture, l'agronomie, l'agroalimentaire, la chimie, la biologie, la biochimie, la biotechnologie, la santé ou les sciences.

Sur les conditions de qualification des personnes qui font de l'information par démarchage ou de la prospection pour des médicaments vétérinaires, y compris des aliments médicamenteux, V. Décr. n° 2016-624 du 18 mai 2016, art. 2 🏛.

SOUS-SECTION 9 ÉTABLISSEMENTS FABRIQUANT, IMPORTANT OU DISTRIBUANT DES ALIMENTS MÉDICAMENTEUX

Art. R. 5142-54 En cas d'application du dernier alinéa de l'article L. 5142-1, dans les établissements des entreprises mentionnées aux 11°, 12°, 13° et 14° de l'article R. 5142-1, le pharmacien ou le vétérinaire assurant la responsabilité de l'application des dispositions législatives et réglementaires relatives aux aliments médicamenteux est lié par convention à l'entreprise concernée et exerce au moins les attributions suivantes :

1° Il est responsable de la qualité des aliments médicamenteux fabriqués, importés ou distribués par les établissements concernés ;

2° Il organise et contrôle les activités de fabrication, d'importation ou de distribution mentionnées à l'article R. 5142-1 dans le respect des bonnes pratiques applicables à ces activités et assure la liaison avec la personne mentionnée à l'article R. 5141-108 chargée de la pharmacovigilance vétérinaire au sein des entreprises exploitant les prémélanges médicamenteux utilisés, ainsi qu'avec le pharmacien ou vétérinaire responsable de ces entreprises en ce qui concerne leur publicité ;

3° Il contrôle les registres ou enregistrements prévus à l'article *[aux articles]* R. 5142-57 à R. 5142-59 ;

4° Il vérifie le respect des conditions de délivrance prévues à l'article L. 5142-4 ;

5° Il organise un plan d'urgence pour le retrait des lots d'aliments médicamenteux ;

6° Il propose les mesures d'amélioration qu'il juge utiles pour assurer la mise en œuvre des bonnes pratiques.

Pour l'exercice de ces attributions, le pharmacien ou le vétérinaire procède à des visites régulières dont la périodicité, qui est adaptée à la nature et à l'importance des opérations concernant les aliments médicamenteux, est fixée par les bonnes pratiques applicables à cette activité. Le pharmacien ou le vétérinaire enregistre les dates de ses visites ainsi que ses observations par un système approprié permettant une édition immédiate à la demande des autorités de contrôle et n'autorisant aucune modification des données après validation de leur enregistrement.

Le pharmacien ou le vétérinaire fait part au directeur général de l'*(Décr. n° 2011-385 du 11 avr. 2011, art. 1er)* « Agence nationale de sécurité sanitaire de l'alimentation, de l'environnement et du travail » ou aux agents mentionnés à l'article *(Décr. n° 2005-840 du 20 juill. 2005, art. 12)* « R. 5146-1 » chargés de l'inspection de l'établissement des difficultés éventuellement rencontrées dans l'accomplissement de ses missions ainsi que des observations qu'il est appelé à formuler dans l'intérêt de la santé publique.

Art. R. 5142-55 Dans les établissements fabriquant des aliments médicamenteux, le pharmacien ou le vétérinaire responsable ou, le cas échéant, le pharmacien ou le vétérinaire mentionné à l'article R. 5142-54 veille à ce que :

1° Seuls soient utilisés des prémélanges médicamenteux bénéficiant d'une autorisation de mise sur le marché ou d'une autorisation temporaire d'utilisation, conformément aux conditions décrites par cette autorisation ;

2° L'aliment médicamenteux ne soit fabriqué qu'à partir d'un seul prémélange médicamenteux, à l'exception des aliments médicamenteux fabriqués, lorsque la prescription du vétérinaire le prévoit expressément, à partir de plus d'un prémélange médicamenteux lorsqu'aucun prémélange médicamenteux approprié n'est disponible, dans des délais compatibles avec les nécessités thérapeutiques, pour la maladie à traiter ou à prévenir dans l'espèce considérée ;

3° L'aliment utilisé dans la fabrication d'aliments médicamenteux ne contienne pas le même antibiotique ou le même coccidiostatique en tant qu'additif que celui utilisé comme principe actif dans le prémélange médicamenteux et seuls soient utilisés des aliments ou des combinaisons de ceux-ci satisfaisant aux dispositions européennes concernant les aliments pour animaux ;

4° L'aliment médicamenteux :

a) Fasse l'objet de contrôles réguliers permettant de s'assurer de son homogénéité, de sa stabilité et de sa bonne conservation selon les modalités fixées par *(Décr. n° 2016-1506 du 8 nov. 2016, art. 6)* « la décision prévue » à l'article L. 5142-3 ;

b) Se conserve pendant la période couverte par la prescription ;

5° La composition de l'aliment médicamenteux permette d'administrer la dose journalière de substances médicamenteuses prescrite dans une quantité d'aliments correspondant au moins à la moitié de la ration alimentaire journalière des animaux traités et, dans le cas de ruminants, correspondant au moins à la moitié des besoins journaliers en aliments complémentaires non minéraux.

Art. R. 5142-56 Lorsque les aliments médicamenteux sont fabriqués en vue de la réalisation d'un essai clinique, cette fabrication est effectuée selon les indications du promoteur. Le responsable mentionné à l'article R. 5142-55 s'assure que les aliments médicamenteux ainsi fabriqués sont utilisés exclusivement dans le cadre de l'essai clinique réalisé dans les conditions prévues à l'article R. 5141-7.

Art. R. 5142-57 Dans les établissements autorisés à fabriquer et à importer des aliments médicamenteux, les renseignements suivants sont consignés :

1° La date de la fabrication, de l'importation, de la cession ou de la délivrance suivant le cas *(Décr. n° 2013-752 du 16 août 2013, art. 1er)* « ainsi que, si la fabrication a été sous-traitée, la date de l'ordre de fabrication et la date de réception du lot » ;

2° La dénomination, la quantité et le numéro de lot du ou des prémélanges médicamenteux utilisés ;

3° La nature et la quantité des aliments utilisés ;

4° La dénomination commerciale ou, à défaut, la nature ainsi que la quantité de l'aliment médicamenteux fabriqué, importé, détenu et cédé ;

5° Le numéro de lot de l'aliment médicamenteux et la date de péremption ;

6° Selon le cas, le nom et l'adresse du vétérinaire qui a établi la prescription ainsi que le nom et l'adresse *(Décr. n° 2013-752 du 16 août 2013, art. 1er)* « des destinataires ».

Art. R. 5142-58 Dans les établissements autorisés à distribuer des aliments médicamenteux, les renseignements suivants sont consignés :

1° La date de l'acquisition, de la cession ou de la délivrance ;

2° La dénomination commerciale ou, à défaut, la nature ainsi que la quantité de l'aliment médicamenteux acquis et cédé ;

3° Le numéro de lot de l'aliment médicamenteux et la date de péremption ;
4° Le nom et l'adresse du fabricant ou du distributeur fournisseur des aliments médicamenteux ;
5° Le nom et l'adresse du vétérinaire qui a établi la prescription ;
6° Le nom et l'adresse de l'éleveur ou du détenteur d'animaux ou du distributeur destinataire des aliments médicamenteux.

Art. R. 5142-59 Les renseignements mentionnés aux articles R. 5142-57 et R. 5142-58 sont, immédiatement après chaque opération, enregistrés par un système approprié permettant une édition immédiate à la demande des autorités de contrôle et n'autorisant aucune modification des données après validation de leur enregistrement.
Les registres, les enregistrements ainsi que les éditions papier de ces enregistrements par périodes maximales d'un mois sont conservés pendant une durée de cinq ans et sont tenus à la disposition des autorités de contrôle pendant cette durée.

Art. R. 5142-60 Les dispositions relatives à l'exercice à temps plein et au remplacement figurant aux articles R. 5142-20 et R. 5142-22 à R. 5142-30 ne sont pas applicables au pharmacien ou au vétérinaire mentionné à l'article R. 5142-54.
Toutefois, en cas d'absence ou d'empêchement, l'entreprise pourvoit au remplacement du pharmacien ou du vétérinaire par un pharmacien ou un vétérinaire lié par convention avec l'entreprise à ce titre.
En cas de décès ou de cessation définitive d'activité, en cas d'interdiction d'exercice du pharmacien ou du vétérinaire, l'entreprise procède immédiatement à la désignation d'un nouveau pharmacien ou vétérinaire.

Art. R. 5142-61 Les dispositions nécessaires sont prises afin d'éviter une contamination par les aliments médicamenteux des autres catégories d'aliments ainsi qu'une contamination des aliments médicamenteux à l'occasion des opérations de fabrication, d'importation, de distribution ou de transport.

Art. R. 5142-62 Les prémélanges médicamenteux et les aliments médicamenteux sont stockés dans des locaux fermés à clé ou dans des récipients hermétiques séparés par catégorie et spécialement conçus pour la conservation de ces produits.

Art. R. 5142-63 Lorsque les aliments médicamenteux sont cédés à un distributeur ou à un éleveur dans des emballages ou récipients fermés, le mode de fermeture de ces emballages ou récipients ne permet pas une réutilisation après ouverture.

SOUS-SECTION 10 TAXE PERÇUE LORS D'UNE DEMANDE D'AUTORISATION ET TAXE ANNUELLE

(Décr. n° 2006-1273 du 18 oct. 2006, art. 6)

Art. D. 5142-64 Les montants de la taxe prévue au 4° du 1 du I de l'article L. 5141-8 sont fixés comme indiqué ci-après :
a) 2 000 € pour une demande d'autorisation d'ouverture des établissements mentionnés à l'article R. 5142-1 ;
b) 500 € pour une demande de modification *(Décr. n° 2015-1172 du 22 sept. 2015, art. 2-1°)* « substantielle des éléments de l'autorisation initiale d'ouverture des établissements mentionnés à l'article R. 5142-1 » ;
c) 200 € pour une demande de modification *(Décr. n° 2015-1172 du 22 sept. 2015, art. 2-2°)* « non substantielle des éléments de l'autorisation initiale d'ouverture des établissements mentionnés à l'article R. 5142-1 » ;
d) 200 € pour une demande de transfert d'autorisation mentionnée aux articles R. 5142-13 et R. 5142-14.

Art. D. 5142-65 I. – Les montants de la taxe annuelle prévue au 2° du 1 du II de l'article L. 5141-8 sont fixés comme indiqué ci-après :
1° Pour les établissements mentionnés aux 1° et 2° de l'article R. 5142-1 :
a) *(Décr. n° 2013-32 du 9 janv. 2013, art. 4-1°)* « 2 200 » €, pour les établissements dont l'effectif calculé dans les conditions prévues à l'article R. 5142-40 est inférieur à 10 ;

b) *(Décr. n° 2013-32 du 9 janv. 2013, art. 4-2°)* « 6 600 » €, pour les établissements dont l'effectif calculé dans les conditions prévues à l'article R. 5142-40 est compris entre 10 et 100 ;

c) *(Décr. n° 2013-32 du 9 janv. 2013, art. 4-3°)* « 22 000 » €, pour les établissements dont l'effectif calculé dans les conditions prévues à l'article R. 5142-40 est supérieur à 100 ;

(Décr. n° 2013-32 du 9 janv. 2013, art. 4-4°) « 2° 2 200 € pour les établissements mentionnés aux 3° à 14° de l'article R. 5142-1. »

II. – Lorsque l'établissement est autorisé pour plusieurs activités mentionnées à l'article R. 5142-1, une seule taxe est perçue. Son montant est celui fixé :

– au 1° du I du présent article lorsque l'autorisation délivrée à cet établissement comporte au moins une des activités mentionnées aux 1° et 2° de l'article R. 5142-1 ;

– au 2° du I du présent article lorsque l'autorisation délivrée à cet établissement ne comporte que des activités mentionnées du 3° au 14° de l'article R. 5142-1.

SOUS-SECTION 11 PUBLICITÉ EN FAVEUR D'UNE ENTREPRISE OU D'UN ÉTABLISSEMENT PHARMACEUTIQUE VÉTÉRINAIRE

(Décr. n° 2015-647 du 10 juin 2015, art. 3)

Art. R. 5142-66 Lorsqu'une publicité en faveur d'une entreprise ou d'un établissement pharmaceutique vétérinaire mentionne un médicament vétérinaire, elle est régie par les dispositions de la section VIII du chapitre Ier du présent titre.

Les dispositions de l'alinéa précédent ne sont pas applicables aux documents d'information à caractère scientifique, technique ou financier, émis par l'établissement ou l'entreprise, qui n'ont pas pour objet la promotion d'un médicament vétérinaire.

CHAPITRE III PRÉPARATION EXTEMPORANÉE ET VENTE AU DÉTAIL

SECTION PREMIÈRE PRÉPARATION EXTEMPORANÉE

Art. R. 5143-1 La préparation extemporanée des médicaments vétérinaires, y compris la préparation extemporanée des aliments médicamenteux prévue à l'article L. 5143-3, est réalisée en conformité avec les bonnes pratiques dont les principes sont définis, sur proposition du directeur général de l'*(Décr. n° 2011-385 du 11 avr. 2011, art. 1er)* « Agence nationale de sécurité sanitaire de l'alimentation, de l'environnement et du travail », par arrêté des ministres chargés de l'agriculture et de la santé.

Art. R. 5143-2 Pour l'application de l'article L. 5143-3, on entend par utilisateur agréé pour effectuer la préparation extemporanée des aliments médicamenteux le détenteur professionnel d'animaux appartenant à des espèces dont la chair ou les produits sont destinés à la consommation humaine et procédant lui-même à la préparation extemporanée de l'aliment médicamenteux destiné exclusivement aux animaux dont lui-même ou un de ses salariés assure la garde, l'élevage et les soins.

En vue de l'agrément, l'utilisateur présente une demande au préfet du département où se trouve l'installation.

L'utilisateur désigne au moment de la demande d'agrément le vétérinaire ou le pharmacien qui a autorité sur les opérations liées à la préparation extemporanée d'aliments médicamenteux dans son installation et le mentionne dans la demande d'agrément. *Tout changement est déclaré* au préfet.

Le préfet notifie sa décision dans un délai de quatre-vingt-dix jours à compter de la date de réception de la demande. Le silence gardé par le préfet vaut refus d'agrément à l'expiration dudit délai.

Les modalités de présentation et d'instruction des demandes ainsi que le contenu du dossier joint à la demande sont fixées sur proposition du directeur général de l'*(Décr. n° 2011-385 du 11 avr. 2011, art. 1er)* « Agence nationale de sécurité sanitaire de l'alimentation, de l'environnement et du travail », par arrêté des ministres chargés de l'agriculture et de la santé.

Ce dossier comporte les renseignements et pièces justificatives relatifs à l'utilisateur, au pharmacien ou au vétérinaire sous l'autorité duquel fonctionnent les installations, à la description de l'installation et à celle de ses conditions de fonctionnement.

Art. R. 5143-3 L'utilisateur effectue la préparation extemporanée des aliments médicamenteux conformément aux bonnes pratiques mentionnées à l'article R. 5143-1.

L'aliment médicamenteux ne peut être préparé extemporanément qu'à partir d'un seul prémélange médicamenteux. Toutefois, lorsque la prescription du vétérinaire le prévoit expressément, un aliment médicamenteux peut être préparé extemporanément à partir de plus d'un prémélange médicamenteux lorsque aucun prémélange médicamenteux approprié n'est disponible, dans des délais compatibles avec les nécessités thérapeutiques, pour la maladie à traiter ou à prévenir dans l'espèce considérée.

Les renseignements suivants sont consignés par l'utilisateur :

1° La dénomination et la quantité de chaque prémélange reçu, le numéro de lot, le nom et l'adresse du fournisseur ainsi que la date de réception ;

2° La nature et la quantité des produits utilisés pour chaque aliment médicamenteux préparé ;

3° La nature et la quantité des aliments médicamenteux préparés et la date des préparations extemporanées correspondantes.

Ces renseignements sont, immédiatement après chaque préparation extemporanée, enregistrés par un système approprié permettant une édition immédiate à la demande des autorités de contrôle et n'autorisant aucune modification des données après validation de leur enregistrement.

Les enregistrements ainsi que les éditions papier de ces enregistrements par périodes maximales d'un mois sont conservés pendant une durée de cinq ans et sont tenus à la disposition des autorités de contrôle pendant cette durée.

Art. R. 5143-4 Le pharmacien ou le vétérinaire sous l'autorité duquel fonctionnent les installations destinées à la préparation extemporanée d'aliment médicamenteux est lié par convention à l'utilisateur et :

1° Assure les commandes de prémélanges médicamenteux pour chaque prescription auprès d'un exploitant, d'un dépositaire ou d'un distributeur en gros de prémélanges médicamenteux ; la commande est accompagnée de l'un des exemplaires de la prescription mentionné à l'article R. 5141-111 ;

2° Vérifie les conditions de préparation et de contrôle au regard des bonnes pratiques mentionnées à l'article R. 5143-1 ;

3° Vérifie le respect des dispositions relatives à la composition, la prescription et à l'administration des aliments médicamenteux ;

4° Contrôle les enregistrements prévus à l'article R. 5143-3.

SECTION II **PROGRAMMES SANITAIRES D'ÉLEVAGE ET GROUPEMENTS AUTORISÉS À ACHETER, DÉTENIR ET DÉLIVRER DES MÉDICAMENTS VÉTÉRINAIRES** *(Décr. n° 2007-1211 du 10 août 2007, art. 3).*

Art. R. 5143-5 Lorsque l'acquisition, la détention et la délivrance des médicaments vétérinaires par les groupements prévus au premier alinéa de l'article L. 5143-6 sont faites sous le contrôle d'un pharmacien participant effectivement à la direction technique du groupement, ce pharmacien est inscrit au tableau de la section D de l'ordre *(Décr. n° 2007-1211 du 10 août 2007, art. 1er)* « , sauf dans les départements d'outre-mer, à Saint-Pierre-et-Miquelon et à Mayotte où il est inscrit à la section E ».

Art. R. 5143-6 A le caractère d'un programme sanitaire d'élevage, au sens de l'article L. 5143-6, la définition des interventions qui doivent être réalisées systématiquement dans un but prophylactique sur l'ensemble d'un troupeau, lot ou bande d'animaux, selon un calendrier préétabli en fonction des dominantes pathologiques particulières à chaque type d'élevage et compte tenu tant des conditions géographiques propres à la région que des facteurs climatiques et saisonniers.

Est assimilé à un programme sanitaire d'élevage tout programme qui a pour objet de maîtriser le cycle œstral des femelles domestiques adultes.

Art. D. 5143-7 *(Décr. n° 2007-1212 du 10 août 2007, art. 1er)* « Dans chaque région, » une commission est chargée de formuler un avis sur les programmes sanitaires d'élevage et de proposer l'agrément des groupements désignés au premier alinéa de l'article L. 5143-6.

Art. D. 5143-8 Chaque commission comprend :

(Décr. n° 2010-344 du 31 mars 2010, art. 159) « 1° Trois représentants de l'État et un représentant de l'agence régionale de santé :

« *a)* Le préfet de région ou son représentant, président ; »

(Décr. n° 2011-1193 du 26 sept. 2011) « *b)* Le directeur régional de l'alimentation, de l'agriculture et de la forêt, ou son représentant, vice-président ;

« *c)* Un vétérinaire officiel mentionné au V de l'article L. 231-2 du code rural et de la pêche maritime, désigné par le préfet de région ; »

(Décr. n° 2010-344 du 31 mars 2010, art. 159) « *d)* Un inspecteur de l'agence régionale de santé ayant la qualité de pharmacien, désigné par le directeur général ; »

2° Quatre représentants des vétérinaires et des pharmaciens :

a) Deux pharmaciens désignés par le *(Décr. n° 2010-344 du 31 mars 2010, art. 159)* « directeur général de l'agence régionale de santé » sur proposition, pour l'un, du conseil compétent de l'ordre des pharmaciens, pour l'autre, de l'association de pharmacie rurale ;

b) Deux vétérinaires désignés par le préfet de région sur proposition du conseil régional de l'ordre des vétérinaires ;

3° Quatre représentants des organisations professionnelles les plus représentatives des groupements désignés au premier alinéa de l'article L. 5143-6, choisis par le préfet de région sur proposition de la chambre régionale d'agriculture.

Des suppléants des membres désignés aux 2° et 3° sont choisis dans les mêmes conditions que les titulaires et en nombre égal.

(Décr. n° 2011-1193 du 26 sept. 2011) « Le secrétariat de la commission est assuré par la direction régionale de l'alimentation, de l'agriculture et de la forêt. »

Art. D. 5143-9 *(Décr. n° 2007-1212 du 10 août 2007, art. 2)* Si un ou plusieurs des organismes mentionnés à l'article D. 5143-8, consultés en vue de la constitution de la commission, n'ont pas formulé de proposition dans un délai d'un mois à compter de la réception de la demande du préfet de région, ce dernier peut procéder à la désignation des membres de la commission.

Art. R. 5143-10 *(Décr. n° 2007-1211 du 10 août 2007, art. 2)* Dans les conditions prévues à l'article L. 5143-7, le préfet de région du siège social du groupement approuve les programmes sanitaires d'élevage et délivre l'agrément des groupements mentionnés à l'article L. 5143-6. Le silence gardé par le préfet de région pendant plus de huit mois à compter de la réception de la demande vaut décision de rejet.

Le préfet de région peut suspendre l'agrément pour une durée n'excédant pas trois mois.

CHAPITRE IV SUBSTANCES POUVANT ENTRER DANS LA FABRICATION DES MÉDICAMENTS VÉTÉRINAIRES

Le présent chapitre ne comporte pas de dispositions réglementaires.

CHAPITRE V AGENCE NATIONALE DU MÉDICAMENT VÉTÉRINAIRE

(Décr. n° 2010-1028 du 30 août 2010, art. 1er).

SECTION PREMIÈRE DISPOSITIONS GÉNÉRALES *(Décr. n° 2010-1028 du 30 août 2010, art. 1er-I).*

Art. R. 5145-1 *(Décr. n° 2010-719 du 28 juin 2010, art. 2)* Le directeur de l'Agence nationale du médicament vétérinaire est nommé par arrêté des ministres chargés de l'agriculture et de la santé, sur proposition du directeur général de l'Agence nationale de sécurité sanitaire de l'alimentation, de l'environnement et du travail.

Il peut recevoir délégation du directeur général pour représenter l'agence et, à la demande du Gouvernement, la France, dans les organisations européennes ou internationales compétentes en matière de médicament vétérinaire.

SECTION II PROCÉDURE APPLICABLE EN CAS DE NON-RESPECT DES RÈGLES RELATIVES À LA PUBLICITÉ DES MÉDICAMENTS VÉTÉRINAIRES

(Décr. n° 2010-1028 du 30 août 2010, art. 1er-II)

Art. R. 5145-2 I. — Dans le cas prévu à l'article R. 5141-86, lorsqu'il estime que la publicité envisagée est contraire aux dispositions des articles R. 5141-82 à R. 5141-88, le directeur général de l'*(Décr. n° 2011-385 du 11 avr. 2011, art. 2)* « Agence nationale de sécurité sanitaire de l'alimentation, de l'environnement et du travail » peut subordonner son autorisation à une modification du contenu de la publicité, du déroulement de la campagne publicitaire envisagée ou à une limitation des destinataires.

(Décr. n° 2015-647 du 10 juin 2015, art. 4) « II. — Lors de l'examen des publicités mentionnées aux articles R. 5141-83 et R. 5141-84 qui lui sont soumises en application de l'article R. 5141-85-3, ou lorsqu'il constate qu'une campagne publicitaire ou la diffusion d'une publicité se déroule dans des conditions contraires aux dispositions des articles R. 5141-82 à R. 5141-88 et R. 5142-66, le directeur général de l'Agence nationale de sécurité sanitaire de l'alimentation, de l'environnement et du travail peut mettre en demeure le titulaire de l'autorisation de mise sur le marché ou de l'enregistrement du médicament homéopathique vétérinaire, de modifier le contenu de la publicité, de modifier le déroulement de la campagne publicitaire ou de limiter les destinataires de celle-ci, dans un délai déterminé qui ne peut être inférieur à un mois. L'intéressé est avisé de la possibilité de présenter ses observations dans ce délai et d'être entendu par l'agence. »

Art. R. 5145-3 En cas de non-respect de la mise en demeure à l'issue du délai prescrit en application du II de l'article R. 5145-2 et lorsque les observations présentées ne sont pas satisfaisantes, le directeur général de l'agence peut mettre en œuvre les mesures prévues par l'article L. 5145-3.

Ces mesures sont *(Décr. n° 2016-1506 du 8 nov. 2016, art. 7-1°, en vigueur le 1er janv. 2017)* « rendues publiques sur le site internet de l'Agence nationale de sécurité sanitaire de l'alimentation, de l'environnement et du travail ».

Art. R. 5145-4 En cas d'urgence, le directeur général de l'*(Décr. n° 2011-385 du 11 avr. 2011, art. 2)* « Agence nationale de sécurité sanitaire de l'alimentation, de l'environnement et du travail » peut suspendre, pour une durée de trois mois au plus, la diffusion d'une publicité manifestement contraire aux dispositions des articles R. 5141-82 à R. 5141-88.

SECTION III SANCTIONS PÉCUNIAIRES

(Décr. n° 2010-1028 du 30 août 2010, art. 1er-II)

Art. R. 5145-5 Sur la base des rapports d'inspection établis en application du chapitre VI du présent titre ou des résultats des contrôles diligentés au titre de l'article R. 5141-79 mettant en évidence des manquements aux dispositions des articles L. 5145-5 et L. 5145-6, le directeur général de l'*(Décr. n° 2011-385 du 11 avr. 2011, art. 2)* « Agence nationale de sécurité sanitaire de l'alimentation, de l'environnement et du travail » peut engager une procédure de sanction à l'encontre des entreprises titulaires d'autorisation de mise sur le marché de médicaments vétérinaires ou d'enregistrement de médicaments homéopathiques vétérinaires litigieux et des entreprises qui fabriquent, importent ou exploitent des médicaments vétérinaires ou qui réalisent des essais non cliniques ou cliniques.

La procédure de sanction mentionnée à l'alinéa précédent peut également être mise en œuvre à l'issue de vérifications effectuées pour s'assurer du respect des obligations mentionnées aux articles R. 5141-104 à R. 5141-105-1 et R. 5141-108.

Art. R. 5145-6 Le directeur général de l'*(Décr. n° 2011-385 du 11 avr. 2011, art. 2)* « Agence nationale de sécurité sanitaire de l'alimentation, de l'environnement et du travail » adresse à l'entreprise en cause une mise en garde assortie du rapport d'inspection ou des résultats des contrôles ou des vérifications, en lui indiquant les faits de nature à justifier l'engagement d'une procédure de sanction qui lui sont imputés. Cette mise en garde précise le délai de mise en œuvre des mesures correctives.

Si, malgré la mise en garde, les mesures correctives prescrites n'ont pas été mises en œuvre à l'issue du délai imparti, le directeur général de l'agence notifie à l'entreprise la sanction qu'il envisage de prononcer. La notification précise les faits reprochés et le montant de la sanction financière envisagée. L'entreprise mise en cause est informée de ses droits à communication des pièces du dossier, de la possibilité de se faire entendre et de produire des observations dans un délai d'un mois à compter de la date de réception de la notification.

Une nouvelle mise en garde n'est pas requise lorsque l'entreprise a déjà fait l'objet, dans les deux ans qui précèdent, d'une mise en garde ou d'une sanction financière pour un motif identique.

Art. R. 5145-7 A défaut d'observations produites ou en cas de réponse insuffisante aux griefs dans le délai mentionné à l'article précédent, le directeur général de l'*(Décr. n° 2011-385 du 11 avr. 2011, art. 2)* « Agence nationale de sécurité sanitaire de l'alimentation, de l'environnement et du travail » prononce la sanction financière et la notifie à l'entreprise par tout moyen permettant de déterminer la date de réception. La décision indique le délai et les modalités de paiement des sommes en cause.

Cette notification comporte la cause, le montant des sommes réclamées, le délai imparti et les modalités d'acquittement de ces sommes ainsi que les voies et délais de recours.

(Décr. n° 2016-1506 du 8 nov. 2016, art. 7) « La décision de sanction financière prononcée peut être publiée sur le site internet de l'agence pendant une durée qui ne peut excéder un mois ou, le cas échéant, jusqu'à la régularisation de la situation, si celle-ci n'est pas intervenue à l'issue de cette durée. »

Art. R. 5145-8 La décision de sanction peut, le cas échéant, être assortie d'une astreinte journalière.

Cette astreinte est notifiée selon les mêmes règles de procédure que la sanction prononcée à titre principal.

Le montant de cette astreinte est calculé à compter du jour de la notification de la sanction financière jusqu'au jour de la réalisation des engagements mettant fin à la situation litigieuse constatée par le directeur général de l'agence en diligentant, le cas échéant, une nouvelle inspection.

Le prononcé d'une astreinte ne peut intervenir lors de la première poursuite d'une entreprise relevant de la procédure prévue par la présente section.

Art. R. 5145-9 Les sanctions financières et les astreintes journalières prévues à l'article L. 5145-5 sont recouvrées par l'agent comptable de l'*(Décr. n° 2011-385 du 11 avr. 2011, art. 2)* « Agence nationale de sécurité sanitaire de l'alimentation, de l'environnement et du travail » et sont reversées à l'État.

SECTION IV PUBLICITÉ DES DÉCISIONS DE POLICE SANITAIRE

(Décr. n° 2016-1506 du 8 nov. 2016, art. 8)

Art. R. 5145-10 La décision de police sanitaire prise en application de l'article L. 5145-2-1 ou de l'article L. 5145-2-2 est publiée sur le site internet de l'Agence nationale de sécurité sanitaire de l'alimentation, de l'environnement et du travail.

CHAPITRE VI INSPECTION

SECTION UNIQUE

Art. R. 5146-1 *(Décr. n° 2010-1028 du 30 août 2010, art. 2)* « Pour les enquêtes et inspections effectuées dans les locaux, lieux, installations et véhicules à usage professionnel dans les conditions de l'article L. 1421-2 relatives aux décisions qui relèvent de sa compétence en vertu des dispositions du présent titre et pour le contrôle de l'application et du respect de ces décisions, le directeur général de l'*(Décr. n° 2011-385 du 11 avr. 2011, art. 2)* « Agence nationale de sécurité sanitaire de l'alimentation, de l'environnement et du travail » fait intervenir les agents mentionnés au 1° de l'article L. 5146-1.

« Le directeur général de l'agence peut, sous couvert du directeur général de l'agence régionale de santé, du préfet de région ou de département, suivant le cas, demander l'intervention des agents des corps d'inspection et de contrôle mentionnés aux 2° à 4° de l'article L. 5146-1. »

(Décr. n° 2008-434 du 6 mai 2008, art. 9-I) « Sous réserve des accords éventuels conclus entre *(Décr. n° 2013-752 du 16 août 2013, art. 1er)* « l'Union européenne » et un pays tiers, le directeur général de l'*(Décr. n° 2011-385 du 11 avr. 2011, art. 1er)* « Agence nationale de sécurité sanitaire de l'alimentation, de l'environnement et du travail » peut demander à un fabricant de médicaments vétérinaires établi dans un pays tiers de se soumettre à une inspection diligentée par les inspecteurs de l'*(Décr. n° 2011-385 du 11 avr. 2011, art. 1er)* « Agence nationale de sécurité sanitaire de l'alimentation, de l'environnement et du travail » si le médicament vétérinaire qu'il fabrique est destiné à être importé en France. »

Art. R. 5146-1-1 *(Décr. n° 2010-1028 du 30 août 2010, art. 2)* Une période d'adaptation d'une durée maximale d'un an permet de s'assurer des compétences techniques et administratives des inspecteurs de l'agence, mentionnés au 1° des articles L. 5146-1 et L. 5146-2, et de valider leur expérience professionnelle dans le domaine des bonnes pratiques mentionnées aux articles L. 5141-4 et L. 5142-3. A l'issue de cette période, le directeur général de l'agence prend une décision concernant leur affectation.

Art. R. 5146-1-2 *(Décr. n° 2010-1028 du 30 août 2010, art. 2)* Pour l'application de l'article L. 5146-2, l'habilitation des inspecteurs mentionnés à l'article L. 5146-4 à la recherche et à la constatation d'infractions pénales est conférée, à l'issue de la période d'adaptation, par décision du directeur général de l'*(Décr. n° 2011-385 du 11 avr. 2011, art. 2)* « Agence nationale de sécurité sanitaire de l'alimentation, de l'environnement et du travail ». Cette décision précise les noms, qualités et qualifications des agents concernés.

L'habilitation a une durée de quatre ans. Elle est renouvelable sur la base de critères fixés par le directeur général de l'agence et peut être suspendue ou retirée à tout moment par ce dernier.

Art. R. 5146-1-3 *(Décr. n° 2010-1028 du 30 août 2010, art. 2)* Les agents habilités par le directeur général de l'agence à exercer les fonctions d'inspecteur prêtent, devant le tribunal de grande instance dans le ressort duquel se trouve le siège de l'agence, le serment suivant : "Je jure et promets de bien et loyalement remplir mes fonctions et d'observer en tout les devoirs qu'elles m'imposent. Je jure également de ne rien révéler ou utiliser de ce qui sera porté à ma connaissance à l'occasion de l'exercice de mes fonctions."

Les dispositions de l'alinéa précédent ne sont pas applicables aux pharmaciens inspecteurs de santé publique et aux vétérinaires mentionnés à l'article L. 231-2 du code rural et de la pêche maritime exerçant en qualité d'inspecteur de l'agence lorsqu'ils ont déjà prêté serment respectivement au titre de l'inspection de la pharmacie mentionnée à l'article L. 5127-1 ou dans les conditions de l'article R. 205-1 du code rural et de la pêche maritime.

Art. R. 5146-1-4 *(Décr. n° 2010-1028 du 30 août 2010, art. 2)* Les inspecteurs de l'agence procèdent aux inspections décidées par le directeur général de l'agence, qui délivre à cette fin une lettre de mission à l'inspecteur responsable de l'enquête. Cette lettre mentionne l'établissement ou le lieu inspecté et le nom du ou des inspecteurs.

Art. R. 5146-1-5 *(Décr. n° 2010-1028 du 30 août 2010, art. 2)* Les dispositions de la section II du chapitre VII du titre II du livre Ier de la présente partie sont applicables aux inspecteurs de l'*(Décr. n° 2011-385 du 11 avr. 2011, art. 2)* « Agence nationale de sécurité sanitaire de l'alimentation, de l'environnement et du travail » mentionnés au 1° des articles L. 5146-1 et L. 5146-2 et aux vétérinaires officiels mentionnés au 3° des mêmes articles.

Art. R. 5146-2 Lorsque l'inspection concerne un établissement pharmaceutique vétérinaire mentionné à l'article R. 5142-1 ou un établissement qui réalise des essais non cliniques mentionnés à l'article R. 5141-2, les inspecteurs s'assurent notamment que cet établissement respecte les bonnes pratiques prévues à l'article L. 5142-3 ou à l'article L. 5141-4 qui le concernent.

Les établissements des entreprises mentionnées à l'article R. 5142-1 font l'objet d'une inspection, selon une périodicité fixée par le directeur général de l'*(Décr.*

nº 2011-385 du 11 avr. 2011, art. 1er) « Agence nationale de sécurité sanitaire de l'alimentation, de l'environnement et du travail ».

Chaque inspection donne lieu à un rapport qui est communiqué, selon le cas, au pharmacien ou vétérinaire responsable ou à la direction de l'établissement concerné ; ce dernier peut faire valoir ses observations *(Décr. nº 2008-434 du 6 mai 2008, art. 9-II)* « dans le délai fixé par l'*(Décr. nº 2011-385 du 11 avr. 2011, art. 1er)* « Agence nationale de sécurité sanitaire de l'alimentation, de l'environnement et du travail », qui lui est notifié lors de la transmission du rapport et qui ne peut être inférieur à quinze jours ». Ce rapport et les observations qui en découlent sont adressés au directeur général de l'*(Décr. nº 2011-385 du 11 avr. 2011, art. 1er)* « Agence nationale de sécurité sanitaire de l'alimentation, de l'environnement et du travail ».

(Décr. nº 2008-434 du 6 mai 2008, art. 9-II) « Lorsqu'il est saisi d'une demande motivée, le directeur général de l'*(Décr. nº 2011-385 du 11 avr. 2011, art. 1er)* « Agence nationale de sécurité sanitaire de l'alimentation, de l'environnement et du travail » communique immédiatement à l'autorité compétente d'un autre État membre le rapport visé à l'alinéa précédent.

« Le directeur général de l'agence peut demander à l'autorité compétente d'un autre État membre de lui communiquer les conclusions d'un rapport élaboré dans le cadre d'une inspection visée à l'article 80 de la directive 2001/82/CE du 6 novembre 2001 instituant un code communautaire relatif aux médicaments vétérinaires permettant de contrôler le respect des bonnes pratiques de fabrication des médicaments vétérinaires.

« Lorsque, à titre exceptionnel, le directeur général de l'agence n'est pas en mesure d'accepter les conclusions de ce rapport pour des raisons de santé publique, il en informe immédiatement la Commission européenne et l'Agence européenne des médicaments. »

Art. R. 5146-3 *(Décr. nº 2008-434 du 6 mai 2008, art. 9-III)* Dans les quatre-vingt-dix jours suivant l'inspection d'un établissement visé au 1° ou au 2° de l'article R. 5142-1, un certificat de conformité aux bonnes pratiques est délivré au pharmacien ou au vétérinaire responsable s'il apparaît que cet établissement respecte les bonnes pratiques de fabrication des médicaments vétérinaires mentionnées à l'article L. 5142-3. Ce certificat porte sur les conditions de réalisation des différentes opérations pharmaceutiques au moment de la date de l'inspection. Il ne peut valoir garantie de la sécurité ou de la qualité des lots individuels de médicaments vétérinaires fabriqués ou importés.

Lorsque l'inspection fait apparaître que les bonnes pratiques de fabrication ne sont pas respectées par un établissement, et qu'un certificat lui avait été préalablement délivré, l'*(Décr. nº 2011-385 du 11 avr. 2011, art. 1er)* « Agence nationale de sécurité sanitaire de l'alimentation, de l'environnement et du travail » met fin à sa validité. Les exemplaires de ce certificat détenus par le titulaire sont immédiatement retournés à l'Agence.

Ce certificat, ou, à défaut, l'information selon laquelle l'inspection a abouti à la conclusion que l'établissement ne respecte pas les bonnes pratiques de fabrication mentionnées à l'article L. 5142-3, est consigné dans une base de données mise en place par l'Agence européenne des médicaments.

Art. R. 5146-4 *(Décr. nº 2010-1028 du 30 août 2010, art. 2)* Les vétérinaires officiels mentionnés au 3° de l'article L. 5146-2, assermentés dans les conditions définies à l'article R. 205-1 du code rural et de la pêche maritime et habilités à rechercher et constater les infractions prévues et réprimées par des dispositions du titre III du livre II du même code, sont également habilités à rechercher et à constater les infractions relevant du présent titre, sans nouvelle prestation de serment.

TITRE CINQUIÈME **PRODUITS DE SANTÉ COMPOSÉS EN TOUT OU PARTIE D'ORGANISMES GÉNÉTIQUEMENT MODIFIÉS** *(Décr. nº 2012-232 du 17 févr. 2012, art. 4-I).*

Le présent titre ne comporte aucune disposition réglementaire.

TITRE SIXIÈME PRODUITS DE SANTÉ CONTENANT DES SUBSTANCES À L'ÉTAT NANOPARTICULAIRE

(Décr. n° 2012-232 du 17 févr. 2012, art. 4-II)

Art. R. 5161-1 Les articles R. 523-12 à R. 523-21 du code de l'environnement s'appliquent aux substances à l'état nanoparticulaire entrant dans la composition des produits à finalité sanitaire destinés à l'homme, des produits à finalité cosmétique mentionnés à l'article L. 5311-1 ainsi qu'aux médicaments vétérinaires mentionnés aux articles L. 5141-1 et L. 5141-2.

LIVRE DEUXIÈME DISPOSITIFS MÉDICAUX, DISPOSITIFS MÉDICAUX DE DIAGNOSTIC *IN VITRO* ET AUTRES PRODUITS ET OBJETS RÉGLEMENTÉS DANS L'INTÉRÊT DE LA SANTÉ PUBLIQUE

TITRE PREMIER DISPOSITIFS MÉDICAUX

CHAPITRE PREMIER RÉGIME JURIDIQUE DES DISPOSITIFS MÉDICAUX

SECTION PREMIÈRE CHAMP D'APPLICATION

Art. R. 5211-1 Les dispositions du présent titre sont applicables aux dispositifs médicaux définis à l'article L. 5211-1.

Ces dispositifs sont destinés à être utilisés à des fins :

1° De diagnostic, de prévention, de contrôle, de traitement ou d'atténuation d'une maladie ;

2° De diagnostic, de contrôle, de traitement, d'atténuation ou de compensation d'une blessure ou d'un handicap ;

3° D'étude, de remplacement ou de modification de l'anatomie ou d'un processus physiologique ;

4° De maîtrise de la conception.

Art. R. 5211-2 Les dispositifs médicaux destinés à l'administration d'un médicament sont régis par le présent titre.

Toutefois, lorsqu'un dispositif forme avec un médicament un produit intégré exclusivement destiné à être utilisé dans l'association donnée et non réutilisable, ce produit est régi par les dispositions applicables aux médicaments. *(Décr. n° 2009-482 du 28 avr. 2009)* « Le dispositif est conforme aux exigences essentielles relatives à la sécurité et aux performances des dispositifs médicaux mentionnées à la section V du présent chapitre. »

Lorsqu'un dispositif incorpore comme partie intégrante une substance qui, si elle est utilisée séparément, est susceptible d'être considérée comme un médicament, y compris les médicaments dérivés du sang, et qui peut agir sur le corps humain par une action accessoire à celle du dispositif, celui-ci est régi par les dispositions du présent titre.

Lorsqu'un dispositif forme un ensemble indissociable avec un dispositif qui, utilisé séparément, est susceptible d'être considéré comme un dispositif médical de diagnostic *in vitro* et dont l'action est accessoire à celle du dispositif, ce dispositif est régi par les dispositions du présent titre et le dispositif médical de diagnostic *in vitro* par celles du titre II du présent livre.

Art. R. 5211-3 Ne sont pas régis par les dispositions du présent titre :

1° Les dispositifs médicaux de diagnostic *in vitro* ;

(Décr. n° 2009-482 du 28 avr. 2009) « 2° Les produits qui, compte tenu de leur mode d'action principal, sont considérés comme des médicaments ; »

3° Les produits cosmétiques ;

4° Le sang humain, les produits sanguins, les cellules sanguines d'origine humaine ou les dispositifs qui contiennent au moment de leur mise sur le marché des produits sanguins labiles ou des cellules d'origine humaine ;

(Décr. nº 2009-482 du 28 avr. 2009) « 5° Les organes, tissus ou cellules d'origine humaine ou les produits qui incorporent des tissus ou cellules d'origine humaine ou qui en sont dérivés, à l'exception des dispositifs incorporant comme partie intégrante une substance qui, si elle est utilisée séparément, est susceptible d'être considérée comme un médicament dérivé du sang et qui peut agir sur le corps humain par une action accessoire à celle du dispositif ; »

6° Les organes, tissus ou cellules d'origine animale, sauf si, pour la fabrication d'un dispositif, on utilise un tissu d'origine animale rendu non viable ou des produits non viables dérivés de tissus d'origine animale ;

SECTION II DÉFINITIONS

Art. R. 5211-4 Pour l'application du présent titre, on entend par :

1° Destination, l'utilisation à laquelle un dispositif médical est destiné d'après les indications fournies par le fabricant dans l'étiquetage, la notice d'instruction ou les matériels promotionnels ;

(Décr. nº 2009-482 du 28 avr. 2009) « 2° Mise sur le marché, la première mise à disposition à titre onéreux ou gratuit d'un dispositif médical, autre que celui destiné à des investigations cliniques, en vue de sa distribution ou de son utilisation dans un État membre de *(Décr. nº 2015-374 du 31 mars 2015, art. 4-I)* « l'Union européenne » ou partie à l'accord sur l'Espace économique européen, qu'il s'agisse d'un dispositif neuf ou remis à neuf ; »

3° Fabricant, la personne physique ou morale responsable de la conception, de la fabrication, du conditionnement et de l'étiquetage d'un dispositif médical en vue de sa mise sur le marché en son nom propre, que ces opérations soient effectuées par cette personne ou pour son compte par une autre personne ; les obligations qui s'imposent au fabricant en vertu du présent titre s'imposent également à la personne physique ou morale qui assemble, conditionne, traite, remet à neuf ou étiquette des dispositifs médicaux, ou assigne à des produits préfabriqués la destination de dispositifs médicaux, en vue de les mettre sur le marché en son nom propre. Elles ne s'appliquent pas à la personne qui, sans être fabricant, assemble ou adapte pour un patient déterminé, conformément à leur destination, des dispositifs déjà mis sur le marché ;

4° Mandataire, toute personne physique ou morale établie dans un État membre de *(Décr. nº 2015-374 du 31 mars 2015, art. 4-I)* « l'Union européenne » ou partie à l'accord sur l'Espace économique européen qui, après avoir été expressément désignée par le fabricant, agit et peut être contactée par les autorités administratives compétentes en lieu et place du fabricant en ce qui concerne les obligations que le présent titre impose à ce dernier ;

5° Distributeur, toute personne physique ou morale se livrant au stockage de dispositifs médicaux et à leur distribution ou à leur exportation, à l'exclusion de la vente au public ;

6° Mise en service, la mise à disposition de l'utilisateur final d'un dispositif médical prêt à être utilisé pour la première fois sur le marché communautaire, conformément à sa destination ;

7° Accessoire, tout article qui est destiné *(Décr. nº 2009-482 du 28 avr. 2009)* « spécifiquement » par son fabricant à être utilisé avec un dispositif médical afin de permettre l'utilisation de ce dispositif, conformément aux intentions de son fabricant ;

(Décr. nº 2009-482 du 28 avr. 2009) « 8° Importation, introduction sur le territoire d'un État membre de *(Décr. nº 2015-374 du 31 mars 2015, art. 4-I)* « l'Union européenne » ou partie à l'accord sur l'Espace économique européen d'un dispositif médical en provenance d'un pays tiers en vue de sa mise sur le marché ;

« 9° Importateur, toute personne physique ou morale établie dans un État membre de *(Décr. nº 2015-374 du 31 mars 2015, art. 4-I)* « l'Union européenne » ou partie à l'accord sur l'Espace économique européen se livrant à l'importation de dispositifs médicaux ;

« 10° Données cliniques, les informations relatives à la sécurité et aux performances obtenues dans le cadre de l'utilisation clinique d'un dispositif. Les données cliniques proviennent soit :

« *a)* Des investigations cliniques du dispositif concerné ;

« *b)* Des investigations cliniques ou d'autres études citées dans la littérature scientifique d'un dispositif similaire pour lequel l'équivalence avec le dispositif concerné peut être démontrée ;

« *c)* Des rapports, publiés ou non, relatifs à une autre expérience clinique acquise sur le dispositif concerné ou un dispositif similaire pour lequel l'équivalence avec le dispositif concerné peut être démontrée ;

« 11° Dispositif à usage unique, un dispositif destiné à être utilisé une seule fois pour un seul patient ;

« 12° Sous-catégorie de dispositifs, un ensemble de dispositifs ayant des domaines d'utilisation communs ou une technologie commune ;

« 13° Groupe générique de dispositifs, un ensemble de dispositifs destinés à une utilisation identique ou similaire, ou possédant une technologie commune permettant une classification générique de ces dispositifs ne reflétant pas leurs caractéristiques particulières. »

Art. R. 5211-5 Pour l'application du présent titre, on entend par :

1° Exploitant d'un dispositif médical, toute personne physique ou morale assurant la responsabilité juridique de l'activité requérant l'utilisation de ce dispositif ;

2° Maintenance d'un dispositif médical, l'ensemble des activités destinées à maintenir ou à rétablir un dispositif médical dans un état ou dans des conditions données de sûreté de fonctionnement pour accomplir une fonction requise ; les conditions de réalisation de la maintenance sont fixées contractuellement, s'il y a lieu, entre le fabricant ou le fournisseur de tierce maintenance et l'exploitant ;

3° Contrôle de qualité d'un dispositif médical, l'ensemble des opérations destinées à évaluer le maintien des performances revendiquées par le fabricant ou, le cas échéant, fixées par le directeur général de l'*(Décr. n° 2012-597 du 27 avr. 2012, art. 5-I-1°)* « Agence nationale de sécurité du médicament et des produits de santé » ; le contrôle de qualité est dit interne, s'il est réalisé par l'exploitant ou sous sa responsabilité par un prestataire ; il est dit externe, s'il est réalisé par un organisme indépendant de l'exploitant, du fabricant et de celui qui assure la maintenance du dispositif.

Art. R. 5211-6 Est considéré comme dispositif sur mesure tout dispositif médical fabriqué spécifiquement suivant la prescription écrite d'un praticien dûment qualifié, ou de toute autre personne qui y est autorisée en vertu de ses qualifications professionnelles, et destiné à n'être utilisé que pour un patient déterminé.

La prescription écrite mentionnée au précédent alinéa indique, sous la responsabilité de la personne qui l'a établie, les caractéristiques de conception spécifiques du dispositif.

Les dispositifs fabriqués suivant des méthodes de fabrication continue ou en série qui nécessitent une adaptation pour répondre à des besoins spécifiques du médecin ou d'un autre utilisateur professionnel ne sont pas considérés comme des dispositifs sur mesure.

SECTION III CLASSIFICATION DES DISPOSITIFS MÉDICAUX

Art. R. 5211-7 Pour l'application du présent titre, les dispositifs médicaux autres que les dispositifs médicaux implantables actifs sont répartis en quatre classes dénommées classe I, classe II a, classe II b et classe III.

L'appartenance d'un dispositif à l'une ou l'autre de ces classes est déterminée conformément aux règles de classification définies, sur proposition du directeur général de l'*(Décr. n° 2012-597 du 27 avr. 2012, art. 5-I-1°)* « Agence nationale de sécurité du médicament et des produits de santé », par arrêté du ministre chargé de la santé.

Ces règles tiennent compte de la dangerosité des dispositifs médicaux quant à leur *destination.*

Art. R. 5211-8 Si un dispositif médical est destiné à être utilisé en association avec un autre dispositif médical, les règles de classification s'appliquent séparément à chacun des dispositifs.

Le logiciel informatique commandant un dispositif ou agissant sur son utilisation relève de la même classe.

Art. R. 5211-9 Pour l'application du présent titre, les accessoires des dispositifs médicaux sont traités comme des dispositifs à part entière.

Les accessoires sont classés en tant que tels, indépendamment des dispositifs avec lesquels ils sont utilisés, à l'exception des accessoires des dispositifs implantables actifs traités comme des dispositifs implantables actifs.

Art. R. 5211-10 Lorsqu'un dispositif médical n'est pas destiné à être utilisé dans une partie spécifique du corps, il doit être considéré et classé suivant l'utilisation la plus critique telle que spécifiée.

Lorsque plusieurs règles s'appliquent au même dispositif du fait des utilisations indiquées par le fabricant, la règle qui s'applique est la plus stricte et le dispositif est classé dans la classe la plus élevée.

Art. R. 5211-11 En cas de litige sur l'application des règles de classification entre le fabricant d'un dispositif et un organisme habilité intervenant dans les procédures de certification prévues au présent titre, le directeur général de l'*(Décr. n° 2012-597 du 27 avr. 2012, art. 5-I-1°)* « Agence nationale de sécurité du médicament et des produits de santé » détermine la classe dont relève le dispositif en cause.

SECTION IV CONDITIONS DE MISE SUR LE MARCHÉ ET DE MISE EN SERVICE

Art. R. 5211-12 Tout dispositif médical mis sur le marché ou mis en service en France est revêtu du marquage CE attestant qu'il remplit les conditions énoncées par l'article R. 5211-17.

Toutefois, le marquage CE n'est pas requis pour les dispositifs sur mesure et pour les dispositifs devant faire l'objet d'investigations cliniques.

Art. R. 5211-13 La présentation, lors de réunions scientifiques ou techniques, d'expositions ou de démonstrations, de dispositifs médicaux non conformes aux dispositions du présent titre est autorisée à la condition qu'un panneau visible indique clairement que ces dispositifs ne peuvent être mis sur le marché ni mis en service avant leur mise en conformité.

Art. R. 5211-14 Le marquage CE ne peut être apposé sur un dispositif médical que si celui-ci est conforme aux exigences essentielles de sécurité et de santé mentionnées à la section V du présent chapitre et a fait l'objet des procédures de certification qui lui sont applicables.

Lorsqu'un dispositif entrant dans le champ d'application du présent titre est également régi par d'autres dispositions transposant des directives de *(Décr. n° 2015-374 du 31 mars 2015, art. 4-I)* « l'Union européenne » et prévoyant l'apposition du marquage CE, celui-ci ne peut être apposé que si le dispositif respecte également ces dispositions. Si le fabricant a, pendant une période transitoire, la possibilité de ne pas se conformer aux dispositions transposant certaines des directives applicables, les documents, notices ou instructions accompagnant les produits concernés mentionnent les références des directives dont ils respectent les exigences, telles que publiées au *Journal officiel de l'Union européenne*.

Art. R. 5211-15 Il est interdit d'apposer sur un dispositif médical, sur l'emballage ou sur les instructions d'utilisation des marques ou des inscriptions de nature à induire en erreur sur la signification ou le graphisme du marquage CE. Toute autre marque peut être apposée, à condition qu'elle ne réduise pas la visibilité ni la lisibilité du marquage CE.

Art. R. 5211-16 Le marquage CE est apposé sous la responsabilité du fabricant *(Décr. n° 2009-482 du 28 avr. 2009)* « ou de son mandataire ». Sa forme et ses dimensions sont fixées par arrêté du ministre chargé de la santé.

Le marquage CE est apposé de façon visible, lisible et indélébile sur le dispositif médical ou sur l'emballage assurant la stérilité, ainsi que sur l'emballage commercial et sur les instructions d'utilisation.

Le marquage CE est accompagné, le cas échéant, du numéro d'identification, publié au *Journal officiel de l'Union européenne*, de l'organisme habilité auquel a été confiée, en France ou dans un autre État membre de *(Décr. n° 2015-374 du 31 mars 2015, art. 4-I)*

« l'Union européenne » ou partie à l'accord sur l'Espace économique européen, la mise en œuvre des procédures de certification de conformité.

Art. R. 5211-17 *(Décr. n° 2009-482 du 28 avr. 2009)* Aucun dispositif médical ne peut être mis sur le marché ou mis en service en France s'il n'est pas conforme aux exigences essentielles de sécurité et de santé mentionnées à la section V du présent chapitre qui lui sont applicables. Il doit être également dûment fourni, correctement installé, entretenu et utilisé conformément à sa destination.

Cette conformité est évaluée et certifiée soit en France, selon les procédures prévues par le présent chapitre, soit dans un autre État membre de *(Décr. n° 2015-374 du 31 mars 2015, art. 4-I)* « l'Union européenne » ou partie à l'accord sur l'Espace économique européen par les dispositions transposant dans le droit interne de l'État où elles ont été accomplies les dispositions des directives relatives à ces dispositifs.

Un dispositif médical qui est destiné par son fabricant à être utilisé à la fois comme un dispositif médical au sens du présent titre et comme un équipement de protection individuelle au sens des articles R. 4311-12 à R. 4311-14 du code du travail est également conforme aux exigences essentielles mentionnées à l'article R. 4312-24 de ce code.

Les dispositifs médicaux qui sont aussi des machines au sens du 1° de l'article R. 4311-4 du code du travail sont également conformes aux exigences essentielles mentionnées à l'article R. 4312-1 de ce code, si un risque particulier existe et si ces exigences essentielles sont plus appropriées et contraignantes que celles du présent titre.

Art. R. 5211-18 Les dispositifs médicaux qui satisfont aux normes les concernant, transposant les normes européennes harmonisées dont les références ont été publiées au *Journal officiel* de la République française, sont présumés conformes aux exigences essentielles de santé et de sécurité mentionnées à la section 5 du présent chapitre.

Sont incluses parmi les normes mentionnées au premier alinéa les monographies de la Pharmacopée européenne relatives notamment aux sutures chirurgicales et aux interactions entre les médicaments et les matériaux composant les dispositifs dans lesquels ces médicaments sont contenus.

Art. R. 5211-19 Sur demande dûment justifiée, le directeur général de l'*(Décr. n° 2012-597 du 27 avr. 2012, art. 5-I-1°)* « Agence nationale de sécurité du médicament et des produits de santé » peut autoriser, à titre dérogatoire, la mise sur le marché et la mise en service de dispositifs n'ayant pas fait l'objet des procédures de certification, mais dont l'utilisation présente un intérêt pour la protection de la santé.

Art. R. 5211-20 L'étiquetage d'un dispositif médical remis à l'utilisateur final ou le *[au]* patient, la notice qui l'accompagne, ainsi que toute autre information relative à son fonctionnement ou à son utilisation comportent une version rédigée en français.

SECTION V EXIGENCES ESSENTIELLES CONCERNANT LA SÉCURITÉ ET SANTÉ

Art. R. 5211-21 Les dispositifs médicaux sont conçus et fabriqués, compte tenu de l'état de la technique généralement reconnu, de telle manière que, *(Décr. n° 2009-482 du 28 avr. 2009)* « lorsqu'ils sont utilisés conformément à leur destination et dans les conditions prévues à cette fin », ils ne compromettent pas, directement ou indirectement :

1° L'état clinique et la sécurité des patients ;

2° La santé et la sécurité des utilisateurs ou d'autres personnes ;

3° La sécurité des biens.

Ils sont conçus et fabriqués, compte tenu de l'état de la technique généralement reconnu, de manière à pouvoir être utilisés aux fins qui sont les leurs, selon les indications du fabricant et atteindre les performances fixées par celui-ci et attestées par un certificat de conformité conformément aux dispositions législatives du présent chapitre.

Un effet secondaire et indésirable n'est admis que s'il présente un risque acceptable au regard des performances du dispositif.

Art. R. 5211-22 Pour respecter les exigences essentielles relatives à la conception et à la fabrication, les dispositifs médicaux autres qu'implantables actifs, sont conçus, fabriqués et conditionnés de manière à répondre aux objectifs suivants :

(Décr. n° 2009-482 du 28 avr. 2009) « 1° Avoir des propriétés chimiques, physiques et biologiques permettant de garantir les caractéristiques et les performances mentionnées à l'article R. 5211-21, de réduire autant que possible les risques présentés par les produits contaminants et les résidus pour les patients, le personnel participant au transport, au stockage ou à l'utilisation des dispositifs, d'être utilisés en toute sécurité avec toute matière avec laquelle ils peuvent entrer normalement en contact ou avec les médicaments qu'ils sont destinés à administrer, de réduire autant que possible les risques dus aux substances qu'ils dégagent ou à celles pénétrant dans les dispositifs non intentionnellement.

« Lorsqu'un dispositif médical incorpore comme partie intégrante une substance qui, si elle est utilisée séparément, est susceptible d'être considérée comme un médicament, à l'exception des médicaments dérivés du sang, et qui peut agir sur le corps humain par une action accessoire à celle du dispositif, la qualité, la sécurité et l'utilité de cette substance sont vérifiées avec les méthodes appropriées fixées par les articles R. 5121-10 à R. 5121-20. Après avoir vérifié l'utilité de l'incorporation de la substance dans le dispositif médical en tenant compte de la destination du dispositif, l'organisme habilité demande à l'*(Décr. n° 2012-597 du 27 avr. 2012, art. 5-I-1°)* « Agence nationale de sécurité du médicament et des produits de santé », à l'une des autorités compétentes en matière de médicament désignées par les autres États membres de *(Décr. n° 2015-374 du 31 mars 2015, art. 4-I)* « l'Union européenne » ou parties à l'accord sur l'Espace économique européen ou à l'Agence européenne des médicaments un avis scientifique sur la qualité et la sécurité de la substance, et notamment sur le rapport entre les bénéfices et les risques liés à son incorporation dans le dispositif médical.

« Lorsqu'un dispositif médical incorpore comme partie intégrante une substance qui, si elle est utilisée séparément, est susceptible d'être considérée comme un médicament dérivé du sang et qui peut agir sur le corps humain par une action accessoire à celle du dispositif, l'organisme habilité, après avoir vérifié l'utilité de l'incorporation de la substance dans le dispositif médical en tenant compte de la destination du dispositif, demande à l'Agence européenne des médicaments un avis scientifique sur la qualité et la sécurité de cette substance, et notamment sur le rapport entre les bénéfices et les risques liés à son incorporation dans le dispositif. »

2° Éliminer ou réduire autant que possible le risque d'infection ou de contamination pour le patient, l'utilisateur et les tiers, par la sélection des tissus ou des produits dérivés de tissu d'origine animale qui peuvent intervenir dans la fabrication des dispositifs et les méthodes choisies pour le traitement et la manipulation de ces produits au cours de la fabrication, ainsi que par le choix de méthodes de fabrication et de systèmes d'emballage qui permettent, le cas échéant, de s'assurer du maintien, dans les conditions prévues de stockage et de transport, de la stérilité ou de tout état microbiologique prévu par le fabricant et indiqué sur l'emballage ou l'étiquetage.

Les organismes habilités conservent les informations relatives à l'origine géographique des animaux dont les tissus ont été utilisés.

3° Éliminer ou réduire autant que possible les risques liés à leurs caractéristiques physiques et au vieillissement ainsi que ceux liés aux influences externes prévisibles ;

4° Fournir, pour les dispositifs médicaux ayant une fonction de mesurage, une exactitude et une constance de mesurage suffisantes compte tenu de leur destination et exprimées en unités légales ;

5° Réduire l'exposition des patients, des utilisateurs et des tiers, aux émissions de rayonnements, intentionnels ou non, au minimum compatible avec le but recherché, sans toutefois restreindre l'application des doses indiquées comme appropriées pour les buts thérapeutiques ou diagnostics recherchés précis et présentant des avantages supérieurs aux risques inhérents à l'émission, assurer lorsque cela est possible que les caractéristiques et la quantité des rayonnements émis, notamment en matière de rayonnements ionisants, puissent être contrôlées et réglées ; ces dispositifs sont équipés, lorsque cela est techniquement possible, d'un dispositif permettant à l'utilisateur d'être renseigné sur la quantité de rayonnements produite par l'appareil au cours de la procédure radiologique ;

6° Éliminer ou réduire autant que possible les risques liés aux dispositifs médicaux raccordés à une source d'énergie ou équipés d'une telle source, et notamment les risques électriques, mécaniques ou thermiques, ainsi que les risques que peut présenter pour le patient la fourniture d'énergie ou l'administration de substances et disposer lorsque cela est possible de système d'alerte et de contrôle de ces risques ;

7° Être accompagnés des informations nécessaires pour pouvoir être utilisés correctement et en toute sécurité en tenant compte de la formation et des connaissances des utilisateurs potentiels et pour identifier le fabricant. Ces informations comprennent les indications figurant sur l'étiquetage et les renseignements figurant dans la notice d'instruction.

Art. R. 5211-23 Pour respecter les exigences essentielles relatives à la conception et la fabrication, les dispositifs médicaux implantables actifs sont conçus, fabriqués et conditionnés de manière à répondre aux objectifs suivants :

1° Demeurer stérile, dans les conditions de transport et de stockage prévues par le fabricant, depuis la mise sur le marché jusqu'à l'ouverture de l'emballage, qui ne peut être réutilisable, en vue de l'implantation ;

2° Éliminer ou réduire autant que possible les risques liés à leurs caractéristiques physiques, à l'utilisation des sources d'énergie et notamment de l'électricité, aux influences externes prévisibles, à des interventions médicales ou chirurgicales, aux rayonnements ionisants provenant des substances radioactives faisant partie du dispositif, ainsi que les risques liés notamment à un dérèglement ou un vieillissement du dispositif pour autant que l'entretien ou l'étalonnage ne soit pas possible ;

3° Avoir des propriétés permettant de garantir les caractéristiques et les performances mentionnées à l'article R. 5211-21, notamment en matière de fiabilité des systèmes de pilotage des dispositifs et en matière de compatibilité des matériaux utilisés avec les tissus, cellules et liquides corporels compte tenu de l'utilisation prévue des dispositifs ou avec les substances destinées à être administrés par les dispositifs ;

(Décr. n° 2009-482 du 28 avr. 2009) « 4° Assurer, lorsqu'un dispositif médical implantable actif incorpore comme partie intégrante une substance qui, si elle est utilisée séparément, est susceptible d'être considérée comme un médicament, à l'exception des médicaments dérivés du sang, et qui peut agir sur le corps humain par une action accessoire à celle du dispositif, que la qualité, la sécurité et l'utilité de cette substance sont vérifiées avec les méthodes appropriées fixées par les articles R. 5121-10 à R. 5121-20.

« Après avoir vérifié l'utilité de l'incorporation de la substance dans le dispositif médical en tenant compte de la destination du dispositif, l'organisme habilité demande à l'*(Décr. n° 2012-597 du 27 avr. 2012, art. 5-I-1°)* « Agence nationale de sécurité du médicament et des produits de santé », à l'une des autorités compétentes en matière de médicament désignées par les autres États membres de *(Décr. n° 2015-374 du 31 mars 2015, art. 4-I)* « l'Union européenne » ou parties à l'accord sur l'Espace économique européen ou à l'Agence européenne des médicaments un avis scientifique sur la qualité et la sécurité de la substance, et notamment sur le rapport entre les bénéfices et les risques liés à son incorporation dans le dispositif médical.

« Lorsqu'un dispositif médical implantable actif incorpore comme partie intégrante une substance qui, si elle est utilisée séparément, est susceptible d'être considérée comme un médicament dérivé du sang et qui peut agir sur le corps humain par une action accessoire à celle du dispositif, l'organisme habilité, après avoir vérifié l'utilité de l'incorporation de la substance dans le dispositif médical en tenant compte de la destination du dispositif, demande à l'Agence européenne des médicaments un avis scientifique sur la qualité et la sécurité de cette substance, et notamment sur le rapport entre les bénéfices et les risques liés à son incorporation dans le dispositif médical ; »

5° Pouvoir être identifiés, ainsi que leurs composants, le cas échéant, de façon à rendre toute action appropriée s'avérant nécessaire par suite de la découverte d'un risque potentiel lié aux dispositifs ou aux composants ;

6° Comporter un code permettant l'identification du dispositif et du fabricant qui puisse être consulté, le cas échéant, sans devoir recourir à une intervention chirurgicale ;

7° Assurer que toute instruction portée sur le dispositif en vue d'assurer son bon fonctionnement soit compréhensible par l'utilisateur et, le cas échéant, par le patient ;

8° Être accompagnés des informations nécessaires pour pouvoir être utilisés correctement et en toute sécurité en tenant compte de la formation et des connaissances des utilisateurs potentiels et pour identifier le fabricant. Ces informations comprennent les indications figurant sur l'emballage assurant la stérilité du dispositif et celles figurant sur l'emballage commercial.

Art. R. 5211-23-1 *(Décr. n° 2015-374 du 31 mars 2015, art. 1er-I-1°)* « Les dispositifs médicaux et dispositifs médicaux implantables actifs fabriqués à partir de tissus d'origine animale rendus non viables ou de produits non viables dérivés de tissus d'origine animale, entrant dans le champ défini aux paragraphes 2 et 4 de l'article 1er du règlement (UE) n° 722/2012 de la Commission du 8 août 2012 relatif aux prescriptions particulières en ce qui concerne les exigences prévues aux directives 90/385/CEE et 93/42/CEE du Conseil pour les dispositifs médicaux implantables actifs et les dispositifs médicaux fabriqués à partir de tissus d'origine animale, ne peuvent être mis sur le marché ou mis en service que s'ils sont conformes aux prescriptions particulières définies par ledit règlement.

« Le collagène, la gélatine et le suif utilisés dans la fabrication de dispositifs médicaux remplissent au moins les conditions nécessaires pour être considérés comme propres à la consommation humaine, qui sont définies dans le règlement (CE) n° 1069/2009. »

(Décr. n° 2005-1180 du 13 sept. 2005) « Les tissus d'origine animale ou leurs produits dérivés, mentionnés au premier alinéa du présent article, sont issus des espèces bovine, ovine et caprine, ainsi que de cerfs, élans, visons et chats. Ces tissus ou leurs produits dérivés sont destinés à être éliminés au cours des étapes de fabrication du dispositif médical ou à y être incorporés définitivement. »

(Décr. n° 2006-1497 du 29 nov. 2006, art. 2) « Les tissus ou produits dérivés classés comme présentant un risque élevé d'infection aux encéphalopathies spongiformes transmissibles dites "EST" ne peuvent être utilisés dans la fabrication de dispositifs médicaux, sauf si leur utilisation est rendue nécessaire, dans des circonstances exceptionnelles, en l'absence de tout tissu de remplacement, par l'importance du bénéfice attendu pour le patient. La classification de l'infectiosité des tissus ou produits dérivés au regard du risque de transmission des encéphalopathies spongiformes transmissibles est établie » *(Décr. n° 2015-374 du 31 mars 2015, art. 1er-I-2°)* « conformément au point 1.2.3 de l'annexe I du règlement (UE) n° 722/2012 précité ».

Art. R. 5211-23-2 *(Décr. n° 2005-1180 du 13 sept. 2005)* Avant de solliciter la délivrance du certificat d'examen CE de la conception ou du certificat d'examen CE de type mentionnés *(Décr. n° 2015-374 du 31 mars 2015, art. 1er-II-1°-a)* « respectivement aux articles R. 5211-40 et R. 5211-41 », les fabricants de dispositifs médicaux *(Décr. n° 2015-374 du 31 mars 2015, art. 1er-II-1°-b)* « ou de dispositifs médicaux implantables actifs » mentionnés à l'article R. 5211-23-1 *(Décr. n° 2015-374 du 31 mars 2015, art. 1er-II-1°-c)* « , ou leurs mandataires, » définissent et mettent en œuvre un système d'analyse et de gestion du risque garantissant un haut niveau de protection des patients et des utilisateurs.

Le système d'analyse et de gestion du risque, défini par le fabricant pour chaque dispositif médical, évalue ce dernier en fonction de critères portant sur la nécessité d'utiliser des tissus ou des produits dérivés d'origine animale, la sélection des matériels de départ, l'application d'un processus de production permettant l'inactivation ou l'élimination des *(Décr. n° 2015-374 du 31 mars 2015, art. 1er-II-2°-a)* « agents infectieux des encéphalopathies spongiformes transmissibles, la mise en place d'un système de collecte et d'évaluation des informations, acquises au cours des phases de production et de postproduction, concernant des changements pouvant avoir des conséquences sur l'évaluation de la conformité », ainsi que les caractéristiques du dispositif médical et son utilisation prévue. Ces critères sont précisés *(Décr. n° 2015-374 du 31 mars 2015, art. 1er-II-2°-b)* « au point 1 de l'annexe I du règlement (UE) n° 722/2012 du 8 août 2012 relatif aux prescriptions particulières en ce qui concerne les exigences prévues aux directives 90/385/CEE et 93/42/CEE du Conseil pour les dispositifs médicaux implantables actifs et les dispositifs médicaux fabriqués à partir de tissus d'origine animale ».

Le système d'analyse et de gestion du risque tient compte, en outre, des avis *(Décr. n° 2015-374 du 31 mars 2015, art. 1er-II-3°-a)* « publiés des comités et organismes scientifiques européens ou internationaux compétents ». Il comporte une analyse de tout élément pertinent relatif aux encéphalopathies spongiformes transmissibles. Il identifie les dangers *(Décr. n° 2015-374 du 31 mars 2015, art. 1er-II-3°-b)* « et évalue les risques, » présentés par les tissus ou produits dérivés d'origine animale en cause. Il réunit tout document utile sur les mesures prises afin de minimiser le risque de transmission. Il évalue le risque résiduel lié au dispositif utilisant les tissus ou produits dérivés en cause, compte tenu de l'utilisation prévue, du bénéfice clinique escompté et des alternatives disponibles.

(Décr. n° 2015-374 du 31 mars 2015, art. 1er-II-4°) « Pour les dispositifs sur mesure et les dispositifs destinés à des investigations cliniques relevant de l'article R. 5211-23-1, la déclaration du fabricant ou de son mandataire et la documentation mentionnées respectivement à l'aricle *[article]* R. 5211-51 et à l'article R. 5211-38 portent aussi sur le respect des prescriptions particulières définies au point 1 de l'annexe I du règlement (UE) n° 722/2012 précité. »

Art. R. 5211-23-3 *(Décr. n° 2005-1180 du 13 sept. 2005)* Le fabricant est tenu d'actualiser le système d'analyse et de gestion du risque mentionné à l'article R. 5211-23-2 en analysant tout élément relatif aux dispositifs médicaux qu'il fabrique et en tenant compte des informations publiques relatives à des dispositifs médicaux *(Décr. n° 2015-374 du 31 mars 2015, art. 1er-III-1°)* « analogues ». Cette analyse précise, en particulier, si un nouveau risque a été détecté, si le niveau d'un risque *(Décr. n° 2015-374 du 31 mars 2015, art. 1er-III-2°)* « a changé ou » est devenu inacceptable, ou si l'évaluation initiale n'est plus valable.

Le document ainsi mis à jour est porté à la connaissance de l'organisme habilité.

Art. R. 5211-24 Les conditions de mise en œuvre des exigences essentielles définies à la présente section sont précisées, sur proposition du directeur général de l'*(Décr. n° 2012-597 du 27 avr. 2012, art. 5-I-1°)* « Agence nationale de sécurité du médicament et des produits de santé », par arrêté du ministre chargé de la santé.

SECTION VI PROCÉDURES DE CERTIFICATION DE CONFORMITÉ

SOUS-SECTION 1 DISPOSITIONS COMMUNES

Art. R. 5211-25 Lorsque la procédure de certification de conformité appliquée par un fabricant comporte l'intervention d'un organisme habilité, le fabricant peut s'adresser à l'organisme de son choix dans le cadre des tâches pour lesquelles cet organisme a été habilité.

Chaque procédure liée à un dispositif médical ne peut faire l'objet d'une demande qu'auprès d'un seul organisme habilité.

Art. R. 5211-26 *(Décr. n° 2009-482 du 28 avr. 2009)* Le fabricant ou son mandataire tient à la disposition du directeur général de l'*(Décr. n° 2012-597 du 27 avr. 2012, art. 5-I-1°)* « Agence nationale de sécurité du médicament et des produits de santé » pendant une période d'au moins cinq ans et, dans le cas des dispositifs implantables, d'au moins quinze ans, après la fabrication du dernier exemplaire du produit, les déclarations de conformité et les documentations techniques qu'il a établies dans le cadre des procédures prévues par la présente section ainsi que les décisions et rapports des organismes habilités ayant participé à ces procédures.

Art. R. 5211-27 Les documents mentionnés à l'article R. 5211-26 sont présentés par le fabricant *(Décr. n° 2009-482 du 28 avr. 2009)* « ou son mandataire » sur demande des agents mentionnés à l'article L. 5431-1.

Art. R. 5211-28 Dans l'accomplissement des procédures de certification, les fabricants et les organismes habilités tiennent compte des résultats disponibles de toute

opération d'évaluation et de vérification qui a pu être effectuée, en application du présent titre, à un stade intermédiaire de fabrication.

Art. R. 5211-29 Les dossiers et la correspondance se rapportant aux procédures de certification sont rédigés en français ou dans une langue d'un État membre de *(Décr. nº 2015-374 du 31 mars 2015, art. 4-I)* « l'Union européenne » ou partie à l'accord sur l'Espace économique européen acceptée par l'organisme habilité intervenant dans la procédure.

SOUS-SECTION 2 PROCÉDURES APPLICABLES

Art. R. 5211-30 Pour les dispositifs médicaux autres que ceux devant faire l'objet d'investigations cliniques, les procédures de certification mentionnées à l'article R. 5211-14 sont les suivantes :

1º La déclaration CE de conformité ;
2º La déclaration CE de conformité, système complet d'assurance de la qualité ;
3º L'examen CE de type ;
4º La vérification CE ;
5º La déclaration CE de conformité, assurance de la qualité de la production ;
6º La déclaration CE de conformité, assurance de la qualité des produits ;
7º La déclaration relative aux dispositifs médicaux fabriqués sur mesure.

Art. R. 5211-31 Le fabricant peut charger son mandataire d'engager les procédures suivantes :

1º Déclaration relative aux dispositifs médicaux devant faire l'objet d'investigations cliniques ;
2º Déclaration CE de conformité ;
3º Examen CE de type ;
4º Vérification CE ;
5º Déclaration relative aux dispositifs médicaux fabriqués sur mesure.

Art. R. 5211-32 Pour les dispositifs médicaux devant faire l'objet des investigations cliniques, le fabricant se conforme aux dispositions *(Décr. nº 2009-482 du 28 avr. 2009)* « du titre II du livre Ier de la première partie du présent code ».

Art. R. 5211-33 Aux fins de la mise sur le marché des dispositifs médicaux implantables actifs, à l'exception de ceux faisant l'objet d'investigations cliniques et des dispositifs fabriqués sur mesure, le fabricant suit les procédure suivantes :

1º La déclaration CE de conformité, système complet d'assurance de la qualité ;
2º L'examen CE de type, associée avec la vérification CE ;
3º L'examen CE de type, associée avec la déclaration CE de conformité, assurance de la qualité de la production.

Art. R. 5211-34 Aux fins de la mise sur le marché des dispositifs médicaux autres que les dispositifs médicaux implantables actifs, à l'exception de ceux faisant l'objet d'investigations cliniques et des dispositifs fabriqués sur mesure, le fabricant suit les procédure suivantes :

1º Pour les dispositifs médicaux de la classe I, la déclaration CE de conformité ;
2º Pour les dispositifs médicaux de la classe II a, au choix :
a) La déclaration CE de conformité, système complet d'assurance de la qualité, à l'exception de l'examen de la conception du produit ;
b) La déclaration CE de conformité, associée à la vérification CE ;
c) La déclaration CE de conformité, associée à la déclaration CE de conformité, assurance de la qualité de la production ;
d) La déclaration CE de conformité, associée à la déclaration CE de conformité, assurance de la qualité des produits ;
3º Pour les dispositifs médicaux de la classe II b, au choix :
a) La déclaration CE de conformité, système complet d'assurance de la qualité, à l'exception de l'examen de la conception du produit ;
b) L'examen CE de type, associé à la vérification CE ;
c) L'examen CE de type, associé à la déclaration CE de conformité, assurance de la qualité de la production ;

d) L'examen CE de type, associée à la déclaration CE de conformité, assurance de la qualité des produits ;

4° Pour les dispositifs médicaux de la classe III, au choix :

a) La déclaration CE de conformité, système complet d'assurance de la qualité ;

b) L'examen CE de type, associé à la vérification CE ;

c) L'examen CE de type, associé à la déclaration CE de conformité, assurance de la qualité de la production.

Art. R. 5211-35 Aux fins de la mise sur le marché d'un dispositif médical sur mesure, le fabricant suit la procédure *(Décr. n° 2009-482 du 28 avr. 2009)* « définie à l'article R. 5211-51 ».

Le directeur général de l'*(Décr. n° 2012-597 du 27 avr. 2012, art. 5-I-1°)* « Agence nationale de sécurité du médicament et des produits de santé » peut exiger du fabricant de tels dispositifs qu'il lui communique la liste des dispositifs qu'il a produits et qui ont été mis en service sur le territoire français, ainsi que les déclarations et la documentation relatives à ces dispositifs.

SOUS-SECTION 3 PROCÉDURE RELATIVE AUX DISPOSITIFS MÉDICAUX DEVANT FAIRE L'OBJET D'UNE ÉVALUATION DES DONNÉES CLINIQUES OU D'INVESTIGATIONS CLINIQUES *(Décr. n° 2010-270 du 15 mars 2010)*.

§ 1er ÉVALUATION DES DONNÉES CLINIQUES

(Décr. n° 2010-270 du 15 mars 2010)

Art. R. 5211-36 L'évaluation des données cliniques mentionnées à l'article L. 5211-3-2, ci-après dénommée "l'évaluation clinique", doit, en tenant compte le cas échéant des normes harmonisées pertinentes, suivre une procédure fondée :

– soit sur une évaluation critique de la littérature scientifique pertinente actuellement disponible concernant la sécurité, les performances, les caractéristiques, la conception et la destination du dispositif démontrant l'équivalence du dispositif avec le dispositif auquel se rapportent les données ainsi que le respect des exigences essentielles applicables ;

– soit sur une évaluation critique des résultats de toutes les investigations cliniques réalisées ;

– soit sur une évaluation critique de la combinaison des données cliniques mentionnées aux deux alinéas précédents.

Lorsque le recours aux données cliniques est considéré comme non pertinent pour démontrer la conformité d'un dispositif médical aux exigences essentielles, l'absence de telles données doit être justifiée par les résultats de la gestion des risques, au vu des caractéristiques spécifiques de l'interaction entre le dispositif et le corps humain, des performances cliniques recherchées et des revendications du fabricant.

Si la démonstration de la conformité aux exigences essentielles est fondée uniquement sur l'évaluation de la performance, les bancs d'essais et l'évaluation préclinique, la validité de cette démonstration doit être dûment justifiée et documentée.

Art. R. 5211-36-1 L'évaluation clinique et ses résultats figurent ou sont dûment référencés dans la documentation technique du dispositif mentionnée à l'article R. 5211-39.

L'évaluation clinique et sa documentation sont mises à jour au moyen des données obtenues lors de la surveillance après commercialisation.

La décision de ne pas mener un suivi clinique dans le cadre du plan de surveillance du dispositif après sa commercialisation doit être dûment justifiée et documentée.

§ 2 INVESTIGATIONS CLINIQUES *(Décr. n° 2010-270 du 15 mars 2010)*.

Art. R. 5211-36-2 *(Décr. n° 2010-270 du 15 mars 2010)* Les dispositifs médicaux implantables, les dispositifs médicaux implantables actifs et les dispositifs de classe III doivent faire l'objet d'investigations cliniques, sauf si le recours aux données cliniques existantes peut être dûment justifié.

Art. R. 5211-37 Le fabricant qui entend faire réaliser en France des investigations cliniques destinées à vérifier les performances d'un dispositif médical ou à déceler d'éventuels effets secondaires indésirables, ou son mandataire établi dans un État membre de *(Décr. nº 2015-374 du 31 mars 2015, art. 4-I)* « l'Union européenne » ou partie à l'accord sur l'Espace économique européen, doit, avant d'entreprendre ses investigations :

1° Certifier, selon les modalités définies à l'article R. 5211-38 que le dispositif en question est conforme aux exigences essentielles à la seule exception des aspects qui doivent faire l'objet des investigations, pour lesquels le fabricant doit certifier que toutes les précautions ont été prises pour protéger la santé et la sécurité des patients ;

2° Informer de son intention le directeur général de l'*(Décr. nº 2012-597 du 27 avr. 2012, art. 5-I-1º)* « Agence nationale de sécurité du médicament et des produits de santé » dans les conditions prévues à l'article L. 1123-8 et les articles *(Décr. nº 2016-1537 du 16 nov. 2016, art. 22-II)* « R. 1123-37 à R. 1123-41 ».

Les investigations ne peuvent être entreprises que dans les conditions prévues aux articles L. 1121-3 et L. 1123-8. Elles doivent être conduites dans les conditions prévues par le titre II du livre Ier de la partie I du présent code et par un arrêté du ministre chargé de la santé, pris sur proposition du directeur général de l'*(Décr. nº 2012-597 du 27 avr. 2012, art. 5-I-1º)* « Agence nationale de sécurité du médicament et des produits de santé », qui précise les méthodes d'investigation devant être respectées, et notamment les événements défavorables devant être enregistrés et communiqués au directeur général de l'*(Décr. nº 2012-597 du 27 avr. 2012, art. 5-I-1º)* « Agence nationale de sécurité du médicament et des produits de santé ».

Le fabricant tient à la disposition du directeur général de l'*(Décr. nº 2012-597 du 27 avr. 2012, art. 5-I-1º)* « Agence nationale de sécurité du médicament et des produits de santé » un rapport écrit et signé par l'investigateur tel que défini à l'article L. 1121-1 et contenant une évaluation critique de toutes les données obtenues au cours des investigations cliniques.

Art. R. 5211-38 Dans le cadre de la procédure applicable aux dispositifs médicaux faisant l'objet d'investigations cliniques, le fabricant établit une déclaration comprenant les informations mentionnées aux articles *(Décr. nº 2016-1537 du 16 nov. 2016, art. 22-III)* « R. 1123-37 à R. 1123-41 » et certifiant que le dispositif médical concerné est conforme aux exigences essentielles définies à la section V du présent chapitre, à l'exception des aspects devant faire l'objet des investigations et pour lesquels il certifie que toutes les précautions ont été prises pour protéger la santé et la sécurité du patient.

Le fabricant constitue en outre une documentation permettant d'identifier le dispositif, d'en connaître la conception et les méthodes de fabrications envisagées ainsi que les résultats de l'analyse des risques.

SOUS-SECTION 4 DÉCLARATION CE DE CONFORMITÉ

Art. R. 5211-39 Dans le cadre de la procédure de déclaration CE de conformité, le fabricant établit une documentation technique permettant d'évaluer la conformité du dispositif médical aux exigences essentielles définies à la section 5 du présent chapitre.

Le fabricant met en place et tient à jour une procédure systématique d'examen des données acquises sur les dispositifs médicaux et applique les mesures correctives nécessaires.

(Décr. nº 2009-482 du 28 avr. 2009) « Pour les dispositifs médicaux de la classe I mis sur le marché à l'état stérile ou ayant une fonction de mesurage, le fabricant doit également suivre, au choix, l'une des quatre procédures définies aux sous-sections 5, 7, 8 et 9 de la présente section.

« En outre, pour les dispositifs médicaux de la classe II a, le fabricant doit également suivre, au choix, l'une des trois procédures mentionnées aux sous-sections 7, 8 et 9 de la présente section. »

Le fabricant certifie que les dispositifs médicaux sont conformes aux dispositions du présent titre et des arrêtés pris pour son application qui leur sont applicables.

SOUS-SECTION 5 DÉCLARATION CE DE CONFORMITÉ, SYSTÈME COMPLET D'ASSURANCE DE LA QUALITÉ

Art. R. 5211-40 Dans le cadre de la procédure de déclaration CE de conformité, système complet d'assurance de la qualité, le fabricant soumet à la vérification d'un organisme habilité le système de qualité qu'il a mis en place pour la conception, la fabrication et le contrôle final des dispositifs médicaux et dont l'application doit garantir le respect des dispositions du présent titre et des arrêtés pris pour son application qui leur sont applicables.

Le fabricant introduit une demande d'évaluation de ce système de qualité auprès d'un organisme habilité et s'engage à maintenir son système de qualité adapté et efficace et à respecter les obligations résultant de celui-ci. Le fabricant s'engage également à mettre en place et tenir à jour une procédure systématique d'examen des données acquises sur les dispositifs médicaux et à appliquer les mesures correctives nécessaires.

L'évaluation par l'organisme habilité du système de qualité comprend une inspection dans les locaux du fabricant et, dans les cas dûment motivés, dans les locaux des fournisseurs ou des sous-traitants pour contrôler les procédés de fabrication. La décision de l'organisme habilité est notifiée au fabricant. Elle contient les conclusions de l'inspection et une évaluation motivée.

En outre, pour un dispositif médical de la classe III ou un dispositif médical implantable actif, le fabricant dépose une demande d'examen de la conception de ce dispositif auprès de l'organisme habilité à laquelle est joint un dossier permettant de comprendre la conception de ce dispositif et d'évaluer sa conformité aux exigences essentielles définies à la section V du présent chapitre. Aux fins d'évaluation de cette conformité, l'organisme habilité peut exiger que la demande soit complétée par des essais ou des preuves supplémentaires. Si la conception du dispositif est conforme aux exigences essentielles, l'organisme habilité délivre un certificat d'examen CE de la conception.

(Décr. n° 2009-482 du 28 avr. 2009) « Dans le cadre de l'examen de la conception d'un dispositif qui incorpore comme partie intégrante une substance qui, si elle est utilisée séparément, est susceptible d'être considérée comme un médicament, à l'exception des médicaments dérivés du sang, et qui peut agir sur le corps humain par une action accessoire à celle du dispositif, l'organisme habilité recueille l'avis de l'*(Décr. n° 2012-597 du 27 avr. 2012, art. 5-I-1°)* « Agence nationale de sécurité du médicament et des produits de santé », de l'une des autorités compétentes en matière de médicament désignées par les autres États membres ou parties à l'accord sur l'Espace économique européen ou de l'Agence européenne des médicaments avant de prendre une décision. Cet avis est inclus dans la documentation concernant le dispositif. L'organisme habilité informe l'autorité consultée de sa décision. Lorsque l'autorité nationale compétente consultée est l'*(Décr. n° 2012-597 du 27 avr. 2012, art. 5-I-1°)* « Agence nationale de sécurité du médicament et des produits de santé », son avis est rendu dans le délai maximal de deux cent dix jours à compter de la réception d'une documentation complète.

« Dans le cadre de l'examen de la conception d'un dispositif qui incorpore comme partie intégrante une substance qui, si elle est utilisée séparément, est susceptible d'être considérée comme un médicament dérivé du sang, et qui peut agir sur le corps humain par une action accessoire à celle du dispositif, l'organisme habilité recueille l'avis scientifique de l'Agence européenne des médicaments. Cet avis est inclus dans la documentation concernant le dispositif. Lorsque l'avis de l'Agence européenne des médicaments est défavorable, l'organisme habilité ne peut pas délivrer le certificat. Il informe l'Agence européenne de sa décision. »

Le fabricant informe l'organisme habilité ayant délivré le certificat de toute modification ultérieure apportée à la conception du dispositif. Cette modification doit être approuvée par l'organisme habilité si elle peut remettre en cause la conformité du dispositif aux exigences essentielles ou aux conditions d'utilisation du dispositif.

Le fabricant veille à l'application du système de qualité tel qu'il a été approuvé et certifie que les dispositifs médicaux sont conformes aux dispositions du présent titre et des arrêtés pris pour son application qui leur sont applicables. *(Décr. n° 2009-482 du 28 avr. 2009)* « Ce certificat couvre un ou plusieurs dispositifs fabriqués, identifiés au moyen du nom du produit, du code du produit ou d'une autre référence non équivoque. »

En outre, au terme de la fabrication de chaque lot de dispositifs incorporant comme partie intégrante une substance qui, si elle est utilisée séparément, est susceptible d'être considérée comme un médicament dérivé du sang, le fabricant informe l'organisme habilité de la libération de ce lot de dispositifs et lui transmet le certificat de libération du lot de la substance mentionnée à l'article R. 5212-24 utilisée dans ce dispositif, établi par l'*(Décr. n° 2012-597 du 27 avr. 2012, art. 5-I-1°)* « Agence nationale de sécurité du médicament et des produits de santé », ou un laboratoire désigné à cet effet par un autre État membre de *(Décr. n° 2015-374 du 31 mars 2015, art. 4-I)* « l'Union européenne » ou partie à l'accord sur l'Espace économique européen.

Il informe l'organisme habilité qui a approuvé ce système de tout projet de modification importante. L'organisme habilité vérifie que le système ainsi modifié garantit le respect des dispositions du présent titre.

Le fabricant fournit à l'organisme habilité les informations utiles pour s'assurer du respect des obligations attachées à son système de qualité et autorise l'organisme habilité à effectuer toutes les inspections nécessaires. L'organisme habilité procède périodiquement aux inspections et évaluations appropriées et peut lors de visites inopinées réaliser ou faire réaliser des essais pour vérifier le fonctionnement du système de qualité.

Art. R. 5211-40-1 *(Décr. n° 2009-482 du 28 avr. 2009)* Pour les dispositifs de la classe II a, l'organisme habilité évalue, dans le cadre de l'évaluation du système de qualité, la documentation technique, pour au moins un échantillon représentatif de chaque sous-catégorie de dispositif, pour vérifier sa conformité avec les dispositions du présent titre.

Pour les dispositifs de la classe II b, l'organisme habilité évalue, dans le cadre de l'évaluation du système de qualité, la documentation technique, pour au moins un échantillon représentatif de chaque groupe générique de dispositif, pour vérifier sa conformité avec les dispositions du présent titre.

Pour les dispositifs médicaux de la classe I, la procédure de déclaration CE de conformité, système complet d'assurance de la qualité, ne s'applique qu'aux dispositifs médicaux mis sur le marché à l'état stérile ou ayant une fonction de mesurage et ne porte, selon les cas, que sur les aspects liés à la stérilisation ou à la conformité des dispositifs médicaux aux exigences métrologiques décrites dans la documentation technique établie en application de la procédure de déclaration CE de conformité.

SOUS-SECTION 6 EXAMEN CE DE TYPE

Art. R. 5211-41 Dans le cadre de la procédure d'examen CE de type, le fabricant soumet au contrôle d'un organisme habilité un échantillon représentatif, dénommé type, de la production envisagée afin que celui-ci vérifie que cet échantillon satisfait aux exigences essentielles définies à la section V du présent chapitre applicables aux dispositifs en projet.

Le fabricant introduit auprès d'un organisme habilité une demande d'évaluation qui doit comporter notamment une documentation technique permettant de comprendre la conception, la fabrication, notamment le cas échéant en ce qui concerne la stérilisation, et les performances du dispositif. Le fabricant met également un type à la disposition de l'organisme habilité, qui peut demander d'autres exemplaires en tant que de besoin.

L'organisme habilité vérifie que le type fourni a été fabriqué en conformité avec la documentation. Il réalise ou fait réaliser les examens et essais nécessaires pour vérifier que les solutions adoptées par le fabricant assurent la conformité des dispositifs fabriqués aux exigences essentielles. Le lieu où ces examens et essais sont effectués est convenu entre l'organisme habilité et le fabricant.

Lorsque le type satisfait aux exigences essentielles, l'organisme habilité délivre au demandeur un certificat d'examen CE de type. Une copie de ce certificat peut être obtenue par les autres organismes habilités.

(Décr. n° 2009-482 du 28 avr. 2009) « Dans le cadre de l'examen de la conception d'un dispositif qui incorpore comme partie intégrante une substance qui, si elle est uti-

lisée séparément, est susceptible d'être considérée comme un médicament, à l'exception des médicaments dérivés du sang, et qui peut agir sur le corps humain par une action accessoire à celle du dispositif, l'organisme habilité recueille, avant de prendre sa décision, l'avis de l'*(Décr. n° 2012-597 du 27 avr. 2012, art. 5-I-1°)* « Agence nationale de sécurité du médicament et des produits de santé », de l'une des autorités compétentes en matière de médicament désignées par les autres États membres ou parties à l'accord sur l'Espace économique européen ou de l'Agence européenne des médicaments. Cet avis est inclus dans la documentation concernant le dispositif. L'organisme habilité informe l'autorité consultée de sa décision. Lorsque l'autorité nationale compétente consultée est l'*(Décr. n° 2012-597 du 27 avr. 2012, art. 5-I-1°)* « Agence nationale de sécurité du médicament et des produits de santé », son avis est rendu dans le délai maximal de deux cent dix jours à compter de la réception d'une documentation complète.

« Dans le cadre de l'examen de la conception d'un dispositif qui incorpore comme partie intégrante une substance qui, si elle est utilisée séparément, est susceptible d'être considérée comme un médicament dérivé du sang, et qui peut agir sur le corps humain par une action accessoire à celle du dispositif, l'organisme habilité, préalablement à sa décision, recueille l'avis scientifique de l'Agence européenne des médicaments. Cet avis est inclus dans la documentation concernant le dispositif. L'organisme habilité ne peut pas délivrer le certificat si l'avis scientifique de l'Agence européenne est défavorable. Il informe celle-ci de sa décision. »

Le fabricant informe l'organisme habilité de toute modification importante apportée au dispositif approuvé ou de toute modification lorsqu'il s'agit d'un dispositif médical implantable actif. Cette modification doit être approuvée par l'organisme habilité si elle peut remettre en cause la conformité du dispositif aux exigences essentielles mentionnées ou aux conditions d'utilisation du dispositif.

Art. R. 5211-41-1 *(Décr. n° 2005-1180 du 13 sept. 2005)* Dans le cadre de la procédure de déclaration CE de conformité mentionnée au premier alinéa de l'article R. 5211-40 comme dans celui de la procédure d'examen CE de type mentionnée au premier alinéa de l'article R. 5211-41, s'agissant d'un dispositif médical *(Décr. n° 2015-374 du 31 mars 2015, art. 2-1°-a)* « ou d'un dispositif médical implantable actif » fabriqué à partir de tissus d'origine animale mentionné à l'article R. 5211-23-1, l'organisme habilité évalue *(Décr. n° 2015-374 du 31 mars 2015, art. 2-1°-b)* « , selon les modalités précisées à l'article 5, paragraphes 2 à 7, du règlement (UE) n° 722/2012 du 8 août 2012 relatif aux prescriptions particulières en ce qui concerne les exigences prévues aux directives 90/385/CEE et 93/42/CEE du Conseil pour les dispositifs médicaux implantables actifs et les dispositifs médicaux fabriqués à partir de tissus d'origine animale, la documentation fournie par le fabricant incluant » le système d'analyse et de gestion du risque défini par le fabricant conformément aux dispositions des articles R. 5211-23-2 et R. 5211-23-3 *(Décr. n° 2015-374 du 31 mars 2015, art. 2-1°-c)* « , afin de vérifier notamment si le dispositif présente des bénéfices supérieurs à ses risques résiduels ».

Le fabricant adresse à l'organisme habilité les éléments mentionnés aux articles R. 5211-23-2 et R. 5211-23-3. Il lui fait part de tout changement concernant les procédés de sélection, de collecte, *(Décr. n° 2015-374 du 31 mars 2015, art. 2-4°-a)* « de manipulation, » de traitement, d' *(Décr. n° 2015-374 du 31 mars 2015, art. 2-4°-b)* « inactivation, » d'élimination *(Décr. n° 2015-374 du 31 mars 2015, art. 2-4°-c)* « ou de toute nouvelle donnée relative au risque lié aux encéphalopathies spongiformes transmissibles, pertinente pour le dispositif médical et susceptible de modifier les résultats de l'évaluation du risque. Il » sollicite, avant la mise en œuvre de toute modification de la gestion du risque, l'approbation de l'organisme habilité.

(Décr. n° 2015-374 du 31 mars 2015, art. 2-5°) « Lorsque, sur la base des informations qui lui sont transmises par le fabricant en vertu de l'alinéa précédent ou dans le cadre de la reconduction de sa décision dans les conditions définies au dernier alinéa de l'article R. 5211-62, l'organisme habilité établit que le risque global d'encéphalopathies spongiformes transmissibles concernant un dispositif médical est accru, il applique la procédure prévue au premier alinéa du présent article. »

SOUS-SECTION 7 VÉRIFICATION CE

Art. R. 5211-42 Dans le cadre de la procédure de vérification CE, le fabricant soumet les dispositifs fabriqués au contrôle d'un organisme habilité. L'organisme habilité vérifie la conformité des dispositifs médicaux à un type approuvé et décrit dans un certificat d'examen CE de type mentionné à l'article R. 5211-41 ou à la documentation technique mentionnée à l'article R. 5211-39 dans les conditions décrites dans la présente sous-section.

En outre, dans le cas de dispositifs médicaux mis sur le marché à l'état stérile, le fabricant introduit une demande d'évaluation du système de qualité qu'il a mis en place pour l'obtention lors de la fabrication de l'état stérile de ses dispositifs et du maintien de cet état.

Art. R. 5211-43 Dans le cas de dispositifs médicaux implantables actifs ou de dispositifs médicaux de la classe III ou de la classe II b, le fabricant prend toutes les mesures nécessaires pour que le procédé de fabrication garantisse la conformité des dispositifs médicaux fabriqués au type décrit dans le certificat d'examen CE de type et aux exigences essentielles définies à la section V du présent chapitre qui leur sont applicables. Il établit une documentation technique relative à la fabrication des dispositifs médicaux.

Dans le cas de dispositifs médicaux mis sur le marché à l'état stérile, le fabricant s'engage également à maintenir adapté et efficace le système de qualité mis en place pour l'obtention et le maintien de cet état et à respecter les obligations résultant du système de qualité.

Le fabricant s'engage à mettre en place et tenir à jour une procédure systématique d'examen des données acquises sur les dispositifs médicaux ainsi que, le cas échéant, sur les aspects relatifs à la stérilisation et à appliquer les mesures correctives nécessaires.

Dans le cas de dispositifs médicaux mis sur le marché à l'état stérile, l'organisme habilité procède à une évaluation du système de qualité relatif à l'obtention et au maintien de l'état stérile. Cette évaluation comprend une inspection dans les locaux du fabricant et, dans les cas dûment motivés, dans les locaux des fournisseurs ou des sous-traitants pour contrôler les procédés de fabrication. La décision de l'organisme habilité est notifiée au fabricant. Elle contient les conclusions de l'inspection et une évaluation motivée.

Dans tous les cas, l'organisme habilité saisi par le fabricant effectue les examens et essais nécessaires afin de vérifier la conformité des dispositifs avec le type décrit et les exigences essentielles. Cette vérification s'effectue, au choix du fabricant, soit par contrôle et essai de chaque produit, soit par contrôle et essai des produits sur une base statistique. Elle ne concerne pas les éléments liés à la stérilisation.

En outre, pour les dispositifs médicaux autres qu'implantables actifs lorsque la vérification s'effectue par contrôle et essai de chaque produit, et pour tous les dispositifs médicaux, y compris les dispositifs médicaux implantables actifs, lorsque la vérification se fait sur une base statistique, le fabricant informe l'organisme habilité, quand il s'agit de dispositifs médicaux incorporant comme partie intégrante une substance qui, si elle est utilisée séparément, est susceptible d'être considérée comme un médicament dérivé du sang, de la libération de chaque lot de dispositifs et lui transmet le certificat de libération du lot de la substance mentionnée à l'article R. 5212-24 utilisée dans ce dispositif, établi par l'*(Décr. n° 2012-597 du 27 avr. 2012, art. 5-I-1°)* « Agence nationale de sécurité du médicament et des produits de santé », ou un laboratoire désigné à cet effet par un autre État membre de *(Décr. n° 2015-374 du 31 mars 2015, art. 4-I)* « l'Union européenne » ou partie à l'accord sur l'Espace économique européen.

L'organisme habilité appose ou fait apposer son numéro d'identification sur chaque produit et établit une attestation de conformité relative aux essais effectués.

Le fabricant certifie que les dispositifs médicaux fabriqués sont conformes au type décrit dans le certificat d'examen CE de type et respectent les dispositions du présent titre et des arrêtés pris pour son application qui leur sont applicables.

Le cas échéant, le fabricant fournit à l'organisme habilité les informations utiles pour s'assurer du respect des obligations attachées à son système de qualité relatif à l'obtention et au maintien de l'état stérile et autorise l'organisme habilité à effectuer toutes les inspections nécessaires. L'organisme habilité procède périodiquement aux inspections et évaluations appropriées et peut, lors de visites inopinées, réaliser ou faire réaliser des essais pour vérifier le fonctionnement du système de qualité.

Art. R. 5211-44 Pour les dispositifs médicaux de la classe II a ou les dispositifs médicaux de la classe I, les dispositions prévues à l'article R. 5211-43 s'appliquent sous réserve des modifications suivantes :

1° Pour les dispositifs médicaux de la classe II a, l'organisme habilité vérifie la conformité des dispositifs à la documentation technique établie en application de la procédure de déclaration CE de conformité, et non à un certificat CE de type, et aux exigences essentielles qui leur sont applicables. De même, le fabricant certifie que les dispositifs médicaux fabriqués sont conformes à cette documentation et respectent les dispositions du présent titre et des arrêtés pris pour son application qui leur sont applicables.

2° Pour les dispositifs médicaux de la classe I, la procédure de vérification CE ne s'applique qu'aux dispositifs médicaux mis sur le marché à l'état stérile ou ayant une fonction de mesurage et ne porte, selon les cas, que sur les aspects liés à la stérilisation ou à la conformité des dispositifs médicaux aux exigences métrologiques décrites dans la documentation technique établie en application de la procédure de déclaration CE de conformité.

SOUS-SECTION 8 DÉCLARATION CE DE CONFORMITÉ, ASSURANCE DE LA QUALITÉ DE LA PRODUCTION

Art. R. 5211-45 Dans le cadre de la procédure de déclaration CE de conformité, assurance de la qualité de la production, le fabricant soumet à la vérification d'un organisme habilité le système de qualité qu'il a mis en place pour la fabrication de ses dispositifs médicaux. L'organisme habilité vérifie que l'application de ce système de qualité assure la conformité des dispositifs à un type approuvé et décrit dans un certificat d'examen CE de type mentionné à l'article R. 5211-41 ou à la documentation technique mentionnée à l'article R. 5211-39 dans les conditions décrites dans la présente sous-section.

Art. R. 5211-46 Dans le cadre de la procédure de déclaration CE de conformité, assurance de la qualité de la production, pour les dispositifs médicaux implantables actifs ou de dispositifs médicaux de la classe II b ou de la classe III, le fabricant introduit auprès de l'organisme habilité une demande d'évaluation de ce système de qualité qui comporte une documentation technique dans laquelle figurent l'ensemble des exigences et dispositions adoptées par le fabricant pour son système de qualité, notamment, le cas échéant, en ce qui concerne la stérilisation.

Il s'engage à maintenir son système de qualité adapté et efficace et à respecter les obligations résultant de celui-ci. Le fabricant s'engage également à mettre en place et tenir à jour une procédure systématique d'examen des données acquises sur les dispositifs médicaux et à appliquer les mesures correctives nécessaires.

L'évaluation par l'organisme habilité du système de qualité comprend une inspection dans les locaux du fabricant et, dans les cas dûment motivés, dans les locaux des fournisseurs ou des sous-traitants pour contrôler les procédés de fabrication.

La décision de l'organisme habilité est notifiée au fabricant. Elle contient les conclusions de l'inspection et une évaluation motivée.

Le fabricant veille à l'application du système de qualité tel qu'il a été approuvé et effectue l'inspection finale des dispositifs médicaux.

En outre, au terme de la fabrication de chaque lot de dispositifs incorporant comme partie intégrante une substance qui, si elle est utilisée séparément, est susceptible d'être considérée comme un médicament dérivé du sang, le fabricant informe l'organisme *habilité de la libération* de ce lot de dispositifs et lui transmet le certificat de libération du lot de la substance mentionnée à l'article R. 5212-24 utilisée dans ce dispositif, établi par l'*(Décr. n° 2012-597 du 27 avr. 2012, art. 5-I-1°)* « Agence nationale de sécurité du médicament et des produits de santé », ou un laboratoire désigné à cet effet par un autre État membre de *(Décr. n° 2015-374 du 31 mars 2015, art. 4-I)* « l'Union européenne » ou partie à l'accord sur l'Espace économique européen.

Le fabricant certifie que les dispositifs médicaux fabriqués sont conformes au type décrit dans le certificat d'examen CE de type et respectent les dispositions du présent titre et des arrêtés pris pour son application qui leur sont applicables. *(Décr. n° 2009-482 du 28 avr. 2009)* « Ce certificat couvre un ou plusieurs dispositifs fabriqués, identifiés au moyen du nom du produit, du code du produit ou d'une autre référence non équivoque. »

Il informe l'organisme habilité qui a approuvé le système de qualité de tout projet de modification importante de ce système. L'organisme habilité vérifie que le système ainsi modifié assure la conformité des dispositifs médicaux fabriqués au type décrit dans le certificat d'examen CE de type. L'organisme habilité notifie sa décision au fabricant.

Le fabricant fournit à l'organisme habilité les informations utiles pour s'assurer du respect des obligations attachées à son système de qualité et autorise l'organisme habilité à effectuer toutes les inspections nécessaires. L'organisme habilité procède périodiquement aux inspections et évaluations appropriées et peut lors de visites inopinées réaliser ou faire réaliser des essais pour vérifier le fonctionnement du système de qualité.

Art. R. 5211-47 Pour les dispositifs médicaux de la classe II a ou les dispositifs médicaux de la classe I, les dispositions prévues à l'article R. 5211-46 s'appliquent sous réserve des modifications suivantes :

1° Pour les dispositifs médicaux de la classe II a, l'organisme habilité vérifie la conformité des dispositifs à la documentation technique établie en application de la procédure de déclaration CE de conformité et non à un certificat CE de type, et aux exigences essentielles qui leur sont applicables. De même, le fabricant certifie que les dispositifs médicaux fabriqués sont conformes à cette documentation et respectent les dispositions du présent titre et des arrêtés pris pour son application qui leur sont applicables. *(Décr. n° 2009-482 du 28 avr. 2009)* « En outre, l'organisme habilité évalue, dans le cadre de l'évaluation du système de qualité, la conformité de cette documentation technique aux dispositions du présent titre, pour au moins un échantillon représentatif de chaque sous-catégorie de dispositif. »

2° Pour les dispositifs médicaux de la classe I, *(Décr. n° 2009-482 du 28 avr. 2009)* « la procédure de déclaration CE de conformité, assurance de la qualité de la production » ne s'applique qu'aux dispositifs médicaux mis sur le marché à l'état stérile ou ayant une fonction de mesurage et ne porte, selon les cas, que sur les aspects liés à la stérilisation ou à la conformité des dispositifs médicaux aux exigences métrologiques décrites dans la documentation technique établie en application de la procédure de déclaration CE de conformité.

SOUS-SECTION 9 DÉCLARATION CE DE CONFORMITÉ, ASSURANCE DE LA QUALITÉ DES PRODUITS

Art. R. 5211-48 Dans le cadre de la procédure de déclaration CE de conformité, assurance de la qualité des produits, le fabricant soumet à la vérification d'un organisme habilité le système de qualité qu'il a mis en place pour l'inspection finale des dispositifs médicaux et notamment les essais appropriés qui s'y rapporte. L'organisme habilité vérifie que l'application de ce système de qualité assure la conformité des dispositifs à un type approuvé et décrit dans un certificat d'examen CE de type mentionné à l'article R. 5211-41 ou à la documentation technique mentionnée à l'article R. 5211-39 dans les conditions décrites dans la présente sous-section.

En outre, dans le cas de dispositifs médicaux mis sur le marché à l'état stérile, le fabricant introduit une demande d'évaluation du système de qualité qu'il a mis en place pour l'obtention lors de la fabrication de l'état stérile de ses dispositifs et du maintien de cet état.

Art. R. 5211-49 Dans le cadre de la procédure de déclaration CE de conformité, assurance de la qualité des produits, pour les dispositifs médicaux de la classe II b, le fabricant introduit auprès de l'organisme habilité une demande d'évaluation du système de qualité relatif à l'inspection finale et les essais qui s'y rapporte. Cette demande comporte notamment une documentation technique dans laquelle figure l'ensemble des exigences et dispositions adoptées par le fabricant pour son système de qualité.

Il s'engage à maintenir adapté et efficace son système de qualité relatif à l'inspection finale et aux essais qui s'y rapportent et à respecter les obligations résultant de celui-ci. Dans le cas de dispositifs médicaux mis sur le marché à l'état stérile, le fabricant s'engage également à maintenir adapté et efficace le système de qualité mis en place pour l'obtention et le maintien de cet état et à respecter les obligations résultant de ce système de qualité.

Le fabricant s'engage à mettre en place et tenir à jour une procédure systématique d'examen des données acquises sur les dispositifs médicaux ainsi que, le cas échéant, sur les aspects relatifs à la stérilisation, et à appliquer les mesures correctives nécessaires.

Dans le cas des dispositifs médicaux mis sur le marché à l'état stérile, l'organisme habilité procède à une évaluation du système de qualité relatif à l'obtention et au maintien de l'état stérile. Cette évaluation comprend une inspection dans les locaux du fabricant et, dans les cas dûment motivés, dans les locaux des fournisseurs ou des sous-traitants pour contrôler les procédés de fabrication. La décision de l'organisme habilité est notifiée au fabricant. Elle contient les conclusions de l'inspection et une évaluation motivée.

Dans tous les cas, l'organisme habilité procède à une évaluation du système de qualité relatif à l'inspection finale des dispositifs médicaux aux essais qui s'y rapportent. Cette évaluation comprend une inspection dans les locaux du fabricant et, dans les cas dûment motivés, dans les locaux des fournisseurs ou des sous-traitants pour contrôler les procédés de fabrication. La décision de l'organisme habilité est notifiée au fabricant. Elle contient les conclusions de l'inspection et une évaluation motivée.

Le fabricant veille à l'application du système de qualité relatif à l'inspection finale tel qu'il a été approuvé et, le cas échéant, à l'application du système de qualité relatif à l'obtention et au maintien de l'état stérile des dispositifs médicaux.

Le fabricant certifie que les dispositifs médicaux fabriqués sont conformes au type décrit dans le certificat d'examen CE de type et respectent les dispositions du présent titre et des arrêtés pris pour son application qui leur sont applicables. *(Décr. n° 2009-482 du 28 avr. 2009)* « Ce certificat couvre un ou plusieurs dispositifs fabriqués, identifiés au moyen du nom du produit, du code du produit ou d'une autre référence non équivoque. »

Il informe l'organisme habilité qui a approuvé le système de qualité relatif à l'inspection finale de tout projet de modification importante de ce système. L'organisme habilité vérifie que le système ainsi modifié assure la conformité des dispositifs médicaux fabriqués au type décrit dans le certificat d'examen CE de type. L'organisme habilité notifie sa décision au fabricant.

Les dispositions de l'alinéa précédent s'appliquent également pour le système de qualité relatif à l'obtention et au maintien de l'état stérile.

Le fabricant fournit à l'organisme habilité les informations utiles pour s'assurer du respect des obligations attachées à son système de qualité et autorise l'organisme habilité à effectuer toutes les inspections nécessaires. L'organisme habilité procède périodiquement aux inspections et évaluations appropriées et peut lors de visites inopinées réaliser ou faire réaliser des essais pour vérifier le fonctionnement du système de qualité.

Les dispositions de l'alinéa précédent s'appliquent également pour le système de qualité relatif à l'obtention et au maintien de l'état stérile.

Art. R. 5211-50 Dans le cadre de la procédure de déclaration CE de conformité, assurance de la qualité des produits, pour les dispositifs médicaux de la classe II a ou les dispositifs médicaux de la classe I, les dispositions prévues à l'article R. 5211-49 s'appliquent sous réserve des modifications suivantes :

1° Pour les dispositifs médicaux de la classe II a, l'organisme habilité vérifie que l'application du système *de qualité relatif* l'inspection finale assure la conformité des dispositifs contrôlés à la documentation technique établie en application de la procédure de déclaration CE de conformité et non à un certificat CE de type, et aux exigences essentielles qui leur sont applicables. De même, le fabricant certifie que les dispositifs médicaux fabriqués sont conformes à cette documentation et respectent les dispositions du présent titre et des arrêtés pris pour son application qui leur sont applicables ; *(Décr. n° 2009-482 du 28 avr. 2009)* « en outre, l'organisme habilité évalue, dans le cadre de l'évaluation du système de qualité, la conformité de cette documentation technique aux dispositions du présent titre, pour au moins un échantillon représentatif de chaque sous-catégorie de dispositif ; »

2° Pour les dispositifs médicaux de la classe I, la procédure de déclaration de conformité CE, assurance de la qualité des produits, ne s'applique qu'aux dispositifs médicaux mis sur le marché à l'état stérile ou ayant une fonction de mesurage et ne porte, selon les cas, que sur les aspects liés à la stérilisation ou aux aspects de l'inspection liés à la conformité des dispositifs médicaux aux exigences métrologiques décrites dans la documentation technique établie en application de la procédure de déclaration CE de conformité.

SOUS-SECTION 10 DÉCLARATION RELATIVE AUX DISPOSITIFS MÉDICAUX FABRIQUÉS SUR MESURE

Art. R. 5211-51 *(Décr. n° 2009-482 du 28 avr. 2009)* Dans le cadre de la procédure applicable aux dispositifs médicaux sur mesure, le fabricant établit une documentation comportant le nom et l'adresse du fabricant, le ou les lieux de fabrication, les informations permettant d'identifier le dispositif concerné, le prescripteur de ce dispositif et, le cas échéant, l'établissement de soins concerné ainsi que les caractéristiques indiquées dans la prescription médicale. Cette documentation comprend également une déclaration indiquant que le dispositif est destiné à l'usage exclusif d'un patient déterminé et comprenant les indications permettant d'identifier ce patient. En outre, le fabricant certifie que le dispositif est conforme aux exigences essentielles et indique, le cas échéant, les exigences essentielles auxquelles il n'a pas été entièrement satisfait, avec mention des motifs.

Cette déclaration est jointe aux dispositifs médicaux de*[s]* classe*[s]* II a, II b, III et aux dispositifs médicaux implantables actifs et mise à la disposition du patient identifié par son nom, un acronyme ou un code numérique.

Le fabricant constitue une documentation permettant d'évaluer la conformité du dispositif médical aux exigences essentielles et prend toutes les mesures nécessaires pour que le procédé de fabrication assure la conformité du dispositif à cette documentation.

Le fabricant autorise l'évaluation ou, le cas échéant, la vérification de ces mesures.

SOUS-SECTION 11 PROCÉDURES DEVANT ÊTRE OBSERVÉES PAR LES PERSONNES QUI STÉRILISENT LES DISPOSITIFS MÉDICAUX

Art. R. 5211-52 *(Décr. n° 2009-482 du 28 avr. 2009)* « Toute personne qui stérilise en vue de leur mise sur le marché des dispositifs médicaux revêtus du marquage CE conçus par leur fabricant pour être stérilisés avant usage ou des systèmes ou nécessaires mentionnés à la section X du présent chapitre doit suivre, à son choix, la procédure relative à la déclaration CE de conformité, système complet d'assurance de la qualité, ou la procédure relative à la déclaration CE de conformité, assurance de la qualité de la production. L'application de ces procédures est limitée aux aspects concernant l'obtention de la stérilité tant que l'emballage n'aura pas été ouvert ou endommagé. »

La personne mentionnée au premier alinéa doit produire auprès de l'organisme habilité chargé de mettre en œuvre la procédure une déclaration attestant que la stérilisation a été effectuée conformément aux instructions du fabricant.

SOUS-SECTION 12 DISPOSITIONS FINALES

Art. R. 5211-53 Un arrêté du ministre chargé de la santé, pris sur proposition du directeur général de l'*(Décr. n° 2012-597 du 27 avr. 2012, art. 5-I-1°)* « Agence nationale de sécurité du médicament et des produits de santé », précise les modalités d'application des procédures définies aux articles R. 5211-37 à R. 5211-52.

SECTION VII ORGANISMES HABILITÉS

Art. R. 5211-54 Les organismes chargés de mettre en œuvre les procédures d'évaluation prévues par le présent titre sont habilités à cet effet par une décision du directeur

général de l'*(Décr. n° 2012-597 du 27 avr. 2012, art. 5-I-1°)* **« Agence nationale de sécurité du médicament et des produits de santé » publiée** *(Décr. n° 2017-20 du 9 janv. 2017, art. 2-13°)* **« sur le site internet de l'agence ». L'habilitation** *(Décr. n° 2016-778 du 10 juin 2016, art. 1er-1°-a)* **« est donnée pour une durée maximale de cinq ans et » précise les tâches pour lesquelles elle est accordée.**

Les organismes candidats à l'habilitation adressent à l'*(Décr. n° 2012-597 du 27 avr. 2012, art. 5-I-1°)* **« Agence nationale de sécurité du médicament et des produits de santé » un dossier de candidature** *(Décr. n° 2016-778 du 10 juin 2016, art. 1er-1°-b)* **« établi au moyen du formulaire figurant à l'annexe II du règlement d'exécution (UE) n° 920/2013 de la Commission du 24 septembre 2013 relatif à la désignation et au contrôle des organismes notifiés au titre de la directive 90/385/CEE du Conseil concernant les dispositifs médicaux implantables actifs et de la directive 93/42/CEE du Conseil relative aux dispositifs médicaux. L'organisme candidat transmet son dossier de candidature par voie électronique. »**

V. Décr. n° 2014-1288 du 23 oct. 2014 relatif aux exceptions à l'application du principe « silence vaut acceptation » sur le fondement du 4° du I de l'art. 21 de la L. n° 2000-321 du 12 avr. 2000 relative aux droits des citoyens dans leurs relations avec les administrations, mod. par Décr. n° 2016-778 du 10 juin 2016, art. 3.

Art. R. 5211-55 **Le directeur général de l'***(Décr. n° 2012-597 du 27 avr. 2012, art. 5-I-1°)* **« Agence nationale de sécurité du médicament et des produits de santé » statue sur la demande dans un délai de** *(Décr. n° 2016-778 du 10 juin 2016, art. 1er-2°-a)* **« sept mois » à compter de la date de réception du dossier complet. A défaut, le silence gardé par le directeur général de l'***(Décr. n° 2012-597 du 27 avr. 2012, art. 5-I-1°)* **« Agence nationale de sécurité du médicament et des produits de santé » vaut refus d'habilitation à l'expiration de ce délai de** *(Décr. n° 2016-778 du 10 juin 2016, art. 1er-2°-a)* **« sept mois ». Ce délai est prorogé de deux mois si le directeur général de l'agence requiert du demandeur des informations complémentaires qui sont nécessaires à l'instruction de la candidature.**

(Décr. n° 2016-778 du 10 juin 2016, art. 1er-2°-b) **« La procédure d'habilitation est conduite dans les conditions prévues aux paragraphes 2 à 7 de l'article 3 du règlement d'exécution (UE) n° 920/2013. »**

L'habilitation est accordée en prenant en compte les garanties d'indépendance et de compétence présentées par les organismes, l'expérience qu'ils ont acquise dans le domaine considéré et les moyens dont ils disposent pour exécuter les tâches pour lesquelles ils sont habilités.

Les organismes qui satisfont aux normes correspondant à la catégorie dont ils relèvent et transposant les normes européennes harmonisées dont les références ont été publiées au *Journal officiel* de la République française, sont présumés répondre à ces critères.

V. Décr. n° 2014-1288 du 23 oct. 2014 relatif aux exceptions à l'application du principe « silence vaut acceptation » sur le fondement du 4° du I de l'art. 21 de la L. n° 2000-321 du 12 avr. 2000 relative aux droits des citoyens dans leurs relations avec les administrations, mod. par Décr. n° 2016-778 du 10 juin 2016, art. 3.

Art. R. 5211-55-1 *(Décr. n° 2016-778 du 10 juin 2016, art. 1er-3°)* **Le directeur général de l'Agence nationale de sécurité du médicament et des produits de santé peut accorder, dans les conditions prévues à l'article R. 5211-55 et à l'article 4 du règlement d'exécution (UE) n° 920/2013, un renouvellement de l'habilitation ou une extension de la portée de celle-ci à un organisme habilité qui en fait la demande.**

Art. R. 5211-56 *(Décr. n° 2016-778 du 10 juin 2016, art. 1er-4°)* **« I. – » Les organismes habilités satisfont aux obligations suivantes :**

1° L'organisme habilité, son directeur et le personnel chargé d'exécuter les opérations d'évaluation et de vérification ne peuvent être ni le concepteur, ni le constructeur, ni le fournisseur, ni l'installateur, ni l'utilisateur des dispositifs qu'ils contrôlent, ni le mandataire de l'une de ces personnes. Ils ne peuvent intervenir ni directement ni comme mandataires des parties engagées dans ces activités, dans la conception, la construction, la commercialisation ou l'entretien de ces dispositifs. Cela n'exclut pas la possibilité d'un échange d'informations techniques entre le constructeur et l'organisme ;

2° L'exécution des opérations d'évaluation et de vérification est conduite avec la plus grande intégrité professionnelle et la plus grande compétence requise dans le secteur des dispositifs médicaux et en toute indépendance.

Lorsqu'un organisme habilité confie des travaux spécifiques à un sous-traitant portant sur la constatation et la vérification de faits, il s'assure préalablement que les dispositions du livre II de la partie V du présent code soient respectées par le sous-traitant. L'organisme habilité tient à la disposition du directeur général de l'*(Décr. n° 2012-597 du 27 avr. 2012, art. 5-I-1°)* « Agence nationale de sécurité du médicament et des produits de santé » les documents pertinents relatifs à l'évaluation de la compétence du sous-traitant et aux travaux effectués par ce dernier dans ce cadre ;

3° L'organisme habilité dispose notamment des moyens humains et matériels adaptés à l'exécution des tâches pour lesquelles il a été habilité ;

4° Le personnel chargé des contrôles possède :

a) Une bonne formation professionnelle portant sur l'ensemble des opérations d'évaluation et de vérification pour lesquelles l'organisme est désigné ;

b) Une connaissance satisfaisante des prescriptions relatives aux contrôles qu'il effectue et une pratique suffisante des contrôles ;

c) L'aptitude requise pour rédiger les attestations, procès-verbaux et rapports qui constituent la matérialisation des contrôles effectués.

L'indépendance du personnel chargé du contrôle est garantie. La rémunération de chaque agent ne peut être fonction ni du nombre des contrôles qu'il effectue ni des résultats de ces contrôles.

Le personnel de l'organisme chargé des contrôles est lié par le secret professionnel pour tout ce qu'il apprend dans l'exercice de ses fonctions.

(Décr. n° 2016-778 du 10 juin 2016, art. 1er-4°) « 5° L'organisme habilité souscrit une assurance couvrant sa responsabilité civile ;

« 6° L'organisme habilité fournit, sur demande du directeur général de l'Agence nationale de sécurité du médicament et des produits de santé, toutes les informations et documents, y compris les documents budgétaires, propres à lui permettre de vérifier le respect des exigences prévues au présent article, notamment celles relatives à son indépendance à l'égard des personnes susceptibles d'être intéressées par les résultats des essais ou examens qu'il réalise.

« Il s'engage à permettre aux personnes désignées par le directeur général de l'Agence nationale de sécurité du médicament et des produits de santé d'accéder à ses locaux et de procéder à toutes investigations, afin de vérifier qu'il continue à satisfaire aux conditions de l'habilitation.

« II. – Les obligations définies au I du présent article s'entendent conformément aux dispositions de l'annexe I du règlement d'exécution (UE) n° 920/2013. »

Art. R. 5211-56-1 *(Décr. n° 2016-778 du 10 juin 2016, art. 1er-5°)* L'Agence nationale de sécurité du médicament et des produits de santé procède à la surveillance et au suivi continu des organismes qu'elle a habilités pour garantir le respect permanent des obligations énumérées à l'article R. 5211-56, dans les conditions prévues à l'article 5 du règlement d'exécution (UE) n° 920/2013.

Art. R. 5211-57 Les organismes habilités informent le directeur général de l'*(Décr. n° 2012-597 du 27 avr. 2012, art. 5-I-1°)* « Agence nationale de sécurité du médicament et des produits de santé » de toute modification de nature à modifier les conditions dans lesquelles l'habilitation a été accordée.

Art. R. 5211-57-1 *(Décr. n° 2015-374 du 31 mars 2015, art. 3-I)* « Le directeur général de l'Agence nationale de sécurité du médicament et des produits de santé vérifie régulièrement que l'organisme habilité possède les compétences requises et des connaissances à jour sur les dispositifs médicaux et dispositifs médicaux implantables actifs fabriqués à partir de tissus d'origine animale mentionnés à l'article R. 5211-23-1. »

Si, au vu de cette vérification, le directeur général de l'*(Décr. n° 2012-597 du 27 avr. 2012, art. 5-I-1°)* « Agence nationale de sécurité du médicament et des produits de santé » modifie la définition des tâches pour lesquelles l'habilitation a été accordée à l'organisme en cause, il en informe la Commission européenne et les autres États membres de *(Décr. n° 2015-374 du 31 mars 2015, art. 4-I)* « l'Union européenne ».

Art. R. 5211-58 Si un organisme habilité cesse de remplir les conditions ou manque aux obligations mentionnées à l'article R. 5211-56, l'habilitation est suspendue ou retirée par le directeur général de l'*(Décr. n° 2012-597 du 27 avr. 2012, art. 5-I-1°)* « Agence nationale de sécurité du médicament et des produits de santé », après que le responsable de l'organisme a été appelé à présenter ses observations.

Cette décision précise les conditions dans lesquelles les dossiers détenus par l'organisme sont mis à la disposition du directeur général de l'agence.

Art. R. 5211-59 L'organisme habilité s'assure, avant de procéder à l'examen de la demande d'évaluation, que le dossier comporte notamment :

– les caractéristiques générales du demandeur telles que raison sociale, nom, adresse, statut juridique ;

– une description précise de l'étendue de l'évaluation souhaitée ainsi que la référence aux directives et aux dispositions nationales les transposant.

Art. R. 5211-60 L'organisme habilité peut exiger du fabricant la communication de toute information et la réalisation de tout essai ou évaluation nécessaires à la conduite des vérifications qui lui incombent.

Art. R. 5211-61 Lorsque l'organisme habilité rencontre des difficultés dans la mise en œuvre des procédures d'évaluation de la conformité, celui-ci en saisit le directeur général de l'*(Décr. n° 2012-597 du 27 avr. 2012, art. 5-I-1°)* « Agence nationale de sécurité du médicament et des produits de santé » pour obtenir des recommandations précises quant à leur application.

Art. R. 5211-62 Les décisions prises par les organismes habilités dans le cadre des procédures mentionnées *(Décr. n° 2009-482 du 28 avr. 2009)* « aux sous-sections 5, 6, 8 et 9 de la section VI du présent chapitre » ont une validité de cinq ans. Elles sont reconductibles par périodes de cinq ans sur demande présentée *(Décr. n° 2009-482 du 28 avr. 2009)* « à la date contractuellement convenue » entre le fabricant et l'organisme. Pour des raisons dûment justifiées, les décisions de l'organisme habilité peuvent avoir une durée de validité inférieure à cinq ans.

(Décr. n° 2015-374 du 31 mars 2015, art. 3-II) « Dans le cadre de la reconduction des décisions visées au premier alinéa du présent article qui concernent les dispositifs médicaux et les dispositifs médicaux implantables actifs mentionnés à l'article R. 5211-23-1, l'organisme habilité examine au moins les aspects prévus au point 2.2 de l'annexe I du règlement (UE) n° 722/2012 du 8 août 2012 relatif aux prescriptions particulières en ce qui concerne les exigences prévues aux directives 90/385/CEE et 93/42/CEE du Conseil pour les dispositifs médicaux implantables actifs et les dispositifs médicaux fabriqués à partir de tissus d'origine animale. »

Art. R. 5211-63 Lorsqu'un organisme habilité constate que les exigences du présent titre applicables à ce dispositif n'ont pas été respectées ou ne le sont plus par le fabricant ou lorsqu'un certificat n'aurait pas dû être délivré, il suspend ou annule le certificat délivré ou l'assortit de restrictions, sauf si le fabricant applique, pour que ces exigences soient respectées, des mesures correctives appropriées.

Art. R. 5211-64 *(Décr. n° 2009-482 du 28 avr. 2009)* Les organismes habilités informent le directeur général de l'*(Décr. n° 2012-597 du 27 avr. 2012, art. 5-I-1°)* « Agence nationale de sécurité du médicament et des produits de santé » de tous les certificats délivrés, modifiés, complétés, suspendus, retirés ou refusés. Ils mettent à sa disposition, sur sa demande, toute information supplémentaire pertinente.

Ils informent les autres organismes habilités en France ou par tout autre État membre de *(Décr. n° 2015-374 du 31 mars 2015, art. 4-I)* « l'Union européenne » ou partie à l'accord sur l'Espace économique européen et ayant fait l'objet d'une publication au *Journal officiel de l'Union européenne* de tous les certificats suspendus, retirés ou refusés *ainsi que, sur leur demande*, des certificats délivrés. Ils mettent également à la disposition de ces organismes, à leur demande, toute information supplémentaire pertinente.

SECTION VIII DÉCLARATIONS

Art. R. 5211-65 *(Décr. n° 2009-482 du 28 avr. 2009)* Tout fabricant ayant son siège social en France et qui, dans tout État membre de *(Décr. n° 2011-969 du 16 août 2011,* *art. 3-1°)* « l'Union » européenne ou partie à l'accord sur l'Espace économique européen, met sur le marché en son nom propre des dispositifs médicaux de classe I ou des dispositifs médicaux sur mesure en fait la déclaration au directeur général de l'*(Décr. n° 2012-597 du 27 avr. 2012, art. 5-I-1°)* « Agence nationale de sécurité du médicament et des produits de santé » en indiquant l'adresse de son siège social et la désignation des dispositifs concernés.

(Décr. n° 2011-969 du 16 août 2011, art. 3-1°) « Toute personne physique ou morale ayant son domicile ou son siège social en France et qui exerce une des activités mentionnées à l'article R. 5211-52 ou à l'article R. 5211-67 fait une déclaration à l'*(Décr. n° 2012-597 du 27 avr. 2012, art. 5-I-1°)* « Agence nationale de sécurité du médicament et des produits de santé » en indiquant l'adresse de son siège social et la désignation des dispositifs concernés. »

Tout fabricant qui met sur le marché français un dispositif médical et qui n'a pas de siège social sur le territoire d'un État membre de *(Décr. n° 2011-969 du 16 août 2011, art. 3-1°)* « l'Union » européenne ou partie à l'accord sur l'Espace économique européen désigne un mandataire unique établi sur le territoire d'un État membre de *(Décr. n° 2011-969 du 16 août 2011, art. 3-1°)* « l'Union » européenne ou partie à l'accord sur l'Espace économique européen.

Toute personne ayant son siège social en France et désignée comme mandataire pour des dispositifs médicaux mentionnés au premier alinéa ainsi qu'aux articles R. 5211-52 et R. 5211-67 fait une déclaration au directeur général de l'*(Décr. n° 2012-597 du 27 avr. 2012, art. 5-I-1°)* « Agence nationale de sécurité du médicament et des produits de santé » comportant l'adresse de son siège social et la désignation des produits concernés.

Art. R. 5211-65-1 *(Décr. n° 2011-969 du 16 août 2011, art. 3-2°)* Les déclarations prévues aux articles L. 5211-3-1 et R. 5211-65 ainsi que la communication prévue à l'article R. 5211-66 sont effectuées auprès de l'*(Décr. n° 2012-597 du 27 avr. 2012, art. 5-I-1°)* « Agence nationale de sécurité du médicament et des produits de santé », par envoi recommandé avec demande d'avis de réception ou par voie électronique avec demande d'avis de réception.

La déclaration prévue à l'article L. 5211-3-1 indique l'adresse du siège social du déclarant, le type d'activité exercé et les classes de dispositifs médicaux sur lesquelles porte cette activité.

Toute modification des éléments contenus dans la déclaration initiale fait l'objet d'une nouvelle déclaration à l'*(Décr. n° 2012-597 du 27 avr. 2012, art. 5-I-1°)* « Agence nationale de sécurité du médicament et des produits de santé ».

Le modèle de déclaration est fixé, sur proposition du directeur général de l'*(Décr. n° 2012-597 du 27 avr. 2012, art. 5-I-1°)* « Agence nationale de sécurité du médicament et des produits de santé », par arrêté du ministre chargé de la santé.

SECTION IX DISPOSITIFS SOUMIS À COMMUNICATION AUPRÈS DE L'AGENCE NATIONALE DE SÉCURITÉ DU MÉDICAMENT ET DES PRODUITS DE SANTÉ *(Décr. n° 2012-597 du 27 avr. 2012, art. 5-I-2°)*.

Art. R. 5211-66 Les dispositifs médicaux devant faire l'objet de la communication prévue à l'article L. 5211-4 sont les dispositifs médicaux *(Décr. n° 2010-270 du 15 mars 2010) « des classes II a, II b et III »* ainsi que les dispositifs médicaux implantables actifs.

La communication est effectuée auprès du directeur général de l'*(Décr. n° 2012-597 du 27 avr. 2012, art. 5-I-1°)* « Agence nationale de sécurité du médicament et des produits de santé » lors de la mise en service sur le territoire national, par les fabricants, mandataires ou distributeurs qui délivrent directement les dispositifs médicaux à l'utilisateur final. Elle comporte :

1° La dénomination commerciale du dispositif médical ;

2° Les nom et adresse de la personne procédant à la communication ;

3° Un exemplaire de l'étiquetage et de la notice d'instructions du dispositif médical.

Pour les dispositifs médicaux dans la fabrication desquels intervient un produit d'origine animale, la communication le précise, ainsi que l'espèce d'origine.

Art. R. 5211-66-1 *(Décr. nº 2016-1716 du 13 déc. 2016, art. 1er)* I. — Les dispositifs médicaux faisant l'objet de la transmission du résumé de leurs caractéristiques prévu à l'article L. 5211-4-1 sont, hors les dispositifs sur mesure :

1º Les dispositifs médicaux implantables ;

2º Les dispositifs médicaux de classe III.

Ce résumé est adressé par voie électronique au directeur général de l'Agence nationale de sécurité du médicament et des produits de santé lors de la mise en service du dispositif médical sur le territoire national. La transmission est effectuée pour chaque dénomination commerciale, *(Décr. nº 2017-1651 du 30 nov. 2017, art. 1er)* « par les fabricants ou leurs mandataires ».

II. — Le résumé des caractéristiques du dispositif médical comprend les éléments suivants :

1º Éléments d'identification du dispositif médical, du fabricant et le, cas échéant, du mandataire :

a) Le nom ou la dénomination commerciale du dispositif médical, sa classe de risque ainsi que les règles de classification applicables ;

b) Le nom, la raison sociale ou la marque déposée du fabricant, l'adresse de son siège ainsi que les coordonnées pour le contacter ; *[,]* le cas échéant, les mêmes informations concernant le mandataire ;

c) La date d'établissement du résumé des caractéristiques et son numéro de version ;

2º Éléments sur l'utilisation du dispositif médical :

a) La destination du dispositif médical incluant les indications médicales, *[les]* contre-indications ainsi que la population cible ;

b) La place du dispositif médical dans la stratégie diagnostique ou thérapeutique ;

c) Les utilisateurs visés ainsi que la formation nécessaire à ces derniers ;

d) Les informations sur les risques résiduels, tout effet indésirable et toute précaution d'emploi ;

3º Une description du dispositif médical, incluant :

a) Le principe de fonctionnement du dispositif médical ;

b) Le cas échéant, une référence au modèle antérieur et la description des modifications apportées ;

c) Une description des accessoires, autres dispositifs médicaux ou produits ou substances qui ne sont pas des dispositifs médicaux, destinés à être utilisés en combinaison avec le dispositif médical ;

d) Une description ou la liste des différentes présentations ou variantes du dispositif médical qui seront disponibles ;

e) Une référence aux normes dont le fabricant et, le cas échéant, le mandataire se prévaut ;

4º Éléments sur l'évaluation clinique et le suivi après mise sur le marché :

a) Le résumé des résultats de l'évaluation clinique mentionnés à l'article R. 5211-36-1 ;

b) Les informations relatives à la revue systématique des données acquises sur le dispositif médical prévue à l'article R. 5211-39.

Toute modification significative d'un élément mentionné au II du présent article est signalée sans délai à l'Agence par les personnes mentionnées au dernier alinéa du I.

SECTION X **SYSTÈMES ET ÉLÉMENTS DESTINÉS À ÊTRE ASSEMBLÉS EN VUE DE CONSTITUER UN DISPOSITIF MÉDICAL**

Art. R. 5211-67 Une personne physique ou morale qui assemble des dispositifs portant le marquage CE, conformément à leur destination et dans les limites d'utilisation prévues par leurs fabricants, afin de les mettre sur le marché sous la forme d'un système *ou d'un nécessaire établit* une déclaration par laquelle elle certifie :

1º Avoir vérifié la compatibilité réciproque des dispositifs conformément aux instructions des fabricants et les avoir assemblés en suivant ces instructions ;

2º Avoir effectué l'emballage du système ou du nécessaire et fourni aux utilisateurs des informations reprenant les instructions pertinentes des fabricants ;

3º Avoir réalisé l'ensemble de ces opérations selon des méthodes appropriées.

Cette déclaration est tenue à la disposition du directeur général de l'*(Décr. n° 2012-597 du 27 avr. 2012, art. 5-I-1°)* « Agence nationale de sécurité du médicament et des produits de santé » pendant une période de cinq ans.

Art. R. 5211-68 Si un système ou un nécessaire ne remplit pas les conditions énoncées à l'article R. 5211-67, et notamment s'il contient des dispositifs non revêtus du marquage CE ou si la compatibilité des dispositifs assemblés ne ressort pas des instructions de leurs fabricants, il est considéré comme un dispositif à part entière soumis aux procédures de certification.

Art. R. 5211-69 Les systèmes et nécessaires sont accompagnés des informations mentionnées à l'article R. 5211-22, reprenant, le cas échéant, les informations fournies par les fabricants des dispositifs qui ont été assemblés.

Ils n'ont pas à être revêtus d'un marquage CE additionnel.

SECTION XI RECONNAISSANCE DES PRESCRIPTIONS

(Décr. n° 2014-1525 du 17 déc. 2014, art. 1er)

Art. R. 5211-70 Les prescriptions de dispositifs médicaux établies à la demande d'un patient en vue d'en obtenir la délivrance dans un autre État membre de l'Union européenne comportent les mentions suivantes :

1° Les nom et prénoms, la qualité et, le cas échéant, le titre, ou la spécialité du prescripteur, son adresse professionnelle précisant la mention "France", ses coordonnées téléphoniques précédées de l'indicatif international "+ 33" et son adresse électronique, sa signature, ainsi que la date à laquelle l'ordonnance a été rédigée ;

2° Les nom et prénoms, ainsi que la date de naissance du patient ;

3° La dénomination et la quantité de produits prescrits.

Le présent article s'applique sans préjudice des dispositions de l'article R. 165-38 du code de la sécurité sociale relatives au contenu des ordonnances pour permettre la prise en charge des dispositifs médicaux prescrits.

Art. R. 5211-71 Lorsque la prescription comporte les mentions prévues aux 1°, sous réserve de l'adaptation de la mention du pays, à 3° de l'article R. 5211-70, les personnes légalement habilitées à délivrer des dispositifs médicaux ne peuvent refuser de délivrer ces produits, prescrits dans un autre État membre de l'Union européenne par un professionnel de santé légalement autorisé ou habilité à prescrire des dispositifs médicaux dans cet État, que si l'intérêt de la santé du patient leur paraît l'exiger ou s'ils ont des doutes légitimes et justifiés quant à l'authenticité, au contenu ou à l'intelligibilité de la prescription, ou à la qualité du professionnel de santé qui l'a établie.

CHAPITRE II MATÉRIOVIGILANCE

SECTION PREMIÈRE DISPOSITIONS GÉNÉRALES

Art. R. 5212-1 La matériovigilance a pour objet la surveillance des incidents ou des risques d'incidents résultant de l'utilisation des dispositifs médicaux qui sont définis à l'article L. 5211-1 et relèvent du présent titre en vertu des articles R. 5211-1 à R. 5211-3.

Elle s'exerce sur les dispositifs médicaux après leur mise sur le marché.

Art. R. 5212-2 La matériovigilance comporte :

1° Le signalement et l'enregistrement des incidents ou des risques d'incidents mentionnés aux articles R. 5212-14 et R. 5212-15 ;

2° L'enregistrement, l'évaluation et l'exploitation de ces informations dans un but de prévention ;

3° La réalisation de toutes études ou travaux concernant la sécurité d'utilisation des dispositifs médicaux ;

4° La réalisation et le suivi des actions correctives décidées.

Art. R. 5212-3 L'exercice de la matériovigilance peut impliquer, outre la communication par le fabricant des documents mentionnés à l'article R. 5211-26, l'accès aux données du dossier préclinique d'expérimentation et aux données relatives aux investigations cliniques, en particulier au rapport sur les investigations cliniques mentionné à l'article R. 5211-37 et aux informations énumérées à l'article R. 5211-38, ainsi que l'accès aux informations relatives à la conception, à la fabrication, au stockage, à la distribution, à la mise à disposition, à l'utilisation et au suivi dit traçabilité des dispositifs médicaux ainsi que l'accès aux informations relatives à leur vente, à leur utilisation et, le cas échéant, à leur prescription.

SECTION II SYSTÈME NATIONAL DE MATÉRIOVIGILANCE

SOUS-SECTION 1 ORGANISATION GÉNÉRALE

Art. R. 5212-4 Le système national de matériovigilance comprend :

1° A l'échelon national :

a) L'*(Décr. n° 2012-597 du 27 avr. 2012, art. 5-I-1°)* « Agence nationale de sécurité du médicament et des produits de santé » ;

b) Abrogé par Décr. n° 2012-597 du 27 avr. 2012, art. 4.

2° A l'échelon local :

a) Les correspondants locaux de matériovigilance mentionnés à l'article R. 5212-12 ;

b) Les personnes tenues de signaler les incidents ou risques d'incidents dont elles ont connaissance.

SOUS-SECTION 2 ÉCHELON NATIONAL

§ 1er AGENCE NATIONALE DE SÉCURITÉ DU MÉDICAMENT ET DES PRODUITS DE SANTÉ *(Décr. n° 2012-597 du 27 avr. 2012, art. 5-I-2°)*.

Art. R. 5212-5 Le directeur général de l'*(Décr. n° 2012-597 du 27 avr. 2012, art. 5-I-1°)* « Agence nationale de sécurité du médicament et des produits de santé » assure la mise en place et le fonctionnement du système national de matériovigilance. Il anime et coordonne les actions des différents intervenants et veille au respect des procédures de surveillance organisées par le présent chapitre.

Il est destinataire, dans les conditions fixées à l'article R. 5212-17, des signalements obligatoires mentionnés à l'article R. 5212-14 et des signalements facultatifs mentionnés à l'article R. 5212-15.

Il informe le ou les fabricants concernés lorsque les faits signalés sont portés à sa connaissance par un utilisateur ou un tiers.

Il peut demander toute enquête, y compris aux correspondants locaux de matériovigilance.

Art. R. 5212-6 Le directeur général de l'*(Décr. n° 2012-597 du 27 avr. 2012, art. 5-I-1°)* « Agence nationale de sécurité du médicament et des produits de santé » informe sans délai de tout incident ou risque d'incident défini à l'article L. 5212-2 :

– l'Établissement français du sang, pour ce qui concerne les dispositifs médicaux utilisés dans la collecte, la fabrication et l'administration de produits dérivés du sang ;

– l'*(Décr. n° 2006-1497 du 29 nov. 2006, art. 3)* « Agence de la biomédecine », pour ce qui concerne les dispositifs médicaux utilisés dans la collecte, le traitement, la conservation et l'utilisation d'organes, tissus et cellules d'origine humaine.

Le directeur général de l'agence informe de façon régulière les organismes susmentionnés des autres incidents ou dysfonctionnements en relation avec leurs missions et responsabilités.

Il informe la *(Décr. n° 2015-374 du 31 mars 2015, art. 4-II)* « Commission européenne » et les États membres de *(Décr. n° 2015-374 du 31 mars 2015, art. 4-I)* « l'Union européenne » ou parties à l'accord sur l'Espace économique européen *(Décr. n° 2009-482 du 28 avr. 2009)* « des mesures qu'il a prises ou envisage de prendre pour faire cesser des incidents ou des risques d'incidents ou pour éviter qu'ils se reproduisent, ainsi que des incidents qui les ont rendues nécessaires ».

§ 2 *[ABROGÉ]* COMMISSION NATIONALE DE SÉCURITÉ SANITAIRE DES DISPOSITIFS MÉDICAUX

(Abrogé par Décr. n° 2012-597 du 27 avr. 2012, art. 4)

Art. R. 5212-7 à R. 5212-11 *Abrogés par Décr. n° 2012-597 du 27 avr. 2012, art. 4.*

SOUS-SECTION 3 ÉCHELON LOCAL

Art. R. 5212-12 Tout établissement de santé *(Abrogé par Décr. n° 2012-1483 du 27 déc. 2012, art. 11-I-32°)* « , ***tout syndicat interhospitalier*** » *(Décr. n° 2006-550 du 15 mai 2006, art. 5-III)* « ou groupement de coopération sanitaire qui utilise ou délivre des dispositifs médicaux ou met de tels dispositifs à la disposition de ses membres » ainsi que toute association distribuant des dispositifs médicaux à domicile et figurant sur une liste arrêtée par le directeur général de l'*(Décr. n° 2012-597 du 27 avr. 2012, art. 5-I-1°)* « Agence nationale de sécurité du médicament et des produits de santé », désigne un correspondant local de matériovigilance. Toutefois, en deçà d'un seuil d'activité fixé par arrêté du directeur général de l'agence, *(Décr. n° 2006-550 du 15 mai 2006, art. 5-III)* « ces établissements et associations » sont autorisés à se regrouper pour désigner un correspondant de matériovigilance commun à plusieurs établissements ou associations.

Le correspondant est désigné :

1° Pour les établissements publics de santé *(Décr. n° 2006-550 du 15 mai 2006, art. 5-III)* « par le directeur » *(Abrogé par Décr. n° 2012-1483 du 27 déc. 2012, art. 11-I-32°)* « ***ou le secrétaire général*** », après avis de la commission médicale d'établissement ;

2° Pour les établissements privés de santé, par le responsable administratif, après avis de la conférence médicale ;

(Décr. n° 2006-550 du 15 mai 2006, art. 5-III) « 3° Dans les groupements de coopération sanitaire, par l'administrateur du groupement ;

« 4° » Pour les associations assurant le traitement des malades, par le directeur de l'association, après avis du conseil d'administration.

(Décr. n° 2006-550 du 15 mai 2006, art. 5-III) « Le correspondant de matériovigilance du groupement de coopération sanitaire peut être le correspondant de matériovigilance d'un établissement de santé membre du groupement. »

La désignation du correspondant est immédiatement portée à la connaissance du directeur général de l'agence par l'établissement ou l'association.

Le directeur général de l'agence établit et tient à jour un fichier national des correspondants de matériovigilance.

Un ou des correspondants suppléants sont désignés dans les mêmes conditions afin d'assurer la permanence de cette fonction au sein de l'établissement ou de l'association.

Art. R. 5212-13 Tout fabricant de dispositifs médicaux, ou son mandataire, désigne un correspondant de matériovigilance et communique son nom au directeur général de l'*(Décr. n° 2012-597 du 27 avr. 2012, art. 5-I-1°)* « Agence nationale de sécurité du médicament et des produits de santé ».

SECTION III OBLIGATIONS DES INTERVENANTS EN MATÉRIOVIGILANCE

Art. R. 5212-14 Donnent lieu obligatoirement et sans délai à un signalement les incidents ou risques d'incidents définis à l'article L. 5212-2.

Art. R. 5212-15 Donnent lieu facultativement à un signalement les incidents suivants :

1° Réaction nocive et non voulue se produisant lors de l'utilisation d'un dispositif médical conformément à sa destination ;

2° Réaction nocive et non voulue résultant d'une utilisation d'un dispositif médical *ne respectant pas les instructions du fabricant* ;

3° Tout dysfonctionnement ou toute altération des caractéristiques ou des performances d'un dispositif médical ;

4° Toute indication erronée, omission et insuffisance dans la notice d'instruction, le mode d'emploi ou le manuel de maintenance.

Art. R. 5212-16 Les signalements, obligatoires ou facultatifs, prévus aux articles R. 5212-14 et R. 5212-15 sont effectués par les fabricants *(Décr. n° 2009-482 du 28 avr. 2009)* « ou leurs mandataires », les utilisateurs ou les tiers qui font la constatation ou qui ont connaissance d'incidents ou de risques d'incident mettant en cause un dispositif médical.

Sont considérées comme des tiers les personnes qui ne sont ni des fabricants *(Décr. n° 2009-482 du 28 avr. 2009)* « ou leurs mandataires » ou utilisateurs de dispositifs médicaux ni des patients. Entrent notamment dans cette catégorie, lorsqu'ils ont connaissance d'incidents ou de risques d'incident, les distributeurs de dispositifs médicaux.

Art. R. 5212-17 Les signalements sont faits :

1° Auprès du correspondant local de matériovigilance lorsque ces signalements sont effectués par des utilisateurs ou des tiers qui exercent leurs fonctions dans *(Décr. n° 2006-550 du 15 mai 2006, art. 5-III)* « l'un des établissements ou associations mentionnés à l'article R. 5212-12 », notamment lorsque ces utilisateurs ou tiers sont des membres des professions de santé ou des membres du personnel administratif ou technique ;

2° Directement auprès du directeur général de l'*(Décr. n° 2012-597 du 27 avr. 2012, art. 5-I-1°)* « Agence nationale de sécurité du médicament et des produits de santé » dans les autres cas, en particulier lorsque les signalements sont effectués par les professionnels de santé exerçant à titre libéral et par les fabricants ou leurs mandataires.

Le correspondant local de matériovigilance transmet les signalements au directeur général de l'agence dans les conditions prévues au 1° de l'article R. 5212-22.

Art. R. 5212-18 La forme et le contenu des signalements d'incidents et de risques d'incident sont définis par arrêté du ministre chargé de la santé, sur proposition du directeur général de l'*(Décr. n° 2012-597 du 27 avr. 2012, art. 5-I-1°)* « Agence nationale de sécurité du médicament et des produits de santé ».

Art. R. 5212-19 Lorsque les faits mentionnés à l'article L. 5212-2 sont portés à la connaissance du directeur général de l'*(Décr. n° 2012-597 du 27 avr. 2012, art. 5-I-1°)* « Agence nationale de sécurité du médicament et des produits de santé » par un utilisateur ou par un tiers, notamment un organisme habilité, le directeur général en informe le ou les fabricants concernés.

Art. R. 5212-20 Lorsqu'il est informé d'un des faits mentionnés à l'article L. 5212-2, le directeur de l'*(Décr. n° 2012-597 du 27 avr. 2012, art. 5-I-1°)* « Agence nationale de sécurité du médicament et des produits de santé » procède à une évaluation si possible conjointement avec le fabricant du dispositif en cause et prend au besoin les mesures prévues aux articles L. 5312-1 à L. 5312-3.

Art. R. 5212-21 Sans préjudice des obligations d'information prévues par l'article L. 5212-2 ou par toute autre disposition législative ou réglementaire, les agents de l'*(Décr. n° 2012-597 du 27 avr. 2012, art. 5-I-1°)* « Agence nationale de sécurité du médicament et des produits de santé », ceux des organismes habilités et des laboratoires auxquels ces organismes ont éventuellement recours ainsi que toutes les personnes intervenant dans les procédures prévues au présent titre sont tenus de garder confidentielle toute information obtenue dans l'exécution de leur mission.

Art. R. 5212-22 Les correspondants de matériovigilance sont chargés :

1° Dans le cadre de leurs relations avec l'échelon national :

a) De transmettre sans délai au directeur général de l'*(Décr. n° 2012-597 du 27 avr. 2012, art. 5-I-1°)* « Agence nationale de sécurité du médicament et des produits de santé » toute déclaration d'incident ou de risque d'incident faite auprès d'eux au titre du signalement obligatoire mentionné à l'article R. 5212-14 ;

b) De transmettre au directeur général de l'agence, selon une périodicité trimestrielle, les déclarations d'incident ou de dysfonctionnement faites auprès d'eux au titre du signalement facultatif mentionné à l'article R. 5212-15 ;

c) D'informer les fabricants concernés des incidents ou risques d'incident mentionnés ci-dessus ;

d) D'informer l'*(Décr. n° 2006-1497 du 29 nov. 2006, art. 3)* « Agence de la biomédecine » de tout signalement d'incident ou risque d'incident provoqué par des dispositifs médicaux utilisés dans la collecte, la préparation, la conservation d'éléments et produits du corps humain ;

e) De conduire les enquêtes et travaux relatifs à la sécurité d'utilisation des dispositifs médicaux demandés par le directeur général de l'*(Décr. n° 2012-597 du 27 avr. 2012, art. 5-I-1°)* « Agence nationale de sécurité du médicament et des produits de santé » ;

2° *(Décr. n° 2006-550 du 15 mai 2006, art. 5-III)* « Au sein des établissements ou associations mentionnés à l'article R. 5212-12 : »

a) D'enregistrer, d'analyser et de valider tout incident ou risque d'incident signalé susceptible d'être dû à un dispositif médical ;

b) De recommander, le cas échéant, les mesures conservatoires à prendre à la suite d'une déclaration d'incident ;

c) De donner des avis et conseils aux déclarants pour les aider à procéder au signalement des incidents ;

d) De sensibiliser l'ensemble des utilisateurs aux problèmes de matériovigilance et d'aider à l'évaluation des données concernant la sécurité d'utilisation des dispositifs médicaux ;

3° De signaler au centre régional de pharmacovigilance tout incident ou risque d'incident provoqué par des dispositifs médicaux destinés à l'administration de médicaments ou incorporant une substance considérée comme un médicament au sens de l'article L. 5111-1 ;

4° De signaler au correspondant local d'hémovigilance tout incident ou risque d'incident provoqué par des dispositifs médicaux utilisés dans la collecte, la fabrication et l'administration de produits dérivés du sang.

Art. R. 5212-23 Les fabricants de dispositifs médicaux ainsi que les entreprises et organismes exploitant ces dispositifs, sur demande motivée du directeur de l'*(Décr. n° 2012-597 du 27 avr. 2012, art. 5-I-1°)* « Agence nationale de sécurité du médicament et des produits de santé », fournissent toute information mentionnée à l'article R. 5212-3 ou effectuent toutes enquêtes et tous travaux concernant les risques d'incidents que ces dispositifs sont susceptibles de présenter. Les informations, enquêtes ou travaux ainsi demandés sont nécessaires à l'exercice de la matériovigilance.

Art. R. 5212-24 L'*(Décr. n° 2012-597 du 27 avr. 2012, art. 5-I-1°)* « Agence nationale de sécurité du médicament et des produits de santé » soumet à son contrôle un échantillon de chaque lot de la substance qui, si elle est utilisée séparément du dispositif médical dans lequel elle est incorporée comme partie intégrante, est susceptible d'être considérée comme un médicament dérivé du sang, sauf dans le cas d'un lot provenant d'un autre État membre de *(Décr. n° 2015-374 du 31 mars 2015, art. 4-I)* « l'Union européenne » ou partie à l'accord sur l'Espace économique européen et ayant fait l'objet d'un contrôle par un laboratoire désigné à cet effet par cet État. Ce contrôle peut porter soit sur le produit en vrac et le produit fini, soit sur l'un d'eux seulement. Le contrôle doit être effectué dans un délai de soixante jours à compter de la réception de l'échantillon.

Chaque lot de la substance mentionnée au premier alinéa doit avoir obtenu un certificat de libération établi par l'*(Décr. n° 2012-597 du 27 avr. 2012, art. 5-I-1°)* « Agence nationale de sécurité du médicament et des produits de santé » ou un laboratoire désigné à cet effet par un État membre de *(Décr. n° 2015-374 du 31 mars 2015, art. 4-I)* « l'Union européenne » ou partie à l'accord sur l'Espace économique européen.

SECTION IV **OBLIGATION DE MAINTENANCE ET DE CONTRÔLE DE QUALITÉ DES DISPOSITIFS MÉDICAUX ET REVENTE DES DISPOSITIFS MÉDICAUX D'OCCASION** *(Décr. n° 2011-968 du 16 août 2011, art. 1er).*

SOUS-SECTION 1 **OBLIGATION DE MAINTENANCE ET DE CONTRÔLE DE QUALITÉ** *(Décr. n° 2011-968 du 16 août 2011, art. 1er)*

Art. R. 5212-25 L'exploitant veille à la mise en œuvre de la maintenance et des contrôles de qualité prévus pour les dispositifs médicaux qu'il exploite. La maintenance est réalisée soit par le fabricant ou sous sa responsabilité, soit par un fournisseur de tierce maintenance, soit par l'exploitant lui-même.

Art. R. 5212-26 En application de l'article L. 5212-1, la liste des dispositifs médicaux soumis à l'obligation de maintenance, celle des dispositifs médicaux soumis au contrôle de qualité interne et la liste des dispositifs médicaux soumis au contrôle de qualité externe sont arrêtées, après avis du directeur général de l'*(Décr. n° 2012-597 du*

27 avr. 2012, art. 5-I-1°) « Agence nationale de sécurité du médicament et des produits de santé », par le ministre chargé de la santé.

Art. R. 5212-27 Pour chacun des dispositifs soumis au contrôle de qualité interne ou externe, le directeur général de l'*(Décr. n° 2012-597 du 27 avr. 2012, art. 5-I-1°)* « Agence nationale de sécurité du médicament et des produits de santé » définit les modalités particulières de ce contrôle, en fonction des dispositifs, par décision publiée *(Décr. n° 2017-20 du 9 janv. 2017, art. 2-13°)* « sur le site internet de l'agence ». Pour ce qui concerne les dispositifs médicaux exposant les personnes à des rayonnements ionisants, les décisions du directeur général de l'agence sont prises au vu de l'avis de l'organisme désigné par l'autorité administrative compétente en matière de radioprotection.

Le directeur général de l'agence fixe notamment :

1° Les critères d'acceptabilité auxquels répondent les performances ou les caractéristiques des dispositifs médicaux soumis au contrôle de qualité interne ou externe ;

2° La nature des opérations de contrôle à mettre en œuvre pour s'assurer du maintien des performances des dispositifs médicaux et les modalités de leur réalisation ;

3° La périodicité des contrôles et les situations nécessitant un contrôle en dehors des contrôles périodiques ;

4° La nature des opérations de maintenance des dispositifs médicaux qui nécessitent un nouveau contrôle en dehors des contrôles périodiques ;

5° Les recommandations en matière d'utilisation et de remise en conformité compte tenu des dégradations ou des insuffisances de performances ou des caractéristiques constatées ainsi que, le cas échéant, les délais laissés à l'exploitant pour remettre en conformité les dispositifs.

Art. R. 5212-28 Pour les dispositifs médicaux mentionnés à l'article R. 5212-26, l'exploitant est tenu :

1° De disposer d'un inventaire des dispositifs qu'il exploite, tenu régulièrement à jour, mentionnant pour chacun d'eux les dénominations commune et commerciale du dispositif, le nom de son fabricant et celui du fournisseur, le numéro de série du dispositif, sa localisation et la date de sa première mise en service ;

2° De définir et mettre en œuvre une organisation destinée à s'assurer de l'exécution de la maintenance et du contrôle de qualité interne ou externe des dispositifs dont il précise les modalités, qui sont transcrites dans un document ; dans les établissements de santé *(Décr. n° 2006-550 du 15 mai 2006, art. 5-III)* « mentionnés à l'article R. 5212-12 », cette organisation est adoptée après avis des instances médicales consultatives ; *(Décr. n° 2006-550 du 15 mai 2006, art. 5-III)* « dans les groupements de coopération sanitaire mentionnés à l'article R. 5212-12, cette organisation est définie par la convention constitutive du groupement ; cette organisation » est portée à la connaissance des utilisateurs ; les changements de cette organisation donnent lieu, sans délai, à la mise à jour du document ;

3° De disposer d'informations permettant d'apprécier les dispositions adoptées pour l'organisation de la maintenance et du contrôle de qualité interne ou externe ainsi que les modalités de leur exécution ;

4° De mettre en œuvre les contrôles prévus par l'article R. 5212-27 ;

5° De tenir à jour, pour chaque dispositif médical, un registre dans lequel sont consignées toutes les opérations de maintenance et de contrôle de qualité interne ou externe, avec pour chacune d'elles l'identité de la personne qui les a réalisées et, le cas échéant, de son employeur, la date de réalisation des opérations effectuées et, le cas échéant, la date d'arrêt et de reprise d'exploitation en cas de non-conformité, la nature de ces opérations, le niveau de performances obtenu, et le résultat concernant la conformité du dispositif médical ; ce registre est conservé cinq ans après la fin d'exploitation du dispositif, sauf dispositions particulières fixées par décision du directeur général de l'*(Décr. n° 2012-597 du 27 avr. 2012, art. 5-I-1°)* « Agence nationale de sécurité du médicament et des produits de santé » pour certaines catégories de dispositifs ;

6° De permettre l'accès aux dispositifs médicaux et aux informations prévues par le présent article à toute personne en charge des opérations de maintenance et de contrôle de qualité.

Art. R. 5212-29 Le contrôle de qualité externe des dispositifs médicaux est réalisé par des organismes agréés à cet effet par décision du directeur général de l'*(Décr. n° 2012-597 du 27 avr. 2012, art. 5-I-1°)* « Agence nationale de sécurité du médicament et des produits de santé » publiée *(Décr. n° 2016-183 du 23 févr. 2016, art. 3-I)* « sur le site internet de l'agence ». L'agrément précise les tâches pour lesquelles il est accordé.

L'agrément est accordé pour une durée de cinq ans renouvelable, en fonction des garanties d'indépendance et de compétence présentées, de l'expérience acquise dans le domaine considéré et des moyens dont l'organisme dispose pour exécuter les tâches pour lesquelles il est agréé.

(Décr. n° 2007-1336 du 10 sept. 2007) « La composition du dossier de demande d'agrément, les modalités relatives à son dépôt et à son instruction, ainsi que les conditions que doit remplir l'organisme pour respecter les critères généraux d'agrément mentionnés à l'alinéa précédent, notamment les normes européennes harmonisées dont les références ont été publiées *(Décr. n° 2016-183 du 23 févr. 2016, art. 3-I)* « sur le site internet de l'agence », auxquelles il doit satisfaire, sont fixées par arrêté du ministre chargé de la santé après avis du directeur général de l'*(Décr. n° 2012-597 du 27 avr. 2012, art. 5-I-1°)* « Agence nationale de sécurité du médicament et des produits de santé ». »

Les organismes s'engagent à permettre aux personnes désignées par le directeur général de l'agence d'accéder à leurs locaux et de procéder à toute investigation, afin de vérifier qu'ils continuent de satisfaire aux conditions de l'agrément.

Les organismes s'engagent en outre à communiquer au directeur général de l'agence toute modification des conditions d'exercice de leurs activités, telles qu'elles sont énoncées dans leur demande d'agrément.

Si un organisme agréé cesse de remplir les conditions qui ont permis son agrément, celui-ci peut être retiré par décision du directeur général de l'agence après que le responsable de l'organisme a été mis à même de présenter ses observations.

Les organismes agréés établissent un rapport annuel d'activité qu'ils communiquent au directeur général de l'agence. Ce rapport d'activité mentionne, d'une part, la part du chiffre d'affaires relative aux contrôles effectués dans le cadre de cet agrément et, d'autre part, pour chacun des contrôles de qualité effectués, le nom de l'exploitant, le dispositif contrôlé, la nature des contrôles réalisés et les non-conformités observées.

Art. R. 5212-30 Les organismes agréés mettent en œuvre, à la demande de l'exploitant, les contrôles conformément aux dispositions particulières prévues à l'article R. 5212-27.

Chaque contrôle de qualité externe donne lieu à l'établissement d'un rapport relatif au maintien des performances du dispositif contrôlé. Ce rapport mentionne le nom de l'exploitant, le dispositif contrôlé, la nature des contrôles effectués et les non-conformités observées. Il est remis à l'exploitant qui en consigne un exemplaire dans le registre mentionné au 5° de l'article R. 5212-28.

Art. R. 5212-31 Dans le cas où un contrôle de qualité met en évidence une dégradation des performances ou des caractéristiques du dispositif, l'exploitant prend des mesures appropriées relatives à l'utilisation et procède à la remise en conformité du dispositif conformément aux dispositions prévues à l'article R. 5212-27.

Si les dégradations des performances constatées sont susceptibles d'entraîner un risque d'incident tel que prévu à l'article L. 5212-2, celui-ci fait l'objet d'un signalement en application du même article, accompagné du rapport mentionné à l'article R. 5212-30, si le dispositif a fait l'objet d'un contrôle de qualité externe.

Art. R. 5212-32 Dans le cas du contrôle de qualité externe, la remise en conformité des dispositifs est attestée par les résultats conformes d'un second contrôle de qualité réalisé sur le dispositif selon les dispositions prévues à l'article R. 5212-30.

Si, après ce second contrôle, les performances attendues du dispositif ne sont toujours pas atteintes, l'organisme agréé informe le directeur général de l'*(Décr. n° 2012-597 du 27 avr. 2012, art. 5-I-1°)* « Agence nationale de sécurité du médicament et des produits de santé ».

Art. R. 5212-33 Dans le cas où le contrôle de qualité a conduit au signalement d'un risque d'incident prévu par l'article R. 5212-31, l'exploitant notifie au directeur général de l'*(Décr. n° 2012-597 du 27 avr. 2012, art. 5-I-1°)* « Agence nationale de sécurité du médicament et des produits de santé » la remise en conformité du dispositif médical ou sa mise hors service définitive.

En cas de remise en conformité, si le dispositif médical a fait l'objet d'un contrôle de qualité externe, l'exploitant communique à l'*(Décr. n° 2012-597 du 27 avr. 2012, art. 5-I-1°)* « Agence nationale de sécurité du médicament et des produits de santé » le rapport mentionné à l'article R. 5212-30, relatif au second contrôle.

Art. R. 5212-34 Le directeur général de l'*(Décr. n° 2012-597 du 27 avr. 2012, art. 5-I-1°)* « Agence nationale de sécurité du médicament et des produits de santé » peut mettre en demeure tout exploitant d'un dispositif médical soumis au contrôle de qualité prévu par le présent titre d'y faire procéder.

Art. R. 5212-35 En cas de non-conformité d'un dispositif médical, constatée à la suite d'un contrôle de qualité, le directeur général de l'*(Décr. n° 2012-597 du 27 avr. 2012, art. 5-I-1°)* « Agence nationale de sécurité du médicament et des produits de santé » informe le préfet de région et, le cas échéant, le *(Décr. n° 2010-344 du 31 mars 2010, art. 161)* « directeur général de l'agence régionale de santé ».

SOUS-SECTION 2 REVENTE DES DISPOSITIFS MÉDICAUX D'OCCASION

(Décr. n° 2011-968 du 16 août 2011, art. 1er)

Art. R. 5212-35-1 On entend par revente d'un dispositif médical d'occasion toute cession d'un dispositif médical ni neuf, ni remis à neuf au sens du 2° de l'article R. 5211-4.

La revente d'occasion de tout dispositif médical figurant sur la liste prévue au troisième alinéa de l'article L. 5212-1 est conditionnée à l'établissement préalable d'une attestation, dans les conditions définies par la présente sous-section.

Art. R. 5212-35-2 Les dispositions de la présente sous-section ne s'appliquent pas lorsque :

1° Le dispositif médical d'occasion est cédé à un fabricant de dispositif médical, tel que défini au 3° de l'article R. 5211-4, sauf dans le cas où ce dernier en fait la demande expresse auprès du revendeur ;

2° Le dispositif médical d'occasion est en provenance d'un État membre de l'Union européenne ou partie à l'accord sur l'Espace économique européen et est conforme à une règle technique d'application obligatoire pour la revente dans l'un de ces États, pour autant que cette règle technique permette d'assurer un niveau de protection de santé et de sécurité équivalent à celui recherché par les présentes dispositions ;

3° Le dispositif médical d'occasion est mis sur le marché pour la première fois sur le territoire d'un État membre de l'Union européenne ou partie à l'accord sur l'Espace économique européen. Les dispositions du chapitre Ier du titre Ier du livre II de la cinquième partie du présent code sont alors applicables.

Art. R. 5212-35-3 L'attestation établie par la personne responsable de la cession du dispositif médical d'occasion certifie qu'il a bénéficié d'une maintenance régulière conforme aux dispositions de l'article R. 5212-28 et, lorsque le dispositif est soumis au contrôle de qualité interne ou externe en application de l'article R. 5212-27, que ses caractéristiques et performances sont conformes aux critères d'acceptabilité mentionnés au 1° de cet article. Elle mentionne les indications nécessaires pour identifier le dispositif médical, la date de première mise en service ou, dans le cas où le dispositif n'a jamais été mis en service, la date de première acquisition.

Art. R. 5212-35-4 L'attestation est accompagnée d'un dossier comportant les éléments suivants :

1° Les informations contenues dans le registre mentionné au 5° de l'article R. 5212-28 depuis l'acquisition du dispositif médical par la personne responsable de la cession. Lorsque le dispositif est soumis au contrôle de qualité externe, le rapport relatif au maintien des performances du dispositif médical mentionné à l'article R. 5212-30 doit avoir une ancienneté inférieure à six mois ;

2° Une description de toutes les modifications apportées au dispositif depuis l'acquisition du dispositif médical par la personne responsable de la cession, en dehors des opérations de maintenance, et, à l'exception des cas où les modifications ont été effectuées par un préposé de cette personne, les factures émises à l'occasion de ces modifications ;

3° Le cas échéant, lorsque le dispositif médical d'occasion fait l'objet d'une nouvelle cession, une copie de l'attestation reçue par la personne responsable de la cession lors de l'acquisition du dispositif médical d'occasion.

Art. R. 5212-35-5 Par dérogation aux dispositions de l'article R. 5212-35-4, lorsque le dispositif médical d'occasion faisant l'objet de la cession n'a jamais été mis en service, le dossier est composé des seuls éléments suivants :

1° Le procès-verbal de réception du dispositif médical par la personne responsable de la cession, sauf lorsque la cession a lieu avant la réception du dispositif concerné ;

2° Une déclaration sur l'honneur de la personne responsable de la cession du dispositif médical d'occasion, dans laquelle elle certifie que le dispositif n'a jamais été mis en service.

Art. R. 5212-35-6 L'attestation est remise par la personne responsable de la cession du dispositif médical d'occasion au bénéficiaire de cette cession.

SECTION V **RÈGLES PARTICULIÈRES DE LA VIGILANCE EXERCÉE SUR CERTAINS DISPOSITIFS MÉDICAUX**

(Décr. n° 2006-1497 du 29 nov. 2006, art. 1er)

Art. R. 5212-36 La matériovigilance comporte, pour les dispositifs médicaux dont la liste est fixée par arrêté du ministre chargé de la santé sur proposition du directeur général de l'*(Décr. n° 2012-597 du 27 avr. 2012, art. 5-I-1°)* « Agence nationale de sécurité du médicament et des produits de santé », des règles de traçabilité depuis la réception des dispositifs médicaux dans la structure sanitaire ou de chirurgie esthétique où ils seront utilisés jusqu'à leur utilisation chez le patient.

Ces règles ont pour objet de permettre d'identifier rapidement :

1° Les patients pour lesquels les dispositifs médicaux d'un lot ont été utilisés ;

2° Les lots dont proviennent les dispositifs médicaux utilisés chez un patient.

Art. R. 5212-37 Le représentant légal des établissements de santé, *(Décr. n° 2010-344 du 31 mars 2010, art. 162)* « des groupements de coopération sanitaire mentionnés à l'article L. 6133-7 » et des établissements de chirurgie esthétique fixe, *(Décr. n° 2010-1029 du 30 août 2010, art. 2-I)* « après avis de la commission médicale d'établissement mentionnée à l'article L. 6144-2 ou de la conférence médicale d'établissement mentionnée à l'article L. 6111-2 », la procédure écrite selon laquelle les données nécessaires à l'exercice de la traçabilité sont recueillies, conservées et rendues accessibles.

Ces données sont conservées pendant une durée de dix ans. Cette durée est portée à quarante ans pour les dispositifs médicaux incorporant une substance qui, si elle est utilisée séparément, est susceptible d'être considérée comme un médicament dérivé du sang.

Art. R. 5212-38 Le pharmacien chargé de la gérance de la pharmacie à usage intérieur ou, pour les établissements ne disposant pas de pharmacie à usage intérieur, la personne en charge des commandes et de la gestion des stocks dans l'établissement, sous le contrôle d'un professionnel de santé, enregistre l'ensemble des données relatives à la délivrance des dispositifs médicaux figurant sur la liste prévue à l'article R. 5212-36.

Cet enregistrement comporte les informations suivantes :

— l'identification de chaque dispositif médical : dénomination, numéro de série ou de lot, nom du fabricant ou de son mandataire ;

— la date de la délivrance du dispositif médical au service utilisateur ;

— l'identification du service utilisateur.

Ces données sont transmises au service utilisateur par le pharmacien chargé de la gérance de la pharmacie à usage intérieur ou, pour les établissements ne disposant pas de pharmacie à usage intérieur, la personne en charge des commandes et de la gestion des stocks dans l'établissement, lors de la délivrance du dispositif médical au service utilisateur.

Art. R. 5212-39 Chaque service utilisateur d'un dispositif médical figurant sur la liste prévue à l'article R. 5212-36 complète les informations mentionnées à l'article R. 5212-38 en enregistrant :

– la date d'utilisation ;

– l'identification du patient, et notamment ses nom, prénom et date de naissance ;

– le nom du médecin ou du chirurgien-dentiste utilisateur.

Art. R. 5212-40 Doivent figurer dans le dossier médical mentionné à l'article R. 1112-2 :

– l'identification du dispositif médical : dénomination, numéro de série ou de lot, nom du fabricant ou de son mandataire ;

– la date d'utilisation ;

– le nom du médecin ou du chirurgien-dentiste utilisateur.

Art. R. 5212-41 Les médecins et chirurgiens-dentistes utilisateurs des dispositifs médicaux figurant sur la liste prévue à l'article R. 5212-36, qui exercent leur activité hors établissement de santé ou de chirurgie esthétique, inscrivent les données nécessaires à l'exercice de la traçabilité dans le dossier médical du patient, s'il existe, ou, à défaut, dans tout document permettant de localiser et d'identifier le lot dont provient le dispositif médical utilisé chez un patient. Ils les inscrivent aussi dans tout document permettant de localiser et d'identifier les patients pour lesquels les dispositifs médicaux d'un lot ont été utilisés.

Ces données sont conservées pendant une durée de dix ans. Cette durée est portée à quarante ans pour les dispositifs médicaux incorporant une substance qui, si elle est utilisée séparément, est susceptible d'être considérée comme un médicament dérivé du sang.

Doivent figurer dans le dossier médical, s'il existe, ou, à défaut, dans le document tenu par le médecin ou le chirurgien-dentiste et permettant d'identifier le lot dont provient le dispositif médical utilisé chez un patient :

– l'identification du dispositif médical : dénomination, numéro de série ou de lot, nom du fabricant ou de son mandataire ;

– le lieu d'utilisation ;

– la date d'utilisation ;

– le nom du médecin ou du chirurgien-dentiste utilisateur.

Art. R. 5212-42 A l'issue des soins *(Décr. n° 2015-1171 du 22 sept. 2015, art. 1er-1°)* « ou des actes de chirurgie esthétique » mettant en œuvre un dispositif médical figurant sur la liste prévue à l'article R. 5212-36, est transmis au patient un document mentionnant :

– l'identification du dispositif médical utilisé : dénomination, numéro de série ou de lot, nom du fabricant ou de son mandataire *(Décr. n° 2015-1171 du 22 sept. 2015, art. 1er-2°)* « et marque ; »

– le lieu et la date d'utilisation ;

– le nom du médecin ou du chirurgien-dentiste utilisateur ;

(Décr. n° 2015-1171 du 22 sept. 2015, art. 1er-3°) « – l'existence d'une durée de vie limitée du produit et l'éventuelle nécessité de réintervention qui en découle ;

« – le cas échéant, le suivi médical particulier.

« Ce document fait partie des informations remises au patient en application du dernier alinéa de l'article R. 1112-1 lorsque les soins ou actes mentionnés au premier alinéa ont été pratiqués dans un établissement de santé. Dans le cas contraire, il est également remis au patient ou à la personne concernée.

« Une copie de ce document est conservée dans le dossier médical du patient mentionné à l'article R. 1112-2, ou, lorsque les soins ou actes mentionnés au premier alinéa n'ont pas été pratiqués dans un établissement de santé, dans le dossier médical tenu par le médecin ou le chirurgien dentiste qui a accompli l'acte mettant en œuvre un dispositif médical figurant sur la liste mentionnée au premier alinéa. »

SECTION VI APPLICATION AU SERVICE DE SANTÉ DES ARMÉES

(Décr. n° 2006-1497 du 29 nov. 2006, art. 1er)

Art. R. 5212-43 Pour l'application des dispositions du présent chapitre, les hôpitaux des armées sont regardés comme des établissements publics de santé.

CHAPITRE III PUBLICITÉ

(Décr. n° 2012-743 du 9 mai 2012)

SECTION PREMIÈRE DISPOSITIONS GÉNÉRALES

Art. R. 5213-1 La publicité auprès du public pour un dispositif médical :

1° Est conçue de telle sorte que le caractère publicitaire du message soit évident et que le produit soit clairement identifié comme dispositif médical ;

2° Précise la date à laquelle elle a été établie ou la date de la dernière modification et comporte au moins les informations suivantes :

a) La dénomination ou la référence commerciale du dispositif médical ;

b) La destination attribuée au dispositif médical par son fabricant et pour laquelle la publicité est diffusée ;

c) Le nom du fabricant du dispositif médical ou de son mandataire ;

d) Les informations indispensables pour un bon usage du dispositif médical ;

e) Une invitation expresse à lire attentivement les instructions figurant dans la notice qui accompagne le dispositif médical ou sur l'étiquetage remis à l'utilisateur final ;

f) Selon le degré de risque du dispositif médical pour la santé humaine, un message de prudence et un renvoi au conseil d'un médecin, d'un pharmacien ou de tout autre professionnel compétent au regard de la nature du dispositif médical ;

g) La mention : "Ce dispositif médical est un produit de santé réglementé qui porte, au titre de cette réglementation, le marquage CE" ;

h) Le cas échéant, le numéro interne de référencement ;

3° Ne comporte pas de mention selon laquelle le dispositif médical est pris en charge, en tout ou partie, par les régimes obligatoires d'assurance maladie ou par un régime complémentaire ;

4° Ne comporte aucun élément qui :

a) Ferait apparaître la consultation médicale ou l'intervention chirurgicale comme superflue, en particulier en offrant un diagnostic par correspondance ;

b) Suggérerait que l'effet du dispositif médical est assuré, qu'il est sans effet indésirable, ou qu'il est supérieur ou égal à celui d'un autre traitement ou dispositif médical ;

c) Suggérerait qu'un état de santé normal peut être amélioré par l'utilisation du dispositif médical ;

d) Suggérerait qu'un état de santé normal peut être affecté en cas de non-utilisation du dispositif médical ;

e) S'adresserait exclusivement ou principalement aux enfants ;

f) Se réfèrerait à une recommandation émanant de scientifiques ou de professionnels de santé ;

g) Se réfèrerait à une recommandation de personnes qui, bien que n'étant ni des scientifiques ni des professionnels de santé, peuvent, par leur notoriété, inciter à l'utilisation de dispositifs médicaux, sauf si la publicité concerne un dispositif médical de classe I ou II *a* ;

h) Assimilerait le dispositif médical à une denrée alimentaire, à un produit cosmétique ou à un autre produit de consommation ;

i) Suggérerait que la sécurité ou l'efficacité du dispositif médical est due au fait qu'il s'agit d'une substance naturelle ;

j) Pourrait conduire, par une description détaillée de symptômes, à un faux autodiagnostic ;

k) Utiliserait de manière abusive, effrayante ou trompeuse des représentations visuelles d'altérations du corps humain dues à des maladies, des blessures ou des handicaps ;

l) Présenterait de manière excessive ou trompeuse l'action du dispositif médical sur le corps humain ;

m) Se réfèrerait à des attestations de guérison ;

n) Insisterait sur le fait que le dispositif médical a fait l'objet d'une certification ;

o) Comporterait des offres de primes, objets ou produits quelconques ou d'avantages matériels directs ou indirects de quelque nature que ce soit, sauf si la publicité concerne un dispositif médical de classe I ou II a *(Décr. n° 2017-20 du 9 janv. 2017, art. 2-14°)* « ou les préservatifs ».

Art. R. 5213-2 La publicité pour un dispositif médical auprès des professionnels de santé est adaptée à ses destinataires. Elle précise la date à laquelle elle a été établie ou la date de la dernière modification et comporte au moins les informations suivantes :

1° La dénomination ou la référence commerciale du dispositif médical ;

2° La destination attribuée au dispositif médical par son fabricant et pour laquelle la publicité est diffusée, ainsi que les caractéristiques et les performances revendiquées au titre de cette destination ;

3° La classe du dispositif médical ;

4° Le cas échéant, le nom de l'organisme habilité qui a établi l'évaluation de conformité ;

5° Le nom du fabricant du dispositif médical ou de son mandataire ;

6° Les informations indispensables pour un bon usage du dispositif médical ;

7° Une invitation expresse à lire attentivement les instructions figurant dans la notice qui accompagne le dispositif médical ou sur l'étiquetage remis au professionnel de santé ;

8° La situation du dispositif médical au regard du remboursement par les organismes d'assurance maladie et, le cas échéant, les conditions de prescription et d'utilisation auxquelles a été subordonnée son inscription sur la liste mentionnée à l'article L. 165-1 du code de la sécurité sociale, pour la destination faisant l'objet de la publicité ;

9° Le cas échéant, le numéro interne de référencement.

Art. R. 5213-3 Les informations contenues dans chaque publicité sont exactes, à jour, vérifiables et suffisamment complètes pour permettre, selon le cas, au grand public de comprendre l'utilisation à laquelle le dispositif médical est destiné et aux professionnels d'apprécier les caractéristiques et les performances du dispositif médical.

Les citations, tableaux et autres illustrations empruntés à des revues médicales ou à des ouvrages scientifiques, qui sont utilisés dans la publicité, sont reproduits fidèlement et leur source exacte est précisée.

La publicité ne peut mentionner la position prise à l'égard d'un dispositif médical par une autorité administrative ou une instance consultative d'une manière susceptible d'altérer le sens ou l'objectivité de cette position.

Toute mention écrite est parfaitement lisible.

Art. R. 5213-4 Lorsqu'il constate que la diffusion d'une publicité pour un dispositif médical, qui ne relève pas des dispositions des articles R. 5213-5 à R. 5213-11, se déroule dans des conditions contraires aux dispositions de l'article L. 5213-2 et de la présente section, le directeur général de l'Agence nationale de sécurité du médicament et des produits de santé peut mettre en demeure la personne au profit de laquelle la publicité est diffusée, dans un délai déterminé qui ne peut être inférieur à un mois, de régulariser la situation et de retirer la publicité jusqu'à sa mise en conformité. La régularisation peut impliquer la modification du contenu de la publicité ou des destinataires de celle-ci et éventuellement la diffusion d'un rectificatif.

La mise en demeure est adressée par tout moyen permettant de rapporter la preuve de la date de sa réception et avise l'intéressé de sa possibilité de présenter, dans le délai mentionné à l'alinéa précédent, ses observations écrites ou orales.

La mise en demeure peut être assortie d'une astreinte journalière due, selon le cas, jusqu'à la régularisation ou au retrait de la publicité. Son montant ne peut dépasser le montant fixé au deuxième alinéa de l'article L. 5421-9.

Si la mise en demeure est restée sans suite à l'expiration du délai imparti, le directeur général peut interdire la poursuite et la diffusion ultérieure de la publicité. Il en informe l'intéressé par tout moyen permettant de rapporter la preuve de la date de réception. Cette mesure d'interdiction est publiée *(Décr. n° 2017-20 du 9 janv. 2017, art. 2-13°)* « sur le site internet de l'agence ».

SECTION II AUTORISATION PRÉALABLE

Art. R. 5213-5 La demande d'autorisation de publicité pour les dispositifs médicaux mentionnés à l'article L. 5213-4 est adressée au directeur général de l'Agence nationale de sécurité du médicament et des produits de santé par la personne au profit de laquelle la publicité est diffusée, sous pli recommandé ou par voie électronique avec demande d'avis de réception ou remise contre récépissé. Chaque demande d'autorisation est accompagnée au minimum des documents suivants :

1° Le projet de publicité qui mentionne au moins les informations énumérées aux articles R. 5213-1 et R. 5213-2 ;

2° Un dossier justificatif des caractéristiques et performances du dispositif médical concerné qui sont annoncées dans le projet de publicité.

Le demandeur attribue, en outre, à chacun des supports prévus pour la publicité, un numéro interne de référencement, selon des règles définies par une décision du directeur général de l'Agence nationale de sécurité du médicament et des produits de santé. La publicité diffusée fait mention de ce numéro, sauf pour une publicité sur un support de diffusion radiophonique.

Art. R. 5213-6 Le directeur général de l'Agence nationale de sécurité du médicament et des produits de santé peut exiger la communication de tous les éléments d'information indispensables au contrôle de l'exactitude des caractéristiques et des performances annoncées.

Art. R. 5213-7 Le directeur général de l'Agence nationale de sécurité du médicament et des produits de santé notifie au demandeur sa décision d'autorisation préalable dans un délai de deux mois à compter de la date de réception du dossier complet. L'autorisation est réputée acquise en l'absence de décision du directeur général de l'agence dans ce délai.

Si les documents du demandeur ne sont pas complets, l'Agence nationale de sécurité du médicament et des produits de santé lui adresse la liste des documents ou éléments manquants et fixe un délai pour leur transmission. Dans l'attente des documents ou éléments complémentaires, le délai mentionné à l'alinéa précédent est suspendu.

Art. R. 5213-8 L'autorisation est délivrée pour une durée de cinq ans. Sur demande du titulaire présentée au plus tard deux mois avant la date normale d'expiration, l'autorisation initiale est renouvelée pour une durée de cinq ans.

Art. R. 5213-9 Tout projet de modification des éléments mentionnés aux 1° et 2° de l'article R. 5213-5 fait l'objet d'une nouvelle demande d'autorisation déposée et instruite dans les mêmes conditions que la demande d'autorisation initiale. Celle-ci continue à courir jusqu'à son terme initial.

Art. R. 5213-10 L'autorisation peut être suspendue ou retirée par décision motivée du directeur général de l'Agence nationale de sécurité du médicament et des produits de santé lorsque la publicité du dispositif médical ne respecte plus les conditions prévues par les dispositions des articles L. 5213-2 et L. 5213-4, ainsi que par les dispositions du présent chapitre.

*La suspension ou le retrait ne peut intervenir qu'*après que le titulaire a été invité, par tout moyen permettant de rapporter la preuve de la date de réception de cet avis, à présenter ses observations écrites ou orales dans un délai fixé par le directeur général, qui ne peut être inférieur à un mois.

Art. R. 5213-11 En cas d'urgence, le directeur général de l'Agence nationale de sécurité du médicament et des produits de santé peut suspendre l'autorisation d'une publicité pour une durée de trois mois au plus.

TITRE DEUXIÈME DISPOSITIFS MÉDICAUX DE DIAGNOSTIC *IN VITRO*

CHAPITRE PREMIER RÉGIME JURIDIQUE DES DISPOSITIFS MÉDICAUX DE DIAGNOSTIC *IN VITRO*

SECTION PREMIÈRE CHAMP D'APPLICATION

Art. R. 5221-1 Les dispositions du présent titre sont applicables aux dispositifs médicaux de diagnostic *in vitro* définis à l'article L. 5221-1.

Art. R. 5221-2 Lorsqu'un dispositif médical de diagnostic *in vitro* forme un ensemble indissociable avec un dispositif, qui, s'il est utilisé séparément, est susceptible d'être considéré comme un dispositif médical au sens de l'article L. 5211-1 et dont l'action est accessoire à celle du dispositif médical de diagnostic *in vitro*, celui-ci est régi par les dispositions du présent titre, sans préjudice de l'application des dispositions du titre Ier en ce qui concerne le dispositif médical.

Art. R. 5221-3 Ne sont pas régis par les dispositions du présent titre :

1° Les instruments, appareils, équipements, matériaux ou autres articles, y compris les logiciels, destinés à être utilisés aux fins de la recherche sans poursuivre des objectifs médicaux ;

2° Les matériaux de référence certifiés au niveau international et les matériels utilisés dans les programmes d'évaluation externe de la qualité des analyses des laboratoires d'analyses de biologie médicale, à l'exception des agents d'étalonnage et des matériaux de contrôle qui permettent à l'utilisateur de constater et de vérifier les performances des dispositifs ;

3° Les produits destinés à des usages généraux en laboratoire à moins que, eu égard à leurs caractéristiques, ils soient spécifiquement destinés par leur fabricant à des examens de diagnostic *in vitro*.

SECTION II DÉFINITIONS

Art. R. 5221-4 Pour l'application des dispositions du présent titre, on entend par :

1° Accessoire, tout article qui est destiné principalement par son fabricant à être utilisé avec un dispositif médical de diagnostic *in vitro* afin de permettre l'utilisation de ce dernier conformément à sa destination, à l'exception des dispositifs médicaux invasifs destinés à prélever des échantillons ainsi que des dispositifs médicaux placés en contact direct avec le corps humain dans le but d'obtenir un échantillon ;

2° Récipient pour échantillons, tout dispositif médical de diagnostic *in vitro*, qu'il soit sous vide ou non, principalement destiné par son fabricant à recevoir directement l'échantillon provenant du corps humain et à le conserver en vue d'un examen de diagnostic *in vitro* ;

3° Dispositif destiné à des autodiagnostics, tout dispositif médical de diagnostic *in vitro* destiné par le fabricant à être utilisé par le public dans un environnement domestique ;

4° Dispositif faisant l'objet d'une évaluation de ses performances, tout dispositif médical de diagnostic *in vitro* soumis par le fabricant à une ou plusieurs études d'évaluation de ses performances dans des laboratoires d'analyses de biologie médicale ou dans d'autres environnements appropriés extérieurs à ses propres installations ;

5° Dispositif nouveau, tout dispositif médical de diagnostic *in vitro* :

a) Lorsque, pour la substance à analyser ou un autre paramètre, la disponibilité permanente d'un tel dispositif n'a pas été assurée sur le marché communautaire durant les trois années précédentes ;

b) *Qui recourt à une technologie* analytique qui, sur le marché communautaire, n'a pas été utilisée en permanence, durant les trois années précédentes, en liaison avec une substance déterminée à analyser ou un autre paramètre donné ;

6° Mise sur le marché, la première mise à disposition à titre onéreux ou gratuit d'un dispositif médical de diagnostic *in vitro* autre qu'un dispositif faisant l'objet d'une évaluation de ses performances, en vue de sa distribution ou de son utilisation dans un

État membre de *(Décr. n° 2015-374 du 31 mars 2015, art. 4-I)* « l'Union européenne » ou partie à l'accord sur l'Espace économique européen, qu'il s'agisse d'un dispositif neuf ou remis à neuf ;

7° Mise en service, la mise à disposition de l'utilisateur d'un dispositif médical de diagnostic *in vitro* prêt à être utilisé pour la première fois sur le marché communautaire conformément à sa destination ;

8° Importation, l'importation d'un dispositif médical de diagnostic *in vitro* en provenance d'un État non membre de *(Décr. n° 2015-374 du 31 mars 2015, art. 4-I)* « l'Union européenne » ou non partie à l'accord sur l'Espace économique européen en vue de sa mise sur le marché ;

9° Importateur, toute personne physique ou morale établie dans un État membre de *(Décr. n° 2015-374 du 31 mars 2015, art. 4-I)* « l'Union européenne » ou partie à l'accord sur l'Espace économique européen se livrant à l'importation et au stockage de dispositifs médicaux de diagnostic *in vitro* ;

10° Exportateur, toute personne physique ou morale se livrant à l'exportation de dispositifs médicaux de diagnostic *in vitro* vers des États non membres de *(Décr. n° 2015-374 du 31 mars 2015, art. 4-I)* « l'Union européenne » ou non parties à l'accord sur l'Espace économique européen.

Art. R. 5221-5 Les définitions figurant aux 1°, 3°, 4° et 5° de l'article R. 5211-4 sont applicables aux dispositifs médicaux de diagnostic *in vitro*.

SECTION III CLASSIFICATION DES DISPOSITIFS MÉDICAUX DE DIAGNOSTIC *IN VITRO*

Art. R. 5221-6 Les dispositifs médicaux de diagnostic *in vitro*, autres que les dispositifs médicaux de diagnostic *in vitro* faisant l'objet d'une évaluation de leurs performances, sont classés dans deux catégories :

1° Les dispositifs médicaux de diagnostic *in vitro* dont la fiabilité conditionne une bonne prise en charge du patient et dont les défaillances sont susceptibles de causer un risque grave pour la santé. Ils comprennent les dispositifs médicaux de diagnostic *in vitro* destinés à des autodiagnostics, ainsi que les dispositifs médicaux de diagnostic *in vitro* dont la liste est fixée, sur proposition du directeur général de l'*(Décr. n° 2012-597 du 27 avr. 2012, art. 5-I-1°)* « Agence nationale de sécurité du médicament et des produits de santé », par arrêté du ministre chargé de la santé. L'arrêté classe ces derniers en deux listes A et B selon le niveau d'exigence requis pour l'évaluation de leur conformité ;

2° Les dispositifs médicaux de diagnostic *in vitro* autres que ceux mentionnés au 1°.

La procédure d'évaluation de la conformité des dispositifs mentionnés au 1° comporte l'intervention d'un organisme habilité.

La procédure d'évaluation de la conformité des dispositifs mentionnés au 2° se déroule sous la seule responsabilité du fabricant.

Art. R. 5221-7 En cas de désaccord sur l'application des règles de classification entre le fabricant d'un dispositif médical de diagnostic *in vitro* et un organisme habilité intervenant dans les procédures d'évaluation de conformité prévues au présent titre, le directeur général de l'*(Décr. n° 2012-597 du 27 avr. 2012, art. 5-I-1°)* « Agence nationale de sécurité du médicament et des produits de santé » détermine la procédure de certification dont relève le dispositif en cause.

SECTION IV CONDITIONS DE MISE SUR LE MARCHÉ ET DE MISE EN SERVICE

Art. R. 5221-8 Sans préjudice des dispositions de l'article R. 5221-9, les dispositifs médicaux de diagnostic *in vitro* qui satisfont aux normes les concernant et transposant les normes européennes harmonisées dont les références ont été publiées au *Journal officiel* de la République française sont présumés conformes aux exigences essentielles définies à la section V du présent chapitre.

Art. R. 5221-9 Les dispositifs médicaux de diagnostic *in vitro* figurant sur la liste fixée par l'arrêté mentionné à l'article R. 5221-6, conçus et fabriqués conformément à des spécifications techniques communes publiées au *Journal officiel de l'Union euro-*

péenne et établissant les critères d'évaluation et de réévaluation des performances, les critères de libération de lots, les méthodes et les matériaux de référence, sont, dans la limite du champ d'application de ces spécifications, présumés conformes aux exigences essentielles.

Les fabricants sont tenus de respecter ces spécifications techniques communes. Toutefois si, pour des raisons dûment justifiées, ils ne se conforment pas à ces spécifications, ils doivent adopter des solutions de niveau au moins équivalent à celles-ci. Ils en informent l'organisme habilité.

Art. R. 5221-10 Tout dispositif médical de diagnostic *in vitro* importé, mis sur le marché ou mis en service, doit être revêtu du marquage CE.

Toutefois le marquage CE n'est requis ni pour les dispositifs faisant l'objet d'une évaluation de leurs performances, ni pour les dispositifs mentionnés à l'article L. 5221-5.

Art. R. 5221-11 Le marquage CE ne peut être apposé sur un dispositif médical de diagnostic *in vitro* que si celui-ci est conforme aux exigences essentielles et a fait l'objet des procédures d'évaluation qui lui sont applicables.

Lorsqu'un dispositif médical de diagnostic *in vitro* est également régi par d'autres dispositions prévoyant l'apposition d'un marquage CE, le marquage indique alors que le dispositif satisfait également à ces dispositions. Si celles-ci autorisent le fabricant pendant une période transitoire à choisir le régime juridique qu'il applique, le marquage CE indique que le dispositif satisfait à la seule réglementation appliquée par le fabricant. Les documents et notices d'utilisation accompagnant le produit concerné doivent alors mentionner les références de la réglementation, aux exigences de laquelle il répond.

Art. R. 5221-12 Le marquage CE est apposé sous la responsabilité du fabricant ou de son mandataire, de façon visible, lisible et indélébile sur le dispositif médical de diagnostic *in vitro* lorsque cela est possible et approprié, ainsi que sur l'emballage commercial et sur les notices d'utilisation. La forme et les dimensions de ce marquage sont fixées par arrêté pris par le ministre chargé de la santé.

Le marquage CE est accompagné, le cas échéant, du numéro d'identification, publié au *Journal officiel de l'Union européenne*, de l'organisme habilité auquel a été confiée, en France ou dans un autre État membre de *(Décr. n° 2015-374 du 31 mars 2015, art. 4-I)* « l'Union européenne » ou partie à l'accord sur l'Espace économique européen, la mise en œuvre des procédures d'évaluation de conformité définies aux articles R. 5221-24 à R. 5221-28.

Art. R. 5221-13 La présentation, lors de réunions scientifiques ou techniques, d'expositions et de démonstrations de dispositifs médicaux de diagnostic *in vitro* qui ne sont pas conformes aux dispositions du présent titre est autorisée à condition que ceux-ci ne soient pas utilisés sur des échantillons provenant de participants et qu'un panneau visible indique clairement que ces dispositifs ne peuvent être mis sur le marché ni mis en service avant leur mise en conformité.

Art. R. 5221-14 Les dispositions des articles R. 5211-15, R. 5211-17, R. 5211-19 et R. 5211-20 sont applicables aux dispositifs médicaux de diagnostic *in vitro*.

SECTION V **EXIGENCES ESSENTIELLES CONCERNANT LA SÉCURITÉ ET LA SANTÉ**

Art. R. 5221-15 Les dispositions de l'article R. 5211-21 sont applicables aux dispositifs médicaux de diagnostic *in vitro*.

Art. R. 5221-16 Pour respecter les exigences relatives à la conception et la fabrication, les dispositifs médicaux de diagnostic *in vitro* sont conçus, fabriqués et conditionnés de manière à répondre aux objectifs suivants :

1° Avoir des propriétés chimiques et physiques, permettant de garantir les caractéristiques et les performances mentionnées à l'article R. 5221-15 et réduire autant que possible le risque engendré par les fuites de produits, les produits contaminant et les résidus pour le personnel participant au transport, au stockage et à l'utilisation des dispositifs, compte tenu de leur destination ;

2° Éliminer ou réduire au minimum le risque d'infection et de contamination microbienne pour l'utilisateur, toute autre personne ou l'échantillon provenant du corps humain et devant être examiné, en particulier lorsque le dispositif contient des substances biologiques et être maintenu dans son emballage au niveau de propreté ou dans l'état microbiologique particulier indiqué par le fabricant ;

3° Réduire au minimum les risques liés à leur utilisation en conjonction avec les matériaux, substances et gaz avec lesquels ils peuvent entrer en contact au cours de leur utilisation normale, les risques de lésions liés à leurs caractéristiques physiques et les risques liés aux influences externes prévisibles et garantir une immunité contre les perturbations électromagnétiques permettant de fonctionner conformément à leur destination ;

4° Fournir, s'ils constituent des dispositifs ayant une fonction primaire de mesurage analytique, une constance et une précision de mesurage adéquates, en tenant compte de la destination du dispositif et des procédures et matériaux de mesure de référence disponibles et appropriés ;

5° Réduire au minimum, pour ce qui concerne la protection contre les rayonnements, l'exposition des utilisateurs et autres personnes aux émissions de rayonnements, assurer que les caractéristiques et la quantité des rayonnements émis puissent être contrôlées et réglées, et comporter des informations détaillées sur la nature des rayonnements émis, les moyens de protéger l'utilisateur et sur les façons d'éviter les fausses manœuvres et d'éliminer les risques inhérents à l'installation ;

6° Réduire au minimum, s'ils sont raccordés à une source d'énergie ou équipés d'une telle source, les risques de création de perturbations électromagnétiques, de chocs électriques accidentels ainsi que les risques mécaniques et thermiques ;

7° Pour les dispositifs destinés à des autodiagnostics, avoir des performances en rapport avec leur destination compte tenu des aptitudes et des moyens dont disposent les utilisateurs ainsi que des variations auxquelles on peut raisonnablement s'attendre dans la technique et l'environnement des utilisateurs et présenter les informations et les instructions fournies par le fabricant de manière à les rendre faciles à comprendre et à appliquer par l'utilisateur ;

8° Être accompagné des informations nécessaires pour pouvoir être utilisé correctement et en toute sécurité, en tenant compte de la formation et des connaissances des utilisateurs potentiels, et pour identifier le fabricant. La liste des informations devant figurer sur l'étiquetage et dans la notice d'utilisation est fixée, sur proposition du directeur général de l'*(Décr. nº 2012-597 du 27 avr. 2012, art. 5-I-1º)* « Agence nationale de sécurité du médicament et des produits de santé », par arrêté du ministre chargé de la santé.

Art. R. 5221-17 Pour l'application de la présente section, des arrêtés du ministre chargé de la santé, pris sur proposition du directeur général de l'*(Décr. nº 2012-597 du 27 avr. 2012, art. 5-I-1º)* « Agence nationale de sécurité du médicament et des produits de santé », précisent les conditions de mise en œuvre des exigences essentielles définies aux articles R. 5221-15 et R. 5221-16.

SECTION VI PROCÉDURES DE CERTIFICATION DE CONFORMITÉ

SOUS-SECTION 1 DISPOSITIONS COMMUNES

Art. R. 5221-18 Les dispositions des articles R. 5211-25 à R. 5211-29 sont applicables aux dispositifs médicaux de diagnostic *in vitro*.

SOUS-SECTION 2 PROCÉDURES APPLICABLES

Art. R. 5221-19 La conformité des dispositifs médicaux de diagnostic *in vitro* aux exigences essentielles de santé et de sécurité est évaluée par l'accomplissement d'une ou plusieurs des procédures suivantes :

1° La procédure applicable aux dispositifs médicaux de diagnostic *in vitro* faisant l'objet d'une évaluation de leurs performances ;

2° La déclaration CE de conformité ;

3° La déclaration CE de conformité, système complet d'assurance de la qualité ;

4° L'examen CE de type ;
5° La vérification CE ;
6° La déclaration CE de conformité, assurance de la qualité de la production.

Art. R. 5221-20 Le fabricant peut charger son mandataire d'engager les procédures mentionnées aux 1°, 2°, 4° et 5° de l'article R. 5221-19.

Art. R. 5221-21 Les dispositifs médicaux de diagnostic *in vitro* mentionnés à l'article L. 5221-5 ne peuvent être dispensés des procédures d'évaluation de conformité que si la procédure correspondant à la catégorie du dispositif n'entraîne pas l'intervention d'un organisme habilité.

Les établissements dispensant des soins fabriquant ces dispositifs médicaux de diagnostic *in vitro* pour les utiliser dans les conditions prévues à l'article L. 5221-5 sont soumis aux dispositions des deux premiers alinéas de l'article R. 5221-28.

Art. R. 5221-22 Aux fins de la mise sur le marché des dispositifs médicaux de diagnostic *in vitro* autres que ceux faisant l'objet d'une évaluation de leurs performances, les fabricants suivent les procédures suivantes :

1° Pour les dispositifs médicaux de diagnostic *in vitro* qui ne figurent pas sur les listes fixées par l'arrêté mentionné à l'article R. 5221-6, la déclaration CE de conformité ; lorsqu'il s'agit de dispositifs destinés à l'autodiagnostic, le fabricant peut également suivre l'une des trois procédures définies au 3° du présent article ;

2° Pour les dispositifs médicaux de diagnostic *in vitro* figurant sur la liste A de l'arrêté mentionné à l'article R. 5221-6, au choix :

a) La déclaration CE de conformité, système complet d'assurance de la qualité ;

b) L'examen CE de type, associé avec la déclaration CE de conformité, assurance de la qualité de la production ;

3° Pour les dispositifs médicaux de diagnostic *in vitro* figurant sur la liste B de l'arrêté mentionné à l'article R. 5221-6, au choix :

a) La déclaration CE de conformité, système complet d'assurance de la qualité ;

b) L'examen CE de type, associé avec la vérification CE ;

c) L'examen CE de type, associé avec la déclaration CE de conformité, assurance de la qualité de la production.

SOUS-SECTION 3 PROCÉDURE APPLICABLE AUX DISPOSITIFS MÉDICAUX DE DIAGNOSTIC *IN VITRO* FAISANT L'OBJET D'UNE ÉVALUATION DE LEURS PERFORMANCES

Art. R. 5221-23 Dans le cadre de la procédure applicable aux dispositifs médicaux de diagnostic *in vitro* faisant l'objet d'une évaluation de leurs performances, le fabricant rédige une déclaration contenant les données permettant d'identifier le dispositif et le plan de l'évaluation et attestant que les dispositifs médicaux de diagnostic *in vitro* sont conformes aux dispositions du présent titre et des arrêtés pris pour son application qui leur sont applicables.

Le fabricant s'engage à tenir à la disposition du directeur général de l'Agence française de sécurité pendant une période de cinq ans à compter de la fin de l'évaluation une documentation permettant de comprendre la conception, la fabrication et les performances du dispositif médical de diagnostic *in vitro*.

Les dispositions de la section VIII du présent chapitre s'appliquent au fabricant d'un dispositif médical de diagnostic *in vitro* faisant l'objet d'une évaluation de ses performances.

SOUS-SECTION 4 DÉCLARATION CE DE CONFORMITÉ

Art. R. 5221-24 Dans le cadre de la procédure de déclaration CE de conformité, le fabricant établit une documentation technique permettant d'évaluer la conformité du *dispositif médical de diagnostic* in vitro aux exigences essentielles définies à la section V du présent chapitre. Il précise les principes permettant d'assurer la qualité de sa production et garantit que son procédé de fabrication respecte ces principes.

Le fabricant met en place et tient à jour une procédure systématique d'examen des données acquises sur les dispositifs médicaux de diagnostic *in vitro* et applique les mesures correctives nécessaires.

En outre, pour un dispositif destiné à des autodiagnostics, le fabricant dépose une demande d'examen de la conception de ce dispositif auprès d'un organisme habilité, à laquelle est joint un dossier permettant de comprendre la conception du dispositif et d'évaluer sa conformité aux exigences essentielles. Si la conception du dispositif est conforme aux dispositions applicables du présent titre, l'organisme habilité délivre un certificat d'examen CE de la conception. Le fabricant informe l'organisme habilité ayant délivré le certificat de toute modification ultérieure apportée à la conception du dispositif. Cette modification doit être approuvée par l'organisme habilité si elle peut remettre en cause la conformité du dispositif aux exigences essentielles ou aux conditions d'utilisation du dispositif.

Le fabricant certifie que les dispositifs médicaux de diagnostic *in vitro* sont conformes aux dispositions du présent titre et des arrêtés pris pour son application qui leur sont applicables.

SOUS-SECTION 5 DÉCLARATION CE DE CONFORMITÉ, SYSTÈME COMPLET D'ASSURANCE DE LA QUALITÉ

Art. R. 5221-25 Dans le cadre de la procédure de déclaration CE de conformité, système complet d'assurance de la qualité, le fabricant soumet à la vérification d'un organisme habilité le système de qualité qu'il a mis en place pour la conception, la fabrication et le contrôle des dispositifs médicaux de diagnostic *in vitro* et dont l'application doit garantir le respect des dispositions du présent titre et des arrêtés pris pour son application qui leur sont applicables.

Le fabricant introduit une demande d'évaluation de ce système de qualité auprès d'un organisme habilité et s'engage à maintenir son système de qualité adapté et efficace et à respecter les obligations résultant de celui-ci. Le fabricant s'engage également à mettre en place et tenir à jour une procédure systématique d'examen des données acquises sur les dispositifs médicaux de diagnostic *in vitro* et à appliquer les mesures correctives nécessaires.

L'évaluation par l'organisme habilité du système de qualité comprend une inspection dans les locaux du fabricant et, dans les cas dûment motivés, dans les locaux des fournisseurs ou des sous-traitants pour contrôler les procédés de fabrication. La décision de l'organisme habilité est notifiée au fabricant. Elle contient les conclusions de l'inspection et une évaluation motivée.

En outre, pour un dispositif inscrit sur la liste A de l'arrêté mentionné à l'article R. 5221-6, le fabricant dépose une demande d'examen de la conception de ce dispositif auprès de l'organisme habilité à laquelle est joint un dossier permettant de comprendre la conception de ce dispositif et d'évaluer sa conformité aux exigences essentielles définies à la section 5 du présent chapitre. Aux fins d'évaluation de cette conformité, l'organisme habilité peut exiger que la demande soit complétée par des essais ou des preuves supplémentaires. Si la conception du dispositif est conforme aux exigences essentielles, l'organisme habilité délivre un certificat d'examen CE de la conception. Le fabricant informe l'organisme habilité ayant délivré le certificat de toute modification ultérieure apportée à la conception du dispositif. Cette modification doit être approuvée par l'organisme habilité si elle peut remettre en cause la conformité du dispositif aux exigences essentielles ou aux conditions d'utilisation du dispositif.

Pour les dispositifs médicaux de diagnostic *in vitro* inscrit sur la liste A de l'arrêté *mentionné à l'article* R. 5221-6, un contrôle de la production est effectué par l'organisme habilité. A cette fin, le fabricant adresse à l'organisme les documents nécessaires au contrôle de la qualité des dispositifs ou des lots de dispositifs fabriqués et met à sa disposition, dans des conditions définies d'un commun accord, un échantillon de dispositifs ou de lots de dispositifs fabriqués. A l'expiration d'un délai contractuellement convenu qui ne peut excéder trente jours à compter de la réception de l'échantillon par l'organisme habilité, le fabricant peut mettre sur le marché ces dispositifs ou ces lots de dispositifs si l'organisme habilité ne lui a pas communiqué de décision contraire.

Le fabricant veille à l'application du système de qualité tel qu'il a été approuvé et certifie que les dispositifs médicaux de diagnostic *in vitro* sont conformes aux dispositions du présent titre et des arrêtés pris pour son application qui leur sont applicables. Il informe l'organisme habilité qui a approuvé ce système de tout projet de modification importante. L'organisme habilité vérifie que le système ainsi modifié garantit le respect des dispositions du présent titre.

Dès qu'il a connaissance de modifications des agents pathogènes ou des marqueurs de l'infection à rechercher, le fabricant en informe sans tarder l'organisme habilité et lui indique si ces modifications sont susceptibles d'avoir des incidences sur le fonctionnement du dispositif.

Le fabricant fournit à l'organisme habilité les informations utiles pour s'assurer du respect des obligations attachées à son système de qualité et autorise l'organisme habilité à effectuer toutes les inspections nécessaires. L'organisme habilité procède périodiquement aux inspections et évaluations appropriées et peut lors de visites inopinées réaliser ou faire réaliser des essais pour vérifier le fonctionnement du système de qualité.

SOUS-SECTION 6 EXAMEN CE DE TYPE

Art. R. 5221-26 Dans le cadre de la procédure d'examen CE de type, le fabricant soumet au contrôle d'un organisme habilité un échantillon représentatif, dénommé type, de la production envisagée afin que celui-ci vérifie que cet échantillon satisfait aux exigences essentielles définies à la section V du présent chapitre applicables aux dispositifs en projet.

Le fabricant introduit auprès d'un organisme habilité une demande d'évaluation qui doit comporter notamment une documentation technique permettant de comprendre la conception, la fabrication et les performances du dispositif. Le fabricant met également un type à la disposition de l'organisme habilité, qui peut demander d'autres exemplaires en tant que de besoin.

L'organisme habilité vérifie que le type fourni a été fabriqué en conformité avec la documentation. Il réalise ou fait réaliser les examens et essais nécessaires pour vérifier que les solutions adoptées par le fabricant assurent la conformité des dispositifs fabriqués aux exigences essentielles. Le lieu où ces examens et essais sont effectués est convenu entre l'organisme habilité et le fabricant.

Lorsque le type satisfait aux exigences essentielles, l'organisme habilité délivre au demandeur un certificat d'examen CE de type. Une copie de ce certificat peut être obtenue par les autres organismes habilités.

Dès qu'il a connaissance de modifications des agents pathogènes ou des marqueurs de l'infection à rechercher, le fabricant en informe sans tarder l'organisme habilité et lui indique si ces modifications sont susceptibles d'avoir des incidences sur le fonctionnement du dispositif.

Le fabricant informe l'organisme habilité de toute modification apportée au dispositif approuvé. Cette modification doit être approuvée par l'organisme habilité si elle peut remettre en cause la conformité du dispositif aux exigences essentielles mentionnées ou aux conditions d'utilisation du dispositif.

SOUS-SECTION 7 VÉRIFICATION CE

Art. R. 5221-27 Dans le cadre de la procédure de vérification CE, le fabricant soumet au contrôle d'un organisme habilité les dispositifs fabriqués conformément à un type approuvé et décrit dans un certificat d'examen CE de type.

Le fabricant prend toutes les mesures nécessaires pour que le procédé de fabrication garantisse la conformité des dispositifs médicaux de diagnostic *in vitro* fabriqués au type décrit dans le certificat d'examen CE de type et aux exigences essentielles définies à la section 5 du présent chapitre qui leur sont applicables. Il établit une documentation technique relative à la fabrication des dispositifs médicaux de diagnostic *in vitro*.

Le fabricant s'engage à mettre en place et tenir à jour une procédure systématique d'examen des données acquises sur les dispositifs médicaux de diagnostic *in vitro* et à appliquer les mesures correctives nécessaires.

L'organisme habilité saisi par le fabricant effectue les examens et essais nécessaires afin de vérifier la conformité des dispositifs avec le type décrit et les exigences essentielles. Cette vérification s'effectue, au choix du fabricant, soit par contrôle et essai de chaque produit, soit par contrôle et essai des produits sur une base statistique. Dans ce dernier cas, si la procédure de contrôle des dispositifs fabriqués n'est pas adaptée pour certains aspects, le fabricant établit avec l'accord de l'organisme habilité des méthodes d'essai, de surveillance et de contrôle en cours de fabrication. Le fabricant fournit à l'organisme habilité les informations utiles pour s'assurer du respect des obligations attachées à ces méthodes d'essai, de surveillance et de contrôle et autorise l'organisme habilité à effectuer toutes les inspections nécessaires. L'organisme habilité procède périodiquement aux inspections et évaluations appropriées et peut lors de visites inopinées réaliser ou faire réaliser des essais pour vérifier le fonctionnement du système de qualité.

L'organisme habilité appose ou fait apposer son numéro d'identification sur chaque produit et établit une attestation de conformité relative aux essais effectués.

Le fabricant certifie que les dispositifs médicaux de diagnostic *in vitro* fabriqués sont conformes au type décrit dans le certificat d'examen CE de type et respectent les dispositions du présent titre et des arrêtés pris pour son application qui leur sont applicables.

SOUS-SECTION 8 DÉCLARATION CE DE CONFORMITÉ, ASSURANCE DE LA QUALITÉ DE LA PRODUCTION

Art. R. 5221-28 Dans le cadre de la procédure de déclaration CE de conformité, assurance de la qualité de la production, le fabricant soumet à la vérification d'un organisme habilité le système de qualité pour la fabrication qu'il a mis en place pour assurer la conformité des dispositifs médicaux de diagnostic *in vitro* au type approuvé et décrit dans un certificat d'examen CE de type.

Le fabricant introduit auprès de l'organisme habilité une demande d'évaluation de ce système de qualité qui comporte une documentation technique dans laquelle figure l'ensemble des exigences et dispositions adoptées par le fabricant pour son système de qualité.

Il s'engage à maintenir son système de qualité adapté et efficace et à respecter les obligations résultant de celui-ci. Le fabricant s'engage également à mettre en place et tenir à jour une procédure systématique d'examen des données acquises sur les dispositifs médicaux de diagnostic *in vitro* et à appliquer les mesures correctives nécessaires.

L'évaluation par l'organisme habilité du système de qualité comprend une inspection dans les locaux du fabricant et, dans les cas dûment motivés, dans les locaux des fournisseurs ou des sous-traitants pour contrôler les procédés de fabrication.

La décision de l'organisme habilité est notifiée au fabricant. Elle contient les conclusions de l'inspection et une évaluation motivée.

En outre, pour les dispositifs médicaux de diagnostic *in vitro* inscrit sur la liste A de l'arrêté mentionné à l'article R. 5221-6, un contrôle de la production est réalisée par l'organisme habilité. A cette fin, le fabricant adresse à l'organisme les documents nécessaires au contrôle de la qualité des dispositifs ou des lots de dispositifs fabriqués et met à sa disposition dans des conditions définies d'un commun accord un échantillon de dispositifs ou de lots de dispositifs fabriqués. A l'expiration d'un délai contractuellement convenu qui ne peut excéder trente jours à compter de la réception de l'échantillon par l'organisme habilité, le fabricant peut mettre sur le marché ces dispositifs ou ces lots de dispositifs si l'organisme habilité ne lui a pas communiqué de décision contraire.

Le fabricant veille à l'application du système de qualité tel qu'il a été approuvé et effectue l'inspection finale des dispositifs médicaux de diagnostic *in vitro*.

Le fabricant certifie que les dispositifs médicaux de diagnostic *in vitro* fabriqués sont conformes au type décrit dans le certificat d'examen CE de type et respectent les dispositions du présent titre et des arrêtés pris pour son application qui leur sont applicables.

Il informe l'organisme habilité qui a approuvé le système de qualité de tout projet de modification importante de ce système. L'organisme habilité vérifie que le système ainsi modifié assure la conformité des dispositifs médicaux de diagnostic *in vitro* fabriqués au type décrit dans le certificat d'examen CE de type. L'organisme habilité notifie sa décision au fabricant.

Le fabricant fournit à l'organisme habilité les informations utiles pour s'assurer du respect des obligations attachées à son système de qualité et autorise l'organisme habilité à effectuer toutes les inspections nécessaires. L'organisme habilité procède périodiquement aux inspections et évaluations appropriées et peut lors de visites inopinées réaliser ou faire réaliser des essais pour vérifier le fonctionnement du système de qualité.

SOUS-SECTION 9 DISPOSITIONS FINALES

Art. R. 5221-29 Un arrêté du ministre chargé de la santé, pris sur proposition du directeur général de l'*(Décr. nº 2012-597 du 27 avr. 2012, art. 5-I-1º)* « Agence nationale de sécurité du médicament et des produits de santé », précise les modalités d'application des procédures définies aux articles R. 5221-23 à R. 5221-28.

SECTION VII ORGANISMES HABILITÉS

Art. R. 5221-30 Les dispositions de la section VII du chapitre Ier du titre Ier *(Décr. nº 2016-778 du 10 juin 2016, art. 2-1º)* « du présent livre », à l'exception de l'article *(Décr. nº 2016-778 du 10 juin 2016, art. 2-1º)* « R. 5211-54, du deuxième alinéa de l'article R. 5211-55 et des articles R. 5211-55-1, » R. 5211-62 et R. 5211-64*[,]* sont applicables aux organismes habilités pour les dispositifs médicaux de diagnostic *in vitro*.

Art. R. 5221-30-1 *(Décr. nº 2016-778 du 10 juin 2016, art. 2-2º)* Les organismes chargés de mettre en œuvre les procédures d'évaluation prévues par le présent titre sont habilités à cet effet par une décision du directeur général de l'Agence nationale de sécurité du médicament et des produits de santé publiée *(Décr. nº 2017-20 du 9 janv. 2017, art. 2-13º)* « sur le site internet de l'agence ». L'habilitation précise les tâches pour lesquelles elle est accordée.

Les organismes candidats à l'habilitation adressent par voie électronique à l'Agence nationale de sécurité du médicament et des produits de santé un dossier de candidature dont le contenu est fixé, sur proposition du directeur général de l'Agence nationale de sécurité du médicament et des produits de santé, par arrêté du ministre chargé de la santé.

Art. R. 5221-31 Les décisions prises par les organismes habilités dans le cadre des procédures mentionnées aux sous-sections 4, 5 et 6 de la section VI du présent chapitre ont une validité de cinq ans. Elles sont reconductibles par périodes de cinq ans sur demande présentée au moment contractuellement convenu entre le fabricant et l'organisme. Pour des raisons dûment justifiées, les décisions de l'organisme habilité peuvent avoir une durée de validité inférieure à cinq ans.

Art. R. 5221-32 Les organismes habilités informent le directeur général de l'*(Décr. nº 2012-597 du 27 avr. 2012, art. 5-I-1º)* « Agence nationale de sécurité du médicament et des produits de santé » :

1º De toute modification de nature à modifier les conditions dans lesquelles l'habilitation a été accordée ;

2º De toutes ses décisions prises dans le cadre des procédures définies au présent chapitre ;

3º De tous les certificats délivrés, modifiés, complétés, suspendus, refusés ou annulés ;

4º De la nécessité d'une intervention de l'autorité compétente d'un autre État membre.

Art. R. 5221-33 L'organisme habilité informe les autres organismes habilités en France ou dans les autres États membres de *(Décr. nº 2015-374 du 31 mars 2015, art. 4-I)* « l'Union européenne » ou parties à l'accord sur l'Espace économique européen et ayant fait l'objet d'une publication au *Journal officiel de l'Union européenne* :

1º De tous les certificats suspendus ou annulés ;

2º Sur demande, de toutes les décisions prises dans le cadre des procédures définies à la présente section et de tous les certificats délivrés ou refusés.

Ils mettent en outre à leur disposition, sur demande, toutes les informations utiles supplémentaires.

SECTION VIII **DÉCLARATION**

Art. R. 5221-34 Les fabricants qui mettent des dispositifs médicaux de diagnostic *in vitro* sur le marché français et qui n'ont pas de siège social sur le territoire d'un État membre de *(Décr. n° 2015-374 du 31 mars 2015, art. 4-I)* « l'Union européenne » ou partie à l'accord sur l'Espace économique européen désignent préalablement un mandataire.

Art. R. 5221-35 La déclaration prévue à l'article L. 5221-3 est effectuée par le fabricant ou son mandataire, l'importateur, le distributeur ou l'exportateur de dispositifs médicaux de diagnostic *in vitro*.

Une même personne physique ou morale peut se déclarer au titre de plusieurs activités.

Le fabricant ou son mandataire n'est pas tenu de se déclarer en qualité d'importateur ou de distributeur pour les dispositifs médicaux de diagnostic *in vitro* qu'il met sur le marché. L'importateur n'est pas tenu de se déclarer en tant que distributeur pour les dispositifs médicaux de diagnostic *in vitro* qu'il importe.

La déclaration est adressée au directeur général de l'*(Décr. n° 2012-597 du 27 avr. 2012, art. 5-I-1°)* « Agence nationale de sécurité du médicament et des produits de santé », par envoi recommandé avec demande d'avis de réception.

Art. R. 5221-36 Le contenu et modalités de présentation de la déclaration sont fixés, sur proposition du directeur général de l'*(Décr. n° 2012-597 du 27 avr. 2012, art. 5-I-1°)* « Agence nationale de sécurité du médicament et des produits de santé », par arrêté du ministre chargé de la santé.

Cet arrêté peut prévoir un contenu et des modalités de présentation particuliers pour les établissements se livrant à la fabrication des dispositifs médicaux de diagnostic *in vitro* mentionnés à l'article L. 5221-5.

Art. R. 5221-37 Toute modification des éléments de la déclaration est signalée au directeur général de l'*(Décr. n° 2012-597 du 27 avr. 2012, art. 5-I-1°)* « Agence nationale de sécurité du médicament et des produits de santé ».

SECTION IX **TAXES**

Art. D. 5221-38 et D. 5221-39 *Abrogés par Décr. n° 2012-381 du 19 mars 2012, art. 4.*

CHAPITRE II **MESURES DE VIGILANCE**

SECTION PREMIÈRE **DISPOSITIONS GÉNÉRALES**

Art. R. 5222-1 La vigilance des dispositifs médicaux de diagnostic *in vitro*, dite réactovigilance, a pour objet la surveillance des incidents et des risques d'incidents définis au 1° de l'article R. 5222-2.

Elle s'exerce sur l'ensemble des dispositifs médicaux de diagnostic *in vitro* après leur mise sur le marché ainsi que sur les dispositifs médicaux de diagnostic *in vitro* mentionnés à l'article L. 5221-5.

Art. R. 5222-2 La réactovigilance comporte :

1° Le signalement et la déclaration de tout incident ou risque d'incident consistant en une défaillance ou une altération des caractéristiques ou des performances d'un dispositif médical de diagnostic *in vitro*, ou une inadéquation dans l'étiquetage ou la notice d'utilisation susceptibles d'entraîner ou d'avoir entraîné directement ou indirectement des effets néfastes pour la santé des personnes ;

2° L'enregistrement, l'évaluation et l'exploitation de ces informations dans un but de protection de la santé des personnes ;

3° La réalisation de toutes études ou travaux concernant la qualité ou la sécurité d'utilisation des dispositifs médicaux de diagnostic *in vitro* ;

4° La réalisation et le suivi des actions correctives décidées.

SECTION II SYSTÈME NATIONAL DE RÉACTOVIGILANCE

SOUS-SECTION 1 ORGANISATION GÉNÉRALE

Art. R. 5222-3 Le système national de réactovigilance comprend :

1° L'*(Décr. n° 2012-597 du 27 avr. 2012, art. 5-I-1°)* « Agence nationale de sécurité du médicament et des produits de santé » ;

2° Abrogé par Décr. n° 2012-597 du 27 avr. 2012, art. 4.

3° L'Établissement français du sang ;

4° Tout établissement de santé *(Décr. n° 2006-550 du 15 mai 2006, art. 5-IV)* « ainsi que tout groupement de coopération sanitaire utilisateur de dispositifs médicaux de diagnostic *in vitro* » ;

5° Les professionnels de santé utilisateurs, autres que ceux exerçant dans un établissement mentionné aux 3° et 4° ;

6° Les fabricants ou leurs mandataires, les importateurs et les distributeurs de dispositifs médicaux de diagnostic *in vitro*.

SOUS-SECTION 2 ÉCHELON NATIONAL

§ 1er AGENCE NATIONALE DE SÉCURITÉ DU MÉDICAMENT ET DES PRODUITS DE SANTÉ *(Décr. n° 2012-597 du 27 avr. 2012, art. 5-I-2°).*

Art. R. 5222-4 Le directeur général de l'*(Décr. n° 2012-597 du 27 avr. 2012, art. 5-I-1°)* « Agence nationale de sécurité du médicament et des produits de santé » assure la mise en œuvre du système national de réactovigilance. Il anime et coordonne les actions des différents intervenants et veille au respect des procédures de surveillance organisées par le présent chapitre. Lorsqu'il est informé d'un incident ou risque d'incident, ou du rappel d'un dispositif médical de diagnostic *in vitro*, le directeur général fait procéder à une évaluation. Il peut demander toute enquête nécessaire à l'exercice de la réactovigilance.

Le directeur général établit et tient à jour un fichier national des correspondants locaux de réactovigilance.

Le directeur général fixe les modalités d'information entre les différents intervenants du système national de réactovigilance.

Après exploitation des informations recueillies, le directeur général prend, le cas échéant, les décisions prévues aux articles L. 5312-1 à L. 5312-3.

§ 2 *[ABROGÉ]* COMMISSION NATIONALE DES DISPOSITIFS MÉDICAUX DE DIAGNOSTIC *IN VITRO*

(Abrogé par Décr. n° 2012-597 du 27 avr. 2012, art. 4)

Art. R. 5222-5 à R. 5222-9 *Abrogés par Décr. n° 2012-597 du 27 avr. 2012, art. 4.*

SOUS-SECTION 3 ÉCHELON LOCAL

Art. R. 5222-10 *(Décr. n° 2006-550 du 15 mai 2006, art. 5-IV)* « Tout établissement mentionné au 4° de l'article R. 5222-3 » et tout établissement de transfusion sanguine désigne un correspondant local de réactovigilance.

Le correspondant local de réactovigilance est médecin ou pharmacien, doté d'une expérience en matière de dispositifs médicaux de diagnostic *in vitro*. *(Décr. n° 2006-550 du 15 mai 2006, art. 5-IV)* « Le correspondant de réactovigilance du groupement de coopération sanitaire peut être le correspondant de réactovigilance d'un établissement de santé membre du groupement. »

Dès sa nomination, l'identité et la qualité du correspondant local de réactovigilance sont communiquées par le responsable de l'établissement au directeur général de l'*(Décr. n° 2012-597 du 27 avr. 2012, art. 5-I-1°)* « Agence nationale de sécurité du médicament et des produits de santé ».

Art. R. 5222-11 Tout fabricant de dispositifs médicaux de diagnostic *in vitro*, ou son mandataire, désigne une personne en charge de la réactovigilance, dont l'identité et la

qualité sont communiquées au directeur général de l'*(Décr. n° 2012-597 du 27 avr. 2012, art. 5-I-1°)* **« Agence nationale de sécurité du médicament et des produits de santé ».**

SECTION III OBLIGATIONS DES INTERVENANTS EN RÉACTOVIGILANCE

Art. R. 5222-12 **Les professionnels de santé utilisateurs n'exerçant pas dans** *(Décr. n° 2006-550 du 15 mai 2006, art. 5-IV)* **« l'un des établissements mentionnés au 4° de l'article R. 5222-3 ou dans » un établissement de transfusion sanguine qui ont connaissance d'incidents ou de risques d'incidents mettant en cause un dispositif médical de diagnostic *in vitro* le déclarent sans délai à l'***(Décr. n° 2012-597 du 27 avr. 2012, art. 5-I-1°)* **« Agence nationale de sécurité du médicament et des produits de santé ».**

Les professionnels de santé utilisateurs mentionnés au premier alinéa informent les fabricants, mandataires, importateurs ou distributeurs intéressés des incidents ou risques d'incidents déclarés au directeur général de l'*(Décr. n° 2012-597 du 27 avr. 2012, art. 5-I-1°)* **« Agence nationale de sécurité du médicament et des produits de santé ».**

Tout autre professionnel de santé peut également déclarer au directeur général de l'agence les incidents ou risques d'incidents mettant en cause un dispositif médical de diagnostic *in vitro* dont il a connaissance.

Art. R. 5222-13 **Les professionnels de santé utilisateurs qui exercent dans** *(Décr. n° 2006-550 du 15 mai 2006, art. 5-IV)* **« l'un des établissements mentionnés au 4° de l'article R. 5222-3 ou dans » un établissement de transfusion sanguine signalent sans délai au correspondant local de réactovigilance les incidents ou risques d'incidents mettant en cause un dispositif médical de diagnostic *in vitro* dont ils ont connaissance. En cas d'urgence, le professionnel de santé transmet le signalement directement au directeur général de l'***(Décr. n° 2012-597 du 27 avr. 2012, art. 5-I-1°)* **« Agence nationale de sécurité du médicament et des produits de santé ».**

Art. R. 5222-14 **Les fabricants ou leurs mandataires, les importateurs et les distributeurs déclarent sans délai au directeur général de l'***(Décr. n° 2012-597 du 27 avr. 2012, art. 5-I-1°)* **« Agence nationale de sécurité du médicament et des produits de santé » les incidents ou risques d'incidents mettant en cause un dispositif médical de diagnostic *in vitro* dont ils ont connaissance.**

Lorsque les importateurs ou les distributeurs déclarent un incident ou un risque d'incident, ou lorsqu'ils sont informés par un correspondant local de réactovigilance ou par un professionnel de santé utilisateur d'un incident ou d'un risque d'incident déclaré au directeur général de l'*(Décr. n° 2012-597 du 27 avr. 2012, art. 5-I-1°)* **« Agence nationale de sécurité du médicament et des produits de santé », ils assurent la transmission de l'information au fabricant ou à son mandataire.**

Les fabricants ou leurs mandataires préparent un rapport de synthèse présentant les informations relatives à l'ensemble des incidents ou risques d'incidents qu'ils ont déclarés ou qui leur ont été communiqués. Ce rapport est transmis annuellement au directeur général de l'*(Décr. n° 2012-597 du 27 avr. 2012, art. 5-I-1°)* **« Agence nationale de sécurité du médicament et des produits de santé », ou immédiatement sur demande motivée.**

Art. R. 5222-15 **Les correspondants locaux de réactovigilance sont chargés :**

1° D'enregistrer et d'analyser tout incident ou risque d'incident signalé susceptible d'être dû à un dispositif médical de diagnostic *in vitro* ;

2° De déclarer sans délai au directeur **général de l'***(Décr. n° 2012-597 du 27 avr. 2012, art. 5-I-1°)* **« Agence nationale de sécurité du médicament et des produits de santé » tout incident ou risque d'incident dont ils ont connaissance ;**

3° D'informer les fabricants, mandataires, importateurs ou distributeurs intéressés, des incidents ou risques d'incidents mentionnés ci-dessus, et d'en informer s'il y a lieu les responsables des autres vigilances des produits de santé *(Décr. n° 2006-550 du 15 mai 2006, art. 5-IV)* **« au sein du même établissement » ;**

4° De participer aux enquêtes, évaluations et expertises susceptibles d'être mises en œuvre sur les incidents ou risques d'incidents que peuvent présenter les dispositifs médicaux de diagnostic *in vitro* ;

5° De donner des avis et conseils aux professionnels de santé mentionnés à l'article R. 5222-12 pour les aider à procéder au signalement des incidents ;

6° De sensibiliser l'ensemble des utilisateurs à la réactovigilance et d'aider à l'évaluation des données concernant la sécurité et les performances des dispositifs médicaux de diagnostic *in vitro*.

(Décr. n° 2011-1448 du 7 nov. 2011, art. 2) « Les correspondants locaux peuvent être consultés par le directeur général de l'*(Décr. n° 2012-597 du 27 avr. 2012, art. 5-I-1°)* « Agence nationale de sécurité du médicament et des produits de santé » sur l'évaluation des incidents mentionnés à l'article R. 5232-17. »

Art. R. 5222-16 Le fabricant ou son mandataire fournit, sur demande du directeur général de l'*(Décr. n° 2012-597 du 27 avr. 2012, art. 5-I-1°)* « Agence nationale de sécurité du médicament et des produits de santé », toute information relative aux caractéristiques, à la conception, à la composition, au dossier d'évaluation analytique, à la fabrication, au stockage, à la distribution, à la notice d'utilisation, aux procédures et résultats de contrôle de lots avant libération et en cours d'utilisation, à la mise à disposition, à l'utilisation, à la traçabilité des dispositifs médicaux de diagnostic *in vitro* et à leur vente. De même, il effectue toutes les enquêtes ou tous les travaux nécessaires à l'exercice de la réactovigilance demandés par le directeur général de l'Agence.

L'importateur ou le distributeur de dispositifs médicaux de diagnostic *in vitro* fournit également à la demande du directeur général de l'*(Décr. n° 2012-597 du 27 avr. 2012, art. 5-I-1°)* « Agence nationale de sécurité du médicament et des produits de santé » toute information relative au stockage, à la distribution, à la mise à disposition, à l'utilisation et à la traçabilité des dispositifs médicaux de diagnostic *in vitro* ainsi que l'accès aux informations relatives à leur vente.

Art. R. 5222-17 Le fabricant ou son mandataire, l'importateur ou le distributeur est tenu de conserver, pour chaque transaction d'entrée et de sortie, au moins les informations suivantes :

1° La date de transaction ;

2° La dénomination du dispositif médical de diagnostic *in vitro* ;

3° La quantité reçue ou fournie, avec les numéros de lots ;

4° Le nom et l'adresse du fournisseur et du destinataire.

Pour toute livraison à une personne morale ou physique, ces informations sont portées sur un document qui est joint à la livraison. Ces informations sont conservées sous la forme de factures, sur un support informatique ou sous toute autre forme appropriée et sont tenues pendant une période de cinq ans à la disposition de l'*(Décr. n° 2012-597 du 27 avr. 2012, art. 5-I-1°)* « Agence nationale de sécurité du médicament et des produits de santé ».

Art. R. 5222-18 Pour un dispositif nouveau, le directeur général de l'*(Décr. n° 2012-597 du 27 avr. 2012, art. 5-I-1°)* « Agence nationale de sécurité du médicament et des produits de santé » peut à tout moment et durant une période de deux ans suivant la déclaration prévue à l'article R. 5221-35, demander au fabricant ou à son mandataire de fournir un rapport sur l'expérience acquise relative à ce dispositif après la mise sur le marché.

SECTION IV REVENTE DES DISPOSITIFS MÉDICAUX DE DIAGNOSTIC *IN VITRO* D'OCCASION

(Décr. n° 2011-971 du 16 août 2011, art. 1er)

Art. R. 5222-18-1 On entend par revente d'un dispositif médical de diagnostic *in vitro* d'occasion toute cession d'un dispositif médical ni neuf, ni remis à neuf au sens du 6° de l'article R. 5221-4.

La revente d'occasion de tout dispositif médical de diagnostic *in vitro* figurant sur la liste prévue à l'article L. 5222-2 est conditionnée à l'établissement préalable d'une *attestation,* dans les conditions définies par la présente section.

Art. R. 5222-18-2 Les dispositions de la présente section ne s'appliquent pas lorsque :

1° Le dispositif est cédé à un fabricant de dispositif médical de diagnostic *in vitro*, sauf dans le cas où ce dernier en fait la demande expresse auprès du revendeur ;

2° Le dispositif est en provenance d'un État membre de l'Union européenne ou partie à l'accord sur l'Espace économique européen et est conforme à une règle technique d'application obligatoire pour la revente dans l'un de ces États, pour autant que cette règle technique permette d'assurer un niveau de protection de santé et de sécurité équivalent à celui recherché par les présentes dispositions ;

3° Le dispositif est mis sur le marché pour la première fois sur le territoire de l'Union européenne ou d'un État partie à l'accord sur l'Espace économique européen. Les dispositions du chapitre Ier du titre II du livre II de la cinquième partie du présent code sont alors applicables.

Art. R. 5222-18-3 L'attestation établie par la personne responsable de la revente d'occasion certifie que le dispositif médical de diagnostic *in vitro* d'occasion a bénéficié de la maintenance prévue dans le cadre de l'accréditation mentionnée à l'article L. 6221-1 et que la personne responsable satisfait aux obligations de contrôle de qualité définies par les articles L. 6221-9 et L. 6221-10. Elle mentionne les indications nécessaires pour identifier le dispositif médical de diagnostic *in vitro*, la date de première mise en service ou, dans le cas où le dispositif n'a jamais été mis en service, la date de première acquisition.

Art. R. 5222-18-4 L'attestation est accompagnée d'un dossier comportant les éléments suivants :

1° Les résultats des contrôles de qualité mentionnés aux articles L. 6221-9 et L. 6221-10, effectués durant les cinq années précédentes, lorsqu'ils ont porté sur le dispositif médical de diagnostic *in vitro* faisant l'objet de la cession ;

2° Le compte rendu des mesures prises pour corriger les anomalies observées à la suite des contrôles de qualité externes mentionnés au 1° ;

3° Les résultats des contrôles de qualité internes effectués les cinq années précédentes ;

4° Les documents relatifs à la maintenance du dispositif médical de diagnostic *in vitro* depuis sa mise en service ;

5° Une description de toutes les modifications apportées au dispositif depuis l'acquisition du dispositif médical de diagnostic *in vitro* par la personne responsable de la cession, en dehors des opérations de maintenance, et, à l'exception des cas où les modifications ont été effectuées par un préposé de cette personne, les factures émises à l'occasion de ces modifications ;

6° Le cas échéant, lorsque le dispositif médical de diagnostic *in vitro* d'occasion fait l'objet d'une nouvelle cession, l'attestation technique reçue par la personne responsable de la cession lors de l'acquisition du dispositif médical de diagnostic *in vitro* d'occasion.

Art. R. 5222-18-5 Par dérogation aux dispositions de l'article R. 5222-18-4, lorsque le dispositif médical de diagnostic *in vitro* d'occasion faisant l'objet de la cession n'a jamais été mis en service, le dossier est composé des seuls éléments suivants :

1° Le procès-verbal de réception du dispositif médical de diagnostic *in vitro* par la personne responsable de la cession, sauf lorsque la cession a lieu avant la réception physique du dispositif concerné ;

2° Une déclaration sur l'honneur de la personne responsable de la cession du dispositif médical d'occasion, dans laquelle elle certifie que le dispositif n'a jamais été mis en service.

Art. R. 5222-18-6 L'attestation est remise par la personne responsable de la cession du dispositif médical d'occasion au bénéficiaire de cette cession.

SECTION V APPLICATION AU SERVICE DE SANTÉ DES ARMÉES

Art. R. 5222-19 Pour l'application du présent chapitre, les hôpitaux des armées et le Centre de transfusion sanguine des armées sont regardés, respectivement, comme des établissements publics de santé et comme un établissement de transfusion sanguine. Le correspondant local de réactovigilance du Centre de transfusion sanguine des armées est désigné par le directeur de ce centre.

CHAPITRE III PUBLICITÉ

(Décr. nº 2012-744 du 9 mai 2012)

SECTION PREMIÈRE DISPOSITIONS GÉNÉRALES

Art. R. 5223-1 La publicité auprès du public pour un dispositif médical de diagnostic *in vitro* :

1° Est conçue de telle sorte que le caractère publicitaire du message soit évident et que le produit soit clairement identifié comme dispositif médical de diagnostic *in vitro* ;

2° Précise la date à laquelle elle a été établie ou la date de la dernière modification et comporte au moins les informations suivantes :

a) La dénomination ou la référence commerciale du dispositif médical de diagnostic *in vitro* ;

b) La destination attribuée au dispositif médical de diagnostic *in vitro* par son fabricant et pour laquelle la publicité est diffusée ;

c) Le nom du fabricant du dispositif médical de diagnostic *in vitro* ou de son mandataire ;

d) Les informations indispensables pour un bon usage du dispositif médical de diagnostic *in vitro* ;

e) Une invitation expresse à lire attentivement les instructions figurant dans la notice qui accompagne le dispositif médical de diagnostic *in vitro* ou sur l'étiquetage remis à l'utilisateur final ;

f) Selon le degré de risque que la défaillance du dispositif médical de diagnostic *in vitro* est susceptible de présenter pour la santé, un message de prudence et un renvoi au conseil d'un médecin, d'un pharmacien, d'un biologiste médical ou de tout autre professionnel compétent au regard de la nature du dispositif médical de diagnostic *in vitro* ;

g) La mention : "ce dispositif médical de diagnostic *in vitro* est un produit de santé réglementé qui porte, au titre de cette réglementation, le marquage CE" ;

h) Le cas échéant, le numéro interne de référencement ;

3° Ne comporte pas de mention selon laquelle le dispositif médical de diagnostic *in vitro* est pris en charge, en tout ou partie, par les régimes obligatoires d'assurance maladie ou par un régime complémentaire ;

4° Ne comporte aucun élément qui :

a) Ferait apparaître la consultation médicale ou l'intervention chirurgicale comme superflue, en particulier en offrant un diagnostic par correspondance ;

b) Suggérerait qu'un état de santé normal peut être amélioré par l'utilisation du dispositif médical de diagnostic *in vitro* ;

c) Suggérerait qu'un état de santé normal peut être affecté en cas de non-utilisation du dispositif médical de diagnostic *in vitro* ;

d) S'adresserait exclusivement ou principalement aux enfants ;

e) Se référerait à une recommandation émanant de scientifiques, de professionnels de santé ou de personnes qui, bien que n'étant ni des scientifiques ni des professionnels de santé, peuvent, par leur notoriété, inciter à l'utilisation de dispositifs médicaux de diagnostic *in vitro* ;

f) Pourrait conduire, par une description détaillée de symptômes, à un faux autodiagnostic ;

g) Utiliserait de manière abusive, effrayante ou trompeuse des représentations visuelles d'altérations du corps humain dues à des maladies, des blessures ou des handicaps ;

h) Se référerait à des attestations de guérison ;

i) Insisterait sur le fait que le dispositif médical de diagnostic *in vitro* a fait l'objet d'une certification ;

j) Comporterait des offres de primes, objets ou produits quelconques ou d'avantages matériels directs ou indirects de quelque nature que ce soit.

Art. R. 5223-2 La publicité pour un dispositif médical de diagnostic *in vitro* auprès des professionnels de santé est adaptée à ses destinataires. Elle précise la date à laquelle elle a été établie ou la date de la dernière modification et comporte au moins les informations suivantes :

1° La dénomination ou la référence commerciale du dispositif médical de diagnostic *in vitro* ;

2° La destination attribuée au dispositif médical de diagnostic *in vitro* par son fabricant et pour laquelle la publicité est diffusée, ainsi que les caractéristiques et les performances revendiquées au titre de cette destination ;

3° Le cas échéant, la liste sur laquelle figure le dispositif médical de diagnostic *in vitro* en application de l'article R. 5221-6 ;

4° Le cas échéant, le nom de l'organisme habilité qui a établi l'évaluation de conformité ;

5° Le nom du fabricant du dispositif médical de diagnostic *in vitro* ou de son mandataire ;

6° Les informations indispensables pour un bon usage du dispositif médical de diagnostic *in vitro* ;

7° Une invitation expresse à lire attentivement les instructions figurant dans la notice qui accompagne le dispositif médical de diagnostic *in vitro* ou sur l'étiquetage remis au professionnel de santé ;

8° La situation du dispositif médical de diagnostic *in vitro* au regard du remboursement par les organismes d'assurance maladie et, le cas échéant, les conditions de prescription et d'utilisation auxquelles a été subordonnée son inscription sur la liste mentionnée à l'article L. 165-1 du code de la sécurité sociale, pour la destination faisant l'objet de la publicité ;

9° Le cas échéant, le numéro interne de référencement.

Art. R. 5223-3 Les informations contenues dans chaque publicité sont exactes, à jour, vérifiables et suffisamment complètes pour permettre, selon le cas, au grand public de comprendre l'utilisation à laquelle le dispositif médical de diagnostic *in vitro* est destiné et aux professionnels d'apprécier les caractéristiques et les performances du dispositif médical de diagnostic *in vitro*.

Les citations, tableaux et autres illustrations empruntés à des revues médicales ou à des ouvrages scientifiques, qui sont utilisés dans la publicité, sont reproduits fidèlement et leur source exacte est précisée.

La publicité ne peut mentionner la position prise à l'égard d'un dispositif médical de diagnostic *in vitro* par une autorité administrative ou une instance consultative d'une manière susceptible d'altérer le sens ou l'objectivité de cette position.

Toute mention écrite est parfaitement lisible.

Art. R. 5223-4 Lorsqu'il constate que la diffusion d'une publicité pour un dispositif médical de diagnostic *in vitro*, qui ne relève pas des dispositions des articles R. 5223-5 à R. 5223-11, se déroule dans des conditions contraires aux dispositions de l'article L. 5223-2 et de la présente section, le directeur général de l'Agence nationale de sécurité du médicament et des produits de santé peut mettre en demeure la personne au profit de laquelle la publicité est diffusée, dans un délai déterminé qui ne peut être inférieur à un mois, de régulariser la situation et de retirer la publicité jusqu'à sa mise en conformité. La régularisation peut impliquer la modification du contenu de la publicité ou des destinataires de celle-ci et éventuellement la diffusion d'un rectificatif.

La mise en demeure est adressée par tout moyen permettant de rapporter la preuve de la date de sa réception et avise l'intéressé de sa possibilité de présenter, dans le délai mentionné à l'alinéa précédent, ses observations écrites ou orales.

La mise en demeure peut être assortie d'une astreinte journalière due, selon le cas, jusqu'à la régularisation ou au retrait de la publicité. Son montant ne peut dépasser le montant fixé au deuxième alinéa de l'article L. 5421-9.

Si la mise en demeure est restée sans suite à l'expiration du délai imparti, le directeur général peut interdire la poursuite et la diffusion ultérieure de la publicité. Il en informe l'intéressé par tout moyen permettant de rapporter la preuve de la date de réception. Cette mesure d'interdiction est publiée *(Décr. n° 2017-20 du 9 janv. 2017, art. 2-13°)* « sur le site internet de l'agence ».

SECTION II **AUTORISATION PRÉALABLE**

Art. R. 5223-5 La demande d'autorisation de publicité pour les dispositifs médicaux de diagnostic *in vitro* mentionnés à l'article L. 5223-3 est adressée au directeur général de l'Agence nationale de sécurité du médicament et des produits de santé par la personne au profit de laquelle la publicité est diffusée, sous pli recommandé ou par voie électronique avec demande d'avis de réception ou remise contre récépissé. Chaque demande d'autorisation est accompagnée au minimum des documents suivants :

1° Le projet de publicité qui mentionne au moins les informations énumérées aux articles R. 5223-1 et R. 5223-2 ;

2° Un dossier justificatif des caractéristiques et performances du dispositif médical de diagnostic *in vitro* concerné qui sont annoncées dans le projet de publicité.

Le demandeur attribue, en outre, à chacun des supports prévus pour la publicité, un numéro interne de référencement, selon des règles définies par une décision du directeur général de l'Agence nationale de sécurité du médicament et des produits de santé. La publicité diffusée fait mention de ce numéro, sauf pour une publicité sur un support de diffusion radiophonique.

Art. R. 5223-6 Le directeur général de l'Agence nationale de sécurité du médicament et des produits de santé peut exiger la communication de tous les éléments d'information indispensables au contrôle de l'exactitude des caractéristiques et des performances annoncées.

Art. R. 5223-7 Le directeur général de l'Agence nationale de sécurité du médicament et des produits de santé notifie au demandeur sa décision d'autorisation préalable dans un délai de deux mois à compter de la date de réception du dossier complet. L'autorisation est réputée acquise en l'absence de décision du directeur général de l'agence dans ce délai.

Si les documents du demandeur ne sont pas complets, l'Agence nationale de sécurité du médicament et des produits de santé lui adresse la liste des documents ou éléments manquants et fixe un délai pour leur transmission. Dans l'attente des documents ou éléments complémentaires, le délai mentionné à l'alinéa précédent est suspendu.

Art. R. 5223-8 L'autorisation est délivrée pour une durée de cinq ans. Sur demande du titulaire présentée au plus tard deux mois avant la date normale d'expiration, l'autorisation initiale est renouvelée pour une durée de cinq ans.

Art. R. 5223-9 Tout projet de modification des éléments mentionnés aux 1° et 2° de l'article R. 5223-5 fait l'objet d'une nouvelle demande d'autorisation déposée et instruite dans les mêmes conditions que la demande d'autorisation initiale. Celle-ci continue à courir jusqu'à son terme initial.

Art. R. 5223-10 L'autorisation peut être suspendue ou retirée par décision motivée du directeur général de l'Agence nationale de sécurité du médicament et des produits de santé lorsque la publicité du dispositif médical de diagnostic *in vitro* ne respecte plus les conditions prévues par les dispositions des articles L. 5223-2 et L. 5223-4, ainsi que par les dispositions du présent chapitre.

La suspension ou le retrait ne peut intervenir qu'après que le titulaire a été invité, par tout moyen permettant de rapporter la preuve de la date de réception de cet avis, à présenter ses observations écrites ou orales dans un délai fixé par le directeur général, qui ne peut être inférieur à un mois.

Art. R. 5223-11 En cas d'urgence, le directeur général de l'Agence nationale de sécurité du médicament et des produits de santé peut suspendre l'autorisation d'une publicité, pour une durée de trois mois au plus.

TITRE TROISIÈME AUTRES PRODUITS ET OBJETS

CHAPITRE PREMIER OBJETS CONCERNANT LES NOURRISSONS ET LES ENFANTS

SECTION UNIQUE

Art. R. 5231-1 Aucune tétine ou sucette ne peut être fabriquée, détenue en vue de la vente, mise en vente, vendue ou distribuée à titre gratuit, exposée ou importée sans que le produit servant à sa fabrication réponde aux prescriptions du décret n° 92-631 du 8 juillet 1992 relatif aux matériaux et objets destinés à entrer en contact avec les denrées, produits et boissons pour l'alimentation de l'homme ou des animaux.

CHAPITRE II PRODUITS ET OBJETS DIVERS

SECTION PREMIÈRE PRESTATAIRES DE SERVICES ET DISTRIBUTEURS DE MATÉRIELS

(Décr. nº 2006-1637 du 19 déc. 2006)

SOUS-SECTION 1 CONDITIONS D'EXERCICE

Art. D. 5232-1 Les matériels et services mentionnés à l'article L. 5232-3 ne peuvent être délivrés que par des prestataires de services et distributeurs de matériels disposant de personnels compétents en fonction du type de matériel ou de service concerné.

Les personnels compétents comprennent :

a) D'une part, les personnels intervenant auprès de la personne malade ou présentant une incapacité ou un handicap afin de lui délivrer les matériels et services, qui ont suivi préalablement une formation dont les modalités sont définies par arrêté du ministre chargé de la santé ;

b) D'autre part, les personnels chargés de garantir l'application des règles professionnelles et de bonne pratique de délivrance des matériels et des services, qui ont suivi préalablement une formation dont les modalités sont définies par arrêté du ministre chargé de la santé. Pour la délivrance de matériel et service appartenant aux trois premières catégories définies à l'article D. 5232-2, ces personnels sont des professionnels de santé régis par la quatrième partie du code de la santé publique.

Art. D. 5232-2 Les matériels et services, mentionnés à l'article L. 5232-3, dont la liste et les modalités de délivrance sont fixées par arrêté du ministre chargé de la santé, sont classés en quatre catégories :

Catégorie 1 : les matériels et services pour lesquels les professionnels garants de l'application des règles professionnelles et de bonne pratique sont les pharmaciens disposant d'un diplôme, titre ou certificat les autorisant à exercer en France.

Catégorie 2 : les matériels et services pour lesquels les professionnels garants de l'application des règles professionnelles et de bonne pratique sont les infirmiers disposant d'un diplôme, titre ou certificat les autorisant à exercer en France.

Catégorie 3 : les matériels et services pour lesquels les professionnels garants de l'application des règles professionnelles et de bonne pratique sont les masseurs kinésithérapeutes disposant d'un diplôme, titre ou certificat les autorisant à exercer en France.

Catégorie 4 : les matériels et services pour lesquels les professionnels garants de l'application des règles professionnelles et de bonne pratique, sans être nécessairement professionnels de santé, ont suivi préalablement une formation définie par l'arrêté du ministre chargé de la santé prévu à l'article D. 5232-1.

Un même professionnel peut garantir plusieurs activités.

Un médecin salarié du prestataire de services ou du distributeur de matériels peut se substituer à toutes les professions mentionnées dans les catégories de 1 à 4 après avoir suivi la formation prévue à l'article D. 5232-1, sans préjudice du respect des dispositions relatives aux bonnes pratiques de dispensation à domicile de l'oxygène à usage *médical et du* respect des dispositions du code de déontologie médicale.

Art. D. 5232-3 Le nombre de professionnels chargés de garantir l'application des règles professionnelles et de bonne pratique de délivrance des matériels et des services doit être suffisant et adapté au nombre de personnels affectés à la délivrance de ces matériels et services auprès des personnes malades ou présentant une incapacité ou un handicap. Ce nombre peut être défini par arrêté du ministre chargé de la santé.

Lorsqu'un matériel ou service figure dans plusieurs catégories à la fois, le professionnel peut être, au choix, celui prévu dans l'une de ces catégories.

Le professionnel de santé garant de l'application des règles professionnelles et de bonne pratique de délivrance des matériels et des services ne peut en être le prescripteur.

SOUS-SECTION 2 RÈGLES PROFESSIONNELLES

Art. D. 5232-4 Le prestataire de services et le distributeur de matériels agissent en toutes circonstances dans l'intérêt de la personne malade ou présentant une incapacité ou un handicap. Ils respectent sa dignité et son intimité et celles de sa famille.

Ils respectent les choix de cette personne et de son entourage.

Art. D. 5232-5 Le prestataire de services et le distributeur de matériels prennent en charge la personne malade ou présentant une incapacité ou un handicap avec la même conscience sans discrimination et sans chercher à exploiter sa confiance en vue d'un avantage personnel ou financier.

Il leur est interdit toute pratique qui risquerait de compromettre l'indépendance de l'équipe médicale en charge de la personne malade ou handicapée vis-à-vis de sa liberté de prescription.

Art. D. 5232-6 Le prestataire de services et le distributeur de matériels respectent le droit de la personne malade ou présentant une incapacité ou un handicap de s'adresser au professionnel de santé de son choix.

Il leur est interdit de calomnier un professionnel de santé, de médire de lui ou de se faire écho de propos susceptibles de lui nuire dans l'exercice de sa profession.

Ils ne délivrent que les catégories de matériel dont ils ont les connaissances, l'expérience et la pratique régulière.

Art. D. 5232-7 Lorsque la personne malade ou présentant une incapacité ou un handicap est prise en charge par l'équipe pluridisciplinaire, le prestataire de services et le distributeur de matériels établissent avec les membres de cette équipe une coopération dans l'intérêt de cette dernière et de son entourage.

Art. D. 5232-8 Le prestataire de services et le distributeur de matériels sont tenus au secret professionnel.

Le secret couvre non seulement ce qui lui a été confié, mais aussi ce qu'il a vu, lu, entendu, constaté ou compris.

Le prestataire de services et le distributeur de matériels instruisent l'ensemble de leurs collaborateurs de leurs obligations en matière de secret professionnel et veillent à ce qu'ils s'y conforment.

Art. D. 5232-9 Le prestataire de services et le distributeur de matériels mettent à jour leurs connaissances professionnelles et se tiennent informés de l'évolution des bonnes pratiques, de la législation et de la réglementation.

SOUS-SECTION 3 RÈGLES DE BONNE PRATIQUE

Art. D. 5232-10 Le prestataire de services et le distributeur de matériels assurent une prestation globale comportant de façon indissociable l'ensemble des éléments définis par arrêté du ministre chargé de la santé.

Selon les catégories de matériels, leur importance au regard de l'autonomie de la personne malade ou présentant une incapacité ou un handicap ou de la nécessité de garantir la continuité du traitement, en cas de réparations nécessitant l'immobilisation d'un matériel pendant plus d'une journée, le prestataire de services et le distributeur de matériels lui fournissent un matériel de remplacement présentant les mêmes performances et caractéristiques que le matériel initial et, pour les matériels personnalisés, un matériel de remplacement le plus proche possible du matériel de la personne.

Art. D. 5232-11 Lorsqu'elles existent, le prestataire de services et le distributeur de matériels se conforment à la prescription et à la préconisation de matériel émise par l'équipe pluridisciplinaire dans les conditions prévues à l'article L. 146-8 du code de *l'aide sociale* et de la famille.

Ils délivrent, dans des délais compatibles avec le traitement ou les besoins d'autonomie de la personne malade ou présentant une incapacité ou un handicap, le matériel et le service les plus adaptés à celle-ci.

Art. D. 5232-12 Le prestataire de services et le distributeur de matériels appliquent les conseils d'utilisation et de sécurité donnés par le fabricant du matériel.

Ils délivrent à la personne malade ou présentant une incapacité ou un handicap ou à son entourage toutes les informations et explications relatives au service et au matériel fourni dans des conditions définies par arrêté du ministre chargé de la santé.

Art. D. 5232-13 **Le prestataire de services et le distributeur de matériels disposent pour exercer leur activité d'un local réservé à cet effet et comprenant au minimum un espace satisfaisant aux exigences d'accessibilité pour les personnes handicapées conformes aux dispositions de l'article L. 111-7-3 du code de la construction et de l'habitation et des dispositions réglementaires régissant les établissements recevant du public de 5e catégorie. Cet espace réservé à l'accueil personnalisé de la personne, notamment aux essais s'il y a lieu, répond à des conditions d'isolation phonique et visuelle permettant d'assurer au patient la confidentialité de la prestation.**

Pour la délivrance de matériels de compensation des insuffisances de déplacement, ce local comprend au minimum un espace suffisant de déambulation ou de déplacement pour l'essai des matériels.

Art. D. 5232-14 **Afin de délivrer le matériel le plus adapté aux besoins de la personne malade ou présentant une incapacité ou un handicap, le prestataire de services et le distributeur de matériels demandent au prescripteur ou à l'équipe pluridisciplinaire chargée d'établir un plan personnalisé de compensation tout complément d'information qu'ils jugeraient nécessaires, notamment lorsqu'ils estiment être insuffisamment éclairés sur l'évolution de la pathologie de la personne.**

Le prestataire de services et le distributeur de matériels informent, le cas échéant et selon le matériel délivré, le prescripteur ou l'équipe pluridisciplinaire précité sur le matériel délivré à la personne en vue de son suivi.

Art. D. 5232-15 **Dans le cas où le prestataire de services et le distributeur de matériels ne seraient pas en mesure de délivrer le matériel et service adaptés à la personne malade ou présentant une incapacité ou un handicap, ils en avertissent immédiatement la personne ou son entourage, s'il y a lieu, et l'informent qu'elle est libre d'avoir recours à un autre prestataire ou distributeur susceptible de répondre à ses attentes.**

SECTION II **VIGILANCE EXERCÉE SUR LES PRODUITS DE SANTÉ MENTIONNÉS AUX 18° ET 19° DE L'ARTICLE L. 5311-1**

(Décr. nº 2011-1448 du 7 nov. 2011, art. 1er)

Art. R. 5232-16 **La vigilance exercée sur les logiciels mentionnés au 18° de l'article L. 5311-1 et sur les dispositifs mentionnés au 19° du même article, utilisés dans les laboratoires de biologie médicale, a pour objet la surveillance des incidents définis au 1° de l'article R. 5232-17.**

La vigilance s'exerce sur l'ensemble des produits de santé mentionnés au premier alinéa après leur mise sur le marché.

Art. R. 5232-17 **La vigilance comporte :**

1° Pour les professionnels de santé utilisateurs mentionnés à l'article L. 5232-4, le signalement à l'Agence française de sécurité sanitaire des produits de santé de tout incident consistant en une défaillance ou une altération des caractéristiques ou des performances des produits de santé mentionnés à la présente section, ou une inadéquation dans l'étiquetage ou la notice d'utilisation, susceptibles d'entraîner des effets néfastes pour la santé des personnes ;

2° Pour l'Agence française de sécurité sanitaire des produits de santé :

a) L'enregistrement, l'évaluation et l'exploitation des informations recueillies dans un but de protection de la santé des personnes ;

b) La réalisation d'études ou travaux concernant les causes des incidents constatés et relatives à la qualité ou à la sécurité d'utilisation des produits de santé mentionnés à la présente section ;

c) Le suivi des actions correctives décidées ;

3° Pour les fabricants, éditeurs, distributeurs et utilisateurs, la communication des informations mentionnées à l'article R. 5232-18.

Art. R. 5232-18 **Lorsqu'il est informé d'un incident, le directeur général de l'Agence française de sécurité sanitaire des produits de santé fait procéder à son évaluation.**

Dans le cadre de cette dernière, il procède à toute enquête nécessaire à l'exercice de la vigilance.

Les fabricants, éditeurs, distributeurs et utilisateurs des logiciels et matériels transmettent à la demande du directeur général toute information qu'il peut exiger dans le cadre de l'accomplissement de ses missions, concernant la conception, la fabrication, le stockage, la distribution, la mise à disposition, la mise à jour et l'utilisation de ceux-ci.

Après exploitation des informations recueillies, le directeur général prend, le cas échéant, les décisions prévues aux articles L. 5312-1 à L. 5312-3.

LIVRE TROISIÈME **AGENCE NATIONALE DE SÉCURITÉ DU MÉDICAMENT ET DES PRODUITS DE SANTÉ** *(Décr. n° 2012-597 du 27 avr. 2012, art. 5-I-2°).*

TITRE PREMIER **MISSIONS ET PRÉROGATIVES**

CHAPITRE PREMIER **MISSIONS**

SECTION UNIQUE

(Décr. n° 2012-597 du 27 avr. 2012, art. 1er)

Art. R. 5311-1 En vue de l'accomplissement de ses missions, l'agence peut notamment :

1° Acquérir les biens meubles ou immeubles nécessaires ;

2° Attribuer, sur son budget propre, des subventions, prêts à titre gratuit ou avances aux personnes publiques ou privées qui réalisent des études, recherches, travaux ou ouvrages ;

3° Coopérer, en particulier par la voie de conventions ou de participations à des groupements d'intérêt public, avec toute personne publique ou privée, française ou étrangère, et notamment avec les établissements d'enseignement, de recherche et de santé qui ont des missions complémentaires des siennes ou lui apportent leur concours ;

(Décr. n° 2014-1638 du 26 déc. 2014, art. 1er) « 4° Participer à des groupements d'intérêt économique afin de faciliter la mise en œuvre des systèmes d'information nécessaires à l'exécution de ses missions. »

A la demande du ministre chargé de la santé, l'agence participe, dans les domaines relevant de sa compétence, à l'élaboration et à la mise en œuvre des règles nationales, des règles de l'Union européenne et des accords internationaux, ainsi qu'à la représentation de la France dans toute instance internationale.

CHAPITRE II **PRÉROGATIVES**

SECTION PREMIÈRE **DISPOSITIF DE VEILLE ET D'ALERTE EN MATIÈRE DE MÉDICAMENT** *(Décr. n° 2014-73 du 30 janv. 2014, art. 2).*

(Décr. n° 2012-1562 du 31 déc. 2012, art. 5)

Art. R. 5312-1 Pour la mise en œuvre du dispositif de veille et d'alerte mentionné à l'article L. 5312-4, l'Agence nationale de sécurité du médicament et des produits de santé assure la réception et le traitement des signalements de médicaments suspectés d'être falsifiés et des défauts de qualité soupçonnés d'affecter des médicaments.

Ce dispositif couvre également les rappels de médicaments effectués par les entreprises ou organismes qui en assurent l'exploitation et les retraits de médicaments du *marché ordonnés par l'agence* auprès des acteurs concernés de la chaîne d'approvisionnement, pendant et en dehors des heures de travail normales. Le dispositif permet également les rappels des médicaments auprès des patients qui ont reçu ces médicaments, le cas échéant avec l'assistance de professionnels de santé.

Si le médicament en question est soupçonné de présenter un risque grave pour la santé publique, l'agence transmet sans délai une notification d'alerte rapide à tous les

États membres et à tous les acteurs de la chaîne d'approvisionnement. Si ce médicament a été délivré aux patients, des communiqués publics tendant à son rappel sont diffusés d'urgence, dans les vingt-quatre heures. Ces communiqués contiennent des informations suffisantes sur le défaut de qualité ou la falsification soupçonnés ainsi que sur les risques encourus.

SECTION II MISE EN ŒUVRE DES SANCTIONS FINANCIÈRES

(Décr. nº 2014-73 du 30 janv. 2014, art. 2)

Art. R. 5312-2 I. – Sur la base d'inspections réalisées en application des dispositions de l'article L. 5313-1, de résultats de contrôles ou d'éléments mettant en évidence des manquements constatés au titre des articles L. 5471-1 et R. 5471-1, le directeur général de l'Agence nationale de sécurité du médicament et des produits de santé peut engager une procédure de sanction financière à l'encontre des auteurs de ces manquements.

II. – Le directeur général de l'agence indique à la personne physique ou morale concernée les faits de nature à justifier l'engagement de la procédure de sanction et les manquements constatés, la sanction financière encourue et lui communique les éléments justifiant de ces manquements. Il :

1º Met à même la personne physique ou morale concernée de présenter ses observations, écrites ou orales, avec l'indication de la possibilité de se faire assister d'un conseil ;

2º Le cas échéant, la met en demeure de régulariser la situation ;

3º La met en demeure de lui transmettre le chiffre d'affaires constituant l'assiette de la sanction financière.

Il fixe à la personne concernée un délai qui ne peut être inférieur à huit jours pour satisfaire aux demandes mentionnées aux 1º à 3º ci-dessus. Lorsqu'il fait usage du 2º, ce délai peut être réduit en cas d'urgence.

III. – A l'issue du délai fixé, le directeur général de l'agence peut prononcer une sanction financière.

Si la personne concernée n'a pas régularisé la situation dans le délai fixé, cette sanction peut être assortie d'une astreinte journalière, qui commence à courir à compter de la date de la notification à la personne concernée de la sanction financière et qui cesse de courir le jour de la régularisation de la situation, le cas échéant, constatée par une nouvelle inspection.

IV. – La décision de sanction est notifiée à la personne concernée, par tout moyen permettant de lui conférer une date certaine. Elle indique la nature des faits constitutifs du manquement, le montant de la sanction prononcée et, le cas échéant, de l'astreinte, les modalités d'acquittement ainsi que les voies et délais de recours.

V. – La décision de sanction financière prononcée peut être publiée sur le site internet de l'agence pendant une durée qui ne peut excéder un mois ou, le cas échéant, jusqu'à la régularisation de la situation, si celle-ci n'est pas intervenue à l'issue de cette durée.

Art. R. 5312-3 *(Décr. nº 2015-373 du 31 mars 2015, art. 2)* Le ministre chargé de la santé est l'ordonnateur compétent pour l'émission des titres de perception relatifs aux sanctions et astreintes prononcées en application des articles L. 5312-4-1, L. 5471-1 et R. 5471-1.

Le titre de perception est émis et rendu exécutoire dans les conditions fixées aux articles 112 à 124 du décret nº 2012-1246 du 7 novembre 2012 relatif à la gestion budgétaire et comptable publique.

Art. R. 5312-4 *(Décr. nº 2015-373 du 31 mars 2015, art. 2)* Les astreintes sont liquidées au moins une fois chaque année.

CHAPITRE III INSPECTION

SECTION PREMIÈRE DISPOSITIONS GÉNÉRALES

Art. R. 5313-1 La désignation en qualité d'inspecteur de l'*(Décr. nº 2012-597 du 27 avr. 2012, art. 5-I-1º)* « Agence nationale de sécurité du médicament et des produits de santé », prévue à l'article L. 5313-1, fait l'objet d'une décision du directeur général.

(Décr. nº 2017-20 du 9 janv. 2017, art. 1er-27º) « La liste des inspecteurs désignés est publiée et régulièrement mise à jour sur le site internet de l'agence. »

Art. R. 5313-2 Les inspecteurs de l'agence procèdent aux inspections décidées par le directeur général de l'agence, qui délivre à cette fin une lettre de mission à l'inspecteur responsable de l'enquête. Cette lettre mentionne l'établissement ou le lieu inspecté et le nom du ou des inspecteurs de l'agence.

Art. R. 5313-2-1 *Abrogé par Décr. nº 2017-20 du 9 janv. 2017, art. 1er.*

Art. R. 5313-3 Les informations recueillies dans le cadre de la mission d'inspection font l'objet d'un rapport transmis par l'inspecteur chargé de la mission au directeur général de l'agence. *(Décr. nº 2012-1562 du 31 déc. 2012, art. 6-1º)* « La forme et le contenu de ce rapport sont définis par le directeur général de l'agence *(Décr. nº 2017-20 du 9 janv. 2017, art. 1er-29º-a)* « et, pour les médicaments, » en coopération avec l'Agence européenne des médicaments. » Ce rapport est communiqué *(Décr. nº 2017-20 du 9 janv. 2017, art. 1er-29º-b)* « au pharmacien responsable de l'entreprise ou le cas échéant » à la personne responsable de l'établissement ou du lieu inspecté en application des lois et règlements relatifs aux produits *(Décr. nº 2017-20 du 9 janv. 2017, art. 1er-29º-b)* « et aux activités » mentionnés à l'article L. 5311-1. Cette personne peut faire valoir ses observations *(Décr. nº 2008-834 du 22 août 2008)* « dans le délai fixé par l'*(Décr. nº 2012-597 du 27 avr. 2012, art. 5-I-1º)* « Agence nationale de sécurité du médicament et des produits de santé », qui lui est notifié lors de la transmission du rapport et qui ne peut être inférieur à quinze jours.

(Décr. nº 2017-20 du 9 janv. 2017, art. 1er-29º-d) « En » *(Décr. nº 2006-477 du 26 avr. 2006, art. 13)* « ce qui concerne les recherches biomédicales, le rapport d'inspection est tenu à la disposition du promoteur à l'exception des éléments confidentiels et peut être communiqué sur demande motivée au comité de protection des personnes concerné par la recherche, et pour les recherches portant sur le médicament aux autres États membres et à l'Agence européenne des médicaments ».

Art. R. 5313-3-1 *(Décr. nº 2017-20 du 9 janv. 2017, art. 1er-30º)* I. — Lorsqu'il est saisi d'une demande motivée à cette fin, le directeur général de l'Agence nationale de sécurité du médicament et des produits de santé envoie, par tout moyen, le rapport mentionné à l'article R. 5313-3, aux autorités européennes en charge de la sécurité des produits de santé mentionnés à l'article L. 5311-1.

La transmission de ce rapport s'effectue dans des conditions garantissant la confidentialité des informations sensibles.

Le directeur général de l'agence peut demander à l'autorité compétente d'un autre État membre de l'Union européenne de lui communiquer les conclusions d'un rapport élaboré dans le cadre d'une inspection mentionnée à l'article 111 de la directive 2001/83/CE instituant un code communautaire relatif aux médicaments à usage humain, afin de contrôler le respect des bonnes pratiques mentionnées à l'article L. 5121-5.

Lorsque le directeur général de l'agence considère qu'il n'est pas en mesure d'accepter les conclusions du rapport mentionné à l'alinéa précédent, pour des raisons de santé publique dûment motivées, il en informe immédiatement la Commission européenne et l'Agence européenne des médicaments, conformément aux dispositions de l'article 122, paragraphe 3, de la même directive.

II. — En cas d'accord de coopération entre les autorités françaises ou européennes et un État tiers et lorsqu'il est saisi d'une demande motivée à cette fin, le directeur général de l'Agence nationale de sécurité du médicament et des produits de santé peut envoyer, par tout moyen, le rapport mentionné à l'article R. 5313-3, aux autorités de l'État concerné chargées de la sécurité des produits de santé mentionnés à l'article L. 5311-1.

La transmission de ce rapport s'effectue dans des conditions garantissant la confidentialité des informations sensibles.

Le directeur général de l'agence peut demander à l'autorité compétente de l'État concerné de lui communiquer les conclusions d'un rapport élaboré dans le cadre d'une inspection mentionnée à l'article 111 de la directive 2001/83/CE instituant un code communautaire relatif aux médicaments à usage humain, afin de contrôler le respect des bonnes pratiques mentionnées à l'article L. 5121-5.

Art. R. 5313-3-2 *(Décr. nº 2017-20 du 9 janv. 2017, art. 1er-30º)* Dans tous les cas où les inspecteurs de l'agence relèvent une infraction susceptible d'entraîner des poursuites pénales, le directeur général de l'agence transmet le ou les procès-verbaux mentionnés à l'article L. 5411-2 au procureur de la République compétent.

Art. R. 5313-4 *(Décr. n° 2017-20 du 9 janv. 2017, art. 1er-31°)* Afin de contrôler l'application des lois, règlements et normes applicables aux activités et produits mentionnés à l'article L. 5311-1, et sous réserve de dispositions spécifiques prévues par le présent code ou par la réglementation européenne, les inspecteurs de l'Agence nationale de sécurité du médicament et des produits de santé peuvent procéder à des inspections des établissements et des lieux où sont exercées des activités liées aux produits mentionnés aux articles L. 5311-1 et L. 5311-2, ainsi que dans les locaux d'un opérateur titulaire d'une autorisation, d'un agrément ou enregistrement, ou soumis à une déclaration d'activités auprès de l'ANSM, et dans les entrepôts douaniers.

Sous réserve de dispositions spécifiques prévues par le présent code ou par la réglementation européenne, ces inspections peuvent être inopinées ou programmées notamment en fonction du risque susceptible d'affecter la qualité ou la sécurité de ces produits ou la sécurité des personnes.

Sous réserve des accords éventuels conclus entre l'Union européenne et un pays tiers, le directeur général de l'Agence nationale de sécurité du médicament et des produits de santé peut demander à tout opérateur dont l'activité contribue à la mise sur le marché national de produits de santé mentionnés à l'article L. 5311-1, établi dans un pays tiers, de se soumettre à une inspection diligentée par les inspecteurs de l'Agence si le produit ou les activités liées à un produit, au sens du même article, qu'il fabrique, distribue ou réalise est destiné à être importé ou à être mis sur le marché en France ou dans l'Union européenne.

Art. R. 5313-5 *(Décr. n° 2017-20 du 9 janv. 2017, art. 1er-32°)* Dans les quatre-vingt-dix jours suivant l'inspection d'un établissement pharmaceutique mentionné à l'article R. 5124-2, un certificat de conformité aux bonnes pratiques est délivré au pharmacien responsable si cet établissement respecte, à la date de l'inspection, les bonnes pratiques de fabrication ou de distribution en gros mentionnées à l'article L. 5121-5. Ce certificat peut être délivré pour tout ou partie des activités inspectées. Il ne peut valoir garantie pour la sécurité ou la qualité des lots individuels de médicaments fabriqués ou distribués.

Lorsque l'inspection révèle des manquements graves aux bonnes pratiques mentionnées à l'article L. 5121-5 par un établissement titulaire du certificat mentionné au premier alinéa, l'Agence nationale de sécurité du médicament et des produits de santé peut le retirer ou procéder à un raccourcissement de sa durée ou réduire le champ de ses activités en délivrant un nouveau certificat, après que le pharmacien responsable de l'établissement pharmaceutique a été à même de présenter ses observations.

Le nouveau certificat ou la mention du non-respect des bonnes pratiques de fabrication ou de distribution en gros mentionnées à l'article L. 5121-5 par l'établissement est consigné dans la banque de données mise en place par l'Agence européenne des médicaments, conformément à l'article 111 de la directive 2001/83/CE du Parlement européen et du Conseil du 6 novembre 2001 instituant un code communautaire relatif aux médicaments à usage humain.

Art. R. 5313-5-1 *(Décr. n° 2017-20 du 9 janv. 2017, art. 1er-33°)* Le certificat de conformité aux bonnes pratiques relatif aux matières premières à usage pharmaceutique est délivré conformément aux articles R. 5138-3 à R. 5138-6.

Lorsque l'inspection révèle des manquements graves aux bonnes pratiques mentionnées à l'article L. 5138-3 par un établissement titulaire du certificat mentionné au premier alinéa, l'Agence nationale de sécurité du médicament et des produits de santé peut le retirer ou procéder à un raccourcissement de sa durée ou réduire le champ de ses activités en délivrant un nouveau certificat, après que le responsable de l'établissement a été à même de présenter ses observations.

Art. R. 5313-6 Pour intervenir dans les établissements pharmaceutiques de la pharmacie centrale des armées ou des établissements de ravitaillement sanitaire du service de santé des armées, les inspecteurs de l'*(Décr. n° 2012-597 du 27 avr. 2012, art. 5-I-1°)* « Agence nationale de sécurité du médicament et des produits de santé » sont habilités par le ministre de la défense dans les conditions prévues par le décret mentionné au dernier alinéa de l'article 413-9 du code pénal.

Toute enquête ou inspection de ces inspecteurs fait l'objet d'une information préalable du ministre de la défense par le directeur général de l'*(Décr. n° 2012-597 du 27 avr. 2012, art. 5-I-1°)* « Agence nationale de sécurité du médicament et des produits de santé ».

L'inspecteur technique des services pharmaceutiques des armées peut accompagner ces inspecteurs.

Le rapport transmis par l'inspecteur responsable de la mission au directeur général de l'agence, sous couvert du *(Décr. n° 2010-344 du 31 mars 2010, art. 163)* « pharmacien inspecteur mentionné à l'article L. 5127-1 » lorsque la mission est effectuée par un pharmacien inspecteur de santé publique intervenant dans le cas prévu à l'article L. 5313-3, est communiqué simultanément au ministre de la défense, qui peut faire connaître ses observations au directeur général dans un délai d'un mois.

Les dispositions du présent article sont applicables à l'intervention des inspecteurs de l'*(Décr. n° 2012-597 du 27 avr. 2012, art. 5-I-1°)* « Agence nationale de sécurité du médicament et des produits de santé » dans les lieux relevant du ministre de la défense, dans lesquels sont réalisées des recherches biomédicales au sens de l'article L. 1121-1, dont le contrôle relève de la compétence de l'agence définie à l'article L. 5311-1.

Art. R. 5313-6-1 *(Décr. n° 2017-20 du 9 janv. 2017, art. 1er-34°)* L'Agence nationale de sécurité du médicament et des produits de santé diligente une inspection dans chaque établissement de transfusion sanguine au moins une fois tous les deux ans. Ces inspections visent à s'assurer de la conformité des activités de transfusion sanguine de l'établissement avec les bonnes pratiques mentionnées à l'article *(Décr. n° 2017-1199 du 27 juill. 2017, art. 9-II-1°)* « L. 1222-12 » ainsi qu'avec les normes de fonctionnement et d'équipement qui leur sont applicables.

Dans le cadre de ces inspections, l'agence peut également diligenter des inspections au siège de l'Établissement français du sang dès lors qu'elles sont nécessaires à l'objectif mentionné à l'alinéa précédent *(Décr. n° 2017-1199 du 27 juill. 2017, art. 9-II-2°)* « ou qu'elles visent à s'assurer du respect des dispositions relatives à la communication à caractère promotionnel prévue au troisième alinéa de l'article L. 1221-11 ».

Le directeur général de l'agence peut requérir à cet effet l'Établissement français du sang et les établissements de transfusion sanguine pour que lui soient fournies toutes informations nécessaires.

Art. R. 5313-6-2 *(Décr. n° 2017-20 du 9 janv. 2017, art. 1er-34°)* I. – Au titre des missions relatives aux produits mentionnés à l'article L. 5311-1 et après avoir préalablement averti de leur visite le ministre de la défense, les inspecteurs de l'Agence nationale de sécurité du médicament et des produits de santé habilités par le ministre de la défense, dans les conditions prévues aux articles R. 2311-1 et suivants du code de la défense, diligentent des inspections au sein du Centre de transfusion sanguine des armées au moins une fois tous les deux ans.

Ces inspections visent à s'assurer de la conformité des activités de transfusion sanguine du centre avec les bonnes pratiques mentionnées à l'article *(Décr. n° 2017-1199 du 27 juill. 2017, art. 9-III-1°)* « L. 1222-12 » ainsi qu'avec les normes de fonctionnement et d'équipement qui leur sont applicables *(Décr. n° 2017-1199 du 27 juill. 2017, art. 9-III-2°)* « , et visent à s'assurer du respect des dispositions relatives à la communication à caractère promotionnel mentionné au troisième alinéa de l'article L. 1221-11 ».

II. – Le directeur général de l'Agence nationale de sécurité du médicament et des produits de santé peut requérir à cet effet le Centre de transfusion sanguine des armées pour lui fournir toutes informations nécessaires.

Les inspecteurs de l'Agence nationale de sécurité du médicament et des produits de santé peuvent être accompagnés de l'inspecteur technique des services médicaux et chirurgicaux des armées ou de son représentant.

III. – Le directeur général de l'Agence nationale de sécurité du médicament et des produits de santé adresse copie du rapport d'inspection au ministre de la défense et au ministre chargé de la santé.

Art. R. 5313-6-3 *(Décr. n° 2017-20 du 9 janv. 2017, art. 1er-34°)* L'Agence nationale de sécurité du médicament et des produits de santé diligente au moins une fois tous les deux ans, dans les conditions prévues au présent chapitre, des inspections sur dossier ou sur site au sein de chaque établissement et organisme autorisé en application de l'article L. 1243-2 *(Décr. n° 2017-389 du 23 mars 2017, art. 2)* « *[,]* y compris lorsqu'ils disposent d'une autorisation d'activité d'importation au titre de l'article R. 1245-7 *[,]* et des établissements titulaires de l'autorisation mentionnée à l'article R. 1245-24.

« Sous réserve des accords éventuels conclus entre l'Union européenne et un pays tiers à l'Union européenne ou à l'accord sur l'Espace économique européen, le directeur général de l'Agence nationale de sécurité du médicament et des produits de santé peut demander à un fournisseur établi dans un pays tiers de se soumettre à une inspection diligentée par les inspecteurs de l'Agence si les tissus, leurs dérivés et les cellules issus du corps humain ou les préparations de thérapie cellulaire sont destinés à être importés en France.

« Lorsque d'autres États membres ou la Commission européenne souhaitent obtenir des informations sur les résultats des inspections et des mesures de contrôle concernant les établissements disposant d'une autorisation d'activité d'importation au titre de l'article R. 1245-7 et leurs fournisseurs établis dans des pays tiers, ils en font une demande dûment justifiée au directeur général de l'Agence nationale de sécurité du médicament et des produits de santé. Au vu de la justification de cette demande, le directeur général de l'Agence nationale de sécurité du médicament et des produits de santé apprécie s'il peut fournir les informations demandées.

« Lorsque les établissements mentionnés à l'alinéa précédent fournissent à un autre État membre de l'Union européenne ou partie à l'accord sur l'Espace économique européen des tissus, leurs dérivés *[,]* et des cellules issus du corps humain ou des préparations de thérapie cellulaire importés d'un État tiers, ces établissements ainsi que leurs fournisseurs établis dans un État tiers peuvent faire l'objet d'une inspection ou de mesures de contrôles *[contrôle]* par l'Agence nationale de sécurité du médicament et des produits de santé, sur demande dûment justifiée de l'autorité compétente de l'État membre, auprès de cette Agence. Si le directeur général de l'Agence nationale de sécurité du médicament et des produits de santé estime que cette demande est justifiée, il en informe les établissements concernés. A l'issue de cette inspection et de ces contrôles, le directeur général de l'Agence nationale de sécurité du médicament et des produits de santé décide des mesures à prendre après avoir consulté l'autorité compétente de l'État membre qui a fait la demande.

« Lorsqu'une inspection sur place fait suite à la demande mentionnée à l'alinéa précédent, le directeur général de l'Agence nationale de sécurité du médicament et des produits de santé et l'autorité compétente de l'État membre qui a fait cette demande s'accordent sur la question de savoir si et de quelle manière l'État membre qui a fait la demande participe à l'inspection. La décision finale concernant cette participation appartient au directeur général de l'Agence nationale de sécurité du médicament et des produits de santé. Les motifs de toute décision de refus de cette participation sont expliqués à l'autorité compétente de l'État membre qui a fait la demande. »

Art. R. 5313-7 Dans l'exercice des contrôles de l'application des dispositions du titre II du livre Ier de la partie I et des mesures réglementaires prises pour son application relevant de la compétence de l'*(Décr. n° 2012-597 du 27 avr. 2012, art. 5-I-1°)* « Agence nationale de sécurité du médicament et des produits de santé » définie à l'article L. 5311-1, les inspecteurs de l'agence ont accès au fichier prévu à l'article *(Décr. n° 2014-73 du 30 janv. 2014, art. 2)* « L. 1121-16 ».

SECTION II POUVOIRS D'ENQUÊTE

Art. R. 5313-8 Les dispositions de la section II du chapitre VII du titre II du livre Ier de la présente partie sont applicables aux inspecteurs de l'*(Décr. n° 2012-597 du 27 avr. 2012, art. 5-I-1°)* « Agence nationale de sécurité du médicament et des produits de santé ».

TITRE DEUXIÈME ORGANISATION

(Décr. n° 2012-597 du 27 avr. 2012, art. 2)

CHAPITRE PREMIER DISPOSITIONS GÉNÉRALES ET FINANCIÈRES

SECTION PREMIÈRE RÉGIME FINANCIER ET COMPTABLE

Art. R. 5321-1 *(Décr. n° 2012-1247 du 7 nov. 2012, art. 41)* L'agence est soumise aux dispositions des titres Ier et III du décret n° 2012-1246 du 7 novembre 2012 relatif à la gestion budgétaire et comptable publique.

Art. R. 5321-2 *Abrogé par Décr. nº 2012-1247 du 7 nov. 2012, art. 41.*

Art. R. 5321-3 Des agents comptables secondaires peuvent être nommés par arrêté des ministres chargés du budget et de la santé, sur proposition du directeur général de l'agence et après avis de l'agent comptable.

Art. R. 5321-4 Des régies de recettes et d'avances peuvent être instituées dans les conditions prévues par le décret nº 92-681 du 20 juillet 1992 relatif aux régies de recettes et aux régies d'avances des organismes publics.

SECTION II VACATIONS ET FRAIS DE DÉPLACEMENT

Art. R. 5321-5 Les membres des commissions, comités, groupes de travail et autres instances collégiales d'expertise, ainsi que les experts extérieurs auxquels l'agence a recours et figurant sur une liste établie par le directeur général de l'agence, peuvent être indemnisés pour les travaux, rapports et études réalisés pour l'agence dans les conditions fixées par le conseil d'administration.

Lorsque leur participation aux séances entraîne une perte de revenus, les membres salariés et les membres ayant la qualité de travailleurs indépendants siégeant au sein de ces instances, ainsi que les experts extérieurs à ces instances, peuvent percevoir une indemnité sous forme de vacations forfaitaires dans les conditions fixées par le conseil d'administration.

Les frais de déplacement et de séjour des membres des instances mentionnées au présent article ainsi que des experts auprès desdites instances sont remboursés dans les conditions prévues pour les personnels civils de l'État.

SECTION III TRANSPARENCE

(Décr. nº 2012-745 du 9 mai 2012, art. 2)

Art. R. 5321-6 La publicité des séances des commissions, comités et instances de l'agence mentionnés à l'article L. 5324-1 est assurée dans les conditions définies aux articles L. 1451-1-1 et R. 1451-6 à R. 1451-9.

SECTION IV DROITS PERÇUS À L'OCCASION DE L'ACCOMPLISSEMENT D'OPÉRATIONS PAR L'AGENCE

(Décr. nº 2012-1016 du 3 sept. 2012)

Art. D. 5321-7 Le montant du droit prévu à l'article L. 5321-3 est fixé comme suit :

1º Au titre du 1º du I :

Pour l'analyse d'échantillons et l'évaluation de la documentation relative au protocole de contrôle transmise par le fabricant, en vue de la mise en circulation des lots de médicaments immunologiques mentionnés au 6º de l'article L. 5121-1 : 3 500 €.

Pour l'évaluation de la documentation relative au protocole de contrôle transmise par le fabricant, en vue de la mise en circulation de lots de médicaments immunologiques mentionnés au 6º de l'article L. 5121-1 : 500 €.

Pour l'analyse d'échantillons et l'évaluation de la documentation relative au protocole de contrôle transmise par le fabricant, en vue de la mise en circulation des lots :

— de médicaments dérivés du sang mentionnés à l'article L. 5121-3 : 950 € ;

— de mélanges de plasmas destinés à la fabrication des médicaments dérivés du sang : 100 € ;

— de substances qui, si elles sont utilisées séparément d'un dispositif médical dans lequel elles sont incorporées comme parties intégrantes, sont susceptibles d'être considérées comme des médicaments dérivés du sang : 950 €.

2º Au titre du 2º du I :

Pour la réalisation d'une inspection expressément demandée par un établissement réalisant les activités mentionnées à l'article L. 5138-4 afin de vérifier le respect des bonnes pratiques mentionnées à l'article L. 5138-3 et de délivrer, le cas échéant, le certificat attestant ce respect, le montant du droit est constitué d'une part forfaitaire qui s'élève à 1 000 € et d'une part variable calculée par jour entamé d'inspection du site dans la limite de 9 000 € selon le barème qui suit :

— lorsque l'établissement inspecté est situé dans un État membre de l'Union européenne ou dans un État partie à l'accord sur l'Espace économique européen : 300 € par jour ;

– lorsque l'établissement inspecté est situé dans tout autre État : 3 000 € par jour.

3° Au titre du 3° du I :

Pour la fourniture de substances de référence de la Pharmacopée française : 45 € par substance fournie.

4° Au titre du 4° du I :

Pour la délivrance d'attestations de qualité destinées aux exportateurs de médicaments : 3 000 € par lot.

Les redevables du droit relatif aux opérations mentionnées aux 1°, 2°, 3° ou 4° ci-dessus s'acquittent de celui-ci auprès des services mentionnés sur le titre de perception émis par le ministère chargé de la santé.

CHAPITRE II CONSEIL D'ADMINISTRATION ET DIRECTEUR GÉNÉRAL

SECTION PREMIÈRE CONSEIL D'ADMINISTRATION

Art. R. 5322-1 Le conseil d'administration de l'agence comprend, outre son président :

1° Neuf membres de droit représentant l'État :

a) Le directeur général de la santé ou son représentant ;

b) Le directeur général de l'offre de soins ou son représentant ;

c) Le directeur de la sécurité sociale ou son représentant ;

d) Le secrétaire général des ministères chargés des affaires sociales ou son représentant ;

e) Le directeur du budget ou son représentant ;

f) Le directeur général de la recherche et de l'innovation ou son représentant ;

g) Le directeur général de la concurrence, de la consommation et de la répression des fraudes ou son représentant ;

h) Le directeur général de la compétitivité, de l'industrie et des services ou son représentant ;

i) Le directeur de l'Union européenne ou son représentant ;

2° Trois députés et trois sénateurs, désignés par le président de leur assemblée respective ;

3° Deux représentants des régimes obligatoires de base d'assurance maladie, désignés sur proposition de l'Union nationale des caisses d'assurance maladie ;

4° Un représentant de l'Ordre national des médecins, un représentant de l'Ordre national des pharmaciens, désignés chacun sur proposition de leur ordre ;

5° Deux représentants des associations d'usagers du système de santé, agréées au niveau national conformément aux dispositions de l'article L. 1114-1 ;

6° Deux personnalités qualifiées dans les domaines de compétence de l'agence ;

7° Trois représentants du personnel de l'agence élus par ce personnel selon les modalités définies par le règlement intérieur de l'agence.

En cas d'empêchement, chaque membre du conseil d'administration *(Décr. n° 2013-615 du 11 juill. 2013, art. 2-I)* « , à l'exception de ceux mentionnés aux 1°, 3°, 4° et 5°, » peut donner mandat à un autre membre pour le représenter. Nul ne peut être porteur de plus de deux mandats par séance.

Nouvel art. R. 5322-1 (Décr. n° 2012-597 du 27 avr. 2012, art. 2) *Le conseil d'administration de l'agence comprend, outre son président :*

(Décr. n° 2017-1781 du 27 déc. 2017, art. 7) « *1° Neuf membres représentant l'État :*

« *a) Trois représentants des ministres chargés de la santé et de l'action sociale ;*

« *b) Un représentant du ministre chargé de la sécurité sociale ;*

« *c) Un représentant du ministre chargé du budget ;*

« *d) Un représentant du ministre chargé de la recherche ;*

« *e) Deux représentants du ministre chargé de l'économie et des finances ;*

« *f) Un représentant du ministre chargé des affaires étrangères ;* »

2° Trois députés et trois sénateurs, désignés par le président de leur assemblée respective ;

3° Deux représentants des régimes obligatoires de base d'assurance maladie, désignés sur proposition de l'Union nationale des caisses d'assurance maladie ;

4° Un représentant de l'Ordre national des médecins, un représentant de l'Ordre national des pharmaciens, désignés chacun sur proposition de leur ordre ;

5° Deux représentants des associations d'usagers du système de santé, agréées au niveau national conformément aux dispositions de l'article L. 1114-1 ;

6° Deux personnalités qualifiées dans les domaines de compétence de l'agence ;

7° Trois représentants du personnel de l'agence élus par ce personnel selon les modalités définies par le règlement intérieur de l'agence.

En cas d'empêchement, chaque membre du conseil d'administration (Décr. n° 2013-615 du 11 juill. 2013, art. 2-I) *« , à l'exception de ceux mentionnés aux 1°, 3°, 4° et 5°, » peut donner mandat à un autre membre pour le représenter. Nul ne peut être porteur de plus de deux mandats par séance.*

Le nouvel art. entre en vigueur à compter du prochain renouvellement des conseils d'administration (Décr. n° 2017-1781 du 27 déc. 2017, art. 8).

Art. R. 5322-2 Le mandat des membres du conseil d'administration, à l'exception des membres de droit et des membres mentionnés au 2° de l'article R. 5322-1, est de trois ans. Il est renouvelable une fois.

Les nominations des membres du conseil d'administration mentionnés aux 2°, 3°, 4°, 5° et 6° de l'article R. 5322-1 font l'objet d'un arrêté du ministre chargé de la santé publié au *Journal officiel* de la République française.

(Décr. n° 2013-615 du 11 juill. 2013, art. 2-II) « Pour chacun des membres mentionnés aux 3°, 4° et 5° de l'article R. 5322-1, un suppléant est nommé dans les mêmes conditions que le membre titulaire. »

Nouvel art. R. 5322-2 (Décr. n° 2017-1781 du 27 déc. 2017, art. 7) *« Le mandat des membres du conseil d'administration est de trois ans, à l'exception du mandat des membres mentionnés au 2° de l'article R. 5322-1. Pour ces derniers, le mandat des députés prend fin avec la législature au titre de laquelle ils ont été élus et le mandat des sénateurs prend fin lors de chaque renouvellement partiel du Sénat. Le mandat des membres du conseil d'administration est renouvelable une fois. »*

Les nominations des membres du conseil d'administration mentionnés aux 2°, 3°, 4°, 5° et 6° de l'article R. 5322-1 font l'objet d'un arrêté du ministre chargé de la santé publié au Journal officiel de la République française.

(Décr. n° 2013-615 du 11 juill. 2013, art. 2-II) *« Pour chacun des membres mentionnés aux* (Décr. n° 2017-1781 du 27 déc. 2017, art. 7) *« 1°, 3°, 4°, 5° et 7 » de l'article R. 5322-1, un suppléant est nommé dans les mêmes conditions que le membre titulaire. »*

(Décr. n° 2017-1781 du 27 déc. 2017, art. 7) *« Il est procédé aux nominations au sein du conseil d'administration dans le respect des règles définies aux deux premiers alinéas de l'article L. 1411-5-2, précisées à la section III du chapitre Ier du titre Ier du livre IV de la première partie. »*

Le nouvel art. entre en vigueur à compter du prochain renouvellement des conseils d'administration (Décr. n° 2017-1781 du 27 déc. 2017, art. 8).

Art. R. 5322-3 Le président du conseil d'administration est nommé pour une durée de trois ans, renouvelable une fois. La limite d'âge du président est fixée à soixante-sept ans. Les fonctions de président du conseil d'administration sont incompatibles avec celles de directeur général de l'agence.

Le conseil d'administration élit en son sein un vice-président choisi parmi les membres mentionnés aux 3°, 5° ou 6° de l'article R. 5322-1, qui exerce toutes les prérogatives du président en cas d'absence ou d'empêchement de ce dernier.

Art. R. 5322-4 En cas de vacance d'un siège du fait de l'empêchement définitif de son titulaire ou de la perte par un membre de la qualité au titre de laquelle il a été désigné, il est procédé à la désignation d'un nouveau membre dans les conditions prévues à l'article R. 5322-1 ou du président, dans les conditions prévues à l'article L. 5322-1. Le mandat de ce membre ou du président ainsi nommé expire en même temps que celui des autres membres du conseil d'administration. Dans ces mêmes circonstances, les représentants du personnel sont remplacés dans les conditions prévues par le règlement intérieur.

Nouvel art. R. 5322-4 (Décr. n° 2012-597 du 27 avr. 2012, art. 2) *En cas de vacance d'un siège du fait de l'empêchement définitif de son titulaire ou de la perte par un membre de la qualité au titre de laquelle il a été désigné, il est procédé à la désignation d'un nouveau membre dans les conditions prévues à l'article R. 5322-1 ou du président, dans les conditions prévues à l'article L. 5322-1. Le mandat de ce membre ou du président ainsi nommé expire en même temps que* *celui des autres membres du conseil d'administration* (Décr. n° 2017-1781 du 27 déc. 2017, art. 7) « *, à l'exception de ceux mentionnés au 2° de l'article R. 5322-1* ». *Dans ces mêmes circonstances, les représentants du personnel sont remplacés dans les conditions prévues par le règlement intérieur.*

Le nouvel art. entre en vigueur à compter du prochain renouvellement des conseils d'administration (Décr. n° 2017-1781 du 27 déc. 2017, art. 8).

Art. R. 5322-5 Les fonctions de membre du conseil d'administration sont incompatibles avec celles de membre du conseil scientifique.

Art. R. 5322-6 Le directeur général, le *(Décr. n° 2012-1247 du 7 nov. 2012, art. 2)* « contrôleur budgétaire », l'agent comptable et le président du conseil scientifique assistent aux séances du conseil d'administration avec voix consultative. Le directeur général peut, en outre, se faire assister de toute personne de son choix.

Le président du conseil d'administration peut également inviter à assister aux séances, avec voix consultative, toute personne dont il estime la présence utile.

Art. R. 5322-7 Les fonctions de membre du conseil d'administration sont exercées à titre gratuit.

Les frais occasionnés par leurs déplacements et leurs séjours sont remboursés dans les conditions prévues par la réglementation applicable aux personnels civils de l'État.

Art. R. 5322-8 Le conseil d'administration se réunit au moins trois fois par an sur convocation de son président.

La convocation est de droit dans les trente jours suivant la demande qui en est faite par le ministre chargé de la santé, par le directeur général, ou par le tiers au moins des membres du conseil d'administration.

Sauf urgence, les membres reçoivent, huit jours au moins avant la date de la réunion, l'ordre du jour et les documents nécessaires à l'examen des sujets qui y sont inscrits.

En cas d'urgence motivée, les délibérations du conseil d'administration peuvent être adoptées par visioconférence selon des modalités définies par le règlement intérieur du conseil d'administration.

En cas d'impossibilité de recours à la visioconférence, les membres du conseil d'administration peuvent, dans les mêmes conditions et selon les mêmes modalités, être consultés par écrit. Les observations sur le projet de délibération par l'un des membres sont immédiatement communiquées aux autres membres. Tout membre peut s'opposer à ce mode de consultation : dans ce cas, il est mis un terme à la procédure et le conseil d'administration est convoqué pour délibérer.

Art. R. 5322-9 Le président arrête l'ordre du jour sur proposition du directeur général.

Les questions dont le ministre chargé de la santé, le président du conseil d'administration ou le tiers au moins de ses membres demandent l'inscription à l'ordre du jour de la séance la plus proche y sont inscrites de plein droit. Sauf en cas d'urgence, lorsqu'elles doivent faire l'objet d'une délibération, ces questions doivent être déposées quinze jours au moins avant la date du conseil d'administration.

Art. R. 5322-10 Les *(Décr. n° 2015-1515 du 20 nov. 2015, art. 1er)* « délibérations » du conseil d'administration sont prises à la majorité des voix des membres présents *(Décr. n° 2015-1515 du 20 nov. 2015, art. 1er)* « ou représentés ».

Les membres du conseil y compris le président disposent chacun d'une voix, à l'exception des représentants de l'État mentionnés au 1° de l'article R. 5322-1 qui disposent chacun de deux voix. Le président a voix prépondérante en cas de partage égal des voix.

Le conseil d'administration ne peut délibérer valablement que si un tiers au moins de ses membres détenant au moins la moitié des voix sont présents. Si le quorum n'est pas atteint, le conseil est convoqué sur le même ordre du jour dans les quinze jours. Il délibère alors valablement quel que soit le nombre de membres présents.

Art. R. 5322-11 Le conseil d'administration fixe par ses délibérations les orientations de la politique de l'agence. Il adopte son règlement intérieur.

Il délibère sur les matières suivantes :

1° L'organisation générale de l'agence et de ses commissions consultatives ;

2° Les orientations stratégiques pluriannuelles ;
3° Le contrat de performance conclu avec l'État ;
4° Le programme de travail annuel ;
5° Le rapport d'activité ;
6° Le règlement intérieur de l'agence ;
7° Le budget et ses décisions modificatives, le compte financier et l'affectation des résultats ;
8° Les contrats, marchés ou conventions d'un montant supérieur à un seuil qu'il détermine ;
9° Les subventions d'un montant supérieur à un seuil qu'il détermine ;
10° Les programmes d'investissement ;
11° Les acquisitions, aliénations, échanges d'immeubles, baux et locations les concernant et comportant des engagements d'une durée supérieure à celle qu'il fixe ;
12° L'autorisation d'ester en justice et, pour les transactions au-delà d'un seuil qu'il détermine, de négocier et conclure lesdites transactions ;
13° Les dons et legs ;
14° Les conditions générales d'emploi et de recrutement du personnel et les conditions de rémunération des autres personnes qui apportent leur concours à l'agence ;
15° Les participations de l'agence à des groupements d'intérêt public *(Décr. n° 2014-1638 du 26 déc. 2014, art. 2)* « ou des groupements d'intérêt économique dans les conditions prévues au 4° de l'article R. 5311-1 du code de la santé publique ».

Un bilan annuel de l'ensemble des contrats, conventions et marchés publics passés par l'agence lui est présenté par le directeur général.

Art. R. 5322-12 En ce qui concerne les matières mentionnées aux 12° et 13° de l'article R. 5322-11, le conseil d'administration peut déléguer au directeur général tout ou partie de ses compétences dans des limites qu'il détermine. Le directeur général rend compte, lors de la plus prochaine séance du conseil d'administration, des décisions qu'il a prises en vertu de cette délégation.

Art. R. 5322-13 *(Décr. n° 2012-1247 du 7 nov. 2012, art. 41)* « Les délibérations du conseil d'administration portant sur le budget et le compte financier sont exécutoires dans les conditions prévues par le titre III du décret n° 2012-1246 du 7 novembre 2012 relatif à la gestion budgétaire et comptable publique. Les délibérations portant sur les matières mentionnées aux 2°, 9°, 10° de l'article R. 5322-11 sont approuvées dans les mêmes conditions. » Les délibérations relatives au 14° de l'article R. 5322-11 sont exécutoires un mois après leur transmission au ministre chargé de la santé, au ministre chargé du budget et au ministre chargé de la fonction publique, sauf opposition de l'un ou de ces ministres. *(Décr. n° 2014-1638 du 26 déc. 2014, art. 3-2°)* « Les délibérations relatives au 15° de l'article R. 5322-11 sont exécutoires un mois après leur transmission au ministre chargé de la santé et au ministre chargé du budget, sauf opposition de l'un ou de ces ministres. » Les autres délibérations sont exécutoires un mois après leur transmission au ministre chargé de la santé et au ministre chargé du budget. En cas d'urgence, le ministre chargé de la santé peut autoriser l'exécution immédiate.

SECTION II **DIRECTEUR GÉNÉRAL**

Art. R. 5322-14 Le directeur général de l'Agence nationale de sécurité du médicament et des produits de santé est nommé pour une durée de trois ans renouvelable une fois.

Il dirige l'établissement. Il accomplit tous les actes qui ne sont pas réservés au conseil d'administration en vertu de l'article R. 5322-11.

Il prépare les délibérations du conseil d'administration et en assure l'exécution.

Il représente l'agence en justice et dans tous les actes de la vie civile.

Il passe au nom de l'agence les contrats, conventions et marchés et les actes d'acquisition, de vente et de transaction, sous réserve des attributions conférées au conseil d'administration par l'article R. 5322-11.

Il recrute, nomme et gère les agents contractuels et les personnels scientifiques et techniques de laboratoire de l'agence. Il a autorité sur l'ensemble des personnels de l'établissement.

Le directeur général de l'agence propose au conseil d'administration, qui en délibère, de créer les commissions nécessaires à la conduite des missions de l'agence telles que définies à l'article L. 5311-1. Le directeur général de l'agence détermine, après avis du conseil scientifique et du conseil d'administration, l'étendue et la durée des missions, la composition et les modalités de consultation de ces commissions par décision publiée *(Décr. n° 2017-20 du 9 janv. 2017, art. 2-15°)* « sur le site internet de l'agence » et en nomme les membres. *(Décr. n° 2015-1515 du 20 nov. 2015, art. 2-2°)* « Il informe le conseil d'administration et le conseil scientifique des comités et groupes de travail nécessaires à la conduite des missions de l'agence qui ont été créés ou supprimés. » Les modalités de fonctionnement de ces commissions, comités et groupes de travail sont fixées par le règlement intérieur de ces instances *(Décr. n° 2015-1515 du 20 nov. 2015, art. 2-3°)* « arrêté » par le directeur général.

Lorsque l'instruction d'un dossier le nécessite, le directeur général de l'Agence nationale de sécurité du médicament et des produits de santé peut faire appel à un ou plusieurs experts.

Les fonctions de membre des commissions, comités et groupes de travail sont incompatibles avec celles de membre du conseil d'administration ou du conseil scientifique de l'agence.

Art. R. 5322-15 Le directeur général est ordonnateur des recettes et des dépenses du budget de l'agence. Il peut désigner des ordonnateurs secondaires.

Il peut déléguer sa signature aux personnels placés sous son autorité. Ces délégations font l'objet d'une publication *(Décr. n° 2017-20 du 9 janv. 2017, art. 2-16°)* « sur le site internet de l'Agence nationale de sécurité du médicament et des produits de santé ».

Art. R. 5322-16 La liste des décisions du directeur général mentionnées à l'article L. 5322-2 qui sont communiquées aux ministres chargés de l'économie, de la santé et de la sécurité sociale pour information quinze jours avant leur notification est fixée par arrêté des mêmes ministres. Ce délai n'est pas applicable en cas de menace grave pour la santé publique.

SECTION III CONSEIL SCIENTIFIQUE

Art. R. 5322-17 Le conseil scientifique a pour mission :

1° De veiller à la cohérence de la stratégie scientifique de l'agence, prenant en compte les développements récents tant en matière de méthodologie que de connaissance de l'efficacité et de la sécurité des produits de santé, dans le contexte national, européen et international ;

2° De donner un avis sur les orientations de recherche ainsi que sur la politique de partenariat et de programmation scientifique de l'agence ;

3° D'assister le directeur général de l'agence dans l'élaboration de la procédure d'appels à projets de recherche ;

4° De formuler un avis au directeur général de l'agence et au conseil d'administration sur l'étendue et la durée des missions, la composition et les modalités de consultation des commissions, comités et groupes de travail mentionnés au septième alinéa de l'article R. 5322-14.

Il peut formuler des recommandations sur toute question scientifique et technique entrant dans le champ de compétence de l'établissement. Celles-ci sont transmises au directeur général.

Le conseil scientifique est consulté sur les dispositions du règlement intérieur de l'agence qui le concernent.

Art. R. 5322-18 Le conseil comprend :

1° *(Décr. n° 2015-1515 du 20 nov. 2015, art. 3-1°)* « Dix » membres, nommés pour une durée de trois ans renouvelable par arrêté du ministre chargé de la santé en fonction de leur expertise scientifique dans le domaine des produits de santé, sur proposition du directeur général et après une procédure d'appel à candidatures effectuée par l'agence ;

2° *(Décr. n° 2015-1515 du 20 nov. 2015, art. 3-2°)* « Six » personnalités scientifiques dont des personnalités scientifiques étrangères, nommées pour une durée de trois ans renouvelable par arrêté du ministre chargé de la santé en fonction de leur expertise scientifique dans le domaine des produits de santé, sur avis du ministre chargé de la recherche.

(Décr. n° 2015-1515 du 20 nov. 2015, art. 3-3°) « Les nominations prononcées en application du 1° et du 2° assurent au conseil scientifique, dans le domaine des pro-

duits de santé, une expertise particulière se rapportant notamment aux dispositifs médicaux ou dispositifs médicaux de diagnostic *in vitro* ainsi qu'à l'épidémiologie. »

Peuvent assister aux séances du conseil, les présidents des commissions prévues à l'article R. 5322-14 ainsi que toute personne dont le directeur général ou le président du conseil scientifique estime la présence utile.

Le président du conseil scientifique est nommé parmi les membres mentionnés au 1° et au 2° par arrêté du ministre chargé de la santé, pris après avis dudit conseil.

En cas de vacance d'un siège, pour quelque cause que ce soit, il est procédé à la désignation d'un nouveau membre dans les conditions prévues *(Décr. n° 2013-615 du 11 juill. 2013, art. 3-2°)* « aux 1° et 2° » pour achever le mandat de celui qu'il remplace.

Les fonctions de membre du conseil scientifique sont exercées à titre gratuit. Elles ouvrent droit aux indemnités pour frais de déplacement et de séjour dans les conditions prévues par la réglementation applicable aux personnels civils de l'État.

Le conseil scientifique se réunit au moins trois fois par an sur convocation de son président, ou à la demande du directeur général, ou à l'initiative motivée d'au moins un tiers de ses membres. L'ordre du jour est arrêté par son président.

CHAPITRE III PERSONNEL

Art. R. 5323-1 La délibération concernant les conditions générales d'emploi et de recrutement du personnel mentionnée au 14° de l'article R. 5322-11 fixe l'indemnisation des gardes et astreintes.

Cette délibération détermine également, pour chaque catégorie d'emplois, les échelles de rémunération correspondantes ainsi que la durée du temps passé dans chacun des échelons.

CHAPITRE IV LIENS AVEC LES ENTREPRISES

Art. R. 5323-2 Les dispositions de l'article R. 4113-110 sont applicables aux membres des conseils, commissions, comités et groupes de travail siégeant auprès de l'agence ainsi qu'aux personnes collaborant occasionnellement à *(Décr. n° 2012-745 du 9 mai 2012, art. 4)* « leurs » travaux, y compris lorsqu'ils n'appartiennent pas aux professions de santé.

LIVRE QUATRIÈME SANCTIONS PÉNALES ET FINANCIÈRES

(Décr. n° 2014-73 du 30 janv. 2014, art. 4-I, en vigueur le 1er févr. 2014).

TITRE PREMIER RECHERCHE ET CONSTAT DES INFRACTIONS

CHAPITRE PREMIER PHARMACIENS INSPECTEURS DE SANTÉ PUBLIQUE

SECTION UNIQUE

Art. R. 5411-1 *(Décr. n° 2010-344 du 31 mars 2010, art. 164)* Les pharmaciens inspecteurs de santé publique et les inspecteurs des agences régionales de santé ayant la qualité de pharmacien sont habilités et assermentés pour la recherche et la constatation des infractions mentionnées à l'article L. 5411-1 dans les conditions fixées aux articles R. 1312-2 et R. 1312-4 à R. 1312-7.

CHAPITRE II INSPECTEURS DE L'AGENCE NATIONALE DE SÉCURITÉ DU MÉDICAMENT ET DES PRODUITS DE SANTÉ *(Décr. n° 2012-597 du 27 avr. 2012, art. 5-I-2°).*

SECTION UNIQUE

Art. R. 5412-1 Pour l'application de l'article L. 5412-1, l'habilitation des inspecteurs mentionnés à l'article R. 5313-1 à la recherche et à la constatation d'infractions pénales est conférée par décision du directeur général de l'agence précisant les nom, qualités et qualifications des agents concernés.

L'habilitation a une durée de deux ans. Elle est renouvelable.

Les agents ainsi habilités prêtent, devant le tribunal de grande instance dans le ressort duquel se trouve le siège de l'agence, le serment suivant : "Je jure et promets de bien et loyalement remplir mes fonctions et d'observer en tout les devoirs qu'elles m'imposent. Je jure également de ne rien révéler ou utiliser de ce qui sera porté à ma connaissance à l'occasion de l'exercice de mes fonctions."

Les dispositions de l'alinéa précédent ne sont pas applicables aux pharmaciens inspecteurs de santé publique exerçant en qualité d'inspecteur de l'agence lorsqu'ils ont déjà prêté serment au titre de l'inspection de la pharmacie mentionnée à l'article L. 5127-1.

CHAPITRE III MÉDECINS INSPECTEURS DE SANTÉ PUBLIQUE

Art. R. 5413-1 *(Décr. n° 2007-75 du 22 janv. 2007, art. 7)* Les médecins inspecteurs de santé publique *(Décr. n° 2010-344 du 31 mars 2010, art. 165)* « et les inspecteurs des agences régionales de santé ayant la qualité de médecin » sont habilités et assermentés pour la recherche et la constatation des infractions mentionnées à l'article L. 5413-1 dans les conditions fixées aux articles R. 1312-2 et R. 1312-4 à R. 1312-7.

CHAPITRE IV AUTRES PERSONNES HABILITÉES

Le présent chapitre ne comporte pas de dispositions réglementaires.

TITRE DEUXIÈME MÉDICAMENTS À USAGE HUMAIN

CHAPITRE PREMIER DISPOSITIONS GÉNÉRALES

Art. R. 5421-1 *(Décr. n° 2014-73 du 30 janv. 2014, art. 3)* Le fait pour les médecins, les chirurgiens-dentistes, les sages-femmes ou les pharmaciens de méconnaître les obligations de signalement immédiat d'un effet indésirable grave suspecté d'être dû à un médicament ou un produit au sens du 2° de l'article R. 5121-152 dont ils ont eu connaissance est puni de l'amende prévue pour les contraventions de cinquième classe.

CHAPITRE II PUBLICITÉ

Le présent chapitre ne comporte pas de dispositions réglementaires.

CHAPITRE III FABRICATION ET DISTRIBUTION EN GROS

Le présent chapitre ne comporte pas de dispositions réglementaires.

CHAPITRE IV DISTRIBUTION AU DÉTAIL

Le présent chapitre ne comporte pas de dispositions réglementaires.

CHAPITRE V INSPECTION DE LA PHARMACIE

Le présent chapitre ne comporte pas de dispositions réglementaires.

TITRE TROISIÈME AUTRES PRODUITS ET SUBSTANCES PHARMACEUTIQUES RÉGLEMENTÉS

CHAPITRE PREMIER PRODUITS COSMÉTIQUES

(Décr. n° 2011-287 du 18 mars 2011, art. 1er)

Art. R. 5431-1 Le fait, pour *(Décr. n° 2015-1417 du 4 nov. 2015, art. 5-1°-a)* « la personne responsable telle que déterminée à l'article 4 du règlement (CE) n° 1223/2009 du Parlement européen et du Conseil, du 30 novembre 2009, relatif aux produits cosmétiques », de ne pas mettre à la disposition du public les informations prévues à l'article *(Décr. n° 2015-1417 du 4 nov. 2015, art. 5-1°-b)* « 21 du même règlement » est puni de l'amende prévue pour les contraventions de la cinquième classe.

Art. R. 5431-2 *(Décr. n° 2015-1417 du 4 nov. 2015, art. 5-2°)* La mise à disposition sur le marché, par un distributeur tel que défini au *e* du paragraphe 1 de l'article 2 du règlement (CE) n° 1223/2009 du Parlement européen et du Conseil, du 30 novembre 2009, relatif aux produits cosmétiques, d'un produit cosmétique non conforme aux règles fixées en matière d'étiquetage, d'exigences linguistiques ou de date de durabilité minimale par le paragraphe 2 de l'article 6 du même règlement est puni de l'amende prévue pour les contraventions de la cinquième classe.

Art. R. 5431-3 *(Décr. n° 2015-1417 du 4 nov. 2015, art. 5-3°)* La récidive des infractions prévues aux articles R. 5431-1 et R. 5431-2 est réprimée conformément aux articles 132-11 et 132-15 du code pénal.

CHAPITRE II SUBSTANCES VÉNÉNEUSES

Le présent chapitre ne comporte pas de dispositions réglementaires.

CHAPITRE III RÉACTIFS

SECTION UNIQUE

Art. R. 5433-1 Est puni de l'amende prévue pour les contraventions de la cinquième classe le fait, pour un fabricant, un importateur ou un distributeur de réactifs :

1° De mettre sur le marché, à titre gratuit ou onéreux, un réactif sans avoir procédé à son enregistrement auprès de l'*(Décr. n° 2012-597 du 27 avr. 2012, art. 5-I-1°)* « Agence nationale de sécurité du médicament et des produits de santé » ;

2° De ne pas signaler à l'*(Décr. n° 2012-597 du 27 avr. 2012, art. 5-I-1°)* « Agence nationale de sécurité du médicament et des produits de santé » toute modification affectant les éléments du dossier d'enregistrement d'un réactif ;

3° De ne pas avoir procédé au rappel des réactifs dont le retrait a été décidé.

Art. R. 5433-2 Est puni de l'amende prévue pour les contraventions de la cinquième classe le fait, pour un fabricant, un importateur ou un distributeur de réactifs, de ne pas satisfaire à l'obligation d'informer l'utilisateur dans les conditions définies aux articles R. 5133-1 à R. 5133-3.

Art. R. 5433-3 Est puni de l'amende prévue pour les contraventions de la cinquième classe le fait, pour un fabricant, un importateur ou un distributeur qui a fait enregistrer un réactif, de ne pas transmettre à l'*(Décr. n° 2012-597 du 27 avr. 2012, art. 5-I-1°)* « Agence nationale de sécurité du médicament et des produits de santé » toute information sur les effets inattendus ou indésirables, ou sur les insuffisances ou erreurs, susceptibles d'être dus à ce réactif et dont il a eu connaissance.

Art. R. 5433-4 La récidive des contraventions prévues au présent chapitre, est réprimée conformément à l'article 132-11 du code pénal.

CHAPITRE IV CONTRACEPTIFS

Le présent chapitre ne comporte pas de dispositions réglementaires.

CHAPITRE V PRODUITS APTES À PROVOQUER UNE INTERRUPTION VOLONTAIRE DE GROSSESSE

Le présent chapitre ne comporte pas de dispositions réglementaires.

CHAPITRE VI *[ABROGÉ]* INSECTICIDES ET ACARICIDES

(Abrogé par Décr. n° 2008-109 du 5 févr. 2008, art. 13-2°)

Le présent chapitre ne comporte pas de dispositions réglementaires.

CHAPITRE VII *PRODUITS* DE TATOUAGE

(Décr. n° 2008-210 du 3 mars 2008)

Art. R. 5437-1 Est puni de l'amende prévue pour les contraventions de la cinquième classe le fait, pour *(Décr. n° 2015-1417 du 4 nov. 2015, art. 6-1°)* « la personne responsable de la mise sur le marché d'un produit de tatouage » :

1° De mettre sur le marché à titre gratuit ou onéreux un produit de tatouage dont la composition n'est pas conforme aux arrêtés prévus à l'article R. 513-10-4 ou sans tenir à disposition le dossier d'information mentionné à l'article R. 513-10-3 ;

2° De ne pas mettre à la disposition du public les informations prévues *(Décr. n° 2015-1417 du 4 nov. 2015, art. 6-2°)* « à » l'article R. 513-10-14 ;

(Décr. n° 2015-1417 du 4 nov. 2015, art. 6-3°) « 3° De ne pas transmettre, lorsque le directeur général de l'Agence nationale de sécurité du médicament et des produits de santé en fait la demande motivée, la liste des produits dans la composition desquels entrent une ou plusieurs substances pour lesquelles l'agence suspecte un doute sérieux sur l'innocuité. »

Les personnes physiques coupables des infractions définies au présent article encourent également la peine complémentaire de confiscation de la chose qui a servi ou était destinée à commettre l'infraction.

Art. R. 5437-2 *(Décr. n° 2010-671 du 18 juin 2010, art. 5-XIII)* Les personnes morales déclarées responsables pénalement, dans les conditions prévues par l'article 121-2 du code pénal, des infractions définies à l'article R. 5437-1 encourent, outre l'amende suivant les modalités prévues par l'article 131-41 du code pénal, la peine de confiscation de la chose qui a servi ou était destinée à commettre l'infraction.

Art. R. 5437-3 La récidive des contraventions prévues à l'article R. 5437-1 est réprimée conformément aux articles 132-11 et 132-15 du code pénal.

Art. R. 5437-4 Est puni de l'amende prévue pour les contraventions de la troisième classe le fait de mettre sur le marché à titre gratuit ou onéreux un produit de tatouage dont le récipient ou l'emballage ne comporte pas l'une des mentions prévues à l'article R. 513-10-5.

CHAPITRE VIII MATIÈRES PREMIÈRES À USAGE PHARMACEUTIQUE

(Décr. n° 2008-109 du 5 févr. 2008, art. 19)

SECTION UNIQUE

Art. R. 5438-1 *(Décr. n° 2012-1562 du 31 déc. 2012, art. 7-1°)* Le fait pour le fabricant, l'importateur ou le distributeur d'excipients tels que définis par l'article L. 5138-2 d'exercer son activité sans s'être déclaré auprès de l'Agence nationale de sécurité du médicament et des produits de santé en application et dans les conditions fixées par l'article L. 5138-1 est puni de l'amende prévue pour les contraventions de la cinquième classe.

Art. R. 5438-2 Est puni de l'amende prévue pour les contraventions de la 5e classe le fait d'utiliser le certificat de conformité mentionné à l'article L. 5138-4 alors qu'il a été mis fin à la validité de celui-ci en application de l'article R. 5138-5.

Art. R. 5438-3 Est puni de l'amende prévue pour les contraventions de la 4e classe le fait pour le fabricant, l'importateur ou le distributeur d'une matière première à usage pharmaceutique de ne pas communiquer à l'*(Décr. n° 2012-597 du 27 avr. 2012, art. 5-I-1°)* « Agence nationale de sécurité du médicament et des produits de santé » les modifications des renseignements ou informations contenus *(Décr. n° 2012-1562 du 31 déc. 2012, art. 7-2°)* « parmi les pièces sollicitées pour l'autorisation ou » dans la déclaration ou le dossier descriptif prévus à l'article L. 5138-1, dans les conditions fixées aux articles R. 5138-1 et R. 5138-2.

Art. R. 5438-4 La récidive des contraventions prévues aux articles R. 5438-1 et R. 5438-2 est réprimée conformément aux articles 132-11 et 132-15 du code pénal.

TITRE QUATRIÈME MÉDICAMENTS VÉTÉRINAIRES

CHAPITRE PREMIER PRÉPARATION INDUSTRIELLE ET VENTE EN GROS

SECTION UNIQUE

Art. R. 5441-1 Est puni de l'amende prévue pour les contraventions de la cinquième classe, le fait :

1° Pour le pharmacien ou le vétérinaire responsable d'une entreprise mentionnée aux 1° à 10° de l'article R. 5142-1 ou pour un pharmacien ou un vétérinaire délégué, de cumuler cette activité en infraction avec les dispositions de l'article R. 5142-31 ;

2° Pour le pharmacien ou le vétérinaire responsable d'une entreprise mentionnée aux 1° à 10° de l'article R. 5142-1, de ne pas se faire assister selon les dispositions prévues aux articles R. 5142-37 à R. 5142-41 ;

3° à 5° Abrogés par Décr. n° 2009-729 du 18 juin 2009, art. 10.

6° De faire, sous quelque forme que ce soit, de la publicité pour des médicaments vétérinaires dont la mise sur le marché n'a pas été autorisée ;

7° De faire, sous quelque forme que ce soit, de la publicité auprès des personnes physiques ou morales mentionnées aux articles L. 5143-2 et L. 5143-6, pour les médicaments vétérinaires qu'elles ne sont pas autorisées à prescrire ou à délivrer ;

8° De faire, sous quelque forme que ce soit, de la publicité auprès du public pour les médicaments vétérinaires dont la délivrance est soumise à prescription en application de l'article L. 5143-5 ;

9° De diffuser, sous quelque forme que ce soit, une publicité en faveur de médicaments vétérinaires ne comportant pas l'ensemble des renseignements mentionnés *(Décr. n° 2015-647 du 10 juin 2015, art. 5)* « aux articles R. 5141-85 et R. 5141-85-2 suivant le cas » ;

10° De diffuser, sous quelque forme que ce soit, une publicité en faveur de médicaments vétérinaires faisant apparaître la consultation vétérinaire comme superflue, ou assortie de promesses ou d'avantages de quelque nature que ce soit, ou utilisant des attestations ou des expertises ;

11° De diffuser, sous quelque forme que ce soit, une publicité en faveur de médicaments vétérinaires sans avoir effectué, préalablement à sa diffusion, le dépôt auprès du directeur général de l'*(Décr. n° 2011-385 du 11 avr. 2011, art. 1er)* « Agence nationale de sécurité sanitaire de l'alimentation, de l'environnement et du travail » prévu *(Décr. n° 2015-647 du 10 juin 2015, art. 5)* « à l'article R. 5141-85-3 » ;

12° De diffuser, sous quelque forme que ce soit, une publicité en faveur de médicaments vétérinaires, sans avoir obtenu l'autorisation préalable du directeur général de l'*(Décr. n° 2011-385 du 11 avr. 2011, art. 1er)* « Agence nationale de sécurité sanitaire de l'alimentation, de l'environnement et du travail » mentionnée à l'article R. 5141-86 ;

13° Pour une entreprise mentionnée à l'article R. 5142-1, de remettre directement ou indirectement aux utilisateurs et aux personnes habilitées à prescrire ou à délivrer des médicaments vétérinaires des primes, des objets ou produits quelconques ou de consentir des avantages matériels directs ou indirects autres que les conditions tarifaires en vigueur, à l'exception des dons mentionnés au deuxième alinéa de l'article R. 5141-87 ;

14° Pour une entreprise mentionnée à l'article R. 5142-1, *(Décr. n° 2015-647 du 10 juin 2015, art. 5)* « de méconnaître les règles relatives à la remise d'échantillons gratuits de médicaments vétérinaires mentionnées à l'article R. 5141-88 » ;

(Décr. n° 2009-729 du 18 juin 2009, art. 10) « 15° De méconnaître les règles relatives à la dénomination, à l'étiquetage et à la notice des médicaments vétérinaires mentionnées aux articles R. 5141-1, R. 5141-72, R. 5141-73 à R. 5141-78, R. 5141-123-8 (II et III) et R. 5141-139 » ;

(Décr. n° 2016-1363 du 12 oct. 2016, art. 2) « 16° De promouvoir l'utilisation du médicament vétérinaire lors de la réalisation d'études post-autorisation mentionnée au troisième alinéa de l'article R. 5141-49. »

Art. R. 5441-2 Les personnes physiques coupables des infractions définies à l'article R. 5441-1 encourent également la peine complémentaire de confiscation du médicament vétérinaire qui a servi ou était destiné à commettre l'infraction.

Art. R. 5441-3 *(Décr. n° 2010-671 du 18 juin 2010, art. 5-XIII)* Les personnes morales déclarées responsables pénalement, dans les conditions prévues par l'article 121-2 du code pénal, des infractions définies à l'article R. 5441-1 encourent, outre l'amende suivant les modalités prévues par l'article 131-41 du code pénal, la peine de confiscation du médicament vétérinaire qui a servi ou était destiné à commettre les infractions prévues à l'article R. 5441-1.

Art. R. 5441-4 *Abrogé par Décr. n° 2010-671 du 18 juin 2010, art. 5.*

Art. R. 5441-5 La récidive des contraventions prévues à l'article R. 5441-1 est réprimée conformément aux articles 132-11 et 132-15 du code pénal.

CHAPITRE II PRÉPARATION EXTEMPORANÉE ET VENTE AU DÉTAIL

SECTION UNIQUE

Art. R. 5442-1 Est puni de l'amende prévue pour les contraventions de la cinquième classe, le fait :

1° et 2° Abrogés par Décr. n° 2009-729 du 18 juin 2009, art. 10.

3° Pour un pharmacien ou un vétérinaire, de ne pas déclarer immédiatement au centre de pharmacovigilance vétérinaire dont il dépend un effet indésirable grave ou inattendu susceptible d'être imputé à l'utilisation d'un médicament vétérinaire ;

4° De préparer extemporanément des médicaments vétérinaires sans respecter les bonnes pratiques mentionnées à l'article R. 5143-1 ;

5° De ne pas respecter les règles de prescription et de délivrance des médicaments vétérinaires prévues aux articles R. 5141-111 et R. 5141-112 ;

(Décr. n° 2007-596 du 24 avr. 2007) « 6° Pour un vétérinaire de prescrire, sans remplir les conditions prévues au IV de l'article R. 5141-112-2, des médicaments vétérinaires sans examen clinique des animaux ; »

7° Abrogé par Décr. n° 2009-729 du 18 juin 2009, art. 10.

(Décr. n° 2005-374 du 20 avr. 2005) « 8° Pour le titulaire d'une autorisation mentionnée à l'article L. 5141-12, de ne pas avoir déclaré, immédiatement après en avoir eu connaissance, au directeur général de l'*(Décr. n° 2011-385 du 11 avr. 2011, art. 1er)* « Agence nationale de sécurité sanitaire de l'alimentation, de l'environnement et du travail », tout effet indésirable grave et tout effet indésirable sur l'être humain susceptibles d'être dus aux autovaccins. »

Art. R. 5442-2 Les personnes physiques coupables des infractions définies à l'article R. 5442-1 encourent également la peine complémentaire de confiscation du médicament vétérinaire qui a servi ou était destiné à commettre l'infraction.

Art. R. 5442-3 *(Décr. n° 2010-671 du 18 juin 2010, art. 5-XIII)* Les personnes morales déclarées responsables pénalement, dans les conditions prévues par l'article 121-2 du code pénal, des infractions définies à l'article R. 5442-1 encourent, outre l'amende suivant les modalités prévues par l'article 131-41 du code pénal, la peine de confiscation du médicament vétérinaire qui a servi ou était destiné à commettre les infractions prévues à l'article R. 5442-1.

Art. R. 5442-4 *Abrogé par Décr. n° 2010-671 du 18 juin 2010, art. 5.*

Art. R. 5442-5 La récidive des contraventions prévues à l'article R. 5442-1 est réprimée conformément aux articles 132-11 et 132-15 du code pénal.

TITRE CINQUIÈME AGENCE NATIONALE DE SÉCURITÉ DU MÉDICAMENT ET DES PRODUITS DE SANTÉ *(Décr. n° 2012-597 du 27 avr. 2012, art. 5-I-2°).*

CHAPITRE UNIQUE

Le présent chapitre ne comporte pas de dispositions réglementaires.

TITRE SIXIÈME DISPOSITIFS MÉDICAUX, DISPOSITIFS MÉDICAUX DE DIAGNOSTIC *IN VITRO* ET AUTRES PRODUITS ET OBJETS RÉGLEMENTÉS DANS L'INTÉRÊT DE LA SANTÉ PUBLIQUE

CHAPITRE PREMIER DISPOSITIFS MÉDICAUX

(Décr. n° 2011-287 du 18 mars 2011, art. 2)

SECTION PREMIÈRE SANCTIONS PÉNALES *(Décr. n° 2014-73 du 30 janv. 2014, art. 4).*

Art. R. 5461-1 *(Décr. n° 2014-73 du 30 janv. 2014, art. 4)* Est puni de l'amende prévue pour les contraventions de cinquième classe le fait :

1° Pour un établissement de santé, un syndicat interhospitalier, un groupement de coopération sanitaire ou une association mentionnés à l'article R. 5212-12, de ne pas désigner un correspondant local de matériovigilance ou de ne pas communiquer le nom de ce correspondant local au directeur général de l'Agence nationale de sécurité du médicament et des produits de santé ;

2° Pour le professionnel de santé ayant eu connaissance d'un incident ou d'un risque d'incident mettant en cause un dispositif médical ayant entraîné ou susceptible d'entraîner la mort ou la dégradation grave de l'état de santé d'un patient, d'un utilisateur ou d'un tiers, de s'abstenir de le signaler sans délai à l'Agence nationale de sécurité du médicament et des produits de santé.

Art. R. 5461-2 *(Décr. nº 2014-73 du 30 janv. 2014, art. 4)* La récidive des contraventions prévues à l'article R. 5461-1 est réprimée conformément aux articles 132-11 et 132-15 du code pénal.

Art. R. 5461-3 Est puni de l'amende prévue pour les contraventions de troisième classe le fait de présenter, lors de réunions scientifiques ou techniques, d'expositions ou de démonstrations, des dispositifs médicaux non conformes aux dispositions des articles R. 5211-12 et R. 5211-17 sans accompagner cette présentation d'un panneau qui indique clairement que ces dispositifs ne peuvent être ni mis sur le marché ni mis en service avant leur mise en conformité.

SECTION II SANCTIONS FINANCIÈRES

(Décr. nº 2014-73 du 30 janv. 2014, art. 4)

Art. R. 5461-4 Constitue un manquement soumis à sanction financière le fait :

1° Pour le fabricant d'un dispositif médical ou son mandataire, de ne pas tenir à la disposition du directeur général de l'Agence nationale de sécurité du médicament et des produits de santé les déclarations de conformité et les documentations techniques établies dans le cadre des procédures de certification ainsi que les décisions et rapports des organismes habilités ayant participé à ces procédures, mentionnés à l'article R. 5211-26 ;

2° Pour le fabricant d'un dispositif médical ou son mandataire, de ne pas présenter, sur demande des agents mentionnés à l'article L. 5431-1, les déclarations de conformité et les documentations techniques établies dans le cadre des procédures de certification ainsi que les décisions et rapports des organismes habilités ayant participé à ces procédures, mentionnés à l'article R. 5211-26 ;

3° Pour toute personne ayant son siège social en France et qui exerce au moins une des activités mentionnées à l'article R. 5211-65, de mettre sur le marché un dispositif médical de classe I ou un dispositif médical sur mesure sans procéder à la déclaration prévue aux premier et quatrième alinéas de l'article R. 5211-65 ;

4° Pour toute personne ayant son siège social en France et qui exerce au moins une des activités mentionnées à l'article R. 5211-52, de mettre sur le marché un dispositif médical revêtu du marquage CE et conçu par le fabricant pour être stérilisé avant usage sans procéder à la déclaration prévue au deuxième alinéa de l'article R. 5211-65 ;

5° Pour toute personne ayant son siège social en France et qui exerce au moins une des activités mentionnées à l'article R. 5211-67 de mettre sur le marché des dispositifs assemblés en vue de constituer un système ou un nécessaire, sans procéder à la déclaration prévue au deuxième alinéa de l'article R. 5211-65 ;

6° Pour un fabricant ou son mandataire mentionnés à l'article R. 5212-13, de ne pas désigner un correspondant de matériovigilance ou de ne pas communiquer le nom de ce correspondant au directeur général de l'Agence nationale de sécurité du médicament et des produits de santé.

CHAPITRE II DISPOSITIFS MÉDICAUX DE DIAGNOSTIC *IN VITRO*

(Décr. nº 2011-287 du 18 mars 2011, art. 3)

SECTION PREMIÈRE SANCTIONS PÉNALES *(Décr. nº 2014-73 du 30 janv. 2014, art. 5).*

Art. R. 5462-1 *(Décr. nº 2014-73 du 30 janv. 2014, art. 5)* Est puni de l'amende prévue pour les contraventions de cinquième classe le fait :

1° Pour un établissement de santé, un syndicat interhospitalier, un groupement de coopération sanitaire utilisateur de dispositifs médicaux de diagnostic *in vitro* ou un établissement de transfusion sanguine mentionné à l'article R. 5222-10, de ne pas désigner un correspondant de réactovigilance ou de ne pas en communiquer le nom au directeur général de l'Agence nationale de sécurité du médicament et des produits de santé ;

2° Pour le professionnel de santé ayant eu connaissance d'une défaillance ou d'une altération d'un dispositif médical de diagnostic *in vitro[,]* susceptible d'entraîner des effets néfastes pour la santé des personnes, de s'abstenir de le signaler sans délai à l'Agence nationale de sécurité du médicament et des produits de santé.

Art. R. 5462-2 *(Décr. nº 2014-73 du 30 janv. 2014, art. 5)* La récidive des contraventions prévues à l'article R. 5462-1 est réprimée conformément aux articles 132-11 et 132-15 du code pénal.

Art. R. 5462-3 Est puni de l'amende prévue pour les contraventions de troisième classe le fait de présenter, lors de réunions scientifiques ou techniques, d'expositions ou de démonstrations, des dispositifs médicaux de diagnostic *in vitro* non conformes aux dispositions des articles R. 5221-10 et R. 5221-14 sans accompagner cette présentation d'un panneau qui indique clairement que ces dispositifs ne peuvent être ni mis sur le marché ni mis en service avant leur mise en conformité.

SECTION II SANCTIONS FINANCIÈRES

(Décr. nº 2014-73 du 30 janv. 2014, art. 5)

Art. R. 5462-4 Constitue un manquement soumis à sanction financière le fait :

1° Pour le fabricant d'un dispositif de diagnostic médical *in vitro* ou son mandataire, de ne pas tenir à la disposition du directeur général de l'Agence nationale de sécurité du médicament et des produits de santé les déclarations de conformité et les documentations techniques établies dans le cadre des procédures de certification ainsi que les décisions et rapports des organismes habilités ayant participé à ces procédures, dans les conditions mentionnées à l'article R. 5221-18 ;

2° Pour le fabricant d'un dispositif de diagnostic médical *in vitro* ou son mandataire, de ne pas présenter, sur demande des agents mentionnés à l'article L. 5462-1, les déclarations de conformité et les documentations techniques établies dans le cadre des procédures de certification ainsi que les décisions et rapports des organismes habilités ayant participé à ces procédures, dans les conditions mentionnées à l'article R. 5221-18 ;

3° Pour un fabricant ou son mandataire mentionnés à l'article R. 5222-11, de ne pas désigner une personne en charge de la réactovigilance ou de ne pas en communiquer le nom au directeur général de l'Agence nationale de sécurité du médicament et des produits de santé.

CHAPITRE III AUTRES PRODUITS ET OBJETS

SECTION PREMIÈRE BIBERONS À TUBE

Art. R. 5463-1 Le fait, en méconnaissance du 1° de l'article L. 5231-2, de fabriquer, vendre, mettre en vente, exposer ou importer des biberons à tube est puni de l'amende prévue pour les contraventions de la quatrième classe.

Les personnes physiques coupables de la contravention définie au présent article encourent également la peine complémentaire de confiscation de la chose qui a servi ou était destinée à commettre l'infraction.

SECTION II BALADEUR MUSICAL

Art. R. 5463-2 Est puni de l'amende prévue pour les contraventions de la cinquième classe le fait de mettre sur le marché, de détenir en vue de la vente, de vendre ou de distribuer à titre gratuit un baladeur musical non conforme aux conditions fixées par l'article L. 5232-1 et par les textes réglementaires pris pour son application.

Les personnes physiques coupables de la contravention prévue au présent article encourent la peine complémentaire de confiscation de la chose qui a servi ou était destinée à commettre l'infraction.

Art. R. 5463-3 *(Décr. nº 2010-671 du 18 juin 2010, art. 5-XIII)* Les personnes morales déclarées responsables pénalement, dans les conditions prévues par l'article 121-2 du code pénal, de l'infraction définie à l'article R. 5463-2 encourent, outre l'amende suivant les modalités prévues par l'article 131-41 du code pénal, la peine de confiscation de la chose qui a servi ou était destinée à commettre l'infraction.

Art. R. 5463-4 La récidive de la contravention prévue à l'article R. 5463-2 est réprimée conformément aux articles 132-11 et 132-15 du code pénal.

TITRE SEPTIÈME MISE EN ŒUVRE DES SANCTIONS FINANCIÈRES

(Décr. nº 2014-73 du 30 janv. 2014, art. 6)

CHAPITRE UNIQUE SANCTIONS FINANCIÈRES PRONONCÉES PAR L'AGENCE NATIONALE DE SÉCURITÉ DU MÉDICAMENT ET DES PRODUITS DE SANTÉ

Art. R. 5471-1 I. — Le directeur général de l'Agence nationale de sécurité du médicament et des produits de santé peut prononcer une sanction financière à l'encontre de l'auteur d'un manquement mentionné aux articles R. 5461-4 et R. 5462-4.

II. — Le montant de la sanction prononcée ne peut être supérieur à 15 000 € pour une personne physique et à 5 % du chiffre d'affaires réalisé lors du dernier exercice clos, dans la limite de 100 000 € pour une personne morale, pour les manquements mentionnés :

1º Aux 1º et 2º de l'article R. 5461-4 ;

2º Aux 1º et 2º l'article R. 5462-4.

III. — Le montant de la sanction prononcée ne peut être supérieur à 15 000 € pour une personne physique et à 15 % du chiffre d'affaires réalisé lors du dernier exercice clos pour le produit ou le groupe de produits concernés, dans la limite de 100 000 € pour une personne morale pour les manquements mentionnés aux 3º, 4º et 5º de l'article R. 5461-4.

IV. — Le montant de la sanction prononcée ne peut être supérieur à 150 000 € pour une personne physique et à 10 % du chiffre d'affaires réalisé lors du dernier exercice clos, dans la limite de 1 000 000 € pour une personne morale, pour les manquements mentionnés :

1º Au 6º de l'article R. 5461-4 ;

2º Au 3º de l'article R. 5462-4.

V. — Les décisions de sanction financière prononcées peuvent être publiées sur le site internet de l'agence dans les conditions prévues à l'article R. 5312-2.

VI. — L'agence peut assortir cette sanction financière lorsque l'auteur du manquement n'a pas régularisé la situation à l'issue du délai fixé par une mise en demeure d'une astreinte journalière qui ne peut être supérieure :

1º A 1 000 € par jour pour les manquements prévus aux 1º à 5º de l'article R. 5461-4 et aux 1º et 2º de l'article R. 5462-4 ;

2º A 2 500 € par jour pour les manquements prévus au 6º de l'article R. 5461-4 et au 3º de l'article R. 5462-4.

LIVRE CINQUIÈME MAYOTTE, ÎLES WALLIS-ET-FUTUNA ET TERRES AUSTRALES ET ANTARCTIQUES FRANÇAISES, NOUVELLE-CALÉDONIE ET POLYNÉSIE FRANÇAISE

(Décr. n° 2010-1031 du 31 août 2010, art. 2-II)

V. Dalloz.fr

SIXIÈME PARTIE ÉTABLISSEMENTS ET SERVICES DE SANTÉ

(Décr. n° 2005-839 du 20 juill. 2005 ; Décr. n° 2005-840 du 20 juill. 2005)

LIVRE PREMIER ÉTABLISSEMENTS DE SANTÉ

TITRE PREMIER ORGANISATION DES ACTIVITÉS DES ÉTABLISSEMENTS DE SANTÉ

CHAPITRE PREMIER MISSIONS DES ÉTABLISSEMENTS DE SANTÉ

SECTION PREMIÈRE ORGANISATION DE LA LUTTE CONTRE LES ÉVÉNEMENTS INDÉSIRABLES ASSOCIÉS AUX SOINS DANS LES ÉTABLISSEMENTS DE SANTÉ *(Décr. n° 2010-1408 du 12 nov. 2010, art. 1er)*.

SOUS-SECTION 1 DISPOSITIONS GÉNÉRALES

(Décr. n° 2010-1408 du 12 nov. 2010, art. 1er)

BIBL. ▶ CORMIER, La réforme des comités de lutte contre les infections nosocomiales (CLIN) à la lumière du décret du 6 décembre 1999, *L'Entrepr. médic., juill. 2000, n° 203, p. 2.*

Art. R. 6111-1 Constitue un événement indésirable associé aux soins tout incident préjudiciable à un patient hospitalisé survenu lors de la réalisation d'un acte de prévention, d'une investigation ou d'un traitement.

La gestion des risques associés aux soins vise à prévenir l'apparition d'événements indésirables associés aux soins et, en cas de survenance d'un tel événement, à l'identifier, à en analyser les causes, à en atténuer ou à en supprimer les effets dommageables pour le patient et à mettre en œuvre les mesures permettant d'éviter qu'il se reproduise.

Art. R. 6111-2 Le représentant légal de l'établissement de santé, après concertation avec le président de la commission médicale d'établissement dans les établissements de santé publics, ou avec la conférence médicale d'établissement dans les établissements de santé privés, arrête l'organisation de la lutte contre les événements indésirables associés aux soins. Cette organisation vise :

1° A mettre en œuvre des actions de formation des personnels et des actions de communication en direction des personnels et des usagers permettant de développer la culture de sécurité dans l'établissement ;

2° A disposer d'une expertise relative à la méthodologie de gestion des risques associés aux soins, en particulier l'analyse des événements indésirables ;

3° A permettre à la commission médicale d'établissement ou à la conférence médicale d'établissement de disposer des éléments nécessaires pour proposer le programme d'actions mentionné aux articles L. 6144-1 et L. 6161-2, assorti d'indicateurs de suivi, en vue de lutter contre les événements indésirables associés aux soins ;

4° A permettre à la commission médicale d'établissement ou à la conférence médicale d'établissement de disposer des éléments nécessaires à l'élaboration d'un bilan annuel des actions mises en œuvre ;

5° A assurer la cohérence de l'action des personnels qui participent à la lutte contre les événements indésirables associés aux soins ;

(Décr. n° 2014-1042 du 12 sept. 2014, art. 13-I) « 6° A permettre à la commission médicale d'établissement ou à la conférence médicale d'établissement de disposer des

éléments relatifs à la sécurité transfusionnelle et à l'hémovigilance et à assurer la cohérence de l'action des personnes qui assurent une activité transfusionnelle. »

Art. R. 6111-3 Le représentant légal de l'établissement de santé arrête, après proposition du président de la commission médicale d'établissement dans les établissements de santé publics et en concertation avec la conférence médicale d'établissement dans les établissements de santé privés, les mesures à mettre en œuvre dans le cadre du programme d'actions mentionné aux articles L. 6144-1 et L. 6161-2.

Art. R. 6111-4 Le représentant légal de l'établissement de santé désigne, en concertation avec le président de la commission médicale d'établissement dans les établissements de santé publics ou la conférence médicale d'établissement dans les établissements de santé privés, un coordonnateur de la gestion des risques associés aux soins afin de veiller à ce que les missions mentionnées *(Décr. n° 2014-1042 du 12 sept. 2014, art. 13-II)* « aux 1° à 6° » de l'article R. 6111-2 puissent être remplies.

Ce coordonnateur dispose d'une formation adaptée à l'exercice de ses missions. Il a accès aux données et aux informations, notamment les plaintes et réclamations des usagers, nécessaires à l'exercice de celles-ci.

Art. R. 6111-5 Plusieurs établissements de santé peuvent coopérer pour mener la lutte contre les événements indésirables associés aux soins.

SOUS-SECTION 2 DISPOSITIONS RELATIVES À LA LUTTE CONTRE LES INFECTIONS NOSOCOMIALES

(Décr. n° 2010-1408 du 12 nov. 2010, art. 1er)

Art. R. 6111-6 Les infections associées aux soins contractées dans un établissement de santé sont dites infections nosocomiales.

Art. R. 6111-7 Le programme d'actions mentionné aux articles L. 6144-1 et L. 6161-2 comporte un volet relatif aux mesures à mettre en œuvre pour lutter contre les infections nosocomiales.

En vue d'assurer sa mise en œuvre, il est constitué au sein de chaque établissement une équipe opérationnelle d'hygiène composée notamment de personnel médical ou pharmaceutique et de personnel infirmier désignés par le représentant légal de l'établissement après concertation avec le président de la commission médicale d'établissement dans les établissements de santé publics et avec la conférence médicale d'établissement dans les établissements de santé privés.

L'équipe opérationnelle d'hygiène assiste la commission médicale d'établissement ou la conférence médicale d'établissement dans la proposition des actions de lutte contre les infections nosocomiales et dans l'élaboration des indicateurs de suivi de la mise en œuvre de ces mesures.

Les membres de cette équipe reçoivent une formation adaptée à l'exercice de leur mission. Ils ont accès aux données et aux informations, notamment les plaintes et réclamations des usagers, qui leur sont nécessaires.

Art. R. 6111-8 Un bilan des activités de lutte contre les infections nosocomiales est établi par l'équipe opérationnelle d'hygiène selon un modèle défini par arrêté du ministre chargé de la santé.

SOUS-SECTION 3 POLITIQUE DU MÉDICAMENT ET DES DISPOSITIFS MÉDICAUX STÉRILES DANS LES ÉTABLISSEMENTS DE SANTÉ

(Décr. n° 2010-1029 du 30 août 2010, art. 1er)

Art. R. 6111-9 *(Décr. n° 2006-550 du 15 mai 2006, art. 4-IX)* Une présentation synthétique du programme annuel de lutte contre les infections nosocomiales de l'établis*sement de santé* est remise à chaque patient avec le livret d'accueil.

Art. R. 6111-10 I. – La commission médicale d'établissement dans les établissements publics de santé ou la conférence médicale d'établissement dans les établissements de santé privés élabore :

1° Un programme d'actions, assorti d'indicateurs de suivi, en matière de bon usage des médicaments *(Décr. n° 2013-841 du 20 sept. 2013, art. 6-1°)* « *[,]* notamment des antibiotiques » et des dispositifs médicaux stériles. Ce programme contribue au management de la qualité de la prise en charge médicamenteuse du patient défini par arrêté du ministre chargé de la santé. Il comprend, le cas échéant, les actions nécessaires pour mettre en œuvre les engagements fixés dans le contrat de bon usage des médicaments *(Décr. n° 2013-841 du 20 sept. 2013, art. 6-1°)* « *[,]* notamment des antibiotiques » et des produits et prestations mentionné à l'article L. 162-22-7 du code de la sécurité sociale ;

2° Un bilan des actions d'amélioration en matière de bon usage des médicaments et des dispositifs médicaux stériles ;

3° La liste des médicaments et dispositifs médicaux stériles dont l'utilisation est préconisée dans l'établissement ;

4° Des préconisations en matière de prescription des dispositifs médicaux stériles et des médicaments *(Décr. n° 2013-841 du 20 sept. 2013, art. 6-2°)* « *[,]* notamment les antibiotiques ».

II. – Le programme mentionné au 1° du I et le bilan des actions mentionnées au 2° du I sont intégrés au programme d'actions d'amélioration continue de la qualité et de la sécurité des soins mentionné aux articles L. 6144-1 et L. 6161-2.

(Décr. n° 2013-841 du 20 sept. 2013, art. 6-3°) « III. – En vue d'assurer la mise en œuvre du programme mentionné au 1° du I et des préconisations mentionnées au 4° du I, le représentant légal de l'établissement de santé désigne, en concertation avec le président de la commission médicale d'établissement dans les établissements de santé publics ou la conférence médicale d'établissement dans les établissements de santé privés, un référent en antibiothérapie. Ce référent assiste la commission médicale d'établissement ou la conférence médicale d'établissement dans la proposition des actions de bon usage des antibiotiques et l'élaboration des indicateurs de suivi de mise en œuvre de ces mesures ; il organise le conseil thérapeutique et diagnostique dans l'établissement. Une même personne peut assurer cette fonction au sein de plusieurs établissements de santé dans le cadre d'une action de coopération. »

Art. R. 6111-11 La commission médicale d'établissement dans les établissements publics de santé ou la conférence médicale d'établissement dans les établissements de santé privés contribue aux travaux de *(Décr. n° 2017-1483 du 18 oct. 2017, art. 2-II-2°)* « l'observatoire mentionné à l'article R. 1413-90 ».

SOUS-SECTION 4 ASSISTANCE PUBLIQUE-HÔPITAUX DE PARIS, HOSPICES CIVILS DE LYON, ASSISTANCE PUBLIQUE-HÔPITAUX DE MARSEILLE

(Décr. n° 2010-1408 du 12 nov. 2010, art. 1er)

Art. R. 6111-11-1 Lorsque la commission médicale d'établissement de l'Assistance publique-hôpitaux de Paris, des hospices civils de Lyon ou de l'Assistance publique-hôpitaux de Marseille délègue à une commission médicale d'établissement locale ses compétences mentionnées à l'article R. 6144-2-2, l'hôpital ou le groupement d'hôpitaux concerné met en œuvre les dispositions de la présente section.

SECTION II DÉCLARATION DES INFECTIONS NOSOCOMIALES ET RECUEIL DES INFORMATIONS LES CONCERNANT *(Décr. n° 2017-129 du 3 févr. 2017, art. 2-III-1°).*

BIBL. ▶ CORMIER, L'obligation de signalement des infections nosocomiales, *L'entrepr. médic.* 2001, *n° 217, p. 5.*

Art. R. 6111-12 et R. 6111-13 *Abrogés par Décr. n° 2017-129 du 3 févr. 2017, art. 2-III-2°.*

Art. R. 6111-14 *(Décr. n° 2006-550 du 15 mai 2006, art. 6-I)* « Dans les établissements *(Décr. n° 2017-129 du 3 févr. 2017, art. 2-IV-1°)* « de santé », le recueil des informations concernant les infections nosocomiales devant être *(Décr. n° 2017-129 du 3 févr. 2017, art. 2-IV-2°)* « déclarées conformément à l'article R. 1413-79 » est organisé selon des modalités définies par *(Décr. n° 2010-1408 du 12 nov. 2010, art. 2)* « la commission médicale d'établissement ou *[par]* la conférence médicale d'établissement. »

Art. R. 6111-15 *(Décr. n° 2006-550 du 15 mai 2006, art. 6-I)* « Dans les établissements *(Décr. n° 2017-129 du 3 févr. 2017, art. 2-V-1°)* « de santé », le responsable de l'établissement désigne, après avis *(Décr. n° 2006-550 du 15 mai 2006, art. 6-I ; Décr. n° 2010-1408 du 12 nov. 2010, art. 2)* « de la commission médicale d'établissement ou de la conférence médicale d'établissement », le professionnel de santé chargé de leur *(Décr. n° 2017-129 du 3 févr. 2017, art. 2-V-1°)* « déclaration » aux autorités sanitaires, ainsi que son suppléant. *(Décr. n° 2006-550 du 15 mai 2006, art. 6-I)* « Dans les groupements de coopération sanitaire, ce professionnel peut être une personne chargée des mêmes fonctions au sein de l'un des établissements membres du groupement. »

Il en informe le *(Décr. n° 2010-1408 du 12 nov. 2010, art. 2)* « directeur général de l'agence régionale de santé » et *(Décr. n° 2017-129 du 3 févr. 2017, art. 2-V-2°)* « le responsable du centre d'appui pour la prévention des infections associées aux soins mentionné à l'article **R. 1413-83** ».

Art. R. 6111-16 *(Décr. n° 2017-129 du 3 févr. 2017, art. 2-VI-1°)* « Tout professionnel de santé » qui, dans l'exercice de ses missions au sein *(Décr. n° 2006-550 du 15 mai 2006, art. 6-I)* « d'un *(Décr. n° 2017-129 du 3 févr. 2017, art. 2-VI-1°)* « établissement de santé », constate un ou plusieurs cas d'infections nosocomiales, en informe, d'une part, *(Décr. n° 2006-550 du 15 mai 2006, art. 6-II)* « le praticien responsable du pôle d'activité » dans lequel le ou les cas sont apparus dans les établissements publics ou le médecin responsable du ou des patients dans les autres établissements de santé *(Décr. n° 2006-550 du 15 mai 2006, art. 6-I)* « , les groupements de coopération sanitaire » et, d'autre part, le praticien de l'équipe opérationnelle d'hygiène hospitalière mentionnée à l'article *(Décr. n° 2010-1408 du 12 nov. 2010, art. 2)* « **R. 6111-7** ».

Le praticien de l'équipe opérationnelle d'hygiène hospitalière apprécie si le ou les cas dont il a été avisé correspondent aux critères *(Décr. n° 2017-129 du 3 févr. 2017, art. 2-VI-2°)* « de déclaration définis à l'article **R. 1413-79** ». Lorsque ce ou ces cas correspondent à l'un de ces critères, ce praticien, lorsqu'il n'est pas le professionnel de santé désigné à l'article **R. 6111-15**, informe ce dernier de la nécessité *(Décr. n° 2017-129 du 3 févr. 2017, art. 2-VI-2°)* « d'une déclaration » aux autorités sanitaires.

Art. R. 6111-17 Lorsqu'un ou plusieurs cas d'infections nosocomiales ont été détectés et que leur nature correspond à un ou plusieurs des critères *(Décr. n° 2017-129 du 3 févr. 2017, art. 2-VII-1°)* « de déclaration définis à l'article **R. 1413-79** », le professionnel de santé chargé *(Décr. n° 2017-129 du 3 févr. 2017, art. 2-VII-1°)* « de la déclaration » y procède sans délai auprès du *(Décr. n° 2010-344 du 31 mars 2010, art. 168)* « directeur général de l'agence régionale de santé » et du *(Décr. n° 2017-129 du 3 févr. 2017, art. 2-VII-2°)* « responsable du centre d'appui pour la prévention des infections associées aux soins mentionné à l'article **R. 1413-83** ». Il informe de la transmission *(Décr. n° 2017-129 du 3 févr. 2017, art. 2-VII-3°)* « de cette déclaration » le *(Décr. n° 2010-1408 du 12 nov. 2010, art. 2)* « chef de pôle » dans lequel le ou les cas sont apparus dans les établissements publics, le médecin responsable du ou des patients dans les autres établissements de santé *(Décr. n° 2006-550 du 15 mai 2006, art. 6-I)* « , les groupements de coopération sanitaire », *(Décr. n° 2010-1408 du 12 nov. 2010, art. 2)* « le président de la commission médicale d'établissement *(Décr. n° 2017-129 du 3 févr. 2017, art. 2-VII-4°)* « ou de la » conférence médicale d'établissement », et le représentant légal de l'établissement.

Le nombre annuel de déclarations dans l'établissement est indiqué dans le bilan des activités de la lutte contre les infections nosocomiales mentionné à l'article *(Décr. n° 2010-1408 du 12 nov. 2010, art. 2)* « **R. 6111-8** ».

SECTION III STÉRILISATION DES DISPOSITIFS MÉDICAUX

(Décr. n° 2010-1030 du 30 août 2010)

Art. R. 6111-18 Les dispositions de la présente section sont applicables aux établissements de santé disposant d'une pharmacie à usage intérieur et aux groupements de coopération sanitaire gérant une pharmacie à usage intérieur qui assurent par leurs propres moyens la stérilisation de leurs dispositifs médicaux, qu'ils la sous-traitent à un autre établissement de santé disposant d'une pharmacie à usage intérieur ou un autre groupement de coopération sanitaire gérant une pharmacie à usage intérieur, ou la confient à un tiers.

Art. R. 6111-19 La stérilisation est l'ensemble des opérations permettant d'obtenir l'état de stérilité d'un dispositif médical ainsi que le maintien de cet état.

L'activité de stérilisation des dispositifs médicaux est subordonnée à l'octroi d'une autorisation mentionnée au 4° de l'article R. 5126-9.

Art. R. 6111-20 I. — Un établissement de santé ou un groupement de coopération sanitaire autorisé à assurer les opérations de stérilisation des dispositifs médicaux conformément à l'article R. 5126-5 peut confier, sur la base d'un contrat conforme aux bonnes pratiques de pharmacie hospitalière dont les principes sont fixés par arrêté du ministre chargé de la santé et après autorisation de l'agence régionale de santé, une ou plusieurs opérations de stérilisation à un autre établissement de santé ou à un groupement de coopération sanitaire.

Le projet de contrat est adressé par lettre recommandée avec avis de réception à l'agence régionale de santé du lieu où se situe le siège de l'établissement de santé.

Le directeur général de l'agence régionale de santé notifie sa décision au demandeur dans un délai de deux mois à compter de la date de réception du projet de contrat. A l'issue de ce délai, l'absence de décision du directeur général vaut refus d'autorisation.

Lorsqu'il l'estime nécessaire à l'instruction du dossier de demande d'autorisation, le directeur général peut demander dans un délai qu'il fixe, par lettre recommandée avec avis de réception, toute information complémentaire. Le délai prévu à l'alinéa précédent est alors suspendu jusqu'à la réception de ces informations.

La transmission du projet de contrat, d'informations complémentaires ainsi que de la décision d'autorisation peut être effectuée par voie électronique après apposition de la signature électronique conformément aux dispositions du *(Décr. n° 2017-1416 du 28 sept. 2017, art. 2)* « décret n° 2017-1416 du 28 septembre 2017 relatif à la signature électronique ».

II. — Un établissement de santé ou un groupement de coopération sanitaire peut confier, sur la base d'un contrat conforme aux bonnes pratiques de pharmacie hospitalière dont les principes sont fixés par arrêté du ministre chargé de la santé, et après avis de l'agence régionale de santé, une ou plusieurs opérations de stérilisation à un tiers.

Le projet de contrat est adressé par lettre recommandée avec avis de réception à l'agence régionale de santé du lieu où se situe le siège de l'établissement de santé.

Le directeur général de l'agence régionale de santé envoie ses observations au demandeur dans un délai de deux mois à compter de la date de réception du projet de contrat.

Lorsqu'il l'estime nécessaire, le directeur général peut demander dans un délai qu'il fixe, par lettre recommandée avec avis de réception, toute information complémentaire. Le délai prévu à l'alinéa précédent est alors suspendu jusqu'à la réception de ces informations.

La transmission du projet de contrat, d'informations complémentaires ainsi que de l'avis de l'agence régionale de santé peut être effectuée par voie électronique après apposition de la signature électronique conformément aux dispositions du *(Décr. n° 2017-1416 du 28 sept. 2017, art. 2)* « décret n° 2017-1416 du 28 septembre 2017 » précité.

Art. R. 6111-20-1 A titre exceptionnel et si elle n'est plus provisoirement à même d'assurer une ou plusieurs des opérations de stérilisation, une pharmacie à usage intérieur peut en confier la réalisation à d'autres pharmacies à usage intérieur autorisées à effectuer de telles opérations par l'agence régionale de santé. Le directeur général de cette agence est immédiatement informé d'une telle organisation ainsi que de la durée prévisionnelle de sa mise en œuvre.

Art. R. 6111-21 Le directeur, l'administrateur du groupement de coopération sanitaire ou le représentant légal de l'établissement définit, sur proposition du président de la commission médicale d'établissement ou du président de la conférence médicale d'établissement, un système permettant d'assurer la qualité de la stérilisation des dispositifs médicaux dans le respect des bonnes pratiques de pharmacie hospitalière et des normes techniques arrêtées par le ministre chargé de la santé. Ce système :

1° Décrit l'organisation, les procédures et les moyens permettant de garantir l'obtention et le maintien de l'état stérile des dispositifs médicaux jusqu'à leur utilisation ;

2° Précise les procédures assurant que l'ensemble des dispositifs médicaux devant être stérilisés sont soumis à un procédé de stérilisation approprié et que les dispositifs médicaux à usage unique ne sont pas réutilisés.

Art. R. 6111-21-1 En concertation avec le président de la commission médicale d'établissement ou le président de la conférence médicale d'établissement, le directeur, l'administrateur du groupement de coopération sanitaire ou le représentant légal de l'établissement désigne un responsable du système permettant d'assurer la qualité de la stérilisation, y compris lorsque tout ou partie de la stérilisation fait l'objet d'une sous-traitance. Ce responsable est chargé de missions suivantes :

1° Proposer, mettre en œuvre et évaluer le système permettant d'assurer la qualité de la stérilisation ;

2° Rendre compte à la direction de l'établissement, à la commission médicale d'établissement ou à la conférence médicale d'établissement du fonctionnement du système permettant d'assurer la qualité de la stérilisation ;

3° Proposer à la direction de l'établissement, à la commission médicale d'établissement ou à la conférence médicale d'établissement les améliorations qu'il estime nécessaires de ce système.

Une même personne peut assurer cette fonction au sein de plusieurs établissements, dans le cadre d'une action de coopération ou d'une prestation de services organisée entre ces établissements.

L'établissement de santé ou le groupement de coopération sanitaire met à disposition du responsable ainsi désigné les moyens nécessaires à l'exercice de ses missions.

SECTION IV SÉCURITÉ DES ÉTABLISSEMENTS DE SANTÉ EN CAS DE DÉFAILLANCE DU RÉSEAU D'ÉNERGIE *(Décr. n° 2007-1344 du 12 sept. 2007, art. 2).*

Art. R. 6111-22 *(Décr. n° 2014-1253 du 27 oct. 2014, art. 5)* La sécurité des établissements de santé en cas de défaillance du réseau d'énergie est assurée dans les conditions prévues par la sous-section 1 de la section IV du chapitre II du titre III du livre VII de la partie réglementaire du code de la sécurité intérieure.

SECTION V MISE À LA DISPOSITION DU PUBLIC PAR LES ÉTABLISSEMENTS DE SANTÉ DES RÉSULTATS DES INDICATEURS DE QUALITÉ ET DE SÉCURITÉ DES SOINS

(Décr. n° 2009-1763 du 30 déc. 2009)

Art. D. 6111-23 Le non-respect des dispositions prévues au troisième alinéa de l'article L. 6144-1 et au quatrième alinéa de l'article L. 6161-2 peut être constaté par le directeur général de l'agence régionale de santé, notamment dans les cas où l'établissement de santé s'abstient de mettre à la disposition du public les résultats de ses indicateurs de qualité et de sécurité des soins ou lorsque cette mise à disposition est incomplète ou insuffisante.

Dans les cas prévus à l'alinéa précédent, le directeur général de l'agence régionale de santé adresse au directeur de l'établissement de santé une mise en demeure de mettre ses indicateurs à la disposition du public dans un délai de trois mois.

Lorsque le directeur de l'établissement ne peut déférer à cette mise en demeure, il présente au directeur général de l'agence régionale de santé, avant l'expiration du délai qu'il prescrit, ses observations et les mesures qu'il s'engage à mettre en œuvre pour remédier aux manquements constatés.

Le directeur général de l'agence régionale de santé décide, au vu de ces observations et engagements, des mesures appropriées.

En cas d'insuffisance ou de non-respect des engagements pris, le directeur général de *l'agence régionale de santé* peut prononcer, par décision motivée et publiée, une diminution de la dotation mentionnée à l'article L. 162-22-13 du code de la sécurité sociale, dans la limite de 0,1 % des recettes totales d'assurance maladie de l'année de la mise en demeure.

Lorsque l'établissement ne bénéficie pas de la dotation mentionnée à l'alinéa précédent, la diminution porte, dans la même limite, selon le cas, sur le produit des tarifs des prestations d'hospitalisation mentionnés à l'article L. 162-22-4 du code de la sécurité sociale ou sur la dotation mentionnée à l'article L. 174-1 du même code.

Le directeur général de l'agence régionale de santé en informe sans délai les ministres chargés de la santé et de la sécurité sociale.

SECTION VI **HÔPITAUX DE PROXIMITÉ**

(Décr. nº 2016-658 du 20 mai 2016, art. 1er)

Art. R. 6111-24 I. – Un établissement de santé est éligible à l'inscription sur la liste des hôpitaux de proximité prévue à l'article L. 6111-3-1 s'il satisfait à l'ensemble des conditions suivantes :

1° L'établissement exerce une activité de médecine autorisée par l'agence régionale de santé en application des dispositions de l'article L. 6122-1 et n'est pas autorisé à exercer une activité en chirurgie ou en gynécologie-obstétrique en application des dispositions du même article. Le volume de son activité de médecine, calculé à partir de la moyenne du nombre de séjours de médecine produits, hors séances, sur les deux années précédant l'année civile considérée, est inférieur à un seuil fixé par arrêté des ministres chargés de la santé et de la sécurité sociale. Cette moyenne est calculée sur la base des données d'activités disponibles au 15 février de l'année civile considérée ;

2° L'établissement dessert un territoire qui présente au moins deux des quatre caractéristiques suivantes :

a) La part de la population âgée de plus de 75 ans y est supérieure à la moyenne nationale ;

b) La part de la population, située en dessous du seuil de pauvreté, y est supérieure à la moyenne nationale ;

c) La densité de sa population n'excède pas un niveau plafond ;

d) La part des médecins généralistes pour 100 000 habitants y est inférieure à la moyenne nationale.

Ce territoire est défini comme l'ensemble des lieux à partir desquels il est possible de parvenir à l'établissement par un trajet routier en automobile d'une durée inférieure ou égale à vingt minutes mesurée en prenant en compte les temps de trajet aux heures pleines et aux heures creuses.

Les moyennes nationales mentionnées aux *a*, *b* et *d* et le seuil de pauvreté mentionné au *b* sont ceux dernièrement retenus par l'INSEE.

Le niveau plafond de densité mentionné au *c* est fixé par arrêté des ministres chargés de la santé et de la sécurité sociale.

II. – Peut être également éligible à l'inscription sur la liste prévue à l'article L. 6111-3-1 l'établissement qui dessert un territoire ne présentant qu'une seule ou aucune des quatre caractéristiques mentionnées au 2° de l'article R. 6111-24, mais qui satisfait à l'une des deux conditions suivantes :

1° L'activité de médecine y est exercée en totalité ou en partie par un médecin assurant également le suivi des patients et la coordination de leur parcours de santé au sein de l'offre de soins ambulatoires ;

2° Il est le seul établissement autorisé à exercer une activité de médecine sur le territoire qu'il dessert tel que défini au 2° du I.

Art. R. 6111-25 Le directeur général de l'agence régionale de santé établit une proposition de liste des hôpitaux de proximité répondant aux conditions mentionnées à l'article R. 6111-24, après analyse de l'offre de soins de premier recours définis à l'article L. 1411-11 et de son évolution prévisible sur le territoire mentionné au 2° du I de l'article R. 6111-24.

La proposition d'inscription d'un établissement sur la liste est adressée par tout moyen permettant de rapporter la preuve de sa date de réception audit établissement, qui dispose d'un délai d'un mois pour, le cas échéant, s'y opposer.

Le directeur général de l'agence régionale de santé transmet la proposition de liste aux ministres chargés de la santé et de la sécurité sociale, qui arrêtent la liste des hôpitaux de proximité par région au regard des besoins de la population et de l'offre de soins dans la région.

Les propositions de modification de la liste sont transmises chaque année par les directeurs généraux des agences régionales de santé aux ministres chargés de la santé et de la sécurité sociale. Les établissements inscrits sur la liste ne peuvent en être radiés avant l'issue d'un délai de deux ans, y compris à leur propre demande, que s'ils ne répondent plus aux conditions mentionnées au 1° du I de l'article R. 6111-24.

La liste entre en vigueur au 1er mars de l'année civile considérée.

Art. R. 6111-26 I. – L'établissement de santé inscrit sur la liste mentionnée à l'article R. 6111-25 contribue à l'amélioration du parcours du patient en lien avec les autres acteurs de santé et, à ce titre :

1° Il coopère avec les professionnels de santé de son territoire assurant des soins de premier recours définis à l'article L. 1411-11, soit, grâce aux médecins généralistes exerçant en son sein à titre libéral et assurant également le suivi des patients et la coordination de leur parcours de santé au sein de l'offre de soins ambulatoire, soit, par une convention conclue entre les acteurs concernés précisant les modalités de continuité médicale des soins et les actions de retour et de maintien à domicile des patients ;

2° Il développe des partenariats :

a) D'une part, avec un établissement exerçant des soins de deuxième recours définis à l'article L. 1411-12 pour assurer en cas de nécessité l'orientation des patients et leur permettre d'accéder à des consultations avancées, notamment par une activité de télémédecine mentionnées *[mentionnée]* à l'article L. 6316-1 ;

b) Et, d'autre part, s'il n'exerce pas de telles activités en son sein, avec un établissement gérant une activité d'hébergement pour personnes âgées dépendantes au sens du 6° de l'article L. 312-1 du code de l'action sociale et des familles et un établissement exerçant une activité de soins de suite et de réadaptation ou autorisées à dispenser des soins de longue durée, situés sur son territoire ou exerçant une activité d'hospitalisation à domicile ;

3° Il participe à la coordination du parcours de santé de ses patients afin, notamment, d'éviter les hospitalisations inutiles ou les ré-hospitalisations précoces, ainsi que les ruptures de parcours, en particulier pour ceux mentionnés aux *a* et *b* du 2° du I de l'article R. 6111-24 résidant sur son territoire.

II. – Les engagements pris par l'hôpital de proximité en matière de coopération, de partenariat et de coordination du parcours de santé des patients sur le territoire mentionnés au 2° du I sont inscrits dans le contrat pluriannuel d'objectifs et de moyens prévu aux articles L. 6114-1 et L. 6114-2.

Le projet médical de l'hôpital de proximité comporte les modalités de coopération, les partenariats et les modalités de coordination du parcours de santé des patients mentionnés aux *a* et *b* du 2° du I.

SECTION VII **SOINS AUX DÉTENUS** *(Décr. n° 2016-1505 du 8 nov. 2016, art. 3-I-1°).*

Art. R. 6111-27 *(Décr. n° 2010-344 du 31 mars 2010, art. 169)* Pour l'application des dispositions *(Décr. n° 2016-1645 du 1er déc. 2016, art. 3-19°)* « des 2° à 4° de l'article L. 6111-1-2 », le directeur général de l'agence régionale de santé désigne, pour chaque établissement pénitentiaire de la région, l'établissement public de santé situé à proximité, chargé de dispenser aux détenus les soins définis à l'article L. 6111-1, de participer à l'accueil et au traitement des urgences et de concourir aux actions de prévention et d'éducation pour la santé organisées en milieu pénitentiaire.

Cette désignation intervient après avis du conseil de surveillance de l'établissement de santé.

Art. R. 6111-28 *(Décr. n° 2010-344 du 31 mars 2010, art. 169)* Lorsque l'établissement public de santé ne comporte pas de service de psychiatrie et que l'établissement pénitentiaire n'est pas desservi par un service médico-psychologique régional mentionné à l'article R. 3221-6, le directeur général de l'agence régionale de santé désigne en outre, dans *les mêmes conditions* que celles mentionnées à l'article R. 6112-14, l'établissement public de santé ou l'établissement de santé privé, situé à proximité, chargé de dispenser aux détenus les soins en psychiatrie.

Art. R. 6111-29 *(Décr. n° 2010-344 du 31 mars 2010, art. 169)* Les modalités d'intervention de l'établissement public de santé mentionné à l'article R. 6112-14 sont fixées par un protocole signé par le directeur général de l'agence régionale de santé, le directeur interrégional des services pénitentiaires, le chef de l'établissement pénitentiaire et le directeur de l'établissement de santé concerné, après avis du conseil de surveillance.

Un protocole complémentaire est signé dans les mêmes conditions pour fixer les modalités d'intervention de l'établissement de santé éventuellement désigné en application de l'article R. 6112-15. Dans ce cas, le directeur de l'établissement public de santé mentionné à l'article R. 6112-14 est également signataire de ce protocole complémentaire.

Art. R. 6111-30 Lorsque l'établissement désigné est un établissement public de santé, l'organisation des soins et le fonctionnement médical de la structure implantée dans l'établissement pénitentiaire sont régis par les dispositions des articles L. 6146-1 à L. 6146-4.

Lorsque l'établissement de santé désigné en application des dispositions de l'article R. 6112-15 est un établissement privé, celui-ci définit l'organisation des soins et le fonctionnement médical de la structure implantée dans l'établissement pénitentiaire.

Art. R. 6111-31 L'établissement de santé désigné en application de l'article R. 6112-14 ou de l'article R. 6112-15 inscrit dans son projet d'établissement, tel qu'il est défini à l'article L. 6143-2, les modalités de ses interventions en milieu pénitentiaire.

Art. R. 6111-32 L'établissement public de santé désigné en application de l'article R. 6112-14 dispense en milieu pénitentiaire et, le cas échéant, hospitalier, des soins aux détenus dont l'état ne nécessite pas une hospitalisation ; dans les mêmes conditions, il effectue ou fait effectuer les examens, notamment radiologiques ou de laboratoires nécessaires au diagnostic.

En outre :

1° Il recueille les données épidémiologiques collectées lors de la visite médicale d'entrée, conformément à une fiche type dont le modèle est fixé par un arrêté des ministres de la justice et de la santé ;

2° Il pourvoit à l'équipement médical et non médical des locaux spécialisés de l'établissement pénitentiaire destinés aux consultations, aux soins et aux examens, et en assure l'entretien ;

3° Il assure la fourniture et le transport des produits et petits matériels à usage médical ainsi que des médicaments et des produits pharmaceutiques qui sont placés sous la responsabilité du pharmacien gérant la pharmacie à usage intérieur de l'établissement de santé conformément au deuxième alinéa de l'article L. 5126-9 ;

4° Il assure l'élimination des déchets hospitaliers.

Art. R. 6111-33 L'établissement public de santé mentionné à l'article R. 6112-14 coordonne les actions de prévention et d'éducation pour la santé organisées dans l'établissement pénitentiaire. Il élabore à ce titre un programme en accord avec cet établissement ainsi qu'avec les préfets de région et de département et le président du conseil départemental pour les actions et services, dont sont respectivement responsables l'État et le département. Les organismes d'assurance maladie ainsi que les autres collectivités et associations concernées sont associés à ce programme sur lequel le *(Décr. n° 2010-344 du 31 mars 2010, art. 169)* « directeur général de l'agence régionale de santé » donne son avis.

Art. R. 6111-34 L'État assure la sécurité des personnels concourant aux missions définies au *(Décr. n° 2016-1645 du 1er déc. 2016, art. 3-22°)* « 3° de l'article L. 6111-1-2 ».

Art. R. 6111-35 Sont pris en charge par l'État :

1° Les dépenses afférentes aux actions de prévention et d'éducation pour la santé mentionnées au 1° de l'article L. 381-30-6 du code de la sécurité sociale ;

2° La construction, l'aménagement, la sécurité et l'entretien des locaux spécialisés de l'établissement pénitentiaire mentionné au 2° de l'article R. 6112-19 ;

3° Les frais de transport à l'établissement pénitentiaire des praticiens et agents hospitaliers qui ne sont pas affectés exclusivement dans cet établissement ; lorsque ces praticiens et agents perçoivent des indemnités de déplacement, celles-ci sont remboursées à l'établissement de santé sur la base des dispositions relatives au remboursement des frais de voyage et de séjour applicables aux fonctionnaires de l'État ;

4° Les frais de transport des produits et petits matériels à usage médical et des produits pharmaceutiques.

Art. R. 6111-36 Le protocole mentionné au premier alinéa de l'article R. 6112-16 définit notamment, dans le respect de la réglementation à laquelle est soumis l'établissement pénitentiaire :

1° Les conditions dans lesquelles les personnels de l'établissement de santé assurent l'examen systématique des détenus arrivant dans l'établissement pénitentiaire et dispensent à ceux-ci des soins courants et, éventuellement, spécialisés, notamment sous forme de consultations ;

2° L'organisation des soins et le fonctionnement médical de la structure de soins mentionnée à l'article R. 6112-17 ;

3° Les conditions dans lesquelles les détenus ont accès, pour des consultations ou des examens médico-techniques, aux équipements médicaux situés dans l'établissement de santé ;

4° Les modalités de mise en œuvre du programme de prévention et d'éducation pour la santé mentionné à l'article R. 6112-20 ;

5° La composition de l'équipe hospitalière exerçant dans la structure implantée dans l'établissement pénitentiaire ;

6° L'aménagement et l'équipement des locaux mentionnés au 2° de l'article R. 6112-19 ;

7° Les conditions dans lesquelles l'établissement de santé établit et archive le dossier médical des patients dans le respect des dispositions des articles R. 1112-1 à R. 1112-9 ;

8° Le système d'information permettant l'analyse de l'activité, dans les conditions prévues à l'article L. 6113-7 ;

9° Les modalités de remboursement par l'État des frais de transport des produits et matériels mentionnés au 4° de l'article R. 6112-22 ;

10° Les modalités de concertation périodique entre l'établissement pénitentiaire et l'établissement de santé sur les conditions d'application du protocole ;

11° Les modalités de règlement des dépenses qui donnent lieu à remboursement à l'établissement de santé par l'établissement pénitentiaire ;

12° Les conditions dans lesquelles l'administration pénitentiaire assure la sécurité des personnes et des biens dans les locaux de soins.

Un *(Décr. n° 2012-1247 du 7 nov. 2012, art. 2)* « budget » de l'établissement de santé afférent aux soins dispensés en milieu pénitentiaire est annexé au protocole.

Art. R. 6111-37 Le protocole complémentaire, mentionné au second alinéa de l'article R. 6112-16, prévoit outre les dispositions figurant à l'article R. 6112-23 susceptibles de concerner l'établissement de santé mentionné à l'article R. 6112-15 :

1° Les conditions dans lesquelles les personnels de cet établissement dispensent les soins psychiatriques au sein de l'établissement pénitentiaire ;

2° Les modalités de coordination avec l'établissement public de santé signataire du protocole mentionné au premier alinéa de l'article R. 6112-16, notamment en ce qui concerne la délivrance des médicaments.

Art. R. 6111-38 Les protocoles mentionnés à l'article R. 6112-16 sont établis par référence aux modèles de protocoles déterminés conjointement par les ministres du budget, de la justice, de la santé et de la sécurité sociale.

Ils prennent effet le premier jour d'un mois. Sauf si les cocontractants ont fixé une date postérieure, la date d'effet des protocoles est fixée au premier jour du mois suivant leur signature.

Art. R. 6111-39 L'hospitalisation des détenus est assurée :

1° En cas de troubles mentaux, par un service médico-psychologique régional, conformément aux missions définies au dernier alinéa de l'article R. 3221-6. Toutefois, les hospitalisations des personnes atteintes de troubles mentaux sont effectuées dans les établissements habilités au titre de l'article L. 3222-1 ;

2° Pour les autres pathologies, dans des locaux adaptés à l'admission des détenus :

a) Par l'établissement de santé mentionné à l'article R. 6112-14 lorsque cette hospitalisation présente un caractère d'urgence ou de très courte durée ;

b) Par un établissement de santé figurant sur une liste fixée par arrêté des ministres du budget, de la défense, de l'intérieur, de la justice, de la santé et de la sécurité sociale.

Ce même arrêté fixe les conditions dans lesquelles l'État prend en charge, conformément au 3° de l'article L. 381-30-6 du code de la sécurité sociale, les frais d'aménagement des locaux spécialement prévus pour l'admission des détenus dans les établissements de santé.

Art. R. 6111-40 Les dépenses et les recettes afférentes aux soins dispensés aux détenus en milieu pénitentiaire et en milieu hospitalier sont retracées dans chacun des groupes fonctionnels de dépenses et de recettes d'exploitation du budget général de l'établissement de santé mentionnés à l'article R. 6145-15.

A la clôture de l'exercice, un état retraçant ces dépenses et ces recettes est transmis par l'établissement de santé au *(Décr. nº 2010-344 du 31 mars 2010, art. 169)* « directeur général de l'agence régionale de santé ».

Les dépenses afférentes aux soins dispensés en milieu pénitentiaire sont évaluées compte tenu des dépenses constatées du dernier exercice connu et de l'évolution prévisionnelle des activités de soins.

SECTION VIII **PERMANENCE DES SOINS EN ÉTABLISSEMENT DE SANTÉ** *(Décr. nº 2016-1505 du 8 nov. 2016, art. 3-I-2º).*

Art. R. 6111-41 *(Décr. nº 2016-1645 du 1er déc. 2016, art. 1er)* Le directeur général de l'agence régionale de santé arrête, dans le cadre du schéma régional de santé prévu à l'article L. 1434-2, un volet dédié à l'organisation de la permanence des soins mentionnée à l'article L. 6111-1-3. Ce volet évalue, sur la base du diagnostic défini à l'article R. 1434-2, les besoins de la population et fixe des objectifs, pour les zones définies au *a* du 2° de l'article L. 1434-9, en nombre d'implantations par spécialité médicale et par modalité d'organisation. Il est opposable aux établissements de santé et aux autres titulaires d'autorisations d'activités de soins et d'équipements matériels lourds, ainsi qu'aux établissements et services qui sollicitent de telles autorisations.

Ce volet est arrêté pour une durée de cinq ans, au terme de la procédure prévue à l'article R. 1434-1.

Toutefois, il peut être révisé chaque année lorsque l'évolution des besoins de la population ou de l'offre de soins le justifie. Dans ce cas, par dérogation aux dispositions de l'article R. 1434-1, le volet révisé est arrêté par le directeur général de l'agence régionale de santé, après avis de la commission spécialisée de l'organisation des soins de la conférence régionale de la santé et de l'autonomie. Le délai pour rendre l'avis est de deux mois. A défaut d'avis émis dans ce délai, l'avis est réputé rendu.

Sur les dispositions transitoires, V. Décr. nº 2016-1645 du 1er déc. 2016, art. 2

Art. R. 6111-42 *(Décr. nº 2016-1645 du 1er déc. 2016, art. 1er)* I. — Lorsque le directeur général de l'agence régionale de santé constate, après confrontation des besoins tels qu'ils résultent du volet du schéma régional de santé dédié à l'organisation de la permanence des soins avec la liste prévue à l'article R. 6111-48, que la mission de *permanence des soins mentionnée* à l'article L. 6111-1-3 n'est pas assurée dans les conditions prévues, il ouvre une procédure d'appel à candidatures.

Il publie cet appel au recueil des actes administratifs de la préfecture de région. Cet appel est, en outre, rendu public sur le site de l'agence régionale de santé et il y est maintenu jusqu'à la date de clôture de l'appel.

II. — Lorsque le directeur général de l'agence régionale de santé constate l'impérieuse nécessité de pourvoir sans délai à la mission de permanence des soins, il peut désigner, à titre temporaire, un ou plusieurs établissements de santé assurant le service public hospitalier, en application du 2° du III de l'article L. 6112-2, pour assurer cette mission afin de garantir la continuité du service public dans l'attente des résultats de la procédure définie au I, qui est ouverte dans un délai maximum *[maximal]* de douze mois. Les éléments mentionnés aux 1° à 7° de l'article R. 6111-43 sont précisés dans le contrat pluriannuel d'objectifs et de moyens prévu à l'article L. 6114-1 ou dans un contrat spécifique.

Art. R. 6111-43 *(Décr. nº 2016-1645 du 1er déc. 2016, art. 1er)* L'appel à candidatures mentionné au I de l'article R. 6111-42 comprend au minimum les éléments suivants :

1° La définition de la mission de permanence des soins ;

2° Les obligations liées à son exercice, notamment celles définies à l'article L. 6111-1-4 ;

3° Les besoins de la population définis par le schéma régional de santé auxquels le candidat doit répondre ;

4° La durée de mise en œuvre de la mission de permanence des soins qui figure au contrat pluriannuel d'objectif et de moyens défini à l'article L. 6114-1 et s'il y a lieu, l'échéancier ;

5° Le cas échéant, les modalités de compensation financière ;

6° Les critères de sélection ;

7° Les modalités de suivi de l'exercice de la mission de permanence des soins et les indicateurs correspondants, qui figureront dans le contrat pluriannuel d'objectifs et de moyens défini à l'article L. 6114-1 ou dans un contrat spécifique ;

8° La date de clôture de l'appel ;

9° Le délai d'instruction des dossiers, d'une durée maximale de quatre mois ;

10° Les informations à fournir par le candidat, notamment celles relatives aux moyens consacrés à la mise en œuvre de la mission de permanence des soins ainsi, s'il y a lieu, qu'à la détention d'une autorisation d'activité de soins inhérente à la mission, définie à l'article L. 6122-1.

Art. R. 6111-44 *(Décr. nº 2016-1645 du 1er déc. 2016, art. 1er)* Le choix du ou des établissements de santé chargés de la mission de permanence des soins par le directeur général de l'agence régionale de santé est fondé sur son appréciation, au vu des réponses des candidats, de leur capacité à répondre aux besoins, obligations et critères prévus aux 2°, 3° et 6° de l'article R. 6111-43.

Art. R. 6111-45 *(Décr. nº 2016-1645 du 1er déc. 2016, art. 1er)* A l'issue de la procédure d'appel à candidatures mentionnée à l'article R. 6111-42, le directeur général de l'agence régionale de santé désigne un ou plusieurs établissements de santé chargés d'assurer la permanence de soins.

Cette décision est prise après avis des fédérations représentant les établissements de santé, recueilli de manière collégiale.

Art. R. 6111-46 *(Décr. nº 2016-1645 du 1er déc. 2016, art. 1er)* Les décisions de désignation des candidatures sont publiées au recueil des actes administratifs de la préfecture de région et sur le site de l'agence régionale de santé.

La décision de désignation est notifiée, par tout moyen permettant de conférer une date certaine, aux établissements de santé retenus. Le rejet des autres candidatures est également notifié dans les mêmes formes aux intéressés.

Art. R. 6111-47 *(Décr. nº 2016-1645 du 1er déc. 2016, art. 1er)* Le directeur général peut déclarer l'appel à candidatures infructueux. Dans ce cas, il peut désigner un ou plusieurs établissements de santé assurant le service public hospitalier, en application du 2° du III de l'article L. 6112-2, pour répondre aux besoins de permanence des soins restés non couverts.

Art. R. 6111-48 *(Décr. nº 2016-1645 du 1er déc. 2016, art. 1er)* Le directeur général de l'agence régionale de santé tient à jour l'inventaire des missions de permanence des soins assurées par des établissements de santé ou des personnes mentionnés à l'article L. 6112-2. Cette liste est publiée sur le site de l'agence régionale de santé.

Art. R. 6111-49 *(Décr. nº 2012-271 du 27 févr. 2012, art. 2-I)* La participation des établissements à la permanence des soins peut être prise en charge financièrement par le fonds d'intervention régional mentionné à l'article L. 1435-8.

En outre, pour sa participation à la permanence des soins assurée par un établissement mentionné au d de l'article L. 162-22-6 du code de la sécurité sociale, le médecin libéral qui exerce une spécialité médicale répertoriée dans le contrat mentionné au neuvième alinéa de l'article L. 6112-2 et selon les conditions fixées par ce contrat peut être indemnisé par le fonds d'intervention régional.

Les ministres de la santé et de la sécurité sociale arrêtent :

1° La nature des charges couvertes par le fonds d'intervention régional au titre du premier alinéa, qui peut être différente en fonction des catégories d'établissements mentionnées à l'article L. 162-22-6 du code de la sécurité sociale et des types de services ;

2° Les conditions d'indemnisation des médecins mentionnés au deuxième alinéa.

CHAPITRE II SERVICE PUBLIC HOSPITALIER

BIBL. ► CASTAING, Laïcité et liberté religieuse du patient à l'hôpital, *AJDA 2017. 2505*. – CORMIER, Permanence des soins et établissements de santé, *RGDM 2006, numéro spécial « la permanence des soins », p. 79*. – VALLAR, Permanence des soins et service public hospitalier, *RDSS 2004. 289*.

SECTION PREMIÈRE RÈGLES RELATIVES À L'HABILITATION DES ÉTABLISSEMENTS PRIVÉS À ASSURER LE SERVICE PUBLIC HOSPITALIER

(Décr. n° 2016-1505 du 8 nov. 2016, art. 1er)

Art. R. 6112-1 Les demandes d'habilitation mentionnées à l'article L. 6112-3 sont adressées, par tout moyen permettant de leur conférer une date de réception certaine, au directeur général de l'agence régionale de santé par l'établissement de santé.

Elles ne sont examinées que si elles sont accompagnées d'un dossier justificatif complet comportant notamment des informations relatives au statut de l'établissement et aux modalités d'organisation et de fonctionnement de l'établissement permettant de satisfaire aux obligations prévues pour les établissements assurant le service public hospitalier ainsi que, pour les établissements mentionnés au 4° de l'article L. 6112-3, l'avis de la conférence médicale d'établissement. Le contenu de ce dossier est précisé par un arrêté du ministre chargé de la santé. Il indique la date à laquelle l'établissement est en mesure de garantir le respect des obligations de service public hospitalier mentionnées à l'article L. 6112-2.

Le dossier est réputé complet si, dans le délai d'un mois à compter de sa réception, le directeur général de l'agence régionale de santé n'a pas fait connaître au demandeur la liste des pièces ou des informations manquantes.

Sur les établissements de santé assurant le service public hospitalier, V. Décr. n° 2016-1505 du 8 nov. 2016, art. 2.

Art. R. 6112-2 Le directeur général de l'agence régionale de santé notifie, par tout moyen permettant de rapporter la preuve de la date de réception, sa décision portant sur la demande d'habilitation dans un délai de quatre mois à compter du jour de la réception du dossier complet. La décision précise la date à laquelle l'habilitation prend effet. Celle-ci ne peut être antérieure à la date mentionnée au troisième alinéa de l'article R. 6112-1.

Le silence gardé par le directeur général de l'agence régionale de santé à l'expiration du délai de quatre mois mentionné au premier alinéa vaut rejet de la demande.

L'habilitation prend fin à la demande de l'établissement, sauf en cas de retrait de l'habilitation dans les conditions prévues à l'article R. 6112-6. L'établissement habilité est tenu de respecter un délai de préavis de six mois qui commence à courir à compter de la réception, par le directeur de l'agence régionale de santé, de la décision de l'établissement de ne plus assurer le service public hospitalier.

Toute décision concernant l'habilitation d'un établissement privé à assurer le service public hospitalier, prise par le directeur général de l'agence régionale de santé, fait l'objet d'une publication au recueil des actes administratifs de la préfecture de la région.

Art. R. 6112-3 L'avenant au contrat pluriannuel d'objectifs et de moyens mentionné à l'article L. 6112-3 est conclu entre le directeur général de l'agence régionale de santé et l'établissement dans un délai maximum de six mois à compter de la notification de la décision d'habilitation.

Un nouvel avenant est conclu, dans les mêmes conditions, lorsque l'habilitation prend fin dans les conditions prévues à l'article R. 6112-2.

SECTION II OBLIGATIONS DES ÉTABLISSEMENTS ASSURANT LE SERVICE PUBLIC HOSPITALIER

(Décr. nº 2016-1505 du 8 nov. 2016, art. 1er)

Art. R. 6112-4 I. – Lorsque un établissement de santé privé est habilité à assurer le service public hospitalier dans les conditions définies à l'article L. 6112-3, son représentant légal met en conformité ses statuts au plus tard à la date mentionnée au deuxième alinéa de l'article R. 6112-2 afin de désigner, parmi les membres des associations agréées dans les conditions prévues à l'article L. 1114-1, deux représentants des usagers et leurs suppléants pour siéger, avec voix consultative, selon le cas, au conseil d'administration, au conseil de surveillance ou dans l'organe en tenant lieu.

La durée du mandat des représentants des usagers et de leurs suppléants est identique à celle fixée pour les autres membres composant le conseil d'administration, le conseil de surveillance ou l'organe en tenant lieu. Par exception, les représentants ainsi désignés n'entrent pas dans le décompte du nombre maximum de membres du conseil ou de l'organe de contrôle.

Les représentants des usagers ont accès aux mêmes informations et documents que les autres membres du conseil d'administration, du conseil de surveillance ou de l'organe en tenant lieu.

II. – En l'absence de conseil d'administration, de conseil de surveillance ou d'organe en tenant lieu, le représentant légal de l'établissement est tenu de consulter, au moins deux fois par an, les représentants des usagers siégeant au sein de la commission des usagers prévue à l'article L. 1112-3 sur la stratégie et la gestion de l'établissement.

Le représentant légal de l'établissement sollicite l'avis des représentants des usagers sur les documents relatifs à la stratégie et à la gestion de l'établissement, notamment sur les documents concernant la politique médicale et institutionnelle de l'établissement, son activité et son financement. La liste de ces documents est précisée par arrêté du ministre chargé de la santé. Les représentants des usagers disposent d'un délai de quinze jours à compter de leur réception pour formuler un avis.

III. – Les représentants des usagers sont tenus à une obligation de discrétion à l'égard des informations présentant un caractère confidentiel dont ils ont eu connaissance au titre de leur participation à la gouvernance de l'établissement.

IV. – L'établissement tient à la disposition du directeur de l'agence régionale de santé les procès-verbaux de l'organe collégial au sein duquel siègent les représentants des usagers ou, en l'absence d'un tel organe, les avis des représentants des usagers mentionnés au II du présent article.

V. – Les dispositions du présent article ne sont pas applicables aux centres de lutte contre le cancer autres que la Fondation Curie. Pour ces établissements, la représentation des usagers est organisée par les dispositions réglementaires du chapitre II du titre VI du livre Ier de la sixième partie du présent code.

Art. R. 6112-5 I. – Lorsqu'un établissement est désigné par le directeur général de l'agence régionale de santé pour réaliser l'une des actions mentionnées aux 1°, 2° et 3° du III de l'article L. 6112-2, son contrat pluriannuel d'objectifs et de moyens fait l'objet d'un avenant afin de préciser l'action attendue et les modalités de sa mise en œuvre.

II. – En application du 4° du III de l'article L. 6112-2, l'établissement communique à l'agence régionale de santé son projet de cessation ou de modification de ses activités de soins susceptible de restreindre l'offre de services de santé au plus tard six mois avant sa réalisation. L'agence, en lien avec l'établissement concerné, met en œuvre les mesures permettant de garantir le maintien d'une réponse aux besoins de santé de la population.

SECTION III SANCTIONS

(Décr. nº 2016-1505 du 8 nov. 2016, art. 1er)

Art. R. 6112-6 I. – Lorsqu'il constate un manquement aux obligations de service public hospitalier mentionnées à l'article L. 6112-2, le directeur général de l'agence régionale de santé informe le représentant légal de l'établissement de santé responsable de ce manquement. Si le manquement est délibéré ou s'il persiste, le directeur général de l'agence régionale de santé engage une procédure de sanction à l'encontre de l'établissement de santé responsable de ce manquement.

Il notifie au représentant légal de l'établissement, par tout moyen permettant de lui conférer une date de réception certaine, la nature du manquement constaté, la sanction encourue, et lui communique les éléments établissant ce manquement.

Le représentant légal de l'établissement peut présenter ses observations écrites ou demander à être entendu par le directeur général de l'agence régionale de santé dans le délai d'un mois à compter de la date de réception de la notification. Il peut se faire assister par la personne de son choix.

II. — A l'expiration de ce délai, le directeur général de l'agence régionale de santé notifie sa décision au représentant légal de l'établissement, par tout moyen permettant de lui conférer une date de réception certaine. Lorsque l'établissement est un hôpital des armées, le directeur général de l'agence régionale de santé transmet sa proposition de décision aux ministres chargés de la défense et de la santé.

Lorsqu'une sanction est prononcée, la décision indique la nature des faits constitutifs du manquement, les voies et délais de recours, ainsi que :

1° Dans le cas d'une pénalité financière, le montant retenu, ainsi que les motifs ayant conduit à retenir ce montant. La caisse mentionnée aux articles L. 174-2, L. 174-18 ou L. 752-1 du code de la sécurité sociale est informée de cette décision et procède au recouvrement ;

2° Dans le cas d'un retrait de l'habilitation accordée à un établissement privé en application de l'article L. 6112-3 du présent code, sa date d'effet, le délai pendant lequel l'établissement ne peut solliciter une nouvelle habilitation, qui ne peut être inférieur à un an à compter de la date de notification de la décision, ainsi que les motifs ayant conduit à retenir ce délai.

III. — Aucune sanction ne peut être prononcée en application du II plus de deux ans après la constatation d'un manquement.

SECTION IV ASSOCIATION AU SERVICE PUBLIC HOSPITALIER

(Décr. nº 2016-1505 du 8 nov. 2016, art. 1er)

Art. R. 6112-7 Sont associés au service public hospitalier les établissements privés autorisés à exercer l'activité de soins mentionnée au 14° de l'article R. 6122-25.

Un avenant à leur contrat pluriannuel d'objectifs et de moyens mentionné à l'article L. 6112-5 précise les modalités de coordination avec les autres établissements de santé du territoire, d'une part, pour les cas mentionnés aux 4° et 5° de l'article R. 6123-19 et, d'autre part, dans le cadre des réseaux de prise en charge des urgences prévus à l'article R. 6123-26.

En cas de suspension ou de retrait de l'autorisation mentionnée au premier alinéa et de l'association au service public hospitalier dans les conditions prévues à l'article L. 6122-13, le contrat pluriannuel d'objectifs et de moyens de l'établissement fait l'objet d'un avenant tirant les conséquences de la décision.

CHAPITRE III ÉVALUATION, ACCRÉDITATION ET ANALYSE DE L'ACTIVITÉ DES ÉTABLISSEMENTS

SECTION PREMIÈRE ANALYSE DE L'ACTIVITÉ MÉDICALE

SOUS SECTION 1 DISPOSITIONS GÉNÉRALES *(Décr. nº 2016-524 du 27 avr. 2016, art. 2-1º).*

Art. R. 6113-1 Pour l'analyse de leur activité médicale, les établissements de santé, publics et privés, procèdent, dans les conditions fixées par la présente section, à la synthèse et au traitement informatique de données figurant dans le dossier médical mentionné à l'article L. 1112-1 qui sont recueillies, pour chaque patient, par le praticien responsable de la structure médicale ou médico-technique ou par le praticien ayant dispensé des soins au patient et qui sont transmises au médecin responsable de l'information médicale pour l'établissement, mentionné à l'article L. 6113-7.

Ces données ne peuvent concerner que :

1° L'identité du patient et son lieu de résidence ;

2° Les modalités selon lesquelles les soins ont été dispensés, telles qu'hospitalisation avec ou sans hébergement, hospitalisation à temps partiel, hospitalisation à domicile, consultation externe ;

3° L'environnement familial ou social du patient en tant qu'il influe sur les modalités du traitement de celui-ci ;

4° Les modes et dates d'entrée et de sortie ;

5° Les unités médicales ayant pris en charge le patient ;

6° Les pathologies et autres caractéristiques médicales de la personne soignée ;

7° Les actes de diagnostic et de soins réalisés au profit du patient au cours de son séjour dans l'établissement.

Les données mentionnées au 1° ne sont pas recueillies lorsqu'une personne peut légalement être admise dans un établissement de santé ou y recevoir des soins en gardant l'anonymat.

Art. R. 6113-2 Des arrêtés des ministres chargés de la santé et de la sécurité sociale, déterminent, en fonction de la catégorie de l'établissement dans lequel les soins sont dispensés et de la nature de ces soins tels qu'ils sont définis à l'article L. 6111-2 :

1° Les données dont le recueil et le traitement ont un caractère obligatoire ;

2° Les nomenclatures et classifications à adopter ;

3° Les modalités et la durée minimale de conservation des fichiers.

Art. R. 6113-3 Conformément aux dispositions du chapitre IV de la loi n° 78-17 du 6 janvier 1978 relative à l'informatique, aux fichiers et aux libertés, les traitements de données nominatives prévus dans chaque établissement de santé font l'objet avant leur mise en œuvre d'une demande d'avis ou d'une déclaration préalable de l'établissement concerné *(Décr. n° 2016-524 du 27 avr. 2016, art. 2-2°)* « ou, pour les établissements parties à un groupement hospitalier de territoire, de l'établissement support pour le compte de l'ensemble des établissements parties » auprès de la Commission nationale de l'informatique et des libertés.

Art. R. 6113-4 Le praticien responsable d'une structure médicale ou médico-technique ou le praticien ayant dispensé les soins est garant, pour ce qui le concerne, de l'exhaustivité et de la qualité des informations qu'il transmet pour traitement au médecin responsable de l'information médicale dans l'établissement *(Décr. n° 2016-524 du 27 avr. 2016, art. 2-3°)* « ou, pour les établissements parties à un groupement hospitalier de territoire, dans l'établissement support ».

Ce médecin conseille les praticiens pour la production des informations. Il veille à la qualité des données qu'il confronte, en tant que de besoin, avec les dossiers médicaux et les fichiers administratifs.

Les praticiens de l'établissement ont un droit d'accès et de rectification quant aux informations relatives aux soins qu'ils ont dispensés ou qui ont été dispensés dans une structure médicale ou médico-technique dont ils ont la responsabilité. Ils sont régulièrement destinataires des résultats des traitements de ces informations.

Art. R. 6113-5 Les médecins chargés de la collecte des données médicales nominatives ou du traitement des fichiers comportant de telles données sont soumis à l'obligation de secret dont la méconnaissance est punie conformément aux articles 226-13 et 226-14 du code pénal.

Il en est de même des personnels placés ou détachés auprès de ces médecins et qui travaillent à l'exploitation de données nominatives sous leur autorité, ainsi que des personnels intervenant sur le matériel et les logiciels utilisés pour le recueil et le traitement des données.

Art. R. 6113-6 Après avis selon le cas de la commission médicale d'établissement *(Décr. n° 2016-524 du 27 avr. 2016, art. 2-4°-a)* « , ou, pour les établissements parties à un groupement hospitalier de territoire, du collège médical ou de la commission médicale de groupement, » ou de la conférence médicale, le représentant de l'établissement *(Décr. n° 2016-524 du 27 avr. 2016, art. 2-4°-b)* « ou le représentant de l'établissement support pour les établissements partie *[parties]* à un groupement hospitalier de territoire » prend toutes dispositions utiles, en liaison avec le président de ces instances et le médecin responsable de l'information médicale, afin de préserver la confidentialité des données médicales nominatives. Ces dispositions concernent notamment l'étendue, les modalités d'attribution et de contrôle des autorisations d'accès ainsi que l'enregistrement des accès.

Art. R. 6113-7 Les personnes soignées dans l'établissement sont informées par le livret d'accueil ou un autre document écrit :

1° Que des données les concernant font l'objet d'un traitement automatisé dans les conditions fixées par la loi n° 78-17 du 6 janvier 1978 relative à l'informatique, aux fichiers et aux libertés ;

2° Que ces données sont transmises au médecin responsable de l'information médicale dans l'établissement et sont protégées par le secret médical ;

3° Qu'elles peuvent exercer leur droit d'accès et de rectification et que ce droit s'exerce, le cas échéant, auprès du médecin responsable de l'information médicale dans l'établissement, directement ou par l'intermédiaire du praticien responsable de la structure médicale dans laquelle ils ont reçu des soins ou du praticien ayant constitué leur dossier ;

4° Qu'elles ont le droit de s'opposer pour des raisons légitimes au recueil et au traitement de données nominatives les concernant, dans les conditions fixées à l'article 38 de la loi n° 78-17 du 6 janvier 1978 précitée.

Art. R. 6113-8 Le médecin responsable de l'information médicale transmet à la commission ou à la conférence médicale et au représentant de l'établissement les informations nécessaires à l'analyse de l'activité, tant en ce qui concerne l'établissement dans son ensemble que chacune des structures médicales ou ce qui en tient lieu. *(Décr. n° 2016-524 du 27 avr. 2016, art. 2-5°)* « Au sein d'un groupement hospitalier de territoire, le médecin responsable du département d'information médicale de territoire transmet à la commission de l'établissement concerné, au collège médical ou à la commission médicale de groupement, ainsi qu'au représentant de l'établissement concerné et au représentant de l'établissement support du groupement, les informations nécessaires à l'analyse de l'activité, relative à l'établissement concerné et à l'ensemble des établissements parties au groupement. » Ces informations sont transmises systématiquement ou à la demande. Elles consistent en statistiques agrégées ou en données par patient, constituées de telle sorte que les personnes soignées ne puissent être identifiées.

(Décr. n° 2017-631 du 25 avr. 2017, art. 1er-I-1°) « Dans le cas où une activité de soins est exploitée en commun par un groupement de coopération sanitaire dans les conditions prévues au 4° de l'article L. 6133-1, le médecin responsable de l'information médicale transmet également les informations nécessaires à l'analyse de cette activité à l'administrateur du groupement. »

Art. R. 6113-9 Les instances compétentes de l'établissement définissent, après avis de la commission ou de la conférence médicale, les modalités de mise en œuvre du recueil, du traitement, de la validation et de la transmission interne des données médicales définies au 1° de l'article R. 6113-2 ou recueillies à l'initiative de l'établissement, et notamment les obligations des praticiens concernés quant à la transmission et au contrôle de la qualité des données ainsi que leur droit au retour d'informations.

Art. R. 6113-10 *Sur la base et dans la limite des données fournies par les praticiens* et transmises par le médecin responsable de l'information médicale dans les conditions fixées à l'article R. 6113-8, le représentant de l'établissement *(Décr. n° 2017-631 du 25 avr. 2017, art. 1er-I-2°)* « ou, pour les activités de soins exploitées en commun par un groupement de coopération sanitaire autorisé à facturer les soins dans les conditions fixées à l'article R. 6133-14, l'administrateur du groupement » adresse aux services centraux ou déconcentrés des ministères de la santé et de la sécurité sociale et aux organismes d'assurance maladie ainsi qu'aux *(Décr. n° 2010-344 du 31 mars 2010, art. 170)* « agences régionales de santé » des statistiques de caractère non nominatif, sous une forme et selon des modalités qui sont fixées par arrêté des ministres chargés de la santé et de la sécurité sociale pris après avis de la commission des systèmes d'information des établissements de santé.

La commission ou la conférence médicale reçoit préalablement communication de ces statistiques.

Art. R. 6113-11 Chaque établissement de santé a accès, sur la demande de son représentant, aux informations le concernant, issues des données qu'il a transmises en application de l'article R. 6113-10, qui sont détenues par les services centraux ou déconcentrés des ministères de la santé et de la sécurité sociale et par les organismes d'assurance maladie et les *(Décr. n° 2010-344 du 31 mars 2010, art. 170)* « agences régionales de santé ».

SOUS-SECTION 2 DÉPARTEMENT D'INFORMATION MÉDICALE DE TERRITOIRE

(Décr. n° 2016-524 du 27 avr. 2016, art. 2-6°)

Art. R. 6113-11-1 Le département de l'information médicale de territoire procède à l'analyse de l'activité de tous les établissements parties au groupement hospitalier de territoire.

Art. R. 6113-11-2 I. — Le médecin responsable du département de l'information médicale de territoire est désigné par le directeur de l'établissement support sur proposition du président du collège médical ou de la commission médicale de groupement.

II. — Le médecin responsable du département de l'information médicale du territoire a autorité fonctionnelle sur les personnels du département d'information médicale.

III. — Le médecin responsable du département de l'information médicale de territoire coordonne les relations entre le département de l'information médicale de territoire et les instances médicales de chacun des établissements parties au groupement.

Un médecin référent du département de l'information médicale de territoire assiste à la commission médicale des établissements parties au groupement.

Le médecin responsable du département d'information médicale de territoire rend compte, au moins une fois par an, de l'activité des établissements parties au comité stratégique du groupement hospitalier de territoire.

Art. R. 6113-11-3 Le médecin responsable du département d'information médicale de territoire assure les missions suivantes :

1° Préparer les décisions des instances compétentes des établissements parties, mentionnées à l'article R. 6113-9, afin d'assurer l'exhaustivité et la qualité des données transmises, au travers d'un plan d'action présenté devant le comité stratégique du groupement hospitalier de territoire ;

2° Participer à l'analyse médico-économique de ces données, en vue de permettre leur utilisation dans le cadre de l'élaboration et de la mise en œuvre du projet d'établissement des établissements parties et du projet médical partagé, ainsi que des missions définies à l'article R. 6113-8 ;

3° Contribuer à la mise en œuvre des dispositions relatives à la protection des données médicales nominatives des patients, dans les conditions définies à l'article R. 6113-6 ;

4° Contribuer aux travaux de recherche clinique, épidémiologique, informatique de santé et médico-économique des établissements parties au groupement hospitalier de territoire.

SECTION II ÉVALUATION ET CERTIFICATION

Art. R. 6113-12 La procédure de certification des établissements de santé et organismes mentionnés à l'article L. 6113-4 a pour objet d'évaluer la qualité et la sécurité des soins dispensés et de l'ensemble des prestations délivrées, par services ou par activités, en tenant compte notamment de leur organisation interne ainsi que de la satisfaction des patients.

La certification prend en compte les mesures prises par les établissements de santé, en vertu de l'article L. 1110-7, pour assurer le respect des droits des personnes malades, les résultats de l'évaluation de la satisfaction des patients prévue à l'article L. 1112-2 et l'amélioration des pratiques hospitalières résultant des mesures prises dans le cadre des accords prévus à l'article L. 6113-12.

Art. R. 6113-13 Avant la visite sur site, l'établissement *(Décr. n° 2016-524 du 27 avr. 2016, art. 4-1°)* « , l'ensemble des établissements parties au groupement hospitalier de territoire » ou organisme procède, le cas échéant par service et activité, à l'autoévaluation prévue aux articles L. 1112-2 et L. 6113-1. Il en communique les résultats à la Haute Autorité de santé.

Art. R. 6113-14 Les visites sont conduites dans le respect du secret professionnel. L'établissement *(Décr. nº 2016-524 du 27 avr. 2016, art. 4-1º)* « , l'ensemble des établissements parties au groupement hospitalier de territoire » ou l'organisme qui en est l'objet communique aux experts chargés de ces visites tout document nécessaire à leur analyse. Les médecins experts peuvent consulter sur leur demande les dossiers ou documents médicaux dans les conditions prévues au dernier alinéa de l'article L. 1414-4. Lorsque ces conditions ne sont pas remplies, les dossiers ou documents considérés sont rendus anonymes préalablement à leur consultation.

Les faits ou manquements mettant en jeu la sécurité des patients, constatés par les personnes chargées d'effectuer la visite de certification, sont portés à la connaissance des autorités compétentes.

Art. R. 6113-15 La procédure de certification établie par la Haute Autorité de santé prévoit notamment :

1º L'information de l'établissement *(Décr. nº 2016-524 du 27 avr. 2016, art. 4-1º)* « , l'ensemble des établissements parties au groupement hospitalier de territoire » ou de l'organisme et de l'*(Décr. nº 2010-344 du 31 mars 2010, art. 171)* « agence régionale de santé » de la région considérée sur le calendrier de la visite de celui-ci ainsi que sur les désignations d'experts chargés de l'effectuer ;

2º Les modalités d'examen par le collège ou une commission spécialisée des contestations, par l'établissement *(Décr. nº 2016-524 du 27 avr. 2016, art. 4-1º)* « , l'ensemble des établissements parties au groupement hospitalier de territoire » ou l'organisme, de la désignation des experts et du contenu du rapport préalable à la décision ;

3º Les modalités de consultation par le public du rapport et de la décision de certification.

Art. R. 6113-16 A la demande du ministre de la défense, la Haute Autorité de santé soumet à la procédure de certification les hôpitaux des armées que ce ministre désigne.

SECTION III *[ABROGÉE]* ACCORDS D'AMÉLIORATION DES PRATIQUES HOSPITALIÈRES

(Abrogée par Décr. nº 2010-344 du 31 mars 2010, art. 220)

Art. D. 6113-17 à D. 6113-21 *Abrogés par Décr. nº 2010-344 du 31 mars 2010, art. 220.*

SECTION IV ÉCHANGES D'INFORMATION ENTRE LES ÉTABLISSEMENTS DE SANTÉ, LES AGENCES RÉGIONALES DE SANTÉ, L'ÉTAT ET LES ORGANISMES D'ASSURANCE MALADIE

SOUS-SECTION 1 *[ABROGÉE]* COMMISSION DES SYSTÈMES D'INFORMATION SUR LES ÉTABLISSEMENTS DE SANTÉ

(Abrogée par Décr. nº 2007-46 du 10 janv. 2007)

Art. R. 6113-22 à R. 6113-26 *Abrogés par Décr. nº 2007-46 du 10 janv. 2007, art. 5-I.*

SOUS-SECTION 2 CONDITIONS GÉNÉRALES DE TRANSMISSION ET D'ÉCHANGE D'INFORMATIONS

Art. R. 6113-27 Les ministres chargés de la santé et de la sécurité sociale définissent par arrêté la nature, le degré de précision, la périodicité et les modalités de recueil et de transmission des informations, mentionnées au premier alinéa de l'article L. 6113-8, que les établissements de santé publics et privés sont tenus de transmettre aux agences régionales de santé, aux services des ministres susmentionnés et aux organismes d'assurance maladie.

Art. R. 6113-28 Pour l'élaboration du système commun d'information prévu au deuxième alinéa de l'article L. 6113-8 et pour la mise en œuvre des échanges d'informations mentionnés à l'article L. 115-4 du code de la sécurité sociale, les ministres chargés de la santé et de la sécurité sociale déterminent par arrêté :

1° Les définitions et nomenclatures communes de données utilisées par les systèmes d'information des ministres chargés de la santé et de la sécurité sociale, des *(Décr. n° 2010-344 du 31 mars 2010, art. 172)* « agences régionales de santé » et de l'assurance maladie ;

2° Les caractéristiques de modules d'information correspondant aux besoins communs des ministres chargés de la santé et de la sécurité sociale, des *(Décr. n° 2010-344 du 31 mars 2010, art. 172)* « agences régionales de santé » et des organismes d'assurance maladie ;

3° La nature des informations que se transmettent systématiquement, compte tenu de leur utilité pour l'un ou pour l'autre, les ministres chargés de la santé et de la sécurité sociale et les organismes d'assurance maladie en application de l'article L. 115-4 du code de la sécurité sociale.

Lorsque les données relevant du système commun d'information ou des échanges d'informations mentionnés ci-dessus sont des données nominatives, issues notamment des systèmes d'information mentionnés à l'article L. 6113-7, ou recueillies en application des articles L. 162-29 et L. 162-29-1 du code de la sécurité sociale, elles sont rendues anonymes avant tout échange ou partage.

Art. R. 6113-29 *(Décr. n° 2008-710 du 16 juill. 2008, art. 2)* Lorsque l'établissement ne transmet pas les informations mentionnées à l'article L. 6113-8 dans les conditions définies en application des dispositions de l'article R. 6113-27, le *(Décr. n° 2010-344 du 31 mars 2010, art. 172)* « directeur général de l'agence régionale de santé » lui adresse, par tout moyen permettant de déterminer la date de réception, une mise en demeure de s'exécuter dans le délai de quinze jours. Si, à l'issue de ce délai, l'établissement n'a pas déféré à la mise en demeure, le directeur de l'agence régionale peut lui infliger la sanction prévue à l'article L. 6113-8. La sanction envisagée et les motifs qui la justifient sont notifiés à l'établissement par tout moyen permettant de déterminer la date de réception. L'établissement dispose d'un délai d'un mois pour présenter ses observations. Au terme de ce délai, le directeur de l'agence régionale arrête la sanction, la notifie à l'établissement par tout moyen permettant de déterminer la date de réception et lui indique le délai et les modalités de paiement des sommes en cause. La sanction est comptabilisée et recouvrée dans les conditions prévues à l'article *(Décr. n° 2017-500 du 6 avr. 2017, art. 3-1°)* « R. 162-35-5 » du code de la sécurité sociale.

SOUS-SECTION 3 ACCÈS DES TIERS AU SYSTÈME COMMUN D'INFORMATION DE L'ÉTAT, DES AGENCES RÉGIONALES DE L'HOSPITALISATION ET DES ORGANISMES D'ASSURANCE MALADIE

Art. R. 6113-30 Les informations contenues dans les modules mentionnés au 2° de l'article R. 6113-28 ou échangées en vertu du 3° du même article sont communicables à toute personne physique ou morale dans les conditions définies par lle livre III du code des relations entre le public et l'administration.

Art. R. 6113-31 Les données concernant les personnes physiques ne peuvent être communiquées que sous forme de statistiques agrégées et d'informations constituées de telle sorte que ces personnes ne puissent être identifiées.

Des arrêtés des ministres chargés de la santé et de la sécurité sociale, pris après avis de la Commission nationale de l'informatique et des libertés, fixent les modalités de communication des données sous forme agrégée mentionnée au premier alinéa.

Art. R. 6113-32 Les services et organismes chargés de la communication des informations ne sont pas tenus de satisfaire les demandes de communication manifestement abusives par leur nombre ou leur caractère systématique.

SECTION V AGENCE TECHNIQUE DE L'INFORMATION SUR L'HOSPITALISATION

SOUS-SECTION 1 DISPOSITIONS GÉNÉRALES

BIBL. ▶ DE FORGES, La création de l'Agence technique de l'information sur l'hospitalisation, *RDSS 2001. 300* ✎.

Art. R. 6113-33 *(Décr. n° 2008-489 du 22 mai 2008)* **L'Agence technique de l'information sur l'hospitalisation est chargée :**

1° Du pilotage, de la mise en œuvre et de l'accessibilité aux tiers du dispositif de recueil de l'activité médico-économique *(Décr. n° 2015-828 du 6 juill. 2015, art. 1er-1°-a)* **« et des données » des établissements de santé mentionné à l'article L. 6113-8 ainsi que du traitement des informations mentionnées au même article ;**

2° De la gestion technique du dispositif de financement des établissements de santé ; *(Décr. n° 2015-828 du 6 juill. 2015, art. 1er-1°-b)* **« 3° D'analyses, études et travaux de recherches sur les données des établissements de santé » ;**

4° D'apporter son concours aux travaux relatifs aux nomenclatures de santé, menés pour la mise en œuvre de l'article L. 161-29 du code de la sécurité sociale ;

(Décr. n° 2015-828 du 6 juill. 2015, art. 1er-1°-c) **« 5° De la conception et de la réalisation d'études sur les coûts des établissements et services mentionnés à l'article L. 314-3-1 du code de l'action sociale et des familles » ;**

(Décr. n° 2016-1273 du 28 sept. 2016, art. 1er) **« 6° De la conception et de la réalisation des études nationales de coûts mentionnées à l'article L. 6113-11. »**

Art. R. 6113-34 **L'agence, établissement public de l'État à caractère administratif, est placée sous la tutelle des ministres chargés de la santé et de la sécurité sociale.**

Art. R. 6113-35 **Pour l'exercice de ses missions, l'agence peut notamment :**

1° Acquérir les biens meubles ou immeubles nécessaires ;

2° Attribuer, sur son budget propre et dans le cadre de conventions approuvées par son conseil d'administration, des subventions, prêts ou avances aux personnes publiques ou privées qui réalisent des études, recherches, travaux ou ouvrages concourant à l'accomplissement de ses missions ;

3° Coopérer, en particulier par la voie de conventions ou de participations, à des groupements d'intérêt public, avec toute personne publique ou privée, française ou étrangère, et notamment avec les établissements d'enseignement, de recherche et de santé qui ont des missions complémentaires des siennes ou lui apportent leur concours.

SOUS-SECTION 2 ORGANISATION ET FONCTIONNEMENT

Art. R. 6113-36 **L'agence est administrée par un conseil d'administration et dirigée par un** *(Décr. n° 2015-828 du 6 juill. 2015, art. 1er)* **« directeur général ».**

Art. R. 6113-37 *(Décr. n° 2015-828 du 6 juill. 2015, art. 1er)* **Le président du conseil d'administration de l'agence est nommé par arrêté conjoint des ministres chargés de la santé, des affaires sociales et de la sécurité sociale. Le conseil d'administration comprend en outre :**

1° Huit représentants de l'État :

***a)* Le secrétaire général des ministères chargés des affaires sociales ou son représentant ;**

***b)* Le directeur général de l'offre de soins ou son représentant ;**

***c)* Le directeur de la recherche, des études, de l'évaluation et des statistiques ou son représentant ;**

***d)* Le directeur de la sécurité sociale ou son représentant ;**

***e)* Le directeur général de la cohésion sociale ou son représentant ;**

***f)* Le directeur du budget ou son représentant ;**

***g)* Un sous-directeur de la direction générale de l'offre de soins, désigné par le directeur général de l'offre de soins, ou son représentant ;**

***h)* Le directeur général d'une agence régionale de santé ou son représentant désigné par le secrétaire général des ministères chargés des affaires sociales ;**

2° Trois personnalités qualifiées dans les domaines de compétence de l'agence, désignées par arrêté conjoint des ministres chargés de la santé, des affaires sociales et de la sécurité sociale ;

3° Deux représentants des organismes d'assurance maladie désignés par le directeur général de l'Union nationale des caisses d'assurance maladie ;

4° Un représentant du personnel de l'agence, élu selon les modalités fixées par son règlement intérieur.

Le président et les membres mentionnés aux 2°, 3° et 4° sont désignés pour une durée de trois ans renouvelable.

Art. R. 6113-38 Toute vacance ou perte de la qualité au titre de laquelle les membres du conseil d'administration ont été désignés donne lieu à remplacement pour la durée du mandat restant à courir.

Art. R. 6113-39 Les fonctions de membre du conseil d'administration sont exercées à titre gracieux. Elles ouvrent droit aux indemnités pour frais de déplacement et de séjour dans les conditions prévues *(Décr. nº 2016-523 du 27 avr. 2016, art. 4)* « à l'article R. 1413-7 ».

Art. R. 6113-40 Le conseil d'administration se réunit au moins deux fois par an sur convocation de son président ou, en cas d'empêchement du président, du *(Décr. nº 2015-828 du 6 juill. 2015, art. 1er)* « directeur général » si l'urgence le justifie. En outre, la convocation est de droit dans les trente jours à compter de la demande qui en est faite par le ministre chargé de la santé ou celui chargé de la sécurité sociale, par le *(Décr. nº 2015-828 du 6 juill. 2015, art. 1er)* « directeur général » ou par le tiers au moins des membres du conseil d'administration.

L'ordre du jour est fixé par le président ou, en cas d'empêchement de celui-ci, par le *(Décr. nº 2015-828 du 6 juill. 2015, art. 1er)* « directeur général » si l'urgence le justifie. Les questions dont le ministre chargé de la santé ou celui chargé de la sécurité sociale, le *(Décr. nº 2015-828 du 6 juill. 2015, art. 1er)* « directeur général » de l'agence ou le tiers au moins des membres du conseil d'administration demandent l'inscription à l'ordre du jour sont inscrites de droit.

Art. R. 6113-41 Le *(Décr. nº 2015-828 du 6 juill. 2015, art. 1er)* « directeur général » de l'agence, *(Décr. nº 2015-828 du 6 juill. 2015, art. 1er)* « le président du comité d'orientation, le président du conseil scientifique*[,]* » *(Décr. nº 2015-828 du 6 juill. 2015, art. 1er)* « l'autorité chargée du contrôle financier et » l'agent comptable participent aux réunions du conseil d'administration avec voix consultative. Le *(Décr. nº 2015-828 du 6 juill. 2015, art. 1er)* « directeur général » de l'agence, *(Décr. nº 2015-828 du 6 juill. 2015, art. 1er)* « le président du comité d'orientation, le président du conseil scientifique » peut *[peuvent]* se faire assister de toute personne de son *[leur]* choix.

Le conseil peut entendre toute personne dont il estime l'audition utile à son information.

Art. R. 6113-42 Le conseil ne peut délibérer valablement que si la moitié au moins des membres en exercice sont présents. Si ce quorum n'est pas atteint, le conseil est à nouveau convoqué sur tout ou partie des questions inscrites au précédent ordre du jour dans un délai de quinze jours. Il délibère alors valablement, quel que soit le nombre d'administrateurs présents.

En cas d'empêchement du président, le conseil d'administration désigne un président de séance.

Les délibérations du conseil sont adoptées à la majorité des membres présents. La voix du président est prépondérante en cas de partage égal des voix.

Art. R. 6113-43 *(Décr. nº 2015-828 du 6 juill. 2015, art. 1er)* « Le conseil délibère sur le programme de travail de l'agence ainsi que sur les moyens à mettre en œuvre pour en assurer la réalisation. Il délibère en outre sur les matières suivantes » :

1° L'organisation générale de l'agence et son règlement intérieur ;

2° Le budget de l'agence et ses modifications, le compte financier et l'affectation des résultats ainsi que le tableau des emplois ;

3° Les dons et les legs ;

4° Les acquisitions, aliénations, échanges d'immeubles, les baux et locations les concernant et comportant des engagements d'une durée supérieure à celle qu'il fixe ;
5° Les contrats, marchés ou conventions d'un montant supérieur à un seuil qu'il détermine, ainsi que toutes les conventions mentionnées au 2° de l'article R. 6113-35 ;
6° Les actions en justice et les transactions ;
7° *(Décr. n° 2015-828 du 6 juill. 2015, art. 1er)* « Les décisions relatives à la mise en œuvre des traitements automatisés d'informations nominatives mentionnées au II de l'article 27 de la loi n° 78-17 du 6 janvier 1978 relative à l'informatique, aux fichiers et aux libertés ; »
8° Les participations de l'agence à des groupements d'intérêt public ;
9° Le rapport annuel sur l'activité de l'agence présenté par le *(Décr. n° 2015-828 du 6 juill. 2015, art. 1er)* « directeur général » ;
10° *(Décr. n° 2015-828 du 6 juill. 2015, art. 1er)* « Les informations ou catégories d'informations dont il souhaite soumettre la réutilisation au paiement d'une redevance, en vue de leur inscription sur la liste prévue à l'article *(Décr. n° 2016-308 du 17 mars 2016, art. 3-IV)* « R. 324-6 du code des relations entre le public et l'administration » ;
11° Les redevances pour services rendus ;
12° Les conditions de la gestion administrative et financière des personnels contractuels.

Le conseil d'administration peut déléguer au *(Décr. n° 2015-828 du 6 juill. 2015, art. 1er)* « directeur général » les décisions mentionnées aux 4° et 6° du présent article.

Il est informé chaque année de l'ensemble des contrats, marchés ou conventions conclus pendant l'année précédente.

Art. R. 6113-44 Sous réserve des dispositions prévues aux deuxième et troisième alinéas ci-dessous, les délibérations du conseil sont exécutoires quinze jours après leur transmission au ministre chargé de la santé et à celui chargé de la sécurité sociale, à moins que l'un d'eux n'y fasse opposition dans ce délai. En cas d'urgence, les ministres chargés de la santé et de la sécurité sociale peuvent autoriser l'exécution immédiate.

Les délibérations portant sur les matières énoncées au 4° de l'article R. 6113-43 ne sont exécutoires qu'après approbation expresse par les ministres chargés du budget, de la santé et de la sécurité sociale.

(Décr. n° 2015-828 du 6 juill. 2015, art. 1er) « Les délibérations portant sur les matières énoncées au 2° de l'article R. 6113-43 sont transmises aux ministres chargés du budget, de la santé, des affaires sociales et de la sécurité sociale. Elles sont exécutoires dans les conditions prévues aux articles 176 et 213 du décret n° 2012-1246 du 7 novembre 2012 relatif à la gestion budgétaire et comptable publique. »

Art. R. 6113-45 Le *(Décr. n° 2015-828 du 6 juill. 2015, art. 1er)* « directeur général » de l'agence est nommé pour une durée de trois ans renouvelable par arrêté des ministres chargés de la santé et de la sécurité sociale.

Il assure la direction de l'établissement. Il accomplit tous les actes qui ne sont pas réservés au conseil d'administration en vertu des dispositions de l'article R. 6113-43. Il prépare les délibérations du conseil d'administration et en assure l'exécution. *(Décr. n° 2015-828 du 6 juill. 2015, art. 1er)* « Il prépare et exécute le budget de l'agence et il prépare le rapport annuel d'activité ».

Il recrute, nomme et gère les agents contractuels. Il a autorité sur l'ensemble des personnels de l'établissement.

Il représente l'agence en justice et dans tous les actes de la vie civile. Il passe au nom de l'agence les contrats, conventions et marchés ainsi que les actes d'acquisition, de vente et de transaction, sous réserve des attributions conférées au conseil d'administration par les 4° et 5° de l'article R. 6113-43.

Il est ordonnateur des recettes et des dépenses du budget de l'agence. Il peut désigner des ordonnateurs secondaires.

Il peut déléguer sa signature à ceux de ses collaborateurs qui exercent une fonction de direction au sein de l'agence.

Art. R. 6113-46 *(Décr. n° 2015-828 du 6 juill. 2015, art. 1er)* I. — A la demande du président du conseil d'administration ou du directeur général, ou de sa propre initiative, un comité d'orientation émet des avis sur le programme de travail de l'agence et sur ses travaux, ainsi que toute observation ou recommandation relative aux systèmes d'information entrant dans son champ de compétence.

A la demande du président du conseil d'administration ou du directeur général, il peut réaliser toute étude et analyse dans les domaines relevant du champ de compétence de l'agence.

II. — Le comité d'orientation, outre son président nommé par arrêté conjoint des ministres chargés de la santé, des affaires sociales et de la sécurité sociale, comprend :

1° Huit représentants des fédérations représentatives des établissements de santé et médico-sociaux désignés sur proposition de ces dernières :

a) Deux représentants de la Fédération hospitalière de France ;

b) Un représentant de la Fédération de l'hospitalisation privée ;

c) Un représentant de la Fédération des établissements hospitaliers et d'aide à la personne ;

d) Un représentant de la Fédération nationale des établissements d'hospitalisation à domicile ;

e) Un représentant de la Fédération nationale des centres de lutte contre le cancer ;

f) Un représentant de l'Union nationale interfédérale des œuvres et organismes privés sanitaires et sociaux ;

g) Un représentant du Syndicat national des établissements et résidences privées pour personnes âgées ;

2° Deux représentants des agences régionales de santé nommés par le secrétaire général des ministères chargés des affaires sociales ;

3° Un représentant de la Caisse nationale de solidarité pour l'autonomie nommé par son directeur ;

4° Un représentant de la Haute Autorité de santé nommé par son directeur ;

5° Un représentant de l'Agence nationale de l'évaluation et de la qualité des établissements et services sociaux et médico-sociaux nommé par son directeur ;

6° Un représentant de l'Agence nationale d'appui à la performance des établissements de santé et médico-sociaux nommé par son directeur.

Le directeur général ou son représentant assiste aux séances du comité d'orientation. Il peut s'adjoindre le concours de tout collaborateur de son choix.

Le comité d'orientation se réunit au moins une fois par an, sur convocation de son président ou à l'initiative d'au moins un tiers de ses membres, du président du conseil d'administration ou du directeur général.

III. — Un membre du comité d'orientation ne peut prendre part aux travaux relatifs à une question à laquelle il serait personnellement intéressé.

Les fonctions de membre du comité d'orientation sont exercées à titre gracieux. Elles ouvrent droit aux indemnités pour frais de déplacement et de séjour dans les conditions prévues *(Décr. nº 2016-523 du 27 avr. 2016, art. 4)* « à l'article R. 1413-7 ».

IV. — L'agence met à disposition du comité d'orientation les moyens requis pour la réalisation de ses travaux.

Art. R. 6113-46-1 *(Décr. nº 2015-828 du 6 juill. 2015, art. 1er)* I. — Un conseil scientifique garantit la qualité scientifique et méthodologique des travaux de l'agence. A ce titre, il émet un avis sur la politique d'assurance qualité de l'agence. Il peut réaliser à la demande du président du conseil d'administration, du directeur général ou de sa propre initiative toute étude ou recherche relevant du champ de compétence de l'agence.

Le conseil scientifique est chargé de la veille méthodologique. Il peut adresser au conseil d'administration toute observation ou recommandation en relation avec les questions méthodologiques relatives au travail de l'agence et notamment à l'impact sur l'offre de soins.

II. — Le conseil scientifique comprend :

1° Deux personnalités qualifiées désignées par le ministre chargé de la santé ;

2° Une personnalité qualifiée désignée par le ministre chargé de la sécurité sociale ;

3° Une personnalité qualifiée désignée par le ministre chargé de l'action sociale ;

4° Une personnalité qualifiée désignée par le président de la Haute Autorité de santé ;

5° Un représentant de l'Institut national de la santé et de la recherche médicale nommé par son président-directeur général ;

6° Un représentant du Centre national de la recherche scientifique nommé par son président ;

7° Un représentant de l'Institut national de la statistique et des études économiques nommé par son directeur général.

Les personnalités qualifiées mentionnées aux 1° à 4° sont désignées pour une durée de trois ans renouvelable. Elles sont choisies en raison de leur compétence dans le domaine de l'information médicale, de l'épidémiologie et de l'économie de la santé.

Le conseil scientifique élit son président parmi ses membres. Le directeur général de l'agence ou son représentant assiste aux séances du conseil. Il peut s'y adjoindre le concours de tout collaborateur de son choix.

Le conseil scientifique se réunit au moins une fois par an, sur convocation de son président ou à l'initiative d'au moins un tiers de ses membres, du président du conseil d'administration ou du directeur général.

III. — Un membre du conseil scientifique ne peut prendre part aux travaux relatifs à une question à laquelle il serait personnellement intéressé.

Les fonctions de membre du conseil scientifique sont exercées à titre gracieux. Elles ouvrent droit aux indemnités pour frais de déplacement et de séjour dans les conditions prévues *(Décr. n° 2016-523 du 27 avr. 2016, art. 4)* « à l'article R. 1413-7 ».

IV. — L'agence met à disposition du conseil scientifique les moyens requis pour la réalisation de ses travaux.

SOUS-SECTION 3 DISPOSITIONS FINANCIÈRES ET COMPTABLES

Art. R. 6113-47 *(Décr. n° 2015-828 du 6 juill. 2015, art. 1er-9°-a)* « I. — » La dotation globale prévue à l'article 4 de la loi n° 2002-73 du 17 janvier 2002 de modernisation sociale est fixée par arrêté du ministre chargé de la santé, au vu de la délibération par laquelle le conseil d'administration de l'Agence technique de l'information sur l'hospitalisation adopte le budget de l'exercice considéré. Elle est révisée selon les mêmes modalités.

(Décr. n° 2015-828 du 6 juill. 2015, art. 1er-9°-b) « II. — Les ressources de l'agence comprennent également :

« 1° La contribution de la Caisse nationale de solidarité pour l'autonomie prévue au II de l'article L. 14-10-5 du code de l'action sociale et des familles ;

« 2° Le financement du fonds pour la modernisation des établissements de santé publics et privés prévu par le III *ter* de l'article 40 de la loi n° 2000-1257 du 23 décembre 2000 de financement de la sécurité sociale pour 2001. »

Art. R. 6113-48 *(Décr. n° 2012-1247 du 7 nov. 2012, art. 41)* L'agence est soumise aux dispositions des titres Ier et III du décret n° 2012-1246 du 7 novembre 2012 relatif à la gestion budgétaire et comptable publique.

Art. R. 6113-49 *Abrogé par Décr. n° 2012-1247 du 7 nov. 2012, art. 41.*

Art. R. 6113-50 Des agents comptables secondaires peuvent être désignés par le *(Décr. n° 2015-828 du 6 juill. 2015, art. 1er)* « directeur général » de l'agence après avis de l'agent comptable et avec l'agrément du ministre chargé du budget.

Art. R. 6113-51 Des régies de recettes et d'avances peuvent être instituées dans les conditions prévues par le décret n° 92-681 du 20 juillet 1992 relatif aux régies de recettes et aux régies d'avances des organismes publics.

SOUS-SECTION 4 DISPOSITIONS RELATIVES AU PERSONNEL

Art. R. 6113-52 L'agence emploie des agents régis par les titres II, III ou IV du statut général des fonctionnaires et des personnels mentionnés aux 1° et 2° de l'article L. 6152-1 en position d'activité, de détachement ou de mise à disposition.

Elle peut également employer des agents contractuels de droit public, qui sont soumis aux dispositions du décret n° 86-83 du 17 janvier 1986 relatif aux dispositions générales applicables aux agents non titulaires de l'État pris pour l'application de l'article 7 de la loi n° 84-16 du 11 janvier 1984 portant dispositions statutaires relatives à la fonction publique de l'État *(Décr. n° 2008-489 du 22 mai 2008)* « et aux dispositions du décret n° 2003-224 du 7 mars 2003 fixant les règles applicables aux personnels contractuels de droit public recrutés par certains établissements publics intervenant dans le domaine de la santé publique ou de la sécurité sanitaire ».

SECTION VI ÉTUDES NATIONALES DE COÛTS

(Décr. n° 2016-1273 du 28 sept. 2016, art. 2)

SOUS-SECTION 1 CHAMPS D'ACTIVITÉ CONCERNÉS PAR LES ÉTUDES NATIONALES DE COÛTS

Art. R. 6113-53 Les études nationales de coûts mentionnées à l'article L. 6113-11 peuvent porter sur les champs d'activité suivants :

1° Les activités mentionnées au 1° de l'article *(Décr. n° 2017-500 du 6 avr. 2017, art. 3-2°)* « R. 162-33 » du code de la sécurité sociale ;

2° Les activités mentionnées au 2° de cet article ;

3° Les activités mentionnées au 1° de l'article *(Décr. n° 2017-500 du 6 avr. 2017, art. 3-2°)* « R. 162-31 » du même code ;

4° Les activités mentionnées au 2° de cet article.

SOUS-SECTION 2 MODALITÉS DE SÉLECTION DES ÉTABLISSEMENTS DE SANTÉ

Art. R. 6113-54 L'Agence technique de l'information sur l'hospitalisation publie, pour chaque champ d'activité sur lequel sera réalisée une étude, un appel à candidatures au plus tard le 30 juin de l'année précédant celle au cours de laquelle les données d'étude sont recueillies.

L'appel à candidatures est rendu public sur le site internet de l'agence. Les éléments mentionnés à l'article R. 6113-55 y restent publics jusqu'à la date à laquelle la liste mentionnée à l'article R. 6113-58 est arrêtée.

Art. R. 6113-55 L'appel à candidatures comprend au minimum les éléments suivants :

1° Les objectifs de l'étude ;

2° Les obligations des établissements de santé retenus à l'issue de la procédure de sélection, quant au recueil des données d'étude et à leur validation ;

3° La documentation technique liée à la mise en œuvre de l'étude, ainsi que la charte fixant les exigences en matière de qualité des données transmises ;

4° Les modalités de compensation financière pour les établissements de santé retenus ;

5° Le questionnaire permettant de s'assurer de leur capacité à fournir les données médicales et comptables nécessaires à la réalisation de l'étude ;

6° La date de clôture de l'appel.

Art. R. 6113-56 L'Agence technique de l'information sur l'hospitalisation examine chaque candidature sur la base du questionnaire mentionné au 5° de l'article R. 6113-55.

Elle notifie sa décision à chaque établissement de santé candidat par tout moyen permettant de conférer une date certaine.

Les établissements ainsi retenus figurent sur la liste arrêtée dans les conditions définies à l'article R. 6113-58.

Art. R. 6113-57 I. — A l'issue de la procédure d'appel à candidatures, l'Agence technique de l'information sur l'hospitalisation procède à l'analyse de l'échantillon des établissements retenus en application de l'article R. 6113-56, afin d'en vérifier le caractère représentatif au regard, notamment :

1° De la répartition des établissements de santé par catégorie d'établissements au sens de *l'article L. 162-22-6* du code de la sécurité sociale et des articles L. 6141-2, L. 6111-3-1 et R. 6141-16 du présent code ;

2° De la répartition des établissements de santé en fonction de leur taille et de leur activité, caractérisée, d'une part, par volume et, d'autre part, par spécialisation au sens des classifications mentionnées au 1° des articles L. 162-22-1 et L. 162-22-6 du code de la sécurité sociale.

II. – Si, à l'issue de l'analyse mentionnée au I, l'échantillon des établissements retenus s'avère insuffisamment représentatif pour garantir la fiabilité de l'étude nationale des coûts, l'agence désigne un ou plusieurs établissements de santé supplémentaires dont les caractéristiques permettent d'améliorer cette fiabilité, au regard des critères mentionnés au I.

Cette désignation est notifiée à chaque établissement par tout moyen permettant de conférer une date certaine.

L'établissement désigné dispose d'un délai d'un mois à compter de la date à laquelle la décision de l'agence lui est notifiée pour retourner à celle-ci le questionnaire mentionné au 5° de l'article R. 6113-55, dûment renseigné.

La décision de l'agence confirmant la sélection de l'établissement supplémentaire est soumise aux dispositions de l'article R. 6113-56.

III. – En l'absence de transmission du questionnaire mentionné au troisième alinéa du II dûment renseigné dans le délai fixé au même alinéa, l'Agence technique de l'information sur l'hospitalisation adresse à l'établissement, par tout moyen permettant de conférer une date certaine, une mise en demeure mentionnant la pénalité qu'il encourt et l'informant qu'il dispose d'un délai de quinze jours à compter de sa réception pour transmettre le questionnaire dûment renseigné ou, s'il le refuse, pour présenter ses observations écrites.

A l'issue de ce délai, l'Agence technique de l'information sur l'hospitalisation saisit le directeur général de l'agence régionale de santé en vue de la mise en œuvre de la pénalité prévue au dernier alinéa de l'article L. 6113-12. Le directeur général de l'agence régionale de santé peut enjoindre à l'établissement de verser, *(Décr. n° 2017-500 du 6 avr. 2017, art. 3-3°)* « à la caisse mentionnée aux articles L. 174-2 et L. 174-18 du code de la sécurité sociale », une pénalité dont le montant ne peut excéder celui fixé au dernier alinéa de l'article L. 6113-12.

L'établissement dispose d'un délai d'un mois à compter de la notification de la décision mentionnée à l'alinéa précédent pour s'acquitter de la somme.

Art. R. 6113-58 La liste des établissements de santé admis à participer aux études nationales de coûts dans les conditions prévues aux articles R. 6113-56 et R. 6113-57 est fixée chaque année, après avis des organisations nationales les plus représentatives des établissements de santé, par arrêté des ministres chargés de la santé et de la sécurité sociale. La liste est publiée au plus tard le 30 novembre de l'année précédant celle au cours de laquelle les données d'étude sont recueillies.

Art. R. 6113-59 I. – L'Agence technique de l'information sur l'hospitalisation soumet à chaque établissement figurant sur la liste arrêtée en application de l'article R. 6113-58 une proposition de convention contenant les engagements réciproques des deux parties, par tout moyen permettant de conférer une date certaine.

II. – Cette proposition de convention comprend au moins les éléments suivants :

1° La nature des informations devant être transmises par l'établissement à compter du 1er janvier de l'année d'étude ;

2° Le calendrier de transmission et de validation de ces données ;

3° Les autres obligations des parties, notamment celles concernant le respect de la confidentialité des données ;

4° Les modalités de détermination de la contrepartie financière ;

5° Les conditions et les modalités selon lesquelles la contrepartie financière devra *être restituée par l'établissement* en cas de non-respect de ses engagements contractuels.

III. – Si l'établissement n'a pas conclu de convention dans un délai de deux mois à compter de la date de réception de la proposition, l'Agence technique de l'information sur l'hospitalisation adresse à l'établissement, par tout moyen permettant de conférer une date certaine, une mise en demeure mentionnant la pénalité qu'il encourt et l'informant qu'il dispose d'un délai de quinze jours à compter de sa réception pour conclure la convention ou, s'il le refuse, pour présenter ses observations écrites.

A l'issue de ce délai, l'Agence technique de l'information sur l'hospitalisation saisit le directeur général de l'agence régionale de santé en vue de la mise en œuvre de la pénalité prévue au dernier alinéa de l'article L. 6113-12. Le directeur général de l'agence régionale de santé peut enjoindre à l'établissement de verser, *(Décr. n° 2017-*

500 du 6 avr. 2017, art. 3-3°) « à la caisse mentionnée aux articles L. 174-2 et L. 174-18 du code de la sécurité sociale », une pénalité dont le montant ne peut excéder celui fixé au deuxième alinéa de l'article L. 6113-13.

L'établissement dispose d'un délai d'un mois à compter de la notification de la décision mentionnée à l'alinéa précédent pour s'acquitter de la somme.

CHAPITRE IV CONTRATS PLURIANNUELS D'OBJECTIFS ET DE MOYENS CONCLUS AVEC LES ÉTABLISSEMENTS DE SANTÉ, LES AUTRES TITULAIRES D'AUTORISATION ET CERTAINS SERVICES DE SANTÉ

(Décr. n° 2010-1170 du 4 oct. 2010)

SECTION PREMIÈRE CONTRATS CONCLUS AVEC LES ÉTABLISSEMENTS DE SANTÉ ET LES AUTRES TITULAIRES DE L'AUTORISATION PRÉVUE À L'ARTICLE L. 6122-1

SOUS-SECTION 1 OBJET ET MODALITÉS DE CONCLUSION DU CONTRAT

Art. D. 6114-1 Le contrat pluriannuel d'objectifs et de moyens prévu à l'article L. 6114-1 porte sur l'ensemble de l'activité de l'établissement de santé ou du titulaire de l'autorisation délivrée par l'agence régionale de santé en application de l'article L. 6122-1, à l'exception de celle prévue à l'article L. 6322-1.

Il est conclu pour une durée maximale de cinq ans.

Lorsque l'établissement de santé est un centre hospitalier universitaire, le contrat fait référence aux stipulations issues du contrat quadriennal passé avec l'université mentionné à l'article L. 711-1 du code de l'éducation.

Figure en annexe au contrat, pour information, la liste des accords et des autres contrats en cours de validité signés par le titulaire avec l'agence régionale de santé ainsi que les accords financiers signés avec d'autres organismes que l'agence régionale de santé.

Art. D. 6114-2 Lorsque l'établissement de santé gère un centre de santé, le contrat comporte les stipulations applicables au centre de santé, dans le respect du projet médical de ce dernier.

Art. D. 6114-3 Le contrat fixe, pour l'établissement de santé ou le titulaire de l'autorisation :

1° Ses orientations stratégiques, l'évolution de ses activités et, le cas échéant, les restructurations afférentes compte tenu des objectifs du projet régional de santé*[,]* dont ceux inscrits dans le programme pluriannuel régional de gestion du risque. Il tient compte également des priorités nationales de santé publique ;

3° Les conditions d'accueil et de prise en charge des patients *(Décr. n° 2016-1645 du 1er déc. 2016, art. 3-23°-b)* « ainsi que les conditions de garantie de la continuité des soins » ;

4° Le cas échéant, sa participation aux réseaux de prise en charge des urgences mentionnés à l'article R. 6123-26 ;

5° L'organisation lui permettant de prendre en charge les patients qui lui sont adressés par les structures de médecine d'urgence lorsqu'il est titulaire d'une autorisation de soins de médecine ou de chirurgie ;

6° Les actions de coopération dans lesquelles il s'engage et les modalités d'exécution de celles qui constituent une condition substantielle de l'autorisation de l'activité de soins ou d'équipement matériel lourd prévue à l'article L. 6122-1 ;

7° Les conditions de prise en charge des patients nécessitant des soins palliatifs ;

8° Sa participation à la prise en charge des patients atteints de cancer dans les conditions prévues par l'article R. 6123-94 ;

9° Le cas échéant, les modalités de mise en œuvre des missions d'enseignement et de recherche compte tenu des objectifs du contrat quadriennal mentionné à l'article L. 711-1 du code de l'éducation ;

10° Les objectifs assortis des indicateurs de suivi prévus à l'article R. 6144-2-2 du code de santé publique visant à améliorer la qualité et la sécurité des soins ;

11° Les objectifs assortis d'indicateurs de suivi et d'évaluation visant à l'amélioration de la maîtrise médicalisée des dépenses et des pratiques professionnelles. Il peut prévoir des actions d'accompagnement visant à améliorer la performance de sa gestion ainsi que des mesures d'intéressement aux résultats constatés ;

12° Les conditions d'exécution et les modalités d'évaluation des activités financées au titre des missions d'intérêt général et d'aide à la contractualisation prévues à l'article L. 162-22-13 du code de la sécurité sociale, assurées par l'établissement de santé ou le titulaire d'autorisation prévu à l'article L. 6122-1 ;

13° Les engagements du titulaire en termes de développement des systèmes d'information, de transmission des données informatisées et, le cas échéant, des activités de télémédecine ;

(Décr. n° 2016-1645 du 1er déc. 2016, art. 3-23°-c) « 14° Le cas échéant, les modalités de mise en œuvre, de suivi et d'évaluation des missions mentionnées aux articles L. 6111-1-2 et L. 6111-1-3. »

Art. D. 6114-4 *Abrogé par Décr. n° 2016-1645 du 1er déc. 2016, art. 3.*

Art. D. 6114-5 Le contrat identifie les unités de soins intensifs, les unités de surveillance continue mentionnées à l'article R. 6123-38 et les unités de surveillance continue pédiatriques mentionnées à l'article R. 6123-38-7 dont dispose l'établissement.

Il identifie également les prises en charge qui font l'objet de cahiers des charges nationaux et pour lesquelles des financements spécifiques sont prévus.

Art. D. 6114-6 *(Décr. n° 2012-192 du 7 févr. 2012, art. 1er)* Le contrat fixe, selon les modalités prévues aux articles D. 6121-7 à D. 6121-10, les objectifs quantifiés relatifs aux activités de soins et aux équipements matériels lourds autorisés, définis aux articles R. 6122-25 et R. 6122-26.

Le contrat peut également, en cohérence avec les orientations stratégiques de l'établissement, fixer :

1° Des objectifs ciblés sur les segments d'activité ou spécialités médicales faisant l'objet d'un suivi particulier ;

2° Des objectifs ciblés sur le développement de certains modes de prise en charge, notamment ceux mentionnés aux articles R. 6121-4, R. 6124-4-1 et aux 2° à 4° de l'article R. 6123-54 ;

3° Un échéancier de réalisation des objectifs ;

4° Les coopérations éventuellement nécessaires ou les opérations prévues dans le schéma régional d'organisation des soins ou les schémas interrégionaux d'organisation des soins.

Il peut enfin mentionner des indicateurs de pilotage relatifs aux activités de soins réalisées par l'établissement, définies à l'article R. 6122-25, et préciser la part de ces indicateurs pour certaines formes de prise en charge ou certaines spécialités médicales.

Art. D. 6114-7 Le contrat signé entre le directeur général de l'agence régionale de santé et le directeur de l'établissement de santé ou le titulaire de l'autorisation est porté à la connaissance de la caisse mentionnée aux articles L. 174-2, L. 174-2-1, L. 174-18 ou L. 752-1 du code de la sécurité sociale ainsi que de la caisse mentionnée à l'article 3 de l'ordonnance n° 77-1102 du 26 septembre 1977 portant extension et adaptation au département de Saint-Pierre-et-Miquelon de diverses dispositions relatives aux affaires sociales et à l'article 22 de l'ordonnance n° 96-1122 du 20 décembre 1996 relative à l'amélioration de la santé publique à Mayotte. La caisse est également informée de toute modification ou résiliation affectant ce contrat.

SOUS-SECTION 2 ÉVALUATION

Art. D. 6114-8 La réalisation des objectifs et des engagements est évaluée en utilisant les indicateurs de suivi et de résultat prévus au contrat parmi les indicateurs fixés au plan national et les indicateurs mentionnés à l'article R. 6122-24. Pour les centres hospitaliers universitaires, cette procédure tient compte de l'évaluation des engagements inscrits dans le contrat quadriennal passé avec l'université mentionné à l'article L. 711-1 du code de l'éducation.

(Abrogé par Décr. nº 2016-1645 du 1er déc. 2016, art. 3-25º) ***« L'évaluation de l'exercice des missions de service public est réalisée dans le cadre de celle du contrat pluriannuel d'objectifs et de moyens. »***

L'évaluation de la réalisation des objectifs quantifiés prévus dans le contrat est conduite par le directeur général de l'agence régionale de santé conformément au calendrier prévu et au moins une fois par an.

Les résultats de cette évaluation sont présentés dans un rapport annuel d'étape. Ce rapport annuel fait l'objet d'une réunion d'échanges entre l'agence régionale de santé et l'établissement de santé ou le titulaire d'autorisation, afin de mettre en place soit les actions correctrices nécessaires, soit les projets d'amélioration.

Les résultats de ces évaluations annuelles sont inclus dans le rapport final joint à la demande de renouvellement du contrat qui est adressée à l'agence régionale de santé.

SOUS-SECTION 3 SANCTIONS

Art. R. 6114-9 Lorsqu'il est constaté un manquement grave du titulaire du contrat à ses obligations contractuelles, le directeur général de l'agence régionale de santé lui adresse une mise en demeure motivée de prendre les mesures correctrices nécessaires dans un délai d'un mois. Le titulaire du contrat peut présenter des observations écrites ou orales dans ce délai.

Compte tenu des éléments de réponse donnés par le titulaire, ce délai peut être renouvelé une fois pour la même durée. Si*[,]* au terme du dernier délai, le titulaire n'a pas fourni de nouveaux éléments ou procédé à des actions correctrices mettant fin au manquement constaté, le directeur général de l'agence régionale de santé peut résilier le contrat.

Art. R. 6114-10 En cas d'inexécution partielle ou totale des engagements, et notamment des objectifs quantifiés, le directeur général de l'agence régionale de santé adresse au titulaire du contrat une mise en demeure motivée de présenter, dans un délai d'un mois, les justifications de l'inexécution et les mesures nécessaires au respect de ses engagements. Le titulaire du contrat peut présenter des observations écrites ou orales dans ce délai.

Compte tenu des éléments de réponse donnés par le titulaire du contrat, le délai d'un mois prévu au premier alinéa peut être renouvelé une fois pour la même durée. Si*[,]* au terme de ce dernier délai, l'inexécution partielle ou totale des engagements n'a pas été valablement justifiée, le directeur général de l'agence régionale de santé fixe la pénalité en fonction de la gravité des manquements constatés dans la limite du plafond prévu au dernier alinéa de l'article L. 6114-1.

Cette pénalité est recouvrée et comptabilisée par la caisse mentionnée aux articles L. 174-2, L. 174-2-1 ou L. 174-18 ou L. 752-1 du code de la sécurité sociale ainsi que par les caisses mentionnées à l'article 3 de l'ordonnance nº 77-1102 du 26 septembre 1977 portant extension et adaptation au département de Saint-Pierre-et-Miquelon de diverses dispositions relatives aux affaires sociales et à l'article 22 de l'ordonnance nº 96-1122 du 20 décembre 1996 relative à l'amélioration de la santé publique à Mayotte.

Le directeur général de l'agence régionale de santé notifie la pénalité au titulaire du contrat par une décision motivée et par tout moyen permettant de rapporter la preuve de la date de réception. Cette notification mentionne l'existence d'un délai d'un mois, à compter de sa réception, imparti au débiteur pour s'acquitter des sommes réclamées.

A défaut de paiement dans ce délai, la mise en demeure prévue au septième alinéa du IV de l'article L. 162-1-14 du code de la sécurité sociale est adressée, par tout moyen permettant de déterminer la date de réception. Elle comporte les précisions relatives aux sommes réclamées mentionnées à l'alinéa précédent, les voies et délais de recours ainsi que l'existence d'un nouveau délai d'un mois, à partir de sa réception, imparti au débiteur pour s'acquitter des sommes réclamées. Elle indique, en outre, l'existence et le montant de la majoration de 10 % prévue au même septième alinéa, appliquée en l'absence de paiement dans ce délai.

L'envoi de la mise en demeure prévue à l'alinéa précédent doit intervenir dans un délai de deux ans à compter de la notification prévue au quatrième alinéa du présent article.

L'action se prescrit selon les modalités prévues aux articles 2224 et suivants du code civil.

Les dispositions du III et du IV de l'article R. 133-9-1 du code de la sécurité sociale et des articles R. 725-8 à R. 725-10 du code rural et de la pêche maritime sont applicables pour le recouvrement des pénalités non acquittées mentionnées à l'article L. 162-1-14.

SECTION II CONTRATS CONCLUS AVEC CERTAINS SERVICES DE SANTÉ

SOUS-SECTION 1 OBJET ET MODALITÉS DE CONCLUSION DU CONTRAT

Art. D. 6114-11 Le contrat détermine pour le centre de santé, la maison de santé, le pôle de santé ou le réseau de santé signataire, en tenant compte de leur localisation dans le territoire de santé :

1° Les principales orientations de son projet de santé compte tenu des objectifs du projet régional de santé*[,]* dont ceux inscrits dans le programme pluriannuel régional de gestion du risque ;

2° Les conditions d'organisation et de fonctionnement de la structure ainsi que ses engagements en termes de coordination avec les professionnels de santé et les structures sanitaires, sociales et médico-sociales sur le territoire de santé en vue d'améliorer le parcours de soins des patients ;

3° Ses engagements en termes d'accès aux soins, de continuité des soins et de service rendu au patient ;

4° Ses engagements en vue d'améliorer la qualité et la sécurité des soins ;

5° Ses engagements en vue de renforcer l'efficience de son organisation et de disposer d'outils de suivi et d'évaluation de la performance attendue ;

6° Ses engagements en termes de développement des systèmes d'information et de transmission des données informatisées et, le cas échéant, les activités de télémédecine qu'il développe.

Art. D. 6114-12 Le contrat fixe, le cas échéant, les contreparties financières associées aux engagements contractuels, notamment celles qui relèvent du fonds d'intervention *(Décr. n° 2012-271 du 27 févr. 2012, art. 2)* « régional prévu à l'article L. 1435-8 et qui ont fait l'objet d'une décision de financement ».

Art. D. 6114-13 Le contrat est d'une durée maximale de cinq ans ; il peut faire l'objet d'une révision par avenant.

Art. D. 6114-14 Figurent en annexe au contrat le projet de santé, la liste des accords et des autres contrats en cours de validité signés par le titulaire avec l'agence régionale de santé ainsi que les accords financiers signés avec d'autres organismes que l'agence régionale de santé.

Art. D. 6114-15 L'agence régionale de santé consulte au moins une fois par an la fédération régionale des professionnels de santé libéraux sur les orientations et l'évaluation des contrats pluriannuels d'objectifs et de moyens proposés ou signés avec les centres de santé, maisons de santé, pôles et réseaux de santé.

SOUS-SECTION 2 ÉVALUATION

Art. D. 6114-16 Le contrat fixe les modalités d'évaluation de la mise en œuvre des objectifs et engagements et prévoit notamment les indicateurs nécessaires à cette évaluation.

Les résultats de cette évaluation sont inclus dans un rapport annuel d'étape ainsi que dans le rapport final joint à la demande de renouvellement du contrat qui est adressée à l'agence régionale de santé.

SOUS-SECTION 3 INEXÉCUTION DES ENGAGEMENTS PRÉVUS AU CONTRAT

Art. R. 6114-17 En cas d'inexécution partielle ou totale des engagements prévus au contrat, le directeur général de l'agence régionale de santé adresse au titulaire du contrat une mise en demeure motivée de prendre, dans un délai d'un mois, les mesures nécessaires au respect de ses engagements. Le titulaire du contrat peut présenter des observations écrites ou orales dans ce délai.

Compte tenu des éléments de réponse donnés par le titulaire du contrat, ce délai peut être renouvelé une fois pour la même durée. Si, au terme de ce dernier délai, l'inexécution des engagements n'a pas été valablement justifiée, le directeur général de l'agence régionale de santé peut résilier le contrat. Il peut récupérer tout ou partie des financements déjà versés au titre des engagements non mis en œuvre et annuler, le cas échéant, les financements prévus. Le contrat peut être modifié en conséquence.

CHAPITRE V *[ABROGÉ]* AGENCES RÉGIONALES DE L'HOSPITALISATION

(Abrogé par Décr. n° 2010-344 du 31 mars 2010, art. 220)

V. Lettre DHOS/O 4 du 11 déc. 2000 concernant la formule exécutoire des décisions de l'ARH (BOMES n° 2000/51, p. 1001 ; RDSS 2001. 294, obs. de Forges).

SECTION UNIQUE *[ABROGÉE]*

Art. R. 6115-1 à R. 6115-9 *Abrogés par Décr. n° 2010-344 du 31 mars 2010, art. 220.*

CHAPITRE VI CONTRÔLE

Le présent chapitre ne comporte pas de dispositions réglementaires.

CHAPITRE VII DISPOSITIONS PÉNALES

Le présent chapitre ne comporte pas de dispositions réglementaires.

TITRE DEUXIÈME ÉQUIPEMENT SANITAIRE

CHAPITRE PREMIER SCHÉMA D'ORGANISATION SANITAIRE

SECTION PREMIÈRE ÉTABLISSEMENT DU SCHÉMA D'ORGANISATION SANITAIRE

BIBL. ▸ Marin, SROS et projets médicaux de territoires, *Rev. hosp. France 2006, n° 510, p. 25.*

Art. R. 6121-1 *et* R. 6121-2 *Abrogés par Décr. n° 2011-668 du 14 juin 2011, art. 1er.*

Art. R. 6121-3 *(Décr. n° 2010-344 du 31 mars 2010, art. 174)* Les arrêtés du directeur de l'agence régionale de santé portant schéma régional d'organisation des soins sont publiés au recueil des actes administratifs de la préfecture de la région. Lorsque le schéma est interrégional, les arrêtés correspondants sont publiés aux recueils des actes administratifs de chacune des préfectures de région.

Art. R. 6121-4 Les alternatives à l'hospitalisation mentionnées à l'article L. 6121-2 ont pour objet d'éviter une hospitalisation à temps complet ou d'en diminuer la durée. Les prestations ainsi dispensées se distinguent de celles qui sont délivrées lors de consultations ou de visites à domicile.

Ces alternatives comprennent les activités de soins dispensées par :

1° Les structures d'hospitalisation à temps partiel de jour ou de nuit, y compris en psychiatrie ;

2° Les structures pratiquant l'anesthésie ou la chirurgie ambulatoires ;

Dans les structures d'hospitalisation à temps partiel, de jour ou de nuit, sont mises en œuvre des investigations à visée diagnostique, des actes thérapeutiques, des traite*ments médicaux séquentiels* et des traitements de réadaptation fonctionnelle, ou une surveillance médicale.

Dans les structures pratiquant l'anesthésie ou la chirurgie ambulatoires sont mis en œuvre, dans des conditions qui autorisent le patient à rejoindre sa résidence le jour même, des actes médicaux ou chirurgicaux nécessitant une anesthésie ou le recours à un secteur opératoire.

Art. R. 6121-4-1 *(Décr. nº 2010-344 du 31 mars 2010, art. 174) (Décr. nº 2018-271 du 13 avr. 2018, art. 1er)* « I. – » Les établissements d'hospitalisation à domicile mentionnés à l'article L. 6125-2 permettent d'assurer au domicile du malade, pour une période limitée mais révisable en fonction de l'évolution de son état de santé, des soins médicaux et paramédicaux continus et coordonnés. Ces soins se différencient de ceux habituellement dispensés à domicile par la complexité et la fréquence des actes. *(Décr. nº 2018-271 du 13 avr. 2018, art. 1er)* « A chaque établissement d'hospitalisation à domicile correspond une aire géographique précisée par l'autorisation prévue à l'article L. 6122-1 ».

« II. – » Les établissements d'hospitalisation à domicile peuvent également intervenir dans un établissement *(Décr. nº 2012-1030 du 6 sept. 2012, art. 1er-1º)* « social ou médico-social avec hébergement, mentionné au I » de l'article L. 312-1 du code de l'action sociale et des familles *(Décr. nº 2012-1030 du 6 sept. 2012, art. 1er-1º)* « *[,]* ainsi que dans les structures expérimentales avec hébergement relevant de l'article L. 162-31 du code de la sécurité sociale ».

Dans ce cas, les soins ne peuvent être délivrés à un résident que si l'état de santé de celui-ci exige une intervention technique, qui ne se substitue pas aux prestations sanitaires et médico-sociales dispensées par l'établissement *(Abrogé par Décr. nº 2018-271 du 13 avr. 2018, art. 1er)* « ***, et si son admission en hospitalisation à domicile répond à des conditions de prise en charge définies*** *(Décr. nº 2012-1030 du 6 sept. 2012, art. 1er-2º)* « ***par arrêté des ministres chargés de la santé, de la sécurité sociale et de l'action sociale*** ». ***Ces conditions sont variables selon la nature des soins. Elles sont relatives notamment à la complexité des soins à assurer ou à l'ampleur des moyens à utiliser.*** »

Art. R. 6121-5 Le *(Décr. nº 2010-344 du 31 mars 2010, art. 174)* « directeur général de l'agence régionale de santé » tient à jour la liste des autorisations de l'ensemble des activités de soins mentionnées à l'article R. 6122-25 et des équipements matériels lourds énumérés à l'article R. 6122-26 ainsi que l'état des objectifs quantifiés fixés par les contrats pluriannuels d'objectifs et de moyens.

Sous le régime antérieur à l'Ord. du 4 sept. 2003

1. Inventaire des équipements et carte sanitaire. L'inventaire des équipements existants ou autorisés est un acte distinct de la carte sanitaire. • CE, ass., 7 oct. 1977, *Synd. rég. des maisons de santé privées d'Aquitaine*, nº 99745 : *Lebon 382 ; AJDA 1977. 642, obs. Nauwelaers et Dutheillet de Lamothe ; RDSS 1977. 532, concl. Guillaume ; LPA 1978, nº 32, p. 4, note J.-M.* • CE 16 nov. 1984, *Centre Toki-Eder*, nºs 37949 et 38090 : *RDSS 1985. 152, concl. Genevois.*

2. Autorisations non publiées et inventaire. Même s'il n'a pas été publié, un projet de création de lits d'un établissement public doit figurer à l'inventaire dès lors qu'il a été approuvé. • TA Lille, 4 juill. 1996, *Clinique des Acacias*, nºs 92-1429 et 93-2803 : *Lebon T. 1169*.

SECTION II OBJECTIFS QUANTIFIÉS DE L'OFFRE DE SOINS

BIBL. ► PODEUR, Objectifs quantifiés et projet médical de territoire, *Rev. hosp. France 2006, nº 510, p. 12.*

Art. D. 6121-6 *(Décr. nº 2010-344 du 31 mars 2010, art. 175)* Les objectifs quantifiés de l'offre de soins qui sont précisés par le schéma d'organisation des soins portent sur les activités de soins et les équipements matériels lourds faisant l'objet du schéma d'organisation des soins mentionnés à l'article L. 1434-9.

Art. D. 6121-7 Les objectifs quantifiés de l'offre de soins mentionnés à l'article *D. 6121-6 sont exprimés pour les activités* de soins :

1º Par territoire de santé :

– nombre d'implantations assurant une activité de soins déterminée, définie à l'article R. 6122-25 ;

– nombre d'implantations des équipements et services assurant une activité de psychiatrie, définis par arrêté du ministre chargé de la santé ;

2º Outre ces modalités, les objectifs peuvent également être exprimés, par territoire, de la manière suivante :

– temps maximum d'accès, dans un territoire de santé, à un établissement exerçant l'une des activités de soins définies à l'article R. 6122-25 ;

Les nomenclatures de référence des objectifs ainsi quantifiés sont fixées par arrêté du ministre chargé de la santé.

Fixation des nomenclatures de référence des objectifs quantifiés. Sur la légalité de l'Arr. du 8 juin 2005 pris en application des art. L. 6121-2, L. 6114-2 et L. 6122-8 CSP et du Décr. n° 2005-76 du 31 janv. 2005 relatif aux objectifs quantifiés de l'offre de soins prévus à l'art. L. 6121-2 CSP, V. • CE 29 déc. 2006, *Féd. de l'hospitalisation privée*, n° 285194.

Art. D. 6121-8 *Abrogé par Décr. n° 2012-192 du 7 févr. 2012, art. 3.*

Art. D. 6121-9 *(Décr. n° 2012-192 du 7 févr. 2012, art. 4)* Les objectifs quantifiés de l'offre de soins mentionnés à l'article D. 6121-6 sont exprimés, par territoire de santé, pour les équipements matériels lourds :

— en nombre d'implantations disposant d'un équipement matériel lourd déterminé ;

— en nombre d'appareils par équipement matériel lourd.

Les objectifs peuvent en outre être exprimés de la manière suivante :

— temps maximum d'accès, dans un territoire de santé, à un établissement disposant de l'un des équipements matériels lourds mentionnés à l'article R. 6122-26 ;

— temps maximum d'attente pour les rendez-vous d'examens programmés pour les équipements matériels lourds mentionnés aux 2° et 3° de l'article R. 6122-26.

Art. D. 6121-10 Les objectifs sont quantifiés soit par un minimum et un maximum, soit par une progression ou une diminution au décours de la période d'exécution du schéma, éventuellement assorti d'échéances sur tout ou partie de cette période.

SECTION III DES SCHÉMAS INTERRÉGIONAUX D'ORGANISATION SANITAIRE

(Décr. n° 2006-73 du 26 janv. 2006)

Art. D. 6121-11 Font l'objet du schéma interrégional d'organisation *(Décr. n° 2010-344 du 31 mars 2010, art. 176)* « des soins prévu à l'article L. 1434-10 » les activités de soins suivantes :

1. Chirurgie cardiaque ;
2. Neurochirurgie ;
3. Activités interventionnelles par voie endovasculaire en neuroradiologie ;
4. Traitement des grands brûlés ;
5. Greffes d'organes et greffes de cellules hématopoïétiques.

SECTION IV DISPOSITIONS RELATIVES AU SCHÉMA D'ORGANISATION DES SOINS DE LA RÉUNION ET DE MAYOTTE

(Décr. n° 2010-1091 du 16 sept. 2010, art. 3)

V. Dalloz.fr

CHAPITRE II AUTORISATIONS

SECTION PREMIÈRE COMITÉ NATIONAL DE L'ORGANISATION SANITAIRE ET SOCIALE

Art. R. 6122-1 Le Comité national de l'organisation sanitaire et sociale comporte une section sanitaire et une section sociale.

Il siège en formation plénière, à la demande des ministres chargés de l'action sociale, de la santé et de la sécurité sociale ou de l'un d'entre eux, lorsque la nature des questions inscrites à l'ordre du jour rend souhaitable leur examen par l'ensemble du comité national.

Art. R. 6122-2 La section sanitaire du comité est consultée par le ministre chargé de la santé sur :

1° Les projets de décrets relatifs aux conditions d'implantation des activités de soins et des équipements matériels lourds pris en vertu de l'article L. 6123-1 ;

2° *Les projets de décrets relatifs aux conditions* techniques de fonctionnement pris en vertu de l'article L. 6124-1 ;

3° *Abrogé par Décr. n° 2010-344 du 31 mars 2010, art. 220.*

4° Les recours hiérarchiques formés auprès du ministre en application de l'article L. 6122-10-1 ;

5° Les projets de décrets portant création d'établissements publics de santé nationaux.

La section sanitaire peut, en outre, être consultée par le ou les ministres chargés de l'action sociale, de la santé et de la sécurité sociale sur toute question concernant l'organisation des soins.

Art. R. 6122-3 Le comité est présidé soit par un conseiller d'État désigné par les ministres chargés de l'action sociale, de la santé et de la sécurité sociale sur proposition du vice-président du Conseil d'État, soit par un conseiller maître à la Cour des comptes désigné par les mêmes ministres sur proposition du premier président de la Cour des comptes.

Le président est suppléé par un conseiller d'État ou par un conseiller maître à la Cour des comptes, désigné dans les mêmes conditions.

Le mandat du président et de son suppléant est de cinq ans. Il est renouvelable.

Art. R. 6122-4 Outre le président ou son suppléant, la section sanitaire du comité comprend :

(Décr. nº 2014-1406 du 25 nov. 2014, art. 1er) « 1° Le député désigné en application du premier alinéa de l'article L. 6121-8 ;

« 2° Le sénateur désigné en application du même alinéa ;

« 3° Un conseiller régional désigné par l'Association des régions de France ;

« 4° Un conseiller départemental désigné par l'Association des départements de France ;

« 5° Un conseiller municipal désigné par l'Association des maires de France ; »

6° Quatre représentants de la Caisse nationale de l'assurance maladie des travailleurs salariés, dont le directeur et le médecin-Conseil national ou leur représentant ;

7° Un représentant de chacun des organismes suivants :

a) Caisse centrale de la mutualité sociale agricole ;

b) Caisse nationale d'assurance maladie des professions indépendantes ;

8° Quatre représentants des organisations d'hospitalisation publique les plus représentatives ;

(Décr. nº 2014-1406 du 25 nov. 2014, art. 1er) « 9° Trois présidents de commission médicale d'établissement public de santé désignés par les conférences des présidents de commission médicale, respectivement des centres hospitaliers universitaires, des centres hospitaliers généraux et des centres hospitaliers spécialisés ;

« 10° Quatre représentants de l'hospitalisation privée désignés par les organisations les plus représentatives, dont un représentant au titre des établissements privés à but non lucratif et un praticien exerçant les fonctions de président de la conférence médicale d'établissement instituée dans les autres établissements de santé privés ;

« 11° Quatre représentants des syndicats médicaux les plus représentatifs, dont deux au titre des syndicats de médecins hospitaliers publics ;

« 12° Un médecin salarié exerçant dans un établissement de santé privé à but non lucratif, désigné par la conférence nationale des présidents de commission médicale d'établissement des établissements privés à but non lucratif ; »

13° Deux représentants des organisations syndicales les plus représentatives des personnels hospitaliers non médicaux, dont un au titre des personnels hospitaliers publics ;

14° Un représentant des *(Décr. nº 2014-1406 du 25 nov. 2014, art. 1er)* « groupements d' » usagers des institutions et établissements de santé ;

15° Trois personnalités qualifiées désignées par les ministres chargés de la santé et de la sécurité sociale, dont une sur proposition de la Fédération nationale de la mutualité française et un infirmier ou infirmière ;

(Décr. nº 2010-929 du 3 août 2010) « 16° Un représentant des établissements assurant une activité de soins à domicile, désigné par l'organisation la plus représentative dans cette activité. »

Art. R. 6122-5 Le comité peut appeler à participer à ses travaux, à titre consultatif et temporaire, toute personne dont le concours apparaît souhaitable.

Art. R. 6122-6 Les compétences et la composition de la section sociale du comité sont fixées par les articles R. 312-156 et R. 312-157 du code de l'action sociale et des familles *[devenus CASF, art. R. 312-177 et R. 318-178]*.

Sauf disposition contraire, les modalités de fonctionnement de la section sanitaire sont applicables à la section sociale.

Art. R. 6122-7 *(Décr. n° 2014-1406 du 25 nov. 2014, art. 1er)* « I. — » La liste des organismes, institutions, groupements ou syndicats représentés dans chaque section du comité ainsi que le nombre de sièges dont ils disposent sont déterminés par arrêté des ministres chargés de l'action sociale, de la santé et de la sécurité sociale *(Décr. n° 2014-1406 du 25 nov. 2014, art. 1er)* « , pour une durée de cinq ans ».

(Décr. n° 2014-1406 du 25 nov. 2014, art. 1er) « Le règlement intérieur du comité mentionné à l'article R. 6122-21 fixe les modalités suivant lesquelles les organismes, institutions, groupements ou syndicats mentionnés au premier alinéa du présent article font connaître aux services ministériels, au moins quinze jours avant la première réunion suivant la publication de l'arrêté mentionné au premier alinéa et, en cas de modification ultérieure, au moins trois jours avant la plus prochaine séance pour laquelle ils ont reçu une convocation, l'identité des personnes habilitées à les représenter au sein de chaque section du comité.

« II. — Le président, son suppléant et les personnalités qualifiées sont nommés par arrêté des ministres chargés de l'action sociale, de la santé et de la sécurité sociale. Leur mandat prend fin à la date d'expiration du délai de cinq ans mentionné au premier alinéa du I. Il est renouvelable.

« III. — La formation plénière est composée des membres de la section sociale et de la section sanitaire du comité. »

Art. R. 6122-15 Le comité national se réunit, en section ou en formation plénière, sur convocation du ou des ministres chargés de l'action sociale, de la santé et de la sécurité sociale. Le secrétariat est assuré par les services des ministres précités.

Art. R. 6122-16 L'ordre du jour des séances du comité national est fixé par le ou les ministres chargés de l'action sociale, de la santé et de la sécurité sociale.

Art. R. 6122-17 Le comité national ne *(Décr. n° 2011-668 du 14 juin 2011, art. 1er-6°)* « peut » délibérer que si au moins la moitié des membres de la section ou de la formation convoquée sont présents ; le quorum est apprécié en début de séance.

Toutefois, quand le quorum n'est pas atteint après une convocation régulièrement faite, la section ou la formation, quel que soit le nombre des membres présents, délibère valablement sur les points inscrits à l'ordre du jour de la première réunion, lors d'une seconde réunion qui doit avoir lieu dans un délai de cinq à quinze jours.

Les avis *(Décr. n° 2010-344 du 31 mars 2010, art. 177)* « du comité national » sont émis à la majorité des *(Décr. n° 2007-133 du 30 janv. 2007, art. 3-IV)* « suffrages exprimés par les » membres présents *(Décr. n° 2014-1406 du 25 nov. 2014, art. 1er)* « , sans distinction de catégorie de membres ». Le vote par procuration n'est pas admis. En cas de partage égal des voix, celle du président est prépondérante.

Les membres ne peuvent siéger dans les affaires concernant des établissements à l'administration desquels ils participent ou avec lesquels ils collaborent et, plus généralement, dans les affaires auxquelles ils sont intéressés à un titre quelconque.

Les membres *(Décr. n° 2010-344 du 31 mars 2010, art. 177)* « du comité national » sont soumis à l'obligation de discrétion professionnelle à l'égard de tous les faits et documents dont ils ont connaissance en cette qualité ainsi que des délibérations *(Décr. n° 2010-344 du 31 mars 2010, art. 177)* « du comité national ».

Les membres *(Décr. n° 2010-344 du 31 mars 2010, art. 177)* « du comité national » exercent leur mandat à titre gratuit.

L'art. R. 6122-18 devient l'art. R. 6122-17 (Décr. n° 2014-1406 du 25 nov. 2014, art. 1er).

Art. R. 6122-19 *(Décr. n° 2012-1331 du 29 nov. 2012, art. 1er)* Les questions soumises obligatoirement à l'avis du comité national font l'objet de rapports présentés par :

1° Des agents régis par la loi n° 83-634 du 13 juillet 1983 portant droits et obligations des fonctionnaires ;

2° *Des agents* du personnel des agences régionales de santé ;

3° Des praticiens-conseils chargés du contrôle médical des organismes d'assurance maladie ;

4° Des agents des personnels non médicaux des organismes de sécurité sociale.

Art. R. 6122-20 *(Décr. n° 2010-344 du 31 mars 2010, art. 177)* Le comité national se prononce sur dossier. Les promoteurs de projets sont entendus sur leur demande par le rapporteur. Ils peuvent également, si le président du comité le juge utile, être entendus par la section compétente du comité national.

Art. R. 6122-21 *(Décr. n° 2010-344 du 31 mars 2010, art. 177)* Le comité national établit son règlement intérieur, qui est soumis à l'approbation des ministres chargés de l'action sociale, de la santé et de la sécurité sociale.

Art. R. 6122-22 *Abrogé par Décr. n° 2010-344 du 31 mars 2010, art. 220.*

SECTION II COMITÉ RÉGIONAL DE L'ORGANISATION SANITAIRE

Art. R. 6122-8 à R. 6122-14 *Abrogés par Décr. n° 2010-344 du 31 mars 2010, art. 220-3°.*

SECTION IV AUTORISATIONS

Art. R. 6122-23 *(Décr. n° 2007-133 du 30 janv. 2007, art. 3-V)* Le titulaire de l'autorisation procède, dans les conditions prévues par la présente section, à l'évaluation mentionnée à l'article L. 6122-5.

Cette évaluation a pour objet de vérifier que la mise en œuvre de l'autorisation a permis :

– la réalisation des objectifs du schéma d'organisation *(Décr. n° 2010-344 du 31 mars 2010, art. 178)* « des soins » ;

– la réalisation des objectifs et des engagements pris dans le cadre du contrat pluriannuel d'objectifs et de moyens prévu à l'article L. 6114-1 pour cette activité de soins ou cet équipement matériel lourd ;

– le cas échéant, le respect des conditions particulières imposées dans l'intérêt de la santé publique en application de l'article L. 6122-7 ou le respect des engagements mentionnés au même article.

Cette évaluation porte sur une période qui ne peut être inférieure à cinq ans. Toutefois, lorsqu'il s'agit du premier renouvellement d'autorisation, l'évaluation porte sur une période qui ne peut être inférieure à quarante mois.

Art. R. 6122-24 *(Décr. n° 2010-344 du 31 mars 2010, art. 178)* Des indicateurs d'évaluation portant sur les activités de soins ou sur les équipements matériels lourds sont définis par arrêté du directeur général de l'agence régionale de santé ou, lorsqu'il existe un schéma interrégional, par arrêté conjoint des directeurs généraux d'agences territorialement compétents. Ces indicateurs tiennent compte notamment des objectifs fixés par le schéma d'organisation des soins ou des particularités sanitaires de la région ou du groupe de régions intéressé.

Des indicateurs spécifiques à certaines activités de soins et à certains équipements matériels lourds peuvent être définis par arrêté du ministre chargé de la santé.

Ces indicateurs s'imposent au demandeur d'autorisation.

Le titulaire de l'autorisation peut utiliser des indicateurs supplémentaires propres à l'activité de soins ou à l'équipement matériel lourd en cause.

Art. R. 6122-25 Sont *(Décr. n° 2007-133 du 30 janv. 2007, art. 3-VII)* « soumises » à l'autorisation prévue à l'article L. 6122-1 les activités de soins, y compris lorsqu'elles sont exercées sous la forme d'alternatives à l'hospitalisation, énumérées ci-après :

1° Médecine ;

2° Chirurgie ;

3° Gynécologie-obstétrique, néonatologie, réanimation néonatale ;

4° Psychiatrie ;

5° *(Décr. n° 2008-377 du 17 avr. 2008, art. 1er-I)* « Soins de suite et de réadaptation » ;

(Abrogé par Décr. n° 2008-377 du 17 avr. 2008, art. 1er-I) « *6° Rééducation et réadaptation fonctionnelles ;* »

7° Soins de longue durée ;

8° *(Décr. n° 2007-133 du 30 janv. 2007, art. 3-VII)* « Greffes d'organes et greffes de cellules hématopoïétiques ; »

9° Traitement des grands brûlés ;

10° Chirurgie cardiaque ;

11° Activités interventionnelles sous imagerie médicale, par voie endovasculaire, en cardiologie ;

12° Neurochirurgie ;

13° Activités interventionnelles par voie endovasculaire en neuroradiologie ;

14° *(Décr. n° 2006-576 du 22 mai 2006, art. 1er)* « Médecine d'urgence » ;

15° Réanimation ;

16° Traitement de l'insuffisance rénale chronique par épuration extrarénale ;

(Décr. n° 2014-32 du 14 janv. 2014, art. 5) « 17° Activités cliniques et biologiques d'assistance médicale à la procréation et activités biologiques de diagnostic prénatal ; »

18° Traitement du cancer ;

(Décr. n° 2008-321 du 4 avr. 2008, art. 2-I) « 19° Examen des caractéristiques génétiques d'une personne ou identification d'une personne par empreintes génétiques à des fins médicales. »

Art. R. 6122-26 Sont soumis à l'autorisation prévue à l'article L. 6122-1 les équipements matériels lourds énumérés ci-après :

1° Caméra à scintillation munie ou non de détecteur d'émission de positons en coïncidence, tomographe à émissions, caméra à positons ;

2° Appareil d'imagerie ou de spectrométrie par résonance magnétique nucléaire à utilisation clinique ;

3° Scanographe à utilisation médicale ;

4° Caisson hyperbare ;

5° Cyclotron à utilisation médicale.

Art. R. 6122-27 L'autorisation mentionnée à l'article L. 6122-8 est accordée par *(Décr. n° 2010-344 du 31 mars 2010, art. 178)* « le directeur général de l'agence régionale de santé ».

L'injonction faite au titulaire de l'autorisation de déposer un dossier de renouvellement, prévue au *(Décr. n° 2010-344 du 31 mars 2010, art. 178)* « quatrième » alinéa de l'article L. 6122-10, est prononcée par *(Décr. n° 2010-344 du 31 mars 2010, art. 178)* « le directeur général de l'agence régionale de santé ». Elle est motivée et notifiée dans les formes prévues à l'article R. 6122-40. Le renouvellement de l'autorisation, à la suite de l'injonction, est décidé par *(Décr. n° 2010-344 du 31 mars 2010, art. 178)* « le directeur général de l'agence régionale de santé ».

Art. R. 6122-28 Les demandes d'autorisation et, le cas échéant, de renouvellement d'autorisation sont adressées au *(Décr. n° 2010-344 du 31 mars 2010, art. 178)* « directeur général de l'agence régionale de santé », *(Décr. n° 2018-117 du 19 févr. 2018, art. 1er)* « par voie électronique ou » sous pli recommandé avec demande d'avis de réception, par la ou les personnes morales ou physiques qui sollicitent pour leur propre compte la délivrance de l'autorisation. Les demandes de renouvellement sont présentées dans les mêmes conditions par le titulaire de l'autorisation.

Art. R. 6122-29 *(Décr. n° 2010-344 du 31 mars 2010, art. 178)* Les demandes mentionnées à l'article R. 6122-28 ne peuvent être reçues que durant des périodes et selon des calendriers déterminés par arrêté du directeur général de l'agence régionale de santé, publié au recueil des actes administratifs de la préfecture de région.

Lorsque les demandes d'autorisation ou de renouvellement d'autorisation sont relatives à une activité de soins mentionnée à l'article R. 6122-25 ou à un équipement matériel lourd mentionné à l'article R. 6122-26, faisant l'objet d'un schéma interrégional d'organisation des soins prévu à l'article L. 1434-10, les directeurs généraux des agences régionales de santé ayant arrêté ce schéma peuvent déterminer ces périodes et ces calendriers par arrêté conjoint, publié au recueil des actes administratifs de la préfecture de chacune des régions comprises dans le schéma interrégional.

Ces périodes, dont le nombre ne peut être inférieur à deux ni supérieur à trois par année civile, sont d'une durée au moins égale à deux mois. Elles peuvent *(Décr. n° 2018-117 du 19 févr. 2018, art. 1er)* « être communes à plusieurs activités de soins et » varier en fonction de la nature des opérations. Elles font courir, à compter de la date de leur clôture et sous réserve que le dossier soit complet, le délai de six mois prévu au *(Décr. n° 2018-117 du 19 févr. 2018, art. 1er)* « dernier » alinéa de l'article L. 6122-9.

1. Procédure d'application immédiate. Sur l'application immédiate de cette procédure aux dossiers déposés avant son entrée en vigueur, V. • TA Dijon, 30 mars 1998, *MM. Finas, Chaix et Cedolin, n° 94-784 : RDSS 1998. 809, obs. de Forges*.

2. Recevabilité d'une demande reçue hors période. L'annulation juridictionnelle d'une décision ministérielle de refus d'autorisation, prise sur recours hiérarchique, a pour effet de ressaisir de plein droit le directeur de l'ARH de la demande initiale, sans que des conditions de recevabilité autres que celles liées à cette première demande puissent être opposées. • CAA Paris, 17 nov. 1998, *Min. Emploi et Solidarité*, n° 98PA01910.

Art. R. 6122-30 *(Décr. n° 2010-344 du 31 mars 2010, art. 178)* **Le bilan quantifié de l'offre de soins prévu par le** *(Décr. n° 2018-117 du 19 févr. 2018, art. 1er)* **« cinquième » alinéa de l'article L. 6122-9 est arrêté par le directeur général de l'agence régionale de santé et publié quinze jours au moins avant l'ouverture de chacune des périodes mentionnées à l'article R. 6122-29.**

Ce bilan précise, pour chaque activité de soins mentionnée à l'article R. 6122-25 et équipement matériel lourd mentionné à l'article R. 6122-26, les territoires de santé à l'intérieur desquels existent des besoins non couverts par les autorisations et les contrats pluriannuels d'objectifs et de moyens.

Il est publié au recueil des actes administratifs de la préfecture de la région et demeure affiché au siège de l'agence régionale de santé concernée tant que la période de réception des dossiers n'est pas close.

Lorsque cette période est commune à plusieurs régions, les directeurs généraux des agences régionales de santé ayant fixé le schéma interrégional arrêtent en commun le bilan relatif aux territoires de santé compris dans ce schéma. Ce bilan est publié et affiché, comme il est dit à l'alinéa précédent, dans chacune des régions comprises dans le schéma interrégional.

Dans le régime antérieur à l'Ord. du 4 sept. 2003

Référé-suspension. Sur les conditions de rejet d'un référé-suspension dirigé contre une décision ministérielle implicite de rejet d'un recours hiérarchique formé contre un arrêté établissant le bilan de la carte sanitaire des scanners, V. • CE, ord., 10 déc. 2001, *Fondation Lenval : RDSS 2002. 264, obs. Cormier*.

Art. R. 6122-31 *(Décr. n° 2010-344 du 31 mars 2010, art. 178)* **Lorsque les objectifs quantifiés définis par le schéma régional d'organisation des soins sont atteints dans un territoire de santé, le directeur général de l'agence régionale de santé peut constater, après avis de la commission spécialisée de la conférence régionale de santé et de l'autonomie compétente pour le secteur sanitaire, qu'il existe des besoins exceptionnels tenant à des situations d'urgente et d'impérieuse nécessité en matière de santé publique et rendant recevables, en vertu du** *(Décr. n° 2018-117 du 19 févr. 2018, art. 1er)* **« cinquième » alinéa de l'article L. 6122-9, les demandes d'autorisation ayant pour objet de répondre à ces besoins. Dans ce cas, le bilan mentionné à l'article R. 6122-30 fait apparaître la nature et l'étendue de ces besoins, les objectifs quantifiés de l'offre de soins nécessaire pour y satisfaire, par activités de soins et par équipements matériels lourds, ainsi que les lieux où l'implantation est souhaitée.**

1. Absence de besoins exceptionnels. Lorsque l'administration sanitaire n'envisage pas de constater qu'il existe des besoins exceptionnels, elle n'est pas tenue de procéder aux consultations préalables prévues par les dispositions réglementaires. • TA Saint-Denis, 21 juin 2006, *SELARL Verrougstraete-Gayon et a.*, n° 040100.

2. Absence de constat de besoins exceptionnels. Les dispositions de l'art. R. 6122-31 ne sauraient avoir pour effet ou pour objet, sans méconnaître les dispositions de l'art. L. 6115-4, de conférer compétence au directeur de l'ARH pour rejeter comme irrecevable une demande d'autorisation présentée à titre dérogatoire en vue de satisfaire un besoin exceptionnel qu'il n'aurait pas lui-même constaté. • TA Montpellier, 8 févr. 2007, *SA Clinique du Pré*, n° 0301999.

Art. R. 6122-31-1 *(Décr. n° 2018-117 du 19 févr. 2018, art. 1er)* **Le directeur général de l'agence régionale de santé peut accorder l'autorisation dérogatoire prévue à l'article L. 6122-9-1 à un ou à plusieurs établissements de santé, avec effet immédiat et pour une durée qui ne peut être supérieure à six mois.**

Il informe la commission spécialisée de la conférence régionale de santé et de l'autonomie compétente pour le secteur sanitaire de l'autorisation ainsi accordée.

L'autorisation peut être renouvelée, pour six mois au plus, après avis de la même commission spécialisée de la conférence régionale de santé et de l'autonomie compétente pour le secteur sanitaire.

Art. R. 6122-32 *(Décr. nº 2007-133 du 30 janv. 2007, art. 3-X)* Les demandes d'autorisation, y compris celles présentées en vue du regroupement ou de la conversion des activités de soins définis à l'article L. 6122-6, et les demandes de renouvellement d'autorisation présentées en application du *(Décr. nº 2010-344 du 31 mars 2010, art. 178)* « quatrième » alinéa de l'article L. 6122-10 ne peuvent, après transmission du *(Décr. nº 2010-344 du 31 mars 2010, art. 178)* « directeur général de l'agence régionale de santé », être examinées que si elles sont accompagnées d'un dossier justificatif complet.

Le dossier est réputé complet si, dans le délai d'un mois à compter de sa réception dans une des périodes mentionnées à l'article R. 6122-29, le *(Décr. nº 2010-344 du 31 mars 2010, art. 178)* « directeur général de l'agence régionale de santé » n'a pas fait connaître au demandeur, par lettre recommandée avec demande d'avis de réception, la liste des pièces manquantes ou incomplètes.

Dans le cas où un dossier incomplet n'a pas été complété à la date d'expiration de la période de réception applicable, le délai de six mois mentionné au *(Décr. nº 2018-117 du 19 févr. 2018, art. 1er)* « dernier » alinéa de l'article L. 6122-9 ne court pas. L'examen de la demande est reporté à la période suivante, sous réserve que le dossier ait été complété.

1. Délai d'obtention de l'autorisation tacite. Dans le mécanisme d'autorisation tacite antérieur à la loi du 18 janv. 1994, le fait de demander de compléter le dossier par des pièces non prévues par les textes n'interrompt pas le délai d'obtention de l'autorisation tacite. • TA Orléans, 5 mai 1989, *Polyclinique des Longues Allées : RDSS 1990. 325, obs. de Forges* ✐ • CE 23 juin 1993, ♙ *Min. Santé c/ SARL Clinique Chalet de Beaumont,* nº 117509 : *RDSS 1994. 104, obs. de Forges* ✐. ♦ ... Ni lorsque le délai de demande de pièces complémentaires est dépassé. • CE 9 déc. 1994, ♙ *Polyclinique Saint-Odilon,* nº 119273 : *RDSS 1995. 528, obs. de Forges* ✐. ♦ ... A moins qu'il ne s'agisse que de documents destinés à établir l'existence de la personne morale au nom de laquelle l'autorisation est demandée. • CE 29 nov. 1989, *Tholozan et a. : RDSS 1990. 327, obs. de Forges* ✐. ♦ Le délai n'est pas interrompu lorsque les pièces complémentaires sont demandées par lettre simple. • CAA Douai, 28 sept. 2000, *Min. Travail et Aff. soc. : RDSS 2001. 751, obs. Cormier* ✐.

2. Demande de pièces n'interrompant pas le délai. La demande de pièces complémentaires qui ont en réalité déjà été fournies par le pétitionnaire n'interrompt pas le délai. • CE 29 mars 1996, ♙ *Min. Aff. soc. : nos 129836 et 137825.* ♦ La demande de pièces complémentaires n'interrompt pas le délai lorsqu'elle émane d'une autorité incompétente. • CE 31 juill. 1996, ♙ *Clinique du Vert-Galant,* nº 130210 : *Lebon 320* ✐ ; *RDSS 1997. 327, obs. de Forges* ✐.

3. Volet évaluation du dossier. Sur l'appréciation du caractère complet de la partie du dossier de demande d'autorisation relative à l'évaluation, V. • TA Nantes, 24 janv. 2002, *ANDRA,* nº 001159. ♦ Sur l'irrecevabilité d'un recours contre la lettre de l'ARH déclarant incomplète la partie D (relative à l'évaluation) d'un dossier de demande d'autorisation. • TA Grenoble, ord., 26 oct. 2000, *M. Bertrand : RDSS 2001. 750, obs. Cormier.* ♦ Confirmé par • CAA Lyon, 31 mars 2003, *M. Bertrand,* nº 00LY02674. ♦ Sur les conséquences de l'absence du dossier relatif à l'évaluation, V. • CAA Lyon, 6 oct. 2005, *CHU de Toulouse,* nº 01BX00869.

4. Recevabilité du dossier d'autorisation. Un dossier de demande d'autorisation doit être réputé complet et donc recevable si dans le délai d'un mois à compter de sa réception, le directeur de l'ARH n'a pas fait connaître au demandeur, par lettre recommandée avec demande d'avis de réception, la liste des pièces manquantes ou incomplètes. • CAA Marseille, 4 mai 2006, ♙ *Min. Santé c/ Clinique Saint-Georges,* nº 03MA01120 • TA Grenoble, 22 juin 2007, *Sté Groupe radiologique du Léman,* nº 0602277.

Art. R. 6122-32-1 *(Décr. nº 2018-117 du 19 févr. 2018, art. 1er)* « I. — » *(Décr. nº 2007-133 du 30 janv. 2007, art. 3-XI)* Le dossier justificatif prévu à l'article R. 6122-32 comporte :

1º Une partie administrative dans laquelle figurent :

a) L'identité, l'adresse et le statut juridique de la personne physique ou morale, constituée ou en cours de constitution, qui demande l'autorisation pour son compte, ainsi que la copie des statuts de l'organisme ou, le cas échéant, de la société ; si la personne morale est en cours de constitution, le dossier indique les nom, adresse et qualité de la personne qui la représente pour la demande ;

b) *(Décr. n° 2011-668 du 14 juin 2011, art. 1er-7°)* « Soit les éléments du projet d'établissement sur lesquels se fonde la demande d'autorisation d'activités de soins ou d'équipement matériel lourd lorsque le demandeur est un établissement public de santé ou un centre de lutte contre le cancer, soit la délibération de l'organe délibérant relative au projet objet de la demande d'autorisation lorsque le demandeur est une personne morale de droit privé autre qu'un tel centre ; »

c) La présentation de l'opération projetée ou la mise en œuvre des activités de soins envisagée, notamment au regard du schéma d'*(Décr. n° 2010-344 du 31 mars 2010, art. 178)* « organisation des soins » ;

d) L'indication des objectifs du schéma d'*(Décr. n° 2010-344 du 31 mars 2010, art. 178)* « organisation des soins » auxquels le demandeur entend répondre ainsi que ceux, quantifiés, de l'offre de soins et, le cas échéant, les opérations figurant à l'annexe de ce schéma qu'il prévoit de réaliser ;

e) Les engagements du demandeur sur les points suivants :

— réalisation et maintien des conditions d'implantation des activités de soins et des équipements matériels lourds ainsi que des conditions techniques de fonctionnement fixées en application des articles L. 6123-1 et L. 6124-1 ;

— maintien des autres caractéristiques du projet après l'autorisation ou le renouvellement de celle-ci ;

— le montant des dépenses à la charge de l'assurance maladie ou le volume d'activité, en application de l'article L. 6122-5 ;

f) Les conventions de coopération passées, s'il y a lieu, par le demandeur avec un ou plusieurs autres établissements ou professionnels de santé, ainsi que la mention de son appartenance, le cas échéant, aux réseaux de santé définis à l'article L. 6321-1 ;

2° Une partie relative aux personnels, décrivant l'état des effectifs, administratifs, médicaux et d'autres catégories, exerçant ou appelés à exercer dans l'établissement, et faisant apparaître les engagements du demandeur en ce qui concerne les effectifs et la qualification des personnels, notamment médicaux, nécessaires à la mise en place du projet ;

3° Une partie technique et financière comportant les éléments suivants :

a) Une présentation générale de l'établissement ou des établissements intéressés en cas de demande d'autorisation de regroupement, précisant les activités de soins exercées ainsi que les équipements matériels lourds autorisés ;

b) Une description des installations, des services ou des équipements matériels lourds compris dans l'opération et faisant apparaître le respect des conditions réglementaires fixées en application des articles L. 6123-1 et L. 6124-1 ainsi que, le cas échéant, de celles relatives à la protection contre les dangers des rayonnements ionisants ;

c) Les modalités précises de financement du projet, une présentation du compte ou du budget prévisionnel d'exploitation, et, lorsqu'il s'agit d'un établissement public de santé, les éléments du plan global de financement pluriannuel des investissements prévu à l'article R. 6145-65 relatifs à l'opération ;

4° Une partie relative à l'évaluation de l'activité comportant, en application de l'article L. 6122-5, l'engagement du demandeur de procéder à cette évaluation dans les conditions prévues aux articles R. 6122-23 et R. 6122-24, et précisant :

a) Les objectifs qu'il se fixe pour mettre en œuvre les objectifs du schéma d'*(Décr. n° 2010-344 du 31 mars 2010, art. 178)* « organisation des soins », notamment au regard de l'accessibilité, de la qualité et de la sécurité des soins, ainsi que de la continuité et de la prise en charge globale du patient ;

b) Les indicateurs supplémentaires qu'il envisage d'utiliser en vertu du dernier alinéa de l'article R. 6122-24 ;

c) Les modalités de recueil et de traitement des indicateurs prévus audit article ;

d) Les modalités de participation des personnels médicaux et non médicaux intervenant dans la procédure d'évaluation ;

e) Les procédures ou les méthodes d'évaluation de la satisfaction des patients.

Pour établir cette partie du dossier, le demandeur utilise, lorsqu'elles existent, les méthodes publiées par la Haute Autorité de santé pour l'activité de soins ou l'équipement matériel lourd considéré.

(Décr. n° 2018-117 du 19 févr. 2018, art. 1er) « II. — En cas de demande de renouvellement d'autorisation, la partie administrative mentionnée au 1° du I n'est transmise à

l'agence régionale de santé qu'en cas d'évolution de la situation du demandeur ou du projet, sauf demande du directeur général de l'agence régionale de santé formulée conformément aux dispositions des deuxième et dernier alinéas de l'article R. 6122-32. »

1. Nature des dossiers d'autorisation. Les dossiers de demande, d'autorisations sanitaires, les projets de délibération des commissions exécutives des ARH et les avis des CROS sont des documents administratifs communicables. • TA Montpellier, 14 mai 2008, *M. Lemoyne de Forges*, n° 0801601.

2. Contenu du dossier d'autorisation. Les dispositions de l'art. R. 6122-32 *[R. 6122-32-1]* ne prévoient pas qu'un dossier de demande d'autorisation doive comporter la désignation nominative des praticiens appelés à participer à l'exploitation d'un équipement sanitaire. • TA Grenoble, 5 mars 2010, *SCM Imagerie médicale du Nivolet*, n° 0700867.

Art. R. 6122-32-2 *(Décr. n° 2007-133 du 30 janv. 2007, art. 3-XI)* Pour l'examen des résultats de l'évaluation prévue au deuxième alinéa de l'article L. 6122-10, le titulaire de l'autorisation adresse à *(Décr. n° 2010-344 du 31 mars 2010, art. 178)* « l'agence régionale de santé », par pli recommandé avec demande d'avis de réception, un document comprenant :

— l'état de réalisation des objectifs mentionnés au *a* du 4° de l'article R. 6122-32-1 ;

— l'état de réalisation des objectifs du contrat pluriannuel d'objectifs et de moyens, conclu entre le titulaire et *(Décr. n° 2010-344 du 31 mars 2010, art. 178)* « l'agence régionale de santé » en application des articles L. 6114-2 à L. 6114-4, et celui des objectifs quantifiés fixés dans ce contrat en application du quatrième alinéa de l'article L. 6114-2 afférents à l'activité de soins ou à l'équipement matériel lourd ;

— l'état de réalisation des conditions particulières dont peut être assortie l'autorisation en vertu de l'article L. 6122-7 ;

— l'état de réalisation des différents engagements prévus au *e* du 1° de l'article R. 6122-32-1 ;

— les résultats du recueil et du traitement des indicateurs mentionnés au *c* du 4° du même article ;

— les résultats de la participation des personnels à la procédure d'évaluation mentionnée au *d* du 4° de cet article ;

— les résultats de l'évaluation de la satisfaction des patients prévue au *e* du 4° du même article.

Ces données couvrent toute la durée de la période prévue au dernier alinéa de l'article R. 6122-23.

Le titulaire de l'autorisation renouvelle en outre dans ce document ses engagements prévus à l'article L. 6122-5 et présente les modifications qu'il envisage, pour la période de validité de l'autorisation renouvelée, sur les points suivants :

a) Les objectifs mentionnés au *d* du 1° de l'article R. 6122-32-1 ;

b) Les conventions de coopération ou l'appartenance aux réseaux de santé mentionnés au *f* du 1° du même article ;

c) L'état des personnels mentionnés au 2° de cet article ;

d) L'organisation des installations, des services ou des équipements matériels lourds mentionnés au *b* du 3° du même article ; en ce cas, un descriptif succinct de la modification projetée est joint au document.

A défaut de présentation de ces modifications, le renouvellement est considéré comme étant sollicité à l'identique.

Le document est complété par l'actualisation de la partie relative à l'évaluation prévue au 4° du même article, pour la période de validité de l'autorisation renouvelée.

Les éléments mentionnés au *a* et au *b* ci-dessus ainsi que l'actualisation mentionnée à l'alinéa précédent tiennent compte :

— *des dispositions du schéma (Décr. n°* 2010-344 du 31 mars 2010, art. 178) « d'organisation des soins », applicables à l'activité de soins ou à l'équipement matériel lourd en cause ;

— des résultats de l'évaluation correspondant à la période d'autorisation précédente et, le cas échéant, des mesures prises ou que le titulaire s'engage à prendre pour corriger les éventuels écarts constatés.

Art. R. 6122-33 *(Décr. n° 2010-344 du 31 mars 2010, art. 178)* Lorsque, en application du quatrième alinéa de l'article L. 6122-10, l'agence régionale de santé lui en fait l'injonction dans les conditions prévues au deuxième alinéa de l'article R. 6122-27, le titulaire de l'autorisation dépose un dossier constitué comme il est prévu à l'article R. 6122-32-1.

Ne sont toutefois pas nécessaires si aucun changement n'est intervenu depuis l'autorisation ou le renouvellement d'autorisation précédent ou si aucune modification n'est envisagée :

– la copie des statuts ;

– la présentation de l'opération projetée ;

– la présentation et la description prévues au 3° dudit article.

Le demandeur joint à ce dossier un rapport complet, couvrant la période prévue au dernier alinéa de l'article R. 6122-23 et rendant compte de l'accomplissement de la procédure d'évaluation conformément aux dispositions du 4° de l'article R. 6122-32-1.

Ce rapport présente également les réponses du titulaire de l'autorisation aux observations de l'agence régionale de santé figurant dans l'injonction susmentionnée.

Art. R. 6122-34 *(Décr. n° 2018-117 du 19 févr. 2018, art. 1er)* « I. — » *(Décr. n° 2010-344 du 31 mars 2010, art. 178)* Une décision de refus d'autorisation ou, lorsqu'il est fait application des dispositions du quatrième alinéa de l'article L. 6122-10, de refus de renouvellement d'autorisation ne peut être prise que pour l'un ou plusieurs des motifs suivants :

1° Lorsque le demandeur n'est pas au nombre des personnes physiques ou morales mentionnées à l'article L. 6122-3 ;

2° Lorsque les besoins de santé définis par le schéma d'organisation des soins sont satisfaits ;

3° Lorsque le projet n'est pas compatible avec les objectifs du schéma d'organisation des soins ;

4° Lorsque le projet n'est pas conforme aux conditions d'implantation des activités de soins et des équipements matériels lourds prises en application de l'article L. 6123-1 et aux conditions techniques de fonctionnement fixées en application de l'article L. 6124-1 ;

5° Lorsque le demandeur n'accepte pas de souscrire aux conditions ou engagements mentionnés aux articles L. 6122-5 et L. 6122-7 ;

6° En cas de demande de renouvellement, lorsque le demandeur n'a pas respecté soit les engagements mentionnés à l'article L. 6122-5, soit les conditions particulières ou les engagements dont l'autorisation en cause était assortie ou auxquels elle était subordonnée en vertu de l'article L. 6122-7 ;

7° Lorsque le demandeur n'a pas réalisé l'évaluation prévue par l'article L. 6122-5 ou l'a réalisée sans utiliser les indicateurs mentionnés aux deux premiers alinéas de l'article R. 6122-24 et publiés au plus tard six mois avant le dépôt de la demande de renouvellement ;

8° Lorsque l'appréciation des résultats de l'évaluation fait apparaître que la réalisation des objectifs quantifiés ou les conditions de mise en œuvre de l'activité de soins ou de l'équipement matériel lourd fixées par le contrat pluriannuel d'objectifs et de moyens en application de l'article L. 6114-2 ne sont pas satisfaisantes, notamment par référence aux indicateurs prévus aux articles L. 6114-1 et R. 6122-24 ;

9° Lorsqu'il a été constaté un début d'exécution des travaux avant l'octroi de l'autorisation, sauf lorsque la demande tend à obtenir le renouvellement d'une autorisation sans modification ou une autorisation de remplacement d'un équipement matériel lourd ;

(Décr. n° 2018-117 du 19 févr. 2018, art. 1er) « 10° Lorsque le projet présente un défaut de qualité ou de sécurité.

« II. — Pour l'application du I, il peut être tenu compte de tout élément issu des rapports de certification émis par la Haute Autorité de santé, relatif au projet pour lequel l'autorisation ou son renouvellement est sollicité et pertinent à la date de la décision. »

Les dispositions du présent art. issues du Décr. n° 2018-117 du 19 févr. 2018 sont applicables aux autorisations ou renouvellements accordés à compter du 1er janv. 2019 (Décr. préc., art. 3).

1. Nature du contrôle exercé par le juge. Le ministre chargé de la santé ne commet ni une erreur de droit ni une erreur manifeste d'appréciation en rejetant un recours hiérarchique contre un refus d'autorisation en raison de l'insuffisance du projet médical et d'un partenariat insuffisamment formalisé avec un centre hospitalier. • CE 13 févr. 2008, *Ste. Cardéo,* n° 292249.

2. Respect des conditions techniques de fonctionnement. L'autorité sanitaire doit contrôler non seulement en droit mais également en fait les conditions techniques de fonctionnement. • CAA Marseille, 3 févr. 2005, *Min. Santé, Polyclinique Malartic c/ Clinique Saint-Michel : nos 02MA02192 et 02MA002211* • 4 mai 2006, *SELARL Centre d'imagerie nucléaire, SAS Clinique médicale Plein Ciel,* nos 03MA02050 et 03MA02052 : *JCP Adm. 2006. 1253.* ♦ Sur la compétence liée de l'ARH puis de l'ARS pour refuser une autorisation ne respectant pas l'ensemble des conditions visées à l'art. R. 6122-34, • CE 24 juill. 2009, *SA Clinique Durieux,* n° 321804 : *Rev. dr. et santé 2010, p. 277, obs. Moro* • CAA Lyon, 8 avr. 2010, *Assoc. des usagers des services de santé du Haut Nivernais, CH de Clamecy : nos 08LY00155 et 08LY00271.* ♦ Une tenue insuffisante de dossiers médicaux ne constitue pas un manquement aux conditions techniques de fonctionnement au sens de l'art. R. 6122-34 de nature à justifier un refus de renouvellement d'autorisation. • TA Nice, 7 oct. 2005, *Clinique Saint-Michel c/ ARH de Provence-Alpes-Côte d'Azur : nos 0305827 et 0402166.*

3. Activités de PMA. L'autorité administrative ne peut pas légalement soumettre l'autorisation d'activités de PMA à des conditions relatives à la formation et à l'expérience des praticiens. • TA Rennes, 30 avr. 1997, *Clinique de Keraudren,* n° 962587 : *RDSS 1998. 807, obs. de Forges* • CAA Nantes, 9 mars 2000, *Min. Emploi et Solidarité c/ SA Clinique de Keraudren : RDSS 2001. 145, obs. Cormier* • CAA Paris, 25 mai 1999, *Min. Emploi et Solidarité,* n° 97PA02758 : *RDSS 2000. 769, obs. Cormier.*

4. Absence de schéma publié. En l'absence de schéma régional de l'organisation sanitaire publié, la commission exécutive de l'agence régionale de l'hospitalisation peut néanmoins procéder à l'évaluation de la compatibilité du projet avec la satisfaction optimale des besoins de la population. • CE 29 déc. 2006, *Sté Val Pyrène,* n° 272201.

5. Localisation du projet et refus d'autorisation. L'administration sanitaire peut justifier un refus d'autorisation par l'incompatibilité de l'installation projetée d'un équipement matériel lourd, eu égard à sa localisation, avec les objectifs du schéma régional d'organisation sanitaire, et cela même s'il existe à l'échelle régionale des besoins non satisfaits. • CAA Lyon, 17 oct. 2006, *Polyclinique de Bourgogne,* n° 02LY00585.

6. Manœuvres frauduleuses. Sur l'annulation d'une autorisation obtenue par manœuvres frauduleuses, • CAA Paris, 29 mars 2010, *Mme Danièle G. et a.,* n° 08PA04912.

Art. R. 6122-35 *(Décr. n° 2010-344 du 31 mars 2010, art. 178)* Dans le cas de cession d'autorisation, y compris lorsque cette cession résulte d'un regroupement, le cessionnaire adresse au directeur général de l'agence régionale de santé une demande de confirmation de l'autorisation. *(Décr. n° 2018-117 du 19 févr. 2018, art. 1er)* « Cette demande peut être déposée en dehors des périodes mentionnées à l'article R. 6122-29. »

Cette demande de confirmation est assortie d'un dossier comprenant notamment les pièces énumérées aux *a, b, d, e* et *f* du 1° *(Décr. n° 2018-117 du 19 févr. 2018, art. 1er)* « du I » de l'article R. 6122-32-1 ainsi que celles mentionnées au 2°, aux *b* et *c* du 3° et au 4° *(Décr. n° 2018-117 du 19 févr. 2018, art. 1er)* « du I » de cet article. En ce qui concerne l'activité de soins ou l'équipement matériel lourd faisant l'objet de la cession, ce dossier comporte en outre l'acte ou l'attestation de cession signés du cédant, ou l'extrait des délibérations du conseil de surveillance ou de l'organe délibérant du cédant relatif à cette cession, ainsi qu'une copie du contrat pluriannuel d'objectifs et de moyens conclu entre l'agence régionale de santé et le cédant.

L'agence régionale de santé statue sur cette demande suivant les modalités prévues pour une demande d'autorisation. Elle ne peut refuser la confirmation de l'autorisation que si le dossier présenté par le cessionnaire fait apparaître des modifications qui seraient de nature à justifier un refus d'autorisation en application des dispositions de l'article R. 6122-34 ou qui seraient incompatibles avec le respect des conditions et engagements auxquels avait été subordonnée l'autorisation cédée.

Non-respect par le cédant des conditions et engagements souscrits. Le fait que, avant la cession, le cédant n'ait pas respecté les conditions et engagements auxquels l'autorisation qui lui avait été délivrée était subordonnée est sans incidence sur la légalité de la confirmation d'autorisation délivrée au cessionnaire. • CAA Nantes, 17 mai 2002, *M. Étienne Ged : RDSS 2003. 421, obs. Cormier.*

BIBL. ▸ **Sur le régime antérieur au décret du 31 déc. 1991 :** DE FORGES, Le régime de la confirmation d'autorisation de fonctionner délivrée aux établissements d'hospitalisation privée, *RDSS 1986. 63.*

Art. R. 6122-36 Les délais mentionnés aux premier et deuxième alinéas de l'article L. 6122-11 courent du jour de la notification de la décision expresse accordant l'autorisation.

Art. R. 6122-37 *(Décr. nº 2010-437 du 30 avr. 2010)* **I. — La durée de validité des autorisations mentionnée à l'article L. 6122-8 est fixée à** *(Décr. nº 2018-117 du 19 févr. 2018, art. 1er)* **« sept » ans.**

II. — Lorsque le titulaire de l'autorisation débute l'activité de soins ou met en service l'équipement matériel lourd, il en fait sans délai la déclaration au directeur général de l'agence régionale de santé qui a délivré l'autorisation.

III. — La durée de validité d'une autorisation est comptée à partir de la date de réception de cette déclaration.

IV. — Lorsque l'autorisation est renouvelée, la nouvelle durée de validité court à partir du jour suivant l'échéance de la durée de validité précédente.

Art. D. 6122-38 *(Décr. nº 2010-440 du 30 avr. 2010)* **I. — La déclaration prévue à l'article R. 6122-37 est adressée au directeur général de l'agence régionale de santé par lettre recommandée avec demande d'avis de réception, ou par tout moyen assurant des garanties équivalentes de réception à date certaine.** *(Décr. nº 2018-117 du 19 févr. 2018, art. 1er)* **« Le titulaire de l'autorisation s'engage à la conformité de l'activité de soins ou de l'installation de l'équipement matériel lourd aux conditions d'autorisation. » Sont joints à cet envoi tous documents attestant que le titulaire a obtenu un résultat positif aux contrôles techniques applicables, le cas échéant, à ses installations. Le titulaire peut commencer l'exercice de l'activité ou l'utilisation de l'équipement matériel lourd et dispenser des soins remboursables aux assurés sociaux à partir du jour suivant cet envoi.**

(Décr. nº 2018-117 du 19 févr. 2018, art. 1er) **« Dans le délai de six mois prévu par l'article L. 6122-4, une visite de conformité peut être réalisée par l'agence régionale de santé et programmée par accord entre l'agence et le titulaire. Si la visite fait suite à un commencement d'activité, son principe est notifié par le directeur général de l'agence régionale de santé dans le mois suivant la réception de la déclaration de commencement d'activité. » A défaut de visite au terme de ce délai par le fait du titulaire, le directeur général de l'agence régionale de santé peut suspendre l'autorisation dans les conditions prévues au II de l'article L. 6122-13.**

La visite est effectuée par au moins deux personnes désignées par le directeur général de l'agence régionale de santé parmi les personnes mentionnées aux articles L. 1421-1 et L. 1435-7 et les praticiens-conseils des régimes de base de l'assurance maladie. Le directeur général de l'agence régionale de santé peut les faire assister par des personnes, notamment des représentants d'administrations ou d'organismes nationaux, ayant une connaissance spécifique de l'activité de soins ou des équipements concernés.

La visite porte sur l'exécution par le titulaire des conditions d'implantation prévues à l'article L. 6123-1 et des conditions techniques de fonctionnement prévues à l'article L. 6124-1, applicables aux installations visitées, et, le cas échéant, sur l'exécution des conditions particulières ou des engagements dont l'autorisation est assortie ou auxquels elle est subordonnée en vertu de l'article L. 6122-7. Elle porte également sur la réalisation des éléments présentés dans la demande d'autorisation, notamment ceux relatifs aux locaux, aux personnels et aux conventions avec d'autres établissements ou professionnels de santé. Elle s'assure enfin que le titulaire met en œuvre les autres dispositions réglementaires applicables, le cas échéant, à l'exercice de l'activité de soins ou à l'utilisation de l'équipement matériel lourd.

Lorsque le résultat de la visite est positif, le relevé des observations et des conclusions motivées est transmis au titulaire de l'autorisation dans le délai d'un mois.

Lorsque les installations ou le fonctionnement ne sont pas conformes aux éléments sur la base desquels l'autorisation a été accordée ou aux conditions auxquelles elle est subordonnée, le directeur général de l'agence régionale de santé, sur la base du compte rendu établi par les personnes ayant effectué la visite, fait sans délai connaître au titulaire de l'autorisation les constatations faites et les transformations ou les améliora-

tions à réaliser pour assurer la conformité. Il est alors fait application des dispositions de l'article L. 6122-13.

Dans le cas d'un équipement matériel lourd autorisé en vue d'une exploitation itinérante, pour chaque site d'utilisation mentionné dans l'autorisation, la visite de conformité est *(Décr. n° 2018-117 du 19 févr. 2018, art. 1er)* « , le cas échéant, décidée et » assurée par l'agence régionale de santé territorialement compétente, qui en communique le compte rendu au directeur de l'agence régionale de santé qui a délivré l'autorisation.

Lorsque le renouvellement d'autorisation est accordé dans les conditions prévues au dernier alinéa de l'article L. 6122-10, le directeur général de l'agence régionale de santé peut décider qu'il sera fait une visite de conformité dans les six mois suivant le commencement de la durée de validité du renouvellement ; cette visite est réalisée conformément aux dispositions prévues aux six alinéas précédents.

II. — Lorsque le titulaire de l'autorisation entend modifier *(Décr. n° 2018-117 du 19 févr. 2018, art. 1er)* « les locaux ou » les conditions d'exécution de l'autorisation d'activité de soins ou d'équipement matériel lourd, il en informe le directeur général de l'agence régionale de santé en lui transmettant les documents afférents au projet. Lorsque le directeur général de l'agence régionale de santé constate que la modification n'appelle pas une nouvelle décision d'autorisation nécessitant le dépôt d'une demande, il donne son accord au projet en indiquant *(Décr. n° 2018-117 du 19 févr. 2018, art. 1er)* « qu'il pourra être » procédé, après réalisation, à une vérification du maintien de la conformité des éléments de l'activité de soins ou de l'utilisation de l'équipement matériel lourd concernés par cette opération. Cette vérification est effectuée selon la procédure prévue au I, après que le titulaire de l'autorisation a déclaré au directeur général de l'agence régionale de santé l'achèvement de l'opération.

Art. R. 6122-39 *(Décr. n° 2018-117 du 19 févr. 2018, art. 1er)* Le remplacement d'un équipement matériel lourd autorisé avant l'échéance de l'autorisation est subordonné à la modification de l'autorisation initiale.

Si le nouvel équipement matériel lourd appartient à l'une des catégories énumérées aux 1° à 5° de l'article R. 6122-26 et s'il est d'une nature et d'une utilisation clinique identiques à celles de l'équipement précédemment autorisé, la demande de modification peut se faire conformément aux dispositions du II de l'article D. 6122-38.

Remplacement d'une caméra à scintillation par un tomographe à émission de positons. L'installation d'un tomographe à émission de positons (TEP) en remplacement d'une caméra à scintillation munie d'un détecteur d'émission de positons (CDET) est soumise à autorisation sanitaire. • TA Nice, 20 oct. 2006, *CH intercommunal de Toulon-La Seyne-sur-Mer,* n° 0302390.

Art. R. 6122-40 *(Décr. n° 2010-344 du 31 mars 2010, art. 178)* « La lettre par laquelle le directeur général de l'agence régionale de santé notifie la décision explicite qu'il a prise après avis de la commission spécialisée de la conférence régionale de la santé et de l'autonomie dans les cas prévus aux articles L. 6122-9, L. 6122-12 et L. 6122-13, comporte la motivation de cette décision et est adressée au demandeur de l'autorisation ou au titulaire de l'autorisation suspendue, modifiée ou retirée par lettre recommandée avec avis de réception. »

La demande par laquelle est sollicitée, en vertu du dernier alinéa de l'article L. 6122-9, la communication des motifs d'une décision implicite de rejet est adressée à *(Décr. n° 2010-344 du 31 mars 2010, art. 178)* « l'agence régionale de santé » par lettre recommandée avec demande d'avis de réception dans les deux mois à compter de la date à laquelle la décision implicite est née.

Autorisation attaquée par un tiers remplacée en cours d'instance par une autorisation nouvelle. Lorsque le juge de l'excès de pouvoir est saisi par un tiers d'une décision d'autorisation qui est, en cours d'instance, soit remplacée par une décision de portée identique, soit modifiée dans des conditions qui n'en altèrent pas l'économie générale, le délai ouvert au requérant pour contester cette nouvelle décision ne commence à courir qu'à compter de la notification qui lui en est faite, nonobstant l'existence éventuelle d'une mesure de publication de cette décision. • CE, ass., 15 avr. 1996, *Institut de radiologie et a.,* nos 128997 et 129835 : *RFDA 1996. 754, concl. Abraham ; RDSS 1997. 325, obs. de Forges.*

Art. R. 6122-41 *(Décr. nº 2010-344 du 31 mars 2010, art. 178)* Outre la notification prévue à l'article R. 6122-40, toute décision expresse d'autorisation, de renouvellement d'autorisation, de rejet, de modification, de suspension ou de retrait d'autorisation prise par le directeur général de l'agence régionale de santé fait l'objet d'une publication au recueil des actes administratifs de la préfecture de la région.

Il est fait mention dans le recueil des actes administratifs de la préfecture de la région des décisions implicites de rejet intervenues en application du dernier alinéa de l'article L. 6122-9 et de la date à laquelle elles sont intervenues, ainsi que des renouvellements tacites d'autorisation intervenus en application du cinquième alinéa de l'article L. 6122-10 et de la date à laquelle ils prennent effet.

Les décisions expresses ou implicites relatives aux équipements mentionnés à l'article L. 6122-14-1 sont communiquées par l'agence régionale de santé compétente aux agences régionales de santé des régions dans lesquelles l'équipement est exploité.

1. Formes et effets de la notification. En cas de demande conjointe, la notification à l'un des pétitionnaires seulement fait courir le délai de recours à l'égard de tous. • CE 14 déc. 1981, *Ioan et a.*, nos 19739 et 19822 : *Lebon 594 ; D. 1982. IR 448, obs. Moderne et Bon.* ♦ Mais, pour un transfert ou un regroupement, la notification doit être adressée non seulement à l'auteur de la demande mais aussi aux personnes dont les autorisations de fonctionner se trouvent supprimées par l'autorisation de transfert. • CE 29 mai 1985, *Bertrand et a.*, nos 13366 et 14071 : *Lebon 164 ; RDSS 1986. 61, obs. de Forges* • 15 nov. 1985, *Clinique chirurgicale Montfleuri*, nº 48101 : *Lebon 328 ; RDSS 1986. 437, obs. de Forges.*

2. Illégalités. Le refus de publier une autorisation tacite est illégal. • CE 28 juin 1996, *Min. Aff. soc.*, nº 138126 : *RDSS 1997. 326* . ♦ Le refus de communication des autorisations des lits et places pour les disciplines de MCO est illégal. • TA Lille, 9 oct. 2002, *Synd. des maisons de santé privées de la région Nord-Picardie c/ ARH du Nord-Pas-de-Calais*, nº 01-5277.

3. Autorisation attaquée par un tiers remplacée en cours d'instance par une autorisation nouvelle. V. note ss. art. R. 6122-40.

4. Actes ne constituant pas des décisions susceptibles de recours. Le silence gardé pendant quatre mois sur une demande tendant à obtenir la reconnaissance expresse d'une autorisation tacite de poursuite d'activité de PMA ne fait pas naître une décision susceptible d'être attaquée devant le juge de l'excès de pouvoir. • CE 8 déc. 1997, *Min. Santé publ. c/ Clinique Saint-Martin*, nº 158610 : *RFDA 1998. 216.*

5. Défaut de publicité sans influence sur la légalité d'une décision de refus d'extension. Le défaut de publication d'un projet de création de lits dans un centre hospitalier, approuvé par l'État, est sans incidence sur la légalité d'une décision de refus d'extension d'un établissement de santé privé. • CAA Nancy, 4 mai 1999, *Clinique des Acacias*, nº 96NC02531 : *RDSS 1999. 746, concl. Vincent* .

Art. R. 6122-42 *(Décr. nº 2010-344 du 31 mars 2010, art. 178)* Le recours hiérarchique prévu à l'article L. 6122-10-1 contre l'arrêté du directeur général de l'agence régionale de santé fixant le schéma régional d'organisation des soins ou contre les arrêtés portant les schémas interrégionaux prévus aux articles L. 1434-7 et L. 1434-10 est formé dans un délai de deux mois à compter de la publication prévue à l'article R. 6121-3.

Le recours hiérarchique prévu à l'article L. 6122-10-1 contre les décisions du directeur de l'agence régionale de santé est formé par le demandeur dans un délai de deux mois à partir de la notification de la décision. Lorsque le demandeur a sollicité, en vertu du dernier alinéa de l'article L. 6122-9, la communication des motifs d'une décision implicite de rejet, le délai du recours hiérarchique est prorogé jusqu'à l'expiration *de deux mois suivant le jour où les motifs lui* auront été communiqués. A l'égard des tiers, ce délai court à compter de la publication de la décision ou de la mention de l'intervention de la décision tacite au recueil des actes administratifs de la préfecture de la région.

Le recours est adressé au ministre chargé de la santé par pli recommandé avec demande d'avis de réception.

Le recours est réputé rejeté à l'expiration d'un délai de six mois à partir de sa réception par le ministre chargé de la santé si aucune décision de sens contraire n'est intervenue dans ce délai.

Le recours hiérarchique formé par un tiers contre une décision d'autorisation prise par le directeur général de l'agence régionale de santé est notifié sans délai au bénéficiaire de l'autorisation par lettre recommandée avec demande d'avis de réception.

La décision expresse du ministre sur le recours doit être motivée. Elle est notifiée par lettre recommandée avec demande d'avis de réception à l'auteur du recours hiérarchique et au bénéficiaire de l'autorisation.

1. Sur la computation du délai de recours. Le délai de deux mois du recours hiérarchique est décompté non pas en tenant compte de la date d'arrivée du recours au ministère de la santé, mais de la date d'envoi par le requérant (application de l'art. 16 de la L. du 12 avr. 2000). • CAA Marseille, 15 mai 2008, *Min. Santé et Solidarité c/ Clinique du Souffle*, n° 06MA01050.

2. Sur l'obligation du ministre de la Santé de statuer lorsqu'il est saisi d'un recours hiérarchique. En refusant de statuer sur le recours qui lui était présenté alors même que les dispositions précitées de l'art. L. 6122-10 CSP prévoient la possibilité d'un tel recours et l'obligent à statuer sur celui-ci, le ministre méconnaît l'étendue de sa compétence. • TA Orléans, 19 mars 2009, *SA Clinique Velpeau*, n° 0701303.

Art. R. 6122-43 *Abrogé par Décr. n° 2010-344 du 31 mars 2010, art. 220.*

Art. R. 6122-44 *(Décr. n° 2010-344 du 31 mars 2010, art. 178)* « Le recours hiérarchique prévu à l'article L. 6122-10-1 exercé contre la décision du directeur général de l'agence régionale de la santé prononçant la suspension d'une autorisation, le maintien de la suspension, la modification, le retrait d'une autorisation en application des articles L. 6122-12 et L. 6122-13, est formé dans le délai et selon les modalités prévues à l'article R. 6122-42. »

La décision est considérée comme confirmée par le ministre à l'expiration du délai de six mois courant du jour de la réception du recours si aucune décision expresse n'est intervenue dans ce délai.

SECTION V AUTORISATIONS À LA RÉUNION ET MAYOTTE

(Décr. n° 2010-1091 du 16 sept. 2010, art. 3)

V. Dalloz.fr

CHAPITRE III CONDITIONS D'IMPLANTATION DE CERTAINES ACTIVITÉS DE SOINS ET DES ÉQUIPEMENTS MATÉRIELS LOURDS

SECTION PREMIÈRE MÉDECINE D'URGENCE

(Décr. n° 2006-576 du 22 mai 2006, art. 2)

BIBL. ▶ Clément, La nouvelle organisation des urgences hospitalières, *BJPH 2006, n° 92, dossier p. 1.* – Moreau, L'urgence médicale, *PU d'Aix-Marseille, 2005, 2 tomes.*

SOUS-SECTION 1 AUTORISATION D'ACTIVITÉ DE SOINS DE MÉDECINE D'URGENCE

Art. R. 6123-1 L'exercice par un établissement de santé de l'activité de soins de médecine d'urgence mentionnée au 14° de l'article R. 6122-25 est autorisé selon une ou plusieurs des trois modalités suivantes :

1° La régulation des appels adressés au service d'aide médicale urgente mentionné à l'article L. 6112-5 ;

2° La prise en charge des patients par la structure mobile d'urgence et de réanimation, appelée SMUR, ou la structure mobile d'urgence et de réanimation spécialisée dans la prise en charge et le transport sanitaire d'urgence des enfants, y compris les nouveau-nés et les nourrissons, appelée SMUR pédiatrique ;

3° La prise en charge des patients accueillis dans la structure des urgences ou dans la structure des urgences pédiatriques.

L'autorisation donnée par l'*(Décr. n° 2010-344 du 31 mars 2010, art. 179)* « agence régionale de santé » précise la ou les modalités *d'exercice de l'activité* autorisée.

Art. R. 6123-2 L'autorisation de faire fonctionner une structure mobile d'urgence et de réanimation ne peut être accordée à un établissement de santé que s'il a l'autorisation de faire fonctionner une structure des urgences ou s'il obtient simultanément cette autorisation.

Art. R. 6123-3 L'autorisation de faire fonctionner une structure mobile d'urgence et de réanimation pédiatrique ne peut être accordée à un établissement de santé que s'il a l'autorisation de faire fonctionner une structure des urgences pédiatriques ou s'il obtient simultanément cette autorisation.

Art. R. 6123-4 Pour faire face à une situation particulière, un établissement de santé autorisé à exercer l'activité mentionnée au 3° de l'article R. 6123-1 peut être autorisé à faire fonctionner une structure mobile d'urgence et de réanimation saisonnière.

Art. R. 6123-5 A titre exceptionnel, lorsque la situation locale le justifie, un établissement de santé autorisé à exercer l'activité mentionnée au 2° de l'article R. 6123-1 peut être autorisé, après avis du comité départemental de l'aide médicale urgente, de la permanence des soins et des transports sanitaires, à mettre en place, hors de l'établissement, des moyens destinés à faire fonctionner, de façon temporaire ou permanente, une antenne de la structure mobile d'urgence et de réanimation.

Art. R. 6123-6 L'autorisation d'exercer l'activité mentionnée au 3° de l'article R. 6123-1 ne peut être délivrée à un établissement de santé que s'il satisfait aux conditions suivantes :

1° Disposer de lits d'hospitalisation complète en médecine ;

2° Disposer d'un accès à un plateau technique de chirurgie, d'imagerie médicale et d'analyses de biologie médicale, en son sein ou par convention avec un autre établissement de santé, avec un cabinet d'imagerie ou avec un laboratoire d'analyses de biologie médicale de ville, ou dans le cadre du réseau mentionné à l'article R. 6123-26.

Art. R. 6123-7 Un établissement de santé peut être autorisé à prendre en charge de façon exclusive les enfants malades ou blessés dans une structure des urgences pédiatriques mentionnée au 3° de l'article R. 6123-1.

Art. R. 6123-8 Un établissement de santé peut, compte tenu d'une situation particulière, être autorisé à faire fonctionner une structure des urgences une partie de l'année seulement, à condition que les modalités de prise en charge des patients par un autre établissement autorisé à exercer l'activité mentionnée au 3° de l'article R. 6123-1 soient organisées dans le cadre du réseau prévu à l'article R. 6123-26.

Art. R. 6123-9 Un établissement de santé dont l'activité de médecine d'urgence est inférieure à un seuil fixé par arrêté du ministre chargé de la santé peut être autorisé à exercer l'activité mentionnée au 3° de l'article R. 6123-1, à condition qu'il participe à une fédération médicale interhospitalière ou à un groupement de coopération sanitaire afin de constituer une équipe commune avec des établissements autorisés pour la même activité et ayant une plus forte activité.

Art. R. 6123-10 Sans préjudice des dispositions de l'article R. 6123-32-9, les dispositions de la présente section ne s'appliquent pas aux établissements de santé mentionnés au premier alinéa de l'article L. 3211-1 et à l'article L. 3222-1, qui accueillent en permanence des patients présentant des troubles mentaux.

Art. R. 6123-11 Sans préjudice des dispositions de l'article R. 6123-32-7, les dispositions de la présente section ne s'appliquent pas aux établissements de santé assurant en permanence l'accueil et la prise en charge des femmes enceintes et des nouveau-nés.

Art. R. 6123-12 Les dispositions de la présente section ne font pas obstacle à ce que *l'établissement de santé qui n'a pas l'*autorisation d'exercer l'activité mentionnée au 3° de l'article R. 6123-1 réponde aux obligations générales de secours et de soins aux personnes en danger qui s'adressent à lui et :

1° Dispense des soins immédiats à un patient qui se présente aux heures d'ouverture de ses consultations et, s'il y a lieu, l'adresse ou le fait transférer, après régulation par le SAMU, dans un établissement de santé ayant l'autorisation d'exercer cette activité ;

2° Dispense des soins non programmés à tout patient qui lui est adressé par un médecin libéral exerçant en cabinet, après examen et consentement du patient, lorsqu'un accord préalable direct a été donné par le médecin de l'établissement qui sera appelé à dispenser les soins nécessaires ;

3° Dispense des soins non programmés à tout patient qui lui est adressé par le SAMU lorsqu'un accord préalable à l'accueil dans l'établissement a été donné.

SOUS-SECTION 2 RÉGULATION DES APPELS ADRESSÉS AU SERVICE D'AIDE MÉDICALE URGENTE

Art. R. 6123-13 Un établissement de santé ne peut être autorisé à exercer l'activité mentionnée au 1° de l'article R. 6123-1 que s'il satisfait en outre aux conditions fixées aux articles R. 6311-1 à R. 6311-13.

SOUS-SECTION 3 PRISE EN CHARGE DES PATIENTS PAR LA STRUCTURE MOBILE D'URGENCE ET DE RÉANIMATION

Art. R. 6123-14 L'implantation des SMUR mentionnées au 2° de l'article R. 6123-1 est déterminée par le schéma régional *(Décr. n° 2010-344 du 31 mars 2010, art. 179)* « d'organisation des soins » et permet d'assurer la couverture du territoire.

Art. R. 6123-15 Dans le cadre de l'aide médicale urgente, la structure mobile d'urgence et de réanimation mentionnée à l'article R. 6123-1 a pour mission :

1° D'assurer, en permanence, en tous lieux et prioritairement hors de l'établissement de santé auquel il est rattaché, la prise en charge d'un patient dont l'état requiert de façon urgente une prise en charge médicale et de réanimation, et, le cas échéant, et après régulation par le SAMU, le transport de ce patient vers un établissement de santé.

2° D'assurer le transfert entre deux établissements de santé d'un patient nécessitant une prise en charge médicale pendant le trajet.

Pour l'exercice de ces missions, l'équipe d'intervention de la structure mobile d'urgence et de réanimation comprend un médecin.

Art. R. 6123-15-1 *(Décr. n° 2016-1327 du 6 oct. 2016, art. 2-1°)* A la demande du directeur général de l'agence régionale de santé de zone, des interventions de renfort sont déclenchées et coordonnées par le service d'aide médicale urgente (SAMU) de zone mentionnée à l'article R. 3131-7, dans les cas suivants :

1° Lorsque le réseau mentionné à l'article R. 6123-26 ne permet pas de répondre aux besoins de prise en charge en urgence de la population ;

2° Dans le cadre d'un événement mentionné à l'article L. 1435-2.

Art. R. 6123-16 Les interventions des SMUR et celles des antennes de SMUR mentionnées à l'article R. 6123-5 sont déclenchées et coordonnées par le SAMU.

L'équipe de la structure mobile d'urgence et de réanimation informe à tout moment le SAMU du déroulement de l'intervention en cours.

Art. R. 6123-17 Les modalités de coopération entre les SAMU et les SMUR ainsi que les *(Décr. n° 2016-1327 du 6 oct. 2016, art. 2-2°-a)* « secteurs » et les modalités d'intervention de ces *(Décr. n° 2016-1327 du 6 oct. 2016, art. 2-2°-a)* « derniers » sont précisées dans une convention ou dans la convention du réseau mentionnée à l'article R. 6123-29.

(Décr. n° 2016-1327 du 6 oct. 2016, art. 2-2°-b) « Cette convention précise :

« 1° Les conditions dans lesquelles les membres des équipes des structures mobiles d'urgence et de réanimation (SMUR) peuvent participer au fonctionnement du service d'aide médicale urgente (SAMU), et notamment à la régulation médicale et au fonctionnement de la structure des urgences ;

« 2° Les modalités selon lesquelles, lors d'interventions en renfort mentionnées au 2° de l'article R. 6123-15-1, une structure mobile d'urgence et de réanimation (SMUR) est coordonnée par le service d'aide médicale urgente (SAMU) de zone. »

SOUS-SECTION 4 PRISE EN CHARGE DES PATIENTS ACCUEILLIS DANS LA STRUCTURE DES URGENCES

§ 1er *STRUCTURE DES URGENCES*

Art. R. 6123-18 Tout établissement autorisé à exercer l'activité mentionnée au 3° de l'article R. 6123-1 est tenu d'accueillir en permanence dans la structure des urgences toute personne qui s'y présente en situation d'urgence ou qui lui est adressée, notamment par le SAMU.

Art. R. 6123-19 Pour assurer, postérieurement à son accueil, l'observation, les soins et la surveillance du patient jusqu'à son orientation, l'établissement organise la prise en charge diagnostique et thérapeutique selon le cas :

1° Au sein de la structure des urgences ;

2° Au sein de l'unité d'hospitalisation de courte durée ;

3° Directement dans une structure de soins de l'établissement, notamment dans le cadre des prises en charge spécifiques prévues aux articles R. 6123-32-1 à R. 6123-32-9 ;

4° En orientant le patient vers une consultation de l'établissement ou d'un autre établissement de santé ;

5° En liaison avec le SAMU, en l'orientant vers un autre établissement de santé apte à le prendre en charge et, si nécessaire, en assurant ou en faisant assurer son transfert ;

6° En l'orientant vers un médecin de ville ou vers toute autre structure sanitaire ou toute autre structure médico-sociale adaptée à son état ou à sa situation.

Art. R. 6123-20 L'établissement organise l'orientation du patient ne nécessitant pas une prise en charge par la structure des urgences vers une autre structure de soins ou vers une structure sociale ou vers une structure médico-sociale, selon des protocoles préalablement définis entre les responsables de ces structures.

Cette organisation fait l'objet d'une convention entre les établissements concernés, qui précise les modalités et les conditions d'orientation du patient, ainsi que les modalités de son évaluation médicale et administrative régulière.

Art. R. 6123-21 L'établissement organise la coordination de la prise en charge du patient entre la structure des urgences et les autres structures de soins de courte durée ou de suite de l'établissement lorsqu'il en est pourvu, ou, dans le cas contraire, d'un autre établissement.

A cette fin, les établissements assurent la disponibilité de leurs lits d'hospitalisation, y compris ceux de leur unité d'hospitalisation de courte durée, par l'organisation de la gestion de leurs capacités d'hospitalisation ou la sortie des patients dès que leur état le permet.

Art. R. 6123-22 A la sortie du patient de la structure des urgences, l'établissement propose qu'une prise en charge sanitaire et sociale adaptée soit organisée immédiatement, ou de manière différée si le patient le souhaite ou si son état le nécessite.

Art. R. 6123-23 L'établissement tient dans la structure des urgences un registre chronologique continu sur lequel figurent l'identité des patients accueillis, le jour, l'heure et le mode de leur arrivée, l'orientation ou l'hospitalisation, le jour et l'heure de sortie ou de transfert hors de la structure des urgences. Ce registre est informatisé.

Art. R. 6123-24 Une fiche, dont le modèle est arrêté par le ministre chargé de la santé, est établie par la structure des urgences et transmise au directeur d'établissement pour signaler chaque dysfonctionnement constaté dans l'organisation de la prise en charge ou dans l'orientation des patients.

Le règlement intérieur de l'établissement prévoit les modalités d'exploitation de ces fiches.

Art. R. 6123-25 Seuls les établissements de santé autorisés à exercer l'activité mentionnée au 3° de l'article R. 6123-1 portent à la connaissance du public le fait qu'ils accueillent les urgences et affichent un panneau "urgences".

S'il s'agit d'un établissement autorisé à faire fonctionner une structure des urgences une partie de l'année seulement, les périodes de fonctionnement doivent être indiquées.

Seuls les établissements de santé autorisés à faire fonctionner une structure des urgences pédiatriques affichent un panneau "urgences pédiatriques".

§ 2 RÉSEAU DE PRISE EN CHARGE DES URGENCES

Art. R. 6123-26 L'établissement autorisé à exercer l'activité mentionnée au 3° de l'article R. 6123-1 met en place ou participe à un réseau avec d'autres établissements de santé publics et privés.

Ce réseau contribue à la prise en charge des urgences et de leurs suites sur le territoire de santé, notamment pour assurer l'accès à des compétences, à des techniques et à des capacités d'hospitalisation dont ne dispose pas chacun des établissements membres, et coordonner leurs actions et leurs moyens.

Art. R. 6123-27 Le réseau couvre un espace infra-régional, régional ou interrégional. Il peut également organiser, conformément à l'article L. 6134-1, des actions de coopération internationale avec des territoires frontaliers.

Art. R. 6123-28 Le réseau peut également comprendre :

1° Les professionnels de la médecine de ville, notamment les médecins participant à la permanence des soins ;

2° Les médecins intervenant à la demande du SAMU, y compris les médecins correspondants du SAMU dont les missions et le cadre d'intervention sont définis par arrêté du ministre chargé de la santé ;

3° Les officines de pharmacie ;

4° Des établissements sociaux et médico-sociaux, en particulier des établissements d'hébergement pour personnes âgées dépendantes.

Art. R. 6123-29 Une convention constitutive du réseau précise notamment les disciplines et les activités de soins ou les états pathologiques spécifiques pour lesquels les établissements membres s'engagent à accueillir et à prendre en charge les patients qui leur sont adressés par le SAMU ou par la structure des urgences.

Cette convention est soumise à l'approbation du *(Décr. n° 2010-344 du 31 mars 2010, art. 179)* « directeur général de l'agence régionale de santé », qui veille à la cohérence des réseaux définis au sein de la région et à leur articulation avec ceux des régions limitrophes.

Art. R. 6123-30 En cas de suspension de la convention, de sa dénonciation par un membre, ou d'exclusion d'un membre du réseau, le *(Décr. n° 2010-344 du 31 mars 2010, art. 179)* « directeur général de l'agence régionale de santé » en est informé.

Art. R. 6123-31 La convention prévoit le suivi régulier des engagements des membres du réseau et la transmission de leur évaluation annuelle au *(Décr. n° 2010-344 du 31 mars 2010, art. 179)* « directeur général de l'agence régionale de santé ».

Art. R. 6123-32 La participation de l'établissement de santé au réseau de prise en charge des urgences est inscrite dans le contrat pluriannuel d'objectifs et de moyens mentionné à l'article L. 6114-1. Ce contrat fixe les modalités de cette participation.

SOUS-SECTION 5 PRISES EN CHARGE SPÉCIFIQUES

§ 1er ACCÈS DIRECT À UN PLATEAU TECHNIQUE SPÉCIALISÉ

Art. R. 6123-32-1 Lorsque le patient nécessite une prise en charge médicale ou chirurgicale spécialisée dans un très bref délai et que son pronostic vital ou fonctionnel est engagé, il est directement orienté, par le SAMU ou en liaison avec ce dernier, vers le plateau technique adapté à son état.

Art. R. 6123-32-2 L'établissement de santé qui dispose d'un plateau technique lui permettant d'assurer sur un site unique et de façon hautement spécialisée la prise en charge mentionnée à l'article R. 6123-32-1 peut signer une convention avec un établissement de santé autorisé à exercer une activité mentionnée à l'article R. 6123-1, visant à accueillir et à prendre en charge en permanence les patients relevant de l'activité pour laquelle il est spécialisé.

Art. R. 6123-32-3 Les modalités selon lesquelles les patients relevant de l'activité spécialisée mentionnée à l'article R. 6123-32-1 sont orientés vers l'établissement mentionné à l'article R. 6123-32-2 et les modalités selon lesquelles ce dernier les prend en charge sont fixées par une convention particulière ou dans le cadre du réseau mentionné à l'article R. 6123-26.

La convention prévoit les modalités de suivi et d'évaluation régulière de ces prises en charge, qui font l'objet d'un rapport transmis chaque année à l'*(Décr. n° 2010-344 du 31 mars 2010, art. 179)* « agence régionale de santé ».

Art. R. 6123-32-4 L'établissement mentionné à l'article R. 6123-32-2 ayant signé la convention mentionnée à cet article conclut avec l'établissement de santé autorisé à exercer l'activité mentionnée au 3° de l'article R. 6123-1 une convention fixant les modalités selon lesquelles les patients qui ne relèvent pas de l'activité pour laquelle il est spécialisé sont orientés et pris en charge par ce dernier. Cette convention peut être annexée à la convention du réseau mentionnée à l'article R. 6123-29.

Si c'est nécessaire, il assure ou fait assurer le transfert du patient vers l'autre établissement, éventuellement en liaison avec le SAMU.

Art. R. 6123-32-5 L'établissement mentionné à l'article R. 6123-32-2 ayant signé la convention mentionnée à cet article porte à la connaissance du public le fait qu'il assure une prise en charge permanente des patients relevant de l'activité pour laquelle il est spécialisé.

Art. R. 6123-32-6 Le schéma régional *(Décr. n° 2010-344 du 31 mars 2010, art. 179)* « d'organisation des soins » précise les activités spécialisées impliquant une prise en charge directe des patients et prévoit leur implantation sur le territoire de santé.

La participation d'un établissement à ces prises en charge directes est inscrite dans le contrat pluriannuel d'objectifs et de moyens mentionné à l'article L. 6114-1. Ce contrat fixe les modalités de cette participation.

§ 2 PRISE EN CHARGE DES ENFANTS

Art. R. 6123-32-7 Lorsqu'elle n'a pas lieu dans une structure des urgences pédiatriques mentionnée au 3° de l'article R. 6123-1, la prise en charge des enfants dans une structure des urgences est organisée en collaboration avec une structure de pédiatrie située ou non dans l'établissement autorisé à la faire fonctionner ou avec les spécialistes concernés d'un établissement de santé privé, selon une filière d'accueil et de soins séparée.

Lorsque l'activité le justifie, l'accueil des enfants est organisé dans des locaux individualisés de manière à permettre une prise en charge adaptée à leur âge et à leur état de santé.

L'organisation est adaptée pour favoriser la présence des proches, et notamment des parents, auprès des enfants pris en charge.

§ 3 PRISE EN CHARGE DES PATIENTS ÂGÉS RELEVANT DE LA GÉRIATRIE

Art. R. 6123-32-8 La prise en charge des patients âgés relevant de la gériatrie du fait de leur polypathologie et de leur risque de dépendance est assurée :

1° En priorité, sous réserve de l'existence d'une permanence médicale, en admission directe dans une structure de médecine gériatrique aiguë ;

2° En l'absence d'une telle structure, et sous réserve de l'existence d'une permanence médicale, dans toute structure de spécialité correspondant à la pathologie aiguë du patient ;

3° Ou dans la structure des urgences lorsque l'état de santé du patient l'exige.

Lorsque la prise en charge est assurée selon l'une des deux dernières modalités, il doit pouvoir être fait appel à un gériatre ou à un médecin formé à la prise en charge *des personnes âgées, en vue* d'organiser la prise en charge sanitaire et médico-sociale du patient.

§ 4 PRISE EN CHARGE DES PATIENTS NÉCESSITANT DES SOINS PSYCHIATRIQUES

Art. R. 6123-32-9 L'établissement autorisé à exercer l'activité mentionnée au 3° de l'article R. 6123-1 organise la prise en charge des personnes nécessitant des soins psychiatriques se présentant dans la structure des urgences :

1° Avec sa structure de psychiatrie, lorsqu'il est autorisé à exercer l'activité de soins de psychiatrie mentionnée au 4° de l'article R. 6122-25 ;

2° Avec un autre établissement de santé autorisé à exercer cette activité dans le cas contraire.

SOUS-SECTION 6 AUTRES DISPOSITIONS

Art. R. 6123-32-10 L'établissement de santé titulaire de l'autorisation prévue à l'article R. 6123-1 :

1° Contribue à l'évaluation et au développement de la connaissance de la médecine d'urgence pour améliorer la qualité et la sécurité de la prise en charge des patients ;

2° Apporte, en lien avec les centres d'enseignement des soins d'urgence, mis en place le cas échéant pour assurer les missions prévues à l'article R. 6311-5, son concours à la formation des professionnels de santé, des ambulanciers, des secouristes et de tout personnel dont la profession requiert une telle formation ;

3° Participe à la veille et à l'alerte sanitaires à partir des informations extraites du système d'information des structures de médecine d'urgence, en lien avec l'*(Décr. n° 2016-523 du 27 avr. 2016, art. 4)* « Agence nationale de santé publique » ;

4° Participe aux actions de prévention et d'éducation à la santé.

Art. R. 6123-32-11 L'établissement de santé titulaire de l'autorisation prévue à l'article R. 6123-1 participe, en fonction de ses moyens, aux travaux d'élaboration et à la mise en œuvre des plans d'organisation des secours mentionnés aux articles L. 741-1 à L. 741-5 du code de la sécurité intérieure.

Les SAMU et les SMUR participent, à la demande du préfet, à la préparation et à la prise en charge de la couverture médicale préventive des grands rassemblements de population.

SOUS-SECTION 7 DISPOSITIONS APPLICABLES À LA RÉUNION ET À MAYOTTE

V. Dalloz.fr .

SECTION II RÉANIMATION

SOUS-SECTION 1 DISPOSITIONS COMMUNES *(Décr. n° 2006-72 du 24 janv. 2006, art. 1-3°).*

Art. R. 6123-33 *(Décr. n° 2006-72 du 24 janv. 2006, art. 1-1°)* Les soins de réanimation sont destinés à des patients qui présentent ou sont susceptibles de présenter plusieurs défaillances viscérales aiguës mettant directement en jeu le pronostic vital et impliquant le recours à des méthodes de suppléance.

L'activité de soins de réanimation mentionnée au 15° de l'article R. 6122-25 s'exerce selon les trois modalités suivantes :

1° Réanimation adulte ;

2° Réanimation pédiatrique ;

3° Réanimation pédiatrique spécialisée.

Art. R. 6123-34 *(Décr. n° 2006-72 du 24 janv. 2006, art. 1-2°)* Les unités de réanimation :

1° Assurent vingt-quatre heures sur vingt-quatre, tous les jours de l'année, l'accueil et la prise en charge diagnostique et thérapeutique ainsi que la surveillance des patients mentionnés à l'article R. 6123-33 ;

2° Assurent la sécurité et la continuité des soins en organisant le retour et le transfert des patients dans les unités de surveillance continue ou toute autre unité d'hospitalisation complète dès que leur état de santé le permet. A cet effet, les établissements exerçant les activités de réanimation passent des conventions avec d'autres établissements possédant ces unités afin de définir les modalités permettant d'y transférer les patients.

SOUS-SECTION 2 RÉANIMATION ADULTE

(Décr. n° 2006-72 du 24 janv. 2006, art. 2)

Art. R. 6123-35 *(Décr. n° 2006-72 du 24 janv. 2006, art. 1-2°)* L'activité de soins de réanimation est exercée dans les établissements de santé comprenant une ou plusieurs unités organisées à cette fin, pouvant assurer la mise en œuvre prolongée de techniques spécifiques, l'utilisation de dispositifs médicaux spécialisés ainsi qu'une permanence médicale et paramédicale à la disposition exclusive de l'unité.

Art. R. 6123-36 *(Décr. n° 2006-72 du 24 janv. 2006, art. 1-2°)* L'unité de réanimation est organisée :

1° Dans les établissements publics de santé, en unité fonctionnelle, service, département ou fédération ;

2° Dans les établissements de santé privés, en unité individualisée.

Art. R. 6123-37 *(Décr. n° 2006-72 du 24 janv. 2006, art. 1-2°)* L'unité de réanimation comporte au minimum huit lits. A titre dérogatoire, après analyse des besoins de la population et lorsque l'éloignement de l'établissement pratiquant la réanimation impose des temps de trajets excessifs à une partie significative de la population, le *(Décr. n° 2010-344 du 31 mars 2010, art. 180)* « directeur général de l'agence régionale de santé » peut fixer cette capacité minimale à six lits.

Art. R. 6123-38 *(Décr. n° 2006-72 du 24 janv. 2006, art. 1-2°)* L'autorisation prévue par l'article L. 6122-1 nécessaire à un établissement de santé pour exercer l'activité de soins de réanimation mentionnée au 15° de l'article R. 6122-25 ne peut lui être accordée que :

1° S'il dispose en hospitalisation complète d'installations de médecine et de chirurgie ou d'installations de chirurgie. Toutefois, à titre dérogatoire, l'autorisation d'exercer l'activité de soins de réanimation peut être délivrée à un établissement de santé ne disposant que d'installations de médecine en hospitalisation complète s'il a conclu avec un ou plusieurs établissements de santé disposant d'installations de chirurgie une convention organisant le transfert des patients dans ces établissements ;

2° S'il comporte au moins une unité de surveillance continue ;

3° S'il est en mesure soit d'accueillir lui-même les patients dans une unité de soins intensifs, soit de les faire transférer dans un établissement disposant d'une telle unité avec lequel il a passé une convention.

SOUS-SECTION 3 RÉANIMATION PÉDIATRIQUE ET RÉANIMATION PÉDIATRIQUE SPÉCIALISÉE

(Décr. n° 2006-72 du 24 janv. 2006, art. 3-1°)

Art. R. 6123-38-1 Les unités de réanimation pédiatrique et de réanimation pédiatrique spécialisée sont à orientation médicale et chirurgicale. Elles obéissent au régime juridique prévu aux articles R. 6123-38-2 à R. 6123-38-6.

Par dérogation, un établissement de santé autorisé pour les activités de chirurgie cardiaque ou de traitement des grands brûlés peut disposer d'une réanimation pédiatrique accueillant les seuls enfants relevant de ces activités de soins *(Décr. n° 2009-409 du 14 avr. 2009)* « et des actes mentionnés au 2° de l'article R. 6123-128. » Ces réanimations pédiatriques ne remplissent alors pas les conditions prévues aux articles R. 6123-38-2 à R. 6123-38-6.

Art. R. 6123-38-2 Les autorisations de réanimation pédiatrique et de réanimation pédiatrique spécialisée ne peuvent être accordées ou renouvelées, en application des articles L. 6122-1 et L. 6122-10, que si le demandeur justifie d'une activité minimale annuelle constatée ou prévisionnelle en cas de demande de création, précisée par *arrêté du ministre chargé de la santé*. Cette activité est exprimée en nombre de nourrissons, d'enfants et d'adolescents de moins de 18 ans, en dehors des nouveau-nés relevant de la réanimation néonatale telle que définie au III de l'article R. 6123-42.

Lorsque l'éloignement des établissements pratiquant la réanimation pédiatrique impose des temps de trajet excessifs mettant en cause l'accès aux soins d'une partie significative de la population de la région ou des régions concernées, l'autorisation de réanimation pédiatrique peut être accordée à titre dérogatoire.

Art. R. 6123-38-3 La réanimation pédiatrique a pour mission le traitement des détresses vitales les plus fréquentes des nourrissons, enfants et adolescents ; elle assure également la réanimation postopératoire des enfants de la chirurgie pédiatrique et, le cas échéant, de la chirurgie néonatale.

Art. R. 6123-38-4 L'autorisation prévue par l'article L. 6122-1 nécessaire à un établissement de santé pour exercer l'activité de soins de réanimation pédiatrique ne peut lui être accordée que :

1° S'il dispose de compétences en pédiatrie, chirurgie pédiatrique, anesthésie pédiatrique et radiologie pédiatrique ;

2° S'il dispose d'équipements permettant la réalisation vingt-quatre heures sur vingt-quatre d'explorations invasives et non invasives.

Art. R. 6123-38-5 En sus des missions précisées à l'article R. 6123-38-3, la réanimation pédiatrique spécialisée prend en charge des nourrissons, enfants et adolescents dont l'affection requiert des avis et prises en charge spécialisés du fait de sa rareté ou de sa complexité.

Art. R. 6123-38-6 L'autorisation prévue par l'article L. 6122-1 nécessaire à un établissement de santé pour exercer l'activité de soins de réanimation pédiatrique spécialisée ne peut lui être accordée que :

1° S'il satisfait aux conditions mentionnées à l'article R. 6123-38-4 ;

2° S'il dispose en propre ou par convention des spécialistes nécessaires pour répondre aux affections complexes ou rares prises en charge.

SOUS-SECTION 4 SURVEILLANCE CONTINUE PÉDIATRIQUE

(Décr. n° 2006-72 du 24 janv. 2006, art. 3-2°)

Art. R. 6123-38-7 La surveillance continue pédiatrique a pour mission de prendre en charge les nourrissons, enfants et adolescents qui nécessitent une surveillance rapprochée ou continue en raison d'un risque de défaillance d'un ou de plusieurs organes ne nécessitant pas la mise en œuvre de méthode de suppléance.

La surveillance continue pédiatrique est médicale et chirurgicale.

Des établissements ayant une activité de transplantation d'organe ou de cancérologie pédiatrique peuvent disposer d'unités de surveillance continue en pédiatrie spécialisées dans ces activités.

Lorsque l'activité chirurgicale de l'établissement le justifie, une unité de surveillance continue chirurgicale pédiatrique peut être individualisée.

Lorsque l'établissement est autorisé pour la réanimation pédiatrique, l'unité de réanimation pédiatrique est associée à une unité de surveillance continue en pédiatrie individualisée au sein de cette unité ou à proximité immédiate de celle-ci.

Un établissement de santé ne disposant pas de réanimation pédiatrique peut disposer d'une unité de surveillance continue pédiatrique s'il a conclu une convention de transferts des enfants avec un (ou des) établissement(s) de santé autorisé(s) pour la réanimation pédiatrique. L'unité de surveillance continue pédiatrique a également pour mission d'assurer la continuité des soins et la préparation à un éventuel transfert en réanimation pédiatrique.

L'activité de surveillance continue pédiatrique fait l'objet d'une inscription dans le contrat pluriannuel d'objectifs et de moyens défini à l'article L. 6114-2.

SECTION III OBSTÉTRIQUE, NÉONATOLOGIE ET RÉANIMATION NÉONATALE

V. Lettre DHOS/04 du 30 août 2000 relative à l'activité de soins obstétrique, néonatologie et réanimation néonatale, inventaire des installations (lits), BOMES n° 2000/36, p. 129. — Arrêté du 25 avr. 2000 relatif aux locaux de prétravail et de travail, aux dispositifs médicaux et aux examens pratiqués en néonatologie et en réanimation néonatale, JO 16 juin 2000 ; BOMES n° 2000/24, p. 269 ; RDSS 2000. 774, obs. M. Cormier.

Art. R. 6123-39 Les établissements assurant la prise en charge des femmes enceintes *et des nouveau-nés* comprennent, sur le même site, soit une unité d'obstétrique, soit une unité d'obstétrique et une unité de néonatologie, soit une unité d'obstétrique, une unité de néonatologie et une unité de réanimation néonatale.

Légalité du décret du 9 oct. 1998. V. • CE 24 mai 2000, *Synd. nat. des anesthésiologistes-réanimateurs français et Assoc. nat. des puéricultrices diplômées*, n° 202503 : *RDSS 2000. 775, obs. Cormier*.

Art. R. 6123-40 Afin de contribuer à l'amélioration de la sécurité de la grossesse, de la naissance et de l'environnement périnatal de la mère et de l'enfant, les établissements de santé pratiquant l'obstétrique :

1° Participent à la prise en charge des grossesses et à l'identification, en cours de grossesse, des facteurs de risques pour la mère et pour l'enfant, afin d'orienter la mère avant l'accouchement vers une structure adaptée ;

2° Assurent l'accouchement et les soins de la mère et du nouveau-né, ainsi que les actes de chirurgie abdomino-pelvienne liés à la grossesse ou à l'accouchement, dans des conditions visant à réduire les risques et permettant de faire face aux conséquences de leur éventuelle survenance ;

3° Assurent le suivi postnatal immédiat de la mère et de l'enfant dans des conditions médicales, psychologiques et sociales appropriées.

Défaut de personnel qualifié en temps utile. En vertu du contrat d'hospitalisation, une clinique est tenue d'organiser une permanence de médecins anesthésistes réanimateurs permettant une intervention dans les trois minutes suivant la naissance. • Civ. 1re, 15 déc. 1999 : *Bull. civ. I, n° 351 ; D. 2000. IR 28 ; JCP 2000. II. 10834, note Mémeteau.*

Art. R. 6123-41 La néonatologie a pour objet la surveillance et les soins spécialisés des nouveau-nés à risques et de ceux dont l'état s'est dégradé après la naissance.

Art. R. 6123-42 La réanimation néonatale a pour objet la surveillance et les soins spécialisés des nouveau-nés présentant des détresses graves ou des risques vitaux.

Art. R. 6123-43 L'unité d'obstétrique assure, tous les jours de l'année, vingt-quatre heures sur vingt-quatre, les accouchements ainsi que les actes de chirurgie abdomino-pelvienne liés à la grossesse, à l'accouchement et à la délivrance. Elle participe également au dépistage des facteurs de risques durant la grossesse, notamment dans le cadre des consultations prénatales. Elle assure les soins suivant l'accouchement pour la mère et les enfants nouveau-nés dont la naissance est intervenue dans l'établissement. Si l'établissement dans lequel est né l'enfant ne peut assurer sa prise en charge adaptée, il organise son transfert vers un autre établissement apte à délivrer les soins appropriés.

Art. R. 6123-44 L'unité de néonatologie assure tous les jours de l'année, vingt-quatre heures sur vingt-quatre, la surveillance et les soins spécialisés mentionnés à l'article R. 6123-41, que les nouveau-nés soient ou non nés dans l'établissement.

Un secteur de soins intensifs aux nouveau-nés présentant une ou plusieurs pathologies aiguës ou sortant d'une unité de réanimation néonatale peut être organisé au sein de l'unité de néonatologie.

Si l'unité de néonatologie où se trouve l'enfant ne peut assurer la prise en charge adaptée du nouveau-né, elle organise son transfert vers une unité ou un établissement aptes à délivrer les soins appropriés.

Art. R. 6123-45 L'unité de réanimation néonatale assure tous les jours de l'année, vingt-quatre heures sur vingt-quatre, la surveillance et les soins spécialisés mentionnés à l'article R. 6123-42, que les nouveau-nés soient nés ou non dans l'unité d'obstétrique de l'établissement. Cette unité est associée à un secteur de soins intensifs de néonatologie sur le même site.

Art. R. 6123-46 Seuls les établissements de santé dispensant les soins mentionnés au *a* du 1° de l'article L. 6111-2 peuvent être autorisés, en application des articles L. 6122-1 et L. 6122-2, à exercer les activités de soins relatives à l'obstétrique, à la néonatologie et à la réanimation néonatale.

Art. R. 6123-47 L'obstétrique s'exerce dans des installations autorisées en gynécologie-obstétrique.

Lorsqu'un établissement ayant une unité d'obstétrique ne dispose pas d'une unité de réanimation d'adultes, il passe une convention, soumise à l'approbation du *(Décr. n° 2010-344 du 31 mars 2010, art. 181)* « directeur général de l'agence régionale de santé », avec un établissement comportant une telle unité. Tout établissement de santé pratiquant l'obstétrique et traitant des grossesses à hauts risques maternels identifiés dispose d'une unité de réanimation d'adultes permettant d'y accueillir la mère en cas d'urgence et d'une unité de réanimation néonatale.

Art. R. 6123-48 La néonatologie s'exerce dans des installations autorisées à cet effet. Toute unité de néonatologie constitue soit une unité individualisée, soit un secteur séparé au sein d'une unité de pédiatrie.

Art. R. 6123-49 La réanimation néonatale s'exerce dans des installations autorisées à cet effet. Elle ne peut être pratiquée que si l'établissement de santé comprend sur le même site une unité de néonatologie autorisée dont une partie des installations est affectée aux soins intensifs de néonatologie. Toute unité de réanimation néonatale constitue soit une unité individualisée, soit un secteur séparé au sein d'une autre unité.

Art. R. 6123-50 L'autorisation d'obstétrique ne peut être accordée ou renouvelée, en application des articles L. 6122-1 et L. 6122-2 que si l'établissement justifie d'une activité minimale annuelle constatée, ou prévisionnelle en cas de demande de création, de 300 accouchements.

Toutefois, elle peut exceptionnellement être accordée à titre dérogatoire lorsque l'éloignement des établissements pratiquant l'obstétrique impose des temps de trajet excessifs à une partie significative de la population.

Les établissements qui ne sont plus autorisés à pratiquer l'obstétrique peuvent continuer à exercer des activités prénatales et postnatales sous l'appellation de centre périnatal de proximité, en bénéficiant par convention du concours d'un établissement de santé pratiquant l'obstétrique.

Le centre périnatal de proximité peut assurer les consultations prénatales et postnatales, les cours de préparation à la naissance, l'enseignement des soins aux nouveau-nés et les consultations de planification familiale. La convention avec l'établissement de santé permet la mise à disposition du centre périnatal de proximité de sages-femmes et d'au moins un gynécologue-obstétricien ; elle est soumise à l'approbation du *(Décr. n° 2010-344 du 31 mars 2010, art. 181)* « directeur général de l'agence régionale de santé ».

1. Refus de renouvellement d'une autorisation en gynécologie-obstétrique. Dans le régime antérieur à l'Ord. du 4 sept. 2003, la commission exécutive de l'ARH ne pouvait se fonder sur le non-respect des conditions posées par les dispositions de l'art. R. 6123-50 (ancien art. R. 712-88) pour refuser le renouvellement d'une autorisation d'installations en gynécologie obstétrique. • TA Rennes, ord., 20 mars 2003, *Comité de soutien de l'hôpital de Paimpol et CH de Paimpol : n°s 03790 et 03864.*

2. Détermination du volume des accouchements. Commet une erreur de droit la commission exécutive d'une ARH qui prend en compte les accouchements réalisés au sein de deux centres hospitaliers distincts, et cela même s'ils coopèrent dans le cadre d'une fédération médicale inter hospitalière, pour déterminer, dans le cadre d'une demande d'autorisation d'activité de soins en gynécologie-obstétrique, le volume d'accouchements assuré par l'un de ces deux établissements. • TA Toulouse, 9 déc. 2003, *SA Clinique du Quercy c/ Min. Santé : n°s 014368 et 014369.*

3. Dérogation au seuil d'activité nécessaire. L'autorisation dérogatoire que peut exceptionnellement accorder l'administration sanitaire à un établissement justifiant d'une activité annuelle inférieure à 300 accouchements ne constitue pas un droit. • TA Dijon, 7 déc. 2007, *CH de Clamecy*, n° 070901.

4. Nécessaire satisfaction aux conditions techniques de fonctionnement. L'exception géographique prévue à l'art. R. 6123-50 ne peut en aucun cas permettre de mettre en œuvre une activité médicale qui ne satisfait pas aux conditions techniques de fonctionnement imposées par les lois et règlements. • TA Lyon, 1er sept. 2008, *Hôpital de Moze*, n° 0804990.

Art. R. 6123-51 Le schéma régional *(Décr. n° 2010-344 du 31 mars 2010, art. 181)* « d'organisation des soins » fixe des objectifs en ce qui concerne la coopération entre les établissements de santé autorisés à pratiquer l'obstétrique, la néonatologie et la réanimation néonatale et l'organisation en matière d'orientation de la femme enceinte préalablement à son accouchement en cas de risque décelé pour elle-même ou son enfant et en matière de transfert des enfants entre les unités mentionnées à l'article *R. 6123-39*.

Art. R. 6123-52 Lorsqu'un établissement ne disposant pas des trois unités mentionnées à l'article R. 6123-39 n'adhère pas à un réseau de santé, le *(Décr. n° 2010-344 du 31 mars 2010, art. 181)* « directeur général de l'agence régionale de santé » invite l'établissement à passer convention avec un ou plusieurs établissements de santé possédant les unités dont il ne dispose pas, afin d'assurer l'orientation des femmes enceintes, d'organiser les transferts, éventuellement en urgence, des mères et des nouveau-nés entre ces établissements et de préciser les transmissions d'informations.

Ces conventions sont établies et signées par les représentants des établissements après avis des organes représentatifs mentionnés aux articles L. 6144-1 et L. 6144-3, après avis de la commission médicale prévue à l'article L. 6161-8 ou avis de la conférence médicale prévue à l'article L. 6161-2. Elles sont soumises à l'approbation du *(Décr. nº 2010-344 du 31 mars 2010, art. 181)* « directeur général de l'agence régionale de santé » et n'entrent en vigueur qu'après cette approbation.

Art. R. 6123-53 Le dossier de demande ou de renouvellement d'autorisation prévu à l'article R. 6122-32 fait apparaître si l'établissement a adhéré à un réseau de soins ou a passé convention avec un ou plusieurs autres établissements dans les conditions mentionnées à l'article R. 6123-52.

SECTION IV INSUFFISANCE RÉNALE CHRONIQUE

Art. R. 6123-54 L'activité de traitement de l'insuffisance rénale chronique par la pratique de l'épuration extrarénale est exercée selon les quatre modalités suivantes :

1° Hémodialyse en centre ;

2° Hémodialyse en unité de dialyse médicalisée ;

3° Hémodialyse en unité d'autodialyse simple ou assistée ;

4° Dialyse à domicile par hémodialyse ou par dialyse péritonéale.

1. Légalité du décret nº 2002-1197 : • CE 19 nov. 2003, *AUB et a. : nos 251923, 251924, 251925 et 251926.*

2. L'annexe C de l'arrêté du 29 juin 1978 relatif à la classification des établissements de santé ne constitue pas une norme opposable en matière d'autorisation sanitaire. • CAA Marseille, 4 mai 2006, *Min. Santé c/ Clinique Saint-Georges*, nº 03MA01120.

Art. R. 6123-55 L'autorisation de mise en œuvre ou d'extension des activités de soins mentionnée à l'article L. 6122-1 ne peut être délivrée qu'aux établissements de santé traitant de l'insuffisance rénale chronique par la pratique de l'épuration extrarénale, qui disposent au moins des trois modalités suivantes : hémodialyse en centre, hémodialyse en unité d'autodialyse et dialyse à domicile.

Toutefois, à titre dérogatoire, l'autorisation d'exercer cette activité peut être délivrée à un établissement de santé ne disposant pas des trois modalités mentionnées au premier alinéa, s'il a conclu avec un ou plusieurs établissements de santé, ou avec une ou des structures de coopération disposant elles-mêmes d'une ou de plusieurs de ces modalités, une convention de coopération organisant la prise en charge des patients. La nature et les modalités de conclusion de cette convention sont déterminées par arrêté du ministre chargé de la santé.

Art. R. 6123-56 Tout établissement qui n'est pas en mesure d'exercer le traitement de l'insuffisance rénale chronique selon les quatre modalités mentionnées à l'article R. 6123-54 veille à assurer l'orientation du patient vers un établissement autorisé à pratiquer la modalité adaptée à ce patient.

Art. R. 6123-57 Chacune des modalités mentionnées aux 1°, 2° et 3° de l'article R. 6123-54 ne peut être proposée au patient dans une unité saisonnière telle que définie à l'article R. 6123-62 que lorsque l'établissement de santé est autorisé à traiter à titre permanent l'insuffisance rénale chronique selon l'une de ces modalités.

Art. R. 6123-58 Le centre d'hémodialyse prend principalement en charge des patients traités par hémodialyse périodique, dont l'état de santé nécessite au cours de la séance la présence permanente d'un médecin. Le centre se situe au sein d'un établissement de santé permettant l'hospitalisation à temps complet du patient dans des lits de médecine ou éventuellement de chirurgie.

Art. R. 6123-59 Le centre dispose du matériel de réanimation et du matériel d'urgence dont la liste est fixée par arrêté du ministre chargé de la santé. Ce même centre dispose également d'un service de réanimation, d'un laboratoire d'analyses de biologie médicale et d'un équipement d'imagerie ou, à défaut, établit une convention avec d'autres établissements en disposant.

Art. R. 6123-60 Le centre ne peut accueillir des enfants âgés de plus de 8 ans que sous réserve qu'il dispose des moyens matériels adaptés et que l'enfant soit accueilli dans une salle de traitement distincte de celle des adultes ou dans un box isolé et qu'il demeure suivi, hors du centre, par un pédiatre ayant une compétence en néphrologie.

Art. R. 6123-61 Le centre d'hémodialyse pour enfants accueille des patients de la naissance à l'âge de 18 ans ; il peut également dispenser des soins à de jeunes majeurs lorsque leur état de santé impose une prise en charge technique par un centre pédiatrique. Le centre doit être en mesure d'accueillir des enfants en déplacement ou en séjour de vacances sur des postes d'hémodialyse pouvant être réservés à cet usage.

Ce centre est situé au sein d'un établissement de santé disposant d'un service de pédiatrie permettant, en cas de nécessité, l'hospitalisation à temps complet de l'enfant.

Art. R. 6123-62 Une unité saisonnière d'hémodialyse accueille des adultes et des enfants de plus de 8 ans, lors de leurs déplacements et séjours de vacances. Elle ne prend pas en charge des patients résidant à proximité. L'autorisation fixe les périodes d'ouverture de l'unité saisonnière d'hémodialyse et les caractéristiques de son fonctionnement.

Si l'établissement est autorisé pour l'hémodialyse en unité d'autodialyse, l'unité saisonnière ne peut accueillir que des patients habituellement hémodialysés à domicile ou en autodialyse ; si l'établissement l'est pour l'hémodialyse en unité de dialyse médicalisée, l'unité saisonnière ne peut accueillir que des patients habituellement hémodialysés en unité de dialyse médicalisée, en unité d'autodialyse ou à domicile ; si l'établissement est autorisé pour l'hémodialyse en centre, l'unité saisonnière peut accueillir tous les patients quelle que soit leur modalité habituelle de dialyse.

Art. R. 6123-63 L'unité de dialyse médicalisée accueille des patients qui nécessitent une présence médicale non continue pendant la séance de traitement ou qui ne peuvent ou ne souhaitent pas être pris en charge à domicile ou en unité d'autodialyse.

Sous le régime antérieur au Décr. n° 2002-1197 du 23 sept. 2002, le juge administratif considérait que les centres allégés devaient être regardés comme constituant des centres pour l'application des indices de besoins établis par la carte sanitaire des appareils de dialyse en centre. • TA Poitiers, 28 mai 2003, *Assoc. pour le développement de l'autodialyse en Charente-Maritime c/ Min. Santé*, n° 021463.

Art. R. 6123-64 Les techniques d'hémodialyse reposant sur la réinjection intraveineuse d'un liquide de substitution produit extemporanément à partir du dialysat ne peuvent être pratiquées que dans les centres d'hémodialyse et dans les unités de dialyse médicalisée.

Art. R. 6123-65 L'hémodialyse en unité d'autodialyse s'exerce en autodialyse dite simple ou en autodialyse assistée. L'autodialyse dite simple est offerte à des patients formés à l'hémodialyse, en mesure d'assurer eux-mêmes tous les gestes nécessaires à leur traitement. L'autodialyse assistée est offerte à des patients formés à l'hémodialyse, mais qui requièrent l'assistance d'un infirmier ou d'une infirmière pour certains gestes. L'unité d'autodialyse peut accueillir des patients en déplacement ou en séjour de vacances, lorsqu'ils sont autonomes et formés à l'hémodialyse.

Art. R. 6123-66 L'hémodialyse à domicile est offerte à un patient, formé à l'hémodialyse, en mesure d'assurer couramment tous les gestes nécessaires à son traitement, en présence d'une personne de son entourage, qui peut lui prêter assistance.

Art. R. 6123-67 La dialyse péritonéale est réalisée à domicile ou dans le lieu où le patient réside, même temporairement. Pour l'application de cette disposition, le service *de soins de longue durée ou* la maison de retraite est regardé comme un lieu de résidence du patient.

Qu'elle soit manuelle ou automatisée, cette technique est pratiquée par le patient lui-même avec ou sans l'aide d'une tierce personne.

Pour les enfants, la dialyse péritonéale est réalisée à domicile, après formation de la famille par le service de néphrologie pédiatrique qui suit l'enfant.

Tout établissement de santé accueillant des patients traités par dialyse péritonéale doit être en mesure de permettre à ces derniers de poursuivre leur traitement pendant leur hospitalisation. L'établissement de santé, titulaire de l'autorisation d'activité de traitement de l'insuffisance rénale chronique par la pratique de l'épuration extrarénale, se charge pour la dialyse péritonéale de la formation des patients et de leur suivi jusqu'à l'orientation vers une autre modalité de dialyse ou en hospitalisation si nécessaire.

Art. R. 6123-68 Les dispositions de la présente section ne s'appliquent pas à la collectivité territoriale de Saint-Pierre-et-Miquelon.

SECTION V CHIRURGIE CARDIAQUE

(Décr. n° 2006-77 du 24 janv. 2006, art. 1er)

Art. R. 6123-69 L'activité de soins de chirurgie cardiaque mentionnée au 10° de l'article R. 6122-25 comprend toutes les interventions chirurgicales intrathoraciques portant sur l'appareil cardio-vasculaire : le cœur, le péricarde, les artères coronaires, les veines afférentes, les gros vaisseaux afférents et efférents, que ces interventions nécessitent ou non une circulation sanguine extracorporelle.

Art. R. 6123-70 L'autorisation prévue par l'article L. 6122-1 est accordée pour :

1° L'activité de soins de chirurgie cardiaque pratiquée chez des patients adultes ;

2° L'activité de soins de chirurgie cardiaque pédiatrique.

L'autorisation précise le ou les sites sur lesquels l'activité est exercée. Les conditions fixées par la présente section sont applicables à chaque site.

Art. R. 6123-71 L'autorisation de pratiquer l'activité de soins de chirurgie cardiaque pour les patients adultes ne peut être délivrée à un établissement de santé ou à un groupement de coopération sanitaire qu'à condition de respecter, sur le même site, dans un bâtiment commun ou, à défaut, dans des bâtiments voisins, les prescriptions suivantes :

1° Disposer d'une unité d'hospitalisation prenant en charge les patients de chirurgie cardiaque et de salles d'opération réservées à cette activité ;

2° Disposer de :

a) Une unité de réanimation autorisée ;

b) Une unité de médecine pratiquant la cardiologie ;

c) Une unité de soins intensifs mentionnée au 3° de l'article R. 6123-37, pratiquant les soins intensifs cardiologiques.

3° Exercer les activités interventionnelles sous imagerie médicale, par voie endovasculaire, en cardiologie.

Art. R. 6123-72 L'autorisation de pratiquer une activité de soins de chirurgie cardiaque pédiatrique ne peut être délivrée à un établissement de santé ou à un groupement de coopération sanitaire qu'à condition de respecter, sur le même site, dans un bâtiment commun ou, à défaut, dans des bâtiments voisins, les prescriptions suivantes :

1° Disposer d'une unité d'hospitalisation dédiée et de salles d'opération réservées à cette activité ;

2° Disposer de :

a) Une unité de réanimation pédiatrique ;

b) Une unité de médecine pratiquant la cardiologie ;

c) Une unité de soins intensifs mentionnée au 3° de l'article R. 6123-37, pratiquant les soins intensifs cardiologiques.

3° Exercer les activités interventionnelles sous imagerie médicale, par voie endovasculaire, en cardiologie.

Art. R. 6123-73 Le titulaire de l'autorisation de pratiquer une activité de soins de chirurgie cardiaque assure en permanence, en lien avec le service d'aide médicale urgente mentionné à l'article L. 6112-5 et *(Décr. n° 2006-576 du 22 mai 2006, art. 4)* « les structures des urgences » mentionnées à l'article R. 6123-1, le diagnostic et le traitement des patients susceptibles de bénéficier de cette activité.

Art. R. 6123-74 L'autorisation de pratiquer une activité de soins de chirurgie cardiaque ne peut être accordée ou renouvelée que si l'établissement de santé ou le groupement de coopération sanitaire justifie pour la chirurgie cardiaque, pour chaque site, d'une activité annuelle, prévisionnelle en cas de création, ou constatée en cas de renouvellement, au moins égale à un minimum fixé par arrêté du ministre chargé de la santé.

L'activité annuelle mentionnée à l'alinéa précédent est établie, pour l'activité de chirurgie cardiaque pour adultes, par référence aux interventions pratiquées sous circulation sanguine extracorporelle ou par la technique à "cœur battant" réalisées sur ces patients. Pour l'activité de chirurgie cardiaque pédiatrique, l'activité annuelle est établie par référence à l'ensemble des interventions de chirurgie cardiaque pédiatrique.

Une autorisation dérogeant aux dispositions du premier alinéa peut être accordée ou renouvelée à titre exceptionnel, après analyse des besoins de la population évalués dans le cadre du schéma *(Décr. n° 2010-344 du 31 mars 2010, art. 182)* « d'organisation des soins », lorsque l'éloignement des autres établissements pratiquant l'activité de soins de chirurgie cardiaque impose des temps de trajet excessifs à une partie significative de la population du territoire de santé.

SECTION VI GREFFES D'ORGANES ET GREFFES DE CELLULES HÉMATOPOÏÉTIQUES

(Décr. n° 2007-1256 du 21 août 2007, art. 1er).

Art. R. 6123-75 L'activité de greffes d'organes mentionnée au 8° de l'article R. 6122-25 associe la mise en place chirurgicale d'un organe, de plusieurs organes, d'une partie d'organe ou l'administration de cellules provenant d'un donneur vivant ou décédé, et un traitement immunosuppresseur du receveur.

L'activité de greffes de cellules hématopoïétiques mentionnée au 8° de l'article R. 6122-25 ne concerne que les allogreffes de cellules hématopoïétiques. Elle associe l'injection de cellules hématopoïétiques et un traitement immunosuppresseur du receveur.

Art. R. 6123-76 L'autorisation de pratiquer l'activité de greffes d'organes ne peut être délivrée à un établissement de santé remplissant les conditions prévues aux articles L. 1234-2 et L. 6122-2 que s'il dispose :

1° De moyens d'hospitalisation à temps complet et à temps partiel et d'une salle d'opération disponibles à tout moment pour la greffe ;

2° D'une activité de réanimation autorisée ;

3° D'une activité de chirurgie autorisée et, pour les greffes de cœur et de cœur-poumons, d'une activité de chirurgie cardiaque autorisée ;

4° D'une activité de médecine adaptée à la prise en charge des patients relevant de l'activité de greffes d'organes concernée.

Art. R. 6123-77 I. — L'autorisation de pratiquer l'activité de greffes de cellules hématopoïétiques ne peut être délivrée qu'à un établissement de santé remplissant les conditions prévues aux articles L. 1243-6 et L. 6122-2 et disposant sur le site :

1° D'une unité d'hospitalisation comportant des chambres équipées d'un système de traitement et de contrôle de l'air, de moyens d'hospitalisation à temps partiel et d'une activité de médecine prenant en charge les patients relevant d'une greffe de cellules hématopoïétiques ;

2° D'une activité de réanimation autorisée ;

3° D'une activité de traitement du cancer autorisée lorsque l'établissement prend en charge des personnes atteintes de cancer.

II. — L'établissement de santé doit également disposer :

1° Des moyens d'assurer le prélèvement de mœlle ou de cellules hématopoïétiques par cytaphérèse, éventuellement par convention avec un établissement de transfusion *sanguine* mentionné à l'article L. 1221-2 ;

2° Des moyens d'assurer les préparations de thérapie cellulaire, éventuellement par convention avec un établissement ou un organisme dans les conditions prévues à l'article L. 1243-2.

Art. R. 6123-78 L'autorisation prévue à l'article L. 6122-1 précise :

1° L'organe ou les organes pour lesquels elle est accordée ;

2° Si l'activité concerne les enfants, les adultes et les enfants ou uniquement les adultes ;

3° Le site sur lequel l'activité est exercée.

Les greffes simultanées de plusieurs organes sont réalisées sur un même site autorisé avec l'association éventuellement d'autres équipes médicales d'établissements de santé autorisés pour les organes concernés.

Art. R. 6123-79 L'établissement de santé autorisé à pratiquer l'activité de greffe d'organes doit pouvoir en assurer à tout moment la réalisation.

L'établissement de santé autorisé à pratiquer l'activité de greffe de cellules hématopoïétiques doit pouvoir en assurer la réalisation dans des délais compatibles avec la nature de cette activité.

Art. R. 6123-80 L'établissement de santé autorisé à pratiquer l'activité de greffes d'organes ou l'injection de cellules hématopoïétiques assure la prise en charge médicale des patients avant et après l'intervention pour greffe ou injection. Lorsque l'établissement n'assure pas lui-même le suivi des patients, il passe convention avec un ou plusieurs établissements de santé dans le cadre d'une filière de soins organisée.

Art. R. 6123-81 Les activités de greffes d'organes et de greffes de cellules hématopoïétiques ne peuvent être exercées dans le cadre de l'activité libérale des praticiens statutaires à temps plein prévue à l'article L. 6154-1.

Art. R. 6123-82 à R. 6123-85 *Abrogés par Décr. n° 2007-1256 du 21 août 2007.*

SECTION VII TRAITEMENT DU CANCER

(Décr. n° 2007-388 du 21 mars 2007, art. 1er)

SOUS-SECTION 1 DISPOSITIONS GÉNÉRALES

Art. R. 6123-86 L'activité de soins de traitement du cancer mentionnée au 18° de l'article R. 6122-25 consiste à traiter les tumeurs solides malignes ou les hémopathies malignes. Ce traitement est médical, chirurgical ou réalisé par radiothérapie externe, par curiethérapie, ou par utilisation thérapeutique de radioéléments en sources non scellées.

Art. R. 6123-87 L'autorisation prévue par l'article L. 6122-1 nécessaire pour exercer l'activité de soins du cancer mentionnée au 18° de l'article R. 6122-25 est accordée pour une ou plusieurs des pratiques thérapeutiques suivantes :

1° Chirurgie des cancers ;

2° Radiothérapie externe, curiethérapie, dont le type est précisé ;

3° Utilisation thérapeutique de radioéléments en sources non scellées ;

4° Chimiothérapie ou autres traitements médicaux spécifiques du cancer.

1. Sur la condition d'urgence. Condition d'urgence non remplie dès lors que la décision contestée de rejet d'autorisation d'activité de soins de traitement du cancer n'a pas pour effet d'empêcher la prise en charge des patientes atteintes de cancers mammaires et gynécologiques au centre hospitalier intercommunal de C. ou à la clinique S. dans des conditions qui apparaissent suffisantes en l'état de l'instruction et que la décision attaquée ne porte pas atteinte à son équilibre économique et financier dans la mesure où le préjudice financier qui en résulterait et qui atteindrait, en tout état de cause, au plus 4% de son chiffre d'affaires ne serait pas de nature à mettre gravement et immédiatement en péril la pérennité de son activité. • TA Rennes, réf., 3 sept. 2009, *Polyclinique Quimper Sud,* n° 093693. ♦ Une délibération refusant une autorisation d'activité de soins de traitement du cancer ne porte pas une atteinte grave et immédiate aux intérêts économiques et financiers de la clinique demanderesse dès lors que cette décision en tant qu'elle la prive de pouvoir exercer l'activité de traitement du cancer pour les pathologies ORL et maxillo-faciales, alors que le volume de son activité liée à l'activité ORL ne représente que 7% de son chiffre d'affaires. • TA Cergy-Pontoise, réf., 18 nov. 2009, *CMC Floréal,* n° 0912218.

2. Sur la condition tenant au doute sérieux quant à la légalité de la décision attaquée. Absence de doute sérieux. • TA Nîmes, réf., 16 nov. 2009, *Polyclinique La Garaud,* n° 0902973.

Art. R. 6123-88 L'autorisation ne peut être accordée que si le demandeur :

1° Est membre d'une coordination des soins en cancérologie, soit un réseau régional reconnu par l'Institut national du cancer, soit, à défaut, un réseau territorial dont la convention constitutive a été approuvée par le *(Décr. n° 2010-344 du 31 mars 2010, art. 183)* « directeur général de l'agence régionale de santé » ;

2° Dispose d'une organisation, mise en place le cas échéant conjointement avec d'autres titulaires d'une autorisation de traitement du cancer, qui assure à chaque patient :

a) L'annonce du diagnostic et d'une proposition thérapeutique fondée sur une concertation pluridisciplinaire selon des modalités conformes aux référentiels de prise en charge définis par l'Institut national du cancer en application du 2° de l'article L. 1415-2 et traduite dans un programme personnalisé de soins remis au patient ;

b) La mise en œuvre de traitements conformes à des référentiels de bonne pratique clinique définis par l'Institut national du cancer en application du 2° de l'article L. 1415-2 ou, à défaut, conformes à des recommandations faisant l'objet d'un consensus des sociétés savantes ; cette disposition est également applicable lorsque les traitements sont mis en œuvre dans les conditions prévues au *a* de l'article R. 6123-94 ;

c) L'accès aux soins et aux soutiens nécessaires aux personnes malades tout au long de la maladie, notamment la prise en charge de la douleur, le soutien psychologique, le renforcement de l'accès aux services sociaux et, s'il y a lieu, la démarche palliative ;

3° Satisfait aux critères d'agrément définis par l'Institut national du cancer en application du 2° de l'article L. 1415-2 en matière de qualité de la prise en charge des affections cancéreuses ;

4° Assure aux patients, soit par lui-même, le cas échéant en lien avec une des structures existant dans des pays étrangers, soit par une convention avec d'autres établissements de santé titulaires de l'autorisation mentionnée au premier alinéa, l'accès aux traitements innovants et aux essais cliniques, en s'appuyant sur l'organisation prévue en cette matière par le schéma régional *(Décr. n° 2010-344 du 31 mars 2010, art. 183)* « d'organisation des soins ».

Art. R. 6123-89 L'autorisation ne peut être délivrée ou renouvelée que si le demandeur respecte les seuils d'activité minimale annuelle arrêtés par le ministre chargé de la santé en tenant compte des connaissances disponibles en matière de sécurité et de qualité des pratiques médicales. Ces seuils concernent certaines thérapeutiques ou certaines interventions chirurgicales, éventuellement par appareil anatomique ou par pathologie, déterminées en raison de leur fréquence, ou de la complexité de leur réalisation ou de la prise en charge ultérieure. Ils prennent en compte le nombre d'interventions effectuées ou le nombre de patients traités sur les trois années écoulées. La décision d'autorisation précise les thérapeutiques ou les interventions que pratique le titulaire de l'autorisation par référence à ces seuils d'activité.

Toutefois, à titre dérogatoire, la première autorisation peut être accordée à un demandeur dont l'activité prévisionnelle annuelle est, au commencement de la mise en œuvre de cette autorisation, au moins égale à 80 % du seuil d'activité minimale prévu à l'alinéa précédent sous la condition que l'activité réalisée atteigne le niveau de ce seuil au plus tard dix-huit mois après la visite de conformité. Ce délai est porté à trente-six mois lorsque l'autorisation concerne l'exercice de l'activité de soins par la modalité de radiothérapie externe.

L'activité minimale annuelle que le titulaire de l'autorisation doit réaliser en application des dispositions précédentes est mentionnée dans la décision d'autorisation comme engagement relatif au volume d'activité pris par le demandeur en application de l'article L. 6122-5.

Lorsque l'autorisation est accordée pour l'exercice de l'activité de soins sur plusieurs structures de soins dépendant d'un même titulaire, les seuils et la réalisation d'activité minimale annuelle mentionnés aux trois alinéas précédents sont applicables à chacune *de ces structures.*

1. Application du 2ᵉ al. de l'art. R. 6123-89 sur la première autorisation. • TA Melun, ord., 30 mars 2010, *Assoc. Centre médical de recherche et de traitements diététiques,* n° 1001272.

2. Régime applicable aux établissements exerçant une activité préalablement à l'intervention du Décr. du 21 mars 2007. La délivrance des autorisations relatives à l'activité de traitement du cancer aux établissements qui exerçaient une telle activité préalablement à l'intervention du Décr. n° 2007-388 du 21 mars 2007 est régie par les seules dispositions transitoires figurant à l'art. 3 de ce texte, que les établissements concernés aient ou non été détenteurs d'une autorisation d'installation valant autorisation d'activité en application de l'art. 12 de l'Ord. n° 2003-850 du 4 sept. 2003. En revanche, les dispositions de l'art. R. 6123-89 définissant un régime permanent d'autorisation, issues du même décret, y compris celles relatives aux conditions dérogatoires auxquelles l'autorisation peut être accordée aux établissements sollicitant une première autorisation, ne sont pas applicables à ces établissements. • CE 11 juill. 2014, *Min. des aff. soc. et de la santé*, n° 361713 : *Lebon T.*

3. Modalités d'appréciation de la condition d'activité minimale. Il résulte des dispositions de l'art. R. 6123-89, issues du Décr. n° 2007-388 du 21 mars 2007, et de l'art. 3 de ce décret, que le respect de la condition d'activité minimale annuelle au moins égale au seuil de 80 % de l'activité minimale annuelle fixée par arrêté du ministre chargé de la santé s'apprécie en prenant en compte l'activité annuelle moyenne réalisée au cours des trois années précédant celle au cours de laquelle est prise la décision d'autorisation. • CE 11 juill. 2014, *Min. du travail, de l'emploi et de la santé*, n° 359450 : *Lebon T.*

SOUS-SECTION 2 DISPOSITIONS PARTICULIÈRES À CERTAINES PRATIQUES THÉRAPEUTIQUES

Art. R. 6123-90 L'autorisation comportant la mention prévue au 1° de l'article R. 6123-87 ne peut être accordée qu'à un demandeur détenant ou recevant simultanément l'autorisation d'exercer l'activité de soins de chirurgie prévue au 2° de l'article R. 6122-25, et, s'il y a lieu, l'autorisation d'exercer l'activité de soins de neurochirurgie prévue au 12° du même article.

Art. R. 6123-91 Lorsqu'une intervention chirurgicale réalisée en urgence dans un établissement qui n'est pas titulaire de l'autorisation de traitement du cancer a permis de découvrir une tumeur maligne, l'établissement donne au patient tous les soins exigés en urgence par l'état du patient ou par les suites de l'intervention, avant d'assurer son orientation vers un établissement titulaire de cette autorisation.

Art. R. 6123-92 Lorsque le demandeur d'une autorisation comportant la mention prévue au 2°, au 3° ou au 4° de l'article R. 6123-87 n'est pas un établissement de santé, cette autorisation ne peut être délivrée ou renouvelée que si les installations dont il dispose pour exercer son activité sont situées dans l'enceinte ou dans des bâtiments voisins d'un établissement de santé détenant l'autorisation prévue à l'article R. 6123-87. Elle est subordonnée à la conclusion d'un accord écrit organisant leur coopération en cancérologie pour la prise en charge des patients qu'ils reçoivent, au titre de chaque modalité d'exercice pour lesquelles ils sont autorisés.

Art. R. 6123-93 L'autorisation de mettre en œuvre l'activité de traitement du cancer par la thérapeutique de radiothérapie externe mentionnée au 2° de l'article R. 6123-87 ne peut être délivrée ou renouvelée qu'à un demandeur qui dispose d'un plateau technique comprenant sur le même site au moins deux accélérateurs de particules, dont l'un au moins est émetteur de rayonnements d'énergie égale ou supérieure à 15 MeV.

Toutefois, elle peut exceptionnellement être accordée à titre dérogatoire à un demandeur qui dispose d'un seul appareil accélérateur de particules émetteur de rayonnements d'énergie égale ou supérieure à 15 MeV, lorsque l'accès à un plateau technique impose des temps de trajet ou des délais d'attente excessifs à une partie significative de la population du territoire de santé.

Cette autorisation dérogatoire ne peut cependant être accordée qu'à un demandeur *qui dispose sur un* autre site, dans la même région ou dans une région limitrophe, du plateau technique prévu au premier alinéa.

Art. R. 6123-94 Ne sont pas soumis à l'autorisation mentionnée à l'article R. 6123-87 les établissements de santé ou les personnes qui, étant membres d'un réseau territorial de cancérologie mentionné au 1° de l'article R. 6123-88, participent à la prise en charge de proximité de personnes atteintes de cancer en association avec un titulaire de l'autorisation :

a) En appliquant des traitements de chimiothérapie prescrits par un titulaire de l'autorisation ou en réalisant le suivi de tels traitements ;

b) En dispensant à ces patients des soins de suite *(Décr. n° 2008-377 du 17 avr. 2008, art. 1er-II)* « et de réadaptation » ou des soins palliatifs.

SOUS-SECTION 3 ÉVALUATION

Art. R. 6123-95 Le titulaire de l'autorisation mentionnée à l'article R. 6123-87 assure annuellement le suivi de la qualité de sa pratique de l'activité de soins conformément à des critères arrêtés par le ministre chargé de la santé. Les objectifs de ce suivi sont définis et fixés dans le contrat pluriannuel d'objectifs et de moyens conclu entre l'*(Décr. n° 2010-344 du 31 mars 2010, art. 183)* « agence régionale de santé » et le titulaire de l'autorisation en application des articles L. 6114-2 et L. 6114-3.

SECTION VIII NEUROCHIRURGIE

(Décr. n° 2007-364 du 19 mars 2007, art. 1er)

Art. R. 6123-96 L'activité de soins de neurochirurgie mentionnée au 12° de l'article R. 6122-25 comprend la prise en charge des patients présentant une pathologie portant sur l'encéphale, la mœlle épinière, les nerfs périphériques, leurs enveloppes (crâne, colonne vertébro-discale, méninges) et leurs vaisseaux et nécessitant ou susceptibles de nécessiter un acte neurochirurgical ou radiochirurgical en conditions stéréotaxiques.

Art. R. 6123-97 L'autorisation prévue par l'article L. 6122-1 ne peut être délivrée à un établissement de santé ou à un groupement de coopération sanitaire que s'il dispose sur un même site, éventuellement par convention avec un autre établissement implanté sur ce site, dans un bâtiment commun ou à défaut dans des bâtiments voisins, des moyens suivants :

1° Une unité d'hospitalisation et des salles d'opérations prenant en charge les patients de neurochirurgie ;

2° Une unité de réanimation autorisée ;

3° Un plateau technique d'imagerie permettant de pratiquer des examens de neuroradiologie.

L'autorisation précise le site sur lequel l'activité est exercée. Il ne peut être délivré qu'une autorisation par site.

Art. R. 6123-98 Pour le traitement neurochirurgical des lésions cancéreuses, le titulaire de l'autorisation de pratiquer l'activité de soins de neurochirurgie doit être détenteur de l'autorisation mentionnée au 18° de l'article R. 6122-25.

Art. R. 6123-99 L'autorisation de pratiquer l'activité de soins de neurochirurgie n'est pas exigée d'un établissement de santé ou d'un groupement de coopération sanitaire lorsqu'il est détenteur d'une autorisation de pratiquer l'activité de soins de chirurgie mentionnée au 2° de l'article R. 6122-25 et que l'activité de soins de neurochirurgie se limite aux lésions des nerfs périphériques et aux lésions de la colonne vertébro-discale et intradurale, à l'exclusion de la mœlle épinière.

Art. R. 6123-100 Le titulaire de l'autorisation ne peut mettre en œuvre les ou l'une des pratiques thérapeutiques suivantes :

1° Neurochirurgie fonctionnelle cérébrale ;

2° Radiochirurgie intracrânienne et extracrânienne en conditions stéréotaxiques ;

3° Neurochirurgie pédiatrique,

que si l'autorisation de pratiquer l'activité de soins en neurochirurgie l'a mentionné expressément.

Art. R. 6123-101 Le titulaire de l'autorisation de pratiquer l'activité de soins de neurochirurgie assure en permanence, en liaison avec le service d'aide médicale urgente appelé SAMU ou les structures des urgences mentionnées à l'article R. 6123-1, le diagnostic, y compris par télémédecine, et le traitement des patients.

Cette permanence peut être commune à plusieurs sites autorisés en neurochirurgie, selon les modalités d'organisation d'accès aux soins définies dans le schéma interrégional *(Décr. n° 2010-344 du 31 mars 2010, art. 184)* « d'organisation des soins de neurochirurgie ». Dans ce cas, une convention est établie entre les titulaires d'autorisation propre à chaque site.

Art. R. 6123-102 Le titulaire de l'autorisation de pratiquer l'activité de soins de neurochirurgie assure à tout moment, le cas échéant par convention avec d'autres établissements de santé ou groupements de coopération sanitaire, l'accès des patients :

1° Aux activités interventionnelles en neuroradiologie ;

2° A une unité de neurologie comprenant une activité neurovasculaire.

Lorsque la prestation est assurée en application d'une convention, elle doit l'être dans des délais compatibles avec les impératifs de sécurité.

Art. R. 6123-103 L'autorisation de pratiquer l'activité de soins de neurochirurgie ne peut être accordée ou renouvelée que si l'établissement de santé ou le groupement de coopération sanitaire justifie pour la neurochirurgie, par site, d'une activité annuelle, prévisionnelle en cas de création ou constatée en cas de renouvellement, au moins égale à un minimum fixé par arrêté du ministre chargé de la santé.

L'activité minimale distingue, le cas échéant, l'activité de neurochirurgie pédiatrique.

L'activité annuelle mentionnée au premier alinéa est établie :

– pour l'activité de neurochirurgie adultes, par référence aux interventions portant sur la sphère crânio-encéphalique ;

– pour la neurochirurgie pédiatrique, par référence à l'ensemble des interventions de neurochirurgie pédiatrique.

Conformément à l'article L. 6122-2, une autorisation dérogeant au premier alinéa du présent article peut être accordée ou renouvelée à titre exceptionnel, après analyse des besoins de la population, lorsque l'accès aux autres sites pratiquant l'activité de soins de neurochirurgie impose des temps de trajet excessifs à une partie significative de la population du territoire de santé.

SECTION IX ACTIVITÉS INTERVENTIONNELLES PAR VOIE ENDOVASCULAIRE EN NEURORADIOLOGIE

(Décr. nº 2007-366 du 19 mars 2007, art. 1er)

Art. R. 6123-104 Les activités interventionnelles par voie endovasculaire en neuroradiologie mentionnées au 13° de l'article R. 6122-25 portent sur la région cervico-céphalique et médullo-rachidienne.

Art. R. 6123-105 L'autorisation prévue par l'article L. 6122-1 ne peut être délivrée à un établissement de santé ou à un groupement de coopération sanitaire que s'il dispose sur un même site, éventuellement par convention avec un autre établissement implanté sur ce site, dans un bâtiment commun ou à défaut dans des bâtiments voisins, des moyens suivants :

1° Une unité d'hospitalisation prenant en charge les patients relevant des activités interventionnelles par voie endovasculaire en neuroradiologie ;

2° Une salle d'angiographie numérisée interventionnelle spécifique pour ces activités ;

3° Une unité de neurochirurgie autorisée ;

4° Une unité de réanimation autorisée ;

5° Un plateau technique d'imagerie permettant de pratiquer des examens de neuroradiologie.

L'autorisation précise le site sur lequel l'activité est exercée. Il ne peut être délivré qu'une autorisation par site.

Art. R. 6123-106 Pour le traitement en neuroradiologie interventionnelle des lésions cancéreuses, le titulaire de l'autorisation de pratiquer les activités interventionnelles par voie endovasculaire en neuroradiologie doit être détenteur de l'autorisation mentionnée au 18° de l'article R. 6122-25.

Art. R. 6123-107 *L'autorisation* de pratiquer les activités interventionnelles par voie endovasculaire en neuroradiologie n'est pas exigée d'un établissement de santé ou d'un groupement de coopération sanitaire lorsqu'il est détenteur d'une autorisation de pratiquer l'activité de soins de chirurgie mentionnée au 2° de l'article R. 6122-25 et que les activités interventionnelles par voie endovasculaire en neuroradiologie se limitent à l'angiographie interventionnelle des vaisseaux cervicaux.

Art. R. 6123-108 Le titulaire de l'autorisation de pratiquer les activités interventionnelles par voie endovasculaire en neuroradiologie assure en permanence, en liaison avec le service d'aide médicale urgente appelé SAMU ou les structures des urgences mentionnées à l'article R. 6123-1, le diagnostic, y compris par télémédecine, et le traitement des patients.

Cette permanence peut être commune à plusieurs sites autorisés à pratiquer ces activités, selon les modalités d'organisation de l'accès aux soins définie dans le schéma interrégional *(Décr. nº 2010-344 du 31 mars 2010, art. 185)* « d'organisation des soins » des activités interventionnelles par voie endovasculaire en neuroradiologie. Dans ce cas, une convention est établie entre les titulaires d'autorisation propre à chaque site.

Art. R. 6123-109 Le titulaire de l'autorisation de pratiquer les activités interventionnelles par voie endovasculaire en neuroradiologie assure à tout moment, le cas échéant par convention avec d'autres établissements de santé ou groupements de coopération sanitaire, l'accès des patients à une unité de neurologie comprenant une activité neurovasculaire.

Lorsque la prestation est assurée en application d'une convention, elle doit l'être dans des délais compatibles avec les impératifs de sécurité.

Art. R. 6123-110 L'autorisation de pratiquer les activités interventionnelles par voie endovasculaire en neuroradiologie ne peut être accordée ou renouvelée que si l'établissement de santé ou le groupement de coopération sanitaire justifie pour les activités interventionnelles par voie endovasculaire en neuroradiologie, par site, d'une activité annuelle, prévisionnelle en cas de création ou constatée en cas de renouvellement, au moins égale à un minimum fixé par arrêté du ministre chargé de la santé.

L'activité annuelle mentionnée au premier alinéa est établie, pour les activités interventionnelles par voie endovasculaire en neuroradiologie, par référence aux interventions portant sur la région cervico-céphalique et médullo-rachidienne.

Conformément à l'article L. 6122-2, une autorisation dérogeant au premier alinéa du présent article peut être accordée ou renouvelée à titre exceptionnel, après analyse des besoins de la population, lorsque l'accès aux autres sites pratiquant les activités interventionnelles par voie endovasculaire en neuroradiologie impose des temps de trajet excessifs à une partie significative de la population du territoire de santé.

SECTION X TRAITEMENT DES GRANDS BRÛLÉS

(Décr. nº 2007-1237 du 20 août 2007, art. 1er)

Art. R. 6123-111 L'activité de traitement des grands brûlés mentionnée au 9° de l'article R. 6122-25 consiste à prendre en charge les patients atteints de brûlures graves par leur étendue, leur profondeur ou leur localisation.

Art. R. 6123-112 L'autorisation de pratiquer l'activité de traitement des grands brûlés mentionne si le titulaire de l'autorisation prend en charge le traitement des adultes, des enfants ou à la fois des adultes et des enfants.

Art. R. 6123-113 L'établissement autorisé à pratiquer l'activité de traitement des grands brûlés dispose, sur le même site, de moyens coordonnés permettant d'accueillir et de dispenser des soins à tout moment :

1° Aux patients nécessitant des soins spécifiques de réanimation ;
2° Aux patients nécessitant des soins chirurgicaux spécifiques.

Ces moyens coordonnés constituent la structure de traitement des grands brûlés.

L'établissement autorisé organise la coordination de la prise en charge des patients nécessitant l'intervention d'autres professionnels ou moyens techniques.

Art. R. 6123-114 La structure de traitement des grands brûlés apporte en permanence son concours aux établissements autorisés à pratiquer l'activité de soins de médecine d'urgence mentionnée à l'article R. 6123-1 en vue d'établir le diagnostic relatif aux patients atteints de brûlures pris en charge en urgence et d'organiser, le cas échéant, leur orientation vers une structure de traitement des grands brûlés.

Le titulaire de l'autorisation de traitement des grands brûlés et les établissements autorisés à pratiquer les activités de soins de médecine d'urgence prévues à l'article R. 6123-1 concluent la convention prévue à l'article R. 6123-32-2 afin d'organiser la prise en charge directe et immédiate des grands brûlés qui le nécessitent dans la structure de traitement des grands brûlés.

Art. R. 6123-115 A la sortie du patient de la structure de traitement des grands brûlés, le titulaire de l'autorisation organise la continuité des soins et, le cas échéant, le transfert du patient vers une autre unité d'hospitalisation.

Afin de permettre la prise en charge des patients dont l'état de santé nécessite des soins de suite et des soins de rééducation et de réadaptation fonctionnelles, le titulaire de l'autorisation conclut une convention avec un ou plusieurs établissements autorisés à pratiquer une activité de soins de suite et une activité de rééducation et de réadaptation fonctionnelles mentionnées aux *[au]* 5° *(Abrogé par Décr. n° 2008-377 du 17 avr. 2008, art. 1er-II)* *« et 6° »* de l'article R. 6122-25 disposant des moyens de prise en charge des patients brûlés adultes et des patients brûlés enfants lorsque la structure de traitement des grands brûlés accueille des enfants.

Art. R. 6123-116 Les conventions mentionnées aux articles R. 6123-114 et R. 6123-115 précisent les modalités de collaboration entre les équipes médicales et paramédicales des établissements, notamment les modalités d'admission et de sortie, les conditions de prise en charge et de transfert des patients, ainsi que les modalités d'évaluation de la mise en œuvre de cette collaboration.

Art. R. 6123-117 Le titulaire de l'autorisation assure une activité de conseil et d'expertise auprès des établissements de santé prenant en charge des patients atteints de brûlures.

Il participe aux actions de prévention et recueille à cet effet les données sur les causes des brûlures qu'il est amené à prendre en charge.

SECTION XI SOINS DE SUITE ET DE RÉADAPTATION

(Décr. n° 2008-377 du 17 avr. 2008)

Art. R. 6123-118 L'activité de soins de suite et de réadaptation mentionnée au 5° de l'article R. 6122-25 a pour objet de prévenir ou de réduire les conséquences fonctionnelles, physiques, cognitives, psychologiques ou sociales des déficiences et des limitations de capacité des patients et de promouvoir leur réadaptation et leur réinsertion. Elle comprend, le cas échéant, des actes à visée diagnostique ou thérapeutique.

Les patients accueillis dans une structure exerçant l'activité de soins de suite et de réadaptation y sont directement admis ; ils peuvent également être transférés d'un établissement de santé ou d'un établissement ou service médico-sociaux mentionnés à l'article L. 312-1 du code de l'action sociale et des familles.

Art. R. 6123-119 L'autorisation d'exercer l'activité de soins de suite et de réadaptation ne peut être accordée, en application de l'article L. 6122-1, ou renouvelée, en application de l'article L. 6122-10, que si l'établissement de santé est en mesure d'assurer :

1° Les soins médicaux, la rééducation et la réadaptation afin de limiter les handicaps physiques, sensoriels, cognitifs et comportementaux, de prévenir l'apparition d'une dépendance, de favoriser l'autonomie du patient ;

2° Des actions de prévention et l'éducation thérapeutique du patient et de son entourage ;

3° La préparation et l'accompagnement à la réinsertion familiale, sociale, scolaire ou professionnelle.

Art. R. 6123-120 L'autorisation de soins de suite et de réadaptation mentionne, le cas échéant :

1° Si l'établissement de santé prend en charge des enfants ou des adolescents, à titre exclusif ou non, ainsi que la ou les tranches d'âges de ces enfants parmi la liste suivante :

– les enfants de moins de six ans ;
– les enfants de plus de six ans ou les adolescents.

La mention de la prise en charge des enfants ou adolescents n'est autorisée que si l'établissement de santé assure l'ensemble des aspects sanitaire, éducatif, psychologique et social de la prise en charge des enfants ou adolescents qu'il accueille.

2° Si l'établissement de santé assure une prise en charge spécialisée des conséquences fonctionnelles d'une ou plusieurs des catégories d'affections suivantes :

a) Affections de l'appareil locomoteur ;
b) Affections du système nerveux ;
c) Affections cardio-vasculaires ;

d) Affections respiratoires ;
e) Affections des systèmes digestif, métabolique et endocrinien ;
f) Affections onco-hématologiques ;
g) Affections des brûlés ;
h) Affections liées aux conduites addictives ;
i) Affections de la personne âgée polypathologique, dépendante ou à risque de dépendance.

Art. R. 6123-121 L'autorisation d'exercer l'activité de soins de suite et de réadaptation selon la seule forme de l'hospitalisation à temps partiel, définie au 1° et au 3° de l'article R. 6121-4, peut être accordée à un établissement de santé à la condition qu'il organise la prise en charge des patients dont l'état le requerrait dans un établissement de santé autorisé à exercer cette activité en hospitalisation complète, avec lequel il passe convention. Cette convention est transmise à l'*(Décr. nº 2010-344 du 31 mars 2010, art. 186)* « agence régionale de santé ».

Art. R. 6123-122 *(Décr. nº 2017-500 du 6 avr. 2017, art. 3-4º)* Constitue, au sens de l'article L. 2321-2, une maison d'enfants à caractère sanitaire permanent un établissement dont l'activité, qui s'exerce pendant plus de neuf mois par an, se caractérise notamment par des prises en charge longues, qui peuvent être répétées, en dehors des périodes de scolarisation et qui nécessitent un recours à des professionnels socioéducatifs.

Constitue une maison d'enfants à caractère sanitaire temporaire un établissement dont l'activité fait l'objet d'une fermeture au moins trois mois par an et remplit les autres conditions prévues au premier alinéa.

La qualification de maison d'enfants à caractère sanitaire permanent ou temporaire est inscrit *[inscrite]* dans le contrat pluriannuel d'objectifs et de moyens de l'établissement.

Art. R. 6123-123 L'établissement de santé autorisé à exercer l'activité de soins de suite et de réadaptation participe au réseau de prise en charge des urgences prévu par les articles R. 6123-26 à R. 6123-32, dans les conditions que détermine la convention constitutive du réseau.

Art. R. 6123-124 L'établissement de santé autorisé à exercer l'activité de soins de suite et de réadaptation organise, par convention avec d'autres établissements de santé, pour les cas où l'état de santé des patients le nécessiterait :

1° Leur prise en charge dans les structures dispensant des soins de courte durée ou de longue durée mentionnés à l'article L. 6111-2 ;

2° Leur prise en charge dans les structures de soins de suite et de réadaptation accueillant les catégories de patients ou affections mentionnées à l'article R. 6123-120, dont il ne dispose pas lui-même.

Art. R. 6123-125 L'établissement de santé autorisé au titre de l'article R. 6123-120 assure auprès d'autres établissements de santé et auprès des établissements et services médico-sociaux mentionnés à l'article L. 312-1 du code de l'action sociale et des familles un rôle d'expertise ou de recours.

Art. R. 6123-126 L'établissement de santé autorisé à exercer l'activité de soins de suite et de réadaptation organise, au moyen de conventions, les coopérations avec les établissements, services ou personnes mentionnés au code de la santé publique ou au code de l'action sociale et des familles que nécessitent :

1° La mise en œuvre de sa mission de préparation et d'accompagnement à la réinsertion prévue au 3° de l'article R. 6123-119, notamment l'admission en établissement ou en service médico-sociaux mentionnés à l'article L. 312-1 du code de l'action sociale et des familles ;

2° La coordination de la prise en charge et du suivi des patients.

Ces conventions sont transmises à l'*(Décr. nº 2010-344 du 31 mars 2010, art. 186)* « agence régionale de santé ».

SECTION XII EXAMEN DES CARACTÉRISTIQUES GÉNÉTIQUES D'UNE PERSONNE ET IDENTIFICATION D'UNE PERSONNE PAR EMPREINTES GÉNÉTIQUES À DES FINS MÉDICALES

(Décr. nº 2008-321 du 4 avr. 2008)

Art. R. 6123-127 Les conditions d'implantation des activités mentionnées au 19º de l'article R. 6122-25 sont prévues au titre III du livre Ier de la première partie du présent code.

SECTION XIII ACTIVITÉS INTERVENTIONNELLES SOUS IMAGERIE MÉDICALE, PAR VOIE ENDOVASCULAIRE, EN CARDIOLOGIE

(Décr. nº 2009-409 du 14 avr. 2009)

Art. R. 6123-128 Les activités interventionnelles sous imagerie médicale, par voie endovasculaire, en cardiologie mentionnées au 11º de l'article R. 6122-25 comprennent trois types d'actes :

1º Les actes électrophysiologiques de rythmologie interventionnelle, de stimulation multisites et de défibrillation, y compris la pose de dispositifs de prévention de la mortalité liée à des troubles du rythme ;

2º Les actes portant sur les cardiopathies de l'enfant y compris les éventuelles réinterventions à l'âge adulte sur les cardiopathies congénitales, à l'exclusion des actes réalisés en urgence ;

3º Les actes portant sur les autres cardiopathies de l'adulte.

L'autorisation mentionne les types d'actes pratiqués.

Art. R. 6123-129 L'autorisation de pratiquer sur les patients adultes les activités interventionnelles définies à l'article R. 6123-128 ne peut être accordée que pour un site sur lequel le demandeur dispose, dans un bâtiment commun ou à défaut dans des bâtiments voisins, d'une unité d'hospitalisation de médecine à temps complet et d'une unité de soins intensifs cardiologiques, éventuellement mises à disposition par convention avec un autre établissement implanté sur ce site.

Le demandeur doit également disposer sur le même site :

1º Lorsqu'il pratique les actes mentionnés au 1º de l'article R. 6123-128 d'au moins une salle d'imagerie numérisée dédiée aux activités cardiovasculaires ;

2º Lorsqu'il pratique les actes mentionnés au 2º ou au 3º de l'article R. 6123-128 d'au moins une salle d'angiographie numérisée dédiée aux activités cardiovasculaires.

Art. R. 6123-130 L'autorisation de réaliser sur les enfants les activités interventionnelles définies au 2º de l'article R. 6123-128 ne peut être accordée que si le demandeur dispose sur le même site d'une unité d'hospitalisation de médecine à temps complet et d'une salle d'angiographie numérisée.

Art. R. 6123-131 Lorsque l'état du patient exige des soins de chirurgie cardiaque, de chirurgie vasculaire ou de réanimation, le titulaire de l'autorisation lui assure la prise en charge et le suivi appropriés ou, le cas échéant, le transfère dans un établissement de santé apte à lui dispenser les soins nécessaires, dans un délai compatible avec les impératifs de sécurité.

Une convention passée entre le titulaire de l'autorisation et les établissements appelés, *le cas échéant, à recevoir des patients fixe* les modalités de leur transfert, de leur prise en charge et de leur suivi.

Art. R. 6123-132 Lorsque l'autorisation porte sur les actes mentionnés au 3º de l'article R. 6123-128, elle n'est accordée que si le demandeur s'engage à les pratiquer vingt-quatre heures sur vingt-quatre tous les jours de l'année et à assurer la permanence des soins.

Le titulaire de l'autorisation est membre du réseau de prise en charge des urgences prévu à l'article R. 6123-26 dans les conditions que détermine la convention constitutive du réseau.

Art. R. 6123-133 L'autorisation ne peut être accordée ou renouvelée que si l'activité annuelle, prévisionnelle en cas de création, ou constatée en cas de renouvellement, est au moins égale, pour chaque type d'actes prévus à l'article R. 6123-128, à un minimum fixé par arrêté du ministre chargé de la santé. L'activité annuelle prend en compte, pour chaque site et pour chaque type d'actes, tout ou partie des actes qui en relèvent.

Par dérogation aux dispositions de l'alinéa précédent, l'autorisation peut, à titre exceptionnel, être accordée ou renouvelée à un demandeur dont l'activité, pour un site, est inférieure au minimum fixé pour les actes mentionnés au 3° de l'article R. 6123-128, lorsque l'éloignement des autres établissements autorisés à pratiquer ces actes imposerait à une fraction significative de la population du territoire de santé des temps de trajet pouvant mettre en jeu le pronostic vital.

CHAPITRE IV CONDITIONS TECHNIQUES DE FONCTIONNEMENT

SECTION PREMIÈRE ACTIVITÉS DE SOINS

SOUS-SECTION 1 MÉDECINE D'URGENCE

(Décr. n° 2006-577 du 22 mai 2006)

§ 1er STRUCTURES DE MÉDECINE D'URGENCE

Art. D. 6124-1 Les médecins d'une structure de médecine d'urgence sont titulaires du diplôme d'études spécialisées complémentaires en médecine d'urgence ou sont praticiens hospitaliers de médecine polyvalente d'urgence.

Les médecins titulaires d'un diplôme sanctionnant une formation universitaire en médecine d'urgence ou les médecins justifiant d'une expérience professionnelle équivalente à au moins trois ans dans un service ou une structure de médecine d'urgence peuvent également exercer leur fonction dans une structure de médecine d'urgence.

D'autres médecins peuvent également exercer leurs fonctions au sein de cette structure, dès lors qu'ils s'engagent corrélativement dans une formation universitaire en médecine d'urgence. Cette dernière condition n'est pas exigée des personnels enseignants et hospitaliers qui participent à l'enseignement en médecine d'urgence.

En outre, tout médecin peut participer à la continuité des soins de la structure de médecine d'urgence après inscription au tableau de service validé par le responsable ou le coordonnateur de la structure.

Des dispositions spécifiques, précisées à l'article D. 6124-26-3, sont applicables aux structures des urgences pédiatriques mentionnées au 3° de l'article R. 6123-1.

Art. D. 6124-2 L'effectif de la structure de médecine d'urgence est fixé de façon à ce que cette structure puisse assurer ses missions.

L'effectif est adapté au nombre d'appels adressés au SAMU, au nombre de sorties de la structure mobile d'urgence et de réanimation, dénommée SMUR, ou au nombre de passages de patients dans la structure des urgences.

L'effectif du personnel médical et non médical est renforcé pendant les périodes où une activité particulièrement soutenue est régulièrement observée.

Art. D. 6124-3 L'effectif de l'équipe médicale de la structure de médecine d'urgence comprend un nombre de médecins suffisant pour qu'au moins l'un d'entre eux soit présent en permanence.

Art. D. 6124-4 La structure de médecine d'urgence dispose d'un personnel de secrétariat.

Art. D. 6124-5 L'encadrement de l'équipe non médicale de la structure de médecine d'urgence est assuré par un cadre de santé de la filière infirmière affecté pour tout ou *partie de son* temps à la structure.

Art. D. 6124-6 *(Décr. n° 2016-1645 du 1er déc. 2016, art. 3-26°)* La structure de médecine d'urgence est, dans les établissements de santé publics et privés d'intérêt collectif, placée sous la responsabilité d'un praticien hospitalier de médecine polyvalente d'urgence ou d'un médecin justifiant d'une expérience professionnelle équivalente à au moins deux ans dans cette discipline et titulaire du diplôme d'études spécialisées complémentaires en médecine d'urgence. Dans les établissements publics, ce médecin est, en outre, praticien titulaire et exerce effectivement ses fonctions dans la ou les structures de médecine d'urgence de l'établissement.

Dans les autres établissements de santé, la structure de médecine d'urgence est coordonnée par un médecin justifiant de l'expérience minimale mentionnée à l'alinéa précédent.

Un médecin titulaire d'un diplôme d'études spécialisées ou d'une qualification ordinale justifiant d'une expérience professionnelle équivalente à au moins quatre ans dans une structure de médecine d'urgence peut être nommé, selon les cas, responsable ou coordonnateur d'une structure de médecine d'urgence.

A titre dérogatoire, un médecin assurant, lors de la délivrance à un établissement de l'autorisation d'exercer une activité mentionnée à l'article R. 6123-1, selon les cas, la responsabilité ou la coordination d'une structure de médecine d'urgence de cet établissement et ne remplissant pas les conditions énoncées aux alinéas précédents peut continuer à exercer la fonction de responsable ou de coordonnateur d'une structure de médecine d'urgence. Lorsqu'il s'agit d'un établissement public de santé, ce médecin continue à exercer sa fonction dans les conditions définies à l'article L. 6146-3.

Art. D. 6124-7 *Abrogé par Décr. n° 2016-1645 du 1er déc. 2016, art. 3.*

Art. D. 6124-8 Dans un établissement de santé privé autorisé à exercer l'activité mentionnée au 3° de l'article R. 6123-1 et afin d'assurer la permanence médicale mentionnée à l'article D. 6124-3, un tableau de présence des médecins exerçant à titre libéral est élaboré chaque mois, et validé par le médecin coordonnateur de la structure des urgences, puis transmis à la caisse primaire d'assurance maladie.

Un médecin inscrit sur ce tableau de présence ne peut être inscrit simultanément à une même date sur le tableau départemental de permanence en médecine ambulatoire prévu à l'article R. 6315-2.

Art. D. 6124-9 Des dispositions particulières, précisées à l'article D. 6124-26-2, sont applicables au médecin responsable d'une structure des urgences pédiatriques mentionnée au 3° de l'article R. 6123-1.

Art. D. 6124-10 Lorsqu'une équipe commune est constituée dans le cadre d'une fédération médicale interhospitalière ou dans le cadre d'un groupement de coopération sanitaire pour exercer l'activité de médecine d'urgence, la permanence sur chacun des sites autorisés est organisée conformément aux dispositions de l'article D. 6124-3.

Art. D. 6124-11 Lorsque la structure des urgences et la structure mobile d'urgence et de réanimation organisent une permanence médicale ou non médicale commune, notamment en application de l'article R. 6123-9, les modalités de prise en charge des patients se présentant à la structure des urgences sont prévues par l'établissement autorisé et permettent une intervention sans délai de la structure mobile d'urgence et de réanimation.

Lorsque l'équipe de la structure mobile d'urgence et de réanimation intervient hors de l'établissement, la permanence de la structure des urgences est assurée par un médecin et un infirmier de l'établissement.

§ 2 STRUCTURE MOBILE D'URGENCE ET DE RÉANIMATION

Art. D. 6124-12 L'autorisation d'exercer l'activité mentionnée au 2° de l'article R. 6123-1 ne peut être délivrée à un établissement de santé que s'il dispose des personnels, conducteur ou pilote, ainsi que du matériel, nécessaires à l'utilisation des moyens de transports terrestres, aériens ou maritimes prévus au chapitre II du titre Ier du livre III de la présente partie.

Les personnels et les moyens de transports sanitaires mentionnés au premier alinéa peuvent être mis à la disposition de l'établissement autorisé dans le cadre de conventions entre cet établissement et des organismes publics et privés. Des entreprises de transport sanitaire privé, des associations agréées de sécurité civile ou les services départementaux d'incendie et de secours peuvent mettre à disposition, par voie de convention avec cet établissement de santé, certains de leurs moyens.

Un arrêté du ministre chargé de la santé précise la nature et les caractéristiques exigées des moyens de transports ainsi que leurs conditions d'utilisation.

Art. D. 6124-13 L'équipe d'intervention de la structure mobile d'urgence et de réanimation comprend au moins un médecin, un infirmier et un conducteur ou pilote.

Le conducteur remplit les conditions prévues au 1° de l'article R. 6312-7.

Le médecin régulateur de la structure d'aide médicale urgente adapte, le cas échéant en tenant compte des indications données par le médecin présent auprès du patient, la composition de l'équipe d'intervention aux besoins du patient.

Art. D. 6124-14 Lors d'un transport interhospitalier mentionné au 2° de l'article R. 6123-15, l'équipe d'intervention peut, si l'état du patient le permet, être constituée de deux personnes, dont le médecin mentionné à l'article D. 6124-13.

Art. D. 6124-15 Pour les besoins du service, il peut être fait appel à des internes de spécialité médicale ou chirurgicale ou des internes en psychiatrie ayant validé quatre semestres et ayant acquis une formation à la prise en charge des urgences par une expérience professionnelle d'au moins un an dans le domaine de l'urgence ou de la réanimation.

Art. D. 6124-16 La structure d'aide médicale urgente dispose notamment :

1° D'une salle dotée de moyens de télécommunications lui permettant d'être en liaison permanente avec le SAMU et avec ses propres équipes d'intervention ;

2° Lorsqu'il est détenteur des moyens de transport sanitaire mentionnés à l'article D. 6124-12, d'un garage destiné à ces moyens de transports terrestres et aux véhicules de liaison ;

3° D'un local sécurisé permettant le stockage des dotations de dispositifs médicaux et de médicaments pour besoins urgents dans des conditions appropriées à leur conservation.

§ 3 STRUCTURE DES URGENCES

Art. D. 6124-17 L'effectif de l'équipe médicale de la structure des urgences comprend un nombre d'infirmiers suffisant pour qu'au moins l'un d'entre eux soit présent en permanence.

Art. D. 6124-18 Lorsque l'activité de la structure des urgences le justifie, l'équipe comprend en outre un infirmier assurant une fonction d'accueil et d'organisation de la prise en charge du patient.

Cet infirmier met en œuvre, par délégation du médecin présent dans la structure, les protocoles d'orientation et coordonne la prise en charge du patient, le cas échéant jusqu'à l'hospitalisation de ce dernier.

Art. D. 6124-19 Lorsque l'activité de la structure des urgences le justifie, l'équipe comprend également des puéricultrices, des aides-soignants et, le cas échéant, des auxiliaires de puériculture et des agents des services hospitaliers qualifiés.

L'équipe dispose en tant que de besoin de personnels chargés du brancardage.

Art. D. 6124-20 L'équipe dispose en tant que de besoin d'un agent chargé des admissions.

Art. D. 6124-21 Un assistant de service social est affecté pour tout ou partie de son temps à la structure des urgences. Il est notamment chargé de mettre en œuvre les dispositions de l'article R. 6123-22.

Art. D. 6124-22 La structure des urgences dispose notamment :

1° D'une salle d'accueil préservant la confidentialité ;

2° D'un espace d'examen et de soins ;

3° D'au moins une salle d'accueil des urgences vitales comportant les moyens nécessaires à la réanimation immédiate ;

4° *D'une unité d'hospitalisation* de courte durée comportant au moins deux lits, dont la capacité est adaptée à l'activité de la structure.

Lorsque l'analyse de l'activité des urgences fait apparaître un nombre important de passages d'enfants ou de patients nécessitant des soins psychiatriques, l'organisation de la prise en charge au sein de l'unité d'hospitalisation de courte durée est adaptée à ces patients.

Art. D. 6124-23 L'établissement de santé autorisé à exercer l'activité mentionnée au 3° de l'article R. 6123-1 :

1° Met en place les aménagements de locaux et d'équipements permettant l'accès des personnes vulnérables, notamment handicapées, et organise spécifiquement leur accueil au sein de la structure des urgences ;

2° Prévoit des modalités d'accueil adaptées, d'une part pour les personnes gardées à vue et, d'autre part, s'il est désigné pour dispenser des soins d'urgence aux détenus en application de l'article *(Décr. n° 2016-1505 du 8 nov. 2016, art. 3-I-4°)* « R. 6111-27 », pour ces personnes, conformément aux dispositions de la section II du chapitre II du titre Ier du livre Ier de la présente partie ;

3° Prévoit, dans le plan blanc pris en application de l'article L. 3110-7, un lieu qui permette d'accueillir des patients ou des victimes se présentant massivement à la structure des urgences et situé, dans la mesure du possible, à proximité de la structure des urgences ;

4° Prévoit des modalités d'accueil et de prise en charge adaptées pour les patients victimes d'un accident nucléaire, radiologique, chimique ou suspects d'une pathologie biologique à risque contagieux.

Art. D. 6124-24 L'établissement de santé autorisé à exercer l'activité mentionnée au 3° de l'article R. 6123-1 organise en son sein ou par convention avec un autre établissement ou dans le cadre du réseau mentionné à l'article R. 6123-26, l'accès en permanence et sans délai des patients accueillis dans la structure des urgences :

1° Aux équipements d'imagerie ainsi qu'aux professionnels compétents de l'imagerie ;

2° Aux analyses de biologie médicale ainsi qu'aux professionnels compétents de la biologie médicale.

Dans chaque cas, les résultats des examens d'imagerie conventionnelle, d'échographie, de scanographie, d'IRM et d'imagerie interventionnelle ou des examens et analyses en biochimie, hématologie, hémobiologie, microbiologie, toxicologie, hémostase et gaz du sang, et leur interprétation par l'établissement ou la structure conventionné mentionné au premier alinéa, sont transmis à la structure des urgences dans les meilleurs délais, et en tout état de cause, dans des délais compatibles avec l'état de santé du patient.

§ 4 RÉSEAU DE PRISE EN CHARGE DES URGENCES

Art. D. 6124-25 L'établissement participant au réseau mentionné à l'article R. 6123-26 transmet régulièrement à l'ensemble des membres de ce réseau, dans des conditions prévues par la convention constitutive :

1° Un répertoire opérationnel de ses ressources disponibles et mobilisables ;

2° Les modalités d'accès et de fonctionnement à ces ressources, notamment les tableaux de service ou les tableaux de permanence médicale.

Il transmet également ce répertoire opérationnel à l'*(Décr. n° 2010-344 du 31 mars 2010, art. 187)* « agence régionale de santé ». Celle-ci réalise chaque année une synthèse des répertoires au niveau régional et la transmet à tous les professionnels concernés.

Art. D. 6124-26 Les équipes médicales des structures de soins de l'établissement ou des établissements membres du réseau mentionné à l'article R. 6123-26 s'organisent *dans ce cadre pour être joints par les* médecins de la structure de médecine d'urgence et, le cas échéant, intervenir dans les meilleurs délais.

§ 5 PRISE EN CHARGE DES URGENCES PÉDIATRIQUES

Art. D. 6124-26-1 Lorsque la prise en charge des urgences pédiatriques est organisée dans les conditions prévues au premier alinéa de l'article R. 6123-32-7, la permanence médicale constituée pour ces urgences peut être assurée par les médecins de la structure de pédiatrie mentionnée au même alinéa.

Dans ce cas, cette prise en charge peut être placée sous la responsabilité d'un pédiatre de cette structure pédiatrique ou d'un médecin remplissant les conditions prévues à l'article D. 6124-1 qui justifie d'une expérience en pédiatrie.

Les moyens humains et techniques de la structure des urgences et de la structure de pédiatrie mentionnée au premier alinéa de l'article R. 6123-32-7 peuvent être mis en commun pour la réalisation de ces prises en charge.

Art. D. 6124-26-2 La structure des urgences pédiatriques mentionnée au 3° du *[de l'article]* R. 6123-1 est placée sous la responsabilité d'un médecin justifiant d'un titre ou d'une qualification en pédiatrie ou en chirurgie infantile et d'une expérience professionnelle équivalente à au moins deux ans dans une structure des urgences pédiatriques.

Art. D. 6124-26-3 Les médecins de la structure des urgences pédiatriques justifient d'un titre ou d'une qualification en pédiatrie ou en chirurgie infantile.

Toutefois, tout médecin justifiant d'une expérience professionnelle équivalente à au moins six mois en pédiatrie peut également, après inscription au tableau de service validé par le médecin responsable, participer au fonctionnement de la structure des urgences pédiatriques.

Art. D. 6124-26-4 L'établissement autorisé à faire fonctionner une structure des urgences pédiatriques organise en son sein, ou par convention particulière avec un autre établissement de santé, ou dans le cadre du réseau mentionné à l'article R. 6123-26, l'accès en permanence à tous les moyens humains et techniques nécessaires à la prise en charge des urgences accueillies dans cette structure, notamment le recours à un chirurgien et à un anesthésiste expérimentés en pédiatrie.

Art. D. 6124-26-5 Le personnel non médical affecté à la prise en charge des urgences pédiatriques a acquis une formation à la prise en charge des urgences pédiatriques, soit au cours de ses études, soit par une formation ultérieure.

§ 6 PRISE EN CHARGE DES URGENCES PSYCHIATRIQUES

Art. D. 6124-26-6 Lorsque l'analyse de l'activité d'une structure des urgences fait apparaître un nombre important de passages de patients nécessitant des soins psychiatriques, la structure comprend en permanence un psychiatre.

Lorsque ce psychiatre n'appartient pas à l'équipe de la structure des urgences, il intervient dans le cadre de la convention prévue à l'article D. 6124-26-8.

Dans le cas autre que celui prévu au premier alinéa, un psychiatre peut être joint et intervenir, en tant que de besoin, dans les meilleurs délais, dans le cadre de la convention prévue à l'article D. 6124-26-8.

Art. D. 6124-26-7 Outre les membres mentionnés aux articles D. 6124-17 à D. 6124-21, le personnel de la structure des urgences d'un établissement de santé comprend au moins selon le cas :

1° Un infirmier ayant acquis une expérience professionnelle dans une structure de psychiatrie ;

2° Un infirmier appartenant à un établissement mentionné au 1° de l'article L. 3221-1 ;

3° Un infirmier appartenant à la structure de psychiatrie de l'établissement lorsque celui*[-ci]* est autorisé à exercer l'activité de soins de psychiatrie mentionnée au 4° de l'article R. 6122-25.

Art. D. 6124-26-8 Lorsqu'il n'est pas autorisé à exercer l'activité de soins de psychiatrie, l'établissement autorisé à faire fonctionner une structure des urgences et un ou plusieurs établissements mentionnés au 1° de l'article L. 3221-1 intervenant dans le territoire de santé de médecine d'urgence concluent entre eux une convention.

Cette convention précise les conditions de mise en œuvre des dispositions des articles D. 6124-26-6 et D. 6124-26-7.

Cette convention indique également les modalités selon lesquelles la structure des urgences assure ou fait assurer, s'il y a lieu, le transfert des patients dont l'état exige qu'ils soient pris en charge par un établissement de santé autorisé à exercer l'activité de soins de psychiatrie, dans le respect des dispositions du second alinéa de l'article L. 3211-1 et de l'article L. 3222-1.

Art. D. 6124-26-9 Lorsque l'établissement autorisé à faire fonctionner une structure des urgences est également autorisé à exercer l'activité de soins de psychiatrie, le responsable de la structure des urgences et le responsable de la structure de psychiatrie définissent un protocole de prise en charge des patients nécessitant des soins psychiatriques.

Si l'établissement ne dispose pas de l'habilitation mentionnée à l'article L. 3222-1, il conclut une convention avec un établissement de santé autorisé à exercer l'activité de soins de psychiatrie et disposant de cette habilitation.

Cette convention précise les modalités selon lesquelles la structure des urgences assure ou fait assurer, s'il y a lieu, le transfert des patients dont l'état exige qu'ils soient pris en charge par un établissement de santé autorisé à exercer l'activité de soins de psychiatrie, dans le respect des dispositions du second alinéa de l'article L. 3211-1 et de l'article L. 3222-1.

Art. D. 6124-26-10 Les stipulations des conventions mentionnées aux articles D. 6124-26-8 et D. 6124-26-9 sont insérées, le cas échéant, dans la convention constitutive du réseau prévue à l'article R. 6123-29.

SOUS-SECTION 2 RÉANIMATION

§ 1er DISPOSITIONS COMMUNES *(Décr. n° 2006-74 du 24 janv. 2006, art. 2-I).*

Art. D. 6124-27 L'unité de réanimation dispose de locaux distribués en trois zones :

1° Une zone d'accueil, située en amont de la zone technique et de la zone d'hospitalisation, permettant le contrôle des flux entrants de personnels, de malades, de visiteurs et de matériels ;

2° Une zone d'hospitalisation ;

3° Une zone technique de nettoyage, de décontamination et de rangement de matériel.

Art. D. 6124-28 L'unité de réanimation dispose d'une pièce, en son sein ou à proximité immédiate, permettant aux médecins d'assurer la permanence médicale sur place vingt-quatre heures sur vingt-quatre, tous les jours de l'année.

Art. D. 6124-28-1 *(Décr. n° 2006-74 du 24 janv. 2006, art. 1er-I)* L'activité de réanimation ne peut être autorisée que si l'établissement de santé dispose sur place vingt-quatre heures sur vingt-quatre, tous les jours de l'année :

1° Des équipements mobiles permettant de réaliser, éventuellement dans les chambres de l'unité de réanimation lorsque les conditions de prise en charge du patient le justifient, des examens de radiologie classique, d'échographie et *(Décr. n° 2006-74 du 24 janv. 2006, art. 1er-II)* « , pour la réanimation adulte, » d'endoscopie bronchique et digestive ;

2° D'un secteur opératoire organisé de façon à mettre à la disposition de l'unité au moins une salle aseptique et des moyens de surveillance post-interventionnelle répondant aux conditions fixées par les articles D. 6124-97 à D. 6124-102 ;

3° De moyens techniques permettant de pratiquer les examens en scanographie, angiographie et *(Décr. n° 2006-74 du 24 janv. 2006, art. 1er-II)* « , pour la réanimation adulte, » imagerie par résonance magnétique ;

4° D'un laboratoire en mesure de pratiquer des examens de bactériologie, hématologie, biochimie ainsi que ceux relatifs à l'hémostase et aux gaz du sang.

Les établissements ne disposant pas des moyens prévus aux 2° à 4° ci-dessus peuvent passer une convention avec un établissement en disposant.

Lorsque la prestation est assurée par convention, elle l'est dans des délais compatibles avec les impératifs de sécurité.

Art. D. 6124-29 Dans toute unité de réanimation, la permanence médicale est assurée par au moins un médecin membre de l'équipe médicale dont la composition est définie *(Décr. n° 2006-74 du 24 janv. 2006, art. 2-II)* « aux articles D. 6124-31 pour la réanimation adulte et D. 6124-34 pour la réanimation pédiatrique ou pédiatrique spécialisée ». Dans les établissements publics de santé et *(Décr. n° 2016-1645 du 1er déc. 2016, art. 3-28°)* « les établissements privés d'intérêt collectif, » elle peut être assurée en dehors du service de jour par un interne en médecine dans des conditions fixées par arrêté du ministre chargé de la santé. Dans ce cas, un médecin de l'équipe médicale mentionnée *(Décr. nº 2006-74 du 24 janv. 2006, art. 2-II)* « respectivement aux articles D. 6124-31 et D. 6124-34 » est placé en astreinte opérationnelle.

Art. D. 6124-30 Le responsable d'une unité de réanimation pour adultes est titulaire, selon l'orientation médicale, chirurgicale ou médico-chirurgicale de l'unité, de l'un des diplômes ou qualifications mentionnés aux 1° et 2° de l'article D. 6124-31.

§ 2 DISPOSITIONS RELATIVES À LA RÉANIMATION ADULTE *(Décr. nº 2006-74 du 24 janv. 2006, art. 2-III).*

Art. D. 6124-31 L'équipe médicale d'une unité de réanimation *(Décr. nº 2006-74 du 24 janv. 2006, art. 2-V)* « adulte » comprend :

1° Un ou plusieurs médecins qualifiés compétents en réanimation ou titulaires du diplôme d'études spécialisées complémentaire de réanimation médicale lorsqu'il s'agit d'une unité à orientation médicale ou médico-chirurgicale ;

2° Un ou plusieurs médecins qualifiés spécialistes ou compétents en anesthésie-réanimation ou qualifiés spécialistes en anesthésiologie-réanimation chirurgicale lorsqu'il s'agit d'une unité à orientation chirurgicale ou médico-chirurgicale ;

3° Le cas échéant, un ou plusieurs médecins ayant une expérience attestée en réanimation selon des modalités précisées par arrêté du ministre chargé de la santé.

Art. D. 6124-32 Sous la responsabilité d'un cadre infirmier, l'équipe paramédicale d'une unité de réanimation *(Décr. nº 2006-74 du 24 janv. 2006, art. 2-VI)* « adulte » comprend au minimum :

– deux infirmiers ou infirmières pour cinq patients ;

– un aide-soignant pour quatre patients.

Art. D. 6124-33 L'établissement de santé est en mesure de faire intervenir en permanence un masseur-kinésithérapeute justifiant d'une expérience attestée en réanimation et dispose, en tant que de besoin, d'un psychologue ou d'un psychiatre et de personnel à compétence biomédicale.

§ 3 DISPOSITIONS RELATIVES À LA RÉANIMATION PÉDIATRIQUE ET À LA RÉANIMATION PÉDIATRIQUE SPÉCIALISÉE

(Décr. nº 2006-74 du 24 janv. 2006)

Art. D. 6124-34 Dans toute unité de réanimation pédiatrique ou pédiatrique spécialisée, mentionnée à l'article R. 6123-38-1, la permanence médicale est assurée par au moins un médecin satisfaisant à l'une des conditions ci-dessous :

1° Être qualifié spécialiste en pédiatrie ;

2° Être qualifié spécialiste ou compétent en anesthésie-réanimation ou qualifié spécialiste en réanimation médicale.

Ces médecins disposent d'une expérience en néonatologie ou en réanimation pédiatrique lorsqu'ils exercent en réanimation pédiatrique, et en réanimation pédiatrique lorsqu'ils exercent en réanimation pédiatrique spécialisée.

Art. D. 6124-34-1 Le responsable d'une unité de réanimation pédiatrique ou pédiatrique spécialisée est un pédiatre ou un anesthésiste-réanimateur ayant une formation diplômante en réanimation et deux ans d'expérience en réanimation pédiatrique médico-chirurgicale, ou cinq ans d'expérience en réanimation pédiatrique médico-chirurgicale.

Art. D. 6124-34-2 L'équipe paramédicale d'une unité de réanimation pédiatrique ou pédiatrique spécialisée comprend au minimum un aide-soignant ou un auxiliaire de puériculture pour quatre patients. Cette équipe est dirigée par un cadre de santé de la filière infirmière affecté, pour tout ou partie, à l'unité de réanimation pédiatrique ou *pédiatrique spécialisée.*

Toute unité de réanimation pédiatrique ou pédiatrique spécialisée doit être en mesure de faire intervenir en permanence un masseur-kinésithérapeute justifiant d'une expérience attestée en réanimation.

Elle doit par ailleurs organiser le recours à un psychiatre ou à un psychologue, un orthophoniste, un psychomotricien et un assistant social.

Art. D. 6124-34-3 La permanence médicale en réanimation pédiatrique peut être, la nuit, le samedi après-midi, le dimanche et les jours fériés, commune aux unités de réanimation pédiatrique et de réanimation néonatale dès lors que ces deux unités sont à proximité immédiate et que le niveau d'activité le permet. Dans ce cas, un médecin couvrant l'autre spécialité est placé en astreinte opérationnelle.

Art. D. 6124-34-4 L'équipe paramédicale d'une unité de réanimation pédiatrique comporte au minimum deux infirmiers diplômés d'État pour cinq patients ; ils sont, dans la mesure du possible, diplômés en puériculture. Elle comprend au moins une puéricultrice.

Art. D. 6124-34-5 L'équipe paramédicale d'une unité de réanimation pédiatrique spécialisée comporte au minimum un infirmier diplômé d'État, dans la mesure du possible diplômé en puériculture, pour deux patients. L'équipe comprend au moins une puéricultrice.

SOUS-SECTION 3 OBSTÉTRIQUE, NÉONATOLOGIE, RÉANIMATION NÉONATALE

V. Lettre DHOS/O4 du 30 août 2000 relative à l'activité de soins obstétrique, néonatologie et réanimation néonatale (BOMES nº 2000/36, p. 129 et RDSS 2001. 76, obs. Cormier).

Art. D. 6124-35 L'établissement de santé autorisé à pratiquer l'obstétrique met en place une organisation permettant :

1º De fournir aux femmes enceintes des informations sur le déroulement de l'accouchement, ses suites et l'organisation des soins ;

2º D'assurer une préparation à la naissance et d'effectuer des visites du secteur de naissance (ou bloc obstétrical) pour les patientes qui le souhaitent ;

3º D'assurer au début du dernier trimestre de la grossesse une consultation par un gynécologue-obstétricien ou une sage-femme de l'unité qui effectuera l'accouchement et de faire réaliser la consultation pré-anesthésique prévue à l'article D. 6124-92 par un anesthésiste-réanimateur de l'établissement ;

4º De faire bénéficier les consultantes, y compris en urgence, d'examens d'imagerie par ultrasons.

Art. D. 6124-36 Outre les lits et places servant à la gynécologie, toute unité d'obstétrique nouvellement créée comprend un minimum de quinze lits. En cas de création, tout établissement spécialisé autonome d'obstétrique dispose au minimum de vingt-cinq lits d'obstétrique sur le même site.

Art. D. 6124-37 Toute unité d'obstétrique comprend des locaux réservés, d'une part, à l'accueil des patientes tous les jours de l'année, vingt-quatre heures sur vingt-quatre et, d'autre part, aux consultations, un secteur de naissance, un secteur d'hospitalisation pour l'hébergement et les soins avant et après l'accouchement, ainsi qu'un secteur affecté à l'alimentation des nouveau-nés.

Ce dernier secteur peut, lorsque l'établissement dispose également sur le même site d'une unité de néonatologie ou d'une unité de réanimation néonatale, être commun à ces différentes unités.

Art. D. 6124-38 Le secteur de naissance est composé notamment :

1º Des locaux de prétravail ;

2º Des locaux de travail ;

3º Des locaux d'observation et de soins immédiats aux nouveau-nés ;

4º D'au moins une salle d'intervention pour la chirurgie obstétricale.

En cas de création d'un secteur de naissance, de reconstruction ou de réaménagement général d'un secteur existant, tous les locaux qui composent ce secteur, ainsi que la salle d'intervention et la salle de surveillance postinterventionnelle, sont implantés de manière contiguë et au même niveau afin de permettre la circulation rapide des patientes, des nouveau-nés, des personnels et des matériels nécessaires.

Art. D. 6124-39 Le secteur de naissance dispose d'au moins une salle de prétravail dotée des moyens permettant d'accueillir la parturiente, de préparer l'accouchement et de surveiller le début du travail. La salle de prétravail dispose du même équipement qu'une chambre d'hospitalisation. La salle de prétravail peut, en cas de nécessité, servir de salle de travail si elle est équipée en conséquence.

Art. D. 6124-40 Le secteur de naissance dispose d'au moins une salle de travail.

Tous les matériels et dispositifs sont immédiatement disponibles et à usage exclusif de la salle de travail.

La salle de travail est aménagée de manière que la parturiente bénéficie d'une surveillance clinique et paraclinique du déroulement du travail, de la phase d'expulsion et de la délivrance. Cette surveillance se prolonge dans les deux heures qui suivent la naissance. Le nouveau-né y reçoit les premiers soins. Les locaux sont équipés de tous les dispositifs médicaux nécessaires à la pratique de l'accouchement par voie basse, à l'anesthésie et à la réanimation de la mère.

L'agencement de la salle tient compte de la présence éventuelle d'un accompagnant auprès de la parturiente lorsque cette présence est autorisée.

Un arrêté du ministre chargé de la santé précise le nombre de salles de prétravail et de travail exigées en fonction de l'activité.

Art. D. 6124-41 Le secteur de naissance dispose d'au moins une salle d'intervention de chirurgie obstétricale, qui permet, y compris en urgence, la réalisation de toute intervention chirurgicale abdomino-pelvienne liée à la grossesse ou à l'accouchement nécessitant une anesthésie générale ou loco-régionale.

La surveillance postinterventionnelle de la parturiente s'effectue dans les conditions de surveillance continue mentionnées aux articles D. 6124-97 et suivants, soit au sein d'une salle de surveillance postinterventionnelle située à proximité immédiate de la salle d'intervention, soit dans la salle de travail dans les conditions définies à l'article D. 6124-98.

Les soins du nouveau-né sont organisés soit dans une salle spécialement prévue à cet effet et contiguë à la salle d'intervention, soit dans la salle d'intervention. Cette salle est dotée de dispositifs médicaux permettant la réanimation d'au moins deux enfants à la fois. La liste de ces dispositifs est fixée par arrêté du ministre chargé de la santé.

Lorsque l'activité de l'unité est inférieure à 1 200 accouchements par an, la salle d'intervention peut ne pas être située dans le secteur de naissance, sous réserve qu'elle soit incluse dans un bloc opératoire, dans le même bâtiment de l'établissement de santé, à proximité immédiate et d'accès rapide au secteur de naissance. Dans ce cas, une salle d'intervention est disponible afin de faire face aux cas d'urgence obstétricale.

Lorsque l'activité de l'unité est supérieure à 1 200 accouchements par an, la salle d'intervention et celle de surveillance postinterventionnelle sont soit situées au sein du secteur de naissance, soit sont contiguës à celui-ci. Dans ce dernier cas, une des salles de travail doit pouvoir en cas de nécessité, servir de salle d'intervention. Elle est équipée en conséquence.

Art. D. 6124-42 L'organisation et les moyens des locaux d'observation et de soins immédiats aux nouveau-nés permettent de prodiguer les premiers soins nécessaires à l'enfant et de faire face immédiatement aux détresses graves éventuelles du nouveau-né.

La préparation médicale au transport des enfants, dont l'état nécessite le transfert vers des unités spécialisées, internes ou externes à l'établissement de santé, est assurée dans ces locaux.

Art. D. 6124-43 L'établissement assure la réalisation des examens de laboratoire et d'imagerie nécessaires pour la mère et pour le nouveau-né, y compris en urgence.

Les établissements ne disposant pas en propre de laboratoire passent avec un laboratoire une convention prévoyant la réalisation et la transmission des résultats à tout instant, dans des conditions et des délais garantissant la qualité de la prise en charge.

Art. D. 6124-44 Le personnel intervenant dans le secteur de naissance ne peut être inférieur, à tout instant, aux effectifs suivants :

1° En ce qui concerne les sages-femmes :

a) Pour toute unité d'obstétrique réalisant moins de 1 000 naissances par an, une sage-femme est présente et affectée en permanence dans le secteur de naissance ;

b) Au-delà de 1 000 naissances par an, l'effectif global des sages-femmes du secteur de naissance est majoré d'un poste temps plein de sage-femme pour 200 naissances supplémentaires.

Les sages-femmes affectées au secteur de naissance ne peuvent avoir d'autres tâches concomitantes dans un autre secteur ou une autre unité. Toutefois, si l'unité d'obstétrique réalise moins de 500 naissances par an, la sage-femme peut également, en l'absence de parturiente dans le secteur de naissance, assurer les soins aux mères et aux nouveau-nés en secteur de soins et d'hébergement ;

c) Au-delà de 2 500 naissances par an, une sage-femme supplémentaire, ayant une fonction de surveillante du secteur, coordonne les soins le jour ;

2° En ce qui concerne les médecins :

Quel que soit le nombre de naissances constatées dans un établissement de santé, celui-ci organise la continuité obstétricale et chirurgicale des soins tous les jours de l'année, vingt-quatre heures sur vingt-quatre, dans l'unité d'obstétrique. Cette continuité est assurée :

— soit par un gynécologue-obstétricien ayant la qualification chirurgicale ;

— soit, lorsque l'établissement ne peut disposer que d'un praticien ayant seulement une compétence obstétricale, à la fois par cet obstétricien et par un praticien de chirurgie générale ou viscérale de l'établissement.

a) Pour les unités réalisant moins de 1 500 naissances par an, la présence des médecins spécialistes est assurée par :

— un gynécologue-obstétricien, sur place ou en astreinte opérationnelle exclusive, tous les jours de l'année, vingt-quatre heures sur vingt-quatre, pour l'unité ou les unités d'obstétrique du même site.

Le gynécologue-obstétricien intervient, sur appel, en cas de situation à risque pour la mère ou l'enfant dans des délais compatibles avec l'impératif de sécurité ;

— un anesthésiste-réanimateur, sur place ou d'astreinte opérationnelle permanente et exclusive pour le site dont le délai d'arrivée est compatible avec l'impératif de sécurité ;

— un pédiatre présent dans l'établissement de santé ou disponible tous les jours de l'année, vingt-quatre heures sur vingt-quatre, dont le délai d'arrivée est compatible avec l'impératif de sécurité.

b) Pour les unités réalisant plus de 1 500 naissances par an, la présence médicale est assurée par :

— un gynécologue-obstétricien présent tous les jours de l'année, vingt-quatre heures sur vingt-quatre, dans l'unité d'obstétrique ;

— un anesthésiste-réanimateur présent tous les jours de l'année, vingt-quatre heures sur vingt-quatre, dans l'établissement de santé, sur le même site, en mesure d'intervenir dans l'unité d'obstétrique dans des délais compatibles avec l'impératif de sécurité ; si l'unité réalise plus de 2 000 naissances par an, l'anesthésiste-réanimateur est présent tous les jours de l'année, vingt-quatre heures sur vingt-quatre, dans l'unité d'obstétrique ;

— un pédiatre, présent sur le site de l'établissement de santé ou en astreinte opérationnelle, pouvant intervenir en urgence, tous les jours de l'année, vingt-quatre heures sur vingt-quatre, dans un délai compatible avec l'impératif de sécurité.

3° En ce qui concerne les autres catégories de personnel, dans toute unité, le personnel paramédical est affecté au secteur de naissance et ne peut jamais être inférieur à une aide-soignante ou une auxiliaire de puériculture, présente en permanence. Si l'unité réalise moins de 500 naissances par an, les conditions de présence du personnel paramédical dans le secteur de naissance sont les mêmes que pour la sage-femme.

Refus de renouvellement d'autorisation. Sur la légalité du refus de renouvellement d'une autorisation sanitaire en raison du non-respect de l'obligation de présence d'un pédiatre, • CAA Bordeaux, 9 févr. 2010, *ARH de Midi-Pyrénées*, n° 08BX01696 • TA Lyon, 12 oct. 2010, *Hôpital de Moze et a.*, n° 0804989. ♦ ... Et en raison du nombre insuffisant de sages-femmes, • CAA Lyon, 8 avr. 2010, *Assoc. des usagers des services de santé du Haut Nivernais, CH de Clamecy : n°s 08LY00155 et 08LY00271.*

Art. D. 6124-45 Le secteur d'hospitalisation de la mère et de l'enfant permet d'assurer les soins précédant et suivant l'accouchement pour la mère ainsi que les soins aux nouveau-nés bien portants. Les chambres du secteur d'hospitalisation après l'accouchement comprennent au maximum deux lits de mères avec les berceaux de leurs enfants. En cas de nécessité, chaque patiente peut bénéficier d'une chambre individuelle.

En cas de création d'un secteur d'hospitalisation, de reconstruction ou de réaménagement d'un secteur existant, celui-ci comprend au minimum 80 % de chambres individuelles, et la surface utile de chaque chambre, qui comporte un bloc sanitaire particulier, n'est jamais inférieure à 17 mètres carrés pour une chambre individuelle et à 23 mètres carrés pour une chambre à deux lits.

En outre, il existe un local par étage où les enfants bien portants peuvent être regroupés. Ce local peut recevoir au minimum la moitié des nouveau-nés présents, pendant la nuit, et est aménagé de manière à permettre leur surveillance. Les soins de puériculture sont réalisés soit dans un local commun, soit dans un espace spécialement aménagé de la chambre de la mère.

Art. D. 6124-46 Lors de leur séjour en secteur d'hospitalisation, la mère et l'enfant bénéficient de la possibilité d'intervention tous les jours de l'année, vingt-quatre heures sur vingt-quatre, y compris en urgence, d'un pédiatre, d'un gynécologue-obstétricien et d'un anesthésiste-réanimateur.

L'unité met en place une organisation lui permettant de s'assurer en tant que de besoin, selon le cas, du concours d'un psychologue ou d'un psychiatre.

Le personnel intervenant dans le secteur d'hospitalisation est fonction de l'activité de l'unité d'obstétrique. Il ne peut être inférieur, quelle que soit l'activité du secteur, à une sage-femme, assistée d'un aide-soignant et d'une auxiliaire de puériculture le jour et à une sage-femme ou un infirmier ou une infirmière, assisté d'une auxiliaire de puériculture, la nuit.

Sauf application des dispositions prévues à l'avant-dernier alinéa du 1° et au 3° de l'article D. 6124-44 pour les unités d'obstétrique réalisant moins de 500 naissances par an, il s'agit de personnels affectés au secteur d'hospitalisation et ne pouvant avoir d'autres tâches concomitantes dans un autre secteur ou une autre unité.

Art. D. 6124-47 Le secteur spécifiquement affecté à la préparation des biberons est divisé s'il y a lieu en deux zones distinctes permettant, d'une part, la préparation des aliments des nouveau-nés, d'autre part, l'entretien des biberons.

Art. D. 6124-48 Afin de privilégier la relation mère-enfant, les soins de courte durée aux enfants nés dans l'unité d'obstétrique et qui sont atteints d'affections sans gravité ne nécessitant pas une hospitalisation en unité de néonatologie peuvent être réalisés dans le secteur d'hospitalisation dès lors que les conditions définies au présent article sont remplies.

Ces nouveau-nés peuvent, en tant que de besoin, être isolés des nouveau-nés bien portants, traités et surveillés en permanence dans un local de regroupement ou, lorsqu'elle est individuelle et aménagée à cet effet, dans la chambre de leur mère.

De plus, le pédiatre est disponible sur appel, vingt-quatre heures sur vingt-quatre, et assure une visite quotidienne. Au minimum, une sage-femme ou un infirmier ou une infirmière, spécialisé en puériculture ou expérimenté en néonatologie, est présent tous les jours de l'année, vingt-quatre heures sur vingt-quatre, auprès des enfants, quand des nouveau-nés atteints de ces affections sont présents dans l'unité.

Art. D. 6124-49 Dans les établissements de santé privés, les contrats conclus en application du code de déontologie médicale mentionné à l'article R. 4127-83 entre les établissements et les membres de l'équipe médicale comportent des dispositions organisant la continuité des soins médicaux en gynécologie-obstétrique, anesthésie-réanimation et pédiatrie.

Art. D. 6124-50 Lorsqu'elle n'est pas associée sur le même site à une unité de réanimation néonatale, l'unité de néonatologie comporte au moins six lits. Pour pouvoir disposer en son sein de lits de soins intensifs, l'unité de néonatologie comprend au moins douze lits. L'unité de néonatologie est située dans le même bâtiment ou à proxi*mité immédiate sur* le même site que l'unité d'obstétrique. En cas de création d'une unité de néonatologie, de reconstruction ou de réaménagement d'une unité existante, les locaux qui composent cette unité sont implantés dans le même bâtiment, à proximité de l'unité d'obstétrique.

Art. D. 6124-51 La capacité minimale de six lits peut être exceptionnellement réduite à quatre dans le cas où l'unité de néonatologie est géographiquement isolée, à plus d'une heure de trajet de l'unité de néonatologie la plus proche et si les besoins de la population l'exigent, sous réserve que l'unité isolée remplisse l'ensemble des conditions prévues aux articles D. 6124-50 à D. 6124-57.

Art. D. 6124-52 L'unité de néonatologie comporte :

1° Une pièce permettant l'accueil des parents ;

2° Un secteur de surveillance et de soins des enfants où les nouveau-nés sont hospitalisés ; ce secteur comprend en outre une zone de préparation médicale avant transfert ;

3° Un secteur spécialement affecté à l'alimentation des nouveau-nés ; ce secteur peut être commun à l'unité d'obstétrique et, éventuellement, à l'unité de réanimation néonatale.

Art. D. 6124-53 Un arrêté du ministre chargé de la santé détermine les dispositifs médicaux dont est doté le secteur de surveillance et de soins ainsi que les examens pouvant être réalisés pour les nouveau-nés.

La zone de préparation médicale avant transfert permet, si l'état du nouveau-né l'exige, de le préparer pour un transport vers une unité spécialisée appropriée. Le matériel spécifique de cette zone comprend au moins un respirateur néonatal.

Art. D. 6124-54 Afin d'éviter la séparation de la mère et de l'enfant, les soins de néonatologie et la surveillance des enfants qui ne nécessitent pas de soins intensifs ou de réanimation peuvent être effectués dans la chambre de leur mère, si les locaux et l'organisation de l'unité d'obstétrique et de l'unité de néonatologie le permettent. Ces lits sont compris dans les lits autorisés de l'unité de néonatologie.

Dans ce cas, la conception, la disposition et la surface des locaux, les matériels et les dispositifs médicaux sont adaptés à la dispensation sur place de soins de néonatologie par un personnel expérimenté en néonatologie.

Art. D. 6124-55 Si l'unité de néonatologie assure des soins intensifs de néonatologie mentionnés à l'article R. 6123-44, elle remplit les conditions supplémentaires suivantes :

1° Être située dans le même bâtiment, à proximité immédiate et d'accès rapide à l'unité d'obstétrique ;

2° Disposer des moyens nécessaires à la ventilation des premières heures et au transfert du nouveau-né vers une unité de réanimation néonatale en cas d'absence d'amélioration ou d'aggravation de l'état de l'enfant ;

3° Être dotée de dispositifs médicaux définis par arrêté du ministre chargé de la santé.

Art. D. 6124-56 Dans toute unité de néonatologie ne pratiquant pas les soins intensifs de néonatologie, sont assurées :

1° La présence, le jour, sur le site d'au moins un pédiatre justifiant d'une expérience attestée en néonatologie ;

2° La présence, la nuit, sur le site ou en astreinte opérationnelle d'au moins un pédiatre justifiant d'une expérience attestée en néonatologie ;

3° La présence continue d'au moins un infirmier ou une infirmière, spécialisé en puériculture ou expérimenté en néonatologie pour six nouveau-nés.

Dans toute unité de néonatologie qui pratique les soins intensifs de néonatologie, sont assurées :

1° La présence permanente tous les jours de l'année, vingt-quatre heures sur vingt-quatre, d'au moins un pédiatre justifiant d'une expérience attestée en néonatologie ;

2° La présence continue d'un infirmier ou d'une infirmière, spécialisé en puériculture ou expérimenté en néonatologie, pour trois nouveau-nés.

Que l'unité de néonatologie pratique ou non des soins intensifs, ces personnels paramédicaux sont affectés exclusivement à l'unité et ne peuvent avoir d'autres tâches concomitantes dans une autre unité.

L'encadrement du personnel paramédical peut être commun à l'unité de néonatologie et à l'unité de réanimation néonatale si ces unités sont situées à proximité immédiate l'une de l'autre.

Un des pédiatres coordonne la prise en charge des nouveau-nés entre les unités d'obstétrique et de néonatologie.

L'unité organise l'accueil, l'information et le soutien des parents, en cas de nécessité avec le concours d'un psychologue ou d'un psychiatre.

Art. D. 6124-57 Sous réserve du respect des conditions de fonctionnement énoncées aux articles D. 6124-50 à D. 6124-56, des nouveau-nés relevant de soins de néonatologie peuvent être hospitalisés dans des unités de pédiatrie de nouveau-nés et de nourrissons. Dans ce cas, les lits affectés à la néonatologie constituent un secteur individualisé.

Ces unités satisfont par ailleurs aux dispositions des articles D. 6124-46 et D. 6124-47 et remplissent les conditions prévues aux articles D. 6124-50 à D. 6124-57.

Le recueil des données d'activité par l'établissement de santé est effectué de façon distincte pour les nouveaux-nés, d'une part, et pour les nourrissons, d'autre part.

Art. D. 6124-58 Toute unité de réanimation néonatale comprend un minimum de six lits de réanimation. L'établissement de santé où elle est située comporte une unité d'au moins neuf lits de néonatologie, dont au moins trois lits affectés aux soins intensifs.

L'unité de réanimation néonatale est située dans le même bâtiment ou à proximité immédiate sur le même site que le secteur de naissance de l'unité d'obstétrique. En cas de création d'une unité de réanimation néonatale, de reconstruction ou de réaménagement d'une unité existante, les locaux qui composent cette unité sont implantés dans le même bâtiment, à proximité immédiate du secteur de naissance de l'unité d'obstétrique et à proximité de l'unité de néonatologie.

Art. D. 6124-59 L'unité comprend :

1° Une pièce permettant l'accueil des parents ;

2° Un secteur de surveillance et de soins de réanimation des enfants où les nouveau-nés sont hospitalisés ; ce secteur comprend en outre une zone de préparation médicale avant transfert ;

3° Un secteur destiné à l'alimentation des nouveau-nés, éventuellement commun aux unités d'obstétrique et de néonatologie.

Art. D. 6124-60 Un arrêté du ministre chargé de la santé détermine les dispositifs médicaux dont est doté le secteur de surveillance et de soins de réanimation.

Cet arrêté précise également les examens pouvant être réalisés, y compris en urgence, tous les jours de l'année, vingt-quatre heures sur vingt-quatre, que ceux-ci le soient dans l'unité ou sur son site d'implantation.

Art. D. 6124-61 Dans toute unité de réanimation néonatale, sont assurés :

1° La présence permanente tous les jours de l'année, vingt-quatre heures sur vingt-quatre, d'au moins un pédiatre justifiant d'une expérience attestée en réanimation néonatale ;

2° La présence permanente tous les jours de l'année, vingt-quatre heures sur vingt-quatre, d'au moins un infirmier ou une infirmière, spécialisé en puériculture ou expérimenté en néonatologie pour deux nouveau-nés hospitalisés en réanimation néonatale et pour trois nouveau-nés hospitalisés en soins intensifs de néonatologie ; ces personnels sont affectés exclusivement à l'unité et ne peuvent avoir d'autres tâches concomitantes dans une autre unité ;

3° L'encadrement du personnel paramédical, éventuellement commun avec l'unité de néonatologie lorsque celle-ci est située à proximité immédiate ;

4° La coordination médicale des activités de néonatologie et de réanimation néonatale, dont la garde peut être commune lorsque les unités sont situées à proximité immédiate l'une de l'autre et que le volume d'activité le permet ;

5° La possibilité de recourir à d'autres médecins spécialistes ainsi qu'à un *kinésithérapeute.*

Par ailleurs, l'unité organise l'accueil, l'information et le soutien des parents, en cas de nécessité avec le concours d'un psychologue ou d'un psychiatre.

Art. D. 6124-62 Des nouveau-nés relevant de la réanimation néonatale peuvent être hospitalisés dans des unités indifférenciées de réanimation pédiatrique et néonatale, à condition que les lits de ces nouveau-nés constituent un secteur individualisé au sein de l'unité polyvalente. Ces unités remplissent par ailleurs les conditions prévues aux articles R. 6123-43 à R. 6123-45 et à l'article R. 6123-49, ainsi que les autres conditions figurant aux articles D. 6124-58 et D. 6124-61.

Le recueil des données d'activité par l'établissement de santé est effectué de façon distincte pour les nouveau-nés, d'une part, et pour les enfants plus âgés, d'autre part.

Art. D. 6124-63 Les centres hospitaliers régionaux disposent, regroupées sur le même site, d'au moins une unité d'obstétrique, d'une unité de néonatologie et d'une unité de réanimation néonatale.

SOUS-SECTION 4 INSUFFISANCE RÉNALE CHRONIQUE

§ 1er DISPOSITIONS GÉNÉRALES

Art. D. 6124-64 La formation du patient et de la tierce personne aidant le patient pour l'autodialyse ou la dialyse à domicile est placée sous la responsabilité d'un médecin néphrologue, qualifié ou compétent en néphrologie ; elle est dispensée par des infirmiers ou des infirmières formés à la dialyse. Le centre d'hémodialyse dispose à cette fin d'un local spécifique.

Légalité du Décr. n° 2002-1198 du 23 sept. 2002 : • CE 19 nov. 2003, ☎ *AUB et a. :* n^os^ *251923, 251924, 251925 et 251926.*

Art. D. 6124-65 L'établissement de santé autorisé dispose de postes d'hémodialyse de traitement, de postes de repli et de postes d'entraînement à l'hémodialyse à domicile ou à l'autodialyse lorsqu'il assure ces deux dernières missions.

Le poste d'hémodialyse est constitué par l'association d'un lit ou d'un fauteuil pour le patient, avec un générateur d'hémodialyse et une arrivée d'eau traitée pour la dialyse.

Le poste de repli est un poste d'hémodialyse réservé à la prise en charge temporaire du patient en cas de circonstances à caractère médical, technique ou social. Il ne se trouve qu'en centre d'hémodialyse ou en unité médicalisée.

Le poste d'entraînement est un poste d'hémodialyse réservé à la formation mentionnée à l'article D. 6124-64.

Art. D. 6124-66 Tout établissement de santé autorisé dispose, soit en propre, soit par voie de contrats, d'un ou plusieurs techniciens formés à l'utilisation et à l'entretien des générateurs d'hémodialyse et des systèmes de traitement de l'eau, en mesure d'intervenir à tout moment pendant toute la période d'ouverture de l'établissement.

Un arrêté du ministre chargé de la santé précise, pour chacune des modalités prévues à l'article R. 6123-54, les conditions de fonctionnement en matière de locaux, de matériel technique, de dispositifs médicaux, y compris leur maintenance, et de dispositifs de sécurité.

Art. D. 6124-67 Le transfert, le repli, temporaire ou définitif, en centre d'hémodialyse ou en unité de dialyse médicalisée, ou l'hospitalisation d'un patient sont décidés par un médecin néphrologue de l'établissement.

L'hospitalisation, liée à une urgence médicale ou à une complication du traitement, est effectuée dans des lits dédiés à la néphrologie dans l'établissement où le patient est dialysé ou dans un autre établissement de santé. Dans ce dernier cas, la continuité des soins d'épuration extrarénale est assurée par le centre d'hémodialyse.

En vue de cette hospitalisation, l'établissement de santé dispose d'un lit d'hospitalisation pour quarante patients dialysés par an.

§ 2 CENTRES D'HÉMODIALYSE

Art. D. 6124-68 Le centre d'hémodialyse, défini aux articles R. 6123-58 à R. 6123-60, comporte au moins huit postes d'hémodialyse de traitement.

Un même poste d'hémodialyse ne peut servir à plus de trois patients par vingt-quatre heures.

Le centre dispose également d'au moins un générateur d'hémodialyse de secours pour huit postes de traitement installés, réservé à cet usage.

Deux postes d'hémodialyse sont en outre réservés à l'entraînement à la dialyse à domicile et à l'autodialyse, sauf quand la formation des patients est assurée par une unité réservée à cet effet.

De plus, un poste d'hémodialyse au moins est réservé au repli des patients mentionné à l'article D. 6124-65. Le centre d'hémodialyse dispose d'au moins un poste de repli pour trente à quarante-cinq patients traités hors centre et pour lesquels il assure le repli. Lorsque le nombre de postes de repli est supérieur, le centre peut utiliser temporairement ces postes pour faire face à un afflux de patients en déplacement ou en vacances, sous réserve qu'un poste de repli, au moins, demeure toujours disponible pour les urgences.

Le centre d'hémodialyse dispose au minimum de deux boxes pour la prise en charge des patients nécessitant un isolement.

Art. D. 6124-69 Le centre d'hémodialyse dispose d'une équipe médicale d'au moins deux néphrologues. Au-delà de quinze postes de traitement chronique, cette équipe comporte un néphrologue supplémentaire par tranche de huit postes. Un médecin néphrologue, au moins, assure une présence médicale permanente sur le site de l'établissement de santé pendant toute la durée des séances d'hémodialyse. Chacun de ces néphrologues est qualifié ou compétent en néphrologie. L'effectif médical demeure conforme à la décision d'autorisation et aux critères de bonnes pratiques validés par la Haute Autorité de santé.

Dans les établissements de santé dotés d'un service de soins intensifs en néphrologie, la surveillance peut être momentanément confiée au médecin néphrologue de garde.

En dehors des heures d'ouverture du centre, une astreinte est assurée par un néphrologue de l'équipe médicale susmentionnée. Cette astreinte peut couvrir les différentes modalités de dialyse que l'établissement est autorisé à pratiquer. Elle peut également couvrir les activités de traitement exercées par plusieurs établissements de santé, lorsqu'ils sont liés par une convention de coopération prévue à l'article R. 6123-55.

Dans les établissements de santé disposant d'une unité de soins intensifs en néphrologie, l'astreinte peut être assurée par le néphrologue de garde de cette unité.

Le centre d'hémodialyse assure régulièrement à chaque patient une consultation de néphrologie avec un examen médical complet dans un local de consultation.

Le centre d'hémodialyse s'assure la collaboration d'un cardiologue, d'un anesthésiste-réanimateur ou d'un réanimateur médical, d'un chirurgien et d'un radiologue.

Sur l'appréciation de l'organisation de la permanence des soins. • TA Caen, 23 avr. 2009, *Sté Centre de dialyse du Bocage*, n° 0701020.

Art. D. 6124-70 Tous les actes de soins nécessaires à la réalisation de chaque séance de traitement des patients hémodialysés en centre sont accomplis par l'équipe de personnel soignant. Cette équipe, dirigée par un cadre infirmier, ou par un infirmier ou une infirmière, assure la présence permanente en cours de séance d'au moins un infirmier ou une infirmière pour quatre patients et un aide-soignant ou une aide-soignante, ou éventuellement d'un autre infirmier ou d'une autre infirmière pour huit patients.

Lorsque le centre d'hémodialyse assure des séances longues, de six heures au minimum, pour l'ensemble des patients de la séance, l'équipe assure la présence en cours de séance d'au moins un infirmier ou d'une infirmière pour cinq patients et d'un aide-soignant ou d'une aide-soignante pour dix patients.

Pendant les séances d'entraînement à la dialyse à domicile ou à l'autodialyse, un infirmier ou une infirmière supplémentaire est présent en permanence.

En dehors des heures d'ouverture du centre, une astreinte est assurée par un des infirmiers ou des infirmières de l'équipe susmentionnée.

Dans les établissements de santé disposant d'une unité de soins intensifs en néphrologie, l'astreinte infirmière peut être assurée par un infirmier ou par une infirmière de cette unité.

§ 3 CENTRES D'HÉMODIALYSE POUR ENFANTS

Art. D. 6124-71 Le centre d'hémodialyse pour enfants, défini à l'article R. 6123-61, comporte de deux à huit postes.

Le centre dispose également d'au moins un générateur d'hémodialyse de secours par groupe de quatre postes de traitement installés, réservé exclusivement à cet usage.

Un même poste d'hémodialyse ne peut servir à plus de trois enfants par vingt-quatre heures.

Le centre d'hémodialyse est en mesure d'accueillir des enfants en déplacement ou en séjour de vacances.

Art. D. 6124-72 Le centre dispose d'une équipe médicale qui assure la présence permanente sur place d'un médecin pédiatre, ou d'un médecin néphrologue exerçant en pédiatrie, pendant toute la durée des séances de dialyse. Au moins deux de ces pédiatres sont qualifiés ou compétents en pédiatrie et justifient d'une expérience professionnelle d'au moins deux ans passés dans un service de néphrologie pédiatrique universitaire.

En dehors des heures d'ouverture du centre, une astreinte est assurée par un pédiatre de l'équipe médicale susmentionnée.

Art. D. 6124-73 Tous les actes nécessaires à la réalisation de chaque séance de traitement par hémodialyse de ces enfants sont accomplis par l'équipe soignante, dirigée par un cadre infirmier.

Sont présents en permanence en cours de séance au moins un infirmier ou une infirmière, ayant une pratique de la pédiatrie et de la dialyse, pour deux enfants en cours de traitement, ainsi qu'une auxiliaire de puériculture ou un aide-soignant pour quatre enfants.

En dehors des heures d'ouverture du centre, une astreinte est assurée par un des infirmiers ou infirmières de l'équipe susmentionnée.

§ 4 UNITÉS SAISONNIÈRES D'HÉMODIALYSE

Art. D. 6124-74 Les conditions techniques de fonctionnement applicables à l'unité saisonnière d'hémodialyse, définie à l'article R. 6123-62, demeurent celles qui sont applicables aux autres modalités d'hémodialyse que l'établissement de santé est autorisé à exercer.

§ 5 UNITÉS DE DIALYSE MÉDICALISÉE

Art. D. 6124-75 L'unité de dialyse médicalisée, définie à l'article R. 6123-63, comporte au moins six postes de traitement d'hémodialyse.

Un même poste d'hémodialyse ne peut servir à plus de trois patients par vingt-quatre heures.

L'unité de dialyse médicalisée dispose également, par tranche de six postes, d'au moins un générateur d'hémodialyse de secours pour six postes de traitement installés, réservé à cet usage.

Le repli des patients traités en unité de dialyse médicalisée est assuré en centre d'hémodialyse dans les conditions prévues à l'article D. 6124-67. Lorsque ce repli est prévu par convention, celle-ci mentionne le nombre de patients pris en charge à prendre en compte pour le nombre de postes de repli.

Lorsque l'unité de dialyse médicalisée pratique la formation à l'hémodialyse à domicile et à l'autodialyse, au moins un poste d'hémodialyse est réservé à l'entraînement.

L'unité de dialyse médicalisée dispose au minimum, par tranche de six postes, d'un *box pour six postes d'hémodialyse pour* la prise en charge des patients nécessitant un isolement.

Art. D. 6124-76 *(Décr. n° 2012-202 du 10 févr. 2012)* L'unité de dialyse médicalisée fonctionne avec le concours d'une équipe de médecins néphrologues, dont chacun est qualifié ou compétent en néphrologie. Cette équipe peut être commune avec celle d'un centre d'hémodialyse ; elle assure, selon le besoin médical du patient, la visite d'un néphrologue une à trois fois par semaine, au cours de la séance soit sur place, soit à distance dans les conditions prévues aux articles R. 6316-1 à R. 6316-11, ainsi qu'une consultation avec un examen médical complet dans un local de consultation, au moins une fois par mois.

L'équipe de médecins néphrologues est toujours en effectif suffisant pour qu'un médecin néphrologue puisse intervenir sans être habituellement présent au cours de la séance soit sur place, soit à distance dans les conditions prévues aux articles R. 6316-1 à R. 6316-11, dans des délais compatibles avec l'impératif de sécurité.

Lorsque le néphrologue intervient à distance, un anesthésiste-réanimateur ou un urgentiste doit être en mesure d'intervenir sur place dans des délais compatibles avec l'impératif de sécurité.

L'astreinte médicale est assurée par l'un des membres de l'équipe de néphrologues, hors des heures de fonctionnement de l'unité de dialyse. Cette astreinte peut également être assurée dans les conditions prévues à l'article D. 6124-69.

Art. D. 6124-77 Tous les actes nécessaires à la réalisation de chaque séance de traitement par hémodialyse de ces patients sont accomplis par l'équipe de personnel soignant.

Cette équipe est en effectif suffisant pour assurer la présence permanente, en cours de séance, d'au moins un infirmier ou une infirmière pour quatre patients, sans préjudice d'autres personnels paramédicaux.

Si l'unité organise des séances d'entraînement à la dialyse à domicile ou à l'autodialyse, un infirmier ou une infirmière supplémentaire est présent pendant ces séances.

Lorsque l'unité de dialyse médicalisée assure des séances longues, de six heures au minimum, pour l'ensemble des patients de la séance, la présence en cours de séance d'au moins un infirmier ou une infirmière pour cinq patients est suffisante.

§ 6 UNITÉS D'AUTODIALYSE

Art. D. 6124-78 L'autodialyse dite simple, définie à l'article R. 6123-65, ne prend en charge que des patients formés, en mesure d'assurer eux-mêmes tous les gestes nécessaires à leur traitement, notamment la pesée, la surveillance tensionnelle, la préparation du générateur de dialyse, le branchement et le débranchement du circuit de circulation extracorporelle et la mise en route de la désinfection automatisée du générateur en fin de séance.

Art. D. 6124-79 Le repli est assuré en centre d'hémodialyse ou en unité de dialyse médicalisée dans les conditions prévues à l'article D. 6124-67. Lorsqu'il est prévu par convention, celle-ci mentionne le nombre de patients dialysés pris en charge ; cet effectif est à prendre en compte par les établissements de santé qui effectuent le repli, pour calculer le nombre de postes de repli nécessaires.

Art. D. 6124-80 Toute unité d'autodialyse fonctionne avec le concours de médecins néphrologues qualifiés ou compétents en néphrologie.

L'équipe de médecins néphrologues peut être commune avec celle d'un centre d'hémodialyse ou d'une unité de dialyse médicalisée.

Cette équipe assure une astreinte vingt-quatre heures sur vingt-quatre, afin de répondre à toute urgence médicale des patients dialysés dans l'unité. Cette astreinte peut également être assurée dans les conditions prévues à l'article D. 6124-69.

L'unité assure à chaque patient traité la visite d'un néphrologue de l'équipe susmentionnée, en cours de séance, au moins une fois par trimestre en autodialyse simple et au moins une fois par mois en autodialyse assistée, ainsi qu'une consultation avec un examen médical complet dans un local de consultation, pouvant être extérieur à l'unité d'autodialyse, au moins une fois par trimestre, sans préjudice des autres consultations de néphrologie selon le besoin médical du patient.

Art. D. 6124-81 L'unité d'autodialyse dite simple dispose au minimum en permanence en cours de séance d'un infirmier ou d'une infirmière ayant une formation à l'hémodialyse pour huit patients traités, sans préjudice d'autres personnels paramédicaux.

L'unité d'autodialyse assistée dispose au minimum en permanence en cours de séance d'un infirmier ou d'une infirmière ayant une formation à l'hémodialyse pour six patients traités, sans préjudice d'autres personnels paramédicaux.

Toute unité dispose d'un infirmier ou d'une infirmière pendant la séance, même lorsque seulement deux patients sont traités simultanément.

Art. D. 6124-82 Les locaux dans lesquels est installée l'unité d'autodialyse dite simple ou l'unité d'autodialyse assistée peuvent être communs à ces unités, à une unité de dialyse médicalisée ou à un centre d'hémodialyse. Dans ce cas, les patients traités simultanément sont dialysés dans des salles distinctes, selon qu'il s'agit d'autodialyse simple, d'autodialyse assistée ou de dialyse médicalisée. Il est néanmoins possible de traiter successivement et dans la même salle un groupe de patients hémodialysés en centre d'hémodialyse, en unité de dialyse médicalisée ou en unité d'autodialyse assistée.

Lorsque la salle d'hémodialyse est partagée par des patients d'autodialyse assistée, il est impossible d'effectuer plus de deux séances d'hémodialyse par jour sur un même poste. Une salle est toujours réservée pour les patients traités en unité d'autodialyse simple.

Art. D. 6124-83 Dans l'unité d'autodialyse simple, un générateur est attribué, sans partage, à chaque patient afin d'assurer à ce dernier une large amplitude d'horaire pour effectuer son traitement. Le patient surveille lui-même le déroulement de la séance de dialyse et assure lui-même le nettoyage et la mise en route de la désinfection automatisée du générateur.

Dans l'unité d'autodialyse assistée, un poste d'hémodialyse ne peut servir qu'à deux patients par jour au maximum, afin de leur permettre d'effectuer des séances plus longues selon le choix de ces patients ou sur indication médicale. La désinfection du générateur est mise en route et contrôlée par le personnel de l'unité. Toute unité d'autodialyse dispose d'au moins un générateur de secours.

§ 7 HÉMODIALYSE À DOMICILE

Art. D. 6124-84 La mise en œuvre de l'hémodialyse à domicile, définie à l'article R. 6123-66, est gérée par un établissement de santé, titulaire à cet effet de l'autorisation d'activité de traitement de l'insuffisance rénale chronique par la pratique de l'épuration extrarénale. Cet établissement de santé installe, au domicile du patient qu'il prend en charge, un générateur d'hémodialyse et un système produisant l'eau pour l'hémodialyse.

Il fournit également les médicaments, les objets et produits directement liés à la réalisation du traitement par hémodialyse.

L'hémodialyse à domicile est offerte à des patients, formés à cette technique, en mesure d'assurer habituellement eux-mêmes tous les gestes nécessaires à leur traitement, en présence d'une tierce personne de l'entourage habituel qui peut leur prêter assistance. Le domicile ou le lieu de résidence du patient est adapté à la pratique de l'hémodialyse dans des conditions suffisantes de sécurité et de confort. L'aide d'un infirmier ou d'une infirmière peut être sollicitée.

Art. D. 6124-85 L'établissement de santé gestionnaire propose une formation adéquate au patient et à la tierce personne qui l'assistera soit en centre d'hémodialyse, soit en unité de dialyse médicalisée ou dans une unité de formation à l'hémodialyse indépendante.

L'établissement de santé gestionnaire s'assure le concours d'une équipe de médecins néphrologues, dont chacun des membres est qualifié ou compétent en néphrologie. Un médecin néphrologue assure une astreinte vingt-quatre heures sur vingt-quatre, afin de pouvoir répondre à toute urgence médicale des patients traités par hémodialyse à domicile, pris en charge par l'établissement de santé gestionnaire. Cette astreinte peut également être assurée dans les conditions prévues à l'article D. 6124-69.

L'établissement de santé gestionnaire assure le repli temporaire du patient dans un centre d'hémodialyse, à sa demande ou sur prescription médicale, son orientation définitive vers une autre modalité de traitement ou son hospitalisation en cas de nécessité.

Le repli est assuré en centre d'hémodialyse ou en unité de dialyse médicalisée dans les conditions prévues à l'article D. 6124-67. Lorsqu'il est prévu par convention, celle-ci mentionne le nombre de patients pris en charge à prendre en compte pour le nombre de postes de repli.

§ 8 DIALYSE PÉRITONÉALE À DOMICILE

Art. D. 6124-86 Le domicile ou le lieu où réside le patient est adapté à la pratique de la dialyse péritonéale dans des conditions suffisantes de sécurité et de confort.

Lorsque l'état du patient requiert l'aide d'une tierce personne qui ne peut être trouvée dans l'entourage habituel du patient, il est fait appel à un infirmier ou à une infirmière. Le patient et la tierce personne sont formés à la dialyse péritonéale.

La formation des patients à la technique de dialyse péritonéale est donnée, sous le contrôle d'un médecin néphrologue, par des infirmiers ou infirmières ou par des infirmières ayant une pratique de la dialyse péritonéale.

L'établissement de santé mentionné à l'article R. 6123-67, installe, au domicile du patient qu'il prend en charge, l'équipement nécessaire en cas de pratique de la dialyse péritonéale automatisée. Il fournit également les médicaments, les objets et produits directement liés à la réalisation de la dialyse péritonéale.

Art. D. 6124-87 L'établissement s'assure le concours d'une équipe de médecins néphrologues, dont chacun des membres est qualifié ou compétent en néphrologie.

Lorsqu'il existe une unité de formation et de suivi de la dialyse péritonéale, l'équipe médicale peut être commune à l'établissement de santé gestionnaire et à cette unité.

L'équipe de médecins néphrologues susmentionnée assure une astreinte vingt-quatre heures sur vingt-quatre afin de pouvoir répondre à toute urgence médicale des patients traités par dialyse péritonéale pris en charge par l'établissement de santé gestionnaire. Cette astreinte peut également être assurée dans les conditions prévues à l'article D. 6124-69.

Art. D. 6124-88 L'établissement de santé gestionnaire de la dialyse péritonéale assure le repli temporaire du patient, à sa demande ou sur prescription médicale, dans un centre d'hémodialyse, son orientation définitive vers une autre modalité de traitement ou son hospitalisation en cas de nécessité. Quand la pratique de dialyse péritonéale n'est plus adaptée à l'état du patient, le repli est toujours effectué vers un centre d'hémodialyse, puis, si son état le permet, vers une modalité d'hémodialyse hors centre.

Le repli est assuré en centre d'hémodialyse dans les conditions prévues à l'article D. 6124-67. Lorsqu'il est prévu par convention, celle-ci mentionne le nombre de patients pris en charge par dialyse péritonéale à prendre en compte pour le nombre de postes de repli.

Art. D. 6124-89 L'établissement de santé dispose d'une équipe soignante qui peut être commune avec celle de l'unité de formation et de suivi de la dialyse péritonéale. Cette équipe comprend des infirmiers ou des infirmières, obligatoirement formés à la dialyse péritonéale. Les membres de l'équipe soignante peuvent se rendre au domicile des patients.

Tout établissement de santé qui assure l'ensemble des missions destinées à la prise en charge du patient en dialyse péritonéale, qui sont mentionnées à l'article R. 6123-67, dispose d'un poste d'infirmier ou d'infirmière à temps plein pour dix patients. Lorsque l'établissement n'assure pas certaines de ces missions, il dispose d'un poste d'infirmier ou d'infirmière à temps plein pour vingt patients.

Une astreinte est assurée vingt-quatre heures sur vingt-quatre par un infirmier ou par une infirmière formé à la dialyse péritonéale, afin de pouvoir répondre à toute urgence de technique médicale des patients traités par dialyse péritonéale. Cette astreinte peut être assurée par un infirmier ou par une infirmière présente dans un service de néphrologie ou dans une unité de soins intensifs pratiquant la dialyse péritonéale.

Art. D. 6124-90 Les dispositions de la présente sous-section ne s'appliquent pas à la collectivité territoriale de Saint-Pierre-et-Miquelon.

SOUS-SECTION 5 ANESTHÉSIE

§ 1er DISPOSITIONS GÉNÉRALES

V. Circ. DH/FH n° 2000-264 du 19 mai 2000 relative à la mise en place des conseils de bloc opératoire dans les établissements publics de santé (BOMES n° 2000/23, p. 233 ; RDSS 2000. 780, obs. Cormier).

Art. D. 6124-91 Pour tout patient dont l'état nécessite une anesthésie générale ou loco-régionale, les établissements de santé, y compris les structures de soins alternatives à l'hospitalisation, assurent les garanties suivantes :

1° Une consultation préanesthésique, lorsqu'il s'agit d'une intervention programmée ;
2° Les moyens nécessaires à la réalisation de cette anesthésie ;
3° Une surveillance continue après l'intervention ;
4° Une organisation permettant de faire face à tout moment à une complication liée à l'intervention ou à l'anesthésie effectuées.

§ 2 CONSULTATION PRÉANESTHÉSIQUE

Art. D. 6124-92 La consultation préanesthésique mentionnée au 1° de l'article D. 6124-91 a lieu plusieurs jours avant l'intervention.

Si le patient n'est pas encore hospitalisé :

1° Pour les établissements de santé *(Décr. nº 2016-1645 du 1er déc. 2016, art. 3-29º)* « publics et privés d'intérêt collectif », elle est réalisée dans le cadre des consultations externes ;

2° Pour les établissements de santé privés relevant des dispositions de l'article L. 6114-3, elle est réalisée soit au cabinet du médecin anesthésiste-réanimateur, soit dans les locaux de l'établissement.

Cette consultation est faite par un médecin anesthésiste-réanimateur. Ses résultats sont consignés dans un document écrit, incluant les résultats des examens complémentaires et des éventuelles consultations spécialisées. Ce document est inséré dans le dossier médical du patient.

La consultation préanesthésique ne se substitue pas à la visite préanesthésique qui est effectuée par un médecin anesthésiste-réanimateur dans les heures précédant le moment prévu pour l'intervention.

§ 3 ANESTHÉSIE

Art. D. 6124-93 Le tableau fixant la programmation des interventions est établi conjointement par les médecins réalisant ces interventions, les médecins anesthésistes-réanimateurs concernés et le responsable de l'organisation du secteur opératoire, en tenant compte notamment des impératifs d'hygiène, de sécurité et d'organisation du fonctionnement du secteur opératoire ainsi que des possibilités d'accueil en surveillance post-interventionnelle.

Art. D. 6124-94 L'anesthésie est réalisée sur la base *(Décr. nº 2017-316 du 10 mars 2017, art. 4-I-1º)* « de la stratégie anesthésique établie par écrit et mise en œuvre » sous la responsabilité d'un médecin anesthésiste-réanimateur, en tenant compte des résultats de la consultation et de la visite préanesthésiques mentionnées à l'article D. 6124-92.

Les moyens prévus au 2° de l'article D. 6124-91 permettent de faire bénéficier le patient :

1° D'une surveillance clinique continue ;

2° D'un matériel d'anesthésie et de suppléance adapté *(Décr. nº 2017-316 du 10 mars 2017, art. 4-I-2º)* « à la stratégie anesthésique retenue ».

Art. D. 6124-95 Les moyens mentionnés au 1° de l'article D. 6124-94 permettent d'assurer, pour chaque patient, les fonctions suivantes :

1° Le contrôle continu du rythme cardiaque et du tracé électrocardioscopique ;

2° La surveillance de la pression artérielle, soit non invasive soit invasive, si l'état du patient l'exige.

Art. D. 6124-96 Les moyens mentionnés au 2° de l'article D. 6124-94 permettent d'assurer, pour chaque patient, les fonctions ou actes suivants :

1° L'arrivée de fluides médicaux et l'aspiration par le vide ;
2° L'administration de gaz et de vapeurs anesthésiques ;
3° L'anesthésie et son entretien ;
4° L'intubation trachéale ;
5° La ventilation artificielle ;
6° Le contrôle continu :

a) Du débit de l'oxygène administré et de la teneur en oxygène du mélange gazeux inhalé ;

b) De la saturation du sang en oxygène ;

c) Des pressions et des débits ventilatoires ainsi que de la concentration en gaz carbonique expiré, lorsque le patient est intubé.

§ 4 SURVEILLANCE CONTINUE POSTINTERVENTIONNELLE

Art. D. 6124-97 La surveillance continue postinterventionnelle mentionnée au 3° de l'article D. 6124-91 a pour objet de contrôler les effets résiduels des médicaments anesthésiques et leur élimination et de faire face, en tenant compte de l'état de santé du patient, aux complications éventuelles liées à l'intervention ou à l'anesthésie.

Cette surveillance commence en salle, dès la fin de l'intervention et de l'anesthésie.

Elle ne s'interrompt pas pendant le transfert du patient.

Elle se poursuit jusqu'au retour et au maintien de l'autonomie respiratoire du patient, de son équilibre circulatoire et de sa récupération neurologique.

Art. D. 6124-98 Sauf pour les patients dont l'état de santé nécessite une admission directe dans une unité de soins intensifs ou de réanimation, la surveillance qui suit le transfert du patient est mise en œuvre dans une salle de surveillance postinterventionnelle.

Sous réserve que les patients puissent bénéficier des conditions de surveillance mentionnées à l'article D. 6124-97, peuvent tenir lieu de salle de surveillance postinterventionnelle :

1° La salle de travail située dans une unité d'obstétrique, en cas d'anesthésie générale ou loco-régionale pour des accouchements par voie basse ;

2° La salle où sont pratiquées des activités de sismothérapie.

Art. D. 6124-99 La salle de surveillance postinterventionnelle est dotée de dispositifs médicaux permettant pour chaque poste installé :

1° L'arrivée de fluides médicaux et l'aspiration par le vide ;

2° Le contrôle continu du rythme cardiaque et l'affichage du tracé électrocardioscopique, par des appareils munis d'alarme, et le contrôle de la saturation du sang en oxygène ;

3° La surveillance périodique de la pression artérielle ;

4° Les moyens nécessaires au retour à un équilibre thermique normal pour le patient.

La salle de surveillance postinterventionnelle est en outre équipée :

– d'un dispositif d'alerte permettant de faire appel aux personnels nécessaires en cas de survenance de complications dans l'état d'un patient ;

– d'un dispositif d'assistance ventilatoire, muni d'alarmes de surpression et de débranchement ainsi que d'arrêt de fonctionnement.

Les personnels exerçant dans cette salle peuvent accéder sans délai au matériel approprié permettant la défibrillation cardiaque des patients ainsi que l'appréciation du degré de leur éventuelle curarisation.

Art. D. 6124-100 La salle de surveillance postinterventionnelle est située à proximité d'un ou plusieurs sites où sont pratiquées les anesthésies et dont le regroupement est favorisé, notamment des secteurs opératoires et des secteurs où sont pratiqués les actes d'endoscopie ou de radiologie interventionnelle.

Ses horaires d'ouverture tiennent compte du tableau fixant la programmation des interventions, mentionné à l'article D. 6124-93, et de l'activité de l'établissement au titre de l'accueil et du traitement des urgences.

Toute nouvelle salle de surveillance postinterventionnelle, y compris lorsqu'elle est créée par regroupement de salles existantes afin notamment de respecter les normes de personnel paramédical mentionnées à l'article D. 6124-101, comporte une capacité minimale de quatre postes.

Art. D. 6124-101 Les patients admis dans une salle de surveillance postinterventionnelle sont pris en charge par un ou plusieurs agents paramédicaux, ou sages-femmes pour les interventions prévues au 1° de l'article D. 6124-98, affectés exclusivement à cette salle pendant sa durée d'utilisation et dont le nombre est fonction du nombre de patients présents.

Pendant sa durée d'utilisation, toute salle de surveillance postinterventionnelle comporte en permanence au moins un infirmier ou une infirmière formé à ce type de surveillance, si possible infirmier ou infirmière anesthésiste.

Lorsque la salle dispose d'une capacité égale ou supérieure à six postes occupés, l'équipe paramédicale comporte au moins deux agents présents dont l'un est obligatoirement un infirmier ou une infirmière formé à ce type de surveillance, si possible, infirmier ou infirmière anesthésiste.

Le personnel paramédical est placé sous la responsabilité médicale d'un médecin anesthésiste-réanimateur qui intervient sans délai. Ce médecin :

1° Décide du transfert du patient dans le secteur d'hospitalisation et des modalités dudit transfert ;

2° Autorise, en accord avec le médecin ayant pratiqué l'intervention, la sortie du patient de l'établissement dans le cas d'une intervention effectuée dans une structure de soins alternative à l'hospitalisation pratiquant l'anesthésie ou la chirurgie ambulatoire.

Art. D. 6124-102 *(Décr. nº 2017-316 du 10 mars 2017, art. 4-II)* « La stratégie anesthésique » ainsi que l'intégralité des informations recueillies lors de l'intervention et lors de la surveillance continue postinterventionnelle sont transcrits dans un document classé au dossier médical du patient.

Il en est de même des consignes données au personnel qui accueille le patient dans le secteur d'hospitalisation. Elles font également l'objet d'une transmission écrite.

Art. D. 6124-103 Un arrêté du ministre chargé de la santé détermine les modalités d'utilisation et de contrôle des matériels et dispositifs médicaux assurant les fonctions et actes cités aux articles D. 6124-94 et D. 6124-99.

SOUS-SECTION 6 SOINS INTENSIFS

§ 1er CONDITIONS GÉNÉRALES

Art. D. 6124-104 Les soins intensifs sont pratiqués dans les établissements de santé comprenant une ou plusieurs unités organisées pour prendre en charge des patients qui présentent ou sont susceptibles de présenter une défaillance aiguë de l'organe concerné par la spécialité au titre de laquelle ils sont traités mettant directement en jeu à court terme leur pronostic vital et impliquant le recours à une méthode de suppléance.

Art. D. 6124-105 Le fonctionnement d'une unité de soins intensifs est organisé de façon qu'elle soit en mesure d'assurer la mise en œuvre prolongée de techniques spécifiques, l'utilisation de dispositifs médicaux spécialisés ainsi qu'une permanence médicale et paramédicale permettant l'accueil des patients et leur prise en charge vingt-quatre heures sur vingt-quatre, tous les jours de l'année.

L'unité de soins intensifs peut assurer le transfert des patients mentionnés à l'article D. 6124-104 vers une unité de surveillance continue ou une unité d'hospitalisation dès que leur état de santé le permet, ou dans une unité de réanimation si leur état le nécessite.

Art. D. 6124-106 L'unité de soins intensifs ne peut fonctionner qu'au sein d'un établissement *disposant, selon la nature de la spécialité* concernée, d'installations de médecine ou de chirurgie en hospitalisation complète.

§ 2 CONDITIONS PARTICULIÈRES AUX SOINS INTENSIFS DE CARDIOLOGIE

Art. D. 6124-107 L'unité de soins intensifs cardiologiques est organisée :

1° Dans les établissements publics de santé, en unité fonctionnelle, service, fédération ou autre structure ;

2° Dans les établissements de santé privés, en unité individualisée.

Art. D. 6124-108 L'unité de soins intensifs cardiologiques comporte au minimum six lits. Elle ne peut fonctionner que dans un établissement exerçant des activités de cardiologie.

Art. D. 6124-109 Dans toute unité de soins intensifs cardiologiques, la permanence médicale est assurée par au moins un médecin membre de l'équipe médicale définie à l'article D. 6124-111. Dans les établissements publics de santé et *(Décr. n° 2016-1645 du 1er déc. 2016, art. 3-28°)* « les établissements privés d'intérêt collectif, » elle peut être assurée, en dehors du service de jour, par un interne en médecine dans des conditions fixées par arrêté du ministre chargé de la santé. Dans ce cas, un médecin de l'équipe médicale mentionnée à l'article D. 6124-111 est placé en astreinte opérationnelle.

Art. D. 6124-110 Le responsable de l'unité de soins intensifs cardiologiques est titulaire de l'une des qualifications mentionnées à l'article D. 6124-111.

Art. D. 6124-111 L'équipe médicale est composée de médecins qualifiés spécialistes ou compétents en cardiologie et médecine des affections vasculaires ou qualifiés spécialistes en pathologie cardio-vasculaire.

Art. D. 6124-112 Sous la responsabilité d'un cadre infirmier, l'équipe paramédicale de l'unité de soins intensifs cardiologiques comprend :

1° De jour, un infirmier ou une infirmière et un aide-soignant pour quatre patients ;

2° De nuit, au moins un infirmier ou une infirmière pour huit patients.

Lorsque, pour huit patients présents la nuit, un seul infirmier ou une seule infirmière est affecté à l'unité, est en outre prévue la présence d'un aide-soignant.

Art. D. 6124-113 L'établissement est en mesure de faire intervenir en permanence un masseur-kinésithérapeute et dispose, en tant que de besoin, d'un psychologue ou d'un psychiatre et de personnel à compétence biomédicale.

Art. D. 6124-114 L'établissement dispose vingt-quatre heures sur vingt-quatre, tous les jours de l'année :

1° Sur place :

a) Des moyens techniques permettant de pratiquer les examens de radiologie conventionnelle ;

b) D'un écho-doppler avec mode M et sonde transœsophagienne.

2° Sur place ou par convention avec un autre établissement en disposant :

a) Des moyens techniques permettant de pratiquer des scintigraphies, des examens en scanographie, en imagerie par résonance magnétique et des angiographies pulmonaires et vasculaires ;

b) D'un laboratoire en mesure de pratiquer des examens de bactériologie, hématologie, biochimie ainsi que ceux relatifs à l'hémostase et aux gaz du sang.

Lorsque la prestation est assurée par convention, elle l'est dans des délais compatibles avec les impératifs de sécurité.

Art. D. 6124-115 L'unité de soins intensifs cardiologiques ainsi que l'unité de médecine de la spécialité à laquelle elle est rattachée ont accès, vingt-quatre heures sur vingt-quatre, au sein de l'établissement d'implantation ou, en dehors de celui-ci par voie de convention, à une salle de coronarographie diagnostique et interventionnelle.

Art. D. 6124-116 L'établissement de santé dans lequel fonctionne une unité de soins intensifs cardiologiques passe une convention précisant les conditions de transfert des patients avec des établissements de santé disposant d'une unité de réanimation.

SOUS-SECTION 7 SURVEILLANCE CONTINUE

Art. D. 6124-117 La surveillance continue est pratiquée dans les établissements de santé comprenant une ou exceptionnellement plusieurs unités, si la taille de l'établissement le justifie, organisées pour prendre en charge des malades qui nécessitent, en raison de la gravité de leur état, ou du traitement qui leur est appliqué, une observation clinique et biologique répétée et méthodique.

Art. D. 6124-118 L'unité de surveillance continue peut fonctionner dans un établissement de santé ne disposant ni d'unité de réanimation, ni d'unité de soins intensifs s'il a conclu une convention précisant les conditions de transfert des patients avec des établissements disposant d'une unité de réanimation ou de soins intensifs.

§ 2 SURVEILLANCE CONTINUE PÉDIATRIQUE

(Décr. n° 2006-74 du 24 janv. 2006)

Art. D. 6124-119 L'équipe médicale d'une unité de surveillance continue pédiatrique est composée de médecins satisfaisant à l'une des deux conditions ci-dessous :

1° Être qualifié spécialiste en pédiatrie ;

2° Être qualifié spécialiste ou compétent en anesthésie-réanimation ou qualifié spécialiste en réanimation médicale ;

Ces médecins disposent d'une expérience en réanimation pédiatrique.

Les dispositions de l'alinéa précédent ne sont pas applicables aux unités de surveillance continue pédiatrique spécialisées en transplantation d'organes ou en cancérologie pédiatrique.

Art. D. 6124-120 Le responsable d'une unité de surveillance continue pédiatrique non spécialisée en transplantation d'organes ou en cancérologie pédiatrique est :

1° Soit un pédiatre titulaire du diplôme d'études spécialisées complémentaires de réanimation médicale ou disposant d'un diplôme interuniversitaire de réanimation et urgences pédiatriques ou pouvant attester d'une expérience d'un an en réanimation ;

2° Soit un anesthésiste-réanimateur pouvant attester d'un an d'expérience en réanimation pédiatrique ou de deux ans d'expérience en anesthésie pédiatrique.

Lorsque l'établissement dispose de réanimation pédiatrique ou pédiatrique spécialisée, la responsabilité médicale de l'unité de surveillance continue est commune avec celle de l'unité de réanimation pédiatrique ou pédiatrique spécialisée.

Lorsque l'établissement ne dispose pas de réanimation pédiatrique et qu'il dispose d'une unité de surveillance continue en pédiatrie, la responsabilité médicale de celle-ci peut être commune avec celle du service de pédiatrie, de néonatologie ou des urgences pédiatriques.

Lorsque l'établissement dispose d'une unité de surveillance continue chirurgicale pédiatrique individualisée, la responsabilité médicale de celle-ci peut être confiée au responsable du secteur d'anesthésie pédiatrique ou de chirurgie pédiatrique.

Lorsque l'établissement dispose d'une unité de surveillance continue en pédiatrie spécialisée en transplantation d'organes ou en cancérologie pédiatrique, celle-ci est placée sous la responsabilité médicale du responsable de ces activités.

SOUS-SECTION 8 CHIRURGIE CARDIAQUE

(Décr. n° 2006-78 du 24 janv. 2006)

BIBL. ▶ APOLLIS, La nouvelle réglementation de l'activité de soins de chirurgie cardiaque, *Rev. dr. et santé 2006, n° 14, p. 560.*

§ 1er CONDITIONS GÉNÉRALES

Art. D. 6124-121 Les unités d'hospitalisation de chirurgie cardiaque comportent un nombre de lits dédiés suffisant pour être en mesure de prendre en charge à tout moment les patients de chirurgie cardiaque.

Des protocoles sont conclus entre les responsables médicaux des unités de chirurgie cardiaque et des unités de réanimation sur la mise à disposition de lits de réanimation en nombre suffisant et sur les modalités de prise en charge des patients de chirurgie cardiaque.

Art. D. 6124-122 Le personnel médical et paramédical intervenant en chirurgie cardiaque comprend :

1° Au moins deux chirurgiens, titulaires du diplôme d'études spécialisées complémentaires en chirurgie thoracique et cardiovasculaire ou compétents en chirurgie thoracique et, pour la chirurgie des cardiopathies congénitales complexes de l'adulte, la collaboration d'un chirurgien formé ou ayant une expérience en chirurgie des cardiopathies congénitales selon des modalités précisées par arrêté du ministre chargé de la santé ;

2° Au moins un médecin justifiant d'une formation universitaire en circulation sanguine extracorporelle ;

3° Au moins deux médecins qualifiés spécialistes ou compétents en anesthésie réanimation ayant une expérience en chirurgie cardiaque ;

4° Le cas échéant, des médecins qualifiés en réanimation médicale ou en cardiologie ;

5° Pour chaque intervention : deux infirmiers, dont un infirmier ou une infirmière de bloc opératoire, présents dans la salle. En tant que de besoin, un infirmier ou une infirmière ou un médecin expérimenté en circulation sanguine extracorporelle et un infirmier ou une infirmière anesthésiste sont également présents ou peuvent être appelés dans un délai compatible avec l'urgence vitale.

Art. D. 6124-123 La continuité des soins est assurée par un chirurgien remplissant les conditions mentionnées au 1° de l'article D. 6124-122, un anesthésiste réanimateur et un médecin ou un infirmier ou une infirmière compétent en circulation sanguine extracorporelle. Ces personnels assurent leurs fonctions sur place ou en astreinte opérationnelle exclusivement pour le site mentionné à l'article R. 6123-70. En cas d'astreinte opérationnelle, le délai d'arrivée doit être compatible avec l'urgence vitale.

Art. D. 6124-124 La pratique de l'activité de chirurgie cardiaque nécessite de disposer :

1° Sur le même site, des appareils d'échocardiographie, d'échographie transthoracique, d'échographie transœsophagienne et d'angiographie numérisée, utilisables et accessibles à tout moment pour l'activité de chirurgie cardiaque ;

2° D'un laboratoire d'analyses de biologie médicale en mesure de pratiquer des examens nécessaires à la réalisation de l'activité de chirurgie cardiaque soit situé sur le même site, soit lié par convention ; les résultats des examens, et notamment ceux relatifs à l'hémostase et aux gaz du sang, doivent être accessibles dans des délais compatibles avec l'urgence vitale ;

3° De produits sanguins labiles, y compris en urgence, vingt-quatre heures sur vingt-quatre, tous les jours de l'année. Ces produits sont délivrés dans des délais compatibles avec l'urgence vitale.

Art. D. 6124-125 Le bloc opératoire dispose :

1° D'au moins deux salles d'intervention aseptiques affectées à la chirurgie cardiaque, aux dimensions compatibles avec le niveau d'équipement et les conditions de fonctionnement requis, dotées chacune d'un appareil de circulation sanguine extracorporelle équipé des systèmes d'alarmes et de surveillance des paramètres et disposant d'un appareil de récupération du sang ;

2° D'un appareil d'assistance cardio-circulatoire, accessible immédiatement ;

3° D'un local aseptique réservé au stockage des appareils de circulation sanguine extracorporelle.

§ 2 CONDITIONS PARTICULIÈRES AUX STRUCTURES DÉDIÉES À LA CHIRURGIE CARDIAQUE PÉDIATRIQUE

(Décr. nº 2006-78 du 24 janv. 2006)

Art. D. 6124-126 L'unité d'hospitalisation comporte un nombre de lits dédiés suffisant et dispose du personnel nécessaire pour être en mesure de prendre en charge à tout moment les soins pré- et post-opératoires de chirurgie cardiaque du nouveau-né ou de l'enfant.

Art. D. 6124-127 Le personnel médical prévu à l'article D. 6124-122 est complété par au moins un praticien expérimenté en cardio-pédiatrie hémodynamique et interventionnelle.

Les chirurgiens justifient d'une formation et d'une expérience attestée en chirurgie des cardiopathies congénitales selon les modalités précisées par arrêté du ministre *chargé de la santé.* Ils assurent la continuité des soins.

Des médecins spécialistes ainsi qu'un masseur-kinésithérapeute assurent, en tant que de besoin, la prise en charge de l'enfant.

Art. D. 6124-128 La réanimation est exercée soit dans une unité de réanimation pédiatrique spécialisée pour la chirurgie cardiaque, soit dans un secteur individualisé au sein d'une unité de réanimation pédiatrique.

Elle comporte des dispositifs médicaux adaptés au nouveau-né et à l'enfant, dont notamment un appareil d'épuration extrarénale et un appareil de photothérapie.

Art. D. 6124-129 La prise en charge chirurgicale des pathologies cardiaques pédiatriques ne peut être pratiquée que si la structure de chirurgie cardiaque est en mesure de réaliser ou de faire réaliser, vingt-quatre heures sur vingt-quatre, dans des délais compatibles avec l'urgence vitale, les examens suivants :

– les examens des gaz du sang, les examens biologiques par microtechniques et les examens de l'hémostase ;

– l'échocardiographie bidimensionnelle transthoracique et transœsophagienne par un appareil mobile avec sondes ;

– l'électrœncéphalographie et l'échographie transfontanellaire ;

– l'endoscopie respiratoire ;

– les explorations rythmologiques ;

– la stimulation cardiaque ;

– l'hémodynamique avec possibilité d'angiographie et de cathétérisme interventionnel ;

– les examens en scanographie, angiographie et imagerie par résonance magnétique ;

– les examens utilisant des radioéléments en sources non scellées.

Art. D. 6124-130 Le bloc opératoire dans lequel s'exerce l'activité de chirurgie cardiaque pédiatrique comporte des dispositifs médicaux adaptés au nouveau-né et à l'enfant, notamment pour les appareils de circulation sanguine extracorporelle, les respirateurs et les appareils d'assistance circulatoire prolongée.

SOUS-SECTION 9 TRAITEMENT DU CANCER

(Décr. n° 2007-389 du 21 mars 2007, art. 1er)

§ 1er CONCERTATION PLURIDISCIPLINAIRE

Art. D. 6124-131 Le projet thérapeutique envisagé pour chaque patient atteint de cancer pris en charge ainsi que les changements significatifs d'orientation thérapeutique sont enregistrés en réunion de concertation pluridisciplinaire.

Tous les membres de l'équipe médicale intervenant auprès des patients atteints de cancer pris en charge par le titulaire de l'autorisation participent régulièrement aux réunions de concertation pluridisciplinaire. Lorsque ce titulaire n'exerce pas l'ensemble des pratiques thérapeutiques mentionnées à l'article R. 6123-87, la réunion mentionnée au premier alinéa est tenue avec d'autres titulaires de l'autorisation exerçant ces pratiques, en utilisant éventuellement les réseaux mentionnés à l'article R. 6123-88.

Une fiche retraçant l'avis et la proposition thérapeutique résultant de la réunion de concertation pluridisciplinaire est insérée dans le dossier médical du malade.

Cette proposition thérapeutique est présentée au patient dans les conditions prévues au *a* du 2° de l'article R. 6123-88.

§ 2 CONTINUITÉ DES SOINS

Art. D. 6124-132 Le titulaire de l'autorisation organise la continuité de la prise en charge et, s'il y a lieu, la coordination des soins des patients qu'il traite, au sein de l'établissement et par des conventions passées avec d'autres établissements ou personnes titulaires de l'autorisation mentionnée à l'article R. 6123-87.

Il assure de la même façon le traitement des complications et des situations d'urgence.

Lorsqu'il n'exerce pas l'activité de soins de réanimation définie à l'article R. 6123-33, ou ne dispose pas des moyens nécessaires aux soins intensifs mentionnés à l'article D. 6124-104 ou des moyens permettant la surveillance continue mentionnée à l'article D. 6124-117, il passe avec d'autres établissements des conventions assurant la prise en charge sans délai des patients concernés.

§ 3 DISPOSITIONS PARTICULIÈRES À CERTAINES PRATIQUES THÉRAPEUTIQUES

Art. D. 6124-133 Le titulaire de l'autorisation mentionnant, en application de l'article R. 6123-87, la pratique de la radiothérapie, de la curiethérapie ou l'utilisation thérapeutique des radioéléments en sources non scellées prend avec les professionnels concernés les dispositions nécessaires afin que la préparation de chaque traitement soit validée par un médecin qualifié spécialiste en oncologie radiothérapique, en radiothérapie, en radiologie option radiodiagnostic et radiothérapie, ou en radiologie option radiothérapie, ou par un médecin qualifié spécialiste en médecine nucléaire, et par une personne spécialisée en radiophysique médicale prévue à l'article R. 1333-60.

Art. D. 6124-134 Le titulaire de l'autorisation mentionnant, en application de l'article R. 6123-87, la pratique de la chimiothérapie dispose d'une équipe médicale comprenant :

1° Au moins un médecin qualifié spécialiste en oncologie médicale ou en oncologie radiothérapique, ou titulaire du diplôme d'études spécialisées en oncologie ;

2° Ou au moins un médecin qualifié compétent en cancérologie, ou titulaire du diplôme d'études spécialisées complémentaires en cancérologie ; ces médecins ne pratiquent la chimiothérapie que dans la spécialité dans laquelle ils sont inscrits au tableau de l'ordre.

La décision de mise en œuvre d'un traitement par chimiothérapie est prise au cours d'un entretien singulier par un médecin prescripteur, exerçant selon les titres ou qualifications mentionnés aux deux alinéas précédents.

Lorsque le traitement concerne une hémopathie maligne, cette décision est prise dans les mêmes conditions par un médecin titulaire du diplôme d'études spécialisées en hématologie, ou titulaire du diplôme d'études spécialisées en *(Décr. n° 2012-1038 du 10 sept. 2012, art. 2)* « oncologie, option » onco-hématologie, ou par un médecin qualifié spécialiste en hématologie, ou qualifié compétent en maladies du sang.

SOUS-SECTION 10 NEUROCHIRURGIE

(Décr. n° 2007-365 du 19 mars 2007, art. 1er)

Art. D. 6124-135 Les dispositions de la présente sous-section sont applicables aux activités de neurochirurgie mentionnées à l'article R. 6123-96, à l'exception de celles mentionnées à l'article R. 6123-99.

§ 1er CONDITIONS GÉNÉRALES

Art. D. 6124-136 Les unités d'hospitalisation de neurochirurgie disposent de lits dédiés en nombre suffisant pour être en mesure de prendre en charge à tout moment les patients de neurochirurgie.

Les unités d'hospitalisation complète, d'hospitalisation de jour et de consultation de neurochirurgie permettent l'accessibilité et la prise en charge des patients lourdement handicapés à mobilité réduite.

La prise en charge en réanimation ou en surveillance continue des patients de neurochirurgie fait l'objet d'un protocole conclu entre les responsables médicaux des unités de neurochirurgie et des unités de réanimation et de surveillance continue, précisant notamment le nombre et la localisation des lits mis à disposition, les règles d'admission et de sortie, les modalités de prise en charge des patients et la compétence des personnels.

Art. D. 6124-137 Le personnel médical intervenant dans une unité d'hospitalisation de neurochirurgie comprend :

1° Au moins deux médecins qualifiés spécialistes en neurochirurgie ;

2° Des anesthésistes-réanimateurs sur la base d'un protocole conclu avec les neurochirurgiens ;

3° Des médecins qualifiés spécialistes d'autres disciplines pour les activités de soins non opératoires pour assurer en tant que de besoin la prise en charge des patients de neurochirurgie.

Outre le personnel infirmier et aide-soignant, le personnel non médical intervenant quotidiennement dans les unités d'hospitalisation de neurochirurgie comprend des masseurs-kinésithérapeutes et en tant que de besoin un orthophoniste, un ergothérapeute, un assistant social, un psychologue.

Pour chaque intervention de neurochirurgie, le personnel paramédical comprend au moins deux infirmiers ou infirmiers de bloc opératoire.

Pour chaque intervention de radiochirurgie intracrânienne et extracrânienne en conditions stéréotaxiques, le personnel comprend au moins :

1° Un neurochirurgien ;

2° Un neuroradiologue ;

3° Un radiothérapeute ;

4° Un radiophysicien ;

5° En tant que de besoin, un anesthésiste-réanimateur assisté d'un infirmier anesthésiste, un infirmier ou infirmier de bloc opératoire, un manipulateur d'électroradiologie médicale, un technicien de neurophysiologie.

Art. D. 6124-138 La permanence des soins mentionnée à l'article R. 6123-101 et la continuité des soins sont assurées sur chaque site par un neurochirurgien remplissant les conditions mentionnées au 1° de l'article D. 6124-137 et un anesthésiste-réanimateur. Ces personnes assurent leurs fonctions sur place ou en astreinte opérationnelle. En cas d'astreinte opérationnelle, le délai d'arrivée doit être compatible avec les impératifs de sécurité.

Lorsque la permanence des soins est assurée pour plusieurs sites, la convention mentionnée au 2° de l'article R. 6123-101 précise notamment les modalités d'organisation entre les sites, de participation des personnels de chaque site et les modalités d'orientation et de prise en charge des patients.

L'établissement dispose des systèmes d'information et des moyens de communication permettant la pratique de la télémédecine.

Art. D. 6124-139 La pratique de l'activité de soins de neurochirurgie nécessite l'accès à tout moment, éventuellement par convention avec un autre établissement, à :

1° Des examens de bactériologie, hématologie, biochimie ainsi que ceux relatifs à l'hémostase, aux gaz du sang et aux examens d'anatomopathologie en extemporané ;

2° Des examens d'imagerie par résonance magnétique et de tomodensitométrie ;

3° Des produits sanguins labiles.

Et en tant que de besoin :

1° Des appareils de mesure et d'enregistrement continu de la pression intracrânienne ;

2° Un écho-Doppler transcrânien.

Les interventions de radiochirurgie intracrânienne et extracrânienne en conditions stéréotaxiques nécessitent l'accès, éventuellement par convention avec un autre établissement de santé ou groupement de coopération sanitaire, à un appareil de radiochirurgie dédié.

Art. D. 6124-140 Le bloc opératoire dispose d'au moins deux salles d'opérations, dont une salle réservée et équipée pour la neurochirurgie accessible en permanence et une autre salle éventuellement partagée.

Le cas échéant, une salle supplémentaire, équipée pour la réalisation d'actes de neurochirurgie fonctionnelle cérébrale ou de radiochirurgie intracrânienne et extracrânienne en conditions stéréotaxiques, est requise lorsque l'autorisation précise la mise en œuvre des pratiques thérapeutiques mentionnées aux 1° et 2° de l'article R. 6123-100.

§ 2 CONDITIONS PARTICULIÈRES À LA NEUROCHIRURGIE PÉDIATRIQUE

Art. D. 6124-141 *L'activité de soins de neurochirurgie* pédiatrique est pratiquée dans une unité dédiée à cette activité, dans un environnement pédiatrique ou à proximité d'une unité de neurochirurgie adultes.

Art. D. 6124-142 L'unité d'hospitalisation de neurochirurgie pédiatrique comporte un nombre de lits dédiés suffisant et dispose du personnel nécessaire pour être en mesure de prendre en charge à tout moment les soins pré et postopératoires du nouveau-né ou de l'enfant. Ces lits peuvent être situés dans une unité de pédiatrie.

L'unité dispose de moyens permettant d'assurer la présence continue des parents auprès des enfants hospitalisés.

Art. D. 6124-143 Le personnel médical prévu à l'article D. 6124-137 est complété par au moins un médecin qualifié spécialiste en pédiatrie.

Le personnel médical justifie d'une formation et d'une expérience attestées dans le champ de la neurochirurgie pédiatrique selon des modalités précisées par arrêté du ministre chargé de la santé.

Le personnel paramédical répond aux qualifications nécessaires à la prise en charge pédiatrique et compte au moins une puéricultrice.

Art. D. 6124-144 La réanimation pédiatrique neurochirurgicale est exercée, conformément aux dispositions des articles R. 6123-38-1 à R. 6123-38-7, dans un secteur individualisé au sein d'une unité de réanimation pédiatrique.

Art. D. 6124-145 Le bloc opératoire et la salle de surveillance postinterventionnelle mentionnée à l'article D. 6124-99 comportent des dispositifs médicaux et un environnement adaptés au nouveau-né et à l'enfant.

L'anesthésie est réalisée par un personnel médical assisté d'un personnel paramédical expérimenté en pédiatrie.

Art. D. 6124-146 Dans un contexte d'urgence, l'activité de soins de neurochirurgie pédiatrique peut être pratiquée dans une unité de soins de neurochirurgie adultes.

Dans ce cas, les conditions mentionnées aux articles D. 6124-141 à D. 6124-145 ne sont pas exigibles. Un espace est alors réservé aux enfants hospitalisés au sein de l'unité de neurochirurgie adultes.

SOUS-SECTION 11 ACTIVITÉS INTERVENTIONNELLES PAR VOIE ENDOVASCULAIRE EN NEURORADIOLOGIE

(Décr. nº 2007-367 du 19 mars 2007, art. 1er)

Art. D. 6124-147 Les dispositions de la présente sous-section sont applicables aux activités interventionnelles par voie endovasculaire en neuroradiologie mentionnées à l'article R. 6123-104, à l'exception de celles visées à l'article R. 6123-107.

Art. D. 6124-148 L'hospitalisation des patients relevant des activités interventionnelles par voie endovasculaire en neuroradiologie est réalisée soit dans une unité dédiée aux activités interventionnelles en neuroradiologie, soit dans une unité de neurochirurgie, soit dans une unité de neurologie, ou par défaut dans une unité de médecine ou de chirurgie.

Les unités d'hospitalisation, de réanimation et de surveillance continue disposent de lits en nombre suffisant pour être en mesure de prendre en charge à tout moment les patients relevant des activités interventionnelles par voie endovasculaire en neuroradiologie.

Les unités d'hospitalisation complète, d'hospitalisation de jour et de consultation accueillant les patients relevant des activités interventionnelles par voie endovasculaire en neuroradiologie permettent l'accessibilité et la prise en charge de patients lourdement handicapés à mobilité réduite.

La prise en charge en réanimation ou en surveillance continue des patients relevant des activités interventionnelles par voie endovasculaire en neuroradiologie fait l'objet d'un protocole conclu entre les responsables médicaux de neuroradiologie interventionnelle et des unités de réanimation et de surveillance continue, précisant notamment le nombre et la localisation des lits mis à disposition, les règles d'admission et de sortie, les modalités de prise en charge des patients et la compétence des personnels.

Art. D. 6124-149 Le personnel médical nécessaire aux activités interventionnelles par voie endovasculaire en neuroradiologie comprend :

1° Au moins deux médecins justifiant d'une expérience et d'une formation dans la pratique d'actes interventionnels par voie endovasculaire en neuroradiologie attestées selon des modalités précisées par arrêté du ministre chargé de la santé ;

2° Des anesthésistes-réanimateurs sur la base d'un protocole conclu avec les médecins cités ci-dessus ;

3° En tant que de besoin, un médecin qualifié spécialiste en médecine physique et réadaptation.

En dehors de la réalisation de l'acte interventionnel, des médecins qualifiés spécialistes d'autres disciplines sont associés en fonction des besoins de prise en charge des patients relevant des activités interventionnelles par voie endovasculaire en neuroradiologie.

Outre le personnel infirmier et aide-soignant, le personnel non médical intervenant quotidiennement pendant l'hospitalisation des patients relevant des activités interventionnelles par voie endovasculaire en neuroradiologie comprend des masseurs-kinésithérapeutes et, en tant que de besoin, un orthophoniste, un ergothérapeute, un assistant social, un psychologue.

Chaque acte interventionnel en neuroradiologie nécessite la présence d'au moins trois personnes expérimentées, dont un médecin remplissant les conditions mentionnées au 1° de l'article D. 6124-149 et un manipulateur d'électroradiologie médicale. La troisième personne est, selon les besoins, soit un médecin, soit un infirmier, soit un manipulateur d'électroradiologie médicale.

Lorsque l'intervention nécessite une anesthésie générale, l'anesthésiste-réanimateur est assisté par un infirmier anesthésiste.

Art. D. 6124-150 La permanence des soins mentionnée à l'article R. 6123-108 et la continuité des soins sont assurées sur chaque site par un médecin remplissant les conditions mentionnées au 1° de l'article D. 6124-149 et un anesthésiste-réanimateur. Ces personnes assurent leurs fonctions sur place ou en astreinte opérationnelle ou, le cas échéant, par convention avec d'autres établissements de santé ou groupements de coopération sanitaire. Dans ces deux derniers cas, le délai d'arrivée doit être compatible avec les impératifs de sécurité.

Lorsque la permanence des soins est assurée pour plusieurs sites, la convention mentionnée au 2° de l'article R. 6123-108 précise notamment les modalités d'organisation entre les sites, de participation des personnels de chaque site et les modalités d'orientation et de prise en charge des patients.

Art. D. 6124-151 La pratique des activités interventionnelles par voie endovasculaire en neuroradiologie nécessite l'accès à tout moment, éventuellement par convention avec un autre établissement, à :

1° Des examens d'imagerie par résonance magnétique et de tomodensitométrie ;

2° Des appareils de mesure et d'enregistrement continu de la pression intracrânienne ;

3° Un écho-Doppler transcrânien ;

4° Des examens de bactériologie, hématologie, biochimie ainsi que ceux relatifs à l'hémostase et aux gaz du sang en extemporané ;

5° Des produits sanguins labiles.

Art. D. 6124-152 La pratique des activités interventionnelles par voie endovasculaire en neuroradiologie nécessite de disposer à tout moment d'au moins :

1° Une salle d'angiographie numérisée interventionnelle répondant aux conditions d'anesthésie et d'asepsie identiques à celles d'un bloc opératoire ;

2° Une salle de commande avec des moyens de radioprotection conformes à la réglementation en vigueur ;

3° Un angiographe numérisé permettant une reconstruction tridimensionnelle d'images.

La salle d'angiographie numérisée dans laquelle s'exercent les activités interventionnelles par voie endovasculaire en neuroradiologie ainsi que la salle de surveillance postinterventionnelle comportent des dispositifs médicaux et un environnement adaptés au nouveau-né et à l'enfant pour les sites pratiquant une activité pédiatrique en *neuroradiologie interventionnelle.*

Lorsque l'acte interventionnel porte sur un enfant, l'anesthésie doit être réalisée par un personnel médical et paramédical expérimenté en pédiatrie.

SOUS-SECTION 12 CONDITIONS TECHNIQUES DE FONCTIONNEMENT APPLICABLES À L'ACTIVITÉ DE TRAITEMENT DES GRANDS BRÛLÉS

(Décr. n° 2007-1240 du 20 août 2007, art. 1er)

§ 1er CONDITIONS GÉNÉRALES

Art. D. 6124-153 La structure de traitement des grands brûlés comporte au moins :

1° Une zone technique d'accueil et de mise en condition des patients ;

2° Un ou plusieurs secteurs d'hospitalisation à temps complet comprenant :

– au moins 6 lits adaptés aux grands brûlés, en chambres individuelles équipées d'un système de traitement et de contrôle de l'air réduisant le risque de contamination microbienne par voie aérienne, dédiés à une activité de réanimation des patients grands brûlés,

– des lits de grands brûlés, en nombre au moins égal à celui des lits de réanimation, dédiés exclusivement au traitement médical ou chirurgical des patients grands brûlés ;

3° Une salle opératoire dédiée ;

4° Un secteur de consultations et de soins externes.

Pour les structures de traitement des grands brûlés des départements d'outre-mer, le nombre minimal de 6 lits dédiés à l'activité de réanimation mentionnée ci-dessus est fixé à 4.

Art. D. 6124-154 La structure de traitement des grands brûlés dispose, sur le même site, pour le suivi des patients, d'un accès à une structure d'anesthésie et de chirurgie ambulatoire.

Art. D. 6124-155 I. – L'équipe médicale de la structure de traitement des grands brûlés comprend au moins :

1° Un médecin qualifié spécialiste ou compétent en anesthésie-réanimation, ou qualifié spécialiste en anesthésiologie-réanimation chirurgicale ;

2° Un chirurgien qualifié spécialiste ou compétent en chirurgie plastique, reconstructrice et esthétique.

II. – L'équipe médicale comporte en outre, lorsque l'importance de l'activité l'exige ou pour faire face à des besoins exceptionnels :

1° Un ou plusieurs médecins qualifiés spécialistes ou compétents en réanimation médicale ou titulaires du diplôme d'études spécialisées complémentaire de réanimation médicale, ou ayant en réanimation une expérience attestée dans des conditions fixées par arrêté du ministre chargé de la santé ;

2° Un ou plusieurs praticiens ayant dans le traitement chirurgical des brûlés une expérience attestée dans des conditions définies par arrêté du ministre chargé de la santé.

Le titulaire de l'autorisation prévoit, en tant que de besoin, l'intervention, tous les jours de l'année, le cas échéant par convention avec un autre établissement, d'un médecin qualifié spécialiste en médecine physique et de réadaptation, un médecin formé ou expérimenté dans le traitement de la douleur et un médecin qualifié spécialiste en psychiatrie.

Art. D. 6124-156 La permanence et la continuité des soins sont assurées dans la structure de traitement des grands brûlés par au moins un médecin membre de l'équipe médicale répondant aux conditions mentionnées aux 1° des I et II de l'article D. 6124-155.

Toutefois, la permanence et la continuité des soins peuvent être assurées, en dehors du service de jour, par un médecin anesthésiste réanimateur ou un médecin réanimateur de l'établissement n'appartenant pas à l'équipe mentionnée à l'article D. 6124-155 ou, le cas échéant, par un interne en médecine dans des conditions fixées par arrêté du ministre chargé de la santé. Une astreinte opérationnelle est assurée, dans des conditions définies par arrêté du ministre chargé de la santé, par un médecin membre de l'équipe médicale mentionnée aux 1° des I et II de l'article D. 6124-155.

En cas de proximité immédiate de la structure de traitement des grands brûlés avec l'unité de réanimation de l'établissement, la permanence et la continuité des soins peuvent être communes avec l'unité de réanimation en dehors du service de jour.

Dans tous les cas, l'astreinte opérationnelle est assurée par un médecin membre de l'équipe médicale répondant aux conditions mentionnées aux 2° des I et II de l'article D. 6124-155.

Art. D. 6124-157 La structure de traitement des grands brûlés dispose, en son sein ou à proximité immédiate, d'un local permettant aux médecins d'assurer la permanence médicale sur place vingt-quatre heures sur vingt-quatre, tous les jours de l'année.

Art. D. 6124-158 Sous la responsabilité d'un cadre de santé, l'équipe paramédicale intervenant auprès des patients nécessitant des soins de réanimation spécifiques aux grands brûlés comprend au moins :

1° Pendant le service de jour, un infirmier et un aide-soignant pour deux patients ;

2° Pendant le service de nuit, deux infirmiers et un aide-soignant pour cinq patients ;

3° Pendant le service de jour, tous les jours de l'année, un masseur-kinésithérapeute ;

Un psychologue doit être en mesure d'intervenir à la demande du patient ou de l'équipe médicale.

Ces personnels doivent avoir l'expérience de la prise en charge spécifique des grands brûlés.

§ 2 CONDITIONS PARTICULIÈRES POUR L'ACCUEIL DES ENFANTS ATTEINTS DE BRÛLURES GRAVES

Art. D. 6124-159 Lorsque la structure est exclusivement dédiée à l'accueil d'enfants, le nombre minimal de 6 lits affectés aux soins de réanimation mentionné à l'article D. 6124-153 est fixé à 3.

Art. D. 6124-160 Lorsque la structure prend en charge à la fois des adultes et des enfants, les lits d'hospitalisation pour les enfants sont situés dans un environnement pédiatrique et dans un espace réservé aux enfants. Elle doit disposer d'équipements et de matériels adaptés aux enfants.

Art. D. 6124-161 Le médecin assurant la permanence et la continuité des soins mentionnées à l'article D. 6124-156 doit disposer d'une expérience en réanimation pédiatrique.

Le personnel infirmier mentionné à l'article D. 6124-158 comprend au moins une puéricultrice et une auxiliaire de puériculture.

La structure dispose des moyens permettant d'assurer l'accueil et la présence des parents auprès de l'enfant.

SOUS-SECTION 13 GREFFES D'ORGANES ET GREFFES DE CELLULES HÉMATOPOÏÉTIQUES

(Décr. nº 2007-1257 du 21 août 2007, art. 1er)

§ 1er CONDITIONS GÉNÉRALES APPLICABLES AUX GREFFES D'ORGANES

Art. D. 6124-162 Dans les établissements autorisés et en liaison avec leur directeur, les responsables médicaux des activités de greffes et ceux des unités de réanimation ou de soins intensifs et de surveillance continue établissent des accords définissant les moyens et les modalités de prise en charge des patients.

Art. D. 6124-163 L'effectif du personnel médical et paramédical est adapté à l'activité de greffes d'organes et au suivi des patients greffés. Il comprend :

1° Au moins deux chirurgiens ayant accompli chacun quatre années de clinicat ou quatre années d'exercice comme praticien dans une unité effectuant des greffes de l'organe concerné ;

2° Au moins deux médecins ayant accompli chacun quatre années de clinicat ou quatre années d'exercice comme praticien dans une unité effectuant des greffes de l'organe concerné ;

3° Au moins deux médecins qualifiés spécialistes en anesthésie-réanimation ou qualifiés spécialistes en anesthésiologie-réanimation chirurgicale ;

4° Si l'activité le justifie, au moins un médecin qualifié spécialiste ou compétent en réanimation médicale ou titulaire du diplôme d'études spécialisées complémentaires de réanimation médicale ;

5° Des infirmiers expérimentés dont au moins un assurant la coordination du parcours de soins du patient ;

6° Un psychologue ;

7° Un diététicien ;

8° Un masseur-kinésithérapeute ;

9° Un assistant social.

Art. D. 6124-164 L'établissement de santé organise une permanence médicale spécifique à la greffe, assurée par un chirurgien et un médecin ayant l'une des qualifications mentionnées au 3° de l'article D. 6124-163. Il dispose d'un bloc opératoire comprenant une salle d'intervention et du personnel nécessaire, disponibles à tout moment pour l'activité de greffe.

La continuité des soins est assurée sur chaque site par un médecin, un chirurgien et un médecin ayant l'une des qualifications mentionnées au 3° de l'article D. 6124-163.

La permanence médicale et la continuité des soins sont assurées sur place ou en astreinte dans des conditions fixées par arrêté du ministre chargé de la santé.

Art. D. 6124-165 L'établissement de santé autorisé pour les activités de greffes d'organes dispose sur le site :

– des moyens d'assurer la circulation sanguine extracorporelle, l'assistance circulatoire mécanique de longue durée pour la greffe cardiaque ou pulmonaire et l'autotransfusion peropératoire pour la greffe hépatique, cardiaque ou pulmonaire ;

– des moyens d'assurer, par convention avec le service de néphrologie du site, l'épuration extrarénale vingt-quatre heures sur vingt-quatre tous les jours de l'année pour la greffe rénale.

L'établissement de santé doit être en mesure de réaliser ou de faire réaliser, vingt-quatre heures sur vingt-quatre, dans des délais compatibles avec les impératifs de sécurité, des examens de bactériologie, d'hématologie, de biochimie et d'histocompatibilité.

L'établissement de santé doit être en mesure de réaliser ou de faire réaliser dans des délais compatibles avec l'état du patient :

– des examens en imagerie par résonance magnétique, scanographie, échographie et angiographie numérisée ;

– des examens de virologie, de parasitologie et de mycologie ;

– des examens d'anatomopathologie ;

– des examens d'immunologie ;

– des examens pour le dosage sanguin des médicaments.

L'établissement de santé dispose de produits sanguins labiles vingt-quatre heures sur vingt-quatre tous les jours de l'année. Ces produits sont délivrés dans des délais compatibles avec l'urgence vitale.

§ 2 CONDITIONS PARTICULIÈRES AUX GREFFES D'ORGANES EN PÉDIATRIE

Art. D. 6124-166 L'hospitalisation de l'enfant est réalisée dans un secteur dédié d'une unité de pédiatrie ou, lorsque l'âge ou les caractéristiques du patient le justifient, dans une zone individualisée d'un secteur d'hospitalisation disposant d'un environnement pédiatrique.

L'établissement de santé permet la présence des parents auprès de l'enfant.

Art. D. 6124-167 L'établissement de santé dispose d'une unité de surveillance continue en pédiatrie ; celle-ci peut être spécialisée dans les greffes d'organes conformément aux dispositions de l'article R. 6123-38-7.

L'activité de réanimation mentionnée à l'article R. 6123-76 peut être une activité de réanimation pédiatrique, de réanimation pédiatrique spécialisée ou de réanimation néonatale.

Art. D. 6124-168 Le personnel mentionné à l'article D. 6124-163 est complété par au moins un pédiatre pouvant intervenir dans un délai compatible avec l'impératif de sécurité.

Le personnel médical et infirmier est expérimenté dans la prise en charge des enfants et comprend au moins une puéricultrice.

§ 3 CONDITIONS GÉNÉRALES APPLICABLES AUX GREFFES DE CELLULES *HÉMATOPOÏÉTIQUES*

Art. D. 6124-169 L'unité d'hospitalisation mentionnée à l'article R. 6123-77 est dédiée aux activités de greffes de cellules hématopoïétiques et au suivi des patients après la greffe. Elle comporte des chambres équipées d'un système de traitement et de contrôle de l'air réduisant les risques de contamination microbienne par voie aérienne.

Art. D. 6124-170 L'effectif du personnel médical et paramédical est adapté à l'activité de greffes de cellules hématopoïétiques ainsi qu'au suivi des patients greffés. Il comprend :

1° Au moins deux médecins justifiant chacun d'une qualification en hématologie ou en hématologie clinique ou d'un diplôme d'études spécialisées d'oncologie médicale, option hémato-oncologie, et d'au moins deux années de formation dans une unité pratiquant les greffes de cellules hématopoïétiques ;

2° Du personnel infirmier en nombre suffisant pour assurer des soins permanents et intensifs auprès des patients, dont un infirmier chargé d'assurer la coordination du parcours de soins du patient ;

3° Un psychologue ;

4° Un diététicien ;

5° Un masseur-kinésithérapeute ;

6° Un assistant social.

Art. D. 6124-171 L'établissement de santé organise sur chaque site une permanence médicale sur place ou en astreinte destinée à assurer à tout moment, la réalisation des greffes de cellules hématopoïétiques et la continuité des soins.

Art. D. 6124-172 L'établissement de santé doit être en mesure de réaliser ou de faire réaliser vingt-quatre heures sur vingt-quatre, dans des délais compatibles avec les impératifs de sécurité et avec l'état du patient :

– des examens d'hématologie, de biochimie et de bactériologie ;
– des tests d'histocompatibilité comprenant le typage HLA ;
– des examens en scanographie et d'imagerie par résonance magnétique ;
– des examens de virologie, de parasitologie et de mycologie ;
– des examens d'anatomopathologie ;
– des examens d'immunologie ;
– des traitements de radiothérapie ;
– des examens de dosage sanguin du médicament.

L'établissement de santé doit disposer, éventuellement par convention avec un autre établissement, d'un bloc opératoire permettant le prélèvement d'un greffon médullaire sous anesthésie générale et d'une unité de prélèvement de cellules souches hématopoïétiques par cytaphérèse.

L'établissement de santé doit disposer de produits sanguins labiles vingt-quatre heures sur vingt-quatre tous les jours de l'année. Ces produits sont délivrés dans des délais compatibles avec l'urgence vitale.

§ 4 CONDITIONS PARTICULIÈRES AUX GREFFES DE CELLULES HÉMATOPOÏÉTIQUES EN PÉDIATRIE

Art. D. 6124-173 L'hospitalisation de l'enfant greffé est réalisée dans un secteur dédié d'une unité de pédiatrie ou dans une zone individualisée disposant d'un environnement pédiatrique au sein du secteur d'hospitalisation mentionné à l'article R. 6123-77.

L'organisation de l'établissement de santé permet la présence des parents auprès de l'enfant.

Art. D. 6124-174 Dans les établissements autorisés et en liaison avec leur directeur, *les responsables médicaux des activités* de greffes et ceux des unités de réanimation pédiatrique ou pédiatrique spécialisée mentionnées à l'article R. 6123-38-1 établissent des accords définissant les moyens et les modalités de prise en charge des enfants.

Art. D. 6124-175 Le personnel mentionné à l'article D. 6124-170 comprend au moins un pédiatre justifiant d'au moins deux années de formation dans une unité pratiquant les greffes de cellules hématopoïétiques.

Le personnel infirmier et paramédical est expérimenté dans la prise en charge des enfants relevant d'une greffe et comprend au moins une puéricultrice.

Art. D. 6124-176 Le bloc opératoire est adapté aux conditions de prélèvement des cellules et les moyens de radiothérapie mentionnés à l'article D. 6124-172 sont adaptés à l'irradiation du corps entier en pédiatrie.

SOUS-SECTION 14 SOINS DE SUITE ET DE RÉADAPTATION

(Décr. n° 2008-376 du 17 avr. 2008)

§ 1er CONDITIONS GÉNÉRALES

Art. D. 6124-177-1 I – Le titulaire de l'autorisation de soins de suite et de réadaptation constitue une ou plusieurs équipes pluridisciplinaires qui prennent en charge les patients et dont les membres détiennent les compétences médicales, paramédicales, psychologiques, sociales et éducatives nécessaires à la mise en œuvre de l'activité de soins autorisée.

II. – L'équipe pluridisciplinaire comprend au moins les compétences de médecin, d'infirmier et d'assistant de service social. Elle comprend également, en tant que de besoin, les auxiliaires médicaux, le personnel des professions sociales et éducatives et les psychologues, nécessaires à la prise en charge des patients que le titulaire de l'autorisation de soins de suite et de réadaptation accueille.

III. – L'équipe pluridisciplinaire réalise pour chaque patient un bilan initial et élabore avec lui un projet thérapeutique, en liaison avec le médecin ayant prescrit les soins de suite et de réadaptation. Les objectifs et la durée prévisible du projet thérapeutique sont déterminés et périodiquement réévalués. Le projet thérapeutique est réévalué lorsque le séjour du patient au titre des soins de suite et de réadaptation a dépassé trois mois.

IV. – Si la mise en œuvre du projet thérapeutique le nécessite, des membres de l'équipe pluridisciplinaire se déplacent et interviennent dans les lieux de vie du patient ou dans les structures de soins de suite et de réadaptation ou de soins de longue durée, les structures médico-sociales ou les structures sociales qui l'accueillent ou sont susceptibles de l'accueillir, avec son accord et en lien avec son médecin traitant ou à la demande des structures d'accueil.

Art. D. 6124-177-2 Le titulaire de l'autorisation désigne parmi les praticiens exerçant en son sein un ou plusieurs médecins coordonnateurs, justifiant d'une formation et d'une expérience adaptées à la nature des prises en charge spécialisées mentionnées dans l'autorisation. Le médecin coordonnateur assure la coordination de l'équipe pluridisciplinaire et celle de l'organisation des soins dispensés aux patients.

Art. D. 6124-177-3 Les effectifs du personnel sont adaptés au nombre de patients effectivement pris en charge et à la nature et l'intensité des soins que leur état de santé requiert.

Art. D. 6124-177-4 Le titulaire de l'autorisation prend toutes mesures propres à assurer la continuité médicale des soins des patients dont il a la charge. L'organisation mise en place à cet effet vise à assurer un délai d'intervention du médecin compatible avec la sécurité des patients. Cette organisation peut être commune à plusieurs établissements de santé. La convention établie entre les établissements de santé concernés et fixant cette organisation est transmise au *(Décr. n° 2010-344 du 31 mars 2010, art. 187)* « directeur général de l'agence régionale de santé ». Celui-ci peut s'opposer à la mise en application de tout ou partie de ses dispositions dans les deux mois suivant sa réception, puis à tout moment si des circonstances de fait et de droit le justifient.

Un infirmier au moins est présent en permanence sur le site où sont hébergés les patients.

Art. D. 6124-177-5 Le titulaire de l'autorisation organise les modalités d'identification des besoins de soins de chaque patient et s'assure que la ou les prises en charge qu'il offre sont adaptées à ces besoins.

Art. D. 6124-177-6 Le titulaire de l'autorisation met à disposition les espaces nécessaires à la présence auprès du patient de membres de son entourage, lors des visites. Il prévoit également des espaces de convivialité.

Art. D. 6124-177-7 Les chambres d'hospitalisation comprennent un ou deux lits. Elles sont équipées d'un dispositif d'appel adapté à l'état du patient. L'accès aux fluides médicaux y est organisé dans un délai compatible avec l'impératif de sécurité.

Le titulaire de l'autorisation dispose d'espaces adaptés à la nature des prises en charge pour lesquelles il est autorisé ; ces espaces incluent des espaces de rééducation, adaptés aux activités thérapeutiques mises en œuvre, dont au moins une salle équipée permettant la prise en charge de plusieurs patients et disposant d'un accès aux fluides médicaux.

Un chariot d'urgence est accessible en permanence.

Art. D. 6124-177-8 Le titulaire de l'autorisation organise l'accès des patients à un plateau technique d'imagerie médicale, le cas échéant par convention avec un autre établissement de santé ou groupement de coopération sanitaire. Il dispose de la possibilité de faire réaliser des analyses de biologie médicale, le cas échéant par convention avec un établissement de santé ou groupement de coopération sanitaire ou un laboratoire d'analyses de biologie médicale.

Art. D. 6124-177-9 Le titulaire de l'autorisation transmet régulièrement aux membres du réseau des urgences auquel il participe, en application de l'article R. 6123-123, le répertoire opérationnel de ses ressources prévu à l'article D. 6124-25.

§ 2 CONDITIONS PARTICULIÈRES À LA PRISE EN CHARGE DES ENFANTS OU ADOLESCENTS

Art. D. 6124-177-10 Le médecin coordonnateur est qualifié en médecine générale ou qualifié spécialiste en pédiatrie ou en médecine physique et de réadaptation, ou qualifié spécialiste d'une des affections mentionnées à l'article R. 6123-120 que prend en charge le titulaire de l'autorisation.

S'il n'est pas qualifié spécialiste en pédiatrie, le médecin coordonnateur justifie d'une formation ou d'une expérience attestées dans la prise en charge de l'enfant.

Art. D. 6124-177-11 L'équipe pluridisciplinaire comprend des compétences de puériculteur lorsque le titulaire de l'autorisation accueille des enfants de moins de six ans. Elle comprend également les compétences d'éducateur de jeunes enfants ou d'éducateur spécialisé. Les autres membres de l'équipe pluridisciplinaire ont reçu une formation à l'approche et la prise en charge de l'enfant ou de l'adolescent.

Art. D. 6124-177-12 L'équipe pluridisciplinaire élabore et met en œuvre le projet thérapeutique avec le patient lorsque son âge et son état de santé le permettent et avec sa famille. Le projet thérapeutique comporte la prise en charge psychologique du patient et tient compte de l'environnement social et familial de celui-ci. Il est personnalisé, réévalué et adapté au fur et à mesure de la croissance de l'enfant.

Art. D. 6124-177-13 Si le titulaire de l'autorisation accueille des enfants placés sous oxygénothérapie ou sous ventilation artificielle ou bénéficiant d'une alimentation parentérale, le médecin coordonnateur est qualifié spécialiste en pédiatrie. Les membres de l'équipe pluridisciplinaire, chacun en fonction de son champ de compétence, sont formés à la prise en charge de ces patients et à l'utilisation des appareils.

La continuité médicale des soins est assurée dans des conditions permettant l'intervention d'un médecin qualifié spécialiste en pédiatrie ou d'un médecin justifiant une formation ou une expérience attestées dans la prise en charge des enfants.

Si l'établissement de santé n'est pas lui-même autorisé à exercer les activités de médecine d'urgence et de réanimation pédiatrique, il passe convention avec un établissement de santé autorisé à exercer ces activités de soins. Cette convention précise les *modalités* de transfert des patients lorsque leur état de santé le nécessite, ainsi que les modalités de coopération entre les équipes médicales et paramédicales.

Art. D. 6124-177-14 Le titulaire de l'autorisation organise le séjour des patients en fonction des tranches d'âge pour lesquelles il est autorisé. Par dérogation à l'article D. 6124-177-7, les chambres d'hospitalisation peuvent comporter quatre lits au maximum. Elles sont alors suffisamment spacieuses et organisées de façon à garantir le respect de l'intimité des enfants ou des adolescents.

Des espaces de vie et de jeux intérieurs et extérieurs sont prévus pour les patients accueillis.

Art. D. 6124-177-15 Le titulaire de l'autorisation, en accord avec la famille, selon l'état de santé du patient, prend les dispositions nécessaires pour lui assurer le bénéfice de l'instruction obligatoire prévue aux articles L. 131-1 et suivants du code de l'éducation.

Art. D. 6124-177-16 Le titulaire de l'autorisation accordée en application de l'article R. 6123-122 déclare à l'*(Décr. nº 2010-344 du 31 mars 2010, art. 187)* « agence régionale de santé » ses dates d'ouverture et de fermeture, chaque année, trois mois au moins avant sa date d'ouverture.

§ 3 CONDITIONS PARTICULIÈRES À LA PRISE EN CHARGE SPÉCIALISÉE DES AFFECTIONS DE L'APPAREIL LOCOMOTEUR

Art. D. 6124-177-17 Le médecin coordonnateur est qualifié spécialiste en médecine physique et de réadaptation. S'il n'a pas cette qualification, le médecin coordonnateur justifie d'une formation attestée en médecine physique et de réadaptation.

Art. D. 6124-177-18 L'équipe pluridisciplinaire comprend au moins des compétences de masseur-kinésithérapeute et d'ergothérapeute.

Art. D. 6124-177-19 Le titulaire de l'autorisation offre une prise en charge dans au moins deux des pratiques thérapeutiques suivantes : masso-kinésithérapie, ergothérapie, orthoprothésie, psychomotricité. L'organisation des soins permet de dispenser à chaque patient, selon son état clinique, chaque jour ouvré, au moins deux séquences de traitement relevant de ces pratiques dont au moins une séquence de soins individualisés. Le titulaire de l'autorisation peut également offrir une prise en charge en activité physique adaptée.

Art. D. 6124-177-20 Les espaces de rééducation comportent des équipements d'électrophysiothérapie et une installation de balnéothérapie.

Le titulaire de l'autorisation assure l'accès, le cas échéant par voie de convention avec un autre établissement de santé ou un groupement de coopération sanitaire, à un atelier d'ajustement d'aides techniques, à un atelier d'appareillage et de confection de prothèses et à un laboratoire d'analyse du mouvement.

§ 4 CONDITIONS PARTICULIÈRES À LA PRISE EN CHARGE SPÉCIALISÉE DES AFFECTIONS DU SYSTÈME NERVEUX

Art. D. 6124-177-21 Le médecin coordonnateur est qualifié spécialiste en médecine physique et de réadaptation ou en neurologie. Le titulaire de l'autorisation assure l'accès des patients à un médecin qualifié spécialiste en médecine physique et de réadaptation et à un médecin qualifié spécialiste en neurologie.

Art. D. 6124-177-22 L'équipe pluridisciplinaire comprend au moins des compétences de masseur-kinésithérapeute, d'ergothérapeute, d'orthophoniste et de psychologue.

Art. D. 6124-177-23 S'il n'est pas lui-même autorisé à exercer les activités de soins de réanimation adulte ou pédiatrique et de neurochirurgie, le titulaire de l'autorisation organise la prise en charge des patients dont l'état de santé le requerrait par un établissement de santé autorisé à exercer ces activités avec lequel il passe convention.

Art. D. 6124-177-24 Le titulaire de l'autorisation offre une prise en charge dans au moins trois des cinq pratiques thérapeutiques suivantes : masso-kinésithérapie, ergothérapie, orthophonie, psychomotricité ou prise en charge neuropsychologique. L'organisation des soins permet de dispenser à chaque patient, selon son état clinique, chaque jour ouvré, au moins deux séquences de traitement dans l'une de ces pratiques, dont *au moins une* séquence de soins individualisés.

Art. D. 6124-177-25 Le titulaire de l'autorisation assure l'accès à un plateau technique permettant de réaliser des examens d'électromyographie et d'électrœncéphalographie, à un laboratoire d'urodynamique et à un laboratoire d'analyse du mouvement, le cas échéant par voie de convention avec un autre établissement de santé ou groupement de coopération sanitaire.

§ 5 CONDITIONS COMMUNES À LA PRISE EN CHARGE SPÉCIALISÉE DES AFFECTIONS DE L'APPAREIL LOCOMOTEUR ET DES AFFECTIONS DU SYSTÈME NERVEUX

Art. D. 6124-177-26 Le médecin coordonnateur est qualifié spécialiste en médecine physique et de réadaptation.

§ 6 CONDITIONS PARTICULIÈRES À LA PRISE EN CHARGE SPÉCIALISÉE DES AFFECTIONS CARDIO-VASCULAIRES

Art. D. 6124-177-27 Le médecin coordonnateur est qualifié spécialiste en cardiologie et maladies vasculaires, ou qualifié spécialiste en pathologie cardio-vasculaire, ou qualifié spécialiste en médecine physique et de réadaptation. Dans ce dernier cas, le médecin coordonnateur justifie d'une formation ou d'une expérience attestées en cardiologie. Le titulaire de l'autorisation assure l'accès des patients à un médecin qualifié spécialiste en cardiologie et maladies vasculaires, ou qualifié spécialiste en pathologie cardio-vasculaire.

Art. D. 6124-177-28 L'équipe pluridisciplinaire comprend au moins des compétences de masseur-kinésithérapeute et de diététicien.

Art. D. 6124-177-29 Le titulaire de l'autorisation assure à ses patients l'accès à une unité de soins intensifs de cardiologie prévue à l'article D. 6124-107, le cas échéant par voie de convention avec un autre établissement de santé ou groupement de coopération sanitaire. La convention précise les conditions de transfert des patients dans l'unité des soins intensifs.

Art. D. 6124-177-30 La continuité médicale des soins est assurée par un médecin qualifié spécialiste ou compétent en cardiologie et médecine des affections vasculaires, ou qualifié spécialiste en pathologie cardio-vasculaire.

Au moins un infirmier est présent dans les espaces de rééducation aux côtés des patients. Un médecin qualifié spécialiste en cardiologie y intervient immédiatement en cas de besoin.

Art. D. 6124-177-31 Les espaces de rééducation incluent un plateau technique comprenant un échographe, une installation d'épreuves d'effort et des espaces d'entraînement physique. Le plateau technique est équipé de monitorages par télémétrie en nombre adapté à celui des patients présents et qui le nécessitent. Un chariot d'urgence et de réanimation cardiaque est situé à proximité du plateau technique.

Le titulaire de l'autorisation dispose d'une salle d'urgence, équipée de manière à permettre les gestes d'urgence et de réanimation cardiaque dans l'attente du transfert vers l'unité de soins intensifs cardiologiques mentionnée à l'article D. 6124-107. Cette salle comprend également un ou plusieurs lits munis de cardioscopes et un chariot d'urgence et de réanimation cardiaque, comportant au moins un défibrillateur et du matériel d'intubation et de ventilation.

§ 7 CONDITIONS PARTICULIÈRES À LA PRISE EN CHARGE SPÉCIALISÉE DES AFFECTIONS RESPIRATOIRES

Art. D. 6124-177-32 Le médecin coordonnateur est qualifié spécialiste en pneumologie ou en médecine physique et de réadaptation. S'il n'est pas qualifié spécialiste en pneumologie, le médecin coordonnateur justifie d'une formation ou d'une expérience attestées en pneumologie. Le titulaire de l'autorisation assure l'accès des patients à un médecin qualifié spécialiste en pneumologie.

Art. D. 6124-177-33 L'équipe pluridisciplinaire comprend au moins des compétences de masseur-kinésithérapeute.

Art. D. 6124-177-34 Le titulaire de l'autorisation met en œuvre les techniques de ventilation mécanique non invasive et d'oxygénothérapie. Il offre une prise en charge en masso-kinésithérapie, organisée de façon à assurer aux patients dont l'état de santé le nécessiterait au moins une séquence de traitement quotidienne.

Art. D. 6124-177-35 Le titulaire de l'autorisation dispose des équipements permettant d'accomplir les gestes d'urgence et de réanimation respiratoire, notamment l'intubation trachéale, les nébulisations de bronchodilatateurs, l'oxygénothérapie nasale et la surveillance continue de la saturation en oxygène. Des membres de l'équipe pluridisciplinaire en maîtrisent l'utilisation technique.

Il dispose de personnels de santé compétents dans le maniement du matériel permettant une ventilation non invasive.

Il assure à ses patients l'accès à une unité de réanimation médicale ou de soins intensifs adaptés, le cas échéant par voie de convention avec un autre établissement de santé ou groupement de coopération sanitaire. La convention précise les conditions de transfert des patients dans ces unités.

Art. D. 6124-177-36 Les espaces de rééducation comprennent les espaces et équipements nécessaires au drainage bronchique, aux massages et au réentraînement à l'effort.

Le titulaire de l'autorisation assure l'accès des patients, le cas échéant par voie de convention avec un autre établissement de santé ou groupement de coopération sanitaire, à un plateau technique d'explorations pneumologiques permettant au minimum la réalisation de radiographies du thorax, d'explorations fonctionnelles respiratoires au repos et à l'effort, de fibroscopies bronchiques et la mesure des gaz du sang.

§ 8 CONDITIONS PARTICULIÈRES À LA PRISE EN CHARGE SPÉCIALISÉE DES AFFECTIONS DES SYSTÈMES DIGESTIF, MÉTABOLIQUE ET ENDOCRINIEN

Art. D. 6124-177-37 Le médecin coordonnateur est qualifié spécialiste en endocrinologie et métabolisme ou en gastro-entérologie ou titulaire d'un diplôme d'étude spécialisé complémentaire en nutrition. Le titulaire de l'autorisation assure l'accès des patients aux médecins qualifiés spécialistes en endocrinologie et métabolisme ou en gastro-entérologie ou aux médecins justifiant d'une formation attestée en nutrition.

Art. D. 6124-177-38 L'équipe pluridisciplinaire comprend au moins des compétences de diététicien, de psychologue et de masseur-kinésithérapeute. Les membres de l'équipe sont formés à l'éducation thérapeutique.

Art. D. 6124-177-39 Le titulaire de l'autorisation dispose des locaux permettant aux patients et à leur entourage de suivre une réadaptation nutritionnelle et physique.

§ 9 CONDITIONS PARTICULIÈRES À LA PRISE EN CHARGE SPÉCIALISÉE DES AFFECTIONS ONCO-HÉMATOLOGIQUES

Art. D. 6124-177-40 Le titulaire de l'autorisation est membre d'un réseau de cancérologie mentionné au 1° de l'article R. 6123-88. Il passe convention avec un ou des titulaires de l'autorisation d'exercer l'activité de soins du cancer mentionnée au 18° de l'article R. 6122-25. Cette convention précise les modalités de transfert des patients lorsque leur état de santé le nécessite, ainsi que les modalités de coopération entre les équipes médicales et paramédicales.

§ 10 CONDITIONS PARTICULIÈRES À LA PRISE EN CHARGE SPÉCIALISÉE DES AFFECTIONS DES BRÛLÉS

Art. D. 6124-177-41 Le médecin coordonnateur est qualifié spécialiste en médecine physique et de réadaptation, ou justifie d'une formation ou d'une expérience attestées dans l'activité de soins mentionnée au 9° de l'article R. 6122-25.

Art. D. 6124-177-42 Le titulaire de l'autorisation passe convention avec un ou plusieurs établissements de santé autorisés à exercer l'activité de soins de traitement des grands brûlés mentionnée au 9° de l'article R. 6122-25. Cette convention précise les modalités de transfert des patients lorsque leur état de santé le nécessite, ainsi que les *modalités de coopération* entre les équipes médicales et paramédicales.

Art. D. 6124-177-43 L'équipe pluridisciplinaire comprend au moins des compétences de masseur-kinésithérapeute, d'orthophoniste, d'ergothérapeute, de diététicien, de psychologue, de prothésiste ou orthésiste. Les infirmiers et les masseurs kinésithérapeutes justifient d'une formation ou d'une expérience attestées dans la prise en charge des brûlés.

Art. D. 6124-177-44 Les espaces de rééducation comportent une installation de balnéothérapie.

Le titulaire de l'autorisation dispose, le cas échéant par voie de convention avec un autre établissement de santé ou groupement de coopération sanitaire, de l'accès à un atelier d'ajustement d'aides techniques, à un atelier d'appareillage et de confection de prothèses et d'un laboratoire d'analyse du mouvement.

§ 11 CONDITIONS PARTICULIÈRES À LA PRISE EN CHARGE SPÉCIALISÉE DES AFFECTIONS LIÉES AUX CONDUITES ADDICTIVES

Art. D. 6124-177-45 Le médecin coordonnateur justifie d'une formation ou d'une expérience attestées en addictologie.

Art. D. 6124-177-46 Le titulaire de l'autorisation assure une prise en charge dans au moins deux des pratiques thérapeutiques et de réadaptation suivantes : psychothérapie, éducation thérapeutique, ergothérapie, diététique. Les séquences de traitement sont individuelles ou collectives. Elles sont organisées de façon à pouvoir assurer à chaque patient, en fonction de son état clinique, tous les jours ouvrés, au moins une séquence de traitement dans l'une de ces pratiques. Elles peuvent associer, chaque fois que nécessaire, sur proposition médicale et avec l'accord du patient, un ou plusieurs membres de l'entourage du patient.

Art. D. 6124-177-47 Les membres de l'équipe pluridisciplinaire justifient d'une formation et d'une expérience attestées dans la prise en charge des addictions.

Art. D. 6124-177-48 Le titulaire de l'autorisation dispose des locaux appropriés à la mise en œuvre d'ateliers de réadaptation à la vie sociale et professionnelle, de même qu'à la participation de l'entourage des patients aux programmes de soins.

§ 12 CONDITIONS PARTICULIÈRES À LA PRISE EN CHARGE SPÉCIALISÉE DES AFFECTIONS DE LA PERSONNE ÂGÉE POLYPATHOLOGIQUE, DÉPENDANTE OU À RISQUE DE DÉPENDANCE

Art. D. 6124-177-49 Le médecin coordonnateur est qualifié spécialiste en gériatrie ou titulaire de la capacité de gériatrie.

Art. D. 6124-177-50 L'équipe pluridisciplinaire comprend au moins des compétences de masseur-kinésithérapeute, d'ergothérapeute, de diététicien et de psychologue. Ses membres sont formés à la prise en charge des affections de la personne âgée polypathologique, dépendante ou à risque de dépendance, particulièrement des patients souffrant de la maladie d'Alzheimer ou de maladies apparentées. Ils assurent l'évaluation gérontologique des patients si elle n'a pas été menée.

Art. D. 6124-177-51 Le titulaire de l'autorisation offre une prise en charge dans au moins trois des six pratiques thérapeutiques suivantes : masso-kinésithérapie, ergothérapie, psychomotricité, diététique, prise en charge neuropsychologique ou orthophonie.

Art. D. 6124-177-52 Le titulaire de l'autorisation organise, le cas échéant par voie de convention avec un autre établissement de santé ou groupement de coopération sanitaire, l'accès des patients à des plateaux techniques d'exploration et de rééducation spécialisés.

Art. D. 6124-177-53 *L'organisation des soins et les locaux dont dispose le titulaire de l'autorisation tiennent compte des besoins spécifiques des patients qu'il prend en charge, notamment lorsqu'il s'agit de patients souffrant de la maladie d'Alzheimer ou de maladies apparentées.*

SOUS-SECTION 15 EXAMEN DES CARACTÉRISTIQUES GÉNÉTIQUES D'UNE PERSONNE OU IDENTIFICATION D'UNE PERSONNE PAR EMPREINTES GÉNÉTIQUES À DES FINS MÉDICALES

(Décr. nº 2008-321 du 4 avr. 2008)

Art. D. 6124-178 Les conditions techniques de fonctionnement applicables aux établissements de santé et aux laboratoires d'analyses de biologie médicale pratiquant des analyses aux fins de détermination des caractéristiques génétiques d'une personne ou de son identification par empreintes génétiques à des fins médicales sont prévues au titre III du livre Ier de la première partie du présent code.

SOUS-SECTION 16 ACTIVITÉS INTERVENTIONNELLES SOUS IMAGERIE MÉDICALE, PAR VOIE ENDOVASCULAIRE, EN CARDIOLOGIE

(Décr. n° 2009-410 du 14 avr. 2009)

Art. D. 6124-179 L'établissement où sont réalisées les activités interventionnelles sous imagerie médicale, par voie endovasculaire, en cardiologie mentionnées au 3° de l'article R. 6123-128 dispose d'un nombre de lits d'hospitalisation permettant de prendre en charge en urgence des patients relevant de ce type d'actes et d'assurer la continuité des soins prévue à l'article L. 1110-1.

Art. D. 6124-180 Des protocoles organisant la prise en charge des patients adultes sont établis par les médecins pratiquant les activités interventionnelles et le médecin responsable de l'unité de soins intensifs cardiologiques prévu à l'article D. 6124-110.

Dans le cadre de la prise en charge d'un enfant, les protocoles prévus à l'alinéa précédent sont établis par les médecins pratiquant les activités interventionnelles et le médecin responsable de l'unité de réanimation pédiatrique ou de réanimation pédiatrique spécialisée mentionnée à l'article R. 6123-38-1.

Les protocoles prévus aux premier et deuxième alinéas du présent article permettent d'assurer la continuité des soins prévue à l'article L. 1110-1.

Des conventions organisant la prise en charge en urgence des patients sont conclues entre les titulaires de l'autorisation pratiquant les activités interventionnelles et les établissements autorisés à exercer la médecine d'urgence appelés, le cas échéant, à participer à la prise en charge en urgence des patients reçus dans ces établissements. Ces conventions précisent notamment les modalités des premiers soins, lors de la prise en charge en urgence des patients présentant une suspicion de syndrome coronarien aigu.

Les activités interventionnelles sous imagerie médicale par voie endovasculaire constituent un plateau technique spécialisé au sens des articles R. 6123-32-1 à R. 6123-32-6 et les conventions prévues au troisième alinéa du présent article précisent les modalités d'accès direct à ce plateau technique.

Art. D. 6124-181 Un acte interventionnel sous imagerie médicale, par voie endovasculaire, en cardiologie ne peut être réalisé, y compris en urgence, qu'avec la participation :

1° D'au moins un médecin justifiant d'une formation et d'une expérience dans la pratique d'actes interventionnels, sous imagerie médicale, par voie endovasculaire, en cardiologie attestées selon les modalités précisées par arrêté du ministre chargé de la santé ; un second médecin intervient sans délai, si nécessaire ; — *V. Arr. du 23 févr. 2012 (JO 6 mars).*

2° D'au moins deux auxiliaires médicaux formés à la réalisation de ces actes dont au moins un infirmier et, lorsque l'acte est pratiqué sur un enfant, un infirmier expérimenté dans la prise en charge des enfants.

A la demande du médecin qui prescrit ou qui réalise l'acte interventionnel, un médecin anesthésiste-réanimateur est en mesure d'intervenir lors de la prescription et de la réalisation de l'acte.

Lorsque l'acte est pratiqué sur un enfant, le médecin anesthésiste-réanimateur est un médecin expérimenté dans la prise en charge des enfants.

Art. D. 6124-182 Un médecin expérimenté en cardiopédiatrie et en réanimation pédiatrique est en mesure d'intervenir à tout moment de la prise en charge d'un enfant.

Art. D. 6124-183 Dans le cadre de la prise en charge des enfants, l'unité d'hospitalisation à temps complet mentionnée à l'article R. 6123-130 dispose d'un secteur dédié aux enfants.

Le titulaire de l'autorisation facilite la présence des parents au sein de l'unité d'hospitalisation.

Art. D. 6124-184 Les personnels prévus au 1° de l'article D. 6124-181 répondent aux conditions fixées à l'article L. 1333-11. Ils s'assurent que les dispositions des articles R. 1333-56, R. 1333-59 et R. 1333-74 sont respectées lors de la prescription et lors de la réalisation des actes dans la salle de cardiologie interventionnelle.

Art. D. 6124-185 Les salles d'imagerie numérisée et d'angiographie numérisée prévues aux articles R. 6123-129 et R. 6123-130 satisfont aux impératifs d'hygiène, de sécurité des soins et de protection contre les rayonnements ionisants. La traçabilité des consommables utilisés est assurée.

Lorsque la salle de cardiologie interventionnelle n'est pas située à proximité d'un plateau technique chirurgical, une salle de surveillance postinterventionnelle répondant aux conditions d'équipement prévues à l'article D. 6124-99 est située à proximité de cette salle. Par exception aux dispositions du dernier alinéa de l'article D. 6124-100, la capacité de cette salle ne peut être inférieure à trois postes.

SECTION II STRUCTURES D'HÉBERGEMENT

Art. D. 6124-201 Sous réserve des dispositions du deuxième alinéa du présent article, les établissements de santé qui comportent des structures d'hébergement doivent disposer d'au moins une pièce équipée d'un système fixe de rafraîchissement de l'air permettant d'accueillir, quelques heures par jour, les personnes âgées ou fragilisées présentes dans ces établissements.

Le *(Décr. nº 2010-344 du 31 mars 2010, art. 188)* « directeur général de l'agence régionale de santé » fixe, le cas échéant, la liste des établissements de santé dispensés d'installer un système de rafraîchissement de l'air en raison de leur activité saisonnière ou de leur situation géographique.

Un arrêté du ministre chargé de la santé détermine les dispositions à respecter pour le rafraîchissement de l'air des locaux de ces établissements.

SECTION III STRUCTURES DE SOINS ALTERNATIVES À L'HOSPITALISATION

BIBL. ► NORGUIN, La chirurgie ambulatoire au prisme de son nouveau cadre juridique, *RDSS 2013. 290*.

Art. D. 6124-301 *(Décr. nº 2012-969 du 20 août 2012, art. 1er)* Les dispositions de la présente section s'appliquent aux structures autorisées sous la forme d'alternatives à l'hospitalisation complète prévues à l'article L. 6122-1.

Art. D. 6124-301-1 *(Décr. nº 2012-969 du 20 août 2012, art. 2)* Les structures d'hospitalisation à temps partiel de jour ou de nuit et les structures pratiquant l'anesthésie ou la chirurgie ambulatoires dispensent les prises en charge prévues à l'article R. 6121-4, d'une durée inférieure ou égale à douze heures, ne comprenant pas d'hébergement, au bénéfice de patients dont l'état de santé correspond à ces modes de prise en charge.

Les prestations délivrées équivalent par leur nature, leur complexité et la surveillance médicale qu'elles requièrent à des prestations habituellement effectuées dans le cadre d'une hospitalisation à temps complet.

Ces structures doivent être aisément identifiables par leurs usagers et font l'objet d'une organisation spécifique. Elles sont organisées en une ou plusieurs unités de soins individualisées et disposent de moyens dédiés en locaux et en matériel. Elles disposent également d'une équipe médicale et paramédicale dont les fonctions et les tâches sont définies par la charte de fonctionnement prévue à l'article D. 6124-305 et dont tous *les membres sont formés à la prise* en charge à temps partiel ou à celle d'anesthésie ou de chirurgie ambulatoires.

Cette équipe peut comprendre, dans le respect de l'organisation spécifique de la prise en charge à temps partiel et des dispositions prévues à l'article D. 6124-303, des personnels exerçant également en hospitalisation complète sur le même site.

Toutefois lorsqu'il s'agit d'une prise en charge en anesthésie ou chirurgie ambulatoires, les membres de l'équipe mentionnée au troisième alinéa n'intervenant pas à titre principal en secteur opératoire sont affectés à la seule structure d'anesthésie ou de chirurgie ambulatoires pendant la durée des prises en charge.

Lorsque les prises en charge requièrent l'utilisation d'un plateau technique, elles peuvent être réalisées avec les moyens en personnel et en matériel du ou des plateaux techniques existant sur le site, dans le respect de l'organisation spécifique et des contraintes de la prise en charge à temps partiel ou de celle d'anesthésie ou de chirurgie ambulatoires.

Les structures mentionnées au présent article peuvent recourir aux éléments du plateau technique d'un autre établissement de santé.

Les unités mentionnées au troisième alinéa garantissent l'accessibilité et la circulation d'un patient couché, appareillé et accompagné.

Les conditions d'accès de ces unités aux divers éléments du plateau technique sont organisées de manière à limiter le plus possible les déplacements des patients.

Art. D. 6124-302 Les structures et unités de soins mentionnées à l'article *(Décr. n° 2012-969 du 20 août 2012, art. 3-1°)* « D. 6124-301-1 » sont agencées et équipées de manière à assurer sur un même site, en fonction du type, du volume et de la programmation des prestations fournies :

1° L'accueil et le séjour des patients et ceux des personnes qui, le cas échéant, les accompagnent ;

2° L'organisation, la préparation et la mise en œuvre optimale des protocoles de soins *(Décr. n° 2012-969 du 20 août 2012, art. 3-2°)* « intégrant la prise en charge de la douleur » ;

3° La surveillance et le repos nécessaires à chaque patient ;

(Décr. n° 2012-969 du 20 août 2012, art. 3-3°) « 4° Le stockage des produits de santé et l'entretien du matériel nécessaire aux soins et au transport des patients, la prédésinfection de ces matériels et l'élimination des déchets d'activité de soins à risque infectieux. »

La configuration architecturale et fonctionnelle de chaque structure et unité de soins garantit à chaque patient les conditions d'hygiène et d'asepsie nécessaires ainsi que le respect de son intimité et de sa dignité, en comportant notamment *(Décr. n° 2012-969 du 20 août 2012, art. 3-5°)* « des chambres ou » des espaces spécifiques adaptés.

Les moyens nécessaires à la prise en charge immédiate d'une complication médicale éventuelle, et notamment les locaux, le matériel et les médicaments propres à y répondre, sont disponibles et utilisables sans délai.

Les structures pratiquant l'anesthésie ou la chirurgie ambulatoire utilisent un secteur opératoire conforme à des caractéristiques fixées par arrêté du ministre chargé de la santé. Les structures ou les unités qui la composent comportent les équipements et agencements nécessaires à la préparation préalable du patient. Elles disposent également d'une *(Décr. n° 2012-969 du 20 août 2012, art. 3-6°)* « zone » de repos et des autres moyens nécessaires à la préparation de la sortie du patient.

Actes chirurgicaux se rapportant à des activités de PMA. La salle de repos d'une structure de chirurgie ambulatoire peut légalement être aussi utilisée pour les patients de PMA. • CE 16 févr. 2001, *CRAM de Normandie*, n° 214066 : *RDSS 2001. 520, obs. Cormier*.

Art. D. 6124-303 *(Décr. n° 2012-969 du 20 août 2012, art. 4-1°)* « Le nombre et la qualification des personnels médicaux et auxiliaires médicaux ainsi que le nombre d'aides-soignants exerçant dans les structures et unités de soins mentionnées à l'article D. 6124-301-1 sont adaptés aux besoins de santé des patients, à la nature et au volume d'activité effectués, et aux caractéristiques techniques des soins dispensés. »

Pendant les heures d'ouverture, est requise, dans la structure, *(Décr. n° 2012-969 du 20 août 2012, art. 4-2°)* « pendant la durée des prises en charge, » la présence minimale permanente :

1° D'un médecin qualifié ;

(Décr. n° 2012-969 du 20 août 2012, art. 4-3°) « 2° D'un infirmier diplômé d'État ou, pour l'activité de soins de suite et de réadaptation, d'un infirmier diplômé d'État ou d'un masseur-kinésithérapeute diplômé d'État ; »

3° En sus des personnels mentionnés aux 1° et 2°, d'un médecin anesthésiste-réanimateur si la structure pratique l'anesthésie ou la chirurgie ambulatoire *(Décr. n° 2012-969 du 20 août 2012, art. 4-4°)* « ainsi que d'un nombre d'infirmiers diplômés d'État adapté à l'activité » pendant la durée d'utilisation du secteur opératoire.

Art. D. 6124-304 Les structures de soins mentionnées à l'article D. 6124-301 sont tenues d'organiser la continuité des soins en dehors de leurs heures d'ouverture, y compris les dimanches et jours fériés. Elles se dotent à cet effet d'un dispositif médicalisé d'orientation immédiate des patients.

(Décr. n° 2012-969 du 20 août 2012, art. 5-2°) « Dans le cas où la structure ne serait pas en mesure d'assurer elle-même la continuité des soins, elle est tenue de conclure une convention avec un autre établissement de santé accueillant en hospitalisation à temps complet des patients relevant de la ou des disciplines pratiquées par la structure. Cette convention définit notamment les conditions dans lesquelles les patients relevant de la structure, en cas de besoin, sont soit transférés dans l'autre établissement, soit orientés vers celui-ci, après leur sortie de la structure, afin que la continuité des soins y soit assurée. »

Sans préjudice des dispositions qui précèdent, lorsque la structure de soins pratique l'anesthésie ou la chirurgie ambulatoire, chaque patient reçoit un bulletin de sortie avant son départ de la structure. *(Décr. n° 2012-969 du 20 août 2012, art. 5-3°)* « Ce bulletin, signé par l'un des médecins de la structure, mentionne l'identité des personnels médicaux ayant participé à l'intervention, les recommandations sur les conduites à tenir en matière de surveillance postopératoire ou anesthésique concernant en particulier la prise en charge de la douleur, et les coordonnées des personnels de l'établissement de santé assurant la continuité des soins. »

Art. D. 6124-305 *(Décr. n° 2012-969 du 20 août 2012, art. 6)* Une charte de fonctionnement propre à chaque structure de soins mentionnée à l'article D. 6124-301-1 est établie et précise notamment :

1° L'organisation de la structure, en ce qui concerne notamment le personnel, les horaires d'ouverture, l'organisation des soins et le fonctionnement médical ; des indicateurs de suivi de l'activité et de la qualité des soins sont obligatoirement prévus ;

2° Les conditions de désignation et la qualification du médecin coordonnateur de la structure ;

3° L'organisation générale des présences et de la continuité des soins assurée par les personnels mentionnés à l'article D. 6124-303 ;

4° Les modalités de mise en œuvre des dispositions de l'article D. 6124-304 ;

5° Les formations nécessaires, en raison notamment du processus et de l'organisation spécifiques de la structure.

La charte de fonctionnement est transmise par le directeur de l'établissement de santé au directeur général de l'agence régionale de santé.

Elle est actualisée en fonction de l'évolution des prises en charge offertes par la structure de soins.

SECTION III *BIS* ÉTABLISSEMENTS D'HOSPITALISATION À DOMICILE *(Décr. n° 2012-969 du 20 août 2012, art. 7).*

Art. D. 6124-306 *(Décr. n° 2017-817 du 5 mai 2017, art. 1er)* L'admission d'un patient dans un établissement d'hospitalisation à domicile ainsi que sa sortie sont prononcées par le responsable de cet établissement après avis du médecin coordonnateur mentionné à l'article D. 6124-308.

Le médecin traitant, ou à défaut le médecin désigné par le patient, donne son accord à la prise en charge. Il est le référent médical du patient pendant le séjour.

Art. D. 6124-307 *(Décr. n° 2017-817 du 5 mai 2017, art. 1er)* L'organisation générale, le personnel, la nature et la localisation des locaux ainsi que l'équipement des établissements d'hospitalisation à domicile doivent être adaptés au volume d'activité et à la nature des prises en charge de l'établissement, telles qu'elles sont définies par son projet médical, et lui permettre d'assurer ses missions sur l'intégralité de l'aire géographique mentionnée au dernier alinéa de l'article R. 6121-4-1.

Art. D. 6124-308 *(Décr. n° 2017-817 du 5 mai 2017, art. 1er)* La coordination des prises en charge est assurée, sous la responsabilité d'un ou *[de]* plusieurs médecins coordonnateurs, par une équipe pluri-professionnelle, comportant au moins :

1° Un infirmier ;

2° Un assistant social à temps partiel.

La possibilité de recours aux compétences d'un psychologue doit être organisée.

Cette coordination est réalisée en lien avec les structures et *[les]* professionnels de santé intervenant en amont et en aval du séjour en hospitalisation à domicile. Le médecin coordonnateur organise le fonctionnement médical de l'établissement, conformément à son projet médical. Il veille notamment à l'adéquation et à la continuité des prestations fournies aux patients et à la bonne transmission des dossiers médicaux nécessaires à la continuité des soins.

Les personnels mentionnés au premier alinéa, au 1° et au 2° sont salariés de l'établissement ou salariés d'une personne morale ayant conclu une convention avec cet établissement.

Art. D. 6124-309 *(Décr. n° 2017-817 du 5 mai 2017, art. 1er)* I. — Tout établissement d'hospitalisation à domicile est tenu d'assurer, sept jours sur sept et vingt-quatre heures sur vingt-quatre, y compris les jours fériés, la continuité des soins aux patients accueillis.

Il garantit aux patients qu'il prend en charge leur transfert, en cas de nécessité, dans un établissement de santé accueillant en permanence des patients dans les disciplines de médecine, de chirurgie et d'obstétrique.

Dans le cas où l'établissement d'hospitalisation à domicile ne relève pas d'un établissement comportant les disciplines précitées, il conclut une convention avec un établissement de santé doté de telles disciplines.

L'établissement d'hospitalisation à domicile dispose d'un système de communication à distance permettant d'assurer une liaison permanente entre les patients, leur entourage et les personnels mentionnés au premier alinéa et au 1° de l'article D. 6124-308.

II. — Lorsque le médecin traitant, ou à défaut le médecin désigné par le patient, ou son remplaçant n'est pas en mesure d'assurer, par une intervention au domicile, un conseil téléphonique ou une télé-prescription, la continuité des soins dans les conditions et délais requis par l'évolution de la situation du patient, le médecin coordonnateur peut intervenir en ses lieu et place, y compris en matière de prescription, et le tient informé.

III. — En considération de la nature et du volume de son activité ainsi que de son projet médical, l'établissement d'hospitalisation à domicile propose au directeur général de l'agence régionale de santé une organisation adaptée de la continuité des soins. Cette organisation prévoit au minimum, à tout moment, une capacité d'intervention infirmière à domicile et la possibilité de recours à un avis médical, en interne ou en externe, pour l'ensemble des patients pris en charge par l'établissement. Lorsqu'une coopération avec le dispositif de permanence des soins ambulatoires est envisagée, elle fait l'objet d'une procédure formalisée.

Tout projet de changement concernant l'organisation définie à l'alinéa précédent est transmis au directeur de l'agence régionale de santé.

Nécessité de conclure une convention avec un établissement de santé doté des disciplines de médecine et chirurgie. La seule proposition unilatérale d'un promoteur de convention de coopération adressée à un centre hospitalier ne saurait suffire pour justifier que les conditions exigées par le dernier al. de l'art. D. 6124-309 sont remplies. • TA Clermont-Ferrand, 16 déc. 2008, *SARL Oméga Santé,* n° 071849. ♦ Même solution en l'absence de projet de coopération formalisé. • TA Clermont-Ferrand, 22 janv. 2009, *CRAM d'Auvergne,* n° 081391. ♦ Même solution pour une absence de garanties suffisantes s'agissant de l'organisation de la continuité des soins. • TA Lyon, 13 oct. 2009, *Polyclinique de Savoie,* n° 0803561 • TA Nîmes, 5 nov. 2009, *Sté 3G santé,* n° 0802229.

Art. D. 6124-310 *(Décr. n° 2017-817 du 5 mai 2017, art. 1er)* Un règlement intérieur propre à chaque établissement d'hospitalisation à domicile précise notamment :

1° Les principes généraux de son fonctionnement médical et en particulier les modalités de mise en œuvre de la coordination, tant en interne qu'avec les partenaires impliqués dans les parcours de soins des patients ;

2° Les modalités de constitution et de communication des dossiers médicaux en application des dispositions des articles R. 1112-1 à R. 1112-9 ;

3° Les modalités de mise en œuvre des dispositions de l'article D. 6124-309 et notamment les procédures de recours à l'avis médical ;

4° L'aire géographique d'intervention de l'établissement d'hospitalisation à domicile telle que définie par la décision d'autorisation prévue à l'article R. 6121-4-1.

Tous les membres de l'équipe de soins sont tenus de respecter le règlement intérieur.

Art. D. 6124-311 *(Décr. n° 2017-817 du 5 mai 2017, art. 1er)* Préalablement à la première intervention d'un établissement d'hospitalisation à domicile dans un établissement avec hébergement mentionné au I de l'article L. 312-1 du code de l'action sociale et des familles ou relevant de l'article L. 162-31 du code de la sécurité sociale, l'établissement d'hospitalisation à domicile et l'établissement d'hébergement signent une convention.

Lorsque l'établissement d'hébergement bénéficie d'une autorisation délivrée par les autorités mentionnées aux *b*, *d* ou *f* de l'article L. 313-3 du code de l'action sociale et des familles ou relève de l'article L. 162-31 du code de la sécurité sociale, la convention prévoit notamment :

1° Les conditions de l'intervention de l'établissement d'hospitalisation à domicile dans l'établissement d'hébergement ;

2° Les modalités d'élaboration et d'adaptation des protocoles de soins ;

3° L'organisation de l'accès des personnels à certains éléments du dossier du patient ;

4° L'organisation des circuits du médicament ;

5° Les modalités d'évaluation de l'organisation ainsi définie.

Une copie de l'autorisation est annexée à la convention.

Lorsque l'établissement d'hébergement ne relève pas du champ défini au deuxième alinéa, la convention prévoit uniquement les conditions de l'intervention de l'établissement d'hospitalisation à domicile dans l'établissement d'hébergement.

La convention est transmise à l'agence régionale de santé et à l'organisme local d'assurance maladie compétents.

Elle est également tenue à la disposition des autorités qui en font la demande.

SECTION IV DISPOSITIONS PARTICULIÈRES À CERTAINS ÉTABLISSEMENTS DE SANTÉ PRIVÉS

SOUS-SECTION 1 MAISONS DE SANTÉ CHIRURGICALE

Art. D. 6124-401 L'organisation générale, le personnel, le matériel et tous les services d'une clinique chirurgicale doivent être fonction du nombre maximal de malades pouvant y être normalement admis et opérés.

Toute nouvelle installation doit comporter un minimum de quinze lits.

Toutefois, dans le cas d'établissements spécialisés dans les traitements ne nécessitant en général qu'une hospitalisation de courte durée, le nombre de lits peut être moindre sans être inférieur à quatre.

Art. D. 6124-402 Chaque maison de santé chirurgicale doit posséder au moins :

1° Une salle d'opération aseptique avec, en annexe, une salle de préparation du chirurgien et, éventuellement, une salle d'anesthésie ;

2° Une salle d'opération septique dans laquelle peuvent être faits les pansements et les plâtres. La salle septique est séparée du bloc aseptique ;

3° Une installation de radiologie.

Art. D. 6124-403 Les salles d'opération sont aménagées de façon qu'on puisse y opérer aussi bien de nuit que de jour. Un éclairage de secours doit être prévu en cas de panne d'électricité.

Elles doivent être chauffées et ventilées. Un chauffage de renfort ou de secours doit permettre d'obtenir rapidement et en toutes saisons une température suffisante.

L'équipement de la salle d'opération doit comprendre notamment :

1° Une table d'opération permettant de placer le malade dans toute position opératoire, et, en particulier, en position déclive ;

2° Des tables ou des chariots métalliques permettant de disposer les instruments et le matériel opératoires ;

3° Des lavabos, donnant une eau bactériologiquement maîtrisée pour le lavage des mains des opérateurs et disposés si possible en dehors des salles d'opération elles-mêmes ;

4° Un matériel d'oxygénothérapie.

Art. D. 6124-404 L'établissement doit disposer d'une distribution d'oxygène.

Art. D. 6124-405 Les communications entre les salles d'opération et les chambres d'hospitalisation doivent se faire toujours à couvert et ne jamais emprunter les couloirs mal abrités ou en plein air.

Le transport du malade couché de la salle d'opération à sa chambre, si ces locaux sont à des étages différents, doit toujours pouvoir s'effectuer aisément par un ascenseur monte-charge.

Art. D. 6124-406 Tout établissement comportant des chambres à plusieurs lits doit comprendre, par vingt lits ou fraction de vingt lits, deux chambres individuelles au moins.

Art. D. 6124-407 Pour l'ensemble de la journée, le personnel soignant ne doit jamais compter moins d'un agent pour cinq lits.

Art. D. 6124-408 Il est tenu régulièrement à jour des cahiers de visites et de prescriptions, ainsi qu'une observation médicale pour chaque malade. Un protocole opératoire est établi après chaque opération chirurgicale.

SOUS-SECTION 2 MAISONS DE SANTÉ MÉDICALE

Art. D. 6124-409 Lorsqu'une maison de santé médicale comprend une installation chirurgicale ou obstétricale, les locaux de chacun des services sont distincts ; les services de chirurgie et d'obstétrique répondent en outre aux conditions d'autorisation définies par les textes applicables aux maisons de santé et aux services de chirurgie ou d'obstétrique.

Art. D. 6124-410 Une maison de santé médicale peut être autorisée à avoir, dans des locaux séparés, des sections de repos et de convalescence ou de régime.

Art. D. 6124-411 L'organisation générale, le personnel, le matériel et tous les services d'une maison de santé médicale sont adaptés au nombre de malades pouvant y être normalement admis.

Toute nouvelle installation comporte un minimum de quinze lits.

Art. D. 6124-412 Tout établissement ayant des chambres à plusieurs lits comprend, par 20 lits ou fraction de 20 lits, deux chambres individuelles au moins.

Art. D. 6124-413 Chaque établissement possède au moins :

1° Un bureau médical ;

2° Une salle d'examen ;

3° Une salle de pansements et de petite chirurgie ;

4° Une installation de radiologie.

Art. D. 6124-414 *Abrogé par CE nº 285464 du 12 févr. 2007.*

Art. D. 6124-415 Lorsqu'une maison de santé médicale reçoit des enfants, deux sections séparées sont prévues, la première réservée aux nourrissons, la seconde aux autres enfants.

Art. D. 6124-416 La section des nourrissons est composée de boxes individuels largement vitrés, afin de permettre une surveillance facile et constante.

Chaque box dispose :

1° D'une table de change ;

2° D'un pèse-bébé ;

3° D'un lavabo à eau chaude et à eau froide, suffisamment large et profond pour baigner ou doucher les nourrissons.

Certains boxes sont dotés d'une distribution d'oxygène.

Art. D. 6124-417 La section des nourrissons dispose au minimum :

1° D'un sas d'entrée pourvu des moyens nécessaires au lavage des mains, à la désinfection et à l'habillage aseptique du personnel ou des visiteurs ;

2° D'une pièce pour examens et petites interventions, otho-rhino-laryngologiques notamment ;

3° D'une biberonnerie.

Le secteur spécifiquement affecté à la préparation des biberons est divisé s'il y a lieu en deux zones distinctes permettant, d'une part, la préparation des aliments des nouveau-nés, d'autre part, l'entretien des biberons.

Art. D. 6124-418 La section des enfants, au-dessus de 18 ou 24 mois, est composée de chambres individuelles pour au moins les deux cinquièmes du total des lits et de chambres de deux à quatre lits au maximum.

Les dimensions des boxes et chambres ne doivent pas être inférieures à 6 mètres carrés et 18 mètres cubes par enfant.

Art. D. 6124-419 Pour l'ensemble de la journée, le personnel soignant compte au moins un agent pour cinq lits dans la section des enfants et un agent pour 5 berceaux dans la section des nourrissons.

Les soins aux enfants de moins de trois ans peuvent être donnés par des infirmiers et infirmières ou des puéricultrices. Dans la limite maximale de 20 %, ce personnel peut être composé d'auxiliaires de puériculture.

SOUS-SECTION 3 MAISONS DE REPOS, MAISONS DE CONVALESCENCE

Art. D. 6124-420 à D. 6124-430 *Abrogés par Décr. nº 2008-376 du 17 avr. 2008, art. 2-II.*

SOUS-SECTION 4 MAISONS DE REPOS DESTINÉES AUX FEMMES RÉCEMMENT ACCOUCHÉES

Art. D. 6124-431 Les maisons de repos destinées à accueillir des femmes récemment accouchées dont l'état nécessite des soins, ou des jeunes mères fatiguées ou convalescentes, peuvent recevoir les intéressées accompagnées de leurs enfants de moins de trois ans.

Art. D. 6124-432 Le nombre de mères et d'enfants qui peuvent être admis est fixé en fonction de la capacité de l'établissement. Le nombre de quarante enfants ne peut être dépassé.

Art. D. 6124-433 L'établissement doit être situé dans un environnement calme et disposer d'espaces verts adaptés à sa capacité.

Art. D. 6124-434 Le secteur spécifiquement affecté à la préparation des biberons est divisé s'il y a lieu en deux zones distinctes permettant, d'une part, la préparation des aliments des nouveau-nés, d'autre part, l'entretien des biberons.

Art. D. 6124-435 Le volume des chambres est au minimum de 30 mètres cubes et la superficie de 10 mètres carrés pour chaque groupe de lit et berceau. Les enfants sont couchés, sauf cas exceptionnel déterminé par le médecin de l'établissement, près de leurs mères.

Aucune chambre ne peut comporter plus de quatre lits et quatre berceaux. L'écart entre deux groupes de lits et berceaux ne doit pas être inférieur à 0,80 mètre.

Art. D. 6124-436 Chaque mère doit avoir une table de chevet et à portée du lit un moyen d'appel permettant d'alerter le personnel de service.

Elle dispose d'un placard personnel et d'une armoire à linge pour l'enfant.

Art. D. 6124-437 *Les objets de toilette* de l'enfant lui sont personnels et sont tenus en parfait état de propreté.

Art. D. 6124-438 Les services médicaux de l'établissement doivent comporter :

1° Un bureau médical ;

2° Une salle d'examens avec table gynécologique ;

3° Une salle réservée aux pesées, mensurations et examens d'enfants.

Art. D. 6124-439 La direction de l'établissement doit être confiée soit à un médecin, soit à une puéricultrice.

Dans le cas où il n'y a pas de médecin directeur, un médecin doit être attaché à chaque établissement. Ce médecin dont la résidence dans l'établissement n'est pas obligatoire doit pouvoir répondre rapidement à tout appel.

S'il ne réside pas dans l'établissement, la fréquence de ses visites est fixée en accord avec le médecin responsable du service de protection maternelle et infantile, compte tenu de l'importance de l'effectif.

Art. D. 6124-440 *Abrogé par CE nº 285464 du 12 févr. 2007.*

Art. D. 6124-441 Le directeur de l'établissement doit conclure un *[une]* convention écrite avec les chirurgiens, les spécialistes, ainsi que les auxiliaires médicaux auxquels il peut être fait appel en cas de besoin.

Art. D. 6124-442 Le service social est assuré par un assistant de service social employé à temps plein si l'importance de l'établissement le justifie.

Art. D. 6124-443 Une feuille individuelle d'observations porte les courbes des poids et de taille et les indications du régime. Ces renseignements doivent être transcrits sur les carnets de santé.

Art. D. 6124-444 En aucun cas, les mères ne doivent travailler à l'extérieur. Elles ne doivent pas être chargées de travaux ménagers à l'intérieur de l'établissement et doivent observer le repos exigé par leur état de santé. Toutefois, elles doivent, dans la mesure du possible, s'occuper de leur enfant, habillage, soins, alimentation, à moins de contre-indication médicale.

Une action éducative au bénéficie *[bénéfice]* des mères est organisée en matière d'hygiène et de puériculture pendant leur séjour.

Art. D. 6124-445 Les dates et heures de visite sont fixées par le règlement intérieur.

Tout visiteur doit se conformer aux prescriptions d'hygiène édictées par le médecin.

Art. D. 6124-446 Le directeur de l'établissement doit tenir :

1° Un registre spécial sur lequel le médecin affecté à l'établissement appose sa signature à chacune de ses visites. Sur ce registre, sont consignées toutes ses observations, tous les incidents d'ordre médical, ainsi que toutes ses prescriptions ; y sont consignées également les observations des médecins inspecteurs et des fonctionnaires chargés du contrôle ;

2° Un registre sur lequel sont inscrits les nom, prénoms, date et lieu de naissance de chaque mère et de chaque enfant, la date de l'admission, la date et le motif de la sortie. Sur ce registre, chaque mère et chaque enfant a un numéro qui est reproduit sur les feuilles d'observations ;

3° Les feuilles d'observations, sur lesquelles sont consignées les dates d'entrée et de sortie, les incidents survenus au cours du séjour dans l'établissement, l'observation médicale et les traitements reçus sont conservés dans l'établissement et permettent le contrôle aux médecins inspecteurs de santé publique ;

4° Un carnet des préparations alimentaires et des menus quotidiens.

SOUS-SECTION 5 MAISONS DE RÉGIME

Art. D. 6124-447 à D. 6124-452 *Abrogés par Décr. nº 2008-376 du 17 avr. 2008, art. 2-II.*

SOUS-SECTION 6 MAISONS DE RÉADAPTATION FONCTIONNELLE

Art. D. 6124-453 à D. 6124-462 *Abrogés par Décr. nº 2008-376 du 17 avr. 2008, art. 2-II.*

SOUS-SECTION 7 ÉTABLISSEMENTS DE SANTÉ PRIVÉS AUTORISÉS À EXERCER L'ACTIVITÉ DE SOINS DE PSYCHIATRIE

(Décr. nº 2015-1721 du 21 déc. 2015, art. 1er)

Art. D. 6124-463 L'organisation générale, le matériel et les locaux des établissements de santé privés autorisés à exercer l'activité de soins de psychiatrie *sont adaptés* à la nature et au volume des prises en charge de l'établissement définies par le projet médical mentionné à l'article D. 6161-4.

Art. D. 6124-464 Le nombre et la spécialité ou la qualification des personnels médicaux, des auxiliaires médicaux, des travailleurs sociaux au sens du code de l'action

sociale et des familles, ainsi que de tous les autres personnels de l'établissement sont adaptés aux besoins de santé des patients accueillis, aux caractéristiques techniques des soins dispensés et au volume d'activité.

Art. D. 6124-465 **Un infirmier est présent en permanence dans l'établissement, sous réserve, le cas échéant, des périodes durant lesquelles, en application du projet médical mentionné à l'article D. 6161-4, aucun patient n'est présent dans les unités d'hospitalisation.**

Art. D. 6124-466 **Tout établissement de santé privé autorisé à exercer l'activité de soins de psychiatrie organise l'accès aux soins somatiques des personnes prises en charge, tant en ambulatoire qu'en hospitalisation, notamment en cas d'urgence. Il peut à cet effet conclure une convention avec des établissements de santé aptes à dispenser les soins requis.**

Art. D. 6124-467 **Les médecins qui participent au traitement psychiatrique des malades sont spécialistes qualifiés en psychiatrie.**

Art. D. 6124-468 **Un médecin spécialiste qualifié en psychiatrie se trouve en permanence dans l'établissement.**

Par dérogation à l'alinéa précédent et au titre de l'activité d'hospitalisation à temps complet, l'établissement peut, en cohérence avec le projet médical mentionné à l'article D. 6161-4, organiser cette permanence sous la forme d'une astreinte, sous réserve que le délai d'arrivée sur le site du médecin spécialiste qualifié en psychiatrie soit compatible avec l'impératif de sécurité.

Art. D. 6124-469 **Une charte de fonctionnement définit l'organisation de la continuité des soins au sein de l'établissement de santé, notamment les modalités de mise en œuvre de la permanence définie aux articles D. 6124-465 et D. 6124-468.**

Le projet de charte, établi par le directeur d'établissement, est soumis à l'avis préalable de la commission des relations avec les usagers et de la qualité de la prise en charge.

La charte est modifiée par le directeur de l'établissement, après avis de la commission des relations avec les usagers et de la qualité de la prise en charge, pour tenir compte, le cas échéant, de l'évolution de la nature ou du volume des prises en charge assurées par l'établissement de santé.

SOUS-SECTION 8 DISPOSITIONS COMMUNES

Art. D. 6124-478 **Dans les maisons de santé chirurgicale, les maisons de santé médicale,** *(Abrogé par Décr. nº 2008-376 du 17 avr. 2008, art. 2-I)* ***« les maisons de repos et de convalescence, les maisons de réadaptation fonctionnelle, »*** **les chambres des personnes hospitalisées ne doivent pas contenir plus de six lits. Ceux-ci sont accessibles de trois côtés et l'écart entre deux lits n'est pas inférieur à un mètre. A la portée de chaque lit, un moyen d'appel permet à la personne hospitalisée d'alerter le personnel de service.**

Les dimensions des pièces sont telles qu'il y ait au minimum :

1º Une surface de 9 mètres carrés et un volume de 27 mètres cubes dans les chambres à un lit ;

2º Une surface de 17 mètres carrés et un volume de 50 mètres cubes dans les chambres à deux lits ;

3º Une surface de 24 mètres carrés et un volume de 70 mètres cubes dans les chambres à trois lits ;

4º Une surface de 30 mètres carrés et un volume de 90 mètres cubes dans les chambres à quatre lits ;

5º Une surface de 36 mètres carrés et un volume de 110 mètres cubes dans les chambres à cinq lits ;

6º Une surface de 42 mètres carrés et un volume de 130 mètres cubes dans les chambres à six lits.

Les chambres ont une profondeur qui n'excède pas deux fois et demie la hauteur sous linteau des fenêtres.

La surface ouvrante des fenêtres est au moins égale au sixième de la surface des chambres.

Chaque chambre est dotée de cabinets de toilettes ou de salles d'eau en nombre suffisant.

Les toilettes sont ventilées et aérées.

Art. D. 6124-479 Dans tout établissement, l'aération doit être permanente et continue de manière à fonctionner en toutes saisons sans occasionner de gêne aux malades.

Le chauffage central est exigé dans tout établissement. La température des chambres des personnes hospitalisées ne doit jamais être inférieure à 18 degrés.

L'éclairage électrique permet la mise en veilleuse pendant la nuit.

Art. D. 6124-480 Dans tout établissement, les procédés employés pour le lavage du linge doivent permettre une désinfection efficace.

Art. D. 6124-481 Dans tout établissement, les services de cuisine et d'alimentation doivent être proportionnés à la capacité d'hospitalisation.

Toutes dispositions doivent être prises pour que les repas soient servis chauds.

Les menus doivent être affichés chaque jour, puis conservés pendant trois mois.

CHAPITRE V DISPOSITIONS PÉNALES

Le présent chapitre ne comporte pas de dispositions réglementaires.

TITRE TROISIÈME COOPÉRATION

CHAPITRE PREMIER CONFÉRENCES SANITAIRES

SECTION PREMIÈRE COMPOSITION DES CONFÉRENCES SANITAIRES

Art. R. 6131-1 à R. 6131-8 *Abrogés par Décr. n° 2010-344 du 31 mars 2010, art. 220.*

SECTION II FONCTIONNEMENT DES CONFÉRENCES SANITAIRES

Art. R. 6131-9 à R. 6131-16 *Abrogés par Décr. n° 2010-344 du 31 mars 2010, art. 220.*

CHAPITRE II GROUPEMENTS HOSPITALIERS DE TERRITOIRE *(Décr. n° 2016-524 du 27 avr. 2016, art. 1er-1°).*

SECTION PREMIÈRE DISPOSITIONS GÉNÉRALES

(Décr. n° 2016-524 du 27 avr. 2016, art. 1er-2°)

SOUS-SECTION 1 CONVENTION CONSTITUTIVE ET RÈGLEMENT INTÉRIEUR

Art. R. 6132-1 I. — La convention constitutive du groupement hospitalier de territoire est constituée de deux volets :

1° Le volet relatif au projet médical partagé prévu au I de l'article L. 6132-1 ;

2° Le volet relatif aux modalités d'organisation et de fonctionnement mentionnées au II de l'article L. 6132-2, comprenant notamment la liste des instances communes du groupement et les modalités de désignation des représentants siégeant dans ces instances.

II. — La convention détermine, dans le volet mentionné au 2° du I, les compétences déléguées à l'établissement support du groupement, fixe la durée de ces délégations et les modalités de leur reconduction expresse, définit les objectifs à atteindre et les modalités de contrôle de l'établissement délégant sur l'établissement support du groupement.

III. — La convention constitutive est conclue pour une durée de dix ans.

Art. R. 6132-1-1 *(Décr. n° 2017-701 du 2 mai 2017, art. 1er)* Lorsque la convention constitutive du groupement hospitalier de territoire le prévoit, le directeur de l'établissement support signe les conventions d'association avec les hôpitaux des armées, lorsqu'elles existent.

Art. R. 6132-1-2 *(Décr. n° 2017-701 du 2 mai 2017, art. 1er)* Lorsque la convention constitutive du groupement hospitalier de territoire le prévoit, le directeur de l'établissement support signe les conventions d'association avec les établissements assurant une activité d'hospitalisation à domicile, lorsqu'elles existent.

Art. R. 6132-1-3 *(Décr. n° 2017-701 du 2 mai 2017, art. 1er)* I. — Lorsque la convention constitutive du groupement hospitalier de territoire le prévoit, le directeur de l'établissement support signe les conventions de partenariat avec les établissements partenaires.

II. — La convention de partenariat prévue au VIII de l'article L. 6132-1 est transmise après signature, pour information, au directeur général de l'agence régionale de santé compétent.

Art. R. 6132-2 Le règlement intérieur est élaboré et adopté par le comité stratégique, après consultation des instances communes et, conformément à leurs attributions respectives, des instances des établissements parties au groupement.

SOUS-SECTION 2 PROJET MÉDICAL ET PROJET DE SOINS PARTAGÉS

Art. R. 6132-3 I. — Le projet médical partagé définit la stratégie médicale du groupement hospitalier de territoire.

Il comprend notamment :

1° Les objectifs médicaux ;

2° Les objectifs en matière d'amélioration de la qualité et de la sécurité des soins ;

3° L'organisation par filière d'une offre de soins graduée ;

4° Les principes d'organisation des activités, au sein de chacune des filières, avec leur déclinaison par établissement, et, le cas échéant, leur réalisation par télémédecine, portant sur :

(Décr. n° 2017-701 du 2 mai 2017, art. 1er) « *a)* La permanence et la continuité des soins définies par le schéma territorial de la permanence et de la continuité des soins organisé et coordonné au niveau du groupement hospitalier de territoire en cohérence avec le volet régional de la permanence des soins mentionné à l'article R. 6111-41 ; »

b) Les activités de consultations externes et notamment des consultations avancées ;

c) Les activités ambulatoires, d'hospitalisation partielle et conventionnelle ;

d) Les plateaux techniques ;

e) La prise en charge des urgences et soins non programmés ;

f) L'organisation de la réponse aux situations sanitaires exceptionnelles ;

g) Les activités d'hospitalisation à domicile ;

h) Les activités de prise en charge médico-sociale ;

5° Les projets de biologie médicale, d'imagerie médicale, y compris interventionnelle, et de pharmacie ;

6° Les conditions de mise en œuvre de l'association du centre hospitalier et universitaire portant sur les missions mentionnées au IV de l'article L. 6132-3 ;

7° Le cas échéant par voie d'avenant à la convention constitutive, la répartition des emplois des professions médicales et pharmaceutiques découlant de l'organisation des activités prévue au 4° ;

8° Les principes d'organisation territoriale des équipes médicales communes ;

9° *Les modalités de suivi de sa mise* en œuvre et de son évaluation.

II. — Les équipes médicales concernées par chaque filière qu'il mentionne participent à la rédaction du projet médical partagé. Celui-ci est soumis pour avis au collège ou à la commission médicale de groupement, qui est informé chaque année par son président du bilan de sa mise en œuvre.

III. — La mise en œuvre du projet médical partagé s'appuie, le cas échéant, sur les communautés psychiatriques de territoire afin d'associer les établissements publics de santé autorisés en psychiatrie qui ne sont pas parties au groupement.

Les compétences nécessaires à la mise en œuvre des fonctions mentionnées au I de l'art. L. 6132-3 sont transférées au directeur de l'établissement support du groupement hospitalier de territoire au 1er janv. 2018, sauf si une date antérieure a été prévue à cet effet par la convention constitutive de ce groupement (Décr. n° 2017-701 du 2 mai 2017, art. 2).

Art. R. 6132-4 Le projet médical partagé est élaboré pour une période maximale de cinq ans.

Les projets médicaux des établissements parties au groupement hospitalier de territoire sont conformes au projet médical partagé du groupement hospitalier de territoire.

Art. R. 6132-5 *(Décr. n° 2016-524 du 27 avr. 2016, art. 1er)* Un projet de soins partagé s'inscrivant dans une stratégie globale de prise en charge, en articulation avec le projet médical partagé, est élaboré. Les équipes soignantes concernées par chaque filière qui y est mentionnée participent à sa rédaction.

SOUS-SECTION 3 PROCÉDURE DE CRÉATION DU GROUPEMENT HOSPITALIER DE TERRITOIRE

Art. R. 6132-6 I. – La convention constitutive du groupement hospitalier de territoire est préparée par les directeurs, les présidents des commissions médicales et les présidents des commissions des soins infirmiers, de rééducation et médico-techniques des établissements parties au groupement hospitalier de territoire.

Elle est soumise :

1° Pour les établissements publics de santé parties au groupement, après concertation des directoires, à leurs comités techniques d'établissement, à leurs commissions médicales d'établissement et à leurs commissions des soins infirmiers, de rééducation et médico-techniques, puis à leurs conseils de surveillance, pour avis ;

2° Pour les établissements ou services médico-sociaux publics parties au groupement, à leurs comités techniques d'établissement, pour avis. Elle est ensuite soumise à délibération de leurs conseils d'administration.

La convention constitutive est signée par les directeurs des établissements parties au groupement et soumise à l'approbation du directeur général de l'agence régionale de santé compétent. Le silence gardé pendant un délai de deux mois suivant sa réception vaut approbation. La décision d'approbation, ou l'attestation de son approbation tacite, est publiée par le directeur général de l'agence régionale de santé.

II. – En cas de non-conformité de la convention constitutive ou de modification substantielle du projet régional de santé, le directeur général de l'agence régionale de santé enjoint les *[aux]* établissements parties au groupement *[de]* à procéder à une mise en conformité de la convention dans un délai qu'il notifie aux établissements, et qui ne peut être inférieur à un mois.

A défaut de sa mise en conformité au terme de ce délai, le directeur général de l'agence régionale de santé compétent y procède et arrête la convention constitutive du groupement hospitalier de territoire.

Art. R. 6132-7 La dérogation prévue au I de l'article L. 6132-1 peut être accordée à un établissement, en cas de nécessité et sur demande de son représentant légal, par le directeur général de l'agence régionale de santé en raison de ses caractéristiques liées à sa taille, sa situation géographique ou la nature de son activité au sein de l'offre territoriale de soins.

Art. R. 6132-8 Lorsqu'un groupement hospitalier de territoire comprend des établissements situés dans plusieurs régions, le directeur général de l'agence régionale de santé compétent est celui du ressort de l'établissement support du groupement hospitalier de territoire.

SECTION II INSTANCES DU GROUPEMENT HOSPITALIER DE TERRITOIRE

(Décr. n° 2016-524 du 27 avr. 2016, art. 1er)

Art. R. 6132-9 I. – La convention constitutive du groupement hospitalier de territoire prévoit la mise en place d'un collège médical ou d'une commission médicale de groupement, *conformément à l'option* retenue dans leur avis par la majorité des commissions médicales d'établissement des établissements parties au groupement :

1° Lorsqu'il est décidé de mettre en place un collège médical, sa composition et ses compétences sont déterminées par la convention constitutive ;

2° Lorsqu'il est décidé de mettre en place une commission médicale de groupement, celle-ci est composée des présidents et, en nombre fixé par la convention constitutive, de représentants désignés par les commissions médicales des établissements parties au groupement et de représentants des professionnels médicaux des établissements ou services médico-sociaux parties au groupement. La répartition des sièges au sein de la commission médicale de groupement et les compétences déléguées à celle-ci par les commissions médicales des établissements parties au groupement sont déterminées par la convention constitutive.

II. — Le collège médical ou la commission médicale de groupement élit son président et son vice-président parmi les praticiens titulaires qui en sont membres.

Le président du collège médical ou de la commission médicale de groupement coordonne la stratégie médicale et assure le suivi de sa mise en œuvre et son évaluation.

La fonction de président du collège médical ou de la commission médicale de groupement est, sauf disposition contraire prévue dans le règlement intérieur lorsque l'effectif médical le justifie, incompatible avec les fonctions de chef de pôle.

III. — Les avis émis par le collège médical ou la commission médicale de groupement sont transmis aux membres du comité stratégique et à chacune des commissions médicales des établissements parties au groupement hospitalier de territoire.

Art. R. 6132-10 Le comité stratégique du groupement hospitalier de territoire est présidé par le directeur de l'établissement support et comprend les membres mentionnés au *b* du 5° du II de l'article L. 6132-2.

Le président du collège médical ou de la commission médicale de groupement, le médecin responsable du département de l'information médicale de territoire et, lorsqu'un centre hospitalier et universitaire est partie au groupement, le directeur de l'unité de formation et de recherche médicale sont membres de droit du comité stratégique.

Le comité stratégique ou, le cas échéant, son bureau propose au directeur de l'établissement support ses orientations dans la gestion et la conduite de la mutualisation des fonctions et du projet médical partagé.

Art. R. 6132-11 La convention constitutive prévoit la mise en place d'un comité des usagers ou d'une commission des usagers de groupement, conformément à l'option retenue dans leur avis par la majorité des commissions des usagers des établissements parties au groupement.

Le comité des usagers ou la commission des usagers de groupement est présidé par le directeur de l'établissement support du groupement. La convention constitutive fixe sa composition et ses compétences, et notamment, en cas de commission des usagers du groupement, le nombre de représentants en son sein des commissions des usagers des établissements parties au groupement et les compétences qui lui sont déléguées par les commissions des usagers des établissements parties au groupement.

Les avis émis par le comité des usagers ou par la commission des usagers de groupement sont transmis aux membres du comité stratégique et à chacune des commissions des usagers des établissements parties au groupement hospitalier de territoire.

Art. R. 6132-12 I. — La convention constitutive prévoit la mise en place d'une commission des soins infirmiers, de rééducation et médico-techniques de groupement. Cette commission est composée des présidents et, en nombre fixé par la convention constitutive, de représentants des commissions des soins infirmiers, de rééducation et médico-techniques des établissements de santé et de représentants des professionnels *paramédicaux des établissement ou services* médico-sociaux parties au groupement.

La répartition des sièges au sein de la commission et les compétences qui lui sont déléguées par les commissions des soins infirmiers, de rééducation et médico-techniques des établissements parties au groupement sont déterminées par la convention constitutive.

II. — Le président de la commission des soins infirmiers, de rééducation et médico-techniques de groupement est un coordonnateur général des soins désigné par le directeur de l'établissement support du groupement.

III. — Les avis émis par la commission des soins infirmiers, de rééducation et médico-techniques de groupement sont transmis aux membres du comité stratégique et à chacune des commissions des soins infirmiers, de rééducation et médico-techniques des établissements parties au groupement hospitalier de territoire.

Art. R. 6132-13 I. — La convention constitutive définit la composition et les règles de fonctionnement du comité territorial des élus locaux. Les maires des communes sièges des établissements parties au groupement, les représentants des élus des collectivités territoriales aux conseils d'administration des établissements ou services médico-sociaux parties, le président du comité stratégique, les directeurs des établissements parties au groupement et le président du collège médical ou de la commission médicale de groupement en sont membres de droit.

II. — Le comité territorial des élus locaux évalue et contrôle les actions mises en œuvre par le groupement pour garantir l'égalité d'accès à des soins sécurisés et de qualité sur l'ensemble du territoire du groupement. Ses autres missions sont définies dans la convention constitutive.

SECTION III CONFÉRENCE TERRITORIALE DE DIALOGUE SOCIAL

(Décr. nº 2016-524 du 27 avr. 2016, art. 1er)

Art. R. 6132-14 La convention constitutive prévoit la mise en place d'une conférence territoriale de dialogue social.

La conférence territoriale de dialogue social comprend :

1° Le président du comité stratégique, président de la conférence ;

2° Un représentant de chaque organisation syndicale représentée dans au moins un comité technique d'établissement d'un établissement partie au groupement ;

3° Des représentants, en nombre fixé par la convention constitutive, des organisations représentées dans plusieurs comités techniques d'établissement des établissements parties au groupement ;

4° *(Abrogé par Décr. nº 2017-701 du 2 mai 2017, art. 1er) « Avec voix consultative, »* le président du collège médical ou de la commission médicale de groupement, le président de la commission des soins infirmiers, de rééducation et médico-techniques du groupement et d'autres membres du comité stratégique, désignés par son président.

La conférence territoriale de dialogue social est informée des projets de mutualisation, concernant notamment la gestion prévisionnelle des emplois et des compétences, les conditions de travail et la politique de formation au sein du groupement hospitalier de territoire.

SECTION IV FONCTIONS MUTUALISÉES

(Décr. nº 2016-524 du 27 avr. 2016, art. 1er)

Art. R. 6132-15 I. — Le système d'information hospitalier convergent du groupement hospitalier de territoire comprend des applications identiques pour chacun des domaines fonctionnels. Les établissements parties au groupement utilisent, dans les conditions prévues au 1° du I de l'article L. 6132-3, un identifiant unique pour les patients.

II. — Un schéma directeur du système d'information du groupement hospitalier de territoire, conforme aux objectifs du projet médical partagé, est élaboré par le directeur de l'établissement support du groupement, après concertation avec le comité stratégique.

Le I est applicable au plus tard le 1er janv. 2021 (Décr. nº 2016-524 du 27 avr. 2016, art. 5-V).

Le II est applicable à compter du 1er janv. 2018 (Décr. nº 2016-524 du 27 avr. 2016, art. 5-V).

Art. R. 6132-16 *(Décr. nº 2017-701 du 2 mai 2017, art. 1er)* « I. — L'établissement support est chargé de la politique, de la planification, de la stratégie d'achat et du contrôle de gestion des achats pour ce qui concerne l'ensemble des marchés et de leurs avenants. Il assure la passation des marchés et de leurs avenants conformément aux dispositions de l'ordonnance nº 2015-899 du 23 juillet 2015 relative aux marchés publics.

« *L'établissement* partie au groupement hospitalier de territoire assure l'exécution de ces marchés conformément aux dispositions de la même *ordonnance*. »

II. — Un plan d'action des achats du groupement hospitalier de territoire est élaboré pour le compte des établissements parties au groupement.

Art. R. 6132-17 La convention constitutive prévoit les modalités retenues pour assurer la coordination des instituts et des écoles de formation paramédicale, notamment en matière de gouvernance des instituts et écoles, de mutualisation des projets pédagogiques, de mise en commun de ressources pédagogiques et de locaux, de politique de stages.

Art. R. 6132-18 La convention constitutive prévoit les modalités de coordination des plans de formation continue et de développement professionnel continu des personnels des établissements parties au groupement.

Art. R. 6132-19 Afin d'organiser en commun les activités de biologie médicale, d'imagerie diagnostique et interventionnelle, de pharmacie ainsi que des activités cliniques ou médico-techniques, les établissements parties au groupement peuvent notamment :

1° Constituer un pôle interétablissement, dans les conditions prévues à l'article R. 6146-9-3 ;

2° Constituer, en ce qui concerne la biologie médicale, un laboratoire commun, en application du second alinéa de l'article L. 6222-4. Dans ce cas, une convention de laboratoire commun est conclue entre les établissements parties au groupement et annexée à la convention de groupement hospitalier de territoire.

SECTION V FONCTIONNEMENT

(Décr. nº 2016-524 du 27 avr. 2016, art. 1er)

Art. R. 6132-20 *(Décr. nº 2016-524 du 27 avr. 2016, art. 1er et 5-VI, en vigueur le 1er janv. 2020)* Les établissements de santé parties à un groupement hospitalier de territoire se dotent d'un compte qualité unique en vue de la certification conjointe prévue à l'article L. 6132-4. Cette certification donne lieu à une visite unique de l'ensemble des sites des établissements de santé parties au groupement.

Art. R. 6132-21 Les établissements parties au groupement hospitalier de territoire transmettent pour avis au comité stratégique, au plus tard quinze jours avant la date limite prévue au premier alinéa de l'article R. 6145-29, leur état des prévisions de recettes et de dépenses ainsi que leur plan global de financement pluriannuel.

Cet avis est transmis, au plus tard huit jours après cette date limite, au directeur général de l'agence régionale de santé, qui apprécie l'état des prévisions de recettes et de dépenses et le plan global de financement pluriannuel de chacun des établissements parties au groupement hospitalier de territoire en prenant en compte l'ensemble des budgets de ces établissements.

Art. R. 6132-21-1 *(Décr. nº 2017-701 du 2 mai 2017, art. 1er)* I. — Les agents qui assurent les activités, fonctions et missions mentionnées à l'article L. 6132-3 sont nommés dans leurs fonctions, pour le compte des établissements parties, par le directeur de l'établissement support selon l'organisation et le fonctionnement du groupement prévus par la convention constitutive du groupement.

II. — Le directeur de l'établissement support peut déléguer sa signature aux agents recrutés par cet établissement ou mis à sa disposition pour assurer les activités, fonctions et missions mentionnées à l'article L. 6132-3.

SECTION VI DISPOSITIONS APPLICABLES À L'ASSISTANCE PUBLIQUE-HÔPITAUX DE PARIS, AUX HOSPICES CIVILS DE LYON ET À L'ASSISTANCE PUBLIQUE-HÔPITAUX DE MARSEILLE

(Décr. nº 2016-524 du 27 avr. 2016, art. 1er)

Art. R. 6132-22 Les dispositions du I de l'article L. 6132-1 ne sont pas applicables à l'Assistance publique-hôpitaux de Paris.

Art. R. 6132-23 L'Assistance publique-hôpitaux de Paris, les Hospices civils de Lyon ou l'Assistance publique-hôpitaux de Marseille peuvent conclure, pour un ou plusieurs groupements d'hôpitaux prévus à l'article R. 6147-4, un partenariat avec les établissements parties à un ou plusieurs groupements hospitaliers de territoire pour d'autres activités cliniques et médico-techniques que celles prévues au IV de l'article L. 6132-3.

A cette fin, une convention de partenariat est conclue avec l'établissement support du groupement hospitalier de territoire, pour le compte de l'ensemble des établissements parties au groupement.

SECTION VII **AUTORISATIONS** *(Décr. nº 2011-206 du 23 févr. 2011 ; Décr. nº 2016-524 du 27 avr. 2016, art. 1er).*

Art. R. 6132-24 *(Décr. nº 2010-438 du 30 avr. 2010)* I. – *(Décr. nº 2016-524 du 27 avr. 2016, art. 1er)* « Lorsque la convention de groupement hospitalier de territoire prévoit la cession avec ou sans modification du lieu d'implantation d'activités de soins ou d'équipements matériels lourds soumis à l'autorisation prévue à l'article L. 6122-1, ou lorsqu'elle prévoit une telle modification sans cession, la demande de cession est assortie d'un dossier comprenant : »

1° La convention de *(Décr. nº 2016-524 du 27 avr. 2016, art. 1er)* « groupement hospitalier de territoire » dans le cadre de laquelle elle s'inscrit ;

2° Les pièces énumérées aux *e* et *f* du 1° et aux *b* et *c* du 3° de l'article R. 6122-32-1 ;

3° Celles mentionnées au 4° de cet article, sauf si le demandeur déclare reprendre à son compte les conditions d'évaluation auxquelles il s'était précédemment engagé ou celles auxquelles s'était engagé le titulaire de l'autorisation, s'il est différent ;

4° Les engagements du demandeur en ce qui concerne les effectifs et la qualification des personnels nécessaires aux activités ou équipements repris ou déplacés.

II. – Par dérogation aux dispositions de l'article L. 6122-9, l'avis de la commission spécialisée de la conférence régionale de la santé et de l'autonomie compétente pour le secteur sanitaire n'est pas requis.

III. – Le directeur général de l'agence régionale de santé ne peut rejeter la demande que si le dossier présenté fait apparaître des modifications qui seraient de nature à justifier un refus d'autorisation en application de l'article R. 6122-34 ou qui seraient incompatibles avec le respect des conditions et engagements auxquels avait été subordonnée l'autorisation considérée.

SOUS-SECTION 2 *[ABROGÉE]* **COMPTES COMBINÉS**

(Abrogée par Décr. nº 2016-524 du 27 avr. 2016, art. 1er)

Art. R. 6132-29 et R. 6132-30 *Abrogés par Décr. nº 2016-524 du 27 avr. 2016, art. 1er.*

SOUS-SECTION 3 *[ABROGÉE]* **INSTANCES COMMUNES DE REPRÉSENTATION ET DE CONSULTATION DU PERSONNEL**

(Abrogée par Décr. nº 2016-524 du 27 avr. 2016, art. 1er)

Art. R. 6132-31 à R. 6132-34 *Abrogés par Décr. nº 2016-524 du 27 avr. 2016, art. 1er.*

SOUS-SECTION 4 *[ABROGÉE]* **PÔLES DE TERRITOIRE**

(Abrogée par Décr. nº 2016-524 du 27 avr. 2016, art. 1er)

Art. R. 6132-35 *Abrogé par Décr. nº 2016-524 du 27 avr. 2016, art. 1er.*

CHAPITRE III **GROUPEMENTS DE COOPÉRATION SANITAIRE**

(Décr. nº 2010-862 du 23 juill. 2010, art. 1er)

SECTION PREMIÈRE **CONSTITUTION ET ÉVOLUTION**

SOUS-SECTION 1 **DISPOSITIONS GÉNÉRALES**

BIBL. ► GAUBERT, Le toilettage controversé des groupements de coopération sanitaire : aperçu à l'aune du décret et de l'arrêté du 23 juillet 2010, *Rev. dr. et santé 2010, nº 38, p. 521.*

Art. R. 6133-1 I. – La convention constitutive du groupement de coopération sanitaire comporte notamment les mentions suivantes :

1° Le siège du groupement et sa dénomination ;

2° L'objet du groupement et la répartition des activités entre le groupement et ses membres ;

3° L'identité de ses membres et leur qualité ;

4° La nature juridique du groupement ;

5° La durée du groupement. A défaut, il est constitué pour une durée indéterminée ;

6° Les règles de détermination de la participation de ses membres à ses charges de fonctionnement ainsi que, sous réserve de la situation prévue au troisième alinéa de l'article R. 6133-3, leurs modalités de révision annuelle compte tenu des charges réellement constatées au titre de l'année précédente dans le cadre de la préparation du projet du budget prévisionnel ou *(Décr. n° 2012-1247 du 7 nov. 2012, art. 2)* « du budget » selon la nature juridique du groupement ;

7° Les droits des membres ainsi que les règles de leur détermination ;

8° Les règles selon lesquelles les membres du groupement sont tenus de ses dettes ;

9° Les modalités de représentation de chacun de ses membres au sein de l'assemblée générale ;

10° Le cas échéant, son capital ;

11° Le régime budgétaire et comptable applicable au groupement ;

12° Les modalités de mise à disposition de biens mobiliers ou immobiliers ;

(Décr. n° 2017-631 du 25 avr. 2017, art. 1er-II-1°-a) « 12° *bis* Les modalités de mise à disposition des personnels par les membres et, le cas échéant, les conditions de recrutement des personnels propres par le groupement et le régime de droit public ou de droit privé qui leur est applicable ; »

13° Les hypothèses et les règles de dissolution du groupement ainsi que les modalités de dévolution des biens ;

14° Les conditions d'intervention des *(Décr. n° 2017-631 du 25 avr. 2017, art. 1er-II-1°-b)* « personnes physiques ou morales exerçant une activité médicale à titre libéral » et des personnels médicaux et non médicaux des établissements *(Décr. n° 2017-631 du 25 avr. 2017, art. 1er-II-b)* « , des hôpitaux des armées, des autres éléments du service de santé des armées » ou *[des]* centres de santé membres et, le cas échéant, pour chaque activité de soins, les modalités de suivi de l'activité des *(Décr. n° 2017-631 du 25 avr. 2017, art. 1er-II-1°-b)* « personnes physiques ou morales exerçant une activité médicale à titre libéral » ainsi que le nombre maximum *[maximal]* de périodes de permanence de soins assurées par les médecins libéraux en vertu du deuxième alinéa de l'article L. 6133-6 ;

15° Les règles d'adhésion, de retrait et d'exclusion des membres, ainsi que les modalités selon lesquelles est entendu le représentant du membre à l'égard duquel une mesure d'exclusion est envisagée ;

(Décr. n° 2017-631 du 25 avr. 2017, art. 1er-II-1°-c) « 16° Les modalités d'élection de l'administrateur et de son suppléant, les règles d'administration et d'organisation interne du groupement incluant, le cas échéant, la création d'un comité restreint ; »

17° La répartition des compétences entre l'assemblée générale, l'administrateur et, le cas échéant, le comité restreint ;

18° Les conditions de la liquidation amiable du groupement et de la désignation d'un ou plusieurs liquidateurs.

(Décr. n° 2017-631 du 25 avr. 2017, art. 1er-II-1°-e) « II. — La convention constitutive mentionne, le cas échéant, la vocation du groupement à exploiter sur un site unique une ou plusieurs autorisations détenues par ses membres, conformément aux dispositions prévues aux articles R. 6133-12 à R. 6133-16. Dans ce cas elle précise :

« 1° La personne titulaire et la nature de l'autorisation d'activité de soins exploitée en commun ;

« 2° Les règles d'admission des patients pris en charge dans le cadre du groupement et la responsabilité de chacun des membres à leur égard, ainsi que la répartition de cette responsabilité entre le groupement et ses membres ;

« 3° Les modalités de recueil, de transmission et d'archivage par le groupement des informations mentionnées au premier alinéa de l'article L. 6113-8 et conformément aux articles R. 6113-8 et R. 6133-10 ;

« 4° Les modalités d'organisation de la prise en charge médicamenteuse des patients au sein du groupement, telles que prévues par les dispositions du II de l'article L. 5126-2 ;

« 5° Le cas échéant, lorsque le groupement est érigé en établissement de santé, les conditions relatives à l'hémovigilance et à la sécurité transfusionnelle mentionnées au dernier alinéa de l'article R. 1221-45 ;

« 6° Les modalités de facturation des soins dispensés en lien avec l'autorisation exploitée en commun par le groupement. Il est mentionné soit le maintien de la facturation par le ou les membres titulaires et la dénomination de ceux-ci, soit la facturation par le groupement ainsi que l'échelle tarifaire qui lui est applicable, selon les dispositions prévues par l'article R. 6133-13. »

(Décr. n° 2017-631 du 25 avr. 2017, art. 1er-II-1°-d) « III. — » La convention constitutive indique, le cas échéant, la vocation du groupement à détenir une autorisation d'activité de soins. Lorsqu'il détient une autorisation d'activité de soins, le groupement est constitué pour une durée au moins égale à la durée de l'autorisation.

Lorsque le groupement de coopération sanitaire est titulaire d'une ou plusieurs autorisations d'activités de soins, la convention constitutive du groupement érigé en établissement de santé précise la nature et la durée des autorisations d'activités de soins détenues par le groupement ainsi que les modalités de recueil et de transmission par le groupement des informations mentionnées au premier alinéa de l'article L. 6113-8. *(Décr. n° 2014-1042 du 12 sept. 2014, art. 14)* « Elle définit, en outre, les conditions mentionnées au dernier alinéa de l'article R. 1221-45 et précise » les modalités de mise en œuvre des droits et obligations des établissements de santé.

La convention constitutive du groupement de coopération sanitaire érigé en établissement public de santé mentionne le ressort et le siège de l'établissement public de santé ainsi créé.

(Décr. n° 2017-631 du 25 avr. 2017, art. 1er-II-1°-f) « IV. — La convention constitutive indique, le cas échéant, la vocation du groupement à détenir une autorisation de dépôt de sang en application de l'article L. 1221-10.

« Lorsqu'il est titulaire d'une autorisation de dépôt de sang, le groupement est constitué pour une durée au moins égale à la durée de l'autorisation. Sa convention constitutive identifie les membres du groupement pour les besoins desquels l'autorisation de dépôt de sang est délivrée. Elle précise, parmi ces membres, l'établissement au sein duquel est localisé le dépôt de sang.

« V. — » Les conventions d'associations conclues entre le groupement de coopération sanitaire, d'une part, et le centre hospitalier et universitaire ou le centre de soins, d'enseignement et de recherche dentaire, d'autre part, sont annexées à la convention constitutive.

La convention constitutive du groupement de coopération sanitaire précise, le cas échéant, le champ des activités de recherche confiées au groupement, la durée déterminée pour ces activités ainsi que les sources de financement envisagées. Elle prévoit les modalités de dépôt et d'exploitation de brevets par le groupement ainsi que les modalités de valorisation des activités de recherche et de leurs résultats.

(Décr. n° 2017-631 du 25 avr. 2017, art. 1er-II-1°-d) « VI. — » Le premier budget prévisionnel *(Décr. n° 2017-631 du 25 avr. 2017, art. 1er-II-1°-g)* « et » l'équilibre financier global du groupement sont annexés à la convention constitutive.

Sur les dispositions transitoires, V. Décr. n° 2017-631 du 25 avr. 2017, art. 7-II

Art. R. 6133-1-1 *(Décr. n° 2017-631 du 25 avr. 2017, art. 1er-II-2°)* La convention constitutive du groupement de coopération sanitaire signée par l'ensemble des membres est approuvée par une décision du directeur général de l'agence régionale de santé de la région dans laquelle le groupement a son siège dans un délai de deux mois à compter de sa réception. Ce directeur consulte le cas échéant le directeur général de l'agence régionale de santé dans lequel un des membres a son siège. Un arrêté du ministre chargé de la santé précise le contenu de la décision d'approbation prise par le directeur général de l'agence régionale de santé compétent.

L'absence de décision expresse à l'expiration du délai prévu à l'alinéa précédent vaut approbation tacite de la convention constitutive du groupement par le directeur général de l'agence régionale de santé.

La décision expresse ou implicite du directeur général de l'agence régionale de santé est publiée dans un délai de quinze jours au recueil des actes administratifs de la région dans laquelle le groupement a son siège ainsi qu'au recueil des actes administratifs des autres régions lorsque les membres du groupement ont leurs *[leur]* sièges *[siège]* dans des régions distinctes.

Le groupement jouit de la personnalité morale à compter de la décision d'approbation ou, à défaut, à compter du lendemain de la décision implicite d'approbation.

Les avenants à la convention constitutive du groupement sont approuvés et publiés dans les mêmes conditions de forme que la convention constitutive.

Art. R. 6133-2 Les droits des membres sont définis à proportion de leurs apports au capital ou, à défaut de capital, de leurs participations aux charges de fonctionnement.

Art. R. 6133-3 Lorsque le groupement de coopération sanitaire est constitué avec un capital, les apports ne peuvent être ni des apports en industrie ni représentés par des titres négociables. Ils peuvent être fournis sous forme de dotation financière des membres ou sous forme de biens mobiliers ou immobiliers sous réserve des dispositions de l'article L. 6148-1.

Les participations des membres aux charges de fonctionnement du groupement consistent en une contribution financière ou une contribution sous forme de mise à disposition de locaux, de matériels ou de personnels. L'évaluation des contributions en nature est faite sur la base de leur valeur nette comptable ou de leur coût réel.

Lorsque les droits des membres sont déterminés en fonction de leurs participations aux charges de fonctionnement, la convention constitutive du groupement précise le pourcentage de la participation de chacun des membres. Ce pourcentage est fixé pour toute la durée du groupement sauf modification de la composition du groupement ou évolution substantielle de la part d'activité réalisée par l'un des membres dans le groupement.

Art. R. 6133-4 *(Décr. n° 2012-1247 du 7 nov. 2012, art. 41)* « Un groupement de coopération sanitaire érigé en établissement public de santé en application de l'article L. 6133-7 est soumis au titre Ier du décret n° 2012-1246 du 7 novembre 2012 relatif à la gestion budgétaire et comptable publique. Sous réserve des dispositions particulières de la présente section, tout autre groupement de coopération sanitaire ayant la qualité de personne morale de droit public est soumis aux dispositions des titres Ier et III de ce même décret à l'exception, par dérogation aux dispositions des articles 1er et 3 de ce décret et sauf si sa convention constitutive en dispose autrement, des 1° et 2° de l'article 175 et des articles 178 à 185, 204 à 208 et 215 à 228. Dans ces cas, l'agent comptable est nommé par arrêté du ministre chargé du budget. Il assiste à l'assemblée générale du groupement. »

(Décr. n° 2010-862 du 23 juill. 2010, art. 1er) « Lorsque le groupement de coopération sanitaire est une personne morale de droit privé, la comptabilité du groupement est tenue et sa gestion assurée selon les règles du droit privé. Les comptes sont certifiés annuellement par un commissaire aux comptes. »

Art. R. 6133-5 I. — L'assemblée générale vote le budget prévisionnel du groupement de coopération sanitaire.

Lors de la clôture de l'exercice, le résultat de l'exercice est affecté dans les conditions définies par le régime comptable auquel est soumis le groupement.

Le compte financier des groupements de coopération sanitaire comportant au moins un établissement public de santé parmi ses membres doit être approuvé *(Décr. n° 2017-631 du 25 avr. 2017, art. 1er)* « au plus tard le 30 juin de l'année suivant l'exercice auquel il se rapporte ». Ce compte financier est annexé au compte financier de chacun des établissements ou services de santé membres.

II. — Lorsque le groupement est soumis aux règles de la comptabilité privée, le résultat peut être réparti dans des conditions définies par la convention constitutive. A défaut, le résultat excédentaire est affecté en tout ou partie à la constitution de réserves, à la couverture des charges de fonctionnement de l'exercice suivant ou au financement des dépenses d'investissement. Le résultat déficitaire est reporté ou prélevé sur les réserves.

III. — A défaut de vote *(Décr. n° 2012-1247 du 7 nov. 2012, art. 2)* « du budget », l'administrateur prend toutes les mesures nécessaires pour qu'ait lieu une nouvelle délibération de l'assemblée générale. A défaut d'accord dans un délai d'un mois à compter de la première délibération, il saisit le directeur général de l'agence régionale de santé qui arrête *(Décr. nº 2012-1247 du 7 nov. 2012, art. 2)* « le budget » pour l'année à venir.

Art. R. 6133-6 Les personnels mis à disposition du groupement par les établissements membres restent régis, selon le cas, par leur contrat de travail, les conventions ou accords collectifs qui leur sont applicables ou leur statut.

Les praticiens attachés associés et les assistants associés des établissements publics de santé membres du groupement peuvent exercer leurs fonctions au sein du groupement de coopération sanitaire dans les conditions définies par les textes qui les régissent.

Le décret nº 91-155 du 6 février 1991 modifié relatif aux dispositions générales applicables aux agents contractuels des établissements mentionnés à l'article 2 de la loi nº 86-33 du 9 janvier 1986 modifiée portant dispositions statutaires relatives à la fonction publique hospitalière est applicable aux personnes autres que celles mentionnées au dernier alinéa du présent article recrutées par le groupement de coopération sanitaire constitué en personne morale de droit public.

Le recrutement par un groupement de coopération sanitaire constitué en personne morale de droit public de médecins, pharmaciens et odontologistes est assuré conformément aux dispositions des articles R. 6152-401 à R. 6152-537 et R. 6152-601 à R. 6152-629. Pour l'application de ces dispositions, les compétences dévolues aux directeurs des établissements publics de santé sont assurées par l'administrateur du groupement. La convention constitutive détermine les conditions dans lesquelles s'appliquent, au sein du groupement, ces mêmes dispositions dont la mise en œuvre requiert l'existence d'un organe consultatif ou d'une structure interne spécifique aux établissements de santé.

Art. R. 6133-7 I. – Après sa constitution, un groupement de coopération sanitaire peut admettre de nouveaux membres par décision de l'assemblée générale. Cette décision est requise à l'égard de tout nouvel établissement de santé constitué par absorption ou par fusion d'un ou plusieurs établissements de santé membres du groupement.

II. – En cours d'exécution de la convention constitutive, tout membre peut se retirer du groupement à l'expiration d'un exercice budgétaire, sous réserve qu'il ait notifié au groupement son intention au moins six mois avant la fin de l'exercice et que les modalités de ce retrait soient conformes aux stipulations de la convention constitutive.

III. – Lorsque le groupement comporte au moins trois membres, l'exclusion de l'un d'entre eux peut être prononcée par l'assemblée générale en cas de manquements aux obligations définies par la section II du présent chapitre, la convention constitutive ainsi que par les délibérations de l'assemblée générale. L'exclusion peut également être prononcée en cas d'ouverture d'une procédure de sauvegarde, de redressement ou de liquidation judiciaire. L'exclusion ne peut être prononcée qu'après audition du représentant du membre concerné selon les modalités fixées par la convention constitutive.

IV. – L'adhésion d'un nouveau membre, le retrait et l'exclusion d'un membre donnent lieu à un avenant à la convention constitutive.

Art. R. 6133-8 *(Décr. nº 2017-631 du 25 avr. 2017, art. 1er-II-4º)* I. – Le groupement de coopération sanitaire est dissous dans les cas suivants :

1º Par décision de l'assemblée générale, notamment du fait de la réalisation ou de l'extinction de son objet. La dissolution du groupement est notifiée au directeur général de l'agence régionale de santé qui en assure la publication dans les conditions de forme prévues au troisième alinéa de l'article R. 6133-1-1 ;

2º De plein droit dans les cas prévus par la convention constitutive. Lorsque le groupement prévoit une durée, il est dissous au terme de cette dernière. Il est également dissous si, du fait du retrait ou de l'exclusion d'un ou *[de]* plusieurs de ses membres, il ne compte plus qu'un seul membre ou s'il ne compte plus en son sein d'établissement de santé sauf si le groupement constitue un réseau de santé en application du dernier alinéa de l'article L. 6133-2. La dissolution du groupement est notifiée au directeur général de l'agence régionale de santé qui en assure la publication dans les conditions de forme prévues au troisième alinéa de l'article R. 6133-1-1 ;

3º Par décision motivée du directeur général de l'agence régionale de santé. Lorsqu'il est constaté une extinction de l'objet du groupement, une absence de réunion de l'assemblée générale depuis trois exercices comptables ou un manquement grave ou réitéré aux dispositions légales et réglementaires auxquelles il est soumis, le directeur général de l'agence régionale de santé notifie ce constat au groupement et lui demande de faire connaître, dans un délai d'un mois, ses observations ainsi que les mesures correctrices adoptées ou envisagées. En l'absence de réponse à l'issue du délai ou si cette réponse est insuffisante, le directeur général de l'agence régionale de santé adresse au groupement une injonction de prendre toutes dispositions nécessaires, assortie d'une mise en demeure de remédier aux manquements dans un délai déterminé. Lorsque les mesures correctrices nécessaires relèvent de la compétence de l'assemblée générale, l'administrateur du groupement convoque cette dernière et peut alors demander au directeur général de l'agence régionale de santé un délai supplémentaire pour remédier aux manquements. S'il est constaté au terme de ce délai qu'il n'a pas été satisfait à la mise en demeure, le directeur général de l'agence régionale de santé prononce, sous réserve des dispositions du troisième alinéa de l'article L. 6147-9, la dissolution du groupement. La décision de dissolution du groupement prise par le directeur général de l'agence régionale de santé est motivée et notifiée au groupement et à ses membres. Cette décision fait l'objet d'une publication au recueil des actes administratifs de la région dans les conditions de forme prévues au troisième alinéa de l'article R. 6133-1-1.

II. — Les membres restent tenus des engagements conclus par le groupement jusqu'à dissolution du groupement de coopération sanitaire. La dissolution du groupement entraîne sa liquidation. La personnalité morale du groupement subsiste pour les besoins de la liquidation. En cas de dissolution, l'ensemble de l'actif et du passif du groupement ainsi que ses droits et obligations sont répartis entre les membres conformément aux règles définies par la convention constitutive. Les biens mobiliers et immobiliers mis à disposition du groupement par un membre restent la propriété de ce membre.

Art. R. 6133-9 Le groupement de coopération sanitaire transmet chaque année au directeur général de l'agence régionale de santé un rapport retraçant son activité *(Décr. nº 2017-631 du 25 avr. 2017, art. 1er-II-5º)* « et ses comptes financiers, au plus tard au 30 juin de l'année suivant l'exercice auquel ils se rapportent, » selon un modèle et des modalités définis par arrêté du ministre chargé de la santé.

SOUS-SECTION 2 DISPOSITIONS SPÉCIFIQUES

§ 1er PRESTATIONS MÉDICALES CROISÉES

Art. R. 6133-10 Indépendamment de la participation de chacun des membres aux charges de fonctionnement du groupement, les actes médicaux et consultations, mentionnés aux deuxième et troisième alinéas de l'article L. 6133-6, assurés par les professionnels médicaux libéraux sont rémunérés par les établissements publics de santé ou les établissements de santé mentionnés aux *b* ou *c* de l'article L. 162-22-6 du code de la sécurité sociale conformément aux dispositions *(Décr. nº 2017-631 du 25 avr. 2017, art. 1er-II-6º)* « des articles L. 162-1-7 et R. 162-51 du même code et sur la base des honoraires correspondant aux tarifs prévus au 1º du I de l'article L. 162-14-1 du même code ».

Dans le cas où ces professionnels médicaux participent à la permanence de soins dans les établissements mentionnés au premier alinéa du présent article, ces derniers leur versent également une rémunération forfaitaire déterminée dans les conditions des articles L. 6146-2 et L. 6161-9.

Art. R. 6133-11 *Pour l'application du* quatrième alinéa de l'article L. 6133-6, les actes médicaux pratiqués par les professionnels médicaux au bénéfice de patients pris en charge par les établissements privés mentionnés au *d* et *e* de l'article L. 162-22-6 du code de la sécurité sociale sont facturés par l'établissement de santé dont relève le patient à la caisse mentionnée à l'article L. 174-18 du code de la sécurité sociale sur les bordereaux de facturation mentionnés à l'article R. 161-40 du même code.

Ces actes sont pris en charge par les régimes obligatoires d'assurance maladie dans les conditions prévues aux articles L. 162-1-7 et L. 162-14-1 du code de la sécurité sociale et dans la limite des tarifs fixés en application de ces articles. Ces tarifs servent de base à la facturation des prestations au patient non couvert par un régime d'assurance maladie, au calcul de la participation laissée à la charge de l'assuré et à l'exercice des recours contre tiers.

Dans le cas où le montant facturé par l'établissement employeur des professionnels mentionnés au premier alinéa à l'établissement dont relève le patient est inférieur à ces tarifs, le montant pris en charge par l'assurance maladie ne peut être supérieur au montant facturé.

§ 2 GROUPEMENT DE COOPÉRATION SANITAIRE DE MOYENS EXPLOITANT LES AUTORISATIONS DÉTENUES PAR UN OU PLUSIEURS DE SES MEMBRES

(Décr. nº 2017-631 du 25 avr. 2017, art. 1er-II-8º)

Art. R. 6133-12 I. – Les autorisations mentionnées au 4º de l'article L. 6133-1 sont les autorisations d'activités de soins et d'équipements matériels lourds respectivement énumérées aux articles R. 6122-25 et R. 6122-26 et délivrées par le directeur général de l'agence régionale de santé.

II. – L'exploitation commune des autorisations d'activités de soins ou d'équipements matériels lourds par le groupement est réalisée sur un site géographique unique. L'exploitation commune des autorisations d'activités de soins peut porter sur tout ou partie d'une activité de soins autorisée en application des dispositions du titre II du livre Ier de la sixième partie du présent code. Le site géographique unique correspond, s'agissant de l'hospitalisation à domicile, à l'aire géographique d'intervention unique.

III. – Lorsque l'exploitation en commun par le groupement des autorisations d'activités de soins ou d'équipements matériels lourds, détenues par un ou plusieurs de ses membres*[,]* entraîne une modification des conditions d'exécution des autorisations, chaque membre titulaire concerné adresse au directeur général de l'agence régionale de santé une demande de modification de ses autorisations exploitées en commun, concomitamment à la demande d'approbation de la convention constitutive du groupement ou de son avenant. Lorsque le groupement est autorisé à facturer les soins pour le compte de ses membres, cette demande de modification est accompagnée de la proposition de l'échelle tarifaire applicable au groupement, mentionnée à la convention constitutive, conformément à la procédure prévue à l'article R. 6133-21.

IV. – La décision modifiant la ou les autorisations exploitées par le groupement et détenues par un ou plusieurs titulaires distincts membres du groupement précise les modalités de l'exploitation en commun, ainsi que le site d'exploitation autorisé. Elle peut être assortie de conditions relatives à l'engagement de mettre en œuvre des mesures de coopération prévues au deuxième alinéa de l'article L. 6122-7. Lorsque le groupement exploite des autorisations détenues par plusieurs membres du groupement pour la même activité de soins ou le même équipement matériel lourd, la visite de conformité prévue à l'article L. 6122-4 est unique.

Art. R. 6133-13 I. – Le groupement de coopération sanitaire exploitant en commun les autorisations détenues par un ou plusieurs de ses membres sur un site géographique unique peut être autorisé par le directeur général de l'agence régionale de santé à facturer des soins remboursables aux assurés sociaux dans les conditions prévues à l'article L. 162-21 du code de la sécurité sociale pour les activités de soins exploitées en commun. Le groupement est également soumis au respect des dispositions de la section I du chapitre III du titre Ier du livre Ier de la présente partie.

Pour les activités de soins exploitées en commun dans les conditions de l'article L. 6133-8 le groupement de coopération est financé selon les règles applicables aux établissements de santé.

Lorsque le groupement est composé, d'une part, d'établissements de santé mentionnés aux *a*, *b* ou *c* de l'article L. 162-22-6 du code de la sécurité sociale et, d'autre part, d'établissements de santé mentionnés au *d* du même article, il peut opter soit pour l'application des tarifs des prestations d'hospitalisation des établissements mentionnés aux *a*, *b* et c du même article, soit pour celle des tarifs applicables aux établissements *de santé mentionnés au d* du même article. Le directeur général de l'agence régionale de santé décide de l'échelle tarifaire applicable au groupement suivant la procédure prévue à l'article R. 6133-21.

II. – Lorsque le groupement de coopération sanitaire est autorisé à facturer les soins remboursés aux assurés sociaux en application du 4º de l'article L. 6133-1, les établissements de santé membres du groupement ne sont plus autorisés à transmettre les informations prévues à l'article R. 6113-10 ni à facturer les prestations remboursables délivrées aux patients associées à ces activités.

Art. R. 6133-14 Lorsque le groupement de coopération sanitaire n'est pas autorisé à facturer des soins remboursables aux assurés sociaux, la rémunération des personnes physiques ou morales exerçant une profession médicale à titre libéral est assurée conformément aux dispositions de l'article L. 6133-6.

Lorsque le groupement est autorisé à facturer ces soins conformément au 4° de l'article L. 6133-1, la rémunération des personnes physiques ou morales exerçant une profession médicale à titre libéral est assurée conformément aux dispositions de l'article L. 6133-8.

Art. R. 6133-15 I. — Lorsqu'un groupement de coopération a pour objet d'exploiter les autorisations détenues par un ou plusieurs de ses membres, la décision du directeur général de l'agence régionale de santé prévue à l'article R. 6133-1-1 comporte également :

1° L'approbation de la convention constitutive du groupement ou de son avenant ;

2° Le cas échéant, l'autorisation du groupement à facturer les soins délivrés aux patients pour le compte de ses membres mentionnant l'échelle tarifaire applicable au groupement et la transmission par le groupement des informations nécessaires à l'analyse des activités de soins exploitées en commun.

II. — Lorsque l'approbation de la convention constitutive du groupement ou de son avenant entraîne des modifications des conditions d'exécution des autorisations d'activités de soins détenues par un ou plusieurs de ses membres, une décision de modification des autorisations concernées est prise par le directeur général de l'agence régionale de santé et adressée à chaque titulaire des autorisations concernées, concomitamment à la décision approuvant la convention constitutive du groupement ou son avenant.

L'approbation du groupement de coopération sanitaire et, le cas échéant, l'autorisation du groupement à facturer, sont portées à la connaissance des organismes d'assurance maladie compétents par le directeur général de l'agence régionale de santé. Le cas échéant, une copie de la décision de modification des autorisations concernées est adressée par le directeur général de l'agence régionale de santé aux organismes d'assurance maladie compétents.

Art. R. 6133-16 Lorsque le directeur général de l'agence régionale de santé retire, ou ne renouvelle pas, une autorisation d'activités de soins accordée à un ou *[à]* plusieurs membres et exploitée en commun par le groupement de coopération sanitaire, il retire au groupement l'autorisation de facturer les soins correspondants et lui demande de modifier sa convention constitutive dans un délai déterminé. Ce retrait est porté à la connaissance des organismes d'assurance maladie compétents par le directeur général de l'agence régionale de santé.

S'il constate au terme de ce délai que le groupement ne lui a pas transmis d'avenant à sa convention constitutive pour approbation, le directeur général de l'agence régionale de santé peut dissoudre le groupement selon la procédure prévue au 3° de l'article R. 6133-8.

§ 3 GROUPEMENT DE COOPÉRATION SANITAIRE ÉRIGÉ EN ÉTABLISSEMENT DE SANTÉ *(Décr. n° 2017-631 du 25 avr. 2017, art. 1er-II-7°).*

Art. R. 6133-17 *I. — Lorsque le directeur* général de l'agence régionale de santé accorde, pour la première fois, une autorisation d'activités de soins à un groupement de coopération sanitaire dont il a, antérieurement, approuvé et publié la convention constitutive, il érige dans la même décision le groupement en établissement de santé et inscrit l'échelle tarifaire qui lui est applicable dans les conditions prévues respectivement aux articles L. 6133-7 et L. 6133-8.

II. — Lorsqu'un groupement de coopération sanitaire se crée en ayant pour objet notamment d'être titulaire d'une autorisation d'activités de soins, le directeur général de l'agence régionale de santé décide aux termes d'un même acte :

1° L'approbation de la convention constitutive du groupement ;

2° La délivrance d'une autorisation d'activités de soins à ce groupement dans les conditions prévues au septième alinéa de l'article L. 1432-2 ;

3° L'érection du groupement de coopération sanitaire titulaire d'une autorisation d'activités de soins en établissement de santé ;

4° L'échelle tarifaire applicable au groupement érigé en établissement de santé.

Cette décision porte ses effets de droit, au jour de sa publication au recueil des actes administratifs de la région.

III. – Le statut juridique du nouvel établissement de santé est déterminé par la nature juridique du groupement de coopération sanitaire de moyens, antérieurement ou concomitamment constitué, en application des critères mentionnés à l'article L. 6133-3. – *[Anc. art. R. 6133-12.]*

Art. R. 6133-18 I. – Lorsque le directeur général de l'agence régionale de santé accorde une autorisation d'activités de soins à un groupement de coopération sanitaire de droit privé, l'établissement de santé privé issu du groupement reste régi par les règles des groupements de coopération sanitaire et est tenu, en sus, au respect des règles applicables aux établissements de santé privés.

II. – Lorsque le directeur général de l'agence régionale de santé accorde une autorisation d'activités de soins à un groupement de coopération sanitaire de droit public, l'établissement public de santé issu du groupement se substitue à ce dernier dans l'ensemble de ses droits et obligations et met en place les instances mentionnées à l'article L. 6133-7. *(Décr. nº 2017-631 du 25 avr. 2017, art. 1er-II-9º)* « Il est soumis au régime budgétaire, financier et comptable défini par les dispositions du chapitre V du titre IV du livre Ier de la présente partie. » Un directeur est nommé dans les conditions prévues à l'article L. 6143-7-2.

Par dérogation à l'article R. 6144-3, la commission médicale d'établissement de cet établissement public de santé comprend, en sus des membres mentionnés à cet article, des représentants des professionnels médicaux libéraux ou salariés des établissements ou services de santé membres, qui exercent tout ou partie de leur activité en son sein. La répartition et le nombre de sièges au sein de la commission sont déterminés conformément à l'article R. 6144-3-2.

La transformation des règles comptables et budgétaires du groupement de coopération sanitaire de droit public érigé en établissement public de santé est effective au 1er janvier de l'année suivant la décision du directeur général de l'agence régionale de santé mentionnée au premier alinéa. – *[Anc. art. R. 6133-13.]*

Art. R. 6133-19 Lorsque le groupement de coopération sanitaire demande une autorisation d'activités de soins, les conditions d'implantation prévues à l'article L. 6123-1 et les conditions techniques de fonctionnement prévues à l'article L. 6124-1 s'apprécient par site d'exploitation *(Décr. nº 2017-631 du 25 avr. 2017, art. 1er-II-10º)* « autorisé ».

Toute demande d'autorisation d'activités de soins s'accompagne de la proposition de l'échelle tarifaire applicable au groupement. – *[Anc. art. R. 6133-14.]*

Art. R. 6133-20 Lorsque le directeur général de l'agence régionale de santé retire, ou ne renouvelle pas, une autorisation d'activités de soins accordée à un groupement de coopération sanitaire érigé en établissement de santé privé et si ce dernier ne détient alors plus aucune autorisation d'activités de soins, le directeur général de l'agence régionale de santé lui retire également la qualité d'établissement de santé privé.

Lorsque le directeur général de l'agence régionale de santé retire, ou ne renouvelle pas, une autorisation d'activités de soins accordée à un établissement public de santé résultant de l'application des dispositions de l'article L. 6133-7 et si ce dernier ne détient alors plus aucune autorisation d'activités de soins, le directeur général de l'agence régionale de santé prononce la suppression de l'établissement public de santé dans les conditions prévues à l'article R. 6141-12. – *Anc. art. R. 6133-15 (Décr. nº 2017-631 du 25 avr. 2017, art. 1er-II-7º).*

Art. R. 6133-21 *I. – En application* du troisième alinéa de l'article L. 6133-8, le directeur général de l'agence régionale de santé décide de l'échelle tarifaire applicable, après avoir pris connaissance de l'option exprimée par le groupement, dans un délai d'un mois à compter de sa réception.

A cette fin, le directeur général de l'agence régionale de santé apprécie les justifications apportées par le groupement en se fondant sur les critères suivants :

1° La nature juridique de la majorité des membres ;
2° L'échelle tarifaire de la majorité des membres ;
3° L'échelle tarifaire applicable aux membres majoritaires au capital ;
4° L'échelle tarifaire applicable aux membres participant majoritairement aux charges de fonctionnement du groupement ;
5° L'échelle tarifaire applicable à la part majoritaire de l'activité prévisionnelle du groupement.

En cas de désaccord sur le tarif proposé par le groupement, le directeur général de l'agence régionale de santé fait part au groupement dans le délai mentionné au premier alinéa des motifs fondant son désaccord. Le groupement dispose alors du même délai pour étayer ou modifier son choix.

A défaut d'accord entre le groupement et le directeur général de l'agence régionale de santé, ou à défaut d'option exercée par le groupement, le directeur général de l'agence régionale de santé décide de l'échelle tarifaire applicable en se fondant sur les critères mentionnés ci-dessus.

II. – L'échelle tarifaire ainsi fixée est portée dans la convention constitutive du groupement et est valable pour toute la durée du groupement érigé en établissement de santé, sauf modifications de la composition du groupement. La modification de l'échelle tarifaire applicable au groupement fait l'objet d'une délibération adoptée à l'unanimité des membres et approuvée par le directeur général de l'agence régionale de santé selon les modalités définies au présent article. – *[Anc. art. R. 6133-16.]*

§ 4 ACTIVITÉS D'ENSEIGNEMENT ET DE RECHERCHE *(Décr. n° 2017-631 du 25 avr. 2017, art. 1er-II-7°).*

Art. R. 6133-22 Un groupement de coopération sanitaire peut participer aux enseignements publics médical et pharmaceutique et post-universitaire dans les conditions mentionnées à l'article L. 6142-5.

Les conventions d'associations conclues entre le groupement de coopération sanitaire, d'une part, et le centre hospitalier universitaire ou le centre de soins, d'enseignement et de recherche dentaire, d'autre part, sont annexées à la convention constitutive du groupement et sont approuvées par le directeur général de l'agence régionale de santé dans les mêmes conditions que la convention constitutive. – *[Anc. art. R. 6133-17.]*

Art. R. 6133-23 Les groupements de coopération sanitaire peuvent participer aux activités de recherche dans les domaines et sous les formes suivants :
1° Association aux activités de recherche biomédicale mentionnées aux articles L. 1121-1 et suivants du code de la santé publique ;
2° Association aux activités de recherche biomédicale menées dans un centre hospitalier universitaire dans les conditions prévues à l'article L. 6142-5 ;
3° Exercice et développement d'activités de recherche par le groupement pour le compte de ses membres. – *[Anc. art. R. 6133-18.]*

Art. R. 6133-24 Dans le cadre des activités mentionnées aux articles *(Décr. n° 2017-631 du 25 avr. 2017, art. 1er-II-11°)* « R. 6133-22 et R. 6133-23 », l'assemblée générale peut autoriser le groupement, de manière subsidiaire et dans le respect de son objet social, à déposer et exploiter des brevets ainsi qu'à valoriser ses activités de recherche.

Les résultats de l'exploitation des brevets et de la valorisation des activités de recherche sont répartis dans les conditions prévues par l'article R. 6133-5 et par les articles R. 611-13 et R. 611-14-1 du code de la propriété intellectuelle. Les éventuels déficits générés par ces activités ne sont pas opposables à l'assurance maladie. – *[Anc. art. R. 6133-19.]*

SECTION II ORGANISATION ET ADMINISTRATION

Art. R. 6133-25 L'assemblée générale est composée de l'ensemble des membres du groupement.

Elle se réunit sur convocation de l'administrateur du groupement aussi souvent que l'intérêt du groupement l'exige et au moins une fois par an. Elle se réunit de droit à la demande d'au moins un tiers de ses membres sur un ordre du jour déterminé.

Elle ne délibère valablement que si les membres présents ou représentés représentent au moins la moitié des droits des membres du groupement. La convention constitutive fixe les délais dans lesquels l'assemblée générale est convoquée et réunie.

Les délibérations de l'assemblée générale, consignées dans un procès-verbal de réunion, sont opposables aux membres. — *[Anc. art. R. 6133-20.]*

Art. R. 6133-26 I. — L'assemblée générale du groupement de coopération sanitaire est compétente pour régler les affaires intéressant le groupement.

L'assemblée générale du groupement de coopération sanitaire délibère notamment sur :

1° Toute modification de la convention constitutive ;

2° Le transfert du siège du groupement en tout autre lieu de la même région ou dans toute autre région dans le ressort géographique de laquelle est situé un établissement de santé membre du groupement ;

3° Le contrat pluriannuel d'objectifs et de moyens prévu à l'article L. 6114-1 ;

4° Le budget prévisionnel ou *(Décr. nº 2012-1247 du 7 nov. 2012, art. 2)* « le budget » ;

5° L'approbation des comptes de chaque exercice et l'affectation des résultats ;

6° Le bilan de l'action du comité restreint ;

7° Le règlement intérieur du groupement ;

8° Le choix du commissaire aux comptes, dans le cas où la comptabilité du groupement est tenue et sa gestion assurée selon les règles du droit privé ;

9° La participation aux actions de coopération mentionnée à l'article L. 6134-1 ;

10° Les modalités selon lesquelles chacun des membres s'engage à communiquer aux autres toutes les informations nécessaires à la réalisation de l'objet du groupement ;

11° Les modalités selon lesquelles les droits des membres sont fixés dans la convention constitutive du groupement ;

12° L'admission de nouveaux membres ;

13° L'exclusion d'un membre ;

14° La nomination et la révocation de l'administrateur *(Décr. nº 2017-631 du 25 avr. 2017, art. 1er-II-12°-b)* « et de son suppléant » ;

15° Les conditions dans lesquelles peuvent être attribuées à l'administrateur les indemnités de mission définies à l'article *(Décr. nº 2017-631 du 25 avr. 2017, art. 1er-II-12°-b)* « R. 6133-29 » ;

16° La demande de certification prévue à l'article L. 6113-4 ;

17° Lorsque le groupement est une personne morale de droit public, les acquisitions, aliénations, échanges d'immeubles et leur affectation ainsi que les conditions des baux de plus de dix-huit ans ;

18° La prorogation ou la dissolution du groupement ainsi que les mesures nécessaires à sa liquidation ;

19° Le rapport d'activité annuel ainsi que les comptes financiers transmis au directeur général de l'agence régionale de santé ;

20° Le protocole définissant les modalités selon lesquelles sont réalisées les prestations médicales mentionnées au premier alinéa de l'article L. 6133-6 et précisant notamment les mesures visant à assurer l'information des patients et la continuité de leur prise en charge ;

21° Le cas échéant, les modalités de facturation et de paiement des actes médicaux mentionnés au premier alinéa de l'article L. 6133-6 ;

22° La demande d'autorisation prévue par l'article L. 6122-1 pour l'exercice de l'une des missions d'un établissement de santé définies par les articles L. 6111-1 à L. 6111-7 ;

(Décr. nº 2017-631 du 25 avr. 2017, art. 1er-II-12°-f) « 23° La demande d'exploitation *d'autorisations d'activités de* soins détenues par un ou plusieurs des membres du groupement prévue au 4° de l'article L. 6133-1 et, le cas échéant, la demande d'autorisation de facturer des prestations remboursables délivrées aux patients associées à ces activités ;

« 24° » Les conditions dans lesquelles elle délègue certaines de ses compétences au comité restreint ou à l'administrateur.

II. — Les délibérations mentionnées au 1°, au 12° *(Décr. n° 2017-631 du 25 avr. 2017, art. 1er-II-12°-g)* « , au 22° et au 23° » du I doivent être adoptées à l'unanimité des membres présents ou représentés. Dans les autres matières, sauf mention contraire de la convention constitutive, les délibérations sont adoptées si elles recueillent la majorité des voix des membres présents ou représentés.

Toutefois, les délibérations mentionnées au 13° sont valablement prises sans que puissent participer au vote les représentants du membre dont l'exclusion est demandée, sous réserve que la mesure d'exclusion soit adoptée par un nombre de membres représentant au moins la moitié des droits des membres du groupement. — *[Anc. art. R. 6133-21.]*

Art. R. 6133-27 Si la convention constitutive le prévoit, l'assemblée générale peut élire en son sein un comité restreint à qui elle délègue, pour une durée déterminée renouvelable, certaines de ses compétences parmi celles mentionnées aux 2°, 8°, 9°, 10°, 15°, 16°, 17°, 19°, 20° et 21°.

Dans les matières autres que celles mentionnées au présent article, l'assemblée générale peut donner délégation à l'administrateur ou au comité restreint. — *[Anc. art. R. 6133-22.]*

Art. R. 6133-28 Les délibérations du comité restreint mentionné à *(Décr. n° 2017-631 du 25 avr. 2017, art. 1er-II-13°)* « l'article R. 6133-27 » sont consignées dans un procès-verbal de réunion transmis aux membres du groupement.

Elles sont opposables à tous les membres qui disposent d'un délai d'un mois à compter de la date de notification des délibérations pour les contester auprès du comité restreint. Ce dernier dispose d'un délai d'un mois à compter de la date de réception de la contestation par un membre pour apporter des éléments complémentaires de nature à justifier sa position et à parvenir à un accord. A l'issue de ce délai, si le désaccord persiste, l'administrateur convoque, dans un délai d'un mois, une assemblée générale extraordinaire qui délibère, à la majorité qualifiée des deux tiers de ses membres présents ou représentés, sur le maintien ou la suppression de la délibération du comité restreint faisant l'objet de la contestation. — *[Anc. art. R. 6133-23.]*

Art. R. 6133-29 Le groupement est administré par un administrateur élu en son sein par l'assemblée générale parmi les personnes physiques ou les représentants des personnes morales, membres du groupement.

L'administrateur est membre de droit du comité restreint. Il est révocable à tout moment par l'assemblée générale.

Le mandat d'administrateur est exercé à titre gratuit pour une durée déterminée renouvelable. Toutefois, des indemnités de mission peuvent lui être attribuées dans les conditions déterminées par l'assemblée générale. Lorsque l'administrateur exerce une activité libérale, l'assemblée peut, en outre, lui allouer une indemnité forfaitaire pour tenir compte de la réduction d'activité professionnelle justifiée par l'exercice de son mandat.

L'administrateur prépare et exécute les délibérations de l'assemblée générale et le cas échéant du comité restreint.

Il représente le groupement dans tous les actes de la vie civile et peut ester en justice.

Il assure l'exécution du budget prévisionnel ou *(Décr. n° 2012-1247 du 7 nov. 2012, art. 2)* « du budget » selon la nature juridique du groupement adoptée par l'assemblée *générale. Il a la qualité d'ordonnateur des recettes* et des dépenses lorsque le groupement est soumis au *(Décr. n° 2012-1247 du 7 nov. 2012, art. 1er-2°, en vigueur le 1er janv. 2013)* « décret n° 2012-1246 du 7 novembre 2012 relatif à la gestion budgétaire et comptable publique ».

Il informe l'ensemble des membres et les tiers contractant avec le groupement des délibérations intéressant leurs rapports avec le groupement.

(Décr. n° 2017-631 du 25 avr. 2017, art. 1er-II-14°) « Un suppléant, élu dans les mêmes conditions que l'administrateur, remplace ce dernier dans toutes ses fonctions lorsque l'administrateur ne peut pas les assurer et dans les cas prévus par la convention constitutive du groupement, le cas échéant jusqu'à la désignation d'un nouvel administrateur par l'assemblée générale dans les conditions prévues au présent article. » — *[Anc. art. R. 6133-24.]*

SECTION III COMPÉTENCES POUVANT ÊTRE TRANSFÉRÉES À UN GROUPEMENT PAR DÉCISION DU DIRECTEUR GÉNÉRAL DE L'AGENCE RÉGIONALE DE SANTÉ

Art. R. 6133-30 Le directeur général de l'agence régionale de santé fixe les compétences transférées à un groupement de coopération sanitaire créé dans les conditions prévues à l'article L. 6131-2 parmi celles relevant des catégories suivantes :

1° Activités de soins autorisées dans les conditions prévues à l'article L. 6122-1 ;

2° Équipements matériels lourds autorisés dans les conditions prévues à l'article L. 6122-1 ;

3° Équipements d'imagerie médicale autres que ceux mentionnés au 2° ;

4° Pharmacies à usage intérieur autorisées dans les conditions prévues à l'article L. 5126-7 ;

5° Laboratoires de biologie médicale ;

6° Missions d'intérêt général mentionnées à l'article L. 162-22-13 du code de la sécurité sociale ;

7° Activités d'enseignement et de recherche autres que celles mentionnées au 6° ;

8° Systèmes d'information et de télécommunication ;

9° Activités de gestion administrative, technique, financière, comptable ou logistique ;

10° Opérations immobilières et programmes d'investissement. – *[Anc. art. R. 6133-25.]*

CHAPITRE IV CONVENTIONS DE COOPÉRATION

SECTION UNIQUE

Art. R. 6134-1 *(Décr. n° 2016-1645 du 1er déc. 2016, art. 3-30°)* « Les établissements de santé privés à but non lucratif et les établissements publics de santé peuvent engager des actions de coopération internationale, avec des personnes de droit public et de droit privé intervenant dans le même domaine que le leur, sous réserve pour les établissements publics de santé et les établissements de santé privés d'intérêt collectif de garantir la continuité du service public hospitalier ». En application de l'article L. 6134-1, chaque action de coopération fait l'objet d'une convention de coopération qui respecte le contrat d'objectifs et de moyens mentionné à l'article L. 6114-2. Cette convention précise notamment les modalités d'échange et de formation des personnels médicaux et non médicaux.

Art. R. 6134-2 Bénéficient d'une formation complémentaire dans le cadre des conventions mentionnées à l'article L. 6134-1 :

(Décr. n° 2011-954 du 10 août 2011, art. 2-I) « 1° Les médecins et pharmaciens titulaires d'un diplôme de docteur en médecine ou en pharmacie permettant l'exercice dans le pays d'obtention ou d'origine et n'effectuant pas une formation universitaire en France. Ils sont désignés en qualité de stagiaires associés pour une période de six mois renouvelable une fois, qui peut être fractionnée. Les dispositions applicables aux étudiants faisant fonction d'internes prévues aux articles R. 6153-41, à l'exception du quatrième alinéa, et R. 6153-44 du code de la santé publique, à l'exception des premier et dernier alinéas, leur sont applicables. Leurs obligations de service sont fixées à dix demi-journées par semaine sans que la durée de travail puisse excéder quarante-huit heures par période de sept jours, cette durée étant calculée en moyenne sur une période de quatre mois. Ils exercent leurs fonctions dans les conditions définies aux articles R. 6153-3, à l'exception du deuxième alinéa, R. 6153-4, R. 6153-6 à l'exception du dernier alinéa, R. 6153-7, R. 6153-12 à R. 6153-14, R. 6153-17 et R. 6153-22 à R. 6153-24 du code de la santé publique. »

2° Les personnels infirmiers des États dont la liste est fixée par arrêté du ministre chargé de la santé, titulaires d'un diplôme d'infirmier ou d'infirmière permettant l'exercice dans le pays d'obtention ou d'origine. La formation complémentaire est effectuée sous forme de stages hospitaliers d'adaptation.

(Décr. n° 2017-1601 du 22 nov. 2017, art. 4) « 3° Les médecins ou chirurgiens-dentistes spécialistes mentionnés au 2° de l'article L. 4111-1-2 titulaires d'un diplôme de spécialité permettant l'exercice effectif et licite de la spécialité dans leur pays d'origine, dans les conditions définies aux articles R. 4111-33 à R. 4111-38 ;

« 4° Les pharmaciens spécialistes mentionnés au 2° de l'article L. 4221-1-1 titulaires d'un diplôme de spécialité permettant l'exercice effectif et licite de la spécialité dans leur pays d'origine, dans les conditions définies à l'article R. 4221-33. »

Un arrêté du ministre chargé de la santé fixe les modalités de sélection, d'affectation et de rémunération des personnels mentionnés *(Décr. n° 2017-1601 du 22 nov. 2017, art. 4)* « au 1° et au 2° du présent article ».

Art. R. 6134-3 Les personnels des établissements publics de santé dont la liste est fixée par le ministre chargé de la santé peuvent être envoyés, sur leur demande, en mission de coopération internationale pour une durée maximale de trois mois par période de deux ans consécutifs en conservant la totalité de leur rémunération.

Art. R. 6134-4 Les établissements publics de santé peuvent participer à des actions de coopération internationale en vue de la formation des personnels de direction étrangers en collaboration avec *(Décr. n° 2010-1187 du 8 oct. 2010, art. 61)* « l'École des hautes études en santé publique ».

Art. R. 6134-5 Dans le cadre d'une coopération internationale, les établissements publics de santé participent à des actions de collecte de dispositifs médicaux respectant les conditions prévues à l'article L. 5211-4 et selon des modalités fixées par arrêté du ministre chargé de la santé.

Art. R. 6134-6 Les établissements publics de santé qui engagent des actions de coopération internationale en rapport avec leur participation au service d'aide médicale urgente mentionné à l'article *(Décr. n° 2016-1645 du 1er déc. 2016, art. 3-31°)* « L. 6311-2 » peuvent adhérer à un réseau hospitalier dénommé "SAMU de France" dont les modalités d'organisation et de fonctionnement sont définies par arrêté du ministre chargé de la santé.

CHAPITRE V FÉDÉRATIONS MÉDICALES INTERHOSPITALIÈRES

Le présent chapitre ne comporte pas de dispositions réglementaires.

CHAPITRE V *[VI]* COMMUNAUTÉS PSYCHIATRIQUES DE TERRITOIRE

(Décr. n° 2016-1445 du 26 oct. 2016, art. 1er)

Art. D. 6136-1 La communauté psychiatrique de territoire fédère les acteurs de la psychiatrie et de la santé mentale qui la composent pour offrir aux patients des parcours de prévention, de soins, de réadaptation et de réinsertion sociale coordonnés et sans rupture.

Elle contribue à la définition du projet territorial de santé mentale.

Elle s'assure de la déclinaison, au sein du projet médical d'établissement de chacun des membres, des actions qui les concernent prévues par le projet territorial de santé mentale.

Elle concourt à la mise en œuvre opérationnelle des actions prévues par le projet territorial de santé mentale, au suivi et à l'évaluation de sa mise en œuvre.

Dans l'attente de la signature du contrat territorial de santé mentale, V. Décr. n° 2016-1445 du 26 oct. 2016, art. 2

Art. D. 6136-2 *Sont membres de la* communauté psychiatrique de territoire les établissements du service public hospitalier autorisés en psychiatrie signataires d'un même contrat territorial de santé mentale et volontaires pour la constituer.

Les autres signataires du contrat territorial de santé mentale, notamment les représentants des patients et des familles, les professionnels et les établissements de santé, les établissements et les services sociaux et médico-sociaux, peuvent être associés à la communauté psychiatrique de territoire pour la déclinaison des actions du projet territorial de santé mentale auxquelles ils participent.

La communauté psychiatrique de territoire peut coopérer avec des établissements et structures n'appartenant pas géographiquement au territoire de santé mentale mais identifiés par le projet territorial de santé mentale pour leur rôle de recours, selon les modalités définies par la convention constitutive de la communauté psychiatrique.

Art. D. 6136-3 La communauté psychiatrique de territoire est créée à l'initiative des établissements de santé de service public hospitalier.

La convention constitutive de la communauté psychiatrique de territoire est préparée par les représentants légaux et les présidents des commissions médicales de ces établissements, en concertation avec les instances paramédicales et les représentants des usagers présents au sein des commissions des usagers. Le président de la commission médicale d'établissement se fait assister par un psychiatre lorsqu'il n'exerce pas lui-même cette spécialité.

Les établissements de service public hospitalier peuvent associer à la préparation de la convention constitutive les autres signataires du contrat territorial de santé mentale, les conseils locaux de santé et les conseils locaux de santé mentale.

La convention est signée par les représentants légaux des membres de la communauté psychiatrique de territoire après avis des instances compétentes.

Elle est transmise pour approbation au directeur général de l'agence régionale de santé, qui vérifie notamment sa conformité aux dispositions du chapitre. Le silence gardé pendant un délai de deux mois suivant sa réception vaut approbation. La décision d'approbation, ou l'attestation de son approbation tacite, est publiée par le directeur général de l'agence régionale de santé.

La convention constitutive de la communauté psychiatrique de territoire est conclue pour une durée de cinq ans, renouvelable selon les mêmes modalités.

Art. D. 6136-4 La convention constitutive comprend *a minima* :

1° Les objectifs poursuivis par la communauté psychiatrique de territoire en termes d'offre et de parcours de psychiatrie et de santé mentale conformément au projet territorial de santé mentale et au projet régional de santé ;

2° Les modalités opérationnelles de mise en œuvre de ces objectifs entre ses membres et associés et les modalités de coordination avec les équipes de soins primaires, les communautés professionnelles territoriales de santé et les autres acteurs du projet territorial de santé mentale. La place des secteurs de psychiatrie dans ce dispositif est notamment précisée ;

3° L'identification des ressources que ses membres entendent consacrer au projet de la communauté ;

4° Les modalités de suivi et d'évaluation de ces objectifs ;

5° Les modalités d'inclusion de nouveaux membres ;

6° Les modalités de coopération avec des établissements et structures de recours n'appartenant pas géographiquement au territoire de santé mentale ;

7° Les modalités de gouvernance de la communauté psychiatrique de territoire. Les signataires de la convention constitutive peuvent mettre en place des instances. Les modalités de gouvernance et les instances de représentation sont adaptées à l'objet de la communauté, au nombre et à la diversité de ses actions et de ses membres ;

8° Les modalités de participation des représentants des usagers de la psychiatrie et de la santé mentale et de leurs familles.

Art. D. 6136-5 La communauté élabore son règlement intérieur qui précise notamment ses modalités de fonctionnement.

Art. D. 6136-6 Sous réserve de l'accord de ses membres, le représentant de la communauté psychiatrique de territoire peut être désigné comme membre du collège des professionnels et offreurs des services de santé du conseil territorial de santé mentionné à l'article L. 1434-10, selon les modalités fixées par un arrêté du ministre chargé de la santé.

Art. D. 6136-7 La communauté psychiatrique de territoire transmet un rapport annuel d'activité et d'orientation au directeur général de l'agence régionale de santé. La communauté psychiatrique de territoire peut représenter ses membres auprès de *l'agence régionale de santé* sur des sujets concernant le périmètre de sa mission.

Art. D. 6136-8 Lorsque l'un des membres de la communauté psychiatrique de territoire est partie à un groupement hospitalier de territoire, la communauté psychiatrique de territoire est associée par le groupement à l'élaboration, la mise en œuvre et l'évaluation du volet psychiatrie et santé mentale du projet médical partagé. La communauté psychiatrique de territoire et le groupement hospitalier de territoire définissent les modalités de leur coopération destinée à prendre en compte les orientations du projet territorial de santé mentale.

TITRE QUATRIÈME ÉTABLISSEMENTS PUBLICS DE SANTÉ

CHAPITRE PREMIER ORGANISATION GÉNÉRALE

SECTION PREMIÈRE *[ABROGÉE]* CONSEIL SUPÉRIEUR DES HÔPITAUX

(Abrogée par Décr. nº 2006-672 du 8 juin 2006)

Art. R. 6141-1 *à* R. 6141-9 *Abrogés par Décr. nº 2006-672 du 8 juin 2006.*

SECTION II CRÉATION, TRANSFORMATION ET SUPPRESSION DES ÉTABLISSEMENTS PUBLICS DE SANTÉ

Art. R. 6141-10 *(Décr. nº 2010-344 du 31 mars 2010, art. 194)* Sans préjudice de l'application des dispositions de l'article L. 6122-1 :

1º Les établissements publics de santé à ressort national, ou interrégional sont créés par décret après avis du Comité national de l'organisation sanitaire et sociale ;

2º Les établissements publics de santé à ressort régional sont créés par décret après avis de la commission spécialisée de l'organisation des soins de la conférence régionale de la santé et de l'autonomie ;

3º Les établissements publics de santé à ressort communal, intercommunal et départemental sont créés par arrêté du directeur général de l'agence régionale de santé de la région où est situé le siège de l'établissement après avis de la commission spécialisée de l'organisation des soins de la conférence régionale de la santé et de l'autonomie et de la commune où est situé le siège de l'établissement.

BIBL. ▸ MOREAU, L'établissement public de santé, établissement public local, *in* Clés pour le siècle, *Dalloz, 2000, p. 1625.*

Art. R. 6141-11 *(Décr. nº 2010-344 du 31 mars 2010, art. 194)* « La transformation d'un ou de plusieurs établissements publics de santé, prévue à l'article L. 6141-7-1, est décidée par arrêté du directeur général de l'agence régionale de santé de la région où est situé le siège de l'établissement qui en est issu, après avis du conseil de surveillance du ou des établissements concernés et de la commune où est situé le siège de l'établissement. Toutefois, elle est décidée par décret lorsqu'elle concerne un établissement public de santé à ressort national, interrégional ou régional. »

La décision définit les modalités de dévolution des éléments de l'actif et du passif et précise la nature des autorisations transférées au nouvel établissement en vertu des dispositions du dernier alinéa de l'article L. 6141-7-1. Elle désigne la collectivité territoriale ou l'établissement public destinataire des legs et donations. Sous réserve des dispositions de l'article L. 6145-10, les legs et donations sont reportés sur cette collectivité ou cet établissement avec la même affectation.

(Décr. nº 2013-841 du 20 sept. 2013, art. 4-1º et 2º) « Les personnels sont transférés dans le nouvel établissement, qui en devient l'employeur en vertu des dispositions du deuxième alinéa de l'article L. 6141-7-1.

« Lorsqu'un établissement public de santé est créé en application du deuxième alinéa de l'article L. 6141-1, son premier règlement intérieur est arrêté par le directeur pour une période qui ne peut excéder vingt-quatre mois dans l'attente de la constitution du directoire et du conseil de surveillance. »

Rattachement à une collectivité territoriale d'un centre hospitalier. Le rattachement à une collectivité territoriale d'un centre hospitalier, qui a le caractère d'un élément constitutif de cet établissement public de santé, ne résulte pas du seul constat de son implantation géographique. Ce rattachement ne peut résulter que de la décision portant création du centre hospitalier ou de la décision portant transformation, selon la procédure prévue à l'art. R. 6141-11. • CAA Versailles, 27 janv. 2005, *Cne du Chesnay,* nº 02VE00267.

Art. R. 6141-12 *(Décr. nº 2010-344 du 31 mars 2010, art. 194)* Les établissements publics de santé peuvent être supprimés lorsque l'autorisation prévue à l'article L. 6122-1 est retirée ou n'est pas renouvelée.

La suppression est prononcée par arrêté du directeur général de l'agence régionale de santé de la région où est situé le siège de l'établissement, après avis du conseil de surveillance de l'établissement, de la commission spécialisée de l'organisation des soins de la conférence régionale de la santé et de l'autonomie et de la commune où est situé le siège de l'établissement. Toutefois, la suppression d'un établissement public de santé dont le ressort est régional est prononcée par décret, après avis du conseil de surveillance et de la commission spécialisée de l'organisation des soins de la conférence régionale de la santé et de l'autonomie et la suppression d'un établissement de santé public de santé dont le ressort est national ou interrégional est prononcée par décret, après avis du conseil de surveillance et du Comité national de l'organisation sanitaire et sociale.

L'acte de suppression définit les modalités de liquidation de l'établissement. Il fixe en particulier les conditions de dévolution ou de réalisation des éléments de l'actif et du passif et prévoit, le cas échéant, la destination du surplus de l'actif. Il désigne la collectivité territoriale ou l'établissement public destinataire des legs et donations. Sous réserve des dispositions de l'article L. 6145-10, les legs et donations sont reportés sur cette collectivité ou cet établissement avec la même affectation.

Le directeur général de l'agence régionale de santé prend sa décision sur la base d'un dossier comportant, outre les délibérations et avis prévus aux premier et deuxième alinéas, les pièces permettant d'apprécier les justifications de la suppression et ses conséquences, notamment financières et patrimoniales. Un arrêté des ministres chargés de la santé et de la sécurité sociale fixe la composition de ce dossier.

Art. R. 6141-13 *(Décr. n° 2013-841 du 20 sept. 2013, art. 5)* I. – Le directeur chargé de la mise en place du nouvel établissement procède, avant la date prévue pour la création de cet établissement, à la constitution de sa commission médicale, de son comité technique et de sa commission du service de soins infirmiers, de réadaptation et médico-techniques en vue de composer le conseil de surveillance du futur établissement devant résulter de la transformation.

Sont électeurs ou éligibles ou susceptibles d'être désignés aux instances mentionnées ci-dessus du futur établissement l'ensemble des personnels des établissements concernés par la création ou la transformation et remplissant les conditions prévues à cet effet à la date de l'élection ou de la désignation.

II. – Pour la constitution du comité technique d'établissement :

1° Les organisations syndicales représentatives dans chacun des établissements concernés par la transformation sont habilitées à présenter des listes de candidats ;

2° Les effectifs pris en compte pour le calcul du nombre de représentants du personnel à élire sont ceux qui résultent du cumul des effectifs des établissements concernés au 31 mars de l'année précédant la création du nouvel établissement.

Les organisations syndicales proposent, dès la proclamation des résultats des élections au comité technique d'établissement, les noms des représentants du personnel au conseil de surveillance prévus aux articles R. 6143-2 et R. 6143-3.

III. – Pour la constitution de la commission médicale d'établissement et de la commission du service de soins infirmiers, de réadaptation et médico-techniques du futur établissement, les règlements intérieurs des établissements concernés par la transformation déterminent en des termes identiques la composition de ces instances.

La commission médicale d'établissement et la commission du service de soins infirmiers, de réadaptation et médico-techniques procèdent, dès leur constitution, aux élections nécessaires à la désignation de leurs représentants respectifs au conseil de surveillance dans les conditions prévues aux 2° et 3° de l'article R. 6143-4. Les représentants ainsi désignés le sont dans l'attente de la constitution du directoire et du conseil de surveillance pour une période qui ne peut excéder vingt-quatre mois.

IV. – Le mandat des membres des instances mentionnées ci-dessus ne commence à courir qu'à compter de la date de création du nouvel établissement ou de sa transformation.

SECTION III CATÉGORIES D'ÉTABLISSEMENTS

SOUS-SECTION 1 CENTRES HOSPITALIERS RÉGIONAUX

Art. R. 6141-14 *(Décr. n° 2010-344 du 31 mars 2010, art. 195)* La modification de la liste des centres hospitaliers régionaux fixée par le décret mentionné au premier alinéa

de l'article L. 6141-2 intervient après avis du conseil de surveillance, de la commission médicale et du comité technique de l'établissement concerné, de la commission spécialisée de la conférence régionale de la santé et de l'autonomie compétente pour le secteur sanitaire de la région où est situé le siège de cet établissement et du Comité national d'organisation sanitaire et sociale.

Art. D. 6141-15 La liste des centres hospitaliers dénommés centres hospitaliers régionaux en application de l'article L. 6141-2 est fixée comme suit :

1° Centre hospitalier régional d'Amiens ;
2° Centre hospitalier régional d'Angers ;
3° Centre hospitalier régional de Besançon ;
4° Centre hospitalier régional de Bordeaux ;
5° Centre hospitalier régional de Brest ;
6° Centre hospitalier régional de Caen ;
7° Centre hospitalier régional de Clermont-Ferrand ;
8° Centre hospitalier régional de Dijon ;
(Décr. n° 2012-935 du 1er août 2012, art. 2) « 9° Centre hospitalier régional de Martinique ; »
10° Centre hospitalier régional de Grenoble ;
11° Centre hospitalier régional de Lille ;
12° Centre hospitalier régional de Limoges ;
13° Hospices civils de Lyon ;
14° *(Décr. n° 2007-1555 du 30 oct. 2007, art. 3)* « Assistance publique-hôpitaux de Marseille » ;
15° Centre hospitalier régional de Metz-Thionville ;
16° Centre hospitalier régional de Montpellier ;
(Décr. n° 2013-1050 du 21 nov. 2013, art. 2) « 17° Centre hospitalier régional de Nancy ; »
18° Centre hospitalier régional de Nantes ;
19° Centre hospitalier régional de Nice ;
20° Centre hospitalier régional de Nîmes ;
21° Centre hospitalier régional d'Orléans ;
22° Assistance publique-hôpitaux de Paris ;
23° Centre hospitalier régional de Pointe-à-Pitre ;
(Décr. n° 2015-1420 du 4 nov. 2015, art. 2) « 24° Centre hospitalier régional de Poitiers ; »
25° Centre hospitalier régional de Reims ;
26° Centre hospitalier régional de Rennes ;
(Décr. n° 2011-1598 du 21 nov. 2011, art. 2) « 27° Centre hospitalier régional de La Réunion ; »
28° Centre hospitalier régional de Rouen ;
29° Centre hospitalier régional de Saint-Étienne ;
30° Centre hospitalier régional de Strasbourg ;
31° Centre hospitalier régional de Toulouse ;
32° Centre hospitalier régional de Tours.

SOUS-SECTION 2 CENTRES HOSPITALIERS

Art. R. 6141-16 *Les établissements* publics de santé qui ne figurent ni sur la liste des centres hospitaliers régionaux ni sur les listes d'hôpitaux locaux sont des centres hospitaliers.

SOUS-SECTION 3 HÔPITAUX LOCAUX

Art. R. 6141-17 à R. 6141-23 *Abrogés par Décr. n° 2010-344 du 31 mars 2010, art. 220.*

Art. R. 6141-24 à R. 6141-28 *Abrogés par Décr. n° 2011-345 du 28 mars 2011.*

Art. R. 6141-29 à R. 6141-31 *Abrogés par Décr. n° 2010-344 du 31 mars 2010, art. 220.*

Art. R. 6141-32 à R. 6141-36 *Abrogés par Décr. nº 2011-345 du 28 mars 2011.*

SOUS-SECTION 4 CENTRES ANTIPOISON

Art. D. 6141-37 Les centres antipoison sont chargés de répondre, notamment en cas d'urgence, à toute demande d'évaluation des risques et à toute demande d'avis ou de conseil concernant le diagnostic, le pronostic et le traitement des intoxications humaines, accidentelles ou volontaires, individuelles ou collectives, aiguës ou non, provoquées par tout produit ou substance d'origine naturelle ou de synthèse, disponible sur le marché ou présent dans l'environnement.

(Décr. nº 2016-1744 du 15 déc. 2016, art. 6-1º) « Lorsqu'il s'agit d'effets indésirables liés à des médicaments ou produits mentionnés à l'article R. 5121-150, le centre antipoison transmet les informations relatives à ces effets au centre régional de pharmacovigilance territorialement compétent, conformément à l'article R. 5121-158. »

Art. D. 6141-38 Conformément à l'article L. 6141-4, les centres participent au dispositif d'aide médicale urgente prévu par l'article L. 6311-1 ; ils peuvent être sollicités et intervenir, à la demande des autorités compétentes, lors de situations d'urgence présentant un danger pour la santé publique.

Art. D. 6141-39 Les missions définies aux articles D. 6141-37 et D. 6141-38 sont assurées vingt-quatre heures sur vingt-quatre.

Art. D. 6141-40 *(Décr. nº 2014-128 du 14 févr. 2014, art. 9-1º)* Les centres antipoison participent à la toxicovigilance. Leurs missions de toxicovigilance sont définies à l'article *(Décr. nº 2016-1744 du 15 déc. 2016, art. 6-2º)* « R. 1340-5 ».

Art. D. 6141-41 Les centres participent à l'enseignement et à la recherche en toxicologie clinique.

Ils assurent la formation de leurs correspondants départementaux ainsi que l'actualisation des connaissances de ceux-ci.

Ils participent à la prévention des intoxications et à l'éducation sanitaire de la population.

Art. D. 6141-42 *(Décr. nº 2014-128 du 14 févr. 2014, art. 9-2º)* Les centres antipoison ont accès *(Décr. nº 2016-1744 du 15 déc. 2016, art. 6-3º-a)* « [,] d'une part, à leur demande, » aux données rendues anonymes détenues par *(Décr. nº 2016-1744 du 15 déc. 2016, art. 6-3º-b)* « l'Agence nationale de sécurité sanitaire de l'alimentation, de l'environnement et du travail et l'Agence nationale de sécurité du médicament et des produits de santé » dans le cadre des systèmes de vigilance relatifs aux produits mentionnés aux articles L. 5311-1, L. 5141-1 et R. 1323-1 *(Décr. nº 2016-1744 du 15 déc. 2016, art. 6-3º-a)* « et, d'autre part, aux » données du système d'information *(Décr. nº 2016-1744 du 15 déc. 2016, art. 6-3º-c)* « mentionné à l'article R. 1340-6 » dans le respect des dispositions des articles *(Décr. nº 2016-1744 du 15 déc. 2016, art. 6-3º-d)* « R. 1340-6 et R. 1340-7 ».

Art. D. 6141-43 Selon leur importance et la diversité de leurs activités, les centres sont organisés en services ou en départements, ou en structures distinctes.

Ils comportent une unité de réponse à l'urgence fonctionnant dans les conditions fixées aux articles D. 6141-45 et D. 6141-46 ainsi qu'une unité de toxicovigilance.

Ils peuvent en outre, en fonction des moyens et des situations locales, comporter une unité de soins pour intoxiqués, une unité de consultation, un laboratoire de toxicologie analytique et être associés à un centre régional de pharmacovigilance agréé conformément à l'article R. 5121-169.

Art. D. 6141-44 Chaque centre antipoison fonctionne sous la responsabilité d'un professeur des universités – praticien hospitalier, ou d'un maître de conférences des universités – *praticien hospitalier ou* d'un praticien hospitalier, justifiant d'une expérience en toxicologie clinique.

Le responsable du centre consacre à celui-ci la totalité de son temps d'activité hospitalière. Il en assure la conduite générale, en assume personnellement la direction technique et scientifique et veille à la formation permanente du personnel affecté au centre, notamment en ce qui concerne la compétence clinique du personnel médical ;

il veille également au respect du secret médical et à l'application des dispositions de l'article R. 1341-8.

Art. D. 6141-45 La réponse téléphonique est assurée vingt-quatre heures sur vingt-quatre par un médecin ayant suivi une formation en toxicologie clinique et une formation à la réponse téléphonique et qui ne peut être chargé d'autres tâches durant sa permanence.

Ce médecin peut être assisté par d'autres médecins, des pharmaciens ainsi que des étudiants du troisième cycle des études médicales et pharmaceutiques placés sous sa responsabilité, sous réserve qu'ils aient suivi la formation préalable nécessaire dont le contenu est défini par arrêté du ministre chargé de la santé.

Art. D. 6141-46 Les centres disposent de locaux suffisants, qui leur sont exclusivement affectés, et de moyens matériels leur permettant d'accomplir leurs missions vingt-quatre heures sur vingt-quatre.

Ils disposent en particulier :

1° De moyens de réception des appels téléphoniques comportant, d'une part, des lignes accessibles au public, d'autre part, des lignes exclusivement réservées aux liaisons avec les autorités, avec les autres centres antipoison et avec *(Décr. n° 2014-128 du 14 févr. 2014, art. 9-3°)* « l'organisme mentionné à l'article L. 4411-4 du code du travail », enfin des lignes utilisées pour des consultations courantes ou au titre du fonctionnement de routine, non accessibles au public ;

2° D'une liaison téléphonique directe, avec possibilité de transfert d'appels, avec les centres de réception et de régulation des appels mentionnés à l'article L. 6112-5, situés dans leur zone géographique d'intervention ;

3° De moyens d'enregistrement des appels et des réponses, les documents enregistrés devant être conservés pendant trois mois ;

4° De moyens de transmission rapide d'informations par télécopie ou *(Décr. n° 2016-1744 du 15 déc. 2016, art. 6-4°)* « par voie électronique » ;

5° D'une documentation spécialisée et tenue à jour sur le traitement des intoxications ;

6° Des moyens informatiques *(Abrogé par Décr. n° 2014-128 du 14 févr. 2014, art. 9-3°)* « *, définis à l'article D. 6141-47,* » d'aide à la réponse à l'urgence et d'enregistrement des données liées aux cas d'intoxications ainsi que de toute donnée susceptible de contribuer à la toxicovigilance.

Art. D. 6141-47 *(Décr. n° 2014-128 du 14 févr. 2014, art. 9-4°)* Le système d'information commun à tous les centres antipoison est celui défini à l'article *(Décr. n° 2016-1744 du 15 déc. 2016, art. 6-5°)* « R. 1340-6 ».

Art. D. 6141-48 Chaque centre rédige un rapport annuel d'activités, assorti d'une évaluation de ses pratiques et de son organisation. Ce rapport est établi selon le modèle défini par arrêté du ministre chargé de la santé et soumis à la délibération du *(Décr. n° 2010-344 du 31 mars 2010, art. 195)* « conseil de surveillance » du centre hospitalier régional.

Art. R. 6141-49 L'arrêté du ministre chargé de la santé établissant, en application de l'article L. 6141-4, la liste des centres hospitaliers régionaux qui comportent un centre antipoison mentionne la *zone géographique d'intervention* de chaque *(Décr. n° 2016-1744 du 15 déc. 2016, art. 6-6°)* « centre. »

Art. R. 6141-50 L'inscription sur la liste mentionnée à l'article L. 6141-4 est faite sur la demande du centre hospitalier régional, après délibération de son *(Décr. n° 2010-344 du 31 mars 2010, art. 195)* « conseil de surveillance ».

Elle est subordonnée au respect des dispositions de la section III du chapitre Ier du titre Ier du livre Ier de la présente partie.

Art. R. 6141-51 Le dossier de demande d'inscription, dont le contenu est fixé par arrêté du ministre chargé de la santé, est adressé au préfet de la région dans laquelle est situé le centre antipoison, puis transmis par ce préfet, avec son avis, au ministre chargé de la santé.

Art. R. 6141-52 La méconnaissance des dispositions réglementaires mentionnées au deuxième alinéa de l'article R. 6141-50 entraîne la radiation du centre hospitalier régional de la liste prévue par l'article L. 6141-4.

SECTION IV FONDATIONS HOSPITALIÈRES

(Décr. n° 2014-956 du 21 août 2014, art. 1er)

SOUS-SECTION 1 DISPOSITIONS GÉNÉRALES

Art. R. 6141-53 Les fondations hospitalières sont des personnes morales de droit privé à but non lucratif. Elles sont constituées entre un ou plusieurs établissements publics de santé et, le cas échéant, une ou plusieurs personnes de droit public ou de droit privé. Elles sont créées à l'initiative d'un ou plusieurs établissements publics de santé.

Art. R. 6141-54 Les statuts des fondations hospitalières définissent l'organisation et les règles de fonctionnement interne de la fondation hospitalière dans le respect des dispositions de la loi n° 87-571 du 23 juillet 1987 modifiée sur le développement du mécénat, de l'article L. 6141-7-3 et de la présente section.

Les directeurs des établissements publics de santé concernés présentent devant les conseils de surveillance le projet des statuts de la fondation hospitalière. Ce projet est accompagné de l'avis des commissions médicales d'établissement.

Lorsqu'un des établissements publics de santé est un centre hospitalier universitaire, ce projet est accompagné de l'avis du vice-président du directoire chargé de la recherche.

Le projet de statuts, accompagné des délibérations des conseils de surveillance ainsi que des actes par lesquels les autres fondateurs manifestent leur adhésion, est adressé au ministre chargé de la santé et au directeur général de l'agence régionale de santé dans le ressort de laquelle est situé le siège social de la fondation. Lorsqu'un des établissements publics de santé est un centre hospitalier universitaire, les mêmes documents sont également adressés au ministre chargé de la recherche. Les statuts sont approuvés par décret pris, après avis du directeur général de l'agence régionale de santé, sur le rapport du ministre de la santé ou, si un des établissements publics de santé est un centre hospitalier universitaire, des ministres chargés de la santé et de la recherche. L'avis du directeur général de l'agence régionale de santé est réputé favorable si, dans un délai de trente jours courant de la réception par lui du projet de statuts, il n'a pas fait connaître son avis au ministre chargé de la santé.

La fondation acquiert la personnalité juridique à compter de la publication de l'extrait d'approbation de ses statuts au *Journal officiel* de la République française.

SOUS-SECTION 2 FONCTIONNEMENT DES FONDATIONS HOSPITALIÈRES

Art. R. 6141-55 La fondation est administrée par un conseil d'administration et dirigée par un directeur.

Art. R. 6141-56 I. – Le conseil d'administration est composé de représentants des établissements publics qui ont affecté de manière irrévocable des biens, droits ou ressources à l'objet de la fondation ou qui ont effectué un des apports à la dotation.

Il comprend :

1° Des représentants des établissements publics de santé fondateurs :

a) Les directeurs d'établissements, les présidents de commissions médicales d'établissement et, pour les centres hospitaliers universitaires, les vice-présidents du directoire chargé de la recherche ;

b) Un ou plusieurs représentants désignés après concertation avec les directoires par les directeurs *d'établissements* ;

2° Des représentants des autres établissements publics fondateurs.

Les statuts peuvent prévoir un second collège composé de personnalités qualifiées désignées par les membres du conseil d'administration mentionnés aux 1° et 2° ci-dessus sur proposition de l'ensemble des personnes qui ont affecté de manière irrévocable des biens, droits ou ressources à l'objet de la fondation ou qui ont effectué un des apports à la dotation. Le mandat des personnalités qualifiées ne peut excéder cinq ans. Il peut être renouvelé une fois.

Les représentants mentionnés au 1° ci-dessus disposent de la majorité des voix au conseil d'administration.

II. – Assistent en outre avec voix consultative aux réunions du conseil d'administration :

1° A titre de commissaire du Gouvernement, le directeur général de l'agence régionale de santé dans le ressort de laquelle est situé le siège social de la fondation ou son représentant ; il peut obtenir communication de tout document ou pièce relative à l'activité ou à la gestion de la fondation et est destinataire de tous les projets de délibération du conseil d'administration ;

2° Le directeur de la fondation ;

3° Le président du conseil scientifique ;

4° Lorsqu'un des établissements publics de santé est un centre hospitalier universitaire, un représentant du ministre chargé de la recherche.

III. – Le commissaire aux comptes ou son suppléant assiste aux réunions du conseil d'administration.

IV. – Les fonctions de membre du conseil d'administration sont assurées à titre gratuit. Les membres du conseil d'administration peuvent toutefois obtenir le remboursement des frais de transport et de déplacements engagés pour les besoins de la fondation, sur présentation des justificatifs, dans des conditions définies par le règlement intérieur.

Art. R. 6141-57 Le président du conseil d'administration est élu par les membres du conseil d'administration parmi les représentants des établissements publics fondateurs.

Il préside le conseil d'administration, le convoque et en fixe l'ordre du jour.

Il représente la fondation en justice et dans tous les actes de la vie civile.

Il peut donner délégation au directeur dans les conditions définies par le règlement intérieur.

Art. R. 6141-58 Le conseil d'administration :

1° Délibère sur la politique de soutien à la recherche promue par la fondation ;

2° Approuve le programme de travail de la fondation et les orientations de son activité annuelle ;

3° Vote l'état des prévisions de recettes et de dépenses, les comptes annuels et l'affectation du résultat ;

4° Accepte les dons et legs et autorise, en dehors de la gestion courante, les opérations de gestion des fonds composant la dotation, les acquisitions et cessions de biens mobiliers et immobiliers, les marchés, les baux et les contrats de location, la constitution d'hypothèques et les emprunts ainsi que les cautions et garanties accordées au nom de la fondation ;

5° Fixe les effectifs autorisés par catégorie de personnel ;

6° Désigne, sur proposition du directeur, le commissaire aux comptes de la fondation ainsi que son suppléant, choisis sur la liste mentionnée *(Ord. n° 2016-315 du 17 mars 2016, art. 46)* « au I de l'article L. 822-1 » du code de commerce ;

7° Délibère sur toute modification des statuts ;

8° Examine le rapport d'activité présenté annuellement par le directeur ;

9° Adopte, sur proposition du directeur, le règlement intérieur.

Il peut accorder au directeur, dans des conditions qu'il détermine et à charge pour le *directeur de lui en rendre* compte à chaque réunion du conseil d'administration, une délégation permanente propre à assurer le bon fonctionnement de la fondation. Cette délégation ne peut porter que sur les modifications de l'état des prévisions de recettes et de dépenses revêtant un caractère d'urgence et, en dessous d'un seuil fixé par le conseil d'administration, la conclusion des marchés, baux et contrats de location et l'acceptation des cautions et garanties accordées au nom de la fondation.

Art. R. 6141-59 Le directeur de la fondation est désigné par le président après avis du conseil d'administration. Il est mis fin à ses fonctions dans les mêmes conditions.

Le directeur est compétent pour régler les affaires de la fondation autres que celles qui sont énumérées à l'article R. 6141-58. Il prépare et met en œuvre les délibérations du conseil d'administration. Il dirige les services de la fondation.

Les fonctions de directeur et de membre du conseil d'administration sont incompatibles.

Les fonctions de directeur et de directeur d'un établissement public de santé sont incompatibles.

Art. R. 6141-60 Les fondations sont dotées d'un conseil scientifique. Ce conseil est composé de personnalités médicales et scientifiques, extérieures à la fondation, désignées par le conseil d'administration selon des modalités définies par les statuts. Le conseil scientifique se réunit au moins une fois par an. Sa composition est définie par les statuts et ses règles de fonctionnement sont définies par le règlement intérieur.

Le conseil scientifique est consulté sur la politique de soutien à la recherche promue par la fondation, sur son programme de travail et sur les orientations de son activité annuelle. Il fournit une expertise au directeur dans la mise en œuvre de la politique de recherche définie par le conseil d'administration.

SOUS-SECTION 3 DISPOSITIONS FINANCIÈRES ET CONTRÔLE DES FONDATIONS

Art. R. 6141-61 La dotation de la fondation est constituée par des apports des membres fondateurs en biens matériels et immatériels, en droits ou en ressources définies par les statuts.

La dotation est consomptible pour partie selon des modalités précisées à l'article R. 6141-62.

Elle peut être accrue des dons et des legs et d'une fraction de l'excédent des ressources annuelles.

Toute augmentation de la dotation est approuvée par le conseil d'administration.

Art. R. 6141-62 Les ressources annuelles de la fondation sont composées :

1° Du revenu de la dotation ;

2° De la fraction consomptible de la dotation fixée par les statuts dans la limite annuelle de 20 % de la dotation. La part non consommée de la dotation ne peut être inférieure à 10 % de la dotation initiale ou, pour les fondations dont la dotation est supérieure à 10 millions d'euros, à un million d'euros ;

3° De produits financiers ;

4° Du produit des dons et legs ;

5° De subventions d'organisations internationales, de l'État et des collectivités publiques ;

6° Du produit de ventes et rémunérations pour services rendus ;

7° Des revenus tirés de la propriété intellectuelle ;

8° Des crédits de fonctionnement que lui affectent les membres fondateurs.

L'état des prévisions de recettes et de dépenses et les éventuels états rectificatifs ne peuvent être votés et exécutés avec un déséquilibre supérieur à la fraction annuelle consomptible de la dotation.

Dans les six mois qui suivent la fin de chaque exercice social, la fondation établit les comptes annuels certifiés par le commissaire aux comptes ou son suppléant.

Art. R. 6141-63 Le règlement intérieur de la fondation ne peut entrer en vigueur qu'en l'absence d'opposition dans le délai d'un mois du directeur général de l'agence régionale de santé. Il est modifié dans les mêmes conditions.

L'état des prévisions de recettes et de dépenses et les états rectificatifs votés par le conseil d'administration sont soumis pour approbation au directeur général de l'agence régionale de santé. Le silence de ce dernier pendant deux mois vaut approbation. Les comptes annuels sont transmis au directeur général de l'agence régionale de santé après leur adoption par le conseil d'administration.

A l'exception des opérations de gestion courante des fonds composant la fondation, les délibérations du conseil d'administration relatives aux aliénations de biens mobiliers et immobiliers composant la dotation ne sont valables qu'en l'absence d'opposition dans le délai d'un mois du directeur général de l'agence régionale de santé. Il en va de même pour les délibérations de ce conseil portant sur la constitution d'hypothèques ou sur les emprunts.

L'acceptation des dons et legs par le conseil d'administration prend effet dans les conditions prévues à l'article 910 du code civil.

SOUS-SECTION 4 PERSONNELS DES FONDATIONS HOSPITALIÈRES

Art. R. 6141-64 Les personnels des fondations hospitalières peuvent être :

1° Des fonctionnaires relevant d'une personne morale de droit public mentionnée à l'article 2 de la loi n° 83-634 du 13 juillet 1983 portant droits et obligations des fonctionnaires et placés dans une position conforme à leur statut ;

2° Des agents contractuels régis par le décret n° 86-83 du 17 janvier 1986 relatif aux dispositions générales applicables aux agents contractuels de l'État pris pour l'application de l'article 7 de la loi n° 84-16 du 11 janvier 1984 portant dispositions statutaires relatives à la fonction publique de l'État mis à disposition de la fondation ;

3° Des praticiens hospitaliers détachés auprès de la fondation ou mis à disposition ;

4° Des salariés de droit privé.

SOUS-SECTION 5 MODIFICATION DES STATUTS ET DISSOLUTION

Art. R. 6141-65 La modification des statuts de la fondation ne peut être proposée au conseil de surveillance du ou des établissements publics de santé ayant pris l'initiative de créer la fondation qu'après deux délibérations du conseil d'administration prises à deux mois d'intervalle et à la majorité des trois quarts des membres présents ou représentés. Toutefois, une seule délibération suffit lorsque la modification a été décidée à l'unanimité des membres présents ou représentés. La modification des statuts est approuvée selon les modalités fixées à l'article R. 6141-54.

Art. R. 6141-66 La fondation est dissoute sur décision du conseil d'administration prise dans les conditions prévues à l'article R. 6141-65 ou en cas d'abrogation du décret approuvant ses statuts ou, au plus tard, à la date à laquelle la part non consommée de la dotation devient inférieure à 10 % de la dotation initiale ou, pour les fondations dont la dotation est supérieure à dix millions d'euros, à un million d'euros.

Le conseil d'administration désigne un ou plusieurs commissaires qu'il charge de procéder à la liquidation des biens de la fondation et auquel il confère tous les pouvoirs nécessaires pour mener à bien cette mission.

Le conseil d'administration attribue l'actif net à une ou plusieurs fondations hospitalières ou, à défaut, à un ou plusieurs établissements analogues, publics ou reconnus d'utilité publique.

La dissolution est, selon le cas, approuvée ou prononcée par décret pris sur le rapport du ministre chargé de la santé et, le cas échéant, du ministre chargé de la recherche.

CHAPITRE II ORGANISATION HOSPITALIÈRE ET UNIVERSITAIRE

SECTION PREMIÈRE CONVENTIONS CONSTITUTIVES DES CENTRES HOSPITALIERS ET UNIVERSITAIRES ET DES CENTRES DE SOINS, D'ENSEIGNEMENT ET DE RECHERCHE DENTAIRES

SOUS-SECTION 1 OBJET DES CONVENTIONS

Art. R. 6142-1 Conformément à l'article L. 6142-3, les universités et les centres hospitaliers régionaux organisent conjointement l'ensemble de leurs services en centres *hospitaliers et universitaires tels que définis* à l'article L. 6142-1.

Art. R. 6142-2 Conformément à l'article L. 6142-17, les universités et les centres hospitaliers régionaux organisent conjointement les centres de soins, d'enseignement et de recherche dentaires où, dans le respect des malades, sont dispensés les enseignements préparatoires au diplôme d'État de docteur en chirurgie dentaire et les enseignements postuniversitaires et qui, sans préjudice des attributions des autres établissements de recherche et d'enseignement, participent à la recherche dentaire.

Art. R. 6142-3 Les universités, d'une part, et les centres hospitaliers régionaux, d'autre part, sont, dans l'élaboration des conventions qu'ils concluent en vertu des articles L. 6142-3, L. 6142-7 et L. 6142-17, tenus de se conformer aux dispositions de la présente section.

Les parties intéressées peuvent insérer dans ces conventions toutes clauses non contraires à ces dispositions.

Art. R. 6142-4 Les conventions sont signées :

1° Pour les centres hospitaliers régionaux, par le directeur général après délibération du conseil d'administration ;

2° Pour les universités et en leur nom, par les directeurs des unités de formation et de recherche concernées. Elles sont soumises à l'approbation du président de l'université.

Art. R. 6142-5 Les conventions sont conclues pour deux ans et sont renouvelables par tacite reconduction, sauf dénonciation par l'une des parties, avec préavis de quatre mois.

Art. R. 6142-6 Font partie du centre hospitalier et universitaire :

1° L'ensemble des services d'enseignement et de recherche des unités de formation et de recherche concernées ;

2° L'ensemble des services de diagnostic et de soins du centre hospitalier régional, à l'exception de ceux qui sont maintenus soit totalement soit partiellement en dehors, en application du 1° de l'article L. 6142-17.

Art. R. 6142-7 Font partie du centre de soins, d'enseignement et de recherche dentaires :

1° L'ensemble des services des unités de formation et de recherche odontologiques ;

2° L'ensemble des services d'odontologie du centre hospitalier universitaire.

Art. R. 6142-8 Le directeur de l'unité de formation et de recherche de pharmacie est habilité à proposer les conditions dans lesquelles certains enseignements de biologie sont organisés par les unités de formation et de recherche médicales et pharmaceutiques.

A cette fin, les conventions fixent les modalités selon lesquelles les étudiants en pharmacie peuvent effectuer des stages dans les laboratoires de biologie du centre hospitalier universitaire.

Art. R. 6142-9 Peuvent seuls être placés totalement en dehors de l'application du présent chapitre, ceux des services de biologie, d'explorations fonctionnelles, de psychiatrie, de radiologie, de suite et de réadaptation et de longue durée qui ne sont pas nécessaires à l'enseignement et à la recherche médicale.

Les praticiens exerçant dans ces services hospitaliers ne participent pas aux tâches d'enseignement et de recherche et ne sont pas soumis au statut prévu à l'article L. 6151-1.

Art. R. 6142-10 Lorsque dans un service hospitalier d'un centre universitaire, les tâches d'enseignement et de recherche étant entièrement assurées, les tâches de diagnostic et de soins ne peuvent être assurées entièrement par les membres du personnel enseignant et hospitalier, il peut être fait appel à des praticiens hospitaliers qui ne sont pas soumis au statut prévu à l'article L. 6151-1.

Art. R. 6142-11 Les services placés en dehors de l'application du présent chapitre, ainsi que les emplois susceptibles d'être occupés par des praticiens non soumis au statut prévu à l'article L. 6151-1 sont énumérés par la convention.

Le nombre total des postes hospitaliers susceptibles d'être occupés par des praticiens autres que les assistants et adjoints ne peut, pour l'ensemble des centres hospitaliers universitaires, et pour l'ensemble des disciplines autres que l'anesthésiologie, être supérieur à 25 % du nombre total des personnels enseignants et hospitaliers.

SOUS-SECTION 2 DISPOSITIONS FINANCIÈRES

Art. R. 6142-12 Est supporté par l'université l'ensemble des dépenses exposées pour *l'entretien des bâtiments* à usage universitaire et pour l'achat du mobilier ou d'instruments destinés aux besoins de l'enseignement à l'exclusion de toute utilisation à des fins hospitalières.

Sont également supportées par l'université, les dépenses de fonctionnement afférentes aux activités d'enseignement et de recherche dans le cas où elles peuvent être déterminées isolément.

Les dépenses sont soit payées directement soit remboursées intégralement au centre hospitalier universitaire. Ce remboursement est effectué dans les conditions et selon une périodicité fixées par la convention.

Art. R. 6142-13 Le centre hospitalier universitaire supporte l'ensemble des dépenses afférentes à l'activité hospitalière.

Dans la mesure où le centre hospitalier utilise à des fins hospitalières les services des unités de formation et de recherche, il rembourse à l'université les dépenses exposées par elles, dans les conditions et selon une périodicité fixées par la convention.

Art. R. 6142-14 L'université prend en charge, selon les modalités déterminées par la convention, la réparation des dommages causés au centre hospitalier universitaire, à ses personnels, aux malades et à leurs visiteurs soit par les étudiants, à l'occasion de leurs activités universitaires, soit par les personnels relevant de son autorité à l'occasion de l'exercice de leurs fonctions, soit par toute personne participant à l'enseignement post-universitaire organisé sous sa responsabilité.

En application de l'alinéa ci-dessus, l'université rembourse au centre hospitalier universitaire le montant des primes afférentes à l'assurance contractée à cette fin et le cas échéant, le montant des dommages non couverts par l'assurance.

Art. R. 6142-15 Le centre hospitalier universitaire, selon les modalités déterminées par la convention, supporte la réparation des dommages de toute nature causés à l'occasion des activités hospitalières aux unités de formation et de recherche concernées ainsi qu'aux étudiants et aux personnels de celles-ci.

Il a la faculté de contracter une assurance pour la couverture de ce risque.

SOUS-SECTION 3 RÈGLEMENT ANNEXÉ AUX CONVENTIONS

Art. R. 6142-16 Un règlement, annexé à la convention, fixe :

1° Les conditions de séjour et de circulation, d'une part, sur les terrains et dans les bâtiments ou services hospitaliers, des étudiants et des personnels des unités de formation et de recherche n'appartenant pas au personnel enseignant et hospitalier et d'autre part, dans les locaux universitaires, des personnels hospitaliers ;

2° Les conditions dans lesquelles les personnels relevant exclusivement soit de l'université ou des unités de formation et de recherche, soit du centre hospitalier universitaire peuvent être employés conjointement par les parties signataires de la convention ;

3° Les conditions dans lesquelles les directeurs des unités de formation et de recherche et le directeur général du centre hospitalier universitaire assurent le bon ordre à l'intérieur du centre hospitalier et universitaire ou du centre de soins, d'enseignement et de recherche dentaires.

Art. R. 6142-17 Les directeurs des unités de formation et de recherche et le directeur général du centre hospitalier universitaire sont responsables, chacun en ce qui le concerne, de l'application du règlement prévu à l'article R. 6142-16.

Toutefois, afin que soient assurées à tout moment la sauvegarde des malades et la sécurité de l'ensemble des installations du centre hospitalier et universitaire, les directeurs des unités de formation et de recherche délèguent leurs pouvoirs au directeur général du centre hospitalier universitaire dans les locaux universitaires définis dans la convention en dehors des heures d'enseignement.

Le directeur général du centre hospitalier universitaire tient les directeurs d'unités de formation et de recherche informés des mesures qu'il a été amené à prendre en vertu de la délégation.

Art. R. 6142-18 En cas d'infraction au règlement par un agent relevant soit du centre hospitalier universitaire, soit de l'université soit d'une unité de formation ou de recherche, la sanction est prononcée par l'autorité investie du pouvoir disciplinaire, saisie à la demande du responsable de l'application du règlement. En cas d'urgence, celui-ci peut demander la suspension du fautif.

Exceptionnellement et dans les cas graves, le directeur d'une unité de formation et de recherche peut interdire provisoirement l'accès aux locaux universitaires à un membre du personnel du centre hospitalier universitaire. Le directeur général du centre hospitalier universitaire peut, dans les mêmes conditions, interdire l'accès des terrains et des bâtiments ou services hospitaliers à un membre du personnel de l'université ou d'une unité de formation et de recherche. L'autorité qui a pris la mesure en donne immédiatement avis à l'autorité normalement responsable, en vue d'un examen conjoint de la situation.

Si l'infraction au règlement a été commise par un étudiant, le responsable de l'application du règlement en saisit le directeur de l'unité de formation et de recherche intéressé.

Exceptionnellement et dans les cas graves, le directeur général du centre hospitalier universitaire peut interdire provisoirement au fautif l'accès sur les terrains et dans les bâtiments ou services hospitaliers. Le directeur de l'unité de formation et de recherche intéressé en est immédiatement informé en vue d'un examen conjoint de la situation.

SOUS-SECTION 4 COMMISSION LOCALE DE CONCILIATION

Art. R. 6142-19 La commission de conciliation, instituée par l'article L. 6142-11 pour le règlement des difficultés susceptibles d'intervenir à l'occasion de la conclusion, du renouvellement ou de l'application des conventions mentionnées à l'article L. 6142-3, se réunit soit à l'initiative du préfet, soit à la demande des deux parties contractantes ou de l'une d'elles seulement.

Le préfet convoque la commission dans le mois qui suit la demande. La commission entend le président du conseil d'administration et le directeur général du centre hospitalier universitaire partie à la convention.

Le préfet a la faculté de convoquer soit d'office, soit à la demande du médecin inspecteur régional de santé publique ou de l'un des contractants, toute personne dont l'audition lui paraît nécessaire.

Lorsque la commission se réunit pour régler des difficultés d'ordre financier, le ou les *(Décr. n° 2014-551 du 27 mai 2014, art. 27-3°)* « directeurs départementaux ou, le cas échéant, régionaux des finances publiques » du ou des départements de la ou des villes sièges des unités de formation et de recherche et du centre hospitalier universitaire intéressés ou à Paris, le *(Décr. n° 2014-551 du 27 mai 2014, art. 27-3°)* « directeur régional des finances publiques d'Île-de-France et du département de Paris » sont obligatoirement convoqués afin de faire connaître leur avis.

Le contrôleur financier de l'Assistance publique-hôpitaux de Paris est également convoqué lorsque cette administration est concernée.

Lorsque la commission se réunit pour régler les difficultés qui s'élèvent à l'occasion de la conclusion ou de l'application des conventions constitutives des centres de soins, d'enseignement et de recherche dentaires, elle comprend, outre les membres énumérés à l'article L. 6142-11, un membre du conseil de l'unité de formation et de recherche en odontologie.

Art. R. 6142-20 A défaut d'accord intervenu dans les deux mois qui suivent la réunion de la commission, le préfet saisit les ministres chargés de l'enseignement supérieur et de la santé.

Sous réserve des dispositions de l'article L. 6142-12, ces ministres statuent conjointement après avoir entendu, s'ils le jugent utile, les représentants des deux contractants. Les ministres notifient leur décision aux deux contractants et en informent le préfet, président de la commission de conciliation. La décision des ministres s'impose aux contractants.

Art. R. 6142-21 La procédure définie aux articles R. 6142-19 et R. 6142-20 est applicable au cas où des difficultés se présentent au moment du renouvellement de la convention en cas de dénonciation de celle-ci par l'un des contractants. Toutefois, la convention antérieure continue à s'appliquer jusqu'à l'accord intervenu devant la commission de conciliation ou jusqu'à la notification, par les ministres, de leur décision.

Art. R. 6142-22 Les articles R. 6142-19 à R. 6142-21 s'appliquent aux difficultés qui pourraient s'élever entre les contractants à l'occasion de l'établissement, de la révision ou de l'application du règlement annexé aux conventions mentionnées à l'article L. 6142-3.

SOUS-SECTION 5 COMMISSION NATIONALE DE CONCILIATION

Art. R. 6142-23 Dans les cas prévus à l'article L. 6142-12, les ministres chargés de l'enseignement supérieur et de la santé statuent au vu de l'avis émis par une Commission nationale qui comprend :

1° Cinq professeurs des universités-praticiens hospitaliers biologistes affectés dans des centres hospitaliers et universitaires ;

2° Cinq biologistes de centres hospitaliers universitaires.

Des membres suppléants appartenant aux mêmes catégories sont élus en nombre égal.

Art. R. 6142-24 Les membres de la commission ainsi que leurs suppléants sont élus pour quatre ans par les personnels de même catégorie dans les conditions définies par arrêté des ministres chargés de l'enseignement supérieur et de la santé.

Art. R. 6142-25 La présidence de la commission est assurée alternativement par un des membres mentionnés au 1° et un des membres mentionnés au 2° de l'article R. 6142-23 élus pour un an au scrutin secret par les membres de la commission.

Lors de l'élection initiale, la catégorie dans laquelle est choisi le président est désignée par tirage au sort.

Art. R. 6142-26 La commission est saisie par le préfet, président de la commission de conciliation prévue à l'article L. 6142-11.

Art. R. 6142-27 La commission examine le dossier transmis par le préfet, lequel comporte l'avis du directeur de l'unité de formation et de recherche ou, s'il en existe plusieurs, du président de la commission de coordination de l'enseignement médical et l'avis du ou des directeurs d'unité de formation et de recherche de pharmacie. Dans le cas d'une unité de formation et de recherche mixte de médecine et de pharmacie, le dossier comporte l'avis du directeur de l'unité et celui de l'enseignant responsable de la section pharmacie, si le directeur est médecin, ou celui de l'enseignant responsable de la médecine si le directeur est pharmacien.

Art. R. 6142-28 Un rapporteur est désigné pour chaque affaire par le président en exercice. Le rapporteur n'a pas voix délibérative lorsqu'il est choisi en dehors de la commission.

Le président convoque la commission et établit l'ordre du jour de la séance. Il y inscrit les affaires d'office ou sur la demande des ministres chargés de l'enseignement supérieur et de la santé.

Art. R. 6142-29 La commission peut entendre, sur leur demande, le ou les directeurs d'unité de formation et de recherche et l'enseignant responsable de la section de médecine si le directeur est pharmacien, ou l'enseignant responsable de la section pharmacie, si le directeur est médecin, ainsi que le président du conseil d'administration, le directeur général et le président de la commission médicale d'établissement du centre hospitalier universitaire, le médecin inspecteur régional de santé publique et le pharmacien inspecteur régional de santé publique ou leurs représentants.

Le président en exercice peut convoquer toute personne dont l'audition lui paraît nécessaire.

Art. R. 6142-30 Le secrétariat de la commission est assuré par les services du ministère de l'enseignement supérieur et du ministère de la santé.

Art. R. 6142-31 L'avis de la commission et le procès-verbal de la séance sont transmis pour décision aux ministres chargés de l'enseignement supérieur et de la santé.

Les ministres statuent sans l'avis de la commission dans le cas où celle-ci n'a pu valablement délibérer, faute de la présence de la majorité de ses membres.

SECTION II CONVENTIONS D'ASSOCIATION AVEC UN ORGANISME PUBLIC OU PRIVÉ

SOUS-SECTION 1 ADOPTION DE LA CONVENTION

Art. R. 6142-32 Les conventions prévues à l'article L. 6142-5 permettant d'associer un organisme public ou privé, établissement de santé ou autre organisme, aux missions de soins, d'enseignement ou de recherche dévolues aux centres hospitaliers et universitaires ou aux centres de soins, d'enseignement et de recherche dentaires sont établies dans les conditions définies par les dispositions de la présente section. Les parties à la convention peuvent y insérer toutes clauses non contraires à ces dispositions.

Les conventions sont signées :

1° En ce qui concerne le centre hospitalier et universitaire ou le centre de soins, d'enseignement et de recherche dentaires :

a) Par le président de l'université pour les unités de formation et de recherche concernées ;

b) Par le directeur général du centre hospitalier universitaire après délibération du conseil d'administration ;

2° En ce qui concerne l'organisme public ou privé, par son représentant légal, agissant, lorsque l'organisme est public, sur mandat du conseil d'administration.

Art. R. 6142-33 Les conventions sont conclues pour deux ans et sont renouvelables par tacite reconduction, sauf dénonciation par l'une des parties, avec préavis de quatre mois.

SOUS-SECTION 2 ÉTENDUE DE LA CONVENTION

Art. R. 6142-34 La convention définit la ou les missions à laquelle ou auxquelles est associé l'organisme.

Elle précise les conditions et modalités de cette association et mentionne notamment :

1° La liste des services de l'organisme affectés à l'accomplissement de la ou des missions auxquelles l'organisme est associé ;

2° Pour chacune des catégories de personnels enseignants et hospitaliers, la liste des postes à pourvoir dans l'organisme et, pour chaque poste, la part d'activité que doit y consacrer le membre du personnel enseignant et hospitalier qui y est affecté, avec indication, le cas échéant, du secteur privé auquel il peut prétendre ;

3° Le nombre de postes d'internes et d'étudiants à pourvoir par des affectations d'internes et d'étudiants du centre hospitalier universitaire ;

4° Le nombre d'étudiants susceptibles d'être admis dans l'organisme.

Art. R. 6142-35 Lorsque l'exécution de la convention comporte l'affectation à l'organisme associé de membres du personnel enseignant et hospitalier à plein temps du centre hospitalier et universitaire, cette affectation peut porter sur tout ou partie de l'activité universitaire ou hospitalière des intéressés.

Lorsque l'affectation porte sur la totalité de l'activité hospitalière ou universitaire de l'intéressé, celui-ci est mis à la disposition de l'organisme, pour une période renouvelable d'un an au moins et de cinq ans au plus, par arrêté des ministres chargés de l'enseignement supérieur et de la santé. L'ancienneté acquise dans cette situation est prise en compte, suivant le cas, pour le calcul de la rémunération universitaire ainsi que pour l'acquisition des droits à l'avancement et à la retraite, ou pour le calcul des émoluments hospitaliers si l'intéressé n'est pas chef de service. L'intéressé est remplacé dans ses fonctions hospitalières et universitaires, suivant le cas, dès que son affectation devient effective.

Lorsque l'affectation prend fin, il est réaffecté soit à son poste s'il est vacant, soit au premier poste dont la vacance s'ouvre à l'unité de formation ou de recherche concernée, ou au centre hospitalier universitaire et qui correspond à son grade et à sa discipline. Il peut demander sa réaffectation avant la fin de la période pour laquelle il a été mis à la disposition de l'établissement ou de l'organisme. La décision à intervenir sur cette demande est prise en tenant compte des nécessités du service et des vacances existantes. L'intéressé peut bénéficier d'une mutation dans les conditions fixées par son statut.

Lorsque l'affectation porte sur une fraction seulement de l'activité hospitalière ou universitaire de l'intéressé, elle est prononcée par décision conjointe du directeur de l'unité de formation et de recherche médicale ou pharmaceutique et du directeur du centre hospitalier universitaire.

Art. R. 6142-36 Dans tous les cas où l'affectation porte sur l'activité universitaire, l'État continue à assurer la rémunération de l'intéressé, sous réserve du remboursement de tout ou partie de cette dépense par l'organisme partie à la convention dans les conditions définies par celle-ci et par les dispositions en vigueur.

Dans le cas d'affectation portant sur la totalité de l'activité hospitalière, l'organisme prend en charge la totalité des émoluments hospitaliers auxquels peut prétendre l'intéressé et des charges sociales y afférentes, et il le rémunère directement. Les membres des personnels enseignants et hospitaliers qui ne sont pas chefs de service et qui sont affectés dans un poste de chef de service ont droit, dans cette situation, aux émoluments hospitaliers de chef de service déterminés en application des dispositions en vigueur.

Lorsque l'activité hospitalière consacrée à l'organisme n'est que partielle, l'organisme est tenu de verser au centre hospitalier universitaire auquel incombe la rémunération de l'intéressé la part des émoluments de celui-ci et des charges sociales y afférentes qui correspond à l'activité exercée.

Lorsque tout ou partie de l'activité hospitalière de l'intéressé est effectuée dans un établissement de santé privé à but lucratif, les honoraires afférents aux actes accomplis sont comptabilisés dans un compte spécial. Les excédents éventuellement constatés après déduction des émoluments hospitaliers de l'intéressé sont reversés au centre hospitalier universitaire.

Art. R. 6142-37 L'affectation à un organisme partie à la convention d'un membre du personnel enseignant et hospitalier ne peut être prononcée qu'avec l'accord de l'intéressé.

Art. R. 6142-38 Des internes et, le cas échéant, des étudiants du centre hospitalier universitaire peuvent être affectés avec leur accord à l'organisme partie à la convention.

Les intéressés ont droit, dans l'établissement d'affectation, aux rémunérations et indemnités auxquelles ils peuvent prétendre dans le centre hospitalier universitaire où ils ont été nommés.

Art. R. 6142-39 Dans le cas où l'organisme partie à la convention est associé à une mission d'enseignement, la convention définit les conditions de séjour des étudiants dans son enceinte.

Art. R. 6142-40 La convention règle les conditions dans lesquelles les parties prennent en charge les dépenses de toute nature exposées, et notamment celles ayant trait à la construction et à l'entretien des bâtiments, à l'amortissement, au fonctionnement des services ainsi qu'à la réparation des dommages causés.

SOUS-SECTION 3 COMMISSION DE CONCILIATION

Art. R. 6142-41 Les difficultés survenant à l'occasion de la conclusion, du renouvellement ou de l'application des conventions prévues à la présente section sont soumises à une commission de conciliation présidée par le préfet du département siège du centre hospitalier et universitaire et comprenant le directeur de l'unité de formation et de recherche ou le représentant du comité de coordination de l'enseignement médical, le directeur général du centre hospitalier universitaire et le représentant légal de l'organisme partie à la convention.

Lorsque la commission se réunit pour régler des difficultés d'ordre financier, le *(Décr. n° 2014-551 du 27 mai 2014, art. 27-4°-a)* « directeur départemental ou, le cas échéant, régional des finances publiques » du département de la ville siège du centre hospitalier et universitaire intéressé est convoqué pour avis.

Lorsque la convention intéresse une ou plusieurs unités de formation et de recherche de l'académie de Paris et l'Assistance publique-hôpitaux de Paris, le *(Décr. n° 2014-551 du 27 mai 2014, art. 27-4°-b)* « directeur régional des finances publiques d'Île-de-France et du département » de Paris et le contrôleur financier près l'Assistance publique-hôpitaux de Paris sont convoqués pour avis.

A défaut d'accord au sein de la commission, les difficultés sont soumises aux ministres chargés de l'enseignement supérieur et de la santé qui statuent par décision commune.

SECTION III COMITÉ DE LA RECHERCHE EN MATIÈRE BIOMÉDICALE ET DE SANTÉ PUBLIQUE

(Décr. n° 2006-1355 du 7 nov. 2006, art. 1er-II)

Art. R. 6142-42 Dans chaque centre hospitalier et universitaire, le comité de la recherche en matière biomédicale et de santé publique veille à la coordination des activités de recherche exercées par les établissements et organismes qui le composent ou qui lui sont associés dans le cadre des conventions prévues à l'article L. 6142-5.

Le comité est consulté sur les projets concernant :

1° Les modifications et le renouvellement de la convention prévue à l'article L. 6142-3 ;

2° Les conventions d'association prévues à l'article L. 6142-5 ;

3° La politique de recherche, telle qu'elle résulte du projet d'établissement prévu à l'article L. 6143-2, du centre hospitalier universitaire ainsi que des établissements de santé associés aux missions du centre hospitalier et universitaire dans le cadre des conventions prévues à l'article L. 6142-5 ;

4° Le volet relatif à l'enseignement, à la recherche et à l'innovation du contrat pluriannuel d'objectifs et de moyens prévu à l'article L. 6114-1 des centres hospitaliers universitaires et de chacun des établissements de santé associés aux missions du centre hospitalier et universitaire dans le cadre des conventions prévues à l'article L. 6142-5 ;

5° Les stipulations relatives à la recherche biomédicale et en santé publique du contrat d'établissement pluriannuel prévu à l'article L. 711-1 du code de l'éducation ;

6° Le projet de recherche des pôles d'activité des établissements publics de santé prévu à l'article L. 6146-1 du code de la santé publique ;

7° La participation du centre hospitalier universitaire aux structures de coopération prévues aux articles L. 344-1 à L. 344-3 du code de la recherche.

Art. R. 6142-43 Le comité comprend douze membres qualifiés dans le domaine de la recherche :

1° Quatre représentants du centre hospitalier universitaire désignés conjointement par le directeur général et le président de la commission médicale d'établissement après avis du conseil exécutif et de la commission médicale d'établissement. Lorsque plusieurs centres hospitaliers universitaires composent le centre hospitalier et universitaire, leurs représentants sont désignés conjointement par les directeurs généraux et les présidents de commissions médicales d'établissement après avis des conseils exécutifs et des commissions médicales d'établissement ;

2° Quatre représentants de l'université désignés conjointement par le président de l'université et les directeurs des unités de formation et de recherche de médecine, pharmacie et odontologie. Lorsque plusieurs universités composent le centre hospitalier et universitaire, leurs représentants sont désignés conjointement par le président et les directeurs des unités de formation et de recherche de médecine, pharmacie et odontologie de chaque université ;

3° Quatre représentants des organismes de recherche associés aux missions du centre hospitalier et universitaire dans le cadre des conventions prévues à l'article L. 6142-5, désignés par le directeur général de l'Institut national de la santé et de la recherche médicale, après consultation de leur directeur.

Lorsque le comité examine des questions concernant un des établissements de santé associés aux missions du centre hospitalier et universitaire dans le cadre des conventions mentionnées à l'article L. 6142-5, une personnalité scientifique, désignée par le représentant légal de cet établissement, participe avec voix délibérative à ces travaux.

Les membres du comité sont désignés pour une période de deux ans. Leur mandat est renouvelable. Un intervalle de deux ans doit toutefois être respecté entre deux mandats successifs et un nouveau mandat.

Toute vacance survenant au moins trois mois avant le terme normal du mandat donne lieu à remplacement pour la durée restant à courir.

Les membres du comité élisent parmi eux un président et un vice-président pour une période de deux ans. En cas de partage égal des voix, le candidat le plus âgé est déclaré élu.

Art. R. 6142-44 Le comité se réunit sur convocation de son président. La convocation comporte l'ordre du jour arrêté par le président. Elle est adressée aux membres du comité, sauf urgence, sept jours au moins avant la date de leur réunion.

Le comité siège valablement lorsque la majorité de ses membres est présente. Si le quorum n'est pas atteint, une nouvelle convocation est envoyée dans le délai de sept jours aux membres du comité, qui siège alors valablement, quel que soit le nombre de membres présents.

Le comité se prononce dans le délai d'un mois suivant la date de réception de la demande d'avis. A défaut de réponse dans ce délai, son avis est réputé émis.

En cas de partage égal des voix, le président du comité dispose d'une voix prépondérante.

Art. R. 6142-45 Le comité établit un rapport annuel. Ce rapport est examiné lors d'une séance qui se tient en présence des personnes suivantes ou de leur représentant :

1° Le ou les directeurs généraux du ou des centres hospitaliers universitaires ;

2° Le ou les présidents de la ou des commissions médicales d'établissement du ou des centres hospitaliers universitaires ;

3° Le ou les présidents de la ou des universités ;

4° Pour chaque université, le directeur de l'unité de formation et de recherche de médecine ou, en cas de pluralité d'unités de formation et de recherche de médecine, le président du comité de coordination de l'enseignement médical ;

5° Pour chaque université, le cas échéant, le directeur de l'unité de formation et de recherche de pharmacie ;

6° Pour chaque université, le cas échéant, le directeur de l'unité de formation et de recherche d'odontologie ;

7° Le directeur général de l'Institut national de la santé et de la recherche médicale.

Art. R. 6142-46 Le comité fixe son règlement intérieur.

Art. R. 6142-47 Les fonctions de membre du comité de la recherche en matière biomédicale et de santé publique sont gratuites. Toutefois, leurs frais de déplacement sont remboursés dans les conditions fixées par la réglementation applicable aux fonctionnaires de l'État.

Art. R. 6142-48 Le centre hospitalier universitaire assure le secrétariat du comité et lui fournit les moyens matériels et financiers nécessaires à son activité. Le secrétariat du comité du centre hospitalier et universitaire de Montpellier-Nîmes est assuré par le centre hospitalier universitaire de Montpellier, celui du centre hospitalier et universitaire d'Antilles-Guyane est assuré par le centre hospitalier universitaire de Fort-de-France.

SECTION IV HAUT COMITÉ HOSPITALO-UNIVERSITAIRE

Art. D. 6142-49 Le Haut Comité hospitalo-universitaire institué à l'article L. 6142-15 peut être consulté sur toute question intéressant les missions hospitalo-universitaires des centres hospitaliers et universitaires, et notamment dans le domaine de l'évaluation de la qualité de la formation.

Art. D. 6142-50 Le comité est saisi par les ministres chargés de l'enseignement supérieur et de la santé.

Art. D. 6142-51 Le président du comité, choisi parmi les conseillers d'État, est désigné par arrêté des ministres chargés de l'enseignement supérieur et de la santé pour une durée de quatre ans non renouvelable.

Art. D. 6142-52 Le comité comprend, outre son président, seize membres :

1° Trois directeurs d'unité de formation et de recherche de médecine désignés par la conférence des directeurs des unités de formation et de recherche de médecine et des présidents d'université médecins ;

2° Deux présidents de commissions médicales d'établissement de centres hospitaliers universitaires désignés par la conférence des présidents de commissions médicales d'établissement des centres hospitaliers universitaires ;

3° Un président de commission médicale d'établissement de centre hospitalier désigné par la conférence des présidents de commissions médicales d'établissement des centres hospitaliers ;

4° Deux directeurs généraux de centres hospitaliers universitaires désignés par la conférence des directeurs généraux de centres hospitaliers universitaires ;

5° Un directeur de centre hospitalier désigné par la conférence des directeurs de centres hospitaliers ;

6° Deux professeurs des universités-praticiens hospitaliers, dont un directeur d'unité de formation et de recherche de médecine et un maître de conférences des universités-praticien hospitalier, désignés par le ministre chargé de l'enseignement supérieur ;

7° Deux professeurs des universités-praticiens hospitaliers et un praticien hospitalier à temps plein affecté dans un centre hospitalier universitaire, désignés par le ministre chargé de la santé ;

8° Un directeur de recherche désigné par le ministre chargé de la recherche après avis du directeur général de l'Institut national de la santé et de la recherche médicale.

Art. D. 6142-53 Le mandat de chacun des membres du comité est de deux ans. Il est renouvelable une fois.

Art. D. 6142-54 Le comité peut entendre toute personne qualifiée appelée par son président à fournir un avis ou une expertise relatifs à toute question sur laquelle il est consulté.

Art. D. 6142-55 Les travaux du comité font l'objet d'un rapport adressé aux ministres chargés de l'enseignement supérieur et de la santé.

Art. D. 6142-56 Les fonctions de président et de membre du comité sont gratuites. Leurs frais de déplacement ainsi que ceux des experts appelés en consultation sont remboursés dans les conditions prévues par la réglementation en vigueur pour les fonctionnaires de l'État.

Art. D. 6142-57 Le secrétariat du comité est assuré alternativement tous les deux ans par les services du ministère de l'enseignement supérieur et du ministère de la santé.

CHAPITRE III CONSEIL DE SURVEILLANCE, DIRECTEUR ET DIRECTOIRE *(Décr. n° 2010-361 du 8 avr. 2010, art. 1er-I).*

SECTION PREMIÈRE CONSEIL DE SURVEILLANCE

(Décr. n° 2010-361 du 8 avr. 2010, art. 1er-II)

SOUS-SECTION 1 COMPOSITION

Art. R. 6143-1 Le nombre des membres du conseil de surveillance des établissements publics de santé mentionnés à l'article L. 6141-1 est égal à neuf pour les établissements de ressort communal et à quinze pour les autres établissements.

Toutefois le directeur général de l'agence régionale de santé peut, par arrêté, fixer le nombre de membres d'un conseil de surveillance d'un établissement public de santé de ressort communal à quinze si celui-ci dispose d'établissements exerçant une activité de soins sur le territoire de plusieurs communes ou si la somme des produits qui lui sont versés annuellement par l'assurance maladie est supérieure ou égale à cinquante millions d'euros.

Art. R. 6143-2 Les conseils de surveillance composés de neuf membres comprennent :

1° Au titre des représentants des collectivités territoriales :

a) Le maire de la commune siège de l'établissement principal, ou le représentant *qu'il désigne ;*

b) Un représentant d'un établissement public de coopération intercommunale à fiscalité propre dont la commune siège de l'établissement est membre ou, à défaut, un autre représentant de la commune siège de l'établissement principal ;

c) Le président du conseil départemental du département siège de l'établissement principal, ou le représentant qu'il désigne ;

2° Au titre des représentants du personnel :

a) Un membre de la commission de soins infirmiers, de rééducation et médico-techniques, désigné par celle-ci ;

b) Un membre désigné par la commission médicale d'établissement ;

c) Un membre désigné par les organisations syndicales les plus représentatives compte tenu des résultats obtenus lors des élections au comité technique d'établissement ;

3° Au titre des personnalités qualifiées :

a) Une personnalité qualifiée désignée par le directeur général de l'agence régionale de santé ;

b) Deux représentants des usagers au sens de l'article L. 1114-1 désignés par le représentant de l'État dans le département.

(Décr. n° 2010-1091 du 16 sept. 2010, art. 3) « A Saint-Barthélemy, le collège des représentants des collectivités territoriales est composé de trois conseillers territoriaux, dont un est désigné au sein du collège correspondant du conseil de surveillance de l'établissement public de santé de Saint-Martin.

« A Saint-Martin, le collège des représentants des collectivités territoriales est composé de trois conseillers territoriaux, dont un est désigné au sein du collège correspondant du conseil de surveillance de l'établissement public de santé de Saint-Barthélemy. »

Art. R. 6143-3 Les conseils de surveillance composés de quinze membres comprennent :

1° Au titre des représentants des collectivités territoriales :

a) Pour les établissements publics de santé de ressort communal :

— le maire de la commune siège de l'établissement principal, ou le représentant qu'il désigne, et un autre représentant de cette commune ;

— deux représentants d'un établissement public de coopération intercommunale à fiscalité propre dont la commune siège de l'établissement est membre ou, à défaut, un représentant de chacune des deux principales communes d'origine des patients en nombre d'entrées en hospitalisation au cours du dernier exercice connu, autres que celle du siège de l'établissement principal ;

— le président du conseil départemental du département siège de l'établissement principal, ou le représentant qu'il désigne ;

b) Pour les établissements publics de santé de ressort intercommunal :

— le maire de la commune siège de l'établissement principal, ou le représentant qu'il désigne ;

— un représentant de la principale commune d'origine des patients en nombre d'entrées en hospitalisation au cours du dernier exercice connu, autre que celle du siège de l'établissement principal ;

— deux représentants des établissements publics de coopération intercommunale à fiscalité propre auxquels appartiennent respectivement ces deux communes ou, à défaut, un représentant de chacune des deux principales communes d'origine des patients en nombre d'entrées en hospitalisation au cours du dernier exercice connu, autres que celle mentionnée à l'alinéa précédent ;

— le président du conseil départemental du département siège de l'établissement principal, ou le représentant qu'il désigne ;

c) Pour les établissements publics de santé de ressort départemental :

— le maire de la commune siège de l'établissement principal, ou le représentant qu'il désigne ;

— deux représentants d'un établissement public de coopération intercommunale à fiscalité propre dont la commune siège est membre ou, à défaut, un représentant de chacune des deux principales communes d'origine des patients en nombre d'entrées en hospitalisation au cours du dernier exercice connu, autres que celle du siège de l'établissement principal ;

— le président du conseil départemental du département siège de l'établissement principal, ou le représentant qu'il désigne, et un autre représentant de ce conseil départemental ;

d) Pour les établissements publics de santé de ressort régional et interrégional :

— le maire de la commune siège de l'établissement, ou le représentant qu'il désigne ;

– un représentant d'un établissement public de coopération intercommunale à fiscalité propre du ressort de l'établissement ou, à défaut, un représentant de la principale commune d'origine des patients en nombre d'entrées en hospitalisation au cours du dernier exercice connu, autre que la commune siège de l'établissement principal ;

– le président du conseil départemental du département siège de l'établissement principal, ou le représentant qu'il désigne ;

– un représentant du conseil départemental du principal département d'origine des patients en nombre d'entrées en hospitalisation, au cours du dernier exercice connu, autre que le département siège de l'établissement principal ;

– un représentant du conseil régional siège de l'établissement principal ;

e) Pour les établissements publics de santé de ressort national :

– le maire de la commune siège de l'établissement, ou le représentant qu'il désigne ;

– le président du conseil départemental du département siège de l'établissement, ou le représentant qu'il désigne ;

– un représentant du conseil régional de la région siège de l'établissement ;

– deux autres membres représentant deux des collectivités territoriales mentionnées au présent *e*, désignées par le ministre chargé de la santé ;

(Décr. n° 2010-1091 du 16 sept. 2010, art. 3) « Dans les départements d'outre-mer, un autre représentant du conseil départemental du département siège de l'établissement principal est désigné en lieu et place du représentant du conseil départemental du principal département d'origine autre que le département siège de l'établissement principal ; »

2° Au titre des représentants du personnel :

a) Un membre de la commission de soins infirmiers, de rééducation et médico-techniques, désigné par celle-ci ;

b) Deux membres désignés par la commission médicale d'établissement ;

c) Deux membres désignés par les organisations syndicales les plus représentatives compte tenu des résultats obtenus lors des élections au comité technique d'établissement ;

3° Au titre des personnalités qualifiées :

a) Deux personnalités qualifiées désignées par le directeur général de l'agence régionale de santé ;

b) Trois personnalités qualifiées désignées par le représentant de l'État dans le département, dont au moins deux représentants des usagers au sens de l'article L. 1114-1.

SOUS-SECTION 2 NOMINATION DES MEMBRES

Art. R. 6143-4 Les membres du conseil de surveillance des établissements publics de santé, y compris ceux dont le ressort est national ou interrégional, sont nommés par arrêté du directeur général de l'agence régionale de santé de la région siège de leur établissement principal.

Le directeur général de l'agence régionale de santé saisit à cet effet les autorités et instances appelées à siéger, à être représentées ou à désigner des membres au sein du conseil de surveillance.

Les membres des conseils de surveillance des établissements publics de santé, qui ne sont ni membres de droit ni personnalités qualifiées, sont désignés dans les conditions suivantes :

1° Les représentants des collectivités territoriales ou de leurs groupements sont élus, en leur sein, par les organes délibérants de ces collectivités ou de leurs groupements. Si l'un des représentants des collectivités territoriales siégeant au conseil de surveillance tombe sous le coup des incompatibilités ou incapacités prévues à l'article L. 6143-6, l'organe délibérant de la collectivité ou de son groupement désigne, en son sein, un nouveau représentant afin de le remplacer.

Dans le cas où il existe plusieurs établissements publics de coopération intercommunale répondant aux conditions fixées à la sous-section précédente, le directeur général de l'agence régionale de santé désigne l'établissement dont l'ensemble des communes membres rassemble la population la plus importante.

A défaut de désignation par les collectivités territoriales ou leurs groupements de leurs représentants dans un délai d'un mois après la saisine du directeur général de l'agence régionale de santé, le représentant de l'État procède à cette désignation ;

2° Les membres désignés par la commission médicale d'établissement sont élus au scrutin uninominal secret et à la majorité absolue des suffrages exprimés. Si cette majorité n'est pas atteinte au premier tour, un second tour est organisé. La majorité relative suffit au second tour. En cas de partage égal des voix, le doyen d'âge est élu parmi les candidats ;

3° Le membre désigné par la commission de soins infirmiers, de rééducation et médico-techniques est élu, en son sein, par cette commission. L'élection a lieu au scrutin uninominal secret et à la majorité absolue des suffrages exprimés. Si cette majorité n'est pas atteinte au premier tour, un second tour est organisé. La majorité relative suffit au second tour. En cas de partage égal des voix, le doyen d'âge est élu parmi les candidats ;

4° Les organisations syndicales appelées à désigner un membre sont déterminées par le directeur général de l'agence régionale de santé compte tenu du nombre total des voix qu'elles ont recueillies, au sein de l'établissement concerné, à l'occasion des élections au comité technique d'établissement.

Lorsque le conseil de surveillance comprend un représentant du personnel, le siège est attribué à l'organisation syndicale ayant recueilli le plus grand nombre de voix.

Lorsque le conseil de surveillance comprend deux représentants du personnel, le premier siège est attribué à l'organisation syndicale ayant recueilli le plus grand nombre de voix. Le second siège est attribué selon la règle de la plus forte moyenne entre toutes les listes.

SOUS-SECTION 3 PRÉSIDENCE

Art. R. 6143-5 Le président du conseil de surveillance est élu pour une durée de cinq ans parmi les membres représentant les collectivités territoriales ou les personnalités qualifiées. Lorsque ses fonctions de membre du conseil de surveillance prennent fin, son mandat prend également fin.

Le vote a lieu au scrutin uninominal secret et à la majorité absolue des suffrages exprimés. Si cette majorité n'est pas atteinte aux deux premiers tours, un troisième tour est organisé. La majorité relative suffit au troisième tour. En cas d'égalité entre les candidats ayant obtenu le plus grand nombre de voix, le plus âgé d'entre eux est déclaré élu.

La réunion au cours de laquelle le conseil de surveillance procède à cette élection est présidée par le doyen d'âge et le secrétariat de séance est assuré par le membre le plus jeune.

Art. R. 6143-6 Le président du conseil de surveillance désigne, parmi les représentants des collectivités territoriales et de leurs groupements ou les personnalités qualifiées, un vice-président, qui préside le conseil de surveillance en son absence.

En cas de vacance des fonctions de président du conseil de surveillance et de vice-président, ou en l'absence de ces derniers, la présidence des séances est assurée par le doyen d'âge des membres parmi les représentants des collectivités territoriales et de leurs groupements et les personnalités qualifiées.

SOUS-SECTION 4 FONCTIONNEMENT

Art. R. 6143-7 Les fonctions de membre du conseil de surveillance sont exercées à titre gratuit.

Toutefois, les intéressés peuvent être indemnisés au titre des frais de déplacement engagés dans le cadre de leurs fonctions.

Les membres représentant les usagers bénéficient, pour l'exercice de leur mandat, du congé de représentation prévu à l'article *(Décr. nº 2016-1552 du 18 nov. 2016, art. 7)* « L. 3142-60 » du code du travail.

Art. R. 6143-8 Le conseil de surveillance se réunit sur convocation de son président ou à la demande du tiers de ses membres.

L'ordre du jour est arrêté par le président et adressé au moins sept jours à l'avance à l'ensemble des membres du conseil de surveillance ainsi qu'aux personnes qui y siègent avec voix consultative.

En cas d'urgence, le délai mentionné à l'alinéa précédent peut être abrégé par le président.

Les convocations à la première réunion du conseil de surveillance sont adressées par le président du directoire.

Les autres modalités de la convocation du conseil de surveillance sont fixées par son règlement intérieur.

Art. R. 6143-9 Le président peut suspendre la séance ou prononcer son renvoi. Dans ce cas, le conseil de surveillance est réuni à nouveau dans un délai compris entre trois et huit jours.

Art. R. 6143-10 Le conseil de surveillance ne peut délibérer valablement que lorsque la moitié plus un au moins des membres assistent à la séance.

Toutefois, quand, après une convocation régulière, ce quorum n'est pas atteint, la délibération prise à l'occasion d'une seconde réunion, qui doit avoir lieu dans un délai de trois à huit jours, est réputée valable quel que soit le nombre des membres présents.

Dans ce cas, le conseil de surveillance peut décider en début de séance le renvoi de tout ou partie de l'ordre du jour à une réunion ultérieure.

Lorsqu'il est procédé à un vote, celui-ci a lieu au scrutin secret si l'un des membres présents en fait la demande. En cas de partage égal des voix, un second tour de scrutin est organisé. En cas de nouvelle égalité, la voix du président est prépondérante.

Les votes par correspondance ou par procuration ne sont pas admis.

Art. R. 6143-11 Le conseil de surveillance se réunit au moins quatre fois par an sauf si son règlement intérieur prévoit un nombre supérieur.

Les séances du conseil de surveillance ne sont pas publiques.

Les membres du conseil de surveillance ainsi que les autres personnes appelées à assister à ses réunions sont tenus à une obligation de discrétion à l'égard des informations présentant un caractère confidentiel.

Art. R. 6143-12 La durée des fonctions de membre de conseil de surveillance est de cinq ans. Le mandat des membres du conseil de surveillance prend fin en même temps que le mandat ou les fonctions au titre desquels les intéressés ont été désignés sous réserve des dispositions de l'alinéa suivant.

Le mandat des membres désignés par les assemblées délibérantes des collectivités territoriales prend fin lors de chaque renouvellement de ces assemblées. Toutefois, ces membres continuent de siéger au sein du conseil de surveillance jusqu'à la désignation de leurs remplaçants par la nouvelle assemblée.

Le mandat des membres désignés sur proposition des organisations syndicales les plus représentatives expire lors de chaque renouvellement du comité technique d'établissement. Toutefois, ils continuent de siéger au sein du conseil de surveillance jusqu'à la désignation de leurs remplaçants.

Art. R. 6143-13 Les membres des conseils de surveillance qui tombent sous le coup des incompatibilités ou incapacités prévues à l'article L. 6143-6 démissionnent de leur mandat. A défaut, ils sont déclarés démissionnaires d'office par le directeur général de l'agence régionale de santé.

Tout membre qui, sans motif légitime, s'abstient pendant un an d'assister aux séances du conseil de surveillance est réputé démissionnaire. Le directeur général de l'agence régionale de santé constate cette démission et la notifie à l'intéressé, qui est remplacé dans un délai d'un mois à compter de cette notification.

Si un membre cesse ses fonctions avant l'expiration de son mandat, il est pourvu, dans le délai de trois mois, à son remplacement dans les mêmes conditions. Dans ce cas, le mandat du nouveau membre prend fin à la date où aurait cessé celui du membre qu'il a remplacé.

Art. R. 6143-14 Les délibérations sont conservées dans un registre, sous la responsabilité du président du directoire. Ce registre est tenu à la disposition des membres du *conseil de surveillance* et du public, qui peuvent le consulter sur place. Ils peuvent également obtenir des copies ou des extraits des délibérations.

Les délibérations sont transmises sans délai au directeur général de l'agence régionale de santé. Celui-ci peut se faire représenter au conseil de surveillance.

Art. R. 6143-15 Les membres du conseil de surveillance reçoivent un compte rendu de séance dans les quinze jours suivant chaque réunion.

Art. R. 6143-16 Le conseil de surveillance dispose de moyens matériels, financiers et humains mis à sa disposition par le directeur de l'établissement. Le secrétariat du conseil de surveillance est assuré à la diligence de ce dernier.

SECTION II DIRECTEUR ET DIRECTOIRE

(Décr. n° 2009-1765 du 30 déc. 2009, art. 1er)

SOUS-SECTION 1 DIRECTEUR

(Décr. n° 2009-1765 du 30 déc. 2009, art. 1er)

Art. D. 6143-33 Dans le cadre de ses compétences définies à l'article L. 6143-7, le directeur d'un établissement public de santé peut, sous sa responsabilité, déléguer sa signature.

Art. D. 6143-34 Toute délégation doit mentionner :

1° Le nom et la fonction de l'agent auquel la délégation a été donnée ;

2° La nature des actes délégués ;

3° Éventuellement, les conditions ou réserves dont le directeur juge opportun d'assortir la délégation.

Art. D. 6143-35 Les délégations mentionnées à la présente sous-section, de même que leurs éventuelles modifications sont notifiées aux intéressés et publiées par tout moyen les rendant consultables. Elles sont communiquées au conseil de surveillance et transmises sans délai au comptable de l'établissement lorsqu'elles concernent des actes liés à la fonction d'ordonnateur des dépenses.

SOUS-SECTION 2 MEMBRES DU DIRECTOIRE

(Décr. n° 2009-1765 du 30 déc. 2009, art. 1er)

Art. D. 6143-35-1 La durée du mandat des membres du directoire nommés par le président du directoire de l'établissement est de quatre ans. Ce mandat prend fin lors de la nomination d'un nouveau directeur, ainsi que dans les cas où son titulaire quitte l'établissement ou cesse d'exercer les fonctions au titre desquelles il était membre du directoire.

Art. D. 6143-35-2 Le directeur nomme les membres du directoire qui appartiennent aux professions médicales, sur présentation d'une liste de propositions établie par le président de la commission médicale d'établissement.

Dans les centres hospitaliers universitaires, la liste de proposition est établie par le président de la commission médicale d'établissement, conjointement avec le directeur de l'unité de formation et de recherche médicale ou du président du comité de coordination de l'enseignement médical ; dans le cas d'unités de formation et de recherche mixtes de médecine et de pharmacie, l'avis des directeurs de chacune de leurs composantes est requis.

Cette liste, comportant au moins trois noms, est présentée au directeur dans un délai de trente jours à compter de sa demande. En cas de désaccord, constaté par le directeur sur les noms portés sur la liste transmise ou du fait de l'absence ou du caractère *incomplet* de cette dernière, le directeur peut demander une nouvelle liste sous quinze jours. En cas de nouveau désaccord, il nomme les membres de son choix.

Légalité de l'art. L. 6143-35-2. Les termes « membres qui appartiennent aux professions médicales » doivent s'entendre comme désignant l'ensemble des membres du personnel médical, pharmaceutique, maïeutique et odontologique mentionnés au premier al. de l'art. L. 6143-7-5 CSP. L'art. D. 6143-35-2 est donc légal, dans la mesure où il ne fait pas obstacle à la nomination des pharmaciens comme membres du directoire. • CE 29 juin 2011, *SNPHPU*, n° 340287.

Art. D. 6143-35-3 Dans les centres hospitaliers universitaires, le directeur nomme le vice-président chargé de la recherche sur présentation d'une liste de proposition établie conjointement par le président de l'Institut national de la santé et de la recherche

médicale, du président de l'université dont relève l'unité de formation et de recherche médicale et du vice-président doyen.

Cette liste, comportant au moins trois noms, est présentée au directeur dans un délai de trente jour*[s]* à compter de sa demande. En cas d'absence de proposition conjointe ou à défaut de proposition dans le délai précité, le directeur nomme le vice-président chargé de la recherche.

Art. D. 6143-35-4 **Les fonctions de membre du directoire sont exercées à titre gratuit.**

SOUS-SECTION 3 FONCTIONNEMENT DU DIRECTOIRE

(Décr. n° 2009-1765 du 30 déc. 2009, art. 1er)

Art. D. 6143-35-5 **La concertation prévue à l'article L. 6143-7 se déroule à l'initiative et selon des modalités définies par le président du directoire.**

En outre, celui-ci le réunit au moins huit fois par an, sur un ordre du jour déterminé*[.]*

SOUS-SECTION 4 AUTRES DISPOSITIONS *(Décr. n° 2009-1765 du 30 déc. 2009, art. 1er).*

Art. R. 6143-36-1 *Abrogé par Décr. n° 2010-1141 du 29 sept. 2010, art. 24.*

SECTION III PRÉSIDENT DE LA COMMISSION MÉDICALE D'ÉTABLISSEMENT, VICE-PRÉSIDENT DU DIRECTOIRE

(Décr. n° 2009-1762 du 30 déc. 2009, art. 1er)

Art. D. 6143-37 **Le président de la commission médicale d'établissement, vice-président du directoire, est chargé, conjointement avec le directeur de l'établissement public de santé, de la politique d'amélioration continue de la qualité et de la sécurité des soins ainsi que des conditions d'accueil et de prise en charge des usagers, sous réserve des attributions de la commission médicale d'établissement.**

Il est chargé du suivi de cette politique. Il peut organiser des évaluations internes à cette fin. Il veille à la mise en œuvre des engagements de l'établissement en matière d'amélioration de la qualité et de la sécurité des soins, qui résultent notamment des inspections des autorités de tutelle et de la procédure de certification.

Il présente au directoire le programme d'actions proposé au directeur par la commission médicale d'établissement en vertu du *[de]* l'article L. 6144-1.

Art. D. 6143-37-1 **Le président de la commission médicale d'établissement, vice-président du directoire, élabore avec le directeur et en conformité avec le contrat pluriannuel d'objectifs et de moyens, le projet médical de l'établissement. Il en assure le suivi de la mise *[en]* œuvre et en dresse le bilan annuel.**

Le projet médical est élaboré pour une période de cinq ans. Il peut être modifié par voie d'avenant. Il définit la stratégie médicale de l'établissement et précise les mesures qui doivent être prises en application des dispositions du contrat pluriannuel mentionné aux articles L. 6114-1 et L. 6114-2. Il comprend notamment :

1° Les objectifs médicaux en cohérence avec le schéma régional d'organisation sanitaire et le contenu de l'offre de soins ;

2° Les objectifs de l'établissement en matière d'amélioration de la qualité et de la sécurité des soins ;

3° Le cas échéant les objectifs en matière de recherche et de démarches innovantes ;

4° L'organisation des moyens médicaux ;

5° Une annexe spécifique précisant l'articulation entre les pôles d'activité pour garan*tir la cohérence* du parcours de soins du patient ;

6° Un volet relatif à l'activité palliative des services ou unités fonctionnelles identifiant les services de l'établissement au sein desquels sont dispensés des soins palliatifs.

Art. D. 6143-37-2 **Le président de la commission médicale d'établissement, vice-président du directoire, coordonne la politique médicale de l'établissement. A cette fin, il assure notamment les missions suivantes :**

1° Il contribue à la diffusion et à l'évaluation des bonnes pratiques médicales ;

2° Il veille à la coordination de la prise en charge du patient ;

3° Il contribue à la promotion de la recherche médicale et de l'innovation thérapeutique ;

4° Il coordonne l'élaboration du plan de développement professionnel continu des personnels médicaux ;

5° Il présente au directoire ainsi qu'au conseil de surveillance un rapport annuel sur la mise en œuvre de la politique médicale de l'établissement.

Art. D. 6143-37-3 Le temps consacré aux fonctions de président de la commission médicale d'établissement, vice-président du directoire, est comptabilisé dans les obligations de service des praticiens concernés.

Une indemnité de fonction est versée au président de la commission médicale d'établissement, vice-président du directoire. Le montant et les modalités de versement de cette indemnité sont fixés par arrêté des ministres chargés de la santé et de la sécurité sociale.

Cette indemnité *(Décr. n° 2011-546 du 18 mai 2011)* « est assujettie » au régime de retraite complémentaire institué par le décret n° 70-1277 du 23 décembre 1970 modifié portant création d'un régime de retraites complémentaires des assurances sociales en faveur des agents non titulaires de l'État et des collectivités publiques.

Art. D. 6143-37-4 Le président de la commission médicale d'établissement, vice-président du directoire, dispose de moyens matériels, financiers et humains pour mener à bien ses missions.

Art. D. 6143-37-5 Une formation est proposée au président de la commission médicale d'établissement à l'occasion de sa prise de fonction.

A sa demande, le président de la commission médicale d'établissement peut également bénéficier d'une formation à l'issue de son mandat, en vue de la reprise de l'ensemble de ses activités médicales. Les modalités de cette formation sont définies par arrêté du ministre chargé de la santé.

SECTION IV RÉGIME DE PUBLICITÉ DES ACTES

BIBL. ► SACCO, Le régime de publicité des actes des établissements publics de santé, *Gest. hosp. 2003, n° 492, p. 60.*

Art. R. 6143-38 Sans préjudice des obligations de publication prévues par d'autres dispositions du présent code, les décisions des directeurs des établissements publics de santé et les délibérations non réglementaires de leurs conseils *(Décr. n° 2010-344 du 31 mars 2010, art. 196)* « de surveillance » sont notifiées aux personnes physiques et morales qu'elles concernent. Leurs décisions et délibérations réglementaires sont affichées sur des panneaux spécialement aménagés à cet effet et aisément consultables par les personnels et les usagers. Lorsque ces décisions ou délibérations font grief à d'autres personnes que les usagers et les personnels, elles sont, en outre, publiées au bulletin des actes administratifs de la préfecture du département dans lequel l'établissement a son siège.

SECTION V DÉSÉQUILIBRE FINANCIER *(Décr. n° 2010-425 du 29 avr. 2010, art. 1er-1°)*.

Art. D. 6143-39 Le *(Décr. n° 2010-425 du 29 avr. 2010, art. 1er-2°)* « directeur général de l'agence régionale de santé » demande au *(Décr. n° 2010-425 du 29 avr. 2010, art. 1er-2°)* « directeur » d'un établissement public de santé de présenter un plan de redressement en application *(Décr. n° 2010-425 du 29 avr. 2010, art. 1er-2°)* « de l'article L. 6143-3 lorsque, soit il estime que la situation financière l'exige, soit » l'un ou plusieurs des critères de déséquilibre financier suivants sont remplis :

1° Pour les établissements dont le total des produits du compte de résultat principal excède dix millions d'euros, le compte de résultat principal présente un résultat déficitaire supérieur au seuil déterminé au présent article. Ce résultat comptable est calculé par différence entre les produits et les charges du compte de résultat principal et est corrigé des charges et produits sur exercices antérieurs comptabilisés au cours de

l'exercice en cours, après vérification de la sincérité des inscriptions de charges et de produits.

Le seuil prévu au présent 1° est fixé à :

***a)* 2 % du total des produits du compte de résultat principal de l'exercice, pour les établissements publics de santé mentionnés à l'article D. 6141-15 et ceux dont les emplois de directeur sont des emplois fonctionnels de la fonction publique hospitalière en application du 4° de l'article 1er du décret n° 2005-922 du 2 août 2005 ;**

***b)* 3 % du total des produits du compte de résultat principal de l'exercice, pour les autres établissements publics de santé ;**

2° Pour les établissements dont le total des produits du compte de résultat principal excède dix millions d'euros, le compte de résultat principal présente un résultat déficitaire, calculé dans les conditions prévues au 1°, et soit la capacité d'autofinancement de l'établissement déterminée dans les conditions prévues par l'arrêté mentionné à l'article R. 6145-10 représente moins de 2 % du total des produits, toutes activités confondues, de l'établissement, soit l'établissement présente une insuffisance d'autofinancement ;

3° La capacité d'autofinancement de l'établissement est insuffisante pour couvrir le remboursement en capital *(Décr. n° 2010-425 du 29 avr. 2010, art. 1er-2°)* **« contractuel » des emprunts figurant dans le tableau de financement mentionné à l'article R. 6145-13.** *(Décr. n° 2010-425 du 29 avr. 2010, art. 1er-2°)* **« Le remboursement en capital contractuel ne prend pas en compte les remboursements anticipés en capital. »**

L'examen de la situation de l'établissement au regard des critères mentionnés aux 1°, 2° et 3° du présent article est effectué au vu du plus récent des documents suivants :

***a)* Soit le dernier état comparatif de l'exercice précédent, établi en application de l'article R. 6145-6 ; dans ce cas, les éléments permettant d'établir la valeur des critères mentionnés ci-dessus sont issus de la projection annuelle actualisée, figurant à l'état comparatif transmis par l'établissement en application de l'arrêté mentionné à l'article R. 6145-6 ;**

***b)* Soit le compte financier du dernier exercice clos, mentionné à l'article R. 6145-43.**

Art. D. 6143-40 *Abrogé par Décr. n° 2010-425 du 29 avr. 2010, art. 1er-3°.*

SECTION VI **SAISINE DE LA CHAMBRE RÉGIONALE DES COMPTES**

(Décr. n° 2007-46 du 10 janv. 2007, art. 1er-VII ; Décr. n° 2010-425 du 29 avr. 2010, art. 1er-4°)

Art. R. 6143-41 *(Décr. n° 2010-425 du 29 avr. 2010, art. 1er-5°)* **« Le directeur général de l'agence régionale de santé, qui fait application du second alinéa de l'article L. 6143-3-1, joint à la saisine motivée de la chambre régionale des comptes :**

« – la demande de présentation du plan de redressement ;

« – le cas échéant le plan de redressement présenté par l'établissement ;

« – les états comparatifs de l'activité, des recettes et des dépenses par rapport aux prévisions, mentionnés au deuxième alinéa de l'article R. 6145-6, relatifs à l'exercice en cours ;

« – les comptes financiers de l'établissement relatifs aux trois derniers exercices clos. »

Le délai de deux mois dont dispose la chambre régionale des comptes pour formuler *(Décr. n° 2010-425 du 29 avr. 2010, art. 1er-5°)* **« son avis et, le cas échéant, ses propositions, » court à compter de la réception au greffe de l'ensemble des documents** *(Décr. n° 2010-425 du 29 avr. 2010, art. 1er-5°)* **« mentionnés à l'alinéa précédent »** ***dont la production est requise.***

Le président de la chambre régionale des comptes informe le directeur de l'établissement *(Décr. n° 2010-425 du 29 avr. 2010, art. 1er-5°)* **« de la saisine et de la date » limite à laquelle peuvent être présentées ses observations, soit par écrit, soit oralement.**

L'avis motivé de la chambre est transmis à l'agence régionale de *(Décr. n° 2010-425 du 29 avr. 2010, art. 1er-5°)* **« santé » et à l'établissement.**

CHAPITRE IV ORGANES REPRÉSENTATIFS ET EXPRESSION DES PERSONNELS

SECTION PREMIÈRE COMMISSION MÉDICALE D'ÉTABLISSEMENT

(Décr. nº 2010-439 du 30 avr. 2010)

SOUS-SECTION 1 ATTRIBUTIONS GÉNÉRALES

Art. R. 6144-1 *(Décr. nº 2013-841 du 20 sept. 2013, art. 1er-I)* I. — La commission médicale d'établissement est consultée sur des matières sur lesquelles le comité technique d'établissement est également consulté ; ces matières sont les suivantes :

1º Les projets de délibération mentionnés à l'article L. 6143-1 ;

2º Les orientations stratégiques de l'établissement et son plan global de financement pluriannuel ;

3º Le plan de redressement mentionné à l'article L. 6143-3 ;

4º L'organisation interne de l'établissement mentionnée au 7º de l'article L. 6143-7. *(Décr. nº 2016-291 du 11 mars 2016, art. 1er-1º)* « A ce titre, la commission se prononce notamment sur la cohérence médicale et la conformité au projet médical de l'organisation en pôles de l'établissement » ;

5º Les modalités d'accueil et d'intégration des professionnels et étudiants ;

6º La gestion prévisionnelle des emplois et compétences ;

(Décr. nº 2016-524 du 27 avr. 2016, art. 4-2º) « 7º La convention constitutive d'un groupement hospitalier de territoire. »

II. — La commission médicale d'établissement est également consultée sur les matières suivantes :

1º Le projet médical de l'établissement ;

2º La politique en matière de coopération territoriale de l'établissement ;

3º La politique de la recherche clinique et de l'innovation de l'établissement ;

4º La politique de formation des étudiants et internes ;

5º La politique de recrutement des emplois médicaux ;

6º Le contrat pluriannuel d'objectifs et de moyens ;

(Décr. nº 2016-1645 du 1er déc. 2016, art. 3-32º) « 7º La mise en œuvre de l'une des actions mentionnées au III de l'article L. 6112-2 ; »

8º Le plan de développement professionnel continu relatif aux professions médicales, maïeutiques, odontologiques et pharmaceutiques ;

9º Les modalités de la politique d'intéressement et le bilan social ;

10º Le règlement intérieur de l'établissement ;

11º Le programme d'investissement concernant les équipements médicaux.

Art. R. 6144-1-1 La commission médicale d'établissement est informée sur les matières suivantes :

1º Le rapport annuel portant sur l'activité de l'établissement ;

2º Les contrats de pôles ;

3º Le bilan annuel des tableaux de service ;

4º Le projet de soins infirmiers, de rééducation et médico-techniques ;

5º La programmation de travaux, l'aménagement de locaux ou l'acquisition d'équipements susceptibles d'avoir un impact sur la qualité et la sécurité des soins.

SOUS-SECTION 2 ATTRIBUTIONS DANS LE DOMAINE DE LA POLITIQUE D'AMÉLIORATION CONTINUE DE LA QUALITÉ ET DE LA SÉCURITÉ DES SOINS

Art. R. 6144-2 La commission médicale d'établissement contribue à l'élaboration de la politique d'amélioration continue de la qualité et de la sécurité des soins, notamment en ce qui concerne :

1º La gestion globale et coordonnée des risques visant à lutter contre les infections associées aux soins et à prévenir et traiter l'iatrogénie et les autres événements indésirables liés aux activités de l'établissement ;

2º Les dispositifs de vigilance destinés à garantir la sécurité sanitaire ;

3º La politique du médicament et des dispositifs médicaux stériles ;

4° La prise en charge de la douleur ;
5° Le plan de développement professionnel continu pour le personnel médical, maïeutique, odontologique et pharmaceutique.

Art. R. 6144-2-1 La commission médicale d'établissement contribue à l'élaboration de projets relatifs aux conditions d'accueil et de prise en charge des usagers, notamment :
1° La réflexion sur l'éthique liée à l'accueil et à la prise en charge médicale ;
2° L'évaluation de la prise en charge des patients, et en particulier des urgences et des admissions non programmées ;
3° L'évaluation de la mise en œuvre de la politique de soins palliatifs ;
4° Le fonctionnement de la permanence des soins, le cas échéant par secteur d'activité ;
5° L'organisation des parcours de soins.

Art. R. 6144-2-2 La commission médicale d'établissement :
1° Propose au directeur le programme d'actions mentionné à l'article L. 6144-1. Ce programme prend en compte le bilan des améliorations mises en œuvre à la suite de l'analyse des événements indésirables, notamment ceux mentionnés à l'article L. 6111-2. Il comprend les actions nécessaires pour répondre aux recommandations du rapport de certification et mettre en œuvre les objectifs et les engagements fixés dans le contrat pluriannuel d'objectifs et de moyens de l'établissement en matière de sécurité des soins et d'amélioration continue de la qualité. Ce programme est assorti d'indicateurs de suivi.
La *(Décr. nº 2016-726 du 1er juin 2016, art. 3)* « commission des usagers » et la commission des soins infirmiers, de rééducation et médico-techniques contribuent à l'élaboration de ce programme d'actions.
2° Élabore un rapport annuel présentant notamment l'évolution des indicateurs de suivi.
Le directeur tient le programme d'actions et le rapport annuel à la disposition du directeur général de l'agence régionale de santé.

SOUS-SECTION 3 COMPOSITION

Art. R. 6144-3 I. – La composition de la commission médicale d'établissement des centres hospitaliers est fixée comme suit :
1° L'ensemble des chefs de pôle d'activités cliniques et médico-techniques de l'établissement ;
2° Des représentants élus des responsables des structures internes, services ou unités fonctionnelles ;
3° Des représentants élus des praticiens titulaires de l'établissement ;
4° Des représentants élus des personnels temporaires ou non titulaires et des personnels contractuels ou exerçant à titre libéral de l'établissement ;
5° *(Décr. nº 2013-841 du 20 sept. 2013, art. 3-I)* « Des représentants élus des sages-femmes », si l'établissement dispose d'une activité de gynécologie-obstétrique ;
6° Des représentants des internes comprenant un représentant pour les internes de médecine générale, un représentant pour les internes de médecine des autres spécialités, un représentant pour les internes de pharmacie et un représentant pour les internes en odontologie ;
(Décr. nº 2016-1335 du 7 oct. 2016, art. 2-1º) « 7° Un représentant des étudiants hospitaliers en second cycle des études de maïeutique, lorsque la structure de formation en maïeutique est rattachée à un centre hospitalier. »
II. – Assistent en outre avec voix consultative :
1° Le président du directoire ou son représentant ;
2° Le président de la commission des soins infirmiers, de rééducation et médico-techniques ;
3° Le praticien *(Décr. nº 2016-524 du 27 avr. 2016, art. 4-3º)* « référent » de l'information médicale ;
4° Le représentant du comité technique d'établissement, élu en son sein ;
5° Le praticien responsable de l'équipe opérationnelle d'hygiène ;

(Décr. n° 2010-1029 du 30 août 2010, art. 3) « 6° Un représentant des pharmaciens hospitaliers désigné par le directeur de l'établissement. »

Le président du directoire peut se faire assister de toute personne de son choix.

Art. R. 6144-3-1 *(Décr. n° 2010-439 du 30 avr. 2010)* I. — La composition de la commission médicale d'établissement des centres hospitaliers universitaires est fixée comme suit :

1° L'ensemble des chefs de pôle d'activités cliniques et médico-techniques lorsque l'établissement compte moins de onze pôles ; lorsque le nombre de chefs de pôles est supérieur ou égal à onze, le règlement intérieur de l'établissement détermine le nombre de représentants élus par et parmi les chefs de pôle, ce nombre ne pouvant être inférieur à dix ;

2° Des représentants élus des responsables des structures internes, services ou unités fonctionnelles ;

3° Des représentants élus des personnels enseignants et hospitaliers titulaires de l'établissement ;

4° Des représentants élus des praticiens hospitaliers titulaires de l'établissement ;

5° Des représentants élus des personnels temporaires ou non titulaires et des personnels contractuels ou exerçant à titre libéral de l'établissement ;

6° *(Décr. n° 2013-841 du 20 sept. 2013, art. 3-II-1°)* « Des représentants élus des sages-femmes », si l'établissement dispose d'une activité de gynécologie-obstétrique ;

7° Des représentants des internes comprenant un représentant pour les internes de médecine générale, un pour les internes de médecine des autres spécialités, un pour les internes de pharmacie et un pour les internes en odontologie ;

(Décr. n° 2013-841 du 20 sept. 2013, art. 3-II-2°) « 8° Des représentants des étudiants hospitaliers comprenant un représentant pour les étudiants hospitaliers en médecine, un représentant pour les étudiants hospitaliers en pharmacie, un représentant pour les étudiants hospitaliers en odontologie et un représentant pour les *(Décr. n° 2016-1335 du 7 oct. 2016, art. 2-2°)* « étudiants en second cycle des études de maïeutique ». »

Les représentants mentionnés au 3° et au 4° sont en nombre égal. *(Décr. n° 2013-841 du 20 sept. 2013, art. 3-II-3°)* « Toutefois, lorsque les personnels enseignants et universitaires représentent moins de 10 % des praticiens titulaires de l'établissement le règlement intérieur peut prévoir une dérogation à cette règle. »

II. — Assistent en outre avec voix consultative :

1° Le président du directoire ou son représentant ;

2° Les directeurs d'unité de formation et de recherche de médecine ou le président du Comité de coordination de l'enseignement médical et, quand ils existent, le directeur d'unité de formation et de recherche de pharmacie et le directeur d'unité de formation et de recherche d'odontologie ;

3° Le président de la commission des soins infirmiers, de rééducation et médico-techniques ;

4° Le praticien responsable de l'information médicale ;

5° Le représentant du comité technique d'établissement, élu en son sein ;

6° Le praticien responsable de l'équipe opérationnelle d'hygiène ;

(Décr. n° 2011-117 du 27 janv. 2011, art. 1er) « 7° Un représentant des pharmaciens hospitaliers désigné par le directeur de l'établissement. »

Le président du directoire peut se faire assister de toute personne de son choix.

Art. R. 6144-3-2 La *répartition et le nombre* des sièges au sein de la commission sont déterminés, pour chaque catégorie, par le règlement intérieur de l'établissement qui assure en son sein une représentation minimale et équilibrée de l'ensemble des disciplines de l'établissement.

SOUS-SECTION 4 DÉSIGNATION DES MEMBRES

Art. R. 6144-4 *(Décr. n° 2010-439 du 30 avr. 2010)* I. — En dehors des membres de droit, des représentants des internes et des membres qui assistent avec voix consultative aux réunions de la commission, les sièges sont pourvus pour chaque catégorie de représentants par la voie de l'élection au scrutin secret uninominal majoritaire à deux tours. Il est prévu un suppléant pour chaque siège attribué.

Nul ne peut être électeur et éligible à plus d'un titre.

Pour être élu au premier tour du scrutin, le candidat doit réunir la majorité absolue des suffrages exprimés et un nombre de suffrages au moins égal au tiers du nombre des électeurs inscrits. Si un deuxième tour de scrutin a lieu, l'élection s'effectue à la majorité relative, quel que soit le nombre de votants. Si plusieurs candidats obtiennent un même nombre de suffrages, le plus âgé est déclaré élu.

La durée des mandats est fixée à quatre ans renouvelables.

Les représentants des internes sont désignés tous les six mois à chaque début de stage. Ils sont nommés par *(Décr. n° 2013-841 du 20 sept. 2013, art. 3-III-1°)* « le président du directoire » après avis des organisations représentatives des internes siégeant au sein de la commission de subdivision dont relève l'établissement.

(Décr. n° 2013-841 du 20 sept. 2013, art. 3-III-2°) « Les représentants des étudiants hospitaliers sont désignés pour deux ans. Ils sont nommés par le président du directoire sur proposition des étudiants siégeant au sein des conseils des unités de formation et de recherche liées par convention à l'établissement. *(Décr. n° 2016-1335 du 7 oct. 2016, art. 2-3°)* « Le représentant des étudiants en second cycle des études de maïeutique » est nommé pour deux ans par le président du directoire sur proposition des étudiants siégeant au sein du conseil de la composante universitaire liée par convention à l'établissement ou sur proposition des étudiants siégeant au sein du conseil technique de l'école hospitalière rattachée à l'établissement. »

II. — Lorsqu'un membre titulaire démissionne ou cesse d'appartenir à la catégorie ou à la discipline qu'il représente en cours de mandat, il est remplacé par le suppléant de la même catégorie ou de la même discipline qui a obtenu le plus grand nombre de voix.

Les fonctions des nouveaux membres prennent fin à la date à laquelle auraient cessé celles des membres qu'ils remplacent.

En l'absence d'autre membre suppléant dans la catégorie ou la discipline considérée, il est aussitôt pourvu au remplacement du membre suppléant devenu titulaire, dans des conditions prévues par le règlement intérieur de l'établissement.

III. — La convocation ainsi que l'organisation des élections incombent au directeur de l'établissement. Il proclame les résultats et arrête la liste des membres de la commission médicale d'établissement.

SOUS-SECTION 5 PRÉSIDENT ET VICE-PRÉSIDENT

Art. R. 6144-5 *(Décr. n° 2011-669 du 14 juin 2011, art. 1er)* « La commission élit son président et son vice-président parmi les praticiens titulaires qui en sont membres. Toutefois, lorsque les praticiens titulaires ne forment pas la majorité des personnels médicaux, odontologiques et pharmaceutiques de l'établissement, le règlement intérieur peut prévoir que le président et le vice-président sont élus parmi l'ensemble des membres de la commission.

« Pour les centres hospitaliers universitaires, la commission élit, en son sein, son président parmi les personnels enseignants et hospitaliers et son vice-président parmi les praticiens titulaires. » *(Décr. n° 2013-841 du 20 sept. 2013, art. 3-IV)* « Toutefois, en cas d'absence de candidat parmi les personnels enseignants et universitaires, le président peut être élu parmi les praticiens titulaires de l'établissement »*[.]*

Le vote a lieu au scrutin uninominal secret et à la majorité absolue. Si cette majorité n'est pas atteinte aux deux premiers tours, un troisième tour est organisé. La majorité relative suffit au troisième tour. En cas d'égalité entre les candidats ayant obtenu le plus grand nombre de voix, le plus âgé d'entre eux est déclaré élu.

Les fonctions de président de la commission médicale d'établissement sont de quatre ans. Le mandat est renouvelable une seule fois.

Art. R. 6144-5-1 Les fonctions de président de la commission médicale d'établissement *prennent fin sur présentation* de sa démission au président du directoire ou au terme du mandat de la commission médicale d'établissement qui l'a élu.

En cas d'empêchement, d'absence prolongée ou de démission du président de la commission médicale d'établissement, ses fonctions au sein de la commission médicale d'établissement sont assumées par le vice-président de cette commission jusqu'à la désignation d'un nouveau président.

Les fonctions de président de la commission médicale d'établissement sont incompatibles avec les fonctions de chef de pôle. Toutefois le règlement intérieur peut prévoir une exception à cette règle si l'effectif médical de l'établissement le justifie. *(Décr. n° 2013-841 du 20 sept. 2013, art. 3-V)* « Par dérogation au sixième alinéa de l'article R. 6144-4, lorsqu'un chef de pôle est élu président de la commission et qu'il perd en cours de mandat la qualité de chef de pôle, il continue d'exercer son mandat de président. »

SOUS-SECTION 6 FONCTIONNEMENT

Art. R. 6144-6 Le président de la commission médicale d'établissement veille au bon fonctionnement de la commission.

(Décr. n° 2016-291 du 11 mars 2016, art. 1er-2°) « Pour l'accomplissement de ses missions, la commission médicale d'établissement établit son règlement intérieur dans le respect de ses compétences. Elle y définit librement son organisation interne sous réserve des dispositions qui suivent. »

La commission se réunit au moins quatre fois par an sur convocation de son président qui en fixe l'ordre du jour.

Elle est également réunie à la demande soit d'un tiers de ses membres, soit du président du directoire, soit du directeur général de l'agence régionale de santé sur l'ordre du jour qu'ils proposent.

Sauf urgence, l'ordre du jour est envoyé au moins sept jours à l'avance aux membres de la commission et aux personnes qui sont conviées à la séance en tant qu'experts.

Des personnalités extérieures ou des professionnels de santé compétents sur des questions inscrites à l'ordre du jour et dont l'expertise est utile au bon déroulement des travaux de la commission peuvent être appelés à intervenir en séance selon des modalités prévues par le règlement intérieur.

Les membres de la commission ainsi que les personnes éventuellement entendues par elle sont tenus à l'obligation de discrétion professionnelle à l'égard des informations présentant un caractère confidentiel dont ils ont eu connaissance au cours de leurs travaux.

L'établissement concourt au bon fonctionnement de la commission médicale d'établissement et met à sa disposition, à cette fin, des ressources humaines et matérielles.

Art. R. 6144-7 à R. 6144-39 *Abrogés par Décr. n° 2010-439 du 30 avr. 2010.*

SECTION II COMITÉ TECHNIQUE D'ÉTABLISSEMENT

SOUS-SECTION 1 ATTRIBUTIONS

Art. R. 6144-40 *(Décr. n° 2013-842 du 20 sept. 2013)* I. — Le comité technique d'établissement est consulté sur des matières sur lesquelles la commission médicale d'établissement est également consultée ; ces matières sont les suivantes :

1° Les projets de délibération mentionnés à l'article L. 6143-1 ;

2° Les orientations stratégiques de l'établissement et son plan global de financement pluriannuel ;

3° Le plan de redressement mentionné à l'article L. 6143-3 ;

4° L'organisation interne de l'établissement mentionnée au 7° de l'article L. 6143-7 ;

5° Les modalités d'accueil et d'intégration des professionnels et étudiants ;

6° La gestion prévisionnelle des emplois et compétences ;

(Décr. n° 2016-524 du 27 avr. 2016, art. 4-4°) « 7° La convention constitutive d'un groupement hospitalier de territoire. »

II. — Le comité technique d'établissement est également consulté sur les matières suivantes :

1° Les conditions et l'organisation du travail dans l'établissement, notamment les programmes de modernisation des méthodes et techniques de travail et leurs incidences sur la situation du personnel ;

2° La politique générale de formation du personnel, et notamment le plan de formation ainsi que le plan de développement professionnel continu ;

3° Les critères de répartition de la prime de service, de la prime forfaitaire technique et de la prime de technicité ;

4° La politique sociale, les modalités de la politique d'intéressement ainsi que le bilan social ;
5° La politique d'amélioration continue de la qualité, de la sécurité des soins et de la gestion des risques ainsi que les conditions d'accueil et de prise en charge des usagers ;
6° Le règlement intérieur de l'établissement.
Le comité est régulièrement tenu informé de la situation budgétaire et des effectifs prévisionnels et réels de l'établissement. Il est également informé du contrat pluriannuel d'objectifs et de moyens mentionné à l'article L. 6114-1 ainsi que du budget prévu à l'article L. 6145-1 et des décisions mentionnées au 8° de l'article L. 6143-7.

Décisions ne nécessitant pas la consultation du comité technique d'établissement. Les décisions d'un directeur de centre hospitalier destinées à fixer les modalités d'utilisation du temps « formation, information, recherche » des psychologues dudit centre hospitalier ne constituent pas des mesures relatives aux conditions et à l'organisation du travail dans l'établissement, ni aucune autre mesure nécessitant la consultation du comité technique d'établissement. • CAA Nancy, 19 oct. 2006, *André X.*, n° 05NC00827.

Art. R. 6144-40-1 *(Décr. n° 2017-631 du 25 avr. 2017, art. 4-1°)* Sous réserve de l'objet du groupement, le comité technique du groupement de coopération sanitaire de moyens de droit public est consulté sur les matières suivantes :
1° Toute modification de la convention constitutive qui a un impact sur l'organisation du travail dans le groupement ;
2° Les orientations stratégiques du groupement ;
3° Le règlement intérieur du groupement ;
4° Le rapport d'activité annuel prévu à l'article R. 6133-9 ;
5° Le compte financier et l'affectation des résultats ;
6° Les modalités d'accueil et d'intégration des professionnels et étudiants ;
7° La gestion prévisionnelle des emplois et compétences ;
8° Les conditions et l'organisation du travail dans le groupement, notamment les programmes de modernisation des méthodes et techniques de travail et leurs incidences sur la situation du personnel ;
9° La politique générale de formation du personnel, et notamment le plan de formation ainsi que le plan de développement professionnel continu ;
10° La politique sociale, les modalités de la politique d'intéressement ainsi que le bilan social ;
11° La politique d'amélioration continue de la qualité, de la sécurité des soins et de la gestion des risques ainsi que les conditions d'accueil et de prise en charge des usagers ;
12° Les acquisitions, aliénations, échanges d'immeubles et leur affectation ainsi que les baux de plus de dix-huit ans ;
13° La prorogation ou la dissolution du groupement ainsi que les mesures nécessaires à sa liquidation.
Le comité est régulièrement tenu informé de la situation budgétaire et des effectifs prévisionnels et réels du groupement. Il est également informé du budget prévisionnel et de la participation aux actions de coopération mentionnée à l'article L. 6134-1, ainsi que, le cas échéant, du contrat pluriannuel d'objectifs et de moyens mentionné à l'article L. 6114-1.

Art. R. 6144-41 Les dispositions de la présente section ne sont pas applicables aux établissements publics de santé destinés exclusivement à l'accueil des personnes incarcérées.

SOUS-SECTION 2 COMPOSITION

Art. R. 6144-42 *(Décr. n° 2014-822 du 18 juill. 2014, art. 1er)* Le comité technique d'établissement comprend, outre le directeur de l'établissement ou son représentant, président, les représentants du personnel suivants :
1° Dans les établissements de moins de 50 agents : 3 membres titulaires et 3 membres suppléants ;
2° Dans les établissements de 50 à 99 agents : 4 membres titulaires et 4 membres suppléants ;

3° Dans les établissements de 100 à 299 agents : 6 membres titulaires et 6 membres suppléants ;

4° Dans les établissements de 300 à 499 agents : 8 membres titulaires et 8 membres suppléants ;

5° Dans les établissements de 500 à 999 agents : 10 membres titulaires et 10 membres suppléants ;

6° Dans les établissements de 1 000 à 1 999 agents : 12 membres titulaires et 12 membres suppléants ;

7° Dans les établissements de 2 000 agents et plus : 15 membres titulaires et 15 membres suppléants ;

Pour le calcul des effectifs mentionnés du 1° au 7° du présent article, sont pris en compte l'ensemble des fonctionnaires titulaires et stagiaires, des agents contractuels mentionnés au premier alinéa de l'article 1er du décret n° 91-155 du 6 février 1991 relatif aux dispositions générales applicables aux agents contractuels des établissements mentionnés à l'article 2 de la loi n° 86-33 du 9 janvier 1986 portant dispositions statutaires relatives à la fonction publique hospitalière ainsi que les contractuels de droit public n'occupant pas un emploi permanent et les contractuels de droit privé, à l'exception *(Décr. n° 2017-631 du 25 avr. 2017, art. 4-2°)* « des personnels mis à disposition d'un groupement de coopération sanitaire de moyens de droit public et » des personnels mentionnés à l'avant-dernier alinéa de l'article 2 du titre IV du statut général des fonctionnaires. *(Décr. n° 2017-1201 du 27 juill. 2017, art. 23)* « L'effectif retenu, comprenant les parts respectives de femmes et d'hommes, est apprécié au 1er janvier de l'année de l'élection des représentants du personnel. Il est déterminé au plus tard huit mois avant la date du scrutin.

« Le nombre de sièges à pourvoir indiquant le nombre de femmes et d'hommes devant figurer sur les listes de candidats est affiché dans l'établissement six mois au plus tard avant la date du scrutin.

« Toutefois, si dans les six premiers mois de l'année du scrutin une réorganisation d'établissements entraîne une variation d'au moins 20 % des effectifs représentés au sein du comité technique d'établissement, l'effectif de référence est apprécié au plus tard quatre mois avant la date du scrutin. Le nombre de sièges à pourvoir est affiché dans l'établissement immédiatement après ce délai.

« En cas d'élection partielle, l'effectif de référence est apprécié à la date d'effet de la décision à l'origine de l'organisation de cette élection. »

Art. R. 6144-42-1 *(Décr. n° 2017-631 du 25 avr. 2017, art. 4-3°)* I. — Le comité technique du groupement de coopération sanitaire de moyens de droit public comprend, outre l'administrateur ou son représentant, président, les représentants du personnel suivants :

1° Dans les groupements de coopération sanitaire de moyens de droit public de moins de 50 agents : 2 membres titulaires et 2 membres suppléants ;

2° Dans les groupements de coopération sanitaire de moyens de droit public de 50 à 99 agents : 4 membres titulaires et 4 membres suppléants ;

3° Dans les groupements de coopération sanitaire de moyens de droit public de 100 agents et plus : 6 membres titulaires et 6 membres suppléants.

II. — Pour le calcul des effectifs mentionnés du 1° au 3° du I du présent article, sont pris en compte :

1° L'ensemble des fonctionnaires titulaires mis à disposition par les membres auprès du groupement ;

2° L'ensemble des agents contractuels de droit public, à l'exception des personnels mentionnés à l'avant-dernier alinéa de l'article 2 de la loi n° 86-33 du 9 janvier 1986 relative à la fonction publique hospitalière, mis à disposition par les membres auprès du groupement ;

3° L'ensemble des agents contractuels de droit public et de droit privé recrutés en propre par le groupement.

Toutefois, les agents mentionnés à l'article 7 du décret n° 2016-1065 du 3 août 2016 relatif au Comité consultatif national de la fonction publique hospitalière ne sont pas pris en compte.

Cet effectif est apprécié le dernier jour du mois précédant de six mois la date du scrutin.

III. — Le nombre de sièges à pourvoir est affiché dans le groupement de coopération sanitaire de moyens de droit public au plus tard trente jours après la détermination de l'effectif à prendre en compte pour déterminer le nombre de représentants à élire.

Art. R. 6144-43 La durée du mandat des représentants du personnel est fixée à *(Décr. nº 2005-1656 du 26 déc. 2005)* « quatre » ans. Ce mandat est renouvelable.

La durée du mandat peut être exceptionnellement réduite ou prorogée, dans un intérêt de service, par arrêté du ministre chargé de la santé pris après avis du Conseil supérieur de la fonction publique hospitalière. Cette réduction ou prorogation ne peut excéder une durée d'un an.

Lors du renouvellement d'un comité technique d'établissement, les nouveaux membres entrent en fonctions à la date à laquelle prend fin le mandat des membres auxquels ils succèdent.

Art. D. 6144-44 *Abrogé par Décr. nº 2011-584 du 26 mai 2011, art. 29.*

Art. R. 6144-45 *Abrogé par Décr. nº 2014-822 du 18 juill. 2014, art. 2.*

Art. R. 6144-46 *(Décr. nº 2011-584 du 26 mai 2011, art. 4)* « Les modalités de remplacement d'un représentant du personnel qui cesse en cours de mandat d'exercer ses fonctions en raison de son décès, ou à la suite d'une démission de ses fonctions dans l'établissement *(Décr. nº 2017-631 du 25 avr. 2017, art. 5-1º)* « ou dans le groupement de coopération sanitaire de moyens de droit public » ou de son mandat, d'un changement d'établissement *(Décr. nº 2017-631 du 25 avr. 2017, art. 5-2º)* « ou de la fin de sa mise à disposition », ou parce qu'il est frappé de l'une des causes d'inéligibilité prévues à l'article R. 6144-53 sont les suivantes :

« 1º Lorsque l'élection a eu lieu au scrutin de liste, le représentant titulaire est remplacé par un suppléant de la liste au titre de laquelle il a été élu. Le suppléant est lui-même remplacé par le premier candidat restant non élu de la même liste. Lorsque, faute d'un nombre suffisant de candidats, l'organisation syndicale se trouve dans l'impossibilité de pourvoir à ce remplacement, elle désigne le représentant parmi les agents éligibles *(Décr. nº 2014-822 du 18 juill. 2014, art. 3-1º)* « en application des dispositions de » l'article R. 6144-53 ;

« 2º Lorsque l'élection a eu lieu sur sigle, le représentant titulaire est remplacé par un suppléant désigné à l'issue du scrutin, par l'organisation syndicale qui avait obtenu le siège, parmi les agents éligibles. Le suppléant est remplacé dans les mêmes conditions. Il en est de même lorsqu'il est mis fin au mandat d'un représentant titulaire ou suppléant, sur demande écrite de l'organisation syndicale détentrice du siège. En ce cas, la cessation de fonction devient effective un mois après la réception de cette demande par le directeur de l'établissement *(Décr. nº 2017-631 du 25 avr. 2017, art. 5-3º)* « ou par l'administrateur du groupement de coopération sanitaire de moyens de droit public ». »

Le mandat des représentants titulaires ou suppléants désignés dans les conditions prévues par le présent article prend fin à la date à laquelle aurait normalement pris fin le mandat des titulaires ou des suppléants qu'ils remplacent.

Art. R. 6144-47 *Abrogé par Décr. nº 2014-822 du 18 juill. 2014, art. 4.*

Art. R. 6144-48 *(Décr. nº 2011-584 du 26 mai 2011, art. 6)* Les modalités de remplacement d'un représentant titulaire qui se trouve dans l'impossibilité d'assister à une réunion du comité technique d'établissement sont les suivantes :

I. — Lorsque l'élection a eu lieu au scrutin de liste, il peut être remplacé par l'un quelconque des suppléants de l'organisation syndicale pour laquelle il a été élu.

II. — Lorsque l'élection a eu lieu sur sigle, le représentant titulaire est remplacé par *l'un quelconque* des suppléants désignés en application de l'article R. 6144-65 par l'organisation syndicale qui a obtenu le siège.

Art. R. 6144-49 *(Décr. nº 2011-584 du 26 mai 2011, art. 7)* La date des élections pour le renouvellement général des comités techniques d'établissement des établissements publics de santé *(Décr. nº 2017-631 du 25 avr. 2017, art. 4-4º-a)* « ou des groupements de coopération sanitaire de moyens de droit public » est fixée par arrêté du

Premier ministre, du ministre chargé de la fonction publique et du ministre chargé de la santé. Cette date est rendue publique au moins six mois à l'avance par affichage dans les établissements concernés.

Lorsque l'élection des membres d'un comité technique d'établissement a lieu entre deux renouvellements généraux, notamment en cas de création d'un nouveau comité technique d'établissement, la date du scrutin est fixée par le directeur de l'établissement *(Décr. n° 2017-631 du 25 avr. 2017, art. 4-4°-b)* « ou par l'administrateur du groupement », après consultation des organisations syndicales remplissant, dans la fonction publique hospitalière, les conditions fixées *(Décr. n° 2017-1201 du 27 juill. 2017, art. 27)* « au I de l'article 9 *bis* » de la loi n° 83-634 du 13 juillet 1983 et constituées dans l'établissement *(Décr. n° 2017-631 du 25 avr. 2017, art. 4-4°-c)* « ou dans le groupement » ou au niveau départemental ou au niveau national.

En cas de fusion d'établissements intervenant moins de six mois avant ou moins de six mois après le renouvellement général des comités techniques d'établissement, les représentants du personnel au comité technique d'établissement du nouvel établissement sont désignés sur la base des suffrages cumulés obtenus par les organisations syndicales dans chacun des établissements à l'origine du nouvel établissement. Les sièges sont attribués aux organisations syndicales conformément aux dispositions des articles R. 6144-63 à R. 6144-65 du présent code.

Art. R. 6144-50 *(Décr. n° 2014-822 du 18 juill. 2014, art. 5)* « Sont électeurs les fonctionnaires titulaires et stagiaires ainsi que les agents contractuels mentionnés au premier alinéa de l'article 1er du décret n° 91-155 du 6 février 1991 relatif aux dispositions générales applicables aux agents contractuels des établissements mentionnés à l'article 2 de la loi n° 86-33 du 9 janvier 1986 modifiée portant dispositions statutaires relatives à la fonction publique hospitalière ainsi que les contractuels de droit public n'occupant pas un emploi permanent et les contractuels de droit privé. »

Toutefois, les fonctionnaires appartenant à un corps de catégorie A géré et recruté au niveau national en application de l'avant-dernier alinéa de l'article 4 du titre IV du statut général des fonctionnaires n'ont pas la qualité d'électeur.

Art. R. 6144-50-1 *(Décr. n° 2017-631 du 25 avr. 2017, art. 4-5°)* Sont électeurs les agents mentionnés aux 1°, 2° et 3° du II de l'article R. 6144-42-1.

Toutefois, les agents mentionnés à l'article 7 du décret n° 2016-1065 du 3 août 2016 relatif au Comité consultatif national de la fonction publique hospitalière n'ont pas la qualité d'électeur.

Art. R. 6144-51 Le directeur de l'établissement *(Décr. n° 2017-631 du 25 avr. 2017, art. 5-4°)* « ou l'administrateur du groupement de coopération sanitaire de moyens de droit public » dresse la liste électorale. La qualité d'électeur est appréciée à la date du scrutin. Dans le cas prévu à l'article R. 6144-58, une liste électorale est établie pour chaque section de vote.

La liste électorale est affichée dans l'établissement *(Décr. n° 2017-631 du 25 avr. 2017, art. 5-5°)* « ou au sein du groupement » et, s'il y a lieu, dans les établissements annexes, soixante jours au moins avant la date fixée pour le scrutin.

Art. R. 6144-52 Dans un délai de huit jours suivant l'affichage, les électeurs peuvent vérifier les inscriptions et, le cas échéant, présenter au directeur de l'établissement *(Décr. n° 2017-631 du 25 avr. 2017, art. 5-6°)* « ou à l'administrateur du groupement de coopération sanitaire de moyens de droit public » des demandes d'inscription ou des réclamations contre les inscriptions ou omissions sur la liste électorale. A l'expiration de ce délai de huit jours, le directeur *(Décr. n° 2017-631 du 25 avr. 2017, art. 5-7°)* « ou l'administrateur » affiche dans les quarante-huit heures les modifications apportées à la liste électorale. Pendant cinq jours, à compter de cet affichage, des réclamations peuvent être formulées contre les inscriptions ou radiations ainsi prononcées. Le directeur statue alors dans les vingt-quatre heures.

A l'expiration du délai de seize jours suivant l'affichage, la liste électorale est close.

La liste électorale ainsi close est transmise, sur leur demande, aux organisations syndicales *(Décr. n° 2011-584 du 26 mai 2011, art. 8)* « remplissant, dans la fonction publique hospitalière, les conditions fixées *(Décr. n° 2017-1201 du 27 juill. 2017, art. 27)* « au I de l'article 9 *bis* » de la loi nº 83-634 du 13 juillet 1983 modifiée portant droits et obligations des fonctionnaires ».

Aucune modification n'est alors admise, sauf si un événement postérieur et prenant effet au plus tard la veille du scrutin entraîne, pour un agent, l'acquisition ou la perte de la qualité d'électeur.

Dans ce cas, l'inscription ou la radiation est prononcée au plus tard la veille du scrutin par le directeur de l'établissement *(Décr. nº 2017-631 du 25 avr. 2017, art. 5-8º)* « ou l'administrateur du groupement », soit de sa propre initiative, soit à la demande de l'intéressé, et immédiatement portée à la connaissance des personnels par voie d'affichage, sans toutefois entraîner de modification du nombre des sièges à pourvoir.

Art. R. 6144-53 Sont éligibles les personnels inscrits sur la liste électorale et qui, à la date du scrutin, sont en fonctions depuis au moins trois mois dans l'établissement *(Décr. nº 2017-631 du 25 avr. 2017, art. 5-9º)* « ou au sein du groupement de coopération sanitaire de moyens de droit public ».

(Décr. nº 2011-584 du 26 mai 2011, art. 9) « Toutefois, ne peuvent être élus :

« 1º Les personnels en congé de longue maladie, en congé de longue durée ou de grave maladie ;

« 2º Les personnels qui ont été frappés d'une rétrogradation ou d'une exclusion temporaire de fonctions de trois mois à deux ans, à moins qu'ils n'aient été amnistiés ou n'aient été relevés de leur sanction dans les conditions prévues à l'article 14 du décret nº 89-822 du 7 novembre 1989 relatif à la procédure disciplinaire applicable aux fonctionnaires relevant de la fonction publique hospitalière ;

« 3º Les agents frappés d'une des incapacités énoncées par les articles L. 5 et L. 6 du code électoral. »

Art. R. 6144-53-1 *(Décr. nº 2011-584 du 26 mai 2011, art. 10)* Les représentants du personnel au comité technique d'établissement sont élus au scrutin de liste.

Par dérogation, il est recouru au vote sur sigle pour la désignation des représentants du personnel dans les établissements *(Décr. nº 2017-631 du 25 avr. 2017, art. 5-10º)* « ou les groupements de coopération sanitaire de moyens de droit public » de moins de cinquante agents.

L'établissement *(Décr. nº 2017-631 du 25 avr. 2017, art. 5-11º)* « ou le groupement » qui a recours au scrutin sur sigle en informe la *(Décr. nº 2015-1689 du 17 déc. 2015, art. 7)* « délégation départementale » de l'agence régionale de santé et le représentant de l'État dans le département afin qu'une liste de ces établissements *(Décr. nº 2017-631 du 25 avr. 2017, art. 5-10º)* « et ces groupements » *(Décr. nº 2014-822 du 18 juill. 2014, art. 7-2º)* « soit communiquée aux » organisations syndicales.

Art. R. 6144-53-2 *(Décr. nº 2011-584 du 26 mai 2011, art. 10)* Les candidatures sont présentées par les organisations syndicales qui, dans la fonction publique hospitalière, remplissent les conditions fixées *(Décr. nº 2017-1201 du 27 juill. 2017, art. 24-1º)* « au I de l'article 9 *bis* » de la loi nº 83-634 du 13 juillet 1983 modifiée portant droits et obligations des fonctionnaires.

Elles sont déposées auprès de la direction de l'établissement *(Décr. nº 2017-631 du 25 avr. 2017, art. 5-12º)* « ou de l'administrateur du groupement de coopération sanitaire de moyens de droit public » au moins quarante-deux jours avant la date fixée pour les élections.

(Décr. nº 2014-822 du 18 juill. 2014, art. 8º) « L'administration affiche dès que possible, après la date limite de dépôt des candidatures, la liste des organisations syndicales ayant légalement déposé une candidature de liste ou de sigle. Ces candidatures sont tenues à disposition des organisations syndicales et des électeurs dans un lieu déterminé par le directeur d'établissement *(Décr. nº 2017-631 du 25 avr. 2017, art. 5-12º)* « ou par l'administrateur du groupement ». »

Lorsque l'administration constate que l'organisation syndicale ne satisfait pas aux *conditions fixées (Décr. nº 2017-1201 du 27 juill. 2017, art. 24-1º)* « au I de l'article 9 *bis* » de la loi du 13 juillet 1983 susmentionnée, elle informe le délégué de liste par décision motivée et au plus tard le jour suivant la date limite de dépôt de l'irrecevabilité de la candidature.

En cas de contestation de la décision de l'administration devant le tribunal administratif compétent, le premier délai mentionné au cinquième alinéa du présent article ainsi que le premier délai mentionné au premier alinéa de l'article R. 6144-55 ne courent qu'à compter de la notification du jugement du tribunal administratif.

Lorsque plusieurs organisations syndicales affiliées à une même union de syndicats de fonctionnaires ont déposé des candidatures concurrentes pour une même élection, l'administration en informe, dans un délai de trois jours à compter de la date limite de dépôt des candidatures, les délégués de chacune des listes concernées. Ces derniers disposent alors d'un délai de trois jours pour procéder aux modifications ou aux retraits de candidatures nécessaires.

Si, après l'expiration de ce dernier délai, ces modifications ou retraits ne sont pas intervenus, l'administration informe dans un délai de trois jours l'union des syndicats dont les listes se réclament. Celle-ci dispose alors d'un délai de cinq jours pour indiquer à l'administration, par lettre recommandée avec demande d'avis de réception, la liste qui pourra se prévaloir de l'appartenance à l'union.

En l'absence de cette indication, les organisations syndicales ayant déposé les listes en cause ne peuvent bénéficier des dispositions du 2° *(Décr. n° 2017-1201 du 27 juill. 2017, art. 24-2°)* « du I » de l'article 9 *bis* de la loi du 13 juillet 1983 susmentionnée et ne peuvent se prévaloir de l'appartenance à l'union pour l'application du présent décret. Ces organisations syndicales ne peuvent alors participer au scrutin que si elles satisfont elles-mêmes aux dispositions du 1° *(Décr. n° 2017-1201 du 27 juill. 2017, art. 24-2°)* « du I » de l'article 9 *bis* de la loi du 13 juillet 1983 susmentionnée.

Chaque organisation syndicale ne peut présenter qu'une candidature pour un même scrutin.

Art. R. 6144-54 *(Décr. n° 2011-584 du 26 mai 2011, art. 11)* I. — Chaque candidature doit comporter le nom d'un délégué qui, en cas de scrutin de liste, peut être ou non candidat, désigné par l'organisation syndicale afin de représenter la candidature dans toutes opérations électorales. L'organisation syndicale peut désigner un délégué suppléant.

Les candidatures peuvent être communes à plusieurs organisations syndicales.

(Décr. n° 2014-822 du 18 juill. 2014, art. 9) « Le dépôt des candidatures fait l'objet d'un récépissé établi selon un modèle type remis ou adressé au délégué de candidature ou à son suppléant.

« II. — En cas d'élection au scrutin de liste, nul ne peut être candidat sur plusieurs listes pour un même scrutin.

« Chaque liste comprend un nombre de noms égal au moins aux deux tiers et au plus au nombre de sièges de représentants titulaires et de représentants suppléants à pourvoir, sans qu'il soit fait mention pour chacun des candidats de la qualité de titulaire ou de suppléant. En outre, elle doit comporter un nombre pair de noms au moment de leur dépôt. »

(Décr. n° 2017-1201 du 27 juill. 2017, art. 25-1°) « Chaque liste comprend un nombre de femmes et d'hommes correspondant aux parts respectives de femmes et d'hommes représentés au sein du comité technique d'établissement. Ce nombre est calculé sur l'ensemble des candidats inscrits sur la liste.

« Lorsque l'application de l'alinéa précédent n'aboutit pas à un nombre entier de candidats à désigner pour chacun des deux sexes, l'organisation syndicale procède indifféremment à l'arrondi à l'entier inférieur ou supérieur. »

(Décr. n° 2014-822 du 18 juill. 2014, art. 9) « Si une liste comporte, à la date limite de dépôt *prévue à l'article* R. 6144-53-2, un nombre de candidats supérieur ou inférieur à celui fixé au cinquième alinéa du présent article, l'organisation syndicale qui a déposé cette liste est réputée n'avoir présenté aucun candidat.

« Le dépôt de chaque liste est accompagné d'une déclaration de candidature signée par chaque candidat. *(Décr. n° 2017-1201 du 27 juill. 2017, art. 25-2°)* « Chaque liste déposée mentionne les nom, prénoms et sexe de chaque candidat et indique le nombre de femmes et d'hommes. » Le dépôt fait l'objet d'un récépissé, établi selon un modèle type, remis par le directeur *(Décr. n° 2017-631 du 25 avr. 2017, art. 5-13°)* « ou par l'administrateur » au délégué de liste ou au délégué suppléant. »

III. — Lorsqu'il est recouru à l'élection au scrutin sur sigle dans les conditions prévues aux deuxième et troisième alinéas de l'article R. 6144-53-1, l'organisation syndicale fait acte de candidature sans qu'il y ait lieu d'appliquer le II du présent article.

Dépôt d'une liste ne comprenant pas le nombre exact de candidats. Les dispositions de l'art. R. 6144-54, selon lesquelles l'organisation syndicale qui, à la date de dépôt des listes, a déposé une liste dont le nombre de candidats est supérieur ou inférieur au nombre de sièges « est réputée n'avoir présenté aucun candidat pour ce collège », ne peuvent être regardées comme faisant échec à la procédure de rectification prévue à l'art. R. 6144-55 en vertu duquel ce n'est qu'à l'expiration du délai de rectification de cinq jours francs qu'il peut, le cas échéant, être « constaté qu'une liste ne comprend pas le nombre exact de candidats prévu à l'art. R. 6144-54 ». • TA Toulouse, 2 avr. 2008, *Synd. CGT du CH de Saint-Gaudens*, n° 0705023.

Art. R. 6144-55 *(Décr. nº 2011-584 du 26 mai 2011, art. 12)* « Dans le délai de huit jours suivant la date limite de dépôt des listes, le directeur *(Décr. nº 2017-631 du 25 avr. 2017, art. 5-7º)* « ou l'administrateur » procède à leur vérification et porte sans délai les irrégularités constatées à la connaissance des délégués de listes. Ces derniers peuvent alors procéder, dans un délai de cinq jours à compter de l'expiration du délai de huit jours susmentionné, aux modifications nécessaires. *(Décr. nº 2017-1201 du 27 juill. 2017, art. 26-1º)* « Chaque candidat inéligible est remplacé par un candidat désigné dans le respect des règles définies aux troisième et quatrième alinéas du II de l'article R. 6144-54. A l'occasion de cette désignation, le délégué de liste peut modifier l'ordre de présentation de la liste. » Aucune liste ne peut être modifiée après l'expiration de ce délai de cinq jours. A défaut de rectification au terme de ce délai, le directeur *(Décr. nº 2017-631 du 25 avr. 2017, art. 5-7º)* « ou l'administrateur » raye de la liste les candidats inéligibles. Cette liste peut néanmoins participer aux élections si elle satisfait toujours aux conditions fixées au II de l'article R. 6144-54 *(Décr. nº 2017-1201 du 27 juill. 2017, art. 26-2º)* « et si elle respecte sur ce nombre les parts respectives de femmes et d'hommes telles que définies au troisième alinéa du II de l'article R. 6144-54 ». »

(Décr. nº 2014-822 du 18 juill. 2014, art. 10) « Les candidatures sur liste ou sigle établies dans les conditions prévues par les articles R. 6144-53-2, R. 6144-54 ainsi que par l'alinéa précédent sont affichées dans l'établissement *(Décr. nº 2017-631 du 25 avr. 2017, art. 5-9º)* « ou au sein du groupement de coopération sanitaire de moyens de droit public » dès que possible et au plus tard à l'expiration des délais mentionnés à l'article R. 6144-53-2. »

(Décr. nº 2011-584 du 26 mai 2011, art. 12) « Toutefois, si le fait motivant l'inéligibilité d'un candidat est intervenu après la date limite prévue pour le dépôt des listes, ce candidat peut être remplacé sans qu'il y ait lieu de modifier la date du scrutin. »

Sous réserve des alinéas précédents, aucun retrait de candidature ne peut être opéré et aucune nouvelle candidature ne peut être présentée après le dépôt des listes de candidats.

Art. R. 6144-56 *(Décr. nº 2014-822 du 18 juill. 2014, art. 11)* Le directeur de l'établissement *(Décr. nº 2017-631 du 25 avr. 2017, art. 5-4º)* « ou l'administrateur du groupement de coopération sanitaire de moyens de droit public » fixe, après consultation des organisations syndicales présentant leur candidature, le modèle des bulletins de vote et des enveloppes.

Les bulletins de vote et les enveloppes établis d'après un modèle type défini par arrêté du ministre chargé de la santé, ainsi que les professions de foi répondant aux conditions fixées par le même arrêté, sont réalisés par l'administration et à ses frais.

Les bulletins de vote mentionnent l'objet et la date du scrutin, l'intitulé de la liste et le nom des candidats ou, le cas échéant, la dénomination du sigle ainsi que l'appartenance éventuelle de l'organisation syndicale à une union de syndicats à caractère national.

Les documents électoraux sont adressés par l'établissement et à ses frais au domicile de chaque électeur dans des conditions prévues par l'arrêté mentionné au deuxième alinéa du présent article.

*Seul le mat*ériel électoral fourni par l'administration est valide.

Art. R. 6144-57 Un bureau de vote est institué dans chaque établissement *(Décr. nºº 2017-631 du 25 avr. 2017, art. 5-14º)* « ou au sein de chaque groupement de coopération sanitaire de moyens de droit public ». Le bureau de vote est présidé par le directeur ou son représentant *(Décr. nº 2017-631 du 25 avr. 2017, art. 5-14º)* « ou par l'administrateur ».

(Décr. nº 2011-584 du 26 mai 2011, art. 14) « Un assesseur est désigné par chaque organisation syndicale ayant présenté sa candidature. Le nombre d'assesseurs ne peut être inférieur à deux. Dans le cas où les organisations syndicales n'ont pas désigné d'assesseurs en nombre suffisant, le président complète le bureau de vote en faisant appel à des personnels en activité dans l'établissement *(Décr. nº 2017-631 du 25 avr. 2017, art. 5-5º)* « ou au sein du groupement ». »

Art. R. 6144-58 En cas de dispersion des services, les électeurs peuvent être répartis en sections de vote par décision du directeur de l'établissement *(Décr. nº 2017-631 du 25 avr. 2017, art. 5-4º)* « ou *[de]* l'administrateur du groupement de coopération sanitaire de moyens de droit public » prise après consultation des organisations *(Décr. nº 2011-584 du 26 mai 2011, art. 15)* « syndicales » présentant *(Décr. nº 2011-584 du 26 mai 2011, art. 15)* « leur candidature ».

Le directeur de l'établissement *(Décr. nº 2017-631 du 25 avr. 2017, art. 5-8º)* « ou l'administrateur du groupement » désigne le président de chaque section de vote. Celle-ci comprend des assesseurs désignés dans les conditions prévues à l'article R. 6144-57.

Art. R. 6144-59 Les opérations électorales se déroulent dans l'établissement *(Décr. nº 2017-631 du 25 avr. 2017, art. 5-1º)* « ou dans le groupement de coopération sanitaire de moyens de droit public » pendant les heures de service.

(Décr. nº 2011-584 du 26 mai 2011, art. 16) « Le scrutin est ouvert sans interruption pendant au moins sept heures. Les horaires d'ouverture et de clôture du scrutin sont arrêtés en fonction des effectifs de l'établissement *(Décr. nº 2017-631 du 25 avr. 2017, art. 5-15º)* « ou du groupement » par le directeur *(Décr. nº 2017-631 du 25 avr. 2017, art. 5-13º)* « ou par l'administrateur » après consultation des organisations syndicales ayant présenté leur candidature. »

Le vote peut avoir lieu par correspondance.

Le vote par procuration n'est pas admis.

Art. R. 6144-60 En cas de vote par correspondance, le bulletin de vote est inclus dans une première enveloppe non cachetée vierge de toute inscription. Cette enveloppe est placée dans une seconde enveloppe cachetée, signée par l'agent et portant au recto l'identité de l'électeur. L'ensemble est adressé par voie postale au directeur de l'établissement *(Décr. nº 2017-631 du 25 avr. 2017, art. 5-6º)* « ou à l'administrateur du groupement de coopération sanitaire de moyens de droit public » et doit parvenir au bureau de vote avant l'heure de clôture du scrutin. Les bulletins arrivés après cette heure limite n'entrent pas en compte dans le résultat du dépouillement. En outre, seul le matériel électoral fourni par l'établissement *(Décr. nº 2017-631 du 25 avr. 2017, art. 5-16º)* « ou par le groupement » peut être utilisé.

Le directeur de l'établissement *(Décr. nº 2017-631 du 25 avr. 2017, art. 5-8º)* « ou l'administrateur du groupement » tient un registre des votes par correspondance.

Art. R. 6144-61 Dans chaque lieu de vote est déposée une liste électorale, qui est émargée par chaque électeur votant et par un membre du bureau, ou par ce dernier seulement dans le cas du vote par correspondance.

(Décr. nº 2011-584 du 26 mai 2011, art. 17) « Le vote a lieu au scrutin secret. En cas de scrutin de liste, les électeurs ne peuvent voter que pour une liste sans radiation ni adjonction de noms et sans modification de l'ordre de présentation des candidats. En cas de scrutin sur sigle, les électeurs ne doivent porter aucune mention sur le bulletin. *Est nul tout bulletin établi* en méconnaissance de l'une de ces conditions. »

Est nul tout bulletin établi en méconnaissance de l'une de ces conditions.

Art. R. 6144-62 Le dépouillement des bulletins est effectué par le bureau de vote et, le cas échéant, les sections de vote dès la clôture du scrutin.

Les votes par correspondance sont dépouillés par le bureau de vote ou, le cas échéant, par les sections de vote, en même temps et dans les mêmes conditions que les votes sur place après qu'il a été procédé à leur recensement dans les conditions fixées aux alinéas suivants.

Pour le recensement des votes par correspondance, la liste électorale est émargée par un membre du bureau au fur et à mesure de l'ouverture des enveloppes extérieures cachetées portant les mentions relatives à l'identification de l'électeur.

L'enveloppe intérieure vierge est déposée sans être ouverte dans l'urne contenant les suffrages des électeurs ayant voté sur place.

Sont mises à part sans donner lieu à émargement :

1° Les enveloppes extérieures non acheminées par la poste ;

2° Les enveloppes parvenues au bureau de vote ou à la section de vote après le délai fixé à l'article R. 6144-60 ;

3° Les enveloppes qui ne comportent pas la signature de l'électeur et son nom, écrit lisiblement ;

4° Les enveloppes parvenues en plusieurs exemplaires sous la signature d'un même électeur ;

5° Les enveloppes comprenant plusieurs enveloppes intérieures ;

6° Les enveloppes émanant d'électeurs ayant pris part au vote sur place.

Les suffrages correspondant à ces enveloppes sont déclarés nuls.

Art. R. 6144-63 Le bureau de vote procède successivement :

1° Au dépouillement du scrutin pour les électeurs inscrits auprès de ce bureau ;

2° Le cas échéant, au récolement des suffrages dépouillés par les sections de vote qui lui sont transmis par celles-ci accompagnés d'un procès-verbal établi dans les conditions prévues à l'article R. 6144-65 ;

3° A la détermination du nombre total de suffrages valablement exprimés obtenus par chaque *(Décr. nº 2011-584 du 26 mai 2011, art. 19)* « candidature ».

Il détermine en outre le quotient électoral en divisant le nombre de suffrages valablement exprimés par le nombre de représentants titulaires à élire.

Art. R. 6144-64 *(Décr. nº 2014-822 du 18 juill. 2014, art. 15)* I. — Les représentants du personnel sont élus à la représentation proportionnelle. La désignation des membres titulaires est effectuée dans les conditions suivantes :

Chaque organisation syndicale a droit à autant de sièges de représentants titulaires du personnel que le nombre de voix recueillies par elle contient de fois le quotient électoral.

Les sièges de représentants titulaires restants éventuellement à pourvoir sont attribués suivant la règle de la plus forte moyenne.

En cas de liste ne comportant pas un nombre de noms égal au nombre de sièges de titulaires ou de suppléants à pourvoir, lors du dépôt des candidatures ou au terme de la procédure prévue à l'article R. 6144-55, l'organisation syndicale ne peut prétendre à l'obtention de plus de sièges de représentants titulaires et de représentants suppléants du personnel que ceux pour lesquels elle a proposé des candidats. Les sièges éventuellement restant ne sont pas attribués.

II. — En cas de scrutin de liste, lorsque, pour l'attribution d'un siège, des listes obtiennent la même moyenne, le siège est attribué à la liste ayant obtenu le plus grand nombre de voix. Si les listes en cause ont recueilli le même nombre de voix, le siège est attribué à celle qui a présenté le plus grand nombre de candidats. Si plusieurs listes ont obtenu le même nombre de voix et ont présenté le même nombre de candidats, le siège est attribué au candidat le plus âgé.

Les représentants titulaires sont désignés dans l'ordre de présentation des listes par les organisations syndicales en fonction du nombre de sièges qu'elles ont obtenus. Les représentants suppléants sont également désignés dans l'ordre de présentation desdites listes à la suite des représentants titulaires et en nombre égal à ceux-ci.

III. — En cas de scrutin sur sigle, lorsque, pour l'attribution d'un siège, des organisations syndicales obtiennent la même moyenne, celui-ci est attribué à l'organisation syndicale ayant obtenu le plus grand nombre de voix. En cas d'égalité de suffrages, le siège est attribué par voie de tirage au sort parmi les organisations syndicales concernées.

IV. — Lorsqu'une candidature de liste ou de sigle commune a été établie par des *organisations syndicales*, la répartition entre elles des suffrages exprimés se fait sur la base indiquée et rendue publique par les organisations syndicales concernées lors du dépôt de leur candidature. Cette répartition est mentionnée sur les candidatures affichées dans les bureaux et sections de vote. A défaut d'une telle indication, la répartition des suffrages se fait à part égale entre les organisations syndicales concernées.

Art. R. 6144-65 Le bureau de vote proclame les résultats.

Un procès-verbal des opérations de recensement et de dépouillement est rédigé par les membres du bureau de vote et, le cas échéant, de chaque section de vote. Dans ce dernier cas, le bureau de vote établit le procès-verbal récapitulatif.

Tous les bulletins et enveloppes déclarés blancs ou nuls et les bulletins contestés doivent être annexés au procès-verbal, après avoir été paraphés ou contresignés par les membres du bureau avec indication, pour chacun, des causes d'annulation et de la décision prise. Ces documents sont conservés par le directeur de l'établissement *(Décr. nº 2017-631 du 25 avr. 2017, art. 5-3º)* « ou par l'administrateur du groupement de coopération sanitaire de moyens de droit public ».

(Décr. nº 2014-822 du 18 juill. 2014, art. 16) « En présence des membres du bureau de vote, son président enregistre les résultats des élections et télécharge le procès-verbal signé par chacun des membres du bureau sur la plate-forme de saisie automatisée des résultats mise à disposition par le ministre chargé de la santé. Le président du bureau de vote communique, dans les vingt-quatre heures suivant le scrutin, les procès-verbaux des élections à chaque organisation syndicale ayant présenté sa candidature ainsi qu'au directeur général de l'agence régionale de santé. Ce dernier vérifie la concordance entre les procès-verbaux et les résultats enregistrés par les présidents des bureaux de vote sur la plate-forme de saisie automatisée des résultats. Cette opération entraîne l'agrégation automatisée des résultats ainsi que leur transmission au ministre chargé de la santé. »

(Décr. nº 2011-584 du 26 mai 2011, art. 21) « Le directeur général de l'agence régionale de santé communique dans un délai de quarante-huit heures les résultats régionaux au ministre chargé de la santé.

« Chaque organisation syndicale ayant obtenu un ou plusieurs sièges de représentants titulaires au comité technique d'établissement à l'issue du scrutin sur sigle doit désigner l'ensemble de ses représentants, titulaires et suppléants, dans un délai qui ne peut être ni inférieur à quinze jours ni supérieur à trente jours suivant réception du procès-verbal des élections et communiquer la liste de ces représentants au directeur de l'établissement *(Décr. nº 2017-631 du 25 avr. 2017, art. 5-6º)* « ou à l'administrateur du groupement de coopération sanitaire de moyens de droit public ». »

Les résultats du scrutin sont publiés par voie d'affichage sans délai par le directeur de l'établissement *(Décr. nº 2017-631 du 25 avr. 2017, art. 5-3º)* « ou par l'administrateur du groupement de coopération sanitaire de moyens de droit public ».

Art. R. 6144-65-1 *(Décr. nº 2011-584 du 26 mai 2011, art. 22)* Lorsqu'aucune candidature de liste ou de sigle n'a été présentée par les organisations syndicales, il est procédé à un tirage au sort parmi les électeurs.

En outre, en cas de scrutin sur sigle, lorsque l'organisation syndicale ne peut désigner, dans le délai fixé à l'article R. 6144-65, ses représentants sur le ou les sièges auxquels elle a droit, ces sièges demeurent non attribués. Il est alors procédé au tirage au sort parmi les agents éligibles au moment de la désignation pour pourvoir les sièges restant.

Art. R. 6144-66 *(Décr. nº 2011-584 du 26 mai 2011, art. 23)* « Sans préjudice des dispositions prévues au dernier alinéa *(Décr. nº 2017-1201 du 27 juill. 2017, art. 28)* « du I » de l'article 9 *bis* de la loi nº 83-634 du 13 juillet 1983 portant droits et obligations des fonctionnaires »*[,]* les contestations de la validité des élections sont portées dans un délai de cinq jours à compter de la proclamation des résultats devant le directeur de l'établissement *(Décr. nº 2017-631 du 25 avr. 2017, art. 5-17º)* « ou devant l'administrateur du groupement de coopération sanitaire de moyens de droit public ». Celui-ci statue dans les quarante-huit heures par une décision motivée, dont il adresse aussitôt une copie au *(Décr. nº 2010-344 du 31 mars 2010, art. 197)* « directeur général de l'agence régionale de santé ». *(Décr. nº 2014-822 du 18 juill. 2014, art. 18-2º)* « Les contestations sont ensuite portées, le cas échéant, devant la juridiction administrative. »

Art. R. 6144-67 *Abrogé par Décr. nº 2011-584 du 26 mai 2011, art. 29.*

SOUS-SECTION 3 FONCTIONNEMENT

Art. R. 6144-68 Chaque comité établit son règlement intérieur.

Art. R. 6144-69 Les réunions du comité ont lieu sur convocation de son président, à l'initiative de celui-ci ou sur demande écrite de la moitié au moins des représentants titulaires du personnel. Dans ce dernier cas, le comité est réuni dans un délai *(Décr. nº 2011-584 du 26 mai 2011, art. 24)* « de quinze jours ».

La convocation est accompagnée de l'ordre du jour de la séance.

Le comité se réunit au moins une fois par trimestre.

Lorsqu'ils ne siègent pas avec voie délibérative en application de l'article R. 6144-48, les membres suppléants peuvent assister aux séances du comité dans la limite d'un représentant par organisation syndicale ou par liste mentionnée au dernier alinéa de l'article L. 6144-4, sans pouvoir prendre part aux débats ni aux votes.

Art. R. 6144-70 L'ordre du jour est fixé par le président. Doivent notamment y être inscrites les questions entrant dans la compétence du comité dont l'examen a été demandé par la moitié au moins des représentants titulaires du personnel.

Art. R. 6144-71 Le président du comité, à son initiative ou à la demande de membres titulaires du comité, peut convoquer des experts afin qu'ils soient entendus sur un point inscrit à l'ordre du jour.

Les experts n'ont pas voix délibérative. Ils ne peuvent assister qu'à la partie des débats relative aux questions motivant leur présence sans pouvoir participer au vote.

Lorsque l'ordre du jour du comité comporte des questions intéressant l'hygiène, la sécurité et les conditions de travail, le médecin du travail assiste avec voix consultative à la réunion du comité.

Le président du comité, en sa qualité de chef d'établissement *(Décr. nº 2017-631 du 25 avr. 2017, art. 5-18º)* « ou d'administrateur du groupement de coopération sanitaire de moyens de droit public », peut se faire assister du ou des collaborateurs de son choix, sans que celui-ci ou ceux-ci puissent prendre part aux votes.

Art. R. 6144-72 Le comité élit parmi les membres titulaires un secrétaire.

Un procès-verbal de chaque séance est établi. Il est signé par le président et le secrétaire et transmis dans un délai de trente jours aux membres du comité. Ce procès-verbal est soumis à approbation lors de la séance suivante.

Art. R. 6144-73 *(Décr. nº 2011-584 du 26 mai 2011, art. 25)* Le comité ne délibère valablement que si la moitié au moins de ses membres ayant voix délibérative sont présents lors de l'ouverture de la réunion. Lorsque ce quorum n'est pas atteint, une nouvelle réunion est organisée dans un délai de huit jours. Le comité siège alors valablement sur le même ordre du jour quel que soit le nombre de membres présents. Il ne peut alors être fait application des dispositions prévues à l'article R. 6144-74.

Art. R. 6144-74 Le comité émet des avis ou des vœux à la majorité des suffrages exprimés. S'il est procédé à un vote, celui-ci a lieu à main levée, sauf s'il est demandé un vote à bulletin secret. Le président ne prend pas part au vote.

En cas de partage égal des voix, l'avis est réputé avoir été donné ou la proposition formulée.

(Décr. nº 2011-584 du 26 mai 2011, art. 26) « Lorsqu'un projet ou une question recueille un vote défavorable unanime de la part des représentants du personnel, membres du comité, le projet ou la question fait l'objet d'un réexamen et une nouvelle délibération est organisée dans un délai qui ne peut être inférieur à huit jours et supérieur à trente jours. La convocation est adressée dans un délai de huit jours aux membres du comité.

« Le comité siège alors valablement quel que soit le nombre de membres présents. Il ne peut être appelé à délibérer une nouvelle fois suivant cette même procédure. »

Art. R. 6144-75 Les avis ou vœux émis par le comité sont portés par le président à *la connaissance du (Décr. nº 2011-584 du 26 mai 2011, art. 27)* « conseil de surveillance » de l'établissement.

Ils sont également portés par voie d'affichage, à la diligence du directeur de l'établissement *(Décr. nº 2017-631 du 25 avr. 2017, art. 5-19º)* « ou de l'administrateur du groupement de coopération sanitaire de moyens de droit public », à la connaissance du personnel dans un délai de quinze jours.

Art. R. 6144-76 Le comité doit, dans un délai de deux mois, être informé, par une communication écrite du président à chacun des membres, des suites données à ses avis ou vœux.

Art. R. 6144-77 Les séances du comité ne sont pas publiques.

Art. R. 6144-78 Toutes facilités doivent être données aux membres du comité pour exercer leurs fonctions. Communication doit leur être donnée des pièces et documents nécessaires à l'accomplissement de leurs fonctions au plus tard quinze jours avant la date de la séance.

Art. R. 6144-79 Les personnes participant, à quelque titre que ce soit, aux travaux du comité technique d'établissement sont tenues à l'obligation de discrétion professionnelle à raison des pièces et documents dont ils ont eu connaissance à l'occasion de ces travaux.

Art. R. 6144-80 Les membres titulaires et suppléants du comité et les experts convoqués ne perçoivent aucune indemnité du fait de leurs fonctions dans ce comité. Ils sont toutefois indemnisés de leurs frais de déplacement et de séjour dans les conditions fixées par la réglementation.

Art. D. 6144-81 Un congé de formation avec traitement est attribué aux représentants titulaires du personnel au comité technique d'établissement. La durée maximale de ce congé est de cinq jours. *(Décr. n° 2007-1239 du 20 août 2007, art. 1er)* « Dans les établissements *(Décr. n° 2017-631 du 25 avr. 2017, art. 5-20°)* « ou dans les groupements de coopération sanitaire de moyens de droit public » de moins de cinquante agents dans lesquels les représentants du personnel au comité technique d'établissement exercent les missions dévolues aux membres du comité d'hygiène, de sécurité et des conditions de travail, un congé de formation avec traitement lié à l'exercice de ces deux mandats est attribué aux représentants titulaires du personnel au comité technique d'établissement. La durée maximale de ce congé est de sept jours. » Tout nouveau mandat ouvre droit au renouvellement de ce congé. Les organismes chargés d'assurer la formation sont soit les organismes figurant sur la liste établie en application de l'article 1er du décret n° 88-676 du 6 mai 1988 relatif à l'attribution du congé pour formation syndicale dans la fonction publique hospitalière, soit les organismes figurant sur la liste mentionnée à l'article R. 236-18 *[R. 4614-26 s.]* du code du travail.

Le congé de formation est pris en une ou deux fois à la demande du bénéficiaire.

Les dépenses afférentes à ce congé comprennent notamment les dépenses d'enseignement et d'organisation matérielle des stages ainsi que les frais de déplacement et de séjour des stagiaires. Le montant journalier est fixé par référence à l'arrêté mentionné à l'article D. 514-3 *[D. 1442-3 s.]* du code du travail.

Les dépenses prises en charge par l'établissement *(Décr. n° 2017-631 du 25 avr. 2017, art. 5-20°)* « ou par le groupement de coopération sanitaire de moyens de droit public » au titre de cette formation ne s'imputent pas sur le financement des actions de formation prévues par le décret n° 90-319 du 5 avril 1990 relatif à la formation professionnelle continue des agents de la fonction publique hospitalière.

SECTION III DISPOSITIONS COMMUNES AUX COMMISSIONS MÉDICALES D'ÉTABLISSEMENT ET AUX COMITÉS TECHNIQUES D'ÉTABLISSEMENT

Art. R. 6144-82 La commission médicale d'établissement et le comité technique d'établissement peuvent décider de délibérer conjointement des questions relevant de leurs compétences consultatives communes. A l'issue de ces délibérations, ils émettent des avis distincts.

Art. R. 6144-83 Lorsque la commission médicale ou le comité technique ont connaissance de faits de nature à affecter de manière préoccupante et prolongée la situation de l'établissement, ils peuvent, à la majorité des deux tiers des membres de chacune de ces instances, demander au directeur de leur fournir des explications. La question est alors inscrite de droit à l'ordre du jour de la prochaine séance de la commission et du comité.

Après avoir entendu le directeur, la commission et le comité peuvent confier, à la même majorité qualifiée, à deux de leurs membres respectifs le soin d'établir un rapport conjoint.

Le rapport conclut en émettant un avis sur l'opportunité de saisir de ses conclusions le conseil d'administration en vue de la mise en œuvre de la procédure d'audit prévue à l'article R. 6143-31.

Au vu de ce rapport, la commission médicale et le comité technique peuvent décider, à la même majorité qualifiée, de procéder à cette saisine.

Art. D. 6144-84 La désignation des représentants mentionnés au premier alinéa de l'article L. 6144-5 procède d'un vote à bulletin secret de chacune des assemblées concernées.

Art. D. 6144-85 Dans le cadre de la procédure d'adoption *(Décr. n° 2010-344 du 31 mars 2010, art. 198 ; Décr. n° 2012-1247 du 7 nov. 2012, art. 2)* « du budget, le directeur » de chaque établissement public de santé détermine, annuellement, les moyens mis à la disposition de la commission médicale d'établissement et du comité technique d'établissement pour remplir leurs missions.

SECTION IV *[ABROGÉE]* DROIT À L'EXPRESSION DIRECTE ET COLLECTIVE DES PERSONNELS DES HÔPITAUX LOCAUX ET DES SYNDICATS INTERHOSPITALIERS *(Décr. n° 2005-1656 du 26 déc. 2005)*.

(Abrogée par Décr. n° 2012-1483 du 27 déc. 2012, art. 11)

Art. R. 6144-86 à R. 6144-89 *Abrogés par Décr. n° 2012-1483 du 27 déc. 2012, art. 11.*

CHAPITRE V ORGANISATION FINANCIÈRE

SECTION PREMIÈRE ÉTAT DES PRÉVISIONS DE RECETTES ET DE DÉPENSES, COMPTABILITÉ, ET DISPOSITIONS GÉNÉRALES *(Décr. n° 2013-1238 du 23 déc. 2013, art. 1er-1°)*.

SOUS-SECTION 1 DISPOSITIONS GÉNÉRALES

Art. R. 6145-1 Les établissements publics de santé sont soumis au régime budgétaire, financier et comptable défini par les dispositions *(Décr. n° 2012-1247 du 7 nov. 2012, art. 20-2°)* « du titre Ier du décret n° 2012-1246 du 7 novembre 2012 relatif à la gestion budgétaire et comptable publique » *(Décr. n° 2010-425 du 29 avr. 2010, art. 2-2°)* « , sous réserve des dispositions de la présente section ».

Art. R. 6145-2 L'exercice budgétaire et comptable couvre la période du 1er janvier au 31 décembre d'une même année, sauf dans le cas d'une première mise en exploitation d'un nouvel établissement ou d'une cessation définitive d'activité.

Art. R. 6145-3 *(Décr. n° 2005-1474 du 30 nov. 2005)* La nomenclature budgétaire et comptable est établie par référence au plan comptable général.

Elle comporte trois niveaux :

1° Les titres, qui constituent le niveau de présentation synthétique ;

2° Les chapitres, qui constituent le niveau de présentation détaillée ;

3° Les comptes d'exécution.

La liste des comptes obligatoirement ouverts dans *(Décr. n° 2012-1247 du 7 nov. 2012, art. 2)* « le budget » et dans la comptabilité des établissements, ainsi que l'instruction budgétaire et comptable, sont fixées par arrêté conjoint des ministres chargés du budget, de la santé et de la sécurité sociale.

Art. R. 6145-4 *(Décr. n° 2007-46 du 10 janv. 2007, art. 2-I)* Dans le cas où les frais de séjour, *(Décr. n° 2010-425 du 29 avr. 2010, art. 2-3°)* « de consultations ou d'actes des patients » ne sont pas susceptibles d'être pris en charge, soit par un organisme d'assurance maladie, soit par le ministre chargé des anciens combattants et victimes de guerre ou par tout autre organisme public, les intéressés ou, à défaut, leurs débiteurs ou les personnes désignées par les articles 205, 206, 207 et 212 du code civil souscrivent un engagement d'acquitter les frais de toute nature afférents au régime choisi. Ils sont tenus, sauf dans les cas d'urgence, de verser au moment de l'entrée du *(Décr. n° 2010-425 du 29 avr. 2010, art. 2-3°)* « patient » dans l'établissement une provision renouvelable calculée sur la base de la durée estimée du séjour, des frais de consultations, d'actes, ou d'un tarif moyen prévisionnel du séjour arrêté par les ministres chargés de la santé et de la sécurité sociale. *(Décr. n° 2010-425 du 29 avr. 2010, art. 2-3°)* « Sous réserve des dispositions de l'article L. 253-2 du code de l'action sociale et des familles, lorsque la provision versée est supérieure aux montants dus, la différence est restituée à la personne qui l'a versée ».

SOUS-SECTION 2 DIRECTEUR

Art. R. 6145-5 *(Décr. n° 2005-1474 du 30 nov. 2005)* Le directeur est l'ordonnateur *(Décr. n° 2012-1247 du 7 nov. 2012, art. 2)* « du budget » de l'établissement public de santé. Ses opérations font l'objet d'une comptabilité administrative.

(Décr. n° 2007-1931 du 26 déc. 2007, art. 1er) « L'ordonnateur peut procéder en cours d'exercice à des virements de crédits entre tous les *(Décr. n° 2010-425 du 29 avr. 2010, art. 2-4°)* « titres ou » chapitres, sans que ces virements puissent avoir pour conséquence d'accroître le montant des chapitres comportant des crédits à caractère limitatif. » Ces virements sont portés, sans délai, à la connaissance du comptable *(Décr. n° 2010-425 du 29 avr. 2010, art. 2-4°)* « public de l'établissement ».

Art. R. 6145-6 *(Décr. n° 2010-425 du 29 avr. 2010, art. 2-5°)* L'ordonnateur tient une comptabilité des engagements, au moins pour chacun des chapitres prévus au 2° de l'article R. 6145-3.

Pour l'application du dernier alinéa de l'article L. 6145-1, le directeur établit *(Décr. n° 2015-1687 du 16 déc. 2015, art. 1er-1°)* « deux fois par exercice » un état comparatif de l'activité, des recettes et des dépenses réalisées par rapport aux prévisions, selon un modèle fixé par arrêté des ministres chargés du budget, de la santé et de la sécurité sociale. Cet état comparatif est accompagné, en tant que de besoin, de propositions de modifications *(Décr. n° 2012-1247 du 7 nov. 2012, art. 2)* « du budget ». Les dates *(Décr. n° 2015-1687 du 16 déc. 2015, art. 1er-1°)* « d'arrêt et » de transmission de cet état comparatif au directeur général de l'agence régionale de santé sont fixées par arrêté du ministre chargé de la santé.

Sur la composition des groupes de la section d'investissement du budget général, V. annexe 61-3, 🏛.

Sur la composition des groupes de la section d'exploitation du budget général, V. annexe 61-4, 🏛.

Sur la composition des groupes fonctionnels des budgets annexes, V. annexe 61-5, 🏛.

Art. R. 6145-7 *(Décr. n° 2010-425 du 29 avr. 2010, art. 2-6°)* « Le directeur tient une comptabilité analytique qui couvre la totalité des activités et des moyens de l'établissement, selon des modalités fixées par arrêté du ministre chargé de la santé. Le directeur communique au conseil de surveillance les résultats de la comptabilité analytique. »

(Décr. n° 2005-1474 du 30 nov. 2005) Le directeur élabore également, pour l'analyse de l'activité et des coûts de l'établissement prévue par les dispositions des articles L. 6113-7 et L. 6113-8, un tableau faisant apparaître, après répartition analytique des charges *(Décr. n° 2010-425 du 29 avr. 2010, art. 2-6°)* « , le montant des charges d'exploitation affectées », pendant l'exercice, aux secteurs cliniques, médico-techniques et logistiques de l'établissement. Il transmet ce document au *(Décr. n° 2010-425 du 29 avr. 2010, art. 2-1°)* « directeur général de l'agence régionale de santé » au plus tard le 31 mai de l'année suivant l'exercice clos. Le modèle de ce document et les modalités de calcul des éléments qui y figurent sont fixés par arrêté des ministres chargés de la santé et de la sécurité sociale.

Art. R. 6145-8 *Abrogé par Décr. n° 2010-425 du 29 avr. 2010, art. 2-7°.*

Art. R. 6145-9 *(Décr. n° 2005-1474 du 30 nov. 2005)* Le directeur d'établissement est entendu, à sa demande, par le *(Décr. n° 2010-425 du 29 avr. 2010, art. 2-1°)* « directeur général de l'agence régionale de santé » avant *(Décr. n° 2010-425 du 29 avr. 2010, art. 2-8°)* « que ce dernier » prenne les décisions mentionnées à l'article *(Décr.*

n° 2017-500 du 6 avr. 2017, art. 3-5°) « **R. 162-33-16** » du code de la sécurité sociale et à l'article **R. 6145-26** du présent code.

SOUS-SECTION 3 PRÉSENTATION ET FIXATION DE L'ÉTAT DES PRÉVISIONS DE RECETTES ET DE DÉPENSES *(Décr. n° 2010-425 du 29 avr. 2010, art. 2-9°).*

Art. R. 6145-10 *(Décr. n° 2005-1474 du 30 nov. 2005) (Décr. n° 2012-1247 du 7 nov. 2012, art. 2)* « Le budget » de l'établissement public de santé est l'acte par lequel sont prévues et autorisées ses recettes et ses dépenses annuelles. Il détermine les recettes prévisionnelles dans les conditions fixées au premier alinéa de l'article **L. 6145-1** *(Décr. n° 2010-425 du 29 avr. 2010, art. 2-9°)* « et à l'article **L. 6145-7** ».

Le modèle des documents de présentation *(Décr. n° 2012-1247 du 7 nov. 2012, art. 2)* « du budget » et de ses *(Décr. n° 2010-425 du 29 avr. 2010, art. 2-10°)* « modifications » est fixé par arrêté des ministres chargés du budget, de la santé et de la sécurité sociale.

Les prévisions de recettes et de dépenses sont *(Décr. n° 2010-425 du 29 avr. 2010, art. 2-10°)* « fixées par le » directeur selon les modalités définies aux articles **R. 6145-13** à **R. 6145-18** et dans le respect des conditions *(Décr. n° 2010-425 du 29 avr. 2010, art. 2-10°)* « prévues » à l'article **R. 6145-11**.

(Décr. n° 2012-1247 du 7 nov. 2012, art. 2) « Le budget » peut, en tant que de besoin, faire l'objet de décisions modificatives *(Décr. n° 2010-425 du 29 avr. 2010, art. 2-10°)* « fixées par le directeur, soit à son initiative, soit » à la demande du *(Décr. n° 2010-425 du 29 avr. 2010, art. 2-1°)* « directeur général de l'agence régionale de santé » en application de l'article **L. 6145-4**.

(Décr. n° 2010-425 du 29 avr. 2010, art. 2-10°) « Les décisions modificatives qui tiennent compte d'une modification de la dotation de financement des missions d'intérêt général et d'aide à la contractualisation ou de la dotation annuelle de financement sont transmises au directeur général de l'agence régionale de santé au plus tard le 31 décembre de l'exercice auquel elles se rapportent. »

Les décisions modificatives peuvent entraîner une révision des tarifs de prestations *(Décr. n° 2010-425 du 29 avr. 2010, art. 2-10°)* « servant de base à la participation du patient ».

Art. R. 6145-11 *(Décr. n° 2005-1474 du 30 nov. 2005) (Décr. n° 2012-1247 du 7 nov. 2012, art. 2)* « Le budget » *(Décr. n° 2010-425 du 29 avr. 2010, art. 2-11°)* « remplit » les conditions suivantes :

1° Chacun des comptes de résultat prévisionnels est présenté en équilibre ; toutefois, le compte de résultat prévisionnel principal et les comptes de résultat prévisionnels annexes des activités mentionnées au 1° *(Décr. n° 2010-425 du 29 avr. 2010, art. 2-11°)* « , 2° et 4° » de l'article **R. 6145-12** peuvent être présentés en excédent ;

2° Les recettes et dépenses sont évaluées de façon sincère ;

(Décr. n° 2010-425 du 29 avr. 2010, art. 2-11°) « 3° La capacité d'autofinancement de l'établissement figurant dans le tableau de financement prévisionnel mentionné au 3° de l'article **R. 6145-13** est suffisante pour couvrir le remboursement en capital contractuel des emprunts à échoir au cours de l'exercice.

« Par dérogation au 1°, le compte de résultat prévisionnel principal et les comptes de résultat prévisionnels annexes mentionnés aux 2° et 4° de l'article **R. 6145-12** peuvent prévoir un déficit si celui-ci est compatible avec le plan global de financement pluriannuel mentionné au 5° de l'article **L. 6143-7** approuvé par le directeur général de l'agence régionale de santé. »

Art. R. 6145-12 *(Décr. n° 2005-1474 du 30 nov. 2005)* Les dépenses et les recettes imputables aux activités assurées par les établissements publics de santé sont retracées dans le cadre d'un état des prévisions de recettes et de dépenses unique. Toutefois, font l'objet d'un compte de résultat prévisionnel annexe les opérations d'exploitation concernant chacun des services ou activités suivants :

1° Exploitation de la dotation non affectée aux services hospitaliers et des services industriels et commerciaux mentionnés à l'article **L. 6145-7** ;

2° Les unités de soins de longue durée ;

3° Les écoles et instituts de formation mentionnés aux articles **L. 4151-9**, **L. 4244-1** et **L. 4383-5** ;

(Décr. n° 2010-425 du 29 avr. 2010, art. 2-12°) « 4° Les établissements et services d'hébergement des personnes âgées, mentionnés au 6° du I de l'article L. 312-1 du code de l'action sociale et des familles ;

« 5° Les services de soins infirmiers à domicile ;

« 6° Les autres activités mentionnées au premier alinéa de l'article L. 6111-3, regroupées en un ou plusieurs comptes de résultat prévisionnels annexes ; »

(Décr. n° 2016-524 du 27 avr. 2016, art. 4) « 7° Pour les établissements supports de groupements hospitaliers de territoire, les opérations concernant les fonctions et activités mentionnées aux I, II et III de l'article L. 6132-3 gérées par cet établissement. Les établissements parties au groupement contribuent aux opérations selon une clé de répartition fixée par arrêté du ministre chargé de la santé. »

Aucun de ces comptes de résultat annexes ne peut recevoir de subvention d'équilibre du compte de résultat principal.

Le compte de résultat prévisionnel annexe mentionné au 3° est soumis aux règles budgétaires et comptables de l'établissement de rattachement sous réserve des adaptations prévues à la sous-section 8 de la présente section.

Art. R. 6145-13 *(Décr. n° 2005-1474 du 30 nov. 2005) (Décr. n° 2012-1247 du 7 nov. 2012, art. 2)* « Le budget » des établissements publics de santé se compose :

1° D'un compte de résultat prévisionnel principal dans lequel sont prévues et autorisées les opérations d'exploitation, à l'exclusion de celles qui sont retracées dans un compte de résultat prévisionnel annexe ;

2° D'un compte de résultat prévisionnel annexe pour chacune des activités mentionnées à l'article R. 6145-12, dans lequel sont prévues et autorisées les opérations d'exploitation ;

3° D'un tableau de financement prévisionnel dans lequel sont prévues et autorisées les opérations d'investissement se rapportant à l'ensemble des services et activités de l'établissement.

Le résultat prévisionnel des comptes de résultat prévisionnels est repris dans un tableau de calcul de la capacité d'autofinancement prévisionnelle, laquelle apparaît dans le tableau de financement prévisionnel.

Art. R. 6145-14 *(Décr. n° 2005-1474 du 30 nov. 2005)* Les crédits inscrits *(Décr. n° 2012-1247 du 7 nov. 2012, art. 2)* « au budget » présentent un caractère évaluatif, à l'exception de ceux inscrits sur une liste de *(Décr. n° 2010-425 du 29 avr. 2010, art. 2-13°)* « titres ou de » chapitres, fixée par arrêté des ministres chargés de la santé, de la sécurité sociale et du budget, qui présentent un caractère limitatif.

(Décr. n° 2010-425 du 29 avr. 2010, art. 2-13°) « Le contrôle de la disponibilité des crédits limitatifs par le comptable s'effectue au niveau de chacun des titres ou chapitres de la liste mentionnée à l'alinéa précédent. »

Lorsque, en application du troisième alinéa de l'article L. 6145-1 ou de l'article *(Décr. n° 2007-46 du 10 janv. 2007, art. 1er-II ; Décr. n° 2010-425 du 29 avr. 2010, art. 2-13°)* « L. 6145-2 ou de l'article L. 6131-5 », le *(Décr. n° 2010-425 du 29 avr. 2010, art. 2-1°)* « directeur général de l'agence régionale de santé » arrête *(Décr. n° 2012-1247 du 7 nov. 2012, art. 2)* « le budget », le caractère limitatif des crédits s'apprécie au niveau de chaque chapitre.

Art. R. 6145-15 *(Décr. n° 2005-1474 du 30 nov. 2005)* Pour les activités relevant du I de l'article L. 312-1 du code de l'*action sociale et des familles*, à l'exception des unités de soins de longue durée et des établissements relevant du I de l'article L. 313-12 du même code, les comptes de résultats prévisionnels annexes sont présentés par titres dont la composition est conforme aux groupes fonctionnels fixés par l'arrêté pris pour l'application de l'article L. 315-15 du même code, sous réserve des reclassements comptables rendus nécessaires par le plan comptable des établissements publics de santé.

Art. R. 6145-16 *(Décr. n° 2005-1474 du 30 nov. 2005)* Les prévisions de recettes et de dépenses relatives à la réalisation, sur l'exercice concerné, des opérations inscrites dans *(Décr. n° 2010-425 du 29 avr. 2010, art. 2-14°)* « le programme d'investissement mentionné à l'article L. 6143-7 » sont retracées dans le tableau de financement prévisionnel défini à l'article R. 6145-13.

Art. R. 6145-17 *Abrogé par Décr. n° 2010-425 du 29 avr. 2010, art. 2.*

Art. R. 6145-18 *(Décr. n° 2005-1474 du 30 nov. 2005)* **Le tableau de financement prévisionnel et chacun des comptes de résultat prévisionnels sont présentés sous forme synthétique, par titre, et détaillée, par chapitre.**

Art. R. 6145-19 *(Décr. n° 2005-1474 du 30 nov. 2005)* **Sont annexés** *(Décr. n° 2012-1247 du 7 nov. 2012, art. 2)* **« au budget » les documents suivants :**

1° Le rapport de présentation établi par le directeur de l'établissement analysant les équilibres généraux, explicitant les hypothèses retenues en dépenses et en recettes et retraçant les principales évolutions par rapport à l'année précédente ;

2° Le tableau prévisionnel des effectifs rémunérés *(Décr. n° 2010-425 du 29 avr. 2010, art. 2-16°)* **« , dont le modèle est fixé par arrêté du ministre chargé de la santé ;**

« 3° Les propositions de tarifs de prestations servant de base à la participation du patient. L'établissement tient à la disposition du directeur général de l'agence régionale de santé l'état de répartition des charges par catégorie tarifaire relatif à ces propositions de tarifs. »

Art. R. 6145-20 *(Décr. n° 2005-1474 du 30 nov. 2005)* **Le tableau prévisionnel des effectifs rémunérés fait apparaître, pour chacun des comptes de résultat prévisionnels et par grade, qualification ou statut, l'effectif du personnel médical et non médical dont la rémunération est inscrite** *(Décr. n° 2012-1247 du 7 nov. 2012, art. 2)* **« au budget ». Il fait apparaître distinctement le montant des crédits affectés aux emplois permanents et ceux affectés aux emplois temporaires.**

SOUS-SECTION 4 **TARIFS DE PRESTATIONS** *(Décr. n° 2017-500 du 6 avr. 2017, art. 3-6°).*

Art. R. 6145-21 *(Décr. n° 2005-1474 du 30 nov. 2005)* **Pour les activités de soins de suite et de réadaptation, de soins de longue durée, de psychiatrie** *(Abrogé par Décr. n° 2010-425 du 29 avr. 2010, art. 2-18°)* *« ainsi que pour les activités de médecine des hôpitaux locaux »*, **les tarifs de prestations mentionnés à l'article L. 174-3 du code de la sécurité sociale sont établis pour au moins chacune des catégories suivantes :**

1° L'hospitalisation complète en régime commun en distinguant :

***a)* Services spécialisés ou non ;**

***b)* Services de suite et de réadaptation ;**

***c)* Unités de soins de longue durée pour ce qui concerne les soins ;**

2° L'hospitalisation à temps partiel ;

3° L'hospitalisation à domicile.

Art. R. 6145-22 *(Décr. n° 2005-1474 du 30 nov. 2005)* **Les tarifs de prestations mentionnés aux** *(Décr. n° 2010-425 du 29 avr. 2010, art. 2-19°)* **« 1°, 2° et 3° » de l'article R. 6145-21, à l'exception de ceux relatifs aux unités de soins de longue durée, sont obtenus, pour chaque catégorie tarifaire, en divisant le coût de revient prévisionnel par le nombre de journées d'hospitalisation prévues, après déduction des produits ne résultant pas de la facturation des tarifs de prestations.**

Le coût de revient prévisionnel est égal à la totalité des dépenses d'exploitation des sections tarifaires concernées comprenant :

1° Les charges directes ;

2° Les charges des consommations d'actes, de biens et de services médicaux sur la base de leur prix d'achat ou, à défaut, de leur coût de revient ;

3° Les autres charges du compte de résultat prévisionnel principal qui ne sont pas couvertes par des ressources propres, réparties entre les catégories tarifaires proportionnellement au nombre de journées prévues dans chaque catégorie.

Art. R. 6145-23 *(Décr. n° 2005-1474 du 30 nov. 2005)* **La mobilisation spécifique et la participation de tous moyens hospitaliers, dont le service mobile de secours et de soins d'urgence à la couverture médicale des grands rassemblements, au sens de l'article R. 6311-4, font l'objet d'une facturation particulière dans le cadre d'une convention passée entre l'établissement public de santé et les parties prenantes.**

Art. R. 6145-24 *(Décr. n° 2005-1474 du 30 nov. 2005)* **Les tarifs de prestations ne sont pas applicables aux journées pour lesquelles les personnes hospitalisées ont obtenu une permission de sortie accordée au titre de l'article R. 1112-56.**

Art. R. 6145-25 *(Décr. n° 2010-425 du 29 avr. 2010, art. 2-20°)* **Aucun paiement d'honoraire ne peut être réclamé aux patients hospitalisés, en sus du tarif de prestation ou de séjour, sauf pour les actes pratiqués dans le cadre de l'activité libérale des praticiens hospitaliers à temps plein.**

Art. R. 6145-26 *Abrogé par Décr. n° 2017-500 du 6 avr. 2017, art. 3.*

Art. R. 6145-27 *(Décr. n° 2005-1474 du 30 nov. 2005)* **Ne constituent pas une charge d'exploitation les honoraires perçus par les praticiens hospitaliers à temps plein au titre de leur activité libérale.**

SOUS-SECTION 5 APPROBATION, EXÉCUTION ET CONTRÔLE DE L'ÉTAT DES PRÉVISIONS DE RECETTES ET DE DÉPENSES *(Décr. n° 2005-1474 du 30 nov. 2005).*

Art. R. 6145-28 *(Décr. n° 2005-1474 du 30 nov. 2005)* **Sous réserve des dispositions prises en application de l'article L. 6147-1***(Décr. n° 2010-425 du 29 avr. 2010, art. 2-23°)* **« et de l'article L. 6143-4 », le contrôle de l'État prévu par l'article L. 6141-1 est exercé en matière budgétaire par le** *(Décr. n° 2010-425 du 29 avr. 2010, art. 2-1°)* **« directeur général de l'agence régionale de santé ».**

Art. R. 6145-29 *(Décr. n° 2005-1474 du 30 nov. 2005) (Décr. n° 2012-1247 du 7 nov. 2012, art. 2)* **« Le budget »** *(Décr. n° 2010-425 du 29 avr. 2010, art. 2)* **« ainsi que les propositions de tarifs servant de base à la participation du patient sont fixés par le directeur » et transmis au** *(Décr. n° 2010-425 du 29 avr. 2010, art. 2-1°)* **« directeur général de l'agence régionale de santé » au plus tard le** *(Ord. n° 2015-1687 du 16 déc. 2015, art. 1er)* **« 1er janvier » de l'année à laquelle ils se rapportent.**

(Décr. n° 2012-1247 du 7 nov. 2012, art. 2) **« Le budget » est accompagné des documents mentionnés à l'article R. 6145-19.**

Les décisions modificatives sont transmises, en vue de leur approbation, au *(Décr. n° 2010-425 du 29 avr. 2010, art. 2)* **« directeur général de l'agence régionale de santé », accompagnées** *(Décr. n° 2010-425 du 29 avr. 2010, art. 2)* **« du document mentionné au 1° » de l'article R. 6145-19 et, en tant que de besoin, aux** *(Décr. n° 2010-425 du 29 avr. 2010, art. 2)* **« 2° et 3° » du même article.**

(Décr. n° 2015-1687 du 16 déc. 2015, art. 1er) **« A défaut d'approbation expresse et sous réserve des dispositions de l'article L. 6143-4 relatives aux établissements de santé soumis à un plan de redressement en application de l'article L. 6143-3, si à l'issue d'un délai de trente jours suivant la réception du projet d'état des prévisions de recettes et de dépenses, le directeur général de l'agence régionale de santé n'a pas fait connaître son opposition à ce projet, il devient exécutoire. Il est transmis sans délai au comptable de l'établissement. »**

Les décisions modificatives sont approuvées dans les mêmes conditions.

Le *(Décr. n° 2010-425 du 29 avr. 2010, art. 2)* **« directeur général de l'agence régionale de santé » arrête les tarifs de prestations** *(Décr. n° 2010-425 du 29 avr. 2010, art. 2)* **« servant de base à la participation du patient, » dans le délai de 30 jours mentionné au quatrième alinéa.**

La décision du *(Décr. n° 2010-425 du 29 avr. 2010, art. 2)* **« directeur général de l'agence régionale de santé » est motivée.**

Art. R. 6145-30 *(Décr. n° 2005-1474 du 30 nov. 2005)* **L'établissement de santé tient à la disposition du** *(Décr. n° 2010-425 du 29 avr. 2010, art. 2-1°)* **« directeur général de l'agence régionale de santé » les documents et informations nécessaires à l'exercice de son contrôle. La demande de communication de ces documents, autres que ceux prévus à l'article R. 6145-19, ne suspend pas les délais prévus à l'article R. 6145-29.**

Art. D. 6145-31 *(Décr. n° 2005-1474 du 30 nov. 2005)* **Le** *(Décr. n° 2010-425 du 29 avr. 2010, art. 2-1°)* **« directeur général de l'agence régionale de santé » peut s'opposer au projet d'état des prévisions de recettes et de dépenses lorsque celui-ci**

n'est pas *(Décr. n° 2010-425 du 29 avr. 2010, art. 2-25°)* « fixé » conformément aux dispositions de l'article R. 6145-11 ou pour un ou plusieurs des motifs suivants :

1° Les prévisions de recettes excèdent les ressources fixées en application des articles L. 162-22-10 et *(Décr. n° 2017-500 du 6 avr. 2017, art. 3-8°)* « R. 162-33-16 » du code de la sécurité sociale et R. 6145-26 du présent code ;

2° Les prévisions de recettes sont fondées sur des prévisions d'activités manifestement erronées, portent sur des activités non autorisées, ou sont fondées sur des augmentations d'activités incompatibles avec les objectifs du schéma régional d'organisation *(Décr. n° 2010-425 du 29 avr. 2010, art. 2-25°)* « des soins » ou le contrat pluriannuel d'objectifs et de moyens ;

3° Le projet d'état des prévisions de recettes et de dépenses ne tient pas compte des engagements prévus au contrat pluriannuel mentionné ci-dessus et de son exécution ;

4° En cas de situation financière dégradée, les mesures de redressement de la situation financière adoptées par *(Décr. n° 2010-425 du 29 avr. 2010, art. 2-25°)* « l'établissement » ne sont pas adaptées.

(Décr. n° 2010-425 du 29 avr. 2010, art. 2-25°) « Par dérogation au 1°, les prévisions de recettes peuvent inclure des sommes escomptées par l'établissement au cours de l'exercice, prévues dans le contrat pluriannuel d'objectifs et de moyens ou un engagement contractuel spécifique, et non encore notifiées, dont l'établissement doit justifier le montant. Dans ce cas, l'éventuelle approbation *(Décr. n° 2012-1247 du 7 nov. 2012, art. 2)* « du budget » dans sa globalité ne vaut pas engagement de notification par le directeur général de l'agence régionale de santé. »

Art. D. 6145-31-1 *(Décr. n° 2015-1687 du 16 déc. 2015, art. 1er-3°)* Lorsque, en application de l'article L. 6143-4, l'état des prévisions de recettes et de dépenses fait l'objet d'une approbation expresse, cette dernière intervient dans les trente jours suivant la réception du projet d'état des prévisions de recettes et de dépenses. A défaut d'approbation expresse, le directeur de l'établissement fixe un nouvel état des prévisions de recettes et de dépenses dans les conditions fixées à l'article R. 6145-32.

Pour se prononcer sur le projet d'état des prévisions de recettes et de dépenses qui lui est présenté, le directeur général de l'agence régionale de santé prend en compte :

1° L'évolution des effectifs inscrits au tableau prévisionnel des effectifs rémunérés du compte de résultat principal entre le dernier état comparatif mentionné à l'article R. 6145-6 de l'exercice précédent et le projet d'état prévisionnel de recettes et de dépenses de l'année en cours ;

2° L'évolution des recettes entre le dernier état comparatif mentionné à l'article R. 6145-6 de l'exercice précédent et le projet d'état prévisionnel de recettes et de dépenses de l'année en cours.

Art. R. 6145-32 *(Décr. n° 2010-425 du 29 avr. 2010, art. 2-26°)* Lorsque le directeur général de l'agence régionale de santé s'oppose *(Décr. n° 2012-1247 du 7 nov. 2012, art. 2)* « au budget », il détermine le délai, dans la limite de trente jours à compter de la notification de l'opposition, dans lequel le directeur de l'établissement fixe un nouveau *(Décr. n° 2012-1247 du 7 nov. 2012, art. 2)* « budget ». Ce nouveau *(Décr. n° 2012-1247 du 7 nov. 2012, art. 2)* « budget » est transmis sans délai au directeur général de l'agence régionale de santé, en vue de son approbation.

Art. D. 6145-33 *(Décr. n° 2005-1474 du 30 nov. 2005)* *(Décr. n° 2010-425 du 29 avr. 2010, art. 2-29°)* « Sous réserve » des dispositions du deuxième alinéa de l'article L. 6145-1, le *(Décr. n° 2010-425 du 29 avr. 2010, art. 2-1°)* « directeur général de l'agence régionale de santé » peut formuler des observations sur le projet d'état des prévisions de recettes et de dépenses sans assortir cet avis d'un refus exprès d'approbation.

Art. D. 6145-34 *(Décr. n° 2015-1687 du 16 déc. 2015, art. 1er-4°)* Les dispositions du *premier alinéa de* l'article L. 6145-2 s'appliquent lorsque l'état des prévisions de recettes et de dépenses n'est pas fixé par le directeur au plus tard le *(Ord. n° 2015-1687 du 16 déc. 2015, art. 2)* « 1er janvier » de l'année à laquelle il se rapporte.

Art. R. 6145-35 *(Décr. n° 2005-1474 du 30 nov. 2005)* Lorsque *(Décr. n° 2012-1247 du 7 nov. 2012, art. 2)* « le budget » n'est pas encore exécutoire, et *(Décr. n° 2010-425 du 29 avr. 2010, art. 2-29°)* « sous réserve » des dispositions de l'article *(Décr.*

n° 2007-46 du 10 janv. 2007, art. 1er-II) « L. **6145-2** », les opérations de recettes et de dépenses sont effectuées temporairement sur la base *(Décr. n° 2012-1247 du 7 nov. 2012, art. 2)* « du budget » exécutoire de l'exercice précédent.

Art. R. 6145-36 *(Décr. n° 2005-1474 du 30 nov. 2005)* Les tarifs de prestations d'hospitalisation mentionnés à l'article L. **162-22-10** du code de la sécurité sociale sont facturés dans les conditions en vigueur au moment de la fin du séjour du patient.

Dans l'attente de la fixation des tarifs de prestations *(Décr. n° 2010-425 du 29 avr. 2010, art. 2-30°)* « servant de base à la participation du patient, » du montant des forfaits prévus à l'article L. **162-22-12** du même code et des dotations prévues aux articles L. **162-22-14** et L. **174-1** du même code :

1° La caisse chargée du versement des dotations et des forfaits annuels règle des acomptes mensuels égaux à un douzième des dotations et des forfaits de l'année précédente ;

2° Les recettes relatives à la facturation des tarifs de prestations *(Abrogé par Décr. n° 2010-425 du 29 avr. 2010, art. 2-30°) « mentionnées à l'article L. 174-3 du même code, »* sont liquidées et perçues dans les conditions en vigueur au cours de l'exercice précédent ;

3° Les autres recettes sont *(Décr. n° 2010-425 du 29 avr. 2010, art. 2-30°)* « facturées » dans les conditions et selon les prix ou tarifs fixés par l'ordonnateur ou selon les modalités prévues dans les conventions en cours ou les dispositions réglementaires en vigueur.

Art. R. 6145-37 *(Décr. n° 2005-1474 du 30 nov. 2005)* Par dérogation aux dispositions de l'article R. **6145-2** et *(Décr. n° 2010-425 du 29 avr. 2010, art. 2-29°)* « sous réserve » des dispositions de l'article R. **6145-38**, au début de chaque année, l'ordonnateur dispose d'un délai d'un mois pour *(Décr. n° 2010-425 du 29 avr. 2010, art. 2-31°)* « achever », d'une part, pour ce qui concerne les opérations d'exploitation, *(Décr. n° 2010-425 du 29 avr. 2010, art. 2-31°)* « l'émission » des titres de recettes et des mandats correspondant aux droits acquis et aux services faits au cours de l'année précédente et, d'autre part, *(Décr. n° 2010-425 du 29 avr. 2010, art. 2-31°)* « les opérations » d'ordre.

Le comptable procède dans le même délai à la comptabilisation de ces opérations.

Art. R. 6145-38 *(Décr. n° 2005-1474 du 30 nov. 2005)* Les dépenses d'exploitation régulièrement engagées mais non mandatées à la clôture de l'exercice et pour lesquelles le service est fait au 31 décembre sont notifiées par l'ordonnateur au comptable avec les justifications nécessaires et rattachées au résultat de cet exercice.

Art. R. 6145-39 *(Décr. n° 2005-1474 du 30 nov. 2005) (Décr. n° 2010-425 du 29 avr. 2010, art. 2-29°)* « Sous réserve » de l'exercice de ses pouvoirs généraux de contrôle, le *(Décr. n° 2010-425 du 29 avr. 2010, art. 2-1°)* « directeur général de l'agence régionale de santé » peut, à son initiative ou à la demande du conseil *(Décr. n° 2010-425 du 29 avr. 2010, art. 2-32°)* « de surveillance » ou du directeur de l'établissement, soumettre le fonctionnement et la gestion d'un établissement public de santé en difficulté à l'examen d'une mission d'enquête.

Le *(Décr. n° 2010-425 du 29 avr. 2010, art. 2-1°)* « directeur général de l'agence régionale de santé » peut faire appel, le cas échéant, à des représentants spécialisés de l'État.

La mission d'enquête procède à l'audition de toute personne qu'elle juge utile d'entendre, et notamment du président de la commission médicale et du représentant du contrôle médical compétent pour l'établissement considéré.

Le *(Décr. n° 2010-425 du 29 avr. 2010, art. 2-1°)* « directeur général de l'agence régionale de santé » communique les conclusions de la mission d'enquête au président du conseil *(Décr. n° 2010-425 du 29 avr. 2010, art. 2-32°)* « de surveillance », au directeur et au comptable de l'établissement ; il propose les mesures de nature à remédier aux difficultés de fonctionnement ou de gestion constatées.

Art. R. 6145-40 *(Décr. n° 2005-1474 du 30 nov. 2005)* Le directeur de l'établissement est tenu de *(Décr. n° 2010-425 du 29 avr. 2010, art. 2-33°)* « prendre » une décision modificative lorsque :

1° L'un des *(Décr. n° 2010-425 du 29 avr. 2010, art. 2-33°)* « titres ou » chapitres relevant de la liste mentionnée à l'article R. 6145-14 est insuffisamment doté ;

2° Une dépense engagée sur un compte éventuellement non doté ou insuffisamment doté *(Décr. n° 2012-1247 du 7 nov. 2012, art. 2)* « au budget » approuvé est de nature à bouleverser l'économie générale *(Décr. n° 2012-1247 du 7 nov. 2012, art. 2)* « du budget » ;

3° L'évolution *(Décr. n° 2015-1687 du 16 déc. 2015, art. 1er-5°-a)* « du niveau de recettes » de l'établissement ou du niveau de ses dépenses sont manifestement incompatibles avec le respect de son *(Décr. n° 2012-1247 du 7 nov. 2012, art. 2)* « budget » ;

4° Le *(Décr. n° 2010-425 du 29 avr. 2010, art. 2-1°)* « directeur général de l'agence régionale de santé » fait application des dispositions prévues *(Décr. n° 2010-425 du 29 avr. 2010, art. 2-33°)* « aux I et II » de l'article L. 6145-4 ;

(Décr. n° 2015-1687 du 16 déc. 2015, art. 1er-5°-b et c) « 5° Le directeur général de l'agence régionale de santé notifie pour la première fois de l'année civile les décisions mentionnées à l'article R. 162-42-4 du code de la sécurité sociale et à l'article R. 6145-26 et que l'établissement est soumis à un plan de redressement en application de l'article L. 6143-3.

« Dans les circonstances prévues aux 4° et 5°, la décision modificative qu'est tenu de prendre le directeur de l'établissement est présentée dans un délai de trente jours après la notification de la demande ou de la décision du directeur général de l'agence régionale de santé. »

Art. R. 6145-41 *Abrogé par Décr. n° 2009-213 du 23 févr. 2009, art. 3.*

Art. R. 6145-42 *(Décr. n° 2005-1474 du 30 nov. 2005)* Pour l'application de l'article L. 6145-3 et du deuxième alinéa de l'article L. 6145-5, le *(Décr. n° 2010-425 du 29 avr. 2010, art. 2-1°)* « directeur général de l'agence régionale de santé » met en demeure l'ordonnateur d'exécuter ses obligations. Si à l'expiration d'un délai de 30 jours suivant cette mise en demeure, l'ordonnateur ne s'est pas exécuté, le *(Décr. n° 2010-425 du 29 avr. 2010, art. 2-1°)* « directeur général de l'agence régionale de santé » arrête le montant des sommes dues et procède au mandatement d'office de la dépense ou à l'émission d'office du titre de recette dans les conditions fixées par arrêté des ministres chargés de la santé, de la sécurité sociale et du budget.

Art. D. 6145-42-1 Les procédures de mandatement d'office ou d'inscription d'office prévues à l'article L. 6145-5 sont mises en œuvre lorsque le montant du mandat correspondant au règlement du principal est supérieur à 7 600 euros.

SOUS-SECTION 6 CLÔTURE DE L'EXERCICE ET AFFECTATION DES RÉSULTATS

Art. R. 6145-43 *(Décr. n° 2010-425 du 29 avr. 2010, art. 2-34°)* A la clôture de l'exercice, le directeur et le comptable en fonction établissent conjointement le projet de compte financier dans des conditions prévues par arrêté des ministres de la santé, de la sécurité sociale et du budget.

Le compte financier comprend :

1° Les comptes annuels, constitués du bilan, du compte de résultat et de l'annexe.

2° L'analyse de l'exécution *(Décr. n° 2012-1247 du 7 nov. 2012, art. 2)* « du budget ». A cette fin, le compte financier :

— récapitule les opérations de dépenses et de recettes et comporte le rappel des prévisions de dépenses et de recettes inscrites au dernier *(Décr. n° 2012-1247 du 7 nov. 2012, art. 2)* « budget » rendu exécutoire ;

— comporte un tableau de calcul de la capacité d'autofinancement et un tableau de financement permettant de déterminer la variation du fonds de roulement ;

— fait notamment apparaître le résultat comptable de chacun des comptes de résultat ainsi que le résultat toutes activités confondues.

Art. R. 6145-44 *(Décr. n° 2010-425 du 29 avr. 2010, art. 2-35°)* Le directeur arrête le compte financier et le transmet au conseil de surveillance au plus tard le *(Décr. n° 2013-1238 du 23 déc. 2013, art. 1er-2°-a)* « 31 mai » de l'exercice suivant en vue de son approbation, accompagné :

(Décr. nº 2013-1238 du 23 déc. 2013, art. 1er-2º-b) « 1º D'un rapport rédigé par le directeur et le comptable portant sur les comptes annuels mentionnés au 1º de l'article R. 6145-43 ;

« 2º D'un rapport rédigé par le directeur et le comptable portant sur les éléments du compte financier mentionnés au 2º de l'article R. 6145-43 ; »

3º Du projet d'affectation des résultats, établi par le directeur.

Art. R. 6145-45 *(Décr. nº 2010-425 du 29 avr. 2010, art. 2-36º)* Les modalités et le cadre de présentation du compte financier sont arrêtés par les ministres chargés du budget, de la santé et de la sécurité sociale.

Art. R. 6145-46 *(Décr. nº 2010-425 du 29 avr. 2010, art. 2-37º)* Le conseil de surveillance délibère sur le compte financier en vue de son approbation et décide de l'affectation des résultats de chaque compte de résultat. Lorsque les comptes sont certifiés en application de l'article L. 6145-16, le conseil de surveillance a préalablement communication du rapport du certificateur.

Les délibérations relatives au compte financier et à l'affectation des résultats interviennent au plus tard le *(Décr. nº 2013-1238 du 23 déc. 2013, art. 1er-3º)* « 30 juin » de l'année suivant l'exercice auquel elles se rapportent.

Si le conseil de surveillance n'a pas pris la délibération au plus tard à cette date, le directeur général de l'agence régionale de santé approuve les comptes et décide de l'affectation des résultats conformément aux dispositions du deuxième alinéa de l'article L. 6145-2.

Art. R. 6145-47 Le compte financier et les documents qui l'accompagnent sont transmis, dans un délai de huit jours, au *(Décr. nº 2010-425 du 29 avr. 2010, art. 2-1º)* « directeur général de l'agence régionale de santé ».

Aucune décision modificative au titre de l'exercice en cours ne peut être prise avant cette transmission, sauf accord exprès du *(Décr. nº 2010-425 du 29 avr. 2010, art. 2-1º)* « directeur général de l'agence régionale de santé ».

Art. R. 6145-48 *(Décr. nº 2005-1474 du 30 nov. 2005)* Les prestations de services que les établissements publics de santé peuvent assurer à titre subsidiaire, ainsi que le prévoit l'article L. 6145-7, sont développées dans la limite des moyens matériels et humains indispensables à l'exécution des missions définies aux articles L. 6111-1 et L. 6112-1.

Dans le cas où la tarification des prestations de services est fixée par l'établissement, les *(Décr. nº 2010-425 du 29 avr. 2010, art. 2-38º)* « prix » opposables aux tiers, à l'exception de ceux afférents aux services exploités dans l'intérêt des personnels, ne peuvent en aucun cas être inférieurs aux coûts de revient des prestations, calculés à partir de la comptabilité analytique mise en œuvre conformément à l'article R. 6145-7.

Art. R. 6145-49 *(Décr. nº 2005-1474 du 30 nov. 2005)* Le résultat du compte de résultat principal est affecté selon les modalités suivantes :

1º L'excédent est affecté par délibération du conseil *(Décr. nº 2010-425 du 29 avr. 2010, art. 2-32º)* « de surveillance » :

a) A un compte de report à nouveau ;

b) A un compte de réserve destiné au financement de mesures d'investissement ;

c) A un compte de réserve de trésorerie.

2º Le déficit est inscrit à un compte de report à nouveau.

Art. R. 6145-50 *(Décr. nº 2005-1474 du 30 nov. 2005)* Le résultat du compte de résultat annexe de chacune des activités mentionnées au 1º de l'article R. 6145-12 est affecté, au cours de l'exercice suivant celui auquel il se rapporte, selon les modalités définies par l'article R. 6145-49.

Art. R. 6145-51 *(Décr. nº 2005-1474 du 30 nov. 2005 ; Décr. nº 2010-425 du 29 avr. 2010, art. 2-39º)* « Le résultat » de chacun des comptes de résultat annexes autres que celui mentionné à l'article R. 6145-50 est affecté, au cours de l'exercice suivant celui auquel il se rapporte, par délibération du conseil de surveillance, selon les modalités suivantes :

I. — L'excédent est affecté :

1º A un compte de report à nouveau de ce compte de résultat annexe ;

2° A un compte de réserve destiné au financement de mesures d'investissement de ce compte de résultat annexe ;
3° A un compte de réserve de trésorerie ;
4° A un compte de réserve de compensation de ce compte de résultat annexe ;
5° A un compte d'excédent affecté à la compensation des charges d'amortissement des équipements, agencements et installations de mise aux normes de sécurité de ce compte de résultat annexe.

II. — Le déficit de chacun des comptes de résultat annexes autres que celui mentionné à l'article R. 6145-50 est :
1° Couvert en priorité par le compte de report à nouveau excédentaire de ce compte de résultat annexe ;
2° Puis, le cas échéant, couvert par la reprise de la réserve de compensation de ce compte de résultat annexe ;
3° Pour le surplus éventuel, affecté à un compte de report à nouveau déficitaire de ce compte de résultat annexe.

Art. R. 6145-52 *(Décr. nº 2005-1474 du 30 nov. 2005)* Lorsque sont supprimées des activités suivies précédemment soit sur le compte de résultat prévisionnel principal, soit sur l'un des comptes de résultat prévisionnels annexes des services et activités mentionnés à l'article R. 6145-12, les résultats antérieurs des comptes de résultat concernés sont reportés sur le nouveau compte de résultat principal et affectés dans les conditions fixées aux articles R. 6145-49 à R. 6145-51.

Art. R. 6145-53 *(Décr. nº 2005-1474 du 30 nov. 2005)* Lorsque le résultat du compte de résultat annexe de l'une des activités mentionnées au 1° de l'article R. 6145-12 fait apparaître un déficit durant trois exercices consécutifs, la poursuite de l'activité doit être expressément décidée par une *(Décr. nº 2010-425 du 29 avr. 2010, art. 2-40°)* « décision motivée du directeur, comportant des mesures » de redressement.

SOUS-SECTION 7 COMPTABLE

Art. R. 6145-54 *(Décr. nº 2005-1474 du 30 nov. 2005)* Les postes comptables des établissements publics de santé relèvent des services déconcentrés *(Décr. nº 2010-425 du 29 avr. 2010, art. 2-41°)* « de la direction générale des finances publiques ».

Pour les établissements importants ou groupes d'établissements *(Décr. nº 2010-425 du 29 avr. 2010, art. 2-41°)* « ainsi que pour les établissements parties à une convention de communauté hospitalière de territoire, » désignés par arrêté des ministres chargés du budget et de la santé, il peut être créé un poste comptable spécialisé.

Les dépenses afférentes au fonctionnement des postes comptables hospitaliers sont à la charge du budget général de l'État.

Art. R. 6145-54-1 *(Décr. nº 2005-1601 du 19 déc. 2005)* Les régies créées par les établissements publics de santé sont soumises aux dispositions mentionnées à la section première du chapitre VII du titre Ier du livre VI de la première partie du code général des collectivités territoriales (partie Réglementaire).

Art. R. 6145-54-2 *(Décr. nº 2010-425 du 29 avr. 2010, art. 2-43°)* Les dispositions de l'article R. 1617-22 du code général des collectivités territoriales sont applicables aux établissements publics de santé.

Art. D. 6145-54-3 *(Décr. nº 2010-425 du 29 avr. 2010, art. 2-43°)* Les dispositions des articles D. 1611-1, D. 1617-19, D. 1617-21 et D. 1617-23 du code général des collectivités territoriales sont applicables aux établissements publics de santé.

Art. R. 6145-54-4 *(Décr. nº 2010-425 du 29 avr. 2010, art. 2-43°)* Les produits des établissements publics de santé sont recouvrés :
1° Soit en vertu de jugements ou de contrats exécutoires ;
2° Soit en vertu *(Décr. nº 2011-2036 du 29 déc. 2011, art. 1er-IV)* « de titres de recettes » émis et rendus exécutoires par le directeur de l'établissement.

Les *(Décr. nº 2011-2036 du 29 déc. 2011, art. 1er-IV)* « mesures d'exécution forcée » pour le recouvrement de ces produits sont effectuées comme en matière de contributions directes.

Les oppositions, lorsque la matière est de la compétence des tribunaux judiciaires, sont jugées comme affaires sommaires.

Art. R. 6145-55 *Abrogé par Décr. nº 2010-425 du 29 avr. 2010, art. 2-44º.*

SOUS-SECTION 8 COMPTE DE RÉSULTAT PRÉVISIONNEL DES ÉCOLES ET INSTITUTS DE FORMATION *(Décr. nº 2005-1474 du 30 nov. 2005).*

Art. R. 6145-56 *(Décr. nº 2005-1474 du 30 nov. 2005)* Le compte de résultat prévisionnel annexe des écoles et instituts mentionnés au 3º de l'article R. 6145-12 retrace les charges et les produits d'exploitation imputables à l'activité de ces écoles et instituts. Il comprend notamment :

1º En charges :

a) Les charges d'exploitation relatives au personnel, en particulier celles afférentes à la rémunération des directeurs, enseignants et intervenants extérieurs, personnels administratifs et techniques affectés au sein des écoles et instituts de formation ;

b) Les indemnités de stages et de frais de déplacements prévus par les dispositions du présent code concernant les professions de santé ;

c) Les autres charges d'exploitation courantes nécessaires à l'activité des écoles et instituts de formation, y compris les charges indirectes correspondant aux frais généraux et prestations ou services fournis par l'établissement gestionnaire et liées au fonctionnement des écoles et instituts. La part des charges indirectes dans le total des charges inscrites dans le compte de résultat prévisionnel annexe ne peut être augmentée sans l'accord exprès de la région sur cette augmentation dans le cadre de la procédure prévue à l'article R. 6145-61 ;

d) Les charges financières relatives aux emprunts contractés pour les investissements destinés aux écoles et instituts et les charges exceptionnelles ;

e) Les dotations aux comptes d'amortissements des biens meubles ou immeubles nécessaires à la réalisation des activités de formation et les dotations aux comptes de provisions *(Décr. nº 2010-425 du 29 avr. 2010, art. 2-45º)* « et dépréciations » ;

2º En produits :

a) La subvention de fonctionnement de la région prévue aux articles L. 4151-9, L. 4244-1 et L. 4383-5 ;

b) Les autres subventions versées au titre des activités de formation des écoles et instituts ;

c) Les produits issus de la facturation aux élèves et étudiants des droits annuels d'inscription, des frais liés à la scolarité et des droits d'inscription aux épreuves de sélection ;

d) Les produits issus de la facturation des frais de formations, y compris dans le cadre des formations dispensées par les écoles et instituts aux agents de l'établissement gestionnaire ;

e) Les produits financiers et exceptionnels ;

f) Les reprises sur *(Décr. nº 2010-425 du 29 avr. 2010, art. 2-45º)* « amortissements, dépréciations et » provisions.

Art. R. 6145-57 *(Décr. nº 2005-1474 du 30 nov. 2005)* La subvention de fonctionnement mentionnée au *a* du 2º de l'article R. 6145-56 est calculée par différence entre la totalité des charges d'exploitation inscrites au compte de résultat prévisionnel annexe et la totalité des recettes d'exploitation autres que la subvention, dans le cadre de la procédure prévue à l'article R. 6145-59.

Art. R. 6145-58 *(Décr. nº 2005-1474 du 30 nov. 2005)* Sans préjudice des dispositions des articles R. 6145-12 et R. 6145-13, les prévisions annuelles d'investissements relatifs aux écoles et instituts de formation mentionnés aux articles L. 4151-9, L. 4244-1 et L. 4383-5 ainsi que les modalités de financement envisagées sont identifiées dans un état récapitulatif transmis au conseil régional, qui arrête le montant de sa subvention d'équipement dans les conditions prévues à l'article R. 6145-59.

La comptabilité distingue les opérations d'investissement, en dépenses et en recettes, imputables aux écoles et instituts mentionnés ci-dessus.

Art. R. 6145-59 *(Décr. nº 2005-1474 du 30 nov. 2005)* Le directeur de l'établissement public de santé gestionnaire adresse au président du conseil régional, avant le 31 octobre de l'année précédent l'exercice auquel elle se rapporte, une demande de subvention destinée à la couverture des dépenses d'équipement et des charges de fonctionnement des écoles et instituts de formation mentionnés aux articles L. 4151-9, L. 4244-1 et L. 4383-5 qu'il gère, accompagnée des prévisions d'activité, de propositions de tarifs servant de base à la facturation des produits mentionnés aux *c* et *d* du 2° de l'article R. 6145-56 pour l'exercice à venir et de propositions de dépenses et de recettes de fonctionnement de ces écoles ou instituts ainsi que l'état récapitulatif des investissements mentionné à l'article R. 6145-58.

L'établissement public de santé tient à la disposition du président du conseil régional les documents et informations sur la base desquels la demande de subvention est établie.

Au terme d'une procédure contradictoire avec l'établissement public de santé, le président du conseil régional notifie au directeur de l'établissement le montant de la subvention de fonctionnement et d'équipement arrêtée par le conseil régional et le transmet au *(Décr. n° 2010-425 du 29 avr. 2010, art. 2-1°)* « directeur général de l'agence régionale de santé », chargé de l'approbation *(Décr. n° 2012-1247 du 7 nov. 2012, art. 2)* « du budget » de l'établissement, dans des délais compatibles avec le calendrier d'approbation budgétaire de l'établissement public de santé fixé par l'article R. 6145-29.

Le président du conseil régional est informé de la décision prise par le *(Décr. n° 2010-425 du 29 avr. 2010, art. 2-1°)* « directeur général de l'agence régionale de santé » sur l'approbation *(Décr. n° 2012-1247 du 7 nov. 2012, art. 2)* « du budget » de l'établissement public de santé dans le cadre de la procédure budgétaire prévue par l'article R. 6145-29.

Art. R. 6145-60 *(Décr. n° 2005-1474 du 30 nov. 2005)* Dans l'attente de la fixation du montant de la subvention de fonctionnement, la région verse à l'établissement gestionnaire des acomptes mensuels égaux à un douzième de la subvention de l'année précédente.

Art. R. 6145-61 *(Décr. n° 2005-1474 du 30 nov. 2005)* A la clôture de l'exercice, et après le vote du compte financier prévu à l'article R. 6145-44, le directeur de l'établissement gestionnaire adresse au président du conseil régional le compte de résultat annexe des activités mentionnées au 3° de l'article R. 6145-12, accompagné d'un rapport d'activité et d'un état retraçant les dépenses et les recettes d'investissement réalisées au cours de l'exercice au bénéfice des écoles et instituts de formation mentionnés aux articles L. 4151-9, L. 4244-1 et L. 4383-5.

SOUS-SECTION 9 CERTIFICATION DES COMPTES DES ÉTABLISSEMENTS PUBLICS DE SANTÉ

(Décr. n° 2013-1238 du 23 déc. 2013, art. 1er)

Art. R. 6145-61-1 En application de l'article L. 6145-16, la certification des comptes des établissements publics de santé peut être assurée par un ou plusieurs commissaires aux comptes ou, pour les établissements dont le total des produits du compte de résultat principal est supérieur à un montant fixé par décret, par la Cour des comptes.

Art. R. 6145-61-2 La ou les instances chargées de la certification sont nommées par le conseil de surveillance pour six exercices sur proposition du directeur de l'établissement, au terme d'une procédure de mise en concurrence conduite dans les conditions prévues par le code des marchés publics et conformément à un cahier des charges type arrêté par les ministres chargés du budget et de la santé.

Art. R. 6145-61-3 La certification des comptes porte sur les comptes annuels, mentionnés au 1° de l'article R. 6145-43.

Art. R. 6145-61-4 Les comptes annuels, le rapport prévu au 1° de l'article R. 6145-44 et les autres documents nécessaires à la certification des comptes sont mis à la disposition du certificateur dans les conditions fixées par un arrêté conjoint des ministres chargés du budget et de la santé.

Art. R. 6145-61-5 Le rapport de certification portant sur les comptes annuels établi par le certificateur est annexé à la délibération relative à l'approbation du compte financier transmise au directeur général de l'agence régionale de santé.

Art. R. 6145-61-6 Le directeur de chacun des établissements publics de santé dont les comptes sont certifiés par un ou plusieurs commissaires aux comptes transmet à la Cour des comptes le rapport établi par le certificateur accompagné de la délibération sur les comptes au plus tard le 15 juillet de l'exercice suivant.

Art. D. 6145-61-7 *(Décr. nº 2013-1239 du 23 déc. 2013, art. 1er)* I. — Sont soumis à la certification de leurs comptes les établissements publics de santé dont le total des produits du compte de résultat principal, constaté lors de l'approbation du compte financier, est égal ou supérieur à cent millions d'euros pendant trois exercices consécutifs.

La certification s'applique aux comptes de l'exercice suivant l'approbation du compte financier du dernier de ces trois exercices.

II. — Lorsque les comptes d'un établissement soumis à la certification font apparaître un total de produits du compte de résultat principal inférieur à cent millions d'euros pendant les troisième, quatrième et cinquième années du mandat de l'instance chargée de la certification, l'établissement n'est plus soumis à l'obligation de certification de ses comptes à l'issue de la période de six exercices prévue à l'article R. 6145-61-2.

Les dispositions des art. D. 6145-61-7 et D. 6145-61-8 s'appliquent à compter de la certification des comptes de l'exercice 2017. La liste des établissements pour lesquels la certification s'applique à compter, respectivement, des exercices 2014, 2015 ou 2016 est fixée par arrêté conjoint des ministres chargés de la santé et du budget, en fonction de l'état d'avancement des travaux nécessaires à l'entrée dans le processus de certification des comptes (Décr. nº 2013-1239 du 23 déc. 2013, art. 2).

Art. D. 6145-61-8 *(Décr. nº 2013-1239 du 23 déc. 2013, art. 1er)* Le montant prévu à l'article R. 6145-61-1 est fixé à 1,2 milliard d'euros. Ce montant doit être constaté lors de l'approbation du compte financier des trois exercices consécutifs pris en compte pour la soumission à l'obligation de certification ou, pour les établissements déjà soumis à cette obligation, des exercices correspondant aux troisième, quatrième et cinquième années du mandat de l'instance chargée de la certification.

SOUS-SECTION 9 SAISINE DE LA CHAMBRE RÉGIONALE DES COMPTES *(Décr. nº 2007-46 du 10 janv. 2007, art. 1er-VII).*

Art. R. 6145-62 *Devient l'art. R. 6143-41 (Décr. nº 2010-425 du 29 avr. 2010, art. 1er-4º).*

Art. D. 6145-63 *Devient l'art. D. 6143-40 (Décr. nº 2008-621 du 27 juin 2008).*

SECTION II PROGRAMME D'INVESTISSEMENT

(Décr. nº 2010-425 du 29 avr. 2010, art. 3)

Art. D. 6145-64 Le programme d'investissement prévu au 4º de l'article L. 6143-7 comporte notamment les informations suivantes :

1º Pour les opérations de travaux, d'acquisition d'équipements matériels lourds mentionnés à l'article R. 6122-26 ou pour les opérations d'investissement portant sur des systèmes d'information, dont le coût total est supérieur à un seuil qui peut être différent selon les établissements et qui est fixé par arrêté des ministres chargés du budget, de la santé et de la sécurité sociale :

a) La liste détaillée des opérations ;

b) Leur montant prévisionnel ;

c) Les échéances prévisionnelles ;

d) Une fiche de présentation de chaque opération de travaux ou de systèmes d'information.

2º Pour les autres opérations de travaux, d'acquisition de matériel, d'investissement portant sur des systèmes d'information ainsi que les acquisitions de terrains : le montant annuel par nature d'opération.

Un arrêté du ministre chargé de la santé fixe les modalités de présentation de ces informations.

SECTION III PLAN GLOBAL DE FINANCEMENT PLURIANNUEL

(Décr. n° 2010-425 du 29 avr. 2010, art. 4-2°)

Art. R. 6145-65 Le plan global de financement pluriannuel de l'établissement, fixé par le directeur, définit les orientations pluriannuelles des finances de l'établissement. Il retrace l'ensemble de ses dépenses et de ses recettes prévisionnelles pour une durée minimale de cinq ans glissants, tant en exploitation qu'en investissement, et présente l'évolution prévisionnelle de la marge brute, de la capacité d'autofinancement, du fonds de roulement, du besoin en fonds de roulement et de la trésorerie de l'établissement sur la période pour laquelle il est fixé.

Le plan détermine notamment les dépenses prévisionnelles résultant de la réalisation de l'ensemble des opérations mentionnées au programme d'investissement prévu à l'article L. 6143-7 et leurs modalités de financement, tant en investissement qu'en exploitation.

Toutes les opérations appelées à figurer dans le programme d'investissement et les engagements hors bilan sont inscrites dans le plan global de financement pluriannuel de l'établissement. *(Décr. n° 2016-211 du 26 févr. 2016, art. 1er-1°)* « Les apports auprès d'une filiale mentionnée à l'article R. 6145-74 ainsi que les prises de participation sont inscrits dans ce plan. »

Art. R. 6145-66 Le plan global de financement pluriannuel est révisé chaque année et transmis au directeur général de l'agence régionale de santé, en vue de son approbation, en même temps que *(Décr. n° 2012-1247 du 7 nov. 2012, art. 2)* « le budget ».

Le plan est mis à jour, en tant que de besoin au cours de l'exercice, dès lors qu'une nouvelle opération est inscrite dans le programme d'investissement ou dès lors que les prévisions de recettes et de dépenses sont substantiellement modifiées. Le plan mis à jour est transmis pour information au directeur général de l'agence régionale de santé.

Le modèle de présentation du plan global de financement pluriannuel est arrêté par le ministre chargé de la santé.

Art. R. 6145-66-1 *(Décr. n° 2016-211 du 26 févr. 2016, art. 1er-2°)* En cas de décision d'apport en capital auprès des sociétés mentionnées à l'article R. 6145-74 dont le montant est supérieur à un seuil fixé par arrêté pris par les ministres en charge de la santé et du budget, le directeur général du centre hospitalier universitaire révise le plan global de financement pluriannuel et soumet le plan révisé à l'approbation du directeur général de l'agence régionale de santé. Le directeur général de l'agence régionale de santé dispose d'un mois pour s'y opposer.

Art. D. 6145-67 Le plan global de financement pluriannuel révisé de l'année est réputé approuvé si le directeur général de l'agence régionale de santé n'a pas fait connaître son opposition dans un délai de trente jours suivant sa réception.

Le directeur général de l'agence régionale de santé peut s'opposer au projet de plan global de financement pluriannuel pour un ou plusieurs des motifs suivants :

1° Le résultat prévisionnel du dernier exercice du plan fait apparaître un déséquilibre financier au regard des critères définis par le décret pris en application de l'article L. 6143-3 ou l'évolution des résultats prévisionnels du plan est incompatible avec le maintien à l'équilibre ou le redressement de l'établissement ;

2° Les niveaux d'investissement ou d'endettement financier à long terme de l'établissement ne sont pas compatibles avec la situation financière présente et future de l'établissement ;

3° Lorsque le programme d'investissement comporte un projet d'investissement envisagé sous forme de contrat de partenariat ou de bail emphytéotique dont l'évaluation, prévue à l'article 2 de l'ordonnance n° 2004-559 du 17 juin 2004 relative au contrat de partenariat, est défavorable.

Art. R. 6145-67-1 *(Décr. n° 2016-211 du 26 févr. 2016, art. 1er-3°)* Le directeur général de l'agence régionale de santé peut également s'opposer au projet de plan global de financement pluriannuel lorsque les apports financiers à des sociétés mentionnées à l'article R. 6145-74 d'un centre hospitalier universitaire présentent un risque financier manifestement incompatible avec le maintien ou l'amélioration de la situation financière de l'établissement.

Art. D. 6145-68 Pour apprécier l'évolution des résultats et les niveaux de l'investissement et de l'endettement mentionnés aux 1° et 2° de l'article D. 6145-67, le directeur général de l'agence régionale de santé prend en compte la structure du haut de bilan, la durée apparente de la dette, la capacité d'autofinancement et la contribution de celle-ci au financement des investissements, ainsi que les évolutions, sur la durée du plan, du résultat, de la marge brute, des engagements hors bilan et du renouvellement des immobilisations.

Art. R. 6145-69 Lorsque le directeur général de l'agence régionale de santé a fait connaître son opposition au plan global de financement pluriannuel, le directeur de l'établissement fixe un nouveau plan qui tient compte des motifs d'opposition du directeur général de l'agence, dans un délai fixé par ce dernier et qui ne peut pas excéder trois mois. Le directeur général de l'agence dispose alors d'un délai d'un mois pour examiner ce nouveau plan en vue de son approbation.

Cette procédure est reconduite si nécessaire jusqu'à l'obtention de l'approbation du plan.

SECTION IV **EMPRUNTS**

(Décr. n° 2011-1872 du 14 déc. 2011, art. 1er)

Art. D. 6145-70 Le recours à l'emprunt des établissements publics de santé dont la situation financière présente au moins deux des trois caractéristiques suivantes est subordonné à l'autorisation préalable du directeur général de l'agence régionale de la santé :

— le ratio d'indépendance financière, qui résulte du rapport entre l'encours de la dette à long terme et les capitaux permanents, excède 50 % ;

— la durée apparente de la dette excède dix ans ;

— l'encours de la dette, rapporté au total de ses produits toutes activités confondues, est supérieur à 30 %.

Ces critères sont calculés à partir du compte financier du dernier exercice clos de l'établissement selon des modalités définies par arrêté des ministres chargés du budget, de la santé et de la sécurité sociale.

La procédure d'autorisation n'est pas applicable aux emprunts dont le terme est inférieur à douze mois.

Le directeur de l'établissement adresse sa demande d'autorisation assortie d'un plan global de financement pluriannuel mis à jour afin d'évaluer l'impact prévisionnel du projet d'emprunt sur l'équilibre financier de l'établissement. Si l'établissement est soumis à l'obligation de produire un plan de redressement conformément à l'article L. 6143-3, le directeur présente une actualisation de ce plan en précisant la trajectoire de désendettement qui en résulte.

Dès réception de la demande d'autorisation, le directeur général de l'agence régionale de santé saisit, pour avis, le directeur régional des finances publiques qui dispose d'un délai de quinze jours pour se prononcer. A l'issue de ce délai, le directeur général de l'agence régionale de santé dispose d'un délai d'une semaine pour notifier sa décision au directeur de l'établissement.

Art. D. 6145-71 Les établissements publics de santé peuvent souscrire des emprunts auprès des établissements de crédit dont le taux d'intérêt est fixe ou variable. Les *emprunts à taux variable* autorisés sont :

— ceux dont le taux d'intérêt varie en application d'une clause d'indexation qui porte sur un taux usuel du marché interbancaire, du marché monétaire de la zone euro ou du marché des valeurs de l'État français ;

— ceux dont le taux d'intérêt varie en application d'une clause d'indexation sur l'indice du niveau général des prix, ou sur l'indice harmonisé des prix à la consommation de la zone euro, définis à l'article D. 112-1 du code monétaire et financier.

Les établissements publics de santé ne peuvent souscrire d'emprunt dont le taux d'intérêt variable peut, durant la vie de l'emprunt, devenir supérieur au double du taux d'intérêt nominal appliqué au cours de la première période de l'emprunt. Cette disposition n'est pas applicable, d'une part, lorsque le taux d'intérêt variable est défini comme la simple addition du taux usuel de référence défini au deuxième alinéa du présent article et d'une marge fixe exprimée en point de pourcentage, d'autre part, lorsque le taux d'intérêt est révisé en fonction d'un des indices définis au troisième alinéa.

Art. D. 6145-72 Les établissements publics de santé ne peuvent souscrire de contrats financiers que lorsqu'ils sont liés à un emprunt. Les contrats financiers autorisés sont les suivants :

— contrats d'option relatifs à des taux d'intérêt ;

— contrats d'échange relatifs à des taux d'intérêt ;

— accords de taux futurs.

Ces contrats financiers peuvent présenter un taux d'intérêt fixe ou variable. Les contrats financiers à taux variable autorisés sont :

— ceux dont le taux d'intérêt varie en application d'une clause d'indexation qui porte sur un taux usuel du marché interbancaire, du marché monétaire de la zone euro ou du marché des valeurs de l'État français ;

— ceux dont le taux d'intérêt varie en application d'une clause d'indexation sur l'indice du niveau général des prix, ou sur l'indice harmonisé des prix à la consommation de la zone euro, définis à l'article D. 112-1 du code monétaire et financier.

Les établissements publics de santé ne peuvent souscrire de contrats financiers dont le taux d'intérêt variable payé peut, durant la vie du contrat, devenir supérieur au double du taux d'intérêt nominal appliqué au cours de la première période. Cette disposition n'est pas applicable, d'une part, lorsque le taux d'intérêt variable payé est défini comme la simple addition du taux usuel de référence défini au sixième alinéa du présent article et d'une marge fixe exprimée en point de pourcentage, d'autre part, lorsque le taux d'intérêt est révisé en fonction d'un des indices définis au septième alinéa.

Art. D. 6145-73 Le non-respect des règles de gestion énoncées à la présente section est passible des dispositions prévues par le livre III du code des juridictions financières, notamment ses articles L. 311-1 à *(Décr. n° 2017-671 du 28 avr. 2017, art. 183)* « L. 313-15 ».

SECTION V FILIALES ET PRISES DE PARTICIPATION

(Décr. n° 2016-211 du 26 févr. 2016, art. 1er-4°)

SOUS-SECTION 1 DISPOSITIONS GÉNÉRALES

Art. R. 6145-74 I. — Les centres hospitaliers universitaires peuvent créer des filiales de droit privé au sens de l'article L. 233-1 du code de commerce et prendre des participations directes au sens de l'article L. 233-2 du même code et des participations indirectes au sens de l'article L. 233-4 de ce code dans des sociétés de droit privé, sous réserve que leur situation financière, appréciée au regard des éléments de leur bilan et de leurs comptes de résultats des deux derniers exercices clos, soit en conformité avec des critères fixés par arrêté pris par les ministres en charge de la santé et du budget.

II. — Les filiales des centres hospitaliers universitaires prennent la forme soit de sociétés anonymes à directoire et conseil de surveillance définies aux articles L. 225-57 à L. 225-93 du code de commerce, soit de sociétés par actions simplifiées définies à l'article L. 227-1 du même code. Lorsque les filiales prennent la forme d'une société par actions simplifiées, cette dernière est dotée d'un conseil de surveillance.

III. — Dans le cas de détention de participations directes ou indirectes d'un centre hospitalier universitaire dans des sociétés de droit privé, les statuts de ces sociétés assurent la représentation de l'établissement dans les conseils de surveillance ou, à défaut, dans les organes d'administration de ces sociétés.

Art. R. 6145-75 Les centres hospitaliers universitaires peuvent créer des filiales dont l'objet social entre dans le champ défini par l'article L. 6145-7 et concerne :

1° A l'étranger, les activités de formation, d'audit, de conseil et la participation à la gestion de services de santé ;

2° La valorisation des activités de recherche et de leurs résultats ;

3° L'exploitation commerciale des brevets et licences ;

4° La prise de participation dans une société dont l'objet social correspond aux domaines d'activité énumérés aux alinéas 1° à 3°.

Art. R. 6145-76 Les prises de participation mentionnées à l'article R. 6145-74 ne peuvent intervenir qu'au sein de sociétés dont l'objet social est en lien direct avec les activités mentionnées à l'article R. 6145-75.

Art. R. 6145-77 Lorsque le conseil de surveillance du centre hospitalier universitaire délibère sur les créations de filiales et les prises de participation directe et indirecte, le projet de délibération qui lui est soumis est accompagné des documents dont la liste et le contenu sont précisés par un arrêté des ministres en charge de la santé et du budget.

Art. R. 6145-78 I. – Dès que le directeur général de l'agence régionale de santé a connaissance d'un projet de création de filiale ou de prise de participation directe ou indirecte, il transmet pour avis les documents mentionnés à l'article R. 6145-77 au recteur d'académie pour les projets concernant des activités de formation, et au délégué régional à la recherche et à la technologie pour les projets concernant la valorisation des activités de recherche et de leurs résultats.

II. – Le directeur général de l'agence régionale de santé s'oppose à la création de filiale ou à la prise de participation directe ou indirecte par un centre hospitalier universitaire lorsqu'il constate qu'une ou plusieurs des conditions suivantes sont remplies :

1° Le projet de création de filiale ou de prise de participation directe ou indirecte ne respecte pas les conditions fixées à l'article L. 6145-7 ou aux articles R. 6145-74 à R. 6145-77 ;

2° Le projet de création de filiale ou de prise de participation directe ou indirecte présente un risque financier manifestement incompatible avec l'amélioration ou le maintien de l'équilibre financier du centre hospitalier universitaire. Le directeur général de l'agence régionale de santé constate ce risque après avis du directeur régional des finances publiques ou, pour l'Assistance publique-Hôpitaux de Paris, du contrôleur financier ;

3° Le centre hospitalier universitaire ne dispose pas d'un état de prévisions de recettes et de dépenses exécutoire ou d'un plan global de financement pluriannuel approuvé.

Art. R. 6145-79 Après approbation de la délibération mentionnée à l'article R. 6145-77, une convention est conclue entre le centre hospitalier universitaire et sa filiale. Cette convention précise notamment :

1° Les apports de toute nature effectués par le centre hospitalier universitaire ;

2° La mise à disposition ou le détachement éventuel de personnels du centre hospitalier universitaire ;

3° Les modalités opérationnelles de contrôle de la stratégie de la filiale par le centre hospitalier universitaire ;

4° Le cas échéant, les locaux et autres moyens mis par le centre hospitalier universitaire à la disposition de sa filiale.

Un exemplaire de cette convention et, le cas échéant, de ses avenants est transmis par le directeur général du centre hospitalier universitaire au président du conseil de surveillance de l'établissement et au directeur général de l'agence régionale de santé.

Art. R. 6145-80 I. – Le directeur général du centre hospitalier universitaire représente l'établissement au sein des conseils de surveillance de ses filiales et des conseils de surveillance ou, à défaut, des organes d'administration des sociétés dans lesquelles l'établissement détient des participations directes. Il peut également désigner une ou plusieurs personnes physiques chargées de le représenter.

II. – Le représentant légal des filiales et des sociétés dans lesquelles le centre hospitalier universitaire détient des participations directes informe le directeur général du centre hospitalier universitaire :

1° De la stratégie de développement des sociétés que le centre hospitalier universitaire contrôle au sens de l'article L. 233-3 du code de commerce ;

2° De l'identité des personnes désignées pour représenter les filiales du centre hospitalier universitaire dans les sociétés qu'elles contrôlent ou dans lesquelles elles détiennent des participations directes ou indirectes ;

3° De tout élément susceptible d'affecter durablement la situation financière et patrimoniale du centre hospitalier universitaire du fait de l'activité des sociétés mentionnées à l'article R. 6145-74.

III. – Pour la mise en œuvre du 1° du II, le représentant légal transmet au directeur général du centre hospitalier universitaire, pour chacune des sociétés mentionnées au 1° du II, les éléments suivants :

1° Tout projet de contrat ou de réponse à un appel d'offres en lien direct avec le développement de la stratégie de ces personnes morales ;

2° Le budget annuel et ses éventuelles modifications ;

3° Un rapport annuel sur l'activité et la gestion de ces sociétés. Ce rapport comprend notamment le bilan et le compte de résultat de l'exercice écoulé, les engagements de toute nature contractés par ces personnes morales ainsi que*[,]* le cas échéant, les conditions dans lesquelles sont exécutées les obligations prévues par la convention mentionnée à l'article R. 6145-79. Il comprend également le programme d'activité et d'investissement pour les trois années à venir. Le rapport du commissaire aux comptes, s'il y a lieu, est annexé à ce rapport.

IV. – Le directeur général du centre hospitalier universitaire présente au conseil de surveillance de l'établissement et transmet au directeur général de l'agence régionale de santé et au directeur régional des finances publiques ou, pour l'Assistance publique-Hôpitaux de Paris, au contrôleur financier l'ensemble des documents d'information mentionnés aux 1° à 3° du III.

Art. R. 6145-81 Le conseil de surveillance du centre hospitalier universitaire et le directeur général de l'agence régionale de santé sont informés sans délai par les représentants légaux mentionnés au II de l'article R. 6145-80 de tout élément susceptible d'affecter durablement la situation financière et patrimoniale du centre hospitalier universitaire du fait de l'activité des sociétés mentionnées à l'article R. 6145-74. Le directeur du centre hospitalier universitaire prend sans délai les mesures que cette situation impose et en informe le directeur général de l'agence régionale de santé.

SOUS-SECTION 2 TRANSPARENCE

Art. R. 6145-82 Le centre hospitalier universitaire qui crée une filiale, prend le contrôle d'une société au sens de l'article L. 233-3 du code de commerce ou participe, directement ou indirectement au sens de l'article L. 233-4 du code de commerce, au capital d'une société*[,]* en application de l'article L. 6145-7, rend publiques les informations suivantes :

1° La forme, la raison sociale et l'objet ainsi que l'adresse du siège de la société ;

2° Le montant des participations financières, sous forme de parts, d'actions ou d'obligations détenues et gérées ou de capitaux propres qu'il détient dans le capital de la société ainsi que la part du capital et des droits de vote que cela représente ;

3° L'identité du dirigeant de la société ainsi que celle des autres associés en indiquant, le cas échéant, celui qui détient la majorité du capital de la société.

Art. R. 6145-83 Les informations mentionnées à l'article R. 6145-82 sont rendues publiques sur le site internet de l'établissement.

CHAPITRE VI ORGANISATION INTERNE

SECTION PREMIÈRE LES PÔLES D'ACTIVITÉ CLINIQUE ET MÉDICO-TECHNIQUE

(Décr. n° 2010-656 du 11 juin 2010, art. 1er)

SOUS-SECTION 1 NOMINATION DES CHEFS DE PÔLE

Art. D. 6146-1 Dans les centres hospitaliers et les centres hospitaliers universitaires, les chefs de pôle sont nommés par le directeur pour une période de quatre ans renouvelable.

Art. R. 6146-2 Le directeur nomme les chefs de pôle clinique ou médico-technique sur présentation d'une liste de propositions établie, dans les centres hospitaliers, par le président de la commission médicale d'établissement et, dans les centres hospitaliers universitaires, par le président de la commission médicale d'établissement, conjointement avec le directeur de l'unité de formation et de recherche médicale ou du président du comité de coordination de l'enseignement médical.

Cette liste, comportant au moins trois noms, est présentée au directeur dans un délai de trente jours à compter de sa demande. En cas d'absence de proposition dans le délai requis, le directeur nomme la personne de son choix. En cas de désaccord du directeur sur les noms portés sur la liste ou si cette dernière est incomplète, le directeur peut demander qu'une nouvelle liste lui soit présentée dans les quinze jours. En cas de nouveau désaccord, il nomme le chef de pôle de son choix.

Art. R. 6146-3 Il peut être mis fin dans l'intérêt du service aux fonctions de chef de pôle par décision du directeur après avis, pour les centres hospitaliers, du président de la commission médicale d'établissement et, pour les centres hospitaliers universitaires, du président de la commission médicale d'établissement, du directeur de l'unité de formation et de recherche médicale et du président du comité de coordination de l'enseignement médical.

SOUS-SECTION 2 NOMINATION DES RESPONSABLES DE STRUCTURE INTERNE, SERVICE ET UNITÉ FONCTIONNELLE

Art. R. 6146-4 Dans les centres hospitaliers et les centres hospitalo-universitaires, les responsables de structure interne, services ou unités fonctionnelles des pôles d'activité clinique ou médico-technique sont nommés par le directeur *(Décr. n° 2016-291 du 11 mars 2016, art. 1er-3°-a)* « sur proposition du président de la commission médicale d'établissement, après avis du chef de pôle », selon des modalités fixées par le règlement intérieur.

(Décr. n° 2016-291 du 11 mars 2016, art. 1er-3°-b) « Les responsables de services, de départements, de structures internes ou d'unités fonctionnelles sont nommés pour une période de quatre ans renouvelable. Dans les deux mois suivant leur nomination, le directeur propose à ces responsables une formation adaptée à l'exercice de leurs fonctions. »

Art. R. 6146-5 Il peut être mis fin, dans l'intérêt du service, aux fonctions de responsable de structure interne, service ou unité fonctionnelle par décision du directeur, après avis du président de la commission médicale d'établissement et du chef de pôle.

SOUS-SECTION 3 CONDITIONS D'EXERCICE DES FONCTIONS DE CHEF DE PÔLE

Art. R. 6146-6 Dans les deux mois suivant leur nomination, le directeur propose aux praticiens nommés dans les fonctions de chef de pôle une formation adaptée à l'exercice de leurs fonctions et dont la durée et le contenu sont fixés par arrêté du ministre chargé de la santé.

Art. R. 6146-7 Une indemnité de fonction est versée aux chefs de pôle. Elle est modulée en fonction de la réalisation des objectifs figurant dans le contrat de pôle. Le montant et les modalités de versement de cette indemnité sont fixés par arrêté des ministres chargés de la santé et du budget.

Art. D. 6146-7-1 *(Décr. n° 2011-117 du 27 janv. 2011, art. 1er)* Cette indemnité *(Décr. n° 2011-546 du 18 mai 2011)* « est assujettie » aux cotisations du régime de retraite complémentaire institué par le décret n° 70-1277 du 23 décembre 1970 modifié portant création d'un régime de retraites complémentaires des assurances sociales en faveur des agents non titulaires de l'État et des collectivités publiques.

SOUS-SECTION 4 CONTRAT ET PROJET DE PÔLE

Art. R. 6146-8 I. — Sur la base de l'organisation déterminée par le directeur, le contrat de pôle mentionné à l'article L. 6146-1 définit les objectifs, notamment en matière de politique et de qualité des soins, assignés au pôle ainsi que les moyens qui lui sont attribués. Il fixe les indicateurs permettant d'évaluer la réalisation de ces objectifs.

II. – Le contrat de pôle définit le champ et les modalités d'une délégation de signature accordée au chef de pôle permettant d'engager des dépenses dans les domaines suivants :

1° Dépenses de crédits de remplacement des personnels non permanents ;

2° Dépenses de médicaments et de dispositifs médicaux ;

3° Dépenses à caractère hôtelier ;

4° Dépenses d'entretien et de réparation des équipements à caractère médical et non médical ;

5° Dépenses de formation de personnel.

III. – Le contrat de pôle précise également le rôle du chef de pôle dans les domaines suivants :

1° Gestion du tableau prévisionnel des effectifs rémunérés et répartition des moyens humains affectés entre les structures internes du pôle ;

2° Gestion des tableaux de service des personnels médicaux et non médicaux ;

3° Définition des profils de poste des personnels médicaux, pharmaceutiques et odontologiques ainsi que des personnels du pôle relevant de la fonction publique hospitalière ;

4° Proposition au directeur de recrutement du personnel non titulaire du pôle ;

5° Affectation des personnels au sein du pôle ;

6° Organisation de la continuité des soins, notamment de la permanence médicale ou pharmaceutique ;

7° Participation à l'élaboration du plan de formation des personnels de la fonction publique hospitalière et au plan de développement professionnel continu des personnels médicaux, pharmaceutiques, maïeutiques et odontologiques.

Il précise, le cas échéant, les modalités d'intéressement du pôle aux résultats de sa gestion.

IV. – Il est conclu pour une période de quatre ans.

Art. R. 6146-9 Le projet de pôle définit, sur la base du contrat de pôle, les missions et responsabilités confiées aux structures internes, services ou unités fonctionnelles et l'organisation mise en œuvre pour atteindre les objectifs qui sont assignés au pôle. Il prévoit les évolutions de leur champ d'activité ainsi que les moyens et l'organisation qui en découlent.

Le chef de pôle élabore dans un délai de trois mois après sa nomination un projet de pôle.

Art. R. 6146-9-1 Le chef de pôle organise une concertation interne associant toutes les catégories du personnel.

Art. R. 6146-9-2 *(Décr. n° 2016-291 du 11 mars 2016, art. 1er-5°)* Le règlement intérieur de l'établissement *(Décr. n° 2016-524 du 27 avr. 2016, art. 3-1°)* « ou du groupement hospitalier de territoire dans le cas de pôles interétablissements » définit les principes essentiels du fonctionnement des pôles et des relations entre les chefs de pôles, les chefs de services et les responsables des départements, unités fonctionnelles et autres structures internes, notamment dans les matières suivantes :

1° La recherche clinique et l'innovation ;

2° L'enseignement, dans le cadre de la formation initiale et continue ;

3° La qualité et la sécurité des soins et des prises en charge ;

4° L'organisation de la continuité et de la permanence des soins ;

5° La coordination des parcours de soins, l'organisation et l'évaluation de la prise en charge médicale du patient ;

6° La gestion des ressources humaines et l'autorité fonctionnelle sur les personnels composant les services et autres structures ;

7° Les principes de la formation et de l'évaluation des fonctions des chefs de service et des responsables des départements, unités fonctionnelles et autres structures internes.

SECTION PREMIÈRE *BIS* PÔLE INTERÉTABLISSEMENT

(Décr. n° 2016-524 du 27 avr. 2016, art. 3-2°)

Art. R. 6146-9-3 I. – Les établissements parties à un groupement hospitalier de territoire peuvent créer des pôles interétablissements d'activité clinique ou médico-technique.

II. – Le chef de pôle interétablissement est nommé parmi les praticiens exerçant dans l'un des établissements parties au groupement, par le directeur de l'établissement support sur proposition du président du collège médical ou de la commission médicale de groupement, ainsi que du directeur de l'unité de formation et de recherche de médecine ou, en cas de pluralité d'unités, du président du comité de coordination de l'enseignement médical, si l'un des établissements est un centre hospitalier et universitaire.

Après information du comité stratégique du groupement hospitalier de territoire, le directeur de l'établissement support et le chef de pôle interétablissement signent un contrat de pôle, dans les conditions fixées par l'article R. 6146-8.

Le président du collège médical ou de la commission médicale de groupement contresigne le contrat de pôle.

III. – Le chef de pôle interétablissement a autorité fonctionnelle sur les équipes médicales, soignantes, administratives et d'encadrement du pôle interétablissement.

Il organise le fonctionnement du pôle et l'affectation des ressources humaines en fonction des nécessités et des lieux de réalisation de l'activité et compte tenu des objectifs prévisionnels du pôle, de la déontologie de chaque praticien et des missions et responsabilités des services, des unités fonctionnelles, des départements ou des autres structures prévues par le projet de pôle. Cette organisation tient compte des nominations des personnels dans chaque établissement et est conforme au projet médical partagé.

Le chef de pôle organise la concertation interne et favorise le dialogue avec le personnel du pôle.

Il peut être assisté par un ou plusieurs collaborateurs exerçant dans l'un des établissements parties au groupement dont il propose la nomination au directeur de l'établissement support, après information du président du collège médical ou de la commission médicale de groupement. Si le pôle comporte une unité obstétricale, l'un de ces collaborateurs est une sage-femme.

IV. – Le projet de pôle définit, sur la base du contrat de pôle, les missions et responsabilités confiées aux structures internes, services ou unités fonctionnelles et l'organisation mise en œuvre pour atteindre les objectifs qui sont assignés au pôle. Il prévoit l'évolution de leur champ d'activité, ainsi que les moyens et l'organisation qui en découlent.

Le chef de pôle élabore un projet de pôle dans un délai de trois mois après sa nomination.

V. – Une représentation du pôle interétablissement est assurée au sein des commissions médicales de chacun des établissements impliqués dans sa constitution.

SECTION II COMMISSION DES SOINS INFIRMIERS, DE RÉÉDUCATION ET MÉDICO-TECHNIQUES

(Décr. n° 2010-449 du 30 avr. 2010, art. 1er)

Art. R. 6146-10 *I. – La commission* des soins infirmiers, de rééducation et médico-techniques prévue par l'article L. 6146-9 du code de la santé publique est consultée pour avis sur :

1° Le projet de soins infirmiers, de rééducation et médico-techniques élaboré par le coordonnateur général des soins ;

2° L'organisation générale des soins infirmiers, de rééducation et médico-techniques ainsi que l'accompagnement des malades ;

3° La politique d'amélioration continue de la qualité, de la sécurité des soins et de la gestion des risques liés aux soins ;

4° Les conditions générales d'accueil et de prise en charge des usagers ;

5° La recherche et l'innovation dans le domaine des soins infirmiers, de rééducation et médico-techniques ;

6° La politique de développement professionnel continu ;

(Décr. nº 2016-524 du 27 avr. 2016, art. 4-6°) « 7° La convention constitutive d'un groupement hospitalier de territoire. »

II. — Elle est informée sur :

1° Le règlement intérieur de l'établissement ;

2° La mise en place de la procédure prévue à l'article L. 6146-2 ;

3° Le rapport annuel portant sur l'activité de l'établissement.

Art. R. 6146-11 I. — La commission des soins infirmiers, de rééducation et médico-techniques est présidée par le coordonnateur général des soins infirmiers, de rééducation et médico-techniques. Elle est composée de représentants élus des différentes catégories de personnels qui participent à la mise en œuvre des soins infirmiers, de rééducation et médico-techniques.

Les représentants élus constituent trois collèges :

1° Collège des cadres de santé ;

2° Collège des personnels infirmiers, de rééducation et médico-techniques ;

3° Collège des aides-soignants.

Chacun des trois collèges est représenté par un nombre de membres qui ne peut être inférieur à 10 % du nombre total des membres élus de la commission.

II. — Participent aux séances de la commission avec voix consultative :

a) Le ou les directeurs des soins qui assistent le coordonnateur général des soins infirmiers, de rééducation et médico-techniques ;

b) Les directeurs des soins chargés des instituts de formation et écoles paramédicaux rattachés à l'établissement ;

c) Un représentant des étudiants de troisième année nommé par le directeur de l'établissement sur proposition du directeur de l'institut de formation paramédicale ou des directeurs des instituts de formation s'ils sont plusieurs à être rattachés à l'établissement ;

d) Un élève aide-soignant nommé par le directeur de l'établissement sur proposition du directeur de l'institut de formation ou de l'école ou des directeurs des instituts de formation ou des écoles s'ils sont plusieurs à être rattachés à l'établissement ;

e) Un représentant de la commission médicale d'établissement.

Toute personne qualifiée peut être associée aux travaux de la commission à l'initiative du président ou d'un tiers de ses membres.

Art. R. 6146-12 Sont électeurs les fonctionnaires titulaires ou stagiaires et les agents contractuels en fonction dans l'établissement à la date du scrutin.

Les personnels de chaque catégorie désignent leurs représentants à la commission par la voie de l'élection au scrutin secret uninominal majoritaire à un tour.

Le nombre de sièges au sein de la commission des soins infirmiers, de rééducation et médico-techniques est déterminé par le règlement intérieur de l'établissement dans la limite de 30 membres élus pour les centres hospitaliers et de 40 membres élus pour les centres hospitaliers universitaires.

Le nombre de sièges de suppléants à pourvoir est égal, par collège, à celui des membres titulaires. Les sièges de suppléants ne donnent pas lieu à candidatures distinctes. La désignation des titulaires et des suppléants est faite selon l'ordre décroissant du nombre de voix obtenues.

La durée du mandat des membres élus de la commission est de quatre ans. Ce mandat est renouvelable.

Le président du directoire arrête la liste des membres composant la commission.

Art. R. 6146-13 Le règlement intérieur de l'établissement fixe les modalités du scrutin, notamment les conditions du vote par correspondance.

La date de l'élection est fixée par le directeur de l'établissement. Un mois au moins avant, le directeur publie par voie d'affichage la date retenue, la liste des électeurs et des éligibles ainsi que le nombre de sièges de représentants titulaires et suppléants à pourvoir dans les différents collèges.

Le procès-verbal des opérations électorales est établi par le directeur de l'établissement et affiché immédiatement pendant six jours francs après le scrutin. Les éventuelles réclamations sur la validité de ces élections sont adressées au directeur de l'établissement avant l'expiration de ce délai. A l'issue de ce délai, le directeur proclame les résultats du scrutin.

Art. R. 6146-14 La commission se réunit au moins trois fois par an. Elle se dote d'un règlement intérieur et d'un bureau. Elle est convoquée par son président. Cette convocation est de droit à la demande du président du directoire, de la moitié au moins des membres de la commission ou du directeur général de l'agence régionale de santé.

L'ordre du jour est fixé par le président de la commission.

Art. R. 6146-15 La commission délibère valablement lorsque au moins la moitié des membres élus sont présents.

Si ce quorum n'est pas atteint, une seconde réunion a lieu après un délai de huit jours. L'avis est alors émis valablement quel que soit le nombre de membres présents.

Art. R. 6146-16 Chaque séance de la commission fait l'objet d'un compte rendu adressé au président du directoire et aux membres de la commission dans un délai de quinze jours.

Le président de la commission rend compte, chaque année, de l'activité de la commission des soins infirmiers, de rééducation et médico-techniques dans un rapport adressé au directoire.

SECTION III PARTICIPATION DES PROFESSIONNELS DE SANTÉ LIBÉRAUX AUX MISSIONS DES ÉTABLISSEMENTS PUBLICS DE SANTÉ

(Décr. n° 2011-345 du 28 mars 2011)

Art. R. 6146-17 Le contrat prévu à l'article L. 6146-2, conclu entre les professionnels de santé, libéraux mentionnés à cet article et les établissements publics de santé, prend en compte les orientations stratégiques prévues dans le contrat pluriannuel d'objectifs et de moyens conclu entre l'établissement et l'agence régionale de santé en application de l'article L. 6114-1.

Ce contrat, transmis par le directeur de l'établissement au directeur général de l'agence régionale de santé, est réputé approuvé si celui-ci n'a pas fait connaître son opposition dans le délai d'un mois à compter de sa réception.

Art. R. 6146-18 Par ce contrat, le professionnel de santé s'engage à respecter notamment :

1° Les recommandations de bonnes pratiques professionnelles établies par la Haute Autorité de santé et les sociétés savantes ;

2° Le projet d'établissement, le règlement intérieur de l'établissement, ainsi que le programme d'actions prévu à l'article L. 6144-1 en ce qui concerne la politique d'amélioration continue de la qualité et de la sécurité des soins ainsi que les conditions d'accueil et de prise en charge des usagers ;

3° Les mesures mises en place dans l'établissement pour assurer la continuité des soins, et notamment les délais d'intervention des professionnels de santé.

Art. R. 6146-19 Le contrat prévu à l'article R. 6146-17 est signé pour une durée de cinq ans maximum, renouvelable par avenant. La demande de renouvellement est adressée par le professionnel de santé intéressé au directeur de l'établissement au plus tard trois mois avant le terme du contrat.

La révision et le renouvellement du contrat sont approuvés par le directeur général de l'agence régionale de santé dans les conditions prévues à l'article R. 6146-17.

En cas de non-respect de ses engagements par le professionnel libéral, le directeur de l'établissement peut mettre fin au contrat soit de sa propre initiative, soit à la demande du directeur de l'agence régionale de santé, après avis de la commission médicale d'établissement. Cette mesure est prise après mise en demeure du professionnel de santé intéressé.

Il peut être immédiatement mis fin au contrat lorsque le professionnel de santé fait l'objet d'une sanction pénale, ou d'une sanction ordinale d'une durée égale ou supérieure à trois mois d'interdiction d'exercer.

Art. R. 6146-20 Dans les établissements publics de santé autorisés en application des dispositions du deuxième alinéa de l'article L. 6146-1 à ne pas créer de pôles d'activité, le directeur de l'établissement peut, sur proposition du président de la commission médicale d'établissement, nommer un médecin qualifié en médecine générale ayant conclu avec l'établissement un contrat mentionné à l'article R. 6146-17, responsable de la coordination des activités médicales, de l'organisation de la continuité médicale des soins et de l'évaluation des soins. La nomination est prononcée pour une durée de trois ans renouvelable.

Le contrat fixe la quotité du temps de travail correspondant à cette fonction. La rémunération correspondante est établie par référence à l'indemnité versée aux chefs de pôle.

Art. R. 6146-21 Chaque professionnel de santé ayant conclu un contrat mentionné à l'article R. 6146-17 transmet au directeur de l'établissement un état mensuel comportant la liste des actes dispensés à chaque patient.

Au vu de ces documents et compte tenu des informations transmises en application du troisième alinéa de l'article L. 6113-7, l'établissement procède à la détermination du montant et au versement des honoraires prévus à l'article L. 6146-2.

La redevance prévue au premier alinéa de ce même article, et dont le montant s'impute sur ces honoraires, représente la part des frais des professionnels de santé supportée par l'établissement pour les moyens matériels et humains qu'il met à leur disposition. Le taux de cette redevance est fixé en considération de la nature de l'activité du professionnel intéressé. Un arrêté des ministres chargés du budget, de la sécurité sociale et de la santé en fixe les modalités de calcul.

L'établissement communique les états mensuels prévus au présent article à la caisse primaire d'assurance maladie dont relève chaque professionnel de santé.

Art. R. 6146-22 Les professionnels médicaux exerçant à titre libéral dans les établissements publics de santé sont indemnisés au titre de leur participation à la permanence des soins de l'établissement prévue *(Décr. n° 2016-1645 du 1er déc. 2016, art. 3-33°)* « à l'article L. 6111-1-3 », les samedis après-midi, dimanches et jours fériés ainsi que la nuit.

Cette indemnité est forfaitaire et s'ajoute aux honoraires prévus à l'article L. 6146-2. Elle est fixée par un arrêté des ministres chargés de la sécurité sociale et de la santé.

Les professionnels concernés ne peuvent cumuler cette indemnité avec celle à laquelle ils peuvent prétendre au titre d'une participation concomitante à la mission de service public de permanence des soins prévue à l'article L. 6314-1.

Art. R. 6146-23 Les médecins exerçant à titre libéral dans les établissements publics de santé bénéficient d'une indemnité forfaitaire représentative de la perte de revenus résultant de leur participation à des actions de formation prévues dans le cadre de la politique de formation de l'établissement ainsi qu'à des réunions des instances délibératives ou consultatives de l'établissement.

Le montant de cette indemnité est fixé par réunion ou par demi-journée de formation dans le respect des tarifs fixés en application de l'article L. 162-14-1 du code de la sécurité sociale. Elle est versée mensuellement sur la base d'un justificatif de présence dans la limite de douze réunions annuelles pour les instances délibératives ou consultatives de l'établissement et de dix demi-journées annuelles pour les actions de formation.

Le montant annuel des indemnités perçues au titre des actions de formation et des réunions mentionnées au présent article ne peut excéder le tiers du montant total des honoraires perçus pour la même période par l'intéressé.

Un arrêté des ministres chargés de la sécurité sociale et de la santé fixe les modalités de l'indemnisation forfaitaire pour perte de revenus mentionnée au présent article.

Art. R. 6146-24 Après accord du directeur, les remplaçants en clientèle privée des médecins libéraux peuvent dispenser des soins dans l'établissement public de santé dans le respect des dispositions du contrat mentionné à l'article R. 6146-17. Le directeur général de l'agence régionale de santé en est immédiatement informé.

SECTION IV RECOURS À DES PERSONNELS MÉDICAUX, ODONTOLOGISTES ET PHARMACEUTIQUES POUR DES MISSIONS DE TRAVAIL TEMPORAIRE DANS LES ÉTABLISSEMENTS PUBLICS DE SANTÉ

(Décr. nº 2017-1605 du 24 nov. 2017, art. 1er, en vigueur le 1er janv. 2018)

Par dérogation, les contrats pour le recours à des personnels médicaux, odontologiques et pharmaceutiques, conclus entre des entreprises de travail temporaire et des établissements publics de santé et ayant pris effet antérieurement à la date d'entrée en vigueur du présent décret, demeurent régis par les dispositions réglementaires antérieures jusqu'à la date d'échéance prévue par ces contrats (Décr. nº 2017-1605 du 24 nov. 2017, art. 3).

Art. R. 6146-25 **Les entreprises de travail temporaire mentionnées à l'article L. 1251-1 du code du travail qui emploient des personnels médicaux, odontologistes et pharmaceutiques pour des missions de travail temporaire dans des établissements publics de santé établissent le contrat de mise à disposition mentionné à l'article L. 1251-42 du même code. Elles transmettent à l'établissement public de santé, au plus tard lors de la signature du contrat de mise à disposition, les éléments suivants :**

1° Une attestation selon laquelle les obligations de vérification mentionnées au premier alinéa de l'article L. 6146-3 sont accomplies, assortie, le cas échéant, du justificatif de toutes qualifications et expériences particulières qui correspondent au profil de poste établi par l'établissement public de santé dans lequel les qualifications et compétences recherchées sont décrites ;

2° Une attestation selon laquelle le salarié remplit les conditions d'aptitude physique et mentale exigées pour l'exercice de sa fonction ;

3° Une attestation selon laquelle le salarié a bénéficié, dans la période qui précède immédiatement la mise à disposition auprès de l'établissement public de santé et pour ce qui concerne les missions qu'elles lui ont confiées, des repos suffisants pour assurer sa protection et sa santé, celles des autres salariés de l'établissement ainsi que la sécurité et la qualité des soins ;

4° Une attestation sur l'honneur selon laquelle le praticien certifie que son exercice en tant que praticien intérimaire ne contrevient pas aux dispositions de l'article 25 *septies* de la loi nº 83-634 du 13 juillet 1983 applicables aux personnels mentionnés aux 1° à 4° de l'article L. 6152-1 ;

5° Une attestation sur l'honneur selon laquelle le praticien certifie qu'il a bénéficié, dans la période qui précède immédiatement la mise à disposition auprès de l'établissement public de santé, des repos suffisants pour assurer sa protection et sa santé, celles des autres salariés de l'établissement ainsi que la sécurité et la qualité des soins.

Art. R. 6146-26 **Le montant plafond journalier mentionné à l'article L. 6146-3 des dépenses susceptibles d'être engagées par un établissement public de santé au titre d'une mission de travail temporaire d'un médecin, odontologiste ou pharmacien est constitué par le salaire brut versé au praticien par l'entreprise de travail temporaire pour une journée de vingt-quatre heures de travail effectif. Il est calculé au prorata de la durée de travail effectif accomplie dans le cadre de la mission.**

Le salaire brut ne peut excéder l'indemnisation de deux périodes de temps de travail additionnel de jour mentionné à l'article R. 6152-27 à laquelle est ajoutée une indemnité de sujétion. Ces indemnités sont majorées de la rémunération des congés mention*nés aux 1° et 2° de l'article R. 6152-35.*

Les remboursements de frais professionnels au praticien par l'entreprise de travail temporaire refacturés à l'établissement public de santé sont considérés comme du salaire brut versé au praticien pour la part des frais qui excèdent les limites des déductions de frais professionnels fixées dans les conditions du troisième alinéa *[de]* l'article L. 242-1 du code de la sécurité sociale.

Ces éléments de salaire sont majorés de l'indemnité de fin de mission mentionnée à l'article L. 1251-32 du code du travail.

Ce montant plafond journalier des dépenses est fixé par arrêté conjoint du ministre chargé de la santé et ministre chargé du budget.

Le montant plafond journalier mentionné à l'art. R. 6146-26 est majoré de 20 % au titre de l'année 2018 et de 10 % au titre de l'année 2019 (Décr. nº 2017-1605 du 24 nov. 2017, art. 2).

CHAPITRE VII DISPOSITIONS PARTICULIÈRES À CERTAINS ÉTABLISSEMENTS ET ORGANISMES

SECTION PREMIÈRE DISPOSITIONS PARTICULIÈRES À L'ASSISTANCE PUBLIQUE-HÔPITAUX DE PARIS, AUX HOSPICES CIVILS DE LYON ET À L'ASSISTANCE PUBLIQUE-HÔPITAUX DE MARSEILLE

(Décr. nº 2010-426 du 29 avr. 2010, art. 1er)

Art. R. 6147-1 L'Assistance publique-hôpitaux de Paris, les Hospices civils de Lyon et l'Assistance publique-hôpitaux de Marseille sont des centres hospitaliers universitaires, auxquels les dispositions du chapitre II du titre Ier du présent livre et celles du présent titre sont applicables sous réserve des dispositions de la présente section et de la section II du présent chapitre.

SOUS-SECTION 1 ORGANISATION ET FONCTIONNEMENT

Art. R. 6147-2 L'Assistance publique-hôpitaux de Paris, les Hospices civils de Lyon et l'Assistance publique-hôpitaux de Marseille sont dirigés par un directeur général.

Le directeur général de l'Assistance publique-hôpitaux de Paris est assisté d'un *(Décr. nº 2016-1714 du 13 déc. 2016, art. 10-1º)* « directeur général adjoint », qui le supplée en cas d'absence ou d'empêchement. Le directeur général des Hospices civils de Lyon et le directeur général de l'Assistance publique-hôpitaux de Marseille sont assistés *(Décr. nº 2016-1714 du 13 déc. 2016, art. 10-2º)* « chacun » par *(Décr. nº 2012-562 du 24 avr. 2012, art. 16)* « deux directeurs généraux adjoints » et par un secrétaire général.

Art. R. 6147-3 Pour l'application à l'Assistance publique-hôpitaux de Paris des dispositions de l'article L. 6143-7-5 relatives à la composition du directoire :

1º Le vice-président doyen est nommé par le directeur général, sur proposition conjointe de l'ensemble des directeurs des unités de formation et de recherche médicale des universités d'Île-de-France ;

2º Le vice-président chargé de la recherche est nommé par le directeur général, sur proposition conjointe du président de l'Institut national de la santé et de la recherche médicale, des présidents des universités d'Île-de-France comportant une unité de formation et de recherche médicale et du vice-président doyen.

En cas d'absence de proposition conjointe dans le délai d'un mois à compter de la date à laquelle les personnes mentionnées au 1º et au 2º ont été invitées à la formuler, le directeur général procède aux nominations.

Art. R. 6147-4 Pour l'organisation interne de l'établissement, le directeur général peut, après concertation avec le directoire :

1º Constituer un groupement d'hôpitaux placés sous une même direction ;

2º Créer des pôles autres que ceux mentionnés à l'article L. 6146-1, dénommés "pôles d'intérêt commun".

Art. R. 6147-5 Le directeur général peut déléguer sa signature au directeur d'un pôle d'intérêt commun, au directeur d'un groupement d'hôpitaux ainsi qu'au directeur d'un hôpital ne faisant pas partie d'un groupement.

SOUS-SECTION 2 INSTANCES REPRÉSENTATIVES LOCALES

Art. R. 6147-6 Le directeur général institue, après concertation avec le directoire, soit au sein d'un groupement d'hôpitaux, soit au sein d'un hôpital :

1º Une commission médicale d'établissement locale ;

2º Un comité technique d'établissement local ;

3º Une commission des soins infirmiers, de rééducation et médico-techniques locale.

La composition et les modalités de fonctionnement des instances représentatives locales mentionnées aux 1º et 3º sont fixées par le règlement intérieur de l'établissement, par référence aux règles de composition de la commission médicale d'établissement, d'une part, de la commission des soins infirmiers, de rééducation et médico-techniques d'autre part.

La composition et les modalités de fonctionnement de l'instance mentionnée au 2° obéissent aux mêmes règles que celles du comité technique d'établissement, définies à la section II du chapitre IV du titre IV du livre Ier de la sixième partie.

Pour l'application des dispositions de l'article R. 6144-3-1 relatives à la composition de la commission médicale d'établissement, les représentants des structures internes mentionnés au *b* du I sont remplacés par les présidents des commissions médicales d'établissement locales.

Le directeur général institue également un comité technique d'établissement local pour un ou plusieurs pôles d'intérêt commun.

Art. R. 6147-7 La commission médicale d'établissement peut déléguer à une commission médicale d'établissement locale certaines de ses compétences consultatives relatives à l'organisation interne au sein des groupements d'hôpitaux et des hôpitaux, et notamment celles mentionnées à l'article R. 6144-2-2.

Chaque commission médicale d'établissement locale est en outre informée :

1° Des contrats de pôles signés au sein de l'hôpital ou du groupement d'hôpitaux ;

2° Du bilan annuel des tableaux de service ;

3° Du bilan de recrutement des emplois médicaux.

Les avis émis par la commission médicale d'établissement locale sont transmis à la commission médicale d'établissement.

Chaque année, la commission médicale d'établissement locale rend compte à la commission médicale d'établissement et au directeur général du bilan des actions et de la synthèse des résultats liés à la mise en œuvre des compétences qui lui ont été déléguées.

Art. R. 6147-8 Le comité technique d'établissement local est consulté par le directeur du groupement d'hôpitaux, de l'hôpital ou du pôle d'intérêt commun sur les sujets suivants :

1° L'organisation interne du groupement d'hôpitaux, de l'hôpital ou du pôle d'intérêt commun ;

2° Les conditions et l'organisation du travail au sein du groupement d'hôpitaux, de l'hôpital ou du pôle d'intérêt commun, notamment les programmes de modernisation des méthodes et techniques de travail ainsi que leurs incidences sur la situation du personnel ;

3° Le bilan social local.

Les avis émis par les comités techniques d'établissement locaux sont transmis au comité technique d'établissement.

Art. R. 6147-9 La commission des soins infirmiers, de rééducation et médico-techniques locale est placée sous la présidence du directeur des soins désigné par le directeur de l'hôpital ou du groupement d'hôpitaux.

1° Elle est consultée sur le projet de soins infirmiers, de rééducation et médico-techniques élaboré par le coordonnateur général des soins ;

2° Elle est informée :

a) Du règlement intérieur de l'établissement ;

b) De la mise en place de la procédure prévue à l'article L. 6146-2 ;

c) Du rapport annuel portant sur l'activité de l'établissement.

Les avis émis par la commission des soins infirmiers, de rééducation et médico-techniques locale sont transmis à la commission des soins infirmiers, de rééducation et médico-techniques.

SOUS-SECTION 3 DISPOSITIONS APPLICABLES À CHAQUE GROUPEMENT D'HÔPITAUX OU HÔPITAL

Art. R. 6147-10 Dans le cadre de la délégation de signature reçue du directeur général, le directeur d'un groupement d'hôpitaux, le directeur d'un hôpital ou le directeur d'un pôle d'intérêt commun peuvent, sous leur responsabilité, déléguer leur signature aux personnels sur lesquels ils exercent leur autorité.

SECTION II DISPOSITIONS D'ORGANISATION FINANCIÈRE PARTICULIÈRES À L'ASSISTANCE PUBLIQUE-HÔPITAUX DE PARIS

(Décr. n° 2010-426 du 29 avr. 2010, art. 1er)

Art. R. 6147-11 L'Assistance publique-hôpitaux de Paris est soumise aux dispositions du chapitre V du titre IV du livre Ier de la sixième partie sous réserve des dispositions de la présente section.

Art. R. 6147-12 La décision du directeur général de l'Assistance publique-hôpitaux de Paris relative au programme d'investissement initial de l'exercice est transmise au directeur général de l'agence régionale de santé, en vue de son approbation, en même temps que *(Décr. n° 2012-1247 du 7 nov. 2012, art. 2)* « le budget ».

Art. R. 6147-13 Le directeur général de l'agence régionale de santé transmet aux ministres chargés de la santé, de la sécurité sociale et du budget, dans un délai de vingt-cinq jours à compter de leur réception, le programme d'investissement et le plan global de financement pluriannuel, accompagnés de ses observations.

Art. R. 6147-14 Les ministres chargés de la santé, de la sécurité sociale et du budget et le directeur général de l'agence régionale de santé disposent d'un délai de quarante-cinq jours suivant la réception du programme d'investissement ou du plan global de financement pluriannuel par le directeur général de l'agence, pour faire connaître, lorsque les conditions mentionnées au 3° de l'article L. 6143-4 sont réunies, leur opposition motivée.

Lorsque le pouvoir d'opposition mentionné à l'alinéa précédent est exercé, le directeur général de l'agence régionale de santé est chargé de notifier cette décision au directeur général de l'Assistance publique-hôpitaux de Paris.

En cas d'opposition, le directeur général de l'Assistance publique-hôpitaux de Paris présente, dans un délai fixé par le directeur général de l'agence et ne pouvant excéder trois mois, un nouveau programme d'investissement ou un nouveau plan global de financement pluriannuel tenant compte des motifs d'opposition.

Le directeur général de l'agence et les ministres chargés de la santé, de la sécurité sociale et du budget disposent d'un délai de trente jours à compter de la réception de ce nouveau programme ou de ce nouveau plan pour l'approuver.

Art. R. 6147-15 I. – Lorsque *(Décr. n° 2012-1247 du 7 nov. 2012, art. 2)* « le budget » comporte un compte de résultat prévisionnel principal en déficit, le directeur général de l'agence régionale de santé le transmet dans un délai de trente jours à compter de sa réception aux ministres chargés de la santé, de la sécurité sociale et du budget, accompagné de ses propositions relatives à l'approbation.

En l'absence de réponse dans un délai de quarante-cinq jours suivant la réception *(Décr. n° 2012-1247 du 7 nov. 2012, art. 2)* « du budget » par le directeur général de l'agence, l'état est réputé tacitement approuvé.

II. – Les ministres chargés de la santé, de la sécurité sociale et du budget disposent d'un délai de quinze jours suivant la réception du projet d'état des prévisions de recettes et de dépenses pour transmettre leur avis au directeur général de l'agence.

Si l'avis des ministres est favorable, *(Décr. n° 2012-1247 du 7 nov. 2012, art. 2)* « le budget » est approuvé de manière tacite ou expresse.

Si les ministres chargés de la santé, de la sécurité sociale et du budget font connaître leur opposition au projet d'état des prévisions de recettes et de dépenses, le directeur général de l'agence rejette, par décision motivée prenant en compte les motifs d'opposition des ministres, *(Décr. n° 2012-1247 du 7 nov. 2012, art. 2)* « le budget ». Dans ce cas, le directeur général de l'Assistance publique-hôpitaux de Paris présente un nouvel état tenant compte des observations du directeur général de l'agence, dans le délai fixé par ce dernier et qui ne peut être supérieur à trente jours.

III. – Si le nouvel état des prévisions de recettes et de dépenses comporte un compte de résultat prévisionnel principal en équilibre, le directeur général de l'agence est compétent pour se prononcer sur son approbation.

Si le nouvel état des prévisions de recettes et de dépenses comporte un compte de résultat prévisionnel principal en déficit, le directeur général de l'agence saisit à nouveau les ministres chargés de la santé, de la sécurité sociale et du budget, qui disposent d'un délai de quinze jours pour se prononcer. Si l'avis des ministres est défavorable, le directeur général de l'agence applique les dispositions du premier alinéa de l'article L. 6145-2.

Art. R. 6147-16 Le *(Décr. n° 2012-1247 du 7 nov. 2012, art. 2)* « contrôle budgétaire » auprès de l'Assistance publique-hôpitaux de Paris est assuré dans les conditions fixées par le *(Décr. n° 2012-1247 du 7 nov. 2012, art. 20-3°)* « décret n° 2012-1246 du 7 novembre 2012 relatif à la gestion budgétaire et comptable publique ». Les modalités particulières de ce contrôle sont fixées par arrêté des ministres chargés du budget et de la santé.

L'autorité chargée du *(Décr. n° 2012-1247 du 7 nov. 2012, art. 2)* « contrôle budgétaire » est nommée par le ministre chargé du budget après avis du ministre chargé de la santé.

SECTION III CENTRE HOSPITALIER NATIONAL D'OPHTALMOLOGIE DES QUINZE-VINGTS *(Décr. n° 2010-1610 du 22 déc. 2010, art. 2)*.

Art. R. 6147-57 Le Centre hospitalier national d'ophtalmologie des Quinze-Vingts est un établissement public de santé de ressort national qui contribue à assurer, en matière d'ophtalmologie, les missions *(Décr. n° 2016-1645 du 1er déc. 2016, art. 3-34°)* « définies aux articles L. 6111-1 et L. 6112-1 », en particulier les missions d'enseignement universitaire et de recherche ainsi que les soins de suite et de réadaptation des aveugles et des malvoyants. En outre, il gère un service d'hébergement pour les aveugles et les malvoyants.

Art. R. 6147-58 Les dispositions du chapitre II du titre Ier du présent livre et celles des chapitres Ier à VI du présent titre sont applicables au Centre hospitalier national d'ophtalmologie des Quinze-Vingts sous réserve des dispositions de la présente section.

Art. R. 6147-59 Par dérogation aux dispositions du 3° de l'article R. 6143-3, le collège de personnalités qualifiées du conseil de surveillance du Centre hospitalier national d'ophtalmologie des Quinze-Vingts comporte cinq membres désignés comme suit :

1° Un membre de l'Assemblée nationale et un membre du Sénat désignés par la commission chargée des affaires sociales de leur assemblée respective ;

2° Un conseiller d'État ou un conseiller maître à la Cour des comptes désigné par le directeur général de l'agence régionale de santé d'Île-de-France sur proposition, selon le cas, du vice-président du Conseil d'État ou du premier président de la Cour des comptes ;

3° Deux représentants des usagers désignés par le préfet de région d'Île-de-France.

Art. R. 6147-60 Le mandat des membres désignés par l'Assemblée nationale et le Sénat pour siéger au conseil de surveillance du Centre hospitalier national d'ophtalmologie des Quinze-Vingts expire lors du renouvellement de ces assemblées. Toutefois, ils continuent à siéger au sein du conseil de surveillance de *(Décr. n° 2010-1610 du 22 déc. 2010, art. 2)* « cet établissement » jusqu'à la désignation de leurs remplaçants.

Art. R. 6147-61 Les attributions du directeur général de l'agence régionale de santé sont exercées, pour le Centre hospitalier national d'ophtalmologie des Quinze-Vingts, par le directeur général de l'agence régionale de santé d'Île-de-France.

SECTION IV ÉTABLISSEMENTS PUBLICS DE SANTÉ NATIONAUX ACCUEILLANT DES PERSONNES INCARCÉRÉES OU PLACÉES EN RÉTENTION DE SÛRETÉ *(Décr. n° 2008-1129 du 4 nov. 2008, art. 9)*.

SOUS-SECTION 1 ÉTABLISSEMENTS PUBLICS DE SANTÉ SPÉCIFIQUEMENT DESTINÉS À L'ACCUEIL DES PERSONNES INCARCÉRÉES OU PLACÉES EN RÉTENTION DE SÛRETÉ *(Décr. n° 2008-1129 du 4 nov. 2008, art. 9)*.

Art. R. 6147-66 Les établissements publics de santé mentionnés à l'article L. 6141-5 sont soumis aux dispositions du titre Ier du présent livre, sous réserve des dispositions de la présente sous-section.

Art. R. 6147-67 Par dérogation à l'article L. 6112-2, ces établissements accueillent uniquement les malades et blessés détenus dans les établissements pénitentiaires qui leur sont adressés dans les conditions prévues par les dispositions du code de procédure pénale.

Par dérogation à l'article L. 6112-2, le transfert d'un malade dans un autre établissement ne peut être décidé que dans les conditions fixées par le code de procédure pénale.

(Décr. n° 2008-1129 du 4 nov. 2008, art. 9) « Ces établissements accueillent également les personnes faisant l'objet d'une rétention de sûreté dans un centre socio-médico-judiciaire de sûreté. »

Art. R. 6147-68 Les établissements publics de santé exclusivement destinés à l'accueil des personnes incarcérées *(Décr. n° 2008-1129 du 4 nov. 2008, art. 9)* « ou des personnes faisant l'objet d'une rétention de sûreté » constituent des établissements nationaux. Par dérogation à l'article R. 6141-10, ils sont créés par décret en Conseil d'État.

Art. R. 6147-69 Par dérogation à l'article *(Décr. n° 2005-1474 du 30 nov. 2005)* « R. 6145-28 », la tutelle des établissements exclusivement destinés à l'accueil des personnes incarcérées *(Décr. n° 2008-1129 du 4 nov. 2008, art. 9)* « ou des personnes placées en rétention de sûreté » est exercée par le ministre de la justice et *(Décr. n° 2007-46 du 10 janv. 2007, art. 1er-XII)* « le ministre chargé de la santé ».

Art. R. 6147-70 Les directeurs des établissements exclusivement destinés à l'accueil des personnes incarcérées *(Décr. n° 2008-1129 du 4 nov. 2008, art. 9)* « ou des personnes placées en rétention de sûreté » sont choisis parmi le personnel de direction des services déconcentrés de l'administration pénitentiaire et nommés par arrêté du ministre de la justice et du ministre chargé de la santé, après avis du président du conseil d'administration de l'établissement.

Art. R. 6147-71 L'affectation et la nomination par le ministre de la justice, dans les établissements publics de santé nationaux exclusivement destinés à l'accueil des personnes incarcérées *(Décr. n° 2008-1129 du 4 nov. 2008, art. 9)* « ou des personnes placées en rétention de sûreté », des agents mentionnés au deuxième alinéa de l'article L. 6141-5 se font dans les conditions prévues par le code de procédure pénale, chacun de ces établissements étant considéré comme un établissement pénitentiaire *(Décr. n° 2008-1129 du 4 nov. 2008, art. 9)* « ou comme un centre socio-médico-judiciaire de sûreté. »

Art. R. 6147-72 Les dispositions des articles L. 6146-10, L. 6154-1 à L. 6154-6 ne sont pas applicables dans ces établissements.

SOUS-SECTION 2 ÉTABLISSEMENT PUBLIC DE SANTÉ NATIONAL DE FRESNES

Art. R. 6147-73 Le conseil d'administration de l'établissement public de santé national de Fresnes exclusivement destiné à l'accueil des personnes incarcérées comprend :

1° En tant que président, un conseiller d'État ou un magistrat hors hiérarchie de la Cour de cassation, désigné par le ministre de la justice ;

2° Un membre de l'Assemblée nationale ;

3° Un membre du Sénat ;

4° Le maire de la commune de Fresnes ou son représentant, désigné en son sein par le conseil municipal sur proposition du maire ;

5° Un juge de l'application des peines, désigné par le président du tribunal de grande instance de Créteil ;

6° Un représentant de la Caisse nationale d'assurance maladie des travailleurs salariés et un représentant de la caisse d'assurance maladie chargée du versement de la dotation annuelle de financement ;

7° Le président de la commission médicale d'établissement ;

8° Un membre de la commission médicale d'établissement élu par celle-ci ;

9° Un membre de la commission du service de soins infirmiers, de réadaptation et médico-techniques élu par celle-ci ;

10° Un représentant des personnels titulaires de l'établissement relevant du titre IV du statut général des fonctionnaires, élu par l'ensemble desdits personnels au scrutin secret majoritaire à un tour ;

11° Un représentant des personnels titulaires de l'établissement relevant du statut spécial des services déconcentrés de l'administration pénitentiaire, élu par l'ensemble desdits personnels au scrutin secret majoritaire à un tour ;

12° Trois membres nommés par le ministre de la justice et les ministres chargés de la santé et de la sécurité sociale parmi les personnalités compétentes en matière médicale, hospitalière ou pénitentiaire.

Les membres mentionnés aux 2°, 3°, 5°, 6°, 8°, 9°, 10° et 11° ont des suppléants désignés ou élus dans les mêmes conditions que les titulaires.

Art. R. 6147-74 La durée du mandat du président du conseil d'administration et des membres mentionnés aux 5°, 6°, 10°, 11° et 12° de l'article R. 6147-14 est fixée à trois ans.

Le mandat des autres membres du conseil d'administration prend fin en même temps que le mandat ou les fonctions au titre desquels les intéressés ont été élus ou désignés.

Art. R. 6147-75 Les articles R. 6141-10 à R. 6141-12, R. 6143-15, R. 6143-23, R. 6143-24 et R. 6144-42 ne sont pas applicables à l'établissement public de santé national de Fresnes.

Les compétences attribuées au *(Décr. n° 2010-344 du 31 mars 2010, art. 201)* « directeur général de l'agence régionale de santé » par les articles R. 6143-16 et R. 6143-20 sont exercées par le ministre de la justice et le ministre chargé de la santé à l'égard des membres du conseil d'administration de l'établissement.

Art. R. 6147-76 Peuvent assister ou se faire représenter aux séances du conseil d'administration, avec voix consultative, le directeur de l'administration pénitentiaire, le directeur de l'administration générale et de l'équipement au ministère de la justice, le directeur général de l'offre de soins *(Décr. n° 2007-46 du 10 janv. 2007, art. 1er-XIII)* « et le directeur général de la santé ».

Art. R. 6147-77 Par dérogation à l'article L. 6144-4, le comité technique d'établissement comprend, d'une part, le président du conseil d'administration, le directeur de l'administration pénitentiaire ou son représentant, le directeur général de l'offre de soins ou son représentant, le directeur de l'établissement et, d'autre part, quatre représentants du personnel de l'établissement relevant du titre IV du statut général des fonctionnaires.

Un membre suppléant est désigné pour chaque membre titulaire. Il ne peut siéger qu'en remplacement de ce dernier.

Art. R. 6147-78 Les membres représentant le personnel sont désignés pour une durée de trois ans, parmi le personnel titulaire, par les organisations syndicales les plus représentatives proportionnellement au nombre de voix moyen recueilli par chacune de ces organisations à l'occasion du renouvellement des commissions paritaires locales avec répartition des restes à la plus forte moyenne.

Lorsqu'il n'existe pas d'organisation syndicale dans l'établissement, les représentants du personnel sont élus parmi le personnel titulaire par l'ensemble des personnels titulaires et stagiaires au scrutin majoritaire à un tour.

Art. R. 6147-79 Le directeur fixe la composition nominative du comité.

Art. R. 6147-80 Le comité est présidé par le président du conseil d'administration de *l'établissement. Il élit, dans son sein, un vice-président.*

Art. R. 6147-81 Si, avant l'expiration de son mandat, l'un des membres titulaires n'est plus à même, pour quelque cause que ce soit, d'exercer ses fonctions, son suppléant est nommé titulaire à sa place jusqu'au renouvellement du comité technique d'établissement.

Un nouveau suppléant est désigné dans le délai d'un mois par le conseil d'administration de l'établissement ou par l'organisation syndicale intéressée ; dans le cas prévu au deuxième alinéa de l'article R. 6147-19, un nouveau suppléant est élu selon les modalités prévues par cet alinéa.

Art. R. 6147-82 Le comité se réunit sur convocation de son président ; il est réuni sur la demande écrite du directeur ou du tiers au moins des membres titulaires. Dans ce dernier cas, la convocation est obligatoire dans le délai maximum de huit jours. Le comité se réunit en tout état de cause au moins deux fois par an.

Art. R. 6147-83 Le secrétariat du comité est assuré à la diligence du directeur de l'établissement. Un procès-verbal est établi après chaque séance.

Art. R. 6147-84 Les séances du comité ne sont pas publiques. Le comité peut décider d'entendre toutes personnes compétentes sur les questions à l'ordre du jour.

Art. R. 6147-85 Le comité émet des avis ou des vœux, à la majorité des membres présents. En cas de partage égal des voix, celle du président est prépondérante.

Art. R. 6147-86 Les avis et les vœux présentés par le comité sont immédiatement portés, par le président, à la connaissance du conseil d'administration.

Art. R. 6147-87 Le comité est informé des suites données à ses avis et vœux.

Art. R. 6147-88 Les membres du comité sont soumis à l'obligation de discrétion professionnelle à raison de tous les faits et documents dont ils ont eu connaissance en cette qualité.

Art. R. 6147-89 Des autorisations spéciales d'absence n'entrant pas en compte dans le calcul des congés annuels sont accordées, dans les conditions prévues à l'article 45 du titre IV du statut général des fonctionnaires, aux agents rémunérés de l'établissement, membres du comité, pour leur permettre d'accomplir leur mission.

Art. R. 6147-90 Les dispositions *(Décr. n° 2005-1474 du 30 nov. 2005)* « de l'article R. 6145-54 » sont applicables à l'établissement à une date fixée par arrêté des ministres chargés du budget et de la santé.

Art. R. 6147-90-1 *(Décr. n° 2012-1247 du 7 nov. 2012, art. 41)* L'Établissement public de santé de Fresnes est soumis aux dispositions des titres Ier et III du décret n° 2012-1246 du 7 novembre 2012 relatif à la gestion budgétaire et comptable publique à l'exception des 1° et 2° de l'article 175, des articles 178 à 185, 204 à 208 et 220 à 228.

Art. R. 6147-91 Les immeubles et les biens mobiliers de l'État nécessaires à l'exercice de la mission de l'établissement lui sont attribués dans des conditions fixées par arrêté du ministre de la justice et des ministres chargés du budget et de la santé.

Art. R. 6147-92 La dotation annuelle de financement de l'établissement instituée par l'article L. 174-1 du code de la sécurité sociale et les tarifs de prestations sont arrêtés par le ministre chargé de la santé, qui les notifie à l'établissement, à la caisse régionale d'assurance maladie et à la caisse chargée du versement de cette dotation.

SECTION V CENTRE D'ACCUEIL ET DE SOINS HOSPITALIERS DE NANTERRE

(Décr. n° 2010-450 du 3 mai 2010)

Art. R. 6147-93 Le centre d'accueil et de soins hospitaliers de Nanterre est soumis, sous réserve des articles R. 6147-94 à R. 6147-99, aux règles en vigueur dans les établissements publics de santé en ce qui concerne son budget, son administration et son fonctionnement.

Art. R. 6147-94 Le conseil d'administration est ainsi composé :

1° En qualité de représentants des collectivités territoriales :

a) Quatre membres élus en son sein par le conseil de Paris, dont un membre en qualité de vice-président ;

b) Un membre élu en son sein par le conseil départemental des Hauts-de-Seine ;

c) Un membre élu en son sein par le conseil municipal de Nanterre ;

2° En qualité de représentants du personnel médical et non médical de *l'établissement :*

a) Trois représentants de la commission médicale d'établissement du centre élus en son sein ;

b) Un membre de la commission sociale de l'établissement élu en son sein ;

c) Deux représentants du personnel titulaire en fonctions dans l'établissement, à l'exception des médecins et des pharmaciens, désignés par le directeur sur proposition des deux organisations syndicales ayant recueilli le plus de voix à l'occasion du dernier renouvellement du comité technique d'établissement ;

3° En qualité de personnalités qualifiées :

a) Un membre désigné par le maire de Paris en raison de sa compétence dans le domaine sanitaire ou social ;

b) Un membre désigné par le préfet de police en raison de sa compétence dans le domaine sanitaire ou social ;

c) Un membre désigné par le préfet des Hauts-de-Seine en raison de sa compétence dans le domaine de l'hébergement et de l'inclusion sociale ;

d) Deux représentants des usagers appartenant aux associations mentionnées à l'article L. 1114-1, désignés l'un par le préfet des Hauts-de-Seine, l'autre par le préfet de police ;

4° En qualité de membres de droit :

a) Le préfet de police ou son représentant, président de droit ;

b) Le directeur général de l'agence régionale de santé ou son représentant ;

c) Un représentant de la caisse primaire d'assurance maladie des Hauts-de-Seine ;

d) Un représentant de la caisse d'allocations familiales des Hauts-de-Seine.

Art. R. 6147-95 Le conseil d'administration délibère sur les matières relevant de la compétence des conseils de surveillance des établissements publics de santé et, en outre, sur :

1° Le contrat pluriannuel mentionné à l'article L. 6114-1 ;

2° L'état des prévisions de recettes et de dépenses prévu à l'article L. 6145-1 ;

3° Le plan global de financement pluriannuel ;

4° Le plan de redressement prévu à l'article L. 6143-3 ;

5° Le programme d'investissement prévu à l'article L. 6143-7 ;

6° L'adhésion à une communauté hospitalière de territoire ou à un groupement de coopération sanitaire, ainsi que le retrait de la communauté ou du groupement ;

7° La création, la transformation ou la suppression d'activités sociales et médico-sociales au sein de l'établissement.

Art. R. 6147-96 Le directeur règle les affaires de l'établissement autres que celles qui relèvent de la compétence du conseil d'administration mentionnée à l'article R. 6147-95.

Le directeur est assisté d'un directoire de sept membres, qu'il préside, et qui comprend, outre lui-même :

1° Le président de la commission médicale d'établissement, vice-président ;

2° Le président de la commission des soins infirmiers, de rééducation et médico-technique ;

3° Le directeur de la vie sociale et de l'insertion ;

4° Le responsable des personnels de surveillance des unités sociales de l'établissement ;

5° Un membre appartenant aux professions médicale, pharmaceutique, odontologique, maïeutique nommé par le directeur sur proposition du président de la commission médicale d'établissement ;

6° Un cadre de direction nommé par le directeur.

Art. R. 6147-97 Le centre comporte une commission sociale. Elle comprend :

1° Le directeur de l'établissement représenté, le cas échéant, par le directeur de la *vie sociale et de l'insertion* ;

2° Les responsables des unités sociales de l'établissement ;

3° Le responsable des personnels de surveillance des unités sociales de l'établissement ;

4° Trois des médecins responsables de la surveillance médicale des personnes accueillies dans les structures sociales de l'établissement ou participant à la mise en œuvre des actions relatives à la vie sociale et à l'insertion, désignés par le directeur ;

5° Un représentant du personnel de la direction de la vie sociale et de l'insertion et un représentant du personnel de l'unité hébergeant des personnes âgées dépendantes, désignés par les deux organisations syndicales ayant recueilli le plus de voix du dernier renouvellement du comité technique d'établissement ;

6° Le directeur de l'unité d'hébergement pour personnes âgées dépendantes ;

7° Un représentant des usagers œuvrant au sein d'une association active dans le domaine de la lutte contre l'exclusion et un représentant des personnes résidant dans l'unité d'hébergement pour personnes âgées dépendantes, désignés par le directeur.

Le directeur établit la liste des membres de la commission sociale.

La commission sociale est consultée sur les investissements, les crédits de fonctionnement ainsi que sur l'organisation des activités sociales et médico-sociales avant délibération du conseil d'administration.

Art. R. 6147-98 Les documents annexés *(Décr. n° 2012-1247 du 7 nov. 2012, art. 2)* « au budget » mentionné à l'article R. 6147-95 retracent l'ensemble des activités du centre. Sont joints, notamment :

1° L'avis de la commission sociale d'établissement ;

2° Les statistiques d'activité des unités sociales.

Art. R. 6147-99 Le comptable du centre est le receveur général des finances de Paris.

Art. R. 6147-100 et R. 6147-101 *Abrogés par Décr. n° 2010-450 du 3 mai 2010.*

SECTION VI ÉTABLISSEMENT PUBLIC DE SANTÉ TERRITORIAL DE SAINT-PIERRE-ET-MIQUELON

SOUS-SECTION 1 CONSEIL DE SURVEILLANCE

(Décr. n° 2010-1091 du 16 sept. 2010, art. 3)

V. Dalloz.fr 🏛.

SOUS-SECTION 2 DISPOSITIONS FINANCIÈRES

(Décr. n° 2005-1474 du 30 nov. 2005)

Art. R. 6147-109 I. — Les dispositions de la section I du chapitre V du présent titre sont applicables à l'établissement public de santé territorial de Saint-Pierre-et-Miquelon à l'exception des articles R. 6145-21 et R. 6145-26.

II. — Pour l'application de l'article R. 6145-14, sans préjudice des dispositions du premier alinéa de cet article, le caractère évaluatif des crédits inscrits *(Décr. n° 2012-1247 du 7 nov. 2012, art. 2)* « au budget » s'apprécie dans la limite du respect du total des crédits ouverts au compte de résultat prévisionnel et au tableau de financement prévisionnel.

Art. R. 6147-110 Les tarifs de prestations de l'établissement public de santé territorial de Saint-Pierre-et-Miquelon institués à l'article L. 174-3 du code de la sécurité sociale sont établis pour :

1° L'hospitalisation complète en régime commun, au moins pour chacune des catégories suivantes :

a) Services spécialisés ou non ;

b) Services de spécialités coûteuses ;

c) Services de spécialités très coûteuses ;

d) Services de suite et de réadaptation ;

e) Unités de soins de longue durée pour ce qui concerne les soins.

2° Les modes de prise en charge alternatifs à l'hospitalisation, au moins pour chacune des catégories suivantes :

a) L'hospitalisation à temps partiel ;

b) La chirurgie ambulatoire ;

c) L'hospitalisation à domicile.

3° Les interventions du service mobile de secours et de soins d'urgence.

Art. R. 6147-111 La dotation annuelle de financement de l'établissement public de santé territorial de Saint-Pierre-et-Miquelon mentionnée à l'article L. 174-1 du code de la sécurité sociale représente la part des dépenses obligatoirement prises en charge par les régimes d'assurance maladie.

Elle est égale à la différence entre, d'une part, la totalité des charges d'exploitation inscrites au compte de résultat prévisionnel de l'activité principale, à l'exclusion de celles relatives aux annulations de titres de recettes sur exercices antérieurs pour changement de débiteurs, et, d'autre part, la totalité des recettes d'exploitation autres que la dotation annuelle de financement.

SECTION VII CONTRIBUTION DU SERVICE DE SANTÉ DES ARMÉES À LA POLITIQUE DE SANTÉ PUBLIQUE

(Décr. n° 2012-117 du 30 janv. 2012, art. 1er-II)

Art. R. 6147-112 Sous réserve de la priorité qu'il doit accorder en tout temps à la satisfaction des besoins des armées et compte tenu de la spécificité de ses missions, le service de santé des armées contribue à la politique de santé publique conformément aux dispositions de la présente section.

SOUS-SECTION 1 PARTICIPATION DES HÔPITAUX DES ARMÉES AUX MISSIONS DES ÉTABLISSEMENTS DE SANTÉ

Art. R. 6147-113 Les hôpitaux des armées figurant sur la liste prévue à l'article L. 6147-7 sont assimilés aux centres hospitaliers universitaires mentionnés à l'article L. 6141-2.

Art. R. 6147-114 Les hôpitaux des armées figurant sur la liste prévue à l'article L. 6147-7 accueillent les patients dont l'état de santé relève des activités mentionnées à l'article L. 6111-1 dans la limite des installations et des activités de soins figurant sur cette même liste.

Lorsqu'un hôpital des armées n'est pas en mesure de traiter une personne dont l'état constitue un cas d'urgence nécessitant une hospitalisation immédiate, il l'oriente vers l'établissement de santé le plus proche, doté des moyens nécessaires.

La réalisation de ces activités fait l'objet d'un bilan lors de l'évaluation annuelle prévue à l'article R. 174-34 du code de la sécurité sociale.

Art. R. 6147-115 Lorsque les besoins des armées l'exigent, le ministre de la défense reprend l'entière maîtrise de tout ou partie des moyens mentionnés à l'article R. 6147-114.

Sauf circonstances exceptionnelles ou cas d'urgence, il en avertit deux mois à l'avance le ministre chargé de la santé, le directeur général de l'agence régionale de santé d'Île-de-France et les directeurs généraux des agences régionales de santé dans le ressort desquelles sont établis les hôpitaux des armées intéressés.

Art. R. 6147-116 L'agence régionale de santé dans le ressort de laquelle est établi un hôpital des armées est consultée par ce dernier pour tout projet touchant à ses installations et activités de soins mentionnées à l'article L. 6147-7, sa participation à un réseau de santé ou à un groupement de coopération sanitaire et sur tout élément susceptible d'influer sur l'offre de soins.

L'hôpital des armées est consulté par l'agence régionale de santé, dans le ressort de laquelle il est établi, pour l'élaboration et la révision du schéma régional d'organisation des soins mentionné à l'article L. 1434-7.

L'hôpital des armées participe aux travaux de la conférence de territoire, mentionnée *à l'article L. 1434-17, du territoire* de santé dans lequel il est implanté.

SOUS-SECTION 2 COOPÉRATION DANS LE DOMAINE DES SOINS, DE LA FORMATION ET DE LA RECHERCHE

Art. R. 6147-117 Le service de santé des armées est habilité à recevoir des personnels des établissements de santé pour suivre des enseignements, effectuer des stages ou participer à des activités de soins ou de recherche.

Les établissements de santé sont habilités à recevoir des personnels du service de santé des armées.

Une convention est alors établie entre le ministre de la défense ou son représentant et le représentant légal des établissements intéressés.

SOUS-SECTION 3 PROTOCOLE PLURIANNUEL D'OBJECTIFS ET DE MOYENS

(Décr. n° 2016-1645 du 1er déc. 2016, art. 3-35°)

Art. R. 6147-118 Le protocole pluriannuel d'objectifs et de moyens mentionné à l'article R. 174-34 du code de la sécurité sociale précise les obligations du service de santé des armées pour l'accomplissement de tout ou partie des missions définies aux articles L. 6111-1 et L. 6112-1 du présent code et, le cas échéant, les modalités de calcul de leur compensation financière.

SOUS-SECTION 4 AUTRES ACTIONS DE SANTÉ PUBLIQUE

Art. R. 6147-119 Les hôpitaux des armées peuvent être habilités par le ministre chargé de la santé à pratiquer les vaccinations exigées par le règlement sanitaire international *(Décr. n° 2017-471 du 3 avr. 2017, art. 4)* « , s'ils remplissent les conditions énumérées à l'article R. 3115-64 ».

Le ministre de la défense peut prêter, lors d'épidémies graves, le concours du service de santé des armées à la mise en œuvre d'une campagne de vaccinations massives. Les dépenses résultant directement de ces interventions sont prises en charge par le budget du ministère chargé de la santé.

Le service de santé des armées est habilité à réaliser des expertises biologiques et médicales spécialisées requérant l'utilisation d'installations ou d'appareillages particuliers.

Il peut contribuer aux plans d'urgence gouvernementaux dans le domaine de la santé.

SOUS-SECTION 5 CONCOURS DU SERVICE DE SANTÉ DES ARMÉES EN CAS DE CATASTROPHES OU DE SINISTRES

Art. R. 6147-120 Le concours du service de santé des armées peut être décidé, à la demande de l'autorité administrative, par l'autorité militaire pour faire face aux urgences résultant de catastrophes ou de sinistres d'une ampleur particulière.

Un protocole précise les mesures propres à assurer la coordination des moyens sanitaires civils et militaires, notamment pour l'accueil et le traitement d'un afflux massif de blessés ou de malades.

Ce protocole est signé conjointement par le ministre de la défense et le ministre chargé de la santé pour une durée de cinq ans. Il est révisable à tout moment à la demande de l'un ou l'autre des signataires.

CHAPITRE VIII DOMAINE ET INVESTISSEMENT IMMOBILIER DES ÉTABLISSEMENTS PUBLICS DE SANTÉ

(Décr. n° 2012-1093 du 27 sept. 2012, art. 3)

Art. R. 6148-1 *(Décr. n° 2017-317 du 10 mars 2017, art. 1er)* Tout projet de contrat de crédit-bail au sens des articles L. 313-7 à L. 313-11 du code monétaire et financier qui a pour objet la réalisation, la modification ou la rénovation d'ouvrages immobiliers répondant à un besoin précisé par un établissement public de santé ou une structure de coopération sanitaire dotée de la personnalité morale publique, mentionné à l'article L. 6148-7-1, fait l'objet d'une instruction conduite par l'agence régionale de santé.

L'établissement public de santé ou la structure de coopération sanitaire dotée de la personnalité morale publique intéressée réalise à cet effet une étude visant à évaluer les conséquences à court, moyen et long terme de l'opération sur sa situation financière ainsi que sur les finances publiques.

L'agence régionale de santé peut, le cas échéant, consulter la mission d'appui au financement des infrastructures, prévue à l'article 76 de l'ordonnance n° 2015-899 du 23 juillet 2015, dans le cadre de la fonction de conseil de celle-ci, pour compléter l'instruction du projet de contrat de crédit-bail.

Art. R. 6148-2 *(Décr. n° 2017-317 du 10 mars 2017, art. 1er)* Sous réserve que l'opération soit soutenable au regard de ses conséquences sur les finances publiques et sur la situation financière de la personne publique, le contrat de crédit-bail mentionné à l'article L. 6148-7-1 est conclu par le directeur général de l'agence régionale de santé au nom de l'État pour le compte de l'établissement public de santé et par le ministre chargé de la santé pour le compte de la structure de coopération sanitaire dotée de la personnalité morale publique.

A compter de la signature du contrat, l'établissement public de santé ou la structure de coopération sanitaire dotée de la personnalité morale publique assume la totalité des droits et obligations qui y sont attachés.

TITRE CINQUIÈME PERSONNELS MÉDICAUX ET PHARMACEUTIQUES

CHAPITRE PREMIER PERSONNELS ENSEIGNANTS ET HOSPITALIERS

SECTION PREMIÈRE DISPOSITIONS COMMUNES

Art. D. 6151-1 Les professeurs des universités-praticiens hospitaliers, consultants, sont régis par le décret n° 84-135 du 24 février 1984 portant statut des personnels enseignants et hospitaliers des centres hospitaliers et universitaires.

Les professeurs des universités-praticiens hospitaliers des centres de soins, d'enseignement et de recherche dentaires, consultants, sont régis par le décret n° 90-92 du 24 janvier 1990 portant statut des personnels enseignants et hospitaliers des centres de soins, d'enseignement et de recherche dentaires des centres hospitaliers et universitaires.

Caractère nécessairement temporaire de la suspension des fonctions. La sanction de suspension des fonctions prévue à l'art. 19 du Décr. du 24 févr. 1984 doit par sa nature même avoir un caractère temporaire. Ainsi, lorsque la juridiction disciplinaire a omis d'assortir sa décision de suspension d'un délai, il appartient en conséquence aux ministres chargés de la santé et de l'enseignement supérieur, soit de leur propre initiative, soit à la demande du praticien sanctionné, de saisir conjointement la juridiction disciplinaire pour qu'elle fixe un délai ou qu'elle se prononce sur la levée de la suspension. • CE 16 avr. 2008, *M. Jehannin*, n° 286585.

SECTION II CONSULTANAT

Art. D. 6151-2 Les professeurs des universités-praticiens hospitaliers et les professeurs des universités-praticiens hospitaliers des centres de soins, d'enseignement et de recherche dentaires qui bénéficient d'une prolongation d'activité en application de la loi n° 86-1304 du 23 décembre 1986 relative à la limite d'âge et aux modalités de recrutement de certains fonctionnaires civils de l'État, peuvent demander à poursuivre des fonctions hospitalières en qualité de consultants dans les conditions fixées par la présente section.

La mission des consultants s'inscrit dans un projet contractualisé qui doit correspondre à un apport d'expérience et de compétence auprès de l'établissement hospitalier ou d'un organisme d'intérêt général, dans des conditions compatibles avec l'accomplissement de leurs fonctions universitaires.

Au sein de l'établissement, les fonctions des consultants peuvent consister en une mission transversale, ou non, effectuée dans leur dernière structure de rattachement, soit dans une autre.

A l'extérieur de l'établissement, ces fonctions peuvent consister notamment en des missions d'expertise ou de conseil relatives à la santé publique et être effectuées dans les services centraux de l'État ou dans les services déconcentrés ou dans tout établissement public ou organisme d'intérêt général ayant un lien avec leur domaine de compétence.

Lorsqu'elles s'exercent auprès de la Haute Autorité de santé, les missions des consultants ne peuvent comporter un lien direct ou indirect avec leur établissement d'affectation.

Les consultants ne peuvent exercer de mission auprès de l'*(Décr. n° 2010-344 du 31 mars 2010, art. 202)* « agence régionale de santé » dont relève leur établissement d'affectation.

Les consultants demeurent rattachés à leur établissement d'origine.

Dans les cas mentionnés au quatrième alinéa du présent article, une convention prévoit les modalités de mise à disposition et les conditions dans lesquelles le service d'accueil rembourse la rémunération hospitalière à l'établissement d'origine.

Art. D. 6151-3 *(Décr. nº 2010-785 du 8 juill. 2010, art. 1er)* « Les candidatures et la nature des missions susceptibles d'être confiées aux consultants, dans ou en dehors de l'établissement, sont examinées par le président de la commission médicale d'établissement. Celui-ci, après avis du directeur de l'unité de formation et de recherche, émet un avis motivé sur l'opportunité et le contenu du projet présenté par le candidat à l'appui de sa demande.

« Le directeur du centre hospitalier universitaire transmet la candidature de l'intéressé au directeur général de l'agence régionale de santé accompagnée de son avis et de l'avis du président de la commission médicale d'établissement. » Les consultants sont nommés par le *(Décr. nº 2010-344 du 31 mars 2010, art. 202)* « directeur général de l'agence régionale de santé ». Les nominations sont prononcées pour une durée d'un an. Elles sont renouvelables deux fois pour une durée d'un an, sur demande de l'intéressé, selon la procédure prévue au présent article. Toute décision de refus doit être motivée.

Les fonctions des consultants cessent lorsqu'il est mis fin à leur maintien en activité en surnombre sur le plan universitaire conformément à la loi nº 86-1304 du 23 décembre 1986 relative à la limite d'âge et aux modalités de recrutement de certains fonctionnaires civils de l'État.

CHAPITRE II **PRATICIENS HOSPITALIERS**

SECTION PREMIÈRE **STATUT DES PRATICIENS HOSPITALIERS À TEMPS PLEIN**

SOUS-SECTION 1 **DISPOSITIONS GÉNÉRALES**

Art. R. 6152-1 Les praticiens hospitaliers exercent les fonctions définies par le présent statut dans les établissements publics de santé mentionnés aux articles *(Décr. nº 2010-1141 du 29 sept. 2010, art. 1er-1º)* « L. 6141-1, *[et]* L. 6141-2, dans les établissements publics de santé de Mayotte, dans l'établissement public de santé territorial de Saint-Pierre-et-Miquelon ainsi que » dans les établissements publics mentionnés au I de l'article L. 313-12 du code de l'action sociale et des familles. Dans les centres hospitaliers universitaires, ils exercent leur activité sur des emplois placés hors du champ d'application des dispositions du chapitre II du titre IV du livre Ier de la présente partie.

Les dispositions de la présente section qui prescrivent la consultation de la commission médicale d'établissement *(Décr. nº 2010-1141 du 29 sept. 2010, art. 1er-1º)* « ou de son président » ne sont pas applicables aux praticiens hospitaliers qui exercent leurs fonctions dans des établissements mentionnés au I de l'article L. 313-12 du code de l'action sociale et des familles.

(Décr. nº 2010-1141 du 29 sept. 2010, art. 1er-1º) « Les dispositions de la présente section qui prescrivent la proposition ou l'avis du chef de pôle ou du responsable du service, de l'unité fonctionnelle ou d'une autre structure interne ne sont pas applicables aux praticiens exerçant leurs fonctions dans les établissements mentionnés au I de l'article L. 313-12 du code de l'action sociale et des familles, pour lesquels seuls la proposition ou l'avis du directeur sont requis. »

Légalité du Décr. nº 2006-1221 du 5 oct. 2006. V. • CE 3 sept. 2008, *Conféd. des praticiens des hôpitaux et a. : nos 299412, 299418, 300400 et 3004417.*

Art. R. 6152-2 *(Décr. nº 2010-1141 du 29 sept. 2010, art. 1er-2º)* « Les praticiens hospitaliers exercent leurs fonctions à temps plein. Ils assurent les actes médicaux de diagnostic, de traitement, de soins d'urgence dispensés par les établissements publics de santé et participent *(Décr. nº 2016-1645 du 1er déc. 2016, art. 3-36º)* « aux missions définies aux articles L. 6111-1 et L. 6112-1 ».

Ils participent aux tâches de gestion qu'impliquent leurs fonctions.

(Décr. n° 2010-1141 du 29 sept. 2010, art. 1er-2°) **« Les pharmaciens régis par le présent statut exercent soit les fonctions définies par l'article L. 5126-5, soit des fonctions liées à la spécialité dans laquelle ils ont été inscrits sur la liste d'aptitude nationale mentionnée à l'article R. 6152-301. »**

Art. R. 6152-3 **Les médecins,** *(Abrogé par Décr. n° 2006-717 du 19 juin 2006, art. 1er-II)* ***« biologistes, »*** **odontologistes et pharmaciens des hôpitaux nommés à titre permanent constituent le corps unique des praticiens hospitaliers dans toutes les disciplines médicales, biologiques, pharmaceutiques, odontologiques et leurs spécialités.**

Ils portent le titre de médecin, chirurgien, psychiatre, spécialiste, biologiste, pharmacien ou odontologiste des hôpitaux.

Les dispositions de la présente section sont applicables aux pharmaciens des hôpitaux à l'exception des articles R. 6152-60 et R. 6152-61.

Art. R. 6152-4 *(Décr. n° 2010-1141 du 29 sept. 2010, art. 1er-3°)* **« Le profil de poste établi en application du premier alinéa de l'article R. 6152-6 peut prévoir que les praticiens hospitaliers, nommés dans un établissement, exercent leurs fonctions dans plusieurs établissements mentionnés à l'article R. 6152-1. Leur activité peut également être répartie entre un établissement public de santé et un établissement de santé privé** *(Décr. n° 2016-1645 du 1er déc. 2016, art. 3-38°)* **« habilité à assurer le service public hospitalier ».**

(Décr. n° 2017-326 du 14 mars 2017, art. 1er) **« Les praticiens hospitaliers peuvent également exercer leur activité dans plusieurs établissements au sein des groupements hospitaliers de territoire mentionnés à l'article L. 6132-1 ou pour favoriser le développement de la mise en réseau d'établissements de santé mentionnés à l'article 2 du titre IV du statut général des fonctionnaires et les actions de coopération mentionnées à l'article L. 6134-1.**

« Avec l'accord du praticien concerné, après avis motivé du chef de pôle ou, à défaut, du chef de service, du responsable de l'unité fonctionnelle ou d'une autre structure interne, et du président de la commission médicale d'établissement, une convention est passée à cet effet entre les établissements. Elle détermine les modalités de répartition de l'activité des praticiens entre ces établissements ainsi que la fraction des émoluments, indemnités et allocations prévus à l'article R. 6152-23 et des charges annexes qui est supportée par chacun d'entre eux. »

Les conditions d'application du présent article sont précisées par arrêté du ministre chargé de la santé.

SOUS-SECTION 2 **RECRUTEMENT, NOMINATION ET AFFECTATION** *(Décr. n° 2006-1221 du 5 oct. 2006, art. 1er-I).*

§ 1er RECRUTEMENT *(Décr. n° 2006-1221 du 5 oct. 2006, art. 1er-II).*

Art. R. 6152-5 (Abrogé par Décr. n° 2017-326 du 14 mars 2017, art. 15-II, à compter du 1er janv. 2019) ***Sur proposition des*** (Décr. n° 2010-1141 du 29 sept. 2010, art. 2-1°) ***« directeurs généraux d'agence régionale de santé », le*** (Décr. n° 2007-704 du 4 mai 2007, art. 22) ***« directeur général du Centre national de gestion »*** (Abrogé par Décr. n° 2010-1141 du 29 sept. 2010, art. 2-1°) ***« des praticiens hospitaliers et des personnels de direction de la fonction publique hospitalière » établit une liste de postes à recrutement prioritaire qui, d'une part, sont conformes aux objectifs définis par les schémas régionaux d'organisation sanitaire, d'autre part, présentent des difficultés particulières de recrutement et d'exercice.***

Le praticien hospitalier, nommé ou en fonction sur l'un des postes mentionnés à l'alinéa précédent, s'engage par convention conclue avec le directeur de l'établissement de santé à exercer ses fonctions pendant cinq ans. Un praticien ne peut pas signer plus d'un engagement de servir (Décr. n° 2010-1141 du 29 sept. 2010, art. 2-1°) ***« dans le même établissement » au cours de sa carrière.***

Un arrêté des ministres chargés du budget et de la santé précise les modalités d'application de ces dispositions.

Les dispositions du présent art. restent applicables aux praticiens hospitaliers à temps plein et aux praticiens des hôpitaux à temps partiel recrutés sur un poste à recrutement prioritaire avant le 1er janv. 2019 au titre des art. R. 6152-5 ou R. 6152-204.

Art. R. 6152-5-1 *(Décr. nº 2017-326 du 14 mars 2017, art. 2)* Les praticiens hospitaliers ayant conclu, en qualité de praticien contractuel ou d'assistant des hôpitaux, une convention d'engagement de carrière hospitalière en application des dispositions respectivement de l'article R. 6152-404-1 ou de l'article R. 6152-508-1, recrutés sur un poste dans une spécialité, d'une part, pour laquelle l'offre de soins est ou risque d'être insuffisante dans l'établissement public de santé dans lequel ils exercent et, d'autre part, correspondant à un diplôme d'études spécialisées présentant des difficultés importantes de recrutement dans les établissements publics de santé, peuvent s'engager par avenant à cette convention à accomplir trois années supplémentaires de services effectifs sur leur poste.

Ce nouvel engagement, qui ne peut être conclu qu'une fois, prend effet cinq ans après la date d'effet de la convention.

Art. R. 6152-6 *(Décr. nº 2006-1221 du 5 oct. 2006, art. 1er-III)* La procédure de recrutement en qualité de praticien hospitalier a pour but de pourvoir à la vacance de postes dans un pôle d'activité d'un établissement public de santé, déclarée par le *(Décr. nº 2007-704 du 4 mai 2007, art. 22 ; Décr. nº 2010-1141 du 29 sept. 2010, art. 2-2º)* « directeur général du Centre national de gestion sur proposition du directeur général de l'agence régionale de santé ». Chaque vacance donne lieu à établissement d'un profil de poste, dont les caractéristiques relatives notamment à la spécialité et à la position du praticien dans la structure hospitalière sont fixées par arrêté du ministre chargé de la santé.

(Décr. nº 2017-326 du 14 mars 2017, art. 3) « La liste de ces postes est publiée par voie électronique sur le site internet du Centre national de gestion. »

(Abrogé par Décr. nº 2017-326 du 14 mars 2017, art. 15, à compter du 1er janv. 2019) ***« La vacance des postes à recrutement prioritaire définie à l'article R. 6152-5 fait l'objet d'une liste distincte. »*** *— Les dispositions du présent al. restent applicables aux praticiens hospitaliers à temps plein et aux praticiens des hôpitaux à temps partiel recrutés sur un poste à recrutement prioritaire avant le 1er janv. 2019 au titre des art. R. 6152-5 ou R. 6152-204 (Décr. nº 2017-326 du 14 mars 2017, art. 15-II).*

(Abrogé par Décr. nº 2017-326 du 14 mars 2017, art. 15-I) (Décr. nº 2010-1141 du 29 sept. 2010, art. 2-2º) ***« Les listes de postes mentionnées aux articles R. 6152-5 et R. 6152-6 sont publiées par voie électronique sur le site internet du Centre national de gestion. »***

Les candidatures à un poste doivent être déposées dans le délai de quinze jours à compter de la publication de la vacance du poste. La recevabilité des candidatures est appréciée à la date de clôture du dépôt des candidatures.

(Décr. nº 2010-1141 du 29 sept. 2010, art. 2-2º) « Les postes restés vacants à l'issue du tour de recrutement peuvent être proposés, au-delà du délai réglementaire de quinze jours mentionné à l'article précédent, par le directeur général du Centre national de gestion aux praticiens mentionnés à l'article R. 6152-7. »

Le directeur de l'établissement de santé peut, avant de communiquer *(Décr. nº 2010-1141 du 29 sept. 2010, art. 2-2º)* « au directeur général de l'agence régionale de santé pour proposition » au *(Décr. nº 2007-704 du 4 mai 2007, art. 22)* « directeur général du Centre national de gestion » la vacance d'un ou plusieurs postes, en organiser la publicité en vue de pourvoir ces postes par mutation interne, dans les conditions fixées à l'article R. 6152-11.

Art. R. 6152-7 *(Décr. nº 2010-1141 du 29 sept. 2010, art. 2-3º)* Peuvent faire acte de candidature aux postes vacants de praticien hospitalier :

1º Les praticiens hospitaliers candidats à la mutation, comptant au moins trois années de fonctions effectives dans un même établissement à compter de leur date d'installation, sauf dérogation accordée par le directeur général du Centre national de gestion ;

2º Les praticiens des hôpitaux à temps partiel, comptant au moins trois années de fonctions effectives dans un même établissement à compter de leur date d'installation, sauf dérogation accordée par le directeur général du Centre national de gestion ;

3º Les praticiens hospitaliers, les praticiens des hôpitaux à temps partiel qui, à l'issue d'un détachement ou d'une disponibilité, à l'expiration d'un des congés accordés au titre des articles R. 6152-38 à R. 6152-41 dans le cas où ils ne bénéficient pas des dispositions du deuxième alinéa de l'article R. 6152-42, ou pendant la période de recherche d'affectation, sollicitent leur réintégration ;

4° Les membres du personnel enseignant et hospitalier titulaires qui sollicitent une intégration dans le corps des praticiens hospitaliers ;

5° Les candidats inscrits sur une liste d'aptitude en cours de validité, après réussite au concours national de praticien des établissements publics de santé prévu par l'article R. 6152-301. Les intéressés ne peuvent faire acte de candidature que sur les postes publiés dans la spécialité correspondant à leur inscription sur une liste d'aptitude. Les candidats doivent justifier qu'ils remplissent les conditions fixées par l'article R. 6152-7-1. La nature des pièces justificatives à produire est fixée par arrêté du ministre chargé de la santé.

Dans les cas mentionnés aux 1° et 2°, la condition de durée de fonctions n'est pas exigée pour les praticiens, nommés à titre permanent, en fonctions dans l'établissement où survient la vacance, ni pour les praticiens dont l'emploi est supprimé en application des dispositions de l'article L. 6131-5.

Art. R. 6152-7-1 *(Décr. nº 2010-1141 du 29 sept. 2010, art. 2-4º)* Nul ne peut être nommé praticien hospitalier :

1° S'il ne jouit de ses droits civiques dans l'État dont il est ressortissant ;

2° S'il a subi une condamnation incompatible avec l'exercice des fonctions ;

L'absence de condamnation est attestée par :

a) Pour les ressortissants français, un extrait du bulletin n° 2 du casier judiciaire datant de moins de trois mois ;

b) Pour les ressortissants d'un État étranger, un extrait de casier judiciaire ou un document équivalent datant de moins de trois mois, délivré par une autorité compétente de l'État d'origine ou de provenance ; cette pièce peut être remplacée, pour les ressortissants des États membres de l'Union européenne ou parties à l'accord sur l'Espace économique européen qui exigent une preuve de moralité ou d'honorabilité pour l'accès à l'activité de médecin, chirurgien-dentiste ou pharmacien, par une attestation datant de moins de trois mois de l'autorité compétente de l'État d'origine ou de provenance certifiant que ces conditions de moralité ou d'honorabilité sont remplies ;

3° S'il ne se trouve en position régulière au regard des obligations de service national de l'État dont il est ressortissant ;

4° S'il ne remplit les conditions d'aptitude exigées pour l'exercice de sa fonction compte tenu des possibilités de compensation du handicap.

Art. R. 6152-7-2 *(Décr. nº 2017-701 du 2 mai 2017, art. 1er-6º)* I. — Lorsque, par suite de la nouvelle répartition des emplois mentionnée au 4° du II de l'article L. 6132-2 résultant du projet médical partagé initial ou de son actualisation, un ou plusieurs postes de praticiens hospitaliers à temps plein sont à pourvoir, le directeur de chaque établissement partie au groupement hospitalier de territoire, par dérogation aux dispositions des articles R. 6152-6 et R. 6152-7, organise la publicité de ces postes, et des profils correspondants, au sein des établissements parties au groupement. Il en informe le président du comité stratégique et le président du collège médical ou de la commission médicale de groupement prévus à l'article R. 6132-9.

Peuvent faire acte de candidature les praticiens hospitaliers à temps plein et *[les]* praticiens des hôpitaux à temps partiel nommés dans un établissement partie au groupement.

Le directeur de l'établissement partie transmet, sur proposition du chef de pôle et après avis du président de la commission médicale d'établissement, au directeur général du Centre national de gestion les propositions de nomination dans l'établissement partie au groupement concerné. Il informe le président du comité stratégique du groupement, le président du collège médical ou de la commission médicale de groupement et le directeur général de l'agence régionale de santé de ces propositions.

Les candidats sont informés par courrier du directeur de l'établissement partie. La commission statutaire nationale peut alors être saisie par un praticien non retenu.

II. — Dans le cas où un ou plusieurs postes restent à pourvoir, le directeur de l'établissement partie transmet au directeur général de l'agence régionale de santé pour proposition au directeur général du Centre national de gestion les demandes de publication de postes à intervenir au prochain tour de recrutement.

III. – La nomination et l'affectation des praticiens sont prononcées selon les modalités fixées aux articles R. 6152-8 et R. 6152-11.

§ 2 NOMINATION *(Décr. nº 2006-1221 du 5 oct. 2006, art. 1er-V).*

Art. R. 6152-8 *(Décr. nº 2010-1141 du 29 sept. 2010, art. 2-5º)* En vue de la nomination d'un praticien hospitalier, le chef de pôle ou, à défaut, le responsable du service, de l'unité fonctionnelle ou d'une autre structure interne peut proposer plusieurs candidatures au directeur de l'établissement.

La nomination dans l'établissement public de santé est prononcée par arrêté du directeur général du Centre national de gestion.

La nomination est notifiée par lettre recommandée avec avis de réception aux praticiens ainsi qu'aux directeurs d'établissement intéressés. Elle fait l'objet d'une publication par voie électronique sur le site internet du Centre national de gestion, selon les modalités prévues par son règlement intérieur.

Art. R. 6152-9 *(Décr. nº 2006-1221 du 5 oct. 2006, art. 1er-VII)* Par dérogation aux dispositions de l'article R. 6152-6, les praticiens des hôpitaux à temps partiel nommés dans un emploi de praticien à titre permanent, dont le poste a été transformé à temps plein, peuvent demander à exercer leurs fonctions à temps plein et à être nommés sur le poste sur lequel ils sont affectés. Leur candidature est adressée par le directeur de l'établissement de santé au *(Décr. nº 2007-704 du 4 mai 2007, art. 22)* « directeur général du Centre national de gestion », accompagnée des avis motivés *(Décr. nº 2010-1141 du 29 sept. 2010, art. 2-6º)* « du chef de pôle ou, à défaut, du responsable du service, de l'unité fonctionnelle ou d'une autre structure interne, et du président de la commission médicale d'établissement ». Leur nomination est prononcée selon les modalités fixées par l'article R. 6152-8.

Art. R. 6152-10 *Abrogé par Décr. nº 2010-1141 du 29 sept. 2010, art. 2.*

§ 3 AFFECTATION *(Décr. nº 2006-1221 du 5 oct. 2006, art. 1er-IX).*

Art. R. 6152-11 *(Décr. nº 2010-1141 du 29 sept. 2010, art. 2-8º)* Lorsqu'il est pourvu à une vacance par candidature externe, dès réception de l'arrêté de nomination mentionné à l'article R. 6152-8, le directeur d'établissement prononce l'affectation sur le poste dans le pôle d'activité ou, à défaut, dans le service, l'unité fonctionnelle ou une autre structure interne.

En cas de mutation interne, le directeur affecte le praticien, déjà nommé dans l'établissement, dans un pôle d'activité sur proposition du chef de pôle et après avis du président de la commission médicale d'établissement.

En cas de transfert de poste d'un pôle d'activité à un autre pôle du même établissement public de santé intervenant dans le cadre d'une réorganisation interne, le praticien affecté sur ce poste fait l'objet d'une nouvelle affectation par le directeur dans le pôle d'accueil, sur proposition du chef de ce pôle et après avis du président de la commission médicale d'établissement, dès lors que le profil du poste est compatible avec la spécialité d'exercice du praticien.

En cas de fusion de deux ou plusieurs établissements publics de santé, les praticiens hospitaliers des établissements concernés sont affectés sur un poste dans un pôle du nouvel établissement, sur proposition du responsable du pôle d'accueil et du président de la commission médicale d'établissement.

En cas de transfert de l'activité à un groupement de coopération sanitaire érigé en établissement public de santé, les praticiens hospitaliers des établissements concernés sont nommés dans le nouvel établissement par le directeur général du Centre national de gestion et affectés dans un pôle par le directeur du nouvel établissement, sur proposition du chef du pôle et après avis du président de la commission médicale d'établissement.

Changement d'affectation d'un praticien hospitalier. La décision de changement d'affectation d'un praticien hospitalier dans le cadre d'une réorganisation de services liée à la constitution d'un pôle d'activité constitue une mesure d'ordre intérieur et ne peut donc faire l'objet d'un recours pour excès de pouvoir. • TA Pau, ord., 29 févr. 2008, *M. Alain B.*, nº 0800310.

§ 4 PRISE DE FONCTIONS *(Décr. n° 2006-1221 du 5 oct. 2006, art. 1er-XI).*

Art. R. 6152-12 *(Décr. n° 2006-1221 du 5 oct. 2006, art. 1er-XII)* **Le praticien doit rejoindre son poste dans le délai de deux mois à compter de la réception de la notification prévue au dernier alinéa de l'article R. 6152-8, sauf dérogation accordée par le directeur** *(Décr. n° 2010-1141 du 29 sept. 2010, art. 2-9°)* **« général du Centre national de gestion » sur proposition du directeur de l'établissement dans lequel il est nommé après avis du** *(Décr. n° 2010-1141 du 29 sept. 2010, art. 2-9°)* **« chef » du pôle d'affectation.**

Si l'intéressé ne rejoint pas son poste, sa nomination est rapportée après mise en demeure. Dans le cas d'une première nomination, il perd le bénéfice de son inscription sur la liste d'aptitude. Dans le cas d'une nomination consécutive à une demande de mutation, l'intéressé est réputé avoir obtenu sa mutation.

Le praticien doit établir sa résidence effective à proximité du lieu d'exercice de ses fonctions dans des conditions compatibles avec les responsabilités qu'il exerce dans le service public hospitalier, après validation *(Décr. n° 2010-1141 du 29 sept. 2010, art. 2-9°)* **« , le cas échéant, du directeur général de l'agence régionale de santé ».**

Art. R. 6152-13 *(Décr. n° 2017-161 du 9 févr. 2017, art. 2)* **Les candidats issus du concours national de praticien des établissements publics de santé, à l'exception des praticiens mentionnés à l'article R. 6152-60, sont nommés pour une période probatoire d'un an d'exercice effectif des fonctions, à l'issue de laquelle ils sont, après avis motivé du chef de pôle ou, à défaut, du chef du service, du responsable de l'unité fonctionnelle ou d'une autre structure interne, et ceux du président de la commission médicale d'établissement et du directeur de l'établissement ainsi que, le cas échéant, de la commission statutaire nationale, soit nommés dans un emploi de praticien à titre permanent, soit admis à prolonger leur période probatoire pour une nouvelle durée d'un an, soit licenciés pour inaptitude à l'exercice des fonctions en cause, par arrêté du directeur général du Centre national de gestion.**

La commission statutaire nationale est saisie lorsque l'avis du chef de pôle ou, à défaut, du chef de service, du responsable de l'unité fonctionnelle ou d'une autre structure interne, celui du président de la commission médicale d'établissement ou celui du directeur de l'établissement sont défavorables à la titularisation ou divergents.

En cas de prolongation de l'année probatoire, celle-ci peut être réalisée, pour tout ou partie, dans un autre établissement public de santé. L'évaluation de cette période est transmise, le cas échéant, à la commission statutaire nationale.

Lorsque le praticien en période probatoire a été autorisé à exercer une activité hebdomadaire réduite dans les conditions définies à l'article R. 6152-46, cette activité est réputée accomplie à temps plein.

1. Contrôle du juge sur le licenciement à l'issue de la période probatoire. Le juge exerce un contrôle limité à l'erreur manifeste d'appréciation s'agissant de la décision de licenciement d'un praticien hospitalier à l'issue de la période probatoire, fondée sur l'inaptitude à l'exercice de la fonction. • CAA Bordeaux, 23 déc. 2010, *M. Komla X.*, n° 10BX01410.

2. Recrutement de médecins étrangers non ressortissants d'un État membre de l'UE ou partie à l'accord sur l'EEE. Il résulte des dispositions combinées des art. R. 6151-10 et R. 6152-13, dans leur rédaction issue du Décr. n° 2006-1221 du 5 oct. 2006, par lesquelles le pouvoir réglementaire a entendu aligner les conditions de stage et de nomination des praticiens associés sur celles des praticiens à titre permanent, que les médecins n'étant pas de nationalité française ni ressortissants d'un État membre de l'Union européenne ou partie à l'accord sur l'Espace économique européen, lorsqu'ils remplissent les conditions requises pour l'exercice de la profession de médecin, peuvent être nommés praticiens associés pour une période probatoire d'un an. A l'issue de cette période probatoire, ils peuvent être, soit admis à prolonger leur période probatoire, pour une nouvelle durée d'un an, soit licenciés pour inaptitude à l'exercice des fonctions, soit encore autorisés à continuer leur activité en qualité de praticien associé. • CE 12 mars 2012, *Mme A.*, n° 343209. ♦ Seule leur nomination à titre de praticien permanent est soumise à la condition de nationalité prévue par l'art. R. 6152-10. • Même arrêt.

Art. R. 6152-14 *(Décr. n° 2017-161 du 9 févr. 2017, art. 3)* **« Les dispositions des articles R. 6152-3, R. 6152-24 et R. 6152-30 ne sont pas applicables aux praticiens hospitaliers nommés pour une période probatoire. »**

(Décr. n° 2010-1141 du 29 sept. 2010, art. 2-11°) « Les praticiens hospitaliers nommés pour une période probatoire peuvent être placés en disponibilité d'office dans les cas prévus aux articles R. 6152-37, R. 6152-38, R. 6152-39 et R. 6152-42. »

Le praticien en disponibilité cesse de bénéficier des émoluments mentionnés au 1° de l'article R. 6152-23. Le temps passé dans cette position n'est pas pris en compte pour l'avancement. Au cas où à l'expiration d'une période de disponibilité un praticien n'a ni repris ses fonctions, ni obtenu une prolongation de sa disponibilité, il est licencié.

Les praticiens hospitaliers nommés pour une période probatoire peuvent ouvrir un compte épargne-temps. *(Décr. n° 2006-717 du 19 juin 2006, art. 1er-V)* « Toutefois, ils ne peuvent utiliser, au cours de la période probatoire, ni des droits épargnés antérieurement à leur nomination, ni des droits acquis depuis celle-ci. »

Art. R. 6152-15 *(Décr. n° 2010-1141 du 29 sept. 2010, art. 2-12°)* Les praticiens nommés au titre des 4° ou 5° de l'article R. 6152-7 sont classés dans l'emploi de praticien hospitalier, compte tenu :

1° De la durée légale du service national et des services militaires obligatoires, selon les règles applicables aux fonctionnaires de l'État ;

2° Des services hospitaliers accomplis à l'étranger en application d'un contrat de coopération ;

3° De la durée des fonctions de même nature effectuées antérieurement à leur nomination et présentant un intérêt pour le service public hospitalier, en France ou dans un État membre de l'Union européenne ou d'un autre État partie à l'accord sur l'Espace économique européen, sous réserve de justifier avoir accompli celles-ci en détenant les titres, diplômes ou autorisations exigés en France pour l'exercice de leur profession ;

4° De la durée des services accomplis par les praticiens mentionnés au 4° de l'article L. 6152-1.

Pour l'application de ces dispositions, la durée de la formation requise pour l'obtention du diplôme de médecin, pharmacien ou odontologiste, ou du diplôme de spécialité, quels que soient le statut du praticien durant la formation et la durée de cette dernière dans le pays d'obtention du diplôme de spécialité, n'est pas prise en compte.

Art. R. 6152-16 *(Décr. n° 2006-1221 du 5 oct. 2006, art. 1er-XVI)* Les praticiens recrutés au titre des dispositions des 1°, 2° ou 3° de l'article R. 6152-7 et de l'article R. 6152-9 sont reclassés à l'échelon qu'ils détenaient dans leur ancienne situation, avec conservation de leur ancienneté d'échelon.

(Décr. n° 2010-1141 du 29 sept. 2010, art. 2-13°) « Les fonctions accomplies dans un établissement mentionné au 1° de l'article R. 6152-1 en qualité de praticien non titulaire par un praticien hospitalier titulaire en attente d'une réintégration sont également prises en compte, dès lors que le recrutement intervient sur un poste dont la vacance a été publiée et sur lequel le praticien a fait acte de candidature, et pour une durée comprise entre la date de publication de la vacance du poste et la date d'installation du praticien sur ce poste. »

Art. R. 6152-17 *(Décr. n° 2006-1221 du 5 oct. 2006, art. 1er-XVI)* Pour l'application des articles R. 6152-15 et R. 6152-16, les services accomplis à temps plein sont comptés pour la totalité de leur durée. Les services accomplis à temps partiel sont comptés au prorata de leur durée. Toutefois, ceux accomplis dans les conditions fixées par la section II du présent chapitre ainsi que ceux accomplis par les personnels enseignants et hospitaliers à temps plein sont comptés comme des services à temps plein.

Les fonctions accomplies par les médecins et les chirurgiens-dentistes en cabinet libéral ou en laboratoire d'analyses médicales sont prises en compte à compter de la date d'installation, dans la limite de vingt années, aux 2/3 pour les douze premières années et pour 1/3 pour les huit années suivantes. Pour les pharmaciens, les fonctions accomplies en officine ou en laboratoire d'analyses médicales sont prises en compte à compter de la date de leur inscription à l'ordre des pharmaciens, dans les conditions prévues ci-dessus.

Les fonctions cumulées accomplies à un ou plusieurs titres sur une même période sont prises en compte au maximum pour un temps plein.

Les décisions de classement prévues au présent article sont prononcées par arrêté du *(Décr. n° 2007-704 du 4 mai 2007, art. 22)* « directeur général du Centre national de

gestion des praticiens hospitaliers et des personnels de direction de la fonction publique hospitalière ».

SOUS-SECTION 3 *[ABROGÉE]* COMMISSIONS STATUTAIRES

(Abrogée par Décr. nº 2006-1221 du 5 oct. 2006, art. 2-II)

SOUS-SECTION 4 AVANCEMENT

Art. R. 6152-20 **La carrière des praticiens hospitaliers comprend 13 échelons.**

Art. R. 6152-21 **L'avancement d'échelon s'effectue selon les durées suivantes :**

1er échelon : un an.

2e échelon : un an ;

3e échelon : deux ans ;

4e échelon : deux ans ;

5e échelon : deux ans ;

6e échelon : deux ans ;

7e échelon : deux ans ;

8e échelon : deux ans ;

9e échelon : deux ans ;

10e échelon : deux ans ;

11e échelon : deux ans ;

12e échelon : quatre ans.

L'avancement d'échelon est prononcé par *(Décr. nº 2007-704 du 4 mai 2007, art. 22)* **« le directeur général du Centre national de gestion ».**

Art. R. 6152-22 **Les praticiens bénéficient, lorsqu'ils ont accompli cinq ans de services effectifs dans le cadre de l'engagement de servir prévu à l'article R. 6152-5, d'un avancement accéléré d'une durée de deux ans prononcé par** *(Décr. nº 2007-704 du 4 mai 2007, art. 22)* **« le directeur général du Centre national de gestion ».**

(Décr. nº 2017-326 du 14 mars 2017, art. 4) **« Les praticiens bénéficient, à l'issue des trois ans de services accomplis en application de l'avenant mentionné à l'article R. 6152-5-1, d'un gain d'ancienneté de deux ans prononcé par le directeur général du Centre national de gestion. »**

Les dispositions du premier al. restent applicables aux praticiens hospitaliers à temps plein et aux praticiens des hôpitaux à temps partiel recrutés sur un poste à recrutement prioritaire avant le 1er janv. 2019 au titre des art. R. 6152-5 ou R. 6152-204 (Décr. nº 2017-326 du 14 mars 2017, art. 15).

SOUS-SECTION 5 RÉMUNÉRATION

Art. R. 6152-23 *(Décr. nº 2010-1141 du 29 sept. 2010, art. 4-1º)* **« Les praticiens perçoivent, après service fait, attesté par le tableau mensuel de service réalisé, validé par le chef de pôle ou, à défaut, par le responsable du service, de l'unité fonctionnelle ou d'une autre structure interne : »**

(Décr. nº 2006-1221 du 5 oct. 2006, art. 4) **« 1º Des émoluments mensuels variant selon l'échelon des intéressés. Ces émoluments sont fixés par arrêté des ministres chargés du budget, de la santé et de la sécurité sociale. Ils suivent l'évolution des traitements de la fonction publique, constatée par le ministre chargé de la santé ;**

« 2º Des indemnités et allocations dont la liste est fixée par décret. »

Droit à l'indemnisation du temps de travail additionnel. Il résulte des dispositions combinées de l'art. R. 6152-23, du 3e al. de l'art. R. 6152-27 et de l'art. D. 6152-23-1 CSP, que le praticien hospitalier qui a accompli, au-delà de ses obligations de service hebdomadaire, un temps de travail additionnel, a droit à en être indemnisé ; la circonstance qu'un contrat d'engagement n'ait pas été conclu préalablement à l'accomplissement du temps de travail additionnel par le praticien ne saurait légalement faire obstacle au droit à l'indemnisation de ce praticien après service fait. • CE 6 mars 2013, *M. B.*, nº 352404 : *Lebon ; AJDA 2013. 221 ; ibid. 552.*

Art. D. 6152-23-1 *(Décr. nº 2006-1222 du 5 oct. 2006, art. 1er)* **Les indemnités et allocations mentionnées au 2º de l'article R. 6152-23 sont :**

1° Des indemnités de participation à la permanence des soins ou de réalisation de périodes de travail au-delà des obligations de service hebdomadaires :

a) Des indemnités de sujétion correspondant au temps de travail effectué, dans le cadre des obligations de service hebdomadaires, la nuit, le samedi après-midi, le dimanche et les jours fériés ;

b) Des indemnités forfaitaires pour tout temps de travail additionnel accompli, sur la base du volontariat, au-delà des obligations de service hebdomadaires ;

c) Des indemnités correspondant aux astreintes et aux déplacements auxquels elles peuvent donner lieu.

Les indemnités mentionnées aux deux alinéas précédents sont versées lorsque, selon le choix du praticien, le temps de travail additionnel, les astreintes et les déplacements ne font pas l'objet d'une récupération.

2° Des indemnités pour participation aux jurys de concours, à l'enseignement et à la formation des personnels des établissements publics de santé.

(Abrogé par Décr. n° 2017-327 du 14 mars 2017, art. 3, à compter du 1er janv. 2019) ***« 3° Une allocation spécifique versée aux praticiens hospitaliers ayant signé l'engagement prévu à l'article R. 6152-5. Cette allocation, non soumise à cotisation de retraite complémentaire, est versée en une seule fois. »***

(Décr. n° 2017-327 du 14 mars 2017, art. 1er) « 4° Des primes et indemnités visant à développer le travail en réseau :

a) Abrogé par Décr. n° 2017-327 du 14 mars 2017, art. 2.

« *b)* Une prime d'exercice territorial pour activité dans plusieurs établissements ou dans plusieurs sites d'un même établissement, dans le cadre des groupements hospitaliers de territoires mentionnés à l'article L. 6132-1, lorsque le projet médical partagé mentionné au I de l'article R. 6132-3 est adopté ;

(Décr. n° 2017-327 du 14 mars 2017, art. 2) « La prime d'exercice territorial est versée pour activité dans plusieurs établissements ou dans plusieurs sites d'un même établissement, pour favoriser le développement de la mise en réseau des établissements mentionnés à l'article 2 de la loi n° 86-33 du 9 janvier 1986 portant dispositions statutaires relatives à la fonction publique hospitalière et les actions de coopération mentionnées à l'article L. 6134-1 ; »

« *c)* Une indemnité d'activité sectorielle et de liaison versée aux psychiatres des hôpitaux exclusive de l'indemnité prévue au 5° du présent article.

« Une même activité ne peut donner lieu au versement de l'indemnité pour activité dans plusieurs établissements mentionné au *a*, au versement de la prime d'exercice territorial mentionnée au *b* et au versement *[de]* l'indemnité d'activité sectorielle et de liaison mentionnée au *c*. De même, ne sont prises en compte, pour l'attribution de cette prime et de cette indemnité, ni l'activité d'intérêt général ni l'activité libérale mentionnée à l'article L. 6154-1.

« Le versement des primes et indemnités prévues au 4° est maintenu durant les congés et jours de récupération mentionnés aux 1°, 2°, 3° et 5° de l'article R. 6152-35. Pour les praticiens placés en congé de maladie au titre des articles R. 6152-37 à R. 6152-39, le versement des primes et indemnités prévues au 4° est maintenu pendant une période qui ne peut excéder trois mois. La durée de cette période est portée à six mois en cas de congé de maladie accordé au titre de l'article R. 6152-41. Ce versement est suspendu en cas de suspension des fonctions prononcée au titre des dispositions des articles R. 6152-77 ou R. 6152-81. »

5° Une indemnité correspondant à une part complémentaire variable de la rémunération mentionnée au 1° de l'article R. 6152-23 et subordonnée au respect d'un engagement contractuel déterminant, dans le respect des dispositions des articles R. 4127-5, R. 4127-95, R. 4127-97, R. 4127-249 et R. 4235-18 du présent code, des objectifs de qualité et d'activité mesurés par des indicateurs définis par arrêté.

6° Une indemnité d'engagement de service public exclusif versée aux praticiens qui s'engagent, pour une période de trois ans renouvelable, à ne pas exercer une activité libérale telle que prévue à l'article L. 6154-1. Le versement de cette indemnité est maintenu durant les congés et jours de récupération mentionnés aux 1°, 2°, 3° et 5° de l'article R. 6152-35. Pour les praticiens placés en congé de maladie au titre des articles R. 6152-37 à R. 6152-39, le versement de cette indemnité est maintenu pendant une période qui ne peut excéder trois mois par contrat d'engagement de service

public exclusif. La durée de cette période est portée à six mois en cas de congé de maladie accordé au titre de l'article R. 6152-41.

(Décr. n° 2017-327 du 14 mars 2017, art. 1er-I-2°) **« 7° Le second versement de la prime d'engagement de carrière hospitalière mentionnée aux articles D. 6152-417 et D. 6152-514-1 intervient lors de la nomination du praticien en période probatoire dans les conditions fixées à l'article R. 6152-13. »**

(Décr. n° 2010-1141 du 29 sept. 2010, art. 4-2°) **« Les indemnités mentionnées au *b* du 4° et aux 5° et 6° du présent article ne peuvent être versées qu'aux praticiens nommés à titre permanent. »**

Le montant, les conditions d'attribution et les modalités de versement des indemnités et allocations mentionnées au présent article font fixés par arrêté des ministres chargés du budget et de la santé.

A. INDEMNITÉ POUR ACTIVITÉ DANS PLUSIEURS ÉTABLISSEMENTS (PRIME DITE « D'EXERCICE MULTI-SITES »)

1. Praticiens bénéficiaires. Les praticiens mis à disposition peuvent bénéficier de l'indemnité pour exercice d'activité sur plusieurs établissements. • TA Marseille, 1er juill. 2008, *Mme Anne D.*, n° 0700539.

2. Conditions de versement. Le Conseil d'État estime que, si l'éloignement géographique des établissements entre lesquels un praticien hospitalier partage son activité est au nombre des éléments d'appréciation qui peuvent être retenus pour attribuer à un praticien cette indemnité, l'éloignement ne constitue pas une condition nécessaire d'une telle attribution. En conséquence, est entaché d'une erreur de droit le jugement qui considère qu'un directeur d'ARH était tenu de refuser cette indemnité à un praticien hospitalier qui exerçait ses activités pour le compte de deux établissements implantés sur un site hospitalier unique. • CE 19 oct. 2005, *M. Renaud X.*, n° 269442. ♦ Bénéficie de cette indemnité le praticien qui a exercé une activité excédant le minimum, en moyenne, de deux demi-journées d'activité réalisées en dehors de son établissement de rattachement. • TA Rouen, 21 déc. 2006, *Mme Catherine S.*, n° 0400921 • TA Rouen, 4 janv. 2008, *Mme Catherine S.*, n° 0402321. ♦ Constitue une rupture d'égalité de traitement entre praticiens hospitaliers le principe fixé par le directeur de l'ARH que les médecins psychiatres devraient produire un effort plus important pour être éligibles au versement de la prime dite « d'exercice multi-sites ». • TA Poitiers, 4 avr. 2007, *M. Renaud B. c/ ARH de Poitou-Charentes*, n° 0601857.

3. Recours de plein contentieux. Sur l'indemnisation du préjudice résultant de la faute commise par un établissement public de santé résultant de son refus de diligenter la procédure d'attribution de l'indemnité pour activité dans plusieurs établissements sollicitée par un praticien hospitalier. • TA Nîmes, 8 févr. 2007, *M. Rémy G.*, n° 0405713.

B. INDEMNITÉ D'ENGAGEMENT DE SERVICE PUBLIC EXCLUSIF

4. Conditions de versement. Cette indemnité n'est due qu'aux seuls praticiens hospitaliers ayant effectivement exercé leurs fonctions. • CAA Lyon, 19 juin 2007, *M. S. : nos 03LY01708 et 06LY01406.* ♦ Elle n'est due qu'à compter de la date à laquelle le contrat d'engagement de service public exclusif a été souscrit, alors même que la cessation de toute activité libérale par le praticien concerné serait antérieure à cette date. • TA Amiens, 13 avr. 2006, *M. Hervé de M.*, n° 0302180.

5. Renouvellement du contrat d'engagement de service public exclusif. Le directeur d'un établissement public de santé ne dispose, en matière d'indemnité d'engagement de service public exclusif, d'aucun pouvoir d'appréciation pour attribuer ou refuser cette indemnité. Il est tenu de renouveler le contrat d'engagement dès lors que le praticien hospitalier concerné s'est engagé à ne pas exercer d'activité libérale. • CAA Nancy, 28 sept. 2006, *Groupe hospitalier Sud-Ardennes de Vouziers*, n° 05NC00062.

C. INDEMNITÉS VISANT À DÉVELOPPER LE TRAVAIL EN RÉSEAU

6. Réparation du préjudice résultant du refus de versement de l'indemnité. Les ministres en charge du budget et de la santé ne peuvent subdéléguer au directeur de l'agence régionale de l'hospitalisation (ARH) la détermination des conditions d'attribution de l'indemnité pour activité dans plusieurs établissements versée aux praticiens pour favoriser le développement du travail en réseau. Par suite, est illégale la décision par laquelle le directeur d'un centre hospitalier refuse, sur la base d'une décision du directeur de l'ARH, le versement de l'indemnité. Cette illégalité constitue une faute de nature à engager la responsabilité du centre hospitalier et à ouvrir droit à réparation si elle a fait perdre au requérant une chance sérieuse de bénéficier de l'indemnité. • CAA Lyon, 18 janv. 2011, *M. Joseph Ouamar A.*, n° 09LY00975.

D. INDEMNITÉS DE PARTICIPATION À LA PERMANENCE DES SOINS OU DE RÉALISATION DE PÉRIODES DE TRAVAIL AU-DELÀ DES OBLIGATIONS DE SERVICE HEBDOMADAIRES

7. Indemnisation de temps de travail additionnel. Pour qu'il puisse être fait droit à la demande tendant au paiement de l'indemnité forfaitaire rémunérant des périodes de travail additionnel, le requérant doit apporter la preuve de la réalité et du quantum des heures de travail additionnel réalisées au sein de l'établissement de santé, dont il fait état pour la période en litige. • CAA Douai, 5 juin 2012, *M. Ibrahim A.*, n° 11DA00446. ♦ V. aussi note de jurisprudence ss. art. R. 6152-23.

Art. R. 6152-24 *(Décr. n° 2010-1141 du 29 sept. 2010, art. 4-3°)* Sous réserve des dispositions de l'article L. 6154-4 et de l'article R. 6152-30 ainsi que celles de l'article 9 du décret n° 91-966 du 20 septembre 1991 relatif aux personnels associés des centres hospitaliers et universitaires dans les disciplines médicales et odontologiques, les praticiens hospitaliers ne peuvent recevoir aucun autre émolument au titre d'activités exercées dans leur établissement d'affectation ou à l'extérieur de celui-ci.

Art. R. 6152-25 Les praticiens hospitaliers qui n'exercent pas d'activité libérale cotisent au régime de retraites complémentaires des assurances sociales institué par le décret n° 70-1277 du 23 décembre 1970 portant création d'un régime de retraites complémentaires des assurances sociales en faveur des agents non titulaires de l'État et des collectivités publiques sur la totalité de leurs émoluments hospitaliers, *(Décr. n° 2010-1141 du 29 sept. 2010, art. 4-4°)* « y compris certaines indemnités définies par décret ».

SOUS-SECTION 6 EXERCICE DE FONCTIONS – POSITIONS

BIBL. ▸ MEDOUZE et VIER, Le droit des praticiens à bénéficier de la protection de leur établissement, *Gest. hosp., avr. 2006, p. 287.*

§ 1er ACTIVITÉ ET CONGÉS

1 *FONCTIONS*

Art. R. 6152-26 *(Décr. n° 2010-1141 du 29 sept. 2010, art. 5-1°)* Les praticiens relevant de la présente section, en position d'activité, consacrent la totalité de leur activité professionnelle à l'établissement de santé et aux établissements, services ou organismes liés à celui-ci par convention, sous réserve des dispositions de l'article R. 6152-24.

Les modalités selon lesquelles les praticiens régis par la présente section accomplissent leurs obligations de service sont précisées par le règlement intérieur de l'établissement dans lequel ils sont affectés.

Afin d'assurer la continuité des soins, l'organisation du temps de présence médicale, pharmaceutique et odontologique établie en fonction des caractéristiques propres aux différentes structures est arrêtée annuellement par le directeur d'établissement après avis de la commission médicale d'établissement. Un tableau de service nominatif, établi sur cette base, est arrêté mensuellement par le directeur sur proposition du chef de pôle ou, à défaut, du responsable du service, de l'unité fonctionnelle ou d'une autre structure interne.

Art. R. 6152-27 Le service hebdomadaire est fixé à dix demi-journées, sans que la durée de travail puisse excéder quarante-huit heures par semaine, cette durée étant calculée en moyenne sur une période de quatre mois. Lorsqu'il est effectué la nuit, celle-ci est comptée pour deux demi-journées.

Lorsque l'activité médicale est organisée en temps continu, l'obligation de service hebdomadaire du praticien est, par dérogation au premier alinéa, calculée en heures, en moyenne sur une période de quatre mois, et ne peut dépasser quarante-huit heures.

Le praticien peut accomplir, sur la base du volontariat au-delà de ses obligations de service hebdomadaires, un temps de travail additionnel donnant lieu soit à récupération, soit *(Décr. n° 2010-1141 du 29 sept. 2010, art. 5-2°)* « au versement d'indemnités de participation à la continuité des soins et, le cas échéant, d'indemnités de temps de travail additionnel ».

Il bénéficie d'un repos quotidien d'une durée minimale de onze heures consécutives par période de vingt-quatre heures.

(Décr. n° 2015-1260 du 9 oct. 2015, art. 1er-1°) « Le repos quotidien après la fin du dernier déplacement survenu au cours d'une astreinte est garanti au praticien. »

Par dérogation aux dispositions de l'alinéa précédent, il peut accomplir une durée de travail continue maximale de vingt-quatre heures. Dans ce cas, il bénéficie, immédiatement à l'issue de cette période, d'un repos d'une durée équivalente.

(Décr. n° 2015-1260 du 9 oct. 2015, art. 1er-2°) « Le temps d'intervention sur place et le temps de trajet réalisés lors d'un déplacement survenu au cours d'une astreinte constituent du temps de travail effectif et sont pris en compte pour l'attribution du repos quotidien. »

Droit à indemnisation du temps de travail additionnel. V. note ss. art. R. 6152-23.

Art. R. 6152-28 Les médecins et odontologistes régis par la présente section ont la responsabilité médicale de la continuité des soins, conjointement avec les autres membres du corps médical de l'établissement. Les pharmaciens régis par la présente section ont la responsabilité de l'organisation de la permanence pharmaceutique, conjointement avec les autres pharmaciens de l'établissement *(Décr. n° 2010-1141 du 29 sept. 2010, art. 5-3°)* « , dans les conditions définies par le règlement intérieur et le tableau de service ».

A ce titre, ils doivent en particulier :

1° Dans les *(Décr. n° 2010-1141 du 29 sept. 2010, art. 5-3°)* « structures » organisés *[organisées]* en temps continu, assurer le travail de jour et de nuit dans les conditions définies par le règlement intérieur et le tableau de service ;

2° Dans les autres *(Décr. n° 2010-1141 du 29 sept. 2010, art. 5-3°)* « structures », assurer le travail quotidien du matin et de l'après-midi ; en outre, ils participent à la continuité des soins, ou à la permanence pharmaceutique organisée soit sur place, soit en astreinte à domicile.

(Décr. n° 2010-1141 du 29 sept. 2010, art. 5-3°) « Toutefois, si l'intérêt du service l'exige, le directeur de l'établissement, après avis motivé du président de la commission médicale d'établissement, peut décider de suspendre leur participation à la continuité des soins ou à la permanence pharmaceutique la nuit, le samedi après-midi, le dimanche et les jours fériés. Le directeur transmet sans délai sa décision au directeur général du Centre national de gestion, qui met en œuvre, suivant le cas, les dispositions prévues par l'article R. 6152-36 ou par les sous-sections 8 et 9 de la présente section. »

3° Effectuer les remplacements imposés par les différents congés, dans les conditions fixées par l'article R. 6152-31.

Art. R. 6152-29 Les praticiens hospitaliers régis par la présente section doivent participer aux jurys de concours et d'examens organisés par le ministère de la santé ou sous son contrôle ainsi que dans les conditions définies par le ministère de la santé, à l'enseignement et à la formation des personnels des hôpitaux ou organismes extrahospitaliers du secteur. *(Décr. n° 2010-1141 du 29 sept. 2010, art. 5-4°)* « Ces activités donnent lieu au versement d'indemnités de participation aux jurys de concours, à l'enseignement et à la formation des personnels. »

Art. R. 6152-30 Les praticiens hospitaliers *(Décr. n° 2006-717 du 19 juin 2006, art. 1er-XI)* « à temps plein, nommés à titre permanent, » peuvent, après accord du directeur de l'établissement de santé consacrer deux demi-journées par semaine à des activités intérieures ou extérieures à leur établissement d'affectation à condition que ces activités présentent un caractère d'intérêt général au titre des soins, de l'enseignement, de la recherche, d'actions de vigilance, de travail en réseau, de missions de conseil ou d'appui auprès d'administrations publiques, auprès d'établissements privés *(Décr. n° 2016-1645 du 1er déc. 2016, art. 3-39°)* « habilités à assurer le service public hospitalier, auprès d'un hôpital des armées » ou auprès d'organismes à but non lucratif présentant un caractère d'intérêt général et concourant aux soins ou à leur organisation. Cette activité peut donner lieu à rémunération. Une convention entre l'établissement de santé et les organismes concernés définit les conditions d'exercice et de rémunération de cette activité et prévoit, le cas échéant, le remboursement, total ou partiel, des émoluments versés par l'établissement de santé.

Refus d'autorisation pour une seconde demi-journée d'intérêt général. Un directeur ne commet pas d'erreur manifeste d'appréciation lorsqu'il refuse à un praticien hospitalier l'autorisation sollicitée pour une seconde demi-journée « d'intérêt général » au motif que les nécessités de bon fonctionnement du service public hospitalier, dans la spécialité du praticien hospitalier, ne permettaient l'exercice d'une activité extérieure que si l'organisme intéressé passait une convention prévoyant une rémunération de l'établissement public de santé. • CAA Bordeaux, 20 déc. 2005, *M. X. c/ CH de La Rochelle,* n° 02BX01680.

Art. R. 6152-30-1 *(Décr. n° 2014-841 du 24 juill. 2014, art. 1er)* Les praticiens hospitaliers exerçant leurs fonctions à temps plein peuvent réaliser les expertises mentionnées au II de l'article L. 6152-4 pendant leurs obligations de service dans la limite de deux demi-journées par semaine, cette durée étant calculée en moyenne sur une période de quatre mois.

Art. R. 6152-31 Le remplacement des praticiens hospitaliers durant leurs congés ou absences occasionnelles est assuré par des praticiens de même discipline exerçant dans le même établissement de santé selon les règles fixées par le règlement intérieur de l'établissement.

Art. R. 6152-32 Les praticiens hospitaliers bénéficient du remboursement des frais engagés à l'occasion de leurs déplacements temporaires effectués pour les besoins du service ou, sans préjudice des dispositions prévues à l'article R. 6152-72 pour les praticiens hospitaliers exerçant dans les départements d'outre-mer, *(Décr. n° 2010-1091 du 16 sept. 2010, art. 4-I)* « à Mayotte, à Saint-Barthélemy, à Saint-Martin et à Saint-Pierre-et-Miquelon », de leurs changements de résidence, conformément aux dispositions applicables aux fonctionnaires de l'État, sous réserve des adaptations rendues nécessaires par les conditions particulières d'exercice de leurs fonctions. Ces adaptations font l'objet d'un arrêté des ministres chargés du budget et de la santé.

Pour l'application des dispositions du présent article, les praticiens hospitaliers sont classés dans le groupe I prévu pour les fonctionnaires de l'État *(Décr. n° 2010-1141 du 29 sept. 2010, art. 5-6°)* « et le temps passé dans la situation de recherche d'affectation est pris en compte pour la détermination des durées de service exigées ».

Art. R. 6152-33 Tout praticien qui est dans l'impossibilité de rejoindre son poste ou d'exercer sa fonction doit en aviser immédiatement le directeur de l'établissement et lui communiquer son adresse sauf cas de force majeure. A défaut, il est radié des cadres pour abandon de poste, par arrêté du *(Décr. n° 2007-704 du 4 mai 2007, art. 22)* « directeur général du Centre national de gestion », après mise en demeure assortie d'un délai de quinze jours.

2 *FORMATION CONTINUE*

Art. R. 6152-34 Les praticiens hospitaliers doivent entretenir et perfectionner leurs connaissances. *(Décr. n° 2010-1141 du 29 sept. 2010, art. 5-8°)* « Leur développement professionnel continu est organisé par le plan *(Décr. n° 2013-841 du 20 sept. 2013, art. 2)* « mentionné au 8° du II » de l'article R. 6144-1. »

3 CONGÉS

Art. R. 6152-35 Les praticiens régis par la présente section ont droit :

1° A un congé annuel de vingt-cinq jours ouvrés ;

2° A un congé au titre de la réduction du temps de travail dans les conditions définies à l'article *(Décr. n° 2010-1141 du 29 sept. 2010, art. 5-9°)* « R. 6152-801 » ;

3° A des jours de récupération des périodes de temps de travail additionnel, des astreintes et des déplacements lorsqu'ils n'ont pas fait l'objet d'une indemnisation.

Pendant les congés et les jours de récupération mentionnés aux 1°, 2° et 3°, les praticiens perçoivent la totalité des émoluments mentionnés *(Décr. n° 2006-1221 du 5 oct. 2006, art. 5-IV)* « au 1° de l'article R. 6152-23 ».

(Décr. n° 2012-1481 du 27 déc. 2012, art. 1er) « Le chef de pôle ou, à défaut, le responsable de la structure interne organise, après consultation des praticiens de la structure et sur la base de l'organisation arrêtée conformément aux dispositions du dernier alinéa de l'article R. 6152-26, la prise des jours de congé sur certaines périodes de l'année en fonction de l'activité.

« Pour cette prise de congé, le praticien peut utiliser des jours de congé annuel, des jours de réduction du temps de travail, des jours de récupération et des jours accumulés sur son compte épargne-temps.

« L'organisation du temps de présence et d'absence des personnels médicaux, pharmaceutiques et odontologiques est intégrée dans les contrats de pôle. »

Le directeur de l'établissement arrête le tableau des congés et jours de récupération prévus aux 1°, 2° et 3° ci-dessus après avis du *(Décr. n° 2010-1141 du 29 sept. 2010, art. 5-9°)* « chef de pôle ou, à défaut, du responsable du service, de l'unité fonctionnelle ou d'une autre structure interne » et en informe la commission médicale d'établissement ;

4° A des congés de maladie, longue maladie, longue durée dans des conditions fixées aux articles R. 6152-37 à R. 6152-39 ;

(Décr. n° 2017-161 du 9 févr. 2017, art. 4) « 5° A un congé de maternité, de paternité et d'accueil de l'enfant ou d'adoption selon les modalités prévues à l'article R. 6152-819 ; »

6° A un congé parental dans les conditions prévues à l'article R. 6152-45 ;

7° A des congés de formation dans les conditions prévues à l'article R. 6152-49 ;

8° A des autorisations spéciales d'absence dans les cas et conditions ci-après :

a) Cinq jours ouvrables pour le mariage du praticien *(Décr. n° 2006-717 du 19 juin 2006, art. 1er-XII)* « ou lors de la conclusion par celui-ci d'un pacte civil de solidarité » ;

b) Un jour ouvrable pour le mariage d'un enfant ;

c) Trois jours ouvrables pour chaque naissance ou arrivée au foyer d'un enfant adopté ou confié en vue de son adoption ;

d) Trois jours ouvrables en cas de décès ou de maladie très grave du conjoint, des père, mère et enfants *(Décr. n° 2006-717 du 19 juin 2006, art. 1er-XII)* « du praticien ou d'une personne avec laquelle ce dernier est lié par un pacte civil de solidarité » ;

Art. R. 6152-35-1 *(Décr. n° 2010-1141 du 29 sept. 2010, art. 5-10°)* « Un congé non rémunéré de solidarité familiale est accordé dans les conditions prévues aux articles *(Décr. n° 2016-1552 du 18 nov. 2016, art. 7)* « L. 3142-6 à L. 3142-15 » du code du travail et aux dispositions réglementaires prises pour leur application au praticien hospitalier dont un ascendant, un descendant ou une personne partageant son domicile fait l'objet de soins palliatifs. »

(Décr. n° 2006-717 du 19 juin 2006, art. 1er-XIII) « La durée de ce congé est assimilée à une période de services effectifs. Elle ne peut être imputée sur la durée du congé annuel. »

Art. R. 6152-35-2 *(Décr. n° 2006-717 du 19 juin 2006, art. 1er-XIII)* Un congé de présence parentale non rémunéré ou une réduction de quotité de travail est accordé dans les conditions prévues à *(Décr. n° 2010-1141 du 29 sept. 2010, art. 5-11°)* « l'article L. 1225-62 du code du travail et aux dispositions réglementaires prises pour son application » au praticien hospitalier dont l'enfant à charge est victime d'une maladie, d'un accident ou d'un handicap grave.

La durée de ce congé est assimilée à une période de services effectifs et ne peut être imputée sur la durée du congé annuel.

Art. R. 6152-36 Un comité médical, placé auprès de chaque préfet, est chargé de donner un avis sur l'aptitude physique et mentale des praticiens régis par le présent statut à exercer leurs fonctions, ainsi que sur toute question d'ordre médical les intéressant pour l'application des dispositions du présent statut.

(Décr. n° 2010-1141 du 29 sept. 2010, art. 5-12°) « Le comité est saisi soit par le directeur général de l'agence régionale de santé, soit par le directeur de l'établissement de santé après avis du président de la commission médicale d'établissement, soit par le directeur général du Centre national de gestion. »

Le praticien dont le cas est soumis à un comité médical est tenu de se présenter devant lui et, si la demande lui en est faite, de lui communiquer les pièces médicales le concernant. Il peut demander que soient entendus un ou plusieurs médecins de son choix, qui ont accès au dossier constitué par le comité.

Le comité comprend trois membres désignés, lors de l'examen de chaque dossier, par arrêté du préfet sur proposition du *(Décr. n° 2010-1141 du 29 sept. 2010, art. 5-12°)*

« directeur général de l'agence régionale de santé », parmi des membres du personnel enseignant et hospitalier titulaires et les praticiens hospitaliers régis par la présente section.

Art. R. 6152-37 En cas de maladie dûment constatée et attestée par un certificat médical mettant un praticien dans l'impossibilité d'exercer ses fonctions, celui-ci est de droit mis en congé par décision du directeur de l'établissement.

Le praticien en congé de maladie conserve la totalité des *(Décr. n° 2006-717 du 19 juin 2006, art. 1er-XIV)* « émoluments prévus au 1° de l'article R. 6152-23 », pendant une durée de trois mois ; ces émoluments sont réduits à la moitié pendant les neuf mois suivants.

Lorsqu'à l'expiration de la première période de six mois consécutifs de congé de maladie, un praticien est inapte à reprendre son service, le comité médical est saisi pour avis de toute demande de prolongation de ce congé dans la limite des six mois restant à courir.

Lorsqu'un praticien a obtenu des congés de maladie d'une durée totale de douze mois consécutifs, il ne peut, à l'expiration de sa dernière période de congé, reprendre son service sans l'avis favorable du comité médical ; en cas d'avis défavorable, il est mis en disponibilité.

Au cas où un praticien est atteint d'une affection ou d'une infirmité entraînant une incapacité professionnelle, le *(Décr. n° 2007-704 du 4 mai 2007, art. 22)* « directeur général du Centre national de gestion » peut prononcer d'office la mise en disponibilité du praticien en cause, après avis du comité médical et dans les conditions fixées aux articles R. 6152-62, R. 6152-63 et R. 6152-65.

Art. R. 6152-38 *(Décr. n° 2017-161 du 9 févr. 2017, art. 5)* « Un praticien atteint d'une affection dûment constatée, figurant, à l'exception des pathologies mentionnées à l'article R. 6152-39, sur la liste établie en application de l'article 28 du décret n° 86-442 du 14 mars 1986 relatif à la désignation de médecins agréés, à l'organisation des comités médicaux et des commissions de réforme, aux conditions d'aptitude physique pour l'admission aux emplois publics et au régime de congés de maladie des fonctionnaires, et qui rend nécessaires un traitement et des soins coûteux et prolongés le mettant dans l'impossibilité d'exercer ses fonctions, est de droit mis en congé de longue maladie pour une durée maximale de trois ans par décision du directeur de l'établissement.

« Il conserve, dans cette position, la totalité de ses émoluments pendant un an et la moitié de ses émoluments pendant les deux années suivantes. »

Le praticien qui a obtenu un congé de longue maladie ne peut bénéficier d'un autre congé de cette nature s'il n'a pas auparavant repris l'exercice de ses fonctions pendant un an.

Lorsqu'à l'expiration de ses droits à congé de longue maladie, le praticien n'est pas reconnu apte par le comité médical à reprendre ses fonctions, il est mis en disponibilité dans les conditions fixées aux articles R. 6152-62, R. 6152-63 et R. 6152-65.

Art. R. 6152-39 Un praticien reconnu atteint de tuberculose, de maladie mentale, d'affection cancéreuse, de poliomyélite ou de déficit immunitaire grave et acquis par le comité médical et empêché d'exercer ses fonctions est de droit mis en congé de longue durée par décision du préfet du département

Le congé de longue durée ne peut être accordé pour une durée inférieure à trois mois ou supérieure à six mois. Il peut être renouvelé à concurrence d'un total de cinq années. Au-delà de ce total de congés, le praticien qui ne peut reprendre son service est mis en disponibilité dans les conditions fixées aux articles R. 6152-62, R. 6152-63 et R. 6152-65.

Le praticien placé en congé de longue durée a droit au maintien de la totalité de ses émoluments pendant trois ans, et de la moitié pendant deux ans.

Art. R. 6152-40 *Abrogé par Décr. n° 2006-1221 du 5 oct. 2006, art. 5-VI.*

Art. R. 6152-41 *(Décr. n° 2017-161 du 9 févr. 2017, art. 6)* En cas d'accident du travail ou de maladie professionnelle, le praticien hospitalier est placé en congé pour une durée maximale de cinq ans, pendant lequel il perçoit les émoluments mentionnés au 1° de l'article R. 6152-23.

Art. R. 6152-42 Lorsqu'à l'issue d'un an de congés accordés en application des articles R. 6152-37 à R. 6152-41, le praticien ne peut reprendre ses fonctions, son poste est déclaré vacant.

(Décr. nº 2010-1141 du 29 sept. 2010, art. 5-14º) « Le praticien qui à l'issue d'un congé accordé en application des articles R. 6152-37 à R. 6152-41 est déclaré apte à reprendre ses fonctions réintègre le poste qu'il occupait au moment de son placement en congé ou, si celui-ci est pourvu, un autre poste dans l'établissement ou dans un autre établissement du territoire de santé. A défaut, il est réintégré en surnombre. »

Le praticien qui, à l'expiration de ses droits à congés au titre des articles R. 6152-37 à R. 6152-41, est reconnu définitivement inapte, après avis du comité médical, est placé en disponibilité. Il perd le bénéfice du présent statut à la date d'effet de sa pension d'invalidité.

Art. R. 6152-43 *(Décr. nº 2017-161 du 9 févr. 2017, art. 7)* Le praticien hospitalier peut être autorisé, après avis favorable du comité médical mentionné à l'article R. 6152-36, à accomplir un service à temps partiel pour raison thérapeutique dans les conditions fixées aux articles L. 323-3 et R. 323-3 du code de la sécurité sociale.

Pendant la période de temps partiel thérapeutique, le praticien hospitalier perçoit la totalité des émoluments prévus à l'article R. 6152-23 du présent code, ainsi que les primes habituellement perçues, s'il remplit les conditions d'octroi de celles-ci.

Art. R. 6152-44 *Abrogé par Décr. nº 2017-161 du 9 févr. 2017, art. 25.*

Art. R. 6152-45 Le praticien hospitalier peut être placé dans la position de congé parental, non rémunéré, pour élever son enfant. Dans cette position, le praticien n'acquiert pas de droits à la retraite ; il conserve ses droits à l'avancement d'échelon, réduits de moitié.

Le congé parental est accordé de droit à la mère après un congé de maternité ou au père après une naissance et jusqu'au troisième anniversaire de l'enfant. Il est également accordé de droit au père ou à la mère, jusqu'à l'expiration d'un délai de trois ans à compter de l'arrivée au foyer d'un enfant adopté ou confié en vue de son adoption et âgé de moins de trois ans.

Lorsque l'enfant adopté ou confié en vue de son adoption est âgé de plus de trois ans lors de son arrivée au foyer mais n'a pas encore atteint l'âge de la fin de l'obligation scolaire, le congé parental accordé ne peut excéder une année à compter de l'arrivée de cet enfant au foyer.

La demande de congé parental doit être présentée un mois au moins avant le début du congé et doit comporter l'engagement du praticien de consacrer effectivement le congé à élever son enfant.

Le congé parental est accordé par le directeur de l'établissement public de santé par périodes de six mois, renouvelables par tacite reconduction. Le praticien qui souhaite interrompre son congé parental doit en avertir le directeur un mois au moins avant l'expiration de la période en cours. Un congé interrompu ne peut être repris ultérieurement.

Le bénéficiaire du congé parental peut, à tout moment, demander à écourter la durée du congé pour motif grave, notamment en cas de diminution des revenus du ménage ou en cas de nouvelle grossesse.

Lorsque le père et la mère sont praticiens hospitaliers, le parent bénéficiaire du congé parental peut y renoncer au profit de l'autre parent pour la période restant à courir jusqu'à l'expiration du droit. L'autre parent doit présenter sa demande au moins un mois à l'avance. Il est placé en position de congé parental, au plus tôt, à compter du jour de la reprise d'activité du bénéficiaire.

Si une nouvelle naissance ou une nouvelle adoption se produit au cours du congé parental, le praticien hospitalier a droit à un nouveau congé parental.

Le directeur de l'établissement fait procéder aux enquêtes nécessaires en vue de s'assurer que l'activité du praticien hospitalier est réellement consacrée à élever son enfant. Si le contrôle révèle que ce n'est pas le cas, il peut être mis fin au congé après que l'intéressé a été mis à même de présenter ses observations.

Le congé parental cesse de plein droit en cas de retrait de l'enfant placé en vue de son adoption.

A la fin du congé parental, le praticien hospitalier est réintégré de plein droit, le cas échéant, en surnombre, dans son établissement public de santé d'origine. Il doit en formuler la demande un mois au moins avant la date à laquelle il souhaite être réintégré.

Art. R. 6152-46 Les praticiens hospitaliers peuvent être autorisés à exercer une activité hebdomadaire réduite, sous réserve des nécessités du service.

L'autorisation est accordée par le directeur de l'établissement après avis *(Décr. n° 2010-1141 du 29 sept. 2010, art. 5-15°)* « du chef de pôle et du président » de la commission médicale d'établissement.

La période pour laquelle l'autorisation est accordée ne peut être inférieure à six mois ou supérieure à un an ; elle peut être renouvelée sur demande de l'intéressé. Les demandes doivent être présentées deux mois à l'avance.

(Décr. n° 2010-1141 du 29 sept. 2010, art. 5-15°) « Les obligations de service hebdomadaires sont fixées entre cinq et neuf demi-journées. Le praticien est rémunéré proportionnellement à la durée de ses obligations de service, ses droits à l'avancement demeurant inchangés et ses droits à formation étant identiques en leur durée à ceux dont bénéficient les praticiens exerçant à temps complet. Les praticiens exerçant une activité hebdomadaire réduite bénéficient des droits à congés définis aux 1° et 2° de l'article R. 6152-35 au prorata de la quotité de travail accomplie.

« Les intéressés peuvent exercer une activité à l'extérieur de l'établissement dans les conditions définies par l'article 25 de la loi n° 83-634 du 13 juillet 1983 portant droits et obligations des fonctionnaires.

« S'ils exercent une activité libérale dans l'établissement, ils doivent y renoncer. »

Ils sont admis à reprendre une activité à temps complet sur simple demande, présentée un mois avant l'expiration de leur période d'activité réduite.

(Décr. n° 2017-161 du 9 févr. 2017, art. 8-2°) « Durant la période probatoire, en cas d'activité partagée entre établissements, l'activité hebdomadaire effectuée au sein de l'établissement d'affectation ne peut être inférieure à cinq demi-journées. »

Art. R. 6152-47 Le praticien hospitalier dont la situation familiale lui permet de bénéficier des dispositions de l'article R. 6152-45 peut demander le bénéfice des dispositions de l'article R. 6152-46 à la place de l'octroi d'un congé parental, dans les mêmes conditions. Dans ce cas, l'activité hebdomadaire réduite est de droit. A l'issue de chaque période de six mois, le bénéficiaire peut opter pour le congé parental ou l'activité hebdomadaire réduite.

L'exercice de l'activité hebdomadaire réduite est également accordé de plein droit au praticien hospitalier pour donner des soins à son conjoint, à un enfant à charge ou à un ascendant, atteint d'un handicap nécessitant la présence d'une tierce personne ou victime d'un accident ou d'une maladie grave. Dans ce cas, le délai pour présenter la demande est ramené à un mois.

Art. R. 6152-48 *(Décr. n° 2010-1141 du 29 sept. 2010, art. 5-16°)* « Les praticiens hospitaliers relevant du présent statut peuvent être placés par le directeur général de l'agence régionale de santé, après avis du chef de pôle ou, à défaut, du responsable du service, de l'unité fonctionnelle ou d'une autre structure interne et du président de la commission médicale d'établissement et du directeur de l'établissement, à leur demande, en position de mission temporaire pour une durée maximale de trois mois, par période de deux ans. »

Ils conservent, dans cette position, le bénéfice des émoluments mentionnés au 1° de l'article R. 6152-23, lorsque la mission est effectuée dans l'intérêt de l'établissement de santé.

Art. R. 6152-49 Les praticiens hospitaliers ont droit à un congé de formation d'une durée de quinze jours ouvrables par an, pour mettre à jour leurs connaissances. Les droits à congé au titre de deux années peuvent être cumulés. Un arrêté du ministre chargé de la santé précise les conditions d'exercice du droit à congé de formation.

Au cours de leur congé de formation, les praticiens hospitaliers, en position d'activité, continuent à percevoir la totalité de leurs émoluments, à la charge de l'établissement de santé dont ils relèvent.

(Abrogé par Décr. n° 2017-326 du 14 mars 2017, art. 15-II, à compter du 1er janv. 2019) ***« Les praticiens ayant souscrit l'engagement mentionné à l'article R. 6152-5 bénéficient de cinq jours ouvrables supplémentaires par an au titre du congé formation. »***

Les dispositions du dernier al. restent applicables aux praticiens hospitaliers à temps plein et aux praticiens des hôpitaux à temps partiel recrutés sur un poste à recrutement prioritaire avant le 1er janv. 2019 au titre des art. R. 6152-5 ou R. 6152-204 (Décr. n° 2017-326 du 14 mars 2017, art. 15-II).

§ 2 MISE À DISPOSITION

Art. R. 6152-50 *(Décr. n° 2010-1141 du 29 sept. 2010, art. 5-17°)* **Les praticiens hospitaliers en position d'activité dans un établissement public de santé peuvent, avec leur accord et en demeurant dans cette position statutaire, être mis à disposition soit d'un établissement mentionné à l'article R. 6152-1, d'une administration ou d'un établissement public de l'État, d'une collectivité territoriale ou d'un établissement public en dépendant, d'un groupement d'intérêt public entrant dans l'un des cas prévus à l'article L. 6134-1 ou** *(Décr. n° 2014-956 du 21 août 2014, art. 2)* **« d'un groupement de coopération sanitaire, groupement de coopération sociale et médico-sociale ou d'une fondation hospitalière dont est membre leur établissement d'affectation ».**

La mise à disposition est prononcée par le directeur de l'établissement public de santé d'affectation, après signature d'une convention passée entre l'établissement public de santé d'affectation et l'établissement ou l'organisme d'accueil après avis du chef de pôle et du président de la commission médicale d'établissement de l'établissement d'affectation de l'intéressé. Une copie de la décision est adressée au directeur général du Centre national de gestion et au directeur général de l'agence régionale de santé.

Cette convention précise notamment la durée de la mise à disposition, sous réserve, pour la mise à disposition auprès d'un établissement public de santé, des dispositions prévues au dernier alinéa du présent article, ainsi que les conditions d'emploi et de retour dans l'établissement public de santé d'origine.

Elle prévoit le remboursement de la rémunération et des charges y afférant par l'établissement ou l'organisme d'accueil.

Elle peut toutefois prévoir l'exonération totale ou partielle, temporaire ou permanente, de ce remboursement.

La convention de mise à disposition auprès d'un établissement mentionné à l'article R. 6152-1 est conclue pour une durée de six mois, renouvelable une fois pour la même durée. Au terme de la mise à disposition, le praticien doit reprendre son affectation initiale ou faire l'objet, dans le cadre d'une mutation, d'une nomination dans l'établissement de mise à disposition. Dans les autres cas de mise à disposition, la convention fixe la durée de la mise à disposition. Elle peut être renouvelée.

§ 3 RECHERCHE D'AFFECTATION *(Décr. n° 2006-1221 du 5 oct. 2006, art. 6-II).*

Art. R. 6152-50-1 *(Décr. n° 2010-1141 du 29 sept. 2010, art. 5-18°)* **La recherche d'affectation est la situation dans laquelle le praticien hospitalier titulaire en activité est placé, compte tenu des nécessités du service, auprès du Centre national de gestion, soit sur sa demande, soit d'office, en vue de permettre son adaptation ou sa reconversion professionnelle ou de favoriser la réorganisation ou la restructuration des structures hospitalières.**

Lorsque la demande de placement en recherche d'affectation est présentée par le praticien, le directeur transmet celle-ci au directeur général du Centre national de gestion, accompagnée de son avis et de celui du président de la commission médicale de l'établissement.

Lorsque la demande de placement en recherche d'affectation est présentée en application de l'article L. 6143-7, le directeur de l'établissement adresse sa demande au directeur général du Centre national de gestion. Celle-ci est accompagnée de la proposition du chef de pôle ou, à défaut, du responsable du service, de l'unité fonctionnelle ou d'une autre structure interne ainsi que de l'avis du président de la commission médicale d'établissement.

Lorsque la demande de placement en recherche d'affectation est présentée en application des dispositions de l'article L. 6131-5 par le directeur de l'établissement ou, en

cas de carence, par le directeur général de l'agence régionale de santé, celui-ci saisit le directeur général du Centre national de gestion sans que les propositions et avis mentionnés au troisième alinéa soient requis.

(Décr. n° 2013-916 du 14 oct. 2013, art. 1er-1°) « Le placement d'un praticien hospitalier en recherche d'affectation est prononcé, après avis de la commission statutaire nationale et pour une durée maximale de deux ans, par arrêté du directeur général du Centre national de gestion qui exerce à son égard toutes les prérogatives reconnues à l'autorité investie du pouvoir de nomination. »

Art. R. 6152-50-2 *(Décr. n° 2013-916 du 14 oct. 2013, art. 1er-2°)* « Le Centre national de gestion établit, au terme d'un ou plusieurs échanges avec le praticien concerné dans un délai maximum de six mois suivant son placement en recherche d'affectation, un projet personnalisé d'évolution professionnelle qui a pour objet de faciliter son affectation dans un établissement public de santé ou son accès à un autre emploi des secteurs public ou privé.

« Ce projet comporte, notamment :

« 1° Les souhaits d'évolution professionnelle de l'intéressé ;

« 2° Les types d'emplois, d'activités et de responsabilités auxquels, dans ce cadre, est susceptible d'être candidat le praticien ou qui peuvent lui être proposés ;

« 3° Le cas échéant, les types de missions temporaires qui peuvent lui être confiées ;

« 4° Les actions d'orientation, de formation, d'évaluation et de validation des acquis de l'expérience professionnelle destinées à favoriser la réorientation du praticien ;

« 5° Les actions d'accompagnement mises en œuvre par le Centre national de gestion.

« Le projet personnalisé d'évolution professionnelle donne lieu à un document dont un exemplaire est remis au praticien concerné.

« Toute modification du projet personnalisé d'évolution professionnelle, le cas échéant après une évaluation à mi-parcours de la mise en œuvre du projet, intervient dans les conditions prévues au premier alinéa du présent article.

« Le Centre national de gestion organise un suivi individualisé et régulier de la situation du praticien destiné à l'accompagner dans son évolution professionnelle ainsi que, le cas échéant, dans l'adaptation de ses compétences aux types d'emplois, d'activités ou de responsabilités mentionnés dans son projet personnalisé d'évolution professionnelle. Le praticien bénéficie d'un entretien au moins bimestriel avec les personnes en charge de son suivi. »

(Décr. n° 2010-1141 du 29 sept. 2010, art. 5-19°) « Le praticien hospitalier placé en recherche d'affectation est tenu d'accomplir toutes les actions et démarches, concertées avec lui et arrêtées par le directeur général du Centre national de gestion, lui permettant soit de retrouver une affectation dans un établissement public de santé, soit d'accéder à un autre emploi des secteurs public ou privé. Il peut assurer, à la demande du Centre national de gestion ou avec son accord, des missions dans l'un des établissements, administrations ou structures auprès desquels une mise à disposition est autorisée conformément aux dispositions de l'article R. 6152-50 ou dans un établissement de santé privé.

« Le praticien hospitalier peut bénéficier, à sa demande ou à celle du directeur général du Centre national de gestion, d'un bilan professionnel et suivre des actions de formation.

« En cas de projet de reconversion professionnelle, il peut effectuer des stages auprès de tout organisme susceptible de lui offrir une formation pratique appropriée.

« Ces missions ou stages sont assurés dans le cadre d'une convention passée entre l'organisme d'accueil et le Centre national de gestion.

« Lorsqu'il envisage de s'orienter vers un mode d'exercice libéral, le praticien hospitalier placé en recherche d'affectation peut, à sa demande et par dérogation aux articles R. 6152-208 et R. 6152-209-1, être nommé dans le corps des praticiens hospitaliers à temps partiel ou demander à bénéficier d'une mise en disponibilité dans les conditions prévues au 3° du II de l'article R. 6152-64. »

Art. R. 6152-50-3 *(Décr. n° 2010-1141 du 29 sept. 2010, art. 5-19°)* La rémunération du praticien hospitalier, assurée par le Centre national de gestion, comprend les émoluments mentionnés au 1° de l'article R. 6152-23 et l'indemnité d'engagement de service public exclusif. Le praticien perçoit également, le cas échéant, des indemnités de participation à la permanence des soins qui lui sont versées par l'établissement d'accueil, des indemnités de participation aux jurys de concours et les indemnités mentionnées à l'article R. 6152-32.

Le temps passé en recherche d'affectation est pris en compte pour la détermination des durées de service exigées pour l'application des dispositions de l'article R. 6152-32.

Sans préjudice des dispositions relatives au cumul d'activités, la rémunération nette perçue par le praticien hospitalier placé en recherche d'affectation est réduite du montant des revenus nets qu'il perçoit au titre de toute mission *(Décr. n° 2013-916 du 14 oct. 2013, art. 1er-3°)* « ou de tout stage, assurés » dans le cadre de la recherche d'affectation, à l'exception des indemnités mentionnées dans la deuxième phrase du premier alinéa du présent article.

Art. R. 6152-50-4 *(Décr. n° 2010-1141 du 29 sept. 2010, art. 5-19°)* Le praticien hospitalier placé en recherche d'affectation est autorisé à prendre les congés mentionnés aux articles R. 6152-35 à R. 6152-41 par le directeur général du Centre national de gestion. Toutefois, lorsqu'il exerce dans l'un des organismes d'accueil mentionnés à l'article R. 6152-50, les congés annuels, de réduction du temps de travail et de récupération ainsi que les autorisations exceptionnelles d'absence lui sont accordés par l'autorité compétente de cet organisme, qui en avise sans délai le Centre national de gestion.

Les dispositions de l'article R. 6152-801 s'appliquent au praticien hospitalier placé en recherche d'affectation lorsqu'il exerce dans un des établissements mentionnés à l'article L. 6141-1, au prorata de la durée du temps de travail accompli. Lorsqu'il exerce ses fonctions dans d'autres organismes, le praticien hospitalier bénéficie de jours de réduction du temps de travail dans les conditions en vigueur au sein de l'organisme d'accueil où il exerce son activité.

Pour l'application des dispositions des articles R. 6152-36 à R. 6152-41 au praticien placé en recherche d'affectation, le comité médical compétent est celui du département de résidence de l'intéressé. Le comité médical est saisi par le directeur général du Centre national de gestion.

Lorsque le praticien hospitalier placé en recherche d'affectation bénéficie de l'un des congés prévus aux articles R. 6152-36 à R. 6152-41 ainsi qu'à l'article R. 6152-35-2 pendant une durée supérieure à quatre mois consécutifs, la période comprise entre le premier jour du cinquième mois de congé et la date à laquelle son état lui permet de reprendre une activité professionnelle ou, à défaut, la date d'expiration de ses droits à congés n'est pas prise en compte pour la détermination de la durée de la recherche d'affectation prévue au cinquième alinéa de l'article R. 6152-50-1.

Art. R. 6152-50-5 *(Décr. n° 2010-1141 du 29 sept. 2010, art. 5-19°)* Le praticien hospitalier peut postuler aux emplois dont la vacance est publiée.

(Décr. n° 2013-916 du 14 oct. 2013, art. 1er-4°-a) « Au cours de la période de recherche d'affectation, le directeur général du Centre national de gestion adresse au praticien hospitalier des propositions d'offres d'emploi public fermes et précises, correspondant à son projet personnalisé d'évolution professionnelle et tenant compte de sa situation de famille et de son lieu de résidence habituel. A cet effet, il adresse le *curriculum vitae* du praticien ainsi que son projet personnalisé d'évolution professionnelle aux chefs des établissements mentionnés à l'article R. 6152-1 dont les postes de praticiens hospitaliers vacants ou susceptibles de le devenir n'ont pas encore fait l'objet d'une publication ou n'ont pas été pourvus après publication. Le chef d'établissement transmet sa réponse, assortie de la proposition du chef de pôle ou, à défaut, du responsable de la structure interne, et de l'avis du président de la commission médicale d'établissement, dans le délai d'un mois suivant la notification de ces documents. En cas de refus, celui-ci est motivé.

« Le directeur général du Centre national de gestion adresse au praticien les propositions d'emploi ainsi transmises par les établissements. Si l'intéressé ne fait pas connaître sa réponse dans le délai de dix jours suivant la date de notification de ces propositions, son silence est considéré comme un refus. En cas d'acceptation de l'une des propositions qui lui ont été adressées, le directeur général du Centre national de gestion nomme le praticien sur l'emploi considéré, sans publication de la vacance du poste ni consultation de la commission statutaire nationale.

« Le praticien qui refuse successivement trois offres d'emploi formulées dans les conditions définies ci-dessus est placé en position de disponibilité d'office, dans les conditions prévues à l'article R. 6152-62, ou admis à la retraite s'il remplit les conditions nécessaires. »

Le praticien hospitalier peut démissionner durant la période de recherche d'affectation, conformément aux dispositions de l'article R. 6152-97, sans qu'il puisse lui être imposé de poursuivre ses fonctions pendant une période de six mois au plus à compter de la date de notification de l'acceptation de sa démission.

Art. R. 6152-50-6 *(Décr. n° 2013-916 du 14 oct. 2013, art. 1er-5°)* Lorsque, moins de quatre mois avant la fin de la période de la recherche d'affectation, le praticien s'est vu présenter moins de trois offres d'emploi satisfaisant aux conditions mentionnées au deuxième alinéa de l'article R. 6152-50-5, le directeur général du Centre national de gestion peut décider, après avis du directeur de l'établissement d'accueil, une nomination en surnombre selon les modalités définies au quatrième alinéa de l'article 116 de la loi n° 86-33 du 9 janvier 1986 portant dispositions statutaires relatives à la fonction publique hospitalière. Cette nomination doit correspondre au projet personnalisé d'évolution professionnelle de l'intéressé et tenir compte de sa situation de famille et du lieu de sa résidence habituelle. Le Centre national de gestion continue d'assurer un suivi individualisé et régulier ainsi qu'un appui dans les démarches du praticien ainsi placé en surnombre. La période de recherche d'affectation est, dans ce cadre, prolongée au-delà de deux ans pour permettre l'application du deuxième alinéa de l'article R. 6152-50-5.

Le praticien qui n'a pu se voir proposer trois offres d'emploi avant la fin de sa période de recherche d'affectation, est maintenu dans cette situation, pour des durées ne pouvant excéder six mois, après avis de la commission statutaire nationale. Dans ce cas, la période de recherche d'affectation prend fin dans les conditions prévues à l'article R. 6152-50-5 après application, le cas échéant*[,]* des dispositions du premier alinéa, lorsque l'agent a accepté une offre d'emploi ou refusé une troisième offre d'emploi conformément aux dispositions du même article.

Le directeur général du Centre national de gestion présente annuellement au comité consultatif national paritaire un bilan de la gestion des praticiens hospitaliers en recherche d'affectation.

Art. R. 6152-50-7 *(Décr. n° 2013-916 du 14 oct. 2013, art. 1er-5°)* Le praticien mis en disponibilité d'office en application du cinquième alinéa de l'article L. 6152-5-2 peut bénéficier de l'allocation d'assurance prévue à l'article L. 5424-1 du code du travail dans les conditions prévues aux articles L. 5422-2 et L. 5422-3 du même code. Cette allocation lui est versée par le Centre national de gestion.

§ 4 DÉTACHEMENT

Art. R. 6152-51 Les praticiens relevant du présent statut peuvent être placés en position de détachement soit sur leur demande, soit d'office.

Le détachement *(Décr. n° 2006-717 du 19 juin 2006, art. 1er-XV)* « sur demande » ne peut avoir lieu que dans l'un des cas suivants :

1° Détachement auprès d'une administration de l'État, auprès d'un établissement public de l'État ou d'une entreprise publique ;

2° Détachement auprès d'une collectivité territoriale ou d'un établissement public territorial ;

(Décr. n° 2010-1141 du 29 sept. 2010, art. 5-20°) « 3° Détachement auprès d'une organisation internationale intergouvernementale ; »

4° Détachement pour exercer une fonction publique élective autre que celles mentionnées à l'article R. 6152-53 ou un mandat syndical, lorsque la fonction ou le mandat ne permet pas d'assurer normalement les obligations de service telles qu'elles sont définies aux articles R. 6152-27 et R. 6152-28 ;

5° Détachement en qualité de praticien hospitalier-universitaire, dans les conditions prévues à l'article R. 6152-60 ;

(Décr. n° 2010-1141 du 29 sept. 2010, art. 5-20°) « 6° Détachement en qualité de salarié auprès d'un établissement de santé privé *(Décr. n° 2016-1645 du 1er déc. 2016, art. 3-40°)* « habilité à assurer le service public hospitalier », ou auprès d'un établis-

sement privé entrant dans le champ d'application du I de l'article L. 313-12 du code de l'action sociale et des familles ;

« 7° Détachement auprès d'un groupement de coopération sanitaire, auprès d'un groupement d'intérêt public entrant dans l'un des cas prévus à l'article L. 6134-1 ou d'une fondation hospitalière telle que visée à l'article L. 6141-7-3 ; »

(Décr. n° 2006-1221 du 5 oct. 2006, art. 6-III) « 8° Détachement sur le statut d'emploi de conseiller général des établissements de santé ; »

(Décr. n° 2010-1141 du 29 sept. 2010, art. 5-20°) « 9° Détachement sur un contrat en application du 3° de l'article L. 6152-1. »

Art. R. 6152-52 *(Décr. n° 2006-1221 du 5 oct. 2006, art. 6-IV)* Le détachement sur demande ou son renouvellement est prononcé par le *(Décr. n° 2007-704 du 4 mai 2007, art. 22)* « directeur général du centre national de gestion », après avis *(Décr. n° 2010-1141 du 29 sept. 2010, art. 5-21°)* « du chef de pôle, du président de la commission médicale d'établissement et du directeur » de l'établissement dans lequel exerce l'intéressé pour la demande initiale et le premier renouvellement de celle-ci. Ces avis ne sont pas requis pour les renouvellements suivants.

Art. R. 6152-53 *(Décr. n° 2010-1141 du 29 sept. 2010, art. 5-22°)* Le praticien appelé à exercer des fonctions de membre du gouvernement ou un mandat parlementaire est détaché de droit pour la durée de ces fonctions ou de ce mandat.

Le praticien détaché sur un emploi de conseiller général des établissements de santé ou au titre du 9° de l'article R. 6152-51 est détaché de droit pour la durée du contrat.

Dans ces cas, les avis du chef de pôle, du président de la commission médicale d'établissement et du directeur ne sont pas requis.

Art. R. 6152-54 *(Décr. n° 2006-1221 du 5 oct. 2006, art. 6-VI)* Sous réserve des dispositions de l'article R. 6152-53, le détachement d'office ne peut être prononcé que lorsque l'intérêt du service l'exige sur un emploi de praticien hospitalier de même discipline et comportant une rémunération équivalente, dans l'un des établissements mentionnés à l'article R. 6152-1.

(Décr. n° 2010-1141 du 29 sept. 2010, art. 5-23°) « Le détachement d'office est prononcé par le directeur général du Centre national de gestion, après avis du chef de pôle, du président de la commission médicale d'établissement et du directeur, pour une période maximale de cinq ans renouvelable, pour la même durée, par tacite reconduction. »

Le détachement d'office prend fin lorsque la situation statutaire du praticien est modifiée ou lorsqu'il est nommé, dans les conditions prévues à l'article R. 6152-7, sur un poste de praticien hospitalier.

Art. R. 6152-55 *(Décr. n° 2010-1141 du 29 sept. 2010, art. 5-24°)* « Dans les cas prévus aux 2°, 4°, 6° et 8° de l'article R. 6152-51, le praticien ne peut obtenir un détachement avant trois années de service dans son emploi.

« Seuls les praticiens hospitaliers nommés à titre permanent peuvent bénéficier du détachement prévu aux 5° et 9° de l'article précité. »

La demande de détachement doit être présentée par le praticien au moins deux mois à l'avance.

Art. R. 6152-56 Le praticien détaché continue à bénéficier de ses droits à avancement dans son corps d'origine. Il cesse de percevoir toute rémunération au titre du corps dont il est détaché.

Art. R. 6152-57 *Abrogé par Décr. n° 2006-1221 du 5 oct. 2006, art. 6-VII.*

Art. R. 6152-58 *(Décr. n° 2010-1141 du 29 sept. 2010, art. 5-25°)* Le détachement est prononcé par période de cinq années au plus et peut être renouvelé dans les mêmes conditions.

Lorsque la durée du détachement excède six mois, le poste est déclaré vacant, sauf dans les cas prévus aux 3° et 9° de l'article R. 6152-51, pour lesquels le poste est déclaré vacant lorsque cette durée excède un an.

Art. R. 6152-59 *(Décr. n° 2010-1141 du 29 sept. 2010, art. 5-26°)* A l'expiration de son détachement, le praticien est réintégré :

1° Soit, de droit, dans son poste si la durée de détachement n'a pas excédé six mois ou un an si le praticien était détaché en application des 3° et 9° de l'article R. 6152-51 ;

2° Soit sur son poste s'il est toujours vacant, par décision du directeur général du Centre national de gestion après avis favorable du directeur, du chef de pôle et du président de la commission médicale d'établissement ;

3° Soit dans un autre poste de même discipline, conformément aux dispositions du deuxième alinéa de l'article R. 6152-7, si le poste qu'occupait le praticien a été pourvu.

Le praticien détaché qui, ayant sollicité sa réintégration, n'a pu l'obtenir est placé en disponibilité d'office dans les conditions fixées à l'article R. 6152-63.

Le praticien détaché qui refuse trois propositions de poste peut être rayé des cadres par le directeur général du Centre national de gestion après avis de la commission statutaire nationale.

§ 5 DÉTACHEMENT TEMPORAIRE DANS UN EMPLOI DE PRATICIEN HOSPITALIER UNIVERSITAIRE

Art. R. 6152-60 Les candidats nommés praticiens hospitaliers universitaires, en application des dispositions de l'article 27 du décret n° 84-135 du 24 février 1984 portant statut des personnels enseignants et hospitaliers des centres hospitaliers et universitaires sont simultanément nommés et titularisés en qualité de praticiens hospitaliers. Ils sont placés en position de détachement *(Décr. n° 2010-1141 du 29 sept. 2010, art. 5-27°)* « sur un emploi de praticien hospitalier universitaire » par arrêté du *(Décr. n° 2007-704 du 4 mai 2007, art. 22)* « directeur général du Centre national de gestion ».

Art. R. 6152-61 *(Décr. n° 2006-1221 du 5 oct. 2006, art. 6-VIII)* A l'issue de leur détachement et à défaut d'être titularisés dans un corps du personnel enseignant et hospitalier, ils sont réintégrés dans un emploi de praticien hospitalier dans les conditions prévues au 3° de l'article R. 6152-7.

Ils sont placés, le cas échéant, en disponibilité d'office, pour la période comprise entre la fin du détachement en qualité de praticien hospitalier universitaire et leur réintégration dans le corps des praticiens hospitaliers.

§ 6 DISPONIBILITÉ

Art. R. 6152-62 *(Décr. n° 2006-1221 du 5 oct. 2006, art. 6-IX)* Les praticiens hospitaliers peuvent être mis en disponibilité soit d'office, dans les cas prévus aux articles R. 6152-37 à R. 6152-39, R. 6152-42, *(Décr. n° 2010-1141 du 29 sept. 2010, art. 5-28°)* « R. 6152-50-5 », R. 6152-59, R. 6152-61 et R. 6152-68, soit sur leur demande. *(Décr. n° 2010-1141 du 29 sept. 2010, art. 5-28°)* « Les praticiens hospitaliers faisant l'objet d'une interdiction temporaire d'exercer la profession de médecin, de pharmacien ou de donner des soins aux assurés sociaux sont placés en disponibilité d'office pendant toute la durée de cette interdiction. »

Art. R. 6152-63 La durée de la disponibilité d'office ne peut excéder une année. Elle est renouvelable dans la limite d'une durée totale de trois ans.

Art. R. 6152-64 *(Décr. n° 2010-1141 du 29 sept. 2010, art. 5-29°)* I. – La mise en disponibilité est accordée de droit au praticien hospitalier, sur sa demande :

1° Pour *[un]* accident ou une maladie grave du conjoint ou du partenaire avec lequel il est lié par un pacte civil de solidarité, d'un enfant ou d'un ascendant, pour une durée ne pouvant excéder trois années, renouvelable dans la limite d'une durée totale de neuf années ;

2° Pour élever un enfant âgé de moins de huit ans, ou atteint d'une infirmité exigeant des soins continus, pour une durée ne pouvant excéder deux années, renouvelable.

La mise en disponibilité est également accordée de droit, sur sa demande, au praticien titulaire de l'agrément mentionné aux articles L. 225-2 et L. 225-17 du code de l'action sociale et des familles lorsqu'il se rend à l'étranger ou dans un département d'outre-mer, une collectivité d'outre-mer ou en Nouvelle-Calédonie, depuis un département métropolitain, un autre département d'outre-mer ou depuis Mayotte, Saint-

Barthélemy, Saint-Martin ou Saint-Pierre-et-Miquelon en vue de l'adoption d'un ou de plusieurs enfants. Dans ce cas, la mise en disponibilité ne peut excéder six semaines par agrément.

II. – La mise en disponibilité sur demande de l'intéressé peut être accordée, sous réserve des nécessités du service, dans les cas suivants :

1° Pour suivre son conjoint ou le partenaire avec lequel il est lié par un pacte civil de solidarité, si ce dernier, en raison de sa profession, établit sa résidence habituelle en un lieu éloigné de celui de l'exercice des fonctions du praticien : la durée de la disponibilité ne peut, dans ce cas, excéder deux années ; elle est renouvelable pour la même durée sans qu'elle puisse excéder un total de dix années sur l'ensemble de la carrière ;

2° Pour études ou recherches présentant un intérêt général : la durée de la disponibilité ne peut, dans ce cas, excéder trois années ; elle est renouvelable une fois pour une durée égale pour l'ensemble de la carrière ;

3° Pour convenances personnelles, pour une durée ne pouvant excéder trois années, renouvelable pour la même durée, sans qu'elle ne puisse excéder un total de dix années sur l'ensemble de la carrière ;

4° Pour formation, pour une durée ne pouvant excéder un an par six années de fonctions en qualité de praticien hospitalier.

Art. R. 6152-65 *(Décr. n° 2010-1141 du 29 sept. 2010, art. 5-30°)* La demande de mise en disponibilité ou de renouvellement est présentée deux mois avant la date à laquelle elle doit débuter au directeur de l'établissement d'affectation par le praticien.

La mise en disponibilité et son renouvellement sont prononcés par arrêté du directeur général du Centre national de gestion et, sauf dans les cas mentionnés au I de l'article R. 6152-64, après avis du chef de pôle, du président de la commission médicale d'établissement et du directeur de l'établissement dans lequel exerce l'intéressé pour la demande initiale et le premier renouvellement de celle-ci. Ces avis ne sont pas requis pour les renouvellements suivants.

Art. R. 6152-66 Le praticien en disponibilité cesse de bénéficier des émoluments mentionnés au 1° de l'article R. 6152-23. Le temps passé dans cette position n'est pas pris en compte pour l'avancement.

Art. R. 6152-67 *Abrogé par Décr. n° 2010-1141 du 29 sept. 2010, art. 5-31°.*

Art. R. 6152-68 Le poste libéré par un praticien placé en disponibilité est déclaré vacant lorsque la disponibilité excède *(Décr. n° 2010-1141 du 29 sept. 2010, art. 5-32°)* « six mois ». Lorsque l'intéressé désire être réintégré avant l'achèvement d'une période de disponibilité, il doit en faire la demande au moins deux mois à l'avance.

A l'issue de sa mise en disponibilité le praticien est réintégré dans les conditions fixées à l'article R. 6152-59.

(Décr. n° 2006-717 du 19 juin 2006, art. 1er-XIX) « S'il n'a pu être réintégré, il est placé en disponibilité d'office dans les conditions fixées à l'article R. 6152-63. »

Au cas où à l'expiration d'une période de disponibilité un praticien n'a ni repris ses fonctions, ni obtenu une prolongation de sa disponibilité, il est rayé des cadres.

§ 7 DÉPARTEMENTS D'OUTRE-MER, SAINT-BARTHÉLEMY, SAINT-MARTIN ET SAINT-PIERRE-ET-MIQUELON *(Décr. n° 2010-1141 du 29 sept. 2010, art. 5-33°).*

V. Dalloz.fr

SOUS-SECTION 7 DROIT SYNDICAL

Art. R. 6152-73 Le droit syndical est reconnu aux praticiens hospitaliers.

Ils peuvent créer des organisations syndicales, y adhérer, y exercer des mandats. Ils ne peuvent subir aucun préjudice ou bénéficier d'avantages en raison de leurs engagements syndicaux.

Des autorisations spéciales d'absence sont accordées, par le directeur de l'établissement, dans des conditions fixées par arrêté du ministre chargé de la santé, aux représentants syndicaux des praticiens hospitaliers, dûment mandatés, à l'occasion de la tenue de congrès syndicaux, fédéraux et confédéraux, ainsi que de la réunion des instances nationales et régionales de leur syndicat lorsqu'ils en sont membres élus.

SOUS-SECTION 8 DISCIPLINE

Art. R. 6152-74 Les sanctions disciplinaires applicables aux praticiens relevant *(Décr. n° 2006-717 du 19 juin 2006, art. 1er-XX)* « de la présente section » sont :

1° L'avertissement ;

2° Le blâme ;

3° La réduction d'ancienneté de services entraînant une réduction des émoluments ;

4° La suspension pour une durée ne pouvant excéder six mois avec suppression totale ou partielle des émoluments ;

5° La mutation d'office ;

6° La révocation.

(Décr. n° 2010-1141 du 29 sept. 2010, art. 6-1°) « L'avertissement et le blâme sont prononcés par le directeur général du Centre national de gestion, après avis du directeur général de l'agence régionale de santé, du directeur de l'établissement, de la commission médicale d'établissement siégeant en formation restreinte aux praticiens titulaires, et après communication de son dossier à l'intéressé. Ces décisions sont motivées.

« L'avis de la commission médicale d'établissement est rendu dans un délai de deux mois à compter de la date de sa convocation. A défaut, l'avis motivé du président de la commission médicale d'établissement est alors seul requis. »

Les autres sanctions sont prononcées par décision motivée du *(Décr. n° 2007-704 du 4 mai 2007, art. 22)* « directeur général du Centre national de gestion » après avis du conseil de discipline.

La composition et les modalités de fonctionnement du conseil de discipline sont fixées par la sous-section 2 de la section III du présent chapitre.

Art. R. 6152-75 Le conseil de discipline est saisi par le *(Décr. n° 2007-704 du 4 mai 2007, art. 22)* « directeur général du Centre national de gestion ».

Le praticien intéressé doit être avisé au moins deux mois à l'avance, par lettre recommandée avec demande d'avis de réception, de la date de sa comparution devant le conseil de discipline et avoir communication intégrale de son dossier. Il peut présenter devant le conseil de discipline des observations écrites ou orales, faire entendre des témoins et se faire assister d'un défenseur de son choix.

Le droit de citer des témoins appartient également à l'administration.

(Décr. n° 2010-1141 du 29 sept. 2010, art. 6-2°) « Le conseil entend toutes les personnes qu'il estime devoir convoquer. Il prend connaissance des observations du directeur général de l'agence régionale de santé, du directeur de l'établissement et de la commission médicale de l'établissement où exerce le praticien siégeant en formation restreinte aux praticiens titulaires et hors la présence du praticien. »

Le conseil de discipline peut ordonner toute enquête complémentaire susceptible de l'éclairer.

Art. R. 6152-76 Le conseil de discipline doit se prononcer dans le délai de quatre mois à compter du jour où il a été saisi, ce délai étant porté à six mois lorsqu'une enquête complémentaire est effectuée.

En cas de poursuites devant une juridiction pénale, le conseil de discipline peut surseoir à émettre son avis jusqu'à la décision de cette juridiction.

Art. R. 6152-77 Dans l'intérêt du service, le praticien qui fait l'objet d'une procédure disciplinaire peut être immédiatement suspendu par le *(Décr. n° 2007-704 du 4 mai 2007, art. 22)* « directeur général du Centre national de gestion des praticiens hospitaliers et des personnels de direction de la fonction publique hospitalière » pour une durée maximale de six mois. Toutefois, lorsque l'intéressé fait l'objet de poursuites *pénales, la suspension peut* être prolongée pendant toute la durée de la procédure.

Le praticien suspendu conserve les émoluments mentionnés au 1° de l'article R. 6152-23. Toutefois, lorsqu'une décision de justice lui interdit d'exercer, ses émoluments subissent une retenue, qui ne peut excéder la moitié de leur montant.

Lorsqu'à l'issue de la procédure disciplinaire aucune sanction n'a été prononcée, le praticien perçoit à nouveau l'intégralité de sa rémunération.

Lorsque le praticien, à l'issue de la procédure disciplinaire n'a été frappé d'aucune sanction ou n'a fait l'objet que d'un avertissement ou d'un blâme, il a droit au remboursement des retenues opérées sur son traitement.

Lorsque l'intéressé fait l'objet de poursuites pénales, sa situation financière n'est définitivement réglée qu'après que la décision rendue par la juridiction saisie est devenue définitive.

Art. R. 6152-78 Le praticien qui a fait l'objet d'une sanction disciplinaire et qui n'a pas été exclu des cadres peut, après cinq années, s'il s'agit d'un avertissement ou d'un blâme, et dix années, s'il s'agit de toute autre peine, demander au *(Décr. n° 2007-704 du 4 mai 2007, art. 22)* « directeur général du Centre national de gestion » qu'aucune trace de la sanction ne subsiste à son dossier.

Le *(Décr. n° 2010-1141 du 29 sept. 2010, art. 6-3°)* « directeur général du Centre national de gestion » statue après avis du conseil de discipline lorsque celui-ci a été consulté préalablement à la sanction.

S'il y a lieu le dossier du praticien est reconstitué sous le contrôle du conseil de discipline.

SOUS-SECTION 9 INSUFFISANCE PROFESSIONNELLE

Art. R. 6152-79 *(Décr. n° 2010-1141 du 29 sept. 2010, art. 7-1°)* L'insuffisance professionnelle consiste en une incapacité dûment constatée à accomplir les travaux ou à assumer les responsabilités relevant normalement des fonctions de praticien hospitalier. Elle résulte de l'inaptitude à l'exercice des fonctions du fait de l'état physique, psychique ou des capacités intellectuelles du praticien.

L'insuffisance professionnelle ne peut être retenue dans les cas mentionnés aux articles R. 6152-37 à R. 6152-41. Elle est distincte des fautes à caractère disciplinaire.

Le praticien hospitalier qui fait preuve d'insuffisance professionnelle fait l'objet soit d'une mesure de reconversion professionnelle, soit d'une mesure de licenciement avec indemnité.

Ces mesures sont prononcées par arrêté du directeur général du Centre national de gestion, après avis de la commission statutaire nationale siégeant dans les conditions fixées par l'article R. 6152-80.

Le praticien qui bénéficie d'une mesure de reconversion professionnelle est placé en recherche d'affectation.

Art. R. 6152-80 Lorsque la commission statutaire nationale est appelée à donner un avis sur l'insuffisance professionnelle d'un praticien hospitalier, elle siège dans une composition et selon des modalités déterminées aux articles *(Décr. n° 2010-1141 du 29 sept. 2010, art. 7-2°)* « R. 6152-324-13 à R. 6152-324-23.

« La commission statutaire nationale est saisie par le directeur général du Centre national de gestion après avis de la commission médicale de l'établissement où est affecté le praticien, siégeant en formation restreinte aux praticiens titulaires, et du directeur général de l'agence régionale de santé.

« La commission médicale d'établissement rend son avis dans un délai de deux mois à compter de la date de sa convocation. A défaut, seul est requis l'avis du président de la commission médicale d'établissement. »

L'intéressé a communication de son dossier deux mois avant sa comparution devant la commission. Il peut se faire assister par un ou plusieurs experts de son choix et citer des témoins.

L'administration peut également désigner des experts et citer des témoins.

Art. R. 6152-81 Lorsque l'intérêt du service l'exige, le praticien qui fait l'objet d'une procédure prévue à l'article R. 6152-80 peut être suspendu en attendant qu'il soit statué sur son cas.

Il conserve, pendant la durée de sa suspension, la totalité *(Décr. n° 2010-1141 du 29 sept. 2010, art. 7-3°)* « des émoluments prévus au 1° de l'article R. 6152-23 ».

Art. R. 6152-82 En cas de licenciement pour insuffisance professionnelle, l'intéressé perçoit une indemnité dont le montant est fixé à la moitié de la dernière rémunération mensuelle perçue avant le licenciement pour chacune des douze premières années de service, au tiers de cette même rémunération pour chacune des années suivantes, sans que son montant puisse excéder douze fois la rémunération mensuelle. Toute durée de service supérieure à six mois est comptée pour un an et toute durée de service inférieure à six mois n'est pas prise en compte.

....

SOUS-SECTION 10 CESSATION PROGRESSIVE D'EXERCICE

Art. R. 6152-94 *Abrogé par Décr. n° 2016-1426 du 21 oct. 2016, art. 9.*

SOUS-SECTION 11 CESSATION DE FONCTIONS

Art. R. 6152-95 *Abrogé par Décr. n° 2016-1426 du 21 oct. 2016, art. 9.*

Art. R. 6152-96 Les praticiens hospitaliers régis par la présente section peuvent se prévaloir du titre d'ancien médecin, chirurgien, psychiatre, spécialiste, biologiste, odontologiste ou pharmacien des hôpitaux, s'ils ont exercé leurs fonctions pendant cinq années effectives.

Ils peuvent se prévaloir de l'honorariat de leur emploi, lorsqu'ils cessent leurs fonctions pour faire valoir leurs droits à la retraite, à condition d'avoir accompli vingt ans au moins de services hospitaliers. Toutefois, l'honorariat peut être refusé, au moment du départ du praticien, par une décision motivée du *(Décr. n° 2007-704 du 4 mai 2007, art. 22)* « directeur général du Centre national de gestion des praticiens hospitaliers et des personnels de direction de la fonction publique hospitalière », pour un motif tiré de la qualité des services rendus. Il peut également être retiré, après la radiation des cadres, si la nature des activités exercées le justifie. Il ne peut être fait mention de l'honorariat à l'occasion d'activités privées lucratives autres que culturelles, scientifiques ou de recherche.

Art. R. 6152-97 *(Décr. n° 2010-1141 du 29 sept. 2010, art. 9-1°)* Les praticiens hospitaliers peuvent présenter leur démission au directeur général du Centre national de gestion, en respectant un délai de préavis de trois mois.

Dans un délai de trente jours à compter de la réception de la demande du praticien, le directeur général du Centre national de gestion notifie sa décision au praticien. Il peut demander au praticien démissionnaire d'assurer ses fonctions pendant la durée nécessaire à son remplacement sans que cette durée puisse excéder six mois à compter de la date de réception par le Centre national de gestion de la demande du praticien. Si le directeur général du Centre national de gestion ne s'est pas prononcé dans le délai de trente jours à compter de la réception de la lettre de démission, la démission est réputée acceptée.

Lorsque le praticien démissionnaire prévoit d'exercer une activité salariée ou à titre libéral, lui sont applicables les dispositions de l'article 87 de la loi n° 93-122 du 29 janvier 1993 relative à la prévention de la corruption et à la transparence de la vie économique et des procédures publiques et la réglementation prise pour son application.

Art. R. 6152-98 *(Décr. n° 2006-1221 du 5 oct. 2006, art. 6-XII ; Décr. n° 2010-1141 du 29 sept. 2010, art. 9-2°)* « Le praticien hospitalier qui cesse de remplir les conditions fixées au 1° de » l'article R. 6152-302 ou qui fait l'objet d'une condamnation comportant la perte des droits civiques ou d'une radiation du tableau de l'ordre est licencié sans indemnité.

Art. R. 6152-99 *Abrogé par Décr. n° 2010-1141 du 29 sept. 2010, art. 9.*

SECTION II STATUT DES PRATICIENS DES HÔPITAUX À TEMPS PARTIEL

SOUS-SECTION 1 DISPOSITIONS GÉNÉRALS

Art. R. 6152-201 *(Décr. n° 2010-1141 du29 sept. 2010, art. 10-1°)* « Les praticiens des hôpitaux à temps partiel exercent les fonctions définies par le présent statut dans les établissements publics de santé mentionnés aux articles L. 6141-1 et L. 6141-2, dans l'établissement public de santé de Mayotte, dans l'établissement public de santé territorial de Saint-Pierre-et-Miquelon ainsi que dans les établissements publics mentionnés au I de l'article L. 313-12 du code de l'action sociale et des familles. Dans les centres hospitaliers universitaires, ils exercent leur activité sur des emplois placés hors du champ d'application des dispositions du chapitre II du titre IV du livre Ier de la présente partie. »

Les dispositions de la présente section qui prescrivent la consultation de la commission médicale d'établissement *(Décr. n° 2010-1141 du 29 sept. 2010, art. 10-1°)* « ou de son président » ne sont pas applicables aux praticiens exerçant leur activité à temps partiel qui exercent leurs fonctions dans des établissements mentionnés au I de l'article L. 313-12 du code de l'action sociale et des familles.

(Décr. n° 2017-326 du 14 mars 2017, art. 5) « Les dispositions de la présente section qui prescrivent la proposition ou l'avis du chef de pôle ou, à défaut, du chef de service, du responsable de l'unité fonctionnelle ou d'une autre structure interne ne sont pas applicables aux praticiens exerçant leurs fonctions dans les établissements mentionnés au I de l'article L. 313-12 du code de l'action sociale et des familles, pour lesquels seul la proposition ou l'avis du directeur est requis.

« Ils peuvent exercer leur activité dans plusieurs établissements, au sein des groupements hospitaliers de territoire mentionnés à l'article L. 6132-1 ou pour favoriser le développement de la mise en réseaux des établissements mentionnés à l'article 2 du titre IV du statut général des fonctionnaires et les actions de coopération mentionnées à l'article L. 6134-1. Dans ce cas, les modalités de répartition de l'activité du praticien entre ces établissements ainsi que la fraction des émoluments, indemnités et allocations prévus à l'article R. 6152-220 sont déterminées par une convention passée entre les établissements, avec l'accord du praticien concerné et après avis motivé du chef de pôle ou, à défaut, du chef de service, du responsable de l'unité fonctionnelle ou d'une autre structure interne, et des présidents de commission médicale des établissements intéressés. Les modalités d'application de ces dispositions sont fixées par arrêté du ministre chargé de la santé. »

Art. R. 6152-202 *(Décr. n° 2010-1141 du 29 sept. 2010, art. 10-2°)* « Les praticiens des hôpitaux à temps partiel assurent les actes médicaux de diagnostic, de traitement, de soins d'urgence dispensés par les établissements publics de santé et participent » *(Décr. n° 2016-1645 du 1er déc. 2016, art. 3-36°)* « aux missions définies aux articles L. 6111-1 et L. 6112-1 ».

Ils participent aux tâches de gestion qu'impliquent leurs fonctions.

(Décr. n° 2010-1141 du 29 sept. 2010, art. 10-2°) « Les pharmaciens régis par le présent statut exercent soit les fonctions définies par l'article L. 5126-5, soit des fonctions liées à la spécialité dans laquelle ils ont été inscrits sur la liste d'aptitude nationale mentionnée à l'article R. 6152-301. »

Art. R. 6152-203 Il peut être fait appel à des praticiens hospitaliers pour exercer dans toutes les disciplines médicales, biologiques et odontologiques et leurs spécialités, ainsi que dans la discipline pharmaceutique.

Les intéressés portent le titre de médecin, chirurgien, psychiatre, spécialiste, biologiste, odontologiste ou pharmacien des hôpitaux à temps partiel.

SOUS-SECTION 2 RECRUTEMENT, NOMINATION ET AFFECTATION *(Décr. n° 2006-1221 du 5 oct. 2006, art. 7-I).*

Art. R. 6152-204 (Abrogé par Décr. n° 2017-326 du 14 mars 2017, art. 15-II, à compter du 1er janv. 2019) ***Sur proposition*** (Décr. n° 2010-1141 du 29 sept. 2010, art. 11-1°) ***« des directeurs généraux d'agence régionale de santé », le*** (Décr. n° 2007-704 du 4 mai 2007, art. 22) ***« directeur général du centre national de gestion » établit une liste de postes à recrutement prioritaire qui, d'une part, sont conformes aux objectifs définis par le schéma régional d'organisation*** (Décr. n° 2010-1141 du 29 sept. 2010, art. 11-1°) ***« des soins », d'autre part, présentent des difficultés particulières de recrutement et d'exercice.***

Le praticien hospitalier, nommé ou en fonctions sur l'un des postes mentionnés à l'alinéa précédent, s'engage par convention conclue avec le directeur (Décr. n° 2006-717 du 19 juin 2006, art. 2-II) ***« de l'établissement de santé » à exercer ses fonctions pendant cinq ans. Un praticien ne peut signer plus d'un engagement de servir*** (Décr. n° 2010-1141 du 29 sept. 2010, art. 11-1°) ***« dans le même établissement » au cours de sa carrière.***

Les modalités d'application de ces dispositions sont précisées par arrêté des ministres chargés du budget et de la santé.

Les dispositions du présent art. restent applicables aux praticiens hospitaliers à temps plein et aux praticiens des hôpitaux à temps partiel recrutés sur un poste à recrutement prioritaire avant le 1er janv. 2019 au titre des art. R. 6152-5 ou R. 6152-204 (Décr. nº 2017-326 du 14 mars 2017, art. 15-II).

Art. R. 6152-204-1 *(Décr. nº 2017-326 du 14 mars 2017, art. 6)* **Les praticiens des hôpitaux à temps partiel ayant conclu, en qualité de praticien contractuel ou d'assistant des hôpitaux, une convention d'engagement de carrière hospitalière en application des dispositions respectivement de l'article R. 6152-404-1 ou de l'article R. 6152-508-1, recrutés sur un poste dans une spécialité, d'une part, pour laquelle l'offre de soins est ou risque d'être insuffisante dans l'établissement public de santé dans lequel ils exercent et, d'autre part, correspondant à un diplôme d'études spécialisées présentant des difficultés importantes de recrutement dans les établissements publics de santé, peuvent s'engager par avenant à cette convention à accomplir trois années supplémentaires de services effectifs sur leur poste.**

Ce nouvel engagement, qui ne peut être conclu qu'une fois, prend effet cinq ans après la date d'effet de la convention.

Art. R. 6152-205 *(Décr. nº 2006-1221 du 5 oct. 2006, art. 7-II)* **La procédure de recrutement en qualité de praticien des hôpitaux à temps partiel a pour but de pourvoir à la vacance de postes dans un pôle d'activité d'un établissement public de santé, déclarée par le** *(Décr. nº 2007-704 du 4 mai 2007, art. 22)* **« directeur général du Centre national de gestion »** *(Décr. nº 2010-1141 du 29 sept. 2010, art. 11-2º)* **« sur proposition du directeur général de l'agence régionale de santé ». Chaque vacance donne lieu à établissement d'un profil de poste, dont les caractéristiques, relatives notamment à la spécialité et à la position du praticien dans la structure, sont fixées par arrêté du ministre chargé de la santé.**

(Décr. nº 2017-326 du 14 mars 2017, art. 7) **« La liste et le profil des postes vacants est publiée par voie électronique sur le site internet du Centre national de gestion. »**

(Abrogé par Décr. nº 2017-326 du 14 mars 2017, art. 15-II, à compter du 1er janv. 2019) ***« La vacance des postes à recrutement prioritaire définie à l'article R. 6152-204 fait l'objet d'une liste distincte. »***

(Abrogé par Décr. nº 2017-326 du 14 mars 2017, art. 15-I) (Décr. nº 2010-1141 du 29 sept. 2010, art. 11-2º) ***« Les listes de postes mentionnées aux articles R. 6152-204 et R. 6152-205 sont publiées par voie électronique sur le site internet du Centre national de gestion. »***

Les candidatures à un poste doivent être déposées dans le délai de quinze jours à compter de la publication de la vacance du poste. La recevabilité des candidatures est appréciée à la date de clôture du dépôt des candidatures.

(Décr. nº 2010-1141 du 29 sept. 2010, art. 11-2º) **« Les postes restés vacants à l'issue du tour de recrutement peuvent être proposés, au-delà du délai réglementaire de quinze jours mentionné à l'alinéa précédent et jusqu'à la publication suivante, par le directeur général du Centre national de gestion aux praticiens mentionnés à l'article R. 6152-206. »**

Le directeur de l'établissement peut, avant de communiquer *(Décr. nº 2010-1141 du 29 sept. 2010, art. 11-2º)* **« au directeur général de l'agence régionale de santé pour proposition » au** *(Décr. nº 2007-704 du 4 mai 2007, art. 22)* **« directeur général du Centre national de gestion » la vacance d'un ou plusieurs postes, en organiser la publicité en vue de pourvoir ces postes par mutation interne, dans les conditions fixées à l'article R. 6152-209.**

Art. R. 6152-206 *(Décr. nº 2010-1141 du 29 sept. 2010, art. 11-3º)* **Peuvent faire acte de candidature aux postes vacants de praticien des hôpitaux à temps partiel :**

1º Les praticiens des hôpitaux à temps partiel candidats à la mutation comptant au moins trois années de fonctions effectives dans un même établissement à compter de leur date d'installation, sauf dérogation exceptionnelle accordée par le directeur général du Centre national de gestion ;

2° Les praticiens des hôpitaux à temps plein comptant au moins trois années de fonctions effectives dans un même établissement à compter de leur date d'installation, sauf dérogation exceptionnelle accordée par le directeur général du Centre national de gestion ;

3° Les praticiens hospitaliers, les praticiens des hôpitaux à temps partiel qui, à l'issue d'un détachement ou d'une disponibilité, à l'expiration d'un des congés accordés au titre des articles R. 6152-230 à R. 6152-232 dans les cas où ils ne bénéficient pas des dispositions du deuxième alinéa de l'article R. 6152-233 ou pendant la période de recherche d'affectation, sollicitent leur réintégration ;

4° Les membres du personnel enseignant et hospitalier titulaires qui sollicitent une intégration dans le corps des praticiens des hôpitaux à temps partiel ;

5° Les candidats inscrits sur une liste d'aptitude en cours de validité, après réussite au concours national de praticien des établissements publics de santé prévu par l'article R. 6152-301. Les intéressés ne peuvent faire acte de candidature que sur les postes publiés dans la spécialité correspondant à leur inscription sur une liste d'aptitude.

Dans les cas mentionnés aux 1° et 2°, la condition de durée de fonctions n'est pas exigée pour les praticiens, nommés à titre permanent, en fonction dans l'établissement où survient la vacance, ni pour les praticiens dont l'emploi est supprimé en application des dispositions de l'article L. 6131-5.

Les candidats doivent justifier qu'ils remplissent les conditions fixées par l'article R. 6152-207. La nature des pièces justificatives à produire est fixée par arrêté du ministre chargé de la santé.

Art. R. 6152-207 *(Décr. n° 2010-1141 du 29 sept. 2010, art. 11-4°)* Nul ne peut être nommé praticien hospitalier :

1° S'il ne jouit de ses droits civiques dans l'État dont il est ressortissant ;

2° S'il a subi une condamnation incompatible avec l'exercice des fonctions ;

L'absence de condamnation est attestée par :

a) Pour les ressortissants français, un extrait du bulletin n° 2 du casier judiciaire datant de moins de trois mois ;

b) Pour les ressortissants d'un État étranger, un extrait de casier judiciaire ou un document équivalent datant de moins de trois mois, délivré par une autorité compétente de l'État d'origine ou de provenance ; cette pièce peut être remplacée, pour les ressortissants des États membres de l'Union européenne ou parties à l'accord sur l'Espace économique européen qui exigent une preuve de moralité ou d'honorabilité pour l'accès à l'activité de médecin, chirurgien-dentiste ou pharmacien, par une attestation datant de moins de trois mois de l'autorité compétente de l'État d'origine ou de provenance certifiant que ces conditions de moralité ou d'honorabilité sont remplies ;

3° S'il ne se trouve en position régulière au regard des obligations de service national de l'État dont il est ressortissant ;

4° S'il ne remplit les conditions d'aptitude exigées pour l'exercice de sa fonction compte tenu des possibilités de compensation du handicap.

Art. R. 6152-207-1 *(Décr. n° 2017-701 du 2 mai 2017, art. 1er-7°)* I. — Lorsque, par suite de la nouvelle répartition des emplois mentionnée au 4° du II de l'article L. 6132-2 résultant du projet médical partagé initial ou de son actualisation, un ou plusieurs postes de praticiens des hôpitaux à temps partiel sont à pourvoir, le directeur de chaque établissement partie au groupement hospitalier de territoire, par dérogation aux dispositions des articles R. 6152-205 et R. 6152-206, organise la publicité de ces postes, et des profils correspondants, au sein des établissements parties au groupement.

Il en informe le président du comité stratégique et le président du collège médical ou de la commission médicale de groupement prévue à l'article R. 6132-9.

Peuvent faire acte de candidature les praticiens hospitaliers à temps plein et *[les]* praticiens des hôpitaux à temps partiel nommés dans un établissement partie au groupement.

Le directeur de l'établissement partie transmet, sur proposition du chef de pôle et après avis du président de la commission médicale d'établissement, au directeur général du Centre national de gestion les propositions de nomination dans l'établissement partie au groupement concerné. Il informe le président du comité stratégique du groupement, le président du collège médical ou de la commission médicale de groupement et le directeur général de l'agence régionale de santé de ces propositions.

Les candidats sont informés par courrier du directeur de l'établissement partie. La commission statutaire nationale peut alors être saisie par un praticien non retenu.

II. – Dans le cas où un ou plusieurs postes restent à pourvoir, le directeur de l'établissement partie transmet au directeur général de l'agence régionale de santé pour proposition au directeur général du Centre national de gestion les demandes de publication de postes à intervenir au prochain tour de recrutement.

III. – La nomination et l'affectation des praticiens sont prononcées selon les modalités fixées aux articles R. 6152-208 et R. 6152-209.

SOUS-SECTION 3 NOMINATION

Art. R. 6152-208 *(Décr. n° 2010-1141 du 29 sept. 2010, art. 12-1°)* En vue de la nomination d'un praticien des hôpitaux, le chef de pôle ou, à défaut, le responsable du service, de l'unité fonctionnelle ou d'une autre structure interne peut proposer plusieurs candidatures au directeur de l'établissement.

La nomination dans l'établissement public de santé est prononcée par arrêté du directeur général du Centre national de gestion.

La nomination est notifiée, par lettre recommandée avec avis de réception, aux praticiens ainsi qu'aux directeurs d'établissement intéressés. Elle fait l'objet d'une publication par voie électronique sur le site internet du Centre national de gestion, selon les modalités prévues par son règlement intérieur.

Art. R. 6152-209 *(Décr. n° 2010-1141 du 29 sept. 2010, art. 12-2°)* Lorsqu'il est pourvu à la vacance par candidature externe, dès réception de l'arrêté de nomination mentionné à l'article R. 6152-208, le directeur d'établissement prononce l'affectation sur le poste dans le pôle d'activité ou, à défaut, dans le service, l'unité fonctionnelle ou une autre structure interne.

En cas de mutation interne, le directeur affecte le praticien déjà nommé dans l'établissement dans un pôle d'activité sur proposition du chef de pôle et après avis du président de la commission médicale d'établissement.

En cas de transfert de poste d'un pôle d'activité à un autre pôle du même établissement public de santé intervenant dans le cadre d'une réorganisation interne, le praticien affecté sur ce poste fait l'objet d'une nouvelle affectation par le directeur dans le pôle d'accueil, sur proposition du chef de ce pôle et après avis du président de la commission médicale d'établissement, dès lors que le profil du poste est compatible avec la spécialité d'exercice du praticien.

En cas de fusion de deux ou plusieurs établissements publics de santé, les praticiens des hôpitaux à temps partiel des établissements concernés sont affectés sur un poste dans un pôle du nouvel établissement, sur proposition du responsable du pôle d'accueil et du président de la commission médicale d'établissement.

En cas de transfert de l'activité à un groupement de coopération sanitaire érigé en établissement public de santé, les praticiens des hôpitaux à temps partiel des établissements concernés sont nommés dans le nouvel établissement par le directeur général du Centre national de gestion et affectés dans un pôle par le directeur du nouvel établissement, sur proposition du chef du pôle et après avis du président de la commission médicale d'établissement.

Art. R. 6152-209-1 *(Décr. n° 2010-1141 du 29 sept. 2010, art. 12-3°)* « Le praticien doit rejoindre son poste dans le délai de deux mois à compter de la réception de la notification prévue au dernier alinéa de l'article R. 6152-208, sauf dérogation accordée par le directeur du Centre national de gestion sur proposition du directeur de l'établissement dans lequel il est nommé après avis du chef du pôle d'affectation ou, à défaut, du responsable du service, de l'unité fonctionnelle ou d'une autre structure interne d'affectation. »

(Décr. n° 2006-1221 du 5 oct. 2006, art. 7-VII) Si l'intéressé ne rejoint pas son poste, sa nomination est rapportée après mise en demeure. Dans le cas d'une première nomination, il perd le bénéfice de son inscription sur la liste d'aptitude.

Dans le cas d'une nomination consécutive à une demande de mutation, l'intéressé est réputé avoir obtenu sa mutation.

Le praticien doit établir sa résidence effective à proximité du lieu d'exercice de ses fonctions dans des conditions compatibles avec les responsabilités qu'il exerce dans le service public hospitalier, après validation *(Décr. n° 2010-1141 du 29 sept. 2010, art. 12-3°)* « le cas échéant, par le directeur général de l'agence régionale de santé ».

Art. R. 6152-210 *(Décr. n° 2010-1141 du 29 sept. 2010, art. 12-4°)* Les candidats issus du concours national de praticien des établissements publics de santé sont nommés pour une période probatoire d'un an d'exercice effectif des fonctions, à l'issue de laquelle ils sont, après avis du chef de pôle ou, à défaut, du responsable du service, de l'unité fonctionnelle ou d'une autre structure interne, du président de la commission médicale d'établissement et du directeur de l'établissement ainsi que, le cas échéant, de la commission statutaire nationale, soit nommés dans un emploi de praticien à titre permanent, soit admis à prolonger leur période probatoire pour une nouvelle durée d'un an, soit licenciés pour inaptitude à l'exercice des fonctions en cause, par arrêté du directeur général du Centre national de gestion.

La commission statutaire nationale est saisie lorsque les avis du chef de pôle ou, à défaut, du responsable du service, de l'unité fonctionnelle ou d'une autre structure interne, du président de la commission médicale d'établissement et du directeur sont défavorables à la titularisation ou divergents.

En cas de prolongation de l'année probatoire, celle-ci peut être réalisée, pour tout ou partie, dans un autre établissement public de santé. L'évaluation de cette période est transmise, le cas échéant, à la commission statutaire nationale.

Art. R. 6152-211 *(Décr. n° 2010-1141 du 29 sept. 2010, art. 12-5°)* Les dispositions du deuxième alinéa de l'article R. 6152-203, de l'article R. 6152-238, à l'exception des 3°, 5° et 7°, des paragraphes 3 et 6 de la sous-section 7, de la sous-section 10, et de l'article R. 6152-275 ne sont pas applicables aux praticiens des hôpitaux à temps partiel nommés pour une période probatoire.

Les praticiens des hôpitaux à temps partiel nommés pour une période probatoire peuvent être placés en disponibilité d'office dans les cas prévus aux articles R. 6152-229 à R. 6152-231.

Les praticiens exerçant leur activité à temps partiel nommés pour une période probatoire peuvent ouvrir un compte épargne-temps. Toutefois, ils ne peuvent utiliser, au cours de la période probatoire, ni des droits épargnés antérieurement à leur nomination, ni des droits acquis depuis celle-ci.

Art. R. 6152-212 *(Décr. n° 2006-1221 du 5 oct. 2006, art. 7-IX)* Les praticiens nommés au titre des 4° et 5° de l'article R. 6152-206 sont classés dans l'emploi de praticien des hôpitaux à temps partiel, compte tenu :

1° De la durée légale du service national et des services militaires obligatoires, selon les règles applicables aux fonctionnaires de l'État ;

2° Des services hospitaliers accomplis à l'étranger en application d'un contrat de coopération ;

3° De la durée des fonctions de même nature effectuées antérieurement à leur nomination et présentant un intérêt pour le service public hospitalier, en France ou dans un État membre de la Communauté européenne ou d'un autre État partie à l'accord sur l'Espace économique européen, sous réserve qu'ils justifient avoir accompli celles-ci en détenant les titres, diplômes ou autorisations exigés en France pour l'exercice de leur profession.

4° De la durée des services effectués par les praticiens visés au *(Décr. n° 2010-1141 du 29 sept. 2010, art. 12-6°)* « 4° » de l'article L. 6152-1.

(Décr. n° 2010-1141 du 29 sept. 2010, art. 12-6°) « Pour l'application de ces dispositions, la durée de la formation requise pour l'obtention du diplôme de médecin, pharmacien ou odontologiste ou du diplôme de spécialité médicale, quels que soient le statut du praticien durant la formation et la durée de cette dernière dans le pays d'obtention du diplôme de spécialité, n'est pas prise en compte. »

Art. R. 6152-213 *(Décr. n° 2006-1221 du 5 oct. 2006, art. 7-X)* Les praticiens nommés au titre des dispositions des 1°, 2° ou 3° de l'article R. 6152-206 sont reclassés à l'échelon qu'ils détenaient dans leur ancienne situation, avec conservation de leur ancienneté d'échelon.

(Décr. n° 2010-1141 du 29 sept. 2010, art. 12-7°) « **Les fonctions accomplies dans un établissement mentionné au 1° de l'article R. 6152-1 en qualité de praticien non titulaire par un praticien hospitalier titulaire en attente d'une réintégration sont également prises en compte, dès lors que le recrutement intervient sur un poste dont la vacance a été publiée et sur lequel le praticien a fait acte de candidature, et pour une durée comprise entre la date de publication de la vacance du poste et la date d'installation du praticien sur ce poste.** »

Art. R. 6152-214 *(Décr. n° 2006-1221 du 5 oct. 2006, art. 7-XI)* **Pour l'application des articles R. 6152-212 et R. 6152-213, les services accomplis à temps plein sont comptés pour la totalité de leur durée. Les services accomplis à temps partiel sont comptés au prorata de leur durée. Toutefois, ceux accomplis dans les conditions fixées par la présente section ainsi que ceux accomplis par les personnels enseignants et hospitaliers à temps plein sont comptés comme des services à temps plein.**

Les fonctions accomplies par les médecins et les chirurgiens-dentistes en cabinet libéral ou en laboratoire d'analyses médicales sont prises en compte à compter de la date d'installation, dans la limite de vingt années, aux 2/3 pour les douze premières années et pour 1/3 pour les huit années suivantes. Pour les pharmaciens, les fonctions accomplies en officine ou en laboratoire d'analyses médicales sont prises en compte à compter de la date de leur inscription à l'ordre des pharmaciens, dans les conditions prévues ci-dessus.

Les fonctions cumulées accomplies à un ou plusieurs titres sur une même période sont prises en compte au maximum pour un temps plein.

Les décisions de classement prévues au présent article sont prononcées par arrêté du *(Décr. n° 2007-704 du 4 mai 2007, art. 22)* « **directeur général du Centre national de gestion** ».

SOUS-SECTION 4 COMMISSIONS STATUTAIRES

Art. R. 6152-215 et R. 6152-216 *Abrogés par Décr. n° 2006-1221 du 5 oct. 2006, art. 8.*

SOUS-SECTION 5 AVANCEMENT

Art. R. 6152-217 La carrière des praticiens des hôpitaux comprend treize échelons.

Art. R. 6152-218 L'avancement d'échelon s'effectue suivant les durées suivantes :

1er échelon : un an ;
2e échelon : un an ;
3e échelon : deux ans ;
4e échelon : deux ans ;
5e échelon : deux ans ;
6e échelon : deux ans ;
7e échelon : deux ans ;
8e échelon : deux ans ;
9e échelon : deux ans ;
10e échelon : deux ans ;
11e échelon : deux ans ;
12e échelon : quatre ans.

L'avancement d'échelon est prononcé par le *(Décr. n° 2007-704 du 4 mai 2007, art. 22)* « **directeur général du Centre national de gestion** ».

Art. R. 6152-219 *(Abrogé par Décr. n° 2017-326 du 14 mars 2017, art. 15-II, à compter du 1er janv. 2019)* « ***Les praticiens régis par la présente section bénéficient, lorsqu'ils ont accompli cinq ans de services effectifs dans le cadre de l'engagement de servir prévu à l'article R. 6152-204 d'un avancement accéléré d'une durée de deux ans prononcé par le*** *(Décr. n° 2007-704 du 4 mai 2007, art. 22)* « ***directeur général du Centre national de gestion*** » *(Abrogé par Décr n° 2010-1141 du 29 sept. 2010, art. 13)* « ***des praticiens hospitaliers et des personnels de direction de la fonction publique hospitalière*** ». — *Les dispositions du présent al. restent applicables aux praticiens hospitaliers à temps plein et aux praticiens des hôpitaux à temps partiel recrutés sur un poste à recrutement prioritaire avant le 1er janv. 2019 au titre des art. R. 6152-5 ou R. 6152-204 (Décr. n° 2017-326 du 14 mars 2017, art. 15-II).*

(Décr. nº 2017-326 du 14 mars 2017, art. 8) « Les praticiens bénéficient, à l'issue des trois ans de services effectués en application de l'avenant mentionné à l'article R. 6152-204-1, d'un gain d'ancienneté de deux ans prononcé par le directeur général du Centre national de gestion. »

SOUS-SECTION 6 RÉMUNÉRATION

Art. R. 6152-220 *(Décr. nº 2010-1141 du 29 sept. 2010, art. 14-1º)* « Les praticiens perçoivent, après service fait, attesté par le tableau mensuel de service réalisé, validé par le chef de pôle ou, à défaut, par le responsable du service, de l'unité fonctionnelle ou d'une autre structure interne : »

(Décr. nº 2006-1221 du 5 oct. 2006, art. 10-I) 1º Des émoluments mensuels variant selon l'échelon des intéressés *(Décr. nº 2007-704 du 4 mai 2007, art. 22)* « et la durée des obligations hebdomadaires de service hospitalier ». Ces émoluments sont fixés par arrêté des ministres chargés du budget, de la santé et de la sécurité sociale. Ils suivent l'évolution des traitements de la fonction publique, constatée par le ministre chargé de la santé ;

2º Des indemnités et allocations dont la liste est fixée par décret.

Art. D. 6152-220-1 *(Décr. nº 2006-1222 du 5 oct. 2006, art. 2)* Les indemnités et allocations mentionnées au 2º de l'article R. 6152-220 sont :

1º Des indemnités de participation à la permanence des soins ou de réalisation de périodes de travail au-delà des obligations de service hebdomadaires :

a) Des indemnités de sujétion correspondant au temps de travail effectué, dans le cadre des obligations de service hebdomadaires, la nuit, le samedi après-midi, le dimanche et les jours fériés ;

b) Des indemnités forfaitaires pour tout temps de travail additionnel accompli, sur la base du volontariat, au-delà des obligations de service hebdomadaires ;

c) Des indemnités correspondant aux astreintes et aux déplacements auxquels elles peuvent donner lieu.

Les indemnités mentionnées aux deux alinéas précédents sont versées lorsque, selon le choix du praticien, le temps de travail additionnel, les astreintes et les déplacements ne font pas l'objet d'une récupération.

2º Des indemnités pour participation aux jurys de concours, à l'enseignement et à la formation des personnels des établissements publics de santé.

(Abrogé par Décr. nº 2017-327 du 14 mars 2017, art. 3, à compter du 1er janv. 2019) ***« 3º Une allocation spécifique versée aux praticiens hospitaliers ayant signé l'engagement prévu à l'article R. 6152-204. Cette allocation, non soumise à cotisation de retraite complémentaire, est versée en une seule fois. »***

(Décr. nº 2017-327 du 14 mars 2017, art. 1er-II) « 4º Des primes et indemnités visant à développer le travail en réseau :

a) Abrogé parDécr.nº 2017-327 du 14 mars 2017.

« *b)* Une prime d'exercice territorial pour activité dans plusieurs établissements ou dans plusieurs sites d'un même établissement, dans le cadre des groupements hospitaliers de territoires mentionnés à l'article L. 6132-1, lorsque le projet médical partagé mentionné au I de l'article R. 6132-3 est adopté ; »

(Décr. nº 2017-327 du 14 mars 2017, art. 2-1º) « La prime d'exercice territorial est versée pour activité dans plusieurs établissements ou dans plusiurs sites d'un même établissement, pour favoriser le développement de la mise en réseau des établissements mentionnés à l'article 2 de la loi nº 86-33 du 9 janvier 1986 portant dispositions statutaires relatives à la fonction publique hospitalière et les actions de coopération mentionnées à l'article L. 6134-1 ; »

« *c)* Une indemnité d'activité sectorielle et de liaison versée aux psyhiatres des hôpitaux exclusive de l'indemnité prévue au 5º du présent article.

« Une même activité ne peut donner lieu au versement de l'indemnté pour activité dans plusieurs établissements mentionné au *a*, au versement de la pime d'exercice territorial mentionnée au *b* et au versement *[de]* l'indemnité d'activité sectorielle et de liaison mentionnée au *c*. De même, ne sont prises en compte, pour l'attribution de cette prime et de cette indemnité, ni l'activité d'intérêt général ni l'activité libérale mentionnée à l'article L. 6154-1.

« Le versement des primes et indemnités prévues au 4° du présent article est maintenu pendant les congés et jours de récupération mentionnés aux 1°, 2°, 3° et 5° de l'article R. 6152-227. Pour les praticiens placés en congé de maladie au titre des articles R. 6152-229 à R. 6152-231, le versement des primes et des indemnités prévues au 4° est maintenu pendant une période qui ne peut excéder trois mois. La durée de cette période est portée à six mois en cas de congé de maladie accordé au titre de l'article R. 6152-232. Ce versement est suspendu en cas de suspension des fonctions prononcée au titre des dispositions des articles R. 6152-252 ou R. 6152-256. »

5° Une indemnité correspondant à une part complémentaire variable de la rémunération visée au 1° de l'article R. 6152-220 et subordonnée au respect d'un engagement contractuel déterminant, dans le respect des dispositions des articles R. 4127-5, R. 4127-95, R. 4127-97, R. 4127-249 et R. 4235-18 du présent code, des objectifs de qualité et d'activité mesurés par des indicateurs définis par arrêté.

(Décr. nº 2013-138 du 14 févr. 2013, art. 1er-2°) « 6° Une indemnité d'engagement de service public exclusif versée aux praticiens qui s'engagent, pour une période de trois ans renouvelable, à exercer exclusivement en qualité de praticien des hôpitaux à temps partiel.

« Par exception, les praticiens des hôpitaux à temps partiel exerçant des fonctions de praticien attaché dans un autre établissement mentionné à l'article R. 6152-201 peuvent en bénéficier dans les conditions suivantes : le montant de l'indemnité est calculé au prorata des obligations de service accomplies dans chaque établissement, sans pouvoir au total excéder 10/10 de l'indemnité.

« Le versement de cette indemnité est maintenu durant les congés et jours de récupération mentionnés aux 1°, 2°, 3° et 5° de l'article R. 6152-227. Pour les praticiens placés en congé de maladie au titre des articles R. 6152-229 à R. 6152-231, le versement de cette indemnité est maintenu pendant une période qui ne peut excéder trois mois par contrat d'engagement de service public exclusif. La durée de cette période est portée à six mois en cas de congé de maladie accordé au titre de l'article R. 6152-232.

« Les indemnités mentionnées au *b* du 4°, au 5° et au 6° du présent article ne peuvent être versées qu'aux praticiens des hôpitaux à temps partiel nommés à titre permanent. »

(Décr. nº 2017-327 du 14 mars 2017, art. 1er-II-2° et 3°) « 7° Le second versement de la prime d'engagement de carrière hospitalière mentionnée aux articles D. 6152-417 et D. 6152-514-1 intervient lors de la nomination du praticien en période probatoire dans les conditions fixées à l'article R. 6152-210 ;

« 8° » *(Décr. nº 2010-1141 du 29 sept. 2010, art. 14-2°)* « Les praticiens des hôpitaux à temps partiel bénéficient du remboursement des frais engagés à l'occasion de leurs déplacements temporaires réalisés pour les besoins du service selon les dispositions prévues à l'article R. 6152-32. Ils sont classés dans le groupe I prévu pour les fonctionnaires de l'État. »

Le montant, les conditions d'attribution et les modalités de versement des indemnités et allocations mentionnées *(Décr. nº 2013-138 du 14 févr. 2013, art. 1er)* « aux 1° à » *(Décr. nº 2017-327 du 14 mars 2017, art. 1er-II-4°)* « 7° » du présent article sont fixés par arrêté des ministres chargés du budget et de la santé.

SOUS-SECTION 7 EXERCICE DE FONCTIONS – POSITIONS

§ 1er ACTIVITÉ ET CONGÉS

1 FONCTIONS

Art. R. 6152-221 *(Décr. nº 2010-1141 du 29 sept. 2010, art. 15-1°)* « Les médecins, pharmaciens et odontologistes régis par la présente section ont la responsabilité médicale de la continuité des soins et de la permanence pharmaceutique, conjointement avec les autres membres du corps médical et les autres pharmaciens de l'établissement »

Ils doivent en particulier :

1° Participer à l'ensemble de l'activité *(Décr. nº 2010-1141 du 29 sept. 2010, art. 15-1°)* « de la structure, dans les conditions définies par le règlement intérieur et le tableau de service, et » :

— dans les *(Décr. n° 2010-1141 du 29 sept. 2010, art. 15-1°)* « structures organisées » en temps continu, assurer le travail de jour et de nuit ;

— dans les autres *(Décr. n° 2010-1141 du 29 sept. 2010, art. 15-1°)* « structures », assurer le travail quotidien du matin et de l'après-midi ; en outre, ils participent à la permanence des soins ou à la permanence pharmaceutique organisée soit sur place, soit en astreinte à domicile.

(Décr. n° 2010-1141 du 29 sept. 2010, art. 15-1°) « Toutefois, si l'intérêt du service l'exige, le directeur de l'établissement, après avis motivé du président de la commission médicale d'établissement, peut décider de suspendre leur participation à la continuité des soins ou à la permanence pharmaceutique la nuit, le samedi après-midi, le dimanche et les jours fériés. Le directeur transmet sans délai sa décision au directeur général du Centre national de gestion, qui met en œuvre, selon le cas, les dispositions prévues par l'article R. 6152-228 ou par les sous-sections 9 et 10 de la présente section ; »

2° Participer au remplacement des praticiens à temps plein, ou à temps partiel, imposé par les différents congés, dans les conditions définies par l'article R. 6152-31.

Ils doivent en outre participer aux jurys de concours et d'examens organisés par le ministère de la santé ou sous son contrôle ainsi que dans les conditions définies par le ministère de la santé à l'enseignement et à la formation des personnels des hôpitaux ou organismes extra-hospitaliers du secteur. *(Décr. n° 2010-1141 du 29 sept. 2010, art. 15-1°)* « Ces activités donnent lieu au versement d'indemnités de participation aux jurys de concours, à l'enseignement et à la formation des personnels. »

Art. R. 6152-222 Les praticiens des hôpitaux régis par *(Décr. n° 2006-717 du 19 juin 2006, art. 2-XII)* « la présente section » peuvent exercer une activité rémunérée en dehors de leurs obligations statutaires définies par les articles R. 6152-221, R. 6152-223 et R. 6152-224 en respectant, pour les médecins, les conditions de l'article R. 4127-98 et, pour les chirurgiens-dentistes, celles de l'article R. 4127-251.

Les pharmaciens à temps partiel ne peuvent être titulaires d'une officine, exercer les fonctions de *(Décr. n° 2010-1141 du 29 sept. 2010, art. 15-2°)* « biologiste responsable d'un laboratoire de biologie médicale » ou remplir les fonctions de pharmacien responsable ou délégué d'un établissement pharmaceutique, ni assurer la gérance d'une officine de pharmacie mutualiste ou minière.

Art. R. 6152-223 *(Décr. n° 2010-1141 du 29 sept. 2010, art. 15-3°)* Le service normal hebdomadaire des praticiens des hôpitaux à temps partiel est fixé à six demi-journées. Il peut être ramené à cinq demi-journées ou à quatre demi-journées lorsque l'activité hospitalière le justifie.

La durée du service hebdomadaire est fixée par la décision d'affectation du praticien dans une structure de l'établissement, conformément au profil de poste établi en application du premier alinéa de l'article R. 6152-205.

A l'initiative de l'établissement en cas de restructuration ou de modification d'activité affectant directement la structure d'affectation du praticien des hôpitaux à temps partiel concerné, ou à la demande du praticien, la durée du service hebdomadaire de ce praticien peut être modifiée par décision motivée du directeur prise après avis du chef de pôle ou, à défaut, du responsable du service, de l'unité fonctionnelle ou d'une autre structure interne.

Cette modification est reportée dans la décision d'affectation du praticien.

Lorsque le service hebdomadaire est accompli la nuit, celle-ci est comptée pour deux demi-journées.

Lorsque l'activité médicale est organisée en temps continu, l'obligation de service hebdomadaire du praticien ne peut excéder une durée horaire définie, sur la base de quarante-huit heures, au prorata des obligations de service hebdomadaires du praticien et calculée en moyenne sur une période de quatre mois.

Impossibilité pour un praticien à temps partiel d'exercer une activité libérale. Un praticien des hôpitaux à temps partiel ne peut exercer une activité libérale, réservée aux seuls praticiens hospitaliers exerçant à temps plein, au sein d'un établissement public de santé. V. • CE 27 juill. 2005, *M. Jean-Marc X.*, n° 254232. ♦ Les praticiens des hôpitaux à temps partiel sont placés, pour ce qui concerne l'accès aux équipements matériels lourds publics, dans une situation différente de celle des praticiens libéraux exerçant en ville, lesquels peuvent, si les nécessités du service public hospitalier le justifient, bénéficier dans certaines conditions d'un tel accès. En conséquence, un praticien hospitalier exerçant à temps partiel ne peut légalement conclure avec un établissement public de santé une convention l'autorisant à exercer au sein des services hospitaliers une activité privée nécessitant l'accès aux équipements matériels lourds dudit établissement public. • Même arrêt.

Art. R. 6152-224 Les horaires et obligations de service des praticiens régis par la présente section sont précisés par le règlement intérieur de l'établissement.

(Décr. n° 2010-1141 du 29 sept. 2010, art. 15-4°) « Afin d'assurer la continuité des soins, l'organisation du temps de présence médicale, pharmaceutique et odontologique établie en fonction des caractéristiques propres aux différentes structures est arrêtée annuellement par le directeur d'établissement après avis de la commission médicale d'établissement. Un tableau de service nominatif, établi sur cette base, est arrêté mensuellement par le directeur d'établissement sur proposition du chef de pôle ou, à défaut, du responsable du service, de l'unité fonctionnelle ou d'une autre structure interne dont relève le praticien. »

La décision *(Décr. n° 2010-1141 du 29 sept. 2010, art. 15-4°)* « d'affectation » fixe le nombre de demi-journées ou, lorsque le praticien exerce dans *(Décr. n° 2010-1141 du 29 sept. 2010, art. 15-4°)* « une structure organisée » en temps médical continu, la durée horaire hebdomadaire que le praticien doit consacrer au service en application du règlement intérieur. L'intéressé reçoit du directeur notification du règlement intérieur, notamment en ce qui le concerne. Il doit en accuser réception et s'engager à exercer son activité professionnelle pendant les périodes prévues au tableau de service.

Le tableau de service précise les conditions dans lesquelles est effectuée la demi-journée de service qui peut être répartie entre la matinée et la contre-visite de l'après-midi, ou être effectuée l'après-midi et éventuellement la nuit au titre des services de *(Décr. n° 2010-1141 du 29 sept. 2010, art. 15-4°)* « permanence ».

Le praticien peut accomplir, sur la base du volontariat, au-delà de ses obligations de service hebdomadaires, un temps de travail additionnel donnant lieu à récupération ou *(Décr. n° 2010-1141 du 29 sept. 2010, art. 15-4°)* « au versement d'indemnités de participation à la continuité des soins et, le cas échéant, d'indemnités de temps de travail additionnel » et *[dans les conditions prévues]* au deuxième alinéa du présent article.

Le praticien bénéficie d'un repos quotidien d'une durée minimale de onze heures consécutives par période de vingt-quatre heures.

(Décr. n° 2015-1260 du 9 oct. 2015, art. 2-1°) « Le repos quotidien après la fin du dernier déplacement survenu au cours d'une astreinte est garanti au praticien. »

Par dérogation aux dispositions de l'alinéa précédent, il peut accomplir une durée de travail continue maximale de vingt-quatre heures. Dans ce cas, il bénéficie, immédiatement à l'issue de cette période, d'un repos d'une durée équivalente.

(Décr. n° 2015-1260 du 9 oct. 2015, art. 2-2°) « Le temps d'intervention sur place et le temps de trajet réalisés lors d'un déplacement survenu au cours d'une astreinte constituent du temps de travail effectif et sont pris en compte pour l'attribution du repos quotidien. »

Art. R. 6152-225 Tout praticien qui est dans l'impossibilité de rejoindre son poste ou d'exercer sa fonction doit en aviser immédiatement le directeur de l'établissement et lui communiquer son adresse sauf cas de force majeure. A défaut, il est licencié sans indemnité pour abandon de poste, par arrêté du *(Décr. n° 2007-704 du 4 mai 2007, art. 22)* « directeur général du Centre national de gestion », après mise en demeure assortie d'un délai de quinze jours.

2 *FORMATION CONTINUE*

Art. R. 6152-226 *(Décr. n° 2006-717 du 19 juin 2006, art. 2-XIII)* Les praticiens des hôpitaux à temps partiel doivent entretenir et perfectionner leurs connaissances. *(Décr. n° 2010-1141 du 29 sept. 2010, art. 15-6°)* « Leur développement professionnel continu est organisé par le plan *(Décr. n° 2013-841 du 20 sept. 2013, art. 2)* « mentionné au 8° du II » de l'article R. 6144-1. »

3 *CONGÉS*

Art. R. 6152-227 Les praticiens régis par la présente section ont droit :

1° A un congé annuel dont la durée est définie, sur la base de vingt-cinq jours ouvrés, au prorata des obligations de service hebdomadaires ;

2° A un congé accordé au titre de la réduction du temps de travail, dans les conditions définies à l'article *(Décr. n° 2010-1141 du 29 sept. 2010, art. 15-7°)* « R. 6152-801 » ;

3° A des jours de récupération des périodes de temps de travail additionnelles, des astreintes et des déplacements en astreinte, lorsqu'ils n'ont pas fait l'objet d'une indemnisation.

Pendant les congés et jours de récupération mentionnés aux 1°, 2° et 3° ci-dessus, les praticiens perçoivent la totalité des émoluments mentionnés au 1° de l'article R. 6152-220.

(Décr. n° 2012-1481 du 27 déc. 2012, art. 2) « Le chef de pôle ou, à défaut, le responsable de la structure interne organise après consultation des praticiens de la structure et sur la base de l'organisation arrêtée conformément aux dispositions de l'article R. 6152-224, la prise des jours de congé sur certaines périodes de l'année en fonction de l'activité.

« Pour cette prise de congé, le praticien peut utiliser des jours de congé annuel, des jours de réduction du temps de travail, des jours de récupération et des jours accumulés sur son compte épargne-temps.

« L'organisation du temps de présence et d'absence des personnels médicaux, pharmaceutiques et odontologiques est intégrée dans les contrats de pôle. »

Le directeur arrête le tableau des congés prévus aux 1°, 2° et 3° ci-dessus après avis du *(Décr. n° 2010-1141 du 29 sept. 2010, art. 15-7°)* « chef de pôle ou, à défaut, du responsable du service, de l'unité fonctionnelle ou d'une autre structure interne » dont relève le praticien et en informe la commission médicale d'établissement ;

4° A des congés de maladie, longue maladie, longue durée dans les conditions fixées aux articles R. 6152-229 à R. 6152-233 ;

(Décr. n° 2017-161 du 9 févr. 2017, art. 9) « 5° A un congé de maternité, de paternité et d'accueil de l'enfant ou d'adoption selon les modalités prévues à l'article R. 6152-819. »

6° A un congé parental dans les conditions prévues à l'article R. 6152-234 ;

7° A des congés de formation dans les conditions prévues à l'article R. 6152-235 ;

8° *(Décr. n° 2006-717 du 19 juin 2006, art. 2-XIV)* « A des autorisations spéciales d'absence dans les cas et dans les conditions prévus au 8° de l'article R. 6152-35 ;

« 9° A un congé non rémunéré *(Décr. n° 2010-1141 du 29 sept. 2010, art. 15-7°)* « de solidarité familiale », dans les conditions fixées par l'article R. 6152-35-1 ;

« 10° A un congé de présence parentale non rémunéré, dans les conditions fixées par l'article R. 6152-35-2. »

Art. R. 6152-228 Le comité médical mentionné à l'article R. 6152-36 a également compétence pour les praticiens exerçant à temps partiel régis par la présente section.

Art. R. 6152-229 En cas de maladie dûment constatée et attestée par un certificat médical mettant un praticien dans l'impossibilité d'exercer, celui-ci est de droit mis en congé par décision du directeur de l'établissement.

Le praticien en congé de maladie conserve la totalité des émoluments prévus au 1° de l'article R. 6152-220, pendant une durée de trois mois ; ces émoluments sont réduits à *(Décr. n° 2006-717 du 19 juin 2006, art. 2-XV)* « la » moitié pendant les neuf *mois suivants.*

Lorsque, à l'expiration de la première période de six mois consécutifs de congé de maladie, un praticien est inapte à reprendre son service, le comité médical est saisi pour avis de toute demande de prolongation de ce congé dans la limite des six mois restant à courir.

Lorsqu'un praticien a obtenu des congés de maladie d'une durée totale de douze mois consécutifs, il ne peut, à l'expiration de sa dernière période de congé, reprendre son service sans l'avis favorable du comité médical ; en cas d'avis défavorable, il est mis en disponibilité, dans les conditions fixées à l'article R. 6152-244.

Au cas où un praticien est atteint d'une affection ou d'une infirmité entraînant une incapacité professionnelle, le *(Décr. n° 2007-704 du 4 mai 2007, art. 22)* « directeur général du Centre national de gestion » peut prononcer d'office la mise en disponibilité du praticien en cause, après avis du comité médical et dans *(Décr. n° 2006-717 du 19 juin 2006, art. 2-XV)* « les conditions fixées aux articles R. 6152-242, R. 6152-244 et R. 6152-246 ».

Art. R. 6152-230 Un praticien atteint d'une affection dûment constatée le mettant dans l'impossibilité d'exercer ses fonctions, qui rend nécessaire un traitement et des soins coûteux et prolongés et qui figure sur la liste établie en application de l'article 28 du décret n° 86-442 du 14 mars 1986 relatif à la désignation des médecins agréés, à l'organisation des comités médicaux et des commissions de réforme, aux conditions d'aptitude physique pour l'admission aux emplois publics et au régime de congés de maladie des fonctionnaires, *(Décr. n° 2006-1221 du 5 oct. 2006, art. 11-I)* « est de droit mis en congé de longue maladie pour une durée maximale de trois ans par décision du préfet de département. » Il conserve, dans cette position, la totalité de ses émoluments pendant un an et la moitié de ses émoluments pendant les deux années suivantes.

Le praticien qui a obtenu un congé de longue maladie ne peut bénéficier d'un autre congé de cette nature s'il n'a pas auparavant repris l'exercice de ses fonctions pendant un an.

Lorsqu'à l'expiration de ses droits à congé de longue maladie le praticien n'est pas reconnu apte par le comité médical à reprendre ses fonctions, il est mis en disponibilité dans les conditions fixées aux articles R. 6152-242, R. 6152-244 et R. 6152-246.

Art. R. 6152-231 Un praticien reconnu atteint de tuberculose, de maladie mentale, d'affection cancéreuse, de poliomyélite ou de déficit immunitaire grave et acquis par le comité médical et empêché d'exercer ses fonctions est de droit mis en congé de longue durée par décision du préfet du département.

Le congé de longue durée ne peut être accordé pour une durée inférieure à trois mois ou supérieure à six mois. Il peut être renouvelé à concurrence d'un total de cinq années. Au-delà de ce total de congés, le praticien qui ne peut reprendre son service est mis en disponibilité *(Décr. n° 2006-717 du 19 juin 2006, art. 2-XVI)* « dans les conditions fixées aux articles R. 6152-242, R. 6152-244 et R. 6152-246 ».

Le praticien placé en congé de longue durée a droit au maintien de la totalité de ses émoluments pendant trois ans, et de la moitié pendant deux ans.

Art. R. 6152-232 *(Décr. n° 2017-161 du 9 févr. 2017, art. 10)* En cas d'accident du travail ou de maladie professionnelle imputable à l'exercice des fonctions hospitalières, le praticien hospitalier régi par les dispositions de la présente section est placé en congé pour une durée maximale de cinq ans, pendant lequel il perçoit les émoluments mentionnés au 1° de l'article R. 6152-220.

Art. R. 6152-233 *(Décr. n° 2010-1141 du 29 sept. 2010, art. 15-9°)* « Le praticien qui, à l'issue d'un congé accordé en application des articles R. 6152-229 à R. 6152-232, est déclaré apte à reprendre ses fonctions réintègre le poste qu'il occupait au moment de son placement en congé ou, si celui-ci est pourvu, un autre poste dans l'établissement ou dans un autre établissement du territoire de santé. A défaut, il est réintégré en surnombre. »

Lorsqu'à l'issue d'un an de congés accordés en application des articles R. 6152-229 à R. 6152-232, le praticien ne peut reprendre ses fonctions, son poste est déclaré vacant.

Le praticien qui, à l'expiration de ses droits à congés est reconnu définitivement inapte, après avis du comité médical, est placé en disponibilité. Il perd le bénéfice du présent statut à la date d'effet de sa pension d'invalidité.

Art. R. 6152-234 Le praticien des hôpitaux à temps partiel peut être placé dans la position de congé parental, non rémunéré, pour élever son enfant.

Dans cette position, le praticien n'acquiert pas de droits à la retraite ; il conserve ses droits à l'avancement d'échelon, réduits de moitié.

Le congé parental est accordé sur sa demande à la mère après un congé de maternité ou au père après une naissance et jusqu'au troisième anniversaire de l'enfant.

Il est également accordé sur leur demande au père ou à la mère, jusqu'à l'expiration d'un délai de trois ans à compter de l'arrivée au foyer d'un enfant adopté ou confié en vue de son adoption et âgé de moins de trois ans.

Lorsque l'enfant adopté ou confié en vue de son adoption est âgé de plus de trois ans lors de son arrivée au foyer mais n'a pas encore atteint l'âge de la fin de l'obligation scolaire, le congé parental accordé ne peut excéder une année à compter de l'arrivée de cet enfant au foyer.

La demande de congé parental doit être présentée un mois au moins avant le début du congé et doit comporter l'engagement du praticien de consacrer effectivement le congé à élever son enfant.

Le congé parental est accordé par le directeur de l'établissement public de santé par périodes de six mois, renouvelables par tacite reconduction. Le praticien qui souhaite interrompre son congé parental doit en avertir le directeur un mois au moins avant l'expiration de la période en cours. Un congé interrompu ne peut être repris ultérieurement. En cas de motif grave, l'interruption du congé parental peut être obtenue à tout moment par son bénéficiaire.

Lorsque le père et la mère sont tous deux praticiens des hôpitaux, le parent bénéficiaire du congé parental peut y renoncer au profit de l'autre parent pour la période restant à courir jusqu'à l'expiration du droit. L'autre parent doit présenter sa demande au moins un mois à l'avance. Il est placé en position de congé parental, au plus tôt, à compter du jour de la reprise d'activité du bénéficiaire.

Si une nouvelle naissance ou une nouvelle adoption se produit au cours du congé parental, le nouveau congé parental auquel le praticien des hôpitaux à temps partiel a droit n'est pas prolongé du délai restant à courir du congé parental en cours.

Le directeur de l'établissement fait procéder aux enquêtes nécessaires en vue de s'assurer que l'activité du praticien des hôpitaux à temps partiel est réellement consacrée à élever son enfant. Si le contrôle révèle que ce n'est pas le cas, il peut être mis fin au congé après que l'intéressé a été mis à même de présenter ses observations.

Le congé parental cesse de plein droit en cas de retrait de l'enfant placé en vue de son adoption.

A la fin du congé parental, le praticien des hôpitaux à temps partiel est réintégré de plein droit, le cas échéant en surnombre, dans son établissement public de santé d'origine. Il doit en formuler la demande un mois au moins avant la date à laquelle il souhaite être réintégré.

Art. R. 6152-235 Les praticiens des hôpitaux *(Décr. n° 2006-717 du 19 juin 2006, art. 2-XVII)* « à temps partiel » ont droit à un congé de formation d'une durée de six jours ouvrables par an, pour mettre à jour leurs connaissances. Les droits à congé au titre de deux années peuvent être cumulés. Un arrêté du ministre chargé de la santé précise les conditions d'exercice du droit à congé de formation.

Au cours de leur congé de formation, les praticiens des hôpitaux, en position d'activité, continuent à percevoir les émoluments mentionnés au 1° de l'article R. 6152-220, à la charge de l'établissement de santé dont ils relèvent.

(Abrogé par Décr. n° 2017-326 du 14 mars 2017, art. 15-II, à compter du 1er janv. 2019) ***« Les praticiens ayant souscrit l'engagement mentionné à l'article R. 6152-204 bénéficient de trois jours ouvrables supplémentaires par an au titre du congé de formation. »***

Les dispositions du dernier al. restent applicables aux praticiens hospitaliers à temps plein et aux praticiens des hôpitaux à temps partiel recrutés sur un poste à recrutement prioritaire avant le 1er janv. 2019 au titre des art. R. 6152-5 ou R. 6152-204 (Décr. n° 2017-326 du 14 mars 2017, art. 15).

§ 2 POSITION DE MISSION TEMPORAIRE

Art. R. 6152-236 *(Décr. n° 2010-1141 du 29 sept. 2010, art. 15-10°)* « Les praticiens des hôpitaux relevant de la présente section peuvent être placés par le directeur général de l'agence régionale de santé, après avis du chef de pôle ou, à défaut, du responsable du service, de l'unité fonctionnelle ou d'une autre structure interne, du président de la commission médicale d'établissement et du directeur, à leur demande, en position de mission temporaire pour une durée maximale de trois mois, par période de deux ans. »

Ils conservent dans cette position le bénéfice des émoluments mentionnés au 1° de l'article R. 6152-220, lorsque la mission est effectuée dans l'intérêt exclusif de l'établissement de santé.

§ 3 RECHERCHE D'AFFECTATION *(Décr. n° 2006-1221 du 5 oct. 2006, art. 11-IV).*

Art. R. 6152-236-1 *(Décr. n° 2010-1141 du 29 sept. 2010, art. 15-11°)* La recherche d'affectation est la situation dans laquelle le praticien des hôpitaux à temps partiel en activité est placé, compte tenu des nécessités du service, auprès du Centre national de gestion, soit sur sa demande, soit d'office, en vue de permettre son adaptation ou sa reconversion professionnelle ou de favoriser la réorganisation ou la restructuration des structures hospitalières.

Lorsque la demande de placement en recherche d'affectation est présentée par le praticien, le directeur transmet celle-ci au directeur général du Centre national de gestion, accompagnée de son avis et de celui du président de la commission médicale de l'établissement.

Lorsque la demande de placement en recherche d'affectation est présentée en application de l'article L. 6143-7 par le directeur de l'établissement, celui-ci adresse sa demande au directeur général du Centre national de gestion. Celle-ci est accompagnée de la proposition du chef de pôle ou, à défaut, du responsable du service, de l'unité fonctionnelle ou d'une autre structure interne ainsi que de l'avis du président de la commission médicale d'établissement.

Lorsque la demande de placement en recherche d'affectation est présentée dans le cadre de l'application des dispositions de l'article L. 6131-5 par le directeur de l'établissement ou, en cas de carence, par le directeur général de l'agence régionale de santé, celui-ci saisit le directeur général du Centre national de gestion sans que les propositions et avis mentionnés à l'alinéa ci-dessus soient requis.

(Décr. n° 2013-916 du 14 oct. 2013, art. 2-1°) « Le placement d'un praticien des hôpitaux à temps partiel en recherche d'affectation est prononcé, après avis de la commission statutaire nationale et pour une durée maximale de deux ans, par arrêté du directeur général du Centre national de gestion qui exerce à son égard toutes les prérogatives reconnues à l'autorité investie du pouvoir de nomination. »

Art. R. 6152-236-2 *(Décr. n° 2013-916 du 14 oct. 2013, art. 2-2°)* « Le Centre national de gestion établit, au terme d'un ou plusieurs échanges avec le praticien concerné dans un délai maximum de six mois suivant son placement en recherche d'affectation, un projet personnalisé d'évolution professionnelle qui a pour objet de faciliter son affectation dans un établissement public de santé ou son accès à un autre emploi des secteurs public ou privé.

« Ce projet comporte, notamment :

« 1° Les souhaits d'évolution professionnelle de l'intéressé ;

« 2° Les types d'emplois, d'activités et de responsabilités auxquels, dans ce cadre, est susceptible d'être candidat le praticien ou qui peuvent lui être proposés ;

« 3° Le cas échéant, les types de missions temporaires qui peuvent lui être confiées ;

« 4° Les actions d'orientation, de formation, d'évaluation et de validation des acquis de l'expérience professionnelle destinées à favoriser la réorientation du praticien ;

« 5° Les actions d'accompagnement mises en œuvre par le Centre national de gestion.

« Le projet personnalisé d'évolution professionnelle donne lieu à un document dont un exemplaire est remis au praticien concerné.

« Toute modification du projet personnalisé d'évolution professionnelle, le cas échéant après une évaluation à mi-parcours de la mise en œuvre du projet, intervient dans les conditions prévues au premier alinéa du présent article.

« Le Centre national de gestion organise un suivi individualisé et régulier de la situation du praticien destiné à l'accompagner dans son évolution professionnelle ainsi que, le cas échéant, dans l'adaptation de ses compétences aux types d'emplois, d'activités ou de responsabilités mentionnés dans son projet personnalisé d'évolution professionnelle. Le praticien bénéficie d'un entretien au moins bimestriel avec les personnes en charge de son suivi. »

(Décr. n° 2010-1141 du 29 sept. 2010, art. 15-12°) « Dans la situation de recherche d'affectation, le praticien est tenu d'accomplir toutes les actions et démarches, concertées avec lui et arrêtées par le directeur général du Centre national de gestion, lui permettant soit de retrouver une affectation dans un établissement public de santé, soit d'accéder à un autre emploi des secteurs public ou privé. Il peut assurer, à la demande

du directeur général du Centre national de gestion ou avec son accord, des missions dans l'un des établissements, administrations ou structures auprès desquels une mise à disposition est autorisée conformément aux dispositions de l'article R. 6152-237 ou dans un établissement de santé privé.

« En cas de projet de reconversion professionnelle, il peut effectuer des stages auprès de tout organisme susceptible de lui offrir une formation pratique appropriée.

« Ces missions ou stages sont assurés dans le cadre d'une convention passée entre l'organisme d'accueil et le Centre national de gestion.

« Le praticien hospitalier peut bénéficier, à sa demande ou à celle du directeur général du Centre national de gestion, d'un bilan professionnel et suivre des actions de formation. »

Art. R. 6152-236-3 *(Décr. nº 2010-1141 du 29 sept. 2010, art. 15-12º)* La rémunération du praticien des hôpitaux à temps partiel placé en recherche d'affectation est assurée par le Centre national de gestion. Elle comprend les émoluments mentionnés au 1º de l'article R. 6152-220. Le praticien perçoit également, le cas échéant, des indemnités de participation à la permanence des soins qui lui sont versées par l'établissement d'accueil, des indemnités de participation aux jurys de concours et des indemnités de frais de déplacement.

Sans préjudice des dispositions relatives au cumul d'activités, la rémunération nette perçue par le praticien placé en recherche d'affectation est réduite du montant des revenus nets qu'il perçoit au titre de toute mission *(Décr. nº 2013-916 du 14 oct. 2013, art. 2-3º)* « ou de tout stage, assurés » dans le cadre de la recherche d'affectation, à l'exception des indemnités mentionnées dans la deuxième phrase du premier alinéa du présent article.

Art. R. 6152-236-4 *(Décr. nº 2010-1141 du 29 sept. 2010, art. 15-12º)* Le praticien des hôpitaux placé en recherche d'affectation est autorisé à prendre les congés mentionnés aux articles R. 6152-227 à R. 6152-232 par le directeur général du Centre national de gestion. Toutefois, lorsqu'il exerce dans l'un des organismes d'accueil mentionnés à l'article R. 6152-237, les congés prévus aux 1º à 3º et 8º de l'article R. 6152-227 lui sont accordés par l'autorité compétente de cet organisme, qui en avise sans délai le Centre national de gestion.

Les dispositions de l'article R. 6152-801 s'appliquent au praticien hospitalier placé en recherche d'affectation pendant les missions qu'il accomplit dans des établissements mentionnés à l'article L. 6141-1, au prorata de la durée de ces missions. Lorsque ces missions ont lieu dans d'autres organismes, le praticien hospitalier bénéficie de jours de réduction du temps de travail dans les conditions en vigueur au sein de l'organisme d'accueil où il exerce son activité.

Pour l'application des dispositions des articles R. 6152-229 à R. 6152-232 ainsi que de l'article R. 6152-234 aux praticiens placés en recherche d'affectation, le comité médical compétent est celui du département de résidence de l'intéressé. Le comité médical est saisi par le directeur général du Centre national de gestion.

Lorsque le praticien bénéficie de l'un des congés prévus aux articles R. 6152-229 à R. 6152-232 ainsi qu'à l'article R. 6152-234 pendant une durée supérieure à quatre mois consécutifs, la période comprise entre le début du cinquième mois de congé et la date à laquelle son état lui permet de reprendre une activité professionnelle ou, à défaut, la date d'expiration de ses droits à congés n'est pas prise en compte pour la détermination de la durée de la recherche d'affectation prévue au troisième alinéa de l'article R. 6152-236-1.

Art. R. 6152-236-5 *(Décr. nº 2010-1141 du 29 sept. 2010, art. 15-12º)* Le praticien des hôpitaux à temps partiel placé en recherche d'affectation peut postuler aux emplois dont la vacance est publiée.

(Décr. nº 2013-916 du 14 oct. 2013, art. 2-4º-a) « Au cours de la période de recherche d'affectation, le directeur général du Centre national de gestion adresse au praticien des propositions d'offres d'emploi public fermes et précises, correspondant à son projet personnalisé d'évolution professionnelle et tenant compte de sa situation de famille et de son lieu de résidence habituel. A cet effet, il adresse le *curriculum vitae* du praticien ainsi que son projet personnalisé d'évolution professionnelle aux chefs des établissements mentionnés à l'article R. 6152-201 dont les postes de praticiens des

hôpitaux à temps partiel vacants ou susceptibles de le devenir n'ont pas encore fait l'objet d'une publication ou n'ont pas été pourvus après publication. Le chef d'établissement transmet sa réponse, assortie de la proposition du chef de pôle ou, à défaut, du responsable de la structure interne, et de l'avis du président de la commission médicale d'établissement, dans le délai d'un mois suivant la notification de ces documents. En cas de refus, celui-ci est motivé.

« Le directeur général du Centre national de gestion adresse au praticien les propositions d'emploi ainsi transmises par les établissements. Si l'intéressé ne fait pas connaître sa réponse dans le délai de dix jours suivant la date de notification de ces propositions, son silence est considéré comme un refus. En cas d'acceptation de l'une des propositions qui lui ont été adressées, le directeur général du Centre national de gestion nomme le praticien sur l'emploi considéré, sans publication de la vacance du poste ni consultation de la commission statutaire nationale.

« Le praticien qui refuse successivement trois offres d'emploi formulées dans les conditions définies ci-dessus est placé en position de disponibilité d'office, dans les conditions prévues à l'article R. 6152-242, ou admis à la retraite s'il remplit les conditions nécessaires. »

Le praticien hospitalier peut démissionner durant la période de recherche d'affectation, conformément aux dispositions de l'article R. 6152-270, sans qu'il puisse lui être imposé de poursuivre ses fonctions pendant une période de six mois au plus à compter de la date de notification de l'acceptation de sa démission.

Art. R. 6152-236-6 *(Décr. n° 2013-916 du 14 oct. 2013, art. 2-6°)* Lorsque, moins de quatre mois avant la fin de la période de la recherche d'affectation, le praticien s'est vu présenter moins de trois offres d'emploi satisfaisant aux conditions mentionnées au deuxième alinéa de l'article R. 6152-236-5, le directeur général du Centre national de gestion peut décider, après avis du directeur de l'établissement d'accueil, une nomination en surnombre selon les modalités définies au quatrième alinéa de l'article 116 de la loi n° 86-33 du 9 janvier 1986 portant dispositions statutaires relatives à la fonction publique hospitalière. Cette nomination doit correspondre au projet personnalisé d'évolution professionnelle de l'intéressé et tenir compte de sa situation de famille et du lieu de sa résidence habituelle. Le Centre national de gestion continue d'assurer un suivi individualisé et régulier ainsi qu'un appui dans les démarches du praticien ainsi placé en surnombre. La période de recherche d'affectation est, dans ce cadre, prolongée au-delà de deux ans pour permettre l'application du deuxième alinéa de l'article R. 6152-236-5.

Le praticien qui n'a pu se voir proposer trois offres d'emploi avant la fin de sa période de recherche d'affectation est maintenu dans cette situation, pour des durées ne pouvant excéder six mois, après avis de la commission statutaire nationale. Dans ce cas, la période de recherche d'affectation prend fin dans les conditions prévues à l'article R. 6152-236-5 après application, le cas échéant[,] des dispositions du premier alinéa, lorsque l'agent a accepté une offre d'emploi ou refusé une troisième offre d'emploi conformément aux dispositions du même article.

Le Centre national de gestion présente annuellement au comité consultatif national paritaire un bilan de la gestion des praticiens des hôpitaux à temps partiel en recherche d'affectation.

Art. R. 6152-236-7 *(Décr. n° 2013-916 du 14 oct. 2013, art. 2-6°)* Le praticien mis en disponibilité d'office en application du cinquième alinéa de l'article L. 6152-5-2 peut bénéficier de l'allocation d'assurance prévue à l'article L. 5424-1 du code du travail dans les conditions prévues aux articles L. 5422-2 et L. 5422-3 du même code. Cette allocation lui est versée par le Centre national de gestion.

§ 4 MISE À DISPOSITION

Art. R. 6152-237 *(Décr. n° 2010-1141 du 29 sept. 2010, art. 15-13°)* Les praticiens des hôpitaux à temps partiel en position d'activité dans un établissement public de santé peuvent, avec leur accord et en demeurant dans cette position statutaire, être mis à disposition soit d'un établissement mentionné à l'article R. 6152-201, d'une administration ou d'un établissement public de l'État, d'une collectivité territoriale ou d'un établissement public en dépendant, d'un groupement d'intérêt public entrant dans l'un des cas prévus à l'article L. 6134-1 ou d'un groupement de coopération sanitaire ou groupement de coopération sociale et médico-sociale dont est membre leur établissement d'affectation.

La mise à disposition est prononcée par le directeur de l'établissement public de santé d'affectation, après signature d'une convention passée entre l'établissement public de santé d'affectation et l'établissement ou l'organisme d'accueil. Une copie de la décision est adressée au Centre national de gestion et au directeur général de l'agence régionale de santé.

Cette convention précise notamment la durée de la mise à disposition, sous réserve, en ce qui concerne la mise à disposition auprès d'un établissement public de santé, des dispositions du dernier alinéa du présent article, ainsi que les conditions d'emploi et de retour dans l'établissement public de santé d'origine.

Elle prévoit le remboursement de la rémunération du praticien intéressé et des charges y afférentes, par l'établissement ou l'organisme d'accueil.

Elle peut toutefois prévoir l'exonération, totale ou partielle, temporaire ou permanente, de ce remboursement.

La convention de mise à disposition auprès d'un établissement mentionné à l'article R. 6152-201 est conclue pour une durée de six mois, renouvelable une fois pour la même durée. Au terme de la mise à disposition, le praticien doit reprendre son affectation initiale ou faire l'objet, dans le cadre d'une mutation, d'une nomination dans l'établissement de mise à disposition. Dans les autres cas de mise à disposition, la convention en fixe la durée. Elle peut être renouvelée.

§ 5 DÉTACHEMENT

Art. R. 6152-238 Les praticiens des hôpitaux *(Décr. n° 2006-717 du 19 juin 2006, art. 2-XX)* « à temps partiel » peuvent être placés en position de détachement, sur leur demande, sous réserve qu'ils comptent au moins *(Décr. n° 2010-1141 du 29 sept. 2010, art. 15-14°)* « trois » années de fonctions dans leur emploi. Cette condition n'est pas applicable aux cas de détachements prononcés en application des *(Décr. n° 2010-1141 du 29 sept. 2010, art. 15-14°)* « 3° », 5° et 7° du présent article.

Ils peuvent être détachés :

(Décr. n° 2010-1141 du 29 sept. 2010, art. 15-14°) « 1° Sur un emploi de praticien recruté par contrat mentionné au 3° de l'article L. 6152-1, sous réserve d'avoir validé la période probatoire ;

« 2° En qualité de salarié auprès d'un établissement de santé privé *(Décr. n° 2016-1645 du 1er déc. 2016, art. 3-40°)* « habilité à assurer le service public hospitalier », ou auprès d'un établissement privé entrant dans le champ d'application du I de l'article L. 313-12 du code de l'action sociale et des familles ; »

3° Auprès d'une administration de l'État, auprès d'un établissement public de l'État ou d'une entreprise publique ;

4° Auprès d'une collectivité territoriale ou d'un établissement public territorial autre que de santé ;

(Décr. n° 2010-1141 du 29 sept. 2010, art. 15-14°) « 5° Auprès d'une organisation internationale intergouvernementale ; »

6° Pour exercer une fonction publique élective autre que celles mentionnées à l'article R. 6152-239 ou un mandat syndical, lorsque la fonction ou le mandat ne permet pas d'assurer normalement les obligations de service telles qu'elles sont définies aux articles R. 6152-221, R. 6152-223 et R. 6152-224 ;

(Décr. n° 2010-1141 du 29 sept. 2010, art. 15-14°) « 7° Auprès d'un groupement de coopération sanitaire, d'un groupement d'intérêt public entrant dans l'un des cas prévus à l'article L. 6134-1 ou d'une fondation hospitalière mentionnée à l'article L. 6141-7-3. »

Art. R. 6152-239 Le praticien appelé à exercer des fonctions de membre du Gouvernement ou un mandat parlementaire est détaché de plein droit, pour la durée de ces fonctions ou de ce mandat. Le poste libéré est déclaré vacant.

Art. R. 6152-240 *(Décr. n° 2010-1141 du 29 sept. 2010, art. 15-16°)* Le détachement est prononcé par périodes de cinq années au maximum. Il peut être renouvelé dans les mêmes conditions.

Lorsque la durée du détachement excède six mois, le poste est déclaré vacant, sauf dans les cas prévus aux 1° et 5° de l'article R. 6152-238, pour lesquels le poste est déclaré vacant lorsque cette durée excède un an.

Le praticien détaché continue à bénéficier de ses droits à avancement dans son emploi d'origine. Il cesse de percevoir toute rémunération au titre de l'emploi dont il est détaché.

Le détachement sur demande ou son renouvellement sont prononcés par le directeur général du Centre national de gestion. La décision intervient, sauf dans le cas prévu à l'article R. 6152-239, après avis du chef de pôle ou, à défaut, du responsable du service, de l'unité fonctionnelle ou d'une autre structure interne, du président de la commission médicale d'établissement et du directeur de l'établissement dans lequel exerce l'intéressé pour la demande initiale et le premier renouvellement de celle-ci. Ces avis ne sont pas requis pour les renouvellements suivants.

Art. R. 6152-241 *(Décr. n° 2010-1141 du 29 sept. 2010, art. 15-17°)* A l'expiration du détachement, le praticien intéressé est réintégré :

1° Soit, de droit, dans son poste si la durée du détachement n'a pas excédé six mois ou si le praticien était détaché en application de l'article R. 6152-239 ;

2° Soit sur son poste s'il est toujours vacant, par décision du directeur général du Centre national de gestion après avis du directeur de l'établissement, du chef de pôle ou, à défaut, du responsable du service, de l'unité fonctionnelle ou d'une autre structure interne et du président de la commission médicale d'établissement ;

3° Soit dans un autre poste de même discipline, conformément aux dispositions du 3° de l'article R. 6152-206, si le poste qu'occupait le praticien a été pourvu.

Le praticien détaché qui, ayant sollicité sa réintégration, refuse trois propositions de poste à l'issue de la procédure de mutation peut être licencié sans indemnité après avis de la commission statutaire nationale.

§ 6 DISPONIBILITÉ

Art. R. 6152-242 Les praticiens des hôpitaux *(Décr. n° 2006-717 du 19 juin 2006, art. 2-XXI)* « à temps partiel » peuvent être mis en disponibilité soit d'office, dans les cas prévus aux articles R. 6152-229 à R. 6152-232, *(Décr. n° 2006-1221 du 5 oct. 2006, art. 11-VII)* « et à l'article *[aux articles]* *(Décr. n° 2013-916 du 14 oct. 2013, art. 2-5°)* « R. 6152-236-5 », » R. 6152-243, R. 6152-273 et R. 6152-274, soit sur leur demande.

Art. R. 6152-243 Les praticiens des hôpitaux *(Décr. n° 2006-717 du 19 juin 2006, art. 2-XXI)* « à temps partiel » faisant l'objet d'une interdiction temporaire d'exercer la médecine ou de donner des soins aux assurés sociaux sont placés en disponibilité d'office pendant toute la durée de cette interdiction.

Art. R. 6152-244 La durée de la disponibilité d'office ne peut excéder une année. Elle est renouvelable dans la limite d'une durée totale de trois ans.

Art. R. 6152-245 *(Décr. n° 2010-1141 du 29 sept. 2010, art. 15-18°)* I. — La mise en disponibilité est accordée de droit au praticien hospitalier, sur sa demande :

1° Pour accident ou maladie grave du conjoint ou du partenaire avec lequel il est lié par un pacte civil de solidarité, d'un enfant ou d'un ascendant, pour une durée ne pouvant excéder trois années, renouvelable dans la limite d'une durée totale de neuf années ;

2° Pour élever un enfant âgé de moins de huit ans ou atteint d'une infirmité exigeant des soins continus, pour une durée ne pouvant excéder deux années, renouvelable.

La mise en disponibilité est également accordée de droit, sur sa demande, au praticien titulaire de l'agrément mentionné aux articles L. 225-2 et L. 225-17 du code de l'action sociale et des familles lorsqu'il se rend à l'étranger ou dans un département d'outre-mer, une collectivité d'outre-mer ou en Nouvelle-Calédonie, depuis un département métropolitain, un autre département d'outre-mer ou depuis Mayotte, Saint-Barthélemy, Saint-Martin ou Saint-Pierre-et-Miquelon en vue de l'adoption d'un ou de plusieurs enfants. Dans ce cas, la mise en disponibilité ne peut excéder six semaines par agrément.

II. — La mise en disponibilité sur demande de l'intéressé peut être accordée, sous réserve des nécessités du service, dans les cas suivants :

1° Pour suivre son conjoint ou le partenaire avec lequel il est lié par un pacte civil de solidarité si ce dernier, en raison de sa profession, établit sa résidence habituelle en un lieu éloigné de celui de l'exercice des fonctions du praticien : la durée de la disponibilité ne peut, dans ce cas, excéder deux années, elle est renouvelable pour la même durée sans qu'elle ne puisse excéder un total de dix années sur l'ensemble de la carrière ;

2° Pour études ou recherches présentant un intérêt général : la durée de la disponibilité ne peut, dans ce cas, excéder trois années mais est renouvelable une fois pour une durée égale pour l'ensemble de la carrière ;

3° Pour convenances personnelles : la durée de la disponibilité ne peut, dans ce cas, excéder un an ; elle est renouvelable pour la même durée sans qu'elle ne puisse excéder un total de dix années sur l'ensemble de la carrière ;

4° Pour formation : en ce cas, la mise en disponibilité ne peut excéder un an par six années de fonctions en qualité de praticien hospitalier.

Art. R. 6152-246 *(Décr. n° 2010-1141 du 29 sept. 2010, art. 15-19°)* « La demande de mise en disponibilité ou de renouvellement est présentée au directeur de l'établissement d'affectation par le praticien deux mois avant la date à laquelle elle doit débuter.

« La mise en disponibilité et son renouvellement sont prononcés par arrêté du directeur général du Centre national de gestion et, sauf dans les cas mentionnés au I de l'article R. 6152-245, après avis du chef de pôle, du président de la commission médicale d'établissement et du directeur de l'établissement dans lequel exerce l'intéressé pour la demande initiale et le premier renouvellement de celle-ci. Ces avis ne sont pas requis pour les renouvellements suivants. »

Le praticien en disponibilité cesse de bénéficier des émoluments mentionnés au 1° de l'article R. 6152-220. Le temps passé dans cette position n'est pas pris en compte pour l'avancement.

Le poste libéré par un praticien placé en disponibilité est déclaré vacant, lorsque la disponibilité excède *(Décr. n° 2010-1141 du 29 sept. 2010, art. 15-19°)* « six mois ».

A l'issue de sa disponibilité le praticien est réintégré dans les conditions fixées à l'article R. 6152-241.

Au cas où, à l'expiration d'une période de disponibilité, un praticien n'a ni repris ses fonctions ni obtenu une prolongation de sa disponibilité, il est licencié sans indemnité.

§ 7 DÉPARTEMENTS D'OUTRE-MER, SAINT-MARTIN, SAINT-BARTHÉLEMY ET SAINT-PIERRE-ET-MIQUELON *(Décr. n° 2010-1141 du 29 sept. 2010, art. 15-20°)*.

V. Dalloz.fr .

SOUS-SECTION 8 DROIT SYNDICAL

Art. R. 6152-248 Le droit syndical est reconnu aux *(Décr. n° 2006-717 du 19 juin 2006, art. 2-XXIII)* « praticiens des hôpitaux à temps partiel ».

Ils peuvent créer des organisations syndicales, y adhérer, y exercer des mandats. Ils ne peuvent subir aucun préjudice ou bénéficier d'avantages en raison de leurs engagements syndicaux.

Des autorisations spéciales d'absence sont accordées, par le directeur de l'établissement, dans des conditions fixées par arrêté du ministre chargé de la santé, aux représentants syndicaux des praticiens des hôpitaux, dûment mandatés, à l'occasion de la tenue de congrès syndicaux, fédéraux et confédéraux, ainsi que de la réunion des instances nationales et régionales de leur syndicat lorsqu'ils en sont membres élus.

SOUS-SECTION 9 DISCIPLINE

Art. R. 6152-249 Les sanctions disciplinaires applicables aux praticiens relevant du présent statut sont :

1° L'avertissement ;

2° Le blâme ;

3° La réduction d'ancienneté de services *(Décr. n° 2010-1141 du 29 sept. 2010, art. 16-1°)* « entraînant une réduction des émoluments » ;

4° La suspension pour une durée ne pouvant excéder six mois, avec suppression totale ou partielle des émoluments ;

5° La mutation d'office ;

6° La révocation.

(Décr. n° 2010-1141 du 29 sept. 2010, art. 16-1°) « L'avertissement et le blâme sont prononcés par le directeur général du Centre national de gestion, après avis du directeur général de l'agence régionale de santé, du directeur de l'établissement et de la commission médicale d'établissement siégeant en formation restreinte aux praticiens titulaires, et après communication de son dossier à l'intéressé. Ces décisions sont motivées.

« La commission médicale d'établissement rend son avis dans un délai de deux mois à compter de la date de sa convocation. A défaut, seul est requis l'avis du président de la commission médicale d'établissement. »

Les autres sanctions sont prononcées par décision motivée du *(Décr. n° 2007-704 du 4 mai 2007, art. 22)* « directeur général du Centre national de gestion », après avis d'un conseil de discipline national.

Art. R. 6152-250 Le conseil de discipline est saisi par le *(Décr. n° 2007-704 du 4 mai 2007, art. 22)* « directeur général du Centre national de gestion ».

Le praticien intéressé doit être avisé au moins deux mois à l'avance, par lettre recommandée avec demande d'avis de réception, de la date de sa comparution devant le conseil de discipline et avoir communication intégrale de son dossier. Il peut présenter devant le conseil de discipline des observations écrites ou orales, faire entendre des témoins et se faire assister d'un défenseur de son choix.

Le droit de citer des témoins appartient également à l'administration.

(Décr. n° 2010-1141 du 29 sept. 2010, art. 16-2°) « Le conseil entend toutes les personnes qu'il estime devoir convoquer. Il prend connaissance des observations du directeur général de l'agence régionale de santé, du directeur et de la commission médicale d'établissement siégeant en formation restreinte aux praticiens titulaires et hors la présence de l'intéressé. »

Le conseil de discipline peut ordonner toute enquête complémentaire susceptible de l'éclairer.

Art. R. 6152-251 Le conseil de discipline doit se prononcer dans le délai de quatre mois à compter du jour où il a été saisi, ce délai étant porté à six mois lorsqu'une enquête complémentaire est effectuée.

En cas de poursuites devant une juridiction pénale, le conseil de discipline peut surseoir à émettre son avis jusqu'à la décision de cette juridiction.

Art. R. 6152-252 Dans l'intérêt du service, le praticien qui fait l'objet d'une procédure disciplinaire peut être immédiatement suspendu par le *(Décr. n° 2007-704 du 4 mai 2007, art. 22)* « directeur général du Centre national de gestion » pour une durée maximale de six mois. Toutefois, lorsque l'intéressé fait l'objet de poursuites pénales, la suspension peut être prolongée pendant toute la durée de la procédure.

Le praticien suspendu conserve les émoluments mentionnés au 1° de l'article R. 6152-220. Toutefois, lorsqu'une décision de justice lui interdit d'exercer, ses émoluments subissent une retenue, qui ne peut excéder la moitié de leur montant.

Lorsqu'à l'issue de la procédure disciplinaire, aucune sanction n'a été prononcée, le praticien perçoit à nouveau l'intégralité de sa rémunération.

Lorsque le praticien, à l'issue de la procédure disciplinaire, n'a été frappé d'aucune sanction ou n'a fait l'objet que d'un avertissement ou d'un blâme, il a droit au remboursement des retenues opérées sur son traitement.

Lorsque l'intéressé fait l'objet de poursuites pénales, sa situation financière n'est définitivement réglée qu'après que la décision rendue par la juridiction saisie est devenue définitive

Art. R. 6152-253 Le praticien qui a fait l'objet d'une sanction disciplinaire *(Décr. n° 2010-1141 du 29 sept. 2010, art. 16-4°)* « et qui n'a pas été exclu des cadres » peut, après cinq années, s'il s'agit d'un avertissement ou d'un blâme, et dix années, s'il s'agit de toute autre peine, demander au *(Décr. n° 2007-704 du 4 mai 2007, art. 22)* « directeur général du Centre national de gestion » qu'aucune trace de la sanction ne subsiste à son dossier.

(Décr. n° 2010-1141 du 29 sept. 2010, art. 16-4°) « Le directeur général du Centre national de gestion » statue après avis du conseil de discipline lorsque celui-ci a été consulté préalablement à la sanction.

S'il y a lieu, le dossier du praticien est reconstitué sous le contrôle du conseil de discipline.

SOUS-SECTION 10 INSUFFISANCE PROFESSIONNELLE

Art. R. 6152-254 *(Décr. n° 2010-1141 du 29 sept. 2010, art. 17-1°)* L'insuffisance professionnelle consiste en une incapacité dûment constatée à accomplir les travaux ou à assumer les responsabilités relevant normalement des fonctions de praticien des hôpitaux à temps partiel. Elle résulte de l'inaptitude à l'exercice des fonctions du fait de l'état physique, psychique ou des capacités intellectuelles du praticien.

L'insuffisance professionnelle ne peut être retenue dans les cas mentionnés aux articles R. 6152-229 à R. 6152-232. Elle est distincte des fautes à caractère disciplinaire.

Le praticien des hôpitaux à temps partiel qui fait preuve d'insuffisance professionnelle fait l'objet soit d'une mesure de reconversion professionnelle, soit d'une mesure de licenciement avec indemnité.

Ces mesures sont prononcées par arrêté du directeur général du Centre national de gestion, après avis de la commission statutaire nationale siégeant dans les conditions fixées par l'article R. 6152-255.

Le praticien qui bénéficie d'une mesure de reconversion professionnelle est placé en recherche d'affectation.

Art. R. 6152-255 Lorsque la *(Décr. n° 2006-1221 du 5 oct. 2006, art. 12-II)* « commission statutaire nationale » est appelée à donner un avis sur l'insuffisance professionnelle d'un *(Décr. n° 2010-1141 du 29 sept. 2010, art. 17-2°)* « praticien des hôpitaux à temps partiel », elle siège dans une composition et selon des modalités déterminées aux articles *(Décr. n° 2010-1141 du 29 sept. 2010, art. 17-2°)* « R. 6152-324-13 à R. 6152-324-23.

« La commission statutaire nationale est saisie par le directeur général du Centre national de gestion après avis de la commission médicale de l'établissement où est affecté le praticien, siégeant en formation restreinte aux praticiens titulaires, et du directeur général de l'agence régionale de santé. »

L'intéressé a communication de son dossier deux mois avant sa comparution devant la commission. Il peut se faire assister par un ou plusieurs experts de son choix et citer des témoins.

L'administration peut également désigner des experts et citer des témoins.

Art. R. 6152-256 Lorsque l'intérêt du service l'exige, le praticien qui fait l'objet d'une procédure prévue à l'article R. 6152-254 peut être suspendu par arrêté du *(Décr. n° 2007-704 du 4 mai 2007, art. 22)* « directeur général du Centre national de gestion », en attendant qu'il soit statué sur son cas.

Il conserve, pendant la durée de sa suspension, la totalité des émoluments mentionnés au 1° de l'article R. 6152-220.

Art. R. 6152-257 *En cas de* licenciement pour insuffisance professionnelle, l'intéressé perçoit une indemnité dont le montant est fixé à la moitié des derniers émoluments mensuels perçus avant le licenciement, multipliée par le nombre d'années de services effectifs, dans la limite de douze. Au-delà des années pleines, une durée de service égale ou supérieure à six mois est comptée pour un an et une durée de service inférieure à six mois n'est pas prise en compte pour le calcul des droits.

Art. R. 6152-258 *à* R. 6152-268 *Abrogés par Décr. n° 2010-1141 du 29 sept. 2010, art. 17.*

SOUS-SECTION 11 CESSATION DE FONCTIONS

Art. R. 6152-269 *Abrogé par Décr. n° 2016-1426 du 21 oct. 2016, art. 9.*

Art. R. 6152-270 *(Décr. n° 2010-1141 du 29 sept. 2010, art. 18-1°)* Les praticiens des hôpitaux à temps partiel peuvent présenter leur démission au directeur général du Centre national de gestion en respectant un délai de préavis de trois mois.

Dans un délai de trente jours à compter de la réception de la demande du praticien, le directeur général du Centre national de gestion notifie sa décision au praticien. Il peut demander au praticien démissionnaire d'assurer ses fonctions pendant la durée nécessaire à son remplacement, sans que cette durée puisse excéder six mois à compter de la date de réception par le Centre national de gestion de la demande du praticien.

Si le directeur général du Centre national de gestion ne s'est pas prononcé dans le délai de trente jours à compter de la réception de la lettre de démission, la démission est réputée acceptée.

Art. R. 6152-271 Le praticien des hôpitaux à temps partiel qui cesse de remplir les conditions fixées au 1° de l'article R. 6152-302 ou qui fait l'objet d'une condamnation comportant la perte des droits civiques ou d'une radiation du tableau de l'ordre est licencié sans indemnité.

Art. R. 6152-272 Lorsque les besoins de l'activité hospitalière justifient la transformation en un poste à temps plein d'un poste de praticien à temps partiel pourvu par un praticien des hôpitaux à temps partiel nommé à titre permanent, l'intéressé peut :

– soit poser sa candidature au poste transformé en temps plein, dans les conditions fixées par l'article *(Décr. n° 2006-1221 du 5 oct. 2006, art. 13-III)* « R. 6152-9 » ;

– soit opter pour le maintien d'une activité à temps partiel.

Art. R. 6152-273 Lorsque le praticien n'opte pas pour l'exercice de fonctions à plein temps, ou si sa nomination en qualité de praticien hospitalier à plein temps n'est pas prononcée, l'intéressé est :

(Décr. n° 2010-1141 du 29 sept. 2010, art. 18-2°) « 1° Soit affecté sur un emploi vacant de praticien à temps partiel de même discipline du même établissement selon la procédure de mutation interne prévue au deuxième alinéa de l'article R. 6152-209 ;

« 2° Soit muté dans un emploi vacant de praticien à temps partiel de même discipline d'un autre établissement selon la procédure prévue à l'article R. 6152-208. »

S'il ne peut être pourvu d'une nouvelle affectation, l'intéressé est, soit placé d'office dans la position de disponibilité, dans les conditions prévues à l'article R. 6152-244, soit licencié avec une indemnité égale au montant des émoluments forfaitaires afférents au dernier mois d'activité, multiplié par le nombre d'années de services effectifs, dans la limite de douze. Au-delà des années pleines, une durée de service égale ou supérieure à six mois est comptée pour un an, et une durée de service inférieure à six mois n'est pas prise en compte pour le calcul des droits.

Art. R. 6152-274 *(Décr. n° 2010-1141 du 29 sept. 2010, art. 18-3°)* En cas de suppression de son poste, le praticien à temps partiel doit être informé de cette décision par une lettre du directeur général du Centre national de gestion exposant les motifs de cette suppression six mois avant la date d'effet. A l'issue de cette période, le praticien peut, selon son choix, soit être nommé sur un autre emploi, soit être placé en recherche d'affectation ou en disponibilité pour convenances personnelles, soit être licencié avec indemnité dans les conditions fixées à l'article R. 6152-273.

Art. R. 6152-275 Les praticiens des hôpitaux régis par la présente section peuvent se prévaloir du titre d'ancien médecin, chirurgien, psychiatre, spécialiste, biologiste, odontologiste, pharmacien des hôpitaux à temps partiel, s'ils ont exercé leurs fonctions pendant dix années.

Ils peuvent se prévaloir de l'honorariat de praticien des hôpitaux à temps partiel lorsqu'ils cessent leurs fonctions pour faire valoir leurs droits à la retraite, à condition d'avoir accompli vingt ans au moins de services hospitaliers. Toutefois, l'honorariat peut être refusé, au moment du départ du praticien, par une décision motivée du *(Décr. n° 2007-704 du 4 mai 2007, art. 22)* « directeur général du Centre national de gestion » pour un motif tiré de la qualité des services rendus. Il peut également être retiré, après la radiation des cadres, si la nature des activités exercées le justifie. Il ne peut être fait mention de l'honorariat à l'occasion d'activités privées lucratives autres que culturelles, scientifiques ou de recherche.

Art. R. 6152-276 *Abrogé par Décr. nº 2010-1141 du 29 sept. 2010, art. 18.*

Art. D. 6152-277 Sont soumis au régime complémentaire de retraite des assurances sociales institué par le décret nº 70-1277 du 23 décembre 1970 portant création d'un régime de retraites complémentaires des assurances sociales en faveur des agents non titulaires de l'État et des établissements publics les praticiens exerçant à temps partiel dans les établissements de santé publics.

(Décr. nº 2010-1141 du 29 sept. 2010, art. 18-6º) « Un décret fixe les éléments de l'assiette des cotisations qui font l'objet d'une limitation. »

SECTION III DISPOSITIONS STATUTAIRES COMMUNES AUX PRATICIENS HOSPITALIERS À TEMPS PLEIN ET AUX PRATICIENS DES HÔPITAUX À TEMPS PARTIEL

SOUS-SECTION 1 CONCOURS NATIONAL

Art. R. 6152-301 *(Décr. nº 2006-1221 du 5 oct. 2006, art. 14)* Chaque année, un concours national de praticien des établissements publics de santé, donnant lieu à établissement d'une liste d'aptitude unique, établie par discipline, par spécialité et par type d'épreuves, peut être organisé. Un arrêté du ministre chargé de la santé fixe, pour chaque session, les disciplines et spécialités ouvertes au concours.

Les candidats ne peuvent se présenter, pour une même session, qu'à un seul type d'épreuves et dans une seule spécialité.

La durée de validité de la liste d'aptitude est fixée à quatre ans à compter de sa date de publication au *Journal officiel* de la République française.

Art. R. 6152-302 *(Décr. nº 2010-1141 du 29 sept. 2010, art. 19)* Tout candidat à ce concours doit remplir les conditions suivantes :

1º Soit remplir les conditions requises pour l'exercice de la profession de médecin, de chirurgien-dentiste ou de pharmacien en application des articles L. 4111-1 et L. 4221-1 et présenter :

a) Soit le diplôme ou certificat de spécialisation de troisième cycle qualifiant permettant l'exercice de la spécialité postulée ;

b) Soit l'équivalence du certificat de spécialisation de troisième cycle qualifiant correspondant à la spécialité postulée délivrée par arrêté du ministre chargé de l'enseignement supérieur ;

c) Soit la qualification ordinale correspondant à la spécialité postulée ;

d) Soit un diplôme, certificat ou autre titre de spécialiste délivré par un des États membres de la Communauté européenne ou partie à l'accord sur l'Espace économique européen ;

2º Soit être autorisé à exercer la profession de médecin, chirurgien-dentiste ou pharmacien, le cas échéant par spécialité, en application des articles L. 4111-2, L. 4131-1-1, L. 4141-3-1, L. 4221-12, L. 4221-14-1, L. 4221-14-2, L. 6213-3, de la première phrase du 1º de l'article L. 6213-2 ou de l'article 60 de la loi nº 99-641 du 27 juillet 1999 portant création d'une couverture maladie universelle.

Dans tous les cas énumérés à l'alinéa précédent, le candidat doit justifier d'une inscription au tableau de l'ordre professionnel.

Lorsqu'il n'existe ni diplôme, ni certificat, ni autre titre correspondant à une des spécialités offertes au concours, un arrêté des ministres chargés de l'enseignement supérieur et de la santé fixe les conditions retenues pour l'inscription dans cette spécialité.

La nature des pièces justificatives à produire par le candidat est fixée par arrêté du ministre chargé de la santé.

Art. R. 6152-303 *(Décr. nº 2006-1221 du 5 oct. 2006, art. 14)* Les épreuves de type I comportent un entretien avec le jury et un examen, sur dossier, des titres, travaux et services rendus.

Elles sont ouvertes à toutes les personnes ayant validé le troisième cycle des études de médecine, de pharmacie ou d'odontologie, qui ont exercé pendant deux ans durant les cinq dernières années des fonctions effectives de médecin, de pharmacien ou d'odontologiste dans une administration, un établissement public ou un organisme à but non lucratif.

Art. R. 6152-304 *(Décr. n° 2006-1221 du 5 oct. 2006, art. 14)* Les épreuves de type II comportent un entretien avec le jury, une épreuve orale de connaissances professionnelles et un examen, sur dossier, des titres, travaux et services rendus.

Elles sont ouvertes à toutes les personnes ne pouvant accéder aux épreuves de type I telles que définies à l'article R. 6152-303.

Art. R. 6152-305 *(Décr. n° 2006-1221 du 5 oct. 2006, art. 14)* Les modalités d'application des articles R. 6152-303 et R. 6152-304 ainsi que les modalités d'organisation des épreuves sont fixées par un arrêté du ministre chargé de la santé.

Art. R. 6152-306 *(Décr. n° 2006-1221 du 5 oct. 2006, art. 14)* Un jury national commun aux deux types d'épreuves est constitué par discipline ou par spécialité. Chaque jury est composé pour moitié :

1° De praticiens hospitaliers régis par les dispositions des sections I et II du présent chapitre comptant au moins quatre ans de services effectifs dans l'une ou l'autre de ces qualités ;

2° De membres du personnel enseignant et hospitalier titulaires régis par le décret n° 84-135 du 24 février 1984 modifié portant statut des personnels enseignants et hospitaliers des centres hospitaliers et universitaires ou par le décret n° 90-92 du 24 janvier 1990 modifié portant statut des personnels enseignants et hospitaliers des centres de soins, d'enseignement et de recherche dentaires des centres hospitaliers et universitaires.

Art. R. 6152-307 *(Décr. n° 2006-1221 du 5 oct. 2006, art. 14)* Les membres du jury sont désignés par tirage au sort et nommés par arrêté du *(Décr. n° 2007-704 du 4 mai 2007, art. 22)* « directeur général du Centre national de gestion des praticiens hospitaliers et des personnels de direction de la fonction publique hospitalière ». Ils ne peuvent siéger deux années consécutives pour un même concours et ne peuvent être membres de la Commission nationale statutaire.

Les modalités de constitution des collèges et de tirage au sort des membres des jurys, par discipline et spécialité, sont fixées par arrêté des ministres chargés de l'enseignement supérieur et de la santé.

Art. R. 6152-308 *(Décr. n° 2006-1221 du 5 oct. 2006, art. 14)* Chaque jury, par spécialité, évalue l'aptitude des candidats aux fonctions de praticien des établissements publics de santé. Il fixe, par type d'épreuves, la note minimale au-dessous de laquelle les candidats ne sont pas admissibles.

Le jury peut, si nécessaire et pour toute épreuve, se constituer en groupe d'examinateurs. Toutefois, afin d'assurer l'égalité des conditions de notation des candidats, le jury opère, s'il y a lieu, la péréquation des notes attribuées par chaque groupe d'examinateurs et procède à la délibération finale.

Il établit la liste d'aptitude par discipline et spécialité, par type d'épreuves et par ordre alphabétique.

Art. R. 6152-309 *Abrogé par Décr. n° 2006-1221 du 5 oct. 2006, art. 14.*

SOUS-SECTION 2 CONSEILS DE DISCIPLINE

§ 1er FONCTIONNEMENT

Art. R. 6152-310 Ne peuvent siéger au conseil de discipline pour une affaire déterminée :

1° Le conjoint du praticien intéressé ou la personne ayant avec ce dernier un lien de parenté ou d'alliance jusqu'au quatrième degré inclus ;

2° L'auteur de la plainte ayant provoqué la saisine du conseil de discipline ;

3° L'auteur de l'enquête dont les conclusions ont motivé la saisine du conseil de discipline ;

4° Le praticien qui fait l'objet de la procédure ;

(Décr. n° 2010-1141 du 29 sept. 2010, art. 20-1°) « 5° Les inspecteurs de l'agence régionale de santé ayant la qualité de médecin ou de pharmacien de la région où exerce le praticien concerné ; »

6° Toute personne exerçant ses fonctions ou investie d'un mandat dans l'établissement où exerce le praticien qui fait l'objet de la procédure.

Art. R. 6152-311 La représentation des praticiens est assurée par les représentants élus de la discipline ou du groupe de discipline dont relève le praticien à l'égard duquel la procédure a été mise en œuvre.

Art. R. 6152-312 La citation de témoins est effectuée par les parties qui doivent en informer le président du conseil de discipline en lui communiquant les noms et qualités des personnes citées.

Art. R. 6152-313 *(Décr. n° 2010-1141 du 29 sept. 2010, art. 20-2°)* « Pour chaque affaire, le président du conseil de discipline choisit un rapporteur soit parmi les membres ou anciens membres de l'inspection générale des affaires sociales, docteurs en médecine n'appartenant pas au conseil de discipline, soit parmi les inspecteurs des agences régionales de santé ayant la qualité de médecin et de pharmacien, exception faite des médecins ou des pharmaciens exerçant dans l'agence régionale de santé de la région de l'établissement où exerce le praticien intéressé. »

Si le praticien intéressé est odontologiste, le rapporteur est choisi par le président du conseil de discipline parmi les personnels titulaires enseignants et hospitaliers des centres de soins, d'enseignement et de recherche dentaires des centres hospitaliers et universitaires.

Les incompatibilités prévues à l'article R. 6152-310 sont applicables pour le choix du rapporteur.

Art. R. 6152-314 Le rapporteur instruit l'affaire par tous les moyens propres à éclairer le conseil de discipline ; il établit un rapport écrit contenant l'exposé des faits et les moyens des parties et le transmet au président du conseil de discipline.

Si le rapporteur s'est appuyé sur des éléments nouveaux pour instruire l'affaire, le président doit ordonner la communication des pièces utilisées et reporter la date de la réunion du conseil de discipline afin que le praticien dispose d'un délai supplémentaire, dont la durée est fixée par le président pour préparer une défense.

Le rapporteur assiste avec voix consultative à la séance du conseil de discipline devant lequel il donne lecture de son rapport en présence du praticien intéressé et, le cas échéant, du défenseur qui l'assiste. Il peut fournir toutes observations complémentaires.

Art. R. 6152-315 Le conseil ne peut valablement délibérer que si au moins deux tiers de ses membres, dont le président ou son suppléant, sont présents.

Le vote a lieu à bulletin secret.

Si plusieurs peines disciplinaires sont envisagées au cours de la délibération, la peine la plus forte est mise aux voix la première. Une peine ne peut être retenue qu'à la majorité absolue des membres présents.

En cas de partage égal des voix, il est procédé à une nouvelle délibération et à un deuxième tour de scrutin. Si, au deuxième tour, le partage égal des voix est maintenu, la sanction n'est pas retenue et le président met aux voix une peine moins grave.

Art. R. 6152-316 L'avis du conseil de discipline doit être motivé et mentionner le nom des membres ayant participé à la délibération. Il est signé et daté par le président.

(Décr. n° 2010-1141 du 29 sept. 2010, art. 20-3°) « L'avis du conseil de discipline est transmis dans un délai de quinze jours au directeur général du Centre national de gestion, accompagné des observations formulées avant la saisine du conseil par le directeur général de l'agence régionale de santé et la commission médicale de l'établissement où exerce le praticien. »

Art. R. 6152-317 Le secrétariat du conseil de discipline est assuré par *(Décr. n° 2007-704 du 4 mai 2007, art. 22)* « le Centre national de gestion ».

Les membres du conseil de discipline et le personnel *(Décr. n° 2007-704 du 4 mai 2007, art. 22)* « du Centre national de gestion » qui en assure le secrétariat sont soumis au secret professionnel défini aux articles 226-13 et 226-14 du code pénal pour tous les faits et documents dont ils ont connaissance en leur qualité.

§ 2 COMPOSITION

Art. R. 6152-318 *(Décr. n° 2010-1141 du 29 sept. 2010, art. 20-4°)* Le conseil de discipline comprend :

1° Un président et un président suppléant, conseillers d'État, nommés par le ministre chargé de la santé sur proposition du vice-président du Conseil d'État ;

2° Le directeur général de la santé ou un médecin le représentant ;

3° Le directeur général de l'offre de soins ou son représentant ;

4° Un membre titulaire et un membre suppléant, nommés par le ministre chargé de la santé parmi les membres de l'inspection générale des affaires sociales, en activité ou honoraires, docteurs en médecine ou en pharmacie, sur proposition du chef de l'inspection générale des affaires sociales ;

5° Un membre titulaire et un membre suppléant, nommés par le ministre chargé de la santé parmi les inspecteurs ayant la qualité de médecin ou de pharmacien exerçant au sein des agences régionales de santé ;

6° Un membre titulaire et un membre suppléant directeur d'un établissement public de santé, désignés par le ministre chargé de la santé sur une liste de six noms proposés par la Fédération hospitalière de France ;

7° Un membre titulaire et un membre suppléant, nommés par le ministre chargé de la santé parmi les personnels enseignants et hospitaliers titulaires mentionnés au 1° de l'article 1er du décret n° 84-135 du 24 février 1984 portant statut des personnels enseignants et hospitaliers des centres hospitaliers et universitaires, pour chacune des sections énumérées au 8° ;

8° Six représentants titulaires et suppléants, élus par le collège des praticiens à temps plein et des praticiens à temps partiel pour chacune des sections suivantes :

a) Médecine et spécialités médicales ;

b) Psychiatrie ;

c) Chirurgie, spécialités chirurgicales et odontologie ;

d) Radiologie ;

e) Biologie ;

f) Anesthésie-réanimation ;

g) Pharmacie.

Pour chacune de ces sections, il est constitué un collège unique des praticiens hospitaliers à temps plein et des praticiens des hôpitaux à temps partiel.

Les membres du conseil de discipline sont nommés par arrêté du ministre chargé de la santé publié sur le site internet du Centre national de gestion. L'arrêté fixe la date d'effet du mandat des membres élus de la commission.

Art. R. 6152-319 *(Décr. n° 2010-1141 du 29 sept. 2010, art. 20-5°)* La durée du mandat des membres du conseil de discipline est fixée pour cinq ans. Elle peut être prorogée dans la limite de la même durée.

Art. R. 6152-320 Les élections ont lieu au scrutin de liste proportionnel avec répartition des restes selon les règles de la plus forte moyenne.

Art. R. 6152-321 *(Décr. n° 2010-1141 du 29 sept. 2010, art. 20-6°)* Sont électeurs, par section, au titre de chaque conseil de discipline, pour le collège des praticiens hospitaliers à temps plein et des praticiens des hôpitaux à temps partiel, les praticiens nommés à titre permanent. Les électeurs doivent être en position d'activité ou de détachement.

Art. R. 6152-322 *(Décr. n° 2010-1141 du 29 sept. 2010, art. 20-7°)* Sont éligibles au titre du conseil de discipline les praticiens remplissant les conditions pour être inscrits sur la liste électorale de cette commission.

Tous les électeurs sont éligibles sous réserve qu'aucune sanction disciplinaire énoncée *aux 4° et 5° des articles* R. 6152-74 et R. 6152-249 ne figure à leur dossier et qu'ils ne soient ni en congé de longue durée, ni en congé parental.

Les modalités d'organisation des élections sont déterminées par arrêté du ministre chargé de la santé.

Art. R. 6152-323 Cesse de plein droit d'appartenir au conseil de discipline au sein duquel il a été élu, le membre qui, en cours de mandat :

1° Est placé en position de disponibilité ou en congé de longue durée ;

2° Fait l'objet d'une sanction disciplinaire *(Décr. n° 2010-1141 du 29 sept. 2010, art. 20-8°)* « inscrite à son dossier, énoncée aux 4°, 5° et 6° des articles R. 6152-74 et R. 6152-249 » ;

3° N'exerce plus les fonctions de praticien au titre desquelles il a été élu ;

(Décr. n° 2010-1141 du 29 sept. 2010, art. 20-8°) « 4° Est admis à bénéficier d'un congé parental. »

Lorsque, avant l'expiration de son mandat, l'un des représentants titulaires se trouve dans l'impossibilité d'accomplir son mandat pour l'un des motifs énumérés ci-dessus, son suppléant est nommé titulaire à sa place jusqu'au renouvellement du conseil de discipline.

Le suppléant nommé titulaire est alors remplacé par le candidat non élu de la même liste qui avait obtenu le plus grand nombre de voix après lui.

Lorsqu'une liste se trouve dans l'impossibilité de pourvoir dans les conditions prévues *(Décr. n° 2010-1141 du 29 sept. 2010, art. 20-8°)* « ci-dessus » aux sièges de membre titulaire auxquels elle a droit plus de six mois avant l'échéance du renouvellement, il est procédé, pour la discipline et le collège considérés, à une élection de l'ensemble des représentants, titulaires et suppléants, pour le temps du mandat restant à accomplir.

SOUS-SECTION 3 COMMISSION STATUTAIRE NATIONALE *(Décr. n° 2010-1141 du 29 sept. 2010, art. 21-1°).*

§ 1er COMPOSITION

(Décr. n° 2010-1141 du 29 sept. 2010, art. 21-2°)

Art. R. 6152-324 La commission statutaire nationale, présidée par le chef de l'inspection générale des affaires sociales ou son représentant, membre de l'inspection générale ayant rang d'inspecteur général, comprend en nombre égal :

1° Six membres représentants de l'administration, désignés par le ministre chargé de la santé, dont la moitié au moins ayant la qualité de médecin ou de pharmacien :

a) Le directeur général de l'offre de soins ou son représentant ;

b) Dans toutes les sections, un inspecteur ayant la qualité de médecin et un inspecteur ayant la qualité de pharmacien exerçant dans les agences régionales de santé, figurant sur une liste fixée par arrêté du ministre chargé de la santé ;

c) Pour les sections médicales, un inspecteur ayant la qualité de médecin, ou, pour la section pharmacie, de pharmacien exerçant dans les agences régionales de santé, figurant sur une liste fixée par arrêté du ministre chargé de la santé ;

d) Un membre de l'inspection générale des affaires sociales, choisi par le directeur général du Centre national de gestion parmi six membres de l'inspection générale des affaires sociales figurant sur une liste fixée par arrêté du ministre chargé de la santé, ou un conseiller général des établissements de santé, désigné dans les mêmes conditions ;

e) Un directeur ou un membre d'un conseil de surveillance d'un établissement public de santé, choisi par le directeur général du Centre national de gestion parmi des personnes proposées par la Fédération hospitalière de France et figurant sur une liste fixée par arrêté du ministre chargé de la santé ;

2° Six membres, élus par collège, pour chaque section, au scrutin de liste proportionnel avec répartition des restes à la plus forte moyenne.

La commission statutaire nationale comprend deux collèges :

a) Le collège des praticiens hospitaliers à temps plein et des praticiens des hôpitaux à temps partiel ;

b) Le collège des personnels enseignants et hospitaliers titulaires.

Lorsque la commission est appelée à se prononcer sur la situation des praticiens hospitaliers à temps plein et des praticiens des hôpitaux à temps partiel, elle comprend, outre les membres mentionnés au 1°, le collège des praticiens hospitaliers à temps plein et des praticiens des hôpitaux à temps partiel.

Lorsqu'elle est appelée à se prononcer sur la situation des praticiens hospitaliers à temps plein et des praticiens des hôpitaux à temps partiel exerçant dans les centres hospitaliers universitaires, la commission comprend également des représentants des personnels enseignants et hospitaliers titulaires.

Chaque collège mentionné aux *a* et *b* élit six représentants titulaires et six représentants suppléants pour chacune des sections suivantes :

1° Médecine et spécialités médicales ;
2° Chirurgie, spécialités chirurgicales et odontologie ;
3° Anesthésie-réanimation ;
4° Radiologie ;
5° Biologie ;
6° Psychiatrie ;
7° Pharmacie.

La durée du mandat des membres de la présente commission est fixée pour cinq ans. Elle peut être prorogée dans la limite de la même durée.

Les modalités d'organisation des élections sont fixées par arrêté des ministres chargés de la santé et de l'enseignement supérieur.

Art. R. 6152-324-1 Les membres de la commission statutaire nationale sont nommés par arrêté du ministre chargé de la santé, publié sur le site internet du Centre national de gestion. L'arrêté fixe la date d'effet du mandat des membres de la commission.

Art. R. 6152-324-2 Sont électeurs, par section, au titre de chaque commission statutaire nationale, pour le collège des praticiens hospitaliers à temps plein et des praticiens des hôpitaux à temps partiel et pour le collège des personnels enseignants et hospitaliers titulaires, les praticiens nommés à titre permanent. Les électeurs doivent être en activité ou en position de détachement.

Art. R. 6152-324-3 Sont éligibles au titre d'une commission statutaire nationale les praticiens remplissant les conditions pour être inscrits sur la liste électorale de cette commission.

Tous les électeurs sont éligibles sous réserve qu'aucune sanction disciplinaire énoncée aux 4° et 5° des articles R. 6152-74 et R. 6152-249 du code de la santé publique ne figure à leur dossier et qu'ils ne soient pas en congé longue durée ni en congé parental.

§ 2 FONCTIONNEMENT

(Décr. n° 2010-1141 du 29 sept. 2010, art. 21-3°)

Art. R. 6152-324-4 Cesse de plein droit d'appartenir à la commission au sein de laquelle il a été élu le praticien qui, en cours de mandat :

1° Est placé en position de disponibilité ou en congé de longue durée ;

2° Fait l'objet d'une sanction disciplinaire, inscrite à son dossier, énoncée aux 4°, 5° et 6° des articles R. 6152-74 et R. 6152-249 du code de la santé publique ;

3° N'exerce plus les fonctions de praticien au titre desquelles il a été élu ;

4° Est admis à bénéficier d'un congé parental.

Lorsque, avant l'expiration de son mandat, l'un des représentants titulaires se trouve dans l'impossibilité d'accomplir son mandat pour l'un des motifs énumérés ci-dessus, un suppléant pris dans l'ordre de désignation est nommé titulaire à sa place jusqu'au renouvellement de la commission statutaire nationale.

Le suppléant nommé titulaire est alors remplacé par un candidat non élu de la même liste qui avait obtenu le plus grand nombre de voix après lui.

Lorsqu'une liste se trouve dans l'impossibilité de pourvoir, dans les conditions prévues ci-dessus, aux sièges de membres titulaires auxquels elle a droit plus de six mois avant l'échéance du renouvellement, il est procédé, pour la section et le collège considérés, à une élection de l'ensemble des représentants, titulaires et suppléants, pour le temps du mandat restant à accomplir.

Art. R. 6152-324-5 La commission statutaire nationale se réunit sur convocation du *directeur général* du Centre national de gestion.

Art. R. 6152-324-6 Le secrétariat de la commission statutaire nationale est assuré par le Centre national de gestion.

Les membres de la commission statutaire nationale et le personnel qui en assure le secrétariat sont soumis au secret professionnel pour tous les faits et documents dont ils ont connaissance en leur qualité.

Art. R. 6152-324-7 Les membres titulaires ou suppléants dont le dossier est soumis à l'avis de la commission ne peuvent prendre part aux délibérations sur l'ensemble du point de l'ordre du jour qui les concerne.

Art. R. 6152-324-8 Communication doit être donnée aux membres de la commission statutaire nationale des pièces et documents nécessaires à l'accomplissement de leur mission.

Art. R. 6152-324-9 La commission statutaire nationale ne délibère valablement que si au moins la moitié de ses membres, plus le président ou son suppléant, sont présents.

Art. R. 6152-324-10 La commission statutaire nationale émet ses avis à la majorité des membres présents.

S'il est procédé à un vote, celui-ci a lieu à main levée. En cas de partage égal des voix, le président de la commission dispose d'une voix prépondérante, sauf dans l'hypothèse du vote à bulletin secret.

A la demande de l'un des membres de la commission, le vote a lieu à bulletin secret. Si le vote a lieu à bulletin secret, en cas de partage égal des voix, l'avis est réputé donné.

Art. R. 6152-324-11 Le président désigne des rapporteurs en dehors de la commission ; les rapporteurs désignés n'ont pas voix délibérative.

Art. R. 6152-324-12 Les membres de la commission statutaire nationale ne perçoivent aucune indemnité du fait de leurs fonctions. Des frais de déplacement et de séjour leur sont attribués dans les conditions fixées pour les fonctionnaires.

§ 3 INSUFFISANCE PROFESSIONNELLE

(Décr. n° 2010-1141 du 29 sept. 2010, art. 21-4°)

Art. R. 6152-324-13 Lorsque la commission statutaire nationale *(Décr. n° 2006-1221 du 5 oct. 2006, art. 6-XI)* « prévue à l'article R. 6152-324 » est appelée à donner un avis sur l'insuffisance professionnelle d'un praticien dans les conditions fixées à l'article R. 6152-80 *(Décr. n° 2010-1141 du 29 sept. 2010, art. 7-4°)* « ou R. 6152-255 », elle siège dans la composition suivante :

1° Le président ou son suppléant ;

2° Les membres représentant l'administration ;

3° Les membres élus représentant les praticiens hospitaliers de la *(Décr. n° 2010-1141 du 29 sept. 2010, art. 7-4°)* « section » dans laquelle exerce le praticien faisant l'objet de la procédure.

Art. R. 6152-324-14 Ne peuvent siéger à la commission :

1° Le conjoint du praticien intéressé ou la personne ayant avec ce dernier un lien de parenté ou d'alliance jusqu'au quatrième degré inclus ;

2° Toute personne qui est à l'origine de la procédure ;

3° L'auteur de l'enquête dont les conclusions ont motivé la saisine de la commission ;

4° Le praticien qui fait l'objet de la procédure ;

(Décr. n° 2010-1141 du 29 sept. 2010, art. 7-5°) « 5° Les médecins et les pharmaciens exerçant dans l'agence régionale de santé de la région où exerce le praticien concerné ; »

6° Toute personne exerçant ses fonctions ou investie d'un mandat dans l'établissement où exerce le praticien qui fait l'objet de la procédure.

Art. R. 6152-324-15 La commission ne peut valablement délibérer que si au moins deux tiers de ses membres dont le président ou son suppléant sont présents.

Art. R. 6152-324-16 Le praticien dont le cas est soumis à la commission est informé de cette saisine par lettre recommandée avec demande d'avis de réception et invité à prendre connaissance des pièces de son dossier, et notamment de celles sur lesquelles est fondée l'imputation d'insuffisance professionnelle.

Il peut présenter devant la commission des observations écrites *(Décr. n° 2010-1141 du 29 sept. 2010, art. 7-6°)* « et » orales.

Les témoins sont cités directement *(Décr. n° 2010-1141 du 29 sept. 2010, art. 7-6°)* « soit par l'administration, soit par le praticien concerné », qui doivent porter leurs noms et qualités à la connaissance du président. Il en est de même pour les experts.

Art. R. 6152-324-17 Les rapports des experts établis au cours de la procédure sont transmis au président de la commission, qui les communique aux membres et au praticien concerné au moins un mois avant la date à laquelle siégera la commission. *(Décr. n° 2010-1141 du 29 sept. 2010, art. 7-7°)* « Les experts peuvent être entendus par la commission. »

Art. R. 6152-324-18 *(Décr. n° 2010-1141 du 29 sept. 2010, art. 7-8°)* « Pour chaque affaire, le président de la commission choisit un rapporteur soit parmi les membres de l'inspection générale des affaires sociales qui sont médecins, soit parmi les inspecteurs des agences régionales de santé ayant la qualité de médecin ou de pharmacien, à l'exception des inspecteurs ayant la qualité de médecin ou de pharmacien exerçant dans l'agence régionale de santé de la région de l'établissement où exerce le praticien intéressé. »

Si le praticien en cause est odontologiste, le rapporteur est désigné par le président de la commission d'insuffisance professionnelle parmi les personnels titulaires enseignants et hospitaliers des centres de soins, d'enseignement et de recherche dentaires des centres hospitaliers universitaires.

Les incompatibilités prévues à l'article *(Décr. n° 2010-1141 du 29 sept. 2010, art. 7-8°)* « R. 6152-324-11 » sont applicables pour le choix du rapporteur.

Le secrétariat est assuré par *(Décr. n° 2007-704 du 4 mai 2007, art. 22)* « le Centre national de gestion ».

Art. R. 6152-324-19 Le rapporteur instruit l'affaire par tous les moyens propres à éclairer la commission ; il établit un rapport écrit contenant l'exposé des faits et les moyens des parties et le transmet au président de la commission.

Si un expert ou le rapporteur s'est appuyé sur des éléments nouveaux, le président doit ordonner la communication des pièces utilisées et reporter la date de la commission afin que le praticien dispose d'un délai de quinze jours pour présenter ses observations.

Lors de la séance, le rapporteur donne lecture de son rapport en présence du praticien intéressé ou de son représentant, et, le cas échéant, du défenseur qui l'assiste. Il peut fournir toutes observations complémentaires.

Art. R. 6152-324-20 La commission entend toute personne qu'elle estime devoir convoquer.

Si elle ne se juge pas suffisamment éclairée, la commission peut ordonner un supplément d'information. Dans ce cas l'avis prévu par l'article *(Décr. n° 2010-1141 du 29 sept. 2010, art. 7-9°)* « R. 6152-324-22 » est donné après dépôt d'un nouveau rapport et communication au praticien intéressé des nouveaux éléments d'information soumis à la commission.

Le praticien dispose alors d'un délai supplémentaire, dont la durée est fixée par le président, pour préparer de nouvelles observations.

(Décr. n° 2010-1141 du 29 sept. 2010, art. 7-9°) « Il est dressé un procès-verbal des auditions auxquelles a procédé la commission. »

Art. R. 6152-324-21 Les délibérations ne sont pas publiques et les votes sont émis à bulletin secret.

Dans un premier temps, les membres de la commission se prononcent sur le licenciement du praticien qui fait l'objet de la procédure.

Cette mesure ne peut être acquise qu'à la majorité absolue des membres présents. En cas de partage égal des voix, il est procédé à un deuxième tour.

Si au deuxième tour cette mesure ne recueille pas la majorité absolue des membres présents, la commission est appelée à se prononcer sur le principe *(Décr. n° 2010-1141 du 29 sept. 2010, art. 7-10°)* « d'une mesure de reconversion professionnelle », au premier tour à la majorité absolue des membres présents puis, au deuxième tour, à la majorité des suffrages exprimés.

La commission se prononce dans les mêmes conditions sur les modalités de cette *(Décr. nº 2010-1141 du 29 sept. 2010, art. 7-10º)* « mesure de reconversion professionnelle ».

Art. R. 6152-324-22 L'avis motivé émis par la commission est transmis dans un délai de quinze jours au *(Décr. nº 2007-704 du 4 mai 2007, art. 22)* « directeur général du Centre national de gestion » pour décision.

Art. R. 6152-324-23 Les membres de la commission d'insuffisance professionnelle et le personnel *(Décr. nº 2007-704 du 4 mai 2007, art. 22)* « du Centre national de gestion » qui en assure le secrétariat sont soumis au secret professionnel pour tous les faits et documents dont ils ont connaissance en leur qualité au cours de l'examen de l'affaire.

SOUS-SECTION 4 COMMISSIONS RÉGIONALES PARITAIRES *(Décr. nº 2010-1141 du 29 sept. 2010, art. 22-1º).*

Art. R. 6152-325 *(Décr. nº 2013-843 du 20 sept. 2013, art. 1er-I)* La commission régionale paritaire placée auprès de chaque directeur général d'agence régionale de santé comprend vingt-quatre membres, dont douze représentants des personnels médicaux, odontologiques et pharmaceutiques des établissements publics de santé, exerçant dans le ressort de l'agence, désignés de la manière suivante :

1º Dix représentants des praticiens hospitaliers et des personnels enseignants et hospitaliers désignés par les organisations syndicales les plus représentatives de ces praticiens et personnels au plan national, en fonction de leur représentativité ;

2º Un représentant des chefs de clinique des universités-assistants des hôpitaux et des assistants des hôpitaux désigné par l'organisation syndicale la plus représentative de ces personnels au plan national ;

3º Un représentant des internes, désigné par le directeur général de l'agence régionale de santé sur proposition des internes siégeant au sein des conseils des unités de formation et de recherche liées par convention aux établissements publics de santé ;

4º Quatre représentants des directeurs d'établissements publics de santé, désignés par l'organisation la plus représentative de ces établissements ;

5º Quatre représentants des présidents de commission médicale d'établissement des établissements publics de santé, désignés par l'organisation la plus représentative de ces établissements ;

6º Quatre représentants de l'agence régionale de santé, dont le directeur général.

La commission régionale paritaire est présidée par le directeur général d'agence régionale de santé, qui a voix prépondérante en cas de partage égal des voix.

Les modalités de désignation des membres et les modalités de fonctionnement de la commission régionale paritaire sont fixées par arrêté du ministre chargé de la santé.

Art. R. 6152-326 *(Décr. nº 2013-843 du 20 sept. 2013, art. 1er-II)* La commission régionale paritaire est consultée par le directeur général de l'agence régionale de santé sur :

1º L'organisation de la permanence et de la continuité des soins ainsi que de la permanence pharmaceutique dans les établissements publics de santé et l'évaluation de cette organisation ;

2º Le suivi des emplois médicaux, et en particulier leur adaptation aux besoins de santé et de l'activité hospitalière. La commission régionale paritaire est destinataire d'un bilan annuel des postes de praticien dont la vacance a été publiée ainsi que des opérations de restructuration ou de coopération et de leurs incidences sur les emplois de praticiens et la situation des praticiens concernés ;

3º La gestion prévisionnelle des métiers et des compétences des personnels médicaux ;

4º Les actions d'amélioration de l'attractivité de l'exercice des professions médicales dans les établissements publics de santé ;

5º Les demandes de dépassement du plafond de progression annuelle du compte épargne-temps des praticiens prévues à l'article R. 6152-807-4 ;

6º Le bilan régional de la réalisation du temps de travail additionnel des praticiens prévu à l'article R. 6152-27 ;

7° L'élaboration et la diffusion de bonnes pratiques relatives :

a) A la santé au travail et à la prévention des risques professionnels, notamment psychosociaux, des personnels médicaux ;

b) A la gestion du temps de travail des personnels médicaux ;

c) Au dialogue social, à la qualité de l'exercice médical et à la gestion des personnels médicaux ;

8° Le suivi des praticiens mentionnés au 3° de l'article L. 6152-1.

La commission peut se voir confier, à la demande du Centre national de gestion mentionné à l'article 116 de la loi n° 86-33 du 9 janvier 1986 portant dispositions statutaires relatives à la fonction publique hospitalière ou à la demande du directeur général de l'agence régionale de santé, une action de conciliation en matière de gestion des praticiens ou de prévention des conflits.

SOUS-SECTION 5 COMITÉ CONSULTATIF NATIONAL PARITAIRE *(Décr. n° 2010-1141 du 29 sept. 2010, art. 22-4°).*

Art. R. 6152-327 *(Décr. n° 2006-1221 du 5 oct. 2006, art. 15-III)* Un comité consultatif national paritaire est institué auprès du ministre chargé de la santé.

Ce comité, présidé par un représentant du ministre chargé de la santé, est composé de douze membres titulaires représentant l'administration et de douze membres représentant les praticiens hospitaliers temps plein et les praticiens des hôpitaux à temps partiel désignés par les organisations syndicales représentatives au plan national.

Des membres suppléants sont désignés en nombre égal à celui des membres titulaires et dans les mêmes conditions.

Le comité est consulté par le ministre chargé de la santé sur les questions générales relatives aux praticiens intéressés et notamment celles touchant à leurs conditions de travail et à leur situation, à l'exclusion des dispositions statutaires.

Il peut saisir sur ces questions une ou plusieurs commissions visées à l'article R. 6125-325, dès lors que ces questions relèvent de leurs attributions.

Les modalités d'organisation et de fonctionnement du comité consultatif national paritaire sont fixées par arrêté du ministre chargé de la santé.

SOUS-SECTION 6 LIMITE D'ÂGE ET PROLONGATION D'ACTIVITÉ

(Décr. n° 2016-1426 du 21 oct. 2016, art. 3)

Art. R. 6152-328 Sous réserve des droits au recul de limite d'âge qui leur sont applicables au titre des dispositions de l'article 46 de la loi n° 87-588 du 30 juillet 1987 portant diverses mesures d'ordre social, la limite d'âge des praticiens régis par les dispositions des sections I et II du présent chapitre est fixée à soixante-sept ans pour les praticiens nés à compter du 1er janvier 1955.

A titre transitoire, la limite d'âge applicable à ces praticiens est fixée à :

1° 65 ans pour ceux nés avant le 1er juillet 1951 ;

2° 65 ans et 4 mois pour ceux nés entre le 1er juillet 1951 et le 31 décembre 1951 ;

3° 65 ans et 9 mois pour ceux nés en 1952 ;

4° 66 ans et 2 mois pour ceux nés en 1953 ;

5° 66 ans et 7 mois pour ceux nés en 1954.

Art. R. 6152-329 Les praticiens hospitaliers régis par les sections I et II qui souhaitent bénéficier d'une prolongation d'activité doivent en faire la demande auprès du directeur général du Centre national de gestion et concomitamment auprès du directeur de l'établissement, six mois au moins avant la date à laquelle ils atteindront la limite d'âge. La demande précise l'établissement dans lequel ils souhaitent poursuivre leur activité.

La prolongation est accordée par périodes de six mois ou *[d']*un an sous réserve d'aptitude physique et mentale attestée par un certificat délivré par un médecin agréé.

Le directeur de l'établissement désigné dans la demande transmet sans délai celle-ci au président de la commission médicale d'établissement et au chef de pôle ou, à défaut, au responsable de la structure interne, pour recueillir leur avis motivé. A défaut de réponse dans le délai indiqué, ces avis sont réputés rendus.

Le directeur de l'établissement transmet au directeur général du Centre national de gestion, quatre mois au moins avant la date à laquelle la limite d'âge sera atteinte, son avis motivé ainsi que les avis et le certificat médical mentionnés aux deuxième et troisième alinéas.

Si la prolongation d'activité est accordée, le praticien est maintenu dans l'emploi qu'il occupait au moment de la demande.

Lorsque la prolongation est accordée dans un autre établissement que l'établissement d'affectation, celle-ci ne peut porter que sur un poste resté vacant à l'issue du dernier tour de recrutement.

Dans tous les cas, le directeur général du Centre national de gestion notifie sa décision au praticien trois mois au moins avant la date à laquelle ce dernier atteindra la limite d'âge.

Art. R. 6152-330 La prolongation d'activité est renouvelée par tacite reconduction, sous réserve de la production par l'intéressé d'un certificat médical d'aptitude physique et mentale établi par un médecin agréé. Ce certificat est adressé au directeur général du Centre national de gestion et concomitamment au directeur de l'établissement d'affectation, au moins trois mois avant l'échéance de la période de prolongation en cours.

Art. R. 6152-331 Le praticien informe le directeur général du Centre national de gestion ainsi que le directeur de l'établissement dans lequel il est nommé de son intention de ne plus prolonger son activité à l'issue de la période en cours, au moins trois mois avant l'échéance de celle-ci.

Art. R. 6152-332 En cas de non-renouvellement qui n'est pas à l'initiative du praticien, la décision est prise après avis motivé du chef de pôle ou, à défaut, du responsable de la structure interne d'affectation du praticien et du président de la commission médicale d'établissement.

Le directeur de l'établissement transmet ces avis au directeur général du Centre national de gestion, ainsi que son avis motivé, trois mois au moins avant l'échéance de la période en cours.

Le directeur général du Centre national de gestion notifie sa décision au praticien, par lettre recommandée avec avis de réception ou par lettre remise en main propre contre décharge, deux mois au moins avant l'échéance de la période en cours.

Art. R. 6152-333 Les dispositions du premier alinéa de l'article R. 6152-813 s'appliquent au praticien titulaire d'un compte épargne-temps qui demande une prolongation d'activité, pour la totalité des jours inscrits.

Au cas où le renouvellement de la prolongation d'activité n'est pas accordé par le Centre national de gestion, il est fait application, pour les jours inscrits sur le compte et qui n'ont pu être soldés, des dispositions du second alinéa de l'article R. 6152-813.

SECTION IV STATUT DES PRATICIENS CONTRACTUELS

SOUS-SECTION 1 RECRUTEMENT

Art. R. 6152-401 Les établissements publics de santé, en application des dispositions *(Décr. n° 2006-717 du 19 juin 2006, art. 4-I)* « du 2° de l'article L. 6152-1 », et les établissements publics mentionnés au I de l'article L. 313-12 du code de l'action sociale et des familles peuvent recruter des médecins, des pharmaciens et des odontologistes en qualité de praticiens contractuels à temps plein ou de praticiens contractuels à temps partiel.

(Décr. n° 2010-1137 du 29 sept. 2010, art. 2) « Ne sont pas applicables aux praticiens exerçant leurs fonctions dans les établissements mentionnés au I de l'article L. 313-12 du code de l'action sociale et des familles les dispositions qui prescrivent la consultation de la commission médicale d'établissement ou de son président ainsi que celles qui prévoient la proposition ou l'avis du chef de pôle ou à défaut du responsable de service, de l'unité fonctionnelle ou de toute autre structure interne. Pour ces praticiens, seul l'avis du directeur d'établissement est requis. »

Art. R. 6152-402 Les praticiens contractuels mentionnés à l'article R. 6152-401 ne peuvent être recrutés que dans les cas et conditions suivants :

1° Pour exercer des fonctions temporaires en vue de faire face à un surcroît occasionnel d'activité de l'établissement public de santé. La durée d'engagement ne peut excéder six mois par période de douze mois ;

2° Pour assurer, en cas de nécessité de service, le remplacement de praticiens hospitaliers à temps plein ou à temps partiel, lors de leurs absences ou congés statutaires et dont le remplacement ne peut être assuré dans les conditions prévues par leurs statuts. Le contrat peut être conclu pour une période maximale de six mois renouvelable dans la limite d'une durée totale d'engagement d'un an ;

3° *Abrogé par Décr. n° 2010-1137 du 29 sept. 2010, art. 3.*

4° Pour occuper, en cas de nécessité de service et lorsqu'il s'avère impossible d'opérer un tel recrutement en application des dispositions statutaires en vigueur, un poste de praticien à temps plein ou à temps partiel resté vacant à l'issue de chaque procédure statutaire de recrutement. Le contrat peut être conclu pour une période maximale de six mois renouvelable dans la limite d'une durée totale d'engagement de deux ans ;

5° Pour exercer des fonctions temporaires liées à des activités nouvelles ou en voie d'évolution nécessitant des connaissances hautement spécialisées. Le contrat peut être conclu par périodes maximales de six mois renouvelables dans la limite d'une durée totale d'engagement de deux ans ;

(Décr. n° 2010-1137 du 29 sept. 2010, art. 3) « Un même praticien ne peut bénéficier, au sein du même établissement, de recrutements successifs en qualité de praticien contractuel au titre d'un ou de plusieurs des alinéas ci-dessus que pour une durée maximale de trois ans. »

Art. R. 6152-403 *(Décr. n° 2010-1137 du 29 sept. 2010, art. 4)* Les praticiens contractuels mentionnés à l'article R. 6152-401 peuvent également être recrutés pour assurer certaines missions spécifiques, temporaires ou non, nécessitant une technicité et une responsabilité particulières et dont la liste est définie par arrêté des ministres chargés du budget et de la santé. Le contrat peut être conclu pour une période maximale de trois ans, renouvelable par reconduction expresse. La durée des contrats conclus successivement ne peut excéder six ans. Si, à l'issue de la période de reconduction, le contrat du praticien est renouvelé sur le même emploi dans le même établissement, il ne peut l'être que par décision expresse et pour une durée indéterminée.

Art. R. 6152-404 Le recrutement d'un praticien contractuel doit être compatible avec le projet médical de l'établissement.

(Décr. n° 2017-326 du 14 mars 2017, art. 9) « Les praticiens contractuels recrutés dans un établissement peuvent exercer leurs fonctions dans plusieurs établissements mentionnés à l'article R. 6152-1. L'activité des praticiens contractuels à temps plein peut être répartie entre un établissement public de santé et un établissement de santé privé habilité à assurer le service public hospitalier.

« Les praticiens contractuels peuvent exercer leur activité dans plusieurs établissements, au sein des groupements hospitaliers de territoire mentionnés à l'article L. 6132-1 ou pour favoriser le développement de la mise en réseau d'établissements de santé mentionnés à l'article 2 du titre IV du statut général des fonctionnaires et les actions de coopération mentionnées à l'article L. 6134-1.

« Avec l'accord du praticien concerné, après avis motivé du chef de pôle ou, à défaut, du chef de service, du responsable de l'unité fonctionnelle ou d'une autre structure interne, et du président de la commission médicale d'établissement, une convention est passée à cet effet entre les établissements. Elle détermine les modalités de répartition de l'activité des praticiens entre ces établissements ainsi que la fraction des émoluments et indemnités prévus aux articles R. 6152-416 et D. 6152-417 ainsi que des charges annexes qui est supportée par chacun d'entre eux.

« Un arrêté du ministre chargé de la santé précise les conditions d'application du présent article. »

Art. R. 6152-404-1 *(Décr. n° 2017-326 du 14 mars 2017, art. 10)* Une convention d'engagement de carrière hospitalière peut être conclue, sur proposition du chef de pôle ou, à défaut, du chef de service, du responsable de l'unité fonctionnelle ou d'une autre structure interne, et après avis du président de la commission médicale d'établissement, entre le directeur d'un établissement public de santé et un praticien contractuel si ce dernier est recruté sur un poste dans une spécialité pour laquelle l'offre de soins est ou risque d'être insuffisante dans l'établissement au sein duquel il exerce ou correspondant à un diplôme d'études spécialisées présentant des difficultés importantes de recrutement dans les établissements publics de santé.

Cette convention prévoit :

1° L'engagement de l'établissement à proposer au praticien un emploi à temps plein sous statut de personnel médical hospitalier jusqu'à sa nomination en période probatoire dans la spécialité concernée sur un poste correspondant aux fonctions pour lesquelles il a été recruté ;

2° L'engagement du praticien à se présenter, dès lors qu'il remplit les conditions requises, à chaque session du concours national de praticien des établissements publics de santé jusqu'à sa réussite et à se porter candidat, dès son inscription sur la liste d'aptitude mentionnée à l'article R. 6152-308, à un poste de praticien hospitalier dans l'établissement avec lequel il a conclu une convention, correspondant aux fonctions pour lesquelles il a été recruté ; le praticien s'engage également à accomplir trois ans de services effectifs en tant que praticien hospitalier en cas de réussite au concours ;

3° Le versement au praticien, pendant toute la durée de la convention jusqu'à sa nomination en tant que praticien hospitalier en période probatoire, d'émoluments mensuels au moins équivalents à ceux qu'il perçoit à la date d'effet de la convention.

La convention prend fin de plein droit à l'issue des trois années de services effectifs en tant que praticien hospitalier. Si le praticien quitte l'établissement avant ce terme pour être recruté par un autre établissement public de santé, la convention peut être reprise par cet établissement selon les modalités et dans les conditions définies au premier alinéa.

La convention prend également fin de plein droit après trois échecs au concours national de praticien des établissements publics de santé. Elle peut être résiliée par le praticien si, un an après son inscription sur la liste d'aptitude mentionnée à l'article R. 6152-308, le directeur de l'établissement ne lui a pas proposé, dans les conditions prévues par la convention un poste de praticien hospitalier ou s'il ne respecte pas l'engagement pris en matière de garantie d'émoluments au 3° ci-dessus. Elle est résiliée par le directeur de l'établissement pour des motifs d'insuffisance professionnelle ou disciplinaires qui conduisent à une cessation des fonctions du praticien dans les conditions prévues par son statut ou en cas de faute grave.

Une convention type est fixée par arrêté du ministre chargé de la santé.

La liste des postes relevant d'une spécialité pour laquelle l'offre de soins est ou risque d'être insuffisante est arrêtée, par établissement et par spécialité, pour trois ans, révisable annuellement, par le directeur général de l'agence régionale de santé sur proposition des directeurs d'établissements et après avis de la commission régionale paritaire.

La liste des spécialités correspondant à un diplôme d'études spécialisées qui présentent des difficultés importantes de recrutement dans les établissements publics de santé est fixée pour trois ans, révisable annuellement, par arrêté conjoint des ministres chargés de la santé et du budget.

Art. R. 6152-405 *(Décr. n° 2010-1137 du 29 sept. 2010, art. 5)* Pour pouvoir être recruté en qualité de praticien contractuel, le postulant doit :

1° Remplir les conditions légales d'exercice de la profession de médecin, chirurgien-*dentiste ou pharmacien en France et :*

a) Soit remplir les conditions prévues par les articles L. 4111-1 ou L. 4221-1 ;

b) Soit être autorisé à exercer la profession de médecin, chirurgien-dentiste ou pharmacien, en application des articles L. 4111-2, L. 4131-1-1, L. 4141-3-1, L. 4221-12, L. 4221-14-1, L. 4221-14-2, L. 6213-3, de la première phrase du 1° de l'article L. 6213-2 ou de l'article 60 de la loi n° 99-641 du 27 juillet 1999 portant création d'une couverture maladie universelle ;

2° Justifier d'une inscription au tableau de l'ordre dont il relève, le cas échéant en qualité de praticien qualifié dans la spécialité correspondante, si le candidat postule en tant que praticien spécialiste ;

3° Jouir de ses droits civiques dans l'État dont il est ressortissant ;

4° Ne pas avoir subi une condamnation incompatible avec l'exercice des fonctions.

L'absence de condamnation est attestée par :

a) Pour les ressortissants français, un extrait du bulletin n° 2 du casier judiciaire datant de moins de trois mois ;

b) Pour les ressortissants d'un État étranger, un extrait de casier judiciaire ou un document équivalent datant de moins de trois mois, délivré par une autorité compétente de l'État d'origine ou de provenance ; cette pièce peut être remplacée, pour les ressortissants des États membres de l'Union européenne ou parties à l'accord sur l'Espace économique européen qui exigent une preuve de moralité ou d'honorabilité pour l'accès à l'activité de médecin, chirurgien-dentiste ou pharmacien, par une attestation datant de moins de trois mois de l'autorité compétente de l'État d'origine ou de provenance certifiant que ces conditions de moralité ou d'honorabilité sont remplies ;

5° Être en position régulière au regard des obligations du service national de l'État dont il est ressortissant ;

6° Remplir les conditions d'aptitude exigées pour l'exercice de sa fonction compte tenu des possibilités de compensation du handicap ;

7° Pour les étrangers autres que les ressortissants communautaires, être en situation régulière au regard de la réglementation relative aux conditions de séjour et de travail.

Art. R. 6152-406 Les praticiens contractuels employés à temps plein s'engagent à consacrer la totalité de leur activité professionnelle au service de l'établissement public de santé employeur *(Décr. n° 2010-1137 du 29 sept. 2010, art. 6)* « , sous réserve des activités autorisées au titre du cumul d'activités et de rémunérations, conformément aux dispositions de l'article 25 de la loi n° 83-634 du 13 juillet 1983 modifiée portant droits et obligations des fonctionnaires et des dispositions réglementaires prises pour leur application ».

En aucun cas, les praticiens contractuels ne peuvent exercer une activité libérale au sein de l'établissement public de santé.

Art. R. 6152-407 Le service hebdomadaire des praticiens contractuels exerçant à temps plein est fixé à dix demi-journées hebdomadaires, sans que la durée de travail puisse excéder quarante-huit heures par semaine, cette durée étant calculée en moyenne sur une période de quatre mois. Lorsqu'il est effectué la nuit, il est compté pour deux demi-journées.

(Décr. n° 2010-1137 du 29 sept. 2010, art. 7) « Le service hebdomadaire des praticiens contractuels à temps partiel correspond à une quotité comprise entre quatre et neuf demi-journées hebdomadaires. »

(Décr. n° 2017-318 du 10 mars 2017, art. 1er-1°) « Par dérogation à l'alinéa précédent, le service hebdomadaire des praticiens recrutés sur le fondement de l'article R. 6152-403, à l'exception du service de ceux qui sont recrutés dans un établissement public mentionné au I de l'article L. 313-12 du code de l'action sociale et des familles, peut être inférieur à quatre demi-journées hebdomadaires. »

Lorsque l'activité médicale est organisée en temps continu, l'obligation de service hebdomadaire des praticiens est, par dérogation *(Décr. n° 2017-318 du 10 mars 2017, art. 1er-2°)* « aux trois alinéas ci-dessus », calculée en heures, en moyenne sur une période de quatre mois, et ne peut dépasser quarante-huit heures *(Décr. n° 2010-1137 du 29 sept. 2010, art. 7)* « , au prorata de la durée des obligations de service hebdomadaires du praticien ».

Les praticiens peuvent accomplir, sur la base du volontariat au-delà de leurs obligations de service hebdomadaires, un temps de travail additionnel donnant lieu soit à récupération, soit à indemnisation.

Les praticiens contractuels bénéficient d'un repos quotidien d'une durée minimale de onze heures consécutives par période de vingt-quatre heures.

(Décr. n° 2015-1260 du 9 oct. 2015, art. 3-1°) « Le repos quotidien après la fin du dernier déplacement survenu au cours d'une astreinte est garanti au praticien. »

Par dérogation aux dispositions de l'alinéa précédent, ils peuvent accomplir une durée de travail continue n'excédant pas vingt-quatre heures ; dans ce cas, ils bénéficient, immédiatement à l'issue de cette période, d'un repos d'une durée équivalente.

(Décr. n° 2015-1260 du 9 oct. 2015, art. 3-2°) « Le temps d'intervention sur place et le temps de trajet réalisés lors d'un déplacement survenu au cours d'une astreinte

constituent du temps de travail effectif et sont pris en compte pour l'attribution du repos quotidien. »

Art. R. 6152-408 Les praticiens contractuels participent à la continuité des soins ou à la permanence pharmaceutique conjointement avec les autres membres du corps médical ou avec les autres pharmaciens de l'établissement.

A ce titre, ils assurent en particulier :

1° Dans les *(Décr. n° 2010-1137 du 29 sept. 2010, art. 8)* « structures organisées » en temps continu, le travail de jour et de nuit dans les conditions définies par le règlement intérieur et le tableau de service ;

2° Dans les autres *(Décr. n° 2010-1137 du 29 sept. 2010, art. 8)* « structures », le travail quotidien du matin et de l'après-midi ; en outre, ils participent à la continuité des soins ou à la permanence pharmaceutique organisée soit sur place, soit en astreinte à domicile.

Art. R. 6152-409 *(Décr. n° 2010-1137 du 29 sept. 2010, art. 9)* Les praticiens contractuels des établissements publics de santé entretiennent et perfectionnent leurs connaissances.

Ils satisfont à l'obligation de développement professionnel continu *(Décr. n° 2016-942 du 8 juill. 2016, art. 2-II-4°-b)* « définie aux articles L. 4021-1 à L. 4021-8 ».

Le développement professionnel continu des praticiens contractuels recrutés à temps plein est organisé par le plan mentionné au 8° de l'article R. 6144-1.

Art. R. 6152-410 Les médecins, pharmaciens et odontologistes relevant des statuts énumérés ci-après peuvent, dans la mesure où ces statuts les y autorisent et sous réserve d'exercer leurs fonctions dans des établissements distincts, être recrutés comme praticiens contractuels :

1° Les praticiens régis par les décrets du 22 septembre 1965 relatif aux centres de soins, d'enseignement et de recherche dentaire, n° 72-360 du 20 avril 1972 portant statut des pharmaciens résidents de l'administration générale de l'assistance publique à Paris, de l'administration de l'*(Décr. n° 2007-1555 du 30 oct. 2007, art. 3)* « Assistance publique-hôpitaux de Marseille » et des hospices civils de Lyon, n° 72-361 du 20 avril 1972 relatif à la nomination et à l'avancement des pharmaciens résidents des établissements d'hospitalisation, de soins et de cure publics, n° 84-135 du 24 février 1984 portant statut des personnels enseignants et hospitaliers des centres hospitaliers et universitaires, n° 90-92 du 24 janvier 1990 portant statut des personnels enseignants et hospitaliers des centres de soins, d'enseignement et de recherche dentaires des centres hospitaliers et universitaires et par les dispositions des sections I et III ;

2° Les praticiens attachés régis par les dispositions de la section VI ;

3° Les assistants des hôpitaux régis par les dispositions de la section V ;

4° Les personnels régis par les décrets n° 60-1030 du 24 septembre 1960 portant statut du personnel enseignant et hospitalier des centres hospitaliers et universitaires, n° 85-733 du 17 juillet 1985 relatif aux personnels enseignants associés ou invités dans les établissements d'enseignement supérieur et de recherche relevant du ministère de l'éducation nationale, n° 86-380 du 11 mars 1986 portant statut des assistants des disciplines médicales, biologiques et mixtes, du décret n° 86-555 du 14 mars 1986 relatif aux chargés d'enseignement et aux attachés d'enseignement dans les disciplines médicales et odontologiques ;

Art. R. 6152-411 *(Décr. n° 2015-320 du 20 mars 2015, art. 1er)* « Les praticiens contractuels sont recrutés par le directeur de l'établissement public de santé sur proposition du chef de pôle ou, à défaut, du responsable du service, de l'unité fonctionnelle ou de toute autre structure interne dont relève le praticien et du président de la commission médicale d'établissement. »

(Décr. n° 2010-1137 du 29 sept. 2010, art. 11) « Le nombre de praticiens recrutés en application des 1° à 4° de l'article R. 6152-402 pour une durée inférieure à trois mois, exprimé en équivalent temps plein, ne peut excéder celui des praticiens titulaires et des praticiens nommés ou recrutés pour une durée de plus de trois mois exerçant leurs fonctions dans la structure où ils sont affectés ainsi que dans la discipline d'activité au sein de l'établissement.

« Un état semestriel des effectifs de praticiens contractuels recrutés pour une durée inférieure à trois mois est établi par structure et par discipline d'activité et transmis au directeur général de l'agence régionale de santé par le directeur de l'établissement. »

Art. R. 6152-412 Le contrat de recrutement est un contrat administratif. Il est passé par écrit.

Un double de ce contrat est adressé sans délai au *(Décr. n° 2010-1137 du 29 sept. 2010, art. 12)* « directeur général de l'agence régionale de santé » ainsi qu'au praticien contractuel concerné. Ce dernier en transmet aussitôt un exemplaire au conseil de l'ordre dont il relève.

Art. R. 6152-413 En cas de faute grave ou d'insuffisance professionnelle, le directeur peut, après avoir communiqué les griefs à l'intéressé et l'avoir invité à présenter ses observations dans le délai de huit jours, mettre fin au contrat par décision motivée prise après avis *(Décr. n° 2010-1137 du 29 sept. 2010, art. 13)* « du chef de pôle ou, à défaut, du responsable du service, de l'unité fonctionnelle ou de toute autre structure interne et » de la commission médicale d'établissement et notifiée au praticien contractuel concerné.

(Décr. n° 2010-1137 du 29 sept. 2010, art. 13) « A défaut d'avis de la commission médicale d'établissement rendu dans les deux mois de sa convocation, seul l'avis de son président est requis. »

Art. R. 6152-413-1 *(Décr. n° 2010-1137 du 29 sept. 2010, art. 14)* Sans préjudice des dispositions de l'article R. 6152-413, le praticien contractuel qui bénéficie d'un contrat à durée indéterminée prévu à l'article R. 6152-403 peut être licencié, après avis de la commission médicale d'établissement ou, le cas échéant, de la commission médicale d'établissement locale. Le préavis est alors de trois mois. La décision de licenciement prononcée par le directeur est motivée.

Le praticien a droit à une indemnité égale au montant des émoluments afférents au dernier mois d'activité, multiplié par le nombre d'années de services effectifs réalisées dans l'établissement concerné, dans la limite de douze.

A défaut d'avis de la commission médicale d'établissement rendu dans les deux mois de sa convocation, seul l'avis de son président est requis.

Art. R. 6152-414 Lorsque l'intérêt du service l'exige, un praticien contractuel peut être suspendu par le directeur de l'établissement public de santé après avis du *(Décr. n° 2010-1137 du 29 sept. 2010, art. 15)* « chef de pôle ou, à défaut, du responsable du service, de l'unité fonctionnelle ou de toute autre structure interne » dont relève le praticien et du président de la commission médicale d'établissement, pour une durée maximale de deux mois. Pendant la période de suspension, il perçoit la *(Décr. n° 2010-1137 du 29 sept. 2010, art. 15)* « totalité des émoluments mentionnés à l'article R. 6152-416 correspondant à ses obligations de service.

« Le directeur d'établissement informe le directeur général de l'agence régionale de santé de sa décision. »

Art. R. 6152-415 Le contrat précise :

1° *(Décr. n° 2010-1137 du 29 sept. 2010, art. 16)* « Les titres de formation et qualifications professionnelles » ;

2° Celles des dispositions de l'article R. 6152-402 au titre desquelles le recrutement est effectué ;

3° La nature des fonctions occupées ainsi que les obligations de service incombant au praticien, notamment en ce qui concerne sa participation à la continuité des soins ou à la permanence pharmaceutique sur place ou en astreinte ;

4° La date de prise de fonction du praticien, la durée du contrat ainsi que la date à laquelle celui-ci prend fin et, le cas échéant, la période d'essai fixée à un mois pour un contrat d'une durée inférieure à six mois et à deux mois pour un contrat d'une durée égale ou supérieure à six mois ;

5° La durée du préavis en cas de résiliation anticipée du contrat ou de démission, à savoir un mois pour un contrat inférieur à six mois et deux mois pour un contrat d'une durée égale ou supérieure à six mois ;

6° L'indication du régime de protection sociale (régime général de la sécurité sociale et régime complémentaire de retraite de l'IRCANTEC) ;

7° La rémunération fixée en fonction des conditions de recrutement prévues *(Décr. n° 2010-1137 du 29 sept. 2010, art. 16)* « aux articles R. 6152-402 et R. 6152-403 et des prescriptions de l'article R. 6152-416 ainsi que les indemnités qui peuvent s'y ajouter ».

Le renouvellement de l'engagement peut être prononcé sous forme d'avenant au contrat initial, lorsque le motif du recrutement est inchangé.

SOUS-SECTION 2 RÉMUNÉRATION

Art. R. 6152-416 La rémunération des praticiens contractuels est fixée selon les règles suivantes :

1° Les praticiens contractuels recrutés en application des 1°, 2°, 4° et 5° de l'article R. 6152-402 sont rémunérés sur la base des émoluments applicables aux praticiens hospitaliers ou aux praticiens des hôpitaux recrutés en début de carrière, proportionnellement à la durée de travail définie au contrat en ce qui concerne les praticiens des hôpitaux. Ces émoluments peuvent être majorés dans la limite des émoluments applicables aux praticiens parvenus au 4e échelon de la carrière, majorés de 10 % ;

2° Les praticiens contractuels recrutés en application du 3° de l'article R. 6152-402 sont rémunérés, sur la base des émoluments applicables aux assistants spécialistes en première et deuxième années proportionnellement à la durée de travail défini au contrat. Ces émoluments ne peuvent être supérieurs à ceux applicables aux assistants spécialistes en 3e et 4e années ;

3° Les praticiens contractuels recrutés en application *(Décr. n° 2010-1137 du 29 sept. 2010, art. 17)* « de l'article R. 6152-403 » sont rémunérés, *(Décr. n° 2006-717 du 19 juin 2006, art. 4-III)* « sur la base des émoluments applicables aux praticiens hospitaliers ou pour les praticiens à temps partiel, » proportionnellement à la durée du travail définie au contrat, dans les conditions définies par l'arrêté interministériel prévu *(Décr. n° 2010-1137 du 29 sept. 2010, art. 1)* « à l'article R. 6152-403 ».

Art. D. 6152-417 *(Décr. n° 2010-1137 du 29 sept. 2010, art. 18)* A la rémunération mentionnée à l'article R. 6152-416, s'ajoutent, le cas échéant, les indemnités suivantes :

1° Des indemnités de sujétion correspondant au temps de travail accompli, dans le cadre des obligations de service hebdomadaires, la nuit, le samedi après-midi, le dimanche et les jours fériés ;

2° Des indemnités forfaitaires pour tout temps de travail additionnel accompli, sur la base du volontariat, au-delà des obligations de service hebdomadaires ;

3° Des indemnités correspondant aux astreintes et aux déplacements auxquels elles peuvent donner lieu ;

(Décr. n° 2017-327 du 14 mars 2017, art. 1er-III-1°) « 4° Des primes et indemnités visant à développer le travail en réseau :

a) Abrogé par Décr. n° 2017-327 du 14 mars 2017, art. 2.

« *b)* Une prime d'exercice territorial pour activité dans plusieurs établissements ou dans plusieurs sites d'un même établissement, dans le cadre des groupements hospitaliers de territoires mentionnés à l'article L. 6132-1, lorsque le projet médical partagé mentionné au I de l'article R. 6132-3 est adopté ;

(Décr. n° 2017-327 du 14 mars 2017, art. 2) « La prime d'exercice territorial est versée pour activité dans plusieurs établissements ou dans plusieurs sites d'un même établissement, pour favoriser le développement de la mise en réseau des établissements mentionnés à l'article 2 de la loi n° 86-33 du 9 janvier 1986 portant dispositions statutaires relatives à la fonction publique hospitalière et les actions de coopération mentionnées à l'article L. 6134-1 ; »

« Le versement des primes et indemnités prévues au 4° du présent article est maintenu pendant les jours et congés de récupération mentionnés aux 1° et 6° des articles R. 6152-418-1 à R. 6152-418-3 et au premier alinéa de l'article R. 6152-419. Pour les praticiens contractuels placés en congé de maladie au titre des 2°, 3° et 4° des articles R. 6152-418-1 à R. 6152-418-3, leur versement est maintenu pendant une période qui ne peut excéder trois mois. La durée de cette période peut être portée à six mois en cas de congé de maladie accordé au titre du 5° des articles R. 6152-418-1 à R. 6152-418-3.*[;]*

« 5° Une prime d'engagement de carrière hospitalière dès lors qu'il signe la convention d'engagement de carrière hospitalière mentionnée à l'article R. 6152-404-1 ; cette prime fait l'objet de deux versements, le premier intervenant lors de la signature de la convention, le second dès lors que le praticien est nommé praticien hospitalier pour une période probatoire dans les conditions fixées à l'article R. 6152-13 et R. 6152-210.

« Si, un an après son inscription sur la liste d'aptitude mentionnée à l'article R. 6152-308, l'établissement n'a pas proposé au praticien, conformément à la convention, un poste de praticien hospitalier, le second versement de la prime d'engagement de carrière hospitalière mentionné au 7° de l'article D. 6152-23-1 ou D. 6152-220-1 est dû au praticien.

« Un arrêté des ministres chargés de la santé et du budget précise les modalités de remboursement en cas de résiliation de la convention ou de changement d'établissement dans la durée de l'engagement.

« Les indemnités mentionnées aux 1° et 2° du présent article sont versées lorsque, selon le choix du praticien, le temps de travail, les astreintes et les déplacements ne font pas l'objet d'une récupération.

« Les montants et les modalités de versement des primes et indemnités mentionnées aux 1° à 5° du présent article sont fixés par arrêté des ministres chargés du budget et de la santé ; ils sont revalorisés comme les traitements de la fonction publique par arrêté du ministre chargé de la santé ; »

(Décr. n° 2017-327 du 14 mars 2017, art. 1er-III-2°) « 6° » Des indemnités pour remboursement des frais de déplacements peuvent être allouées aux praticiens contractuels à l'occasion des déplacements temporaires effectués pour les besoins du service dans les conditions prévues à l'article R. 6152-32 à l'exclusion du remboursement des frais de changement de résidence.

SOUS-SECTION 3 ACTIVITÉ ET POSITIONS

Art. R. 6152-418 Les dispositions du code du travail sont applicables aux praticiens contractuels en tant qu'elles sont relatives à l'indemnité prévue *(Décr. n° 2010-1137 du 29 sept. 2010, art. 19)* « à l'article L. 1243-8 du code du travail » et aux allocations d'assurance prévues à l'article *(Décr. n° 2010-1137 du 29 sept. 2010, art. 19)* « L. 5424-1 du code du travail ».

Art. R. 6152-418-1 *(Décr. n° 2017-161 du 9 févr. 2017, art. 12)* Le praticien contractuel signataire d'un contrat à durée indéterminée conclu sur le fondement de l'article R. 6152-403 a droit :

1° A des congés annuels dans les conditions prévues par le code du travail ;

2° A des congés de maladie, sur présentation d'un certificat médical, dans la limite d'une durée de douze mois consécutifs pendant laquelle l'intéressé perçoit l'intégralité de ses émoluments prévus à l'article R. 6152-416 pendant trois mois puis la moitié pendant les neuf mois suivants ;

3° A un congé de longue maladie lorsque l'intéressé est atteint d'une affection dûment constatée, figurant, à l'exception des pathologies mentionnées au 4°, sur la liste établie en application de l'article 28 du décret n° 86-442 du 14 mars 1986 relatif à la désignation de médecins agréés, à l'organisation des comités médicaux et des commissions de réforme, aux conditions d'aptitude physique pour l'admission aux emplois publics et au régime de congés de maladie des fonctionnaires, et qui rend nécessaires un traitement et des soins coûteux et prolongés le mettant dans l'impossibilité d'exercer ses fonctions.

Le congé de longue maladie est accordé dans la limite d'une durée de trois ans au maximum pendant laquelle le praticien perçoit l'intégralité de ses émoluments prévus à l'article R. 6152-416 pendant un an puis la moitié pendant deux ans.

Le praticien qui a obtenu un congé de longue maladie ne peut bénéficier d'un autre congé de cette nature s'il n'a pas auparavant repris l'exercice de ses fonctions pendant un an ;

4° A un congé de longue durée lorsque l'intéressé, atteint de tuberculose, de maladie mentale, d'affection cancéreuse, de poliomyélite ou de déficit immunitaire grave et acquis est empêché d'exercer ses fonctions.

Le congé de longue durée est accordé après avis du comité médical prévu à l'article R. 6152-36 dans la limite d'une durée de cinq ans au maximum par affection pendant laquelle le praticien perçoit l'intégralité de ses émoluments prévus à l'article R. 6152-416 pendant trois ans puis la moitié pendant deux ans ;

5° En cas d'accident du travail ou de maladie professionnelle, à un congé pendant toute la période d'incapacité de travail jusqu'à la guérison complète, la consolidation de la blessure ou le décès.

Dans cette situation, l'intéressé perçoit l'intégralité de ses émoluments dans la limite de cinq ans ;

6° A un congé de maternité, de paternité et d'accueil de l'enfant ou d'adoption selon les modalités prévues à l'article R. 6152-819 ;

7° A un congé parental non rémunéré, dans les conditions de l'article R. 6152-45 ;

8° A un congé de solidarité familiale dans les conditions prévues par le code du travail et par le code de la sécurité sociale ;

9° A un congé de présence parentale dans les conditions prévues par le code du travail et par le code de la sécurité sociale.

Les praticiens contractuels peuvent bénéficier, après avis du comité médical, d'une reprise à temps partiel thérapeutique dans les conditions fixées aux articles L. 323-3 et R. 323-3 du code de la sécurité sociale.

Pendant la période de temps partiel thérapeutique, le praticien contractuel perçoit la totalité des émoluments prévus à l'article R. 6152-416 du présent code, ainsi que les primes habituellement perçues, s'il remplit les conditions d'octroi de celles-ci.

A l'expiration des droits à congé définis aux 2°, 3° et 4°, un congé sans rémunération lié à l'état de santé, d'une durée de trois ans au maximum peut être accordé au praticien contractuel, sur sa demande et après avis du comité médical mentionné à l'article R. 6152-36, lorsque celui-ci ne peut reprendre ses activités pour raison de santé.

Pour l'octroi et le renouvellement des congés mentionnés aux 3° et 4° du présent article, le directeur de l'établissement peut saisir pour avis le comité médical. A l'expiration des droits aux congés mentionnés au présent alinéa, le comité médical se prononce sur l'aptitude de l'intéressé à ses fonctions.

Art. R. 6152-418-2 *(Décr. n° 2017-161 du 9 févr. 2017, art. 13)* Le praticien contractuel signataire d'un contrat à durée déterminée conclu sur le fondement de l'article R. 6152-403 a droit :

1° A des congés annuels dans les conditions prévues par le code du travail ;

2° A des congés de maladie, sur présentation d'un certificat médical, dans la limite d'une durée de douze mois consécutifs pendant laquelle l'intéressé perçoit l'intégralité de ses émoluments prévus à l'article R. 6152-416 pendant trois mois puis la moitié pendant les neuf mois suivants ;

3° A un congé de longue maladie lorsque l'intéressé est atteint d'une affection dûment constatée, figurant, à l'exception des pathologies mentionnées au 4°, sur la liste établie en application de l'article 28 du décret du 14 mars 1986 précité, et qui rend nécessaires un traitement et des soins coûteux et prolongés le mettant dans l'impossibilité d'exercer ses fonctions.

Le congé de longue maladie est accordé dans la limite d'une durée de trente mois au maximum pendant laquelle le praticien perçoit l'intégralité de ses émoluments prévus à l'article R. 6152-416 pendant douze mois puis la moitié pendant dix-huit mois.

Le praticien qui a obtenu un congé de longue maladie ne peut bénéficier d'un autre congé de cette nature s'il n'a pas auparavant repris l'exercice de ses fonctions pendant un an ;

4° A un congé de longue durée lorsque l'intéressé est atteint de tuberculose, de maladie mentale, d'affection cancéreuse, de poliomyélite ou de déficit immunitaire grave et acquis et empêché d'exercer ses fonctions.

Le congé de longue durée est accordé après avis du comité médical prévu à l'article R. 6152-36 dans la limite d'une durée de deux ans au maximum par affection pendant laquelle le praticien perçoit l'intégralité de ses émoluments prévus à l'article R. 6152-416 ;

5° En cas d'accident du travail ou de maladie professionnelle, à un congé pendant toute la période d'incapacité de travail jusqu'à la guérison complète, la consolidation de la blessure ou le décès.

Dans cette situation, l'intéressé perçoit l'intégralité de ses émoluments prévus à l'article R. 6152-416 dans la limite de deux ans ;

6° A un congé de maternité, de paternité et d'accueil de l'enfant ou d'adoption selon les modalités prévues à l'article R. 6152-819 ;

7° A un congé parental non rémunéré, dans les conditions de l'article R. 6152-45 ;

8° A un congé de solidarité familiale dans les conditions prévues par le code du travail et par le code de la sécurité sociale ;

9° A un congé de présence parentale dans les conditions prévues par le code du travail et par le code de la sécurité sociale.

Les praticiens contractuels peuvent bénéficier, après avis du comité médical, d'une reprise à temps partiel thérapeutique dans les conditions fixées aux articles L. 323-3 et R. 323-3 du code de la sécurité sociale.

Pendant la période de temps partiel thérapeutique, le praticien contractuel perçoit la totalité des émoluments prévus à l'article R. 6152-416 du présent code, ainsi que les primes habituellement perçues, s'il remplit les conditions d'octroi de celles-ci.

A l'expiration des droits à congé définis aux 2° et 3°, un congé sans rémunération lié à l'état de santé, d'une durée de douze mois au maximum et, à l'expiration des droits à congé définis au 4°, un congé sans rémunération lié à l'état de santé, d'une durée de dix-huit mois au maximum peuvent être accordés au praticien contractuel, sur sa demande et après avis du comité médical mentionné à l'article R. 6152-36, lorsque l'intéressé ne peut reprendre ses activités pour raison de santé.

Pour l'octroi et le renouvellement des congés mentionnés aux 3° et 4° du présent article, le directeur de l'établissement peut saisir pour avis le comité médical. A l'expiration des droits aux congés mentionnés au présent alinéa, le comité médical se prononce sur l'aptitude de l'intéressé à ses fonctions.

Art. R. 6152-418-3 *(Décr. nº 2017-161 du 9 févr. 2017, art. 14)* Le praticien contractuel signataire d'un contrat à durée déterminée conclu sur le fondement de l'article R. 6152-402 a droit :

1° A des congés annuels dans les conditions prévues par le code du travail ;

2° A des congés de maladie, sur présentation d'un certificat médical, dans la limite d'une durée de six mois consécutifs pendant laquelle l'intéressé perçoit l'intégralité de ses émoluments prévus à l'article R. 6152-416 pendant trois mois puis la moitié pendant les trois mois suivants ;

3° A un congé de longue maladie lorsque l'intéressé est atteint d'une affection dûment constatée, figurant, à l'exception des pathologies mentionnées au 4°, sur la liste établie en application de l'article 28 du décret du 14 mars 1986 précité, et qui rend nécessaires un traitement et des soins coûteux et prolongés le mettant dans l'impossibilité d'exercer ses fonctions.

Le congé de longue maladie est accordé dans la limite d'une durée de six mois au maximum pendant laquelle le praticien perçoit l'intégralité de ses émoluments prévus à l'article R. 6152-416.

Le praticien qui a obtenu un congé de longue maladie ne peut bénéficier d'un autre congé de cette nature s'il n'a pas auparavant repris l'exercice de ses fonctions pendant un an ;

4° A un congé de longue durée lorsque l'intéressé est atteint de tuberculose, de maladie mentale, d'affection cancéreuse, de poliomyélite ou de déficit immunitaire grave et acquis et empêché d'exercer ses fonctions.

Le congé de longue durée est accordé après avis du comité médical mentionné à *l'article R. 6152-36 dans la limite* d'une durée de six mois au maximum par affection pendant laquelle le praticien perçoit l'intégralité de ses émoluments prévus à l'article R. 6152-416 ;

5° En cas d'accident du travail ou de maladie professionnelle, à un congé pendant toute la période d'incapacité de travail jusqu'à la guérison complète, la consolidation de la blessure ou le décès.

Dans cette situation, l'intéressé perçoit la totalité de ses émoluments dans la limite de six mois ;

6° A un congé de maternité, de paternité et d'accueil de l'enfant ou d'adoption selon les modalités prévues à l'article R. 6152-819 ;

7° A un congé parental non rémunéré d'une durée maximale de six mois, dans les conditions de l'article R. 6152-45 ;

8° A un congé de solidarité familiale dans les conditions prévues par le code du travail et par le code de la sécurité sociale ;

9° A un congé de présence parentale dans les conditions prévues par le code du travail et par le code de la sécurité sociale.

Les praticiens contractuels peuvent bénéficier, après avis du comité médical, d'une reprise à temps partiel thérapeutique dans les conditions fixées aux articles L. 323-3 et R. 323-3 du code de la sécurité sociale.

Pendant la période de temps partiel thérapeutique, le praticien contractuel perçoit la totalité des émoluments prévus à l'article R. 6152-416 du présent code, ainsi que les primes habituellement perçues, s'il remplit les conditions d'octroi de celles-ci.

Pour l'octroi et le renouvellement des congés mentionnés aux 3° et 4° du présent article, le directeur de l'établissement peut saisir pour avis le comité médical. A l'expiration des droits aux congés mentionnés au présent alinéa, le comité médical se prononce sur l'aptitude de l'intéressé à ses fonctions.

Art. R. 6152-419 En sus des congés annuels qui leur sont accordés dans les conditions définies à l'article R. 6152-418, les praticiens contractuels bénéficient des congés prévus par les 2° et 3° de l'article R. 6152-35, lorsqu'ils exercent leurs fonctions à temps plein, ou des congés définis *(Décr. n° 2010-1137 du 29 sept. 2010, art. 21)* « à l'article R. 6152-46 », lorsqu'ils exercent leurs fonctions à temps partiel.

(Décr. n° 2010-1137 du 29 sept. 2010, art. 21) « Les praticiens contractuels ont droit également à des autorisations spéciales d'absence dans les cas et les conditions prévus au 8° de l'article R. 6152-35. »

Durant les congés susmentionnés, les praticiens contractuels perçoivent la rémunération prévue à l'article R. 6152-416.

(Décr. n° 2012-1481 du 27 déc. 2012, art. 3) « Le chef de pôle ou, à défaut, le responsable de la structure interne organise, après consultation des praticiens de la structure et sur la base de l'organisation arrêtée conformément aux dispositions des articles R. 6152-406 à R. 6152-408, la prise des jours de congé sur certaines périodes de l'année en fonction de l'activité.

« Pour cette prise de congé, le praticien contractuel peut utiliser des jours de congé annuel, des jours de réduction du temps de travail, des jours de récupération et des jours accumulés sur son compte épargne-temps.

« L'organisation du temps de présence et d'absence des praticiens contractuels est intégrée dans les contrats de pôle. »

Le directeur de l'établissement arrête le tableau des congés mentionnés ci-dessus après avis *(Décr. n° 2010-1137 du 29 sept. 2010, art. 21)* « du chef de pôle ou, à défaut, du responsable du service, de l'unité fonctionnelle ou de toute autre structure interne » dont relève le praticien.

Art. R. 6152-420 Les praticiens contractuels recrutés au titre *(Décr. n° 2010-1137 du 29 sept. 2010, art. 22)* « *de l'article R. 6152-403* » et exerçant leurs fonctions à temps plein ont droit à un congé de formation dont la durée est fixée à huit jours ouvrables par an. Cette durée est fixée à cinq jours ouvrables pour les praticiens exerçant à temps partiel.

Les praticiens contractuels recrutés au titre des 4° et 5° de l'article R. 6152-402 et exerçant leurs fonctions à temps plein ont droit à un congé de formation dont la durée est fixée à cinq jours ouvrables par an.

Les droits à congé de formation au titre de deux années peuvent être cumulés.

Un arrêté du ministre chargé de la santé précise les modalités d'exercice du droit à congé de formation.

Pendant ce congé, les praticiens contractuels continuent de percevoir la totalité de la rémunération fixée par leur contrat de recrutement.

Art. R. 6152-421 *(Décr. n° 2010-1137 du 29 sept. 2010, art. 23)* Les dispositions de l'article R. 6152-73 sont applicables aux praticiens contractuels.

Art. R. 6152-422 *(Décr. n° 2014-841 du 24 juill. 2014, art. 2)* Les praticiens contractuels exerçant leurs fonctions à temps plein peuvent réaliser les expertises mentionnées au II de l'article L. 6152-4 pendant leurs obligations de service dans la limite de deux demi-journées par semaine, cette durée étant calculée en moyenne sur une période de quatre mois.

SOUS-SECTION 4 LIMITE D'ÂGE ET PROLONGATION D'ACTIVITÉ

(Décr. n° 2016-1426 du 21 oct. 2016, art. 4)

Art. R. 6152-423 La limite d'âge des praticiens régis par les dispositions de la présente sous-section est fixée à soixante-sept ans pour les intéressés nés à compter du 1er janvier 1955.

A titre transitoire, la limite d'âge applicable à ces praticiens est fixée à :

1° 65 ans pour ceux nés avant le 1er juillet 1951 ;

2° 65 ans et 4 mois pour ceux nés entre le 1er juillet 1951 et le 31 décembre 1951 ;

3° 65 ans et 9 mois pour ceux nés en 1952 ;

4° 66 ans et 2 mois pour ceux nés en 1953 ;

5° 66 ans et 7 mois pour ceux nés en 1954.

Art. R. 6152-424 Les praticiens contractuels qui présentent une demande de prolongation d'activité doivent déposer celle-ci auprès du directeur de l'établissement dans lequel ils souhaitent exercer six mois au moins avant la date à laquelle ils atteindront la limite d'âge.

La prolongation d'activité est accordée par périodes de six mois ou *[d']*un an sur avis motivés du chef de pôle ou du responsable de la structure interne d'affectation du praticien ainsi que du président de la commission médicale d'établissement et sur présentation d'un certificat médical d'aptitude physique et mentale délivré par un médecin agréé.

La décision est prise par le directeur de l'établissement qui notifie celle-ci au praticien trois mois au moins avant le début de la période de prolongation d'activité.

Art. R. 6152-425 La prolongation d'activité est renouvelée par tacite reconduction pour la même durée, sous réserve de la production par l'intéressé d'un certificat médical d'aptitude physique et mentale établi par un médecin agréé adressé au directeur de l'établissement d'affectation, au moins trois mois avant l'échéance de la période en cours.

Le praticien informe le directeur de l'établissement de son intention de ne plus prolonger son activité à l'issue de la période en cours au moins trois mois avant l'échéance de cette période.

Art. R. 6152-426 En cas de non-renouvellement qui ne soit pas à l'initiative du praticien, la décision est prise après avis motivés du chef de pôle ou, à défaut, du responsable de la structure interne d'affectation du praticien et du président de la commission médicale d'établissement.

Le directeur de l'établissement notifie sa décision au praticien, par lettre recommandée avec avis de réception ou par lettre remise en main propre contre décharge, deux mois au moins avant l'échéance de la période en cours.

Art. R. 6152-427 Les dispositions du premier alinéa de l'article R. 6152-813 s'appliquent au praticien titulaire d'un compte épargne-temps auquel une prolongation d'activité a été accordée, pour la totalité des jours inscrits.

Lorsque le non-renouvellement de la prolongation d'activité n'est pas à l'initiative du praticien, il est fait application, pour les jours inscrits sur le compte et qui n'ont pu être soldés, des dispositions du second alinéa de l'article R. 6152-813.

SECTION V STATUT DES ASSISTANTS DES HÔPITAUX

SOUS-SECTION 1 DISPOSITIONS GÉNÉRALES

Art. R. 6152-501 Les médecins, odontologistes et pharmaciens mentionnés *(Décr. n° 2006-717 du 19 juin 2006, art. 5-I)* « au 2° de l'article L. 6152-1 » peuvent être recrutés en qualité d'assistant des hôpitaux dans les conditions définies par la présente section :

1° *(Décr. n° 2010-1137 du 29 sept. 2010, art. 25)* « Dans les établissements publics de santé ;

« 2° » Dans les établissements publics mentionnés au I de l'article L. 313-12 du code de l'action sociale et des familles.

(Décr. n° 2017-326 du 14 mars 2017, art. 11) « Ils peuvent exercer leur activité dans plusieurs établissements, au sein des groupements hospitaliers de territoire mentionnés à l'article L. 6132-1 ou pour favoriser les actions de coopération mentionnées à l'article L. 6134-1. Dans ce cas, une convention passée entre les établissements, avec l'accord du praticien concerné et après avis du chef de pôle et du président de la commission médicale d'établissement des établissements concernés ainsi que des commissions médicales des établissement intéressés, détermine les modalités de répartition de l'activité de l'assistant et la fraction des émoluments, indemnités et allocations prévus à l'article R. 6152-514 et les charges supportées par chacun des établissements. Un arrêté du ministre chargé de la santé précise les conditions d'application de ces dispositions.

« Les dispositions de la présente section qui prescrivent la consultation de la commission médicale d'établissement, de son président, du chef de pôle ou, à défaut, du chef de service, du responsable de l'unité fonctionnelle ou de toute autre structure interne ne sont pas applicables aux assistants qui exercent leurs fonctions dans les établissements publics mentionnés au I de l'article L. 313-12 du code de l'action sociale et des familles. »

Art. R. 6152-502 *(Décr. n° 2010-1137 du 29 sept. 2010, art. 26)* Les assistants peuvent, avec leur accord, être mis à disposition d'un groupement de coopération sanitaire ou d'un groupement de coopération sociale et médico-sociale dont est membre leur établissement employeur.

La mise à disposition est prononcée par décision du directeur de l'établissement, après signature d'une convention passée entre le groupement de coopération sanitaire et l'établissement ou entre le groupement de coopération sociale et médico-sociale et l'établissement après avis du chef de pôle ou, à défaut, du responsable du service, de l'unité fonctionnelle ou de toute autre structure interne et du président de la commission médicale d'établissement.

Cette convention précise notamment la durée de la mise à disposition ainsi que les conditions d'emploi et de réintégration dans l'établissement public de santé d'origine. Elle prévoit le remboursement par le groupement de coopération sanitaire ou par le groupement de coopération sociale et médico-sociale de la rémunération de l'assistant intéressé et des charges y afférentes. Elle peut toutefois prévoir l'exonération totale ou partielle de ce remboursement lorsque la mise à disposition intervient au bénéfice d'un groupement de coopération sanitaire ou d'un groupement de coopération sociale et médico-sociale.

SOUS-SECTION 2 RECRUTEMENT

Art. R. 6152-503 Peuvent être recrutés :

1° En qualité d'assistant généraliste des hôpitaux, les médecins, les chirurgiens-dentistes et les pharmaciens remplissant les conditions légales d'exercice de leur profession ;

2° En qualité d'assistant spécialiste, les praticiens mentionnés au 1° qui sont, en outre, titulaires de l'un des titres ou diplômes définis par arrêté des ministres chargés de l'enseignement supérieur et de la santé.

Art. R. 6152-504 Les assistants généralistes et les assistants spécialistes des hôpitaux exercent à temps plein ou à temps partiel des fonctions de diagnostic, de soins et de prévention ou assurent des actes pharmaceutiques ou biologiques au sein de l'établissement, *(Décr. n° 2010-1137 du 29 sept. 2010, art. 27)* « sous l'autorité du chef de pôle ou, à défaut, du responsable du service, de l'unité fonctionnelle ou de toute autre structure interne dont ils relèvent.

« Afin d'assurer la continuité des soins, l'organisation du temps de présence médicale, odontologique et pharmaceutique, établie en fonction des caractéristiques propres aux différentes structures, est arrêtée annuellement par le directeur de l'établissement après avis de la commission médicale d'établissement. Un tableau de service nominatif, établi sur cette base, est arrêté mensuellement par le directeur sur proposition du chef de pôle ou, à défaut, du responsable du service, de l'unité fonctionnelle ou de toute autre structure interne dont relève l'assistant. »

Le service hebdomadaire des assistants exerçant à temps plein est fixé à dix demi-journées hebdomadaires, sans que la durée de travail puisse excéder quarante-huit heures par semaine, cette durée étant calculée en moyenne sur une période de quatre mois. Lorsqu'il est effectué la nuit, il est compté pour deux demi-journées.

Lorsque l'activité médicale est organisée en temps continu, l'obligation de service hebdomadaire du praticien est, par dérogation à l'alinéa ci-dessus, calculée en heures, en moyenne sur une période de quatre mois, et ne peut dépasser quarante-huit heures. Lorsqu'ils exercent leurs fonctions à temps partiel, l'obligation de service des assistants est fixée à cinq ou six demi-journées hebdomadaires ou, dans le cadre d'un service organisé en temps continu, à une durée horaire définie sur la base de quarante-huit heures, au prorata des obligations de service hebdomadaires du praticien et calculée en moyenne sur une période de quatre mois.

Les assistants peuvent accomplir, sur la base du volontariat, au-delà de leurs obligations de service hebdomadaires, un temps de travail additionnel donnant lieu soit à récupération, soit à indemnisation, dans les conditions prévues *(Décr. n° 2015-320 du 20 mars 2015, art. 2)* « au 2° de l'article R. 6152-514 ».

Ils bénéficient d'un repos quotidien d'une durée minimale de onze heures consécutives par période de vingt-quatre heures.

(Décr. n° 2015-1260 du 9 oct. 2015, art. 4) « Le repos quotidien après la fin du dernier déplacement survenu au cours d'une astreinte est garanti au praticien. »

Par dérogation aux dispositions de l'alinéa précédent, ils peuvent accomplir une durée de travail continue n'excédant pas vingt-quatre heures ; dans ce cas, ils bénéficient, immédiatement à l'issue de cette période, d'un repos d'une durée équivalente.

(Décr. n° 2015-1260 du 9 oct. 2015, art. 4) « Le temps d'intervention sur place et le temps de trajet réalisés lors d'un déplacement survenu au cours d'une astreinte constituent du temps de travail effectif et sont pris en compte pour l'attribution du repos quotidien. »

Art. R. 6152-505 Les assistants participent à la continuité des soins ou à la permanence pharmaceutique conjointement avec les autres membres du corps médical ou avec les autres pharmaciens de l'établissement.

A ce titre, ils assurent en particulier :

1° Dans *(Décr. n° 2010-1137 du 29 sept. 2010, art. 28)* « les structures organisées » en temps continu, le travail de jour et de nuit dans les conditions définies par le règlement intérieur et le tableau de service ;

2° Dans *(Décr. n° 2010-1137 du 29 sept. 2010, art. 28)* « les autres structures, » le travail quotidien du matin et de l'après-midi ; en outre, ils participent à la continuité des soins ou à la permanence pharmaceutique organisée soit sur place, soit en astreinte à domicile.

Toutefois, si l'intérêt du service l'exige, *(Décr. n° 2010-1137 du 29 sept. 2010, art. 28)* « et après avis du président de la commission médicale d'établissement », le directeur de l'établissement peut décider *(Décr. n° 2010-1137 du 29 sept. 2010, art. 28)* « de suspendre *la participation d'un assistant* des hôpitaux » à la continuité des soins ou à la permanence pharmaceutique la nuit, le samedi après-midi, le dimanche et les jours fériés pour une période de trois mois. *(Décr. n° 2010-1137 du 29 sept. 2010, art. 28)* « Il en informe sans délai le directeur général de l'agence régionale de santé. » Si, à l'issue de cette période, l'assistant n'est pas autorisé à nouveau à participer à la continuité des soins ou à la permanence pharmaceutique, sa situation fait l'objet d'un examen soit dans le cadre des dispositions des articles R. 6152-521 à R. 6152-524, soit dans le cadre de celles de la sous-section 5 de la présente section.

Art. R. 6152-506 Les assistants peuvent être nommés chargés d'enseignement dans les conditions définies par l'article L. 952-1 du code de l'éducation.

Art. R. 6152-507 *(Décr. n° 2006-717 du 19 juin 2006, art. 5-II)* Les assistants des hôpitaux doivent entretenir et perfectionner leurs connaissances. *(Décr. n° 2010-1137 du 29 sept. 2010, art. 29)* « Leur développement professionnel continu est organisé par le plan mentionné au 8° de l'article R. 6144-1. »

Art. R. 6152-508 Les postes d'assistant à pourvoir font l'objet d'une publication organisée par l'établissement concerné par voie d'affichage et par tous autres moyens. La date limite de dépôt des candidatures est postérieure d'un mois au moins à la date de l'affichage dans l'établissement.

Art. R. 6152-508-1 *(Décr. n° 2017-326 du 14 mars 2017, art. 12)* Une convention d'engagement de carrière hospitalière peut être conclue, sur proposition du chef de pôle ou, à défaut, du chef de service, du responsable de l'unité fonctionnelle ou d'une autre structure interne, et après avis du président de la commission médicale d'établissement, entre le directeur d'un établissement public de santé et un praticien contractuel si ce dernier est recruté sur un poste dans une spécialité pour laquelle l'offre de soins est ou risque d'être insuffisante dans l'établissement au sein duquel il exerce ou correspondant à un diplôme d'études spécialisées présentant des difficultés importantes de recrutement dans les établissements publics de santé.

Cette convention prévoit :

1° L'engagement de l'établissement à proposer au praticien un emploi à temps plein sous statut de personnel médical hospitalier jusqu'à sa nomination en période probatoire dans la spécialité concernée sur un poste correspondant aux fonctions pour lesquelles il a été recruté ;

2° L'engagement du praticien à se présenter, dès lors qu'il remplit les conditions requises, à chaque session du concours national de praticien des établissements publics de santé jusqu'à sa réussite et à se porter candidat, dès son inscription sur la liste d'aptitude mentionnée à l'article R. 6152-308, à un poste de praticien hospitalier dans l'établissement avec lequel il a conclu une convention, correspondant aux fonctions pour lesquelles il a été recruté ; le praticien s'engage également à accomplir trois ans de services effectifs en tant que praticien hospitalier en cas de réussite au concours. Si la durée du contrat d'assistanat est supérieure à un an, l'obligation de se présenter au concours de praticien des établissements publics de santé ne vaut que pour la deuxième année d'assistanat ;

3° Le versement au praticien, pendant toute la durée de la convention jusqu'à sa nomination en tant que praticien hospitalier en période probatoire, d'émoluments mensuels au moins équivalents à ceux qu'il perçoit à la date d'effet de la convention.

La convention prend fin de plein droit à l'issue des trois années de services effectifs en tant que praticien hospitalier. Si le praticien quitte l'établissement avant ce terme pour être recruté par un autre établissement public de santé, la convention peut être reprise par cet établissement selon les modalités et dans les conditions définies au premier alinéa.

La convention prend également fin de plein droit après trois échecs au concours national de praticien des établissements publics de santé. Elle peut être résiliée par le praticien si, un an après son inscription sur la liste d'aptitude mentionnée à l'article R. 6152-308, le directeur de l'établissement ne lui a pas proposé, dans les conditions prévues par la convention, un poste de praticien hospitalier ou s'il ne respecte pas l'engagement pris en matière de garantie d'émoluments au 3° ci-dessus. Elle est résiliée par le directeur de l'établissement pour des motifs d'insuffisance professionnelle ou disciplinaires qui conduisent à une cessation des fonctions du praticien dans les conditions prévues par son statut ou en cas de faute grave.

La liste des postes relevant d'une spécialité pour laquelle l'offre de soins est ou risque d'être insuffisante est arrêtée, par établissement et par spécialité, pour trois ans, révisable annuellement, par le directeur général de l'agence régionale de santé sur proposition des directeurs d'établissements et après l'avis de la commission régionale paritaire.

La liste des spécialités correspondant à un diplôme d'études spécialisées qui présentent des difficultés importantes de recrutement dans les établissements publics de santé est fixée pour trois ans, révisable annuellement, par arrêté conjoint des ministres chargés de la santé et du budget.

Art. R. 6152-509 Les candidats aux fonctions d'assistant justifient, par la présentation d'un certificat délivré par un médecin hospitalier, qu'ils remplissent les conditions d'aptitude physique et mentale pour l'exercice des fonctions hospitalières qu'ils postulent.

Art. R. 6152-510 *(Décr. n° 2015-320 du 20 mars 2015, art. 2)* Les assistants sont recrutés par contrat écrit passé avec le directeur de l'établissement public de santé, sur proposition du chef de pôle ou, à défaut, du responsable du service, de l'unité fonctionnelle ou de toute autre structure interne, après avis du président de la commission médicale d'établissement.

Art. R. 6152-511 *(Décr. n° 2015-320 du 20 mars 2015, art. 2)* Les assistants sont recrutés pour une période initiale soit d'un an, soit de deux ans renouvelable par période d'un an, sans que la période totale d'exercice des fonctions en qualité d'assistant ne puisse excéder six ans.

Art. R. 6152-511-1 *(Décr. n° 2006-717 du 19 juin 2006, art. 5-IV)* Les assistants doivent avoir accompli au moins deux ans de services effectifs à temps plein avant de pouvoir être recrutés en qualité d'assistants des hôpitaux à temps partiel.

Un assistant ayant exercé ses fonctions à temps plein ou à temps partiel pendant six ans ne peut plus être recruté en cette qualité par un établissement public de santé.

Art. R. 6152-512 *Abrogé par Décr. n° 2015-320 du 20 mars 2015, art. 4.*

Art. R. 6152-513 Le non-renouvellement du contrat à l'issue d'une période *(Décr. n° 2015-320 du 20 mars 2015, art. 2)* « de recrutement » est notifié avec un préavis de deux mois. Les démissions sont présentées avec le même préavis.

SOUS-SECTION 3 RÉMUNÉRATION

Art. R. 6152-514 *(Décr. n° 2015-320 du 20 mars 2015, art. 2)* Les assistants perçoivent après service fait :

1° Des émoluments forfaitaires mensuels différents selon qu'ils sont généralistes ou spécialistes, variables selon l'ancienneté, et dont le montant est fixé par arrêté des ministres chargés du budget, de la santé et de la sécurité sociale. Le montant de ces émoluments est calculé au prorata du nombre de demi-journées hebdomadaires effectuées, lorsque les fonctions sont exercées à temps partiel. Ces émoluments suivent l'évolution des traitements de la fonction publique, constatée par le ministre chargé de la santé ;

2° Des indemnités et allocations dont l'objet et le régime sont fixés par décret.

Sous réserve des dispositions des articles R. 6152-506, R. 6152-517 et de l'article 25 de la loi n° 83-634 du 13 juillet 1983 portant droits et obligations des fonctionnaires et des dispositions réglementaires prises pour son application, les assistants exerçant à temps plein ne peuvent percevoir aucun autre émolument au titre d'activités exercées tant à l'intérieur qu'à l'extérieur de l'établissement d'affectation.

Art. D. 6152-514-1 *(Décr. n° 2015-321 du 20 mars 2015, art. 1er)* Les indemnités et allocations mentionnées au 2° de l'article R. 6152-514 sont :

1° Des indemnités de participation à la permanence des soins ou de réalisation de périodes de travail au-delà des obligations de service hebdomadaires :

a) Des indemnités de sujétion correspondant au temps de travail effectué dans le cadre des obligations de service hebdomadaires, la nuit, le samedi après-midi, le dimanche et les jours fériés ;

b) Des indemnités forfaitaires pour tout temps de travail additionnel accompli, sur la base du volontariat, au-delà des obligations de service hebdomadaires ;

c) Des indemnités correspondant aux astreintes et aux déplacements auxquels elles peuvent donner lieu.

Les indemnités mentionnées aux deux alinéas précédents sont versées lorsque, selon le choix du praticien, le temps de travail additionnel, les astreintes et les déplacements ne font pas l'objet d'une récupération.

Les montants et les modalités de versement des indemnités mentionnées au 1° sont fixés par arrêté des ministres chargés du budget, de la santé et de la sécurité sociale ;

2° Des indemnités pour participation aux jurys de concours, à l'enseignement et à la formation des personnels des établissements hospitaliers, dont le montant est fixé par arrêté des ministres chargés du budget, de la santé et de la sécurité sociale ;

(Décr. n° 2017-327 du 14 mars 2017, art. 1er-IV-1°) « 3° Des primes et indemnités visant à développer le travail en réseau :

a) Abrogé par Décr. n° 2017-327 du 14 mars 2017, art. 2.

« *b)* Une prime d'exercice territorial pour activité dans plusieurs établissements ou dans plusieurs sites d'un même établissement, dans le cadre des groupements hospitaliers de territoires mentionnés à l'article L. 6132-1, lorsque le projet médical partagé mentionné au I de l'article R. 6132-3 est adopté ;

(Décr. n° 2017-327 du 14 mars 2017, art. 2) « La prime d'exercice territorial est versée pour activité dans plusieurs établissements ou dans plusieurs sites d'un même établissement, pour favoriser le développement de la mise en réseau des établissements mentionnés à l'article 2 de la loi n° 86-33 du 9 janvier 1986 portant dispositions statutaires relatives à la fonction publique hospitalière et les actions de coopération mentionnées à l'article L. 6134-1 ; »

« Le versement de ces primes et indemnités est maintenu durant les congés et jours de récupération mentionnés à l'article R. 6152-519 ainsi qu'à l'article R. 6152-520. Pour les assistants des hôpitaux placés en congé de maladie au titre des articles R. 6152-521 à R. 6152-523, leur versement est maintenu pendant une période qui ne peut excéder trois mois. La durée de cette période peut être portée à six mois en cas de congé de maladie accordé au titre de l'article R. 6152-524. Ce versement est suspendu en cas de suspension des fonctions prononcée en vertu des dispositions de l'article R. 6152-527 ; »

4° Une indemnité d'engagement de service public exclusif versée aux assistants des hôpitaux qui s'engagent, pendant la durée de leurs fonctions en qualité d'assistant des hôpitaux, à exercer à temps plein en établissement public de santé ou en établissement public pour personnes âgées dépendantes ;

Si l'assistant passe à temps partiel en cours de contrat d'engagement, il est procédé au recouvrement du montant de l'indemnité déjà versé au titre du contrat dénoncé.

En cas de cessation des fonctions en tant qu'assistant des hôpitaux, le montant de l'indemnité déjà versé au titre du contrat en cours reste acquis à l'assistant.

Le versement de cette indemnité est maintenu durant les congés et jours de récupération mentionnés aux 1°, 2° et 3° de l'article R. 6152-519 ainsi qu'à l'article R. 6152-520. Pour les assistants des hôpitaux placés en congé de maladie au titre des articles R. 6152-521 à R. 6152-523, le versement de cette indemnité est maintenu pendant une période qui ne peut excéder trois mois par contrat d'engagement. La durée de cette période est portée à six mois en cas de congé de maladie accordé au titre de l'article R. 6152-524.

(Décr. n° 2017-327 du 14 mars 2017, art. 1er-IV-2°) « 5° Une prime d'engagement de carrière hospitalière dès lors qu'il signe la convention d'engagement de carrière hospitalière mentionnée à l'article R. 6152-508-1 ; cette prime fait l'objet de deux versements, le premier intervenant lors de la signature de la convention, le second dès lors que le praticien est nommé praticien hospitalier pour une période probatoire dans les conditions fixées à l'article *[aux articles]* R. 6152-13 et R. 6152-210.

« Si, un an après son inscription sur la liste d'aptitude mentionnée à l'article R. 6152-308, l'établissement n'a pas proposé au praticien, conformément à la convention, un poste de praticien hospitalier, le second versement de la prime d'engagement de carrière hospitalière mentionné au 7° de l'article D. 6152-23-1 ou D. 6152-220-1 est dû au praticien.

« Un arrêté des ministres chargés de la santé et du budget précise les modalités de remboursement en cas de résiliation de la convention ou de changement d'établissement dans la durée de l'engagement. »

Le montant, les conditions d'attribution et les modalités de versement des indemnités mentionnées aux 3° *(Décr. nº 2017-327 du 14 mars 2017, art. 1er-IV-3º)* « [,] 4° et 5° » sont fixés par arrêté des ministres chargés du budget et de la santé ;

(Décr. nº 2017-327 du 14 mars 2017, art. 1er-IV-4º) « 6° » Le remboursement des frais de déplacement à l'occasion des déplacements temporaires effectués pour les besoins du service dans les conditions prévues à l'article R. 6152-32 à l'exclusion des remboursements des frais de changement de résidence.

Art. R. 6152-515 La durée des fonctions effectivement exercées en qualité de chef de clinique des universités-assistant des hôpitaux ou d'assistant hospitalier universitaire est prise en compte au titre de l'ancienneté en qualité d'assistant spécialiste pour le calcul des émoluments forfaitaires mensuels mentionnés au 1° de l'article R. 6152-514.

Art. R. 6152-516 *Abrogé par Décr. nº 2015-320 du 20 mars 2015.*

SOUS-SECTION 4 EXERCICE DE FONCTIONS – POSITIONS

§ 1er ACTIVITÉ ET CONGÉS

Art. R. 6152-517 Pendant leur première année de fonctions, les assistants peuvent, sur leur demande et sous réserve de l'avis favorable *(Décr. nº 2010-1137 du 29 sept. 2010, art. 32)* « du praticien exerçant les fonctions de chef du pôle ou, à défaut, de responsable de la structure interne d'affectation », être mis en congé sans rémunération dans la limite de trente jours par an, en vue d'assurer des remplacements de praticiens exerçant soit dans les établissements publics de santé ou privés, soit en clientèle de ville.

A partir de la deuxième année de fonctions, les assistants peuvent, sur leur demande et sous réserve de l'avis mentionné à l'alinéa précédent, être mis en congé sans rémunération dans la limite de quarante-cinq jours par an en vue d'exercer une activité hors de leur établissement d'affectation.

La durée des congés accordés en application des deux premiers alinéas est prise en compte dans le calcul de l'ancienneté des assistants des hôpitaux.

Art. R. 6152-518 Les assistants recrutés en application des dispositions de l'article R. 6152-503 et qui exercent leurs fonctions à temps plein ont droit à un congé de formation dont la durée est fixée à quinze jours ouvrables par an.

Lorsqu'ils exercent leurs fonctions à temps partiel, la durée de ce congé est fixée à douze demi-journées ouvrables par an.

Les droits à congé de formation au titre de deux années peuvent être cumulés.

Un arrêté du ministre chargé de la santé précise les conditions d'exercice du droit à congé de formation.

Pendant ce congé, les assistants continuent à percevoir les émoluments mentionnés au 1° de l'article R. 6152-514 à la charge de l'établissement dont ils relèvent.

En ce qui concerne les assistants mentionnés à l'article R. 6152-503, la durée des congés prévus aux premier et deuxième alinéas de l'article R. 6152-517 ainsi qu'au premier alinéa du présent article est prise en considération dans la durée des services effectifs permettant d'accéder au titre d'ancien assistant spécialiste des hôpitaux ou d'ancien assistant généraliste des hôpitaux prévu à l'article R. 6152-537.

Art. R. 6152-519 Les assistants ont droit :

1° A un congé annuel de vingt-cinq jours ouvrés ;

2° A un congé accordé au titre de la réduction du temps de travail ;

3° A des jours de récupération des périodes de temps de travail additionnel, des astreintes et des déplacements dans le cadre des astreintes lorsqu'ils n'ont pas fait l'objet d'une indemnisation.

Les assistants exerçant leur activité à temps partiel bénéficient des droits à congé définis aux 1° et 2° ci-dessus au prorata de la durée de leurs obligations de service hebdomadaires.

Pendant les congés et jours de récupération mentionnés aux 1°, 2° et 3° du présent article, les assistants perçoivent la rémunération mentionnée au 1° de l'article R. 6152-514.

La durée des congés mentionnés ci-dessus pouvant être pris en une seule fois ne peut excéder trente et un jours consécutifs.

(Décr. n° 2012-1481 du 27 déc. 2012, art. 4) « Le chef de pôle ou, à défaut, le responsable de la structure interne organise, après consultation des praticiens de la structure et sur la base de l'organisation arrêtée conformément aux dispositions des articles R. 6152-504 et R. 6152-505, la prise des jours de congé sur certaines périodes de l'année en fonction de l'activité.

« Pour cette prise de congé, l'assistant peut utiliser des jours de congé annuel, des jours de réduction du temps de travail, des jours de récupération et des jours accumulés sur son compte épargne-temps.

« L'organisation du temps de présence et d'absence des praticiens assistants est intégrée dans les contrats de pôle. »

Le directeur de l'établissement arrête le tableau des congés et des jours de récupération prévus aux 1°, 2° et 3° après avis du *(Décr. n° 2010-1137 du 29 sept. 2010, art. 33)* « chef de pôle ou, à défaut, du responsable du service, de l'unité fonctionnelle ou de toute autre structure interne ».

Art. R. 6152-519-1 *(Décr. n° 2006-717 du 19 juin 2006, art. 5-V)* Les assistants ont droit également :

1° A des autorisations spéciales d'absence dans les cas et les conditions prévus au 8° de l'article R. 6152-35 ;

2° A un congé non rémunéré *(Décr. n° 2010-1137 du 29 sept. 2010, art. 34)* « de solidarité familiale », dans les conditions fixées par l'article R. 6152-35-1 ;

3° A un congé de présence parentale non rémunéré, dans les conditions fixées par l'article R. 6152-35-2.

Art. R. 6152-520 *(Décr. n° 2017-161 du 9 févr. 2017, art. 15)* L'assistant des hôpitaux bénéficie d'un congé parental non rémunéré, dans les conditions de l'article R. 6152-45.

Art. R. 6152-520-1 *(Décr. n° 2017-161 du 9 févr. 2017, art. 16)* L'assistant des hôpitaux bénéficie d'un congé de maternité, de paternité et d'accueil de l'enfant ou d'adoption selon les modalités prévues à l'article R. 6152-819.

Il perçoit éventuellement l'indemnité prévue en cas d'activité dans plusieurs établissements.

Art. R. 6152-521 *(Décr. n° 2017-161 du 9 févr. 2017, art. 17)* L'assistant des hôpitaux bénéficie de congés de maladie sur présentation d'un certificat médical, dans la limite d'une durée de douze mois consécutifs pendant laquelle il perçoit pendant les trois premiers mois de ce congé la totalité de la rémunération mentionnée au 1° de l'article R. 6152-514 et la moitié de celle-ci pendant les neuf mois suivants.

Un congé sans rémunération lié à l'état de santé d'une durée de douze mois au maximum peut être accordé à l'assistant des hôpitaux, sur sa demande, après avis du comité médical mentionné à l'article R. 6152-36 lorsque l'intéressé ne peut, à l'expiration de ses droits à congé de maladie, reprendre ses activités pour raison de santé.

A l'expiration des droits aux congés de maladie ou d'un congé sans rémunération lié à l'état de santé, le comité médical se prononce sur l'aptitude de l'intéressé à ses fonctions.

Art. R. 6152-522 *(Décr. n° 2017-161 du 9 févr. 2017, art. 18)* L'assistant des hôpitaux atteint d'une affection dûment constatée, figurant, à l'exception des pathologies mentionnées à l'article R. 6152-523, sur la liste établie en application de l'article 28 du décret n° 86-442 du 14 mars 1986 relatif à la désignation de médecins agréés, à l'organisation des comités médicaux et des commissions de réforme, aux conditions d'aptitude physique pour l'admission aux emplois publics et au régime de congés de maladie des fonctionnaires, et qui rend nécessaires un traitement et des soins coûteux et prolongés le mettant dans l'impossibilité d'exercer ses fonctions a droit à un congé de longue maladie d'une durée maximale de trente mois par périodes ne pouvant excéder six mois.

L'intéressé perçoit la totalité de ses émoluments pendant douze mois, et la moitié pendant les dix-huit mois suivants.

Un congé sans rémunération lié à l'état de santé d'une durée de douze mois au maximum peut être accordé, sur sa demande, après avis du comité médical mentionné à l'article R. 6152-36, à l'assistant des hôpitaux qui ne peut, à l'expiration de ses droits à congé de longue maladie, reprendre ses activités pour raison de santé.

A l'expiration des droits à congé de longue maladie ou d'un congé sans rémunération lié à l'état de santé, le comité médical se prononce sur l'aptitude de l'intéressé à ses fonctions.

Art. R. 6152-523 *(Décr. n° 2017-161 du 9 févr. 2017, art. 19)* L'assistant des hôpitaux atteint de tuberculose, de maladie mentale, d'affection cancéreuse, de déficit immunitaire grave et acquis ou de poliomyélite et empêché d'exercer ses fonctions a droit, après avis du comité médical mentionné à l'article R. 6152-36, à un congé de longue durée pour une durée maximale de vingt-quatre mois par affection par périodes ne pouvant excéder six mois.

Dans cette position, il perçoit la totalité de ses émoluments.

Si, à l'issue de ce congé, il ne peut reprendre ses activités, il lui est accordé sur sa demande un congé sans rémunération lié à l'état de santé d'une durée maximale de dix-huit mois.

A l'expiration des droits à congé de longue durée ou d'un congé sans rémunération lié à l'état de santé, le comité médical se prononce sur l'aptitude de l'intéressé à ses fonctions.

Art. R. 6152-524 *(Décr. n° 2017-161 du 9 févr. 2017, art. 20)* En cas d'accident du travail ou de maladie professionnelle, l'assistant des hôpitaux bénéficie d'un congé pendant toute la période d'incapacité de travail jusqu'à la guérison complète, la consolidation de la blessure ou le décès.

Dans cette situation, l'intéressé perçoit la totalité de ses émoluments dans la limite de douze mois.

A l'issue de cette période, l'intéressé est examiné par le comité médical qui se prononce sur la prolongation du congé avec maintien de la totalité de la rémunération mentionnée au 1° de l'article R. 6152-514, par périodes ne pouvant excéder six mois et dans la limite d'une durée totale de vingt-quatre mois.

A l'expiration des droits à ce congé, le comité médical se prononce sur l'aptitude de l'intéressé à ses fonctions.

Art. R. 6152-524-1 *(Décr. n° 2017-161 du 9 févr. 2017, art. 21)* L'assistant des hôpitaux peut bénéficier, après avis du comité médical, d'une reprise à temps partiel thérapeutique dans les conditions fixées aux articles L. 323-3 et R. 323-3 du code de la sécurité sociale.

Pendant la période de temps partiel thérapeutique, l'assistant des hôpitaux perçoit la totalité des émoluments prévus au 1° de l'article R. 6152-514 du présent code, ainsi que les primes habituellement perçues, s'il remplit les conditions d'octroi de celles-ci.

Art. R. 6152-525 *Abrogé par Décr. n° 2017-161 du 9 févr. 2017, art. 25.*

Art. R. 6152-526 En application de l'article 1er du décret n° 70-1277 du 23 décembre 1970 portant création d'un régime de retraites complémentaires des assurances sociales en faveur des agents non titulaires de l'État et des établissements publics, les assistants des hôpitaux bénéficient du régime de retraite géré par l'institution de retraite complémentaire des agents non titulaires de l'État et des collectivités publiques. *(Décr. n° 2010-1137 du 29 sept. 2010, art. 37)* « Un décret fixe les éléments de l'assiette des cotisations qui font l'objet d'une limitation. »

Art. R. 6152-527 Lorsque l'intérêt du service l'exige, un assistant recruté en application de l'article R. 6152-503 peut être immédiatement suspendu de ses fonctions, à titre provisoire, par le directeur de l'établissement, *(Décr. n° 2010-1137 du 29 sept. 2010, art. 38)* « après avis du chef de pôle ou, à défaut, du responsable du service, de l'unité fonctionnelle ou de toute autre structure interne ». Le directeur informe aussitôt de cette suspension *(Décr. n° 2010-1137 du 29 sept. 2010, art. 38)* « le directeur général de l'agence régionale de santé ».

Si des poursuites disciplinaires sont engagées à l'encontre de l'assistant, la décision de suspension peut être confirmée *(Décr. n° 2010-1137 du 29 sept. 2010, art. 38)* « par le directeur général de l'agence régionale de santé » dans le délai d'un mois suivant la décision du directeur, pour une durée qui ne peut au total excéder trois mois.

A défaut de confirmation par *(Décr. n° 2010-1137 du 29 sept. 2010, art. 38)* « cette autorité » de la décision du directeur dans le délai susmentionné d'un mois, cette décision de suspension provisoire cesse de plein droit d'avoir effet.

L'intéressé conserve pendant la durée de sa suspension la totalité des émoluments mentionnés au 1° de l'article R. 6152-514.

Art. R. 6152-527-1 *(Décr. n° 2014-841 du 24 juill. 2014, art. 3)* Les assistants exerçant leurs fonctions à temps plein peuvent réaliser les expertises mentionnées au II de l'article L. 6152-4 du présent code pendant leurs obligations de service dans la limite de deux demi-journées par semaine, cette durée étant calculée en moyenne sur une période de quatre mois.

§ 2 DÉPARTEMENTS D'OUTRE-MER, SAINT-BARTHÉLEMY, SAINT-MARTIN, MAYOTTE ET SAINT-PIERRE-ET-MIQUELON *(Décr. n° 2010-1091 du 16 sept. 2010, art. 4-III)*.

V. Dalloz.fr 🏛.

SOUS-SECTION 5 GARANTIES DISCIPLINAIRES

Art. R. 6152-530 Les sanctions disciplinaires applicables aux assistants sont :

1° L'avertissement ;

2° Le blâme ;

3° La suspension pour une durée ne pouvant excéder six mois, avec suppression totale ou partielle des émoluments ;

4° Le licenciement.

L'avertissement et le blâme sont prononcés par le directeur de l'établissement après avis de la commission médicale d'établissement. Les autres sanctions sont prononcées par le *(Décr. n° 2010-1137 du 29 sept. 2010, art. 39)* « directeur général de l'agence régionale de santé », après avis de la commission médicale d'établissement et du directeur de l'établissement.

(Décr. n° 2010-1137 du 29 sept. 2010, art. 39) « A défaut d'avis rendu par la commission médicale d'établissement dans les deux mois de sa convocation, seul l'avis de son président est requis. »

Art. R. 6152-531 L'assistant qui fait l'objet d'une procédure disciplinaire a droit à la communication de l'intégralité de son dossier individuel et de tous documents annexes ; il peut se faire assister par le ou les défenseurs de son choix. L'intéressé est informé de son droit à communication de son dossier.

SOUS-SECTION 6 INSUFFISANCE PROFESSIONNELLE

Art. R. 6152-532 En cas d'insuffisance professionnelle, il peut être mis fin au contrat sans indemnité, ni préavis sur avis conforme de la commission médicale d'établissement. *(Décr. n° 2010-1137 du 29 sept. 2010, art. 40)* « En cas d' » urgence, le directeur de l'établissement peut, jusqu'à l'intervention *(Décr. n° 2010-1137 du 29 sept. 2010, art. 40)* « de cet » avis, suspendre l'assistant de ses fonctions pour une durée qui ne peut excéder un mois ; l'intéressé conserve pendant la durée de cette suspension la totalité des émoluments mentionnés au 1° de l'article R. 6152-514.

(Décr. n° 2010-1137 du 29 sept. 2010, art. 40) « A défaut d'avis de la commission médicale d'établissement rendu dans un délai de deux mois à compter de sa convocation, seul l'avis de son président est requis. »

Art. R. 6152-533 *Abrogé par Décr. n° 2006-717 du 19 juin 2006, art. 5-VII.*

SOUS-SECTION 7 DISPOSITIONS DIVERSES

Art. R. 6152-534 Les dispositions de l'article R. 6152-73 sont applicables aux assistants.

Art. R. 6152-535 Le contrat de l'assistant est suspendu pendant la durée légale du service national.

Art. R. 6152-536 Le contrat de l'assistant peut être suspendu en cas d'accident ou de maladie grave du conjoint ou d'un enfant : la durée de la suspension ne peut, en ce cas, excéder une durée de six mois, renouvelable une fois.

Art. R. 6152-537 Pour porter le titre d'ancien assistant spécialiste des hôpitaux ou d'ancien assistant généraliste des hôpitaux, il est nécessaire de justifier de deux années de fonctions effectives respectivement en l'une ou l'autre de ces qualités.

(Décr. n° 2014-963 du 22 août 2014, art. 1er) « Lorsqu'un assistant spécialiste des hôpitaux ou un assistant généraliste des hôpitaux a bénéficié d'un congé de maternité, d'adoption, de paternité ou de maladie rémunéré dans les conditions prévues aux articles R. 6152-521 à R. 6152-524 et ne peut justifier des deux ans de fonctions effectives requises à l'alinéa précédent pour porter le titre d'ancien assistant spécialiste des hôpitaux ou d'ancien assistant généraliste des hôpitaux, son contrat est, sur sa demande, prorogé pour la durée du congé ainsi obtenu. »

SOUS-SECTION 8 ASSISTANTS ASSOCIÉS

Art. R. 6152-538 *(Décr. n° 2006-717 du 19 juin 2006, art. 5-VIII)* « Peuvent être recrutés comme assistants généralistes associés ou assistants spécialistes associés les praticiens qui, ne remplissant pas les conditions indiquées à l'article R. 6152-503, ont achevé leurs études médicales, odontologiques ou pharmaceutiques et qui, en outre, remplissent les conditions de diplôme, de titre et de formation fixées par arrêté conjoint des ministres chargés de la santé et de l'enseignement supérieur. »

Les assistants associés exercent leurs fonctions sous la responsabilité directe du responsable de la structure dans laquelle ils sont affectés ou, en cas d'empêchement de celui-ci, de l'un de ses collaborateurs médecin, odontologiste, ou pharmacien. Ils sont associés à la continuité des soins ou à la permanence pharmaceutique assurée sur place, mais ne sont pas autorisés à effectuer des remplacements.

Art. R. 6152-539 *(Décr. n° 2015-320 du 20 mars 2015, art. 3)* Les dispositions des articles R. 6152-501, à l'exception du 2° et du cinquième alinéa, R. 6152-502, R. 6152-504, à l'exception des premier et dernier alinéas, R. 6152-508 à R. 6152-510, R. 6152-511-1, R. 6152-513, R. 6152-518, à l'exception du dernier alinéa, et des articles R. 6152-519 à R. 6152-536 sont applicables aux assistants associés.

Art. R. 6152-539-1 *(Décr. n° 2015-320 du 20 mars 2015, art. 3)* Sous réserve des dispositions de l'article R. 6152-539-2, les assistants associés sont recrutés pour une période initiale soit d'un an, soit de deux ans renouvelable par période d'un an, sans que la période totale d'exercice des fonctions en qualité d'assistant associé ne puisse excéder six ans.

Art. R. 6152-539-2 *(Décr. n° 2015-320 du 20 mars 2015, art. 3)* Les candidats assistants associés peuvent souscrire un contrat d'engagement d'exercice au sein d'un établissement public de santé et sont alors recrutés pour une durée de deux ans, ou de quatre ans. La durée totale de leurs fonctions en qualité d'assistant associé ne peut excéder six années.

Art. R. 6152-539-3 *(Décr. n° 2015-320 du 20 mars 2015, art. 3)* Les assistants associés perçoivent après service fait :

1° Des émoluments forfaitaires mensuels différents selon qu'ils sont généralistes ou spécialistes, variables selon l'ancienneté, et dont le montant est fixé par arrêté des ministres chargés du budget, de la santé et de la sécurité sociale. Le montant de ces émoluments est calculé au prorata du nombre de demi-journées hebdomadaires effectuées, lorsque les fonctions sont exercées à temps partiel. Ces émoluments suivent l'évolution des traitements de la fonction publique, constatée par le ministre chargé de la santé ;

2° Des indemnités et allocations dont l'objet et le régime sont fixés par décret.

Art. D. 6152-539-4 *(Décr. n° 2015-321 du 20 mars 2015, art. 2)* Les indemnités et allocations mentionnées au 2° de l'article R. 6152-539-3 sont :

1° Des indemnités de participation à la permanence des soins ou de réalisation de périodes de travail au-delà des obligations de service hebdomadaires :

a) Des indemnités de sujétion correspondant au temps de travail effectué dans le cadre des obligations de service hebdomadaires, la nuit, le samedi après-midi, le dimanche et les jours fériés ;

b) Des indemnités forfaitaires pour tout temps de travail additionnel accompli, sur la base du volontariat, au-delà des obligations de service hebdomadaires ;

Les indemnités mentionnées à l'alinéa précédent sont versées lorsque, selon le choix du praticien, le temps de travail additionnel ne fait pas l'objet d'une récupération.

Les montants et les modalités de versement des indemnités mentionnées au 1° sont fixés par arrêté des ministres chargés du budget, de la santé et de la sécurité sociale ;

(Décr. n° 2017-327 du 14 mars 2017, art. 1er-V) « 2° Des primes et indemnités visant à développer le travail en réseau :

« *a)* *Abrogé par Décr. n° 2017-327 du 14 mars 2017, art. 2.*

« *b)* Une prime d'exercice territorial pour activité dans plusieurs établissements ou dans plusieurs sites d'un même établissement, dans le cadre des groupements hospitaliers de territoires mentionnés à l'article L. 6132-1, lorsque le projet médical partagé mentionné au I de l'article R. 6132-3 est adopté ;

(Décr. n° 2017-327 du 14 mars 2017, art. 2) « La prime d'exercice territorial est versée pour activité dans plusieurs établissements ou dans plusieurs sites d'un même établissement, pour favoriser le développement de la mise en réseau des établissements mentionnés à l'article 2 de la loi n° 86-33 du 9 janvier 1986 portant dispositions statutaires relatives à la fonction publique hospitalière et les actions de coopération mentionnées à l'article L. 6134-1 ; »

« Un arrêté des ministres chargés du budget et de la santé détermine les conditions d'attribution et les montants de ces primes et indemnités.

« Le versement de ces primes et indemnités est maintenu durant les congés et jours de récupération mentionnés à l'article R. 6152-519 ainsi qu'à l'article R. 6152-520. Pour les assistants associés placés en congés de maladie au titre des articles R. 6152-521 à R. 6152-523, leur versement est maintenu pendant une période qui ne peut excéder trois mois. La durée de cette période peut être portée à six mois en cas de congé de maladie accordé au titre de l'article R. 6152-524. Ce versement est suspendu en cas de suspension des fonctions prononcée en vertu des dispositions de l'article R. 6152-527 ; »

3° Une prime d'engagement versée à l'occasion du recrutement initial ou du renouvellement du contrat de l'assistant associé qui s'engage à exercer à temps plein dans un établissement public de santé pour une période de deux ans ou de quatre ans.

Un assistant associé ne peut bénéficier de cette prime qu'une seule fois.

En cas de cessation de fonctions de l'assistant associé, le bénéfice de la prime obéit aux règles suivantes :

a) Elle reste acquise à son bénéficiaire s'il cesse ses fonctions dans les cas prévus aux articles R. 6152-521 à R. 6152-524 ;

b) Il est procédé au recouvrement de la prime versée, lorsque l'assistant associé démissionne avant le terme de l'engagement qu'il a souscrit ;

c) Il est procédé au recouvrement de la prime versée au prorata de la durée d'engagement restant à courir si l'assistant associé cesse ses fonctions dans les cas prévus au 4° de l'article R. 6152-530 et à l'article R. 6152-532 ;

d) Elle reste acquise à son bénéficiaire si ce dernier est nommé praticien hospitalier avant le terme de son engagement.

Toutefois, en cas de cessation définitive des fonctions de praticien hospitalier avant le terme de l'engagement souscrit en qualité d'assistant associé, il est procédé au recouvrement de la prime versée.

Le montant et les modalités de versement de la prime sont fixés par arrêté des ministres chargés du budget de la santé et de la sécurité sociale ;

4° Le remboursement des frais de déplacement à l'occasion des déplacements temporaires effectués pour les besoins du service dans les conditions prévues à l'article R. 6152-32 à l'exclusion des remboursements des frais de changement de résidence.

Art. R. 6152-540 *Abrogé par Décr. n° 2012-1483 du 27 déc. 2012, art. 11.*

Art. R. 6152-541 Le dossier d'un assistant associé, mentionné à l'article R. 6152-510 comprend notamment les documents justifiant que l'intéressé a une bonne connaissance de la langue française et se trouve en situation régulière au regard de la législation relative aux conditions de séjour et de travail des étrangers en France. *(Décr. n° 2010-1137 du 29 sept. 2010, art. 45)* « Le directeur général de l'agence régionale de santé » vérifie, pour chaque recrutement, la validité des diplômes et titres présentés.

Art. R. 6152-542 *(Décr. n° 2010-1212 du 13 oct. 2010, art. 3)* Peuvent également être recrutés comme assistants spécialistes associés, sans que leur soient opposées les conditions de diplôme, de titre et de formation mentionnées au premier alinéa de l'article R. 6152-538 :

1° Les candidats à l'autorisation d'exercice de la profession de médecin, de chirurgien-dentiste ou de pharmacien définie au I de l'article L. 4111-2 et à l'article L. 4221-12, lauréats des épreuves de vérification des connaissances, pour l'accomplissement des fonctions requises par les dispositions des mêmes articles ;

2° Les candidats à l'autorisation d'exercice de la profession de médecin, de chirurgien-dentiste ou de pharmacien définie au II de l'article L. 4111-2, à l'article L. 4131-1-1, à l'article L. 4141-3-1, à l'article L. 4221-14-1 et à l'article L. 4221-14-2, pour l'accomplissement du stage d'adaptation prévu aux mêmes articles.

Les dispositions de l'article R. 6152-541 relatives à la justification d'une bonne connaissance de la langue française ne sont pas applicables aux assistants associés recrutés dans ces conditions.

SOUS-SECTION 9 SAGES-FEMMES ASSOCIÉES

(Décr. n° 2010-1212 du 13 oct. 2010, art. 4)

Art. R. 6152-543 Peuvent être recrutés en qualité de sages-femmes associées :

1° Les candidats à l'autorisation d'exercice de la profession de sage-femme définie au I de l'article L. 4111-2, lauréats des épreuves de vérification des connaissances, pour l'accomplissement des fonctions requises par les dispositions du même I ;

2° Les candidats à l'autorisation d'exercice de la profession de sage-femme définie au II de l'article L. 4111-2 et à l'article L. 4151-5-1, pour l'accomplissement du stage d'adaptation prévu aux mêmes articles.

Ils exercent leurs fonctions sous la responsabilité directe du praticien chef de pôle ou du praticien responsable de la structure interne dans laquelle ils sont affectés ou, en cas d'empêchement de celui-ci, de l'un de ses collaborateurs médecin. Ils participent à l'activité du pôle ou de la structure interne dans laquelle ils sont affectés dans le cadre de l'organisation des activités définie par la sage-femme cadre supérieur ou la sage-femme cadre assistant le chef de pôle.

Art. R. 6152-544 Les dispositions du titre Ier du décret n° 2002-9 du 4 janvier 2002 relatif au temps de travail et à l'organisation du travail dans les établissements mentionnés à l'article 2 de la loi n° 86-33 du 9 janvier 1986 portant dispositions statutaires relatives à la fonction publique hospitalière, à l'exception de celles de son article 17, s'appliquent aux sages-femmes associées.

Elles exercent leurs fonctions à temps plein ou à temps partiel, dans les conditions définies au quatrième alinéa de l'article 32 du décret n° 91-155 du 6 février 1991 relatif aux dispositions générales applicables aux agents contractuels des établissements mentionnés à l'article 2 de la loi n° 86-33 du 9 janvier 1986.

Les dispositions de la section VIII du présent chapitre ne sont pas applicables aux sages-femmes associées.

Art. R. 6152-545 Les sages-femmes associées perçoivent après service fait :

1° Des émoluments forfaitaires mensuels dont le montant, fixé par arrêté des ministres chargés du budget, de la santé et de la sécurité sociale, est établi par référence au traitement indiciaire des sages-femmes de classe normale régies par les dispositions du décret n° 89-611 du 1er septembre 1989 portant statut particulier des sages-femmes de la fonction publique hospitalière. Le montant de ces émoluments est calculé au prorata de la quotité de travail lorsque les fonctions sont exercées à temps partiel ;

2° Des indemnités dont la liste est fixée par décret.

Art. D. 6152-546 Les sages-femmes associées bénéficient, dans les mêmes conditions que les personnels régis par le décret n° 89-611 du 1er septembre 1989 portant statut particulier des sages-femmes de la fonction publique hospitalière :

1° D'indemnités forfaitaires pour travail des dimanches et jours fériés ;

2° D'indemnités horaires pour travail normal de nuit et d'une majoration pour travail intensif.

Art. R. 6152-547 Les sages-femmes associées ont droit à un congé de formation dont la durée est fixée à cinq jours ouvrables par an. Les conditions d'exercice de ce droit sont fixées par arrêté du ministre chargé de la santé. Pendant le congé, les sages-femmes associées perçoivent les émoluments mentionnés au 1° de l'article R. 6152-545.

Art. R. 6152-548 Les sages-femmes associées ont droit à un congé annuel de vingt-cinq jours ouvrés. Les sages-femmes associées exerçant leur activité à temps partiel bénéficient de ce droit au prorata de leur quotité de travail.

Pendant ces jours de congés et les jours supplémentaires de repos accordés au titre de la réduction du temps de travail en application du décret n° 2002-9 du 4 janvier 2002 relatif au temps de travail et à l'organisation du travail dans les établissements mentionnés à l'article 2 de la loi n° 86-33 du 9 janvier 1986 portant dispositions statutaires relatives à la fonction publique hospitalière, elles perçoivent les émoluments mentionnés au 1° de l'article R. 6152-545.

La durée des congés et jours supplémentaires de repos mentionnés ci-dessus pouvant être pris en une seule fois ne peut excéder trente et un jours consécutifs.

Le directeur de l'établissement arrête le tableau des congés et jours supplémentaires de repos des sages-femmes associées après avis du chef de pôle ou du responsable de la structure interne.

Art. R. 6152-549 Les sages-femmes associées bénéficient d'un congé de maternité, d'adoption ou de paternité d'une durée égale à celle prévue par la législation de la sécurité sociale pendant lequel elles perçoivent les émoluments mentionnés au 1° de l'article R. 6152-545.

Art. R. 6152-550 Les dispositions du 1° de l'article R. 6152-501, des articles R. 6152-508 à R. 6152-511, R. 6152-513, R. 6152-519-1, R. 6152-520-1 à R. 6152-532 et R. 6152-534 à R. 6152-536 sont applicables aux sages-femmes associées.

Pour l'application aux sages-femmes associées des dispositions des articles R. 6152-521, R. 6152-524, R. 6152-527, R. 6152-529 et R. 6152-532, la référence au 1° de l'article R. 6152-514 est remplacée par la référence au 1° de l'article R. 6152-545.

SOUS-SECTION 10 LIMITE D'ÂGE ET PROLONGATION D'ACTIVITÉ

(Décr. n° 2016-1426 du 21 oct. 2016, art. 5)

Art. R. 6152-551 La limite d'âge des praticiens régis par les dispositions de la présente section est fixée à soixante-sept ans pour les intéressés nés à compter du 1er janvier 1955.

A titre transitoire, la limite d'âge applicable à ces praticiens est fixée à :

1° 65 ans pour ceux nés avant le 1er juillet 1951 ;

2° 65 ans et 4 mois pour ceux nés entre le 1er juillet 1951 et le 31 décembre 1951 ;

3° 65 ans et 9 mois pour ceux nés en 1952 ;

4° 66 ans et 2 mois pour ceux nés en 1953 ;

5° 66 ans et 7 mois pour ceux nés en 1954.

Art. R. 6152-552 Les assistants des hôpitaux peuvent bénéficier d'une prolongation d'activité dans les conditions et selon les modalités prévues aux articles R. 6152-424 à R. 6152-427.

SECTION VI STATUT DES PRATICIENS ATTACHÉS

SOUS-SECTION 1 DISPOSITIONS GÉNÉRALES

Art. R. 6152-601 Les praticiens attachés exercent des fonctions hospitalières et participent *(Décr. n° 2016-1645 du 1er déc. 2016, art. 3-37°)* « aux missions définies aux articles L. 6111-1 et L. 6112-1 ».

(Décr. n° 2010-1137 du 29 sept. 2010, art. 47) « Ils sont placés sous l'autorité du chef de pôle ou, à défaut, du responsable du service, de l'unité fonctionnelle ou de toute autre structure interne dont ils relèvent. »

SOUS-SECTION 2 RECRUTEMENT

Art. R. 6152-602 *(Décr. n° 2010-1137 du 29 sept. 2010, art. 48)* Pour pouvoir être recruté en qualité de praticien attaché, le postulant doit :

1° Remplir les conditions légales d'exercice de la profession de médecin, chirurgien-dentiste ou pharmacien en France et :

a) Soit remplir les conditions prévues par les articles L. 4111-1 ou L. 4221-1 ;

b) Soit être autorisé à exercer la profession de médecin, chirurgien-dentiste ou pharmacien, en application des articles L. 4111-2, L. 4131-1-1, L. 4141-3-1, L. 4221-12, L. 4221-14-1, L. 4221-14-2, L. 6213-3, de la première phrase du 1° de l'article L. 6213-2 ou de l'article 60 de la loi n° 99-641 du 27 juillet 1999 portant création d'une couverture maladie universelle ;

2° Justifier d'une inscription au tableau de l'ordre dont il relève ;

3° Jouir de ses droits civiques dans l'État dont il est ressortissant ;

4° Ne pas avoir subi une condamnation incompatible avec l'exercice des fonctions. L'absence de condamnation est attestée par :

a) Pour les ressortissants français, un extrait du bulletin n° 2 du casier judiciaire datant de moins de trois mois ;

b) Pour les ressortissants d'un État étranger, un extrait de casier judiciaire ou un document équivalent datant de moins de trois mois, délivré par une autorité compétente de l'État d'origine ou de provenance ; cette pièce peut être remplacée, pour les ressortissants des États membres de l'Union européenne ou parties à l'accord sur l'Espace économique européen qui exigent une preuve de moralité ou d'honorabilité pour l'accès à l'activité de médecin, chirurgien-dentiste ou pharmacien, par une attestation datant de moins de trois mois de l'autorité compétente de l'État d'origine ou de provenance certifiant que ces conditions de moralité ou d'honorabilité sont remplies ;

5° Être en position régulière au regard des obligations du service national de l'État dont il est ressortissant ;

6° Remplir les conditions d'aptitude exigées pour l'exercice de sa fonction compte tenu des possibilités de compensation du handicap ;

7° Pour les étrangers autres que les ressortissants communautaires, être en situation régulière au regard de la réglementation relative aux conditions de séjour et de travail.

Art. R. 6152-603 *Abrogé par Décr. n° 2010-1137 du 29 sept. 2010, art. 49.*

Art. R. 6152-604 *(Décr. n° 2017-326 du 14 mars 2017, art. 13)* Les praticiens attachés peuvent exercer concomitamment leurs fonctions dans une ou plusieurs structures du même établissement ou dans des établissements différents.

Les praticiens attachés à temps plein peuvent exercer leur activité dans plusieurs établissements, au sein des groupements hospitaliers de territoire mentionnés à l'article L. 6132-1 ou pour favoriser le développement de la mise en réseau d'établissements de santé mentionnés à l'article 2 du titre IV du statut général des fonctionnaires et les actions de coopération mentionnées à l'article L. 6134-1.

Une convention passée à cet effet entre les établissements, avec l'accord du praticien concerné et après avis motivé du chef de pôle ou, à défaut, du chef de service, du responsable de l'unité fonctionnelle ou d'une autre structure interne, et du président de la commission médicale d'établissement détermine les modalités de répartition de l'activité des praticiens entre ces établissements et la fraction des émoluments, indemnités *et allocations prévus à l'article* R. 6152-612 et des charges annexes qui est supportée par chacun d'entre eux.

Les intéressés sont tenus de respecter les dispositions du règlement intérieur de l'établissement dans lequel ils exercent.

Un arrêté du ministre chargé de la santé précise les conditions d'application du présent article.

SOUS-SECTION 3 OBLIGATIONS DE SERVICE

Art. R. 6152-605 Afin d'assurer la continuité des soins, l'organisation du temps de présence médicale, pharmaceutique et odontologique établie en fonction des caractéristiques propres aux différentes structures est arrêtée annuellement par le directeur d'établissement après avis de la commission médicale d'établissement ou, le cas échéant, *(Décr. n° 2010-1137 du 29 sept. 2010, art. 51)* « de la commission médicale d'établissement locale ». Un tableau de service nominatif, établi sur cette base, est arrêté mensuellement par le directeur sur proposition du *(Décr. n° 2010-1137 du 29 sept. 2010, art. 51)* « chef de pôle ou, à défaut, du responsable du service, de l'unité fonctionnelle ou de toute autre structure interne ».

Les praticiens attachés consacrent au service hospitalier auquel ils sont affectés le nombre de demi-journées hebdomadaires fixées par leur contrat telles qu'elles figurent au tableau de service. Ces obligations de service sont comprises entre une et dix demi-journées hebdomadaires.

Art. R. 6152-606 Pour un praticien exerçant à temps plein, le service hebdomadaire est fixé à dix demi-journées hebdomadaires sans que la durée de travail puisse excéder quarante-huit heures par semaine, cette durée étant calculée en moyenne sur une période de quatre mois. Le travail effectué la nuit est compté pour deux demi-journées. Lorsque le praticien exerce son activité à temps partiel, la limite horaire de ses obligations de service est définie, sur la base de quarante-huit heures, au prorata des demi-journées inscrites au contrat.

Lorsque l'activité médicale est organisée en temps continu, l'obligation de service hebdomadaire des praticiens est, par dérogation à l'alinéa ci-dessus, calculée en heures, en moyenne sur une période de quatre mois, et ne peut dépasser quarante-huit heures.

Lorsque le praticien exerce à temps partiel, son obligation de service hebdomadaire ne peut excéder une durée définie, sur la base de quarante-huit heures, au prorata des demi-journées d'obligations de service hebdomadaire définies au contrat.

Les praticiens attachés dont le contrat prévoit une quotité de travail d'au moins cinq demi-journées peuvent accomplir, sur la base du volontariat au-delà de leurs obligations de service hebdomadaires, un temps additionnel donnant lieu soit à récupération, soit à indemnisation, dans les conditions prévues à la présente section. Toutefois, le nombre de périodes additionnelles effectuées et décomptées sur une période de quatre mois ne peut conduire à une augmentation de la quotité de travail du praticien concerné de plus de 40 %.

Par dérogation aux dispositions de l'alinéa précédent, en cas de nécessité de service, à titre exceptionnel et pour une période limitée, un praticien dont la quotité de travail est inférieure à cinq demi-journées peut être sollicité pour effectuer des périodes de temps de travail additionnel.

Les praticiens attachés bénéficient d'un repos quotidien d'une durée minimale de onze heures consécutives par période de vingt-quatre heures.

(Décr. n° 2015-1260 du 9 oct. 2015, art. 5-1°) « Le repos quotidien après la fin du dernier déplacement survenu au cours d'une astreinte est garanti au praticien. »

Par dérogation aux dispositions de l'alinéa précédent, ils peuvent accomplir une durée de travail continue n'excédant pas vingt-quatre heures ; dans ce cas, ils bénéficient, immédiatement à l'issue de cette période, d'un repos d'une durée équivalente.

(Décr. n° 2015-1260 du 9 oct. 2015, art. 5-2°) « Le temps d'intervention sur place et le temps de trajet réalisés lors d'un déplacement survenu au cours d'une astreinte constituent du temps de travail effectif et sont pris en compte pour l'attribution du repos quotidien. »

Art. R. 6152-607 Les praticiens régis par la présente section participent à la continuité des soins ou à la permanence pharmaceutique avec les autres praticiens de l'établissement, sous réserve des dispositions de l'article R. 6152-632.

A ce titre, les praticiens attachés, en particulier :

1° Dans les structures organisées en temps continu, assurent le travail de jour et de nuit dans les conditions définies par le règlement intérieur et le tableau de service ;

2° Dans les autres structures, assurent le travail quotidien du matin et de l'après-midi et, en outre, participent à la continuité des soins, ou à la permanence pharmaceutique organisée soit sur place, soit en astreinte à domicile ;

3° Quelle que soit la structure, participent aux remplacements imposés par les différents congés ou absences occasionnelles des praticiens de l'établissement ;

4° Quelle que soit la structure, répondent aux besoins hospitaliers exceptionnels et urgents survenant en dehors de leurs obligations de service.

Toutefois, si l'intérêt du service l'exige, le directeur de l'établissement, *(Décr. n° 2010-1137 du 29 sept. 2010, art. 52)* « après avis du président de la commission médicale d'établissement ou, le cas échéant, de la commission médicale d'établissement locale », peut décider *(Décr. n° 2010-1137 du 29 sept. 2010, art. 52)* « de suspendre la participation d'un praticien attaché » à la continuité des soins ou à la permanence pharmaceutique la nuit, le samedi après-midi, le dimanche et les jours fériés pour une durée maximale de trois mois. *(Décr. n° 2010-1137 du 29 sept. 2010, art. 52)* « Il en informe sans délai le directeur général de l'agence régionale de santé. » A l'issue de cette période, si le praticien n'est pas autorisé à nouveau *(Décr. n° 2006-717 du 19 juin 2006, art. 6-I)* « à participer à la continuité des soins ou à la permanence pharmaceutique », son cas est soumis au comité médical mentionné à l'article R. 6152-36 ou fait l'objet de la procédure relative à l'insuffisance professionnelle ou de la procédure disciplinaire prévues par la présente section.

Art. R. 6152-608 *(Décr. n° 2010-1137 du 29 sept. 2010, art. 53)* Les praticiens attachés entretiennent et perfectionnent leurs connaissances. Leur développement professionnel continu est organisé par le plan mentionné au 8° de l'article R. 6144-1.

SOUS-SECTION 4 RECRUTEMENT

Art. R. 6152-609 *(Décr. n° 2010-1137 du 29 sept. 2010, art. 54)* « Les praticiens attachés sont recrutés par le directeur de l'établissement sur proposition du chef de pôle ou, à défaut, du responsable du service, de l'unité fonctionnelle ou de toute autre structure interne d'affectation après avis du président de la commission médicale d'établissement. »

Art. R. 6152-610 Les praticiens attachés sont recrutés pour un contrat d'une durée maximale d'un an, renouvelable dans la limite d'une durée totale de vingt-quatre mois. Lorsque, au terme de chaque contrat, la relation de travail n'est pas poursuivie, le praticien attaché a droit, à titre de complément de rémunération, à une indemnité destinée à compenser la précarité de sa situation. Le montant et les conditions de versement de l'indemnité sont fixés par arrêté des ministres chargés du budget et de la santé.

En cas de non-renouvellement du contrat par l'une ou l'autre des parties au contrat, le préavis est de quinze jours pour les contrats d'une durée inférieure à six mois et de deux mois pour les contrats d'une durée au plus égale à un an.

Pour les contrats dont la durée cumulée est inférieure à vingt-quatre mois, toute modification du nombre de demi-journées, du lieu ou des structures d'affectation prévus au contrat se fait par voie d'avenant au contrat initial, conclu dans les mêmes formes que ce dernier et après accord de l'intéressé. Cet avenant précise la durée et la nature des modifications apportées au contrat initial.

(Décr. n° 2010-1137 du 29 sept. 2010, art. 55) « A l'issue de cette période de vingt-quatre mois, le renouvellement s'effectue par un contrat de trois ans, renouvelable de droit, par décision expresse. A l'issue du contrat triennal, le renouvellement s'effectue par un contrat à durée indéterminée.

« Lorsque la situation de l'activité dans la structure le justifie, une modification de la quotité de travail, de la structure ou du lieu d'affectation peut être proposée par le directeur d'établissement, après avis du président de la commission médicale d'établissement ou, le cas échéant, de la commission médicale locale d'établissement, à un praticien attaché ou praticien attaché associé qui bénéficie d'un contrat triennal ou d'un contrat à durée indéterminée. A compter de la proposition de modification, l'intéressé dispose d'un mois pour la refuser. En cas de refus, le directeur propose prioritairement à ce praticien une nouvelle affectation. A défaut, il est fait application des dispositions prévues au deuxième alinéa de l'article R. 6152-629. »

Renouvellement du contrat d'un praticien hospitalier. Par dérogation au principe selon lequel l'agent public dont le contrat arrive à son terme n'a pas de droit à son renouvellement, le praticien attaché, parvenu au terme d'un contrat de trois ans faisant suite à une période initiale de recrutement de vingt-quatre mois, a le droit de se voir proposer par le centre hospitalier qui l'emploie de poursuivre son engagement dans le cadre d'un contrat qui, du fait des dispositions nouvelles de l'art. R. 6152-610, ne peut être qu'un contrat à durée indéterminée conclu sur décision expresse du directeur de l'établissement. • CE 23 déc. 2015, *M. B.*, n° 382005 : *Lebon ; AJDA 2016. 8*. ♦ Le directeur de l'établissement ne peut refuser de renouveler le contrat que pour un motif qui serait de nature à justifier le licenciement et par une décision qui, dès lors qu'elle refuse un avantage dont l'attribution constitue un droit pour l'intéressé, doit, en vertu des dispositions de la loi du 11 juillet 1979, énoncer les considérations de droit et de fait sur lesquelles elle repose. • Même décision.

SOUS-SECTION 5 AVANCEMENT

Art. R. 6152-611 Les praticiens attachés bénéficient d'un avancement jusqu'au 12e échelon selon les durées suivantes :

1er échelon : un an.
2e échelon : deux ans.
3e échelon : deux ans.
4e échelon : deux ans.
5e échelon : deux ans.
6e échelon : deux ans.
7e échelon : deux ans.
8e échelon : deux ans.
9e échelon : deux ans.
10e échelon : trois ans.
11e échelon : quatre ans.

Le praticien attaché peut être recruté à l'échelon qu'il a acquis dans un autre établissement.

Le praticien recruté en qualité de praticien attaché est classé au 1er échelon. Dans le cas où ce classement entraîne une diminution du montant des revenus antérieurement perçus par l'intéressé, celui-ci peut bénéficier d'une indemnité différentielle, dans des conditions fixées par arrêté des ministres chargés du budget et de la santé, dans la limite de la rémunération correspondant au 11e échelon. Cette indemnité différentielle diminue à concurrence de la progression de l'intéressé dans la grille de rémunération.

Indemnité différentielle allouée au praticien attaché. Les dispositions de l'art. 13 du Décr. du 1er août 2003, et désormais celles de l'art. R. 6152-611, ne font pas de l'octroi de l'indemnité différentielle prévue par cet article un droit ouvert aux praticiens attachés qui en rempliraient les conditions mais une simple faculté dont l'administration peut user lors de la conclusion du contrat initial recrutant le praticien attaché en cause ou d'un avenant à ce contrat. • CE 19 juin 2015, *Mme B.*, n° 373630.

SOUS-SECTION 6 RÉMUNÉRATION

Art. R. 6152-612 *(Décr. n° 2013-137 du 14 févr. 2013, art. 1er)* Les praticiens attachés perçoivent après service fait :

1° Des émoluments mensuels variant selon l'échelon des intéressés et la durée des obligations hebdomadaires de service hospitalier ; ces émoluments sont fixés par arrêté des ministres chargés du budget, de la santé et de la sécurité sociale ; ils sont revalorisés comme les traitements de la fonction publique par arrêté du ministre chargé de la santé ;

2° Des indemnités et allocations dont l'objet et le régime sont fixés par décret.

Art. D. 6152-612-1 *(Décr. n° 2013-138 du 14 févr. 2013, art. 2)* Les indemnités et allocations mentionnées au 2° de l'article R. 6152-612 sont :

1° Des indemnités de sujétion correspondant au temps de travail effectué, dans le cadre des obligations de service hebdomadaires, la nuit, le samedi après-midi, le dimanche et les jours fériés ;

2° Des indemnités forfaitaires pour tout temps de travail additionnel accompli, sur la base du volontariat, au-delà des obligations de service hebdomadaires ;

3° Des indemnités correspondant aux astreintes et aux déplacements auxquels elles peuvent donner lieu.

Les indemnités mentionnées aux 2° et 3° précédents sont versées lorsque, selon le choix du praticien, le temps de travail, les astreintes et les déplacements ne font pas l'objet d'une récupération.

Les montants et les modalités de versement des indemnités mentionnées aux 1°, 2° et 3° sont fixés par arrêté des ministres chargés du budget, de la santé et de la sécurité sociale ; ils sont revalorisés comme les traitements de la fonction publique par arrêté du ministre chargé de la santé ;

4° Des indemnités pour participation aux jurys de concours, à l'enseignement et à la formation des personnels des établissements hospitaliers. Le montant en est fixé par arrêté des ministres chargés du budget, de la santé et de la sécurité sociale ;

(Décr. n° 2017-327 du 14 mars 2017, art. 1er-VI) « 5° Des primes et indemnités visant à développer le travail en réseau :

« *a) Abrogé par Décr. n° 2017-327 du 14 mars 2017, art. 2.*

« *b)* Une prime d'exercice territorial pour activité dans plusieurs établissements ou dans plusieurs sites d'un même établissement, dans le cadre des groupements hospitaliers de territoires mentionnés à l'article L. 6132-1, lorsque le projet médical partagé mentionné au I de l'article R. 6132-3 est adopté ;

(Décr. n° 2017-327 du 14 mars 2017, art. 2) « La prime d'exercice territorial est versée pour activité dans plusieurs établissements ou dans plusieurs sites d'un même établissement, pour favoriser le développement de la mise en réseau des établissements mentionnés à l'article 2 de la loi n° 86-33 du 9 janvier 1986 portant dispositions statutaires relatives à la fonction publique hospitalière et les actions de coopération mentionnées à l'article L. 6134-1 ; »

« Un arrêté des ministres chargés du budget et de la santé détermine les conditions d'attribution et le montant de ces primes et indemnités. Leur versement est maintenu durant les congés et jours de récupération mentionnés à l'article R. 6152-613 ainsi qu'à l'article R. 6152-616 pour les praticiens mentionnés au deuxième alinéa de cet article. Pour les praticiens attachés placés en congé de maladie au titre des articles R. 6152-615, R. 6152-619 et R. 6152-620, le versement de cette indemnité est maintenu pendant une période qui ne peut excéder trois mois. La durée de cette période peut être portée à six mois en cas de congé de maladie accordé au titre de l'article R. 6152-618. Ce versement est suspendu en cas de suspension des fonctions prononcée en vertu des dispositions de l'article R. 6152-627 ; »

6° Une indemnité d'engagement de service public exclusif versée aux praticiens exerçant leur activité à temps plein dans un ou plusieurs établissements publics de santé ou établissements publics d'hébergement pour personnes âgées dépendantes, et qui s'engagent, pour une période de trois ans renouvelable, à exercer exclusivement en établissement public de santé ou en établissement public d'hébergement pour personnes âgées dépendantes.

En cas d'activité sur plusieurs établissements, le montant de l'indemnité est calculé au prorata des obligations de services *[service]* hebdomadaires accomplies dans l'établissement sans que le total puisse excéder 10/10 de l'indemnité.

Cette indemnité ne peut être versée qu'aux praticiens exerçant dans le cadre d'un contrat triennal ou à durée indéterminée.

Le versement de cette indemnité est maintenu durant les congés et jours de récupération mentionnés aux 1°, 2° et 3° de l'article R. 6152-613 ainsi qu'à l'article R. 6152-616. Pour les praticiens placés en congé de maladie au titre des articles R. 6152-615, R. 6152-619 et R. 6152-620, le versement de cette indemnité est maintenu pendant une période qui ne peut excéder trois mois par contrat d'engagement de service public exclusif. La durée de cette période est portée à six mois en cas de congé de maladie accordé au titre de l'article R. 6152-618.

Un arrêté des ministres chargés du budget et de la santé détermine les conditions d'attribution et le montant de cette indemnité ;

7° L'indemnisation des déplacements temporaires accomplis pour les besoins du service dans les conditions prévues à l'article R. 6152-32, à l'exclusion des frais de changement de résidence.

SOUS-SECTION 7 EXERCICE DES FONCTIONS

Art. R. 6152-613 Les praticiens attachés ont droit :

1° A un congé annuel dont la durée est définie, sur la base de vingt-cinq jours ouvrés, au prorata des obligations de service hebdomadaires ;

2° *(Décr. nº 2005-1422 du 17 nov. 2005)* « A un congé au titre de la réduction du temps de travail, dont la durée est définie au prorata des obligations de service hebdomadaires » *(Décr. nº 2010-1137 du 29 sept. 2010, art. 57)* « dans les conditions définies à l'article R. 6152-801 ».

3° A des jours de récupération des périodes de temps de travail additionnelles, des astreintes et des déplacements en astreinte, lorsqu'ils n'ont pas fait l'objet d'une indemnisation.

(Décr. nº 2012-1481 du 27 déc. 2012, art. 5) « Le chef de pôle ou, à défaut, le responsable de la structure interne organise, après consultation des praticiens de la structure et sur la base de l'organisation arrêtée conformément aux dispositions de l'article R. 6152-605, la prise des jours de congé sur certaines périodes de l'année en fonction de l'activité.

« Pour cette prise de congé, le praticien attaché peut utiliser des jours de congé annuel, des jours de réduction du temps de travail, des jours de récupération et des jours accumulés sur son compte épargne-temps.

« L'organisation du temps de présence et d'absence des praticiens attachés est intégrée dans les contrats de pôle. »

Le directeur arrête le tableau des congés *(Décr. nº 2005-1422 du 17 nov. 2005)* « et des jours de récupération mentionnés aux 1°, 2° et 3° » après avis du *(Décr. nº 2010-1137 du 29 sept. 2010, art. 57)* « chef de pôle ou, à défaut, du responsable du service, de l'unité fonctionnelle ou de toute autre structure interne et en informe le président de la commission médicale d'établissement ».

Durant ces congés et jours de récupération, les intéressés continuent à percevoir les émoluments correspondant à leurs obligations de service.

Al. 7 abrogé par Décr. nº 2005-1422 du 17 nov. 2005.

Les congés mentionnés au présent article sont *(Décr. nº 2005-1422 du 17 nov. 2005)* « fractionnables dans la limite de la demi-journée ». Ils sont pris au prorata de l'ouverture des droits dans chaque établissement en cas d'exercice dans plusieurs établissements.

Art. R. 6152-614 Les praticiens attachés qui effectuent moins de trois demi-journées hebdomadaires dans un ou plusieurs établissements ont droit à un congé de formation dont la durée est fixée à deux jours ouvrables par an.

Les praticiens attachés qui effectuent au moins trois demi-journées hebdomadaires dans un ou plusieurs établissements ont droit à un congé de formation dont la durée est fixée à six jours ouvrables par an.

Les praticiens attachés qui effectuent un temps plein, soit dix demi-journées hebdomadaires, ont droit à un congé de formation dont la durée est fixée à huit jours ouvrables par an.

Les droits à congé de formation au titre de deux années peuvent être cumulés. Leur ouverture et leur mobilisation se font au prorata de l'activité réalisée dans chaque établissement en cas d'exercice sur plusieurs établissements.

Un arrêté du ministre chargé de la santé précise les modalités d'exercice du droit à congé de formation. Pendant ce congé, les praticiens attachés continuent de percevoir la totalité des émoluments correspondant à leurs obligations de service.

Art. R. 6152-615 En cas de maladie dûment constatée et attestée par un certificat médical mettant le praticien attaché dans l'impossibilité d'exercer, celui-ci est de droit mis en congé par décision du directeur de l'établissement.

Après un an de fonctions ou dès leur nomination s'ils sont anciens chefs de clinique des universités-assistants des hôpitaux, anciens assistants hospitaliers universitaires, anciens assistants des universités-assistants des hôpitaux, assistants des *(Décr. nº 2010-1137 du 29 sept. 2010, art. 58)* « structures » de consultation et de traitement dentaires, anciens assistants spécialistes ou généralistes des hôpitaux, anciens praticiens adjoints contractuels, les praticiens attachés effectuant au moins trois demi-journées

(Décr. n° 2005-1422 du 17 nov. 2005) « dans le cadre d'un même contrat » ont droit, pendant une période de douze mois consécutifs, à un congé maladie de trois mois pendant lequel ils perçoivent l'intégralité des émoluments correspondant à leur quotité de travail et de six mois supplémentaires au cours desquels lesdits émoluments sont réduits de moitié.

Si à l'issue de neuf mois de congé de maladie au cours d'une même période de douze mois l'intéressé n'est pas en mesure de reprendre son service, un congé non rémunéré, dont la durée ne peut excéder un an, peut être accordé par le directeur de l'établissement, *(Décr. n° 2010-1137 du 29 sept. 2010, art. 58)* « après avis du président de la commission médicale d'établissement ou, le cas échéant, du président de la commission médicale d'établissement locale ».

La durée de ce congé peut être portée à deux ans au maximum pour ceux des intéressés qui bénéficient d'un contrat de trois ans *(Décr. n° 2010-1137 du 29 sept. 2010, art. 58)* « ou d'un contrat à durée indéterminée ».

Art. R. 6152-616 *(Décr. n° 2017-161 du 9 févr. 2017, art. 22)* Les praticiens attachés ont droit à un congé de maternité, de paternité et d'accueil de l'enfant ou d'adoption selon les modalités prévues à l'article R. 6152-819.

Art. R. 6152-617 Les praticiens attachés peuvent être placés dans la position de congé parental, non rémunéré, pour élever leur enfant. Dans cette position, les praticiens conservent leurs droits à l'avancement d'échelon, réduits de moitié.

Le congé parental est accordé de droit à la mère après un congé de maternité ou au père après une naissance et jusqu'au troisième anniversaire de l'enfant. Il est également accordé de droit au père ou à la mère, jusqu'à l'expiration d'un délai de trois ans à compter de l'arrivée au foyer d'un enfant adopté ou confié en vue de son adoption et âgé de moins de trois ans.

Lorsque l'enfant adopté ou confié en vue de son adoption est âgé de plus de trois ans lors de son arrivée au foyer mais n'a pas encore atteint l'âge de la fin de l'obligation scolaire, le congé ne peut excéder une année à compter de l'arrivée de cet enfant au foyer.

La demande de congé parental est présentée un mois au moins avant le début du congé et comporte l'engagement du praticien de consacrer effectivement le congé à élever son enfant.

Le congé parental est accordé par le directeur de l'établissement public de santé par périodes de six mois, renouvelables par tacite reconduction. Le praticien qui souhaite interrompre son congé parental en avertit le directeur un mois au moins avant l'expiration de la période en cours. Un congé interrompu ne peut être repris ultérieurement.

Le bénéficiaire du congé parental peut, à tout moment, demander à écourter la durée du congé pour motif grave, notamment en cas de diminution des revenus du ménage ou en cas de nouvelles grossesses.

Lorsque le père et la mère sont praticiens attachés, le parent bénéficiaire du congé parental peut y renoncer au profit de l'autre parent pour la période restant à courir jusqu'à l'expiration du droit. L'autre parent présente sa demande au moins un mois à l'avance. Il est placé en position de congé parental, au plus tôt, à compter du jour de la reprise d'activité du bénéficiaire.

Si une nouvelle naissance ou une nouvelle adoption se produit au cours du congé parental, le praticien attaché a droit à un nouveau congé parental.

Le directeur de l'établissement fait procéder aux enquêtes nécessaires en vue de s'assurer que l'activité du praticien est réellement consacrée à élever son enfant. Si un contrôle révèle que ce n'est pas le cas, il peut être mis fin au congé après que l'intéressé a été mis à même de présenter ses observations.

Le congé parental cesse de plein droit en cas de retrait de l'enfant placé en vue de son adoption.

A la fin du congé parental, le praticien attaché est réintégré de plein droit pour la durée d'engagement restant à courir, le cas échéant *(Décr. n° 2010-1137 du 29 sept. 2010, art. 60)* « en surnombre ». Il en formule la demande un mois au moins avant la date à laquelle il souhaite être réintégré.

Art. R. 6152-618 *(Décr. n° 2017-161 du 9 févr. 2017, art. 23)* En cas d'accident du travail ou de maladie professionnelle imputable à l'exercice des fonctions hospitalières, le praticien attaché régi par les dispositions de la présente section est placé en congé, pour une durée maximale de deux ans, pendant lequel il perçoit les émoluments mentionnés au 1° de l'article R. 6152-612.

Art. R. 6152-619 Un praticien attaché atteint d'une affection dûment constatée le mettant dans l'impossibilité d'exercer ses fonctions, qui rend nécessaire un traitement et des soins coûteux et prolongés et qui figure sur la liste établie en application de l'article 28 du décret n° 86-442 du 14 mars 1986 relatif à la désignation des médecins agréés, à l'organisation des comités médicaux et des commissions de réforme, aux conditions d'aptitude physique pour l'admission aux emplois publics et au régime de congés de maladie des fonctionnaires a droit à un congé de longue maladie d'une durée maximale de trois ans. Le praticien attaché effectuant plus de trois demi-journées conserve, dans cette position, la totalité de ses émoluments pendant un an et la moitié de ses émoluments pendant les deux années suivantes.

Le praticien attaché qui a obtenu un congé longue maladie ne peut bénéficier d'un autre congé de cette nature s'il n'a pas auparavant repris l'exercice de ses fonctions pendant un an.

Le bénéfice d'un congé longue maladie pour un praticien attaché ou praticien attaché associé ne peut avoir pour effet de proroger la durée du contrat en cours.

Dans les autres cas, lorsqu'à l'expiration de ses droits à congé de longue maladie le praticien n'est pas reconnu apte par le comité médical à reprendre ses fonctions, son contrat devient caduc.

Art. R. 6152-620 Le praticien effectuant plus de trois demi-journées par semaine reconnu atteint de tuberculose, de maladie mentale, d'affection cancéreuse, de poliomyélite ou de déficit immunitaire grave et acquis par le comité médical et empêché d'exercer ses fonctions est de droit mis en congé de longue durée par décision du directeur d'établissement.

Le congé de longue durée ne peut être accordé pour une durée inférieure à trois mois ou supérieure à six mois. Il peut être renouvelé à concurrence d'un total de cinq années. Dans cette position, il perçoit les deux tiers de ses émoluments. Au-delà de ce total de congés, le contrat du praticien devient caduc.

Le bénéfice d'un congé longue durée pour un praticien attaché ne peut avoir pour effet de proroger la durée du contrat en cours.

Art. R. 6152-621 *Abrogé par Décr. n° 2017-161 du 9 févr. 2017, art. 25.*

Art. R. 6152-622 Les praticiens attachés ont droit, au titre des autorisations d'absence, à :

1° Cinq jours ouvrables pour le mariage du praticien, ou lors de la conclusion d'un pacte civil de solidarité ;

2° Un jour ouvrable pour le mariage d'un enfant ;

3° Trois jours ouvrables pour chaque naissance ou arrivée au foyer d'un enfant adopté ou confié en vue de son adoption ;

4° Trois jours ouvrables en cas de décès ou de maladie très grave du conjoint, des père, mère ou enfants, ou d'une personne avec laquelle il est lié avec un pacte civil de solidarité.

Ces autorisations d'absence ne peuvent être fractionnées.

Art. R. 6152-623 *(Décr. n° 2010-1137 du 29 sept. 2010, art. 61)* Un congé non rémunéré de solidarité familiale est accordé dans les conditions prévues à l'article R. 6152-35-1 au praticien attaché dont un ascendant, un descendant ou une personne partageant son domicile fait l'objet de soins palliatifs.

Art. R. 6152-624 *(Décr. n° 2010-1137 du 29 sept. 2010, art. 62)* Un congé de présence parentale non rémunéré ou une réduction de quotité de temps de travail est accordé au praticien attaché dont l'enfant à charge est victime d'une maladie, d'un accident ou d'un handicap grave dans les conditions prévues à l'article R. 6152-35-2.

Art. R. 6152-624-1 *(Décr. n° 2014-841 du 24 juill. 2014, art. 4)* Les praticiens attachés exerçant leurs fonctions à temps plein peuvent réaliser les expertises mentionnées au II de l'article L. 6152-4 pendant leurs obligations de service, dans la limite de deux demi-journées par semaine, cette durée étant calculée en moyenne sur une période de quatre mois.

SOUS-SECTION 8 DROIT SYNDICAL

Art. R. 6152-625 Les praticiens attachés bénéficient du droit syndical.

Des autorisations spéciales d'absence sont accordées, par le directeur de l'établissement, dans des conditions fixées par arrêté du ministre chargé de la santé, aux représentants syndicaux des praticiens attachés, dûment mandatés, à l'occasion de la tenue de congrès syndicaux, fédéraux et confédéraux, ainsi que de la réunion des instances nationales et régionales de leur syndicat lorsqu'ils en sont membres élus.

SOUS-SECTION 9 GARANTIES DISCIPLINAIRES

Art. R. 6152-626 Les sanctions disciplinaires applicables aux praticiens attachés sont :

1° L'avertissement ;

2° Le blâme ;

3° La réduction d'ancienneté de services entraînant une réduction des émoluments ;

4° L'exclusion temporaire de fonctions prononcée pour une durée ne pouvant excéder six mois et privative de toute rémunération ;

5° Le licenciement.

L'avertissement et le blâme sont prononcés par le directeur de l'établissement après avis de la commission médicale d'établissement *(Décr. n° 2005-1422 du 17 nov. 2005)* « ou, le cas échéant, » *(Décr. n° 2010-1137 du 29 sept. 2010, art. 63)* « de la commission médicale d'établissement locale ».

Les autres sanctions sont prononcées par le directeur de l'établissement après avis de la commission médicale d'établissement ou, le cas échéant, *(Décr. n° 2010-1137 du 29 sept. 2010, art. 63)* « de la commission médicale d'établissement locale ».

(Décr. n° 2010-1137 du 29 sept. 2010, art. 63) « En l'absence d'avis de la commission médicale d'établissement rendu dans un délai de deux mois après sa convocation, l'avis de son président est seul requis. »

L'intéressé est avisé, au moins deux mois avant qu'une décision soit prise, par lettre recommandée avec demande d'avis de réception, des griefs qui lui sont reprochés et des sanctions envisagées ; il reçoit en même temps communication de son dossier.

Le directeur de l'établissement se prononce dans un délai de trois mois après la notification de l'ouverture d'une procédure disciplinaire.

Il est mis à même de présenter des observations orales et écrites et d'être assisté par le défenseur de son choix.

Les décisions relatives à ces sanctions sont motivées.

La sanction est notifiée à l'intéressé par lettre recommandée avec demande d'avis de réception.

Lorsque l'une des sanctions mentionnées aux 3°, 4° et 5° du présent article est prononcée, la décision est également transmise au conseil de l'ordre.

Le licenciement pour motif disciplinaire n'ouvre droit à aucune indemnité.

Art. R. 6152-627 Dans l'intérêt du service, un praticien attaché faisant l'objet d'une procédure disciplinaire peut être suspendu de ses fonctions par décision du directeur de l'établissement après avis du président de la commission médicale d'établissement, pour une durée maximale de trois mois.

En cas de procédure pour insuffisance professionnelle, la suspension peut être prononcée, dans les mêmes conditions, en attendant qu'il soit statué sur le cas du praticien.

Pendant ces périodes de suspension, les praticiens attachés conservent la totalité de leurs émoluments.

SOUS-SECTION 10 INSUFFISANCE PROFESSIONNELLE

Art. R. 6152-628 L'insuffisance professionnelle consiste en une incapacité dûment constatée du praticien à accomplir les travaux ou à assumer les responsabilités relevant normalement des fonctions de praticien attaché.

L'intéressé est avisé par lettre recommandée du directeur de l'établissement avec demande d'avis de réception de l'ouverture d'une procédure d'insuffisance professionnelle. Il reçoit communication de son dossier et est mis à même de présenter ses observations orales et écrites avec l'assistance d'un défenseur de son choix.

Le praticien attaché ou praticien attaché associé qui fait preuve d'insuffisance professionnelle fait l'objet soit d'une modification de la nature de ses fonctions, soit d'une mesure de licenciement avec indemnité. Ces mesures sont prononcées par le directeur de l'établissement après avis de la commission médicale d'établissement ou, le cas échéant, *(Décr. nº 2010-1137 du 29 sept. 2010, art. 64)* « de la commission médicale d'établissement locale ».

(Décr. nº 2010-1137 du 29 sept. 2010, art. 64) « En l'absence d'avis de la commission médicale d'établissement rendu dans un délai de deux mois après sa convocation, l'avis de son président est seul requis. »

En cas de procédure pour insuffisance professionnelle, la suspension peut être prononcée dans les conditions prévues à l'article R. 6152-627.

En cas de licenciement pour insuffisance professionnelle, l'intéressé perçoit une indemnité dont le montant est fixé à la moitié des derniers émoluments mensuels perçus avant le licenciement, multipliée par le nombre d'années de services effectifs réalisés dans l'établissement concerné, dans la limite de douze. Au-delà des années pleines, une durée de service égale ou supérieure à six mois est comptée pour un an ; une durée de service inférieure à six mois n'est pas prise en compte pour le calcul des droits. *(Décr. nº 2005-1422 du 17 nov. 2005)* « Sont prises en compte, dès lors qu'elles ont été effectuées de manière consécutive, les fonctions exercées en qualité de praticien attaché ainsi que les fonctions exercées en qualité d'attaché pour les praticiens ayant bénéficié des dispositions de l'article 33 du décret nº 2003-769 du 1er août 2003. »

SOUS-SECTION 11 CESSATION DE FONCTIONS

Art. R. 6152-629 Lorsque, à l'issue des différents congés maladie, longue maladie, longue durée, accident du travail, le praticien attaché bénéficiant d'un contrat de trois ans *(Décr. nº 2010-1137 du 29 sept. 2010, art. 65)* « ou d'un contrat à durée indéterminée » est déclaré définitivement inapte par le comité médical prévu à l'article R. 6152-36, il est licencié. Les congés annuels restant éventuellement dus font l'objet d'une régularisation.

Le praticien attaché qui bénéficie d'un contrat triennal *(Décr. nº 2010-1137 du 29 sept. 2010, art. 65)* « ou d'un contrat à durée indéterminée » peut être licencié, après avis de la commission médicale d'établissement ou, le cas échéant, du comité consultatif médical. Le préavis est alors de trois mois. La décision de licenciement prononcée par le directeur est motivée.

Le praticien a droit à une indemnité égale au montant des émoluments afférents au dernier mois d'activité, multiplié par le nombre d'années de services effectifs réalisés dans l'établissement concerné, dans la limite de douze. Au-delà des années pleines, une durée de service égale ou supérieure à six mois est comptée pour un an ; une durée de service inférieure à six mois n'est pas prise en compte pour le calcul des droits. *(Décr. nº 2005-1422 du 17 nov. 2005)* « Sont prises en compte, dès lors qu'elles ont été effectuées de manière consécutive, les fonctions exercées en qualité de praticien attaché ainsi que les fonctions exercées en qualité d'attaché pour les praticiens ayant bénéficié des dispositions de l'article 33 du décret nº 2003-769 du 1er août 2003. »

Art. R. 6152-630 En cas de démission d'un praticien attaché bénéficiant d'un contrat triennal *(Décr. nº 2010-1137 du 29 sept. 2010, art. 66)* « ou d'un contrat à durée indéterminée », la demande est assortie d'un préavis de trois mois.

Si la démission intervient au cours d'un des contrats mentionnés au deuxième alinéa de l'article R. 6152-610, le préavis est d'un mois pour les contrats inférieurs à six mois et de deux mois pour les contrats d'une durée supérieure à six mois.

La démission n'entraîne droit à aucune indemnité pour le praticien.

Art. R. 6152-631 Les praticiens attachés anciens chefs de clinique des universités-assistants des hôpitaux, anciens assistants hospitaliers universitaires, anciens assistants des universités-assistants des hôpitaux, anciens assistants des universités-odontologistes assistants des *(Décr. n° 2010-1137 du 29 sept. 2010, art. 67)* « structures » de consultations et de traitement dentaires, anciens assistants spécialistes des hôpitaux, ont droit, dès leur nomination, au titre de "praticien attaché de l'hôpital de..." suivi du nom de l'établissement dans lequel ils exercent leurs fonctions.

Les autres praticiens attachés n'ont droit à ce titre qu'après deux ans de fonctions *(Décr. n° 2005-1422 du 17 nov. 2005)* « consécutifs en qualité d'attaché ou de praticien attaché.

« Les praticiens attachés peuvent prétendre au titre de praticien attaché consultant dès la huitième année de fonctions consécutives dans le même établissement en qualité de praticien attaché, ainsi que pour les praticiens ayant bénéficié des dispositions de l'article 33 du décret n° 2003-769 du 1er août 2003, en qualité d'attaché. Cette possibilité leur est ouverte dès la cinquième année s'ils sont anciens chefs de clinique des universités-assistants des hôpitaux, anciens assistants hospitaliers universitaires, anciens assistants des universités-assistants des hôpitaux, anciens assistants des universités-odontologistes assistants des *(Décr. n° 2010-1137 du 29 sept. 2010, art. 67)* « structures » de consultations et de traitement dentaires, anciens assistants spécialistes des hôpitaux. »

Le directeur de l'établissement dresse annuellement la liste des praticiens attachés remplissant les conditions pour pouvoir prétendre au titre de praticien attaché consultant.

Dans un même établissement, le nombre de praticiens attachés consultants ne peut excéder le tiers du nombre total des praticiens attachés. La demande de nomination est assujettie à la présentation d'un dossier qui est examiné par la commission médicale d'établissement ou, le cas échéant, par la *(Décr. n° 2010-1137 du 29 sept. 2010, art. 67)* « commission médicale d'établissement locale ». Les critères retenus en premier lieu seront l'ancienneté et les services rendus à la communauté hospitalière.

(Décr. n° 2005-1422 du 17 nov. 2005) « Après sept années de fonctions consécutives en qualité de praticien attaché ou d'attaché pour les praticiens ayant bénéficié des dispositions prévues au deuxième alinéa de l'article 33 du décret n° 2003-769 du 1er août 2003 », un praticien attaché qui cesse ses fonctions pour un motif autre que disciplinaire a droit au titre "d'ancien praticien attaché de l'hôpital de..." suivi du nom de l'établissement dans lequel il a exercé ses fonctions.

Si au cours de ces sept ans il a exercé pendant cinq ans au moins des fonctions de praticien attaché consultant, il a droit *(Décr. n° 2005-1422 du 17 nov. 2005)* « au titre d'ancien praticien attaché consultant » suivi du nom de l'établissement hospitalier dans lequel il a exercé.

SOUS-SECTION 12 PRATICIENS ATTACHÉS ASSOCIÉS

Art. R. 6152-632 *(Décr. n° 2005-1422 du 17 nov. 2005)* « Peuvent être recrutés comme praticiens attachés associés les praticiens qui, ne remplissant pas les conditions indiquées *(Décr. n° 2010-1137 du 29 sept. 2010, art. 68)* « aux 1° et 2° de l'article R. 6152-602 », ont achevé leurs études médicales, odontologiques ou pharmaceutiques et qui, en outre, remplissent les conditions de diplôme, de titre et de formation fixées par arrêté conjoint des ministres chargés de la santé et de l'enseignement supérieur. »

Les praticiens attachés associés participent à l'activité *(Décr. n° 2010-1137 du 29 sept. 2010, art. 68)* « de l'établissement public de santé » sous la responsabilité directe du responsable de la structure dans laquelle ils sont affectés ou de l'un de ses collaborateurs médecin, chirurgien, odontologiste ou pharmacien. A ce titre, ils peuvent exécuter des actes médicaux ou pharmaceutiques de pratique courante.

Ils peuvent être appelés à collaborer à la continuité des soins et à la permanence pharmaceutique organisée sur place, en appui des personnels médicaux du service statutairement habilités à participer à la continuité des soins et à la permanence pharmaceutique et sous leur responsabilité. Ils ne sont pas autorisés à effectuer des remplacements.

Dans les conditions prévues aux deux alinéas précédents, ils peuvent être appelés à répondre aux besoins hospitaliers exceptionnels et urgents survenant en dehors de leurs obligations de service.

Art. R. 6152-633 *(Décr. nº 2010-1137 du 29 sept. 2010, art. 69)* Les articles R. 6152-601, à l'exception du second alinéa, R. 6152-602, à l'exception des 1º et 2º, R. 6152-603 à R. 6152-611, R. 6152-612, *(Décr. nº 2013-137 du 14 févr. 2013, art. 1er)* « à l'exception du 2º », et R. 6152-613 à R. 6152-630 sont applicables aux praticiens attachés associés.

(Décr. nº 2013-137 du 14 févr. 2013, art. 1er) « Un décret fixe la liste des indemnités mentionnées au 2º à l'article R. 6152-612 dont bénéficient les praticiens attachés associés. »

Art. D. 6152-633-1 *(Décr. nº 2013-138 du 14 févr. 2013, art. 3)* Les indemnités dont bénéficient les praticiens attachés associés sont les suivantes :

1º Des indemnités de sujétion correspondant au temps de travail effectué, dans le cadre des obligations de service hebdomadaires, la nuit, le samedi après-midi, le dimanche et les jours fériés ;

2º Des indemnités forfaitaires pour tout temps de travail additionnel accompli, sur la base du volontariat, au-delà des obligations de service hebdomadaires.

Les indemnités mentionnées au 2º précédent sont versées lorsque, selon le choix du praticien, le temps de travail ne fait pas l'objet d'une récupération.

Les montants et les modalités de versement des indemnités mentionnées aux 1º et 2º sont fixés par arrêté des ministres chargés du budget, de la santé et de la sécurité sociale ; ils sont revalorisés comme les traitements de la fonction publique par arrêté du ministre chargé de la santé ;

(Décr. nº 2017-327 du 14 mars 2017, art. 1er-VII) « 3º Des primes et indemnités visant à développer le travail en réseau :

« *a) Abrogé par Décr. nº 2017-327 du 14 mars 2017, art. 2.*

« *b)* Une prime d'exercice territorial pour activité dans plusieurs établissements ou dans plusieurs sites d'un même établissement, dans le cadre des groupements hospitaliers de territoires mentionnés à l'article L. 6132-1, lorsque le projet médical partagé mentionné au I de l'article R. 6132-3 est adopté ; »

(Décr. nº 2017-327 du 14 mars 2017, art. 2) « La prime d'exercice territorial est versée pour activité dans plusieurs établissements ou dans plusieurs sites d'un même établissement, pour favoriser le développement de la mise en réseau des établissements mentionnés à l'article 2 de la loi nº 86-33 du 9 janvier 1986 portant dispositions statutaires relatives à la fonction publique hospitalière et les actions de coopération mentionnées à l'article L. 6134-1 ; »

« Un arrêté des ministres chargés du budget et de la santé détermine les conditions d'attribution et le montant de ces primes et indemnités. Leur versement est maintenu durant les congés et jours de récupération mentionnés à l'article R. 6152-613 ainsi qu'à l'article R. 6152-616 pour les praticiens mentionnés au deuxième alinéa de cet article. Pour les praticiens attachés associés placés en congé de maladie au titre des articles R. 6152-615, R. 6152-619 et R. 6152-620, le versement de cette indemnité est maintenu pendant une période qui ne peut excéder trois mois. La durée de cette période peut être portée à six mois en cas de congé de maladie accordé au titre de l'article R. 6152-618. Ce versement est suspendu en cas de suspension des fonctions prononcée en vertu des dispositions de l'article R. 6152-627 ; »

4º L'indemnisation des déplacements temporaires accomplis pour les besoins du service dans les conditions prévues à l'article R. 6152-32, à l'exclusion des frais de changement de résidence.

Art. R. 6152-634 *(Décr. nº 2005-1422 du 17 nov. 2005)* « Les praticiens attachés associés peuvent prétendre au titre de praticien attaché associé consultant dès leur huitième année de fonctions consécutives au sein du même établissement en qualité de praticien attaché associé ainsi que, pour les praticiens ayant bénéficié des dispositions de l'article 33 du décret nº 2003-769 du 1er août 2003, d'attaché associé. »

Le directeur de l'établissement dresse annuellement la liste des praticiens attachés associés remplissant les conditions pour pouvoir prétendre au titre de praticien attaché associé consultant.

Dans un même établissement, le nombre de praticiens attachés associés consultants ne peut excéder le tiers du nombre total des praticiens attachés associés. La demande de nomination est assujettie à la présentation d'un dossier qui est examiné par la commission médicale d'établissement ou, le cas échéant, par le comité consultatif médical. Les critères retenus en premier lieu seront l'ancienneté et les services rendus à la communauté hospitalière.

Après sept ans de fonctions *(Décr. n° 2005-1422 du 17 nov. 2005)* « consécutives en qualité de praticien attaché associé ou d'attaché associé lorsque l'intéressé a bénéficié des dispositions prévues au deuxième alinéa à l'article 33 du décret précité », un praticien attaché associé qui cesse ses fonctions pour un motif autre que disciplinaire a droit au titre "d'ancien praticien attaché associé de l'hôpital de..." suivi du nom de l'établissement dans lequel il a exercé ses fonctions.

Si au cours de ces sept ans, il a exercé pendant cinq ans au moins des fonctions de praticien attaché associé consultant, il a droit *(Décr. n° 2005-1422 du 17 nov. 2005)* « au titre d'ancien praticien attaché associé consultant » suivi du nom de l'établissement hospitalier dans lequel il a exercé.

Art. R. 6152-635 *(Décr. n° 2010-1212 du 13 oct. 2010, art. 5)* Peuvent également être recrutés comme praticiens attachés associés, sans que leur soient opposées les conditions de diplôme, de titre et de formation mentionnées au premier alinéa de l'article R. 6152-632 :

1° Les candidats à l'autorisation d'exercice de la profession de médecin, de chirurgien-dentiste ou de pharmacien définie au I de l'article L. 4111-2 et à l'article L. 4221-12, lauréats des épreuves de vérification des connaissances, pour l'accomplissement des fonctions requises par les dispositions des mêmes articles ;

2° Les candidats à l'autorisation d'exercice de la profession de médecin, de chirurgien-dentiste ou de pharmacien définie au II de l'article L. 4111-2, à l'article L. 4131-1-1, à l'article L. 4141-3-1, à l'article L. 4221-14-1 et à l'article L. 4221-14-2, pour l'accomplissement du stage d'adaptation prévu aux mêmes articles.

SOUS-SECTION 13 LIMITE D'ÂGE ET PROLONGATION D'ACTIVITÉ *(Décr. n° 2017-326 du 14 mars 2017, art. 14).*

(Décr. n° 2016-1426 du 21 oct. 2016, art. 6)

Art. R. 6152-636 La limite d'âge des praticiens régis par les dispositions de la présente section est fixée à soixante-sept ans pour les praticiens nés à compter du 1er janvier 1955.

A titre transitoire, la limite d'âge applicable à ces praticiens est fixée à :

1° 65 ans pour ceux nés avant le 1er juillet 1951 ;

2° 65 ans et 4 mois pour ceux nés entre le 1er juillet 1951 et le 31 décembre 1951 ;

3° 65 ans et 9 mois pour ceux nés en 1952 ;

4° 66 ans et 2 mois pour ceux nés en 1953 ;

5° 66 ans et 7 mois pour ceux nés en 1954.

Art. R. 6152-637 Les praticiens attachés des hôpitaux peuvent bénéficier d'une prolongation d'activité dans les conditions et selon les modalités prévues aux articles R. 6152-424 à R. 6152-427.

SECTION VII DISPOSITIONS RELATIVES AUX PRATICIENS RECRUTÉS EN APPLICATION DU 3° DE L'ARTICLE L. 6152-1

(Décr. n° 2010-1218 du 14 oct. 2010, art. 1er)

SOUS-SECTION 1 RECRUTEMENT

Art. R. 6152-701 Nul ne peut être recruté en tant que médecin, odontologiste ou pharmacien sur le fondement du 3° de l'article L. 6152-1 :

1° S'il ne jouit de ses droits civiques dans l'État dont il est ressortissant ;

2° S'il a subi une condamnation incompatible avec l'exercice des fonctions. L'absence de condamnation est attestée par l'une des pièces suivantes :

a) Pour les ressortissants français, un extrait du bulletin n° 2 du casier judiciaire datant de moins de trois mois ;

b) Pour les ressortissants d'un État étranger, un extrait de casier judiciaire ou un document équivalent datant de moins de trois mois, délivré par une autorité compétente de l'État d'origine ou de provenance ; cette pièce peut être remplacée, pour les ressortissants des États membres de l'Union européenne ou parties à l'accord sur l'Espace économique européen qui exigent une preuve de moralité ou d'honorabilité pour l'accès à l'activité de médecin, chirurgien-dentiste ou pharmacien, par une attestation datant de moins de trois mois de l'autorité compétente de l'État d'origine ou de provenance certifiant que ces conditions de moralité ou d'honorabilité sont remplies ;

3° S'il ne se trouve en position régulière au regard des obligations de service national de l'État dont il est ressortissant ;

4° S'il ne remplit les conditions d'aptitude exigées pour l'exercice de sa fonction compte tenu des possibilités de compensation du handicap ;

5° Pour les étrangers autres que ressortissants de l'Union européenne, s'il n'est pas en situation régulière au regard de la réglementation relative aux conditions de séjour et de travail.

Art. R. 6152-702 Tout candidat au recrutement sur le fondement du 3° de l'article L. 6152-1 doit remplir les conditions suivantes :

1° Soit remplir les conditions légales requises pour l'exercice de la profession de médecin, de chirurgien-dentiste ou de pharmacien en application des articles L. 4111-1 et L. 4221-1 et présenter :

a) Soit le diplôme ou certificat de spécialisation de troisième cycle qualifiant permettant l'exercice de la spécialité postulée ;

b) Soit l'équivalence du certificat de spécialisation de troisième cycle qualifiant correspondant à la spécialité postulée délivrée par arrêté du ministre chargé de l'enseignement supérieur ;

c) Soit la qualification ordinale correspondant à la spécialité postulée ;

d) Soit un diplôme, certificat ou autre titre de spécialiste délivré par un des États membres de l'Union européenne ou partie à l'accord sur l'Espace économique européen ;

2° Soit être autorisé à exercer la profession de médecin, chirurgien-dentiste ou pharmacien, le cas échéant par spécialité, en application des articles L. 4111-2, L. 4131-1-1, L. 4141-3-1, L. 4221-12, L. 4221-14-1, L. 4221-14-2, L. 6213-3, de la première phrase du 1° de l'article L. 6213-2 ou de l'article 60 de la loi n° 99-641 du 27 juillet 1999 portant création d'une couverture maladie universelle.

Dans tous les cas, le candidat doit justifier d'une inscription au tableau de l'ordre professionnel.

Art. R. 6152-703 Les praticiens recrutés sur le fondement du 3° de l'article L. 6152-1 sont recrutés par le directeur de l'établissement public de santé sur proposition du chef de pôle ou, à défaut, du responsable du service, de l'unité fonctionnelle ou d'une autre structure interne dont relève l'emploi à pourvoir, après avis du président de la commission médicale d'établissement.

Lorsque le recrutement concerne le chef du pôle dans lequel l'emploi est à pourvoir, seul est requis l'avis du président de la commission médicale d'établissement.

Art. R. 6152-704 Le contrat de recrutement est un contrat administratif. Il est passé par écrit.

Un exemplaire du contrat est remis au praticien concerné qui en transmet copie au conseil départemental de l'ordre dont il relève. Le directeur de l'établissement en adresse un double au directeur général de l'agence régionale de santé.

Art. R. 6152-705 Le contrat est conclu pour une durée de trois ans au plus. Il peut être assorti d'une période d'essai de deux mois au plus, renouvelable une fois.

Le contrat est renouvelable par décision expresse.

La durée totale d'engagement ne peut excéder six ans, renouvellement compris.

En cas de non-renouvellement par l'une ou l'autre des parties au contrat, le préavis est de deux mois.

Art. R. 6152-706 Le contrat précise :

1° Les titres ou qualifications du praticien concerné ;

2° La nature des fonctions occupées ainsi que les obligations de service incombant au praticien exprimées en demi-journées, notamment en ce qui concerne sa participation à la continuité des soins ou à la permanence pharmaceutique sur place et, le cas échéant, la réalisation de périodes de travail au-delà des obligations de service ;

3° Les engagements particuliers souscrits par le praticien, les objectifs quantitatifs et qualitatifs qui lui sont assignés et dont la réalisation détermine les éléments variables de rémunération, les délais qui lui sont impartis pour y parvenir ainsi que le rythme de révision éventuelle de ces objectifs et engagements ;

4° La périodicité et les modalités selon lesquelles la réalisation des engagements et objectifs fixés par le contrat est appréciée ;

5° La date de prise de fonction du praticien et la date de fin du contrat ainsi que, le cas échéant, la période d'essai ;

6° La durée du préavis en cas de démission ;

7° L'indication du régime de protection sociale (régime général de la sécurité sociale et régime complémentaire de retraite de l'IRCANTEC), sous réserve de l'application éventuelle des dispositions de l'article D. 171-11 du code de la sécurité sociale ;

8° Le montant de la part fixe de rémunération et le montant de la part variable qui est fonction des engagements particuliers et de la réalisation des objectifs mentionnés au 2° du présent article.

SOUS-SECTION 2 EXERCICE DES FONCTIONS

Art. R. 6152-707 Les praticiens recrutés sur le fondement du 3° de l'article L. 6152-1 employés à temps plein consacrent la totalité de leur activité professionnelle au service de l'établissement public de santé employeur, sans préjudice des dispositions de l'article L. 6152-4 et des dispositions réglementaires prises pour son application.

Lorsqu'ils sont employés à temps partiel pour une durée représentant moins de sept demi-journées, ils peuvent, à condition d'en informer le directeur de l'établissement, exercer une activité rémunérée en dehors du service accompli dans l'établissement public de santé employeur.

Ils ne peuvent en aucun cas exercer une activité libérale au sein de l'établissement public de santé employeur.

Art. R. 6152-708 Le service hebdomadaire des praticiens recrutés sur le fondement du 3° de l'article L. 6152-1 est fixé à dix demi-journées hebdomadaires lorsqu'ils exercent à temps plein et entre quatre et neuf demi-journées hebdomadaires lorsqu'ils exercent à temps partiel.

La durée maximale des obligations de service fixées au contrat, effectuées de jour et de nuit du lundi au dimanche, ne peut en aucun cas excéder quarante-huit heures hebdomadaires en moyenne calculée sur le quadrimestre. Lorsque le service est effectué la nuit, celle-ci est comptée pour deux demi-journées.

Le praticien bénéficie d'un repos quotidien d'une durée minimale de onze heures consécutives par période de vingt-quatre heures. Par dérogation, il peut accomplir une durée de travail continue maximale de vingt-quatre heures. Dans ce cas, il bénéficie, immédiatement à l'issue de cette période, d'un repos d'une durée équivalente.

Art. R. 6152-708-1 *(Décr. n° 2014-841 du 24 juill. 2014, art. 5)* Les praticiens recrutés sur le fondement du 3° de l'article L. 6152-1 exerçant leurs fonctions à temps plein peuvent réaliser les expertises mentionnées au II de l'article L. 6152-4 pendant leurs obligations de service dans la limite de deux demi-journées par semaine, cette durée étant calculée en moyenne sur une période de quatre mois.

SOUS-SECTION 3 RÉMUNÉRATION

Art. R. 6152-709 La rémunération des praticiens recrutés sur le fondement du 3° de l'article L. 6152-1 comprend :

1° *Une part fixe, déterminée* par référence aux émoluments des praticiens hospitaliers ;

2° Une part variable subordonnée à la réalisation des engagements particuliers et des objectifs prévus au contrat.

Le montant de la rémunération totale ne peut excéder le montant correspondant au dernier échelon de la grille mentionnée à l'article R. 6152-21 majoré de 65 %.

Le montant, les conditions d'attribution et les modalités de versement des éléments de rémunération mentionnés aux 1° et 2° du présent article sont précisés par arrêté des ministres chargés du budget et de la santé.

Art. R. 6152-710 Les praticiens recrutés sur le fondement du 3° de l'article L. 6152-1 cotisent au régime de retraites complémentaire des assurances sociales institué par le décret n° 70-1277 du 23 décembre 1970 portant création d'un régime de retraites complémentaire des assurances sociales en faveur des agents non titulaires de l'État et des collectivités publiques sur la totalité de leur rémunération, dans les conditions applicables aux praticiens hospitaliers à temps plein pour les praticiens recrutés à temps plein et dans les conditions applicables aux praticiens régis par la section II du présent chapitre pour les praticiens recrutés à temps partiel.

SOUS-SECTION 4 ÉVALUATION

Art. R. 6152-711 L'évaluation de l'activité, et notamment de la réalisation des engagements particuliers et des objectifs prévus au contrat, est conduite par le chef de pôle.

L'évaluation repose sur un entretien entre le chef de pôle et le praticien. Celui-ci donne lieu à un compte rendu écrit, qui comporte un bilan des résultats atteints au regard des objectifs assignés. Ce compte rendu est signé par le chef de pôle et le praticien qui en reçoit un exemplaire.

Le chef de pôle transmet le compte rendu de l'entretien d'évaluation accompagné d'une proposition de montant de la part variable au directeur de l'établissement. Ce dernier en arrête le montant.

Dans le cas où le praticien recruté exerce les fonctions de chef de pôle, le président de la commission médicale d'établissement exerce toutes les attributions confiées au chef de pôle dans la procédure d'évaluation régie par le présent article.

Lorsque le bilan des résultats s'avère notoirement insuffisant, il peut être mis fin au contrat sans indemnité, ni préavis, après avis du président de la commission médicale d'établissement.

SOUS-SECTION 5 CONGÉS, FORMATION CONTINUE ET DROIT SYNDICAL

Art. R. 6152-712 Les dispositions du code du travail et celles du code de la sécurité sociale relatives aux congés annuels ou de maladie, de maternité ou d'adoption, de paternité, de présence parentale, de solidarité familiale, ainsi que, sous réserve des dispositions des articles R. 6152-715, R. 6152-716 et R. 6152-718, à l'indemnité prévue à l'article L. 1243-8 du code du travail sont applicables aux praticiens recrutés sur le fondement du 3° de l'article L. 6152-1.

Art. R. 6152-713 Les praticiens recrutés sur le fondement du 3° de l'article L. 6251-1 doivent entretenir et perfectionner leurs connaissances.

Ils ont droit à un congé de formation dont la durée est fixée à quinze jours ouvrables par an pour un praticien exerçant à temps plein. Lorsque le praticien exerce à temps partiel, ces droits sont calculés au prorata de la quotité de temps de travail.

Art. R. 6152-714 Des autorisations spéciales d'absence sont accordées par le directeur de l'établissement aux représentants syndicaux des praticiens dûment mandatés dans les conditions prévues à l'article R. 6152-73.

SOUS-SECTION 6 DISCIPLINE

Art. R. 6152-715 En cas de faute grave, le directeur peut, après avoir communiqué les griefs à l'intéressé et l'avoir invité à présenter ses observations dans un délai de huit jours, mettre fin au contrat, sans indemnité, par décision motivée prise après avis de la commission médicale d'établissement. Cette décision est notifiée au praticien intéressé.

Les praticiens hospitaliers détachés sur contrat en application du 3° de l'article L. 6152-1 restent soumis aux dispositions de la sous-section 8 de la section I s'agissant des praticiens hospitaliers à temps plein et de la sous-section 9 de la section II du présent chapitre s'agissant des praticiens des hôpitaux à temps partiel.

SOUS-SECTION 7 INSUFFISANCE PROFESSIONNELLE

Art. R. 6152-716 En cas d'insuffisance professionnelle, il peut être mis fin au contrat sans indemnité, ni préavis, après avis de la commission médicale d'établissement.

Les praticiens hospitaliers détachés sur contrat en application du 3° de l'article L. 6152-1 restent soumis aux dispositions de la sous-section 9 de la section I s'agissant des praticiens hospitaliers à temps plein et de la sous-section 10 de la section II du présent chapitre s'agissant des praticiens des hôpitaux à temps partiel.

SOUS-SECTION 8 SUSPENSION

Art. R. 6152-717 Lorsque l'intérêt du service l'exige, le praticien peut être immédiatement suspendu par le directeur pour une durée maximale de deux mois.

Le praticien suspendu conserve la rémunération mentionnée au 1° de l'article R. 6152-709.

Lorsqu'une décision de justice lui interdit d'exercer sa profession, le praticien ne perçoit que la moitié de rémunération mentionnée au 1° de l'article R. 6152-709.

Lorsque l'intéressé fait l'objet de poursuites pénales, sa situation financière n'est définitivement réglée qu'après que la décision rendue par la juridiction saisie est devenue définitive.

SOUS-SECTION 9 FIN DU CONTRAT

Art. R. 6152-718 Le praticien hospitalier détaché sur contrat en application du 1° de l'article R. 6152-51 ou du 9° de l'article R. 6152-238 qui souhaite qu'il soit mis fin à son détachement avant le terme initialement prévu ou qui souhaite réintégrer son emploi d'origine à l'issue de la période de détachement prévue au contrat doit respecter un délai de préavis de deux mois au moins.

A l'expiration du contrat, le détachement cesse de plein droit, sans donner lieu à aucune indemnité. Le praticien hospitalier est réintégré dans son corps d'origine dans les conditions de droit commun.

SOUS-SECTION 10 LIMITE D'ÂGE ET PROLONGATION D'ACTIVITÉ

(Décr. n° 2016-1426 du 21 oct. 2016, art. 7)

Art. R. 6152-719 La limite d'âge des praticiens régis par les dispositions de la présente section est fixée à soixante-sept ans pour les intéressés nés à compter du 1er janvier 1955.

A titre transitoire, la limite d'âge applicable à ces praticiens est fixée à :

1° 65 ans pour ceux nés avant le 1er juillet 1951 ;

2° 65 ans et 4 mois pour ceux nés entre le 1er juillet 1951 et le 31 décembre 1951 ;

3° 65 ans et 9 mois pour ceux nés en1952 ;

4° 66 ans et 2 mois pour ceux nés en 1953 ;

5° 66 ans et 7 mois pour ceux nés en 1954.

Art. R. 6152-720 Les praticiens recrutés sur le fondement du 3° de l'article L. 6152-1 peuvent bénéficier d'une prolongation d'activité dans les conditions et selon les modalités prévues aux articles R. 6152-424 à R. 6152-427.

SECTION VIII DISPOSITIONS COMMUNES *(Décr. n° 2016-1426 du 21 oct. 2016, art. 2-1°).*

SOUS-SECTION 1 RÉDUCTION DU TEMPS DE TRAVAIL

Art. R. 6152-801 *Les personnels* médicaux, pharmaceutiques et odontologistes, régis par les dispositions *(Décr. n° 2005-1422 du 17 nov. 2005)* « des *sections I à VI* » du présent chapitre bénéficient d'une réduction annuelle de leur temps de travail de 20 jours.

Lorsque les fonctions ne sont pas assurées à temps plein, le nombre de jours alloués est réduit proportionnellement à la durée d'activité des personnels intéressés.

Sont exclues de l'application de ces dispositions les périodes suivantes : congé bonifié, mission temporaire non rémunérée, congé de longue maladie, congé de longue durée ou de grave maladie, *(Décr. n° 2012-1481 du 27 déc. 2012, art. 6)* **« et congé parental ».**
Les congés accordés au titre de la réduction du temps de travail et les congés bonifiés ne peuvent être pris à la suite les uns des autres.
Les modalités d'application du présent article sont fixées par arrêté des ministres chargés du budget et de la santé.

SOUS-SECTION 2 COMPTE ÉPARGNE-TEMPS

BIBL. ▶ V. ss. art. L. 6152-6.

Art. R. 6152-802 **Les personnels médicaux, pharmaceutiques et odontologistes, régis par les dispositions** *(Décr. n° 2005-1422 du 17 nov. 2005)* **« des sections I à VI » du présent chapitre bénéficient d'un compte épargne-temps sous réserve des dispositions des articles** *(Décr. n° 2012-1481 du 27 déc. 2012, art. 7)* **« R. 6152-14 et R. 6152-211 ».**

Art. R. 6152-803 *(Décr. n° 2012-1481 du 27 déc. 2012, art. 8)* **Ce compte est ouvert par le chef d'établissement qui informe, chaque début d'année, le praticien titulaire du compte des droits épargnés et consommés au terme de l'année civile écoulée et lui demande de faire connaître, au plus tard le 31 mars, son choix d'utilisation des jours épargnés.**

Art. R. 6152-804 *(Décr. n° 2012-1481 du 27 déc. 2012, art. 9)* **Le compte épargne-temps est alimenté par le report de jours de congé, de réduction du temps de travail ou de récupération qui n'ont pu être pris, dans les conditions suivantes :**
1° Le report des congés annuels, sans que le nombre de jours de congés pris dans l'année puisse être inférieur à vingt ; cette limite est réduite proportionnellement à la durée des obligations de service des personnels concernés lorsque ceux-ci n'exercent pas leurs fonctions à temps plein ;
2° Le report de tout ou partie des jours de réduction du temps de travail dans les conditions prévues à l'article R. 6152-801 ;
3° Le report des jours de récupération des périodes de temps de travail additionnel, des astreintes et des déplacements lorsqu'ils n'ont pas fait l'objet d'une indemnisation.

Art. R. 6152-805 ***et*** **R. 6152-806** *Abrogés par Décr. n° 2012-1481 du 27 déc. 2012, art. 10.*

Art. R. 6152-807 **La demande d'exercice de tout ou partie du droit à congé acquis au titre du compte épargne-temps ne peut être rejetée qu'en raison des nécessités du service.**
Ce refus ne peut toutefois priver l'intéressé de ses droits au bénéfice du temps épargné. En particulier, aucun refus ne peut être opposé lorsque le temps épargné est égal ou supérieur au temps de service restant à courir avant la date du départ à la retraite sans que l'utilisation des droits puisse entraîner le report de la date de cessation des fonctions.
Le compte épargne-temps peut être utilisé de plein droit à l'issue d'un congé de maternité, d'adoption *(Décr. n° 2012-1481 du 27 déc. 2012, art. 11)* **«, de paternité, de solidarité familiale ou d'un congé de maladie d'une durée égale ou supérieure à trois mois » dès lors que la demande en a été faite auprès du directeur de l'établissement.**

Art. R. 6152-807-1 *(Décr. n° 2012-1481 du 27 déc. 2012, art. 12)* **Lorsque** *[,]* **au terme de l'année civile, le nombre de jours inscrits sur le compte épargne-temps est inférieur ou égal à un seuil fixé par arrêté conjoint des ministres chargés de la santé, de la fonction publique et du budget, le praticien ne peut utiliser les droits ainsi épargnés que sous forme de congés.**
Le seuil mentionné à l'alinéa précédent ne saurait être supérieur à vingt jours.

Sur certaines dispositions relatives au compte épargne-temps et aux congés annuels des personnels médicaux, pharmaceutiques et odontologiques des établissements publics de santé, V. Décr. n° 2012-1481 du 27 déc. 2012 🏛.

Art. R. 6152-807-2 *(Décr. n° 2012-1481 du 27 déc. 2012, art. 12)* **Lorsque** *[,]* **au terme de l'année civile, le nombre de jours inscrits sur le compte épargne-temps est supérieur au seuil mentionné à l'article R. 6152-807-1, le praticien opte, pour les jours excédant ce seuil et dans les proportions qu'il souhaite :**

1° Pour une indemnisation dans les conditions fixées à l'article R. 6152-807-3 ;
2° Pour un maintien sur le compte épargne-temps dans les conditions fixées à l'article R. 6152-807-4.

L'option du praticien intervient au plus tard le 31 mars de l'année suivante et est irrévocable.

Les jours mentionnés au 1° sont retranchés du compte épargne-temps à la date d'exercice d'une option.

En l'absence d'exercice d'une option par le titulaire du compte, les jours placés sur le compte et excédant le seuil mentionné au premier alinéa sont maintenus sur le compte du praticien.

Les jours épargnés n'excédant pas le seuil ne peuvent être utilisés que sous forme de congés.

Art. R. 6152-807-3 *(Décr. n° 2012-1481 du 27 déc. 2012, art. 12)* Chaque jour concerné par l'option mentionnée au 1° de l'article R. 6152-807-2 est indemnisé à hauteur d'un montant fixé par arrêté conjoint des ministres chargés de la santé, de la fonction publique et du budget.

Cette indemnisation n'est pas soumise aux majorations et indexations pouvant être versées aux praticiens en poste dans les départements et collectivités d'outre-mer.

Art. R. 6152-807-4 *(Décr. n° 2012-1481 du 27 déc. 2012, art. 12)* I. — Les jours mentionnés au 2° de l'article R. 6152-807-2 sont maintenus sur le compte épargne-temps sous réserve des conditions cumulatives énumérées aux 1° et 2° ci-après :

1° La progression annuelle du nombre de jours inscrits au-delà du seuil mentionné à l'article R. 6152-807-1 n'excède pas un plafond fixé par arrêté conjoint des ministres chargés de la santé, de la fonction publique et du budget.

2° Le nombre total de jours inscrits sur le compte n'excède pas un plafond global fixé par le même arrêté.

II. — En raison d'impératifs de continuité ou de permanence des soins exposés dans un rapport établi par le directeur de l'établissement et en considération de la situation des effectifs de la structure d'affectation des praticiens concernés, le directeur général de l'agence régionale de santé peut autoriser, après consultation de la commission régionale paritaire et pour une durée maximale de trois ans, un dépassement du plafond de progression annuelle du compte épargne-temps de ces praticiens. Une demande de conciliation devant la commission paritaire régionale peut être présentée au directeur d'établissement par les praticiens concernés.

Lorsque le directeur général de l'agence régionale de santé est informé par le directeur de l'établissement d'une demande de conciliation formulée par des praticiens sur le fondement du premier alinéa du II du présent article, il confie cette mission de conciliation à la commission paritaire régionale, conformément aux dispositions de l'article R. 6152-326 du présent code ;

Le directeur général de l'agence régionale de santé peut, dans les mêmes conditions, autoriser un dépassement du plafond prévu au 2° du présent article, à compter d'une date fixée par arrêté conjoint des ministres chargés de la santé, de la fonction publique et du budget et sous réserve que ce dépassement n'excède pas un nombre de jours maximal fixé par le même arrêté.

III. — Les jours maintenus sur le compte épargne-temps au titre des I et II peuvent être utilisés sous forme de congés, pris dans les mêmes conditions que ceux mentionnés aux articles R. 6152-807 et R. 6152-807-1.

Art. R. 6152-808 Le congé pris dans le cadre du compte épargne-temps est assimilé à une période d'activité et rémunéré en tant que tel.

L'art. R. 6152-808 a été renuméroté par le Décr. n° 2010-1218 du 14 oct. 2010, entré en vigueur le 17 oct. 2010 (anc. art. R. 6152-708). Le Décr. n° 2010-1141 du 29 sept. 2010, entré en vigueur le 1er oct. 2010, soit avant la nouvelle numérotation, disposait dans son art. 23 :

« L'article R. 6152-808 est remplacé par les dispositions suivantes :

*« **Art. R. 6152-808** Le congé pris dans le cadre du compte épargne-temps est assimilé à une période d'activité.*

« Durant cette période, le praticien continue à percevoir sa rémunération statutaire.

« Le cas échéant, le versement de l'indemnité pour activité dans plusieurs établissements, de l'indemnité d'activité sectorielle et de liaison et de l'indemnité d'engagement de service public exclusif est maintenu pendant une période qui ne peut excéder trois mois. »

Cette modification antérieure à la renumérotation se trouve ainsi privée d'effet.

Art. R. 6152-809 *(Décr. n° 2012-1481 du 27 déc. 2012, art. 13)* **Le praticien conserve les droits qu'il a acquis au titre du compte épargne-temps :**

1° En cas de mutation, de changement de statut pour occuper des fonctions relevant des dispositions des sections I à VI du présent chapitre ou, pour les praticiens relevant des sections I et II du même chapitre, en cas de mise à disposition ou de placement en recherche d'affectation auprès du centre national de gestion, le praticien peut utiliser ses droits sous réserve de l'accord de la structure d'affectation ;

2° En cas de détachement au titre des articles R. 6152-51 et R. 6152-238, l'intéressé ne peut alors utiliser ses droits, sur autorisation de l'administration d'origine et de l'administration d'emploi et selon les règles régissant le compte épargne-temps dans cette administration d'emploi que dans les cas de détachement dans un des corps, cadres d'emplois ou emplois régis par le statut général de la fonction publique ;

3° En cas de mise en disponibilité au titre de l'article R. 6152-62 pour les praticiens relevant de la section I du présent chapitre ou de l'article R. 6152-242 pour les praticiens relevant de la section II du même chapitre ;

4° En cas de congé parental au titre des articles R. 6152-45, R. 6152-234, R. 6152-520-1 ou R. 6152-617.

Dans les cas visés aux 3° et 4° du présent article, le praticien peut utiliser ses droits sur autorisation de son administration d'origine et sous réserve de l'accord de sa structure d'affectation.

Art. R. 6152-809-1 *(Décr. n° 2012-1481 du 27 déc. 2012, art. 14)* **Les établissements ont l'obligation de comptabiliser un passif pour chaque jour épargné par le titulaire du compte dans des conditions fixées par arrêté conjoint des ministres chargés de la santé, du budget et de la sécurité sociale.**

Conformément aux dispositions de l'article R. 6152-35 et de l'organisation arrêtée en application du dernier alinéa de l'article R. 6152-26, le chef de pôle recense, dans le cadre du contrat de pôle, sur la base du tableau prévisionnel des activités du pôle, le nombre de jours de congé, de réduction du temps de travail et de récupération susceptibles de ne pas être pris au titre de l'année en cours au regard des nécessités de service et qui pourraient être versés au compte épargne-temps par les praticiens. Le nombre de jours prévisionnel définitif et son impact sur le passif de l'établissement figurent dans l'avenant annuel du contrat de pôle.

En cas de changement d'établissement ou de placement en recherche d'affectation auprès du Centre national de gestion, le passif mentionné ci-dessus, correspondant au nombre de jours restant sur le compte épargne-temps, est transféré respectivement au nouvel établissement d'affectation ou au Centre national de gestion. Le cas échéant, à l'issue de la procédure de recherche d'affectation, le Centre national de gestion transfère le passif reçu au nouvel établissement d'affectation.

La situation des comptes épargne-temps et leur prise en compte dans le bilan comptable sont présentées chaque année aux membres de la commission médicale d'établissement, concomitamment au bilan social.

Art. R. 6152-810 **A l'issue de la période de congés, le bénéficiaire du compte épargne-temps rejoint le poste qu'il occupait avant son départ.**

Art. R. 6152-811 *Abrogé par Décr. n° 2012-1481 du 27 déc. 2012, art. 15.*

Art. R. 6152-812 *(Décr. n° 2012-1481 du 27 déc. 2012, art. 16)* **Lorsque le praticien titulaire du compte épargne-temps est reconnu définitivement inapte à l'exercice de ses fonctions ou décède sans avoir pu utiliser les jours épargnés sur son compte, le praticien lui-même ou, en cas de décès, ses ayants droit bénéficient des droits qu'il a acquis au titre de son compte épargne-temps. Ces droits font l'objet d'une indemnisation selon les dispositions fixées par l'article R. 6152-807-3.**

Art. R. 6152-813 *(Décr. n° 2012-1481 du 27 déc. 2012, art. 17)* **Lorsqu'un praticien, quelle que soit sa position au regard du statut qui lui est applicable, cesse définiti-**

vement d'exercer son activité, les jours accumulés sur son compte épargne-temps doivent être soldés sous forme de congés avant la date de cette cessation. En pareil cas, la direction de l'établissement ne peut s'opposer à sa demande.

Dans le cas où l'impossibilité de solder avant cette date les jours inscrits sur le compte résulte d'un éloignement du service consécutif à un placement en recherche d'affectation, à un congé pour maladie, à une nomination à titre permanent dans un corps de personnels enseignants et hospitaliers ou à des impératifs de continuité ou de permanence des soins attestés par le directeur, les jours inscrits au compte épargne-temps font l'objet d'une indemnisation selon les dispositions fixées par l'article R. 6152-807-3.

SOUS-SECTION 3 PROLONGATION D'ACTIVITÉ

(Décr. n° 2016-1426 du 21 oct. 2016, art. 2-2°)

Art. R. 6152-814 I. — Peuvent être autorisés, sous réserve d'aptitude médicale et dans la limite de trente-six mois, à prolonger leur activité au-delà de la limite d'âge qui leur est applicable, les praticiens régis par les sections I, II, IV, V, VI et VII du présent chapitre, qui sont nés à compter du 1er janvier 1955 et se trouvent en position d'activité au moment de leur demande.

II. — A titre transitoire, la prolongation d'activité s'applique dans les conditions définies à l'article 135 de la loi n° 2004-806 du 9 août 2004 relative à la politique de santé publique, dans sa rédaction issue de l'article 141 de la loi n° 2016-41 du 26 janvier 2016 relative à la modernisation de notre système de santé, pour en porter la durée maximale à :

1° Soixante mois pour les praticiens nés avant le 1er juillet 1951 ;

2° Cinquante-six mois pour les praticiens nés entre le 1er juillet 1951 et le 31 décembre 1951 ;

3° Cinquante et un mois pour les praticiens nés en 1952 ;

4° Quarante-six mois pour les praticiens nés en 1953 ;

5° Quarante et un mois pour les praticiens nés en 1954.

Art. R. 6152-815 Les praticiens bénéficiant d'une prolongation d'activité demeurent régis par les dispositions des statuts dont ils relevaient à la date à laquelle ils ont atteint la limite d'âge, à l'exception des dispositions relatives à l'avancement.

Ils peuvent soit être maintenus dans l'emploi qu'ils occupent dans l'établissement où ils sont affectés à la date à laquelle ils atteignent la limite d'âge ou à celle du renouvellement de la prolongation d'activité, soit occuper un emploi dans un autre établissement.

Art. R. 6152-816 Les autorités investies du pouvoir de nomination transmettent au directeur général de l'agence régionale de santé, pour information de la commission régionale paritaire, le bilan annuel par spécialités *[spécialité]* des demandes de prolongation d'activité et des avis dont elles ont fait l'objet.

SOUS-SECTION 4 DISPOSITIONS RELATIVES AUX CONGÉS POUR RAISONS DE SANTÉ OU POUR RAISONS FAMILIALES

(Décr. n° 2017-161 du 9 févr. 2017, art. 24)

Art. R. 6152-817 Les dispositions de la présente sous-section s'appliquent aux personnels régis par les dispositions des sections I à VII du présent chapitre.

Art. R. 6152-818 Les dispositions de l'article 15 du décret n° 88-386 du 19 avril 1988 relatif aux conditions d'aptitude physique et aux congés de maladie des agents de la fonction publique hospitalière sont applicables aux praticiens régis par le présent chapitre. La rémunération à *prendre en compte au troisième* alinéa de cet article comprend les émoluments et les primes accordées à l'intéressé.

Lorsque, en application de l'article R. 321-2 du code de la sécurité sociale, les prestations en espèces servies par le régime général sont diminuées, la rémunération versée en cas de congé de maladie, de congé de longue maladie ou de congé de longue durée est réduite au prorata de la diminution pratiquée.

Art. R. 6152-819 I. — La durée du congé pour maternité ou pour adoption est égale à celle prévue par la législation sur la sécurité sociale. Pendant ce congé, l'intéressé perçoit la totalité de ses émoluments.

En cas de décès de la mère au cours de la période entre la naissance de l'enfant et la fin de l'indemnisation prévue par son régime d'assurance maternité, le père bénéficie, s'il est régi par les dispositions du présent chapitre, d'un droit à congé pour la durée restant à courir entre la date du décès de la mère et la fin de la période d'indemnisation dont elle aurait bénéficié. Il peut demander le report de tout ou partie de ce congé dans les conditions fixées par la législation sur la sécurité sociale. Lorsque le père de l'enfant ne demande pas à bénéficier de ce droit à congé, il est accordé au conjoint de la mère s'il est régi par le présent chapitre ou au praticien lié à elle par un pacte civil de solidarité ou vivant maritalement avec elle.

Le droit au congé pour adoption est ouvert à l'un ou l'autre des parents adoptifs. Lorsque les deux conjoints sont régis par le présent chapitre et en activité, le congé peut être réparti entre eux. Lorsque le congé pour adoption est réparti entre les deux conjoints, sa durée est augmentée et fractionnée selon les modalités prévues par la législation sur la sécurité sociale.

II. — Le congé de paternité et d'accueil de l'enfant est ouvert après la naissance de l'enfant au père ainsi que, le cas échéant, au conjoint de la mère, à la personne liée à elle par un pacte civil de solidarité ou vivant maritalement avec elle.

Pendant ce congé, l'intéressé régi par les dispositions du présent chapitre perçoit la totalité de ses émoluments.

La durée du congé est de onze jours consécutifs en cas de naissance simple et de dix-huit jours consécutifs en cas de naissances multiples. A la demande de l'intéressé, le congé peut être fractionné en deux périodes, dont l'une des deux est au moins égale à sept jours.

Le congé est pris dans les quatre mois suivant la naissance de l'enfant. La demande de congé doit être formulée au moins un mois avant la date de début du congé, excepté si l'intéressé établit l'impossibilité de respecter ce délai.

III. — A l'expiration des congés mentionnés aux I et II, l'intéressé régi par le présent chapitre est réaffecté de plein droit dans son ancien emploi. Dans le cas où celui-ci ne peut lui être proposé, l'intéressé est affecté dans un emploi équivalent, le plus proche de son dernier lieu de travail. S'il le demande, il peut également être affecté dans l'emploi le plus proche de son domicile.

Art. R. 6152-820 Lorsqu'il a été médicalement constaté par le comité médical mentionné à l'article R. 6152-36 que l'intéressé se trouve atteint d'une inaptitude à occuper son emploi, l'autorité investie du pouvoir de nomination cherche à le reclasser. L'offre de reclassement proposée à l'intéressé est écrite et précise. Elle concerne les emplois relevant de l'autorité ayant le pouvoir de nomination. L'intéressé est invité à faire connaître sa décision dans le délai d'un mois à compter de la notification de l'offre. A défaut de réponse de l'intéressé ou en cas de réponse négative de sa part ou lorsque le reclassement de l'intéressé s'avère impossible, celui-ci est licencié ou rayé des cadres.

Art. R. 6152-821 Le montant de la rémunération versée pendant un congé de maladie, un congé de longue maladie, un congé de longue durée, un congé en cas d'accident du travail ou de maladie professionnelle, un congé de maternité, un congé de paternité et d'accueil de l'enfant ou un congé d'adoption est établie *[établi]* sur la base de la quotité de travail du praticien à la date d'arrêt du travail.

Art. R. 6152-822 L'établissement qui assure la rémunération du praticien est subrogé dans les droits de l'intéressé aux prestations en espèces de la sécurité sociale, dans les conditions prévues aux articles R. 323-11 et R. 433-12 du code de la sécurité sociale.

Art. R. 6152-823 Le bénéfice des congés prévus au présent chapitre n'a pas pour effet de reculer la date du terme du contrat.

CHAPITRE III INTERNES ET ÉTUDIANTS EN MÉDECINE ET EN PHARMACIE

SECTION PREMIÈRE STATUT DES INTERNES EN MÉDECINE, EN ODONTOLOGIE ET EN PHARMACIE *(Décr. n° 2010-1187 du 8 oct. 2010, art. 1er).*

SOUS-SECTION 1 DISPOSITIONS GÉNÉRALES

Art. R. 6153-1 *(Décr. n° 2010-1187 du 8 oct. 2010, art. 2)* Les sous-sections 1 à 3 de la présente section s'appliquent aux internes en médecine, en odontologie et en pharmacie qui accomplissent leur troisième cycle d'études dans les conditions prévues aux articles L. 632-2, L. 632-5, L. 633-2 et L. 634-1 du code de l'éducation.

Art. R. 6153-2 *(Décr. n° 2015-225 du 26 févr. 2015, art. 1er)* I. — L'interne est un agent public.

Praticien en formation spécialisée, il consacre la totalité de son temps à sa formation médicale, odontologique ou pharmaceutique en stage et hors stage.

II. — En stage, l'interne est sous la responsabilité du praticien responsable de l'entité d'accueil. Ses obligations de service comprennent huit demi-journées par semaine, cette durée étant calculée en moyenne sur le trimestre.

L'interne bénéficie d'un temps de pause d'une durée minimale de quinze minutes par demi-journée en stage.

Une période de nuit est comptabilisée à hauteur de deux demi-journées.

L'interne participe au service de gardes et astreintes. Le temps réalisé pendant les gardes et lors des déplacements survenant au cours d'une période d'astreinte, y compris le temps de trajet, est décompté comme du temps de travail effectif et comptabilisé dans les obligations de service.

III. — Hors stage, les obligations de service de l'interne comprennent deux demi-journées par semaine, cette durée étant calculée en moyenne sur le trimestre.

La formation hors stage comprend :

1° Une demi-journée de temps de formation pendant laquelle il est sous la responsabilité du coordonnateur de sa spécialité. Cette demi-journée est décomptée comme du temps de travail effectif et est comptabilisée dans les obligations de service de l'interne ;

2° Une demi-journée de temps personnel de consolidation de ses connaissances et compétences, que l'interne utilise de manière autonome. Cette demi-journée n'est pas décomptée comme du temps de travail effectif mais est comptabilisée dans les obligations de service de l'interne.

IV. — L'interne bénéficie d'un repos de sécurité immédiatement à l'issue de chaque garde et à l'issue du dernier déplacement survenu pendant une période d'astreinte.

Le temps consacré au repos de sécurité ne peut donner lieu à l'accomplissement des obligations de service en stage et hors stage.

V. — Les modalités d'application du présent article sont fixées par arrêté conjoint des ministres chargés du budget, de l'enseignement supérieur, de la santé et de la défense.

Art. R. 6153-2-1 *(Décr. n° 2015-225 du 26 févr. 2015, art. 2)* La formation en stage ainsi que la demi-journée de formation hors stage mentionnée au 1° du III de l'article R. 6153-2 ne peuvent excéder quarante-huit heures par période de sept jours, cette durée étant calculée en moyenne sur le trimestre.

Art. R. 6153-2-2 *(Décr. n° 2015-225 du 26 févr. 2015, art. 3)* I. — Un tableau de service nominatif prévisionnel organise le temps à accomplir au titre de la formation en stage et hors stage de l'interne.

Le praticien responsable de l'entité d'accueil en lien avec le coordonnateur de la spécialité élabore le tableau de service suivant les règles fixées à l'article R. 6153-2. Ce tableau est ensuite arrêté mensuellement par le directeur de la structure d'accueil ou du centre hospitalier universitaire de rattachement.

II. — L'accomplissement des obligations de service donne lieu à récupération au cours du trimestre afin qu'au terme de celui-ci ces obligations n'excèdent pas huit demi-journées hebdomadaires au titre de la formation en stage et deux demi-journées heb-

domadaires au titre de la formation hors stage. Chacune de ces durées est calculée en moyenne sur le trimestre.

III. – Les modalités d'application du présent article sont fixées par arrêté conjoint des ministres chargés du budget, de l'enseignement supérieur, de la santé et de la défense.

Art. R. 6153-2-3 *(Décr. nº 2015-225 du 26 févr. 2015, art. 4)* **Le directeur de la structure d'accueil ou le responsable du stage extrahospitalier met à la disposition de l'interne et du coordonnateur de la spécialité le relevé trimestriel de la réalisation des obligations de service de l'interne.**

Ce relevé est communiqué à la structure qui assure le versement de la rémunération de l'interne si elle n'est pas la structure d'accueil de celui-ci.

Les modalités d'application du présent article sont fixées par arrêté conjoint des ministres chargés du budget, de l'enseignement supérieur, de la santé et de la défense.

Art. R. 6153-2-4 *(Décr. nº 2015-225 du 26 févr. 2015, art. 5)* **En cas de désaccord individuel sur l'application des dispositions des articles R. 6153-2 à R. 6153-2-3 et R. 6153-10, l'interne saisit, pour examen de sa situation individuelle, le directeur de sa structure d'accueil ou le responsable de son stage extrahospitalier, le directeur de l'unité de formation et de recherche et le président de la commission médicale d'établissement de la structure d'accueil.**

Si le désaccord persiste, l'interne peut saisir le directeur général de l'agence régionale de santé de la région dans laquelle se situe son unité de formation et de recherche d'inscription.

Les internes et les assistants des hôpitaux des armées saisissent l'autorité militaire compétente.

Art. R. 6153-2-5 *(Décr. nº 2015-225 du 26 févr. 2015, art. 6)* **En cas de difficultés dans l'application, au sein d'un service agréé, des dispositions des articles R. 6153-2 à R. 6153-2-3 et R. 6153-10, les représentants des internes de la commission médicale d'établissement de l'établissement concerné ou de la commission régionale paritaire saisissent le directeur général de l'agence régionale de santé de la région dans le ressort de laquelle se situe l'établissement. Celui-ci peut demander un réexamen de l'agrément du service.**

Les modalités d'application du présent article sont fixées par arrêté conjoint des ministres chargés du budget, de l'enseignement supérieur, de la santé et de la défense.

Art. R. 6153-3 **L'interne en médecine exerce des fonctions de prévention, de diagnostic et de soins, par délégation et sous la responsabilité du praticien dont il relève.**

L'interne en médecine *(Décr. nº 2010-1187 du 8 oct. 2010, art. 4)* **« en cours de formation de biologie médicale » participe, en outre, à l'étude du métabolisme des substances médicamenteuses et toxiques ainsi qu'à l'élaboration et à la validation des analyses biologiques concourant à la prévention, au diagnostic et à la surveillance des traitements.**

Art. R. 6153-4 **L'interne en pharmacie participe à l'ensemble des activités** *(Décr. nº 2010-1187 du 8 oct. 2010, art. 5)* **« de l'entité dans laquelle il accomplit son stage », par délégation et sous la responsabilité du praticien ou du pharmacien auprès duquel il est placé.**

Il a notamment pour mission :

1º De participer à la préparation, au contrôle et à la dispensation des médicaments, produits ou objets mentionnés à l'article L. 4211-1 et des dispositifs médicaux stériles ainsi qu'à l'étude du métabolisme des substances médicamenteuses et toxiques ;

2º De participer à l'élaboration et à la validation des analyses biologiques concourant à la prévention, au diagnostic et à la surveillance des traitements ;

(Décr. nº 2010-1187 du 8 oct. 2010, art. 5) **« 3º D'assurer la liaison entre l'entité dans laquelle il accomplit son stage et les structures de soins. »**

Art. R. 6153-5 **L'interne en odontologie exerce, par délégation et sous la responsabilité du** *(Décr. nº 2010-1187 du 8 oct. 2010, art. 6)* **« praticien » dont il relève, des fonctions de prévention, de diagnostic et de soins qui concernent les maladies de la bouche, des dents et des maxillaires.**

Art. R. 6153-6 *(Décr. n° 2010-1187 du 8 oct. 2010, art. 7)* Les internes sont soumis au règlement des établissements ou organismes dans lesquels ils exercent leur activité. Ils s'acquittent des tâches qui leur sont confiées et participent à la continuité des soins ou à la permanence pharmaceutique.

Ils ne peuvent en particulier, sous peine de sanctions disciplinaires, s'absenter de leur lieu de stage qu'au titre des congés prévus à la sous-section 2 et des obligations liées à leur formation théorique et pratique.

Pendant la durée d'un stage, les internes ne peuvent effectuer de remplacements dans l'entité où ils sont accueillis.

SOUS-SECTION 2 ENTRÉE EN FONCTIONS, GESTION, RÉMUNÉRATION ET AVANTAGES SOCIAUX

Art. R. 6153-7 Avant de prendre ses fonctions, l'interne justifie, par un certificat délivré par un médecin hospitalier, qu'il remplit les conditions d'aptitude physique et mentale pour l'exercice des fonctions hospitalières qu'il postule.

Il atteste en outre qu'il remplit les conditions d'immunisation contre certaines maladies fixées par arrêté du ministre chargé de la santé.

(Décr. n° 2010-1187 du 8 oct. 2010, art. 8) « Les internes relèvent du service de santé au travail de l'entité où ils effectuent leur stage. A défaut, ils relèvent du service de santé au travail de leur centre hospitalier universitaire d'affectation. »

Art. R. 6153-8 *(Décr. n° 2010-1187 du 8 oct. 2010, art. 9)* A l'issue de la procédure nationale de choix, les internes sont affectés par arrêté du directeur général du Centre national de gestion publié au *Journal officiel* de la République française. Les internes en médecine sont affectés dans une subdivision et une discipline. Les internes en odontologie sont affectés dans *(Décr. n° 2013-73 du 23 janv. 2013, art. 1er-1°)* « une interrégion, une spécialité et » un centre hospitalier universitaire. *(Décr. n° 2013-73 du 23 janv. 2013, art. 1er-2°)* « Les internes en pharmacie sont affectés dans une interrégion, une spécialité et un centre hospitalier universitaire. »

Les affectations semestrielles sont prononcées par le directeur général de l'agence régionale de santé.

Les internes sont rattachés administrativement par décision du directeur général de l'agence régionale de santé à un centre hospitalier universitaire, selon des modalités fixées par un arrêté des ministres chargés de l'enseignement supérieur et de la santé.

Les internes sont nommés par le directeur général du centre hospitalier universitaire auquel ils sont rattachés administrativement.

Art. R. 6153-9 *(Décr. n° 2011-954 du 10 août 2011, art. 2-III)* Après sa nomination, l'interne relève, quelle que soit son affectation, de son centre hospitalier universitaire de rattachement pour tous les actes de gestion attachés à ses fonctions hospitalières notamment la discipline, la mise en disponibilité, les congés ainsi que le versement des éléments de rémunération mentionnés à l'article R. 6153-10 à l'exception du 3° et des charges sociales afférentes.

Toutefois, lorsque l'interne est affecté dans un autre établissement de santé, un établissement du service de santé des armées, auprès d'un praticien agréé-maître de stage des universités, un organisme ou un laboratoire, un centre de santé ou une structure de soins agréée alternative à l'hospitalisation différent du centre hospitalier universitaire de rattachement ayant versé la rémunération, le remboursement à ce dernier des sommes ainsi versées et des charges afférentes fait l'objet d'une convention dont les modalités sont précisées par arrêté des ministres chargés du budget, de l'enseignement supérieur, de la santé, de la sécurité sociale et, le cas échéant, de la défense.

Lorsque l'interne est affecté dans un établissement de santé, la convention peut prévoir que celui-ci assure directement le versement à l'interne des éléments de rémunération mentionnés à l'article R. 6153-10.

Art. R. 6153-10 *(Décr. n° 2015-225 du 26 févr. 2015, art. 7)* « L'interne en activité de service perçoit, après service fait, conformément aux dispositions des articles R. 6153-2 à R. 6153-2-3 » :

1° Des émoluments forfaitaires mensuels dont le montant, qui varie suivant une ancienneté calculée en fonction du nombre de stages semestriels accomplis et dans laquelle n'entre pas en compte le temps passé en disponibilité ou dans la position spéciale dite sous les drapeaux, est fixé par arrêté des ministres chargés du budget, de l'enseignement supérieur et de la santé. Ces émoluments suivent l'évolution des traitements de la fonction publique constatée par le ministre chargé de la santé ; ils sont majorés, pour les internes chargés de famille, d'un supplément dont le montant est calculé selon les règles fixées à l'article 10 *(Décr. n° 2013-73 du 23 janv. 2013, art. 2)* « du décret du 24 octobre 1985 » relatif à la rémunération des personnels civils et militaires de l'État et des personnels des collectivités territoriales pour le supplément familial de traitement.

Ne sont pas pris en compte pour le calcul de l'ancienneté les stages semestriels au cours desquels l'activité effective a eu une durée inférieure à quatre mois du fait de l'accomplissement du service national ou d'une disponibilité.

Lorsqu'un ou plusieurs stages ont été interrompus pendant plus de deux mois au titre des articles R. 6153-13 à R. 6153-18 ou R. 6153-25 les émoluments versés au cours de chaque stage supplémentaire correspondant effectué en application de l'article R. 6153-20 demeurent identiques à ceux du stage le précédant immédiatement.

Lorsqu'un ou plusieurs stages supplémentaires sont effectués en application de l'article R. 6153-20 pour des raisons autres que celles mentionnées à l'alinéa précédent, les émoluments versés varient de la façon suivante :

– pour le premier semestre supplémentaire, ils demeurent identiques à ceux du stage le précédant immédiatement ;

– pour les autres semestres supplémentaires, ils ne varient pas en fonction de l'ancienneté des intéressés et sont fixés dans l'arrêté mentionné ci-dessus à un montant qui ne peut être inférieur à celui des émoluments dus pour le premier stage du troisième cycle des études médicales ;

2° S'il ne bénéficie pas dans l'établissement ou l'organisme d'affectation du logement, de la nourriture, du chauffage et de l'éclairage, une indemnité représentative, selon le cas, de tout ou partie de ces avantages, fixée dans les conditions prévues au 1° du présent article ;

3° Le cas échéant, des indemnités liées au service des gardes et d'astreintes selon des modalités fixées par arrêté des ministres chargés du budget, de l'enseignement supérieur et de la santé ;

(Décr. n° 2014-291 du 4 mars 2014, art. 1er-1°) « 4° Une prime de responsabilité, versée aux internes de médecine générale lorsqu'ils accomplissent un stage autonome en soins primaires ambulatoires supervisé et aux internes de médecine, pharmacie et odontologie à partir de leur quatrième année d'internat, dont le montant est fixé par arrêté des ministres chargés du budget, de l'enseignement supérieur et de la santé ; »

5° Des indemnités pour participation, en dehors des obligations de service, à des enseignements et aux jurys de concours, à l'enseignement et à la formation des personnels des établissements hospitaliers. Le montant et les conditions d'attribution de ces indemnités sont fixés par arrêté des ministres chargés du budget, de l'enseignement supérieur et de la santé ;

6° Le remboursement de ses frais de déplacements temporaires engagés à l'occasion de leur mission dès lors qu'ils ne peuvent utiliser un véhicule de l'établissement, dans les conditions prévues par la réglementation applicable en la matière aux personnels relevant de la fonction publique hospitalière ;

(Décr. n° 2010-1187 du 8 oct. 2010, art. 11) « 7° Les internes de première et deuxième année perçoivent une indemnité de sujétion dont le montant est fixé par arrêté des ministres chargés du budget, de l'enseignement supérieur et de la santé ; »

(Décr. n° 2014-291 du 4 mars 2014, art. 1er-2°) « 8° Une indemnité forfaitaire de transport, versée aux internes qui accomplissent un stage ambulatoire dont le lieu est situé à une distance de plus de quinze kilomètres, tant du centre hospitalier universitaire auquel ils sont rattachés administrativement que de leur domicile. Cette indemnité n'est cumulable avec aucun dispositif de prise en charge totale ou partielle de frais de transport directement versé à l'intéressé. Un arrêté des ministres chargés du budget, de l'enseignement supérieur et de la santé en fixe le montant et les modalités de versement. »

Art. R. 6153-11 *(Décr. nº 2016-675 du 25 mai 2016, art. 10)* « L'année de recherche, prévue aux articles R. 632-14, D. 633-13, R. 634-13 et R. 634-24 du code de l'éducation, ne peut être réalisée que lorsqu'un contrat d'année de recherche a été conclu entre l'étudiant de troisième cycle intéressé, le directeur général de l'agence régionale de santé, le directeur général du centre hospitalier universitaire de rattachement et le président de l'université d'inscription de l'étudiant. Un arrêté des ministres chargés de l'enseignement supérieur et de la santé fixe les modalités de déroulement de l'année de recherche ainsi que les clauses types du contrat. »

L'étudiant perçoit une rémunération égale à la moyenne des émoluments de deuxième et troisième années d'internat prévus au 1º de l'article R. 6153-10. Le centre hospitalier *(Décr. nº 2010-1187 du 8 oct. 2010, art. 12)* « universitaire » de rattachement assure la rémunération de l'étudiant. Il est remboursé par l'État au vu des justificatifs nécessaires.

Art. R. 6153-12 L'interne a droit à un congé annuel de trente jours ouvrables, le samedi étant décompté comme jour ouvrable ; au cours de ce congé, il perçoit les rémunérations *(Décr. nº 2009-699 du 16 juin 2009)* « mentionnées aux 1º, 2º et 4º de l'article R. 6153-10 ». La durée des congés pouvant être pris en une seule fois ne peut excéder vingt-quatre jours ouvrables.

Art. R. 6153-13 L'interne bénéficie d'un congé de maternité, d'adoption ou paternité d'une durée égale à celle prévue par la législation de la sécurité sociale. Est garanti, pendant la durée de ce congé, le maintien de la rémunération *(Décr. nº 2009-699 du 16 juin 2009)* « mentionnée aux 1º, 2º et 4º de l'article R. 6153-10 ».

(Décr. nº 2010-1187 du 8 oct. 2010, art. 13) « L'interne peut bénéficier d'un congé de présence parentale non rémunéré d'une durée maximum de trois cent dix jours sur trente-six mois et d'un congé parental d'éducation à temps plein non rémunéré de trois ans pour un enfant jusqu'à l'âge de trois ans ou d'un an pour un enfant âgé de trois à seize ans.

« Un congé de solidarité familiale est accordé dans les conditions prévues par les articles *(Décr. nº 2016-1552 du 18 nov. 2016, art. 7-II)* « L. 3142-6 à L. 3142-15 » du code du travail et aux dispositions réglementaires prises pour leur application à l'interne dont un ascendant, un descendant, un frère, une sœur ou une personne partageant le même domicile souffre d'une pathologie mettant en jeu le pronostic vital ou est en phase avancée ou terminale d'une affection grave et incurable, quelle qu'en soit la cause. La durée de ce congé est assimilée à une période de services actifs. Elle ne peut être imputée sur la durée du congé annuel. »

Art. R. 6153-14 Est garanti à l'interne en congé de maladie le versement, pendant les trois premiers mois de ce congé, de la rémunération *(Décr. nº 2009-699 du 16 juin 2009)* « mentionnée aux 1º, 2º et 4º de l'article R. 6153-10 » et de la moitié de celle-ci pendant les six mois suivants.

Un congé sans rémunération de quinze mois au maximum peut être accordé, sur sa demande, après avis du comité médical prévu à l'article R. 6152-36, à l'interne qui ne peut, à l'expiration d'un congé de maladie de neuf mois consécutifs, reprendre ses fonctions pour raison de santé.

Art. R. 6153-15 L'interne que le comité médical a reconnu atteint de tuberculose, de maladie mentale, de poliomyélite, d'une affection cancéreuse ou de déficit immunitaire grave et acquis a droit à un congé de trente-six mois au maximum pendant lequel lui est garanti, au cours des dix-huit premiers mois, le versement des deux tiers de la rémunération *(Décr. nº 2009-699 du 16 juin 2009)* « mentionnée aux 1º, 2º et 4º de l'article R. 6153-10 » et, pendant les dix-huit mois suivants, le versement de la moitié de cette rémunération.

Art. R. 6153-16 L'interne atteint d'une affection qui figure sur la liste mentionnée à l'article 28 du décret nº 86-442 du 14 mars 1986 relatif à la désignation des médecins agréés, à l'organisation des comités médicaux et des commissions de réforme, aux conditions d'aptitude physique pour l'admission aux emplois publics et au régime de congés de maladie des fonctionnaires, à l'exception des pathologies mentionnées à l'article R. 6153-15 et qui exigent un traitement ou des soins coûteux et prolongés, a droit à un congé de longue maladie d'une durée de trente-six mois au maximum pendant lequel lui est garanti, au cours des douze premiers mois, le versement des deux tiers de la rémunération *(Décr. n° 2009-699 du 16 juin 2009)* « mentionnée aux 1°, 2° et 4° de l'article R. 6153-10 » et, durant les vingt-quatre mois suivants, le versement de la moitié de cette rémunération. L'interne qui a obtenu un congé de longue maladie ne peut bénéficier d'un autre congé de même nature que s'il a repris ses activités pendant une année au moins.

Art. R. 6153-17 En cas de maladie ou d'accident imputable à l'exercice des fonctions exercées dans le cadre de sa formation ou en cas de maladie contractée ou d'accident survenu à l'occasion de l'exercice de ses fonctions, l'interne bénéficie, après avis du comité médical, d'un congé pendant lequel il perçoit la totalité de la rémunération *(Décr. n° 2009-699 du 16 juin 2009)* « mentionnée aux 1°, 2° et 4° de l'article R. 6153-10 ».

A l'issue d'une période de douze mois de congé, l'intéressé est examiné par le comité médical qui, suivant le cas, propose la reprise de l'activité ou la prolongation du congé, avec maintien des deux tiers de la rémunération *(Décr. n° 2009-699 du 16 juin 2009)* « mentionnée aux 1°, 2° et 4° de l'article R. 6153-10 » jusqu'à guérison ou consolidation pour une période qui ne peut excéder vingt-quatre mois.

Art. R. 6153-18 L'interne contraint de cesser ses fonctions pour raisons de santé peut bénéficier, à l'issue des congés mentionnés aux articles R. 6153-14 à R. 6153-17, d'un congé supplémentaire non rémunéré d'une durée maximale de douze mois s'il est reconnu par le comité médical que son incapacité est temporaire.

Si le comité médical estime, le cas échéant à l'issue de ce nouveau congé de douze mois, que l'intéressé ne peut reprendre ses fonctions, il est mis fin à celles-ci.

Art. R. 6153-18-1 *(Décr. n° 2010-1187 du 8 oct. 2010, art. 14)* L'interne peut bénéficier d'un temps partiel thérapeutique lui permettant de reprendre progressivement ses fonctions en cas d'amélioration de son état de santé après avis favorable du comité médical, dans les conditions suivantes :

1° L'interne peut être autorisé à accomplir un temps partiel thérapeutique :

a) Après un congé de longue maladie ou de longue durée, pour une période de trois mois renouvelable dans la limite d'un an par affection ayant ouvert droit à un congé de longue maladie ou de longue durée ;

b) Après un congé pour accident de service ou maladie contractée dans l'exercice de leurs fonctions, pour une période maximale de six mois renouvelable une fois ;

2° Le temps partiel thérapeutique peut être accordé :

a) Soit parce que la reprise des fonctions à temps partiel est reconnue comme étant de nature à favoriser l'amélioration de l'état de santé de l'intéressé ;

b) Soit parce que l'intéressé doit faire l'objet d'une rééducation ou d'une réadaptation à ses fonctions compatible avec son état de santé ;

3° Les internes autorisés à travailler à temps partiel pour raison thérapeutique perçoivent la totalité des émoluments forfaitaires prévus au 1° de l'article R. 6153-10, de l'indemnité prévue au 4° de l'article R. 6153-10 ainsi que, le cas échéant, des indemnités compensatrices d'avantages en nature prévues au même article.

Pour que le semestre au cours duquel l'interne bénéficie d'un temps partiel thérapeutique soit validé, la durée de service effectif ne doit pas être inférieure à quatre mois à temps plein.

L'interne qui bénéficie d'un temps partiel thérapeutique peut, à sa demande, être dispensé d'effectuer des gardes et astreintes, après avis du médecin du travail.

Art. R. 6153-19 Pour l'application des articles R. 6153-14 à R. 6153-18, le comité médical est saisi soit par le *(Décr. n° 2010-1187 du 8 oct. 2010, art. 15)* « directeur général de l'agence régionale de santé » de la subdivision d'affectation, soit par le directeur de l'établissement de santé d'affectation, soit par le directeur général du centre hospitalier *(Décr. n° 2010-1187 du 8 oct. 2010, art. 15)* « universitaire », dans ces deux derniers cas, la saisine est effectuée après avis du président de la commission médicale d'établissement.

L'interne dont le cas est soumis à un comité médical est avisé, au moins quinze jours à l'avance, de la date de la réunion du comité médical. Si la demande lui en est faite, l'interne communique au comité médical les pièces médicales en sa possession.

L'interne est tenu de se présenter devant le comité médical. Il peut demander que soient entendus un ou plusieurs médecins de son choix, qui ont accès au dossier constitué par le comité médical.

Art. R. 6153-20 Lorsque, au cours d'un semestre, un interne interrompt ses fonctions pendant plus de deux mois au titre des articles R. 6153-13 à R. 6153-18, R. 6153-25, R. 6153-26 ou R. 6153-40 ou s'absente pendant plus de deux mois dans des conditions qui lui font encourir les sanctions disciplinaires prévues au deuxième alinéa de l'article R. 6153-6, le stage n'est pas validé.

Un stage semestriel qui, soit en application de ces dispositions, soit par décision des autorités universitaires compétentes, n'a pas été validé, *(Décr. n° 2010-1187 du 8 oct. 2010, art. 16)* « est comptabilisé au titre de la durée maximale pour effectuer la formation du troisième cycle ». Il entraîne l'accomplissement d'un stage semestriel supplémentaire.

Art. R. 6153-21 L'interne conserve pendant ses congés son droit à la totalité du supplément familial mentionné à l'article R. 6153-10.

Art. R. 6153-22 Les prestations en espèces allouées par les caisses de sécurité sociale aux internes viennent en déduction des sommes dont le versement leur est garanti par les dispositions de la présente section.

L'établissement qui assure la rémunération des internes est subrogé dans les droits de l'assuré aux prestations en espèces de la sécurité sociale, dans les conditions prévues à l'article R. 323-11 du code de la sécurité sociale.

Art. R. 6153-23 Les internes sont affiliés au régime général de la sécurité sociale.

En application de l'article 1er du décret n° 70-1277 du 23 décembre 1970 portant création d'un régime de retraites complémentaires des assurances sociales en faveur des agents non titulaires de l'État et des collectivités, ils bénéficient également du régime de retraite géré par l'institution de retraite complémentaire des agents non titulaires de l'État et des collectivités publiques.

L'assiette des cotisations est fixée par arrêté des ministres chargés du budget, de l'enseignement supérieur, de l'intérieur et de la santé.

Art. R. 6153-24 Le droit syndical est reconnu aux internes.

Ils peuvent créer des organisations syndicales, y adhérer, y exercer des mandats. Ils ne peuvent subir aucun préjudice ou bénéficier d'avantages en raison de leurs engagements syndicaux.

Des autorisations spéciales d'absence sont accordées par le directeur de l'établissement, dans les conditions et limites fixées par arrêté du ministre chargé de la santé, aux représentants syndicaux élus des internes, à l'occasion de la participation de ceux-ci à des réunions syndicales.

Art. R. 6153-25 L'accomplissement de l'internat est suspendu pendant la durée légale du service national pendant laquelle l'intéressé est placé dans une position spéciale dite sous les drapeaux.

Art. R. 6153-26 L'interne peut être mis en disponibilité par le directeur général du centre hospitalier *(Décr. n° 2010-1187 du 8 oct. 2010, art. 17)* « universitaire » de rattachement dans l'un des cas suivants :

1° *(Décr. n° 2010-1187 du 8 oct. 2010, art. 17)* « Accident ou maladie grave du conjoint, d'une personne avec laquelle il est lié par un pacte civil de solidarité, d'un enfant ou d'un ascendant : »

La durée de l'interruption ne peut, en ce cas, sauf dérogation, excéder une année renouvelable une fois ;

2° Études ou recherches présentant un intérêt général :

La durée de l'interruption ne peut, en ce cas, excéder une année renouvelable une fois *(Décr. n° 2014-291 du 4 mars 2014, art. 2)* « [,] sauf dans le cas de la préparation d'une thèse de doctorat, pour laquelle la durée d'interruption est de trois ans » ;

3° Stage de formation ou de perfectionnement en France ou à l'étranger :

La durée de l'interruption ne peut, en ce cas, excéder une année renouvelable une fois ;

4° Convenances personnelles, dans la limite d'un an renouvelable une fois.

La mise en disponibilité au titre des 2° et 3° du présent article ne peut être accordée qu'après six mois de fonctions effectives de l'interne. Elle ne peut être accordée qu'après un an de fonctions effectives au titre du 4° de ce même alinéa.

L'intéressé formule auprès de l'établissement ou de l'organisme dans lequel il exerce ses fonctions la demande qui est, le cas échéant, transmise pour décision au directeur de l'établissement public de rattachement *(Décr. n° 2010-1187 du 8 oct. 2010, art. 17)* **« , au moins deux mois avant la date de début envisagée ».**

A l'issue de sa disponibilité, l'interne est réintégré dans son centre hospitalier régional de rattachement, dans la limite des postes disponibles.

(Décr. n° 2010-1187 du 8 oct. 2010, art. 17) **« L'interne qui souhaite mettre fin à sa disponibilité avant le terme prévu doit prévenir son établissement au moins deux mois avant le terme. »**

L'interne placé en disponibilité au titre du 2° du présent article peut effectuer des gardes d'internes dans un établissement public de santé, après accord du directeur de cet établissement et sous la responsabilité du chef de *(Décr. n° 2010-1187 du 8 oct. 2010, art. 17)* **« pôle ou, à défaut, du praticien responsable de la structure interne où il effectue sa garde ». Il en est de même pour l'interne placé en disponibilité au titre du 3° dans le cadre d'un stage de formation.**

Art. R. 6153-27 *(Décr. n° 2010-1187 du 8 oct. 2010, art. 18)* **Les internes qui accomplissent un stage relevant de leur formation à l'étranger, le cas échéant dans le cadre d'une mission humanitaire, sont placés dans une position spéciale pendant laquelle ils cessent de bénéficier des indemnités et remboursement** *(Décr. n° 2014-291 du 4 mars 2014, art. 3)* **« prévus aux 3°, 4°, 5°, 6° et 8° de l'article R. 6153-10 » et des dispositions prévues aux articles R. 6153-11 à R. 6153-18 et R. 6153-25.**

Les stages accomplis dans cette position sont pris en compte, s'ils sont validés, pour le calcul de la durée des fonctions accomplies par les internes.

Art. R. 6153-28 **Les internes peuvent également participer, dans la limite d'une durée maximale de deux mois par an, à l'encadrement médical de séjours d'activités physiques, sportives et culturelles, organisées pour des personnes atteintes de pathologie lourde, dans le cadre de leur traitement.**

Cette participation est subordonnée à l'accord de leur chef de *(Décr. n° 2010-1187 du 8 oct. 2010, art. 19)* **« pôle ou, à défaut, le responsable de la structure interne » dont ils relèvent et est régie par une convention entre l'organisme organisateur du séjour et le centre hospitalier** *(Décr. n° 2010-1187 du 8 oct. 2010, art. 19)* **« universitaire de rattachement ». Les stipulations de cette convention sont conformes à la convention type établie par arrêté du ministre chargé de la santé.**

SOUS-SECTION 3 **GARANTIES DISCIPLINAIRES**

Art. R. 6153-29 **Sans préjudice des peines que les juridictions universitaires pourraient infliger à l'intéressé par application des dispositions du décret n° 92-657 du 13** *(Décr. n° 2010-1187 du 8 oct. 2010, art. 20)* **« juillet » 1992 relatif à la procédure disciplinaire dans les établissements publics d'enseignement supérieur placés sous la tutelle du ministre chargé de l'enseignement supérieur, les sanctions disciplinaires applicables à un interne pour des fautes commises dans l'exercice ou à l'occasion de l'exercice de ses activités au titre des stages pratiques sont :**

1° L'avertissement ;

2° Le blâme ;

3° L'exclusion des fonctions pour une durée qui ne peut dépasser cinq ans.

Art. R. 6153-30 **Les sanctions mentionnées aux 1° et 2° de l'article R. 6153-29 sont prononcées par le directeur général du centre hospitalier** *(Décr. n° 2010-1187 du 8 oct. 2010, art. 21)* **« universitaire » de rattachement de l'interne, après consultation du praticien ou du pharmacien sous la responsabilité duquel l'intéressé est placé pendant son stage et après procédure écrite contradictoire pour la sanction prévue au 2° de l'article R. 6153-29. Le président de l'université et le directeur de l'unité de formation et de recherche où est inscrit l'interne sont avisés de la sanction dans les quinze jours qui suivent la notification de celle-ci à l'intéressé.**

Art. R. 6153-31 L'exclusion des fonctions mentionnée au 3° de l'article R. 6153-29 est prononcée par le directeur général du centre hospitalier *(Décr. nº 2010-1187 du 8 oct. 2010, art. 21)* « universitaire » de rattachement de l'interne, après consultation du praticien ou du pharmacien sous la responsabilité duquel celui-ci est placé pendant son stage et au vu de l'avis émis par le conseil de discipline de la région sanitaire dans le ressort de laquelle se sont produits les faits reprochés.

Art. R. 6153-32 Le conseil de discipline est présidé par le *(Décr. nº 2010-1187 du 8 oct. 2010, art. 22)* « directeur général de l'agence régionale de santé » qui en nomme les autres membres.

Ce conseil comporte trois sections de douze membres chacune.

Le secrétariat du conseil de discipline est assuré par les services *(Décr. nº 2010-1187 du 8 oct. 2010, art. 22)* « de l'agence régionale de santé ».

Art. R. 6153-33 La première section, compétente à l'égard des internes et des résidents en médecine, comprend :

1° Le *(Décr. nº 2010-1187 du 8 oct. 2010, art. 23)* « directeur général de l'agence régionale de santé », président *(Décr. nº 2010-1187 du 8 oct. 2010, art. 23)* « ou son représentant » ;

2° Un directeur d'établissement public de santé de la région, choisi sur une liste de trois noms proposés par la Fédération hospitalière de France ;

3° Deux membres du personnel enseignant et hospitalier titulaire, relevant du décret nº 84-135 du 24 février 1984 portant statut des personnels enseignants et hospitaliers des centres hospitaliers universitaires et nommés sur une liste d'au moins quatre noms proposés par les commissions médicales d'établissement des centres hospitaliers universitaires de la région ;

4° Deux praticiens hospitaliers relevant de la section I du chapitre II du présent titre parmi les noms proposés par les commissions médicales d'établissement de chacun des établissements de la région, chaque commission médicale d'établissement ne pouvant proposer qu'un nom ;

(Décr. nº 2010-1187 du 8 oct. 2010, art. 23) « 5° Six internes en médecine relevant en priorité de la discipline de l'intéressé, ou six résidents lorsque l'intéressé appartient à cette catégorie ; les six internes ou résidents, affectés dans la région, sont proposés par leurs organisations syndicales représentatives respectives. »

Art. R. 6153-34 La deuxième section, compétente à l'égard des internes en pharmacie, comprend :

1° Le *(Décr. nº 2010-1187 du 8 oct. 2010, art. 24)* « directeur général de l'agence régionale de santé », président *(Décr. nº 2010-1187 du 8 oct. 2010, art. 24)* « ou son représentant » ;

2° Un directeur d'établissement public de santé de la région, choisi sur une liste de trois noms proposés par la Fédération hospitalière de France ;

3° Deux enseignants des unités de formation et de recherche de pharmacie de la région exerçant des fonctions hospitalières, nommés sur une liste d'au moins quatre noms proposés par les commissions médicales d'établissement des centres hospitaliers universitaires de la région ;

4° Un pharmacien des hôpitaux et un biologiste des hôpitaux relevant du décret nº 84-135 du 24 février 1984 portant statut des personnels enseignants et hospitaliers des centres hospitaliers et universitaires, choisis parmi les noms proposés par les commissions médicales d'établissement de chacun des établissements de la région, chaque commission médicale d'établissement ne pouvant proposer qu'un nom ;

5° Six internes en pharmacie affectés dans la région et proposés par les organisations syndicales représentatives des intéressés.

Art. R. 6153-35 La troisième section, compétente à l'égard des internes en odonto*logie, comprend :*

1° Le *(Décr. nº 2010-1187 du 8 oct. 2010, art. 25)* « directeur général de l'agence régionale de santé », président *(Décr. nº 2010-1187 du 8 oct. 2010, art. 25)* « ou son représentant » ;

2° Un directeur d'établissement public de santé de la région, choisi sur une liste de trois noms proposés par la Fédération hospitalière de France ;

3° Deux membres titulaires du personnel enseignant et hospitalier en odontologie relevant soit du décret n° 90-92 du 24 janvier 1990 portant statut des personnels enseignants et hospitaliers des centres de soins, d'enseignement et de recherche dentaire des centres hospitaliers et universitaires, soit du décret n° 65-803 du 22 septembre 1965 portant statut du personnel particulier des centres de soins, d'enseignement et de recherche dentaires des centres hospitaliers et universitaires, nommés sur une liste d'au moins quatre noms proposés par la ou les commissions médicales d'établissement du ou des centres hospitaliers universitaires de la région ;

4° Deux praticiens hospitaliers odontologistes exerçant leur activité hospitalière soit à temps plein et relevant de la section I du chapitre II du présent titre, soit à temps partiel et relevant de la section II du chapitre II du présent titre, choisis parmi les noms proposés par les commissions médicales d'établissement de la région, chaque commission ne pouvant proposer qu'un nom ;

5° Six internes en odontologie proposés, quel que soit leur centre hospitalier universitaire de rattachement, par les organisations représentatives des intéressés ou, à défaut de telles propositions, désignés par tirage au sort par le *(Décr. n° 2010-1187 du 8 oct. 2010, art. 25)* « directeur général de l'agence régionale de santé » parmi les internes en fonctions. Les modalités de ce tirage au sort sont définies par arrêté des ministres chargés de l'enseignement supérieur et de la santé.

Art. R. 6153-36 Les membres du conseil autres que le président ont un suppléant qui est désigné dans les mêmes conditions que le titulaire.

Les membres, titulaires ou suppléants, du conseil sont nommés pour une durée de trois années renouvelable, à l'exception des internes qui sont désignés pour une durée d'une année renouvelable.

Il est pourvu, dans un délai de deux mois, aux vacances survenues en cours de mandat. Les nouveaux membres siègent jusqu'au renouvellement du conseil.

Ne peuvent siéger au conseil de discipline pour une affaire déterminée et sont remplacés par leur suppléant :

(Décr. n° 2010-1187 du 8 oct. 2010, art. 26) « 1° Le conjoint de l'interne concerné, une personne avec laquelle il est lié par un pacte civil de solidarité ou une personne ayant avec l'interne un lien de parenté ou d'alliance jusqu'au quatrième degré inclus ; »

2° La personne qui est à l'origine de l'instance disciplinaire ;

3° L'interne qui est en cause dans l'affaire et plus généralement les personnes qui sont directement intéressées par celle-ci.

Art. R. 6153-37 Le conseil de discipline est saisi par le directeur général du centre hospitalier *(Décr. n° 2010-1187 du 8 oct. 2010, art. 27)* « universitaire » de rattachement à la demande, éventuellement, du directeur de l'établissement ou de l'organisme où l'interne accomplit son stage.

L'interne poursuivi est avisé qu'il dispose d'un délai de trente jours pour prendre connaissance de son dossier, comprenant tous les éléments d'information soumis au conseil de discipline, et pour présenter sa défense. Il est également avisé, au moins quinze jours à l'avance, de la date de sa comparution devant le conseil.

La personne poursuivie peut présenter devant le conseil de discipline des observations écrites ou orales, faire entendre des témoins et se faire assister d'un conseil de son choix.

Le droit de citer des témoins appartient également à l'administration.

Le président, ou le rapporteur désigné par lui au sein de la section, peut faire entendre toute personne dont il juge l'audition utile et demander à l'autorité qui a saisi le conseil toute information complémentaire.

Art. R. 6153-38 La section compétente du conseil de discipline ne peut valablement délibérer que si au moins six de ses membres, dont le président ou son remplaçant, sont présents.

Les votes sont émis à bulletin secret.

En cas de partage égal des voix, il est procédé à une nouvelle délibération. Si au deuxième tour de scrutin le partage égal est maintenu, une sanction plus légère est mise aux voix par le président.

En cas de poursuites devant une juridiction pénale, le conseil de discipline peut surseoir à émettre son avis jusqu'à la décision de cette juridiction.

Art. R. 6153-39 L'avis du conseil est motivé ; il est adressé par son président au directeur général du centre hospitalier *(Décr. n° 2010-1187 du 8 oct. 2010, art. 28)* « universitaire » de rattachement qui informe l'interne de sa décision.

L'avis est également notifié au *(Décr. n° 2010-1187 du 8 oct. 2010, art. 28)* « directeur général de l'agence régionale de santé », au responsable de l'organisme ou établissement où se sont déroulés les faits litigieux, le cas échéant au responsable de l'organisme ou établissement dans lequel l'interne exerce ses fonctions au moment de la notification, au ministre chargé de la santé, ainsi qu'au président de l'université et au directeur de l'unité de formation et de recherche où est inscrit l'interne.

Art. R. 6153-40 Sans préjudice des dispositions des articles R. 6153-29 à R. 6153-39, le responsable de l'organisme ou établissement dans lequel l'interne exerce ses fonctions peut suspendre l'activité de celui-ci lorsqu'elle est de nature à compromettre le bon fonctionnement du service ; le directeur général du centre hospitalier *(Décr. n° 2010-1187 du 8 oct. 2010, art. 29)* « universitaire » de rattachement en est avisé sans délai.

Pendant la période où il fait l'objet d'une suspension, l'interne bénéficie des éléments de rémunération prévus aux 1° et 2° de l'article R. 6153-10.

La suspension prend fin de plein droit si le directeur général du centre hospitalier *(Décr. n° 2010-1187 du 8 oct. 2010, art. 29)* « universitaire » de rattachement n'a pas engagé de poursuites dans les quinze jours qui suivent la réception de l'avis mentionné au premier alinéa du présent article ou si cette autorité ne s'est pas prononcée quatre mois après cette réception.

Toutefois, lorsque l'intéressé fait l'objet de poursuites pénales, la suspension peut être prolongée pendant toute la durée de la procédure.

SOUS-SECTION 4 PERSONNES FAISANT FONCTION D'INTERNE

Art. R. 6153-41 *(Décr. n° 2010-1187 du 8 oct. 2010, art. 30)* Dans le cas où un poste, dans une structure agréée, susceptible d'être offert à un interne ou à un résident n'a pu être mis au choix des internes ou des résidents, ou s'il n'a pas été choisi, le directeur de l'établissement de santé peut, sur proposition du chef de pôle ou, à défaut, du responsable de service, de l'unité fonctionnelle ou de toute autre structure interne intéressée, décider de faire appel, pour occuper provisoirement ce poste en tant que faisant fonction d'interne, à un médecin, un étudiant en médecine, un pharmacien ou à un étudiant en pharmacie appartenant à l'une des catégories mentionnées à l'article R. 6153-43.

La liste des postes non pourvus d'internes ou de résidents situés dans des pôles ou structures agréés en application de l'article 30 du décret n° 2004-67 du 16 janvier 2004 relatif à l'organisation du troisième cycle des études médicales ou de l'article 3 du décret n° 88-996 du 19 octobre 1988 relatif aux études spécialisées du troisième cycle de pharmacie est communiquée au directeur général de l'agence régionale de santé, qui peut autoriser l'affectation sur ces postes de personnes appartenant aux catégories mentionnées aux 1° et 2° de l'article R. 6153-42.

L'affectation est décidée par le directeur de l'établissement de santé, sur proposition du chef de pôle ou, à défaut, du responsable de service, de l'unité fonctionnelle ou de toute autre structure interne intéressée. Le directeur de l'établissement de santé informe le médecin ou le pharmacien de l'agence régionale de santé désigné par le directeur général de l'agence régionale de santé.

Les étudiants ou praticiens faisant fonction d'interne sont nommés pour une durée allant de la prise de fonctions des internes jusqu'à la date correspondant à la fin de leur période de stage. Cette durée peut être ensuite renouvelée tous les six mois.

Les dispositions du présent article ne s'appliquent pas aux postes d'interne en odontologie.

Art. R. 6153-42 Peuvent être désignés en tant que faisant fonction d'interne :

1° Les médecins ou pharmaciens titulaires d'un diplôme de docteur en médecine ou en pharmacie permettant l'exercice dans le pays d'obtention ou d'origine qui effectuent des études en France en vue de la préparation de certains diplômes dont la liste est fixée par arrêté des ministres chargés de l'enseignement supérieur et de la santé ;

2° Les étudiants en médecine ou en pharmacie ressortissants d'un des États membres de la Communauté européenne ou d'un autre État partie à l'accord sur l'Espace économique européen ayant respectivement validé les six premières années des études médicales ou les cinq premières années des études pharmaceutiques dans un de ces États, ou les étudiants en pharmacie ayant été admis au concours de l'internat prévu par le décret n° 88-996 du 19 octobre 1988 relatif aux études spécialisées du troisième cycle de pharmacie, dans les conditions fixées par arrêté du ministre de l'enseignement supérieur et ministre chargé de la santé.

Art. R. 6153-43 A l'issue du choix et lorsqu'il reste des postes d'internes ou de résidents vacants, les anciens internes et les anciens résidents qui viennent de terminer leur cursus peuvent, sur leur demande, accomplir un semestre supplémentaire, renouvelable éventuellement une fois, après accord du directeur de l'établissement et après avis *(Décr. n° 2010-1187 du 8 oct. 2010, art. 31)* « du praticien responsable du stage ».

Art. R. 6153-44 Les dispositions du *[des]* deuxième et troisième alinéas de l'article R. 6153-2 et celles des articles R. 6153-3 à R. 6153-7, R. 6153-12 à R. 6153-19 et R. 6153-21 à R. 6153-24 sont applicables aux étudiants faisant fonction d'interne et aux anciens résidents qui accomplissent un ou deux semestres supplémentaires dans les établissements publics de santé.

Les dispositions des articles R. 6153-29 à *(Décr. n° 2013-73 du 23 janv. 2013, art. 4)* « R. 6153-40 » s'appliquent aux étudiants faisant fonction d'interne mentionnés au 1° et au 2° de l'article *(Décr. n° 2013-73 du 23 janv. 2013, art. 4)* « R. 6153-40 » et aux anciens résidents mentionnés à l'article R. 6153-43. Dans le cas où le conseil de discipline prévu à l'article R. 6153-32 se réunit afin d'examiner le cas d'un étudiant faisant fonction d'interne ou d'un ancien résident, les six internes ou résidents qui siègent respectivement à la première et à la deuxième section mentionnées à ce même article sont remplacés en nombre égal par des étudiants faisant fonction d'interne ou d'anciens résidents proposés dans les mêmes conditions ou, à défaut de telles propositions, tirés au sort parmi les étudiants faisant fonction d'interne ou les résidents en poste dans la région. Les modalités de ce tirage au sort sont fixées par arrêté des ministres chargés de l'enseignement supérieur et de la santé.

(Décr. n° 2010-1187 du 8 oct. 2010, art. 32) « Les dispositions de l'article R. 6153-10, à l'exception des quatre derniers alinéas du 1° et du 4°, leur sont applicables.

« Toutefois, les émoluments forfaitaires mensuels mentionnés au 1° de l'article R. 6153-10 ne varient pas, pour les étudiants faisant fonction d'interne, en fonction de leur ancienneté.

« Les étudiants nommés faisant fonction d'interne à l'issue de leur internat conservent le bénéfice du montant des émoluments qu'ils perçoivent au cours de leur dernière année d'internat. »

Art. R. 6153-45 *Abrogé par Décr. n° 2014-674 du 24 juin 2014, art. 35.*

SECTION II FONCTIONS HOSPITALIÈRES DES ÉTUDIANTS EN MÉDECINE

Art. R. 6153-46 *(Décr. n° 2014-674 du 24 juin 2014, art. 1er-1°, en vigueur à la rentrée 2014-2015)* « A partir de la première année du deuxième cycle des études médicales et jusqu'à leur nomination en qualité d'interne, les étudiants hospitaliers en médecine, qu'ils soient étudiants en médecine en formation approfondie ou auditeurs en application du 2° de l'article R. 632-10 du code de l'éducation, participent, dans les conditions définies par la présente section, à l'activité hospitalière et ambulatoire et perçoivent, dans les conditions prévues à l'article R. 6153-58, une rémunération versée par le centre hospitalier universitaire de rattachement lié par convention à l'unité de formation et de recherche médicale dans laquelle ils sont inscrits.

« A ce titre, ils ont la qualité d'agent public et sont notamment soumis au secret professionnel et à l'obligation de discrétion professionnelle pour tous les faits, informations ou documents dont ils ont connaissance à l'occasion de l'exercice de leur activité hospitalière. »

(Décr. n° 2014-674 du 24 juin 2014, art. 1er) « Les dispositions de la présente section sont applicables aux auditeurs mentionnés au 2° de l'article R. 632-10 du code de l'éducation, à l'exception du dernier alinéa de l'article R. 6153-58. »

Art. R. 6153-47 *(Décr. nº 2014-674 du 24 juin 2014, art. 2)* Au cours de la période définie à l'article R. 6153-46, les étudiants en médecine accomplissent trente-six mois de stages *[stage]*, incluant les congés annuels prévus à l'article R. 6153-58, dont les modalités sont déterminées par arrêté conjoint des ministres chargés du budget, de l'enseignement supérieur, de la santé et, le cas échéant, de la défense.

Les auditeurs mentionnés au 2° de l'article R. 632-10 du code de l'éducation accomplissent, en sus de ces trente-six mois, douze mois de stage, incluant les congés annuels prévus à l'article R. 6153-58, dans les conditions définies par ce même article.

Les étudiants en médecine accomplissent, au cours du deuxième cycle des études médicales, au moins un stage ambulatoire qui se déroule chez un ou plusieurs praticiens agréés-maîtres de stage des universités, selon des modalités prévues par arrêté des ministres chargés de la santé, de l'enseignement supérieur, et, le cas échéant, de la défense.

Les étudiants hospitaliers ont la possibilité d'accomplir une période d'études à l'étranger dans le cadre de conventions conclues par l'université ainsi qu'un stage de recherche dans le cadre d'un parcours personnalisé, selon des modalités fixées par arrêté des ministres chargés de l'enseignement supérieur, de la santé, et, le cas échéant, de la défense.

En cas de redoublement au cours du deuxième cycle, les étudiants accomplissent à nouveau douze mois de stage incluant les congés annuels et les stages dont la validation n'a pas été obtenue.

Les étudiants hospitaliers accomplissent un stage obligatoire entre la validation du deuxième cycle des études médicales et leur nomination en qualité d'interne. A ce titre, ils peuvent accomplir :

1° Soit un stage choisi à leur initiative, après accord conjoint du directeur de l'unité de formation et de recherche médicale et du directeur de leur établissement d'affectation, au cours duquel ils conservent leur qualité d'étudiant hospitalier en médecine ;

2° Soit un stage en milieu hospitalier au cours duquel ils peuvent être désignés en qualité de faisant fonction d'interne dans les conditions prévues à l'article R. 6153-41, à l'exception de son quatrième alinéa, au 2° de l'article R. 6153-42 et à l'article R. 6153-44, à l'exception de son dernier alinéa.

Art. R. 6153-47-1 *(Décr. nº 2014-674 du 24 juin 2014, art. 3)* Le temps de présence en formation pratique des étudiants hospitaliers en médecine est fixé à cinq demi-journées par semaine en moyenne sur douze mois.

Ils participent, le cas échéant, au service de garde. Toutes les gardes ainsi effectuées ont un caractère formateur. Les étudiants en médecine prennent part aux cours, contrôles et examens sur leur temps de présence universitaire. Ils ne peuvent pas participer aux gardes la veille d'un examen.

Les étudiants hospitaliers en médecine bénéficient d'un repos de sécurité d'une durée de onze heures intervenant immédiatement à l'issue de chaque garde de nuit et entraînant une interruption totale de toute activité hospitalière, ambulatoire et universitaire.

Les modalités d'application du présent article sont fixées par arrêté des ministres chargés du budget, de l'enseignement supérieur, de la santé, et, le cas échéant, de la défense.

Art. D. 6153-48 à D. 6153-50 *Abrogés par Décr. nº 2014-319 du 11 mars 2014, art. 4.*

Art. R. 6153-51 *(Décr. nº 2014-674 du 24 juin 2014, art. 4)* Durant les stages hospitaliers, organisés au sein des centres hospitaliers universitaires de rattachement, des hôpitaux des armées ou des établissements de santé liés par convention à ces centres hospitaliers universitaires, les étudiants hospitaliers en médecine participent à l'activité *hospitalière.*

Ces stages sont accomplis sous la responsabilité des médecins référents de stage désignés par le responsable pédagogique du lieu de stage ou, le cas échéant, sous la responsabilité du praticien responsable de l'entité d'accueil, selon des modalités prévues par arrêté des ministres chargés de l'enseignement supérieur, de la santé, et, le cas échéant, de la défense.

Art. R. 6153-52 *(Décr. nº 2014-674 du 24 juin 2014, art. 5)* Les étudiants hospitaliers en médecine exécutent les tâches qui leur sont confiées par le médecin référent ou le praticien responsable de l'entité d'accueil, à l'occasion des visites et consultations externes, des examens cliniques, radiologiques et biologiques, des soins et des interventions. Ils peuvent exécuter des actes médicaux de pratique courante, sont chargés de la tenue des observations et participent aux services de garde.

Au cours de chacun des stages, ils participent aux entretiens portant sur les dossiers des malades et suivent les enseignements dispensés dans l'établissement de santé.

Art. R. 6153-53 Les étudiants en médecine mentionnés à l'article R. 6153-46 justifient, avant leur première affectation, par un ou des certificats médicaux adressés au directeur de l'unité de formation et de recherche dont ils relèvent, qu'ils remplissent les conditions exigées par la réglementation en vigueur relative à l'immunisation obligatoire de certaines personnes contre certaines maladies.

Art. R. 6153-54 *(Décr. nº 2010-1187 du 8 oct. 2010, art. 39)* Les étudiants *(Décr. nº 2014-674 du 24 juin 2014, art. 6-1º)* « hospitaliers » en médecine mentionnés à l'article R. 6153-46 ne peuvent être affectés plus de deux fois dans la même entité de stage. *(Décr. nº 2014-674 du 24 juin 2014, art. 6-2º)* « La durée totale d'affectation est fixée par arrêté des ministres chargés de l'enseignement supérieur, de la santé et de la défense. »

Art. R. 6153-55 Les étudiants *(Décr. nº 2014-674 du 24 juin 2014, art. 7)* « hospitaliers » en médecine mentionnés à l'article R. 6153-46 sont soumis au règlement intérieur de l'établissement d'affectation qui précise notamment leurs obligations à l'égard des malades, du personnel médical et de l'administration hospitalière.

(Décr. nº 2013-73 du 23 janv. 2013, art. 7) « Ils sont tenus d'accomplir les tâches qui leur sont confiées durant leur stage et d'exécuter les obligations qui en découlent. »

Les obligations de présence de ces étudiants sont portées à la connaissance des intéressés par le *(Décr. nº 2010-1187 du 8 oct. 2010, art. 40)* « responsable de l'entité où se déroule le stage ».

Art. R. 6153-56 *Abrogé par Décr. nº 2014-674 du 24 juin 2014, art. 35.*

Art. R. 6153-57 Les étudiants *(Décr. nº 2014-674 du 24 juin 2014, art. 7)* « hospitaliers » en médecine mentionnés à l'article R. 6153-46 sont soumis au régime disciplinaire applicable aux étudiants. En cas d'infraction à la discipline commise par un de ces étudiants à l'intérieur de l'établissement d'affectation, le directeur de l'établissement en avertit le directeur de l'unité de formation et de recherche ainsi que, si l'établissement en cause n'est pas le centre hospitalier universitaire, le directeur général de ce centre.

Le directeur de l'établissement peut exclure de son établissement tout étudiant *(Décr. nº 2013-73 du 23 janv. 2013, art. 8)* « dont le comportement est de nature à compromettre le bon fonctionnement du service ». Il en informe immédiatement le directeur de l'unité de formation et de recherche en vue d'un examen conjoint de la situation.

Au vu des conclusions de cet examen, le directeur de l'établissement d'affectation, si celui-ci n'est pas le centre hospitalier universitaire, peut toujours remettre l'étudiant intéressé à la disposition du directeur général de ce centre en informant de sa décision le directeur de l'unité de formation et de recherche.

Le directeur de l'établissement de santé est informé de toute sanction disciplinaire prononcée à l'encontre d'un étudiant affecté à son établissement.

Art. R. 6153-58 *(Décr. nº 2014-674 du 24 juin 2014, art. 8-1º et 2º)* « A compter de leur inscription en première année du deuxième cycle, les étudiants hospitaliers en médecine mentionnés à l'article R. 6153-46 perçoivent une rémunération dont le montant annuel est fixé par arrêté des ministres chargés du budget, de l'enseignement supérieur et de la santé et revalorisé suivant l'évolution des traitements de la fonction publique par arrêté du ministre chargé de la santé.

« Cette rémunération est versée mensuellement après service fait, quelle que soit la structure d'affectation.

« Les étudiants redoublants ou triplants perçoivent la rémunération prévue par la présente section pour toute période de stage accomplie.

« Les dispositions des alinéas précédents ne s'appliquent pas pendant la période d'études à l'étranger et le stage réalisé en qualité de faisant fonction d'interne prévus respectivement aux quatrième et huitième alinéas de l'article R. 6153-47.

« Les étudiants hospitaliers en médecine mentionnés à l'article R. 6153-46 » ont droit :

1° A un congé annuel *(Décr. n° 2013-73 du 23 janv. 2013, art. 9)* « de trente jours ouvrables » ;

2° En cas de maladie ou d'infirmité dûment constatée les mettant dans l'impossibilité d'exercer leurs fonctions, au maximum à un mois de congé pendant lequel ils perçoivent la totalité de leur rémunération et à un mois pendant lequel ils perçoivent la moitié de cette rémunération. Dans tous les cas, ils conservent leurs droits à la totalité des suppléments pour charges de famille ;

3° A un congé de maternité ou d'adoption ou de paternité d'une durée égale à celle prévue par la législation de la sécurité sociale pendant lequel les intéressés perçoivent l'intégralité de la rémunération prévue au premier alinéa du présent article ;

(Décr. n° 2014-674 du 24 juin 2014, art. 8-3°) « 4° Au cours du deuxième cycle, les étudiants en médecine peuvent, sur leur demande, après accord de l'unité de formation et de recherche et du directeur du centre hospitalier universitaire de rattachement, bénéficier d'un congé supplémentaire de trente jours ouvrables, non rémunéré. »

Art. D. 6153-58-1 *(Décr. n° 2014-319 du 11 mars 2014, art. 1er)* Les étudiants en médecine mentionnés à l'article R. 6153-46 perçoivent, le cas échéant :

1° Des indemnités liées au service de garde selon des modalités fixées par arrêté des ministres chargés du budget, de l'enseignement supérieur, de la santé et de la défense ;

2° Une indemnité forfaitaire de transport, lorsqu'ils accomplissent un stage en dehors de leur centre hospitalier universitaire de rattachement, si le lieu de stage est situé à une distance de plus de 15 kilomètres de l'unité de formation et de recherche dans laquelle est inscrit l'étudiant. Lorsque le stage est organisé à temps plein, il doit être situé à une distance de plus de 15 kilomètres, tant de l'unité de formation et de recherche dans laquelle est inscrit l'étudiant que de son domicile. Cette indemnité n'est cumulable avec aucun dispositif de prise en charge totale ou partielle de frais de transport directement versé à l'intéressé. Les élèves médecins des écoles du service de santé des armées ne perçoivent pas cette indemnité. Un arrêté des ministres chargés du budget, de l'enseignement supérieur et de la santé en fixe le montant et les modalités de versement.

Art. R. 6153-59 *(Décr. n° 2014-674 du 24 juin 2014, art. 9, en vigueur à la rentrée 2014-2015)* Les centres hospitaliers universitaires de rattachement, qui ont en charge la rémunération de l'ensemble des étudiants hospitaliers en médecine mentionnés à l'article R. 6153-46, leur versent un salaire tout au long de leur formation à l'exception de la période d'études à l'étranger et du stage réalisé en qualité de faisant fonction d'interne prévus respectivement aux quatrième et huitième alinéas de l'article R. 6153-47.

Art. R. 6153-60 *(Décr. n° 2014-674 du 24 juin 2014, art. 10)* Les stages mentionnés à l'article R. 6153-47, à l'exception de la période d'études à l'étranger et du stage réalisé en qualité de faisant fonction d'interne, effectués en dehors du centre hospitalier universitaire de rattachement, sont organisés par des conventions conclues selon des modalités fixées par arrêté des ministres chargés du budget, de l'enseignement supérieur, de la santé et, le cas échéant, de la défense.

Art. R. 6153-61 *Abrogé par Décr. n° 2014-674 du 24 juin 2014, art. 35.*

Art. R. 6153-62 Les dispositions des articles R. 6142-4 et R. 6142-30 ne sont pas applicables aux conventions relatives à l'organisation des stages hospitaliers prévues à l'article R. 6153-60.

Ces conventions déterminent leur durée d'application et les conditions de leur révision. Elles font l'objet d'une évaluation périodique par les parties signataires.

Art. R. 6153-62-1 *(Décr. n° 2013-73 du 23 janv. 2013, art. 13)* Pour l'exercice du droit syndical, qui leur est reconnu en leur qualité d'agents publics, les étudiants en médecine peuvent créer des organisations syndicales, y adhérer et y exercer des mandats. Ils ne peuvent subir aucun préjudice ou *[ni]* bénéficier d'avantages en raison de leurs engagements syndicaux.

Des autorisations spéciales d'absence sont accordées par le directeur de l'établissement et le directeur de l'unité de formation et de recherche, dans les conditions et limites fixées par arrêté du ministre chargé de la santé, aux représentants syndicaux élus des étudiants en médecine, à l'occasion de la participation de ceux-ci à des réunions syndicales.

SECTION III **FONCTIONS HOSPITALIÈRES DES ÉTUDIANTS EN ODONTOLOGIE**

Art. R. 6153-63 *(Décr. n° 2014-674 du 24 juin 2014, art. 11)* Les étudiants hospitaliers en odontologie, qu'ils soient étudiants en odontologie en formation approfondie pendant leur deuxième cycle ou étudiants du troisième cycle court des études en vue du diplôme d'État de docteur en chirurgie dentaire, participent, dans les conditions définies par la présente section, à l'activité hospitalière et ambulatoire et perçoivent, dans les conditions prévues à l'article R. 6153-72, une rémunération versée par le centre hospitalier universitaire de rattachement lié par convention à l'unité de formation et de recherche d'odontologie dans laquelle ils sont inscrits.

A ce titre, ils ont la qualité d'agent public et sont notamment soumis au secret professionnel et à l'obligation de discrétion professionnelle pour tous les faits, informations ou documents dont ils ont connaissance à l'occasion de l'exercice de leur activité hospitalière.

Art. R. 6153-64 *(Décr. n° 2014-674 du 24 juin 2014, art. 12)* Au cours de la période définie à l'article R. 6153-63, qui inclut les congés annuels prévus à l'article R. 6153-72, les étudiants hospitaliers en odontologie accomplissent une formation pratique.

Ils accomplissent au moins un stage auprès d'un praticien maître de stage agréé au cours du troisième cycle court.

Les étudiants hospitaliers en odontologie ont la possibilité d'accomplir une période d'études à l'étranger dans le cadre de conventions conclues par l'université ainsi qu'un stage de recherche dans le cadre d'un parcours personnalisé, selon des modalités fixées par arrêté des ministres chargés de l'enseignement supérieur, de la santé et, le cas échéant, de la défense.

En cas de redoublement lors du deuxième cycle ou du troisième cycle court, les étudiants n'accomplissent à nouveau que les stages non validés afférents à l'année redoublée.

Art. R. 6153-64-1 *(Décr. n° 2014-674 du 24 juin 2014, art. 13)* Le temps de présence en formation pratique des étudiants hospitaliers en odontologie est fixé à cinq demi-journées par semaine en moyenne sur douze mois. Ils prennent part aux cours, contrôles et examens sur leur temps de présence universitaire.

Art. R. 6153-65 à R. 6153-67 *Abrogés par Décr. n° 2014-674 du 24 juin 2014, art. 35.*

Art. R. 6153-68 *(Décr. n° 2014-674 du 24 juin 2014, art. 14)* Les étudiants hospitaliers en odontologie mentionnés à l'article R. 6153-63 participent à l'activité hospitalière sous la responsabilité du praticien référent désigné par le responsable pédagogique du lieu de stage ou, le cas échéant, sous la responsabilité du praticien responsable de la structure d'accueil selon des modalités prévues par arrêté des ministres chargés de l'enseignement supérieur, de la santé et, le cas échéant, de la défense.

Ils peuvent également être affectés dans d'autres établissements dans le cadre des conventions conclues en application de l'article L. 6142-5 ou dans un établissement du service de santé des armées.

Ils exécutent les tâches et les actes odontologiques qui leur sont confiés par le praticien référent ou le praticien responsable de la structure d'accueil.

Art. R. 6153-69 Les étudiants en odontologie mentionnés à l'article R. 6153-63 justifient, avant leur première affectation, par un ou des certificats médicaux adressés au directeur de l'unité de formation et de recherche dont ils relèvent, qu'ils remplissent les conditions exigées par la réglementation en vigueur relative à l'immunisation obligatoire de certaines personnes contre certaines maladies.

Art. R. 6153-70 Les étudiants *(Décr. nº 2014-674 du 24 juin 2014, art. 15)* « hospitaliers » en odontologie mentionnés à l'article R. 6153-63 sont soumis au règlement intérieur de l'établissement d'affectation, qui précise notamment leurs obligations à l'égard des patients, du personnel médical et de l'administration hospitalière.

Les obligations de présence de ces étudiants sont portées à la connaissance des intéressés par le *(Décr. nº 2010-1187 du 8 oct. 2010, art. 51)* « responsable de l'entité de stage où ils sont affectés ».

Art. R. 6153-71 Les étudiants *(Décr. nº 2014-674 du 24 juin 2014, art. 15)* « hospitaliers » en odontologie mentionnés à l'article R. 6153-63 sont soumis au régime disciplinaire applicable aux étudiants. En cas d'infraction disciplinaire commise par un de ces étudiants à l'intérieur de l'établissement d'affectation, le directeur de l'établissement en avertit le directeur de l'unité de formation et de recherche ainsi que, si l'établissement en cause n'est pas le centre hospitalier universitaire, le directeur général de ce centre.

Le directeur de l'établissement peut exclure de son établissement tout étudiant *(Décr. nº 2013-73 du 23 janv. 2013, art. 14)* « dont le comportement est de nature à compromettre le bon fonctionnement du service ». Il en informe immédiatement le directeur de l'unité de formation et de recherche en vue d'un examen conjoint de la situation.

Au vu des conclusions de cet examen, le directeur de l'établissement d'affectation, si celui-ci n'est pas le centre hospitalier universitaire, peut remettre l'étudiant intéressé à la disposition du directeur général de ce centre en informant de sa décision le directeur de l'unité de formation et de recherche.

Le directeur de l'établissement est informé de toute sanction disciplinaire prononcée à l'encontre d'un étudiant affecté dans son établissement.

Art. R. 6153-72 *(Décr. nº 2014-674 du 24 juin 2014, art. 16-1º)* « A compter de leur inscription en première année du deuxième cycle, les étudiants hospitaliers en odontologie mentionnés à l'article R. 6153-63 perçoivent une rémunération dont le montant annuel est fixé par arrêté des ministres chargés du budget, de l'enseignement supérieur et de la santé, et revalorisé suivant l'évolution des traitements de la fonction publique par arrêté du ministre chargé de la santé.

« Cette rémunération est versée mensuellement après service fait, quelle que soit la structure d'affectation, à l'exception de la période d'études à l'étranger prévue à l'article R. 6153-64.

« Les étudiants redoublants ou triplants perçoivent la rémunération prévue par la présente section pour toute période de stage accomplie, à l'exception de la période d'études à l'étranger prévue à l'article R. 6153-64. »

Les étudiants mentionnés *(Décr. nº 2014-674 du 24 juin 2014, art. 16-2º)* « aux alinéas précédents » ont droit :

1º A un congé annuel de trente jours ouvrables pendant lequel ils perçoivent la rémunération prévue au premier alinéa du présent article ;

2º En cas de maladie ou d'infirmité dûment constatée les mettant dans l'impossibilité d'exercer leurs fonctions, au maximum à un mois de congé pendant lequel ils perçoivent la totalité de leur rémunération et à un mois pendant lequel ils perçoivent la moitié de cette rémunération.

Dans tous les cas, ils conservent leurs droits à la totalité des suppléments pour charges de famille ;

3º A un congé de maternité, d'adoption ou de paternité d'une durée égale à celle prévue par la législation de la sécurité sociale, pendant lequel l'intégralité de la rémunération prévue au premier alinéa du présent article est versée.

Les prestations en espèces dues aux intéressés au titre de la sécurité sociale viennent en déduction de la rémunération ou de la demi-rémunération servie durant le congé de maladie, de maternité, d'adoption ou de paternité ;

(Décr. nº 2014-674 du 24 juin 2014, art. 16-4º) « 4º En outre, les étudiants, au cours du deuxième cycle, peuvent, sur leur demande après accord de l'unité de formation et de recherche et du directeur du centre hospitalier universitaire de rattachement, bénéficier d'un congé supplémentaire de trente jours ouvrables non rémunéré. »

Art. D. 6153-72-1 *(Décr. nº 2014-319 du 11 mars 2014, art. 2)* Les étudiants hospitaliers en odontologie mentionnés à l'article R. 6153-63 perçoivent, le cas échéant, une indemnité forfaitaire de transport lorsqu'ils accomplissent un stage en dehors de leur centre hospitalier universitaire de rattachement, si le lieu de stage est situé à une distance de plus de 15 kilomètres de l'unité de formation et de recherche dans laquelle est inscrit l'étudiant. Lorsque le stage est organisé à temps plein, il doit être situé à une distance de plus de 15 kilomètres, tant de l'unité de formation et de recherche dans laquelle est inscrit l'étudiant que de son domicile. Cette indemnité n'est cumulable avec aucun dispositif de prise en charge totale ou partielle de frais de transport directement versé à l'intéressé. Les élèves chirurgiens dentistes des écoles du service de santé des armées ne perçoivent pas cette indemnité. Un arrêté des ministres chargés du budget, de l'enseignement supérieur et de la santé en fixe le montant et les modalités de versement.

Art. R. 6153-73 *(Décr. nº 2014-674 du 24 juin 2014, art. 17)* Les centres hospitaliers universitaires de rattachement, qui ont en charge la rémunération de l'ensemble des étudiants hospitaliers en odontologie mentionnés à l'article R. 6153-63, leur versent un salaire tout au long de leur formation, à l'exception de la période d'études à l'étranger prévue à l'article R. 6153-64.

Art. R. 6153-74 *(Décr. nº 2014-674 du 24 juin 2014, art. 18)* Les stages mentionnés à l'article R. 6153-64, à l'exception de la période d'études à l'étranger, effectués en dehors du centre hospitalier de rattachement, sont organisés par des conventions conclues selon des modalités fixées par arrêté des ministres chargés du budget, de l'enseignement supérieur, de la santé et, le cas échéant, de la défense.

Art. R. 6153-75 *Abrogé par Décr. nº 2014-674 du 24 juin 2014, art. 35.*

Art. R. 6153-76 Les dispositions *(Décr. nº 2014-674 du 24 juin 2014, art. 19-1º)* « des articles R. 6142-3 et R. 6142-5 » ne sont pas applicables aux conventions relatives à l'organisation des stages prévues *(Décr. nº 2014-674 du 24 juin 2014, art. 19-3º)* « à l'article R. 6153-74 ».

Ces conventions déterminent leur durée d'application et les conditions de leur révision. Elles font l'objet d'une évaluation périodique par les parties signataires.

Art. R. 6153-76-1 *(Décr. nº 2013-73 du 23 janv. 2013, art. 16)* Pour l'exercice du droit syndical, qui leur est reconnu en leur qualité d'agents publics, les étudiants en odontologie, peuvent créer des organisations syndicales, y adhérer et y exercer des mandats. Ils ne peuvent subir aucun préjudice ou *[ni]* bénéficier d'avantages en raison de leurs engagements syndicaux.

Des autorisations spéciales d'absence sont accordées par le directeur de l'établissement et le directeur de l'unité de formation et de recherche, dans les conditions et limites fixées par arrêté du ministre chargé de la santé, aux représentants syndicaux élus des étudiants en odontologie, à l'occasion de la participation de ceux-ci à des réunions syndicales.

SECTION IV FONCTIONS HOSPITALIÈRES DES ÉTUDIANTS EN PHARMACIE

Art. R. 6153-77 *(Décr. nº 2014-674 du 24 juin 2014, art. 20)* Les étudiants hospitaliers en pharmacie de la deuxième année du deuxième cycle des études pharmaceutiques, en formation approfondie, participent à l'activité hospitalière dans les conditions définies par la présente section.

Au cours du troisième cycle court des études pharmaceutiques, les étudiants en pharmacie, sous réserve qu'ils participent à l'activité hospitalière, ont également la qualité d'étudiants hospitaliers en pharmacie.

Les étudiants hospitaliers en pharmacie perçoivent, dans les conditions prévues à l'article R. 6153-90, une rémunération versée par le centre hospitalier universitaire de rattachement lié par convention à l'unité de formation et de recherche dans laquelle ils sont inscrits dans les conditions définies par la présente section.

A ce titre, ils ont la qualité d'agent public et sont notamment soumis au secret professionnel et à l'obligation de discrétion professionnelle pour tous les faits, informations ou documents dont ils ont connaissance à l'occasion de l'exercice de leur activité hospitalière.

Au cours de la deuxième année du deuxième cycle, les étudiants hospitaliers en pharmacie ont la possibilité d'accomplir une période d'études à l'étranger dans le cadre de conventions conclues par l'université ainsi qu'un ou deux stages de recherche dans le cadre d'un parcours personnalisé, selon des modalités fixées par arrêté des ministres chargés de l'enseignement supérieur, de la santé et, le cas échéant, de la défense.

En cas de redoublement de la deuxième année du deuxième cycle ou du troisième cycle court, les étudiants n'accomplissent à nouveau que les stages non validés afférents à l'année redoublée.

Art. R. 6153-77-1 *(Décr. n° 2014-674 du 24 juin 2014, art. 21)* Le temps de présence en formation pratique des étudiants hospitaliers en pharmacie est fixé à cinq demi-journées par semaine en moyenne sur douze mois. Ils prennent part aux cours, contrôles et examens sur leur temps de présence universitaire.

Art. R. 6153-78 *(Décr. n° 2014-674 du 24 juin 2014, art. 22)* Les étudiants hospitaliers en pharmacie mentionnés à l'article R. 6153-77 participent à l'activité hospitalière sous la responsabilité du référent prévu par arrêté des ministres chargés de l'enseignement supérieur, de la santé et, le cas échéant, de la défense, et du personnel médical et pharmaceutique.

Art. R. 6153-79 *(Décr. n° 2010-1187 du 8 oct. 2010, art. 55)* Les étudiants hospitaliers en pharmacie participent à l'activité hospitalière dans les entités du centre hospitalier universitaire et des établissements publics de santé auxquelles ils sont affectés et dans les structures analogues des hôpitaux des armées.

(Décr. n° 2014-674 du 24 juin 2014, art. 23-2°) « Ils peuvent également être affectés dans des établissements de santé privés agréés, liés aux centres hospitaliers universitaires par convention en application de l'article L. 6142-5. »

Art. R. 6153-80 Les étudiants hospitaliers en pharmacie justifient, avant leur première affectation, par un ou des certificats médicaux adressés au directeur de l'unité de formation et de recherche dont ils relèvent, qu'ils remplissent les conditions exigées par la réglementation en vigueur relative à l'immunisation obligatoire de certaines personnes contre certaines maladies.

Art. R. 6153-81 Les étudiants hospitaliers en pharmacie sont affectés dans les *(Décr. n° 2010-1187 du 8 oct. 2010, art. 56)* « entités de stage » par le directeur de l'unité de formation et de recherche dont ils relèvent, en fonction des listes des postes disponibles qui lui sont communiquées par chacun des directeurs d'établissement où l'étudiant est susceptible d'être affecté.

Art. R. 6153-82 *(Décr. n° 2010-1187 du 8 oct. 2010, art. 57)* Les étudiants hospitaliers en pharmacie ne peuvent être affectés plus de deux fois dans la même entité de stage. La durée d'affectation dans une même entité ne peut être inférieure à deux mois ni supérieure à quatre mois.

L'affectation des intéressés, les fonctions qui leur sont confiées, les enseignements théoriques et pratiques qui leur sont dispensés tiennent compte des connaissances acquises et du déroulement des études.

Art. R. 6153-83 *(Décr. n° 2014-674 du 24 juin 2014, art. 24-1°)* « Les étudiants hospitaliers en pharmacie sont soumis au règlement intérieur de l'établissement d'affectation. Ils sont tenus d'accomplir les tâches qui leur sont confiées durant leur stage et d'exécuter les obligations qui en découlent.

« Les obligations de présence de ces étudiants sont portées à la connaissance des intéressés par le responsable de l'entité où se déroule le stage. »

Sauf cas de force majeure, toute absence non autorisée par le *(Décr. n° 2010-1187 du 8 oct. 2010, art. 58)* « responsable de l'entité de stage » et le directeur de l'établissement fait l'objet d'une mise en garde. En cas de récidive, la procédure disciplinaire prévue aux articles R. 6153-88 et R. 6153-89 est engagée.

Art. R. 6153-84 Les étudiants hospitaliers en pharmacie ont droit à un congé annuel de trente jours ouvrables, le samedi étant décompté comme jour ouvrable. Au cours de ce congé, ils perçoivent la rémunération prévue à l'article R. 6153-90.

Art. R. 6153-85 En cas de maladie dûment constatée ou d'infirmité les mettant dans l'impossibilité d'exercer leurs fonctions, les étudiants hospitaliers en pharmacie ont droit à un congé d'un mois pendant lequel ils perçoivent la totalité de leur rémunération et à un congé d'un mois pendant lequel ils perçoivent la moitié de cette rémunération.

Dans tous les cas déterminés au présent article, ils conservent la totalité des suppléments pour charge de famille.

Art. R. 6153-86 Les étudiants hospitaliers en pharmacie bénéficient d'un congé de maternité, d'adoption ou de paternité d'une durée égale à celle prévue par la législation de la sécurité sociale et perçoivent l'intégralité de leur rémunération.

Art. R. 6153-87 Les prestations dues au titre de la sécurité sociale viennent en déduction de la rémunération servie durant les congés prévus par les articles R. 6153-84 et R. 6153-85.

Art. R. 6153-88 L'étudiant hospitalier en pharmacie est soumis au régime disciplinaire applicable aux étudiants.

En cas d'infraction commise par un étudiant hospitalier en pharmacie à l'intérieur de l'établissement hospitalier d'affectation, le directeur de l'établissement en avertit le directeur de l'unité de formation et de recherche dont relève l'étudiant ainsi que, le cas échéant, le directeur général du centre hospitalier universitaire.

Si une sanction disciplinaire est prononcée à l'encontre d'un étudiant affecté dans son établissement, le directeur de l'établissement en est obligatoirement informé.

Art. R. 6153-89 Le directeur *(Décr. n° 2014-674 du 24 juin 2014, art. 26)* « de l'établissement d'affectation » peut exclure un étudiant dont le comportement est incompatible avec le bon fonctionnement et la continuité du service. Il en informe immédiatement le directeur de l'unité de formation et de recherche dont relève l'étudiant auquel il adresse un rapport motivé en vue d'un examen conjoint de la situation.

Art. R. 6153-90 *(Décr. n° 2014-674 du 24 juin 2014, art. 27)* Les étudiants hospitaliers en pharmacie, à l'exception des élèves pharmaciens du service de santé des armées, perçoivent, après service fait et quelle que soit la structure d'affectation, une rémunération dont le montant annuel est fixé par arrêté des ministres chargés du budget, de l'enseignement supérieur et de la santé, et revalorisé suivant l'évolution des traitements de la fonction publique par arrêté du ministre chargé de la santé.

Les étudiants redoublants ou triplants perçoivent la rémunération prévue par la présente section pour toute période de stage accomplie.

Les centres hospitaliers universitaires de rattachement, qui ont en charge la rémunération de l'ensemble des étudiants hospitaliers en pharmacie, leur versent un salaire.

Les dispositions du présent article ne s'appliquent pas pendant la période d'études à l'étranger prévue à l'article R. 6153-77.

Art. D. 6153-90-1 *(Décr. n° 2014-319 du 11 mars 2014, art. 3)* Les étudiants hospitaliers en pharmacie mentionnés à l'article R. 6153-77 perçoivent, le cas échéant, une indemnité forfaitaire de transport lorsqu'ils accomplissent un stage en dehors de leur centre hospitalier universitaire de rattachement, si le lieu de stage est situé à une distance de plus de 15 kilomètres de l'unité de formation et de recherche dans laquelle est inscrit l'étudiant. Lorsque le stage est organisé à temps plein, il doit être situé à une distance de plus de 15 kilomètres, tant de l'unité de formation et de recherche dans laquelle est inscrit l'étudiant que de son domicile. Cette indemnité n'est cumulable avec aucun dispositif de prise en charge totale ou partielle de frais de transport directement versé à l'intéressé. Les élèves pharmaciens des écoles du service de santé des armées ne perçoivent pas cette indemnité. Un arrêté des ministres chargés du budget, de l'enseignement supérieur et de la santé en fixe le montant et les modalités de versement.

Art. R. 6153-91 *Abrogé par Décr. n° 2014-674 du 24 juin 2014, art. 35.*

Art. R. 6153-91-1 *(Décr. n° 2013-73 du 23 janv. 2013, art. 17)* Pour l'exercice du droit syndical, qui leur est reconnu en leur qualité d'agents publics, les étudiants en pharmacie peuvent créer des organisations syndicales, y adhérer et y exercer des mandats. Ils ne peuvent subir aucun préjudice ou *[ni]* bénéficier d'avantages en raison de leurs engagements syndicaux.

Des autorisations spéciales d'absence sont accordées par le directeur de l'établissement et le directeur de l'unité de formation et de recherche, dans les conditions et limites fixées par arrêté du ministre chargé de la santé, aux représentants syndicaux élus des étudiants en pharmacie, à l'occasion de la participation de ceux-ci à des réunions syndicales.

SECTION V INDEXATION DES INDEMNITÉS LIÉES À LA PERMANENCE ET AUX ASTREINTES

Art. D. 6153-92 Le montant des indemnités des gardes médicales et des astreintes effectuées dans les établissements publics de santé par les membres du personnel médical, les internes et les étudiants hospitaliers désignés pour occuper provisoirement un poste d'interne varient en fonction de l'évolution des traitements de la fonction publique constatée par le ministre chargé de la santé.

SECTION VI APPLICATION AU SERVICE DE SANTÉ DES ARMÉES

(Décr. n° 2014-674 du 24 juin 2014, art. 28)

Art. R. 6153-93 *(Décr. n° 2014-674 du 24 juin 2014, art. 29)* Les internes et les assistants des hôpitaux des armées qui effectuent un stage ailleurs que dans un établissement du service de santé des armées restent soumis à leur statut et continuent de percevoir leur solde.

Sans préjudice du respect des obligations prévues par le statut général des militaires et des dispositions spécifiques prévues au présent chapitre, les dispositions des articles R. 6153-2 à R. 6153-6, du 3° de l'article R. 6153-10 et des articles R. 6153-29 à R. 6153-40 leur sont applicables.

(Décr. n° 2015-225 du 26 févr. 2015, art. 8) « Sans préjudice du respect des obligations prévues par le statut général des militaires et des dispositions spécifiques prévues au présent chapitre, les dispositions des articles R. 6153-2 à R. 6153-2-5 leur sont applicables dans toute la mesure compatible avec le bon fonctionnement du service. »

Le directeur général du centre hospitalier universitaire de rattachement avise le commandant de l'École de santé des armées de la procédure disciplinaire qu'il a décidé d'engager contre l'interne ou l'assistant des hôpitaux des armées et lui transmet le dossier de l'intéressé. Un représentant du service de santé des armées peut assister avec voix consultative aux séances du conseil de discipline.

Lorsqu'une sanction a été prononcée par le directeur général du centre hospitalier régional universitaire de rattachement de l'interne ou de l'assistant des hôpitaux des armées, elle est communiquée au commandant de l'École de santé des armées, en même temps et dans les mêmes formes qu'au président de l'université dont relève l'intéressé.

Art. R. 6153-94 *(Décr. n° 2014-674 du 24 juin 2014, art. 30)* Les élèves médecins, pharmaciens et chirurgiens-dentistes des écoles du service de santé des armées ayant la qualité d'étudiants hospitaliers restent soumis à leur statut et continuent de percevoir leur solde.

Sans préjudice du respect des obligations prévues par le statut général des militaires et des dispositions spécifiques prévues au présent chapitre, sont applicables :

a) Aux élèves médecins les dispositions de la section II du présent chapitre, à l'exception des articles R. 6153-58, R. 6153-59, R. 6153-62-1 ;

b) Aux élèves chirurgiens-dentistes les dispositions de la section III du présent chapitre, à l'exception des articles R. 6153-72, R. 6153-73, R. 6153-76-1 ;

c) Aux élèves pharmaciens les dispositions de la section IV du présent chapitre, à l'exception des articles R. 6153-84 à R. 6153-87, R. 6153-90 et R. 6153-91-1.

Art. R. 6153-95 *(Décr. n° 2014-674 du 24 juin 2014, art. 31)* Pour l'application du sixième alinéa de l'article R. 6153-47, les élèves médecins des écoles du service de santé des armées peuvent accomplir :

1° Soit un stage choisi à leur initiative, après accord conjoint du directeur de l'unité de formation et de recherche médicale, du directeur de leur établissement de formation et du commandant de l'École de santé des armées au cours duquel ils conservent leur qualité d'étudiant hospitalier ;

2° Soit un stage en milieu hospitalier, le cas échéant dans un hôpital des armées, au cours duquel ils peuvent, après accord du commandant de l'École de santé des armées, exercer les fonctions prévues à l'article R. 6153-44 dans les conditions prévues pour les internes et les assistants des hôpitaux des armées à l'article R. 6153-93.

Art. R. 6153-96 *(Décr. n° 2014-674 du 24 juin 2014, art. 32)* Pour l'application des articles R. 6153-57, R. 6153-71, R. 6153-88 et R. 6153-89 aux élèves médecins, chirurgiens-dentistes ou pharmaciens des écoles du service de santé des armées, le service de santé des armées reçoit du directeur de l'établissement d'affectation le dossier de l'intéressé et le représentant de ce service est associé à l'examen de la situation. Le commandant de l'École de santé des armées est informé de toute décision ou sanction concernant l'intéressé, dans le même temps et dans les mêmes formes que le directeur de l'établissement et le directeur de l'unité de formation et de recherche.

Art. R. 6153-97 *(Décr. n° 2014-674 du 24 juin 2014, art. 33)* Les conventions prévues au présent chapitre concernant les élèves médecins, pharmaciens et chirurgiens-dentistes des écoles du service de santé des armées ne peuvent être signées qu'après accord du commandant de l'École de santé des armées.

SECTION VII FONCTIONS EN MILIEUX HOSPITALIER ET EXTRAHOSPITALIER DES ÉTUDIANTS EN MAÏEUTIQUE

(Décr. n° 2016-1335 du 7 oct. 2016, art. 3)

Art. R. 6153-98 Les étudiants hospitaliers en maïeutique, en formation approfondie pendant les deux années du second cycle, participent, dans les conditions définies par la présente section, à l'activité hospitalière et extrahospitalière. A ce titre, ils ont la qualité d'agent public.

Ils sont notamment soumis au secret professionnel et à l'obligation de discrétion professionnelle pour tous les faits, informations ou documents dont ils ont connaissance à l'occasion de l'exercice de leur activité hospitalière et extrahospitalière.

Art. D. 6153-99 Au cours du second cycle, y inclus les congés annuels prévus à l'article R. 6153-106, les étudiants hospitaliers en maïeutique accomplissent une formation pratique, comportant plusieurs stages.

Les étudiants hospitaliers en maïeutique ont la possibilité d'accomplir une période d'études à l'étranger dans le cadre de conventions conclues par la structure de formation ainsi qu'un stage de recherche dans le cadre d'un parcours personnalisé.

En cas de redoublement au cours du second cycle, ils accomplissent à nouveau douze mois de stage incluant les congés annuels et les stages dont la validation n'a pas été obtenue.

Art. D. 6153-100 Les étudiants hospitaliers en maïeutique sont présents en formation pratique au moins à mi-temps en moyenne sur la durée du second cycle. Ils prennent part aux cours, contrôles et examens sur leur temps de présence en formation théorique.

Art. R. 6153-101 Les étudiants hospitaliers en maïeutique participent à l'activité hospitalière et extrahospitalière sous la responsabilité du praticien référent désigné par le responsable pédagogique du lieu de stage de la structure d'accueil. Ils exécutent les tâches et les actes qui leur sont confiés par le praticien référent.

Art. R. 6153-102 Avant leur première affectation, les étudiants en maïeutique justifient qu'ils remplissent les conditions exigées par la réglementation en vigueur relative à l'immunisation obligatoire de certaines personnes contre certaines maladies.

Art. R. 6153-103 Les étudiants hospitaliers en maïeutique sont soumis au règlement intérieur de l'établissement d'affectation.

Art. R. 6153-104 Les étudiants hospitaliers en maïeutique sont soumis au régime disciplinaire applicable aux étudiants défini par le règlement intérieur de la structure de formation en maïeutique.

Le directeur de la structure d'accueil peut exclure tout étudiant dont le comportement est de nature à compromettre le bon fonctionnement du service.

Art. R. 6153-105 Les étudiants hospitaliers en maïeutique perçoivent une rémunération annuelle dont le montant est fixé par arrêté des ministres chargés du budget, de l'enseignement supérieur et de la santé et revalorisé suivant l'évolution des traitements de la fonction publique par arrêté du ministre chargé de la santé.

Cette rémunération est versée mensuellement après service fait, à l'exception de la période d'études à l'étranger prévue à l'article R. 6153-99. Elle est versée par l'établissement support lié par convention à la structure de formation dans laquelle les intéressés sont inscrits.

Art. R. 6153-106 Les étudiants hospitaliers en maïeutique ont droit :

1° A un congé annuel de trente jours ouvrables pendant lequel ils perçoivent la rémunération prévue à l'article R. 6153-105 ;

2° En cas de maladie ou d'infirmité dûment constatée les mettant dans l'impossibilité d'exercer leurs fonctions, au maximum à un mois de congé pendant lequel ils perçoivent la totalité de leur rémunération et à un mois pendant lequel ils perçoivent la moitié de cette rémunération.

Dans tous les cas, ils conservent leurs droits à la totalité des suppléments pour charges de famille ;

3° A un congé de maternité, d'adoption ou de paternité d'une durée égale à celle prévue par la législation de la sécurité sociale, pendant lequel l'intégralité de la rémunération prévue à l'article R. 6153-105 est versée.

Les prestations en espèces dues aux intéressés au titre de la sécurité sociale viennent en déduction de la rémunération ou de la demi-rémunération servie durant le congé de maladie, de maternité, d'adoption ou de paternité.

En outre, les intéressés peuvent, sur leur demande et après accord de la structure de formation en maïeutique et du directeur de l'établissement support de la structure de formation, bénéficier d'un congé supplémentaire de trente jours ouvrables non rémunéré.

Art. D. 6153-107 Les étudiants hospitaliers en maïeutique qui accomplissent un stage en dehors de l'établissement de rattachement de la structure de formation dans laquelle ils sont inscrits perçoivent une indemnité forfaitaire de transport, lorsque le lieu de stage est situé à une distance de plus de quinze kilomètres de cette structure.

Lorsque le stage est organisé à temps plein, cette indemnité n'est due que si le lieu de stage est en outre situé à une distance de plus de quinze kilomètres du domicile de l'étudiant.

Cette indemnité n'est cumulable avec aucun dispositif de prise en charge totale ou partielle de frais de transport directement versé à l'intéressé.

Un arrêté des ministres chargés du budget, de l'enseignement supérieur et de la santé fixe le montant et les modalités de versement de cette indemnité.

Art. D. 6153-108 Les stages mentionnés à l'article R. 6153-99, à l'exception de la période d'études à l'étranger, accomplis en dehors de l'établissement de rattachement de la structure de formation dans laquelle l'étudiant en maïeutique est inscrit, sont organisés par des conventions. Celles-ci déterminent notamment leur durée d'application et les conditions de leur révision. Elles font l'objet d'une évaluation périodique par les parties signataires.

Art. R. 6153-109 Pour l'exercice du droit syndical, des autorisations spéciales d'absence sont accordées par le directeur de l'établissement support et le directeur de la structure de formation en maïeutique, dans les conditions et limites fixées par arrêté du ministre chargé de la santé, aux représentants syndicaux élus des étudiants en maïeutique à l'occasion de la participation de ceux-ci à des réunions syndicales.

Art. R. 6153-110 Sous réserve des dispositions des articles R. 6153-105, R. 6153-107 et R. 6153-109, les modalités d'application de la présente section sont précisées par un arrêté conjoint des ministres chargés de l'enseignement supérieur et de la santé.

CHAPITRE IV ACTIVITÉ LIBÉRALE DES PRATICIENS TEMPS PLEIN

SECTION PREMIÈRE MODALITÉS D'EXERCICE

Art. R. 6154-1 La participation par un praticien hospitalier à une activité extérieure d'intérêt général pour la durée maximale prévue par l'article R. 6152-30 est exclusive de l'exercice de toute activité libérale.

Dans le cas où la durée d'activité d'intérêt général effectivement exercée est inférieure au plafond fixé par les dispositions susmentionnées, le praticien peut être autorisé à exercer une activité libérale pour une durée réduite à due concurrence.

BIBL. ▶ PELJAK, Activité libérale en imagerie médicale ou l'issue d'une décennie de tribulations juridiques, *La Gazette de l'hôpital, févr. 2005, n° 54, p. 7.*

Refus de principe illégalement opposé à une demande d'exercice d'une activité libérale. La responsabilité d'un établissement public de santé ne peut être engagée pour un refus de principe illégalement opposé à une demande d'exercice d'une activité libérale, s'il résulte de l'instruction qu'un motif tiré de l'intérêt du service public hospitalier pouvait légalement fonder le rejet de la demande. • CE 30 sept. 2002, *Monsieur X.*, n° 230154.

Art. R. 6154-2 Les personnels non titulaires, mentionnés au 3° de l'article 1er du décret n° 84-135 du 24 février 1984 portant statut des personnels enseignants et hospitaliers des centres hospitaliers et universitaires, qui exercent une activité libérale, ne peuvent bénéficier des congés prévus par l'article 26-9 du même décret.

Art. R. 6154-3 Les praticiens qui choisissent de percevoir directement leurs honoraires fournissent au directeur de l'établissement public de santé un état récapitulatif de l'exercice de leur activité libérale, nécessaire au calcul de la redevance qu'ils doivent acquitter en application de l'article L. 6154-3. La redevance due fait l'objet d'un paiement trimestriel.

Lorsque l'établissement recouvre les honoraires pour le compte du praticien, ce dernier adresse au directeur de l'établissement public de santé cet état récapitulatif. L'établissement reverse mensuellement les honoraires à l'intéressé et prélève trimestriellement le montant de la redevance.

Les organismes gestionnaires d'un régime de base d'assurance maladie communiquent tous les six mois au directeur et au président de la commission de l'activité libérale les informations énumérées à l'article L. 6154-3.

(Décr. n° 2017-523 du 11 avr. 2017, art. 1er) « Les établissements publics de santé dans lesquels les praticiens sont autorisés à exercer une activité libérale organisent le recueil informatisé du nombre et de la nature des actes et des consultations réalisés au titre de l'activité publique de chaque praticien mentionné à l'article L. 6154-1, afin de s'assurer du respect des conditions mentionnées aux 2° et 3° du II de l'article L. 6154-2. »

Art. R. 6154-3-1 *(Décr. n° 2017-523 du 11 avr. 2017, art. 2)* Les établissements publics de santé dans lesquels des praticiens sont autorisés à exercer une activité libérale élaborent une charte de l'activité libérale intra-hospitalière comprenant au minimum les clauses figurant dans une charte-type fixée par arrêté du ministre chargé de la santé. Ces clauses visent à garantir l'information des patients quant au caractère libéral de l'activité et les tarifs pratiqués dans ce cadre, leur droit à être pris en charge dans le cadre de l'activité publique des praticiens, et la transparence de l'exercice d'une activité libérale par les praticiens concernés au sein des organisations médicales. Elles sont adaptées à la nature de l'activité de l'établissement public de santé.

La charte est arrêtée par le directeur de l'établissement sur proposition de la commission de l'activité libérale mentionnée à l'article L. 6154-5, après concertation du directoire et avis de la commission des usagers, de la commission médicale d'établissement et du conseil de surveillance.

Art. R. 6154-4 Le contrat conclu, en application de l'article L. 6154-4, entre le praticien et le directeur de l'établissement précise notamment les modalités d'exercice de l'activité libérale de ce praticien ; il comprend au minimum les clauses figurant dans le contrat type constituant l'annexe 61-2.

(Décr. n° 2017-523 du 11 avr. 2017, art. 3-I) « La charte de l'activité libérale intra-hospitalière prévue à l'article R. 6154-3-1 et le projet d'organisation prévisionnelle de l'activité publique personnelle et de l'activité libérale figurent en annexe du contrat conclu en application de l'article L. 6154-4. »

S'agissant du contrat type d'activité libérale cité à l'art. R. 6154-4, V. annexe 61-2 *V. annexe 61-2*.

Art. R. 6154-5 Le contrat, signé par les deux parties, est transmis par le directeur de l'établissement au *(Décr. n° 2010-344 du 31 mars 2010, art. 203)* « directeur général de l'agence régionale de santé » accompagné *(Décr. n° 2010-785 du 8 juill. 2010, art. 2)* « de son avis, de celui du chef de pôle et de celui du président de la commission médicale d'établissement ». Le délai d'approbation est fixé à deux mois à compter de la réception du contrat par le *(Décr. n° 2010-344 du 31 mars 2010, art. 203)* « directeur général de l'agence régionale de santé ». A l'expiration de ce délai, le contrat est réputé approuvé si le *(Décr. n° 2010-344 du 31 mars 2010, art. 203)* « directeur général de l'agence régionale de santé » n'a pas fait connaître son opposition.

Le contrat peut, avec l'accord des deux parties, faire l'objet d'une révision avant sa date d'expiration. La révision et le renouvellement du contrat sont soumis à la même procédure de consultation et d'approbation que le contrat initial.

En cas de renouvellement du contrat, celui-ci, signé par les deux parties, est transmis au *(Décr. n° 2010-344 du 31 mars 2010, art. 203)* « directeur général de l'agence régionale de santé », accompagné des avis mentionnés au premier alinéa, trois mois au moins avant la date d'expiration du précédent contrat. L'approbation est réputée acquise si, dans le délai de deux mois à compter de la réception de la demande, le *(Décr. n° 2010-344 du 31 mars 2010, art. 203)* « directeur général de l'agence régionale de santé » n'a pas fait connaître son opposition au renouvellement.

Art. R. 6154-5-1 *(Décr. n° 2017-523 du 11 avr. 2017, art. 4)* L'exercice d'une activité libérale à l'hôpital public en application des articles L. 6154-1 à L. 6154-7 du code la santé publique est subordonné à l'adhésion du praticien à la convention nationale mentionnée à l'article L. 162-5 du code de la sécurité sociale régissant les rapports entre les organismes d'assurance maladie et les médecins ou, en l'absence de convention, au respect des dispositions prévues par le règlement arbitral mentionné à l'article L. 162-14-2 de ce même code.

Lorsqu'une sanction conventionnelle prononcée par la caisse primaire d'assurance maladie dans le ressort de laquelle le praticien exerce son activité, est devenue définitive au sens de la procédure conventionnelle, toutes les voies de recours ayant été épuisées, et a conduit à une mise hors convention ou à l'exclusion du régime résultant du règlement arbitral, le directeur de cette caisse primaire d'assurance maladie en informe sans délai le directeur de l'établissement où exerce le praticien et le directeur général de l'agence régionale de santé. Ce dernier prononce la suspension de l'autorisation mentionnée au deuxième alinéa de l'article L. 6154-4 pour la durée de la mise hors convention.

Lorsque le praticien sort de la convention à son initiative ou décide de ne pas être soumis au règlement arbitral, le directeur de la caisse primaire d'assurance maladie mentionnée à l'alinéa précédent en informe sans délai le directeur de l'établissement d'exercice du praticien et le directeur général de l'agence régionale de santé. Ce dernier prononce la suspension de l'autorisation mentionnée au deuxième alinéa de l'article L. 6154-4.

Art. R. 6154-6 Lorsqu'un malade traité au titre de l'activité libérale d'un praticien est hospitalisé, ses frais de séjour sont calculés, en fonction du régime choisi, selon les dispositions tarifaires normalement applicables.

Art. R. 6154-7 Pour tout acte ou consultation, le patient qui choisit d'être traité au titre de l'activité libérale d'un praticien reçoit, au préalable, toutes indications quant aux règles qui lui seront applicables du fait de son choix.

En cas d'hospitalisation, il formule expressément et par écrit son choix d'être traité au titre de l'activité libérale d'un praticien.

Les dispositions de l'article R. 1112-23 sont applicables dans tous les établissements publics de santé.

Art. R. 6154-8 La quote-part du forfait technique mentionnée au dernier alinéa de l'article L. 6154-3 est fixée à 20 % de son montant.

Art. R. 6154-9 Les praticiens radiologues hospitaliers qui pratiquent des actes de scanographie fournissent au directeur de l'établissement public de santé un état récapitulatif trimestriel du nombre d'actes de scanographie réalisés dans le cadre de leur activité libérale.

Art. R. 6154-10 L'établissement public de santé reverse trimestriellement aux praticiens radiologues hospitaliers la quote-part du forfait technique mentionnée à l'article R. 6154-8.

Art. D. 6154-10-1 *(Décr. nº 2008-464 du 15 mai 2008, art. 1er)* La redevance mentionnée à l'article L. 6154-3, due à l'établissement par les praticiens qui exercent une activité libérale, est fixée en pourcentage des honoraires qu'ils perçoivent au titre de cette activité.

Toutefois, ne sont pas soumis à redevance les honoraires perçus au titre des examens dont la tarification dissocie la prestation intellectuelle des frais de fonctionnement de l'appareil.

Art. D. 6154-10-2 *(Décr. nº 2006-274 du 7 mars 2006)* L'état récapitulatif mentionné au premier alinéa de l'article R. 6154-3 indique le détail des actes réalisés au titre de l'activité libérale, en code et en valeur.

Art. D. 6154-10-3 *(Décr. nº 2008-464 du 15 mai 2008, art. 2 ; Décr. nº 2008-1060 du 14 oct. 2008)* Le taux de la redevance mentionnée à l'article L. 6154-3 est ainsi fixé :

1º Consultations : 16 % pour les centres hospitaliers universitaires, 15 % pour les centres hospitaliers ;

2º Actes autres que les actes d'imagerie, de radiothérapie, de médecine nucléaire, de biologie : 25 % pour les centres hospitaliers universitaires, 16 % pour les centres hospitaliers ;

3º Actes d'imagerie, de radiothérapie, de médecine nucléaire, de biologie : 60 % pour les centres hospitaliers universitaires et pour les centres hospitaliers.

Par exception aux dispositions de l'alinéa précédent, le taux de redevance est fixé, pour les actes d'imagerie associés à un acte interventionnel et auxquels était affectée, antérieurement au 31 mars 2005, une double cotation en K ou KC et en Z, à 40 % pour les centres hospitaliers universitaires et à 20 % pour les centres hospitaliers. La liste de ces actes est fixée par arrêté du ministre chargé de la santé.

Pour les actes dont la codification issue de la liste établie en application de l'article L. 162-1-7 du code de la sécurité sociale comprend la codification d'un acte principal et celle d'un geste complémentaire ou d'un supplément, il convient d'appliquer séparément à l'acte principal, d'une part, et au geste complémentaire ou au supplément, d'autre part, le taux défini pour chacun d'eux par les dispositions du présent article en fonction de la nature de l'acte et de la catégorie de l'établissement.

Art. R. 6154-10-4 *(Décr. nº 2017-523 du 11 avr. 2017, art. 5)* Le directeur de la caisse primaire d'assurance maladie dans le ressort de laquelle le praticien exerce son activité transmet au directeur de l'établissement public de santé le nom des praticiens soumis aux stipulations d'une convention établie sur le fondement de l'article L. 162-5 du code de la sécurité sociale ou aux dispositions du règlement arbitral prévu à l'article L. 162-14-2 du même code et les modalités régissant leurs pratiques tarifaires résultant de ces textes.

SECTION II COMMISSIONS DE L'ACTIVITÉ LIBÉRALE

SOUS-SECTION 1 COMMISSIONS LOCALES DE L'ACTIVITÉ LIBÉRALE

Art. R. 6154-11 *(Décr. nº 2017-523 du 11 avr. 2017, art. 6)* I. — La commission de l'activité libérale de l'établissement mentionnée à l'article L. 6154-5 peut se saisir de toute question relative à l'exercice de l'activité libérale ou en être saisie par le directeur général de l'agence régionale de santé, le directeur de la caisse primaire d'assurance maladie ou d'un organisme obligatoire d'assurance maladie, le président du conseil départemental de l'ordre des médecins, le président du conseil de surveillance, le président de la commission médicale d'établissement et le directeur de l'établissement. Un praticien peut saisir la commission de l'activité libérale de toute question relative à l'exercice de son activité libérale.

II. — La commission saisit le directeur de l'établissement et le président de la commission médicale d'établissement dans les cas où elle est informée de difficultés rencontrées dans l'organisation des activités médicales publiques du fait de manquements d'un praticien dans l'exercice de son activité libérale intra-hospitalière ou du non-respect des engagements des clauses des contrats d'activité libérale signés par les praticiens. Elle informe le président du conseil départemental de l'ordre des médecins lorsqu'elle a connaissance d'un non-respect par le praticien des règles déontologiques.

III. — La commission peut soumettre aux autorités mentionnées au I toute question ou proposition relative à l'activité libérale des praticiens. Elle peut saisir la commission régionale de l'activité libérale dans les conditions prévues à la sous-section 2.

IV. — La commission définit un programme annuel de contrôle des conditions d'exercice de l'activité libérale au sein de l'établissement.

V. — La commission établit chaque année un rapport sur l'ensemble des conditions dans lesquelles s'exerce cette activité au sein d'établissement et sur les informations financières qui lui ont été communiquées en application du dernier alinéa de l'article L. 6154-5. Les informations et rubriques types devant figurer obligatoirement dans le rapport sont fixées par un arrêté du ministre chargé de la santé.

Le rapport est communiqué, pour information, à la commission médicale d'établissement, au conseil de surveillance, à la commission des usagers, au directeur de l'établissement et au directeur général de l'agence régionale de santé.

Contrôle de l'activité libérale du praticien. Il appartient à la seule commission de l'activité libérale de veiller à la conformité de la pratique d'un praticien hospitalier à temps plein à la réglementation relative à l'exercice de son activité libérale au sein d'un établissement public de santé et à l'autorisation administrative qui résulte de l'approbation par le représentant de l'État du contrat d'activité libérale conclu entre le directeur de l'établissement et le praticien. • CAA Paris, 29 mars 2005, *CPAM des Yvelines*, n° 00PA03795. ♦ Seul le représentant de l'État [le directeur de l'ARS] peut prononcer des sanctions à l'encontre du praticien qui méconnaît ses obligations. Les caisses d'assurance maladie ne tiennent d'aucune disposition législative ou réglementaire le pouvoir de contrôler le respect par un praticien hospitalier de ses obligations de service et notamment du partage de son activité de service public et de son activité libérale conformément au tableau de service et de s'immiscer ainsi dans le fonctionnement de l'établissement public de santé. • Même arrêt.

Art. R. 6154-12 *(Décr. n° 2010-344 du 31 mars 2010, art. 204)* Les membres de la commission de l'activité libérale sont nommés par le directeur général de l'agence régionale de santé.

La commission comprend :

1° Un membre du conseil départemental de l'ordre des médecins, n'exerçant pas dans l'établissement et n'ayant pas d'intérêt dans la gestion d'un établissement de santé privé, désigné sur proposition du président du conseil départemental de l'ordre des médecins ;

2° Deux représentants désignés par le conseil de surveillance parmi ses membres non médecins ;

(Décr. n° 2017-523 du 11 avr. 2017, art. 7-1°) « 3° Le directeur de l'établissement public de santé ou son représentant ; »

4° Un représentant de la caisse primaire d'assurance maladie désigné par son directeur ;

5° Deux praticiens exerçant une activité libérale désignés par la commission médicale *d'établissement ;*

6° Un praticien statutaire à temps plein, n'exerçant pas d'activité libérale, désigné par la commission médicale d'établissement ;

7° *(Décr. n° 2010-785 du 8 juill. 2010, art. 3)* « Un représentant des usagers du système de santé choisi parmi les membres des associations mentionnées à l'article L. 1114-1. »

La commission élit son président parmi ses membres, par vote à bulletin secret, à la majorité absolue au premier tour de scrutin, à la majorité relative au second tour. En cas d'égalité de voix au second tour, les intéressés sont départagés au bénéfice du plus âgé.

(Décr. n° 2017-523 du 11 avr. 2017, art. 7-2°) « Le président de la commission médicale d'établissement, qu'il exerce ou non une activité libérale, et les praticiens exerçant une activité libérale au sein de l'établissement ne peuvent être élus président de la commission.

« En vue de préparer les séances et d'assurer le suivi des décisions, la commission désigne en son sein un bureau permanent composé de trois membres, dont son président, dès que 6 % des praticiens ayant le droit statutaire d'exercer une activité libérale exercent une activité libérale dans l'établissement. »

Art. R. 6154-13 A l'Assistance publique-hôpitaux de Paris, aux hospices civils de Lyon et à l'*(Décr. n° 2007-1555 du 30 oct. 2007, art. 3)* « Assistance publique-hôpitaux de Marseille », il est constitué autant de commissions locales de l'activité libérale qu'il existe de *(Décr. n° 2010-785 du 8 juill. 2010, art. 4)* « commissions médicales d'établissement locales ». Les commissions locales de l'activité libérale sont chargées de veiller au bon déroulement de cette activité et au respect des dispositions législatives et réglementaires la régissant ainsi que des stipulations des contrats des praticiens. Elles apportent à la commission de l'activité libérale les informations et les avis utiles à l'exercice de sa mission et peuvent la saisir de toutes questions relatives à l'exercice de l'activité libérale des praticiens statutaires temps plein.

(Décr. n° 2010-785 du 8 juill. 2010, art. 4) « Pour l'application des dispositions de l'article R. 6154-12, l'un des membres mentionnés au 5° est désigné par la commission médicale d'établissement locale compétente et l'autre est désigné par la commission médicale d'établissement parmi les praticiens exerçant en dehors de l'établissement siège de la commission médicale d'établissement locale. »

(Décr. n° 2017-523 du 11 avr. 2017, art. 8) « Par dérogation au 2° de l'article R. 6154-12, le conseil de surveillance désigne deux représentants non médecins, dont au moins un parmi ses membres. »

Art. R. 6154-14 Le mandat des membres de la commission de l'activité libérale d'établissement est de trois ans. Les membres qui perdent la qualité au titre de laquelle ils ont été appelés à siéger sont remplacés dans les mêmes conditions de désignation pour la durée du mandat restant à courir.

La commission se réunit au moins une fois par an et chaque fois qu'elle est saisie par les autorités énumérées à l'article R. 6154-11 ou par un praticien. Elle est convoquée à l'initiative de son président. Ses membres sont soumis à l'obligation de secret.

Le secrétariat de la commission est assuré à la diligence de la direction de l'établissement.

SOUS-SECTION 2 COMMISSION RÉGIONALE DE L'ACTIVITÉ LIBÉRALE

(Décr. n° 2017-523 du 11 avr. 2017, art. 10)

Art. R. 6154-15 La commission régionale de l'activité libérale exerce les missions prévues à l'article L. 6154-5-1.

Cette commission peut être saisie par une commission de l'activité libérale d'un établissement, ou par le directeur général de l'agence régionale de santé.

Sur la mise en place des commissions régionales de l'activité libérale, V. Décr. n° 2017-523 du 11 avr. 2017, art. 12 🏛.

Art. R. 6154-16 Les membres de la commission régionale de l'activité libérale sont nommés pour trois ans par le directeur général de l'agence régionale de santé. S'ils perdent la qualité au titre de laquelle ils ont été appelés à siéger, ils sont remplacés dans les mêmes conditions de désignation pour la durée du mandat restant à courir.

La commission comprend :

1° Un président, personnalité indépendante ;

2° Un membre du conseil régional de l'ordre des médecins n'ayant pas de liens d'intérêt avec un établissement de santé privé, désigné sur proposition du conseil régional de l'ordre des médecins ;

3° Deux directeurs d'établissements publics de santé, dont un représentant d'un centre hospitalier universitaire et un représentant d'un établissement public de santé non universitaire nommés sur proposition de l'organisation la plus représentative de ces établissements au plan régional ;

4° Deux présidents de commissions médicales d'établissement, dont un président de commission médicale d'établissement d'un centre hospitalier universitaire et un président de commission médicale d'établissement public de santé non universitaire ;

5° Le directeur de la Caisse d'assurance retraite et de la santé au travail ;

6° Deux représentants des personnels enseignants et hospitaliers titulaires membres de commissions de l'activité libérale au sein d'établissements publics de santé, nommés parmi les membres ayant fait acte de candidature, dont un désigné parmi les praticiens autorisés à exercer une activité libérale et un parmi les praticiens n'exerçant pas d'activité libérale ;

7° Trois praticiens hospitaliers, membres de commissions de l'activité libérale au sein d'établissements publics de santé, nommés parmi les membres ayant fait acte de candidature, dont deux désignés parmi les praticiens autorisés à exercer une activité libérale et un parmi les praticiens n'exerçant pas d'activité libérale ;

8° Deux membres de conseils de surveillance non médecins, dont l'un est membre du conseil de surveillance d'un centre hospitalier universitaire et l'autre du conseil de surveillance d'un établissement public de santé non universitaire, nommés parmi les membres ayant fait acte de candidature ;

9° Un représentant des usagers du système de santé nommé parmi les membres des associations mentionnées à l'article L. 1114-1.

Art. R. 6154-17 La commission régionale de l'activité libérale est convoquée par son président. Le secrétariat de la commission est assuré par l'agence régionale de santé.

Les membres de la commission sont soumis à l'obligation de secret médical et professionnel et de discrétion.

La commission se réunit au moins une fois par an et chaque fois qu'elle est saisie par les autorités énumérées à l'article R. 6154-15.

Art. R. 6154-18 I. – Lorsque, par application de l'article L. 6154-6, la commission régionale de l'activité libérale est consultée par le directeur général de l'agence régionale de santé sur la suspension ou le retrait de l'autorisation d'exercer d'un praticien, son président désigne, parmi les membres de la commission, un rapporteur chargé d'instruire le dossier, sans situation de lien d'intérêt avec le praticien et l'établissement.

Une lettre de mission est adressée au rapporteur par le président de la commission et communiquée au praticien concerné ainsi qu'au président de la commission d'activité libérale et au directeur de l'établissement d'affectation du praticien. Cette lettre précise la nature et l'étendue des griefs sur lesquels sont menées les investigations et le délai dans lequel le rapport doit être remis à la commission.

II. – Le rapporteur instruit le dossier sous le contrôle du président, par tous les moyens propres à éclairer la commission.

Le rapport est rédigé dans le respect du secret médical et de l'anonymat des patients. Il produit les éléments susceptibles d'établir l'existence et, le cas échéant, la gravité des griefs retenus. Il est communiqué aux membres de la commission qui disposent d'un délai de quinze jours pour formuler leurs éventuelles observations. Au vu de ces observations, le rapporteur modifie ou non son rapport qui devient définitif.

III. – Le praticien est informé par courrier de la date à laquelle se réunit la commission pour statuer sur son dossier, au moins trente jours avant ladite date. L'intéressé et, éventuellement, son ou ses défenseurs peuvent prendre connaissance au secrétariat de la commission du rapport et des pièces du dossier, qui doivent être tenus à leur disposition quinze jours au moins avant la date prévue pour la séance.

Le praticien peut demander à être entendu par la commission ou présenter des observations écrites et se faire assister par un ou des défenseurs.

IV. – Si l'un des praticiens membres de la commission est en cause, il ne peut siéger pour l'examen de son cas. La commission médicale de son établissement d'affectation ou, le cas échéant, la commission médicale d'établissement locale lui désigne un remplaçant pour la durée de la procédure.

V. — La commission peut entendre, à la demande du président, toute personne susceptible de l'éclairer. Elle arrête sa proposition ou son avis à la majorité de ses membres présents. En cas de partage égal des voix, celle du président est prépondérante.

Les avis et propositions de la commission sont motivés.

Lorsqu'elle a été saisie par le directeur général de l'agence régionale de santé, la commission rend son avis deux mois au plus tard après cette saisine. Passé ce délai, cet avis est réputé rendu.

VI. — La procédure prévue aux alinéas précédents est également applicable lorsque la commission rend l'avis mentionné au deuxième alinéa de l'article L. 6154-6 sur l'indemnité compensatrice due par le praticien en application de l'article L. 6154-2. L'avis de la commission mentionne la date à partir de laquelle elle estime que le praticien n'a pas respecté la clause figurant au contrat.

Le directeur de l'établissement concerné est informé du déroulement de la procédure en même temps que le praticien concerné.

Art. R. 6154-19 La commission régionale de l'activité libérale établit chaque année un rapport sur l'ensemble de ses missions.

Le rapport est communiqué au directeur général de l'offre de soins et au directeur général de l'agence régionale de santé.

La partie générale du rapport est rendue publique.

SOUS-SECTION 3 SUSPENSION OU RETRAIT DE L'AUTORISATION D'EXERCICE DE L'ACTIVITÉ LIBÉRALE

(Décr. nº 2017-523 du 11 avr. 2017, art. 11)

Art. R. 6154-20 La suspension de l'autorisation d'exercice de l'activité libérale prévue par l'article L. 6154-6 est prononcée par le directeur général de l'agence régionale de santé pour une durée qui ne peut excéder deux ans.

Art. R. 6154-21 La décision de suspension ou de retrait de l'autorisation d'exercice de l'activité libérale est notifiée par le directeur général de l'agence régionale de santé au praticien concerné ainsi qu'au directeur de l'établissement par tout moyen permettant d'établir date certaine.

Art. R. 6154-22 Préalablement à toute instance contentieuse, les contestations relatives aux décisions mentionnées à l'article R. 6154-20 font l'objet d'un recours hiérarchique devant le ministre chargé de la santé déposé dans les deux mois à compter de la notification.

SECTION III PROTECTION SOCIALE DES PRATICIENS

Art. R. 6154-25 Par dérogation aux dispositions des articles R. 6152-37 à R. 6152-39, les praticiens hospitaliers à plein temps qui exercent une activité libérale sont indemnisés dans les conditions suivantes en cas de maladie non imputable au service :

1º Pendant leurs congés de maladie, trois mois aux deux tiers de leurs émoluments et neuf mois au tiers ;

2º Pendant leurs congés de longue maladie, un an aux deux tiers de leurs émoluments et deux ans au tiers ;

3º Pendant leurs congés de longue durée, trois ans aux deux tiers de leurs émoluments et deux ans au tiers.

Art. R. 6154-26 Les praticiens hospitaliers à temps plein qui exercent une activité libérale cotisent au régime de retraite complémentaire des assurances sociales institué par le décret nº 70-1277 du 23 décembre 1970 portant création d'un régime de retraites complémentaires des assurances sociales en faveur des agents non titulaires de l'État et *(Décr. nº 2010-1141 du 29 sept. 2010, art. 25)* « des collectivités publiques » sur les deux tiers de leurs émoluments hospitaliers, *(Décr. nº 2010-1141 du 29 sept. 2010, art. 25)* « y compris certaines indemnités définies par décret ».

Toutefois, pour ceux d'entre eux qui avaient la qualité de chef de service, de praticien du cadre hospitalier ou de spécialiste du premier grade du cadre hospitalier d'anesthésie-réanimation ou d'hémobiologie-transfusion avant d'être intégrés dans le corps des praticiens hospitaliers régi par la section I du chapitre II du présent titre, l'assiette de cotisations ne peut être inférieure au traitement brut afférent au premier chevron du groupe A des rémunérations hors échelle de la fonction publique.

Art. R. 6154-27 Les dispositions des articles R. 6154-25 et R. 6154-26 sont applicables aux praticiens hospitaliers détachés en qualité de praticien hospitalier-universitaire, en application de l'article 27 du décret n° 84-135 du 24 février 1984 portant statut des personnels enseignants et hospitaliers des centres hospitaliers et universitaires et qui exercent une activité libérale, pour ce qui concerne chaque part de leur rémunération, telle que définie à l'article 30 de ce décret.

CHAPITRE V FORMATION CONTINUE

Le présent chapitre ne comporte pas de dispositions réglementaires.

TITRE SIXIÈME ÉTABLISSEMENTS DE SANTÉ PRIVÉS

CHAPITRE PREMIER DISPOSITIONS GÉNÉRALES

SECTION PREMIÈRE DISPOSITIONS APPLICABLES À TOUS LES ÉTABLISSEMENTS DE SANTÉ PRIVÉS

Art. R. 6161-1 Les établissements de santé privés tiennent des comptabilités distinctes permettant d'identifier les recettes et les dépenses relatives aux activités réalisées dans :

1° Les unités de soins de longue durée mentionnées au 2° de l'article L. 6111-2 ;

2° Les services ou établissements sociaux ou médico-sociaux mentionnés à l'article L. 6111-3 ;

(Décr. n° 2005-1474 du 30 nov. 2005) « 3° Les écoles ou instituts de formation mentionnés aux articles L. 4151-1 et L. 4383-1. »

Art. R. 6161-1-1 *Abrogé par Décr. n° 2016-942 du 8 juill. 2016, art. 2.*

SECTION II ÉTABLISSEMENTS DE SANTÉ PRIVÉS D'INTÉRÊT COLLECTIF

(Décr. n° 2010-535 du 20 mai 2010)

Art. D. 6161-2 *(Décr. n° 2016-1645 du 1er déc. 2016, art. 3-41°-a)* L'agence régionale de santé tient à jour, dans son ressort géographique, la liste des établissements de santé privés qui, remplissant les conditions fixées à l'article L. 6161-5, sont qualifiés d'établissements de santé privés d'intérêt collectif.

Art. D. 6161-3 *Abrogé par Décr. n° 2016-1645 du 1er déc. 2016, art. 3.*

Art. D. 6161-4 L'organe délibérant de l'organisme sans but lucratif gestionnaire d'un ou de plusieurs établissements de santé privés d'intérêt collectif délibère, après avis de la *(Décr. n° 2016-1645 du 1er déc. 2016, art. 3-41°-c)* « commission » médicale et de la *(Décr. n° 2016-726 du 1er juin 2016, art. 3)* « commission des usagers » des établissements de santé, sur un projet institutionnel.

Ce projet institutionnel définit :

1° La politique générale du ou des établissements de santé sur la base notamment d'un projet d'établissement, du projet médical et des objectifs du schéma régional d'organisation des soins pour chacun d'entre eux ; le projet institutionnel comporte également un projet relatif à l'évolution des prises en charge des patients, en cohérence, le cas échéant, avec les activités sociales et médico-sociales gérées par la personne morale ;

2° Les actions et les projets de coopération mentionnés au titre III du livre Ier de la *sixième partie du présent code*, les actions et les projets de coopération mentionnés au chapitre II du titre Ier du livre III du code de l'action sociale et des familles, ainsi que ceux qu'il réalise avec les professionnels de santé assurant des soins de premier recours ;

3° L'engagement de l'établissement de santé dans des actions de prévention et les programmes de santé publique qui s'y rapportent, en cohérence avec les activités de

soins développées et, le cas échéant, avec les activités sociales et médico-sociales gérées par la personne morale ;

4° La politique générale relative au système d'information de la personne morale gestionnaire, celle de chacun des établissements de santé qu'elle gère ainsi que le programme de déploiement de la télémédecine ; le projet institutionnel identifie les moyens et équipements sanitaires de toute nature et les personnels nécessaires à sa mise en œuvre ;

5° Les modalités selon lesquelles les usagers et leurs associations représentatives sont associés par l'organe délibérant de la personne morale gestionnaire à la conception, à la mise en œuvre et à l'évaluation des politiques définies par le projet institutionnel.

Le projet institutionnel est établi pour une durée maximale de cinq ans. Il peut être révisé à tout moment.

Le projet institutionnel est transmis au directeur général de l'agence régionale de santé. Il en est de même des modifications qui sont apportées au projet institutionnel ultérieurement à la transmission initiale.

....

SECTION III *[ABROGÉE]* CONTRAT DE CONCESSION DU SERVICE PUBLIC HOSPITALIER

(Abrogée par Décr. n° 2016-1645 du 1er déc. 2016, art. 3-42°)

Art. R. 6161-14 à R. 6161-31 *Abrogés par Décr. n° 2016-1645 du 1er déc. 2016, art. 3.*

SECTION IV *[ABROGÉE]* ASSOCIATION AU SERVICE PUBLIC HOSPITALIER

(Abrogée par Décr. n° 2016-1645 du 1er déc. 2016, art. 3-43°)

Art. R. 6161-32 à R. 6161-35 *Abrogés par Décr. n° 2016-1645 du 1er déc. 2016, art. 3.*

SECTION V DISPOSITIONS APPLICABLES À CERTAINS ÉTABLISSEMENTS NE PARTICIPANT PAS AU SERVICE PUBLIC HOSPITALIER

Art. R. 6161-36 *Abrogé par Décr. n° 2010-425 du 29 avr. 2010, art. 8.*

Art. R. 6161-37 **Les établissements de santé privés qui ont opté pour le régime de financement par dotation globale peuvent demander de cesser d'être soumis à ce dispositif.**

Ils sont alors soumis aux mêmes dispositions que les établissements mentionnés au *d* ou *e* de l'article L. 162-22-6 du code de la sécurité sociale à compter du 1er janvier de l'année suivante.

La demande est présentée au *(Décr. n° 2010-344 du 31 mars 2010, art. 206)* **« directeur général de l'agence régionale de santé ».**

SECTION VI PARTICIPATION DES PROFESSIONNELS DE SANTÉ LIBÉRAUX AUX MISSIONS ET ACTIVITÉS DE SOINS DE CERTAINS ÉTABLISSEMENTS DE SANTÉ PRIVÉS *(Décr. n° 2016-1645 du 1er déc. 2016, art. 3-44°-a).*

(Décr. n° 2011-344 du 28 mars 2011)

Art. R. 6161-38 **Le contrat prévu à l'article L. 6161-9, conclu entre les professionnels de santé libéraux et les établissements de santé privés mentionnés aux *b* et *c* de l'article L. 162-22-6 du code de la sécurité sociale, prend en compte les orientations stratégiques prévues dans le contrat pluriannuel d'objectifs et de moyens conclu entre l'établissement et l'agence régionale de santé en application de l'article L. 6114-1.**

Art. R. 6161-39 **Par le contrat mentionné à l'article R. 6161-38, le professionnel de santé s'engage à respecter notamment :**

1° Les recommandations de bonnes pratiques professionnelles établies par la Haute Autorité de santé et les sociétés savantes ;

2° Le projet d'établissement, le règlement intérieur de l'établissement, ainsi que le programme d'actions prévu à l'article L. 6161-2 en ce qui concerne la politique d'amé-

lioration continue de la qualité et de la sécurité des soins ainsi que les conditions d'accueil et de prise en charge des usagers ;

3° Les mesures mises en place dans l'établissement pour assurer la continuité des soins, et notamment les délais d'intervention des professionnels de santé.

Art. R. 6161-40 Chaque professionnel de santé ayant conclu un contrat mentionné à l'article R. 6161-38 transmet au représentant légal de l'établissement ou de l'organisme gestionnaire un état mensuel comportant la liste des actes dispensés à chaque malade.

Au vu de ces états mensuels et compte tenu des informations transmises en application du troisième alinéa de l'article L. 6113-7, l'établissement procède à la détermination du montant et au versement des honoraires prévus à l'article L. 6161-9.

La redevance prévue au premier alinéa de ce même article et dont le montant s'impute sur ces honoraires représente la part des frais des professionnels de santé supportée par l'établissement pour les moyens matériels et humains qu'il met à leur disposition.

L'établissement communique les états mensuels prévus au présent article à la caisse primaire d'assurance maladie dont relève chaque professionnel de santé.

Art. R. 6161-41 Les professionnels médicaux exerçant à titre libéral dans l'un des établissements de santé précités sont indemnisés, le cas échéant, au titre de leur participation à la permanence des soins de l'établissement prévue *(Décr. n° 2016-1645 du 1er déc. 2016, art. 3-44°-b)* « à l'article L. 6111-1-3 » le samedi après*[-]*midi, le dimanche et les jours fériés ainsi que la nuit.

Cette indemnité est forfaitaire et s'ajoute aux honoraires prévus à l'article L. 6161-9. Elle est fixée par un arrêté des ministres chargés de la sécurité sociale et de la santé.

Les médecins concernés ne peuvent cumuler cette indemnité avec celle à laquelle ils peuvent prétendre au titre d'une participation concomitante à la mission de service public de permanence des soins prévue à l'article L. 6314-1.

Art. R. 6161-42 Après accord du directeur, les remplaçants en clientèle privée des médecins libéraux peuvent dispenser des soins dans l'établissement de santé dans le respect des dispositions du contrat mentionné à l'article R. 6161-38.

Le directeur général de l'agence régionale de santé en est immédiatement informé.

SECTION III *[VII]* DISPOSITIONS D'ORGANISATION FINANCIÈRE APPLICABLES À CERTAINS ÉTABLISSEMENTS PRIVÉS À BUT NON LUCRATIF

(Décr. n° 2017-280 du 2 mars 2017, art. 1er)

Art. R. 6161-43 I. — Sont applicables aux établissements de santé privés mentionnés aux *b* et *c* de l'article L. 162-22-6 du code de la sécurité sociale, sous réserve des dispositions du II, les dispositions des articles L. 6143-3, L. 6143-4 à l'exception des 1°, 2°, huitième alinéa, 3°, dixième alinéa et dernier alinéa, L. 6145-1, D. 6143-39 à l'exception du *a* du 1°, R. 6145-2 à R. 6145-4, R. 6145-6 à R. 6145-11, R. 6145-12 à l'exception des 1°, 4°, 5°, 6° et 7°, R. 6145-13, R. 6145-16, R. 6145-18 à R. 6145-26, R. 6145-28 à R. 6145-30, D. 6145-31, D. 6145-31-1, R. 6145-32, D. 6145-33, D. 6145-34, R. 6145-36, R. 6145-39, R. 6145-40 à l'exception du 1°, R. 6145-43, R. 6145-44, R. 6145-45, R. 6145-46 à l'exception des premier et dernier alinéas, R. 6145-47, R. 6145-65, R. 6145-66, D. 6145-67, D. 6145-68 et R. 6145-69.

II. — Pour leur application aux établissements de santé privés mentionnés au I :

1° A l'article R. 6145-6, les mots : "l'ordonnateur" sont remplacés par les mots : "le directeur" ;

2° Au premier alinéa de l'article R. 6145-7, les mots : "au conseil de surveillance" sont remplacés par les mots : "à l'organe délibérant de la personne morale gestionnaire de l'établissement de santé ou à l'instance habilitée statutairement à cet effet" ;

3° Au premier alinéa de l'article R. 6145-10, les mots : "et à l'article L. 6145-7" sont supprimés ;

4° Au 2° de l'article R. 6145-13, la référence à l'article R. 6145-12 est remplacée par la référence aux 2° et 3° de l'article R. 6145-12 ;

5° A l'article R. 6145-25, les mots : ", sauf pour les actes pratiqués dans le cadre de l'activité libérale des praticiens hospitaliers à temps plein" sont supprimés ;

6° Au quatrième alinéa de l'article R. 6145-29, la seconde phrase est supprimée ;

7° L'article R. 6145-39 est ainsi modifié :

a) Au premier et au dernier alinéas *[alinéa]*, les mots : "du conseil de surveillance" sont remplacés par les mots : "de l'organe délibérant de la personne morale gestionnaire de l'établissement de santé ou de l'instance habilitée statutairement à cet effet" ;

b) Au dernier alinéa, les mots : ", au directeur et au comptable de l'établissement" sont remplacés par les mots : "et au directeur de l'établissement" ;

8° L'article R. 6145-43 est ainsi modifié :

a) Au premier alinéa, les mots : "et le comptable en fonction établissent conjointement" sont remplacés par le mot : "établit" ;

b) Au dernier alinéa, après les mots : "de chacun des comptes de résultat", sont insérés les mots : "mentionnés aux 2° et 3° de l'article R. 6145-12," ;

9° L'article R. 6145-44 est ainsi modifié :

a) Au premier alinéa, les mots : "au conseil de surveillance" sont remplacés par les mots : "à l'organe délibérant de la personne morale gestionnaire de l'établissement de santé ou à l'instance habilitée statutairement à cet effet" ;

b) Au 1° et au 2°, les mots : "et le comptable" sont supprimés.

CHAPITRE II CENTRES DE LUTTE CONTRE LE CANCER

SECTION PREMIÈRE CONSEIL D'ADMINISTRATION

(Décr. n° 2006-261 du 3 mars 2006)

Art. D. 6162-1 Le conseil d'administration des centres de lutte contre le cancer autres que l'Institut Gustave Roussy et la Fondation Curie est régi par les dispositions de la présente section. Les membres du conseil d'administration mentionnés au 6° de l'article L. 6162-7 sont :

1° Quatre représentants des personnels du centre, dont deux désignés par la commission médicale et deux par le comité d'entreprise dont un ayant le statut de cadre ;

2° Quatre personnalités qualifiées, dont au moins un médecin ;

3° Deux représentants des usagers.

Art. D. 6162-2 Les membres du conseil d'administration mentionnés à l'article D. 6162-1 sont désignés dans les conditions suivantes :

1° Les représentants du personnel désignés par la commission médicale et le comité d'entreprise sont respectivement élus par et parmi les membres de cette commission et de ce comité au scrutin uninominal secret et à la majorité absolue. Si cette majorité n'est pas atteinte au premier tour, la majorité relative suffit au second tour. En cas de partage égal des voix, le plus âgé est élu ;

2° Les personnalités qualifiées sont désignées par le *(Décr. n° 2010-344 du 31 mars 2010, art. 207)* « directeur général de l'agence régionale de santé » ;

3° Les représentants des usagers sont désignés par le *(Décr. n° 2010-344 du 31 mars 2010, art. 207)* « directeur général de l'agence régionale de santé » parmi les personnes proposées par les associations agréées mentionnées à l'article L. 1114-1 ayant une activité dans le domaine de la qualité des soins et de la prise en charge des malades cancéreux.

La liste nominative des membres mentionnés aux 4° et 5° de l'article L. 6162-7 et à l'article D. 6162-1 est arrêtée par le *(Décr. n° 2010-344 du 31 mars 2010, art. 207)* « directeur général de l'agence régionale de santé ».

Art. D. 6162-3 Le mandat d'un représentant du personnel prend fin à chaque renouvellement de la commission médicale ou du comité d'entreprise qui l'a élu.

Le mandat du membre désigné par le conseil économique, social et environnemental régional prend fin lors de chaque renouvellement de cette assemblée. Toutefois, ce membre continue à siéger au sein du conseil d'administration jusqu'à la désignation de son remplaçant par la nouvelle assemblée.

La durée du mandat des membres qui siègent en qualité de personnalités scientifiques désignées par l'Institut national du cancer, de personnalités qualifiées et de représentants des usagers est fixée à trois ans.

Toute personne qui perd la qualité au titre de laquelle elle a été désignée au conseil d'administration cesse d'appartenir à celui-ci.

Art. D. 6162-4 Les membres du conseil d'administration qui tombent sous le coup des incompatibilités ou incapacités prévues à l'article L. 6162-8 sont déclarés démissionnaires d'office par le *(Décr. n° 2010-344 du 31 mars 2010, art. 207)* « directeur général de l'agence régionale de santé ».

Tout membre qui, sans motif légitime, s'abstient pendant six mois consécutifs d'assister aux séances du conseil d'administration est réputé démissionnaire. Le *(Décr. n° 2010-344 du 31 mars 2010, art. 207)* « directeur général de l'agence régionale de santé » constate cette démission après avoir invité l'intéressé à produire des observations.

Si un membre cesse ses fonctions avant l'expiration normale de son mandat, les fonctions du nouveau membre prennent fin à la date à laquelle auraient cessé celles du membre qu'il a remplacé.

Les intéressés sont remplacés dans le délai d'un mois.

Art. D. 6162-5 Le nombre minimum des séances, qui ne peut être inférieur à quatre par an, et, sous réserve des dispositions qui suivent, les modalités de convocation ainsi que les règles de fonctionnement du conseil d'administration sont fixés par le règlement intérieur de l'établissement.

Le conseil d'administration se réunit sur convocation de son président. L'ordre du jour est arrêté par le président et adressé, sauf en cas d'urgence, au moins sept jours à l'avance à l'ensemble des membres du conseil d'administration ainsi qu'aux personnes qui y siègent avec voix consultative.

En cas d'urgence, le délai peut être abrégé par le président sans pouvoir toutefois être inférieur à un jour franc. Le président en rend compte au conseil d'administration, qui se prononce définitivement sur l'urgence et peut décider le renvoi de la discussion, pour tout ou partie, à l'ordre du jour d'une séance ultérieure.

La convocation est de droit à la demande écrite soit de la moitié au moins de ses membres, soit du *(Décr. n° 2010-344 du 31 mars 2010, art. 207)* « directeur général de l'agence régionale de santé ». Dans ce cas, la convocation doit intervenir dans le délai maximum de sept jours et le président est tenu d'inscrire à l'ordre du jour la ou les questions qui ont motivé la demande de séance.

La police de l'assemblée appartient au président, qui peut suspendre la séance ou prononcer son renvoi. Dans ce cas, le conseil d'administration doit obligatoirement être convoqué à nouveau dans un délai de quinze jours.

Le secrétariat est assuré à la diligence du directeur général.

Art. D. 6162-6 Les séances du conseil d'administration ne sont pas publiques.

Le conseil ne peut délibérer valablement que lorsque la majorité des membres en exercice assistent à la séance.

Toutefois, quand, après une convocation régulièrement faite, la majorité requise n'est pas atteinte, la délibération prise après la deuxième convocation, qui doit avoir lieu à trois jours d'intervalle au moins et à huit jours au plus, est valable quel que soit le nombre des membres présents.

En cas de vote, celui-ci a lieu au scrutin secret si l'un des membres présents en fait la demande.

En cas de partage égal des voix, il est procédé à un second tour de scrutin. En cas de nouvelle égalité, sauf vote à scrutin secret, la voix du président est prépondérante.

Le vote par correspondance et le vote par procuration ne sont pas admis.

Lorsque le conseil d'administration examine des questions individuelles, l'avis est donné hors la présence du membre du conseil dont la situation est examinée ou de toute personne ayant avec l'intéressé un lien de parenté et d'alliance jusqu'au quatrième degré inclus. Les votes ont lieu au scrutin secret.

Art. D. 6162-7 Lorsque le préfet, empêché, ne peut se faire représenter, la séance est présidée par le plus âgé des membres appartenant aux catégories mentionnées aux 4° et 5° de l'article L. 6162-7 et aux 2° et 3° de l'article D. 6162-1.

SECTION II CONSEIL D'ADMINISTRATION DE L'INSTITUT GUSTAVE-ROUSSY

(Décr. n° 2006-261 du 3 mars 2006).

Art. D. 6162-8 *(Décr. n° 2006-571 du 17 mai 2006)* Par application de l'article L. 6162-11, la composition du conseil d'administration de l'institut Gustave Roussy déroge aux dispositions des articles L. 6162-7 et D. 6162-1 sur les points suivants :

1° Le membre prévu au 1° de l'article L. 6162-7 est le préfet de la région Île-de-France, préfet de Paris, président de droit du conseil d'administration ;

2° Outre les membres mentionnés aux 2° à 6° de l'article L. 6162-7, le conseil d'administration comporte un représentant du conseil départemental du Val-de-Marne et un représentant du conseil de Paris, respectivement désignés en leur sein par chacune de ces assemblées ;

3° Outre les personnes mentionnées au dernier alinéa du même article, le préfet du département du Val-de-Marne ou son représentant participe aux séances du conseil d'administration avec voix consultative ;

4° Le nombre de personnalités qualifiées prévu au 2° de l'article D. 6162-1 est porté à cinq.

Art. D. 6162-9 *(Décr. n° 2006-571 du 17 mai 2006)* Les dispositions des articles D. 6162-2 à D. 6162-7 sont applicables au conseil d'administration de l'institut Gustave-Roussy.

Toutefois, par dérogation au 2° de l'article D. 6162-2, deux des cinq personnalités qualifiées prévues au 4° de l'article D. 6162-8 sont désignées respectivement, l'une, par le ministre chargé de la recherche et, l'autre, par l'Institut national de la santé et de la recherche médicale.

Les dispositions du dernier alinéa de l'article D. 6162-2 s'appliquent également aux membres prévus au 2° de l'article D. 6162-8.

Le mandat des représentants désignés par les collectivités territoriales prend fin lors de chaque renouvellement de ces assemblées. Toutefois, ces membres continuent à siéger au sein du conseil d'administration jusqu'à la désignation de leur remplaçant par la nouvelle assemblée.

Pour l'application de l'article D. 6162-7 à l'institut Gustave-Roussy, la référence au 2° de l'article D. 6162-1 est remplacée par une référence au 4° de l'article D. 6162-8.

SECTION III ÉTAT DES PRÉVISIONS DE RECETTES ET DE DÉPENSES ET COMPTABILITÉ

(Décr. n° 2010-425 du 29 avr. 2010, art. 6)

Art. D. 6162-10 Sous réserve des adaptations prévues à la présente section et sous réserve des dispositions législatives et des règles d'organisation et de fonctionnement de droit privé qui leur sont spécifiques, sont applicables aux centres de lutte contre le cancer les dispositions des articles D. 6143-39 à l'exception du *a* du 1°, R. 6145-2 à R. 6145-4, R. 6145-6 à R. 6145-11, R. 6145-13 à l'exception du 2°, R. 6145-16, R. 6145-18 à R. 6145-22, R. 6145-24 à R. 6145-26, R. 6145-28 à *(Décr. n° 2012-1331 du 29 nov. 2012, art. 1er)* « R. 6145-30, D. 6145-31 » à D. 6145-34, R. 6145-36, R. 6145-39, R. 6145-40, R. 6145-43 à l'exception des premier et dernier alinéas, R. 6145-45, R. 6145-46 à l'exception du premier alinéa, R. 6145-47, R. 6145-49, R. 6145-65, R. 6145-66, D. 6145-67 à D. 6145-68 et R. 6145-69.

Toutefois, les arrêtés prévus aux articles R. 6145-3 et R. 6145-45 sont pris par les ministres chargés de la santé et de la sécurité sociale.

Art. D. 6162-11 Pour leur application aux centres de lutte contre le cancer, les articles D. 6143-39, R. 6145-6, R. 6145-10, R. 6145-29, D. 6145-32, D. 6145-34, R. 6145-40, R. 6145-65 et R. 6145-69 sont ainsi adaptés :

1° A l'article D. 6143-39, la référence à l'article L. 6143-3 est remplacée par la référence à l'article L. 6162-12 ;

2° A l'article R. 6145-6, les mots : l'"ordonnateur" sont remplacés par les mots : le "directeur" ;

3° A l'article R. 6145-10, les mots : "et à l'article L. 6145-7" sont supprimés ;

4° A l'article R. 6145-29, les mots : "fixés par le directeur" sont remplacés par les mots : "votés par le conseil d'administration" ;

5° A l'article D. 6145-32, le mot : "fixe" est remplacé par les mots : "présente au conseil d'administration" ;

6° A l'article D. 6145-34, les mots : "fixé par le directeur" sont remplacés par les mots : "adopté par le conseil d'administration" ;

7° A l'article R. 6145-40, les mots : "prendre une décision modificative" sont remplacés par les mots : "présenter une décision modificative au conseil d'administration" ;

8° A l'article R. 6145-65, les mots : "fixé par le directeur" sont remplacés par les mots : "voté par le conseil d'administration" ;

9° A l'article R. 6145-69, le mot : "fixe" est remplacé par les mots : "présente au conseil d'administration".

Art. D. 6162-12 Pour l'application des articles R. 6145-39, R. 6145-46 et R. 6145-49 aux centres de lutte contre le cancer, les compétences du conseil de surveillance sont exercées par le conseil d'administration.

SECTION IV FONCTIONNEMENT DE L'INSTITUT GUSTAVE-ROUSSY

(Décr. n° 2010-622 du 7 juin 2010)

Art. D. 6162-13 Le directeur général de l'institut Gustave-Roussy est assisté par un directeur général adjoint. Ses fonctions sont définies par arrêté du ministre chargé de la santé.

Le directeur général adjoint est nommé, pour une période de cinq ans renouvelable, par arrêté du ministre chargé de la santé après avis du conseil d'administration de l'institut Gustave-Roussy et de la fédération nationale la plus représentative des centres de lutte contre le cancer.

Le président du conseil d'administration de l'institut Gustave-Roussy peut demander au ministre chargé de la santé de mettre fin par anticipation au mandat du directeur général adjoint.

Art. D. 6162-14 Le directeur général de l'institut Gustave-Roussy est assisté par un directeur de la recherche. Ses fonctions sont définies par arrêté des ministres chargés de la santé et de la recherche.

Le directeur de la recherche est nommé, pour une période de cinq ans renouvelable, par arrêté des ministres chargés de la santé et de la recherche après avis du conseil d'administration de l'institut Gustave-Roussy et de la fédération nationale la plus représentative des centres de lutte contre le cancer.

Le président du conseil d'administration de l'institut Gustave-Roussy peut demander au ministre chargé de la santé et au ministre chargé de la recherche de mettre fin par anticipation au mandat du directeur de la recherche.

CHAPITRE III LES COOPÉRATIVES HOSPITALIÈRES DE MÉDECINS

Le présent chapitre ne comporte pas de dispositions réglementaires.

CHAPITRE IV CONFÉRENCE MÉDICALE D'ÉTABLISSEMENT

(Décr. n° 2010-1325 du 5 nov. 2010, art. 1er)

Art. R. 6164-1 I. – La conférence médicale d'établissement est consultée sur les matières suivantes :

1° La politique médcale de l'établissement, notamment le projet médical et les éléments du contrat pluriannuel d'objectifs et de moyens qui s'y rapportent ;

2° Tout contrat ou avenant prévoyant l'exercice par l'établissement d'une ou plusieurs missions de service public ;

3° Le règlement intérieur de l'établissement ;

4° Les prévisions annuelles d'activité de l'établissement.

Art. R. 6164-2 La conférence médicale d'établissement est informée sur les matières suivantes :

1° Les bilans d'analyse des événements indésirables, notamment ceux mentionnés à l'article L. 6161-2, survenus dans l'établissement ;

2° La programmation de travaux, l'aménagement de locaux ou l'acquisition d'équipements susceptibles d'avoir un impact sur la qualité et la sécurité des soins.

Art. R. 6164-3 La conférence médicale d'établissement contribue à l'élaboration de la politique d'amélioration continue de la qualité et de la sécurité des soins, notamment en ce qui concerne :

1° La gestion globale et coordonnée des risques visant à lutter contre les infections associées aux soins et à prévenir et traiter l'iatrogénie et les autres événements indésirables liés aux activités de l'établissement ;

2° Les dispositifs de vigilance destinés à garantir la sécurité sanitaire ;

3° La politique du médicament et des dispositifs médicaux stériles ;

4° La prise en charge de la douleur ;

5° Le plan de développement professionnel du personnel médical, maïeutique, odontologique et pharmaceutique salarié de l'établissement.

Art. R. 6164-4 La conférence médicale d'établissement contribue à l'élaboration de projets relatifs aux conditions d'accueil et de prise en charge des usagers, notamment :

1° La réflexion sur l'éthique liée à l'accueil et à la prise en charge médicale ;

2° L'évaluation de la prise en charge des patients, et le cas échéant des urgences et des admissions non programmées ;

3° L'évaluation, le cas échéant, de la mise en œuvre de la politique de soins palliatifs ;

4° Le fonctionnement, le cas échéant, de la permanence des soins au sens du 1° de l'article L. 6112-1 ;

5° L'organisation des parcours de soins.

Art. R. 6164-5 La conférence médicale d'établissement :

1° Propose un programme d'actions qui prend en compte les bilans d'analyse des événements indésirables mentionnés à l'article R. 6164-2. Il comprend les actions nécessaires pour répondre aux recommandations du rapport de certification et mettre en œuvre les objectifs et les engagements fixés dans le contrat pluriannuel d'objectifs et de moyens de l'établissement en matière de sécurité des soins et d'amélioration de la qualité. Il prend également en compte les informations contenues dans le rapport annuel de la *(Décr. n° 2016-726 du 1er juin 2016, art. 3)* « commission des usagers ». Il est assorti d'indicateurs de suivi ;

2° Élabore un rapport annuel d'activité présentant notamment l'évolution des indicateurs de suivi.

Le représentant légal de l'établissement tient le programme d'actions et le rapport annuel à la disposition du directeur général de l'agence régionale de santé.

LIVRE DEUXIÈME BIOLOGIE MÉDICALE *(Décr. n° 2016-46 du 26 janv. 2016, art. 1er-1°).*

TITRE PREMIER DÉFINITIONS ET PRINCIPES GÉNÉRAUX *(Décr. n° 2016-46 du 26 janv. 2016, art. 1er-2°).*

CHAPITRE PREMIER EXAMEN DE BIOLOGIE MÉDICALE

(Décr. n° 2016-46 du 26 janv. 2016, art. 1er-4°)

SECTION PREMIÈRE DÉFINITIONS ET CHAMP D'APPLICATION

SOUS-SECTION 1 DISPOSITIONS GÉNÉRALES

Art. D. 6211-1 I. – Toute prescription d'un examen de biologie médicale, avec les éléments cliniques pertinents, est transmise au laboratoire de biologie médicale préalablement au prélèvement.

Le biologiste médical indique au professionnel de santé préleveur les examens qui sont à réaliser en application des dispositions prévues aux articles L. 6211-8 et L. 6211-9 et les prélèvements à effectuer en conséquence.

Lorsqu'un système d'information du laboratoire de biologie médicale ou un protocole clinico-biologique matérialise les choix de prescription clinico-biologique, établis entre le prescripteur et le biologiste médical, le professionnel de santé préleveur, dès lors qu'il est connecté à ce système d'information ou qu'il est intégré dans ce protocole clinico-biologique par son exercice professionnel, peut réaliser directement les prélèvements correspondant aux examens de biologie médicale ainsi prescrits.

Lorsqu'un programme d'éducation thérapeutique existe, conformément aux articles L. 1161-1 à L. 1161-6 et L. 6212-3, entre le patient, le prescripteur, le biologiste médical et le professionnel de santé préleveur, ce dernier peut réaliser directement les prélèvements correspondant aux examens de biologie médicale prescrits dans ce cadre.

II. – Les procédures mentionnées à l'article L. 6211-15 sont décrites dans un manuel unique pour la totalité des prélèvements d'examens de biologie médicale effectués sur les patients hospitalisés dans cet établissement de santé ou pris en charge en ambulatoire par celui-ci. Si le laboratoire de biologie médicale revêt la forme d'un groupement de coopération sanitaire, en application de l'article L. 6223-2, ce manuel unique s'applique, de la même façon, dans tous les établissements de santé dont ce groupement constitue le laboratoire au sens de l'article L. 6222-4. Les copies de ce manuel à disposition dans les pôles cliniques peuvent ne comprendre que les parties qui leur sont nécessaires.

Les procédures mentionnées à l'article L. 6211-17 sont décrites dans un manuel unique. Les copies de ce manuel à disposition des professionnels de santé qui ne sont concernés que par des prélèvements peuvent ne comprendre que les parties qui leur sont nécessaires.

Le manuel unique des procédures préanalytiques applicables comporte, pour les prélèvements effectués en dehors du laboratoire de biologie médicale ou de l'établissement de santé, les choix de transport, de rupture de charge et de stockage éventuel et leurs justifications, compte tenu des spécificités géographiques prises en compte par le schéma régional d'organisation des soins. Ces éléments font partie de l'organisation générale des laboratoires définie à l'article L. 6222-1.

Art. D. 6211-2 Lors de la réalisation d'un examen de biologie médicale, chaque échantillon biologique est identifié dès le prélèvement, sur support informatique ou manuel, par les éléments suivants :

1° L'identification du patient : son nom de famille, appelé aussi nom de naissance, son premier prénom d'état civil, sa date de naissance, son sexe et son numéro d'identification. Ce numéro d'identification, propre à chaque patient, distinct du numéro d'assuré social, est connu ou attribué, avant le prélèvement, par le laboratoire de biologie médicale. Toutefois, lorsque le patient est hospitalisé, ce numéro est le numéro d'identification du patient au sein de l'établissement de santé ;

2° L'identification du professionnel de santé préleveur : son nom de famille, son prénom, sa qualité professionnelle et son numéro d'identification professionnelle ;

3° L'identification de chaque échantillon : la nature de l'examen, la date et l'heure de réalisation du prélèvement.

Les éléments de l'identification qui figurent sur l'étiquette apposée sur le prélèvement sont définis par le laboratoire dans le cadre de ses procédures préanalytiques. Le numéro d'identification du patient fait partie de ces éléments.

Lors de la transmission d'un échantillon dans le cadre des dispositions de l'article L. 6211-19, les deux laboratoires s'assurent de la traçabilité du prélèvement par le numéro d'identification du patient.

Art. D. 6211-3 I. – Le résultat de l'examen de biologie médicale est validé par un biologiste médical avant toute communication.

Le nom et le prénom du biologiste médical apparaissent en toutes lettres sur le résultat communiqué de l'examen.

II. – L'interprétation contextuelle du résultat mentionnée aux articles L. 6211-2 et L. 6211-19 consiste à écrire la signification biologique d'un ou de plusieurs résultats, pris individuellement ou dans leur ensemble, en fonction des éléments cliniques pertinents. L'interprétation contextuelle peut être postérieure à la validation du résultat dans les cas de décision thérapeutique urgente ou dans les périodes de permanence de l'offre de biologie médicale. Elle est réalisée dans le même temps que la validation dans les autres cas. L'interprétation comporte la signature du biologiste médical.

III. – Les résultats validés du ou des examens de biologie médicale et leur interprétation contextuelle figurent dans un compte rendu qui comporte les éléments mentionnés à l'article *(Décr. n° 2016-839 du 24 juin 2016, art. 4-1°-a)* « R. 6222-3 », les éléments d'identification mentionnés à l'article D. 6211-2, l'identification du ou des biologistes médicaux signataires. Le compte rendu reprend les principaux éléments pertinents du contexte clinique. Lorsque des résultats sont communiqués de façon partielle, le compte rendu porte la mention "résultat partiel" ou "résultats partiels".

IV. — La communication appropriée du résultat au prescripteur et au patient se fait, pour chaque examen, dans le délai que permettent les données acquises de la science pour la phase analytique, en urgence si nécessaire. Le laboratoire est organisé de façon telle que les délais de rendu en urgence sont respectés pour toutes les situations médicales qui le nécessitent.

V. — La communication du compte rendu au prescripteur s'effectue par la voie électronique.

La communication du compte rendu au patient s'effectue par la voie électronique ou, à sa demande, sur support papier.

Art. R. 6211-4 Le compte rendu des examens de biologie médicale est structuré conformément au référentiel d'interopérabilité dénommé "volet compte rendu d'examens de biologie médicale", pris en application du quatrième alinéa de l'article L. 1111-8. L'identification et l'authentification du biologiste médical sont réalisées conformément aux référentiels mentionnés à ce même alinéa. Ce compte rendu structuré est produit, conservé et échangé par voie électronique conformément aux référentiels d'interopérabilité et de sécurité arrêtés par le ministre chargé de la santé après avis du groupement d'intérêt public chargé du développement des systèmes d'information de santé partagés mentionné à l'article L. 1111-24.

Lorsque le compte rendu des examens de biologie médicale est communiqué au prescripteur par voie électronique, l'échange se fait en utilisant une messagerie électronique sécurisée de santé. Dès lors qu'il contribue à la coordination des soins, le compte rendu des examens de biologie médicale est inséré dans le dossier médical personnel mentionné à l'article L. 1111-14.

Art. D. 6211-5 Un arrêté du ministre chargé de la santé détermine la nature des échantillons à conserver après la réalisation de la phase analytique ainsi que la durée et les conditions de conservation de ces échantillons. En cas de transmission d'un échantillon, le laboratoire qui a la responsabilité de la réalisation des examens du patient au sens de l'article L. 6211-19 s'assure que le laboratoire qui réalise la phase analytique respecte cette disposition dans ses procédures.

SOUS-SECTION 2 EXAMENS RÉALISÉS EN DES LIEUX ÉLOIGNÉS DE TOUT LABORATOIRE DE BIOLOGIE MÉDICALE

Art. D. 6211-6 En Guyane, dans les lieux éloignés de tout laboratoire de biologie médicale, les examens mentionnés à l'article L. 6211-4 sont les examens de détection antigénique du paludisme.

Art. D. 6211-7 Sont agréés pour délivrer aux infirmiers et aux personnels relevant de structures de soins ou de prévention la formation prévue à l'article L. 6211-4 les organismes chargés d'assurer la formation initiale d'une des professions de santé énumérées au livre III de la partie IV.

Les conditions de cette formation sont arrêtées par le ministre chargé de la santé.

SECTION II *CONDITIONS ET MODALITÉS* DE RÉALISATION

SOUS-SECTION 1 COHÉRENCE ENTRE LES DONNÉES DU DISPOSITIF MÉDICAL OU DU DISPOSITIF MÉDICAL DE DIAGNOSTIC *IN VITRO* ET LE RÉSULTAT DE L'EXAMEN DE BIOLOGIE MÉDICALE

Art. D. 6211-8 Pour l'application de l'article L. 6211-12, le résultat de la mesure d'un test nécessitant un dispositif médical ou un dispositif médical de diagnostic *in vitro* est dit cohérent avec le résultat de l'examen de biologie médicale correspondant lorsque les deux résultats sont identiques ou lorsque la différence entre les deux valeurs génère des adaptations thérapeutiques qui restent identiques. Les deux résultats sont exprimés dans la même unité de mesure.

Art. D. 6211-9 Pour les dispositifs médicaux de diagnostic *in vitro* utilisés en ambulatoire, la fréquence de vérification de la cohérence mentionnée à l'article D. 6211-8 est déterminée par les recommandations mentionnées au 2° de l'article L. 161-37 du code de la sécurité sociale ou celles issues des données acquises de la science, ou par les prescriptions figurant dans la notice d'instruction du dispositif médical de diagnostic *in vitro* concerné si ces dernières sont plus contraignantes. Dans tous les cas, la fréquence de vérification de cette cohérence est au moins annuelle.

Lors de la réalisation du prélèvement pour l'examen de biologie médicale, le patient ou la personne qui effectue habituellement le test réalise celui-ci en présence du biologiste médical ou sous sa responsabilité. Le résultat de la mesure du test est recueilli par le biologiste médical ou sous sa responsabilité.

Ce professionnel de santé rappelle, si nécessaire, au patient ou à la personne qui effectue habituellement le test, les conditions générales d'utilisation des appareils de mesure concernés.

Art. D. 6211-10 Lors de la communication des résultats de l'examen de biologie médicale au patient dans le cadre de son autosurveillance, le biologiste médical indique à celui-ci si le résultat de la mesure du test et le résultat de l'examen sont cohérents au sens de l'article D. 6211-8.

Les conclusions du biologiste médical relatives au contrôle de cohérence sont transcrites dans le compte rendu de l'examen de biologie médicale.

Lorsque le biologiste médical relève une incohérence, il remet au patient, dans les meilleurs délais, un document, disjoint du compte rendu médical, qui indique cette incohérence et invite celui-ci à consulter son médecin traitant. Il en informe, avec l'accord du patient, le médecin prescripteur.

Le biologiste médical met en œuvre, le cas échéant, les dispositions de vigilance prévues à l'article L. 5222-3.

Art. D. 6211-11 Pour les dispositifs médicaux et pour les dispositifs médicaux de diagnostic *in vitro* autres que ceux mentionnés à l'article D. 6211-9, le contrôle est réalisé, le cas échéant, selon les modalités prévues dans la notice d'instruction du dispositif concerné.

SOUS-SECTION 2 PRÉLÈVEMENTS HORS DES TERRITOIRES DE SANTÉ OÙ SONT LOCALISÉS LES LABORATOIRES DE BIOLOGIE MÉDICALE

Art. R. 6211-12 La dérogation prévue, pour des motifs de santé publique, à l'article L. 6211-16, selon lequel le prélèvement d'un échantillon biologique est effectué dans l'un des territoires de santé d'implantation du laboratoire de biologie médicale, s'applique aux cas suivants :

1° Au prélèvement d'échantillon biologique en vue d'un examen de biologie médicale réalisé par le laboratoire de biologie médicale d'un hôpital d'instruction des armées, d'un service médical d'unité ou d'un centre médical des armées ;

2° Au prélèvement d'échantillon biologique réalisé en vue d'un examen périodique de santé mentionné aux articles L. 321-3 et R. 321-5 du code de la sécurité sociale et pour lequel la phase analytique est effectuée dans un laboratoire de biologie médicale d'un centre d'examen de santé exploité par un organisme d'assurance maladie ou par un organisme à but non lucratif ;

3° Au prélèvement d'échantillon biologique effectué au domicile d'un patient lorsque l'état de ce dernier le justifie et lorsque la phase analytique de l'examen de biologie médicale est effectuée dans un territoire de santé limitrophe de celui où se trouve le territoire du patient ;

4° Au prélèvement d'échantillon biologique effectué sur les patients hospitalisés en établissement de santé, lorsque la phase analytique de l'examen de biologie médicale est effectuée dans un laboratoire de biologie médicale qui, bien que situé dans un territoire de santé limitrophe, est plus proche de l'établissement de santé que tout autre laboratoire situé sur le même territoire de santé que l'établissement de santé ;

5° Au prélèvement d'échantillon biologique effectué sur un nouveau-né dans le cadre du dépistage néonatal pour les examens prévus à l'article R. 1131-2.

SOUS-SECTION 3 ACTIVITÉ DU LABORATOIRE DE BIOLOGIE MÉDICALE

Art. D. 6211-13 Pour l'application des articles L. 6211-19, L. 6222-2, L. 6222-3 et L. 6223-4, le nombre total d'examens de biologie médicale est obtenu, pour chaque laboratoire, en additionnant le nombre d'examens unitaires dont le résultat découle d'une phase analytique, que ces examens unitaires fassent ou non l'objet d'un remboursement.

Pour les examens inscrits à la nomenclature des actes de biologie médicale établie en application des articles L. 162-1-7 et L. 162-1-7-1 du code de la sécurité sociale, un examen correspond à un code unitaire de la nomenclature, y compris lorsque cet examen est inclus, pour sa facturation, dans un forfait.

Art. D. 6211-14 Avant le 31 mars de chaque année, chaque laboratoire de biologie médicale déclare par voie électronique, auprès de l'agence régionale de santé dans le ressort de laquelle il est établi, le nombre total des examens de biologie médicale, tels que définis à l'article D. 6211-13, qu'il a réalisés pendant l'année civile écoulée.

Cette déclaration distingue :

1° Le nombre d'examens effectués à partir de prélèvements qu'il a réalisés ou qui ont été réalisés sous sa responsabilité et dont la phase analytique a été effectuée par le laboratoire ou, en application de l'article L. 6211-18, sous sa responsabilité ;

2° Le nombre d'examens effectués à partir de prélèvements qu'il a réalisés ou qui ont été réalisés sous sa responsabilité et transmis à un autre laboratoire de biologie médicale à des fins d'analyse et d'interprétation ;

3° Le nombre d'examens effectués à partir de prélèvements transmis par un autre laboratoire de biologie médicale à des fins d'analyse et d'interprétation.

La déclaration comporte, pour les examens mentionnés aux 1° et 2°, la répartition du nombre d'examens entre chacun des sites du laboratoire où le prélèvement d'échantillons correspondant à l'examen a été réalisé par le laboratoire de biologie médicale ou sous sa responsabilité. Elle comporte également, pour les examens mentionnés au 2°, le nombre d'examens d'immuno-hématologie transmis dans les conditions prévues au deuxième alinéa de l'article L. 1223-1.

Lorsque les sites du laboratoire sont implantés sur plusieurs régions, le laboratoire transmet copie de la déclaration aux autres *(Décr. n° 2016-839 du 24 juin 2016, art. 4-1°-b)* « agences régionales de santé » concernées.

La déclaration comporte également la liste des familles d'examens réalisées par le laboratoire de biologie médicale.

Art. D. 6211-15 Pour l'application des articles L. 6211-19, L. 6222-2, L. 6222-3 et L. 6223-4, les pourcentages sont calculés sur l'année civile précédente et, à défaut d'année civile complète d'activité du laboratoire, sur les jours révolus d'activité.

Art. D. 6211-16 Pour l'application de l'article L. 6222-2, l'offre d'examens de biologie médicale pour un territoire de santé correspond au nombre total d'examens mentionnés au 1° et au 2° de l'article D. 6211-14 dont le prélèvement a été réalisé sur ce même territoire de santé.

Les besoins de la population sur un territoire de santé mentionnés au même article sont ceux qui figurent dans le schéma régional d'organisation des soins.

Art. D. 6211-17 Le nombre d'examens de biologie médicale réalisés à partir d'échantillons transmis par un laboratoire de biologie médicale en application de l'article L. 6211-19 ne peut excéder 15 % du nombre total des examens de biologie médicale réalisés en totalité ou en partie par le laboratoire transmetteur. Le nombre total des examens s'obtient en additionnant les examens de biologie médicale relevant des 1°, 2° et 3° de l'article D. 6211-14 à l'exception des examens d'immuno-hématologie dans les conditions prévues au deuxième alinéa de l'article L. 1223-1.

SOUS-SECTION 4 MISSIONS ET MODALITÉS DE DÉSIGNATION DES LABORATOIRES DE BIOLOGIE MÉDICALE DE RÉFÉRENCE

(Décr. n° 2016-1989 du 30 déc. 2016)

Art. D. 6211-18 Sans préjudice des dispositions des articles L. 1413-3 et L. 1413-8, un laboratoire de biologie médicale de référence pour des examens de biologie médicale déterminés ou pour des pathologies déterminées, au sens du paragraphe III de l'article L. 6211-19, est un laboratoire de biologie médicale qui, désigné dans les conditions définies à l'article D. 6211-19, remplit les conditions suivantes :

1° Justifier d'une compétence de haut niveau, sur les trois phases préanalytique, analytique et post-analytique pour les examens de biologie médicale déterminés ou pour les examens de biologie médicale relatifs aux pathologies déterminées. L'évaluation de cette compétence est effectuée sur la base du cahier des charges prévu à l'article D. 6211-19 ;

2° Répondre à un besoin de santé publique ;

3° Assurer pour ces examens, en application de l'article L. 6212-3, les missions de santé publique suivantes :

a) Une mission d'expertise de haut niveau pour les examens de biologie médicale déterminés ou pour les examens de biologie médicale relatifs aux pathologies déterminées. Cette mission concerne l'aide au dépistage, à la prévention, au diagnostic, à l'évaluation de survenue d'états pathologiques et à la prise en charge thérapeutique. Cette expertise contribue notamment au développement et à l'évaluation de nouvelles méthodes analytiques de diagnostic de la ou des pathologies déterminées et à participer à leurs diffusions. Cette mission s'exerce dans tous les cas lorsqu'un échantillon est transmis au laboratoire de biologie médicale de référence ou lorsqu'une interprétation biologique lui est demandée en fonction de la clinique ;

b) Une mission de recueil des données reçues vers les bases de données publiques adéquates, dans un but de surveillance épidémiologique, de recherche et d'évolution des connaissances pour la prise en charge individuelle ou collective des patients. Cette mission contribue aussi à la connaissance et à l'amélioration des conditions préanalytiques de réalisation des examens de biologie médicale, des méthodes analytiques de référence de ces examens et de l'interprétation des résultats obtenus ;

c) Une mission d'alerte des autorités sanitaires en cas d'émergence de signes évocateurs de problèmes majeurs de santé publique dont le laboratoire de biologie médicale de référence a connaissance. Cette mission s'exerce, le cas échéant, dans le respect des règles qui l'encadrent notamment pour la réactovigilance et la veille sanitaire. En l'absence de règle spécifique, l'alerte s'exerce vers les agences régionales de santé ;

d) Une mission d'information, de recommandation ou de formation, par participation à un enseignement universitaire ou à d'autres types de formations sur l'activité de référence ;

e) Une mission d'animation de réseau avec d'autres laboratoires de biologie médicale travaillant dans les domaines pour lesquels la qualification de laboratoire de biologie médicale de référence est demandée.

Art. D. 6211-19 I. — Les laboratoires de biologie médicale de référence sont désignés pour une durée de cinq ans. Pour la désignation des laboratoires de biologie médicale de référence, un appel à candidatures *[candidature]* est lancé par le ministre chargé de la santé huit mois au moins avant la date prévisionnelle de publication de l'arrêté fixant la liste des laboratoires de biologie médicale de référence prévu à l'article L. 6211-19 du code de la santé publique. Cet appel à candidature est réalisé sur la base d'un cahier des charges dont le modèle est fixé par arrêté du ministre chargé de la santé.

Un comité de sélection des laboratoires de biologie médicale de référence, dont les membres sont nommés par arrêté du ministre chargé de la santé pour une période de cinq ans, en fonction notamment de leurs titres et travaux dans des domaines de la biologie médicale ou des pathologies concernées, propose au ministre chargé de la santé, à la suite de l'appel à candidature, un projet de liste de laboratoires de biologie médicale candidats retenus.

Le secrétariat du comité de sélection est assuré par la direction générale de la santé.

II. — Des laboratoires de biologie médicale peuvent être inscrits sur la liste au cours de la période quinquennale pour des examens de biologie médicale ou des pathologies qui ne sont pas couverts par un laboratoire de biologie médicale de référence inscrit sur cette liste au terme de l'appel à candidature mentionné au premier alinéa du I. A cette fin, un nouvel appel à candidature est lancé par le ministre chargé de la santé. Le comité de sélection mentionné au deuxième alinéa du I propose un nouveau projet de liste de candidats. Un laboratoire de biologie médicale inscrit sur la liste au cours de cette période quinquennale est désigné laboratoire de biologie médicale de référence pour le temps restant à courir jusqu'à l'échéance quinquennale de la liste.

Art. D. 6211-20 Un laboratoire de biologie médicale peut décider de mettre fin à ses fonctions de laboratoire de biologie médicale de référence, sous réserve de respecter un préavis de neuf mois. Le non-respect de ce délai expose le laboratoire de biologie médicale ou la structure juridique à laquelle il appartient, aux sanctions prévues au 7° de l'article L. 6241-1.

Art. D. 6211-21 Un laboratoire de biologie médicale de référence qui cesse de remplir les conditions de fonctionnement d'un laboratoire de biologie médicale prévues au livre II de la sixième partie ou qui n'applique pas les obligations de son cahier des charges peut être radié de la liste des laboratoires de biologie médicale de référence. Après avis du comité de sélection mentionné à l'article D. 6211-19, le ministre chargé de la santé notifie au responsable du laboratoire de biologie médicale de référence concerné les faits de nature à motiver sa radiation de la liste. Le responsable du laboratoire de biologie médicale de référence dispose d'un délai d'un mois pour faire connaître ses observations. A l'issue de ce délai, en l'absence de réponse ou si les observations ne sont pas jugées satisfaisantes, le ministre chargé de la santé procède à la radiation du laboratoire de biologie médicale de référence concerné de la liste mentionnée au premier *[alinéa]* de l'article D. 6211-19, sans préjudice des sanctions auxquelles le laboratoire ou la structure juridique à laquelle il appartient s'expose au titre du 7° de l'article L. 6241-1.

Toutefois, lorsque le non-respect des conditions de fonctionnement est consécutif à un retrait de l'accréditation par l'instance nationale d'accréditation mentionnée à l'article L. 6221-2 et qu'il est fait application de l'article L. 6221-8 par le directeur général de l'agence régionale de santé compétent, le ministre chargé de la santé peut surseoir à la radiation du laboratoire de biologie médicale de la liste des laboratoires de biologie médicale de référence pendant une durée maximale de 3 mois renouvelable une fois à compter de la date de retrait de l'accréditation.

Art. D. 6211-22 Le laboratoire de biologie médicale de référence élabore un rapport annuel d'activité de sa mission. Ce rapport d'activité comprend un bilan des évolutions constatées et des évolutions souhaitables. Il comporte la liste des publications ou recommandations du laboratoire de biologie médicale de référence pour l'année écoulée et ses perspectives de travail pour l'année à venir. Le rapport annuel est adressé avant le 31 mars de l'année suivante, par le biologiste-responsable, au ministre chargé de la santé. Il est ensuite communiqué pour avis au comité de sélection susmentionné et rendu public par le ministre chargé de la santé dans le mois qui suit sa remise. Une présentation d'une synthèse de l'ensemble des rapports d'activité des laboratoires de biologie médicale de référence est effectuée par le ministre chargé de la santé, chaque année, devant la Commission nationale de biologie médicale.

Art. D. 6211-23 Un laboratoire de biologie médicale rattaché à un centre national de référence pour la lutte contre les maladies transmissibles tel que mentionné à l'article L. 1413-3 est inscrit de droit sur la liste mentionnée au premier *[alinéa]* de l'article D. 6211-19. Il n'est pas soumis aux modalités de désignation de la présente sous-section.

CHAPITRE II LABORATOIRES DE BIOLOGIE MÉDICALE

(Décr. n° 2016-46 du 26 janv. 2016, art. 1er-5°)

SECTION UNIQUE COMPATIBILITÉ DES CONTRATS DE COOPÉRATION AVEC LE SCHÉMA RÉGIONAL DE L'ORGANISATION DES SOINS

Art. R. 6212-1 I. — Les contrats de coopération et avenants aux contrats de coopération conclus entre plusieurs laboratoires de biologie médicale prévus à l'article L. 6212-6 sont communiqués dès leur conclusion à l'agence régionale de santé.

II. — Lorsque le schéma régional d'organisation des soins est révisé en application des dispositions de l'article L. 1434-1 ou à l'occasion du changement de délimitation des territoires de santé prévus à l'article L. 1434-16, le directeur général de l'agence régionale de santé vérifie, dans un délai de trois mois après la publication des actes ayant modifié le schéma ou les territoires de santé, que, conformément au premier alinéa de l'article L. 6212-6, les coopérations demeurent compatibles avec les dispositions du schéma régional de l'organisation des soins en ce qui concerne les implantations des laboratoires de biologie médicale et avec les nouveaux découpages territoriaux.

Le contrat est regardé comme incompatible s'il a pour effet de maintenir ou de porter, dans le ou les territoires de santé où s'exerce la coopération, le niveau de l'offre d'examens de biologie médicale à un niveau supérieur à celui des besoins de la population tels que définis dans le nouveau schéma.

Le contrat est également regardé comme incompatible lorsque des nouveaux territoires de santé dans lesquels s'exerce la coopération ne se trouvent pas limitrophes.

III. – Lorsque le directeur général de l'agence régionale de santé constate une incompatibilité, il la notifie dans le délai prévu au II aux cocontractants concernés en les invitant à faire connaître leurs observations et, le cas échéant, à réviser le contrat afin de lever les incompatibilités.

Le contrat peut être maintenu lorsque les laboratoires concernés justifient :

1° Soit que l'offre d'examens ne peut être couverte que par le cocontractant, du fait du caractère hautement spécialisé des examens qu'il propose ;

2° Soit que les besoins de la population tels que définis dans le nouveau schéma ne sont plus satisfaits dans le cas où le contrat ne serait pas maintenu.

Dans un délai de deux mois à compter de la réception de la notification de l'incompatibilité, les parties au contrat notifient au directeur général de l'agence régionale de santé leurs propositions en réponse à la demande.

Dans un délai de trois mois après réception de ces propositions, le directeur général de l'agence régionale de santé notifie aux cocontractants par décision motivée le maintien du contrat sans changement ou le maintien du contrat avec les modifications proposées. Il précise, dans ce dernier cas, le délai de mise en œuvre des modifications prévues, qui ne peut être supérieur à un an.

CHAPITRE III BIOLOGISTE MÉDICAL

(Décr. n° 2016-839 du 24 juin 2016, art. 1er)

SECTION PREMIÈRE CONDITIONS D'EXERCICE

SOUS-SECTION 1 PROCÉDURE DE RECONNAISSANCE D'UN DOMAINE DE SPÉCIALISATION

Art. R. 6213-1 La demande de reconnaissance, prévue au 1° de l'article L. 6213-2, est présentée par la personne qui, pendant deux ans au cours des dix dernières années, n'a exercé la biologie médicale, dans les conditions prévues au 1° précité, que dans un domaine de spécialisation, lorsque la reconnaissance de cette spécialisation ne résulte pas d'un acte pris par une autorité compétente. Cette demande s'effectue dans les domaines de spécialisation définis par arrêté du ministre chargé de la santé.

Les deux ans d'exercice de la biologie médicale, mentionnés au 1° de l'article L. 6213-2, peuvent avoir été effectués, en tout ou partie, dans un autre État membre de l'Union européenne ou partie à l'accord sur l'Espace économique européen ou dans la Confédération suisse.

Art. R. 6213-2 La demande de reconnaissance est adressée au centre national de gestion, par lettre recommandée avec demande d'avis de réception, accompagnée d'un dossier dont la composition est fixée par un arrêté du ministre chargé de la santé.

Le centre national de gestion accuse réception de la demande dans le délai d'un mois à compter de sa réception.

Art. R. 6213-3 La demande de reconnaissance est soumise à la commission mentionnée à l'article R. 6213-15.

Art. R. 6213-4 Le défaut de réponse par le ministre chargé de la santé dans un délai de quatre mois à compter de la réception du dossier complet vaut rejet de la demande de reconnaissance.

SOUS-SECTION 2 DIRECTEUR OU DIRECTEUR ADJOINT D'UN CENTRE NATIONAL DE RÉFÉRENCE POUR LA LUTTE CONTRE LES MALADIES TRANSMISSIBLES

Art. R. 6213-5 Le ministre chargé de la santé peut, après avis de la commission mentionnée à l'article L. 6213-12, dans sa formation prévue à l'article R. 6213-19, autoriser individuellement à exercer en qualité de biologiste médical, les personnes mentionnées au 3° de l'article L. 6213-2, qui ne remplissent pas les conditions fixées à l'article L. 6213-1 ou au 1° de l'article L. 6213-2 et qui en font la demande.

L'autorisation d'exercice ne peut être accordée qu'aux personnes titulaires soit d'un doctorat d'exercice ou d'université, soit d'un diplôme d'ingénieur dans un domaine pertinent par rapport au domaine de spécialisation de la biologie concerné.

L'autorisation d'exercice est accordée dans le domaine de spécialisation du centre national de référence concerné, pour la période limitée à l'exercice de la fonction de directeur ou *[de]* directeur adjoint d'un centre national de référence.

Pour la mise en œuvre du 3° de l'article L. 6213-2, la cellule d'intervention biologique d'urgence est assimilée à un centre national de référence.

Art. R. 6213-6 La demande d'autorisation mentionnée à l'article R. 6213-5 est adressée au centre national de gestion par lettre recommandée avec demande d'avis de réception, accompagnée d'un dossier dont la composition est fixée par un arrêté du ministre chargé de la santé.

Le centre national de gestion accuse réception de la demande dans le délai d'un mois à compter de sa réception.

Art. R. 6213-7 Le défaut de réponse par le ministre chargé de la santé dans un délai de quatre mois à compter de la réception du dossier complet vaut rejet de la demande d'autorisation.

SOUS-SECTION 3 MÉDECINS ET PHARMACIENS EXERÇANT DANS LES CENTRES HOSPITALIERS UNIVERSITAIRES

Art. R. 6213-8 Le ministre chargé de la santé et le ministre chargé de l'enseignement supérieur et de la recherche peuvent, après avis de la commission mentionnée à l'article L. 6213-12, dans sa formation prévue à l'article R. 6213-19, autoriser individuellement les personnes mentionnées à l'article L. 6213-2-1 qui en font la demande à exercer en qualité de biologiste médical dans le domaine de spécialisation correspondant à la discipline mixte ou biologique dans laquelle elles ont été recrutées.

Art. R. 6213-9 La demande d'autorisation mentionnée à l'article R. 6213-8 est adressée au centre national de gestion par lettre recommandée avec demande d'avis de réception, accompagnée d'un dossier dont la composition est fixée par un arrêté du ministre chargé de la santé.

Le centre national de gestion accuse réception de la demande dans le délai d'un mois à compter de sa réception.

Art. R. 6213-10 Le défaut de réponse par le ministre chargé de la santé et le ministre chargé de l'enseignement supérieur et de la recherche, dans un délai de quatre mois à compter de l'accusé de réception d'une demande d'autorisation, vaut rejet.

SOUS-SECTION 4 CONDITIONS D'HABILITATION À EFFECTUER CERTAINS ACTES *DE PRÉLÈVEMENT*

Art. R. 6213-11 Sont habilités à effectuer, en vue d'examens de biologie médicale, l'ensemble des actes de prélèvement auquel prépare la formation au diplôme d'études spécialisées de biologie médicale, les biologistes médicaux titulaires :

1° Soit du diplôme d'études spécialisées de biologie médicale ;

2° Soit de quatre certificats spécialisés de biologie médicale parmi ceux figurant sur une liste établie par arrêté du ministre chargé de la santé ;

3° Soit d'une qualification en biologie médicale ;

4° Soit d'une autorisation d'exercice en biologie médicale.

Art. R. 6213-12 I. — Les biologistes médicaux qui ne remplissent aucune des conditions mentionnées à l'article R. 6213-11 ne peuvent effectuer, en vue d'examens de biologie médicale, s'ils justifient en outre de la possession de la ou des attestations de capacité correspondantes, que les actes suivants :

1° Prélèvement de sang veineux ou capillaire au lobule de l'oreille, à la pulpe des doigts, au pli du coude, au dos de la main et en région malléolaire ;

2° Prélèvement effectué au niveau des téguments, des phanères et des muqueuses facilement accessibles aux seules fins d'examens microbiologiques ou parasitaires ;

3° Sondage vésical chez la femme ;

4° Tubage gastrique ou duodénal sans contrôle radiologique.

II. – Les attestations de capacité mentionnées au premier alinéa du I sont délivrées après un stage effectué dans un service d'un établissement public de santé ou d'un établissement de santé privé d'intérêt collectif, un centre d'information, de dépistage, de diagnostic des infections sexuellement transmissibles, un établissement de transfusion sanguine ou un laboratoire de biologie médicale, dans les conditions fixées par un arrêté du ministre chargé de la santé.

SECTION II MODALITÉS D'EXERCICE

SOUS-SECTION 1 REMPLACEMENT À TITRE TEMPORAIRE

Art. D. 6213-13 I. – En application des dispositions de l'article L. 6213-10-1, les biologistes médicaux, quelle que soit leur formation d'origine, peuvent se faire remplacer indifféremment par un interne en médecine ou en pharmacie inscrit au diplôme d'études spécialisées de biologie médicale ayant validé les cinq premiers semestres de la formation.

II. – 1° L'autorisation nécessaire à un interne en médecine pour remplacer un biologiste médical médecin est délivrée dans les conditions fixées aux articles D. 4131-1 à D. 4131-3-1 ;

2° L'autorisation nécessaire à un interne en médecine pour remplacer un biologiste médical pharmacien est délivrée, conformément aux dispositions des deuxième, troisième et quatrième alinéas de l'article D. 4131-2 et de l'article D. 4131-3, dans les conditions suivantes :

a) Elle est délivrée par le conseil départemental de l'ordre des médecins du lieu d'exercice de l'interne ;

b) Ce conseil départemental notifie sans délai la décision d'autorisation ou de refus d'autorisation d'exercice au pharmacien biologiste médical remplacé ;

c) Ce conseil départemental informe sans délai le directeur général de l'agence régionale de santé ainsi que le président du conseil central de la section G de l'ordre des pharmaciens de l'autorisation donnée en précisant l'identité de l'interne et celle du biologiste médical pharmacien concerné ainsi que la date de délivrance de l'autorisation et sa durée.

III. – Lorsqu'un interne en pharmacie remplace un biologiste médical, il lui remet un certificat, délivré par le président du conseil central de la section G de l'ordre des pharmaciens, attestant qu'il remplit les conditions prévues pour ce remplacement. L'établissement de ce certificat est subordonné, pour ce qui concerne la constatation des études effectuées, à une attestation délivrée à l'interne par le directeur de l'unité de formation et de recherche auprès de laquelle il est inscrit en vue de l'obtention du diplôme d'études spécialisées de biologie médicale. Ce certificat est valable un an sur l'ensemble du territoire. Il peut être renouvelé dans les mêmes conditions, sur justification de la poursuite des mêmes études.

Le président du conseil central de la section G de l'ordre des pharmaciens informe sans délai le directeur général de l'agence régionale de santé de l'autorisation donnée en précisant l'identité de l'interne et celle du biologiste concerné *[concernés]* ainsi que la date de délivrance du certificat. Cette information est transmise simultanément au *conseil départemental* de l'ordre des médecins dont relève le biologiste médical remplacé lorsque ce dernier est un médecin.

Art. D. 6213-14 Le biologiste-responsable du laboratoire dans lequel est prévu le remplacement est tenu d'aviser le directeur de l'agence régionale de santé au moins quinze jours à l'avance, sauf cas de force majeure. Il joint à sa déclaration les justifications attestant que les conditions prévues à l'article précédent sont remplies.

SOUS-SECTION 2 COMMISSION NATIONALE DE BIOLOGIE MÉDICALE

Art. R. 6213-15 La commission mentionnée à l'article L. 6213-12 est dénommée Commission nationale de biologie médicale. Elle est placée auprès du ministre chargé de la santé.

La Commission nationale de biologie médicale est consultée sur les projets d'arrêté et de décision mentionnés aux articles L. 6211-3, L. 6211-22, L. 6211-23, L. 6213-2 et L. 6213-2-1.

Elle peut être consultée sur les projets de décret relatifs aux conditions et *[aux]* modalités d'exercice des biologistes médicaux et peut être saisie, pour avis, par le ministre chargé de la santé sur toutes autres questions portant sur cette matière.

Elle est également compétente pour l'examen des demandes mentionnées aux articles L. 6213-2 et L. 6213-2-1 ainsi qu'au V de l'article 9 de l'ordonnance n° 2010-49 du 13 janvier 2010 relative à la biologie médicale.

Art. R. 6213-16 La Commission nationale de biologie médicale est présidée par un professeur d'université-praticien hospitalier, biologiste médical, désigné par arrêté du ministre chargé de la santé, pour une durée de cinq ans renouvelable.

Un vice-président, professeur d'université-praticien hospitalier, biologiste médical, est nommé dans les mêmes conditions.

Art. R. 6213-17 I. – Sont membres de droit de la commission :

1° Le directeur général de l'offre de soins ;

2° Le directeur général de la santé ;

3° Le directeur général pour l'enseignement supérieur et l'insertion professionnelle.

II. – Sont également membres de la commission :

1° Le directeur général de l'Agence nationale de sécurité du médicament et des produits de santé ;

2° Le président du collège de la Haute Autorité de santé ;

3° Le directeur général de l'Agence de la biomédecine ;

4° Le directeur général du Comité français d'accréditation ;

5° Le directeur général de l'Union nationale des caisses d'assurance maladie ;

6° Le président de la conférence des présidents de commission médicale d'établissement de centre hospitalier universitaire ;

7° Le président de la conférence des directeurs généraux de centre hospitalier universitaire.

Art. R. 6213-18 Sont membres de la commission, nommés par arrêté du ministre chargé de la santé, pour une durée de cinq ans renouvelable :

1° Un biologiste médical désigné par l'Académie nationale de médecine ;

2° Un biologiste médical désigné par l'Académie nationale de pharmacie ;

3° Un biologiste médical désigné par le Conseil national de l'ordre des médecins ;

4° Un biologiste médical désigné par le Conseil national de l'ordre des pharmaciens ;

5° Un représentant de la conférence des doyens des facultés de médecine ;

6° Un représentant de la conférence des doyens des facultés de pharmacie ;

7° Un représentant des directeurs ou *[des]* directeurs adjoints des centres nationaux de référence ;

8° Un représentant de la Fédération nationale des syndicats de praticiens biologistes hospitaliers et hospitalo-universitaires ;

9° Un représentant du Syndicat national des médecins biologistes des centres hospitaliers universitaires ;

10° Un représentant de chacune des autres organisations syndicales de biologistes médicaux salariés ;

11° Un représentant de chacune des organisations syndicales de biologistes médicaux libéraux reconnues représentatives en application de l'article L. 162-33 du code de la sécurité sociale.

Un représentant des organisations syndicales représentatives des internes en biologie médicale siège à titre consultatif.

Art. R. 6213-19 Lorsque la commission siège pour l'examen des demandes mentionnées au 3° de l'article L. 6213-2 et à l'article L. 6213-2-1, elle se réunit en formation restreinte présidée par le président ou le vice-président et est composée des membres mentionnés au I et au *[aux]* 6° et 7° du II de l'article R. 6213-17 ainsi qu'aux 3° à 9° de l'article R. 6213-18.

Un représentant des organisations syndicales représentatives des internes en biologie médicale siège à titre consultatif.

Art. R. 6213-20 Le secrétariat de la commission est assuré par la direction générale de la santé.

Toutefois, lorsque la commission statue, en formation restreinte, sur les demandes mentionnées au 3° de l'article L. 6213-2 et à l'article L. 6213-2-1 ou, en formation plénière, sur les demandes mentionnées au 1° de l'article L. 6213-2 ainsi qu'au V de l'article 9 de l'ordonnance n° 2010-49 du 13 janvier 2010 relative à la biologie médicale, le secrétariat est assuré par le centre national de gestion.

Art. R. 6213-21 Des suppléants, en nombre égal aux titulaires, sauf pour le président, le vice-président et les membres mentionnés à l'article R. 6213-17 sont désignés dans les mêmes conditions que ceux-ci. Ils ne siègent à la commission qu'en l'absence du titulaire.

Art. R. 6213-22 La Commission nationale de biologie médicale constitue en son sein un comité de suivi chargé d'analyser la synthèse annuelle publiée par l'Agence nationale de sécurité du médicament et des produits de santé à partir des rapports réalisés par les organismes d'évaluation externe de la qualité mentionnés à l'article L. 6221-9 et de proposer toutes mesures destinées à améliorer la démarche d'accréditation et de contrôle qualité des laboratoires de biologie médicale.

Ce comité de suivi comprend notamment le directeur général du Comité français d'accréditation et le directeur de la Haute Autorité de santé.

Le directeur général de l'Agence nationale de sécurité du médicament et des produits de santé est membre de ce comité de suivi à titre consultatif.

Art. R. 6213-23 Le président de la commission peut :

1° Proposer, après avoir entendu l'intéressé, qu'il soit procédé au remplacement d'un membre ayant été absent sans empêchement justifié à plus de trois séances consécutives, par une personne désignée dans les mêmes conditions et pour la durée du mandat restant à courir ;

2° Constituer des groupes de travail chargés de toutes questions soumises à la commission ;

3° Confier à des membres de la commission la réalisation de rapports dans ses domaines de compétence;

4° Appeler à participer aux travaux de la commission ou des groupes de travail, à titre consultatif et pour une ou plusieurs séances, toute personne dont le concours lui paraît utile pour l'étude d'une question déterminée.

Art. R. 6213-24 L'article L. 1451-1 est applicable aux membres titulaires et suppléants de la commission ainsi qu'aux personnes qui prennent part à ses travaux.

Art. R. 6213-25 Les frais de déplacement des membres titulaires ou suppléants de la Commission nationale de biologie médicale ainsi que des personnes qui prennent part à ses travaux sont remboursés dans les conditions prévues par la réglementation applicable aux fonctionnaires de l'État.

Art. R. 6213-26 Les employeurs sont tenus de laisser aux agents des établissements publics de santé membres de la Commission nationale de biologie médicale le temps nécessaire pour se rendre et participer aux séances de cette instance.

Art. R. 6213-27 La commission élabore un règlement intérieur.

CHAPITRE IV DISPOSITIONS PÉNALES

Ce chapitre ne comporte pas de dispositions réglementaires.

TITRE DEUXIÈME ORGANISATION *(Décr. n° 2016-46 du 26 janv. 2016, art. 2-1°).*

CHAPITRE PREMIER ACCRÉDITATION ET CONTRÔLE DE QUALITÉ

(Décr. n° 2016-46 du 26 janv. 2016, art. 2-2°)

SECTION PREMIÈRE ACCRÉDITATION

SOUS-SECTION 1 MODALITÉS D'ACCRÉDITATION POUR L'OUVERTURE D'UN LABORATOIRE DE BIOLOGIE MÉDICALE

Art. R. 6221-1 I. — Le Comité français d'accréditation rend disponible sur son site internet le formulaire de renseignements et le questionnaire d'autoévaluation. Au plus tard seize semaines avant sa date prévisionnelle d'ouverture, le laboratoire de biologie médicale adresse au Comité français d'accréditation, par voie électronique ou postale avec demande d'avis de réception, sa demande d'accréditation accompagnée d'un dossier complet comprenant le formulaire de renseignements, le questionnaire d'autoévaluation, le manuel qualité et les principales procédures du laboratoire de biologie médicale.

Cette demande d'accréditation vaut demande de l'attestation provisoire mentionnée au II de l'article L. 6221-2.

II. — 1° Dans la semaine qui suit la date de réception du dossier, le Comité français d'accréditation adresse au laboratoire, par tout moyen conférant date certaine, une attestation de réception du dossier complet ou, à défaut, la liste des pièces manquantes ou incomplètes.

Le silence gardé par le comité à l'issue de ce délai d'une semaine vaut rejet de la demande ;

2° En cas d'envoi par le comité d'une liste de pièces manquantes ou incomplètes, le laboratoire dispose d'une semaine après réception de cet envoi pour compléter son dossier ;

3° Dans les deux semaines suivant la réception du dossier complet, le comité adresse au laboratoire, avec demande d'avis de réception, le document décrivant la portée de sa demande d'accréditation.

Le silence gardé par le comité à l'issue de ce délai de deux semaines vaut rejet de la demande ;

4° Le laboratoire renvoie au comité, par tout moyen permettant de conférer date certaine, dans la semaine qui suit sa réception, le document mentionné au 3° revêtu de sa signature. Il en transmet une copie, accompagnée de la copie de la demande d'accréditation du laboratoire, à l'agence régionale de santé au plus tard huit semaines avant sa date prévisionnelle d'ouverture.

III. — 1° Le Comité français d'accréditation fixe la date de la visite préliminaire du laboratoire dans les deux semaines qui suivent la réception du document signé mentionné au 4° du II ;

2° La visite préliminaire se déroule entre six et quatre semaines avant la date prévisionnelle d'ouverture du laboratoire. Cette visite vérifie l'adéquation et la conformité aux exigences de l'accréditation de l'organisation du laboratoire, de ses procédures techniques, de ses moyens logistiques et de la maîtrise de la compétence du personnel *qui sera présent lors de l'ouverture* ;

3° En cas d'écarts par rapport aux exigences de l'accréditation constatés lors de la visite préliminaire, le comité notifie ces écarts au laboratoire sans délai et, dans la mesure du possible, avant la fin de la visite. Dans les huit semaines suivant cette notification, le laboratoire transmet au comité, par tout moyen conférant date certaine, les plans d'action en réponse aux écarts ainsi relevés et, pour les écarts qui ont un impact sur la qualité des résultats d'examens, les preuves de leur maîtrise ;

4° Dans un délai maximal de trois semaines suivant la visite préliminaire ou, dans l'hypothèse mentionnée au 3°, dans les trois semaines après l'envoi des plans d'action et des preuves de maîtrise, le comité notifie au laboratoire la réponse à la demande d'attestation provisoire mentionnée au II de l'article L. 6221-2. Le silence gardé par le comité à l'issue de ce délai de trois semaines vaut rejet de cette demande.

Art. R. 6221-2 L'ouverture effective du laboratoire a lieu dans les quatre semaines suivant la notification de l'attestation provisoire mentionnée au 4° du III de l'article R. 6221-1. Passé ce délai, l'attestation provisoire est caduque.

A compter de l'ouverture effective du laboratoire, l'attestation provisoire est valide jusqu'à la décision d'accréditation et au plus *[pendant]* vingt semaines.

Art. R. 6221-3 La visite d'évaluation du laboratoire en vue de l'accréditation réalisée par le Comité français d'accréditation a lieu au plus tard huit semaines après l'ouverture effective du laboratoire de biologie médicale.

Art. R. 6221-4 Le Comité français d'accréditation notifie au laboratoire la décision d'accréditation au plus tard vingt semaines après l'ouverture effective du laboratoire. Le Comité français d'accréditation transmet, dans le même délai, cette décision d'accréditation aux organismes mentionnés à l'article L. 6221-6.

Le silence gardé par le Comité français d'accréditation pendant le délai de vingt semaines à compter de l'ouverture effective du laboratoire vaut rejet de la demande d'accréditation.

SOUS-SECTION 2 LABORATOIRES DE BIOLOGIE MÉDICALE ÉTABLIS DANS UN AUTRE ÉTAT MEMBRE DE L'UNION EUROPÉENNE OU PARTIE À L'ACCORD SUR L'ESPACE ÉCONOMIQUE EUROPÉEN

Art. D. 6221-5 Lorsqu'un laboratoire de biologie médicale établi dans un autre État membre de l'Union européenne ou partie à l'accord sur l'Espace économique européen réalise la phase analytique d'examens de biologie médicale commencée en France, les conditions d'accréditation, les conditions d'autorisation ou les conditions d'agrément mentionnées au 1° et au 2° de l'article L. 6221-4 sont reconnues équivalentes à celles prévues pour les laboratoires de biologie médicale établis sur le territoire français dès lors que ces conditions respectent les critères définis par les normes harmonisées applicables aux laboratoires de biologie médicale dont les références sont fixées par l'arrêté interministériel mentionné au I de l'article L. 6221-2.

Art. D. 6221-6 La liste des États membres de l'Union européenne ou parties à l'accord sur l'Espace économique européen dans lesquels les conditions d'accréditation, les conditions d'autorisation ou les conditions d'agrément des laboratoires de biologie médicale réalisant la phase analytique d'un examen de biologie médicale commencé en France sont reconnues équivalentes à celles imposées aux laboratoires de biologie médicale établis sur le territoire français est fixée par arrêté du ministre chargé de la santé, pris après avis du directeur général du Comité français d'accréditation.

Art. D. 6221-7 La déclaration prévue au 1° et au 2° de l'article L. 6221-4 est adressée par le laboratoire de biologie médicale établi dans un autre État membre de l'Union européenne ou partie à l'accord sur l'Espace économique européen au ministre chargé de la santé, par voie électronique ou postale avec demande d'avis de réception.

Elle est accompagnée de la copie des documents valant accréditation, autorisation ou agrément délivrés par les autorités compétentes de l'État où le laboratoire est établi.

Si la déclaration et les pièces jointes ne sont pas rédigées en français, elles sont accompagnées d'une traduction certifiée.

Un récépissé est délivré au laboratoire par le ministre chargé de la santé à réception de la déclaration.

Art. D. 6221-8 Le responsable du laboratoire de biologie médicale établi dans un autre État membre de l'Union européenne ou partie à l'accord sur l'Espace économique européen informe sans délai le ministre chargé de la santé en cas de suspension ou de retrait de l'accréditation, de l'autorisation ou de l'agrément délivré par les autorités compétentes *de l'État dans lequel il est établi.*

A tout moment, le ministre chargé de la santé peut demander une copie des documents valant accréditation, autorisation ou agrément du laboratoire, en cours de validité.

La suspension de l'accréditation est portée à la connaissance du public dans le registre prévu à l'article D. 6221-19.

Art. D. 6221-9 Lorsqu'un laboratoire de biologie médicale établi dans un autre État membre de l'Union européenne ou partie à l'accord sur l'Espace économique européen qui ne relève pas de la liste mentionnée à l'article D. 6221-6 réalise la phase analytique d'un examen de biologie médicale commencé en France, l'autorisation prévue au 3° de l'article L. 6221-4 est délivrée dès lors que ses conditions de fonctionnement respectent les critères définis par les normes harmonisées dont les références sont fixées par l'arrêté interministériel prévu au I de l'article L. 6221-2 et que les modalités de vérification par un organisme tiers du respect de ces critères sont équivalentes à celles prévues dans la procédure d'accréditation applicable en France.

Art. D. 6221-10 I. – La demande d'autorisation prévue au 3° de l'article L. 6221-4 est adressée par le laboratoire de biologie médicale établi dans un autre État membre de l'Union européenne ou partie à l'accord sur l'Espace économique européen au ministre chargé de la santé, par voie électronique ou postale avec demande d'avis de réception.

II. – Si le laboratoire de biologie médicale est accrédité dans son pays dans les conditions prévues au I de l'article L. 6221-2, la demande d'autorisation pour les examens accrédités est accompagnée de la seule attestation d'accréditation par l'autorité compétente de l'État dans lequel il est établi. L'autorisation est délivrée par le ministre chargé de la santé.

III. – Si le laboratoire de biologie médicale n'est pas accrédité dans son pays, dans les conditions prévues au I de l'article L. 6221-2, le dossier de demande d'autorisation indique :

1° Les règles juridiques et les normes techniques de fonctionnement du laboratoire de biologie médicale dans l'État membre de l'Union européenne ou partie à l'accord sur l'Espace économique européen de son implantation ainsi que la liste des examens de biologie médicale qu'il est autorisé à y réaliser et pour lesquels il sollicite l'autorisation ;

2° Le nombre d'examens de biologie médicale réalisés au cours de l'année civile précédant la demande ;

3° Le nombre de personnes exerçant dans le laboratoire à la date de la demande et leur spécialisation ;

4° La copie des diplômes, certificats ou autres titres des professionnels en exercice dans le laboratoire ;

5° Le contenu des études, des stages ou des périodes de pratique professionnelle effectués au titre de leur formation par l'ensemble des professionnels en exercice dans le laboratoire ;

6° La chronologie et la périodicité des contrôles auxquels est soumis le laboratoire ainsi que l'objet des contrôles ;

7° Une description de l'aménagement, de l'organisation du laboratoire, des procédures de qualité et de sécurité des transports des échantillons biologiques, une liste des matériels, des équipements et des dispositifs médicaux de diagnostic *in vitro* qui y sont utilisés ainsi que l'exposé des processus, modes opératoires et référentiels mis en œuvre en matière d'assurance de la qualité ;

8° Les modalités de vérification du respect des procédures d'assurance de la qualité par un organisme tiers ;

9° Le cas échéant, le nom et l'adresse des laboratoires avec lesquels le laboratoire demandeur collabore.

Le ministre chargé de la santé se prononce sur la demande d'autorisation après avis du directeur général du Comité français d'accréditation.

IV. – L'absence de réponse du ministre chargé de la santé dans un délai de quatre mois à compter de la réception de la demande d'autorisation vaut rejet de cette demande.

Art. D. 6221-11 La demande d'autorisation est accompagnée, le cas échéant, de la copie des documents valant autorisation ou agrément délivrés par les autorités compétentes de l'État où le laboratoire est établi.

Le dossier de demande d'autorisation et les documents annexés sont assortis d'une traduction certifiée en français.

Art. D. 6221-12 Les demandes d'autorisation ne peuvent être examinées que si elles sont accompagnées d'un dossier complet.

Le dossier est réputé complet si, dans le délai d'un mois à compter de sa réception, le ministre chargé de la santé n'a pas fait connaître au demandeur, par lettre recommandée avec demande d'avis de réception, la liste des pièces manquantes ou incomplètes.

Art. D. 6221-13 L'autorisation est délivrée pour une durée de cinq ans. Elle mentionne les examens de biologie médicale ou les familles d'examens de biologie médicale que le laboratoire est habilité à réaliser à la demande d'un laboratoire de biologie médicale établi sur le territoire français.

Art. D. 6221-14 Les autorités compétentes de l'État où le siège social du laboratoire est établi sont informées de la décision du ministre chargé de la santé.

Art. D. 6221-15 Les demandes de renouvellement d'autorisation suivent la même procédure que les demandes initiales.

Art. D. 6221-16 Le responsable du laboratoire de biologie médicale titulaire de l'autorisation est tenu de déclarer sans délai au ministre chargé de la santé toute modification relative aux règles juridiques et aux normes techniques de fonctionnement du laboratoire figurant dans le dossier de l'autorisation.

Art. D. 6221-17 Lorsqu'il est établi que les conditions de fonctionnement du laboratoire établi dans un autre État membre de l'Union européenne ou partie à l'accord sur l'Espace économique européen titulaire de l'autorisation ne sont pas ou ne sont plus équivalentes à celles imposées aux laboratoires de biologie médicale établis sur le territoire français, l'autorisation est suspendue ou retirée par le ministre chargé de la santé après avis du directeur général du Comité français d'accréditation.

Toutefois, la suspension ou le retrait de l'autorisation, sauf en cas de danger immédiat pour la santé publique, ne peut intervenir qu'après que le ministre chargé de la santé a informé le responsable du laboratoire de la nature des manquements constatés et l'a mis en demeure de les faire cesser dans un délai qui ne peut excéder vingt jours. Une copie de la mise en demeure est adressée aux autorités compétentes de l'État dans lequel le siège social du laboratoire est établi. Le retrait ou la suspension de l'autorisation est motivé. Ces décisions peuvent ne concerner qu'une partie des éléments de l'autorisation.

Art. D. 6221-18 Les prélèvements biologiques transmis par le laboratoire de biologie médicale établi en France demandeur de la réalisation de la phase analytique font l'objet d'une procédure de suivi permettant d'établir la conformité des échantillons biologiques acceptés par le laboratoire établi dans un autre État membre de l'Union européenne ou partie à l'accord sur l'Espace économique européen qui réalise la phase analytique, leur identification, le maintien de leur intégrité et leur traçabilité.

Art. D. 6221-19 Le ministre chargé de la santé tient à jour et met à la disposition du public un registre des laboratoires de biologie médicale établi dans un autre État membre de l'Union européenne ou partie à l'accord sur l'Espace économique européen ayant effectué la déclaration prévue au 1° et au 2° de l'article L. 6221-4 ou ayant obtenu l'autorisation administrative prévue au 3° du même article ainsi que les examens de biologie médicale pour lesquels ils disposent d'une accréditation ou d'une autorisation.

SOUS-SECTION 3 AMÉNAGEMENT DE LA PROCÉDURE D'ACCRÉDITATION POUR LA GUADELOUPE, LA GUYANE, LA MARTINIQUE, MAYOTTE, SAINT-BARTHÉLEMY, SAINT-MARTIN ET SAINT-PIERRE-ET-MIQUELON

V. Dalloz.fr 🏛.

SECTION II CONTRÔLE DE QUALITÉ

Art. D. 6221-20 I. — Les laboratoires de biologie médicale soumettent à une évaluation externe de qualité chaque système analytique qu'ils utilisent.

II. – Chaque organisme d'évaluation externe de la qualité des examens de biologie médicale mentionné à l'article L. 6221-9 effectue une comparaison interlaboratoires des résultats obtenus ainsi qu'une comparaison des résultats par groupes de laboratoires utilisant les mêmes techniques. L'organisme effectue également périodiquement une comparaison des résultats de chaque laboratoire de biologie médicale avec le résultat obtenu par la méthode de référence lorsque celle-ci existe.

III. – Le représentant légal de l'organisme d'évaluation externe de la qualité communique, à la demande du directeur général de l'agence régionale de santé, un état de la participation aux contrôles mentionnés à l'article L. 6221-9 d'un laboratoire de biologie médicale déterminé ainsi que les résultats de ces contrôles. La demande peut porter sur les contrôles réalisés au cours des deux années précédentes.

IV. – Les organismes d'évaluation externe de la qualité et l'Agence nationale de sécurité du médicament et des produits de santé conservent, pendant leur durée de stabilité et au plus pendant deux années, au moins deux exemplaires de chacun des échantillons ayant servi aux contrôles de qualité.

Art. D. 6221-21 I. – Les organismes d'évaluation externe de la qualité mentionnés à l'article L. 6221-9 répondent aux critères suivants :

1° Compétence, au regard de la qualification et de l'expérience, pour l'organisation des campagnes de contrôle de la qualité ;

2° Indépendance à l'égard des fabricants de dispositifs médicaux de diagnostic *in vitro* et des laboratoires de biologie médicale. Les conditions de cette indépendance sont définies par arrêté du ministre chargé de la santé, après avis du directeur général de l'Agence nationale de sécurité du médicament et des produits de santé.

Les organismes d'évaluation externe de la qualité accrédités selon la norme en vigueur à cet effet sont présumés répondre aux critères mentionnés ci-dessus pour les contrôles qui correspondent à la portée de leur accréditation.

II. – Le rapport annuel mentionné à l'article L. 6221-9 est transmis par les organismes d'évaluation externe de la qualité à l'Agence nationale de sécurité du médicament et des produits de santé au plus tard le 31 mars de l'année suivante.

Art. D. 6221-22 Les organismes d'évaluation externe de la qualité ont recours, pour l'identification des techniques de la phase analytique de chaque examen, à un codage. Dès lors qu'un contrôle de qualité d'un examen de biologie médicale est réalisé par plus d'un organisme, ces organismes utilisent un codage commun.

L'Agence nationale de sécurité du médicament et des produits de santé coordonne la réalisation et la mise à jour de ce codage.

Un arrêté du ministre chargé de la santé fixe les critères et limites d'acceptabilité pour le contrôle de la qualité des résultats des examens de biologie médicale mentionnés à l'article L. 6221-9. Cet arrêté peut définir le nombre minimum de participations annuelles. Il est pris et modifié après avis de la commission mentionnée à l'article L. 6213-12.

Art. D. 6221-23 I. – Le directeur général de l'Agence nationale de sécurité du médicament et des produits de santé détermine, au vu notamment des rapports annuels mentionnés à l'article L. 6221-9 qui lui sont transmis par les organismes d'évaluation externe de la qualité, un programme annuel des contrôles assurés par l'agence. Ce programme est communiqué, avant sa mise en œuvre, pour information, au ministre chargé de la santé. Il s'inscrit dans le cadre d'une programmation pluriannuelle des contrôles.

En cas de nécessité, le programme peut être modifié en cours d'année. Les modifications sont portées à la connaissance du ministre chargé de la santé.

Ces contrôles portent sur :

1° Des examens de biologie médicale en relation avec les plans, les actions et les programmes de santé mentionnés à l'article L. 1411-1 ;

2° Des examens de biologie médicale réalisés avec des dispositifs de diagnostic *in vitro* dont les performances s'avèrent primordiales pour la pratique médicale et dont les défaillances sont susceptibles d'entraîner un risque grave pour la santé des personnes ;

3° Des examens faisant l'objet d'une demande d'inscription ou nouvellement inscrits à la nomenclature des actes de biologie médicale ;

4° Des examens de biologie médicale nécessaires à l'élaboration de données de référence nationales qui impliquent la participation de l'ensemble des laboratoires de biologie médicale réalisant ces examens ;

5° Des examens de biologie médicale ne faisant pas l'objet d'un programme mis en œuvre par un organisme d'évaluation externe de la qualité ;

6° Les examens de biologie médicale pour lesquels un contrôle national de la qualité des résultats des examens de biologie médicale est prévu par des dispositions réglementaires spécifiques.

Ce contrôle porte également, pour des motifs de santé publique, sur des examens de biologie médicale déterminés par le ministre chargé de la santé ou le directeur général de l'Agence nationale de sécurité du médicament et des produits de santé.

II. — L'Agence nationale de sécurité du médicament et des produits de santé :

1° Transmet à chaque laboratoire de biologie médicale et à l'agence régionale de santé territorialement compétente les résultats des contrôles qu'elle assure ainsi que les résultats globaux de l'ensemble des laboratoires ayant participé aux contrôles, afin de permettre une évaluation de la qualité des examens de biologie médicale réalisés ;

2° Signale sans délai à l'agence régionale de santé territorialement compétente les résultats du contrôle d'un laboratoire qui présentent une anomalie susceptible d'avoir des conséquences graves pour la santé des personnes ;

3° Analyse et adopte, si nécessaire, les mesures de sécurité appropriées concernant les dispositifs de diagnostic *in vitro*, au vu des résultats des contrôles de la qualité des examens de biologie médicale mentionnés aux articles L. 6221-9 et L. 6221-10 ;

4° Rend publique la synthèse des rapports qui lui sont transmis chaque année par les organismes d'évaluation externe de la qualité ;

5° Communique au ministre chargé de la santé un rapport annuel des opérations menées dans le cadre du contrôle national de qualité des résultats des examens de biologie médicale. Ce rapport est présenté devant la Commission nationale de biologie médicale mentionnée à l'article L. 6213-12. Il est rendu public par l'Agence nationale de sécurité du médicament et des produits de santé.

SECTION III DISPOSITIONS TRANSITOIRES APPLICABLES AUX LABORATOIRES DE BIOLOGIE MÉDICALE NON ACCRÉDITÉS AU SENS DE L'ARTICLE L. 6221-1 EN APPLICATION DU CHAPITRE III DE L'ORDONNANCE N° 2010-49 DU 13 JANVIER 2010 RELATIVE À LA BIOLOGIE MÉDICALE

SOUS-SECTION 1 DISPOSITIONS RELATIVES AUX LABORATOIRES DE BIOLOGIE MÉDICALE AUTORISÉS EN FRANCE

Art. D. 6221-24 La demande d'autorisation administrative, prévue à l'article L. 6211-2 dans sa rédaction antérieure à l'entrée en vigueur de l'ordonnance n° 2010-49 du 13 janvier 2010 modifiée relative à la biologie médicale, présentée dans les cas décrits au 1° et au 1° *bis* du III de l'article 7 de ladite ordonnance, modifiée par la *(Décr. n° 2016-839 du 24 juin 2016, art. 4-2°-a)* « loi n° 2013-442 du 30 mai 2013 », est adressée, par lettre recommandée avec demande d'avis de réception, au directeur général de l'agence régionale de santé de la région dans laquelle le laboratoire de biologie médicale est établi. Le dossier est réputé complet si, dans le délai de deux semaines à compter de sa réception, le directeur général de l'agence régionale n'a pas fait connaître au demandeur, par lettre recommandée avec demande d'avis de réception, la liste des pièces manquantes ou incomplètes.

L'auteur de la demande précise les conditions d'exploitation du laboratoire et, le cas échéant, la ou les catégories d'examens de biologie médicale pour lesquelles l'autorisation est sollicitée. Il indique le nombre prévisionnel des examens de biologie médicale qui seront réalisés dès la première année de fonctionnement selon les modalités de calcul définies par l'article D. 6211-13. La demande est accompagnée de pièces justifiant le respect des conditions de bonne exécution des analyses de biologie médicale déterminées par l'arrêté ministériel prévu au I de l'article 7 de l'ordonnance n° 2010-49 du 13 janvier 2010 modifiée relative à la biologie médicale ainsi que des éléments documentaires suivants :

1° La description et le plan des locaux ;

2° Les listes des biologistes médicaux, des *(Décr. n° 2016-839 du 24 juin 2016, art. 4-2°-a)* « biologistes-responsables » ou coresponsables, des techniciens de laboratoire médical, en précisant pour chacun les équivalences en temps plein de travail ainsi que leurs titres et diplômes ;
3° Les statuts sociaux, le cas échéant.
Lorsque l'exploitant n'est pas propriétaire du matériel ou des locaux, il indique à quel titre il en a l'usage.

Art. D. 6221-25 La décision du directeur général de l'agence régionale de santé est notifiée à l'intéressé par lettre recommandée avec demande d'avis de réception. Elle fait l'objet d'une publication dans le recueil des actes administratifs du département et de la région dans lesquels chacun des sites du laboratoire est installé.

Art. D. 6221-26 Chaque fois qu'une modification est apportée à l'un des éléments énumérés à l'article D. 6221-24, la déclaration prévue au quatrième alinéa de l'article L. 6211-2 dans sa rédaction antérieure à l'entrée en vigueur de l'ordonnance n° 2010-49 du 13 janvier 2010 modifiée relative à la biologie médicale est faite au directeur général de l'agence régionale de santé, dans le délai d'un mois.

Art. D. 6221-27 Le retrait de l'autorisation peut être prononcé par le directeur général de l'agence régionale de santé lorsqu'il a été établi, par une inspection réalisée en application de l'article L. 6231-1, que le laboratoire fonctionne dans des conditions dangereuses pour la santé publique.

Cette décision de retrait d'autorisation ne peut intervenir qu'après que le responsable du laboratoire a été mis en mesure de présenter ses observations sur les faits de nature à justifier la décision, dans un délai d'un mois à compter de la réception de la mise en demeure.

Lorsque le directeur général de l'agence régionale de santé est informé de faits constituant un danger imminent pour la sécurité des patients ou des personnes exerçant dans le laboratoire, il met en œuvre la procédure prévue à l'article R. 6231-1.

Art. D. 6221-28 Pour l'application du 4° et du 5° du I de l'article 7 de l'ordonnance n° 2010-49 du 13 janvier 2010 modifiée relative à la biologie médicale, au moins un examen par famille d'examens de biologie médicale est accrédité, le pourcentage étant calculé sur l'ensemble des examens de biologie médicale réalisés par le laboratoire. Le calcul des examens de biologie médicale est réalisé dans les conditions prévues à l'article D. 6211-13.

Art. D. 6221-29 Le laboratoire de biologie médicale informe, par voie électronique, l'agence régionale de santé dans le ressort duquel *[de laquelle]* il est implanté de l'obtention de l'accréditation aux différents pourcentages fixés au I de l'article 7 de l'ordonnance n° 2010-49 du 13 janvier 2010 modifiée relative à la biologie médicale, en joignant la liste détaillée des examens de biologie médicale réalisés sous accréditation.

SOUS-SECTION 2 DISPOSITIONS RELATIVES AUX CONDITIONS DE TRANSMISSION D'ÉCHANTILLONS À DES LABORATOIRES DE BIOLOGIE MÉDICALE ÉTABLIS DANS UN AUTRE ÉTAT MEMBRE DE L'UNION EUROPÉENNE OU PARTIE À L'ACCORD SUR L'ESPACE ÉCONOMIQUE EUROPÉEN

Art. D. 6221-30 *Lorsqu'*un laboratoire de biologie médicale établi dans un autre État membre de l'Union européenne ou partie à l'accord sur l'Espace économique européen figurant sur une liste fixée par arrêté du ministre chargé de la santé, pris après avis de la commission mentionnée à l'article L. 6213-12, réalise la phase analytique d'un examen de laboratoire de biologie médicale commencé en France, les conditions d'accréditation, d'autorisation ou d'agrément de ce laboratoire sont reconnues équivalentes à celles imposées par le premier alinéa de l'article 7 de l'ordonnance n° 2010-49 du 13 janvier 2010 modifiée relative à la biologie médicale aux laboratoires établis sur le territoire français et non accrédités au sens de l'article L. 6221-1.

Les critères permettant d'apprécier l'équivalence mentionnée au premier alinéa sont précisés par arrêté du ministre chargé de la santé, pris après avis de la même commission.

La commission émet son avis au vu d'un rapport établi par un expert choisi en raison de sa compétence dans le domaine de la biologie médicale.

La liste mentionnée au premier alinéa spécifie, le cas échéant, État par État, ceux des examens mentionnés aux articles L. 1131-1, L. 2131-1, L. 2142-1, L. 6211-22 et L. 6211-23 pour lesquels les conditions d'accréditation, d'autorisation ou d'agrément ne sont pas reconnues équivalentes à celles imposées aux laboratoires de biologie médicale implantés sur le territoire français.

Art. D. 6221-31 La déclaration prévue au deuxième alinéa de l'article L. 6211-2-1, dans sa rédaction antérieure à l'entrée en vigueur de l'ordonnance n° 2010-49 du 13 janvier 2010 modifiée relative à la biologie médicale, est adressée par le laboratoire au ministre chargé de la santé, par lettre recommandée avec demande d'avis de réception.

Elle est accompagnée de la copie de l'accréditation, de l'autorisation ou de l'agrément délivré par les autorités compétentes de l'État d'implantation du laboratoire.

Si la déclaration et les pièces jointes ne sont pas rédigées en français, elles sont accompagnées d'une traduction certifiée.

Un récépissé est délivré au demandeur par le ministre chargé de la santé à réception de la déclaration.

Art. D. 6221-32 Le responsable du laboratoire de biologie médicale établi dans un autre État membre de l'Union européenne ou partie à l'accord sur l'Espace économique européen informe sans délai le ministre chargé de la santé, en cas de suspension ou de retrait de l'accréditation, de l'autorisation ou de l'agrément délivré par les autorités compétentes de l'État dans lequel il est implanté.

Art. D. 6221-33 A tout moment, le ministre chargé de la santé peut demander une copie de l'accréditation, de l'autorisation ou de l'agrément du laboratoire, en cours de validité.

Art. D. 6221-34 La demande d'autorisation prévue au troisième alinéa de l'article L. 6211-2-1, dans sa rédaction antérieure à l'entrée en vigueur de l'ordonnance n° 2010-49 du 13 janvier 2010 modifiée relative à la biologie médicale, est adressée par le laboratoire au ministre chargé de la santé par lettre recommandée avec demande d'avis de réception.

Le dossier de demande d'autorisation indique :

1° Les règles juridiques et les normes techniques de fonctionnement du laboratoire dans l'État membre de l'Union européenne ou partie à l'accord sur l'Espace économique européen de son implantation, ainsi que la liste des examens de biologie médicale qu'il est autorisé à y réaliser et pour lesquels il sollicite l'autorisation ;

2° Le nombre d'examens de biologie médicale réalisés au cours de l'année civile précédant la demande ;

3° Le nombre de personnes exerçant dans le laboratoire à la date de la demande et leur spécialisation ;

4° La copie des diplômes, certificats ou autres titres des professionnels en exercice dans le laboratoire ;

5° La chronologie et la périodicité des contrôles auxquels est soumis le laboratoire ainsi que l'objet de ces contrôles ;

6° Une description de l'aménagement et de l'organisation du laboratoire, une liste des matériels, des équipements et des dispositifs médicaux de diagnostic *in vitro* qui y sont utilisés ainsi que l'exposé des processus, modes opératoires et référentiels mis en œuvre en matière d'assurance de la qualité ;

7° Le cas échéant, le nom et l'adresse des laboratoires avec lesquels le laboratoire collabore ou avec lesquels il envisage de collaborer.

Art. D. 6221-35 La demande d'autorisation est accompagnée, le cas échéant, de la copie des documents valant accréditation, autorisation ou agrément délivrés par les autorités compétentes de l'État où le siège social du laboratoire est établi.

Le dossier de demande d'autorisation et les documents annexés sont assortis d'une traduction certifiée en français.

Art. D. 6221-36 Les demandes d'autorisation ne peuvent être examinées que si elles sont accompagnées d'un dossier complet.

Le dossier est réputé complet si, dans le délai d'un mois à compter de sa réception, le ministre chargé de la santé n'a pas fait connaître au demandeur, par lettre recommandée avec demande d'avis de réception, la liste des pièces manquantes ou incomplètes.

Art. D. 6221-37 Le ministre chargé de la santé se prononce sur la demande d'autorisation après avis de la commission mentionnée à l'article L. 6213-12. Sa décision fait l'objet d'une publication au *Journal officiel* de la République française.

La commission émet son avis sur la demande d'autorisation au vu d'un rapport établi par un expert choisi par le ministre chargé de la santé en raison de sa compétence dans le domaine de la biologie médicale.

L'expert analyse la demande d'autorisation du laboratoire au regard de critères permettant de vérifier que ses conditions de fonctionnement sont équivalentes à celles imposées à l'article *(Décr. n° 2016-839 du 24 juin 2016, art. 4-2°-b)* « D. 6221-30 » aux laboratoires de biologie médicale implantés sur le territoire français.

Le silence gardé par le ministre chargé de la santé pendant plus de quatre mois à compter *[de la]* réception de la demande d'autorisation vaut rejet de cette demande.

Art. D. 6221-38 L'autorisation est délivrée pour une durée de cinq ans. Elle mentionne les examens de biologie médicale que le laboratoire est habilité à réaliser pour les patients résidant en France.

Art. D. 6221-39 Les autorités compétentes de l'État où le siège social du laboratoire est établi sont informées de la décision du ministre chargé de la santé.

Art. D. 6221-40 Les demandes de renouvellement d'autorisation suivent la même procédure que les demandes initiales.

Art. D. 6221-41 Le responsable du laboratoire titulaire de l'autorisation est tenu de déclarer sans délai au ministre chargé de la santé toute modification relative aux règles juridiques et aux normes techniques de fonctionnement du laboratoire figurant dans le dossier de demande d'autorisation.

Art. D. 6221-42 Lorsqu'il est établi que les conditions de fonctionnement du laboratoire titulaire de l'autorisation ne sont pas ou ne sont plus équivalentes à celles imposées, au titre du premier alinéa de l'article 7 de l'ordonnance n° 2010-49 du 13 janvier 2010 modifiée relative à la biologie médicale, aux laboratoires de biologie médicale implantés sur le territoire français, l'autorisation est suspendue ou retirée par le ministre chargé de la santé.

Toutefois, la suspension ou le retrait de l'autorisation, sauf en cas de danger immédiat pour la santé publique, ne peut intervenir que lorsque le ministre chargé de la santé a informé le responsable du laboratoire de la nature des manquements constatés et l'a mis en demeure de les faire cesser dans un délai déterminé. Une copie de la mise en demeure est adressée aux autorités compétentes de l'État dans lequel le siège social du laboratoire est établi. Le retrait ou la suspension de l'autorisation est motivé. Ces décisions peuvent ne concerner qu'une partie des éléments de l'autorisation.

Art. D. 6221-43 Les experts mentionnés aux articles *(Décr. n° 2016-839 du 24 juin 2016, art. 4-2°-c)* « D. 6221-30 et D. 6221-37 » sont nommés par arrêté du ministre chargé de la santé.

Art. D. 6221-44 Les prélèvements biologiques transmis par le laboratoire de biologie médicale implanté en France demandeur de la réalisation de la phase analytique doivent faire l'objet d'une procédure de suivi permettant d'établir la conformité des échantillons biologiques acceptés par le laboratoire qui réalise la phase analytique, leur identification, le maintien de leur intégrité et leur traçabilité.

Art. D. 6221-45 Le ministre chargé de la santé tient à jour et met à la disposition du public un registre des laboratoires ayant effectué la déclaration prévue au deuxième alinéa de l'article L. 6211-2-1 dans sa rédaction antérieure à l'entrée en vigueur de l'ordonnance n° 2010-49 du 13 janvier 2010 modifiée relative à la biologie médicale ou ayant obtenu l'autorisation administrative prévue au troisième alinéa du même article.

CHAPITRE II CONDITIONS D'OUVERTURE ET DE FONCTIONNEMENT DES LABORATOIRES DE BIOLOGIE MÉDICALE

(Décr. nº 2016-46 du 26 janv. 2016, art. 2-3º)

SECTION PREMIÈRE DISPOSITIONS GÉNÉRALES

Art. R. 6222-1 Le site d'un laboratoire de biologie médicale est l'unité géographique du laboratoire au sein de laquelle il réalise tout ou partie de son activité de biologie médicale.

Art. R. 6222-2 Un biologiste médical présent sur chaque site conformément aux dispositions de la première phrase de l'article L. 6222-6, ou un autre biologiste du laboratoire de biologie médicale, est désigné comme responsable de ce site au sens de ce même article. Il ne peut assurer simultanément cette responsabilité pour plusieurs sites.

Art. R. 6222-3 Sur tous les titres et documents professionnels, notamment sur tous les comptes rendus émanant du laboratoire de biologie médicale, figurent de façon apparente les mentions suivantes :

1º Le nom ou la raison sociale du laboratoire de biologie médicale et sa forme d'exploitation ;

2º Le nom du biologiste-responsable du laboratoire de biologie médicale et, le cas échéant, le nom des biologistes-coresponsables ;

3º Le numéro d'accréditation dès qu'une accréditation totale est délivrée.

En outre, sur chaque compte rendu d'examen, figure l'adresse du ou des sites concernés par la réalisation de l'examen.

Chaque site d'un laboratoire de biologie médicale est signalé au public par une plaque professionnelle apposée à *[sur]* la porte d'entrée du site et, le cas échéant, à *[sur]* la porte de l'immeuble dans lequel est installé le site. Cette plaque ne peut comporter d'autres indications que celles mentionnées aux 1º et 2º.

SECTION II DÉROGATION À LA TERRITORIALITÉ DES SITES D'UN LABORATOIRE DE BIOLOGIE MÉDICALE

Art. R. 6222-4 Lorsque le directeur général d'une agence régionale de santé constate que, dans un territoire de santé, l'offre de biologie médicale ne répond pas aux besoins de la population, notamment du fait des difficultés géographiques d'accès, il indique dans le schéma régional de l'organisation des soins que, sur ce territoire de santé, un laboratoire de biologie médicale implanté dans un territoire de santé limitrophe peut ouvrir un site en dérogation aux dispositions de l'article L. 6222-5 fixant au maximum à trois le nombre de territoires d'implantation des sites de laboratoires de biologie médicale.

SECTION III CONDITIONS DE MAINTIEN DES SITES

Art. R. 6222-5 I. — Lorsqu'un ou des sites de laboratoires de biologie médicale créés avant la révision du schéma régional d'organisation des soins ou avant le changement de délimitation des territoires de santé concernés ne satisfont plus aux conditions de localisation fixées par l'article L. 6222-5 ou aux prévisions d'implantation des sites indiquées par le schéma régional d'organisation des soins en application du *(Décr. nº 2016-839 du 24 juin 2016, art. 4-2º-d)* « 4º du I de l'article L. 1434-3 », le directeur général de l'agence régional *[régionale]* de santé notifie cette incompatibilité au représentant légal du laboratoire concerné dans un délai de trois mois après la publication des actes portant révision du schéma ou changement de délimitation des territoires de santé.

Le représentant légal du laboratoire présente au directeur général de l'agence régionale de santé une demande motivée de maintien du ou des sites concernés, dans un délai de trois mois suivant réception de la notification mentionnée à l'alinéa précédent.

Le directeur général de l'agence régionale de santé peut accepter le maintien, à titre temporaire ou à titre permanent, du ou des sites concernés, dans l'un des cas suivants :

1° Lorsque le maintien du site est seul de nature à préserver la spécificité de l'offre de biologie sur le territoire de santé concerné ;

2° Lorsque le maintien du site est seul de nature à répondre aux besoins de la population sur ce territoire.

II. — Le directeur général de l'agence régionale de santé, après examen des motifs de la demande, répond au représentant légal du laboratoire dans un délai de trois mois après la réception de cette demande, en indiquant par décision motivée si le site ou les sites en cause peuvent être maintenus et pour quelle durée.

SECTION IV DÉCLARATION D'OUVERTURE DU LABORATOIRE ET DE MODIFICATION DE SON FONCTIONNEMENT

Art. D. 6222-6 I. — Au plus tard huit mois avant la date prévisionnelle d'ouverture du laboratoire de biologie médicale *(Abrogé par CE nº 398289 du 6 déc. 2017)* « *, d'un site nouveau d'un laboratoire existant ou de transfert d'un site hors du territoire de santé où il est implanté* », le représentant légal du laboratoire adresse la déclaration prévue au premier alinéa de l'article L. 6222-1, par tout moyen permettant de lui conférer une date de réception certaine, à l'agence régionale de santé ou aux agences régionales de santé concernées par la création du laboratoire ou du site.

Cette déclaration comprend les pièces ou informations suivantes :

1° L'identification de l'établissement de santé ou de la structure juridique mentionnée aux articles L. 6223-1 et L. 6223-2 qui ouvre le laboratoire ou le site concerné ainsi que l'acte constitutif de cette structure ;

2° L'adresse du ou des sites concernés par l'ouverture ;

3° La description et le plan du laboratoire et, le cas échéant, de ses sites ;

4° La date prévisionnelle d'ouverture du laboratoire ou du site ;

5° L'identification du biologiste-responsable prévu par l'article L. 6213-7 et, le cas échéant, l'identification du ou des biologistes-coresponsables prévus par l'article L. 6213-9 ;

6° L'identification des biologistes médicaux ;

7° Le volume prévisionnel d'activité pour les trois premières années de fonctionnement du laboratoire, estimé selon les dispositions des articles D. 6211-13 et D. 6211-14 ;

8° Le cas échéant, la copie du ou des contrats de coopération prévus à l'article L. 6212-6, conclus par le laboratoire ;

9° Pour les laboratoires exploités sous la forme d'un groupement de coopération sanitaire, la copie de la convention constitutive ;

10° Pour les laboratoires privés exploités sous la forme d'une association ou d'une fondation :

a) La copie du règlement intérieur ;

b) La liste des membres du conseil d'administration ;

11° Pour les laboratoires privés exploités sous la forme d'une société, les documents et informations prévus à l'article R. 6223-3.

II. — *(Abrogé par CE nº 398289 du 6 déc. 2017)* « *Au plus tard six mois* » Avant toute modification apportée à la structure juridique et financière du laboratoire de biologie médicale ainsi qu'avant les opérations mentionnées à l'article L. 6222-3 et à l'article L. 6223-4, le représentant légal du laboratoire adresse à l'agence régionale de santé, par tout moyen permettant de lui conférer une date certaine de réception, la déclaration prévue au dernier alinéa de l'article L. 6222-1.

Cette déclaration comporte les seuls éléments mentionnés au I affectés par la modification et, le cas échéant :

1° Le projet d'acquisition de parts sociales ou d'actions et la répartition du capital résultant de l'opération ;

2° Le projet d'acquisition d'un laboratoire de biologie médicale, d'un site de laboratoire ou de tout ou partie d'actifs d'une société exploitant un laboratoire ;

3° Le projet de fusion ou de transmission universelle de patrimoine ;

4° La copie de l'ordonnance du tribunal de commerce désignant le commissaire à la fusion.

Art. D. 6222-7 L'agence régionale de santé adresse à la personne déposant la déclaration prévue à l'article D. 6222-6, dans un délai d'un mois à compter de la réception, un accusé de réception.

Le dossier est réputé complet, au regard du I de l'article D. 6222-6 ou, le cas échéant, du II du même article, si l'agence régionale de santé ne notifie pas au déclarant, au plus tard dans le même délai, la liste des pièces manquantes. Le déclarant doit compléter son dossier dans les deux semaines suivant la réception de cette notification. L'agence régionale de santé accuse réception des pièces complémentaires et déclare le dossier complet.

La déclaration n'est considérée comme déposée au sens de l'article L. 6222-1 que lorsque le dossier est complet.

Art. R. 6222-8 I. – L'opposition à l'ouverture du laboratoire de biologie médicale ou d'un site nouveau ou au transfert d'un site existant, en application de l'article L. 6222-2, et l'opposition aux opérations mentionnées à l'article L. 6222-3 est *[sont]* notifiée *[notifiées]* par décision motivée par le directeur général de l'agence régionale de santé concerné *[concernée]*, par tout moyen permettant de conférer une date certaine à cette notification, au plus tard deux mois après la date à laquelle le dossier a été déclaré ou réputé complet en application de l'article D. 6222-7.

Avant la mise en œuvre de ces pouvoirs d'opposition, le directeur général de l'agence régionale de santé le notifie au représentant légal du laboratoire par tout moyen permettant de conférer une date certaine à cette notification afin qu'il puisse lui transmettre, dans un délai de quinze jours, ses observations.

II. – Le directeur général de l'agence régionale de santé, saisi d'une déclaration d'ouverture d'un site de laboratoire dont la localisation n'est pas conforme aux dispositions du premier alinéa de l'article L. 6222-5, peut ne pas s'y opposer en accordant la dérogation prévue par ce même article dans les conditions prévues par les dispositions de l'article R. 6222-4. Il notifie cette décision dans les conditions prévues au I du présent article.

Art. D. 6222-9 Au plus tard deux mois avant toute modification relative à l'organisation générale du laboratoire autre que l'une des opérations d'ouverture ou de transfert de site mentionnées au premier alinéa du I et du II de l'article *(Décr. n° 2016-839 du 24 juin 2016, art. 4-2°-e)* « D. 6222-6 » ainsi que tout changement de biologiste-responsable ou de biologiste-coresponsable du laboratoire de biologie médicale mentionnés aux articles L. 6213-7 à L. 6213-10, le représentant légal du laboratoire adresse à l'agence régionale de santé la déclaration prévue au dernier alinéa de l'article L. 6222-1, par tout moyen permettant de conférer à sa réception une date certaine.

L'agence régionale de santé accuse réception de cette déclaration dans un délai d'un mois à compter de la réception. Dans le même délai, elle peut demander des informations complémentaires. Ces informations sont transmises dans le délai de deux semaines après réception de la demande de l'agence.

Art. R. 6222-10 Le représentant légal du laboratoire communique, dès sa réception, à l'agence régionale de santé ou aux agences régionales de santé concernées l'attestation provisoire de satisfaction aux critères d'accréditation mentionnée au deuxième alinéa du I de l'article L. 6221-2, sans laquelle aucun laboratoire de biologie médicale ne peut ouvrir pour réaliser des examens.

L'agence régionale de santé accuse réception de cette déclaration dans un délai d'un mois à compter de la réception.

SECTION V DISPOSITIONS PARTICULIÈRES RELATIVES AU NOMBRE DE LABORATOIRES DE BIOLOGIE MÉDICALE DE CERTAINS ÉTABLISSEMENTS DE SANTÉ

Art. D. 6222-11 *I. – Lorsque*, en application des dispositions du premier alinéa de l'article L. 6222-4 et sans préjudice de l'application des dispositions de l'article *(Décr. n° 2016-839 du 24 juin 2016, art. 4-2°-e)* « D. 6222-6 » relatives à l'ouverture des laboratoires et de leurs sites, les établissements publics de santé de l'Assistance publique-hôpitaux de Paris, des hospices civils de Lyon et de l'Assistance publique-hôpitaux de Marseille entendent gérer plus d'un laboratoire de biologie médicale, le directeur général de l'établissement joint au dossier de déclaration d'ouverture prévu au même article une demande d'autorisation au directeur général de l'agence régionale de santé pour le ou les laboratoires de biologie en surnombre.

La demande d'autorisation est adressée par le directeur général de l'établissement au directeur général de l'agence régionale de santé, accompagnée du projet d'organisation interne des laboratoires de biologie médicale de l'établissement comportant le nombre de laboratoires de biologie médicale envisagé, le nombre et l'implantation géographique des sites de chaque laboratoire de biologie médicale ainsi que la liste des hôpitaux qui recourent à chaque laboratoire de biologie médicale.

II. – L'autorisation est accordée par le directeur général de l'agence régionale de santé sous réserve que :

1° L'organisation interne de l'établissement en ce qui concerne les laboratoires de biologie médicale, arrêtée en application de l'article L. 6143-7 par le directeur général de l'établissement, justifie le maintien ou l'ouverture de plus d'un laboratoire pour l'ensemble de l'établissement ;

2° Le nombre de laboratoires de biologie médicale susceptibles d'être autorisés dans l'établissement concerné ne soit pas supérieur au nombre de ses hôpitaux ou groupements hospitaliers ;

3° Le maintien ou l'ouverture de ce ou ces laboratoires n'a pas pour effet de maintenir ou de porter l'offre de biologie médicale dans le territoire de santé d'implantation des laboratoires concernés à un niveau supérieur à celui des besoins de la population tels qu'appréciés par le schéma régional d'organisation des soins.

La décision motivée du directeur général de l'agence régionale de santé est notifiée dans un délai de quatre mois à compter de la réception de la demande dès lors qu'elle est complète au sens de l'article D. 6222-6.

CHAPITRE III STRUCTURES JURIDIQUES *(Décr. n° 2016-44 du 26 janv. 2016, art. 1er-I et II).*

SECTION PREMIÈRE DISPOSITIONS COMMUNES AUX SOCIÉTÉS EXPLOITANT UN LABORATOIRE DE BIOLOGIE MÉDICALE

(Décr. n° 2016-44 du 26 janv. 2016, art. 1er-VII)

SOUS-SECTION 1 INSCRIPTION DES SOCIÉTÉS EXPLOITANT UN LABORATOIRE DE BIOLOGIE MÉDICALE AUX TABLEAUX DES ORDRES COMPÉTENTS

Art. R. 6223-1 Les dispositions de la présente section régissent les sociétés constituées en application de l'article L. 6223-1, y compris en cas de constitution par voie de fusion, de scission ou d'une modification de la forme juridique de la société.

Art. R. 6223-2 La société qui exploite un laboratoire de biologie médicale est constituée sous condition suspensive de son inscription au tableau de l'ordre des médecins, lorsqu' *[lorsque]* au moins un médecin biologiste détient une fraction du capital social, et au tableau de l'ordre des pharmaciens, lorsqu' *[lorsque]* au moins un pharmacien biologiste détient une fraction du capital social.

Art. R. 6223-3 La demande d'inscription est adressée par un mandataire commun désigné, dans les statuts ou dans un acte séparé, par les associés de la société, au conseil de l'ordre, mentionné à l'article R. 6223-2, dans le ressort duquel est situé son siège social, par tout moyen permettant de rapporter la preuve de sa date de réception. Elle est accompagnée des pièces suivantes :

1° Un exemplaire des statuts de la société et de son règlement intérieur ;

2° Toute convention relative au fonctionnement de la société ou aux rapports entre associés ;

3° Une attestation du greffier du tribunal de commerce du lieu du siège social ou du tribunal de grande instance statuant commercialement constatant le dépôt au greffe de la demande d'immatriculation de la société au registre du commerce et des sociétés ;

4° Une attestation des associés indiquant, pour chacun d'eux :

a) Pour les sociétés d'exercice libéral et les sociétés coopératives, la catégorie de personnes ou de sociétés au titre de laquelle il est associé ;

b) Les parts sociales ou actions représentatives du capital qu'il détient, directement ou indirectement, dans la société ;

c) La nature et l'évaluation distincte de chacun des apports effectués par les associés, et, le cas échéant, le rapport du commissaire aux apports ;

d) L'affirmation de la libération totale ou partielle, suivant le cas, des apports concourant à la formation du capital social ;

5° Pour chaque associé exerçant au sein de la société, un certificat d'inscription au tableau de l'ordre, et, pour les associés non encore inscrits à ce tableau, la justification de la demande d'inscription.

Art. R. 6223-4 Le conseil de l'ordre compétent statue sur la demande d'inscription, le cas échéant, dans les conditions prévues aux articles L. 4112-3 et L. 4112-4 ou aux articles L. 4222-3 à L. 4222-5 et L. 4232-12.

La décision est notifiée au mandataire commun mentionné à l'article R. 6223-3, par tout moyen permettant de rapporter la preuve de sa date de réception.

L'inscription de la société peut être refusée par le conseil de l'ordre si les documents mentionnés aux 1°, 2° et 4° de l'article R. 6223-3 ne sont pas conformes aux lois et règlements en vigueur, notamment aux dispositions du premier alinéa de l'article L. 4222-4 ou du troisième alinéa de l'article L. 4112-1. Les documents mentionnés au 2° de l'article R. 6223-3 ne peuvent notamment avoir pour effet d'aliéner l'indépendance professionnelle d'un biologiste médical conformément, selon le cas, aux dispositions de l'article R. 4127-5 ou de l'article R. 4235-3.

La décision de refus d'inscription est motivée. Elle ne peut être prise qu'après que les associés ont été appelés à présenter leurs observations au conseil de l'ordre, dans un délai de quinze jours.

Une copie de la décision ou de l'avis d'inscription est adressée par le conseil de l'ordre compétent au directeur général de l'agence régionale de santé, à l'instance nationale d'accréditation mentionnée à l'article L. 6221-2, ainsi qu'aux organismes d'assurance maladie du régime général, de la mutualité sociale agricole et du régime social des indépendants ayant compétence dans le département.

Lorsque la société relève de l'ordre des pharmaciens et de l'ordre des médecins, une copie de la décision ou de l'avis d'inscription de chacun des deux ordres est transmise à l'autre.

Art. R. 6223-5 A peine d'inopposabilité aux tiers, le représentant légal de la société communique au président de chaque conseil de l'ordre dont elle relève, par tout moyen permettant de rapporter la preuve de sa date de réception et dans le mois suivant la date à laquelle il se produit, tout changement dans la situation déclarée en application de l'article R. 6223-3, en joignant les pièces justificatives.

Dans les mêmes conditions, lorsqu'une société d'exercice libéral de biologistes médicaux participe au capital d'une autre société d'exercice libéral, une note d'information désignant cette dernière et précisant la répartition du capital issue de cette participation est communiquée par son représentant légal au président de chaque conseil de l'ordre dont elle relève.

Art. R. 6223-6 Chaque associé d'une société demeure individuellement électeur et éligible au conseil de l'ordre auquel il est inscrit, sans que la société soit elle-même électrice ou éligible.

SOUS-SECTION 2 IMMATRICULATION

Art. R. 6223-7 L'immatriculation de la société au registre du commerce et des sociétés est régie par les articles R. 123-31 et suivants du code de commerce, sous réserve des dispositions du présent article.

Le mandataire commun mentionné à l'article R. 6223-3 adresse au greffe du tribunal où a été déposée la demande d'immatriculation une copie de la demande d'inscription à l'ordre prévue à l'article R. 6223-3 et, le cas échéant, la décision du conseil de l'ordre compétent mentionnée à l'article R. 6223-4.

A la réception de ce document, le greffier procède à l'immatriculation et en informe le président du conseil de *[du]* ou des ordres auprès desquels la société est inscrite.

La société est dispensée de procéder aux formalités de publicité prévues aux articles R. 210-16 et suivants du code de commerce.

SOUS-SECTION 3 RELATIONS AVEC L'ASSURANCE MALADIE

Art. R. 6223-8 La société qui exploite un laboratoire de biologie médicale et les associés y exerçant leur profession sont soumis aux lois et des *[aux]* textes pris pour leur application régissant les rapports de la profession avec l'assurance maladie.

En particulier, les dispositions de la convention nationale mentionnée au chapitre II du titre VI du livre Ier du code de la sécurité sociale régissant les relations avec les biologistes médicaux s'appliquent à la société, dans la mesure où elles sont applicables à une personne morale, ainsi qu'à chacun des biologistes médicaux exerçant au sein de la société, pour celle *[celles]* des dispositions qui ont trait à leur activité.

Les associés exerçant leur profession au sein d'une société sont dans la même situation à l'égard de la convention nationale applicable à leur profession.

Art. R. 6223-9 En cas de déconventionnement d'un ou plusieurs des associés exerçant leur profession au sein de la société, sans que ceux-ci ne se retirent de la société, et faute pour les autres associés, dans les conditions prévues par les statuts, de suspendre pour la durée de la mise hors convention l'exercice de ces professionnels dans le cadre de la société, celle-ci est placée de droit hors convention pour la même durée à l'expiration d'un délai de deux mois à compter de la notification prévue à l'article R. 6223-10. Le déconventionnement de la société est soumis aux mêmes voies de recours que le déconventionnement dont font l'objet les professionnels.

Les dispositions de l'alinéa précédent ne s'appliquent qu'en cas de déconventionnement d'une durée supérieure à trois mois ou en cas de récidive des manquements ayant entraîné un premier déconventionnement, quelle qu'en soit la durée.

Art. R. 6223-10 Toute décision prise par une caisse d'assurance maladie de placer hors convention la société ou un associé exerçant la profession en son sein, ou constatant que la société s'est placée hors convention, est notifiée à la société ainsi qu'à chacun des associés.

SECTION II EXPLOITATION PAR UNE SOCIÉTÉ CIVILE PROFESSIONNELLE

(Décr. n° 2016-44 du 26 janv. 2016, art. 1er-IV).

SOUS-SECTION 1 DISPOSITIONS GÉNÉRALES

(Décr. n° 2016-44 du 26 janv. 2016, art. 1er-VIII-2°)

Art. R. 6223-11 Les dispositions de la présente section régissent les sociétés civiles professionnelles constituées entre biologistes médicaux personnes physiques en application de la loi n° 66-879 du 29 novembre 1966 relative aux sociétés civiles professionnelles dont l'objet est l'exercice en commun de la profession de biologiste médical. Ces sociétés portent l'appellation de sociétés civiles professionnelles de biologistes médicaux.

Une société civile professionnelle de biologistes médicaux exploite un laboratoire de biologie médicale.

Un biologiste médical ne peut être associé que d'une seule société civile professionnelle. Le biologiste médical associé d'une société civile professionnelle ne peut exercer sa profession à titre libéral qu'au sein de celle-ci.

Art. R. 6223-12 La dénomination sociale d'une société civile professionnelle de biologistes médicaux figure dans tous les documents et correspondances émanant de la société, sous l'appellation "société civile professionnelle de biologistes médicaux".

Si les statuts sont établis par acte sous seing privé, il en est dressé autant d'originaux qu'il est nécessaire pour la remise d'un exemplaire à chaque associé et pour satisfaire aux dispositions de la présente section.

SOUS-SECTION 2 CONSTITUTION DE LA SOCIÉTÉ *(Décr. n° 2016-44 du 26 janv. 2016, art. 1er-VIII-1°).*

§ 1er DISPOSITIONS GÉNÉRALES *(Décr. n° 2016-44 du 26 janv. 2016, art. 1er-VIII-3°-a).*

Art. R. 6223-13 Sans préjudice des dispositions de la loi n° 66-879 du 29 novembre 1966 relative aux sociétés civiles professionnelles et de la présente section relatives aux mentions qu'ils comportent nécessairement, les statuts de la société indiquent :

1° Les nom, prénoms, titres professionnels et domicile de chaque associé avec, selon le cas, *(Décr. n° 2016-44 du 26 janv. 2016, art. 1er-VIII-3°-b)* « l'inscription à l'ordre dont il relève » ;
2° La durée pour laquelle la société est constituée ;
3° L'adresse du siège social qui est celle du laboratoire ;
4° La nature et l'évaluation de chacun des apports des associés ;
5° Le montant du capital social, le nombre, le montant nominal et la répartition des parts sociales représentatives de ce capital ;
6° L'affirmation de la libération totale ou partielle des apports concourant à la formation du capital social ;
7° Le nombre des parts sociales attribuées à chaque apporteur en industrie.
Les statuts ne doivent comporter aucune clause tendant à obtenir des associés un rendement minimum ou propre à porter atteinte à la liberté de choix de l'usager.

§ 2 CAPITAL SOCIAL ET PARTS SOCIALES *(Décr. n° 2016-44 du 26 janv. 2016, art. 1er-VIII-3°-d).*

Art. R. 6223-14 Peuvent être apportés à la société, en propriété ou en jouissance :
1° Tous droits incorporels, et notamment le droit pour un associé de présenter la société comme successeur à sa clientèle ou, s'il est ayant droit d'un directeur de laboratoire d'analyses de biologie médicale décédé, à la clientèle de son auteur ;
2° D'une manière générale, tous objets mobiliers à usage professionnel, notamment le matériel ainsi que les documents et archives ;
3° Les biens immobiliers destinés à l'exploitation du laboratoire ;
4° Toutes sommes en numéraire.

Art. R. 6223-15 Les parts sociales ne peuvent être données en nantissement.
Leur montant nominal ne peut être inférieur à 15 €.
Les parts sociales correspondant à des apports en industrie sont incessibles et sont annulées lorsque leur titulaire perd sa qualité d'associé pour quelque cause que ce soit.
— Anc. art. R. 6212-11 (Décr. n° 2016-44 du 26 janv. 2016, art. 1er-V).

Art. R. 6223-16 Les parts sociales correspondant à des apports en numéraire sont libérées, lors de la souscription, de la moitié au moins de leur valeur nominale.
La libération du surplus intervient en une ou plusieurs fois, soit aux dates prévues par les statuts, soit sur décision de l'assemblée des associés.
Dans les huit jours de leur réception, les fonds provenant des souscriptions en numéraire sont déposés, pour le compte de la société, à la caisse des dépôts et consignations, chez un notaire ou dans une banque.
Le retrait des fonds provenant de souscriptions en numéraire est effectué par un mandataire de la société sur la seule justification de l'accomplissement des formalités de publicité prévues à l'article *(Décr. n° 2016-44 du 26 janv. 2016, art. 1er-VIII-3°-e)* « R. 6223-7 ».

SOUS-SECTION 3 **FONCTIONNEMENT DE LA SOCIÉTÉ** *(Décr. n° 2016-44 du 26 janv. 2016, art. 1er-VIII-1°).*

§ 1er ADMINISTRATION

(Décr. n° 2016-44 du 26 janv. 2016, art. 1er-VIII-4°-a)

Art. R. 6223-17 L'organisation de la gérance et la détermination des pouvoirs des gérants sont fixées par les statuts dans les conditions prévues par l'article 11 de la loi n° 66-879 du 29 novembre 1966 relative aux sociétés civiles professionnelles.

Art. R. 6223-18 L'assemblée est réunie au moins une fois par an. Elle est également réunie sur la demande présentée par un ou plusieurs associés représentant au moins le tiers en nombre de ceux-ci ou le tiers du capital social. La demande indique l'ordre du jour proposé.
Les modalités de convocation de l'assemblée sont fixées par les statuts.

Art. R. 6223-19 Toute délibération de l'assemblée donne lieu à l'établissement d'un procès-verbal signé par les associés présents et contenant notamment : la date et le lieu de la réunion, les questions inscrites à l'ordre du jour, l'identité des associés présents ou représentés, un résumé des débats, le texte des résolutions mises aux voix et les résultats des votes.

Les procès-verbaux sont établis sur un registre spécial, préalablement coté et paraphé par le secrétaire-greffier du tribunal d'instance. Le registre est conservé au siège social.

Art. R. 6223-20 Chaque associé dispose d'une voix.

Un associé peut donner mandat écrit à un autre associé de le représenter à l'assemblée. Un associé ne peut être porteur de plus de deux mandats.

L'assemblée ne peut délibérer valablement que si les trois quarts au moins des associés sont présents ou représentés. Si le quorum n'est pas atteint, les associés sont convoqués une nouvelle fois et l'assemblée délibère valablement si deux associés au moins sont présents ou représentés.

Art. R. 6223-21 En dehors des cas prévus par l'article 19 de la loi n° 66-879 du 29 novembre 1966 relative aux sociétés civiles professionnelles et par *(Décr. n° 2016-44 du 26 janv. 2016, art. 1er-VIII-4°-c)* « l'article R. 6223-22 » imposant des conditions spéciales de majorité, les décisions sont prises à la majorité des voix dont disposent les associés présents ou représentés.

Dans tous les cas, les statuts peuvent prévoir une majorité plus forte ou même l'unanimité des associés pour toutes les décisions ou seulement pour celles qu'ils énumèrent.

Art. R. 6223-22 Toute modification des statuts doit être décidée à la majorité des trois quarts des voix des associés présents ou représentés. L'adoption ou la modification d'un règlement intérieur est décidée à la même majorité.

Toutefois, l'augmentation des engagements des associés ne peut être décidée qu'à l'unanimité.

Art. R. 6223-23 Après la clôture de chaque exercice, le ou les gérants établissent, dans les conditions fixées par les statuts, les comptes annuels de la société, un rapport sur les résultats de l'exercice ainsi que des propositions relatives à l'affectation du solde des comptes.

Dans les trois mois qui suivent la clôture de l'exercice, les documents mentionnés à l'alinéa précédent sont soumis à l'approbation de l'assemblée des associés.

A cette fin, ils sont adressés à chaque associé avec le texte des résolutions proposées quinze jours au moins avant la réunion de l'assemblée et, au plus tard, avec la convocation à cette assemblée.

Art. R. 6223-24 Chaque associé peut, à toute époque, obtenir communication des documents mentionnés à l'article précédent, des registres de procès-verbaux, des registres et documents comptables et plus généralement de tous documents détenus par la société.

Art. R. 6223-25 La rémunération servie aux parts représentant les apports prévus au 1° de l'article *(Décr. n° 2016-44 du 26 janv. 2016, art. 1er-VIII-4°-d)* « R. 6223-14 » ne peut excéder le taux des avances sur titres de la Banque de France diminué de deux points. La rémunération des parts sociales représentant les autres apports prévus aux 2°, 3° et 4° de l'article *(Décr. n° 2016-44 du 26 janv. 2016, art. 1er-VIII-4°-d)* « R. 6223-14 » et des parts distribuées à la suite d'une augmentation de capital ne peut excéder ce même taux majoré de deux points.

Le surplus des bénéfices, *après* constitution éventuelle de réserves, est réparti entre les associés dans les conditions fixées par les statuts. En l'absence des dispositions statutaires, la répartition est faite par parts égales.

§ 2 CESSIONS ET TRANSMISSIONS DE PARTS SOCIALES

(Décr. n° 2016-44 du 26 janv. 2016, art. 1er-VIII-4°-e)

Art. R. 6223-26 *(Décr. n° 2016-44 du 26 janv. 2016, art. 1er-VIII-4°-f)* I. — Sauf disposition contraire des statuts, les parts sociales sont librement cessibles entre associés, conformément à l'article 20 de la loi n° 66-879 du 29 novembre 1966.

II. — Dans le cas où un associé décide de céder des parts à un tiers, celles-ci ne peuvent être cédées qu'au profit d'un biologiste médical personne physique et qu'avec le consentement de la société exprimé dans les conditions prévues à l'article 19 de la même loi. Le projet de cession des parts sociales est notifié à la société et à chacun des associés par tout moyen permettant de rapporter la preuve de sa date de réception. La société notifie à l'associé cédant, par tout moyen permettant de rapporter la preuve de sa date de réception, son consentement à la cession ou son refus.

Art. R. 6223-27 Dans le cas où la société refuse de consentir à la cession, elle dispose de six mois à compter de la notification de son refus pour notifier à l'associé, *(Décr. n° 2016-44 du 26 janv. 2016, art. 1er-VIII-4°-g)* « par tout moyen permettant de rapporter la preuve de sa date de réception », un projet de cession ou de rachat de ces parts qui constitue engagement du cessionnaire ou de la société.

(Décr. n° 2016-44 du 26 janv. 2016, art. 1er-VIII-4°-g) « A défaut d'accord entre les parties, le prix de cession est fixé par un expert dans les conditions prévues à l'article 1843-4 du code civil. Toute clause contraire est réputée non écrite. »

Lorsque l'associé cédant refuse de signer l'acte portant cession de ses parts au prix ainsi fixé, il est passé outre à ce refus deux mois après la sommation, *(Décr. n° 2016-44 du 26 janv. 2016, art. 1er-VIII-4°-g)* « par tout moyen permettant de rapporter la preuve de sa date de réception », à lui faite par la société et demeurée infructueuse.

Si la cession porte sur la totalité des parts sociales détenues par l'associé, celui-ci perd sa qualité d'associé à l'expiration du délai prévu à l'alinéa précédent. Le prix de cession des parts est consigné à la diligence du cessionnaire.

Art. R. 6223-28 Les articles *(Décr. n° 2016-44 du 26 janv. 2016, art. 1er-VIII-4°-h)* « R. 6223-26 et R. 6223-27 » sont également applicables à la cession à titre gratuit de tout ou partie de ses parts sociales consentie par l'un des associés.

Art. R. 6223-29 Lorsqu'un associé entend se retirer de la société en application de l'article 21 de la loi n° 66-879 du 29 novembre 1966 relative aux sociétés civiles professionnelles, il notifie sa décision à la société *(Décr. n° 2016-44 du 26 janv. 2016, art. 1er-VIII-4°-i)* « par tout moyen permettant de rapporter la preuve de sa date de réception ».

La société dispose de six mois à compter de cette notification pour notifier à l'associé, dans la même forme, soit un projet de cession de ses parts à un associé ou à un tiers, soit un projet de rachat desdites parts par la société. Cette notification implique un engagement du cessionnaire ou de la société qui se porte acquereur. Il est fait, en tant que de besoin, application des dispositions *(Décr. n° 2016-44 du 26 janv. 2016, art. 1er-VIII-4°-i)* « des deuxième et troisième alinéas de l'article R. 6223-27 ».

Art. R. 6223-30 *(Décr. n° 2016-44 du 26 janv. 2016, art. 1er-VIII-4°-j)* « L'associé, radié du tableau de l'ordre ou qui a fait l'objet des sanctions pénales mentionnées aux articles L. 6242-1 et L. 6242-2, dispose de six mois, à compter de la date à laquelle la décision de radiation ou la décision de justice est devenue définitive, pour céder ses parts sociales dans les conditions prévues à l'article *[aux articles]* R. 6223-26 à R. 6223-28. »

Si, à l'expiration de ce délai, aucune cession n'est intervenue, la société procède à la cession ou au rachat dans les conditions prévues au deuxième alinéa de l'article *(Décr. n° 2016-44 du 26 janv. 2016, art. 1er-VIII-4°-j)* « R. 6223-29 ».

Art. R. 6223-31 Sous réserve des règles de protection et de représentation des majeurs légalement protégés, les dispositions de l'article *(Décr. n° 2016-44 du 26 janv. 2016, art. 1er-VIII-4°-k)* « R. 6223-30 » sont applicables à la cession des parts sociales de l'associé frappé d'interdiction légale ou placé sous le régime de la tutelle des majeurs.

Art. R. 6223-32 Le délai prévu au deuxième alinéa de l'article 24 de la loi n° 66-879 du 29 novembre 1966 relative aux sociétés civiles professionnelles pour la cession des parts de l'associé décédé est fixé à un an à compter du décès de l'associé. Il peut être renouvelé par *(Décr. n° 2016-44 du 26 janv. 2016, art. 1er-VIII-4°-l)* « le directeur général de l'agence régionale de santé » à la demande des ayants droit de l'associé décédé et avec le consentement de la société donné dans les conditions prévues pour la cession des parts sociales par le premier alinéa de l'article 19 de la loi précitée.

Art. R. 6223-33 Si pendant le délai prévu à l'article *(Décr. n° 2016-44 du 26 janv. 2016, art. 1er-VIII-4°-m)* « R. 6223-32 », le ou les ayants droit décident de céder les parts sociales de leur auteur à un tiers étranger à la société, il est procédé conformément aux dispositions *(Décr. n° 2016-44 du 26 janv. 2016, art. 1er-VIII-4°-m)* « des articles R. 6223-26 et R. 6223-27 ». Pendant le même délai, si la société, les associés survivants ou l'un ou plusieurs de ceux-ci acceptent, en accord avec le ou les ayants droit de l'associé décédé, d'acquérir les parts sociales de celui-ci, il est procédé conformément aux dispositions de l'article *(Décr. n° 2016-44 du 26 janv. 2016, art. 1er-VIII-4°-m)* « R. 6223-27 ».

Art. R. 6223-34 La demande d'un ou de plusieurs ayants droit d'un associé décédé tendant à l'attribution préférentielle à leur profit des parts sociales de leur auteur est notifiée à la société et à chacun des associés *(Décr. n° 2016-44 du 26 janv. 2016, art. 1er-VIII-4°-n)* « par tout moyen permettant de rapporter la preuve de sa date de réception ».

Art. R. 6223-35 Lorsqu'à l'expiration du délai prévu à l'article *(Décr. n° 2016-44 du 26 janv. 2016, art. 1er-VIII-4°-o)* « R. 6223-33 », les ayants droit de l'associé décédé n'ont pas exercé la faculté de céder les parts sociales de leur auteur, et si aucun consentement préalable à l'attribution préférentielle n'a été donné par la société, celle-ci dispose d'une année pour acquérir ou faire acquérir, dans les conditions prévues à l'article *(Décr. n° 2016-44 du 26 janv. 2016, art. 1er-VIII-4°-o)* « R. 6223-27 », les parts sociales de l'associé décédé.

Si les parts sociales sont cédées à un tiers, les dispositions *(Décr. n° 2016-44 du 26 janv. 2016, art. 1er-VIII-4°-o)* « des articles R. 6223-26 et R. 6223-27 » sont applicables.

Si elles sont acquises par la société, par les associés ou par certains d'entre eux, il est procédé conformément aux dispositions de l'article *(Décr. n° 2016-44 du 26 janv. 2016, art. 1er-VIII-4°-o)* « R. 6223-27 ».

Art. R. 6223-36 A la diligence du cessionnaire, un exemplaire de l'acte de cession des parts sociales, s'il est sous seing privé, ou une expédition de cet acte, s'il est établi en la forme authentique, est déposé *(Décr. n° 2016-44 du 26 janv. 2016, art. 1er-VIII-4°-p)* « au registre du commerce et des sociétés auquel la société est immatriculée ». Lorsque le cédant, dans le cas prévu à l'article *(Décr. n° 2016-44 du 26 janv. 2016, art. 1er-VIII-4°-p)* « R. 6223-27 », a refusé de signer l'acte, la copie de la sommation faite par le cessionnaire est déposée au secrétariat-greffe à l'expiration du délai prévu à cet article. Jusqu'à l'accomplissement de cette formalité, la cession des parts est inopposable aux tiers, qui peuvent toutefois s'en prévaloir.

Tout intéressé peut obtenir à ses frais la délivrance par le secrétaire-greffier d'un extrait de l'acte de cession contenant, à l'exclusion de toutes autres indications, celles qui sont énumérées au troisième alinéa de l'article *(Décr. n° 2016-44 du 26 janv. 2016, art. 1er-VIII-4°-p)* « R. 6223-16 ».

Art. R. 6223-37 Dans le délai d'un mois à compter de la cession, le cessionnaire adresse au président du conseil de l'ordre dont il relève une expédition ou une copie certifiée conforme de l'acte de cession. Dans le même délai, il informe de cette cession *(Décr. n° 2016-44 du 26 janv. 2016, art. 1er-VIII-4°-q)* « le directeur général de l'agence régionale de santé », et, le cas échéant, les conseils de l'ordre dont relèvent les autres associés.

§ 3 MODIFICATION DES STATUTS

(Décr. n° 2016-44 du 26 janv. 2016, art. 1er-VIII-4°-r)

Art. R. 6223-38 Le nombre des associés peut être augmenté au cours de l'existence de la société, avec ou sans augmentation du capital social.

Art. R. 6223-39 Si la constitution des réserves ou le dégagement de plus-values le permet, il est procédé périodiquement à l'augmentation du capital social. Les parts sociales ainsi créées sont attribuées aux associés, y compris à ceux qui n'ont apporté que leur industrie dans les conditions déterminées au *(Décr. n° 2016-44 du 26 janv.*

2016, art. 1er-VIII-4o-t) « second » alinéa de l'article *(Décr. no 2016-44 du 26 janv. 2016, art. 1er-VIII-4o-t)* « R. 6223-25 » pour la répartition des bénéfices.

Cette augmentation de capital ne peut intervenir avant la libération totale des parts sociales correspondant à des apports en numéraire.

Art. R. 6223-40 Un original ou une expédition de l'acte portant modification des statuts est déposé *(Décr. no 2016-44 du 26 janv. 2016, art. 1er-VIII-4o-u)* « par un des représentants légaux au registre du commerce et des sociétés auquel est immatriculée la société ». Jusqu'à l'accomplissement de cette formalité la modification des statuts est inopposable aux tiers qui peuvent toutefois s'en prévaloir.

Tout intéressé peut obtenir à ses frais la délivrance par le secrétaire-greffier d'un extrait de l'acte portant modification des statuts contenant, à l'exclusion de toutes autres indications, celles énumérées au troisième alinéa de l'article *(Décr. no 2016-44 du 26 janv. 2016, art. 1er-VIII-4o-u)* « R. 6223-16 ».

§ 4 RETRAIT D'UN ASSOCIÉ

(Décr. no 2016-44 du 26 janv. 2016, art. 1er-VIII-4o-v)

L'art. R. 6223-41 est considéré par le Décr. no 2016-44 du 26 janv. 2016 comme appartenant à la fois au § 3 et dans le § 4 de la présente sous-section 3. Au regard du contenu de cet art., il paraît se rattacher au présent § 4.

Art. R. 6223-41 L'associé qui a apporté exclusivement son industrie notifie à la société sa décision de s'en retirer dans les formes prévues à l'alinéa premier de l'article *(Décr. no 2016-44 du 26 janv. 2016, art. 1er-VIII-4o-w)* « R. 6223-26 ».

Son retrait prend effet à la date qu'il indique, ou, à défaut, à celle de cette notification. Toutefois, les statuts peuvent prévoir que le retrait ne prendra effet qu'à l'expiration d'un délai, sans que ce délai puisse excéder six mois à compter de la notification faite par l'associé.

Art. R. 6223-42 L'associé, titulaire de parts sociales correspondant à un apport en capital, peut, à la condition d'en informer la société dans les formes prévues au premier alinéa de l'article *(Décr. no 2016-44 du 26 janv. 2016, art. 1er-VIII-4o-w)* « R. 6223-26 », cesser l'activité professionnelle qu'il exerce au sein de cette société avant la fin de la procédure de cession ou de rachat de ses parts. Il respecte, le cas échéant, le délai fixé par les statuts sans que ce délai puisse excéder six mois à compter de la notification relative à la cessation d'activité.

SOUS-SECTION 4 EXERCICE DE LA PROFESSION *(Décr. no 2016-44 du 26 janv. 2016, art. 1er-VIII-1o).*

(Décr. no 2016-44 du 26 janv. 2016, art. 1er-VIII-5o-a)

Art. R. 6223-43 La société justifie de l'assurance de responsabilité prévue par le troisième alinéa de l'article 16 de la loi no 66-879 du 29 novembre 1966 relative aux sociétés civiles professionnelles.

Art. R. 6223-44 *(Décr. no 2016-44 du 26 janv. 2016, art. 1er-VIII-5o-b)* L'associé qui a fait l'objet d'une condamnation disciplinaire passée en force de chose jugée à une peine égale ou supérieure à trois mois d'interdiction d'exercice de la profession ou d'une interdiction de pratiquer des examens de biologie médicale pour les assurés sociaux ou qui contrevient au fonctionnement de la société peut être contraint de se retirer de la société par décision prise à la majorité renforcée des associés prévue par l'article R. 6223-22, calculée en excluant, outre l'intéressé, ceux ayant déjà fait l'objet d'une sanction pour les mêmes faits ou pour des faits connexes. Dans le cas où, suite à une interdiction, l'exclusion n'est pas prononcée, l'intéressé conserve sa qualité d'associé, mais sa participation aux bénéfices calculée en application du second alinéa de l'article R. 6223-25 est réduite au prorata de la durée de la période d'interdiction.

Aucune décision d'exclusion ne peut être prise si l'associé n'a pas été régulièrement convoqué à l'assemblée générale, quinze jours au moins avant la date prévue et par tout moyen permettant de rapporter la preuve de sa date de réception, et s'il n'a pas été mis à même de présenter sa défense sur les faits précis qui lui sont reprochés.

Les parts de l'associé contraint de se retirer de la société sont cédées dans les conditions prévues par le II de l'article R. 6223-26.

Art. R. 6223-45 Sans préjudice de l'obligation de céder ses parts sociales dans les conditions prévues à l'article *(Décr. nº 2016-44 du 26 janv. 2016, art. 1er-VIII-5º-c)* « R. 6223-30 », l'associé radié du tableau d'un ordre ou qui a fait l'objet *(Décr. nº 2016-44 du 26 janv. 2016, art. 1er-VIII-5º-b)* « d'une des sanctions pénales mentionnées aux articles L. 6242-1 et L. 6242-2 ou qui » *[est]* exclu de la société en application des dispositions de l'article *(Décr. nº 2016-44 du 26 janv. 2016, art. 1er-VIII-5º-c)* « R. 6223-44 » perd les droits attachés à la qualité d'associé à l'exception des rémunérations afférentes à ses apports en capital. Ces dispositions prennent effet, selon le cas, au jour où la décision de radiation est devenue définitive, au jour de la notification du retrait d'autorisation ou de la notification de la décision d'exclusion.

SOUS-SECTION 5 DISSOLUTION ET LIQUIDATION DE LA SOCIÉTÉ *(Décr. nº 2016-44 du 26 janv. 2016, art. 1er-VIII-1º).*

§ 1er NULLITÉ ET DISSOLUTION

(Décr. nº 2016-44 du 26 janv. 2016, art. 1er-VIII-6º-a)

Art. R. 6223-46 La nullité ou la dissolution de la société n'est opposable aux tiers qu'à compter de l'accomplissement des formalités de publicité relatives à la nullité ou à la dissolution prévues ci-après.

Art. R. 6223-47 Une expédition de toute décision judiciaire définitive prononçant la nullité de la société est, à la diligence du procureur de la République, *(Décr. nº 2016-44 du 26 janv. 2016, art. 1er-VIII-6º-b)* « déposée au registre du commerce et des sociétés auquel la société est immatriculée et adressée au directeur général de l'agence régionale de santé » et aux conseils de l'ordre dont relèvent les associés.

Art. R. 6223-48 *(Décr. nº 2016-44 du 26 janv. 2016, art. 1er-VIII-6º-c)* « La » dissolution anticipée peut être décidée par les trois quarts au moins des associés. Une copie de cette décision est *(Décr. nº 2016-44 du 26 janv. 2016, art. 1er-VIII-6º-c)* « déposée par le ou les représentants légaux au registre du commerce et des sociétés auquel la société est immatriculée et adressée au directeur général de l'agence régionale de santé » et aux conseils de l'ordre dont relèvent les associés.

Art. R. 6223-49 La société est dissoute de plein droit dans le cas où tous les associés ont fait l'objet d'une décision de radiation du tableau *(Décr. nº 2016-44 du 26 janv. 2016, art. 1er-VIII-6º-d)* « de l'ordre concerné.

« Les décisions de radiation sont déposées au registre du commerce et des sociétés par le conseil de l'ordre compétent. »

Art. R. 6223-50 La société est dissoute de plein droit par le décès simultané de tous les associés ou par le décès du dernier associé.

Art. R. 6223-51 *(Décr. nº 2016-44 du 26 janv. 2016, art. 1er-V)* La société est dissoute de plein droit par la demande de retrait faite soit simultanément par tous les associés, soit par le dernier de ceux-ci.

§ 2 LIQUIDATION

(Décr. nº 2016-44 du 26 janv. 2016, art. 1er-VIII-6º-e)

Art. R. 6223-52 La société est en liquidation dès sa dissolution pour quelque cause que ce soit ou dès que la décision judiciaire déclarant sa nullité est devenue définitive.

La personnalité morale de la société subsiste pour les besoins de la liquidation, jusqu'à la clôture de celle-ci.

La *(Décr. nº 2016-44 du 26 janv. 2016, art. 1er-VIII-6º-f)* « dénomination » sociale est obligatoirement suivie de la mention : "société en liquidation".

Art. R. 6223-53 Lorsqu'une décision de justice prononce la nullité ou constate la dissolution de la société, elle nomme le liquidateur.

Art. R. 6223-54 *(Décr. n° 2016-44 du 26 janv. 2016, art. 1er-VIII-6°-g)* Le liquidateur peut être choisi, sauf en cas de radiation de la société, parmi les associés.

Lorsqu'il ne subsiste qu'un associé, celui-ci est de plein droit liquidateur.

Art. R. 6223-55 Le liquidateur n'a pas été désigné ou a refusé d'accepter ses fonctions, le président du tribunal de grande instance du lieu du siège social, statuant en référé à la requête du procureur de la République ou de toute autre personne intéressée, nomme le liquidateur.

Il est procédé de la même manière pour pourvoir au remplacement du liquidateur en cas de décès ou de démission de celui-ci ou pour motif grave.

Art. R. 6223-56 En aucun cas, les fonctions de liquidateur ne peuvent être confiées à une personne radiée du tableau d'un ordre.

(Décr. n° 2016-44 du 26 janv. 2016, art. 1er-VIII-6°-i) « Plusieurs liquidateurs peuvent être désignés. »

Art. R. 6223-57 Le liquidateur représente la société pendant la durée de la liquidation de celle-ci.

Il dispose des pouvoirs les plus étendus pour réaliser l'actif, régler le passif, rembourser aux associés ou à leurs ayants droit le montant de leur apport et répartir entre eux, conformément aux dispositions des statuts, l'actif net résultant de la liquidation.

La décision judiciaire, ou la décision de l'assemblée, qui nomme le liquidateur précise ses pouvoirs et fixe sa rémunération.

Art. R. 6223-58 Le liquidateur dépose au secrétariat-greffe, pour être versée au dossier ouvert au nom de la société, la copie ou l'expédition de la délibération des associés ou de la décision de justice qui l'a nommé.

Art. R. 6223-59 Le liquidateur convoque les associés ou leurs ayants droit dans les trois mois suivant la clôture de chaque exercice pour leur rendre compte de sa gestion des affaires sociales.

Il les convoque également en fin de liquidation pour statuer sur le compte définitif, se faire délivrer quitus et constater la clôture de la liquidation.

L'assemblée de clôture statue aux conditions prévues pour l'approbation des comptes annuels. Si elle ne peut délibérer ou refuse d'approuver les comptes du liquidateur, le tribunal de grande instance du lieu du siège social statue à la demande du liquidateur ou de tout intéressé.

Art. R. 6223-60 Le liquidateur transmet au *(Décr. n° 2016-44 du 26 janv. 2016, art. 1er-VIII-6°-j)* « directeur général de l'agence régionale de santé » et au conseil de l'ordre intéressé copie de la délibération ou de la décision mentionnée à l'article *(Décr. n° 2016-44 du 26 janv. 2016, art. 1er-VIII-6°-j)* « R. 6223-58 ». Il les informe de la clôture de la liquidation.

Art. R. 6223-61 Dans les cas prévus par le second alinéa de l'article 37 de la loi n° 66-879 du 29 novembre 1966 relative aux sociétés civiles professionnelles concernant les sociétés adoptant le statut de sociétés coopératives, l'actif net de la société subsistant après extinction du passif et le remboursement du capital est réparti entre les associés au prorata des parts détenues par chacun d'eux, y compris les parts correspondant aux apports en industrie.

SECTION III EXPLOITATION PAR UNE SOCIÉTÉ D'EXERCICE LIBÉRAL

SOUS-SECTION 1 DISPOSITIONS GÉNÉRALES

Art. R. 6223-62 Les dispositions de la présente section régissent les sociétés *(Décr. n° 2016-44 du 26 janv. 2016, art. 1er-IX-1°-a)* « d'exercice libéral de biologistes médicaux » constituées en application du titre Ier de la loi n° 90-1258 du 31 décembre 1990 relative à l'exercice sous forme de sociétés des professions libérales soumises à un statut législatif ou réglementaire ou dont le titre est protégé et aux sociétés de participations financières de professions libérales et dont l'objet social est l'exploitation en commun d'un ou plusieurs laboratoires d'analyses de biologie médicale. Ces sociétés portent *(Décr. n° 2016-44 du 26 janv. 2016, art. 1er-IX-1°-a)* « l'appellation de société d'exercice libéral de biologistes médicaux. »

« La société d'exercice libéral de biologistes médicaux exploite un laboratoire de biologie médicale.

« Un biologiste médical associé ne peut exercer sa profession à titre libéral qu'au sein d'une seule société d'exercice libéral et ne peut cumuler cette forme d'exercice avec l'exercice à titre individuel ou au sein d'une société civile professionnelle. »

Art. R. 6223-63 Les actes et documents destinés aux tiers, notamment les lettres, factures, annonces et publications diverses émanant d'une société mentionnée à l'article *(Décr. n° 2016-44 du 26 janv. 2016, art. 1er-IX-1°-b)* « R. 6223-62 » indiquent :

1° La dénomination sociale, précédée ou suivie immédiatement, selon le cas, des mentions :

a) "Société d'exercice libéral à responsabilité limitée" ou : "SELARL" ;

b) "Société d'exercice libéral à forme anonyme" ou : "SELAFA" ;

c) "Société d'exercice libéral en commandite par actions" ou : "SELCA" ;

d) "Société d'exercice libéral par actions simplifiée" ou : "SELAS" ;

2° L'énonciation du montant de son capital social et de son siège social.

SOUS-SECTION 2 CAPITAL SOCIAL *(Décr. n° 2016-44 du 26 janv. 2016, art. 1er-IX-3°).*

Art. R. 6223-64 *(Décr. n° 2016-44 du 26 janv. 2016, art. 1er-IX-3°-a)* « En application du III de l'article 6 de la loi n° 90-1258 du 31 décembre 1990 relative à l'exercice sous forme de professions libérales soumises à un statut législatif ou réglementaire ou dont le titre est protégé et aux sociétés de participations financières de professions libérales et sous réserve des interdictions prévues par l'article L. 6223-5, le quart au plus du capital d'une société d'exercice libéral de biologistes médicaux peut être détenu par une ou plusieurs personnes physiques ou morales ne répondant pas aux conditions du A ou des 1°, 5° ou 6° du B du I de l'article 5 de cette même loi. »

Toutefois, lorsque la société d'exercice libéral est constituée sous la forme d'une société en commandite par actions, la quotité du capital détenue par des personnes autres que celles mentionnées à l'article 5 de la loi du 31 décembre 1990 précitée peut être supérieure à celle fixée à l'alinéa qui précède sans pouvoir cependant atteindre la moitié dudit capital.

Limitation de la participation des associés non biologistes. La limitation à 25 % de la participation des associés n'exerçant pas la profession de biologiste au capital social des SELARL exploitant un laboratoire de biologie médicale est justifiée au regard de l'objectif de protection de la santé et la restriction ainsi apportée par la réglementation française à la liberté d'établissement est appropriée à cet objectif. • CJUE 16 déc. 2010, *Commission européenne c/ République française,* n° C-89/09 : *Europe févr. 2011. Comm. 59, obs. Michel ; RDSS 2011. 162, obs. Aulois-Griot* ✎.

Art. R. 6223-65 *(Décr. n° 2016-44 du 26 janv. 2016, art. 1er-IX-3°-b)* I. — Le projet de cession de parts sociales ou d'actions d'une société d'exercice libéral de biologistes médicaux mentionnée au II de l'article L. 6223-8 est notifié au représentant légal de la société et à chacun des biologistes médicaux, personnes physiques exerçant dans la société, par tout moyen permettant de rapporter la preuve de sa date de réception. La notification vaut offre de cession au profit de chacun des biologistes médicaux et mentionne, *à peine de nullité,* le prix et les conditions.

Chaque biologiste médical exerçant au sein de la société dispose d'un délai de deux mois, à compter de la date mentionnée au premier alinéa, pour notifier au cédant, par tout moyen permettant de rapporter la preuve de sa date de réception, son intention d'acquérir tout ou partie des parts sociales ou des actions aux prix et conditions fixés, ou à défaut dans les conditions prévues à l'article 1843-4 du code civil.

A l'expiration de ce délai, lorsque plusieurs biologistes médicaux exerçant au sein de la société ont manifesté leur intention d'acquérir tout ou partie des parts sociales ou des actions dont la cession est projetée, le cédant en informe l'ensemble des biologistes médicaux. Lorsque le nombre total de parts sociales ou d'actions que les biologistes médicaux exerçant dans la société ont déclaré vouloir acquérir est supérieur au nombre de parts sociales ou d'actions dont la cession est projetée, et faute d'accord entre eux dans un délai d'un mois à compter de l'information faite par le cédant, les parts sociales ou actions concernées sont réparties entre eux par le cédant.

II. – En l'absence de réponse de leur part, à l'expiration du délai mentionné au deuxième alinéa du I du présent article, les biologistes médicaux exerçant au sein de la société sont réputés ne pas se porter acquéreurs des parts sociales ou des actions et la cession peut se faire au bénéfice des personnes mentionnées au second alinéa du II de l'article L. 6223-8.

Le cédant ne peut décider de vendre, à des conditions ou à un prix plus avantageux, aux personnes mentionnées au second alinéa du II de l'article L. 6223-8, sans avoir émis une nouvelle offre au bénéfice des biologistes médicaux, personnes physiques exerçant au sein de la société, selon la procédure décrite au I du présent article.

III. – La cession de parts sociales ou d'actions prévue au présent article est soumise aux formalités prévues à l'article L. 221-14 du code de commerce.

IV. – Dans tous les cas, une copie des notifications mentionnées au I du présent article est transmise au conseil de l'ordre compétent et au directeur général de l'agence régionale de santé dans le ressort desquels est situé le siège social de la société.

V. – Toute cession de parts sociales ou d'actions réalisée en violation du présent article est inopposable à la société et aux associés ou actionnaires.

SOUS-SECTION 3 FONCTIONNEMENT DE LA SOCIÉTÉ *(Décr. n° 2016-44 du 26 janv. 2016, art. 1er-IX-4°).*

Art. R. 6223-66 L'associé exerçant au sein d'une société d'exercice libéral mentionnée à l'article *(Décr. n° 2016-44 du 26 janv. 2016, art. 1er-IX-4°-a)* « R. 6223-62 » peut en être exclu :

1° Lorsqu'il est frappé d'une mesure disciplinaire entraînant une interdiction d'exercice ou du droit de donner des soins aux assurés sociaux, égale ou supérieure à trois mois ;

2° Lorsqu'il contrevient aux règles de fonctionnement de la société.

Cette exclusion est décidée par les associés, statuant à la majorité renforcée prévue par les statuts, calculée en excluant, outre l'intéressé, les associés ayant fait l'objet d'une sanction pour les mêmes faits ou pour des faits connexes, l'unanimité des autres associés exerçant au sein de la société et habilités à se prononcer en l'espèce devant être recueillie.

Aucune décision d'exclusion ne peut être prise si l'associé n'a pas été régulièrement convoqué à l'assemblée générale, quinze jours au moins avant la date prévue et par *(Décr. n° 2016-44 du 26 janv. 2016, art. 1er-IX-4°-a)* « tout moyen permettant de rapporter la preuve de sa date de réception », et s'il n'a pas été mis à même de présenter sa défense sur les faits précis qui lui sont reprochés.

Les parts ou actions de l'associé exclu sont soit achetées par un acquéreur agréé par les associés subsistants, soit achetées par la société, qui réduit alors son capital.

A défaut d'accord sur le prix de cession des titres ou sur leur valeur de rachat, il est recouru à la procédure de l'article 1843-4 du code civil.

Art. R. 6223-67 En cas d'interdiction temporaire d'exercer ou de dispenser des soins aux assurés sociaux, sauf à être exclu par les autres associés dans les conditions prévues à l'article *(Décr. n° 2016-44 du 26 janv. 2016, art. 1er-IX-4°-b)* « R. 6223-66 », l'intéressé conserve ses droits et obligations d'associé, à l'exclusion de la rémunération liée à l'exercice de son activité professionnelle.

Art. R. 6223-68 La société d'exercice libéral mentionnée à l'article *(Décr. n° 2016-44 du 26 janv. 2016, art. 1er-IX-4°-c)* « R. 6223-62 » est soumise aux dispositions disciplinaires applicables *(Décr. n° 2016-44 du 26 janv. 2016, art. 1er-IX-4°-c)* « à la profession de biologiste médical ». Elle ne peut faire l'objet de poursuites disciplinaires indépendamment de celles qui seraient intentées contre un ou plusieurs associés exerçant leurs fonctions en son sein.

La décision qui prononce l'interdiction d'un ou plusieurs associés, mais non de la totalité d'entre eux, ne commet pas d'administrateur.

La décision qui prononce l'interdiction soit de la société, soit de tous les associés, commet un ou plusieurs administrateurs pour accomplir tous actes nécessaires à la gestion de la société.

Au cas où la société et l'un ou plusieurs des associés sont interdits, les associés non interdits sont nommés administrateurs.

Art. R. 6223-69 L'associé peut, à la condition d'en informer la société par *(Décr. nº 2016-44 du 26 janv. 2016, art. 1er-IX-4º-d)* « tout moyen permettant de rapporter la preuve de sa date de réception », cesser l'activité professionnelle qu'il exerce au sein de cette société. Il respecte le délai fixé par les statuts sans que ce délai puisse excéder six mois à compter de la notification relative à la cessation d'activité.

Il avise l'ordre dont il relève de sa décision.

(Décr. nº 2016-44 du 26 janv. 2016, art. 1er-IX-4º-d) « Dans le cas où un associé entend cesser d'exercer au sein de la société tout en conservant ses parts sociales ou actions dans les conditions prévues par le 1º ou le 2º du B du I de l'article 5 de la loi nº 90-1258 du 31 décembre 1990, il perd les droits attachés à sa qualité d'associé exerçant au sein de la société, à compter de l'expiration du délai fixé par les statuts. Ce délai commence à courir à réception par la société de la notification mentionnée au premier alinéa.

« Le cas échéant, la société dispose d'un délai d'un an pour se mettre en conformité avec le I de l'article 10 de la loi nº 2013-442 du 30 mai 2013 portant réforme de la biologie médicale, conformément aux dispositions du II de l'article 5 de la loi nº 90-1258 du 31 décembre 1990. »

SECTION IV EXPLOITATION PAR UNE SOCIÉTÉ COOPÉRATIVE

(Décr. nº 2016-44 du 26 janv. 2016, art. 1er-X)

SOUS-SECTION 1 DISPOSITIONS GÉNÉRALES

Art. R. 6223-70 Les dispositions de la présente section régissent les sociétés coopératives de biologistes médicaux constituées en application de la loi nº 47-1775 du 10 septembre 1947 portant statut de la coopération. Ces sociétés portent l'appellation de société coopérative de biologistes médicaux.

Les sociétés coopératives de biologistes médicaux ont pour objet l'exploitation d'un laboratoire de biologie médicale et facilitent l'exercice de la profession de biologiste médical de ses associés par la mise en commun des moyens utiles à cet exercice.

Lorsqu'il est stipulé dans les statuts que le capital social est variable, ces sociétés sont en outre soumises aux dispositions des articles L. 231-1 à L. 231-8 du code de commerce.

SOUS-SECTION 2 CONSTITUTION DE LA SOCIÉTÉ

Art. R. 6223-71 La dénomination sociale de la société coopérative de biologistes médicaux doit figurer dans tous documents et correspondances émanant de celle-ci, suivie de l'appellation "société coopérative de biologistes médicaux", complété *[complétée]* le cas échéant, par les mots "à capital variable".

SOUS-SECTION 3 FONCTIONNEMENT DE LA SOCIÉTÉ

Art. R. 6223-72 Les sociétés coopératives de biologistes médicaux sont administrées par un ou plusieurs mandataires, personnes physiques choisies parmi les associés statuant à l'unanimité. La durée du mandat, qui ne peut excéder six ans, est fixée par les statuts. Dans les sociétés comportant plus de deux membres, la révocation du mandataire peut être prononcée par les autres associés à l'unanimité.

Art. R. 6223-73 I. — La condamnation d'un associé à une peine criminelle ou sa radiation du tableau de l'ordre dont il relève emporte de plein droit son exclusion de la société.

Lorsque la société comprend plus de deux membres, l'exclusion d'un associé peut être prononcée par les autres associés statuant à l'unanimité si cet associé a commis une infraction grave aux statuts, au règlement intérieur de la société ou s'il a été frappé d'une peine disciplinaire d'interdiction temporaire d'exercer.

II. — L'associé qui est exclu de la société ou qui s'en retire n'a droit qu'au remboursement de son apport. S'il y a des pertes, le remboursement n'a lieu que sous déduction de la quote-part de l'associé dans les pertes constatées par l'inventaire ayant précédé le retrait ou l'exclusion.

Art. R. 6223-74 Les parts sociales ne peuvent être cédées à des tiers qu'avec le consentement de tous les associés. En cas de refus d'agrément par les autres associés du cessionnaire de parts, les associés sont tenus, dans un délai de six mois, d'acquérir ou de faire acquérir les parts à un prix fixé par un expert, en l'absence d'accord entre les parties. A défaut, l'associé cédant peut réaliser la cession initialement prévue.

Art. R. 6223-75 Chaque associé supporte seul la responsabilité des actes professionnels qu'il accomplit.

Art. R. 6223-76 L'assemblée des associés se réunit au moins une fois par an. Chaque associé dispose d'une voix, quelle que soit la fraction du capital souscrite par lui.

Un associé ne peut être représenté à l'assemblée que par un autre associé, mais nul ne peut disposer de plus de deux voix.

Art. R. 6223-77 Pour l'application de l'article 23 de la loi n° 47-1775 du 10 septembre 1947, les sociétés coopératives mentionnées à la présente section relèvent du ministre chargé de la santé.

SECTION V SOCIÉTÉS DE PARTICIPATIONS FINANCIÈRES DE PROFESSION LIBÉRALE DE BIOLOGISTES MÉDICAUX

Art. R. 6223-78 Les sociétés de participations financières de profession libérale de biologistes médicaux sont régies par les dispositions du livre II du code de commerce, sous réserve des dispositions de la présente section.

SOUS-SECTION 1 CONSTITUTION DE LA SOCIÉTÉ

Art. R. 6223-79 Des personnes physiques ou morales exerçant la profession de biologiste médical peuvent, dans les conditions prévues à l'article 31-1 de la loi n° 90-1258 du 31 décembre 1990, constituer une société de participations financières de profession libérale de biologistes médicaux.

Peuvent également être associés :

1° Pendant une durée de dix ans à compter de la date de cessation de toute activité professionnelle, des personnes physiques qui ont exercé la profession de biologiste médical au sein de l'une des sociétés d'exercice libéral dont des parts ou actions sont détenues par la société de participations financières de profession libérale de biologistes médicaux ;

2° Les ayants droit des personnes physiques mentionnées aux alinéas qui précèdent, pendant un délai de cinq ans suivant leur décès.

La détention d'une part ou action du capital social d'une société de participations financières de profession libérale de biologistes médicaux est interdite à toute personne physique ou morale exerçant ou ayant exercé une autre profession de santé.

Art. R. 6223-80 La société de participations financières de profession libérale de biologistes médicaux est constituée sous la condition suspensive de son inscription au tableau de l'ordre des médecins, lorsqu'au moins un médecin biologiste détient une fraction du capital social, et au tableau de l'ordre des pharmaciens, lorsqu'au moins un pharmacien biologiste détient une fraction du capital social.

Art. R. 6223-81 La demande d'inscription est adressée par un mandataire commun désigné, dans les statuts ou dans un acte séparé, par les associés de la société, au conseil du ou des ordres compétents dans le ressort desquels est situé le siège social de la société, par tout moyen permettant de rapporter la preuve de sa date de réception. Elle est accompagnée des pièces suivantes :

1° Un exemplaire des statuts de la société et de son règlement intérieur ;

2° Toute convention relative au fonctionnement de la société ou aux rapports entre associés ;

3° Une attestation du greffier du tribunal de commerce du lieu du siège social ou du tribunal de grande instance statuant commercialement constatant le dépôt au greffe de la demande d'immatriculation de la société au registre du commerce et des sociétés ;

4° Une attestation des associés indiquant, pour chacun d'eux :

a) La catégorie de personnes ou de sociétés au titre de laquelle il est associé et la répartition des parts sociales ou actions représentatives du capital qu'il détient, directement ou indirectement, dans la société ;

b) La nature et l'évaluation distincte de son apport, et, le cas échéant, le rapport du commissaire aux apports ;

c) L'affirmation de la libération totale ou partielle, suivant le cas, de son apport ;

5° Pour chaque associé exerçant la profession de biologiste médical, un certificat d'inscription au tableau de l'ordre et, pour les associés non encore inscrits à ce tableau, la justification de la demande d'inscription.

La demande d'inscription est accompagnée d'une note d'information désignant les sociétés d'exercice libéral dont des parts ou actions du capital social ont vocation à être détenues, à sa constitution, par la société de participations financières de profession libérale et précisant la répartition du capital qui résulte de ces parts ou actions pour chacune d'entre elles.

Art. R. 6223-82 Le conseil compétent de l'ordre des médecins ou de l'ordre des pharmaciens statue sur la demande d'inscription dans les conditions prévues, respectivement aux articles L. 4112-3 et L. 4112-4 et aux articles L. 4222-3, L. 4222-4 et L. 4232-12.

La décision de refus d'inscription est motivée. Elle est notifiée à chacun des associés, par tout moyen permettant de rapporter la preuve de sa date de réception. Elle ne peut être prise qu'après que les associés ont été appelés à présenter leurs observations au conseil compétent du ou des ordres, dans un délai de quinze jours.

L'inscription au tableau du ou des ordres compétents est notifiée à chaque associé par tout moyen permettant de rapporter la preuve de sa date de réception.

Le conseil de l'ordre compétent notifie la décision ou l'avis d'inscription au directeur général de l'agence régionale de santé compétent et au Conseil national de l'ordre.

Lorsque la société relève de l'ordre des pharmaciens et de l'ordre des médecins, une copie de la décision ou de l'avis d'inscription de chacun des deux ordres est transmise à l'autre.

Art. R. 6223-83 L'immatriculation de la société au registre du commerce et des sociétés est régie par les articles R. 123-31 et suivants du code de commerce, sous réserve des dispositions du présent article.

Le mandataire commun mentionné à l'article R. 6223-81 adresse au greffe du tribunal où a été déposée la demande d'immatriculation une copie de la demande d'inscription à l'ordre prévue à l'article R. 6223-81 et, le cas échéant, la décision du conseil de l'ordre compétent prévue à l'article R. 6223-82.

A la réception de ce document, le greffier procède à l'immatriculation et en informe le président du conseil de l'ordre ou des ordres auprès duquel ou desquels la société est inscrite ainsi que le directeur général de l'agence régionale de santé.

La société est dispensée de procéder aux formalités de publicité prévues aux articles R. 210-16 et suivants du code de commerce.

Art. R. 6223-84 En cas de constitution de sociétés de participations financières de profession libérale de biologistes médicaux par voie de fusion, de scission ou de transmission universelle de patrimoine, les articles R. 6223-79 à R. 6223-83 sont applicables.

SOUS-SECTION 2 FONCTIONNEMENT ET CONTRÔLE DE LA SOCIÉTÉ

Art. R. 6223-85 La société de participations financières de profession libérale de biologistes médicaux fait connaître, à peine d'inopposabilité aux tiers, au directeur général de l'agence régionale de santé dans le ressort duquel est situé le siège social de la société, et au président du conseil du ou des ordres compétents, dans le mois suivant la date à laquelle il se produit, tout changement dans la dernière situation déclarée en application des articles R. 6223-80 à R. 6223-82, avec les pièces justificatives.

Dans les mêmes conditions, lorsque la société participe au capital d'une société d'exercice libéral de biologistes médicaux, son représentant légal communique au président du conseil du ou des ordres compétents, ainsi qu'au directeur général de l'agence régionale de santé dans le ressort de laquelle est situé le siège social de la société, une note d'information désignant la société d'exercice libéral et précisant la répartition du capital issue de cette participation, dans le mois suivant la date d'acquisition de celle-ci.

Art. R. 6223-86 I. – Si la société de participations financières de profession libérale de biologistes médicaux relève de l'ordre des pharmaciens ou de l'ordre des médecins et cesse de se conformer aux dispositions législatives et réglementaires en vigueur, elle est mise en demeure par le président du conseil de l'ordre compétent de régulariser sa situation dans le délai indiqué par la mise en demeure.

Le directeur général de l'agence régionale de santé compétent est informé de la mise en demeure par le conseil compétent de l'ordre concerné.

Si, à l'expiration de ce délai, la société n'a pas régularisé sa situation, le conseil de l'ordre compétent prononce la radiation par une décision motivée qui est notifiée à la société par tout moyen permettant de rapporter la preuve de sa date de réception.

Une mesure de radiation ne peut être prise qu'après que les associés ou leur mandataire ont été mis à même de présenter leurs observations.

La décision de radiation peut faire l'objet d'un recours devant le conseil régional ou national de l'ordre compétent, selon le cas.

II. – Si la société de participations financières de profession libérale de biologistes médicaux relève de l'ordre des pharmaciens et de l'ordre des médecins et cesse de se conformer aux dispositions législatives et réglementaires en vigueur, les dispositions du I s'appliquent sous réserve des dispositions suivantes :

1° Le président du conseil de l'ordre auteur de la mise en demeure informe le président du conseil compétent de l'autre ordre par tout moyen permettant de rapporter la preuve de sa date de réception ;

2° Lorsqu'un conseil de l'ordre envisage de prononcer la radiation de la société, il en informe le président du conseil de l'autre ordre par tout moyen permettant de rapporter la preuve de sa date de réception et, le cas échéant, lui transmet une copie de la décision ;

3° Lorsque la décision de radiation d'un ordre fait l'objet d'un recours, le président du conseil compétent de cet ordre informe le président du conseil compétent de l'autre ordre par tout moyen permettant de rapporter la preuve de sa date de réception.

Art. R. 6223-87 Chaque société de participations financières de profession libérale de biologistes médicaux fait l'objet, au moins une fois tous les quatre ans, d'un contrôle portant sur le respect des dispositions législatives et réglementaires qui régissent la composition de son capital et l'étendue de ses activités.

Chaque société de participations financières de profession libérale de biologistes médicaux peut, en outre, être soumise à des contrôles occasionnels prescrits par le Conseil national du ou des ordres dont elle relève.

Ces contrôles sont effectués par le conseil du ou des ordres compétents dont relève la société, dans les conditions définies par le règlement intérieur de cet ou de ces ordres.

Art. R. 6223-88 Le non-respect des dispositions régissant la constitution et le fonctionnement des sociétés de participations financières de profession libérale de biologistes médicaux par les biologistes médicaux associés d'une telle société peut donner lieu à des poursuites disciplinaires.

Lorsque la société relève de l'ordre des pharmaciens et de l'ordre des médecins, l'ordre au sein duquel sont engagées des poursuites disciplinaires à l'encontre de la société en informe l'autre ordre par tout moyen permettant de rapporter la preuve de sa date de réception.

SOUS-SECTION 3 DISSOLUTION ET LIQUIDATION DE LA SOCIÉTÉ

Art. R. 6223-89 La radiation de la société de participations financières de profession libérale de biologistes médicaux du tableau du ou des ordres compétents emporte sa dissolution.

A la diligence du président du conseil du ou des ordres compétents, la radiation de la société est portée à la connaissance du directeur général de l'agence régionale de santé dans le ressort de laquelle est situé le siège social de la société et une expédition de la décision définitive prononçant la radiation de la société du tableau de l'ordre est versée au dossier ouvert au nom de la société au greffe chargé de la tenue du registre du commerce et des sociétés.

Lorsque la société relève de l'ordre des pharmaciens et de l'ordre des médecins, la radiation du tableau d'un ordre résultant du retrait du ou des seuls associés relevant de cet ordre n'emporte pas dissolution de la société.

Art. R. 6223-90 En cas de dissolution, un liquidateur est choisi parmi les associés.

Les fonctions de liquidateur ne peuvent, en aucun cas, être confiées à un associé ayant fait l'objet d'une sanction disciplinaire.

Plusieurs liquidateurs peuvent être désignés.

Le liquidateur peut être remplacé pour cause d'empêchement, ou pour tout autre motif grave, par le président du tribunal de grande instance du lieu du siège social de la société statuant sur requête à la demande du liquidateur lui-même, des associés ou de leurs ayants droit, ou du président du conseil du ou des ordres compétents.

Art. R. 6223-91 Lorsque la dissolution de la société de participations financières de profession libérale de biologistes médicaux ne résulte pas de sa radiation du tableau du ou des ordres dont elle relève, le liquidateur informe de cette dissolution le directeur général de l'agence régionale de santé compétent *[compétente]* et le président du conseil du ou des ordres compétents.

Dans tous les cas de dissolution, le liquidateur les informe de sa désignation. A cet effet, il leur fait parvenir une expédition de la délibération des associés ou de la décision de justice qui l'a nommé dans ses fonctions.

Le liquidateur dépose au greffe chargé de la tenue du registre du commerce et des sociétés où la société est inscrite, pour être versée au dossier ouvert au nom de la société, la copie de l'expédition prévue au deuxième alinéa, dont tout intéressé peut obtenir communication.

Il ne peut entrer en fonction avant l'accomplissement des formalités précitées.

Art. R. 6223-92 Le liquidateur procède à la cession des actions ou des parts sociales que la société de participations financières de profession libérale de biologistes médicaux détient dans la ou les sociétés d'exercice libéral de biologistes médicaux, dans les conditions prévues aux deux derniers alinéas de l'article R. 6223-66.

Art. R. 6223-93 Le liquidateur informe de la clôture des opérations de liquidation le directeur général de l'agence régionale de santé compétent *[compétente]*, le président du conseil du ou des ordres compétents, ainsi que le greffier chargé de la tenue du registre du commerce et des sociétés où est immatriculée la société.

SECTION VI **DISPOSITIONS PARTICULIÈRES AUX LABORATOIRES DE BIOLOGIE MÉDICALE PRIVÉS**

(Décr. n° 2016-46 du 26 janv. 2016, art. 2-4°)

Art. D. 6223-94 Pour l'application de l'article L. 6223-6, est considéré comme biologiste médical salarié ou non salarié travaillant au moins un mi-temps au sein du laboratoire de biologie médicale le biologiste médical dont la durée de travail correspond au moins à la moitié de la durée légale ou conventionnelle de travail.

TITRE TROISIÈME **INSPECTIONS**

(Décr. n° 2016-46 du 26 janv. 2016, art. 3)

CHAPITRE UNIQUE **MESURES APPLICABLES AUX LABORATOIRES DE BIOLOGIE MÉDICALE OU *[AUX]* SITES DE LABORATOIRE DE BIOLOGIE MÉDICALE EN CAS DE DANGER IMMINENT**

Art. R. 6231-1 Lorsque le directeur général de l'agence régionale de santé est informé de faits constituant un danger imminent pour la sécurité des patients ou des personnes exerçant dans le laboratoire, il prononce la suspension immédiate, totale ou partielle, de l'activité en cause après en avoir informé sans délai le représentant légal du laboratoire.

Le représentant légal transmet à l'agence régionale de santé dans un délai de quinze jours ses observations et la description des mesures correctrices qu'il entend prendre. Le directeur général de l'agence régionale de santé met fin à la suspension d'activité lorsqu'il constate que les mesures proposées permettent d'assurer la sécurité des patients ou des personnes exerçant dans le laboratoire.

TITRE QUATRIÈME SANCTIONS

(Décr. n° 2017-414 du 27 mars 2017, art. 1er)

CHAPITRE UNIQUE SANCTIONS ADMINISTRATIVES

Art. R. 6241-1 I. – Lorsqu'il est constaté la commission par un laboratoire de biologie médicale d'une ou *[de]* plusieurs des infractions énumérées à l'article L. 6241-1, le directeur général de l'agence régionale de santé notifie, par tout moyen permettant d'en accuser réception, au représentant légal de ce laboratoire les faits qui sont reprochés au laboratoire et les sanctions encourues et lui demande de faire connaître, dans le délai d'un mois, ses observations écrites ainsi que les mesures correctrices adoptées ou envisagées. La personne concernée a accès au dossier et peut se faire assister par un conseil ou représenter par un mandataire de son choix.

II. – A l'issue de l'échéance du délai prévu au I, si le directeur général de l'agence régionale de santé ne donne pas acte au représentant légal du laboratoire de biologie médicale, au vu de ses observations, qu'aucune infraction n'a été commise, il peut dans le délai de deux mois :

1° Prononcer une amende administrative dont le montant ne peut excéder, selon la nature de l'infraction et la qualité de son auteur, celui fixé aux 1° et 2° du I ou au IV de l'article L. 6241-2 ;

2° Mettre en demeure l'auteur de l'infraction de prendre toutes les dispositions nécessaires et de faire cesser définitivement les infractions dans un délai déterminé qui ne peut être supérieur à quinze jours ;

3° Assortir l'amende mentionnée au 1° d'une astreinte journalière lorsque, à l'issue de la mise en demeure mentionnée au 2°, le représentant légal du laboratoire n'a pas pris toutes les dispositions nécessaires pour mettre fin aux faits qui lui sont reprochés ;

4° Approuver le cas échéant les mesures correctrices envisagées par le laboratoire de biologie médicale et s'assurer, dans un délai qu'il fixe, que le représentant légal du laboratoire de biologie médicale a respecté ses engagements.

Pour fixer le montant de la pénalité mentionnée au 1°, le directeur général de l'agence régionale de santé prend en compte les circonstances et la gravité du manquement. La décision indique la nature des faits constitutifs du manquement et précise le délai et les modalités de paiement de l'amende ainsi que les voies et délais de recours.

L'astreinte mentionnée au 3° commence à courir à compter de l'échéance du délai mentionné au 2° et cesse de courir le jour de la régularisation de la situation le cas échéant constatée par une nouvelle inspection.

III. – Dans le cas d'infractions graves ou répétées mentionnées au II de l'article L. 6241-2, le directeur général de l'agence régionale de santé peut prononcer la fermeture temporaire, partielle ou totale, du laboratoire de biologie médicale. La décision est notifiée au laboratoire de biologie médicale, accompagnée des constatations faites et assortie, le cas échéant, d'une injonction de remédier aux manquements dans un délai déterminé qui ne peut être supérieur à quinze jours.

IV. – S'il est constaté au terme de la mise en demeure mentionnée au 2° du II qu'il a été remédié aux manquements, le directeur général de l'agence régionale *[de santé]* prend acte *de la régularisation de la* situation. Dans le cas contraire, le directeur général de l'agence régionale *[de santé]* peut assortir l'amende administrative d'une astreinte journalière.

S'il est constaté au terme de l'injonction mentionnée au III qu'il a été remédié aux manquements, le directeur général de l'agence régionale *[de santé]* met fin à la fermeture temporaire, partielle ou totale du laboratoire de biologie médicale et prend acte de la régularisation de la situation. Dans le cas contraire, le directeur général de l'agence régionale *[de santé]* peut prononcer la fermeture définitive du laboratoire.

Art. R. 6241-2 Pour les infractions mentionnées aux 19°, 21° et 22° de l'article L. 6241-1, lorsque l'auteur de l'infraction n'est pas un laboratoire de biologie médicale, la procédure prévue aux I, II et IV de l'article R. 6241-1 est applicable.

Art. R. 6241-3 Pour les infractions mentionnées aux 4°, 9° et 11° de l'article L. 6241-1, le directeur général de l'agence régionale de santé peut prononcer la suspension immédiate du droit d'exercer du biologiste médical, du biologiste-responsable, du biologiste-coresponsable ou du médecin spécialiste qualifié en anatomie et cytologie pathologique coresponsable du laboratoire de biologie médicale. Il est fait application de la procédure prévue aux articles L. 4113-14 ou L. 4221-18 suivant la qualité du professionnel concerné.

Art. R. 6241-4 Les amendes administratives et astreintes journalières prononcées en application de l'article L. 6241-2 sont recouvrées par l'agent comptable de l'agence régionale de santé et sont reversées à l'État.

LIVRE TROISIÈME AIDE MÉDICALE URGENTE, PERMANENCE DES SOINS, TRANSPORTS SANITAIRES ET AUTRES SERVICES DE SANTÉ

TITRE PREMIER AIDE MÉDICALE URGENTE, PERMANENCE DES SOINS ET TRANSPORTS SANITAIRES

CHAPITRE PREMIER AIDE MÉDICALE URGENTE

SECTION PREMIÈRE UNITÉS PARTICIPANT AU SERVICE D'AIDE MÉDICALE URGENTE

SOUS-SECTION 1 MISSION DES SERVICES D'AIDE MÉDICALE URGENTE

Art. R. 6311-1 Les services d'aide médicale urgente ont pour mission de répondre par des moyens exclusivement médicaux aux situations d'urgence.

Lorsqu'une situation d'urgence nécessite la mise en œuvre conjointe de moyens médicaux et de moyens de sauvetage, les services d'aide médicale urgente joignent leurs moyens à ceux qui sont mis en œuvre par les services d'incendie et de secours.

Art. R. 6311-2 Pour l'application de l'article R. 6311-1, les services d'aide médicale urgente :

1° Assurent une écoute médicale permanente ;

2° Déterminent et déclenchent, dans le délai le plus rapide, la réponse la mieux adaptée à la nature des appels ;

3° S'assurent de la disponibilité des moyens d'hospitalisation publics ou privés adaptés à l'état du patient, compte tenu du respect du libre choix, et font préparer son accueil ;

4° Organisent, le cas échéant, le transport dans un établissement public ou privé en faisant appel à un service public ou à une entreprise privée de transports sanitaires ;

5° Veillent à l'admission du patient.

Art. R. 6311-3 Les services d'aide médicale urgente participent à la mise en œuvre *(Décr. n° 2016-1327 du 6 oct. 2016, art. 3-1°-a)* « des plans Orsec » arrêtés en application des articles L. 741-1 à L. 741-5 du code de la sécurité intérieure.

(Décr. n° 2016-1327 du 6 oct. 2016, art. 3-1°-b) « Pour l'exercice des missions définies au premier alinéa et à l'article R. 6311-2, l'agence régionale de santé peut confier un rôle de coordination interdépartementale ou régionale à un ou plusieurs services d'aide médicale urgente (SAMU).

« Le service d'aide médicale urgente (SAMU) de zone mentionné à l'article R. 3131-7 coordonne, à la demande de l'agence régionale de santé de zone et selon les modalités définies à l'article R. 6123-15-1, les interventions de renfort et apporte un appui au service d'aide médicale urgente (SAMU) territorialement compétent. »

Art. R. 6311-4 Les services d'aide médicale urgente peuvent participer à la couverture médicale des grands rassemblements suivant les modalités arrêtées par les autorités de police concernées *(Décr. n° 2016-1327 du 6 oct. 2016, art. 3-2°)* « après avis du directeur général de l'agence régionale de santé. »

Art. R. 6311-5 Outre leurs missions directement liées à l'exercice de l'aide médicale urgente, les services d'aide médicale urgente participent aux tâches d'éducation sanitaire, de prévention et de recherche.

Ils apportent leur concours à l'enseignement et à la formation continue des professions médicales et paramédicales et des professionnels de transports sanitaires ; ils participent également à la formation des secouristes, selon les modalités déterminées par les décrets n° 91-834 du 30 août 1991 relatif à la formation aux premiers secours, n° 92-514 du 12 juin 1992 relatif à la formation de moniteur des premiers secours et n° 92-1195 du 5 novembre 1992 relatif à la formation d'instructeur de secourisme.

SOUS-SECTION 2 ORGANISATION DES SERVICES D'AIDE MÉDICALE URGENTE

Art. R. 6311-6 Pour répondre dans les délais les plus brefs aux demandes d'aide médicale urgente, les centres de réception et de régulation des appels mentionnés à l'article L. 6112-5 sont dotés d'un numéro d'appel téléphonique unique, le 15.

Les installations de ces centres permettent, dans le respect du secret médical, les transferts réciproques d'appels et, si possible, la conférence téléphonique avec les centres de réception d'appels téléphoniques des services d'incendie et de secours dotés du numéro d'appel 18, ainsi qu'avec ceux des services de police et de gendarmerie.

Les centres de réception des appels du n° 15 et du n° 18 se tiennent mutuellement informés des opérations en cours dans les plus brefs délais.

Ils réorientent vers le centre compétent tout appel n'entrant pas directement dans leur domaine d'action.

Lorsque les centres de réception et de régulation des appels reçoivent une demande d'aide médicale urgente correspondant à une urgence nécessitant l'intervention concomitante de moyens médicaux et de moyens de sauvetage, ils transmettent immédiatement l'information aux services d'incendie et de secours, qui font alors intervenir les moyens appropriés, conformément à leurs missions.

Les mêmes centres de réception et de régulation des appels sont immédiatement informés des appels reçus par les centres de réception d'appels téléphoniques des services d'incendie et de secours lorsqu'il s'agit d'une situation d'urgence mentionnée à l'article R. 6311-1.

Art. R. 6311-7 Pour l'exercice de leurs missions, les services d'aide médicale urgente disposent des moyens en matériel et en personnel médical et non médical chargé de la réception et de la régulation des appels, adaptés aux besoins de la population qu'ils desservent.

Ils constituent, selon l'organisation de l'établissement de santé dans lequel ils sont implantés, un service ou un pôle d'activité.

SOUS-SECTION 3 PARTICIPATION DES MÉDECINS D'EXERCICE LIBÉRAL

Art. R. 6311-8 Les centres de réception et de régulation des appels permettent, grâce notamment au numéro d'appel unique dont ils sont dotés, de garantir en permanence l'accès immédiat de la population aux soins d'urgence et la participation des médecins d'exercice libéral au dispositif d'aide médicale urgente.

La participation de ceux-ci, comme celle des autres intervenants, au dispositif d'aide médicale urgente *est déterminée par convention.*

(Décr. n° 2010-809 du 13 juill. 2010, art. 3) « La participation des médecins d'exercice libéral à la régulation au sein du service d'aide médicale urgente peut être organisée par le directeur général de l'agence régionale de santé en dehors des périodes de permanence des soins définies à l'article R. 6315-1, si les besoins de la population l'exigent. »

Art. R. 6311-9 Dans chaque département, la convention est passée entre :

1° L'établissement de santé où est situé le service d'aide médicale urgente ;

2° Les instances départementales des organisations nationales représentatives des praticiens qui en ont fait la demande ;

3° Les associations de médecins ayant pour objet la réponse à l'urgence, qui en ont fait la demande ;

4° Les établissements de santé privés, volontaires pour accueillir les urgences ;

5° Les collectivités territoriales et les autres personnes morales assurant le financement du fonctionnement du centre de réception et de régulation des appels médicaux.

Art. R. 6311-10 La convention détermine notamment :

1° Le plan de financement détaillé du centre de réception et de régulation des appels médicaux ;

2° Les moyens apportés respectivement par chacune des parties contractantes ;

3° Les modalités selon lesquelles la réception et la régulation des appels sont organisées conjointement ;

4° Les modalités de gestion du centre de réception et de régulation des appels médicaux ;

5° La durée, les modalités de dénonciation, de révision et de reconduction de l'accord.

Art. R. 6311-11 La convention est approuvée par le *(Décr. n° 2010-344 du 31 mars 2010, art. 209)* « directeur général de l'agence régionale de santé », après avis du conseil départemental de l'ordre des médecins.

Art. R. 6311-12 L'organisation du centre de réception et de régulation des appels médicaux garantit l'indépendance professionnelle du praticien et la liberté de choix du malade, dans la mesure où celui-ci est en état de l'exprimer. La convention ne peut faire obstacle aux devoirs généraux envers les malades en vertu du code de déontologie médicale.

Art. R. 6311-13 Le fonctionnement du centre de réception et de régulation des appels médicaux est assuré sans discontinuité ; il assure une réponse rapide et adaptée aux appels reçus.

Les médecins, inscrits au tableau de permanence mentionné à l'article R. 6315-2, restent disponibles et tiennent le centre de réception et de régulation des appels médicaux informés du début et de la fin de chacune de leurs interventions.

SECTION II **UTILISATION DES DÉFIBRILLATEURS AUTOMATISÉS EXTERNES PAR DES PERSONNES NON MÉDECINS** *(Décr. n° 2007-705 du 4 mai 2007).*

Art. R. 6311-14 *(Décr. n° 2007-705 du 4 mai 2007)* Les défibrillateurs automatisés externes, qui sont au sens de la présente section les défibrillateurs externes entièrement automatiques et les défibrillateurs externes semi-automatiques, sont un dispositif médical dont la mise sur le marché est autorisée suivant les dispositions du titre Ier du livre II de la partie V du présent code et permettant d'effectuer :

1° L'analyse automatique de l'activité électrique du myocarde d'une personne victime d'un arrêt circulatoire afin de déceler une fibrillation ventriculaire ou certaines tachycardies ventriculaires ;

2° Le chargement automatique de l'appareil lorsque l'analyse mentionnée ci-dessus est positive et la délivrance de chocs électriques externes transthoraciques, d'intensité appropriée, dans le but de parvenir à restaurer une activité circulatoire. Chaque choc est déclenché soit par l'opérateur en cas d'utilisation du défibrillateur semi-automatique, soit automatiquement en cas d'utilisation du défibrillateur entièrement automatique ;

3° L'enregistrement des segments de l'activité électrique du myocarde et des données de l'utilisation de l'appareil.

Art. R. 6311-15 *(Décr. n° 2007-705 du 4 mai 2007)* Toute personne, même non médecin, est habilitée à utiliser un défibrillateur automatisé externe répondant aux caractéristiques définies à l'article R. 6311-14.

Art. R. 6311-16 *(Décr. n° 2007-705 du 4 mai 2007)* Le ministre chargé de la santé organise une évaluation des modalités d'utilisation des défibrillateurs automatisés externes par le recueil de données transmises par les équipes de secours.

Ces données sont relatives, notamment, à la répartition géographique des défibrillateurs automatisés externes, à leurs modalités d'utilisation ainsi qu'aux données statistiques agrégées sur les personnes prises en charge.

Les modalités de ce recueil et la liste des données statistiques agrégées sont fixées par arrêté du ministre chargé de la santé.

SECTION III COMMISSION NATIONALE DES FORMATIONS AUX SOINS D'URGENCE EN SITUATION SANITAIRE NORMALE ET EXCEPTIONNELLE

(Décr. n° 2012-565 du 24 avr. 2012, art. 1er)

Art. D. 6311-17 I. – La Commission nationale des formations aux soins d'urgence en situation sanitaire normale et exceptionnelle, placée auprès du ministre chargé de la santé, a pour missions :

1° D'émettre un avis sur :

a) L'adéquation des recommandations pédagogiques, dans son domaine de compétence, à l'évolution des connaissances et de l'actualité scientifique ;

b) L'inventaire des outils pédagogiques en vue de leur diffusion ;

c) Les référentiels nationaux de compétences de sécurité civile relatifs aux secours à personne ;

d) L'agrément d'un centre d'enseignement des soins d'urgence ou le renouvellement de cet agrément à la demande d'une agence régionale de santé.

2° D'effectuer le suivi de l'ensemble des formations placées sous la responsabilité des centres d'enseignement des soins d'urgence au moyen, notamment, du bilan annuel transmis par chacun de ces centres à l'agence régionale de santé territorialement compétente et à la Commission nationale des formations aux soins d'urgence en situation sanitaire normale et exceptionnelle ;

3° D'assurer l'information, la documentation et la diffusion des connaissances auprès de l'ensemble des réseaux d'enseignement des soins d'urgence ;

II. – Sont définis, après avis de la Commission nationale des formations aux soins d'urgence en situation sanitaire normale et exceptionnelle, par arrêté du ministre chargé de la santé :

1° Les critères d'agrément d'un centre d'enseignement des soins d'urgence ;

2° Les contenus de la formation en vue de l'obtention de l'attestation de formation aux gestes et soins d'urgence et les conditions de son renouvellement ;

3° Les critères de qualification et de formation initiale et continue :

a) Des enseignants des centres d'enseignement des soins d'urgence ;

b) Des formateurs à l'attestation de formation aux gestes et soins d'urgence ;

c) Des enseignants assurant la formation des formateurs à l'attestation de formation aux gestes et soins d'urgence ;

d) Des enseignants assurant la formation des enseignants des centres d'enseignement des soins d'urgence ;

4° La liste des enseignants habilités à encadrer les formations des enseignants des centres d'enseignement des soins d'urgence ;

5° Le cahier des charges type du bilan annuel des formations placées sous la responsabilité des centres d'enseignement des soins d'urgence ;

6° Le cahier des charges type de la convention constitutive des réseaux régionaux d'enseignement des soins d'urgence. Ces réseaux font l'objet d'un enregistrement auprès de l'agence régionale de santé compétente et de la Commission nationale ;

7° Le cahier des charges type de la convention constitutive des réseaux zonaux pour l'attestation spécialisée face à une situation sanitaire exceptionnelle ;

8° Les équivalences et validations d'acquis pour les formations à l'attestation de formation aux gestes et soins d'urgence.

Art. D. 6311-18 La Commission nationale des formations aux soins d'urgence en situation sanitaire normale et exceptionnelle est présidée par le directeur général de la santé ou son représentant.

Elle comprend, outre le directeur général de la santé, le directeur général de l'offre de soins et le directeur général de l'*(Décr. n° 2016-523 du 27 avr. 2016, art. 4-I-12°, en vigueur le 1er mai 2016)* « Agence nationale de santé publique », des représentants des services d'aide médicale d'urgence, des représentants des centres d'enseignement de soins d'urgence et des personnalités qualifiées.

Son secrétariat est assuré par la direction générale de la santé.

Sa composition et ses modalités de fonctionnement sont précisées par arrêté du ministre chargé de la santé.

Elle établit son règlement intérieur.

SECTION IV CENTRE D'ENSEIGNEMENT DES SOINS D'URGENCE ET FORMATION AUX GESTES ET SOINS D'URGENCE *(Décr. n° 2017-1001 du 10 mai 2017, art. 1er-1°).*

(Décr. n° 2012-565 du 24 avr. 2012, art. 2)

Art. D. 6311-19 Un centre d'enseignement des soins d'urgence a pour mission :

1° De contribuer, dans le domaine de la prise en charge de l'urgence médicale en situation sanitaire normale et exceptionnelle, à la formation initiale et continue de l'ensemble des professionnels de santé, des personnels non soignants des établissements de santé et des structures médico-sociales et, plus généralement, de toute personne susceptible d'être confrontée, en urgence, à un problème de santé dans le cadre de son activité professionnelle. A ce titre, il peut dispenser la formation à l'attestation de formation aux gestes et soins d'urgence de niveau 1 et de niveau 2 ;

2° De contribuer à la formation à l'attestation spécialisée aux gestes et soins d'urgence face à une situation sanitaire exceptionnelle, notamment dans le cadre du plan blanc d'établissement prévu à l'article L. 3131-7 ;

3° De participer à la recherche en pédagogie appliquée, à la promotion de l'éducation à la santé et à la prévention des risques sanitaires.

Art. D. 6311-20 Le centre d'enseignement des soins d'urgence est créé dans un établissement de santé, au sein du pôle hospitalier comprenant le service d'aide médicale urgente.

Le centre d'enseignement des soins d'urgence est placé sous la responsabilité d'un médecin, qui consacre une partie de son activité au fonctionnement du centre, professeur des universités-praticien hospitalier, maître de conférences des universités-praticien hospitalier ou praticien hospitalier. Dans ce dernier cas, le praticien doit être titulaire d'un diplôme universitaire de pédagogie.

Ce médecin peut être soit le médecin responsable du service d'aide médicale urgente, soit un praticien hospitalier titulaire désigné par lui et exerçant au sein du service d'aide médicale urgente.

Il est assisté d'un infirmier, titulaire du diplôme de cadre de santé ou d'un diplôme validant une formation de l'enseignement supérieur en pédagogie ou d'ingénierie de formation, chargé d'une fonction d'encadrement.

Un centre d'enseignement des soins d'urgence doit disposer des ressources lui permettant d'accomplir ses missions. Ces ressources comprennent des enseignants permanents, des intervenants occasionnels ainsi que des personnels administratifs et logistiques. Elles comprennent également des moyens logistiques et des locaux permettant la réalisation de séquences d'enseignement théorique et pratique, et notamment des simulations d'une situation sanitaire normale ou exceptionnelle.

Art. D. 6311-21 Le centre d'enseignement des soins d'urgence est agréé pour une durée de cinq ans par le directeur général de l'agence régionale de santé territorialement compétent sur la base d'un dossier déposé auprès de cette agence.

Un arrêté du ministre chargé de la santé fixe :

1° Les conditions d'obtention et de retrait de l'agrément ;

2° Les conditions d'obtention d'un agrément provisoire ;

3° Le contenu du dossier d'agrément.

Art. D. 6311-22 L'agence régionale de santé procède à l'intégration, dans le contrat pluriannuel d'objectifs et de moyens conclu avec l'établissement de santé siège d'un centre d'enseignement des soins d'urgence, en application de l'article L. 6114-1, des objectifs liés aux missions de ce centre.

Art. D. 6311-23 Le centre d'enseignement des soins d'urgence *(Décr. nº 2017-1001 du 10 mai 2017, art. 1er-2º)* « , l'unité de formation et de recherche de médecine ou de santé ou l'École du Val-de-Grâce » habilite les formateurs autorisés à dispenser la formation en vue de l'obtention de l'attestation de formation aux gestes et soins d'urgence, dénommés formateurs AFGSU. Ces formateurs, dans le cadre de leur habilitation, ne peuvent enseigner que les contenus de l'attestation de formations aux gestes et soins d'urgence de niveaux 1 et 2, en fonction de leurs référentiels de compétences professionnelles.

La formation des formateurs dénommés "formateurs AFGSU" est assurée par *(Décr. nº 2017-1001 du 10 mai 2017, art. 1er-2º)* « les centres d'enseignement des soins d'urgence, les unités de formation et de recherche de médecine ou de santé ou l'École du Val-de-Grâce qui délivrent à chaque formateur une attestation d'habilitation pour la formation aux gestes et soins d'urgence, dont la durée de validité est fixée à quatre ans ». La programmation des sessions de formation doit permettre de répondre aux besoins recensés, notamment auprès des instituts de formation préparant à un diplôme en vue de l'exercice d'une profession de santé.

(Décr. nº 2017-1001 du 10 mai 2017, art. 1er-2º) « Le centre d'enseignement des soins d'urgence, l'unité de formation et de recherche de médecine ou de santé ou l'École du Val-de-Grâce délivre les attestations de formation aux gestes et soins d'urgence, que le centre, l'unité ou l'école ait assuré la formation ou que celle-ci ait été dispensée par une structure de formation ayant conclu une convention avec le centre, l'unité ou l'école, dans des conditions définies par arrêté du ministre chargé de la santé. »

Le centre d'enseignement des soins d'urgence *(Décr. nº 2017-1001 du 10 mai 2017, art. 1er-2º)* « , l'unité de formation et de recherche de médecine ou de santé ou l'École du Val-de-Grâce » est garant de la qualité pédagogique de ces formations, conformément aux orientations définies par la Commission nationale des formations aux soins d'urgence en situation sanitaire normale et exceptionnelle.

La délivrance des attestations mentionnées au présent article a lieu à l'issue de la formation et ne peut donner lieu au versement d'un quelconque droit de timbre.

Art. D. 6311-24 Les établissements de santé sièges d'un centre d'enseignement des soins d'urgence participent à un réseau régional d'enseignement des soins d'urgence. Ce réseau contribue à la définition des besoins en formation en gestes et soins d'urgence en situation sanitaire normale et exceptionnelle. Il définit également les moyens nécessaires à la réponse à ces besoins et à la coordination des actions de formation.

Les universités, les écoles du service de santé des armées et les instituts de formation publics ou privés préparant à l'une des professions de santé inscrites à la quatrième partie du présent code peuvent participer à des travaux du réseau régional.

Les établissements de santé sièges d'un centre d'enseignement des soins d'urgence qui délivrent l'attestation spécialisée aux gestes et soins d'urgence face à une situation sanitaire exceptionnelle participent à un réseau zonal animé par l'établissement de santé de référence mentionné à l'article L. 3131-9. Ces réseaux font l'objet d'un enregistrement auprès de l'agence régionale de santé dont relève l'établissement de santé de référence et à la Commission nationale mentionnée à l'article D. 6311-17.

SECTION V CELLULES D'URGENCE MÉDICO-PSYCHOLOGIQUE

(Décr. nº 2013-15 du 7 janv. 2013, art. 5)

Art. R. 6311-25 *(Décr. nº 2016-1327 du 6 oct. 2016, art. 3-3º)* L'agence régionale de santé organise la prise en charge des urgences médico-psychologiques :

Elle constitue, pour chaque établissement de santé siège du service d'aide médicale urgente *(SAMU)*, une *cellule d'urgence médico-psychologique départementale*. Cette cellule est composée de médecins psychiatres, de psychologues et d'infirmiers volontaires exerçant ou non dans cet établissement de santé. L'intervention de cette cellule est coordonnée par un psychiatre référent désigné par l'agence régionale de santé.

Cette cellule est chargée d'assurer la prise en charge médico-psychologique des victimes de catastrophes ou d'accidents impliquant un grand nombre de victimes ou susceptibles d'entraîner d'importantes répercussions psychologiques en raison de leur nature et des professionnels assurant leur prise en charge.

Un arrêté du ministre chargé de la santé précise les modalités de l'organisation de l'urgence médico-psychologique.

Art. R. 6311-25-1 *(Décr. nº 2016-1327 du 6 oct. 2016, art. 3-4º)* Une cellule d'urgence médico-psychologique, dite "cellule d'urgence médico-psychologique régionale", désignée par arrêté du ministre chargé de la santé, assure la mission de coordination régionale des cellules d'urgence médico-psychologique départementales consistant notamment à :

1º Établir la liste régionale des professionnels des cellules d'urgence médico-psychologique à partir des listes transmises par les psychiatres référents et à transmettre cette liste à l'agence régionale de santé ;

2º Participer à la formation des professionnels spécialistes ou compétents en santé mentale et des intervenants des cellules d'urgence médico-psychologique à la gestion de catastrophes ou d'accidents impliquant un grand nombre de victimes ou susceptibles d'entraîner d'importantes répercussions psychologiques en raison de leur nature, en lien avec les psychiatres référents des cellules d'urgence médico-psychologique départementales ;

3º Veiller, en lien avec les psychiatres référents des cellules d'urgence médico-psychologique départementales, au respect des référentiels nationaux de prise en charge ;

4º Organiser la continuité des soins médico-psychologiques avec l'ensemble des psychiatres référents des cellules d'urgence médico-psychologique départementales ;

5º Élaborer le rapport d'activité des cellules d'urgence médico-psychologique départementales et à le transmettre à l'agence régionale de santé.

Art. R. 6311-26 *(Décr. nº 2016-1327 du 6 oct. 2016, art. 3-5º)* Sous la coordination de la cellule d'urgence médico-psychologique régionale, le psychiatre référent d'une cellule d'urgence médico-psychologique départementale est chargé :

1º D'assurer le recrutement des volontaires et de transmettre à la cellule d'urgence médico-psychologique régionale la liste des médecins psychiatres, des psychologues et des infirmiers volontaires pour intervenir au sein de la cellule d'urgence médico-psychologique départementale ;

2º De contribuer avec le service d'aide médicale urgente (SAMU) de rattachement de la cellule d'urgence médico-psychologique à l'élaboration des schémas type d'intervention mentionnés à l'article R. 6311-27 ;

3º D'organiser le fonctionnement de la cellule d'urgence médico-psychologique et d'assurer sa coordination en particulier lors de son intervention dans les conditions prévues à l'article R. 6311-27.

Art. R. 6311-27 L'intervention de la cellule d'urgence médico-psychologique est décidée par le service d'aide médicale urgente, le cas échéant, à la demande du préfet, notamment dans le cadre des plans d'organisation des secours mentionnés à l'article R. 6311-3. Le service d'aide médicale urgente informe l'agence régionale de santé de l'activation de la cellule.

L'établissement où est situé le service d'aide médicale urgente élabore, en liaison avec le psychiatre référent mentionné à l'article R. 6311-25 et les établissements de santé, *un schéma type d'intervention des cellules ou des antennes* d'urgence médico-psychologique.

Art. R. 6311-28 Les cellules d'urgence médico-psychologique comprennent des professionnels spécialistes ou compétents en santé mentale ayant reçu une formation spécifique dans les conditions mentionnées au *(Décr. nº 2016-1327 du 6 oct. 2016, art. 3-6º)* « 2º de l'article R. 6311-25-1 ».

Les professionnels intervenant dans les cellules d'urgence médico-psychologique sont tenus au respect du secret professionnel dans les conditions prévues à l'article 226-13 du code pénal.

Art. R. 6311-29 Les professionnels de la cellule d'urgence médico-psychologique interviennent dans des conditions fixées par une convention passée entre leur établissement de rattachement et l'établissement de santé où est situé le service d'aide médicale urgente.

La participation des professionnels de santé libéraux au dispositif d'urgence médico-psychologique est déterminée par convention passée entre le professionnel, l'établissement de santé où est situé le service d'aide médicale urgente et les instances départementales des organisations nationales représentatives des praticiens qui en font la demande.

Cette convention est approuvée par le directeur général de l'agence régionale de santé.

Un arrêté du ministre chargé de la santé définit les orientations de la convention-cadre qui doit prévoir les modalités d'information, d'alerte, de participation et de mobilisation des professionnels au sein de la cellule d'urgence médico-psychologique.

Art. R. 6311-30 *(Décr. nº 2016-1327 du 6 oct. 2016, art. 3-7º-a)* « En cas de situation sanitaire exceptionnelle, la cellule médico-psychologique constituée au sein de l'établissement de santé de référence siège du service d'aide médicale urgente (SAMU) de zone mentionné à l'article R. 3131-7 dite "cellule d'urgence médico-psychologique zonale" est chargée de coordonner la mobilisation » des cellules d'urgence médico-psychologiques de la zone de défense.

(Décr. nº 2016-1327 du 6 oct. 2016, art. 3-7º-b à d) « Elle assure en lien avec les autres cellules d'urgence médico-psychologique régionales :

« 1º Un appui technique à l'agence régionale de santé de zone définie à l'article L. 1435-2 pour l'élaboration du volet médico-psychologique du plan zonal de mobilisation mentionné à l'article L. 3131-11 ;

« 2º La coordination de la mobilisation des cellules d'urgence médico-psychologiques constituées au sein de la zone de défense et de sécurité. »

L'agence régionale de santé de zone inclut, dans le contrat pluriannuel d'objectifs et de moyens mentionné à l'article L. 6114-1 et conclu avec l'établissement de santé *(Décr. nº 2016-1327 du 6 oct. 2016, art. 3-7º-f)* « de référence, siège du service d'aide médicale urgente (SAMU) de zone mentionné à l'article R. 3131-7 », les objectifs et les moyens associés à ces missions.

Art. R. 6311-31 L'agence régionale de santé de zone organise et met en place le renfort nécessaire aux cellules en cas de catastrophe survenue dans sa zone de défense, selon des modalités définies dans le plan zonal de mobilisation. *(Décr. nº 2016-1327 du 6 oct. 2016, art. 3-8º-a)* « A ce titre, elle élabore le volet médico-psychologique du plan zonal de mobilisation en s'appuyant notamment sur la cellule d'urgence médico-psychologique mentionnée à l'article R. 6311-30. »

Art. R. 6311-32 *(Décr. nº 2016-1327 du 6 oct. 2016, art. 3-9º)* I. — Le réseau national de l'urgence médico-psychologique est constitué par l'ensemble des cellules d'urgence médico-psychologique.

Un arrêté du ministre chargé de la santé précise les modalités de coordination et de mobilisation du réseau national de l'urgence médico-psychologique.

II. — Ce réseau est animé par un psychiatre référent national choisi parmi les psychiatres référents des cellules mentionnés au premier alinéa. Il est nommé, pour une durée de trois ans, par arrêté du ministre chargé de la santé.

Il dispose d'un adjoint nommé dans les mêmes conditions.

III. — Le réseau national de l'urgence médico-psychologique intervient :

1º En cas de situation sanitaire exceptionnelle nécessitant des renforts en moyens médico-psychologiques dépassant ceux de la zone de défense et de sécurité ;

2º Lorsque les opérations sanitaires internationales nécessitent des moyens médico-psychologiques.

Le ministre chargé de la santé peut confier les opérations de soutien logistique liées à cette mobilisation à l'Agence nationale de santé publique mentionnée à l'article L. 1413-1.

CHAPITRE II TRANSPORTS SANITAIRES

SECTION PREMIÈRE AGRÉMENT DES TRANSPORTS SANITAIRES

SOUS-SECTION 1 DISPOSITIONS GÉNÉRALES

Art. R. 6312-1 L'agrément nécessaire au transport sanitaire est délivré par le *(Décr. nº 2010-344 du 31 mars 2010, art. 211)* « directeur général de l'agence régionale de santé ».

Le silence gardé pendant plus de quatre mois sur la demande d'agrément vaut décision de rejet.

Art. R. 6312-2 La composition du dossier fourni à l'appui d'une demande d'agrément est déterminée par arrêté du ministre chargé de la santé.

Art. R. 6312-3 Seules les entreprises de transports sanitaires ayant fait l'objet de l'agrément institué par l'article L. 6312-2 ont droit à l'appellation d'entreprises d'ambulances agréées ou d'entreprises de transports sanitaires aériens agréées.

Leurs véhicules ou aéronefs utilisés pour ces transports peuvent seuls être munis d'un emblème distinctif conforme au modèle fixé par arrêté du ministre chargé de la santé.

Art. R. 6312-4 Les personnes titulaires de l'agrément sont tenues de soumettre les véhicules et les aéronefs affectés aux transports sanitaires au contrôle des services de *(Décr. nº 2010-344 du 31 mars 2010, art. 211)* « l'agence régionale de santé » suivant des modalités fixées par arrêté du ministre chargé de la santé.

Art. R. 6312-5 En cas de manquement aux obligations de la présente section par une personne bénéficiant de l'agrément, celui-ci, après que l'intéressé a été mis à même de présenter ses observations, en préalable à l'avis du sous-comité des transports sanitaires, peut être retiré temporairement ou sans limitation de durée par décision motivée du *(Décr. nº 2010-344 du 31 mars 2010, art. 211)* « directeur général de l'agence régionale de santé ».

Les manquements aux obligations prévues par la présente section et relevés par le service d'aide médicale urgente sont communiqués au *(Décr. nº 2010-344 du 31 mars 2010, art. 211)* « directeur général de l'agence régionale de santé » et à la caisse primaire d'assurance maladie.

SOUS-SECTION 2 TRANSPORTS SANITAIRES TERRESTRES

§ 1er CONDITIONS DE DÉLIVRANCE DE L'AGRÉMENT

Art. R. 6312-6 L'agrément est délivré aux personnes physiques ou morales qui disposent :

1° Des personnels nécessaires pour garantir la présence à bord de tout véhicule en service d'un équipage conforme aux normes définies à l'article R. 6312-10 ;

2° De véhicules, appartenant aux catégories *(Décr. nº 2012-1007 du 29 août 2012, art. 1er)* « A, B, C ou D » mentionnées à l'article R. 6312-8, véhicules dont elles ont un usage exclusif.

Art. R. 6312-7 *Les personnes* composant les équipages des véhicules spécialement adaptés au transport sanitaire terrestre mentionnés à l'article R. 6312-8 appartiennent aux catégories suivantes :

1° Titulaires du diplôme d'État d'ambulancier institué par le ministre chargé de la santé ;

2° *(Décr. nº 2016-713 du 31 mai 2016, art. 2-1º)* « Sapeurs-pompiers titulaires des formations prévues par décrets en Conseil d'État pour assurer les missions de secours d'urgence aux personnes mentionnées à l'article L. 1424-2 du code général des collectivités territoriales », ou sapeurs-pompiers de Paris ou marins-pompiers de Marseille ;

3° Personnes :

– *(Décr. nº 2016-713 du 31 mai 2016, art. 2-2º)* « soit titulaires de l'unité d'enseignement "prévention et secours civiques de niveau 1" prévue par l'arrêté mentionné à l'article 1er du décret n° 91-834 du 30 août 1991 modifié relatif à la formation aux premiers secours », ou de la carte d'auxiliaire sanitaire,

– soit appartenant à une des professions réglementées aux livres Ier et III de la partie IV ;

4° Conducteurs d'ambulance.

Les intéressés sont titulaires du permis de conduire de catégorie B et possèdent une attestation délivrée par le préfet, après examen médical effectué dans les conditions définies aux articles R. 221-10 et R. 221-11 du code de la route. Ils ne doivent pas être au nombre des conducteurs auxquels s'appliquent les dispositions des articles R. 413-5 et R. 413-6 du même code.

Art. R. 6312-8 Les véhicules spécialement adaptés au transport sanitaire ressortissent aux catégories suivantes :

1° Véhicules spécialement aménagés :

a) Catégorie A : ambulance*[s]* de secours et de soins d'urgence "ASSU" ;

b) Catégorie B : voiture*[s]* de secours aux asphyxiés et blessés "VSAB" ;

c) Catégorie C : ambulance*[s]* ;

2° Autres véhicules affectés au transport sanitaire terrestre :

– catégorie D : véhicule*[s]* sanitaire*[s]* léger*[s]*.

Les normes minimales de chacune de ces catégories de véhicules sont déterminées par arrêté du ministre chargé de la santé en ce qui concerne les catégories A, C et D et du ministre de l'intérieur en ce qui concerne la catégorie B.

Art. R. 6312-9 Les véhicules affectés aux transports sanitaires sont soumis aux dispositions des articles R. 318-2, R. 322-1, R. 322-3, R. 322-4, R. 322-6 à R. 322-9, R. 323-1, R. 323-2, R. 323-6, R. 323-23, R. 325-33 et R. 326-1 du code de la route.

Art. R. 6312-10 La composition des équipages effectuant des transports sanitaires est définie ci-après :

1° Pour les véhicules des catégories A et C : deux personnes appartenant aux catégories de personnel mentionnées à l'article R. 6312-7, dont l'une au moins de la catégorie mentionnée au 1° ;

2° Pour les véhicules de catégorie B : deux personnes au moins appartenant aux catégories de personnels mentionnées à l'article R. 6312-7, dont l'une au moins appartenant aux catégories mentionnées aux 1° ou 2° ;

3° Pour les véhicules de catégorie D : une personne appartenant aux catégories de personnels mentionnées aux 1° ou 3° de l'article R. 6312-7.

§ 2 OBJET DE L'AGRÉMENT

Art. R. 6312-11 L'agrément est délivré pour l'accomplissement des transports sanitaires des malades, blessés ou parturientes effectués :

1° Dans tous les cas, au titre de l'aide médicale urgente ;

2° Au surplus, le cas échéant, aux transports effectués sur prescription médicale.

Art. R. 6312-12 L'agrément relatif aux transports sanitaires effectués au titre de l'aide médicale urgente ne peut être délivré qu'à des personnes disposant :

1° De personnels des catégories mentionnées aux 1° ou 2° de l'article R. 6312-7, éventuellement accompagnés des personnels des catégories mentionnées aux 3° et 4° ;

2° D'un ou de plusieurs véhicules appartenant aux catégories A, B ou C mentionnées à l'article R. 6312-8.

Art. R. 6312-13 L'agrément portant à la fois sur les transports effectués au titre de l'aide médicale urgente et sur ceux effectués sur prescription médicale ne peut être délivré qu'aux personnes physiques ou morales de droit privé et aux établissements de santé publics ou privés disposant :

1° De personnels titulaires du diplôme d'État d'ambulancier, éventuellement accompagnés de personnels des catégories mentionnées aux 3° et 4° de l'article R. 6312-7 ;

(Décr. n° 2012-1007 du 29 août 2012, art. 2) « 2° D'au moins deux véhicules des catégories A, C ou D mentionnées à l'article R. 6312-8, dont au moins un véhicule des catégories A ou C ; »

3° D'installations matérielles conformes aux normes définies par arrêté du ministre chargé de la santé.

Art. R. 6312-14 Le véhicule sanitaire léger est réservé au transport sanitaire de trois malades au maximum en position assise.

Il peut être utilisé pour le transport de produits sanguins labiles.

Il peut transporter simultanément un malade et les produits sanguins labiles qui lui sont destinés.

Art. R. 6312-15 Lorsqu'ils effectuent des évacuations d'urgence de victimes de sinistres conformément à l'article L. 1424-2 du code général des collectivités territoriales, lorsqu'ils interviennent faute de moyens de transports sanitaires prévus par la présente section, les équipages et les véhicules utilisés par les services d'incendie et de secours répondent aux conditions exigées pour les équipages et les véhicules effectuant les transports sanitaires d'urgence.

Lorsqu'ils effectuent des transports sanitaires, dans le cadre d'une convention passée conformément à l'article D. 6124-25, ils sont soumis aux conditions requises pour la délivrance de l'agrément attribué pour l'accomplissement des transports sanitaires effectués dans le cadre de l'aide médicale urgente.

§ 3 OBLIGATIONS DES PERSONNES TITULAIRES DE L'AGRÉMENT

Art. R. 6312-16 Le transport est effectué dans le respect du libre choix du malade et sans discrimination d'aucune sorte entre les malades.

Il est assuré en outre :

1° Avec des moyens en véhicules et en personnels conformes aux dispositions des articles R. 6312-14 et R. 6312-10 ;

2° En tenant compte des indications données par le médecin ;

3° Sans interruption injustifiée du trajet.

Art. R. 6312-17 Les personnes titulaires de l'agrément tiennent constamment à jour la liste des membres de leur personnel composant les équipages des véhicules de transport sanitaire, en précisant leur qualification.

Cette liste est adressée annuellement à *(Décr. n° 2010-344 du 31 mars 2010, art. 211)* « l'agence régionale de santé de la région dans laquelle » les intéressés exercent leur activité. La même *(Décr. n° 2010-344 du 31 mars 2010, art. 211)* « agence » est avisée sans délai de toute modification de la liste.

Art. R. 6312-18 Afin de garantir la continuité de prise en charge des patients pendant les périodes définies par arrêté du ministre chargé de la santé, une garde des transports sanitaires est assurée sur l'ensemble du territoire départemental.

Art. R. 6312-19 Les entreprises de transports sanitaires agréées pour l'accomplissement des transports mentionnés aux 1° et 2° de l'article R. 6312-11 sont tenues de participer à la garde départementale en fonction de leurs moyens matériels et humains.

Par dérogation aux dispositions du 2° de l'article R. 6312-6, elles peuvent, pour assurer leur obligation de garde, créer un groupement d'intérêt économique afin de mettre en commun leurs moyens.

Ce groupement, dont l'activité est limitée aux transports urgents réalisés pendant les périodes de garde, est titulaire de l'agrément délivré pour l'accomplissement des transports sanitaires effectués dans le cadre de l'aide médicale urgente prévu à l'article R. 6312-11.

Art. R. 6312-20 Le territoire départemental fait l'objet d'une division en secteurs de garde.

Cette division, qui sert de base à l'élaboration du tableau de garde, tient compte des délais d'intervention, du nombre d'habitants, des contraintes géographiques, de la localisation des établissements de santé et *(Décr. n° 2010-344 du 31 mars 2010, art. 211)* « des territoires de permanence des soins prévus à l'article R. 6315-1 ». Elle est arrêtée par le *(Décr. n° 2010-344 du 31 mars 2010, art. 211)* « directeur général de l'agence régionale de santé », après avis du comité mentionné à l'*(Décr. n° 2006-665 du 7 juin 2006, art. 35)* « article R. 6313-1 ».

Elle fait l'objet d'un suivi semestriel par le sous-comité des transports sanitaires.

Une évaluation annuelle est effectuée par le comité mentionné à l'*(Décr. n° 2006-665 du 7 juin 2006, art. 35)* « article R. 6313-1 » afin d'apprécier l'adéquation du dispositif aux besoins sanitaires de la population et, le cas échéant, de le réviser.

Art. R. 6312-21 Après avis de l'association départementale de transports sanitaires d'urgence la plus représentative mentionnée à l'article R. 6313-1 et du sous-comité des transports sanitaires, le *(Décr. n° 2010-344 du 31 mars 2010, art. 211)* « directeur général de l'agence régionale de santé » arrête le tableau de garde établissant la liste des entreprises de garde de manière à assurer, dans chaque secteur de garde, la mise à disposition d'au moins un véhicule de catégorie*[s]* A ou C disposant d'un équipage répondant aux exigences de la présente section.

Ce tableau est communiqué au service d'aide médicale urgente, à la caisse primaire d'assurance maladie chargée du versement de la rémunération aux entreprises de transport sanitaire, ainsi qu'aux entreprises de transport sanitaire du département.

Art. R. 6312-22 Un cahier des charges départemental fixant les conditions d'organisation de la garde, notamment celles dans lesquelles une entreprise de transport figurant dans le tableau de garde peut être remplacée, est arrêté par le *(Décr. n° 2010-344 du 31 mars 2010, art. 211)* « directeur général de l'agence régionale de santé » après avis du sous-comité des transports sanitaires du comité départemental de l'aide médicale urgente, de la permanence des soins et des transports sanitaires. Il peut définir les modalités de participation, pendant tout ou partie des heures de garde, d'un coordonnateur ambulancier au sein du service d'aide médicale urgente et l'existence de locaux de garde communs.

Art. R. 6312-23 Pendant la garde, toutes les demandes de transports sanitaires urgents sont adressées au service d'aide médicale urgente.

Les entreprises de transports sanitaires mentionnées au tableau de garde, pendant la durée de celle-ci :

1° Répondent aux appels du service d'aide médicale urgente ;

2° Mobilisent un équipage et un véhicule dont l'activité est réservée aux seuls transports demandés par le service d'aide médicale urgente ;

3° Assurent les transports demandés par le service d'aide médicale urgente dans les délais fixés par celui-ci ;

4° Informent le centre de réception et de régulation des appels médicaux du service d'aide médicale urgente de leur départ en mission et de l'achèvement de celle-ci.

SOUS-SECTION 3 TRANSPORTS SANITAIRES AÉRIENS

Art. R. 6312-24 L'agrément institué par l'article L. 6312-2 est délivré sur la demande de la personne physique ou morale qui assure l'exploitation d'une entreprise privée de transports sanitaires aériens, dès lors que :

1° Elle a préalablement justifié de sa situation régulière vis-à-vis des dispositions du code de l'aviation civile ;

2° Les aéronefs utilisés à ces transports répondent aux normes minimales figurant aux articles R. 6312-25 à R. 6312-27 ;

3° L'organisation de l'entreprise assure, pour tout transport sanitaire, la présence d'un médecin ou, à défaut, d'un infirmier ou d'une infirmière.

Art. R. 6312-25 Les aéronefs effectuant un transport sanitaire comportent :

1° Une surface disponible pour l'installation d'une civière nécessaire au transport d'un malade ou d'un blessé en position couchée, l'emplacement de la civière devant être prévu de telle façon qu'en cas d'urgence celle-ci puisse être évacuée aisément et rapidement de l'appareil ;

2° Un emplacement pour un ou plusieurs accompagnateurs médicaux ;

3° Un espace nécessaire au matériel médical facilement accessible en vol ;

4° Un dispositif de fixation pour l'ensemble du matériel.

Le malade ou blessé doit pouvoir être introduit aisément en position couchée à l'intérieur de l'aéronef.

Art. R. 6312-26 A l'intérieur d'un hélicoptère, le malade ou le blessé doit pouvoir être transporté avec un accompagnateur médical. L'accompagnateur doit pouvoir accéder facilement à toutes les parties du corps de la personne transportée.

Un encombrement minimum de 0,500 mètre cube est prévu pour l'installation du matériel médical.

Art. R. 6312-27 L'habitabilité de l'avion doit permettre l'installation d'une civière et de deux personnes d'accompagnement médical, dont une placée à la tête du malade ou du blessé transporté. Toutes les parties du corps de la personne transportée doivent être facilement accessibles pour l'un ou l'autre des accompagnateurs.

L'encombrement minimum réservé au matériel médical doit être de 1 mètre cube.

Art. R. 6312-28 Le paiement d'une prestation de transport sanitaire fait par une entreprise agréée donne lieu à la délivrance d'une pièce justificative dont le double est conservé par l'entreprise pendant un an et qui comporte :

1° Le décompte détaillé des prestations effectivement fournies et des sommes correspondantes qui sont réclamées ainsi que leur montant total ;

2° Le jour et l'heure du transport ;

3° Le nom et l'adresse de l'entreprise et le numéro et la date de l'agrément ;

4° Le numéro d'immatriculation du véhicule ou de l'aéronef ;

5° Le nom des membres de l'équipage ou du conducteur ;

6° Le nom du médecin ou de l'infirmier ou l'infirmière mentionné au 3° de l'article R. 6312-24.

SOUS-SECTION 4 TRANSPORT SANITAIRE INFIRMIER INTERHOSPITALIER

(Décr. n° 2006-576 du 22 mai 2006, art. 3)

Art. R. 6312-28-1 Le transport infirmier interhospitalier est organisé par les établissements de santé et réalisé soit par leurs moyens propres agréés, soit par des conventions avec des entreprises de transport sanitaire.

Il est assuré, en liaison avec le SAMU, par une équipe composée d'un conducteur ou d'un pilote titulaire du titre délivré par le ministre chargé de la santé, et d'un infirmier qui intervient dans les conditions prévues à l'article R. 4311-7.

(Décr. n° 2017-316 du 10 mars 2017, art. 3) « Pour le transport infirmier interhospitalier de patients stables ventilés, intubés ou sédatés, l'infirmier composant l'équipe mentionnée à l'alinéa précédent est un infirmier ou une infirmière anesthésiste diplômé d'État. »

Cette équipe peut être placée sous l'autorité d'un médecin responsable d'une structure de médecine d'urgence.

L'organisation et le fonctionnement des transports infirmiers interhospitaliers font l'objet d'une évaluation annuelle.

SECTION II AUTORISATION DE MISE EN SERVICE DE VÉHICULES DE TRANSPORTS SANITAIRES TERRESTRES

SOUS-SECTION 1 FIXATION ET RÉVISION DU NOMBRE THÉORIQUE DE VÉHICULES AUTORISÉS PAR DÉPARTEMENT

Art. R. 6312-29 Un arrêté du ministre chargé de la santé détermine, en fonction du nombre de leurs habitants, un classement des communes par tranches et fixe, pour chacune de ces tranches, un indice national de besoins de transports sanitaires de la population exprimé en nombre de véhicules par habitant.

Art. R. 6312-30 *Dans chaque département*, le *(Décr. n° 2010-344 du 31 mars 2010, art. 212)* « directeur général de l'agence régionale de santé », après avis du sous-comité des transports sanitaires, arrête conformément à l'article L. 6312-4 le nombre théorique de véhicules affectés aux transports sanitaires, à l'exclusion des véhicules exclusivement affectés aux transports sanitaires effectués dans le cadre de l'aide médicale urgente. Ce nombre est obtenu par l'application à la population du département des indices prévus à l'article R. 6312-29. Il est ensuite éventuellement majoré ou minoré dans les limites fixées par l'arrêté mentionné au même article.

La majoration ou la minoration prend en compte les caractéristiques démographiques, géographiques ou d'équipement sanitaire, la fréquentation saisonnière, la situation locale de la concurrence dans le secteur des transports sanitaires *(Décr. n° 2012-1007 du 29 août 2012, art. 4)* « , le taux d'utilisation des véhicules de transports sanitaires existant *[existants]* » ainsi que, le cas échéant, l'existence de véhicules affectés à l'exécution de contrats conclus avec une société d'assistance ou un établissement public de santé.

Art. R. 6312-31 Le nombre théorique de véhicules de chaque département est fixé dans les trois mois suivant la publication de l'arrêté du ministre chargé de la santé prévu à l'article R. 6312-29.

Art. R. 6312-32 La révision des indices et des nombres théoriques de véhicules a lieu au moins tous les cinq ans, dans les mêmes formes que pour leur fixation, notamment pour prendre en compte les résultats de chaque recensement général de la population.

SOUS-SECTION 2 AUTORISATION DE MISE EN SERVICE

Art. R. 6312-33 Une fois par an, dès lors que le nombre théorique de véhicules déterminé conformément aux articles R. 6312-30 et R. 6312-31 est supérieur au nombre de véhicules déjà autorisés, le *(Décr. nº 2010-344 du 31 mars 2010, art. 212)* « directeur général de l'agence régionale de santé », après avis du sous-comité des transports sanitaires, détermine les priorités en vue de l'attribution d'autorisations supplémentaires de mise en service. Ces priorités visent à assurer la meilleure distribution des moyens de transport sanitaire dans le département, notamment en favorisant l'équilibre entre les différentes catégories de véhicules ainsi que l'équipement des zones particulièrement démunies en moyens de transport sanitaire.

Le *(Décr. nº 2010-344 du 31 mars 2010, art. 212)* « directeur général de l'agence régionale de santé » porte à la connaissance du public le nombre d'autorisations nouvelles de mise en service qui peuvent être attribuées et les priorités d'attribution par une insertion dans une publication habilitée à recevoir des annonces légales ainsi que, éventuellement, par affichage ou par un autre moyen de publicité. Le délai de réception des demandes, indiqué par l'insertion susmentionnée, court à compter de celle-ci et ne peut être inférieur à un mois.

La demande précise, à peine d'irrecevabilité, l'identité du demandeur, le nombre d'autorisations demandées, la catégorie et la commune d'implantation envisagés des véhicules et est adressée par lettre recommandée avec avis de réception ou déposée contre récépissé à *(Décr. nº 2010-344 du 31 mars 2010, art. 212)* « l'agence régionale de santé » dans le délai imparti.

Art. R. 6312-34 Les demandes d'autorisation de mise en service sont enregistrées dès leur réception. Le rejet d'une demande non recevable fait l'objet d'une notification motivée à son auteur.

Art. R. 6312-35 A l'expiration du délai *(Décr. nº 2010-344 du 31 mars 2010, art. 212)* « mentionné au deuxième alinéa de l'article R. 6312-33 », le *(Décr. nº 2010-344 du 31 mars 2010, art. 212)* « directeur général de l'agence régionale de santé » examine les demandes recevables et délivre, après avis du sous-comité des transports sanitaires, les autorisations de mise en service de véhicules *(Décr. nº 2012-1007 du 29 août 2012, art. 5-1º)* « qui précisent la catégorie du véhicule et le lieu d'implantation ».

(Décr. nº 2012-1007 du 29 août 2012, art. 5-3º) « Les » autorisations sont attribuées selon les priorités rendues publiques et en fonction de la situation locale de la concurrence. Si plusieurs demandes satisfont également à ces critères, le choix s'opère par tirage au sort. Dans ce cas, les auteurs de ces demandes sont informés de la date du tirage au sort et peuvent y assister.

La liste des personnes ayant bénéficié d'autorisations, indiquant pour chacune la catégorie et le lieu d'implantation des véhicules, est publiée au Recueil des actes administratifs de la préfecture.

Art. R. 6312-36 Le *(Décr. nº 2010-344 du 31 mars 2010, art. 212)* « directeur général de l'agence régionale de santé » peut, après avis du sous-comité des transports sanitaires, décider de procéder au cours de la même année civile à d'autres attributions d'autorisations, selon les modalités et conditions de la présente section.

Art. R. 6312-37 *(Décr. n° 2012-1007 du 29 août 2012, art. 7)* I. — Le directeur général de l'agence régionale de santé prononce le transfert de l'autorisation à la demande et au profit de son titulaire en cas de remplacement :

– d'un véhicule de catégorie A par un véhicule de catégorie A ou C ;

– d'un véhicule de catégorie C par un véhicule de catégorie A ou C ;

– d'un véhicule de catégorie D par un véhicule de catégorie D.

II. — 1° Le transfert de l'autorisation initiale de mise en service d'un véhicule sanitaire est soumis à l'accord préalable du directeur général de l'agence régionale de santé en cas de :

– modification de la catégorie du véhicule ;

– modification de l'implantation du véhicule ;

– cession du véhicule ou du droit d'usage de ce véhicule, au profit et à la demande du cessionnaire au titre de la même catégorie et du même département.

L'absence de réponse dans un délai de deux mois à compter de la réception de la demande vaut accord tacite.

2° Le transfert ne peut être refusé que pour l'un des motifs suivants, appréciés à la date de la décision :

– la satisfaction des besoins sanitaires locaux de la population ;

– la situation locale de la concurrence ;

– le respect du nombre théorique de véhicules affectés aux transports sanitaires mentionné à l'article R. 6312-30 ;

– la maîtrise des dépenses de transports de patients.

Art. R. 6312-38 Les autorisations de mise en service dont bénéficie une personne faisant l'objet d'un retrait temporaire d'agrément prononcé en application des articles L. 6312-3 ou L. 6312-5 ou de l'article R. 6312-5 ne peuvent être transférées durant ce retrait.

Art. R. 6312-39 Toute autorisation est réputée caduque :

1° Lorsque, du fait de son bénéficiaire, la mise en service effective du véhicule n'est pas intervenue dans un délai de trois mois après l'attribution ou le transfert de l'autorisation, sous réserve des dispositions de l'article R. 6312-40 ;

2° Lorsque, du fait de son bénéficiaire, le véhicule est mis hors service pendant plus de trois mois ; dans le cas d'une cessation définitive d'activité, notamment sur liquidation judiciaire, ce délai est porté à six mois.

Art. R. 6312-40 Les personnes bénéficiant d'autorisations de mise en service et dont la demande d'agrément a été rejetée disposent d'un délai imparti par le *(Décr. n° 2010-344 du 31 mars 2010, art. 212)* « directeur général de l'agence régionale de santé », d'au moins deux mois, pour réunir les conditions qui faisaient défaut pour l'obtention de l'agrément et déposer une nouvelle demande. En cas de nouveau refus, les autorisations de mise en service des véhicules pour l'utilisation desquels l'agrément était demandé deviennent caduques.

Art. R. 6312-41 En cas de retrait sans limitation de durée de l'agrément, prononcé en application des articles L. 6312-3 ou L. 6312-5 ou de l'article R. 6312-5, les autorisations de mise en service dont bénéficie la personne concernée sont retirées.

Il en est de même lorsqu'une personne effectue des transports sanitaires en dépit du retrait temporaire d'agrément dont elle fait l'objet.

Art. R. 6312-42 La personne qui dispose d'un véhicule loué auprès d'une entreprise de location ou d'un organisme de crédit-bail ou de location avec option d'achat et dont le bail est résilié ou vient à terme sans renouvellement demeure titulaire de l'autorisation de mise en service initiale jusqu'à la date de son transfert dans les conditions prévues à l'article R. 6312-37 et au plus tard jusqu'à l'expiration d'un délai de trois mois à compter de cette résiliation ou de ce terme.

Art. R. 6312-43 Le sous-comité des transports sanitaires est tenu régulièrement informé des décisions de délivrance de transfert et de retrait des autorisations de mise en service.

CHAPITRE II *BIS* ÉVACUATIONS D'URGENCE DE VICTIMES PAR LES ASSOCIATIONS AGRÉÉES DE SÉCURITÉ CIVILE

(*Décr. n° 2016-713 du 31 mai 2016, art. 1er*)

Art. R. 6312-44 Lorsqu'ils effectuent des évacuations d'urgence de personnes victimes d'accidents, de sinistres ou de catastrophes en participant aux opérations de secours ou dans le prolongement des dispositifs prévisionnels de secours, conformément aux articles L. 725-4 et L. 725-5 du code de la sécurité intérieure, les équipages et les véhicules utilisés par les associations agréées de sécurité civile répondent aux conditions prévues au présent chapitre.

Art. R. 6312-45 Les personnes composant les équipages des véhicules des associations agréées de sécurité civile appartiennent aux catégories suivantes :

1° Titulaires du diplôme d'État d'ambulancier institué par le ministre chargé de la santé ;

2° Personnes titulaires de l'unité d'enseignement "premiers secours en équipe de niveau 2" prévue par l'arrêté mentionné à l'article 10 du décret n° 91-834 du 30 août 1991 modifié relatif à la formation aux premiers secours ;

3° Personnes :

a) Soit titulaires de l'unité d'enseignement "premiers secours en équipe de niveau 1" prévue par l'arrêté mentionné à l'article 10 du décret mentionné au 2° ;

b) Soit titulaires de l'unité d'enseignement "prévention et secours civiques de niveau 1" prévue par l'arrêté mentionné à l'article 1er du même décret, ou de la carte d'auxiliaire sanitaire ;

c) Soit appartenant à une des professions réglementées aux livres Ier et III de la partie IV du présent code ;

4° Conducteurs d'ambulance.

Les intéressés sont titulaires du permis de conduire de catégorie B et possèdent une attestation délivrée par le préfet, après examen médical effectué dans les conditions définies aux articles R. 221-10 et R. 221-11 du code de la route. Ils ne doivent pas être au nombre des conducteurs mentionnés aux dispositions du I de l'article R. 413-5 et du 1° de l'article R. 413-6 du même code.

Art. R. 6312-46 La composition des équipages des associations agréées de sécurité civile est de deux personnes au moins appartenant aux catégories de personnel*[s]* mentionnées à l'article R. 6312-45, dont l'une au moins appartenant aux catégories mentionnées au 1° ou au 2° de cet article.

Art. R. 6312-47 Les véhicules des associations agréées de sécurité civile sont soumis aux dispositions des articles mentionnés à l'article R. 6312-9.

Art. R. 6312-48 Les associations agréées de sécurité civile recourent aux véhicules de premiers secours à personnes dénommés "VPSP", dont les normes minimales sont fixées par arrêté du ministre de l'intérieur.

CHAPITRE III COMITÉ DÉPARTEMENTAL DE L'AIDE MÉDICALE URGENTE, DE LA PERMANENCE DES SOINS ET DES TRANSPORTS SANITAIRES

(*Décr. n° 2010-810 du 13 juill. 2010, art. 1er*)

SECTION PREMIÈRE COMPOSITION ET FONCTIONNEMENT

Art. R. 6313-1 Dans chaque département, un comité de l'aide médicale urgente, de la permanence des soins et des transports sanitaires veille à la qualité de la distribution de l'aide médicale urgente, à l'organisation de la permanence des soins et à son ajustement aux besoins de la population dans le respect du cahier des charges régional défini à l'article R. 6315-6.

Il s'assure de la coopération des personnes physiques et morales participant à l'aide médicale urgente, au dispositif de la permanence des soins et aux transports sanitaires.

Conséquences de l'irrégularité dans la composition du comité. Sont entachés d'irrégularité les arrêtés préfectoraux pris sur avis d'un comité de l'aide médicale urgente et des transports sanitaires irrégulièrement composé en raison de l'absence de représentant d'une association de permanence des soins. • TA Dijon, 12 oct. 2006, *Assoc. Allo médecins de garde 71 Chalon-sur-Saône et agglomération chalonnaise*, n° 0401983.

Art. R. 6313-1-1 **Le comité départemental de l'aide médicale urgente, de la permanence des soins et des transports sanitaires, coprésidé par le préfet ou son représentant et le directeur général de l'agence régionale de santé ou son représentant, est composé :**

1° De représentants des collectivités territoriales :

a) Un conseiller départemental désigné par le conseil départemental *(Décr. n° 2018-76 du 8 févr. 2018, art. 3)* **« ou, en Corse, un conseiller exécutif désigné par le président du conseil exécutif » ;**

b) Deux maires désignés par l'association départementale des maires ou, à défaut, élus par le collège des maires du département, convoqué à cet effet par le préfet, à la représentation proportionnelle à la plus forte moyenne, sans adjonction ni suppression de noms et sans modification de l'ordre de présentation. Le vote peut avoir lieu par correspondance ;

2° Des partenaires de l'aide médicale urgente :

a) Un médecin responsable de service d'aide médicale urgente et un médecin responsable de structure mobile d'urgence et de réanimation dans le département ;

b) Un directeur d'établissement public de santé doté de moyens mobiles de secours et de soins d'urgence ;

c) Le président du conseil d'administration du service d'incendie et de secours ;

d) Le directeur départemental du service d'incendie et de secours ;

e) Le médecin-chef départemental du service d'incendie et de secours ;

f) Un officier de sapeurs-pompiers chargé des opérations, désigné par le directeur départemental des services d'incendie et de secours ;

3° Des membres nommés sur proposition des organismes qu'ils représentent :

a) Un médecin représentant le conseil départemental de l'ordre des médecins ;

b) Quatre *(Décr. n° 2012-1331 du 29 nov. 2012, art. 1er)* **« médecins » représentants de l'union régionale des professionnels de santé représentant les médecins ;**

c) Un représentant du conseil de la délégation départementale de la Croix-Rouge française ;

d) Deux praticiens hospitaliers proposés chacun respectivement par les deux organisations les plus représentatives au plan national des médecins exerçant dans les structures des urgences hospitalières ;

e) Un médecin proposé par l'organisation la plus représentative au niveau national des médecins exerçant dans les structures de médecine d'urgence des établissements privés de santé, lorsqu'elles existent dans le département ;

f) Un représentant de chacune des associations de permanence des soins lorsqu'elles interviennent dans le dispositif de permanence des soins au plan départemental ;

g) Un représentant de l'organisation la plus représentative de l'hospitalisation publique ;

h) Un représentant de chacune des deux organisations d'hospitalisation privée les plus représentatives au plan départemental, dont un directeur d'établissement de santé ~~privé assurant des transports sanitaires~~ *(Décr. n° 2012-1331 du 29 nov. 2012, art. 1er)* **« lorsqu'un tel établissement existe dans le département ;**

« i) Quatre représentants des organisations professionnelles nationales de transports sanitaires les plus représentatives au plan départemental ; »

j) Un représentant de l'association départementale de transports sanitaires d'urgence la plus représentative au plan départemental ;

k) Un représentant du conseil régional de l'ordre des pharmaciens ou, dans les départements d'outre-mer, la délégation locale de l'ordre des pharmaciens ;

l) Un représentant de l'union régionale des professionnels de santé représentant les pharmaciens d'officine ;

m) Un représentant de l'organisation de pharmaciens d'officine la plus représentative au plan national ;

n) Un représentant du conseil départemental de l'ordre des chirurgiens-dentistes ;

o) Un représentant de l'union régionale des professionnels de santé représentant les chirurgiens-dentistes ;

4° Un représentant des associations d'usagers.

Les membres du comité sont nommés par arrêté conjoint du directeur général de l'agence régionale de santé et du préfet.

Le directeur général de l'agence régionale de santé et le préfet peuvent se faire assister des personnes de leur choix.

(Décr. nº 2012-1331 du 29 nov. 2012, art. 1er) « Pour chaque membre titulaire, à l'exception des membres mentionnés aux 1° et 2°, qui peuvent se faire représenter conformément aux règles prévues par l'article R. 133-3 du code des relations entre le public et l'administration, est désigné dans les mêmes conditions un membre suppléant. »

Art. R. 6313-2 I. – Les représentants des collectivités territoriales sont nommés pour la durée de leur mandat électif.

Les autres membres du comité sont nommés pour une durée de trois ans.

II. – Le secrétariat du comité est assuré par l'agence régionale de santé. Le comité établit son règlement intérieur.

Art. R. 6313-3 Le comité constitue en son sein un sous-comité médical et un sous-comité des transports sanitaires.

Il est réuni au moins une fois par an par ses présidents ou à la demande d'au moins la moitié de ses membres.

SECTION II SOUS-COMITÉ MÉDICAL

Art. R. 6313-4 Le sous-comité médical, formé par tous les médecins mentionnés aux 2° et 3° de l'article R. 6313-1-1, coprésidé par le directeur général de l'agence régionale de santé ou son représentant et le préfet ou son représentant, est réuni à l'initiative de ces derniers ou à la demande d'au moins la moitié de ses membres, et au moins une fois par an. Le directeur général de l'agence régionale de santé et le préfet peuvent se faire assister des personnes de leur choix.

Il évalue chaque année l'organisation de la permanence des soins et propose les modifications qu'il juge souhaitables dans le cadre du cahier des charges régional arrêté par le directeur général de l'agence régionale de santé.

SECTION III SOUS-COMITÉ DES TRANSPORTS SANITAIRES

Art. R. 6313-5 Le sous-comité des transports sanitaires, coprésidé par le directeur général de l'agence régionale de santé ou son représentant et le préfet ou son représentant, est constitué par les membres du comité départemental suivants :

1° Le médecin responsable du service d'aide médicale urgente ;

2° Le directeur départemental du service d'incendie et de secours ;

3° Le médecin-chef départemental du service d'incendie et de secours ;

4° L'officier de sapeurs-pompiers chargé des opérations, désigné par le directeur départemental des services d'incendie et de secours ;

5° Les quatre représentants des organisations professionnelles de transports sanitaires désignés à l'article R. 6313-1-1 ;

6° Le directeur d'un établissement public de santé *(Décr. nº 2012-1331 du 29 nov. 2012, art. 1er)* « doté de moyens mobiles de secours et de soins d'urgence » ;

7° Le directeur d'établissement de santé privé assurant des transports sanitaires ;

8° Le représentant de l'association départementale des transports sanitaires d'urgence la plus représentative au plan départemental ;

9° Trois membres désignés par leurs pairs au sein du comité départemental :

a) Deux représentants des collectivités territoriales ;

b) Un médecin d'exercice libéral.

Dans le cas où il examine les problèmes de transports sanitaires non terrestres, le sous-comité s'adjoint le représentant des administrations concernées et les techniciens désignés par le directeur général de l'agence régionale de santé et le préfet du département.

Le directeur général de l'agence régionale de santé et le préfet peuvent se faire assister des personnes de leur choix.

Art. R. 6313-6 *(Décr. n° 2012-1331 du 29 nov. 2012, art. 1er)* Le sous-comité donne un avis préalable au retrait par le directeur général de l'agence régionale de santé de l'agrément nécessaire aux transports sanitaires mentionné à l'article L. 6312-2.

Cet avis est donné au vu du rapport du médecin désigné par le directeur général de l'agence régionale de santé et des observations de l'intéressé.

Le sous-comité peut être saisi par l'un de ses co-présidents de tout problème relatif aux transports sanitaires. Il est tenu informé de toutes les décisions d'agrément d'entreprises de transports sanitaires.

Art. R. 6313-7 *(Décr. n° 2012-1331 du 29 nov. 2012, art. 1er)* En cas d'urgence, le directeur général de l'agence régionale de santé peut procéder, sans avis préalable du sous-comité, à la suspension d'agrément.

Art. R. 6313-7-1 *(Décr. n° 2012-1331 du 29 nov. 2012, art. 1er)* L'entreprise qui fait l'objet d'une suspension d'agrément peut présenter des observations écrites ou orales.

A la réception de ces observations, le directeur général de l'agence régionale de santé dispose d'un délai de quinze jours francs pour mettre fin à la mesure de suspension ou convoquer le sous-comité en vue d'obtenir un avis préalable au retrait temporaire ou définitif d'agrément.

Le sous-comité est alors réuni au plus tard un mois après réception des observations de l'intéressé. A défaut de convocation du comité, la suspension est levée.

SECTION IV DISPOSITIONS PROPRES À PARIS ET À CERTAINS DÉPARTEMENTS

Art. R. 6313-8 Dans la composition du comité départemental de l'aide médicale urgente, de la permanence des soins et des transports sanitaires de Paris ainsi que des départements des Hauts-de-Seine, de la Seine-Saint-Denis et du Val-de-Marne et dans la composition des sous-comités, le directeur départemental du service d'incendie et de secours est remplacé par le général commandant la brigade de sapeurs-pompiers ou son représentant, le médecin-chef départemental du service d'incendie et de secours par le médecin-chef de la brigade de sapeurs-pompiers ou son représentant, l'officier de sapeurs-pompiers chargé des opérations, par l'officier de la brigade de sapeurs-pompiers de Paris ou son représentant désigné par le général commandant la brigade des sapeurs-pompiers de Paris.

A Paris, les représentants des collectivités territoriales sont quatre conseillers de Paris désignés par leur conseil.

A Marseille, l'officier de sapeurs-pompiers chargé des opérations est le commandant du bataillon des marins-pompiers.

Art. R. 6313-9 A Paris, le comité départemental de l'aide médicale urgente, de la permanence des soins et des transports sanitaires est coprésidé par le directeur général de l'agence régionale de santé ou son représentant et par le préfet de police ou son représentant lorsque les affaires examinées relèvent de la compétence de celui-ci.

CHAPITRE IV DISPOSITIONS PÉNALES

SECTION PREMIÈRE DISPOSITIONS COMMUNES AUX TRANSPORTS TERRESTRE ET AÉRIEN

Art. R. 6314-1 Le fait de laisser croire faussement, par dénomination, emblèmes ou tout autre moyen que l'on est titulaire de l'agrément prévu à l'article L. 6312-2 est puni de l'amende prévue pour les contraventions de la cinquième classe.

En cas de récidive, l'amende prévue pour la récidive des contraventions de la cinquième classe est applicable.

Art. R. 6314-2 Est puni de la peine d'amende prévue pour les contraventions de la troisième classe le fait pour une personne, titulaire de l'agrément prévu à l'article R. 6312-11, de ne pas soumettre les véhicules et les aéronefs affectés aux transports sanitaires au contrôle des services de la direction des affaires sanitaires et sociales.

Art. R. 6314-3 *Abrogé par Décr. n° 2010-671 du 18 juin 2010, art. 5.*

SECTION II DISPOSITIONS PARTICULIÈRES AU TRANSPORT TERRESTRE

Art. R. 6314-4 Est puni de la peine d'amende prévue pour les contraventions de la troisième classe le fait pour une personne titulaire de l'agrément prévu à l'article R. 6312-11 :

1° *[De]* Ne pas tenir à jour et ne pas adresser annuellement la liste de son personnel en précisant sa qualification à *(Décr. n° 2010-344 du 31 mars 2010, art. 213)* « l'agence régionale de santé » ;

2° De ne pas informer, pendant la garde, le centre de réception et de régulation des appels médicaux conformément au 4° de l'article R. 6312-23.

Art. R. 6314-5 Est puni de la peine d'amende prévue pour les contraventions de la cinquième classe le fait pour une personne titulaire de l'agrément prévu à l'article R. 6312-11 :

1° De ne pas respecter les obligations de garde qui lui incombent ;

2° D'effectuer ou de faire effectuer un transport sanitaire sans respecter les obligations prévues au deuxième alinéa de l'article R. 6312-16 relatives aux conditions de transport du malade.

Art. R. 6314-6 Le fait de laisser croire faussement, par dénomination, emblèmes ou tout autre moyen, de sa participation au fonctionnement des services d'aide médicale urgente et des moyens mobiles de secours et de soins d'urgence est puni de la peine d'amende prévue pour les contraventions de la cinquième classe.

CHAPITRE V PERMANENCE DES SOINS

SECTION PREMIÈRE PERMANENCE DES SOINS EN MÉDECINE GÉNÉRALE

(Décr. n° 2015-75 du 27 janv. 2015, art. 1er-1°).

BIBL. ▶ La permanence des soins, *RGDM 2006, numéro spécial* (collectif).

Art. R. 6315-1 *(Décr. n° 2010-809 du 13 juill. 2010, art. 1er)* La mission de permanence des soins prévue à l'article L. 6314-1 a pour objet de répondre aux besoins de soins non programmés :

1° Tous les jours de 20 heures à 8 heures ;

2° Les dimanches et jours fériés de 8 heures à 20 heures ;

3° En fonction des besoins de la population évalués à partir de l'activité médicale constatée et de l'offre de soins existante : le samedi à partir de midi, le lundi lorsqu'il précède un jour férié, le vendredi et le samedi lorsqu'ils suivent un jour férié.

A cette fin, la région est divisée en territoires de permanence des soins dont les limites sont arrêtées par le directeur général de l'agence régionale de santé, selon les principes d'organisation définis dans le cahier des charges régional mentionné à l'article R. 6315-6.

La permanence des soins est assurée par les médecins exerçant dans les cabinets médicaux, maisons de santé, pôles de santé et centres de santé, ainsi que par les médecins exerçant dans les associations de permanence des soins.

Elle peut également être exercée par tout autre médecin ayant conservé une pratique clinique. Le conseil départemental de l'ordre des médecins atteste de la capacité de ces derniers à participer à la permanence des soins et en informe l'agence régionale de santé. Cette participation est formalisée par une convention entre le médecin et le directeur général de l'agence régionale de santé, transmise au conseil départemental de l'ordre des médecins.

En fonction de la demande de soins et de l'offre médicale existantes, la mission de permanence des soins peut aussi être assurée par les établissements de santé, dans les conditions fixées par l'agence régionale de santé.

Art. R. 6315-2 *(Décr. n° 2010-809 du 13 juill. 2010, art. 1er)* I. — Dans chaque territoire de permanence des soins, les médecins mentionnés à l'article R. 6315-1 qui sont volontaires pour participer à cette permanence et les associations de permanence des soins établissent le tableau de garde pour une durée minimale de trois mois.

Ce tableau précise le nom, la modalité et le lieu de dispensation des actes de chaque médecin. Il est transmis, au plus tard quarante-cinq jours avant sa mise en œuvre, au conseil départemental de l'ordre des médecins concerné. Le conseil départemental de l'ordre des médecins vérifie que les intéressés sont en situation régulière d'exercice et, le cas échéant, constate l'absence ou l'insuffisance de médecins volontaires.

Toute modification de ce tableau est communiquée au conseil départemental dans les plus brefs délais.

II. — Si le médecin intervient dans le cadre d'une association de permanence de soins, celle-ci communique au conseil départemental et met à jour régulièrement la liste nominative des médecins susceptibles de participer à cette permanence au titre de l'association. Dans un délai maximal d'un mois suivant la fin de la mise en œuvre du tableau de garde, l'association transmet au conseil départemental la liste nominative, par tranche horaire, des médecins qui ont effectivement assuré la permanence des soins sur le territoire.

Dix jours au moins avant sa mise en œuvre, le tableau est transmis par le conseil départemental au directeur général de l'agence régionale de santé, au préfet de département ou, à Paris, au préfet de police, aux services d'aide médicale urgente, aux médecins et associations de permanence des soins concernés ainsi qu'aux caisses d'assurance maladie. Toute modification du tableau de garde survenue après cette transmission fait l'objet d'une nouvelle communication dans les plus brefs délais.

Art. R. 6315-3 *(Décr. n° 2010-809 du 13 juill. 2010, art. 1er)* *(Décr. n° 2016-1012 du 22 juill. 2016, art. 1er)* « L'accès au médecin de la permanence des soins ambulatoires fait l'objet d'une régulation médicale téléphonique préalable, accessible sur l'ensemble du territoire national, par le numéro national de permanence des soins (116 117) ou par le numéro national d'aide médicale urgente (15). Le directeur général de l'agence régionale de santé détermine lequel de ces deux numéros est utilisé au plan régional. Il l'inscrit dans le cahier des charges mentionné à l'article R. 6315-6. Les médecins volontaires participent à l'activité de régulation médicale des appels dans les conditions définies par ce cahier des charges. Lorsqu'un médecin » assure la régulation des appels depuis son cabinet ou son domicile, il signe une convention avec l'établissement siège du service d'aide médicale urgente.

L'accès au médecin de permanence est également assuré par les numéros des centres d'appel des associations de permanence des soins si ceux-ci sont interconnectés avec le centre de réception et de régulation des appels et ont signé une convention avec l'établissement siège du service d'aide médicale urgente approuvée par le directeur général de l'agence régionale de santé. Cette convention respecte le cahier des charges mentionné à l'article R. 6315-6.

Les appels traités dans le cadre de la permanence des soins, ainsi que les réponses apportées par le médecin régulateur, y compris les prescriptions mentionnées au troisième alinéa de l'article R. 6315-5, sont soumis à une exigence de traçabilité selon des modalités fixées par arrêté du ministre de la santé.

Les dispositions issues du Décr. n° 2016-1012 du 22 juill. 2016 entrent en vigueur à la date de mise en service sur le territoire du n° 116 117, constatée par arrêté du ministre chargé de la santé, et au plus tard le 15 janv. 2018.

Date à laquelle, au plus tard, les directeurs généraux des agences régionales de santé précisent lequel des deux numéros est utilisé au plan régional, par décisions qui se substituent aux dispositions portant sur le numéro de permanence des soins ambulatoires contenues dans les cahiers des charges régionaux de la permanence des soins en vigueur dans chaque région.

Les dispositions des cahiers des charges régionaux de la permanence des soins sont révisées selon la procédure mentionnée à l'art. R. 6315-6 CSP par les directeurs généraux des agences régionales de santé pour prendre en compte, pour chaque région, au plus tard le 8 août 2018, le numéro retenu (Décr. n° 2016-1012 du 22 juill. 2016, art. 2 ; Décr. n° 2017-522 du 11 avr. 2017, art. 1er).

Art. R. 6315-4 *(Décr. n° 2010-809 du 13 juill. 2010, art. 1er)* Les médecins participent à la permanence des soins et à l'activité de régulation sur la base du volontariat.

En cas d'absence ou d'insuffisance de médecins volontaires constatée par le conseil départemental de l'ordre des médecins, ce conseil, en vue de compléter le tableau de garde, sollicite l'avis de l'union régionale des professionnels de santé représentant les médecins, des représentants des médecins des centres de santé au niveau départemental et des associations de permanence des soins. Si, à l'issue de ces consultations et démarches, le tableau de garde reste incomplet, le conseil départemental de l'ordre des médecins adresse un rapport au directeur général de l'agence régionale de santé. Ce rapport fait état des avis recueillis et dresse la liste des médecins susceptibles d'exercer la permanence des soins, dont l'adresse et les coordonnées téléphoniques professionnelles sont précisées.

Le directeur général de l'agence régionale de santé communique ces éléments au préfet de département ou, à Paris, au préfet de police, afin que celui-ci procède, le cas échéant, aux réquisitions prévues au deuxième alinéa de l'article L. 6314-1.

Les obligations ou engagements pris par le médecin titulaire dans le cadre de la permanence des soins sont assurés par le médecin qui le remplace.

Il peut être accordé par le conseil départemental de l'ordre des médecins des exemptions de permanence pour tenir compte de l'âge, de l'état de santé et, éventuellement, des conditions d'exercice de certains médecins. La liste des médecins exemptés est transmise au directeur général de l'agence régionale de santé par le conseil départemental qui la communique au préfet de département ou, à Paris, au préfet de police.

Art. R. 6315-5 *(Décr. n° 2010-809 du 13 juill. 2010, art. 1er)* Le médecin régulateur, exerçant dans les conditions définies à l'article R. 6315-3, décide de la réponse adaptée à la demande de soins.

L'agence régionale de santé détermine les conditions dans lesquelles le transport des patients vers un lieu de consultation peut être organisé lorsqu'ils ne peuvent se déplacer par leurs propres moyens.

En dehors des cas relevant de l'aide médicale urgente, le médecin régulateur peut donner des conseils médicaux, notamment thérapeutiques, pouvant aboutir à une prescription médicamenteuse par téléphone. Il peut également procéder à une telle prescription lors de situations nécessitant en urgence l'adaptation d'une prescription antérieure. Lorsque la prescription nécessite l'établissement d'une ordonnance écrite, celle-ci est adressée à une pharmacie. La prescription, d'une durée limitée et non renouvelable, est conforme aux recommandations de bonnes pratiques professionnelles édictées par la Haute Autorité de santé relatives à la prescription médicamenteuse par téléphone dans le cadre de la régulation médicale.

Art. R. 6315-6 *(Décr. n° 2010-809 du 13 juill. 2010, art. 1er)* Les principes d'organisation de la permanence des soins font l'objet d'un cahier des charges régional arrêté par le directeur général de l'agence régionale de santé dans le respect des objectifs fixés par le schéma régional d'organisation des soins.

Le cahier des charges régional décrit l'organisation générale de l'offre de soins assurant la prise en charge des demandes de soins non programmés et mentionne les lieux fixes de consultation. Il décrit également l'organisation de la régulation des appels.

Il précise les conditions d'organisation des territoires de permanence des soins afférentes à chaque département.

Le cahier des charges régional définit les indicateurs de suivi, les conditions d'évaluation du fonctionnement de la permanence de soins. Il précise les modalités de recueil et de suivi des incidents relatifs à l'organisation et au fonctionnement de la permanence des soins. Il détermine les modalités selon lesquelles la commission spécialisée de l'organisation des soins de la conférence régionale de la santé et de l'autonomie et le comité départemental mentionné à l'article R. 6313-1 sont informés de ces incidents.

Indépendamment de la rémunération des actes accomplis dans le cadre de leur mission, le cahier des charges précise la rémunération forfaitaire des personnes participant aux gardes de permanence des soins ambulatoires et à la régulation médicale téléphonique. Cette rémunération forfaitaire peut varier en fonction de la sujétion et des contraintes géographiques, dans les limites fixées par arrêté des ministres chargés de la santé et de la sécurité sociale. *(Décr. n° 2012-271 du 27 févr. 2012, art. 2-I)* « Elle est financée par le fonds d'intervention régional mentionné à l'article L. 1435-8. »

L'arrêté fixant le cahier des charges régional est pris après avis des comités départementaux mentionnés à l'article R. 6313-1, de la commission spécialisée de l'organisation des soins de la conférence régionale de la santé et de l'autonomie et de l'union régionale des professionnels de santé représentant les médecins. Les conditions d'organisation mentionnées au troisième alinéa sont soumises pour avis au conseil départemental de l'ordre des médecins et au préfet de département ou, à Paris, au préfet de police. Les avis prévus au présent alinéa sont rendus dans le délai d'un mois à compter de la réception de la demande d'avis. Passé ce délai, l'avis est réputé rendu.

SECTION II PERMANENCE DES SOINS DENTAIRES

(Décr. n° 2015-75 du 27 janv. 2015, art. 1er-2°)

Art. R. 6315-7 Une permanence des soins dentaires, assurée par les chirurgiens-dentistes libéraux, les chirurgiens-dentistes collaborateurs et les chirurgiens-dentistes salariés des centres de santé, est organisée dans chaque département les dimanches et jours fériés. Les chirurgiens-dentistes y participent dans le cadre de leur obligation déontologique prévue à l'article R. 4127-245.

Art. R. 6315-8 L'organisation de la permanence des soins dentaires dans la région fait l'objet d'un arrêté du directeur général de l'agence régionale de santé qui précise le périmètre des secteurs et les horaires sur lesquels s'exerce cette permanence des soins en tenant compte de l'offre de soins dentaires existante, notamment hospitalière, et prévoit les modalités d'accès de la population au praticien de permanence.

Cet arrêté est pris après avis du conseil régional de l'ordre des chirurgiens-dentistes. Les conditions d'organisation propres à chaque département sont soumises pour avis au comité départemental de l'aide médicale urgente, de la permanence des soins et des transports sanitaires concerné.

Les avis prévus au présent article sont rendus dans le délai d'un mois à compter de la réception de la demande d'avis. Passé ce délai, l'avis est réputé rendu.

Art. R. 6315-9 Pour chaque secteur, un tableau de permanence est établi pour une durée minimale de trois mois par le conseil départemental de l'ordre des chirurgiens-dentistes. Il précise le nom et le lieu de dispensation des actes de chaque chirurgien-dentiste sous réserve des exemptions prévues à l'article R. 4127-245. Dix jours au moins avant sa mise en œuvre, ce tableau est transmis au directeur général de l'agence régionale de santé, aux caisses d'assurance maladie, au service d'aide médicale urgente, le cas échéant à l'association départementale ou régionale de régulation libérale, ainsi qu'aux chirurgiens-dentistes et centres de santé concernés. Toute modification du tableau de permanence survenue après cette transmission fait l'objet d'une nouvelle communication.

Le chirurgien-dentiste remplaçant assure les obligations de permanence dues par le chirurgien-dentiste titulaire qu'il remplace.

CHAPITRE VI TÉLÉMÉDECINE

(Décr. n° 2010-1229 du 19 oct. 2010)

SECTION PREMIÈRE DÉFINITION

Art. R. 6316-1 Relèvent de la télémédecine définie à l'article L. 6316-1 les actes médicaux, réalisés à distance, au moyen d'un dispositif utilisant les technologies de l'information et de la communication. Constituent des actes de télémédecine :

1° La téléconsultation, qui a pour objet de permettre à un professionnel médical de *donner une consultation* à distance à un patient. Un professionnel de santé peut être présent auprès du patient et, le cas échéant, assister le professionnel médical au cours de la téléconsultation. Les psychologues mentionnés à l'article 44 de la loi n° 85-772 du 25 juillet 1985 portant diverses dispositions d'ordre social peuvent également être présents auprès du patient ;

2° La téléexpertise, qui a pour objet de permettre à un professionnel médical de solliciter à distance l'avis d'un ou de plusieurs professionnels médicaux en raison de leurs formations ou de leurs compétences particulières, sur la base des informations médicales liées à la prise en charge d'un patient ;

3° La télésurveillance médicale, qui a pour objet de permettre à un professionnel médical d'interpréter à distance les données nécessaires au suivi médical d'un patient et, le cas échéant, de prendre des décisions relatives à la prise en charge de ce patient.

L'enregistrement et la transmission des données peuvent être automatisés ou réalisés par le patient lui-même ou par un professionnel de santé ;

4° La téléassistance médicale, qui a pour objet de permettre à un professionnel médical d'assister à distance un autre professionnel de santé au cours de la réalisation d'un acte ;

5° La réponse médicale qui est apportée dans le cadre de la régulation médicale mentionnée à l'article L. 6311-2 et au troisième alinéa de l'article L. 6314-1.

SECTION II CONDITIONS DE MISE EN ŒUVRE

Art. R. 6316-2 Les actes de télémédecine sont réalisés avec le consentement libre et éclairé de la personne, en application notamment des dispositions des articles L. 1111-2 et L. 1111-4.

Les professionnels participant à un acte de télémédecine peuvent, sauf opposition de la personne dûment informée, échanger des informations relatives à cette personne, notamment par le biais des technologies de l'information et de la communication.

Art. R. 6316-3 Chaque acte de télémédecine est réalisé dans des conditions garantissant :

1° *a)* L'authentification des professionnels de santé intervenant dans l'acte ;

b) L'identification du patient ;

c) L'accès des professionnels de santé aux données médicales du patient nécessaires à la réalisation de l'acte ;

2° Lorsque la situation l'impose, la formation ou la préparation du patient à l'utilisation du dispositif de télémédecine.

Art. R. 6316-4 Sont inscrits dans le dossier du patient tenu par chaque professionnel médical intervenant dans l'acte de télémédecine et dans la fiche d'observation mentionnée à l'article R. 4127-45 :

1° Le compte rendu de la réalisation de l'acte ;

2° Les actes et les prescriptions médicamenteuses effectués dans le cadre de l'acte de télémédecine ;

3° L'identité des professionnels de santé participant à l'acte ;

4° La date et l'heure de l'acte ;

5° Le cas échéant, les incidents techniques survenus au cours de l'acte.

Art. R. 6316-5 Les actes de télémédecine sont pris en charge dans les conditions prévues aux articles L. 162-1-7, L. 162-14-1, L. 162-22-1, L. 162-22-6, L. 162-32-1 et L. 165-1 du code de la sécurité sociale.

SECTION III ORGANISATION

Art. R. 6316-6 L'activité de télémédecine et son organisation font l'objet :

1° Soit d'un programme national défini par arrêté des ministres chargés de la santé, des personnes âgées, des personnes handicapées et de l'assurance maladie ;

2° Soit d'une inscription dans l'un des contrats pluriannuels d'objectifs et de moyens ou l'un des contrats ayant pour objet d'améliorer la qualité et la coordination des soins, tels qu'ils sont respectivement mentionnés aux articles L. 6114-1, L. 1435-3 et L. 1435-4 du code de la santé publique et aux articles L. 313-11 et L. 313-12 du code de l'action sociale et des familles ;

3° Soit d'un contrat particulier signé par le directeur général de l'agence régionale de santé et le professionnel de santé libéral ou, le cas échéant, tout organisme concourant à cette activité.

Les contrats mentionnés aux 2° et 3° du présent article doivent respecter les prescriptions du programme relatif au développement de la télémédecine mentionné à *l'article L. 1434-2 du code de* la santé publique.

Art. R. 6316-7 Les programmes et les contrats mentionnés à l'article R. 6316-6 précisent les conditions dans lesquelles s'exerce l'activité de télémédecine, en tenant compte notamment des spécificités de l'offre de soins dans le territoire considéré.

Ils précisent en particulier les modalités retenues afin de s'assurer que le professionnel médical participant à un acte de télémédecine respecte les conditions d'exercice fixées à l'article L. 4111-1 ou à l'article L. 4112-7 ou qu'il est titulaire d'une autorisation d'exercice délivrée par le ministre chargé de la santé et qu'il satisfait à l'obligation d'assurance prévue à l'article L. 1142-2.

Art. R. 6316-8 Les organismes et les professionnels de santé qui organisent une activité de télémédecine, à l'exception de la réponse médicale donnée dans le cadre de la régulation médicale, concluent entre eux une convention respectant les dispositions inscrites dans les contrats ou programmes mentionnés à l'article R. 6316-6. Cette convention organise leurs relations et les conditions dans lesquelles ils mettent en œuvre les exigences mentionnées dans le présent chapitre. — *Les organismes et les professionnels de santé mentionnés à cet art. qui organisent ou exercent une activité de télémédecine disposent d'un délai de dix-huit mois à compter de la date de publication du présent décret pour se mettre en conformité avec ces dispositions (Décr. nº 2010-1229 du 19 oct. 2010, art. 2).*

Art. R. 6316-9 Les organismes et les professionnels libéraux de santé qui organisent une activité de télémédecine s'assurent que les professionnels de santé et les psychologues participant aux activités de télémédecine ont la formation et les compétences techniques requises pour l'utilisation des dispositifs correspondants.

Art. R. 6316-10 Les organismes et les professionnels de santé utilisateurs des technologies de l'information et de la communication pour la pratique d'actes de télémédecine s'assurent que l'usage de ces technologies est conforme aux *(Décr. nº 2018-137 du 26 févr. 2018, art. 1er)* « référentiels d'interopérabilité et de sécurité mentionnés à l'article L. 1110-4-1 ».

(Abrogé par Décr. nº 2018-137 du 26 févr. 2018, art. 1er) ***« Le consentement exprès de la personne, prévu au premier alinéa de ce même article L. 1111-8, peut être exprimé par voie électronique. »***

Art. R. 6316-11 L'activité de télémédecine peut bénéficier des financements prévus *(Décr. nº 2012-271 du 27 févr. 2012, art. 2-I, en vigueur le 1er janv. 2013)* « à l'article L. 1435-8 » ainsi que dans les conditions prévues aux articles L. 314-1 et L. 314-2 du code de l'action sociale et des familles.

TITRE DEUXIÈME AUTRES SERVICES DE SANTÉ

CHAPITRE PREMIER RÉSEAUX DE SANTÉ

SECTION UNIQUE

BIBL. ▶ CHARBONNEAU, Exercice en commun : les réseaux de santé, *in* « Droit médical et hospitalier », *Litec, fasc. nº 7-5*. - FLAVIN, Réseau de santé : responsabilité et assurance, *Rev. hosp. France, 2006, nº 510, p. 40*. - RAVELET, La recomposition de l'offre hospitalière publique et privée dans le cadre des réseaux de santé, *RDSS 2006. 879*. - JEAN, L'évolution de la notion de réseaux, *in* « Réseaux de soins, de santé et de recherche médicale », sous la direction de DUGUET et FILIPPI, *éd. LEH, 2003, p. 133*.

Art. D. 6321-1 Les réseaux de santé définis à l'article L. 6321-1 peuvent bénéficier de subventions de l'État et des collectivités territoriales ainsi que de financements de l'assurance maladie, notamment *(Décr. nº 2010-344 du 31 mars 2010, art. 215)* « du fonds d'intervention » *(Décr. nº 2012-271 du 27 févr. 2012, art. 2)* « régional mentionné à l'article L. 1435-8 », sous réserve de satisfaire aux conditions définies par les articles D. 6321-2 à D. 6321-6.

Art. D. 6321-2 Les réseaux de santé répondent à un besoin de santé de la population, dans une aire géographique définie, prenant en compte l'environnement sanitaire et social. En fonction de leur objet, les réseaux mettent en œuvre des actions de prévention, d'éducation, de soin et de suivi sanitaire et social.

Chaque réseau définit son objet et les moyens nécessaires à sa réalisation. Il rappelle et fait connaître les principes éthiques dans le respect desquels ses actions seront mises en œuvre. Il met en place une démarche d'amélioration de la qualité des pratiques, s'appuyant notamment sur des référentiels, des protocoles de prise en charge et des actions de formation destinées aux professionnels et intervenants du réseau, notamment bénévoles, avec l'objectif d'une prise en charge globale de la personne.

Le réseau prévoit une organisation, un fonctionnement et une démarche d'évaluation décrits dans une convention constitutive lui permettant de répondre à son objet et de s'adapter aux évolutions de son environnement.

Art. D. 6321-3 Le réseau garantit à l'usager le libre choix d'accepter de bénéficier du réseau ou de s'en retirer. Il garantit également à l'usager le libre choix des professionnels de santé intervenant dans le réseau.

Le réseau remet un document d'information aux usagers qui précise le fonctionnement du réseau et les prestations qu'il propose, les moyens prévus pour assurer l'information de l'usager à chaque étape de sa prise en charge, ainsi que les modalités lui garantissant l'accès aux informations concernant sa santé et le respect de leur confidentialité.

Lorsqu'une prise en charge individualisée est proposée dans le cadre du réseau, le document prévu à l'alinéa précédent est signé, lorsque cela est possible, par l'usager ou, selon le cas, par les titulaires de l'autorité parentale ou par le tuteur, dans les conditions définies à l'article L. 1111-2 ou par la personne de confiance mentionnée à l'article L. 1111-6. Ce document détermine également les règles de cette prise en charge et les engagements réciproques souscrits par l'usager et par les professionnels.

La charte du réseau décrite à l'article D. 6321-4 et la convention constitutive décrite à l'article D. 6321-5 sont portées à la connaissance de l'usager. Le réseau remet également la charte du réseau à l'ensemble des professionnels de santé de son aire géographique.

Art. D. 6321-4 L'amélioration de la qualité du service rendu à l'usager au sein du réseau implique une coordination organisée entre les membres du réseau pour assurer la continuité et la globalité des interventions, pluriprofessionnelles et, le cas échéant, interdisciplinaires.

Une charte, dite "charte du réseau", définit les engagements des personnes physiques et des personnes morales, notamment des associations, intervenant à titre professionnel ou bénévole. Cette charte, cosignée par chacun des membres du réseau, rappelle les principes éthiques. En outre, elle précise :

1° Les modalités d'accès et de sortie du réseau ;

2° Le rôle respectif des intervenants, les modalités de coordination et de pilotage ;

3° Les éléments relatifs à la qualité de la prise en charge ainsi que les actions de formation destinées aux intervenants ;

4° Les modalités de partage de l'information dans le respect du secret professionnel et des règles déontologiques propres à chacun des acteurs.

Les référentiels utilisés et les protocoles de prise en charge font l'objet d'une annexe à la charte.

Le document d'information prévu au deuxième alinéa de l'article D. 6321-3 est également annexé à la charte du réseau.

Les signataires de la charte s'engagent à participer aux actions de prévention, d'éducation, de soins et de suivi sanitaire et social mises en œuvre dans le cadre du réseau, en fonction de son objet, et à la démarche d'évaluation.

Les signataires de la charte s'engagent également à ne pas utiliser leur participation directe ou indirecte à l'activité du réseau à des fins de promotion et de publicité. Le bénéfice des financements prévus à l'article D. 6321-1 est subordonné au respect de cette règle. Cette interdiction ne s'applique pas aux opérations conduites par le réseau et destinées à le faire connaître des professionnels ou des patients concernés, dans le respect des règles déontologiques relatives à la publicité et à la concurrence entre confrères.

Art. D. 6321-5 Le ou les promoteurs du réseau et ses autres membres, au moment de sa création, signent une convention constitutive qui précise notamment :

1° L'objet du réseau et les objectifs poursuivis ;

2° L'aire géographique du réseau et la population concernée ;

3° Le siège du réseau ; l'identification précise des promoteurs du réseau, leur fonction et, le cas échéant, l'identification du responsable du système d'information ;

4° Les personnes physiques et morales le composant et leurs champs d'intervention respectifs ;

5° Les modalités d'entrée et de sortie du réseau des professionnels et des autres intervenants ;

6° Les modalités de représentation des usagers ;

7° La structure juridique choisie et ses statuts correspondants, les différentes conventions et contrats nécessaires à sa mise en place ;

8° L'organisation de la coordination et du pilotage, les conditions de fonctionnement du réseau et, le cas échéant, les modalités prévues pour assurer la continuité des soins ;

9° L'organisation du système d'information, et l'articulation avec les systèmes d'information existants ;

10° Les conditions d'évaluation du réseau ;

11° La durée de la convention et ses modalités de renouvellement ;

12° Le calendrier prévisionnel de mise en œuvre ;

13° Les conditions de dissolution du réseau.

Cette convention constitutive est signée par tout nouveau membre du réseau. Elle est portée à la connaissance des professionnels de santé de l'aire géographique du réseau.

Art. D. 6321-6 Les réseaux qui sollicitent les financements mentionnés à l'article D. 6321-1 présentent à l'appui de leur demande un dossier comprenant les documents prévus aux articles D. 6321-3 à D. 6321-5, ainsi qu'un plan de financement *(Décr. n° 2010-1027 du 30 août 2010, art. 3)* « et les modalités de suivi des dépenses du réseau ». Les financements acquis ou demandés, l'ensemble des moyens en personnel, en locaux ou en matériel mis à leur disposition et valorisés, y sont énumérés. Les documents comptables correspondants y sont annexés, ainsi que les accords passés entre les membres du réseau et des tiers, le cas échéant.

Art. D. 6321-7 Chaque année, avant le *(Décr. n° 2012-271 du 27 févr. 2012, art. 2)* « 1er mars », les promoteurs du réseau transmettent aux représentants des organismes qui leur ont accordé les financements mentionnés à l'article D. 6321-1 un rapport d'activité relatif à l'année précédente comportant des éléments d'évaluation ainsi qu'un bilan financier et les documents comptables s'y rapportant. *(Décr. n° 2010-1027 du 30 août 2010, art. 3)* « Ce rapport précise les résultats obtenus au regard du contrat pluriannuel d'objectifs et de moyens conclu entre le réseau et l'agence régionale de santé ».

Tous les trois ans *(Décr. n° 2010-1027 du 30 août 2010, art. 3)* « et » au terme *(Décr. n° 2010-1027 du 30 août 2010, art. 3)* « de la décision de financement mentionnée à l'article R. 162-61 du code de la sécurité sociale », un rapport d'évaluation est réalisé permettant d'apprécier :

1° Le niveau d'atteinte des objectifs ;

2° La qualité de la prise en charge des usagers, processus et résultats ;

3° La participation et la satisfaction des usagers et des professionnels du réseau ;

4° L'organisation et le fonctionnement du réseau ;

5° Les coûts afférents au réseau ;

6° L'impact du réseau sur son environnement ;

7° L'impact du réseau sur les pratiques professionnelles ;

(Décr. n° 2010-1027 du 30 août 2010, art. 3) « 8° L'emploi et l'affectation des différentes ressources dont le réseau a bénéficié. »

CHAPITRE II CHIRURGIE ESTHÉTIQUE

BIBL. ▸ Smallwood, 2005 ou l'année d'une réglementation prolixe en matière de chirurgie esthétique, *Rev. dr. et santé 2006, n° 12, p. 410.*

SECTION PREMIÈRE AUTORISATION

Art. R. 6322-1 Sont soumises aux dispositions du présent chapitre les installations où sont pratiqués des actes chirurgicaux tendant à modifier l'apparence corporelle d'une personne, à sa demande, sans visée thérapeutique ou reconstructrice.

Légalité du Décr. n° 2005-776 du 11 juill. 2005 relatif aux conditions d'autorisation des installations de chirurgie esthétique. V. • CE 21 mars 2007, *Assoc. fr. des médecins esthéticiens et a.*, n° 284951.

Art. R. 6322-2 L'autorisation mentionnée à l'article L. 6322-1 est accordée ou renouvelée par le *(Décr. n° 2010-344 du 31 mars 2010, art. 216)* « directeur général de l'agence régionale de santé » où se situent les installations de chirurgie esthétique.

Art. R. 6322-3 Les demandes d'autorisation et de renouvellement de l'autorisation sont adressées au *(Décr. n° 2010-344 du 31 mars 2010, art. 216)* « directeur général de l'agence régionale de santé », par lettre recommandée avec demande d'avis de réception, par la ou les personnes physiques ou morales qui sollicitent pour leur propre compte la délivrance de l'autorisation.

Les demandes de renouvellement sont présentées dans les mêmes conditions par le titulaire de l'autorisation, huit mois au moins et douze mois au plus avant l'achèvement de la durée de l'autorisation en cours de validité.

Art. R. 6322-4 Les demandes d'autorisation ou de renouvellement de l'autorisation ne peuvent être examinées par le *(Décr. n° 2010-344 du 31 mars 2010, art. 216)* « directeur général de l'agence régionale de santé » que si elles sont accompagnées d'un dossier complet.

Ce dossier doit comprendre les éléments suivants :

1° Un dossier administratif comportant :

a) L'identité et le statut juridique du demandeur ;

b) La présentation du projet d'installation servant à la pratique de la chirurgie esthétique ou le projet d'exercice de la chirurgie esthétique au sein de l'établissement de santé, et, lorsqu'il s'agit d'une demande de renouvellement, les modifications, le cas échéant, envisagées ;

c) Un engagement du demandeur sur le maintien des caractéristiques de l'installation après l'autorisation ou le renouvellement ;

d) Les conventions conclues avec un ou plusieurs établissements de santé autorisés à exercer l'activité de *(Décr. n° 2012-1331 du 29 nov. 2012, art. 1er)* « médecine d'urgence » et l'activité *(Décr. n° 2012-1331 du 29 nov. 2012, art. 1er)* « de réanimation » mentionnées à l'article R. 6122-25, en vue d'organiser, le cas échéant, le transfert d'urgence des personnes prises en charge par le demandeur, lorsque le demandeur n'est pas un établissement de santé autorisé à exercer ces activités ;

e) Le cas échéant, la convention mentionnée à l'article R. 5126-112 ;

f) Un document attestant l'adoption du système prévu à l'article *(Décr. n° 2010-344 du 31 mars 2010, art. 216)* « L. 6111-2 » et, le cas échéant, *(Décr. n° 2012-1331 du 29 nov. 2012, art. 1er)* « un des contrats mentionnés à l'article R. 6111-20 » ;

g) Une attestation du demandeur et de son assureur qu'ils ont connaissance des obligations d'information des caisses d'assurance maladie, en application de l'article L. 376-1 du code de la sécurité sociale, en cas d'accident ou de lésion causés à un assuré social ;

2° Un dossier relatif aux personnels, faisant apparaître les engagements du demandeur relatifs aux effectifs et à la qualification des personnels, notamment médicaux, pharmaceutiques et non médicaux, nécessaires à la mise en œuvre du projet et à la pratique de la chirurgie esthétique ;

3° Un dossier technique et financier comportant :

a) Une présentation, accompagnée de plans cotés et orientés, des installations servant à l'activité de chirurgie esthétique, ainsi que des moyens d'hospitalisation et des moyens techniques, notamment le secteur opératoire, qui sont mis en place ou que le demandeur s'engage à mettre en place pour satisfaire aux conditions d'autorisation et aux conditions techniques de fonctionnement fixées en application de l'article L. 6322-1 ;

b) Une présentation des modalités de financement du projet et du compte ou budget prévisionnel d'exploitation ;

4° Un dossier relatif à l'évaluation comportant :

a) L'énoncé des objectifs que s'est assignés le demandeur relatifs notamment à la qualité, à la sécurité et à la continuité des soins donnés aux personnes faisant l'objet d'une intervention de chirurgie esthétique ;

b) La description des indicateurs et des méthodes prévus pour apprécier la réalisation de ces objectifs ;

c) La description du système de recueil et de traitement des données médicales, techniques et administratives nécessaires à la mise en œuvre de l'évaluation comprenant :

– les caractéristiques des interventions réalisées, notamment les constatations de l'état de la personne concernée avant et après l'intervention ;

– le volume des actes par nature et par degré de complexité ;

(Décr. n° 2017-129 du 3 févr. 2017, art. 2-VIII) « – les données relatives à la surveillance des risques de survenance d'événement indésirable grave ou d'infection associés aux soins, notamment d'infection nosocomiale, d'accident médical, d'affection iatrogène, ou d'effet indésirable lié à un produit de santé, ainsi qu'à la déclaration des faits constatés de ces diverses natures ; »

d) La description du dispositif d'information et de participation des personnels médicaux et non médicaux impliqués dans la procédure d'évaluation ;

e) La description des procédures ou des méthodes d'évaluation de la satisfaction des personnes faisant l'objet d'une intervention de chirurgie esthétique.

Lorsqu'il s'agit d'une demande de renouvellement, le demandeur joint au dossier les rapports d'évaluation établis pendant la précédente période d'autorisation et une synthèse faisant état des mesures prises ou qu'il s'engage à prendre pour corriger les éventuels écarts constatés. Les objectifs et les moyens d'évaluation mentionnés ci-dessus tiennent compte des résultats de l'évaluation correspondant à cette période.

Le demandeur joint également au dossier une copie du rapport de certification par la Haute Autorité de santé, ou à défaut une copie de l'accusé de réception par cette autorité de sa demande d'engagement de la procédure de certification.

Art. R. 6322-5 Le dossier est complet le jour où sont reçues par le *(Décr. n° 2010-344 du 31 mars 2010, art. 216)* « directeur général de l'agence régionale de santé » toutes les pièces prévues à l'article R. 6322-4.

Toutefois, le dossier est réputé complet au jour de sa réception si, dans le délai d'un mois à compter de ce jour, le *(Décr. n° 2010-344 du 31 mars 2010, art. 216)* « directeur général de l'agence régionale de santé » n'a pas fait connaître au demandeur, par lettre recommandée avec demande d'avis de réception, la liste des pièces manquantes ou incomplètes, en l'invitant à compléter le dossier dans les conditions d'envoi prévues au premier alinéa de l'article R. 6322-3.

Lorsqu'il s'agit d'une demande tendant à obtenir le renouvellement de l'autorisation, le dossier non complet au plus tard huit mois avant l'échéance est réputé non déposé.

Art. R. 6322-6 Le silence gardé par le *(Décr. n° 2010-344 du 31 mars 2010, art. 216)* « directeur général de l'agence régionale de santé » vaut rejet de la demande à l'expiration d'un délai de quatre mois à compter du jour où le dossier de la demande est complet ou réputé complet.

Lorsque la demande tend à obtenir le renouvellement de l'autorisation, le silence gardé par le *(Décr. n° 2010-344 du 31 mars 2010, art. 216)* « directeur général de l'agence régionale de santé » au-delà de quatre mois à compter du même jour vaut tacite reconduction de l'autorisation à la date de son échéance.

Ces délais sont portés à six mois lorsque le *(Décr. n° 2010-344 du 31 mars 2010, art. 216)* « directeur général de l'agence régionale de santé » décide de faire procéder à une inspection des installations à l'occasion de l'instruction d'une demande de renouvellement ou à l'occasion de l'instruction de la demande de confirmation d'autorisation en cas de cession d'exploitation prévue à l'article R. 6322-10.

Art. R. 6322-7 Une décision de refus d'autorisation ne peut être prise que pour l'un ou plusieurs des motifs suivants :

1° Lorsque le projet n'est pas conforme aux conditions d'autorisation fixées aux articles R. 6322-14 à R. 6322-29 ou aux conditions techniques de fonctionnement fixées en application de l'article L. 6322-3 ;

2° Lorsqu'il a été constaté un début de création des installations avant l'octroi de l'autorisation.

Art. R. 6322-8 Une décision de refus de renouvellement de l'autorisation ne peut être prise que pour un ou plusieurs des motifs suivants :

1° Lorsque les installations et leur utilisation ne satisfont pas aux conditions d'autorisation fixées aux articles R. 6322-14 à R. 6322-29 ou aux conditions techniques de fonctionnement prévues à l'article L. 6322-3 ;

2° Lorsqu' *[Lorsque]* est constaté le non-respect des obligations prévues à l'article L. 6322-2 ;

3° Lorsqu'il a été constaté une publicité directe ou indirecte sous quelque forme que ce soit en faveur de l'activité de chirurgie esthétique réalisée par le titulaire de l'autorisation ;

4° Lorsque le titulaire de l'autorisation n'a pas engagé la procédure de certification prévue à l'article L. 6113-3 ;

5° Lorsque les caractéristiques des installations ou de leur fonctionnement ne sont plus en conformité avec l'autorisation ;

6° Lorsque l'évaluation n'est pas réalisée ou ne fait pas apparaître que les objectifs mentionnés au *a* du 4° de l'article R. 6322-4 ont été poursuivis ;

7° Lorsque l'exploitation a été cédée, sans la confirmation d'autorisation prévue à l'article R. 6322-10.

Refus d'autorisation fondé sur le non-respect des conditions techniques de fonctionnement. V. • TA Paris, 27 févr. 2007, *Sté Paris Eiffel*, n° 0611211/6-2.

Art. R. 6322-9 Les décisions d'autorisation ou de rejet explicites doivent être motivées.

Elles sont notifiées au demandeur par lettre recommandée avec demande d'avis de réception.

Toute décision expresse d'autorisation, de renouvellement ou de rejet fait l'objet d'une publication au recueil des actes administratifs du département. Il est fait mention à ce recueil des décisions implicites de reconduction de l'autorisation prévues à l'article R. 6322-6 et de la date à laquelle elles prennent effet.

Le *(Décr. n° 2010-344 du 31 mars 2010, art. 216)* « directeur général de l'agence régionale de santé » délivre une attestation de ces décisions implicites aux bénéficiaires, sur leur demande.

La demande par laquelle est sollicitée la communication des motifs d'une décision implicite de rejet intervenue en application de l'article R. 6322-6 est adressée au *(Décr. n° 2010-344 du 31 mars 2010, art. 216)* « directeur général de l'agence régionale de santé » par lettre recommandée avec demande d'avis de réception dans les deux mois à compter de la date à laquelle la décision implicite est née ; les motifs sont indiqués au demandeur dans le mois qui suit la réception de cette lettre.

Art. R. 6322-10 Dans le cas de cession de l'exploitation, y compris lorsque cette cession résulte d'un regroupement ou d'une fusion, le cessionnaire, avant de commencer l'exploitation pour son compte, adresse au *(Décr. n° 2010-344 du 31 mars 2010, art. 216)* « directeur général de l'agence régionale de santé », suivant les modalités prévues au premier alinéa de l'article R. 6322-3, une demande de confirmation de l'autorisation, assortie du dossier prévu à l'article R. 6322-4 tel qu'il est exigible pour une demande de renouvellement et faisant apparaître, le cas échéant, les modifications qu'il entend apporter aux installations ou à leur fonctionnement.

Le dossier comporte en outre un document signé du cédant ou de son représentant légal, attestant la cession, ou une copie de l'acte ou de la promesse de vente.

Le *(Décr. n° 2010-344 du 31 mars 2010, art. 216)* « directeur général de l'agence régionale de santé » statue sur cette demande suivant les modalités prévues pour une demande d'autorisation.

La confirmation de l'autorisation ne peut être refusée que si le dossier présenté par le cessionnaire fait apparaître des modifications qui seraient de nature à justifier un refus de renouvellement en application de l'article R. 6322-8.

Art. R. 6322-11 La caducité de l'autorisation est constatée par le *(Décr. n° 2010-344 du 31 mars 2010, art. 216)* « directeur général de l'agence régionale de santé ». Le délai de trois ans mentionné au troisième alinéa de l'article L. 6322-1 court à partir du jour de la notification de la décision expresse accordant l'autorisation.

La durée de validité des autorisations est de cinq ans. Pour la première autorisation, cette durée est comptée à partir du jour où est constaté le résultat positif de la visite de conformité prévue au même article. Pour le renouvellement de l'autorisation, cette durée est comptée à partir du lendemain de l'expiration de la précédente autorisation.

La confirmation de l'autorisation en cas de cession ne modifie pas la durée de l'autorisation en cours de validité.

Art. R. 6322-12 Les décisions de suspension et de retrait prévues au cinquième alinéa de l'article L. 6322-1 sont prises par le *(Décr. n° 2010-344 du 31 mars 2010, art. 216)* « directeur général de l'agence régionale de santé » pour les motifs et dans les conditions définies par l'article L. 6122-13. Elles sont motivées. Elles sont notifiées et publiées selon les modalités prévues à l'article R. 6322-9.

La suspension ne proroge pas la durée de l'autorisation, sous réserve de ce qui est prévu à l'article R. 6322-13.

Art. R. 6322-13 Lorsque, au cours de l'examen d'une demande de renouvellement ou d'une demande de confirmation de l'autorisation, les constatations faites lors de l'inspection mentionnée au dernier alinéa de l'article R. 6322-6 conduisent à la suspension de l'autorisation, les délais prévus par l'article R. 6322-6, ainsi que les durées mentionnées au deuxième alinéa de l'article R. 6322-11, sont interrompus jusqu'à l'intervention de la décision définitive.

Cette interruption est applicable aux demandes qui sont présentées en vue de la confirmation ou du renouvellement de la durée d'une autorisation pendant qu'elle est suspendue.

Si l'autorisation n'est pas retirée, l'examen de la demande de renouvellement ou de confirmation d'autorisation reprend alors, sans que le silence du *(Décr. n° 2010-344 du 31 mars 2010, art. 216)* « directeur général de l'agence régionale de santé » sur cette demande ait pu faire naître la tacite reconduction de l'autorisation prévue à l'article R. 6322-6. La durée de validité de l'autorisation renouvelée est comptée, comme il est prévu au deuxième alinéa de l'article R. 6322-11, à partir du lendemain du jour où devait expirer l'autorisation précédente.

Art. R. 6322-14 L'autorisation ne peut être accordée que pour les installations remplissant les conditions prévues aux articles R. 6322-15 à R. 6322-29.

Art. R. 6322-15 Lorsqu'elles ne sont pas desservies par la pharmacie à usage intérieur d'un établissement de santé en vertu du 4° de l'article R. 5126-3, les installations de chirurgie esthétique peuvent disposer d'une pharmacie à usage intérieur dans les conditions prévues à l'article L. 5126-1 et aux articles R. 5126-2 *(Décr. n° 2006-550 du 15 mai 2006, art. 8-IV)* « à R. 5126-51 ».

A défaut, elles se conforment pour l'approvisionnement, la détention et la dispensation des produits pharmaceutiques et des médicaments aux dispositions des articles R. 5126-111 à R. 5126-115.

Art. R. 6322-16 La personne titulaire de l'autorisation relative aux installations de chirurgie assure la qualité de la stérilisation des dispositifs médicaux dans les conditions prévues aux articles R. 6111-18 à R. 6111-21.

Art. R. 6322-17 Les déchets issus des activités de chirurgie esthétique sont considérés comme des déchets d'activités de soins, au sens et pour l'application des dispositions de l'article R. 1335-1.

Les dispositions des articles R. 1335-2 à R. 1335-8 et des articles R. 1335-13 et R. 1335-14 relatifs à l'élimination des déchets d'activités de soins à risques infectieux et assimilés sont applicables aux installations de chirurgie esthétique.

Art. R. 6322-18 Les dispositions des articles R. 1113-1 à R. 1113-9 relatifs à la responsabilité des établissements à l'égard des biens des personnes accueillies sont applicables aux installations de chirurgie esthétique.

Art. R. 6322-19 Les dispositions des articles R. 1112-79 à R. 1112-94 relatifs à la *(Décr. n° 2016-726 du 1er juin 2016, art. 3)* « commission des usagers » sont appliquées aux personnes prises en charge dans les installations de chirurgie esthétique dont le titulaire de l'autorisation est un établissement de santé.

Dans ce cas, le *(Décr. n° 2010-344 du 31 mars 2010, art. 216)* « directeur général de l'agence régionale de santé » reçoit le rapport prévu au 3° du II de l'article R. 1112-

80, ou communication des éléments relatifs à l'activité de chirurgie esthétique figurant à ce rapport.

Art. R. 6322-20 Lorsque le titulaire de l'autorisation n'est pas un établissement de santé, il met en place un comité de relations avec les usagers et de qualité de la prise en charge ainsi constitué :

1° Le titulaire de l'autorisation, ou son représentant, président ;

2° Deux médiateurs médecins et leurs suppléants ;

3° Deux médiateurs non médecins et leurs suppléants ;

4° Un représentant des usagers et son suppléant.

Les médiateurs non médecins et leurs suppléants sont désignés par le titulaire de l'autorisation parmi le personnel infirmier ou aide-soignant exerçant dans les installations de chirurgie esthétique.

Les médiateurs médecins et leurs suppléants sont désignés par le titulaire de l'autorisation parmi les médecins exerçant la chirurgie esthétique dans d'autres installations que les installations concernées ou ayant cessé d'exercer la chirurgie esthétique ou des fonctions de médiateur depuis moins de cinq ans.

Le représentant des usagers et son suppléant sont désignés par le *(Décr. n° 2010-344 du 31 mars 2010, art. 216)* « directeur général de l'agence régionale de santé » parmi les personnes proposées par les associations mentionnées à l'article L. 1114-1, ou, à défaut, par les associations de défense des consommateurs, régulièrement déclarées.

Art. R. 6322-21 Le titulaire de l'autorisation peut décider de compléter la composition de ce comité par un médecin et un suppléant ainsi que par un représentant du conseil d'administration ou de l'organe collégial qui en tient lieu et un suppléant. Le médecin et son suppléant sont choisis par et parmi les médecins exerçant dans l'installation de chirurgie esthétique. Le représentant du conseil d'administration ou de l'organe collégial qui en tient lieu et son suppléant sont choisis par et parmi les membres qui n'y représentent pas les professionnels.

Les membres du comité sont nommés pour une durée de trois ans renouvelable.

Art. R. 6322-22 En cas de vacance dans le comité prévu à l'article R. 6322-20 d'un siège de médiateur médecin pendant une période supérieure à six mois, le *(Décr. n° 2010-344 du 31 mars 2010, art. 216)* « directeur général de l'agence régionale de santé » en désigne un sur proposition du conseil départemental de l'ordre, parmi des praticiens remplissant les conditions d'exercice définies à l'article R. 6322-20.

Une même personne ne peut assurer les missions de médiateur médecin titulaire ou suppléant auprès de plus de trois établissements simultanément.

Le titulaire de l'autorisation assure les médiateurs médecins titulaires et suppléants pour les risques courus au titre de leurs missions.

Art. R. 6322-23 La liste nominative des membres du comité est affichée dans l'établissement et remise à chaque patient.

Art. R. 6322-24 Le comité se réunit sur convocation de son président au moins une fois par an et aussi souvent que nécessaire pour procéder à l'examen des plaintes et réclamations dans les conditions prévues à l'article R. 6322-25.

Le président ne prend pas part aux votes. En cas de partage égal des voix, le comité est regardé comme ayant donné son avis.

Art. R. 6322-25 Le comité veille au respect des droits des usagers et facilite leurs démarches. Il veille à ce que toute personne soit informée sur les voies de recours et de conciliation dont elle dispose.

A cet effet, l'ensemble des plaintes et des réclamations exprimées par les usagers ou leurs proches sont tenues à sa disposition par le titulaire de l'autorisation.

Les réponses qui sont apportées à ces plaintes et réclamations par les responsables sont accompagnées d'une information sur la possibilité de saisir le comité.

Le comité examine les plaintes et réclamations dont il est saisi par le titulaire de l'autorisation ou par la personne intéressée. Le ou les médiateurs concernés rencontrent l'auteur de la plainte ou de la réclamation et en rendent compte au comité. Une copie de ce compte rendu est transmise au plaignant.

Après avoir, s'il le juge utile, entendu l'auteur de la plainte ou de la réclamation, le comité formule des recommandations en vue d'apporter une solution au litige ou d'informer l'intéressé des voies de conciliation ou de recours dont il dispose. Il peut également émettre un avis motivé en faveur du classement du dossier.

Dans le délai de huit jours suivant la séance, le titulaire de l'autorisation répond à l'auteur de la plainte ou de la réclamation et joint à son courrier l'avis du comité.

Art. R. 6322-26 Le comité contribue par ses avis et propositions à l'amélioration de la prise en charge des personnes accueillies.

A cet effet :

1° Il reçoit toutes les informations nécessaires à l'exercice de ses missions, notamment :

a) Le résultat de l'évaluation de la satisfaction des personnes mentionnée au *e* du 4° de l'article R. 6322-4 ;

b) Le nombre, la nature et l'issue des recours formés par les usagers ;

2° A partir notamment de ces informations, le comité :

a) Procède à une appréciation des pratiques concernant des droits des usagers et la qualité de l'accueil et de la prise en charge, fondée sur une analyse de l'origine et des motifs des plaintes, des réclamations et des témoignages de satisfaction reçus ainsi que des suites qui leur ont été apportées ;

b) Formule des recommandations, notamment en matière de formation des personnels, destinées à améliorer l'accueil et la qualité de la prise en charge des personnes accueillies et de leurs proches et à assurer le respect des droits des usagers.

Le rapport annuel d'activité du comité est transmis au *(Décr. n° 2010-344 du 31 mars 2010, art. 216)* « directeur général de l'agence régionale de santé ».

Art. R. 6322-27 Les dispositions des articles R. 1112-1 à R. 1112-3, de l'article R. 1112-5 et des articles R. 1112-7 à R. 1112-9 relatifs à l'information des personnes accueillies et à la communication des informations de santé définies à l'article L. 1111-7 sont applicables aux installations de chirurgie esthétique.

Lorsque le titulaire de l'autorisation n'est pas un établissement de santé, il exécute ces dispositions comme elles sont prévues pour les établissements de santé privés *(Décr. n° 2016-1645 du 1er déc. 2016, art. 3-45°)* « qui ne sont pas habilités à assurer le » service public hospitalier ; toutefois, à défaut de conférence médicale, les médecins mentionnés aux articles R. 1112-1 et R. 1112-7 sont désignés par le titulaire de l'autorisation ou par son représentant légal.

Art. R. 6322-28 Les dispositions des articles R. 6113-12 à R. 6113-15 relatives à la certification sont applicables aux installations de chirurgie esthétique en application de l'article L. 6322-1.

Les faits ou manquements mettant en jeu la sécurité des patients, mentionnés à l'article R. 6113-14, sont portés à la connaissance du *(Décr. n° 2010-344 du 31 mars 2010, art. 216)* « directeur général de l'agence régionale de santé ».

Lorsque le titulaire de l'autorisation prévue à l'article L. 6322-1 est un établissement de santé, la certification de ses installations et de son activité de chirurgie esthétique est conjointe à la certification à laquelle il est soumis pour les activités qu'il exerce au titre des missions définies aux articles L. 6111-1 et L. 6111-2 ; elle fait l'objet d'une mention particulière.

Art. R. 6322-29 Lorsque le titulaire de l'autorisation relative aux installations de chirurgie esthétique est un établissement de santé, il peut satisfaire aux obligations mentionnées aux articles R. 6322-16 à R. 6322-19, R. 6322-27 et R. 6322-28 par les dispositions qu'il a prises pour répondre à ces mêmes obligations et mettre en œuvre les mesures d'exécution qu'elles exigent dans l'exercice de ses missions définies aux articles L. 6111-1 et L. 6111-2.

SECTION II DÉLAI DE RÉFLEXION

Art. D. 6322-30 En application de l'article L. 6322-2, un délai minimum de quinze jours doit être respecté *(Décr. n° 2005-1366 du 2 nov. 2005)* « après » la remise du devis détaillé, daté et signé par le ou les praticiens mentionnés aux 1°, 2° et 4° de l'article D. 6322-43 devant effectuer l'intervention de chirurgie esthétique.

Il ne peut être en aucun cas dérogé à ce délai, même sur la demande de la personne concernée.

Le chirurgien, qui a rencontré la personne concernée, pratique lui-même l'intervention chirurgicale, ou l'informe au cours de cette rencontre qu'il n'effectuera pas lui-même tout ou partie de cette intervention. Cette information est mentionnée sur le devis.

Les dispositions du présent article sont reproduites sur chaque devis.

Légalité du Décr. n° 2005-777 du 11 juill. 2005. Sur la légalité du Décr. n° 2005-777 du 11 juill. 2005 relatif à la durée du délai de réflexion prévu à l'art. L. 6322-2 ainsi qu'aux conditions techniques de fonctionnement des installations de chirurgie esthétique, V. • CE 21 mars 2007, *Assoc. fr. des médecins esthéticiens et a.*, n° 284950.

Art. D. 6322-30-1 *(Décr. n° 2015-1171 du 22 sept. 2015, art. 2)* Préalablement à toute intervention de chirurgie esthétique utilisant un produit destiné à rester dans le corps humain pendant plus de trente jours, le praticien responsable informe la personne concernée, et, s'il y a lieu, son représentant légal, des risques et des éventuelles conséquences et complications, notamment la durée de vie limitée du produit et l'éventuelle nécessité de réintervention qui en découle, ainsi que des effets indésirables attendus.

Un document reprenant les informations données en application du premier alinéa est remis à la personne concernée, et, s'il y a lieu, à son représentant légal, en même temps que le devis mentionné à l'article D. 6322-30.

Un exemplaire de ce document, signé par la personne concernée ou son représentant légal, est conservé dans le dossier médical du patient mentionné à l'article R. 1112-2. Si l'intervention projetée doit avoir lieu en dehors d'un établissement de santé, l'exemplaire du document est conservé dans le dossier médical tenu par le praticien qui va accomplir l'intervention utilisant un produit destiné à rester dans le corps humain pendant plus de trente jours.

SECTION III CONDITIONS TECHNIQUES DE FONCTIONNEMENT

Art. D. 6322-31 Les installations présentent une configuration architecturale et fonctionnelle garantissant à chaque personne accueillie les conditions d'hygiène et d'asepsie nécessaires, ainsi que le respect de son intimité et de sa dignité.

Art. D. 6322-32 Les installations de chirurgie esthétique sont distinctes de tous les locaux à usage d'habitation ou à usage commercial ou industriel et ne communiquent pas avec ces locaux.

Les zones mentionnées aux 2° à 4° de l'article D. 6322-33 et les locaux mentionnés au 1° de l'article D. 6322-34 font l'objet d'une isolation suffisante pour assurer la sécurité sanitaire, l'hygiène et si besoin, l'asepsie.

Art. D. 6322-33 Les installations comportent :

1° Une zone d'accueil ;

2° Une zone d'hospitalisation à temps complet ou à temps partiel ;

3° Un secteur opératoire, comprenant au moins une salle de surveillance post-interventionnelle ;

4° Éventuellement, une zone permettant de préparer et de servir des repas.

Art. D. 6322-34 Les installations comportent en outre :

1° Lorsqu'elles ne sont pas desservies par la pharmacie à usage intérieur, des locaux ou des armoires fermant à clé pour la détention des médicaments, des autres produits pharmaceutiques et des dispositifs médicaux, stériles ou non stériles ;

2° Des locaux techniques de nettoyage ;

3° Des locaux de rangement des matériels ;

4° Des locaux d'entreposage des matériels souillés et des locaux d'entreposage des déchets d'activité de soins mentionnés à l'article R. 1335-7.

Ces locaux ferment à clé.

Art. D. 6322-35 Dans les installations de chirurgie esthétique situées dans un établissement de santé, les zones mentionnées à l'article D. 6322-33 et les locaux mentionnés à l'article D. 6322-34 peuvent être communs avec ceux dont l'établissement dispose pour l'exercice des missions de soins qu'il assure en application des articles L. 6111-1 et L. 6111-2.

Si les zones communes sont celles qui sont mentionnées au 1° ou au 2° de l'article D. 6322-33, le titulaire de l'autorisation met en place une organisation permettant :

1° D'accueillir directement, sur rendez-vous, les personnes concernées par l'activité de chirurgie esthétique ;

2° D'hospitaliser en chambre particulière les patients de chirurgie esthétique ;

3° De recueillir, à tous les stades de la prise en charge, tous les éléments nécessaires à la facturation à ces personnes des soins et des services qu'elles reçoivent.

Art. D. 6322-36 La zone d'accueil prévue à l'article D. 6322-33 comprend une réception, un secrétariat, un ou plusieurs bureaux de consultation médicale et une salle d'attente.

Art. D. 6322-37 Lorsque le titulaire de l'autorisation relative aux installations de chirurgie esthétique n'est pas un établissement public de santé, la zone d'hospitalisation prévue à l'article D. 6322-33 est conforme aux dispositions *(Décr. nº 2005-1366 du 2 nov. 2005)* « des articles D. 6124-404 et D. 6124-478 à D. 6124-481 ».

Art. D. 6322-38 Les locaux d'hospitalisation sont pourvus, au lit ou au fauteuil de chaque patient, de l'arrivée des fluides médicaux et d'un système d'aspiration par le vide.

Art. D. 6322-39 Les locaux d'hospitalisation comprennent également, à chaque étage, un local de soins infirmiers.

Art. D. 6322-40 Lorsque le titulaire de l'autorisation relative aux installations de chirurgie esthétique n'est pas un établissement public de santé, le secteur opératoire prévu à l'article D. 6322-33 est conforme aux dispositions du 1° de l'article D. 6124-402 et des articles D. 6124-403, D. 6124-405 et D. 6124-408.

L'organisation et le fonctionnement du secteur opératoire sont dans tous les cas conformes aux caractéristiques fixées par l'arrêté du ministre chargé de la santé prévu à l'article D. 6124-302.

A défaut de médecin coordonnateur, un des médecins exerçant dans l'installation est consulté par le titulaire de l'autorisation pour l'établissement des documents relatifs à l'organisation du secteur opératoire et aux modalités de mise en œuvre des fonctions assurées dans ce secteur.

Art. D. 6322-41 Les dispositions des articles D. 6124-91 à D. 6124-103 relatives à la pratique de l'anesthésie sont applicables aux installations de chirurgie esthétique.

La consultation pré-anesthésique prévue à l'article D. 6124-92 est effectuée soit dans les locaux de consultation prévus dans la zone d'accueil, soit au cabinet du médecin anesthésiste-réanimateur.

Par dérogation aux dispositions de l'article D. 6124-100, lorsque la salle de surveillance post-interventionnelle est réservée aux patients de chirurgie esthétique, elle peut comporter une capacité minimale de deux postes.

Art. D. 6322-42 A défaut de disposer en propre d'un laboratoire en mesure de pratiquer, en urgence, les examens de biologie médicale mentionnés à l'article L. 6211-1 et de fournir sans délai les résultats obtenus, le titulaire de l'autorisation conclut avec un autre établissement ou avec un laboratoire d'analyses de biologie médicale une convention ou un contrat lui assurant la réalisation de ces examens et la transmission immédiate des résultats.

Art. D. 6322-43 L'équipe médicale pratiquant dans ces installations les interventions de chirurgie esthétique ne comprend que :

1° Un ou plusieurs médecins qualifiés spécialistes ou titulaires d'un diplôme d'études spécialisées complémentaires de groupe II en chirurgie plastique, reconstructrice et esthétique ;

2° Un ou plusieurs médecins qualifiés compétents ou titulaires d'un diplôme d'études spécialisées complémentaires de groupe I en chirurgie plastique, reconstructrice et esthétique ;

3° Un ou plusieurs médecins qualifiés spécialistes ou compétents en anesthésie-réanimation ou qualifiés spécialistes en anesthésiologie-réanimation chirurgicale ;

4° Un ou plusieurs médecins qualifiés spécialistes en chirurgie maxillo-faciale, en chirurgie maxillo-faciale et stomatologie, en stomatologie, en oto-rhino-laryngologie, en oto-rhino-laryngologie et chirurgie cervico-faciale, en ophtalmologie, en gynécologie-obstétrique ou en chirurgie urologique, ou qualifiés compétents ou titulaires d'un diplôme d'études spécialisées complémentaires de groupe II en chirurgie maxillo-faciale, en chirurgie maxillo-faciale et stomatologie, en chirurgie de la face et du cou, ou en chirurgie urologique.

Les médecins mentionnés aux 2° et 4° n'exercent la chirurgie esthétique que dans le cadre de la spécialité dans laquelle ils sont inscrits au tableau de l'ordre.

Art. D. 6322-44 Lorsqu'une ou plusieurs personnes sont présentes pour une intervention de chirurgie esthétique, l'équipe paramédicale comprend, de jour comme de nuit, outre les personnels spécialisés intervenant en secteur opératoire et en salle de surveillance post-interventionnelle :

1° Au moins un infirmier ou une infirmière ;

2° Au moins un aide-soignant.

Art. D. 6322-45 Lorsque les installations ne sont pas desservies par une pharmacie à usage intérieur, un pharmacien est chargé du contrôle des gaz médicaux.

Art. D. 6322-46 Le titulaire de l'autorisation relative aux installations de chirurgie esthétique assure la permanence et la continuité des soins aux personnes qui y sont accueillies et à celles qui y ont été traitées.

Lorsque le titulaire de l'autorisation n'est pas en mesure d'assurer d'urgence, dans ses installations ou, le cas échéant, dans l'établissement de santé où elles sont situées, la prise en charge immédiate d'une éventuelle complication médicale, il conclut à cette fin une convention avec un établissement de santé public ou privé titulaire des autorisations mentionnées aux articles R. 6123-1 et R. 6123-37. Cette convention définit notamment les conditions dans lesquelles le patient est, en cas de besoin, transféré dans cet établissement.

Art. D. 6322-47 Lorsque les installations de chirurgie esthétique sont situées dans un établissement de santé :

1° Il peut être satisfait aux obligations prévues aux articles D. 6322-40, D. 6322-41 excepté le second alinéa, D. 6322-42 et D. 6322-46 par les dispositions prises par l'établissement pour répondre à ces mêmes obligations pour l'exercice des missions définies aux articles L. 6111-1 et L. 6111-2 ;

2° Il peut être satisfait aux obligations prévues aux articles D. 6322-43 à D. 6322-45 grâce aux personnels, ayant les qualifications requises, dont dispose l'établissement dans l'exercice des missions mentionnées ci-dessus.

SECTION IV VISITE DE CONFORMITÉ

Art. D. 6322-48 *(Décr. n° 2010-344 du 31 mars 2010, art. 217)* « La visite de conformité prévue à l'article L. 6322-1 a lieu dans le délai de deux mois après que le titulaire de l'autorisation a informé le directeur général de l'agence régionale de santé qu'il est en mesure de mettre en service ses installations. Elle est effectuée par au moins trois personnes désignées par le directeur général de l'agence régionale de santé parmi les personnes mentionnées aux articles L. 1421-1 et L. 1435-7. Le directeur général de l'agence régionale de santé peut, en outre, faire appel à une personne disposant de qualifications particulières. »

Lorsque le résultat de la visite est positif, le procès-verbal de la visite ou, à défaut, un document provisoire en tenant lieu est immédiatement remis au titulaire de l'autorisation, lui permettant la mise en fonctionnement des installations.

Lorsque les installations ou les modalités d'organisation ou de fonctionnement ne sont pas conformes aux conditions d'autorisation fixées aux articles R. 6322-14 à R. 6322-29 ou aux conditions techniques de fonctionnement fixées aux articles D. 6322-31 à D. 6322-47 ou aux autres éléments figurant au dossier prévu à l'article R. 6322-4 sur le fondement desquels l'autorisation a été accordée, il est rendu compte au *(Décr. n° 2010-344 du 31 mars 2010, art. 217)* « directeur général de l'agence régionale de santé » des constatations faites.

Le *(Décr. n° 2010-344 du 31 mars 2010, art. 217)* « directeur général de l'agence régionale de santé » fait connaître à l'intéressé par lettre recommandée avec demande d'avis de réception, dans le délai d'un mois, les transformations à réaliser ou les mesures à prendre pour assurer la conformité. La mise en fonctionnement des installations est différée jusqu'à ce qu'une nouvelle visite, effectuée dans les conditions prévues ci-dessus, ait constaté la conformité.

Dans tous les cas, les procès-verbaux définitifs et les comptes rendus sont communiqués au titulaire de l'autorisation.

CHAPITRE III CENTRE DE SANTÉ

SECTION PREMIÈRE CONDITIONS DE CRÉATION ET DE FONCTIONNEMENT DES CENTRES DE SANTÉ

(Décr. n° 2018-143 du 27 févr. 2018, art. 1er)

La sect. II devient la sect. I et son intitulé : « Conditions techniques de fonctionnement » est remplacé par l'intitulé suivant : « Conditions de création et de fonctionnement des centres de santé ». Elle comprend les articles D. 6323-2 à D. 6323-11 (Décr. n° 2018-143 du 27 févr. 2018, art. 1er).

Art. D. 6323-1 Les centres de santé sont ouverts à toutes les personnes qui souhaitent être reçues en consultation ou bénéficier d'actes de prévention, d'investigation ou de soins médicaux, paramédicaux ou dentaires. Ils peuvent assurer un ou plusieurs de ces types de soins et participer à des actions de formation et de recherche.

(Décr. n° 2018-143 du 27 févr. 2018, art. 1er) « Les antennes mentionnées au troisième alinéa de l'article L. 6323-1 peuvent être rattachées à un ou à plusieurs centres de santés gérés par un même gestionnaire. Chaque antenne est soumise à l'ensemble des règles applicables aux centres de santé. Un arrêté du ministre chargé de la santé précise les modalités d'organisation et de fonctionnement de ces antennes. » — *[Anc. art. D. 6323-2.]*

Art. D. 6323-2 Les professionnels de santé exerçant au sein des centres de santé peuvent se rendre au domicile des patients, tel qu'il est défini à l'article L. 6111-1, lorsque leur état le requiert pour les professionnels médicaux et sur prescription médicale pour les autres professionnels de santé. — *[Anc. art. D. 6323-3.]*

Art. D. 6323-3 Les soins dispensés dans les centres de santé permettent le retour immédiat du patient à son domicile sans qu'il soit nécessaire d'assurer une surveillance au centre de santé ou après le retour au domicile. Les centres de santé ne pratiquent pas l'anesthésie ou la chirurgie ambulatoires assurées par les structures de soins alternatives à l'hospitalisation mentionnées à l'article D. 6124-301.

Les locaux, les installations matérielles, l'organisation des soins, l'expérience et la qualification du personnel des centres de santé permettent d'assurer la sécurité des patients et la qualité des soins. — *[Anc. art. D. 6323-4.]*

Art. D. 6323-4 Les centres de santé mettent en place des conditions d'accueil avec et sans rendez-vous. Les jours et heures d'ouverture, de permanence et de consultation, les tarifs pratiqués, le dispositif d'orientation en cas de fermeture et les principales conditions de fonctionnement utiles au public sont affichés de façon apparente à l'intérieur et à l'extérieur des centres de santé. — *[Anc. art. D. 6323-5.]*

Art. D. 6323-5 Pour chaque patient pris en charge dans un centre de santé, un dossier comportant l'ensemble des informations de santé nécessaires aux décisions diagnostiques et thérapeutiques est constitué dans le respect de la confidentialité et des règles déontologiques propres aux professionnels de santé concernés.

Le dossier comporte l'identification du patient ainsi que, le cas échéant, celle de la personne de confiance définie à l'article L. 1111-6 et celle de la personne à prévenir.

(Décr. n° 2018-143 du 27 févr. 2018, art. 1er) « Le contenu de ce dossier garantit la traçabilité des actions effectuées dans le cadre de la prise en charge de chaque patient. » — *[Anc. art. D. 6323-6.]*

Art. D. 6323-6 Les centres de santé sont responsables de la conservation et de la confidentialité des informations de santé à caractère personnel constituées en leur sein. — *[Anc. art. D. 6323-7.]*

Art. D. 6323-7 Les centres de santé disposent de locaux et d'installations matérielles permettant d'assurer aux patients des conditions d'accessibilité, de sécurité et d'hygiène conformes aux normes en vigueur. — *[Anc. art. D. 6323-8.]*

Art. D. 6323-8 *(Décr. n° 2018-143 du 27 févr. 2018, art. 1er)* Le projet de santé et l'engagement de conformité mentionnés à l'article L. 6323-1-11 sont adressés au directeur général de l'agence régionale de santé par tout moyen conférant date certaine à leur réception.

Art. D. 6323-9 *(Décr. n° 2018-143 du 27 févr. 2018, art. 1er)* I. – Le directeur général de l'agence régionale de santé remet ou transmet le récépissé de l'engagement de conformité du centre de santé ou de son ou de ses antennes au représentant légal de l'organisme gestionnaire par tout moyen conférant date certaine à sa réception. Ce récépissé comporte le nom et l'adresse de l'établissement de santé concerné, le numéro d'identification de l'organisme gestionnaire du centre de santé, ainsi que, le cas échéant, celui de l'entité géographique attribuée au centre de santé.

II. – A défaut de de la transmission du projet de santé ou d'un engagement de conformité complet, le directeur général de l'agence régionale de santé fait connaître au représentant légal de l'organisme gestionnaire, par tout moyen conférant date certaine, le document ou les informations manquantes ou incomplètes en mentionnant le délai imparti pour les fournir.

La transmission du récépissé mentionnée au I est suspendue à compter de la date à laquelle le directeur général notifie cette demande jusqu'à réception des informations demandées.

Art. D. 6323-10 Toute modification substantielle du projet de santé, notamment du règlement de fonctionnement, le changement de l'organisme gestionnaire ou de son représentant légal, la modification d'implantation géographique du centre ou de son ou ses antennes lorsqu'elles existent, la fermeture d'une antenne, la modification qualitative ou quantitative du plateau technique, notamment l'installation d'un ou de plusieurs fauteuils dentaires supplémentaires, ainsi que toute modification susceptible d'avoir une incidence sur la politique menée par le centre de santé en matière de qualité et de sécurité des soins, est *[sont]* portée *[portés]* à la connaissance du directeur général de l'agence régionale de santé au plus tard dans les quinze jours par tout moyen conférant date certaine à sa réception.

Art. D. 6323-11 La décision du directeur général de l'agence régionale de santé de suspendre totalement ou partiellement l'activité du centre de santé, ou d'une ou de ses antennes lorsqu'elles existent, de lever cette suspension ou de fermer le centre de santé ou l'antenne est motivée et notifiée au gestionnaire du centre par tout moyen conférant date certaine à sa réception. Une copie de la notification est adressée à la caisse primaire d'assurance maladie dans le ressort de laquelle est implanté le centre de santé.

Art. D. 6323-12 Les organismes gestionnaires des centres de santé transmettent chaque année, avant le 1er mars, au directeur général de l'agence régionale de santé, les informations mentionnées à l'article L. 6323-1-13 relatives à l'année précédente.

SECTION II **INTERRUPTION VOLONTAIRE DE GROSSESSE PAR VOIE MÉDICAMENTEUSE** *(Décr. n° 2018-143 du 27 févr. 2018, art. 1er).*

(Décr. n° 2009-516 du 6 mai 2009)

Art. R. 6323-23 Les centres ayant conclu la convention mentionnée à l'article L. 2212-2 peuvent pratiquer des interruptions volontaires de grossesse par voie médicamenteuse.

Art. R. 6323-24 Lorsqu'il pratique des interruptions volontaires de grossesse par voie médicamenteuse, le centre doit s'assurer le concours d'un pharmacien inscrit au tableau de la section *[des sections]* E ou H de l'Ordre national des pharmaciens. A défaut de pharmacien, un médecin du centre, nommément désigné, peut être autorisé par le représentant de l'État, après avis du pharmacien inspecteur régional de santé publique ou, à Mayotte et Saint-Pierre-et-Miquelon, du pharmacien inspecteur de santé publique ou, à Saint-Barthélemy et Saint-Martin, du pharmacien inspecteur territorialement compétent, à assurer la détention, le contrôle et la gestion des médicaments nécessaires à la pratique d'interruptions volontaires de grossesse par voie médicamenteuse. Le silence gardé par le représentant de l'État vaut autorisation tacite à l'expiration d'un délai de deux mois à compter de la date de réception de la demande.

Art. R. 6323-25 Les médicaments sont administrés par un médecin du centre dans les conditions prévues aux articles R. 2212-9 à R. 2212-19.

CHAPITRE IV DISPOSITIONS PÉNALES

Art. R. 6324-1 *(Décr. nº 2007-75 du 22 janv. 2007, art. 8)* Les médecins inspecteurs de santé publique *(Décr. nº 2010-344 du 31 mars 2010, art. 218)* « et les inspecteurs des agences régionales de santé ayant la qualité de médecin » sont habilités et assermentés pour la recherche et la constatation des infractions mentionnées à l'article L. 6324-1 dans les conditions fixées aux articles R. 1312-2 et R. 1312-4 à R. 1312-7.

CHAPITRE V CENTRES ET STRUCTURES DISPOSANT D'ÉQUIPES MOBILES DE SOINS AUX PERSONNES EN SITUATION DE PRÉCARITÉ OU D'EXCLUSION GÉRÉS PAR DES ORGANISMES À BUT NON LUCRATIF

(Décr. nº 2008-784 du 18 août 2008)

Art. R. 6325-1 L'activité de délivrance des médicaments par les centres et structures disposant d'équipes mobiles de soins mentionnés à l'article L. 6325-1 fait l'objet d'une déclaration au *(Décr. nº 2010-344 du 31 mars 2010, art. 219)* « directeur général de l'agence régionale de santé ».

Art. R. 6325-2 I. – Dans les organismes mentionnés à l'article R. 6325-1, la détention, le contrôle, la gestion et la dispensation des médicaments sont assurés par un pharmacien inscrit au tableau de la section compétente de l'Ordre national des pharmaciens.

II. – A titre dérogatoire, sur demande de l'organisme *(Décr. nº 2010-344 du 31 mars 2010, art. 219)* « , le directeur général de l'agence régionale de santé » peut autoriser un médecin, nommément désigné, responsable de l'action sanitaire du centre ou de la structure disposant d'équipes mobiles de soins, à assurer la commande, la détention, le contrôle et la gestion des médicaments et à être responsable de leur dispensation gratuite aux malades.

Le silence gardé par le *(Décr. nº 2010-344 du 31 mars 2010, art. 219)* « directeur général de l'agence » vaut autorisation à l'expiration d'un délai de deux mois à compter de la date de réception de cette demande.

III. – Les médicaments sont détenus dans un lieu où n'ont pas librement accès les personnes étrangères à l'organisme et conservés dans les conditions prévues par l'autorisation de mise sur le marché, sous la responsabilité du pharmacien ou du médecin autorisé par le *(Décr. nº 2010-344 du 31 mars 2010, art. 219)* « directeur général de l'agence ».

CHAPITRE VII FONCTIONS D'APPUI AUX PROFESSIONNELS POUR LA COORDINATION DES PARCOURS DE SANTÉ COMPLEXES

(Décr. nº 2016-919 du 4 juill. 2016, art. 1er)

SECTION PREMIÈRE APPUI POUR LA COORDINATION DES PARCOURS DE SANTÉ COMPLEXES

Art. D. 6327-1 L'appui aux professionnels pour la coordination des parcours de santé complexes comprend trois types de missions :

1° L'information et l'orientation des professionnels vers les ressources sanitaires, sociales et médico-sociales du territoire ;

2° L'appui à l'organisation des parcours complexes, pour une durée adaptée aux besoins du patient.

Cette mission comprend :

a) L'évaluation sanitaire et sociale de la situation et des besoins du patient ainsi que la synthèse des évaluations ;

b) L'appui à l'organisation de la concertation pluri-professionnelle ;

c) La planification de la prise en charge, le suivi et la programmation des interventions auprès du patient, dont l'organisation des admissions et sorties des établissements, en veillant à favoriser le maintien à domicile ;

d) L'appui à la coordination des interventions autour du patient ;

3° Le soutien aux pratiques et initiatives professionnelles en matière d'organisation et de sécurité des parcours, d'accès aux soins et de coordination.

Cette mission comprend notamment la diffusion d'outils pour le repérage et l'évaluation des situations complexes, l'aide à l'élaboration et la diffusion de protocoles pluri-professionnels.

Art. D. 6327-2 Les fonctions d'appui sont organisées dans un objectif de réponse aux besoins de la population et aux demandes des professionnels. Les modalités de leur mise en œuvre reposent sur les diagnostics territoriaux existants et partagés entre l'agence régionale de santé, les acteurs du système de santé relevant des secteurs sanitaires, sociaux et médico-sociaux ainsi que les usagers.

SECTION II PLATE-FORME TERRITORIALE D'APPUI

Art. D. 6327-3 Pour mettre en œuvre les fonctions d'appui, l'agence régionale de santé peut constituer une ou plusieurs plates-formes territoriales d'appui, sur la base des initiatives des acteurs du système de santé relevant des secteurs sanitaires, sociaux et médico-sociaux.

SOUS-SECTION 1 BÉNÉFICIAIRES DES SERVICES DE LA PLATE-FORME TERRITORIALE D'APPUI

Art. D. 6327-4 I. – La plate-forme territoriale d'appui vient en soutien à l'ensemble des professionnels sanitaires, sociaux et médico-sociaux qui ont besoin de recourir à des compétences complémentaires pour les patients relevant d'un parcours de santé complexe.

Le médecin traitant, ou un médecin en lien avec ce dernier, déclenche le recours à la plate-forme. Si un autre professionnel que le médecin traitant souhaite déclencher le recours à la plate-forme, le médecin traitant est systématiquement contacté par le professionnel requérant, ou à défaut par la plate-forme, afin de valider le déclenchement.

Le patient est informé du recours à la plate-forme conformément à l'article L. 1110-12 du code de la santé publique afin qu'il puisse exercer son droit d'opposition.

II. – La plate-forme propose un service polyvalent aux professionnels, pour les missions définies à l'article D. 6327-1, afin de leur offrir une réponse globale quelque *[quel que]* soit l'âge, la pathologie ou le handicap du patient. Ce service polyvalent et ces missions peuvent être mis en place de façon progressive, dans un calendrier déterminé dans la convention prévue à l'article D. 6327-8.

SOUS-SECTION 2 CONSTITUTION DE LA PLATE-FORME TERRITORIALE D'APPUI

Art. D. 6327-5 I. – La plate-forme territoriale d'appui est constituée à partir des initiatives des acteurs du système de santé relevant des secteurs sanitaires, sociaux et médico-sociaux. Dans ce cadre, une priorité est donnée aux initiatives des professionnels de santé de ville visant un retour et un maintien à domicile et, lorsqu'elles existent, des équipes de soins primaires et des communautés professionnelles territoriales de santé.

Ces acteurs élaborent le projet de plate-forme mentionné à l'article D. 6327-6, désignent l'opérateur en charge de la mise en œuvre des missions décrites à l'article D. 6327-1 et assurent le suivi des actions.

II. – A défaut d'initiatives des acteurs du système de santé, l'agence régionale de santé peut les réunir pour définir les modalités d'élaboration du projet de la plate-forme et, le cas échéant, désigne l'opérateur.

SOUS-SECTION 3 PROJET ET CONVENTION DE LA PLATE-FORME TERRITORIALE D'APPUI

Art. D. 6327-6 L'opérateur adresse le projet de la plate-forme à l'agence régionale de santé pour approbation. Ce projet définit notamment :

a) Le territoire d'action ;

b) Les services offerts ;

c) Le rôle de l'opérateur ;

d) Les modalités selon lesquelles l'opérateur rend compte de son action aux acteurs du système de santé concernés ;

e) Le schéma cible d'organisation de la plate-forme et les étapes de sa mise en place ;
f) La ou les composantes ;
g) Les modalités d'élaboration d'un guichet intégré ;
h) Le budget prévisionnel.

Art. D. 6327-7 L'opérateur, lorsqu'il n'est pas en mesure de mettre en œuvre l'ensemble des missions de la plate-forme, peut confier une ou plusieurs de ces missions à une composante. Est qualifiée de composante de la plate-forme territoriale d'appui le dispositif, l'acteur ou le professionnel sanitaire, social ou médico-social participant à la mise en œuvre de ses missions.

Chaque composante contribue au fonctionnement de la plate-forme par mise à disposition à but non lucratif ou contribution financière.

Art. D. 6327-8 Après approbation du projet de la plate-forme par l'agence régionale de santé, une convention est signée entre l'agence régionale de santé, l'opérateur et, le cas échéant, les composantes de la plate-forme. A défaut de convention entre l'agence régionale de santé et les composantes, l'opérateur conventionne avec ces dernières.

La convention avec l'agence régionale de santé identifie notamment :
a) Le projet de la plate-forme ;
b) Le rôle de l'opérateur ;
c) Les engagements des signataires dont les financements alloués par l'agence régionale de santé ;
d) Les missions visées à l'article D. 6327-1 que chaque composante met en œuvre ;
e) Les apports de chaque composante au fonctionnement de la plate-forme ;
f) Les modalités de la démarche qualité permettant à la plate-forme de remplir ses missions en adéquation avec son projet ;
g) Les modalités de remontées d'activité de l'opérateur vers l'agence régionale de santé et les indicateurs d'activité que chaque composante est en charge de produire.

SOUS-SECTION 4 ÉVALUATION DE LA PLATE-FORME TERRITORIALE D'APPUI

Art. D. 6327-9 Une évaluation annuelle des plates-formes territoriales d'appui est mise en place par l'agence régionale de santé avec les acteurs du système de santé et les usagers. Cette évaluation est transmise au conseil territorial de santé.

SOUS-SECTION 5 SYSTÈMES D'INFORMATION

Art. D. 6327-10 Chaque plate-forme territoriale d'appui est équipée d'un système d'information unique partagé par chacune des composantes de la plate-forme et accessible par les professionnels au travers de leur propre système d'information.

Ce système d'information peut être mis en œuvre de façon progressive dans un calendrier déterminé dans la convention prévue à l'article D. 6327-8.

Le système d'information de la plate-forme permet l'échange et le partage d'informations entre professionnels concernant une même personne prise en charge, conformément à l'article L. 1110-12 et dans les conditions prévues par l'article *[L.]* 1110-4-1.

Le système d'information de la plate-forme utilise un identifiant unique pour les personnes prises en charge.

Le périmètre fonctionnel du système d'information de la plate-forme répond à la totalité des missions de celle-ci, telles que définies à l'article D. 6327-1, en particulier les fonctionnalités d'organisation des parcours complexes. Le système d'information de la plate-forme est intégré dans la démarche qualité telle que prévue dans l'article D. 6327-8.

LIVRE QUATRIÈME MAYOTTE, ÎLES WALLIS-ET-FUTUNA ET TERRES AUSTRALES ET ANTARCTIQUES FRANÇAISES, NOUVELLE-CALÉDONIE ET POLYNÉSIE FRANÇAISE

V. Dalloz.fr 🏛.

TABLES

TABLE CHRONOLOGIQUE

NOTA. Avant la table chronologique proprement dite, on trouvera ci-dessous la liste des différents codes, autres que le Code de la santé publique, reproduits en extraits dans le présent ouvrage, classés par ordre alphabétique.

Code civil

– Art. 16 *(respect du corps humain)*, reproduit à l'art. L. 2211-1.

– Art. 16-4, 3e al. *(respect du corps humain)*, reproduit à l'art. L. 2151-1.

Code de l'éducation

– Art. L. 541-1 *(visites et examens médicaux)*, reproduit à l'art. L. 2325-1.

– Art. L. 541-2 *(visites et examens médicaux)*, reproduit à l'art. L. 2325-2.

– Art. L. 541-3 *(visites et examens médicaux)*, reproduit à l'art. L. 2325-3.

– Art. L. 541-4 *(visites et examens médicaux)*, reproduit à l'art. L. 2325-4.

– Art. L. 542-2 *(prévention des mauvais traitements)*, reproduit à l'art. L. 2325-6.

– Art. L. 542-3 *(prévention des mauvais traitements)*, reproduit à l'art. L. 2325-7.

– Art. L. 632-1 *(études médicales)*, reproduit à l'art. L. 6142-2.

– Art. L. 633-1 *(études pharmaceutiques)*, reproduit à l'art. L. 6142-8.

– Art. L. 713-4-I *(unités de formation et de recherche de médecine, de pharmacie et d'odontologie)*, reproduit à l'art. L. 6142-7.

– Art. L. 713-6 *(unités de formation et de recherche de médecine, de pharmacie et d'odontologie)*, reproduit à l'art. L. 6142-14.

– Art. L. 756-2 *(École des hautes études en santé publique)*, reproduit à l'art. L. 1415-1.

– Art. L. 831-2 *(santé universitaire)*, reproduit à l'art. L. 2325-5.

– Art. L. 952-21 *(personnel enseignant et hospitalier)*, reproduit à l'art. L. 6151-1.

– Art. L. 952-22 *(personnel enseignant et hospitalier)*, reproduit à l'art. L. 6151-2.

Code général des collectivités territoriales

– Art. L. 2223-39, al. 1er *(équipements funéraires)*, reproduit à l'art. L. 6111-5.

– Art. L. 2223-43 *(équipements funéraires)*, reproduit à l'art. L. 6111-6.

Code général des impôts

– Art. 347 *(prohibition de la fabrication de l'absinthe et des liqueurs similaires)*, reproduit à l'art. L. 3322-4.

Code pénal

– Art. 214-2 *(crime de clonage reproductif)*, reproduit à l'art. L. 2163-1.

– Art. 223-8 *(expérimentation sur la personne humaine)*, reproduit à l'art. L. 1126-1.

– Art. 223-9 *(expérimentation sur la personne humaine)*, reproduit à l'art. L. 1126-2.

– Art. 223-10 *(interruption illégale de la grossesse)*, reproduit à l'art. L. 2222-1.

– Art. 226-25 *(examen des caractéristiques génétiques d'une personne ou identification d'une personne par ses empreintes génétiques)*, reproduit à l'art. L. 1133-1.

– Art. 226-26 *(examen des caractéristiques génétiques d'une personne ou identification d'une personne par ses empreintes génétiques)*, reproduit à l'art. L. 1133-2.

– Art. 226-27 *(examen des caractéristiques génétiques d'une personne ou identification d'une personne par ses empreintes génétiques)*, reproduit à l'art. L. 1133-3.

– Art. 226-28 *(examen des caractéristiques génétiques d'une personne ou identification d'une personne par ses empreintes génétiques)*, reproduit à l'art. L. 1133-4.

– Art. 226-29 *(examen des caractéristiques génétiques d'une personne ou identification d'une personne par ses empreintes génétiques)*, reproduit à l'art. L. 1133-5.

– Art. 226-30 *(atteinte à la personne résultant de l'examen de ses caractéristiques génétiques ou de l'identification par ses empreintes génétiques)*, reproduit à l'art. L. 1133-6.

– Art. 511-1 et 511-1-1 *(clonage)*, reproduits à l'art. L. 2163-2.

– Art. 511-2 *(vente d'organes humains)*, reproduit à l'art. L. 1272-1.

– Art. 511-3 *(prélèvement d'organes humains)*, reproduit à l'art. L. 1272-2.

– Art. 511-4 *(prélèvement de tissus, de cellules ou produits humains)*, reproduit à l'art. L. 1272-3.

– Art. 511-5 *(prélèvement de tissus, de cellules ou produits humains)*, reproduit à l'art. L. 1272-4.

– Art. 511-5-1 *(prélèvement de tissus, de cellules ou produits humains)*, reproduit à l'art. L. 1272-4-1.

– Art. 511-5-2 *(conservation et transformation de tissus, cellules ou produits du corps humain)*, reproduit à l'art. L. 1272-4-2.

– Art. 511-6 *(recueil ou prélèvement de gamètes)*, reproduit à l'art. L. 1273-1.

– Art. 511-7 *(prélèvement d'organes, de tisssus ou de cellules, greffes et thérapies cellulaires)*, reproduit à l'art. L. 1272-5.

– Art. 511-8 *(distribution ou cession d'organes, de tissus, cellules ou produits humains)*, reproduit à l'art. L. 1272-6.

– Art. 511-8-1 *(distribution ou cession en vue d'un usage thérapeutique de tissus ou de préparations de thérapie cellulaire)*, reproduit à l'art. L. 1272-7.

– Art. 511-8-2 *(importation ou exportation des organes, tissus, cellules et produits cellulaires à finalité thérapeutique)*, reproduit à l'art. L. 1272-8.

– Art. 511-9 *(obtention de gamètes contre paiement)*, reproduit à l'art. L. 1273-2.

– Art. 511-10 *(non-respect du principe d'anonymat du donneur et du receveur)*, reproduit à l'art. L. 1273-3.

– Art. 511-11 *(non-respect des règles de sécurité sanitaire en matière d'assistance médicale à la procréation)*, reproduit à l'art. L. 1273-4.

– Art. 511-12 *(insémination artificielle)*, reproduit à l'art. L. 1273-5.

– Art. 511-13 *(dons de gamètes)*, reproduit à l'art. L. 1273-6.

– Art. 511-14 *(recueil, traitement, conservation et cession de gamètes)*, reproduit à l'art. L. 1273-7.

– Art. 511-15 *(vente d'embryon humain)*, reproduit à l'art. L. 2162-1.

– Art. 511-16 *(non-respect des conditions d'obtention d'embryon humain)*, reproduit à l'art. L. 2162-2.

– Art. 511-17 *(commercialisation d'embryons humains conçus in vitro ou constitués par clonage)*, reproduit à l'art. L. 2163-3.

– Art. 511-18 *(conception in vitro ou constitution par clonage d'embryons humains à des fins de recherche)*, reproduit à l'art. L. 2163-4.

– Art. 511-18-1 *(constitution par clonage d'embryons humains à des fins thérapeutiques)*, reproduit à l'art. L. 2163-5.

– Art. 511-19 *(étude ou recherche sur embryon humain)*, reproduit à l'art. L. 2163-6.

– Art. 511-19-1 *(prélèvement, conservation ou utilisation des tissus ou cellules embryonnaires ou fœtaux suite à une interruption de grossesse)*, reproduit à l'art. L. 1272-9.

– Art. 511-19-2 *(conservation ou cession de cellules souches embryonnaires)*, reproduit à l'art. L. 2163-7.

– Art. 511-19-3 *(importation ou exportation des tissus ou des cellules embryonnaires ou fœtaux à des fins de recherche)*, reproduit à l'art. L. 2163-8.

– Art. 511-20 *(diagnostic prénatal)*, reproduit à l'art. L. 2161-1.

– Art. 511-21 *(diagnostic préimplantatoire)*, reproduit à l'art. L. 2161-2.

– Art. 511-22 *(procréation médicalement assistée)*, reproduit à l'art. L. 2162-3.

– Art. 511-23 *(importation ou exportation d'embryons humains)*, reproduit à l'art. L. 2162-4.

– Art. 511-24 *(procréation médicalement assistée)*, reproduit à l'art. L. 2162-5.

– Art. 511-25 *(accueil d'embryons humains et anonymat du couple donneur et receveur)*, reproduit à l'art. L. 2162-6.

– Art. 511-26 *(peines complémentaires applicables aux personnes physiques et responsabilité des personnes morales)*, reproduit à l'art. L. 1274-3.

Code rural et de la pêche maritime

– Art. R. 234-4 *(élevages : substances interdites ou réglementées)*, reproduit à l'art. R. 5141-11.

– Art. R. 234-5 *(élevages : substances interdites ou réglementées)*, reproduit à l'art. R. 5141-12.

– Art. D. 234-6 *(élevages : substances interdites ou réglementées)*, reproduit à l'art. R. 5141-114.

– Art. R. 234-7 *(élevages : substances interdites ou réglementées)*, reproduit à l'art. R. 5141-115.

Code du travail

– Art. R. 4743-7 *(infractions aux règles concernant le travail des jeunes par un exploitant d'un débit de boissons)*, reproduit à l'art. R. 3352-3.

1962	6 janv.	Arrêté. Actes médicaux ne pouvant être pratiqués que par des médecins, des auxiliaires médicaux ou des directeurs de laboratoires d'analyses médicales non médecins 🏛. – V. ss. CSP, art. L. 4161-1.
1975	28 nov.	Arrêté. Organismes agréés en application de l'article L. 162-4 du code de la santé publique 🏛. – V. ss. CSP, art. R. 2212-3.
1976	4 nov.	Arrêté. Personnes et laboratoires d'analyses de biologie médicale auxquels est réservée l'exécution des actes d'anatomie et de cytologie pathologiques 🏛. – V. ss. CSP, anc. art. L. 6211-4.
1976	4 nov.	Arrêté. Autorisation d'exercer les fonctions de directeur ou directeur adjoint de laboratoire d'analyses de biologie médicale exécutant des actes d'anatomie et de cytologie pathologiques 🏛. – V. ss. CSP, anc. art. L. 6221-2.
1984	2 mars	Décret n° 84-177. Obtention de diplômes d'État par les étudiants de nationalité étrangère ou les personnes titulaires de diplômes étrangers 🏛. – V. ss. CSP, art. L. 4131-7.
1985	25 juill.	Loi n° 85-772. Diverses dispositions d'ordre social. – Art. 44 *(profession de psychologue)* 🏛, ss. CSP, art. L. 4163-10.
1988	12 avr.	Arrêté. Laboratoires d'analyses de biologie médicale et catégories de personnes auxquels est réservée l'exécution des actes de diagnostic prénatal 🏛. – V. ss. CSP, anc. art. L. 6211-4.
2000	1er août	Décret n° 2000-762. Établissements et services d'accueil des enfants de moins de 6 ans 🏛. – Art. 2, 3 et 4. – V. ss. CSP, art. R. 2324-25.
2000	18 sept.	Ordonnance n° 2000-914. Partie législative du code de l'environnement. – Art. 10. – V. CSP, art. L. 1331-13.
2000	13 déc.	Loi n° 2000-1208. Solidarité et renouvellement urbains. – V. CSP, art. L. 1331-18 à L. 1331-21, L. 1331-26, L. 1331-27, L. 1331-28-1, L. 1334-13, L. 1416-2.
2000	23 déc.	Loi n° 2000-1257. De financement de la sécurité sociale pour 2001 – Art. 44 et 48-V. – V. CSP, anc. art. L. 6211-5.
2000	30 déc.	Loi n° 2000-1352. De finances pour 2001. – Art. 18, 116 et 117. – V. CSP, art. L. 3334-2, L. 3335-4.
2000	30 déc.	Loi n° 2000-1353. De finances rectificative pour 2000. – Art. 60-II. – V. CSP, art. L. 1222-7.
2001	1er mars	Ordonnance n° 2001-198. Transposition de la directive 98/79/CE du 27 octobre 1998 relative aux dispositifs médicaux de diagnostic *in vitro*. – V. CSP, art. L. 1221-8, L. 4211-1, L. 5211-5-2, L. 5221-1 à L. 5221-8, L. 5222-1, L. 5222-3, L. 5222-4, L. 5231-1, L. 5231-2, L. 5232-1, L. 5232-2, L. 5312-1 à L. 5312-3, L. 5433-1, L. 5462-1 à L. 5462-3, L. 5463-1, L. 5463-2, L. 6213-2.

2001	1er mars	Ordonnance n° 2001-199. Transposition des directives 89/48/CEE du 21 décembre 1988 et 92/51/CEE du 18 juin 1992 prévoyant un système général de reconnaissance des diplômes d'enseignement supérieur et des formations professionnelles. – V. CSP, art. L. 4321-4, L. 4322-4, L. 4331-4, L. 4332-4, L. 4341-4, L. 4342-4, L. 4351-4, L. 4361-4, L. 4362-3, L. 4371-4.
2001	28 mars	Ordonnance n° 2001-270. Transposition de directives communautaires dans le domaine de la protection contre les rayonnements ionisants. – V. CSP, art. L. 1331-1 à L. 1331-15, L. 1337-5 à L. 1337-9.
2001	11 avr.	Ordonnance n° 2001-313. Transposition de directives relatives aux médicaments vétérinaires. – V. CSP, art. L. 1421-2, L. 5141-7, L. 5141-10, L. 5141-11, L. 5141-15, L. 5141-16, L. 5142-7, L. 5142-8, L. 5143-3, L. 5143-4, L. 5146-1, L. 5146-2, L. 5146-3, L. 5411-1, L. 5414-2, L. 5441-8, L. 5441-11, L. 5441-12, L. 5442-4 à L. 5442-8.
2001	11 avr.	Ordonnance n° 2001-321. Mise en œuvre de dispositions de droit communautaire dans le domaine de l'environnement. – V. CSP, art. L. 1341-1, L. 3114-1.
2001	2 mai	Ordonnance n° 2001-378. Transposition de directives relatives aux médicaments vétérinaires en ce qui concerne la délivrance au détail de certains médicaments vétérinaires antiparasitaires. – V. CSP, art. L. 5143-2.
2001	9 mai	Décret n° 2001-398. Agence française de sécurité sanitaire environnementale. – V. CSP, art. L. 1413-4, L. 1413-6.
2001	4 juill.	Loi n° 2001-588. Interruption volontaire de grossesse et contraception. – V. CSP, art. L. 2123-1, L. 2123-2, L. 2212-1, L. 2212-3, L. 2212-4, L. 2212-5, L. 2212-7, L. 2212-8, L. 2213-1, L. 2213-2, L. 2221-1, L. 2222-2, L. 2222-4, L. 2223-2, L. 2311-4, L. 2322-4, L. 5134-1, L. 5135-1, L. 5434-2, L. 5435-1, L. 6121-6.
2001	11 déc.	Loi n° 2001-1168. Mesures urgentes de réformes à caractère économique et financier. – Art. 11. – V. CSP, art. L. 6145-6.
2001	21 déc.	Loi n° 2001-1246. De financement de la sécurité sociale pour 2002. – V. CSP, art. L. 2132-1, L. 2132-2-1, L. 5123-5, L. 5125-23, L. 5521-2.
2001	28 déc.	Loi n° 2001-1275. De finances pour 2002. – Art. 147 et 148. – V. CSP, art. L. 5211-5-2, L. 5124-17-1, L. 5124-17-2.
2002	2 janv.	Loi n° 2002-2. Rénovation de l'action sociale et médico-sociale. – Art. 75-IV. – V. CSP, art. L. 6111-3.
2002	17 janv.	Loi n° 2002-73. Modernisation sociale : – V. CSP, art. L. 1151-1, L. 1235-7, L. 1421-1, L. 4131-6, L. 4321-6, L. 5124-18, L. 5125-14, L. 5413-1, L. 6112-1, L. 6112-2, L. 6113-4, L. 6141-7-1, L. 6142-1, L. 6142-3, L. 6142-9, L. 6142-11, L. 6142-12, L. 6142-16, L. 6142-17, L. 6143-2-1, L. 6147-7 à L. 6147-9, L. 6152-3, L. 6152-6, L. 6154-1, L. 6161-8.

2002	15 févr.	Arrêté. Marchandises dont les pharmaciens peuvent faire le commerce. – V. ss. CSP, art. L. 5125-24.
2002	4 mars	Loi n° 2002-303. Droits des malades et qualité du système de santé : – V. CSP, art. L. 1110-1 à L. 1110-11, L. 1111-1 à L. 1111-13, L. 1112-1, L. 1112-3, L. 1112-5, L. 1112-6, L. 1114-1 à L. 1114-4, L. 1115-1, L. 1115-2, L. 1141-1 à L. 1143-1, L. 1151-1, L. 1413-13, L. 1413-14, L. 1413-16, L. 1414-4, L. 1421-1, L. 1425-2, L. 3211-11-1, L. 3212-9, L. 3213-1, L. 3213-7, L. 3222-3, L. 3223-1, L. 3223-2, L. 4112-4, L. 4113-6, L. 4113-13, L. 4113-14, L. 4121-2, L. 4123-5, L. 4123-8, L. 4124-1 à L. 4124-6, L. 4124-8, L. 4124-10, L. 4124-13, L. 4124-14, L. 4125-5, L. 4126-2, L. 4126-6, L. 4133-1 à L. 4133-9, L. 4142-5, L. 4152-8, L. 4163-1, L. 4163-2, L. 4212-6, L. 4221-14-1, L. 4221-17, L. 4221-18, L. 4223-4, L. 4223-5, L. 4231-1, L. 4233-3, L. 4234-1-1, L. 4234-6, L. 4234-10, L. 4236-1 à L. 4236-6, L. 4311-9, L. 4311-10, L. 4311-22, L. 4311-26, L. 4311-27, L. 4311-29, L. 4313-1 à L. 4313-9, L. 4321-1, L. 4321-2, L. 4321-9, L. 4321-22, L. 4343-1, L. 4362-7, L. 4362-8, L. 5125-9, L. 5211-4, L. 5211-6, L. 5311-1, L. 5322-1, L. 5323-4, L. 5451-4, L. 6111-1, L. 6113-4, L. 6115-3, L. 6121-5, L. 6121-8, L. 6121-11, L. 6121-12, L. 6122-15, L. 6122-21, L. 6147-3, L. 6147-5, L. 6155-1 à L. 6155-5, L. 6163-1 à L. 6163-10, L. 6211-8, L. 6321-1, L. 6321-2, L. 6322-1 à L. 6322-3, L. 6323-1, L. 6323-2, L. 6324-1, L. 6324-2. – Art. 75 *(titre d'ostéopathe et de chiropracteur)*. – V. ss. CSP, art. L. 4321-22.
2002	9 sept.	Loi n° 2002-1138. Orientation et programmation pour la justice. – Art. 48. – V. CSP, art. L. 3214-1 à L. 3214-5, L. 3215-1 à L. 3215-4.
2002	20 déc.	Loi n° 2002-1487. De financement de la sécurité sociale pour 2003. – V. CSP, art. L. 3411-2, L. 6312-5.
2002	30 déc.	Loi n° 2002-1577. Responsabilité civile médicale. – V. CSP, art. L. 1142-1-1, L. 1142-2, L. 1142-5, L. 1142-8, L. 1142-15, L. 1142-17, L. 1142-17-1, L. 1142-21, L. 1142-22, L. 1142-23, L. 4311-13.
2003	18 mars	Loi n° 2003-239. Sécurité intérieure. – Art. 114. – V. CSP, art. L. 3332-15, L. 3332-16.
2003	1er août	Loi n° 2003-709. Mécénat, associations et fondations. – Art. 23. – V. CSP, art. L. 3323-6.
2003	4 sept.	Ordonnance n° 2003-850. Simplification de l'organisation et du fonctionnement du système de santé et procédures de création d'établissements ou de services sociaux ou médico-sociaux. – V. CSP, art. L. 1142-5, L. 2212-2, L. 2213-1, L. 2321-1 à L. 2321-8, L. 2322-1, L. 2322-2, L. 3221-1 à L. 3221-3, L. 4113-2, L. 4113-14, L. 4124-2, L. 4221-16, L. 4311-15, L. 4311-19 à L. 4311-21, L. 4321-10, L. 4322-2, L. 4331-2, L. 4332-2, L. 4333-1, L. 4342-2, L. 4351-10, L. 4361-2, L. 4362-1, L. 6114-4, L. 6114-5, L. 6121-7, L. 6121-8, L. 6122-1 à L. 6122-3, L. 6122-6, L. 6122-8 à L. 6122-14-1, L. 6122-17, L. 6122-18, L. 6122-20, L. 6123-1, L. 6124-1, L. 6125-1,

		L. 6133-1 à L. 6133-4, L. 6134-1, L. 6148-2 à L. 6148-4, L. 6148-7, L. 6148-8, L. 6154-3, L. 6154-4, L. 6154-6, L. 6161-3, L. 6161-6, L. 6314-1, L. 6321-1, L. 6321-2, L. 6322-1.
2003	17 nov.	Décret n° 2003-1086. Composition des commissions régionales de conciliation et d'indemnisation des accidents médicaux, des affections iatrogènes et des infections nosocomiales. – V. CSP, art. R. 1142-7.
2003	12 déc.	Décret n° 2003-1206. Organisation de la biovigilance. – V. CSP, art. R. 1211-49.
2003	18 déc.	Loi n° 2003-1199. De financement de la sécurité sociale pour 2004. – V. CSP, art. L. 1142-22-1, L. 5121-10, L. 6114-1, L. 6114-2, L. 6114-4, L. 6115-3, L. 6115-4, L. 6133-5, L. 6147-5, L. 6161-7, L. 6161-8.
2003	30 déc.	Loi n° 2003-1311. De finances pour 2004. – Art. 116 et 139. – V. CSP, art. L. 5121-16, L. 5121-17, L. 5122-5, L. 5123-5, L. 5211-5-2, L. 6145-8-1.
2004	2 janv.	Loi n° 2004-1. Accueil et protection de l'enfance. – V. CSP, art. L. 4124-6.
2004	9 mars	Loi n° 2004-204. Adaptation de la justice aux évolutions de la criminalité. – Art. 27. – V. CSP, art. L. 4122-1, L. 4123-1, L. 4161-4.
2004	17 juin	Ordonnance n° 2004-559. Contrats de partenariat. – Art. 21 et 23. – V. CSP, art. L. 6145-6, L. 6148-4.
2004	24 juin	Décret n° 2004-606. Règles de sécurité sanitaire applicables au recueil et à l'utilisation d'ovocytes humains. – V. CSP, art. R. 1211-26.
2004	30 juin	Décret n° 2004-635. Vaccination par le vaccin antituberculeux BCG. – V. CSP, art. R. 3112-2, R. 3112-4.
2004	1er juill.	Décret n° 2004-636. Conditions de réalisation des interruptions volontaires de grossesse hors établissements de santé. – V. CSP, art. R. 2212-9, R. 2212-10, R. 2212-16, R. 2212-18.
2004	1er juill.	Ordonnance n° 2004-637. Simplification de la composition et du fonctionnement des commissions administratives et réduction de leur nombre. – V. CSP, art. L. 1224-2, L. 1224-3, L. 1331-17, L. 1331-26, L. 1331-27, L. 1416-1, L. 6312-5, L. 6313-1, L. 6314-1.
2004	9 juill.	Ordonnance n° 2004-670. Transposition de la directive 2001/95/CE du 3 décembre 2001 sur la sécurité générale des produits. – V. CSP, art. L. 5146-1, L. 5146-2, L. 5414-3, L. 5431-1, L. 5463-1.
2004	*29 juill.*	Décret n° 2004-775. Réparation des conséquences des risques sanitaires. – V. CSP, art. R. 1142-5, R. 1142-7, R. 1142-8, R. 1142-11, R. 1142-13, R. 1142-16, R. 1142-17, R. 1142-21, R. 1142-23, R. 1142-25-1, R. 1142-28, R. 1142-34, R. 1142-35, R. 1142-36, R. 1142-38, R. 1142-39, R. 1142-40, R. 1142-41, R. 1142-43, R. 1142-46, R. 1142-47.
2004	29 juill.	Décret n° 2004-802. Parties IV et V (dispositions réglementaires) du code de la santé publique. – V. CSP, art. R. 1334-17, R. 1413-21 à R. 1413-24, R. 2311-13, R. 2311-17.

2004	6 août	Loi n° 2004-800. Bioéthique. – V. CSP, art. L. 1123-7, L. 1125-2, L. 1131-1, L. 1131-3, L. 1131-4, L. 1131-6, L. 1131-7, L. 1133-6, L. 1211-1 à L. 1211-4, L. 1211-6, L. 1211-7, L. 1211-9, L. 1221-4, L. 1221-5, L. 1221-8, L. 1221-8-1, L. 1221-12, L. 1231-1-A, L. 1231-1-B, L. 1231-1, L. 1231-3 à L. 1231-5, L. 1232-1 à L. 1232-6, L. 1233-1 à L. 1233-4, L. 1234-1 à L. 1234-3-1, L. 1235-1 à L. 1235-7, L. 1241-1 à L. 1241-7, L. 1242-1 à L. 1242-3, L. 1243-1 à L. 1243-9, L. 1244-2, L. 1244-4, L. 1244-5, L. 1244-7, L. 1244-8, L. 1245-1 à L. 1245-8, L. 1251-1, L. 1272-4-1, L. 1272-4-2, L. 1272-9, L. 1412-1 à L. 1412-6, L. 1418-1 à L. 1418-8, L. 1419-1, L. 1425-1, L. 2131-1 à L. 2131-5, L. 2141-1 à L. 2141-4, L. 2141-6 à L. 2141-12, L. 2142-1, L. 2142-1-1 à L. 2142-4, L. 2151-1 à L. 2151-8, L. 2161-1 à L. 2164-2, L. 4211-8 à L. 4211-11, L. 5121-1, L. 5121-5, L. 5121-20, L. 5121-21, L. 5124-1, L. 5124-11, L. 5124-13, L. 5124-13-1, L. 5311-1, L. 5426-1.
2004	9 août	Loi n° 2004-806. Politique de santé publique : – V. CSP, art. L. 1114-1, L. 1121-1 à L. 1121-17, L. 1122-1 à L. 1122-2, L. 1123-1 à L. 1123-3, L. 1123-7 à L. 1123-14, L. 1125-1 à L. 1125-5, L. 1126-3, L. 1126-5, L. 1126-6, L. 1132-1, L. 1132-2, L. 1133-1 à L. 1133-7, L. 1142-1, L. 1142-3, L. 1142-12, L. 1142-22, L. 1142-23, L. 1243-3, L. 1311-1, L. 1311-4 à L. 1311-7, L. 1312-1, L. 1321-1 à L. 1321-4, L. 1321-6, L. 1321-7, L. 1321-10, L. 1322-1, L. 1322-2, L. 1322-9, L. 1322-13, L. 1324-1 A à L. 1324-3, L. 1331-17, L. 1333-11, L. 1333-17, L. 1331-27, L. 1333-32, L. 1334-2 à L. 1334-5, L. 1334-7 à L. 1334-12, L. 1337-1-1, L. 1411-3 à L. 1411-8, L. 1411-13, L. 1413-15, L. 1415-1, L. 1415-2, L. 1417-2 à L. 1417-4, L. 1421-4, L. 1424-1, L. 2122-1, L. 2132-3, L. 2133-1, L. 2311-5, L. 3111-1, L. 3111-5, L. 3111-9, L. 3113-1, L. 3114-1, L. 3114-4, L. 3114-6, L. 3114-7, L. 3116-1, L. 3122-1 à L. 3122-5, L. 3131-1 à L. 3131-9, L. 3136-1, L. 3211-3, L. 3311-3, L. 3322-11, L. 3332-13, L. 3355-1, L. 3411-7, L. 3411-9, L. 4112-2, L. 4131-1, L. 4141-1, L. 4151-3, L. 4151-4, L. 4151-7, L. 4161-1, L. 4161-2, L. 4211-3, L. 4221-6, L. 4222-5, L. 4222-6, L. 4232-1, L. 4232-15-1, L. 4232-16, L. 4234-3, L. 4234-6, L. 4234-7, L. 4241-5 à L. 4241-10, L. 4243-3, L. 4321-10, L. 4321-13 à L. 4321-18, L. 4321-20, L. 4321-21, L. 4322-2, L. 4322-6, L. 4322-7, L. 4322-11, L. 4322-13, L. 4322-14, L. 5121-1, L. 5121-7, L. 5123-2, L. 5124-1, L. 5124-6, L. 5134-1, L. 5139-1 à L. 5139-3, L. 513-10-1 à L. 513-10-3, L. 5141-4, L. 5211-3, L. 5212-3, L. 5231-1, L. 5231-2, L. 5311-1, L. 5422-5, L. 5434-2, L. 5437-1, L. 6133-1 anc., L. 6148-2, L. 6155-1, L. 6214-2 anc., L. 6221-9 anc., L. 6222-4 anc. – Art. 52 *(usage du titre de psychothérapeute)*. – V. ss. CSP, art. L. 4163-10.
2004	13 août	Loi n° 2004-809. Libertés et responsabilités locales. – V. CSP, art. L. 1423-1 à L. 1423-3, L. 2112-1, L. 3111-11, L. 3112-2 à L. 3112-5, L. 3114-5, L. 3121-1, L. 4151-7, L. 4151-8, L. 4151-9, L. 4244-1, L. 4311-7, L. 4311-8, L. 4381-1, L. 4383-1 à L. 4383-6, L. 6115-7.
2004	13 août	Loi n° 2004-810. Assurance maladie. – V. CSP, art. L. 1110-4, L. 1111-2, L. 1111-8, L. 1111-9, L. 1142-29, L. 1414-1 à

		L. 1414-12-1, L. 1151-1, L. 4135-1, L. 4135-2, L. 5121-1, L. 5123-2 à L. 5123-5, L. 6113-2, L. 6113-3, L. 6113-6, L. 6113-12, L. 6114-3, L. 6115-4, L. 6121-2.
2004	4 nov.	Ordonnance n° 2004-1174. Transposition pour certaines professions de la directive 2001/19/CE du 14 mai 2001 concernant la reconnaissance de diplômes et de qualifications professionnelles. – V. CSP, art. L. 4111-2, L. 4131-1, L. 4141-3, L. 4151-5, L. 4221-5, L. 4221-14-2, L. 4311-4.
2004	17 nov.	Décret n° 2004-1219. Transposition de la directive 2003/15/CE du 27 février 2003. – V. CSP, art. R. 5131-4.
2004	9 déc.	Loi n° 2004-1343. Simplification du droit. – Art. 80. – V. CSP, art. L. 5221-2, L. 5222-2, L. 6145-6.
2004	16 déc.	Décret n° 2004-1367. Prescription et délivrance de médicaments. – V. CSP, art. R. 5123-2, R. 5132-12.
2004	20 déc.	Loi n° 2004-1370. De financement de la sécurité sociale pour 2005. – Art. 17-VII. – V. CSP, art. L. 4311-13, L. 6154-3.
2004	23 déc.	Décret n° 2004-1405. Inscription sur la liste des experts en accidents médicaux. – V. CSP, art. R. 1142-15-1, R. 1142-16, R. 1142-29-1, R. 1142-30, R. 1142-30-1, R. 1142-30-2, R. 1142-31, R. 1142-31-1, R. 1142-32, R. 1142-32-1.
2004	23 déc.	Décret n° 2004-1445. Suspension d'un médecin, d'un chirurgien-dentiste, d'une sage-femme ou d'un pharmacien. – V. CSP, art. R. 4113-104 à R. 4113-107, R. 4221-17 à R. 4221-20.
2004	30 déc.	Loi n° 2004-1485. De finances rectificative pour 2004. – Art. 133-A. – V. CSP, art. L. 2133-1.
2005	26 janv.	Ordonnance n° 2005-56. Extension et adaptation du droit de la santé et de la sécurité sociale dans les départements d'outre-mer, à Mayotte et à Wallis-et-Futuna. – V. CSP, art. L. 4124-9, L. 4124-10, L. 4124-12, L. 4124-13, L. 4131-5, L. 4132-8-1.
2005	11 févr.	Loi n° 2005-102. Personnes handicapées. – V. CSP, art. L. 1110-1-1, L. 1111-6-1, L. 1411-6, L. 3322-2, L. 4364-1.
2005	18 févr.	Décret n° 2005-156. Modifications d'autorisation de mise sur le marché de médicaments à usage humain. – V. CSP, art. R. 5121-29 à R. 5121-31, R. 5121-37, R. 5121-41-1 à R. 5121-41-7, R. 5121-46, *R. 5121-47*, *R.* 5121-49 à R. 5121-52, R. 5121-138.
2005	23 févr.	Loi n° 2005-157. Développement des territoires ruraux. – Art. 21. – V. CSP, art. L. 3323-4.
2005	2 mars	Décret n° 2005-213. Commission des relations avec les usagers et de la qualité de la prise en charge. – V. CSP, art. R. 1112-79 à R. 1112-94.
2005	21 mars	Décret n° 2005-261. Modalités d'élection aux conseils de l'ordre des pharmaciens. – V. CSP, art. D. 4233-1, D. 4233-2, D. 4233-6, D. 4233-10 à D. 4233-19, D. 4233-22.

2005	24 mars	Loi n° 2005-270. Statut général des militaires. – Art. 103. – V. CSP, art. L. 4113-14, L. 4221-18, L. 4311-26.
2005	30 mars	Décret n° 2005-281. Médecins, chirurgiens-dentistes et sages-femmes résidant à l'étranger. – V. CSP, art. R. 4112-7, R. 4112-8.
2005	31 mars	Décret n° 2005-300. Agrément des associations représentant les usagers dans les instances hospitalières ou de santé publique. – V. CSP, art. R. 1114-1 à R. 1114-17.
2005	1er avr.	Décret n° 2005-309. Médicaments. – V. CSP, art. D. 5121-64, D. 5121-65.
2005	14 avr.	Décret n° 2005-346. Évaluation des pratiques professionnelles. – V. CSP, art. D. 1414-53 à D. 1414-65.
2005	14 avr.	Décret n° 2005-347. Référentiel national des actions de réduction des risques en direction des usagers de drogue. – V. CSP, art. D. 3121-33.
2005	18 avr.	Décret n° 2005-364. Adaptation, pour les hôpitaux des armées, des procédures d'autorisation prévues pour les établissements de santé. – V. CSP, art. R. 1131-21, R. 1242-2, R. 1243-48, R. 1261-9.
2005	20 avr.	Décret n° 2005-374. Autovaccins à usage vétérinaire. – V. CSP, art. R. 5141-105-1, R. 5141-124, R. 5141-129 à R. 5141-141, R. 5442-1.
2005	22 avr.	Loi n° 2005-370. Droits des malades et fin de vie. – V. CSP, art. L. 1110-5, L. 1111-4, L. 1111-9 à L. 1111-13, L. 6114-2, L. 6143-2-2.
2005	28 avr.	Décret n° 2005-390. Comité consultatif national d'éthique pour les sciences de la vie et de la santé. – V. CSP, art. R. 1412-1 à R. 1412-14.
2005	2 mai	Ordonnance n° 2005-406. Simplification du régime juridique des établissements de santé. – V. CSP, art. L. 6112-2, L. 6113-9, L. 6114-1, L. 6114-3, L. 6114-4, L. 6115-3, L. 6122-16, L. 6141-7-2, L. 6142-13, L. 6142-16, L. 6142-17, L. 6143-1 à L. 6143-8, L. 6144-1, L. 6144-3, L. 6144-6-1, L. 6145-1, L. 6145-3 à L. 6145-8, L. 6145-9, L. 6145-16, L. 6146-1, L. 6146-3 à L. 6146-6, L. 6146-8, L. 6146-9, L. 6148-6, L. 6161-3-1, L. 6161-4, L. 6161-7, L. 6161-8, L. 6162-1 à L. 6162-11.
2005	3 mai	Décret n° 2005-418. Règles minimales de taux et de barème des bourses d'études. – V. CSP, art. D. 4151-18, D. 4383-1.
2005	3 mai	Décret n° 2005-419. Institut national du cancer. – V. CSP, art. D. 1415-1-1 à D. 1415-1-9.
2005	4 mai	Décret n° 2005-420. Agence de la biomédecine. – V. CSP, art. R. 1418-1 à R. 1418-35, R. 1419-1.
2005	6 mai	Décret n° 2005-434. Organisation et équipement sanitaires. – V. CSP, art. R. 3221-2 à R. 3221-17.
2005	10 mai	Décret n° 2005-443. Prélèvements d'organes et de cellules hématopoïétiques issues de la moelle osseuse. – V. CSP, art. R. 1231-1 à R. 1231-10, R. 1241-3 à R. 1241-19.

2005	17 mai	Décret n° 2005-481. Code de déontologie médicale. – V. CSP, art. R. 4127-85.
2005	26 mai	Ordonnance n° 2005-554. Simplification du domaine agricole. – Art. 13. – V. CSP, art. L. 5143-6, L. 5143-7.
2005	27 mai	Décret n° 2005-558. Importations de médicaments vétérinaires. – V. CSP, art. R. 5141-123 à R. 5141-123-20.
2005	27 mai	Décret n° 2005-591. Institut national de prévention et d'éducation pour la santé. – V. CSP, art. R. 1417-1 à R. 1417-16.
2005	8 juin	Ordonnance n° 2005-655. Logement et construction. – Art. 19 et 20. – V. CSP, art. L. 1334-5 à L. 1334-7, L. 1334-13.
2005	27 juin	Loi n° 2005-706. Assistants maternels et assistants familiaux. – Art. 13 et 14. – V. CSP, art. L. 2111-1, L. 2111-2, L. 2112-2 à L. 2112-3-1.
2005	18 juill.	Ordonnance n° 2005-804. Simplification en matière de sécurité sociale. – Art. 13. – V. CSP, art. L. 4133-1 à L. 4133-2.
2005	20 juill.	Décret n° 2005-840. Partie VI (dispositions réglementaires) du code de la santé publique. – Art. 9 à 12. – V. CSP, art. D. 1415-1-1 à D. 1415-1-9, R. 4127-201, R. 4127-275, D. 4133-23 à D. 4133-34, R. 4211-4, R. 4222-3, R. 4234-14, R. 4234-25, R. 4234-26, R. 4312-34, R. 4351-23, R. 5112-3, R. 5121-126, R. 5121-135, R. 5121-161, R. 5121-186, R. 5121-189, R. 5121-194, R. 5123-1, R. 5124-43, R. 5124-52, R. 5125-7, R. 5126-95, R. 5126-112, R. 5141-8, R. 5141-123, R. 5141-123-1, R. 5141-123-3, R. 5141-123-4, R. 5141-123-6, R. 5141-123-8, R. 5141-123-10, R. 5141-123-11, R. 5141-123-13, R. 5142-39, R. 5142-54.
2005	22 juill.	Décret n° 2005-833. Exercice de la profession par les étudiants sages-femmes. – V. CSP, art. R. 4151-15 à R. 4151-17.
2005	26 juill.	Loi n° 2005-841. Développement des services à la personne et mesures en faveur de la cohésion sociale. – Art. 9. – V. CSP, art. L. 5232-3.
2005	28 juill.	Ordonnance n° 2005-866. Laboratoire français du fractionnement et des biotechnologies. – Art. 3 et 4. – V. CSP, art. L. 5124-14, L. 5124-16.
2005	2 août	Loi n° 2005-882. En faveur des petites et moyennes entreprises. – Art. 76 et 77. – V. CSP, art. L. 5125-7, L. 5125-10, L. 5125-13, L. 5125-15, L. 5125-17.
2005	2 août	Décret n° 2005-949. Conditions de prélèvement des organes, des tissus et des cellules. – V. CSP, art. R. 1232-4-1 à R. 1232-4-3, R. 1233-2 à R. 1233-7, R. 1233-10 à R. 1233-13, R. 1241-2-1, R. 1242-2, R. 1242-3, R. 1242-5 à R. 1242-6.
2005	10 août	Décret n° 2005-976. Organisation de l'exercice de certaines professions. – V. CSP, art. R. 4111-14 à D. 4111-17, R. 4141-4, R. 4221-12 à R. 4221-14.

2005	10 août	Décret n° 2005-987. Conditions de publicité de médicaments auprès du public en cas de radiation de la liste mentionnée au premier alinéa de l'article L. 162-17 du code de la sécurité sociale. – V. CSP, art. D. 5122-7-1.
2005	10 août	Décret n° 2005-988. Professions de prothésistes et d'orthésistes pour l'appareillage des personnes handicapées. – V. CSP, art. D. 4364-1 à D. 4364-18.
2005	26 août	Ordonnance n° 2005-1040. Organisation de certaines professions de santé et répression de l'usurpation de titres et de l'exercice illégal de ces professions. – V. CSP, art. L. 1133-8 à L. 1133-11, L. 4112-1, L. 4112-3, L. 4112-4, L. 4113-9, L. 4113-12, L. 4113-14, L. 4122-1-1 à L. 4122-3, L. 4123-2, L. 4124-3, L. 4124-6 à L. 4124-13, L. 4125-2, L. 4125-3, L. 4126-1, L. 4126-3, L. 4126-4, L. 4126-7, L. 4131-2, L. 4132-4, L. 4132-5, L. 4132-7, L. 4132-8, L. 4141-4, L. 4142-3 à L. 4142-4-1, L. 4151-6, L. 4152-5, L. 4152-6, L. 4152-7, L. 4152-9, L. 4161-5, L. 4161-6, L. 4162-1, L. 4162-2, L. 4221-19, L. 4222-1, L. 4223-1 à L. 4223-3, L. 4232-5, L. 4233-3, L. 4233-4, L. 4234-3, L. 4234-4, L. 4234-8, L. 4234-9, L. 4243-1 à L. 4243-3, L. 4314-4, L. 4314-5, L. 4314-7, L. 4321-10, L. 4321-14, L. 4321-15, L. 4321-17 à L. 4321-19, L. 4322-7, L. 4322-8, L. 4322-10 à L. 4322-12, L. 4323-4, L. 4323-5, L. 4323-7, L. 4334-1, L. 4334-2, L. 4344-4, L. 4344-5, L. 4353-1, L. 4353-2, L. 4363-2, L. 4363-3, L. 4363-5, L. 4363-6, L. 4364-1, L. 4372-2, L. 5125-16, L. 5424-1, L. 5424-19, L. 6222-1, L. 6222-2.
2005	1er sept.	Ordonnance n° 2005-1087. Contentieux en matière de transfusion sanguine. – V. CSP, art. L. 1121-3, L. 1125-2, L. 1221-8, L. 1221-8-2, L. 1221-10, L. 1221-10-1, L. 1221-13, L. 1222-1, L. 1222-2, L. 1222-5, L. 1222-10, L. 1245-6, L. 1261-3, L. 1312-1, L. 1337-1 à L. 1337-9, L. 1413-5, L. 1413-11, L. 1413-12, L. 2323-1, L. 3114-1, L. 5121-5, L. 5121-7, L. 5131-5, L. 5141-4, L. 5311-1, L. 5312-1, L. 5321-2, L. 5323-4, L. 6213-2.
2005	1er sept.	Ordonnance n° 2005-1092. Protection des mineurs. – Art. 10. – V. CSP, art. L. 2324-1.
2005	1er sept.	Ordonnance n° 2005-1112. Personnels de la fonction publique hospitalière. – V. CSP, art. L. 6135-1, L. 6141-5, L. 6143-1, L. 6143-2-2, L. 6143-3-1, L. 6144-1, L. 6145-2, L. 6145-3, L. 6146-2, L. 6146-7, L. 6147-1, L. 6147-2, L. 6147-4, L. 6147-5, L. 6152-1, L. 6161-3-1, L. 6161-3-2, L. 6162-9.
2005	13 sept.	Décret n° 2005-1179. Urgence radiologique. – V. CSP, art. R. 1333-76, R. 1333-79 à R. 1333-81, R. 1333-86, R. 1333-88 à R. 1333-91, R. 1333-94.
2005	13 sept.	Décret n° 2005-1180. Dispositifs médicaux fabriqués à partir de tissus d'origine animale. – V. CSP, art. R. 5211-23-1 à R. 5211-23-3, R. 5211-41-1, R. 5211-57-1.
2005	2 nov.	Décret n° 2005-1366. Installations de chirurgie esthétique. – V. CSP, art. D. 6322-30, D. 6322-37.

2005	10 nov.	Décret n° 2005-1395. Liste des maladies faisant l'objet d'une transmission obligatoire de données individuelles. – V. CSP, art. D. 3113-6.
2005	15 nov.	Décret n° 2005-1421. Lutte contre le virus de l'immunodéficience humaine. – V. CSP, art. D. 3121-34 à D. 3121-37.
2005	17 nov.	Décret n° 2005-1422. Praticiens attachés. – V. CSP, art. R. 6152-613, R. 6152-615, R. 6152-617, R. 6152-619, R. 6152-626, R. 6152-628, R. 6152-629, R. 6152-631 à R. 6152-634, R. 6152-701, R. 6152-702.
2005	30 nov.	Décret n° 2005-1474. Recettes et dépenses des établissements de santé. – V. CSP, art. R. 1112-18, R. 1112-19, R. 1211-11, R. 6145-3, R. 6145-5 à R. 6145-46, R. 6145-48 à R. 6145-54, R. 6145-56 à R. 6145-61, R. 6147-69, R. 6147-90, R. 6147-109 à R. 6147-111, R. 6161-1.
2005	30 nov.	Décret n° 2005-1475. Exercice de la médecine ou de la pharmacie. – V. CSP, art. R. 6152-542 à R. 6152-544.
2005	1er déc.	Ordonnance n° 2005-1477. Établissements sociaux. – Art. 15. – V. CSP, art. L. 2324-1.
2005	1er déc.	Ordonnance n° 2005-1512. Simplification en matière fiscale. – Art. 24-VI. – V. CSP, art. L. 3351-4.
2005	8 déc.	Décret n° 2005-1539. Conférences régionales ou territoriales de santé. – V. CSP, art. D. 1411-27 à D. 1411-29.
2005	12 déc.	Loi n° 2005-1549. Récidive des infractions pénales. – Art. 26, 27 et 34. – V. CSP, art. L. 3213-7, L. 3711-4-1.
2005	15 déc.	Loi n° 2005-1566. Lutte contre l'habitat insalubre ou dangereux. – Art. 1er à 3. – V. CSP, art. L. 1331-17, L. 1331-22 à L. 1331-26-1, L. 1331-28 à L. 1331-32, L. 1337-3, L. 1337-4.
2005	19 déc.	Loi n° 2005-1579. De financement de la sécurité sociale pour 2006. – Art. 37-IV, 38, 43-II, IX et X, 44, 48-III et IV, 50, 52, 57, 60-II, 62, 63 et 92-IX. – V. CSP, art. L. 1111-8, L. 1142-23, L. 2132-2-1, L. 2133-1, L. 3111-4, L. 3121-5, L. 4151-4, L. 4231-1, L. 6113-8, L. 6113-10, L. 6114-2, L. 6121-9, L. 6122-8, L. 6143-3-2.
2005	19 déc.	Décret n° 2005-1605. Profession d'infirmier ou d'infirmière. – V. CSP, art. R. 4311-35 à R. 4311-37.
2005	19 déc.	Décret n° 2005-1606. Centres d'accueil pour usagers de drogues. – *V. CSP, art. R.* 3121-33-1 à R. 3121-33-3.
2005	19 déc.	Décret n° 2005-1608. Habilitation des établissements pour les vaccinations. – V. CSP, art. D. 3111-22 à D. 3111-26, D. 3112-6 à D. 3112-10, D. 3112-12, D. 3112-13, D. 3121-21, D. 3121-38 à D. 3121-42.
2005	21 déc.	Décret n° 2005-1618. Prélèvement et utilisation des éléments et produits du corps humain. – V. CSP, art. R. 1211-12 à R. 1211-16, R. 1211-20 à R. 1211-24.

2005	22 déc.	Décret n° 2005-1619. Médicaments pouvant faire l'objet de publicité. – V. CSP, art. D. 5122-7-1.
2005	26 déc.	Décret n° 2005-1656. Conseils de pôles d'activité. – V. CSP, art. R. 1112-81, R. 6144-43, R. 6144-86 à R. 6144-89.
2005	26 déc.	Décret n° 2005-1681. Groupements de coopération sanitaire. – V. CSP, art. R. 6133-1 à R. 6133-21.
2005	30 déc.	Loi n° 2005-1719. De finances pour 2006. – Art. 135-III, 152 et 153. – V. CSP, art. L. 1123-1, L. 1123-4, L. 1123-14, L. 1412-4, L. 5141-8.
2005	30 déc.	Décret n° 2005-1763. Libertés et responsabilités locales. – V. CSP, art. D. 3112-8, R. 3114-9.
2005	30 déc.	Décret n° 2005-1764. Menace sanitaire grave. – V. CSP, art. R. 3131-1 à R. 3131-10.
2005	30 déc.	Décret n° 2005-1765. Lutte contre la tuberculose, la lèpre et les infections sexuellement transmissibles. – V. CSP, art. R. 3112-14, R. 3112-15, R. 3121-43, R. 3121-44, R. 5124-45.
2005	30 déc.	Décret n° 2005-1768. Office national d'indemnisation des accidents médicaux. – V. CSP, art. R. 1142-8, R. 1142-10, R. 1142-13, R. 1142-25-1, R. 1142-31, R. 1142-31-1, R. 1142-44, R. 1142-46, R. 1142-47, R. 3131-1 à R. 3131-3, R. 3122-1, R. 3122-3 à R. 3122-20, R. 3122-23, .
2006	4 janv.	Décret n° 2006-6. Hébergement de données de santé à caractère personnel. – V. CSP, art. R. 1111-2, R. 1111-9 à R. 1111-16, R. 1112-7.
2006	5 janv.	Loi n° 2006-11. Orientation agricole. – Art. 70-I et 71-I. – V. CSP, art. L. 5143-2, L. 5442-1.
2006	12 janv.	Décret n° 2006-45. Importations parallèles de médicaments à usage humain. – V. CSP, art. R. 5121-115.
2006	18 janv.	Décret n° 2006-62. Information du public en matière de produits cosmétiques. – V. CSP, art. R. 5431-1.
2006	24 janv.	Décret n° 2006-72. Réanimation dans les établissements de santé. – V. CSP, art. R. 6123-33 à R. 6123-38, R. 6123-38-1 à R. 6123-38-7.
2006	24 janv.	Décret n° 2006-73. Schéma interrégional d'organisation sanitaire. – V. CSP, art. D. 6121-11.
2006	24 janv.	Décret n° 2006-74. Réanimation et surveillance pédiatriques. – V. CSP, art. D. 6124-28-1, D. 6124-29 à D. 6124-34-5, D. 6124-119, D. 6124-120.
2006	24 janv.	Décret n° 2006-77. Soins de chirurgie cardiaque. – V. CSP, art. R. 6123-69 à R. 6123-74.
2006	24 janv.	Décret n° 2006-78. Soins de chirurgie cardiaque. – V. CSP, art. D. 6124-121 à D. 6124-130.

2006	1er févr.	Décret n° 2006-99. Hémovigilance. – V. CSP, art. R. 1221-5 à R. 1221-55, R. 1222-9-1 à R. 1222-9-5, R. 1222-19, R. 1222-35, R. 1222-37, R. 1222-39, R. 1222-44, R. 1222-55.
2006	6 févr.	Décret n° 2006-119. Droits des malades. – V. CSP, art. R. 1111-17 à R. 1111-20, R. 1112-2.
2006	6 févr.	Décret n° 2006-120. Droits des malades. – V. CSP, art. R. 4127-37.
2006	6 févr.	Décret n° 2006-121. Recherche sur l'embryon. – V. CSP, art. R. 2151-1 à R. 2151-21.
2006	22 févr.	Décret n° 2006-215. Importation des produits sanguins labiles et des pâtes plasmatiques. – V. CSP, art. D. 1221-56 à D. 1221-67.
2006	3 mars	Décret n° 2006-261. Centres de lutte contre le cancer. – V. CSP, art. D. 6162-1 à D. 6162-9.
2006	7 mars	Décret n° 2006-269. Composition et élection des conseils de l'ordre des médecins, des chirurgiens-dentistes, des sages-femmes et de leurs chambres disciplinaires. – V. CSP, art. R. 4122-1 à R. 4122-8, R. 4123-1 à R. 4123-6, R. 4123-11, R. 4123-13 à R. 4123-17, R. 4124-1 à R. 4124-7, R. 4125-1 à R. 4125-7, R. 4132-2 à R. 4132-4, R. 4142-3 à R. 4142-7, R. 4152-2 à R. 4152-6.
2006	7 mars	Décret n° 2006-270. Composition et élection des conseils de l'ordre des masseurs-kinésithérapeutes et de l'ordre des pédicures-podologues et de leurs chambres disciplinaires. – V. CSP, art. R. 4321-34 à R. 4321-50, R. 4322-19-1 à R. 4322-30.
2006	7 mars	Décret n° 2006-273. Fonctionnement des activités de soins de chirurgie cardiaque. – V. CSP, art. D. 6124-121 à D. 6124-130.
2006	7 mars	Décret n° 2006-274. Redevance due à l'hôpital par les praticiens hospitaliers exerçant une activité libérale. – V. CSP, art. D. 6154-10-1 à D. 6154-10-3.
2006	30 mars	Décret n° 2006-393. Instituts et écoles de formation de certaines professions de santé. – V. CSP, art. R. 4151-9, D. 4151-12, R. 4151-13, D. 4311-20, D. 4311-22, R. 4311-24, D. 4311-42 à D. 4311-45, D. 4311-47 à D. 4311-50, D. 4321-17, D. 4321-18, D. 4321-20, D. 4321-24 à D. 4321-26, D. 4322-4, D. 4322-5, D. 4322-11 à R. 4322-13, D. 4331-2, D. 4331-3, D. 4331-7, R. 4331-8, D. 4332-2, D. 4332-3, D. 4332-7, R. 4332-8, D. 4351-7, D. 4351-8, D. 4351-12, *R. 4351-13*, R. 4381-7 à R. 4381-88, R. 4383-2 à R. 4383-21.
2006	31 mars	Loi n° 2006-396. Égalité des chances. – Art. 23. – V. CSP, art. L. 3332-1-1, L. 3332-3, L. 3332-15.
2006	6 avr.	Décret n° 2006-412. Composition de la commission de contrôle de la publicité en faveur des objets, appareils et méthodes présentés comme bénéfiques pour la santé. – V. CSP, art. R. 5122-27.
2006	18 avr.	Loi n° 2006-450. Recherche. – Art. 31 à 33. – V. CSP, art. L. 1121-1, L. 1121-16-1, L. 1123-6, L. 1221-8-1.

2006	20 avr.	Décret n° 2006-463. Certificats de santé de l'enfant. – V. CSP, art. R. 2132-3.
2006	21 avr.	Ordonnance n° 2006-460. Partie législative du code général de la propriété des personnes publiques. – Art. 3-XIII. – V. CSP, art. L. 6145-10-1, L. 6148-1, L. 6148-2.
2006	24 avr.	Décret n° 2006-473. Liste des maladies faisant l'objet d'une transmission obligatoire de données individuelles à l'autorité sanitaire. – V. CSP, art. D. 3113-6.
2006	25 avr.	Décret n° 2006-474. Lutte contre le saturnisme. – V. CSP, art. R. 1334-1 à R. 1334-13.
2006	26 avr.	Décret n° 2006-477. Recherches biomédicales. – V. CSP, art. R. 1121-1 à R. 1121-19, R. 1123-1 à R. 1123-64, R. 1125-1 à R. 1125-13, R. 1333-56, R. 5121-10 à R. 5121-20, R. 5121-108, R. 5121-112, R. 5121-114, R. 5124-2 à R. 5124-3-1, R. 5124-16, R. 5124-47, R. 5124-49, R. 5124-51 à R. 5124-55, R. 5124-57-1 à R. 5124-57-6, R. 5124-60, R. 5126-9, R. 5126-16, R. 5313-3.
2006	2 mai	Décret n° 2006-503. Collecte et traitement des eaux usées. – Art. 3 et 7. – V. CSP, art. R. 1331-1, R. 1331-2, R. 1416-3.
2006	15 mai	Décret n° 2006-550. Sous-commissions de la commission médicale d'établissement. – V. CSP, art. R. 1221-24, R. 1221-40 à R. 1221-48, R. 1223-4-1, R. 1223-4-2, R. 5121-167, R. 5121-168, R. 5121-181, R. 5121-182, R. 5121-190 à R. 5121-192, R. 5121-196, R. 5126-48 à R. 5126-53, R. 5212-12, R. 5212-17, R. 5212-22, R. 5212-28, R. 5222-3, R. 5222-10, R. 5222-12, R. 5222-13, R. 5222-15, R. 6111-1 à R. 6111-12, R. 6111-14 à R. 6111-21, R. 6132-22, R. 6141-36, R. 6144-1, R. 6161-1-1, R. 6322-15, R. 6146-15.
2006	17 mai	Décret n° 2006-559. Taxe perçue lors d'une demande d'importation parallèle. – V. CSP, art. D. 5124-57.
2006	17 mai	Décret n° 2006-570. Publicité des servitudes d'utilité publique instituées en vue d'assurer la protection de la qualité des eaux destinées à la consommation humaine. – V. CSP, art. R. 1321-13-1 à R. 1321-13-4.
2006	17 mai	Décret n° 2006-571. Conseil d'administration de l'institut Gustave Roussy. – V. CSP, art. D. 6162-8, D. 6162-9.
2006	22 mai	Décret n° 2006-576. Médecine d'urgence. – V. CSP, art. R. 3221-8, R. 5132-112, R. 6122-25, R. 6123-1 à R. 6123-32-11, R. 6123-73, R. 6312-28-1, R. 6313-1.
2006	22 mai	Décret n° 2006-577. Conditions techniques de fonctionnement des structures de médecine d'urgence. – V. CSP, art. D. 6124-1 à D. 6124-26-10.
2006	23 mai	Ordonnance n° 2006-596. Partie législative du code du sport. – Art. 5. – V. CSP, art. L. 3335-4, L. 3525-1.
2006	29 mai	Décret n° 2006-626. Conditions d'autorisation de mise sur le marché des produits thérapeutiques annexes. – V. CSP, art. R. 1261-8.

2006	2 juin	Décret n° 2006-650. Formation médicale continue. – V. CSP, art. R. 4133-1, R. 4133-2, R. 4133-6 à R. 4133-23.
2006	2 juin	Décret n° 2006-651. Formation pharmaceutique continue. – V. CSP, art. R. 4236-1 à R. 4236-17.
2006	2 juin	Décret n° 2006-652. Formation continue odontologique. – V. CSP, art. R. 4143-1 à R. 4143-16.
2006	2 juin	Décret n° 2006-653. Évaluation des pratiques professionnelles. – V. CSP, art. D. 4133-24, D. 4133-27, D. 4133-28.
2006	7 juin	Décret n° 2006-665. Réduction du nombre et simplification de la composition de diverses commissions administratives. – Art. 3, 19-I, 35, 47, 48, 62-VIII. – V. CSP, art. R. 1142-24, R. 1224-2 à R. 1224-5, R. 1416-1 à R. 1416-6, R. 3121-16 à R. 3121-20, R. 6312-20, R. 6313-1, R. 6313-9, R. 6315-1, R. 6315-6.
2006	8 juin	Décret n° 2006-676. Agence française de sécurité sanitaire de l'environnement et du travail. – V. CSP, R. 1336-1 à R. 1336-25, R. 1337-1 à R. 1337-10, R. 1413-25, R. 1413-41.
2006	13 juin	Loi n° 2006-686. Transparence et sécurité en matière nucléaire. – Art. 56 et 62-II-4. – V. CSP, art. L. 1333-3 à L. 1333-5, L. 1333-14, L. 1333-17, L. 1333-20, L. 1335-1, L. 1337-1-1, L. 1337-6.
2006	13 juin	Décret n° 2006-694. Désignation, habilitation et prestation de serment des inspecteurs de la radioprotection. – V. CSP, art. R. 1333-101 à R. 1333-107, R. 1337-11 à R. 1337-14.
2006	19 juin	Décret n° 2006-717. Personnels médicaux, pharmaceutiques et odontologiques hospitaliers. – V. CSP, art. R. 6152-1, R. 6152-3, R. 6152-5, R. 6152-14, R. 6152-24, R. 6152-26, R. 6152-28, R. 6152-30, R. 6152-35, R. 6152-37, R. 6152-51, R. 6152-55, R. 6152-67, R. 6152-68, R. 6152-74, R. 6152-94, R. 6152-201, R. 6152-204, R. 6152-211, R. 6152-221 à R. 6152-222, R. 6152-226, R. 6152-227, R. 6152-229, R. 6152-231, R. 6152-235 à R. 6152-238, R. 6152-242, R. 6152-243, R. 6152-247, R. 6152-248, R. 6152-273, R. 6152-302 à R. 6152-305, R. 6152-401, R. 6152-410, R. 6152-416, R. 6152-418, R. 6152-419, R. 6152-501, R. 6152-507, R. 6152-511-1, R. 6152-512, R. 6152-519-1, R. 6152-527, R. 6152-533, R. 6152-538 à R. 6152-540, R. 6152-544, R. 6152-607, R. 6152-633, R. 6152-704.
2006	10 juill.	Décret n° 2006-835. Redevance due à l'hôpital par les praticiens hospitaliers exerçant une activité libérale. – V. CSP, art. D. 6154-10-3.
2006	13 juill.	Loi n° 2006-872. Engagement national pour le logement. – Art. 44-II et 79-V. – V. CSP, art. L. 1331-26-1, L. 1331-28, L. 1331-28-3, L. 1331-29, L. 1334-6.
2006	19 juill.	Décret n° 2006-904. Commission départementale des hospitalisations psychiatriques. – V. CSP, art. R. 1111-5, R. 3223-1, R. 3223-2, R. 3223-4, R. 3223-6.

2006	21 juill.	Décret n° 2006-909. Accréditation de la qualité de la pratique professionnelle des médecins et des équipes médicales. – V. CSP, art. D. 4135-1 à D. 4135-9.
2006	27 juill.	Décret n° 2006-938. Certificat de décès. – V. CSP, art. R. 1112-70.
2006	1er août	Décret n° 2006-965. Décès des personnes hospitalisées et enfants pouvant être déclarés sans vie à l'état civil. – V. CSP, art. R. 1112-70, R. 1112-75, R. 1112-76 à R. 1112-76-2.
2006	1er août	Décret n° 2006-982. Laboratoire français du fractionnement et des biotechnologies. – V. CSP, art. R. 5124-1, R. 5124-23, R. 5124-34, R. 5124-74.
2006	25 août	Décret n° 2006-1072. Protection de la population contre les risques sanitaires liés à une exposition à l'amiante dans les immeubles bâtis. – V. CSP, art. R. 1334-22, R. 1334-28.
2006	30 août	Décret n° 2006-1099. Lutte contre les bruits de voisinage. – V. CSP, art. R. 1334-30 à R. 1334-37, R. 1337-6 à R. 1337-10-1.
2006	5 sept.	Décret n° 2006-1114. Diagnostics techniques immobiliers. – Art. 4. – V. CSP, art. R. 1334-9, R. 1334-11, R. 1334-15, R. 1334-16, R. 1334-21, R. 1334-24, R. 1334-26, R. 1334-29, R. 1337-3.
2006	5 sept.	Décret n° 2006-1115. Application de l'article 16 de la loi n° 2005-516 du 20 mai 2005 relative à la régulation des activités postales. – Art. 5. – V. CSP, art. R. 4127-216, R. 4127-339, R. 4235-73.
2006	12 sept.	Décret n° 2006-1145. Pharmacopée. – V. CSP, art. R. 5112-1.
2006	13 sept.	Décret n° 2006-1150. Modification de l'article R. 5121-29. – V. CSP, art. R. 5121-29.
2006	13 sept.	Décret n° 2006-1151. Modification de l'article D. 5121-64. – V. CSP, art. D. 5121-64.
2006	22 sept.	Décret n° 2006-1177. Évaluation par l'Agence française de sécurité sanitaire des aliments des produits phytopharmaceutiques, matières fertilisantes et supports de culture. – Art. 1er à 3. – V. CSP, art. R. 1323-1, R. 1323-3, R. 1342-12, R. 5132-62.
2006	2 oct.	Arrêté. Liste des marchandises dont les pharmaciens peuvent faire le commerce dans leur officine. – V. Arr. du 15 févr. 2002, art. 1er, ss. CSP, art. L. 5125-24.
2006	5 oct.	Décret n° 2006-1221. Personnels médicaux, pharmaceutiques et odontologiques hospitaliers. – V. CSP, art. R. 6152-6 à R. 6152-19, R. 6152-23, R. 6152-28, R. 6152-29, R. 6152-31, R. 6152-35, R. 6152-38, R. 6152-40, R. 6152-48, R. 6152-50-1 à R. 6152-54, R. 6152-57, R. 6152-60 à R. 6152-62, R. 6152-65, R. 6152-69, R. 6152-98, R. 6152-204 à R. 6152-210, R. 6152-324-13, R. 6152-212 *à R. 6152-216*, R. 6152-220, R. 6152-221, R. 6152-230, R. 6152-236, R. 6152-236-1, R. 6152-238, R. 6152-240 à R. 6152-242, R. 6152-246, R. 6152-247, R. 6152-254, R. 6152-255, R. 6152-258, R. 6152-271 à R. 6152-273, R. 6152-301 à R. 6152-309, R. 6152-324 à R. 6152-327, R. 6152-405, R. 6152-507, R. 6152-539.

2006	5 oct.	Décret n° 2006-1222. Personnels médicaux, pharmaceutiques et odontologiques hospitaliers. – V. CSP, art. D. 6152-23-1, D. 6152-220-1.
2006	6 oct.	Décret n° 2006-1230. Travaux de recherche et captages d'eau dans les forêts de protection. – Art. 2. – V. CSP, art. R. 1321-6.
2006	17 oct.	Décret n° 2006-1268. Code de déontologie des sages-femmes. – V. CSP, art. R. 4127-303, R. 4127-304, R. 4127-318, R. 4127-339, R. 4127-340, R. 4127-345 à R. 4127-347, R. 4127-357, R. 4127-358, R. 4127-360, R. 4127-367.
2006	17 oct.	Décret n° 2006-1271. Modification de l'article D. 5124-57. – V. CSP, art. D. 5124-57.
2006	18 oct.	Décret n° 2006-1273. Application de l'article L. 5141-8. – V. CSP, art. D. 5141-55 à D. 5141-61, D. 5141-88-1, D. 5141-123-21, D. 5141-123-22, D. 5141-142, D. 5142-64, D. 5142-65.
2006	30 oct.	Décret n° 2006-1323. Procédures d'autorisation d'exercice des professions de médecin, chirurgien-dentiste, sage-femme et pharmacien. – V. CSP, art. D. 4111-1 à D. 4111-13, D. 4221-1 à D. 4221-6-1, D. 4221-8 à D. 4221-11.
2006	2 nov.	Décret n° 2006-1332. Contrats pluriannuels d'objectifs et de moyens. – V. CSP, art. D. 6114-1 à R. 6114-13.
2006	7 nov.	Décret n° 2006-1355. Comité de la recherche en matière biomédicale et de santé publique. – V. CSP, art. R. 6142-42 à D. 6142-57.
2006	8 nov.	Décret n° 2006-1359. Lutte contre l'habitat insalubre ou dangereux et sécurité des immeubles collectifs d'habitation. – V. CSP, art. R. 1331-2 à R. 1331-11.
2006	29 nov.	Décret n° 2006-1497. Règles particulières de la matériovigilance exercée sur certains dispositifs médicaux. – V. CSP, art. R. 5211-23-1, R. 5212-6, R. 5212-22, R. 5212-36 à R. 5212-43.
2006	7 déc.	Décret n° 2006-1546. École des hautes études en santé publique. – V. ss. CSP, art. D. 1415-50.
2006	7 déc.	Décret n° 2006-1559. Accréditation de la qualité de la pratique professionnelle des médecins. – V. CSP, art. D. 4135-7.
2006	8 déc.	Décret n° 2006-1563. Saisine de l'Agence de la biomédecine par les *académies, sociétés* savantes et associations. – V. CSP, art. D. 1418-36 à D. 1418-39.
2006	12 déc.	Décret n° 2006-1589. Schémas d'organisation de la transfusion sanguine. – V. CSP, art. R. 1221-5, R. 1221-21, R. 1221-54, R. 1221-55, R. 1224-1 à R. 1224-5.
2006	13 déc.	Décret n° 2006-1585. Médecin collaborateur libéral et médecin salarié. – V. CSP, art. R. 4127-87, R. 4127-88, R. 4127-91, R. 4127-95.

2006	18 déc.	Décret n° 2006-1620. Information par les médecins des personnes âgées de seize à vingt-cinq ans sur les modalités de consentement au don d'organes à fins de greffe. – V. CSP, art. R. 1211-50, R. 1211-51.
2006	19 déc.	Décret n° 2006-1637. Prestataires de services et distributeurs de matériels. – V. CSP, art. D. 5232-1 à D. 5232-15.
2006	21 déc.	Loi n° 2006-1640. De financement de la sécurité sociale pour 2007. – Art. 44, 48, 51, 53, 54, 55, 56-III, 58, 60-III et IV, 64-I, 69-XIII, 77, 79, 83, 88, 92-II, 93, 97, 104-I et VI. – V. CSP, art. L. 1411-6, L. 3131-11, L. 3311-2, L. 3411-2, L. 3411-5, L. 4111-2, L. 4141-2, L. 4221-12, L. 4311-1, L. 4342-1, L. 4362-10, L. 4362-11, L. 5121-9-1, L. 5121-12, L. 5123-2, L. 5124-13, L. 5125-23-1, L. 6113-4, L. 6113-8, L. 6122-19, L. 6133-5, L. 6141-7-2, L. 6161-3-2, L. 6312-1, L. 6314-1.
2006	21 déc.	Loi n° 2006-1668. Ordre national des infirmiers. – V. CSP, art. L. 4143-1, L. 4311-15 à L. 4311-18, L. 4311-24 à L. 4311-25, L. 4311-28, L. 4312-1 à L. 4312-9, L. 4322-14, L. 4391-1 à L. 4398-5.
2006	22 déc.	Décret n° 2006-1660. Don de gamètes et assistance médicale à la procréation. – V. CSP, art. R. 1211-25, R. 1244-1 à R. 1244-11, R. 2113-1 à R. 2113-22, R. 2141-1 à R. 2141-31, R. 2142-1 à R. 2142-36.
2006	22 déc.	Décret n° 2006-1661. Diagnostic prénatal et diagnostic biologique effectué à partir de cellules prélevées sur embryon *in vitro*. – V. CSP, art. R. 2131-1 à R. 2131-34.
2006	22 déc.	Décret n° 2006-1675. Répartition des missions d'expertise du Conseil supérieur d'hygiène publique de France entre le Haut Conseil de la santé publique et les agences de sécurité sanitaire. – V. CSP, art. R. 1321-6 à R. 1321-8, R. 1321-11, R. 1321-12, R. 1321-14, R. 1321-58, R. 1321-60, R. 1322-2, R. 1322-21, R. 1322-28, R. 1331-1 à R. 1331-3, R. 1333-4, R. 1334-18, R. 1334-19, R. 1335-4, R. 1335-6 à R. 1335-8, R. 1341-14, R. 1341-15, R. 1342-2, R. 1342-3, R. 1342-6, R. 1416-2, R. 3111-13, R. 3112-3, R. 3112-4, R. 3114-1 à R. 3114-3, R. 3114-5, R. 3114-6, R. 3114-8, R. 3114-10, R. 5132-44, R. 5132-45, R. 5132-50, R. 5132-65.
2006	22 déc.	Décret n° 2006-1676. Haut Conseil de la santé publique. – V. CSP, art. R. 1411-46 à R. 1411-58.
2006	22 déc.	Décret n° 2006-1677. Répartition des missions d'expertise du Conseil supérieur d'hygiène publique de France entre le Haut Conseil de la santé publique et les agences de sécurité sanitaire. – V. CSP, art. D. 1332-4, D. 1332-14, D. 1332-17.
2006	30 déc.	Loi n° 2006-1772. Eaux et milieux aquatiques. – Art. 23, 42, 44, 46, 51, 52, 55, 67, 101 et 102. – V. CSP, art. L. 1321-2, L. 1321-4, L. 1321-5, L. 1321-7, L. 1322-13, L. 1324-1, L. 1331-1 à L. 1331-2, L. 1331-4, L. 1331-6, L. 1331-7, L. 1331-9 à L. 1331-11-1, L. 1331-14, L. 1331-15, L. 1331-16, L. 1332-1 à L. 1332-9, L. 1337-2.
2007	10 janv.	Décret n° 2007-46. Dispositions budgétaires et financières relatives aux établissements de santé. – Art. 1er, 2, 5, 6. – V. CSP,

		art. R. 6113-22 à R. 6113-26, R. 6113-29, R. 6113-30, R. 6113-31, R. 6143-41, R. 6145-4, R. 6145-6, R. 6145-14, R. 6145-25, R. 6145-32, D. 6145-34, R. 6145-35, R. 6145-42, R. 6145-43, R. 6145-46, R. 6147-69, R. 6147-76.
2007	10 janv.	Décret n° 2007-47. Critères de saisine de la chambre régionale des comptes. – V. CSP, art. D. 6145-63.
2007	11 janv.	Ordonnance n° 2007-42. Recouvrement des créances de l'État et des communes résultant de mesures de lutte contre l'habitat insalubre ou dangereux. – Art. 3-I. – V. CSP, art. L. 1331-30.
2007	11 janv.	Décret n° 2007-49. Sécurité sanitaire des eaux destinées à la consommation humaine. – V. CSP, art. R. 1321-1 à R. 1321-3, R. 1321-5 à R. 1321-31, R. 1321-35, R. 1321-36, R. 1321-38 à R. 1321-40, R. 1321-42 à R. 1321-46, R.*1321-48 à R. 1321-66, R. 1321-69 à R. 1321-88, R. 1321-90 à R. 1321-92, R. 1321-94 à R. 1321-97, R. 1322-1 à R. 1322-44-23, R. 1324-1, R. 1324-3, R. 1324-4, R. 1324-6.
2007	22 janv.	Décret n° 2007-75. Habilitation des agents de l'État et des collectivités territoriales chargés de constater les infractions en matière de contrôle sanitaire. – V. CSP, art. R. 1312-1 à R. 1312-8, R. 1421-13, R. 1421-14, R. 1421-16 à R. 1421-18, R. 3115-3, R. 3115-4, R. 3116-16, R. 3116-17, R. 3512-4, R. 5411-1, R. 5413-1, R. 6324-1.
2007	29 janv.	Décret n° 2007-123. Procédures d'autorisation d'exercice des professions de médecin, chirurgien-dentiste, sage-femme et pharmacien. – V. CSP, art. D. 4111-1, D. 4111-5 à D. 4111-8, D. 4111-10, D. 4111-11, D. 4221-1, D. 4221-4 à D. 4221-6, D. 4221-9, D. 4221-11.
2007	30 janv.	Loi n° 2007-127. Organisation de certaines professions de santé et répression de l'usurpation de titres et de l'exercice illégal de ces professions. – V. CSP, art. L. 1111-8, L. 1111-8-1, L. 1142-29, L. 4123-2, L. 4123-4, L. 4125-5, L. 4135-2, L. 4142-4, L. 4142-4-1, L. 4231-2, L. 4234-5-1, L. 4234-8-1, L. 4321-11, L. 4321-15, L. 4321-19, L. 4322-2-1, L. 4322-8, L. 4322-12, L. 4323-5, L. 4341-2-1, L. 4342-2-1, L. 4343-2, L. 4371-1 à L. 4371-6, L. 4372-1, L. 4372-2, L. 6221-9.
2007	30 janv.	Décret n° 2007-133. Organisation et équipement sanitaire. – V. CSP, art. R. 6122-17, R. 6122-23, R. 6122-25, R. 6122-32 à R. 6122-32-2.
2007	31 janv.	Loi n° 2007-131. Accès au crédit des personnes présentant un risque *aggravé de santé.* – V. CSP, art. L. 1111-7, L. 1141-2 à L. 1141-4.
2007	2 févr.	Loi n° 2007-148. Modernisation de la fonction publique. – Art. 60-II. – V. CSP, art. L. 6141-7-2.
2007	5 févr.	Décret n° 2007-157. Substances vénéneuses. – V. CSP, art. R. 5122-3, R. 5124-34, R. 5124-36, R. 5125-45, R. 5126-113, R. 5132-6, R. 5132-9, R. 5132-10, R. 5132-15, R. 5132-19, R. 5132-28, R. 5132-30, R. 5132-33 à R. 5132-39, R. 5132-44-1, R. 5132-45, R. 5132-48, R. 5132-74, R. 5132-76, R. 5132-77, R. 5132-79 à R. 5132-90, R. 5132-95, R. 5132-97, R. 5132-113, R. 5132-115.

2007	20 févr.	Décret n° 2007-230. Établissements et services d'accueil des enfants de moins de six ans : – V. CSP, art. R. 2324-16 à R. 2324-22, R. 2324-24, R. 2324-25, R. 2324-29 à R. 2324-37-2, R. 2324-39 à R. 2324-44-1, R. 2324-46 à R. 2324-48. – Art. 30. – V. Décr. n° 2000-762 du 1er août 2000, art. 3, ss. CSP, art. R. 2324-25.
2007	22 févr.	Décret n° 2007-241. Intervention des structures d'hospitalisation à domicile dans les établissements d'hébergement pour personnes âgées. – V. CSP, art. R. 6121-4.
2007	23 févr.	Décret n° 2007-245. Professions de prothésiste et d'orthésiste pour l'appareillage des personnes handicapées. – V. CSP, art. R. 4364-11, R. 4364-11-1, D. 4364-14.
2007	26 févr.	Loi n° 2007-248. Diverses adaptations au droit communautaire dans le domaine du médicament. – V. CSP, art. L. 1114-1, L. 4113-6, L. 4211-2, L. 5111-1, L. 5121-1, L. 5121-5, L. 5121-8 à L. 5121-10-2, L. 5121-12, L. 5121-15, L. 5121-16, L. 5121-20, L. 5122-4, L. 5122-6, L. 5122-10, L. 5122-16, L. 5124-3, L. 5124-5, L. 5125-1-1, L. 5125-32, L. 5138-2 à L. 5138-5, L. 5311-1, L. 5311-2, L. 5323-4.
2007	27 févr.	Décret n° 2007-263. Messages publicitaires et promotionnels en faveur de certains aliments et boissons. – V. CSP, art. R. 2133-1 à R. 2133-6.
2007	5 mars	Loi n° 2007-293. Protection de l'enfance. – Art. 1er-III et IV, 37. – V. CSP, art. L. 2112-1, L. 2112-2, L. 3111-2, L. 3116-4.
2007	5 mars	Loi n° 2007-294. Préparation du système de santé à des menaces sanitaires de grande ampleur. – V. CSP, art. L. 1142-22, L. 1142-23, L. 3131-1 à L. 3131-11, L. 3132-1 à L. 3132-3, L. 3133-1 à L. 3133-7, L. 3134-1 à L. 3134-3, L. 3136-1, L. 4113-1, L. 4122-2, L. 4131-2, L. 4141-4, L. 4151-6, L. 4221-15, L. 4221-16, L. 4233-4, L. 4241-11, L. 4311-12-1, L. 4311-15, L. 4312-7, L. 4321-7, L. 4321-10, L. 4321-16, L. 4322-2, L. 4322-9, L. 4352-1, L. 5124-6, L. 5124-18.
2007	5 mars	Loi n° 2007-297. Prévention de la délinquance. – Art. 47, 48-I, 49, 65-III. – V. CSP, art. L. 3353-3, L. 3353-4, L. 3411-2, L. 3413-1 à L. 3413-4, L. 3421-1, L. 3421-4 à L. 3421-7, L. 3423-1, L. 3423-2, L. 3424-1, L. 3425-1, L. 3425-2.
2007	5 mars	Loi n° 2007-308. Réforme de la protection juridique des majeurs. – Art. 22. – V. CSP, art. L. 3211-6.
2007	6 mars	Décret n° 2007-313. Composition et modalités d'élection des conseils régionaux et interrégionaux de l'ordre des masseurs-kinésithérapeutes et de l'ordre des pédicures-podologues. – V. CSP, art. R. 4321-35, R. 4321-45, R. 4321-47, R. 4322-20.
2007	19 mars	Décret n° 2007-358. Dissémination volontaire à toute autre fin que la mise sur le marché de produits composés d'organismes génétiquement modifiés. – Art. 32 et 40. – V. CSP, art. R. 1125-1 à R. 1125-6, R. 1323-1, R. 5141-7.

2007	19 mars	Décret n° 2007-364. Conditions d'implantation applicables aux activités de neurochirurgie. – V. CSP, art. R. 6123-96 à R. 6123-103.
2007	19 mars	Décret n° 2007-365. Conditions techniques de fonctionnement applicables aux activités de soins de neurochirurgie. – V. CSP, art. D. 6124-135 à D. 6124-146.
2007	19 mars	Décret n° 2007-366. Conditions d'implantation applicables aux activités interventionnelles par voie endovasculaire en neuroradiologie. – V. CSP, art. R. 6123-104 à R. 6123-110.
2007	19 mars	Décret n° 2007-367. Conditions techniques de fonctionnement applicables aux activités interventionnelles par voie endovasculaire en neuroradiologie. – V. CSP, art. D. 6124-147 à D. 6124-152.
2007	21 mars	Décret n° 2007-388. Conditions d'implantation applicables à l'activité de soins de traitement du cancer. – V. CSP, art. R. 6123-86 à R. 6123-95.
2007	21 mars	Décret n° 2007-389. Conditions techniques de fonctionnement applicables à l'activité de soins de traitement du cancer. – V. CSP, art. D. 6124-131 à D. 6124-134.
2007	25 mars	Décret n° 2007-434. Fonctionnement et procédure disciplinaire des conseils de l'ordre des médecins, des chirurgiens-dentistes, des sages-femmes, des pharmaciens, des masseurs-kinésithérapeutes et des pédicures-podologues. – V. CSP, art. R. 4112-2, R. 4112-3, R. 4112-4, R. 4112-5, R. 4112-5-1, R. 4112-6-1, R. 4113-78, R. 4124-3, R. 4124-3-1 à R. 4124-3-6, R. 4126-1, R. 4126-1-1, R. 4126-1-2, R. 4126-5 à R. 4126-54, R. 4132-2, R. 4132-3, R. 4234-1, R. 4234-3, R. 4234-12, R. 4234-15 à R. 4234-17, R. 4234-20 à R. 4234-33, R. 4322-19-1, R. 4323-1 à R. 4323-3, R. 4381-10, R. 4381-27.
2007	25 mars	Décret n° 2007-435. Actes et conditions d'exercice de l'ostéopathie. – V. ss. CSP, art. L. 4321-22.
2007	25 mars	Décret n° 2007-441. Composition, fonctionnement et missions des centres d'enseignement des soins d'urgence. – V. CSP, art. D. 6311-17 à D. 6311-22.
2007	25 mars	Décret n° 2007-454. Conventions et liens unissant les membres de certaines professions de santé aux entreprises. – V. CSP, art. R. 1418-40, R. 4113-104 à R. 4113-110, R. 4221-16, R. 4323-2.
2007	5 avr.	Décret n° 2007-519. Conditions d'autorisation de l'activité de prélèvement de cellules. – V. CSP, art. R. 1223-14, R. 1241-1 à R. 1241-2-1, R. 1242-1 à R. 1242-7, R. 1242-3, R. 1242-14, R. 1242-8 à R. 1242-13.
2007	13 avr.	Décret n° 2007-552. Composition, modalités d'élection et fonctionnement des conseils de l'ordre des infirmiers et procédure disciplinaire. – V. CSP, art. R. 4112-4, R. 4123-3, R. 4123-5, R. 4123-18 à R. 4123-21, R. 4124-3, R. 4125-1, R. 4126-1, R. 4311-52 à D. 4311-70, R. 4311-83 à R. 4311-94, R. 4312-50, R. 4321-39, R. 4321-48, R. 4322-24, R. 4322-28, R. 4323-2.

2007	13 avr.	Décret n° 2007-554. Modalités d'élection par voie électronique des conseils de l'ordre des infirmiers. – V. CSP, art. R. 4311-71 à R. 4311-82.
2007	13 avr.	Arrêté. Liste des actes médicaux ne pouvant être pratiqués que par des médecins. – V. Arr. du 6 janv. 1962, art. 2 🏛, ss. CSP, art. L. 4161-1.
2007	24 avr.	Décret n° 2007-596. Conditions et modalités de prescription et de délivrance au détail des médicaments vétérinaires. – V. CSP, art. R. 5132-3, R. 5132-4, R. 5132-15, R. 5132-29, R. 5132-31, R. 5141-111 à R. 5141-112-2, R. 5141-116, R. 5442-1.
2007	26 avr.	Ordonnance n° 2007-613. Dispositions d'adaptation au droit communautaire dans le domaine du médicament. – V. CSP, art. L. 1211-8, L. 1221-4, L. 1221-10-2, L. 1242-1, L. 1243-2, L. 1243-2-1, L. 1243-6, L. 1243-9, L. 1245-6, L. 1271-1, L. 1271-1-1, L. 1271-4, L. 1271-8, L. 4211-1, L. 5121-1, L. 5121-14-1, L. 5121-15, L. 5121-20, L. 5122-3, L. 5123-2, L. 5124-5, L. 5124-13, L. 5132-2, L. 5132-6, L. 5136-1 à L. 5136-6, L. 5137-1 à L. 5137-3, L. 5141-2, L. 5141-3, L. 5141-5 à L. 5141-6, L. 5141-9, L. 5141-10-1, L. 5141-12, L. 5141-12-1, L. 5141-15, L. 5141-16, L. 5142-2 à L. 5142-3-1, L. 5142-5-1, L. 5143-1, L. 5143-4, L. 5143-5, L. 5144-1, L. 5311-1, L. 5414-1, L. 5431-2, L. 5436-1 à L. 5436-3.
2007	30 avr.	Décret n° 2007-660. Conditions techniques de fonctionnement des structures d'hospitalisation à domicile intervenant dans des établissements d'hébergement pour personnes âgées. – V. CSP, art. D. 6124-311.
2007	4 mai	Décret n° 2007-704. Centre national de gestion des praticiens hospitaliers et des personnels de direction de la fonction publique hospitalière. – Art. 22. – V. CSP, art. R. 6143-36-1, R. 6152-1, R. 6152-5 à R. 6152-11, R. 6152-17, R. 6152-21, R. 6152-22, R. 6152-33, R. 6152-37, R. 6152-50, R. 6152-50-1, R. 6152-52, R. 6152-54, R. 6152-60, R. 6152-65, R. 6152-74, R. 6152-75, R. 6152-77 à R. 6152-80, R. 6152-96, R. 6152-97, R. 6152-201, R. 6152-204, R. 6152-205, R. 6152-206, R. 6152-208, R. 6152-209, R. 6152-214, R. 6152-218, R. 6152-219, R. 6152-220, R. 6152-225, R. 6152-229, R. 6152-236-1, R. 6152-237, R. 6152-240, R. 6152-246, R. 6152-249, R. 6152-250, R. 6152-252 à R. 6152-256, R. 6152-275, R. 6152-307, R. 6152-317, R. 6152-324-18, R. 6152-324-22, R. 6152-324-23.
2007	4 mai	Décret n° 2007-705. Utilisation des défibrillateurs automatisés externes par des personnes non médecins. – V. CSP, art. R. 6311-14 à R. 6311-16.
2007	10 mai	Décret n° 2007-794. Transferts de débits de boissons vers certains hôtels de tourisme. – V. CSP, art. R. 3353-5-1.
2007	10 mai	Décret n° 2007-795. École des hautes études en santé publique. – V. Décr. n° 2006-1546 du 7 déc. 2006, art. 25 🏛, ss. CSP, art. D. 1415-50.
2007	10 mai	Décret n° 2007-825. Diplôme d'État de masseur-kinésithérapeute. – V. CSP, art. D. 4321-16.

2007	14 mai	Décret n° 2007-877. Missions des centres de soins, d'accompagnement et de prévention en addictologie. – V. CSP, art. D. 3411-1 à D. 3411-9.
2007	15 mai	Décret n° 2007-911. Formation délivrée pour l'exploitant d'un débit de boissons. – V. CSP, art. R. 3332-4 à R. 3332-9.
2007	15 mai	Décret n° 2007-935. Peines applicables dans les transports en cas d'usage de stupéfiants. – V. CSP, art. R. 3421-1 à R. 3421-3.
2007	15 mai	Décret n° 2007-960. Confidentialité des informations médicales conservées sur support informatique. – V. CSP, art. R. 1110-1 à R. 1110-4.
2007	15 mai	Décret n° 2007-967. Diplôme d'État d'ergothérapeute. – V. CSP, art. D. 4331-3.
2007	15 mai	Décret n° 2007-974. Haut conseil des professions paramédicales. – V. CSP, art. D. 4381-1 à D. 4381-6.
2007	25 juin	Décret n° 2007-1047. Autorisations temporaires d'utilisation des médicaments. – V. CSP, art. R. 5121-68 à R. 5121-74, R. 5121-76, R. 5121-175.
2007	17 juill.	Décret n° 2007-1111. Obligation vaccinale par le vaccin antituberculeux BCG 🏛. – V. ss. CSP, art. R. 3112-1.
2007	24 juill.	Décret n° 2007-1133. Dispositions réglementaires du code du sport. – Art. 5. – V. CSP, art. R. 3521-1.
2007	3 août	Décret n° 2007-1221. Liste des huiles essentielles dont la vente est réservée aux pharmaciens. – V. CSP, art. D. 4211-13.
2007	10 août	Décret n° 2007-1211. Procédure d'agrément des groupements autorisés à acheter, détenir et délivrer des médicaments vétérinaires. – V. CSP, art. R. 5143-5 à R. 5143-10.
2007	10 août	Décret n° 2007-1212. Procédure d'agrément des groupements autorisés à acheter, détenir et délivrer des médicaments vétérinaires. – V. CSP, art. D. 5143-7, D. 5143-9.
2007	10 août	Décret n° 2007-1220. Prélèvement, conservation et préparation d'éléments du corps humain. – V. CSP, art. R. 1123-21, R. 1123-23, R. 1123-24, R. 1225-1, R. 1232-15 à R. 1232-22, R. 1235-1 à R. 1235-11, R. 1241-1 à R. 1241-2-2, R. 1241-20 à R. 1241-23, R. 1243-1, R. 1243-49 à R. 1243-73.
2007	20 août	Décret n° 2007-1237. Conditions d'implantation applicables à l'activité de traitement des grands brûlés. – V. CSP, art. R. 6123-111 à R. 6123-117.
2007	20 août	Décret n° 2007-1239. Formation des membres des comités techniques d'établissement. – V. CSP, art. D. 6144-81.
2007	20 août	Décret n° 2007-1240. Conditions techniques de fonctionnement applicables à l'activité de traitement des grands brûlés. – V. CSP, art. D. 6124-153 à D. 6124-161.

2007	21 août	Décret n° 2007-1241. Composition et modalités d'élection du comité technique d'établissement des établissements publics de santé. – V. CSP, art. R. 6144-42, R. 6144-45, R. 6144-46.
2007	21 août	Décret n° 2007-1256. Conditions d'implantation applicables aux activités de greffes d'organes. – V. CSP, art. R. 6123-75 à R. 6123-81.
2007	21 août	Décret n° 2007-1257. Conditions techniques de fonctionnement applicables aux activités de greffes d'organes. – V. CSP, art. D. 6124-162 à D. 6124-176.
2007	27 août	Décret n° 2007-1273. Préparation du système de santé à des menaces sanitaires de grande ampleur. – V. CSP, art. R. 3131-1 à R. 3131-10, R. 3132-1 à R. 3135-13, R. 5124-1, R. 5124-2, R. 5124-4, R. 5124-9, R. 5124-10, R. 5124-18, R. 5124-24, R. 5124-30, R. 5124-34, R. 5124-39, R. 5124-43, R. 5124-45.
2007	7 sept.	Décret n° 2007-1324. Dépôts de sang. – V. CSP, art. R. 1221-5, D. 1221-20 à D. 1221-20-7, R. 1222-23.
2007	10 sept.	Décret n° 2007-1336. Commission nationale des dispositifs médicaux. – V. CSP, art. R. 5212-4, R. 5212-7 à R. 5212-11, R. 5212-29.
2007	12 sept.	Décret n° 2007-1344. Application de la loi sur la modernisation de la sécurité civile. – Art. 2. – V. CSP, art. R. 6111-22.
2007	3 oct.	Décret n° 2007-1428. Pharmacies à usage intérieur. – V. CSP, art. R. 5121-83, R. 5121-85, R. 5121-88, R. 5124-69, R. 5124-71, R. 5126-2 à R. 5126-6, R. 5126-8 à R. 5126-10, R. 5126-14 à R. 5126-17, R. 5126-19 à R. 5126-22, R. 5126-24 à R. 5126-26, R. 5126-28 à R. 5126-35, R. 5126-37 à R. 5126-39, R. 5126-41 à R. 5126-46, R. 5126-54 à R. 5126-66, R. 5126-69, R. 5126-72, R. 5126-75, R. 5126-78, R. 5126-80 à R. 5126-114.
2007	3 oct.	Décret n° 2007-1429. Profession de conseiller en génétique. – V. CSP, art. R. 1132-1 à R. 1132-20.
2007	4 oct.	Décret n° 2007-1438. Prestations de services réalisées en France par des ressortissants d'un autre État membre. – V. CSP, art. R. 4112-9 à R. 4112-12.
2007	12 oct.	Décret n° 2007-1467. Livre V de la partie réglementaire du code de l'environnement. – Art. 14. – V. CSP, art. R. 1337-10-2.
2007	26 oct.	Décret n° 2007-1541. Code de déontologie des pédicures-podologues. – V. CSP, art. R. 4322-31 à R. 4322-96.
2007	30 oct.	Décret n° 2007-1555. Assistance publique-hôpitaux de Paris, Hospices civils de Lyon, Assistance publique-hôpitaux de Marseille, Centre hospitalier national d'ophtalmologie des Quinze-Vingts et hôpital national de Saint-Maurice. – V. CSP, art. R. 6111-11, R. 6131-1, D. 6141-15, R. 6147-1 à R. 6147-113, R. 6152-410, R. 6154-13, D. 6431-62.
2007	2 nov.	Décret n° 2007-1564. Actes et conditions d'exercice de l'ostéopathie. – V. Décr. n° 2007-435 du 25 mars 2007, art. 16, 17, ss. CSP, art. L. 4321-22.

2007	5 nov.	Décret n° 2007-1571. Élections aux conseils régionaux et départementaux de l'ordre des infirmiers. – V. CSP, art. R. 4311-58, R. 4311-87.
2007	7 nov.	Décret n° 2007-1581. Servitudes d'utilité publiques instituées en vue d'assurer la protection de la qualité des eaux destinées à la consommation humaine. – V. CSP, art. R. 1321-13-1 à R. 1321-13-4, R. 1321-23, R. 1322-43.
2007	7 nov.	Décret n° 2007-1582. Protection des personnes contre les dangers des rayonnements ionisants. – V. CSP, art. R. 1321-3, R. 1321-20, R. 1333-2 à R. 1333-7, R. 1333-10 à R. 1333-56, R. 1333-60, R. 1333-64 à R. 1333-67, R. 1333-70, R. 1333-71, R. 1333-73 à R. 1333-75, R. 1333-80 à R. 1333-83, R. 1333-88, R. 1333-90 à R. 1333-112, R. 1337-11 à R. 1337-14, R. 1411-47.
2007	13 nov.	Décret n° 2007-1608. Conditions de nomination des praticiens sur la liste nationale d'habilitation à diriger un service et conditions de désignation des responsables des structures internes cliniques et médico-techniques. – V. CSP, art. R. 6146-18 à R. 6146-25.
2007	16 nov.	Décret n° 2007-1628. Conseil national du syndrome immunodéficitaire acquis. – V. CSP, art. D. 3121-1, D. 3121-3, D. 3121-4, D. 3121-9.
2007	27 nov.	Décret n° 2007-1671. Liste des actes pouvant être accomplis par des orthoptistes. – V. CSP, art. R. 4342-1, R. 4342-9 à R. 4342-18, R. 4344-1, R. 4344-2.
2007	27 nov.	Décret n° 2007-1672. Conférence nationale de santé. – V. CSP, art. D. 1411-37.
2007	12 déc.	Décret n° 2007-1747. Exercice des recours contre les tiers responsables de lésions occasionnées à un assuré social. – Art. 4. – V. CSP, art. R. 1142-13.
2007	17 déc.	Loi n° 2007-1774. Adaptation au droit communautaire dans les domaines économique et financier. – Art. 13-II. – V. CSP, art. L. 3351-8.
2007	19 déc.	Loi n° 2007-1786. De financement de la sécurité sociale pour 2008 : – Art. 39, 40, 44-V, 51-II, 53, 55-V, 59, 62-VI, X à XII, 66, 71, 72, 73. – V. CSP, art. L. 1111-3, L. 1111-8-1, L. 2112-2, L. 2212-2, L. 2311-3, L. 3411-4, L. 4211-3, L. 4311-1, L. 5122-6, L. 5125-3 à L. 5125-8, L. 5125-10 à L. 5125-15, L. 5125-23, L. 5125-32, L. 5511-1, L. 5511-5, L. 5521-2, L. 6114-2, L. 6122-15, L. 6143-3, L. 6143-3-1, L. 6161-3-1, L. 6313-1, L. 6323-1, L. 6323-3.
2007	20 déc.	Loi n° 2007-1787. Simplification du droit. – Art. 8-III et 24. – V. CSP, art. L. 2112-2, L. 2112-7, L. 2121-1, L. 2121-2, L. 3332-9 à L. 3332-11, L. 3332-14, L. 3335-1 à L. 3335-3, L. 3335-5 à L. 3335-7.
2007	21 déc.	Décret n° 2007-1808. Modalités d'élection des conseils de l'ordre des infirmiers. – V. CSP, art. R. 4311-55, R. 4311-85.

2007	25 déc.	Loi n° 2007-1824. De finances rectificative pour 2007. – Art. 71-III. – V. CSP, art. L. 1331-1.
2007	26 déc.	Décret n° 2007-1860. Pharmacovigilance pour les médicaments à usage humain. – V. CSP, art. R. 1125-7, R. 5121-150, R. 5121-155, R. 5121-157, R. 5121-158, R. 5121-171, R. 5121-173, R. 5121-174, R. 5121-177, R. 5121-178, R. 5121-180, R. 5132-102, R. 5141-96, R. 5141-104, R. 5141-107.
2007	26 déc.	Décret n° 2007-1929. École des hautes études en santé publique. –. CSP, Décr. n° 2006-1546 du 7 déc. 2006, art. 5, 7, 10, 15, 20, 24, 26, 32 , ss. art. D. 1415-50.
2007	26 déc.	Décret n° 2007-1931. Dispositions financières relatives aux établissements de santé. – Art. 1er. – V. CSP, art. R. 6145-5, R. 6145-25, R. 6145-69.
2007	26 déc.	Décret n° 2007-1932. Procédure de reconnaissance mutuelle et procédure décentralisée d'autorisation de mise sur le marché de médicaments à usage humain. – V. CSP, art. R. 5121-21-1, R. 5121-43, R. 5121-44, R. 5121-51 à R. 5121-51-12.
2008	24 janv.	Décret n° 2008-87. Fonctionnement et financement des centres de soins, d'accompagnement et de prévention en addictologie. – V. CSP, art. R. 3121-33-3, R. 3311-1 à R. 3311-8, R. 5121-85, R. 5121-88, R. 5124-45, R. 5132-10, R. 5132-76, R. 5132-112.
2008	5 févr.	Décret n° 2008-108. Application de l'article L. 5125-23-1. – V. CSP, art. R. 5123-2-1, R. 5123-3.
2008	5 févr.	Décret n° 2008-109. Insecticides et acaricides, aliments diététiques destinés à des fins médicales spéciales et matières premières à usage pharmaceutique. – V. CSP, art. R. 1341-10, R. 5121-152, R. 5124-2, R. 5124-3, R. 5124-46, R. 5124-47, R. 5124-49, R. 5124-52 à R. 5124-55, R. 5124-60, R. 5124-62, R. 5126-9, R. 5126-12, R. 5126-14, R. 5132-77, R. 5136-1 à R. 5136-22, R. 5138-1 à R. 5138-6, R. 5438-1 à R. 5438-4.
2008	7 févr.	Décret n° 2008-117. Procédure de reconnaissance mutuelle et procédure décentralisée d'autorisation de mise sur le marché de médicaments vétérinaires. – V. CSP, art. R. 5141-13-1, R. 5141-29 à R. 5141-33, R. 5141-47-1 à R. 5141-47-12.
2008	7 févr.	Décret n° 2008-118. Pharmacovigilance vétérinaire. – V. CSP, art. R. 5141-89, R. 5141-90, R. 5141-92, R. 5141-96, R. 5141-96-1, R. 5141-103, R. 5141-104, R. 5141-105, R. 5141-105-2, R. 5141-106, R. 5141-107, R. 5141-108, R. 5141-109.
2008	19 févr.	Décret n° 2008-149. Conditions d'hygiène et de salubrité relatives aux pratiques du tatouage et du perçage. – V. CSP, art. R. 1311-1 à R. 1311-13, R. 1312-9 à R. 1312-13.
2008	25 févr.	Loi n° 2008-174. Rétention de sûreté et déclaration d'irresponsabilité pénale pour cause de trouble mental. – Art. 5 à 8. – V. CSP, art. L. 3213-7, L. 3711-1 à L. 3711-3, L. 3711-4-1, L. 6112-1, L. 6141-5.

2008	26 févr.	Décret n° 2008-186. Insecticides et acaricides et montant du droit prévu à l'article L. 5138-5. – V. CSP, art. D. 5121-64, D. 5138-7, D. 6141-37.
2008	3 mars	Décret n° 2008-210. Règles de fabrication, de conditionnement et d'importation des produits de tatouage, système national de vigilance. – V. CSP, art. R. 513-10-1 à R. 513-10-15, R. 5437-1 à R. 5437-4.
2008	11 mars	Décret n° 2008-247. Commission nationale d'agrément des associations représentant les usagers du système de santé. – V. CSP, art. R. 1114-5.
2008	1er avr.	Décret n° 2008-297. Diverses commissions administratives. – V. CSP, art. R. 1416-2.
2008	4 avr.	Décret n° 2008-321. Examen des caractéristiques génétiques d'une personne ou à son identification par empreintes génétiques à des fins médicales. – V. CSP, art. R. 1131-1 à R. 1131-23, R. 6122-25, R. 6123-127, D. 6124-178.
2008	9 avr.	Décret n° 2008-332. Agence de la biomédecine. – V. CSP, art. R. 1418-6, R. 1418-13, R. 1418-21, R. 1418-22.
2008	15 avr.	Loi n° 2008-337. Ratification de l'ordonnance n° 2007-613 du 26 avril 2007 portant diverses dispositions d'adaptation au droit communautaire dans le domaine du médicament. – V. CSP, art. L. 1121-3, L. 1123-12, L. 4211-2, L. 5121-1, L. 5125-32, L. 5141-5-1, L. 5311-1, L. 6325-1.
2008	16 avr.	Décret n° 2008-364. Suivi des mesures d'injonction thérapeutique et aux médecins relais. – V. CSP, art. R. 3413-1 à R. 3413-15, R. 3424-1 à R. 3424-10.
2008	17 avr.	Décret n° 2008-376. Conditions techniques de fonctionnement applicables à l'activité de soins de suite et de réadaptation. – V. CSP, art. D. 1332-1, D. 6121-7, D. 6124-177-1 à D. 6124-177-53, D. 6124-303, D. 6124-420 à D. 6124-430, D. 6124-447 à D. 6124-452, D. 6124-453 à D. 6124-462, D. 6124-478.
2008	17 avr.	Décret n° 2008-377. Conditions d'implantation applicables à l'activité de soins de suite et de réadaptation. – V. CSP, art. R. 1112-58, R. 2321-1, R. 2321-11 à R. 2321-27, R. 6122-25, R. 6123-94, R. 6123-115, R. 6123-118 à R. 6123-126, .
2008	6 mai	Décret n° 2008-433. Mise sur le marché des médicaments vétérinaires. – V. CSP, art. R. 5141-1 à R. 5141-3, R. 5141-5, R. 5141-6, R. 5141-14 à R. 5141-29, R. 5141-34 à R. 5141-43, R. 5141-46, R. 5141-47, R. 5141-64 à R. 5141-70, R. 5141-72, R. 5141-73, R. 5141-74, R. 5141-77, R. 5141-123-9, R. 5141-123-10, R. 5141-123-10-1, R. 5141-123-11, R. 5141-123-14.
2008	6 mai	Décret n° 2008-434. Médicaments vétérinaires et aux établissements pharmaceutiques vétérinaires. – V. CSP, art. R. 5141-81, R. 5141-112, R. 5141-126, R. 5141-126-1, R. 5142-8, R. 5142-9, R. 5142-11, R. 5142-15, R. 5142-21, R. 5142-35, R. 5142-43, R. 5142-46, R. 5142-46-1, R. 5142-50, R. 5142-50-1, R. 5146-1 à R. 5146-3.

2008	6 mai	Décret n° 2008-435. Mise sur le marché des spécialités pharmaceutiques à usage humain. – V. CSP, art. R. 5121-1, R. 5121-2, R. 5121-4, R. 5121-5, R. 5121-5-1, R. 5121-6, R. 5121-8, R. 5121-9, R. 5121-14, R. 5121-15, R. 5121-21, R. 5121-21-2, R. 5121-23 à R. 5121-37-2, R. 5121-38-1, R. 5121-41, R. 5121-41-1, R. 5121-41-2, R. 5121-41-5-1, R. 5121-41-5-2, R. 5121-42, R. 5121-43, R. 5121-45, R. 5121-46, R. 5121-47, R. 5121-50, R. 5121-70, R. 5121-72, R. 5121-73, R. 5121-111, R. 5121-115, R. 5121-116, R. 5121-120, R. 5121-128, R. 5121-135, R. 5121-137 à R. 5121-143, R. 5121-147, R. 5121-148, R. 5121-149, R. 5121-184, R. 5121-185, R. 5121-191.
2008	6 mai	Décret n° 2008-436. Enregistrement des médicaments homéopathiques et des médicaments traditionnels à base de plantes. – V. CSP, art. R. 5121-1, R. 5121-31, R. 5121-97 à R. 5121-107-13, R. 5121-146, R. 5121-146-1, R. 5121-152, R. 5122-1, R. 5124-2, R. 5124-49, R. 5124-52.
2008	14 mai	Décret n° 2008-455. Modalités d'indemnisation des jours accumulés sur le compte épargne-temps des personnels médicaux, pharmaceutiques et odontologiques des établissements publics de santé. – V. CSP, art. R. 6152-712.
2008	15 mai	Décret n° 2008-464. Redevance due à l'hôpital par les praticiens hospitaliers à temps plein exerçant une activité libérale dans les établissements publics de santé. – V. CSP, art. D. 6154-10-1, D. 6154-10-3.
2008	22 mai	Ordonnance n° 2008-480. Transposition en matière de don de gamètes et d'assistance médicale à la procréation de la directive 2004/23/CE du Parlement européen et du Conseil du 31 mars 2004. – V. CSP, art. L. 1244-5, L. 1244-6, L. 1244-8, L. 1245-1, L. 1273-7, L. 1418-1, L. 2141-11, L. 2141-11-1, L. 2141-12, L. 2142-1, L. 2142-2, L. 2142-3, L. 2142-3-1, L. 2142-4, L. 2162-3, L. 2162-8.
2008	22 mai	Décret n° 2008-484. Procédure devant la Cour de cassation. – V. CSP, art. R. 2141-11, R. 2141-14, R. 2142-25, R. 3122-20, R. 4126-10, R. 4126-25, R. 4234-26.
2008	22 mai	Décret n° 2008-489. Agence technique de l'information sur l'hospitalisation. – V. CSP, art. R. 6113-33, R. 6113-52.
2008	30 mai	Ordonnance n° 2008-507. Transposition de la directive 2005/36/CE du Parlement européen et du Conseil du 7 septembre 2005 relative à la reconnaissance des qualifications professionnelles. – V. CSP, art L. 4111-2, L. 4111-5, L. 4111-8, L. 4112-3, L. 4112-7, L. 4112-8, L. 4131-1, L. 4131-1-1, L. 4131-4-1, L. 4131-6, L. 4131-7, L. 4141-1, L. 4141-3, L. 4141-3-1, L. 4141-6, L. 4151-5, L. 4151-5-1, L. 4151-10, L. 4221-4 à L. 4221-9, L. 4221-14 à L. 4221-14-2, L. 4221-20, L. 4222-3, L. 4222-9, L. 4222-10, L. 4241-5 à L. 4241-18, L. 4311-3, L. 4311-4, L. 4311-8, L. 4311-15, L. 4311-17, L. 4311-22, L. 4321-4, L. 4321-8 à L. 4321-11, L. 4322-2, L. 4322-2-1, L. 4322-4, L. 4322-15, L. 4331-2, L. 4331-4, L. 4331-6, L. 4332-2, L. 4332-4, L. 4332-6, L. 4331-1, L. 4341-2, L. 4341-2-1, L. 4341-4, L. 4341-7, L. 4342-2, L. 4342-2-1, L. 4342-4, L. 4342-5, L. 4351-2, L. 4351-4,

		L. 4351-8, L. 4352-1, L. 4361-2, L. 4361-3, L. 4361-4, L. 4361-9, L. 4362-1 à L. 4362-3, L. 4362-7, L. 4371-2, L. 4371-4, L. 4371-5, L. 4371-7.
2008	3 juin	Décret n° 2008-526. Observatoire des risques médicaux. – V. CSP, art. D. 1142-64 à D. 1142-70.
2008	13 juin	Décret n° 2008-559. Institut national du cancer. – V. CSP, art. D. 1415-1-9.
2008	17 juin	Loi n° 2008-561. Réforme de la prescription en matière civile. – V. CSP, art. L. 1126-7, L. 1142-28.
2008	19 juin	Décret n° 2008-588. Transposition en matière de don de gamètes et d'assistance médicale à la procréation de la directive 2004/23/CE du Parlement européen et du Conseil du 31 mars 2004. – V. CSP, art. R. 1211-25 à R. 1211-28-1, R. 1244-1 à R. 1244-6, R. 2141-24 à R. 2141-34, R. 2142-1 à R. 2142-9, R. 2142-19, R. 2142-20, R. 2142-21, R. 2142-21-1, R. 2142-21-2, R. 2142-23, R. 2142-24, R. 2142-26 à R. 2142-34, R. 2142-37 à R. 2142-53, R. 6122-25.
2008	25 juin	Loi n° 2008-595. Organismes génétiquement modifiés. – V. CSP, art. L. 5150-1.
2008	27 juin	Décret n° 2008-621. Définition des critères de déséquilibre financier des établissements de santé. – V. CSP, art. D. 6143-39, D. 6143-40.
2008	30 juin	Décret n° 2008-641. Médicaments disponibles en accès direct dans les officines de pharmacie. – V. CSP, art. R. 4235-55, R. 5121-202 à R. 5121-204, R. 5121-206, R. 5125-9.
2008	9 juill.	Décret n° 2008-682. Modification du décret n° 85-1057 du 2 octobre 1985 relatif à l'organisation de l'administration centrale du ministère de l'intérieur et de la décentralisation. – V. CSP, art. R. 3135-2.
2008	16 juill.	Décret n° 2008-710. Sanctions financières liées aux contrôle des établissements de santé. – V. CSP, art. R. 6113-29.
2008	17 juill.	Ordonnance n° 2008-717. Dispositions pénales relatives à certains produits de santé. – V. CSP, art. L. 1126-8, L. 1126-9, L. 1126-10, L. 1126-11, L. 4212-7, L. 5122-8-1, L. 5122-16, L. 5421-2, L. 5421-3, L. 5421-6, L. 5421-6-1, L. 5421-6-2, L. 5422-1, L. 5422-8, L. 5423-1 à L. 5423-6, L. 5424-6, L. 5424-10, L. 5431-5, L. 5431-6, L. 5431-7, L. 5432-1, L. 5439-1, L. 5441-2 à L. 5441-7, L. 5441-13 à L. 5441-16, L. 5442-1 à L. 5442-4, L. 5442-9, L. 5442-10, L. 5442-11, L. 5145-3, L. 5145-4, L. 5145-5, L. 5145-6, L. 5145-7, L. 5461-2 à L. 5461-5, L. 5462-2, L. 5462-3.
2008	30 juill.	Décret n° 2008-768. Actes professionnels accomplis directement par les pédicures-podologues. – V. CSP, art. R. 4322-1.
2008	18 août	Décret n° 2008-784. Distribution humanitaire de médicaments. – V. CSP, art. R. 5124-3, R. 5124-45, R. 5124-63-1, R. 6325-1, R. 6325-2.
2008	20 août	Décret n° 2008-793. Pharmacie à usage intérieur dans les établissements médico-sociaux. – V. CSP, art. R. 5126-1.

2008	20 août	Décret n° 2008-805. Fixation des conditions de désignation des responsables de pôles d'activité clinique et médico-technique. – V. CSP, art. R. 6146-3 à R. 6146-9.
2008	22 août	Décret n° 2008-834. Établissements pharmaceutiques et importation de médicaments à usage humain. – V. CSP, art. R. 5121-96, R. 5121-132-1, R. 5124-2, R. 5124-5, R. 5124-7, R. 5124-9, R. 5124-10, R. 5124-10-1, R. 5124-10-2, R. 5124-12, R. 5124-15, R. 5124-16, R. 5124-40, R. 5124-43, R. 5124-45, R. 5124-46, R. 5124-47, R. 5124-48-1, R. 5124-52, R. 5124-58, R. 5124-59, R. 5124-69, R. 5125-45, R. 5132-6-1, R. 5313-3.
2008	22 août	Décret n° 2008-839. Vente au public des plantes médicinales inscrites à la Pharmacopée et modification de l'article D. 4211-12 du code de la santé publique. – V. CSP, art. D. 4211-12.
2008	22 août	Décret n° 2008-841. Vente au public des plantes médicinales inscrites à la Pharmacopée et modification de l'article D. 4211-11 du code de la santé publique. – V. CSP, art. D. 4211-11.
2008	27 août	Décret n° 2008-854. Règles minimales de taux et de barème des bourses d'études accordées aux étudiants inscrits dans les établissements dispensant des formations sociales initiales et dans les instituts et écoles de formation de certaines professions de santé. – V. CSP, art. D. 4151-18, D. 4383-1.
2008	27 août	Décret n° 2008-863. Complétant le code de déontologie des sages-femmes. – V. CSP, art. R. 4127-318.
2008	28 août	Ordonnance n° 2008-858. Diverses dispositions d'adaptation du droit de l'outre-mer. – V. CSP, art. L. 3811-1, L. 3824-1 à L. 3824-6, L. 3844-1, L. 3844-2.
2008	28 août	Ordonnance n° 2008-859. Extension et à l'adaptation outre-mer de diverses mesures bénéficiant aux personnes handicapées et en matière d'action sociale et médico-sociale. – V. CSP, art. L. 6412-2-2, L. 6412-4.
2008	29 août	Décret n° 2008-877. Conditions de réalisation de certains actes professionnels par les infirmiers ou infirmières. – V. CSP, art. R. 4311-3, R. 4311-5-1.
2008	2 sept.	Décret n° 2008-891. Importation exportation des produits du corps humain. – V. CSP, art. R. 1211-19, R. 1221-68, R. 1235-3, R. 1235-5 à R. 1235-12, R. 1245-1 à R. 1245-21, R. 1261-1 à R. 1261-9, R. 5121-108, R. 5121-111, R. 5121-114, R. 5121-135-1.
2008	12 sept.	Décret n° 2008-929. Objectifs quantifiés de l'offre de soins prévus à l'article L. 6121-2 du code de la santé publique. – V. CSP, art. D. 6121-8.
2008	16 sept.	Décret n° 2008-968. Conditions d'autorisation des activités portant sur les tissus et leurs dérivés, les préparations de thérapie cellulaire, de thérapie génique et de thérapie cellulaire xénogénique, et aux conditions d'autorisation de ces produits. – V. CSP, art. R. 1243-1 à R. 1243-48, R. 4211-16 à R. 4211-22, R. 5121-207 à R. 5121-209.

2008	18 sept.	Décret n° 2008-990. Gestion de la qualité des eaux de baignade et des piscines. – V. CSP, art. D. 1332-1, D. 1332-3 à D. 1332-42.
2008	14 oct.	Décret n° 2008-1060. Redevance due à l'hôpital par les praticiens statutaires à temps plein exerçant une activité libérale dans les établissements publics de santé. – V. CSP, art. D. 6154-10-3.
2008	31 oct.	Décret n° 2008-1120. Diplôme d'État de psychomotricien. – V. CSP, art. D. 4332-4.
2008	3 nov.	Décret n° 2008-1135. Code de déontologie des masseurs-kinésithérapeutes. – V. CSP, art. R. 4321-51 à R. 4321-145.
2008	4 nov.	Décret n° 2008-1129. Surveillance de sûreté et rétention de sûreté. – V. CSP, art. R. 3711-3, R. 3711-4, R. 3711-7, R. 3711-8, R. 3711-10 à R. 3711-12, R. 3711-14 à R. 3711-22, R. 3711-25, R. 6147-67 à R. 6147-71.
2008	15 nov.	Décret n° 2008-1190. Conservation et préparation à des fins scientifiques de tissus et cellules issus du corps humain. – V. CSP, art. R. 1243-49 à R. 1243-73.
2008	17 déc.	Loi n° 2008-1330. De financement de la sécurité sociale pour 2009. – V. CSP, art. L. 1111-24, L. 1142-22, L. 1142-23, L. 1221-14, L. 3111-9, L. 3122-1, L. 3122-5, L. 4322-1, L. 5121-1, L. 5125-23.
2008	18 déc.	Ordonnance n° 2008-1339. Extension et adaptation en Nouvelle-Calédonie, en Polynésie française et à Wallis-et-Futuna de dispositions portant sur la protection des droits des personnes en matière de santé. – V. CSP, art. L. 1521-1 à L. 1521-6, L. 1522-1 à L. 1522-10, L. 1524-4, L. 1525-1 à L. 1525-8, L. 1525-17, L. 1526-1 à L. 1526-9, L. 1527-1, L. 1527-2, L. 1541-1 à L. 1541-5, L. 1542-1 à L. 1542-6, L. 1542-8 à L. 1542-14, L. 1543-1 à L. 1543-6, L. 1544-2 à L. 1544-8, L. 1545-1, L. 1545-2, L. 2421-1 à L. 2421-4, L. 2422-1, L. 2422-2, L. 2423-1, L. 2423-2, L. 2441-1 à L. 2441-3, L. 2442-1 à L. 2442-4, L. 2443-1, L. 2444-1, L. 2445-1 à L. 2445-4, L. 2446-1 à L. 2446-3, L. 5521-1, L. 5521-2, L. 5521-4, L. 5521-6, L. 5521-7, L. 5522-1 à L. 5522-3, L. 5523-1, L. 5524-1, L. 5541-2 à L. 5541-4.
2008	19 déc.	Décret n° 2008-1355. Mise en œuvre du plan de relance économique dans les marchés publics. – V. CSP, art. R. 6115-1, R. 6145-69.
2008	19 déc.	Décret n° 2008-1408. Attribution d'une indemnité au président du Comité consultatif national d'éthique pour les sciences de la vie et de la santé. – V. CSP, art. R. 1412-11.
2008	19 déc.	Décret n° 2008-1409. Maladies qui nécessitent une intervention urgente locale, nationale ou internationale. – V. CSP, art. D. 3113-6.
2008	22 déc.	Décret n° 2008-1441. Usage du titre d'ostéopathe et exercice de cette activité. – V. Décr. n° 2007-435 du 25 mars 2007, art. 4, 17, 18 🏛, ss. CSP, art. L. 4321-22.
2008	27 déc.	Loi n° 2008-1425. De finances pour 2009. – V. CSP, art. L. 1123-8, L. 1412-4, L. 1415-7, L. 4211-2-1, L. 5121-16, L. 5121-17, L. 5122-3, L. 5124-12, L. 5124-17-1, L. 5124-17-2, L. 5211-3-1, L. 5211-6.

2009	2 janv.	Décret n° 2009-5. Comités d'experts compétents pour autoriser les prélèvements d'organes et de cellules hématopoïétiques issues de la moelle osseuse. – V. CSP, art. R. 1231-5, R. 1231-6.
2009	8 janv.	Décret n° 2009-24. Procédure d'autorisation individuelle d'exercice des professions médicales et pharmaceutiques et au statut des assistants des hôpitaux. – V. CSP, art. D. 4111-11, R. 4111-12, D. 4111-13, D. 4221-8, R. 4221-10, R. 6152-501, R. 6152-542 à R. 6152-544.
2009	20 janv.	Décret n° 2009-77. Qualifications des médecins assurant la fonction de prise en charge médicale du prélèvement définie à l'article R. 1222-17. – V. CSP, art. R. 1222-17.
2009	6 févr.	Décret n° 2009-134. Procédures liées à l'exercice des professionnels de santé. – V. CSP, art. D. 4113-115 à D. 4113-121, D. 4221-21 à D. 4221-26, D. 4232-1, D. 4411-1 à D. 4412-1, D. 4421-1 à D. 4422-1, D. 5125-38-1.
2009	10 févr.	Décret n° 2009-152. Information sur les tarifs d'honoraires pratiqués par les professionnels de santé. – V. CSP, art. R. 1111-21 à R. 1111-25.
2009	12 févr.	Décret n° 2009-168. Modification de diverses dispositions du code de la santé publique relatives à l'exercice de la profession de chirurgien-dentiste. – V. CSP, art. R. 4113-72, R. 4127-216 à R. 4127-219, R. 4127-236, R. 4127-269, R. 4127-270, R. 4127-272, R. 4127-274, R. 4127-276, R. 4127-276-1, R. 4127-280, R. 4127-285.
2009	17 févr.	Loi n° 2009-179. Accélération des programmes de construction et d'investissement publics et privés. – V. CSP, art. L. 4111-2, L. 4131-1-1, L. 4141-3-1, L. 4151-5-1, L. 4221-14-1, L. 4221-14-2, L. 4241-7, L. 4241-14, L. 4311-4, L. 4321-4, L. 4322-4, L. 4331-4, L. 4332-4, L. 4341-4, L. 4342-4, L. 4351-4, L. 4361-4, L. 4362-3, L. 4371-4, L. 6148-6, L. 6221-2-1.
2009	23 févr.	Décret n° 2009-213. Objectifs des dépenses d'assurance maladie et diverses dispositions financières relatives aux établissements de santé. – V. CSP, art. R. 6145-15, R. 6145-26, R. 6145-41.
2009	24 févr.	Décret n° 2009-217. Remboursement des frais engagés à l'occasion du prélèvement d'éléments ou de la collecte de produits du corps humain à des fins thérapeutiques. – V. CSP, art. R. 1211-5, R. 1211-6, R. 1211-8, R. 1211-10, R. 1211-11.
2009	26 févr.	Ordonnance n° 2009-229. Prise pour l'application de l'article 12 de la loi n° 2008-757 du 1er août 2008 relative à la responsabilité environnementale et à diverses dispositions d'adaptation au droit communautaire dans le domaine de l'environnement. – V. CSP, art. L. 5141-2.
2009	25 mars	Loi n° 2009-323. Mobilisation pour le logement et la lutte contre l'exclusion. – V. CSP, art. L. 1331-22, L. 1331-26-1, L. 1331-28, L. 1331-29, L. 1331-30, L. 1334-2.

2009	1er avr.	Ordonnance n° 2009-375. Réforme des voies de recours contre certaines visites et saisies administratives. – V. CSP, art. L. 1421-2, L. 1421-2-1, L. 5127-2, L. 5411-3.
2009	14 avr.	Décret n° 2009-409. Conditions d'implantation applicables aux activités interventionnelles sous imagerie médicale, par voie endovasculaire, en cardiologie. – V. CSP, art. R. 6123-38-1, R. 6123-128 à R. 6123-133.
2009	14 avr.	Décret n° 2009-410. Conditions techniques de fonctionnement applicables aux activités interventionnelles sous imagerie médicale, par voie endovasculaire, en cardiologie. – V. CSP, art. D. 6124-179 à D. 6124-185.
2009	15 avr.	Décret n° 2009-421. Simplification et modification de certaines taxes liées aux médicaments perçues par l'Agence française de sécurité sanitaire des produits de santé. – V. CSP, art. D. 5121-64, D. 5121-65, D. 5121-67, D. 5124-57.
2009	27 avr.	Décret n° 2009-475. Conférence nationale de santé. – V. CSP, art. D. 1411-45.
2009	28 avr.	Décret n° 2009-482. Conditions de mise sur le marché des dispositifs médicaux. – V. CSP, art. R. 5211-2, R. 5211-3, R. 5211-4, R. 5211-16, R. 5211-17, R. 5211-21, R. 5211-22, R. 5211-23, R. 5211-26, R. 5211-27, R. 5211-32, R. 5211-35, R. 5211-39, R. 5211-40, R. 5211-40-1, R. 5211-41, R. 5211-46, R. 5211-47, R. 5211-49, R. 5211-50, R. 5211-51, R. 5211-52, R. 5211-62, R. 5211-64, R. 5211-65, R. 5212-6, R. 5212-16.
2009	29 avr.	Décret n° 2009-494. Études préparatoires et diplôme d'État de masseur-kinésithérapeute. – V. CSP, art. D. 4321-16.
2009	6 mai	Décret n° 2009-516. Interruptions volontaires de grossesse par voie médicamenteuse. – V. CSP, art. R. 2112-14, R. 2212-4, R. 2212-8, R. 2212-9, R. 2212-10, R. 2212-16, R. 2311-3, R. 2311-19, R. 2311-20, R. 2311-21, R. 5124-45, R. 6323-23, R. 6323-24, R. 6323-25.
2009	12 mai	Loi n° 2009-526. Simplification et clarification du droit et d'allègement des procédures. – V. CSP, art. L. 1115-2, L. 1126-4, L. 1133-9, L. 1133-10, L. 1142-1, L. 1142-1-1, L. 1142-5, L. 1142-10, L. 1142-17-1, L. 1142-26, L. 1271-5, L. 1274-2, L. 1324-3, L. 1337-4, L. 1337-7, L. 1337-9, L. 2164-2, L. 2326-1, L. 3111-4, L. 3111-5, L. 3351-6, L. 4161-1, L. 4161-2, L. 4161-3, L. 4161-6, L. 4162-1, L. 4163-2, L. 4223-1, L. 4223-2, L. 4243-1, L. 4243-2, L. 4314-4, L. 4314-5, L. 4323-4, L. 4323-5, L. 4334-1, L. 4334-2, L. 4344-4, L. 4344-5, L. 4353-1, L. 4353-2, L. 4363-2, L. 4363-3, L. 4372-1, L. 4372-2, L. 5141-5, L. 5141-16, L. 5426-1, L. 5431-4, L. 5435-1, L. 5441-12, L. 5442-8, L. 5451-3, L. 6222-1, L. 6222-2, L. 6324-2.
2009	14 mai	Ordonnance n° 2009-537. Extension et adaptation à Mayotte, dans les îles Wallis-et-Futuna, en Polynésie française, dans les Terres australes

		et antarctiques françaises et en Nouvelle-Calédonie de diverses dispositions de nature législative. – V. CSP, art. L. 1541-3, L. 1544-8-1, L. 1545-3, L. 5541-5.
2009	26 mai	Décret n° 2009-597. Pris pour l'application de l'article 7 de la loi n° 2004-811 du 13 août 2004 relative à la modernisation de la sécurité civile et relatif à l'agrément ministériel des conventions et accords dans les établissements sociaux et médico-sociaux. – V. CSP, art. R. 6111-22.
2009	27 mai	Loi n° 2009-594. Pour le développement économique des outre-mer. – V. CSP, art. L. 5112-1.
2009	9 juin	Décret n° 2009-649. Entretien annuel des chaudières dont la puissance nominale est comprise entre 4 et 400 kilowatts. – V. CSP, art. R. 1311-14.
2009	11 juin	Décret n° 2009-679. Protection des mineurs accueillis hors du domicile parental. – V. CSP, art. R. 2324-10, R. 2324-11, R. 2324-12, R. 2324-13, R. 2324-14, R. 2324-15.
2009	16 juin	Décret n° 2009-699. Modification de l'article R. 6153-10 du code de la santé publique et création d'une prime de responsabilité pour les internes en médecine de quatrième et cinquième années et les internes en pharmacie de quatrième année. – V. CSP, art. R. 6153-10, R. 6153-12, R. 6153-13, R. 6153-14, R. 6153-15, R. 6153-16, R. 6153-17, R. 6153-27, R. 6153-44.
2009	17 juin	Décret n° 2009-718. Collecte et destruction des médicaments à usage humain non utilisés. – V. CSP, art. R. 4211-23 à R. 4211-31, R. 4212-1, R. 4212-2.
2009	18 juin	Décret n° 2009-729. Diverses dispositions relatives aux médicaments vétérinaires. – V. CSP, art. R. 5124-44, R. 5132-15, R. 5132-18, R. 5141-2, R. 5141-3, R. 5141-6, R. 5141-16, R. 5141-20, R. 5141-28, R. 5141-112-3, R. 5141-118, R. 5141-119, R. 5141-122, R. 5141-122-1, R. 5441-1, R. 5442-1.
2009	19 juin	Décret n° 2009-741. Centrales d'achat pharmaceutiques. – V. CSP, art. R. 5124-2, R. 5124-9, R. 5124-10, R. 5124-18, R. 5124-30, R. 5124-39, R. 5124-45, D. 5125-24-1, D. 5125-24-2.
2009	19 juin	Décret n° 2009-743. Médicaments dans les centres de soins, d'accompagnement et de prévention en addictologie. – V. CSP, art. D. 3411-9, D. 3411-10.
2009	23 juin	Décret n° 2009-801. Fixation de la liste des compétences pouvant être transférées à un groupement de coopération sanitaire par décision du directeur de l'agence régionale de l'hospitalisation. – V. CSP, art. R. 6133-22.
2009	24 juin	Décret n° 2009-802. Établissements de transfusion sanguine et modification des articles D. 1221-6 et D. 1223-23 du code de la santé publique. – V. CSP, art. D. 1221-6.

2009	7 juill.	Loi n° 2009-833. Création d'une première année commune aux études de santé et facilitant la réorientation des étudiants. – V. CSP, art. L. 4111-2.
2009	21 juill.	Loi n° 2009-879. Réforme de l'hôpital et relative aux patients, à la santé et aux territoires : – V. CSP, art. L. 1110-3, L. 1110-4, L. 1111-2, L. 1111-3, L. 1111-8, L. 1111-14, L. 1111-15, L. 1111-16, L. 1111-17, L. 1111-18, L. 1111-19, L. 1111-21, L. 1111-23, L. 1111-24, L. 1114-1, L. 1142-2, L. 1151-1, L. 1151-2, L. 1151-3, L. 1152-1, L. 1152-2, L. 1161-1 à L. 1162-1, L. 1171-1, L. 1312-1, L. 1333-3, L. 1333-10, L. 1334-8-1, L. 1334-9, L. 1334-10, L. 1334-12-1, L. 1334-14 à L. 1334-17, L. 1337-6, L. 1341-1 à L. 1341-2, L. 1342-1, L. 1342-3, L. 1411-3, L. 1411-11, L. 1411-12, L. 1411-13, L. 1413-4, L. 1413-16, L. 1421-1, L. 1425-1, L. 1426-1, L. 1426-2, L. 1431-1 à L. 1435-7, L. 1434-8, L. 1521-7, L. 2122-1, L. 2323-1, L. 2323-3, L. 3115-1 à L. 3115-4, L. 3116-3, L. 3116-6, L. 3121-2, L. 3121-2-1, L. 3231-1 à L. 3231-4, L. 3322-9, L. 3323-1, L. 3323-2, L. 3331-4, L. 3341-2, L. 3342-1, L. 3342-4, L. 3351-6, L. 3351-6-1, L. 3351-6-2, L. 3351-8, L. 3353-3, L. 3511-2, L. 3826-1, L. 3845-1, L. 3845-2, L. 4011-1 à L. 4011-3, L. 4021-1, L. 4031-1 à L. 4031-4, L. 4111-1, L. 4111-2, L. 4111-3-1, L. 4112-1, L. 4112-3, L. 4112-4, L. 4113-1, L. 4113-1-1, L. 4113-1-2, L. 4113-9, L. 4113-14, L. 4122-2, L. 4122-5, L. 4123-3, L. 4123-5, L. 4123-6, L. 4123-8, L. 4124-2, L. 4124-6, L. 4124-6-1, L. 4124-8, L. 4125-3-1, L. 4130-1, L. 4132-2, L. 4132-9, L. 4133-1 à L. 4133-4, L. 4142-5, L. 4143-1 à L. 4143-4, L. 4151-1, L. 4151-7-1, L. 4152-1, L. 4152-4, L. 4152-8, L. 4153-1 à L. 4153-4, L. 4212-7, L. 4221-1, L. 4221-7, L. 4221-12, L. 4221-19, L. 4222-4, L. 4231-5, L. 4231-7, L. 4232-2, L. 4232-15, L. 4232-15-1, L. 4233-4, L. 4233-5, L. 4234-1, L. 4234-6-1, L. 4236-1 à L. 4236-4, L. 4242-1, L. 4243-1, L. 4243-2, L. 4311-1, L. 4311-15, L. 4311-16, L. 4312-1, L. 4312-2, L. 4312-3, L. 4312-4, L. 4312-5, L. 4312-7, L. 4312-9, L. 4321-6, L. 4321-10, L. 4321-14, L. 4321-16, L. 4321-17, L. 4321-18, L. 4321-19, L. 4322-2, L. 4322-7, L. 4322-9, L. 4322-10, L. 4322-11, L. 4322-12, L. 4343-3, L. 4343-4, L. 4381-1, L. 4381-1-1, L. 4381-1-2, L. 4381-4, L. 4382-1, L. 4383-1, L. 4423-3, L. 5121-1, L. 5121-20, L. 5122-6, L. 5122-9, L. 5124-14, L. 5125-1-1 A, L. 5125-23-1, L. 5126-2, L. 5126-5, L. 5134-1, L. 5139-2, L. 5145-2-1, L. 5145-2-2, L. 5145-5, L. 5145-7, L. 5146-1 à L. 5146-5, L. 5311-1, L. 6111-1, L. 6111-2, L. 6111-3, L. 6112-1, L. 6112-2, L. 6112-3, L. 6112-5, L. 6112-7, L. 6113-7, L. 6113-8, L. 6113-10 à L. 6113-10-2, L. 6114-1, L. 6114-2, L. 6114-3, L. 6114-4, L. 6121-1 à L. 6121-4, L. 6121-6, L. 6121-7, L. 6121-9, L. 6121-10, L. 6122-1, L. 6122-4, L. 6122-7, L. 6122-8, L. 6122-10, L. 6122-13, L. 6122-15, L. 6122-16, L. 6125-2, L. 6131-1 à L. 6131-6, L. 6132-1, L. 6133-1 à L. 6133-9, L. 6141-1, L. 6141-2, L. 6141-2-1, L. 6141-7-2, L. 6141-7-3, L. 6142-3, L. 6143-1, L. 6143-2, L. 6143-3, L. 6143-3-1, L. 6143-3-2, L. 6143-4, L. 6143-5, L. 6143-6, L. 6143-6-1, L. 6143-7, L. 6143-7-2 à L. 6143-7-5, L. 6143-8, L. 6144-1, L. 6145-1, L. 6145-6, L. 6145-16, L. 6146-1 à L. 6146-6, L. 6146-10, L. 6146-11, L. 6147-1, L. 6147-2, L. 6147-9, L. 6148-7, L. 6152-1, L. 6152-3, L. 6152-5-1, L. 6153-1, L. 6154-5, L. 6155-1, L. 6155-2, L. 6155-3, L. 6155-4, L. 6155-5,

		L. 6161-2, L. 6161-3-1, L. 6161-4, L. 6161-5, L. 6161-5-1, L. 6161-6, L. 6161-7, L. 6161-8, L. 6161-9, L. 6161-10, L. 6162-1, L. 6162-7, L. 6162-9, L. 6162-10, L. 6162-11, L. 6162-12, L. 6162-13, L. 6311-2, L. 6314-1, L. 6314-2, L. 6314-3, L. 6315-1, L. 6316-1, L. 6323-1, L. 6323-2, L. 6323-3, L. 6323-4, L. 6323-5. – V. L. n° 2002-303 du 4 mars 2002, art. 75, ss. CSP, art. L. 4321-22. – V. L. n° 2004-806 du 9 août 2004, art. 52, ss. CSP, art. L. 4163-10.
2009	21 juill.	Décret n° 2009-882. Trésorerie des organismes de sécurité sociale et des organismes en relation avec l'Agence centrale des organismes de sécurité sociale. – V. CSP, art. R. 3135-10.
2009	22 juill.	Loi n° 2009-888. Développement et modernisation des services touristiques. – V. CSP, L. 3332-1, L. 3332-11, L. 3335-4.
2009	29 juill	Décret n° 2009-955. Bilan kinésithérapique. – V. CSP, art. R. 4321-2.
2009	29 juill.	Décret n° 2009-957. Reconnaissance des qualifications professionnelles des ressortissants des États membres de la Communauté européenne ou parties à l'accord sur l'Espace économique européen pour l'exercice des professions de préparateur en pharmacie et préparateur en pharmacie hospitalière, d'auxiliaires médicaux et de conseiller en génétique. – V. CSP, art. R. 1132-4 à R. 1132-4-4, R. 4241-8-1, R. 4241-8-2, R. 4241-8-3, R. 4241-9 à R. 4241-13, R. 4311-34 à R. 4311-41-2, R. 4311-52-1, R. 4321-27 à R. 4321-30, R. 4322-14 à R. 4322-17, R. 4331-9 à R. 4331-15, R. 4332-9 à R. 4332-12, R. 4341-13 à R. 4341-16, R. 4342-10 à R. 4342-13, R. 4351-22 à R. 4351-25, R. 4361-13 à R. 4361-16, R. 4362-2 à R. 4362-5, R. 4371-2 à R. 4371-5.
2009	29 juill.	Décret n° 2009-958. Reconnaissance des qualifications professionnelles des ressortissants des États membres de la Communauté européenne ou parties à l'accord sur l'Espace économique européen pour l'exercice des professions de médecin, de chirurgien-dentiste, de sage-femme, de pharmacien, de directeur et directeur adjoint de laboratoire d'analyses de biologie médicale. – V. CSP, art. R. 4111-14, R. 4111-15, R. 4111-17 à R. 4111-20, R. 4112-1, R. 4112-9, R. 4112-9, R. 4112-11, R. 4112-12, R. 4126-2, R. 4126-3, R. 4131-29, R. 4141-4, R. 4151-19, R. 4221-12, R. 4221-13, R. 4221-14, R. 4222-2, R. 4222-5 à R. 4222-8, R. 6221-11 à R. 6221-17.
2009	20 août	Décret n° 2009-983. Actes professionnels accomplis par les pédicures-podologues. – V. CSP, art. D. 4322-1-1.
2009	25 août	Décret n° 2009-1027. Reconnaissance des qualifications professionnelles des ressortissants des États membres de la Communauté européenne ou parties à l'accord sur l'Espace économique européen pour l'exercice des professions de prothésiste et d'orthésiste pour l'appareillage des personnes handicapées et modifiant le code de la santé publique. – V. CSP, art. D. 4364-6, D. 4364-7 à D. 4364-11-13.
2009	25 août	Décret n° 2009-1036. Exercice en commun des professions paramédicales sous forme de société d'exercice libéral. – V. CSP, art. R. 4381-8, R. 4381-15-1.

2009	25 août	Décret n° 2009-1037. Composition et aux règles de fonctionnement de la commission des préparateurs en pharmacie et des préparateurs en pharmacie hospitalière. – V. CSP, art. D. 4241-20 à D. 4241-29.
2009	2 sept.	Décret n° 2009-1088. Commissions mentionnées aux articles R. 5212-7 du code de la santé publique et L. 165-1 du code de la sécurité sociale. – V. CSP, art. R. 5212-4, R. 5212-7.
2009	7 sept.	Décret n° 2009-1101. Application de l'article L. 5141-8 du code de la santé publique. – V. CSP, art. D. 5141-55 à D. 5141-59, D. 5141-123-21.
2009	11 sept.	Décret n° 2009-1113. Conférence nationale de santé. – V. CSP, art. D. 1411-42.
2009	22 oct.	Décret n° 2009-1283. Exécution des préparations magistrales et officinales. – V. CSP, art. R. 5125-33-1 à R. 5125-33-4, R. 5132-8.
2009	24 nov.	Loi n° 2009-1436. Pénitentiaire. – V. CSP, art. L. 1431-2, L. 1434-9.
2009	24 nov.	Loi n° 2009-1437. Orientation et formation professionnelle tout au long de la vie. – V. CSP, art. L. 4161-5, L. 4223-1, L. 4312-5.
2009	17 déc.	Ordonnance n° 2009-1585. Reconnaissance des qualifications professionnelles requises pour l'exercice des professions médicales, pharmaceutiques et paramédicales. – Ratifiée par L. n° 2011-940 du 10 août 2011, art. 64-1°. – V. CSP, art. L. 1132-2 à L. 1132-7, L. 4111-1, L. 4111-2, L. 4111-5, L. 4111-8, L. 4112-1, L. 4112-7, L. 4112-8, L. 4123-5, L. 4131-1, L. 4131-1-1, L. 4131-2, L. 4131-7, L. 4141-3, L. 4141-3-1, L. 4141-4, L. 4141-5-1, L. 4141-6, L. 4151-5, L. 4151-5-1, L. 4151-6, L. 4151-10, L. 4221-1, L. 4221-2, L. 4221-4, L. 4221-5, L. 4221-9, L. 4221-10, L. 4221-14, L. 4221-14-1, L. 4221-14-2, L. 4221-20, L. 4222-9, L. 4222-10, L. 4241-7, L. 4241-8, L. 4241-11, L. 4241-12, L. 4241-13, L. 4241-14, L. 4241-15, L. 4241-16, L. 4241-16-1, L. 4241-17, L. 4241-18, L. 4311-3, L. 4311-4, L. 4311-8, L. 4311-12, L. 4311-22, L. 4311-29, L. 4321-4, L. 4321-8, L. 4321-9, L. 4321-11, L. 4321-22, L. 4322-2, L. 4322-2-1, L. 4322-4, L. 4322-15, L. 4322-16, L. 4331-2, L. 4331-3-1, L. 4331-4, L. 4331-6, L. 4331-7, L. 4332-2, L. 4332-2-1, L. 4332-4, L. 4332-6, L. 4332-7, L. 4333-2, L. 4341-2, L. 4341-2-1, L. 4341-4, L. 4341-7, L. 4341-8, L. 4341-9, L. 4342-2, L. 4342-2-1, L. 4342-4, L. 4342-5, L. 4342-6, L. 4342-7, L. 4343-3, L. 4351-2, L. 4351-3-1, L. 4351-4, L. 4351-8, L. 4351-9, L. 4352-1, L. 4352-2, L. 4361-2, L. 4361-3, L. 4361-4, L. 4361-9, L. 4361-10, L. 4361-11, L. 4362-1, L. 4362-2, L. 4362-3, L. 4362-7, L. 4362-8, L. 4362-12, L. 4371-2, L. 4371-3-1, L. 4371-4, L. 4371-5, L. 4371-7, L. 4371-8, L. 4371-9, L. 4381-1-1, L. 4381-1-2, L. 4381-4, L. 4391-1 à L. 4394-3.
2009	17 déc.	Ordonnance n° 2009-1586. Conditions d'enregistrement des professions de santé. – Ratifiée par L. n° 2011-940 du 10 août 2011, art. 64-2°. – V. CSP, art. L. 4221-16, L. 4221-16-1, L. 4221-16-2, L. 4221-20, L. 4311-15, L. 4311-15-1, L. 4311-15-2, L. 4311-29, L. 4321-10, L. 4321-10-1, L. 4321-10-2, L. 4321-22, L. 4322-2, L. 4322-2-2, L. 4322-2-3, L. 4322-16, L. 4333-1, L. 4333-1-1, L. 4333-1-2, L. 4341-2, L. 4341-2-2, L. 4341-2-3, L. 4341-9,

		L. 4342-2, L. 4342-2-2, L. 4342-2-3, L. 4342-7, L. 4352-1, L. 4351-11L. 4352-12, L. 4361-2, L. 4361-2-1, L. 4361-2-2, L. 4361-11, L. 4362-1, L. 4362-1-1, L. 4362-1-2, L. 4362-12, L. 4364-2, L. 4364-3, L. 4364-4, L. 4371-5, L. 4371-5-1, L. 4371-5-2, L. 4371-9.
2009	23 déc.	Décret n° 2009-1650. Application de la loi n° 2009-888 du 22 juillet 2009 de développement et de modernisation des services touristiques. – V. CSP, art. D. 3332-10.
2009	24 déc.	Loi n° 2009-1646. De financement de la sécurité sociale pour 2010. – V. CSP, L. 4113-5, L. 4113-9, L. 4421-5.
2009	30 déc.	Décret n° 2009-1760. Réserve sanitaire. – V. CSP, art. R. 3132-1, R. 3133-1, D. 3134-1.
2009	30 déc.	Décret n° 2009-1762. Président de commission médicale d'établissement, vice-président de directoire des établissements publics de santé. – V. CSP, art. D. 6143-37 à D. 6143-37-5.
2009	30 déc.	Décret n° 2009-1763. Dispositions applicables en cas de non-respect de la mise à disposition du public par les établissements de santé des résultats des indicateurs de qualité et de sécurité des soins. – V. CSP, art. D. 6111-23.
2009	30 déc.	Décret n° 2009-1765. Directeur et membres du directoire des établissements publics de santé. – V. CSP, art. D. 6143-33 à D. 6143-36.
2010	7 janv.	Ordonnance n° 2010-18. Création d'une agence nationale chargée de la sécurité sanitaire de l'alimentation, de l'environnement et du travail. – V. CSP, art. L. 1125-2, L. 1313-1 à L. 1313-11, L. 1312-3, L. 1312-4, L. 1413-4, L. 1431-1, L. 2133-1, L. 3322-11, L. 5138-3, L. 5139-1, L. 5141-4, L. 5141-5, L. 5141-5-1, L. 5141-5-3, L. 5141-8, L. 5141-9, L. 5141-10, L. 5141-10-1, L. 5141-12, L. 5141-12-1, L. 5141-16, L. 5142-2, L. 5142-3, L. 5142-3-1, L. 5142-5-1, L. 5142-7, L. 5142-8, L. 5143-1, L. 5143-3, L. 5143-4, L. 5143-6, L. 5143-10, L. 5144-1, L. 5144-2, L. 5144-3, L. 5145-1, L. 5145-2, L. 5145-2-1, L. 5146-1, L. 5146-2, L. 5146-4, L. 5231-1, L. 5441-15.
2010	13 janv.	Ordonnance n° 2010-49. Biologie médicale. – Ratifiée par L. n° 2013-442 du 30 mai 2013, art. 1er. – V. CSP, art. L. 1414-5, L. 1421-1, L. 1434-9, L. 2131-1, L. 2142-1, L. 4161-1, L. 4351-9 à L. 4351-13, L. 4352-1 à L. 4352-9, L. 4353-1, L. 4353-2, L. 4383-1, L. 4383-3, L. 5232-4, L. 5311-1, L. 6211-1 à L. 6242-5.
2010	21 janv.	Ordonnance n° 2010-76. Fusion des autorités d'agrément et de contrôle de la banque et de l'assurance. – V. CSP, art. L. 4135-2.
2010	29 janv.	Décret n° 2010-107. Conditions de mise en œuvre des décisions de limitation ou d'arrêt de traitement. – V. CSP, art. R. 4127-37.
2010	19 févr.	Décret n° 2010-157. Diplôme de technicien supérieur en imagerie médicale et radiologie thérapeutique. – V. CSP, art. D. 4351-16.
2010	23 févr.	Ordonnance n° 2010-177. Coordination avec la loi n° 2009-879 du 21 juillet 2009 portant réforme de l'hôpital et relative aux patients, à

		la santé et aux territoires. – Ratifiée par L. n° 2011-940 du 10 août 2011, art. 64-4° : – V. CSP, art. L. 1110-7, L. 1110-11, L. 1111-8, L. 1111-14, L. 1111-17, L. 1111-18, L. 1111-23, L. 1112-1, L. 1112-2, L. 1112-4, L. 1114-3, L. 1121-1, L. 1121-13, L. 1123-1, L. 1123-3, L. 1123-14, L. 1132-1, L. 1142-8, L. 1142-21, L. 1142-25, L. 1142-26, L. 1152-1, L. 1152-2, L. 1222-7, L. 1234-2, L. 1234-3-1, L. 1243-3, L. 1243-4, L. 1243-6, L. 1243-8, L. 1311-7, L. 1312-1, L. 1312-2, L. 1321-2-1, L. 1321-5, L. 1321-7, L. 1321-9, L. 1322-1, L. 1322-4, L. 1324-2, L. 1331-17, L. 1331-22 à L. 1331-29, L. 1332-3 à L. 1332-5, L. 1332-7, L. 1333-32, L. 1334-1, L. 1334-2, L. 1334-4, L. 1334-8-1, L. 1334-10, L. 1334-11, L. 1337-1, L. 1337-1-1, L. 1337-4, L. 1411-3, L. 1411-7, L. 1411-8, L. 1413-15, L. 1416-1, L. 1418-7, L. 1421-1, L. 1424-1, L. 1427-1, L. 1431-2, L. 1432-7-1, L. 1434-7, L. 1435-4-1, L. 1435-7, L. 2131-2, L. 2132-3, L. 2142-2, L. 2212-3, L. 2212-8, L. 2212-10, L. 3131-8, L. 3211-3, L. 3211-6, L. 3221-5, L. 3222-4, L. 3223-2, L. 3322-7, L. 3331-2, L. 3332-3, L. 3332-5, L. 3335-9, L. 3352-3, L. 3411-1, L. 3412-1 à L. 3412-3, L. 4113-14, L. 4123-11, L. 4124-2, L. 4131-2, L. 4132-9, L. 4163-1, L. 4211-3, L. 4211-5, L. 4221-18, L. 4222-7, L. 4232-1, L. 4232-5, L. 4233-3, L. 4234-10, L. 4311-6, L. 4311-15, L. 4311-18, L. 4311-26, L. 4312-5, L. 4314-2, L. 4321-5, L. 4321-10, L. 4322-2, L. 4323-2, L. 4333-1, L. 4341-2, L. 4342-2, L. 4344-1, L. 4351-10, L. 4361-2, L. 4362-1, L. 4362-5, L. 4362-6, L. 4371-5, L. 4383-1, L. 4383-3, L. 5121-1, L. 5121-8, L. 5121-9-1, L. 5121-14-1, L. 5122-6, L. 5124-4, L. 5124-7, L. 5124-11, L. 5125-1, L. 5125-4, L. 5125-6, L. 5125-7, L. 5125-8 nouv., L. 5125-9, L. 5125-10 nouv., L. 5125-14 nouv., L. 5125-15, L. 5125-16, L. 5125-17 nouv., L. 5125-18, L. 5125-19, L. 5125-21, L. 5125-22, L. 5127-1 à L. 5127-6, L. 5132-9, L. 5139-3, L. 5141-2, L. 5141-5, L. 5141-5-4, L. 5141-8 à L. 5141-10-1, L. 5141-15, L. 5142-7, L. 5146-1, L. 5146-2, L. 5221-2, L. 5313-3, L. 5411-1 à L. 5411-3, L. 5413-1, L. 5424-19, L. 5431-1, L. 5462-1, L. 6111-4, L. 6113-3 à L. 6113-9, L. 6114-1 à L. 6114-3, L. 6116-1, L. 6116-2, L. 6117-2, L. 6121-7, L. 6121-11, L. 6122-1 à L. 6122-3, L. 6122-6, L. 6122-8 à L. 6122-10-1, L. 6122-12, L. 6122-13, L. 6122-14-1, L. 6122-18, L. 6133-7, L. 6133-8, L. 6134-1, L. 6135-1, L. 6141-5, L. 6142-6, L. 6142-17, L. 6143-2, L. 6143-2-2, L. 6143-4, L. 6143-7, L. 6143-7-1, L. 6144-1, L. 6144-6-1, L. 6145-1 à L. 6145-4, L. 6145-7 à L. 6145-8-1, L. 6145-10-1, L. 6145-14, L. 6146-7, L. 6146-11, L. 6147-7 à L. 6147-9, L. 6148-4, L. 6151-3, L. 6152-5, L. 6161-1, L. 6161-3, L. 6162-6 à L. 6162-8, L. 6312-2, L. 6312-4, L. 6312-5, L. 6322-1, L. 6324-1, L. 6325-1. – V. L. n° 85-772 du 25 juill. 1985, art. 44, ss. CSP, art. L. 4163-10. – V. L. n° 2002-303 du 4 mars 2002, art. 75, ss. CSP, art. L. 4321-22.
2010	26 févr.	Décret n° 2010-199. Modalités d'élection et de renouvellement des conseils des professions médicales et paramédicales et de leurs chambres disciplinaires. – V. CSP, art. R. 4122-1, R. 4122-2, R. 4122-4 à R. 4122-8, R. 4123-1 à R. 4123-3-1, R. 4123-5 à R. 4123-7, R. 4123-10 à R. 4123-17, R. 4124-1, R. 4124-4 à R. 4124-6, R. 4125-1, R. 4125-3, R. 4125-6, R. 4132-2 à R. 4132-4, R. 4142-3,

		R. 4142-5 à R. 4142-7, R. 4152-1 à R. 4152-6, R. 4311-54, R. 4311-54-1, R. 4311-55, R. 4311-57-1, R. 4311-59, R. 4311-61, R. 4311-62, R. 4311-76, R. 4311-78, R. 4311-80, R. 4311-81, R. 4311-85, R. 4311-87, R. 4311-89, R. 4311-90, R. 4311-92 à R. 4311-94, R. 4321-38, R. 4321-39, R. 4321-41, R. 4321-43 à R. 4321-48, R. 4321-50, R. 4322-23 à R. 4322-30, R. 4323-1.
2010	4 mars	Décret n° 2010-225. Modifications de certaines dispositions du code de la défense relatives aux préfets délégués pour la défense et la sécurité, aux états-majors interministériels de zone de défense et de sécurité, aux délégués et correspondants de zone de défense et de sécurité et à l'outre-mer ainsi que certaines dispositions relatives aux secrétariats généraux pour l'administration de la police et certaines dispositions du code de la santé publique. – V. CSP, art. R. 3131-11.
2010	9 mars	Décret n° 2010-245. Actes que sont autorisées à effectuer les personnes titulaires de l'examen de fin d'études ou du diplôme délivré par l'école des techniques thermales d'Aix-les-Bains et obtenu avant le 31 décembre 1982. – V. CSP, art. R. 4321-33.
2010	9 mars	Décret n° 2010-246. Organisation des épreuves de vérification des connaissances des personnes titulaires de l'examen de fin d'études ou du diplôme délivré par l'école des techniques thermales d'Aix-les-Bains et obtenu avant le 31 décembre 1982. – V. CSP, art. D. 4321-33-1 à D. 4321-33-5.
2010	10 mars	Loi n° 2010-242. Tendant à amoindrir le risque de récidive criminelle et portant diverses dispositions de procédure pénale. – V. CSP, art. L. 3711-1, L. 3711-3.
2010	11 mars	Ordonnance n° 2010-250. Dispositifs médicaux. – Ratifiée par L. n° 2011-940 du 10 août 2011, art. 64-5°. – V. CSP, art. L. 1111-3, L. 5211-1, L. 5211-3-2, L. 5211-4, L. 5211-6.
2010	11 mars	Décret n° 2010-251. Indemnisation des victimes de préjudices résultant de contaminations par le virus d'immunodéficience humaine ou par le virus de l'hépatite C causées par une transfusion de produits sanguins ou une injection de médicaments dérivés du sang ainsi qu'indemnisation des victimes de préjudices résultant de vaccinations obligatoires. – V. CSP, art. R. 1142-46 à D. 1142-70, R. 1221-69 à R. 1221-78, R. 3111-27 à R. 3111-33, R. 3122-1 à R. 3122-22.
2010	11 mars	Décret n° 2010-252. Dotation couvrant les dépenses liées à l'indemnisation des victimes de préjudices résultant de contaminations par le virus de l'hépatite C causées par une transfusion de produits sanguins ou une injection de médicaments dérivés du sang. – V. CSP, art. D. 1142-59-1, D. 1142-59-2.
2010	15 mars	Décret n° 2010-270. Évaluation clinique des dispositifs médicaux et communication des données d'identification à l'Agence française de sécurité sanitaire des produits de santé. – V. CSP, art. R. 5211-36 à R. 5211-38, R. 5211-66.
2010	15 mars	Décret n° 2010-271. Organisation de la direction générale de l'offre de soins. – V. CSP, art. D. 1421-2.

2010	25 mars	Ordonnance n° 2010-331. Extension et adaptation aux collectivités régies par l'article 74 de la Constitution, à la Nouvelle-Calédonie, aux Terres australes et antarctiques françaises ainsi qu'à la Réunion et à la Guadeloupe de dispositions de la loi n° 2009-879 du 21 juillet 2009 portant réforme de l'hôpital et relative aux patients, à la santé et aux territoires. – V. CSP, art. L. 1110-3-1, L. 1425-2, L. 1426-1, L. 1426-2, L. 1441-1 à L. 1441-7, L. 1442-1 à L. 1442-6, L. 1443-1 à L. 1443-7, L. 1444-1, L. 4031-5 à L. 4031-7.
2010	26 mars	Décret n° 2010-334. Reconnaissance des qualifications professionnelles requises des ressortissants des États membres de l'Union européenne ou des autres États parties à l'accord sur l'Espace économique européen pour l'exercice des professions médicales, pharmaceutiques et paramédicales et formation des aides-soignants, auxiliaires de puériculture et ambulanciers. – V. CSP, art. R. 1132-1 à R. 1132-4-2, R. 4112-1, R. 4112-4, R. 4112-9 à R. 4112-9-2, R. 4112-11, R. 4112-12, R. 4126-3, R. 4221-14, R. 4222-2, R. 4222-8, R. 4241-9 à R. 4241-13, R. 4311-34, R. 4311-36-1, R. 4311-36-2, R. 4311-38 à R. 4311-40, R. 4311-41-2, R. 4321-27 à R. 4321-29, R. 4322-14 à R. 4322-16, R. 4331-9 à R. 4331-17, R. 4332-9 à R. 4332-14, R. 4341-13 à R. 4341-18, R. 4342-10 à R. 4342-15, R. 4351-22 à R. 4351-27, D. 4352-1 à R. 4352-12, R. 4361-13 à R. 4361-18, R. 4362-2 à R. 4362-7, R. 4364-10-2, R. 4364-11-1, R. 4371-2 à R. 4371-7, D. 4391-1 à R. 4393-7.
2010	31 mars	Décret n° 2010-338. Relations entre les représentants de l'État dans le département, dans la zone de défense et dans la région et l'agence régionale de santé pour l'application des articles L. 1435-1, L. 1435-2 et L. 1435-7 du code de la santé publique. – V. CSP, art. R. 1435-1 à R. 1435-9.
2010	31 mars	Décret n° 2010-339. Régime financier des agences régionales de santé. – V. CSP, art. R. 1432-55 à R. 1432-66.
2010	31 mars	Décret n° 2010-344. Conséquences, au niveau réglementaire, de l'intervention de la loi n° 2009-879 du 21 juillet 2009 portant réforme de l'hôpital et relative aux patients, à la santé et aux territoires : – V. CSP, art. R. 1112-12, R. 1112-21 à R. 1112-23, R. 1112-31, R. 1112-67, R. 1112-80 à R. 1112-84, R.*1114-9, R. 1114-10, R. 1121-13, R. 1121-14, R. 1123-1 à R. 1123-3, R. 1123-6, R. 1123-9, R. 1123-13, R. 1123-15, R. 1123-17, R. 1123-19, R. 1131-10, R. 1131-11, R. 1131-14, R. 1131-15, R. 1131-17, R. 1131-18, R. 1131-23, R. 1142-47, R. 1221-18, D. 1221-20 à D. 1221-20-7, *R. 1221-24*, R. 1221-32, R. 1221-33, R. 1221-35, R. 1221-40, R. 1221-44, R. 1221-47, R. 1223-15 à R. 1223-19, R. 1231-7, R. 1232-5, R. 1232-7, R. 1232-12 à R. 1232-14, R. 1233-2, R. 1233-4 à R. 1233-6, R. 1233-10, R. 1233-12, R. 1235-6, R. 1242-5, R. 1242-14, R. 1243-4, R. 1243-6, R. 1243-7, R. 1243-22, R. 1243-32, R. 1243-51 à R. 1243-58, R. 1243-63 à R. 1243-67, R. 1243-69 à R. 1243-71, R. 1245-21, R. 1310-1 à R. 1310-3, R. 1312-1 à R. 1312-3, R. 1321-6, R. 1321-7, R. 1321-9, R. 1321-10, R. 1321-12, R. 1321-14 à R. 1321-19, R. 1321-22 à R. 1321-29, R. 1321-31 à R. 1321-33, R. 1321-35, R. 1321-36, R. 1321-40, R. 1321-47,

		R. 1321-56, D. 1321-67, D. 1321-68, D. 1321-103, D. 1321-104, R. 1322-5 à R. 1322-7, R. 1322-9, R. 1322-14, R. 1322-17, R. 1322-20, R. 1322-23 à R. 1322-25, R. 1322-30, R. 1322-40 à R. 1322-42, R. 1322-44 à R. 1322-44-2, R. 1322-44-4, R. 1322-44-6, R. 1322-44-8, R. 1322-45, R. 1322-51, D. 1332-4, D. 1332-12, D. 1332-13, D. 1332-18, D. 1332-21 à D. 1332-25, D. 1332-27 à D. 1332-31, D. 1332-33, D. 1332-36, D. 1332-38, R. 1333-91, R. 1333-96, R. 1333-110, R. 1334-2, R. 1334-9, R. 1334-10, R. 1334-12, R. 1334-28, R. 1335-13, R. 1341-7, D. 1411-37, D. 1414-49, D. 1415-1-8, R. 1416-1 à R. 1416-15, R. 1418-4, R. 1418-6, R. 1421-13 à R. 1421-18, R. 2112-10, R. 2123-2, R. 2123-5 à R. 2123-5-5, R. 2131-7, R. 2131-8, R. 2131-13, R. 2131-21, R. 2131-28, R. 2131-32, R. 2142-3, R. 2142-4, R. 2142-8, R. 2142-10, R. 2142-19, R. 2142-20, R. 2142-30, R. 2212-1 à R. 2112-3, R. 2222-2, R. 2311-2, R. 2311-9, R. 2311-13, R. 2311-15, R. 2311-17, R. 2311-18, R. 2311-20, R. 2321-2 à R. 2321-4, R. 2321-7 à R. 2321-10, R. 2322-2 à R. 2322-5, R. 2322-7, R. 2322-14, D. 3111-22 à D. 3111-26, R. 3112-2, D. 3112-6 à D. 3112-10, D. 3112-12, D. 3112-13, R. 3112-15, R. 3113-2 à R. 3113-4, R. 3114-8, R. 3114-9, R. 3114-21, R. 3115-2 à R. 3115-5, R. 3115-7, R. 3116-16, D. 3121-21 à D. 3121-23, D. 3121-35, D. 3121-38 à D. 3121-42, R. 3131-7, R. 3221-1 à R. 3221-5, R. 3221-12, R. 3221-13, R. 3221-15, R. 3221-17, R. 3223-7, R. 3354-11, R. 3354-12, R. 3354-20, D. 3411-9, D. 3411-10, R. 3413-1 à R. 3413-5, R. 3413-7, R. 3413-10, R. 3413-15, R. 3711-1, R. 4112-4, R. 4112-6, R. 4113-7, R. 4113-32, R. 4123-15, R. 4124-1, R. 4124-3, R. 4124-3-2, R. 4124-7, R. 4125-7, R. 4126-1, R. 4126-1-1, R. 4126-33, R. 4126-34, R. 4133-2, R. 4143-7, R. 4143-10, R. 4143-13, D. 4151-7, D. 4151-10, R. 4211-22, R. 4221-15, D. 4233-15-2, R. 4234-1, R. 4234-25, R. 4236-8, R. 4236-11, R. 4236-12, R. 4236-14, D. 4241-8, R. 4241-8-1, R. 4241-8-2, R. 4241-8-3, D. 4311-19, D. 4311-25, D. 4311-44, D. 4311-48, R. 4312-34, R. 4312-44, D. 4321-17, D. 4321-23, D. 4321-25, D. 4322-4, D. 4322-10, D. 4322-12, D. 4331-6, D. 4331-7, D. 4332-6, D. 4332-7, R. 4341-20, R. 4342-17, D. 4351-11, D. 4351-12, R. 4362-8, D. 4364-17, R. 4381-7, R. 4381-10, R. 4381-19, D. 4381-23, R. 4381-27 à R. 4381-31, R. 4381-40, R. 4381-43, R. 4381-59, R. 4381-64, R. 4381-67, R. 4381-70, R. 4381-75, R. 4381-81, R. 4381-85, R. 4383-2, R. 4383-5, R. 5121-83, R. 5121-85, R. 5121-88, R. 5121-167, R. 5121-181, R. 5121-191, R. 5124-6, R. 5124-29, R. 5124-45, R. 5124-59, R. 5124-66, R. 5125-1, R. 5125-2, R. 5125-4, R. 5125-5, R. 5125-8, R. 5125-12, R. 5125-13, R. 5125-25, R. 5125-31 à R. 5125-33-4, R. 5125-37, R. 5125-41, R. 5125-43, R. 5126-4, R. 5126-5, R. 5126-9, R. 5126-10, R. 5126-14 à R. 5126-16, R. 5126-17, R. 5126-19, R. 5126-20, R. 5126-34, R. 5126-45, R. 5126-53, R. 5126-71, R. 5126-72, R. 5126-74, R. 5126-111, R. 5132-31, R. 5132-36, R. 5132-37, R. 5132-76, R. 5132-80, R. 5132-89, R. 5132-95, D. 5143-8, R. 5146-1, R. 5212-35, R. 5212-37, R. 5313-6, R. 5411-1, R. 5413-1, R. 6111-1, R. 6111-2, R. 6111-8, R. 6111-12, R. 6111-16, R. 6111-17, R. 6113-10, R. 6113-11, R. 6113-15, D. 6113-17 à

		D. 6113-21, R. 6113-28, R. 6113-29, R. 6115-1 à R. 6115-9, R. 6121-1 à R. 6121-3, R. 6121-4-1 à D. 6121-6, D. 6121-11, R. 6122-2, R. 6122-8 à R. 6122-24, R. 6122-27 à R. 6122-35, R. 6122-40 à R. 6122-44, R. 6123-1, R. 6123-14, R. 6123-29 à R. 6123-31, R. 6123-32-6, R. 6123-37, R. 6123-47, R. 6123-50 à R. 6123-52, R. 6123-74, R. 6123-88, R. 6123-92, R. 6123-101, R. 6123-108, R. 6123-121, R. 6123-126, D. 6124-25, D. 6124-177-4, D. 6124-177-16, D. 6124-201, D. 6124-303, D. 6124-306 à D. 6124-310, R. 6131-1 à R. 6131-16, R. 6132-2, R. 6132-3, R. 6132-7, R. 6132-8, R. 6132-10, R. 6132-18, D. 6132-23, R. 6141-10 à R. 6141-14, R. 6141-17 à R. 6141-23, R. 6141-29 à R. 6141-31, D. 6141-48, R. 6141-50, R. 6143-38, R. 6144-65, R. 6144-66, D. 6144-85 à R. 6144-89, R. 6147-75, D. 6151-2, D. 6151-3, R. 6154-5, R. 6154-11, R. 6154-12, R. 6161-14, R. 6161-15, R. 6161-20 à R. 6161-27, R. 6161-29, R. 6161-37, D. 6162-2, D. 6162-4, D. 6162-5, R. 6311-11, D. 6311-17, D. 6311-19, R. 6312-1, R. 6312-4, R. 6312-5, R. 6312-17, R. 6312-20 à R. 6312-22, R. 6312-30, R. 6312-33, R. 6312-35 à R. 6312-37, R. 6312-40, R. 6314-4, R. 6315-1, D. 6321-1, R. 6322-2 à R. 6322-6, R. 6322-9 à R. 6322-13, R. 6322-19, R. 6322-20, R. 6322-22, R. 6322-26, R. 6322-28, D. 6322-48, R. 6324-1, R. 6325-1, R. 6325-2. – Art. 363. – V. Décr. n° 2007-435 du 25 mars 2007, ss. CSP, art. L. 4321-22.
2010	31 mars	Décret n° 2010-345. Adaptation des dispositions réglementaires prises pour l'application du titre III du livre IV du code de la santé publique à la Guadeloupe, à La Réunion, à Mayotte, à Saint-Barthélemy, à Saint-Martin et à Saint-Pierre-et-Miquelon. – V. CSP, art. R. 1416-1 à R. 1416-9, R. 1425-1, R. 1426-1, R. 1426-2, R. 1441-20, R. 1442-1, R. 1443-1, R. 1443-2, R. 1443-53, R. 1518-1.
2010	31 mars	Décret n° 2010-346. Commissions de coordination des politiques publiques de santé. – V. CSP, art. D. 1432-1 à D. 1432-14.
2010	31 mars	Décret n° 2010-347. Composition et mode de fonctionnement des conférences de territoire. – V. CSP, art. D. 1434-21 à D. 1434-40.
2010	31 mars	Décret n° 2010-348. Conférence régionale de la santé et de l'autonomie. – V. CSP, art. D. 1432-28 à D. 1432-53.
2010	8 avr.	Décret n° 2010-361. Conseil de surveillance des établissements publics de santé. – V. CSP, art. R. 6143-1 à R. 6143-16.
2010	14 avr.	Décret n° 2010-378. Sécurité sanitaire des eaux destinées à la consommation humaine dans les installations, services et organismes relevant du ministère de la défense. – V. CSP, art. R. 1321-63.
2010	27 avr.	Ordonnance n° 2010-420. Adaptation de dispositions résultant de la fusion de la direction générale des impôts et de la direction générale de la comptabilité publique. – V. CSP, art. L. 1113-7, L. 1113-8, L. 1113-10, L. 4163-1, L. 5463-1, L. 6145-8.
2010	29 avr.	Décret n° 2010-425. Organisation financière et investissement immobilier des établissements de santé. – V. CSP, art. R. 6113-2,

		D. 6143-39 à D. 6143-41, R. 6145-1, R. 6145-4 à R. 6145-12, R. 6145-14, R. 6145-16, R. 6145-17, R. 6145-19, R. 6145-21, R. 6145-22, R. 6145-25 à R. 6145-32, D. 6145-33, D. 6145-34, R. 6145-35 à R. 6145-37, R. 6145-39, R. 6145-40, R. 6145-42 à R. 6145-49, R. 6145-51, R. 6145-53 à R. 6145-56, R. 6145-59, D. 6145-64, R. 6145-65 à R. 6145-69, R. 6161-36, D. 6162-10 à D. 6162-12.
2010	29 avr.	Décret n° 2010-426. Assistance publique-hôpitaux de Paris, Hospices civils de Lyon et Assistance publique-hôpitaux de Marseille. – V. CSP, art. R. 6147-1 à R. 6147-16.
2010	29 avr.	Décret n° 2010-427. Procédures d'autorisation d'exercice des professions de médecin, chirurgien-dentiste, sage-femme et pharmacien. – V. CSP, art. D. 4111-1, D. 4111-12-1, D. 4221-1.
2010	30 avr.	Décret n° 2010-436. Comité technique d'établissement des établissement publics de santé. – V. CSP, art. R. 6144-40.
2010	30 avr.	Décret n° 2010-437. Durée de validité des autorisations d'équipement sanitaire. – V. CSP, art. R. 6122-37.
2010	30 avr.	Décret n° 2010-438. Diverses dispositions relatives aux communautés hospitalières de territoire. – V. CSP, art. R. 6132-28.
2010	30 avr.	Décret n° 2010-439. Commission médicale d'établissement dans les établissements publics de santé. – V. CSP, art. R. 6144-1 à R. 6144-39.
2010	30 avr.	Décret n° 2010-449. Commission des soins infirmiers, de rééducation et médico-techniques dans les établissements publics de santé. – V. CSP, art. R. 6146-10 à R. 6146-16.
2010	30 avr.	Décret n° 2010-440. Visite de conformité prévue à l'article L. 6122-4 du code de la santé publique. – V. CSP, art. D. 6122-38.
2010	3 mai	Décret n° 2010-450. Centre d'accueil et de soins hospitaliers de Nanterre. – V. CSP, art. R. 6147-93 à R. 6147-101.
2010	3 mai	Décret n° 2010-451. Indemnités des membres élus des ordres des médecins, des chirurgiens-dentistes, des sages-femmes, des pharmaciens, des infirmiers, des masseurs-kinésithérapeutes et des pédicures-podologues. – V. CSP, art. D. 4125-8, D. 4125-9, D. 4233-28, D. 4233-29, D. 4311-55-1, D. 4311-55-2, D. 4321-35-1, D. 4322-20-1.
2010	4 mai	Décret n° 2010-457. Signalement des incidents ou des accidents liés à l'exposition aux rayonnements ionisants. – V. CSP, art. R. 1333-109.
2010	6 mai	Décret n° 2010-465. Sanctions prévues pour l'offre et la vente de boissons alcooliques. – V. CSP, art. R. 3353-2, R. 3353-3, R. 3353-4, R. 3353-6, R. 3353-7.
2010	18 mai	Décret n° 2010-507. Modalités de garde, d'escorte et de transport des personnes détenues hospitalisées en raison de troubles mentaux. – V. CSP, art. R. 3214-1 à R. 3214-23.
2010	18 mai	Décret n° 2010-514. Projet régional de santé. – V. CSP, art. R. 1434-1 à R. 1434-8.

2010	18 mai	Décret n° 2010-515. Programme pluriannuel régional de gestion du risque. – V. CSP, art. R. 1434-9 à R. 1434-20.
2010	20 mai	Décret n° 2010-526. Procédure de sortie immédiate des personnes hospitalisées sans leur consentement prévue à l'article L. 3211-12 du code de la santé publique. – V. CSP, art. R. 3211-1 à R. 3211-18.
2010	20 mai	Décret n° 2010-535. Établissements de santé privés d'intérêt collectif. – V. CSP, art. D. 6161-2 à D. 6161-4.
2010	7 juin	Décret n° 2010-613. Établissements et services d'accueil des enfants de moins de six ans. – V. CSP, art. R. 2324-16 à R. 2324-21, R. 2324-23, R. 2324-25, R. 2324-27 à R. 2324-30, R. 2324-35, R. 2324-36-1, R. 2324-36-2, R. 2324-38, R. 2324-39, R. 2324-40-1, R. 2324-42 à R. 2324-43-1, R. 2324-46, R. 2324-46-2, R. 2324-47, R. 2324-47-1.
2010	9 juin	Loi n° 2010-625. Création des maisons d'assistants maternels et diverses dispositions relatives aux assistants maternels. – V. CSP, art. L. 2324-1 à L. 2324-2-1.
2010	10 juin	Ordonnance n° 2010-638. Suppression du régime des conservateurs des hypothèques. – V. CSP, art. L. 1331-26, L. 1331-27, L. 1331-28-1, L. 1331-28-3, L. 6141-7-1.
2010	11 juin	Décret n° 2010-656. Pôles d'activité clinique ou médico-technique dans les établissements publics de santé. – V. CSP, art. D. 6146-1 à R. 6146-9-1.
2010	18 juin	Décret n° 2010-671. Signatures électronique et numérique en matière pénale et modifiant certaines dispositions de droit pénal et de procédure pénale. – V. CSP, art. R. 1312-12, R. 1337-4, R. 1337-10, R. 1419-1, R. 5431-2, R. 5437-2, R. 5441-3, R. 5441-4, R. 5442-3, R. 5442-4, R. 5461-2, R. 5463-3, R. 6314-3.
2010	23 juin	Décret n° 2010-688. Vigilance sur certaines denrées alimentaires. – V. CSP, art. R. 1323-1 à R. 1323-6.
2010	25 juin	Décret n° 2010-701. Procédures d'enregistrement des étudiants, des internes et des autres personnes susceptibles de concourir au système de soins. – V. CSP, art. D. 4113-122 à D. 4113-125.
2010	28 juin	Décret n° 2010-719. Agence nationale chargée de la sécurité sanitaire de l'alimentation, de l'environnement et du travail. – V. CSP, art. R. 1313-1 à R. 1313-40, R. 5145-1.
2010	30 juin	Décret n° 2010-736. Micro-organismes et toxines. – V. CSP, art. R. 5139-1 à R. 5139-31.
2010	2 juill.	Décret n° 2010-750. Protection des travailleurs contre les risques dus aux rayonnements optiques artificiels. – V. CSP, art. R. 1333-24, R. 1333-50, R. 1333-95, R. 1333-96, R. 1333-102.
2010	5 juill.	Loi n° 2010-751. Rénovation du dialogue social et diverses dispositions relatives à la fonction publique. – V. CSP, art. L. 1432-11, L. 6143-2-1, L. 6144-4.

2010	7 juill.	Décret n° 2010-765. Adaptation des dispositions réglementaires prises pour l'application du titre III du livre IV du code de la santé publique à la Guadeloupe, à la Réunion, à Mayotte, à Saint-Barthélemy, à Saint-Martin et à Saint-Pierre-et-Miquelon. – V. CSP, art. D. 1441-1 à R. 1441-14, D. 1442-2 à R. 1442-20, D. 1443-3 à R. 1443-47, R. 1451-1.
2010	8 juill.	Décret n° 2010-785. Consultants et commissions d'activité libérale. – V. CSP, art. D. 6151-3, R. 6154-5, R. 6154-12, R. 6154-13.
2010	8 juill.	Décret n° 2010-786. Pilotage national des agences régionales de santé. – V. CSP, art. D. 1433-1 à D. 1433-8.
2010	12 juill.	Loi n° 2010-788. Engagement national pour l'environnement. – V. CSP, art. L. 1321-2, L. 1321-7, L. 1322-13, L. 1331-1-1, L. 1331-6, L. 1331-11, L. 1331-11-1, L. 4211-2-1, L. 5231-3, L. 5231-4, L. 5161-1.
2010	13 juill.	Décret n° 2010-805. Missions, autorisation et conditions techniques d'organisation et de fonctionnement des lactariums. – V. CSP, art. D. 2323-1 à D. 2323-15.
2010	13 juill.	Décret n° 2010-809. Modalités d'organisation de la permanence des soins. – V. CSP, art. R. 6311-8, R. 6315-1 à R. 6315-6.
2010	13 juill.	Décret n° 2010-810. Comité départemental de l'aide médicale urgente, de la permanence des soins et des transports sanitaires. – V. CSP, art. R. 6313-1 à R. 6313-5, R. 6313-8, R. 6313-9.
2010	23 juill.	Loi n° 2010-853. Réseaux consulaires, commerce, artisanat et services. – V. CSP, art. L. 1321-5, L. 1334-1, L. 1334-1-1, L. 1334-3, L. 1334-12, L. 3332-1-1.
2010	23 juill.	Décret n° 2010-862. Groupements de coopération sanitaire. – V. CSP, art. R. 6133-1 à R. 6133-25.
2010	26 juill.	Décret n° 2010-871. Institution d'une commission nationale des médicaments vétérinaires. – V. CSP, art. R. 5141-93, R. 5141-97 à R. 5141-100.
2010	27 juill.	Loi n° 2010-874. Modernisation de l'agriculture et de la pêche. – V. CSP, art. L. 3231-1, L. 3232-1 à L. 3232-4.
2010	30 juill.	Décret n° 2010-895. Centres de santé. – V. CSP, art. D. 6323-1, D. 6323-2 à D. 6323-10.
2010	2 août	Décret n° 2010-904. Conditions d'autorisation des programmes d'éducation thérapeutique du patient. – V. CSP, art. R. 1161-3 à R. 1161-7.
2010	2 août	Décret n° 2010-906. Compétences requises pour dispenser l'éducation *thérapeutique du patient. – V. CSP, art. D. 1161-1.*
2010	3 août	Décret n° 2010-929. Modification de la composition de la section sanitaire du Comité national de l'organisation sanitaire et sociale. – V. CSP, art. R. 6122-4.

2010	24 août	Décret n° 2010-938. Modification des dispositions relatives aux commissions de coordination des politiques publiques de santé, aux conférences de territoire et à la conférence régionale de la santé et de l'autonomie. – V. CSP, art. D. 1432-7, D. 1432-28, D. 1432-37, D. 1432-39.
2010	26 août	Décret n° 2010-979. Création d'une commission d'admission des sportifs de haut niveau et dispenses d'épreuves accordées aux sportifs de haut niveau pour l'admission dans les instituts de formation en masso-kinésithérapie, en pédicurie-podologie, en ergothérapie et en psychomotricité. – V. CSP, art. D. 4321-19, D. 4322-6.
2010	26 août	Décret n° 2010-980. Suppression du conseil de perfectionnement des écoles de sages-femmes et modification des dispositions du code de la santé publique relatives à la formation des sages-femmes. – V. CSP, art. D. 4151-1 à D. 4151-3, D. 4151-5, D. 4151-6, D. 4151-8, D. 4151-11, D. 4151-12.
2010	26 août	Décret n° 2010-995. Fonctionnement de la commission des hospitalisations psychiatriques en Nouvelle-Calédonie et en Polynésie française. – V. CSP, art. D. 3844-1 à D. 3844-10.
2010	30 août	Décret n° 2010-1008. Transmission de données individuelles par les professionnels de santé à l'Institut de veille sanitaire. – V. CSP, art. R. 1413-24 à R. 1413-24-3.
2010	30 août	Décret n° 2010-1027. Fonctionnement du fonds d'intervention pour la qualité et la coordination des soins et financement des réseaux. – Art. 3. – V. CSP, art. D. 6321-6, D. 6321-7.
2010	30 août	Décret n° 2010-1028. Contrôle et répression des infractions en matière de médicaments vétérinaires. – V. CSP, art. R. 5145-2 à R. 5145-9, R. 5146-1 à R. 5146-4.
2010	30 août	Décret n° 2010-1029. Politique du médicament et des dispositifs médicaux stériles dans les établissements de santé. – V. CSP, art. R. 5126-48 à R. 5126-53, R. 5212-37, R. 6111-10, R. 6111-11, R. 6144-3.
2010	30 août	Décret n° 2010-1030. Stérilisation des dispositifs médicaux dans les établissements de santé. – V. CSP, art. R. 6111-18 à R. 6111-21-1.
2010	31 août	Décret n° 2010-1031. Programmes d'apprentissage pris en application de l'article L. 1161-5 du code de la santé publique. – V. CSP, art. R. 1161-8 à R. 1161-26, R. 5521-1.
2010	*16 sept.*	*Décret n° 2010-1091.* Adaptation à l'outre-mer de certaines dispositions du code de la santé publique, du décret n° 95-569 du 6 mai 1995 relatif aux médecins, aux pharmaciens et aux chirurgiens-dentistes recrutés par les établissements publics de santé, les établissements de santé privés participant au service public hospitalier et l'Établissement français du sang et du décret n° 2010-534 du 20 mai 2010 relatif à l'usage du titre de psychothérapeute. – V. CSP, art. R. 1416-6 à R. 1416-9, D. 1441-3, R. 1441-15 à R. 1441-20, R. 1442-1, D. 1442-7, R. 1442-18 à R. 1442-21, R. 1443-1, R. 1443-45 à R. 1443-53, R. 1523-1, R. 1527-1, R. 3811-1 à R. 3811-4, R. 4031-52,

		R. 4031-53, D. 4311-19, R. 6121-12, R. 6122-45, R. 6122-46, R. 6123-32-12, R. 6123-32-13, R. 6143-2, R. 6143-3, R. 6143-10, R. 6147-102, R. 6152-32, R. 6152-69 à R. 6152-72, R. 6152-247, R. 6152-528, R. 6152-529, R. 6411-3, R. 6411-4, R. 6414-1 à R. 6414-10.
2010	23 sept.	Décret n° 2010-1124. Procédure d'autorisation d'exercice des titulaires de titres de formation obtenus dans la province de Québec pour la profession de pharmacien. – V. CSP, art. D. 4221-14-1 à D. 4221-14-5.
2010	23 sept.	Décret n° 2010-1125. Procédures d'autorisation d'exercice des titulaires de titres de formation obtenus dans la province de Québec pour les professions de médecin, chirurgien-dentiste et sage-femme. – V. CSP, art. D. 4111-22 à D. 4111-32.
2010	27 sept.	Décret n° 2010-1131. Procédures d'enregistrement des pharmaciens et des auxiliaires médicaux – V. CSP, art. D. 4221-26 à D. 4221-30, D. 4311-95 à D. 4311-104, D. 4323-2-1, D. 4333-1 à D. 4333-6, D. 4343-1, D. 4354-1 à D. 4354-9, D. 4365-1, D. 4371-6.
2010	29 sept.	Décret n° 2010-1137. Dispositions relatives aux praticiens contractuels, aux assistants, aux praticiens attachés et aux médecins, pharmaciens et chirurgiens-dentistes recrutés dans les établissements publics de santé. – V. CSP, art. R. 6152-401 à R. 6152-403, R. 6152-405 à R. 6152-421, R. 6152-501, R. 6152-502, R. 6152-505, R. 6152-507, R. 6152-514, R. 6152-517, R. 6152-519-1 à R. 6152-521, R. 6152-26, R. 6152-527, R. 6152-530, R. 6152-532, R. 6152-534, R. 6152-538 à R. 6152-541, R. 6152-601 à R. 6152-605, R. 6152-607 à R. 6152-610, R. 6152-612, R. 6152-613, R. 6152-615 à R. 6152-617, R. 6152-623, R. 6152-624, R. 6152-626, R. 6152-628 à R. 6152-633.
2010	29 sept.	Décret n° 2010-1141. Personnels médicaux, pharmaceutiques et odontologiques hospitaliers. – V. CSP, art. R. 6143-36-1, R. 6152-1, R. 6152-2, R. 6152-4 à R. 6152-16, R. 6152-21 à R. 6152-30, R. 6152-32 à R. 6152-37, R. 6152-42, R. 6152-46, R. 6152-48, R. 6152-50 à R. 6152-55, R. 6152-58 à R. 6152-60, R. 6152-62, R. 6152-64, R. 6152-65, R. 6152-67 à R. 6152-72, R. 6152-74, R. 6152-75, R. 6152-78 à R. 6152-81, R. 6152-94, R. 6152-97 à R. 6152-99, R. 6152-201, R. 6152-202, R. 6152-204 à R. 6152-214, R. 6152-218 à R. 6152-227, R. 6152-229, R. 6152-233, R. 6152-236 à R. 6152-241, R. 6152-245 à R. 6152-247, R. 6152-249, R. 6152-250, R. 6152-252 à R. 6152-256, R. 6152-258 à R. 6152-268, R. 6152-270, R. 6152-273 à R. 6152-277, R. 6152-302, R. 6152-310, R. 6152-313, R. 6152-316, R. 6152-318, R. 6152-319, R. 6152-321 à R. 6152-323, R. 6152-324-1 à R. 6152-324-23, R. 6152-325, R. 6152-26, R. 6152-801, R. 6152-808, R. 6154-26.
2010	4 oct.	Décret n° 2010-1170. Contrats pluriannuels d'objectifs et de moyens conclus avec les établissements de santé, les autres titulaires d'autorisation et certains services de santé. – V. CSP, art. D. 6114-1 à R. 6114-17.
2010	8 oct.	Décret n° 2010-1187. Modification du statut des internes et étudiants en médecine, en odontologie et en pharmacie et stagiaires associés. –

		V. CSP, art. R. 6134-2, R. 6134-4, R. 6153-1 à R. 6153-11, R. 6153-13, R. 6153-18-1 à R. 6153-20, R. 6153-26 à R. 6153-37, R. 6153-39 à R. 6153-41, R. 6153-43 à R. 6153-48, R. 6153-51, R. 6153-52, R. 6153-54 à R. 6153-56, R. 6153-70, R. 6153-74, R. 6153-75, R. 6153-79, R. 6153-81 à R. 6153-83, R. 6153-91.
2010	11 oct.	Décret n° 2010-1204. Modalités d'intégration des protocoles de coopération étendus dans le développement professionnel continu et la formation initiale des professionnels de santé. – V. CSP, art. D. 4011-1, D. 4011-2.
2010	13 oct.	Décret n° 2010-1212. Fonctions à accomplir par les candidats à l'autorisation d'exercice des professions médicales et pharmaceutiques. – V. CSP, art. D. 4111-6 à D. 4111-8, R. 4111-12, R. 4111-18, D. 4221-5, D. 4221-6, R. 4221-13, R. 6152-542 à R. 6152-550, R. 6152-635.
2010	14 oct.	Décret n° 2010-1218. Dispositions particulières relatives aux médecins, odontologistes et pharmaciens recrutés par contrat sur des emplois présentant une difficulté particulière à être pourvus. – V. CSP, art. R. 6152-701 à R. 6152-718, R. 6152-801 à R. 6152-812.
2010	19 oct.	Décret n° 2010-1228. Conditions dans lesquelles certains établissements de santé peuvent faire appel à des pharmacies d'officine ou à la pharmacie à usage intérieur d'un autre établissement. – V. CSP, art. R. 5126-24, R. 5126-26, R. 5126-32, R. 5126-44-1, R. 5126-112.
2010	19 oct.	Décret n° 2010-1229. Télémédecine. – V. CSP, art. R. 6316-1 à R. 6316-11.
2010	20 oct.	Décret n° 2010-1242. Instances communes de représentation et de consultation du personnel et pôles de territoire dans le cadre des communautés hospitalières de territoire. – V. CSP, art. R. 6132-31 à R. 6132-35.
2010	20 oct.	Décret n° 2010-1243. Modalités selon lesquelles une pharmacie à usage intérieur d'un établissement de santé peut confier à un établissement pharmaceutique la réalisation de certaines préparations. – V. CSP, art. R. 5126-10-1, R. 5126-10-2.
2010	22 oct.	Loi n° 2010-1249. Régulation bancaire et financière. – V. CSP, art. L. 4135-2.
2010	22 oct.	Décret n° 2010-1263. Élimination des déchets d'activités de soins à risques infectieux produits par les patients en autotraitement. – V. CSP, art. R. 1335-1, R. 1335-2, R. 1335-8, R. 1335-8-1 à R. 1335-8-4, R. 1337-15, R. 1337-16, R. 5125-10.
2010	25 oct.	Décret n° 2010-1272. Modification du décret n° 2007-704 du 4 mai 2007 relatif à l'organisation et au fonctionnement du Centre national de gestion des praticiens hospitaliers et des personnels de direction de la fonction publique hospitalière et modification du code de la santé publique. – V. CSP, art. D. 4111-10, D. 4111-13, R. 4111-15, R. 4111-16, R. 4221-10, R. 4221-12, D. 5125-63, D. 5125-68.

2010	25 oct.	Décret n° 2010-1273. Centre hospitalier national d'ophtalmologie des Quinze-Vingts et hôpital national de Saint-Maurice. – V. CSP, art. R. 6147-57 à R. 6147-61.
2010	5 nov.	Décret n° 2010-1325. Conférence médicale d'établissement des établissements de santé privés et diverses modifications du code de la santé publique. – V. CSP, art. D. 6162-13, D. 6162-14, R. 6164-1 à R. 6164-5.
2010	10 nov.	Décret n° 2010-1363. Modalités d'élections et de renouvellement des conseils de l'ordre national des pharmaciens. – V. CSP, art. D. 4233-2, D. 4233-6, D. 4233-18.
2010	12 nov.	Décret n° 2010-1408. Lutte contre les événements indésirables associés aux soins dans les établissements de santé. – V. CSP, art. R. 6111-1 à R. 6111-8, R. 6111-11-1, R. 6111-14, R. 6111-15, R. 6111-16, R. 6111-17.
2010	16 déc.	Loi n° 2010-1563. Réforme des collectivités territoriales. – V. CSP, art. L. 1331-10.
2010	17 déc.	Décret n° 2010-1582. Organisation et missions des services de l'État dans les départements et les régions d'outre-mer, à Mayotte et à Saint-Pierre-et-Miquelon. – V. CSP, art. R. 1421-3 à R. 1421-12.
2010	20 déc	Loi n° 2010-1594. De financement de la sécurité sociale pour 2011. – V. CSP, art. L. 1142-23, L. 1221-14, L. 1431-2, L. 1432-6.
2010	22 déc.	Décret n° 2010-1610. Hôpital national de Saint-Maurice et Centre hospitalier national d'ophtalmologie des Quinze-Vingts. – V. CSP, art. R. 5126-44-1, R. 6147-57 à R. 6147-61.
2010	23 déc.	Décret n° 2010-1625. Règles de sécurité sanitaire portant sur le prélèvement et l'utilisation des éléments et produits du corps humain. – V. CSP, art. R. 1211-14, R. 1211-17, R. 1211-21, R. 1211-22.
2010	28 déc.	Loi n° 2010-1645. Programmation des finances publiques pour les années 2011 à 2014. – V. CSP, art. L. 6141-2-1.
2010	29 déc.	Loi n° 2010-1657. De finances pour 2011. – V. CSP, art. L. 1142-23, L. 3131-5, L. 5121-16, L. 5121-18.
2010	30 déc.	Décret n° 2010-1732. Haut Conseil de la santé publique. – V. CSP, art. R. 1411-46, R. 1411-47, R. 1411-49 à R. 1411-51.
2010	30 déc.	Décret n° 2010-1733. Comités d'agence, représentation syndicale, délégués du personnel et emplois de direction des agences régionales de santé et modification de diverses dispositions du code de la santé publique. – V. CSP, art. R. 1432-67 à 1432-161, R. 1443-55 à R. 1443-60, R. 5126-113.
2011	5 janv.	Loi n° 2011-12. Diverses dispositions d'adaptation de la législation au droit de l'Union européenne. – V. CSP, art. L. 5131-1.

2011	18 janv.	Décret n° 2011-68. Indemnisation des victimes d'accidents médicaux, d'affections iatrogènes ou d'infections nosocomiales survenus dans le cadre de mesures sanitaires d'urgence. – V. CSP, art. R. 1142-46, R. 1142-49, R. 1142-51, R. 3131-1.
2011	19 janv.	Décret n° 2011-70. Fixation des conditions de désignation des inspecteurs et contrôleurs des agences régionales de santé et contrôle des établissements et services médico-sociaux et de certains lieux de vie et d'accueil. – V. CSP, art. R. 1435-10 à R. 1435-15.
2011	19 janv.	Décret n° 2011-76. Caractère de gravité des accidents médicaux, des affections iatrogènes et des infections nosocomiales prévu à l'article L. 1142-1 du code de la santé publique. – V. CSP, art. D. 1142-1.
2011	20 janv.	Ordonnance n° 2011-91. Codification de la partie législative du code minier. – V. CSP, art. L. 1333-4, L. 1333-17, L. 1337-1-1.
2011	25 janv.	Loi n° 2011-94. Réforme de la représentation devant les cours d'appel. – V. CSP, art. L. 1421-2-1.
2011	27 janv.	Décret n° 2011-117. Composition des commissions médicales d'établissement des établissements publics de santé. – V. CSP, art. R. 6144-3-1, D. 6146-7-1.
2011	1er févr.	Décret n° 2011-139. Professions de prothésiste et d'orthésiste pour l'appareillage des personnes handicapées. – V. CSP, art. D. 4364-10-1 à D. 4364-11-1, R. 4364-11-2 à R. 4364-11-5.
2011	3 févr.	Décret n° 2011-149. Inscription au répertoire des groupes génériques des spécialités qui se présentent sous une forme pharmaceutique orale à libération modifiée différente de celle de la spécialité de référence. – V. CSP, art. R. 5121-5-1, R. 5121-5-2, R. 5121-28.
2011	22 févr.	Décret n° 2011-199. Coordination de l'action des services de l'État contre le trafic de drogue. – V. CSP, art. R. 3411-12.
2011	4 mars	Décret n° 2011-246. Hébergement de données de santé à caractère personnel sur support papier. – V. CSP, art. R. 1111-9, R.*1111-10, R. 1111-15 à R. 1111-16-1.
2011	14 mars	Loi n° 2011-267. Orientation et programmation pour la performance de la sécurité intérieure. – V. CSP, art. L. 3341-4, L. 6143-1, L. 6148-3 à L. 6148-5.
2011	18 mars	Décret n° 2011-287. Dispositions pénales applicables aux infractions relatives à certains produits de santé. – V. CSP, art. R. 5431-1, R. 5431-2, R. 5461-1 à R. 5461-4, R. 5462-1 à R. 5462-4.
2011	22 mars	Loi n° 2011-302. Diverses dispositions d'adaptation de la législation au droit de l'Union européenne en matière de santé, de travail et de communications électroniques. – V. CSP, art. L. 1125-1, L. 1222-1, L. 1332-3, L. 3331-1 à L. 3331-3, L. 3331-6, L. 3332-3 à L. 3332-6, L. 3352-3 à L. 3352-4-1, L. 4211-9-1, L. 4211-10, L. 5121-1, L. 5121-5, L. 5121-20, L. 5124-1, L. 5124-9-1, L. 5124-18, L. 5211-3, L. 5212-1, L. 5221-2, L. 5222-2.

2011	28 mars	Décret n° 2011-344. Participation des professionnels de santé libéraux aux missions de service public et aux activités de soins de certains établissements de santé privés. – V. CSP, art. R. 6161-38 à R. 6161-42.
2011	28 mars	Décret n° 2011-345. Participation des professionnels de santé libéraux aux missions des établissements publics de santé. – V. CSP, art. R. 6141-24 à R. 6141-28, R. 6141-32 à R. 6141-36, R. 6146-17 à R. 6146-24.
2011	29 mars	Décret n° 2011-351. Modification du code de la santé publique. – V. CSP, art. D. 1432-15, D. 1432-16, D. 1443-37.
2011	5 avr.	Décret n° 2011-375. Missions des pharmaciens d'officine correspondants. – V. CSP, art. R. 5125-33-5.
2011	11 avr.	Décret n° 2011-385. Conséquences, au niveau réglementaire, de l'intervention de l'ordonnance n° 2010-18 du 7 janvier 2010 portant création d'une agence nationale chargée de la sécurité sanitaire de l'alimentation, de l'environnement et du travail. – V. CSP, art. R. 1321-6 à R. 1321-8, R. 1321-20, R.*1321-21, R.*1321-48 à R. 1321-50, R.*1321-52 à R. 1321-55, R. 1321-57, R. 1321-61, R.*1322-44-3, R. 1331-1, D. 1332-3, D. 1332-12, R. 1333-28, R. 1333-36, R. 1334-18, R. 1341-15, R. 1413-14, R. 1416-1, R. 1417-9, R. 2133-1, R. 3114-10, R. 4234-5, R. 4234-12, R. 4234-24, R. 5127-11, R. 5127-14 à R. 5127-16, R. 5127-18, R. 5132-1, R. 5132-2, R. 5132-39, R. 5132-65, R. 5132-74, R. 5132-88, R. 5139-3, R. 5139-7, R. 5139-26, R. 5141-2, R. 5141-4, R. 5141-8, R. 5141-9, R. 5141-13, R. 5141-13-1, R. 5141-15 à R. 5141-16-1, R. 5141-21, R. 5141-22, R. 5141-26 à R. 5141-29, R. 5141-34 à R. 5141-37-2, R. 5141-38 à R. 5141-42, R. 5141-44 à R. 5141-47, R. 5141-47-2 à R. 5141-47-7, R. 5141-47-9 à R. 5141-47-12, R. 5141-62, R. 5141-63, R. 5141-65 à R. 5141-66-1, R. 5141-68 à R. 5141-69, R. 5141-73, R. 5141-76, R. 5141-79 à R. 5141-81, R. 5141-93 à R. 5141-98, R. 5141-101, R. 5141-102, R. 5141-104 à R. 5141-106, R. 5141-108, R. 5141-109, R. 5141-122, R. 5141-122-1, R. 5141-123, R. 5141-123-2 à R. 5141-123-4, R. 5141-123-6, R. 5141-123-7, R. 5141-123-9, R. 5141-123-10-1, R. 5141-123-11, R. 5141-123-13, R. 5141-123-15, R. 5141-123-16, R. 5141-124, R. 5141-125, R. 5141-127 à R. 5141-131, R. 5141-133, R. 5141-135 à R. 5141-137, R. 5142-4, R. 5142-5 à R. 5142-13, R. 5142-15, R. 5142-24, R. 5142-29, R. 5142-34, R. 5142-35, R. 5142-42, R. 5142-43, R. 5142-45, R. 5142-49 à R. 5142-51, R. 5142-54, R. 5143-1, R. 5143-2, R. 5146-1, R. 5146-2, R. 5146-3, R. 5145-2, R. 5145-4 à R. 5145-7, R. 5145-9, R. 5146-1, R. 5146-1-2, R. 5146-1-5, R. 5322-15, R. 5441-1, R. 5442-1.
2011	12 avr.	Décret n° 2011-390. Modification de l'article 75 de la loi n° 2002-303 du 4 mars 2002 relative aux droits des malades et à la qualité du système de santé. – V. L. n° 2002-303 du 4 mars 2002, art. 75, ss. CSP, art. L. 4321-22.
2011	14 avr.	Loi n° 2011-392. Garde à vue. – V. CSP, art. L. 3341-1, L. 3341-2.

2011	14 avr.	Décret n° 2011-405. Maisons de santé pour personnes atteintes de troubles mentaux. – V. CSP, art. D. 6124-463, D. 6124-464, D. 6124-466, D. 6124-468.
2011	26 avr.	Décret n° 2011-462. Fixation des conditions de transmission d'informations certifiées relatives aux titres de formation délivrés aux professionnels de santé et aux personnes susceptibles de concourir au système de soins. – V. CSP, art. R. 4113-126, R. 4113-127, R. 4221-31, R. 4221-32, R. 4311-105, R. 4311-106, R. 4323-2-2, R. 4333-7, R. 4333-8, R. 4343-2, R. 4354-10, R. 4354-11, R. 4365-2, D. 4371-1-1, R. 4371-1-2.
2011	9 mai	Décret n° 2011-503. Conférence nationale de santé. – V. CSP, art. D. 1411-37 à D. 1411-45-8.
2011	17 mai	Loi n° 2011-525. Simplification et amélioration de la qualité du droit. – V. CSP, art. L. 1312-2, L. 1331-7-1, L. 1331-8, L. 1331-11, L. 1334-1-1, L. 1334-3, L. 1334-12, L. 1337-6, L. 1337-7, L. 1415-3, L. 1534-1 à L. 1534-5, L. 1534-7, L. 3133-1, L. 3133-2, L. 3421-5, L. 3424-1, L. 3425-1, L. 3351-8, L. 3355-6, L. 4163-1, L. 4223-2, L. 4223-5, L. 4244-1, L. 4244-2, L. 4311-1, L. 4383-1, L. 4383-3, L. 5124-7, L. 5125-1, L. 5125-1-2, L. 5125-23-1, L. 5125-32, L. 5146-1, L. 5146-2, L. 5463-1, L. 6113-10-1, L. 6324-1, L. 6146-1.
2011	18 mai	Décret n° 2011-546. Modification du décret n° 2010-1142 du 29 septembre 2010 relatif à l'assiette des cotisations de certains membres du corps médical des établissements publics de santé au régime de retraites complémentaires des assurances sociales institué par le décret n° 70-1277 du 23 décembre 1970. – V. CSP, art. D. 6143-37-3, D. 6146-7-1.
2011	19 mai	Décret n° 2011-552. Taux annuels de la contribution obligatoire versée par les professionnels de santé exerçant à titre libéral dans le régime conventionnel aux unions régionales de professionnels de santé. – V. CSP, art. D. 4031-45-1.
2011	23 mai	Décret n° 2011-565. Études préparatoires et diplôme d'État de masseur-kinésithérapeute. – V. CSP, art. D. 4321-16.
2011	26 mai	Décret n° 2011-584. Comité technique d'établissement des établissements publics de santé. – V. CSP, art. R. 6144-42 à R. 6144-49, R. 6144-52 à R. 6144-59, R. 6144-61, R. 6144-63 à R. 6144-67, R. 6144-69, R. 6144-73 à R. 6144-75.
2011	30 mai	Décret n° 2011-613. Fêtes et foires mentionnées par l'article L. 3322-9 du code de la santé publique. – V. CSP, art. R. 3322-1 à R. 3322-5.
2011	30 mai	Décret n° 2011-614. Campagnes d'information menées dans le cadre de la prévention de l'obésité et du surpoids. – V. CSP, art. D. 3232-1 à D. 3232-6.
2011	3 juin	Décret n° 2011-629. Protection de la population contre les risques sanitaires liés à une exposition à l'amiante dans les immeubles bâtis. – V. CSP, art. R. 1334-14 à R. 1334-29-9, R. 1337-2 à R. 1337-5.

2011	10 juin	Décret n° 2011-655. Modalités de signalement par les patients ou les associations agréées de patients d'effets indésirables susceptibles d'être liés aux médicaments et produits mentionnés à l'article L. 5121-1 du code de la santé publique. – V. CSP, art. R. 5121-154, R. 5121-167, R. 5121-170.
2011	14 juin	Décret n° 2011-668. Modification de certaines dispositions réglementaires prises en application de la loi n° 2009-879 du 21 juillet 2009 portant réforme de l'hôpital et relative aux patients, à la santé et aux territoires. – V. CSP, art. R. 4211-14, R. 6121-1, R. 6121-2, R. 6121-12, R. 6122-17, R. 6122-32-1.
2011	14 juin	Décret n° 2011-669. Composition de la commission médicale d'établissement des établissements publics de santé et de certaines instances de l'Assistance publique-hôpitaux de Paris. – V. CSP, art. R. 6144-5.
2011	16 juin	Ordonnance n° 2011-673. Adaptation de certaines dispositions du code rural et de la pêche maritime et du code de la santé publique à l'évolution de la législation de l'Union européenne dans le domaine du médicament vétérinaire. – V. CSP, art. L. 5141-2, L. 5141-5-2, L. 5141-6, L. 5141-9, L. 5143-4, L. 5144-1.
2011	28 juin	Décret n° 2011-763. Gestion des déchets d'activités de soins à risques infectieux perforants produits par les patients en autotraitement. – V. CSP, art. R. 1335-8-1, R. 1335-8-5 à R. 1335-8-11, R. 1337-17.
2011	5 juill.	Loi n° 2011-803. Droits et protection des personnes faisant l'objet de soins psychiatriques et modalités de leur prise en charge. – V. CSP, art. L. 1111-7, L. 1112-3, L. 1121-6, L. 1121-11, L. 3211-1 à L. 3211-3, L. 3211-5, L. 3211-7 à L. 3211-12-6, L. 3212-1 à L. 3212-11, L. 3213-1 à L. 3213-11, L. 3214-1 à L. 3214-4, L. 3215-1 à L. 3215-4, L. 3216-1, L. 3221-4-1, L. 3222-1 à L. 3222-5, L. 3223-1, L. 3223-2, L. 3251-1, L. 3251-5, L. 3251-6, L. 3824-1, L. 3824-5, L. 3824-6, L. 3844-1, L. 3844-2, L. 6112-1.
2011	5 juill.	Décret n° 2011-806. Extension en Nouvelle-Calédonie, en Polynésie française et à Wallis-et-Futuna des dispositions réglementaires relatives au don et à l'utilisation d'organes, de tissus ou de cellules à des fins thérapeutiques. – V. CSP, art. R. 1231-2, R. 1231-5, R. 1522-1 à R. 1522-5, R. 1542-1 à R. 1542-3.
2011	7 juill.	Loi n° 2011-814. Bioéthique. – V. CSP, art. L. 1111-14, L. 1121-3, L. 1121-11, L. 1122-1, L. 1131-1 à L. 1131-3, L. 1131-6, L. 1133-4, L. 1133-4-1, L. 1134-1, L. 1211-6, L. 1211-6-1, L. 1220-1, L. 1231-1, L. 1231-3, L. 1231-4, L. 1241-1, L. 1241-3, L. 1241-4, L. 1242-1, L. 1243-2, L. 1244-1, L. 1244-1-1, L. 1244-1-2, L. 1244-2, L. 1244-5, L. 1244-6, L. 1245-2, L. 1272-2, L. 1272-4, L. 1412-1, L. 1412-1-1, L. 1412-3, L. 1412-3-1, L. 1412-6, L. 1418-1, L. 1418-1-1, L. 1418-4, L. 1418-6, L. 1541-4, L. 2131-1, L. 2131-2, L. 2131-3, L. 2131-4, L. 2131-4-1, L. 2131-4-2, L. 2131-5, L. 2141-1, L. 2141-2, L. 2141-3, L. 2141-4, L. 2141-5, L. 2141-6, L. 2141-7, L. 2141-10, L. 2141-11, L. 2142-1, L. 2142-1-1, L. 2142-3-1, L. 2142-4, L. 2151-2, L. 2151-5, L. 2151-6, L. 2151-7, L. 2151-7-1, L. 2151-8, L. 2213-1, L. 4151-1.

2011	8 juill.	Décret n° 2011-827. Modification du mode de nomination des membres de l'Union nationale des professionnels de santé. – V. CSP, art. R. 4031-2.
2011	18 juill.	Décret n° 2011-846. Procédure judiciaire de mainlevée ou de contrôle des mesures de soins psychiatriques. – V. CSP, art. R. 3211-7 à R. 3211-34, R. 3844-11.
2011	18 juill.	Décret n° 2011-847. Droits et protection des personnes faisant l'objet de soins psychiatriques et modalités de leur prise en charge. – V. CSP, art. R. 3211-1 à R. 3211-6, R. 3212-1, R. 3213-1 à R. 3213-3, R. 3221-6, R. 3222-1 à R. 3222-9, R. 3223-1, R. 3223-4, R. 3223-6, R. 3223-8 à R. 3223-11.
2011	20 juill.	Loi n° 2011-851. Engagement des sapeurs-pompiers volontaires et cadre juridique. – V. CSP, art. L. 4222-8, L. 5125-17.
2011	22 juill.	Décret n° 2011-869. Formations délivrées pour l'exploitation d'un débit de boissons à consommer sur place et pour la vente entre 22 heures et 8 heures de boissons alcooliques à emporter. – V. CSP, art. R. 3332-4, R. 3332-4-1, R. 3332-5, R. 3332-6, R. 3332-7, R. 3332-9.
2011	28 juill.	Décret n° 2011-898. Dispositions d'application en Nouvelle-Calédonie et en Polynésie française de la loi n° 2011-803 du 5 juillet 2011 relative aux droits et à la protection des personnes faisant l'objet de soins psychiatriques et aux modalités de leur prise en charge. – V. CSP, art. D. 3844-1 à D. 3844-7.
2011	29 juill.	Loi n° 2011-900. De finances rectificative pour 2011. – V. CSP, art. L. 1142-22, L. 1142-23, L. 1142-24-1 à L. 1142-24-8.
2011	1er août	Décret n° 2011-932. Indemnisation des victimes du benfluorex. – V. CSP, art. R. 1114-1, R. 1142-46, R. 1142-47, R. 1142-51, R. 1142-52, R. 1142-63-1 à R. 1142-63-17.
2011	10 août	Loi n° 2011-940. Modification de certaines dispositions de la loi n° 2009-879 du 21 juillet 2009 portant réforme de l'hôpital et relative aux patients, à la santé et aux territoires : – V. CSP, art. L. 1110-4, L. 1111-3, L. 1221-10, L. 1431-2, L. 1434-3, L. 1434-3-1, L. 1434-7, L. 1434-8, L. 1521-1, L. 1531-2, L. 1541-2, L. 2421-5, L. 3115-5, L. 3116-5, L. 3131-2, L. 3131-5, L. 3131-6, L. 3131-10, L. 3131-11, L. 3132-1, L. 3132-3, L. 3133-1, L. 3133-7, L. 3134-1 à L. 3134-2-1, L. 3135-1, L. 3711-4, L. 3822-4, L. 4011-1, L. 4041-1 à L. 4043-2, L. 4111-1-1, L. 4112-2, L. 4123-12, L. 4131-2, L. 4132-9, L. 4142-5, L. 4152-8, L. 4211-5, L. 4232-5, L. 5463-1, L. 6122-2, L. 6122-6, L. 6122-15, L. 6133-3, L. 6141-7-2, L. 6141-7-3, L. 6142-11, L. 6143-3-1, L. 6147-9, L. 6161-5-1, L. 6161-9, L. 6162-8, L. 6163-9, L. 6315-1, L. 6323-1, L. 6323-3. – V. L. n° 2004-806 du 9 août 2004, art. 52 🏛, ss. CSP, art. L. 4163-10.
2011	10 août	Décret n° 2011-954. Modification de certaines dispositions relatives au troisième cycle des études médicales. – V. CSP, art. D. 4131-4 à D. 4131-9, R. 6134-2, R. 6153-9.

2011	16 août	Décret n° 2011-968. Revente des dispositifs médicaux d'occasion. – V. CSP, art. R. 5212-35-1 à R. 5212-35-6.
2011	16 août	Décret n° 2011-969. Modalités de déclaration et de communication des dispositifs médicaux à l'Agence française de sécurité sanitaire des produits de santé et permettant l'accès direct aux tests de grossesse et d'ovulation dans les officines de pharmacie. – V. CSP, art. R. 5125-9, R. 5211-52, R. 5211-65, R. 5211-65-1, R. 5211-70, R. 5461-1, R. 5461-4.
2011	16 août	Décret n° 2011-971. Revente des dispositifs médicaux de diagnostic *in vitro* d'occasion. – V. CSP, art. R. 5222-18-1 à R. 5222-18-6.
2011	25 août	Décret n° 2011-1000. Modification de certaines dispositions applicables aux marchés et contrats relevant de la commande publique. – V. CSP, art. R. 1418-13.
2011	26 août	Décret n° 2011-1027. Adaptation de certaines dispositions du code rural et de la pêche maritime et du code de la santé publique à l'évolution de la législation de l'Union européenne dans le domaine du médicament vétérinaire. – V. CSP, art. R. 5141-8, R. 5141-13, R. 5141-18, R. 5141-37-1.
2011	8 sept.	Décret n° 2011-1073. Suppression de commissions et instances administratives. – V. CSP, art. R. 1341-13 à R. 1341-19, D. 1341-20, R. 5121-160, R. 5121-164.
2011	23 sept.	Décret n° 2011-1177. Utilisation confinée d'organismes génétiquement modifiés. – V. CSP, art. R. 1125-1.
2011	26 sept.	Décret n° 2011-1193. Modification de la composition de la commission prévue à l'article D. 5143-8 du code de la santé publique. – V. CSP, art. D. 5143-8.
2011	28 sept.	Décret n° 2011-1202. Droit affecté au fonds d'indemnisation de la profession d'avoué près les cours d'appel et à la contribution pour l'aide juridique. – Art. 11. – V. CSP, art. R. 2141-10.
2011	29 sept.	Décret n° 2011-1206. Modification de l'article L. 6112-2 du code de la santé publique. – V. CSP, art. L. 6112-2.
2011	29 sept.	Décret n° 2011-2030. Plafonds de garantie mentionnées à l'article L. 1142-2 du code de la santé publique. – V. CSP, art. R. 1142-4.
2011	4 oct.	Décret n° 2011-1239. Gestion de la qualité des eaux de baignade. – V. CSP, art. D. 1332-16, D. 1332-18 à D. 1332-20, D. 1332-23 à D. 1332-29, D. 1332-31 à D. 1332-33, D. 1332-35 à D. 1332-38-1, D. 1332-42.
2011	12 oct.	Arrêté. Liste des médicaments que peuvent prescrire les sages-femmes et abrogation de dispositions réglementaires ⌂. – V. ss. CSP, art. L. 4151-9.
2011	3 nov.	Décret n° 2011-1432. Modification des articles D. 4364-2, D. 4364-3 et D. 4364-6 du code de la santé publique. – V. CSP, ces articles.

2011	7 nov.	Décret n° 2011-1448. Vigilance exercée sur les produits de santé mentionnés aux 18° et 19° de l'article L. 5311-1 du code de la santé publique. – V. CSP, art. R. 5222-5, R. 5222-15, R. 5232-16 à R. 5232-18.
2011	9 nov	Décret n° 2011-1491. Modification des articles R. 4131-2 et R. 4141-2 du code de la santé publique. – V. CSP, art. D. 4131-2, D. 4141-2.
2011	17 nov.	Décret n° 2011-1577. Limite d'âge des présidents des conseils d'administration de l'Office national d'indemnisation des accidents médicaux, des affections iatrogènes et des infections nosocomiales, de l'Institut de veille sanitaire, de l'Agence française de sécurité sanitaire des produits de santé et du Fonds d'indemnisation des victimes de l'amiante. – V. CSP, art. R. 1142-42, R. 1413-5, R. 5322-1.
2011	21 nov.	Décret n° 2011-1598. Création d'un centre hospitalier régional à La Réunion par fusion du centre hospitalier Félix-Guyon et du groupe hospitalier Sud-Réunion. – V. CSP, art. D. 6141-15.
2011	23 nov.	Décret n° 2011-1638. Coordination interrégionale de la politique de santé publique dans le domaine de l'eau à l'échelle du bassin hydrographique. – V. CSP, art. D. 1432-53-1.
2011	13 déc.	Loi n° 2011-1862. Répartition des contentieux et allègement de certaines procédures juridictionnelles. – V. CSP, art. L. 3413-1 à L. 3413-3, L. 3423-1.
2011	14 déc.	Décret n° 2011-1872. Limites et réserves du recours à l'emprunt par les établissements publics de santé. – V. CSP, art. D. 6145-70 à D. 6145-73.
2011	21 déc.	Loi n° 2011-1906. De financement de la sécurité sociale pour 2012. – V. CSP, art. L. 1432-6, L. 1433-1, L. 1434-6, L. 1435-4, L. 1435-8 à L. 1435-11, L. 5121-1, L. 5121-15 à L. 5121-19, L. 5122-3, L. 5122-5, L. 5123-2, L. 5123-5, L. 5125-11, L. 5125-14 à L. 5125-16, L. 5138-5, L. 5321-2, L. 5321-3, L. 5421-6-3, L. 6114-3, L. 6221-11, L. 6323-5.
2011	22 déc.	Ordonnance n° 2011-1922. Adaptation du code du travail, du code de la santé publique et du code de l'environnement au droit de l'Union européenne en ce qui concerne la mise sur le marché des produits chimiques. – V. CSP, art. L. 1340-1, L. 1341-1, L. 1341-2, L. 1342-1 à 1342-5, L. 1343-1, L. 1343-2, L. 1343-4, L. 1523-7, L. 5132-1 à L. 5132-6.
2011	28 déc.	Loi n° 2011-1977. De finances pour 2012. – Art. 59-II et 146-III. – V. CSP, art. L. 1123-1, L. 1142-2, L. 1142-14 à L. 1142-16, L. 1142-21, L. 1142-21-1.
2011	29 déc.	Loi n° 2011-2012. Renforcement de la sécurité sanitaire du médicament et des produits de santé. – V. CSP, art. L. 1111-23, L. 1121-3, L. 1123-3, L. 1125-1 à L. 1125-3, L. 1131-5, L. 1161-5, L. 1221-8, L. 1221-8-2, L. 1221-10-1, L. 1221-12, L. 1222-1, L. 1222-3, L. 1222-7, L. 1235-5, L. 1241-1, L. 1242-1, L. 1243-2, L. 1243-3, L. 1243-6, L. 1245-1, L. 1245-6, L. 1271-8, L. 1312-5, L. 1313-9, L. 1313-10, L. 1418-6, L. 1435-7, L. 1451-1 à L. 1451-3, L. 1452-1 à L. 1452-3, L. 1453-1, L. 1454-2 à L. 1451-5, L. 2151-7, L. 2323-1, L. 3114-1, L. 3421-5, L. 4113-6, L. 4151-4, L. 4163-1, L. 4163-2,

		L. 4211-6, L. 4211-8, L. 4211-9, L. 4222-7, L. 4311-1, L. 4314-2, L. 4323-2, L. 4344-1, L. 5121-1, L. 5121-1-2, L. 5121-1-3, L. 5121-5, L. 5121-7 à L. 5121-10, L. 5121-10-2, L. 5121-10-3, L. 5121-12, L. 5121-12-1, L. 5121-13, L. 5121-14-1 à L. 5121-14-3, L. 5121-20, L. 5121-22 à L. 5121-26, L. 5122-2, L. 5122-3, L. 5122-6 à L. 5122-9-1, L. 5122-15, L. 5122-16, L. 5123-1, L. 5123-2, L. 5124-3, L. 5124-5, L. 5124-6, L. 5124-11, L. 5124-13, L. 5124-17-1, L. 5124-17-2, L. 5124-18, L. 5125-1, L. 5125-1-1, L. 5125-1-1-1, L. 5125-23, L. 5125-23-1, L. 5131-2, L. 5132-7, L. 5134-1, L. 5138-4, L. 5139-1, L. 513-10-3, L. 5211-2 à L. 5211-4, L. 5211-6, L. 5212-1 à L. 5212-3, L. 5213-1 à L. 5213-7, L. 5221-2, L. 5221-3, L. 5221-6, L. 5222-2, L. 5222-3, L. 5223-1 à L. 5223-5, L. 5232-4, L. 5311-1, L. 5311-2, L. 5312-1, L. 5312-4 à L. 5312-4-2, L. 5322-1, L. 5323-4, L. 5324-1, L. 5414-1, L. 5421-6-1, L. 5421-10, L. 5421-11, L. 5422-4, L. 5431-1, L. 5431-2, L. 5461-2, L. 5462-1, L. 6211-3, L. 6211-22, L. 6221-6, L. 6221-9, L. 6221-10, L. 6231-1, L. 6325-1, L. 6326-1.
2011	29 déc.	Décret n° 2011-2030. Plafonds de garantie mentionnés à l'article L. 1142-2 du code de la santé publique. – V. CSP, art. R. 1142-4.
2011	29 déc.	Décret n° 2011-2036. Application de l'article 55 de la loi n° 2010-1658 du 29 décembre 2010 de finances rectificative pour 2010 et modalités de recouvrement des produits locaux. – Art. 1er-IV. – V. CSP, art. R. 6145-54-4.
2011	30 déc.	Décret n° 2011-2113. Organisme gestionnaire du développement professionnel continu. – V. CSP, art. R. 4021-1 à R. 4021-32.
2011	30 déc.	Décret n° 2011-2114. Développement professionnel continu des professionnels de santé paramédicaux. – V. CSP, art. R. 4242-1, R. 4382-1 à R. 4382-16.
2011	30 déc.	Décret n° 2011-2115. Développement professionnel continu des chirurgiens-dentistes. – V. CSP, art. R. 4143-1 à R. 4143-15.
2011	30 déc.	Décret n° 2011-2116. Développement professionnel continu des médecins. – V. CSP, art. R. 4133-1 à R. 4133-15.
2011	30 déc.	Décret n° 2011-2117. Développement professionnel continu des sages-femmes. – V. CSP, art. R. 4153-1 à R. 4153-15.
2011	30 déc.	Décret n° 2011-2118. Développement professionnel continu des pharmaciens. – V. CSP, art. R. 4236-1 à R. 4236-15.
2012	9 janv.	Décret n° 2012-26. Commission scientifique indépendante des médecins. – V. CSP, art. D. 4133-16 à D. 4133-28.
2012	9 janv.	Décret n° 2012-27. Commission scientifique indépendante des sages-femmes. – V. CSP, art. D. 4153-16 à D. 4153-28.
2012	*9 janv.*	Décret n° 2012-28. Commission indépendante des chirurgiens-dentistes. – V. CSP, art. D. 4143-16 à D. 4143-28.
2012	9 janv.	Décret n° 2012-29. Commission scientifique indépendante des pharmaciens. – V. CSP, art. D. 4236-16 à D. 4236-28.

2012	9 janv.	Décret n° 2012-30. Commission scientifique du Haut Conseil des professions paramédicales. – V. CSP, art. D. 4381-6 à D. 4381-6-6.
2012	10 janv.	Décret n° 2012-35. Application des dispositions du quatrième alinéa de l'article L. 4311-1 du code de la santé publique. – V. CSP, art. D. 4311-15-1.
2012	11 janv.	Ordonnance n° 2012-34. Simplification, réforme et harmonisation des dispositions de police administrative et de police judiciaire du code de l'environnement. – Art. 22. – V. CSP, art. L. 1324-1, L. 5150-1.
2012	16 janv.	Décret n° 2012-47. Liste des maladies faisant l'objet d'une transmission obligatoire de données individuelles à l'autorité sanitaire. – V. CSP, art. D. 3113-7.
2012	26 janv.	Décret n° 2012-91. Groupements d'intérêt public. – Art. 10. – V. CSP, art. D. 1415-1-1.
2012	30 janv.	Décret n° 2012-117. Contribution du service de santé des armées à la politique de santé publique. – V. CSP, art. R. 6147-112 à R. 6147-120.
2012	7 févr.	Décret n° 2012-192. Objectifs quantifiés de l'offre de soins. – V. CSP, art. D. 6114-6, D. 6121-7 à D. 6121-9.
2012	10 févr.	Décret n° 2012-202. Modification des conditions techniques de fonctionnement des établissements de santé qui exercent l'activité de traitement de l'insuffisance rénale chronique par la pratique de l'épuration extrarénale. – V. CSP, art. D. 6124-76.
2012	17 févr.	Décret n° 2012-232. Déclaration annuelle des substances à l'état nanoparticulaire pris en application de l'article L. 523-4 du code de l'environnement. – Art. 4. – V. CSP, art. R. 5161-1.
2012	27 févr.	Décret n° 2012-271. Fonds d'intervention régional des agences régionales de santé. – V. CSP, art. R. 1435-16 à R. 1435-36, D. 6114-12, R. 6315-6, R. 6316-11, D. 6321-1, D. 6321-7.
2012	2 mars	Décret n° 2012-298. Modification du dispositif de règlement amiable des accidents médicaux, des affections iatrogènes et des infections nosocomiales. – V. CSP, art. D. 1142-3, R. 1142-4-1, R. 1142-5, R. 1142-7, R. 1142-10 à R. 1142-14, R. 1142-15-1 à R. 1142-17, R. 1142-19, R. 1142-20, R. 1142-24, R. 1142-26, R. 1142-28, R. 1142-30-1, R. 1142-30-2, R. 1142-32-1, R. 1142-34 à R. 1142-36, R. 1142-38 à R. 1142-41-2, R. 1142-43, R. 1142-46, R. 1142-52, R. 1142-61, R. 1142-62.
2012	5 mars	Loi n° 2012-300. Recherches impliquant la personne humaine. – V. CSP, art. L. 1121-1 à L. 1121-16-3, L. 1122-1 à L. 1122-2, L. 1123-1 à L. 1123-2, L. 1123-6 à L. 1123-12, L. 1123-14, L. 1125-1 à L. 1125-3, L. 1126-5, L. 1126-10, L. 1131-1-1, L. 1221-8-1, L. 1243-3, L. 1243-4, L. 1521-5, L. 1541-4.
2012	12 mars	Loi n° 2012-347. Accès à l'emploi titulaire et amélioration des conditions d'emploi des agents contractuels dans la fonction publique, lutte

		contre les discriminations et diverses dispositions relatives à la fonction publique. – Art. 98, 130, 132. – V. CSP, art. L. 6143-7-2, L. 6144-4, L. 6152-5-2.
2012	14 mars	Loi n° 2012-354. De finances rectificative pour 2012. – Art. 30. – V. CSP, art. L. 1331-7.
2012	14 mars	Décret n° 2012-360. Procédés biologiques utilisés en assistance médicale à la procréation. – V. CSP, art. R. 2141-1 à R. 2141-1-9, R. 2141-35.
2012	19 mars	Décret n° 2012-381. Fixation des montants de la taxe prévue par l'article 1600-0 R du code général des impôts et des droits prévus par l'article 1635 *bis* AE du code général des impôts et par l'article L. 5321-3 du code de la santé publique et modalités d'application de la dérogation à la règle du secret professionnel au profit de l'agence mentionnée à l'article L. 5311-1 du code de la santé publique. – Art. 2, 4. – V. CSP, art. D. 5121-63 à D. 5121-66-1, D. 5121-67, D. 5122-35, D. 5138-7, D. 5221-38, D. 5221-39.
2012	22 mars	Loi n° 2012-387. Simplification du droit et allègement des démarches administratives. – Art. 97, 122. – V. CSP, art. L. 1243-2, L. 1243-5, L. 1243-7, L. 1243-9, L. 1245-1, L. 1245-4 à L. 1245-6, L. 1272-7, L. 2151-7, L. 3332-1-1.
2012	23 mars	Décret n° 2012-407. Sociétés interprofessionnelles de soins ambulatoires. – V. CSP, art. R. 4041-1 à R. 4041-5.
2012	27 mars	Loi n° 2012-409. De programmation relative à l'exécution des peines. – Art. 5, 10. – V. CSP, art. L. 3711-2.
2012	6 avr.	Décret n° 2012-461. Conditions de réalisation des prélèvements sanguins effectués par les techniciens de laboratoire médical. – V. CSP, art. R. 1222-18, R. 1222-21 à R. 1222-23, R. 1222-27, R. 1222-30, R. 4352-13, R. 6211-7, R. 6211-8.
2012	11 avr.	Décret n° 2012-467. Recherche sur l'embryon et les cellules souches embryonnaires et études sur l'embryon. – V. CSP, art. R. 2141-17 à R. 2141-23, R. 2151-1 à R. 2151-8, R. 2151-11 à R. 2151-19, R. 2151-21.
2012	18 avr.	Ordonnance n° 2012-514. Extension et adaptation aux îles Wallis-et-Futuna, à la Nouvelle-Calédonie et à la Polynésie française des dispositions de la loi n° 2011-814 du 7 juillet 2011 relative à la bioéthique. – Ratifiée par L. n° 2012-1270 du 20 nov. 2012, art. 30-II-5°. – V. CSP *(renvois)*, art. L. 1521-6, L. 1522-2, L. 1522-8, L. 1541-5, L. 1542-2, L. 1542-6 à L. 1542-8, L. 2421-2, L. 2421-4, L. 2422-2, L. 2441-2 à L. 2441-4, L. 2442-1-1, L. 2445-4.
2012	*18 avr.*	*Ordonnance n° 2012-515.* Extension et adaptation à la Polynésie française et à la Nouvelle-Calédonie de dispositions du code de la santé publique. – Ratifiée par L. n° 2012-1270 du 20 nov. 2012, art. 30-I-5°. – V. CSP *(renvois)*, art. L. 1541-5, L. 1542-8, L. 1542-10, L. 1542-13, L. 2445-2.

2012	24 avr.	Décret n° 2012-561. Missions de service public définies aux articles L. 6112-1 et suivants du code de la santé publique. – V. CSP, art. D. 6114-4.
2012	24 avr.	Décret n° 2012-562. Emplois fonctionnels de direction dans la fonction publique hospitalière. – Art. 16. – V. CSP, art. R. 6147-2.
2012	24 avr.	Décret n° 2012-565. Commission nationale des formations aux soins d'urgence en situation sanitaire normale et exceptionnelle et centres d'enseignement des soins d'urgence. – V. CSP, art. D. 6311-17 à D. 6311-24.
2012	26 avr.	Décret n° 2012-584. Modification du décret n° 2007-435 du 25 mars 2007 relatif aux actes et aux conditions d'exercice de l'ostéopathie. – V. Décr. n° 2007-435 du 25 mars 2007, art. 6 à 13, ss. CSP, art. L. 4321-22.
2012	27 avr.	Décret n° 2012-597. Agence nationale de sécurité du médicament et des produits de santé. – V. CSP, art. R. 1121-11, R. 1121-12, R. 1123-20, R. 1123-22, R. 1123-30, R. 1123-32, R. 1123-35, R. 1123-41, R. 1123-47 à R. 1123-53, R. 1123-59 à R. 1123-61, R. 1125-2, R. 1125-7 à R. 1125-11, R. 1131-3, R. 1161-8, R. 1161-10, R. 1161-13, R. 1161-15, R. 1161-17 à R. 1161-19, R. 1161-21, R. 1161-25, R. 1211-21, R. 1211-22, R. 1221-5, R. 1221-18, R. 1221-20-2, R. 1221-24 à R. 1221-35, R. 1221-37 à R. 1221-43, R. 1221-47, R. 1221-48, R. 1221-50, R. 1221-51, D. 1221-58, D. 1221-63, D. 1221-66, R. 1222-2, R. 1222-9, R. 1222-9-1, R. 1222-9-4, R. 1222-10, R. 1223-3, R. 1223-4-2, R. 1223-5, R. 1223-8, R. 1223-13, R. 1223-31, R. 1223-34, R. 1235-6, R. 1235-9 à R. 1235-11, R. 1243-4 à R. 1243-8, R. 1243-10, R. 1243-11, R. 1243-14, R. 1243-19, R. 1243-22, R. 1243-23, R. 1243-27, R. 1243-28, R. 1243-30, R. 1243-33 à R. 1243-47, R. 1243-51, R. 1245-2, R. 1245-7, R. 1245-11, R. 1245-14, R. 1245-19, R. 1261-2 à R. 1261-4, R. 1261-5, R. 1261-7, R. 1261-9, R. 1313-3, R. 1313-24, R. 1323-2, R. 1323-4, R. 1333-28, R. 1333-36, D. 1341-20, R. 1413-14, D. 1414-51, R. 1417-9, R. 1418-4, R. 1418-6, R. 1418-26, R. 2141-1-7, R. 2141-35, R. 2142-24, R. 2142-27, R. 2151-17, R. 2151-21, D. 2323-6, R. 3114-3, R. 3114-8, R. 4211-1, R. 4211-8, R. 4211-21, R. 4234-1, R. 4234-5, R. 4234-12, R. 4234-24, R. 5112-2, R. 5112-4 à R. 5112-14, R. 5121-5 à R. 5121-6, R. 5121-11, R. 5121-13, R. 5121-16, R. 5121-21, R. 5121-21-1, R. 5121-25, R. 5121-29, R. 5121-29-1, R. 5121-34 à R. 5121-36-1, R. 5121-38 à R. 5121-41, R. 5121-41-2 à R. 5121-41-5-1, R. 5121-41-6, R. 5121-41-7, R. 5121-42, R. 5121-43, R. 5121-45 à R. 5121-48, R. 5121-50, R. 5121-51-1 à R. 5121-51-6, R. 5121-51-8 à R. 5121-51-12, R. 5121-53 à R. 5121-62, R. 5121-68 à R. 5121-73, R. 5121-75, R. 5121-76, R. 5121-79, R. 5121-97, R. 5121-107-2, R. 5121-107-10, R. 5121-108, R. 5121-109, R. 5121-112 à R. 5121-116, R. 5121-120, R. 5121-122 à R. 5121-127, R. 5121-129, R. 5121-131, R. 5121-132-1, R. 5121-133 à R. 5121-135-1, R. 5121-137 à R. 5121-140, R. 5121-147, R. 5121-148, R. 5121-154 à R. 5121-167, R. 5121-169, R. 5121-171, R. 5121-173, R. 5121-174, R. 5121-176, R. 5121-177 à R. 5121-179, R. 5121-184, R. 5121-198 à

		R. 5121-200, R. 5121-202 à R. 5121-204, R. 5121-206, R. 5121-207, R. 5122-2, R. 5122-5, R. 5122-7, D. 5122-7-1, R. 5122-13 à R. 5122-15, R. 5122-17, R. 5122-20, R. 5122-22 à R. 5122-24, R. 5122-36 à R. 5122-47, R. 5124-5, R. 5124-6, R. 5124-9 à R. 5124-10-1, R. 5124-11 à R. 5124-13, R. 5124-15, R. 5124-35, R. 5124-36, R. 5124-46, R. 5124-47, R. 5124-49, R. 5124-55, R. 5124-57-2, R. 5124-57-5, R. 5124-59, R. 5124-69, D. 5125-63, R. 5126-10, R. 5126-16, R. 5126-16-1, R. 5126-105, R. 5127-11, R. 5127-14 à R. 5127-16, R. 5127-18, R. 5131-1, R. 5132-1, R. 5132-2, R. 5132-5, R. 5132-21, R. 5132-23, R. 5132-30, R. 5132-31, R. 5132-36, R. 5132-39, R. 5132-42, R. 5132-44, R. 5132-74, R. 5132-75, R. 5132-78, R. 5132-80 à R. 5132-88, R. 5132-92 à R. 5132-95, R. 5132-99 à R. 5132-113, R. 5132-115, R. 5132-116, R. 5133-3 à R. 5133-5, R. 5138-1, R. 5138-2, R. 5138-4 à R. 5138-6, R. 5139-1, R. 5139-3 à R. 5139-7, R. 5139-11 à R. 5139-14, R. 5139-17, R. 5139-20, R. 5139-24 à R. 5139-26, R. 5139-31, R. 513-10-2 à R. 513-10-4, R. 513-10-8, R. 513-10-10 à R. 513-10-12, R. 5141-95, R. 5141-96, R. 5141-122, R. 5141-123-3, R. 5142-6, R. 5142-10, R. 5142-13, R. 5142-15, R. 5211-5, R. 5211-7, R. 5211-11, R. 5211-19, R. 5211-22, R. 5211-23, R. 5211-23-2, R. 5211-24, R. 5211-26, R. 5211-35, R. 5211-37, R. 5211-40, R. 5211-41, R. 5211-41-1, R. 5211-43, R. 5211-46, R. 5211-53 à R. 5211-58, R. 5211-61, R. 5211-64 à R. 5211-67, R. 5212-4 à R. 5212-12, R. 5212-13, R. 5212-17 à R. 5212-24, R. 5212-26 à R. 5212-29, R. 5212-32 à R. 5212-35, R. 5212-36, R. 5221-6, R. 5221-7, R. 5221-16, R. 5221-17, R. 5221-29, R. 5221-32, R. 5221-35 à R. 5221-37, R. 5222-3, R. 5222-4 à R. 5222-18, R. 5311-1, R. 5313-1, R. 5313-3 à R. 5313-8, R. 5321-1 à R. 5323-2, R. 5433-1, R. 5433-3, R. 5438-3, R. 5461-1, R. 5461-2, R. 5462-1, R. 5462-2, R. 6213-9, R. 6213-10, D. 6213-14 à R. 6213-18.
2012	3 mai	Décret n° 2012-634. Fusion des professions d'avocat et d'avoué près les cours d'appel. – Art. 19-3°, 21-4° et 6°. – V. CSP, art. R. 3122-15, R. 3122-16, R. 3122-18, R. 3211-24.
2012	7 mai	Décret n° 2012-694. Modification du code de déontologie médicale. – V. CSP, art. R. 4127-1, R. 4127-8, R. 4127-11, R. 4127-12, R. 4127-24, R. 4127-35, R. 4127-44 à R. 4127-46, R. 4127-53, R. 4127-65, R. 4127-68, R. 4127-68-1, R. 4127-74, R. 4127-83, R. 4127-87, R. 4127-89, R. 4127-92.
2012	7 mai	Décret n° 2012-696. Institution d'une procédure de conciliation préalable à la saisine des chambres de discipline de première instance de l'ordre national des pharmaciens et procédure disciplinaire applicable à cet ordre. – V. CSP, art. R. 4234-2 à R. 4234-5, R. 4234-15, R. 4234-17, R. 4234-18, R. 4234-20, R. 4234-21, R. 4234-23, R. 4234-24, R. 4234-33 à R. 4234-39.
2012	7 mai	Décret n° 2012-698. Modification du montant de la taxe prévue à l'article L. 5211-5-1 du code de la santé publique. – V. CSP, art. R. 5211-71.

2012	9 mai	Décret n° 2012-741. Dispositions relatives à la publicité pour les médicaments à usage humain. – V. CSP, art. R. 1161-17, R. 5122-1, R. 5122-2-1 à R. 5122-7, R. 5122-8, R. 5122-12 à R. 5122-17, R. 5122-22, R. 5134-11, R. 5134-12, R. 5134-15.
2012	9 mai	Décret n° 2012-742. Recommandations temporaires d'utilisation des spécialités pharmaceutiques. – V. CSP, art. R. 5121-76-1 à R. 5121-76-9.
2012	9 mai	Décret n° 2012-743. Publicité pour les dispositifs médicaux. – V. CSP, art. R. 5213-1 à R. 5213-11.
2012	9 mai	Décret n° 2012-744. Publicité pour les dispositifs médicaux de diagnostic *in vitro*. – V. CSP, art. R. 5223-1 à R. 5223-11.
2012	9 mai	Décret n° 2012-745. Déclaration publique d'intérêts et transparence en matière de santé publique et de sécurité sanitaire. – V. CSP, art. R. 1111-11, R. 1123-13, R. 1142-27, R. 1142-47, R. 1142-63-3, D. 1142-70, R. 1313-31, R. 1418-40, R. 1451-1 à R. 1451-9, R. 5321-6, R. 5323-2.
2012	9 mai	Décret n° 2012-755. Mise en conformité des dispositions nationales avec le droit de l'Union européenne en ce qui concerne la mise sur le marché et l'utilisation des produits phytopharmaceutiques. – Art. 3-IV. – V. CSP, art. R. 1341-10.
2012	31 mai	Ordonnance n° 2012-785. Extension et adaptation du code de l'action sociale et des familles au Département de Mayotte. – Ratifiée par L. n° 2012-1270 du 20 nov. 2012, art. 30-III-10°. – Art. 6. – V. CSP *(renvois)*, art. L. 2413-2, L. 2413-3, L. 6411-1, L. 6416-5.
2012	2 juill.	Décret n° 2012-848. Diplôme d'État de pédicure-podologue. – V. CSP, art. D. 4322-2 à D. 4322-8, D. 4322-11.
2012	4 juill.	Décret n° 2012-851. Modalités de délivrance du diplôme d'État de certaines professions d'auxiliaires médicaux. – V. CSP, art. D. 4311-16.
2012	17 juill.	Décret n° 2012-881. Modification du code de déontologie des sages-femmes. – V. CSP, art. R. 4127-301, R. 4127-303, R. 4127-304, R. 4127-307, R. 4127-310, R. 4127-315, R. 4127-316, R. 4127-318, R. 4127-321, R. 4127-332, R. 4127-339 à R. 4127-342, R. 4127-344, R. 4127-347-1, R. 4127-360, R. 4127-367.
2012	17 juill.	Décret n° 2012-882. Actes de radiodiagnostic auxquels peuvent participer les personnes relevant de l'article L. 4351-7 du code de la santé publique. – V. CSP, art. R. 4351-29.
2012	17 juill.	Décret n° 2012-883. *Dispensation* supplémentaire de contraceptifs oraux par le pharmacien. – V. CSP, art. R. 5132-6, R. 5134-4-1 à R. 5134-4-3.
2012	17 juill.	Décret n° 2012-884. Lieux d'exercice des sociétés d'exercice libéral de médecins. – V. CSP, art. R. 4113-23.
2012	17 juill.	Décret n° 2012-885. Conditions dans lesquelles les sages-femmes concourent aux activités d'assistance médicale à la procréation. – V. CSP, art. D. 4151-20 à D. 4151-24.

2012	24 juill.	Décret n° 2012-910. Délivrance de médicaments indiqués dans la contraception d'urgence dans les services universitaires et interuniversitaires de médecine préventive et de promotion de la santé. – V. CSP, art. R. 5124-45, R. 5132-11, D. 5134-5, D. 5134-10-1.
2012	1er août	Décret n° 2012-934. Création d'un centre hospitalier régional à Poitiers par fusion du centre hospitalier universitaire de Poitiers et du centre hospitalier de Lusignan. – V. CSP, art. D. 6141-15.
2012	1er août	Décret n° 2012-935. Création d'un centre hospitalier régional à la Martinique par fusion du centre hospitalier universitaire de Fort-de-France, du centre hospitalier du Lamentin et du centre hospitalier Louis-Domergue de Trinité. – V. CSP, art. D. 6141-15.
2012	6 août	Loi n° 2012-954. Harcèlement sexuel. – V. CSP, art. L. 1110-3, L. 1110-3-1, L. 1541-2.
2012	20 août	Décret n° 2012-969. Modification de certaines conditions techniques de fonctionnement des structures alternatives à l'hospitalisation. – V. CSP, art. D. 6124-301 à D. 6124-305.
2012	21 août	Décret n° 2012-979. Exercice des professions de médecin et sage-femme par les étudiants. – V. CSP, art. D. 4131-1 à D. 4131-3-1, D. 4151-15 à D. 4151-17-1.
2012	21 août	Décret n° 2012-981. Diplôme de technicien supérieur en imagerie médicale et radiologie thérapeutique. – V. CSP, art. D. 4351-14 à D. 4351-21.
2012	23 août	Décret n° 2012-994. Haut Conseil des professions paramédicales. – V. CSP, art. D. 4381-2, D. 4381-3, D. 4381-4-1.
2012	29 août	Décret n° 2012-1007. Agrément nécessaire au transport sanitaire terrestre et à l'autorisation de mise en service de véhicules de transports sanitaires. – V. CSP, art. R. 6312-6, R. 6312-13, R. 6312-14, R. 6312-30, R. 6312-35 à R. 6312-37.
2012	3 sept.	Décret n° 2012-1016. Fixation des montants du droit prévu par l'article L. 5321-3 du code de la santé publique. – V. CSP, art. D. 5321-7.
2012	6 sept.	Décret n° 2012-1030. Intervention des établissements d'hospitalisation à domicile dans les établissements sociaux et médico-sociaux avec hébergement. – V. CSP, art. R. 6121-4-1.
2012	6 sept.	Décret n° 2012-1031. Conditions techniques de fonctionnement des établissements d'hospitalisation à domicile intervenant dans les établissements sociaux et médico-sociaux avec hébergement. – V. CSP, art. D. 6124-311.
2012	7 sept.	Décret n° 2012-1035. Prélèvement et greffe d'organes. – V. CSP, art. R. 1231-1 à R. 1231-3, R. 1231-8, R. 1231-10, R. 1233-9, *R. 1234-2*, R. *1235-3*, R. 1418-1.
2012	10 sept.	Décret n° 2012-1038. Certaines conditions techniques de fonctionnement applicables à l'activité de traitement du cancer. – V. CSP, art. D. 6124-134.

2012	28 sept.	Décret n° 2012-1096. Approvisionnement en médicaments à usage humain. – V. CSP, art. R. 5124-10, R. 5124-12, R. 5124-15, R. 5124-36, R. 5124-48-1, R. 5124-49-1, R. 5124-59, R. 5124-59-1, R. 5125-46-1, R. 5126-7-1.
2012	5 oct.	Décret n° 2012-1131. Consultation et alimentation du dossier pharmaceutique par les pharmaciens exerçant dans les pharmacies à usage intérieur. – V. CSP, art. R. 1111-20-1 à R. 1111-20-11, R. 5125-33-5.
2012	10 oct.	Décret n° 2012-1143. Organisation de la direction générale de la santé. – V. CSP, art. D. 1421-1.
2012	29 oct.	Décret n° 2012-1201. Étiquetage des préparations et d'autres produits pharmaceutiques. – V. CSP, art. R. 5121-146-2, R. 5121-146-3, R. 5125-57, R. 5132-15, R. 5132-18.
2012	6 nov.	Décret n° 2012-1236. Médicaments de thérapie innovante. – V. CSP, art. R. 4211-32 à R. 4211-52, R. 5121-209 à R. 5121-217, R. 5124-1, R. 5124-4, R. 5124-16, R. 5124-23, R. 5124-28-1, R. 5124-30, R. 5124-34, R. 5124-35, R. 5124-49.
2012	7 nov.	Décret n° 2012-1247. Adaptation de divers textes aux nouvelles règles de la gestion budgétaire et comptable publique. – Art. 1er, 2, 20 et 41. – V. CSP, art. R. 1111-25, R. 1142-45, R. 1142-46, R. 1142-53, R. 1142-54, R. 1142-56, R. 1142-57, D. 1142-59-1, R. 1222-4, R. 1222-6, R. 1222-7, R. 1222-11, R. 1222-12, R. 1222-16, R. 1313-9, R. 1313-16, R. 1313-33, R. 1313-36, D. 1415-1-6, D. 1415-1-7, R. 1418-9, R. 1418-14, R. 1418-31 à R. 1418-34, R. 1432-54, R. 1432-58, R. 1432-61, R. 1432-64, R. 1435-28, R. 5321-1, R. 5321-2, R. 5322-6, R. 5322-13, R. 6111-36, R. 6113-48, R. 6113-49, R. 6133-1, R. 6133-4, R. 6133-5, R. 6133-26, R. 6133-29, R. 6144-85, R. 6145-1, R. 6145-3, R. 6145-5, R. 6145-6, R. 6145-10, R. 6145-11, R. 6145-13, R. 6145-14, R. 6145-19, R. 6145-20, R. 6145-29, D. 6145-31, R. 6145-32, R. 6145-35, R. 6145-40, R. 6145-43, R. 6145-59, R. 6145-66, R. 6147-12, R. 6147-15, R. 6147-16, R. 6147-90-1, R. 6147-98, R. 6147-109.
2012	8 nov.	Décret n° 2012-1244. Renforcement des dispositions en matière de sécurité des médicaments à usage humain soumis à autorisation de mise sur le marché et pharmacovigilance. – V. CSP, art. R. 5121-25, R. 5121-35 à R. 5121-36-2, R. 5121-37-1 à R. 5121-37-3, R. 5121-43, R. 5121-45, R. 5121-45-1, R. 5121-47 à R. 5121-50, R. 5121-51-9 à R. 5121-51-11, R. 5121-140, R. 5121-148 à R. 5121-180, *R. 5313-2-1*, R. 5313-3.
2012	13 nov.	Décret n° 2012-1255. Modification de la durée de conservation des données individuelles mentionnées au second alinéa de l'article R. 3113-3 du code de la santé publique. – V. CSP, art. R. 3113-3.
2012	16 nov.	Décret n° 2012-1267. Modification du code de déontologie des pédicures-podologues. – V. CSP, art. R. 4322-31 à R. 4322-99.

2012	22 nov.	Décret n° 2012-1286. Conseils de surveillance des agences régionales de santé. – V. CSP, art. D. 1432-15 à D. 1432-26, D. 1443-38, D. 1443-39.
2012	29 nov.	Décret n° 2012-1331. Modification de certaines dispositions réglementaires prises en application de la loi n° 2009-879 du 21 juillet 2009 portant réforme de l'hôpital et relative aux patients, à la santé et aux territoires. – Art. 1er. – V. CSP, art. D. 1432-47, R. 1432-66, R. 1432-96, R. 1434-1, R. 1434-8, R. 1441-13, R. 3115-3, D. 3121-37, R. 6122-19, R. 6122-46, D. 6162-10, R. 6312-1, R. 6313-1-1, R. 6313-5, R. 6313-6, R. 6313-7, R. 6313-7-1, R. 6322-4.
2012	17 déc.	Loi n° 2012-1404. De financement de la sécurité sociale pour 2013. – Art. 46-I et III, 47-III, 52-II, 57-I, 72-I et 73-VIII-B. – V. CSP, art. L. 1142-22, L. 1142-23, L. 1142-24-3, L. 1221-14, L. 1222-8, L. 1418-7, L. 1434-7, L. 1435-4-2, L. 1435-5-1 à L. 1435-5-5, L. 4311-1, L. 5121-12-1, L. 5134-1, L. 6113-10-2.
2012	19 déc.	Ordonnance n° 2012-1427. Renforcement de la sécurité de la chaîne d'approvisionnement des médicaments, encadrement de la vente de médicaments sur internet et lutte contre la falsification de médicaments. – Ratifiée par L. n° 2014-201 du 24 févr. 2014, art. 4-I. – V. CSP, art. L. 4211-1, L. 4211-1-1, L. 5111-3, L. 5121-5, L. 5121-20, L. 5122-6-1, L. 5124-1, L. 5124-19, L. 5124-20, L. 5125-33 à L. 5125-41, L. 5138-1 à L. 5138-6, L. 5311-1, L. 5312-4, L. 5313-1, L. 5313-3, L. 5421-2, L. 5421-3, L. 5421-12 à L. 5421-15, L. 5438-1 à L. 5438-7, L. 5521-7, L. 5524-1.
2012	24 déc.	Loi n° 2012-1442. Suspension de la fabrication, de l'importation, de l'exportation et de la mise sur le marché de tout conditionnement à vocation alimentaire contenant du bisphénol A. – V. CSP, art. L. 5231-2, L. 5214-1, L. 5214-2.
2012	27 déc.	Décret n° 2012-1481. Compte épargne-temps et congés annuels des personnels médicaux, pharmaceutiques et odontologiques des établissements publics de santé. – Art. 1er à 17. – V. CSP, art. R. 6152-35, R. 6152-227, R. 6152-419, R. 6152-519, R. 6152-613, R. 6152-801 à R. 6152-807-4, R. 6152-809, R. 6152-809-1, R. 6152-811 à R. 6152-813.
2012	27 déc.	Décret n° 2012-1483. Transformation des syndicats interhospitaliers en groupement de coopération sanitaire ou en groupement d'intérêt public. – Art. 11-I. – V. CSP, art. R. 1112-79, R. 1112-81, R. 1221-24, R. 1221-40, R. 1221-43 à R. 1221-45, R. 1221-48, R. 5121-83, R. 5121-85, R. 5121-88, R. 5121-158, R. 5121-181, R. 5121-190 à R. 5121-192, R. 5121-196, R. 5126-2, R. 5126-4, R. 5126-5, R. 5126-9, R. 5126-10, R. 5126-15, R. 5126-16, R. 5126-28, R. 5126-111, R. 5126-112, R. 5212-12, R. 5212-28, R. 5212-37, *R. 5222-3*, R. 5222-10, R. 5461-2, R. 6111-12, R. 6111-15 à R. 6111-17, R. 6132-1 à R. 6132-35, R. 6143-38, R. 6144-86 à R. 6144-89, R. 6152-50, R. 6152-237, R. 6152-502, R. 6152-540, R. 6161-32, R. 6161-34.

2012	31 déc.	Décret n° 2012-1562. Renforcement de la sécurité de la chaîne d'approvisionnement des médicaments et encadrement de la vente de médicaments sur internet. – V. CSP, art. R. 5121-25, R. 5121-118, R. 5121-132-1, R. 5121-138-1 à R. 5121-138-4, R. 5124-3, R. 5124-6, R. 5124-36, R. 5124-48-2, R. 5124-49-2, R. 5124-49-3, R. 5124-54-1, R. 5124-58, R. 5124-60-1, R. 5124-74 à R. 5124-77, R. 5125-26, R. 5125-70 à R. 5125-74, R. 5138-1 à R. 5138-2-2, R. 5138-7 à R. 5138-9, R. 5312-1, R. 5313-3 à R. 5313-5, R. 5438-1, R. 5438-3.
2013	7 janv.	Décret n° 2013-15. Préparation et réponses aux situations sanitaires exceptionnelles. – V. CSP, art. R. 1435-7, R. 1435-8, R. 3132-1 à R. 3132-3, R. 3135-1, R. 3135-7, R. 3135-9 à R. 3135-9-6, R. 5124-9, R. 5124-45, R. 6311-25 à R. 6311-32.
2013	9 janv.	Décret n° 2013-30. Mise en œuvre du règlement sanitaire international (2005). – V. CSP, art. D. 3111-22, R. 3114-9, R. 3115-3 à R. 3115-70, R. 3116-13 à R. 3116-17.
2013	9 janv.	Décret n° 2013-32. Application de l'article L. 5141-8 du code de la santé publique. – V. CSP, art. D. 5141-55 à D. 5141-58-5, D. 5141-60, D. 5141-123-22, D. 5142-65.
2013	11 janv.	Décret n° 2013-35. Modification du décret n° 2012-26 du 9 janvier 2012 relatif à la commission scientifique indépendante des médecins. – V. CSP, art. D. 4133-16 à D. 4133-18, D. 4133-20, D. 4135-1.
2013	14 janv.	Décret n° 2013-45. Application aux comités de protection des personnes du régime de comptabilité publique. – V. CSP, art. R. 1123-19 à R. 1123-19-3.
2013	18 janv.	Décret n° 2013-66. Autorisations temporaires d'utilisation des médicaments. – V. CSP, art. R. 5121-68 à R. 5121-76, R. 5121-108, R. 5121-112, R. 5121-114, R. 5121-144, R. 5121-145, R. 5124-2, R. 5124-49, R. 5126-103, R. 5126-104, R. 5126-106, R. 5126-108.
2013	23 janv.	Décret n° 2013-73. Modification du statut des internes et fonctions hospitalières des étudiants en médecine, en odontologie et en pharmacie. – V. CSP, art. R. 6153-8, R. 6153-10, R. 6153-11, R. 6153-44, R. 6153-46 à D. 6153-50, R. 6153-55, R. 6153-57 à R. 6153-60, R. 6153-62-1, R. 6153-71, R. 6153-74, R. 6153-76-1, R. 6153-91-1.
2013	28 janv.	Loi n° 2013-100. Diverses dispositions d'adaptation de la législation au droit de l'Union européenne en matière économique et financière. – Art. 41-II. – V. CSP, art. L. 6145-5.
2013	29 janv.	Décret n° 2013-104. Analyses et tests de dépistage pratiqués dans le cadre de la qualification biologique du don du sang. – V. CSP, art. D. 1221-6, D. 1221-10, D. 1221-12, D. 1221-13 et D. 1221-15.
2013	14 févr.	Décret n° 2013-137. Dispositions relatives aux praticiens attachés. – V. CSP, art. R. 6152-612, R. 6152-633.
2013	14 févr.	Décret n° 2013-138. Dispositions relatives aux personnels médicaux, odontologiques et pharmaceutiques hospitaliers. – V. CSP, art. D. 6152-220-1, D. 6152-612-1, D. 6152-633-1.

2013	27 févr.	Décret n° 2013-176. Statut particulier du corps des techniciens sanitaires et de sécurité sanitaire. – Art. 38. – V. CSP, art. R. 1421-18.
2013	4 mars	Décret n° 2013-191. Formation des loueurs de chambres d'hôtes délivrant des boissons alcooliques. – V. CSP, art. R. 3332-4, R. 3332-4-1, R. 3332-7 à R. 3332-9.
2013	16 avr.	Loi n° 2013-316. Indépendance de l'expertise en matière de santé et d'environnement et protection des lanceurs d'alerte : – Art. 11. – V. CSP, art. L. 1351-1. – Art. 1er à 10, 12 et 13. – V. ss. CSP, art. L. 1351-1.
2013	21 mai	Décret n° 2013-414. Transparence des avantages accordés par les entreprises produisant ou commercialisant des produits à finalité sanitaire et cosmétique destinés à l'homme : – Art. 1er. – V. CSP, art. D. 1453-1, R. 1453-2 à R. 1453-9. – Art. 2. – V. CSP, art. R. 4113-104, R. 4113-105, R. 4113-107, R. 4113-107-1. – Art. 3. – V. ss. CSP, art. R. 1453-4.
2013	30 mai	Loi n° 2013-442. Réforme de la biologie médicale. – Art. 2 à 13. – V. CSP, art. L. 1434-9, L. 4221-9, L. 4221-11 à L. 4221-13, L. 4221-14-1, L. 4221-14-2, L. 4222-9, L. 4232-1, L. 4352-1, L. 4352-3-1 à L. 4352-4, L. 4352-7, L. 5311-1, L. 6211-1, L. 6211-8-1, L. 6211-12 à L. 6211-15, L. 6211-17 à L. 6211-19, L. 6211-21, L. 6211-23, L. 6212-2 à L. 6212-4, L. 6212-6, L. 6213-1 à L. 6213-4, L. 6213-6, L. 6213-6-1, L. 6213-8, L. 6213-10-1, L. 6221-1, L. 6221-9, L. 6221-12, L. 6222-1 à L. 6222-6, L. 6223-3 à L. 6223-5, L. 6223-8, L. 6231-1, L. 6231-3, L. 6241-1, L. 6241-2, L. 6241-5-1, L. 6242-3.
2013	31 mai	Décret n° 2013-449. Compétences requises pour dispenser ou coordonner l'éducation thérapeutique du patient. – V. CSP, art. D. 1161-1, R. 1161-2, R. 1521-1.
2013	3 juin	Loi n° 2013-453. Garantie de la qualité de l'offre alimentaire en outre-mer : – Art. 1er. – V. CSP, art. L. 3232-5 à L. 3232-7. – Art. 3 et 4. – V. ss. CSP, art. L. 3232-7.
2013	4 juin	Décret n° 2013-466. Conditions d'exploitation d'une officine de pharmacie par une société d'exercice libéral et sociétés de participations financières de profession libérale de pharmaciens d'officine : – Art. 1er et 2. – V. CSP, art. R. 4222-1, R. 4222-3-1, R. 4222-4, R. 5124-2, R. 5125-15, R. 5125-17 à R. 5125-22, R. 5125-24, R. 5125-24-1 à R. 5125-24-15, D. 5125-24-16, D. 5125-24-17. – Art. 3. – V. ss. CSP, art. R. 5125-24-1.
2013	5 juin	Décret n° 2013-473. Modification des dispositions relatives à l'interdiction d'opérations portant sur le cannabis ou ses dérivés. – V. CSP, *art. R. 5132-86.*
2013	20 juin	Décret n° 2013-527. Conditions de mise en œuvre de la parentèle dans le cadre d'un examen des caractéristiques génériques à finalité médicale. – V. CSP, art. R. 1131-20-1 à R. 1131-20-5.

2013	27 juin	Ordonnance n° 2013-544. Établissements de crédit et sociétés de financement. – Ratifiée par L. n° 2014-1 du 2 janv. 2014, art. 18-2°. – Art. 14. – V. CSP, art. L. 1141-2, L. 1141-2-1.
2013	8 juill.	Loi n° 2013-595. Orientation et programmation pour la refondation de l'école de la République. – Art. 6-II. – V. CSP, art. L. 2325-1.
2013	11 juill.	Décret n° 2013-615. Composition et fonctionnement des instances de l'Agence nationale de sécurité du médicament et des produits de santé. – V. CSP, art. L. 5322-1, R. 5322-1, R. 5322-2, R. 5322-18.
2013	16 juill.	Loi n° 2013-619. Diverses dispositions d'adaptation au droit de l'Union européenne dans le domaine du développement durable. – Art. 46-IV. – V. CSP, art. L. 3114-2.
2013	16 juill.	Décret n° 2013-628. Fonctions à accomplir par les candidats à l'autorisation d'exercice pour les professions de médecin, de chirurgien-dentiste et de pharmacien. – V. CSP, art. D. 4111-7, D. 4221-6.
2013	22 juill.	Loi n° 2013-660. Enseignement supérieur et recherche. – Art. 54. – V. CSP, art. L. 6142-7.
2013	6 août	Loi n° 2013-715. Autorisation sous certaines conditions de la recherche sur l'embryon humain et les cellules souches embryonnaires. – V. CSP, art. L. 2151-5.
2013	14 août	Décret n° 2013-736. Contrat de praticien territorial de médecine générale. – V. CSP, art. R. 1434-4, R. 1435-9-1 à R. 1435-9-12.
2013	16 août	Décret n° 2013-752. Dispositions relatives aux médicaments vétérinaires et aux établissements pharmaceutiques vétérinaires. – V. CSP, art. R. 5138-7, R. 5141-6, R. 5141-8, R. 5141-13-1, R. 5141-16-1, R. 5141-18, R. 5141-20, R. 5141-21, R. 5141-23, R. 5141-34, R. 5141-39-1, R. 5141-47-1, R. 5141-47-2 à R. 5141-47-4, R. 5141-47-9, R. 5141-47-11, R. 5141-63, R. 5141-66-1, R. 5141-81, R. 5141-96, R. 5141-96-1, R. 5141-104, R. 5141-105, R. 5141-108, R. 5141-123, R. 5141-123-4, R. 5141-123-6, R. 5141-125, R. 5141-129, R. 5142-1, R. 5142-3, R. 5142-6 à R. 5142-11, R. 5142-12-1, R. 5142-16, R. 5142-17-1, R. 5142-21, R. 5142-33, R. 5142-35, R. 5142-35-1, R. 5142-37, R. 5142-40, R. 5142-43, R. 5142-45, R. 5142-49, R. 5142-49-1, R. 5142-50-1, R. 5142-57, R. 5146-1.
2013	19 août	Décret n° 2013-756. Dispositions réglementaires des livres VI et VII du code de l'éducation : – Art. 3-II. – V. CSP, art. L. 1415-1. – Art. 6. – V. *CSP*, art. *D.* 4151-1, D. 4151-3 à D. 4151-8, D. 4341-5, D. 4342-9, D. 4351-13-1, D. 4361-1, D. 4361-2 à D. 4361-12.
2013	19 août	Décret n° 2013-757. Suppression de la commission nationale des médicaments vétérinaires. – V. CSP, art. R. 5141-47, R. 5141-62, R. 5141-93, R. 5141-94.
2013	30 août	Décret n° 2013-798. Régime des études en vue du certificat de capacité d'orthophoniste. – Art. 30. – V. CSP, art. D. 4341-11, D. 4341-12.

2013	16 sept.	Décret n° 2013-827. Obligations des organismes gestionnaires de la couverture maladie universelle complémentaire et diverses dispositions en matière de protection sociale. – Art. 4. – V. CSP, art. R. 1142-58, R. 1142-59.
2013	18 sept.	Décret n° 2013-838. Agrément des directeurs des centres de formation de préparateurs en pharmacie hospitalière. – V. CSP, art. R. 4244-4.
2013	18 sept.	Décret n° 2013-839. Autorisation des centres de formation de préparateurs en pharmacie hospitalière et agrément de leur*[s]* directeur*[s]*. – V. CSP, art. D. 4244-1 à D. 4244-4.
2013	20 sept.	Décret n° 2013-841. Commission médicale d'établissement et transformations des établissements publics de santé et politique du médicament dans les établissements de santé. – V. CSP, art. R. 6111-10, R. 6141-11, R. 6141-13, R. 6144-1, R. 6144-3, R. 6144-3-1, R. 6144-4, R. 6144-5, R. 6144-5-1, R. 6152-34, R. 6152-226.
2013	20 sept.	Décret n° 2013-842. Comité technique d'établissement des établissements publics de santé. – V. CSP, art R. 6144-40.
2013	20 sept.	Décret n° 2013-843. Commissions régionales paritaires placées auprès des directeurs généraux des agences régionales de santé. – V. CSP, art L. 3211-2-1 à L. 3211-3, L. 3211-11-1, L. 3211-12 à L. 3211-12-2, L. 3211-12-4, L. 3211-12-5, L. 3212-1, L. 3212-4, L. 3212-7, L. 3212-9, L. 3212-11, L. 3213-1, L. 3213-3 à L. 3213-4, L. 3213-7 à L. 3213-9-1, L. 3214-1, L. 3214-2, L. 3222-3, L. 3222-4.
2013	27 sept.	Loi n° 2013-869. Droits et protection des personnes faisant l'objet de soins psychiatriques et modalités de leur prise en charge. – V. CSP, art. L. 3211-2-1, L. 3211-2-2, L. 3211-3, L. 3211-11-1, L. 3211-12, L. 3211-12-1, L. 3211-12-2, L. 3211-12-4, L. 3211-12-5, L. 3212-1, L. 3212-4, L. 3212-7, L. 3212-9, L. 3213-1, L. 3213-3 à L. 3213-5, L. 3213-7, L. 3213-8, L. 3213-9-1, L. 3214-1, L. 3214-2, L. 3222-1-1, L. 3222-1-1, L. 3222-1-2, L. 3222-3, L. 3222-4-1.
2013	14 oct.	Décret n° 2013-916. Personnels médicaux, odontologiques et pharmaceutiques hospitaliers placés en recherche d'affectation. – V. CSP, art. R. 6152-50-1 à R. 6152-3, R. 6152-50-5 à R. 6152-50-7, R. 6152-236-1 à R. 6152-236-3, R. 6152-236-5 à R. 6152-236-7, R. 6152-242.
2013	16 oct.	Décret n° 2013-923. Transposition de la directive 2012/26/UE du 25 octobre 2012 modifiant en ce qui concerne la pharmacovigilance la directive 2001/83/CE instituant un code communautaire relatif aux médicaments à usage humain. – V. CSP, art. R. 5121-50-1, R. 5121-51-9, R. 5121-152, R. 5121-157, R. 5121-175, R. 5124-4.
2013	5 nov.	Arrêté. Liste des ports et aérodromes en application des *articles R. 3115-6 et R. 3821-3* 🏛. – V. ss. CSP, art. R. 3115-6.
2013	5 nov.	Arrêté. Contenu des plans d'intervention pour la gestion des urgences sanitaires dans les points d'entrée 🏛. – V. ss. CSP, art. R. 3115-12.

2013	5 nov.	Arrêté. Nombre de passagers en provenance d'un voyage international en tant que critère de désignation des points d'entrée du territoire au sens des articles R. 3115-16, R. 3115-17 et R. 3821-11 🏛. – V. ss. CSP, art. R. 3115-16.
2013	21 nov.	Décret n° 2013-1050. Création d'un centre hospitalier régional à Nancy. – V. CSP, art. D. 6141-15.
2013	2 déc.	Décret n° 2013-1098. Durée du mandat du président de l'Établissement français du sang. – V. CSP, art. L. 1222-8.
2013	3 déc.	Arrêté. Conditions de fonctionnement du site internet public unique mentionné à l'article R. 1453-4 🏛. – V. ss. CSP, art. R. 1453-4.
2013	6 déc.	Loi n° 2013-1118. Expérimentation des maisons de naissance 🏛. – V. ss. CSP, art. L. 2122-1.
2013	19 déc.	Ordonnance n° 2013-1183. Harmonisation des sanctions pénales et financières relatives aux produits de santé et à l'adaptation des prérogatives des autorités et des agents chargés de constater les manquements. – V. CSP, art. L. 1418-2, L. 1421-1, L. 1421-3, L. 1427-1, L. 1435-7 à 1435-7-2, L. 1435-9, L. 5124-19, L. 5125-39, L. 5312-1-1, L. 5312-4-1, L. 5312-4-3, L. 5313-1, L. 5313-2-1, L. 5411-1 à L. 5411-4, L. 5412-1, L. 5413-1, L. 5414-1, L. 5414-2, L. 5421-1 à L. 5421-6-3, L. 5421-8 à L. 5421-10, L. 5421-12, L. 5421-13, L. 5422-3, L. 5422-5, L. 5422-16, L. 5422-18, L. 5423-1 à L. 5423-6, L. 5423-8, L. 5424-1 à L. 5424-4, L. 5424-6, L. 5424-9, L. 5424-10, L. 5424-13, L. 5424-14, L. 5424-19, L. 5425-1, L. 5426-1 à L. 5426-4, L. 5431-1, L. 5432-1 à L. 5432-5, L. 5434-1, L. 5438-2 à L. 5438-8, L. 5439-1 à L. 5439-4, L. 5451-1, L. 5461-2 à L. 5461-9, L. 5462-1 à L. 5462-7, L. 5471-1 à L. 5472-3.
2013	23 déc.	Loi n° 2013-1203. De financement de la sécurité sociale pour 2014 : – Art. 11. – V. CSP, art. L. 5123-5, L. 5522-1. – Art. 12. – V. CSP, art. L. 5121-18. – Art. 35. – V. CSP, art. L. 4011-1 à L. 4011-3. – Art. 36 🏛. – V. ss. CSP, art. L. 6316-1. – Art. 40. – V. CSP, art. L. 1433-1. – Art. 44. – V. CSP, art. L. 1435-9. – Art. 45. – V. CSP, art. L. 6416-4. – Art. 47. – V. CSP, art. L. 5121-1, L. 5121-10-2, L. 5121-20, L. 5125-23-2, L. 5125-23-3. – Art. 51. – *V. CSP, art. L. 5123-2.* – Art. 63. – V. CSP, art. L. 1432-6.
2013	23 déc.	Décret n° 2013-1216. Reconnaissance des prescriptions médicales établies dans un autre État membre de l'Union européenne. – V. CSP, art. R. 5125-54, R. 5132-3, R. 5132-3-1, R. 5132-6, R. 5132-6-1.
2013	23 déc.	Décret n° 2013-1238. Modalités de certification des comptes des établissements publics de santé. – V. CSP, art. R. 6145-44, R. 6145-46, R. 6145-61-1 à R. 6145-61-6.

2013	23 déc.	Décret n° 2013-1239. Définition des établissements publics de santé soumis à la certification des comptes. – V. CSP, art. D. 6145-61-7, D. 6145-61-8.
2013	24 déc.	Ordonnance n° 2013-1208. Adaptation du code de la santé publique à Mayotte : – Art. 1er à 6. – V. CSP, art. L. 1221-9, L. 1511-1 à L. 1514-1, L. 3811-1 à L. 3819-23, L. 5511-1 à L. 5514-5.
2013	29 déc.	Décret n° 2013-1280. Suppression de la contribution pour l'aide juridique et dispositions diverses relatives à l'aide juridique. – Art. 10. – V. CSP, art. R. 2141-10.
2014	9 janv.	Décret n° 2014-19. Simplification et adaptation des dispositifs d'indemnisation gérés par l'Office national d'information des accidents médicaux, des affections iatrogènes et des affections nosocomiales. – V. CSP, art. R. 1142-5, R. 1142-9, R. 1142-10, R. 1142-15, R. 1142-24, R. 1142-31-1, R. 1142-41-1, R. 1142-47, R. 1142-51, R. 1142-52, R. 1142-60, R. 1142-63, R. 1142-63-1, R. 1142-63-10, R. 1142-63-11.
2014	14 janv.	Décret n° 2014-32. Diagnostics anténatals. – V. CSP, art. R. 2131-1 à R. 2131-2-2, R. 2131-10, R. 2131-10-1, R. 2131-11, R. 2131-12, R. 2131-15-1 à R. 2131-18, R. 2131-22-1 à R. 2131-25, R. 2131-26-1, R. 2131-27, R. 2131-32, R. 2131-34, R. 2131-35 à R. 2131-40, R. 2213-1 à R. 2213-3, R. 6122-25.
2014	20 janv.	Loi n° 2014-40. Système de retraites. – V. CSP, art. L. 1431-1.
2014	22 janv.	Décret n° 2014-51. Liste des points d'entrée du territoire. – V. CSP, art. D. 3115-16-1, D. 3115-17-2.
2014	27 janv.	Loi n° 2014-58. Modernisation de l'action publique territoriale et affirmation des métropoles. – V. CSP, art. L. 6143-5.
2014	30 janv.	Décret n° 2014-73. Harmonisation des sanctions pénales et financières applicables aux produits de santé et aux modalités de mise en œuvre des sanctions financières. – V. CSP, art. R. 1435-37, R. 5312-2, R. 5313-7, R. 5421-1, R. 5461-1, R. 5461-2, R. 5461-4, R. 5462-1, R. 5462-2, R. 5462-4, R. 5471-1.
2014	31 janv.	Décret n° 2014-94. Abrogation de diverses dispositions du code de la santé publique. – V. CSP, art. R. 5211-71.
2014	14 févr.	Décret n° 2014-128. Toxicovigilance. – V. CSP, art. R. 1341-1 à R. 1341-30, R. 1342-1 à R. 1342-4, R. 1342-6 à R. 1342-9, R. 1342-11 à R. 1342-19, R. 1343-1, D. 6141-40, D. 6141-42, D. 6141-46, D. 6141-47.
2014	17 févr.	Décret n° 2014-132. Suppression de commissions administratives à caractère consultatif : – Art. 12. – V. CSP, art. R. 6213-9, R. 6213-12 à D. 6213-14, *R. 6213-15*, R. 6213-16, R. 6213-17. – Art. 29. – V. CSP, art. R. 2312-1 à R. 2312-7.
2014	17 févr.	Arrêté. En application de l'article R. 5142-42 du code de la santé publique. – V. ss. CSP, art. R. 5142-42.

2014	21 févr.	Loi n° 2014-173. Programmation pour la ville et la cohésion sociale : – Art. 21. – V. CSP, art. L. 1435-1. – Art. 26. – V. CSP, art. L. 5125-11.
2014	24 févr.	Loi n° 2014-201. Diverses dispositions d'adaptation au droit de l'Union européenne dans le domaine de la santé : – Art. 1er et 2 🏛. – V. ss. CSP, art. L. 4321-22. – Art. 3 à 6. – V. CSP, art. L. 513-10-2 à L. 513-10-10, L. 5121-1-2, L. 5121-1-4, L. 5121-9-4, L. 5121-11, L. 5122-14, L. 5124-1, L. 5124-6, L. 5125-33, L. 5125-34, L. 5125-40, L. 5131-1 à L. 5131-8, L. 5211-6, L. 5431-2 à L. 5431-9, L. 5437-2 à L. 5437-5.
2014	4 mars	Décret n° 2014-291. Régime indemnitaire et modalités de mise en disponibilité des internes de médecine, d'odontologie et de pharmacie. – V. CSP, art. R. 6153-10, R. 6153-26, R. 6153-27.
2014	5 mars	Loi n° 2014-288. Formation professionnelle, emploi et démocratie sociale. – Art. 21. –V. CSP, art. L. 4383-2, L. 4383-3, L. 4383-5.
2014	11 mars	Décret n° 2014-319. Création d'une indemnité forfaitaire de transport pour les étudiants hospitaliers en médecine, en odontologie et en pharmacie. – V. CSP, art. D. 6153-48 à D. 6153-50, D. 6153-58-1, D. 6153-72-1, D. 6153-90-1.
2014	11 mars	Décret n° 2014-322. Mission interministérielle de lutte contre les drogues et les conduites addictives. – V. CSP, art. R. 1413-26, D. 3411-11 à D. 3411-16.
2014	13 mars	Décret n° 2014-333. Liste des maladies faisant l'objet d'une transmission obligatoire de données individuelles à l'autorité sanitaire. – V. CSP, art. D. 3113-6.
2014	13 mars	Décret n° 2014-334. Organisation de la direction générale de de la santé. – V. CSP, art. D. 1421-1.
2014	17 mars	Loi n° 2014-344. Consommation : – Art. 37. – V. CSP, art. L. 4211-1, L. 4211-4. – Art. 38. – V. CSP, art. L. 4211-1. – Art. 39. – V. CSP, art. L. 4134-1, L. 4362-9, L. 4362-10, L. 4362-11, L. 4363-4. – Art. 140. – V. CSP, art. L. 5414-1.
2014	17 mars	Arrêté. Contenu du rapport annuel d'activité des centres de vaccination antiamarile 🏛. – V. ss. CSP, art. R. 3115-57.
2014	24 mars	Loi n° 2014-366. Accès au logement et urbanisme rénové dite ALUR : – Art. 77. – V. CSP, art. L. 1337-4. – Art. 78. – V. CSP, art. L. 1311-2. – Art. 79. – V. CSP, art. L. 1331-25, L. 1331-28, L. 1331-29. – Art. 81. – V. CSP, art. L. 1337-4. – Art. 161. – V. CSP, art. L. 1331-7.
2014	24 mars	Décret n° 2014-367. Formation des chiropracteurs et agrément des établissements en chiropraxie 🏛. – V. ss. CSP, art. L. 4321-22.

2014	26 mai	Décret n° 2014-545. Procédures de contrôle de l'insuffisance professionnelle et règles de suspension temporaire des médecins, des chirurgiens-dentistes, des sages-femmes, des pharmaciens, des infirmiers, des masseurs-kinésithérapeuthes, et des pédicures-podoloques. – V. CSP, art. R. 4112-2, R. 4112-3, R. 4112-5-1, R. 4124-3, R. 4124-3-1, R. 4124-3-2, R. 4124-3-4, R. 4124-3-5 à R. 4124-3-9, R. 4126-30, R. 4221-15 à R. 4221-15-6, R. 4222-4-1, R. 4222-4-2, R. 4234-11-1, R. 4311-52, R. 4311-53, R. 4323-2, R. 4323-2-1, D. 4323-2-2, R. 4323-2-3.
2014	27 mai	Décret n° 2014-551. Adaptation des dispositions pour faire suite à la fusion de la direction générale des impôts et de la direction générale de la comptabilité publique. – Art. 27. – V. CSP, art. R. 1113-9, R. 1425-1, R. 6142-19, R. 6142-41.
2014	27 mai	Décret n° 2014-552. Adaptation des dispositions pour faire suite à la fusion de la direction générale des impôts et de la direction générale de la comptabilité publique. – Art. 14. – V. CSP, art. D. 1432-16.
2014	3 juin	Décret n° 2014-570. Limite d'âge du président du conseil d'administration de l'Agence nationale de sécurité sanitaire de l'alimentation, de l'environnement et du travail. – V. CSP, art. R. 1313-6.
2014	18 juin	Décret n° 2014-629. Création du comité interministériel pour la santé. – V. CSP, art. D. 1411-30 à D. 1411-32.
2014	18 juin	Décret n° 2014-637. Désignation des membres des unions régionales des professionnels de santé au sein des conférences régionales de la santé de l'autonomie et des conférences de territoire. – V. CSP, art. D. 1432-28, D. 1434-22.
2014	23 juin	Décret n° 2014-658. Conseils de surveillance des agences régionales de santé. – V. CSP, art. D. 1432-15.
2014	24 juin	Décret n° 2014-674. Dispositions relatives aux fonctions hospitalières des étudiants en médecine, en odontologie et en pharmacie. – V. CSP, art. R. 6153-45 à R. 6153-47-1, R. 6153-51, R. 6153-52, R. 6153-54 à R. 6153-58, R. 6153-59 à R. 6153-61, R. 6153-63 à R. 6153-68, R. 6153-70, R. 6153-71, R. 6153-72, R. 6153-73, R. 6153-74 à R. 6153-76, R. 6153-77, R. 6153-77-1, R. 6153-78, R. 6153-79, R. 6153-83, R. 6153-88 à R. 6153-90, R. 6153-91, R. 6153-93 à R. 6153-97.
2014	10 juill.	Loi n° 2014-788. Développement, encadrement des stages et amélioration du statut des stagiaires. – Art. 1er-VIII – V. CSP, art. L. 4381-1.
2014	18 juill.	Décret n° 2014-822. Comité technique d'établissement des établissements publics de santé. – V. CSP, art. R. 6144-42, R. 6144-45 à R. 6144-47, R. 6144-50, R. 6144-53 à R. 6144-57, R. 6144-60, R. 6144-63 à R. 6144-66.
2014	*24 juill.*	*Décret n° 2014-841.* Modalités de calcul d'activités des praticiens hospitaliers en cas d'exercice de missions d'expertise judiciaire ordonnées en application du code de procédure pénale. – V. CSP, art. R. 6152-30-1, R. 6152-422, R. 6152-527-1, R. 6152-624-1, R. 6152-708-1.

2014	31 juill.	Loi n° 2014-856. Économie sociale et solidaire. – Art. 92. – V. CSP, art. L. 4211-2-1.
2014	4 août	Loi n° 2014-873. Égalité réelle entre les hommes et les femmes : – Art. 24. – V. CSP, art. L. 2212-1. – Art. 25. – V. CSP, art. L. 2223-2.
2014	8 août	Loi n° 2014-892. De financement rectificative de la sécurité sociale pour 2014. – Art. 10. – V. CSP, art. L. 5121-12-1.
2014	13 août	Arrêté. Modification de l'arrêté du 15 février 2002 fixant la liste des marchandises dont les pharmaciens peuvent faire le commerce dans leur officine. – V. Arr. du 15 févr. 2002, art. 1er, ss. CSP, art. L. 5125-24.
2014	13 août	Arrêté. Catégorie de professionnels de santé autorisés à réaliser des prélèvements de santé autorisés à réaliser des prélèvements d'échantillons biologiques aux fins d'un examen de biologie médicale et la phase analytique de l'examen de biologie médicale en dehors d'un laboratoire de biologie médicale ainsi que les lieux de réalisation de ces phases. – V. ss. CSP, art. L. 6211-13.
2014	15 août	Loi n° 2014-897. Procédure judiciaire de mainlevée et de contrôle des mesures de soins psychiatriques sans consentement. – V. CSP, art. R. 3211-7 à R. 3211-30.
2014	18 août	Décret n° 2014-919. Composition et fonctionnement du collège des financeurs des coopérations. – V. CSP, art. D. 4012-1.
2014	20 août	Ordonnance n° 2014-948. Gouvernance et opération sur les sociétés à participation publique. – V. CSP, art. L. 5124-16.
2014	21 août	Décret n° 2014-955. Suppression de la vignette pharmaceutique. – V. CSP, art. R. 5121-137, R. 5121-138, R. 5121-146, R. 5121-149, D. 5134-3.
2014	21 août	Décret n° 2014-956. Fondations hospitalières. – V. CSP, art. R. 6141-53 à R. 6141-66, R. 6152-50.
2014	22 août	Décret n° 2014-963. Statut des assistants d'hôpitaux. – V. CSP, art. R. 6152-537.
2014	12 sept.	Décret n° 2014-1042. Sang humain. – V. CSP, art. D. 1221-8, R. 1221-17 à R. 1221-19, R. 1221-20-3 à R. 1221-20-5, R. 1221-22 à R. 1221-27, R. 1221-32 à R. 1221-35, R. 1221-37, R. 1221-39, R. 1221-40 à R. 1221-48, R. 1221-49 à R. 1221-51, D. 1221-53, R. 1221-54, R. 1221-55, R. 1222-6, R. 1222-9-1, R. 1222-11, R. 1222-20, R. 1222-21, R. 1222-23, R. 1222-24 à R. 1222-31, R. 1223-4, R. 1223-10, R. 1223-13 à R. 1223-16, R. 1223-28, R. 1223-29, R. 1223-35, R. 1223-36, R. 4352-13, R. 6111-2, R. 6111-4, R. 6133-1.
2014	12 sept.	Décret n° 2014-1043. Agrément des établissements de formation en ostéopathie : – Art. 1er, 29, 35. – V. ss. CSP, art. L. 4321-22.

		– Art. 33. – V. Décr. n° 2007-435 du 25 mars 2007, art. 4, ss. CSP, art. L. 4321-22.
2014	12 sept.	Décret n° 2014-1044. Gestion des eaux de baignade à Mayotte : – Art. 1er. – V. CSP, art. D. 1332-28. – Art. 2. – V. CSP, art. D. 1513-1 à D. 1513-3.
2014	19 sept.	Décret n° 2014-1066. Conditions de prélèvements d'organes, de tissus et de cellules humaines et activités liées à ces prélèvements. – V. CSP, art. R. 1211-13, R. 1211-22-1, R. 1211-22-2, R. 1231-1, R. 1231-1-1, R. 1241-3 à R. 1241-5, R. 1241-12, R. 1241-16, R. 1241-19-1 à R. 1241-19-3, R. 1242-3, R. 1242-9, R. 1243-12, R. 1243-15, R. 1243-26, R. 1243-30.
2014	19 sept.	Décret n° 2014-1067. Exercice de la profession de sage-femme par des étudiants. – V. CSP, art. D. 4151-15, D. 4151-16.
2014	22 sept.	Décret n° 2014-1071. Procédure et commissions d'autorisation d'exercice pour les professions de médecin, chirurgien-dentiste, sage-femme et pharmacien. – V. CSP, art. D. 4111-6, D. 4111-8 à R. 4111-20, D. 4111-24, D. 4111-29, D. 4111-30, D. 4221-1 à R. 4221-14, D. 5125-63, D. 5125-68.
2014	22 sept.	Décret n° 2014-1075. Exercice de la profession de médecin par les internes en médecine mis en disponibilité à la demande d'inscription au tableau de l'ordre avant l'obtention du diplôme d'État de docteur en médecine et à la mise à jour de l'annexe 41-1. – V. CSP, art. D. 4131-1 à D. 4131-3-2 et Annexe 41-1, ss. CSP, art. D. 4131-1.
2014	7 oct.	Décret n° 2014-1138. Organisation gestionnaire du développement professionnel continu. – V. CSP, art. R. 4021-9, R. 4133-8, R. 4143-8, R. 4153-8, R. 4236-8, R. 4382-8.
2014	13 oct.	Loi n° 2014-1170. Avenir pour l'agriculture, l'alimentation et la forêt : – Art. 39. – V. CSP, art. L. 3231-1. – Art. 48. – V. CSP, art. L. 5141-13-1, L. 5141-13-2, L. 5141-14-1 à L. 5141-14-4, L. 5141-16, L. 5142-6-1, L. 5142-6-2, L. 5143-2, L. 5143-6, L. 5144-1, L. 5144-1-1, L. 5145-6, L. 5442-10 à L. 5442-14. – Art. 51. – V. CSP, art. L. 1313-1, L. 1313-2, L. 1313-3-1, L. 1313-5, L. 1313-6-1.
2014	13 oct.	Décret n° 2014-1175. Procédures d'approbation, de mise à disposition sur le marché et déclaration des produits biocides et des substances actives biocides. – Art. 5. – V. CSP, art. R. 1333-4, R. 1333-18, R. 3114-10 à R. 3114-14.
2014	27 oct.	Décret n° 2014-1253. Dispositions des livres III, VI et VII de la partie réglementaire du code de la *sécurité* intérieure. – Art. 5. – V. CSP, art. R. 6111-22.
2014	6 nov.	Ordonnance n° 2014-1335. Adaptation et entrée en vigueur de certaines dispositions du code général des collectivités territoriales, du code général des impôts et d'autres dispositions législatives applicables

		à la métropole de Lyon. – Ratifiée par L. n° 2015-381 du 3 avr. 2015. – Art. 19-I-A à 19-I-G. – V. CSP, art. L. 1331-2, L. 1331-3, L. 1331-6 à L. 1331-8.
2014	6 nov.	Ordonnance n° 2014-1345. Partie législative du code de l'expropriation pour cause d'utilité publique. – Art. 5-XIV. – V. CSP, art. L. 1322-10.
2014	10 nov.	Décret n° 2014-1347. Plafonds de garantie des contrats d'assurance souscrits par les ostéopathes et les chiropracteurs. – V. ss. CSP, art. L. 4321-22.
2014	14 nov.	Décret n° 2014-1359. Obligation de certification des logiciels d'aide à la prescription médicale et des logiciels d'aide à la dispensation prévue à l'article L. 161-38 du code de la sécurité sociale. – Art. 3. – V. CSP, art. L. 5121-1-2.
2014	14 nov.	Décret n° 2014-1367. Exécution et sous-traitance des préparations magistrales et officinales. – V. CSP, art. R. 5125-33-1 à R. 5125-33-3.
2014	25 nov.	Décret n° 2014-1406. Composition et désignation des membres du Comité national de l'organisation sanitaire et sociale. – V. CSP, art. R. 6122-4, R. 6122-7, R. 6122-15 à R. 6122-17.
2014	26 nov.	Décret n° 2014-1407. Extension et adaptation du code de l'action sociale et des familles au Département de Mayotte. – Art. 4-II. – V. CSP, art. D. 1443-20, R. 1518-1, R. 1518-2, R. 6414-2, D. 6414-4, R. 6414-5.
2014	12 déc.	Décret n° 2014-1505. Formation en ostéopathie : – Art. 1er à 9. – V. ss. CSP, art. L. 4321-22. – Art. 11. – V. Décr. n° 2007-437 du 25 mars 2007, art. 4, ss. CSP, art. L. 4321-22.
2014	17 déc.	Décret n° 2014-1525. Reconnaissance des prescriptions de dispositifs médicaux établies dans un autre État membre de l'Union européenne. – V. CSP, art. R. 5211-70, R. 5211-71.
2014	20 déc.	Loi n° 2014-1545. Simplification de la vie des entreprises et diverses dispositions de simplification et de clarification du droit et des procédures administratives. – V. CSP, art. L. 6145-9.
2014	22 déc.	Loi n° 2014-1554. De financement de la sécurité sociale pour 2015 : – Art. 15. – V. CSP, art. L. 5121-18. – Art. 47. – V. CSP, art. L. 1432-2, L. 3121-1 à L. 3121-2-1, L. 3821-10. – Art. 49. – V. CSP, art. L. 3111-11, L. 3112-3. – Art. 52. – V. CSP, art. L. 6111-3-1. – Art. 54, 55. – V. CSP, art. L. 1435-4-3, L. 1435-4-4. – Art. 56. – V. CSP, art. L. 1432-3, L. 1432-5, L. 1432-6, L. 1435-8 à L. 1435-10. – Art. 61. – V. CSP, art. L. 5121-1. – Art. 62. – V. CSP, art. L. 5125-23-2, L. 5125-23-4. – Art. 70. – V. CSP, art. L. 1142-3-1.

		– Art. 71. – V. CSP, art. L. 1221-8 à L. 1221-10, L. 1221-10-2, L. 1221-13, L. 1222-8, L. 5121-1, L. 5121-3.
2014	23 déc.	Décret n° 2014-1595. Modalités d'élection aux conseils de l'ordre des pharmaciens. – V. CSP, art. D. 4233-1, D. 4233-4 à D. 4233-7, D. 4233-9 à D. 4233-13, D. 4233-15-2 à D. 4233-18, D. 4233-20 à D. 4233-24, D. 4233-26, D. 4233-27.
2014	26 déc.	Décret n° 2014-1635. Partie réglementaire du code de l'expropriation pour cause d'utilité publique. – Art. 4. – V. CSP, art. R. 1322-18, R. 3335-4, R. 3335-7, R. 3335-11 ; Décr. n° 2014-1635 du 26 déc. 2014, art. 6, ss. CSP, art. R. 1322-18.
2014	26 déc.	Décret n° 2014-1638. Possibilité pour l'Agence nationale de sécurité du médicament et des produits de santé de participer à des groupements d'intérêt économique en matière de systèmes d'information. – Art. 4. – V. CSP, art. R. 5311-1, R. 5322-11, R. 5322-13.
2014	26 déc.	Décret n° 2014-1640. Obtention des diplômes d'État d'infirmier de bloc opératoire, d'ergothérapeute, d'aide-soignant et d'auxiliaire de puériculture par la voie de la validation des acquis de l'expérience. – Art. 1er. – V. CSP, art. D. 4311-42, D. 4331-2, D. 4391-1, D. 4392-1.
2014	29 déc.	Loi n° 2014-1653. Programmation des finances publiques pour les années 2014 à 2019. – Art. 27. – V. CSP, art. L. 6143-4, L. 6162-11.
2014	30 déc.	Décret n° 2014-1703. Modification des règles relatives à l'élaboration de recommandations temporaires d'utilisation établies en application du I de l'article L. 5121-12-1 du code de la santé publique. – V. CSP, art. R. 5121-76-1, R. 5121-76-2, R. 5121-76-4, R. 5121-76-6, R. 5121-76-9.
2015	7 janv.	Décret n° 2015-9. Conditions d'exercice et de remplacement au sein des pharmacies à usage intérieur : – Art. 1er et 2. – V. CSP, art. R. 5126-101-1 à R. 5126-101-7, D. 4221-2. – Art. 3. – V. ss. CSP, art. R. 5126-101-1.
2015	13 janv.	Décret n° 2015-22. Comités d'agence et Comité national de concertation des agences régionales de santé et diverses dispositions du code de la santé publique. – V. CSP, art. R. 1432-81, R. 1432-84-1, R. 1432-97, R. 1432-117, R. 1432-130, R. 1432-152.
2015	27 janv.	Décret n° 2015-74. Actes infirmiers relevant de la compétence exclusive des infirmiers de bloc opératoire : – Art. 1er. – V. CSP, art. R. 4311-11-1, R. 4311-11-2. – Art. 2. – V. ss. CSP, art. R. 4311-11-2.
2015	27 janv.	Décret n° 2015-75. Organisation de la permanence des soins des chirurgiens-dentistes en ville et des médecins dans les centres de santé. – V. CSP, art. R. 6315-7 à R. 6315-9.
2015	2 févr.	Décret n° 2015-100. Plasma dans la production duquel intervient un processus industriel. – V. CSP, art. R. 1221-20-1, R. 1223-4, R. 1223-8, R. 5121-201-1 à R. 5121-201-3, R. 5124-45, R. 5126-8, R. 5126-8-1, R. 5126-112.

2015	9 févr.	Loi n° 2015-136. Sobriété, transparence, information et concertation en matière d'exposition aux ondes électromagnétiques. – Art. 5. – V. CSP, art. L. 5232-1-1.
2015	10 févr.	Décret n° 2015-150. Critères de compétences des praticiens exerçant au sein de structures autorisées pour pratiquer des activités d'assistance médicale à la procréation. – V. CSP, art. R. 1211-25, R. 1211-27, R. 1244-5, R. 2141-4, R. 2141-5, R. 2141-7 à R. 2141-9, R. 2141-12, R. 2141-13, R. 2142-1, R. 2142-3, R. 2142-10 à R. 2142-12, R. 2142-20, R. 2142-22, R. 2142-35, R. 2142-37.
2015	11 févr.	Décret n° 2015-155. Recherche sur l'embryon et les cellules souches embryonnaires et recherche biomédicale en assistance médicale à la procréation. – V. CSP, art. R. 1125-14 à R. 1125-25, R. 2141-1-3, R. 2141-1-8, R. 2151-1, R. 2151-2, R. 2151-4, R. 2151-7.
2015	11 févr.	Décret n° 2015-159. Dispositions relatives à la défense nationale : – Art. 3. – V. CSP, art. R. 1333-12, R. 1333-17, R. 1333-45. – Art. 7. – V. CSP, art. R. 1333-7, R. 1333-102, R. 1333-108, R. 1333-110.
2015	17 févr.	Décret n° 2015-186. Modalités dérogatoires de financement des activités de soins des établissements de santé répondant à des critères d'isolement géographique. – Art. 2-II. – V. CSP, art. R. 1435-17.
2015	23 févr.	Décret n° 2015-205. Modalités de dépôt des demandes d'accréditation des laboratoires de biologie médicale prévues en application du I de l'article 7 de l'ordonnance n° 2010-49 du 13 janvier 2010 relative à la biologie médicale. – V. ss CSP, art. L. 6221-1.
2015	24 févr.	Décret n° 2015-208. Durées d'accessibilité et de conservation dans le dossier pharmaceutique des données relatives à la dispensation des vaccins et des médicaments biologiques. – V. CSP, art. R. 1111-20-11.
2015	24 févr.	Décret n° 2015-210. Création du Conseil national du syndrome immunodéficitaire acquis (sida) et des hépatites virales chroniques. – V. CSP, art. D. 3121-1, D. 3121-3, D. 3121-4, D. 3121-7.
2015	25 févr.	Décret n° 2015-211. Organisation du soutien de la défense et réforme du commandement organique territorial. – Art. 27.– V. CSP, art. R. 3354-20.
2015	26 févr.	Décret n° 2015-225. Temps de travail des internes. – V. CSP, art. R. 6153-2 à R. 6153-2-5, R. 6153-10, R. 6153-93.
2015	27 févr.	Décret n° 2015-231. Gestion des sources radioactives scellées usagées. – V. CSP, art. R. 1333-52, R. 1333-54, R. 1337-14-1.
2015	27 févr.	Décret n° 2015-234. Déclaration des remises, ristournes et avantages commerciaux et financiers consentis par les fournisseurs des pharmacies d'officine pour les spécialités génériques remboursables ainsi que diverses pénalités financières. – Art. 2-II. – V. CSP, art. R. 4021-20.

2015	2 mars	Décret n° 2015-245. Critères de compétence des praticiens biologistes exerçant au sein de structures autorisées pour pratiquer des activités de diagnostic prénatal. – V. CSP, art. R. 2131-3, R. 2131-4, R. 2131-7, R. 2131-28.
2015	20 mars	Décret n° 2015-320. Dispositions statutaires relatives aux praticiens contractuels et aux assistants des hôpitaux. – V. CSP, art. R. 6152-411, R. 6152-501, R. 6152-510, R. 6152-511, R. 6152-512 à R. 6152-514, R. 6152-516, R. 6152-520, R. 6152-539 à R. 6152-539-3.
2015	20 mars	Décret n° 2015-321. Attribution de l'indemnité d'engagement de service public exclusif aux assistants des hôpitaux à temps plein et de la prime d'engagement aux assistants associés. – Art. 1er et 2. – V. CSP, art. D. 6152-514-1, D. 6152-539-4.
2015	31 mars	Décret n° 2015-373. Modalités d'émission des titres de perception relatifs aux sanctions financières en matière de produits de santé. – V. CSP, art. R. 1435-38, R. 1435-39, R. 5312-3, R. 5312-4.
2015	31 mars	Décret n° 2015-374. Application du règlement (UE) n° 722/2012 de la commission du 8 août 2012 relatif aux dispositifs médicaux fabriqués à partir de tissus d'origine animale. – V. CSP, art. R. 5211-4, R. 5211-14, R. 5211-16, R. 5211-17, R. 5211-22, R. 5211-23 à R. 5211-23-3, R. 5211-29, R. 5211-37, R. 5211-40, R. 5211-41-1, R. 5211-43, R. 5211-46, R. 5211-57-1, R. 5211-62, R. 5211-64, R. 5212-6, R. 5212-24, R. 5221-4, R. 5221-12, R. 5221-33, R. 5221-34.
2015	15 avr.	Décret n° 2015-429. Extension et adaptation à la Nouvelle-Calédonie et à la Polynésie française des dispositions relatives aux chambres de discipline de l'ordre des pharmaciens. – V. CSP, art. L. 4443-4-1, R. 4443-1 à R. 4443-14.
2015	6 mai	Décret n° 2015-509. Simplification des régimes d'autorisations concernant les activités de préparation, conservation, distribution, cession, importation ou exportation de tissus, de leurs dérivés, des cellules et des préparations de thérapie cellulaire, issus du corps humain, utilisés à des fins thérapeutiques. – V. CSP, art. R. 1235-1, R. 1243-1, R. 1243-3 à R. 1243-8, R. 1243-10, R. 1243-11, R. 1243-22, R. 1243-25, R. 1243-33 à R. 1243-37, R. 1243-48, R. 1245-2 à R. 1245-11, R. 1245-13, R. 1245-15, R. 1245-16, R. 1245-19, R. 1245-20, R. 1418-19.
2015	20 mai	Décret n° 2015-560. Dispositions relatives au renouvellement des unions régionales des professionnels de santé. – V. CSP, art. R. 4031-1, R. 4031-31, R. 4031-45.
2015	1er juin	Arrêté. Recommandation de bonne conduite de bonnes pratiques relatives aux modalités d'accès, de prise en charge des femmes enceintes et des couples, d'organisation et de fonctionnement des centres pluridisciplinaires de diagnostic prénatal en matière de diagnostic prénatal et de diagnostic préimplantatoire. – V. ss. CSP, art. R. 2131-2-2.

2015	4 juin	Ordonance n° 2015-616. Modification du code rural et de la pêche maritime en vue d'assurer la conformité de ses dispositions avec le droit de l'Union européenne et modification des dispositions relatives à la recherche et à la constatation des infractions aux dispositions de son livre II. – Art. 10. – V. CSP, art. L. 1313-8.
2015	10 juin	Décret n° 2015-647. Publicité des médicaments vétérinaires. – V. CSP, art. R. 5141-76, R. 5141-82 à R. 5141-85-3, R. 5141-86 à R. 5141-86-2, R. 5141-88, D. 5141-88-1, R. 5142-66, R. 5145-2, R. 5441-1.
2015	18 juin	Ordonnance n° 2015-682. Simplification des déclarations sociales des employeurs. – V. CSP, art. L. 2112-3-1.
2015	18 juin	Décret n° 2015-692. Modification de certaines dispositions réglementaires relatives aux recherches biomédicales mentionnées aux articles L. 1125-1, L. 1125-2 et L. 1125-3 du code de la santé publique. – V. CSP, art. R. 1125-1 à R. 1125-12.
2015	18 juin	Décret n° 2015-694. Modification de règles régissant certaines instances de concertation et complétant la liste des agents susceptibles d'être habilités à constater certaines infractions sur le territoire de la métropole de Lyon. – V. CSP, art. R. 1312-1 à R. 1312-3.
2015	22 juin	Décret n° 2015-709. Modifications d'une autorisation de mise sur le marché et d'un enregistrement de médicaments à usage humain et d'une autorisation de mise sur le marché de médicaments vétérinaires. – V. CSP, art. R. 5121-41-1 à R. 5121-41-6, R. 5121-51, R. 5121-100, R. 5121-100-1, R. 5121-107, R. 5121-107-1, R. 5121-107-8, R. 5121-107-9, R. 5121-107-13 à R. 5121-107-15, R. 5141-13, R. 5141-18, R. 5141-34, R. 5141-35 à R. 5141-37, R. 5141-38, R. 5141-47-1, R. 5141-80, R. 5141-109.
2015	1er juill.	Décret n° 2015-796. Centres gratuits d'information, de dépistage et de diagnostic des infections par les virus de l'immunodéficience humaine et des hépatites virales et des infections sexuellement transmissibles. – V. CSP, art. D. 3121-21 à D. 3121-26, D. 3121-38 à D. 3121-42.
2015	6 juill.	Décret n° 2015-828. Agence technique de l'information sur l'hospitalisation. – V. CSP, art. R. 6113-33, R. 6113-36, R. 6113-37, R. 6113-40, R. 6113-41, R. 6113-43 à R. 6113-47, R. 6113-50.
2015	21 juill.	Décret n° 2015-888. Conditions de délivrance de lentilles de contact oculaire correctrices à un primo-porteur. – V. CSP, art. R. 4362-11.
2015	23 juill.	Ordonnance *n° 2015-899*. Marchés publics. – Ratifiée par L. n° 2016-1691 du 9 déc. 2016. – Art. 102-3°. – V. CSP, art. L. 6148-2, L. 6148-5 à L. 6148-5-3, L. 6148-7.
2015	30 juill.	Décret n° 2015-937. Conditions de l'expérimentation des maisons de naissance. – V. ss. CSP, art. L. 2122-1.
2015	31 juill.	Ordonnance n° 2015-948. Égal accès des femmes et des hommes au sein des autorités administratives indépendantes et des autorités publiques indépendantes. – Art. 9. – V. CSP, art. L. 1412-2.

2015	31 juill.	Ordonnance n° 2015-949. Égal accès des femmes et des hommes au sein des ordres professionnels. – Art. 1er à 6. – V. CSP, art. L. 4132-12, L. 4142-7, L. 4312-10, L. 4321-18-1, L. 4321-22, L. 4322-11-1, L. 4322-16.
2015	6 août	Loi n° 2015-990. Croissance, activité et égalité des chances économiques : – Art. 49. – V. CSP, art. L. 3332-11. – Art. 67. – V. CSP, art. L. 5125-7, L. 6223-8. – Art. 128. – V. CSP, art. L. 5232-1-1. – Art. 177. – V. CSP, art. L. 6143-1, L. 6143-4, L. 6143-7, L. 6145-7. – Art. 190. – V. CSP, art. L. 5124-14.
2015	17 août	Loi n° 2015-992. Transition énergétique pour la croissance verte. – Art. 186-III et IV. – V. CSP, art. L. 1451-1.
2015	31 août	Décret n° 2015-1095. Conseil national consultatif pour la biosécurité. – V. ss. CSP, art. R. 5139-18.
2015	2 sept.	Décret n° 2015-1110. Diplôme d'État de masseur-kinésithérapeute. – V. CSP, art. D. 4321-14 à D. 4321-21.
2015	16 sept.	Décret n° 2015-1152. Conditions et modalités d'exercice des biologistes médicaux et création de la Commission nationale de biologie médicale. – Art. 1er. – V. CSP, art. R. 6213-1 à R. 6213-28.
2015	22 sept.	Décret n° 2015-1171. Information à délivrer à une personne concernée préalablement à une intervention de chirurgie esthétique et postérieurement à l'implantation d'un dispositif médical. – V. CSP, art. R. 5212-42, D. 6322-30-1.
2015	22 sept.	Décret n° 2015-1172. Application de l'article L. 5141-8 du code de la santé publique. – V. CSP, art. D. 5141-55 à D. 5141-58-2, D. 5142-64.
2015	22 sept.	Décret n° 2015-1184. Missions de l'Agence nationale de sécurité sanitaire de l'alimentation, de l'environnement et du travail en matière de produits phytopharmaceutique et de matières fertilisantes, supports de culture et leurs adjuvants. – V. CSP, art. R. 1313-1, R. 1313-8, R. 1313-22, R. 1313-27-1 à R. 1313-27-4, R. 1313-31, R. 1313-31-1.
2015	2 oct.	Décret n° 2015-1223. Application de l'article L. 4362-10-1 du code de la santé publique relatif à la vente en ligne de verres correcteurs et de lentilles de contact oculaire correctrices. – V. CSP, art. R. 4362-14, R. 4362-15.
2015	2 oct.	Décret n° 2015-1230. Fonds d'intervention régional mentionné à l'article L. 1435-8. – V. CSP, art. R. 1432-54 à R. 1432-56, *R. 1432-59*, R. 1435-16, R. 1435-17, R. 1435-24 à R. 1435-27.
2015	7 oct.	Ordonnance n° 2015-1242. Organisation de la surveillance en matière de santé animale, de santé végétale et d'alimentation. – V. CSP, art. L. 1313-3.

2015	9 oct.	Décret n° 2015-1260. Temps de travail des médecins, pharmaciens et odontologistes des établissements publics de santé. – V. CSP, art. R. 6152-27, R. 6152-224, R. 6152-407, R. 6152-504, R. 6152-606.
2015	13 oct.	Décret n° 2015-1281. Don de gamète. – V. CSP, art. R. 1244-2, R. 1244-3, R. 1244-5, R. 1244-7 à R. 1244-9.
2015	26 oct.	Décret n° 2015-1357. Contrat de praticien territorial de médecine ambulatoire. – V. CSP, art. R. 1435-9-17 *[R. 1435-9-17-1]* à R. 1435-28.
2015	26 oct.	Décret n° 2015-1357. Contrat de praticien isolé à activité saisonnière. – V. CSP, art. R. 1435-9-29 à R. 1435-46.
2015	4 nov.	Décret n° 2015-1417. Produits cosmétiques et produits de tatouage. – V. CSP, art. R. 513-10-2 à R. 513-10-12, R. 513-10-14, R. 1331-10, R. 1342-19, R. 5131-1 à R. 5131-15, R. 5431-1, R. 5431-2, R. 5431-3, R. 5437-1.
2015	4 nov.	Décret n° 2015-1420. Création d'un centre hospitalier régional à Poitiers par fusion du centre hospitalier universitaire de Poitiers et du centre hospitalier de Montmorillon. – V. CSP, art. D. 6141-15.
2015	13 nov.	Décret n° 2015-1469. Suppression de commissions administratives à caractère consultatif. – V. CSP, art. R. 1413-25 à R. 1413-32.
2015	20 nov.	Décret n° 2015-1515. Conseil d'administration et conseil scientifique de l'Agence nationale de sécurité du médicament et des produits de santé. – V. CSP, art. R. 5322-10, R. 5322-14, R. 5322-18.
2015	27 nov.	Loi n° 2015-1541. Protection des sportifs de haut niveau et professionnels et sécurisation de leur situation juridique et sociale : – Art. 20. – V. CSP, art. L. 4051-1. – Art. 20. – V. L. n° 2002-303 du 4 mars 2002, art. 75 🏛, ss. CSP, art. L. 4321-22.
2015	2 déc.	Loi n° 2015-1567. Diverses dispositions d'adaptation au droit de l'Union européenne dans le domaine de la prévention des risques. – Art. 16. – V. CSP, art. L. 1313-1, L. 1313-3-1, L. 1313-5, L. 1313-6-1.
2015	7 déc.	Décret n° 2015-1608. Règles de progressivité et de modulation de l'astreinte administrative applicable dans le cadre de la lutte contre l'habitat indigne. – V. CSP, art. R. 1331-12.
2015	*9 déc.*	Décret n° 2015-1621. Centres gratuits d'information, de dépistage et de diagnostic mentionnés à *l'article D. 3121-23-2*. – V. CSP, art. R. 3121-43, R. 3121-44, R. 5124-45.
2015	10 déc.	Décret n° 2015-1616. Régions académiques. – V. CSP, art. D. 1411-28, D. 1432-1, D. 1432-6, D. 1432-15, D. 1432-28.
2015	10 déc.	Ordonnance n° 2015-1620. Adaptation des agences régionales de santé et des unions régionales de professionnels de santé à la nouvelle délimitation des régions 🏛. – V. ss. CSP, art. L. 1432-3.

2015	16 déc.	Décret n° 2015-1687. Procédure budgétaire des établissements de santé. – V. CSP, art. R. 6145-6, R. 6145-29, D. 6145-31-1, D. 6145-34, R. 6145-40.
2015	17 déc.	Ordonnance n° 2015-1682. Simplification de certains régimes d'autorisation préalable et de déclaration des entreprises et des professionnels. – Art. 12 à 14. – V. CSP, art. L. 3321-1, L. 3322-7, L. 3322-9, L. 3321-1, L. 3331-2, L. 3331-3, L. 3331-6, L. 3332-1, L. 3332-1-1, L. 3332-11, L. 3332-12, L. 3333-1, L. 3334-2, L. 3335-4, L. 3352-1, L. 3352-5.
2015	17 déc.	Décret n° 2015-1689. Mesures d'organisation et de fonctionnement dans les régions de l'administration et de fonctionnement dans les régions de l'administration territoriale de l'État et de commissions administratives. – Art. 7 et 8. – V. CSP, art. L. 1432-1, R. 1432-53-2.
2015	21 déc.	Loi n° 2015-1702. De financement de la sécurité sociale pour 2016. – Art. 64, 69, 71, 78, 83. – V. CSP, art. L. 1435-5, L. 4011-2-3, L. 5134-1, L. 6113-11 à L. 6113-14, L. 6114-1, L. 6145-1, L. 6145-4, L. 6241-3.
2015	21 déc.	Décret n° 2015-1721. Conditions techniques de fonctionnement des établissements de santé privés autorisés à exercer l'activité de soins psychiatriques. – V. CSP, art. D. 6124-463 à D. 6124-469.
2015	28 déc.	Loi n° 2015-1776. Adaptation de la société au vieillissement : – Art. 37. – V. CSP, art. L. 3211-6. – Art. 58-II. – V. CSP, art. L. 1111-16, L. 5215-1-1 A. – Art. 80. – V. CSP, art. L. 1431-2.
2015	28 déc.	Loi n° 2015-1783. Partie réglementaire du code de l'urbanisme et modernisation du contenu du plan local d'urbanisme. – Art. 9-XII. – V. CSP, art. R. 1321-13-2.
2015	29 déc.	Loi n° 2015-1785. De finances pour 2016 : – Art. 27. – V. CSP, art. L. 5121-18. – Art. 141. – V. CSP, art. L. 1331-29.
2015	30 déc.	Décret n° 2015-1865. Bénéficiaires et prestations de la protection universelle maladie et cotisation forfaitaire prévue à l'article L. 381-8 du code de la sécurité sociale. – Art. 11. – V. CSP, art. R. 5126-110.
2015	30 déc.	Décret n° 2015-1878. Commissions de coordination des politiques publiques de santé. – Art. 1er. – V. CSP, art. D. 1432-1, D. 1432-2, D. 1432-6, D. 1432-7.
2015	30 déc.	Décret n° 2015-1879. Conférence régionale de la santé et de l'autonomie. –Art. 1er. – V. CSP, art. D. 1432-28, D. 1432-30, D. 1432-39.
2015	30 déc.	Décret n° 2015-1880. Conseils de surveillance des agences régionales de santé : – Art. 1er. – V. CSP, art. D. 1432-15, D. 1432-17. – Art. 1er à 5 🏛. – V. ss. CSP, art. D. 1432-15.
2016	5 janv.	Décret n° 2016-5. Création du Centre national des soins palliatifs et de la fin de vie 🏛. – V. ss. CSP, art. L. 1110-9.

2016	26 janv.	Loi n° 2016-41. Modernisation de notre système de santé : – V. CSP, art. L. 1110-4, L. 1110-4-1, L. 1110-8, L. 1110-12, L. 1110-13, L. 1111-1-1, L. 1111-2, L. 1111-3 à L. 1111-3-6, L. 1111-5, L. 1111-5-1, L. 1111-7, L. 1111-8 à L. 1111-8-2, L. 1111-14 à L. 1111-23, L. 1112-1, L. 1112-3, L. 1114-1, L. 1114-6, L. 1114-7, L. 1121-3, L. 1121-13-1, L. 1122-1, L. 1141-5, L. 1141-6, L. 1142-3-1, L. 1142-22, L. 1142-24-5, L. 1142-28, L. 1143-1 à L. 1143-22, L. 1144-1, L. 1171-2, L. 1172-1, L. 1211-6-1, L. 1211-7, L. 1221-8, L. 1221-9, L. 1221-10, L. 1221-10-2, L. 1221-13, L. 1222-3, L. 1222-5, L. 1222-8, L. 1232-1, L. 1232-6, L. 1244-5, L. 1311-1, L. 1311-7, L. 1312-1, L. 1313-4, L. 1321-4, L. 1321-7, L. 1331-28, L. 1334-1, L. 1334-12, L. 1334-14, L. 1334-15, L. 1334-16-1, L. 1334-16-2, L. 1334-17, L. 1335-3 à L. 1335-5, L. 1336-1, L. 1337-1 A, L. 1337-10, L. 1338-1 à L. 1338-5, L. 1340-2 à L. 1340-6, L. 1341-1, L. 1341-2, L. 1341-3, L. 1343-2, L. 1343-3, L. 1411-1, L. 1411-1-1, L. 1411-1-2, L. 1411-2, L. 1411-3, L. 1411-4, L. 1411-9, L. 1411-10, L. 1411-11, L. 1411-11-1, L. 1411-12, L. 1413-14, L. 1414-4, L. 1418-1, L. 1418-3, L. 1431-2, L. 1432-1, L. 1432-2, L. 1432-3, L. 1432-4, L. 1433-1, L. 1433-2, L. 1434-1 à 1434-14, L. 1435-4-2, L. 1435-5, L. 1435-5-1 à L. 1435-5-4, L. 1435-6, L. 1435-12, L. 1451-1, L. 1451-3, L. 1451-4, L. 1452-3, L. 1453-1, L. 1453-2, L. 1454-3, L. 1454-3-1, L. 1460-1, L. 1461-1 à L. 1462-1, L. 1511-3, L. 2111-1, L. 2112-2, L. 2133-1, L. 2133-2, L. 2151-5, L. 2212-1, L. 2212-2, L. 2212-3, L. 2212-5, L. 2212-6, L. 2212-7, L. 2212-8, L. 2212-10, L. 2213-2, L. 2222-2, L. 2311-5, L. 2325-1, L. 3111-1, L. 3111-4, L. 3111-4-1, L. 3115-1, L. 3115-3, L. 3121-1, L. 3121-2, L. 3121-2-2, L. 3121-3, L. 3121-5, L. 3131-7, L. 3131-8, L. 3131-11, L. 3132-1, L. 3132-3, L. 3133-1 à L. 3133-4, L. 3133-7, L. 3134-1 à L. 3134-3, L. 3135-2, L. 3211-2-3, L. 3211-11-1, L. 3211-12-1, L. 3211-12-2, L. 3212-5, L. 3212-7, L. 3212-8, L. 3214-1, L. 3215-1, L. 3215-2, L. 3221-1 à L. 3221-4, L. 3221-4-1 A, L. 3221-4-1, L. 3222-1, L. 3222-1-1 A, L. 3222-5-1, L. 3231-1 A, L. 3232-8, L. 3232-9, L. 3251-2, L. 3311-1, L. 3311-3, L. 3323-3-1, L. 3342-1, L. 3353-3, L. 3353-4, L. 3411-3, L. 3411-6, L. 3411-7, L. 3411-8, L. 3411-9, L. 3411-10, L. 3421-5, L. 3824-2, L. 4000-1, L. 4000-2, L. 4021-1 à L. 4021-8, L. 4031-1, L. 4031-2, L. 4031-4, L. 4031-7, L. 4111-1-2, L. 4111-2, L. 4113-13, L. 4122-1, L. 4124-6-1, L. 4130-1, L. 4130-2, L. 4131-4-1, L. 4133-1 à L. 4133-4, L. 4143-1 à L. 4143-4, L. 4151-1, L. 4151-2, L. 4151-4, L. 4153-1 à L. 4153-4, L. 4161-1, L. 4211-2-1, L. 4211-5-1, L. 4211-9-1, L. 4211-9-2, L. 4221-1-1, L. 4221-12, L. 4234-6-1, L. 4234-10, L. 4236-1 à L. 4236-4, L. 4242-1, L. 4301-1, L. 4311-1, L. 4311-12, L. 4321-1, L. 4322-1, L. 4323-4-1, L. 4323-4-2, L. 4341-1, L. 4341-9, L. 4342-1, L. 4342-7, L. 4344-4-1, L. 4344-4-2, L. 4351-1, L. 4362-10, L. 4362-11, L. 4363-4, L. 4381-4, L. 4382-1, L. 4393-8 à L. 4393-17, L. 4394-4, L. 5111-4, L. 5121-1, L. 5121-1-2, L. 5121-28, L. 5121-29 à L. 5121-34, L. 5124-6, L. 5124-13, L. 5124-17-2, L. 5124-17-3, L. 5125-17, L. 5125-17-1, L. 5125-21, L. 5125-39, L. 5131-3, L. 5132-10, L. 5134-1, L. 5141-13-2, L. 5211-4-1, L. 5211-6, L. 5212-2-1, L. 5212-2-2, L. 5214-1, L. 5231-2, L. 5231-3-1, L. 5232-1, L. 5232-1-1, L. 5232-4, L. 5311-1, L. 5311-2, L. 5322-1, L. 5423-8, L. 5434-1, L. 5442-10, L. 5442-13, L. 5451-1, L. 5461-4-2,

		L. 5461-6-1, L. 5461-6-2, L. 5461-9, L. 5471-1, L. 5521-7, L. 6111-1, L. 6111-1-1 à L. 6111-1-4, L. 6111-6-1, L. 6112-1 à L. 6112-7, L. 6113-10-1, L. 6114-2, L. 6116-3, L. 6122-2, L. 6122-15, L. 6131-2, L. 6131-3, L. 6132-1 à L. 6132-7 L. 6133-1, L. 6134-1, L. 6141-1, L. 6141-2-1, L. 6141-4, L. 6143-1, L. 6143-2, L. 6143-2-1, L. 6143-4, L. 6143-7, L. 6143-7-3, L. 6143-7-5, L. 6144-1, L. 6144-2, L. 6145-16-1, L. 6146-1, L. 6146-3, L. 6147-1, L. 6148-7-1, L. 6148-7-2, L. 6152-1-1, L. 6152-6, L. 6153-1 à L. 6153-3, L. 6154-2, L. 6154-3, L. 6154-4, L. 6154-5, L. 6154-5-1, L. 6154-6, L. 6154-7, L. 6155-1, L. 6156-1 à L. 6157-1, L. 6161-1-1, L. 6161-2 à L. 6161-2-2, L. 6161-3, L. 6161-3-1, L. 6161-5, L. 6161-7, L. 6161-8, L. 6211-3, L. 6211-3-1, L. 6211-16, L. 6211-21, L. 6212-3, L. 6212-6, L. 6222-2, L. 6222-3, L. 6222-5, L. 6223-4, L. 6241-1, L. 6314-1, L. 6323-1, L. 6323-3, L. 6323-4, L. 6327-1, L. 6327-2, L. 6327-3, L. 6328-1. – Art. 21. – V. ss. CSP, art. L. 4161-1. – Art. 43. – V. ss. CSP, art. L. 3411-9. – Art. 92. – V. ss. CSP, art. L. 1114-1. – Art. 98. – V. ss. CSP, art. L. 1431-1. – Art. 125. – V. L. n° 2004-806 du 9 août 2004, art. 52, ss. CSP, art. L. 4163-10. – Art. 158, 196. – V. ss. CSP, art. L. 1434-1, L. n° 2013-1118 du 6 déc. 2013, art. 2, ss. CSP, art. L. 2122-1. – Art. 190. – V. ss. CSP, art. L. 1141-5.
2016	26 janv.	Décret n° 2016-44. Sociétés exploitant un laboratoire de biologie médicale privé et sociétés de participations financières de profession libérale de biologistes médicaux. – Art. 1er, 2, 4. – V. CSP, art. R. 5125-18-1, R. 6223-1 à R. 6223-93.
2016	26 janv.	Décret n° 2016-45. Modalités spécifiques d'aménagement de la procédure d'accréditation des laboratoires de biologie médicale pour la Guadeloupe, la Guyane, la Martinique, Mayotte, Saint-Barthélemy, Saint-Martin et Saint-Pierre-et-Miquelon. – V. CSP, art. R. 6221-19-1.
2016	26 janv.	Décret n° 2016-46. Biologie médicale. – Art. 1er à 3. – V. CSP, art. D. 6211-1 à D. 6211-3, R. 6211-4, D. 6211-5 à D. 6211-11, R. 6211-12, D. 6211-13 à D. 6211-17, R. 6212-1, R. 6213-1 à R. 6213-28, R. 6221-1 à R. 6221-4, D. 6221-5 à D. 6221-45, R. 6222-1 à R. 6222-5, D. 6222-6, D. 6222-7, R. 6222-8, D. 6222-9, R. 6222-10, D. 6222-11, D. 6223-94, R. 6231-1.
2016	1er févr.	Décret n° 2016-94. Application des dispositions de la loi du 27 septembre 2013 relative aux droits et à la protection des personnes faisant l'objet de soins psychiatriques et aux modalités de leur prise en charge. – V. CSP, art. R. 3211-1, R. 3211-6, R. 3212-2, R. 3213-2, R. 3222-1 à R. 3222-7.
2016	2 févr.	Loi n° 2016-87. Nouveaux droits en faveur des malades et des personnes en fin de vie. – V. CSP, art. L. 1110-5 à L. 1110-5-3, L. 1111-4, L. 1111-6, L. 1111-10, L. 1111-12, L. 1412-1-1, L. 1521-1, L. 1541-2, L. 1541-3, L. 2131-1.

2016	10 févr.	Ordonnance n° 2016-128. Dispositions en matière nucléaire. – Art. 37, 38, 39, 42-IV, 42-VII. – V. CSP, art. L. 1333-1 à L. 1333-32, L. 1337-1-1, L. 1337-5, L. 1337-6, L. 1337-7, L. 1337-8, L. 1337-9, L. 1513-1, L. 1523-6, L. 1533-1.
2016	10 févr.	Ordonnance n° 2016-131. Réforme du droit des contrats, du régime général et de la preuve des obligations. – Art. 6-VI. – V. CSP, art. L. 3211-5-1.
2016	23 févr.	Décret n° 2016-183. Simplification des procédures administratives relevant de l'Agence nationale de sécurité du médicament et des produits de santé dans le domaine des produits de santé. – V. CSP, art. R. 1161-21, R. 4211-10, R. 5121-7, R. 5121-50, R. 5121-108, R. 5121-109, R. 5121-110, R. 5121-111, R. 5121-112, R. 5121-123, R. 5121-135, R. 5121-135-1, R. 5121-202, R. 5122-5, R. 5122-13, R. 5132-74 à R. 5132-78, R. 5132-80, R. 5132-81, R. 5132-83, R. 5132-88-1 à R. 5132-93, R. 5212-29.
2016	25 févr.	Décret n° 2016-196. Délais prévus par l'article 12 du décret n° 2014-128 du 14 février 2014 relatif à la toxicovigilance. – V. Décr. n° 2014-128 du 14 févr. 2014, art. 12, ss. CSP, art. R. 1342-13.
2016	26 févr.	Décret n° 2016-211. Filiales et aux prises de participation des centres hospitaliers universitaires. – V. CSP, art. R. 6145-65, R. 6145-66-1, R. 6145-67-1, R. 6145-74 à R. 6145-83.
2016	4 mars	Décret n° 2016-273. Assistance médicale à la procréation : – Art. 1er à 5. – V. CSP, art. R. 1211-25, R. 1211-26 à R. 1211-28, R. 1244-2, R. 1244-9, R. 2141-1-3, R. 2141-1-7, R. 2141-2, R. 2141-3, R. 2141-4, R. 2141-5, R. 2141-7, R. 2141-8 à R. 2141-11, R. 2141-14, R. 2141-15, R. 2141-16, R. 2141-17 à R. 2141-23, R. 2141-26, R. 2141-27, R. 2141-28, R. 2141-29, R. 2141-33, R. 2142-1, R. 2142-21, R. 2142-21-1, R. 2142-21-2, R. 2142-21-3, R. 2142-21-4, R. 2142-23, R. 2142-25, R. 2142-26, R. 2142-26-1, R. 2142-33, R. 2142-34, R. 2142-35, R. 2142-37, R. 2142-38. – Art. 6. – V. ss. CSP, art. R. 1211-27.
2016	11 mars	Décret n° 2016-291. Commission médicale d'établissement, Règlement intérieur et fonctions de chefs de services et de responsables de départements, unités fonctionnelles ou structures internes des établissements publics de santé. – V. CSP, art. R. 6144-1, R. 6144-6, R. 6146-4, R. 6146-5, R. 6146-9-2.
2016	*14 mars*	*Loi* n° 2016-297. Protection de l'enfant. – Art. 31. – V. CSP, art. L. 2112-2, L. 2122-1.
2016	14 mars	Ordonnance n° 2016-301. Partie législative du code de la consommation : – Art. 17. – V. CSP, art. L. 1111-3-5, L. 1338-4, L. 3232-7, L. 3351-8, L. 4163-1, L. 5131-3, L. 5414-1, L. 5414-3, L. 5431-1, L. 5462-1, L. 5463-1, L. 6324-1. – Art. 32. – V. L. n° 2016-41 du 26 janv. 2016, art. 21, ss. CSP, art. L. 4161-1.

2016	16 mars	Décret n° 2016-317. Prescription et délivrance des médicaments utilisés en médecine vétérinaire contenant une ou plusieurs substances antibiotiques d'importance critique. – V. CSP, art. R. 5141-111, R. 5141-117-1 à R. 5141-117-3.
2016	17 mars	Décret n° 2016-308. Réutilisation des informations publiques. – V. CSP, art. R. 1322-18, R. 6113-43.
2016	17 mars	Ordonnance n° 2016-315. Commissariat aux comptes. – V. CSP, art. R. 6141-58.
2016	5 avr.	Décret n° 2016-401. Présentation des offres faites aux victimes du benfluorex. – V. CSP, art. R. 1142-63-14, R. 1142-63-17.
2016	12 avr.	Décret n° 2016-450. Comités d'agence, comités d'hygiène, de sécurité et des conditions de travail et comité national de concertation des agences régionales de santé. – V. CSP, art. R. 1432-79, R. 1432-127, R. 1432-144, R. 1432-147.
2016	13 avr.	Loi n° 2016-444. Renforcement de la lutte contre le système prostitutionnel et accompagnement des personnes prostituées. – Art. 17. – V. CSP, art. L. 1181-1.
2016	14 avr.	Ordonnance n° 2016-462. Création de l'Agence nationale de santé publique. – Ratifiée par L. n° 2017-228 du 24 févr. 2017, art. 1er. – V. CSP, art. L. 1222-1, L. 1413-1 à L. 1413-12-3, L. 1413-15, L. 1413-16, L. 1431-1, L. 1435-12, L. 1451-1, L. 1451-4, L. 1524-2, L. 1545-4, L. 2133-1, L. 2133-2, L. 3111-5, L. 3132-1, L. 3133-1, L. 3133-2, L. 3134-2-1, L. 3232-3, L. 4001-1, L. 5121-28, L. 5124-18, L. 5212-2-2, L. 6213-2.
2016	14 avr.	Décret n° 2016-469. Dispositions relatives à l'inscription au répertoire des groupes génériques des spécialités dont le principe actif est d'origine végétale ou minérale. – V. CSP, art. R. 5121-5-3, R. 5121-5-4, R. 5121-6, R. 5121-7, R. 5121-9.
2016	14 avr.	Décret n° 2016-470. Modification du décret n° 2002-1569 du 24 décembre 2002 portant statut particulier du corps de l'inspection de l'action sanitaire et sociale. – Art. 16. – V. CSP, art. R. 1421-15.
2016	20 avr.	Loi n° 2016-483. Déontologie et droits et obligations des fonctionnaires : – Art. 10-II-H à J. – V. CSP, art. L. 1313-10, L. 5323-4, L. 6152-4. – Art. 30-V. – V. CSP, art. L. 6144-4. – Art. 31-IX. – V. CSP, art. L. 3133-1.
2016	27 avr.	Décret n° 2016-523. Création de l'Agence nationale de santé publique. – Art. 1er à 4. – V. CSP, art. L. 1451-1, D. 1142-64, R. 1221-24, R. 1221-25, R. 1221-36, R. 1221-39, R. 1313-3, R. 1313-24, *R. 1323-2, R. 1323-4, R. 1*341-8, D. 1411-38, R. 1413-1 à R. 1413-45, R. 1417-1 à R. 1417-19, R. 1419-1, R. 1524-1, R. 1524-2, R. 2133-1, R. 2133-3, R. 3113-2, R. 3113-3, D. 3121-25, R. 3132-2, R. 3132-3, R. 3133-1, D. 3134-2, R. 3134-3-1, R. 3134-3-3, R. 3135-1 à R. 3135-12, D. 3232-2 à D. 3232-6, R. 3821-3 à R. 3826-2,

		D. 3822-1, R. 3826-1, R. 3826-2, R. 5124-1, R. 5124-2, R. 5124-24, R. 5124-34, R. 5124-45, R. 6113-39, R. 6113-46, R. 6113-46-1, R. 6123-32-10, D. 6311-18, R. 6311-31, R. 6311-32.
2016	27 avr.	Décret n° 2016-524. Groupements hospitaliers de territoire. – Art. 1er à 4. – V. CSP, art. R. 6113-3, R. 6113-4, R. 6113-6, R. 6113-8, R. 6113-11-1 à R. 6113-11-3, R. 6113-13 à R. 6113-15, R. 6132-1 à R. 6132-23, R. 6132-24, R. 6132-29 à R. 6132-35, R. 6144-1, R. 6144-3, R. 6144-40, R. 6145-12, R. 6146-9-2, R. 6146-9-3, R. 6146-10.
2016	3 mai	Décret n° 2016-539. Dispositions relatives à l'Agence de la biomédecine. – V. CSP, art. R. 1418-1, R. 1418-1-1, R. 1418-13.
2016	3 mai	Décret n° 2016-545. Évaluation et contrôle de qualité des examens de diagnostic prénatal mentionnés au II de l'article R. 2131-2-1 du code de la santé publique. – V. CSP, art. R. 2131-2-3.
2016	18 mai	Décret n° 2016-624. Conditions de qualification des personnes qui font de l'information par démarchage ou de la prospection pour des médicaments vétérinaires, y compris des aliments médicamenteux : – Art. 1er. – V. CSP, art. D. 5142-53-1. – Art. 2. – V. ss. CSP, art. R. 5142-53-1.
2016	19 mai	Ordonnance n° 2016-623. Transposition de la directive 2014/40/UE sur la fabrication, la présentation et la vente des produits du tabac et des produits connexes. – Art. 1er. – V. CSP, art. L. 3511-1 à L. 3515-7.
2016	20 mai	Décret n° 2016-658. Hôpitaux de proximité et financement. – Art. 1er. – V. CSP, art. L. 3511-1 à L. 35115-7.
2016	24 mai	Décret n° 2016-668. Dispenses d'épreuves accordées aux sportifs de haut niveau pour l'administration dans les instituts de formation en masso-kinésithérapie, en pédicurie-podologie, en ergothérapie et en psychomotricité. – V. CSP, art. D. 4381-89, D. 4381-90.
2016	25 mai	Décret n° 2016-675. Prise en compte de la situation particulière de certains étudiants inscrits en troisième cycle des études de médecine et en troisième cycle long des études odontologiques dans le déroulement de leur formation universitaire en stage. – Art. 10. – V. CSP, art. R. 6153-11.
2016	26 mai	Décret n° 2016-683. Délivrance de la contraception d'urgence par les infirmiers scolaires. – V. CSP, art. D. 5134-7, D. 5134-8.
2016	31 mai	Décret n° 2016-713. Évacuations d'urgence de victimes par les associations agréées de sécurité civile. – V. CSP, art. R. 6312-7, R. 6312-44 à R. 6312-48, R. 6431-76.
2016	1er juin	Décret n° 2016-726. Commission des usagers des établissements de santé. – V. CSP, art. R. 1112-79 à R. 1112-81-1, R. 1112-86, R. 1112-92, R. 6144-2-2, D. 6161-4, R. 6164-5, R. 6322-19.

2016	2 juin	Décret n° 2016-743. Compétences des sages-femmes en matière d'interruption volontaire de grossesse par voie médicamenteuse et en matière de vaccination : – Art. 1er à 5. – V. CSP, art. R. 2212-10 à 2212-17, R. 2222-2, R. 2311-21, R. 5124-45. – Art. 7 et annexe. – V. CSP, art. R. 2212-9 (annexe 22-1).
2016	2 juin	Décret n° 2016-745. Liste des maladies faisant l'objet d'une transmission obligatoire de données individuelles à l'autorité sanitaire. – V. CSP, art. D. 3113-6.
2016	2 juin	Décret n° 2016-746. Établissement des listes nominatives de masseurs-kinésithérapeutes salariés en vue de leur inscription au tableau de l'ordre. – V. CSP, art. D. 4323-1-1, D. 4323-1-2.
2016	3 juin	Décret n° 2016-731. Renforcement de la lutte contre le crime organisé, le terrorisme, et leur financement et amélioration de l'efficacité des garanties de la procédure pénale. – Art. 83. – V. CSP, art. L. 3341-2.
2016	10 juin	Décret n° 2016-778. Habilitation et contrôle des organismes habilités pour l'évaluation de la conformité des dispositifs médicaux et des dispositifs médicaux de diagnostic *in vitro*. – Art. 1er et 2. – V. CSP, art. R. 5211-54 à R. 5211-56-1, R. 5221-30, R. 5221-30-1.
2016	10 juin	Décret n° 2016-779. Déontologue dans les autorités et organismes sanitaires. – V. CSP, art. R. 1451-1, R. 1451-10 à R. 1451-16.
2016	16 juin	Ordonnance n° 2016-800. Recherches impliquant la personne humaine. – V. CSP, art. L. 1121-1, L. 1121-3, L. 1121-4, L. 1121-8-1, L. 1121-13-1, L. 1121-15, L. 1121-16-1, L. 1122-1, L. 1122-1-1, L. 1122-1-2, L. 1123-1, L. 1123-1-1, L. 1123-6, L. 1123-7, L. 1123-7-2, L. 1123-9, L. 1123-10, L. 1123-12, L. 1123-14, L. 1124-1, L. 1125-3, L. 1126-1, L. 1126-3, L. 1126-5, L. 1126-10, L. 1126-12, L. 2141-4, L. 5121-1-1, L. 5125-1.
2016	16 juin	Décret n° 2016-806. Centres nationaux de référence pour la lutte contre les maladies transmissibles. – V. CSP, art. D. 1413-46 à D. 1413-57.
2016	24 juin	Décret n° 2016-839. Conditions et modalités d'exercice des biologistes médicaux et création de la Commission nationale de biologie médicale : – Art. 1er. – V. CSP, art. R. 6213-1 à R. 6213-27. – Art. 4. – V. CSP, art. D. 6211-3, D. 6211-14, D. 6221-24, D. 6221-37, D. 6221-43, R. 6222-5, D. 6222-9, D. 6222-11.
2016	29 juin	Décret n° 2016-859. Procédure d'approbation, de mise à disposition sur le marché ainsi que de déclaration des produits et substances actives biocides. – Art. 2. – V. CSP, art. R. 1321-50, D. 1332-3, R. 3115-53, R. 3115-54.
2016	30 juin	Décret n° 2016-898. Dispostions relatives à l'agrément des associations représentant les usagers dans les instances hospitalières ou de santé publique. – V. CSP, art. R. 1114-1, R. 1114-7, R.*1114-9.

2016	4 juill.	Décret n° 2016-914. Dossier médical partagé : – Art. 1er. – V. CSP, art. R. 1111-26 à R. 1111-43. – Art. 2 à 4. – V. ss. CSP, art. R. 1111-26.
2016	4 juill.	Décret n° 2016-919. Fonction d'appui aux professionnels pour la coordination des parcours de santé complexes. – V. CSP, art. D. 6327-1 à D. 6327-10.
2016	8 juill.	Décret n° 2016-942. Organisaton du développement professionnel continu des professions de santé : – Art. 1er et 2. – V. CSP, art. D. 4011-1, R. 4021-1 à R. 4021-25, R. 4133-1 à R. 4133-5, R. 4133-7 à R. 4133-8, R. 4133-10 à D. 4133-28, D. 4135-1, R. 4143-1 à R. 4143-8, R. 4143-10 à D. 4143-28, R. 4153-1 à R. 4153-8, R. 4153-10 à D. 4153-28, R. 4236-1 à R. 4236-8, R. 4236-10 à D. 4236-28, R. 4242-1, D. 4381-6 à D. 4381-6-6, R. 4382-1 à R. 4382-5, R. 4382-7 à R. 4382-8, R. 4382-10 à R. 4382-16, R. 6152-409, R. 6161-1-1. – Art. 3. – V. ss. CSP, art. L. 4021-3.
2016	12 juill.	Décret n° 2016-960. Inscription des médicaments biologiques similaires sur la liste de référence des groupes biologiques similaires. – V. CSP, art. R. 5121-9-1 à R. 5121-9-4.
2016	15 juill.	Ordonnance n° 2016-966. Simplification des procédures mises en œuvre par l'Agence nationale de sécurité du médicament et des produits de santé. – Ratifiée par L. n° 2017-220 du 23 févr. 2017, art. 1er. – V. CSP, art. L. 5112-1, L. 5121-1, L. 5121-5, L. 5122-3, L. 5134-2, L. 5212-1, L. 5222-2, L. 5311-1, L. 5322-2.
2016	15 juill.	Ordonnance n° 2016-967. Coordination du système d'agences sanitaires nationales, sécurité sanitaire et accidents médicaux. – V. CSP, art. L. 1142-11, L. 1142-30, L. 1335-2, L. 1343-2, L. 1343-4, L. 1411-5-1, L. 3512-16.
2016	15 juill.	Décret n° 2016-970. Missions et composition du comité de suivi des autorisations de mise sur le marché constitué au sein de l'article L. 1313-1. – V. CSP, art. R. 1313-27-1, D. 1313-27-2.
2016	19 juill.	Décret n° 2016-980. Information nutritionnelle complémentaire sur les denrées alimentaires : – Art. 1er et 3. – V. CSP, art. D. 3232-3, R. 3232-7. – Art. 2. – V. ss. CSP, art. R. 3232-7.
2016	19 juill.	Décret n° 2016-981. Conditions d'exportation et d'importation de produits sanguins labiles par le centre de transfusion sanguine des *armées*. – V. CSP, art. D. 1221-67-1.
2016	20 juill.	Décret n° 2016-993. Lutte contre les ruptures d'approvisionnement de médicaments. – V. CSP, art. R. 5124-47, R. 5124-48-1, R. 5124-49-1, R. 5124-49-4, R. 5124-49-5, R. 5125-46-1, R. 5126-7-1.
2016	20 juill.	Décret n° 2016-994. Conditions d'échange et de partage d'informations entre professionnels de santé et autres professionnels des champs social et médico-social et accès aux informations de santé à caractère personnel. – V. CSP, art. R. 1110-1 à R. 1110-3, R. 1111-1, R. 1111-6, R. 1111-7.

2016	20 juill.	Décret n° 2016-995. Lettres de liaison. – V. CSP, art. R. 1112-1 à R. 1112-1-2, R. 1112-2, R. 1112-60, R. 1112-61, R. 6123-22.
2016	20 juill.	Décret n° 2016-996. Liste des structures de coopération, exercice partagé ou coordination sanitaire ou médico-sociale dans lesquelles peuvent exercer les membres d'une équipe de soins. – V. CSP, art. D. 1110-3-4.
2016	21 juill.	Décret n° 2016-1007. Réserve sanitaire. – V. CSP, art. D. 3132-1 à D. 3132-4, D. 3133-1, D. 3133-2, D. 3134-1, D. 3134-2.
2016	21 juill.	Décret n° 2016-1009. Modalités d'évaluation des pratiques de refus de soins. – V. CSP, art. D. 4122-4-2, D. 4122-4-3.
2016	22 juill.	Décret n° 2016-1012. Mise en place d'un numéro d'appel national d'accès à la permanence des soins ambulatoires. – V. CSP, art. R. 6315-3.
2016	25 juill.	Décret n° 2016-1016. Conditions de délivrance et de distribution des produits de santé isssus des stocks de l'État en cas d'accident nucléaire ou d'acte terroriste. – V. CSP, art. D. 4211-14-1, D. 4211-14-2.
2016	26 juill.	Décret n° 2016-1023. Projet régional de santé. – V. CSP, art. R. 1434-1 à R. 1434-12.
2016	26 juill.	Décret n° 2016-1024. Territoires de démocratie sanitaire, zones des shémas régionaux de santé et conseils territoriaux de santé. – V. CSP, art. R. 1434-29 à R. 1434-40.
2016	26 juill.	Décret n° 2016-1025. Coordination des actions des agences régionales de santé et des organismes d'assurance maladie. – V. CSP, art. R. 1434-13 à R. 1434-28.
2016	3 août	Décret n° 2016-1066. Modification du code de déontologie médicale et relatif aux procédures collégiales et au recours à la sédation profonde et continue jusqu'au décès de prévus par la loi n° 2016-87 du 2 février 2016 créant de nouveaux droits en faveur des malades et des personnes en fin de vie. – V. CSP, art. R. 4127-36 à R. 4127-37-4.
2016	3 août	Décret n° 2016-1067. Directives anticipées prévues par la loi n° 2016-87 du 2 février 2016 créant de nouveaux droits en faveur des malades et des personnes en fin de vie. – V. CSP, art. R. 1111-17 à R. 1111-20, R. 1541-1.
2016	8 août	Loi n° 2016-1087. Reconquête de la biodiversité, de la nature et des paysages : – Art. 42. – V. CSP, art. L. 1413-8, L. 3115-6. – Art. 164-V. – V. CSP, art. L. 1338-4.
2016	8 août	Loi n° 2016-1088. Travail, modernisation du dialogue social, sécurisation des parcours professionnels : – Art. 21-VIII et IX. – V. CSP, art. L. 1432-11. – Art. 116-II. – V. CSP, art. L. 3819-23.
2016	11 août	Décret n° 2016-1092. Modalités de suspension du droit d'user du titre de psychothérapeute et radiation du registre national des psychothérapeutes 🏛. – V. ss. CSP, art. L. 4163-10.

2016	11 août	Décret n° 2016-1117. Fabrication, présentation, vente et usage des produits du tabac, des produits de vapotage, et des produits à fumer à base de plantes autres que le tabac. – V. CSP, art. R. 3511-1 à R. 3515-6, R. 1313-1.
2016	11 août	Décret n° 2016-1118. Modalités d'expression de refus de prélèvement d'organes après le décès. – V. CSP, art. R. 1232-4-4 à R. 1232-4-7, R. 1232-7.
2016	22 août	Décret n° 2016-1139. Dispositions relatives à la présentation, à la vente et à l'usage des produits du tabac, des produits du vapotage et des produits à fumer à base de plantes autres que le tabac : – Art. 1er à 6. – V. CSP, art. D. 3511-3, D. 3512-9-1 à D. 3512-9-7, D. 3512-16-1 à D. 3512-16-3, D. 3513-1, D. 3513-10. – Art. 8 🏛. – V. ss. CSP, art. D. 3512-9-5. – Annexe 🏛. – V. ss. CSP, art. D. 3512-9-3.
2016	24 août	Décret n° 2016-1151. Portail de signalement des événements sanitaires indésirables. – V. CSP, art. D. 1413-58.
2016	7 sept.	Décret n° 2016-1206. Conseil départemental de la citoyenneté et de l'autonomie. – Art. 2. – V. CSP, art. D. 1432-28.
2016	12 sept.	Décret n° 2016-1214. Conditions selon lesquelles sont signalés les incidents graves de sécurité des systèmes d'information. – V. CSP, art. D. 1111-16-2 à D. 1111-16-4.
2016	21 sept.	Décret n° 2016-1242. Modifications de certaines conditions de prescription des médicaments à usage humain. – V. CSP, art. R. 5121-85, R. 5121-88.
2016	26 sept.	Décret n° 2016-1249. Action de groupe en matière de santé. – Art. 1er et 2. – V. CSP, art. R. 1143-1 à R. 1143-14, R. 1526-1 🏛.
2016	28 sept.	Décret n° 2016-1273. Réalisation des études nationales de coûts mentionnées à l'article L. 6113-1 du code de la santé publique. – V. CSP, art. R. 6113-33, R. 6113-53 à R. 6113-59.
2016	29 sept.	Décret n° 2016-1275. Déchets d'activités de soins à risques infectieux produits par les utilisateurs d'autotests mentionnés à l'article L. 3121-2-2 du code de la santé publique. – V. CSP, art. R. 1335-8-1 à R. 1335-8-3, R. 1335-8-5, R. 1335-8-7 à R. 1335-8-9.
2016	5 oct.	Décret n° 2016-1317. Attribution de missions dans le cadre du développement professionnel continu des professions de santé en l'absence de conseils nationaux professionnels : – Art. 1er 🏛. – V. ss. CSP, art. L. 4021-3. – Art. 2. – V. CSP, art. D. 4011-1. – Art. 3. – V. CSP, art. D. 4011-2.
2016	6 oct.	Décret n° 2016-1327. Organisation de la réponse du système de santé (dispositif « ORSAN ») et réseau national des cellules d'urgence médico-psychologique pour la gestion des situations sanitaires exceptionnelles. – V. CSP, art. R. 1425-1, R. 3131-4 à R. 3131-17,

		R. 6123-15, R. 6123-15-1, R. 6123-17, R. 6311-3, R. 6311-4, R. 6311-25, R. 6311-25-1, R. 6311-26, R. 6311-28, R. 6311-30 à R. 6311-32.
2016	6 oct.	Décret n° 2016-1329. Détermination des objets incitant directement à la consommation excessive d'alcool dont la vente ou l'offre est interdite au mineur. – V. CSP, art. R. 3342-1.
2016	7 oct.	Loi n° 2016-1321. République numérique : – Art. 6. – V. CSP, art. L. 1453-1. – Art. 107-V. – V. CSP, art. L. 4321-3. – Art. 107-IX et X. – V. ss. CSP, art. L. 4321-3.
2016	7 oct.	Décret n° 2016-1335. Fonctions en milieux hospitalier et extrahospitalier des étudiants en maïeutique. – Art. 1er à 3. – V. CSP, art. R. 6144-3, R. 6144-3-1, R. 6144-4, R. 6153-98 à R. 6153-100.
2016	10 oct.	Décret n° 2016-1348. Représentation des associations d'usagers du système de santé agréées dans les conseils d'administration de l'Office national d'indemnisation des accidents médicaux, des affections iatrogènes et des infections nosocomiales (ONIAM), de l'Établissement français du sang (EFS) et de l'Agence de biomédecine (ABM). – V. CSP, art. R. 1142-43, R. 1222-1, R. 1418-6.
2016	10 oct.	Décret n° 2016-1349. Consentement préalable au partage d'informations entre les personnels ne faisant pas partie de la même équipe de soins. – V. CSP, art. D. 1110-3-1 à D. 1110-3-3.
2016	12 oct.	Décret n° 2016-1363. Règles applicables aux études portant sur des médicaments vétérinaires bénéficiant déjà d'une autorisation. – V. CSP, art. R. 5141-48 à R. 5141-50, R. 5441-1.
2016	12 oct.	Décret n° 2016-1381. Conditions de délivrance de verres correcteurs ou de lentilles de contact oculaire correctrices et règles d'exercice de la profession d'opticien-lunetier. – Art. 1er à 2. – V. CSP, art. D. 4362-11-1 à D. 4362-13, D. 4362-16 à D. 4362-21.
2016	13 oct.	Ordonnance n° 2016-1360. Modification de la partie législative du code des juridictions financières. – Art. 51, 52. – V. CSP, art. L. 6161-3.
2016	20 oct.	Ordonnance n° 2016-1406. Adaptation et simplification de la législation relative à l'Établissement français du sang et aux activités liées à la transfusion sanguine. – V. CSP, art. L. 1221-2, L. 1221-3, L. 1221-6, L. 1221-8, L. 1221-8-1, L. 1221-10, L. 1221-11, L. 1222-1, L. 1222-1-1, L. 1222-2, L. 1222-11 à L. 1222-16, L. 1223-1 à L. 1223-8, L. 1271-1, L. 1271-1-1.
2016	21 oct.	Décret n° 2016-1426. Limite d'âge et prolongation d'activité des personnels médicaux, pharmaceutiques et odontologiques hospitaliers. – V. CSP, art. R. 6152-94, R. 6152-95, R. 6152-269, R. 6152-328 à R. 6152-333, R. 6152-423 à R. 6152-427, R. 6152-551, R. 6152-552, R. 6152-636, R. 6152-637, R. 6152-719, R. 6152-720, R. 6152-814 à R. 6152-816.

2016	24 oct.	Décret n° 2016-1430. Modalités d'accréditation des laboratoires de biologie médicale. – V. ss. CSP, art. L. 6221-1.
2016	26 oct.	Décret n° 2016-1445. Communautés psychiatriques de territoire : – Art. 1er. – V. CSP, art. D. 6136-1 à D. 6136-8. – Art. 2. – V. ss. CSP, art. D. 6136-1.
2016	28 oct.	Décret n° 2016-1471. Information du patient sur le coût des prestations délivrées par un établissement de santé. – V. CSP, art. D. 1112-67-1.
2016	8 nov.	Décret n° 2016-1505. Établissements de santé assurant le service public hospitalier. – V. CSP, art. R. 1435-16, R. 6111-27 à R. 6111-49, R. 6112-1 à R. 6112-7, D. 6124-23.
2016	8 nov.	Décret n° 2016-1506. Simplification des procédures administratives relevant de l'Agence nationale de sécurité sanitaire de l'alimentation, de l'environnement et du travail dans le domaine des médicaments vétérinaires. – V. CSP, art. R. 5141-20, R. 5141-47, R. 5141-47-7, R. 5141-71, R. 5141-85-2, R. 5141-86, R. 5141-94, R. 5141-101, R. 5141-103, R. 5141-110, R. 5141-123-12, R. 5141-123-15, R. 5141-138, R. 5142-8, R. 5142-42, R. 5142-55, R. 5145-3, R. 5145-7, R. 5145-10.
2016	9 nov.	Loi n° 2016-1500. Maintien des communes associées sous forme de communes déléguées, en cas de création d'une commune nouvelle. – Art. 14. – V. CSP, art. L. 1331-7.
2016	14 nov.	Renforcement de la liberté, de l'indépendance et du pluralisme des médias. – Art. 5-I. – V. CSP, art. L. 1351-1, L. 5312-4-2.
2016	15 nov.	Décret n° 2016-1536. Médicaments de thérapie innovante. – V. CSP, art. R. 4211-32, R. 4211-34, R. 4211-36, R. 4211-42-1, R. 4211-43, R. 4211-53 à R. 4211-65, R. 5121-201-4 à R. 5121-201-8, R. 5121-212, R. 5121-214, R. 5124-4.
2016	16 nov.	Décret n° 2016-1537. Recherches impliquant la personne humaine. – V. CSP, art. R. 1121-1, R. 1121-2, R. 1121-3, R. 1121-4 à R. 1121-19, R. 1123-1, R. 1123-4, R. 1123-5, R. 1123-11 à R. 1123-71, R. 1124-1, R. 1125-1 à R. 1125-10, R. 1125-12 à R. 1125-16, R. 1125-18, R. 1125-21, R. 1125-26, R. 1132-20, R. 1142-10, R. 1142-13, R. 1142-15-1, R. 1142-15-2, R. 1333-19, R. 1333-55, R. 2141-1-3, R. 2141-1-8, R. 5121-108, R. 5121-109, R. 5121-112, R. 5124-45, *D. 5125*-45-1, R. 5126-9, R. 5126-16, R. 5211-37, R. 5211-38.
2016	18 nov.	Loi n° 2016-1547. Modernisation de la justice du XXIe siècle. – Art. 90. – V. CSP, art. L. 1143-1 à L. 1143-6, L. 1143-9, L. 1143-11, L. 1526-10.
2016	18 nov.	Décret n° 2016-1552. Congés autres que les congés payés. – V. CSP, art. R. 6143-7, R. 6152-35-1, R. 6153-13.
2016	21 nov.	Ordonnance n° 2016-1562. Diverses mesures institutionnelles relatives à la collectivité de Corse. – Art. 19. – V. CSP, art. L. 6143-5.

2016	24 nov.	Décret n° 2016-1590. Déchets assimilés à des déchets d'activités de soins à risques infectieux et appareils de prétraitement par désinfection. – Art. 1er. – V. CSP, art. R. 1335-1, R. 1335-8 à R. 1335-8-1 B, R. 1337-18, R. 1426-2.
2016	24 nov.	Décret n° 2016-1591. Modification du code de déontologie des pédicures-podologues. – V. CSP, art. R. 4322-27-1, R. 4322-31, R. 4322-38, R. 4322-73, R. 4322-77, R. 4322-80, R. 4322-85, R. 4322-97.
2016	25 nov.	Décret n° 2016-1605. Code de déontologie des infirmiers. – Art. 1er. – V. CSP, art. R. 4312-1 à R. 4312-92.
2016	25 nov.	Décret n° 2016-1606. Déclaration des événements indésirables graves associés à des soins et structures régionales d'appui à la qualité des soins et à la sécurité des patients. – V. CSP, art. R. 1413-67 à R. 1413-78.
2016	28 nov.	Décret n° 2016-1621. Stratégie nationale de santé. – V. CSP, art. R. 1411-1 à R. 1411-11, D. 1411-59 à D. 1411-61.
2016	29 nov.	Décret n° 2016-1622. Dispositifs de biovigilance et de vigilance en assistance médicale à la procréation. – V. CSP, art. R. 1211-29 à R. 1211-39, R. 2142-39 à R. 2142-49.
2016	1er déc.	Décret n° 2016-1644. Organisation territoriale de la veille et de la sécurité sanitaire. – V. CSP, art. R. 1413-59 à R. 1413-66.
2016	1er déc.	Décret n° 2016-1645. Permanence des soins et diverses modifications de dispositions réglementaires applicables au service public hospitalier : – Art. 1er. – V. CSP, art. R. 6111-41 à R. 6111-48. – Art. 2. – V. ss. CSP, art. R. 6111-41. – Art. 3. – V. CSP, art. R. 1112-1, R. 1112-6 à R. 1112-8, R. 1142-5, R. 1435-16, D. 3111-22, D. 3112-6, D. 3112-12, D. 3121-21, R. 3221-5, R. 3354-12, D. 4111-6, D. 4111-30, R. 4127-63, R. 4311-55, R. 5121-158, R. 5121-159, R. 5126-6, R. 5126-7, R. 5126-41, R. 6111-27, R. 6111-28, R. 6111-30, R. 6111-34, D. 6114-3, D. 6114-4, D. 6114-8, D. 6124-6, D. 6124-7, D. 6124-29, D. 6124-92, D. 6124-109, R. 6134-1, R. 6134-6, R. 6144-1, R. 6147-57, R. 6147-118, R. 6152-2, R. 6152-30, R. 6152-51, R. 6152-202, R. 6152-238, R. 6152-601, D. 6161-2 à D. 6161-4, R. 6161-14 à R. 6161-19, R. 6161-28 à R. 6161-33, R. 6161-35, R. 6161-41, R. 6322-27.
2016	1er déc.	Décret n° 2016-1646. Modalités d'exercice de la profession d'assistant dentaire. – V. CSP, art. R. 4393-8 à D. 4393-17.
2016	5 déc.	Décret n° 2016-1670. Définition des actes d'orthoptie et modalités d'exercice de la profession d'orthoptiste. – V. CSP, art. R. 4342-1 à R. 4342-8.
2016	6 déc.	Décret n° 2016-1672. Actes et activités réalisés par les manipulateurs d'électroradiologie médicale. – V. CSP, art. R. 4351-1 à R. 4351-5.

2016	9 déc.	Loi n° 2016-1691. Transparence, lutte contre la corruption et modernisation de la vie économique : – Art. 6. – V. ss. CSP, art. L. 1351-1. – Art. 15-II. – V. CSP, art. L. 1351-1, L. 5312-4-2. – Art. 15-IV. – V. L. n° 2013-316 du 16 avr. 2016, art. 2, 12, ss. CSP, art. L. 1351-1.
2016	12 déc.	Décret n° 2016-1706. Plasma à finalité transfusionnelle dans la production duquel intervient un processus industriel. – V. CSP, R. 1221-20-1, R. 1223-4, R. 1223-8, R. 5121-187, R. 5121-201-1 à R. 5121-201-3, R. 5124-45, R. 5126-8, R. 5126-8-1, R. 5126-112.
2016	12 déc.	Décret n° 2016-1708. Modification du décret n° 2016-1139 du 22 août 2016 complétant les dispositions relatives à la fabrication, à la présentation, à la vente et à l'usage des produits du tabac, des produits du vapotage et des produits à fumer à base de plantes autres que le tabac. – Art. 1er et 2. – V. CSP, art. D. 3512-16-1, D. 3513-10.
2016	13 déc.	Décret n° 2016-1714. Conditions de nomination et d'avancement dans certains emplois fonctionnels de la fonction publique hospitalière. – Art. 10. – V. CSP, art. R. 6147-2.
2016	13 déc.	Décret n° 2016-1716. Résumé des caractéristiques du dispositif médical. – V. CSP, art. R. 5211-66-1.
2016	15 déc.	Ordonnance n° 2016-1729. Pharmacies à usage intérieur. – Art 1er et 2-I à II. – V. CSP, art. L. 1126-11, L. 4351-1, L. 5121-1, L. 5126-1 à L. 5126-11, L. 5421-13, L. 6132-3, L. 6141-7-1, L. 6147-3.
2016	15 déc.	Décret n° 2016-1744. Transfert de la toxicovigilance à l'Agence nationale de sécurité sanitaire de l'alimentation, de l'environnement et du travail. – V. CSP, art. R. 1313-1, R. 1340-1 à R. 1340-13, R. 1341-2, R. 1341-7 à R. 1341-9, R. 1341-11 à R. 1341-15, R. 1341-16, R. 1341-17 à R. 1341-19, D. 1341-20, D. 1341-25, R. 1341-26 à R. 1341-30, R. 1342-13, R. 1413-62, R. 1413-65, D. 6141-37, D. 6141-40, D. 6141-42, D. 6141-46, D. 6141-47, R. 6141-49.
2016	16 déc.	Décret n° 2016-1758. Vaccination contre l'hépatite B des thanatopracteurs. – Art. 1er. – V. CSP, art. R. 3111-4-1, R. 3111-4-2.
2016	19 déc.	Décret n° 2016-1768. Financement de la formation de base des représentants des usagers du système de santé. – V. CSP, art. D. 1114-39 à D. 1114-42.
2016	*19 déc.*	*Décret* n° 2016-1788. Transmission de données de cession des médicaments utilisés en médecine vétérinaire comportant une ou plusieurs substances antibiotiques. – V. CSP, art. R. 5141-148 à R. 5141-151.
2016	20 déc.	Décret n° 2016-1795. Conventions passées entre les membres des professions vétérinaires ou pharmaceutiques et les entreprises visées à l'article L. 5142-1. – V. CSP, art. R. 5141-143 à R. 5141-147.
2016	22 déc.	Ordonnance n° 2016-1809. Reconnaissance des qualifications professionnelles de professions réglementées. – Art. 12. – V. L. n° 85-772 du 25 juill. 1985, art. 44, ss. CSP, art. L. 4163-10.

2016	22 déc.	Ordonnance n° 2016-1812. Lutte contre le tabagisme, adaptation et extension à certaines collectivités d'outre-mer. – V. CSP, art. L. 1425-3, L. 1426-3, L. 1527-3, L. 3512-15, L. 3512-19, L. 3512-22, L. 3512-27, L. 3512-28, L. 3513-4, L. 3513-5, L. 3822-4, L. 4421-1, L. 4421-13, L. 4423-1.
2016	23 déc.	Loi n° 2016-1827. De financement de la sécurité sociale pour 2017 : – Art. 50-IV. – V. CSP, art. L. 6133-6. – Art. 60-III. – V. CSP, art. L. 3131-9-1. – Art. 66. – V. ss. CSP, art. L. 1435-8. – Art. 69. – V. CSP, art. L. 3411-9. – Art. 70. – V. CSP, art. L. 1114-6, L. 1114-7. – Art. 72. – V. CSP, art. L. 1435-4-2, L. 1435-4-3. – Art. 73. – V. CSP, art. L. 1435-4-5. – Art. 75. – V. CSP, art. L. 2134-1. – Art. 79-IV. – V. CSP, art. L. 6113-12, L. 6113-13, L. 6312-1. – Art. 82-II. – V. CSP, art. L. 6111-3-1. – Art. 94. – V. ss. CSP, art. L. 1435-8. – Art. 96. – V. CSP, art. L. 5125-23-2, L. 5125-23-3. – Art. 97-II. – V. CSP, art. L. 5121-12.
2016	26 déc.	Décret n° 2016-1842. Agence française pour la biodiversité. – Art. 3. – V. CSP, art. R. 1313-3.
2016	26 déc.	Décret n° 2016-1871. Traitement de données à caractère personnel dénommé « système national des données de santé » : – Art. 1er. – V. CSP, art. R. 1461-1 à R. 1461-19. – Art. 2-II. – V. ss. CSP, art. R. 1461-12. – Art. 2-III. – V. ss. CSP, art. R. 1461-10.
2016	28 déc.	Loi n° 2016-1888. Modernisation, développement et protection des territoires de montagne : – Art. 18-I, 19 et 20. – V. CSP, art. L. 1434-3, L. 1434-10, L. 4211-3. – Art. 18-II. – V. L. n° 2016-41 du 26 janv. 2016, art. 196, ss. CSP, art. L. 1434-1.
2016	28 déc.	Décret n° 2016-1901. Bourses accordées aux étudiants inscrits dans les instituts et écoles de formation de certaines professions de santé. – Art. 1er et 2. – V. CSP, art. D. 4151-18, D. 4383-1.
2016	28 déc.	Décret n° 2016-1939. Déclaration publique d'intérêts prévue à l'article L. 1451-1 du code de la santé publique et transparence des avantages accordés par les entreprises produisant ou commercialisant des produits à finalité sanitaire et cosmétique destinés à l'homme. – V. CSP, art. R. 1451-2, R. 1451-3, D. 1453-1 à R. 1453-9.
2016	29 déc.	Loi n° 2016-1917. De finances pour 2017. – Art. 36, 48, 150. – V. CSP, art. L. 1142-22, L. 1142-23, L. 1142-24-9 à L. 1142-24-18, *L. 1142-28*, L. 1413-12, L. 1435-9, L. 5141-8.
2016	30 déc.	Décret n° 2016-1989. Missions et modalités de désignation des laboratoires de biologie médicale de référence. – V. CSP, art. D. 6211-18 à D. 6211-23.

2016	30 déc.	Décret n° 2016-1990. Conditions de dispensation de l'activité physique adaptée prescrite par le médecin traitant à des patients atteints d'une affection de longue durée. – V. CSP, art. D. 1172-1 à D. 1172-5.
2017	5 janv.	Ordonnance n° 2017-9. Sécurité sanitaire. – V. CSP, art. L. 1321-1, L. 1323-1, L. 1324-3, L. 1523-5, L. 1525-18, L. 3111-6, L. 3111-10.
2017	5 janv.	Ordonnance n° 2017-10. Mise à jour de la liste des établissements figurant à l'article 2 de la loi n° 86-33 du 9 janvier 1986 portant dispositions statutaires relatives à la fonction publique hospitalière. – Art. 1er-III. – V. CSP, art. L. 4321-6, L. 6143-3-1.
2017	9 janv.	Décret n° 2017-20. Établissements pharmaceutiques et inspection par l'Agence nationale de sécurité du médicament et des produits de santé et portant simplification de procédures mises en œuvre par cette agence. – Art. 1er, 2. – V. CSP, art. R. 1223-7-1, R. 1223-31, R. 1243-22, R. 1243-28, R. 1245-19, R. 4211-46, R. 5112-1 à R. 5112-3, R. 5112-5, R. 5121-104, R. 5121-109, R. 5121-179, R. 5122-2-1, R. 5124-3 à R. 5124-10-1, R. 5124-13 à R. 5124-15, R. 5124-25, R. 5124-34, R. 5124-35, R. 5124-43, R. 5124-45 à R. 5124-47, R. 5124-53, R. 5124-61, R. 5125-60, R. 5125-61, R. 5211-54, R. 5212-27, R. 5213-1, R. 5213-4, R. 5221-30-1, R. 5223-4, R. 5313-1, R. 5313-2-1 à R. 5313-6-3, R. 5322-14, R. 5322-15.
2017	12 janv.	Ordonnance n° 2017-27. Hébergement de données de santé à caractère personnel. – Art. 1er, 4-I. – V. CSP, art. L. 1111-8, L. 1115-1.
2017	12 janv.	Ordonnance n° 2017-28. Constitution et fonctionnement des groupements de coopération sanitaire. – Art. 1er, 2, 6. – V. CSP, art. L. 1244-6, L. 2141-11-1, L. 2142-1 à L. 2142-4, L. 6133-1 à L. 6133-4, L. 6133-6 à L. 6133-10, L. 6144-3-1, L. 6144-4, L. 6147-9.
2017	12 janv.	Ordonnance n° 2017-29. Conditions de reconnaissance de la force probante des documents comportant des données de santé à caractère personnel créés ou reproduits sous forme numérique et destruction des documents conservés sous une autre forme que numérique. – V. CSP, art. L. 1111-25 à L. 1111-31.
2017	12 janv.	Ordonnance n° 2017-30. Égal accès des femmes et des hommes au sein des conseils d'administration et des conseils de surveillance des établissements et organismes mentionnés aux articles L. 1142-22, L. 1222-1, L. 1413-1, L. 1418-1, L. 1431-1 et L. 5311-1 du code de la *santé publique*. – V. CSP, art. L. 1411-5-2, L. 1432-3.
2017	12 janv.	Ordonnance n° 2017-31. Mise en cohérence des textes au regard des dispositions de la loi n° 2016-41 du 26 janvier 2016 de modernisation de notre système de santé. – Ratifiée par L. n° 2017-1487 du 23 oct. 2017, art. unique. – Art. 1er, 5. – V. CSP, art. L. 1110-4, L. 1115-1, L. 1335-3, L. 1335-5, L. 1411-1, L. 1527-1, L. 2212-8, L. 3221-2, L. 4221-10, L. 4381-1, L. 6114-1, L. 6114-2, L. 6122-7, L. 6141-7-3, L. 6143-6, L. 6146-2, L. 6147-2, L. 6147-7, L. 6154-1, L. 6154-2, L. 6161-8, L. 6161-9.

2017	19 janv.	Ordonnance n° 2017-44. Mise en œuvre du Règlement sanitaire international de 2005. – V. CSP, art. L. 3115-2 à L. 3115-11, L. 3116-5, L. 3821-9, L. 3845-1, L. 3845-2.
2017	19 janv.	Ordonnance n° 2017-45. Conditions d'accès aux données couvertes par le secret médical ou le secret industriel et commercial pour le compte de l'Autorité de sûreté nucléaire et de l'Institut de radioprotection et de sûreté nucléaire et mutualisation de certaines fonctions d'agences sanitaires nationales. – V. CSP, art. L. 1222-10, L. 1333-19, L. 1333-29, L. 1411-5-3, L. 1418-8, L. 1523-6, L. 1533-1, L. 5321-4.
2017	19 janv.	Ordonnance n° 2017-46. Prise en charge de la rémunération des personnels des établissements de santé mis à disposition des inspections générales interministérielles et abrogation des dispositions relatives aux conseillers généraux des établissements de santé. – Art. 2. – V. CSP, art. L. 6141-7-2, L. 6143-3-1.
2017	19 janv.	Ordonnance n° 2017-47. Procédure de fusion des établissements publics de santé. – V. CSP, art. L. 6131-2, L. 6131-4, L. 6141-7-1.
2017	19 janv.	Ordonnance n° 2017-48. Profession de physicien médical. – Ratifiée par L. n° 2018-132 du 26 févr. 2018, art. 1er. – V. CSP, art. L. 1333-19, L. 4161-1, L. 4251-1 à L. 4251-8, L. 4252-1 à L. 4252-3, L. 4351-1.
2017	19 janv.	Ordonnance n° 2017-49. Avantages offerts par les personnes fabriquant ou commercialisant des produits ou des prestations de santé. – V. CSP, art. L. 1312-3, L. 1312-4, L. 1414-4, L. 1419-1, L. 1451-2, L. 1453-3 à L. 1453-14, L. 1454-1, L. 1454-4, L. 1454-6 à L. 1454-10, L. 4113-6, L. 4113-8, L. 4163-1, L. 4163-2, L. 4221-17, L. 4223-4, L. 4311-28, L. 4314-6, L. 4321-19, L. 4322-12, L. 4323-6, L. 4343-1, L. 4344-3, L. 5122-10.
2017	19 janv.	Ordonnance n° 2017-50. Reconnaissance des qualifications professionnelles dans le domaine de la santé. – Ratifiée par L. n° 2018-132 du 26 févr. 2018, art. 2 : – Art. 1er à 10, 12. – V. CSP, art. L. 1132-3, L. 1132-5 à L. 1132-6-1, L. 4002-1 à L. 4002-7, L. 4111-2, L. 4112-2, L. 4112-7, L. 4131-1, L. 4131-1-1, L. 4141-3-1, L. 4151-5, L. 4151-5-1, L. 4221-14-1, L. 4221-14-2, L. 4222-6, L. 4222-9, L. 4241-7, L. 4241-11, L. 4241-12, L. 4241-14, L. 4241-16, L. 4241-17, L. 4311-3, L. 4311-4, L. 4311-17, L. 4311-22, L. 4321-4, L. 4321-9, L. 4321-11, L. 4322-2, L. 4322-4, L. 4322-15, L. 4331-4, L. 4331-6, L. 4332-4, L. 4332-6, L. 4333-2, L. 4341-4, L. 4341-7, L. 4341-8, L. 4342-4, L. 4342-5, L. 4342-6, L. 4351-4, L. 4351-8, L. 4351-9, L. 4352-6, L. 4352-7, L. 4352-8, L. 4361-4, L. 4361-9, L. 4361-10, L. 4362-3, L. 4362-7, L. 4362-8, L. 4363-2, L. 4363-3, L. 4364-1, L. 4364-2, L. 4364-5 à L. 4364-7, L. 4371-4, L. 4371-7, L. 4371-8, L. 4391-2, L. 4391-4, L. 4391-5, L. 4392-2, L. 4392-4, L. 4392-5, L. 4393-3, L. 4393-5, L. 4393-6, L. 4393-12, L. 4393-14, L. 4393-15. – Art. 11. – V. L. n° 2004-806 du 9 août 2004, art. 52-1, ss. CSP, art. L. 4163-10.

2017	19 janv.	Ordonnance n° 2017-51. Harmonisation des dispositions législatives relatives aux vigilances sanitaires. – V. CSP, art. L. 1211-7, L. 1211-7-1, L. 1211-9, L. 1221-13, L. 1313-1, L. 1323-1, L. 1413-14, L. 1418-1, L. 1435-12, L. 1522-2, L. 1524-2, L. 5121-23, L. 5121-26, L. 5133-1, L. 5133-1, L. 5141-15-1, L. 5311-1, L. 5311-2, L. 5521-4, L. 5523-1.
2017	20 janv.	Loi n° 2017-55. Statut général des autorités administratives indépendantes et des autorités publiques indépendantes. – Art. 24-II. – V. CSP, art. L. 1412-1, L. 1412-2.
2017	26 janv.	Décret n° 2017-89. Transparence des avantages accordés par les entreprises produisant ou commercialisant des médicaments vétérinaires. – V. CSP, art. R. 1453-10 à R. 1453-12.
2017	26 janv.	Décret n° 2017-90. Union nationale des associations agréées d'usagers du système de santé. – V. CSP, art. R. 1114-18 à R. 1114-38.
2017	27 janv.	Loi n° 2017-86. Égalité et citoyenneté. – Art. 20, 104, 106, 107, 196, 197. – V. CSP, art. L. 1311-4, L. 1331-28, L. 1331-29, L. 3332-3, L. 4111-1, L. 6144-3.
2017	3 févr.	Décret n° 2017-129. Prévention des infections associées aux soins. – V. CSP, art. R. 1413-62, R. 1413-68, R. 1413-79 à R. 1413-89, R. 6111-12 à R. 6111-17, R. 6322-4.
2017	7 févr.	Décret n° 2017-147. Sanctions applicables aux organismes assureurs pour non-respect des dispositions de l'article L. 1141-5. – V. CSP, art. R. 1141-1.
2017	9 févr.	Décret n° 2017-161. Droits à congés et conditions d'exercice de certains personnels médicaux et pharmaceutiques des établissements publics de santé, sociaux et médico-sociaux. – V. CSP, art. R. 6152-13, R. 6152-14, R. 6152-35, R. 6152-38, R. 6152-41, R. 6152-43, R. 6152-44, R. 6152-46, R. 6152-227, R. 6152-232, R. 6152-418, R. 6152-418-1 à R. 6152-418-3, R. 6152-520, R. 6152-520-1, R. 6152-521, R. 6152-522 à R. 6152-525, R. 6152-616, R. 6152-618, R. 6152-621, R. 6152-817 à R. 6152-823.
2017	13 févr.	Décret n° 2017-173. Précisions sur les modalités d'information des candidats à l'assurance-emprunteur lorsqu'ils présentent du fait de leur état de santé ou de leur handicap un risque aggravé. – Art. 1er-I. – V. CSP, art. D. 1141-2.
2017	16 févr.	Ordonnance n° 2017-192. Adaptation des dispositions législatives *relatives* aux ordres des professions de santé : – Art. 1er à 18. – V. CSP, art. L. 4121-2, L. 4122-1-3, L. 4122-2, L. 4122-3, L. 4123-2 à L. 4123-5, L. 4123-8, L. 4123-9, L. 4123-10 à L. 4123-12, L. 4123-15 à L. 4123-19, L. 4124-5, L. 4124-7, L. 4124-9 à L. 4124-14, L. 4125-2, L. 4125-4 à L. 4125-9, L. 4126-1, L. 4132-1, L. 4132-3, L. 4132-6 à L. 4132-12, L. 4142-1, L. 4142-2, L. 4142-4-1, L. 4142-5 à L. 4142-7, L. 4152-2, L. 4152-3, L. 4152-8, L. 4222-3, L. 4222-4, L. 4231-4, L. 4231-5, L. 4231-7, L. 4232-1, L. 4232-2, L. 4232-4, L. 4232-5, L. 4232-6 à L. 4232-14, L. 4232-15, L. 4232-15-1, L. 4233-2, L. 4233-6 à L. 4233-11, L. 4234-1,

		L. 4234-2, L. 4234-4, L. 4234-5, L. 4234-6, L. 4234-7, L. 4234-8, L. 4312-3, L. 4312-4-1 à L. 4312-4-5, L. 4312-5 à L. 4312-5-4, L. 4312-7 à L. 4312-14, L. 4321-14, L. 4321-15 à L. 4321-20, L. 4322-8, L. 4322-10 à L. 4322-13, L. 4411-1 à L. 4412-3-1. – Art. 19 à 22 🏛. – V. ss. CSP, art. L. 4121-2.
2017	21 févr.	Loi n° 2017-203. Ratification des ordonnances n° 2016-301 du 14 mars 2016 relative à la partie législative du code de la consommation et n° 2016-351 du 25 mars 2016 sur les contrats de crédit aux consommateurs relatifs aux biens immobiliers à usage d'habitation et simplification du dispositif de mise en œuvre des obligations en matière de conformité et de sécurité des produits et services. – Art. 15. – V. CSP, art. L. 5146-1, L. 5146-2.
2017	23 févr.	Loi n° 2017-220. Ratification de l'ordonnance n° 2016-966 du 15 juillet 2016 portant simplification de procédures mises en œuvre par l'Agence nationale de sécurité du médicament et des produits de santé et diverses dispositions relatives aux produits de santé. – V. CSP, art. L. 1221-12, L. 1245-5, L. 1245-5-1, L. 1272-8, L. 1411-4, L. 3111-1, L. 3111-3, L. 3111-4, L. 3112-1, L. 4311-1, L. 5122-6, L. 5122-9, L. 5123-1.
2017	23 févr.	Décret n° 2017-233. Modification du décret n° 90-973 du 30 octobre 1990 portant statut particulier du corps des ingénieurs du génie sanitaire. – V. CSP, art. R. 1421-16.
2017	24 févr.	Loi n° 2017-228. Ratification de l'ordonnance n° 2016-462 du 14 avril 2016 portant création de l'Agence nationale de santé publique et modifiant l'article 166 de la loi n° 2016-41 du 26 janvier 2016 de modernisation de notre système de santé. – Art. 2. – V. CSP, art. L. 1413-9.
2017	27 févr.	Décret n° 2017-246. Procédure et commissions d'autorisations d'exercice pour la profession de médecin, prévues aux articles L. 4131-4 et L. 4131-4-1 du code de la santé publique. – V. CSP, art. D. 4111-13-1 à R. 4111-13-8.
2017	27 févr.	Décret n° 2017-247. Adaptation des règles de financement des établissements de santé. – V. CSP, art. R. 5121-82, R. 5121-83.
2017	27 févr.	Décret n° 2017-248. Modalités de fixation des tarifs des actes prescrits dans le domaine de la médecine légale, de la psychologie légale, de la toxicologie, de la biologie et de la radiologie et relevant des frais de justice : – Art. 7.– V. CSP, art. R. 3354-17. – Art. 9 🏛. – V. ss. CSP, art. R. 3354-17.
2017	28 févr.	Loi n° 2017-256. Programmation relative à l'égalité réelle outre-mer et autres dispositions en matière sociale et économique : – *Art. 28. – V. CSP*, art. L. 1541-5, L. 1542-1, L. 2441-1, L. 2441-2, L. 2441-3, L. 2442-1-1, L. 2442-2, L. 2445-4, L. 2445-5. – Art. 34. – V. CSP, art. L. 1443-7, L. 1443-8. – Art. 52. – V. CSP, art. L. 3232-7-1. – Art. 53. – V. CSP, art. L. 3323-2, L. 3323-5-1.

		– Art. 96. – V. CSP, art. L. 1543-7. – Art. 97. – V. CSP, art. L. 1544-8, L. 1545-3.
2017	28 févr.	Loi n° 2017-257. Statut de Paris et aménagement métropolitain. – Art. 31. – V. CSP, art. L. 6147-2.
2017	2 mars	Décret n° 2017-279. Transparence des dépenses liées aux activités d'influence ou de représentation d'intérêts des fabricants, importateurs, distributeurs de produits du tabac et de leurs représentants : – Art. 1er. – V. CSP, art. R. 3512-1-1 à R. 3512-1-6. – Art. 2-I 🏛. – V. ss. CSP, art. R. 3512-1-3. – Art. 2-II 🏛. – V. ss. CSP, art. R. 3512-1-2.
2017	2 mars	Décret n° 2017-280. Organisation financière des établissements de santé privés mentionnés aux *b* et *c* de l'article L. 162-22-6 du code de la sécurité sociale. – V. CSP, art. R. 6161-43.
2017	2 mars	Décret n° 2017-281. Approbation du référentiel national de réduction des risques en direction des personnes prostituées et complément du code de la santé publique : – Art. 1er-I. – V. CSP, art. D. 1181-1. – Art. 1er-II. – V. ss. CSP, art. D. 1181-1, annexe 11-3 🏛.
2017	10 mars	Décret n° 2017-309. Réalisation de l'entretien préalable au don du sang par les personnes qui satisfont aux conditions d'exercice de la profession d'infirmier ou d'infirmière. – V. CSP, art. R. 1222-17.
2017	10 mars	Décret n° 2017-316. Actes infirmiers relevant de la compétence des infirmiers anesthésistes diplômés d'État. – V. CSP, art. R. 4311-12, R. 4311-12-1, D. 6124-94, D. 6124-102, R. 6312-28-1.
2017	10 mars	Décret n° 2017-317. Instruction et signature des contrats de crédit-bail mentionnés à l'article L. 6148-7-1 du code de la santé publique conclus pour le compte des établissements publics de santé et des structures de coopération sanitaire dotées de la personnalité morale publique. – V. CSP, art. R. 6148-1, R. 6148-2.
2017	10 mars	Décret n° 2017-318. Modification du service hebdomadaire des praticiens contractuels à temps partiel recrutés pour des missions spécifiques. – V. CSP, art. R. 6152-407.
2017	10 mars	Décret n° 2017-319. Élections des membres des conseils de l'ordre des infirmiers et de l'ordre des masseurs-kinésithérapeutes : – Art. 1er à 8. – V. CSP, art. R. 4311-54, R. 4311-55, D. 4311-55-2, D. 4311-56, R. 4311-57, R. 4311-57-1, R. 4311-58, R. 4311-59, R. 4311-61, R. 4311-62, R. 4311-63, R. 4311-64, R. 4311-70 à R. 4311-82, D. 4311-84 à D. 4311-87, R. 4311-91, R. 4311-92, R. 4321-34, R. 4321-36, R. 4321-36-1, R. 4321-37, R. 4321-42 à R. 4321-45, R. 4321-47. – Art. 9-I. – V. ss. CSP, art. D. 4311-56. – Art. 9-II. – V. ss. CSP, art. R. 4321-42. – Art. 10 🏛. – V. ss. CSP, art. D. 4311-84. – Art. 11 🏛. – V. ss. CSP, art. R. 4311-91.

2017	13 mars	Décret n° 2017-323. Haut Conseil de la santé publique. – V. CSP, art. R. 1411-46, R. 1411-47, R. 1411-49 à R. 1411-51, R. 1411-55 à R. 1411-55-2.
2017	14 mars	Décret n° 2017-326. Activité partagée de certains personnels médicaux, odontologiques et pharmaceutiques créant la convention d'engagement de carrière hospitalière pour les praticiens contractuels et les assistants des hôpitaux. – V. CSP, art. R. 6152-4, R. 6152-5, R. 6152-5-1, R. 6152-6, R. 6152-22, R. 6152-49, R. 6152-201, R. 6152-204, R. 6152-204-1, R. 6152-205, R. 6152-219, R. 6152-235, R. 6152-404, R. 6152-404-1, R. 6152-501, R. 6152-508-1, R. 6152-604.
2017	14 mars	Décret n° 2017-327. Création d'une prime d'exercice territorial et d'une prime d'engagement de carrière hospitalière. – V. CSP, art. D. 6152-23-1, D. 6152-220-1, D. 6152-417, D. 6152-514-1, D. 6152-539-4, D. 6152-612-1, D. 6152-633-1.
2017	20 mars	Loi n° 2017-347. Extension du délit d'entrave à l'interruption volontaire de grossesse. – V. CSP, art. L. 2223-2, L. 2423-2, L. 2432-1, L. 2446-2, L. 2446-3.
2017	20 mars	Décret n° 2017-354. Exercice en commun de la profession de pharmacien d'officine sous forme de société d'exercice libéral et sociétés de participations financières de profession libérale de pharmacien*[s]* d'officine. – V. CSP, art. R. 4222-3, R. 5125-15-1, R. 5121-17 à R. 5121-18-1, R. 5125-20, R. 5125-24-4, R. 5125-24-9, R. 5125-24-11.
2017	23 mars	Décret n° 2017-389. Conditions d'entrée et de sortie du territoire national des tissus, leurs dérivés, des cellules issus du corps humain et des préparations de thérapie cellulaire : – Art. 1er à 3. – V. CSP, art. R. 1243-8, R. 1245-1 à R. 1245-31, R. 5313-6-3. – Art. 4. – V. av. CSP, art. R. 1245-1.
2017	27 mars	Décret n° 2017-412. Utilisation du numéro d'inscription au répertoire national d'identification des personnes physiques comme identifiant national de santé : – Art. 1er. – V. CSP, art. R. 1111-8-1 à R. 1111-8-7. – Art. 2 🏛. – V. ss. CSP, art. R. 1111-8-7.
2017	27 mars	Décret n° 2017-414. Sanctions administratives applicables en matière de biologie médicale. – V. CSP, art. R. 6241-1 à R. 6241-4.
2017	27 mars	Décret n° 2017-415. Modalités d'information de la commission des usagers sur les événements indésirables graves associés aux soins. – V. CSP, art. R. 1112-80.
2017	29 mars	Décret n° 2017-456. Patrimoine mondial, monuments historiques et sites patrimoniaux *remarquables*. – Art. 11. – V. CSP, art. R. 1331-4.
2017	3 avr.	Décret n° 2017-471. Mise en œuvre du Règlement sanitaire international : – Art. 1er, 3 et 4. – V. CSP, art. R. 3114-15 à R. 3114-27, R. 3115-3-1 à R. 3115-5, R. 3115-11, R. 3115-15-1 à R. 3115-17, R. 3115-20-1,

		R. 3115-23, R. 3115-26, R. 3115-30 à R. 3115-34, R. 3115-36, R. 3115-38 à R. 3115-41, R. 3115-43 à R. 3115-47, R. 3115-52, R. 3115-61, R. 6147-119. — Art. 6 🏛. — V. ss. CSP, art. R. 3115-17.
2017	6 avr.	Décret n° 2017-499. Application de la loi n° 2016-87 du 2 février 2016 créant de nouveaux droits en faveur des malades et des personnes en fin de vie dans le territoire des îles Wallis-et-Futuna et modification des décrets n° 2016-1066 et n° 2016-1067 du 3 août 2016. — V. CSP, art. R. 1111-19, R. 4127-37-2, R. 4127-37-3.
2017	6 avr.	Décret n° 2017-500. Réforme du financement des établissements de soins de suite et de réadaptation. — Art. 3 et 5-VII. — V. CSP, art. D. 1112-67-1, R. 6113-29, R. 6113-53, R. 6113-57, R. 6113-59, R. 6123-122, R. 6145-9, R. 6145-26, D. 6145-31.
2017	11 avr.	Décret n° 2017-522. Modification du décret n° 2016-1012 du 22 juillet 2016 relatif à la mise en place d'un numéro d'appel national d'accès à la permanence des soins ambulatoires. — V. CSP, art. R. 6315-3.
2017	11 avr.	Décret n° 2017-523. Modification des dispositions relatives à l'exercice d'une activité libérale dans les établissements publics de santé. — V. CSP, art. R. 6154-3 à R. 6154-5-1, R. 6154-10-4 à R. 6154-13, R. 6154-15 à R. 6154-22.
2017	13 avr.	Décret n° 2017-539. Modification de diverses dispositions relatives aux installations et activités nucléaires intéressant la défense. — Art. 14 à 17. — V. CSP, art. L. 1333-29, R. 1333-102, R. 1333-105.
2017	13 avr.	Décret n° 2017-544. Mise en œuvre du code de européen unique des tissus et des cellules d'origine humaine et modification de certaines dispositions relatives à l'assistance médicale à la procréation : — Art. 1er à 4. — V. CSP, art. R. 1211-19, R. 1211-19-1, R. 1211-26, R. 1245-31 à R. 1245-38, R. 2142-41, R. 2142-45, R. 2142-46. — Art. 5. — V. av. CSP, art. R. 1245-31.
2017	14 avr.	Décret n° 2017-550. Apposition d'un pictogramme sur le conditionnement extérieur de certains médicaments ou produits : — Art. 1er. — V. CSP, art. R. 5121-139. — Art. 2 🏛. — V. ss. CSP, art. R. 5121-139.
2017	21 avr.	Décret n° 2017-605. Procédure d'autorisation temporaire d'utilisation des médicaments et continuité de la prise en charge mentionnée à l'article L. 162-16-5-2 du code de la sécurité sociale. — V. CSP, art. R. 5121-70.
2017	25 avr.	Décret n° 2017-631. Constitution et fonctionnement des groupements de coopération sanitaire : — Art. 1er à 5. — V. CSP, art. R. 1221-17, R. 1221-18, R. 1221-19-1, R. 1221-20-2, R. 1221-21, R. 1221-44, R. 1244-5, R. 1244-6, R. 2141-1-2, R. 2141-1-4, R. 2141-1-6, R. 2141-1-8, R. 2141-1-9, R. 2141-25, R. 2141-26, R. 2141-33, R. 2142-2, R. 2142-3, R. 2142-21, R. 2142-26 à R. 2142-30, R. 2142-32 à R. 2142-34, R. 2142-37, R. 6113-8, R. 6113-10, R. 6133-1, R. 6133-1-1,

		R. 6133-5, R. 6133-8 à R. 6133-10, R. 6133-12 à R. 6133-30, R. 6144-40-1, R. 6144-42, R. 6144-42-1, R. 6144-46, R. 6144-49, R. 6144-50-1 à R. 6144-60, R. 6144-65, R. 6144-66, R. 6144-71, R. 6144-75, D. 6144-81. – Art. 7-II et III. – V. ss. CSP, art. R. 6133-1.
2017	25 avr.	Décret n° 2017-632. Conditions de détermination des zones caractérisées par une offre de soins insuffisante ou par des difficultés dans l'accès aux soins ou dans lesquelles le niveau de l'offre est particulièrement élevé : – Art. 1er à 3. – V. CSP, art. R. 1434-41 à R. 1434-43, R. 1435-9-10, R. 1435-9-39. – Art. 4. – V. ss. CSP, art. R. 1434-41.
2017	25 avr.	Décret n° 2017-633. Conditions d'application de l'interdiction de vapoter dans certains lieux à usage collectif. – V. CSP, art. R. 3513-2 à R. 3513-4, R. 3513-7, R. 3513-8.
2017	26 avr.	Décret n° 2017-645. Lutte contre l'ambroisie à feuilles d'armoise, l'ambroisie trifide et l'ambroisie à épis lisses. – V. CSP, art. D. 1338-1 à R. 1338-10.
2017	27 avr.	Ordonnance n° 2017-644. Adaptation des dispositions législatives relatives au fonctionnement des ordres des professions de santé : – Art. 1er à 10. – V. CSP, art. L. 4122-1 à L. 4122-3, L. 4123-19, L. 4124-5, L. 4124-7, L. 4124-11, L. 4125-2, L. 4125-3-1, L. 4125-6, L. 4125-7, L. 4142-2, L. 4231-2, L. 4231-4, L. 4231-7 à L. 4231-9, L. 4233-1, L. 4233-3, L. 4233-4, L. 4233-5, L. 4234-3, L. 4234-8, L. 4234-8-1, L. 4312-5, L. 4312-7, L. 4312-9, L. 4312-14, L. 4321-15 à L. 4321-17-1, L. 4321-18-5, L. 4321-19, L. 4322-8 à L. 4322-10-1, L. 4322-11-6, L. 4322-12, L. 4322-12-1. – Art. 14, 15-I à III. – V. ss. CSP, art. L. 4121-2.
2017	27 avr.	Décret n° 2017-657. Prévention des risques liés aux systèmes collectifs de brumisation d'eau. – V. CSP, art. R. 1335-15 à R. 1335-23.
2017	28 avr.	Décret n° 2017-671. Modification de la partie réglementaire du code des juridictions financières. – Art. 183-III. – V. CSP, art. D. 6145-73.
2017	28 avr.	Décret n° 2017-682. Coordination de la lutte contre les infections sexuellement transmissibles et le virus de l'immunodéficience humaine. – V. CSP, art. D. 3121-34 à D. 3121-37.
2017	2 mai	Décret n° 2017-701. Modalités de mise en œuvre des activités, fonctions et missions mentionnées à l'article L. 6132-3 du code de la santé publique, au sein des groupements hospitaliers de territoire. – V. CSP, art. R. 6132-1-1 à R. 6132-1-3, R. 6132-3, R. 6132-14, R. 6132-16, R. 6132-21-1, R. 6152-7-2, R. 6152-207-1.
2017	2 mai	Décret n° 2017-702. Réalisation des échographies obstétricales et fœtales et vente, revente et utilisation des échographes destinés à *l'imagerie fœtale humaine*. – V. CSP, art. R. 2131-1, R. 2131-2-1.
2017	2 mai	Décret n° 2017-703. Contrats de praticien territorial de médecine ambulatoire et de praticien territorial médical de remplacement. – V. CSP, art. R. 1435-9-17-1, R. 1435-9-25 à R. 1435-9-28, R. 1435-9-46 à R. 1435-9-60.

2017	2 mai	Décret n° 2017-707. Valeur maximale du délai de dépôt d'une demande d'autorisation de mise sur le marché faisant suite à une autorisation temporaire d'utilisation d'une ou de plusieurs indications d'un médicament. – V. CSP, art. D. 5121-32.
2017	2 mai	Décret n° 2017-709. Fonds national pour la démocratie sanitaire. – Art. 2. – V. CSP, art. D. 1114-38-1, D. 1114-40, D. 1114-42.
2017	4 mai	Décret n° 2017-738. Photographies à usage commercial de mannequins dont l'apparence corporelle a été modifiée. – V. CSP, art. R. 2133-4 à R. 2133-6.
2017	5 mai	Décret n° 2017-808. Introduction dans la liste des examens de diagnostic prénatal des examens de génétique portant sur l'ADN fœtal libre circulant dans le sang maternel. – V. CSP, art. R. 2131-1, R. 2131-2-1, R. 2131-5-5, R. 2131-6.
2017	5 mai	Décret n° 2017-810. Prise en charge et indemnisation des victimes du valproate de sodium et de ses dérivés. – V. CSP, art. R. 1142-46, R. 1142-47, R. 1142-51, R. 1142-52, R. 1142-63-18 à R. 1142-63-38.
2017	5 mai	Décret n° 2017-814. Réglementation des reports et déchéance des créances relatives au fonds d'intervention régional. – V. CSP, art. D. 1435-36-1, D. 1435-36-2.
2017	5 mai	Décret n° 2017-816. Médiation sanitaire et interprétariat linguistique dans le domaine de la santé. – Art. 1er. – V. CSP, art. D. 1110-5 à D. 1110-7.
2017	5 mai	Décret n° 2017-817. Conditions techniques de fonctionnement des établissements d'hospitalisation à domicile. – V. CSP, art. D. 6124-306 à D. 6124-311.
2017	6 mai	Décret n° 2017-888. Action de groupe et action en reconnaissance de droits prévues aux titres V et VI de la loi n° 2016-1547 du 18 novembre 2016 de modernisation de la justice du XXIe siècle. – Art. 7 et 9. – V. CSP, art. R. 1143-2 à R. 1143-14, R. 1526-1.
2017	9 mai	Décret n° 2017-878. Dossier pharmaceutique. – V. CSP, art. R. 1111-20-1 à R. 1111-20-6, R. 1111-20-8 à R. 1111-20-13.
2017	9 mai	Décret n° 2017-882. Diverses mesures relatives aux aides et concours financiers versés par la Caisse nationale de solidarité pour l'autonomie, au financement et aux procédures d'autorisation des services d'aide et d'accompagnement à domicile et au conseil départemental de la *citoyenneté* et de l'autonomie. – Art. 6-II. – V. CSP, art. D. 1411-37, D. 1411-38.
2017	9 mai	Décret n° 2017-883. Conditions d'exercice et remplacement au sein des pharmacies à usage intérieur et modalités d'organisation du développement professionnel continu des professions de santé : – Art. 1er à 6, 9-I. – V. CSP, art. R. 4021-13, D. 4221-2, R. 5126-101-2 à R. 5126-101-7. – Art. 7. – V. ss. CSP, art. R. 5126-101-1. – Art. 9-II. – V. Décr. n° 2016-942 du 8 juill. 2016, art. 3, ss. art. L. 4021-3.

2017	9 mai	Décret n° 2017-884. Modifications de dispositions réglementaires relatives aux recherches impliquant la personne humaine. – V. CSP, art. R. 1121-1, R. 1121-2, R. 1121-3-1, R. 1123-17, R. 1123-20, R. 1123-23, R. 1123-26, R. 1123-49, R. 1123-50, R. 1123-53 à R. 1123-58, R. 1125-9, R. 1125-20, R. 1125-21.
2017	9 mai	Décret n° 2017-885. Application de l'ordonnance n° 2017-51 du 19 janvier 2017 portant harmonisation des dispositions législatives relatives aux vigilances sanitaires. – V. CSP, art. R. 1221-32, R. 1323-1, R. 1323-4, R. 1340-2, R. 1340-5, R. 1413-59, R. 1413-62, R. 1413-68, R. 1413-69, R. 1413-77, R. 1413-79, R. 1413-83, R. 1413-88, R. 1413-89, R. 1524-5, R. 1524-6, R. 5121-154, R. 5121-155, R. 5121-158 à R. 5121-160, R. 5121-164, R. 5132-97, R. 5132-99, R. 5132-100, R. 5132-112 à R. 5132-115.
2017	9 mai	Décret n° 2017-886. Unions régionales des professionnels de santé. – V. CSP, art. R. 4031-1, R. 4031-9, R. 4031-10, R. 4031-15 à D. 4031-17, R. 4031-19 à R. 4031-27, R. 4031-29 à R. 4031-37-1, R. 4031-40, R. 4031-45 à R. 4031-51, R. 4031-53.
2017	10 mai	Décret n° 2017-933. Diverses mesures de simplification et de modernisation relatives aux collectivités territoriales. – Art. 2. – V. CSP, art. R. 3332-1, R. 3332-1-1, R. 3335-4 à R. 3335-15, R. 3352-2, R. 3353-5.
2017	10 mai	Décret n° 2017-1001. Modalités de délivrance de l'attestation de formation aux gestes et soins d'urgence par les unités de formation et de recherche de médecine ou de santé ou l'École du Val-de-Grâce. – V. CSP, art. D. 6311-23.
2017	10 mai	Décret n° 2017-1003. Délivrance de médicaments dans les centres d'accueil et d'accompagnement à la réduction des risques en direction des usagers de drogues. – V. CSP, art. D. 3121-33-4 à D. 3121-33-6.
2017	8 juin	Ordonnance n° 2017-1092. Composantes de la rémunération du pharmacien d'officine. – V. CSP, art. L. 5123-1, art. L. 5123-1.
2017	19 juill.	Ordonnance n° 2017-1178. Adaptation du code de la santé publique à Mayotte. – Art. 1er à 6. – V. CSP, art. L. 1514-1, L. 3819-1, L. 4412-1, L. 4413-1, L. 5134-3, L. 5141-16, L. 5521-7, L. 6416-5, L. 6422-2.
2017	19 juill.	Ordonnance n° 2017-1179. Extension et adaptation outre-mer de dispositions de la loi n° 2016-41 du 26 janvier 2016 de modernisation de notre système de santé : – Art. 1er à 6. – V. CSP, art. L. 1441-2, L. 1441-3, L. 1441-5, L. 1442-1, L. 1442-3, L. 1442-5, L. 1443-1, L. 1443-3 à L. 1443-5, L. 1444-1, L. 1445-1, L. 1446-1, L. 1521-1, L. 1521-2, L. 1522-1, *L. 1522-7*, *L. 1523-2*, L. 1523-6-1, L. 1528-1. – Art. 8 à 14. – V. CSP, art. L. 1541-1 à L. 1541-3, L. 1542-5, L. 1542-6, L. 2421-1, L. 2422-1, L. 2423-2, L. 3821-1, L. 3821-10, L. 3821-12, L. 3822-1, L. 3826-3, L. 3844-1, L. 3844-2, L. 4421-14, L. 4423-1, L. 4423-3, L. 5521-1, L. 5521-7, L. 5522-1, L. 6433-1.

2017	27 juill.	Décret n° 2017-1199. Modifications des dispositions relatives à l'Établissement français du sang. – Art. 2 à 10. – V. CSP, art. D. 1221-4, R. 1222-6, R. 1222-7 à R. 1222-9-1, R. 1222-10-1, D. 1222-10-2, R. 1222-19, R. 1222-21, R. 1222-27 à R. 1222-29, R. 1222-34, R. 1222-35 à R. 1222-46, R. 1222-53 à R. 1222-61, R. 1223-1 à 1223-10, R. 1222-47 à R. 1222-52, R. 1224-1, R. 5124-45, R. 5313-6-1, R. 5313-6-2.
2017	27 juill.	Décret n° 2017-1200. Projet territorial de santé mentale. – Art. 1er. – V. CSP, art. R. 3224-1 à R. 3224-10, R. 3225-1.
2017	27 juill.	Décret n° 2017-1201. Représentation des femmes et des hommes au sein des organismes consultatifs de la fonction publique. – Art. 23 à 28. – V. CSP, art. R. 6144-42, R. 6144-52, R. 6144-52, R. 6144-53-2, R. 6144-54, R. 6144-55, R. 6144-49, R. 6144-66.
2017	7 août	Décret n° 2017-1244. Prévention des risques liés aux bruits et aux sons amplifiés. – Art. 1er à 3. – V. CSP, art. R. 1334-30 à R. 1334-37, R. 1336-1 à 1336-16, R. 1337-6, R. 1337-7, R. 1337-10-2.
2017	8 août	Loi n° 2017-1241. Ratification de l'ordonnance n° 2016-1360 du 13 octobre 2016 modifiant la partie législative du code des juridictions financières. – Art. 1er. – V. CSP, art. L. 6161-3.
2017	9 août	Décret n° 2017-1262. Composition du conseil d'administration de l'Agence nationale de santé publique. – Art. 1er à 4. – V. CSP, art. R. 1413-3, R. 1413-4, R. 1413-6, R. 1413-10.
2017	21 août	Décret n° 2017-1288. Période probatoire préalable des experts en accidents médicaux pour l'inscription sur la liste mentionnée à l'article L. 1142-11 du code de la santé publique. – Art. 1 et 2. – V. CSP, art. R. 1142-31-1, R. 1142-31-2, R. 1142-32.
2017	29 sept.	Décret n° 2017-1418. Portant adaptation du régime électoral des ordres des professions de santé. – Art. 1er à 11. – V. CSP, art. R. 4122-1 nouv., R. 4122-2 nouv., R. 4122-3 à R. 4122-4-1, R. 4122-5 nouv., R. 4122-6 nouv., R. 4122-7, R. 4122-8, R. 4123-1 nouv., R. 4123-2 nouv., R. 4124-1 nouv., R. 4124-1-1 nouv., D. 4124-2 nouv., D. 4124-2-1 nouv., R. 4124-4 nouv., R. 4124-5 nouv., R. 4124-6, R. 4124-7, R. 4125-1 à R. 4125-32 nouv., D. 4125-33 nouv., D. 4125-34 nouv., D. 4132-1 nouv., D. 4132-2 nouv., R. 4132-3 nouv., R. 4132-4 nouv., D. 4142-2, R. 4142-3 nouv., R. 4142-5 nouv., R. 4142-6 nouv., R. 4233-1 nouv., R. 4233-8 nouv., R. 4233-15-1 nouv., D. 4233-19 nouv., R. 4311-54-1 nouv., R. 4311-60, R. 4311-62 nouv., R. 4321-34 nouv. , D. 4321-35-1 nouv., R. 4321-38, R. 4321-39 nouv., R. 4321-40, R. 4321-41 nouv., R. 4321-46, R. 4321-48 nouv., R. 4321-49, R. 4321-50, R. 4322-20 nouv., D. 4322-20-1 nouv., R. 4322-21 nouv., R. 4322-22 nouv., R. 4322-23 nouv., R. 4322-24 nouv., R. 4322-25, R. 4322-26 nouv. à R. 4322-28 nouv., R. 4322-29, R. 4322-30.
2017	18 oct.	Décret n° 2017-1483. Observatoires du médicament, des dispositifs médicaux et de l'innovation thérapeutiques. – Art. 1er et 2. – V. CSP, art. R. 1413-62, R. 1413-88 à R. 1413-91, R. 6111-11.

2017	23 oct.	Loi n° 2017-1487. Ratification de l'ordonnance n° 2017-31 du 12 janvier 2017 de mise en cohérence des textes au regard des dispositions de la loi ° 2016-41 du 26 janvier 2016 de modernisation de notre système de santé.
2017	25 oct.	Ordonnance n° 2017-1491. Extension et adaptation de la partie législative du code du travail, et de diverses dispositions relatives au travail, à l'emploi et à la formation professionnelle à Mayotte. – Art. 25. – V. CSP, art. L. 1513-1, L. 6414-2.
2017	2 nov.	Décret n° 2017-1520. Reconnaissance des qualifications professionnelles dans le domaine de la santé. – Art. 1er à 14. – V. CSP, art. R. 1132-1 à R. 1132-4, R. 1132-4-3, R. 4002-1 à R. 4002-6, R. 4111-14, R. 4111-17, R. 4111-19, R. 4111-20, R. 4112-1, R. 4112-6, R. 4112-6-2, R. 4112-9 à R. 4112-10, R. 4112-12, D. 4113-121-1, R. 4221-13-6, D. 4221-26-1, R. 4222-2, R. 4222-4-3, R. 4222-8 à R. 4222-11, D. 4241-2, R. 4241-9, R. 4241-10, R. 4241-12, R. 4241-13, R. 4241-26, R. 4251-2 à R. 4251-8, R. 4311-34, R. 4311-35, R. 4311-36-1, R. 4311-37, R. 4311-38-2, R. 4311-41-2, R. 4311-41-3, R. 4311-41-4 à R. 4311-41-6, R. 4311-52, D. 4311-101-1, R. 4321-27, R. 4321-28, R. 4321-29, R. 4321-31, R. 4321-32 à R. 4321-32-2, R. 4322-14, R. 4322-15 à R. 4322-16, R. 4322-18, R. 4331-9 à R. 4331-12-2, R. 4331-15, R. 4331-16, R. 4331-18, R. 4332-9, R. 4332-13, R. 4332-15, D. 4333-6-1, R. 4341-13 à R. 4341-17, R. 4341-18-1, R. 4341-20-1, R. 4342-10, R. 4342-11, R. 4342-12, R. 4342-14, R. 4342-15-1, R. 4342-17-1, D. 4343-1, R. 4351-22, R. 4351-23, R. 4351-24, R. 4351-26, R. 4351-27-1, R. 4352-7, R. 4352-8, R. 4352-9, R. 4352-11, R. 4352-12-1, D. 4354-6-1, R. 4361-13, R. 4361-14, R. 4361-15, R. 4361-17, R. 4361-18-1, R. 4362-2 à R. 4362-4, R. 4362-6, R. 4362-8, R. 4364-11 à R. 4364-11-6, D. 4365-1, D. 4371-1-1, R. 4371-2, R. 4371-3, R. 4371-4, R. 4371-6, R. 4371-8, R. 4391-3, R. 4391-4, R. 4391-6, R. 4391-8, R. 4392-3, R. 4392-4, R. 4392-6, R. 4392-8, R. 4393-2 à R. 4393-4, R. 4393-6, R. 4393-7-1, R. 4393-9, R. 4393-10, R. 4393-11, R. 4393-13, R. 4393-14-1.
2017	8 nov.	Décret n° 2017-1549. Conservation et préparation à des fins scientifiques d'éléments du corps humain et modification du code de la santé publique. – Art. 2 à 5. – V. CSP, art. R. 1224-1, R. 1235-1, R. 1243-49, R. 1243-51 à R. 1243-67.
2017	20 nov.	Décret n° 2017-1590. Composition et fonctionnement du comité d'animation du système d'agences. – Art. 1er. – V. CSP, art. R. 1411-58-1 s.
2017	22 nov.	Décret n° 2017-1601. Exercice temporaire de la médecine, de la chirurgie dentaire et de la pharmacie dans le cadre des articles L. 4111-1-2 et L. 4221-1-1 du code de la santé publique. – *Art. 1er, 2 et 4.* – *V. CSP,* art. R. 4111-33 à R. 4111-38, R. 4221-33, R. 6134-2.
2017	24 nov.	Décret n° 2017-1605. Travail temporaire des praticiens intérimaires dans les établissements publics de santé. – Art. 1er. – V. CSP, art. R. 6146-25, R. 6146-26.

2017	30 nov.	Décret n° 2017-1651. Résumé des caractéristiques des dispositifs médicaux et leurs conditions de prise en charge au titre des prestations d'hospitalisation. – Art. 1er. – V. CSP, art. R. 5211-66-1.
2017	20 déc.	Ordonnance n° 2017-1718. Complément et mise en cohérence des dispositions prises en application de la loi n° 2017-1340 du 15 septembre 2017 d'habilitation à prendre par ordonnances les mesures pour le renforcement du dialogue social. – Art. 2-IV. – V. CSP, art. L. 6161-7.
2017	27 déc.	Décret n° 2017-1781. Égal accès des femmes et des hommes aux conseils d'administration des établissements et organismes mentionnées à l'article L. 1411-5-2. – Art. 1er à 7. – V. CSP, art. R. 1142-43 nouv., R. 1222-1 nouv., art. R. 1411-58-4 à R. 1411-58-13, R. 1413-4 nouv., R. 1418-6 nouv., R. 5322-1 nouv., R. 5322-2 nouv. , R. 5322-4 nouv.
2017	27 déc.	Décret n° 2017-1787. Adaptation du code de la santé publique à la création de la collectivité de Corse. – Art. 1er. – V. CSP, art. D. 1432-15, D. 1432-28.
2017	28 déc.	Loi n° 2017-1775. De finances rectificative pour 2017. – Art. 35. – V. CSP, art. L. 3512-14, L. 3515-3.
2017	30 déc.	Loi n° 2017-1836. De financement de la sécurité sociale pour 2018 : – Art. 49. – V. CSP, art. L. 3111-1 à L. 3111-3, L. 3111-9, L. 3116-1, L. 3116-2, L. 3116-4, L. 3821-1 à L. 3821-3, L. 3826-1. – Art. 51. – V. CSP, art. L. 1433-1 ; L. n° 2016-1827 du 23 déc. 2016, art. 66, 94, ss. CSP, art. L. 1435-8. – Art. 54. – V. CSP, art. L. 6316-1 ; L. n° 2013-1203 du 23 déc. 2013, art. 36, ss. CSP, art. L. 6316-1. – Art. 55. – V. CSP, art. L. 4011-2, L. 4011-2-1, L. 4011-2-3. – Art. 58. – V. CSP, art. L. 6143-7. – Art. 69. – V. CSP, art. L. 1435-9-1, L. 1432-5, L. 1435-9, L. 1435-10.
2017	30 déc.	Loi n° 2017-1837. De finances pour 2018. – Art. 55. – V. CSP, art. L. 1418-7.
2017	30 déc.	Loi n° 2017-1841. Ratification de l'ordonnance n° 2017-644 du 27 avril 2017 relative à l'adaptation des dispositions législatives relatives au fonctionnement des ordres des professions de santé : – Art. 2 à 6. – V. CSP, art. L. 4122-3, L. 4124-4, L. 4124-7, L. 4231-7, L. 4234-3, L. 4234-4, L. 4234-8, L. 4322-8, L. 5125-21. – Art. 7 et 9. – V. Ord. n° 2017-192 du 16 févr. 2017, art. 19 ; Ord. n° 2017-644 du 27 avr. 2017, art. 14, ss. CSP, art. L. 4121-2. – Art. 8. – V. CSP, art. L. 4122-2-1 et L. 4231-8.
2018	3 janv.	Ordonnance n° 2018-3. Adaptation des conditions de création, transfert, regroupement et cession des officines de pharmacie. – Art. 1er à 4. – V. CSP, art. L. 1432-2, L. 4412-2, L. 5125-1-2, L. 5125-3 nouv. à L. 5125-22 nouv., L. 5125-35, L. 5125-37, L. 5125-38, L. 5421-13, L. 5424-1, L. 5424-2 nouv., L. 5511-2 nouv., L. 5511-2-1, L. 5511-3 nouv., L. 5521-2 nouv., L. 5521-3 nouv.

2018	3 janv.	Ordonnance n° 2018-4. Simplification et modernisation des régimes d'autorisation des activités de soins et d'équipements matériels lourds. – Art. 1er à 3. – V. CSP, art. L. 2142-1, L. 6122-2, L. 6122-4, L. 6122-8 à L. 6129-1.
2018	3 janv.	Décret n° 2018-5. Composition du collège des financeurs des coopérations entre professionnels de santé. – Art. 1er. – V. CSP, art. D. 4012-1.
2018	12 janv.	Ordonnance n° 2018-17. Conditions de création et de fonctionnement des centres de santé. – Art. 1er à 3. – V. CSP, art. L. 1111-7, L. 6323-1 à L. 6323-1-15.
2018	17 janv.	Ordonnance n° 2018-20. Service de santé des armées et Institution nationale des invalides : – Art. 2 à 28. – V. CSP, art. L. 1110-4, L. 1111-6, L. 1111-7, L. 1111-8-2, L. 1111-23, L. 1121-13, L. 1121-15, L. 1121-16-1, L. 1123-3, L. 1123-6, L. 1123-15 à L. 1123-20, L. 1124-1, L. 1125-1, L. 1126-11, L. 1142-22, L. 1142-23, L. 1221-2, L. 1221-6, L. 1221-10, L. 1221-10-1, L. 1221-10-2, L. 1222-11, L. 1222-16, L. 1223-1, L. 1245-8, L. 1313-8, L. 1332-5, L. 1411-1-1, L. 1411-8, L. 1421-3-1, L. 1431-1, L. 1431-2, L. 1433-1, L. 1434-3, L. 1434-10, L. 1434-12, L. 1434-13, L. 1435-3-1, L. 1435-5, L. 1435-7-3, L. 1435-8, L. 3131-7, L. 3131-8, L. 3132-1, L. 3134-3, L. 3135-1 à L. 3135-3, L. 3211-6, L. 3221-2-1, L. 3221-3, L. 4011-4, L. 4021-3-1, L. 4061-1 à L. 4061-7, L. 4112-6, L. 4113-1, L. 4113-14, L. 4121-1, L. 4122-2, L. 4131-2, L. 4131-4, L. 4132-3, L. 4141-4, L. 4151-6, L. 4221-15, L. 4221-16, L. 4221-18, L. 4222-7, L. 4231-4, L. 4231-7 nouv., L. 4232-1, L. 4241-10, L. 4241-13, L. 4301-1, L. 4311-12-1, L. 4311-15, L. 4311-26, L. 4312-1, L. 4312-7, L. 4321-7, L. 4321-10, L. 4321-13, L. 4321-16, L. 4322-2, L. 4322-6, L. 4323-4-1, L. 4341-2, L. 4342-2, L. 4351-10, L. 4352-4, L. 4383-2-1, L. 5121-12-2, L. 5121-32-1, L. 5124-8 à L. 5124-8-4, L. 5124-13, L. 5124-20, L. 5126-2, L. 5126-7, L. 5137-2, L. 5141-10, L. 5141-13-1, L. 5142-7, L. 5143-2, L. 5146-1, L. 5146-2, L. 5211-3, L. 6111-6-1, L. 6112-2, L. 6113-7, L. 6114-1-1, L. 6116-3, L. 6122-7, L. 6122-15, L. 6122-18, L. 6131-1, L. 6132-1, L. 6132-2, L. 6132-3, L. 6132-4, L. 6132-7, L. 6133-1, L. 6133-1-1, L. 6133-2, L. 6133-9, L. 6144-3-1, L. 6144-3-2, L. 6144-3-3, L. 6145-12, L. 6145-13, L. 6145-14, L. 6146-1, L. 6147-7 à L. 6147-17, L. 6152-1, L. 6152-4, L. 6154-1, L. 6154-2-1, L. 6211-3, L. 6211-6-1, L. 6211-13, L. 6211-18, L. 6211-21, L. 6213-1, L. 6213-2, L. 6214-1 à L. 6214-3, L. 6221-2, L. 6224-1 à L. 6224-6, L. 6231-1, L. 6231-3, L. 6241-4-1, L. 6314-1, L. 6321-1, L. 6323-1-1, L. 6323-1-14, L. 6326-1, L. 6329-1. – Art. 34. – V. CSP, art. L. 1541-1 à L. 1541-4, L. 1542-8, L. 1542-10, L. 1544-9, L. 3841-2, L. 3845-2, L. 4444-1 à L. 4444-3, L. 5542-1, L. 5542-1, L. 6441-1.

2018	17 janv.	Ordonnance n° 2018-21. Mise en cohérence des textes au regard des dispositions de la loi n° 2016-41 du 26 janvier 2016 de modernisation de notre système de santé : – Art. 1er. – V. CSP, art. L. 1222-1-1, L. 1234-3-1, L. 1243-8, L. 1425-2, L. 3121-2, L. 3222-1-2, L. 4352-1, L. 6114-2, L. 6122-2, L. 6122-6, L. 6122-8 à L. 6122-10-1, L. 6122-12, L. 6122-18, L. 6122-21, L. 6143-2, L. 6148-4, L. 6161-9, L. 6212-6, L. 6222-5. – Art. 3 et 4. – V. CSP, art. L. 1124-1, L. 1125-1, L. 1321-1, L. 1322-14, L. 1324-3, L. 1523-5, L. 4232-1. – Art. 6. – V. CSP, art. L. 1435-4-3. – Art. 8. – V. CSP, art. L. 1110-4-1, L. 1111-14, L. 5126-5, L. 5126-7.
2018	25 janv.	Décret n° 2018-42. Vaccination obligatoire : – Art. 1er à 3. – V. CSP, art. R. 3111-2 à R. 3111-5, D. 3111-6, D. 3111-7, R. 3111-8, R. 3111-9 à R. 3111-11, R. 3111-12 à R. 3111-18. – Art. 5 à 7. – V. CSP, art. D. 3111-19 à D. 3111-21, R. 3116-1 à R. 3116-6, R. 3821-1, D. 3821-2, R. 3826-1.
2018	8 févr.	Décret n° 2018-76. Mesures institutionnelles relatives à la collectivité de Corse. – Art. 3. – V. CSP, art. R. 6313-1-1.
2018	9 févr.	Décret n° 2018-79. Diverses mesures d'adaptation relatives aux professions de santé : – Art. 1er à 4. – V. CSP, art. R. 4124-1-1 nouv., D. 4124-2 nouv., R. 4125-1-1 nouv., R. 4125-2 nouv., R. 4125-4, R. 4125-7, R. 4125-15 nouv., R. 4125-20-1 nouv., R. 4125-21 nouv., R. 4125-27 nouv., R. 4125-28 nouv., R. 4142-1 nouv., D. 4311-88, R. 4311-89, R. 4311-90 nouv., R. 4311-91-1, R. 4311-93 nouv., R. 4311-94 nouv., R. 4321-38-1, R. 4321-38-2, R. 4321-39 nouv., R. 4321-40 nouv., R. 4321-45-1, R. 4321-47-1, R. 4321-48 nouv., R. 4321-49-1, R. 4322-24-1, R. 4322-28 nouv., R. 4322-29-1. – Art. 6. – V. Décr. n° 2017-883 du 9 mai 2017, art. 7, ss. CSP, art. R. 5126-101-1. – Art. 7. – V. CSP, art. R. 4311-11-1. – Art. 8. – V. Décr. n° 2018-79 du 9 févr. 2018, art. 8, ss. CSP, art. R. 4233-1 nouv. – Art. 9. – V. Décr. n° 2018-79 du 9 févr. 2018, art. 9, ss. CSP, art. R. 4322-20 nouv. – Art. 10. – V. Décr. n° 2018-79 du 9 févr. 2018, art. 10, ss. CSP, art. R. 4152-1.
2018	13 févr.	Décret n° *2018-90. Agrément* des établissements de formation en chiropraxie : – Art. 1er à 27 et 29. – V. Décr. n° 2018-90 du 13 févr. 2018, ss. CSP, art. L. 4321-22. – Art. 28. – V. Décr. n° 2014-367 du 24 mars 2014, art. 1er à 8, ss. CSP, art. L. 4321-22.
2018	13 févr.	Décret n° 2018-91. Formation en chiropraxie : – Art. 1er à 7 et 9. – V. Décr. n° 2018-91 du 13 févr. 2018, ss. CSP, art. L. 4321-22.

		– Art. 8. – V. Décr. n° 2014-367 du 24 mars 2014, art. 9 à 13, ss. CSP, art. L. 4321-22.
2018	19 févr.	Décret n° 2018-117. Simplification et modernisation des régimes d'autorisation des activités de soins et d'équipements matériels lourds. – Art. 1er et 2. – V. CSP, art. D. 1432-38, R. 6122-28, R. 6122-29 à R. 6122-32-1, R. 6122-34, R. 6122-35, R. 6122-37, D. 6122-38, R. 6122-39.
2018	19 févr.	Décret n° 2018-118. Élections des conseils de l'ordre des pharmaciens. – Art. 1er et 2. – V. CSP, art. D. 4232-2, D. 4233-2 nouv., D. 4233-3 nouv., D. 4233-5 nouv. à D. 4233-7 nouv., D. 4233-9 nouv. à D. 4233-11 nouv., D. 4233-13 nouv., D. 4233-15-2 nouv., D. 4233-16 nouv., D. 4233-17 nouv., D. 4233-20 nouv., D. 4233-21-1, D. 4233-22 nouv., D. 4233-23, D. 4233-25, D. 4233-26, D. 4233-27, D. 4233-28, D. 4233-29, D. 4233-31, D. 4233-32.
2018	26 févr.	Décret n° 2018-137. Hébergement de données de santé à caractère personnel : – Art. 1er et 2. – V. CSP, art. R. 1111-1 à R. 1111-3, R. 1111-8, R. 1111-8-8, R. 1111-9, R. 1111-10, R. 1111-11, R. 1111-13, R. 1111-14, R. 1111-20-4, R. 1111-20-10, R. 1111-35, R. 1112-7, R. 6316-10. – Art. 3. – V. Décr. n° 2018-137 du 26 févr. 2018, art. 3, ss. CSP, art. L. 1111-8. – Art. 4. – V. CSP, art. R. 1521-1.
2018	27 févr.	Décret n° 2018-143. Centres de santé. – Art. 1er. – V. CSP, art. D. 6323-1 à D. 6323-12.
2018	7 mars	Décret n° 2018-169. Conditions de fonctionnement des établissements d'information, de consultation ou de conseil familial. – Art. 1er. – V. CSP, art. R. 2311-1 s.
2018	9 mars	Décret n° 2018-175. Système d'information d'identification unique des victimes. – Art. 1er. – V. CSP, art. R. 3131-10-1, R. 3131-10-2.
2018	13 avr.	Décret n° 2018-271. Intervention des établissements d'hospitalisation à domicile auprès des personnes bénéficiant de prestations réalisées par un service de soins infirmiers à domicile ou un service polyvalent d'aide et de soins à domicile. – Art. 1er. – V. CSP, art. R. 6121-4-1.

TABLE ALPHABÉTIQUE

NOTA. Les nombres renvoient aux articles du Code de la santé publique. Les caractères italiques gras indiquent un mot de renvoi qui renvoie à un autre mot en caractère gras de la table. Un tableau explicatif des abréviations utilisées figure au début du présent ouvrage.

Autorisations, agréments, habilitations et déclarations *(suite)*

Autorisation temporaire d'exercice,

B

C

D

N

Q

R

S

T

Z

Photocomposé, traité sur ordinateur par :
JOUVE, 1, rue du Docteur Sauvé - 53100 MAYENNE

Achevé d'imprimer sur les presses de
LEGO S.p.A.
Italie
Dépôt légal : mai 2018
717730 –OSB – Px 30 – JOU – (HCH)
Imprimé en Italie